SAMSAD ENGLISH-BENGALI DICTIONARY

SAṂSAD ENGLISH-BENGALI DICTIONARY

[REVISED & ENLARGED FIFTH EDITION]

COMPILED BY
LATE SAILENDRA BISWAS M.A.

REVISED BY
SRI SUBODHCHANDRA SENGUPTA M.A., Ph.D.
Formerly Professor & Head of the Department of
English, Jadavpur University, Calcutta
and
LATE SUDHANGSHUKUMAR SENGUPTA M.A., Ph.D.
Senior Professor of English,
Surendranath College, Calcutta

FIFTH EDITION EDITED BY
SRI BIRENDRAMOHAN DASGUPTA M.A.

SAHITYA SAMSAD
CALCUTTA 9

ISBN 81-85626-00-6

First Edition : August 1959
Second Edition : July 1963
Reprint : 1966
Third Edition : November 1969
Fourth Edition : May 1973
Reprint : 1975
Fourth Edition with Addenda : January 1977
Reprint : 1978, 1979
Fifth Edition : August 1980
Reprint : 1981, 1982, 1983, 1984, 1985, 1986, 1987
1988, 1989, 1990, 1991, 1992, 1993
32nd Impression : August 1993

PUBLISHED BY
SRI DEBAJYOTI DATTA
SHISHU SAHITYA SAMSAD PVT LTD.
32A, Acharya Prafulla Chandra Road
Calcutta - 700 009

PRINTED AT
NATARAJ OFFSET
179A/1B, Manicktala Main Road
Calcutta - 700 054

DISTRIBUTORS
INDIAN BOOK DISTRIBUTING CO.
65/2 Mahatma Gandhi Road
Calcutta - 700 009

Price Rs. 105·00

পঞ্চম সংস্করণের ভূমিকা

সংসদ ইংরাজী-বাঙ্গালা অভিধানের পঞ্চম সংস্করণ প্রকাশিত হইল। ইতঃপূর্বে চতুর্থ সংস্করণের পুনর্মুদ্রণকালে পরিশিষ্টে কিছুসংখ্যক নূতন শব্দ সন্নিবেশিত হইয়াছিল। বর্তমান সংস্করণে সেইসকল শব্দ মূল অভিধানে স্থান পাইয়াছে। এতদ্ব্যতীত, তিন হাজারের বেশি নূতন শব্দ, প্রচুর বাগ্‌বৈশিষ্ট্য ও প্রয়োগবিধির দৃষ্টান্ত এবং বহুসংখ্যক সমাসবদ্ধ পদ (compound word) ইহাতে সন্নিবিষ্ট হইয়াছে। অধুনা প্রাত্যহিক প্রয়োজনে ব্যবহৃত বহু পারিভাষিক শব্দও এই সংস্করণে গ্রহণ করা হইয়াছে। পরিশিষ্টসমূহ পূর্ণাঙ্গতর করা হইয়াছে।

আজকাল, আন্তর্জাতিক ক্ষেত্রে ইংরাজী ভাষার গুরুত্ব সমধিক। বিভিন্ন ভাষাভাষী ব্যক্তিগণ নিজ নিজ প্রয়োজনে প্রতিনিয়ত এই ভাষা ব্যবহার করিতেছেন। ফলে নানা পথ ধরিয়া এই ভাষার বৃদ্ধি ও ঋদ্ধি সাধিত হইতেছে। ভাষার এই অগ্রগতি ও সমৃদ্ধির প্রতি লক্ষ্য রাখিয়া যত্ন-সহকারে প্রয়োজনীয় শব্দাদি গ্রহণ করিয়া সর্বপ্রকারে বর্তমান সংস্করণটির উপযোগিতা বৃদ্ধি করিতে চেষ্টার ত্রুটি করি নাই। এই অভিধান বর্তমানে সুধীসমাজে সমাদৃত। এই সমাদর যাহাতে উত্তরোত্তর বৃদ্ধি পায় সে বিষয়ে বিশেষ যত্নবান হইয়াছি। সার্থকতার বিচার সহৃদয় পাঠকমণ্ডলী করিবেন।

অভিধানকার সঙ্কলন-কার্যে অভ্রান্ততা দাবি করিতে পারেন না। ফাউলার বলিয়াছেন যে কেবল সর্ববিদ্যা-বিশারদের পক্ষেই এরূপ দাবি সম্ভব। সুতরাং বিদগ্ধ পাঠকমণ্ডলীর নিকট একান্ত অনুরোধ, কোন ভুলত্রুটি লক্ষ্য করিলে তাঁহারা যেন উহা আমাদের গোচরীভূত করেন।

সাহিত্য সংসদের সর্বাধ্যক্ষ শ্রীযুক্ত মহেন্দ্রনাথ দত্ত বর্তমান সংস্করণ সম্পাদনার ভার আমার উপর অর্পণ করিয়া আমাকে কৃতজ্ঞতাপাশে আবদ্ধ করিয়াছেন। তাঁহার ঋণ অপরিশোধনীয়। তিনি অতীব নৈপুণ্যের সহিত এই সংস্করণের মুদ্রাক্ষর-চয়ন ও ফর্মা-নিরূপণ করিয়াছেন। ফলে তিন সহস্রাধিক নূতন শব্দের এবং প্রয়োগবিধির দৃষ্টান্তসমূহের সংযোজন-সত্ত্বেও অভিধানের কলেবর বিশেষ বৃদ্ধি পায় নাই।

পণ্ডিতপ্রবর ডক্টর সুবোধচন্দ্র সেনগুপ্ত বহু মূল্যবান উপদেশ দিয়া পদে পদে সহায়তা করিয়াছেন। তাঁহার ঋণ কৃতজ্ঞচিত্তে স্মরণ করিতেছি।

এই প্রসঙ্গে পরলোকগত আশুতোষ ভট্টাচার্যের ঋণ স্বীকার করি। মুদ্রণকালে তিনি নানাভাবে সহায়তা করিয়াছেন। সাহিত্য সংসদের সুযোগ্য ম্যানেজার শ্রীযুক্ত গোলোকেন্দু ঘোষের নিরলস সহযোগিতা কৃতজ্ঞতার সহিত স্মরণ করি। এতদ্ব্যতীত, শ্রীযুক্ত রমেন ভট্টাচার্য এবং শ্রীযুক্ত মনোমোহন চক্রবর্তী প্রুফ-সংশোধন-কার্যে সহায়তা করিয়া এবং বিভিন্ন ত্রুটি-বিচ্যুতির প্রতি দৃষ্টি আকর্ষণ করিয়া আমার অশেষ ধন্যবাদভাজন হইয়াছেন।

কলিকাতা
এপ্রিল, ১৯৮০ } শ্রীবীরেন্দ্রমোহন দাশগুপ্ত

সংযোজন-সহ চতুর্থ সংস্করণ সম্বন্ধে নিবেদন

বর্তমান অভিধানের চতুর্থ সংস্করণে যে-সব শব্দ ও শব্দাবলী সঙ্কলিত হয় নাই, তাহা এবং সম্প্রতি প্রচলিত শব্দ ও শব্দাবলী অশেষ যত্ন ও পরিশ্রম সহকারে যথাযথ বিবেচনা করিয়া শ্রীবীরেন্দ্রমোহন দাশগুপ্ত এম. এ. মহাশয় সঙ্কলন করিয়া দিয়াছেন এবং তাহা ডক্টর সুবোধচন্দ্র সেনগুপ্ত মহাশয় দেখিয়া দিয়াছেন। শ্রীদাশগুপ্ত মহাশয় সঙ্কলনকার্যে অভিজ্ঞ ও কৃতী ব্যক্তি। এই সংযোজনের জন্য আমরা শ্রীদাশগুপ্ত এবং ডক্টর সেনগুপ্তর নিকট কৃতজ্ঞ।

ভারত সরকারের আনুকূল্যে এই অভিধানের কাগজ হ্রাসমূল্যে পাওয়ার জন্য অভিধানের মূল্য পঁচিশ টাকার স্থলে চব্বিশ টাকা করা সম্ভব হইল।

১৫ই ডিসেম্বর ১৯৭৬
কলিকাতা-৯ প্রকাশক

চতুর্থ সংস্করণ সম্বন্ধে নিবেদন

সংশোধিত ও পরিবর্ধিত চতুর্থ সংস্করণ প্রকাশ করিতে কিঞ্চিৎ বিলম্ব হইল। অতীব দুঃখের বিষয় যে অভিধানের সংশোধনকার্য চলাকালীন সঙ্কলক শৈলেন্দ্র বিশ্বাস মহাশয় পরলোকগমন করেন। তিনি বর্তমান সংস্করণের ৯৪৪

পৃষ্ঠা পর্যন্ত সংশোধনকার্য করিয়া গিয়াছিলেন। তাঁহার অবর্তমানে ইংরেজির খ্যাতনামা অধ্যাপক পণ্ডিতপ্রবর ডক্টর সুবোধচন্দ্র সেনগুপ্ত মহাশয় বাকি অংশের সংশোধন ও সম্পাদনা-কার্যের দায়িত্ব স্বয়ং গ্রহণ করিয়া আমাদের চিন্তামুক্ত করেন। ডক্টর সেনগুপ্তের নিকট আমরা অপরিসীম কৃতজ্ঞ।

সঙ্কলকের কার্য সুষ্ঠু বিবেচনার ও অত্যন্ত পরিশ্রমসাধ্য কার্য। বিশ্বাস মহাশয় অতীব নিষ্ঠার সহিত আমাদের প্রকাশিত অভিধানগুলি সঙ্কলন করিয়া দিয়াছেন। তাঁহার সঙ্কলনকার্য গুণিজনের যথেষ্ট প্রশংসা অর্জন করিয়াছে। আমরা তাঁহার আত্মার শান্তি কামনা করি।

জ্ঞান-বিজ্ঞানের অতিদ্রুত উন্নতির ফলে ইংরেজি শব্দভাণ্ডারে সাম্প্রতিক-কালে বহু শব্দের প্রচলন হইয়াছে। এই সংস্করণে যথাযোগ্য বিচারের দ্বারা যতদুর সম্ভব শব্দ ও শব্দাবলী সংযোজন করা হইয়াছে এবং যথাযথ অর্থ ও তাহার প্রয়োগ দেখান হইয়াছে। পূর্বসংস্করণ অপেক্ষা বর্তমান সংস্করণে ন্যূনাধিক আড়াই হাজার শব্দ ও শব্দাবলী সংযোজিত হইয়াছে। বলা বাহুল্য, অভিধানটি সংশোধনকালে যে-সকল দোষ-ত্রুটি লক্ষ্যে আসিয়াছে তাহা পরিমার্জিত হইয়াছে।

বহুল পরিমাণে ব্যয়বৃদ্ধির জন্য অপরিহার্যরূপে বর্তমান সংস্করণের মূল্যবৃদ্ধি করিতে হইল।

প্রকাশক

১৫ মার্চ ১৯৭৩

তৃতীয় সংস্করণের ভূমিকা

জ্ঞানবিজ্ঞানের সাম্প্রতিক প্রসারের ফলে এবং রাজনীতিক সামাজিক ও অর্থনীতিক অবস্থার নানা পরিবর্তনের ফলে ইংরেজী ভাষায় অসংখ্য নূতন শব্দ সংযোজিত হইয়াছে, অসংখ্য নূতন শব্দার্থ ও প্রয়োগবিধি প্রচলিত হইয়াছে। যে-কোন উৎকৃষ্ট অভিধানে এই-সমস্ত সংযোজন ও পরিবর্তন থাকা উচিত। সেই কারণে বর্তমান সংস্করণে প্রায় ৩০০০ নূতন শব্দ এবং প্রায় ২৫০০ বিশিষ্ট প্রয়োগ, প্রবচন, প্রভৃতি সংযোজিত হইল। এমন কি, চন্দ্রাভিযানের ফলে যে-সকল নবগঠিত শব্দ চালু হইয়াছে, সেগুলিও যথাসম্ভব দেওয়া হইয়াছে।

পূর্ববর্তী সংস্করণের ভুলত্রুটিগুলি সতর্কভাবে সংশোধন করা হইয়াছে। সে সত্ত্বেও কিছু ভুলভ্রান্তি থাকিয়া যাওয়া অসম্ভব নয়। বিদগ্ধ গ্রাহকমণ্ডলীর কেহ ঐরূপ কোন ভুল দেখিতে পাইলে অনুগ্রহ করিয়া আমাদের জানাইলে বিশেষ আনন্দিত হইব।

অভিধানখানির মুদ্রণকার্য অগ্রসর হওয়ার পরে বেশ-কিছু নূতন শব্দাদি নজরে পড়ে। সেগুলি তখন আর মূল অভিধানের মধ্যে দেওয়ার উপায় ছিল না। তাই ঐ-সমস্ত শব্দাদি অভিধানখানির শেষে Supplement শিরনাম দিয়া সংযোজিত হইল।

পরিশেষে গ্রাহকমণ্ডলীকে পুনর্বার কৃতজ্ঞতা জ্ঞাপন করিতেছি। ইতি।

বেলঘরিয়া
ভ্রাতৃদ্বিতীয়া, ১৩৭৬
(অক্টোবর, ১৯৬৯)

শ্রীশৈলেন্দ্র বিশ্বাস

দ্বিতীয় সংস্করণের ভূমিকা

আশাতীত অল্পকালের মধ্যে অভিধানখানির প্রথম সংস্করণ নিঃশেষিত হইয়া গেল। এজন্য গুণগ্রাহী পাঠক-সমাজকে আন্তরিক ধন্যবাদ জানাইতেছি।

বর্তমান সংস্করণখানি পুঙ্খানুপুঙ্খরূপে সংশোধন ও পরিবর্ধন করিয়া প্রকাশ করা হইল। গত কয়েক বৎসরে ইংরেজী ভাষায় বহু নূতন নূতন শব্দ সৃষ্ট ও গৃহীত হইয়াছে। ইহাদের মধ্যে যেগুলি স্থায়িমূল্যসম্পন্ন, সেগুলি প্রায় সমস্তই বর্তমান সংস্করণে দেওয়া হইয়াছে। কোন কোন ইংরেজী শব্দ ভারতবর্ষে ও অন্যত্র বিশেষ অর্থে প্রযুক্ত হয়, সেই অর্থগুলিও বর্তমান সংস্করণে প্রদত্ত হইয়াছে। বিজ্ঞান ও রাজনীতি বিষয়ক নবসৃষ্ট শব্দগুলির মধ্যে যেগুলি প্রচলিত ইংরেজী ভাষা ও সাহিত্যে স্থায়িত্বলাভ করিয়াছে, সেগুলিও বিশেষ যত্নসহকারে সংযোজিত হইয়াছে। ফলে, বর্তমান সংস্করণে প্রায় আড়াই শত নূতন শব্দ এবং শতাধিক বিশিষ্ট প্রয়োগ (phrases and idioms) সংযোজিত হইয়াছে।

একেই ত এইরূপ বৃহৎ একখানি অভিধানের মুদ্রণকার্য দীর্ঘসময়সাপেক্ষ, উপরন্ত, সংশোধন ও পরিবর্ধনের কার্যেও প্রচুর সময় ব্যয়িত হয়। এই কারণে

অভিধানখানি কিছুকাল বাজারে অপ্রাপ্য ছিল। ইহার দরুন প্রকাশকের বেশ-কিছু আর্থিক ক্ষতি হইয়াছে। কিন্তু শিশু সাহিত্য সংসদ্ প্রাইভেট লিমিটেডের ম্যানেজিং ডিরেকটার শ্রীযুক্ত মহেন্দ্রনাথ দত্তকে ধন্যবাদ যে, তিনি সে ক্ষতি-স্বীকার করিতে বিন্দুমাত্র দ্বিধা করেন নাই। তাঁহার একমাত্র সঙ্কল্প ছিল যে, গ্রন্থখানির উৎকর্ষ বর্ধিত হউক। ইহার জন্য অর্থব্যয়ে ও পরিশ্রমে তাঁহার কোন কার্পণ্য ছিল না। তাঁহার এই নিষ্ঠা ও মনোবল অত্যন্ত প্রশংসার্হ।

দ্বিতীয় সংস্করণখানি আগাগোড়া সংশোধন করিয়া দিয়াছেন ডক্টর সুবোধ-চন্দ্র সেনগুপ্ত। তিনি যে-সকল মূল্যবান্ উপদেশ দিয়া অভিধানখানির উৎকর্ষ-বর্ধনে সহায়তা করিয়াছেন, তজ্জন্য তাঁহার নিকট কৃতজ্ঞতা স্বীকার করিতেছি। তাঁহার কয়েকটি suggestion অতীব অভিনব অথচ প্রয়োজনীয়; ঐগুলির মধ্যে কয়েকটি সাগরপারের বিখ্যাত অভিধানগুলিতেও পাওয়া যাইবে না।

দ্বিতীয় সংস্করণের প্রুফ সংশোধন করিয়াছেন শ্রীযুক্ত আশুতোষ ভট্টাচার্য, শ্রীপূর্ণেন্দু সেনগুপ্ত এবং শ্রীযুক্ত প্রফুল্ল রায়। ইঁহারা প্রত্যেকেই অভিধানখানির বিভিন্ন ত্রুটিবিচ্যুতির প্রতি আমার দৃষ্টি আকর্ষণ করিয়া ধন্যবাদার্হ হইয়াছেন।

সর্বশেষে শিশু সাহিত্য সংসদের ম্যানেজার শ্রীযুক্ত গোলোকেন্দু ঘোষের সম্পর্কে কিছু না বলিলে এই ভূমিকা অসম্পূর্ণ থাকিয়া যাইবে। মহেন্দ্রবাবুর নির্দেশানুযায়ী ইনি যে নিষ্ঠা ও অক্লান্ত পরিশ্রমের সহিত গ্রন্থখানির দ্বিতীয় সংস্করণের প্রকাশনার কার্য তত্ত্বাবধান করিয়াছেন, তাহা অতীব প্রশংসাযোগ্য। তাঁহার আন্তরিক চেষ্টা না থাকিলে এত সত্বর দ্বিতীয় সংস্করণ বাহির করা দুরূহ হইত।

উপসংহারে, পাঠক-সমাজের নিকট অনুরোধ জানাইতেছি যে তাঁহারা অভিধানখানিতে কোন ত্রুটিবিচ্যুতি লক্ষ্য করিলে, অনুগ্রহ করিয়া তাহা যেন আমাদিগকে জানান। তাহা হইলে পরবর্তী সংস্করণে ঐগুলি যথাসম্ভব বিদূরিত করা যাইবে। ইতি।

বেলঘরিয়া
রথযাত্রা, ১৩৭০
(জুলাই, ১৯৬৩)

শ্রীশৈলেন্দ্র বিশ্বাস

প্রথম সংস্করণের নিবেদন

বাজারে ইংরেজী-বাঙ্গালা অভিধানের অভাব নাই সত্য, কিন্তু সঙ্কলন ও পরিবেশন সৌষ্ঠবে যথেষ্ট উন্নত ও সহজে ব্যবহারযোগ্য কলেবরের মধ্যে গ্রথিত একখানি অভিধানের অভাব অনুভব করিয়াছি। সেই দিকে দৃষ্টি রাখিয়া বর্তমান অভিধানখানি রচিত। ইংরেজী ভাষার পরিধি সমুদ্রসমান। কাজেই শব্দচয়নের ব্যাপারে অত্যন্ত সতর্কতার সহিত বিচার করিতে হইয়াছে, যাহাতে অযথা আয়তন বৃদ্ধি না হয়, অথচ ইহা সাহিত্যিক, বিজ্ঞানী, অনুবাদক, ব্যবসায়ী, প্রভৃতি সর্বস্তরের সর্ববৃত্তিধারীর এবং সর্বপ্রধানভাবে ছাত্রগণের অভাব মিটাইতে পারে। শব্দের অর্থবিন্যাসও অত্যন্ত দুরূহ কার্য। ইংরেজী ভাষায় অধিকাংশ শব্দেরই বহু অর্থ এবং ভিন্ন ভিন্ন সঙ্কেত। যতদূর সম্ভব প্রাধান্য ও প্রচলন অনুযায়ী এইগুলি পর্যায়ক্রমে সন্নিবিষ্ট করা হইয়াছে। অনুরূপ সন্নিবেশের রীতি এদেশে ইতঃপূর্বে অনুসৃত হইয়াছে বলিয়া আমরা অবগত নহি।

ইংরেজী ভাষা বিভিন্ন ভাষা হইতে শব্দ সংগ্রহ করিয়াছে। জ্ঞানান্বেষী পাঠকের পক্ষে ইংরেজী শব্দের মূল জানা প্রয়োজন। সেই দিকে লক্ষ্য রাখিয়া অর্থবিন্যাসের সহিত ব্যুৎপত্তিও সংযোজিত হইয়াছে।

এই অভিধানে চারটি পরিশিষ্ট সংযোজিত হইয়াছে। প্রথমটিতে যে-সব শব্দ ভারতীয় ভাষা হইতে ইংরেজীতে আহৃত হইয়াছে তাহাদের একটি পূর্ণাঙ্গ তালিকা আছে। দ্বিতীয়টিতে সংক্ষেপিত শব্দাবলী (Abbreviations) ও তাহার শব্দবিন্যাস, তৃতীয়টিতে বিভিন্ন চিহ্ন ও তাহার নির্দেশ এবং চতুর্থটিতে রোমান সংখ্যাবলী ও তাহার নির্দেশ সংযোজিত হইয়াছে।

এই অভিধানটি সঙ্কলন করিয়াছেন আমাদের প্রকাশিত সংসদ্ বাঙ্গালা অভিধানের সঙ্কলক ভূতপূর্ব অধ্যক্ষ শ্রীশৈলেন্দ্র বিশ্বাস মহোদয়। বাঙ্গালা অভিধানখানি সর্বস্তরের সুধীবৃন্দ কর্তৃক একবাক্যে উচ্চপ্রশংসিত। উক্ত অভিধান সঙ্কলনের শিক্ষা ও অভিজ্ঞতা লইয়া এই অভিধানটি প্রণয়নের ব্যাপারে তিনি গত আট বৎসর ধরিয়া যে অপরিসীম পরিশ্রম করিয়াছেন, তাহার দৃষ্টান্ত বিরল। আশা করি, সঙ্কলন-শৈলীতে এই অভিধানখানি যথাযথ মর্যাদার আসন লাভ করিবে।

এই অভিধানখানির প্রথমদিকের ৯১২ পৃষ্ঠা পর্যন্ত দেখিয়া দিয়াছেন বিভিন্ন ভাষায় সুপণ্ডিত সুরেন্দ্রনাথ কলেজের ইংরেজীর অধ্যাপক ডক্টর সুধাংশুকুমার সেনগুপ্ত মহোদয়। বহু বিষয়ে প্রগাঢ় পাণ্ডিত্যের জন্য তিনি বিদ্বৎসমাজে পরম শ্রদ্ধার পাত্র ছিলেন। তাঁহার অকালমৃত্যুর পর অভিধানের বাকি অংশ দেখিয়া দিয়াছেন প্রেসিডেন্সি কলেজের ইংরেজীর প্রধান অধ্যাপক প্রখ্যাত পণ্ডিতপ্রবর ডক্টর সুবোধচন্দ্র সেনগুপ্ত মহোদয়। অধ্যাপক সুবোধচন্দ্র সেনগুপ্ত মহাশয়ের পাণ্ডিত্যের খ্যাতি সুধীসমাজে সর্বত্র পরিব্যাপ্ত; তাঁহার সহায়তার জন্য আমরা কৃতজ্ঞ।

অভিধানখানি মুদ্রিত করার বিষয়ে আমরা ইহাকে যতদূর সম্ভব ত্রুটিহীন ও নির্ভুল করার জন্য চেষ্টা করিয়াছি। তাহা সত্ত্বেও কিছু ভ্রমপ্রমাদ ও বিচ্যুতি থাকিয়া যাওয়া অসম্ভব নহে। সহৃদয় পাঠকগণের কোনরূপ ভ্রমপ্রমাদ ও ত্রুটি লক্ষ্যে আসিলে বা নূতন কোনো প্রস্তাব থাকিলে আমাদের জানাইলে বাধিত হইব। তাহা হইলে পরবর্তী সংস্করণগুলি ভ্রমপ্রমাদমুক্ত হইয়া উত্তরোত্তর উন্নতি লাভ করিতে পারিবে।

মুদ্রণে অত্যধিক ব্যয় সত্ত্বেও পাঠকগণের ক্রয়-ক্ষমতার প্রতি দৃষ্টি রাখিয়া যতদূর সম্ভব মূল্য কম রাখা হইয়াছে। অভিধানখানি সমাদৃত হইলে পরিশ্রম সার্থক জ্ঞান করিব।

আগস্ট, ১৯৫৯ প্রকাশক

ভূমিকা

এই অভিধান রচনার ব্যাপারে যে যে বিশেষ প্রণালী অবলম্বিত হইয়াছে, তাহার চুম্বক নিম্নে দেওয়া হইল।

(১) **শব্দচয়ন** :—কোন প্রধান শব্দ যাহাতে বাদ না পড়ে, সেদিকে সতর্ক দৃষ্টি রাখা হইয়াছে। সাহিত্য, দর্শন, ইতিহাস, রাজনীতি, বিজ্ঞান, চিকিৎসা-শাস্ত্র, জ্যোতিষ, সমরনীতি, বাণিজ্য এবং অন্যান্য সমস্ত বিদ্যার পারিভাষিক শব্দ যথাসম্ভব দেওয়া হইয়াছে।

(২) **অর্থবিন্যাস** :—অধিকাংশ ক্ষেত্রে প্রথমে ব্যুৎপত্তিগত অর্থটি দেওয়া হইয়াছে। তাহার পর উহা হইতে উৎপন্ন অন্যান্য অর্থ যথাযথ ক্রমানুসারে সাজাইতে চেষ্টা করা হইয়াছে।

(৩) **বাঙ্গালা অর্থ** :—যথাসম্ভব সহজবোধ্য ভাষায় ও ব্যাখ্যামূলকভাবে বাঙ্গালা অর্থ দেওয়া হইয়াছে। যেসব ইংরেজী শব্দের বাঙ্গালা প্রতিশব্দ নাই, সম্ভবক্ষেত্রে সেগুলির নূতন বাঙ্গালা প্রতিশব্দ তৈয়ারি করিয়া দেওয়া হইয়াছে। আশা করা যায়, এই প্রতিশব্দগুলি অনুবাদ-কার্যের সহায়ক হইবে।

(ক) সাধারণতঃ মূল শব্দের অর্থ দেওয়ার পরে -ation, -tion, -able, -ability, -ibility, -ably, -er, -or, -ist, -ity, -ty, -ly, -ment, -ness ও -ship প্রত্যয়ান্ত রূপের পৃথক্ পৃথক্ ভাবে অর্থ দেওয়া হয় নাই ; যেমন, abject শব্দের অর্থ দেওয়ার পরে লেখা হইয়াছে : *n.* abjec°tion, ab°jectness, এবং *adv.* ab°jectly।

(খ) -ism প্রত্যয়ান্ত শব্দগুলির অর্থ দেওয়ার পরে ঐ-সকল শব্দের -ist প্রত্যয়ান্ত রূপের পৃথক্ অর্থ দেওয়া হয় নাই।

নিম্নলিখিতভাবে উল্লিখিত প্রত্যয়ান্ত রূপগুলির অর্থ করিয়া লইতে হইবে :—

adroit-এর অর্থ দেওয়া আছে : দক্ষ, কুশলী ; সুতরাং—adroitly-র অর্থ করিতে হইবে : দক্ষ বা কুশলীভাবে। এবং adroitness-এর অর্থ করিতে হইবে : দক্ষতা, কুশলতা। এই ভাবে—

(i) -ation বা -tion থাকিলে *v.*-এর অর্থানুযায়ী ভাববাচক বৃত্তিবাচক অবস্থাবাচক ইত্যাদি বিশেষ্যপদ গঠন করিতে হইবে, যেমন, adapt (*v.*)—মানাইয়া লওয়া, adaptation (*n.*)—মানাইয়া লওয়ার কাজ, অভিযোজন।

(ii) -able বা -ible থাকিলে 'যোগ্য' 'সম্ভব' 'সাধ্য' -'ঈয়' প্রভৃতি যোগ করিতে হইবে, যেমন, read (*v.*)—পাঠ করা, readable (*a.*)—পঠনীয়, পঠনসাধ্য। -ability বা -ibility থাকিলে -able বা -ible প্রত্যয়ান্ত অর্থের সঙ্গে -'তা' যোগ করিতে হইবে, যেমন, readability (*n.*)—পঠনসাধ্যতা। -ably বা -ibly থাকিলে -able বা -ible প্রত্যয়ান্ত অর্থের সঙ্গে 'ভাবে' 'হইয়া' প্রভৃতি যোগ করিতে হইবে, যেমন, readably (*adv.*)—পঠনীয়ভাবে।

(iii) -er বা -or থাকিলে *v*-এর সঙ্গে -'কারী' যোগ করিতে হইবে, যেমন, go (*v.*)—গমন করা, goer (*n.*)—গমনকারী।

(iv) -ist থাকিলে -ism শব্দের অর্থকে 'উক্ত মতবাদী' যোগে রূপান্তরিত করিতে হইবে, যেমন, communism (*n.*)—গণসাম্যবাদ, communist (*n.*)—গণসাম্যবাদী।

(v) -ity বা -ty থাকিলে মূল শব্দের অর্থের সহিত -'তা' যোগ করিতে হইবে, যেমন, uniform (*a.*)—একরূপ, uniformity (*n.*)—একরূপতা।

(vi) -ly থাকিলে মূল শব্দের অর্থের সহিত -'ভাবে' যোগ করিতে হইবে, যেমন, bad (*a.*)—মন্দ, badly (*adv.*)—মন্দভাবে।

(vii) -ment ও -ness থাকিলে মূল শব্দার্থ হইতে অবস্থাবাচক বিশেষ্য করিতে হইবে, যেমন, confine (*v.*)—আটক করা, confinement (*n.*)—আটক অবস্থা ; pale (*a.*)—বিবর্ণ, paleness (*n.*)—বিবর্ণতা।

(viii) -ship থাকিলে মূল শব্দের অর্থের সহিত -'গিরি' -'পদ' 'কর্মকাল' প্রভৃতি যোগ দিতে হইবে, যেমন, king (*n.*)—রাজা, kingship (*n.*)—রাজপদ, রাজগিরি, রাজার কর্মকাল, প্রভৃতি।

(ix) -tion থাকিলে মূল শব্দার্থ হইতে ভাববাচক বিশেষ্য করিয়া লইতে হইবে, যেমন, extenuate (*v.*)—হ্রাস করা, extenuation (*n.*)—হ্রস্বীকরণ।

কিন্তু ঐ-সমস্ত প্রত্যয়ান্ত কোন শব্দের যদি কোন বিশেষ অর্থ থাকে, তবে তাহা দেওয়া হইয়াছে।

(৪) **ইংরেজী অর্থ** :—যাহাতে কোন শব্দের অর্থবিভ্রাট না ঘটে, সেজন্য প্রত্যেক শব্দের ইংরেজী অর্থও দেওয়া হইয়াছে।

(৫) **প্রয়োগ** :—শব্দগুলির বাঙ্গালা ও ইংরেজী অর্থ দেওয়ার পরেও যেসব ক্ষেত্রে প্রাঞ্জলতার অভাব বোধ হইয়াছে, সেসব ক্ষেত্রে সম্ভবমত প্রয়োগ দেখান হইয়াছে। ইংরেজী আধুনিক যুগের অন্যতম প্রধান জীবন্ত ভাষা। তাই একই শব্দের নানা প্রসঙ্গে প্রয়োগের কালে অর্থের সূক্ষ্ম তারতম্য লক্ষিত হয়। এই অভিধানে অর্থের আলোচ্য পার্থক্যের প্রতি দৃষ্টি নিবদ্ধ রাখা হইয়াছে এবং আশা করা যায় যে এইখানে শুধু শব্দের প্রতিশব্দই পাওয়া যাইবে না—তাহার প্রয়োগবৈচিত্র্যেরও পরিচয় পাওয়া যাইবে।

(৬) **বিশিষ্টার্থে প্রয়োগ, প্রবচন, প্রভৃতি** :—এইগুলিও সংশ্লিষ্ট প্রধান শব্দের সঙ্গে অভিধানমধ্যে দেওয়া হইয়াছে।

(৭) **বিদেশী শব্দ** :—ল্যাটিন্ গ্রীক্ এবং অন্যান্য ভাষার যেসব শব্দ, প্রবচন, প্রভৃতি ইংরেজীতে প্রচলিত হইয়াছে, সেগুলিও দেওয়া হইয়াছে। ভারতীয় ভাষাসমূহ হইতে গৃহীত শব্দাবলী এবং ভারতে সুপ্রচলিত অ-ইংরেজী ভাষার শব্দাবলী Appendix I-এ তালিকাবদ্ধ করা হইয়াছে।

(৮) **ব্যুৎপত্তি** :—প্রতিটি শব্দের ব্যুৎপত্তি দেখান হইয়াছে। আশা করা যায়, ইহাতে ভাষাতত্ত্ব-রসিকদের সুবিধা হইবে।

(৯) **উচ্চারণ** :—প্রত্যেক শব্দের বাঙ্গালা ও ইংরেজী উচ্চারণ দেওয়া হইয়াছে। ইংরেজী শব্দের উচ্চারণের একটি অপরিহার্য অঙ্গ হইল accent বা স্বরাঘাত। ডিগ্রী চিহ্ন (°) দ্বারা প্রত্যেক শব্দের accent বোঝান হইয়াছে। বাহুল্যবোধে মূল শব্দের উচ্চারণ দেখাইবার পরে নিম্নলিখিত ক্ষেত্রে উচ্চারণ

দেওয়া হয় নাই—কেবল accent ও উচ্চারণ-নির্দেশক চিহ্নাবলী দেওয়া হইয়াছে।

(ক) **প্রত্যয়ান্ত শব্দ** :—মূল শব্দের উচ্চারণ দিবার পরে উহার প্রত্যয়ান্ত রূপের আর উচ্চারণ দেওয়া হয় নাই, কিন্তু **accent** ও উচ্চারণ-নির্দেশক চিহ্নাবলী দেওয়া হইয়াছে। মূল শব্দের উচ্চারণের সহিত প্রয়োজনমত নিম্নলিখিত উচ্চারণগুলি জুড়িয়া লইলেই সম্পূর্ণ উচ্চারণ পাওয়া যাইবে।

a = অ্যা, ȧ = ই, ā = এই, e = এ, ė = ই, ē = ঈ, i = ই, ī = আই o = অ, ȯ = ও, ō = ঔ, u = আ, ŭ = দীর্ঘ আ, ū = ইউ, oo = উ, ōō = উ, d = ড্, d = ট্, j = জ্, z = জ়্, s = স্, ṡ = জ়্, -able = অ্যাব্‌ল্, -ably = অ্যাব্‌লি, -ability = অ্যাবিলিটি, -ȧge = ইজ্, -āge = এইজ্, -al = ল্, -ally = অ্যালি, -ance = ন্‌স্, -ancy = অ্যান্‌সি, -ant = ন্‌ট্, -ary = অ্যারি, -ȧte = ইট্, -ātion = এইশ্‌ন্, -ally = অ্যালি, -atory = অ্যাট্‌রি, -atorial = অ্যাটারিঅ্যাল্, -ality = অ্যালিটি, -an = অ্যান্, -atic = অ্যাটিক্, -ȧde = ইড্, -ble = ব্‌ল্, -c = ক্, -craft = ক্র্যাফ্‌ট্, -cy = সি, -dom = ড্যাম্, -el = ল্, -en = ন্, -ence = ন্‌স্, -ency = অ্যান্‌সি, -ent = ন্‌ট্, -er = অ্যা(র্), -ery = অ্যারি, -ėss = ইস্, ėth = ইথ্, -ful(l) = ফ্‌ল্, -fully = ফুলি, -form = ফ্য(র্)ম্, -fy = ফাই, -ial = ইঅ্যাল্, -ian = ইঅ্যান্, -ibility = অ্যাবিলিটি, -ible = অ্যাব্‌ল্, -ic = ইক্, -ical = ইক্‌ল্, -īde = আইড্, -īle = আইল্, īne = আইন্, -inėss = ইনিস্, -ing = ইং, īse = আইজ়্, -ish = ইশ্, -ism = ইজ়্‌ম্, -ist = ইস্‌ট্, -īte = আইট্, -itūde = ইটিউড্, -ity = ইটি, -ive = ইভ্, -īze = আইজ়্, -le = ল্, -lėss = লিস্, -lėt = লিট্, -l(l)y = লি, -ment = ম্যান্‌ট্, -metry = মেট্‌রি, -nėss = নিস্, -oid = অয়্‌ড্, -on = অ্যান্, -or = অ্যা(র্), -ory = অ্যারি, -ose = অ্যাস্, ōse = ঔস্, -our = অ্যা(র্), -rēss = রীস্, -ry = রি, -ship = শিপ্, -ṡion = জ়্‌ন্, -some = স্যাম্, -sive = সিভ্, -teen = টিন্, -ter = ট্যা(র্), -tious = শ্যাস্, -tor = ট্যা(র্), -tory = ট্যারি, -tūde = টিউড্, -tūre = টিউঅ্যা(র্), ūal = ইউল্, -ūde > ইউড্, -um = অ্যাম্, -ure = অ্যা(র্), -us = অ্যাস্, -xion = ক্‌শ্‌ন্, -y = ই।

উপরিউক্ত উচ্চারণসমূহে নিম্নলিখিত বিশেষ সঙ্কেতচিহ্নাবলী ব্যবহৃত হইয়াছে :—

(১) ্যা—ইহার দ্বারা ইংরেজী neutral vowel 'a' sound বোঝান হইয়াছে।
(২) এই—ইহার দ্বারা ইংরেজী long 'a' sound বোঝান হইয়াছে।
(৩) ঔ—ইহার দ্বারা ইংরেজী long 'o' sound বোঝান হইয়াছে।
(৪) ṡ, জ়্—এই দুইটির দ্বারা ইংরেজী 'z' sound বোঝান হইয়াছে। এই ধ্বনিটি অনেকটা পূর্ববঙ্গীয় 'জ'-এর মত অর্থাৎ মূর্ধাগত এবং কিছুটা দন্তঘেঁষা।

sh-এর উচ্চারণ হইবে বাঙ্গালা 'শ'-এর মত, কিন্তু s-এর উচ্চারণ 'স' লেখা হইলেও উহা বাঙ্গালা 'ছ'-এর মত হইবে।

present, measure, treasure প্রভৃতি শব্দের উচ্চারণে লঘুবন্ধনীর মধ্যে 'শ্' দিয়া বোঝান হইয়াছে যে উক্ত শব্দগুলির উচ্চারণে অস্ফুট 'শ্'-ধ্বনি আছে।

(খ) **যৌগিক শব্দ** :—যৌগিক শব্দসমূহের উচ্চারণ দেওয়া হয় নাই, কারণ যেসব শব্দ লইয়া যৌগিক শব্দ গঠিত হয়, সেসব শব্দের উচ্চারণই সাধারণতঃ ব্যবহৃত হয়।

কিন্তু কোন প্রত্যয়ান্ত শব্দের বা যৌগিক শব্দের যদি বিশেষ কোন উচ্চারণ

থাকে, তবে তাহা দেওয়া হইয়াছে, যেমন, **complement** (*v.*), **brother-in-law, two-pence**।

উচ্চারণগুলি দেওয়া হইয়াছে গুরুবন্ধনীর মধ্যে। স্থানে স্থানে ঐ গুরুবন্ধনীর ভিতরে লঘুবন্ধনীর মধ্যেও দুই-একটি অক্ষর বসান হইয়াছে। উহা দ্বারা বুঝান হইয়াছে যে, ঐ অক্ষরগুলির উচ্চারণ অতি অস্পষ্ট—নাই বলিলেও চলে, যেমন, car-এর উচ্চারণ দেওয়া হইয়াছে [**ku(r)**, কা(র্)] ; এখানে r বা 'র' উচ্চারিত হইবে না বলিলেই চলে।

এই অভিধানে ব্যবহৃত শব্দসংক্ষেপ ও চিহ্নাবলীর অর্থের জন্য যথাক্রমে **Appendix II** এবং **Appendix III** দেখিতে হইবে। যেসকল শব্দসংক্ষেপ **Appendix**-এ দেওয়া হয় নাই, সেগুলি নিম্নে দেওয়া হইল :—

অপ্র.—অপ্রচলিত। অমা.—অমার্জিত প্রয়োগে। অশি.—অশিষ্ট প্রয়োগে। অল.—অলঙ্কারশাস্ত্রে। আল.—আলঙ্কারিক প্রয়োগে বা লক্ষণায়। উদ্ভি.—উদ্ভিদ্‌বিদ্যায়। গণি.—গণিতশাস্ত্রে। গ্রী.—গ্রীক্। চিকি.—চিকিৎসাশাস্ত্রে। ছন্দ.—ছন্দশাস্ত্রে। জীব.—জীববিদ্যায়। জ্যামি.—জ্যামিতিতে। জ্যোতি.—জ্যোতির্বিদ্যায়। জ্যোতিষ.—জ্যোতিষশাস্ত্রে। তু.—তুলনীয়। পু.—পুরাণে। প্রাণি.—প্রাণিবিজ্ঞানে। বাণি.—বাণিজ্যে। বীজগ.—বীজগণিতে। ভূগো.—ভূগোলে। ভেষজ.—ভেষজশাস্ত্রে। রসা.—রসায়নে। রাজ.—রাজনীতি।

শ্রীশৈলেন্দ্র বিশ্বাস

SAMSAD
English to Bengali Dictionary

A

A, a$_1$ [এ, এই] **(1)** *n.* the first letter of the English alphabet, ইংরেজি বর্ণমালার আদ্যক্ষর ; (mus.) the major sixth of 'C'-scale, (সঙ্গীতে) মুদারার ধৈবতের সঙ্কেত, ধা। **(2)** *a.* (vul.) best, সর্বোৎকৃষ্ট (A-class). *a.* **A l**—অতি চমৎকার, সর্বোত্তম (an *A1* dinner).

a$_2$ [এ, এই, a, অ্যা] *a.* (*indef. art.*) one, একটি ; one not definite, কোন একজন (*a* Mr. Scott) ; one like, ঠিক যেন একজন ('*a* Daniel come to judgment') ; species, class, জাতি, শ্রেণী, বর্গ (*a* dog is a faithful animal)। [OE. *an*]

a$_3$ [a, অ্যা] *prep.* (chiefly used as a *pfx.*) in each, প্রতিটিতে (twice *a* year) ; on, in, at, to, engaged in, অধি-, নি-, অভি-, প্রতি- (*a*board, *a*sleep, *a*field) ; ব্যাপৃত (*a*doing) [OE. *an*—cp. *on*]

Aaron [a°-ran, অ্যা°র‍্যান্] *n.* brother of Moses and high priest of the Jews, মোজেজের ভ্রাতা এবং ইহুদিদের প্রধান পুরোহিত বা যাজক। *a.* **Aaron°ic**—অ্যারন-সংক্রান্ত ; অ্যারনের বংশোদ্ভূত। **Aaron's rod**—দীর্ঘ সরল পুষ্পবৃন্তবিশিষ্ট বৃক্ষবিশেষ। [Heb. *Aharon*]

aba [a°-bā, অ্যা°বেই], **abaya** [a-bā°ya, অ্যাবেই°য়্যা] *n.* cloth woven from the hair of camels or goats, উট বা ছাগলের লোম হইতে প্রস্তুত বস্ত্রবিশেষ ; an outer garment made of it, উক্ত বস্ত্রদ্বারা প্রস্তুত গাত্রাবরণ বা আংরাখা। [Arab.]

aback [a-bak°, অ্যাব্যাক্°] *adv.* backwards, পশ্চাদ্দিকে। **taken aback**—হতচকিত, হঠাৎ ভীত বা বিস্মিত হইয়া পশ্চাৎপদ। [*a*$_3$, *back*]

abactor [ab-ak°-ta(r), অ্যাব্-অ্যাক্°-ট্যা(র্)] *n.* cattle thief, যে ব্যক্তি গোমহিষাদি চুরি করে, গরু-চোর। [L.]

abaci—see **abacus.**

abacus [a°-ba-kas, অ্যা°ব্যাক্যাস্] *n.* a counting apparatus, গণনা-যন্ত্রবিশেষ ; (archi.) a slab on the top of a pillar to support the architrave, শিলামূর্তি বা অন্য শিল্প-নিদর্শনাদি স্থাপনের জন্য স্তম্ভশীর্ষস্থ পীঠিকাবিশেষ। *pl.* **abaci** [a°-ba-si, অ্যা°ব্যাসি]। [L.]

Abaddon [a-ba°-dan, অ্যাব্যা°ড্যান্] *n.* hell, নরক ; the devil, শয়তান। [Heb.]

abaft [a-būft°, অ্যাবাফ্ট্°] *adv.* & *prep.* at or near the stern half of a ship, জাহাজের পিছনের অর্ধাংশে বা তাহার কাছাকাছি। [OE. *baeftan*—cp. *aft*]

abandon [a-ban°-dan, অ্যাব্যান্°ড্যান্] **(1)** *v.t.* to give up, ছাড়িয়া দেওয়া, ক্ষান্তি দেওয়া (to *abandon* an attempt) ; to desert, পরিত্যাগ করিয়া যাওয়া (he *abandoned* his ailing wife) ; to surrender, সমর্পণ করা। **(2)** *n.* careless freedom, বেপরোয়া বা হাল ছাড়িয়া-দেওয়া ভাব। **(to) abandon oneself to**—(হাল ছাড়িয়া দিয়া) সম্পূর্ণভাবে আত্মসমর্পণ করা (*he abandoned* himself to fate)। *a.* **aban°doned**—অসচ্চরিত্র ; হতচ্ছাড়া, গোল্লায় গিয়াছে এমন ; পরিত্যক্ত। *n.* **abandonee** [a-ban-dan-ē°, অ্যাব্যান্ড্যানী°] (আইনে) যে বিমাপ্রতিষ্ঠান ধ্বংসপ্রাপ্ত জাহাজাদি উদ্ধারের ভার গ্রহণ করে। *n.* **aban°donment**। [OF. *abandoner* <*a*$_3$=to, *bandon*=jurisdiction]

abase [a-bās°, অ্যাবেইস্°] *v.t.* to humiliate or degrade, হীন বা হৃতমান করা, মর্যাদা হ্রাস করা। *p.* & *p. pt.* **abā°sed**। *n.* **abase°ment**। [*a*$_3$, *base*]

abash [a-bash°, অ্যাব্যাশ্°] *v.t.* (chiefly in *pass.*) to put out of countenance, অপ্রতিভ করা ; to put to shame, লজ্জা দেওয়া, কুণ্ঠিত করা ; to confound, বিহ্বল করা। *p.* & *p. pt.* **aba°shed**। *n.* **abash°ment**। [OF. *esbahir* <*es-*=out, *bahir*=to astound]

abask [a-bŭsk°, অ্যাবাস্ক্°] *adv.* in genial warmth, আগুন রৌদ্র প্রভৃতি পোহাইতে পোহাইতে। [*a*, *bask*]

abate [a-bāt°, অ্যাবেইট্°] **(1)** *v.t.* to lessen, কমান ; to mitigate, প্রকোপ হ্রাস করা, প্রশমিত করা ; to curtail, (মূল্যাদি) হ্রাস করা বা ছুট বাদ দেওয়া ; to remove, (জঞ্জাল তীক্ষ্ণতা প্রভৃতি) দূর করা ; to weaken, (কর্মক্ষমতাদি) ক্ষীণ করা ; (in law) to nullify, (আইনে) বাতিল করা। **(2)** *v.i.* to diminish, হ্রাস পাওয়া (the storm *abated*)। *p.* & *p. pt.* **abā°ted**। *a.* **abā°table**। *n.* **abāte°ment**। [OF. *abatre* <LL. *a*$_3$-, *batere* =to beat]

abat(t)is [a-ba°-ti, অ্যাব্যা°টি] *n.* a defence made of felled trees, কর্তিত বৃক্ষনির্মিত প্রতি-রোধ-ব্যূহ। [F. *abatis*]

abattoir [a°-ba-twŭ(r), অ্যা°ব্যাটোয়া(র্)] *n.* a public slaughterhouse, কসাইখানা। [F.]

abaya—see **aba.**

abb [ab. অ্যাব্] *n.* woot-yarn, (বয়ন.) পড়েন। [OE. *aweb*—see a_3, *web*]

abba [a°-ba, অ্যা°ব্যা] *n.* a term that accompanies 'father' when applied to God, পরমপিতা। [B.]

abbacy [a°-ba-si, অ্যা°ব্যাসি] *n.* the office jurisdiction or tenure of an abbot, মঠাধ্যক্ষের পদ বা এলাকা বা কার্যকাল। *a.* **abbatial** [ab-ā°shl, অ্যাবেই°শ্‌ল্] মঠসংক্রান্ত; মঠাধ্যক্ষ বা মঠাধ্যক্ষা সম্বন্ধীয়। [LL. *abbatia*]

Abbasid(e) [a-ba°-sid, অ্যাব্যা°সিড্] (1) *a.* descending from Abbas, (মোহাম্মদের খুল্লতাত) আব্বাসবংশীয়। (2) *n.* a descendant of Abbas, আব্বাসবংশীয় লোক।

abbatial—see **abbacy.**

abbe [a°bā, অ্যা°বেই] *n.* a French ecclesiastic without official duties, নির্দিষ্ট কর্মভারহীন ফরাসি যাজকবিশেষ। [F.]

abbess—see **abbot.**

abbey [a°-bi, অ্যা°বি] *n.* a monastery or a nunnery, (পুরুষ বা নারীদের) মঠ। [OF. *abaie* <LL. *abbatia*]

abbot [a°-bat, অ্যা°ব্যাট্] *n.* a head of a monastery, মঠাধ্যক্ষ, মোহান্ত, মঠধারী। *n. fem.* **a°bbess**। *n.* **abbot°ship**। [L. *abbas, abbatis*]

abbreviate [a-brē°vi-āt, অ্যাব্রী°ভিএইট্] (1) *v.t.* to shorten or condense, সংক্ষিপ্ত করা। (2) *a.* condensed, shortened, সংক্ষিপ্ত। *p.* & *p. pt.* **abbrē°viātėd**। *n.* **abbreviā°tion**। [L. *ab-, brevis*=short]

ABC [ā°-bē°-sē°, এই°বী°সী°] *n.* the alphabet, বর্ণমালা; rudiments, প্রাথমিক তত্ত্ব, অ-আ-ক-খ, (*ABC* of music).

abdicate [ab°-di-kāt, অ্যাব্°ডিকেইট্] *v.t.i.* to renounce formally or to give up. (পদ অধিকার, বিশেষতঃ সিংহাসন, প্রভৃতি) ত্যাগ করা। *p.* & *p. pt.* **ab°dicātėd**। *n.* **abdicā°tion**। [L. *ab-, dicare*=to proclaim]

abdomen [ab°-da-men, অ্যাব্°ড্যামেন্, ab-dō°-men, অ্যাব্‌ডৌ°মেন্] *n.* the belly (incl. digestive organs), (পরিপাক যন্ত্রাদিসহ) উদর, কুক্ষি। *a.* **abdominal** [ab-do°-minal, অ্যাবড°মিন্‌ল্] কুক্ষিসংক্রান্ত, (পরি.) ঔদরিক। *a.* **abdominous** [ab-do°-minas, অ্যাবড°মিন্যাস্] স্ফীতোদর, নাদাপেটা। [L.]

abducent [ab-dū°s(a)nt. অ্যাব্‌ডিউ°স্‌ন্ট্] *a.* drawing back, সঙ্কোচনশীল। [see *abduct*]

abduct [ab-dukt°, অ্যাবডাক্ট্°] *v.t.* to kidnap, (প্রধানতঃ স্ত্রীলোককে) হরণ করা। *p.* & *p. pt.* **abduc°tėd**। *n.* **abduc°tion**—অপহরণ; (শল্য.) পেশীর সঙ্কোচন। *n.* **abduc°tor**। [ME. *abduce*<L. *ab-, ducere*=to draw]

abeam [a-bēm°, অ্যাবীম্°] *adv.* on a line at a right angle to a ship's length, জাহাজের দৈর্ঘ্যের সমকোণে। [a_3, *beam*]

abecedarian [ā-bi-sē-dā°-ri-an, এইবিসীডেই°রিঅ্যান্] (1) *a.* arranged alphabetically, বর্ণানুক্রমে সজ্জিত; ignorant, অজ্ঞ; rudimentary, প্রাথমিক। (2) *n.* a beginner, প্রাথমিক শিক্ষার্থী; a learner of the A B C, অ-আ ইত্যাদি পড়ুয়া; a teacher of the alphabet। যে শিক্ষক অক্ষর পরিচয় করান, প্রাথমিক শিক্ষক। [A B C D]

abed [a-bed°, অ্যাবেড্°] *adv.* in bed, শয্যায়, শয্যায় শায়িতাবস্থায়। [a_3, *bed*]

a-begging—see **beg.**

aberrant—see **aberrate.**

aberrate [a°-ba-rāt, অ্যা°ব্যারেইট্] *v.i.* to deviate from the right way or from the moral standard, বিপথগামী বা নীতিভ্রষ্ট হওয়া; to diverge from the type, অস্বাভাবিক মূর্তি বা রূপ পরিগ্রহ করা। *p.* & *p. pt.* **a°berrātėd**। *n.* **aberrance** [a-be°r(a)ns, অ্যাবে°রন্‌স্] **abe°rrancy**—বিপথগমন, নীতিভ্রংশ; অস্বাভাবিক রূপপরিগ্রহ। *a.* **abe°rrant**—বিপথগামী, নীতিভ্রষ্ট; অস্বাভাবিক মূর্তিযুক্ত। *n.* **aberrā°tion**—বিপথগমন, নীতিভ্রংশ; (রশ্মিসমূহের) বিচ্ছুরিত হইয়া একই স্থানে না পড়া, (গ্রহনক্ষত্রাদির) আপাতদৃষ্ট স্বস্থানচ্যুতি, (পরি.) অপেরণ। [L. *ab-, errare*=to wander]

abet [a-bet°, অ্যাবেট্°] *v.t.* to assist or countenance offence or offender (aid and abet), (দুষ্কর্মে বা দুষ্কর্মাকে) সাহায্য করা বা ঢাকা দেওয়া। *pr. pt.* **abe°tting**; *p. p.* & *pt.* **abe°ttėd**। *n.* **abet°ment**। *n.* **abe°tter, abe°ttor**। [OF. *abeter*=to bait]

ab extra [ab eks°-tra, অ্যাব্ এক্‌স্°ট্র্যা] *ph.* from outside, বাহির হইতে। [LL.]

abeyance [a-be°-ans, অ্যাবে°অ্যান্‌স্] *n.* suspension, স্থগিতাবস্থা, মুলতবি অবস্থা; temporary inactivity, সাময়িক অক্রিয়তা। **(to) fall into abeyance**—(আইন প্রথা নিয়ম প্রভৃতি) অপ্রচলিত হইয়া যাওয়া। [OF. *abeance*=to gape]

abhor [a-bhaw(r)°, অ্যাভা(র্)°] *v.t.* to detest and shun, ঘৃণাসহকারে পরিহার করা। *pr. pt.* **abho°rring**; *p.* & *p. pt.* **abho°rred**। *n.* **abhorrence** [a-bho°r(a)ns, অ্যাভ°র্‌ন্‌স্] ঘৃণাসহকারে পরিহার; ঘৃণা ও বিতৃষ্ণা উদ্রেককর বিষয় বা বস্তু। *a.* **abho°rrent**—জঘন্য; (আর্ষ.) ঘৃণাসহকারে পরিহারক। *n.* **abho°rrer**। [L. *ba-, horrere*=to shudder]

abide [a-bīd°, অ্যাবাইড্°] (1) *v.t.* to await প্রতীক্ষা করা; to come face to face with, সম্মুখীন হওয়া; to endure or tolerate, সহ্য করা বা বরদাস্ত করা। (2) *v.i.* to stay, (সঙ্গে)

থাকা ('*abide* with me') ; to continue to, করিতে থাকা (to *abide* to live) ; to dwell, বাস করা ; to obey, মানিয়া চলা (*to abide* by a law) । *p.* & *p. pt.* **abōde°** । *n.* **abī°dance** —প্রতীক্ষা ; সম্মুখীন হওয়া ; সহ্য করা ; বসবাস ; মানিয়া চলা, পালন । *a.* **abī°ding**—স্থায়ী ; মানিয়া চলে এমন (law-*abiding*) । [OE. a_3, *bidan*= to wait]

abigail [a°-bi-gāl, অ্যা°বিগেইল্] *n.* a lady's maid, সম্ভ্রান্তা মহিলার পরিচারিকা । [a character in Beaumont & Fletcher's *Scornful Lady*]

ability [a-bi°-li-ti. অ্যাবি°লিটি] *n.* state of being able, সামর্থ্য ; strength, mental or physical, মানসিক বা শারীরিক শক্তি বা ক্ষমতা ; (usu. in *pl.*) skill, কর্মদক্ষতা । [see *able*]

ab initio [ab i-ni°-shi-ō, অ্যাব্ ইনি°শিঔ] *ph.* from the beginning, প্রথমাবধি, গোড়া হইতে । [L.]

abiogenesis [ā°-bī-ŏ-je°-ni-sis, এই°বাইওজে°-নিসিস্] *n.* spontaneous generation, অচেতন পদার্থ হইতে জীবের জন্ম, স্বয়ম্ভবন, (পরি.) অজীবজনি । *a.* **a°biogene°tic**—অজীবজাত ; অজীবজনিত । [Gk. *a-*, *bios*=life, *genesis*=birth]

abject [ab°-jekt, অ্যাব্°জেক্ট্] *a.* utterly depressed, অতীব দুর্দশাগ্রস্ত ; miserable, শোচনীয় (*abject* poverty) ; woefully humiliating, নিতান্ত হীন ; outcast, পতিত । *n.* **abjec°tion, ab°jectness** । *adv.* **ab°jectly** । [L. *abjicere*<*ab-*, *jacere*=to throw]

abjure [ab-jooa(r)°, অ্যাব্জুয়্যা(র্)°] *v.t.* to renounce on oath, শপথপূর্বক পরিত্যাগ করা । *n.* **abjurā°tion** । *n.* **abjur°er** । [L. *ab-*, *jurare* =to swear]

ablactation [ab-lak-ta°-sh(a)n, অ্যাব্ল্যাক্-টেই°শ্ন্] *n.* weaning from the mother, মাতৃ-স্তন্যপান ছাড়ান । [L. *ab-*, *lactare*=to suckle <*lac*=milk]

ablation [ab-lā°-sh(a)n, অ্যাব্লেই°শ্ন্] *n.* removal, অপসারণ [L. *ablatio*]

ablative [ab°-la-tiv, অ্যাব্°ল্যাটিভ্] *n.* (gr.) a case-ending, (ব্যাক.) পঞ্চমী বিভক্তি । [see *ablation*]

ablaut [ab°-lowt, অ্যাব্°লাউট্] *n.* the vowel change in the parent Indo-European language, আদি আর্যভাষায় স্বরপরিবর্তনের ধারাবিশেষ । (e.g. *begin* : *began* : *begun*) । [G.]

ablaze [a-blāz°, অ্যাব্লেইজ্°] (**1**) *adv.* on fire, জ্বলন্ত বা বহ্নিমান অবস্থায় ; glitteringly, চকচক করিতে করিতে ; excitedly, উত্তেজিতভাবে । (**2**) *a.* on fire, জ্বলন্ত, বহ্নিমান্ ; glittering, চকচকে ; excited, উত্তেজিত । [a_3, *blaze*]

able [āb°l, এইব্°ল্] *a.* having power to do, সমর্থ ; competent, যোগ্য ; skilful, দক্ষ ; strong শক্তিমান্ (*able*-bodied) ; active, সক্রিয় (*able*-minded) । **able seaman, able-bodied seaman**—জাহাজের সর্বকর্মে দক্ষ নাবিক । *n.* see **ability** । *adv.* **āb°ly** । [OF. <L. *habilis*= handy]

abloom [a-bloom°, অ্যাব্লূম্°] *adv.* & *a.* in a blooming state, প্রস্ফুটিত অবস্থায় বা প্রস্ফুটিত । [a_3, *bloom*]

ablush [a-blush°, অ্যাব্লাশ্°] (**1**) *adv.* blushingly, লজ্জিতভাবে । (**2**) *a.* blushing, সলজ্জ । [a_3, *blush*]

ablution [a-bloo°sh(a)n, অ্যাব্লু°শ্ন্] *n.* (usu. in *pl.*) washing of person, অভিষেক, (প্রধানতঃ আনুষ্ঠানিক) স্নান, অভিসিঞ্চন । [L. *ablutio*<*ab-*, *luere*=to wash]

abnegate [ab°-ni-gāt, অ্যাব্°নিগেইট্] *v.t.* to deny (oneself), (নিজেকে) বঞ্চিত করা ; to renounce, পরিত্যাগ করা । *p.* & *p. pt.* **ab°negā-ted** । *n.* **abnegā°tion** । [L. *ab-*, *negare*= to deny]

abnormal [ab-naw(r)°-m(a)'l আব্ন্য(র্)°ম্ল্] *a.* deviating from the type, অস্বাভাবিক, অস্বভাবী । *n.* **abnorma°lity**, (rare) **abnor°mity**—অস্বাভাবিকতা, অস্বভাবিতা ; (বিজ্ঞা.) বিকটাকার প্রাণী বা পদার্থ । *adv.* **abnor°mally** । [F. *anormal*< LL. *anormalus*, influenced by L. *ab-*]

aboard [a-baw(r)d°, অ্যাব্য(র্)ড্°] *adv.* & *prep.* on or into a ship, railway train, etc. জাহাজ রেলগাড়ি প্রভৃতির মধ্যে বা ভিতরে আরূঢ়া-বস্থায় ; alongside, পাশাপাশি । **(to) fall aboard** —জাহাজের পার্শ্বদেশের সহিত ধাক্কা লাগা । [a_3, *board*]

abode₁—see **abide.**

abode₂ [a-bōd°, অ্যাবৌড্°] *n.* a dwelling place, বাসস্থান, আবাস ; stay, বাস, অবস্থান । [see *abide*]

aboil [a-boyl°, অ্যাবয়্ল্°] (**1**) *adv.* boilingly, উত্তাপাদিতে ফুটন্ত অবস্থায় । (**2**) *a.* boiling, উত্তাপাদিতে ফুটন্ত । [a_3, *boil*]

abolish [a-bo°-lish, অ্যাব°লিশ্] *v.t.* to put an end to, লোপ করা । *p.* & *p. pt.* **abo°lished** । *n.* **abŏli°tion, abo°lishment** । *n.* **abŏli°tionist**—(সচ. রাজ.) যে ব্যক্তি সমস্ত কিছু বিশেষতঃ ক্রীতদাসপ্রথা বিলোপ করিতে চায় । [L. *abolere*= to destroy]

A-bomb [ā°-bom, এই°বম্] *n.* পারমাণবিক বোমা । [contr. of *atomic bomb*]

abominable—see **abominate.**

abominate [a-bo°mi-nāt, অ্যাব°মিনেইট্] *v.t.* to abhor, ঘৃণায় পরিহার করা । *p.* & *p. pt.* **abo°minātėd** । *a.* **abo°minable**—জঘন্য । *adv.* **abo°minably** । *n.* **abominā°tion**—নিদারুণ ঘৃণা ; জঘন্য বিষয় বা বস্তু (with *to*) । [L. *abominari*=to turn away as from a bad omen—see *omen*]

aboriginal—see **aborigines.**

aborigines [a-ba-ri°-ji-nēz, অ্যাব্যারি°জিনীজ্] *n. pl.* primitive or native inhabitants, আদিম অধিবাসী, আদিবাসী। **aboriginal** [a-ba-ri°-janl, অ্যাব্যারি°জ্যান্‌ল্] (**1**) *a.* আদিম ; (**2**) *n.* (used in *pl.*) আদিম অধিবাসী ; আদিবাসী। *n.* **aborigina°lity** । *adv.* **abori°ginally**—আদিম যুগে। [L. <*ab-*, *origio*=beginning]

abort [a-baw(r)t°, অ্যাব্য(র্)ট্°] *v.i.t.* to miscarry or cause to miscarry, গর্ভপাত হওয়া বা করান ; (bio.) to become or make sterile (জীব.) বন্ধ্যা হওয়া বা করান। *p. & p. pt.* **abor°tėd** । *n.* **abor°tion**—গর্ভপাত ; ব্যর্থতা। *n.* **abor°tionist**—যে ব্যক্তি গর্ভপাত ঘটায় ; আইনসম্মত বা বৈধ গর্ভপাত সমর্থনকারী ব্যক্তি। *a.* **abor°tive**—গর্ভপাতিত ; ব্যর্থ ; (জীব.) লুপ্ত, নির্বংশ। *adv.* **abor°tively.** [L. *aboriri*<*ab-*, *oriri*=to rise]

aboulia [a-boo°-li-a, অ্যাবূ°লিঅ্যা] *n.* loss of will-power, ইচ্ছাশক্তির লোপ। [Gk. *a* (not) +*boulomai* (I will)]

abound [a-bownd°, অ্যাবাউন্‌ড্°] *v.i.* to be in plenty, প্রাচুর্যপূর্ণ হওয়া ; to be rich (in), সমৃদ্ধ হওয়া ; to be overflowing, উপচাইয়া পড়া ; to be infested (with), ছাইয়া যাওয়া। *p. & p. pt.* **aboun°dėd** । *a.* **aboun°ding**—প্রাচুর্যপূর্ণ ; সমৃদ্ধ ; উচ্ছ্বসিত ; উচ্ছলিত ; আচ্ছন্ন। *n.* see **abundance** । [OF. *abunder*<L. *ab-*, *unda* =a wave]

about [a-bowt°, অ্যাবাউট্°] *adv. & prep.* around, চতুর্দিকে ; here and there, ইতস্ততঃ, আশেপাশে ; near in time, place, etc., almost, approximately, আসন্ন, নিকটবর্তী, প্রায় কাছাকাছি (*about* a dozen, *about* this time) ; in or to the opposite direction, বিপরীত দিকে (to turn *about*) ; all round from a centre, encircling, ঘুরিয়া, ঘুরপাক খাইয়া, বেষ্টন করিয়া (to compass *about*) ; on the person of, দেহে, পরিধানে (*about* one's neck) ; in motion or activity, সঞ্চরমান, চালু ; on the point of doing anything, উদ্যত (*about* to go) ; engaged in, ব্যাপৃত, রত (what are you *about*) ; concerning, বিষয়ে, সম্বন্ধে (*about* this matter)। **how about it, what about it**—এটার কি ব্যাপার ? এটার কি হল ? এটা যদি হয় তবে কেমন হয় ? এ সম্বন্ধে তোমার মতামত কি ? **about°-fāce**—(**1**) *v.i.* ঘুরিয়া বিপরীত মুখে দাঁড়ান ; (**2**) *n.* আচরণ মত প্রভৃতির আমূল পরিবর্তন। *p. & p. pt.* **about°-fāced** । *n.* **about°-sledge**—কামারের বৃহদাকার হাতুড়িবিশেষ। [OE. *onbutan* <*on*=in, *butan*=without]

above [a-buv°, অ্যাবাভ্°] (**1**) *adv. & prep.* over, upon, উপরে ; at a higher point, অধিকতর উচ্চে (*above* the sea-level) ; overhead, উর্ধ্বদিকে (to look *above*) ; surpassing in quantity quality demerits etc., সংখ্যা গুণ দোষ প্রভৃতিতে অধিক (*above* ten rupees, he is *above* you in cunning) ; before or on the top, পূর্বে, উর্ধ্বভাগে (named *above*) ; beyond, বহির্ভূত, অতীত (*above* reach)। (**2**) *a.* mentioned previously or on the top, পূর্বোক্ত, উপরে উক্ত (the *above* facts)। (**3**) *n.* the sky or heaven, a higher point, আকাশ, শূন্য, স্বর্গ, উর্ধ্ব (from *above*)। **above all**—সর্বোপরি, সর্বাধিক। **above oneself**—উল্লাসে বা গর্বে উচ্ছ্বসিত। *a.* **above°-board**—ঢাকাঢাকির দরকার নাই এমন। *a.* **above°-mentioned, above°-named**—উপরে উল্লিখিত। [OE. a_3, *bufan*=above—cp. G. *oben*]

ab ovo [ab ō°-vō, অ্যাব্ ঔ°ভৌ] *ph.* (wearisomely) from the beginning (ক্লান্তিকরভাবে) গোড়া হইতে। [L.]

abracadabra [ab-ra-ca-dab°-ra, অ্যাব্র্যাক্যাড্যাব্°র্যা] *n.* a nonsense magic formula, অর্থহীন জাদুমন্ত্রবিশেষ ; gibberish, অবোধ্য বুলি। [L.]

abrade [a-brād°, অ্যাব্রেইড্°] *v.t.* to scrape off, জোরে ঘষা দিয়া তুলিয়া ফেলা বা ছড়িয়া নেওয়া। *p. & p. pt.* **abrā°dėd** । *n.* **abrā°sion**—জোরে ঘষা দিয়া তুলিয়া ফেলা বা ছড়িয়া নেওয়া ; ছড় ; ছড়া জায়গা ; মুদ্রাধাতুক্ষয়। **abrā°sive**—(**1**) *a.* ঘষিয়া তুলিয়া ফেলিতে সক্ষম ; (**2**) *n.* ঐরূপ পদার্থ। [L. *ab-*, *radere*, *rasum*=to scrape]

abreast [a-brest°, অ্যাব্রেস্ট্°] *adv.* with fronts in line, কাঁধে কাঁধে ; side by side, পাশাপাশি ; not behind, পিছাইয়া পড়িয়া নাই এমনভাবে। **(to) keep abreast of, (to) be abreast with**—(কাহারও বা কিছুর) পাশাপাশি থাকা অর্থাৎ পিছাইয়া না পড়া। [a_3, *breast*]

abridge [a-brij°, অ্যাব্রিজ্°] *v.t.* to shorten or condense, সংক্ষেপ করা। *n.* **abridg(e)°ment** । [OF. *abregier*<L. *abbreviare*]

abrim [a-brim°, অ্যাব্রিম্°] *adv. & a.* in a brimming state, উপচাইয়া-ওঠা অবস্থায় বা উপচাইয়া উঠিয়াছে এমন। [a_3, *brim*]

abroach [a-brōch°, অ্যাব্রৌচ্°] *a. & adv.* (of casks) pierced so as to let out liquor, (পিপা প্রভৃতি সম্বন্ধে) মদ্যাদি বাহির করার জন্য ছিদ্র করা হইয়াছে এরূপ বা তদবস্থায় ; (of ideas) afoot, circulating freely, (ধারণাদি সম্পর্কে) অবাধে প্রচারিত বা তদবস্থায়। [a_3, *broach*]

abroad [a-brawd°, অ্যাব্রাড্°] (**1**) *adv.* extensively, ব্যাপকভাবে ; in different directions, চতুর্দিকে ; current, ব্যাপ্ত (the rumour is *abroad*) ; on the move, সঞ্চরমান (the ghost is *abroad*) ; out of doors, গৃহের বাহিরে ; in or to foreign lands, বিদেশে। (**2**) *n.* outside, foreign lands, বাহির, বিদেশ (from *abroad*)। [a_3, *broad*]

abrogate [a°brŏ-gāt, অ্যা°ব্রোগেইট্] *v.t.* (in law) to annul, (আইনে) বাতিল করা বা রদ করা ; to abolish, (প্রথা) লোপ করা বা উচ্ছেদ করা। *p.* & *p. pt.* **a°brŏgātėd** । *n.* **abrŏgā°tion** । [L. *ab-*, *rogare*=to propose a law]

abrupt [a-brupt°, অ্যাব্রাপ্ট্°] *a.* sudden and unexpected, আকস্মিক ও অপ্রত্যাশিত ; stopped before completion, সমাপ্তির পূর্বেই নিবৃত্ত। *n.* **abrup°tion**—(অঙ্গপ্রত্যঙ্গ) ছিন্ন করা, ছেদন। *adv.* **abrupt°ly** । *n.* **abrupt°nėss** । [L. *abruptus*<*ab-*, *rumpere*=to break]

abscess [ab°-sis, অ্যাব্°সিস্] *n.* collection of pus in cavity, সপূয স্ফোটক, ফোড়া। [L. *abscessus*<*abs-*, *cedere*=to go]

abscissa [ab-si°-sa, অ্যাব্‌সি°স্যা], **absciss(e)** [ab-sis°, অ্যাব্‌সিস্°] *n.* the intercept between a fixed point and the foot of an ordinate, (গণি.) ভুজ। *pl.* **absci°ssaṡ, absci°ssæ, absci°ssėṡ** । *n.* **abscission** [ab-si°z(a)n, অ্যাব্‌সি°জ্‌ন্] (শল্যচিকি.) কর্তন বা কর্তিতাবস্থা। **absciss layer**—(উদ্ভি.) মোচন-স্তর। [L. *ab-*, *scindere*=to cut]

abscond [abs-kond°, অ্যাব্‌স্‌কন্‌ড্°] *v.i.* to go in hiding, আত্মগোপন করিয়া থাকা, to fly from (esp. in law), ফেরার হওয়া। *p.* & *p. pt.* **abscondėd** । *n.* **abscon°der**—পলাতক বা ফেরারী আসামী। [L. *abs-*, *condere*=to hide]

abseil [ab°-zīl, অ্যাব্°জ়াইল্] (**1**) *v.i.* to descend steep slope using a double rope, খাড়া পর্বতগাত্র বাহিয়া দুইগাছি দড়ির সাহায্যে অবতরণ করা। (**2**) *n.* method of descending sliding down rope, দড়ির সাহায্যে অবতরণের পদ্ধতি। [G. *ab*(down)+*seil* (rope)]

absence—see **absent.**

absent [ab°s(e)nt, অ্যা°ব্‌স্‌ন্ট্] *a.* not present, অনুপস্থিত, গরহাজির ; not existing, অবর্তমান ; dead, মৃত ; mentally abstracted, আনমনা (also **ab°sent-mīn°dėd**) । *v.t.* (*refl.*) **absent** [ab-sent°, অ্যাব্‌সেন্ট্°] অনুপস্থিত রাখা, গরহাজির রাখা (to *absent* oneself) । *p.* & *p. pt.* **absen°tėd** । *n.* **absentee** [abs(e)n-tē°, অ্যাব্‌স্‌ন্টী°] অনুপস্থিত ব্যক্তি ; স্বগৃহের বাহিরে (প্রধানতঃ কুৎসিত স্থানে) নিশাযাপনকারী ; জমিদারি হইতে দূরে থাকা ব্যক্তি (also *absentee* landlord) । *n.* **absentee°iṡm**—কর্মক্ষেত্রাদিতে অনুপস্থিত থাকার অভ্যাস ; স্বগৃহের বাহিরে (প্রধানতঃ কুৎসিত স্থানে) নিশাযাপনের অভ্যাস ; জমিদারি হইতে দূরে থাকার অভ্যাস। *adv.* **ab°sently**—অন্যমনস্কভাবে ; আনমনাভাবে। *n.* **ab°sence**—অনুপস্থিতি ; অবর্তমানতা ; অভাব। [L. *absens, absentis* <*ab-*, *esse*=to be]

absinth(e) [ab°-sinth, অ্যাব্°সিন্‌থ্] *n.* wormwood, বৃক্ষবিশেষ (সোমলতা ?) ; liqueur prepared from its essence, উক্ত বৃক্ষের নির্যাসদ্বারা প্রস্তুত মদ্য (সোমরস ?) । [F. *absinthe*]

absolute [ab°-s(a)lōōt, অ্যাব্°সলূট্, ab°-s(a)lūt, অ্যাব্°সলিউট্] *a.* unlimited, অসীম ; unrestricted, অবাধ ; unconditional, শর্তহীন (*absolute* right) ; supreme, final, শ্রেষ্ঠ, চরম (*absolute* authority) ; unadulterate, pure, অমিশ্র, ভেজালহীন, বিশুদ্ধ, খাঁটি (*absolute* gold) ; positive, নিশ্চিত (*absolute* death) ; complete, পূর্ণ, পুরাদস্তুর (*absolute* defeat) ; completely independent, পূর্ণস্বাধীন, সার্বভৌম (*absolute* monarch) ; (phil.) self-existing, having no relation with anything, (দর্শ.) স্বয়ম্ভু, পরম (**the absolute being**=পরব্রহ্ম) ; (gr.) not conforming to usual syntactical relation, (ব্যাক.) ব্যতিক্রমী, নিপাতনীয় (nominative *absolute*) ; (chem.) containing no adulteration of water, (রসা.) নির্জল (*absolute* alcohol)। **absolute zero**—সর্বনিম্ন তাপমাত্রা, চরম ডিগ্রী, যে জায়গায় তাপসঞ্চারী বস্তুকণা সম্পূর্ণ নিশ্চল অবস্থায় আছে। (–273.70°C) । *adv.* **ab°solutely** । *n.* **ab°solutenėss** । *n.* **ab°solutiṡm**—ঈশ্বরই একমাত্র মোক্ষকর্তা : এই দার্শনিক মত ; সর্বেসর্বাভাবে বা সার্বভৌমভাবে রাজ্য-শাসননীতি। *n.* **ab°solutist** । [L. *absolutus*<*ab-*,*solvere*=to loose]

absolution—see **absolve.**

absolve [ab-zolv°, অ্যাব্‌জ়ল্‌ভ্° absolv°, অ্যাব্‌সল্‌ভ্°] *v.t.* to set free (from guilt, sin, obligation, vow, etc.), (দোষ পাপ দায়িত্ব প্রতিশ্রুতি প্রভৃতি হইতে) মুক্তিদান করা ; to pardon ক্ষমা করা ; to pronounce not guilty, নির্দোষ বলিয়া রায় দেওয়া। *n.* **absolution** [ab-sa-lōō°sh(a)n, অ্যাব্‌স্যালু°শ্‌ন্] [L. *ab-*, *solvere*=to loose]

absonant [ab°-sa-nant, অ্যাব্°স্যান্যান্ট্] *a.* discordant, foreign, বেসুরো, বেতালা, মিলহীন। [L. *ab-*, *sonare*=to sound]

absorb [ab-saw(r)b°, অ্যাব্‌স(র্)ব্°] *v.t.* to suck in, শুষিয়া লওয়া ; to swallow up, গিলিয়া ফেলা ; to incorporate, আত্মভূত করা ; to engage wholly, নিবিষ্ট করা, একান্তভাবে নিযুক্ত করা ; to take in by chemical or molecular action, রাসায়নিক বা আণবিক উপায়ে বিশোষণ করা। *a.* **absor°bable** । *n.* **absorbabi°lity** । *a.* **absor°bed**—বিশোষিত ; নিবিষ্ট। *adv.* **absor°bėdly** । **absor°bent**—(**1**) *a.* বিশোষক ; (**2**) *n.* বিশোষক পদার্থ। *n.* **absor°ber** (heat, shock, etc., *absorber*) । *a.* **absor°bing, absorp°tive**—বিশোষক ; নিবিষ্ট করায় এমন। *n.* **absorp°tion**—বিশোষণ ; আত্মভূতকরণ ; সমাহিত ভাব বা সমাধি। [L. *ab-*, *sorbere*=to suck in]

abstain [ab-stān°, অ্যাব্‌স্টেইন্°] *v.i.* to refrain (from), বিরত থাকা, পরিহার করিয়া চলা ; to refrain from alcohol, মদ্যপান পরিহার করা। *n.* **abstai°ner** । *n.* **absten°tion** । *n.* **ab°stinence** [ab°-sti-nans, অ্যাব্‌স্টিন্যান্‌স্], **ab°sti-**

nency—বিরতি, পরিহার, উপরতি ; মিতাচার ; মিতাহার। *a.* **ab°stinent**—পরিহারক ; উপরত ; মিতাচারী। [F. *abstenir* <L. *abs-*, *tenere*=to hold]

abstemious [ab-stē°-mi-as, অ্যাব্‌স্টি°মিঅ্যাস্] *a.* temperate, (প্রধানতঃ পানাহারে ও ভোগবিলাসে) মিতাচারী, সংযমী। *adv.* **abstē°miously** । *n.* **abstē°miousnėss** । [L. *abstemius* <*abs-*, *temetum*=strong wine]

abstention—see **abstain.**

absterge [abs-ta(r)j,° অ্যাব্‌স্ট্যা(র্)জ্°] *v.t.* to wipe away, মুছিয়া ফেলা ; to cleanse. পরিষ্কার করা। **abster°gent**—(**1**) *a.* পরিষ্কারক ; (**2**) *n.* পরিষ্কারক পদার্থ। *n.* **abster°sion**—পরিষ্করণ, মার্জন। *a.* **abster°sive**—পরিষ্কারক। [L. *abstergere* <*abs-*, *tergere*=to wipe]

abstinence, abstinent—see **abstain.**

abstract [ab-strakt°, অ্যাব্‌স্ট্র্যাক্‌ট্°] *v.t.* to draw away, টানিয়া লওয়া, আকর্ষণ করা ; to draw out (essence, etc.) (নির্যাসাদি) নিষ্কাশিত করা ; to separate, পৃথক্ করা ; to summarize, সারসংক্ষেপ করা। **ab°stract**—(**1**) *n.* সংক্ষিপ্তসার ; সারাংশ ; নির্যাস ; (**2**) *a.* ভাবমূলক, বিমূর্ত, নির্বস্তুক ; অকার্যকর ; অবাস্তব ; নিগূঢ়, দুর্বোধ্য। **in the abstract**—আদর্শগতভাবে বা তত্ত্বগতভাবে (বিবেচিত)। *a.* **abstrac°tėd**—abstract (*v.*)-এর সকল অর্থে, এবং—আনমনা, আবিষ্ট। *n.* **abstrac°tion**—abstract (*v.*)-এর সকল অর্থে এবং—আবেশন ; আনমনা ভাব ; বিমূর্তন। *adv.* **ab°stractly** । *n.* **ab°stractnėss** । [L. *abs-*, *trahere*=to draw]

abstruse [ab-stroos°, অ্যাব্‌স্ট্রূস্°] *a.* difficult to understand, দুর্বোধ্য : profound, নিগূঢ়। *adv.* **abstruse°ly** । *n.* **abstruse°nėss** । [L. *abs-*, *trudere*=to thrust]

absurd [ab-sa(r)d°, অ্যাব্‌স্যা(র্)ড্°] *a.* incongruent, অসমঞ্জস ; unreasonable, অযৌক্তিক ; impossible, অসম্ভব ; ridiculous, হাস্যকর, কিম্ভূতকিমাকার, অদ্ভুত। *n.* **absur°dity, absurd°nėss** । *adv.* **absurd°ly** । [L. *ab-*, *surdus*=out of fashion]

abundance [a-bun°dans, অ্যাবান্°ড্যান্‌স্] *n.* quantity more than sufficient., প্রয়োজনাধিক পরিমাণ ; great plenty, পরম প্রাচুর্য ; overflow, আধিক্য। *a.* **abun°dant**—প্রচুর। *adv.* **abun°dantly** । [see *abound*]

abuse [a-būz°, অ্যাবিউজ্°] *v.t.* to misuse, অপব্যবহার করা ; to take undue advantage of, অন্যায় সুবিধা গ্রহণ করা ; to betray, বিশ্বাসভঙ্গ করা (to *abuse* one's confidence) ; to revile, গালাগালি দেওয়া। *n.* **abūse°**—অপব্যবহার ; অন্যায় সুবিধাগ্রহণ ; বিকৃতি (*abuses* of religious practice) ; গালাগালি। *a.* **abū°sive**—অপব্যবহারমূলক ; গালিগালাজপূর্ণ। *adv.* **abū°sively** । *n.* **abū°sivenėss** [*ab-*, *use*]

abut [a-but°, অ্যাবাট্°] *v.i.* to have a common boundary, সমসীমাযুক্ত হওয়া, একই সীমায় মেশা ; to lean, ঠেস দেওয়া ; to end or border, ঘেঁষা ; মিলান। *pr. pt.* **abu°tting** । *p.* & *p. pt.* **abu°ttėd** । *n.* **abut°ment**—একই সীমানায় একাধিক পথ জমি প্রভৃতির শেষ ; মোড় ; যে স্তম্ভাদির উপর খিলান সেতু ঝুল-বারান্দা প্রভৃতির এক প্রান্ত স্থাপিত থাকে, পিল্লা। *n.* **abu°tter**—সংলগ্ন জমির মালিক। *a.* **ab°utting**—পরস্পর সম্মুখীন। [OF. *abouter* =to touch by an end—cp. *butt*]

abyss [a-bis°, অ্যাবিস্°]. (arch.) **abyṡm°**—*n.* a bottomless chasm, অতল গহ্বর ; the primal chaos, the bowels of the earth, পাতাল, রসাতল, ধরণীগর্ভ ; hell, নরক। *a.* **aby°ssal, abyṡ°mal**—অগাধ, অতল ; ৩০০ ফ্যাদম্ অর্থাৎ ১২০০ হাতেরও অধিক গভীর ; (আল.) অন্তহীন (*abysmal* ignorance) । *adv.* **abys°mally** [Gk. *a-*, *byssos* =bottom]

acacia [a-kā°-sha, অ্যাকেই°শ্যা] *n.* a plant yielding gum arabic, বাবলাগোত্রীয় গাছ। [Gk. *akakia*]

Academy [a-ka°-da-mi, অ্যাক্যা°ড্যামি] *n.* Plato's School in a garden near Athens, অ্যাথেন্‌স্-নগরের নিকটবর্তী উদ্যানস্থ প্লেটোর বিদ্যালয় ; Plato's philosophical doctrine, প্লেটোর দার্শনিক মতবাদ। *n.* **aca°demy**—শিক্ষায়তন ; সংস্কৃতি-পরিষৎ ; বিশ্ববিদ্যালয়। **academic** [a-ka-de°mik, অ্যাক্যাডে°মিক্] (**1**) *a.* প্লেটোর বিদ্যালয়-সংক্রান্ত ; শিক্ষায়তন বিশ্ববিদ্যালয় বা সংস্কৃতি-পরিষৎ সম্বন্ধীয় ; কেবল তত্ত্বমূলক (কিন্তু অকার্যকর), কেতাবি, পণ্ডিতী ; (**2**) *n.* (in *pl.*) কেবল কেতাবি (কিন্তু অকার্যকর) যুক্তিসমূহ বা বিদ্যা, (পরি.) অধিবিদ্যা। **acade°mical**—(**1**) *a.* same as **academic ;** (**2**) *n.* (in *pl.*) বিশ্ববিদ্যালয়ের সভ্য শিক্ষক বা ছাত্রের জন্য নির্দিষ্ট পোশাক। *adv.* **acade°mically**—কেবল তত্ত্বমূলকভাবে বা কেতাবিভাবে। *n.* **academician** [a-ka-da-mi°sh(a)n. অ্যাক্যাড্যামি°শ্‌ন্] শিক্ষায়তনের বা বিশ্ববিদ্যালয়ের বা সংস্কৃতি-পরিষদের সভ্য ; গ্রেট ব্রিটেনের Royal Academy-র বা ফরাসি Academy-র সদস্য। [Gk. *Akademeia*=the garden where Plato taught]

acajou [ak°-a-zhoo, অ্যাক্‌অ্যাজু] *n.* the cashew tree or its fruit, কাজুবাদামের গাছ বা কাজুবাদাম। [F]

Acanthaceæ—see **acanthus.**

acanthus [a-kan°-thas, অ্যাক্যান্°থ্যাস্] *n.* a genus of plants, বাসকগোত্রীয় বৃক্ষ। *n. pl.* **Acanthā°cėæ**—বাসকগোত্র। [Gk. *akanthos*]

acardiac [a-kŭ(r)°-di-ak, অ্যাকা(র্)° ডিঅ্যাক্] *a.* without a heart, হৃৎপিণ্ডহীন। [*a* (not), Gk. *Kardia* (heart)]

acarpellous [a-kŭr-pe°-las, অ্যাকা(র্)পে°ল্যাস্] *a.* (bot.) without carpels, (উদ্ভি.) গর্ভপত্রশূন্য। [*a-*, see *carpel*]

acarpous [a-kŭ(r)°-pus, অ্যাকা(র্)°প্যাস্] *a.*

(bot.) not producing fruit, (উদ্ভি.) ফল ধরে না বা ফলপ্রসূ নহে এমন। [*a*(not),Gk. *Karpos* (fruit)]

acatalectic [a-ka-ta-lek°-tik, অ্যাকাট্যালেক্°টিক্°] (**1**) *a.* (pros.) having full numbers of syllables, (ছন্দ.) পূর্ণসংখ্যক সিল্যাব্‌ল্ আছে এমন, পূর্ণমাত্রিক। (**2**) *n.* an acatalectic verse, পূর্ণমাত্রিক কবিতা। [*a-*, *catalectic*]

acaulescent [a-kaw-le°s(a)nt, অ্যাক্যলে°স্‌ন্ট্] *a.* having almost invisible stem, (উদ্ভি.) অদৃশ্যপ্রায় ক্ষুদ্র কাণ্ডযুক্ত, (পরি.) নিষ্কাণ্ড। [Gk. *a-*, L. *caulis*=stem]

accede [ak-sēd°, অ্যাক্‌সীড্°] *v.i.* to come to an office, গদিলাভ করা; to join a party, দলে যোগ দেওয়া; to agree to, to accept, রাজী হওয়া, মানিয়া লওয়া। *p* & *p. pt.* **accē°dėd** । *n.* see **accession** । [L. *ad-*, see *cede*]

accelerando [ak-sel-ar-an°dō, অ্যাক্‌সেল্‌অ্যার‍্যান্°ডৌ] *a.* & *adv.* (mus.) with increasing speed, (সঙ্গীতে) ক্রমশঃ তালের গতি বাড়াইয়া বা দ্রুতলয়ে। [It.]

accelerate [ak-se°-la-rāt, অ্যাক্‌সে°ল্যারেইট্] *v.t.i.* to quicken, দ্রুততর করা বা হওয়া। *p.* & *p. pt.* **acce°lerātėd** । *n.* **accelerā°tion**—(পরি.) ত্বরণ। *a.* **acce°lerātive**—দ্রুতিশীল; বেগবর্ধক। *n.* **acce°lerātor**—বেগবর্ধক ব্যক্তি বা বস্তু; (বৈদ্যু.) যন্ত্রাদির বেগবর্ধক অংশ। *n.* **accelero°mėter**—বিমানের বেগমাপক যন্ত্র। [L. *accelerare* <*ad-*, *celer*=swift]

accent [ak°s(a)nt, অ্যাক্°স্‌ন্ট্] *n.* the modulation or tone of voice, স্বরভঙ্গি, বাচনভঙ্গি; the mode of pronunciation, উচ্চারণভঙ্গি; the vowel-sound-stress or its sign, স্বরসজ্ঘাত বা তাহার চিহ্ন; intensity, (প্রধানতঃ ধ্বনির) তীব্রতা, উদাত্ততা; a stress or an emphasis, (প্রধানতঃ প্রকাশভঙ্গিতে) জোর বা ঝোঁক; a distinguishing mark or factor, বৈশিষ্ট্যসূচক চিহ্ন বা গুণ; (rhet.) a significant word, (অল.) বিশেষ অর্থপূর্ণ শব্দ; (paint. etc.) a significant or distinctive touch, (চিত্রাঙ্কনাদিতে) বিশেষ অভিব্যক্তিসূচক রেখা বর্ণ প্রভৃতি; (*n. pl.*) dialect, স্থানীয় ভাষা; speech, language, লেখ্য বা কথ্য ভাষা। *v.t.* **accent** [ak-sent°, অ্যাক্‌সেন্ট্°], **accentuate** [ak-sen°-tū-āt, অ্যাক্‌সেন্°টিউএইট্] স্বরসজ্ঘাতসহ উচ্চারণ করা বা স্বরসজ্ঘাতের চিহ্ন প্রদান করা; (প্রকাশভঙ্গিতে) জোর বা ঝোঁক দেওয়া; উচ্চারণ করা। *p.* & *p. pt.* **accen°tėd**, **accen°tūātėd** । *a.* **accentual** [ak-sen°-tū-al, অ্যাক্‌সেন্°টিউঅ্যাল্] স্বরসজ্ঘাতসম্বন্ধীয়; স্বরসজ্ঘাতানুযায়ী। *n.* **accentūā°tion** । [L. *accentus*<*ad-*, *cantus*=song]

accept [ak-sept°, অ্যাক্‌সেপ্ট্°] *v.t.* to take or receive, গ্রহণ করা; to admit or own (as true or valid), (সত্য বলিয়া) স্বীকার করা, মানিয়া লওয়া (to *accept* a charge); to agree to obey or comply with, মানিয়া চলিতে বা (অনুরোধাদি) পালন করিতে স্বীকার করা to *accept* an invitation); to agree to pay, পরিশোধ করিতে বা মিটাইতে স্বীকার করা (to *accept* a bill); to confirm or second, সমর্থন করা (to *accept* an opinion); to allow to render, (কর্মাদি) করিতে দেওয়া (to *accept* one's service); to employ, নিযুক্ত করা (to *accept* in service); to recognize (as competent), (যোগ্য বলিয়া) গ্রহণ করা। *a.* **accep°table**—accept-এর সকল অর্থে, এবং —বাঞ্ছনীয়; মনোরম। *n.* **acceptabi°lity** । *adv.* **accep°tably** । *n.* **accep°tance**—গ্রহণ; সমর্থন; মানিয়া চলা, পালন; স্বীকৃতি; স্বীকার; (কর্মাদি) করিতে দেওয়া; নিয়োগ; গ্রাহ্য করা। *n.* **acceptā°tion**—শব্দাদির বিশেষ বা প্রচলিত অর্থ। *a.* **accep°tėd**—সাধারণ্যে স্বীকৃত বা গৃহীত, প্রচলিত। **accepting house**—হুণ্ডি ভাঙ্গাইবার স্থান। *n.* **accep°tor**—(প্রধানতঃ বিল হুণ্ডি প্রভৃতির) স্বীকারকর্তা বা (পরিশোধার্থ) গ্রহণকর্তা। [L. *acceptare* <*ad-*, *capere*=to take]

access [ak°ses, অ্যাক্°সেস্] *n.* approach, সমীপে গমন, অভিগমন; entrance, প্রবেশ; right or power or means of approach or entrance, অভিগমনের বা প্রবেশের অধিকার বা ক্ষমতা বা উপায়; doorway, দ্বার; passage, পথ; addition, যোগ, বৃদ্ধি; attack, আক্রমণ, প্রকোপ; (fig.) act or power of comprehension, (আল.) উপলব্ধি করা বা অধিগত করা, উপলব্ধি করার বা অধিগত করার ক্ষমতা। *a.* **acce°ssible** । *n.* **accessibi°lity** । *adv.* **acce°ssibly** । [see *accede*]

accessary—alt. spell. of **accessory.**

accessible—see **access.**

accession [ak-se°sh(a)n, অ্যাক্‌সে°শ্‌ন্] *n.* approach, সমীপে গমন, অভিগমন; a coming to an office, etc., গদিপ্রাপ্তি; addition, সংযোজন, বৃদ্ধি; thing added, সংযোজিত বস্তু; assent, সমর্থন; (in law) improvement or natural growth of property, (আইনে) সম্পত্তির প্রসার বা স্বাভাবিক বৃদ্ধি। [see *accede*]

accessory [ak-se°-sa-ri, অ্যাক্‌সে°স্যারি] (**1**) *a.* additional, অতিরিক্ত, উপ-; subsidiary, অন্তর্ভুক্ত, আনুষঙ্গিক; assisting, সহায়ক, সহযোগী; (in law) abetting, (আইনে) দুষ্কর্মে সহযোগী। (**2**) *n.* an additional or subsidiary thing or part, অতিরিক্ত বা আনুষঙ্গিক বস্তু বা অংশ; a thing that assists, সহায়ক বস্তু; (bot.) an additional limb, উপাঙ্গ; (in law) an abettor, (আইনে) দুষ্কর্মে সাহায্যদায়ক ব্যক্তি বা বস্তু। [see *accede*]

accidence [ak°-sid(a) ns, অ্যাক্°সিড্‌ন্‌স্] *n.* the part of grammar dealing with inflexions, শব্দাদির ব্যাকরণগত রূপসম্বন্ধীয় অংশ। [see *accident*]

accident [ak°-sid(a)nt. অ্যাক্°সিড্‌ন্ট্] *n.* an

unexpected or chance incident, অপ্রত্যাশিত বা আকস্মিক ঘটনা, আপতন ; a chance, দৈবযোগ, সহসালব্ধ সুযোগ ; a mishap, (আকস্মিক) দুর্ঘটনা ; a mistake or lapse, (প্রধানতঃ গঠনে বা শিল্পকর্মে) ত্রুটিবিচ্যুতি। **accident insurance**—দুর্ঘটনাজনিত ক্ষতিতে টাকা পাইবার জন্য কৃত বিমা। **by accident**—দৈবক্রমে। **without accident**—নির্বিঘ্নে। *a.* **accidental** [ak-si-den°tl, অ্যাক্‌সিডেন্°ট্‌ল্‌] আকস্মিক, আপতিক ; দুর্ঘটনামূলক। *adv.* **acciden°tally** । [L. *accidere*=to happen]

acclaim [a-klām°, অ্যাক্লেইম্°] (**1**) *v.t.* to hail with loud applause, উচ্চরবে প্রশংসা করা বা সংবর্ধনা করা। (**2**) *n.* a shout of applause, উচ্চ প্রশংসাধ্বনি, জয়ধ্বনি। *n.* **acclamā°tion** । *a.* **accla°matory**—উচ্চরবে প্রশংসাজ্ঞাপক, সংবর্ধনা-সূচক। [L. *acclamare*<see *ad-*, *claim*]

acclimatize [a-klī°-ma-tīz, অ্যাক্লাই°ম্যাটাইজ্] *v.t.* to inure to a new climate, নূতন জলবায়ু সহ্য করিতে অভ্যস্ত করান। *n.* **acclimatizā°tion** । [F. *acclimater*<*a-*, see *climate*]

acclivity [a-kli°-vi-ti, অ্যাক্লি°ভিটি] *n.* an upward slope, (প্রধানতঃ পর্বতের) ক্রমোন্নতি, চড়াই, আরোহ। [L. *ad-*, *clivus*=a slope]

accommodate [a-ko°-ma-dāt. অ্যাক°ম্যাডেইট্] (**1**) *v.t.* to adapt or make suitable, অভ্যস্ত বা উপযোগী করা ; to harmonize, সমন্বয়বিধান করা ; to reconcile, মিটমাট করা ; to comply with, (অনুরোধাদি) রক্ষা করা ; to accept, (কাহারও) দাবি মানিয়া লওয়া ; to find or supply lodging for, বাসস্থান সংগ্রহ করিয়া দেওয়া, নিবাসিত করা ; to entertain, চিত্তবিনোদন করা। (**2**) *v.i.* to agree with or to come to terms, (দাবি) মানিয়া লওয়া, মানাইয়া লওয়া। *p.* & *p. pt.* **acco°mmodāted** । *a.* **acco°mmodāting**—সহজেই মানিয়া বা মানাইয়া লয় এমন ; চিত্তবিনোদক ; অমায়িক। *n.* **accommodā°tion**—accommodate-এর সকল অর্থে, এবং—বিশেষার্থে শব্দাদির ব্যবহার ; স্বাচ্ছন্দ্যবিধান। **accommodation bill**—অধমর্ণ কর্তৃক গৃহীত ঋণের জন্য ভিন্ন ব্যক্তি বা ব্যক্তিগণ কর্তৃক প্রদত্ত জামিন-নামা। **accommodation ladder**—জাহাজে আরোহণ ও জাহাজ থেকে অবতরণের জন্য সিঁড়ি। **accommodation train**—যে রেলগাড়ি সমস্ত বা অধিকাংশ স্টেশনে থামে। *a.* **acco°mmodative**—অভ্যস্ত বা উপযোগী করিয়া লয় এমন ; সমন্বয়-বিধায়ক ; মিটমাট করিয়া লয় এমন ; দাবি মানিয়া লয় এমন ; মানাইয়া লয় এমন ; চিত্তবিনোদক। [L. *accommodare*]

accompany [a-kum°-p(a)ni, অ্যাকাম্°প্‌নি] *v.t.* to go or be in company with, সঙ্গে যাওয়া বা থাকা ; to associate, (কাহারও বা কিছুর) সংসর্গে থাকা, সংসর্গী হওয়া ; to co-exist with, (সচ. অংশরূপে বা লক্ষণরূপে) সহবর্তমান থাকা ; to support with subsidiary music, (সঙ্গীতে) সঙ্গত করা। *n.* **accom°paniment**—সহগমন-কারী ; সঙ্গত। *n.* **accom°panist, accom°panyist**—সঙ্গতবাদক। [*ac-*, see *company*]

accomplice [a-kom°-plis, অ্যাকম্°প্লিস্] *n.* an associate in crime, দুষ্কর্মে সহযোগী। [L. *complicis*=joined, *ac-* possibly from *accomplish*]

accomplish [a-kom°-plish, অ্যাকম্°প্লিশ্] *v.t.* to complete, সম্পূর্ণ করা ; to perform, সম্পাদন করা ; to achieve, (ব্রতাদি) সিদ্ধ করা ; to acquire (cultural qualities), (সাংস্কৃতিক গুণাবলী) অর্জন করা। *a.* **accom°plished**—সাংস্কৃতিক গুণসম্পন্ন, মার্জিতরুচি। *n.* **accom°plishment**—সম্পূর্ণ করা ; সম্পাদন ; সংসাধন ; সাংস্কৃতিক গুণাবলী ; সাংস্কৃতিক গুণাবলী অর্জন। [*ad-*, see *complete*]

accord [a-kaw(r)d°, অ্যাকা(র্)ড্°] (**1**) *v.i.* to agree, একমত হওয়া ; to correspond (to), অনুযায়ী হওয়া ; to be in harmony, সামঞ্জস্যপূর্ণ বা সঙ্গতি-পূর্ণ হওয়া। (**2**) *v.t.* to cause to agree, একমত করা ; to harmonize, সামঞ্জস্যবিধান বা সঙ্গতি-বিধান করা ; to grant, প্রদান করা (to *accord* sanction)। *p.* & *p. pt.* **accor°dėd** । (**3**) *n.* agreement, ঐক্য ; harmony, সামঞ্জস্য ; volition, স্বেচ্ছা (of one's own *accord*) ; (mus. & arts) correspondence in tune colour etc., (সঙ্গীতাদি কলাবিদ্যায়) মিল, সঙ্গতি ; ঐকতান। **in accord with**—(কাহারও বা কিছুর সহিত) ঐক্য সামঞ্জস্য বা মিল বজায় আছে এমন। **of one's own accord**—স্বেচ্ছায়। **out of accord with**—(কাহারও বা কিছুর সহিত) ঐক্য সামঞ্জস্য বা মিল নাই এমন। *n.* **accor°dance**—অনুরূপতা, মিল ; সাদৃশ্য ; সামঞ্জস্য। **in accordance with**—অনুসারে। *a.* **accor°dant**—একমত, অনুযায়ী ; সামঞ্জস্যপূর্ণ ; সদৃশ। *a.* **accor°ding**—অনুযায়ী। **according to**—মতে, মতানুসারে ; অনুসারে ; ধরনে। *adv.* **accor°dingly**—তদনুসারে ; অতএব, ফলে। [OF. *accorder*<L. *ad-*, *cor*, *cordis* =the heart]

accordion [a-kaw(r)°-di-an, অ্যাকা(র্)°ডিঅ্যান্] *n.* a musical instrument, বাদ্যযন্ত্রবিশেষ। [It. —see *accord*]

accost [a-kost°, অ্যাকস্ট্°] (**1**) *v.t.* to go near and address, সমীপবর্তী হইয়া সম্বোধন করা ; to open conversation with, আলাপ শুরু করা। *p.* & *p. pt.* **accos°tėd** । (**2**) *n.* greeting, সম্বোধন ; preamble, ভূমিকা। [OF. *acoster*<L. *ad-*, *costa*=a side]

accouchement [a-koosh°mahn, অ্যাকূশ্°মাঁ] *n.* lying-in, সন্তানপ্রসবার্থ পোয়াতির শয্যায় শয়ন। [F.]

accoucher [a-koo-sha°(r), অ্যাকূশ্যা(র্)°] *n.* যে পুরুষ সন্তান প্রসব করায়। *fem.* **accoucheuse** [a-koo-shaz°, অ্যাকূশ্যাজ্°]। [F.]

account [a-kownt°, অ্যাকাউন্ট্°] (**1**) *v.t.* to reckon, মূল্য হিসাব করা ; to judge, to consider, বিচার করা, বিবেচনা করা। (2) *v.i.* to count, গণনা করা; to maintain or submit a statement of income and expenditure, জমাখরচের হিসাব রাখা বা দেওয়া; to judge, বিচার করা; to answer for (conduct etc.), (আচরণাদির জন্য) কৈফিয়ত দেওয়া; to explain the cause of, কারণ দেখান; to serve as an explanation for, কারণস্বরূপ হওয়া (this *accounts* for his death); to be responsible for, (মৃত্যু পরাজয় প্রভৃতির জন্য) দায়ী হওয়া (his shot *accounted* for a large deer)। *p.* & *p. pt.* **accoun°ted**। (3) *n.* counting, calculation, গণনা; হিসাব, গণিতক; a statement of income and expenditure, আয়ব্যয়ের হিসাব, (পরি.) আয়ব্যয়ক, জমাখরচ; estimation, মূল্য-হিসাব, মূল্যবিচার; a narration or description, বর্ণনা; sake, reason, দরুন, জন্য (on his *account*)। **account current, current account**—ব্যাঙ্কের চলতি আমানত (ইহা হইতে সপ্তাহে যে কয়বার ইচ্ছা টাকা তোলা যায়)। **on account**—মোট পাওনার বা টাকার অংশরূপে (to pay *on account*)। **on account of**—কারণে, দরুন, জন্য। **on no account**—কোন ক্রমেই নয়। **(to) balance** or **square accounts with**—(কাহারও সহিত) দেনা-পাওনা মিটাইয়া লওয়া বা মিটাইয়া দেওয়া। **(to) bring** or **call to account**—কৈফিয়ত দাবি করা; কৈফিয়ত দিতে বাধ্য করান। **(to) make account of**—মূল্য দেওয়া। **(to) settle one's account with**—দেয় অর্থ পরিশোধ করা, দেনা চুকাইয়া ফেলা; (আল.) প্রতিশোধ লওয়া। **(to) take into account**—বিবেচনার বিষয়ীভূত করা; গ্রাহ্য করা। **(to) take no account of**—অগ্রাহ্য করা বা উপেক্ষা করা। **(to) turn to (good** or **bad) account**—(ভাল বা মন্দের) কারণ করিয়া তোলা। **(to) work on one's own account**—নিজ প্রতিষ্ঠানে কর্মে নিযুক্ত থাকা (অর্থাৎ অপর কোন নিয়োগকর্তার অধীনে কাজ না করা)। *a.* **accoun°table**—হিসাব বা কৈফিয়ত দিতে বাধ্য; দায়ী; ব্যাখ্যাসাধ্য। *n.* **accountabi°lity**। *adv.* **accoun°tably**। *n.* **accoun°tancy**—হিসাব বা জমাখরচ রাখার বিদ্যা, গণিতকবিদ্যা। *n.* **accoun°tant**—হিসাবরক্ষক, গাণনিক। *n.* **Accoun°tant-General**—মহাগাণনিক। *n.* **accoun°tantship**। *n.* **accoun°ting**—হিসাবরক্ষণ। [OF. *acconter* < L. *ad-*, *computare* = to reckon]

accoutre [a-koo°-ta(r), অ্যাকূ°ট্যা(র্)] *v. t.* to equip, (প্রধানতঃ রণসজ্জায়) সজ্জিত করা। *n.* (usu. in *pl.*) **accou°trement**—সজ্জা, পোশাক; সৈনিকের অস্ত্রশস্ত্র ও পোশাক ব্যতীত অন্যান্য প্রয়োজনীয় উপকরণ। [F. *accoutrer* (< L. *custos* = guardian ?)]

accredit [a-kre°-dit, অ্যাক্রে°ডিট্] *v.t.* to give credit to, কৃতিত্ব আরোপ করা; to consider as reliable for or capable of, আস্থাভাজন বা সক্ষম বলিয়া বিবেচনা করা; to send out with official credentials and authority, সরকারি ক্ষমতাদি প্রদানপূর্বক প্রেরণ করা, (পরি.) নিসৃষ্ট করা; to ascribe or attribute, (গুণাদি) আরোপ করা; to add to one's account, কাহারও জমার হিসাবে যোগ দেওয়া। *a.* **accre°dited**—(গুণের বা কৃতিত্বের) অধিকারিরূপে স্বীকৃত; আস্থাভাজন বা সক্ষম বলিয়া পরিগণিত; (পরি.) নিসৃষ্ট; সাধারণো গৃহীত, প্রচলিত (*accredited* faith); জমার হিসাবে সংযোজিত। [*a-*, *credit*]

accrescence [a-kre°s(a)ns, অ্যাক্রে°স্‌ন্স্], **accre°tion**—*n.* growth (esp. by organic enlargement), (প্রধানতঃ দৈহিক) বৃদ্ধি, পুষ্টি; (bot.) growing of separate things into one, (উদ্ভি.) একই দেহের অঙ্গ-প্রত্যঙ্গরূপে বৃদ্ধি বা পুষ্টি, (পরি.) উপলেপ। [see *accrue*]

accrue [a-kroo°, অ্যাক্রূ°] *v.i.* to fall (to one, from a thing) as an increment accumulation result or advantage, বৃদ্ধিযুক্ত হওয়া, পুঞ্জিত হওয়া বা জমা, ফল সুবিধা প্রভৃতি রূপে উদ্ভূত হওয়া। *n.* **accru°al**। [OF. *acrewe* < L. *ad-*, *crescere* = to grow]

acculturation [a-kul-char-ā°-sh(a)n, অ্যাকাল্‌চ্যার্‌এই°শ্‌ন্] *n.* process of adopting customs etc. from another civilization, অপর সভ্যতা হইতে প্রথাদি গ্রহণের ধারা বা প্রণালী। [L. *ad-*, *culture*]

accumbent [a-kum°b(a)nt, অ্যাকাম্°বন্ট্] *a.* in a reclining state, অর্ধশয়ান, অর্ধশায়িত। [L. *ad-*, *cumbere* = to lie down]

accumulate [a-kū°-mū-lāt, অ্যাকিউ°মিউলেইট্] (1) *v.t.i.* to pile up or amass, স্তূপাকার বা পুঞ্জিত করা অথবা হওয়া। (2) *v.i.* to increase greatly, অত্যন্ত বৃদ্ধি পাওয়া। *p.* & *p. pt.* **accū°mūlāted**। *n.* **accūmūlā°tion**—পুঞ্জীভবন; পুঞ্জিত রাশি। *a.* **accū°mūlative**—পুঞ্জীভবনশীল। *n.* **accū°mūlātor**—সঞ্চয়কারী; বিদ্যুৎশক্তি সঞ্চয় করিয়া রাখার যন্ত্রবিশেষ। [*ad-*, *cumulate*]

accuracy—see **accurate**.

accurate [a°-kū-rit, অ্যা°কিউরিট্] *a.* exact, যথাযথ; perfectly correct, সঠিক; নিখুঁত। *n.* **a°ccūracy**—যথাযথতা; সঠিকতা; খুঁতশূন্যতা। *adv.* **a°ccūrately**। [L. *accurare* < *ad-*, *cura* = care]

accursed [a-ka(i)°-sid, অ্যাকা্য(র্)°সিড্], **accurst°**—*a.* lying under a curse, অভিশপ্ত; ill-fated, দুর্ভাগা; detestable, জঘন্য। [a_3, see *curse*]

accusal, **accusation**—see **accuse**.

accusative [a-kū°z(a)tiv, অ্যাকিউ°জ্‌টিভ্] *n.* (gr.) a case-ending, (ব্যাক.) দ্বিতীয়া-বিভক্তি। *a.* **accusatival** [a-kūza-tī°v(a)l, অ্যাকিউজ্যাটাই°ভ্‌ল্] দ্বিতীয়া-বিভক্তি-সংক্রান্ত। [see *accuse*]

accuse [a-kūz°, অ্যাকিউজ্°] *v.t.* to bring a charge against, অভিযুক্ত করা; to blame, দোষা-

রোপ করা (to *accuse* a person of an offence) । *a.* **accū°sable** । *n.* **accū°sal**, **accūsā°tion**—অভিযোগ করা ; অভিযোগ, নালিশ । *a.* **accū°satory**—অভিযোগাত্মক । *a.* **accusatorial** [a-kū°za-taw°-ri-al, অ্যাকিউ°জ্যাটা°রিঅ্যাল] অভিযোক্তা-সংক্রান্ত ; অভিযোক্তা ও বিচারক একই ব্যক্তি নহে এমন । **accū°sed**—(**1**) *a.* অভিযুক্ত ; (**2**) *n.* (with *def. art*) অভিযুক্ত ব্যক্তি, আসামী । *n.* **accū°ser**—অভিযোক্তা ; ফরিয়াদি । *adv.* **accū°singly** । [L. *accusare* < *ad-*, *causa* =charge]

accustom [a-kus°-tam, অ্যাকাস্°ট্যাম্] *v.t.* to habituate, অভ্যস্ত করা । *a.* **accus°tomed**—অভ্যস্ত, প্রচলিত । [*a-*, *custom*]

ace [ās, এইস্] *n.* the one in cards or dice, তাসের টেক্কা, পাশার পোয়া ; a single point in some games, কোন কোন খেলায় এক ফোঁটা ; an iota, সামান্যতম পরিমাণ ; a champion, সেরা ব্যক্তি । **within an ace of**—চুল পরিমাণ ব্যবধানে (*within an ace of* death). [L. *as*=unit]

Aceldama [a-kel°-da-ma, অ্যাকেল্°ড্যাম্যা] *n.* a scene of bloodshed or slaughter, (ব্যাপক) রক্তপাতের বা হত্যাকাণ্ডের স্থান । [B.]

acephalous [a-se°-fa-las, অ্যাসে°ফ্যাল্যাস্] *a.* headless, মস্তকহীন । [Gk. *akephalos*—see *cephal*]

acerbate [a°-sa( )-bāt, অ্যা°স্যা(র্)বেইট্] *v.t.* to embitter, তিক্ত করা ; to irritate, উত্ত্যক্ত করা । *p.* & *p. pt.* **a°cerbātėd** । *n.* **acer°bity**—তিক্ততা, কটুতা, কটু স্বাদ ; (আল.) মেজাজের রুক্ষতা । [L. *acerbus*]

acescent [a-ses°-ant, অ্যাসেস্°অ্যান্ট্] *a.* (of milk) turning sour, (দুগ্ধ সম্পর্কে) টকিয়া বা কাটিয়া যায় এমন । [F.]

acetate [a°-si-tit, অ্যা°সিটিট্] *v.t.* to treat with acetic acid, সির্কাম্লদ্বারা জারিত করা । **acetate silk**—কৃত্রিম রেশমবিশেষ । *a.* **a°cėtātėd**—সির্কাম্লদ্বারা জারিত । *a.* **acē°tic**—আম্লিক ; সির্কাম্লসম্বন্ধীয় ; সির্কাম্লযুক্ত । **acetic acid**—সির্কাম্ল । *v.t.i.* **ace°tify**—সির্কাম্লে পরিণত করা বা হওয়া । *n.* **acetificā°tion** । *a.* **a°cėtōse**, **a°cėtous**—আম্লিক, টক । [L. *acetum*=vinegar—cp. *acid*]

acetic, acetify—see **acetate**.

acetone [a°-si-tōn, অ্যা°সিটৌন্] *n.* a colourless chemical liquid, বর্ণহীন রাসায়নিক তরল পদার্থবিশেষ । [see *acetate*]

acetose, acetous—see **acetate**.

acetylene [a-se°-ti-lēn, অ্যাসে°টিলীন্] *n.* a colourless gas having a bright flame, উজ্জ্বল শিখাযুক্ত বর্ণহীন গ্যাসবিশেষ । [see *acetate*]

acharnement [a-sha(r)n°-mŭn, অ্যাশ্যা(র্)ন্°মাঁ] *n.* ferociousness, হিংস্রতা, জিঘাংসা ; gusto, রুচি । [F.]

ache [āk, এইক্] (**1**) *n.* a continuous pain, দীর্ঘস্থায়ী বা অবিরাম বেদনা । (**2**) *v.i.* to be in continuous pain, দীর্ঘস্থায়ী বা অবিরাম বেদনা ভোগ করা । *p.* & *p. pt.* **ā°chėd** । **(to) ache for**—আকুলভাবে আকাঙ্ক্ষা করা । [OE. *aece*(*n.*), *acan* (*v.*)]

achieve [a-chēv°, অ্যাচীভ্°] *v.t.* to attain or realize (an end), (অভীষ্ট) সাধন করা ; to accomplish, সম্পাদন করা ; to earn, অর্জন করা । *a.* **achie°vable** । *n.* **achieve°ment**—সাধন, সম্পাদন, অর্জন ; সাধিত বস্তু, সিদ্ধি ; সম্পাদিত কার্য ; অর্জিত বস্তু ; মহৎ কর্ম, কীর্তি, অবদান । [F. *achever* < LL. *ad caput*=to a head]

Achilles [a-ki°-liz, অ্যাকি°লিজ্] *n.* the great Greek hero in Trojan war, ট্রয় যুদ্ধে গ্রীক পক্ষের শ্রেষ্ঠ বীর । **Achilles' heel, the heel of Achilles**—(আল. কাহারও চরিত্রে) দুর্বল স্থান ।

achromatic [a-krō-ma°-tik, অ্যাক্রোম্যা°টিক্] *a.* free from colour, বর্ণবিরহিত, (পরি.) অবার্ণ ; transmitting light without decomposing it, বর্ণবিকৃতি না ঘটাইয়া আলো ভেদ করিতে সক্ষম । [*a-*, see *chrome*]

acicular [a-si°-kū-la(r), অ্যাসি°কিউল্যা(র্)] *a.* needle-shaped, সূচ্যাকার । [L. *acicula*=a small needle]

acid [a°-sid, অ্যা°সিড্] (**1**) *n.* a sour substance, অম্ল, অ্যাসিড । (**2**) *a.* sour, আম্লিক, অম্লযুক্ত, অম্ল-ঘটিত (*acid* taste) । **acid drops**—টক-মিষ্টি লেবেনচুষ । **acid salt**—অম্ললবণ । **acid test**—রাসায়নিক প্রক্রিয়ায় অম্লযোগে স্বর্ণাদির পরীক্ষা, প্রকৃতি-পরীক্ষা ; (আল.) মূল্যায়নের নিমিত্ত কঠোর পরীক্ষা, অগ্নিপরীক্ষা । *v.t.* **aci°dify**—অম্লে পরিণত করা ; টকান । *n.* **acidificā°tion** । *n.* **aci°difier** । *n.* **acidi°mėter**—অম্লত্ব-পরিমাপক যন্ত্রবিশেষ । *n.* **acidō°sis**—রক্তে অম্লাধিক্যজনিত রোগবিশেষ । *n.* **aci°dity**—আম্লিকতা, অম্লত্ব ; অম্বলের রোগ । *v.t.* **aci°dūlāte**—ঈষৎ অম্লযুক্ত করা । *p.* & *p. pt.* **aci°dūlātėd** । *a.* **aci°dūlous**—ঈষদম্ল । [L. *acidus*=sour]

ack-ack [ak°-ak°, অ্যাক্°-অ্যাক্°] coll. contr. of **anti-aircraft.**

acknowledge [ak-no°-lij, অ্যাক্ন°লিজ্] *v.t.* to admit truth or validity of, সত্যতা বা সারবত্তা স্বীকার করা ; to recognize (authority), মানিয়া চলা ; to express gratitude for or appreciation of, কৃতজ্ঞতাস্বীকার করা বা মূল্যস্বীকার করা (to *acknowledge* one's merits) ; to own receipt of, প্রাপ্তিস্বীকার করা । *n.* **acknow°ledg(e)ment**— acknowledge-এর সকল অর্থে এবং—রসিদ, প্রাপ্তিস্বীকারপত্র । [OE. a_3, see *knowledge*]

acme [ak°-mi, অ্যাক্°মি] *n.* the top or the highest point, চূড়া, সর্বোচ্চ স্থান ; culmination, পূর্ণ পরিণতি । [Gk. *akme* < *ake*=a point]

acne [ak°-ni, অ্যাক্°নি] *n.* a disease marked by pimples, ব্রণরোগ ; a pimple, ব্রণ । [Gk. *akme* ?]

acock [a-kok°, অ্যাকক্°] *adv.* in a cocked fashion, (টুপি-সম্বন্ধে) সামনের দিকের এক পাশের কানা টানিয়া দিয়া। [a_3, *cock*]

acolyte [a°-kŏ-līt, অ্যা°কোলাইট্] *n.* a subordinate church officer, খ্রিস্টীয় গির্জার অধস্তন কর্মচারী বা উপাসক ; an attendant or assistant, সঙ্গী বা সহকারী। [Gk. *akolouthos* = an attendant]

aconite [a°-kŏ-nīt, অ্যা°কোনাইট্] *n* a poisonous plant or its poison, কুচিলা। [L. *aconitum*—cp. Gk. *akoniton*]

acorn [ā°-kaw(r)n, এই°ক্য(র্)ন্] *n.* the fruit of the oak, ওক-বৃক্ষের ফল। [OE. *æcern*]

acotyledon [a-ko-ti-lē°d(a)n, অ্যাকটিলী°ড্‌ন্] *n.* (bot.) a plant having no distinct seed-lobes, (উদ্ভি.) অবীজপত্রী। [Mod. L. *acotyledonēs* < Gk. *a* = not, *kotuledon* = cup-shaped hollow]

acouchy [a-kōō°-shi, অ্যাকূ°শি] *n.* a small rodent, ইঁদুরজাতীয় তীক্ষ্নদন্ত ক্ষুদ্র প্রাণী। [F. *acouchi*]

acoustics [a-kōōs°-tics, অ্যাকূস্°টিক্‌স্] *n.* (used as *sing.*) the science of sound, শব্দবিজ্ঞান ; (as *pl.*) properties or arrangements of hearing, শ্রবণশক্তি, শ্রবণযোগ্য করার ব্যবস্থা। *a.* **acous°tic(al)**—শব্দবিজ্ঞান বা শ্রবণশক্তি সম্বন্ধীয়। [Gk. *akoustikos* < *akouein* = to hear]

acquaint [a-kwānt°, অ্যাকোয়েইন্ট্°] *v.t.* to introduce, পরিচিত করান বা আলাপ করান ; to make aware of, to inform, অবগত করান, জ্ঞাপন করা। *p.* & *p. pt.* **acquain°tėd**। **(to) be acquainted with**—পরিচিত থাকা ; অবগত থাকা। *n.* **acquain°tance**—(স্বল্প) পরিচয় ; অবগতি ; (স্বল্প) পরিচিত ব্যক্তি। **a bowing** or **nodding acquaintance**—যৎসামান্য পরিচয় (যাহাতে হঠাৎ দেখা হইলে ঈষৎ মাথা নাড়িয়া নমস্কার জানানোর অধিক ভদ্রতার প্রয়োজন থাকে না)। **(to) make one's acquaintance with, (to) make acquaintance of**—পরিচিত হওয়া। **upon further acquaintance**—পরিচয় আরও কিছুটা পুরাতন হইবার পর। *n.* **acquain°tanceship**—(স্বল্প) পরিচিতি। [OF. *acointer* < LL. *accognitare* = to know thoroughly]

acquiesce [a-kwi-es°, অ্যাকুইএস্°] *v.i.* to agree or accept tacitly, মৌনসম্মতি দেওয়া, নীরবে মানিয়া লওয়া। *p.* & *p. pt.* **acquie°sced**। *n.* **acquie°scence**—মৌনসম্মতি, নীরব বশ্যতা। *a.* **acquie°scent**—মৌনসম্মতিপূর্ণ বা নীরব বশ্যতাপূর্ণ ; মৌনসম্মতি দেয় বা নীরবে বশ্যতা স্বীকার করে এমন। [L. *acquiescere* < *ad*-, *quies* = rest]

acquire [a-kwī(r)°, অ্যাকোয়াইয়্যা(র্)°] *v.t.* to earn, অর্জন করা ; to collect for one's own self, নিজের জন্য সংগ্রহ করা। *a.* **acquīr°able**। **acquīred°**—সংসর্গ অভ্যাস প্রভৃতির দ্বারা লব্ধ অর্থাৎ জন্মগত বা স্বভাবগত নহে, স্বোপার্জিত (*acquired* character or taste)। *n.* **acquīre°ment, acquisition** [a-kwi-zi°-sh(a)n, অ্যাকুইজ়ি°-শন্] অর্জন, স্বোপার্জন ; অর্জিত দ্রব্য। *a.* **acquisitive** [a-kwi°-zi-tiv, অ্যাকুই°জ়িটিভ্] অর্জনেচ্ছু ; অর্জনক্ষম। [OF. *acquerre* < L. < *ad*-, *quaerere* = to seek]

acquit [a-kwit°, অ্যাকুইট্°] *v.t.* to set free by pronouncing not guilty, বেকসুর খালাস দেওয়া ; to repay (a debt) (ঋণ) পরিশোধ করা ; to discharge (oneself of a duty, etc.), (কর্তব্যাদি) পালন করা ; to prove oneself, নিজেকে প্রতিপন্ন করা। *pr. pt.* **acqui°tting** ; *p.* & *p. pt.* **acqui°ttėd**। *n.* **acqui°ttal**—বেকসুর খালাস ; (ঋণ) পরিশোধ ; (কর্তব্যাদি) পালন ; নিজেকে প্রতিপাদন। *n.* **acqui°ttance**—(সম্পূর্ণ) ঋণপরিশোধ ; (সম্পূর্ণ) ঋণপরিশোধের রসিদ, ঋণমুক্তি-পত্র। **acquittance roll**—(প্রধানতঃ সাম.) কর্মচারীদের বেতন ও অন্যান্য পরিশোধ্য দেনার হিসাব-তালিকা। [OF. *aquiter* < L. *ac*-, see *quit*]

acre [ā°-ka(r), এই°ক্যা(র্)] *n.* a measure of land, জমির ৪৮৪০ বর্গগজ পরিমিত মাপবিশেষ ; (fig.) landed property, agricultural lands, (আল.) ভূসম্পত্তি, খেত বা জমি। *n.* **ā°creage**—মোট ভূসম্পত্তির বা খেতের পরিমাণ। [OE. *aecer*]

acrid [ak°-rid, অ্যাক্°রিড্] *a.* bitterly pungent, অতিশয় কটু। *n.* **acri°dity**। [L. *acer*, *acris* = sharp]

acrimony [ak°-ri-ma-ni, অ্যাক্°রিম্যানি] *n.* bitterness of temper, manner, language, etc., মেজাজ আচরণ ভাষা প্রভৃতির রুক্ষতা। *a.* **acrimō°nious**—বদমেজাজি। [L. *acrimonia* = sharpness]

acrobat [ak°-rŏ-bat, অ্যাক্°রোব্যাট্] *n.* a rope-dancer, দড়াবাজিকর ; a gymnast, ব্যায়ামবিদ্, মল্ল ; one who frequently changes his party or opinion, ঘন ঘন দল বা মত পরিবর্তনকারী। *a.* **acrŏba°tic**—দড়াবাজি বা মল্লক্রীড়া সম্বন্ধীয় ; ঘন ঘন দল বা মত পরিবর্তন করে এমন। *n. pl.* **acrŏba°tics**—দড়াবাজি ; মল্লক্রীড়া। *adv.* **acrŏba°tically**। *n.* **ac°rŏbatism**—দড়াবাজি বা মল্লক্রীড়া ; লঘুপদে সঞ্চরণ ; ক্রমাগত দল বা মত পরিবর্তন। [F. *acrobate* < Gk. *akrobatos* = climbing aloft]

acronym [a-kro°-nim, অ্যাক্র°নিম্] *n.* a word formed from the initial letters of other words, অন্য শব্দের আদ্যক্ষর দ্বারা গঠিত শব্দ (e.g. Nato, radar, etc.)। [*acro*-, Gk. *onoma* = name]

acropetal [a-kro°-pitl, অ্যাক্র°পিট্‌ল্] *a.* growing up from below upwards, মূলদেশ হইতে ক্রমশঃ ঊর্ধ্বদিকে বৃদ্ধিশীল, অগ্রোন্মুখ। [Gk. *akron* = tip, end, L. *petere* = to seek]

acrophobia [a-kro-fō°-bia, অ্যাক্রফৌ°বিঅ্যা] *n.* great fear of heights, উচ্চতা সম্পর্কে ভীষণ আতঙ্ক

বা ভীতি। [Gk. *acros*=topmost, *phobos*=dread]

acropolis [a-kro°-pa-lis, অ্যাক্র°প্যালিস্] *n.* a Grecian citadel, গ্রীসের নগরদুর্গ। [Gk. *akros*=highest, *polis*=a city]

across [a-kros°, অ্যাক্রস্°] *adv.* & *prep.* crosswise, ক্রুশাকারে; from one side to another, আড়াআড়িভাবে এপার হইতে ওপারে (to go *across* the road); on the other side of, অপর পারে (*across* the Atlantic); face to face with, সম্মুখীন (to come *across* a tiger)। **across from**—বিপরীতে, উলটা দিকে। [a_3, *cross*]

acrostic [a-kros°-tic, অ্যাক্রস্°টিক্] *n.* a kind of versified riddle, ছন্দোবদ্ধ ধাঁধাবিশেষ, চিত্রকাব্য। [Gk. *akros*=extreme, *stichos*=a line]

act [akt, অ্যাক্ট্] (1) *v.i.* to behave, আচরণ করা; to influence, প্রভাবিত করা; to play a role, অভিনয় করা; to feign, ভান করা; to work as a representative, প্রতিনিধিরূপে কার্য করা। (2) *v. t.* to personate, ভূমিকায় অভিনয় করা (to *act* Hamlet); to imitate, অনুকরণ করা (to *act* a fool); to represent, প্রতিনিধিত্ব করা। *p.* & *p. pt.* **ac°ted**। (3) *n.* doing, কর্মানুষ্ঠান; a thing done, কর্ম; behaviour, আচরণ; a law, আইন, বিহিতক, অধিনিয়ম; a division or chapter of a drama, নাটকের অঙ্ক। **Act of God**—(ঝড় বন্যা ভূমিকম্প প্রভৃতি) দৈবদুর্বিপাক। **act of grace**—বদান্যতাবশতঃ প্রদত্ত বস্তু বা সাহায্য অথবা কৃত কর্ম, পরমানুগ্রহ। **Acts (of the Apostles)**—বাইবেলের পুস্তকবিশেষ; ইহাতে খ্রিস্টের শিষ্যদের প্রচারকার্য বর্ণিত হইয়াছে, শিষ্যচরিত। **(to) put on an act**—(স্বকার্যসাধনার্থ) ভান করা। **(to) act as**—কোন-কিছু রূপে কাজ করা (to *act as* an agent)। **(to) act on, to act upon**—প্রভাবিত করা; ক্রিয়াশীল হওয়া, কাজ করা (this medicine *acts upon* the heart); কোন কিছুর অনুসারে কাজ করা (to *act upon* a suggestion, advice, etc.)। **(to) act up to**—কোন-কিছুর পক্ষে যথোচিত কাজ করা (to *act up to* one's reputation)। **ac°ting**—(1) *n.* অভিনয়; ভান; (2) *a.* সাময়িকভাবে স্থলাভিষিক্ত, বদলি, (পরি.) স্থানাপন্ন। [L. *agere*=to do]

actinic—see **actinism**.

actinism [ak°-ti-nizm, অ্যাক্°টিনিজ্‌ম্] *n.* the chemical action of radiant energy, সূর্যরশ্মির যে শক্তির সাহায্যে (ফটোগ্রাফি প্রভৃতিতে) রাসায়নিক পরিবর্তন সাধিত হয়। *a.* **acti°nic**—উক্ত শক্তিগত। **actinic rays**—যে রশ্মিমালায় লক্ষণীয় রাসায়নিক (বিশেষতঃ অতিবেগনী) ক্রিয়া দৃষ্ট হয়। [Gk. *akits*=ray]

action [ak°sh(a)n, অ্যাক্°শ্‌ন্] *n.* doing, কাজ করা; deed, activity, কর্ম, ক্রিয়া; behaviour, আচরণ; process of acting, প্রক্রিয়া; exertion of energy, কর্মশক্তির প্রয়োগ; a lawsuit, মকদ্দমা; (in a drama or novel) movement of events, (নাটকাদিতে) ঘটনাপ্রবাহ। **action station**—আসন্ন লড়াইয়ের পূর্বমুহূর্তে সৈনিকেরা যে স্থানে থানা দেয়। **(to) bring** or **call into action**—কাজে লাগান (to *bring* the reserve forces *into action*)। **killed in action**—যুদ্ধে নিহত। **(to) put** or **set into action**—(যন্ত্র গাড়ি প্রভৃতি) চালু করা। **(to) put out of action**—(যন্ত্র গাড়ি প্রভৃতির) কাজ বন্ধ করান, অচল করা। *a.* **ac°tionable**—অভিযোগ্য, বিরুদ্ধে নালিশ করার যোগ্য। [see *act*]

active [ak°-tiv, অ্যাক্°টিভ্] *a.* in operation, সক্রিয়, চালু (*active* forces); given to action, কর্মশীল (an *active* man); industrious or nimble, পরিশ্রমী বা চটপটে (*active* habits); practical and not merely speculative, কর্মময় বা ব্যবহারিক অর্থাৎ কেবল কল্পনাময় নহে এমন (*active* life or thoughts); military, fighting, সামরিক যোদ্ধ-; (gr.) of that voice in which the subject of the verb represents the doer, (ব্যাক.) কর্তৃবাচ্যীয় (*active* voice)। **active list**—পূর্ণবেতনপ্রাপ্ত সৈনিকদের তালিকা। **active service**—সমরকালে বা সমরক্ষেত্রে সৈনিকদের কর্ম বা চাকরি। *adv.* **ac°tively**। *n.* **ac°tiveness**। *v.t.* **ac°tivāte**—সক্রিয় বা কর্মতৎপর করা; কর্মশক্তি প্রদান করা। *p.* & *p. pt.* **ac°tivātėd**। *n.* **activā°tion**। *n.* **ac°tivist**—(রাজনৈতিক আন্দোলনাদিতে) সক্রিয় অংশগ্রহণকারী। *n.* **acti°vity**—সক্রিয়তা; কর্মতৎপরতা; (in *pl.*) ক্রিয়াকলাপ। *v.t.* **ac°tivīze** (জীব.) প্রাণযুক্ত করা; প্রাণবন্ত করা। [see *act*]

actor [ak°-ta(r), অ্যাক্°ট্যা(র্)] *n.* a dramatic performer, অভিনেতা, নট; (rare) a doer, (বিরল) কর্মের কর্তা। *fem.* **ac°trėss**—অভিনেত্রী, নটী। [see *act*]

actual [ak°-tū(a)l, অ্যাক্°টিউ(অ্যা)ল্, ak°chū(a)l, অ্যাক্°চিউ(অ্যা)ল্] *a.* existing in fact, real, বাস্তব, সত্য; exact, যথার্থ, যথাযথ; current, বর্তমান। *n.* **ac°tūalist**—বাস্তববাদী। *n.* **actūa°lity**। *v.t.* **actualize** [ak°-tū-a-līz, অ্যাক্°টিউঅ্যালাইজ্] বাস্তবে পরিণত করা; কার্যকর করা। *n.* **actūalīza°tion**। *adv.* **ac°tūally**। [F. *actuel* < LL. *actualis*]

actuary [ak°-tū-a-ri, অ্যাক্°টিউঅ্যারি, ak°-chū-a-ri, অ্যাক্°চিউঅ্যারি] *n.* an expert in insurance accounts, বিমা-সংক্রান্ত হিসাবে দক্ষ ব্যক্তি, বিমা-পরতালক, বিমা-গাণনিক। *a.* **actūa°rial**—বিমাসংক্রান্ত হিসাবগত। [L. *actuarius*=a clerk]

actuate [ak°-tū-āt, অ্যাক্°টিউএইট্, ak°-tū-āt, অ্যাক্°চিউএইট্] *v.t.* to put into or incite to action, সক্রিয় করা, কর্মপ্রেরণা দেওয়া। *p.* & *p. pt.* **ac°tūātėd**। *n.* **actūā°tion**। [see *act*]

acuity [a-kū°-i-ti, অ্যাকিউই°টি] *n.* sharpness, তীক্ষ্ণতা। [see *acute*]

aculeate [a-kū°-li-āt, অ্যাকিউ°লিএইট্] *a.* (bot.) prickly, (উদ্ভি.) কাঁটার ন্যায় বিদ্ধ করে এমন : (zoo.) stinged, (প্রাণি.) হুলযুক্ত। [L. *aculeatus*]

acumen [a-kū°-men, অ্যাকিউ°মেন্] *n.* keen discernment, সূক্ষ্ম বিচারশক্তি বা বুদ্ধি। **acū°mināte**—(1) *v.t.* (প্রধানতঃ বুদ্ধিতে) শান দেওয়া ; *p.* & *p. pt.* **acū°minātėd ;** (2) *a.* (উদ্ভি.) ক্রমসূক্ষ্ম, (পরি.) দীর্ঘাগ্র। *n.* **acūminā°tion**। [L.=a point]

acupuncture [a-koo-pung(k)°-cha(r), অ্যাকিউ-পাং°চা(র্)] *n.* (med.) pricking or puncturing of the living tissues with needles for cure of disease, চিকিৎসার্থে মানবদেহের কলাসমূহ সূক্ষ্ম সূচ দ্বারা বিদ্ধকরণ ; চিকিৎসা-পদ্ধতিবিশেষ। [L. *acus*=needle, *puncture*]

acute [a-kūt°, অ্যাকিউট্°] *a.* sharp, piercing, তীক্ষ্ণ, বেধক ; keen or penetrating, (বুদ্ধি দৃষ্টি প্রভৃতি সম্বন্ধে) সূক্ষ্ম বা গভীর বা ভেদক ; (of disease) moving to a crisis, (রোগ-সম্বন্ধে) বিষম, জটিল অবস্থায় উপনীত ; (of pains) cutting, (বেদনা-সম্বন্ধে) তীব্র ; (geom.) less than one right angle, (জ্যামি.) এক সমকোণের বা ৯০ ডিগ্রীর কম (*acute* angle)। **acute accent**—e-র মাথায় ´-চিহ্ন (e.g. café)। **acute disease**—সাধারণ ব্যাধি (অর্থাৎ পুরাতন ব্যাধি নয়)। *adv.* **acūte°ly**। *n.* **acūte°nėss**। [L. *acuere*=to sharpen]

A.D. [ā°-dē°, এই°ডী°] contr. of **anno Domini.**

ad [ad, অ্যাড্] *n.* (coll.) advertisement, (কথ্য.) বিজ্ঞাপন।

adage [a°-dij, অ্যা°ডিজ্] *n.* a proverb, প্রবাদ-বাক্য, প্রবচন। [F.<L. *adagium*<*ad-*, *aio*=I say]

adagio [a-dŭ°-ji-ō, অ্যাডা°জিও] (1) *adv.* (mus.) with a slow movement, (সঙ্গীতে) ঢিমাতালে। (2) *a.* slow-moving, ঢিমা। (3) *n.* a slow movement, ঢিমা তাল। [It.]

Adam [a°-dam, অ্যা°ড্যাম্] *n.* the first man, বাইবেল-অনুসারে প্রথম বা আদি নর, আদম। **Adam's ale** or **wine**—জল। **Adam's apple**—কণ্ঠা, কণ্ঠমণি। **Adam's bridge**—সেতুবন্ধ। *n.* **A°damīte**—আদম-বংশধর ; নগ্ন নর ; নাঙ্গা সন্ন্যাসী। [B.]

adamant [a°da-mant, অ্যা°ড্যাম্যান্ট্] *n.* an imaginary substance impenetrably hard, অভেদ্য ও কঠিন কল্পিত পদার্থবিশেষ : (obs.) diamond, (অপ্র.) হীরক ; (fig.) a stubborn person, (আল.) যে ব্যক্তি বশ মানে না, গোঁয়ার। *a.* **adaman°tīne**—অভেদ্য ও কঠিন ; বশ মানে না এমন ; গোঁ-ধরা। [OF. *adamaunt*<Gk. *admas*=untamable]

Adamite—see **Adam.**

adapt [a-dapt°, অ্যাডাপ্ট্°] *v.t.* to make fit or suitable, মানাইয়া বা উপযোগী করিয়া লওয়া। *p.* & *p. pt.* **adap°tėd**। *a.* **adap°table**। *n.* **adaptabi°lity**। *n.* **adaptā°tion**—(পরি.) অভিযোজন ; অভিযোজিত বস্তু। *n.* **adap°ter, adop°tor**—উপযোজনকারী ; উপযোজক বস্তু ; যে কার্যে ব্যবহারের জন্য যন্ত্রাদি নির্মিত হইয়াছে, তদ্ভিন্ন কোন কাজে ঐ যন্ত্র ব্যবহারের জন্য সহায়ক যন্ত্রাংশবিশেষ। *a.* **adap°tive**—উপযোগী করিতে পারা যায় এমন। [F. *adapter*<L. *ad-*, *aptare*=to fit]

add [ad, অ্যাড্] (1) *v.t.* to join or annex or unite, সংযোজিত করা বা একত্র করা ; to say further, আরও বলা ; (math.) to sum up, (গণি.) যোগ দেওয়া, সংকলন করা। (2) *v.i.* to find the sum of, যোগফল বাহির করা। *p.* & *p. pt.* **a°ddėd**। **(to) add in**—(কথা লেখা প্রভৃতির মধ্যে) জুড়িয়া দেওয়া। **(to) add to**—বৃদ্ধি করা, বাড়ান। **(to) add up**—(বিভিন্ন সংখ্যা) যোগ দেওয়া। **(to) add up to**—যোগ দেওয়ার ফলে মোট পরিমাণ হওয়া ; (কথ্য.) মোদ্দা অর্থ বোঝান। *n.* see **addition**। [L. *ad-*, *dare*=to put]

addendum [a-den°dam, অ্যাডেন্°ড্যাম্] *n.* thing to be added, অভিযোজ্য বস্তু ; appendix, পরিশিষ্ট। *pl.* **adden°da**। [see *add*]

adder [a°da(r), অ্যা°ড্যা(র্)] *n.* a small viper, ক্ষুদ্রকায় বিষধর সর্পবিশেষ। [OE. *nædre*]

addict [a-dikt°, অ্যাডিক্ট্°] *v.t.* to devote passionately and habitually to, (সচ. মন্দ কিছুতে, অত্যাসক্তভাবে অভ্যস্ত হওয়া)। *n.* **a°ddict**—(মন্দ) অভ্যাসের প্রতি আসক্ত ব্যক্তি। *a.* **addic°tėd**—অত্যাসক্ত। *n.* **addic°tion**। *a.* **addic°tive**—আসক্তি বা নেশা জন্মায় এমন। [L. *ad-*, *dicere*=to declare]

addition [a-di°sh(a)n, অ্যাডি°শ্ন্] *n.* adding, সংযোজন বা একত্রীকরণ ; thing added, সংযুক্ত বস্তু ; (math.) process of summing up, (গণি.) সঙ্কলন, যোগ। **in addition to**—তদতিরিক্ত। *a.* **addi°tional**—সংযোজিত ; অতিরিক্ত ; (পরি.) অপর। **additive**—(1) *a.* যোগ করিতে হইবে এমন ; (2) *n.* বিশেষ উদ্দেশ্যে সংযোজনের বস্তু (food *additives*)। [see *add*]

addle [ad°l, অ্যাড্°ল্] (1) *a.* producing no chicken, বাওয়া (an *addle* egg) : unproductive, নিষ্ফলা ; putrid, পচা ; muddled, ঘোলা, dull, স্থূলবুদ্ধি। (2) *v.t.i.* to make or become muddled, ঘোলা করা বা হওয়া ; to make or become confused, বিভ্রান্ত করা বা হওয়া। *a.* **add°le-brained, add°le-headėd, add°le-pātėd**—স্থূলবুদ্ধি। *n.* **add°le-head**—স্থূলবুদ্ধি ব্যক্তি। *a.* **add°led**—ঘোলা। [OE. *adela*=mud]

address [a-dres°, অ্যাড্রেস্°] (1) *v. t.* to direct in speech or writing, উদ্দেশ করিয়া বলা বা লেখা ; to inscribe directions upon, ঠিকানা লেখা। *p.* & *p. pt.* **addre°ssėd**। (2) *n.* deportment, আচরণ ; skill, দক্ষতা ; act or process of directing in speech or writing, সম্বোধন ; a speech,

ভাষণ, অভিভাষণ, বক্তৃতা ; directions for delivery of letters, etc., পত্রাদির ঠিকানা ; whereabouts of a person, লোকের ঠিকানা। **(to) address oneself to**—কার্যাদিতে নিরত হওয়া। *n.* **addressee°**—পত্রাদির প্রাপক। [F. *adresser* <LL. *ad-, drictiare*=to direct—cp. *dress, direct*]

adduce [a-dūs°, অ্যাডিউস্°] *v.t.* to cite as a proof or precedent, প্রমাণ বা নজির স্বরূপ উল্লেখ করা। *p. & p. pt.* **addū°ced** । [L. *ad-, ducere* =to bring]

adducent—see **adduct.**

adduct [a-dūkt°, অ্যাডাক্ট্°] *v.t.* (of muscles) to draw together inwardly to a common centre, (মাংসপেশী-সম্বন্ধে) অন্তর্মুখে সমকেন্দ্রের দিকে একত্রে টানিয়া আনা। *p. & p. pt.* **adduc°ted** । *a.* **adducent** [a-dū°s(a)nt, অ্যাডিউ°স্ন্ট্] অন্তর্মুখে সমকেন্দ্রের দিকে আকর্ষণ করে এমন, সমান্তঃকেন্দ্রাভিকর্ষী। *n.* **adduc°tion** । [see *adduce*]

adenoids [a°-di-noydz, অ্যা°ডিনয়্ড্জ্] *n. pl.* tissues between the back of the nose and throat, গলরসগ্রন্থি (also **adenoid glands**)। [Gk. *adenes*=gland]

adept [a°-dept, অ্যা°ডেপ্ট্] (**1**) *a.* thoroughly skilled, সুদক্ষ। (**2**) *n.* a thoroughly skilled person, সুদক্ষ ব্যক্তি। [L. *adeptus*<*adipisci*= to attain]

adequacy—see **adequate.**

adequate [a°-di-kwit, অ্যা°ডিক্যুইট্] *a.* sufficient, পর্যাপ্ত, যথেষ্ট ; (rare) profuse, প্রচুর। *adv.* **a°dequately** । *n.* **a°dequateness, a°dequacy** । [L. *ad-, acquare*=to make equal]

a deux [ŭ-da(r)°, আড্যা(র্)°] *adv. & a.* for two, দুজনের জন্য ; between two, দুজনের মধ্যে। [F.]

adhere [ad-hē(r)°, অ্যাড্‌হিয়্যা(র্)°] *v. t.* to stick fast, আঁটিয়া লাগিয়া থাকা, আসক্তিত হওয়া ; to cleave (to a party, doctrine, etc.), (দল মত প্রভৃতির প্রতি) অনুগত থাকা। *n.* **adhēr°ence**—আসঞ্জন ; আনুগত্য ; (পরি.) অনুষঙ্গ। **adhēr°ent**—(**1**) *a.* আসঞ্জিত, লিপ্ত ; অনুগত ; (**2**) *n.* আসঞ্জিত বস্তু ; অনুগামী জন। *n.* **adhēr°er**—আসঞ্জিত বস্তু ; অনুগামী জন। [L. *ad-, haerere*=to stick]

adhesion [ad-hē°z(a)n, অ্যাড্‌হী°জ্ন্] *n.* adherence, আঁটিয়া লাগিয়া থাকা, আসঞ্জন, আনুগত্য। **adhe°sive**—(**1**) *a.* আসঞ্জনশীল ; আঠাল, চটচটে ; (**2**) *n.* আঠা, আঠাল পদার্থ। *n.* **adhē°siveness**—আঠাল বা চটচটে ভাব। [see *adhere*]

adhibit [ad-hi°-bit, অ্যাড্‌হি°বিট্] *v. t.* to affix or attach, ছাপ দেওয়া বা আঁটিয়া দেওয়া ; to apply, প্রয়োগ করা। *p. & p. pt.* **adhi°bited** । *n.* **adhibi°tion** । [L. *ad-, hibere*=to hold]

ad hoc [ad-hok°, অ্যাড্‌হক্°] *ph.* for this special purpose, এই বিশেষ উদ্দেশ্যে, (পরি.) তদর্থক। [L.]

adiabatic [a-di-a-ba°-tik, অ্যাডিঅ্যাব্যাটিক্] *a.* impassable to heat, তাপাভেদ্য, রুদ্ধতাপ। [Gk. *adiabatos*]

adieu [a-dū°, অ্যাডি°উ] *int.* farewell greeting, তোমাকে ভগবানের হাতে সমর্পণ করিলাম : এই বিদায়-সম্ভাষণ। [F.<*a-*=to, *Dieu*=God]

ad infinitum [ad in-fi-nī°-tam, অ্যাড্ ইন্‌ফিনাই°-ট্যাম্] *ph.* up to infinity, for ever, অনন্তকাল পর্যন্ত, চিরকালের জন্য। [L.]

ad interim [ad in°-te-rim, অ্যাড্ ইন্°টেরিম্] *ph.* for the meantime, মধ্যকালীন, অন্তর্বর্তীকালীন। [L.]

adipose [a°-di-pōs, অ্যা°ডিপৌস্] (**1**) *a.* fatty, মেদজ, মুটাইয়া যাওয়ার মত। (**2**) *n.* animal fat. জান্তব চর্বি, মেদ। [L. *adeps*]

adit [a°-dit, অ্যা°ডিট্] *n.* an entrance, (সচ. খনির) সুড়ঙ্গপথ। [L. *aditus*<*ad-, ire*=to go]

adjacent [a-jā°s(a)nt, অ্যাজেই°স্ন্ট্] *a.* lying near, সন্নিহিত ; contiguous, সংলগ্ন, পার্শ্ববর্তী ; (geom.) having an arm common, (জ্যামি.) একটি সাধারণ ভুজবিশিষ্ট, সন্নিহিত (*adjacent* angle)। **adjacent to**—(কিছুর) সন্নিহিত বা সংলগ্ন বা পার্শ্ববর্তী। *n.* **adjā°cency**—সন্নিহিত অবস্থা। *adv.* **adjā°cently** । [L. *ad-, jacere*=to lie]

adjective [a°-jik-tiv, অ্যা°জিক্টিভ্] (**1**) *n.* (gr.) a word that qualifies a noun, বিশেষণ ; a subsidiary rule, আইনের ধারা (usu. **Law Adjective**) ; an attribute, গুণবাচক শব্দ। (**2**) *a.* additional, অতিরিক্ত ; subsidiary, অন্তর্ভুক্ত, উপ- ; qualifying, গুণবাচক। *a.* **adjectī°val**—বিশেষণিক। [L. *ad-, jacere*=to throw]

adjoin [a-joyn°, অ্যাজয়্ন্°] *v.t.* to join or unite, সংযুক্ত বা সংলগ্ন করা ; to make or be contiguous with, (কিছুর) সন্নিহিত করা বা হওয়া। *a.* **adjoi°ning**—সংযুক্ত, সংলগ্ন ; সন্নিহিত। [*ad-, join*]

adjourn [a-ja(r)n°, অ্যাজ্যা(র্)ন্°] *v.t.i.* to put off or break off for later resumption, স্থগিত বা মুলতবি রাখা অথবা হওয়া। *n.* **adjourn°ment** । [OF. *ajorner*<LL. *adjurnare*=to appoint a day]

adjudge [a-juj°, অ্যাজাজ্°] *v.t.* to decide judicially, বিচারপূর্বক স্থির করা বা রায় দেওয়া। *n.* **adjudg(e)°ment** । [*ad-, judge*]

adjudicate [a-joo°-di-kat, অ্যাজু°ডিকেইট্] *v.t.i.* to adjudge, বিচারপূর্বক স্থির করা বা রায় দেওয়া। *p. & p. pt.* **adju°dicāted** । *n.* **adjudicā°tion**—বিচারপূর্বক রায়দান ; রায় ; বিচার ; আদালত কর্তৃক কাহাকেও দেউলিয়া বলিয়া ঘোষণা। *n.* **adju°dicātor** । [L. *adjudicare*]

adjunct [a°-jung(k)t, অ্যা°জাংট্] *n.* a subsidiary thing, আনুষঙ্গিক (কিন্তু অংশস্বরূপ নাও হইতে পারে এমন) বস্তু ; (gr.) amplification of the subject. predicate, etc., (ব্যাক.) উদ্দেশ্য বিধেয় প্রভৃতির

সম্প্রসারক শব্দ। *a.* **adjunc°tive**—আনুষঙ্গিক ; সম্প্রসারক। [see *adjoin*]

adjure [a-jooa(r)°, অ্যাজুয়্যা(র্)°] *v.t.* to charge under oath or penalty of curse, প্রতিজ্ঞাবদ্ধ করাইয়া লইয়া বা অভিশাপের ভয় দেখাইয়া বাধ্য করান ; to solicit earnestly, সনির্বন্ধ অনুরোধ করা। *n.* **adjurā°tion**। [L. *ad-*, *jurare*= to swear]

adjust [a-just°, অ্যাজাস্ট্°] *v.t.* to put in order বিন্যস্ত করা ; to regulate, ঠিকভাবে চালু করা, নিয়ন্ত্রিত করা (to *adjust* a clock) ; to settle differences, বিরোধাদির মীমাংসা করা, সমন্বয় করা। *p.* & *p. pt.* **adjus°tėd** । *a.* **adjus°table** । *n.* **adjus°ter, adjus°tor**—adjust-এর সকল অর্থে, এবং বিশেষতঃ—যন্ত্রপাতির বিন্যাসক বা নিয়ন্ত্রক অংশ। *n.* **adjust°ment** । [obs. F. *adjuster* <LL. *adjuxtare*=to bring together<*ad-*, *juxta*=near—confused with L. *justus*= just]

adjutage [a°-joo-tij, অ্যা°জুটিজ্] *n.* a mouth-piece of a fountain, (সচ.) কৃত্রিম ফোয়ারার মুখ। [F. *ajoutage*]

adjutant [a°-joot(a)nt, অ্যাজু°টন্ট্] *n.* an army officer who assists a commander, সেনাপতির সহকারিবিশেষ ; the argala, হাড়গিলা-পাখি (also **ad°jutant-bird**)। *n.* **ad°jutancy**—উক্ত কর্মচারীর পদ বা কর্মকাল। *n.* **Ad°jutant-Ge°neral** —(রাষ্ট্রের) প্রধান সেনাপতির সহকারী। [L. *ad-*, *jutare*=to help frequently]

ad libitum [ad-li°-bi-tam, অ্যাড্ লি°বিট্যাম্], (contr.) **ad lib°**—*ph.* as much as one pleases, যথেচ্ছ, ইচ্ছানুরূপ। [L.]

adman [ad°man, অ্যাড্°ম্যান্] *n.* one who composes advertisements, বিজ্ঞাপন-লেখক। [*ad*, *man*]

admass [ad°mas, অ্যাড্°ম্যাস্] *n.* part of the community easily influenced by advertisement publicity etc., যে সকল লোক বিজ্ঞাপন প্রচার প্রভৃতির দ্বারা সহজেই প্রভাবিত হয়। [*ad*, *mass*]

admeasure [ad-me°za(r), অ্যাড্মে°(শ্)জ্যা(র্)] *v.t.* to measure shares, বিভিন্ন অংশের পরিমাণ স্থির করা ; to apportion, অংশ বিভাজন করা। *n.* **admea°surement** । [*ad-*, *measure*]

administer [ad-mi°-nis-ta(r), অ্যাড্মি°নিস্ট্যা(র্)] (**1**) *v.t.* to govern, শাসন করা ; to manage, পরিচালনা করা ; to dispense (justice, rites, etc.), (ন্যায়বিচারাদি) প্রদান করা ; to tender (oaths, etc.), (শপথাদি) গ্রহণ করান ; to apply, (ঔষধাদি) প্রয়োগ করা ; to arrange for, (সুখ-সুবিধাদির) বন্দোবস্ত করা। (**2**) *v.i.* to serve, সেবা করা। *a.* **admi°nistrable**—শাস্য ; পরিচালনসাধ্য ; পরিপালনসাধ্য ; প্রদেয় ; প্রযোজ্য। *v.t.* **admi°nistrāte**—শাসন করা বা পরিচালনা করা। *p.* & *p. pt.* **admi°nistrātėd** । *n.* **administrā°tion**—শাসন ; পরিপালন ; পরিচালনা ; প্রদান ; প্রয়োগ ; বন্দোবস্ত ; সরকার ; পরিচালকগোষ্ঠী। **administration of justice**—ন্যায়বিচারব্যবস্থা। *a.* **admi°nistrative**—প্রশাসনিক ; শাসন বা পরিচালনা সম্বন্ধীয়। **administrative officer**—প্রশাসন-আধিকারিক। *n.* **admi°nistrātor**—শাসক ; পরিচালক ; পরিপালক। *fem.* **admi°nistrātrix** । *n.* **admi°nistrātorship** । [*ad-*, *minister*]

admirable—see **admire.**

admiral [ad°m(a)r(a)l, অ্যাড্°ম্রল্] *n.* the chief commander of a navy, (রাষ্ট্রের) প্রধান নৌ-সেনাপতি। *n.* **ad°miralship** । *n.* **ad°miralty**—প্রধান নৌ-সেনাপতির দফতর। *n.* **Ad°miralty**—(গ্রেটব্রিটেনে) রাষ্ট্রের নৌ-বাহিনীর তত্ত্বাবধায়ক সভা বা সভাভবন। [OF. *amiral*<Ar. *amir-ul-bahr*, confused with L. *admirari*=to wonder at]

admiration—see **admire.**

admire [ad-mī(r)°, অ্যাড্মায়্যা(র্)°] *v.t.* to regard with wonder and pleasure, মুগ্ধভাবে প্রশংসা করা ; to have a high opinion of, (কাহারও বা কিছুর সম্বন্ধে) উচ্চধারণা পোষণ করা ; to love and praise, শ্রদ্ধা করা। *a.* **admirable** [ad°-m(a)rable, অ্যাড্°ম্র্যাব্ল্] বিস্ময়কর ও প্রশংসনীয়। *adv.* **ad°mirably** । *n.* **admiration** [ad-ma-rā°sh(a)n, অ্যাড্ম্যারেই°শ্ন্]। *n.* **admīr°er**—admire-এর সকল অর্থে, এবং প্রণয়ী। *a.* **admīr°ing**—বিস্মিত ও মুগ্ধ ; সশ্রদ্ধ। *adv.* **admīr°ingly** । [F. *admirer*<L. *ad-*, *mirari*=to wonder]

admissible—see **admission.**

admission [ad-mi°sh(a)n, অ্যাড্মি°শ্ন্] *n.* act of admitting or being admitted to, ভরতি, প্রবেশন ; right to enter, প্রবেশাধিকার ; act of acknowledging the truth of, সত্যতা-স্বীকার, মানিয়া লওয়া, স্বীকৃতি, স্বীকারোক্তি। *a.* **admissible** [ad-mi°-sabl, অ্যাড্মি°স্যাব্ল্] স্বীকার্য, মানিয়া লওয়ার যোগ্য ; প্রবেশাধিকার লাভের যোগ্য ; গ্রহণীয়। *n.* **admissibi°lity** । *a.* **admissive** [ad-mi°-siv, অ্যাড্মি°সিভ্] স্বীকার করিতে বা মানিয়া লইতে বা প্রবেশাধিকার দিতে ইচ্ছুক। [see *admit*]

admit [ad-mit°, অ্যাড্মিট্°] *v. t.* to allow to enter, প্রবেশানুমতি দেওয়া, ভরতি করা ; to concede, অধিকার দেওয়া ; to own, সত্য বা ঠিক বলিয়া স্বীকার করা। *pr. pt.* **admi°tting** ; *p.* & *p. pt.* **admi°ttėd** । *a.* **admi°ttable** । *n.* **admi°ttance**—প্রবেশাধিকার ; প্রবেশ। *adv.* **admi°ttėdly**—স্বীকার করিয়া লইয়া। [F. *ad-*, *mettre*<L. *ad-*, *mittere*=to send]

admix [ad-miks°, অ্যাড্মিক্স্°] *v.t.* to mix with something else, অন্য কিছুর সহিত মিশ্রিত করা। *p.* & *p. pt.* **admix°ėd** । *n.* **admixture** [ad-miks°-cha(r), অ্যাড্মিক্স্°চ্যা(র্)] মিশ্রণ ; উপাদান বা ভেজাল, মিশ্র, অপমিশ্র। [*ad-*, *mix*]

admonish [ad-mo°-nish, অ্যাড্‌ম°নিশ্] *v.t.* to warn, সতর্ক করা; to exhort, বিশেষভাবে উপদেশ দেওয়া; to reprove mildly, মৃদু ভর্ৎসনা করা। *p. & p. pt.* **admo°nished** । *n.* **admo°nishment, admŏni°tion** । *a.* **admonitory** [ad-mo°-ni-t(a)ri, অ্যাড্‌ম°নিট্‌রি] সতর্ক করে এমন; উপদেশপূর্ণ; মৃদু ভর্ৎসনাপূর্ণ। [OE. *amonest*<OF. *amonester*<LL. *admonestare*<L. *ad-*, *monere* =to warn]

ad nauseam [ad naw°-si-am, অ্যাড্‌ন্য°সিঅ্যাম্] *ph.* disgustingly, বিরক্তিকরভাবে। [L.]

ado [a-dōō°, অ্যাডু°] *n.* bustle, কর্মব্যস্ততা; fuss, (অকারণ) হৈ-চৈ। **much ado about nothing**—অকারণ হৈ-চৈ, মাথা নেই তার মাথাব্যথা। [N. *at*=to, see *do*]

adobe [a-dō°-bi, অ্যাডৌ°বি] *n.* sun-dried brick, রৌদ্রপক্ব ইষ্টক। [Sp.]

adolescent [a-dŏ-le°snt, অ্যাডোলে°স্‌ন্ট্] (1) *a.* passing from childhood to maturity, কৈশোরপ্রাপ্ত, যৌবনে পদার্পণোন্মুখ। (2) *n.* an adolescent person, কিশোর বা কিশোরী। *n.* **adŏle°scence**—কৈশোর, বয়ঃসন্ধি। [L. *adolescere* =to grow up]

Adonis [a-dō°-nis, অ্যাডৌ°নিস্] *n.* the beautiful youth loved by Venus, (গ্রী. পু.) ভেনাসের প্রণয়পাত্র সুদর্শন যুবাবিশেষ; any good-looking youth, সুদর্শন যুবা; a dandy or beau, সুবেশ বা বিলাসী পুরুষ। *v.t.i.* **ā°dŏnīze**—সুন্দর বেশভূষা করান বা করা। [Gk.]

adopt [a-dopt°] অ্যাডপ্‌ট্°] *v.t.* to take (an unrelated person) into one's relationship, (অনাত্মীয় ব্যক্তিকে) আত্মীয়রূপে গ্রহণ করা, পোষ্যগ্রহণ করা; to accept a person as one's own child, পোষ্যপুত্র গ্রহণ করা; to accept and practise, অবলম্বন করা। *a.* **adop°table** । *n.* **adoptabi°lity** । *a.* **adop°tėd**—(পোষ্যরূপে) গৃহীত; অবলম্বিত। *n.* **adop°tion** । *a.* **adop°tive**—(পোষ্যরূপে) গ্রহণকর বা গৃহীত; অবলম্বনকর বা অবলম্বিত; গ্রহণশীল। [F. *adopter*<L. *ad-*. *optare*=to choose]

adore [a-daw(r)°, অ্যাড্য(র্)°] *v.t.* to love and revere, ভক্তি করা; to worship, পূজা করা। *a.* **ador°able**—ভক্তিভাজন, শ্রদ্ধেয়। *adv.* **ador°ably**—ভক্তিসহকারে বা শ্রদ্ধাসহকারে। *n.* **adŏrā°tion** । *n.* **ador°er**—ভক্ত, পূজারী; প্রণয়ী। *a.* **ador°ing** (*adoring* looks)। *adv.* **ador°ingly** । [F. *adorer*<L. *ad-*, *orare*=to pray]

adorn [a-daw(r)n°, অ্যাড্য(র্)ন্°] *v.t.* to decorate, to embellish, সাজান, ভূষিত বা অলঙ্কৃত করা। *n.* **adorn°ment**—সজ্জিত করা; সজ্জা; অলঙ্কার। [F. *adorner*<L. *ad-*, *ornare*=to ornament]

adown [a-down°, অ্যাডাউন্°] older poet. form of **down** (*adv. & prep.*) । [a_3, *down*]

adrenal [a-drē°nl, অ্যাড্রী°ন্‌ল্] *a.* of or beside the kidneys, মূত্রগ্রন্থিসম্বন্ধীয়, মূত্রগ্রন্থির পার্শ্বস্থ। **adrenal gland**—বৃক্ক। *n.* **adrenalin** [a-dre°-na-lin, অ্যাড্রে°ন্যালিন্] ঔষধে ব্যবহৃত বৃক্কনিঃসৃত রসবিশেষ, বৃক্করস। [L. *ad-*, *renes*=kidneys]

adrift [a-drift°, অ্যাড্রিফ্‌ট্°] *adv.* in a drifting state, (স্রোতাদিতে) ভাসিতে ভাসিতে। [a_3, *drift*]

adroit [a-droyt°, অ্যাড্রয়্‌ট্°] *a.* skilful, দক্ষ, কুশলী। *adv.* **adro°itly** । *n.* **adroit°nėss** । [F.<*a-*, *droit*=right]

adry [a-drī°, অ্যাড্রাই°] *adv. & a.* in a dry or thirsty state, শুষ্ক বা তৃষ্ণার্ত অবস্থায়। [a_3, *dry*]

adulate [a°-dū-lāt, অ্যা°ডিউলেইট্] *v.t.* to flatter basely, হীনভাবে প্রশংসা বা তোষামোদ করা। *p. & p. pt.* **a°dūlātėd** । *n.* **adūlā°tion** । *n.* **a°dūlātor** । *a.* **a°dūlātory**—সপ্রশংস; হীন তোষামোদপূর্ণ। [L. *adulari*=to fawn upon]

adult [a°-dult, অ্যা°ডাল্‌ট্] (1) *a.* grown up, major, বয়ঃপ্রাপ্ত, বয়সী, প্রাপ্তবয়স্ক; প্রাপ্তবাবহার। (2) *n.* a grown-up person, বয়ঃপ্রাপ্ত ব্যক্তি। *n.* **ad°ulthood** । [L. *adultus*<*adolescere*=to grow up]

adulterant—see **adulterate.**

adulterate [a-dul°-ta-rāt, অ্যাডাল্‌ট্যারেইট্] (1) *v.t.* to debase by mixing inferior of spurious ingredients, অপমিশ্রণ করা, ভেজাল মেশান। *p. & p. pt.* **adul°terātėd** । (2) *a.* spurious, ভেজালযুক্ত; defiled by or produced by adultery, ব্যভিচারী বা জারজ। *a. & n.* **adul°terant**—ভেজাল বা অপমিশ্র। *n.* **adulterā°tion** । *n.* **adul°terātor** । *n.* **adul°terer**—ব্যভিচারী বা অগম্যাগামী পুরুষ। *fem.* **adul°teress** । *a.* **adul°terine**—ব্যভিচারজাত, জারজ। *a.* **adul°terous**—ব্যভিচারী; ব্যভিচারমূলক। *n.* **adultery** [a-dul°-t(a)ri, অ্যাডাল্‌ট্‌রি] *n.* ব্যভিচার, অগম্যাগমন [L. *ad-*, *ulterare*=to change]

adumbral—see **adumbrate.**

adumbrate [a°-dum-brāt, অ্যা°ডামব্রেইট্] *v.t.* to represent in faint outline, অস্পষ্ট আভাস দেওয়া। *p. & p.pt.* **a°dumbrātėd** । *n.* **adumbrā°tion** । *a.* **adum°bral**—অস্পষ্ট আভাসদায়ক। [L *adumbrare*= <*ad-*, *umbra*=a shadow]

adust [a-dust°, অ্যাডাস্‌ট্°] *a.* scorched, রৌদ্রদগ্ধ, ধূসর। [a_3, *dust*]

ad valorem [ad°-va-law°rem, অ্যাড্°ভ্যাল্য°রেম্] *ph.* in proportion to the estimated value, মূল্যানুসারে, সমমূল্যে, সমহারে। [L.]

advance [ad-vŭns°, অ্যাড্‌ভান্‌স্°] (1) *v.t.* to move forward, অগ্রসর করান; to promote, উন্নতিসাধন করা; to place before, পেশ করা (to *advance* arguments); to pay or supply before the due time, আগাম দেওয়া। (2) *v.i.* to proceed forward, অগ্রসর হওয়া; to make progress, উন্নতি করা ; to rise (in price), (মূল্যাদি) বৃদ্ধি পাওয়া। (3) *n.* onward movement, অগ্রগতি ; progress, উন্নতি ; rise, (মূল্যাদির) বৃদ্ধি ; an attempt to gain favour or to become intimate, অনুগ্রহ লাভ করিবার বা ঘনিষ্ঠ হইবার চেষ্টা (*advances* by a suitor) ; payment or supply before the due time, আগাম প্রদান বা আগাম প্রদত্ত বস্তু, অগ্রিমক, দাদন, বায়না। (4) *a.* supplied ahead of time, যথাসময়ের পূর্বে প্রদত্ত (*advance* copy, information, etc.)। **in advance**—যথাসময়ের পূর্বে, আগাম। *a.* **advan°ced**—(বিদ্যা জ্ঞান চিন্তাধারা প্রভৃতিতে) অগ্রসর (*advanced* outlook) ; (প্রধানতঃ স্ত্রীলোক সম্বন্ধে) অতিরিক্তমাত্রায় অগ্রসর। *n.* **advance°ment**। [OE. *avancer*, '-*d*-' from L. *ad*-]

advantage [ad-vŭn°-tij, অ্যাড্ভান্‌°টিজ্] (1) *n.* a better or superior position, প্রাধান্য ; convenience, opportunity, সুবিধা, সুযোগ ; benefit, help, সাহায্য, সৌকর্য (*advantage* of money) ; a hopefully advanced position or possession, পূর্ব হইতেই অবস্থানের দরুন বা অধিকারপ্রাপ্তির দরুন সুবিধা। (2) *v.t.* to benefit, উপকার করা। **to advantage**—সুবিধাজনকভাবে ; লাভজনকভাবে ; সহায়কভাবে। **(to) be to one's advantage, (to) prove to one's advantage**—(কাহারও পক্ষে) সহায়ক বা সুবিধাজনক বা লাভজনক হওয়া। **(to) gain** or **have** or **win an advantage** (over)—(কাহারও তুলনায় বা কাহাকেও কাবু করার) সুবিধা পাওয়া বা প্রাধান্য লাভ করা। **(to) take advantage of**—(সুযোগাদির) সদ্ব্যবহার করা বা লাভজনকভাবে কাজে লাগান ; (কাহাকেও তাহার দুর্বলতাদির সুযোগ লইয়া) প্রতারিত করা। **(to) turn to advantage**—লাভজনকভাবে কাজে লাগান, সদ্ব্যবহার করা। *a.* **advantā°geous**—সুবিধাজনক ; লাভজনক। [F. *avantage*, '-*d*-' from L. *ad*-,—cp. *vantage*]

advent [ad°-vant, অ্যাড্°ভ্যান্ট্] *n.* a coming or arrival, অভ্যাগম, আবির্ভাব। *n.* **Ad°vent**—খ্রিস্টের আবির্ভাব। [OF. <L. *ad*-, *venire*=to come]

adventitious [ad-ven-ti°-shas, অ্যাড্ভেন্‌টি°-শ্যাস্] *a.* accidental, আকস্মিক, আপতিক ; additional, বাড়তি, অতিরিক্ত ; foreign, প্রকৃতিগত নহে এমন, (পরি.) অস্থানিক ; unusual, অস্বাভাবিক। *adv.* **adventi°tiously**। [see *advent*]

adventure [ad-ven°-cha(r), অ্যাড্ভেন্‌°চ্যা(র্)] (1) *n.* a daring or hazardous enterprise, দুঃসাহসিক বা বিপজ্জনক কর্মপ্রচেষ্টা, অভিযান ; a risk or danger, ঝুঁকি বা বিপদ্ ; an unexpected incident, অপ্রত্যাশিত ঘটনা ; an exciting experience, উত্তেজনাপূর্ণ অভিজ্ঞতা ; a commercial speculation, ব্যবসায়ে ভবিষ্যৎ লাভের আশায় অনিশ্চিতভাবে বা বিপজ্জনকভাবে মূলধন-বিনিয়োগ, ফটকা-খেলা। (2) *v.i.* to take a risk, ঝুঁকি লওয়া ; to undertake a risky enterprise, দুঃসাহসিক অভিযান করা ; to look for an unusual incident which one may utilize to improve one's fortunes, স্বীয় অবস্থার উন্নতিকল্পে অপ্রত্যাশিত ঘটনার প্রতীক্ষা করা। *n.* **adven°turer**—adventure (*v.*)-এর সকল অর্থে, এবং—ব্যবসায়ে ভবিষ্যৎ লাভের আশায় অনিশ্চিতভাবে বা বিপজ্জনকভাবে মূলধন-বিনিয়োগকারী, ফটকাবাজ। *fem.* **adven°turėss**—adventurer-এর সকল অর্থে, এবং বিশেষতঃ—ধনবান্ স্বামী বা প্রণয়ী সন্ধানকারিণী নারী। *a.* **adven°turesome, adven°turous**—দুঃসাহসিক ; বিপজ্জনক ; [see *advent*]

adverb [ad°-va(r)b, অ্যাড্°ভ্যা(র্)ব্] *n.* (gr.) a word that modifies any part of speech other than a noun or a pronoun, (ব্যাক.) ক্রিয়াবিশেষণ বা বিশেষণের বিশেষণ। *a.* **adver°bial**—ক্রিয়া-বিশেষণিক। *adv.* **adver°bially**। [*ad*-, *verb*]

adversary [ad°-va(r)-s(a)ri, অ্যাড্°ভ্যা(র্)স্‌রি] *n.* an opponent, প্রতিপক্ষ, বিপক্ষ ; an enemy, শত্রু। *n.* **Ad°versary**—শয়তান ; মার। [see *advert*]

adversative [ad-va(r)°-sa-tiv, অ্যাড্ভ্যা(র্)°স্যাটিভ্] *a.* expressing opposition or antithesis, (প্রধানতঃ শব্দসম্বন্ধে) বিরোধসূচক বা বৈপরীত্যজ্ঞাপক। [see *advert*]

adverse [ad°-va(r)s, অ্যাড্°ভ্যা(র্)স্] *a.* contrary, বিরোধী ; opposite, বিপরীত ; hostile, প্রতিকূল ; unfavourable, ill, অশুভ, মন্দ। *adv.* **adverse°ly**। *n.* **adverse°nėss, adver°sity**—adverse-এর সকল অর্থে, এবং—দুর্দশা, মন্দ অবস্থা। [see *advert*]

advert [ad-va(r)t°, অ্যাড্ভ্যা(র্)ট্°] *v.i.* to turn one's attention, মনোযোগ দেওয়া ; to refer, উল্লেখ করা (to *advert* to a problem)। *p.* ও *p. pt.* **adver°tėd**। *n.* **adver°tence, adver°tency**—মনোযোগ, মনোযোগিতা। *a.* **adver°tent**—মনোযোগী। [F. *avertir* <LL. *ad*-, *vertere*=to turn]

advertise [ad°-va(r)-tīz, অ্যাড্°ভ্যা(র্)টাইজ্] (1) *v.t.* to notify, (প্রধানতঃ সাধারণ্যে) বিজ্ঞাপিত করা ; to parade, জাহির করা (to *advertise* one's skill)। (2) *v.i.* to circulate or announce, প্রচার করা বা ঘোষণা করা ; to publish notification, বিজ্ঞাপন দেওয়া। *n.* **adver°tisement**—বিজ্ঞপ্তি, ঘোষণা ; বিজ্ঞাপন ; ঘোষণাপত্র, ইশ্‌তিহার। *n.* **ad°vertīser**। [see *advert*]

advice [ad-vīs°, অ্যাড্ভাইস্°] *n.* counsel, মন্ত্রণা, পরামর্শ ; instruction, উপদেশ ; direction, নির্দেশ ; prescription, ব্যবস্থাপন ; (usu. in *pl.*) information or informative letters, circulars, etc., সংবাদ, সংবাদজ্ঞাপক চিঠিপত্রাদি ; (in *pl.*—comm.) formal notice of transaction, (বাণি.) লেনদেন-সম্বন্ধে নিয়মমাফিক সংবাদ বা উক্ত সংবাদ-

সংবলিত চিঠি (usu. **ad°vīce-nōte, letter of advice**)। **on one's advice**—কাহারও মন্ত্রণা বা উপদেশ বা নির্দেশ অনুসারে। [OF. *avis*<LL. *advisum*<*ad-*, *videre*=to see]

advise [ad-vīz°, অ্যাড্‌ভাইজ্‌°] (**I**) *v.t.* to counsel, মন্ত্রণা দেওয়া বা পরামর্শ দেওয়া ; to instruct, উপদেশ দেওয়া ; to direct, নির্দেশ দেওয়া ; to prescribe, ব্যবস্থা দেওয়া ; to inform or announce, বিজ্ঞাপিত করা। (**2**) *v.i.* to consult, পরামর্শ করা। *a.* **advī°sable**—যুক্তিযুক্ত, বিধেয় ; গ্রহণযোগ্য। *n.* **advīsabi°lity** । *adv.* **advī°sably** । *a.* **advī°sed**—পরামর্শপ্রাপ্ত (well-*advised*, ill-*advised*) ; সুবিবেচিত ; নির্দেশপ্রাপ্ত ; বিজ্ঞাপিত। *adv.* **advī°sedly**—সুবিবেচিতভাবে ; পরামর্শ বা নির্দেশ বা বিজ্ঞাপন অনুযায়ী। *n.* **advī°ser**—উপদেষ্টা ; মন্ত্রী ; গুরু। *a.* **advī°sory**—উপদেশদানের জন্য নিযুক্ত, উপদেশক। [see *advice*]

advocacy—see **advocate.**

advocate [ad°-va-kāt, অ্যাড্‌ভ্যাকেইট্‌] *v.t.* to plead for, (কাহারও) পক্ষে বলা, ওকালতি করা। *p.* & *p. pt.* **ad°vocātėd** । *n.* **ad°vocate**—সমর্থক, অধিবক্তা ; উকিল। *n.* **ad°vocacy, advocā°tion** । [F. *avocat*<L. *ad-*, *vocare*=to call]

advowson [ad-vow°z(a)n, অ্যাড্‌ভাউ°জ্‌ন্‌] *n.* the right of presentation to a church benefice, গির্জার যে যাজকপদের জন্য মুনাফা-দায়ক সম্পত্তি আছে, সেই যাজকপদে নিযুক্ত করার অধিকার, গির্জার যাজকত্র দেওয়ার অধিকার। [OF. *avoeson* <LL. *advocatio*<L. *advocatus*]

adytum [a°-di-tam, অ্যা°ডিট্যাম্‌] *n.* the most sacred and innermost part of a temple, মন্দিরের পবিত্রতম ও অন্তরতম অংশ। *pl.* **a°dyta** । [L.<Gk. *aduton*]

adze [aj, অ্যাজ্‌] (**I**) *n.* a carpenter's tool for cutting or shaping wood, বাটালি ; বাইস। (**2**) *v.t.* to cut with this tool, বাটালি বা বাইস দিয়া কাটা। [OE. *adesa*]

ægis [ē°-jis, ঈ°জিস্‌] *n.* an impregnable shield, (গ্রী. পু.) অভেদ্য ঢাল ; an invincible protection, দুর্ভেদ্য রক্ষাব্যূহ, নিশ্চিত আশ্রয়। **under the ægis of**—(কাহারও) সমর্থনে বা রক্ষণাবেক্ষণে বা নিশ্চিত আশ্রয়ে। [L. <Gk. *aigis*]

Æolian [i°-ō-li-an, ই°ঔলিঅ্যান্‌] *a.* of Æolus, গ্রীক বায়ু-দেবতা ঈওল্যাসের ; operated by the wind, বায়ুপ্রবাহদ্বারা চালিত (*Aeolian* harp) ; of Aeolia, ঈওলিয়া-দেশীয়। [L. *Aelus* <Gk. *Aiolios*]

æon, eon [ē°-an, ঈ°অ্যান্‌] *n.* an age of the universe, যুগ (যথা, সত্য ত্রেতা দ্বাপর কলি)। *n.* **Æ°on**—মহাকালের শক্তি। [L. <Gk. *aion*]

aerate [e°-a-rāt, এ°অ্যারেইট্‌] *v.t.* to charge with air or gas, বাতান্বিত বা বায়ুপূর্ণ করা, গ্যাস ভরা। *p.* & *p. pt.* **ae°rātėd** । **aerated waters**—সোডা লিমনেড প্রভৃতি। *n.* **aerā°tion**—বাতান্বয়ন। [see *air*]

aerial [ār°-i-al, এয়্যার্‌°ইঅ্যাল্‌] (**I**) *a.* ethereal, বায়বীয়, খেচর ; airy, বায়ুময়, বায়ুপূর্ণ ; unreal, অবাস্তব ; imaginary, কাল্পনিক ; lofty, উচ্চ। (**2**) *n.* an antenna, বেতার সংকেত গ্রহণের বা প্রেরণের জন্য তার, (পরি.) আকাশ-তার। [see *air*]

aerie [ār°-i, এয়্যার্‌°ই] *n.* the nest of a bird of prey built high up, অত্যুচ্চ স্থানে নির্মিত শিকারি পাখির বাসা। [med. L. *aeria*<F. *aire*]

aero- [ār°-ō, এয়্যার্‌°ঔ] *in comp.* air, নভঃ-, শূন্য-, বায়ু-। *n.* (treated as *sing.*) **aerobatics** [ār-o-ba°-tics, এয়্যার্‌অব্যা°টিক্‌স্‌], দক্ষ বিমান-চালনা ; শূন্যে অনুষ্ঠিত বিবিধ ক্রীড়া। [*aero-*, Gk. *bateein*=to tread]। *n.* **aer°ōbe**—বায়ুজীবী জীবাণু। [*aero-*, Gk. *bios*=life]। *a.* **aero°bic**—বায়ুজীবী। *n.* **aerodrome** [ār°-a-drōm, এয়্যার্‌°অ্যাড্রোম্‌] বিমানপোত চালনার ও রক্ষণের ঘাঁটি, বিমানশালা। [*aero-*, Gk. *dromos*=running]। *n.* (used as *sing.*) **aerodynamics** [ār-a-dī-na°-miks, এয়্যার্যাডাইন্যা°মিক্‌স্‌] বায়ু-গতিবিদ্যা। *n.* **aerofoil** [ār°-a-foyl, এয়্যার্‌°-অ্যাফয়্‌ল্‌] বিমানপোতের ডানা লেজ প্রভৃতি যদ্দ্বারা দিক্‌ নিয়ন্ত্রণ করা হয়। *n.* **aerogram** [ār°-a-gram, এয়্যার্‌°অ্যাগ্রাম্‌] বেতারবার্তা। [*aero-*, Gk. *gramma*=a writing]। *n.* **aerō°graphy**—আবহবিদ্যা। *n.* **aer°ŏlīte, aerŏ°lith**—উল্কা, উল্কাপিণ্ড ; (পরি.) নভোজ্যোতির্ময়। [*aero-*, Gk. *lithos*=a stone]। *n.* **aerology** [ār-°-o-la-ji, এয়্যার্‌অ°ল্যাজি] আকাশতত্ত্ব, শূন্যবিজ্ঞান। *a.* **aerŏlo°gical** [ār-ŏ-lo°-jik(a)l, এয়্যারোলজিক্‌ল্‌] আকাশ-তত্ত্বসম্বন্ধীয়। *n.* **aero°logist**—আকাশ-বিজ্ঞানী। *n.* **āerō°miter**—বায়ু ও অন্যান্য গ্যাসের ঘনত্বমাপক যন্ত্র। *n.* **aeronaut** [ār°-a-nawt, এয়্যার্‌°অ্যান্ট্‌] বিমানচালক, বৈমানিক। [*aero-*, Gk. *nautes*=a sailor]। *a.* **aeronau°tic(al)**—বিমানচালনা-সংক্রান্ত। *n.* (used as *sing.*) **aeronau°tics**—বিমানচালনাবিদ্যা। *n.* **aeroplane** [ār°-a-plān, এয়্যার্‌°-অ্যাপ্লেইন্‌] বিমানপোত, বিমান, ব্যোমযান। *n.* **aerosol** [ār°-a-sol, এয়্যার্‌°অ্যাসল্‌] চাপের দ্বারা ঘনীকৃত বায়ুর সাহায্যে তরল পদার্থকে কুয়াশায় বা ধোঁয়ায় পরিণত করার যন্ত্র। [trade-name]। *n.* (used as *sing.*) **aer°ŏstatics**—নভশ্চারণবিদ্যা। *n.* **āer°tex**—অধোবাস তৈয়ারির জন্য ব্যবহৃত বস্ত্র-বিশেষ। [*aero-*, *statics*]

aery—alt. spell. of **aerie.**

Æsculapian [ēs-kū-lā°-pi-an, ঈস্‌কিউলেই°-পিঅ্যান্‌] *a.* of Æsculapius, গ্রীক্‌ দেববৈদ্য ইস্‌কিউল্যাপিঅ্যাসের ; of the art of healing, চিকিৎসাবিজ্ঞানসম্বন্ধীয়। [Gk. *Asklepios*=god of medicine]

æsthete—see **æsthetics.**

æsthetics [ēs-the°-tiks, ঈস্‌থে°টিক্‌স্‌] *n.* the science of the beautiful, সৌন্দর্যশাস্ত্র, কান্তিবিদ্যা,

নন্দনতত্ত্ব, বীক্ষাশাস্ত্র ; the philosophy of the fine arts, কলাশাস্ত্র, চারুকলা । *a.* **æsthe°tic(al)**—সৌন্দর্যবোধবিশিষ্ট ; কান্তিবিদ্যাসম্বন্ধীয় । *n.* **æs°thēte**—কলাবিদ্যাবিশারদ । *n.* **æstheticism** [ēs-the°-ti-sizm, ঈস্‌থে°টিসিজ্‌ম্] সৌন্দর্যবাদ, কান্তিবাদ । [Gk. *aisthetikos*=perceptive]

æstival—see **æstivate.**

æstivate [ēs°-ti-vāt, ঈস্‌°টিভেইট্] *v.t.* to spend the summer, (শৈলাবাসাদিতে) গ্রীষ্মযাপন করা । *p.* & *p. pt.* **æs°tivātėd** । *n.* **æstivā°tion**—গ্রীষ্মযাপন ; (উদ্ভি.) মুকুলপত্রবিন্যাস । *a.* **æsti°val**—গ্রীষ্মকালীন । [L. *aestivare*]

æther—alt. spell. of **ether.**

ætiology [ē-ti-o°-la-ji, ঈটিঅ°ল্যাজি] *n.* the science of causation, নিদানতত্ত্ব । [L.<Gk. *aitologia*<*aitia*=cause, *logos*=science]

afar [a-fŭ(.)°, অ্যাফা(র্)°] (**1**) *adv.* at or to a distance, দূরে । (**2**) *n.* a distant place, দূরবর্তী স্থান (from *afar*) । [a_3, *far*]

affable [a°-fabl, অ্যা°ফ্যাব্‌ল্] *a.* courteous, অমায়িক । *n.* **a°ffableness, affabi°lity** । *adv.* **a°ffably** । [F. <L. *affabilis*=a speaking to]

affair [a-fā(r)°, অ্যাফেয়া(র্)°] *n.* concern, matter, বিষয়, ব্যাপার ; an amorous incident, প্রণয়ঘটিত ব্যাপার । [OF. *afaire*]

affaire de cœur [a-fā(r)°-da-kar° অ্যাফেয়্যা(র্)°-দ্যাক্যার্°] *n.* a love affair, প্রণয়লীলা । [F.]

affect [a-fekt°, অ্যাফেক্‌ট্°] (**1**) *v.t.* to act upon, প্রভাবান্বিত করা (to *affect* one's mind) ; (of disease) to attack, আক্রমণ করা (malaria *affected* the village) ; to move the feelings of, অনুভূতিতে নাড়া দেওয়া (my tears *affected* him) ; to practise or assume, অবলম্বন করা বা ধারণ করা (to *affect* a dress) ; to feign, ভান করা (to *affect* friendship) । (**2**) *n.* feeling, অনুভূতি ; emotion, আবেগ । *n.* **affectā°tion**—কৃত্রিম আচার-আচরণ বা উহা অবলম্বনের প্রবণতা ; ভান । *a.* **affec°tėd**—প্রভাবিত ; আক্রান্ত ; পরিব্যাপ্ত ; অনুভূতিতে আঘাতপ্রাপ্ত ; অবলম্বিত ; পরিহিত ; ভান-করা, কৃত্রিম, মিথ্যা । **ill affected**—প্রতিকূলভাবাপন্ন, বিরক্ত । **well affected**—অনুকূলভাবাপন্ন, অনুরক্ত । *n.* **affec°tėdnėss**—কৃত্রিম আচার-আচরণের প্রতি প্রবণতা । *a.* **affec°ting**—মর্মস্তুদ (an *affecting* sight) । [L. *affectare*<*ad-*, *facere*=to do]

affection [a-fek°sh(a)n, অ্যাফেক্‌°শ্‌ন্] *n.* act of influencing, প্রভাবিত করা ; emotion or feeling, আবেগ বা অনুভূতি ; love or attachment, স্নেহ, অনুরাগ । *a.* **affec°tionāte**—সস্নেহ ; স্নেহপরায়ণ । *a.* **affec°tive**—আবেগ সম্বন্ধীয় ; আবেগ বা অনুভূতি প্রভাবিত করে এমন । [see *affect*]

afferent [a°-fa-rant, অ্যা°ফ্যার্যান্ট্] *a.* in-carrying, অন্তর্বাহ, অন্তর্মুখ । [L. *ad-*, *ferre*=to bring]

affiance [a-fī°-ans, অ্যাফাই°অ্যান্‌স্] (**1**) *n.* faith pledged, প্রতিশ্রুতি ; betrothal, (বিবাহের) বাগ্‌দান ; contract of marriage, বিবাহের সম্বন্ধ, পাঁতিপত্র । (**2**) *v.t.* to betroth, (বিবাহের জন্য) বাগ্‌দান করা । *a.* **affī°anced**—বাগ্‌দত্তা ; বাগ্‌দত্ত । —cp. **fiancèe** । [OF. *afiance*]

affidavit [a-fi-dā°vit, অ্যাফিডেই°ভিট্] *n.* a declaration written on oath, শপথপত্র, হলফ-নামা । [L.]

affiliate [a-fi°-li-āt, অ্যাফি°লিএইট্] *v.t.* to take in as a member or branch, সভ্যরূপে বা শাখা-রূপে অন্তর্ভুক্ত করা, সম্বদ্ধ করা । *p.* & *p. pt.* **affi°liātėd** । *n.* **affiliā°tion** । [L. *affiliare* <*ad-*, *filiare*=to adopt]

affined [a-fīnd°, অ্যাফাইন্‌ড্°] *a.* related, connected, সম্পর্কযুক্ত, সম্বদ্ধ । [F. *affine*]

affinity [a-fi°-ni-ti, অ্যাফি°নিটি] *n.* relationship, সম্বন্ধ, জ্ঞাতিত্ব ; relation by marriage, বৈবাহিক কুটুম্বিতা ; likeness in character appearance, etc., চরিত্র চেহারা প্রভৃতিতে সাদৃশ্য । [see *affined*]

affirm [a-fa(r)m°, অ্যাফ্যা(র্)ম্°] (**1**) *v.t.* to assert strongly, দৃঢ়তাসহকারে বলা ; to confirm the validity or truth of, যাথার্থ্য বা সত্যতা সমর্থন করা ; (in law) to declare formally, (আইনে) হলফসহকারে (বা হলফ ছাড়া) ঘোষণা করা, সত্যাপন করা ; (log.) to state in the affirmative, (ন্যায়.) হাঁ-সূচকভাবে বলা । (**2**) *v.i.* to make an affirmation, (আইনে) ধর্ম বা ঈশ্বরের নাম ছাড়া হলফ করা । *a.* **affir°mable** । *n.* **affirmā°tion** । **affir°mative**—(**1**) *a.* হাঁ-সূচক ; (**2**) *n.* হাঁ-সূচক বাক্য (to speak in the *affirmative*) । *a.* **affir°matory**—যাথার্থ্য বা সত্যতা সমর্থনমূলক ; হাঁ-সূচক । *adv.* **affir°mingly** [OF. *afermer* <L. *affirmare*<*ad-*, *firmus*=firm]

affix [a-fiks°, অ্যাফিক্‌স্°] *v.t.* to attach, আঁটিয়া বা লাগাইয়া দেওয়া (to *affix* stamps) ; to impress, মুদ্রিত করা (to *affix* seal) ; to append, জুড়িয়া দেওয়া (to *affix* signature) ; to add, সংযোজন করা, উপযোজনা করা (to *affix* a title) । *p.* & *p. pt.* **affi°xėd** । *a.* **a°ffix**—উপাঙ্গ ; উপযোজনা । [a_3, *fix*]

afflatus [a-flā°-tas, অ্যাফ্লেই°ট্যাস্] *n.* (divine) inspiration, (দৈব) প্রেরণা । [L.]

afflict [a-flikt°, অ্যাফ্লিক্‌ট্°] *v.t.* to distress grievously, নিদারুণ যন্ত্রণা দেওয়া ; to persecute, উৎপীড়ন করা ; (B.) to make miserable or humble, দুর্দশাগ্রস্ত বা হীন করা । *a.* **afflic°tėd**—যন্ত্রণাপ্রাপ্ত ; উৎপীড়িত ; দুর্দশাগ্রস্ত । *a.* **afflic°ting**—যন্ত্রণাদায়ক । *n.* **afflic°tion** । [OF. *aflit* <L. *ad-*, *fligere*=to throw to the ground]

affluent [a°-floo-ant, অ্যা°ফ্লুঅ্যান্ট্] (**1**) *a.* flowing freely, স্বচ্ছন্দে প্রবহণশীল ; abounding, প্রাচুর্যপূর্ণ ; rich, সমৃদ্ধ, ধনবান্ । (**2**) *n.* a tributary stream, নদীর শাখা, উপনদী, (পরি.) করদ-নদী ।

adv. **a°ffluently**—সমৃদ্ধভাবে। *n.* **a°ffluence**—সমৃদ্ধি। *n.* **afflux** [a°-fluks, অ্যা°ফ্লাক্‌স্] প্রবাহ, স্রোত, গতি। [F.<L. *ad-*, *fluere*=to flow]

afford [a-faw(r)d°, অ্যাফা(র্)ড্°] *v.t.* to be able to manage to, (দিতে) সমর্থ হওয়া (I cannot *afford* him go) ; to concede, প্রদান করা (to *afford* time) ; to yield supply of, উৎপাদন-পূর্বক সরবরাহ করা (the cow *affords* us milk)। *p.* & *p. pt.* **affor°ded**। [OE. *geforthian*]

afforest [a-fo°-rist, অ্যাফ°রিস্‌ট্] *v.t.* to convert into a forest or hunting ground, বনে বা মৃগয়াভূমিতে পরিণত করা। *p.* & *p. pt.* **affo°rested**। *n.* **afforesta°tion**। [med. L. *afforestare*<*ad-*, see *forest*]

affranchise [a-fran°-shīz, অ্যাফ্রান্°শাইজ়্] *v.t.* to free from franchise, ক্রীতদাসত্ব হইতে মুক্তি দেওয়া। [OF. *afranchir*—cp. *franchise*]

affray [a-frā°, অ্যাফ্রেই°] *n.* breach of the peace, শান্তিভঙ্গ ; a brawl or riot, মারামারি, দাঙ্গা। [OF. *effrei*<LL. *exfridare*]

affright [a-frīt°, অ্যাফ্রাইট্°] (**1**) *v.t.* to frighten, আতঙ্কিত করান। *p.* & *p. pt.* **affrigh°ted**। (**2**) *n.* alarm, terror, আশঙ্কা, আতঙ্ক। [OE. *afyrhtan*]

affront [a-frunt°, অ্যাফ্রান্‌ট্°] (**1**) *v.t.* to confront, (বাধাদানার্থ বা সংগ্রামার্থ) মুখোমুখি হওয়া ; to insult openly or upon one's face, প্রকাশ্যভাবে বা মুখের উপর অপমান করা। *p.* & *p. pt.* **affron°ted**। (**2**) *n.* an open insult, প্রকাশ্য অপমান। [OF. *afronter*=to slap on the forehead<L. *ad-*, *frontis*=forehead]

Afgan [af°-gan, অ্যাফ্°গ্যান্] (**1**) *a.* of Afganistan, আফগানিস্তানের, কাবুলি। (**2**) *n.* a native of Afganistan, আফগানিস্তানের লোক, আফগান, কাবুলিওয়ালা।

afield [a-fēld°, অ্যাফীল্‌ড্°] *adv.* to or in or on the field, মাঠে, শস্যক্ষেত্রে, যুদ্ধক্ষেত্রে ; to or at a distance, দূরে। (a_3, *field*]

afire [a-fīr°, অ্যাফায়্যা(র্)°] *a.* & *adv.* on fire, জ্বলন্ত বা জ্বলন্তাবস্থায়। [a_3, *fire*]

aflame [a-flām°, অ্যাফ্লেইম্°] *a.* & *adv.* in flame, বহ্নিমান্ বা বহ্নিমান্ অবস্থায় ; in a glow of light, দীপ্ত বা প্রদীপ্তাবস্থায়। [a_3, *flame*]

afloat [a-flōt°, অ্যাফ্লৌট্°] *adv.* & *a.* in a floating state, ভাসন্তাবস্থায় বা ভাসন্ত ; at sea, সমুদ্রে বা সমুদ্রস্থিত ; in circulation, চালু অবস্থায় বা চালু। [a_3, *float*]

afoot [a-foot°, অ্যাফুট্°] *adv.* & *a.* on foot, পদব্রজে গমনশীল অবস্থায় বা গমনশীল ; astir, সঞ্চরণশীল অবস্থায় বা সঞ্চরণরত ; actively working, কর্মচঞ্চল অবস্থায় বা কর্মচঞ্চল। [a_3, *foot*]

afore [a-faw(r)°, অ্যাফা(র্)°] *adv.* & *prep.* in front of, সম্মুখে ; previously, পূর্বে। *a.* **afore°mentioned, afore°nāmed**—পূর্বোল্লিখিত। *a.* **afore°said**—পূর্বোক্ত। *a.* **afore°thought**—পূর্বচিন্তিত, পূর্বপরিকল্পিত। *adv.* **afore°tīme**—যথা সময়ের পূর্বে, অকালে। [OE. *on foran*—cp. *before*]

a fortiori [ā°-faw(ı)°-ti-aw-rī, এই°ফ্য(র্)°টি-অ্যারাই] *adv.* with stronger reason, কঠিনতর যুক্তিসহকারে। [L.]।

afoul [a-fowl°, অ্যাফাউল্°] *adv.* colliding with, সংঘৃষ্ট হইয়া। **(to) run afoul of**—সংঘৃষ্ট হওয়া। [a_3, *foul*]

afraid [a-frād°, অ্যাফ্রেইড্°] *a.* frightened, alarmed, ভীত, আতঙ্কিত। [*p. pt.* of obs. *v.* *affray*=to scare<OF. *esfreer*]

afresh [a-fresh°, অ্যাফ্রেশ্°] *adv.* anew, (পুনরায়) নূতনভাবে। [a_3, *fresh*]

African [af°-ri-kan, অ্যাফ°রিক্যান্] (**1**) *a.* of Africa, আফ্রিকা-মহাদেশীয়। (**2**) *n.* an inhabitant of Africa, আফ্রিকাবাসী। *n.* **African(d)°er, Afrikan(d)°er**—দক্ষিণ আফ্রিকায় জাত শ্বেতাঙ্গ, বিশেষতঃ ওলন্দাজ। *n.* **Afrikaans** [af-ri-kŭnz°, আফ্রিকান্‌জ়্°] দক্ষিণ আফ্রিকার বা উত্তমাশা অন্তরীপের অধিবাসী ওলন্দাজ ; উক্ত ওলন্দাজগণ কর্তৃক ব্যবহৃত ইংরেজিভাষা। [L. *Africanus*]

Afro- [a°-frō, অ্যা°ফ্রৌ] *in comp.* Africa or African, আফ্রিকা-। *a.* **A°frō-Ā°sian**—আফ্রিকা ও এশিয়া সম্পর্কিত। [see *African*]

aft [ŭft, আফ্‌ট্] *adv.* & *a.* in or near or towards the stern half of a ship, জাহাজের পিছনের অর্ধাংশে অথবা তাহার কাছাকাছি বা তাহার দিকে। [OE. *æftan*]

after [ŭf°-ta(r), আফ্°ট্যা(র্)] (**1**) *adv.* & *prep.* behind in place, পশ্চাতে, পিছনে ; later in time, পরে, পরবর্তিকালে ; in pursuit or search of, অনুসরণে, সন্ধানে (what are you *after*) ; in imitation of, অনুকরণে, ঢংয়ে (*after* the manner of) ; according to, অনুসারে ; concerning, সম্পর্কে (to look *after* him)। (**2**) *a.* later, following, পরবর্তী, ভবিষ্যৎকালীন, পশ্চাদ্বর্তী (*after* years)। *n.* **af°terbirth**—প্রসূত সন্তান যে নাড়ির দ্বারা ভ্রূণের সহিত আবদ্ধ থাকে, গর্ভপুষ্প। *n.* **af°ter-cāre**—সদ্য আরোগ্যপ্রাপ্ত রোগীর শুশ্রূষা। *n.* **af°ter-crop**—একই বৎসরে একই জমি হইতে দ্বিতীয়বারে উৎপন্ন ফসল। *n.* **af°ter-damp**—কয়লাখনিজাত গ্যাস বায়ুতে মিশিবার ফলে বিস্ফোরিত হইলে খনিমধ্যে যে শ্বাসরোধী গ্যাস সৃষ্ট হয়। **after days**—পরবর্তী কাল ; পরবর্তী জীবন। **af°ter-dinner**—(**1**) *a.* (নৈশ) ভোজ শেষ হইয়াছে অথচ ভোজের টেবিল ত্যাগ করিয়া ওঠা হয় নাই এমন সময়কালীন ; (**2**) *n.* উক্ত সময়। *n.* **af°ter-effect**—ঘটনা কার্য প্রভৃতির পর কিছুকাল কাটিয়া গেলে যে ফলাফল দর্শে, পরিণাম। *n.* **af°terglow**—সন্ধ্যারাগ। *n.* **af°tergrass**—ফসল কাটিয়া লইবার পরে ক্ষেত্রে যে তৃণ জন্মায়, নাড়া-কুটা। *n.* **af°tergrowth**—পরবর্তিকালীন বৃদ্ধি ; একই বৎসরে দ্বিতীয়বার বর্ধিত শস্য ; (আল.) ভবিষ্যৎ

ফল, পরিণাম। *n.* **af°ter-image**—কোন বস্তু দেখা শেষ হইয়া যাওয়ার পরেও মনশ্চক্ষুর সামনে উহার যে ছায়া ভাসিতে থাকে। *n. pl.* **af°terings**—যে দুগ্ধ গো-স্তনাগ্রে দোহনান্তে ফেনায়। *n.* **af°terlife**—ভবিষ্যৎ জীবন। *n.* **af°termath**—একই বৎসরে দ্বিতীয়বার বর্ধিত শস্য ; (আল.) ভবিষ্যৎ ফল। **after-noon°**—(**1**) *n.* অপরাহ্ণ ; (**2**) *a.* অপরাহ্ণকালীন। **good afternoon**—অপরাহ্ণে সাক্ষাৎকালীন বা বিদায়কালীন সম্ভাষণবিশেষ ; ধন্য এই অপরাহ্ণ। *n.* **af°terpains**—প্রসবান্তে প্রসূতি যে বেদনা ভোগ করে। *n.* **af°terpiece**—মূল নাটকের অভিনয়ান্তে যে প্রহসনাদি অভিনীত হয়, অনুনাটিকা, উপনাটিকা। *n. pl.* **af°ters**—(কথ্য) ভোজনের শেষের দিকে পরিবেশিত ফল মিষ্টান্ন প্রভৃতি। **after sight**—মেয়াদ-অন্তে। *n.* **af°terthought**—কার্য ঘটনা প্রভৃতির অন্তে তৎসম্বন্ধে চিন্তা, পশ্চাৎচিন্তা, অনুচিন্তা। *adv.* **af°terwards**, (rare) **af°terward**—পরবর্তিকালে, ভবিষ্যতে, পরে। [OE. *æfter*]

ag(h)a [u°-ga, আ°গা] *n.* Turkish commander or chief officer, তুর্কি সেনাপতি বা প্রধান (সরকারি) কর্মচারী। **Aga Khan**—ইসমাইলী মুসলমান-সম্প্রদায়ের প্রধান। [Turk]

again [a-gan°, অ্যাগেইন্°] *adv.* once more, repeating, পুনরায় ; further, অধিকন্তু ; on the other hand, পক্ষান্তরে। **again and again**—বারংবার, ক্রমাগত। [OE. *ongean*—cp. <G. *entgegen*]

against [a-ganst°, অ্যাগেইন্স্ট্°] (**1**) *prep.* in opposition to, বিরুদ্ধে, বিপক্ষে (to fight *against*) ; with a view to preventing or resisting, প্রতিহত বা ব্যাহত করিবার জন্য (*against* evils) ; in anticipation of, আশায় বা আশঙ্কায় (*against* future gain or loss) ; for, জন্য ; banking upon, ভরসা করিয়া (to bet *against* a horse) ; in comparison with or contrast to, সাদৃশ্য বা বৈসাদৃশ্য দেখাইয়া (trees look black *against* the background) ; colliding with, ধাক্কা খাইয়া (to dash *against* a wall) ; in exchange for, pawning upon, বিনিময়ে, বন্ধক রাখিয়া (money *against* land)। (**2**) *con.* in preparation for the time that, ভবিষ্যৎ প্রস্তুতির জন্য (be ready *against* he arrives early)। (**3**) *a.* opponent, hostile, বিরোধী, বিরুদ্ধ (*against* party)। [*again, -es,-t*—cp. *amidst*]

agamic [a-ga°-mik, অ্যাগ্যা°মিক্], **a°gamous**—*a.* asexual, অযৌন ; without sexual organs, অলৈঙ্গিক, লিঙ্গহীন। [Gk. *a-, gamos*=marriage]

agape [a-gap°, অ্যাগেইপ°] *a.* & *adv.* with gaping mouth, মুখ হাঁ করিয়া আছে এমন বা মুখ হাঁ করিয়া। [a_3, see *gape*]

agar-agar [a°-ga(r)-a°-ga(r), অ্যা°গ্যা(র্)-অ্যা°গ্যা(র্)] **a°gar**—*n.* a jelly prepared from seaweeds, সমুদ্রশৈবালে প্রস্তুত আঠাল বস্তুবিশেষ। [Mal.]

agaric [a°-ga-rik, অ্যা°গ্যারিক] *n.* a fungus, ছত্রাকবিশেষ, ভুঁইফোড়। **a. aga°ric**—ছত্রাকসম্বন্ধীয় ; ভুঁইফোড়ের মত ; (আল.) আকস্মিক। [L.<Gk. *agarikon*]

agate [a°-gat, অ্যা°গ্যাট্] *n.* the name of a group of precious stones, মূল্যবান্ মণিরাজি-বিশেষ, অকীক। [F. *agathe*<It. *agata*]

age [aj. এইজ্] (**1**) *n.* length of life or existence, পরমায়ু, আয়ু, বয়স ; the state of being old, বার্ধক্য, প্রাচীনতা ('crabbed *age*') ; (in law) duration of life required to be considered as major, (আইনে) সাবালকত্ব ; times ; কাল ; era, যুগ ; a long time, দীর্ঘকাল। (**2**) *v.i.t.* to grow or make old, বৃদ্ধ হওয়া বা করা। **awkward age**—বয়ঃসন্ধির বা কৈশোরের যে দিনগুলিতে আত্মপ্রত্যয়ের অভাব দৃষ্ট হয়। **of age**—সাবালক। **(to) come of age**—সাবালক হওয়া। **over age**—নির্দিষ্ট বয়স অতিক্রম করিয়াছে এমন। **under age**—নির্দিষ্ট বয়সে পৌঁছায় নাই এমন, নাবালক। *a.* **a°ged**—বৃদ্ধ, প্রবীণ (an *aged* man) ; বয়স্ক (*aged* six years)। *n.* **a°gedness**—বার্ধক্য। *n.* **ag(e)°ing**—বুড়া হওয়া। *a.* **age°less**—অনন্ত যৌবনময়, চিরতরুণ (cp. **unaging**)। *a.* **age°long**—যুগব্যাপী, দীর্ঘকালীন, বহু পুরাতন। [OF. *aage*]

agency—see **agent**.

agenda [a-jen°-da, অ্যাজেন্°ড্যা] *n. pl.* (also treated as *sing.*) items of business for a meeting, সভায় আলোচ্য বিষয়সূচি। [L.]

agent [a°j(a)nt, এই°জ্‌ন্ট্] *n.* a person or thing that works or exercises power, কর্তা, শক্তি ; the cause of an effect, নিমিত্ত ; an authorized deputy, অনুমোদিত প্রতিনিধি ; a commercial representative and stockist, আড়তদার, (পরি.) নিযুক্তক, মুৎসুদ্দি ; a commercial canvasser, দালাল (insurance-*agent*) ; an accredited representative of the government to supervise administration of feudal states, অধীন রাজ্যের শাসনকার্যের তত্ত্বাবধানার্থ সার্বভৌম সরকারের নিসৃষ্ট প্রতিনিধি (the *agent* of Baroda) ; a manager, পরিচালক (the *agent* of a bank) ; an instrument, কার্যাদি-সাধনার্থ নিয়োজিত ব্যক্তি বা বস্তু, যন্ত্র। *n.* **a°gency**—কর্তৃত্ব ; ক্রিয়া ; নিমিত্তের ভাব ; প্রতিনিধিত্ব ; দালালি ; আড়তদারি ; আড়ত, (পরি.) নিযুক্তকস্থান ; অধীন রাজ্যে সার্বভৌম সরকারের শাসনিক প্রতিনিধির পদ বা কার্য ; পরিচালকের পদ বা কার্য ; যন্ত্ররূপে কার্যসাধন বা প্রয়োগ। [L. *agens*<*agere*=to do]

agent provocateur [a°-jang pro-vo-kaw-tar°, অ্যা°জ্যাং প্রভক্যাত্যার্°] *n.* a detective who tempts a suspect to commit a crime openly and then arrests him, যে গোয়েন্দা সন্দেহভাজন ব্যক্তিকে প্রকাশ্যে অপরাধ করিতে প্ররোচিত করিয়া তাহাকে গ্রেপ্তার করে। [F.]

agglomerate [a-glo°-ma-rit, অ্যাগ্ল°ম্যারিট্]

(**1**) *a.* collected or grown into a mass, পিণ্ডিত, পিণ্ডীভূত । (**2**) *n.* a collected mass, পিণ্ড ; a mass of volcanic fragments, (ভূবি.) আগ্নেয় স্তর, অগ্নিপিণ্ড । *v.t.i.* **agglo°merāte**—পিণ্ডীভূত করা বা হওয়া । *a.* **agglo°merātėd**—পিণ্ডিত, পিণ্ডীভূত । *n.* **agglomerā°tion** । [L. *agglomerare*<*ad-*, *glomus*=a ball]

agglutinate [a-gloo°-ti-nāt, অ্যাগ্লু°টিনেইট্] *v.t.i.* to stick with glue, আঠা-দ্বারা জোড়া দেওয়া বা জোড়া লাগা ; to stick fast, আঁটিয়া দেওয়া বা আঁটিয়া থাকা, আসঞ্জিত করা বা হওয়া ; to clot, (শোণিতকণিকা-সম্বন্ধে) দানা বাঁধা । *p.* & *p. pt.* **agglu°tinātėd** । *a.* **agglu°tinàte**—আঠা-দ্বারা আঁটা । *n.* **agglutinā°tion** । *a.* **agglu°-tinative**—আঠাল ; আসঞ্জনশীল ; (ভাষা-সম্বন্ধে) বিভক্তিপ্রত্যয়াদি ব্যতীত কেবল শব্দে শব্দে যোগ দিয়া অর্থাৎ যৌগিক শব্দদ্বারা গ্রথিত । [L. *agglutinare* <*ad-*, *gluten*=glue]

aggrandize [ag°-r(a)ndīz, অ্যাগ্°র্‌ন্‌ডাইজ়্] *v.t.* to increase, ধন পদ প্রভৃতি বৃদ্ধি করা ; to exaggerate, অতিরঞ্জিত করা । *n.* **agg°randize-ment** । [F. *agrandir*<L. *ad-*, *grandis*=large]

aggravate [ag°-ra-vāt, অ্যাগ্°র্যাভেইট্] *v.t.* to increase the gravity of, প্রকোপ বৃদ্ধি করা ; (coll.) to irritate, (কথ্য.) উত্যক্ত করা । *p.* & *p. pt.* **agg°ravātėd** । *adv.* **agg°ravātingly** । *n.* **aggravā°tion** । [L. *aggravare*<*ad-*, *gravis* =heavy]

aggregate [ag°-ri-git, অ্যাগ্°রিগিট্] (**1**) *n.* the sum total, মোট পরিমাণ ; an assemblage, সমূহ, সমষ্টি । (**2**) *a.* collective, total, পুঞ্জীকৃত, মোট হিসাবানুযায়ী, মোটামুটি । *v.t.i.* **agg°rėgāte**—পুঞ্জিত করা বা হওয়া ; একত্র বা মোট করা অথবা হওয়া । *p.* & *p. pt.* **agg°rėgātėd** । *n.* **aggrė-gā°tion** । [L. *aggregare*=to unite in a flock <*ad-*, *grex*=a flock]

aggression [a-gre°sh(a)n, অ্যাগ্রে°শ্‌ন্] *n.* a first act of hostility, আগবাড়া হইয়া কলহাদি আরম্ভ করা, আক্রমণ, প্রথম আঘাত, (শিথি.) হানা, আগ্রাসন । *a.* **aggressive** [a-gre°-siv, অ্যাগ্রে°সিভ্] আগবাড়া হইয়া কলহাদি আরম্ভ করে এমন, পূর্বপাক্ষিক । *n.* **aggressor** [a-gre°-sa(r), অ্যাগ্রে°স্যা(র্)] যে ব্যক্তি কলহাদি আরম্ভ করে, আক্রমণকারী, পূর্বপক্ষ । [L. *ad-*, *gradi*=to step]

aggrieve [a-grēv°, অ্যাগ্রীভ্°] *v.t.* to grieve, দুঃখ দেওয়া ; to oppress, অত্যাচার করা । [OF. *agrever*<L. *ad-*, *gravis*=heavy]

aghast [a-gŭst°, অ্যাগাস্‌ট্°] *a.* stupefied with terror or amazement, আতঙ্কে বা বিস্ময়ে হতবুদ্ধি । [OE. *agast*=to terrify]

agile [a°-jīl, অ্যা°জাইল্] *a.* nimble, চট্‌পটে ; active, কর্মতৎপর । *adv.* **a°gilely** । *n.* **agi°lity** । [F.<L. *agilis*<*agere*=to act]

agio [aj°(i)ō, অ্যা°জৌ] *n.* the discount for money-changing, টাকা ভাঙ্গানর বা বদল করার বাবদ বাটা ; money-changing or the place for it, টাকা ভাঙ্গান, টাকা ভাঙ্গাইবার স্থান । [It. =ease]

agitate [a°-ji-tāt, অ্যা°জিটেইট্] (**1**) *v.t.* to stir or shake violently, প্রচণ্ডভাবে আলোড়িত করা ; to excite, উত্তেজিত বা বিক্ষুব্ধ করা ; to discuss ardently, প্রগাঢ়ভাবে আলোচনা করা । (**2**) *v.i.* to create excitement, বিক্ষোভ সৃষ্টি করা । *a.* **a°gi-tātėd**—বিক্ষুব্ধ, উত্তেজিত ; আন্দোলিত । *a.* **a°gitāt-ing**—বিক্ষোভ সৃষ্টি করে এমন । *n.* **agitā°tion** । *n.* **a°gitātor** । [L. *agitare*<*agere*=to move]

aglow [a-glō°, অ্যাগ্লৌ°] *adv.* & *pred. a.* in a glow, প্রদীপ্তভাবে বা প্রদীপ্ত । [a_3, *glow*]

agnail [ag°-nāl, অ্যাগ্°নেইল্] *n.* a torn shred of skin at the root of a finger-nail, হস্তাঙ্গুলির নখমূলের চামড়ার যে ছাল ওঠে । [OE. *angnaegl*= coin]

agnate [ag°-nāt, অ্যাগ্°নেইট্] (**1**) *a.* descended from the same forefathers, সগোত্র ; (fig.) akin, (আল.) একজাতীয় । (**2**) *n.* a person of same descent, সগোত্র ব্যক্তি, জ্ঞাতি । [F. *agnat* <L. *agnatus*<*ad-*. (*g*)*nasci*=to be born]

agnostic [ag-nos°-tik, অ্যাগ্‌নস্°টিক্] (**1**) *n.* one who holds that no knowledge beyond material phenomenon is possible, অজ্ঞাবাদী । (**2**) *a.* pertaining to agnosticism, অজ্ঞাবাদ-মূলক । *n.* **agnosticism** [ag-nos°-ti-sizm, অ্যাগ্‌নস্°টিসিজ়্‌ম্] অজ্ঞাবাদ । [Gk. *agnostos*= unknown]

agnus castus [ag°-nas kas°-tas, অ্যাগ্°ন্যাস্ ক্যাস্°ট্যাস্] *n.* the chaste tree, গ্রীষ্মমণ্ডলীয় বৃক্ষ-বিশেষ (একদা এই বৃক্ষকে সতীত্বের সংরক্ষক বলিয়া মনে করা হইত) । [Gk. *agnos*=the name of the tree,—confused with *hagnos*=chaste>L. *castus*]

ago [a-gō°, অ্যাগৌ°] *adv.* & *pred. a.* past, gone by, অতীতে, গত, বিগত, অতীত (long *ago*, two years *ago*) । [OE, *agan*=to pass away]

agog [a-gog°, অ্যাগগ্°] *adv.* & *pred. a.* in excited eagerness, উত্তেজনাপূর্ণ ব্যগ্রতার সহিত ; on the move, গমনোদ্যত । [OF. *en gogues*= frolicsome ?]

agoing [a-gŏ°-ing, অ্যাগো°ইং] *a.* & *adv.* in motion, চালু বা চালু অবস্থায় । [a_3, see *go*]

agony [a°-go-ni, অ্যা°গ্যানি] *n.* a terrible anguish, নিদারুণ যন্ত্রণা ; pangs of death, মৃত্যু-যন্ত্রণা ; a violent struggle, (প্রধানতঃ স্বীয় অন্তরে) প্রবল দ্বন্দ্ব । **agony column**—নিরুদ্দিষ্ট বন্ধুবান্ধব ও আত্মীয়স্বজনের সংবাদকামনায় বিজ্ঞাপন দিবার জন্য খবরের কাগজের নির্দিষ্ট column বা স্তম্ভ । *v.i.t.* **a°gonize**—নিদারুণ মানসিক যন্ত্রণা ভোগ করা বা দেওয়া ; পীড়ন সহ্য করা বা পীড়ন করা । *a.* **a°goni-**

zed—মানসিক যন্ত্রণাগ্রস্ত। *a.* **a°gonizing**—মানসিক যন্ত্রণাদায়ক। [Gk. *agonia*]

agora [a°-ga-ra, অ্যা°গ্যার্‌য়া] *n.* an assembly, জনসমাবেশ বা সভা ; a place of assembly, জনসমাবেশের স্থান বা সভাস্থল ; a market-place, বাজার (পুরাকালে ইউরোপে বাজারই ছিল জনসমাবেশের বা সভার স্থান)। *n.* **a°goraphō°bia**—খোলা জায়গায় চলাফেরা করিতে বা রাস্তা পার হইতে আতঙ্ক : ইহা একরূপ ব্যাধি। [Gk.]

agrarian [a-grār°-i-an, অ্যাগ্রেয়্যার্‌°ইঅ্যান্] (**1**) *a.* of land, or of its cultivation, management or distribution, ভূমিসম্বন্ধীয় কার্য। (**2**) *n.* an advocate of equidistribution of the landed property, ভূ-সম্পত্তির সমাংশে পুনর্বণ্টন-নীতির সমর্থক। *n.* **agrār°ianism**—ভূ-সম্পত্তির সমাংশে পুনর্বণ্টন-নীতি। [L. *agrarius*<*ager*=field]

agree [a-grē°, অ্যাগ্রী°] (**1**) *v.i.* to be of one and the same opinion, purpose, etc., to concur, একমত হওয়া ; to consent, সম্মত বা রাজী হওয়া ; to suit or become, মানান, খাপ খাওয়া, শোভন হওয়া ; to harmonize, সমন্বয়সাধন করা (to make conflicting ideas *agree*) ; to accede, মানিয়া লওয়া (to *agree* to a proposal) ; to get on together, মানাইয়া চলা, মিলিয়া মিশিয়া থাকা (youth never *agrees* with age) ; (gr.) to concord, (ব্যাক.) অন্বয়যুক্ত বা অন্বিত হওয়া। (**2**) *v.t.* to settle, মীমাংসা করা ; to consent to, (কোন বিষয়ে) সম্মত হওয়া, মানিয়া লওয়া। *a.* **agree°able**—মনোরম ; শোভন ; উপযোগী ; স্বীকার্য ; সম্মত ; অমায়িক। *adv.* **agree°ably**। *n.* **agree°ment**—মতের মিল ; বনিবনাও ; সম্মতি ; মিল ; অন্বয় ; শোভনতা ; চুক্তি, সংবিদা ; সন্ধি। **(to) come to** or **reach an agreement**—মতৈক্যে পৌঁছান বা মতৈক্য হওয়া, সমঝোতায় আসা। [OF. *agreer*< LL. *aggratare*]

agrestic [a-gres°-tik, অ্যাগ্রেস্‌°টিক্] *a.* rural, rustic, গ্রাম্য, গেঁয়ো, চাষাড়ে ; uncouth, অমার্জিত। [L. *agrestis*<*ager*=field]

agriculture [ag°-ri-kŭl-ch(a)r, অ্যাগ্‌°রিকাল্‌চ্যা(র্)] *n.* tilling of the soil, কৃষি, চাষ। *a.* **agricultural** [a-gri-kŭl°-choor(a)l, অ্যাগ্রিকাল্‌°চুর্‌ল্] কৃষি-সংক্রান্ত, কার্ষ। *n.* **agricul°turalist, agricul°turist**—কৃষিবিদ্ ; কৃষক। [L. *agricultura*<*ager*=a field, *cultura*=cultivation]

agronomy [a-gro°-na-mi, অ্যাগ্র°ন্যামি] *n.* rural economy, চাষ-বাস। *a.* **agro°nomic**—চাষবাস-মূলক। *n.* **agro°nomist**—কৃষিবিৎ। [Gk. *agronomos*=overseer of land]

aground [a-grownd°, অ্যাগ্রাউন্ড্°] *adv.* upon the bottom of shallow water, জলমগ্ন চড়ায় (আটকাইয়া) ; in a stranded condition, প্রতিবন্ধকাদিতে আটকাবস্থায়। [a_3, *ground*]

ague [ā°-gū, এই°গিউ] *n.* a fever attended with shivering, কম্পজ্বর ; a malarial fever, ম্যালেরিয়া জ্বর। [OF. ?]

ah [ŭ, আ], **aha** [ŭ-hŭ°, আহা°] *int.* an expression of sorrow, surprise, joy, protest, etc., অ্যাঁ, অহো, আহা, আঃ, ইস্ প্রভৃতি। [F.]

ahead [a-hed°, অ্যাহেড্°] *adv.* & *pred. a.* further on, forward, in the front, অগ্রসর, অগ্রগামী; পুরোবর্তী, সম্মুখে। [a_3, *head*]

ahem [m-mm°, ম্‌ম্‌ম্°] *int.* an expression to gain time, উম্, হুঁ। [length. *hem*]

ahimsa [a-him°-sa, অ্যাহিম্‌°স্যা] *n.* duty of sparing animal life, অহিংসা। [Sans.]

ahoy [a-hoy°, অ্যাহয়্°] *int.* (naut.) used in hailing, জাহাজি মাল্লাদের দূর হইতে সম্বোধনসূচক ধ্বনিবিশেষ, ওহে। [OE.]

aid [ād, এইড্] (**1**) *v.t.* to help, সাহায্য করা বা সহযোগিতা করা। (**2**) *n.* help, সাহায্য, সহযোগিতা ; money, etc., granted for help, সাহায্যের জন্য প্রদত্ত অর্থাদি। *a.* **ai°ded**—সাহায্যপ্রাপ্ত। [OF. *aider*<L. *adjutare*]

aid-de-camp [ād°-da-kŭng°, এইড্‌°ড্যাকাং] *n.* an officer working as the personal assistant of a general, king or governor, সেনাপতি নৃপতি বা শাসকের ব্যক্তিগত সাহায্যের জন্য নিযুক্ত (সচ. সাম.) কর্মচারী। [F.]

aide-memoire [ād°-mā-mwar, এইড্‌°-মেই-ম্যঅ্যা(র্)] *n.* book document etc. as an aid to memory, স্মৃতি-সহায়ক (পুস্তক দলিল-দস্তাবেজাদি)। [F.]

aigrette [ā°-gret, এই°গ্রেট্] *n.* the egret, বকপাখি। [F.]

ail [āl, এইল্] (**1**) *v.t.* to trouble or afflict, কষ্ট বা যন্ত্রণা দেওয়া ; to sicken, পীড়িত করা। (**2**) *v.i.* to be ill or indisposed, পীড়িত বা অসুস্থ হওয়া। *a.* **ai°ling**—পীড়িত, অসুস্থ। *n.* **ail°ment**। [OE. *eglan*]

aim [ām, এইম্] (**1**) *v.t.* to direct or level with a view to hitting, লক্ষ্য সন্ধান করা, তাক করা (to *aim* a gun) ; to seek, খোঁজা ; to have as one's object, উদ্দেশ্য করা। (**2**) *v.i.* to direct a weapon or stroke, অস্ত্র আঘাত প্রভৃতি তাক করা। (**3**) *n.* directing or levelling of weapon, লক্ষ্যসন্ধান (to take *aim*) ; object of hitting or search, লক্ষ্য ; purpose, design, উদ্দেশ্য,অভিসন্ধি। *a.* **aim°lėss**—উদ্দেশ্যহীন (*aimless* wanderings) ; এলোপাতাড়ি, এলোমেলো (*aimless* shooting)। *adv.* **aim°lessly**—উদ্দেশ্যহীনভাবে। *n.* **aim°lessness**। [OF. *esmer* and *aesmer* ?]

ain't [ānt, এইন্ট্] coll. contr. of **are not, am not** and **is not.**

air [ā(r), এয়্যা(র্)] (**1**) *n.* the gaseous compound (chiefly of oxygen and nitrogen) enveloping the earth, বায়ু ; wind, বাতাস ; a breeze, হাওয়া, সমীরণ, অনিল ; any gas, বাষ্প, ধোঁয়া ;

breath, নিঃশ্বাস ; the atmosphere, the sky, নভোমণ্ডল, বায়ুমণ্ডল, নভঃ, শূন্য, বিমান, আকাশ ('fowls of the *air*') ; an open space, উন্মুক্ত স্থান (to walk in the *air*) ; climate or place, আবহাওয়া বা স্থান (change of *air*) ; bearing, manner, appearance, ভাবভঙ্গি, চালচলন, চেহারা (triumphant *air*) ; feigning, ভান (the *air* of a savant) ; current and wide circulation or discussion, বর্তমানে ব্যাপক প্রচলন বা আলোচনা (in the *air*) ; false or immaterial thing, মিথ্যা বা অবাস্তব বস্তু (it's all *air*) ; (in *pl.*) affected superiority, শ্রেষ্ঠত্বের ভান ; melody, সুর (doleful *airs*) । (2) *v.t.* to expose to an open space, উন্মুক্ত স্থানে রাখা ; ventilate, বায়ু-চলাচল করান ; to fill with gas or wind, বায়ুপূর্ণ বা বাতান্বিত করা ; to dry by exposing to wind, বাতাসে শুকান ; to display or parade, প্রদর্শন করান বা জাহির করা । (3) *v.i.* to walk in an open space, বায়ুসেবন করা ; to be filled with gas or wind, বায়ুপূর্ণ বা বাতান্বিত হওয়া । **airs and graces**—চালিয়াতি । **by air**—বিমানযোগে । **in the air**—অনিশ্চিত ; বর্তমানে ব্যাপকভাবে প্রচলিত বা আলোচিত (the rumour is *in the air*) । **on the air**—বেতারযোগে ঘোষিত । **(to) clear the air**—(কক্ষাদির) বায়ু শোধন করা ; (আল.) (তথ্যাদি প্রদানপূর্বক) সন্দেহমুক্ত হওয়া । **(to) give oneself airs, (to) put on airs**—লোকচিত্তে প্রভাববিস্তারের জন্য ভান করা ; চালিয়াতি করা, চালবাজি করা । **(to) go off the air**—বেতার সম্প্রচার বন্ধ করা । **(to) take air**—বায়ুসেবন করা । *n.* **air°bāse**—বিমানঘাঁটি । *n.* **air°-bed**—যেতোশক প্রভৃতিতে বাতাস ভরিয়া ফোলান হয় । *n.* **air°-bladder**—মৎস্যাদির পট্‌কা, বায়ুস্থলী । *a.* **air°bōrne**—শূন্যপথে বা বিমানপোতে বাহিত ; বায়ুবাহিত । *n.* **air°-brāke**—সংকুচিত বায়ুচালিত ব্রেকবিশেষ, বিমানের গতিনিয়ন্ত্রক যন্ত্র । *n.* **air°-condi°tioning**—বৈজ্ঞানিক উপায়ে গৃহাদির শীতাতপ-নিয়ন্ত্রণ । *a.* **air°-condi°tioned**—উক্ত নিয়ন্ত্রণব্যবস্থাবিশিষ্ট । *a.* **air°-cōoled**—বাতাসদ্বারা শীতলীকৃত । **air cover**—same as **air umbrella** । *n.* **air°craft**—(প্রধানতঃ যুদ্ধে ব্যবহৃত) বিমানপোত । **aircraft carrier**—বিমানপোত বহনার্থ জাহাজ । *n.* **air°craft(s)man**—বিমান-সৈনিক । *n.* **air°crew**—(যে কোন একখানি) বিমানপোতের চালক ও তাহার সহকারিবৃন্দ । *n.* **air°-cushion**—যে গদিতে বাতাস ভরিয়া ফোলান হয় । **air°drōme**—(Am.) same as **ærodrome** । *n.* **air°-drop**—বিমানপোত হইতে প্যারাশুটের সাহায্যে লোকজন খাদ্য জিনিসপত্র নামাইয়া দেওয়া । *n.* **air°field**—বিমানপোতের উড্ডয়নের ও অবতরণের স্থান, বিমানাঙ্গন । *n.* **air°force**—বিমান সৈন্যবল, বিমানবাহিনী, বিমানবল । *n.* **air°graph**—বিমানযোগে প্রেরণার্থ ফটোগ্রাফের দ্বারা হ্রস্বীকৃত চিঠি । *n.* **air°gun**—বায়ুচালিত (খেলনা) বন্দুকবিশেষ । *n.* **air°-hostess**—যাত্রিবাহী বিমানপোতে যাত্রীদের জন্য নিযুক্তা পরিচারিকা । **airily, airiness**—see **airy** । *n.* **air°ing**—বাতাসে বা তাপে বা রৌদ্রে দেওয়া ; (মুক্ত) বায়ুসেবন । *a.* **air°less**—বাতাস পড়িয়া গিয়াছে এমন ; বায়ুশূন্য ; নির্বাত । **air letter**—বিমান-ডাকে প্রেরণার্থ চিঠির টিকিট-আঁটা পাতলা কাগজবিশেষ । *n.* **air°lift**—বিমানপোতে বহন । *a.* **air°lifted**—বিমানপোতে বাহিত । *n.* **air°line**—(যাত্রিবাহী) বিমান-চলাচলের পথ । *n.* **air°liner**—যাত্রিবাহী বিমান । *n.* **air°mail**—বিমানবাহিত ডাক । *n.* **air°-man**—বৈমানিক, বিমান-চালক । *n.* **air°-mar°shal**—বিমানবাহিনীর সেনাপতি । *n.* **air°-mecha°nic** বিমানপোত মেরামতকারী মিস্ত্রি । *a.* **air°-min°ded** বিমানে যাতায়াত ও মালপত্র বহনকে স্বাভাবিক জীবনযাত্রার শামিল করিয়াছে এমন । *n.* **air°-pillow**—same as **air-cushion** । *n.* **air°plāne**—বিমানপোত । *n.* **air°-pocket**—বায়ুমণ্ডলের একই স্তরে ভিন্নচাপের বায়ুপূর্ণ স্থান, (পরি.) বাত-গহ্বর । *n.* **air°port**—বিমানঘাটা, বিমানপত্তন, বিমানবন্দর । *n.* **air°-power**—যুদ্ধে ব্যবহার্য বিমানপোতের সংখ্যা, বিমানবল । *n.* **air°-pump**—হাওয়া ঢুকাইবার ও বাহির করিবার জন্য পাম্প্‌ । *n.* **air°raid**—বিমানযোগে আক্রমণ । *n.* **air°-shaft**—খনিমধ্যে বাতাস ঢোকানর জন্য পথ । *n.* **air°ship**—(বৃহৎ) বিমানপোত । *n.* **air° spāce**—যে কোন দেশের উপরিস্থ অঞ্চল, আকাশসীমা (to violate *air space*—আকাশসীমা লঙ্ঘন করা) । *n.* **air°-stop**—হেলিকপটারের অবতরণস্থল । *n.* **air°-strike**—বিমানের সাহায্যে আঘাত, বিমান-আক্রমণ । *n.* **air°strip**—বিমানপোতের উড্ডয়নের ও অবতরণের স্থান, ধাবনপথ । *a.* **air°tight**—বায়ুপ্রবেশের পথ রুদ্ধ এমন, বায়ুরোধী । *a.* **air-to-air**—(ক্ষেপণাস্ত্র সম্পর্কে) এক বিমান হইতে অন্য বিমান লক্ষ্য করিয়া নিক্ষিপ্ত । *n.* **air°-transport**—বিমান-পরিবহণ ; বিমানযোগে যাত্রী ও মালপত্র বহনের ব্যবস্থা । **air umbrella**—যুদ্ধরত স্থলবাহিনী বা নৌবাহিনীর রক্ষাকার্যে নিযুক্ত বিমানবাহিনী । *n.* **air°way**—বিমান-চলাচলের পথ ; (in *pl.*) যাত্রিবাহী বিমানপোতের কোম্পানী । *n.* **air°woman**—নারী-বৈমানিক । *a.* **air°worthy**—বিমান-চলাচলের যোগ্য, নভোযোগ্য । *n.* **air°worthiness** । *a.* **air°y**—বায়ুপূর্ণ, বায়ুময় । *adv.* **air°ily**—**airy**-র সকল অর্থে, এবং বিশেষতঃ—উড়াইয়া দেওয়ার ভাবে, হালকাভাবে ; উপর-উপরভাবে ; চালিয়াতির সঙ্গে । *n.* **air°iness** । [OF. <L. *ær*]

aisle [ɪl, আইল্‌] *n.* space (usu. of a church) divided by a row of pillars, (গির্জার) স্তম্ভপরিবেষ্টিত ঘুরান স্থান বা গলি । [F. *aile* <L. *ala* = a wing]

ajar [a-jŭ(r)°, অ্যাজা(র্)°] *adv.* & *pred. a.* partly open, ঈষদুন্মুক্তভাবে বা ঈষদুন্মুক্ত । [OE. a_3, *cerr* = a turn]

ajutage—alt. spell. of **adjutage.**

akimbo [a-kim°-bō, অ্যাকিম্‌°বৌ] *adv.* with hands placed on hips and elbows turned outwards, নিজের দুই নিতম্বের উপর দুই হাতের চেটো রাখিয়া, পাছায় বা কোমরে দুই হাত দিয়া (with arms *akimbo*) । [ME. *in kenebow*]

akin [a-kin°, অ্যাকিন্°] *pred. a.* agnate, সগোত্র; of similar nature, একজাতীয়, সদৃশ (*akin* to)। [a_3, *kin.*]

à la [ŭ-lŭ, আলা] *prep.* after the manner of. ধরনে ভঙ্গিতে (*à la* Reform)। [see *à la mode*]

alabaster [a°-la-bŭs-ta(r), অ্যা°ল্যাবাস্‌ট্যা(র্)] *n.* an almost transparent gypsum, স্বচ্ছপ্রায় খনিজ পদার্থবিশেষ, তৈলস্ফটিক। [OF. *alabastre* <L. *alabaster*, Gk. *alabastros*]

à la carte [ŭ-lŭ-kŭ(r)-°, আলাকা(র্)ট্°] *adv.* by the bill of fare, (খাদ্য-সম্বন্ধে) হোটেলাদির খাদ্য-তালিকা হইতে বাছিয়া বিভিন্ন পদ সরবরাহের ফরমাশ দিয়া। [F.]

alack [a-lak°, অ্যাল্যাক্°] *int.* an expression of regret, হায় রে ভাগ্য। *int.* **alack°-a-day**—হায় কি দুর্দিন। [*ah luck ?*]

alacrity [a-la°-kri-ti, অ্যাল্যা°ক্রিটি] *n.* briskness, promptness, চট্‌পটে ভাব, তৎপরতা। [L. *alacritas*]

Aladdin's lamp [a-la°-dinz lamp, অ্যাল্যা°ডিন্‌জ্‌ ল্যাম্প্] *n.* a lamp or anything that gratifies every desire of its owner, সর্বসাধপূরক প্রদীপ বা দ্রব্য, কামদীপ। [from the *Arabian Nights*]

alalia [a-lā°-lia, অ্যালেই°লিঅ্যা] *n.* (med.) loss of power of speech, (চিকি.) বাক্‌শক্তিলোপ। [Gr. *a-*, *laleein*=to talk]

alamode, à la mode [ŭ°-lŭ-mōd, আ°লামৌড্] (1) *adv.* after the fashion, প্রচলিত ফ্যাশন বা রীতি অনুযায়ী। (2) *a.* fashionable, প্রচলিত ফ্যাশনসম্মত বা রীতিসম্মত। (3) *n.* a light glossy silk, পাতলা ও চকচকে রেশমবিশেষ। [F.]

alar [ā°-la( ), এই°ল্যা(র্)] *a.* pertaining to a wing, (পক্ষীর) পক্ষসম্বন্ধীয়; wing-shaped, পক্ষাকার। [L. *alaris*<*ala*=a wing]

alarm [a-lŭ(r)m°, অ্যালা(র্)ম্°] (1) *n.* a call to arms, শত্রুর বিরুদ্ধে অস্ত্রধারণার্থ আহ্বান; a signal of danger, বিপদ্‌সঙ্কেত; anticipation of danger, বিপদাশঙ্কা; a mechanical contrivance for arousing or warning, or giving notice (esp. by making sounds), (প্রধানতঃ শব্দ সৃষ্টি করিয়া) নিদ্রাভঙ্গ করিবার বা সতর্ক করিবার বা সংবাদ জানাইবার জন্য যন্ত্রবিশেষ (fire-*alarm*)। (2) *v.t.* to call to arms, শত্রুর বিরুদ্ধে অস্ত্রধারণার্থ আহ্বান করা; to notify danger, বিপদ্‌সঙ্কেত জ্ঞাপন করা; to arouse, জাগরিত করা; to strike with terror, ভীত করান। *n.* **alarm°-bell**—বিপদ্‌সঙ্কেত জ্ঞাপনের ঘণ্টা। *n.* **alarm°-clock**—ঘুম ভাঙ্গাইবার জন্য শব্দকর ঘড়ি। *a.* **alarmed°**—ভীত, শঙ্কিত। *a.* **alar°ming**—বিপদাশঙ্কাপূর্ণ; ভীতিকর; বিপদ্‌সঙ্কেতপূর্ণ। *n.* **alar°mist**—যে ব্যক্তি সামান্য কারণে (বা অকারণে) বিপদ্‌সঙ্কেত ঘোষণা করে বা আতঙ্ক ছড়াইয়া বেড়ায়। [OF. *alarme*<It. *all'arme*=to arms]

alarum [a-lar°-am, অ্যালেয়্যার্°অ্যাম্] older form of **alarm** (*n.*)।

alas [a-lŭs°, অ্যালাস্°] *int.* an expression of grief or regret, হায়, হায়রে। [OF. *ha*=ah, *las*=wretched]

Alastor [a-las°-taw(r), অ্যালাস্°ট্য(র্)] *n.* the avenging deity, nemesis, পাপের শাস্তিদাতা দেবতা (তু. ধর্মদেব)। [Gk.]

alb [alb, অ্যাল্‌ব্] *n.* a long white vestment, উপাসনাদির সময়ে খ্রিস্টান যাজকগণের পরিধেয় পায়ের পাতা পর্যন্ত লম্বা সাদা আলখিল্লাবিশেষ। [OE. *albe* <LL. *alba* (*tunica*)=white (tunic)]

albatross [al°-ba-tros, অ্যাল্°ব্যাট্রস্] *n.* a large sea-bird, বৃহদাকার সামুদ্রিক পক্ষিবিশেষ। [Sp. *alcatraz*=a pelican, influenced by L. *albus* =white]

albeit [awl-bē°-it, আল্‌বী°ইট্] *con.* although it be that, তাহা হইলেও, তৎসত্ত্বেও, তথাপি। [*all, be, it*]

albert [al°-ba(r)t, অ্যাল্°ব্যা(র্)ট্] *n.* the name for a fashion of dress etc., পোশাকাদির ঢং-বিশেষ (*albert* watch-chain, *albert* slippers)। [*Prince Albert* of England]

albino [al-bē°-nō, অ্যাল্‌বী°নৌ] *n.* an abnormally white-skinned person or animal, অস্বাভাবিক রকম শ্বেতচর্ম ব্যক্তি বা প্রাণী, ধবলরোগগ্রস্ত ব্যক্তি বা প্রাণী। [Port. <L. *albus*=white]

album [al°bam, অ্যাল্°ব্যাম্] *n.* a blank book for inserting collected photographs, autographs, stamps, etc., সংগৃহীত আলোকচিত্র স্বহস্তলেখ ডাকটিকিট প্রভৃতি সংরক্ষণার্থ খাতা-বিশেষ, আলেখ্য-কুঞ্চিকা। [L. *albus*=white, blank]

albumen [al°-bū-min, অ্যাল্°বিউমিন্] *n.* white of egg, ডিম্বের শ্বেতভাগ; a constituent of the animal body, প্রাণিদেহস্থ গঠনরস বা শ্বেতসার, শস্য; a substance found between the skin and the embryo of seeds, ফলের আঁটির খোসা ও শাঁসের মধ্যবর্তী অংশবিশেষ। **albū°minoid**—(1) *a.* অ্যাল্‌বিউমিন্-সদৃশ; (2) *n.* প্রোটিন্। *a.* **albu°minous**—অ্যাল্‌বিউমিন-যুক্ত; অ্যাল্‌বিউমিন-সদৃশ। [L. <*albus*=white]

alburnum [al-ba(r)°-nam, অ্যাল্‌ব্যা(র্)°ন্যাম্] *n.* sapwood অসার বা রসবহ কাষ্ঠ। [L.]

alchemy [al°-ki-mi, অ্যাল্°কিমি] *n.* chemistry of the middle ages, মধ্যযুগীয় রসায়ন-শাস্ত্র (ইতর ধাতুকে স্বর্ণে পরিণত করাই ইহার লক্ষ্য ছিল), অপ-রসায়ন, কিমিয়া। *a* **alche°mic, alche°mical** —অপরাসায়নিক। *n.* **al°chemist**—অপরসায়নবিদ্। [Ar. *al-kimia*]

alcohol [al°ka-hol, অ্যাল্°ক্যাহল্] *n.* pure essence of wine, বিশুদ্ধ সুরাসার, কোহল; (loos.) wine, (শিথি.) মদ্য, সুরা। **alcoho°lic**—(1) *a.* সুরাসার-ঘটিত; সুরাসার-সদৃশ; (2) *n.* মদ্যপ।

n. **alco°holism**—অত্যধিক সুরাপানের ফলে দেহে বিষক্রিয়া। *v.t.* **al°coholize**—সুরাসার মেশান; সুরাসারে পরিণত করা; পরিস্রুত করা; মদ খাওয়াইয়া মাতাল করা। *n.* **alcoholiza°tion**। [Ar. *al-*=the, *koh'l*=powder for staining eyelids]

Alcoran [al-ko-rūn°, আ্যালকরান্°] *n.* (arch.) the Koran, (আর্ষ.) কোরান। *n.* **Alcora°nist**—যে ব্যক্তি কোরান মানিয়া চলে। [F.<Ar.]

alcove [al°kōv, অ্যাল্°কৌভ্] *n.* a vaulted recess in the wall of a room, ঘরের দেওয়ালের মধ্যে নির্মিত চোর-কুঠরি; any recess, একান্ত স্থান; a shady retreat, ছায়াকুঞ্জ। [Ar. *al-*=the, *qobbah*=a wall]

alder [awl°-da(r), অ্যাল্°ড্যা(র্)] *n.* a kind of tree, ভূর্জজাতীয় বৃক্ষবিশেষ। [OE. *alor*]

alderman [awl°-da(r)-man, অ্যাল্°ড্যা(র্)ম্যান্] *n.* a municipal councillor of especial dignity, পৌরসভার বিশেষ সম্মানিত সদস্যবিশেষ, পৌরমুখ্য। *pl.* **al°dermen**। *a.* **alder°manic**—পৌরমুখ্যসংক্রান্ত। *n.* **al°dermanry**—পৌরমুখ্যের মনোনয়নকেন্দ্র বা পদ বা কার্যকাল। *n.* **al°dermanship**। [OE. *aldorman*—cp. *elder*]

ale [āl, এইল্] *n.* a malted beverage, সীরান্বিত মদ্যবিশেষ। *n.* **āle°house**—মদের দোকান, শৌণ্ডিকালয়। [OE. *alu*]

aleatory [ā°lė-a-ta-ri, এই°লিঅ্যাট্যারি] *a.* depending on chance, দৈবক্রমে ঘটে এমন, দৈবনির্ভর, আকস্মিক, সম্ভাব্য [L. *alea*=a die, *aleator*=a dice-player]

alembic [a-lem°-bik, অ্যালেম্°বিক্] *n.* a distilling apparatus, পরিস্রাবণের যন্ত্র বা পাত্র; পাতনযন্ত্র। [F. *alambic*<Ar. *al-*=the, *ambiq*=cap of a still]

alert [a-la(r)t°, অ্যাল্যা(র্)ট্°] (**1**) *a.* watchful, vigilant, সতর্ক; nimble, তৎপর। (**2**) *n.* an alarm, বিপদ্‌সঙ্কেত; watchful preparedness, সতর্ক ও তৎপর অবস্থা। *p. & p. pt.* **aler°tėd**। (**3**) *v.t.* to make alert, সতর্ক ও তৎপর করিয়া রাখা। **on the alert**—সতর্ক ও তৎপর অবস্থায়। *adv.* **alert°ly**। *n.* **alert°nėss**। [F. *alerte*<It. *all'erta*=on the erect]

aleurone [a-lū°-rōn, অ্যালিউ°রৌন্] *n.* a protein found in some seeds, কোন কোন বীজমধ্যে প্রাপ্ত প্রোটিন্-বিশেষ। [Gk. *aleuron*=flour]

alexandrine [a-lig-zan°-drīn, অ্যালিগ্‌জ্যান্°ড্রাইন্] (**1**) *n.* a verse of iambic hexameter, ষট্‌মাত্রিক কবিতাপঙ্‌ক্তি। (**2**) *a.* in iambic hexameter, ষট্‌মাত্রিক। [F. *Alexandrin ?*]

alexia [a-lek°-si-a, অ্যালেক্°সিঅ্যা] *n.* (med.) loss of power to read, word-blindness, (চিকি.) পঠনশক্তিলোপ, শব্দান্ধত্ব। [Gk.. a_3-, *legein*=to speak]

alfalfa [al-fal°-fa অ্যাল্‌ফ্যাল্°ফ্যা] *n.* a kind of lucerne, ত্রিপত্রোৎপাদী বৃক্ষবিশেষ। [Sp. <Ar. *alfaçfaçah*]

alfresco [al-fres°-kō, অ্যালফ্রেস্°কৌ] (**1**) *adv.* in the open air, (ভোজনাদি-সম্বন্ধে) মুক্তবায়ুতে, উন্মুক্ত স্থানে। (**2**) *a.* enjoyed in the open air, (খাদ্যাদি-সম্বন্ধে) মুক্তবায়ুতে বা উন্মুক্তস্থানে ভক্ষিত। [It.]

alga [al°-ga, অ্যাল্°গ্যা] *n.* a sea-weed, সমুদ্রশৈবাল। *pl.* **algæ** [al°-jē, অ্যাল্°জী]। [L.]

algebra [al-°jib-ra, অ্যাল্°জিব্‌র্যা] *n.* a branch of mathematics, বীজগণিত। *a.* **algėbrā°ic-(al)**—বীজগাণিতিক; (সাধারণের পক্ষে) অবোধ্যভাবে সংক্ষিপ্ত। *n.* **algėbrā°ist**—বীজগণিতবেত্তা। [Ar. *al-*=the, *jebr*=resetting]

alias [ā°-li-as, এই°লিঅ্যাস্] (**1**) *adv.* otherwise known as, ওরফে। (**2**) *n.* an assumed or another name, ছদ্মনাম, উপনাম। [L.]

alibi [a°-li-bī, অ্যালি°বাই] *n.* the plea of being elsewhere during the institution of a crime, অপরাধের অনুষ্ঠানকালে অন্যত্র থাকার অজুহাতে রেহাই পাইবার দাবি (to establish or prove an *alibi*)। [L.=elsewhere]

alien [ā°-li-an, এই°লিঅ্যান্] (**1**) *a.* not one's own, নিজস্ব নহে এমন, পরক; not existing in one's nature, স্বীয় স্বভাবগত নহে এমন, অস্বভাবী; incongruent, বেমানান; opposing, বিরোধী (*alien* to his nature); foreign, বিদেশী। (**2**) *n.* a foreigner, বিদেশী ব্যক্তি; an outsider, বহিরাগত ব্যক্তি। (**3**) *v.t.* to estrange, পর বা পরস্ব বা পরক করিয়া দেওয়া; (in law) to transfer ownership of, (আইনে) অধিকার বা মালিকানা হস্তান্তর করা। *a.* **ā°lienable**। *n.* **ālienabi°lity**। *n.* **ā°lienage**—বিদেশীত্ব, বিদেশীরূপে অবস্থান। *v.t.* **ā°lienāte**—স্বভাববহির্ভূত করা; পর বা পরক বা পরস্ব করিয়া দেওয়া; হস্তান্তর করিয়া দেওয়া; বিরোধী করিয়া দেওয়া। *p. & p. pt.* **ā°lienātėd**। *n.* **āliena°tion**—বিচ্ছিন্নতাবোধ; উন্মত্ততা, বাতুলতা। *n.* **ā°lienātor**। *n.* **ālienee°**—হস্তান্তর করিয়া যাহার নিকট দেওয়া হয়। *n.* **ā°lienist**—মানসিক রোগের বিশেষজ্ঞ-চিকিৎসক। [L. *alienus*<*alius*=other]

aliform [ā°-li-faw(r)m, এই°লিফ্য(র্)ম্] *a.* wing-shaped, পক্ষীর পক্ষাকার। [L. *ala*=a wing, see *form*]

alight$_1$ [a-līt°, অ্যালাইট্°] *v.i.* to dismount or descend, অবতরণ করা, নামিয়া আসা; to come down flying and settle, উড়িতে উড়িতে নামিয়া আসিয়া বসা। *p. & p. pt.* **ali°ghtėd**। [OE. *alihtan*]

alight$_2$ [a-līt°, অ্যালাইট্°] *pred. a.* on fire, flaming, lighted up, জ্বলিয়া উঠিয়াছে এমন, প্রজ্বলিত; bright, cheerful, আনন্দে উদ্ভাসিত। [a_3-, *light*$_2$]

align [a-līn°, অ্যালাইন্°] *v.t.* to arrange in a line, শ্রেণীবদ্ধ করা, সারি দিয়া সাজান। *n* **align°-**

ment । [F. *aligner* < L. *ad*-, *lineare* = to line]

alike [a-līk°, অ্যালাইক্°] (**1**) *pred. a.* similar, সদৃশ। (**2**) *adv.* in the same way, একইভাবে, সমভাবে। [OE. *gelic*, ON. *alikr*, OE. *onlic*]

aliment [a°-li-mant, অ্যা°লিম্যান্ট্] *n.* food, খাদ্য ; nourishment, পুষ্টি। *a.* **alimental** [a-li-men°tl, অ্যালিমেন্°ট্ল্] **alimentary** [a-li-men°-ta-ri, অ্যালিমেন্°ট্যারি] খাদ্যসরবরাহকর ; খাদ্য-সরবরাহ-সংক্রান্ত ; পুষ্টিকর ; পুষ্টিসংক্রান্ত, পৌষ্টিক। **alimentary canal**—পৌষ্টিক নালী, (পরি.) মহা-স্রোত। *n.* **alimentation** [a-li-men-tā°-sh(a)n, অ্যালিমেন্টেই°শ্ন্] খাদ্যসরবরাহ ; পুষ্টিবিধান। [L. *alimentum*]

alimony [a°-li-ma-ni, এই°লিম্যানি] *n.* a maintenance allowance given to the wife by her husband on separation, স্বতন্ত্রভাবে বাস-কারিণী পত্নীকে খোরপোশের জন্য স্বামী কর্তৃক প্রদত্ত ভাতা। [L. *alimonia* = nourishment]

aline—alt. spell. of **align.**

aliquot [a°-li-kwot, অ্যা°লিক্যোঅট্] *a.* (math.) such as will divide a number without a remainder, integral. (গণি.—ভাজকসম্বন্ধে) ভাগ-শেষ না রাখিয়া সমাংশে ভাগ করিতে সক্ষম। **aliquot part**—(পরি.) একাংশ। [L. = some]

alive [a-līv°, অ্যালাইভ্°] *pred. a. & adv.* in life, জীবন্ত ; lively, প্রাণবন্ত ; thoroughly awake, পূর্ণসচেতন। **alive to**—(কিছু সম্বন্ধে) পূর্ণসচেতন (*alive to* danger) । **alive with**—(জীবন্ত ও গতি-শক্তিসম্পন্ন প্রাণীতে) পরিপূর্ণ (*alive with* lizards) । **look alive**—(কথ্য.) তৎপর হও, তাড়াতাড়ি কর। [a_3, ME. *live* < OE. *life* = dative of *lif* (= life)]

alkali [al°-ka-li, অ্যাল্°ক্যালি ; al°-ka-lī, অ্যাল্°-ক্যালাই] *n.* a group of chemical compounds, (রাসায়নিক) ক্ষার। *n.* **alkale°scence, alkale°-scency**—ক্ষারে পরিণত হওয়ার স্বভাব। *a.* **alkale°-scent**—ক্ষারে পরিণত হওয়ার স্বভাববিশিষ্ট ; ঈষৎ ক্ষারযুক্ত। *v.t.i.* **al°kalify**—ক্ষারে পরিণত করা বা হওয়া। *a.* **al°kaline**—ক্ষারযুক্ত, ক্ষারধর্মী, ক্ষারীয়। *n.* **alkali°nity** । **al°kaloid**—(**1**) *n.* বৃক্ষাদিতে প্রাপ্ত ক্ষারীয় পদার্থবিশেষ, (পরি.) উপক্ষার ; (**2**) *a.* (ঈষৎ) ক্ষারীয় ; ক্ষারসদৃশ। **alkalime°try**—ক্ষার-মিতি। [F. *alcali* < Ar. *al*- = the, *qaliy* = calcined ashes]

Alkoran—alt. spell. of **Alcoran.**

all [awl, অ্যল্] (**1**) *a.* whole, total, entire, সমস্ত, সকল, সম্পূর্ণ ; any whatsoever, সর্ব, সমস্ত-কিছু, যাবতীয়। (**2**) *n.* everybody, সকল বা প্রত্যেক ব্যক্তি (*all* died) ; everything, সমস্ত বা প্রত্যেক বস্তু অথবা বিষয় (*all* went well) ; the whole সম্পূর্ণ সংখ্যা বা পরিমাণ (*all* of it) । (**3**) *adv.* wholly, entirely, সম্পূর্ণভাবে (he read it *all*) ; infinitely, limitlessly, সীমা বা অন্ত নাই এমন-ভাবে (*all*-powerful) ; on all sides or places, সর্বদিকে, সর্বস্থানে, সর্বাঙ্গে (*all* over) । **all alone**—সম্পূর্ণ একাকী বা নিঃসঙ্গ অবস্থায় ; পরের সাহায্য ছাড়া নিজেই। **all along**—সর্বক্ষণ ধরিয়া ; সর্বস্থান বা সমস্তটা ব্যাপিয়া। **all and sundry**—সমগ্রভাবে ও পৃথক্ পৃথক্ ভাবে। **all at once**—সহসা ; তৎক্ষণাৎ। **all but one** (or **two, he,** etc.)—একটি (বা দুটি বা সে প্রভৃতি) বাদে সমস্ত বা সকল। **All Fools' Day**—সকলকে বোকা বানাইবার দিন অর্থাৎ পয়লা এপ্রিল। **all for**—(কথ্য.) পূর্ণমাত্রায় অনুকূলে ; একান্ত ব্যগ্র। **all in**—নিদারুণ পরিশ্রান্ত (he was *all in* after the game) । **all in all**—সর্বেসর্বা (she became *all in all* in the government) । **taking it all in all**—সমস্ত কিছু বিচার করিয়া। **all one to**—(কাহারও পক্ষে) সমান, কিছু আসিয়া যায় না এমন (it is *all one to* me) । **all out**—সর্বশক্তিপ্রয়োগে ; সম্পূর্ণ পরাভূত। **all over**—সর্বত্র ; সর্বাঙ্গে ; সম্পূর্ণ সমাপ্ত। **all right**—আচ্ছা বেশ, ঠিক হ্যায়। **All Saints' Day,** (arch.) **All Hallows' Day**—খ্রিস্টানদের পর্ববিশেষ ; পয়লা নভেম্বর। **All Souls' Day**—খ্রিস্টানদের পর্ববিশেষ ; দোসরা নভেম্বর। **all there**—(কথ্য.) সম্পূর্ণ সুস্থ-মস্তিষ্ক, বুদ্ধিশুদ্ধি ঠিক আছে এমন। **not all there**—(কথ্য.) সম্পূর্ণ সুস্থমস্তিষ্ক নয় এমন, বুদ্ধিশুদ্ধি ঠিক নাই এমন। **all together**—একই স্থানে ; একই সময়ে। **all the same**—তৎসত্ত্বেও ; একই বা অপরিবর্তিত ; কিছু এসে যায় না এমন (it is *all the same* to me) । **all told**—মোট। **all up with**—সব শেষ ; সমাপ্ত ; সর্ব আশা লুপ্ত। **and all that**—ইত্যাদি। **after all**—তৎসত্ত্বেও, মোটের উপর, সে যাহা হউক, তবু। **at all**—মোটেই। **not at all**—মোটেও না। **in all**—সর্বসমেত। **all's well that ends well**—সব ভাল তার শেষ ভাল যার। **as all that**—যতটা মাত্রায়। **it was all one could do not to**—(কাহারও পক্ষে কোন কার্যাদি হইতে) বিরত থাকা বড় সম্ভব ছিল না (*it was all I could do not to* laugh) । **not all that**—(কথ্য.) ততটা (নয়), তেমন (নয়)। **of all**—সবার মধ্যে ; সর্বাপেক্ষা। *n.* **all°-clear**—বিপদ্ কাটিয়া যাওয়ার সঙ্কেত। *a.* **all°-in**—সর্ব-সমেত, মোট (*all-in* price) । *a.* **all-ō°verish**—কেমন যেন একটা অস্বস্তিযুক্ত। *a.* **all-pow°erful**—সর্বশক্তিমান্। *a.* **all°-round°**—সর্বদিকে সর্ববিষয়ে ব্যাপক ; সর্ববিষয়ে দক্ষ, চৌকস। *n.* **all°-rounder**—চৌকস খেলোয়াড়। *a.* **all°-see°ing**—সর্বদর্শী। *n.* **all°spīce**—পশ্চিম ভারতীয় দ্বীপপুঞ্জের একপ্রকার গাছের ফল হইতে তৈয়ারি সর্বস্বাদযুক্ত মশলাবিশেষ। *a.* **all°-tīme**—সর্বকালীন (an *all-time* record) । *a.* **all°-up**—সর্বসমেত, মোট (*all-up* weight) । *a.* **all-wool°**—সম্পূর্ণ পশমে তৈয়ারি। [G.]

Allah [a°-la, অ্যা°ল্যা] *n.* (mus.) God, আল্লাহ্। [Ar.]

allay [a-lā°, অ্যালেই°] *v.t.* to quell, দমন করা ; to alleviate, উপশম করা ; to abate, হ্রাস করা, কমান। [a_3, *lay*—influenced by *alloy*]

allegation—see **allege.**

allege [a-lej°, অ্যালেজ্°] *v.t.* to assert with a view to subsequent proof, অভিযোগ করা; to advance as an argument or excuse, সপক্ষে বা বিপক্ষে যুক্তি দেখান; to adduce, নজির দেখান। *a.* **alle°ged**—অভিযোগে বর্ণিত। *adv.* **alle°gedly** । *n.* **allegation** [a-le-gā°sh(a)n, অ্যালেগেই°শ্‌ন্] allege-এর সকল অর্থে, এবং—অভিযোগ, নালিশ। [OF. *esligier* <L. *ex-*, *litigare* =to sue]

allegiance [a-lē°j(a)ns, অ্যালী°জ্‌ন্স্] *n.* loyalty, বশ্যতা, আনুগত্য। [*ad-*, see *liege*]

allegory [a°-li-ga-ri, অ্যা°লিগ্যারি] *n.* (rhet.) a symbolical narrative, (অল.) রূপক-বর্ণনা, অপ্রস্তুতপ্রশংসা। *a.* **allego°ric, allego°rical** —অপ্রস্তুতপ্রশংসাদ্বারা বর্ণিত। *v.t.i.* **a°llĕgorīze** —অপ্রস্তুতপ্রশংসাদ্বারা অলঙ্কৃত করা বা অপ্রস্তুতপ্রশংসা ব্যবহার করা। [Gk. *allegoria* <*allos*=other, *-agoria*=speaking]

allegro [a-lā-grŏ, অ্যালেই°গ্রো] **(1)** *a.* (mus.) lively, প্রাণবন্ত; brisk, চঞ্চল। **(2)** *adv.* in a lively or brisk manner, প্রাণবন্তভাবে বা চঞ্চলভাবে। **(3)** *n.* liveliness, প্রাণবন্তভাব; briskness, চঞ্চলভাব। [It.]

alleluia [a-li-lōō°-ia, অ্যালিলূ°ইয়া] *n.* a song of praise to God, ঈশ্বরের যশোকীর্তনমূলক সঙ্গীতবিশেষ। [L. <Gk. *allelouia* <Heb. *halleluyah* =praise ye Jehovah]

allergy [a°-la(r)-ji, অ্যা°ল্যা(র্)জি] *n.* (med.) oversensitiveness to some food, insect-bites, etc., (চিকি.) খাদ্যগ্রহণ কীটদংশন প্রভৃতির ফলে অতিরিক্ত প্রতিক্রিয়াশীলতা বা অস্থিরতা; antipathy, intense dislike, বিরাগ। *a.* **aller°gic**—উক্ত প্রতিক্রিয়াশীলতা বা অস্থিরতা সম্পন্ন; (কথ্য.) বিরাগসম্পন্ন (*allergic* to)। [Gk. *allos*=other, *ergon*=work—cp. *energy*]

alleviate [a-lē°-vi-āt, অ্যালী°ভিএইট্] *v.t.* to mitigate, to relieve, উপশম করা, অপনোদন করা, দূর করা। *p.* & *p. pt.* **allēviā°tĕd** । *n.* **allēviā°tion** । *n.* **alle°viātive**—উপশমকর, অপনোদক। *n.* **allē°viātor** । [LL. *alleviare* <*ad-*, *levis*=light]

alley [a°-li, অ্যা°লি] *n.* a garden path, বীথিকা, কুঞ্জগলি; a narrow lane, সরু গলি। **blind alley**—একমুখো সরু গলি, কানা গলি; (আল.) যে কাজে বা চাকরিতে ভবিষ্যৎ উন্নতির আশা নাই। [OF. *alee*=a passage]

alliance, allied—see **ally.**

alligation [a-li-gā°sh(a)n, অ্যালিগেই°শ্‌ন্] *n.* an arithmetical rule, (গণি.) বিমিশ্র প্রক্রিয়া। [L. *ad-*, *ligare*=to bind]

alligator [a°-li-gā-ta(r), অ্যা°লিগেইটা(র্)] *n.* a large crocodile, বৃহৎ কুম্ভীরবিশেষ। **alligator pear**—নাশপাতি-জাতীয় ফলবিশেষ। [Sp. *el*=the, *lagarto*=lizard]

alliterate [a-li°-ta-rāt, অ্যালি°ট্যারেইট্] *v.i.* (rhet.) to repeat words beginning with the same sound, (অল.) অনুপ্রাস ব্যবহার করা। *p.* & *p. pt.* **alli°terātĕd** । *n.* **allitera°tion** —অনুপ্রাস। *a.* **alli°terātive**—অনুপ্রাসযুক্ত। [L. *ad-*, *litera*=a letter]

allocate [a°-lŏ-kāt, অ্যা°লোকেইট্] *v.t.* to locate, স্থাননির্দেশ করা, to assign, (অংশ কর্ম প্রভৃতি) বণ্টন করিয়া দেওয়া। *p.* & *p. pt.* **a°llŏcātĕd** । *n.* **allŏcā°tion** । [L. *allocare* <*ad-*, *locus*=place]

allopathy [a-lo°-pa-thi, অ্যাল°প্যাথি] *n.* the curing of a diseased action by administering an opposite action, বিপরীতধর্মী ঔষধপ্রয়োগে ব্যাধি-নিরাময়-পদ্ধতি, বিসদৃশ-বিধান। *n.* **a°llŏpath, allo°pathist**—বিসদৃশ-বিধানানুসারী চিকিৎসক। *a.* **allŏ°pathic**—বিসদৃশ-বিধানানুযায়ী। [Gk. *allos*=other, *pathos*=suffering]

allot [a-lot°, অ্যালট্°] *v.t.* to distribute as by lot or as shares, যথোচিত অংশরূপে বিভাজন করিয়া দেওয়া, আবণ্টন করা; to assign, ন্যস্ত করা। *pr. pt.* **allo°tting** ; *p.* & *p. pt.* **allo°ttĕd** । *n.* **allottee°**—বিভাজিত অংশের প্রাপক, অংশভাক্। *n.* **allot°ment**—আবণ্টন; আবণ্টিত অংশ। *n.* **allo°tter** । [OF. *aloter*]

allotropy [a-lo°-tra-fi, অ্যাল°ট্র্যাফি] *n.* variation of form, বহুরূপতা, রূপবৈচিত্র্য। *a.* **allŏ°tropic**—বহুরূপী, বিচিত্ররূপী (*allotropic* modifications)। [Gk. *allotropia* <*allos*=other, *tropos*=turn]

allottee—see **allot.**

allow [a-low°, অ্যালাউ°] **(1)** *v.t.* to accept, মানিয়া লওয়া; to sanction, অনুমোদন করা; to permit, অনুমতি দেওয়া; to concede, প্রদান করা; to assign, ন্যস্ত করা বা আরোপ করা। **(2)** *v.i.* to admit (of), মানিয়া লওয়া; to make allowance (for), (বিশেষ সুবিধাদি) প্রদান করা; to permit, অনুমতি দেওয়া। **(to) allow for, (to) make allowance(s) for**—কিছুর পরিপ্রেক্ষিতে বিবেচনা করা বা মানিয়া লওয়া (we will reach the station in an hour, *allowing for* traffic delays)। **(to) allow of**—মানিয়া লওয়া বা সহ্য করা (the situation *allows of* no delay)। *a.* **allow°able** । *adv.* **allow°ably** । *n.* **allow°ance**—স্বীকৃত বা অনুমোদিত বা প্রদত্ত বা ন্যস্ত বস্তু; মানিয়া লওয়া, অনুমোদন; অনুমতি; প্রদান; হ্রাস; বিশেষ অধিকার বা সুবিধা; বৃত্তি, ভাতা, অধিদেয়। *n.* **allow°er** । [OF. *alouer*=to grant or concede]

alloy [a-loy°, অ্যালয়্°] *v.t.* to mix with

For words in *all-*, not given separately, see **all.**

baser metals, খাদ মিশান। *n.* **a°lloy**—খাদ; সঙ্কর ধাতু; নিকৃষ্ট বস্তুর মিশ্রণ; (স্বর্ণরৌপ্যাদির) মান। [OF. *aley*=to bind—confused with *allay*]

allspice—see under **all.**

allude [a-lōōd°, অ্যালূড্°; a-lūd°, অ্যালিউড্°] *v.t.* to refer indirectly, পরোক্ষভাবে উল্লেখ করা। *p.* & *p. pt.* **allu°dėd** । *n.* **allu°ṡion**—পরোক্ষ উল্লেখ; পরোক্ষভাবে উল্লিখিত বিষয়। *a.* **allu°sive**—পরোক্ষভাবে উল্লিখিত; পরোক্ষ উল্লেখসংক্রান্ত। [L. *ad-*, *ludere*=to play]

allure [a-lū(r)°, অ্যালিউয়্যা(র্)°] *v.t.* to entice, প্রলুব্ধ করা; to fascinate, মুগ্ধ করা; to win over by enticement, লোভ দেখাইয়া বশে আনা। *n.* **allūrė°ment** । *a.* **allūr°ing**—প্রলোভনদায়ক। [OF. *aleurrer*=to lure]

allusion, allusive—see **allude.**

alluvium [a-lōō°-vi-am, অ্যালু°ভিঅ্যাম্] *n.* matter like sand earth etc. deposited by river-currents or floods, পলল, পলি। *pl.* **allu°via** । *a.* **allu°vial**—পাললিক, পলিজ। *n.* **allu°vion**—পলি পড়িয়া সৃষ্ট জমি, পলি। [L.]

ally [a-li°, অ্যালাই°] *v.t.* to unite in marriage friendship etc. or for the realization of a common object, বিবাহসূত্রে বা বন্ধুত্বসূত্রে বা কোন উদ্দেশ্যসাধনার্থ মৈত্রীবন্ধনে আবদ্ধ হওয়া। *p.* & *p. pt.* **alli°ed** । **allied to**—সম্বন্ধযুক্ত। *n.* **a°lly**—মিত্র। *n.* **alli°ance**—মৈত্রী। [OF. *alier*<L. *ad-*, *ligare*=to bind]

Alma Mater [al°-ma-mā°-ta(r), অ্যাল্°ম্যামেই°-ট্যা(র্)] *n.* an appellation for a student's own universities, colleges and schools, ছাত্র নিজে যে প্রতিষ্ঠানে শিক্ষালাভ করিয়াছে সেই প্রতিষ্ঠানের আখ্যা। [L.=the suckling mother]

almanac [awl°-ma-nak, অ্যাল্°ম্যান্যাক্] *n.* an annual calendar with astronomical and other information, বর্ষপঞ্জি, পঞ্জিকা। [Ar. *al-manakh*]

almighty [awl-mī°-ti, আল্মাই°টি] *a.* all-powerful, সর্বশক্তিমান। *n.* **the Almīgh°ty**—সর্বশক্তিমান্ ঈশ্বর। *n.* **almīgh°tinėss** । [*all*, *mighty*]

almirah [al-mīr°-a, অ্যাল্মায়্যার্°অ্যা] *n.* a wardrobe, আলমারি। [Hin.<Port. *armario*]

almond [ŭ°-mand, আ°ম্যান্ড্] *n.* a stonefruit or its kernel, (কাগজি) বাদাম বা তাহার শাঁস। *a.* **al°mond-eyed°**—পটল-চেরা নেত্রবিশিষ্ট। *n.* **al°mond-oil°**—বাদাম-তৈল। [OF. *almande*]

almoner, almonry—see **alms.**

almost [awl°-mōst, অ্যাল্°মৌস্ট্] *adv.* very nearly, প্রায়। [*all*, *most*]

alms [ŭmz, আমজ্] *n.* (*sing.* & *pl.*) relief given out of pity, ভিক্ষা। *n.* **alms°house**—দরিদ্রগণের বিনামূল্যে আহার ও বাসের ব্যবস্থা-সংবলিত গৃহ, অনাথাশ্রম, সদাব্রত। *n.* **alms°man**—ভিখারি। *fem.* **alms°woman** । *n.* **almoner** [al°-ma-na(r), অ্যাল্°ম্যান্যা(র্)] (ভিক্ষাশালার) ভিক্ষাবণ্টক; ভিক্ষাদাতা। *n.* **almonry** [al°-man-ri, অ্যাল্°-ম্যান্রি] দরিদ্রগণকে ভিক্ষাদানের (সরকারি) প্রতিষ্ঠান, ভিক্ষাশালা। [OE. *aelmysse*<Gk. *eleemosune* =compassionateness]

aloe [a°-lō, অ্যা°লৌ] *n.* a plant, ঘৃতকুমারী, মুসব্বর। [L.]

aloft [a-loft°, অ্যালফ্ট্°] *adv.* & *pred. a.* on high, উচ্চে; on the top, উপরে; above, ঊর্ধ্বে; in or to heaven or the sky, স্বর্গে, আকাশে, শূন্যে। [a_3, *loft*]

alone [a-lōn°, অ্যালৌন্°] *adv.* & *pred. a.* singly, এককভাবে, একক; unaccompanied, নিঃসঙ্গভাবে, নিঃসঙ্গ; by oneself, only, কেবল, একমাত্র, মাত্র ইহাই (this *alone* ruined him)। **(to) let alone**—হস্তক্ষেপ না করা; বিবেচনার বিষয়ীভূত মনে না করা (no money for necessities, *let alone* luxuries)। [*all*, *one*]

along [a-long°, অ্যালং°] *adv.* & *prep.* lengthwise, দৈর্ঘ্য-বরাবর, অনুদৈর্ঘ্য; onward, সম্মুখ-বরাবর; throughout, পুরাপুরি, একটানা; at full length, সটান; together, সহ, সহিত; beside, পার্শ্বে, পাশাপাশি। *adv.* & *prep.* **along°sīde**—পার্শ্বে, পাশাপাশি; নিকটবর্তী। [OE. *and-lang*<*a-* (<*and*), *long*]

aloof [a-lōōf°, অ্যালূফ্°] *adv.* & *pred. a.* apart, পৃথক্‌ভাবে বা পৃথক্; away, দূরে বা দূরবর্তী; alone, একান্তে বা একান্তে স্থিত (to stand or keep *aloof* from)। *n.* **aloof°nėss** । [a_3, *loof* (<*luff*)]

alopecia [a-lō-pē°-si-a, অ্যালৌপী°সিঅ্যা] *n.* baldness, টেকো অবস্থা, ইন্দ্রলুপ্তি। [Gk. *alopekia* =a bald spot]

aloud [a-lowd°, অ্যালাউড্°] *adv.* loudly, উচ্চৈঃস্বরে; audibly, সশব্দে, শ্রবণসাধ্যভাবে। [a_3, *loud*]

alp [alp, অ্যাল্প্] *n.* a high mountain, উচ্চ পর্বত; a mountain-peak, গিরিশৃঙ্গ। *n.* **Alps**—সুইজারল্যাণ্ডের গিরিশ্রেণীবিশেষ। *a.* **Al°pīne**—উক্ত গিরিশ্রেণীসংক্রান্ত। *a.* **al°pīne**—যে কোন পর্বত-সংক্রান্ত; অত্যুচ্চ (*alpine* height)। [L. *Alpes*= the Alps]

alpaca [al-pa°-ka, অ্যাল্প্যা°ক্যা] *n.* a Peruvian sheep or its wool, or fabric made from its wool, পেরুদেশীয় মেষবিশেষ, উহার লোম, উক্ত লোমজাত বস্ত্র। Sp.<Ar. *al-*=the, Peru. *paco*=a sheep]

alpha [al°-fa, অ্যাল্°ফ্যা] *n.* the first letter of the Greek alphabet, গ্রীক বর্ণমালার আদ্যক্ষর; (fig.) the beginning, (আল.) আরম্ভ, সূচনা। **alpha particle**—তেজস্ক্রিয় পদার্থের দ্বারা উদ্গীরিত বা নিঃসারিত পিণ্ডীভূত হিলিয়াম কেন্দ্রী-অংশ। **alpha**

and omega—আদ্যন্ত, আগাগোড়া। [Gk.]

alphabet [al°-fa-bit, অ্যাল্‌ফ্যাবিট্] *n.* the set of letters used in a language, বর্ণমালা ; the elementary knowledge, প্রাথমিক জ্ঞান (*alphabets* of music)। *a.* **alphabe°tic(al)**—বর্ণমালাসংক্রান্ত ; বর্ণানুক্রমিক। *adv.* **alphabe°tically**। [L. *alphabetum* < Gk. *alpha*, *beta* = the first two Greek letters]

alpine, Alpine—see **alp.**

already [awl-re°-di, আল্‌রে°ডি] *adv.* previously, ইতঃপূর্বে, ইহার আগেই ; in the meantime, ইতোমধ্যে। [*all*, *ready*]

Alsatian [al-sā°-shi-an, অ্যাল্‌সেই°শিঅ্যান্] (**1**) *a.* of Alsatia, অ্যাল্‌সেশিয়া-দেশীয়। (**2**) *n.* the sheep-dog of Alsatia, আল্‌সেশিয়ায় জাত মেষ-প্রহরী কুকুরবিশেষ।

also [awl°-sō, অ্যাল্‌সৌ] *adv.* likewise, and, এবং ও ; further, too, আরও ; অধিকন্তু। *n.* **al°sō-ran**—যে ঘোড়া ঘোড়দৌড়ে দৌড়াইয়াছে কিন্তু কোন বিশিষ্ট স্থান (অর্থাৎ, প্রথম দ্বিতীয় বা তৃতীয়) অধিকার করিতে পারে নাই ; (আল.) ঐরূপ বৈশিষ্ট্য-লাভে অসমর্থ ব্যক্তি। [*all*, *so*]

altar [awl°-ta(r), অল্‌°ট্যা(র্)] *n.* a block or table for offerings to deity and for other ceremonial purposes, পূজাবেদি, বেদি। **(to) lead to the altar**—(বিবাহার্থ) বিবাহসভায় লইয়া যাওয়া ; বিবাহ দেওয়া ; (কন্যার) পাণিগ্রহণ করা। *n.* **al°tarage**—নৈবেদ্য। *n.* **al°tar-piece**—পূজা-বেদির পশ্চাতে উর্ধ্বভাগে স্থাপিত চিত্র বা ভাস্কর্য। [L. *altare*]

alter [awl°-ta(r), আল্‌°ট্যা(র্)] *v.t.i.* to change, পরিবর্তিত করা বা হওয়া। *n.* **alter ego**—আত্ম-স্বরূপ (যেন অন্য এক আত্মা) ; অভিন্নহৃদয় বন্ধু ; দ্বিতীয় সত্তা। *a.* **alterāble**। **al°terant, al°terātive**—(**1**) *a.* পরিবর্তনসাধক ; (**2**) *n.* পরিবর্তনসাধক পদার্থ। *n.* **alterā°tion**। [L. = one or other of the two]

altercate [awl°-ta(r)-kāt, আল্‌°ট্যা(র্)কেইট্] *v.i.* to dispute hotly, তর্কাতর্কি করা, বাগ্‌বিতণ্ডা করা। *p.* & *p. pt.* **al°tercātėd**। *n.* **altercā°tion**। [L. *altercari*]

alternant—see **alternate.**

alternate [awl°-ta(r)-nāt, আল্‌°ট্যা(র্)নেইট্] *v.i.t.* (of two objects) to follow or cause to follow by turns or one after another, পর্যায়ান্বিত হওয়া বা করান, পালা-অনুসারে করা বা করান (foul weather *alternates* with fine weather)। *p.* & *p. pt.* **al°ternātėd**। *a.* **alter°nate**—পর্যায়ান্বিত, পালা-অনুসারী, (পরি.) একান্তর। **alternating current**—দ্রুত দিক্-পরিবর্তনকারী তড়িৎপ্রবাহ। *adv.* **alter°nately**। **alter°nant**—(**1**) *a.* পর্যাবৃত্তিকর, পালাক্রমে সজ্ঘটক ; (**2**) *n.* পর্যাবৃত্তিকর বা পর্যাবৃত্ত পদার্থ। (*alternants* of a mine = পর্যাবৃত্ত বা একান্তর স্তর)। *n.* **alternā°tion**—পর্যায়ানুবৃত্তি, পালাক্রমে সজ্ঘটন, (পরি.) ক্রম।

alter°nātive—(**1**) *n.* পরিবর্তন ; বিকল্প, অনুকল্প ; ভিন্ন উপায় ; (**2**) *a.* পরিবর্তনস্বরূপ বা বিকল্পস্বরূপ, বৈকল্পিক। *n.* **al°ternātor**—পর্যাবৃত্ত বিদ্যুৎপ্রবাহের উৎপাদকযন্ত্রবিশেষ। [see *alter*]

although [awl-dhō°, অল্‌দৌ°] *con.* though, যদিও ; even then, তথাপি। [*all*, *though*]

altimeter [al-ti°-mi-ta(r), অ্যাল্‌টি°মিট্যা(র্)] *n.* an instrument for measuring heights, উচ্চতা মাপিবার যন্ত্রবিশেষ। [L. *altus* = high, see *meter*]

altitude [al°-ti-tūd, অ্যাল্‌°টিটিউড্] *n.* height, খাড়াই, উচ্চতা ; depth, (নদী সমুদ্র প্রভৃতির) গভীরতা ; (geom.) the length of a perpendicular, (জ্যামি.) লম্বের মাপ ; height above the sea-level, সমুদ্রপৃষ্ঠ হইতে উন্নতি বা উচ্চতা ; (usu. in *pl.*) a high place, উচ্চ স্থান ; (fig.) eminence, zenith, (আল.) প্রাধান্য, পরমোন্নতি। *a.* **altitū°dinal**—উচ্চতাসংক্রান্ত। *n.* **altitūdinār°ian**—উচ্চভাবপোষণশীল ব্যক্তি। [L. *altitudo* < *altus* = high]

alto [al°-tō, অ্যাল্‌°টৌ] *n.* (mus.) the highest male voice, (সঙ্গীতে) পুরুষের সর্বোচ্চ স্বর। [It.]

altogether [awl-ta-ge°-dha(r), আল্‌ট্যাগে°দ্যা(র্)] *adv.* totally, wholly, সর্বতোভাবে, সম্পূর্ণভাবে। [*all*, *together*]

altruism [al°-troo-izm, অ্যাল্‌°ট্রুইজ্‌ম্] *n.* the principle of living and acting for the interest of others, পরার্থবাদ, পরার্থিতা। *n.* **al°truist**—পরার্থবাদী। *a.* **altruis°tic**—পরার্থবাদ-সম্মত, পরার্থী। *adv.* **altruis°tically**। [F. *altruisme* < It. *altrui.*]

alum [a°-lam, অ্যা°ল্যাম্] *n.* a salt, ফটকিরি। *n.* **alū°mina**—অক্সিজেন-মিশ্রিত অ্যালিউমিনিঅ্যাম্। *n.* **alūmi°nium**—অতি লঘুভার রুপালি ধাতুবিশেষ। *a.* **alū°minous**—ফটকিরি-ঘটিত ; অ্যালিউমিন্যা-ঘটিত। [L. *alumen*]

alumna, alumni—see **alumnus.**

alumnus [a-lum°-nas, অ্যালাম্‌°ন্যাস্] *n.* a former student (of an educational institution), (শিক্ষায়তনের) প্রাক্তন ছাত্র। *pl.* **alum°ni**। *fem.* **alum°na** (*pl.* **alum°nae**)। [L.]

alveolus [al°-vi-a-las, অ্যাল্‌°ভিঅ্যাল্যাস্] *n.* a small cavity, ক্ষুদ্র রন্ধ্র বা ছিদ্র ; a tooth-socket, দন্তমূলস্থ থলি। *pl.* **al°vėolī**। *a.* **al°vėolar**—রন্ধ্র-সংক্রান্ত ; ঝাঁঝরা ; (ব্যাক.) দন্তমূলীয় (*alveolar* sound)। *a.* **al°vėolāte**—মৌচাকের ন্যায় ক্ষুদ্র ক্ষুদ্র ছিদ্রযুক্ত, ঝাঁঝরা। [L. < *alveus* = a small hollow]

alvine [al°-vīn, অ্যাল্‌ভাইন্] *a.* pertaining to the abdomen, উদর-সংক্রান্ত। [L. *alvinus* = belly]

always [awl°-waz, আল্‌°ওআ্যাজ্] *adv.* at all times, সর্বদা ; ever, চিরকাল ; on all occasions, সকল ব্যাপারে। [*all*, *ways*]

am—see **be.**

a. m. [ā°-em, এই°এম্] contr. of **ante meridian.**

amadavat [a-ma-da-vat°, অ্যামাড়াভ্যাট্°] *n.* a songbird akin to the weaver-birds, দোয়েল-পাখী। [*Ahmadabad* in India]

amain [a-mān°, অ্যামেইন্°] *adv.* (arch.) with main force, (আর্ষ.) যথাশক্তি; vehemently, প্রচণ্ডভাবে; at full speed, যথাসাধ্য দ্রুতবেগে। [a_3, *main*]

amalgam [a-mal°-gam, অ্যাম্যাল্°গ্যাম্] *n.* a mixture of mercury with other metal, পারদ-মিশ্র; any soft mixture, যে কোন নরম মিশ্র; an ingredient, উপাদান। *v.t.i.* **amal°gamāte**—পারদের সহিত মিশ্রিত করা বা হওয়া; একত্র করা বা হওয়া। *p.* & *p. pt.* **amal°gamātėd** । *n.* **amal°gamātion** । F. *amalgame* <med. L. *amalgama*]

amanuensis [a-ma-nū-en°-sis, অ্যাম্যানিউএন্°সিস্] *n.* one who writes from dictation, যে ব্যক্তি শুনিয়া লেখে, শ্রুতিলেখক; one who writes or copies for others, যে ব্যক্তি পরকে লিখিয়া দেয়, কলমচী। *pl.* **amanūen°sēs** । [L.]

amarant(h) [a°-ma-rant(h), অ্যা°ম্যার্যান্ট্(থ্)] *n.* an imaginary flower, চির-অম্লান রক্তবর্ণ কল্প-পুষ্পবিশেষ (তু. পারিজাত)। *a.* **amaran°t(h)ine**—চির-অম্লান, রক্তবর্ণ। *n.* **Amaran°t(h)us**—(লাল) নটে-গোত্রীয় যে কোন লতা বা শাক। [F. *amarante* <Gk. *amarantos*=not fading—'*th*' from *anthos*=flower]

amaryllis [a-ma-ri°-lis, অ্যাম্যারি°লিস্] *n.* kinds of bulbous plant, রজনীগন্ধা-গোত্রীয় বিভিন্ন বৃক্ষ। *n.* **amaryllidāceæ**—রজনীগন্ধা-গোত্র। (a girl's name in Gk. & L. poetry]

amass [a-mas°, অ্যাম্যাস্°] *v.t.* to pile up together, রাশীকৃত করা; to accumulate, জমান। *p.* & *p. pt.* **ama°ssed** । [a_3, *mass*]

amateur [a°-ma-ta(r), অ্যা°ম্যাট্যা(র্)] (**1**) *n.* one who does anything for the love of it and not professionally, অ-পেশাদার বা শখের কর্মী; an inexpert worker, অপটু কর্মী, আনাড়ি লোক। (**2**) *a.* not professional, অ-পেশাদার, inexpert, অপটু। *a.* **amateur°ish**—অপটুর ন্যায়। [F.<L. *amator*=a lover]

amative [a°-ma-tiv, অ্যা°ম্যাটিভ্] *a.* prone to love, প্রেমপরায়ণ, প্রণয়প্রবণ। *n.* **a°mativenėss** । [L. *amare*=to love]

amatorial [a-ma-taw°ri-al, অ্যাম্যাট°রিঅ্যাল্], **amatory** [a°-ma-ta-ri, অ্যা°ম্যাট্যারি] *a.* amorous, প্রণয়ঘটিত, প্রণয়োদ্দীপক। [L. *amatorius* <*amare*=to love]

amaze [a-māz°, অ্যামেইজ্°] *v.t.* to overwhelm with wonder, বিস্ময়াভিভূত করা, বিস্ময়ে বিহ্বল করা। *adv.* **amā°zedly**—বিস্ময়বিহ্বলভাবে। *n.* **amāze°ment** । *a.* **amā°zing**—বিস্ময়বিহ্বল করে এমন। [a_3, *maze*]

Amazon [a°-maz(a)n, অ্যা°ম্যাজ়্ন্] *n.* a river of South America, দক্ষিণ আমেরিকার নদীবিশেষ; a race of female warriors in Scythia, সিদিয়া-দেশের পৌরাণিক রণপ্রিয়া নারীজাতি; a female soldier, নারী-সৈনিক; a manlike or turbulent woman, মর্দানি মেয়ে, জাঁহাবাজ মেয়ে। *a.* **amazō°nian**—অ্যামাজন-নদীসংক্রান্ত বা ঐ নদী-তীরবাসী; সিদিয়ার রণপ্রিয়া নারীজাতি-সংক্রান্ত বা উক্ত জাতির অন্তর্গত; রণরঙ্গিণী, মর্দানি, জাঁহাবাজ। [Gk.=a person without breast]

ambassador [am-ba°-sa-da(r), অ্যাম্ব্যা°স্যাড্যা(র্)] *n.* an official sent to a foreign monarch or state to represent his own, রাজদূত, রাষ্ট্রদূত। *fem.* **amba°ssadrėss**—মহিলা রাষ্ট্রদূত; রাষ্ট্রদূতের স্ত্রী। *a.* **ambassadorial** [am-ba-sa-daw°-ri-al, অ্যাম্ব্যাস্যাড্যারিঅ্যাল্] রাষ্ট্রদূত-সংক্রান্ত। [F.*ambassadeur*<O. Sp. *ambaxador*]

amber [am°-ba(r), অ্যাম্°ব্যা(র্)] *n.* a yellow fossil resin, পীতাভ তৈলস্ফটিকবিশেষ; অম্বর। [F. *ambre*]

ambergris [am°-ba(r)-grēs, অ্যাম্°ব্যা(র্)গ্রীস্] *n.* a wax-like substance found floating in seas and in intestines of the sperm-whale, মোমতুল্য পদার্থবিশেষ; ইহা সমুদ্রে ভাসিতে দেখা যায় বা স্পার্ম্-তিমির উদরে পাওয়া যায় এবং ইহার দ্বারা অত্যুৎকৃষ্ট গন্ধদ্রব্য তৈয়ারি হয়, অম্বর। [F. *ambre gris*=grey amber]

ambidexter [am°-bi-deks°-ta(r), অ্যাম্°বিডেক্স্°ট্যা(র্)] *a.* & *n.* (a person) able to use both hands alike, সব্যসাচী। *n.* **ambidexterity** [am°-bi-deks-te°-ri-ti, অ্যাম্°বিডেক্স্টে°রিটি]। *a.* **am°bidex°terous, am°bidex°trous**—সব্যসাচীর ন্যায় গুণবিশিষ্ট। [med. L. <*ambi-*, *dexter*=right]

ambient [am°bi-ant, অ্যাম্°বিঅ্যান্ট্] (**1**) *a.* surrounding, পরিবেষ্টক। (**2**) *n.* the bounds, চৌহদ্দি, the sky, আকাশ। *n.* **am°bience**—পরিবেশ; বাতাবরণ, আবহমণ্ডল। [L. *ambiens*< *ambire*=to go about]

ambiguity—see **ambiguous.**

ambiguous [am-bi°-gū-as, অ্যাম্বি°গিউঅ্যাস্] *a.* containing more than one meaning, দ্ব্যর্থক; dubious, সন্দেহজনক, অনিশ্চিত। *n.* **ambigū°ity, ambi°gūousnėss** । *adv.* **ambi°gūously** । [L. *ambiguus*<*ambi-*, *agere*=to drive]

ambit [am°-bit, অ্যাম্°বিট্] *n.* circuit, the bounds, চৌহদ্দি, চতুঃসীমা; compass, পরিধি; jurisdiction, এলাকা, আওতা। [L. *ambitus*< *ambire*=to go round]

ambition [am-bi°sh(a)n, অ্যাম্বি°শ্ন্] *n.* aspiration, উচ্চাকাঙ্ক্ষা। *a.* **ambitious** [am-bi°-

shas, অ্যাম্‌বি°শ্যাস্] উচ্চাকাঙ্ক্ষী। *adv.* **ambi°tiously** । [L. *ambitio* < *ambiere* = to go about]

ambivalence [am°-bi-vā°-lans, অ্যাম্°বিভেই°ল্যান্স্] *n.* co-existence of opposing forces in one person or thing, একই ব্যক্তির বা বস্তুর মধ্যে বিপরীতধর্মী শক্তির যুগপৎ বিদ্যমানতা, উভয়-বলতা। *a.* **am°bivā°lent**—উভয়বল। [L. *ambi-, valere* = to be strong]

amble [amb°l, অ্যাম্‌ব্‌°ল্] (**1**) *n.* the easy pace of a horse, অশ্বের স্বচ্ছন্দ পদক্ষেপ; movement at an easy pace, স্বচ্ছন্দ গতি। (**2**) *v.t.* (of horse) to move at an easy pace, (অশ্বসম্বন্ধে) স্বচ্ছন্দগতিতে চলা; to move or ride at an easy pace, স্বচ্ছন্দগতিতে চলা বা স্বচ্ছন্দগতি অশ্বে চড়িয়া যাওয়া। *n.* **amb°ler**—অশ্ব, ঘোটক। [F. *ambler* < L. *ambulare* = to walk about]

ambrosia [am-brō°-zi-a, অ্যাম্‌ব্রৌ°জ়িআ্যা] *n.* the mythological food and drink for gods, দেবতাদের খাদ্য ও পানীয়; nectar, অমৃত; (fig.) anything pleasant to taste or smell, (আল.) সুস্বাদু বা সুগন্ধ বস্তু। *a.* **ambrō°sial**—অমৃতোপম; দিব্যগন্ধী; সুস্বাদু; মধুর; অবিনশ্বর। [Gk.]

ambulance [am°-bū-lans, অ্যাম্°বিউল্যান্স্] *n.* a mobile hospital (esp. one accompanying an army), (প্রধানতঃ সৈন্যবাহিনীর সঙ্গে রণক্ষেত্রে গমনকারী) ভ্রাম্যমাণ হাসপাতাল, (পরি.) গ্লানোপচার; a conveyance for the sick and the wounded, রুগ্ন ও আহতদের পরিবহণের গাড়ি, অ্যাম্‌বুলেন্স্, (পরি.) গ্লানযান। [see *ambulate*]

ambulant—see **ambulate.**

ambulate [am°-bū-lāt, অ্যাম্°বিউলেইট্] *v.i.* to walk about, হাঁটিয়া বেড়ান। *p. & p. pt.* **am°būlātėd** । *a.* **am°būlant**—ভ্রাম্যমাণ, পরিভ্রমণশীল; (রোগ-সম্বন্ধে) ক্রমাগত স্থানপরিবর্তন করে অর্থাৎ দেহের এক স্থানে আবদ্ধ থাকে না এমন; (রোগী-সম্বন্ধে) শয্যা-শায়ী থাকিবার প্রয়োজন নাই এমন। *n.* **ambūlā°tion** । *n.* **am°būlātor**—পরিক্রমণকারী; ঠেলা-গাড়িবিশেষ। **am°bulatory**—(**1**) *a.* ভ্রমণসংক্রান্ত; ক্রমাগত ভ্রমণশীল, অস্থির; (**2**) *n.* বারান্দা গাড়িবারান্দা প্রভৃতি ছাদবিশিষ্ট ভ্রমণ-স্থান। [L. *ambulare*]

ambuscade [am-bas-kād°, অ্যাম্‌ব্যাস্‌কেইড্°], **ambush** [am°-boosh, অ্যাম্°বুশ্] (**1**) *v.i.t.* to lie or lay concealed in wait to attack by surprise, অতর্কিত আক্রমণার্থ গোপনে অবস্থান করান বা করা, ওত পাতিয়া অবস্থান করান বা করা। *p. & p. pt.* **ambuscā°dėd, am°bushed** । (**2**) *n.* a concealed lying or laying in wait to attack by surprise, অতর্কিত আক্রমণার্থ গোপনে অবস্থান। [F. *embuscade, embusche* < LL. *im-, boscus* = bush]

ameer—alt. spell. of **amir.**

ameliorate [a-mē°-li-a-rāt, অ্যামী°লিঅ্যারেইট্] *v.t.i.* to improve, উন্নতিবিধান বা উন্নতিলাভ করা। *p. & p. pt.* **amē°liorātėd** । *n.* **amēliorā°tion** । *a.* **amē°liorātive**—উন্নতিসাধক। *n.* **amē°liorātor** । [F. *améliorer* < OF. *ameillorer* < L. *ad-, melior* = better]

amen [ŭ°-men°, আ°মেন্°] *int.* so be it, তথাস্তু, তাহাই হউক। [Heb.—B.]

amenable [a-mē°-nabl, অ্যামী°ন্যাব্‌ল্] *a.* obedient, বাধ্য, মানিয়া লয় এমন (*amenable* to reason); liable, subject, সাপেক্ষ (*amenable* to change); responsible, দায়ী (*amenable* to law)। *n.* **amē°nablenėss, amē°nabi°lity** । *adv.* **amē°nably** । [AF. *amener* < L. *ad-, mener* = to lead]

amend [a-mend°, অ্যামেন্ড্°] (**1**) *v.t.* to rectify, সংশোধন করা। (**2**) *v.i.* to be rectified, সংশোধিত হওয়া; to improve, উন্নতিলাভ করা; to give up evil ways, অসৎপথ ত্যাগ করা। *p. & p. pt.* **amen°dėd** । *a.* **amen°dable** । *n.* **amen°dėr** । *n.* **amend°ment**—সংশোধন, (পরি.) উপস্কার। *n. pl.* (also *sing.*) **amends°**—ক্ষতিপূরণ, প্রতিকার, প্রতিবিধান। **(to) make amends**—ক্ষতিপূরণ করা; শোধরাইয়া লওয়া। [OF. *amender* < L. *emendare*]

amende honorable [a-mund° o-no-rub°l, আমাঁড্° অনরাব্‌°ল্] *n.* public apology and reparation, জনসাধারণের সমক্ষে বা প্রকাশ্যে ক্ষমা-প্রার্থনা ও ক্ষতিপূরণ। [F.]

amenity [a-mē°-ni-ti, অ্যামী°নিটি] *n.* pleasantness, (স্থান ব্যক্তি প্রভৃতির) মনোরমতা; (usu. in *pl.*) pleasant features, আমোদপ্রমোদ। [L. *amoenitas* < *amoenus* = pleasant]

amenorrhoea [a-men-ō-rē a, অ্যামেনৌরী°অ্যা] *n.* failure of menstruation, ঋতুবন্ধ রোগ। [Gr. *a-, men* = month, *rhoia* = a flowing]

amentia [a-men°-shi-ŭ, আমেন্°শিআ] *n.* mental deficiency, বুদ্ধির জড়তা। [L.]

amerce [a-ma(r)s°, আম্যা(র্)স্°] *v.t.* to fine, জরিমানা করা; to punish, শাস্তি দেওয়া। *p. & p. pt.* **amer°ced** । *n.* **amerce°ment, amerciament** । *a.* **amer°ciable** । [AF. *a-, merci* = mercy]

American [a-me°-ri-kan, অ্যামে°রিক্যান্] (**1**) *a.* of America, আমেরিকা-মহাদেশীয়। (**2**) *n.* an inhabitant of America, আমেরিকার অধিবাসী; American English, আমেরিকায় ব্যবহৃত ইংরেজি-ভাষার রূপ। *n.* **Americana** [a-me-ri-kŭ°-na, অ্যামেরিকা°ন্যা] আমেরিকার ইতিহাস রীতিনীতি প্রভৃতি বা তদ্বিষয়ক গ্রন্থাদি। *n.* **Ame°ricanism**—আমেরিকাবাসীদের রীতিনীতি বৈশিষ্ট্য বাগ্বিধি উচ্চারণবিধি প্রভৃতি বা ঐ সমস্ত অনুকরণের ঝোঁক, মার্কিনিপনা।

amethyst [a°mi-thist, অ্যা°মিথিস্ট্] *n.* a precious quartz, পান্নাজাতীয় মণিবিশেষ, নীলা, নীল-কান্তমণি (?), (পরি.) জামীরা। [Gk. *amethystos*]

Amharic [am-ha°-rik, অ্যাম্‌হ্যা°রিক্] *n.* an

Ethiopic language used in Abyssinia, আবিসিনিয়ায় প্রচলিত ইথিওপীয় ভাষাবিশেষ, অ্যামহারিক ভাষা। [*Amhara* district]

amiable [ā°-mi-abl, এই°মিয়্যাব্‌ল্] *a.* sweet and friendly, মধুর ও সৌহার্দ্যপূর্ণ, সৌজন্যপূর্ণ ; lovable, মনোরম। *n.* **ā°miableness, āmiabi°lity**। *adv.* **ā°miably**। [OF. <L. *amicabilis*= friendliness—confused with L. *amabilis*= lovable]

amicable [a°-mi-kabl, অ্যা°মিক্যাব্‌ল্] *a.* friendly, বন্ধুত্বপূর্ণ ; done in a friendly spirit, (প্রধানতঃ আইনে) আপসে সম্পাদিত। *n.* **a°micableness, amicabi°lity**। *adv.* **a°micably**। [L. *amicabilis*=friendliness]

amid [a-mid°, অ্যামিড্°], **amidst°**—*adv.* & *prep.* in the midst of, amongst, within, মধ্যে, অভ্যন্তরে, ভিতরে। *adv.* **amid°ships**—জাহাজের মধ্যাংশে। [OE. *on middan*]

amir [a-mē(r)°, অ্যামিয়্যা(র্)°] *n.* a title of certain Mohammedan princes, আমির। [Ar.]

amiss [a-mis°, অ্যামিস্°] *adv.* & *pred. a.* astray, বিপথে বা বিপথচালিত, পথভ্রষ্ট হইয়া বা পথভ্রষ্ট (to go *amiss*) ; wrongly, incorrectly, ভুলভাবে বা ভ্রান্ত (to take *amiss*) ; out of order, বিশৃঙ্খলভাবে বা বিশৃঙ্খল (to do *amiss*)। **(to) take amiss**—কোন কিছুর অর্থ বা উদ্দেশ্য ভুল বুঝিয়া ক্রুদ্ধ বা ক্ষুণ্ণ হওয়া। [a_3, *miss*]

amity [a°-mi-ti, অ্যা°মিটি] *n.* friendship, বন্ধুত্ব ; friendly relations, সৌহার্দ্য। [F. *amitie*<L. *amicus*=a friend]

ammeter [a°-mi-ta(r), অ্যা°মিটা্যা(র্)] *n.* an instrument for measuring electric current, বিদ্যুৎপ্রবাহ-পরিমাপন যন্ত্র। [*ampere*, *meter*]

ammonia [a-mō°-ni-a, অ্যামৌ°নিয়া] *n.* a chemical compound (NH_3), হাইড্রোজেন ও নাইট্রোজেন গ্যাসের মিলনে গ্যাসীয় যৌগিক। Gk. *Ammon*]

ammunition [a-mū-ni°sh(a)n, অ্যামিউনি°শ্‌ন্] *n.* (obs.) military stores, (অপ্র.) সামরিক সম্ভার ; things required for charging fire-arms, গোলা গুলি বারুদ প্রভৃতি। [F. *amunition*]

amnesia [am-nē°-zi-a, অ্যাম্‌নী°জ়িঅ্যা] *n.* loss of memory, স্মৃতিবিলোপ, (পরি.) অস্মার। [Gk.]

amnesty [am°-nes-ti, অ্যাম্°নেস্‌টি] *n.* a general esp. international pardon, (কোন বিশেষ অপরাধে সংশ্লিষ্ট) সমস্ত অপরাধীকে ক্ষমা, আন্তর্জাতিক বা ব্যাপক ক্ষমা, (পরি.) রাজক্ষমা। [Gk. *amnestia* =oblivion]

amœba [a-mē°-ba, অ্যামী°ব্যা] *n.* a microscopic animalcule, জীবাণুবিশেষ। *pl.* **amœbæ°**। *a.* **amœ°bic**—জীবাণুঘটিত। *a.* **amœ°biform**—জীবাণুর ন্যায় আকারবিশিষ্ট। [Gk. *amoibe*=change]

amok [a-mok°, অ্যামক্°] *adv.* in a frenzy, ক্ষিপ্তবৎ, উন্মত্ততার সহিত। **(to) run amok**—বধ করার জন্য ক্ষিপ্তের ন্যায় ছুটাছুটি করা। [Mal. *amoq* =frenzied]

among [a-mung°, অ্যামাং°], **amongst°**—*prep.* (in case of more than two) of or in the number of, (দুইয়ের অধিকের) মধ্যে, ভিতরে ; one of (followed by a superlative), বহুর মধ্যে একটি (Calcutta is *among* the largest cities in India) ; in the midst of, surrounded by, পরিবেষ্টিত। [OE. *on-gemang*]

amoral [a-mo°-ral, অ্যাম°র্যাল্] *a.* non-moral, নৈতিকতার সহিত সম্পর্কহীন, অনৈতিক। [*a-*, *moral*]

amorous [a°-ma-ras, অ্যা°ম্যার্যাস্] *a.* prone to love, প্রণয়শীল ; full of love, প্রণয়পূর্ণ ; of love, প্রণয়ঘটিত ; inciting love, প্রণয়োদ্দীপক। *adv.* **a°morously**। *n.* **a°morousness**। [see *amour*]

amorphous [a-maw(r)°-fas, অ্যাম্যা(র্)°ফ্যাস্] *a.* having no definite shape, নির্দিষ্ট আকারশূন্য, অনিয়তাকার। [Gk. *amorphos*=shapeless]

amortize [a-maw(r)°-tīz, অ্যাম্যা(র্)°টাইজ়্] *v.t.* to hand over to a corporation (usu. temporarily for paying up debts), (সচ. ঋণপরিশোধার্থ সাময়িকভাবে) পরিচালকসঙ্ঘের হাতে দেওয়া ; to wipe out (esp. through a sinking fund), (প্রতিপূরকনিধি অর্থাৎ ঋণপরিশোধকল্পে সৃষ্ট ক্রমবর্ধমান অর্থভাণ্ডার স্থাপনপূর্বক) নিঃশেষ করিয়া ফেলা। *n.* **amortizā°tion**। [F. *amortir*<LL. *ad-*, *mortizare*=to die]

amount [a-mownt°, অ্যামাউন্‌ট্°] **(1)** *v.t.* to come in total (to), মোট পরিমাণ হওয়া ; to be equivalent in meaning or substance (to), অর্থ ব্যঞ্জনা দ্যোতনা প্রভৃতি বোঝান। *p.* & *p. pt.* **amoun°ted**। **(2)** *n.* the total quantity, মোট পরিমাণ ; quantity, পরিমাণ ; full value, মোট মূল্য ; import, অর্থ, দ্যোতনা। [OF. *amonter*=to ascend<L. *ad-*, *montis*=a mountain]

amour [a-mooa(r)°, অ্যামুঅ্যা(র্)°] *n.* (usu. in *pl.*) love, প্রণয় ; a love-affair, প্রণয়লীলা। *n.* **amour-propre** [a°-moo(r)-pro°p(a)r, অ্যা°-মু-(র্)প্র°প্‌র্], আত্মাভিমান। [F.<L. *amor*]

ampere [am°-pā(r), অ্যাম্°পেয়্যা(র্)] *n.* unit of electric current, বিদ্যুৎপ্রবাহের একক। [*Ampere*, a French physicist]

ampersand [am°-pe(r)s-and, অ্যাম্‌প্যা(র্)স্-অ্যান্‌ড্] *n.* the sign '&' representing *and*, 'এবং' অর্থসূচক সঙ্কেত (&)। [*and per se and*]

amphi- [am°-fi, অ্যাম্°ফি] *pfx.* both, of both kinds, on both or all sides, etc., উভয়, উভয় প্রকার, উভয় দিকে, চতুর্দিক্, প্রভৃতি। *n. pl.* **amphi°bia**—জলেও বাস করে স্থলেও বাস করে এমন প্রাণী (যথা, ভেক গিরগিটি প্রভৃতি), উভচর প্রাণী। [*amphi-*, Gk. *bios*=life]। **amphi°bian**—**(1)** *a.* উভচর প্রাণিসংক্রান্ত ; উভচর ; **(2)** *n.* উভচর প্রাণী বা যান ; জলে ও স্থলে অবতরণে সক্ষম বিমানপোত। *a.* **amphi°bious**—উভচর। *n.* **amphibology**

[am-fi-bo°-la-ji, অ্যাম্‌ফিব°ল্যাজি] দ্বার্থক বাক্য বা বাক্যাংশ ; দ্বার্থকভাবে বাক্যগঠন। [*amphi-*, Gk. *bolos*=throwing]। *a.* **amphibological** [am-fi-bō-lo°-jik(a)l, অ্যাম্‌ফিবৌল°জিক্‌ল্] দ্বার্থক বাক্য-সংক্রান্ত বা বাক্যগঠনসংক্রান্ত। *n.* **amphibrach** [am°-fi-brak, অ্যাম্‌°ফিব্র্যাক্] ত্রিমাত্রিক ছন্দোবিশেষ ; ইহার মধ্যের মাত্রাটিতে বা স্বরধ্বনিটিতে accent থাকে। [*amphi-*, Gk. *brachys*=short (syllables)]। *n.* **am°phitheatre**—ক্রমোন্নত আসন-শ্রেণীর দ্বারা পরিবেষ্টিত উন্মুক্ত স্থানসংবলিত গোলাকার বা ডিম্বাকার অট্টালিকাবিশেষ। [Gk. *amphi-*, *theatron*=theatre]

ample [amp°l, অ্যাম্‌প্‌°ল্] *a.* spacious, প্রশস্ত ; extensive, বিস্তৃত ; abundant, প্রচুর ; liberal, অবাধ। *n.* **ample°ness, amp°litūde** I *adv.* **amp°ly** I [F.<L. *amplus*]

amplify [am°-pli-fī, অ্যাম্‌°প্লিফাই] *v.t.* to enhance or expand, সম্প্রসারণ বা বিবর্ধন করা। *n.* **amplifica°tion** I *a.* **am°plificatory**—সম্প্রসারণমূলক, সম্প্রসারক। *n.* **am°plifier**—সম্প্রসারক ; ধ্বনিসম্প্রসারক যন্ত্রবিশেষ, (পরি.) বিবর্ধক, পরিবর্ধক। [F. *amplifier*<*amplificare*]

amplitude, amply—see **ample.**

ampoule [am°-pōōl, অ্যাম্‌°পূল্] *n.* a small glass vessel, esp. for containing a hypodermic dose, ইনজেক্‌শনের ঔষধাদি রাখিবার জন্য ক্ষুদ্র কাচের আধারবিশেষ। [L. dim. of *amphora*=a flagon —cp. OF. *ampo(u)le*]

amputate [am°-pū-tāt, অ্যাম্‌°পিউটেইট্] *v.t.* to cut off (esp. a limb), (প্রধানতঃ অঙ্গ-প্রত্যঙ্গ) ব্যবচ্ছেদ করা বা কর্তন করা। *p.* & *p. pt.* **am°pūtāted** I *n.* **amputa°tion** I [L. *amputare*=to prune round about]

amrita [am-rē°-ta, অ্যাম্‌রী°ট্যা] *n.* the drink of the Hindu gods, অমৃত। [Sans.]

amuck [a-muck°, অ্যামাক্°] var. of **amok.**

amulet [a°-mū-lit, অ্যা°মিউলিট্] *n.* a charm worn to ward off evils, মন্ত্রপূত কবচ। [L. *amuletum*]

amuse [a-mūz°, অ্যামিউজ়্°] *v.t.* to entertain (by providing for recreation), (আমোদপ্রমোদের দ্বারা) মনোরঞ্জন করা ; to arouse interest, কৌতূহল জাগান। *n.* **amūse°ment**—আমোদ-প্রমোদ। *a.* **amū°sing**—মনোরঞ্জক ; কৌতূহলো-দ্দীপক ; মজাদার। [OF. *amuser*=to cause to muse—cp. *muse*]

an—var. of **a**, used before vowel-sounds except *ū* and *wa* or *wu*.

ana [ŭ°-na, আ°ন্যা] *n.* a collection of a person's remarkable sayings, কোন ব্যক্তির উল্লেখযোগ্য উক্তি-সংগ্রহ, বাণী-সংগ্রহ ; literary anecdotes, সাহিত্য বা সাহিত্যিক সংক্রান্ত কাহিনী, কোন লেখক-সম্পর্কিত বা তল্লিখিত গ্রন্থাদি (Shakes-peareana। [AS.]

anabaptism [a-na-bap°-tizm, অ্যান্যাব্যাপ্°-টিজ়্‌ম্] *n.* the doctrine of baptizing a person twice, খ্রিস্টধর্মানুযায়ী (শৈশবে ও প্রাপ্তবয়সে) দুইবার পূতবারিদ্বারা অভিসিঞ্চন করার মতবাদ। *n.* **anabap°tist** I *a.* **anabaptis°tic(al)**—উক্ত মতানুযায়ী। [Gk. *ana-*, see *baptism*]

anabas [a°-na-bas, অ্যা°ন্যাবাস্] *n.* a species of fish, কইমাছ। [Gk.]

anabolism [a-na°-ba-lizm, অ্যান্যা°ব্যালিজ়্‌ম্] *n.* upbuilding by protoplasm, দেহস্থ কলার পুষ্টি, (পরি.) উপচিতি। *a.* **anabo°lic** I [Gk. *ana-*, *bole* =a throw]

anachronism [a-na°-kra-nizm, অ্যান্যা°ক্র্যানি-জ়্‌ম্] *n.* erroneous assigning of date, কাল-নির্দেশে ভুল, কালাসঙ্গতি ; a person or a thing not in keeping with his time, কালের পক্ষে বেমানান ব্যক্তি বা বস্তু, কালবিরুদ্ধ ব্যক্তি বা বস্তু। *a.* **anachronis°tic, ana°chronous**—কাল-নিরূপণে ভ্রান্তি ঘটিয়াছে এমন ; কালবিরুদ্ধ। [Gk. *ana-*, *chronos*=time]

anacoluthon [a-na-ka-lōō°-thon, অ্যান্যাক্যা-লূথন্] *n.* (gr.) want of syntactical sequence, (ব্যাক.) পদবিন্যাসে অসঙ্গতি। *pl.* **anacolu°tha** I [Gk.]

anaconda [a-na-kon°da, অ্যান্যাকন্°ড্যা] *n.* a large water-boa, বৃহৎকায় সামুদ্রিক সর্পবিশেষ। [Cey. ?]

anæmia [a-nē°-mi-a, অ্যানী°মিঅ্যা] *n.* unhealthy insufficiency of blood, রক্তাল্পতা। *a.* **anæ°mic**—রক্তাল্পতাগ্রস্ত, রক্তাল্প। [Gk. *anaimia* <*an-*, *haima*=blood]

anærobe [a°-nā-a-rōb, অ্যা°নেইঅ্যারৌব্] *n.* an organism that can live without free oxygen, মুক্ত অক্সিজেন না পাইয়াও বাঁচিতে সক্ষম দেহী-বিশেষ। [Gk. *an-*, *aer*=air, *bios*=life]

anæsthesia [a-nes-thē°-zi-a, অ্যানীস্‌থী°জ়িঅ্যা] *n.* loss of sensation, অনুভূতিবিলোপ, (পরি.) অবেদন। *a.* & *n.* **anæsthetic** [a-nis-the°-tik, অ্যানিস্‌থে°টিক্] অনুভূতিনাশক (পদার্থ বা ঔষধ), (পরি.) অবেদনিক। *adv.* **anæsthe°tically** I *n.* **anæs-thetist** [a-nēs°-tha-tist, অ্যানীস্°থ্যাটিস্ট্] অবেদনিক প্রয়োগকারী। *v.t.* **anæs°thētize**—অনুভূতি বিলোপ করা। [Gk. *anaisthesia*]

anagoge [a°-na-go-ji, অ্যা°ন্যাগজি] *n.* spiritual or mystical interpretation, আধ্যাত্মিক বা গূঢ় ব্যাখ্যা। *a.* **anago°gic(al)**—উক্ত ব্যাখ্যা-মূলক বা ব্যাখ্যাপূর্ণ। [L.<Gk.]

anagram [a°-na-gram, অ্যা°ন্যাগ্র্যাম্] *n.* formation of a word or phrase by transposition of letters of another, এক শব্দের বা বাক্যাংশের বর্ণসমূহের স্থানপরিবর্তনদ্বারা ভিন্ন শব্দ বা বাক্যাংশ গঠন। *a.* **anagramma°tic(al)**—উক্ত গঠন-মূলক। [Gk. *ana-*, *gramma*=letter]

anal [ā°-n(a)l, এই°ন্‌ল্] *a.* of the anus, পায়ু-সংক্রান্ত, পায়ুগত। [see *anus*]

analects [a°-na-lekts, অ্যা°ন্যালেক্‌ট্‌স্], **a°na-lecta**—*n. pl.* literary gleanings সাহিত্যের টুকিটাকি সংগ্রহ। [Gk. *analekta*]

analeptic [an-a-lep°-tik, অ্যান্‌অ্যালেপ্°টিক্] (**1**) *a.* restorative, হৃত স্বাস্থ্য ও শক্তির পুনরুদ্ধারকারী। (**2**) *n.* restorative medicine, আরোগ্যকর ঔষধ। [Gr. *analeptikos* = restorative]

analgesia [a-nal-je°-zi-a, অ্যান্যাল্‌জী°জ়িঅ্যা] *n.* insensibility to pain, বেদনাবোধহীনতা। *a.* & *n.* **analge°sic** । [Gk.]

analogy [a-na°-la-ji, অ্যান্যা°ল্যাজি] *n.* similarity in certain respects between different objects, বিভিন্ন বস্তু বা বিষয়ের মধ্যে কোন কোন দিক্ দিয়া সাদৃশ্য, অনুরূপতা, উপমা। *a.* **analogic** [a-na-lo°-jik, অ্যান্যাল°জিক্], **analo°gical**—সাদৃশ্যমূলক ; সদৃশ, অনুরূপ। *n.* **ana°logist**—অনুরূপ উদাহরণ বা নজির ব্যবহারকারী। *v.t.i.* **ana°-logize**—অনুরূপ উদাহরণ বা নজির প্রয়োগদ্বারা প্রতিপন্ন করা। *a.* **analogous** [a-na°-la-gas, অ্যান্যা°ল্যাগ্যাস্] অনুরূপ, সদৃশ। *n.* **analogue** [a°-na-log, অ্যা°ন্যালগ্] অনুরূপ বা সদৃশ উদাহরণ। [Gk. *ana-*, *logos* = proportion]

analyse—see **analysis.**

analysis [a-na°-la-sis, অ্যান্যা°ল্যাসিস্] *n.* minute examination of an object by separating it into its component parts, বিশ্লেষণ ; (math.) solution of problems by reduction to equations, (গণি.) সমীকরণের দ্বারা সম্পাদ্যাদির সমাধান। *pl.* **ana°lysēs** । *n.* **analyst** [a°-na-list, অ্যা°ন্যালিস্‌ট্] (দক্ষ) বিশ্লেষক। *v.t.* **analyse** [a°-na-līz, অ্যা°ন্যালাইজ়্] বিশ্লেষণ করা। *a.* **a°nalysable** । *a.* **analytic** [a-na-li°-tik, অ্যান্যালি°টিক্], **analy°tical**—বৈশ্লেষিক। *adv.* **analy°tically** । *n.* **analy°tics**—বৈশ্লেষিক ন্যায় ; বৈশ্লেষিক জ্যামিতি। [Gk.]

ananas [a-nŭ°-nas, অ্যানা°ন্যাস্] *n.* the pine-apple, আনারস। [Peru. *Nanas*(?)]

anapæst [a°-na-pēst, অ্যা°ন্যাপীস্‌ট্] *n.* (pros.) a foot containing two short syllables followed by one long, ত্রিমাত্রিক ছন্দোবিশেষ : ইহার শেষ মাত্রাটিতে বা স্বরধ্বনিটিতে accent থাকে। *a.* **anapæs°tic**—উক্ত ছন্দে রচিত বা উক্ত ছন্দ-সংক্রান্ত। [Gk. *anapaistos* = struck back]

anarchy [a°-na(r)-ki, অ্যা°ন্যা(র্)কি] *n.* absence of government, নৈরাজ্য ; utter lawlessness and disorder, অরাজকতা। *a.* **anarchic** [a-nŭ(r)°-kik, অ্যানা(র্)°কিক্], **anar°chical**—নৈরাজ্যবাদমূলক ; নৈরাজ্যতন্ত্রী ; অরাজক। *n.* **a°narchism**—নৈরাজ্যবাদ। *n.* **a°narchist**—নৈরাজ্যবাদী। [Gk. *anarkhia* < *an-*, *arkhe* = government]

anathema [a-na°-thi-ma, অ্যান্যা°থিম্যা] *n.* an ecclesiastical curse or denunciation involving excommunication, (খ্রিস্টান) ধর্মমন্দির কর্তৃক প্রদত্ত অভিশাপ ও সম্প্রদায় হইতে বহিষ্কারের আদেশ (তু. একঘরে) ; a divine curse, দৈব অভিশাপ ; an accursed object, অভিশপ্ত বস্তু। *v.t.i.* **ana°thematize**—(উক্ত) অভিশাপ দেওয়া। [Gk.]

anatomy [a-na°-ta-mi, অ্যান্যা°ট্যামি] *n.* dissection, অঙ্গব্যবচ্ছেদ-বিদ্যা ; the science of bodily structure, (প্রধানতঃ অঙ্গব্যবচ্ছেদদ্বারা পরিজ্ঞাত) দৈহিক গঠনতন্ত্র, (পরি.) শারীরস্থান। *a.* **anatomical** [a-na-to°-mik(a)l, অ্যান্যাট°মিক্‌ল্] অঙ্গের ব্যবচ্ছেদ বা গঠনতন্ত্রসংক্রান্ত। *n.* **ana°tomist**—অঙ্গব্যবচ্ছেদে দক্ষ ব্যক্তি ; শারীরস্থানবিৎ। *v.t.* **ana°tomize**—অঙ্গব্যবচ্ছেদ করা ; (আল.) সূক্ষ্ম বিশ্লেষণ করা। [Gk. *ana-*, *tome* = a cutting]

ancestor [an°-sis-ta(r), অ্যান্°সিস্‌ট্যা(র্)] *n.* a forefather ; পূর্বপুরুষ, পিতৃপুরুষ। *fem.* **an°cėstrėss** । *a.* **an°cėstral**—পুরুষানুক্রমিক, বংশানুক্রমিক, (পরি.) উদ্‌বংশীয়, কৌলিক। *n.* **an°cėstry**—পূর্বপুরুষগণ, পিতৃপুরুষগণ ; বংশ। [OF. *ancestre* < L. *antecessor* < *ante-*, *cedere* = to go]

anchor [ang°-ka(r), অ্যাং°ক্যা(র্)] (**1**) *n.* an iron implement to moor a ship, boat, etc., নঙ্গর ; (fig.) an agent that gives stability, (আল.) যদ্দ্বারা (জীবনে) স্থিরতা লাভ করা যায়। (**2**) *v.t.i.* to moor (a ship) with anchor, নঙ্গর করা বা নঙ্গর বাঁধা। **at anchor**—নঙ্গরবদ্ধ। **(to) cast** or **drop anchor**—নঙ্গর ফেলা, নঙ্গর করা। **(to) lie at anchor**—নঙ্গরবদ্ধ অবস্থায় থাকা। **(to) weigh anchor**—নঙ্গর তোলা। *n.* **an°-chorage**—নঙ্গর বাঁধা ; নঙ্গর বাঁধিবার স্থান বা উপকরণ ; নঙ্গর বাঁধিবার বাবদ শুল্ক। *a.* **an°chorless**—নঙ্গরহীন ; (আল.) বন্ধনহীন, ছন্নছাড়া। [OE. *ancor* < L. *ancora*]

anchoress—see **anchoret.**

anchoret [ang°-ka-ret, অ্যাং°ক্যারেট্], **an°chorite**—*n.* a hermit, সন্ন্যাসী, a recluse, বৈরাগী। *fem.* **an°choress, an°cress** । [Gk. *anakhoretes*]

anchovy [an°-cha-vi, অ্যান্°চ্যাভি, an-chō°-vi, অ্যান্‌চৌ°ভি] *n.* a small fish of the herring family, হেরিং-জাতীয় ক্ষুদ্র মৎস্যবিশেষ। [Sp. & Port. *anchova*]

ancient$_1$—corrup. and obs. form of **ensign.**

ancient$_2$ [ān°sh(a)nt, এইন্°শ্‌ন্‌ট্] (**1**) *a.* very old, অতিশয় বৃদ্ধ, প্রাচীন, বহু পুরাতন ; of times long past, প্রাচীন কালের। (**2**) *n.* an aged man, বৃদ্ধ পুরুষ, প্রাচীন ব্যক্তি ; (usu. in *pl.*) a man of times long past, প্রাচীনকালের লোক। *adv.* **an°ciently**—প্রাচীনকালে। *n.* **an°cientnėss**—প্রাচীনতা। [F. *ancien* < LL. *antianus* = past]

ancillary [an-si°-la-ri, অ্যান্‌সি°ল্যারি] *a.* subservient, অঙ্গীভূত, অন্তর্ভুক্ত ; subordinate, অধীন ; auxiliary, আনুষঙ্গিক, সহায়ক। [L. *ancilla* = a maid-servant]

ancle—obs. spell. of **ankle.**

ancress—see **anchoret.**

and [and, অ্যান্ড্] (**1**) *con.* connecting words, clauses, sentences, etc., এবং, ও ; also, আরও, অধিকন্তু। (**2**) *adv.* then, অতঃপর ; so, অতএব। [AS.—cp. G. *und*]

Andalusian [an-da-lōō°-zi-an, অ্যান্ড্যালূ°জ়িঅ্যান্] (**1**) *a.* of Andalusia, স্পেইনের অন্তর্বর্তী আন্দালুজিয়া-প্রদেশের। (**2**) *n.* a native of Andalusia, আন্দালুজিয়ার অধিবাসী।

andanti [an-dan°-ti, অ্যান্ড্যান্°টি] (**1**) *adv.* & *a.* (mus.) in moderately slow time, (সঙ্গীত) বেশ ঢিমে তালে বা উক্ত তালযুক্ত। (**2**) *n.* moderately slow time, বেশ ঢিমে তাল। [It.]

andiron [an°-dīrn, অ্যান্°ডায়্যার্অ্যান্] *n.* a fire-dog, উনানের শিক। [OF. *andier*]

Andromeda [an-dro°-mi-da, অ্যানড্রু°মিড্যা] *n.* a northern constellation, (জ্যোতি.) উত্তর-ভাদ্রপদ। [Gk. the name of the maiden rescued by Perseus]

anecdote [a°-nik-dōt, অ্যা°নিক্‌ডৌট্] *n.* a short narrative of a real incident, ক্ষুদ্র সত্য কাহিনী। *n.* **a°nėcdōtage**—কাহিনী-সংগ্রহ ; বার্ধক্যজনিত বাচালতা, বাচাল বার্ধক্য। *a.* **anecdō°tal, anecdotic** [a-nek-do°-tik, অ্যানেক্‌ড°টিক্], **anecdo°tical**—কাহিনী-সংক্রান্ত। [med. L. < Gk. *anekdota* = unpublished things]

anemo- [a-ni-mo, অ্যানিম] *in comp.* wind-, বায়ু-। *n.* **anėmo°graph**—বায়ুমান। *n.* **anėmo°logy**—বায়ুবিজ্ঞান। *n.* **anėmo°mėter**—বায়ুমান-যন্ত্র। *n.* **anemone** [a-ne°-ma-ni, অ্যানে°ম্যানি] বায়ু-পরাগী পুষ্পবিশেষ। *a.* **anėmo°philous**—বায়ুদ্বারা পরাগিত, বায়ু-পরাগী। [Gk. *anemos*]

anent [a-nent°, অ্যানেন্ট্°] *prep.* (Scot.) concerning, সম্বন্ধে। [OE. *on efen* = on even]

aneroid [a°-na-royd, অ্যা°ন্যারয়্‌ড্] (**1**) *a.* measuring air-pressure by the action of air on the elastic lid of a box exhausted of air, বায়ুশূন্য বাক্সের স্থিতিস্থাপক ঢাকনার উপরে বাতাসের ক্রিয়া বিচারপূর্বক বায়ুচাপ মাপে এমন। (**2**) *n.* an aneroid barometer, ঐরূপভাবে বায়ুচাপ মাপিবার যন্ত্র। [F. *aneroide* < Gk. *a-*, *neros* = wet, *eidos* = form]

anesthesia—alt. spelling of **anæsthesia.**

aneurin [a-nū°-rin, অ্যানিউ°রিন্] *n.* vitamin B, ভিটামিন বি। [Gk. *a-*, *neuron* = nerve]

anew [a-nū°, অ্যানিউ°] *adv.* afresh, নূতন করিয়া ; again, পুনরায়। [a_3, *new*]

angary [ang°-ga-ri, অ্যাং°গ্যারি] *n.* a belligerent's right (subject to compensation) of seizing and using or destroying neutral property under the stress of military necessity, যুদ্ধের প্রয়োজনে যুধ্যমান জাতির নিরপেক্ষ দেশের সম্পত্তি (ক্ষতিপূরণ দিয়া) দখলপূর্বক ব্যবহার বা ধ্বংস করার অধিকার। [Gr. *angareia* = forced service ; *angaros*—a Persian courtier]

angel [ān°j(a)l, এইন্°জ্‌ল্] *n.* a heavenly messenger, দেবদূত ; a guardian spirit, বাস্তুদেবতা জীবন-দেবতা রাজলক্ষ্মী প্রভৃতি ; a person possessing heavenly beauty, দৈহিক ও মানসিক সৌন্দর্যবিশিষ্ট ব্যক্তি ; an old English gold coin, ইংলণ্ডের প্রাচীন স্বর্ণমুদ্রাবিশেষ। *a.* **angelic** [ān-je°-lik, এইন্‌জে°লিক্], **ange°lical**—দেবদূতসংক্রান্ত ; দেবদূতোপম। *n.* **ange°lica**—ব্যঞ্জনে ও ঔষধে ব্যবহৃত মধুরগন্ধী লতাবিশেষ ; চিনির রসে সিদ্ধ-করা উক্ত লতার মূল। *n.* **an°gėlus**—কুমারী মেরীর স্তব ; উক্ত স্তবপাঠের আহ্বান জানাইয়া প্রভাতে মধ্যাহ্নে ও সূর্যাস্তকালে রোমান ক্যাথলিক গির্জায় যে ঘণ্টা বাজে। [L. *angelus* < Gk. *angelos* = a messenger]

anger [ang°-ga(r), অ্যাং°গ্যা(র্)] (**1**) *n.* wrath, rage, রাগ, ক্রোধ, রোষ। (**2**) *v.t.* to enrage, ক্রুদ্ধ করান, রুষ্ট করান, রাগান। *a.* see **angry**। [ON. *angr*]

angina [an-jī°-na, অ্যানজাই°ন্যা] *n.* inflammation of the throat, কণ্ঠনালীর প্রদাহ। **angina pectoris** [an-jī°-na pec°-ta-ris, অ্যানজাই°ন্যা পেক্°ট্যারিস্] শ্বাসকষ্টমূলক হৃদ্‌শূলবিশেষ। [L.]

angle$_1$ [angg°l, অ্যাংগ্°ল্] (**1**) *n.* the junction of two different straight lines, a corner, দুই বিভিন্ন সরলরেখার সংযোগস্থল, কোণ ; an attitude, ভঙ্গি। (**2**) *v.t.* to corner, কোণে স্থাপন করা, কোনাচে করা ; to direct from a corner কোণ হইতে বা কোনাকুনিভাবে তাক করা। **angle of vision**—দৃষ্টিকোণ, দৃষ্টিভঙ্গি। **acute angle**—সূক্ষ্মকোণ। **obtuse angle**—স্থূলকোণ। **reflex angle**—প্রবৃদ্ধ কোণ বা কুব্জ কোণ। **right angle**—সমকোণ। **straight angle**—সরলকোণ। *a.* **ang°led**—কোণবিশিষ্ট ; কোনাচে। *n.* **ang°le-dōzer**—রাস্তাদির উপরিভাগ চাপ দিয়া সমতল করিবার জন্য যন্ত্রবিশেষ। *n.* **ang°le-īron**—লোহার বাতা। *n.* **ang°le-parking**—রাস্তার ধারে আড়-ভাবে পাশাপাশি সব মোটরগাড়ি দাঁড় করাইবার রীতি। [F. < L. *angulus*]

angle$_2$ [angg°l, অ্যাংগ্°ল্] (**1**) *n.* a fish-hook, মাছ ধরার ছিপ। (**2**) *v.t.i.* to catch fish with an angle, ছিপ দিয়া মাছ ধরা ; (fig.) to use artful means to catch a person or thing, (আল.) ছলচাতুরি-দ্বারা কাহাকে বা কিছুকে ধরিয়া ফেলা, কিছু পাইবার জন্য কৌশল করা। *n.* **ang°ler**। [OE. *angul*]

Angle$_3$ [angg°l, অ্যাংগ্°ল্] *n.* a Teutonic tribe, অ্যাংগ্‌ল্-জাতি (ইহারা ইংরেজজাতির পূর্বপুরুষ)। **Ang°lian**—(**1**) *a.* অ্যাংগ্‌ল্-জাতিগত ; (**2**) *n.* অ্যাংগ্‌ল্-জাতীয় লোক ; অ্যাংগ্‌ল্-জাতির ভাষা। **Ang°lican**—(**1**) *a.* ইংলণ্ডের সরকার-অনুমোদিত গির্জা-সংক্রান্ত বা উক্ত গির্জার অনুগামী ; (**2**) *n.* উক্ত গির্জার অনুগামী ব্যক্তি। *n.* **Ang°licanism**—উক্ত গির্জার রীতিনীতি ;

উক্ত এবং ইংলণ্ডের পুরাতন প্রতিষ্ঠানাদির প্রতি আসক্তি। *n.* **Anglicism** [angg°-li-sizm, অ্যাংগ্°লিসিজ্‌ম্] ইংরেজজাতির বৈশিষ্ট্য বা রীতিনীতি। *v.t.i.* **Ang°licize**—ইংরেজদের অনুরূপ করা বা হওয়া। [L. *Anglus*]

angler—see **angle**$_2$.

Anglian—see **Angle**$_3$.

Anglo- [ang°-glō, অ্যাং°গ্লৌ] *pfx.* English, ইংরেজ। **Ang°lō-Ame°rican**—(**1**) *n.* আমেরিকায় বসবাসকারী ইংরেজ ; (**2**) *a.* ইংলণ্ড ও আমেরিকা বা ইংরেজ ও মার্কিন সংক্রান্ত, ইঙ্গ-মার্কিন। **Ang°lō-Ca°tholic**—(**1**) *a.* Anglican Church-এর অনুগামী অথচ প্রাচীন Catholic Church-এর রীত্যনুসারে পুরোহিতদের প্রাধান্য মানে এমন ; (**2**) *n.* ঐরূপ খ্রিস্টান সম্প্রদায়ভুক্ত ব্যক্তি। **An°glō-French°**—(**1**) *a.* ইংলণ্ড ও ফ্রান্স বা ইংরেজ ও ফরাসি সংক্রান্ত, ইঙ্গ-ফরাসি ; (**2**) *n.* মধ্যযুগীয় ইংলণ্ডে প্রচলিত ফরাসি ভাষা। *n.* **An°glō-In°dian**—(**1**) *n.* ভারতে বসবাসকারী ইংরেজ ; ইংরেজ ও ভারতবাসীর মিলনের ফলে উৎপন্ন জাতির বা তাহাদের মধ্যে প্রচলিত ইংরেজি ভাষা ; (**2**) *a.* ইংলণ্ড ও ভারতবর্ষ অথবা ইংরেজ ও ভারতবাসী সংক্রান্ত ; ইংরেজ ও ভারতবাসীর মিলনজাত ; ইঙ্গ-ভারতীয়। *n.* **An°glŏmā°nia**—ইংরেজপ্রীতির বাতিক ; ইংরেজিপনা। *n.* **ang°lōphīl(e)**—ইংলণ্ড এবং ইংলণ্ডীয় রীতিনীতি প্রভৃতির প্রতি-অনুরাগী ব্যক্তি। *n.* **Anglŏphō°bia**—ইংরেজবিদ্বেষ ; ইংরেজ-সম্বন্ধে (অহেতুক) আতঙ্ক, ইঙ্গ-ভীতি। **An°glo-Sa°xon**—(**1**) *n.* ইংলণ্ডে উপনিবেশকারী অ্যাংগ্‌ল্‌স্যাক্‌শন্ ও জুট্ জাতির মিলনের ফলে উৎপন্ন জাতি অর্থাৎ বর্তমান ইংরেজদের পূর্বপুরুষ ; উক্ত জাতিত্রয় কর্তৃক কথিত প্রাচীন ইংরেজি ভাষা ; (**2**) *a.* উক্ত জাতিত্রয় বা তাহাদের বংশধর সম্বন্ধীয়। [L. *Anglus*]

angora [ang°-gaw-ra, অ্যাং°গ্যর‍্যা], (inc.) **angola** [ang°-gō-la, অ্যাং°গৌল্যা] *n.* an Anatolian goat, its wool, or fabric made from it, আংকারা-দেশীয় ছাগ, উহার লোম, উক্ত লোমজাত বস্ত্র। [*Ankara* or *Angora* in Turkey]

angostura [ang-gos-tūr°- a, অ্যাংগস্‌টিউয়্যার্°অ্যা] *n.* a bitter liquid made from the bark of a South American tree, দক্ষিণ আমেরিকার বৃক্ষবিশেষের ছাল হইতে তৈয়ারি তিক্তস্বাদ তরলপদার্থবিশেষ। [Sp.]

angry [ang°-gri, অ্যাং°গ্রি] *a.* enraged, ক্রুদ্ধ, রুষ্ট ; hot-tempered, রাগী ; burning, painful, প্রদাহপূর্ণ, যন্ত্রণাময় (*angry* wound) ; excited, foaming, উত্তেজিত, উদ্বেল (*angry* sea)। *adv.* **ang°rily**। [see *anger*]

anguine [ang°-gwin, অ্যাং°গুইন্] *a.* of or like a snake, সর্পের বা সর্পবৎ। *a.* **an°guiform**—সর্পাকার। [L. *anguis* = snake]

anguish [ang°-gwish, অ্যাং°গুইশ্] *n.* agony, নিদারুণ মানসিক বা শারীরিক যন্ত্রণা। *a.* **an°guished**—নিদারুণ মানসিক বা শারীরিক যন্ত্রণাপূর্ণ। [OF. *anguissa* = choking < L. *angustia* = tightness]

angular [ang°-gū-la(r), অ্যাং°গিউল্যা(র্)] *a.* having angles, কোণযুক্ত ; of angles, কৌণিক ; placed in or at an angle, কোণে বা কোনাকুনিভাবে স্থাপিত ; directed from an angle, কোণ হইতে বা কোনাকুনিভাবে লক্ষিত, কোনাচে, তির্যক্। *n.* **angūla°rity**—angular-এর সকল অর্থে, এবং—(চরিত্র-সম্বন্ধে) কুটিলতা। [see *angle*]

angulate [ang°-gū-lāt, অ্যাং°গিউলেইট্] *v.t.* to form with angles, (বিভিন্ন) কোণযুক্ত করিয়া গঠন করা। *a.* **an°gūlāte, an°gūlātėd**—কোণযুক্ত করিয়া গঠিত। [see *angle*]

anhydrous [an-hī°-dras, অ্যান্‌হাই°ড্র্যাস্] *a.* waterless, নির্জল, (পরি.) অনার্দ্র। [Gk. *an-*, *hydor* = water]

an(n)icut [a°-ni-kut, অ্যা°নিকাট্] *n.* a river-dam for irrigation purposes, জলসেচের নিমিত্ত নদীর বাঁধ। [Tamil *anai-kattu* = dam-building]

anigh [a-nī°, অ্যানাই°] *adv.* near, নিকটে। [a_3, *nigh*]

anil [a°-nil, অ্যা°নিল্] *n.* indigo, নীলের চারা বা রঞ্জক, নীল। *n.* **a°niline**—পূর্বে নীল হইতে এবং বর্তমানে আলকাতরা হইতে প্রাপ্ত রাসায়নিক রঞ্জক-পদার্থবিশেষ। [Port. < Ar. *annil* = indigo-plant]

anile [ā°-nīl, এই°নাইল্] *a.* old-womanish, বুড়ির মত ; doting, বার্ধক্যের দরুন অত্যাসক্ত ; imbecile, নির্বোধ। *n.* **ani°lity**। [L. *anus* = an old woman]

aniline—see **anil**.

anility—see **anile**.

animadversion—see **animadvert**.

animadvert [a-ni-mad-va(r)t°, অ্যানিম্যাড্‌ভ্যা(র্)ট্°] *v.t.i.* to criticize, সমালোচনা করা ; to censure, নিন্দা করা। *n.* **animadver°sion**—সমালোচনা ; নিন্দা। [L. *animus* = mind, *ad-*, *vertere* = to turn]

animal [a°-nim(a)l, অ্যা°নিম্‌ল্] (**1**) *n.* a creature, প্রাণী ; a beast, জন্তু, পশু ; a brutal or a stupid man, পশুপ্রকৃতি বা নির্বোধ মানুষ ; a sensual man, কামপরবশ মানুষ। (**2**) *a.* of a creature, প্রাণিসংক্রান্ত (*animal* world) ; of a beast, পাশব, জান্তব (*animal* fat) ; sensual, কামপরায়ণ (*animal* nature)। **animal husbandry**—পশুপালন। **the animal kingdom**—প্রাণিজগৎ (তু. *vegetable* and *mineral* kingdoms)। **animal spirits**—স্বাভাবিক প্রফুল্লতা বা প্রাণবন্ত ভাব। *n.* **animalcule** [a-ni-mal°kūl, অ্যানিম্যাল্°কিউল্] অনুবীক্ষণের সাহায্য ব্যতীত দেখা যায় না এমন ক্ষুদ্র প্রাণী। *n.* **animalism** [a°-ni-ma-lizm, অ্যা°নিম্যালিজ্‌ম্] নিয়ত পশুপ্রবৃত্তিপালন বা পশুবৎ জীবনযাপন, পাশবতা। **anima°lity**—(প্রধানতঃ মানব-চরিত্রে) পশুপ্রকৃতি, পশুভাব। [L. < *anima* = life]

animate [a°-ni-māt, অ্যা°নিমেইট্] *v.t.* to give life to, প্রাণসঞ্চার করা, সঞ্জীবিত করা ; to make lively, প্রাণচঞ্চল করা ; to inspire, উদ্দীপিত করা। *a.* **a°nimate**—সজীব, প্রাণবিশিষ্ট ; চেতন। *a.* **a°nimātėd**—প্রাণচঞ্চল ; উদ্দীপিত, প্রাণবন্ত ; জীবন্ত। **animated cartoon**—অঙ্কিত চিত্রমালার ফটোগ্রাফ তুলিয়া নির্মিত চলচ্চিত্র। *a.* **a°nimāting**—উদ্দীপক, সজীবতাবর্ধক ; জীবনদায়ক। *n.* **animā°tion**। [L. *animare* < *anima* = life]

animism [a°-ni-mizm, অ্যা°নিমিজ্‌ম্] *n.* the doctrine that attributes a soul to natural objects and phenomena, (পরি.) সর্বপ্রাণবাদ। *n.* **a°nimist**। *a.* **animis°tic**—সর্বপ্রাণবাদমূলক। [L. *anima* = the soul]

animosity [a-ni-mo°-si-ty, অ্যানিম°সিটি] *n.* active enmity, শত্রুতাচরণ ; strong dislike, বিদ্বেষ। [L. *animositas* = fullness of spirit]

animus [a°-ni-mas, অ্যা°নিম্যাস্] *n.* (no *pl.*) animating agent, উদ্দীপক পদার্থ, সঞ্জীবনী ; animosity, শত্রুতাচরণ, বিদ্বেষ। [L. = spirit, soul]

anion [an°ī-an, অ্যান্°আইঅ্যান্] *n.* an electro-negative ion, বিদ্যুৎ-প্রয়োগে চূর্ণীকৃত পদার্থের ঋণাত্মক কণিকা বা আয়ন। (বিপ. cation)। [Gr. *ana* + *ion*]

anise [a°-nis, অ্যা°নিস্] *n.* an aromatic seed or its plant, মৌরি বা মৌরিগাছ। *n.* **aniseed** [a°-ni-sēd, অ্যা°নিসীড্] মৌরি। [Gk. *anison*]

ankh [angk, অ্যাংক্] *n.* an old Egyptian T-shaped cross, প্রাচীন মিশরের T-আকারযুক্ত ক্রুশবিশেষ। [Egy.]

ankle [angk°l, অ্যাংক্°ল্] *n.* the joint connecting the foot with leg, গুল্ফ, গোড়ালির গাঁট। **ankle socks**—গুল্ফ-অবধি মোজা। *n.* **ank°lėt**—মল, নূপুর পাঁইজোর প্রভৃতি পাদাভরণ ; গুল্ফে পরিধেয় মোজা বা বেষ্টনীবিশেষ, গুল্ফরক্ষণী। [OE. *ancleow*—cp. G. *enkel*]

ankus [ang°-kas, অ্যাং°ক্যাস্] *n.* an elephant's goad, (হাতির) অঙ্কুশ। [Sans.]

anna [a°-na, অ্যা°ন্যা] *n.* an Indian coin, মুদ্রাবিশেষ, আনি, আনা। [Hind.]

annal [a°n(a)l, অ্যা°ন্‌ল্] *n.* the incidents of a year, একবৎসরের ঘটনাবলী, বর্ষ-বিবরণ ; (in *pl.*) records of events year by year, বর্ষানুক্রমিক ঘটনা-বিবরণী ; a year-book, বর্ষপঞ্জি ; (loos.) historical records, (শিথি.) ঐতিহাসিক বিবরণী। *n.* **annalist** [a°-na-list, অ্যা°ন্যালিস্ট্] বর্ষবিবরণ-লেখক। [L. *annalis* = yearly]

anneal [a-nēl°, অ্যানীল্°] *v.t.i.* to temper by strong heating and gradual cooling, উগ্র তাপপ্রদানের পর ক্রমশঃ শীতল করার প্রণালীদ্বারা পাইন দেওয়া, (পরি.) কোমলায়ন করা। [OE. *an-*, *aelan* = to burn]

annex [a-neks°, অ্যানেক্‌স্°] *v.t.* to add, সংযোজন করা, যুক্ত করা ; to attach or affix, (আঠাদির দ্বারা) আটকান, আসঞ্জিত করা ; to include, অন্তর্ভুক্ত করা ; to take possession of (kingdoms, etc.), (রাজ্যাদি) অধিকার করা। *p.* & *p. pt.* **annex°ed**। *n.* **annexā°tion**। *n.* **annexe** [a°-neks, অ্যা°নেক্‌স্] সংযোজিত বস্তু বা বিষয় ; গ্রন্থাদির পরিশিষ্ট ; অট্টালিকাদির নবনির্মিত বা পরে নির্মিত অংশ, উপগৃহ। [L. *annectere* < *ad-*, *nectere* = to tie]

annihilate [a-nī°-a-lāt, অ্যানাই°অ্যালেইট্] *v.t.* to destroy completely, সম্পূর্ণ ধ্বংস করা, বিলোপ করা। *p.* & *p. pt.* **anni°hilātėd**। *n.* **annihilā°tion**—বিলয়, পূর্ণধ্বংস, (পরি.) শক্তি-বিলয়ন। *n.* **anni°hilātor**। [L. *annihilare* < *ad-*, *nihil* = nothing]

anniversary [a-ni-va(r)°-s(a)ri, অ্যানিভ্যা(র্)°স্‌রি] *n.* the annual return of a date or celebration of this, বার্ষিক তিথির বা তারিখের আবর্তন অথবা তদুপলক্ষে অনুষ্ঠান, বার্ষিকী। [L. *anniversarius* < *annus* = a year, *vertere* = to turn]

Anno Domini [a°-nō do°-mi-nī, অ্যা°নৌ ড°-মিনাই] *ph.* in the year of our Lord, of the Christian era, যিশুর জন্ম-তারিখ হইতে গণিত অব্দে, খ্রিস্টাব্দে। (abbr.) A.D. [L.]

annotate [a°-nō-tāt, অ্যা°নৌটেইট্] *v.t.i.* to make notes (upon), টীকা করা বা টীকা লেখা ; to append notes, টীকাযুক্ত করা। *p.* & *p. pt.* **a°nnotātėd**। *n.* **annotā°tion**—টীকা রচনা ; টীকা। *n.* **a°nnotātor**—টীকাকার। [L. *annotare* < *ad-*, *notare* = to mark]

announce [a-nowns°, অ্যানাউন্‌স্°] *v.t.* to declare, ঘোষণা করা, জ্ঞাপন করা ; to circulate publicly, জনসাধারণের নিকট প্রচার করা। *p.* & *p. pt.* **announ°cėd**। *n.* **announce°ment**—ঘোষণা। *n.* **announ°cer**—(বেতার দূরদর্শন ইত্যাদির) ঘোষক। [OF. *anoncer* < L. *ad-*, *nuntiare* = to report]

annoy [a-noy°, অ্যানয়্°] (**1**) *v.t.* to irritate or vex, জ্বালাতন বা বিরক্ত করা। (**2**) *n.* (arch.) annoyance or its cause, (আর্ষ.) বিরক্তি, উৎপাত। *n.* **annoy°ance**—বিরক্তি ; বিরক্তির কারণ ; উৎপাত। *a.* **annoy°ing**—বিরক্তিকর। [OF. *anoier*]

annual [a°-nū(a)l, অ্যা°নিউ(এ্য)ল্] (**1**) *a.* yearly, বার্ষিক, বাৎসরিক ; reckoned by year, বৎসরের হিসাবে গণিত, বৎসরান্তরিক ; recurring at the end of the year, বৎসরান্তিক ; recurring or published (once in) every year, প্রতি বৎসরে (একবার করিয়া) সজ্জটিত বা প্রকাশিত ; lasting for a year, বর্ষজীবী। (**2**) *n.* a plant that lives only for one year, বর্ষজীবী উদ্ভিদ্ ; a publication appearing once a year, বৎসরে একবার করিয়া প্রকাশিত গ্রন্থাদি, বার্ষিকী। *adv.* **a°nnually**। [OF. *annuel* < L. *annualis* < *annus* = a year]

annuity [a-nū°-i-ti, অ্যানিউ°ইটি] *n.* a yearly

allowance or grant, বার্ষিক বৃত্তি ভাতা অর্থসাহায্য বা অনুদান ; yearly return out of an investment or property, বিনিযুক্ত ধন বা সম্পত্তি হইতে বাৎসরিক আয়। *n.* **annū°itant**—বার্ষিক বৃত্তির প্রাপক। [OF. *annuité* < LL. *annuitas* < *annus* = year]

annul [a-nul°, অ্যানাল্°] *v.t.* to make invalid, অকার্যকর করা ; to cancel, রদ করা বা বাতিল করা ; to abolish, বিলোপ করা। *pr. pt.* **annu°lling** ; *p.* & *p. pt.* **annu°lled** । *n.* **annul°ment** । [F. *annuler* < LL. *annullare* < *nullus* = none]

annular [a°nū-la(r), অ্যা°নিউল্যা(র্)] *a.* ring-shaped, আঙটি বা বলয়ের ন্যায় আকারবিশিষ্ট, বলয়াকার। **annular eclipse**—বলয়গ্রাস। *n.* **annūla°rity** । [L. *annularis* < *anus* = a ring]

annulate [a°nū-lāt, অ্যা°নিউলেইট্], **a°nnūlātėd**—*a.* formed with rings, বলয়যুক্ত, (পরি.) বলয়ী ; marked with rings, বলয়াঙ্কিত। [see *annular*]

annunciate [a-nun°-shi-āt, অ্যানান্°শিএইট্] *v.t.* to announce, (প্রধানতঃ ভবিষ্যৎ ঘটনা পূর্বাহ্ণে) ঘোষণা করা। *p.* & *p. pt.* **annun°ciātėd** । *n.* **annunciation** [a-nun-si-ā°sh(a)n, অ্যানান্‌সিএই°শ্‌ন্] । *n.* **Annunciā°tion**—প্রতি বৎসর ২৫শে মার্চ তারিখে পালনীয় খ্রিস্টানদের উৎসববিশেষ : ঐ তারিখে দেবদূত গেব্রিয়েল কুমারী মেরীকে যিশুর জন্মবার্তা জ্ঞাপন করেন। *n.* **annun°ciātor** । [L. *annuntiare*—see *announce*]

anode [a°-nōd, অ্যা°নৌড্] *n.* a positive electric pole, বিদ্যুৎপ্রবাহের ধন-তড়িৎ প্রান্তর তার বা দণ্ড, (পরি.) ধনধ্রুব (cp. **cathode**)। [Gk. *anodos* = way up]

anodyne [a°-nŏ-dīn, অ্যা°নোডাইন্] *n.* a medicine that assuages pain, বেদনাহর ঔষধবিশেষ। [Gk. *anodynos* < *an-*, *odyne* = pain]

anoint [a-noynt°, অ্যানয়ন্ট্°] *v.t.* to smear with ointment or oil (esp. ceremoniously), (প্রধানতঃ আনুষ্ঠানিকভাবে) তৈলাদি লেপন করা। *p.* & *p. pt.* **anoin°tėd** । **the Lord's Anointed**—যিশু খ্রিস্ট ; (ঈশ্বরের প্রতিনিধি বলিয়া পরিগণিত) রাজা। *n.* **anoint°ment**—মলম ; লেপনীয় পদার্থ, প্রলেপ ; লেপন। [F. *enoint* < L. *in-*, *ung(u)ere* = to smear]

anomaly [a-no°-ma-li, অ্যান°ম্যালি] *n.* irregularity, অনিয়ম, ব্যতিক্রম, ব্যত্যয় ; disorder, বিশৃঙ্খলা ; unevenness of motion, অনিয়ত গতি ; the angular distance of a planet or satellite from its last perihelion or perigee, পূর্বের অনুসূর বা অনুভূ হইতে গ্রহ বা উপগ্রহের কৌণিক ব্যবধান। *a.* **anomalis°tic**—গ্রহ বা উপগ্রহের এক অনুসূর বা অনুভূ হইতে ভিন্ন অনুসূর বা অনুভূতে গমনকালীন। *a.* **ano°malous**—নিয়মবহির্ভূত, ব্যতিক্রমী ; ব্যতিক্রান্ত ; বিশৃঙ্খল। **anomalous verb**—(ব্যাক.) auxiliary 'do'-র সাহায্য ব্যতিরেকে যে ইংরেজি verb-এর দ্বারা নেতিবাচক ও প্রশ্নবাচক বাক্য গঠিত হয় (যেমন, might, ought)। [Gk. *an-*, *homalos* = even]

anon [a-non°, অ্যানন্°] *adv.* instantly, তৎক্ষণাৎ, অবিলম্বে ; very soon, অতি শীঘ্র। [OE. *on-* = in, *an* = one]

anonym [a°-na-nim, অ্যা°ন্যানিম্] *n.* a person whose name is unpublished, অপ্রকাশিতনামা ব্যক্তি ; a person with an assumed name, ছদ্মনামা ব্যক্তি ; a pseudonym, ছদ্মনাম। *n.* **anony°mity**—ছদ্মনামযুক্ত বা অপ্রকাশিতনামা অবস্থা ; রচয়িতার নাম নাই এমন অবস্থা। *a.* **ano°nymous**—অপ্রকাশিতনামা ; ছদ্মনামা ; রচয়িতার নামহীন, বেনামা। [F. *anonyme* < Gk. *anonumos* = nameless]

anopheles [a-no°-fe-lēz, অ্যান°ফেলীজ্] *n.* the genus of malarial mosquitoes, ম্যালেরিয়ার জীবাণুবাহী মশক। [Gk. = hurtful]

anorak [a°-na-rak, অ্যা°ন্যার‍্যাক্] *n.* (Greenlander's) fur coat, (গ্রীনল্যাণ্ডের অধিবাসীর) পশমযুক্ত চামড়ার বা পশমের কোটবিশেষ ; a hooded waterproof jacket, মস্তকাবরণ সহ বর্ষাতি বা ওয়াটারপ্রুফ কোটবিশেষ। [Eskimo *anoraq*]

anorexia [a-no°-rek-si-a, অ্যান°রেক্‌সিঅ্যা] *n.* want of appetite, ক্ষুধাহীনতা। [Gk. *an-*, *orexis* = longing]

anosmia [a-nos°-mi-a, অ্যানস্°মিঅ্যা] *n.* loss of the sense of smell, ঘ্রাণশক্তির লোপ। [L. < Gk. *an-*, *osme* = smell]

another [a-nu°-dha(r), অ্যানা°দ্যা(র্)] *a.* & *pron.* one more or one additional, আরেকজন বা আরেকটি ; any other, অপর যে-কেহ বা যে-কোন। **one another**—(দুই বা ততোধিকের ক্ষেত্রে) একে অপরকে, পরস্পর। [*one*, *other*]

anourous—see **anurous.**

anoxia [an-ok°-si-a, অ্যান্‌অক্°সিঅ্যা] *n.* (med.) deficiency of oxygen, (চিকি.) অক্সিজেনের ঘাটতি বা অভাব। [Gr. *an-*, *ox*(ygen),-*ia*]

anserine [an°-sa-rīn, অ্যান্°স্যারাইন্] *a.* of or like a goose, হংসীসংক্রান্ত, হংসীতুল্য ; stupid, মূর্খ, হাবাগবা। [L. *anserinus* < *anser* = goose]

answer [ŭn°-sa(r), আন্°স্যা(র্)] (**1**) *n.* a reply, উত্তর, জবাব, প্রত্যুত্তর ; explanation for a conduct called into question, কৈফিয়ত ; a defence, আত্মপক্ষ সমর্থনে উক্তি ; response to a call or action ; সাড়া বা প্রতিক্রিয়া ; a solution, সমাধান। (**2**) *v.t.i.* to reply, উত্তর বা প্রত্যুত্তর দেওয়া ; to give an explanation, কৈফিয়ত দেওয়া ; to say or write in self-defence, আত্মপক্ষসমর্থনার্থ কিছু বলা বা লেখা ; to respond (to a call), সাড়া দেওয়া ; (sc.) to react, (বিজ্ঞা.) প্রতিক্রিয়ান্বিত হওয়া, কোন প্রক্রিয়ার ফলে সক্রিয় হওয়া ; to correspond to, সাদৃশ্যযুক্ত হওয়া (to *answer* a description) ; to fit, উপযোগী হওয়া (to *answer* one's requirement) ; to succeed, সফল হওয়া (the plan has *answered*) ; to be responsible, দায়ী হওয়া (to *answer* for one's conduct) ; to suffer punishment, শাস্তি ভোগ করা (to *answer* for one's wrongdoing) ; (rare) to be the cause of defeat or death (of), পরাজয় বা মৃত্যু ঘটান (he *answered* for a dozen of enemies daily) । **(to) answer (one) back**—(কাহারও) মুখেমুখে জবাব দেওয়া, কাটান্-জবাব দেওয়া, মুখের উপর চোপরা করা। **(to) answer for**—(কিছুর জন্য) দায়ী হওয়া বা শাস্তিভোগ করা ; (কিছুর) পরাজয় বা মৃত্যু ঘটান (the shot *answered for* a deer) । **(to) answer the door** or **bell**—দরজায় কড়া-নাড়া বা ঘণ্টাধ্বনি শুনিয়া দরজা খুলিয়া দেওয়া। **(to) answer to a description**—অনুরূপ বা বর্ণনানুগ হওয়া, বর্ণনার সঙ্গে মিলে যাওয়া। **(to) answer to the helm**—(পোতাদি-সম্বন্ধে) হাল ঘুরাইবার ফলে দিক্ পরিবর্তন করা। **(to) answer to the name of**—(পোষা প্রাণী সম্বন্ধে) কোন নাম ধরিয়া ডাকিলে সাড়া দেওয়া। **in answer to**—উত্তরে, জবাবে। *a.* **an°swerable**—উত্তরসাধ্য ; কৈফিয়ত দিয়া মুক্ত হওয়া যায় এমন ; সমাধানসাধ্য ; সাড়া দেওয়ার যোগ্য ; দায়ী ; উপযোগী। *a.* **an°swering**—answer-এর সকল অর্থে, এবং বিশেষতঃ—সাদৃশ্যযুক্ত। [OE. *andswaru*(*n*.), *andswarian*(*v*.) < *and-* = against, *swerian* = to swear]

ant [ant, অ্যান্ট্] *n.* a genus of insects, পিপীলিকা, পিঁপড়া। **white ant**—উইপোকা, বল্মীক। *n.* **ant°-eat°er**—পিপীলিকাভোজী প্রাণী। *n.* **ant°hill**—পিঁপড়ার বাসা ; উইঢিবি, বল্মীকস্তূপ। [OE. *aemete*]

an't [ŭnt, আন্ট্] coll. contr. of **am not, are not, is not, has not.**

antacid [an°-ta°-sid, অ্যান্°ট্যা°সিড্] (1) *a.* counteracting acidity, অম্লব্যাধি-দূরীকর। (2) *n.* an antacid medicine, অম্লব্যাধি-দূরীকর ঔষধ। [see *anti-*, *acid*]

antagonism [an-ta°-ga-nizm, অ্যান্ট্যা°গ্যানিজ্‌ম্] *n.* opposition, বিরোধিতা ; contest, প্রতিদ্বন্দ্বিতা ; hostility, বিরোধ, শত্রুতা। *n.* **anta°gonist**—প্রতিদ্বন্দ্বী ; বিরোধী ব্যক্তি ; শত্রু। *a.* **antagonis°tic**—বিরোধী ; শত্রুভাবাপন্ন। *adv.* **antagonis°tically**। *v.t.* **anta°gonize**—বিরোধিতা করা ; (বিজ্ঞা.) কোন পদার্থের ক্রিয়া বন্ধ করা। [Gk. *antagonisma*]

antaphrodisiac [an-ta-fro-di°-zi-ak, অ্যান্ট্যা-ফ্রৌডি°জ়িঅ্যাক্] (1) *a.* counteracting sexual desire or venereal disease, যৌনলালসাহর বা যৌনব্যাধিহর। (2) *n.* an antaphrodisiac medicine, যৌনলালসাহর বা যৌনব্যাধিহর ঔষধ। [see *anti-*, *aphrodisiac*]

Antarctic [an-tŭ(r)k°-tik, অ্যান্টা(র্)ক্°টিক্] *n.* the south polar regions, দক্ষিণ মেরু, কুমেরু। *a.* **antarc°tic**—দক্ষিণ মেরুদেশীয় ; দখিনা। **Antarctic Circle**—কুমেরুবৃত্ত। [see *anti-*, *Arctic*]

ante- [an°-ti, অ্যান্°টি] *pfx.* before, past, beforehand, on the sideway, etc., অগ্র-, অতীত-, পূর্ব-, পার্শ্ব-, প্রভৃতি। *n.* **antecedence** [an-ti-sē°d(a)ns, অ্যান্টিসী°ড্‌ন্‌স্] পূর্ববর্তিতা, পূর্বগামিতা ; (জ্যোতি.) গ্রহনক্ষত্রাদির পূর্ব হইতে পশ্চিমে গতি। [L. *antecedentia* < *ante-*, *cedere* = to go]। **antécē°dent**—(1) *a.* পূর্ববর্তী, পূর্বগামী ; (ন্যায়.) কারণবিচারপূর্বক কার্যনির্ণয়াত্মক, অবরোহী ; (জ্যোতি.) পূর্ব হইতে পশ্চিমে ধাবনশীল ; (2) *n.* পূর্ববর্তী বা পূর্বগামী বস্তু অথবা অবস্থা ; (ব্যাক.) যে বিশেষ্যপদের পরিবর্তে সর্বনামপদ ব্যবহৃত হইয়াছে ; (ন্যায়.) নির্ণীত কার্যের কারণ ; হেতু ; (গণি.) অক্ষর ও অঙ্কদ্বারা একত্র লিখিত রাশির আঙ্কিক অংশ (আক্ষরিক অংশের পূর্বে বসে বলিয়া), পূর্বরাশি ; (in *pl.*) পূর্ববর্তী নীতি আচরণ বা ইতিহাস ; (in *pl.*) প্রাক্-বংশপরিচয়, (পরি.) পরিচয়। *n.* **an°téchāmber**—মূল কক্ষসংলগ্ন ক্ষুদ্র কুঠরিবিশেষ, পার্শ্বকক্ষ, উপকক্ষ। **an°tédāte°**—(1) *v.t.* প্রকৃত সময়ের পূর্ববর্তী তারিখ প্রদান করা ; *p.* & *p. pt.* **an°tédātéd**। (2) *n.* প্রকৃত সময়ের পূর্ববর্তী তারিখ। *a.* **antédilu°vial**—বাইবেলে বর্ণিত মহাপ্রলয়ের পূর্ববর্তী ; সেকেলে। **an°tédilu°vian**—(1) *a.* মহাপ্রলয়ের পূর্ববর্তী ; সেকেলে ; অতি প্রাচীন বা জরাগ্রস্ত ; (2) *n.* মহাপ্রলয়ের পূর্ববর্তী মানুষ বা প্রাণী ; সেকেলে লোক ; অতি প্রাচীন বা জরাগ্রস্ত লোক। *ph.* **ante meridiem** [an°-ti me-ri°-di-em, অ্যান্°টি মেরি°ডিএম্] মধ্যরাত্রি ও মধ্যাহ্নের মধ্যকালে। [L.]। *a.* **an°téméri°dian**—মধ্যরাত্রি ও মধ্যাহ্নের মধ্যবর্তিকালীন। *a.* **an°ti-mun°dāne**—বিশ্বসৃষ্টির পূর্বকালীন। *a.* **an°ténā°-tal**—জন্মের পূর্বকালীন, প্রসূত হইবার পূর্বকালীন। *a.* **an°ténup°tial**—বিবাহের পূর্বকালীন। *a.* **an°-tépenul°timáte**—শেষ দুইটির পূর্ববর্তী, দ্বি-উনশেষ। *a.* **an°tépran°dial**—(মধ্যাহ্ন-)ভোজের পূর্বকালীন। *n.* **antéroom**—উপকক্ষ, পার্শ্বকক্ষ। [L.]

antelope [an°-ti-lōp, অ্যান্°টিলৌপ্] *n.* a deer-like animal, হরিণজাতীয় প্রাণিবিশেষ, কৃষ্ণসারমৃগ। [OF. *antelop* < L. *anthalopus* < Gk. *antholopos*]

antenna [an-te°-na, অ্যান্টে°ন্যা] *n.* a sensory organ in insects, শুঙ্গ, হুল ; an emergence in some male flowers, পুষ্পরুহ ; an aerial, বেতার-সংকেত গ্রহণের বা প্রেরণের জন্য তার, আকাশ-তার। *pl.* **ante°nnæ**। *a.* **ante°nnal, ante°nnary**—শুঙ্গসম্বন্ধীয় বা আকাশ-তার-সম্বন্ধীয়। [L. = sail-yard]

anterior [an-tēr°-i-a(r), অ্যান্টিয়্যার্°ইঅ্যা(র্)] *a.* preceding in time or place, পূর্বকালীন, পূর্ববর্তী, অগ্রবর্তী ; (bot.) away from the axis, (উদ্ভি.) অক্ষ হইতে দূরবর্তী, (পরি.) অক্ষবিমুখ। *n.* **antērio°-rity, antēr°iorness**। *adv.* **antēr°iorly**। [L.]

anthelion [an-thē°-li-an, অ্যান্থী°লিঅ্যান্] *n.*

For words in *ante-*, not given separately, see **ante-**.

a luminous ring seen on a cloud or fog-bank opposite to the sun, সূর্যের বিপরীতে পুঞ্জীভূত মেঘ বা কুহেলিকার উপরে দৃষ্ট আলোকবলয়। [Gk. *anthelios* < *anti-*, *helios* = the sun]

anthem [an°-tham, অ্যান্‌থ্যাম্] *n.* a song for a church choir, গির্জার একতান-গায়কমণ্ডলীর জন্য রচিত ভজনগান ; any hymn, স্তোত্র, স্তব (national *anthem*) । [OE. *antefu* < LL. *antifona* < Gk. *antephona*—cp. *antiphon*]

anther [an°-tha(r), অ্যান্‌থ্যা(র্)] *n.* (bot.) the terminal part of a stamen containing pollen, (উদ্ভি.) পরাগধানী । [Gr. *anthera* = a medicine made from flowers]

anthill—see **ant.**

anthology [an-tho°-la-ji, অ্যান্‌থ°ল্যাজি] *n.* a collection of choice poems, বাছাই-করা কবিতার সঙ্কলন-গ্রন্থ, কাব্য-সঞ্চয়ন ; any literary collection, সাহিত্য-সঙ্কলন । *a.* **anthological** [an-tha-lo°-jik(a)l, অ্যান্‌থ্যাল°জিক্‌ল্] কাব্যসঞ্চয়ন বা সাহিত্যসঞ্চয়ন সম্বন্ধীয় । *n.* **antho°logist**—কবিতা-সঙ্কলক বা সাহিত্য-সঙ্কলক । [Gk. *anthologia* < *anthos* = flower, *logia* = collection]

anthracite [an°-thra-sīt, অ্যান্‌থ্র্যাসাইট্] *n.* a non-bituminous variety of coal, অতি কঠিন কয়লাবিশেষ : ইহা জ্বালাইলে বড় একটা ধোঁয়া বা শিখা বাহির হয় না । [L. < Gk. *anthrakites* = coallike]

anthrax [an°-thraks, অ্যান্‌থ্র্যাক্‌স্] *n.* a carbuncle, পৃষ্ঠব্রণ, দুষ্টব্রণ ; a cattle disease, পশুরোগবিশেষ । [L. < Gk.]

anthropo- [an-thrŏ-pŏ, অ্যান্‌থ্রোপো] *in comp.* man or human, নর-, নৃ- । *n.* **anthropogeny** [an-thrŏ-pŏ°-ja-ni, অ্যান্‌থ্রোপো°জ্যানি] মনুষ্যজাতির উদ্ভব-সম্বন্ধীয় বিদ্যা । **anthropoid** [an°-thrŏ-poyd, অ্যান্‌থ্রোপয়্‌ড্] (**1**) *a.* নরাকার ; (**2**) *n.* বনমানুষ গরিলা প্রভৃতি নরাকার পশু । *a.* **anthropoi°dal**—নরাকার পশু-সম্বন্ধীয় । *n.* **anthropology** [an-thrŏ-po°-la-ji, অ্যান্‌থ্রোপ°ল্যাজি] নরবিজ্ঞান, নৃবিদ্যা । *a.* **anthropological** [an-thrŏ-pŏ-lo°-jik(a)l, অ্যান্‌থ্রোপোল°জিক্‌ল্] নৃবিদ্যাগত । *n.* **anthrŏpo°logist**—নৃবিজ্ঞানী । *n.* **anthropomorphism** [an-thrŏ-pŏ-maw(r)°-fizm, অ্যান্‌থ্রোপোম্য(র্)°ফিজ়্‌ম্] ঈশ্বরকে বা দেবতাকে নরমূর্তিধারী ও নরসুলভ গুণসম্পন্ন বলিয়া কল্পনা, (পরি.) নরত্বারোপ । *a.* **anthrŏpomor°phic**—নরত্বারোপমূলক । *n. pl.* **anthrŏpo°phagī**—নরমাংসভোজী মানুষ, রাক্ষস । *n.* **anthropophagi°nian, anthrŏpo°phagīte**—নরমাংসভুক্, রাক্ষস । *a.* **anthropophagous** [an-thrŏ-po°-fa-gas, অ্যান্‌থ্রোপ°ফ্যাগ্যাস্] নরমাংসভোজী । *n.* **anthropophagy** [an-thrŏ-po°-fa-ji, অ্যান্‌থ্রোপ°ফ্যাজি] নরমাংস-ভোজন । [Gk. *anthropos* = man]

anti- [an°-ti, অ্যান্‌টি] *pfx.* opposition, contrariety, rivalry, etc., বিপক্ষ-, বিরুদ্ধ-, বিপরীত-, অপ-, প্রতি- । *a.* **an°ti-air°craft**—শত্রুবিমানাক্রমণ-প্রতিরোধী, শত্রুবিমান-বিধ্বংসী । **antibio°tic**—(**1**) *a.* জীবাণু-প্রতিরোধী ; (**2**) *n.* জীবাণু-প্রতিরোধী পদার্থ । [Gk. *antibiotikos* < *anti-*, *bios* = life] । *n.* **an°tibody**—জীবদেহের শোণিত-মধ্যে জাত যে পদার্থ অন্যান্য ক্ষতিকর পদার্থের ক্রিয়াশক্তি নষ্ট করে । *n.* **an°tichrist**—খ্রিস্টশত্রু । *a.* **an°tichris°tian**—খ্রিস্টশত্রুসংক্রান্ত । *a.* **an°tichris°tian**—খ্রিস্টধর্মদ্বেষী । *n.* **an°ticlī°max**—(অল.) ক্রমলঘু ভাবধারা-সমন্বিত রচনাপ্রণালীবিশেষ, ভাবাবরোহ । *n.* **an°ticlīne**—(ভূবি.) ধনুকাকার ভঙ্গি বা গঠন । [Gk. *anti-*, *klinein* = to lean] । **anti-clock°wise**—*a.* ঘড়ির কাঁটা যে দিকে ঘোরে তাহার বিপরীত-মুখী, বামাবর্তী । *n.* **anticy°clōne**—উচ্চচাপের বায়ুপূর্ণ অঞ্চল হইতে প্রবাহিত ঘূর্ণায়মান বাতাসের প্রবাহ । *n.* **an°tidōte**—প্রতিষেধক দ্রব্য বা ঔষধ । [Gk. *antidotos* = given against] । *a.* **an°tidōtal**—প্রতিষেধক, বিষঘ্ন । *n.* **anti-freeze°**—যাহাতে ঠাণ্ডায় মোটরগাড়ির এনজিনে প্রদত্ত জল জমিয়া না যায় সেজন্য ঐ জলের সঙ্গে যে রাসায়নিক পদার্থ মিশান হয় । *n.* **an°tigen**—দেহস্থ বিষাক্ত বা ক্ষতিকর পদার্থ নষ্টকারী পদার্থকে সক্রিয় বা চাঙ্গা করার ভেষজবিশেষ । [Gr. *anti-* = against, *gennaein* = to engender] । *n.* **anti-knock°**—মোটরগাড়ির এনজিনের শব্দ বা বিস্ফোরণ প্রতিরোধের জন্য জ্বালানিতে ব্যবহৃত পদার্থবিশেষ । *n.* **antilo°garithm,** (contr.) **an°tilog**—(গণি.) যে সংখ্যার বদলে সংবর্গমান ব্যবহৃত হইয়াছে । *n.* **antilogy** [an-ti°-la-ji, অ্যান্‌টি°ল্যাজি] বিরুদ্ধ উক্তি, বিরোধিতা, ন্যায়শাস্ত্রবিরুদ্ধতা । [Gk. *antilogia*] । *n.* **an°timaca°ssar**—তৈলাদির স্পর্শ হইতে রক্ষার জন্য চেয়ার প্রভৃতির পৃষ্ঠে যে আচ্ছাদন রাখা হয় । *a.* **an°timalār°ial**—ম্যালেরিয়া-প্রতিরোধী । *a.* **an°timŏnar°chical**—রাজতন্ত্র-বিরোধী । *a.* **an°ti-na°tional**—জাতীয়তাবিরোধী, স্বজাতিদ্রোহী । *n.* **an°tinode**—(পদার্থ. পরি) নিস্পন্দ বিন্দু । **antinō°mian**—(**1**) *a.* নীতিশাস্ত্রবিরোধী ; (**2**) *n.* নীতিশাস্ত্র-বিরোধী ব্যক্তি । *a.* **antinomic** [an-ti-no°-mic, অ্যান্‌টিন°মিক্], **antino°mical**—শাস্ত্রীয় অসঙ্গতিমূলক বা বিরোধমূলক । *n.* **anti°nomy**—একই আইনের অন্তর্ভুক্ত নির্দেশাবলীর মধ্যে পরস্পর বিরোধ বা অসঙ্গতি ; বিভিন্ন আইনের মধ্যে বিরোধ ; বিরোধাভাস । [Gk. *anti-*, *nomos* = law] । *n.* **anti°pathy**—(পরস্পর) বিদ্বেষ বা বিরোধিতা ; যে ব্যক্তি বা বস্তু বিদ্বেষের পাত্র । [Gk. *anti-*, *pathos* = feeling] । *a.* **antipathe°tic**—(পরস্পর) বিদ্বেষী বা বিরোধী । *a.* **antipa°thic**—বিরুদ্ধ স্বভাব-বিশিষ্ট ; (চিকি.) বিরুদ্ধ রোগলক্ষণাত্মক । *a.* **anti-personnel°**—(বোমা মাইন প্রভৃতি ক্ষেপণাস্ত্র সম্বন্ধে) কেবল মানুষকে হতাহত করার জন্য উদ্দিষ্ট (অর্থাৎ বাড়ি-ঘর ধ্বংস করার জন্য উদ্দিষ্ট নয়) । **antiphlogistic** [an-ti-flŏ-gis°-tik, অ্যান্‌টিফ্লোজিস্°-

টিক্] (1) *a.* স্ফীতিবারক ; (2) *n.* স্ফীতিবারক ঔষধ। [Gk. *anti-*, *phlogizein* = to set on fire] I *n.* **antiphlogistine** [an-ti-flo°-jis-ten, অ্যান্‌টিফ্ল°-জিস্‌টীন্] স্ফীতিবারক ঔষধ। *n.* **antiphon** [an°-ti-fan, অ্যান্°টিফ্যান্], **anti°phony**—(সচ. গির্জায় গীত) দ্বৈতসঙ্গীতবিশেষ। [Gk. *anti-*, *phone* = voice —cp. *anthem*] I *a.* **anti°phonal**—দ্বৈতসঙ্গীত-মূলক। *n.* **anti°phrasis**—(অল.) প্রচলিত অর্থের বিরুদ্ধ অর্থে শব্দপ্রয়োগ, বিশেষার্থে শব্দপ্রয়োগ। [Gk. *anti-*, *phrasis* = speech] I *a.* **antiphras°tic** —বিশেষার্থে শব্দপ্রয়োগ-সংক্রান্ত ; বিশেষার্থে প্রযুক্ত শব্দসমন্বিত। *adv.* **antiphra°stically** I *a.* **anti°podal**—বিপরীত পৃথিবীপৃষ্ঠ-সংক্রান্ত বা তত্রত্য অধিবাসিসংক্রান্ত। *n. pl.* (also *sing.*) **antipodes** [an-ti°-pa-dez, অ্যান্‌টি°প্যাডীজ্] ভূপৃষ্ঠ বা অন্য কোন গোলকের উপরিস্থিত (পরস্পর) বিপরীত অবস্থান-বিশিষ্ট স্থানসমূহ, উলটা পিঠ, প্রতিপাদপৃষ্ঠ ; বিপরীত পৃথিবীপৃষ্ঠের বাসিন্দা। [Gk. *anti-*, *podos* = a foot] I *n.* **an°tipōle**—বিপরীত মেরু ; সরাসরি বিরুদ্ধ বা বিপরীত বস্তু। **antipyretic** [an-ti-pī-re°-tik, অ্যান্‌টিপাইরে°টিক্] (1) *a.* জ্বররোধী ; (2) *n.* জ্বররোধী ভেষজপদার্থ বা ঔষধ। **antiscorbū°-tic**—(1) *a.* স্কার্ভি-রোগ-প্রতিরোধী ; (2) *n.* স্কার্ভি-রোগ-প্রতিরোধী ঔষধ। *a.* & *n.* **anti-Sē°mite** —ইহুদি-বিদ্বেষী (ব্যক্তি)। *a.* **anti-Semi°tic**—ইহুদি-বিদ্বেষপূর্ণ। *n.* **anti-Se°mitism**—ইহুদি-বিদ্বেষ। **antisep°tic**—(1) *a.* পচনবারক বা বীজাণুবারক, (পরি.) বীজবারক ; (2) *n.* বীজবারক ঔষধ। *a.* **antisō°cial**—সমাজের পক্ষে অহিতকর, সমাজবিরোধী ; অসামাজিক, অমিশুক। *a.* **an°ti-tank°**—ট্যাঙ্ক-বিধ্বংসী। *n.* **antithē°ism**—নাস্তিক্য। *n.* **antithē°ist**—নাস্তিক। *a.* **antithē-is°tic**—নাস্তিকতামূলক। *n.* **anti°thėsis**—(অল.) পরস্পরবিরোধী শব্দাবলী বা ভাবধারার পাশাপাশি ব্যবহার, বিরোধালঙ্কার, বিরোধাভাস (e.g. he lost but did not yield) ; বিরোধ, বৈপরীত্য। *pl.* **anti°thėsēs** I *a.* **antithe°tic**—বিরোধাভাস-মূলক ; বিরুদ্ধ। *adv.* **antithe°tically** I *n.* **an°-titox°in**—বিষক্রিয়ালোপকারক ঔষধ বা পদার্থ, (পরি.) প্রতিবিষ। *n.* **an°titrāde**—পাল-তোলা বাণিজ্য-তরী চালাইবার পক্ষে প্রতিকূল বায়ু-প্রবাহ, (পরি.) প্রত্যায়ন-বায়ু। *n.* **anti°type**—মূল আদর্শের অবিকল অনুরূপ মূর্তি বা আকার। [Gk.] I *a.* **antivi°ral**—সংক্রামক রোগাদির বীজনাশক বা বিষ-নিবারক।

antic [an°-tik, অ্যান্°টিক্] (1) *a.* grotesque, অদ্ভুতদর্শন, কিম্ভূতকিমাকার। (2) *n.* a grotesque figure, ornament or pageant, অদ্ভুতদর্শন মূর্তি বা অলঙ্কার বা অভিনয় ; a buffoon, ভাঁড়, সঙ্। [It. *antico* = ancient < L. *antiquus*—cp. *antique*]

anticipant—see **anticipate.**

anticipate [an-ti°-si-pāt, অ্যান্‌টি°সিপেইট্] *v.t.* to precede, পূর্ববর্তী হওয়া ; to discuss, consider or realize beforehand, পূর্বাহ্ণেই আলোচনা করা বা বিবেচনা করা বা উপলব্ধি করা ; to cause to happen before the due time, উচিত সময়ের পূর্বেই ঘটান ; to expect, প্রত্যাশা করা। *p.* & *p. pt.* **anti°cipātėd** I **anti°cipant**—(1) *a.* পূর্বাহ্ণেই ঘটে বা ঘটিয়াছে এমন, পূর্ববর্তী ; পূর্বাভাসদায়ক, সূচনাকর ; পূর্বাহ্ণেই অনুমান করে বা করিয়াছে এমন, পূর্বজ্ঞাতা ; প্রত্যাশী ; (2) *n.* পূর্ববর্তী বিষয় বা বস্তু ; পূর্বাভাসদায়ক বিষয় বস্তু বা ব্যক্তি ; পূর্বজ্ঞাতা ব্যক্তি ; প্রত্যাশী ব্যক্তি। *n.* **anticipā°tion**—anticipate-এর সকল অর্থে এবং—পূর্বজ্ঞান, পূর্বাভাস। *a.* **anti°-cipātive, anti°cipātory**—পূর্ববর্তিতামূলক ; পূর্বজ্ঞানকারী ; পূর্বাভাসদায়ক ; প্রত্যাশামূলক ; পূর্বাহ্ণে সজ্ঘটিত বা সম্পাদিত। *adv.* **anti°cipātively, anti°cipātorily** I *n.* **anti°cipātor**—anticipate-এর সকল অর্থে, এবং—পূর্বাভাসদায়ক ব্যক্তি বা বিষয় ; পূর্বাহ্ণে সজ্ঘটিত বা সম্পাদিত বিষয়। [L. *anticipare* < *ante-*, *capere* = to take]

antimony [an°-ti-ma-ni, অ্যান্°টিম্যানি] *n.* a brittle bluish-white element, রসাঞ্জন, বরনাগ, সুর্মা। **antimony sulphide**—নীলাঞ্জন, (পরি.) রসাঞ্জন। [L. *antimonium* < Ar. ?]

antiquary [an°-ti-kwar-i, অ্যান্°টিক্যোয়্যার্‌ই] (1) *n.* a student or collector of or a dealer in relics of the past, প্রাচীন নিদর্শনাদি-সম্বন্ধে শিক্ষার্থী, উক্ত নিদর্শনাদির সংগ্রাহক বা ব্যবসায়ী। (2) *a.* ancient, প্রাচীন। **antiquar°ian**—(1) *n.* same as **antiquary** ; (2) *a.* প্রাচীন নিদর্শনাদি-সংক্রান্ত তত্ত্বমূলক। *n.* **antiquar°ianism**—প্রাচীন নিদর্শনাদি সংগ্রহের বাতিক ; উক্ত নিদর্শনাদি-সম্বন্ধে অত্যধিক কৌতূহল। [see *antique*]

antiquate—see **antique.**

antique [an-tek°, অ্যান্‌টীক্°] (1) *a.* ancient, very old, প্রাচীন, অতি পুরাতন ; old-fashioned, সেকেলে। (2) *n.* an old thing or relic, প্রাচীন বস্তু বা নিদর্শন ; a kind of thick paper, পুরু কাগজবিশেষ। *v.t.* **antiquate** [an°-ti-kwāt, অ্যান্°টিক্যোএইট্] প্রাচীন বা সেকেলে বা অপ্রচলিত করা। *a.* **an°tiquāte; an°tiquātėd**—প্রাচীন, সেকেলে, অপ্রচলিত। *n.* **antiquity** [an-ti° kwi-ti, অ্যান্‌টি°ক্যুইটি] প্রাচীন কাল ; প্রাচীনতা ; প্রাচীন নিদর্শন ; (in *pl.*) প্রাচীন যুগের তথ্যাদি। [L. *antiquus*]

antler [ant°-la(r), অ্যান্‌ট্°ল্যা(র্)] *n.* the branched horn of a deer, হরিণের সশাখ শৃঙ্গ, বারশিঙা হরিণের শিঙ। [OF. *antoillier*]

antonomasia [an-to-na-mā°-zi-u, অ্যান্‌টন্যা-মেই°জ়িআ] *n.* use of an epithet or designation for a person's proper name, কাহারও নামের পরিবর্তে তাহার বিশেষ অভিধার বা পদাধিকার-সূচক আখ্যার প্রয়োগ (e.g. *the Mahatma* for

Gandhi, *His Majesty* for a king) ; use of a proper name to indicate a qualification, গুণের পরিবর্তে ব্যক্তিবিশেষের নামের প্রয়োগ (e.g. *a. Demosthenes* for an orator) । [L. < Gk.]

antonym [an°-ta-nim, অ্যান্‌ট্যানিম্‌] *n.* a word of contrary meaning to another, বিপরীতার্থক শব্দ । [Gk. *anti-, onyma* = a name]

antrum [an°tram, অ্যান্‌ট্র্যাম্‌] *n.* a cavity in the body, দেহস্থ গহ্বর । [L. = cave]

anuria [an-ū°-ri-a, অ্যান্‌ইউ°রিঅ্যা] *n.* failure in secretion of urine, প্রস্রাব বন্ধের ব্যারাম, মূত্রকৃচ্ছ্রতা । [Gk. *an-, ouron* = urine]

anurous [a-nū°-ras, অ্যানিউ°র‍্যাস্‌], **anourous** [a-noo°-ras, অ্যানূ°র‍্যাস্‌] *a.* tailless, পুচ্ছহীন, লাঙ্গুলহীন । [Gk. *an-, oura* = a tail]

anus [ā°-nas, এইʼন্যাস্‌] *n.* the posterior opening of the alimentary canal, গুহ্য, পায়ু, মলদ্বার, পোঁদ । *a.* **anal** [ā°n(a)l, এই°ন্‌ল্‌] পায়ু-সম্বন্ধীয় ; গুহ্যদেশীয় । [L. = a ring]

anvil [an°-vil, অ্যান্‌°ভিল্‌] *n.* a block on which smiths shape metals, কামারের নেহাই । **upon the anvil**—আলোচনাধীন বা প্রস্তুত হইতেছে এরূপ । [OE. *anfilte*]

anxiety—see **anxious.**

anxious [ang°-shas, অ্যাং°শ্যাস্‌] *a.* uneasy with fear, উদ্বিগ্ন ; earnestly desirous, ব্যগ্র । *n.* **anxiety** [ang-zī°-a-ti, অ্যাংজ়াই°অ্যাটি]—উদ্বেগ । *adv.* **an°xiously** । [L. *anxius* = pressed tightly]

any [e°-ni, এ°নি] (1) *a.* & *pron.* one indefinitely, কেহ, কোন (*any* boy, *any* of these boys) ; some, কিছু (*any* milk) ; whichever or whatever, কোনটি, যে-কেহ, কিছুটা, যাহা কিছু । (2) *adv.* at all, মোটেই । **any the better** or **worse for**—কিছুর ফলে একটুও ভাল বা খারাপ হওয়া (Is the patient *any the better for* the new treatment ? Is he *any the worse for* his loss of money ?) । *n.* & *pron.* **a°nybody**—যে-কেহ, কেহ । **anybody else**—আরও কেহ । *adv.* **a°nyhow**—যে কোন উপায়ে বা প্রকারে, যেমন করিয়াই হউক । *n.* & *pron.* **a°nyone, any one**—যে কোন একজন । *n.* & *pron.* **a°nything**—যাহা হয় কিছু, যাহা-কিছু । *adv.* **a°nyway(s)**—যে কোন পথে বা উপায়ে ; অবস্থা যাহাই হউক না কেন, সকল অবস্থাতেই । *adv.* **a°nywhere**—যে কোন স্থানে, কোথাও, কুত্রাপি । *adv.* **a°nywise**—যে কোন উপায়ে বা প্রকারে । [OE. *aenig* < *an* = one]

aorta [ā-aw(r)°-ta, এইঅ্য(র্‌)°ট্যা] *n.* the arterial trunk which carries blood from the heart, হৃদয় হইতে শোণিতস্রোতোবাহী ধমনী, (পরি.) মহাধমনী । [med. L. < Gk. *aorte* = that which is hanging]

apace [a-pās°, অ্যাপেইস্‌°] *adv.* swiftly ; ক্ষিপ্রগতিতে । [a_3, *pace*]

apache [a-pash°, অ্যাপ্যাশ্‌°] *n.* a violent hooligan on highway, যে ব্যক্তি (প্রধানতঃ প্যারিস-নগরের) রাজপথে প্রচণ্ড গুণ্ডামি বা রাহাজানি করিয়া বেড়ায় । [Zulu *apachu* = an enemy ?]

apanage—alt. spell. of **appanage.**

apart [a-pŭ(r)t°, অ্যাপা(র্‌)ট্‌°] *adv.* separately, পৃথগ্‌ভাবে ; at a distance from the rest, একান্তে, দূরে সরিয়া বা সরাইয়া ; aside, স্বগতঃ ; asunder, বিচ্ছিন্ন করিয়া । **apart from**—বাদে, ব্যতিরেকে, ছাড়া । **joking** or **jesting apart**—গুরুত্বপূর্ণভাবে (অর্থাৎ ঠাট্টা-ইয়ারকির ছলে নয়) বলিতেছে এমন । **(to) set** or **put apart**—(ভিন্ন বা বিশেষ উদ্দেশ্যে প্রয়োগাদির জন্য) পৃথক্‌ করিয়া রাখা ; সরাইয়া রাখা ; তর্ক বিবেচনা প্রভৃতির বহির্ভূত করিয়া রাখা । **(to) tell** or **know two things** or **persons apart**—দুটিকে বা দুজনকে পৃথগ্‌ভাবে চিনিতে বা বুঝিতে পারা, দুইয়ের মধ্যে পার্থক্য উপলব্ধি করা । *n.* **apart°ness** । [a_2, *part*]

apartheid [a-pŭ(r)t-hāt°, অ্যাপা(র্‌)ট্‌হেইট্‌° ; a-pŭ(r)°-tīt, অ্যাপা(র্‌)°টাইট্‌] *n.* segregation, পৃথকীকরণ ; racial apathy, জাতিবিদ্বেষ । [D. < L. *a-, partere* = to part, Afr. *heid* = hood]

apartment [a-pŭ(r)t°-mant, অ্যাপা(র্‌)ট্‌°ম্যান্ট্‌] *n.* a self-contained room in a house, কোন অট্টালিকার স্বয়ংসম্পূর্ণ কক্ষ ; (in *pl.*) a suite of such rooms, ঐরূপ কতিপয় কক্ষের সমষ্টি । [F. *appartement*]

apathy [a°-pa-thi, অ্যা°প্যাথি] *n.* insensibility to suffering, বেদনাবোধহীনতা ; want of feeling or passion, ঔদাস্য, অনীহা । *a.* **apathe°tic**—বেদনাবোধহীন ; উদাসী । *adv.* **apathe°tically** । [Gk. *a-, pathos* = feeling]

ape [āp, এইপ্‌] (1) *n.* a tailless monkey, লাঙ্গুলহীন বানরবিশেষ, উল্লুক ; a mimic or imitator, হীন অনুকরণকারী (to play the *ape*) ; a fool, মূর্খ, বোকা । (2) *v.t.* to mimic or imitate, হীনভাবে অনুকরণ করা বা নকল করা । **God's ape**—জন্ম-বোকা । **(to) make a person one's ape**—বোকা বানান । *n.* **āpe°hood, ā°pery**—হীন অনুকরণ ; উল্লুকবৎ আচরণ, উল্লুকপনা ; উল্লুকদের বাসস্থান বা আড্ডা । *a.* **ā°pish**—উল্লুকবৎ ; হীন অনুকরণপূর্ণ ; অত্যধিক জমকালভাবে সজ্জিত । [OE. *apa* < G. *affe*]

apeak [a-pēk°, অ্যাপীক্‌°] *adv.* & *a.* vertical, উল্লম্বভাবে (স্থিত) । [a_3, *peak*]

apepsy [a-pep°-si, অ্যাপেপ্‌°সি] *n.* lack of digestive power, হজমশক্তির অভাব । [Gk. *apepsia* = indigestion]

aperient [a-pēr°-i-ant, অ্যাপিয়্যা(র্‌)°ইঅ্যান্ট্‌], **aperitive** [a-pe°-ri-tiv, অ্যাপেরি°টিভ্‌] (1) *a.* laxative, বিরেচক । (2) *n.* laxative, বিরেচক পদার্থ বা ঔষধ । *n.* **ape°ritif**—ক্ষুধা-উদ্রেককর পানীয় বা মদ্যবিশেষ । [L. *aperire* = to open]

aperture [a°-pa(r)-tūr, অ্যা°প্যা(র্‌)টিউয়্যা(র্‌), a°-

pa(r)-cha(r), অ্যা°প্যা(র্)চ্যা(র্)] *n.* an opening or gap, a hole, রন্ধ্র, ফাঁক, ফাটল, ছিদ্র, গর্ত। [L. *apertura*<*aperire* = to open]

apery—see **ape.**

apetalous [a-pe°-ta-las, অ্যাপে°ট্যাল্যাস্] *a.* without petals, পাপড়িহীন ; দলহীন। [Gk. *a-*, see *petal*]

apex [ā°-peks, এই°পেক্‌স্] *n.* peak, top, চূড়া, শৃঙ্গ ; tip, ডগা, আগা ; (geom.) a vertex, (জ্যামি.) শীর্ষ। *pl.* **ā°pexēs, apices** [ā°pi-sēz, এই°পিসীজ়্] । *a.* **apical** [a°-pi-k(a)l, অ্যা°পিক্‌ল্] শীর্ষস্থ ; শীর্ষসম্বন্ধীয়। [L.]

aphasia [a-fā°-zia, অ্যাফেই°জ়িঅ্যা] *n.* loss of speech due to some brain disease, মস্তিষ্কের ব্যাধির ফলে বাক্‌শক্তিলোপ। **aphā°sic**—(**1**) *a.* বাক্‌রোধী ; (**2**) *n.* বাক্‌রোধী মস্তিষ্কপীড়াবিশেষ। [Gk.<*a-*, *phasis* = speech]

aphelia—see **aphelion.**

aphelion [a-fē°-li-an, অ্যাফী°লিঅ্যান্] *n.* a planet's farthest point in its orbit from the sun, গ্রহাদির কক্ষপথের যে স্থান সূর্য হইতে দূরতম, (পরি.) অপসূর। *pl.* **aphē°lia**। [Gk.<*apo-*, *helios* = the sun]

apheliotropic [a-fē-li-ŏ-tro°-pik, অ্যাফীলিঔট্র°পিক্] *a.* (bot.) turning away from the sun, (উদ্ভি.) সূর্যালোকে মুখ লুকায় বা অপ্রস্ফুটিত থাকে এমন, সূর্যবিমুখী। [see *apo-*, *heliotropic*]

apheresis [a-fēr°-i-sis, অ্যাফিয়্যা(র্)°ইসিস্] *n.* (gr.) loss of a sound or syllable at the beginning of a word, (ব্যাক.) শব্দের গোড়ার ধ্বনির বা শব্দাংশের লোপ। [Gk. *aphairesis*]

aphesis [a°-fi-sis, অ্যা°ফিসিস্] *n.* the gradual loss of an unaccented syllable at the beginning of a word, শব্দের গোড়ার অংশের ক্রমশঃ লোপ (e.g. *squire*<esquire)। *a.* **aphe°tic**—উক্ত লোপজনক। [Gk.]

aphis [a°-fis, অ্যা°ফিস্ ; ā°-fis, এই°ফিস্], **a°phid**—*n.* a plant louse, অতি ক্ষুদ্র কীটবিশেষ : ইহারা ফলের মধ্যে ঢুকিয়া তাহার রসপানপূর্বক জীবনধারণ করে, ছিট-পোকা। *pl.* **a°phidēs, a°phids**। [?]

aphonia [a-fō°-ni-a, অ্যাফৌ°নিঅ্যা] *n.* loss of voice, কণ্ঠস্বরের লোপ। *a.* **āpho°nic**—কণ্ঠস্বররোধী ; কণ্ঠরোধী। [Gk. <see *a-*, *phone*]

aphorism [a°-fa-rizm, অ্যা°ফ্যারিজ়্‌ম্] *n.* a brief pithy saying, সংক্ষিপ্ত স্মরণীয় উক্তি, বাণী ; a short definition, সংক্ষিপ্ত ব্যাখ্যা, সূত্র। *a.* **aphoris°tic**—প্রবচনাত্মক ; সূত্রমূলক। *adv.* **aphoris°tically**। [Gk. *aphorizein* = to define]

aphrodisiac [a-frŏ-di°-zi-ak, অ্যাফ্রোডি°জ়িঅ্যাক্] (**1**) *a.* exciting sexually, কামোদ্দীপক। (**2**) *n.* a substance that so excites, কামোদ্দীপক বস্তু। [see *Aphrodite*]

Aphrodite [a-frŏ-dī°-ti, অ্যাফ্রোডাই°টি] *n.* the Greek goddess of love, গ্রীকদের প্রেমের অধিষ্ঠাত্রী দেবী, (তু.) রতি। [Gk.]

aphyllous [a-fī°-las, অ্যাফাই°ল্যাস্] *a.* without leaves or foliage, নিষ্পত্র, পত্রশূন্য। [Gr. *a-*, *phyllon* = a leaf]

apian [ā°-pi-an, এই°পিঅ্যান্] *a.* of bees, মউমাছি-সংক্রান্ত। *n.* **ā°piary**—মউমাছি পালনের স্থান, মধুমক্ষিশালা। *a.* **āpiār°ian**—মউমাছি-সংক্রান্ত বা মউমাছির চাষ-সংক্রান্ত। *n.* **a°piarist**—মউমাছিপালক। *n.* **ā°piculture**—মউমাছির চাষ, মধুমক্ষিপালন। *n.* **āpicul°turist**। [L. *apis* = a bee]

apical, apices—see **apex.**

apiculture—see **apian.**

apiece [a-pēs°, অ্যাপীস্°] *adv.* for each piece, thing or person, প্রতিখানিতে, প্রতিটিতে, জনপ্রতি। [a_3-, *piece*]

apish—see **ape.**

aplomb [a°-plawng, অ্যা°প্লং] *n.* perpendicularity, ঋজুতা ; self-possession, আত্মবিশ্বাস। [F.]

apnœa [ap-nē°-a, অ্যাপ্‌নী°অ্যা] *n.* cessation of breathing, শ্বাসরোধ। [Gk.]

Apocalypse [a-po°-ka-lips, অ্যাপ°ক্যালিপ্‌স্] *n.* the last book of the Bible, known as "Revelation", "রহস্যোদ্‌ঘাটন" নামক বাইবেলের সর্বশেষ পুস্তক। *n.* **apo°calypse**—ভবিষ্যৎ ঘটনার ইঙ্গিতপূর্ণ বা রহস্যোদ্‌ঘাটনমূলক গ্রন্থ ; রহস্যোদ্‌ঘাটন। *a.* **apocalyp°tic(al)**—রহস্যোদ্‌ঘাটনমূলক। [Gk. *apokalypsis* = an uncovering]

apocope [a-po°-ka-pi, অ্যাপ°ক্যাপি] *n.* the doing away with the last syllable of a word, শব্দের শেষাংশ বর্জন। *a.* **apo°copāte**—উক্ত বর্জনাত্মক। *v.t.* **apo°copāte**—শব্দের শেষাংশ বর্জন করা। *p.* & *p. pt.* **apo°copāted**। *n.* **apocopā°tion**। [Gk. *apokope*]

apocrypha [a-po°-kri-fa, অ্যাপ°ক্রিফ্যা] *n. pl.* some books of the Bible not regarded as genuine, বাইবেলের অপ্রামাণিক অংশসমূহ ; writings of questionable authorship, কোন লেখকের অপ্রামাণিক রচনাবলী (Shakespeare *apocrypha*)। *a.* **apo°cryphal**—উক্ত অংশভুক্ত ; সন্দেহজনক ; অপ্রামাণিক। [Gk. *apokrypha* = hidden things]

apod [a°-pod, অ্যা°পড্] *n.* a creature without feet or fins, যে প্রাণীর পা বা ডানা নাই। [Gk. *apous*<*a-*, *podos* = a foot]

apodeictic [a-pŏ-dīk°-tik, অ্যাপোডাইক্°টিক্] *a.* self-evident, স্বতঃপ্রমাণিত, স্বতঃসিদ্ধ। *adv.* **apŏdeic°tically**। [Gk. *apodeiktikos*]

apodosis [a-po°-da-sis, অ্যাপ°ড্যাসিস্] *m.* the concluding clause of a conditional sentence, যৌগিক বাক্যের প্রধান বা স্বাধীন অংশ। *pl.* **apo°dosēs**। [Gk. = giving back]

apogee [a°-pŏ-jē, অ্যা°পোজী] *n.* a planet's farthest point in its orbit from the earth,

গ্রহনক্ষত্রাদির কক্ষপথের যে স্থান পৃথিবী হইতে দূরতম, (পরি.) অপভূ। [F.<L.<Gk. *apogaion*<*apo-*, *ge*=the earth]

Apollo [a-po°-lō, অ্যাপ°লৌ] *n.* the Greek sun-god, গ্রীক্ সূর্যদেব। [L.<Gk. *Apollon*]

apologetic, apologist, apologize—see **apology.**

apologue [a°-pa-log, অ্যা°প্যালগ্] *n.* a (beast-) fable, (পশু লইয়া রচিত) নীতিকাহিনী। [F.<L. <Gk. *apologos*]

apology [a-po°-la-ji, অ্যাপ°ল্যাজি] *n.* a regretful acknowledgment of fault, সদুঃখে ত্রুটি বা অপরাধ স্বীকার; an explanation or defence, কৈফিয়ত বা সমর্থন; a written defence, (কিছুর সমর্থনে) লিখিত কৈফিয়ত; a poor substitute, হীন প্রতিনিধি (an *apology* for a town—শহরের নিকৃষ্ট নমুনা, নামেই শহর)। *a.* **apologe°tic**—সদুঃখে অপরাধস্বীকারমূলক; কৈফিয়তমূলক। *adv.* **apologe°tically** । *n.* **apolō°gia**—লেখকের স্বীয় আচরণ বা মতামত সমর্থনমূলক রচনা, লেখকের আত্মসমর্থন। *n.* **apo°logist**—সদুঃখে অপরাধ-স্বীকারকারী; কৈফিয়তদানকারী। *v.i.* **apolo°gīze**—সদুঃখে অপরাধ স্বীকার করা; কৈফিয়ত দেওয়া। [Gk. *apologia*=defence]

apoop [a-pōōp°, অ্যাপূপ্°] *adv.* on the poop, জাহাজের পশ্চাদংশে বা জাহাজের পশ্চাদংশস্থ পাটাতনের উপরে। [a_3, *poop*]

apophthegm [a-pŏ°-them, অ্যাপো°থেম্] *n.* a maxim, প্রবচন, নীতিবাক্য, বাণী। [Gk. *apophthegma*=a saying]

apoplectic—see **apoplexy.**

apoplexy [a°-pa-plek-si, অ্যা°প্যাপ্লেক্‌সি] *n.* a disease causing sudden loss of sensation and motion, সন্ন্যাসরোগ: এই রোগে হঠাৎ চেতনা ও নড়িবার শক্তি লোপ পায়। *a.* **apoplec°tic(al)**—সন্ন্যাসরোগগ্রস্ত; সন্ন্যাসরোগসংক্রান্ত; (আল.) বিবশ। [Gk. *apoplexia*]

apostasy [a-pos°-ta-si, অ্যাপস্°ট্যাসি] *n.* abandonment of one's religious faith, principles or party, স্বধর্ম বা স্বমত বা স্বদল ত্যাগ। **apos°tāte**—(**1**) *n.* যে ব্যক্তি স্বধর্ম বা স্বমত বা স্বদল ত্যাগ করিয়াছে; (**2**) *a.* স্বধর্ম বা স্বমত বা স্বদল ত্যাগ করিয়াছে এমন। *a.* **apŏsta°tic(al)**—স্বধর্ম বা স্বমত বা স্বদল ত্যাগ-সংক্রান্ত। *v.i.* **apos°tatīze**—স্বধর্ম বা স্বমত বা স্বদল ত্যাগ করা। [L.<Gk. *apostasia*]

a posteriori [ā pos-te-ri-aw°-rī, এই পস্‌টেরিঅ°রাই] *ph.* inductive, কার্য দেখিয়া কারণ-বিচারাত্মক, আরোহী; inductively, আরোহী প্রণালীতে। [L.]

apostil [a-pos°-til, অ্যাপস্°টিল্] *n.* a marginal note, গ্রন্থাদির পৃষ্ঠার সাদা অর্থাৎ অলিখিত প্রান্তাংশে লিখিত মন্তব্য। [F. *apostille*—cp. *postil*]

apostle [a-pos°l, অ্যাপস্°ল্] *n.* one sent out to preach the gospel (esp. one of Christ's twelve disciples), ভগবদ্বাক্য প্রচারের জন্য প্রেরিত ব্যক্তি (বিশেষতঃ উক্ত উদ্দেশ্যে প্রেরিত খ্রিস্টের দ্বাদশ শিষ্যের যে-কেহ); (fig.) a messenger or preacher, (আল.) দূত বা প্রচারক। *n.* **apostle°ship, apostolate** [a-pos°-ta-lit, অ্যাপস্°ট্যালিট্]। *a.* **apostolic** [a-pas-to°-lik, আপ্যাস্‌ট°লিক্], **aposto°lical**—(ভগবদ্বাক্য) প্রচারের জন্য প্রেরিত ব্যক্তি-সম্বন্ধীয় বা তাদৃশ ভাববাদিতুল্য। *n.* **apostolicism** [a-pas-to°-li-sizm, অ্যাপ্যাস্‌ট°লিসিজ্‌ম্] প্রচারকত্ব; ভাববাদিতা। [OF.<L.<Gk. *apostolos*=one sent away]

apostrophe₁ [a-pos°-tra-fi, অ্যাপস্°ট্র্যাফি] *n.* (gr.) a mark (') indicating the omission of a letter or letters, or the possessive case, (ব্যাক.) অক্ষর বাদ দেওয়ার বা সম্বন্ধপদের চিহ্ন অথবা উলটা কমা (e.g. *can't*=cannot, God's=of God)। [F. <L.<Gk. *apostrophos*=elision—confused with *apostrophe*]

apostrophe₂ [a-pos°-tra-fi, অ্যাপস্°ট্র্যাফি] *n.* (rhet.) a sudden exclamatory address in a speech or writing, (আল.) বক্তৃতামধ্যে বা রচনামধ্যে সহসা কাহাকেও বা কিছুকে সম্বোধন, সম্বোধনালঙ্কার। *a.* **apostrophic** [a-pōs-tro°-fik, অ্যাপৌস্‌ট্র°ফিক্] উক্ত অলঙ্কারাত্মক। *v.t.* **apos°trophīze**—উক্ত অলঙ্কার প্রয়োগ করা। [L. <Gk. *apostrophos*=turning away]

apothecary [a-po°-thi-ka-ri, অ্যাপ°থিক্যারি] *n.* (arch.) a druggist or pharmacist, (আর্ষ.) ঔষধাদি প্রস্তুতকারক বা বিক্রেতা। [LL. *apothecarius*<Gk. *apotheke*=a storehouse]

apothegm—alt. spell. of **apophthegm.**

apotheosis [a-po-thi-ō°-sis, অ্যাপথিঔ°সিস্] *n.* deification, (দেবতা নহে এমন ব্যক্তির প্রতি) দেবত্বারোপ; glorification, মহিমান্বিত করা, মহিমান্বয়ন। *pl.* **apotheō°sēs** । *v.t.* **apo°theŏsīze**—দেবত্বারোপ করা। [L.<Gk.<*apo-*, *theos*=a god]

appal [a-pawl°, অ্যাপাল্°] *v.t.* to terrify, আতঙ্কিত করা। *pr. pt.* **appa°lling ;** *p. & p. pt.* **appa°lled** । *a.* **appa°lling**—আতঙ্কজনক। *adv.* **appa°llingly** । [OF. *apalir* (?)=to wax pale]

appanage [a°-pa-nij, অ্যা°প্যানিজ্] *n.* a provision for maintenance (esp. of a king's younger children), (প্রধানতঃ রাজার জ্যেষ্ঠ ব্যতীত অন্য সন্তানদের) ভরণপোষণার্থ প্রদত্ত বৃত্তি বা সম্পত্তি; an epithet, খেতাব বা আখ্যা; a 'dependency, সামন্তরাজ্য; a natural accompaniment or accessory member, উপাঙ্গ। [F. *apanage* L. *ad-*, *panis*=bread]

apparatus [a-pa-rā°-tas, অ্যাপ্যারেই°ট্যাস্] *n.* set of instruments, যন্ত্রপাতি; bodily organs that carry on natural processes, স্বাভাবিক প্রক্রিয়াসাধক দেহস্থ অবয়ব বা অংশবিশেষ (the digestive *apparatus*)। *pl.* **apparā°tus(ės)** । [L.<*ad-*, *parare*=to prepare]

apparel [a-pa°r(a)l, অ্যাপ্যা°র‍্যাল্] (1) *n.* dress, পোশাক। (2) *v.t.* to dress, পোশাক পরান : to decorate, সাজান। *pr. pt.* **appa°relling**; *p. & p. pt.* **appa°relled**। [OF. *aparail* < *apareiller* < L. *ad-*, *par* = equal]

apparent [a-pa°r(a)nt, অ্যাপ্যা°র‍্যান্ট্] *a.* perceivable, দৃষ্টিগোচর ; obvious, স্পষ্টভাবে প্রতীয়মান ; seeming, বাহ্যতঃ প্রতীয়মান (অর্থাৎ প্রকৃতপক্ষে না হইতেও পারে), আপাত। *adv.* **appa°rently**। *n.* **appa°rentness**। [OF. *aparant* < L.—see *appear*]

apparition [a-pa-ri°sh(a)n, অ্যাপ্যারি°শ্‌ন্] *n.* an appearance (esp. of a supernatural being), (প্রধানতঃ ভূতপ্রেতাদির) আবির্ভাব ; a phantom or ghost, অপচ্ছায়া, ভূত। *a.* **appari°tional**—ভূতের ন্যায়, ভূতুড়ে। [see *appear*]

appeal [a-pēl°, অ্যাপীল্°] (1) *v.i.* to make earnest request (to), সনির্বন্ধ আবেদন করা ; to move one's feelings, হৃদয়বৃত্তিতে নাড়া দেওয়া, অন্তর স্পর্শ করা ; to apply for revision of a decision of a court, পুনর্বিচার বা উত্তরবিচার প্রার্থনা করা। (2) *n.* an earnest request, সনির্বন্ধ অনুরোধ (to make an *appeal* for help) ; power to move one's feeling, হৃদয়বৃত্তিতে নাড়া দেওয়ার ক্ষমতা (poetry has no *appeal* to him) ; application for revision of a decision ; উত্তরবিচার-প্রার্থনা ; power to revise a decision, উত্তরবিচারের ক্ষমতা (a court of *appeal*)। *a.* **appea°lable**—উত্তরবিচার্য ; আবেদনের বিষয়ীভূত হইবার উপযুক্ত। *a.* **appea°ling**—সনির্বন্ধ অনুরোধপূর্ণ ; মর্মস্পর্শী। *adv.* **appea°lingly**। **appe°llant**—(1) *n.* উত্তরবিচারপ্রার্থী ; আবেদক ; (2) *a.* উত্তরবিচারের প্রার্থনাপূর্ণ ; আবেদনপূর্ণ। *a.* **appe°llate**—উত্তরবিচারকারী ; উত্তরবিচারের অধিকার-সম্পন্ন। [L. *appellare*]

appear [a-pē(r),° অ্যাপিয়্যা(র্)°] *v.i.* to be visible, দৃষ্টিগোচর হওয়া ; to present oneself formally, উপস্থিত হওয়া, হাজির হওয়া (to *appear* before a court) ; to be published, প্রকাশিত হওয়া (to *appear* in a magazine) ; to take birth, জন্মগ্রহণ করা বা আবির্ভূত হওয়া ; to play on the stage, অভিনয়ে ভূমিকা গ্রহণ করা (to *appear* in the role of Hamlet) ; to become manifest, স্পষ্ট প্রতীয়মান হওয়া (it *appears* from these circumstances) ; to seem, মনে হওয়া (he *appears* to be rich)। *n.* **appear°ance**—দৃষ্টিগোচরতা ; উপস্থিতি ; প্রকাশ ; জন্ম বা আবির্ভাব ; অভিনেতারূপে প্রকাশ ; স্থানান্তর হইতে আগমন ; চেহারা ; বাহ্য অবস্থা বা রূপ। **by all appearances, to** or **from all appearances**—বাহ্যতঃ যত দূরে মনে হয়। **in appearance**—বাহ্যতঃ ; চেহারায়। **(to) keep up appearances**—(মানসিক বৈলক্ষণ্য সত্ত্বেও) বাহ্যিক চালচলনের ও চেহারার স্বাভাবিকতা বজায় রাখা। **(to) put in an appearance**—হাজির হওয়া। **(to) save appearances**—বাহিরের ঠাট বজায় রাখা। [OF. *apareir* < L. *apparere*]

appease [a-pēz°, অ্যাপীজ়্°] *v.t.* to pacify, শান্ত করা (to *appease* wrath) ; to satisfy, তৃপ্ত করা (to *appease* hunger) ; to allay, প্রশমিত করা। *a.* **appea°sable**। *n.* **appease°ment**। *adv.* **appea°singly**। [OF. *apeser* < L. *ad-*, *paxe* = peace]

appellant, appellate—see **appeal.**

appellation [a-pe-lā°sh(a)n, অ্যাপেলেই°শ্‌ন্] *n.* a name or title, নাম, আখ্যা, খেতাব, পদবি। **appe°llative**—(1) *a.* (জাতি শ্রেণী বা সমষ্টির) সংজ্ঞাবাচক ; (2) *n.* সংজ্ঞা, অভিধা। [F. < L.—see *appeal*]

append [a-pend°, অ্যাপেন্‌ড্°] *v.t.* to hang on to, নিম্নদেশে ঝুলাইয়া দেওয়া ; to add, যুক্ত করা। *p. & p. pt.* **appen°dėd**। *n.* **appen°dage**—যাহা ঝুলাইয়া দেওয়া বা সংযুক্ত করা হইয়াছে ; আনুষঙ্গিক বস্তু, উপাঙ্গ। **appen°dant**—(1) *a.* অতিরিক্ত অংশরূপে সংযুক্ত ; (2) *n.* উক্তরূপে সংযুক্ত বস্তু। [L. *appendare* < *pendere* = to hang]

appendices, appendicitis—see **appendix.**

appendix [a-pen°-diks, অ্যাপেন্°ডিক্‌স্] *n.* any subsidiary addition, অতিরিক্তভাবে সংযুক্ত অংশ (ইহা মূল অংশের অঙ্গীভূত নহে) ; a subsidiary part of a book, document, etc., গ্রন্থ দলিল প্রভৃতির পরিশিষ্ট ; (anat.) a process developed from an organ, (শারীর.) শরীরাভ্যন্তরে উদ্গত উপাঙ্গবিশেষ। *pl.* **appendices** [a-pen°-di-sēz অ্যাপেন্°ডিসীজ়্] **appen°dixės**। *n.* **appendicitis** [a-pen-di-cī°-tis, অ্যাপেন্‌ডিসাই°টিস্] আন্ত্রিক রোগবিশেষ। [L.—see *append*]

apperception [a-pa(r)-sep°-sh(a)n, অ্যাপ্যা(র্)-সেপ্°শ্‌ন্] *n.* the mind's perception of itself, আত্মদর্শন। *a.* **appercep°tive, apperci°pient**—আত্মদর্শী। [a_3, see *percept*]

appertain [a-pa(r)-tān°, অ্যাপ্যা(র্)টেইন্°] *v.i.* to belong as a possession or epithet (to), সম্পত্তি অধিকার দাবি গুণ আখ্যা প্রভৃতি রূপে দখলে থাকা ; to belong as a part (to), অন্তর্ভুক্ত থাকা ; to relate to, অন্বয়যুক্ত বা সম্পর্কযুক্ত হওয়া। *a.* **apper°tinent**—অধিকারভুক্ত ; অন্তর্ভুক্ত ; অন্বয়যুক্ত। [OF. *apartenir* < L. *ad-*, see *pertain*]

appetence [a°-pit(a)ns, অ্যা°পিট্‌ন্‌স্] **appėtency**—*n.* an eager desire, আকুল কামনা ; তীব্র আকাঙ্ক্ষা ; affinity, (অন্তরের) টান। *a.* **a°ppetent**—আকুল আকাঙ্ক্ষী ; (আন্তরিক) টান-যুক্ত। [F. *appetence* < L. *appetentia*]

appetite [a°-pi-tīt, অ্যা°পিটাইট্] *n.* inclination to satisfy animal needs and passions, ক্ষুধা তৃষ্ণা যৌনবাসনা প্রভৃতি মিটাইবার আকাঙ্ক্ষা ; desire, বাসনা, প্রবৃত্তি ; hunger, ক্ষুধা ; desire for food, আহারে রুচি ; relish, রুচি। [OF. *apetit* < L. *appetitus* < *petere* = to seek]

appetize [a°-pi-tīz, অ্যা°পিটাইজ়্] *v.t.* to give or create appetite, ক্ষুধা রুচি আকাঙ্ক্ষা প্রভৃতি উদ্রেক করা। *n.* **a°ppetizer**—ক্ষুধাদি উদ্রেককর বা রুচিকর (প্রধানতঃ খাদ্য-) বস্তু। *a.* **a°ppetizing**—ক্ষুধা আকাঙ্ক্ষা প্রভৃতি উদ্রেককর। [see *appetite*]

applaud [a-plawd°, অ্যাপ্লাড্°] *v.t.* to approve or extol loudly, (হাততালি দিয়া বা অন্যভাবে) সকলরব সমর্থন করা বা প্রশংসা করা। *p.* & *p. pt.* **applau°ded** । *n.* **applau°der** । *adv.* **applau°dingly** । [L. *applaudere* = to clap hands]

applause [a-plawz°, অ্যাপ্লাজ়্°] *n.* loud approval or praise, সকলরব সমর্থন বা প্রশংসা ; the sign or sound of applause, সকলরব সমর্থনের বা প্রশংসার চিহ্ন অথবা ধ্বনি (to greet with *applause*)। *a.* **applau°sive**—সকলরব সমর্থনপূর্ণ বা প্রশংসাপূর্ণ। [see *applaud*]

apple [ap°l, অ্যাপ্°ল্] *n.* a fruit, আপেল। **apple of discord**—কলহের হেতু। **apple of the eye**—চোখের মণি, কনীনিকা। **(to) upset the apple-cart**—সমস্ত পরিকল্পনাকে তুচ্ছ করিয়া বানচাল করা। *n.* **app°le-pie**—আপেলের পিঠা। **apple-pie order**—নিখুঁত শৃঙ্খলা। *n.* **app°le-sauce**—আপেলের আচার বা চাটনি ; (কথ্য) আজেবাজে বা অর্থহীন কথা ; আন্তরিকতাহীন বা কপট তোষামোদ। [OE. *aeppel*—cp. G. *apfel*]

appliqué [a-plē°-ke, অ্যাপ্লী°কে] *n.* ornamental work with one kind of material or material of one colour on the surface of another, (প্রধানতঃ বস্ত্রাদিতে) একই জাতীয় বা একই বর্ণের উপাদানদ্বারা ভিন্ন বস্তুর উপরিভাগে কারুকার্য (যেমন, জরির কাজ, সোনার জলের কাজ)। [F. *appliquer* = to apply]

apply [a-plī°, অ্যাপ্লাই°] **(1)** *v.t.* to administer, প্রয়োগ করা (to *apply* medicine) ; to put in contact, সংশ্লিষ্ট বা সংযুক্ত করা (to *apply* oil to hair) ; to refer to as relevant, প্রাসঙ্গিক অর্থাৎ সম্বন্ধযুক্ত বলিয়া উল্লেখ করা ; to devote, রত বা ব্রতী করান (to *apply* onself to the pursuit of) ; to assign or ascribe, আরোপ করা। **(2)** *v.i.* to suit, উপযোগী হওয়া ; to have recourse to, অবলম্বন করা ; to offer oneself as a candidate, উমেদার হওয়া ; to make request, আবেদন করা (to *apply* to a person for something) ; to be relevant, প্রাসঙ্গিক হওয়া ; to hold good, সুপ্রযুক্ত হওয়া ; to attend closely, মনোনিবেশ করা। **(to) apply oneself to**—মনোনিবেশ করা, একনিষ্ঠভাবে পরিশ্রম করা। *a.* **appli°able**—প্রযোজ্য। *n.* **appli°ance**—যন্ত্রপাতি ; প্রয়োগ। *a.* **a°pplicable**—প্রযোজ্য ; প্রয়োগসাধ্য। *n.* **applicabi°lity**। *n.* **a°pplicant**—আবেদক ; উমেদার। *n.* **applicā°tion**—প্রয়োগ, আরোপ ; রত করান, নিয়োগ ; উপযোজন ; আবেদন, আবেদনপত্র। *a.* **appli°ed**—ব্যবহারিক, ফলিত (*applied* science)। [OF. *aplier* < L. *applicare* < *plicare* = to fold]

appoint [a-poynt°, অ্যাপয়্ন্ট্°] *v.t.* to fix, ধার্য বা নির্দিষ্ট করা (to *appoint* time or place) ; to engage to meet, সাক্ষাৎকারের বন্দোবস্ত করা ; to prescribe, বিধান দেওয়া ; to employ to an office, কর্মে নিযুক্ত করা, চাকরিতে বহাল করা ; to equip, সাজসরঞ্জামে ভূষিত করা (well-*appointed*, ill-*appointed*)। *p.* & *p. pt.* **appoin°ted**। *n.* **appoint°ment**—appoint-এর সকল অর্থে এবং —চাকরি। *n.* **appointee°**—কর্মে নিযুক্ত ব্যক্তি। [OF. *apointer* < *à point* = to the point]

apportion [a-paw(r)°sh(a)n, অ্যাপ্য(র্)°শ্ন্] *v.t.* to portion out, অংশ ভাগ করিয়া দেওয়া। *n.* **appor°tionment** । [a_3, *portion*]

apposite [a°-pŏ-zit, অ্যা°পোজ়িট্] *a.* apt, যথাযথ, যথোপযুক্ত। *adv.* **a°ppositely** । *n.* **a°ppositeness** । *n.* **apposi°tion**—প্রয়োগ, স্থাপন, ছাপ দেওয়া (*apposition* of seal) ; তুল্যভাবে পাশাপাশি স্থাপন ; (ব্যাক.) একই কারকাদিবিশিষ্ট করিয়া বা সমভাবে অন্বিত করিয়া প্রয়োগ (case in *apposition*)। *a.* **apposi°tional, appo°sitive**—তুল্যভাবে পাশাপাশি সংস্থাপিত ; (ব্যাক.) সমকারকাদি-অন্বিত। [L. *appositus* < *ad-*, *ponere* = to put]

appraise [a-prāz°, অ্যাপ্রেইজ়্°] *v.t.* to fix (officially) the price of, (সরকারিভাবে) মূল্য নির্দিষ্ট করিয়া দেওয়া ; to assess the value of, মূল্যাবধারণ করা। *a.* **apprai°sable** । *n.* **apprai°sal, appraise°ment** । *n.* **apprai°ser** । [OF. *apreiser*—cp. *appreciate*]

appreciable—see **appreciate.**

appreciate [a-prē°-shi-āt, অ্যাপ্রী°শিএইট্] **(1)** *v.t.* to estimate justly or highly, যথাযথভাবে উপলব্ধি করা অথবা প্রশংসনীয় বলিয়া বোধ করা বা ধারণ করা ; to be sensitive to good qualities in or substance of, গুণাবলী বা মর্ম উপলব্ধি করা ; to raise the price of, মূল্যবৃদ্ধি করা। **(2)** *v.i.* to rise in price, মূল্যবৃদ্ধি হওয়া। *p.* & *p. pt.* **apprē°ciāted** । *a.* **appreciable** [a-prē°-shabl, অ্যাপ্রী°শ্যাব্ল্] উপলব্ধি করা যায় এমন। *adv.* **apprē°ciably** । *n.* **apprēciā°tion**—উপলব্ধি ; গুণাবধারণ, সারমর্মগ্রহণ ; মূল্যবৃদ্ধি, (পরি.) উপচয়। *a.* **apprē°ciative**—উপলব্ধিমূলক ; সপ্রশংস উপলব্ধিপূর্ণ। *n.* **apprē°ciātor** । *a.* **apprē°ciatory**—উপলব্ধিমূলক ; উপলব্ধিকারক ; মূল্যবৃদ্ধি-সূচক। [L. *appretiare* = to appraise]

apprehend [a-pri-hend°, অ্যাপ্রিহেন্ড্°] *v.t.* to arrest, গ্রেফতার করা ; to be conscious of, টের পাওয়া, সচেতন হওয়া ; to understand, বুঝিতে পারা ; to expect, esp. with fear, ভবিষ্যৎ কিছুর প্রতীক্ষা বা আশঙ্কা করা। *p.* & *p. pt.* **apprehen°ded** । *a.* **apprehen°sible**—গ্রেফতার করা যায় এমন ; বোধ্য ; প্রতীক্ষণীয়, আশঙ্কনীয়। *n.* **a°pprehensibi°lity** । *n.* **apprehension** [a-pri-hen°sh(a)n, অ্যাপ্রিহেন্°শ্ন্] গ্রেফতার ; চেতনা ; টের ; প্রতীক্ষা ; আশঙ্কা। *a.* **apprehen°sive**—

গ্রেফতার করে এমন ; গ্রেফতার-সংক্রান্ত ; সহজে বুঝিতে সক্ষম ; প্রতীক্ষা করে এমন ; আশঙ্কা করে এমন। [F. *apprehender* < L. *apprehendere*]

apprentice [a-pren°-tis, অ্যাপ্রেন্°টিস্] (**1**) *n.* a learner of a craft, শিক্ষানবিস, অন্তেবাসী। (**2**) *v.t.* to bind as a learner, শিক্ষানবিসিতে ভর্তি করা। *p.* & *p. pt.* **appren°ticed** । *n.* **appren°ticeship** । [OF. *aprentis*—see *apprehend*]

apprise [a-prīz°, অ্যাপ্রাইজ়্°] *v.t.* to inform, জ্ঞাপন করা। [OF. *appris*—see *apprehend*]

apprize [a-prīz,° অ্যাপ্রাইজ়্°] old form of **appraise.**

appro [a°-prō, অ্যা°প্রৌ] comm. sl. for **approval.**

approach [a-prōch°, অ্যাপ্রৌচ্°] (**1**) *v.t.i.* to come or go near, সমীপবর্তী হওয়া, অভিগমন করা ; to resemble, সদৃশ বা সমকক্ষ হওয়া। *p.* & *p. pt.* **approa°ched** । (**2**) *n.* act of approaching, অভিগমন; proximity, সান্নিধ্য, নিকটবর্তিতা ; an entrance or passage, প্রবেশ-পথ, পথ, দ্বার। **difficult of approach**—(স্থানাদি-সম্বন্ধে) দুরধিগম্য ; (লোক-সম্বন্ধে) সাক্ষাৎলাভ-পূর্বক আলাপ করা শক্ত এমন, দুরভিগম্য। **easy of approach**—(স্থানাদি-সম্বন্ধে) সহজগম্য, সুগম ; (লোক-সম্বন্ধে) সাক্ষাৎপূর্বক কথাবার্তা বলা সহজ এমন। **(to) make approaches to**—কৌতূহল উদ্রেকের বা মনোযোগ আকর্ষণের চেষ্টা করা। *a.* **approa°chable** । *n.* **approachabi°lity** । [OF. *aprochier* < LL. *adpropiare* < *ad-*, *prope* = near]

approbate—see **approbation.**

approbation [a-prŏ-bā°sh(a)n, অ্যাপ্রোবেই°শ্‌ন্] *n.* approval, অনুমোদন। *v.t.* **a°pprŏbāte**—অনুমোদন করা। *p.* & *p. pt.* **a°pprŏbātėd** । *a.* **a°pprŏbatory**—অনুমোদনাত্মক। [see *approve*]

appropriate [a-prō°-pri-āt, অ্যাপ্রৌ°প্রিএইট্] *v.t.* to take possession of, অধিকার করা ; to take to oneself as one's own, নিজের ভোগে লাগান ; to devote to or set apart for a special purpose, বিশেষ কাজে লাগান বা লাগাইবার জন্য পৃথক্ করিয়া রাখা ; to suit, উপযোগী করা। *p.* & *p. pt.* **apprō°priātėd** । *a.* **apprō°priåte**—অধিকারভুক্ত ; বৈশিষ্ট্যসূচক ; যথাযথ, ঠিকঠিক, যথোচিত। *adv.* **apprō°priåtely** । *n.* **apprō°priåtenėss** । *n.* **apprōpriā°tion** । *a.* **apprō°priātive**—অধিকারী ; অধিকারমূলক ; স্বীয় ভোগার্থ গ্রহণকর বা গ্রহণমূলক ; বিশেষ কর্মে নিয়োজন-সংক্রান্ত ; উপযোজক। *n.* **apprō°priātor** । [L. *appropriare*]

approve [a-proov°, অ্যাপ্রুভ্°] (**1**) *v.t.* to prove or demonstrate, প্রমাণ করা বা প্রতিপাদন করা ; to confirm or sanction, সমর্থন করা বা অনুমোদন করা ; to think well of, (কিছুর সম্বন্ধে) ভাল ধারণা করা, উৎকৃষ্ট বলিয়া বিবেচনা করা। (**2**) *v.i.* to consider favourably, অনুকূল ধারণা-সম্পন্ন হওয়া। *a.* **appro°vable** । *n.* **appro°val**—প্রমাণ, প্রতিপাদন ; অনুমোদন ; উৎকৃষ্ট বলিয়া বিবেচনা ; অনুকূল ধারণা। **on approval**—অনুমোদন-সাপেক্ষে। *n.* see **approbation** । *n.* **appro°ver**—approve-এরসকল অর্থে, এবং বিশেষতঃ—(আইনে) রাজসাক্ষী। [OF. *aprover* < L. *approbare* < *ad-*, *probare* = to test]

approximate [a-proks°-i-māt, অ্যাপ্রক্‌স্°ই-মেইট্] *v.t.i.* to bring or come near, সন্নিকটবর্তী করান বা হওয়া, আসন্ন করান বা হওয়া। *p.* & *p. pt.* **approx°imātėd** । *a.* **approximate** [a-proks°-(i)mit, অ্যাপ্রক্‌স্°মিট্] সর্বাপেক্ষা নিকটবর্তী, পরবর্তী, আসন্ন ; প্রায় সঠিক বা যথাযথ। *adv.* **approx°imåtely** । *n.* **approximā°tion**—সন্নিকটে আনয়ন বা আগমন ; প্রায় তদ্রূপ ; (গণি.) আসন্ন মান। *a.* **approx°imātive**—আসন্ন। [L. *approximare* < *ad-*, *proximus* = nearest]

appurtenance [a-pa(r)°-ti-nans, অ্যাপ্যা(র্)°-টিন্যান্‌স্] *n.* that which appertains, অন্তর্ভুক্ত বস্তু বা অংশ, আনুষঙ্গিক বস্তু, উপাঙ্গ। **appur°tenant**—(**1**) *a.* অন্তর্ভুক্ত ; অংশস্বরূপ বা আনুষঙ্গিক ; (**2**) *n.* উক্তরূপ অংশ। [OF. *apurtenance*—see *appertain*]

apricot [ā°-pri-kot, এই°প্রিকট্] *n.* a kind of fruit, ফলবিশেষ, খুবানি। [Port. *albricoque*]

April [āp°r(a)l, এইপ্°র্‌ল্] *n.* the fourth month of the English year, ইংরেজি সনের চতুর্থ মাস (চৈত্রের মাঝামাঝি হইতে বৈশাখের মাঝামাঝি পর্যন্ত)। *n.* **Āp°ril-fool°**—ইউরোপীয় প্রথায় পয়লা এপ্রিল যাহাকে বোকা বানান হয়। [OF. *avrill* < *Aprilis*]

a priori [ā° prī-aw°-rī, এই° প্রাইঅ°রাই] *ph.* deductive, কারণবিচারপূর্বক কার্যনির্ণয়াত্মক পদ্ধতি-অনুযায়ী, অবরোহী পদ্ধতি-অনুযায়ী ; reasoning from assumed axioms and not from experience, প্রকৃত অভিজ্ঞতা ব্যতিরেকে কেবল মানিয়া লওয়া ধারণাসমূহ হইতে সিদ্ধান্তীকৃত বা সিদ্ধান্ত করিয়া ; merely formal, কেবল বিচারবুদ্ধিমূলক বা উক্ত ভাবে। [L.]

apron [āp°r(a)n, এইপ্°র্‌ন্] *n.* a garment worn in front of the body to protect dress from soiling, পোশাকাদিতে ময়লা না লাগার জন্য দেহের সম্মুখভাগে পরিধেয় বস্ত্রবিশেষ, সজ্জারক্ষণী ; some official dresses, কোন কোন বৃত্তিনির্দেশক পোশাক (bishop's *apron*)। **tied to the apron-strings**—(স্ত্রীলোকের) আঁচলে বাঁধা বা একান্ত অনুগত। *a.* **ā°proned**—সজ্জারক্ষণী-পরিহিত ; বৃত্তিনির্দেশক পোশাকধারী। *n.* **a°pron-string**—এপ্রন বাঁধিবার দড়ি। [ME. *napron* < OF. *naperon* < L. *mappa* = a napkin]

apropos [a°-pra-pō, অ্যা°প্র্যাপৌ] (**1**) *adv.* & *a.* to the purpose, এতৎসম্পর্কে বা এতৎসম্পর্কিত ; appropriately or appropriate, যথাযথ ; in reference of, প্রসঙ্গে বা প্রাসঙ্গিক। (2) *n.* aptness, যথাযথতা ; reference, প্রসঙ্গ ; relevance, প্রাসঙ্গিকতা। **apropos of**—বিষয়ে, সম্পর্কে। [F.—cp. *purpose*]

apse [aps, অ্যাপ্‌স্] *n.* a semicircular or polygonal recess, arched or dome-roofed, (প্রধানতঃ গির্জার পূর্বপ্রান্তে) ধনুকাকৃতি খিলানওয়ালা বা গুম্বজাকৃতি ছাদওয়ালা অর্ধবৃত্তাকার বা বহুভুজ নিভৃত স্থান। *a.* **ap°sidal**—উক্ত স্থানের ন্যায় আকার-বিশিষ্ট। [L. *apsis*]

apt [apt, অ্যাপ্‌ট্] *a.* fitting, উপযুক্ত ; appropriate, যথাযথ, সঙ্গত ; exactly applicable, সঠিক ; tending, প্রবণ (*apt* to break) ; ready, দ্রুতি-সম্পন্ন, চট্‌পটে ; having a natural propensity, স্বাভাবিক প্রবণতাসম্পন্ন ; quick-witted, তীক্ষ্ণধী। *adv.* **apt°ly** । *n.* **apt°nėss** । *n.* **ap°titūde**—স্বাভাবিক ক্ষমতা ; প্রবণতা ; তৎপরতা। [L. *aptus*]

apterous [ap°-ta-ras, অ্যাপ্‌°ট্যার্যাস্] *a.* wingless, ডানা নাই এমন, পক্ষহীন। [Gk. *apteros* < *a*- = not, *pteron* = wing]

aptitude—see **apt.**

aqua [a°-kwa, অ্যা°ক্যোঅ্যা] *n.* water, জল ; chemical solution, আরক, দ্রব, অম্ল। *n.* **aqua-fortis** [a-kwa-faw(r)°-tis, অ্যাক্যোঅ্যাফা(র্)°-টিস্] নাইট্রিক অ্যাসিড। *n.* **a°qualung**—জলতলে সঞ্চরণকালে ডুবুরির পৃষ্ঠে যে অম্লজানপূর্ণ সিলিনডার বাঁধা থাকে। **aquamarine°**—(1) *n.* ফেকাশে সবুজবর্ণ মণিবিশেষ, পান্না ; ফেকাশে সবুজবর্ণ ; (2) *a.* ফেকাশে সবুজবর্ণবিশিষ্ট। *n.* **aqua-regia** [a°kwa-rē°-zi-a, অ্যা°ক্যোঅ্যারী°জ়িঅ্যা] যে আরকে স্বর্ণ ও প্লাটিনাম্ দ্রব হয়, (পরি.) অম্লরাজ। [L.]

aquarelle [a-kwa-rel°, অ্যাক্যোঅ্যারেল্°] *n.* water-colour painting, জলবৎ স্বচ্ছ বর্ণে অঙ্কন-পদ্ধতি। *n.* **aquare°llist**—যে চিত্রকর উক্ত পদ্ধতিতে অঙ্কন করে। [It. *acquarella* < see *aqua*]

aquaria—see **aquarium.**

aquarium [a-kwār°-i-am, অ্যাক্যোয়্যার্°ইঅ্যাম্] *n.* an artificial tank for keeping aquatic animals and plants ; জলচর প্রাণী ও জলজ উদ্ভিদ্ সংরক্ষণার্থ কৃত্রিম পুষ্করিণীবিশেষ। *pl.* **aquār°iums, aquār°ia** । [L. < see *aqua*]

Aquarius [a-kwār°-i-as, অ্যাক্যোয়্যার্°ইঅ্যাস্] *n.* the eleventh sign of the zodiac, (জ্যোতিষ.) কুম্ভরাশি। [L. = water-carrier < see *aqua*]

aquatic [a-kwa°-tic, অ্যাক্যোঅ্যা°টিক্] (1) *a.* growing or living or performed in or on water, জলজ বা জলচর বা জলে অনুষ্ঠিত। (2) *n.* an aquatic plant or animal, জলজ উদ্ভিদ্ বা প্রাণী ; (in *pl.*) water-sports, জলক্রীড়া। [L. *aquaticus* < see *aqua*]

aquatint [a°-kwa-tint, অ্যা°ক্যোঅ্যাটিন্ট্] *n.* a process of etching on copper, নাইট্রিক অ্যাসিড দ্বারা তাম্রফলক খওয়াইয়া তদুপরি খোদাই। [*aqua, tint*]

aqueduct [a°-kwi-dukt, অ্যা°ক্যুইডাক্‌ট্] *n.* an artificial channel, কৃত্রিম জল-প্রণালী, নালা ; a small passage in the animal body, জীব-দেহান্তর্গত ক্ষুদ্র নালী। [L. *aquae ductus*—see *aqua, duct*]

aqueous [ā°-kwi-as, এই°ক্যুইঅ্যাস্] *a.* of water, জল-সংক্রান্ত, জলীয় : watery, জলপূর্ণ বা জলবৎ তরল ; borne or produced by water, জলবাহিত বা জলজ। **aqueous humour**—চক্ষুর মধ্যে যে তরল-পদার্থ থাকে, অক্ষিস্নেহ। [L. *aqueus* < see *aqua*]

aquiline [a°-kwi-līn, অ্যা°ক্যুইলাইন্] *a.* of the eagle, ঈগল-সংক্রান্ত ; curved like an eagle's bill, ঈগলের ঠোঁটের ন্যায় বক্র। [L. *aquilinus* < *aquila* = an eagle]

Arab [a°-rab, অ্যা°র্যাব্] (1) *n.* a native or horse of Arabia, আরব-দেশের লোক বা ঘোড়া ; a destitute child, অনাথ শিশু (usu. **street Arab**) । (2) *a.* of Arabia, আরব-দেশীয়। **Arabesque°**—(1) *a.* আরবীয় নকশা-অনুযায়ী ; (2) *n.* স্পেইন-দেশে মূরজাতির মধ্যে প্রচলিত অদ্ভুত গহনা-বিশেষ। **Arā°bian**—(1) *a.* আরব-দেশীয়, আরবীয় ; (2) *n.* আরবের লোক। **A°rabic**—(1) *n.* আরবি ভাষা ; (2) *a.* আরব-দেশীয়, আরবি-ভাষাসংক্রান্ত। **gum Arabic**—see **gum** । **Arabic numerals**—0, 1, 2, 3 প্রভৃতি সংখ্যা। *n.* **A°rabist**—আরবি ভাষায় বা সাহিত্যে পণ্ডিত। [L. *Arabs*]

arable [a°-rabl, অ্যা°র্যাব্‌ল্] (1) *a.* fit for tillage, কর্ষণোপযোগী, কার্ষ। (2) *n.* such land, কর্ষণোপযোগী জমি। [L. *arabilis* < *arare* = to plough]

Arachnida [a-rak°-ni-da, অ্যারাক্°নিড্যা] *n.* a class of Arthropoda, ঊর্ণনাভ-বর্গ, মাকড়সা-বর্গ। *n.* **arach°nid**—ঊর্ণনাভ-বর্গীয় যে কোন প্রাণী ; মাকড়সা। *a.* **arach°noid**—মাকড়সার জালের ন্যায়, ঊর্ণাতুল্য ; (উদ্ভি.) ঊর্ণাতুল্য পদার্থে আবৃত। [Gk. *arakhne* = spider]

Aramaic [a-ra-mā°-ik, অ্যার্যামেই°ইক্] (1) *a.* of Aram or Syria, আরাম-দেশীয় বা সিরিয়া-দেশীয়। (2) *n.* the language of Aram or Syria, আরাম বা সিরিয়ার ভাষা। [L. < Gk. *Aramaios*]

arbalest [u(r)°-ba-lest, আ(র্)°ব্যালেস্‌ট্] *n.* a cross-bow, গুলতি। [L. *arcuballista*]

arbiter [ŭ(r)°-bi-ta(r), আ(র্)°বিট্যা(র্)] *n.* a judge or umpire (esp. an unofficial one chosen by the contending parties), (প্রধানতঃ বাদী-প্রতিবাদী কর্তৃক মনোনীত বে-সরকারি) বিচারক, সালিস ; one having absolute control, সর্ব-শক্তিমান্ ব্যক্তি (God is the *arbiter* of all deeds) । *fem.* **ar°bitrėss** । *a.* **ar°bitrable**—সালিস-দ্বারা বিচারসাধ্য। *n.* **ar°bitrage**—সালিসি। *a.* **ar°bitral**—সালিসি-সংক্রান্ত। *n.* **arbi°trament**—সালিসের রায়। *a.* **ar°bitrary**—কোন বিধিনিয়ম-দ্বারা আবদ্ধ নহে এমন, বিধিবহির্ভূত ; ইচ্ছা-

মত, খামখেয়ালি, স্বেচ্ছাচারী ; অবাধ ; সার্বভৌম। *adv.* **ar°bitrarily** I *n.* **ar°bitrariness** I *v.t.i.* **ar°bitrāte**—সালিস করা ; সালিসি হওয়া ; সালিস-দ্বারা বিচার করান ; সালিস নিয়োগ করা। *p.* & *p. pt.* **ar°bitrātėd** I *n.* **ar°bitrā°tion** I *n.* **ar°-bitrātor**—সালিস। *fem.* **ar°bitrātrix** I [L.]

arbor$_1$ [ŭ(r)°-ba(r), আ(র্)°ব্যা(র্)] *n.* the axle or spindle on which a wheel revolves, যাহার উপর ভর দিয়া চাকা ঘোরে, চক্রনেমি, অক্ষ ; the main support of a revolving machine, অক্ষদণ্ড, অক্ষধুরা। [see *arbor$_2$*]

arbor$_2$ [ŭ(r)°-baw(r), আ(র্)°ব্য(র্)] *n.* a tree, বৃক্ষ, গাছ। *a.* **arbŏrā°ceous**—বৃক্ষবৎ ; বৃক্ষশোভিত। *a.* **arbor°ėal, arbor°ėous**—ব্রাক্ষ ; বৃক্ষ-সংক্রান্ত ; বৃক্ষশোভিত, বৃক্ষময় ; বৃক্ষবৎ ; বৃক্ষবাসী। *n.* **arbŏre°scence**—বৃক্ষবৎ বর্ধন বা চেহারা। *a.* **arbŏre°scent**—বৃক্ষবৎ বর্ধনশীল ; বৃক্ষাকার, (পরি.) ব্রাক্ষ। *n.* **arbŏrē°tum**—উদ্ভিদ্তত্ত্বের গবেষণার জন্য নির্মিত বৃক্ষোদ্যান। *pl.* **arbŏrē°ta, arbŏrē°-tums** I *n.* **ar°bŏriculture**—বৃক্ষসম্বন্ধে গবেষণা ; বৃক্ষবিদ্যা। *n.* **ar°bŏriculturist, ar°borist** I [L.]

arbour [ŭ(r)°-ba(r), আ(র্)°ব্যা(র্)] *n.* a bower, নিকুঞ্জ, কুঞ্জবন। [AF. *herber* < L. *herbarium* < *herba* = herb—confused with *arbor$_2$*]

arc [ŭ(r)k, আ(র্)ক্] *n.* a part of the circumference of a circle or any curve, বৃত্তের পরিধির বা যে কোন বক্ররেখার অংশ, চাপ ; a luminous discharge of electricity in a circular shape, বৃত্তাকার বিদ্যুতালোকচ্ছটা। *n.* **arc°lamp, arc°light**—বৈদ্যুতিক বাতিবিশেষ : ইহা হইতে বৃত্তাকার বিদ্যুতালোকচ্ছটা বিচ্ছুরিত হয়। [OF. < L. *arcus* = a bow]

arcade [ŭ(r)-kād°, আ(র্)কেইড্°] *n.* a row of arches, তোরণ-শ্রেণী ; a walk arched over (esp. one lined with shops on both sides), (প্রধানতঃ উভয় পার্শ্বে দোকান-শ্রেণী-সমন্বিত) তোরণ-শোভিত পথ। [F. < It. *arcata* < med. L. = arched]

Arcadian [ŭ(r)-kā°-di-an, আ(র্)কেই°ডিঅ্যান্] (**1**) *a.* of Arcadia, গ্রীসের আর্কেডিয়া-প্রদেশস্থ ; simple and pure, সরল ও নিষ্পাপ। (**2**) *n.* an inhabitant of Arcadia, আর্কেডিয়াবাসী ; an inhabitant of dreamland, স্বপ্নজগতের অধিবাসী ; a simple and pure-hearted person, সরল ও নিষ্পাপ ব্যক্তি। [Gk. *Arkadia*]

arcane [ŭ(r)-kān°, আ(র্)কেইন্°] *a.* mysterious, রহস্যময় ; secret, গোপনীয়। [L.]

arcanum [ŭ(r)-kā°-nam, আ(র্)কেই°ন্যাম্] *n.* a mystery, গোপন রহস্য ; a secret, গুপ্তকথা। *pl.* **arcā°na** I [L. < *arca* = a chest]

arch$_1$ [ŭ(r)ch, আ(র্)চ্] *a.* mischievous, দুষ্টবুদ্ধি-পূর্ণ ; roguish, শয়তানি-ভরা, বাঁকা (an *arch* smile or glance) I *adv.* **arch°ly** I [see *arch-$_3$*]

arch$_2$ [ŭ(r) ch, আ(র্)চ্] (**1**) *n.* a curved structure mainly used as a support, ধনুকাকৃতি খিলান ; a vault or anything shaped like this, ধনুকাকৃতি ছাদ-বিশিষ্ট স্থাপত্যশিল্প বা তৎসদৃশ বস্তু ; an arched way, ধনুকের ন্যায় বক্র ছাদে ঢাকা পথ, তোরণশোভিত পথ। (**2**) *v.t.* to furnish with an arch, খিলান-যুক্ত করা। (**3**) *v.t.i.* to bend in the shape of an arch, ধনুকের ন্যায় বক্র করা বা হওয়া। *a.* **ar°ched**—ধনুকের ন্যায় বক্র ; খিলানযুক্ত। *n.* **arch°way**—ধনুকাকৃতি ছাদে বা খিলানে ঢাকা পথ, তোরণশোভিত পথ। *adv.* **arch°wīse**—ধনুকের ন্যায় বক্রভাবে। [OF. *arche* < L. *arcus* = bow]

arch-$_3$ [ŭ(r)ch, আ(র্)চ্] *pfx.* chief, প্রধান ; pre-eminent, বিশিষ্টতম। *n.* **arch°angel** [ŭ(r)k°-ānj(a)l, আ(র্)ক্°এইন্জ্ল্] শ্রেষ্ঠ শ্রেণীর দেবদূত। *n.* **arch°bi°shop**—বিশপদের অব্যবহিত ঊর্ধ্বতন যাজকবিশেষ। *n.* **arch°dea°con**—ডিকনদের অব্যবহিত ঊর্ধ্বতন যাজকবিশেষ। *n.* **arch°dūke°**—কোন-কোন নৃপতির (বিশেষতঃ অস্ট্রিয়ার সম্রাট্পুত্রের) খেতাব। *fem.* **arch°duchėss** I *n.* **arch°-e°nėmy**—প্রধান শত্রু ; (B.) শয়তান (তু. মার)। *n.* **arch°-fiend°**—(B.) উক্ত শয়তান। *n.* **arch°-he°retic**—ধর্মদ্রোহীদের নেতা। *n.* **arch°-priest°**—প্রধান পুরোহিত। *n.* **arch°-vi°llain**—সেরা বদমাশ। [OE. *arce, aerce* < Gk. *arkhi* = chief]

archaeology [ŭ(r)-ki-o°-la-ji, আ(র্)কিঅ°-ল্যাজি] *n.* the study of antiquities, প্রত্নবিদ্যা। *a.* **archaeological** [ŭ(r)-ki-a-lo°-jik(a)l, আ(র্)কিঅ্যাল°জিক্ল্] প্রত্নতাত্ত্বিক। *n.* **archaeo°-logist**—প্রত্নতত্ত্ববিৎ। [Gk. *arche* = beginning, *logos* = discourse]

archaic [ŭ(r)-kā°-ik, আ(র্)কেই°ইক্] *a.* ancient, প্রাচীন ; antiquated সেকেলে ; (of language) not obsolete but no longer in common use, (ভাষাসম্বন্ধে) অপ্রচলিত নহে কিন্তু সচরাচর ব্যবহৃত হয় না এমন। *n.* **ar°chāism**—অত্যধিক প্রাচীনতা-প্রীতি ; সেকেলে ভাব ; (শব্দাদির) অপ্রচলিত অর্থে প্রয়োগ। [Gk. *archaikos*]

archangel, archbishop, archdeacon, archduchess, archduke, arch-enemy—see **arch-$_3$**.

archer [ŭ(r)°-cha(r), আ(র্)°চ্যা(র্)] *n.* a bowman, তীরন্দাজ, ধানুকী, ধনুর্ধর। *n.* **ar°chery**—ধনুর্বিদ্যা ; তীরন্দাজের দল ; তীরন্দাজ সৈন্যদল। [AF. < OF. *archier* < L. *arcarius* < *arcus* = a bow]

archetype [ŭ(r)°-ki-tīp, আ(র্)°কিটাইপ্] *n.* the original model, মূল আদর্শ, আদিরূপ। [Gk. *arche* = beginning, *typos* = a model]

arch-fiend, arch-heretic—see **arch-$_3$**.

Archimedean [ŭ(r)-ki-mē°-di-an, আ(র্)কিমী°ডিঅ্যান্] *a.* of or according to or discovered by Archimedes, প্রাচীন গ্রীসের গণিত-

বেত্তা আর্কিমিডিস্-সম্বন্ধীয়, তাঁহার মতানুযায়ী, তদ্দ্বারা আবিষ্কৃত, আর্কিমিডীয়। [L. *Archimedeus*]

archipelago [ŭ(r)-ki-pe°-li-gō, আ(র্)কিপে°-লিগৌ, ŭ(r)-ki-pe°-la-gō, আ(র্)কিপে°ল্যাগৌ] *n.* a group of islands, দ্বীপপুঞ্জ; a sea with many islands, দ্বীপবহুল সমুদ্র। *n.* **Archipe°lāgo**—ঈজিয়্যান্ সমুদ্র। *pl.* **archipe°lāgo(e)s**। [Gk. *arkhi*=chief, *pelagos*=sea]

architect [ŭ(r)°-ki-tekt, আ(র্)°কিটেক্ট্] *n.* a professional builder and designer, স্থপতি; (fig.) a contriver, (আল.) রচয়িতা, নির্মাতা। **architectonic** [ŭ(r)-ki-tek-to°-nik, আ(র্)কি-টেক্ট°নিক্] (**1**) *a.* স্থপতি বা স্থাপত্য সংক্রান্ত; গঠনাত্মক; (প্রধানতঃ অর্জিত বিদ্যার) নিয়ন্ত্রণমূলক; (**2**) *n.* (often in *pl.*) স্থাপত্যবিদ্যা; লব্ধ বিদ্যার নিয়ন্ত্রণ। *n.* **architecture** [ŭ(r)°-ki-tek-cha(r), আ(র্)°কিটেক্চ্যা(র্)] স্থাপত্যবিদ্যা; স্থাপত্যশিল্প; নির্মাণকৌশল। *a.* **architectural** [ŭ(r)-ki-tek°-ch(a)r(a)l, আ(র্)কিটেক্°চ্রল্] স্থাপত্যবিদ্যা বা স্থাপত্যশিল্প বা নির্মাণকৌশল সংক্রান্ত। [Gk. *arkhitekton* < *arkhi*=chief, *tekton*=builder]

architrave [ŭ(r)°-ki-trāv, আ(র্)°কিট্রেইভ্] *n.* the main beam on the capital of the column, স্তম্ভশীর্ষস্থ প্রধান কড়িকাঠ, মাথাল; the various parts surrounding a door or window, দরজা-জানালাদির চৌকাঠ বা বাজু। [It. < Gk. *arkhi*=chief, L. *trabs*=a beam]

archive [ŭ(r)°-kīv, আ(র্)°কাইভ্] *n.* (usu. in *pl.*) a repository of public records, সরকারি দলিলপত্রাদির সংরক্ষণাগার, মহাফেজখানা; the records kept there, ঐ স্থানে সংরক্ষিত দলিল-পত্রাদি। *n.* **ar°chivist**—ঐ স্থানের ও দলিলাদির তত্ত্বাবধায়ক। [F. < LL. *archi(v)um* < Gk. *arche* =government]

archly—see **arch**$_1$.

arch-priest, arch-villain—see **arch-**$_3$.

archway, archwise—see **arch**$_2$.

Arctic, arctic [ŭ(r)k°-tik, আ(র্)ক্°টিক্] *a.* relating to the North Pole or to the north, সুমেরু বা উত্তর মেরু সংক্রান্ত, উত্তরদিক্-সংক্রান্ত। **Arctic Circle**—সুমেরুবৃত্ত। **Arctic Region**—সুমেরুদেশ। [OF. *artique* < L. < Gk. *arktos*=a bear]

Arcturus [ŭ(r)k-tūr°-as, আ(র্)ক্টিউয়্যার্°অ্যাস্] *n.* a star, স্বাতীনক্ষত্র। [L. < Gk. *arkhtouros* < *arktos*=a bear, *ouros*=guard]

arcuate [ŭ(r)°-kū-it, আ(র্)°কিউইট্] *a.* curved like a bow, ধনুকাকৃতি। [L. *arcuatus* < *arcus* =a bow]

ardent [ŭ(r)°d(a)nt, আ(র্)°ড্‌ন্ট্] *a.* burning, জ্বলন্ত; fervid, প্রদীপ্ত, তীব্র; very eager, অতিশয় আকুল, অত্যুৎসাহী। *adv.* **ar°dently**। *n.* **ar°dency**—প্রদীপ্ততা; অতিশয় আকুলতা, মহোৎসাহ। [see *ardour*]

ardour [ŭ(r)°-da(r), আ(র্)°ড্যা(র্)] *n.* fierce heat, দারুণ উত্তাপ; warmth of passion or emotion, কামনার বা আবেগের তীব্রতা; fervour, zeal, eagerness, ব্যগ্রতা, উৎসাহ, আকুলতা। [L. *ardere* =to burn]

arduous [ŭ(r)°-dū-as, আ(র্)°ডিউঅ্যাস্] *a.* steep, দুরারোহ; difficult, দুঃসাধ্য; laborious, কষ্টসাধ্য, শ্রমসাধ্য। *adv.* **ar°duously**। *n.* **ar°duousness**। [L. *arduus*]

are—see **be.**

area [ar°-ia, এয়্যার্°ইঅ্যা] *n.* a space or its measurement, ক্ষেত্র, ক্ষেত্রের আয়তন বা ক্ষেত্রফল; region, অঞ্চল। [L.]

areca [a°-ri-ka, অ্যা°রিক্যা] *n.* the betel-nut, সুপারি। [Mal. *adekka*]

arena [a-rē°-na, অ্যারী°ন্যা] *n.* the sand-strewn central part of the ancient amphi-theatre, মল্লক্রীড়াদির অনুষ্ঠানের জন্য প্রাচীন অ্যাম্ফিথিয়েটারের বালুকাচ্ছাদিত কেন্দ্রস্থল; venue of contest, মল্লভূমি; (fig.) a sphere of action, (আল.) রণক্ষেত্র, কর্মক্ষেত্র (the *arena* of politics)। *a.* **arenā°ceous**—বালুময়; বালুকাবৎ। [L.= sand]

aren't [ŭnt, আন্ট্] contr. of **are not**। **aren't I**=am I not?

Areopagite [a-ri-o°-pa-gīt, অ্যারিঅ°প্যাগাইট্] *n.* a member of the supreme court of Areopagus, প্রাচীন গ্রীসের সর্বোচ্চ আদালত অ্যারিঅপ্যাগাসের বিচারসভার সদস্য। *a.* **Areo-pagi°tic**—উক্ত আদালত-সংক্রান্ত। *n.* **Areopagi°-tica**—উক্ত আদালতের অথবা তত্রত্য বিচারের বা বিচারকদের কাহিনী। [Gk. *Areios pagos*= Mars' hill]

arête [a-rāt°, অ্যারেইট্°] *n.* a sharp ridge, খাড়া শৈলশিরা। [F. < L. *arista*=an ear of corn]

argala [ŭ(r)°-ga-la, আ(র্)°গ্যাল্যা] *n.* the adju-tant stork, হাড়গিলা। [Hind. *hargila*]

argali [ŭ(r)°-ga-li, আ(র্)°গ্যালি] *n.* the wild sheep of Asia, এশিয়ার বন্য মেষ। [Mongol.]

argent [ŭ(r)°j(a)nt. আ(র্)°জ্‌ন্ট্] (**1**) *n.* silver, রৌপ্য। (**2**) *a.* silvery, রুপালি। *a.* **argenti°-ferous**—রৌপ্যোৎপাদী। **ar°gentine**—(**1**) *a.* রৌপ্যনির্মিত; রুপালি; (**2**) *n.* নকল রুপা, রুপালি ধাতুবিশেষ। [F. < L. *argentum*=silver]

argil [ŭ(r)°-jil, আ(র্)°জিল্] *n.* clay (esp. pot-ter's), (প্রধানতঃ কুমোরের) মৃত্তিকা। *a.* **argillā°-ceous**—মাটির তৈয়ারি, মৃন্ময়। [*argille* < L. *argilla* < Gk. *argillos*=white clay]

argon [ŭ(r)°-gon, আ(র্)°গন্] *n.* (chem.) a gas, (রসা.) বায়ুমণ্ডলীয় গ্যাস-বিশেষ (কোন কোন বৈদ্যুতিক বাতিতে ইহা ব্যবহৃত হয়)। [Gk.]

Argonaut [ŭ(r)°-ga-nawt, আ(র্)°গ্যান্যট্] *n.* any of the heroes who sailed in the 'Argo' for the golden fleece, স্বর্ণাংশুর সন্ধানে 'আরগো'

নামক পোতের অভিযাত্রী। [Gk. *Argo* = Jason's ship, *nautes* = a sailor]

argosy [ŭ(r)°-ga-si, আ(র্)°গ্যাসি] *n.* a huge merchant-ship, (প্রধানতঃ প্রাচীন রাগুসার বা ভিনিসের) বৃহৎ বাণিজ্যপোত। [It. *Ragusea* = Ragusan]

argot [ŭ(r)°-gō, আ(র্)°গো] *n.* slang (esp. of thieves), (প্রধানতঃ চোরদের) অপভাষা। [F. ?]

argue [ŭ(r)°-gū, আ(র্)°গিউ] *v.t.i.* to prove, discuss, debate or consider with reasoning, যুক্তিদ্বারা প্রমাণ করা বা আলোচনা করা বা তর্ক করা বা বিবেচনা করা; to win over with reasoning, যুক্তি দেখাইয়া রাজি করান বা স্বমতে আনা; to evince, প্রতিপন্ন করা। *a.* **ar°gūable**—তর্কসাধ্য; যুক্তিসহ; তর্কসাপেক্ষ। *adv.* **ar°gūably**। *n.* **ar°gūment**—প্রমাণ, যুক্তি; তর্ক; বিচার; রচনাদির সারমর্ম বা সূচি। *n.* **argūmentā°tion**—যুক্তিপ্রদর্শন; বিচার। *a.* **argūmen°tative**—বিতর্কমূলক; তর্কপ্রবণ। [OF. *arguer* < L. *argutare* < *arguere* = to show or accuse]

Argus-eyed [ŭ(r)°-gas-īd°, আ(র্)°গ্যাস্আইড্°] *a.* as vigilant as Argus, (গ্রী. পু.) শতনেত্র আর্গ্যাস্-এর ন্যায় সদাসতর্ক দৃষ্টিসম্পন্ন। [Gk. *Argos*]

aria [ŭ°ri-a, আ°রিঅ্যা] *n.* vocal solo in an opera, গীতিনাট্যে একক কণ্ঠসঙ্গীত। [It.]

arid [a°-rid, অ্যা°রিড্] *a.* dry, শুষ্ক; sun-burnt, রৌদ্রদগ্ধ; barren, অনুর্বর; bare, ঊষর, শষ্পহীন। *n.* **ari°dity, a°ridness**। [L. *aridus*]

Aries [ar̄°-i-ēz, এয়্যার্°ইঈজ্] *n.* the Ram, (জ্যোতিষ.) মেষরাশি। [L.]

aright [a-rīt°, অ্যারাইট্°] *adv.* rightly, ঠিকভাবে। [a_3. *right*]

arise [a-rīz°, অ্যারাইজ্°] *v.i.* to get up, উত্থান করা, ওঠা; to awake, জাগ্রত হওয়া; to originate, উদ্ভূত হওয়া (the quarrel *arises* out of malice); to appear, উদিত হওয়া (the sun *arises*)। *p.* **arōse°**; *p. pt.* **ari°sen**। [a_3, *rise*]

arista [a-ris°-tŭ, অ্যারিস্°টা] *n.* an awn, শূক; শস্যের সূক্ষ্ম অগ্রভাগ। *pl.* **aris°tæ, aris°tas**। *a.* **aris°tāte**—শূকযুক্ত। [L.]

aristocracy [a-ris-to°-kra-si, অ্যারিস্ট°ক্র্যাসি] *n.* government by a privileged order, অভিজাত-তন্ত্র; a state so governed, অভিজাত-তন্ত্রদ্বারা শাসিত রাষ্ট্র; the privileged order or the nobility, অভিজাতবর্গ; the noblest and the best representation or characteristic, মহত্তম ও শ্রেষ্ঠ নমুনা বা বৈশিষ্ট্য, আভিজাত্য। *n.* **aristocrat** [a°-ris-ta-krat, অ্যা°রিস্ট্যাক্র্যাট্] অভিজাত সম্প্রদায়ের লোক; আভিজাত্যপূর্ণ ব্যক্তি; অহঙ্কারী ও উদ্ধত ব্যক্তি। *a.* **aristocra°tic(al)**—অভিজাত; আভিজাত্যপূর্ণ। *adv.* **aristocra°tically**। *n.* **arist°ocratism**—অভিজাততন্ত্রে আস্থা; আভিজাত্য-প্রীতি। [Gk. *aristokratia* < *aristos* = best, *kratos* = power]

Aristotelean, Aristotelian [a-ris-ta-te°-li-an, অ্যারিস্ট্যাটি°লিয়্যান্] (1) *a.* of or according to Aristotle, গ্রীক পণ্ডিত অ্যারিস্টটল-সংক্রান্ত বা তাঁহার মতানুযায়ী; বিশেষতঃ তন্নির্দিষ্ট তর্কশাস্ত্রানুযায়ী। (2) *n.* a follower of Aristotle, অ্যারিস্টটলের শিষ্য। [Gk. *Aristotles* = Aristotle]

arithmetic [a-rith°-ma-tik, অ্যারিথ্°ম্যাটিক্] *n.* the science and art of numbers and reckoning by them or any treatise on such reckoning, অঙ্কশাস্ত্র, পাটীগণিত। *a.* **arithmetical** [a-rith-me°-tik(a)l, অ্যারিথ্মে°টিক্ল্] পাটীগাণিতিক, আঙ্কিক। **arithmetic series, arithmetical progression**—সমান্তর শ্রেণী। *n.* **arithmetician** [a-rith-ma-ti°sh(a)n, অ্যারিথ্ম্যাটি°শ্ন্] পাটীগণিতবেত্তা। [Gk. *arithmetike* < *arithmos* = number]

ark [ŭ(r)k, আ(র্)ক্] *n.* a chest, বাক্স, সিন্দুক, পেটী; a ship, নৌকা, জাহাজ। [OE. *arc* < L. *arca*]

arm$_1$ [ŭ(r)m, আ(র্)ম্] *n.* the fore-limb of the body from shoulder to hand, বাহু; (loos.) the limb from the shoulder to the tips of fingers, (শিথি.) হাত, ভুজ; a support for the said limb, হাতল (*arm* of a chair); a branch, শাখা (*arm* of a river); (geom.) a side, (জ্যামি.) পার্শ্ব, ভুজ (*arm* of an angle)। **baby** or **infant in arms**—কোলের শিশু। **(to) keep at arm's length**—নাগালের বাহিরে রাখা; দূরে সরাইয়া রাখা; সান্নিধ্যে আসিতে না দেওয়া। **with open arms**—সাদরে দুই হাত বাড়াইয়া। *n.* **arm°chair**—আরামকেদারা। *a.* **ar°med**—বাহুযুক্ত; সশাখ। *a.* **arm°ful**—এক বা উভয় বাহুতে জড়াইয়া যতটা ধরা যায় ততটা পরিমাণ (an *armful* of packets)। *adv.* **arm°-in-arm°**—বাহুতে বাহুতে জড়াইয়া। *n.* **arm°lėt**—বাহুর আভরণবিশেষ, অনন্ত। *n.* **arm°pit**—কুক্ষি, বগল। [OE. *earm, arm*—cp. L. *armus* = the shoulder-joint]

arm$_2$ [ŭ(r)m, আ(র্)ম্] (1) *n.* (usu. in *pl.*) weapon, অস্ত্র; a branch of the militia, সৈন্যবাহিনীর বিভাগ। (2) *v.t.* to furnish or equip with weapons and armour, অস্ত্রশস্ত্র ও বর্মাদি সরবরাহ করা বা তদ্দ্বারা ভূষিত করা; to strengthen by providing offensive or defensive measure, আক্রমণের বা আত্মরক্ষার ব্যবস্থাদ্বারা শক্তিশালী করান। (3) *v.i.* to take arms, অস্ত্রগ্রহণ করা; to prepare for war, যুদ্ধার্থ প্রস্তুত হওয়া। **at arms**—অস্ত্রধারী, সৈনিকবৃত্তিধারী (knight-*at-arms*)। **in arms**—ধৃতাস্ত্র হইয়া, যুদ্ধার্থ অস্ত্রগ্রহণপূর্বক। **of all arms**—সৈন্যদলের সমস্ত শাখার। **small arms**—হাতে করিয়া বহনসাধ্য আগ্নেয়াস্ত্র (যেমন, রিভলভর রাইফেল স্টেনগান প্রভৃতি)। **under arms**—অস্ত্রাদি সরবরাহ করিয়া যুদ্ধার্থ প্রস্তুত করা হইয়াছে এমন। **up in arms**—যুদ্ধার্থ অস্ত্রাদি গ্রহণপূর্বক প্রস্তুত

হইয়াছে এমন। **(to) bear arms**—সৈন্যরূপে কাজ করা। **(to) lay down (one's) arms**—পরাজয়স্বীকারপূর্বক (বিজয়ীর নিকট) অস্ত্রসমর্পণ বা আত্মসমর্পণ করা ; অস্ত্রসংবরণ করা। **(to) rise (up) in arms**—যুদ্ধার্থ অস্ত্রগ্রহণ করা ; সশস্ত্র অভ্যুত্থান করা। **(to) take (up) arms**—যুদ্ধার্থ অস্ত্রগ্রহণ করা। *a.* **ar°med**—সশস্ত্র। **armed neutrality**—নিরপেক্ষ কিন্তু সম্ভাব্য আক্রমণ-প্রতিরোধার্থ অস্ত্রসজ্জিত থাকার নীতি। [F. *armes*<L. *arma*]

armada [ŭ(r)-mŭ°-da, আ(র্)মা°ড্যা] *n.* a fleet of warships, রণতরীর বহর। *n.* **Arma°da**—স্পেনাধিপতি দ্বিতীয় ফিলিপ কর্তৃক ইংলণ্ডের বিরুদ্ধে প্রেরিত রণতরীর বহর। [Sp.<L. *armare*=to arm]

armadillo [ŭ(r)-ma-di°-lō, আ(র্)ম্যাডি°লৌ] *n.* a small South American animal with a body covered with bony plates, দক্ষিণ আমেরিকার গর্তবাসী ক্ষুদ্র জন্তুবিশেষ : ইহার শরীর কঠিন আঁশে আবৃত। [Sp.<see *armada*]

Armageddon [ŭ(r)-ma-ge°dn, আ(র্)ম্যাগে°ড্ন্] *n.* the field of the final struggle between good and evil (nations), সৎ ও অসতের (অথবা সৎ ও অসৎ জাতিসমূহের) সর্বশেষ রণক্ষেত্র। [B.]

armament [ŭ(r)°-ma-ment, আ(র্)°ম্যামেন্ট্] *n.* a fighting force, সৈন্যবাহিনী ; war-equipments, যুদ্ধোপকরণ ; preparation for war, যুদ্ধায়োজন, রণসজ্জা ; preparation for defence, আত্মরক্ষার ব্যবস্থা। [see *arm*$_2$]

armature [ŭ(r)°-ma-tū-a(r), আ(র্)°ম্যাটিউঅ্যা(র্), ŭ(r)°-ma-chooa(r), আ(র্)°ম্যাচুঅ্যা(র্)] *n.* armour, বর্ম ; an essential part of an electric motor, বৈদ্যুতিক মোটরের অর্থাৎ চালকযন্ত্রের অপরিহার্য অংশবিশেষ। [see *arm*$_2$.]

arme blanche [ŭ(r)m-blunsh°, আ(র্)ম্ব্লাঁশ্°] *n.* cavalry, অশ্বারোহী বাহিনী। [F.]

armchair—see **arm$_1$**.

armed—see **arm$_1$** and **arm$_2$**.

Armenian [ŭ(r)-mi°-ni-an, আ(র্)মি°নিয়্যান্] (**1**) *a.* of Armenia, আরমেনিয়া-দেশীয়। (**2**) *n.* a native or the language of Armenia, আরমেনিয়ার লোক বা ভাষা ; an adherent of the Armenian church, আরমেনিয়ার গির্জার অন্তর্ভুক্ত ব্যক্তি।

arm-in-arm—see **arm$_1$**.

armistice [ŭ(r)°-mis-tis, আ(র্)°মিস্‌টিস্] *n.* a cessation of hostilities, যুদ্ধবিরতি, ক্ষণিক বা সাময়িক রণাবসান, অবহার। [F.<LL. *armistitium*<L. *arma*=arms, *sistere*=to stop]

armlet—see **arm$_1$**.

armorial, armory—see **armour**.

armour [ŭ(r)°-ma(r), আ(র্)°ম্যা(র্)] *n.* a protective covering for the body, বর্ম ; heraldic insignia, (বীরগণের) কুলগৌরব-চিহ্ন। *n.* **armory** [ŭ(r)°-ma-ri, আ(র্)°ম্যারি] বিভিন্ন কুলমর্যাদার ঐতিহাসিক বিবরণ সম্বন্ধে জ্ঞান, ভাটের বিদ্যা। **armorial** [ŭ(r)-maw°-ri-al, আ(র্)ম°রিঅ্যাল্] (**1**) *a.* কুলমর্যাদাসূচক অস্ত্রাদি-সম্বন্ধীয় ; (**2**) *n.* উক্ত অস্ত্রাদি-সংক্রান্ত গ্রন্থ। *n.* **armorist** [ŭ(r)°-marist, আ(র্)°ম্যারিস্ট্] ভাট, কুলচিহ্নবেত্তা। *n.* **ar°moured-car°**—বর্মাচ্ছাদিত যুদ্ধযানবিশেষ। *n.* **ar°mourer**—অস্ত্রনির্মাতা ; অস্ত্র-মেরামতকারী ; অস্ত্রাদির ভাণ্ডারী। *n.* **ar°mour-plate**—বর্মরূপে ব্যবহৃত ধাতুপট্ট। *n.* **ar°moury**—অস্ত্রশস্ত্র বা বর্মাদি ; অস্ত্রাগার ; অস্ত্রাদির কারখানা। [OF. *armeure*<L. *armatura*<L. *arma*=arms]

armpit—see **arm$_1$**.

army [ŭ(r)°-mi, আ(র্)°মি] *n.* a body of soldiers, সৈন্যবাহিনী, ফৌজ ; a band of workers, কর্মিবৃন্দ (the Salvation *Army*) ; a large number, মস্ত বড় দল (an *army* of beggars)। *n.* **ar°my-list°**—উচ্চপদস্থ সৈনিকদের তালিকা। [F. *armee*<L. *armare*=to arm]

arnica [ŭ(r)°-ni-ka, আ(র্)°নিক্যা] *n.* a plant, ভেষজবৃক্ষবিশেষ। [?]

aroma [a-rō°-ma, অ্যারৌ°ম্যা] *n.* a fragrance, সৌরভ ; (fig.) an attractive charm, (আল.) মধুর আকর্ষণ। *a.* **arŏma°tic**—সৌরভযুক্ত ; মধুর আকর্ষণবিশিষ্ট। [L.<Gk.=spice]

arose—see **arise**.

around [a-rownd°, অ্যারাউন্ড্°] *adv.* & *prep.* on all sides, সর্বদিকে, চতুর্দিকে ; in a circle, চক্রাকারে (to turn *around*) ; encircling, বেষ্টন করিয়া ; here and there, ইতস্ততঃ। **(to) have been around**—বহু দেখিয়া শুনিয়া অভিজ্ঞতা লাভ করা। [*a*$_3$, *round*]

arouse [a-rowz°, অ্যারাউজ্°] *v.t.i.* to rouse, জাগান বা জাগা ; to make or be active, সক্রিয় করা বা হওয়া। [*a*$_3$, *round*]

arquebus(e) [ŭ(r)°-kwi-bas, আ(র্)°কুইব্যাস্] var. of **harquebus**.

arrack [a°-rak, অ্যা°র‍্যাক্] *n.* toddy or any fermented wine, তাড়ি পচাই প্রভৃতি। [Ar. *araq*=juice]

arraign [a-rān°, অ্যারেইন্°] *v.t.* to call to account, কৈফিয়ত দাবি করা ; to find fault with, দোষ দেওয়া ; to put upon trial, মকদ্দমার আসামী করা ; to accuse publicly, প্রকাশ্যে অভিযুক্ত করা। *n.* **arraig°ner**। *n.* **arraign°ment**। [AF. *arainer*<OF. *araisnier*<L. *adrationare*=to talk reasonably]

arrange [a-rānj°, অ্যারেইন্জ্°] *v.t.* to place into order, সুবিন্যস্ত করা, সাজান ; to settle or fix, স্থির করা বা নির্দিষ্ট করা। *n.* **arrange°ment**। [*a*$_3$, *range*]

arrant [ar°(a)nt, অ্যার্°ন্ট্] *a.* downright, সম্পূর্ণ, পুরাদস্তুর, ডাহা (*arrant* lie) ; rascally, পাকা বদমাশ-এর ন্যায়, পেজোমিতে পূর্ণ (*arrant* knave)। *adv.* **arrant°ly**। [var. of *errant*]

arras [a°-ras, অ্যা°র‍্যাস্] *n.* tapestry, কারু-

কার্যময় পরদাবিশেষ যাহা সচরাচর দেয়ালের উপর ঝুলাইয়া দেওয়া হয় (তু. চিক্)। [*Arras* in France]

array [a-rā°, অ্যারেই°] (**1**) *n.* order, বিন্যাস ; dress, পোশাক। (**2**) *v.t.* to put into order, সুবিন্যস্ত করা, সুশৃঙ্খলভাবে স্থাপন করা ; to dress, পোশাক পরান ; to adorn, অলঙ্কৃত করা, সাজান। [AF. *arai* < OF. *arei*]

arrear [a-rē(r)°, অ্যারিয়্যা(র্)°] *n.* that which is in the rear, যাহা পিছনে পড়িয়া আছে ; condition of being behindhand (প্রধানতঃ ঋণপ্রত্যর্পণে ও কর্ম-সম্পাদনে) বিলম্ব বা পশ্চাদ্বর্তিতা ; (usu. in *pl.*) outstanding payments or work, বাকি পাওনা বা কাজ, বকেয়া (in *arrears*)। *n.* **arrēār°-āge**—পশ্চাদ্বর্তিতা ; বাকি-বকেয়া (পাওনা বা দেনা) ; বাকি কাজ ; (in *pl.*) দেনা। [OF. *arere* < L. *ad-*, *retro* = back]

arrect [a-rekt°, অ্যারেক্ট্°] *a.* pricked up, (কর্ণসম্বন্ধে) খাড়া হইয়া উঠিয়াছে এমন ; (fig.) on the alert, (আল.) সতর্ক ও তৎপর। [L. *arrectus* < *rigere* = to raise up]

arrest [a-rest°, অ্যারেস্ট্°] (**1**) *v.t.* to stop, থামান ; to check, রোধ করা বা প্রতিহত করা (to *arrest* movement) ; to attract, আকর্ষণ করা (to *arrest* attention) ; to seize (esp. legally), (প্রধানতঃ আইনবলে) গ্রেপ্তার করা। *p.* & *p. pt.* **arres°tĕd**। (**2**) *n.* stoppage, গতিরোধ ; check, বাধা ; seizure, গ্রেপ্তার (to be under *arrest*)। *a.* **arres°table**। *n.* **arrestā°tion, arrest°-ment**। *n.* **arrest°er**—যাহা আকর্ষণ বা গতিরোধ করে (lightning *arrester*)। **arrester hook**—বিমানবাহী জাহাজের পাটাতনে আটকান বিমানের গতিরোধক আংটা। [OF. *arester* < LL. *ad-*, *restare* = to stand still]

arrière-pensée [a°-rē(r)-pon°-sā, অ্যা°রিয়্যা(র্)-পন্°সেই, a-rya(r)-pŭ-se, অ্যারিয়্যা(র্)-পাসে] *n.* ulterior motive, প্রকাশ্য কার্য আচার-আচরণ প্রভৃতির গূঢ় উদ্দেশ্য ; mental reservation, মনোগত গূঢ় উদ্দেশ্য। [F.]

arrive [a-rīv°, অ্যারাইভ্°] *v.i.* to reach (a place), (স্থানাদিতে) পৌছান ; to come to (a decision etc.), (সিদ্ধান্তাদিতে) উপনীত হওয়া ; to achieve (an object), (অভীষ্টাদি) লাভ করা ; to happen, ঘটা। *n.* **arri°val**—পৌছান, উপনীত হওয়া ; আগন্তুকগণ ; আগত বস্তুসকল। [OF. *ariver* < L. *ad-*, *ripa* = shore]

arrogance [a°-ra-gans, অ্যা°র‍্যাগ্যান্স্] *n.* undue assumption of importance, অযথা গর্ব ; haughtiness, ঔদ্ধত্য। *a.* **a°rrogant**—অযথা গর্বিত ; উদ্ধত। *adv.* **a°rrogantly**। *v.t.* **a°rrŏgāte**—(গুণ সম্পদ প্রভৃতির জন্য) গর্ব বা ঔদ্ধত্য প্রকাশ করা ; অন্যায়পূর্বক দাবি করা বা অন্যায্যভাবে আরোপ করা (to *arrogate* to oneself or to another)। *p.* & *p. pt.* **a°rrŏgātĕd**। *n.* **arrŏgā°tion**। [L. *ad-*, *rogare* = to claim]

arrow [a°-rō, অ্যা°রৌ] *n.* a pointed missile shot from a bow, বাণ, তীর, শর ; any object or sign shaped like this, তীরাকৃতি কোন বস্তু বা চিহ্ন। *n.* **a°rrow-head**—তীরের মুখ অর্থাৎ সুচাল দিক্, শল্য। *n.* **a°rrowroot** [a°-ra-rōōt, অ্যা°র‍্যারূট্] শ্বেতসারপ্রধান খাদ্যোৎপাদী বৃক্ষবিশেষ বা উক্ত খাদ্য, অ্যারারুট। *n.* **a°rrow-shot**—তীরের নাগাল বা পাল্লা। [OE. *earh*, *arwe*—cp. L. *arcus* = bow]

arsenal [ŭ(r)°sinl, আ(র্)°সিন্ল্] *n.* a public store or manufactory of arms and ammunition, অস্ত্রশস্ত্রের ও গোলাবারুদের ভাণ্ডার বা কারখানা, (পরি.) অস্ত্রাগার ; a dockyard, পোতাদি নির্মাণের স্থান। [It. *arsenale* < Ar. *dar* = house, *al-* = the, *chinaah* = art]

arsenic [ŭ(r)°-si-nik, আ(র্)°সিনিক্] *n.* a poison, সেঁকোবিষ। *a.* **arse°nic, arsenical, arsē°nious**—সেঁকোবিষ-ঘটিত। [OF. < L. < Gk. *arsenikon* = yellow orpiment]

arson [ŭ(r)°sn, আ(র্)°স্ন্] *n.* the crime of wilfully setting fire to another's house and property, or to one's own when insured, পরের গৃহে ও সম্পত্তিতে বা নিজের বিমাবদ্ধ গৃহে ও সম্পত্তিতে ইচ্ছাপূর্বক অগ্নিসংযোগরূপ দুষ্কর্ম। [OF. < L. *arsio* < *arsum* = to burn]

art$_1$—*v.* see **be**.

art$_2$ [ŭ(r)t, আ(র্)ট্] *n.* practical skill or its application, ব্যবহারিক বিদ্যা বা দক্ষতা অথবা উহার প্রয়োগ ; human skill (opposed to nature), মানবিক (অর্থাৎ প্রাকৃতিক বা দৈব নহে) দক্ষতা বা বিদ্যা ; skill applied to production of beauty or to work of creative imagination, সুন্দর সামগ্রী এবং শিল্পকলাদি (অর্থাৎ সাহিত্য চিত্র সঙ্গীত প্রভৃতি) সৃষ্টির ক্ষমতা ; contrivance, কৌশল (*art* of warfare) ; cunning, চাতুর্য ; feigning, ভান ; magic, জাদু (usu. **black art**) ; learning, বিদ্যা ('*art* is long') ; (in *pl.*) certain branches of learning (esp. academic), (প্রধানতঃ বিশ্ববিদ্যালয়ে অর্জনীয়) কতিপয় বিদ্যা (first *arts*) ; works of beauty and products of creative imagination, চিত্রাঙ্কনাদি সুকুমারশিল্প, চারুকলা, কলাবিদ্যা (usu. **fine arts**)। **abstract art**—অমূর্ত চিত্রকলা। **art exhibition**—ললিতকলা প্রদর্শনী। **art gallery**—চিত্রাদি চারুকলা প্রদর্শনের স্থান, চারুশিল্পপ্রদর্শশালা। **arts student**—বিশ্ববিদ্যালয়াদির কলাবিভাগের ছাত্র। **Bachelor of Arts**—বিশ্ববিদ্যালয়ের স্নাতক উপাধিবিশেষ। **Master of Arts**—বিশ্ববিদ্যালয়ের স্নাতকোত্তর উপাধিবিশেষ। *a.* **art°ful**—চতুর ; ছলনাময় ; কৌশলী ; দক্ষ। *a.* **art°lĕss**—সরল ; বোকা ; কৌশলহীন ; ছলনাবিহীন, অপটু ; (বিরল.) শিল্পচাতুর্যহীন। *a.* **ar°ty**—শিল্পবোধসম্পন্ন বা শিল্পিসুলভ রুচিসম্পন্ন বলিয়া ভান করে এমন। [OF. < L. *ars*, *artis*]

artefact, artifact [ŭ(r)°-ti-fakt, আ(র্)°টিফ্যাক্ট্]।

n. a product of human workmanship, হস্তনির্মিত শিল্পকর্ম। [L. *arte*=by art, *factum* =made]

arterial, arteritis—see **artery.**

artery [ŭ(r)°-ta-ri, আ(র্)°ট্যারি] *n.* a blood-conducting tube in the human body, ধমনী, শিরা। *a.* **artē°rial**—ধমনীসংক্রান্ত, ধমনীসদৃশ। *n.* **arteri°tis**—ধমনীর প্রদাহমূলক রোগবিশেষ। [L.<Gk. *arteria*]

artesian well [ŭ(r)-tē°-zi-an wel, আ(র্)টী°-জ়িয়্যান্ ওাএল্] *n.* a perpendicular well producing a constant supply of water rising to the borehole without pumping, ইঁদারা-বিশেষ: ইহার জল সর্বদা মুখের কাছেই থাকে—পাম্প করার প্রয়োজন হয় না, আর্টেজীয় কূপ। [LL. *Artesium*=of Artois, see *well*]

artful—see **art**$_2$.

arthritic—see **arthritis.**

arthritis [ŭ(r)-thrī°-tis, আ(র্)থ্রাই°টিস্] *n.* inflammation of a joint, গ্রন্থিবাত, সন্ধিবাত। **arthri°tic**—(**1**) *a.* গ্রন্থিগত ; সন্ধিবাতসংক্রান্ত ; (**2**) *n.* সন্ধিবাতগ্রস্ত ব্যক্তি। [Gk.<*arthron*=joint]

Arthurian [ŭ(r)-thūr°-i-an, আ(র্)থিউয়্যার্°-ইঅ্যান্] *a.* of King Arthur, বৃটেনের পৌরাণিক নৃপতি আর্থার-সম্বন্ধীয়।

artichoke [ŭ(r)°-ti-chōk, আ(র্)°টিচৌক্] *n.* plant, ভক্ষণীয় সবুজ ডাঁটাগাছবিশেষ, হাতিচোক। [It. *articiocco*]

article [ŭ(r)°-tikl, আ(র্)°টিক্‌ল্] (**1**) *n.* an essay, প্রবন্ধ ; a part, paragraph or clause of anything written, প্রবন্ধ দলিল নিয়মাবলী আইন প্রভৃতি লিখিত কিছুর অংশ অনুচ্ছেদ শর্ত বা ধারা ; an object or matter, বস্তু বা বিষয়বস্তু ; an item, দফা ; an editorial essay, সম্পাদকীয় প্রবন্ধ ; (gr.) the adjectives: 'a', 'an' and 'the' ; (ব্যাক.) 'a' ও 'an' (এই দুইটি **indefinite article** বা অনির্দিষ্ট article) এবং 'the' (এইটি **definite article** বা নির্দিষ্ট article) ; (in *pl.*) conditions or rules and regulation, শর্তাদি বা নিয়মাবলী। (**2**) *v.t.* to bind by conditions, শর্তাবদ্ধ করা ; to bind as an apprentice, শিক্ষানবিসরূপে চুক্তিবদ্ধ করা। **articles of association**—যৌথ বাণিজ্য-প্রতিষ্ঠানাদির অনুষ্ঠান-বিধিসমূহ। **articles of faith**—ধর্মবিধি ; কোন গির্জার বা ধর্মসম্প্রদায়ের পক্ষে পালনীয় বিধিনির্দেশ। **Articles of War**—সেনাবাহিনী-সংক্রান্ত আইনকানুন। *a.* **ar°ticled**—শিক্ষানবিসরূপে চুক্তিবদ্ধ (*articled* clerk)। [F.<L. *articulus*=a little joint]

articular [ŭ(r)-ti-°kū-la(r), আ(র্)টি°কিউল্যা(র্)] *a.* of the joints, গ্রন্থিসম্বন্ধীয়। [see *article*]

articulate [ŭ(r)-ti°-kū-lit, আ(র্)টি°কিউলিট্] *a.* jointed, গ্রন্থিবদ্ধ, গ্রন্থিল, সন্ধিযুক্ত ; distinct, স্পষ্ট ; clearly pronounced and expressive, স্পষ্টভাবে উচ্চারিত ও বোধগম্য। **arti°cūlāte**—(**1**) *v.t.* গ্রন্থিবদ্ধ করা ; স্পষ্টভাবে উচ্চারণ করা ; (**2**) *v.i.* স্পষ্ট উচ্চারণসহকারে কথা বলা। *a.* **arti°cūlāted**—স্পষ্টভাবে উচ্চারিত। *n.* **articūlā°tion**—গ্রন্থিলতা ; স্পষ্ট উচ্চারণ ; স্পষ্টভাবে উচ্চারিত কথা। *adv.* **arti°cūlately**। *n.* **arti°cūlateness**। *n.* **arti°cūlātor**—স্পষ্টভাবে উচ্চারণকারী ; বক্তা ; কঙ্কালের বিভিন্ন গ্রন্থি বা অস্থি সংযোজনকারী। *a.* **arti°cūlātory**—স্পষ্ট উচ্চারণসংক্রান্ত ; গ্রন্থি বা অস্থি সংযোজনসংক্রান্ত। [see *article*]

artifice [ŭ(r)°-ti-fis, আ(র্)°টিফিস্] *n.* workmanship, নির্মাণকৌশল, রচনাকৌশল ; dexterity, দক্ষতা ; device, কৌশল ; cunning, a crafty trick, চাতুরী, চালাকি, ধূর্ততা। *n.* **arti°ficer**—শিল্পী, কারিগর, নির্মাতা, রচয়িতা ; কুশলী শিল্পী। *a.* **artificial** [ŭ(r)ti-fi°shl, আ(র্)টিফি°শ্‌ল্] শিল্পজাত বা মনুষ্যনির্মিত (অর্থাৎ প্রকৃতিসৃষ্ট নহে) ; অর্জিত বা আরোপিত (অর্থাৎ স্বভাবজাত নহে) ; কৃত্রিম। *adv.* **artifi°cially**—কৃত্রিমভাবে। *n.* **artificiality** [ŭ(r)-ti-fi-shi-a°-li-ti, আ(র্)টিফিশিঅ্যা°লিটি]। [see *art*]

artful—see **art**$_2$.

artillery [ŭ(r)-ti°-la-ri, আ(র্)টি°ল্যারি] *n.* the great guns of an army, সৈন্যদলের কামানসমূহ ; the section of an army operating the great guns, গোলন্দাজ বাহিনী। *n.* **arti°lleryman**—গোলন্দাজ সৈনিক। [OF. *artillerie* <*artiller* =to arm]

artisan [ŭ(r)-ti-zan°, আ(র্)টিজ়্যান্°] *n.* a mechanic or workman, কারিগর, শিল্পী, মিস্ত্রি। [see *art*$_2$]

artist [ŭ(r)°-tist, আ(র্)°টিস্‌ট্] *n.* one who practises or is skilled in one of the fine arts, esp. painting, চারুশিল্পী, শিল্পী, চিত্রকর। *a.* **artis°tic(al)**—শিল্পিজনোচিত, শিল্পিসুলভ ; চারুশিল্পসম্মত (সৌন্দর্যময় ও সুরুচিসম্পন্ন) ; শিল্পবোধসম্পন্ন বা শিল্পিসুলভ রুচিসম্পন্ন। **artistic temperament**—শিল্পিজনোচিত খেয়ালি মেজাজ। *n.* **ar°tistry**—কারুকার্য ; শিল্পদক্ষতা। [see *art*$_2$]

artiste [ŭ(r)-tēst°, আ(র্)টীস্‌ট্°] *n.* a professional dancer, singer, etc., পেশাদার নর্তক গায়ক প্রভৃতি। [F.]

artistic, artistry—see **artist.**

artless, arty—see **art**$_2$.

arum [ār°-am, এয়্যার্°অ্যাম্] *n.* any plant of the wake-robin genus, কচু ও তজ্জাতীয় উদ্ভিদ্। [L.<Gk. *aron*]

Aryan [ār°-i-an, এয়্যা(র্)°ইঅ্যান্] (**1**) *n.* the parent Indo-European language or a member of the races speaking it, আর্যভাষা বা আর্যজাতি। (**2**) *a.* of this language or race, উক্ত ভাষা বা জাতি সম্বন্ধীয়। [Sans. *Arya*= noble]

as [az, অ্যাজ়্] (**1**) *adv.* in whatever or in that degree, proportion, manner, extent, etc.,

যত, তত, যতখানি, ততখানি, যেভাবে, সেভাবে, যত দুর, তত দুর, যেমন, তেমন (*as* tall or brave *as*) ; however, যাহা হউক । (2) *con.* because, since, for, যেহেতু, কারণ ; although, যদিও (young *as* she is, the girl is firm in her determination ; try *as* he may, might, will or would, he has no competence to handle the matter) । (3) *pron.* who, which, that, যে, যাহা, তাহা । **as for** or **as regards** or **as to**—সম্বন্ধে, বিষয়ে । **as if** or **as though**—যেন । **as it were**—বলিতে কি, ঠিক যেন । **so as to**—যাহাতে । [OE. *all-swa* = all so]

asafoetida [a-sa-fe°-ti-da, অ্যাস্যাফে°টিড্যা] *n.* a gum-resin, হিঙ্গ্ । [Per. *aza* = mastic, L. *fetida* = stinking]

asbestos [az-bes°-tos, অ্যাজ্‌বেস্°টস্] *n.* a fibrous mineral, অংশুল খনিজ পদার্থবিশেষ যদ্দ্বারা অদাহ্য বস্ত্র বয়ন করা যায় । *a.* **asbes°tic, asbes°-tine, asbes°tous**—উক্ত খনিজ পদার্থসম্বন্ধীয় ; উক্ত পদার্থদ্বারা নির্মিত ; অদাহ্য । [L. < Gk. *a-*, *sbestos* = extinguished]

ascend [a-send°, অ্যাসেন্ড্°] *v.t.i.* to mount or go up, আরোহণ করা বা উপরে ওঠা ; to mount and be seated ceremonially, অধিষ্ঠিত হওয়া (to *ascend* throne) ; to rise, উদিত হওয়া । *p.* & *p. pt.* **ascen°ded** । *n.* **ascen°dancy, ascen°dency**—প্রভাব ; কর্তৃত্ব ; উদয় । **ascen-dant°, ascen°dent**—(1) *a.* উদীয়মান বা আরোহণরত ; (জ্যোতিষ.) লগ্নস্থ । (2) *n.* উদীয়মান বা আরোহণরত ব্যক্তি ; পূর্বপুরুষ ; (জ্যোতিষ.) লগ্নস্থ গ্রহ । **in the ascendant**—গুরুত্ব এবং প্রতিপত্তি বৃদ্ধি পাইতেছে এমন, প্রভাবাদি বাড়তির মুখে এমন । *a.* **ascen°ding**—উদীয়মান, ঊর্ধ্বগ । *n.* **ascension** [as-sen°sh(a)n, অ্যাসেন্°শ্‌ন্] আরোহণ ; সিংহাসনে আরোহণ । *n.* **Ascen°sion**—মৃত্যুর চল্লিশ দিন পরে খ্রিস্টের কবর হইতে উত্থান ও স্বর্গারোহণ (*Ascension* Day) । *n.* **ascent°**—আরোহণ ; আরোহণপথ, চড়াই, উৎস্রোত । [L. *ascendere* < *scandere* = to climb]

ascertain [a-sa(r)-tān°, অ্যাস্যা(র্)টেইন্°] *v.t.* to make certain, নিশ্চিত করা, স্থির করা, নির্ণয় করা, অবধারণ করা ; to determine (truth of), (সত্যতা) নির্ধারণ করা, প্রতিপাদন করা । *a.* **ascer-tai°nable** । *n.* **ascertain°ment** । [OF. *acer-tener*—see *certain*]

ascetic [a-se°-tik, অ্যাসে°টিক্] *n.* a very strict hermit, কঠোর তপস্বী, যোগী । *a.* **asce°tic(al)**—কঠোর তপশ্চর্যাপূর্ণ । *n.* **asceticism** [a-se°-ticizm, অ্যাসে°টিসিজ্‌ম্] কঠোর তপশ্চর্যা । [Gk. *asketikos*]

ascorbic [as-kaw(r)°-bik, আস্‌ক্য(র্)°বিক্] *a.* antiscorbutic, স্কার্ভি-রোগরোধী । **ascorbic acid**—(লেবু প্রভৃতিতে প্রাপ্ত) সি-ভিটামিন । [*a-*, see *scorbutic*]

ascribe [as-krīb°, অ্যাস্‌ক্রাইব্°] *v.t.* to attribute or impute, আরোপ করা ; to consider as belonging to, (গুণ ধর্ম অঙ্গ প্রভৃতি সম্বন্ধে) কাহারও বা কিছুর আছে বলিয়া মনে করা । *a.* **ascrī°bable** । *n.* **ascrip°tion**—আরোপ । [L. *ascribere* < *ad-*, *scribere* = to write]

asdic [az°-dik, অ্যাজ্°ডিক্] *n.* device for detecting submarines etc. by reflected sound waves, প্রতিধ্বনিত শব্দতরঙ্গের দ্বারা ডুবো জাহাজাদির অবস্থান নির্ণয়ের যন্ত্রবিশেষ । [*A*llied *S*ubmarine *D*etection *I*nvestigation *C*ommittee]

aseity [ā-sē°-i-ti, এইসী°ইটি] *n.* (metaph.) self-origination, (অধিবি.) আপনা হইতে উদ্ভব, স্বয়ংজনন । [a_3, L. *sē* = oneself]

asepsis [ā-sep°-sis, এইসেপ্°সিস্] *n.* freedom from putrefaction, অপচনশীলতা, নির্বীজন ; পূয জন্মে না এমন অবস্থা । **āsep°tic**—(1) *a.* অপচনশীল বা নির্বীজ, পচন-নিবারক বা বীজবারক, পূয জন্মিতে দেয় না এমন ; (2) *n.* ঐরূপ পদার্থ । [*a-*, *sepsis*]

asexual [ā-sek°-sū-al, এইসেক্°সিউঅ্যাল্] *a.* without sex, অযৌন । *n.* **asex°ūality** । *adv.* **assex°ūally** । [*a-*, *sexual*]

ash₁ [ash, অ্যাশ্] *n.* a timber tree, বৃক্ষবিশেষ : ইহাতে উৎকৃষ্ট তক্তা হয় । *a.* **a°shen**—অ্যাশ্-কাঠে তৈয়ারি ; অ্যাশ্-বৃক্ষসংক্রান্ত । [OE. *aesc*—cp. G. *esche*]

ash₂ [ash, অ্যাশ্] *n.* (usu. in *pl.*) the powdery residue of anything burnt, ভস্ম, ছাই ; (in *pl.*—fig.) the remains of a human corpse when burnt, (আল.) দেহভস্ম, চিতাভস্ম ; (in Anglo-Australian cricket) the honour of winning the rubber in a series of test matches, (ইংলণ্ড ও অস্ট্রেলিয়ার মধ্যে ক্রিকেট-খেলায়) একবারের টেস্ট্-ম্যাচসমূহে বিজয়-সম্মান (to carry the *ashes*) । *a.* **a°shen**—ছাই-রঙা । *n.* **ash°-pan**—উনান স্টোভ প্রভৃতির নিম্নে স্থাপিত যে পাত্রের উপর ছাই ঝরিয়া পড়ে । *n.* **ash°-tray**—সিগারেট চুরুট প্রভৃতির ছাই রাখার পাত্রবিশেষ, ছাইদান । *n.* **Ash-Wednes°day**—খ্রিস্টীয় পর্ববিশেষ : এই দিনে মাথার উপরে ছাই ছড়ান হয় । *a.* **a°shy**—ভস্মপূর্ণ ; ভস্মতুল্য । [OE. *asce*]

ashamed [a-shā°md, অ্যাশেই°ম্‌ড্] *a.* struck with shame, লজ্জিত, লজ্জাপ্রাপ্ত । *adv.* **ashā°-medly** । *n.* **ashā°medness** । [a_2, *shame*]

ashen—see **ash₁** and **ash₂**.

ashore [a-shaw(r)°, অ্যাশ(র্)°] *adv.* on or to shore, উপকূলে । [a_3, *shore*]

ash-pan, ash-tray, Ash-Wednesday, ashy—see **ash₂**.

Asian [ā°sh(a)n, এই°শ্‌ন্], **Asiatic** [ā-shi-a°-tik, এইশিঅ্যা°টিক্] (1) *a.* of Asia, এশিয়া-মহাদেশীয় । (2) *n.* a native of Asia, এশিয়াবাসী । [Gk. *Asia*]

aside [a-sīd°, অ্যাসাইড্°] (1) *adv.* on or to one

side, একপাশে, away, apart, পৃথগ্‌ভাবে, সরাইয়া ; privately, একান্তে, গোপনে ; to one's own self, আপনমনে, স্বগত। (2) *n.* words spoken in an undertone inaudibly to others, (প্রধানতঃ নাটকে) স্বগতোক্তি। **(to) set aside**—খারিজ করা বা বাতিল করা। [a_3, *side*]

asinine [a°-si-nīn, অ্যা°সিনাইন্] *a.* of or like an ass, গর্দভের, গর্দভতুল্য ; (fig.) stupid, (আল.) মূর্খ। *n.* **asini°nity**—গর্দভের স্বভাব ; গাধামি ; (আল.) মূর্খতা। [L. *asinus*—see *ass*]

ask [ŭsk, আস্‌ক্] *v.t.i.* to inquire, খোঁজ করা ; সন্ধান লওয়া ; to question, জিজ্ঞাসা করা ; to request, অনুরোধ করা ; to command, আদেশ করা ; to beg, প্রার্থনা করা, যাচ্ঞা করা ; to invite, আমন্ত্রণ করা। *p.* & *p. pt.* **as°ked**। **(to) ask after**—(কিছুর) সংবাদ বা তথ্য জানিতে চাওয়া (to *ask after* one's health)। **(to) ask for it**—(কথ্য) ঝামেলা ডাকিয়া আনা। **for the asking**—চাহিবামাত্র, কেবল চাহিবার অপেক্ষায় (he may have it *for the asking*)। [OE. *ascian* < G. *heischen*]

askance [as-kans°, অ্যাস্‌ক্যান্‌স্°], **askant°**—*adv.* obliquely, বক্রভাবে, তির্যগ্‌ভাবে। **(to) look askance (at)**—সন্দিগ্ধদৃষ্টিতে তাকান। [?]

askari [as-kŭ°-ri, অ্যাস্‌কা°রি] *n.* a European-trained East African soldier, ইউরোপীয় প্রথায় শিক্ষাপ্রাপ্ত পূর্ব-আফ্রিকার সৈনিক, আসকারি। [Ar. = a soldier]

askew [as-kū°, অ্যাস্‌কিউ°] *adv.* obliquely, তির্যগ্‌ভাবে। [a_3, *skew*]

aslant [a-slŭnt°, অ্যাস্লান্ট্°] *adv.* & *prep.* obliquely, তির্যগ্‌ভাবে। [a_3, *slant*]

asleep [a-slēp°, অ্যাস্লীপ্°] *adv.* & *a.* in a sleeping state, নিদ্রিতাবস্থায় বা নিদ্রিত ; (fig.) dead or benumbed, (আল.) মৃত বা অবশ হইয়া অথবা মৃত বা অবশ। [a_3, *sleep*]

aslope [a-slōp°, অ্যাস্লৌপ্°] *adv.* & *a.* on the slope, ঢল বাহিয়া। [*a-*, *slope*]

asocial [a-sō°shl, অ্যাসৌ°শ্‌ল্] *a.* not social, অসামাজিক, অমিশুক ; antisocial, সমাজবিরোধী। [*a-*, *social*]

asp$_1$—see **aspen.**

asp$_2$ [asp, অ্যাস্‌প্], **as°pic(k)**—*n.* a venomous snake, বিষধর ক্ষুদ্র সর্পবিশেষ। [L. < Gk. *aspis*]

asparagus [as-pa°-ra-gas, অ্যাস্‌প্যা°র‍্যাগ্যাস্] *n.* an edible garden plant, ভক্ষ্য সব্‌জিবিশেষ, শতমূলী। [L. < Gk. *aspharagos*]

aspect [as°-pekt, অ্যাস্°পেক্‌ট্] *n.* a look, চাহনি (a man of stern or fierce *aspect*) ; appearance, চেহারা ; face, মুখাবয়ব ; a view, দৃশ্য ; angle of vision, দৃষ্টিভঙ্গি, দৃষ্টিকোণ ; (astrol.) comparative position of a planet, (জ্যোতিষ.) গ্রহদৃষ্টি। **aspect ratio**—(টেলিভিশন) প্রতিবিম্বের দৈর্ঘ্য ও প্রস্থের অনুপাত। [L. *aspectus*]

aspen [as°-pan, অ্যাস্°প্যান্] (1) *n.* the trembling poplar, কম্পনশীল পপলার-বৃক্ষ (also **asp**)। (2) *a.* of or like the trembling poplar, উক্ত বৃক্ষসংক্রান্ত বা তৎসদৃশ ; (fig.) trembling, (আল.) কম্পমান। [OE. *aespe*—cp. G. *espe*]

asperity [as-pe°-ri-ti, অ্যাস্‌পে°রিটি] *n.* roughness, বন্ধুরতা ; bitter coldness, দারুণ শৈত্য ; severity, harshness, কঠোরতা, রুক্ষতা। [OF. *asprete* < L. *asper* = rough]

asperse [as-pa(r)s°, অ্যাস্‌প্যা(র্)স্°] *v.t.* to slander, কুৎসা করা, কলঙ্ক রটান ; to bespatter, গায়ে ছিটাইয়া দেওয়া, নিষিক্ত করা। *p.* & *p. pt.* **asper°sed**। *n.* **aspersion** [as-pa(r)°sh(a)n, অ্যাস্‌প্যা(র্)°শ্‌ন্] কুৎসা, কলঙ্ক। *a.* **asper°sive**—কলঙ্ককর। [L. *aspergere*]

asphalt [as°-falt, অ্যাস্°ফ্যাল্‌ট্] (1) *n.* a bituminous substance, শিলাজতু, পিচ। (2) *v.t.* to pave (a road) with this substance, (রাস্তা) পিচ বা শিলাজতুদ্বারা আস্তৃত করা। *p.* & *p. pt.* **as°phalted**। *a.* **asphal°tic**—পিচ বা শিলাজতুদ্বারা আস্তৃত ; পিচ বা শিলাজতুসংক্রান্ত। [Gk. *asphaltos*]

asphodel [as°-fa-del, অ্যাস্°ফ্যাডেল্] *n.* a plant of the lily family, লিলি-জাতীয় বা রজনীগন্ধা-গোত্রীয় পুষ্প-বৃক্ষ ; the immortal flower in Elysium, নন্দনবনজাত অমর পুষ্প, (তু.) মন্দারপুষ্প। [L. < Gk. *asphodelos*—cp. *daffodil*]

asphyxia [as-fik°-si-a, অ্যাস্‌ফিক্°সিঅ্যা] *n.* suspension of the pulse, নাড়ীর সাময়িক নিশ্চলতা ; suspended animation, প্রাণস্পন্দনের সাময়িক বিরতি ; suffocation, শ্বাসকষ্ট। *v.t.* **asphyx°iate**—শ্বাসরোধ করা। *n.* **asphyxiā°tion**। [Gk. *asphyxia*]

aspic$_1$ [as°-pik, অ্যাস্°পিক্] *n.* savoury meat-jelly, মাংসের সুস্বাদু মোরব্বাবিশেষ।

aspic$_2$(k)—see **asp$_2$**.

aspirant—see **aspire.**

aspirate [as°p(a)-rit, অ্যাস্°প্রিট্] (1) *a.* (gr.) pronounced with full breath or with the sound 'h', (ব্যাক.) মহাপ্রাণ। (2) *n.* a letter so pronounced, মহাপ্রাণ বর্ণ। *v.t.* **aspirate** [as°-pa-rāt, অ্যাস্°প্যারেইট্] পূর্ণশ্বাসাঘাতসহ উচ্চারণ করা। *p.* & *p. pt.* **as°pirāted**। [see *aspire*]

aspiration [as-pa-rā°sh(a)n, অ্যাস্‌প্যারেই°শ্‌ন্] *n.* eager desire, ব্যাকুল বাসনা ; high hopes, উচ্চাকাঙ্ক্ষা ; (gr.) pronunciation with full breath, (ব্যাক.) পূর্ণশ্বাসাঘাতসহ উচ্চারণ অর্থাৎ মহাপ্রাণ বর্ণের উচ্চারণ। [see *aspire*]

aspirator—see **aspire.**

aspire [as-pī(r)°, অ্যাস্‌পায়্যা(র্)°] *v.i.* to desire eagerly, আকুলভাবে কামনা করা ; to aim at or strive for high things, উচ্চাভিলাষী হওয়া ; to tower up, উঁচু হইয়া ওঠা। *a.* & *n.* **aspīr°ant**—আকুলভাবে কামনাকারী ; উচ্চাকাঙ্ক্ষী ; (উচ্চ-) পদপ্রার্থী। *n.* **aspirator** [as°-pa-rā-ta(r), অ্যাস্°-

প্যারেইট্যা(র্)] শ্বাসের সহিত গ্যাসাদি ভিতরে গ্রহণ করিবার যন্ত্রবিশেষ, (পরি.) বাতচোষক, বাতশোধক। *a.* **aspīr°ing**—ব্যাকুল কামনাকারী; উচ্চাকাঙ্ক্ষী; উঁচু হইয়া উঠিতেছে এমন। [L. *aspirare*<*ad. spirare*=to breathe]

aspirin [as°-pa-rin, অ্যাস্°প্যারিন্] *n.* a drug, বেদনা শিরঃপীড়া প্রভৃতির ঔষধবিশেষ। [P.]

asquint [a-skwint° অ্যাস্‌ক্যুইন্‌ট্°] *adv.* & *a.* towards the corner of the eye, অপাঙ্গে, চোরা চাহনিতে; obliquely, তির্যগ্‌ভাবে, বাঁকাভাবে। [a_3, Du. *schuinte*=slant ?]

ass [as, অ্যাস্] *n.* a beast, গর্দভ; (fig.) a stupid person, (আল.) বোকা লোক। **(to) make an ass of oneself**—বোকামি করা, গাধামি করা। [OE. *assa*—cp. L. *asinus*]

assagai—alt. spell. of **assegai.**

assail [a-sāl°, অ্যাসেইল্°] *v.t.* to attack, আক্রমণ করা; (fig.) to take up (a task) resolutely, (আল.) (কর্মাদি সম্পাদনের জন্য) প্রাণপণ চেষ্টা করা; to overwhelm (with questions), (প্রশ্নাদি-দ্বারা) অভিভূত বা জর্জরিত করা। *a.* **assai°lable**—আক্রমণসাধ্য। *n.* **assai°lant**—আক্রমণকারী। [OF. *asalir*<LL. *adsalire*=to leap at]

Assamese [a-sa-mēz°, অ্যাস্যামীজ্°] (**1**) *a.* of Assam, আসাম-দেশীয়। (**2**) *n.* a native or the language of Assam, আসামের লোক বা ভাষা। [Beng. *Asam*]

assassin [a-sa°-sin, অ্যাস্যা°সিন্] *n.* a treacherous murderer, যে ব্যক্তি বিশ্বাসঘাতকতাপূর্বক গোপনে হত্যা করে, গুপ্তঘাতক। *v.t.* **assa°ssināte**—বিশ্বাসঘাতকতাপূর্বক গোপনে হত্যা করা। *p.* & *p. pt.* **assa°ssinātėd**। *n.* **assa°ssinā°tion**। *n.* **assa°ssinātor**। [*Hasan-ibn-Sabah* of Persia, notorious for treacherous murder]

assault [a-sawlt°, অ্যাস্‌ল্‌ট্°] (**1**) *n.* a sudden and violent attack, হঠাৎ প্রবল আক্রমণ; an unlawful personal attack, বে-আইনীভাবে দেহে আঘাত; (fig.) an attempt to assail anybody with arguments, (আল.) যুক্তিতর্কদ্বারা জর্জরিত করার চেষ্টা। (**2**) *v.t.* to attack suddenly and violently, সহসা প্রবলবেগে আক্রমণ করা; to make an unlawful personal attack on, বে-আইনীভাবে দেহে আঘাত করা; (fig.) to attempt to assail with arguments, (আল.) যুক্তিতর্কদ্বারা জর্জরিত করিতে চেষ্টা করা। *p.* & *p. pt.* **assaul°tėd**। **assault and battery**—(আইনে) আক্রমণ, প্রহার, আঘাত করার জন্য হস্তার্পণ। *n.* **assault°-boat**—নদীপথে আক্রমণার্থ মোটরচালিত বহনযোগ্য নৌকাবিশেষ। [OF. *asaut*<LL. *adsaltus*>*salire*=to leap]

assay [a-sā°, অ্যাসেই°] (**1**) *v.t.i.* to test the purity of, (প্রধানতঃ ধাতুর) বিশুদ্ধতা পরীক্ষা করা; to test or prove, পরীক্ষা করা বা প্রমাণ করা; to try, চেষ্টা করা। (**2**) *n.* a test, (প্রধানতঃ ধাতুর) পরীক্ষা; an experiment, গবেষণা; an attempt, প্রচেষ্টা। *n.* **assay°er**। [OF. *asayer, essayer*<LL. *exagiare*—cp. *essay*]

assegai [a°-sa-gī, অ্যা°স্যাগাই] *n.* a wooden spear tipped with iron used by South African tribes, দক্ষিণ আফ্রিকার জুলু ও অন্যান্য জাতি কর্তৃক ব্যবহৃত কাঠের হাতলওয়ালা অয়োমুখ বর্শাবিশেষ। [Ar. *azzaghayah*]

assemble [a-semb°l, অ্যাসেম্‌ব্‌°ল্] (**1**) *v.t.i.* to gather, একত্র করা বা একত্র হওয়া, জড় করা বা জড় হওয়া। (**2**) *v.t.* to put together the parts of, (যন্ত্রাদির) বিভিন্ন অংশ জোড়া দেওয়া। *n.* **assemb°-lage**—সমাবেশ, একত্রীকরণ বা একত্রীভবন; সমূহ; (পরি.) সংঘাত। *n.* **assemb°ly**—যন্ত্রাদির বিভিন্ন অংশ জোড়া দেওয়ার কাজ; সমাবেশ, সমাগম; জনসমাবেশ; সভা, পরিষদ্; (সাম.) তূর্যধ্বনিদ্বারা (সচ. তাঁবু ভাঙ্গার জন্য) আহ্বান। **Constituent Assembly, National Assembly**—(ফ্রান্সের বৈপ্লবিক অথবা স্বাধীন ভারতের ও অন্যান্য রাষ্ট্রের) গণপরিষদ্। **Legislative Assembly**—বিধানসভা, ব্যবস্থাপক-সভা, আইন-সভা। *n.* **assemb°ly-hall**—যে কারখানায় বড় যন্ত্রাদির (যেমন, এরোপ্লেন) বিভিন্ন অংশ জোড়া দেওয়া হয়। *n.* **assemb°ly-house**—পরিষদ্-ভবন। **assembly line**—ব্যাপক উৎপাদনের যে অবস্থায় বা স্তরে যন্ত্রাদির বিভিন্ন অংশ জোড়া দেওয়া হয়। *n.* **assemb°ly-man**—বিধানসভার সদস্য। *n.* **assemb°ly-room**—জনসাধারণের নাচঘর; পরিষদ্-কক্ষ। [OF. *assembler*<LL. *assimulare*=to bring together]

assent [asent°, অ্যাসেন্‌ট্°] (**1**) *v.i.* to acquiesce, রাজি হওয়া, হাঁ বলা। *p.* & *p. pt.* **assen°-tėd**। (**2**) *n.* acquiescence, সম্মতি; concurrence, ঐকমত্য; sanction, অনুমোদন। [OF. *assenter* <L. *assentare*<*ad-*, *sentire*=to think]

assert [a-sa(r)t°, অ্যাস্যা(র্)ট্°] *v.t.* to vindicate, সপ্রমাণ করা; to declare or uphold strongly, দৃঢ়রূপে ঘোষণা করা; জাহির করা; to claim, দাবি করা; to insist upon one's rights, অধিকারাদি সম্বন্ধে জিদ্ ধরা। *p.* & *p. pt.* **asser°tėd**। **(to) assert oneself**—নিজের অধিকার বা মতামত (সচ. জোরের সঙ্গে) তুলিয়া ধরা; নিজেকে জাহির করা। *a.* **asser°table**। *n.* **asser°ter, asser°tor**। *n.* **asser°tion**। *a.* **asser°tive**—প্রমাণকর; দৃঢ়ঘোষণাকর; জাহির করে এমন; নিশ্চয়কর; দাবি-পূর্ণ; জিদ্-পূর্ণ (an *assertive* tone)। *adv.* **asser°tively**। [L. *asserere*<*ad-*, *serere*=to join]

assess [a-ses°, অ্যাসেস্°] *v.t.* to fix the amount of, পরিমাণ নির্দিষ্ট করিয়া দেওয়া; to estimate the value of, মূল্যনির্ণয় করা। *p.* & *p. pt.* **asse°ssed**। *a.* **asse°ssable**। *n.* **assess°-ment**। *n.* **asse°ssor**—মূল্যনির্ণায়ক, করনির্ধারক; শাসক বিচারপতি অথবা সরকারী কর্ম-সমিতির

পরামর্শদাতা। [OF. *assesser*<LL. *assessare*< *ad-*, *sedere*=to sit]

assets [a°sets, অ্যা°সেট্স্] *n. pl.* the property of a deceased or insolvent person, attachable for disbursement of his debts, মৃত বা দেউলিয়া ব্যক্তির যে সম্পত্তি তাহার ঋণপরিশোধার্থ দাবি করা যায়; the entire property of a person or a business concern, কোন ব্যক্তির বা ব্যবসায়-প্রতিষ্ঠানের যাবতীয় সম্পত্তি, পরিসম্পৎ। *n.* (false) *sing.* **a°sset**—সম্পত্তির যে কোন একটি দফা; বিশেষ সম্পত্তি। [AF. *aver assetz*=to have enough <L. *ad-*, *satis*=enough]

asseverate [a-se°-va-rāt, অ্যাসে°ভ্যারেইট্] *v.t.* to declare solemnly, শপথপূর্বক ঘোষণা করা। *p.* & *p. pt.* **asse°verātėd**। *n.* **asseverā°tion**। [L. *asserverare*<*ad-*, *serverus*=serious]

assiduity [a-si-dū°-i-ti, অ্যাসিডিউ°ইটি] *n.* perseverance, অধ্যবসায়; (in *pl.*) constant attention, অবিরাম সাধনা। *a.* **assi°dūous**—অধ্যবসায়ী, অক্লান্ত পরিশ্রমী। *adv.* **assi°dūously**। [L. *assiduus*<*ad-*, *sedere*=to sit]

assign [a-sīn°, অ্যাসাইন্°] (**1**) *v.t.* to allot, অংশ বিভাজন করিয়া বা নির্দেশ করিয়া দেওয়া; to entrust or appoint, কর্মাদির দায়িত্ব অর্পণ করা; to transfer, হস্তান্তর করিয়া দেওয়া, (পরি.) স্বত্বনিয়োগ করা; to ascribe, আরোপ করা; to specify, নির্দিষ্ট করিয়া দেওয়া; to adduce; প্রাসঙ্গিকবোধে উল্লেখ করা। (**2**) *n.* a person to whom any property is made over, সম্পত্তি হস্তান্তর করিয়া যাহাকে দেওয়া হয়। *a.* **assig°nable**। *n.* **assignee°**—অধিকারপ্রাপ্ত প্রতিনিধি, আমমোক্তার বা উকিল; সম্পত্তি বা অধিকারাদি হস্তান্তরপূর্বক যাহাকে প্রদান করা হয়, (পরি.) স্বত্বনিয়োগী; দেউলিয়ার সম্পত্তি পরিচালনার জন্য আইনতঃ ভারপ্রাপ্ত ব্যক্তি। *n.* **assig°ner, assig°nor**। *n.* **assign°ment**—assign (*v.*) এর সকল অর্থে, এবং—হস্তান্তরের দলিল। [OF. *assigner*<L. *assignare*=to mark out <*ad-*, *signum*=a mark]

assignat [a-sin-iŭ°, অ্যাসিন্ইয়া°] *n.* paper money issued by the revolutionary French government, ১৭৯০ খ্রিষ্টাব্দে ফ্রান্সের বিপ্লবী সরকার কর্তৃক প্রচারিত পত্রমুদ্রা বা নোট। [F.<L. *assignare*=to assign]

assignation [a-sig-nā°sh(a)n, অ্যাসিগ্নেই°শ্ন্] *n.* an appointment (esp. of love) to meet, (প্রধানতঃ প্রণয়ী-প্রণয়িনীর) মিলনের ব্যবস্থা, অভিসারের সঙ্কেতস্থান বা সঙ্কেতসময়; transfer of right or property, অধিকার বা সম্পত্তি হস্তান্তরণ। [see *assign*]

assignee, assignment—see **assign.**

assimilable—see **assimilate.**

assimilate [a-si°-mi-lāt, অ্যাসি°মিলেইট্] *v.t.i.* to make or become similar, সদৃশ করা বা হওয়া; to compare or be compared, তুলনা করা বা তুলিত হওয়া; to absorb or be absorbed into the system, হজম করা বা হওয়া, অঙ্গীভূত করা বা হওয়া। *p.* & *p. pt.* **assi°milātėd**। *a.* **assi°milāble**। *n.* **assimilā°tion**। *a.* **assi°milātive**—সদৃশ করে এমন; হজম করে বা অঙ্গীভূত করে এমন। *n.* **assi°milātor**। [L. *asimilare*<*ad-*, *similis*=like]

assist [a-sist°, অ্যাসিস্ট্°] *v.t.i.* to help, সাহায্য করা বা সহযোগিতা করা। *p.* & *p. pt.* **assis°tėd**। *n.* **assis°tance**—সাহায্য, সহযোগিতা। *a.* & *n.* **assis°tant**—সাহায্যকারী, সহযোগী, সহ-, (কর্মচারী সম্বন্ধে—অন্য কর্মচারীর) অধীন বা অবর। [F. *assister*<L. *ad-*, *sistere*=to take one's stand]

assize [a-sīz°, অ্যাসাইজ্°] *n.* statutory price, weight etc. of articles of food and drink, খাদ্যদ্রব্য ও পানীয়াদির বিধিবদ্ধ মূল্য ওজন প্রভৃতি; a trial by jury, জুরির বিচার; judgment, রায়; (in *pl.*) periodical sittings of judges in district towns, বিভিন্ন সময়ে বিচারকদের জেলা-সদরে বিচারার্থ আগমন ও অধিবেশন। [OF. *asise* <L. *assidere*<*ad-*, *sedere*=to sit]

associable—see **associate.**

associate [a-sō°-shi-āt, অ্যাসৌ°শিএইট্] *v.t.i.* to combine or unite, মিলিত বা একত্র করা অথবা হওয়া; to link or connect, সম্বন্ধ বা সংশ্লিষ্ট বা যুক্ত করা অথবা হওয়া; to make or become a colleague or partner, সহকর্মী বা অংশীদার করা অথবা হওয়া; to accompany, সঙ্গী বা অনুষঙ্গী করা অথবা হওয়া। *p.* & *p. pt.* **assōciātėd**। *n.* **assō°ciate**—সহযোগী; অংশীদার; সঙ্গী। *a.* **assō°ciable**। *n.* **assōciabi°lity**। *n.* **assōciā°tion**—মিলন; সম্বন্ধ বা যোগ; অনুষঙ্গ, সঙ্গ; সভা, সঙ্ঘ, (পরি.) পরিমেল। **association of ideas**—বিভিন্ন অবস্থার সাদৃশ্য বা প্রাসঙ্গিকতা বিচারপূর্বক অবধারণা, ভাবানুষঙ্গ। *a.* **assō°ciative**—সঙ্গাভিলাষী বা সঙ্ঘপ্রিয়, মিশুক বা সামাজিক। [L. *associare*]

assonance [a°-sa-nans, অ্যা°স্যান্যান্স্] *n.* a correspondence in sound, (প্রধানতঃ স্বরবর্ণের) ধ্বনিসাদৃশ্য, স্বরসাদৃশ্য। *a.* **a°ssonant**—স্বরসাদৃশ্যপূর্ণ। [F.<L. *assonare*<*ad-*, *sonare*=sound]

assort [a-saw(r)t°, অ্যাস্ত(র্)ট্°] (**1**) *v.t.* to classify, বিভিন্ন শ্রেণীতে ভাগ করা। (**2**) *v.i.* to fall into a class, বিশেষ কোন শ্রেণীভুক্ত হওয়া; to agree or suit, অনুরূপ হওয়া বা মানান; to associate, সঙ্গী বা অনুষঙ্গী হওয়া। *a.* **assor°tėd**—বিভিন্ন শ্রেণীতে বিভক্ত, নানাপ্রকার, হরেক রকম। *n.* **assort°ment**—বিভিন্ন শ্রেণীতে বিভাজন; বিভিন্ন শ্রেণীতে বিভক্ত দ্রব্য, রকমারি মাল। [OF. <L. *ad-*, *sortis*=a lot]

assuage [a-swāj°, অ্যাসোএইজ্°] *v.t.i.* to calm, শান্ত করা বা হওয়া; to allay or be allayed, উপশম করা বা হওয়া, প্রশমিত করা বা হওয়া। *n.* **assuāge°ment** । [OF. *asouager* < L. *ad-*, *suavis* = mild]

assume [a-sūm°, অ্যাসিউম্°] *v.t.* to take in, গ্রহণ করা, অন্তর্ভুক্ত করা ; to take upon oneself, দখল করা বা দায়িত্বগ্রহণ করা (to *assume* office) ; to put on, পরিগ্রহ করা বা ধারণ করা (to *assume* an appearance or dress) ; to feign as one's own, ভান করা, (ছদ্মবেশাদি) ধারণ করা ; to take for granted, মানিয়া লওয়া বা ধরিয়া লওয়া । *a.* **assū°mable** । *adv.* **assū°mably** । *a.* **assū°med**—গৃহীত ; দায়িত্ব গ্রহণ করা হইয়াছে এমন ; পরিগৃহীত, ধৃত ; ভান করিয়া বা ছদ্মবেশরূপে অবলম্বিত, কপট ; ধরিয়া বা মানিয়া লওয়া হইয়াছে এমন ; অধিকৃত । *adv.* **assū°mėdly** । *a.* **assū°ming**—জাহির-কারী, ভানকারী ; ধৃষ্ট । *n.* **assumption** [a-sum(p)°sh(a)n, অ্যাসাম্°শ্‌ন্] গ্রহণ ; দায়িত্বগ্রহণ ; পরিগ্রহ, ধারণ ; যিশু-মাতা মেরিকে স্বর্গে গ্রহণ-উপলক্ষে পর্ব ও তৎসংক্রান্ত ভোজ ; ভান ; কাপট্য (an *assumption* of indifference) ; দখল ; মানিয়া বা ধরিয়া লওয়া ; ধৃষ্টতা । *a.* **assumptive** [a-sum(p)°-tiv, অ্যাসাম্°টিভ্] ধরিয়া বা মানিয়া লওয়ার স্বভাববিশিষ্ট । [L. *assumere* < *ad-*, *sumere* = to take]

assure [a-shooa(r)°, অ্যাশুয়্যা(র্)°] *v.t.* to make sure, নিশ্চিত করা ; to tell or inform positively, আশ্বাস দেওয়া, নিশ্চিতরূপে বলা বা জানান ; to secure, নিরাপদে রাখা ; to insure, বিমা করা । *a.* **assured°**—নিশ্চিত, কৃতনিশ্চয় ; নিশ্চিতরূপে কথিত বা জ্ঞাপিত ; আত্মবিশ্বাসী ; দুঃসাহসী ; নিরাপদে রক্ষিত ; বিমা-কৃত । *adv.* **assur°ėdly** । *n.* **assur°er** । *n.* **assur°ance**—নিশ্চয়করণ ; নিশ্চিতরূপে কথন বা জ্ঞাপন ; প্রতিশ্রুতি ; নিরাপদে রক্ষণ ; বিমা । **(to) make assurance doubly sure**—সম্ভাব্য সংশয়সমূহ দূর করা । [OF. *aseurer*—see *sure*—cp. *insure*]

assurgent [a-su(.)°jnt, অ্যাসা(র্)°জ্‌ন্‌ট্] *a.* rising, swelling up, ফুলিয়া উঠিতেছে এমন, উত্তাল ; (bot.) rising obliquely, তির্যগ্‌ভাবে উর্ধ্বগ । [L. *assurgere*—see *surge*]

Assyrian [a-si°ri-an, অ্যাসি°রিঅ্যান্] (**1**) *a.* of Assyria, অ্যাসিরিয়া-দেশীয় । (**2**) *n.* a native of Assyria, (প্রধানতঃ প্রাচীন) অ্যাসিরিয়া-বাসী ।

asteism [as°-tē-izm, অ্যাস্°টীইজ্‌ম্] *n.* refined irony, মার্জিত শ্লেষ । [Gk. *asty* = town]

aster [as°-ta(r), অ্যাস্°ট্যা(র্)] *n.* a starlike flower or its plant, তারাফুল (China *aster*) । **as°terisk**—(**1**) *n.* বৈশিষ্ট্যসূচক তারকাচিহ্ন (*) ; (**2**) *v.t.* তারকাচিহ্নিত করা, তারকায়িত করা । *p.* & *p. pt.* **as°teriskėd** । *n.* **as°terism**—নক্ষত্রপুঞ্জ ; তিন-তারাচিহ্ন (* * *) । **as°teroid**—(**1**) *n.* উপগ্রহ, গ্রহাণু ; সামুদ্রিক মৎস্যবিশেষ, তারামাছ ; (**2**) *a.* তারকাকার । [Gk. = star]

astern [a-sta(r)n°, অ্যাস্ট্যা(র্)ন্°] *adv.* in or towards the stern, পোতাদির পশ্চাদংশে ; behind, পিছনে । **astern of**—পশ্চাতে । **(to) fall astern**—(জাহাজাদি-সম্বন্ধে—অন্য জাহাজের) পিছনে পড়া । [a_3, *stern*]

asteroid—see **aster.**

asthenia [as-thē°-ni-a, অ্যাস্থী°নিঅ্যা] *n.* (path.) weakness, debility, (চিকি.) দৌর্বল্য, বৈকল্য । [Gr. *a*, *sthenos* = strength]

asthma [as°-ma, অ্যাস্°ম্যা] *n.* a respiratory disease, হাঁপানি-রোগ । *a.* **asthma°tic(al)**—হাঁপানি-সংক্রান্ত ; হাঁপানিগ্রস্ত । [Gk.]

astigmatism [as-tig°-ma-tizm, অ্যাস্টিগ্°ম্যাটিজ্‌ম্] *n.* a defect in eye or lens causing rays of light to deviate from the focus, চক্ষুর বা কাচের যে দোষে আলোকরশ্মিকে প্রচলিত পথ হইতে ভিন্নাভিমুখ বলিয়া মনে হয়, বিষম দৃষ্টি । *a.* **astig°matic**—বিষমদৃষ্টিবিশিষ্ট । [Gk. *a-* = not, *stigma* = a point]

astir [a-sta(r)°, অ্যাস্ট্যা(র্)°] *adv.* on the move, চলন্তাবস্থায় ; out of bed, শয্যাত্যাগ করিয়া ; in excitement, উত্তেজিত অবস্থায় । [a_3, *stir*]

astonish [as-to°-nish, অ্যাস্ট°নিশ্] *v.t.* to amaze suddenly, সহসা বিস্ময়বিহ্বল করা, তাক লাগান ; to daze or dismay, চমৎকৃত বা ভয়-বিহ্বল করা । *p.* & *p. pt.* **asto°nishėd** । *a.* **asto°nishing**—বিস্ময়কর । *n.* **asto°nishment** । [OF. *estoner* < L. *ex-*, *tonare* = to thunder]

astound [as-townd°, অ্যাস্টাউন্ড্°] *v.t.* to strike dumb with wonder or horror, বিস্ময়ে বা আতঙ্কে স্তম্ভিত করা । *p.* & *p. pt.* **astoun°dėd** । *a.* **astoun°ding**—স্তম্ভিত করে এমন । [see *astonish*]

astraddle [a-strad°l, অ্যাস্ট্র্যাড্°ল্] *adv.* with legs wide apart, দুই পা দুই দিকে খুব ফাঁক করিয়া বা ঘোড়ার দুই পাশে দুই পা ঝুলাইয়া দিয়া । [a_3, *straddle*]

astrakhan [as-tra-kan°, অ্যাস্ট্র্যাক্যান্°] *n.* the skin of lamb from Astrakhan in Russia or fabric made in imitation of it, অ্যাস্ট্র্যাক্যান্-দেশীয় মেষচর্ম বা তদনুকরণে প্রস্তুত বস্ত্র ।

astral [as°tr(a)l, আস্°ট্রল্] *a.* of stars, নাক্ষত্রিক, নাক্ষত্র । **astral body**—ভৌতিক দেহ, সূক্ষ্ম শরীর । **astral plane**—যে লোকে ভূতেরা সঞ্চরণ করে, ভূতলোক, ভৌতিক স্তর । [L. *astralis* < *astrum* = a star]

astray [as-trā°, অ্যাস্ট্রেই°] *adv.* out of the right way, বিপথে । [*a-*, *stray*]

astrictive [a-strik°-tiv, অ্যাস্ট্রিক্°টিভ্] *a.* astringent, দেহজ কলাসমূহের সঙ্কোচনসাধক (যাহার ফলে রক্তক্ষরণ বন্ধ হয়) । [a_3, see *strict*]

astride [a-strīd°, অ্যাস্ট্রাইড্°] *adv.* & *prep.* in a striding position, লম্বা লম্বা পা ফেলিয়া বা দুই পা দুই দিকে খুব ফাঁক করিয়া । [a_3, *stride*]

astringe [as-trinj°, অ্যাস্ট্রিন্‌জ্°] *v.t.* to bind

together, একত্র বাঁধা ; to compress, সঙ্কুচিত করা ; to constipate, কোষ্ঠবদ্ধতা জন্মান। *n.* **astrin°gency**—একত্র বন্ধন, সম্বন্ধন ; সঙ্কোচন ; কোষ্ঠবদ্ধতা ; কঠোরতা। **astrin°gent**—(**1**) *a.* সম্বন্ধক বা সঙ্কোচক ; দেহজ কলাসমূহের সঙ্কোচনসাধক (যাহার ফলে রক্তক্ষরণ বন্ধ হয়) ; কঠোর ; (**2**) *n.* সম্বন্ধক বা সঙ্কোচক পদার্থ ; দেহজ কলাসমূহের সঙ্কোচনসাধক পদার্থ বা ঔষধ। [L. *astringere*<*ad*-, *stringere* = to draw tight]

astro- [as-tro°, অ্যাস্‌ট্রো°] *in comp.* star, তারা, নক্ষত্র। *n.* **astro°logy**—ফলিত জ্যোতিষ ; জ্যোতির্বিদ্যা। *n.* **astro°loger**—জ্যোতিষী, গ্রহাচার্য। *a.* **astrologic** [as-tra-lo°-jik, অ্যাস্‌ট্র্যাল°জিক্‌]. **astrolo°gical**—ফলিত জ্যোতিষ বা জ্যোতির্বিদ্যা সম্বন্ধীয়। *n.* **astronaut** [as°-tro-nawt, অ্যাস্‌°ট্রোন্টট্‌] one who travels in a spacecraft, মহাকাশচারী, নভশ্চর। *n.* **astro-nau°tics**—নভশ্চরণ-বিদ্যা। *n.* **astro°nomy**—জ্যোতির্বিদ্যা, জ্যোতিষ। *n.* **astro°nomer**—জ্যোতির্বেত্তা। *a.* **astronomic** [as-tra-no°-mik, অ্যাস্‌ট্র্যান°মিক্‌], **astrono°mical**—জ্যোতির্বিদ্যা-সংক্রান্ত। *n.* (treated as *sing.*) **as°trōphysics**—নভোবস্তুবিদ্যা। [Gk. *astron*]

astute [as-tūt°, অ্যাস্‌টিউট্‌°] *a.* shrewd, চতুর ; sagacious, বিচক্ষণ ; crafty, কৌশলী। *adv.* **as-tūte°ly**। *n.* **astūte°nėss**। [L. *astutus*<*as-tus* = craft]

asunder [a-sun°-da(r), অ্যাসান্‌°ডা(র্‌)] *adv.* separated from one another, পরস্পর বিচ্ছিন্ন হইয়া। **(to) tear asunder**—ছিঁড়িয়া টুকরা হইয়া যাওয়া বা টুকরা করা। [OE. *on sundrar*—see a_3, *sunder*]

asylum [a-sī°-lam, অ্যাসাই°ল্যাম্‌] *n.* a refuge for criminals and debtors or for the destitute or afflicted and sick persons, অপরাধী বা দেনদার বা অনাথ ব্যক্তিদের আশ্রয়স্থল অথবা আর্ত ও রুগ্‌ণ ব্যক্তিদের সেবা-প্রতিষ্ঠান, আতুরাশ্রম ; a shelter or refuge, আশ্রয় (political *asylum*)। [L.<Gk. *asylon*<*a*-, *sylon* = right of seizure]

asymmetry [a-si°-mit-ri, অ্যাসি°মিট্রি] *n.* absence of symmetry, সামঞ্জস্যের অভাব, অপ্রতিসাম্য। [Gk. *asymmetria*—see *a*-, *symmetry*]

at [at, অ্যাট্‌] *prep.* denoting position, direction, state, relation, etc., অবস্থান (*at* Calcutta), আভিমুখ্য (*at* a thief), অবস্থা বা ব্যাপৃতি (*at* work), সম্পর্ক (*at* this news), প্রভৃতি অর্থজ্ঞাপক, -তে, -এতে, অভিমুখে, অভি-, প্রতি-, অধি-, ইত্যাদি। বিশেষ অবস্থায় বা অর্থে : সময় (*at* sunset, *at* 5 o'clock ; *at* the age of 6) ; ক্রম (*at* the first attempt) ; পুনঃপুনঃ সঙ্ঘটন (*at* regular intervals) ; অবস্থা (*at* peace or leisure), গতি (*at* full speed, *at* a snail's pace) ; মূল্য, দাম ইত্যাদি (*at* a high price, *at* a loss or profit) ; adjective-এর পরে (good *at* figures) ; past participle-এর পরে (delighted *at* the news)। **hard at it**—কঠোর শ্রমে রত। [OE. *aet*—cp. L. *ad*]

ataman [a°-ta-man, অ্যা°ট্যাম্যান্‌] *n.* a Cossack headman or general, কসাক-মোড়ল বা কসাক-সেনাপতি। [Russ.]

ataraxy [a-ta-rak°-si, অ্যাট্যার্যাক্‌°সি], **atarax°-ia**—*n.* stoical indifference, পার্থিব ব্যাপারে ঔদাসীন্য, বিষয়বৈরাগ্য। [Gk. *ataraxia* <*a*-, *tarassein* = to disturb]

atavism [a°-ta-vizm, অ্যা°ট্যাভিজ়্‌ম্‌] *n.* reappearance of ancestral traits in one's character, চরিত্রে পূর্বপুরুষের (কিন্তু পৈতৃক নহে) গুণদোষের পুনর্বিকাশ, (পরি.) পূর্বগানুকৃতি। *a.* **at-avis°tic**—পূর্বগানুকৃতিমূলক। [L. *atavus* = a great-great-great-grandfather]

ate—see **eat**.

atelier [a°-ta-li-ā, অ্যা°ট্যালিএই] *n.* a workshop, কারখানা ; an artist's studio, শিল্পীর কর্মশালা, শিল্পশালা। [F.]

atheism [ā°-thi-izm, এই°থিইজ়্‌ম্‌] *n.* disbelief in the existence of God, নাস্তিক্য, নিরীশ্বরবাদ। *n.* **ā°thėist**—নাস্তিক। *a.* **āthėis°tic(al)**—নাস্তিকতামূলক। [Gk. *atheos*—see *a*-, *theism*]

Athenæum [a-thi-ni°-am, অ্যাথিনি°অ্যাম্‌] *n.* the temple of Athene at Athens, অ্যাথেন্স-নগরে অ্যাথিনী-দেবীর মন্দির। *n.* **athėnæ°um**—যে কোন সাহিত্যিক বা সাংস্কৃতিক প্রতিষ্ঠান। [Gk. *Athene*, the goddess of wisdom]

Athenian [a-thē°-ni-an, অ্যাথী°নিঅ্যান্‌] (**1**) *a.* of Athens, অ্যাথেন্স-নগরের। (**2**) *n.* an inhabitant of Athens, অ্যাথেন্সবাসী। [see *Athenæum*]

athermancy [ath-a(r)°-man-si, অ্যাথ্‌অ্যা(র্‌)°ম্যান্‌সি] *n.* impermeability to heat, তাপরোধিত্ব। *a.* **ather°mic**। [Gr. *a*, *thermainein* = to heat]

athirst [a-tha(r)st°, অ্যাথ্যা(র্‌)স্‌ট্‌°] *a.* thirsty, তৃষ্ণার্ত ; eager, উদ্‌গ্রীব। [a_3, *thirst*]

athlete [ath°-lēt, অ্যাথ্‌°লীট্‌] *n.* a competitor in any tournament requiring physical strength, দৈহিক শক্তিপরীক্ষামূলক ক্রীড়াদিতে প্রতিদ্বন্দ্বিতাকারী ব্যক্তি বা মল্ল। *a.* **athle°tic**—মল্লক্রীড়া-সংক্রান্ত। *adv.* **athle°tically**। *n.* **athleticism** [ath-le°-ti-sizm, অ্যাথ্‌লে°টিসিজ়্‌ম্‌] মল্লক্রীড়াদির অনুশীলন। *n.* **athle°tics**—মল্লক্রীড়া ; শরীরচর্চা। [L. *athleta*<Gk. *athletos*<*athleo* = to contend for prize]

at-home—see **home**.

athwart [a-thwaw(r)t°, অ্যাথ্যোঅ্যা(র্‌)ট্‌°] *adv.* & *prep.* crosswise, আড়াআড়িভাবে ; obliquely, তির্যগ্‌ভাবে ; in opposition to, প্রতিকূলে। [a_3, *thwart*]

atishoo [a-ti°-shoo, অ্যাটি°শূ, a-ti-shoo°,

অ্যাটিশ্‌] *int.* (hum.) indicating a sneeze, (কৌতু.) হাঁচ্চো। [imi.]

Atlantes, atlantes [at-lan°-tez, অ্যাট্‌ল্যান্‌°-টীজ্‌] *n. pl.* sculptured figures of men serving as pillars, পুরুষের মূর্তিবিশিষ্ট স্তম্ভসমূহ। [Gk. *plu.* of *atlas*]

Atlantic [at-lan°-tik, অ্যাট্‌ল্যান্‌°টিক্‌] (**1**) *n.* the ocean lying in between Europe, Africa, and America, অতলান্তিক মহাসাগর। (**2**) *a.* pertaining to this ocean, অতলান্তিক মহাসাগরীয়। *n.* **Atlan°tis**—অতলান্তিক মহাসাগরের লুপ্ত দ্বীপবিশেষ। [see *atlas*]

atlas [at°-las, অ্যাট্‌°ল্যাস্‌] *n.* a book of maps, মানচিত্রাবলী। *n.* **At°las**—(গ্রী. পু.) যে দৈত্যের স্কন্ধে পৃথিবীর বোঝা চাপাইয়া দিয়া দেবরাজ জোভ্‌ তাহাকে শাস্তি দিয়াছিলেন। [Gk.]

atman, atma [ŭt°-ma, আট্‌°ম্যা] *n.* (Hindu theol.) the divine immortal soul present in every individual creature, আত্মা। [Sans.]

atmology [at-mo°-la-ji, অ্যাটম°ল্যাজি] *n.* science of aqueous vapour, জলীয় বাষ্প-বিষয়ক বিজ্ঞান। [Gr. *atmos*=vapour, *logos*=discourse]

atmometer [at-mo°-mi-ta(r), অ্যাট্‌ম°মিট্যা(র্‌)] *n.* an instrument for measuring rate of evaporation, বাষ্পীভবন-মাপক যন্ত্র। [Gr. *atmos* =vapour, *metron*=measure]

atmosphere [at°-mos-fe(r), অ্যাট্‌°মস্‌ফিয়্যা(র্‌)] *n.* the gaseous envelope of the earth or any of the heavenly bodies, বায়ুমণ্ডল, শূন্য, নভঃ ; air of any particular space, নির্দিষ্ট কোন স্থানের বায়ুস্তর (*atmosphere* of the room) ; (fig.) environment, (আল.) পারিপার্শ্বিক অবস্থা, হালচাল (social *atmosphere*)। *a.* **atmosphe°ric(al)** —বায়ুমণ্ডলসংক্রান্ত। *n. pl.* **atmosphe°rics**—বায়ুমণ্ডলে বৈদ্যুতিক গোলযোগের ফলে উত্থিত যে ধ্বনি বেতারবার্তা-প্রেরণে বাধা জন্মায়। [Gk. *atmos*= vapour, *sphaira*=a sphere]

atoll [a-tol°, অ্যাটল্‌°] *n.* a ring-shaped coral island or reef enclosing a lagoon, উপহ্রদ-পরিবেষ্টক বলয়াকার প্রবালদ্বীপ বা প্রবালপ্রাচীর। [Maldive]

atom [a°-tam, অ্যা°ট্যাম্‌] *n.* an indivisibly small particle of matter, পরমাণু ; anything very small, অতি ক্ষুদ্র কোন পদার্থ বা পদার্থের অংশ, কণা। **atom bomb**—পারমাণবিক বোমা। *a.* **atomic** [a-to°-mik, অ্যাট°মিক্‌], **ato°mical**—পারমাণবিক। **atomic energy**—পারমাণবিক শক্তি। **atomic pile**—পারমাণবিক শক্তি উৎপাদন ও মোচন নিয়ন্ত্রণের যন্ত্রবিশেষ, রিঅ্যাক্টর। **atomic theory**—পরমাণুবাদ ; পারমাণবিক তত্ত্ব। *n.* **atomicity** [a-ta-mi°-si-ti, অ্যাট্যামি°সিটি] কোন পদার্থে বিদ্যমান পরমাণুর সংখ্যা ; পারমাণবিক শক্তি বা পরিমাণ। *n.* **a°tomism**—পরমাণুবাদ, পারমাণবিক তত্ত্ব। *n.* **a°tomist**—পরমাণুবিজ্ঞানী। *a.* **atomis°-tic(al)**—পরমাণুবাদসংক্রান্ত। *v.t.* **a°tŏmize**—পরমাণুতে পরিণত বা বিভক্ত করা। *n.* **atŏmīzā°-tion**। *n.* **a°tŏmīzer**—তরল পদার্থকে সূক্ষ্ম সূক্ষ্ম কণায় ছড়াইয়া দেওয়ার জন্য ডাক্তারি যন্ত্রবিশেষ। [F. *atome* < L. < Gk. *atomos*=indivisible]

atone [a-tōn°, অ্যাটৌন্‌°] (**1**) *v.i.* to make amends, প্রতিকার করা বা প্রতিবিধান করা ; to expiate, প্রায়শ্চিত্ত করা। (**2**) *v.t.* to compose, (বিবাদাদির) মিটমাট করা ; to reconcile, (শত্রুদের) মিলনসাধন করা। *n.* **atone°ment**। [*at, one*]

atop [a-top°, অ্যাটপ্‌°] *adv.* on the top, উপরে। [a_3, *top*]

atrabilious [a-tra-bi°-li-as, অ্যাট্র্যাবি°লিয়্যাস্‌] *a.* of a melancholy temperament, বিষণ্ণ বা বিমর্ষ মেজাজ-সম্পন্ন ; acrimonious, বদমেজাজি, রুক্ষস্বভাব। [L. *ater, atra*=black, *bilis*=bile]

atrocious—see **atrocity**.

atrocity [a-tro°-si-ti, অ্যাট্রি°সিটি] *n.* heinous wickedness, বর্বর দুষ্কার্য ; extreme cruelty, নৃশংসতা, দারুণ নিষ্ঠুরতা। *a.* **atrocious** [a-trō°-shas, অ্যাট্রৌ°শ্যাস্‌] নৃশংস ; (কথ্য) খুব খারাপ (*atrocious* weather)। *adv.* **atrō°ciously**। [L. *atrox*=cruel]

atrophy [a°tra-fi, অ্যাট্র্যাফি] *n.* wasting away through malnutrition, উপযুক্ত পুষ্টির অভাবে ক্ষয় ; emaciation, ক্ষয়িষ্ণুতা। [Gk. *a-*, *trophe* =nourishment]

atropin(e) [a°-trō-pen, অ্যা°ট্রৌপীন্‌] *n.* a poison used in medicines, ঔষধরূপে ব্যবহৃত বিষবিশেষ। [Gk. *Atropos*=one of the Fates]

atta [ŭ°-ta, আ°ট্যা] *n.* a variety of coarse flour, আটা। [Punjabi]

attaboy [a°-ta-boy, অ্যা°ট্যাবয়্‌] *int.* bravo, শাবাশ। [corrup. of *that's the boy*]

attach [a-tach°, অ্যাট্যাচ্‌°] (**1**) *v.t.* to fasten together, একত্র বাঁধা, (পরি.) আসঞ্জিত করা ; to unite or join, মিলিত বা সংযুক্ত করা ; to connect, admit or include, সংশ্লিষ্ট করা, ভর্তি করা, অন্তর্ভুক্ত করা ; to associate, সহযোগী করা ; to seize (legally), ক্রোক করা ; to bind in affection to, আসক্ত করান। (**2**) *v.i.* to be fastened together, একত্র আবদ্ধ হওয়া ; to adhere, আসক্ত হওয়া ; to be attributable, আরোপ্য হওয়া। *a.* **atta°chable**। *a.* **atta°ched**—অনুরক্ত ; সম্বদ্ধ ; আসঞ্জিত ; সংযুক্ত ; কর্তৃপক্ষ কর্তৃক নিযুক্ত (a captain *attached* to the General Staff) ; ক্রোককরা। *n.* **attach°ment**—সম্বন্ধ ; আসঞ্জন ; সংযোজন ; আসক্তি, অনুরাগ ; ক্রোক। [OF. *atachier*]

attaché [a-ta°-shā, অ্যাট্যা°শেই] *n.* an official assistant of an ambassador, রাষ্ট্রদূতের সহযোগী, (পরি.) সহদূত। *n.* **atta°ché-cāse**—দলিলপত্রাদি বহনার্থ ক্ষুদ্র হাতব্যাগবিশেষ। [F.—see *attach*]

attached, attachment—see **attach.**

attack [a-tak°, অ্যাট্যাক্°] (**I**) *v.t.* to assault, আক্রমণ করা। *p.* & *p. pt.* **atta°cked** । (**2**) *n.* an onset, আক্রমণ। *a.* **atta°ckable** । [F. *attaquer* < It. *attaccare*—cp. *attach*]

attain [a-tān°, অ্যাটেইন্°] *v.t.i.* to achieve, সফলকাম হওয়া, অভীষ্টলাভ করা; সিদ্ধিলাভ করা; to gain, অর্জন করা; to accomplish, সম্পাদন করা; to arrive at, লক্ষ্যে পৌঁছান (to *attain* to perfection)। *a.* **attai°nable** । *n.* **attainabi°lity** । *n.* **attain°ment**—সাফল্য; সিদ্ধি; অর্জিত গুণ বা বিদ্যা; (in *pl.*) অধিগত বিদ্যা (a man of the highest *attainments*)। [OF. *ataindre* < L. *attingere* < *ad-*, *tangere* = to touch]

attainder [a-tān°-da(r), অ্যাটেইন্°ডা্যা(র্)] *n.* loss of civil rights and property as a result of conviction for high treason, রাজদ্রোহের অপরাধে দণ্ডিত হওয়ার ফলে নাগরিক অধিকার লোপ ও সম্পত্তি বাজেয়াপ্ত হওয়া। *v.t.* **attaint°**—রাজদ্রোহের অপরাধে দণ্ডিত করিয়া নাগরিক অধিকারাদি হইতে বঞ্চিত করা। *p.* & *p. pt.* **attain°tėd** । [see *attain*—confused with *taint*]

attainment—see **attain.**

attaint—see **attainder.**

attar [a°-ta(r), অ্যা°ট্যা(র্)] *n.* otto, আতর। [Per. *atar*]

attemper [a-tem°-pa(r), অ্যাটেম্°প্যা(র্)] *v.t.* to mix proportionately, বিভিন্ন উপাদান যথাপরিমাণে মেশান; to moderate the temperature of, তাপনিয়ন্ত্রণ করা; to adapt or regulate, উপযোগী করিয়া লওয়া বা নিয়ন্ত্রিত করা; to attune, সুর মিলাইয়া লওয়া; to temper, পান দেওয়া। [OF. *atemprer*—see *temper*]

attempt [a-tem(p)t°, অ্যাটেম্ট্°] (**I**) *v.t.i.* to try, চেষ্টা করা; to try to obtain, পাইতে বা আয়ত্ত করিতে চেষ্টা করা; to make an attack, আক্রমণ করা। *p.* & *p. pt.* **attemp°tėd** । (**2**) *n.* an effort, প্রচেষ্টা; an attack, আক্রমণ (an *attempt* on one's life)। *a.* **attemp°table** । [OF. *atempter* < L. *attemptare* = to strive after]

attend [a-tend°, অ্যাটেন্ড্°] (**I**) *v.i.* to apply one's mind to, মনোযোগ দেওয়া, মনোনিবেশ করা; to be heedful, to take care of, অবহিত বা যত্নবান্ হওয়া; to wait upon, পরিচর্যা করা। (**2**) *v.t.* to be present at, হাজির থাকা, উপস্থিত থাকা; to accompany, সঙ্গী বা অনুষঙ্গী হওয়া। *p.* & *p. pt.* **atten°dėd** । *n.* **attendance** [a-ten°-dance, অ্যাটেন্°ড্যান্স্] উপস্থিতি, উপস্থিত ব্যক্তিবর্গ, সমাবেশ (a thin or large *attendance*); মনোযোগ; যত্ন; পরিচর্যা। **attendance register**—হাজিরা-বই, (পরি.) উপস্থিতি-নিবন্ধ। **attendant** [a-ten°-dant, অ্যাটেন্°ড্যান্ট্] (**I**) *a.* উপস্থিত; সঙ্গে বিদ্যমান; পরিচর্যারত; আনুষঙ্গিক (flood and its *attendant* diseases); (**2**) *n.* সঙ্গী; পরিচারক। *n.* **atten°der** । **attending surgeon**—যে শল্যচিকিৎসক বাহির হইতে নিয়মিতভাবে আসিয়া হাসপাতালের রোগীদের চিকিৎসা করে; রোগী যে শল্যচিকিৎসকের চিকিৎসাধীন থাকে। **atten°tion**—(**I**) *n.* মনোযোগ; যত্ন; পরিচর্যা; ভদ্রতা, সৌজন্য; (সাম.) সম্মানপ্রদর্শনার্থ ঋজু ও স্থির হইয়া দাঁড়াইবার ভঙ্গিবিশেষ (to stand at *attention*); (in *pl.*) প্রেমনিবেদন, প্রণয়ী বা প্রণয়িনীর মনোরঞ্জন; (**2**) *int.* (সাম.) ঋজু ও স্থিরভাবে দাঁড়াইবার হুকুম-সূচক। **(to) call attention to**—মনোযোগ আকর্ষণ করা; মনোযোগদানের প্রয়োজন হওয়া। **(to) catch one's attention**—(কাহারও) মনোযোগ আকর্ষণে সমর্থ হওয়া। **(to) pay one's attentions to** (a woman)—(স্ত্রীলোককে) প্রেমনিবেদন করা; (স্ত্রীলোকের) মনোরঞ্জনপূর্বক প্রীতিলাভের চেষ্টা করা। *a.* **atten°tive**—মনোযোগী; অবহিত, যত্নবান্; পরিচর্যারত; সৌজন্যপূর্ণ। *adv.* **atten°tively** । [L. *attendere* = to stretch]

attenuate [a-te°-nū-āt, অ্যাটে°নিউএইট্] *v.t.i.* to make or become slender, কৃশ করা বা হওয়া; to grind or be ground, গুঁড়া করা বা হওয়া; to reduce or be reduced in strength or value, শক্তি বা মূল্য কমান অথবা কমা। *p.* & *p. pt.* **atte°nūātėd** । *a.* **atte°nūate**—কৃশতাপ্রাপ্ত; কৃশ; চূর্ণিত; সূক্ষ্ম; শক্তি বা মূল্য হ্রাসপ্রাপ্ত হইয়াছে এমন। *n.* **atte°nūation** । [L. *attenuare*]

attest [a-test°, অ্যাটেস্ট্°] (**I**) *v.t.i.* to testify or give proof, সত্য বলিয়া বর্ণনা করা, প্রমাণ দেওয়া, (পরি.) প্রত্যায়ন বা তসদিক করা; to bear witness (to), সাক্ষ্য দেওয়া। *p.* & *p. pt.* **attes°tėd** । (**2**) *n.* testimony, evidence, প্রমাণ বা প্রমাণপত্র। *a.* **attes°table** । *n.* **attes°tor** । *n.* **attestā°tion**—প্রত্যায়ন; সাক্ষ্য। [L. *attestari* < *ad-*, *testis* = a witness]

attic$_1$ [a°-tik, অ্যা°টিক্] *n.* the roof of the topmost storey or a room erected upon it, চিলে-ছাদ বা চিলে-কোঠা। [see *Attic*]

Attic$_2$ [a°-tik, অ্যা°টিক্] *a.* of Attica or Athens, অ্যাথেন্স-নগরীর; elegant, মার্জিত। **Attic salt**—মার্জিত কিন্তু নীরস রসিকতা। *n.* **atticism** [a°-ti-sizm, অ্যা°টিসিজ়্ম্] অ্যাথেনসের রচনা-শৈলী বা বাগ্বিধি; মার্জিত ও বিশুদ্ধ ভাষাব্যবহার বা তৎপ্রতি প্রবণতা। [Gk. *Attike* = Attica]

attire [a-tī(r)°, অ্যাটায়্যা(র্)°] (**I**) *v.t.* to dress or adorn, পোশাক পরান, সাজান; to equip, উপযুক্ত সাজ-সরঞ্জামে ভূষিত করা; to array, সুবিন্যস্ত করা। (**2**) *n.* dress, পোশাক; equipment, বহিঃসজ্জা। *n.* **attīre°ment**—পোশাক; সাজ-সরঞ্জাম। [OF. *atirer* = to put in a row—see *tire*]

attitude [a-ti°-tūd, অ্যাটি°টিউড্] *n.* a posture, ভঙ্গি; an affected posture, ঢঙ, ভড়ং; behaviour, আচরণ; settled mode of thinking, opinion, মনোভাব, ধারণা। **(to) strike an attitude**—অকস্মাৎ নাটকীয়ভাবে কোন ঢঙ বা ভড়ং বা ভঙ্গি অবলম্বন করা। *a.* **attitūdi°nal**—ভঙ্গি-সংক্রান্ত ; ঢঙ-সংক্রান্ত ; আচরণ বা মনোভাবসংক্রান্ত। *n.* **attitūdinār°ian**—ভঙ্গি ঢঙ আচরণ বা মনোভাব পর্যবেক্ষণকারী। *v.i.* **attitūdi°nīze**—ঢঙ বা (কৃত্রিম) ভঙ্গি করা। *n.* **attitudi°nīzer** । [F.<It. *attitudine*<L. *aptitudo*<*aptus*=fit]

attorn [a-ta(r)n°, অ্যাটা্যা(র্)ন্°] (**1**) *v.t.* to transfer (right etc.) to another, (মালিকানাদি) অপরকে হস্তান্তর করিয়া দেওয়া। (**2**) *v.i.* to acknowledge a new landlord, নূতন ভূস্বামীকে মানিয়া লওয়া। *n.* **attorn°ment** । [LL. *attornare*=to assign—cp. *turn*]

attorney [a-ta(r)°-ni, অ্যাটা্যা(র্)°নি] *n.* a legal representative, (প্রধানতঃ আইনগত ব্যাপার পরিচালনার্থ) আইনসম্মত প্রতিনিধি, আমমোক্তার ; a class of lawyers, আইনজীবিবিশেষ, (পরি.) ব্যবহারদেশক বা ন্যায়বাদী, অ্যাটর্নি (also **attorney-at-law** or **public attorney**)। **power of attorney**—প্রতিনিধি নিয়োগের দলিল, আমমোক্তারনামা। *n.* **Attor°ney-Ge°neral**—(পরি.) মহাব্যবহারদেশক। *n.* **attorn°eyship** । [see *attorn*]

attract [a-trakt°, অ্যাট্রাক্ট্°] *v.t.* to draw to oneself, আকর্ষণ করা ; to allure, প্রলুব্ধ করা, ভুলাইয়া লওয়া। *p.* & *p. pt.* **attrac°tėd** । *a.* **attrac°table** । *n.* **attrac°tion**—আকর্ষণ ; প্রলোভন। *a.* **attrac°tive**—আকর্ষণীয়, মনোহর ; প্রলুব্ধ করে এমন। *n.* **attrac°tor** । [L. *attrahere*]

attribute [a-tri°-būt, অ্যাট্রি°বিউট্] *v.t.* to ascribe, আরোপ করা ; to consider as belonging, (কাহারও বা কিছুর) অঙ্গ গুণ অংশ ক্রিয়া প্রভৃতি রূপে গণ্য করা। *p.* & *p. pt.* **attri°būtėd** । *n.* **a°ttribūte**—আরোপিত অঙ্গ গুণ ধর্ম অংশ ক্রিয়া লক্ষণ প্রভৃতি ; (ব্যাক.) বিশেষণ। *a.* **attri°būtable** । *n.* **attribu°tion**—(স্বীকৃত বা আরোপিত) গুণ ক্রিয়া অঙ্গ প্রভৃতি ; আরোপ। **attri°būtive**—(**1**) *a.* বিশেষণাত্মক অর্থাৎ গুণ ক্রিয়া অঙ্গ প্রভৃতি-সূচক। (**2**) *n.* বিশেষণাত্মক শব্দ। [L. *attribuere* =to give to]

attrited [a-trī°-tid, অ্যাট্রাই°টিড্] *a.* worn by friction, পরস্পর ঘর্ষণের ফলে ক্ষয়প্রাপ্ত। [see *attrition*]

attrition [a-tri°sh(a)n, অ্যাট্রি°শ্ন্] *n.* friction, পরস্পর ঘর্ষণ ; wearing down, (পরস্পর ঘর্ষণজনিত ক্রমশঃ) ক্ষয় ; (theol.) repentance through fear of punishment only, কেবল শাস্তি এড়াইবার জন্য (ভগবদ্ভক্তিবশতঃ নহে) অনুতাপ, অলীক অনুতাপ ; (fig.) the wearing down of an adversary, (আল.) কেবল আত্মরক্ষামূলক পন্থাবলম্বনদ্বারা ক্রমশঃ শত্রুর শক্তিক্ষয় (war of *attrition*)। [L. *attritio* <*ad-*, *terere*=to rub]

attune [a-tūn°, অ্যাটিউন্°] *v.t.* to bring into musical accord, সুর মেলান, সুর বাঁধা ; to tune, (বাদ্যযন্ত্রাদিতে) সুর করা ; (fig.) to harmonize, (আল.) ঐক্যবিধান বা সমন্বয়বিধান করা। [*ad-*, *tune*]

aubade [ō-bŭd°, ঔবাড্°] *n.* a musical announcement of dawn, সঙ্গীতদ্বারা উষাগমের ঘোষণা, ভোরাই, প্রভাতী। [F.]

aubergine [ō°-bar-zhēn, ঔ°ব্যা(র্)জ়ীন্] *n.* fruit of the egg-plant, বেগুন। [F. *auberge*= a kind of peach]

auburn [aw°ba(r)n, অ্য°ব্যা(র্)ন্] *a.* (usu. of hair) golden yellow, (সচ. চুল সম্বন্ধে) সোনালি পীতবর্ণ, পিঙ্গল। [OF. *auborne*<L. *alburnus*= whitish]

auction [awk°sh(a)n, অ্যক্°শ্ন্] (**1**) *n.* a public sale in which articles are sold to the highest bidder, নিলাম ; a game at cards, তাসখেলাবিশেষ (usu. **auction bridge**)। (**2**) *v.t.* to sell in an auction, নিলামে বিক্রয় করা, নিলাম করা। **(to) auction off**—নিলামে বেচিয়া দেওয়া।

auctioneer [awk-sha-nē(r)°, অ্যক্শ্যানিয়্যা(র্)°] (**1**) *n.* নিলামদার, নিলাম-বিক্রেতা ; (**2**) *v.t.* নিলামে বিক্রয় করা। **auction house**—নিলাম-বিক্রয়ের দোকান। *n.* **auc°tion-pur°chāser**—নিলাম-ক্রেতা। [L. *auctio*=an increasing]

audacious—see **audacity.**

audacity [aw-da°-si-ti, অ্যড্যা°সিটি] *n.* over-boldness, দুঃসাহস ; impudence, স্পর্ধা, ধৃষ্টতা। *a.* **audacious** [aw-dā°-shas, অ্যডেই°শ্যাস্] দুঃসাহসী ; স্পর্ধিত, ধৃষ্ট। *adv.* **auda°ciously** । [L. *audax*<*audere*=to dare]

audible [aw°-dabl, অ্য°ড্যাব্ল্] *a.* perceptible to the ear, শ্রবণসাধ্য, শ্রাব্য। *n.* **audibi°lity, au°dibleness** । *adv.* **au°dibly** । [med. L. *audibilis*<*audire*=to hear]

audience [aw°-di-ans, অ্য°ডিয়্যান্স্] *n.* hearing, শ্রবণ ; a formal interview, আবেদনাদি শুনিবার নিমিত্ত দর্শনদান ; an assembly of listeners, শ্রোতৃমণ্ডলী ; readers, পাঠকবর্গ। [F.<L. *audientia*<*audire*=to hear]

audile [aw°-dīl, অ্য°ডাইল্] (**1**) *a.* of hearing, শ্রবণসংক্রান্ত ; very sensitive to sounds, অতি-সামান্য শব্দাদিও টের পায় এমন। (**2**) *n.* an audile person, অতি সামান্য শব্দাদিও টের পায় এমন ব্যক্তি। [see *audition*]

audio- [aw-di-o, অ্যডিঅ] *pfx.* of hearing, শ্রবণ-। *n.* **audio°-mėter**—শ্রবণশক্তি-পরিমাপক যন্ত্রবিশেষ, শ্রবণমান। *a.* **au°dio-vi°sūal**—(শিক্ষা-ব্যবস্থাদি-সম্পর্কে) শ্রবণ ও দর্শন একই সঙ্গে হয় এমন। [L. *audire*=to hear]

audit [aw°-dit, অ্য°ডিট্] (**1**) *n.* an examination of accounts by authorized experts, সরকার-অনুমোদিত বিশেষজ্ঞদ্বারা হিসাব-পরীক্ষা, (পরি.) নিরীক্ষা ; a statement of accounts, হিসাবনিকাশ ; a very careful examination, পুঙ্খানুপুঙ্খ পরীক্ষা। (**2**) *v.t.* to examine accounts officially, হিসাব পরীক্ষা করা। *n.* **au°ditor**—নিরীক্ষক। *fem.* **au°ditoress**। *a.* **auditorial** [aw-di-taw°-ri-al, অ্যাডিট্য°রিঅ্যাল্] নিরীক্ষা-সংক্রান্ত। *n.* **au°ditorship**। [L. *audire*=to hear]

audition [aw-di°sh(a)n, অ্যাডি°শ্‌ন্] *n.* the sense or act of hearing, শ্রবণেন্দ্রিয় বা শ্রবণ ; a trial hearing of a musical or dramatic performer, সঙ্গীতবিদ্‌কে বা অভিনেতাকে পরীক্ষার জন্য মহলা। [L. *auditio*<*audire*=to hear]

auditive [aw°-di-tiv, অ্যা°ডিটিভ্] *a.* of hearing, শ্রবণ-সংক্রান্ত। [L. *audire*=to hear]

auditor, auditoress, auditorial—see **audit.**

auditorium [aw-di-taw°-ri-am, অ্যাডিট্য°রি-অ্যাম্] *n.* the space allotted to the audience, (রঙ্গশালাদিতে) শ্রোতৃমণ্ডলীর জন্য নির্দিষ্ট স্থান। [L. <*audire*=to hear]

auditory [aw°-dit(a)-ri, অ্যা°ডিট্‌রি] (**1**) *a.* of the sense of hearing, শ্রবণেন্দ্রিয়-সংক্রান্ত, (পরি.) শ্রাবণ। (**2**) *n.* an audience, শ্রোতৃমণ্ডলী ; an auditorium, শ্রোতৃমণ্ডলীর জন্য নির্দিষ্ট স্থান ; a lecture-hall, বক্তৃতাগৃহ। [see *audition*]

au fait [ō-fā°, ঔফেই°] *pred. a.* conversant, পরিজ্ঞাত, অবগত ; instructed, উপদিষ্ট, নির্দেশ-প্রাপ্ত। [F.]

au fond [ō-fawn°, ঔফঁ°] *adv.* at bottom, তলদেশে। [F.]

Augean [aw-ji°-an, অ্যাজি°অ্যান্] *a.* extremely filthy, অতিশয় নোংরা আবর্জনায় পূর্ণ। **(to) cleanse the Augean stable**—(গ্রীক্ পুরাণোক্ত হারকিউলিসের কাহিনী হইতে—আল.) দীর্ঘকাল ধরিয়া স্তূপীকৃত জঞ্জাল সাফ করা। [Gk. King *Augeas*]

auger [aw°-ga(r), অ্যা°গ্যা(র্)] *n.* a carpenter's tool for boring, তুরপুন। [OE. *nafugar*—Du. *avegaar*]

aught [awt, আট্] (**1**) *n.* anything, যাহা-কিছু ; a whit, সামান্য কিছু। (**2**) *adv.* to any degree or amount, কিছুমাত্র। **for aught I know**—আমি যতটুকু বা যতদূর জানি। [OE. *aht*<*a-wiht*]

augment [awg-ment°, আগ্‌মেন্ট্°] *v.t.i.* to increase, বৃদ্ধি করা বা বৃদ্ধি পাওয়া, বাড়ান বা বাড়া। *p.* & *p. pt.* **augmen°ted**। *n.* **augment** [awg°-mant, আগ্°ম্যান্ট্] বৃদ্ধি ; (ব্যাক.) সংস্কৃত ও গ্রীক্ ভাষায় কোন কোন ধাতুর অতীতকালের রূপের আদিতে স্বরবর্ণের আগম (যেমন 'ভূ'-ধাতু—লট্ বা present tense-এ 'ভবতি', লঙ্ বা past tense-এ 'অভবৎ')। *a.* **augmen°table**। *n.* **augmentā°tion**—বৃদ্ধি, বর্ধন, প্রসার। **augmen°tative**—(**1**) *a.* বর্ধক ; বর্ধনশীল ; (**2**) *n.* অর্থ-সম্প্রসারণার্থ ভিন্ন শব্দের সহিত যুক্ত শব্দ (যেমন 'সুন্দর'—অলোক+সুন্দর=অলোকসুন্দর=পৃথিবীতে দুর্লভ এমন সুন্দর)। [L. *augmentum*=increase<*augere*=to increase]

augur [aw°-ga(r), অ্যা°গ্যা(র্)] (**1**) *n.* a foreteller of future events by means of signs of birds, পক্ষিলক্ষণ দেখিয়া ভবিষ্যৎ শুভাশুভ বিচারে দক্ষ ব্যক্তি, শাকুনতত্ত্ববিদ্ ; a soothsayer, দৈবজ্ঞ ; a portent, ভবিষ্যৎসূচক লক্ষণ। (**2**) *v.t.i.* to foretell, (প্রধানতঃ শাকুনলক্ষণদ্বারা) ভবিষ্যদ্বাণী করা ; to forebode, ভবিষ্যতের আভাস দেওয়া। **(to) augur well** or **ill (for)**—শুভ বা অশুভ সূচিত করা। *a.* **au°gural**—শাকুনতত্ত্বগত। *n.* **au°gury**—শাকুনবিদ্যা ; পূর্বাভাস। [L. *avis*=bird]

August [aw°-gast, অ্যা°গ্যাস্ট্] *n.* the eighth month of the English year, ইংরেজি সনের অষ্টম মাস (শ্রাবণের মাঝামাঝি হইতে ভাদ্রের মাঝামাঝি পর্যন্ত)। [Emperor *Augustus* of Rome]

august [aw-gust°, অ্যাগ্যাস্ট্°] *a.* majestic, মহিমান্বিত ; venerable, শ্রদ্ধেয় ; sublime, মহান্। *adv.* **august°ly**। *n.* **august°ness**। [L. *augustus*=honoured]

Augustan [aw-gus°t(a)n, অ্যাগাস্°ট্‌ন্] *a.* of Augustus Caesar or his times, রোম-সম্রাট্ অগাস্টাস্ সিজার্ সম্বন্ধীয় বা তাহার আমলের ; (lit.) classical, (সাহিত্য-সম্বন্ধে) উচ্চাঙ্গের। [see *august*]

auk [awk, অ্যাক্] *n.* a short-winged northern sea-bird, উত্তর-সমুদ্র-অঞ্চলের ক্ষুদ্র ডানাওয়ালা পক্ষিবিশেষ (ডানার সাহায্যে ইহারা সাঁতার কাটে মাত্র—উড়িতে পারে না)। [ON. *alka*]

auld langsyne [awld° lang-sīn°, অ্যাল্‌ড্° ল্যাং-সাইন্°] *ph.* times long ago, বহুকাল আগে, সেকাল বা সেকালে। [the name of a Scottish song]

aunt [ŭnt, আন্ট্] *n.* father's or mother's sister, পিসি, মাসি ; uncle's wife, জেঠি, খুড়ি, মামি। **auntie**। **Aunt Sally**—(আল.) তিরস্কারের পাত্র। [OF. *ante*<L. *amita*=a father's sister]

aura [aw°-ra, অ্য°র‍্যা] *n.* a supposed subtle emanation from all living things, যাবতীয় জীবদেহবিনির্গত কল্পিত নির্যাসবিশেষ, দেহজ্যোতিঃ, দেহসৌরভ ; (fig.) a mystical halo, (আল.) অলৌকিক আভা। *a.* **au°ral$_2$**—উক্ত দেহজ্যোতিঃ-সম্বন্ধীয়। [L.<Gk.=a breeze]

aural$_1$ [aw°r(a)l, অ্যা°র্‌ল্] *a.* of the ear, কর্ণ-সম্বন্ধীয়। *adv.* **au°rally**। [L. *auris*=ear]

aural$_2$—see **aura.**

aurelia [aw-rē°-li-a, অ্যারী°লিয়া] *n.* jellyfish, জেলিমাছ ; a chrysalis, প্রজাপতি প্রভৃতির কোষস্থ অবস্থা। *a.* **aurē°lian**—জেলিমাছ-সংক্রান্ত ; প্রজাপতি প্রভৃতির কোষস্থ অবস্থাগত ; সোনালি। [It.=silkworm<L. *aurum*=gold]

aureola [aw-ri°-a-la, অ্যারি°অ্যাল্যা], **au°rēole**—*n.* an imaginary disc of golden light at the back of heads of persons enjoying heavenly blessedness, স্বর্গীয় মহিমা ও শান্তি-সুখের অধিকারী ব্যক্তিগণের মস্তকের পশ্চাৎস্থিত কল্পিত স্বর্ণাভ জ্যোতিশ্চক্র ; (fig.) a glorifying halo, (আল.) মহিমাচ্ছটা। [see *aurum*]

au revoir [ōr-voy(r)°, ঔর্‌ভয়্(র্)°] *adv.* & *int.* good-bye till we meet again, আবার আমাদের দেখা না হওয়া পর্যন্ত ভগবান্ তোমার সহায় হউন : এই বিদায়-সম্ভাষণ। [F.]

auric [aw°-rik, অ্য°রিক্] *a.* relating to gold, স্বর্ণসংক্রান্ত। [see *aurum*]

auricle [aw°-rikl, অ্য°রিক্‌ল্] *n.* the external ear, বহিঃকর্ণ ; an earlike lobe of a leaf, etc., বৃক্ষপত্রাদির কানের লতির ন্যায় অংশ ; either of the two upper cavities of the heart, হৃৎকোষ, (পরি.) অলিন্দ। *n.* **auricula** [a-ri°-kū-la, অ্যারি°কিউল্যা] primrose-জাতীয় পুষ্পবিশেষ। *a.* **auri°cūlar**—কর্ণসংক্রান্ত ; শ্রুত ; কানে-কানে কথিত। *a.* **auri°cūlāte, auri°cūlātėd**—কানের ন্যায় আকারবিশিষ্ট ; কানওয়ালা, সকর্ণ। [L. *auricula* dim. of *auris*=ear]

auriferous [aw-ri°-fa-ras, অ্যারি°ফ্যার্যাস্] *a.* yielding gold, স্বর্ণোৎপাদী। [L. *aurifer*< *aurum*=gold, *ferre*=to bear]

auriform [aw°-ri-faw(r)m, অ্য°রিফা(র্)ম্] *a.* ear-shaped, কর্ণাকার। [L. *auris*=ear, see *form*]

aurist [aw°-rist, অ্য°রিস্‌ট্] *n.* a specialist in ear-disease, কর্ণরোগ-বিশেষজ্ঞ চিকিৎসক। [L. *auris*=ear]

Aurora [aw-raw°-ra, অ্যর্য°র্যা] *n.* the Roman goddess of dawn, রোমানদের ঊষাদেবী। *n.* **au-ro°ra**—ঊষা ; আকাশে দৃষ্ট আলোকচ্ছটাবিশেষ, মেরু-প্রভা। **aurora australis**—অবাচী ঊষা, কুমেরু-প্রভা। **aurora borealis**—উদীচী ঊষা, সুমেরু-প্রভা। *a.* **auro°ral**—ঊষাদেবীসংক্রান্ত ; ঊষাসংক্রান্ত ; ঊষারাগের ন্যায় রক্তিম সুন্দর ও উজ্জ্বল। [L.]

aurum [aw°-ram, অ্য°র্যাম্] *n.* gold, স্বর্ণ। [L.]

aus [ows, আউস্] *a.* (of paddy crop) grown in the monsoons, (ধান্যসম্বন্ধে) আউস, আশু। [Beng.<Sans. *abris*]

auscultation [aws-k(a)l-tā°sh(a)n, আস্‌কল্-টেই°শ্‌ন্] *n.* the art of listening to the lungs and heart by means of the ear or the stethoscope, কানের বা হৃদ্‌বীক্ষণযন্ত্রের সাহায্যে হৃদ্-পরীক্ষা। [L. *auscultare*=to listen]

auspice [aws°-pis, আস্°পিস্] *n.* augury, শাকুন-লক্ষণ; prosperous lead, শুভারম্ভ ; (in *pl.*) patronage, পৃষ্ঠপোষকতা, আনুকূল্য (under the *auspices* of)। *a.* **auspicious** [aws-pi°-shas, আস্‌পি°শ্যাস্] শুভলক্ষণযুক্ত ; মঙ্গলজনক ; অনুকূল, সুপ্রসন্ন। [F.<L. *auspicium*=*auspex*=a birdseer]

Aussie [aw°-si, অ্য°সি] *n.* (sl.) an Australian, (অশি.) অস্ট্রেলিয়াবাসী। [contr. of *Australian*]

austere [aws-tē(r)°, আস্‌টিয়্যা(র্)°] *a.* harsh, severe, কঠোর, উগ্র ; strictly self-disciplined, কঠোর আত্মসংযমী ; severely simple, একান্ত অনাড়ম্বর। *adv.* **austēre°ly**। *n.* **austēre°-nėss, austerity** [aws-ta°-ri-ti, আস্‌ট্যা°রিটি]। [L. *austerus*<Gk. *austeros*=drying]

austral [aws°tr(a)l, আস্°ট্র্‌ল্] *a.* southern, দখিনা। [L. *Auster*=the south wind]

Australasian [aws-tra-lā°-zi-an, আস্‌ট্র্যালেই°-জ্বিঅ্যান্] (**1**) *a.* of Australia and adjoining islands, অস্ট্রেলিয়া-মহাদেশের ও তৎসন্নিহিত দ্বীপ-সমূহের। (**2**) *n.* an inhabitant of that region, উক্ত অঞ্চলের লোক। [see *austral, Asia*]

Australian [aws-trā°-li-an, আস্‌ট্রেই°লিয়্যান্] (**1**) *a.* of Australia, অস্ট্রেলিয়া-মহাদেশীয়। (**2**) *n.* an inhabitant of Australia, অস্ট্রেলিয়াবাসী। [L. *australis*<*Auster*=the south wind]

Austrian [aws°-tri-an, আস্°ট্রিঅ্যান্] (**1**) *a.* of Austria, অস্ট্রিয়া-দেশীয়। (**2**) *n.* an inhabitant of Austria, অস্ট্রিয়াবাসী।

autarchy [aw°ta(r)-ki, অ্য°ট্যা(র্)কি] *n.* absolute sovereignty, সার্বভৌমত্ব। [Gk. *autarkhia* <*auto-, arkhaein*=to rule]

autarky [aw°-ta(r)-ki, অ্য°ট্যা(র্)কি] *n.* economic self-sufficiency, অর্থনৈতিক স্বয়ংসম্পূর্ণতা। [Gk. *autarkheia*<*auto-*$_1$, *arkeen*=to suffice]

authentic [aw-then°-tik, অ্যথেন্°টিক্], **au-then°tical**—*a.* genuine, pure, real, বিশুদ্ধ, খাঁটি, প্রকৃত, সত্য ; reliable, বিশ্বাসযোগ্য, প্রামাণিক, নির্ভরযোগ্য ; accepted as the work of the author, (রচনাদি-সম্বন্ধে) গ্রন্থকারের নিজস্ব রচনা বলিয়া স্বীকৃত। *adv.* **au°thentically**। *v.t.* **au-then°ticāte**—বিশুদ্ধতা প্রমাণ করা ; আইনতঃ গ্রাহ্য বা প্রামাণিক বলিয়া প্রতিপন্ন করা ; (কাহাকেও) কোন গ্রন্থের প্রকৃত রচয়িতা বা কোন কর্মের প্রকৃত সম্পাদক বলিয়া বর্ণনা করা। *p.* & *p. pt.* **authen°-ticātėd**। *n.* **authenticā°tion**। *n.* **authen-ticity**। [Gk. *authentikos*=warranted]

author [aw°-tha(r), অ্য°থ্যা(র্)] *n.* originator of an action, thing, etc., স্রষ্টা বা উদ্ভাবক ; a performer of a work, কর্মাদির সম্পাদক বা কর্তা ; a writer of a book, গ্রন্থকার। *fem.* **au°thor-ėss**। *a.* **authorial** [aw-thaw°-ri-al, অ্যথ°রি-অ্যাল্] স্রষ্টা সম্পাদক বা গ্রন্থকার সম্বন্ধীয়। *n.* **au°-thorship**। [AF. *autour*< OF. *autor*< L. *auctor*=originator]

authority [aw-tho°-ri-ti, অ্যথ°রিটি] *n.* legal power or right or a person having this, (সচ. অন্যের প্রদত্ত) আইনসম্মত অধিকার বা যোগ্যতা অথবা উক্ত অধিকারসম্পন্ন ব্যক্তি ; power or right commanding obedience, or a person so empowered, (সরকারি) কর্তৃত্ব বা কর্তা ; permission, অনুমতি ; expert or reliable knowledge, নির্ভর-যোগ্য পাণ্ডিত্য বা জ্ঞান ; an expert, বিশেষজ্ঞ, পণ্ডিত ; a person having reliable knowledge in anything, নির্ভরযোগ্য পণ্ডিত বা বিশারদ ব্যক্তি ; any trustworthy writing, speech, book, etc., প্রামাণিক রচনা উক্তি গ্রন্থ প্রভৃতি ; proof or precedent, প্রমাণ বা নজির ; (usu. in *pl.*) an administrative body, কর্তৃপক্ষ, শাসক-

গোষ্ঠী। **authoritār°ian**—(**1**) *a.* ব্যক্তি-স্বাধীনতা অপেক্ষা কর্তৃপক্ষের বশ্যতাস্বীকারের পক্ষপাতী ; (**2**) *n.* ঐরূপ ব্যক্তি। *n.* **authoritār°ianism**। *a.* **autho°ritātive**—কর্তৃত্বব্যঞ্জক, কর্তৃত্বপূর্ণ ; অধিকারপূর্ণ ; নির্ভরযোগ্য ; পাণ্ডিত্যপূর্ণ ; প্রামাণিক। [see *author*]

authorize [aw°-tha-rīz, অ্য°থ্যারাইজ্] *v.t.* to give right, power or permission, অধিকার বা ক্ষমতা বা অনুমতি প্রদান করা ; to sanction, অনুমোদন করা ; to commission, ক্ষমতাপ্রদানপূর্বক ভার দেওয়া বা প্রেরণ করা, প্রাধিকার দেওয়া ; to accredit, নির্ভরযোগ্য বা প্রামাণ্য বলিয়া ঘোষণা করা। **Authorized Version**—১৬১১ খ্রিস্টাব্দে ইংল্যান্ডে গৃহীত মূল বাইবেলের ইংরেজি অনুবাদ। *a.* **au°thorīzable**। *n.* **authorīzā°tion**। [see *author*]

auto-₁ [aw°-tŏ, অ্য°টো] *pfx.* self, আত্ম- বা স্বয়ং-। [Gk. *autos*=self]

auto₂ [aw°-tō, অ্য°টৌ] contr. of **automobile** and **auto-car.**

autobahn [aw°-tō-bŭn, অ্য°টৌবান্] *n.* an arterial road for high-speed traffic, দ্রুতগামী গাড়ি চলার জন্য (প্রধানতঃ জার্মানির) বড় রাজপথ। [G.]

autobiography [aw-tŏ-bī-o°-gra-fi, অ্যটো-বাইঅ°গ্র্যাফি] *n.* a biography written by one's own self, আত্মজীবনী, আত্মচরিত। *n.* **autobiŏ°grapher**—আত্মজীবনীকার। *a.* **autŏbiŏgra°phic(al)**—আত্মজীবনীসংক্রান্ত। [*auto₁*, *biography*]

auto-car [aw°-tŏ-kŭ(r), অ্য°টোকা(র্)] *n.* a motordriven vehicle, মোটরগাড়ি মোটরবাস মোটর-সাইকেল প্রভৃতি যন্ত্রচালিত যান। [*auto-₁*, *car*]

autochthon [aw-tak°-than, অ্যট্যাক্°থ্যান্] *n.* (usu. in *pl.*) original inhabitants, aborigines, আদিম অধিবাসী, আদিবাসী। *a.* **autoch°thonous**। [Gk.]

autocracy [aw-to°-kra-si, অ্যট°ক্র্যাসি] *n.* absolute government by one person, একতন্ত্র, স্বৈরতন্ত্র ; whimsical domination, খেয়ালখুশি-অনুযায়ী কর্তৃত্ব, স্বেচ্ছাচারী কর্তৃত্ব। *n.* **autocrat** [aw°-ta-krat, অ্য°ট্যাক্র্যাট্] একতন্ত্রী বা স্বৈরাচারী শাসক ; যে ব্যক্তি স্বীয় খেয়ালখুশি-মাফিক কর্তৃত্ব করে। *fem.* **au°tocratrix**। *a.* **autocra°tic(al)**—স্বৈরতন্ত্রী ; স্বেচ্ছাচারী। [*auto-₁*, Gk. *kratos*=power]

auto-da-fé [aw°-tŏ-dŭ-fā°, অ্য°টোডাফেই°] *n.* public declaration against, and burning afterwards, of heretics, পোপ-বিরোধীদের বিরুদ্ধে ঘোষণা এবং তাহাদিগকে জীবন্ত দহন। [Port. & Sp.]

autodidact [aw°-tō-di-dakt, অ্য°টৌডিড্যাক্ট্] *n.* a self-taught man, আত্মপ্রচেষ্টা দ্বারা শিক্ষিত ব্যক্তি। [Gk. *autos*=self, *didaktikos*=to teach]

autogiro [aw-tŏ-jīr°-ō, অ্যটোজায়্যার্°ঔ] *n.* a helicopter, হেলিকপটার-এর পুরাতন নাম। [Trade name<*auto₂*, Gk. *gyros*=a circle]

autograph [aw°-ta-grŭf, অ্য°ট্যাগ্রাফ্] (**1**) *n.* one's own handwriting, স্বহস্তাক্ষর, স্বহস্তলেখ, স্বলেখন ; a facsimile of the original painting, writing, etc., মূল চিত্রাদির অবিকল প্রতিরূপ। (**2**) *v.t.* to write with one's own hand, স্বহস্তে (কিছু) লেখা ; to take a facsimile of, (মূল চিত্রাদির) অবিকল প্রতিরূপ গ্রহণ করা। *p.* & *p. pt.* **au°tographed**। *a.* **autographic** [aw-ta-gra°-fik, অ্যট্যাগ্র্যা°ফিক্], **autogra°phical**—স্বহস্তলেখ-সংক্রান্ত ; চিত্রাদির অবিকল প্রতিরূপ সংক্রান্ত। *n.* **autography** [aw-to°-gra-fi, অ্যট°গ্র্যাফি] স্বহস্তে লিখন ; চিত্রাদির অবিকল প্রতিরূপ গ্রহণ। [*auto-₁*, *graph*]

automat [aw°-ta-mat, অ্য°ট্যাম্যাট্] *n.* a restaurant where food and drink is obtained by the customers from slot-machines, যে রেস্তর্°ায় খরিদদাররা নিজেরাই সচ্ছিদ্র যন্ত্রের গর্ত হইতে খাদ্যাদি সংগ্রহ করিয়া লয়। [see *automaton*]

automata, automatic, automation, automatism—see **automaton.**

automaton [aw-to°-mat(a)n, অ্যট°ম্যাট্ন্] *n.* a self-moving machine, স্বয়ংচল যন্ত্র ; a living being who moves spontaneously without any volition, স্বীয় ইচ্ছা-অনিচ্ছা ব্যতিরেকে যন্ত্রবৎ ক্রিয়াশীল জীব ; a spontaneous motive force, স্বয়ংক্রিয় চালক-শক্তি। *pl.* **auto°matons, auto°mata**। **automatic** [aw-ta-ma°-tik, অ্যট্যাম্যা°টিক্] (**1**) *a.* স্বয়ংক্রিয়, স্বয়ংচল ; (**2**) *n.* রিভলভর-বিশেষ। *adv.* **automa°tically**। *n.* **automation** [aw-ta-mā°sh(a)n, অ্যট্যামেই°শ্ন্] (প্রধানতঃ বৈদ্যুতিন্-শক্তিচালিত) স্বয়ংচল যন্ত্রসাহায্যে কল-কারখানাকে অধিকতর স্বয়ংক্রিয় করিয়া তোলার ব্যবস্থাবলম্বন বা উক্ত ব্যবস্থা (ইহার ফলে শ্রমিকসংখ্যা যথেষ্ট হ্রাস করা যায়)। *n.* **auto°matism**—স্বয়ংক্রিয় শক্তি ; কর্তার ইচ্ছা-অনিচ্ছা ব্যতিরেকেই তদ্দ্বারা সম্পাদিত কার্য ; অচেতন বা অবচেতন মনের ক্রিয়া ; আপনা হইতে অঙ্গপ্রত্যঙ্গের ক্রিয়া ; মানুষ জড়যন্ত্রবৎ ক্রিয়াশীল : এই দার্শনিক মত। *n.* **auto°matist**—মানুষ জড়যন্ত্রবৎ ক্রিয়াশীল : এই দার্শনিক মতবাদী। *v.t.* **au°tōmāte**—স্বয়ংক্রিয় পদ্ধতি প্রয়োগ করা। [Gk.=self-moving]

automobile [aw-ta-mō°-bel, অ্যট্যামৌ°বীল্] *n.* a motor-car, মোটর গাড়ি। [F.<Gk.<*autos*=self, L. *mobilis*=mobile]

autonomy [aw-to°-na-mi, অ্যট°ন্যামি] *n.* the right or power of self-government, (প্রধানতঃ আংশিক) স্বায়ত্তশাসনের অধিকার বা ক্ষমতা, (পরি.) স্বশাসন ; the Kantian doctrine that the human will is perfectly free and self-governed, মানুষের ইচ্ছা সম্পূর্ণ স্বাধীন ও স্বায়ত্ত : কান্টের এই দার্শনিক মতবাদ। *a.* **autonomic**

[aw-tŏ-no°-mik, অ্যাটোন°মিক্] **autono°mical, auto°nomous**—স্বশাসনিক ; স্বশাসিত। [*auto-*$_1$, Gk. *nomos*=law]

autopsy [aw°-tap-si, অ্য°ট্যাপ্সি] *n.* a personal inspection, স্বচক্ষে পরিদর্শন বা পরীক্ষা ; a post-mortem examination, (মৃত্যুর কারণাদি নির্ণয়ার্থ) শবদেহ-পরীক্ষা, ময়না তদন্ত। [*auto-*$_1$, Gk. *opsis*=sight]

autostrada [ō°-tō-strŭ-da, ঔ°টৌস্ট্রাড্যা] *n.* a highway for motor-cars only, কেবলমাত্র মোটর গাড়ি চলাচলের রাস্তা। [It.]

auto-suggestion [aw°-tŏ-sa-jes°ch(a)n, অ্য°টোস্যাজেস্°চ্ন্] *n.* a hypnotic suggestion made by the subject himself, সম্মোহিত ব্যক্তি কর্তৃক বিচিত্র তথ্যাদি জ্ঞাপন, (পরি.) স্বাভিভাব। [*auto-*$_1$, *suggestion*]

autotoxin [aw-to-toks°-in, অ্যাটটক্স্°ইন্] *n.* poisonous substance produced by changes within the organism, ক্রিয়াদি পরিবর্তনের ফলে দেহাভ্যন্তরে উৎপন্ন বিষাক্ত পদার্থ। [*auto-*$_1$, *toxin*]

autotype [aw°-tŏ-tīp, অ্য°টোটাইপ্] (**1**) *n.* a facsimile, (চিত্রাদির) মূলের অবিকল প্রতিরূপ ; a photographic printing process, আলোকচিত্রগ্রহণের দ্বারা মুদ্রণের প্রণালীবিশেষ। (**2**) *v.t.* to reproduce by this process, উক্ত প্রণালীতে মুদ্রণ করা। *p. & p. pt.* **au°tŏtyped**। [*auto-*$_1$, *type*]

autovac [aw°-to-vak, অ্য°টভ্যাক্] *n.* a mechanism for raising petrol to a higher tank so that it may flow by gravity to the carburettor, উচ্চে স্থিত তৈলাধারে তেল তুলিবার যন্ত্র বা কৌশলবিশেষ (ওই তেল মাধ্যাকর্ষণ-শক্তিতে গ্যাস-উৎপাদন যন্ত্রে পৌঁছায়)। [*auto-*$_1$, *vacuum*]

autumn [aw°-tam, অ্য°ট্যাম্] *n.* the third season of the year, শরৎঋতু। *a.* **autumnal** [aw-tum°-nal, অ্যাটাম্°ন্যাল্] শরৎকালীন ; শরৎকালে পাকে বা জন্মে বা ফোটে এমন। [L. *autumnus*]

auxanometer [awk-sa-no°-mi-ta(r), অ্যাক্স্যান°মিট্যা(র্)] *n.* an instrument for measuring plant-growth, উদ্ভিদের বৃদ্ধি-পরিমাপক যন্ত্রবিশেষ। [Gk. *auxanein*=to grow, *metron*=measure]

auxiliary [awg-zi°-li-a-ri, আগ্জ়ি°লিয়্যারি] (**1**) *a.* helping, সহায়ক ; (gr.) helpful to a verb in forming moods, tenses, etc., (ব্যাক.) ক্রিয়াপদের রূপগঠনে সহায়ক (*auxiliary* verb) ; (mil.) hired, (সাম.) ভাড়াটে (*auxiliary* force)। (**2**) *n.* a helping agent, সহায়ক ব্যক্তি বা বিষয় বা বস্তু ; (gr.) an auxiliary verb, (ব্যাক.) অপর ক্রিয়াপদের রূপগঠনে সহায়ক ক্রিয়াপদ, উপক্রিয়াপদ ; (mil.) a hired foreign soldier, (সাম.) ভাড়াটে বিদেশী সৈনিক। [L. *auxiliaris*<*augere*=to increase]

avail [a-vāl°, অ্যাভেইল্°] (**1**) *v.t.i.* to help or be helpful, সাহায্য করা বা সহায়ক হওয়া ; to benefit or be profitable, উপকার করা বা লাভজনক হওয়া ; to serve or be serviceable, কার্যে সাহায্য করা বা সহায়ক হওয়া। (**2**) *n.* benefit, উপকার ; advantage, লাভ, সুবিধা। **(to) avail (oneself) of**—সুযোগের সদ্ব্যবহার করা। **of no avail**—বিফল, ব্যর্থ, কোন উপকার হয় নাই এমন। *a.* **avai°lable**—প্রাপ্তিসাধ্য, মেলে এমন ; গ্রহণসাধ্য ; সাহায্য বা সুবিধা লওয়া যায় এমন ; লাভজনক। *n.* **availabi°lity**। *adv.* **avai°lably**। [L. *ad-*, *valere*=to be worth]

aval [ā°-val, এই°ভ্যাল্] *a.* pertaining to a grandparent, ঠাকুরদাদা বা ঠাকুরমা সম্পর্কীয়। [L. *avus*=grandfather]

avalanche [a°-va-lŭnsh, অ্যা°ভ্যালান্শ্] *n.* a mass of snow with ice and rock descending from mountain, পর্বতগাত্র বাহিয়া যে তুষারস্তূপ নামে, (পরি.) হিমানী-সম্প্রপাত, হিমবাহ। [F. *avalance*<L. *ad-*, *vallis*=valley]

avant-garde [avong°-gŭ(r)d, অ্যাভং°-গা(র্)ড্] *n.* vanguard of an army, সেনাবাহিনীর অগ্রবর্তী দল ; (fig.) pioneers of any progressive ideas or movement, প্রগতির পুরোধা। [Fr.]

avarice [a°-va-ris, অ্যা°ভ্যারিস্] *n.* covetousness, ধনলোভ, অর্থলিপ্সা ; avidity, লোভ, লালসা। *a.* **avaricious** [a-va-ri°-shas, অ্যাভ্যারি°শ্যাস্] ধনলোভী, লোভী, লালসাগ্রস্ত। [F.<L. *avaritia*<*avarus*=greedy]

avast [a-vŭst°, অ্যাভাস্ট্°] *int.* stop, থাম। [Du. *houd vast*=hold fast]

avatar [a-va-ta(r)°, অ্যাভ্যাট্যা(র্)°] *n.* incarnation, অবতার। [Sans.]

avaunt [a-vawnt°, অ্যাভান্ট্°] *int.* begone, দূর হও, ভাগ। [F. *avant*<L. *ab-*, *ante*=before]

ave [ŭ°-vi, আ°ভি] *int.* hail, জয়োঽস্তু বা আয়াহি। **Ave Maria**—জয়োঽস্তু বা আয়াহি মারিয়া (যিশু-জননী কুমারী মেরিকে বরণের মন্ত্রবিশেষ)। [L.]

avenge [a-venz°, অ্যাভেন্জ্°] *v.t.* to take revenge for, প্রতিহিংসা গ্রহণ করা বা প্রতিফল দেওয়া, প্রতিশোধ লওয়া। *n.* **aven°ger**। [OF. *avengier*<L. *ad-*, *vindicare*=to claim]

avenue [a°-vi-nū, অ্যা°ভিনিয়্] *n.* a principal approach or any broad way, (সচ. উভয় পার্শ্বে ছায়াতরু-শোভিত) প্রধান প্রবেশপথ বা তোরণ অথবা প্রশস্ত রাজপথ ; a walk through rows of trees, তরুশ্রেণীর মধ্যবর্তী পথ, বীথিকা ; (fig.) means or access or attainment, (আল.) পথ বা উপায়। [F.<L. *ad-*, *venire*=to come]

aver [a-va(r)°, অ্যাভ্যা(র্)°] *v.t.* to assert or affirm positively, সত্য বলিয়া দৃঢ়ভাবে বর্ণনা করা, নিশ্চিতরূপে বলা ; (in law) to justify or prove (a plea), (আইনে) সত্য বলিয়া প্রতিপাদন করা। *pr. pt.* **ave°rring** ; *p. & p. pt.* **ave°rred**। *n.* **aver°ment**—সত্য বলিয়া দৃঢ়রূপে বর্ণনা, নিশ্চয়-কথন ; সত্য বলিয়া প্রতিপাদন। [F. *averer*<L. *ad-*, *verus*=true]

average [a°-va-rij, অ্যা°ভ্যারিজ্] (**1**) *n.* a mean value, গড়পড়তা মান, গড় ; estimation of a mean, গড়-নির্ণয় ; the common run, সাধারণ বা চল্‌তি বা মাঝামাঝি ধরন। (**2**) *a.* mean, গড়পড়তা, গড়ে ; ordinary, সাধারণ, চল্‌তি, মাঝামাঝি। (**3**) *v.t.* to work out the mean value of, গড়-নির্ণয় করা ; to amount to a mean value of, গড়ে হওয়া। [F. *avarie* ?]

averment, averred, averring—see **aver.**

averse [a-va(r)s°, অ্যাভ্যা(র্)স্°] *a.* turned away, বিমুখ ; disinclined, বিরূপ ; opposed, বিরোধী। *adv.* **averse°ly** । *n.* **averse°nėss, aversion** [a-va(r)°sh(a)n, অ্যাভ্যা(র্)°শ্‌ন্] । [see *avert*]

avert [a-va(r)t°, অ্যাভ্যা(র্)ট্°] *v.t.* to turn away from, সরাইয়া লওয়া (to *avert* eyes) ; to prevent or ward off, বাধা দেওয়া বা প্রতিহত করা, ব্যর্থ বা ব্যাহত করা। *a.* **aver°tėd**—অপসারিত ; প্রতিহত, ব্যাহত। *a.* **aver°tible** । [L. *avertere*<*ab-*, *vertere*=to turn]

Avestan [a-ves°-tan, অ্যাভেস্°ট্যান্] *a.* of the Avesta, জরথুস্ত্র-রচিত ধর্মশাস্ত্র অভেস্তা-সংক্রান্ত। [Pahlavi *Avistak*=lore]

avian [ā°-vi-an, এই°ভিয়্যান্] *a.* of birds, পক্ষিসংক্রান্ত। [L. *avis*=bird]

aviary [ā°-vē-rī, এই°ভিয়্যার্ই] *n.* a large cage or a place for keeping birds, পাখি রাখিবার জন্য কাটরা বা বড় খাঁচা, পক্ষিশালা। *n.* **ā°viarist**—পক্ষিশালার মালিক, পক্ষিপালক। [L. *aviarium*<*avis*=bird]

aviate [ā°-vi-at, এই°ভিঅ্যাট্] *v.t.* to navigate the air in a flying machine, বিমানপোতে আকাশে ভ্রমণ করা। *p.* & *p. pt.* **ā°viatėd** । *n.* **āviā°tion**—বিমানপোতে নভশ্চরণ ; বিমানচালনা। **aviation spirit**—এরোপ্লেন চালাইতে যে তেল লাগে। *a.* **ā°viātor**—বিমানচালক, ব্যোমযাত্রী। *fem.* **āviā°trix** । [L. *avis*=bird]

avid [a°-vid, অ্যা°ভিড্] *a.* greedy, লোভী। *n.* **avi°dity**—লোভপরায়ণতা। *adv.* **a°vidly** । [L. *avidus*<*avere*=to crave]

avion [av-i-awn°, অ্যাভিঅ্যন্°] *n.* an aeroplane, বিমান, উড়োজাহাজ। **par avion**—বিমান ডাকযোগে। *n.* **āvio°nics**—বিমানে তাড়িত এবং বৈদ্যুতিন্ যন্ত্র ও কৌশলাদির প্রয়োগ সংক্রান্ত বিজ্ঞান (*aviation electronics*)। [F.]

avocation [a°-vŏ-kā°sh(a)n, অ্যা°ভোকেই°শ্‌ন্] *n.* a diversion, চিত্তবিনোদন ; a distraction, চিত্তবিক্ষেপ ; (loos.) a calling, (শিথি.) পেশা, বৃত্তি। [L. *avocatio*<*ab-*, *vocare*=to call]

avoid [a-voyd°, অ্যাভয়্‌ড্°] *v.t.* to shun, পরিহার করিয়া চলা ; to evade, এড়ান ; to quit, পরিত্যাগ করিয়া যাওয়া। *p.* & *p. pt.* **avoi°dėd** । *a.* **avoi°dable** । *n.* **avoi°dance**—পরিহার ; পরিত্যাগ। [AF. *avoider*<L. *ex-*, see *void*]

avoirdupois [a-va(.)-da-poyz°, অ্যাভ্যা(র্)ড্যা-পয়্‌জ্°] *n.* a measure of weight, ওজনের মাপবিশেষ : ইহাতে ১৬ আউন্সে ১ পাউণ্ড হয়। [F. *avoir-de-poise*<OF. *aveir de peis*]

avouch [a-vowch°, অ্যাভাউচ্°] (**1**) *v.t.* to avow, দৃঢ়রূপে বা শপথপূর্বক বলা ; to acknowledge, মানিয়া লওয়া ; to confess, স্বীকার করা, কবুল করা ; to guarantee, প্রতিশ্রুতি দেওয়া, নিশ্চিত করা। (**2**) *v.i.* to give assurance, নিশ্চিত কথা দেওয়া, প্রতিশ্রুতি দেওয়া। *p.* & *p. pt.* **avou°chėd** । *n.* **avouch°ment** । [OF. *avochier*<L. *advocare*=to call to one's aid]

avow [a-vow°, অ্যাভাউ°] (**1**) *v.t.* to declare as true, সত্য বলিয়া ঘোষণা করা ; to affirm solemnly, শপথপূর্বক বলা। (**2**) *v.i.* (in law) to justify an act done, (আইনে) কৃত কর্ম সঙ্গত হইয়াছে বলিয়া প্রতিপাদন করা। (**3**) *n.* a solemn promise, প্রতিশ্রুতি। *a.* **avow°able** । *n.* **avow°al**—সত্য বলিয়া ঘোষণা ; প্রতিশ্রুতি ; স্বীকার ; দোষস্বীকার। *a.* **avow°ed**—সত্য বলিয়া ঘোষিত ; শপথপূর্বক উক্ত ; স্বীকৃত ; প্রকাশ্যে স্বীকৃত বা ঘোষিত। *adv.* **avow°ėdly** । [a, *vow*]

avulse [a-vuls°, অ্যাভাল্‌স্°] *v.t.* to tear away, বিচ্ছিন্ন করা। *p.* & *p. pt.* **avul°sėd** । *n.* **avulsion** [a-vul°sh(a)n, অ্যাভাল্°শ্‌ন্] সবলে বিচ্ছিন্ন করা ; নদীর গতিপরিবর্তনের ফলে একজনের জমির অংশ বিচ্ছিন্ন হইয়া অপরের জমিভুক্ত হওয়া। [L. *avellare*]

avuncular [a-vung°-kū-la(r), অ্যাভাং°কিউল্যা(র্)] *a.* of an uncle, পিতৃব্য বা মাতুল সম্পর্কিত। [L. *avunculus*=a maternal uncle]

await [a-wāt°, অ্যাওএইট্°] *v.t.* to wait for, প্রতীক্ষা করা ; to be in store for, (কাহারও জন্য) মজুদ থাকা। *p.* & *p. pt.* **awai°tėd** । [a_3, *wait*]

awake [a-wāk°, অ্যাওএইক্°] (**1**) *v.t.i.* to rouse or rise from sleep, নিদ্রা হইতে জাগান বা জাগা ; (fig.) to rouse or rise from inaction, নিষ্ক্রিয়তা ত্যাগ করান বা করা। *p.* & *p. pt.* **awā°kėd, awōke°** । (**2**) *a.* roused from sleep or inaction, নিদ্রোত্থিত বা জাগ্রত হইয়াছে অথবা নিষ্ক্রিয়তা ত্যাগ করিয়াছে এমন। **(to) be awake to**—কোন বিষয়ে সম্পূর্ণ অবহিত থাকা। *v.t.i.* **awā°ken**—জাগান বা জাগা। **awā°kening**—(**1**) *n.* জাগরণ ; (**2**) *a.* জাগিয়া উঠিতেছে এমন। [a_3, *wake*]

award [a-wa(r)d°, অ্যাওঅ্যা(র্)ড্°] (**1**) *v.t.* to adjudge, বিচারপূর্বক রায় দেওয়া ; to determine, বিনির্ণয় বা নির্ধারণ করা ; to grant or give, প্রদান করা। *p.* & *p. pt.* **awar°dėd** । (**2**) *n.* judicial decision, রায় ; an act of determining, বিনির্ণয় ; রোয়েদাদ ; grant, দান ; a prize, পুরস্কার। [OF. *ewarder*<L. *ex-*, see *ward*]

aware [a-wār° অ্যাওয়্যা(র্)°] *a.* wary, সতর্ক ; informed, অবগত ; conscious, সচেতন। *n.* **awāre°nėss** । [OE. *gewaer*<*waer*]

away [a-wā°, অ্যাওয়্এই°] (**1**) *adv.* at or to a distance, দূরে; out of a place or reach, কোন স্থানের বা নাগালের বাহিরে; onward, সম্মুখে, সিধা; continuously, বরাবর, একটানা; out of one's home or homeland, গৃহের বা স্বদেশের বাহিরে; beyond the target, লক্ষ্যের বাহিরে; at once, সঙ্গে-সঙ্গে, তৎক্ষণাৎ; (in football, hockey, etc.) on the opponents' area, (ফুটবল হকি প্রভৃতি ক্রীড়ায়) বিপক্ষের এলাকায়। (**2**) *int.* begone, চলিয়া যাও, দূর হও, ভাগ (*away* with you)। **right away, straight away**—তৎক্ষণাৎ, সঙ্গে-সঙ্গে, সরাসরি। [OE. *aweg, onweg*<a_3, *way*]

awe [aw, অ্য] (**1**) *n.* reverential fear or wonder, সশ্রদ্ধ ভয় বা বিস্ময়, সম্ভ্রম; dread, আতঙ্ক। (**2**) *v.t.* to strike with awe, সম্ভ্রম জাগান, সশঙ্ক মনোভাবের সঞ্চার করা (to *awe* into silence)। *a.* **aw°ed, awe°-stricken, awe°-struck**—সন্ত্রস্ত; আতঙ্ক-পীড়িত। *a.* **awe°-inspiring**—আতঙ্ককর, ভয়ঙ্কর। *a.* **awe°some**—সন্ত্রস্ত; ভয়ঙ্কর। *a.* **aw°ful**—ভয়ঙ্কর; বীভৎস। [OE. *ege* <ON. *agi*]

aweary [a-wēr°-i, অ্যাউইয়্যার্°ই] *a.* weary, পরিশ্রান্ত (also **awear°ied**); (poet.) vexed, sick, (কাব্যে) বিরক্ত। [a_3, *weary*]

awful—see **awe.**

awhile [a-wīl°, অ্যাওয়াইল্°] *adv.* for some time, কিছুকাল যাবৎ; for a short time, অল্পকাল যাবৎ। [a_3, *while*]

awkward [awk°-wa(r)d, অ্যক্°ওঅ্যা(র্)ড্] *a.* clumsy, বিশৃঙ্খল, জবুথবু; ungraceful, কুৎসিত, বিশ্রী; unfitting, বে-মানান, বেঢপ; inexpert, অপটু, আনাড়ি; embarrassed, অপ্রতিভ, হতবুদ্ধি (to feel *awkward*); difficult, কঠিন, জটিল-সমস্যাপূর্ণ। *adv.* **awk°wardly**। *n.* **awk°wardness**। [ON. *afug, ward* ?]

awl [awl, অ্যল্] *n.* a small boring instrument, (প্রধানতঃ মুচিদের) সূঁচ-বিশেষ। [OE. *ael* —cp. G. *ahle*]

awn₁ [awn, অ্যন্] *n.* the beard of barley and similar corn, শস্যশূক। [ON. *ogn*—cp. G. *ahne*]

awn₂ [awn, অ্যন্] *v.t.* to shelter from the sun by means of a covering, চাঁদোয়ায় ঢাকিয়া রৌদ্র হইতে বাঁচান। *n.* **aw°ning**—চন্দ্রাতপ, চাঁদোয়া, শামিয়ানা। [?]

awoke—see **awake.**

awry [a-rī°, অ্যারাই°] *adv.* crookedly, কুটিলভাবে; askew, তির্যগ্‌ভাবে। [a_3, *wry*]

axe, ax [aks, অ্যাক্স্] (**1**) *n.* a chopping tool, কুঠার, কুড়াল। (**2**) *v.t.* to chop with this tool, কুঠারদ্বারা ছেদন করা। *p.* & *p. pt.* **ax°ed**। **(to) have an axe to grind**—গুপ্ত স্বার্থসাধনের উদ্দেশ্য থাকা। [OE. *aex*]

axes, axial, axil, axile, axilla, axillary—see **axis.**

axiom [aks°-i-am, অ্যাক্স্°ইঅ্যাম্] *n.* a self-evident truth, স্বতঃসিদ্ধ বা স্বয়ংপ্রমাণিত সত্য। *a.* **axioma°tic(al)**—স্বতঃসিদ্ধ, স্বয়ংপ্রমাণিত। [Gk. *axioma*=to take for granted]

axis [aks°-is, অ্যাক্স্°ইস্] *n.* an imaginary line around which a body rotates, যে কাল্পনিক রেখাকে কেন্দ্র করিয়া কিছু আবর্তিত হয়, অক্ষরেখা; (bio.) the central core of an organism, or organ (জীব.) মেরুদণ্ড; (geo.) an imaginary line extending from end to end of the earth, (ভূগো.) মেরুরেখা; (bot.) the main stem or root, (উদ্ভি.) কাণ্ড, (পরি.) ভ্রূণাক্ষ; (pol.) a centre of organization, (রাজ.) চক্র, অক্ষ (*axis* powers)। *pl.* **ax°ēs**। **Axis Powers**—১৯৩৯-৪৫ খ্রিষ্টাব্দের বিশ্বযুদ্ধের প্রাক্কালে জারমানি ও ইটালির নেতৃত্বে গঠিত বিভিন্ন রাষ্ট্রের সঙ্ঘশক্তি, অক্ষশক্তি। *a.* **ax°ial**—অক্ষসংক্রান্ত; অক্ষবর্তী, অক্ষবৎ, (পরি.) অক্ষীয়। *n.* **ax°il**—(উদ্ভি.) কাণ্ডের ও পত্রের মধ্যবর্তী কৌণিক দূরত্ব, (পরি.) কক্ষ। *n.* **ax°ile**—অক্ষের সহিত মিলিত, অক্ষবর্তী। *n.* **axi°lla**—বগল, কুক্ষি; (উদ্ভি.) কক্ষ। *pl.* **axi°llæ**। *a.* **axi°llar(y)**—বগল-সংক্রান্ত, কুক্ষিগত; কাক্ষিক। [L.]

axle [aks°l, অ্যাক্স্°ল্] *n.* the spindle upon which a wheel rotates, অক্ষধুরা, চক্রনেমী। *n.* **ax°le-tree**—ঘানিগাছ। [ON. *oxull* ?—cp. Sans. *aksha*]

ayah [ī°a, আই°অ্যা] *n.* a waiting-maid or nurse-maid, আয়া। [Hind.]

aye₁, ay [ā, এই] *adv.* & *n.* yes, হাঁ। [?]

aye₂ [ā, এই] *adv.* for ever, সর্বদা, চিরকাল, চিরদিনের জন্য। [OE. *ei*]

azimuth [a°-zi-math, অ্যা°জ়িম্যাথ্] *n.* the horizontal arc between the meridian of a place and a vertical circle passing through any heavenly body, দিগ্‌বলয়, (পরি.) দিগংশ। *a.* **a°zimuthal**—দিগ্‌বলয়ী, দিগংশিক। [F. *azimut*<Ar. *assumut*=the directions—cp. *zenith*]

azoic [a-zō-ik, অ্যাজ়োইক্] *a.* without life, জীবনশূন্য; (formed) before the existence of animal life on the earth, পৃথিবীতে জীবজীবন সৃষ্টির পূর্ববর্তী বা পূর্বে গঠিত, (পরি.) অজীবীয়। [Gk. *a-, zoe*=life]

azote [a-zōt°, অ্যাজ়োট্°] *n.* nitrogen, যবক্ষারজান। *a.* **azo°tic**—যবক্ষারজানীয়। [Gk. *a-, zaein*=to live]

azure [a°-za(r), অ্যা°জ়্যা(র্)] (**1**) *n.* a delicate blue colour as of the sky, আকাশের ন্যায় হালকা বা ফিকা নীল রঙ্, আশ্‌মানি রঙ্। (**2**) *a.* sky-coloured, আকাশ-রঙা। **azurine** [a°-zoo-rīn, অ্যা°জ়ুরাইন্] (**1**) *a.* আকাশ-রঙা; (**2**) *n.* রাসায়নিক কৃষ্ণনীল রঞ্জক; মৎস্যবিশেষ। [OF. *azur* <*med.* L. *azura*<Ar. *al*=the, *lazward*= blue colour]

B

B, b [bē, বী] *n.* the second letter of English alphabet, ইংরেজি বর্ণমালার দ্বিতীয় অক্ষর ; (mus.) the major seventh of 'C'-scale, (সঙ্গীতে) মুদারার নিখাদের সঙ্কেত, নি।

baa [bŭ, বা] (**1**) *n.* the cry of a sheep, ভেড়ার বা ছাগলের ডাক। (**2**) *v.t.* to bleat, ব্যা-ব্যা করা। [imi.]

Baal [bā°(a)l, বেই°ল্] *n.* a Phoenician god, ফিনিশীয়দের দেবতাবিশেষ ; a false god, ভুয়া দেবতা। *pl.* **Baalim** [be°-a-lim, বে°অ্যালিম্]। [H.]

babble [bab°l, ব্যাব্°ল্] (**1**) *v.i.t.* to speak half articulately, (শিশু-সম্বন্ধে) আধো-আধোভাবে (কথা) বলা ; to murmur, (নদ্যাদি-সম্বন্ধে) কল্‌কল্ করা ; to prate, বক্‌বক্ করা ; to let out secrets foolishly, মূর্খের ন্যায় গুপ্তকথা বলিয়া ফেলা (to *babble* out secrets)। (**2**) *n.* half-articulate utterances, আধো-আধো বুলি বা ভাষণ ; murmuring noise, কল্‌কল্-শব্দ, কলধ্বনি ; idle talk, বাজে বক্‌বকানি। *n.* **babb°ler**। [imi. of infant's *baba*]

babe [bāb, বেইব্] *n.* a baby, শিশু ; (fig.) an inexperienced or guileless person susceptible to deception, (আল.) যে অনভিজ্ঞ বা ছলাকলাহীন ব্যক্তি সহজেই প্রতারিত হয় ; (sl.) a girl or young woman, (অশি.) বালিকা বা তরুণী। [imi.—cp. *babble*]

Babel [bā°bl, বেই°বল্] *n.* the tower in Shinar, শিনারের বুরুজ ; a foolishly built lofty structure, মূর্খের ন্যায় অত্যুচ্চ করিয়া নির্মিত অট্টালিকাদি ; a visionary plan, অসার পরিকল্পনা, আকাশকুসুম ; a scene of confusion, বিশৃঙ্খলার ক্ষেত্র ; a confused noise, হৈ-চৈ, হট্টগোল। [B.]

bablah [bab°-la, ব্যাব্°ল্যা], **babul** [ba°-bool, ব্যা°বুল্] *n.* a species of acacia, বাবলা-গাছ। [Hind. *babla* < Pers. *babul*]

Baboo, Babu [bā°-boo, বেই°বু] *n.* a Bengali title equivalent to Mr., বাবু ; an Indian clerk, (ইংরেজের উক্তিতে) বাবু ; an Indian with a superficial knowledge in English, ইংরেজিভাষায় নিতান্ত অগভীর জ্ঞানসম্পন্ন ভারতবাসী। **Baboo English**—ব্যাকরণগত ভুলে ভরতি বড় বড় শব্দ বাক্যাংশ (words and phrases) প্রভৃতিতে পূর্ণ ইংরেজি ভাষা।

baboon [ba-boon°, ব্যাবুন্°] *n.* a kind of monkey, বানরজাতীয় প্রাণিবিশেষ, বেবুন। [?—cp. F. *babuin*]

baby [bā°-bi, বেই°বি] (**1**) *n.* an infant, শিশু ; (fig.) a childish person, (আল.) শিশুসুলভ হাবভাবপূর্ণ ব্যক্তি। (**2**) *a.* very small, অত্যন্ত ক্ষুদ্র (a *baby* taxi)। **(to) hold** or **carry the baby**—(আল.) কোন অবাঞ্ছিত দায়িত্ব ঘাড়ে করিয়া অসহায়ভাবে বিপজ্জনক অবস্থায় পরিত্যক্ত হওয়া। *n.* **bā°byhood**—শৈশব। *a.* **bā°byish**—শিশুসুলভ। *n.* **bā°by-sitter**—যে ব্যক্তি অর্থের বিনিময়ে অল্পকালের (সচ. কয়েক ঘণ্টার) জন্য পরের শিশুর রক্ষণাবেক্ষণের ভার গ্রহণ করে, ঠিকা ছেলে-ধরনি। *n.* **bā°by-sitting**—ঠিকা ছেলে-ধরনির কাজে। [imi. —cp. *babble*]

bacchanal, bacchant, bacchic—see **Bacchus.**

Bacchus [ba°-kas, ব্যা°ক্যাস্] *n.* the Greek wine-god, গ্রীক্‌দের আসবদেবতা। **bacchanal** [ba°-kanl, ব্যা°ক্যান্‌ল্], **bacchanā°lian**—(**1**) *a.* মদ্যপানসংক্রান্ত বা মাতলামি-সংক্রান্ত ; (**2**) *n.* ব্যাকাসের পূজারী বা পূজারিণী বা ভক্ত ; ব্যাকাসের উদ্দেশে নৃত্য ও মদ্যপানোৎসব ; মাতাল। *ns. pl.* **Ba°cchanals, bacchanā°lia**। *n.* **ba°cchant**—ব্যাকাসের পূজারী বা পূজারিণী বা ভক্ত ; মাতাল। *fem.* **bacchan°te**। *a.* **ba°cchic—bacchanal** (*a.*)- এর অনুরূপ। [L. < Gk. *Bakkhos*]

baccy [ba°-ki, ব্যা°কি] cont. of **tobacco.**

bachelor [ba°-ch(a)la(r), ব্যা°চ্‌ল্যা(র্)] *n.* an apprentice to knighthood, 'নাইট' বা বীরব্রতীর পদের জন্য শিক্ষানবিস ; an unmarried man, অবিবাহিত পুরুষ, কুমার ; a recipient of the first university degree, বিশ্ববিদ্যালয়ের স্নাতকোপাধিক (*bachelor* of arts)। *n.* **ba°chelor-girl**—স্বাধীনভাবে জীবিকার্জনকারিণী অবিবাহিতা নারী। *n.* **ba°chelorhood, ba°chelorship**—অবিবাহিত জীবন, কৌমার্য। [OF. *bacheler* < LL. *baccalarius* = a farmer]

bacillary, bacilli—see **bacillus.**

bacillus [ba-si°-las, ব্যাসি°ল্যাস্] *n.* a rod-shaped bacterium, নলাকার জীবাণুবিশেষ ; *pl.* **baci°lli**। *a.* **baci°llar(y)**—জীবাণুঘটিত ; জীবাণুসদৃশ। [LL. *baculus* = a rod]

back [bak, ব্যাক্] (**1**) *n.* the hinder part of the body in man and the upper part in other creatures, পৃষ্ঠ, পিঠ ; the side opposite to that presented, or the rear side, উলটা দিক্, পিছন দিক্, খিড়কির দিক্ (*back* of a book, mirror or house) ; the blunt edge (of a weapon), (অস্ত্রাদির) ভোঁতা দিক্ ; that part of a sitting stool which one may lean upon, চেয়ার বেঞ্চি প্রভৃতির হেলান দিবার অংশ ; (in some games) a position of players or a player playing in that position, (ফুটবল প্রভৃতি খেলায়) ব্যাকের স্থান বা যে খেলোয়াড় ব্যাকে খেলে ; (fig.) absence, (আল.) অসাক্ষাৎ, অনুপস্থিতি (behind one's *back*)। (**2**) *a.* in or to the rear, পশ্চাৎস্থিত, পশ্চাদ্‌বর্তী, পশ্চাদভিমুখ ; reverse, উলটা, বিপরীত (*back* journey) ; remote from the centre of action, (আলোচনা অভিনয় প্রভৃতির) কেন্দ্রস্থল হইতে দূরবর্তী (*back* benches) ; returned, প্রত্যাগত (to be *back* home) ; past, old, অতীত, পুরাতন (*back* days, *back* number) ; overdue,

বাকি-পড়া, বকেয়া (*back* rent)। (**3**) *adv.* rearward, পশ্চাদভিমুখে; to the direction which one came from, যেদিক্ দিয়া আসিয়াছিল সেই দিকে, ফিরিয়া, প্রত্যাবর্তন করিয়া (to go *back*); to a former state, পূর্বাবস্থায়; in return, ফেরত দিয়া (to give *back*); behind, পিছনে; again, পুনরায় (to read *back*)। (**4**) *v.t.* to drive backwards, পশ্চাদভিমুখে চালান, হটান (to *back* a car); to support, সমর্থন করা (to *back* a candidate); to wager upon, (কিছুর উপরে) বাজি ধরা (to *back* a horse)। (**5**) *v.i.* to move rearward, পশ্চাদ্দিকে যাওয়া। *p.* & *p. pt.* **ba°cked** । **at one's back, at the back of**—কাহারও পৃষ্ঠপোষকতায় বা পৃষ্ঠরক্ষায় নিরত। **behind one's back**—(কাহারও) অসাক্ষাতে। **on the back of**—পিছনে-পিছনে, পায়ে-পায়ে। **on the back of it** (or **that** or **this**)—অধিকন্তু। **(to) back down**—দাবি পরিত্যাগ করা। **(to) back out**—হটিয়া আসা; প্রতিশ্রুতি দায়িত্ব প্রভৃতি পালনের হাত এড়ান। **(to) back up**—সমর্থন করা। **(to) be glad to see the back of**—(কাহাকেও) বিদায় লইতে দেখিয়া (আপদ্ বিদায় হইল ভাবিয়া) খুশি হওয়া। **(to) be on one's back**—(প্রধানতঃ অসুস্থতার দরুন) শয্যাশায়ী হওয়া। **(to) break her back**—জাহাজকে দুইভাগে ভাঙ্গিয়া ফেলা। **(to) break one's back**—অত্যধিক বোঝা চাপান; (আল.) একান্ত কাবু করা। **(to) break the back of**—(কাহারও উপর) অত্যধিক বোঝা চাপান; (আল. —কাহাকেও) একান্ত কাবু করা; (কার্যাদির) কঠিনতম অংশ বা অধিকাংশ শেষ করা। **(to) get** or **put** or **set one's back up**—ক্রুদ্ধ করা। **(to) give one a back, (to) make a back for**—(কেহ) যাহাতে ডিঙ্গাইতে বা আরোহণ করিতে পারে তজ্জন্য নিজের পিঠ নোয়ান। **(to) put one's back into**—সর্বশক্তিসহকারে কার্যাদি করা। **(to) turn one's back on**—বিমুখ হওয়া; পৃষ্ঠভঙ্গ দেওয়া। *n.* **back°āche**—পৃষ্ঠবেদনা, পৃষ্ঠশূল। *n.* **back-ben°cher**—আইন-পরিষদে যে সভ্য বা বিদ্যালয়ের ক্লাশে যে ছাত্র পিছনের বেঞ্চিতে বসে অর্থাৎ ফাঁকিবাজ সভ্য বা ছাত্র। *v.t.* **back°bīte**—(কাহারও) অসাক্ষাতে নিন্দা করা। *p.* **back°bit**; *p. pt.* **back°bitten** । *n.* **back°bīter** । *n.* **back°bīting**—অসাক্ষাতে নিন্দা। *n. pl.* **back-blocks°**—দেশের যে অংশ রেলস্টেশন নদী ও সমুদ্রতীর হইতে বহুদূরে অবস্থিত। *a.* **back°-breaking**—(খাটুনি সম্বন্ধে) হাড়ভাঙ্গা, অতি শ্রমসাধ্য। *n.* **back°-chat**—(অশি.) উদ্ধত মন্তব্য বা চোপরা। *n.* **back°-cloth**—রঙ্গমঞ্চে দৃশ্যপটের অংশরূপে যে বস্ত্রখণ্ড ঝুলাইয়া দেওয়া হয়। *v.t.* **back-dāte°**—(চেক চিঠি প্রভৃতিতে) আগের বা পুরান তারিখ দেওয়া। *a.* **back-dā°ted**—আগের বা পুরান তারিখ বসান হইয়াছে এমন। *n.* **back°bōne**—মেরুদণ্ড, শিরদাঁড়া। **to the backbone**—হাড়ে-হাড়ে, পুরামাত্রায় (wicked *to the backbone*)। **back°door**—(**1**) *n.* খিড়কির দরজা; (**2**) *a.* অন্যায় ও গুপ্ত (*backdoor* means)। *n.* **back°down**—(স্থানাদি হইতে) পশ্চাদপসারণ; (প্রতিশ্রুতি মন্তব্য প্রভৃতির) প্রত্যাহার। *n.* **back°-end°**—পশ্চাৎপ্রান্ত; ঋতুর (বিশেষতঃ শরতের) শেষভাগ। *n.* **ba°cker**—সমর্থক; যে ব্যক্তি (কিছুর উপরে) বাজি ধরে। **back°-fīre°**—(**1**) *n.* এঞ্জিনাদির মধ্যে অনুচিত দিকে অগ্নিপ্রবাহের সঞ্চালন; (**2**) *v.i.* (অন্তর-দহন ইনজিন প্রভৃতিতে) যথাসময়ের পূর্বে প্রজ্বলন বা বিস্ফোরণ ঘটা; (আল.) পরিকল্পনাদি ব্যর্থ হওয়া (the plot *back-fired*)। *n.* **back°-formā°tion**—শব্দের প্রকৃতি-প্রত্যয় সম্বন্ধে ভুল ধারণাবশতঃ তাহা হইতে নূতন শব্দগঠন (e.g. *sidle* from the misconception that 'sidling' is a *pr. pt.*)। *n.* **backga°mmon**—পাশা-দাবার ন্যায় ক্রীড়াবিশেষ। *n.* **back°ground**—অলক্ষ্য স্থান, পশ্চাদ্ভূমি (to pull wire from the *background*); পারিপার্শ্বিক অবস্থা, পরিবেশ, পটভূমি (*background* of a picture); অখ্যাত বা অবজ্ঞাত অবস্থা (he fidgeted in the *background*); অভিজ্ঞতা ও শিক্ষাদীক্ষা (a man with a good *background*)। **background music**—প্রসঙ্গবাদ্য, আবহসঙ্গীত। *a.* **back°han°d(ėd)**—(ক্রীড়াদিতে) হাত পিছনে টানিয়া আনিয়া আঘাত করে এমন অথবা উক্তভাবে আঘাত করা হইয়াছে এমন (a *backhanded* player, a *backhand* blow); (আল.) পরোক্ষ বা আন্তরিকতাহীন। *n.* **back°han°der**—হাত পশ্চাতে টানিয়া আনিয়া কৃত আঘাত। *n.* **ba°cking**—**back** (*v.*)-এর সকল অর্থে। *a.* **back°-less**—(চেয়ার প্রভৃতি সম্বন্ধে) হেলান-শূন্য। *n.* **back°log**—জমা কাজ। *a.* **back°mōst**—সর্বপশ্চাতে অবস্থিত। **back number**—পত্রিকাদির পুরাতন সংখ্যা; (আল.) সেকেলে লোক। *v.i.* **back-pe°dal**—উলটাভাবে পেডাল করা। *n.* **back°-scratcher**—পিঠ চুলকাইবার নখরযুক্ত লম্বা হাতল বা সরু লাঠি। *n.* **back°side°**—(অশি.) নিতম্ব, পাছা। *v.i.* **back°slīde°**—সৎপথ পরিত্যাগ করিয়া পুনরায় অসৎপথ অবলম্বন করা; ধর্মপালনে বা নীতিপালনে পশ্চাদ্পদ হওয়া। *p.* & *p. pt.* **back°-slid°** । *v.i.* **back°-spāce**—(টাইপরাইটিংয়ে) চাবি টিপিয়া লাইনে পিছাইয়া আসা। **back°stāge°**—(**1**) *n.* রঙ্গমঞ্চের পশ্চাতে দর্শকচক্ষুর অন্তরালবর্তী স্থান; (**2**) *a.* রঙ্গমঞ্চের বাহিরে বিদ্যমান (the *backstage* life of an actor)। *a.* **backstāir°**—গুপ্ত ও অসঙ্গত। **back°stāirs°**—(**1**) *n. pl.* বাড়ির পশ্চাদ্ভাগে ভৃত্যাদির জন্য (ভারতবর্ষে মেথরের জন্য) যে সিঁড়ি থাকে; (**2**) *a.* গুপ্ত ও অসঙ্গত। *n.* **back°strōke**—হাত উলটাইয়া আনিয়া কৃত আঘাত; চিৎ-সাঁতার। *n.* **back°sword**—কেবল এক পাশে ধারওয়ালা তরওয়াল। *a.* **back°ward**—(শিক্ষা সভ্যতা সংস্কৃতিতে) পিছাইয়া পড়িয়াছে এমন; অনগ্রসর (*backward* area); অদক্ষ, অনিচ্ছুক; ধীরগতি; পশ্চাৎদিগ্বর্তী (*backward* movement)। *adv.* **back°wardly** (also *a.*—*backwardly* movement)। *adv.*

backwards—পশ্চাদভিমুখে প্রত্যাবর্তন করিয়া, ফিরিয়া ; অতীতের দিকে ; অবনতির দিকে ; বিপরীতে। **backward(s) and forwards**—একবার সামনে একবার পিছনে, আগু-পিছু, এধার-ওধার। **back°-wash**—(1) *n.* প্রতিসরণকারী তরঙ্গ বা স্রোত ; প্রতিক্রিয়া ; (2) *v.t.* (প্রতিসরণকারী তরঙ্গে বা স্রোতে) আহত বা ধৌত করা। *p.* & *p. pt.* **back°washed**। *n.* **back°water**—বাঁধের মধ্যে অবরুদ্ধ নদ্যাদির জল ; (আল.) সাম্প্রতিক ঘটনাদির প্রভাবমুক্ত স্থান বা মানসিক অবস্থা (intellectual *backwater*)। *n. pl.* **back°woods**—গ্রামের প্রান্তস্থিত বন। *n.* **back°woodsman**—যে ব্যক্তি গ্রামের প্রান্তস্থিত বনে বাস করে। *n.* **back°yard°**—বাড়ির পশ্চাদ্ভাগের উঠান। [OE. *baec*]

backsheesh, backshish—alt. spell.'s of **bakhsheesh.**

bacon [bā°k(a)n, বেইক্‌ন্] *n.* swine's flesh salted and dried, লবণে জারিত শুষ্ক শূকরমাংস। **(to) bring home the bacon**—(অশি.) প্রচেষ্টায় সাফল্য লাভ করা। **(to) save one's bacon**—(কথ্য.) মৃত্যু আঘাত ক্ষতি তিরস্কার প্রভৃতি এড়ান। [OF.]

Baconian [ba°-kō°-ni-an, বেইকৌনিঅ্যান্] (1) *a.* of or following Francis Bacon, ইংরেজ দার্শনিক ফ্রান্সিস্ বেকন সম্বন্ধীয় বা তাঁহার মতাবলম্বী। (2) *n.* a follower of Bacon, বেকনের শিষ্য বা ভক্ত (বিশেষতঃ যে মনে করে যে শেক্সপীয়রের নাটকাবলী বেকনের রচনা)।

bacteria, bacteriology—see **bacterium.**

bacterium [bak-ter°-i-am, ব্যাক্‌টিয়্যার্‌ইঅ্যাম্] *n.* a microscopic organism causing disease, রোগজীবাণু। *pl.* **bacter°ia**। *a.* **bacter°ial**—রোগজীবাণুঘটিত। *n.* **bacteriology** [bak-ter-i-o°-la-ji, ব্যাক্‌টিয়্যার্‌ইঅ'ল্যাজি] রোগজীবাণুতত্ত্ব। *a.* **bacteriological** [bak-ter-i-a-lo°-jik(a)l, ব্যাক্‌টিয়্যারইঅ্যাল'জিক্‌ল্] রোগজীবাণুতত্ত্ব-সম্বন্ধীয়। *n.* **bacteriologist** [bak-ter-i-o°-la-jist, ব্যাক্‌টিয়্যার্‌ইঅ'ল্যাজিস্‌ট্] রোগজীবাণুবিৎ। [Gk. *bakterion* < *baktron* = a stick]

baculine [ba°-kū-līn, ব্যাকিউলাইন্] *a.* of the stick or flogging, চাবুকের দ্বারা বা প্রহারদ্বারা কৃত বা প্রদত্ত (*baculine* argument)। [L. *baculum* = stick]

bad [bad, ব্যাড্] *a.* ill, evil, মন্দ ; naughty, দুষ্টু ; wicked, অসৎ, বদমাশ (*bad* character) ; harmful, ক্ষতিকর (*bad* food) ; faulty, ত্রুটিপূর্ণ (*bad* work) ; poor, দরিদ্র (*bad* condition) ; unhealthy, অস্বাস্থ্যকর (*bad* climate) ; scanty, অল্প (*bad* light) ; difficult, কঠিন (*bad* task) ; unfavourable, অশুভ (*bad* stars) ; unskilful, আনাড়ি (*bad* workman) ; counterfeit, জাল (*bad* coin) ; inclement, অনুপভোগ্য (*bad* weather) ; irrecoverable, অনাদেয় (*bad* debt) ; unpleasant, disagreeable, বিশ্রী, অস্বস্তিকর (*bad* smell or breath)। *com.* **worse** [wa(r)s, ওঅ্যা(র্)স্], *sup.* **worst**। **a bad business** or **job**—দুঃখের বা দুর্ভাগ্যের ব্যাপার। **bad for**—কাহারও বা কিছুর পক্ষে ক্ষতিকর। **in bad**—বিরাগভাজন হইয়াছে এমন। **not bad, not half bad, not so bad**—বেশ ভালই। **to the bad**—মন্দাবস্থায় ; ঘাটতি-অবস্থায় ; লোকসানে। **(to) go bad**—(খাদ্যদ্রব্যাদি সম্বন্ধে) টকিয়া বা পচিয়া যাওয়ার ফলে আহারের অযোগ্য হওয়া (eggs often *go bad* in summer)। **(to) go from bad to worse**—দিনে-দিনে বা ক্রমে-ক্রমে অবনতির দিকে অগ্রসর হওয়া, ক্রমেই খারাপ হওয়া। **(to) go to the bad**—(নৈতিক দিক্ দিয়া) গোল্লায় যাওয়া বা উৎসন্নে যাওয়া ; সম্পূর্ণ সর্বনাশগ্রস্ত হওয়া। *adv.* **bad°ly**। **badly off**—দরিদ্র, নির্ধন। *n.* **bad°ness**। *a.* **ba°ddish**—অল্প মন্দ ; তেমন ভাল নহে। [ME. *badde* <?]

bade—see **bid.**

badge [baj, ব্যাজ্] *n.* a distinguishing mark, পরিচয়জ্ঞাপক চিহ্ন, অভিজ্ঞান। [ME. *bage* <?]

badger [ba°-ja(r), ব্যা'জ্যা(র্)] (1) *n.* a beast, ভোঁদড়-জাতীয় নিশাচর প্রাণিবিশেষ ; a brush made of its hair, ঐ প্রাণীর লোমজাত তুলি। (2) *v.t.* to pursue incessantly, ক্রমাগত অনুসরণ করা ; to pester, জ্বালাতন করা। [< *badge*]

badinage [ba°-di-nŭz, ব্যা'ডিনাজ্] *n.* playful talk, হাসিঠাট্টা। [F.]

badmash [bud°-mush, বাড়্'মাশ্] *n.* an evil-doer, দুর্বৃত্ত, বদমাশ লোক। [Hind. < Pers.]

badminton [bad°-min-tan, ব্যাড়্'মিনট্যান্] *n.* an outdoor game, ব্যাড্‌মিন্‌টন্-খেলা। [from Duke of Beaufort's seat in Gloucester]

bael [bel, বেল্] *n.* a thorny tree or its fruit, the Bengal quince, বেল-গাছ বা বেল-ফল। [Beng.]

baffle [baf°l, ব্যাফ্'ল্] (1) *v.t.* to foil, ব্যর্থ করা ; puzzle, হতবুদ্ধি করা। (2) *n.* a plate used to control flow of gas or air, বায়ু বা গ্যাসের প্রবাহ নিয়ন্ত্রণের জন্য ব্যবহৃত পাত বা ফলক। *n.* **baff°le-wall**—শত্রুর কামানের বা বোমার আক্রমণ রোধের জন্য নির্মিত প্রাচীর। *a.* **baffling**—হতবুদ্ধিকর, বিভ্রান্তিকর। [F. *beffler*]

bag [bag, ব্যাগ্] (1) *n.* a sack or pouch, থলি, ঝুলি, ঝোলা ; any receptacle of flexible material, নরম উপাদানে নির্মিত পেটিকা ; (in *pl.*—coll.) trousers, (কথ্য.) ট্রাউজার। (2) *v.t.* to put into a bag, ব্যাগে বা থলিতে ভরা ; (fig.) to hunt or capture, (আল.) শিকার করা বা দখল করা (to *bag* game or prizes)। (3) *v.i.* to bulge, ফুলিয়া বা ফাঁপিয়া উঠা। *pr. pt.* **ba°gging** ; *p.* & *p. pt.* **ba°gged**। **a bag of bones**—রোগা বা কৃশ মানুষ বা জন্তুজানোয়ার। **(to) let the cat out of the bag**—গোপন বিষয় বা কথা ফাঁস করিয়া ফেলা। **(to) pack one's bags**—(ভ্রমণার্থে) তল্পিতল্পা বাঁধাছাঁদা করা। **bag and baggage**—

(মূলতঃ সৈনিকের) যাবতীয় মালপত্র বা লটবহর; লটবহরসমেত, পোঁটলা-পুঁটলিসমেত। **bags of**—প্রচুরপরিমাণ বা প্রচুরসংখ্যক, থলি-থলি। **bags under the eyes**—চোখের কোলের স্ফীত অবস্থা বা ফুলা। **(to) be in the bag**—বাঞ্ছিত ফলপ্রদ হওয়া (the election is *in the bag*)। *n.* **bag°ful**—এক থলিতে যত ধরে তত পরিমাণ। *n.* **ba°gging**—কাপড় চট চামড়া প্রভৃতি থলি তৈয়ারি করার উপাদান। *a.* **ba°ggy**—থলির ন্যায় ঢলঢলে, ঢোলা। *n.* **bag°man**—বাণিজ্যপ্রতিষ্ঠানের ভ্রাম্যমাণ প্রতিনিধি। *n.* **bag°pipe**—থলিযুক্ত বাঁশিবিশেষ। [ME. *bagge* <?]

bagasse [ba-gas°, ব্যাগ্যাস্°] *n.* (মাড়াইয়ের শেষে) আখের ছিবড়া। [Sp. *bagazo*=husks]

bagatelle [ba-ga-tel°, ব্যাগ্যাটেল্°] *n.* mere trifle, তুচ্ছ বস্তু বা বিষয়; an indoor game, পৌরক্রীড়াবিশেষ। [F.<It. *bagatella*=a trifle]

bagful—see **bag.**

baggage [ba°-gij, ব্যা°গিজ্] *n.* traveller's luggage, যাত্রীর মালপত্র, লটবহর; a soldier's equipments excepting arms and ammunition, অস্ত্রশস্ত্র-বাদে সৈনিকের অন্যান্য মালপত্র; a saucy woman, মুখরা স্ত্রীলোক। [OF. *bagage*<*baguer* =to bind]

bagged, bagging, baggy, bagpipe—see **bag.**

bah [bŭ, বা] *int.* expressing contempt, অবজ্ঞাসূচক অব্যয়, অ্যা—। [F.]

Bahadur [bu-hu°-doo(r), বাহা°ডু(র্)] *n.* a title of respect in India, বাহাদুর (Raja *Bahadur*)। [Hind.=a hero]

bail₁ [bāl, বেইল্] *n.* (in cricket) one of the cross pieces over stumps, (ক্রিকেটে) স্টাম্পের উপরিস্থ ক্ষুদ্র কাষ্ঠখণ্ডদ্বয়ের যে-কোনটি। [OF.< *baculum*=stick ?]

bail₂ [bāl, বেইল্] (**1**) *v.t.* to ladle out water from (নৌকাদি হইতে) জল সেচিয়া ফেলা। (**2**) *n.* a bucket or scoop for ladling out water from a boat, নৌকার জল সেচিবার পাত্রবিশেষ, সেঁউতি। **(to) bail out**—প্যারাশুটের সাহায্যে (বিপজ্জনক) এরোপ্লেন হইতে নামা। [F. *baille*= bucket]

bail₃ [bāl, বেইল্] (**1**) *n.* the security for a prisoner's appearance in the court when summoned, জামিন, প্রতিভূ, জামিনদার। (**2**) *v.t.* to release on bail, জামিনে খালাস দেওয়া; to be bail for, জামিন হইয়া খালাস করান; to deliver (goods) in trust, শর্তাধীনে মাল দেওয়া। **(to) bail out**—মুক্ত করা বা হওয়া। **(to) go** or **stand bail** (for)—জামিন হওয়া। **(to) refuse bail**—জামিনে খালাস দিতে অস্বীকার করা, জামিনের আবেদন প্রত্যাখ্যান করা। *a.* **bai°lable**—জামিনে খালাসযোগ্য। *n.* **bail°bond**—জামিন-মুচলেকা, জামিননামা, জামানতনামা। *n.* **bailee°**—যাহার নিকট শর্তাধীনে মাল গচ্ছিত রাখা হয়। *n.* **bai°ler, bailor**—যে ব্যক্তি শর্তাধীনে মাল গচ্ছিত দেয়। *n.* **bail°ment**। *n.* **bails°man**—জামিনদার। [OF. =custody]

bailey [bā°-li, বেই°লি] *n.* the outer wall of a castle, দুর্গভবনের বহিঃপ্রাচীর। **Old Bailey**—লনডনের প্রধান ফৌজদারি আদালত। [F. *baille*= palisade]

Bailey bridge [bā°-li brij°, বেই°লি ব্রিজ্°] *n.* a cantilever bridge, থিলানের উপর প্রতিষ্ঠিত সেতুবিশেষ, বালি-ব্রিজ। [*Bailey*, its inventor]

bailiff [bā°-lif, বেই°লিফ্] *n.* (ori.) the chief government officer of a district, (মূলতঃ) জেলার প্রধান সরকারি কর্মচারী; a sheriff's officer, শেরিফের অধীন যে কর্মচারী গ্রেপ্তারি পরওয়ানাদি জারি করে, (পরি.) সাধ্যপাল। [OF.]

bairn [bā(r)n, বেয়্যা(র্)ন্] *n.* a child, শিশু। [OE. *bearn*=to bear]

bait [bāt, বেইট্] (**1**) *n.* food put on a hook to allure fish, বঁড়শির টোপ; (fig.) an allurement, (আল.) প্রলোভন। (**2**) *v.t.* to put food as a lure, টোপ ফেলা (to *bait* a hook with a worm); to allure, প্রলুব্ধ করা, লোভ দেখান; to worry, (শৃঙ্খলিত ভল্লুকাদিকে) উত্ত্যক্ত করা (to *bait* a bear with dogs); to harass, নির্যাতন করা (to *bait* a Jew)। *p.* & *p. pt.* **bai°ted**। [ME. *beyten*<ON. *beita*=to cause to bite]

baize [bāz, বেইজ্] *n.* a woollen cloth, মোটা পশমি কাপড়বিশেষ, বনাত। [F. *baies*<L *badius* =bay-coloured]

bake [bāk, বেইক্] (**1**) *v.t.* to cook or dry or harden by the heat, সেঁকা। (**2**) *v.t.* to work as a baker, সেঁকার কাজ করা; to be hardened through heat, তাপে কঠিন হওয়া। *p.* & *p. pt.* **bā°ked**। *n.* **bā°ker**—যে ব্যক্তি রুটি সেঁকে, রুটিওয়ালা। **baker's dozen**—তেরটি, তেরখানি। *n.* **bā°kery**—রুটির কারখানা বা দোকান। *a.* **bā°king-hot°**—ভাজা-ভাজা করে এমন গরম (a *baking-hot* day)। *n.* **bā°king-pow°der**—রুটি সেঁকার পূর্বে ময়দার তালের সহিত যে মশলা মিশান হয়। [OE. *becan*—cp. G. *backen*]

bakelite [bā°-ka-līt, বেই°ক্যালাইট্] *n.* a synthetic resin, প্লাস্টিক-জাতীয় পদার্থবিশেষ। [G. *bakelit*<*Backeland*, its inventor]

baker, bakery, baking-powder—see **bake.**

bakhsheesh, bakhshish [bak°-shēsh, ব্যাক্°-শীশ্, buk°-shēsh, বাক্°শীশ্] *n.* a gratuity or tip, বখশিশ। [Hind.<Pers.]

balalaika [ba-la-lī°-ka, ব্যাল্যালাই°ক্যা] *n.* a guitar-like musical instrument, গিটার-সদৃশ বাদ্যযন্ত্রবিশেষ। [Russ.]

balance [ba°-lans, ব্যা°ল্যান্স্] (**1**) *n.* a weighing instrument, তুলাদণ্ড, দাঁড়িপাল্লা, নিক্তি; weighing, তৌল; equilibrium, ভারসাম্য, সমতা (*balance* of mind); correct proportion, সুষমতা; a contrivance regulating the speed of a clock or watch, ঘড়ির গতিনিয়ন্ত্রক অংশ-বিশেষ ; the difference between the debit and credit, জমা ও খরচের মধ্যে ব্যবধান বা বিয়োগফল, হিসাব-নিকাশ ; remainder, surplus, অবশিষ্ট বা উদ্বৃত্ত অংশ ; (fig.) comparison, (আল.) তুলনা। (2) *v.t.* to weigh, ওজন করা ; to poise, ভারসাম্য রক্ষা করা ; to counterpoise, (দাঁড়ি-পাল্লার) দুই দিকের ওজন সমান করা ; to make proportionate, সুষম করা ; to make the debit and credit side agree, জমা-খরচ মেলান, হিসাব-নিকাশ করা ; (fig.) to match against, (আল.) তুলনা করা ; (3) *v.i.* to weigh equally, সমভার হওয়া ; to be in equilibrium, সমশক্তি-সম্পন্ন হওয়া। **balance in hand**—হিসাব-নিকাশের পর যে টাকা উদ্বৃত্ত থাকে, রোকড়-বাকি। **balance of power**—বিভিন্ন রাষ্ট্রের শক্তি সমান রাখার নীতি, শক্তিসাম্য। **balance of trade**—(মোট) আমদানি ও রপ্তানির -মূল্যের মধ্যে পার্থক্য, আমদানি-রপ্তানি-স্থিতি। **on balance**—সমস্ত কিছু বিবেচনাপূর্বক। **(to) be in the balance, (to) hang in the balance**—সন্দেহ বা অনিশ্চয়তার মধ্যে থাকা। **(to) hold the balance**—সিদ্ধান্ত স্থির করার কলকাঠির অধিকারী হওয়া। **(to) keep one's balance**—স্বীয় ভারসাম্য বজায় রাখা ; স্থির থাকা ; খাড়া থাকা ; (আল.) মানসিক স্থৈর্য বজায় রাখা। **(to) lose one's balance**—ভারসাম্য হারান ; টলিয়া পড়া ; (আল.) মানসিক স্থৈর্য হারান, মেজাজ হারান। **(to) strike a balance**—প্রভেদ বা বিয়োগফল নির্ণয় করা ; (আল.) সকলের পক্ষেই ন্যায্য ও গ্রহণীয় সিদ্ধান্তে বা সমাধানে উপনীত হওয়া। **(to) throw one off one's balance**—ভারসাম্যচ্যুত করিয়া ফেলিয়া দেওয়া। *a.* **ba°lanced**—সমতাপূর্ণ, সুসমঞ্জস, সুষম। *n.* **ba°lance-sheet**—হিসাব-নিকাশ-পত্র, উদ্বর্ত-পত্র। *n.* **ba°lance-wheel**—ঘড়ির স্পন্দন-নিয়ন্ত্রক চক্রবিশেষ। [L. *bis* = two, *lanx, lancis* = a scale]

balcony [bal°-ka-ni, ব্যাল্°ক্যানি] *n.* a platform projecting from the wall of a building, ঝুল-বারান্দা, অলিন্দ। *a.* **bal°conied**—ঝুল-বারান্দাওয়ালা। [It. *balcone*]

bald [bawld, ব্যল্ড়্] *a.* hairless, কেশহীন, টেকো, লোমহীন ; featherless, পালকহীন ; leafless, নিষ্পত্র ; bare, unadorned, আতুর, অনলঙ্কৃত, নিরাভরণ ; (lit.) lacking in grace, dull, (সাহিত্যে) মাধুর্যহীন, নীরস। *n.* **bald°head, bald°pāte**—টেকো লোক। **bald°-headėd**—(1) *a.* টেকো (also **bald°-pātėd**) ; অবাধ ; সংযমহীন ; উচ্ছৃঙ্খল ; (2) *adv.* অবাধে ; উচ্ছৃঙ্খলভাবে ; পুরাদস্তুর, ডাহা। **(to) go at** (something) **bald-headed**—(অশি.) বেপরোয়াভাবে সর্বশক্তিপ্রয়োগে আরম্ভ করা। *a.* **bal°dish**—কিছুটা টেকো, বিরলকেশ ; (সাহিত্যে) বড় রসকস নাই এমন। *adv.* **bald°ly**—(আল.) স্পষ্টভাবে (to put it *baldly*)। *n.* **bald°nėss**। [Gael. *bal* = spot ?]

balderdash [bawl°-da(r)-dash, ব্যল্°ড্যা(র্)-ড্যাশ্] *n.* senseless jargon, আজেবাজে কথা, প্রলাপ। [?]

baldric(k) [bawl°-drik, ব্যল্°ড্রিক্] *n.* a warrior's cross-belt, সৈনিকের কোমরবন্ধ ও তৎ-সংলগ্ন পৈতার ন্যায় ধারণীয় চর্মবন্ধনীবিশেষ। [ME. *baudry* < OF. *baudrei* < L. *balteus* = belt ?]

bale₁—alt. spell. of **bail₃**.

bale₂ [bāl, বেইল্] (1) *n.* a large bundle, গাঁইট, বস্তা। (2) *v.t.* to make into bundles, গাঁইট বাঁধা, বস্তাবন্দী করা। [OF. ?] .

bale₃ [bāl, বেইল্] *n.* evil, অমঙ্গল ; affliction, আর্তি ; destruction, ধ্বংস। *n.* **bāle°fire**—মুক্তস্থানে প্রবল অগ্নিকাণ্ড ; বহ্ন্যুৎসব। *a.* **bāle°ful**—অমঙ্গলপূর্ণ ; আর্ত ; ধ্বংসসাধক (*baleful* influences or looks)। *adv.* **bāle°fully**। [OE. *balu, bealu* < ON. *bol*]

baleen [ba-lēn°, ব্যালীন্°] *n.* whalebone, কোন কোন তিমির টাকরার হাড়। [ME. *baleyne* < OF. *baleine* < L. *balaena* = whale]

balefire, baleful—see **bale₃**.

balk [bawk, ব্যক্] (1) *n.* an unploughed ridge, পার্বত্যাঞ্চলের অকর্ষিত অংশ ; a ridge, অধিত্যকা, শৈলশিরা ; a squared timber, চৌকোনা ও লম্বা তক্তা ; a tie-beam of a house, আড়কাঠ, কড়ি-কাঠ, বর্গা ; a hindrance, প্রতিবন্ধক, বাধা। (2) *v.t.* to ignore or shirk, উপেক্ষা করা বা এড়াইয়া যাওয়া ; to thwart, বাধা দেওয়া বা ব্যাহত করা ; to disappoint, আশা প্রভৃতি বিষয়ে প্রবঞ্চিত করা। (3) *v.i.* to stop short or refrain at a difficulty, কষ্টসাধ্য দেখিয়া কার্য বন্ধ করা ; to hesitate, ইতস্তত করা (to *balk* at proposed expenses) ; to bandy words, মুখে মুখে জবাব দেওয়া, তর্ক করা। *p.* & *p. pt.* **balk°ed**। *n.* **balk°-line**—উল্লম্ফনাদির প্রতিযোগিতায় সীমারেখাবিশেষ। [OE. *balca* = ridge]

ball₁ [bawl, ব্যল্] (1) *n.* anything spherical, যে কোন গোল বস্তু, গোলক, বর্তুল, পিণ্ড, ডেলা, দলা (soap-*ball*, snow-*ball*) ; any of the heavenly bodies, গ্রহ বা উপগ্রহ ; the globe, ভূমণ্ডল ; a globular article to play with, খেলিবার বল বা ঘুঁটি (foot-*ball*) ; (cricket) delivery of the ball, (ক্রিকেটে) বলনিক্ষেপ (fast *ball*) ; any round part of the body, দেহের যে কোন গোলাকার অংশ (eye-*ball*) ; a bullet, গোলা, গুলি (cannon *ball*) ; a spherical clew of thread, string, etc., সুতা দড়ি প্রভৃতির গুলি। (2) *v.t.i.* to gather into a ball, দলা পাকান, বর্তুলাকারে পরিণত করা বা হওয়া ; to clog, পিণ্ডীভূত করিয়া বা হইয়া বাধার সৃষ্টি করা। **(to) be on the ball**—(অবস্থাদি সম্পর্কে) সজাগ। **(to) have the ball at one's feet**—সাফল্য অর্জনের উত্তম সুযোগ পাওয়া। **(to) keep the ball rolling**—আলাপ-আলোচনা কাজ-কর্ম প্রভৃতি চালু রাখা। **(to) play**

the ball—সহযোগিতা করা। **(to) start** or **set the ball rolling**—আলাপ-আলোচনা কাজ-কর্ম প্রভৃতি আরম্ভ করা বা চালু করা। **the ball is with him** or **in his court**—এবার তার পালা। **no ball**—ক্রিকেটখেলায় বিধিবহির্ভূতভাবে নিক্ষিপ্ত বল, নো-বল। **balled up**—(অশি.) তালগোল পাকাইয়া গিয়াছে এমন। **three balls**—বন্ধকী কারবারীর চিহ্ন বা প্রতীক। *n. pl.* **ball°-bear°ings**—সজ্ঘর্ষণজনিত ক্ষয়রোধার্থ যন্ত্রাদির অংশবিশেষ। *n.* **ball°-car°tridge**—বন্দুকাদির খাঁটি গুলি (অর্থাৎ ফাঁকা আওয়াজের গুলি নয়)। *n.* **ball°-pen, ball°-point°-pen°**—কলম-বিশেষ : ইহাতে নিব থাকে না এবং ইহাতে কালি-ভরা সরু ডাঁটি পরাইয়া লিখিতে হয়, বল-পেন। *a.* **ball°-pointėd**—শীর্ষদেশে গোলকযুক্ত; গোলাকার শীর্ষবিশিষ্ট। *a.* **ball°-prōōf**—কামান-গোলায় বিধ্বস্ত হয় না এমন। [ME. *bal*<ON. *bollr*]

ball₂ [bawl, ব্যল্] *n.* an assembly for dancing or a dance in this assembly, নৃত্যসম্মেলনবিশেষ, বা উক্ত সম্মেলনে অনুষ্ঠিত নৃত্য। *n.* **ball°dress**—উক্ত নাচের পোশাক। *n.* **ball°-room**—উক্ত নৃত্যশালা, নাচঘর। **(to) open the ball**—কার্য বা আক্রমণ আরম্ভ করা। [OF. *bal*<It.<LL. *ballare*=to dance]

ballad [ba°-lad, ব্যা°ল্যাড্] *n.* a sentimental and simple narrative song, গাথাসঙ্গীতবিশেষ, (তু.) পল্লীগীতি। *n.* **ba°lladist**—গাথাসঙ্গীতের রচয়িতা বা গায়ক। *n.* **ba°llad-monger**—গাথাসঙ্গীতের বিক্রেতা বা রচয়িতা। [OF. *balade*<LL. *ballare*=to dance]

ballade [ba-lŭd°, ব্যালাড্°] *n.* a kind of poem consisting of one or more stanzas ending with the same refrain line followed by an envoy, কবিতাবিশেষ; ইহাতে একই ধুয়া-যুক্ত এক বা একাধিক স্তবক থাকে এবং প্রতি ধুয়ার শেষে একই উপসংহার আবৃত্ত হয়। [old spell. of *ballad*]

ballast [ba°-last, ব্যা°ল্যাস্ট্] (**1**) *n.* a weight put in a ship to keep it steady, জাহাজ স্থির রাখিবার জন্য তাহার তলদেশে স্থাপিত ভার; (fig.) anything giving steadiness, (আল.) স্থৈর্যদায়ক বিষয় বা বস্তু। (**2**) *v.t.* to load with ballast, স্থির রাখিবার জন্য ভার দেওয়া; to make steady, স্থির রাখা। *p. & p. pt.* **ba°llastėd**। [OSw. *bar*=bare, *last*=load ?]

ball-bearings—see **ball₁**.

ball-dress—ball₂.

ballerina [ba-la-rē°-na, ব্যাল্যারী°ন্যা] *n.* a ballet-girl, রঙ্গমঞ্চাদিতে যৌথ নাচের নর্তকী। [It.]

ballet [ba°-lā, ব্যা°লেই] *n.* a stage dance by a troop of professional dancers, রঙ্গমঞ্চে পেশাদারদের যৌথ নৃত্যবিশেষ। *n.* **ba°llet-dancer, ba°llet-girl**—উক্ত নাচের নর্তকী। *n.* **ba°llet-master**—উক্ত নাচের শিক্ষক। *n.* **ba°llet-skirt**—যৌথ নাচের নর্তকীদের পরিধেয় খাট ঘাগরা-বিশেষ। [F.—see *ball₂*]

ballista [ba-lis°-ta, ব্যালিস্°ট্যা] *n.* an ancient military engine for hurling stones, প্রাচীন সামরিক যন্ত্রবিশেষ : ইহার দ্বারা লোষ্ট্র নিক্ষেপ করা হইত। *pl.* **ballis°tæ**। **ballis°tic**—(**1**) *a.* নিক্ষিপ্ত অস্ত্রাদি-সংক্রান্ত, ক্ষেপণাস্ত্র সম্পর্কীয় (*ballistic* missile); (**2**) *n.* (in *pl.*) নিক্ষিপ্ত অস্ত্রাদি-সংক্রান্ত বিদ্যা। [L.<Gk. *ballō*=to throw]

balloon [ba-lōōn°, ব্যালূন্°] (**1**) *n.* a gas-propelled flying apparatus, ব্যোমযান, বেলুন; a toy or anything shaped like a balloon, বেলুনাকার খেলনা বা শূন্যগর্ভ ও স্ফীতোদর কোন বস্তু। (**2**) *v.i.* to swell, ফোলা; to go up in the air, শূন্যে ওঠা। **balloon barrage**—শত্রু-বিমানের আক্রমণ-প্রতিরোধার্থ উড়ন্ত বেলুন দ্বারা সৃষ্ট ব্যূহ : এই বেলুনগুলি দড়ি তার প্রভৃতির দ্বারা ভূতলের সঙ্গে বাঁধিয়া রাখা হয়। **balloon tire**—মোটরগাড়ির খুব মোটা চাকাবিশেষ : ইহাতে কম চাপ পড়ে। **when the balloon goes up**—যখন হাঙ্গামা শুরু হয়; যখন কাজকর্ম আরম্ভ হয়। *n.* **ballōō°nist**—বেলুনে চড়িয়া শূন্যভ্রমণকারী। [It. *ballone*<*balla*=ball]

ballot [ba°-lat, ব্যা°ল্যাট্] (**1**) *n.* a small ball or paper used in (secret) voting, (গুপ্ত) ভোটদানে ব্যবহৃত ক্ষুদ্র গুটিকা বা কাগজের টুকরা, গুপ্তমতপত্রী; secret voting, গুপ্তভোট, গুপ্তমত। (**2**) *v.i.* to vote secretly, গুপ্তভাবে ভোট দেওয়া। *p. & p. pt.* **ba°llotėd**। *n.* **ba°llot-box**—যে বাক্সে ভোটদাতাগণ তাহাদের গুপ্তমতপত্রী রাখে, (পরি.) ভোটপেটী। *n.* **ba°llot-pāper**—গুপ্তমতপত্রী। [It. *ballotta*]

ball-pen, ball-pointed, ball-proof—see **ball₁**.

ball-room—see **ball₂**.

bally [ba°-li, ব্যা°লি] *a. & adv.* to the extreme degree, দারুণ (*bally* rot)। [corrup. of *bloody*]

ballyhoo [ba-li-hōō°, ব্যালিহূ°] *n.* noisy propaganda, হইচই-পূর্ণ প্রচার; vulgar advertisement, কুরুচিপূর্ণ বিজ্ঞাপন; an uproar, হইচই। [?]

balm [bŭm, বাম্] *n.* an aromatic substance or fragrance, সুগন্ধ পদার্থ বা সৌরভ; an aromatic exudation from certain trees, সুগন্ধ বৃক্ষ-নির্যাস; a tree yielding balm, সুগন্ধ নির্যাস-স্রাবী বৃক্ষ; a fragrant ointment, সুগন্ধ মলম; healing influence, আরামদায়ক প্রভাব; any substance which relieves physical or mental pain, শারীরিক বা মানসিক বেদনাদি উপশমকারী বস্তু। *a.* **balm°y**—সুগন্ধ। *n.* **balm°inėss**। [OF. *basme*<L. *balsamum*=balsam]

baloney [ba-lō°-ni, ব্যালৌ°নি] *n.* alt. spell. of **boloney**।

baloo, balu [ba°-lōō, ব্যা°লূ] *n.* a bear, ভল্লুক। [Hind.]

balsam [bawl°-sam, ব্যল্°স্যাম্] *n.* a genus of

plants, পুষ্পতরুবিশেষ, দোপাটী ; an aromatic resin, সুগন্ধ নির্যাসবিশেষ ; balm, সুগন্ধ বৃক্ষনির্যাস ; (fig.) any soothing agent, (আল.) বেদনাহর বস্তু। *a.* **bal°samic, bal°samy**—সুগন্ধ; সুগন্ধ নির্যাসস্রাবী ; বেদনাহর। [L. *balsamum*]

baluster [ba°-las-ta(r), ব্যা°ল্যাস্‌ট্যা(র্)] *n.* a kind of small pillar, সূক্ষ্মাগ্র ক্ষুদ্র স্তম্ভবিশেষ। *n.* **balustrāde°**—সূক্ষ্মাগ্র ক্ষুদ্র স্তম্ভশ্রেণী। [F. *balustre* <It. *balausta*<L.<Gk. *balaustion*=pomegranate flower]

bamboo [bam-bōō°, ব্যাম্‌বূ°] *n.* a tropical woody stem, বাঁশ, বংশ। [Mal. *bambu* ?]

bamboozle [bam-bōōz°l, ব্যাম্‌বূজ়্‌°ল্] *v.t.* to deceive or confound, ধোঁকা দেওয়া। *n.* **bambooz°lement**। [?]

ban [ban, ব্যান্] (**1**) *n.* banishment, বহিষ্কার ; proscription, (পুস্তকাদির প্রচারের উপর) নিষেধাজ্ঞা ; a prohibition, নিষেধ ; an anathema, ধর্মগুরুদের অভিশাপবলে ধর্মসম্প্রদায় হইতে বহিষ্কার ; a curse, অভিশাপ ; a condemnation, সমাজচ্যুত বা নিন্দনীয় বলিয়া ঘোষণা। (**2**) *v.t.* to anathematize, ধর্মগুরুদের অভিশাপবলে ধর্মসম্প্রদায় হইতে বহিষ্কার করা ; to curse, অভিশাপ দেওয়া ; to proscribe প্রচার নিষিদ্ধ করা ; to prohibit, নিষেধ করা ; to banish, বহিষ্কৃত বা নির্বাসিত করা। *pr. pt.* **ba°nning ;** *p. & p. pt.* **ba°nned**। [OE. *gebann*=proclamation < *bannan*=to summon]

banal [ba°-nŭl, ব্যা°নাল্] *a.* commonplace, গতানুগতিক ; trivial, তুচ্ছ (*banal* remarks)। *n.* **banality** [ba-na°-li-ti, ব্যান্যা°লিটি]। [F.]

banana [ba-nŭ°-na, ব্যানা°ন্যা] *n.* a fruit or its tree, কদলী, কলা, কলাগাছ। [Port. or Sp.]

band$_1$ [band, ব্যান্ড্] *n.* anything to bind with, বন্ধনের উপকরণ, বন্ধনী, ফিতা, পটি ; the neckband of a shirt, শার্টের গলায় বাঁধিবার ফিতাবিশেষ ; a belt for driving a machine, মেশিন চালাইবার ফিতাবিশেষ; (*pl.*) shackles, fetters, শৃঙ্খল, বেড়ী। **ban°dage**—(**1**) *n.* ক্ষতস্থানাদি বন্ধনের পটি ; (**2**) *v.t.* (প্রধানতঃ ক্ষতস্থানাদি) পটি দিয়া বাঁধা। *n.* **band°box**—স্ত্রীলোকের টুপি, চুল-বাঁধা ফিতা প্রভৃতি রাখার জন্য পিজবোর্ডের হালকা বাক্স। **(to) come out of a bandbox**— খুব ছিমছাম ও ফিটফাট হওয়া। [OF. *bande*—cp. *bind, bond*]

band$_2$ [band, ব্যান্ড্] (**1**) *n.* a group or flock, দল, ঝাঁক ; a troop of musicians or music played by them, ঐকতানবাদকদল বা ঐকতান-সঙ্গীত। (**2**) *v.t.i.* to form into a group, দল বাঁধান বা বাঁধা। *p. & p. pt.* **ban°dėd**। *n.* **bandmaster** [ban(d)°-mŭs-ta(r), ব্যান্°-মাস্‌ট্যা(র্)] ঐকতানবাদকদলের অধিকারী বা শিক্ষক। *n.* **bandsman** [ban(d)z°-man, ব্যানজ়্‌°ম্যান্] ঐকতানবাদকদলের লোক। *n.* **band°stand**—ঐকতানবাদনের জন্য স্থায়ী মঞ্চ। *n.* **band°-wagon** —সার্কাস-পার্টির শোভাযাত্রাকালে উহার ঐকতান-বাদকদল যে গাড়িতে থাকে ; (প্রধানতঃ রাজ.) প্রচার-যান, বা জনপ্রিয়তার গাড়ি। **(to) climb** or **jump on a band-wagon**—সাফল্যের আশায় সফলকাম দলে যোগ দেওয়া। [see *band*$_1$]

bandage—see **band**$_1$.

bandan(n)a [ban-da°-na, ব্যান্ডা°ন্যা] *n.* a richly coloured spotted handkerchief (usu. worn round the neck), (সচ. গলায় বাঁধার জন্য) অত্যুজ্জ্বল বর্ণবিশিষ্ট ফুটকিওয়ালা রুমালবিশেষ। [Hind. *bandhnu*]

bandar [bun°-da(r), বান্°ড্যা(র্)] *n.* a monkey, বানর, বাঁদর। [Hind.]

bandbox—see **band**$_1$.

bandeau [ban-dō°, ব্যান্ডৌ°] *n.* a fillet to bind the hair, চুল বাঁধিবার ফিতা ; a fillet within a hat, টুপির অভ্যন্তরস্থ ফিতাবিশেষ। *pl.* **band°eaux** [ban-dōz°, ব্যান্ডৌজ়্°]। [F.]

bandemataram [ban-de°-ma-tram, ব্যান্ডে°-ম্যাট্‌র্যাম্], (corrup.) **bande°matrō**—*ph.* I salute thee, O mother or motherland, বন্দেমাতরম্। [Sans.]

bandh [band, ব্যান্ড্] *n.* complete cessation of work over an extensive area in protest, বন্‌ধ্, হরতাল। [Hind.]

bandicoot [ban°-di-kōōt, ব্যান্°ডিকূট্] *n.* a large rat, ধেড়ে ইঁদুর। [Telugu *pandikokku*]

bandit [ban°-dit, ব্যান্°ডিট্] *n.* an outlaw, আইনবলে লোকসমাজ হইতে বিতাড়িত ব্যক্তি ; a brigand, দস্যু। *pl.* **ban°dits, banditti** [ban-di°-tē, ব্যান্ডি°টী]। [It. *bandito*<LL. *bandire* =to proclaim]

bandmaster—see **band**$_2$.

bandobast [bun°-dō-bust, বান্°ডৌবাস্‌ট্] *n.* arrangement or settlement, বন্দোবস্ত [Hind.]

bandoleer, bandolier [ban-dō-lē(r)°, ব্যান্-ডৌলিয়্যা(র্)°] *n.* a shoulder-belt with cartridge-loops, বন্দুকের গুলি রাখার জন্য ক্ষুদ্র ক্ষুদ্র ঘরওয়ালা চর্মবেষ্টনিবিশেষ : ইহা পইতার ন্যায় কাঁধের উপর ঝুলাইয়া পরা হয়। [OF. *bandouillere*<It. *bandoliera*<*banda*=a band]

bandsman, bandstand, band-wagon—see **band**$_2$.

bandy [ban°-di, ব্যান্°ডি] (**1**) *v.t.* to toss to and fro or from one to another, ইতস্ততঃ ছোড়াছুড়ি করা বা পরস্পর লোফালুফি করা ; to exchange, (কিল, চড়, ক্রুদ্ধ বাক্য, প্রভৃতি) আদান-প্রদান করা। *p. & p. pt.* **ban°died**। (**2**) *a.* wide apart at the knees, curved, বক্র (*bandy*-legged)। *n.* **ban°dy-ball**—হকি খেলা। *a.* **ban°dy legged**—বক্রপদবিশিষ্ট। **(to) bandy words** —তর্কাতর্কি বা কথা কাটাকাটি করা। **(to) have one's name bandied about**—কাহারও নাম

আলোচনা নিন্দা চর্চা প্রভৃতির বিষয়বস্তু হওয়া, কাহারও সম্পর্কে প্রতিকূল আলোচনা হওয়া। [?]

bane [bān, বেইন্] *n.* destruction, ধ্বংস; death, মৃত্যু; ruin, সর্বনাশ; poison, বিষ (rat's *bane*)। *a.* **bāne°ful**—ধ্বংসকর; সর্বনাশা; বিষাক্ত। *adv.* **bāne°fully**। [OE. *bana*=murder<ON. *bani*]

bang [bang, ব্যাং] (**1**) *n.* a heavy blow, ভারী বস্তুদ্বারা সজোরে বা দুম্ করিয়া আঘাত; a sudden loud noise, দুম্ দড়াম্ প্রভৃতি শব্দ (to shut the door with a *bang*)। (**2**) *v.t.* to strike a heavy blow, সজোরে আঘাত করা; to slam, দড়াম্ করিয়া খোলা বা বন্ধ করা। (**3**) *v.i.* to make a loud noise, উচ্চ আওয়াজ করা; to close or open with a bang, দড়াম্ করিয়া বন্ধ হওয়া বা খোলা। **(to) go off** or **over with a bang**—সাফল্য লাভ করা; অত্যন্ত জনপ্রিয় হওয়া। *n.* **ban°ger**—(অমা.) নলাকার লেচির মধ্যে মাংসের পুর দেওয়া খাদ্যবিশেষ; সশব্দ আতশবাজি; পুরাতন জীর্ণ মোটরগাড়ি। [ON. *banga*=to hammer]

bangle [bangg°l, ব্যাংগ্°ল্] *n.* an ornament for the arm, বালা, কঙ্কণ, অনন্ত। [Hin. *bangri*]

banian [ba°-ni-an, ব্যা°নিআ্যান্] *n.* a large fig-tree, অশ্বত্থ বা বট গাছ; (in India) a merchant's banker, মুৎসুদ্দি, বেনে; a loose vest, ফতুয়া-বিশেষ। [Port.<Hin. *banya*]

banish [ba°-nish, ব্যা°নিশ্] *v.t.* to exile, নির্বাসিত করা; to drive away, বিতাড়িত করা। *p.* & *p. pt.* **ba°nished**। *n.* **ba°nishment**। [F. *bannir*<LL. *bannire*=to proclaim]

banister [ba°-nis-ta(r), ব্যা°নিস্ট্যা(র্)] *n.* (usu. in *pl.*) a stair-rail with its supports, সিঁড়ির পার্শ্বস্থ হাতলওয়ালা স্তম্ভশ্রেণী। [corrup. of *baluster*]

banjo [ban°-jō, ব্যান্°জৌ] *n.* a stringed musical instrument, তারের বাদ্যযন্ত্রবিশেষ। *n.* **ba°n-jōist**—ব্যাঞ্জো-বাদক। [Negro pronunciation of *bandore*<Gk. *pandoura*]

bank₁ [bangk, ব্যাংক্] (**1**) *n.* the margin of a river, lake, etc., নদী হ্রদ প্রভৃতির তীর কূল বা কিনারা; a mound or a ridge, বাঁধ, স্তূপ, টিবি, জাঙ্গাল; an acclivity, ঢল, চড়াই; the raised border of a road, রাস্তার দুই পার্শ্বের আলি; a raised road, উঁচু করিয়া বাঁধান রাস্তা। (**2**) *v.t.* to embank, বাঁধ দেওয়া। *p.* & *p. pt.* **ban°ked**। [ME. *banke*<Scand ?]

bank₂ [bangk, ব্যাংক্] (**1**) *n.* a public institution for the custody and investment of money, অর্থ গচ্ছিত রাখার জন্য ও ব্যবসায়াদিতে খাটাইবার জন্য প্রতিষ্ঠানবিশেষ, ধনাগার, ব্যাঙ্ক, (পরি.) অধিকোষ। (**2**) *v.t.i.* to deposit in a bank, ব্যাঙ্কে জমা দেওয়া; to count or rely, ভরসা করা, আস্থা স্থাপন করা; to risk upon or against, কিছুর বা কাহারও উপরে ভরসা করিয়া ঝুঁকি লওয়া। *p.* & *p. pt.* **ban°ked**। **(to) bank on** or **upon**—কাহারও বা কিছুর উপরে ভরসা করা। **(to) bank with**—ব্যাঙ্কের কাজ-কারবার করা (whom do you *bank with*=তুমি কোন্ ব্যাঙ্কে টাকাকড়ি রাখ?)। *n.* **bank°-ā°gent**—ব্যাঙ্কের বা তাহার কোন শাখার কর্মাধ্যক্ষ। *n.* **bank°-ba°lance**—ব্যাঙ্কে কাহারও গচ্ছিত টাকার পরিমাণ, আমানতি টাকা, (পরি.) অধিকোষস্থিতি। *n.* **bank°-bill**—এক ব্যাঙ্ক হইতে অন্য ব্যাঙ্কের উপরে প্রদত্ত হুণ্ডি; ব্যাঙ্ক কর্তৃক প্রদত্ত ঋণস্বীকারপত্র। *n* **bank°-book**—ব্যাঙ্কে গচ্ছিত টাকার হিসাববহি। *n.* **ban°ker**—ব্যাঙ্কের মালিক; মহাজন; কুসীদজীবী। *n.* **bank°-ho°liday**—ব্যাঙ্কের (ও সেই সঙ্গে অন্যান্য অধিকাংশ অফিসের) ছুটির দিন। *n.* **ban°king**—ব্যাঙ্কের কাজকারবার বা ব্যবসায়। *n.* **bank°-nōte**—ব্যাঙ্ক কর্তৃক প্রদত্ত ঋণস্বীকারপত্র। *n.* **bank°-pā°per**—ব্যাঙ্কের যে ঋণস্বীকারপত্র বাজারে চালু আছে; এক প্রকার কাগজ: পূর্বে ইহা ব্যাঙ্কের কাজে ব্যবহৃত হইত। *n.* **bank°rāte**—হুণ্ডি বিল প্রভৃতি টাকা আদায়ের জন্য ব্যাঙ্ক কর্তৃক গৃহীত বাট্টার হার। [F. *banque*<It. *banca*]

bankrupt [bangk°-rupt, ব্যাংক্°রাপ্ট্] (**1**) *a.* insolvent, দেউলিয়া। (**2**) *n.* an insolvent person, দেউলিয়া ব্যক্তি। (**3**) *v.t.* to make insolvent, দেউলিয়া করা; to impoverish, ফতুর করা। *p.* & *p. pt.* **bank°rupted**। **bankrupt of, bankrupt in**—কোন বস্তু বা বিষয়ে নিতান্ত দরিদ্র বা অভাবগ্রস্ত, সম্পূর্ণ বিহীন (*bankrupt of* commonsense=সম্পূর্ণ কাণ্ডজ্ঞানহীন)। *n.* **bank-ruptcy** [bangk°-rap(t)-si, ব্যাংক্°র‍্যাপ্‌সি] দেউলিয়া অবস্থা। [It. *banca rotta*=broken bank]

banner [ba°-na(r), ব্যা°ন্যা(র্)] (**1**) *n.* a standard, (প্রধানতঃ সাম.) পতাকা, নিশান; a bold headline in a newspaper, সংবাদপত্রে মোটা ও বড় হরফে মুদ্রিত শিরনামা (*banner* headline): (fig.) any symbol of principles, (আল.) আদর্শের প্রতীক। (**2**) *v.t.* to publish in a newspaper under a banner, সংবাদপত্রে মোটা হরফের শিরনামা দিয়া অর্থাৎ ফলাও করিয়া ছাপান। **under the banner of**—(কোন আন্দোলন বা মতবাদের প্রতি সমর্থন বুঝাইতে) পতাকাতলে। [OF. *baniere*<LL. *bandum*]

bannock [ba°-nak, ব্যা°ন্যাক্] *n.* a home-made bread of oatmeal or barley, স্কটল্যান্ড ও ইংল্যানডের হাতে-গড়া জই যা যবে তৈয়ারি রুটি-বিশেষ। [Gael. *bannach*]

banns [banz, ব্যান্‌জ্] *n. pl.* a church notice of an intended marriage, প্রস্তাবিত বিবাহসম্বন্ধে গির্জা কর্তৃক প্রচারিত বিজ্ঞপ্তি। **(to) ask the banns**—উক্ত বিজ্ঞপ্তি প্রকাশিত করিতে অনুরোধ করা। **(to) forbid the banns**—বৈধ অধিকার-বলে আয়োজিত বিবাহ নিষিদ্ধ করা। [see *ban*]

banquet [bang°-kwit, ব্যাং°কুইট্] (**1**) *n.* a feast, ভোজ, ভোজোৎসব। (**2**) *v.t.i.* to feast, ভোজ দেওয়া বা খাওয়া। *p.* & *p. pt.* **ban°quetėd**। [F.]

banshee [ban-shi°, ব্যান্‌শি°] *n.* a guardian female fairy of a family, পরিবারের অধিষ্ঠাত্রী পরীবিশেষ : কোন পরিজনের মৃত্যু আসন্ন হইলে এই পরী বিলাপ করে, বাস্তুপরী। [OIr. *ben side*]

bantam [ban°-tam, ব্যান্‌°ট্যাম্‌] *n.* a domestic fowl, গৃহপালিত কুক্কুট ; a small but spirited person, ক্ষুদ্রকায় অথচ তেজস্বী ব্যক্তি ; a standard of weight, মুষ্টিযোদ্ধাদির দৈহিক ওজনের মানবিশেষ, (= ১১২-১১৮ পাউনড) (*bantam* weight)। [Java ?]

banter [ban°-ta(r), ব্যান্‌°ট্যা(র্)] (**1**) *v.t.* to assail with jesting, হাসিঠাট্টার দ্বারা অতিষ্ঠ করা। (**2**) *n.* sharp jesting, তীব্র হাসিঠাট্টা, শ্লেষ। *a.* **ban°tering**—হাসিঠাট্টার দ্বারা অতিষ্ঠ করে এমন। *adv.* **ban°teringly**। [?]

bantling [bant°-ling, ব্যান্‌ট্‌°লিং] *n.* a child, শিশু, বাচ্চা। [?]

Bantu [ban°-too°, ব্যান্‌°টু°] *n.* a group of African races or their languages, আফ্রিকার কতিপয় জাতি বা তাহাদের ভাষা। [Af.]

banyan—alt. spell. of **banian.**

baobab [ba°-a-bab, বেই°অ্যাব্যাব্‌] *n.* a gigantic South-African tree, দক্ষিণ আফ্রিকার বিশালকায় বৃক্ষবিশেষ, বাঁদুরে রুটির গাছ। [Af. ?]

baptism [bap°-tizm, ব্যাপ্‌°টিজ্‌ম্‌] *n.* the (Christian or Jewish) religious rite of immersing in or sprinkling with holy waters. (খ্রিস্টীয় বা ইহুদি ধর্মানুযায়ী কোন ব্যক্তিকে) পবিত্র বারিদ্বারা অভিসিঞ্চন ; the religious ceremony of accepting into Christianity, খ্রিস্টধর্মে দীক্ষাদানোৎসব। **baptism of blood**—প্রাণবিনিময়ে দীক্ষালাভ অর্থাৎ খ্রিস্টধর্মের জন্য অদীক্ষিত ব্যক্তির আত্মদান। **baptism of fire**—পবিত্র আত্মার দান ; (আল.) জলের পরিবর্তে অগ্নিদ্বারা অভিসিঞ্চন অর্থাৎ সুকঠিন পরীক্ষা, অগ্নিপরীক্ষা ; সৈনিকের যুদ্ধের প্রথম অভিজ্ঞতা। *a.* **bap°tismal**—পবিত্র অভিসিঞ্চনসংক্রান্ত বা অভিসিঞ্চনকালীন (*baptismal* name)। *n.* **bap°tist**—অভিসিঞ্চনকারী যাজক (বা ব্যক্তি)। *n.* **Bap°tist**—শৈশবে বা জ্ঞানলাভের পূর্বে পবিত্র অভিসিঞ্চনের বিরোধী সম্প্রদায়ভুক্ত ব্যক্তি। *n.* **baptist(e)ry** [bap°-tis-tri, ব্যাপ্‌°টিস্‌ট্রি] পবিত্র অভিসিঞ্চনার্থ নির্দিষ্ট স্থান। *v.t.* **bap°tize**—পবিত্র বারিদ্বারা অভিসিঞ্চিত করা ; খ্রিস্টধর্মে দীক্ষা দেওয়া। [L. *baptizare*<Gk. *baptizein*<*baptein*=to dip]

bar [bŭ(r), বা(র্)] (**1**) *n.* a long piece of anything, কিছুর লম্বা (সচ. আয়তাকার) টুকরা (gold-*bar*, soap-*bar*) ; a strong long rod, ডাণ্ডা ; a bolt, খিল, হুড়কা ; a rail, রেলিং, গরাদ ; a place surrounded with railings, গরাদে ঘেরা স্থান ; a shop's counter, দোকানের অভ্যন্তরে ঘেরাও-করা স্থান ; ridge of sand across the mouth of a river or harbour, নদীর মোহানায় বা পোতাশ্রয়ে বালির চড়া ; a narrow strip of light or colour, আলো বা রঙের সরু রেখা বা ডোরা ; a wine-shop or its parlour, মদের দোকান বা দোকানের মধ্যে পান করিবার স্থান, শুঁড়িখানা ; pleaders' association, উকিলসভা ; pleaders collectively, উকিল-সম্প্রদায় ; legal profession, ওকালতি ; a barrier, প্রতিবন্ধক, বাধা ; an addition to a medal or a strip of metal indicating the addition, প্রাপ্ত পদকাদিসংশ্লিষ্ট অতিরিক্ত সম্মান, ঐ সম্মান-নির্দেশক ধাতুখণ্ড ; (in *pl.*) a part of horizontal parallel railings used in gymnastics, ব্যায়ামচর্চায় ব্যবহৃত প্যারালেল বার। (**2**) *v.t.* to bolt, খিল দেওয়া ; to shut, বন্ধ করা ; to obstruct, বাধা দেওয়া ; to invalidate legally, আইনতঃ বাতিল করা ; to preclude, বাদ দেওয়া। *pr. pt.* **ba°rring** ; *p.* & *p. pt.* **ba°rred**। **at the bar**—ওকালতি ব্যবসায়ে রত। **barred by limitation**—তামাদিদোষে দুষ্ট, অবধিবাধিত। **called to the bar**—ব্যবহারজীবীর পেশা অবলম্বন করিতে অনুমতিপ্রাপ্ত। *n.* **bar°-bell**—ব্যায়ামচর্চায় ব্যবহৃত (ভারোত্তোলনার্থ) লৌহদণ্ডবিশেষ। *n.* **bar°-keeper**—মদের দোকানের মালিক, শুঁড়ি। *n.* **bar°-li°brary**—আদালতে ব্যবহারজীবীদের কক্ষ। *n. fem.* **bar°maid**—মদের দোকানের পরিবেষিকা। *mas.* **bar°man**। *prep.* **ba°rring**—ব্যতিরেকে, ব্যতীত, ছাড়া। *n.* **bar°tender**—মদের দোকানের পরিবেষক বা পরিবেষিকা। [OF. *barre*<LL. *barra*]

barb$_1$ [bŭ(r)b, বা(র্)ব্‌] *n.* a variety of horse, দ্রুতগামী অশ্ববিশেষ ; a class of pigeon, কৃষ্ণবর্ণ কপোতবিশেষ, (তু.) গোলা পায়রা। [*Barbary* in North Africa ?]

barb$_2$ [bŭ(r)b, বা(র্)ব্‌] (**1**) *n.* the beardlike jag near the point of an arrow, fish-hook, etc., তীর বঁড়শি শিঙিমাছ প্রভৃতির মুখের কাছে যে কাঁটা থাকে ; the threadlike filament in a feather, পাখির পালকের সূত্রবৎ তন্তু। (**2**) *v.t.* to furnish with barbs, কণ্টকযুক্ত করা। *a.* **bar°bed**—কাঁটাওয়ালা। **barbed wire**—বেড়া দিবার কার্যে ব্যবহৃত কাঁটা-তার। *a.* **bār°bāte**—দাড়ির ন্যায় লোমযুক্ত। *n.* **bar°bel**—শিঙিজাতীয় বৃহদাকার মৎস্যবিশেষ। *n.* **bar°bet**—দাড়িওয়ালা পক্ষিবিশেষ। [L. *barba*=a beard]

barbarian [bŭ(r)-bar°-i-an, বা(র্)বেয়্যার্‌°ইঅ্যান্‌] (**1**) *n.* (ori.) one who is not a Greek, (মূলতঃ) গ্রীক নহে এমন ব্যক্তি ; a foreigner, বিদেশী লোক ; an uncultured or uneducated person, অমার্জিত বা অভদ্র বা অশিক্ষিত লোক ; an uncivilized person, অসভ্য (কিন্তু সচ. বন্য নহে) ব্যক্তি, বর্বর ব্যক্তি। (**2**) *a.* un-Greek, গ্রীক নহে এমন ; foreign, বিদেশী ; uncultured, অমার্জিত বা অভদ্র ; uneducated, অশিক্ষিত ; uncivilized, অসভ্য, বর্বর। *a.* **barba°ric**—বিদেশী ; বর্বরসুলভ ; অতিরিক্ত রঙচঙে ; জমকালো কিন্তু রুচিহীন। *n.* **bar°barism**—বর্বর বা বন্য জীবন ; বর্বরতা, বন্যতা। *n.* **barba°rity**—বর্বরতা ; নৃশংসতা। *v.t.i.* **bar°-**

barīze—বর্বর বা বন্য করিয়া তোলা অথবা বর্বর বা বন্য হওয়া ; (ভাষাসম্বন্ধে) দূষিত করা বা হওয়া। *n.* **barbarizā°tion**। *a.* **barbarous** [bŭ(r)°-b(a)ras, বা(র্)°ব্র্যাস্] বর্বর, অসভ্য, অভদ্র, অমার্জিত, অশিক্ষিত, নৃশংস ; রূঢ় ; কর্কশ, (ভাষাসম্বন্ধে) দূষিত, অশুদ্ধ, গ্রাম্য। *adv.* **bar°barously**। [Gk. *barbaros*=foreign]

Barbary [bu(r)°-ba-ri, বা(র্)°ব্যারি] *n.* the old name of North Africa, উত্তর আফ্রিকার প্রাচীন নাম। **Barbary ape**—উত্তর আফ্রিকা ও জিব্রালটারের উল্লুকবিশেষ। **Barbary sheep**—উত্তর আফ্রিকার বুনো ভেড়া। [?]

barbate—see **barb**$_2$.

barbecue [bŭ(r)°-bi-kū, বা(র্)°বিকিউ] *n.* an iron frame for roasting an animal whole, গোটা গরু ভেড়া শূকর প্রভৃতি ঝলসাইবার জন্য লৌহযন্ত্র ; an animal roasted whole, ঝলসান গোটা প্রাণী ; an outdoor feast at which an animal thus roasted is eaten, যে ভোজে খোলা জায়গায় বসিয়া ঐভাবে ঝলসান প্রাণী খাওয়া হয়। [Sp. *barbacoa* <Haitian=a crate on posts]

barbed, barbel, barbet—see **barb**$_2$.

bar-bell—see **bar.**

barber [bŭ(r)°-ba(r), বা(র্)°ব্যা(র্)] *n.* one who shaves beards and trims and dresses hair professionally, নাপিত, পরামানিক, ক্ষৌরকার। [OF. *barbour* <L. *barba*=a beard]

barbet—see **barb**$_2$.

barbican [bŭ(r)°-bi-kan, বা(র্)°বিক্যান্] *n.* a projecting watch-tower over the gate of a castle or fortified town, দুর্গ বা নগরদুর্গের বহির্দিকে প্রসারিত ও তোরণের উপর স্থাপিত প্রহরাকার্যের জন্য তোরণ। [OF. *barbacane* <?]

barbitone [bŭ(r)°-bi-tōn, বা(র্)°বিটৌন্], **barbiturate** [bŭ(r)°-bi-tū-rat, বা(র্)°বিট্যুর্যাট] *n.* a soporific drug, নিদ্রা-উদ্রেককর ঔষধবিশেষ। [<the lichen usnea *barbata*]

barcarol(le) [bu(r)°-ka-rōl, বা(র্)°ক্যারৌল্] *n.* gondolier's song, (প্রধানতঃ ভিনিসের) পানসি-নৌকার মাঝির গান, (তু.) সারিগান। [It. *barcarola* <*barca*=a boat]

bard [bŭ(r)d, বা(র্)ড্] *n.* a Celtic minstrel, কেলট্‌-যুগীয় অর্থাৎ প্রাচীন বৃটেনের গায়ক-কবি বা চারণ। *a.* **bar°dic**—চারণ কবি-সংক্রান্ত বা তাহার কবিতাসংক্রান্ত। *n.* **bardo°latry**—শেক্সপিয়ারের অন্ধ প্রশস্তি। [Celt.]

bare [bā(r), বেয়্যা(র্)] (**1**) *a.* uncovered, অনাবৃত, অনাচ্ছাদিত ; naked, নগ্ন ; undressed, অসজ্জিত ; open to view, প্রকাশ্য ; unsheathed, কোষমুক্ত ; unfurnished, আসবাবপত্রহীন বা সাজসজ্জাবিহীন ; unarmed or unprotected, নিরস্ত্র বা অরক্ষিত ; barren, ঊষর, শষ্পহীন ; poor, indigent, দরিদ্র, নিঃস্ব ; scanty, অল্প, সামান্য ; mere, মাত্র, কেবল ; commonplace, গতানুগতিক, মামুলি ; colourless, নীরস বা বিবর্ণ। (**2**) *v.t.* to uncover or undress, অনাবৃত বা নগ্ন করা। **(to) lay bare**—উন্মুক্ত করা। **(to) bare one's heart**—হৃদয় বা অন্তর উন্মুক্ত করা। *adv.* **bāre°-back**—(ঘোড়া-সম্বন্ধে) জিন ছাড়া। **bāre°backed** (**1**) *a.* নগ্নপৃষ্ঠ ; জিন-বিহীন ; (**2**) *adv.* জিন ছাড়া। *a.* **bāre°fāced**—অনাবৃত বা মুখোশহীন মুখবিশিষ্ট ; শ্মশ্রুহীন ; (আল.) নির্লজ্জ, বেহায়া। *adv.* **bāre°-foot**—নগ্নপদে ; জুতা-মোজা না পরিয়া। **bāre°-foo°tėd**—(**1**) *a.* নগ্নপদ, জুতা-মোজা পরে নাই এমন ; (**2**) *adv.* নগ্নপদে। *a.* **bāre°hea°dėd**—মাথায় টুপি পাগড়ি প্রভৃতি পরে নাই এমন, নগ্নমস্তক। *a.* **bāre°-le°gged**—পায়ে মোজা পরে নাই এমন। *adv.* **bāre°ly**—সবে, মোটে, কেবল, মাত্র, বড় জোর, সবে মাত্র (it *barely* meets his demands)। *n.* **bāre°nėss**। [OE. *baer*—cp. G. *baar*]

bargain [bŭ(r)°-gin, বা(র্)°গিন্] (**1**) *n.* a contract, চুক্তি ; a favourable transaction or its object, লাভজনক আদান-প্রদান বা ক্রয়-বিক্রয় অথবা যাহা কেনাবেচা হইয়াছে ; a transaction, আদান-প্রদান বা ক্রয়-বিক্রয় (good or bad *bargain*); দর-কষাকষি। (**2**) *v.i.* to enter into a contract, চুক্তি করা ; to haggle, দর-কষাকষি করা। (**3**) *v.t.* to lose by unfavourable transaction, অলাভজনক শর্তে আদানপ্রদান করিয়া লোকসান দেওয়া। **into the bargain**—উপরন্তু, অধিকন্তু। **(to) bargain away**—ভিন্ন কিছুর বিনিময়ে কিছু ত্যাগ করা (to *bargain away* one's freedom for money)। **(to) close a bargain**—চুক্তি সম্পাদন করা। **(to) strike a bargain**—চুক্তি বা দর ঠিক করা। **a bargain's a bargain**—চুক্তি যখন করা হইয়াছে, তখন তাহা অবশ্যই পালন করিতে হইবে। *n.* **bar°gainer**। [OF. *bargaine*]

barge [bŭ(r)j, বা(র্)জ্] *n.* a pleasure-boat or man-of-war, (প্রধানতঃ পালওয়ালা) প্রমোদ-তরী বা রণতরী, বজরা। *n.* **bargee** [bŭ(r)-jē°, বা(র্)জী°], **barge°man**—বজরার প্রধান চালক বা অধ্যক্ষ। *n.* **barge°-pōle**—লগি। *n.* **barge°-master**—বজরার মালিক। [OF.<LL. *barga*]

baritone—alt. spell. of **barytone.**

barium [bār°-i-am, বেয়্যার্°ইঅ্যাম্] *n.* (chem.) a white metallic element, (রসা.) শ্বেতবর্ণ ধাতব মৌলিক উপাদানবিশেষ, মেঠোবিষ। **barium test**—রোগীকে গলা রাসায়নিক পদার্থ খাওয়াইয়া তাহার অন্ত্রের এক্‌স্‌-রে ফটো গ্রহণপূর্বক পরীক্ষা। [Gk. *barus*=heavy]

bark$_1$ [bŭ(r)k, বা(র্)ক্] *n.* a small ship with a sail, পালতোলা ক্ষুদ্র তরী, (তু.) পানসি। [F. *barque* <LL. *barca*]

bark$_2$ [bŭ(r)k, ব্যা(র্)ক্] (**1**) *n.* the rind of the trunk and branches of a tree, গাছের ছাল, বল্কল ; skin, চর্ম, ত্বক্। (**2**) *v.t.* to peel rind or skin from, ছাল ছাড়ান ; **(to) scrape the skin off,** ছড়িয়া বা ছাল উঠিয়া যাওয়া। **(to) bark**

up the wrong tree—(অভিযোগাদি বিষয়ে) ভুল পথ বা পন্থা অনুসরণ করা। *p.* & *p. pt.* **bar°ked** । [ON. *borkr*]

bark$_3$ [bŭ(r)k, বা(র্)ক্] (**I**) *n.* the cry of a dog, wolf, etc, কুকুর নেকড়ে প্রভৃতির গর্জন ; report of a gun, কামানের শব্দ। (**2**) *v.t.i.* (of a dog, wolf, etc.) to cry, (কুকুর নেকড়ে প্রভৃতি সম্বন্ধে) গর্জন করা ; (of a gun) to be in action noisily, (কামান-সম্বন্ধে) নির্ঘোষিত হওয়া ; to clamour, হৈচৈ বা চিৎকার করা। *p.* & *p. pt.* **bar°ked** । *n.* **bar°ker**—কুকুর ; দালাল ; (কথ্য.) পিস্তল। **barking dogs seldom bite**—যে মেঘ গর্জে সে মেঘ বর্ষে না। **(one's) bark is worse than (one's) bite**—মারের চেয়ে বকার জ্বালা বেশি, কথার পোড়ানি বড্ড পোড়ানি। [OE. *beorcan*]

bar-keeper—see **bar.**

barker—see **bark**$_3$.

barley [bŭ(r)°-li, বা(র্)°লি] *n.* a cereal, যব, বার্লি। **pearl barley**—উত্তমরূপে খোসা-ছাড়ান ও মিহি-করা বার্লি, পার্ল-বার্লি। *n.* **bar°ley-corn**—যবের দানা। *n.* **bar°ley-sugar**—অল্প বার্লি-গোলা জলে ফুটাইয়া চিনির ডেলা পাকাইয়া প্রস্তুত মিঠাই-বিশেষ। *n.* **bar°ley-water**—বার্লির শরবত। [OE. *baerlic*—cp. *bear*]

bar-library—see **bar.**

barm [bŭ(r)m, বা(র্)ম্] *n.* yeast, মদ্যাদির গাঁজলা বা ফেনা ; খামি বা সাজা। *a.* **bar°my**—গাঁজলাযুক্ত, সফেন ; (আল.) অস্থিরমতি ; বুদ্ধিহীন। [OE. *beorma* —cp. G. *barme*]

barmaid, barman—see **bar.**

barmy—see **barm.**

barn [bŭ(r)n, বা(র্)ন্] *n.* a storehouse for grain, hay, etc., গোলাবাড়ি, শস্যাগার। *n.* **barn°-door°**—গোলাবাড়ির দরজা ; (আল.) লক্ষ্যভ্রষ্ট হওয়া শক্ত এমন বড় নিশানা। **barn-door fowl**—যে কুক্কুট গোলাবাড়ির উঠানে চরিয়া বেড়ায়। *n.* **barn°-owl°**—লক্ষ্মীপেঁচা। *n.* **barn°-yard°**—গোলাবাড়ির উঠান। [OE. *bere*=barley, *ern*=house]

barnacle$_1$ [bŭ(r)°-nakl, বা(র্)°ন্যাক্‌ল্] *n.* a kind of goose, রাজহংসবিশেষ ; a kind of shell-fish, গুগ্‌লি-শামুক ; a follower who can hardly be shaken off, নাছোড়বান্দা সঙ্গী বা অনুচর। [OF. *bernaque*<LL. *bernaca*]

barnacle$_2$ [bŭ(r)°-nakl, বা(র্)°ন্যাক্‌ল্] *n.* the pincers for a horse's nose to keep him quiet, ঘোড়াকে শান্ত রাখিবার জন্য তাহার নাকে যে চিমটার ন্যায় আভরণ পরান হয় ; (in *pl.*—facet.) spectacles, (কৌতু.) চশমা। [OF. *bernac*]

barometer [ba-ro°-mi-ta(r), ব্যার°মিটা(র্)] *n.* an instrument for measuring atmospheric pressure, আবহমানযন্ত্র। *a.* **barŏmet°ric(al)** —আবহমানসংক্রান্ত। [Gk. *baros*=weight, *metron*=measure]

baron [ba°r(a)n, ব্যা°র্‌ন্] *n.* the lowest title in the British peerage or a person holding it, বৃটেনের ভূম্যধিকারীদের সর্বনিম্ন খেতাব, ঐ খেতাবধারী ব্যক্তি। *fem.* **baroness** [ba°-ra-nis, ব্যা°র্‌যানিস্]। *n.* **baronage** [ba°-ra-nij, ব্যা°র্‌যানিজ্] ব্যারন-সম্প্রদায়। *n.* **baronet** [ba°-ra-nit, ব্যা°র্‌যানিট্] নিম্নশ্রেণীর ব্যারন। *n.* **ba°ronetcy**—ব্যারনেটের খেতাব। *a.* **barō°nial**—ব্যারন-সংক্রান্ত ; ব্যারনের জমিদারি-সংক্রান্ত। *n.* **barony** [ba°-ra-ni, ব্যা°র্‌যানি] ব্যারনের জমিদারি। [OE. *barun* <LL. *baro*=man]

baroque [ba-rok°, ব্যারক°] (**I**) *n.* (archi. & fine arts) a bold, vigorous and exuberant style, (স্থাপ. ও চারু.) দুঃসাহসী (বা নূতন) বলিষ্ঠ এবং চটকদার নির্মাণ-পদ্ধতি। (**2**) *a.* bold, vigorous and exuberant, দুঃসাহসী (বা নূতন) বলিষ্ঠ এবং চটকদার ; odd, অদ্ভুত। [F.]

barouche [ba-rōōsh°, ব্যারূশ্°] *n.* a kind of carriage, চার চাকার গাড়িবিশেষ। [G. *barutsche* <It. *baroccio*<L. *bis*=twice, *rota*=a wheel]

barque—alt. spell. of **bark**$_1$.

barrack$_1$ [ba°-rak, ব্যা°র্‌যাক্] (**I**) *n.* (usu. in *pl.*) a permanent lodging for troops, সৈন্যদলের স্থায়ী বাসভবন, (পরি.) সৈন্যনিবাস ; a large building to lodge many people, বহুসংখ্যক বাসিন্দার জন্য বৃহৎ অট্টালিকা (children's *barrack*)। (**2**) *v.t.i.* to lodge in barracks, ব্যারাকে বাস করান বা করা। *p.* & *p. pt.* **ba°rracked**। [F. *baraque*<Sp. *barraca* or It. *baracca*= a tent]

barrack$_2$ [ba°-rak, ব্যা°র্‌যাক্] *v.t.i.* to make a hostile demonstration, (সচ. দলবদ্ধভাবে) চিৎকার ও বিদ্রূপ করিয়া বিরুদ্ধ মনোভাব প্রদর্শন করা। *p.* & *p. pt.* **ba°rracked** । [abori. Aus. *borak*]

barrage [ba°-rŭj, ব্যা°রাজ্] *n.* a dam, বাঁধ ; (mil.) a defensive barrier, (সাম.) আত্মরক্ষামূলক প্রতিবন্ধক। *n.* **ba°rrage-ballōōn**—শত্রুর বিমানাক্রমণ হইতে আত্মরক্ষাকল্পে যে বেলুন আকাশে উড়াইয়া রাখা হয়। [F.<*barre*=bar]

barrator—see **barratry.**

barratry [ba°-ra-tri, ব্যা°র্‌যাট্রি] *n.* fraud practised by the master and mariners of a ship upon its owner, পোতাধ্যক্ষ ও নাবিকগণ কর্তৃক জাহাজের মালিককে প্রতারণা ; vexatious litigation, বিরক্তিকর (বা অযথা) মামলাবাজি। *n.* **ba°rrator**—মামলাবাজ ব্যক্তি। [OF. *barat*—fraud]

barred—see **bar.**

barrel [ba°r(a)l, ব্যা°র্‌ল্] (**I**) *n.* a large wooden vessel, পিপা ; its capacity (=36 imperial gallons), ইহাতে যে পরিমাণ তরল পদার্থ ধরে (=৩৬ গ্যালন) ; a cylindrical tube, (প্রধানতঃ বন্দুকাদির) চোঙ্গ বা নল ; part of a fountain pen that holds the ink, ফাউন্টেন পেনের যে অংশে

কালি থাকে। (2) *v.t.* to put into a barrel, পিপায় ভরা। *pr. pt.* **ba°rrelling** ; *p.* & *p. pt.* **ba°rrelled** I *a.* **ba°rrelled**—পিপার মধ্যে রক্ষিত, পিপাবন্দী ; চোঙ্গবিশিষ্ট। *n.* **ba°rrel-organ**—বাদ্যযন্ত্রবিশেষ : ইহার হাতল ঘুরাইয়া বাজাইতে হয়। [F. *baril*]

barren [ba°r(a)n, ব্যা°র্‌ন্‌] *a.* sterile, বন্ধ্যা। unproductive, fruitless, অনুৎপাদী, নিষ্ফলা ; infertile, অনুর্বর ; arid, ঊষর ; (fig.) uninventive, উদ্ভাবনী-শক্তিহীন ; abortive, ব্যর্থ, বিফল ; stupid, বুদ্ধিহীন, প্রতিভাহীন ; dull, নীরস। *n.* **ba°rrenness** I [OF. *baraine*]

barricade [ba-ri-kād°, ব্যারিকেইড়্°] (1) *n.* any temporary and improvised fortification, হাতের কাছে মেলে এমন সব বস্তুদ্বারা (প্রধানতঃ পথের উপরে) আত্মরক্ষার্থ সাময়িকভাবে নির্মিত ব্যূহবিশেষ ; a barrier, প্রতিবন্ধক। (2) *v.t.* to block with such a fortification, উক্ত ব্যূহনির্মাণপূর্বক বাধার সৃষ্টি করা বা পথরোধ করা। [F. <*barrique*=cask]

barrier [ba°-re(r), ব্যা°রিয়্যা(র্)] *n.* a defensive fence, আত্মরক্ষামূলক বেড়া ; an obstacle, প্রতিবন্ধক, বাধা। *n.* **bar°rier-reef°**—উপকূলের সহিত নাব্য প্রণালীর সংযোগ-স্থাপক প্রবালপ্রাচীর। [AF. *barrere*<OF. *barriere*—cp. *bar*]

barring—see **bar**.

barrister [ba°-ris-ta(r), ব্যা°রিস্‌ট্যা(র্)] *n.* a class of lawyers, ব্যবহারজীবিবিশেষ (পূর্ণ সংজ্ঞা : **ba°rrister-at-law°**) I *a.* **barrister°ial**—ব্যারিস্টার-সংক্রান্ত ; ব্যারিস্টারি-সংক্রান্ত। *n.* **ba°rristership** I [see *bar*]

barrow₁ [ba°-rō, ব্যা°রৌ] *n.* (obs.) a hillock, (অপ্র.) ক্ষুদ্র শৈল। [OE. *beorg*—cp. G. *berg*]

barrow₂ [ba°-rō, ব্যা°রৌ] *n.* a load-carrying handcart, মালবাহী ঠেলাগাড়ি। *n.* **ba°rrow-man**—যে ব্যক্তি ঠেলাগাড়িতে করিয়া পথে পথে ফল তরকারি প্রভৃতি ফেরি করে। [OE. *bearwe*<*beran* =to bear]

barter [bŭ(r)°-ta(r), বা(র্)°ট্যা(র্)] (1) *n.* trade by exchange of commodities, পণ্যবিনিময়-দ্বারা বাণিজ্য, পণ্যবিনিময়-প্রথা। (2) *v.i.* to trade by barter, পণ্যবিনিময়দ্বারা বাণিজ্য করা। (3) *v.t.* to give in exchange, বিনিময়ে প্রদান করা ; to part with for an unworthy consideration, প্রায় বিনামূল্যে স্বত্বত্যাগ করা (to *barter* away one's rights or freedom) I *n.* **bar°terer** I [OF. *barat* ?]

barytone [ba°-ri-tōn, ব্যা°রিটৌন্‌] (1) *n.* (mus.) a deep-toned male voice, (সঙ্গীতে) গম্ভীর পুরুষালি স্বর, উদাত্ত স্বর ; a singer with such a voice, ঐরূপ স্বরবিশিষ্ট গায়ক। (2) *a.* having or of such a voice, ঐরূপ স্বরবিশিষ্ট। [It. *baritono* <Gk. *barutonos*=deep-sounding]

basal—see **base₂**.

basalt [ba°-sawlt, ব্যা°স্‌ল্‌ট্‌] *n.* a dark-coloured igneous rock, ঘোরবর্ণ আগ্নেয় শিলা বিশেষ। [L. *basaltes*]

bas bleu [bu-bla°, বাব্ল্যা°] *n.* a bluestocking, অতিশিক্ষিতা বা পাণ্ডিত্যাভিমানিনী নারী। [F.]

bascule [bas°-kūl, ব্যাস্‌°কিউল্‌] *n.* a kind of drawbridge, অপসারণীয় সেতুবিশেষ। [F.]

base₁ [bās, বেইস্‌] *a.* low in station or dignity, হীন ; mean, নীচ ; vile, অসৎ ; inferior, নিকৃষ্ট, অপকৃষ্ট (*base* metal) ; counterfeit, জাল (*base* coin) ; ignoble, কলঙ্ককর ; (*base* act) ; servile, দাসমনোভাবপূর্ণ ; illegitimate, জারজ। *a.* **bāse°born**—হীনজাত, অন্ত্যজ, নীচবংশীয় ; জারজ। *adv.* **bāse°ly** I *n.* **bāse°ness** I [F. *bas*<LL. *bassus*=thick]

base₂ [bās, বেইস্‌] (1) *n.* that on which anything rests or depends, যাহার উপর কিছু ভর দিয়া দাঁড়ায় বা গড়িয়া উঠে ; foundation, বনিয়াদ, ভিত্তি ; foot, পদ ; root, মূলদেশ ; bottom, নিম্নদেশ, তলদেশ ; (geom.) the side of a figure, (জ্যামি.) ভূমি, পার্শ্ব, (পরি.) নিধান ; an ingredient of a mixture, মিশ্রবস্তুর উপাদান ; (chem.) a substance from which salt is formed, (রসা.) ক্ষারক, ক্ষার ; a starting-point, আরম্ভস্থল ; boundary-line of a playing-field, ক্রীড়াক্ষেত্রের সীমানা ; (mil.) a station for supply and reinforcement, nearest to the field of operation, (সাম.) রসদাদি সরবরাহের জন্য সংগ্রাম-ক্ষেত্রের নিকটতম সৈন্যশিবির ; source of origination, উৎস ; (log.) cause, (ন্যায়.) কারণ। (2) *v.t.* to found, (ভিত্তির উপরে) স্থাপন করা। *p.* & *p. pt.* **bā°sed** I *a.* **bā°sal**—ভিত্তিগত ; তলদেশীয় ; মূলগত ; (শিথি.) মৌলিক। *n.* **bāse°ball**—(আমেরিকার) ব্যাট-বল লইয়া খেলাবিশেষ : ইহাতে প্রতি দলে নয়জন করিয়া খেলোয়াড় থাকে। *a.* **bāse°less**—ভিত্তিহীন, অমূলক। *n.* **bāse°-line**—ত্রিকোণের মূলদেশস্থ বা সীমারূপে গণ্য যে কোন পার্শ্ব ; (ক্রীড়াক্ষেত্রাদির) সীমারেখা বা সীমানা। *n.* **bāse°ment**—ভিত্তি ; অট্টালিকার সর্বনিম্নতল ; অট্টালিকাদির ভূগর্ভস্থ অংশ। *a.* **bā°sic**—মৌলিক, মৌল, বনিয়াদি ; ভিত্তি-স্বরূপ ; প্রাথমিক ; ক্ষারকীয়। *adv.* **ba°sically**—মূলতঃ। *n.* **basicity** [ba-si°-si-ti, ব্যাসি°সিটি] ক্ষারে পরিণত হইবার ক্ষমতা, ক্ষারকত্ব, (পরি.) ক্ষার-গ্রাহিতা। **basic education**—বনিয়াদি শিক্ষা, (পরি.) মৌলশিক্ষা। **basic element**—মূল উপাদান। **basic English**—বিদেশীরা যাহাতে সহজে ও তাড়াতাড়ি ইংরেজি শিখিতে পারে তজ্জন্য বাছাই-করা স্বল্পসংখ্যক শব্দ (সচ. ৮৫০) বা উক্ত শব্দসংবলিত পাঠ। **basic pay**—মূল বেতন। **basic salt**—ক্ষারলবণ। **basic slag**—ফসফেট-পূর্ণ সারবিশেষ। [F. <L. *basis*<Gk.<*bainein*=to go]

For words in *base-*, not given separately, see **base₁** and **base₂**.

bases—*pl.* of **base**$_2$ and **basis.**

bash [bash, ব্যাশ্] (**1**) *v.t.* to strike violently, to beat, সজোরে আঘাত করা, প্রহার করা। (**2**) *n.* a violent blow, সজোরে আঘাত। **(to) have a bash at**—(কথ্য.) প্রয়াস বা চেষ্টা করা। [Da. *baske* =cudgel]

bashful [bash°f(oo)l, ব্যাশ্°ফ্‌ল্] *a.* shy, লাজুক ; confounded, কিংকর্তব্যবিমূঢ়, অপ্রতিভ। *adv.* **bash°fully** । *n.* **bash°fulness** । [OF. *es-*= out, *bahir*=to confound]

basic, basicity—see **base**$_2$.

basil [ba°zl, ব্যা°জ্‌ল্] *n.* a plant, পুদিনা বা তুলসী-জাতীয় গাছ। [OF. *basile*<L. *basilisca*]

basilica [ba-zi°-li-ka, ব্যাজ়ি°লিকা] *n.* a royal palace, রাজপ্রাসাদ ; a large oblong hall for judicial and commercial purposes, বিচার ও বাণিজ্য সম্বন্ধীয় কার্যে ব্যবহৃত লম্বা প্রশস্ত কক্ষবিশেষ। [L.<Gk. *basilike*=royal]

basilisk [ba°-zi-lisk, ব্যা°জ়িলিস্ক্] *n.* a fabulous lizard, পুরাণোক্ত সরীসৃপবিশেষ ; ইহার চাহনি ও নিঃশ্বাস অপর প্রাণীর মৃত্যু ঘটাইত। an ancient brass cannon, পিত্তলনির্মিত প্রাচীন কামানবিশেষ। [L.<Gk. *basiliskos*=a princeling]

basin [bā°sn, বেই°স্‌ন্] *n.* a small tub-like vessel, গামলা ; (geog.) the area drained by a river and its tributaries, (ভূগো.) অববাহিকা। [OF. *bacin*<LL. *bachinus*]

basis [bā°-sis, বেই°সিস্] *n.* the foundation, ভিত্তি, বনিয়াদ ; a pedestal, স্তম্ভাদির গোড়া, পীঠিকা ; the fundamental principle or ingredient, মূল সূত্র বা মূল উপাদান। *pl.* **bā°sēs** । [see *base*$_2$]

bask [būsk, বাস্ক্] *v.i.* to revel in warmth, sunshine, etc., আগুন রৌদ্র প্রভৃতি পোহান ; (fig.) to take delight in—আনন্দ পাওয়া বা সমাদর ভোগ করা (to *bask* in a person's favour or approval) ; to enjoy popularity, জনপ্রিয়তা ভোগ করা। *p.* & *p. pt.* **bas°ked** । [ON. *bathas*=to bathe]

basket [būs°-kit, বাস্°কিট্] *n.* a wicker receptacle, ঝুড়ি, সাজি, ডালা। *n.* **bas°kėt-ball** —বহিরঙ্গন ক্রীড়াবিশেষ, বাসকেট-বল। [?]

bas-relief [bas°-ri-lēf, ব্যাস্°রিলীফ্] *n.* sculpture containing figures standing very near to the ground on which they are formed, যেন পটভূমির মধ্যে প্রায় প্রোথিত এমনভাবে গঠিত মূর্তি। [It.—cp. *base, relief*]

bass$_1$ [bas, ব্যাস্] *n.* kinds of European fish, ইউরোপের নদী-সমুদ্রের রকমারি মৎস্যবিশেষ। [OE. *baers*—cp. G. *bars*=the perch]

bass$_2$ [bas, ব্যাস্] same as **bast.**

bass$_3$ [bās, বেইস্] (**1**) *n.* (mus.) the grave low part of the pitch, (সঙ্গীতে) খাদের সুর, উদারা (also **ba°ssō**)। (**2**) *a.* of a pitch low and grave, গুরুগম্ভীর। [see *base*$_1$]

bassinet [ba-si-net°, ব্যাসিনেট্°] *n.* a baby's hooded cradle or perambulator made of woven wicker, বেত্রাদিদ্বারা বুনিয়া তৈয়ারি করা শিশুর দোলনা বা ঠেলাগাড়ি। [F.=a small basin]

basso—see **bass**$_3$.

bassoon [ba-sōōn°, ব্যাসূন্°] *n.* a wooden wind instrument, কাঠের বাঁশিবিশেষ। *n.* **bassoo°nist**—উক্ত বংশীবাদক। [It. *bassone*]

bast [bast, ব্যাস্ট্] *n.* inner bark (esp. of lime), পাতি কাগজি প্রভৃতি লেবুজাতীয় ফলের ভিতরের বাকল বা ছাল। [OE.—cp. G. *bast*]

bastard [bas°-ta(r)d, ব্যাস্°ট্যা(র্)ড্] (**1**) *n.* an illegitimate child, জারজ সন্তান। (**2**) *a.* illegitimate, জারজ ; (of birth) not genuine, অকুলীন। *v.t.* **bas°tardīze**—জারজ বলিয়া ঘোষণা করা বা প্রমাণ করা। *a.* **bastardly**—জারজতুল্য ; (আল.) জঘন্য। *n.* **bas°tardy**—জারজত্ব। [OF. <*bast*=pack-saddle]

baste$_1$ [bāst, বেইস্ট্] *v.t.* to beat with a stick, যষ্টিদ্বারা প্রহার করা। *p.* & *p. pt.* **bās°tėd** । [D. *boste*=to beat ?]

baste$_2$ [bāst, বেইস্ট্] *v.t.* to pour fat, oil etc. over, (প্রধানতঃ ভাজিবার সময়ে) উপরে চর্বি বা তৈলাদি ঢালিয়া দেওয়া। *p.* & *p. pt.* **bās°ted** । [?]

baste$_3$ [bāst, বেইস্ট্] *v.t.* to tack, সেলাইয়ের পূর্বে টাকিয়া লওয়া। *p.* & *p. pt.* **bās°tėd** । [OF. *bastir*]

bastille [bas-tēl°, ব্যাস্টিল্°] *n.* a tower to defend a fortress, দুর্গরক্ষার্থ কেল্লা, দুর্গপ্রাকার ; a building of oppression, যে অট্টালিকার মধ্যে নিপীড়ন চলে, হবুজখানা। *n.* **Bastille°**—ফ্রান্সের পুরাতন দুর্গ ও রাজকীয় কারাগার : ইহার মধ্যে অকথ্য অত্যাচার চলিত বলিয়া ১৭৮৯ খ্রিস্টাব্দে বিপ্লবিগণ ইহা ধ্বংস করে। [F.]

bastinado [bas-ti-nā°-dō, ব্যাস্টিনেই°ডৌ] (**1**) *v.t.* to beat with a cane (esp. on the soles of the feet), (প্রধানতঃ পদতলে) বেত মারা। (**2**) *n.* act of beating in this way, ঐরূপ প্রহার-কার্য। [Sp. *bastonada*—cp. *baton*]

bastion [bas°-ti-an, ব্যাস্°টিঅ্যান্] *n.* a kind of tower, বুরুজ ; a defence, আত্মরক্ষার্থ নির্মিত প্রাচীরাদি ; a part of a projecting rampart, দুর্গপ্রাচীরের বহির্গত অংশ। [F.]

bat$_1$ [bat, ব্যাট্] (**1**) *n.* a stick to play with a racket, ক্রিকেট হকি ব্যাডমিনটন প্রভৃতি খেলার লাঠি বা ব্যাট। (**2**) *v.i.t.* (in cricket) to strike (the ball) with a bat, (ক্রিকেটে) ব্যাট করা বা ব্যাট দিয়া মারা। *pr. pt.* **ba°tting** ; *p.* & *p. pt.* **ba°ttėd** । **(to) carry one's bat**—(ক্রিকেটে

For words in *bat-*, not given separately, see **bat**$_{1\text{-}3}$.

ব্যাটস্‌ম্যানের) শেষ পর্যন্ত আউট না হওয়া। *n.* **bats°-man**—(ক্রিকেটে) যে ব্যাট করে। *n.* **bats°man-ship**—ব্যাটস্‌ম্যানরূপে পারদর্শিতা। *n.* **ba°tting**—(ক্রিকেটে) ব্যাট করা। [OE. < Celt. = staff ?]

bat$_2$ [bat, ব্যাট্] *n.* a quadruped winged mammal, বাদুড়। **(to) have bats in the belfry**—উদ্ভট ধারণাসম্পন্ন হওয়া; ছিটেল হওয়া। *n.* **bats°wing**—বাদুড়ের ডানার ন্যায় শিখা-বিস্তারক গ্যাসচুল্লীবিশেষ, (পরি.) পুচ্ছশিখ দীপ। *a.* **ba°tty**—বাদুড়সুলভ, বাদুড়ে; বাদুড়পূর্ণ; (গ্রা.) অস্থিরবুদ্ধি; সুযোগসন্ধানী। [ME. *bakke* < Scand.]

bat$_3$ [bat, ব্যাট্] *v.t.* to wink, (চোখ) পিটপিট করা। *pr. pt.* **ba°tting**; *p. & p. pt.* **ba°tted**। **not to bat an eyelid**—সম্পূর্ণ বিনিদ্রভাবে কাটান; বিস্ময় প্রকাশ না করা। [obs. *bate* < OF. *batre*]

batata [bu-tu°-tu, বাটা°টা] *n.* the yam, রাঙা আলু, মিঠা আলু। [Sp. < Haitian]

batch [batch, ব্যাচ্] (**1**) *n.* loaves produced at one baking, একবারে যতগুলি রুটি সেঁকা হয়; a set or group, কেতা, গোছা, থোকা, দল। (**2**) *v.t.* to collect into a set or group, গুচ্ছবদ্ধ বা দলবদ্ধ বা শ্রেণীবদ্ধ করা। *p. & p. pt.* **ba°tched** [see *bake*]

bate [bāt, বেইট্] contr. of **abate**। **with bated breath**—রুদ্ধ নিঃশ্বাসে, সাগ্রহ প্রতীক্ষায়।

bath [bŭth, বাথ্] *n.* washing or immersion in water, স্নান, অবগাহন; water, receptacle or house for immersion, স্নানবারি, স্নানপাত্র, স্নানাগার; (med.) exposure of the body to vapour, sunlight etc., রোগনিরাময়কল্পে বাষ্পস্নান রৌদ্রস্নান প্রভৃতি; an English order of knighthood, ইংলণ্ডের উচ্চ রাজসম্মানবিশেষ (Knight-Commander of *Bath*)। *n.* **bath°-house**—জনসাধারণের জন্য স্নানগৃহ। *n.* **bath°room**—বাড়ির মধ্যে স্নানকক্ষ। *n.* **bath°-tub**—যে টবের মধ্যে বসিয়া বা শুইয়া স্নান করা হয়। [OE. *baeth*]

Bath [būth, বাথ্] *n.* an English city, ইংল্যাণ্ডের নগরবিশেষ (এখানে রোমানদের তৈয়ারি কতিপয় স্নানাগার আছে)। *n.* **Bath°-chair°**—বিকলাঙ্গ ও রুগ্‌ণদের বহনার্থ চাকাওয়ালা চেয়ারবিশেষ। *n.* **Bath°-stōne°**—অট্টালিকাদির নির্মাণকার্যে ব্যবহৃত চুনাপাথরবিশেষ। [see *bath.*]

bathe [bādh, বেইদ্] *v.t.i.* to wash or immerse, (বাষ্প জল প্রভৃতিতে) স্নান বা অবগাহন করান অথবা করা। *n.* **bā°ther**—অবগাহনকারী; স্নানকারী। *n.* **bā°thing**—অবগাহন; স্নান। *n.* **bathing-costume**, **bathing-dress**—সন্তরণকালে পরিধেয় আঁটো পোশাক-বিশেষ। [OE. *bathian*]

bathetic [ba-the°-tic, ব্যাথে°টিক] *a.* marked by bathos, (অল.) ক্রমলঘু ভাবসমন্বিত, ভাবাবরোহ-পূর্ণ। [irreg. from *bathos* on the analogy of *pathetic* < *pathos*]

bathing—see **bathe.**

bat-horse [bŭ°-haw(r)s, বা°হ(র্)স্] *n.* a pack-horse to carry an army officer's baggage, সেনাপতিদের মালপত্রবাহী অশ্ব। [F. *bat* = a pack-saddle]

bathos [bā°-thos, বেই°থস্] *n.* (rhet.) anti-climax, (অল.) ক্রমলঘু ভাবধারাসমন্বিত রচনা-রীতি-বিশেষ, ভাবাবরোহ। [Gk. *bathos* = depth]

bathysphere [ba°-thi-sfē(r), ব্যা°থিস্ফিয়া(র্)] *n.* a submersible chamber for observation of marine life, সমুদ্রাদির তলদেশে যে কক্ষ বা খাঁচা নামাইয়া দিয়া তন্মধ্যে বসিয়া বিজ্ঞানিগণ সামুদ্রিক প্রাণী উদ্ভিদ্ প্রভৃতি পর্যবেক্ষণ করেন। [Gk. *bathys* = deep, see *sphere*]

batik [ba°-tik, ব্যা°টিক্] *n.* a method of printing coloured designs on cloth, কাপড়ে রঙিন্ নকশা মুদ্রণের প্রণালীবিশেষ। [Java. *mbatik* = drawing]

bating [bā°-ting, বেই°টিং] *prep.* except, বাদে, ব্যতীত। [see *bate*]

batiste [ba-tēst°, ব্যাটীস্‌ট্°] *n.* a fine thin linen or cotton cloth, উৎকৃষ্ট মিহি বস্ত্রবিশেষ। [F. < *Baptiste*, the original maker]

batman [bat°-man, ব্যাট্‌°ম্যান্] *n.* an army officer's attendant, সেনাপতির পরিচারক। [F. *bat* = pack-saddle]

baton [ba°t(a)n, ব্যা°ট্‌ন্] (**1**) *n.* a truncheon, (পুলিস সামরিক কর্মচারী প্রভৃতির) ক্ষুদ্র লাঠিবিশেষ, রুল। (**2**) *v.t.* to strike with a baton, রুলের গুঁতা দেওয়া। [F.]

batswing—see **bat$_2$**.

batta [ba°-ta, ব্যা°টা] *n.* subsistence money, ভাতা। [Kanarese]

battalion [ba-ta°-li-an, ব্যাটা°লিঅ্যান্] *n.* a large body of land forces, বৃহৎ স্থলবাহিনী। [F. *bataillon*—cp. *battle*]

batten$_1$ [ba°tn, ব্যা°ট্‌ন্] *v.i.* to thrive (on) or grow fat (on), (অন্যের ক্ষতি করিয়া) সমৃদ্ধিলাভ করা বা পুষ্ট হওয়া। [ON. *batna*]

batten$_2$ [ba°tn, ব্যা°ট্‌ন্] (**1**) *n.* a long board fastened or nailed across parallel boards, সমান্তরালভাবে স্থাপিত তক্তাসমূহকে যথাস্থানে রাখার জন্য ঐগুলির সঙ্গে যে লম্বা তক্তা আড়াআড়িভাবে বাঁধিয়া দেওয়া হয় বা পেরেক দিয়া গাঁথিয়া দেওয়া হয়; a board used to fasten down a tarpaulin over a hatch aboard ship etc., জাহাজাদির ডেকে গর্ত-করা দরজায় তেরপল আটকাইয়া দেওয়ার জন্য ব্যবহৃত তক্তা। (**2**) *v.t.* to secure or strengthen with batten, উক্ত তক্তা আঁটিয়া

For words in *bat-*, *bath-* and *Bath-*, not given separately, see **bat$_{1,2}$**, **bath** and **Bath**, respectively.

নিরাপদ করা বা শক্ত করা (to *batten down*)। [see *baton*]

batter [ba°-ta(r), ব্যা°টা্যা(র্)] (**1**) *v.t.* to strike repeatedly in order to bruise or break, চূর্ণ করিবার বা ভাঙ্গিবার জন্য বারংবার আঘাত করা; to attack with artillery, কামান দাগিয়া আক্রমণ করা; to criticise severely, কঠোর সমালোচনা করা। (**2**) *n.* ingredients beaten up with liquids into a paste, for cooking রন্ধনের নিমিত্ত তরল পদার্থসহযোগে ময়দা ডিম দুধ প্রভৃতি উপকরণ ঘাঁটিয়া প্রস্তুত মণ্ড। *n.* **ba°ttering-ram**—প্রাচীরাদি চূর্ণ করার জন্য মুখে লোহা বাঁধান বৃহৎ কড়ি বা বরগার ন্যায় প্রাচীন যুদ্ধাস্ত্রবিশেষ। [OF. *batre* < LL. *battre* = to beat]

battery [ba°-ta-ri, ব্যা°টা্যারি] *n.* a number of cannon and their equipments, সাজসরঞ্জামসহ কামান-শ্রেণী; an artillery unit, গোলন্দাজ-বাহিনী; (in law) infliction of blows or least menacing touch to clothes or person, (আইনে) জামাকাপড়ে বা দেহে আঘাত (assault and *battery*); a combination of cells and allied apparatus, (প্রধানতঃ বিদ্যুৎ-উৎপাদনার্থ) ধারক-কোষ ও আনুষঙ্গিক যন্ত্রপাতি দিয়া নির্মিত যন্ত্রবিশেষ। [see *batter*]

battle [bat°l, ব্যাট্°ল্] (**1**) *n.* a fight between opposing armies, সংগ্রাম, যুদ্ধ, লড়াই; success, victory, জয়, সাফল্য (the *battle* is to the strong)। (**2**) *v.i.t.* to fight, লড়াই করা; to struggle, কঠোর প্রচেষ্টা করা; to contest, প্রতিযোগিতা করা। *n.* **batt°le-axe**—যুদ্ধ-কুঠার, পরশু; (কথ্য.) উদ্ধতস্বভাবা মধ্যবয়সী স্ত্রীলোক, উগ্রস্বভাবা নারী। *n.* **batt°le-cry**—সংগ্রামার্থ উচ্চরবে আহ্বান, সিংহনাদ। *n.* **batt°le-dress**—সৈনিকের পোশাকবিশেষ। *n.* **batt°le-field, ba°ttle-ground**—রণক্ষেত্র। *n.* **batt°le-piece**—সংগ্রামের চিত্র বা বর্ণনা। **batt°le roy°al**—হাতাহাতি বা মুখোমুখি লড়াই। *n.* **batt°leship**—রণতরী। [F. *bataille* < L. *battuālia* = fighting]

battledore [bat°l-daw(r), ব্যাট্°ল্ড্যা(র্)] *n.* a light bat used in table-tennis, etc., (টেবিল-টেনিস প্রভৃতি খেলায় ব্যবহৃত) হালকা ব্যাটবিশেষ। [Sp. *batidor* = a beater ?]

battlement [bat°l-mant, ব্যাট্ল্°ম্যান্ট্] *n.* (usu. in *pl.*) a wall with embrasures, সংগ্রামার্থ সচ্ছিদ্র প্রাচীরবিশেষ (ইহার ছিদ্রের ভিতর হইতে তীর গোলাগুলি প্রভৃতি ছোড়া হয়)। [OF. *batailler* = movable defences—cp. *battle*]

battue [ba°-tū, ব্যা°টিউ] *n.* driving of game by beaters towards the sportsmen, বনজঙ্গল পিটাইয়া বন্যজন্তু শিকারীর দিকে তাড়াইয়া জড়ো করিয়া শিকার; wholesale slaughter, পাইকারি হারে হত্যা। [F.]

batty—see **bat**$_2$.

bauble [bawb°l, ব্যব্°ল্] *n.* a showy trifle, ঝক্‌মকে তুচ্ছ বস্তু; a child's plaything, শিশুদের খেলনা; a jester's sceptre, ভাঁড়ের বা বিদূষকের হাতের লাঠি। [OF. *baubel* = toy, trinket]

baulk, bauk—alt. spell.'s of **balk**.

bauxite [bawks°-īt, ব্যক্স্°আইট্] *n.* a clayey substance yielding aluminium, নরম মৃত্তিকাবৎ পদার্থবিশেষ: ইহাতে অ্যালুমিনিয়াম পাওয়া যায়, বকসাইট। [*Les Baux*, where it was found]

bawbee [baw°-bē, ব্য°বী] *n.* a halfpenny, আধ-পেনি মূল্যের মুদ্রা। [Scot.]

bawd [bawd, ব্যড্] *n.* a procuress or procurer, যে স্ত্রীলোক বা পুরুষ অসদুদ্দেশ্যে নারী সংগ্রহ করিয়া দেয়, কুটনী বা কোটনা; obscene talk, অশ্লীল কথাবার্তা, খিস্তি। *n.* **baw°diness, baw°d°ry**—কুটনিগিরি, কুলটাচরণ; খিস্তি। **baw°dy**—(**1**) *a.* অসচ্চরিত্র; (**2**) *n.* অশ্লীল কথাবার্তা। *n.* **baw°dy-house**—বেশ্যালয়। [?]

bawl [bawl, ব্যল্] (**1**) *v.i.t.* to shout very loudly, অতি উচ্চৈঃস্বরে চিৎকার করা বা চিৎকার করিয়া বলা। (**2**) *n.* a loud shout, অতি উচ্চৈঃস্বরে চিৎকার। **(to) bawl one out**—(কাহাকেও) তীব্র তিরস্কার করা। [LL. *baulare* = to bark ?]

baxter [baks°-ta(r), ব্যাক্স্°টা্যা(র্)] obs. form of **baker** (see **bake**).

bay$_1$ [bā, বেই] (**1**) *a.* reddish brown, পিঙ্গল, তাম্রাভ। (**2**) *n.* a horse of this colour, পিঙ্গলবর্ণ অশ্ব (a *bay* horse)। [F. *bai* < L. *badius*]

bay$_2$ [bā, বেই] (**1**) *n.* barking of a (hunting) dog, (শিকারি) কুকুরের ডাক; the last stand of game before a hound, শিকারি কুকুরের সম্মুখীন মৃগের কোণ-ঠাসা অবস্থা; a critical situation from which there seems to be no escape, যে সঙ্কটাবস্থা হইতে নিষ্কৃতিলাভের উপায় নাই বলিয়া মনে হয় (to hold or keep at *bay*)। (**2**) *v.i.* to bark, (কুকুর-সম্বন্ধে) গর্জন করা। (**3**) *v.t.* to bark at, ঘেউঘেউ করিয়া তাড়াইয়া যাওয়া। **at bay**—কোণ-ঠাসা অবস্থায়; (আল.) দারুণ সঙ্কটের মধ্যে প্রাণপণে শেষ লড়াই করিতে বাধ্য এমন অবস্থায়। **(to) bring to bay**—কোণ-ঠাসা করা। **(to) hold** or **keep one at bay**—(শত্রু প্রভৃতিকে) নিকটে আসিতে না দেওয়া। [partly OF. *bayer* = to bark, partly OF. *bay* = open-mouthed suspense]

bay$_3$ [bā, বেই] *n.* a wide inlet of the sea, উপসাগর। **Bay of Bengal**—বঙ্গোপসাগর। [F. *baie* < LL. *baia* = a harbour]

bay$_4$ [bā, বেই] *n.* the laurel-tree, চির-হরিৎ বৃক্ষবিশেষ; laurel of victory, জয়মাল্য (also **bays, bay°-wreath**); literary fame, সাহিত্য-

For words in *battle-*, not given separately, see **battle.**

ষশঃ। **bay rum**—পশ্চিম-ভারতীয় দ্বীপপুঞ্জের বৃক্ষবিশেষের পাতা হইতে তৈয়ারি সুগন্ধ কেশরাগবিশেষ। [OF. *baie*=a berry]

bay$_5$ [bā, বেই] *n.* the space between two pillars, walls, etc., দুই স্তম্ভ দেওয়াল প্রভৃতির মধ্যবর্তী স্থান। *n.* **bay°-win°dow**—ঘুলঘুলিজাতীয় গবাক্ষ। [OF. *baée*<*baer*=to gape]

Bayard [bā-ŭ(r)d°, বেইআ(র্)ড্°] *n.* a knight without fear or reproach, অকুতোভয় ও অনিন্দ্য বীরব্রতী। [F. *Bayard*, a knight whose motto was 'without fear, without reproach']

bayard [be°-a(r)d, বে°আ্যা(র্)ড্] *n.* a bay horse, পিঙ্গলবর্ণ অশ্ব; blind recklessness, অন্ধবৎ বা মূর্খতাপূর্ণ বেপরোয়াভাব। [the name of Rinaldo's horse]

bayonet [be°-a-nit, বে°আ্যানিট্] (**1**) *n.* a stabbing weapon fixed to a rifle, সঙিন। (**2**) *v.t.* to stab with a bayonet, সঙিন দিয়া বিদ্ধ করা। *p.* & *p. pt.* **bay°onetėd**। [F. *baionnette*< OF. *bayon*=arrow ?]

bays, bay-wreath—see **bay$_4$**.

bay-window—see **bay$_5$**.

baza(a)r [ba-zŭ(r)°, ব্যাজা(র্)°] *n.* an Eastern market-place or exchange, বাজার বা গঞ্জ; a fancy fair, মেলা; a big shop, বড় দোকান, আড়ত, কাটরা। [Pers.]

bazooka [ba-zōō°-ka, ব্যাজু°কা়্যা] *n.* a wind-instrument used for humorous purposes, হাস্যরস সৃষ্টির উদ্দেশ্যে ব্যবহৃত বাঁশিবিশেষ; a weapon used to fire rockets against military tanks, সামরিক ট্যাঙ্কের প্রতি রকেট ছুড়িয়া মারার জন্য কামানবিশেষ। [?]

B. C. [bē°-sē, বী°সী] contr. of **Before Christ**—see **Christ.**

be [bē, বী] *v.i.* (*infi.*) to live or exist, থাকা, বর্তমান বা অস্তিমান্ থাকা; to have the state or quality, অবস্থাপ্রাপ্ত বা গুণপ্রাপ্ত হওয়া, হওয়া; to become, হইয়া ওঠা, পরিণত হওয়া (to *be* a doctor)। (**1**) *pr. indi. sing.—1st. per.* **am** [am, অ্যাম্]; *2nd per.* **are** [ŭ(r), আ(র্)], (arch.) **art**; *3rd. per.* **is**; *pl.* (in all *per.'s*) **are**; (**2**) *p. indi. sing—1st & 3rd. per.'s.* **was** [woz, ওঅ্জ্]; *2nd per.* **were** [wā(r), ওয়্যা(র্)], (arch.) **wast** [wost, ওঅস্ট্], **wert** [wā(r)t, ওয়্যা(র্)ট্; *pl.* (in all *per.*'s)] **were**; (**3**) *p. pt.* **been** [bēn, বীন্]। **be all and end all**—একমাত্র লক্ষ্য বা পরিণতি; সমস্ত কিছু। [OE. *beon*—cp. Sans. *bhu*]

beach [bēch, বীচ্] (**1**) *n.* the sea-shore, সমুদ্রতীর, সৈকত, বেলাভূমি। (**2**) *v.t.* to drive or haul up on the sea-shore, সৈকতোপরি চালনা করা বা টানিয়া তোলা। *p.* & *p. pt.* **bea°chėd**। *n.* **beach°-cōmber**—সমুদ্রের যে বিশাল ঢেউ তীরের উপর আসিয়া গড়াইয়া পড়ে; প্রশান্ত মহাসাগরের বিভিন্ন বন্দরে নানা উঞ্ছবৃত্তিদ্বারা জীবিকার্জনকারী ব্যক্তি। *n.* **beach°head**—পোতাদি হইতে অবতরণার্থ অধিকৃত (উপকূলবর্তী) শত্রু-এলাকা, (পরি.) বেলামুখ। *a.* **beach°y**—উপলপূর্ণ। [?]

beacon [bē°k(a)n, বী°ক্ন্] (**1**) *n.* a fire or light used as a signal, আলোক-সঙ্কেত (also **bea°con-light**); a signal, সঙ্কেত; a signal station, সঙ্কেত-গৃহ; a lighthouse, বাতিঘর। (**2**) *v.t.* to act as a signal to, (কিছুর) সঙ্কেত দেওয়া বা আলোক-সঙ্কেত হওয়া; to light up, আলোকিত করা। [OE. *beacn*]

bead [bēd, বীড্] (**1**) *n.* (obs.) a prayer, (অপ্র.) প্রার্থনা, জপ; a small perforated ball strung with others in a rosary, জপমালার গুটিকা; any similar ball, অনুরূপ কোন গুটিকা (তু. পুঁতি, রুদ্রাক্ষ)। (**2**) *v.t.* to furnish with a bead or beads, গুটিকাযুক্ত করা। *p.* & *p. pt.* **bea°dėd**। **(to) tell one's beads**—মালা জপা; প্রার্থনা করা। *n.* **bead°house**—যে অনাথশালায় আশ্রিতেরা প্রতিষ্ঠাতার আত্মার সদ্গতির জন্য প্রার্থনা করিতে বাধ্য। *n.* **bea°ding**—পুঁতির দ্বারা বস্ত্র লেস্ প্রভৃতির উপরে নানাবিধ নকশা। *n.* **beads°man**—যে ব্যক্তি পরের মঙ্গলার্থ প্রার্থনা করিবার জন্য ভিক্ষা পায়; (গ্রা.) ভিক্ষুক। *fem.* **beads°woman**। *a.* **bea°dy**—গুটিকাকৃতি; গুটিকাময়; (আল.) ক্ষুদ্র ও উজ্জ্বল। [OE. *gebed*=prayer—cp. *bid*]

beadle [bēd°l, বীড্°ল্] *n.* a macebearer, আসাসোঁটাবাহক, আসাবরদার; a petty officer of a church or college, গির্জার বা কলেজের নিম্নপদস্থ কর্মচারি-বিশেষ; a parish officer, গির্জা-পালিত পল্লীর কর্মচারিবিশেষ: ক্ষুদ্র অপরাধের জন্য ইহার শাস্তিদানের ক্ষমতা আছে, (তু.) চৌকিদার। *n.* **bead°ledom**—মূর্খের ন্যায় অতিরিক্ত নিয়মতান্ত্রিকতা। *n.* **bead°leship**। [OE. *bydel*<*beodan*=to proclaim]

beadsman, beadswoman, beady—see **bead.**

beagle [bēg°l, বীগ্°ল্] *n.* a hunting dog, ক্ষুদ্রকায় শিকারি কুকুরবিশেষ। *n.* **beag°ling**—উক্ত কুকুরের সাহায্যে শিকার। [?]

beak [bēk, বীক্] *n.* a bird's bill, পাখির ঠোঁট, চঞ্চু; a similar part in any other animal's body, অন্য প্রাণিদেহের অনুরূপ প্রত্যঙ্গ; (sl.) judge, magistrate, (অমা.) বিচারক (brought before the *beak*)। [OF. *bec*<L. *beccus*=a cock's bill]

beaker [bē°-ka(r), বী°ক্যা(র্)] *n.* a large drinking-vessel, বৃহৎ পানপাত্রবিশেষ; a glass vessel with a lip (used in chemical experiments), (রাসায়নিক পরীক্ষায় ব্যবহৃত) চঞ্চুবিশিষ্ট কাচের পাত্রবিশেষ। [ON. *bikarr*<LL. *bicarium* <Gk. *bikos*]

beam [bēm, বীম্] (**1**) *n.* a long and thick piece of iron or timber used as a support for the roof of a building or a ship, কড়িকাঠ, কড়ি ; width (of a ship or boat), (পোতাদির) প্রস্থ ; a transverse piece of wood supporting the decks of a ship, জাহাজের কড়িকাঠবিশেষ ; the bar of a balance, তুলাদণ্ডের দণ্ড, দাঁড়িপাল্লার দাঁড়ি ; the pole of a carriage, যুগন্ধর ; the stem of an anchor or plough, নঙ্গরের বা লাঙ্গলের হাতল ; a shaft of ray or radiance, আলোকরশ্মি, জ্যোতিঃরেখা ; a gleam, আলোকচ্ছটা । (2) *v.t.i.* to emit or radiate, বিকিরণ করা বা বিকীর্ণ হওয়া ; to smile radiantly, স্মিতহাস্যে উদ্ভাসিত হওয়া ; to direct a broadcast to a target, নির্দিষ্টস্থানে বেতারবার্তা পাঠান । **(to) be on beam-ends**—(পোতাদি সম্বন্ধে) বিপজ্জনকভাবে একপাশে হেলিয়া যাওয়া ; দারুণ দুর্দশাগ্রস্ত হওয়া । **broad in the beam**—(কথ্য.) (কাহারও সম্বন্ধে) গাট্টাগোট্টা, স্থূলমূল । *adv.* **bea°mily** । *n.* **bea°miness** । *a.* **bea°ming**—রশ্মিবিকিরণশীল ; হাস্যোজ্জ্বল, প্রফুল্ল । *a.* **bea°my**—রশ্মিময় ; আলো বিকীর্ণ করে এমন ; উজ্জ্বল, প্রদীপ্ত । [OE. *béam*. = tree —cp. G. *baum*]

bean [bēn, বীন্] *n.* a genus of leguminous plants or their seeds, সীম কড়াইশুঁটি মটরশুঁটি প্রভৃতি, উহাদের গাছ । **full of beans**—পরমোৎসাহপূর্ণ ; খুব হাসিখুশি । **old bean**—অবজ্ঞাপূর্ণ সম্বোধনবিশেষ । **(to) give (one) beans**—(কাহারও সহিত) কঠিন বা রূঢ় আচরণ করা । [cp. G. *bohne*]

bear₁ [bā(r), বেয়্যার্] (1) *v.t.* to carry, বহন করিয়া লইয়া যাওয়া ; to contain, অভ্যন্তরে ধারণ করা ; to carry in one's womb, গর্ভে বহন করা বা ধারণ করা ; to bring forth or produce, প্রসব করা, ফল বা মুকুল ধরা ; to yield or afford, কারণ ঘটান, প্রদান করা (it *bears* him no good) ; to support, ভাররক্ষা করা ; to endure, সহ্য করা ; to admit of, স্বীকার করা, মানিয়া লওয়া ; to behave, আচরণ করা (to *bear* oneself nobly) । (2) *v.i.* to suffer, ভোগ করা ; to press, চাপ দেওয়া ; to be patient, ধৈর্যধারণ করা, সহনশীল হওয়া ; to be capable of sustaining, ভাররক্ষণে সমর্থ হওয়া ; to have reference, সম্বন্ধযুক্ত হওয়া ; to be in a direction, দিগ্‌বর্তী হওয়া ; to be productive, সন্তানবতী বা ফলবতী হওয়া । *p.* **bore** [baw(r), ব্য(র্)], (arch.) **bāre** ; *p. pt.* **borne** [baw(r)n, ব্য(র্)ন্, bō(r)n, বৌ(র্)ন্], (কেবল 'প্রসব করা'-অর্থে), **born** [baw(r)n, ব্য(র্)ন্] । **(to) bear down**—পরাস্ত করা ; ব্যর্থ করা (to *bear down* all resistance) । **(to) bear down upon** or **on**—(জাহাজ-সম্বন্ধে) দ্রুত (কিছুর) অভিমুখে যাওয়া । **(to) bear hard**—দুর্বহ বা অসহ্য হওয়া । **(to) bear oneself**—আচরণ করা । **(to) bear out**—সমর্থন করা । **(to) bear up**—(দুঃখদুর্দশা বিপদ্-আপদ্ প্রভৃতির মধ্যেও) অটল থাকা, স্বীয় মনোবল বজায় রাখা । **(to) bear upon** or **on**—(কিছুর সঙ্গে) সম্পর্কযুক্ত হওয়া ; (কিছুর) প্রাসঙ্গিক হওয়া ; (কিছুর উপরে) প্রভাবসম্পন্ন হওয়া । **(to) bear with**—মানাইয়া চলা, সহ্য করা । **(to) bear witness (to)**—সাক্ষ্য দেওয়া । **(to) bring to bear upon** or **on**—(কিছুর বা কাহারও উপরে) প্রয়োগ করা । *a.* **bear°able**—বহনীয় ; ধারণীয় ; সহনীয় । *adv.* **bear°ably** । *n.* **bear°er** —বাহক ; ধারক ; সংবাদবাহক ; সংবাদবাহী ভৃত্য ; (পাল্‌কি ডুলি প্রভৃতির) পেশাদার বাহক, কাহার । *n.* **bear°ing**—বহন ; ধারণ ; সহন ; আচরণ ; (usu. in *pl.*) যন্ত্রাদির অংশবিশেষ (ball-*bearings*) । **bearing post** or **letter**—বিনা মাশুলে বা আংশিক মাশুলে ডাকযোগে প্রেরিত চিঠিপত্রাদি । [OE. *beran*]

bear₂ [bā(r), বেয়্যা(র্)] *n.* a quadruped, ভল্লুক, ঋক্ষ ; (fig.) a rude or ill-bred fellow, (আল.) রূঢ়প্রকৃতি বা অভদ্র ব্যক্তি ; (astr.) the name of two constellations, (জ্যোতি.) দুইটি নক্ষত্রপুঞ্জের নাম, সপ্তর্ষিমণ্ডল ; (comm.) one who sells stocks anticipating a fall in price, (বাণি.) ভবিষ্যতে মূল্যহ্রাসের আশঙ্কায় যে ব্যক্তি শেয়ার অর্থাৎ কারবারাদির অংশ বিক্রয় করে (cp. **bull**) । **bear garden**—(আল.) হাঙ্গামাকারী বা উচ্ছৃঙ্খল বা উগ্র জনতা, হইচইপূর্ণ স্থান । **Great Bear**—সপ্তর্ষিমণ্ডল, সপ্তর্ষি । **Little Bear**—(পরি.) শিশুমার । *a.* **bēar°ish**—ভল্লুকপ্রকৃতি ; অভদ্র, রূঢ় । *n.* **bēar°skin**—ভল্লুকচর্ম ; একপ্রকার লোমশ পশমি বস্ত্র বা টুপি । [OE. *bera* ; Du. *beer* ?]

beard [bē(r)d, বিয়্যা(র্)ড্] (1) *n.* the hair on a man's jaw and chin, শ্মশ্রু, দাড়ি ; the chin tuft of other creatures, (ছাগল মাগুর-মাছ প্রভৃতি) প্রাণীর মুখমণ্ডলে শ্মশ্রুবৎ রোমরাজি ; a barb of a hook, arrow, etc., তীরাদির কণ্টকবৎ অগ্রভাগ ; an awn, শস্যশূক ; the rim of a printing type, ছাপার টাইপের কিনারা (ছাপিলে এই কিনারার ছাপ পড়ে না) । (2) *v.t.* to take by the beard, দাড়ি ধরিয়া টানা ; to oppose or defy openly, মুখের উপর বা স্পষ্টাস্পষ্টিভাবে বিরোধিতা করা (to *beard* the lion in his den) । *a.* **bear°ded**—শ্মশ্রুযুক্ত বা শ্মশ্রুধারী, শ্মশ্রুল । *a.* **beard°less**—শ্মশ্রুহীন, অজাতশ্মশ্রু ; (আল.) অতি তরুণবয়স্ক । [AS.]

bearer, bearing—see **bear₁**.

bearish, bearskin—see **bear₂**.

beast [bēst, বীস্ট্] *n.* a quadruped animal, পশু, জন্তু, জানোয়ার ; (fig.) a brutal person, (আল.) পশুপ্রকৃতি ব্যক্তি । *n.* **beast°liness** । *a.* **beast°ly**—পশুতুল্য, পাশব ; নৃশংস ; জঘন্য ; অসহ্য (*beastly* heat) । **beast of burden**—ভারবাহী পশু । [OF. *beste* < LL. *bestia*]

beat [bēt, বীট্] (1) *v.t.i.* to strike repeatedly, বারংবার আঘাত করা (to *beat* the breast) ; to pound, গুঁড়ান । (2) *v.t.* to box, thrash or lash, হস্ত বা দণ্ড দিয়া প্রহার করা ; to strike bushes, etc., repeatedly in order to rouse game,

শিকারের পশুদের গুপ্তস্থান হইতে বাহিরে আনার জন্য বনজঙ্গলাদিতে পুনঃপুনঃ আঘাত করা ; to flap (wings etc.) (ডানাদি) ঝাপটান ; to strike (metals in order to flatten into plates, পাত প্রস্তুত করিবার জন্য (ধাতুপিণ্ডাদি) পিটান, পিটাইয়া চেপ্টা ও পাতলা করা (to *beat* up gold) ; to reduce to froth or mix thoroughly, ফেটাইয়া ফেনায়িত বা সম্পূর্ণ মিশ্রিত করা (to *beat* up eggs) ; to strike or pace rhythmically, তালে তালে ঘা দেওয়া বা মাড়ান বা বাজান ; to defeat, পরাজিত করা। (3) *v.i.* to move rhythmically, তালে তালে স্পন্দিত হওয়া ; to mark time, তাল রাখা, তাল দেওয়া ; *p.* **beat** ; *p. pt.* **bea°ten,** (rare) **beat** । (4) *n.* a recurrent stroke or its sound, বারংবার আঘাত বা তাহার ধ্বনি, স্পন্দন, (পরি.) অধিকম্প ; a rhythmic movement, তাল ; accent, শব্দাদির স্বরধ্বনি উচ্চারণে জোর বা ঝোঁক দেওয়া, স্বরাঘাত ; the round or jurisdiction of watch, প্রহরার খেপ বা এলাকা। **(to) beat the air**—বৃথা প্রয়াস বা চেষ্টা করা। **(to) beat down a price, (to) beat one down**—প্রথম যে দর হাঁকা হইয়াছিল (বিক্রেতাকে) তাহা কমাইতে বাধ্য করান। **(to) beat it**—(অশি.) দ্রুত সরিয়া পড়া বা চলিয়া যাওয়া অথবা চুপিসাড়ে চম্পট দেওয়া। **(to) beat one up**—(অশি.) নিদারুণভাবে প্রহার করা (সচ. লাঠি দিয়া)। **(to) be off one's beat, (to) be out of one's beat**—(আল.) অনভ্যস্ত কোন কাজ করা, বাঁধা-ধরা কাজের বহির্ভূত কোন কাজ করা। *a.* **bea°ten**—প্রহৃত ; চূর্ণিত ; পিটাইয়া মসৃণ ও সমতল করা হইয়াছে এমন (*beaten* green) ; পরাভূত। *n.* **bea°ter**—যে ব্যক্তি বনজঙ্গল পিটাইয়া শিকারের পশুকে গুপ্তস্থান হইতে বাহির করে, খেদাড়ে ; হামান-দিস্তার মুষল বা নোড়া ; প্রহারকারী। *n.* **bea°ting**—প্রহার ; স্পন্দন। *n.* **beat°le**—জনপ্রিয় গাইয়ে-বিশেষ : বর্তমান সমাজ ও জীবনযাত্রার প্রতি প্রবল অশ্রদ্ধাবশতঃ ইহারা বাঁধা-ধরা রীতিনীতি নস্যাৎ করিয়া প্রচণ্ড চিৎকারসহকারে গান গাহে, ইহারা লম্বা চুল রাখে, ইহাদের পোশাক-পরিচ্ছদ ও চালচলন অশালীন ও দৃষ্টিকটু এবং ক্ষেত্রবিশেষে সমাজবিরোধী। *n.* **beat°nik**—বর্তমান সমাজ ও জীবনযাত্রার প্রতি প্রবল অশ্রদ্ধা-বশতঃ যে ব্যক্তি উক্ত সমাজ ও জীবনযাত্রা বর্জন করিয়া চলে : উগ্র মাদকসেবন, যৌন যথেচ্ছাচার, অশালীন ও দৃষ্টিকটু পোশাক-পরিচ্ছদ ও চালচলনের জন্য ইহারা সমাজবিরোধিরূপে পরিগণিত। [OE. *beatan*—cp. ON. *bauta*]

beatify [bi-a°-ti-fī, বিঅ্যা°টিফাই] *v.i.* to make blessed, স্বর্গসুখে সুখী করা ; to announce to be eternally blessed, মৃতব্যক্তি স্বর্গসুখে সুখী হইয়াছে বলিয়া ঘোষণা করা। *a.* **beati°fic(al)**—স্বর্গসুখ দায়ক। *n.* **beatifica°tion** । [L. *beatificare*]

beating—see **beat.**

beatitude [bi-a°-ti-tūd, বিঅ্যা°টিটিউড্] *n.* heavenly happiness, happiness of the highest kind, blessedness, স্বর্গসুখ। **the Beatitudes**—স্বর্গসুখ-সম্বন্ধে খ্রিস্টের উপদেশাবলী। [L. *beatitudo*]

beatle, beatnik—see **beat.**

beau [bō, বৌ] *n.* a fop or dandy, বসনভূষণ-বিলাসী ব্যক্তি বাবুমানুষ ; a lover, প্রণয়ী, নাগর। *pl.* **beaus, beaux** [bōz, বৌজ্] । *fem.* **belle** [bel, বেল্] । *n.* **beaugeste** [bō-jest°, বৌজেস্ট্°] উদারতার আড়ম্বর। **beau ideal**—সৌন্দর্যাদির শ্রেষ্ঠ আদর্শ। **beau monde** [bō°-mond, বৌ°মন্ড্] শৌখিন সমাজ। [OF. < L. *bellus* = fine]

beauty [bū°-ti, বিউ°টি] *n.* the quality that arouses aesthetic pleasure, সৌন্দর্য ; grace, excellence, রূপ, লাবণ্য, শোভা, মাধুর্য, শ্রী ; a good-looking person or thing, সুন্দর ব্যক্তি বা বস্তু ; (in *pl.*) excellent or graceful parts or extracts, (কিছুর) সুন্দর অংশ। **beauty parlour**—কেতাদোরস্ত প্রসাধনের ও অঙ্গসজ্জার দোকান। **beauty queen**—সৌন্দর্য-প্রতিযোগিতায় বিজয়িনী সুন্দরী তরুণী। **beauty sleep**—মধ্যরাত্রির পূর্ব-কালীন অর্থাৎ সন্ধ্যারাত্রির নিদ্রা। **beauty spot**—মুখমণ্ডলের সৌন্দর্যবর্ধক (স্বাভাবিক বা কৃত্রিম) তিল আঁচিল টোল প্রভৃতি ; কিছুর অতীব সৌন্দর্যপূর্ণ অংশ ; সুন্দর দৃশ্য। *a.* **beau°teous**—(আর্ষ.) সুন্দর, রূপবান্, শোভাময়। *n.* **beautifica°tion** । *n.* **beau°tifier** । *a.* **beau°tiful**—সুন্দর, রূপবান্, শোভাময়, চমৎকার। *v.t.* **beau°tify**—সৌন্দর্যসাধন করা, শ্রীমণ্ডিত করা, সাজান, ভূষিত বা অলঙ্কৃত করা। [ME. *beute* < OF. *beaute* < *bellus* = fine]

beaux esprit—see **bel esprit.**

beaver₁ [bē°-va( ), বী°ভ্যা(র্)] *n.* a rodent, উভচর প্রাণিবিশেষ, বীবর ; its fur or any article made of it, ইহার পশম বা তদ্দ্বারা নির্মিত দস্তানা টুপি প্রভৃতি। [OE. *beofor* < Du. *bever* < L. *fiber*]

beaver₂ [bē°-va(r), বী°ভ্যা(র্)] *n.* an armour for the lower face, মুখমণ্ডলের নিম্নাংশের জন্য বর্মবিশেষ। *a.* **bea°vered**—উক্ত বর্মপরিহিত। [OF. *baviere* = child's bib]

becalm [bi-kŭm°, বিকাম্°] *v.t.* to make calm, শান্ত করা। *a.* **becalmed°**—(জাহাজাদি সম্পর্কে) বাতাসের অভাবে গতিহীন বা অচল। [*be, calm*]

became—see **become.**

because [bi-koz°, বিকজ্°] *adv.* & *con.* for the reason, since, যেহেতু, কেননা, সে-কারণ ; on account (of), দরুন, জন্য (*because* of him)। [*be, cause*]

beck [bek, বেক্] (1) *n.* a gesture with the finger or head, ইশারা। (2) *v.i.* to make this gesture, ইশারা করা। (3) *v.t.* to call by a gesture, ইশারা করিয়া ডাকা। *p.* & *p. pt.* **beck°ed** । **at one's beck and call**—কাহারও সম্পূর্ণ আজ্ঞাধীন বা তাঁবেদার। [contr. of *beckon*]

beckon [be°k(a)n, বে°ক্ন্] (1) *v.t.i.* to make a gesture, ইশারা করা। (2) *v.t.* to call by a gesture, ইশারা করিয়া ডাকা। [OE. *biecnan*—cp. *beacon*]

becloud [bi-klowd°, বিক্লাউড্°] *v.t.* to cover with clouds, মেঘাচ্ছন্ন করা ; (fig.) to darken, (আল.) অন্ধকারাচ্ছন্ন করা। *p.* ও *p. pt.* **béclou°déd** । [*be, cloud*]

become [bi-kum°, বিকাম্°] (**1**) *v.i.* to come to be, হইয়া উঠা ; to be the result, fate, etc., পরিণতিস্বরূপ ঘটা (what *became* of him)। (**2**) *v.t.* to suit or adorn, উপযুক্ত বা শোভন হওয়া, মানান। *p.* **bécāme°** ; *p. pt.* **bécome°** । *a.* **béco°ming**—(কাহারও বা কিছুর পক্ষে) শোভন। *adv.* **beco°mingly** । [*be, come*]

bed [bed, বেড্] (**1**) *n.* a thing or place to sleep on, শয্যা, বিছানা, ঘুমাইবার স্থান ; a mattress, গদি, জাজিম ; a cot, খাট, পালঙ্ক ; the married life, দাম্পত্য জীবন ; a place where a particular kind of flower or plant grows in large number, যে স্থানে কোন ফুল বা উদ্ভিদ্ বহুসংখ্যায় উৎপন্ন হয় (flower *beds*) ; a layer or stratum, পলি, স্তর (*bed* of iron) ; the channel of a river, নদীর গতিপথ বা খাত ; the bottom of a sea, lake, etc.. নদী সমুদ্র হ্রদ প্রভৃতির তলদেশ বা গর্ভ ; the flat base on which anything rests, পীঠিকা। (**2**) *v.t.* to put to bed, বিছানায় শোয়ান বা ঘুম পাড়ান ; to furnish with a bed, শয্যা জোগান, গদি আঁটা ; to lay in layers, স্তরীভূত করা ; to plant, রোপণ করা (to *bed* the seedlings)। (**3**) *v.i.* to go to bed, শুইতে বা ঘুমাইতে যাওয়া। *pr. pt.* **be°dding** ; *p.* ও *p. pt.* **be°ddéd** । **double bed**—দুইজন শুইবার উপযোগী শয্যা। **single bed**—একজন শুইবার উপযোগী শয্যা। **twin beds**—একজন শুইবার উপযোগী একই রূপ দুইখানি শয্যা। **bed and board**—আশ্রয় ও আহার। **bed of down** or **roses**—(আল.) সুখশয্যা, স্বচ্ছন্দ বা আরামপ্রদ অবস্থা। **bed of thorns**—(আল.) কণ্টক-শয্যা, যন্ত্রণাময় অবস্থা। **brought to bed**—প্রসবার্থ শয্যাশায়িনী। **(to) keep one's bed, (to) take to one's bed**—(সচ. অসুস্থতাবশতঃ) বিছানায় শুইয়া থাকা, শয্যাশায়ী থাকা। **(to) make a bed**—শয্যা রচনা করা। **as you make your bed so you must lie on it**—(প্রবাদ) যেমন কর্ম তেমন ফল। *n.* **bed°chāmber**—শয়নকক্ষ। **Lords** or **Ladies of the Bedchamber**—রাজসংসারের উচ্চপদস্থ কর্মচারিবিশেষ, কঞ্চুকী। *n.* **bed°clōthes**—বিছানার চাদর কম্বল প্রভৃতি। *n.* **bed°cover**—বিছানার ঢাকনা, শয্যাচ্ছাদনী। *n.* **be°dding**—শয্যোপকরণ অর্থাৎ তোশক চাদর বালিশ প্রভৃতি ; বিছানা। *n.* **bed°-fellow**—শয্যাসঙ্গী। *n.* **bed°-pan**—শয্যাশায়ী অবস্থায় মলমূত্রত্যাগের জন্য পাত্রবিশেষ। *n.* **bed°-pātient**—উত্থানশক্তি রহিত রোগী, যে রোগীর শয্যা হইতে উঠা উচিত নহে। *n.* **bed°pōst**—খাটের ছতরি। *a.* **bed°ridden**—(রোগাদির দরুন) শয্যাশায়ী। *n.* **bed°rock**—উপরে মৃত্তিকাস্তরের নিম্নে কঠিন শিলাময় স্তর (নানা স্থানে এরূপ দেখা যায়)। *n.* **bed°room**—শয়নকক্ষ। *n.* **bed°sīde**—শয্যাপার্শ্ব। *n.* **bed°-si°tter, bed°-si°tting-room**—যে কক্ষে শয়ন ও উপবেশন এই উভয় কার্য চলে। *n.* **bed°sore**—দীর্ঘকাল শয্যাশায়ী থাকার ফলে যে অঙ্গক্ষত হয়, শয্যাক্ষত। *n.* **bed°spread**—যে চাদর সুজনি প্রভৃতি দ্বারা দিনের বেলা বিছানা ঢাকিয়া রাখা হয়। *n.* **bed°stead**—খাট, পালঙ্ক। *n.* **bed°-tīme**—ঘুমাইবার জন্য নির্দিষ্ট সময়। *n.* **bed°-work**—বিছানায় শুইয়া-শুইয়াই যে কাজ করা যায় অর্থাৎ অত্যন্ত সহজ কাজ। [OE. *bed(d)*—cp. ON. *bethr*]

bedabble [bė-dabl°, বিড্যাব্‌ল্°] *v.t.* to stain or splash with dirty liquid, blood, etc., রক্ত ময়লা তরল বস্তু প্রভৃতি ছিটাইয়া নোংরা করা। [*be, dabble*]

bedaub [bi-dawb°, বিডাব্°] *v.t.* to smear, মাখান, লেপন করা। [*be, daub*]

bedeck [bi-dek°, বিডেক্°] *v.t.* to decorate, সাজান। *p.* ও *p. pt.* **bėde°cked** । [*be, deck*]

bedel(l)—old spell. of **beadle.**

bedevil [bi-de°vl, বিডে°ভ্‌ল্] *v.t.* to play the devil with, শয়তানি করা ; to confound, হতবুদ্ধি করা ; to possess as a devil, ভূতের ন্যায় পাইয়া বসা। *pr. pt.* **bėde°villing ;** *p.* ও *p. pt.* **bėde°villed** । *n.* **bede°vilment** । [*be, devil*]

bedew [bi-dū°, বিডিউ°] *v.t.* to cover or moisten with dew, শিশিরাবৃত বা শিশিরসিক্ত করা। **bedewed with**—শিশিরসিক্ত। [*be, dew*]

bedight [bi-dīt°, বিডাইট্°] *v.t.* (arch.) to attire, সজ্জিত বা ভূষিত করা ; to adorn, সাজান ; to array, বিন্যস্ত করা। *p.* ও *p. pt.* **bedīght°** । [*be, dight*]

bedim [bi-dim°, বিডিম্°] *v.t.* to make dim, অনুজ্জ্বল করা ; to darken, অন্ধকার করা ; to make (eyes, etc.) dim, (নয়নাদি) ঝাপসা করা (eyes *bedimmed* with tears)। *pr. pt.* **bėdi°mming ;** *p.* ও *p. pt.* **bėdimmed** । [*be, dim*]

bedizen [bi-dī°zn, বিডাই°জ্‌ন্] *v.t.* to dress gaudily, জাঁকালভাবে পোশাকাদিতে সাজান। [*be, dizen*]

bedlam [bed°-lam, বেড্°ল্যাম্] *n.* a madhouse, পাগলের হাসপাতাল বা পাগলা গারদ উন্মাদাগার ; (fig.) a place of uproar, (আল.) হট্টগোলপূর্ণ স্থান ; a madman, উন্মাদগ্রস্ত ব্যক্তি। *n.* **bed°lamīte**—উন্মাদগ্রস্ত ব্যক্তি। [the priory of St. Mary of *Bethlehem* in London]

Bedouin [be°-doo-in, বে°ডুইন্] *n.* (usu. *pl.*) an Arab nomad, আরবের মরুবাসী যাযাবর। *pl.* **be°doin** । [F. < Ar. *badawin*]

For words in *bed-* not given separately, see **bed.**

bedrabbled [bi-drab°ld, বিড্রাব্°ল্ড্] *a.* dirty with mud and rain, কাদাবৃষ্টিতে নোংরা। [*be, drabble*]

bedraggle [bi-drag°l, বিড্রাগ্°ল্] *v.t.* to make wet and dirty by draggling or trailing in mud, (প্রধানতঃ পরিহিত পোশাকাদি) কাদার উপর দিয়া হেঁচড়াইয়া বা লুটাইয়া নেওয়ার ফলে সিক্ত ও নোংরা করা। *a.* **bedraggle°d** । [*be, draggle*]

bee [bē, বী] *n.* an insect that makes honey, মধুকর, মউমাছি, ভ্রমর, ভৃঙ্গ। **(to) have a bee in one's bonnet**—ছিটগ্রস্ত হওয়া। *n.* **bee°hive**—মউচাক, মধুচক্র। *n.* **bee°house**—মউমাছির বাসা, মউচাক। *n.* **bee°keeping**—মউমাছি-পালন। *n.* **bee°-line**—মধুপূর্ণ মউমাছিরা যেমন সর্বাপেক্ষা সিধা পথে বাসায় ফেরে তেমনি সিধা পথ। *n.* **bees°wax**—মউমাছির অঙ্গনিঃসৃত মোম যদ্দ্বারা মউচাক নির্মিত হয়। [OE. *beo.*—cp. G. *biene*]

beech [bēch, বীচ্] *n.* a forest tree, বনবৃক্ষবিশেষ। *a.* **bee°chen**—উক্ত বৃক্ষপূর্ণ। [OE. *boece*—cp. G. *buche*]

beef [bēf, বীফ্] (**1**) *n.* the flesh of the ox (and also of some other animals), গোমাংস (এবং অন্যান্য কতিপয় জন্তুর মাংস) ; (arch.) an ox, (আর্ষ.) ষণ্ড, ষাঁড়। *pl.* **bee°ves**—ষণ্ডসমূহ ; গবাদি পশু। (**2**) *v.i.* to grumble, to complain, অসন্তোষ প্রকাশ করা, নালিশ জানান। *n.* **beef°-eater**—গোমাংসভোজী ; ইংলণ্ডরাজের দেহরক্ষী। *n.* **beefsteak** [bēf°-stāk°, বীফ্°স্টেইক্°] কাবাব বানাইবার জন্য লম্বা ফালি করা গোমাংস। *n.* **beef°-tea°**—গোমাংসের কাথ। *a.* **bee°fy**—গোমাংসবৎ ; স্থূল, হৃষ্টপুষ্ট। [OF. *boef*<L. *bovis*<*bos*=ox]

beegah—alt. spell. of **bigha.**

beehive, beehouse, beekeeping, bee-line—see **bee.**

Beelzebub [bi-el°-zi-bub, বিএল্°জ়িবাব্] *n.* the prince of the evil spirits, অপদেবতাদের অধিপতি ; the Devil, শয়তান (তু. মার)। [B.]

been—see **be.**

beer [bē(r), বিয়্যা(র্)] *n.* a small alcoholic beverage, অনুগ্র সুরাবিশেষ। **small beer**—অনুগ্র মদ ; (আল.) তুচ্ছ ব্যক্তি বা বস্তু (to think no *small beer* of oneself)। *n.* **beer°-garden**—যে উদ্যানে বিয়ার (এবং অন্যান্য খাবার) কিনিয়া বসিয়া খাইবার ব্যবস্থা থাকে। *a.* **beer°y**—বিয়ারের ন্যায় স্বাদযুক্ত বা গন্ধযুক্ত। [OE. *beor*—cp. G. *bier*]

beestings [bē°-stingz, বী°স্টিংজ়্] *n. pl.* the first milk drawn from a cow after calving, বৎসপ্রসবের পর গোরুর যে দুধ প্রথম দোহন করা হয়, নবদুগ্ধ। [OE. *bysting, beost*—cp. G. *biest*]

beeswax—see **bee.**

beet [bēt, বীট্] *n.* a plant with edible root, গাজরজাতীয় কন্দবিশেষ, বীট্। *n.* **beet°-sugar**—বীট্ হইতে প্রস্তুত চিনি। [OE. *bete*<L. *beta*]

beetle$_1$ [bēt°l, বীট্°ল্] *n.* a horny insect, গুবরে-পোকা কাঁচপোকা প্রভৃতি। *a.* **beet°le-brow°ed**—লোমশ বা ফোলা ফোলা জ্রযুক্ত। [ME. *bityl*<OE. *bitula*<*bitan*=to bite]

beetle$_2$ [beet°l, বীট্°ল্] *n.* a heavy wooden mallet, কাঠের ভারী মুগুর, গদা, দুরমুস। [OE. *bietl*<*beatan*=to beat]

beeves—see **beef.**

befall [bi-fawl°, বিফ্যল্°] (**1**) *v.t.* to occur to, (কাহারও ভাগ্যে) ঘটা। (**2**) *v.i.* to happen, ঘটা। *p.* **befell°** ; *p. pt.* **befa°llen** । [*be, fall*]

befit [bi-fit°, বিফিট্°] *v.t.* to be fitting, মানানসই বা শোভন বা উপযুক্ত হওয়া। *pr. pt.* **befi°tting** ; *p. & p. pt.* **befi°tted** । *a.* **befi°tting**—মানানসই, শোভন, উপযুক্ত। *adv.* **befi°ttingly** । [*be, fit*]

befogged [bi-fog°d, বিফগ্°ড্] *a.* enveloped in fog, কুয়াশাচ্ছন্ন ; (fig.) puzzled, (আল.) বিভ্রান্ত, হতবুদ্ধি। [*be,* see *fog*]

befool [bi-fōōl°, বিফ্ল্°] *v.t.* to make a fool of, বোকা বানান ; to deceive, ঠকান। [*be, fool*]

before [bi-faw(r)°, বিফ্য(র্)°] (**1**) *prep.* ahead of, অগ্রবর্তী ; in front, presence or cognizance of, সম্মুখে, সমীপে, সকাশে, গোচরে ; under the consideration of, বিবেচনাধীন ; previous to, আগে, পূর্বে ; in the past, অতীতে ; in preference to, একাধিক ব্যক্তির বা বস্তুর মধ্যে সর্বাধিক কাম্যরূপে, পক্ষপাতসহকারে ; superior to, উৎকৃষ্টতর। (**2**) *adv.* in front, সম্মুখে, সমীপে ; previously, in the past, পূর্বে, অতীতে ; earlier, আগে। (**3**) *con.* previous to the time when, কোন ঘটনাদির পূর্বে যখন। *adv.* **before°-hand**—নির্দিষ্ট বা উচিত সময়ের পূর্বেই ; আগে হইতেই ; অতীতে ; পূর্বে। [OE. *beforan*—cp. *fore*]

befoul [bi-fowl°, বিফাউল্°] *v.t.* to make foul, কলুষিত করা ; to soil, মলিন করা। [*be, foul*]

befriend [bi-frend°, বিফ্রেন্ড্°] *v.t.* to act as a friend to, বন্ধুত্বপূর্ণ আচরণ করা ; to favour or help, অনুগ্রহ করা, সাহায্য করা ; to become a friend of, বন্ধু হওয়া, বন্ধুত্ব স্থাপন করা। [*be, friend*]

beg [beg, বেগ্] (**1**) *v.i.* to ask alms or charity, ভিক্ষা করা। (**2**) *v.t.* to request earnestly, মিনতি করা, সনির্বন্ধ অনুরোধ জানান। *pr. pt.* **be°gging** ; *p. & p. pt.* **be°gged** । **(to) beg off**—অব্যাহতি ভিক্ষা করা। **(to) beg one off**—কাহাকেও অব্যাহতি দিবার জন্য প্রার্থনা জানান। **(to) go a-begging** or **begging**—ক্রেতা গ্রাহক দাবিদার প্রভৃতি নাই : এমন অবস্থাযুক্ত হওয়া। **be°ggar**—(**1**) *n.* ভিখারি ; সনির্বন্ধ প্রার্থী ; অতি দরিদ্র বা হীন ব্যক্তি ; লোক, ছোকরা, সাথী (what a lucky *beggar* you are !) ; (**2**) *v.t.* নিঃস্ব করা, শূন্য বা নিঃশেষ করা। **beggars can't be choosers** (prov.)—ভিক্ষার চাল, কাঁড়া আর আকাঁড়া। **(to) beggar description**—বর্ণনাতীত হওয়া। *n.* **be°ggarliness** । *a* **be°ggarly**—দরিদ্র ; হীন ;

ওঁছা। *n.* **be°ggarmaid**—ভিখারিনী বালিকা। *n.* **be°ggarman**—ভিখারি। *fem.* **be°ggar-woman**—ভিখারিনী। *n.* **be°ggary**—চরম দারিদ্র্য, নিঃস্বতা। *adv.* **be°ggingly**। [?]

began—see **begin.**

begat—see **beget.**

beget [bi-get°, বিগেট্°] *v.t.* to procreate, জন্মদান করা, উৎপাদন করা। *pr. pt.* **bėge°tting ;** *p.* **begot** [bi-got°, বিগট্°], **bėgat° ;** *p. pt.* **be-go°tten**। *n.* **bėge°tter**—জনক; উৎপাদক। [OE. *begitan*—cp. *get*]

beggar, beggary, begged, begging—see **beg.**

begin [bi-gin°, বিগিন্°] *v.t.i.* to commence or start, আরম্ভ করা বা হওয়া; to originate, উদ্ভূত করা বা হওয়া। *pr. pt.* **bėgi°nning ;** *p.* **bėgan° ;** *p. pt.* **begun** [bi-gun°, বিগান্°]। **(to) begin with**—প্রথমতঃ। *n.* **bėgi°nner**—আরম্ভকারী, প্রবর্তক; প্রাথমিক শিক্ষার্থী। *n.* **be-gi°nning**—আরম্ভ, সূত্রপাত; উদ্ভব। [OE. *beg-innan*]

begird [bi-ga(r)d°, বিগার্(র্)ড্°] *v.t.* to bind like or with a girdle, কোমরবন্ধবৎ বা তদ্দ্বারা বাঁধা; to encircle, বেষ্টন করা। *p.* & *p. pt.* **bėgir°d-ėd, bėgirt°**। [OE. *begyrdan*—cp. *gird*]

begone₁ [bi-gon°, বিগন্°] *int.* get away, দূর হও। [*be*, see *go*]

begone₂ [bi-gon°, বিগন্°] *a.* beset, বিজড়িত, পরিপূর্ণ (woe-*begone*)। [OE. *p. pt.* of obs. *v. bego*=to beset]

begonia [bi-go°-ni-a, বিগৌ°নিআা] *n.* a flower plant, রক্তিমাভ পুষ্পোৎপাদী বৃক্ষবিশেষ। [Michel *Begon*, a patron of botany]

begorra [[bi-go°-ra, বিগ°র্যা] *int.* by God, দোহাই ঈশ্বর। [Irish]

begot, begotten—see **beget.**

begrime [bi-grīm°, বিগ্রাইম্°] *v.t.* to soil with grime, তেল-কালি লেপিয়া নোংরা করা। [*be, grime*]

begrudge [bi-gruj°, বিগ্রাজ্°] *v.t.* to grudge or envy the possession of, কেহ কিছু পাওয়ায় (তাহার প্রতি) বিদ্বিষ্ট হওয়া, (কাহাকেও) কিছু দিতে নারাজ হওয়া। [*be, grudge*]

beguile [bi-gīl°, বিগাইল্°] *v.t.* to deceive, প্রতারিত করা, ছলনা করা; to divert attention of, (প্রধানতঃ ভুলাইবার জন্য) বিষয়ান্তরে মনোযোগ আকর্ষণ করা। *n.* **bėguile°ment**। *n.* **bėgui°l-er**। *adv.* **bėguil°ingly**। [*be, guile*]

begum [bē°-gum, বী°গাম্] *n.* a Muslim queen or princess or lady, বেগম। [Urdu. *begam*]

begun—see **begin.**

behalf [bi-hŭf°, বিহাফ্°] *n.* benefit, উপকার; cause, sake, support, নিমিত্ত, দরুন, সমর্থন; side, পক্ষ, তরফ। **on behalf of, on one's behalf**—(কাহারও বা কিছুর) নিমিত্তে, সমর্থনে, পক্ষে, তরফে। [ME. *behalve*<OE. *be healfe*=by the side]

behave [bi-hāv°, বিহেইভ্°] *v.i.* to conduct oneself, আচরণ করা; to conduct oneself well, ভদ্র আচরণ করা (*behave* yourself); to act, কাজ করা (this clock *behaves* erratically)। *n.* **bėhā°viour**—আচরণ; ভদ্র আচরণ; স্বভাব; কাজের ধারা; (বিজ্ঞা.) পদার্থাদির গুণ বা ধর্ম। **(to) be on one's good** or **best be-haviour**—উত্তম আচরণ করিতে চেষ্টা করা। **(to) put one on one's good** or **best behaviour**—উত্তম আচরণ করিতে বলা। *n.* **bėhā°viourism**—(বিজ্ঞা.) মানুষের সমস্ত আচরণ বিশ্লেষণসাধ্য এবং কার্যকারণ-নীতির দ্বারা পরিচালিত: এই মতবাদ। [*be, have*—cp. OE. *behabban*=to detain]

behead [bi-hed°, বিহেড্°] *v.t.* to cut the head off, শিরশ্ছেদ করা। [OE. *beheafdian*—cp. *head*]

beheld—see **behold.**

behest [bi-hest°, বিহেস্ট্°] *n.* command, আদেশ, নির্দেশ। [OE. *behaes*=promise]

behind [bi-hīnd°, বিহাইন্ড্°] **(1)** *prep.* in or to the rear, পিছনের দিকে; at the back of, পশ্চাতে; in the place or state one has left, অপরের পরিত্যক্ত স্থানে বা অবস্থায়; after (in time, order, etc.), পশ্চাদ্বর্তী; in an inferior or less advanced position, হীনতর বা অপেক্ষাকৃত অনগ্রসর অবস্থায়। **(2)** *adv.* in the rear, পশ্চাদভিমুখে; passing by, অতিক্রম করিয়া। **(3)** *n.* the rear, পশ্চাৎ, পিছন (from *behind*); the hinder part of an animal's body, প্রাণিদেহের পশ্চাদংশ, (coll.) buttocks, (কথ্য.) পাছা। **(to) be behind in** or **with**—(কার্যাদিতে) পিছাইয়া থাকা। *adv.* & *pred. a.* **bėhīnd°hand**—পশ্চাৎপদ; অনগ্রসর; পিছাইয়া আছে এমন। [OE. *behindan*—cp. *be, hind*]

behold [bi-hōld°, বিহৌল্ড্°] **(1)** *v.t.* to see or notice, দেখিতে পাওয়া; to look upon, দৃষ্টিপাত করা, তাকান; to contemplate, চিন্তা করা, বিবেচনা করা। **(2)** *v.i.* to look, তাকান; *p.* & *p. pt.* **beheld** [bi-held°, বিহেল্ড্°]। *pred. a.* **bėhol°-den**—কৃতজ্ঞতাদিপাশে আবদ্ধ, বাধিত। *n.* **behōl°-der**। OE. *bahealdan*<*healdan*=to hold]

behoof [bi-hoof°, বিহুফ্°] *n.* benefit, উপকার; convenience, সুবিধা। [OE. *behof*]

behove [bi-hōv°, বিহৌভ্°], **behoove**[bi-hōōv°, বিহুভ্°] *v.t.i.* to suit or become, মানানসই বা শোভন হওয়া to be incumbent on, উচিত বা কর্তব্য হওয়া (it *behoves* or does not *behove* you to)। [OE. *behofian*=to be fit]

beige [bāz, বেইজ্] *n.* a woollen fabric, ধূসরবর্ণ পশমি বস্ত্রবিশেষ। [F.]

being [bē°ing, বী°ইং] **(1)** *pr. pt.* of **be**। **(2)** *n.* existence, অস্তিত্ব; essence, সত্তা; a person or a thing having an existence, সত্তাবান্ বা অস্তিত্বপূর্ণ পুরুষ, প্রাণী। **the Supreme** or **Absolute Being**—ভগবান্, ঈশ্বর। **(to) bring** or **call into being**—অস্তিত্ব প্রদান করা। **(to) come into being**—অস্তিত্ব লাভ করা। [see *be*]

bejewel [bi-jōō°-il, বিজু°ইল্] *v.t.* to deck with jewels, মণিভূষিত বা মণিখচিত করা। *pr. pt.* **bejew°ėlling** ; *p. & p. pt.* **bėjew°ėlled** । [*be, jewel*]

bel$_1$—alt. spell. of **bael**.

bel$_2$ [bel, বেল্] *n.* a unit of measure of intensity of noise, electric current etc., ধ্বনির তীব্রতা, বিদ্যুৎপ্রবাহ, প্রভৃতির মাপমাত্রা। [Graham *Bell*, the inventor of telephone]

belabour [bi-lā°-ba(r), বিলেই°ব্যা(র্)] *v.t.* to beat soundly, খুব প্রহার করা, উত্তমমধ্যম দেওয়া। [*be, labour*]

belamy [be°-la-mē, বে°ল্যামী] *n.* an intimate friend, অন্তরঙ্গ বন্ধু। [F.]

belated [bi-lā°-tid, বিলেই°টিড্] *a.* coming too late, অতিশয় বিলম্বে আগত ; benighted, (পথিক-সম্বন্ধে) পথিমধ্যেই রাত্রি বা সন্ধ্যা ঘনাইয়াছে এমন। *n.* **bėlā°tėdnėss** । [*be, late*]

belaud [bi-lawd°, বিলাড্°] *v.t.* to praise highly, উচ্চপ্রশংসা করা। [*be, laud*]

belay [bi-lā°, বিলেই°] *v.t.* to overlay or beset' খচিত করা বা ছাইয়া ফেলা ; to besiege, অবরুদ্ধ করা ; to arrest motion by securing, বন্ধনপূর্বক গতিরোধ করা। *n.* **bėlay°ing-pin**—যে খিল বা গোঁজ ঢুকাইয়া গতিরোধ করা হয়, যে গোঁজ বা খিলে দড়ি বাঁধা হয়। [OE. *belecgan*—cp. *be, lay*]

belch [belch, বেল্চ্] (**1**) *v.t.i.* to emit (wind, fire, etc.) from the stomach or inside by the mouth, ঢেকুর বা উদ্গার তোলা বা (আগুন, ধাতব পদার্থ, প্রভৃতি) উদ্গিরণ করা। *p. & p. pt.* **bel°chėd** । (**2**) *n.* eructation or emission, ঢেকুর, উদ্গার, উদ্গিরণ। [OE. *bealcian*—cp. Du. *balken*=bray]

belcher [bel°cha(r), বেল্°চ্যা(র্)] *n.* a dark-blue neckerchief with white spots, গলায় বাঁধার জন্য সাদা ফুটকিওয়ালা গাঢ় নীল রুমাল। [neckerchief of *Jim Belcher*, an English boxer]

beleaguer [bi-lē°-ga(r), বিলী°গ্যা(র্)] *v.t.* to besiege, অবরোধ করা। [Du. *belegeren*—cp. *leaguer*]

bel esprit [bel-es-prē°, বেল্এস্প্রী°] *n.* a wit, রসিক ব্যক্তি। *pl.* **beaux esprits** [bōz-es-prē°, বৌজ্এস্প্রী°]। [F.]

belfry [bel°-tri, বেল্°ফ্রি] *n.* a bell-tower, (প্রধানতঃ গির্জা কেল্লা প্রভৃতির) ঘণ্টা-ঘর। [OF. *berfroi*=a watch-tower]

Belgian [bel°j(a)n, বেল্°জ্ন্] (**1**) *a.* of Belgium, বেলজিয়াম-দেশীয়। (**2**) *n.* an inhabitant of Belgium, বেলজিয়ামের অধিবাসী। [L. *Belgicus*]

Belial [bē°-li-al, বী°লিঅ্যাল্] *n.* the devil, Satan, শয়তান, (তু.) মার। [H.—B.]

belie [bi-lī°, বিলাই°] *v.t.* to give false notion of, মিথ্যা ধারণা জন্মান ; to represent falsely, মিথ্যা বর্ণনা প্রদান করা ; to falsify, মিথ্যা বলিয়া প্রতিপন্ন করা ; to fail to justify or act up to, প্রমাণ করিতে বা (প্রতিশ্রুতি) রক্ষা করিতে অসমর্থ হওয়া। *pr. pt.* **belying** [bi-lī°-ing, বিলাই°ইং] । [*be, lie*]

belief [be-lēf°, বিলীফ্°] *n.* faith, বিশ্বাস ; religious or philosophical faith, ধর্মমত, দার্শনিক মত ; trust or confidence, আস্থা। **to the best of one's belief**—কাহারও সত্যকারের ধারণায়। [see *believe*]

believe [bi-lēv°, বিলীভ্°] (**1**) *v.t.i.* to have faith or confidence in, বিশ্বাস করা বা আস্থা রাখা। (**2**) *v.i.* to consider, বিবেচনা করা। *a.* **bėlie°vable**—বিশ্বাস্য, বিশ্বাসযোগ্য। *n.* **bėlie°ver** । [ME. *bileven* < OE. *gelefan*]

belike [bi-līk°, বিলাইক্°] *adv.* (arch.) probably, (আর্ষ.) সম্ভবতঃ। [*be, like*]

belittle [bi-lit°l, বিলিট্°ল্] *v.t.* to make small, খর্ব করা ; to depreciate, মূল্যহ্রাস বা মর্যাদাহানি করা। [*be, little*]

bell [bel, বেল্] (**1**) *n.* a hollow metal instrument for giving a ringing sound, ঘণ্টা ; anything so shaped, ঘণ্টাকার বস্তু ; its sound, ঘণ্টাধ্বনি ; a stroke of a bell indicating the number of half-hours of the watch, প্রতি অর্ধঘণ্টাকাল-নির্দেশক ঘণ্টাধ্বনি (one *bell*, two *bells*, etc.)। (**2**) *v.t.* to provide with a bell, ঘণ্টা ঝুলাইয়া দেওয়া বা বাঁধিয়া দেওয়া (to *bell* the cat)। **(to) carry off the bell**—প্রথম স্থান অধিকার করা। **sound as a bell**—উত্তম স্বাস্থ্যযুক্ত ; চমৎকার ও ত্রুটিহীন। *a.* **bell°-bottomed**—(ফুলপ্যাণ্ট সম্বন্ধে) গোড়ালির দিকে বড় ফাঁকযুক্ত বা ছড়ান। *n.* **bell°-boy, bell°-hop**—হোটেল রেস্তরাঁ প্রভৃতির ছোকরা-চাকর (ইহাদের ঘণ্টা বাজাইয়া ডাকা হয়)। *n.* **bell°-buoy**—ঘণ্টা-বাঁধা ভাসন্ত বয়া (তরঙ্গের আন্দোলনে এই ঘণ্টা বাজিতে থাকে)। *n.* **bell°-flower**—পুষ্পবিশেষ, ঘণ্টাকর্ণ (?)। *n.* **bell°-founder**—ঘণ্টা-নির্মাতা। *n.* **bell°-foundry**—ঘণ্টা-নির্মাণের কারখানা। *n.* **bell°-glass**—পুষ্প-বৃক্ষাদি আবরণার্থ ঘণ্টাকৃতি কাচ-পাত্রবিশেষ। *n.* **bell°-hanger**—যে ব্যক্তি ঘণ্টা মেরামত করে এবং উহা বাদন-স্থানে টাঙ্গাইয়া দেয়। *n.* **bell°-man**—ঘণ্টাবাদক ; ঘোষক। *n.* **bell°-metal**—কাংস্য। *n.* **bell°-pull**—ঘণ্টা বাজাইবার জন্য উহার সহিত বাঁধা দড়ি বা হাতল। *n.* **bell°-push**—ইলেকট্রিক বেল বাজাইতে হইলে যে বোতাম টিপিতে হয়। *n.* **bell°-tent**—ঘণ্টাকার তাঁবু। *n.* **bell°-tower**—ঘণ্টাঘর। *n.* **bell°-wether**—যে ভেড়াটি পালের আগে-আগে চলে (সচ. ইহার গলায় ঘণ্টা বাঁধা থাকে), গড্ডলিকা ; (আল.) দলের চাঁই। [OE. *belle*]

belladonna [be-la-do°-na, বেল্যাডˆন্যা] *n.* a poisonous plant used in medicines, বিষাক্ত ভেষজ বৃক্ষবিশেষ, বিষকাঁটালি। [It. *bella donna*= fair lady]

belle—see **beau.**

belles-lettres [bel°-letr°, বেল্°লেট্র্°] *n.* polite or elegant literature, কাব্য-নাটক-উপন্যাসাদি রসসাহিত্য। [F.]

bellicose [be°-li-kōs, বে°লিকৌস্] *a.* warlike, সমরপ্রিয় ; in a fighting mood, মারমুখো। *adv.* **be°llicōsely** । *n.* **bellicosity** [be-li-ko°-si-ti, বেলিক°সিটি]। [L. *bellicosus*]

belligerent [bi-li°-jar(a)nt, বিলি°জ্যার্ন্ট্] (**1**) *a.* engaged in fighting, যুদ্ধরত, যুধ্যমান। (**2**) *n.* a belligerent nation, party, etc., যুদ্ধরত জাতি দল প্রভৃতি। *n.* **belli°gerency**—যুধ্যমান অবস্থা। [L. *belligerare*=to wage war]

Bellona [be-lō°-na, বেলৌ°ন্যা] *n.* the Roman goddess of war, রোমানদের যুদ্ধ-দেবী ; (fig.) a woman of great spirit and commanding presence, (আল.) অতি তেজস্বিনী নারী যাহার সম্মুখে সকলকেই নত হইতে হয়। [L.]

bellow [be°-lō, বে°লৌ] (**1**) *n.* the roar of a bull, ষাঁড়ের ডাক ; any deep sound, (সমুদ্র মেঘ প্রভৃতির) গুরুগম্ভীর গর্জন। (**2**) *v.i.t.* to roar, or roar out, (ষাঁড় সমুদ্র মেঘ প্রভৃতি সম্বন্ধে) গর্জন করা বা গর্জন করিয়া বলা। [ME. *belwen*<OE. *byl-gian*=to roar]

bellows [be°-lōz, বে°লৌজ়্] *n. pl.* (often used as *sing.*) an instrument to produce a current of air, হাপর বা ভস্ত্রা, হারমোনিয়ামাদি যন্ত্রের বেলো, বায়ু-প্রবাহিকা। *n.* **be°llows-fish**—পট্‌কা-মাছ। [see *belly*]

belly [be°-li, বে°লি] (**1**) *n.* the part of the body between the breast and the thighs containing the bowels, উদর, পেট ; the womb, uterus, গর্ভ, ভ্রূণস্থলী বা জরায়ু ; the cavity of anything, কিছুর অভ্যন্তর বা গর্ত। (**2**) *v.i.t.* to swell, (পেটের ন্যায়) ফুলিয়া বা ফাঁপিয়া ওঠা অথবা ফাঁপাইয়া দেওয়া। *a.* **be°llied**—নির্দিষ্ট উদরযুক্ত (big-*bellied*=স্থূলোদর)। **be°lly-ache** (**1**) *n.* পেটব্যথা ; (অমা.) অকারণ অসন্তোষ, ঘেন-ঘেনানি ; (**2**) *v.i.* (অমা.) অকারণে অসন্তোষ প্রকাশ করা, ঘেনঘেন করা। **belly button**—নাভি। *n.* **be°llyful**—একপেট ভোজন বা খাদ্য। *n.* **be°lly-god**—উদরসর্বস্ব ব্যক্তি। [ME. *bali, bely,* OE. *b(a)elig*=bag]

belong [bi-long°, বিলং°] *v.i.* to be the property, part or concern of, অধিকারভুক্ত হওয়া, অংশস্বরূপ বা অঙ্গীভূত হওয়া, বিবেচ্য বা সংশ্লিষ্ট বিষয় অথবা বস্তু হওয়া ; to be an inhabitant or member (of), অধিবাসী সদস্য প্রভৃতি হওয়া ; to be an attribute or work of, গুণ বা ধর্ম হওয়া, কৃতিত্ব বা সৃষ্ট বস্তু হওয়া। *n. pl.* **bélon°gings**—বিষয়সম্পত্তি ; (কাহারও) নিজস্ব জিনিসপত্র, তল্পিতল্পা। [ME. *be-longen*—see *be, long*]

beloved [bi-lu°-vid, বিলা°ভিড্] (**1**) *a.* very dear, অতিশয় প্রিয়। (**2**) *n.* a person dearly loved, অতি প্রিয়পাত্র, প্রিয়তম। [*be,* see *love*]

below [bi-lō, বিলৌ°] (**1**) *pred. a.* beneath, নিম্নস্থ, নিচস্থ ; lower than, অধস্তন, অধীন, হীনতর, ঊন। (**2**) *adv.* in, to or at a lower level, or bottom, নিম্নদেশে, নিম্নাভিমুখে ; downstairs, নিম্নতলে ; downstream, ভাটির দিকে, সমুদ্রাভিমুখে ; on earth or in its bowels, পৃথিবীতে বা পাতালে ; in hell, নরকে। (**3**) *n.* a lower level, নিম্নদেশ (from *below*)। (**4**) *prep.* lower than, নিম্নে, নিচে (*below* the horizon, line, etc.) ; lower in rank, inferior to, পদমর্যাদায় নিম্নে। **below the mark**—নির্দিষ্ট মানের নিম্নে। **down below**—(অট্টালিকাদির) নিম্নভাগে। **here below**—পৃথিবীতে। [*be, low*$_2$]

belt [belt, বেল্ট্] (**1**) *n.* a girdle, কোমরবন্ধ, কটিবন্ধ, মেখলা, ঘুনশি, (পরি.) বলয় ; any belt-shaped flat strap, চর্ম বস্ত্র প্রভৃতির দ্বারা নির্মিত কোমরবন্ধের আকারের ন্যায় ফিতাবিশেষ ; anything or a series of similar things encircling like a belt, কটিবন্ধের ন্যায় বেষ্টনকর বস্তু বা বস্তু-সমূহ (a *belt* of islands) ; a region or district, অঞ্চল প্রদেশ জেলা প্রভৃতি। (**2**) *v.t.* to bind or furnish with a belt, কোমরবন্ধদ্বারা বন্ধন করা বা বেষ্টন করা, কোমরবন্ধযুক্ত করা ; to thrash with a belt, বেল্ট্ দিয়া প্রহার করা। *p.* & *p. pt.* **bel°-téd** । **the cotton** or **wheat belt**—যে অঞ্চলে প্রচুর তুলা বা গম উৎপন্ন হয়। **the green belt**—শহরের চতুষ্পার্শ্বের সবুজ অঞ্চল। **(to) hit below the belt**—(আল.) অন্যায়ভাবে (এবং সচ. নীচতা সহকারে) আঘাত করা বা আক্রমণ করা। **to hold the belt**—কুস্তি মুষ্টিযুদ্ধ প্রভৃতি প্রতিযোগিতায় সর্বোচ্চ স্থান অধিকার করা। *n.* **bel°ting**—কটিবন্ধের উপাদান ; কটিবন্ধ ; পরিবেষ্টনী ; বেলট্-দ্বারা প্রহার। [OE.<L. *balteus*]

belying—see **belie.**

belvedere [bel°-vi-dē(r), বেল্°ভিডিয়্যা(র্)] *n.* a raised turret to view scenery from, দৃশ্য-দর্শনের জন্য (অট্টালিকাদির উপরে) উচ্চ গম্বুজ বা চূড়া, মিনার ; a summer-house, গ্রীষ্মাবাস। [It.<*bel* =beautiful, *vedere*=to see]

bemoan [bi-mōn°, বিমৌন্°] *v.t.i.* to grieve (for), শোক করা। [*be, moan*]

bemuse [bi-mūz°], বিমিউজ়্°] *v.t.* to stupefy, হতবুদ্ধি করা। [*be, muse*]

bench [bensh, বেন্শ্] *n.* a long and raised seat, বেঞ্চি ; a judge's seat, বিচারকের আসন, (পরি.) বিচারপীঠ, ন্যায়াসন ; a tribunal, বিচার-সভা ; an official seat, সরকারী আসন বা পদ। **bench clerk**—পেশকার। **full bench**—প্রধান বিচারালয়ের সমস্ত বিচারপতির মিলিত বিচারসভা।

high bench—ডেস্ক্-সংবলিত উচ্চ বেঞ্চিবিশেষ। **on the bench**—বিচারকের বা বিশপের পদে অধিষ্ঠিত। **(to) raise to the bench**—বিচারকের বা বিশপের পদ প্রদান করা। *n.* **ben°cher**—ব্যবহারজীবি-সম্প্রদায়; বিচারালয়াদির পুরাতন সদস্য। *n.* **bench°-mark**—মানচিত্র প্রস্তুতের জন্য অনুভূমিক রেখার নির্দিষ্ট বিন্দুতে জরিপকারীর দূরত্ব ও উচ্চতাসূচক তীরচিহ্ন। [OE. *benc*—cp. G. *bank*]

bend [bend, বেন্‌ড্] (**1**) *v.t.i.* to curve or arch, বক্র করা বা হওয়া, অর্ধবৃত্তাকার করা বা হওয়া; আনমিত করান বা হওয়া; to subdue or yield, দমিত করা বা হওয়া; to incline, প্রবণ বা ঝোঁক-বিশিষ্ট করান বা হওয়া; to direct or be directed, অভিমুখ করান বা হওয়া; (to *bend* one's steps); to contract, কুঞ্চিত করা বা হওয়া (to *bend* one's eyebrows); to turn, মোড় ফেরান বা ফেরা (the road *bends*)। *p.* & *p. pt.* **bent**। (**2**) *n.* act of bending, বক্রীকরণ বা বক্রীভবন; curvedness, বক্রতা; a curve, মোড়, বাঁক, বক্র স্থান, বক্র বস্তু; a bow or stoop, প্রণাম, আনতি। *a.* **ben°ded**—বক্র, আনত (*bended* knees)। **round the bend**—(অমা.) পাগল, উন্মাদ। **to bend a rule**—(কথ্য. অবস্থানুযায়ী কোন কিছু) শিথিলভাবে ব্যাখ্যা করা। **bent**—(**1**) *a.* বক্র, আনমিত; প্রবণ, ঝোঁক-বিশিষ্ট, একান্ত অনুরক্ত (*bent on* a person); স্থিরসঙ্কল্প (*bent on* doing something); (**2**) *n.* মোড়, বাঁক; বক্র স্থান। **to the top of one's bent**—স্বীয় অন্তরের অভিলাষানুযায়ী। **(to) follow one's bent**—যে কাজে নিজের আনন্দ সেই কাজ করা। *n.* **bent°wood**—চেয়ার প্রভৃতি নির্মাণার্থ কৃত্রিমভাবে বাঁকান কাঠ। [OE. *bendan*=to constrain]

beneath [bi-neth°, বিনীথ্°] *adv.* & *prep.* below, under, নিম্নে; underneath, inside, ভিতরে, গর্ভে, অভ্যন্তরে, অন্তরালে; at or to the bottom, তলদেশে; not worthy of, যোগ্য বা উপযুক্ত নয় এমন (his complaints are *beneath* notice; it is *beneath* him to grumble)। [OE. *bineothan*]

benedict [be°-ni-dikt, বে°নিডিক্‌ট্] *a.* blessed, আশীর্বাদপ্রাপ্ত। *n.* **benedic°tion**—(প্রধানতঃ রোম্যান্ ক্যাথলিক গির্জা কর্তৃক প্রদত্ত) আশীর্বাদ। *a.* **benedic°tory**—আশীর্বাদমূলক। [L. *benedicere* =to say well]

Benedictine [be-ni-dik°-tīn, বেনিডিক্°টাইন্] (**1**) *a.* of or adhering to St. Benedict or his doctrine, খ্রিস্টীয় সাধু বেনিডিক্‌ট্-সংক্রান্ত, তাঁহার মতসম্বন্ধীয়, তাঁহার মতানুগামী। (**2**) *n.* a monk or nun of the order founded by him, বেনিডিক্‌ট্-পন্থী সন্ন্যাসী বা সন্ন্যাসিনী।

benediction, benedictory—see **benedict.**

benefaction [be-ni-tak°sh(a)n, বেনিফ্যাক্°শ্‌ন্] *n.* act of doing good, উপকারসাধন; a charitable grant or endowment, লোকহিতার্থ দান বা বৃত্তি। *n.* **be°nefactor**—উপকারক; দাতা। *fem.* **be°nefactress**। [see *benefit*]

benefice [be°-ni-fis, বে°নিফিস্] *n.* a church living, খ্রিস্টীয় যাজকের ভরণপোষণের জন্য প্রদত্ত সম্পত্তি, যাজকত্র। *n.* **beneficiary** [be-ni-fi°shari, বেনিফি°শ্যারি] জমিদারের নিকট হইতে প্রজাস্বত্ব-বলে জমি-ভোগদখলকারী ব্যক্তি; যাজকত্রভোগী ব্যক্তি (তু. সেবাইত); দান বৃত্তি উপকার প্রভৃতির প্রাপক। [see *benefit*]

beneficence [bi-ne°-fisns, বিনে°ফিস্‌ন্‌স্] *n.* act of doing good (esp. to others), (সচ. পরের) মঙ্গলসাধন, হিতসাধন; charity, বদান্যতা; a charitable gift, দান। *a.* **bene°ficent**—হিতকর; বদান্য। *a.* **beneficial** [be-ni-fi°sh(a)l, বেনিফি°শ্‌ল্] সুবিধাদায়ক, লাভপ্রদ। *adv.* **benefi°cially**। [see *benefit*]

beneficiary—see **benefice.**

benefit [be°-ni-fit, বে°নিফিট্] (**1**) *n.* an advantage, উপকার, লাভ, সুবিধা, সুযোগ (to receive *benefit* from); a performance whose proceeds go to a particular person or object, কোন ব্যক্তির সাহায্যকল্পে বা কোন ব্যাপারের ব্যয়-নির্বাহের জন্য অনুষ্ঠিত অভিনয় ক্রীড়া প্রভৃতি (*benefit* night, *benefit* match)। (**2**) *v.i.* to gain advantage, উপকৃত বা লাভবান হওয়া। (**3**) *v.t.* to do good, উপকার করা। **benefit of the doubt**—(আইনে) প্রমাণাদি-সম্বন্ধে সন্দেহ থাকায় অভিযোগ হইতে মুক্তি, সন্দেহাবসর। [ME. & AF. *benefet* <L. *benefacere*=to do good]

benevolence [bi-ne°-va-lans, বিনে°ভ্যাল্যান্স্] *n.* disposition to do good to others, পরোপকারের ইচ্ছা; generosity, সদাশয়তা, বদান্যতা। *a.* **bene°volent**—পরোপকারেচ্ছু; সদাশয়, বদান্য। *adv.* **bene°volently**। [OF. *benivolence*<L. *benevolentia*]

Bengal [beng-gawl°, বেংগাল্°] *n.* বঙ্গদেশ। **Benga°li, Benga°lee**—(**1**) *a.* বঙ্গদেশীয়; (**2**) *n.* বাঙ্গালী, বঙ্গবাসী; বঙ্গভাষা, বাঙ্গালা। *n.* **Ben°gal-light°**—(মূলতঃ বঙ্গদেশে ব্যবহৃত) নাবিকদের সঙ্কেত করার জন্য ব্যবহৃত উজ্জ্বল আলোকবিশেষ। [Beng.]

benighted [bi-nī°-tid, বিনাই°টিড্] *a.* overtaken by night, (পথিকসম্বন্ধে) পথিমধ্যেই রাত্রি হইয়া গিয়াছে এমন অবস্থায় পতিত; overwhelmed with ignorance, অজ্ঞানতিমিরে আচ্ছন্ন। [*be, night*]

benign [bi-nīn°, বিনাইন্°] *a.* gracious, সদাশয়, সদয়; (astrol.) favourable, (জ্যোতিষ.) শুভ; (med.) mild, not malignant, (চিকি.) মৃদু, বিষম নহে এমন (a *benign* tumour)। *adv.* **benign°ly**। *n.* **benignancy** [bi-nig°-nan-si. বিনিগ্°ন্যান্সি], **benignity** [bi-nig°-ni-ti, বিনিগ্°নিটি] সদাশয়তা, সদয়তা; দয়া। *a.* **benig°nant**—সদাশয়, সদয়। *adv.* **benig°nantly**। [OF. *benigne*<L. *benignus*]

benison [be°-nizn, বে°নিজ্‌ন্] *n.* a blessing, (প্রধানতঃ স্বর্গীয়) আশীর্বাদ। [L. *benedictio*]

bent—see **bend.**

benumb [bi-num°, বিনাম্°] *v.t.* to make insensible or powerless, অসাড় বা শক্তিহীন করা (*benumbed* with cold) ; to stupefy, আচ্ছন্ন বা হতবুদ্ধি করা ; to paralyze mentally, অভিভূত বা হতচেতন করা। [*be, numb*]

benzene [ben°-zin, বেন্°জ়িন্] *n.* (chem.) a colourless liquid obtained from coal-tar, (রসা.) আলকাতরা হইতে উৎপন্ন বর্ণহীন তরল পদার্থবিশেষ (C_6H_6) ।

benzine [ben°-zin, বেন্°জ়িন্] *n.* (chem.) inflammable liquid obtained from crude petroleum, (রসা.) অশোধিত পেট্রল হইতে প্রাপ্ত দাহ্য তরল পদার্থবিশেষ।

benzoic—see **benzoin.**

benzoin [ben°-zŏ-in, বেন্°জ়োইন্] *n.* an aromatic resin, জাভা-দেশীয় বৃক্ষবিশেষের সুগন্ধ নির্যাস। *a.* **benzŏ°ic**—উক্ত নির্যাসঘটিত। [Ar. *luban jawi*=frankincense of Jawa]

benzol [ben°-zol, বেন্°জ়ল্] *n.* same as **benzene** ।

bequeath [bi-kwedh°, বিকুাঈদ্°] *v.t.* to leave by will to another, উইলের দ্বারা কাহাকেও দান করিয়া যাওয়া ; to leave for posterity, বংশধরদের জন্য রাখিয়া যাওয়া (with *to*) ; to commit or entrust, ভারার্পণ করা, দায়িত্ব প্রদান করা। *n.* **bėquea°thal, bequest** [bi-kwest°, বিক্যোএস্ট্°] উইলদ্বারা প্রদান ; বংশধরের জন্য রাখিয়া যাওয়া ; ঐভাবে রাখিয়া-যাওয়া সম্পত্তি ; ভারার্পণ ; অর্পিত দায়িত্ব। [OE. *becwethan*<*bi°*-, see *quoth*]

berate [bi-rāt°, বিরেইট্°] *v.t.* to scold vigorously, তীব্র ভর্ৎসনা করা, চোপা করা। [*be, rate*$_1$]

Berber [ba(r)°-ba(r),ব্যা(র্)°ব্যা(র্)] (**1**) *n.* (one of) a Hamitic race, বর্বর-জাতি, বর্বর-জাতির লোক ; their language, বর্বর-জাতির ভাষা। (**2**) *a.* of this race or of their culture or language, বর্বর-জাতি-সংক্রান্ত বা তাহাদের সংস্কৃতি বা ভাষা সম্বন্ধীয়। [Ar. *Barbar*]

bereave [bi-rēv°, বিরীভ্°] *v.t.* to deprive, or to separate (esp. by death), (প্রধানতঃ মৃত্যুর দ্বারা) বঞ্চিত বা বিচ্ছিন্ন করা (accident *bereaved* him of his only child । *p.* & *p. pt.* **bėrea°ved** ('মৃত্যুর ফলে বিচ্ছিন্ন করা' অর্থে), **bėreft°** (সাধারণ অর্থে)। **bereft of**—বিহীন (*bereft of* happiness, hope, reason, etc.)) । *a.* **bėrea°ved**—বিয়োগ-ব্যথাতুর, শোকসন্তপ্ত (*bereaved* parents) । *n.* **bėreave°ment**—আত্মীয়ের মৃত্যু বা তজ্জনিত শোক। [OE. *bereafian*=to rob]

beret [be°-rā, বে°রেই, be°-rit, বে°রিট্] *n.* a flat round cap of felt or cloth, গরম বা সুতি কাপড়ের চেপটা ও কিনারা ছাড়া টুপি-বিশেষ (ইহা স্পেইন ও ফ্রান্সের কোন কোন কৃষকসম্প্রদায় এবং খেলোয়াড় ও সৈনিকরা পরে)।

berg [ba(r)g, ব্যা(র্)গ্] *n.* a hill, পাহাড় ; an iceberg, সমুদ্রে ভাসন্ত বিরাট্ তুষারস্তূপ। [G.]

bergamot$_1$ [ba(r)°-ga-mot, ব্যা(র্)°গ্যামট্] *n.* a tree of the citrus family whose rind and fruit yield fragrant oil, লেবুজাতীয় বৃক্ষবিশেষ : ইহার বল্কল ও ফল হইতে একপ্রকার সুগন্ধ তেল পাওয়া যায়। [*Bergamo*, a town in Italy]

bergamot$_2$ [bar°-ga-mot, ব্যার্°গ্যামট্] *n.* a juicy kind of highly flavoured pear, একপ্রকার সুগন্ধি সরস নাশপাতি। [F. *bergamotte* ; Turk. *begarmudi*]

beriberi [be°-ri-be°-ri, বে°রিবে°রি] *n.* a disease like dropsy, শোথজাতীয় রোগবিশেষ। [Cey. *beri*=weakness]

Berkeleian [bŭ(r)-kli°-an, বা(র্)ক্লি°অ্যান্] (**1**) *a.* of Berkeley or his philosophy, বারক্লি বা তাঁহার দার্শনিক মতবাদসম্বন্ধীয়। (**2**) *n.* a follower of Berkeley, বারক্লির অনুগামী বা তাঁহার মতাবলম্বী।

berry [be°-ri, বে°রি] *n.* any small stoneless juicy fruit, বৈঁচিজাতীয় বীচিশূন্য যে কোন ক্ষুদ্র রসাল ফল ; lobster's egg, গলদাচিংড়ির ডিম। [OE. *berie*]

berserk [ba(r)°-sa(r)k, ব্যা(র্)°স্যা(র্)ক্], **ber°serker**—(**1**) *n.* a Norse warrior fighting frenziedly, নরওয়ে-দেশীয় রণোন্মাদ যোদ্ধা। (**2**) *pred. a.* uncontrollably wild, নিয়ন্ত্রণাতীতভাবে ক্ষিপ্ত বা উন্মত্ত। **(to) go berserk**—অকস্মাৎ ক্ষিপ্ত হওয়া বা প্রচণ্ড হওয়া। [ON. *berserkr*]

berth [ba(r)th, ব্যা(র্)থ্] (**1**) *n.* sea-room, অন্য জাহাজের সহিত সঙ্ঘর্ষ এড়াইবার জন্য সমুদ্রগামী জাহাজের চতুষ্পার্শ্বস্থ ফাঁকা জায়গা ; a ship's station at anchor or at a wharf, জাহাজের নঙ্গর বাঁধার স্থান বা জেটিতে জাহাজ রাখিবার স্থান ; a sleeping accommodation in a ship, railway carriage, etc., জাহাজ রেলগাড়ি প্রভৃতিতে যাত্রীদের ঘুমাইবার জন্য স্থান ; proper place, উপযুক্ত স্থান ; employment, চাকরি। (**2**) *v.t.* to moor, নঙ্গর ফেলা, ঘাটে ভিড়ান ; to provide with a berth, ঘুমাইবার স্থানের ব্যবস্থা করিয়া দেওয়া। *p.* & *p. pt.* **ber°thed** । **(to) find a snug berth**—সহজ সরল ও মনোরম কর্ম লাভ করা বা কাজ পাওয়া। **(to) give a wide berth to**—সান্নিধ্য এড়াইয়া চলা। [?]

beryl [be°-ril, বে°রিল্] *n.* a precious stone, মণিবিশেষ, ফিরোজা (?) । [OF.<L. *beryllus*]

beseech [bi-sēch°, বিসীচ্°] *v.t.* to entreat or solicit, মিনতি করা, সনির্বন্ধ প্রার্থনা জানান। *p.* & *p. pt.* **besought** [bi-sawt°, বিস্‌ট্°], (rare) **bėsee°ched** । *a.* **bėsee°ching**—মিনতিপূর্ণ, সনির্বন্ধ প্রার্থনাপূর্ণ। *adv.* **bėsee°chingly** । [*be*, ME. *sechen*—cp. *seek*]

beseem [bi-sēm°, বিসীম্°] *v.t.i.* to be becoming or suitable, শোভন বা উপযুক্ত হওয়া, মানান (it ill *beseems* you to sulk) । *n.* & *adj.* **besee°ming** । *adv.* **besee°mingly** । [*be, seem*]

beset [bi-set°, বিসেট্°] *v.t.* to surround, (প্রধানতঃ বাধাদানকল্পে) ঘেরাও করা ; to besiege, অবরোধ করা ; to assail, (চতুর্দিক্ হইতে) আক্রমণ করা বা বিজড়িত করা (to *beset* with difficulties or by doubts) । *pr. pt.* **bėse°tting** ; *p. & p. pt.* **bėset°** । *n.* **bėset°ment** । **besetting sin**—যে পাপ সচরাচর মানুষকে প্রলুব্ধ করে। [OE. *besettan*—cp. *set*]

beshrew [bi-shroo°, বিশ্রূ°] *v.t.* to invoke evil upon, অমঙ্গল কামনা করা ; let plague take, (বর্ত. প্রধানতঃ অভিশাপরূপে ব্যবহৃত) কুরিকুষ্ঠ হক (*beshrew* me) । [*be, shrew*]

beside [bi-sīd°, বিসাইড্°] *prep. & adv.* by the side of, পার্শ্বে ; near, নিকটে ; away from, দূরে, বাহিরে ; in comparison to, তুলনায়। **beside oneself**—আত্মহারা। **beside the mark** or **point** or **question**—অসংলগ্ন, অপ্রাসঙ্গিক, অবান্তর। [OE. *be sidan*]

besides [bi-sīdz°, বিসাইড্জ্°] *adv.* in addition, moreover, অধিকন্তু, তদতিরিক্ত, তাছাড়া, আরও। [see *beside*]

besiege [bi-sēj°, বিসীজ্°] *v.t.* to lay siege to, অবরোধ করা ; to crowd around, ঘেরাও করা ; to assail with requests, etc., নাছোড়বান্দাভাবে অনুরোধাদি-দ্বারা অতিষ্ঠ করিয়া তোলা (to *besiege* with questions, requests, etc.) । *n.* **besie°ger** । [*be, siege*]

besmear [bi-smē(r)°, বিস্মিয়্যা(র্)°] *v.t.* to smear upon, অঙ্গে বা উপরে লেপন করা (to *besmear* with grease, oil, etc.) ; to pollute, দূষিত করা। [*be, smear*]

besmirch [bi-sma(r)ch°, বিস্ম্যা(র্)চ্°] *v.t.* to soil, (কালিঝুলি মাখাইয়া) নোংরা করা ; to sully, কলঙ্কিত করা। *p. & p. pt.* **bėsmir°ched** । [*be, smirch*]

besom [bē°-zam, বী°জ্যাম্] *n.* a bunch of twigs for sweeping, ডালপালা দিয়া তৈয়ারী ঝাড়ু ; a broom, ঝাড়, খেংরা। [OE. *besema* < Du. *bezem*]

besot [bi-sot°, বিসট্°] *v.t.* to overwhelm mentally or morally, মানসিক বা নৈতিক চেতনা আচ্ছন্ন করিয়া ফেলা। *pr. pt.* **bėso°tting** ; *p. & p. pt.* **bėso°ttėd** । *a.* **bėso°ttėd** । *adv.* **bėso°ttėdly** । *n.* **bėso°ttėdnėss** । [*be, sot*]

besought—see **beseech.**

bespangle [bi-spang°gl, বিস্প্যাং°গ্ল্] *v.i.* to adorn with spangles or anything shining, চুমকি বা উজ্জ্বল কিছু দিয়া খচিত করা। [*be, spangle*]

bespatter [bi-spa°-ta(r), বিস্প্যা°ট্যা(র্)] *v.t.* to spatter over, সর্বাঙ্গে বা সর্বত্র (কর্দমাদি তরল পদার্থ) ছিটাইয়া দেওয়া ; to cover with abuse, নিন্দায় ছাইয়া ফেলা। [*be, spatter*]

bespeak [bi-spēk°, বিস্পীক্] *v.t.* to engage beforehand, পূর্ব হইতেই ভাড়া করিয়া রাখা, বায়না দিয়া রাখা ; to order for, ফরমাশ দেওয়া ; to foretell, পূর্বাভাস দেওয়া ; (of conduct) to imply the presence of, (আচরণ-সম্পর্কে) গুণাদির বিদ্যমানতার নির্দেশ দেওয়া। *p.* **bėspōke°** ; *p. pt.* **bėspō°ken** । *a.* **bėspōke°**—ফরমাশ পাইলে তৈয়ারী করে এমন অর্থাৎ রেডিমেড বেচে না (*bespoke* tailor or shoemaker) । [*be, speak*]

besprinkle [bi-springk°l, বিস্প্রিংক্°ল্] *v.t.* to sprinkle over, (দেহাদির) উপরে ছিটাইয়া দেওয়া। [*be, sprinkle*]

best [best, বেস্ট্] (**1**) *a. & adv.* see **good** and **well**$_2$ । (**2**) *n.* one's utmost endeavour, যথাসাধ্য চেষ্টা ; the highest perfection, সর্বোৎকৃষ্ট বা পরম কৃতিত্ব ; the most excellent part, share or lot, সর্বোৎকৃষ্ট অংশ বা দফা ; the most excellent dress or appearance or mood, সর্বোৎকৃষ্ট পোশাক বা চেহারা বা মেজাজ (in one's *best*) ; (*pl.*) the most excellent persons, সর্বোৎকৃষ্ট ব্যক্তিবর্গ (to weep with the *best*) । (**3**) *v.t.* (coll.) defeat, get the better of, (কথ্য.) পরাস্ত করা, হারাইয়া দেওয়া। **best man**—বরের সঙ্গী, (তু.) নিতবর। **best maid**—কনের সঙ্গিনী, (তু.) নিতকনে। **at best**—বড় জোর, খুব বেশি হইলে। **at one's** (or **his**, **their**, **its**, etc.) **best**—উহার সর্বোত্তম অবস্থায়। **for the best**—সর্বোত্তম উদ্দেশ্যে ; সর্বোত্তম ফললাভের জন্য। **all for the best**—(আপাতদৃষ্টিতে মনে না হইলেও বস্তুতঃ) সদুদ্দেশ্যে। **(to) be all for the best**—(আপাততঃ মনে না হইলেও) শেষ পর্যন্ত বা পরিণামে শুভ হওয়া। **in one's best**—নিজের সর্বোৎকৃষ্ট পোশাক পরিয়া। **the best of it, the best of the joke**—সবচেয়ে মজাদার অংশ। **to the best of one's ability** or **power**—যথাসাধ্য, যথাশক্তি। **(to) the best of one's belief** or **knowledge** or **recollection**, etc.—যতদূর তাহার বিশ্বাস বা জ্ঞান বা স্মৃতিশক্তি প্রভৃতি। **with the best**—যে কোন লোকের সঙ্গে (though past his prime, he can wrestle *with the best*) । **with the best of intentions**—সহায়তার উদ্দেশ্যে, সদিচ্ছা সহকারে। **(to) do one's best**—যথাসাধ্য করা। **(to) get** or **have the best of (it)**—(প্রতিযোগিতা তর্ক প্রভৃতিতে) সুবিধালাভ করা বা জয়ী হওয়া। **(to) give one best**—(প্রধানতঃ প্রতিদ্বন্দ্বীকে) বিজয়ী বলিয়া মানিয়া লওয়া। **(to) make the best of** (something)—যাহা জুটিয়াছে তাহা লইয়াই সন্তুষ্ট থাকা (যদিও তাহা আশানুরূপ নহে)। **(to) make the best of a bad business**—দুর্ভাগ্য ব্যর্থতা প্রভৃতি সত্ত্বেও যথাসাধ্য করা। **(to) make the best of one's opportunity, time** etc.—সুযোগ সময় প্রভৃতি পুরাপুরি কাজে লাগান। **(to) make the best of one's way home**—যথাসাধ্য সত্বর গৃহে ফেরা। **(to) put one's best leg** or **foot forward** or **foremost**—যথাসাধ্য দ্রুত হাঁটা ; (কার্যাদি) যথাসাধ্য দ্রুত করা। *n.* **best°-sell°er**—কাটতির দিক্ দিয়া বৎসরের সেরা

পুস্তক। [OE. *betst, betest* < cp. *good* and *better*]

bestial [bes°-ti-al, বেস্‌°টিয়্যাল্‌] *a.* like a beast, পশুবৎ, পাশব ; rude, রূঢ়, অভদ্র ; barbarous, নৃশংস, বর্বরতুল্য ; sensual, (পশুবৎ) কামুক। *n.* **bes°tialism, bestia°lity**—পশ্বাচার, পাশবিকতা, পশুপ্রকৃতি। *adv.* **bes°tially**। [L. *bestialis* < *bestia* = beast]

bestiary [bes°-ter-i, বেস্‌°টিয়্যার্‌ই] *n.* an animal story-book (esp. didactic), (প্রধানতঃ নীতি-সংবলিত) জীবজন্তু-বিষয়ক গল্পপুস্তক। [L. *bestiarium* = a menagerie < *bestia* = beast]

bestir [bi-sta(r)°, বিস্টা(র্)°] *v.t.* to put into lively action, কর্মতৎপর করা (to *bestir* oneself)। *pr. pt.* **besti°rring ;** *p.* & *p. pt.* **besti°rred**। [*be, stir*]

bestow [bi-stō°, বিস্টৌ°] *v.t.* to confer, প্রদান করা ; to accommodate with lodging, বাসস্থান জোগান, নিবাসিত করা ; to deposit, স্থাপন করা, রাখা। *n.* **bestow°al**—প্রদান ; নিবাসন ; স্থাপন। [ME. *bistowen*]

bestrew [bi-stroo°, বিস্ট্রু°] *v.t.* to strew over, উপরে ছড়াইয়া দেওয়া। *p.* **bestrew°ed ;** *p. pt.* **bestrew°ed, bestrewn°**। [*be, strew*]

bestride [bi-strīd°, বিস্ট্রাইড্‌°] *v.t.* to stride over, ডিঙ্গাইয়া যাওয়া ; to sit upon or ride or stand astride, দুই পা ফাঁক করিয়া বসা বা আরোহণ করা বা দাঁড়ান। *p.* **bestrōde°** ; *p. pt.* **bestrid°, bestri°dden**। [*be, stride*]

bet [bet, বেট্‌] (**1**) *n.* a wager, বাজি, পণ। (**2**) *v.t.i.* to lay a wager, বাজি ধরা, পণ রাখা। *pr. pt.* **be°tting ;** *p.* & *p. pt.* **bet, be°tted**। *n.* **be°tter₁, be°ttor**—যে বাজি ধরে ; (অশু.) জুয়াড়ি। *n.* **be°tting**—বাজি ধরা ; (অশু.) জুয়া। **an even bet**—সমান সম্ভাবনা বা ঝুঁকি, সম সম্ভাব্যতা। **I bet**—(কথ্য.) আমি নিশ্চিত (also you *bet*)। [obs. E. *n. abet* ?]

beta [bē°-ta, বী°ট্যা] *n.* the second letter of the Greek alphabet, used in English as indicative of second class, order etc., গ্রীক বর্ণমালার দ্বিতীয় অক্ষর : ইংরেজিতে দ্বিতীয় শ্রেণী বিভাগ পর্যায় ইত্যাদি অর্থে ব্যবহৃত হয়। **beta rays**—(পদার্থ.) রেডিয়ম বা অন্যান্য তেজস্ক্রিয় পদার্থ হইতে নির্গত বিদ্যুতিনকণা-প্রবাহ, বীটা রশ্মিসমূহ। [Gk.]

betake [bi-tāk°, বিটেইক্‌°] *v.t.* (*refl.*) to commit (oneself) to, (দায়িত্বাদি) গ্রহণ করান ; to have recourse to, অবলম্বন করান। *p.* **betook°** ; *p. pt.* **betā°ken**। [*be, take*]

betatron [bē°-ta-tron, বী°ট্যাট্রন্‌] *n.* an apparatus for accelerating electrons, বিদ্যুতিন বা ইলেক্‌ট্রনের গতি ত্বরান্বিত করার যন্ত্রবিশেষ। [Gk. *beta* + (*elec*) *tron*]

betel [bē°tl, বী°ট্‌ল্‌] *n.* a plant, the leaves of which are chewed, পান। *n.* **be°tel-nut**—সুপারি। [Mal. *vettila*]

bête noire [bāt nwu(r)°, বেইট্‌ ন্যোয়া(র্)°] *n.* a thing or person one dislikes greatly, (কাহারও পক্ষে) একান্ত অপ্রিয় বস্তু বা ব্যক্তি। [F.]

bethel [beth°-l, বেথ্‌°ল্‌] *n.* holy place, sacred spot, পবিত্র স্থান ; a non-conformist church, সরকার কর্তৃক অননুমোদিত গির্জা ; seamen's church, নাবিকদিগের গির্জা। [Heb. *beth-el*]

bethink [bi-thingk°, বিথিংক্‌°] (**1**) *v.t.* (usu. *refl.*) to recollect, স্মরণ করান, মনে পড়ান (to *bethink* oneself of)। (**2**) *v.i.* to consider, বিবেচনা করা। *p.* & *p. pt.* **bethought** [bi-thawt°, বিথ্যট্‌°]। [*be, think*]

betide [bi-tīd°, বিটাইড্‌°] *v.i.* to befall, (কাহারও বা কিছুর ভাগ্যে) ঘটা। [*be, tide*]

betimes [bi-tīmz°, বিটাইম্‌জ্‌°] *adv.* in good time, যথাসময়ে ; early, সকাল-সকাল, প্রত্যূষে, ভোরে, আশু ; speedily, দ্রুত। [*be, time*]

betise [bā-tēz°, বেইটীজ্‌°] *n.* foolish remark or action, নির্বোধের ন্যায় মন্তব্য বা কাজ ; stupidity, মূর্খতা। [F.]

betoken [bi-tō°k(a)n, বিটৌ°কন্‌] *v.t.* to augur, লক্ষণ দেখান, পূর্বাভাস দেওয়া। [*be, token*]

betook—see **betake.**

betray [bi-trā°, বিট্রেই°] *v.t.* to give up or disclose treacherously, বিশ্বাসঘাতকতাপূর্বক পরিত্যাগ করা বা ধরাইয়া দেওয়া, ফাঁস করিয়া দেওয়া ; to seduce or deceive, প্রলোভন দেখাইয়া প্রতারণা করা বা ছলনা করা। **(to) betray oneself**—নিজের অজ্ঞাতসারে নিজের স্বরূপ প্রকাশ করিয়া ফেলা। *n.* **betrayal** [bi-trā°-al, বিট্রেই°অ্যাল্‌] বিশ্বাসঘাতকতাপূর্বক পরিত্যাগ বা শত্রুহস্তে সমর্পণ বা ফাঁস করা ; ছলনা। *n.* **betray°er**। [*be,* OF. *trair* < L. *tradere* = to deliver up]

betroth [bi-trōdh°, বিট্রৌদ্‌°] *v.t.* to promise to marry, বিবাহার্থ বাগ্‌দান করা। *n.* **betrō°thal**—বিবাহার্থ বাগ্‌দান। *a.* & *n.* **betrō°thed**—বাগ্‌দত্ত, বাগ্‌দত্তা। [*be, troth*]

betted, better₁—see **bet.**

better₂ [be°-ta(r), বে°ট্যা(র্)] (**1**) *a.* & *adv.* see **good** and **well₂**। (**2**) *n.* (usu. in *pl.*) a superior person, গুরুজন ; a person of greater experience and merit, অধিকতর অভিজ্ঞ ও গুণসম্পন্ন ব্যক্তি। (**3**) *v.t.i.* to improve, উন্নতিসাধন বা উন্নতিলাভ করা (to *better* the conditions of the workers) ; to surpass, (উৎকর্ষাদিতে) ছাপাইয়া যাওয়া (to *better* one's own record of performance)। **better half**—(ব্যঙ্গে) অর্ধাঙ্গিনী, পত্নী। **better off**—অধিকতর আর্থিক সঙ্গতিসম্পন্ন বা অপেক্ষাকৃত সচ্ছল। **better than one's word**—স্বীয় প্রতিশ্রুতি অপেক্ষা অধিকতর উদার। **for better or (for) worse**—ভাল-মন্দ যে কোন অবস্থাতেই, ভালমন্দ যাহাই ঘটুক। **no better than**—বস্তুতঃ অভিন্ন (in spite of his education he is *no better than* a fool)। **one's betters**—(কাহারও তুলনায়) অধিকতর জ্ঞানী বা অভিজ্ঞ বা মর্যাদাশালী ব্যক্তিবর্গ ; গুরুজনবর্গ। **(to) get the better of, to go one better**—অপেক্ষাকৃত অধিক প্রাধান্য লাভ করা, ছাপাইয়া যাওয়া ; পরাজিত করা। *n.* **be°tterment**—উৎকর্ষসাধন ; উন্নতিসাধন। [OE. *bet* (*adv.*) *betera* (*a.*)—cp. *boot*]

betting, bettor—see **bet.**

between [bi-twēn°, বিটুইন্°] (**1**) *prep.* in or to or through or across the space that separates, মধ্যে ; in the middle of two, দুইয়ের মধ্যে ; reciprocally on the part of, পরস্পরের মধ্যে ; by combined action, মিলিত প্রচেষ্টায়, একযোগে ; in joint possession of (usu. of two), (সচ. উভয়ের) মিলিত অধিকারে। (**2**) *adv.* in or to an intermediate place, মধ্যবর্তী স্থানে ; at intervals, মধ্যে-মধ্যে, ফাঁকে-ফাঁকে। **between you and me, between ourselves**—কেবল আমাদের মধ্যে সীমাবদ্ধভাবে অর্থাৎ গোপনে। **between whiles**—অন্তর্বর্তী বা মধ্যবর্তী সময়ে, কিছুক্ষণ বাদে-বাদে। [OE. *betweonum, betweon*]

betwixt [bi-twikst°, বিটুইক্স্ট্°] arch. form of **between** । **betwixt and between**—(কথ্য.) মাঝামাঝি ধরনের, এটাও নয় ওটাও নয় এমন। [OE. *betweox*]

bevel [be°v(a)l, বে°ভ্ল্] (**1**) *n.* a slant, ঢাল, ঢল ; a tool for setting off angles, মাটাম। (**2**) *v.t.* to make slanting, ঢালু করা। *pr. pt.* **be°velling** ; *p. & p. pt.* **be°velled** । [OF.]

beverage [be°-va-rij, বে°ভ্যারিজ্] *n.* a liquor for drinking, সুরাবিশেষ ; any kind of drink except water, জল ব্যতীত যে কোন প্রকার পানীয়। [OF. *bevrage*<L. *bibere*=to drink]

bevue [bā-vū°, বেইভিউ°] *n.* a blunder, বিষম ভুল। [F.]

bevy [be°-vi, বে°ভি] *n.* a company (of larks, roes, ladies, etc.), (ভরতপক্ষী মৃগ রমণী প্রভৃতির) দল, যূথ। [?]

bewail [bi-wāl°, বিওাএইল্°] *v.t.i.* to lament loudly, (প্রধানতঃ মৃতের জন্য) উচ্চৈঃস্বরে বিলাপ করা। [*be, wail*]

beware [bi-wā(r)°, বিওায়্যা(র্)°] *v.i.t.* to be on one's guard, সতর্ক হওয়া (*v.i.* with *of*)। [*be, ware*]

beweep [bi-wēp°, বিউঈপ্°] *v.t.* to weep or lament for, (কিছুর জন্য) ক্রন্দন করা বা শোক করা। *p. & p. pt.* **bewept** [bi-wept°, বিওাএপ্ট্°]। [*be, weep*]

bewilder [bi-wil°-da(r), বিউইল্°ডা(র্)] *v.t.* to perplex, হতভম্ব করা, হতবুদ্ধি করা ; to confuse, বিভ্রান্ত করা। *a.* **bėwil°dering**—হতবুদ্ধি বা বিভ্রান্ত করে এমন। *adv.* **bėwil°deringly** । *n.* **bewil°derment** । [*be,* see *wilderness*]

bewitch [bi-wich°, বিউইচ্°] *v.t.* to influence by witchcraft, জাদু-বশ করা ; to charm, মুগ্ধ করা। *p. & p. pt.* **bėwi°tched** । *a.* **bė°wi°tching**—সম্মোহক ; মোহন ; মনোরম। *adv.* **bėwi°tchingly** । *n.* **bėwi°tchment** । [*be, witch*]

bewray [bi-rā°, বিরেই°] *v.t.* to reveal or divulge, প্রকাশ করিয়া ফেলা, ফাঁস করা। [*be,* OE. *wregan*=to accuse]

beyond [bi-ond°, বিঅন্ড্°] (**1**) *prep.* on the further side of, ধারে, দূরে, অতিক্রম করিয়া যাইতে হয় এমন স্থানে ; comparatively further onward, superior to, above, অপেক্ষাকৃত অধিকতর অগ্রবর্তী বা উৎকৃষ্ট, উর্ধ্বে (to be *beyond* one in speed or statesmanship) ; out of the range of, নাগালের বাহিরে (*beyond* one's reach) ; apart from, তদ্ব্যতীত ; except, ছাড়া, বাদে (no other income *beyond* his pension)। (**2**) *adv.* farther away, বহুদূরে, অতিক্রম করিয়া, ছাড়াইয়া (to go *beyond*)। (**3**) *n.* the unknown, অজানা, the hereafter, পরলোক ; a corner or the remotest part, এক-কোণ, প্রান্ত। **beyond measure**—অপরিমেয়ভাবে। **beyond one**—সামর্থ্যের অতীত ; সাধ্যাতীত ; বোধাতীত (it is *beyond* him)। **beyond seas**—সমুদ্রের অপর পারে, বিদেশে। **back of beyond**—সুদূর প্রান্ত। [OE. *begeondan*<*be-, geond*=across—cp. *yon*]

bezel [be°zl, বে°জ্‌ল্] *n.* the oblique face of a cut gem, রত্নাদির পল-তোলা দিক্ ; the grooved rim for setting a glass or precious stone, ঘড়ি আঙটি প্রভৃতির যে খাঁজের মধ্যে কাচ বা রত্নাদি বসান থাকে ; a sloping edge, ছুরি বাটালি প্রভৃতির ধারের দিক্ যাহা ক্রমশঃ পাতলা করিয়া নির্মিত হয়। [?]

bezique [bi-zēk°, বিজ়ীক্°] *n.* a game at cards, তাসখেলাবিশেষ। [F.]

bhang [bang, ব্যাং] *n.* leaves and shoots of hemp or a drink made of it, ভাং বা সিদ্ধি অথবা ভাংএর শরবত। [Hind.<Sans. *bhanga*]

bhisti, bheestie, bhistee, bheesty [bēs°-tē, বীস্°টী] *n.* a water-carrier, ভিশতিওয়ালা, ভিশতি, পানি-পাঁড়ে। [Urdu. *bhisti*]

biannual [bī-a°-nū(a)l, বাইঅ্যা°নিউল্] *a.* two-yearly, দুই বৎসর অন্তর ঘটে এমন, দ্বিবার্ষিক ; half-yearly, অর্ধ-বার্ষিক, ষাণ্মাসিক। [*bi-, annual*]

bias [bī°-as, বাই°অ্যাস্] (**1**) *n.* a one-sided inclination of the mind, পক্ষপাতপূর্ণ আসক্তি, প্রবণতা, ঝোঁক ; a prejudice, বিরাগ, বিরূপতা ; an influence that sways the mind, পক্ষপাত ; a slant, একপেশে ভাব, ঢাল, ঢল। (**2**) *a.* cut slantwise, কোনাকুনিভাবে কর্তিত বা নির্মিত। (**3**) *adv.* slantwise, একপেশেভাবে, কোনাকুনিভাবে। (**4**) *v.t.* to prejudice against, পক্ষপাতদুষ্ট বা বিরোধিভাবাপন্ন করা ; to influence, প্রভাবিত করা ; to cut slantwise, কোনাকুনি-

ভাবে কাটা বা তৈয়ারি করা। **(to) cut on the bias**—(পোশাকাদি তৈয়ারির জন্য কাপড়) কোনাকুনি-ভাবে কাটা। [F. *biais*=slant]

biaxial [bī-aks°-i-al, বাইঅ্যাক্‌স্‌ইঅ্যাল্] *a.* having two axis, দ্বিকাক্ষিক। [*bi-*, see *axis*]

bib [bib, বিব্] **(1)** *n.* a cloth put under a child's chin, শিশুর মুখনিঃসৃত লালার বা খাদ্যাদির স্পর্শ হইতে তাহার শরীর ও পোশাক রক্ষার্থ থুতনির নিচে যে বস্ত্রখণ্ড বাঁধিয়া দেওয়া হয়, লালাপোষ। **(2)** *v.i.* to drink much, অত্যধিক মদ্যপান করা। *pr. pt.* **bi°bbing**; *p.* & *p. pt.* **bi°bbed**। *n.* **bi°bber**—মদ্যপ, মাতাল। [L. *bibere*=to drink ?]

Bible [bīb°l, বাইব্‌ল্] *n.* the Christian scripture-book, খ্রিস্টানদের ধর্মগ্রন্থ; (fig.) any authoritative or guiding book, (আল.) যে কোন প্রামাণ্য উপদেশপূর্ণ গ্রন্থ (Plutarch's "Lives" was his *Bible*)। *a.* **bib°lical**—বাইবেলে উল্লিখিত; বাইবেল-সংক্রান্ত; বাইবেল-অনুযায়ী। *n.* **biblicism** [bib°-li-sizm, বিব্‌লিসিজ্‌ম্] বাইবেলে ব্যবহৃত শব্দ রচনাশৈলী প্রভৃতি বা তাহার প্রয়োগ। [F.<LL. *biblia*=book]

biblio- [bib-li-o, বিব্‌লিঅ] *in comp.* book, পুস্তক-। *n.* **biblio°graphy**—গ্রন্থাদির রচয়িতা প্রকাশ সংস্করণ বিষয়বস্তু প্রভৃতি সম্বন্ধে জ্ঞান; গ্রন্থাবলীর বিবরণপূর্ণ তালিকা, পুস্তক-বিবরণী। *n.* **bibliographer**—পুস্তক বিবরণীবিদ্; পুস্তক-বিবরণীকার। *n.* **biblio°later**—প্রধানতঃ বাইবেলের প্রতি শ্রদ্ধাসম্পন্ন ব্যক্তি। *n.* **biblio°latry**—পুস্তকবিশেষের (প্রধানতঃ বাইবেলের) প্রতি অত্যধিক শ্রদ্ধা। *n.* **bibliŏmā°nia**—পুস্তক-সংগ্রহের বাতিক। *n.* **bibliŏmā°niac**—পুস্তক-সংগ্রহের বাতিকগ্রস্ত ব্যক্তি। *n.* **bibliophil(e)** [bib°-li-ŏ-fil, বিব্‌লিওফিল্] গ্রন্থপ্রিয় ব্যক্তি। [Gk. *biblion*=book—cp. *Bible*]

bibulous [bi°-bū-las, বাইবিউল্যাস্] *a.* absorbent, শোষক; addicted to drink, পানাসক্ত। [L. *bibulus*<*bibere*=to drink]

bicameral [bī-ka°m(a)-ral, বাইক্যাম্‌র‍্যাল্] *a.* having two chambers, দুই কক্ষযুক্ত বা বিভাগযুক্ত, দ্বিকাক্ষিক। [*bi-*, see *camera*]

bicarbonate [bī-kŭ(r)°-ba-nit, বাইকা(র্)°-ব্যানিট্] *n.* an acid salt of carbonic acid, অঙ্গারজ লবণবিশেষ। [*bi-*, see *carbon*]

bicentenary [bī-sen-tē°-na-ri, বাইসেন্‌টী°ন্যারি] *n.* 200th anniversary of an event, দ্বিশতবার্ষিক উৎসব, দ্বিশতবার্ষিকী। [*bi-*, *centenary*]

bicentennial [bī-sen-te°-ni-al, বাইসেন্‌টে°নিঅ্যাল্] **(1)** *a.* happening every two hundred years, প্রতি দুইশত বৎসর অন্তর ঘটে এমন; lasting for two hundred years, দ্বিশত-বর্ষকালস্থায়ী; of a two-hundredth anniversary, দ্বিশতবার্ষিক উৎসব সংক্রান্ত। **(2)** *n.* two-hundredth anniversary, দ্বিশতবার্ষিক উৎসব। [L. *bi-*,=twice, *centum*=hundred, *annus*=a year]

bicephalous [bī-se°-fa-las; বাইসে°ফ্যাল্যাস্] having two heads, দ্বিশির। [*bi-*, see *cephal*]

biceps [bī°-seps, বাই°সেপ্‌স্] *n.* a double-headed muscle (esp. the arm flexor), (প্রধানতঃ বাহুর সঙ্কোচনে ও প্রসারণে সহায়ক) দ্বিশির মাংসপেশী। [L.<*bis*=twice, *caput*=head]

bichromate [bī°-krō-mit, বাই°ক্রৌমিট্] *n.* a chemical salt, রাসায়নিক লবণবিশেষ। [*bi-*, *chromate*]

bicker [bi°-ka(r), বি°ক্যা(র্)] *v.i.* to quarrel in a petty way, খুঁটিনাটি লইয়া ঝগড়া করা; to brawl (as running water), (স্রোতাদি-সম্বন্ধে) কুলকুল বা ছলছল. করিয়া প্রবাহিত হওয়া ('*bicker* down a valley'); (of rain) to patter, (বৃষ্টি সম্বন্ধে) টুপ্‌টুপ্ করিয়া পড়া; (of light, flame, etc.) to quiver, flash, (আলো, শিখা প্রভৃতি সম্বন্ধে) কাঁপা বা দপ্ করিয়া জ্বলিয়া উঠা। [?]

bicuspid [bī-kus°-pid, বাইকাস্‌পিড্] **(1)** *a.* having two cusps, দ্বিপার্শ্বযুক্ত বা দ্বিমুখযুক্ত, (পরি.) দ্বিশীর্ষ। **(2)** *n.* a premolar tooth, দ্বিশীর্ষক দন্ত অর্থাৎ (খাদ্যদ্রব্যাদি চিবাইবার জন্য) মাঢ়ীর দাঁত। [*bi-*, see *cusp*]

bicycle [bī°-sikl, বাই°সিক্‌ল্] **(1)** *n.* a two-wheeled carriage, সাইকেল। **(2)** *v.t.* to ride a bicycle, সাইকেলে চড়া। *n.* **bī°cyclist**—সাইকেল-আরোহী। [*bi-*, *cycle*]

bid₁ [bid, বিড্] *v.t.* to command, আদেশ করা; to invite, আমন্ত্রণ করা, আহ্বান করা; to salute with, অভিবাদনার্থ উল্লেখ করা (to *bid* farewell)। *pr. pt.* **bi°dding**; *p.* **bāde**; *p. pt.* **bi°dden, bid**। *n.* **bi°dding**—হুকুম; আমন্ত্রণ বা আহ্বান। **(to) do somebody's bidding**—কাহারও হুকুম তামিল করা। [OE. *biddan*—cp. *bead*]

bid₂ [bid, বিড্] **(1)** *v.t.i.* to offer to pay (esp. a price at an auction), (প্রধানতঃ নিলামে দর) দিতে চাওয়া; to call out an offer of price, (নিলামে) দর হাঁকা; (in card games) to call, (তাসখেলায়) ডাক দেওয়া। *conjug.*: same as **bid₁**। **(2)** *n.* an offer, দিবার প্রস্তাব; an offer of price, (প্রধানতঃ নিলামে) দাম দিবার প্রস্তাব, প্রস্তাবিত মূল্য, নিলাম-ডাক, (in card games) a call, (তাস-খেলায়) ডাক। **(to) bid fair**—সম্ভব বলিয়া বোধ হওয়া। **(to) bid up**—(নিলামাদিতে) উঁচু দর হাঁকিয়া দাম চড়ান। **(to) make a bid for**—প্রতিশ্রুতি প্রভৃতির বিনিময়ে কিছু পাইবার চেষ্টা করা। *a.* **bi°ddable**—(তাস-খেলায়) ডাক দিবার যোগ্য। *n.* **bi°dder**। *n.* **bi°dding**—নিলামের বা তাসখেলার ডাক। [OE. *beodan*<G. *bieten*=to offer]

bide [bīd, বাইড্] *v.t.* (arch. form of **abide**)। **(to) bide one's time**—সুযোগের প্রতীক্ষায় থাকা।

bidet [bē-dā°, বীদেই°, bi-det°, বিডেট্°] *n.* a bestridable bath for washing the bottom,

দুইপাশে পা ঝুলাইয়া বসা যায় এরূপ জলশৌচের পাত্র। [F.]

bidi [bi°-di, বিঁডি°] *n.* a kind of thin Indian cheroot, বিড়ি। [Hind.]

biennial [bī-e°-ni-al, বাইএ°নিয়্যাল্] (**I**) *a.* lasting two years, দ্বিবর্ষজীবী ; occurring once in two years, দুই বৎসর অন্তর ঘটে এমন। (**2**) *n.* a plant that lives for two years, দ্বিবর্ষজীবী উদ্ভিদ্। [L. *biannium* = two years]

bier [bē(r), বিয়্যা(র্)] *n.* a carriage for bearing the dead to the grave, শবযান। [OE. *bear*—cp. *bear* (*v.*)]

biff [bif, বিফ্] (**I**) *n.* (sl.) a sharp blow, (অশি.) তীব্র আঘাত। (**2**) *v.t.* to deal one a sharp blow, তীব্র আঘাত করা। [?]

bifocal [bī°-fōk(a)l, বাই°ফৌক্‌ল্] *a.* having two foci, (চশমার কাচ সম্বন্ধে) দুই প্রকার (সচ. নিকটের ও দূরের) দৃষ্টিধারাবিশিষ্ট। [*bi-*, *focal*]

bifoliate [bī-fō°-li-āt, বাইফৌ°লিএইট্] *a.* having two leaves, দুই পত্রবিশিষ্ট, দ্বিপত্রী। *n.* **bifōliā°tion**—দ্বিপত্রবিন্যাস। [*bi-*, see *folium*]

bifurcate [bī°-fa(r)kāt, বাই°ফ্যা(র্)কেইট্] *v.i.t.* to divide into two branches, দুই শাখায় বিভক্ত হওয়া বা করা। *p.* & *p. pt.* **bi°furcātėd**। *n.* **bifurcā°tion**। *a.* **bi°furcate**—দ্বিশাখ, (পরি.) দ্বৈভাগিক। [*bi-*, *furcate*]

big [big, বিগ্] (**I**) *a.* large, বৃহৎ, বিশাল ; grown-up, বয়ঃপ্রাপ্ত, ধেড়ে (*big* boy, *big* rat); extensive, বিস্তৃত (*big* business) ; loud, উচ্চধ্বনিযুক্ত (*big* cry) ; pompous, আড়ম্বরপূর্ণ (*big* show) ; boastful, দম্ভপূর্ণ (*big* talks) ; important, গুরুত্বপূর্ণ বা প্রধান (*big* news, *big* five) ; magnanimous, উদার, মহৎ (*big* heart) ; very complicated, অত্যন্ত জটিল (*big* case) ; very profitable or attractive, অত্যন্ত লাভজনক বা লোভনীয় (*big* game) ; pregnant, গর্ভবতী, গর্ভিণী (*big* with child)। (**2**) *adv.* boastfully, সদম্ভে, দম্ভপূর্ণভাবে (to talk *big*)। *compar.* **bi°gger** ; *super.* **bi°ggėst**। *a.* **bi°ggish**—বড় বড় ধরনের, একটু বড়। *n.* **big°nėss**—আয়তন। **too big for one's boots**—দাম্ভিক, আত্মম্ভরী। **big shot**—নামজাদা লোক। *n.* **big°wig**—same as **big shot**। [?]

bigamy [bi-°ga-mi, বি°গ্যামি] *n.* act of having two husbands or wives at once, এক পতির বা পত্নীর জীবিতাবস্থাতেই পুনর্বিবাহ, দ্বিবিবাহ। *n.* **bi°gamist**—দ্বিবিবাহকারী। *a.* **bi°gamous**—দ্বিবিবাহমূলক। [L. *bi-*, *gamos* = marriage]

bigha [bē°-ga, বী°গ্যা] *n.* an Indian land-measure, বিঘা। [Hind.]

bight [bīt, বাইট্] *n.* a bay, উপসাগর ; a bend of a sea, river, etc., সমুদ্র নদী প্রভৃতির বাঁক ; the loop of a rope, রজ্জুর ফাঁস বা গ্রন্থি। [OE. *byht*]

bigot [bi°-gat, বি°গ্যাট্] *n.* a blind and obstinate follower, গোঁড়া ভক্ত, অন্ধ ভক্ত। *a.* **bi°gotėd**—গোঁড়ামিপূর্ণ। *n.* **bi°gotry**—গোঁড়ামি। [OF.]

bijou [bē°-zōō, বী°জ়ু] *n.* a trinket, ক্ষুদ্র গহনা-বিশেষ ; a jewel, রত্ন, মণি। [F.]

bike [bīk, বাইক্] coll. contr. of **bicycle.**

bikini [bi-kē°-ni, বিকী°নি] *n.* a woman's garment for swimming and sunbathing, সন্তরণ ও আতপস্নানের সময়ে পরিধেয় স্ত্রীলোকের পরিচ্ছদবিশেষ। [*Bikini* island]

bilabial [bī-lā°-bi-al, বাইলেই বিঅ্যাল্] (**I**) *a.* having two lips, দুই ওষ্ঠবিশিষ্ট ; (gr.) pronounced by contact of both the lips, উভয় ঠোঁট একত্র করিয়া উচ্চার্য, ওষ্ঠাধরিক। (**2**) *n.* a bilabial consonant, ওষ্ঠাধরিক ব্যঞ্জনবর্ণ (e.g. *b*, *w*)। [*bi-*, *labial*]

bilateral [bī-la°t(a)r(a)l, বাইল্যা°ট্‌রল্] *a.* having or involving two sides, দ্বিপার্শ্ববিশিষ্ট, দ্বিপার্শ্বিক, দ্বিপার্শ্ব ; affecting two parties, দ্বিদলীয়। *n.* **bīla°teralism**—দ্বিপক্ষীয় চুক্তিবলে স্থিরীকৃত নীতি। *adv.* **bīla°terally**। [*bi-*, *lateral*]

bilbo [bil°-bō, বিল্‌°বৌ] *n.* a sword, তরবারি, কিরিচ। [*Bilbao* in Spain]

bile [bīl, বাইল্] *n.* a fluid secreted by the liver to aid digestion, যকৃৎ হইতে নিঃসৃত পাচক-রস, পিত্ত ; (fig.) ill humour, (আল.) খিটখিটে মেজাজ। *n.* **bīle°-duct**—পিত্তনালী। *a.* **bi°liary**—পিত্তঘটিত, পৈত্তিক। *a.* **bi°lious**—পৈত্তিক ; খিটখিটে মেজাজবিশিষ্ট। [F. < L. *bilis*]

bilge [bilj, বিল্‌জ্] (**I**) *n.* the bulging part of a cask, পিপার পেট বা বেড় ; the broadest part of a ship's bottom, জাহাজের তলির সবচেয়ে চওড়া অংশ। (**2**) *v.i.* to spring a leak in a ship's bilge, জাহাজের তলির সবচেয়ে চওড়া অংশে ছিদ্র হওয়া ; to swell out, স্ফীত হইয়া উঠা। [?—cp. *bulge*]

biliary—see **bile.**

bilingual [bī-ling°-gw(a)l, বাইলিং°গাল্] *a.* expressed in two languages, দুই ভাষায় প্রকাশিত, দ্বিভাষিক ; speaking two languages, (প্রধানতঃ মাতৃভাষারূপে) দ্বিভাষা-ভাষী। [*bi-*, *lingual*]

bilious—see **bile.**

bilk [bilk, বিল্‌ক্] *v.t.* to evade payment of, পাওনা ফাঁকি দেওয়া ; to cheat, প্রতারণা করা ; to elude, ছিপান। [?]

bill₁ [bil, বিল্] (**I**) *n.* a bird's beak or anything so shaped, পাখির চঞ্চু বা ঐরূপ আকারের কিছু। (**2**) *v.i.* to join beaks in caress, (পাখিদের সম্বন্ধে) ঠোঁটে ঠোঁট দিয়া সোহাগ জানান। [AS.—cp. *bill*]

bill₂ [bil, বিল্] *n.* a kind of hatchet, কুঠার-

বিশেষ। *n.* **bill°-hook**—আংটাওয়ালা কুঠারবিশেষ। [OE. *bil* < G. *bille*]

bill₃ [bil, বিল্] (**1**) *n.* an account of money (esp. which is claimed), (প্রধানতঃ প্রাপ্য) টাকার হিসাব বা হিসাবপত্র, (পরি.) আদেয়ক ; a draft of a proposed law, প্রস্তাবিত আইনের খসড়া, (পরি.) বিধেয়ক ; a written agreement to pay a sum of money by a certain date, নির্দিষ্ট দিবসে নির্দিষ্ট টাকা দিবার স্বীকৃতি-পত্র, হুণ্ডি (bank-*bill*) ; a poster, প্রাচীরপত্র; an advertisement, বিজ্ঞাপন ; a menu, (হোটেলাদিতে) খাদ্য-তালিকা; programme, কর্মসূচি, অনুষ্ঠানলিপি (hand-*bill*) ; (coll.) a receipt, (কথ্য.) রসিদ। (**2**) *v.t.* to advertise by bill, অনুষ্ঠানলিপিদ্বারা বা প্রচারপত্রদ্বারা বিজ্ঞাপিত করা (*billed* to appear as Hamlet) ; মূল্যাদি দাবি করা (to *bill* a customer)। **bill of costs**—মক্কেলের মামলা চালাইবার বাবদ সলিসিটরের খরচের ও পাওনার হিসাব। **bill of exchange**—হুণ্ডি, বরাত-চিঠি। **bill of fare**—(হোটেলাদিতে) পরিবেষণীয় খাদ্যের তালিকা। **bill of health**—কাহারও সুস্থতা সম্বন্ধে চিকিৎসকপ্রদত্ত সার্টিফিকেট্। **bill of lading**—জাহাজে প্রেরিত মাল নিরাপদে পৌঁছাইয়া দিবার শর্তে কাপ্তান কর্তৃক প্রদত্ত প্রতিশ্রুতিপত্র, (পরি.) বহনপত্র, চালানি রসিদ। **bill of sale**—ব্যক্তিগত সম্পত্তি বিক্রয়ের দলিল, কবালা। **bill of sight**—মালের ওজন ও গুণাগুণ পরীক্ষা করার আগেই আমদানিকারক যে রসিদ দেয়। *n.* **bill°-board**—যে তক্তার উপর বিজ্ঞাপন লটকান হয়। *n.* **bill°-book**—পাওনা টাকার হিসাবপত্র বা তাহার প্রতিলিপির বহি ; (কথ্য.) রসিদ-বহি। *n.* **bill°-brōker**—হুণ্ডির দালাল। *n.* **bill°-fōld**—টাকার নোট রাখার জন্য পকেট বই। *n.* **bill°-pōster, bill°-sticker**—দেওয়ালে বিজ্ঞাপন মারা যে ব্যক্তির পেশা। [LL. *billa* < L. *bulla* = a seal]

billet [bi°-lit, বি°লিট্] (**1**) *n.* a little note or ticket, (প্রধানতঃ সৈনিকের বা অন্য কাহারও জন্য স্থিরীকৃত আবাসের নির্দেশসংবলিত) ক্ষুদ্র চিঠা বা টিকিট ; quarters requisitioned, (প্রধানতঃ সৈন্য ও সরকারি কর্মচারীদের জন্য) দখলীকৃত বাসভবন ; a destined resting-place, পূর্বনির্দিষ্ট বিশ্রামস্থান। (**2**) *v.t.* to lodge, (প্রধানতঃ সৈনিকদিগকে) বাসস্থান জোগাড় করিয়া দেওয়া। [OF. *billette*]

billet-doux [bi°-lā-dōō, বি°লেইডু] *n.* a love-letter, প্রণয়লিপি, প্রেমপত্র। *pl.* **billets-doux** [bi°-lā-dōōz, বি°লেইডুজ্]। [F.]

billiards [bi°-li-a(r)dz, বি°লিয়্যা(র্)ড্জ্] *n. pl.* (with *sing v.*) an indoor game played with ivory balls and long sticks (called cues) on a rectangular cloth-covered table, বিলিয়ার্ড-খেলা। *n.* **bi°lliard-room**—বিলিয়ার্ড-খেলার ঘর। *n.* **bi°lliard-table**—বিলিয়ার্ড-খেলার টেবিল (*sing.* in compounds)। [F. *billard* < *bille* = a stick or ball]

billingsgate [bi°-lingz-git, বি°লিংগ্জ্গিট্] *n.* foul offensive language, অশ্লীল গালাগালি, মেছোহাটার ভাষা। [*Billingsgate*, the London fishmarket]

billion [bi°-li-an, বি°লিয়্যান্] *n.* & *a.* one million millions, (10^{12}), লক্ষকোটি, মহাপদ্ম ; in U. S. A.) one thousand millions (10^9), (আমেরিকায়) শতকোটি। *n.* **bi°llionaīrē**—মহা-ধনাঢ্য ব্যক্তি। [*bi-*, *million*]

billow [bi°-lō, বি°লৌ] (**1**) *n.* a great wave, মহাতরঙ্গ, উত্তাল তরঙ্গ। (**2**) *v.i.* to roll in great waves, মহাতরঙ্গায়িত হওয়া। *a.* **bi°llowy**—মহাতরঙ্গময়। [ON. *bylgja*]

billyboy [bi°-li-boy, বি°লিবয়্] *n.* a one-masted vessel, এক মাস্তুলওয়ালা পোতবিশেষ। [?]

billycock [bi°-li-kok, বি°লিকক্] *n.* a bowler hat, ধুচুনি-টুপিবিশেষ। [*bully cocked* = cocked like the bullies]

billy-goat [bi°-li-gōt, বি°লিগৌট্] *n.* a he-goat, পুং-ছাগ, পাঁঠা। [*Billy* = contr. of William, *goat*]

billy-(h)o [bi°-li-ō, বি°লিঔ] *n.* intensity, প্রচণ্ডতা। **(to) fight like billy-(h)o**—প্রচণ্ড-ভাবে লড়াই করা। **(to) rain like billy(h)o**—প্রচণ্ডভাবে বৃষ্টি হওয়া। [?]

bimetallic—see **bimetallism.**

bimetallism [bī-me°-ta-lizm, বাইমে°ট্যালিজ্ম্] *n.* the system of using together gold and silver in legal tender, মুদ্রার উপাদানরূপে স্বর্ণ ও রৌপ্যের একত্র ব্যবহার, (পরি.) দ্বিধাতুমান। *a.* **bīmeta°llic**—দ্বিধাতুমানসম্বন্ধীয়, দ্বিধাতুমানবিশিষ্ট। [*bi-*, see *metal*]

bimonthly [bī-munth°-li, বাইমান্থ্°লি] (**1**) *a.* occurring or appearing once in two months or twice in a month, দুই মাস অন্তর বা মাসে দুইবার করিয়া ঘটে অথবা প্রকাশিত হয় এমন, দ্বিমাসিক, অর্ধমাসিক। (**2**) *n.* a bimonthly magazine, দ্বিমাসিক বা অর্ধমাসিক পত্রিকা। [*bi-*, see *month*]

bin [bin, বিন্] *n.* a receptacle for corn, dust, etc., শস্য আবর্জনা প্রভৃতি রাখিবার পাত্র (litter *bin*)। [OE. *binn* = manger]

binary [bī°-na-ri, বাই°ন্যারি] *a.* composed of two, যুগ্ম (*binary* star) ; twofold, দুইভাগবিশিষ্ট ; (math.) having two variables or digits, দুই চলবিশিষ্ট বা সংখ্যাবিশিষ্ট (eg. 0 and 1) ; compound (of two elements only), দুই উপাদানে গঠিত (*binary* compound)। [L. *binarius* < *bini* = two by two]

bind [bīnd, বাইন্ড্] *v.t.i.* to tie, বন্ধন করা ; to tie together, একত্র বন্ধন করা ; to fasten together and put a cover on, (পুস্তকাদি) বাঁধাই করা; to attach or fix or sew up, সংলগ্ন করা বা সেলাই করিয়া দেওয়া, জুড়িয়া দেওয়া; to arrest or confine or put under a restraint, গ্রেপ্তার করা, আটক করা, শর্তাবদ্ধ করা, মুচলেকাবদ্ধ করা; to put under an obligation or promise, বাধ্যবাধকতার অধীন করান বা প্রতিজ্ঞাবদ্ধ করান; to ratify, সমর্থন করা (to *bind* a bargain); to constipate, কোষ্ঠবদ্ধতা জন্মান। *p.* **bound** [bownd, বাউন্‌ড্‌]; *p. pt.* **bound,** (arch.) **boun°den** । **(to) bind one over**—(পুনরায় অপরাধাদি করিলে) আবার বিচারকের সামনে হাজির হইতে হইবে এই আদেশ দেওয়া। **(to) bind one (over) as an apprentice (to)**—কাহারও শিক্ষানবিসি করার চুক্তি করা। **(to) bind oneself to do**—(কিছু) করিবার প্রতিশ্রুতি দেওয়া। **(to) bind over**—শর্তাবদ্ধ বা মুচলেকাবদ্ধ করা। *n.* **bīn°der**—যে ব্যক্তি পুস্তক বাঁধে, দফতরি; বন্ধনকারী; বন্ধনের উপকরণ অর্থাৎ দড়ি ফিতা প্রভৃতি। *n.* **bin°dery**—দফতরিখানা। **bīn°ding**—(**1**) *n.* বন্ধন; বাঁধাই; গ্রেপ্তার বা আটক; বাধ্যবাধকতা; আরোপিত শর্ত; (**2**) *a.* বাধ্যবাধকতাপূর্ণ। *n.* **bīnd°-weed**—পুষ্পলতাবিশেষ। [OE. *bindan*—cp. G. *binden*, Sans. √*bandh*]

bine [bīn, বাইন্‌] *n.* the stem of a climbing plant, লতার (বিশেষতঃ hop-লতার) কাণ্ড। [?]

binge [binz, বিন্‌জ্‌] (**1**) *v.i.* to drink deep, প্রচুর মদ্যপান করা। (**2**) *n.* (sl.) a spree, (অশি.) হইচই-পূর্ণ মদ্যপানোৎসব। **(to) go on the binge, (to) have a binge**—(দলবদ্ধভাবে) হইচই করিয়া মদ্যপান করা। [?]

binnacle [bin°-a-kl, বিন°অ্যাক্‌ল্‌] *n.* the box in which a ship's compass is kept, যে বাক্সে জাহাজের দিগ্‌দর্শন যন্ত্র বা কম্পাস রাখা হয়। [L. *habitaculum* = habitation]

binocle [bi°-nokl, বি°নক্‌ল্‌], **bi°nocūlar**—*n.* (usu. *pl.*) a telescope fitted for both eyes at once, যে দূরবীন উভয় চক্ষুতে লাগাইয়া ব্যবহার করিতে হয়। *a.* **bino°cūlar**—দুইনেত্রবিশিষ্ট, দ্বিনেত্র; উভয় নেত্রে লাগাইয়া দেখিতে হয় এমন। [L. *bini* = two by two, see *ocular*]

binomial [bī-nō°-mi-al, বাইনৌ°মিঅ্যাল্‌] (**1**) *a.* (alg.) consisting of two terms, (বীজগ.) দ্বিরাশিক, দ্বিপদ (e.g. $a+b$)। (**2**) *n.* a binomial expression, দ্বিপদরাশি। [*bi-*, L. *nomen* = name]

binominal [bī-no°-minl, বাইন°মিন্‌ল্‌] *a.* having two names or connotations, দুই নামবিশিষ্ট বা সংজ্ঞাবিশিষ্ট, দ্বিনাম। [*bi-*, *nominal*]

bio- [bī-ō, বাইঔ] *pfx.* life, জীবন-, প্রাণ-। *a.* **bī°ŏche°mic**—সংক্ষেপিত হোমিওপ্যাথি-প্রণালীতে চিকিৎসা-সংক্রান্ত। *n.* **bi°ŏche°mist**—প্রাণরসায়নবিৎ, (পরি.) প্রাণরসায়নী। *n.* **bi°ŏche°mistry**—জীবসম্পর্কিত রসায়নবিদ্যা, প্রাণরসায়ন। *n. pl.* **bioda°ta**—ব্যক্তিগত পরিচয় ও গুণ-সংক্রান্ত তথ্যাবলী। *n.* **bīŏ°ge°nesis**—কেবল জীব হইতেই জীবজন্ম সম্ভব: এই বৈজ্ঞানিক মতবাদ, (পরি) জীবজনি। *n.* **bīogéo°graphy**—বিভিন্ন পশুপক্ষী এবং তরুলতার জন্ম ও বাসস্থান সম্বন্ধীয় ভূগোল, প্রাণিভূগোল। *n.* **biograph** [bī°-ŏ-grŭf, বাই°ওগ্রাফ্‌] জীবন-কথা, জীবনী; চলচ্চিত্র। *n.* **biographer** [bī-o°-grafa(r), বাইঅ°গ্র্যাফ্যা(র্‌)] জীবনীকার, জীবনী-প্রণেতা। *a.* **biographic** [bī-ŏ-gra°fik, বাইওগ্র্যা°ফিক্‌], **bīŏgra°phical**—জীবনীসংক্রান্ত। *n.* **biography** [bī-o°-gra-fi, বাইঅ°গ্র্যাফি] জীবন-কথা, চরিত-কথা, জীবনী। *a.* **bīological** [bī-a-lo°-jik(a)l, বাইঅ্যাল°জিক্‌ল্‌] জীববিজ্ঞানসংক্রান্ত। **biological warfare**—শত্রু-এলাকায় রোগ-জীবাণু ছড়াইয়া দিয়া যুদ্ধ করার কৌশল, জীবাণু-যুদ্ধ। *adv.* **bīolo°gically**—জীববিজ্ঞানের দিক্‌ দিয়া। *n.* **biologist** [bī-o°-la-jist, বাইঅ°ল্যাজিস্‌ট্‌] জীববিজ্ঞানী, (পরি.) জীববিৎ। *n.* **biology** [bī-o°-la-ji, বাইঅ°ল্যাজি] জীববিদ্যা। *n.* **biometry** [bī-o°-mit-ri, বাইঅ°মিট্‌রি] জীব-পরিসংখ্যানবিদ্যা। *n.* **bionomics** [bī-o°-no-miks, বাইঅন°মিক্‌স্‌] জীব-পরিবেশবিদ্যা। *n.* **biophysics** [bī-o-fi°-ziks, বাইঅফি°জ়িক্‌স্‌] পদার্থবিজ্ঞানগত জীববিদ্যা, (তু.) প্রাণ-পদার্থবিদ্যা। *n.* **bi°opsy**—(শল্য চিকি.) দেহ হইতে গ্রথিত কোষ কাটিয়া লইয়া পরীক্ষা। *n.* **bioscope** [bī°-a-skōp, বাই°অ্যাস্কৌপ্‌] চলচ্চিত্র গ্রহণের বা প্রদর্শনের যন্ত্র; চলচ্চিত্র-গৃহ, বায়োস্কোপ। *n.* **biosphere** [bī°-a-spē(r), বাই°অ্যাস্ফিয়্যা(র্‌)] জীবমণ্ডল। *a.* **bi°otic**—জীবন্ত প্রাণী বা উদ্ভিদ্‌ সংক্রান্ত। *n.* **bi°otin**—'বি' খাদ্যপ্রাণ যৌগের (B complex) উপাদানবিশেষ (also called Vitamin H)। [Gk. *bios*]

bipartisan [bī-pŭ(r)°-ti-zan, বাইপা(র্‌)°টিজ়্যান্‌] *a.* pertaining to two parties, দ্বিপক্ষীয়; supported by members of otherwise opposing parties, দুই বিরুদ্ধপক্ষ দ্বারা সমর্থিত; consisting of two opposed parties, দুই বিরোধী দল দ্বারা গঠিত। [L. *bi* = twice, *partitus* = divided]

bipartite [bī-pŭ(r)°-tīt, বাইপা(র্‌)°টাইট্‌] *a.* divided into two parts, দুই খণ্ডে বা অংশে বিভক্ত। [L. *bi*, *partitus* = divided]

biped [bī°-ped, বাই°পেড্‌] (**1**) *a.* two-footed, দ্বিপদ। (**2**) *n.* a biped animal, দ্বিপদ প্রাণী। [*bi-*, L. *pedis* = foot]

biplane [bī°-plān, বাই°প্লেইন্‌] *n.* an aeroplane with two sets of wings, দুই দফা পক্ষযুক্ত বিমানবিশেষ। [*bi-*, *plane*]

birch [ba(r)ch, ব্যা(র্‌)চ্‌] (**1**) *n.* a forest tree, আরণ্য বৃক্ষবিশেষ, ভূর্জ; its twig used for flogging, প্রহারকার্যে ব্যবহৃত উহার ডাল। (**2**) *v.t.* to flog with its twig, উক্ত বৃক্ষশাখাদ্বারা প্রহার করা। *p.* & *p. pt.*

bir°ched। *a.* **bir°chen**—উক্ত বৃক্ষের তক্তার দ্বারা নির্মিত। [OE. *berc, bierce*—cp. Sans. *bhurja*]

bird [ba(r)d, ব্যা(র্)ড্] *n.* an oviparous winged creature, পাখি, পক্ষী ; (*sl.*) attractive young girl, (অমা.) মনোরমা তরুণী। *n.* **bird°-call**—পাখির ডাক অনুকরণার্থ পক্ষি-শিকারির যন্ত্রবিশেষ। **bird of paradise**—সুন্দর পক্ষযুক্ত বায়সজাতীয় পক্ষিবিশেষ। **bird's-eye view**—উড্ডীয়মান পক্ষী যেমন এক নজরে নিম্নের সব কিছু দেখিতে পায় তেমন দৃষ্টি ; এক নজরে বা চোখ-বুলানভাবে দর্শন ; উপর হইতে দৃষ্ট দৃশ্য ; (আল.) কোন বিষয়ের মোটামুটি বিবেচনা বা পরীক্ষা। **a bird in the hand is worth two in the bush**—অ-পাওয়া বা প্রত্যাশিত মূল্যবান্ বস্তু অপেক্ষা হাতে-পাওয়া সামান্য বস্তুও ভাল। *n.* **bird°-catcher**—পক্ষি-শিকারি। *a.* **bird°-eyed**—তীক্ষ্ণদৃষ্টিসম্পন্ন। *n.* **bird°-fancier**—পক্ষিপালক ; যে ব্যক্তি বিক্রয়ার্থ পক্ষিপালন করে। **(to) get the bird**—হিস্‌হিস্ ধ্বনি দ্বারা বা শিস দিয়া কাহাকেও নিন্দা বা বিদ্রূপ করা বা তাড়াইয়া দেওয়া। *n.* **bird°-lime**—পক্ষিশিকারকার্যে ব্যবহৃত আঠা। [AS.]

biretta [bi-re°-ta, বিরে°ট্যা] *n.* a clergyman's cap, খ্রিস্টীয় যাজকদের টুপিবিশেষ। [It. *barretta* < LL. *birretum* = a cap]

biro [bi°-rō, বাই°রৌ] *n.* a kind of ball-pen, বলপয়েন্ট কলমবিশেষ।

birth [ba(r)th, ব্যা(র্)থ্] *n.* coming into life, জন্ম ; act of bringing forth, জন্মদান, প্রসব, উৎপাদন (to give *birth* to) ; origin, উদ্ভব ; beginning, আরম্ভ, সূত্রপাত ; dignity of family, বংশমর্যাদা, কুলগৌরব, কৌলীন্য (a man of good *birth*)। *n.* **birth°-contrōl**—বৈজ্ঞানিক উপায়ে জন্মনিয়ন্ত্রণ। *n.* **birth°day**—জন্মদিন, জন্মতিথি, জন্মবাসর ; জন্মদিন-উপলক্ষে উৎসব। **birthday honours**—ইংল্যান্ডের রাজা বা রানী কর্তৃক স্বীয় জন্মদিন-উপলক্ষে খেতাব-বিতরণ। *n.* **birth°mark**—জাতকের দেহে জন্মগত তিল আঁচিল জড়ুল প্রভৃতি চিহ্ন। *n.* **birth°-plāce**—জন্মস্থান, জন্মভূমি, স্বদেশ ; যে স্থানে কোন প্রাণী বা বস্তু বহুল পরিমাণে জন্মে ; উৎপত্তিস্থান। *n.* **birth°-rāte**—(রাষ্ট্র দেশ প্রভৃতির প্রজাপুঞ্জের) জন্মের হার। *n.* **birth°-right**—জন্মের ফলে লব্ধ অধিকার, জন্মাধিকার। [ON. *byrthr* ?]

biscuit [bis°-kit, বিস্°কিট্] *n.* a kind of thin bread, বিসকুট। **(to) take the biscuit**—কোন বিষয়ে শ্রেষ্ঠ বা নিকৃষ্ট হওয়া ; চমকপ্রদ হওয়া। [OF. *bescoit* < L. *bis* = twice, *coctum* = cook]

bisect [bī-sekt°, বাইসেক্ট্°] *v.t.* to divide or sever in two (usu. equal) parts, (সচ. সম-) দ্বিখণ্ডিত করা। *p.* & *p. pt.* **bīsec°ted**। *n.* **bīsec°tion**। *n.* **bīsec°tor**—(সম-) দ্বিখণ্ডক রেখা, দ্বিখণ্ডক। [*bi-*, L. *secare* = to cut]

bisexual [bī°-seks°-ū(a)l, বাই°সেক্স্°ইউল্] *a.* hermaphrodite, উভলিঙ্গ, দ্বিলিঙ্গ। [*bi,* see *sex*]

bishop [bi°-shap, বি°শাপ্] *n.* a high-ranking clergyman, উচ্চপদস্থ খ্রিস্টীয় যাজকবিশেষ ; a piece in chess, দাবাখেলার গজ বা পিল। *n.* **bi°shopric**—বিশপের পদ বা এলাকা। [OE. *biscop* L. *episcopus* < Gk. *episkopos* = an overseer]

Bismillah [bis-mi°-la, বিস্‌মি°ল্যা] *int.* in the name of Allah, আল্লাহ্‌র দোহাই, বিসমিল্লাহ। [Ar.]

bismuth [biz°-math, বিজ্°ম্যাথ্] *n.* a metal, রক্তাভ শ্বেতধাতুবিশেষ, বিস্মিতক। [G.]

bison [bī°sn, বাই°স্‌ন্] *n.* a kind of wild ox, প্রধানতঃ আমেরিকায় দৃষ্ট একপ্রকার বুনো ষাঁড় বা মহিষ। [L.]

bissextile [bi-seks°-tīl, বিসেক্স্°টাইল্] (**1**) *a.* having an intercalary day, একটি অতিরিক্ত দিনবিশিষ্ট। (**2**) *n.* a leapyear, যে ইংরেজি বৎসর ৩৬৬ দিনে হয়, অধিবর্ষ। [L. *bis* = twice, *sextus* = sixth]

bit₁—see **bite.**

bit₂ [bit, বিট্] (**1**) *n.* a bite, (এক) কামড় ; a morsel, (এক) গ্রাস (খাদ্য) ; a small piece, ক্ষুদ্র টুকরা ; a small extent or degree, অল্প পরিমাণ কিছুটা (a *bit* of a fool) ; a short period of time, অল্প সময়, কিছুক্ষণ (to wait a *bit*) ; a small coin, অল্পমূল্যের মুদ্রা ; a small amount of money, অল্পপরিমাণ অর্থ ; a boring tool, বেঁধন-যন্ত্রবিশেষ ; the boring part of a drilling machine, তুরপুনের বিঁধ ; the mouthpiece of a bridle, লাগামের যে অংশ ঘোড়ার মুখে আঁটিয়া দেওয়া হয়, কড়িয়াল, কড়িয়ালি। (**2**) *v.t.* to put the bit in the mouth of, মুখে লাগাম আঁটিয়া দেওয়া ; to curb or restrain, সংযত বা নিয়ন্ত্রিত করা। *pt. pt.* **bi°tting ;** *p.* & *p. pt.* **bi°tted**। **a bit at a time**—এক-একবারে একটু একটু করিয়া। **a bit of a**—একটু যেন (he is *a bit of a* fool)। **bit by bit**—একটু একটু করিয়া, খণ্ডে খণ্ডে ; ধীরে ধীরে। **not a bit**—কিছুমাত্র নহে, একটুও না। **to bits**—টুকরা-টুকরা করিয়া। **(to) come** or **go to bits**—টুকরা-টুকরা হইয়া যাওয়া। **(to) do one's bit**—স্বীয় দায়িত্বটুকু পালন করা। **(to) give (a person) a bit of one's mind**—(কাহাকেও) তীব্র তিরস্কার করা। **(to) take the bit between one's teeth**—(ঘোড়া-সম্বন্ধে এবং আল.) আয়ত্তের বাহিরে যাওয়া। [see *bite*]

bitch [bich, বিচ্] *n.* the female of a dog, wolf and fox, স্ত্রীজাতীয় কুকুর নেকড়ে বা খেঁক-শিয়াল, কুক্কুরী ; (coll.) a spiteful woman, (কথা.) আক্রোশপূর্ণা রমণী ; an immoral woman, দুশ্চরিত্রা নারী। *a.* **bit°chy**। [OE. *bicce*]

bite [bīt, বাইট্] (**1**) *v.t.i.* to seize or tear or cut into with the teeth, দাঁত দিয়া কামড়ান বা কামড়াইয়া ধরা বা ছিঁড়িয়া লওয়া বা কাটিয়া ফেলা বা ফুটা করা, দংশন করা ; to puncture with a sting, হুল ফোটান ; to grip, আঁকড়াইয়া ধরা ;

টানিয়া ধরা ; to nibble (at the bait), (টোপ) ঠোকরান ; to eat into (chemically), (রাসায়নিক প্রক্রিয়ায়) ক্ষয় করা ; (fig.) to swindle, (আল.) প্রবঞ্চিত করা (were you *bitten* ?) । *p.* **bit ;** *p. pt.* **bit, bi°tten** । (2) *n.* an act of biting, কামড় বা হুল বেঁধান, দংশন ; the wound or mark of biting, কামড়ের বা হুল ফোটানর ক্ষত অথবা চিহ্ন ; a nibble at the bait, টোপে ঠোকর দেওয়া ; anything bitten off, কামড়াইয়া ছিঁড়িয়া লওয়া টুকরা ; a morsel or mouthful, একগ্রাস খাদ্য বা একগ্রাস ; grip, দৃঢ়মুষ্টিতে আঁকড়াইয়া ধরা, কবল ; corrosion, (ধাতু প্রভৃতির) ক্ষয়। **(to) bite at**—কামড়াইয়া ছিঁড়িয়া লইবার চেষ্টা করা। **(to) bite off**—কামড়াইয়া ছিঁড়িয়া লওয়া। **to bite off more than one can chew**—যতটা চিবান সম্ভব তদপেক্ষা বড় গ্রাস মুখে নেওয়া ; সাধ্যের অতিরিক্ত সাধন করিতে চেষ্টা পাওয়া। **(to) have something to bite on**—দাঁত বসাইবার মত বা কামড়াইবার মত কিছু পাওয়া ; (আল.) করার মত কিছু (কার্যাদি) পাওয়া। **once bitten twice shy**—একবার প্রতারিত হওয়ার ফলে অত্যন্ত সাবধান হইয়া গিয়াছে এমন, (তু. নেড়া কি আর বেলতলায় যায় ?) । **the biter bitten**—যে ব্যক্তি অন্যকে প্রতারিত করিতে গিয়া নিজেই প্রতারিত হইয়াছে। *a.* **bi°ting**—কামড়াইয়া ধরে এমন ; (আল.) অসহ্য, তীব্র (*biting* cold) । [OE. *bitan*]

bitten—see **bite.**

bitter [bi°-ta(r), বি°ট্যা(র্)] (1) *a.* tasting like quinine, তিক্ত ; acrimonious, কটু ; cutting, মর্মভেদী ; painful, বেদনাদায়ক। (2) *n.* (usu. in *pl.*) any bitter substance, তিক্ত (সচ. তরল) বস্তু ; bitter bear, তিক্ত সুরাবিশেষ বা বিয়ার। *adv.* **bi°tterly** । *n.* **bi°tterness** । **(to) take the bitter with the sweet**—সৌভাগ্য বা দুর্ভাগ্য নির্বিচারে গ্রহণ করা। [OE. *biter* > *bitan* = bite]

bittern [bi°-ta(r)n, বি°ট্যা(র্)ন্] *n.* a bird of the heron family, পক্ষিবিশেষ, ক্রৌঞ্চ [?] । [ME. *bittour, botor* > OF. *butor*]

bitumen [bi°-tū-min, বি°টিউমিন্] *n.* a mineral substance, দাহ্য খনিজ পদার্থবিশেষ, শিলাজতু। *v.t.* **bitū°minize**—শিলাজতুতে পরিণত করা ; শিলাজতুপূর্ণ করা ; শিলাজতুদ্বারা আস্তৃত করা। *a.* **bitū°minous**—শিলাজতুময়। **bituminous coal**—জতুগর্ভ কয়লা। [L.]

bivalent [bī°-vā°-lant, বাই°ভেই°ল্যান্ট্] **bivalence**—same as **divalent, divalence.**

bivalve [bī°-valv, বাই°ভ্যাল্ভ্] (1) *n.* a creature or seed with two valves or cells, দ্বিপুটক জন্তু বা বীজ। (2) *a.* double-valved, দ্বিপুটক। [*bi-, valve*]

bivouac [bi°-voo-ak, বি°ভুঅ্যাক্] (1) *n.* resting at night in the open air, উন্মুক্ত আকাশতলে (প্রধানতঃ সৈন্যদের) রাত্রিযাপন। (2) *v.i.* to pass the night in the open air, উন্মুক্ত আকাশতলে রাত্রিযাপন করা। *pr. pt.* **bi°vouacking ;** *p.* & *p. pt.* **bi°vouacked** । [F. < G. *beiwacht* = additional watch]

bi-weekly [bī°-wēk°li, বাই°উঈক্°লি] (1) *a.* occurring or appearing once in two weeks or twice in a week, দুই সপ্তাহ অন্তর একবার করিয়া অথবা সপ্তাহে দুইবার করিয়া ঘটে বা প্রকাশিত হয় এমন, দ্বিসাপ্তাহিক বা অর্ধসাপ্তাহিক। (2) *adv.* once in two weeks or twice in a week, দুই সপ্তাহ অন্তর একবার করিয়া বা সপ্তাহে দুইবার করিয়া। (3) *n.* a bi-weekly magazine, দ্বিসাপ্তাহিক বা অর্ধসাপ্তাহিক পত্রিকা। [*bi-, weekly*]

biz [biz, বিজ়্] *n.* (*sl.*) business, ব্যবসায়। [abbr.]

bizarre [bi-zŭ(r)°, বিজ়া(র্°)] *a.* fantastic, অদ্ভুত, উদ্ভট। *n.* **bizarrerie** [bi-zŭ-ra-re, বিজ়া°রারী] অদ্ভুত ঢং, খামখেয়াল। [F. < Sp. *bizarro* = brave]

blab [blab, ব্ল্যাব্] (1) *v.i.* to talk much, বেশী বকবক করা। (2) *v.t.* to divulge foolishly, বোকার মত ফাঁস করিয়া ফেলা (to *blab* out a secret) । *pr. pt.* **bla°bbing ;** *p.* & *p. pt.* **bla°bbed** । (3) *n.* tattling, বাচালতা ; a tattler, বাচাল ব্যক্তি ; one who divulges foolishly, যে ব্যক্তি বোকার ন্যায় ফাঁস করিয়া ফেলে। *n.* **bla°bber** । [ME. *blabbe*—cp. ON. *blabbra*]

black [blak, ব্ল্যাক্] (1) *a.* of the darkest colour, কৃষ্ণবর্ণ, কাল ; divested of colour, বর্ণহীন, বিবর্ণ ; reflecting no light, dark ; আলোকহীন, অন্ধকার, তিমিরাচ্ছন্ন ; obscure, hazy, অস্পষ্ট, ঝাপসা (everything before me is *black*) ; dismal, নিরানন্দ, বিরস (*black* winter) ; terrible, ভীষণ, ভয়ঙ্কর (*black* murder or death) ; cruel, malignant, নিষ্ঠুর, ক্রূর, কুটিল (*black* thoughts) ; foul, dirty, নোংরা, মলিন ; dishonest, disgraceful, criminal, অসাধু, কলঙ্ককর, অপরাধী (*black* name or list) ; darkhaired, কৃষ্ণবর্ণ কেশযুক্ত ; dressed in dark clothes, কৃষ্ণপরিচ্ছদধারী ; dark-skinned, কৃষ্ণকায়। (2) *n.* the darkest colour, or absence of colour, কাল রঙ্, বর্ণহীন অবস্থা ; a dark-skinned person, কৃষ্ণকায় ব্যক্তি ; dark clothes, কাল পোশাক (man in *black*) ; dark-coloured paint, dye, etc., কৃষ্ণবর্ণ রঞ্জক-দ্রব্য (shoe-*black*) । (3) *v.t.* to make black, কৃষ্ণবর্ণ বা কাল করা ; to soil or stain, মলিন বা কলঙ্কিত করা। *p.* & *p. pt.* **bla°cked** । *n.* **blacka°moor**—নিগ্রো। **black and blue**—কালশিরা-পড়া ; কালশিরা ফেলিয়া ; (আল.) নিদারুণভাবে। **black and white**—সাদার উপরে কাল রঙে (অঙ্কিত) ; লিখিত। **in black and white**—সাদার উপরে কাল রঙে, কেবল কাল কালি দিয়া (paintings *in black and white*) ; লিখিতভাবে (an agreement *in black and white*) । **black in the face**—ক্রোধ, প্রবল চেষ্টা, শ্বাসরোধে প্রাণহানি, প্রভৃতির দরুন মুখের বেগুনি আভা। **not so black as one is painted**—যতটা বলা

হয় ততটা মন্দ নহে। **black art**—(প্রধানতঃ অনিষ্ট-কর) জাদু, গুণ। *n.* **black°-beet°le**—আরসোলা, তেলাপোকা; (আল.) ক্ষীণদৃষ্টি ব্যক্তি। *n.* **black-berry** [blak°-b(a)ri, ব্লাক্°ব্‌রি] জামজাতীয় ফল-বিশেষ। *n.* **black°bird**—কৃষ্ণবর্ণ গায়ক-পক্ষিবিশেষ, (তু.) শ্যামা। *n.* **black°board**—বিদ্যালয়াদিতে লিখনকার্যে ব্যবহৃত কৃষ্ণবর্ণে রঞ্জিত তক্তাবিশেষ। *n.* **black°cap**—খুনীকে মৃত্যুদণ্ডদানকালে (ইংল্যাণ্ডের) বিচারপতিরা যে কাল টুপি পরেন। **black coffee**—বিনাদুগ্ধে প্রস্তুত কফির শরবত। *n.* **black°cu°rrant**—জাম বা বৈঁচিজাতীয় ফলবিশেষ। **Black Death**—১৩৪৮ খ্রিস্টাব্দে গ্রেট ব্রিটেনে সংঘটিত প্লেগ-মহামারী। **black diamond**—ব্রাজিলদেশীয় খনিজ পদার্থবিশেষ, কাচকাটা হীরা। **black diamonds**—(আল.) কয়লা। **bla°cken**—(1) *v.t.i.* কৃষ্ণবর্ণে রঞ্জিত করা বা হওয়া; (2) *v.t.* (আল.) কলঙ্কিত করা। *n.* **black°-eye°**—কৃষ্ণতারাযুক্ত চক্ষু, কাল চোখ; চক্ষুর নিম্নপ্রান্তে কাল দাগ, চোখের কালি। *n.* **black°-fri°ar**—সাধু ডমিনিকের মতাবলম্বী সন্ন্যাসী (ইহারা কৃষ্ণপরিচ্ছদধারী বলিয়া)। **black°guard**—(1) *n.* (মূলতঃ) বাসন-মাজা-ভৃত্য; ইতর ও অভদ্র ব্যক্তি; পাজি লোক; (2) *a.* ইতর। *a.* **black°guardly**—ইতর ও অভদ্রজনোচিত। *n.* **black°head**—কাল আঁচিল। *a.* **black°-hearted**—ক্রূরহৃদয়, ক্রূরমতি। **black hole**—নবাব সিরাজদৌল্লার মিথ্যা অপকীর্তির সাক্ষ্যস্বরূপ কলিকাতার ফোর্ট উইলিয়ম দুর্গের কারা-কক্ষবিশেষ, অন্ধকূপ। **Black Hole tragedy**—(ইতি.) অন্ধকূপহত্যা। *n.* **bla°cking**—কৃষ্ণবর্ণে রঞ্জন; চর্মাদির জন্য কৃষ্ণবর্ণ রঞ্জকদ্রব্য; জুতার কালি। *a.* **bla°ckish**—কৃষ্ণাভ, ঈষৎ কাল। *n.* **black°-lead°**—পেন্‌সিলাদির সীস-নির্মাণে ব্যবহৃত খনিজ পদার্থবিশেষ, কৃষ্ণসীস (ইহা সীসা নহে)। **black°leg**—(1) *n.* ইতর লোক; (প্রধানতঃ ঘোড়দৌড়ের) জুয়াড়ি, জুয়াচোর; ধর্মঘটকালে যে ব্যক্তি কাজে যোগদান করে; বিশ্বাসঘাতক বা স্বদলদ্রোহী ব্যক্তি; (2) *v.i.* ধর্মঘটকালে কাজে যোগ দেওয়া; (3) *v.t.* ধর্মঘটকালে কাজে যোগদানপূর্বক (সহকর্মীদের সঙ্গে) বিশ্বাসঘাতকতা করা। *p. pt.* **black°legging**; *p. & p. pt.* **black°-legged**। *n.* **black°-le°tter**—প্রাচীন ইংরেজি অক্ষর। **black-lettered day**—প্রাচীনকালের দিন। *n.* **black°-list**—যে সমস্ত অধমর্ণকে তাগাদা দেওয়া প্রয়োজন বা যে সমস্ত (সম্ভবতঃ অপরাধী) ব্যক্তি সম্বন্ধে সতর্ক থাকা প্রয়োজন তাহাদের নামের তালিকা। **black°mail**—(1) *n.* দস্যুগণকে শান্ত রাখিবার জন্য প্রদত্ত টাকা; কাহারও মুখ বন্ধ রাখিবার জন্য অর্থাৎ গুপ্তকথা প্রকাশ হইতে বিরত রাখিবার জন্য প্রদত্ত ঘুষ; (2) *v.t.* গুপ্তকথা ফাঁস করিয়া দিবার ভয় দেখাইয়া ঘুষ আদায় করা। *n.* **black°mailer**। **black Maria**—কয়েদিদের জেলে আনা-নেওয়ার গাড়ি; (অশি.—সাম.) যে বড় গোলা ফাটিলে অত্যধিক ধোঁয়া ছড়ায়। **black market**—নিয়ন্ত্রিত পণ্য অবৈধভাবে (বিশেষতঃ অবৈধ মূল্যে বা পরিমাণে) বিক্রয়, কালা-বাজার, চোরা কারবার; অপকর্ম। **black mar-keteer**—কালা-কারবারি। **Black Monday**—same as **Easter Monday**। *n.* **black°ness**। **black°out**—(1) *n.* সম্পূর্ণরূপে দীপনির্বাণ বা আলো আড়াল করা, নিষ্প্রদীপন; অকস্মাৎ চৈতন্যের বা মানসিক শক্তির বিলোপ; (2) *v.t.* (প্রধানতঃ সরকারি সমস্যাদি) অকস্মাৎ লোকচক্ষুর অগোচর করা অর্থাৎ ধামাচাপা দেওয়া। **black panther**—(প্রধানতঃ আফ্রিকার) কাল চিতা; নিগ্রো। **black sheep**—দলের বা পরিবারের কলঙ্কস্বরূপ ব্যক্তি। *n.* **black°-shirt**—ইটালির পুরাতন ফাসিস্‌ট্-দলের সভ্য। *n.* **black°smith**—কর্মকার, কামার। **black snake**—বিষহীন বৃহৎ সর্পবিশেষ, (তু.) মেঘডম্বর বা ঢেমনা। *n.* **black°water**—গবাদি পশুর রোগবিশেষ। [OE. *blaec*]

bladder [bla°-da(r), ব্ল্যা°ডা(র্)] *n.* any distended or distensible bag, স্ফীত বা ফুলান যায় এমন থলি, (পরি.) স্থলী; any such bag in the animal body, প্রাণিদেহে অনুরূপ কোন থলি (বিশেষতঃ মূত্রাশয়, বস্তি)। [OE. *blaedre* < *blawan* = to blow]

blade [blad, ব্লেইড্] *n.* the flat or extended part of anything, তৃণ বৃক্ষপত্র ছুরি তরবারি বৈঠা প্রভৃতির ফলা; জিভের পিঠ। *n.* **blāde°bōne**—অংসফলকাস্থি, স্কন্ধের পশ্চাদ্ভাগস্থ চেপটা হাড়। [OE. *blaed*—cp. ON. *blath*]

blain [blan, ব্লেইন্] *n.* an inflamed sore on skin, blister, চামড়ার স্ফীতি ও প্রদাহ, ফোস্কা। [OE. *blegen*]

blame [blam, ব্লেইম্] (1) *v.t.* to find fault with, to censure, দোষ দেওয়া, নিন্দা করা। (2) *n.* imputation of a fault, censure, দোষারোপ, নিন্দা; a fault, ত্রুটি; responsibility for a fault, ত্রুটির দায়িত্ব। **to blame**—নিন্দিত হইবার যোগ্য বা দায়ী (he is *to blame* for this quarrel)। **(to) lay the blame on someone**—কাহাকেও দোষী বা দায়ী করা। *a.* **blā°mable**। *adv.* **blā°mably**। *a.* **blāme°ful**—নিন্দনীয়; (বিরল) নিন্দাকর। *a.* **blāme°lėss**—অনিন্দনীয়; নিখুঁত। *adv.* **blāme°lessly**। *n.* **blāme°worthiness**। *a.* **blāme°worthy**—নিন্দার্হ, নিন্দনীয়। [F. *blamer* < Gk. *blasphemeein*—cp. *blaspheme*]

blanch [blŭnsh, ব্লান্‌শ্] *v.t.i.* to whiten, সাদা করা বা হওয়া। *p. & p. pt.* **blan°ched**। [F. *blanchir* < *blanc* = white]

bland [bland, ব্লান্‌ড্] *a.* smooth, মসৃণ; gentle, নম্র, শান্ত; polite, ভদ্র, অমায়িক। *adv.* **bland°ly**। *n.* **bland°nėss**। [L. *blandus*]

blandish [blan°-dish, ব্লান্°ডিশ্] *v.t.* to cajole, চাটুবাক্যদ্বারা ভোলান, মিষ্টকথায় ভোলান। *p. & p. pt.* **blan°dished**। *n.* **blan°dishment**—চাটুবাক্য, খোশামোদ। [F. *blandir* < L. *blandiri*]

blank [blangk, ব্ল্যাংক্] (1) *a.* without writing or marks, অলিখিত, চিহ্নহীন, বেদাগ; empty, শূন্য, ফাঁপা, ফাঁকা (*blank* cartridge); expression-less, indifferent, ভাবলেশশূন্য, উদাস, নিরুদ্বেগ

(*blank* look) ; nonplussed, হতভম্ব, বিহ্বল ; featureless, insipid, বৈচিত্র্যহীন, নীরস ; sheer, সম্পূর্ণ ; unrhymed, মিলহীন, অমিত্রাক্ষর (*blank* verse) । (2) *n.* an unwritten paper, অলিখিত কাগজ, সাদা কাগজ ; the unwritten portion of a paper, কাগজের অলিখিত অংশ ; a lottery-ticket that brings no prize, লটারির যে টিকিটে পুরস্কার পাওয়া যায় না ; an empty space, ফাঁকা জায়গা, শূন্য ; the white spot in the bull's eye of a target, লক্ষ্যস্থলের কেন্দ্রস্থ শ্বেতচিহ্ন । **(to) draw a blank**—প্রত্যাশিত বস্তু অর্জন করিতে বা খুঁজিয়া পাইতে না পারা । **blank cartridge**—গুলিহীন টোটা । **blank cheque**—যে দস্তখত-করা চেকে টাকার অঙ্ক লেখার জায়গা ফাঁকা থাকে, নিরঙ্ক চেক । **blank fire, blank shot**—(বন্দুকাদির) ফাঁকা আওয়াজ । **blank verse**—অমিত্রাক্ষর ছন্দ ; উক্ত ছন্দে লিখিত কবিতা । **blank wall**—যে দেওয়ালে কোন দরজা বা ফোঁকর নাই, নিরেট দেওয়াল । *adv.* **blankly** । *n.* **blankness** । [F. *blanc*<G. *blinken*=to glitter]

blanket [blang°-kit, ব্ল্যাংকিট্] (1) *n.* a woollen sheet, কম্বল । (2) *v.t.* to cover or obstruct or suppress with a blanket, কম্বল দিয়া ঢাকা বা আড়াল করা অথবা কম্বল চাপা দিয়া থামান ; to toss in a blanket, কম্বলের উপরে রাখিয়া লোফালুফি করা । *p.* & *p. pt.* **blan°keted** । (3) *a.* covering all cases or groups, সকল বিষয় অন্তর্ভুক্ত করে এমন (a *blanket* deal) ; applicable to all instances, সকল ক্ষেত্রে প্রযোজ্য । **on the wrong side of the blanket**—জারজরূপে । **wet blanket**—যে ব্যক্তি বা বস্তু আনন্দ অথবা উৎসাহ নষ্ট করে । [OF. *blankete*]

blare [blā(r), ব্লেয়্যা(র্)] (1) *v.t.* to roar, to sound loudly, গর্জন করা, উচ্চধ্বনি করা । (2) *n.* roar, a loud sound, গর্জন, উচ্চনাদ । [ME. *blaren*]

blarney [blŭ(r)°-ni, ব্লা(র্)°নি] (1) *n.* flattering or cajoling talk, তোষামুদে বা মন-ভোলানে কথা । (2) *v.t.* তোষামুদে কথা বলিয়া ভোলান । [*Blarney* Castle, where a stone beyond reach confers a gift on those who kiss it]

blasé [blŭ°-ze, ব্লা°জ়ে] *a.* tired of pleasure, আর আমোদ-প্রমোদ চাহে না এমন । [F.]

blaspheme [blas-fēm°, ব্ল্যাস্‌ফিম্°] *v.i.t.* to talk impiously, অধার্মিকের ন্যায় কথাবার্তা বলা, ঈশ্বর নিন্দা করা ; to curse and swear, (ঈশ্বরের নামে) দোহাই পাড়িয়া অভিশাপ দেওয়া । *n.* **blasphem°er** ঈশ্বর-নিন্দুক । *a.* **blas°phemous**—ঈশ্বরনিন্দাপূর্ণ ; ঈশ্বরনিন্দাকর । *adv.* **blas°phemously** । *n.* **blas°phemy**—ঈশ্বরনিন্দা ; অধার্মিকের ন্যায় কথাবার্তা । [Gk. *blasphemia*—cp. *blame*]

blast [blŭst, ব্লাস্ট্] (1) *n.* a violent gust of wind, প্রবল বাত্যা, ঝঞ্ঝা ; a forcible stream of air, যে বায়ুপ্রবাহ জোর করিয়া ঢোকান হয় (যেমন, হাপরের সাহায্যে বা চোঙে ফুঁ দিয়া চুল্লিতে ঢোকান বাতাস) ; a sound of a wind instrument, বাঁশির ধ্বনি বা ঝঙ্কার ; an explosion, বিস্ফোরণ ; a destructive or evil influence, ধ্বংসকর বা অশুভ প্রভাব । (2) *v.i.* to blow violently, প্রবলবেগে প্রবাহিত হওয়া, ঝড় বহা ; to use explosives, বিস্ফোরক দ্রব্য ব্যবহার করা । (3) *v.t.* to blow up, হাপরের বাতাস দিয়া বা ফুঁ দিয়া আগুনাদির তেজ বাড়ান, বিস্ফোরণ করা, বিস্ফোরক দ্রব্যের দ্বারা উড়াইয়া দেওয়া ; to blow into, ফুঁ দিয়া অথবা হাপরের বা অন্য কিছুর সাহায্যে হাওয়া ঢোকান কিংবা হাওয়া ঢুকাইয়া ফোলান ; to strike with a gust of wind, বাত্যাহত করা, ঝঙ্কৃত করা ; to shrivel, to blight, শুকাইয়া দেওয়া (*blasted* by frost) ; to destroy, ধ্বংস করা ; to curse, অভিশাপ দেওয়া । **at** or **in full blast**—(কথ্য.) যৎপরোনাস্তি উদ্যমসহকারে । **in blast**—(চুল্লিসম্বন্ধে) জ্বলন্ত অর্থাৎ সক্রিয় । **out of blast**—(চুল্লিসম্বন্ধে) নির্বাপিত অর্থাৎ অক্রিয় । *a.* **blas°ted**—অভিশপ্ত ; নারকী । *n.* **blast°-furnace**—ধাতব পদার্থাদি গলাইবার চুল্লী, (পরি.) মারুত-চুল্লী । [OE. *blaest*—cp. ON. *blasa*]

blatant [blā°t(a)nt, ব্লেই°ট্‌ন্ট্] *a.* loudly obtrusive, হইচই করিয়া গায়ে আসিয়া পড়ে এমন । *n.* **blā°tancy** । *adv.* **blā°tantly** । [coined by Spenser]

blather [bla°-dha(r), ব্ল্যা°দ্যা(র্)] var. of **blither.**

blaze₁ [blāz, ব্লেইজ়্] (1) *n.* a white mark on a beast's face, পশুর (সচ. ঘোড়ার) মুখে সাদা দাগ ; a white mark on a tree caused by chipping the bark or otherwise, ছাল কাটিয়া লওয়ার ফলে বা অন্য কারণে বৃক্ষগাত্রে সৃষ্ট সাদা দাগ । (2) *v.t.* to cause a white mark on (a tree), (বৃক্ষগাত্রে) সাদা দাগ ফেলা । **(to) blaze a trail**—গাছে গাছে দাগ কাটিয়া দিয়া বনপথের নির্দেশ দেওয়া ; (আল.) (কর্মাদি) প্রথমে সম্পাদন করিয়া পথপ্রদর্শন করা, পথিকৃৎ হওয়া । [Du. *bles* ?]

blaze₂ [blāz, ব্লেইজ়্] *v.t.* to proclaim, ঘোষণা করা, রটান । *n.* **blā°zer**—ঘোষক ; রটনাকারী । [ON. *blasa*=to blow ?]

blaze₃ [blāz, ব্লেইজ়্] (1) *n.* a rush of light, or flame, আলোকচ্ছটা, অগ্নিচ্ছটা ; (fig.) a bursting out into activity, (আল.) কর্মচাঞ্চল্য ; a violent outburst of passion, উত্তেজনা । (2) *v.i.* to burn with a strong flame or light, লেলিহান শিখা বিস্তারপূর্বক বা তীব্র আলোক ছড়াইয়া জ্বলা ; to shine with brightness or warmth, উজ্জ্বল বা তপ্ত কিরণ বর্ষণ করা (the sun *blazed* down on the desert-fighters) । **(to) blaze away**—শত্রুদলাদির প্রতি এক নাগাড়ে রাইফেল ছোড়া । **(to) blaze up**—শিখা বিস্তার করিয়া জ্বলিয়া ওঠা ; ক্রোধে বা উত্তেজনায় জ্বলিয়া ওঠা । *n.* **blā°zer**—খেলোয়াড়দের উজ্জ্বল জামাবিশেষ । *a.* **bla°zing**—শিখা বিস্তারপূর্বক জ্বলিতেছে এমন ; (শিকার সম্পর্কে) প্রবল সঙ্কেতসূচক (a *blazing* scent) ; হঠকারিতা-

সূচক (*blazing* indiscretion) । [OE. *blaese* = torch]

blazer—see **blaze**$_{2,3}$.

blazon [blā°zn, ব্লেই°জ্‌ন্] (**1**) *v.t.* to display, (সচ. জনসমক্ষে) প্রদর্শন করান ; to depict or explain in heraldic terms, কুলমর্যাদাসূচক চিহ্নাদি-দ্বারা অঙ্কন করা বা বর্ণনা করা ; to give lustre to, ঔজ্জ্বল্য প্রদান করা ; to set forth in fitting words, উপযুক্ত ভাষা দেওয়া ; to proclaim, ঘোষণা করা । (**2**) *n.* heraldic bearings, কুলমর্যাদাসূচক চিহ্ন পোশাক অলঙ্কার প্রভৃতি ; a (heraldic) coat-of-arms, (কুলমর্যাদাসূচক) বর্ম । *n.* **blā°zoner**—blazon (*v.*)-এর সকল অর্থে, এবং—কলঙ্ক-রটনাকারী । *n.* **blā°zonry**—কুলমর্যাদাসূচক চিহ্নাদি-দ্বারা অঙ্কন বা বর্ণনা ; ভাটগিরি । [F. *blason* = a shield —confused with *blaze*$_2$]

bleach [blēch, ব্লীচ্] (**1**) *v.t.i.* to whiten, সাদা করা বা হওয়া । *p.* & *p. pt.* **blea°chėd** । (**2**) *n.* whitening, শুভ্রতা-সম্পাদন ; a whitening agent, শুভ্র করার কাজে ব্যবহৃত পদার্থ । *n.* **blea°chery**—শুভ্রতা সম্পাদনের স্থান । *n.* **blea°ching-powder**—দুর্গন্ধহর ও রোগজীবাণুনাশক এবং মলিনতা-অপনোদক রাসায়নিক পদার্থবিশেষ । [OE. *blaecan*]

bleachers [blē°-cha(r)z, ব্লী°চ্যা(র্)জ্‌] *n. pl.* cheap open-air seats for spectators, মুক্তস্থানে দর্শকদের উপবেশনের জন্য শস্তা আসন ।

bleak [blēk, ব্লীক্] *a.* colourless, বর্ণহীন, বিবর্ণ ; dull and cheerless, নীরস ও নিরানন্দ ; bare, শূন্য, নিষ্পাদপ ও জনহীন ; cold, ঠাণ্ডা । *adv.* **bleak°ly** । *n.* **bleak°nėss** । [OE. *blaec*, *blac* = black, pale < ON. *bleikr* ?]

blear [blē(r). ব্লিয়্যা(র্)] (**1**) *v.t.* to dim or blur, (দৃষ্টি বা মন) ঝাপসা করা ; (fig.) to hoodwink, (আল.) চক্ষে ধূলা দেওয়া, ফাঁকি দেওয়া, প্রতারিত করা । (**2**) *a.* blurred, ঝাপসা দৃষ্টিযুক্ত ; জলভরা নেত্রবিশিষ্ট । *a.* **blēar°-eyed**—ক্ষীণদৃষ্টি ; ঝাপসা দৃষ্টিওয়ালা ; ক্ষীণবুদ্ধি ; বোকাটে । *n.* **blēar°inėss** । *a.* **blēar°y**—ঝাপসা করে এমন । [G. *blerr* = eye-sore ?]

bleat [blēt, ব্লীট্] (**1**) *n.* the cry of a sheep, ভেড়ার ডাক, ব্যা-ব্যা ধ্বনি । (**2**) *v.i.t.* (of sheep) to cry or cry out, (ভেড়া-সম্বন্ধে) ব্যা-ব্যা করা ; to speak or say something feebly, ক্ষীণস্বরে বা মিনমিন করিয়া বলা (to *bleat* out a complaint) । *p.* & *p. pt.* **blea°tėd** । [OE. *blaetan*]

bled—see **bleed.**

bleed [blēd, ব্লীড্] (**1**) *v.t.i.* to draw or lose blood, রক্তপাত করা বা হওয়া, রক্তমোক্ষণ করা বা হওয়া ; to draw or lose sap, (বৃক্ষাদি-সম্বন্ধে) আঠা নির্যাস ইত্যাদি ঝরান বা ঝরা ; to kill by or die of bleeding, রক্তপাত করিয়া হত্যা করা বা রক্তপাতের ফলে মৃত্যু হওয়া ; (fig.) to extort or be extorted, (আল.) শোষণ করা বা শোষিত হওয়া । (**2**) *v.i.* to feel great pain, pity, etc., নিদারুণ যন্ত্রণা সমবেদনা প্রভৃতি ভোগ করা ("I fall upon the thorns of life ! I *bleed*") । *p.* & *p. pt.* **bled** [bled, ব্লেড্] । *n.* **blee°der**—রক্তমোক্ষণকারী ; যে রোগীর রক্তস্রাব হয় ; (আল.) শোষক । **blee°ding**—(**1**) *n.* রক্তমোক্ষণ ; (**2**) *a.* রক্তমোক্ষণশীল ; যন্ত্রণাগ্রস্ত ; শোষিত ; (প্রধানতঃ রাষ্ট্র বা জাতি সম্বন্ধে) যুদ্ধপীড়িত ; রক্তপাতপূর্ণ । **bleeding heart**—লাল নির্যাসস্রাবী বৃক্ষ ও লতাদি, (তু.) লাল নটে-শাক । [OE. *bledan*—cp. *blood*]

bleep [blēp, ব্লীপ্] *v.t.* to send radio signal, বেতার-সঙ্কেত প্রেরণ করা । [imit.]

blemish [ble°-mish, ব্লে°মিশ্] (**1**) *n.* a defect or stain, ত্রুটি, কলঙ্ক (without *blemish*) । (**2**) *v.t.* to make defective, to stain, ত্রুটিপূর্ণ বা কলঙ্কিত করা ; to defame, যশোহানি বা নিন্দাপ্রচার করা । *p.* & *p. pt.* **ble°mishėd** । [OF. *blesmir*, *blemir* = staining]

blench [blensh, ব্লেন্‌শ্] *v.i.* to shrink or start back, (ভয়াদিতে) সঙ্কুচিত হওয়া বা হঠিয়া আসা । *p.* & *p. pt.* **blen°chėd** । [OE. *blencan*]

blend [blend, ব্লেন্‌ড্] (**1**) *v.t.i.* to mix together, একত্র মিশ্রিত করা বা হওয়া (to *blend* tea, oil and water do not *blend*) । *p.* & *p. pt.* **blen°dėd,** (arch.) **blent** । (**2**) *n.* a mixture, (প্রধানতঃ চা তামাক প্রভৃতির) মিশ্রণ । *n.* **blen°der**—মিশ্রণকারী । *n.* **blen°ding**—মিশ্রণ । [ME. *blenden* < OE. *blandan* < ON. *blanda*]

bless [bles, ব্লেস্] *v.t.* to consecrate, পবিত্র করা ; to invoke divine favour upon, আশীর্বাদ করা ; to make divinely happy, স্বর্গসুখের অধিকারী করা, স্বর্গসুখে সুখী করা ; to pronounce holy, পবিত্র বলিয়া ঘোষণা করা ; to glorify, মহিমান্বিত করা । *p.* & *p. pt.* **ble°ssėd, blest** । *a.* **ble°ssėd, blest**—পবিত্রীকৃত ; আশীর্বাদপ্রাপ্ত ; স্বর্গসুখে সুখী ; পবিত্র বলিয়া ঘোষিত ; মহিমান্বিত ; সুখী বা সৌভাগ্যবান্ (*blessed* with a large fortune, *blessed* with good health) । *n.* **ble°ssėdness** । *n.* **ble°ssing**—আশীর্বাদ ; দান । **a blessing in disguise**—যাহা প্রথমে মন্দ বা দুর্ভাগ্যজনক বলিয়া মনে হইলেও শেষ পর্যন্ত ভাল বা সৌভাগ্যজনক বলিয়া প্রমাণিত হইয়াছে । [OE. *bledsian*, *bletsian*—cp. *blood*]

blether [ble°-dha(r), ব্লে°দ্যা(র্)] var. of **blither.**

blew—see **blow.**

blewits [blū°-its, ব্লিউ°ইট্‌স্] *n.* a mushroom. ভক্ষ্য ছত্রাকবিশেষ । [?]

blight [blīt, ব্লাইট্] (**1**) *n.* a withering disease in plants, বৃক্ষাদির ক্ষয়রোগবিশেষ ; an agent causing decay, ক্ষয়কর পদার্থ বা রোগ ; hazy close atmosphere, অস্পষ্ট শ্বাসরোধক পরিবেশ । (**2**) *v.t.* to affect with blight-disease, (বৃক্ষাদিকে) ক্ষয়রোগাক্রান্ত করা ; to cause decay, ক্ষয় করা ; to depress or frustrate, মনোভঙ্গ করা বা বাধা দেওয়া । *p.* & *p. pt.* **bligh°tėd** ।

n. **bligh°ter**—ক্ষয়কর বা মনোভঙ্গকর বা বাধাদায়ক বস্তু অথবা বিষয় ; (কথ্য.) বোকা। [?]

blimey [blī°-mi, ব্লাই°মি] *int.* corrup. of God blind me, ঈশ্বর আমাকে অন্ধ করে দাও।

blind [blīnd, ব্লাইন্ড্] (**1**) *a.* sightless, দৃষ্টিশক্তিহীন, অন্ধ, কানা ; dark, অন্ধকার ; obscure, অস্পষ্ট ; hidden, গুপ্ত, নিভৃত (a *blind* cave) ; without foresight or discrimination, অদূরদর্শী, বিচারবুদ্ধিহীন, বেপরোয়া (a *blind* shot or jump) ; undiscerning, বিচারহীন (*blind* faith) ; not ruled by purpose, উদ্দেশ্যহীন (*blind* forces) ; obstinate, গোঁড়া, গোঁয়ার (a *blind* follower) ; one-way, একমুখো, চোরা (a *blind* lane) । (**2**) *n.* a concealing agent, যদ্দ্বারা কিছু গোপন করা হয় ; a window-screen, জানালার খড়খড়ি ; a shade, আবরণ। (**3**) *v.t.* to make sightless, অন্ধ বা কানা করা ; to dazzle the sight of, চক্ষু ধাঁধান ; to darken, অন্ধকার করা ; to obscure or hide, অস্পষ্ট করা বা লুকাইয়া রাখা ; (fig.) to deceive, (আল.) প্রতারিত করা, ফাঁকি দেওয়া। *p.* & *p. pt.* **blin°dėd** । **blind flying**—মেঘ ও কুয়াশার ভিতর দিয়া কেবল যন্ত্রাদির সাহায্যে বিমানের উড্ডয়ন। *n.* **blin°der**—(স্থায়িভাবে বা সাময়িকভাবে) দৃষ্টিশক্তি-লোপকর পদার্থ বা প্রাণী ; *n. pl.* (অশ্বাদির) চোখের ঠুলি। **blindfold** [blīn(d)°-fōld, ব্লাইন্°-ফৌল্ড্] (**1**) *a.* চোখ-বাঁধা অবস্থাযুক্ত ; তাকাইতে হয় না এমন (*blindfold* system of typewriting) ; (আল.) বেপরোয়া ; (**2**) *adv.* চোখ-বাঁধা অবস্থায় ; না তাকাইয়া ; বেপরোয়াভাবে ; (**3**) *v.t.* (দেখিতে না দিবার জন্য) চক্ষু বাঁধিয়া দেওয়া ; বিপথচালিত বা বিভ্রান্ত করা। *p.* & *p. pt.* **blīnd°fōldėd** । *adv.* **blīnd°ly** । *n.* **blīnd°man's-buff** [blīn(d)°-manz-buf°, ব্লাইন্°ম্যান্জ্-বাফ্°] কানামাছি-খেলা। *n.* **blīnd°nėss** । *n.* **blind°-worm**—অতি ক্ষুদ্র চোখযুক্ত ধীরগতি কীটবিশেষ। [ON. *blindr* ?]

blink [blingk, ব্লিংক্] (**1**) *v.i.* to wink, চক্ষু পিট্‌পিট্ করিয়া তাকান ; to look with half-closed eyes, অর্ধনিমীলিত চক্ষে তাকান ; to shine unsteadily, মিট্‌মিট্ করিয়া দীপ্তি পাওয়া। (**2**) *v.t.* to shut out of sight, নজরের বাহিরে রাখা অর্থাৎ ফিরিয়া না তাকান বা দেখিতে না চাওয়া ; to ignore, উপেক্ষা করা। *p.* & *p. pt.* **blin°kėd** । *n.* **blin°ker**—(usu. in *pl.*) অশ্বের পার্শ্বদৃষ্টি রোধকল্পে উহার চক্ষে যে ঠুলি পরান হয়। *a.* **blin°king**—(গ্রা.) অর্থহীন গালিবিশেষ : হতভাগা, লক্ষ্মীছাড়া (*blinking* idiot) । [ME. *blinken*—cp. *blench*]

bliss [blis, ব্লিস্] *n.* the highest happiness, পরম সুখ ; the divine happiness, স্বর্গসুখ। *a.* **bliss°ful** । *adv.* **bliss°fully** । [OE. *bliths*]

blister [blis°-ta(r), ব্লিস্°ট্যা(র্)] (**1**) *n.* a vesicle on the skin, often full of watery serum, ফোসকা, ফুসকুড়ি ; a similar spot on metal, leaf, etc., ধাতু বৃক্ষপত্র প্রভৃতিতে অনুরূপ দাগ ; an agent to raise a vesicle, ফোসকা-উৎপাদক পদার্থ। (**2**) *v.t.* to raise a vesicle, ফোসকা ফেলা ; (fig.) to burn with scathing words, বাক্য-যন্ত্রণা দেওয়া। (**3**) *v.i.* to develop vesicle, ফোসকা পড়া। **blister gas**—see **gas** । [?]

blithe [blīdh, ব্লাইদ্] *a.* gay, হাসিখুশি। *adv.* **blī°thely** । *n.* **blī°thenėss** । *a.* **blī°the-some**—হাসিখুশি ; আনন্দদায়ক ; প্রাণবন্ত ; প্রাণবন্ত করে এমন। [AS.]

blither [bli°-dha(r), ব্লি°দ্যা(র্)] *v.i.* to talk nonsense garrulously, অর্থহীন বাচালতা প্রকাশ করা। *a.* **bli°thering**—(প্রধানতঃ গালিরূপে ব্যবহৃত) মূর্খের ন্যায় বাচাল ; অর্থহীন বাচালতাপূর্ণ। [ME. *blather* < ON. *blathra*]

blithesome—see **blithe.**

blitz [blits, ব্লিৎস্] (**1**) *n.* an air-raid, বিমানাক্রমণ। (**2**) *v.t.* to attack by air-raid, বিমানাক্রমণ করা। *p.* & *p. pt.* **bli°tzėd** । *n.* **blitzkrieg** [blits°-krēg, ব্লিৎস্°ক্রীগ্] দ্রুত জয়লাভার্থ বিদ্যুৎবেগে আক্রমণ, ঝটিকা অভিযান। **blitzed area**—বিমানাক্রমণে বিধ্বস্ত অঞ্চল। [G. *blitz* = lightning, *krieg* = war]

blizzard [bli°-za(r)d, ব্লি°জ্যা(র্)ড্] *n.* a blinding snowstorm, যে ঝড় ও শিলাপাত দৃষ্টি আচ্ছন্ন করে, প্রবল হিমঝঞ্ঝা। [mod. coinage—cp. *blast*]

bloat [blōt, ব্লৌট্] (**1**) *v.t.i.* to swell, স্ফীত করা বা হওয়া। (**2**) *v.t.* (of fish) to dry partially by smoke, (মৎস্যাদিকে) ধূমদ্বারা আংশিক শুষ্ক করা। *p.* & *p. pt.* **bloa°tėd** । (**3**) *n.* a bloated herring, ধূমদ্বারা আংশিক শুষ্কীকৃত হেংরি-মাছ। **bloated with pride**—গর্ব বা অহঙ্কারে স্ফীত। *n.* **bloa°ter**—যাহা স্ফীত করে বা হয় ; ধোঁয়ায় ঈষৎ শুকান হেরিং মাছ। [ON, *blaur* = soft]

blob [blob, ব্লব্] *n.* a drop of liquid, ফোঁটা, বিন্দু ; a round spot, ফুট্‌কি ; gooseberry or anything like it, গুজবেরি-ফল বা ঐরূপ তুলতুলে বস্তু। [imi.]

bloc [blok, ব্লক্] *n.* a combination of parties, nations, etc., বিভিন্ন দল জাতি প্রভৃতির মিতালি বা সঙ্ঘ (see **en bloc**) । [F.]

block [blok, ব্লক্] (**1**) *n.* a log of wood, stone, etc., কাঠ পাথর প্রভৃতির মোটা খণ্ড, কুঁদা, গুঁড়ি ; a piece of wood or anything else used as a support for chopping meat, beheading, etc., যে কাষ্ঠখণ্ডের বা অন্য বস্তুর উপর রাখিয়া মাংস কাটা বা শিরশ্ছেদ করা হয়, মাংস-কাটা মুগুর, ফাঁসিকাঠ, হাঁড়িকাঠ ; a piece of wood or anything else used as an anvil, নেহাই ; a group, row or section, দল, সারি, বিভাগ (Western *block*, a *block* of house) ; obstruction, বাধা, প্রতিবন্ধক ; a blockhead, জড়বুদ্ধি বা বোকাটে লোক ; mould for shaping hats, টুপি তৈয়ারির কাঠের ছাঁচ ; plate with design for printing, নক্সাদি ছাপিবার ফলক। (2) *v.t.* to enclose or confine, ঘেরাও করা বা আটক করা; to obstruct, বাধা দেওয়া. প্রতিরোধ করা; to mould on a block, নেহাইর উপরে রাখিয়া গড়া; (cricket) merely to stop (the ball) with the bat put before the wicket, (ক্রিকেট) উইকেটের সামনে ব্যাট ধরিয়া কেবল (বল) আটকান, ব্লক করা। *p.* & *p. pt.* **blo°cked**। (3) *a.* thick, মোটা, স্থূল (*block* letter)। *n.* **block°-buster**—নগর বা বহু অট্টালিকা-বিধ্বংসী বোমা। **block letter, block type**—স্থূলভাবে খোদাই-করা (সচ. capital) অক্ষর। **in block letters**—block letter-এ লিখিত। **block writing**—block letter-এ লিখন। **(to) block in** or **out**—(চিত্রাদি অঙ্কনের) মোটামুটি খসড়া বা আদরা করা। **blockāde°**—(1) *v.t.* সৈন্যবাহিনী বা পোতশ্রেণী সংস্থাপনপূর্বক বাধার সৃষ্টি করা; *p.* & *p. pt.* **blockā°dėd**; (2) *n.* অনুরূপভাবে সৃষ্ট বাধা, অবরোধ। **(to) raise the blockade**—অবরোধ অপসারণ করা। **(to) run the blockade**—(কৌশলে) অবরোধকারী বাহিনী ভেদ করিয়া যাওয়া। *n.* **blo°ckāge**—অবরুদ্ধ অবস্থা (a *blockage* in a pipe)। *n.* **block°-head**—কাষ্ঠনির্মিত মস্তক; জড়বুদ্ধি ব্যক্তি। *n.* **block°house**—বন্দুক দাগার জন্য ছিদ্রসংবলিত প্রাচীরে পরিবেষ্টিত সৈনিকদের ঘাঁটি বা আস্তানা। [F. *bloc*]

bloke [blōk, ব্লৌক্] *n.* (sl.) a fellow, a chap, (অশি.) পুরুষ, বেটা, মরদ, আদমি; a ship's commander, পোতাধ্যক্ষ। [?]

blond [blond, ব্লন্ড্] (1) *a.* of fair complexion and light-coloured hair, সুন্দর দেহবর্ণযুক্ত ও ঈষৎ স্বর্ণাভ কেশযুক্ত। (2) *n.* a blond person, ঐরূপ ব্যক্তি। *fem.* **blonde** [blond, ব্লন্ড্]। [F.]

blood [blud, ব্লাড্] (1) *n.* the red fluid in the veins of animal body, রক্ত, শোণিত, রুধির; the juice of anything (esp. if red), কোন কিছুর (বিশেষতঃ লাল) নির্যাস; descent, বংশ (royal *blood*); good birth, উচ্চবংশে জন্ম (a man of *blood*); racial relation, জ্ঞাতিত্ব (own *blood*); royal descent, রাজবংশ (princes of the *blood*); temperament, মেজাজ (cold *blood*); passion, anger, উত্তেজনা, ক্রোধ (his *blood* is up); bloodshed or murder, রক্তপাত, হত্যা, খুন। (2) *v.t.* to draw blood, (চিকি.) রক্তমোক্ষণ করা; to allow the first taste of blood, (কুকুরাদিকে) প্রথম রক্তের স্বাদ দেওয়া। *p.* & *p. pt.* **bloo°dėd**। **bad blood**—চটাচটি। **(to) make bad blood** (between)—পরস্পরের প্রতি বিদ্বিষ্ট করান। **in cold blood**—বিনা উত্তেজনায় অর্থাৎ স্থিরমস্তিষ্কে ভাবিয়া-চিন্তিয়া (murder *in cold blood*)। **in hot blood**—উত্তেজনাবশতঃ উত্তেজিতভাবে। **of the (royal) blood**—রাজবংশজাত। **blood is thicker than water**—রক্তের বা জ্ঞাতিত্বের বন্ধন প্রকৃত বন্ধন। **(to) donate blood**—আহত বা রুগ্‌ণ ব্যক্তিদের দেহে ঢোকানর জন্য স্বীয় দেহের রক্ত দেওয়া। **(to) let blood**—রোগাদি নিরাময়কল্পে রক্তমোক্ষণ করা; রক্তপাত করা, রক্ত ঝরান। **(to) make one's blood run cold**—ভয়ে বা আতঙ্কে পূর্ণ করা; আতঙ্কে হিম করা। **blood and iron**—ক্রমাগত প্রচণ্ড শক্তিপ্রয়োগ বা (শিথি.) সশস্ত্র আক্রমণ। *a.* **blood-and°-thun°der**—উত্তেজনাপূর্ণ, রোমাঞ্চকর। **blood bank**—অসুস্থ ও আহতদের দেহে দিবার উদ্দেশ্যে সুস্থ লোকের দেহ হইতে আহরিত রক্তের সঞ্চয়-ভাণ্ডার, রক্তভাণ্ডার। *n.* **blood°-bath**—(ব্যাপক) হত্যাকাণ্ড। *n.* **blood°-cor°-puscle**—শোণিত-কণিকা। *a.* **blood°curdling**—রক্ত জমাট বাঁধাইয়া দেয় এমন; ভয়াবহ। **blood donor**—রুগ্‌ণ বা আহতদের দেহে ঢোকানর জন্য স্বীয় দেহের রক্তদানকারী। *a.* **bloo°dėd**—রক্তপূর্ণ; বিশুদ্ধ শোণিতবিশিষ্ট; সদ্বংশজাত, নিকষ কুলীন; প্রবৃত্ত। *n.* **blood°-feud**—পুরুষানুক্রমিক বিবাদ। *n.* **blood°-group**—চার শ্রেণীতে বিভক্ত নররক্তের যে কোন শ্রেণী। *n.* **blood°-heat**—নরশোণিতের স্বাভাবিক তাপ অর্থাৎ ৯৮·৪ ডিগ্রী। *n.* **blood°-horse**—বিশুদ্ধ কুলীন-জাতের ঘোড়া। *a.* **blood°-hot**—তাজা রক্তের ন্যায় উষ্ণ। *n.* **blood°hound**—তীক্ষ্ণঘ্রাণশক্তিসম্পন্ন বৃহদাকার কুকুরবিশেষ: ইহারা মানুষের গাত্রগন্ধ শুঁকিয়া তাহাকে অনুসরণ করিতে পারে; (আল.) গোয়েন্দা। *adv.* **bloo°dily**। *n.* **bloo°dinėss**। *a.* **blood°lėss**—রক্তশূন্য; রক্তাল্পতাগ্রস্ত; মৃত; রক্তপাতহীন। *n.* **blood°-letting**—(চিকি.) শিরা কাটিয়া দিয়া রক্তমোক্ষণ। *n.* **blood°lust**—রক্তলোলুপতা। *n.* **blood°-money**—হত্যাকারীর পারিশ্রমিক; হত্যার খেসারত। *n.* **blood°-poisoning**—রক্তদুষ্টি। *n.* **blood°-pressure**—রক্তচাপবৃদ্ধিমূলক রোগ, (পরি.) রক্তপ্রেষ। *a.* **blood°-red°**—তাজা রক্তের ন্যায় লাল, রক্তরাঙা। *n.* **blood°-rėlā°tion**—জ্ঞাতি, সগোত্র, একবংশজাত ব্যক্তি। **blood royal**—রাজবংশে জন্ম। *n.* **blood°-shed**—রক্তপাত, হত্যাকাণ্ড; খুনাখুনি। *a.* **blood°-shot**—আরক্ত, রক্তরাঙা। **blood sports**—জন্তু ও পক্ষী শিকার। *n.* **blood°-stain**—রক্তের দাগ। *a.* **blood°-stained**—রক্তের দাগযুক্ত; রক্তরঞ্জিত। *n.* **blood°stock**—বিশুদ্ধ কুলীনজাতের অশ্বসমূহ। *n.* **blood°sucker**—(জোঁক রক্তচোষা বাদুড় প্রভৃতি) রক্তশোষক প্রাণী; যে ব্যক্তি অন্যের অর্থাদি শোষণ করে। *n.* **blood°-thirstiness**। *a.* **blood°-thirsty**—রক্তপাত করিতে উদ্‌গ্রীব, রক্তপিপাসু। *n.* **blood°-transfūsion**—একের দেহ হইতে অন্যের দেহে রক্তদান। *n.* **blood°-vessel**—ধমনী শিরা, (পরি.) রক্তবাহ। **bloo°dy**—(1) *a.* রক্তবৎ; রক্তাক্ত; খুনে; নিষ্ঠুর; জারজ; অর্থহীন গালিরূপে ব্যবহৃত; (2) *adv.* ঝোঁক বুঝাইবার জন্য অর্থহীনভাবে ব্যবহৃত (to know *bloody* well); (3) *v.t.* রক্তাক্ত করা। [OE. *blod*]

bloom [bloom, ব্লুম্] (1) *n.* a blossom or flower, কুঁড়ি, মুকুল, বউল, পুষ্প, ফুল; florescence, ফুল-ধরার সময় বা ফুল-ধরা অবস্থা, প্রস্ফুটন (in *bloom*); the prime or perfection, পূর্ণবিকাশ,

পূর্ণপরিণতি (*bloom* of life) ; the first freshness, প্রথম (বিকাশের) সৌন্দর্য, নবীনতা, তারুণ্য (*bloom* of youth) ; flush, glow, চমক, দীপ্তি ; a powdery deposit on fruits, ফলের উপর ছাতলার ন্যায় যে শ্বেতচূর্ণের আবরণ পড়ে। (2) *v.i.* to bear flowers or blossoms, ফুল ধরা বা ফোটা, পুষ্পিত বা মুকুলিত হওয়া ; to be in a state of beauty or vigour, সৌন্দর্যপূর্ণ বা শক্তিমান্ অবস্থা-প্রাপ্ত হওয়া, যৌবনে উপনীত হওয়া ; to culminate, পূর্ণবিকশিত হওয়া ; to flourish, সমৃদ্ধ হওয়া। **in bloom**—ফুল-ধরা অবস্থায়, প্রস্ফুটিত অবস্থায়। **(to) take the bloom off**—তাজা ভাব নষ্ট করিয়া দেওয়া ; শুকাইয়া দেওয়া ; ম্লান বা বিশীর্ণ করা। *n.* **blōō°mer**—যে বৃক্ষে বা লতায় ফুল ফোটে ; (অশি.) গাধার মত ভুল ; (in. *pl.*) (প্রধানতঃ খেলাধুলার সময় পরিধেয়) স্ত্রীলোকের খাটো অধোবাস বা পরিচ্ছদবিশেষ। *a.* **blōō°ming**—বিকাশোন্মুখ ; কুসুমিত ; বিকশিত, প্রস্ফুটিত, ফুল্ল ; নবীন ও যৌবনোচ্ছল, তাজা ; উজ্জ্বল ; (অশি.) গাধার ন্যায় বুদ্ধিহীন। [ON. *blom*]

blossom [blo°-sam, ব্ল°স্যাম্] (1) *n.* a flower or bloom, পুষ্প, ফুল, মুকুল, কুঁড়ি ; florescence, ফুল-ধরার সময় বা ফুল-ধরা অবস্থা, পুষ্পবিকাশ, প্রস্ফুটন। (2) *v.i.* to flower, ফুল ধরা বা ফোটা, পুষ্পিত বা মুকুলিত হওয়া ; to flourish and prosper, শ্রীবৃদ্ধিলাভ করা। **in blossom**—পুষ্পিত। [OE. *blosim, blostma*]

blot [blot, ব্লট্] (1) *n.* a spot or drop (esp. of ink or anything black), (প্রধানতঃ কালির বা অন্য কোন কাল বস্তুর) দাগ বা ফোঁটা ; an obliteration, মুছিয়া ফেলা ; a blemish or defect, দোষ, ত্রুটি ; a stain on character or good name, কলঙ্ক। (2) *v.t.* to obliterate, মুছিয়া ফেলা ; to dry up, to suck up, শুকাইয়া ফেলা বা শুষিয়া লওয়া ; to stain, মসীলিপ্ত করা ; to blemish, ত্রুটিযুক্ত করা ; to disgrace, কলঙ্কিত বা কলুষিত করা। *pr. pt.* **blo°tting** ; *p.* & *p. pt.* **blo°ttėd**। **(to) blot one's copybook**—(কথ্য.) আপন খ্যাতি বা সুনাম মসীলিপ্ত করা। **(to) blot out**—মুছিয়া ফেলা ; সম্পূর্ণ ধ্বংস বা নিশ্চিহ্ন করা। *n.* **blo°tter**—যে কাগজ তরল পদার্থ শুষিয়া লয়, চোষ-কাগজ ; বাজে লেখক। *n.* **blo°tting-pad**—চোষ-কাগজ তাড়াবদ্ধ করিয়া রাখিবার আধার। *n.* **blo°tting-pāper**—চোষ-কাগজ। [?]

blotch [bloch, ব্লচ্] *n.* a discoloration, রঙ্‌ কালি প্রভৃতির দাগ ; a pustule, ব্রণ ফুসকুড়ি আঁচিল তিল প্রভৃতি। *a.* **blo°tched, blo°tchy**—রঙ্‌ কালি প্রভৃতির দাগযুক্ত ; ব্রণ আঁচিল প্রভৃতির দ্বারা আবৃত। [?—cp. *blot*]

blotto [blo°-tō, ব্ল°টৌ] *a.* (sl.) drunk, intoxicated, (অমা.) মাতাল, নেশায় বুঁদ। [?]

blouse [blowz, ব্লাউজ্‌] *n.* an upper garment, (সচ. শ্রমিক ও স্ত্রীলোকের) জামাবিশেষ, ব্লাউজ্‌। [F.]

blow$_1$ [blō, ব্লৌ] *n.* a stroke, আঘাত, কিল, ঘুসি, চড়, চাপড় ; a sudden misfortune, আকস্মিক দুর্দশা বা দুর্ভাগ্য, দুর্বিপাক (his death was a great *blow* to his sons)। **at a (single) blow, at one blow**—একচোটে ; হঠাৎ। **without striking a blow**—যুদ্ধ না করিয়াই, বিনাযুদ্ধে। **(to) come to blows**—মারামারি বা হাতাহাতি আরম্ভ করা। **(to) exchange blows**—মারামারি বা হাতাহাতি করা। **(to) get a blow in**—ঘুসি বা চড় মারিতে সক্ষম হওয়া ; আঘাত হানিতে পারা। **(to) strike a blow for**—কিছুর জন্য মারামারি বা হাতাহাতি করা ; মদত দেওয়া। **a blow-by-blow account**—(বিশে. মুষ্টিযুদ্ধের) খুটিনাটি বা বিশদ বিবরণ। [?—cp. *blow*]

blow$_2$ [blō, ব্লৌ] *v.i.* (chiefly used in *p. pt.*) to bloom, পুষ্পিত বা মুকুলিত হওয়া, ফোটা (a new-*blown* or full-*blown* rose)। conjug. as **blow**$_3$। [OE. *blowan*—cp. *bloom*]

blow$_3$ [blō, ব্লৌ] (1) *v.i.* to produce a current of air, বাতাস সৃষ্টি করা ; to move as wind, প্রবাহিত হওয়া ; to breathe violently through mouth or nose, ফুঁ দেওয়া, নাক ঝাড়া বা হাঁচি দেওয়া ; (fig.) to vaunt, (আল.) দম্ভ করা। (2) *v.t.* to drive air upon or into, ভিতরে বা উপরে বাতাস দেওয়া ; to drive by a current of air, বায়ুপ্রবাহদ্বারা চালিত করা ; to sound, (বাঁশি প্রভৃতি) বাজান ; to fan or kindle, বাতাস করা বা জ্বালান ; to melt by applying heat, অগ্নিতাপে গলান (to *blow* glass)। *p.* **blew** [blōō, ব্লু] ; *p. pt,* **blown,** (rare) **blow°ed**। (3) *n.* a blast, বায়ুপ্রবাহ। **(to) blow hot and cold**—একবার অনুকূল আর একবার প্রতিকূল হওয়া ; অস্থিরচিত্ত হওয়া। **(to) blow in**—হঠাৎ হাজির হওয়া। **(to) blow off**—(ধুমাদির অংশ) বাহির করিয়া দেওয়া ; (তেজ) কমাইয়া দেওয়া। **(to) blow one's own trumpet**—আপনার ঢাক আপনি পেটান, নিজেই নিজের গুণগান করা। **(to) blow one's top**—ক্রোধে ফাটিয়া পড়া। **(to) blow out**—ফুঁ দিয়া নিভান। **(to) blow over**—(ঝড় মেঘ বিপদ্ ভয় কলঙ্ক প্রভৃতি) কাটিয়া যাওয়া। **(to) blow up**—(বিস্ফোরণাদির দ্বারা) উড়াইয়া দেওয়া ; স্ফীত করা ; তিরস্কার করা ; মেজাজ ঠিক বা ঠাণ্ডা রাখিতে না পারা, ক্রুদ্ধ হওয়া। *n.* **blow°er**—blow (*v.*)-এর সকল অর্থে, এবং বিশেষতঃ—হাপর, ভস্ত্রা। *n.* **blow°fly**—মাছি (বিশেষতঃ যাহা কাটা মাংসের উপরে বসে)। *n.* **blow°hōle**—সুড়ঙ্গাদির মধ্যে বাতাস ঢুকিবার জন্য গর্ত ; তিমির নাসারন্ধ্র। *n.* **blow°lamp, blow°torch**—কিছুর উপরে তীব্র অগ্নিশিখা-প্রয়োগার্থ দীপবিশেষ। *n.* **blow°-out**—(বাষ্প ধোঁয়া বায়ুপ্রবাহ প্রভৃতির) আকস্মিক নির্গমন ; (টায়ার প্রভৃতি) হঠাৎ ফাটিয়া যাওয়া। *n.* **blow°pipe**—অগ্নিচুল্লিতে ফুঁ দিয়া হাওয়া ঢোকাইবার চোঙাবিশেষ, (পরি.) বাঁকনল। *n.* **blow°-up**—অতি বৃহদাকার ফটোগ্রাফ। *a.* **blow°y**—বাতাসপূর্ণ ; ঝড়ো। [OE. *blawan* < G. *blahen*]

blowzy [blow°-zi, ব্লাউ°জ়ি] *a.* fat and ruddy,

মোটা ও লালচে; dishevelled, আলুথালু, আলুলায়িত। [?]

blub [blŭb, ব্লাব্] abbr. of **blubber** ।

blubber [bluᶜ-ba(r), ব্লা°ব্যা(র্)] (**1**) *v.i.* to weep profusely, অঝোরে কাঁদা। (**2**) *v.t.* to utter blubberingly, অঝোরে কাঁদিতে কাঁদিতে বলা (to *blubber* something out)। (**3**) *n.* a profuse weeping, অঝোর ক্রন্দন; the fat of whales and other sea animals, তিমি অথবা অন্যান্য সামুদ্রিক প্রাণীর চর্বি। *a.* **blu°bbered**—অত্যন্ত ক্রন্দনের ফলে স্ফীতবদন। [ME. *blober, bluber*]

bluchers [bloo°cha(r)z, ব্লু°চ্যা(র্)জ্] *n. pl.* half or short boots, এক ধরনের বুটজুতা।

bludge [blŭj, ব্লাজ্] (**1**) *n.* (sl.) a soft job, (অমা.) স্বল্প পরিশ্রমের বা সহজ ধরনের কাজ। (**2**) *v.i.* to loaf about, নিষ্কর্মার ন্যায় ঘোরাঘুরি করা; to evade work or responsibility, কাজকর্মের দায়িত্ব এড়াইয়া চলা। [?]

bludgeon [blu°-j(a)n, ব্লা°জ্ন্] (**2**) *n.* a short heavy stick, মুগুর, সোঁটা। (**2**) *v.t.* to strike with such a stick, মুগুরপেটা করা; to beat heavily, নিদারুণ প্রহার করা। [?]

blue [bloo, ব্লু] (**1**) *a.* sky-coloured, নীল, আকাশ-রঙা, আশমানি; learned, pedantic, পণ্ডিত, পাণ্ডিত্যাভিমানী (a *blue*stocking); obscene, অশ্লীল (*blue* letters); aristocratic, অভিজাত (*blue* blood)। (**2**) *n.* the skycolour, নীল রঙ্, আশমানি রঙ্; a blue dye, নীল রঞ্জক; the sky, আকাশ; the sea, সমুদ্র; a university sportsman or the badge awarded to him, বিশ্ববিদ্যালয়ের ক্রীড়াদক্ষ ছাত্র বা তাহাকে প্রদত্ত তকমা (a rowing *blue*); blue dress, নীলবর্ণ পোশাক (the man in *blue*)। (**3**) *v.t.i.* to make or become blue, নীলবর্ণ করা বা হওয়া। **(to) blue one's money**—বেপরোয়াভাবে অর্থব্যয় করা। **once in a blue moon**—কদাচিৎ। *n.* **blue°-bell**—লতাবিশেষ বা তাহার নীলবর্ণ ফুল, নীলমণি লতা, (তু.) নীল অপরাজিতা। *n.* **blue°-bird**—পক্ষিবিশেষ, (তু.) নীলকণ্ঠ পাখি। *a.* **blue°-black**—সুনীলকৃষ্ণবর্ণ, ঘনশ্যামবর্ণ। *n.* **blue°-blood**—উচ্চবংশে জন্ম, আভিজাত্য। *n.* **blue°-book**—ইংলণ্ডের পার্লামেণ্টের বা অনুরূপ আইন পরিষদের প্রকাশিত কার্যবিবরণী। *n.* **blue°bottle**—মাছি (বিশেষতঃ যাহা কাটা-মাংসের উপর বসে)। *n.* **blue°-breast**—নীলকণ্ঠ পাখি। *n.* **blue°-coat**—ভৃত্য; ভিক্ষুক। **blue-eyed boy**—প্রিয়পাত্র। *n.* **blue°-jacket**—গ্রেট্ ব্রিটেনের নৌ-সৈনিক। **blue murder**—যৎপরোনাস্তি ব্যস্ততা। *n.* **blue°ness** । *v.t.* **blue°-pencil**—(আল.—সচ. কর্তৃত্বভরে) সংশোধন করা। *n.* **blue°-print**—আলোকচিত্রাদির প্রতিলিপি, (পরি.) প্রতিচিত্র; (আল.) পরিকল্পনা। **blue riband** or **ribbon**—গ্রেট ব্রিটেনের অতি সম্ভ্রান্ত ব্যক্তিদের মর্যাদা-সূচক ফিতা; সম্মানচিহ্ন। **blue sheep**—হিমালয়-অঞ্চলের নীলগাই। *n.* **blue°stocking**—অতি শিক্ষিতা নারী; পাণ্ডিত্যাভিমানিনী নারী। *n.* **blue°-stōne, blue vitriol**—নীলাঞ্জন, তুথ, তুঁতে। *n.* **blue°-water**—বাহির-সমুদ্র। *a.* **blue°y, blu°ish**—নীলাভ। **the blues**—বিমর্ষ অবস্থা। **a trueblue**—আনুগত্যে অনড় ব্যক্তি। [ME. *blew* < OF. *bleu*]

bluff [bluf, ব্লাফ্] (**1**) *a.* steep or upright in front, দুরারোহ বা খাড়া সম্মুখভাগবিশিষ্ট; out-spoken, স্পষ্টবাদী। (**2**) *n.* a high steep bank, নদ্যাদির উচ্চ ও দুরারোহ কূল; a horse's blinker, ঘোড়ার চোখের ঠুলি; ধাপ্পাবাজি। (**3**) *v.t.i.* to deceive by means of false pretension, ধাপ্পাবাজি-দ্বারা প্রতারিত করা, ধাপ্পা দেওয়া। *p.* & *p. pt.* **blu°ffed** । *adv.* **blu°ffly** । *n.* **bluff°ness** । **(to) call one's bluff**—মিথ্যা বড়াই ধাপ্পা ধোঁকা ফাঁকি প্রভৃতি সপ্রমাণের জন্য আহ্বান জানান বা প্রতি-আস্ফালন করা। [?]

bluish—see **blue.**

blunder [blun°da(r), ব্লান্°ড্যা(র্)] (**1**) *n.* a gross mistake, সাঙ্ঘাতিক ভুল। (**2**) *v.i.t.* to commit a gross mistake, সাঙ্ঘাতিক ভুল করা; to flounder about, পথ হাতড়াইয়া ফেরা; to bungle, গোলমাল করিয়া ফেলা, তালগোল পাকাইয়া ফেলা; to speak out thoughtlessly, অবিবেচকের ন্যায় বলিয়া ফেলা; to come across by mistake or by floundering, ভুল করিয়া বা পথ হাতড়াইতে হাতড়াইতে হঠাৎ সম্মুখীন হওয়া (the thief *blundered* upon the policeman)। *n.* **blun°derer** । *adv.* **blun°deringly** । [ME. *blondren*—cp. *bland*]

blunderbuss [blun°-da(r)-bus, ব্লান্°ড্যা(র্)বাস্] *n.* an ancient hand-gun, প্রাচীন বন্দুকবিশেষ। [Du. *donderbus* = a thunder box]

blunge [blŭnj, ব্লান্জ্] *v.t.* (pottery) to mix clay, flint powder, etc., with water by a revolving device, (মৃণ্ময়-পাত্রশিল্প) চীনামাটি জল প্রভৃতি উপকরণ ঘূর্ণমান যন্ত্রের সাহায্যে মিশ্রিত করা। [*blend* + *plunge* (portmanteau word)]

blunt [blunt, ব্লান্ট্] (**1**) *a.* dull-edged or dull-pointed, ভোঁতা; dull, unintelligent, not sensitive, নীরস, স্থূলবুদ্ধি, নিরেট, কাঠখোট্টা; out-spoken, স্পষ্টবাদী। (**2**) *v.t.* to remove sharpness of, ভোঁতা করা (to *blunt* the edge of a knife)। *p.* & *p. pt.* **blun°tėd** । *a.* **blun°tish**—ঈষৎ ভোঁতা; বোকাটে, কিছু নীরস বা কাঠখোট্টা; ঈষৎ স্পষ্টবাদী। *adv.* **blunt°ly** । *n.* **blunt°nėss** । [?]

blur [bla(r), ব্ল্যা(র্)] (**1**) *n.* smear of ink or the like, কালির বা অনুরূপ বস্তুর দাগ অথবা প্রলেপ; a confused impression, দুর্বোধ্য বা অস্পষ্ট ছাপ। (**2**) *v.t.i.* to smear with ink or the like, কালি বা অনুরূপ বস্তু লেপন করা; to make unintelligible by smearing, (কালি প্রভৃতি) লেপিয়া দুর্বোধ্য করা, লেপিয়া মুছিয়া একাকার করা; to make or become unclear, অস্পষ্ট বা ঝাপসা করা বা হওয়া (fog *blurred* the view) ; to blemish, কলঙ্কিত করা। *pr. pt.* **blu°rring ;** *p. & p. pt.* **blu°rred** । [?]

blurb [bla(r)b, ব্ল্যা(র্)ব্] *n.* a publisher's puff on a book, (সচ. মলাটের উপরে মুদ্রিত) গ্রন্থসম্বন্ধে প্রকাশকের প্রচারলিপি। [?]

blurt [bla(r)t, ব্ল্যা(র্)ট্] *v.t.* to utter suddenly or foolishly, হঠাৎ বা বোকার মত বলিয়া ফেলা (to *blurt* a secret out) । *p. & p. pt.* **blur°ted** । [?]

blush [blush, ব্লাশ্] (**1**) *n.* a red glow on the face due to modesty, shame. etc., নম্রতা লজ্জা প্রভৃতির দরুন মুখের লাল আভা, আরক্তিম ভাব। (**2**) *v.i.* to redden with shame, লজ্জায় লাল হওয়া। *p. & p. pt.* **blu°shed** । *a.* **blu°shing** । *adv.* **blu°shingly** । **at the first blush**—প্রথম দৃষ্টিতে বা নজরে। **(to) put one to the blush** —লজ্জা দেওয়া ; অপ্রতিভ করা। [OE. *ablisian*]

bluster [blus°-ta(r), ব্লাস্°টা(র্)] (**1**) *v.i.* to blow boisterously, তুমুল শব্দে প্রবাহিত হওয়া ; to storm, ঝড়ের ন্যায় প্রবাহিত হওয়া ; to become furious, অতিশয় ক্রুদ্ধ হওয়া ; to bully, তর্জন-গর্জন করা। (**2**) *v.t.* to utter boisterously, তর্জন-গর্জনসহ বলা : to drive by storming, ঝড়ে উড়াইয়া লওয়া। (**3**) *n.* a blast, বাত্যা ; roar, (ঝড়ের) গর্জন ; bullying, তর্জন-গর্জন ; fury, ভীষণ ক্রোধ ; boasting language, দম্ভোক্তি। *adv.* **blus°teringly** । *a.* **blus°tery** (আবহাওয়া-সম্বন্ধে) ঝড়ো। [?—cp. *blast*]

bo(h) [bō, বৌ *int.* a word uttered to startle or frighten, চমকাইয়া দিবার অথবা ভয় দেখাইবার জন্য ব্যবহৃত অনুকার শব্দ। **cannot say bo to a goose**—অতিশয় ভীরু বা ভীতু ব্যক্তি (সামান্য ভয় দেখাইবার ধ্বন্যাত্মক শব্দ উচ্চারণেও অক্ষম ব্যক্তি)।

boa [bŏ°-a, বো°আা] *n.* any large snake, অজগরাদি বৃহৎকায় সর্প। **boa constrictor**—অজগরজাতীয় বৃহদাকার সর্পবিশেষ। [L.]

boar [baw(r), ব্য(র্)] *n.* male swine or its flesh, বরাহ বা বরাহমাংস। *a.* **boa°rish**—বরাহ-তুল্য ; নৃশংস ; একগুঁয়ে। [OE. *bar*]

board [baw(r)d, ব্য(র্)ড্] (**1**) *n.* a plank of wood, কাষ্ঠফলক, তক্তা ; a table for dinner, games, councils, etc., ভোজন্ ক্রীড়া সভা প্রভৃতিতে ব্যবহৃত টেবিল ; supply of food (and sometimes lodging too), (কখনও কখনও বাসস্থানের ব্যবস্থাসহ) খাদ্য-সরবরাহ ; a council or committee. পরিষৎ, সমিতি (education *board*) ; the side, পার্শ্বদেশ (*board* of a ship) ; a raised platform, মঞ্চ ; a kind of thick and stiff paper, পুরু ও শক্ত কাগজবিশেষ (card*board*) ; in *pl.*) the stage, অভিনয়মঞ্চ। (**2**) *v.t.* to cover with board, কাষ্ঠফলকাবৃত করা ; to bind with thick and stiff paper, কাগজের বোর্ড দিয়া বাঁধান ; to enter (ship or any carriage), জাহাজে বা অন্য যানে) আরোহণ করা ; to attack, আক্রমণ করা। (**3**) *v.t.i.* to supply or receive food (sometimes lodging too), আহার (কখন কখন বাসস্থানও) জোগান। *p. & p. pt.* **boar°ded** । **on board**—পোতোপরি। **(to) board out**—অস্থায়ী বাসস্থানে বা বাসায় অন্নগ্রহণ না করিয়া অন্যত্র গ্রহণ করা ; (সচ. সাম.) ডাক্তারি বোর্ডের পরীক্ষায় অকর্মণ্য বলিয়া ঘোষিত করিয়া চাকরি হইতে বিদায় দেওয়া। **(to) sweep the board**—খেলার টেবিলে সমস্ত বাজি পুরাপুরি জিতিয়া লওয়া। *n.* **boar°der**—(সচ. মূল্য দিয়া) যে ব্যক্তি আহার ও বাসস্থান লাভ করে ; জাহাজের যাত্রী বা আরোহী। *n.* **boar°ding**—কাষ্ঠফলকদ্বারা ঢাকা ; পোতারোহণ। *n.* **boar°ding-card**—(বিমান-পোতাদিতে) আরোহণকালে যাত্রিগণকে যে অনুমতি-পত্র বা কার্ড দেখাইতে হয়। *n.* **boar°ding-house** যে স্থানে অর্থবিনিময়ে আহার ও বাসস্থান মেলে, বোর্ডিং। *n.* **boar°ding-school**—যে বিদ্যালয়ে ছাত্রদের থাওয়া-থাকার বন্দোবস্ত আছে। *n.* **board°room**—পরিচালক সমিতির সভাকক্ষ। *n.* **board°-school**—শিক্ষাধিকার কর্তৃক সরাসরিভাবে পরিচালিত বিদ্যালয়। *n. pl.* **board°-wa°ges**—খাদ্যের পরিবর্তে ভৃত্যকে প্রদত্ত ভাতা। [OE. *bord* < ON. *borth*]

boast [bōst, বৌস্ট্] (**1**) *v.i.t.* to brag (of), দম্ভ করা বা সদম্ভে বলা। *p. & p. pt.* **boas°ted** । (**2**) *n.* a vainglorious talk, দম্ভোক্তি, দম্ভ। *n.* **boas°ter** । *a.* **boast°ful**—সদম্ভ ; দাম্ভিক। *adv.* **boast°fully** । *n.* **boas°ting**—দম্ভোক্তি ; দম্ভ। [ME. *bost* < ?]

boat [bōt, বৌট্] (**1**) *n.* a small craft plied by oars, নৌকা, তরী, তরণী ; a ship, জাহাজ, পোত। (**2**) *v.i.* to travel in a boat, নৌকায় ভ্রমণ করা বা নৌবিহার করা। *p. & p. pt.* **boa°ted** । **in the same boat**—একই বা সমান অবস্থাযুক্ত ; সমভাবে বিপন্ন। **(to) burn one's boat**—স্বীয় প্রত্যাবর্তনের উপায় নষ্ট করা। **(to) go boating**—নৌবিহারে বাহির হওয়া। **(to) take to the boats**—(বিপন্ন জাহাজ হইতে নিষ্ক্রান্তিলাভার্থ) জাহাজস্থ নৌকা ভাসাইয়া তাহাতে চড়া। *n.* **boa°ting**—নৌকাচালনা। *n.* **boat°-hook**—নৌকা টানিয়া নিকটে আনিবার এবং দূরে ঠেলিবার লোহার আংটাযুক্ত দণ্ড। *n.* **boat°-house**—নৌকাদি রাখিবার স্থান, নৌকাঘাটা, না-ঘাটা। *n.* **boat°man**—নৌকার মাঝি, কর্ণধার। *n.* **boat rāce**—নৌকার বাইচ। *n.* **boat°-song**—মাঝিদের গান, (তু.) ভাটিয়ালি গান। *n.* **boat°swain** [bō°sn, বৌ°স্‌ন্] জাহাজস্থ নৌকা পতাকা প্রভৃতির তত্ত্বাবধায়ক সর্দার-মাঝি। *n.* **boat°train**—যাত্রি-জাহাজের সহিত সংযোগবিশিষ্ট রেলগাড়ি। [OE. *bat*—cp. Du. *boot*]

bob$_1$ [bob, বব্] *n.* (sl.) a shilling, (অশি.) এক শিলিং (অধুনা প্রচলিত মুদ্রা—পাঁচ পেনি)। [?]

bob$_2$ [bob, বব্] (**1**) *n.* a short jerking motion, ঈষৎ ঝাঁকি দিয়া চলা, ঝিঁকা ; anything that moves with a swing, যে প্রাণী বা বস্তু ঝাঁকি দিয়া চলে ; a curtsy, নমস্কারাদি ভদ্রতা-প্রদর্শন ; a pendant, দোলক ; a bunch of lobworms, কেঁচোজাতীয় প্রাণিবিশেষের থোকা ; hair squarely cut, থোকা করিয়া ছাঁটা চুল ; the refrain or burden of a song, গানের ধুয়া । (2) *v.t.* to move with short jerks, ঈষৎ ঝাঁকি দিয়া চলা ; to cut (hair) square across, থোকা করিয়া (চুল) ছাঁটা ; to bobtail, জন্তুদের লেজের লোম ছাঁটা । (3) *v.i.* to move quickly up and down, দ্রুত ওঠা-নামা করা ; to curtsy, (সচ. স্ত্রীলোকের দ্বারা নতজানু হইয়া) নমস্কারাদি ভদ্রতা দেখান (to *bob* a curtsy) ; to fish with lobworms, কেঁচোজাতীয় প্রাণীর টোপ দিয়া মাছ ধরা । *pr. pt.* **bo°bbing ;** *p. & p. pt.* **bo°bbed** । **(to) bob to**—ঈষৎ মাথা ঝাঁকাইয়া নমস্কারাদি অভিবাদন করা । *a.* **bo°bbish**—খোশমেজাজ ; স্ফূর্তিপূর্ণ । *n.* **bob°cat**—বনবিড়ালবিশেষ । *n.* **bob°sled, bob°sleigh**—দুইখানি ছোট স্লেজ জুড়িয়া তৈয়ারী স্লেজ । **bob°tail**—(1) *n.* পশুর ছাঁটা লেজ ; ছাটা লেজওয়ালা পশু ; (2) *v.t.* পশুর লেজ ছাঁটিয়া দেওয়া । *n.* **bob°wig**—কোঁকড়ানো খাটো পরচুলাবিশেষ । [Gael, *baban* ?]

Bobadil [bo°-ba-dil, ব°ব্যাডিল্] *n.* a braggart, মিথ্যা বড়াইকারী ব্যক্তি । [a character in Ben Jonson's *Every Man in his Humour*]

bobbed—see **bob$_2$.**

bobbery [bo°-ba-ri, ব°ব্যারি] (1) *n.* a noisy row, হইচই-পূর্ণ হাঙ্গামা বা ঝগড়া । (2) *a.* noisy, হইচই-পূর্ণ । **bobbery pack**—নানান জাতের শিকারি কুকুরের দল । [Beng. *bap re*]

bobbin [bo°bin, ব°বিন্] *n.* a reel for winding yarn, wire, etc., সুতা তার প্রভৃতি জড়াইয়া রাখিবার জন্য কাটিম । [F. *bobine*]

bobbing, bobbish—see **bob$_2$.**

bobby [bo°bi, ব°বি] *n.* (sl.) a policeman, (অশি.) পাহারাওয়ালা, লালপাগড়ি । [*Sir Robert* (=*Bob*) *Peel*]

bobby-socks, bobby°-sox [bo°-bi-soks, ব°বি-সক্স্] *n. pl.* ankle-socks গোড়ালি অবধি ঢাকা মোজা । **bo°bby-soxer**—(কথ্য.) উদ্ভিন্নযৌবনা নারী, তের হইতে উনিশ বৎসর বয়সের মেয়ে বা কিশোরী । [?]

bobcat, bobsled, bobsleigh bobtail,—see **bob$_2$.**

bode [bōd, বৌড্] *v.t.i.* to portend, ভাবী শুভাশুভের লক্ষণ প্রকাশ করা, পূর্বাভাস দেওয়া । *p. & p. pt.* **bō°dėd** । **(to) bode ill (for)**—(কাহারও পক্ষে) অশুভের লক্ষণ হওয়া । **(to) bode well (for)**—(কাহারও পক্ষে) শুভের লক্ষণ হওয়া । **bō°ding**—(1) *a.* ভাবী শুভাশুভের (বিশেষতঃ অশুভের) লক্ষণপূর্ণ ; (2) *n.* ঐরূপ লক্ষণ । [OE. *bodian* = announce]

bodice [bo°-dis, ব°ডিস্] *n.* woman's tight-fitting upper garment, স্ত্রীলোকের আঁটো জামা-বিশেষ, কাঁচুলি বডিস্ । [orig. *pair of bodies*]

bodiless, bodily—see **body.**

boding—see **bode.**

bodkin [bod°-kin, বড্°কিন্] *n.* a small dagger or pointless needle, একপ্রকার ক্ষুদ্র ছোরা বা স্থূলমুখ সুঁচ, বাডকিন । [?]

body [bo°di, ব°ডি] (1) *n.* the whole frame of a man or any animal, দেহ, শরীর, কায়া ; a corpse, মৃতদেহ, শব ; an upper garment, আঁটো জামাবিশেষ বা বডিস্ ; matter, জিনিস ; a person, ব্যক্তি, জন (any*body*) ; a group, দল ; the main part, প্রধান অংশ বা অঙ্গ (*body* of a document) । (2) *v.t.* to give body to, মূর্ত করা । **in a body**—দলবদ্ধভাবে । **(to) keep body and soul together**—(সচ. কষ্টেসৃষ্টে) প্রাণধারণ করা । *a.* **bo°died**—দেহী, শরীরী । *a.* **bo°dilėss**—অশরীরী, বিদেহী, অমূর্ত । *a.* **bo°dily**—দেহগত, দৈহিক, কায়িক । *n.* **bo°dy-builder**—আসন ইত্যাদি সহ মোটরগাড়ির কাঠামো নির্মাতা ; শরীরের পেশীসমূহ পুষ্ট করিবার জন্য ব্যায়ামের যন্ত্র-বিশেষ । *n.* **bo°dyguard**—দেহরক্ষী । **bodyline bowling**—ক্রিকেটে ব্যাট্স্ম্যানের দেহ লক্ষ্য করিয়া বলনিক্ষেপের রীতি । *n.* **bo°dy-po°litic**—রাজনৈতিক দল বা সঙ্ঘ ; রাষ্ট্রের রাজনীতিবিদ্‌বর্গ ; রাষ্ট্র । *n* **bo°dy-servant**—ব্যক্তিগত পরিচারক, খানসামা । *n.* **b°ody-snatcher**—যে ব্যক্তি ব্যবচ্ছেদের উদ্দেশ্যে গোপনে কবর খুঁড়িয়া শবদেহ চুরি করে । [OE. *bodig*]

Bœotian [bi-ō°-shi-an, বিঔ°শিঅ্যান্] (1) *a.* of Bœotia, গ্রীসের অন্তর্গত বিওশিঅ্যা-প্রদেশের । (2) *n.* an inhabitant of Bœotia, বিওশিঅ্যার অধিবাসী ।

Bœr [booa(r), বুঅ্যা(র্)] *n.* a South African of Dutch descent, দক্ষিণ-আফ্রিকায় উপনিবেশিত ওলন্দাজ-বংশধর । [Du.]

boffin [bo°-fin, ব°ফিন্] *n.* (sl.) a technician or scientist, (অশি.) যন্ত্রশিল্পী বা বিজ্ঞানী । [?]

bog [bog, বগ্] (1) *n.* a marsh, জলা, বিল ; a quagmire, পাঁকে-ভরা পুষ্করিণী ; (vulg.) latrine, (অশ্লীল) পায়খানা । (2) *v.t.i.* to sink or be trapped in a bog, পাঁকে নিমগ্ন করা বা হওয়া, কর্দমাক্ত স্থানে আটকাইয়া যাওয়া ; to be unable to make progress, অগ্রগতি করিতে অক্ষম হওয়া (discussions on the bill have *bogged* down) । *pr. pt.* **bo°gging ;** *p. & p. pt.* **bo°gged** । *n.* **bo°gginėss** । *a.* **bo°ggy**—জলাময় ; পাঁকে-ভরা । [Gael, *bogach* < *bog* = soft]

bogey—see **bogie** and **bogy.**

boggle [bog°l, বগ্°ল্] *v.i.* to start with fright, ভয়ে চমকাইয়া ওঠা ; to hesitate, ইতস্ততঃ করা । [see *bogle*]

boggy—see **bog.**

bogie, bogey [bō°-gi, বৌ°গি] *n.* a trolley, ঠেলাগাড়িবিশেষ ; an undercarriage of a railway train, রেলের বগি । [?]

bogle [bōg°l, বৌগ্°ল্] *n.* a goblin, ভূত । [Scot.]

bogus [bō°-gas, বৌ°গ্যাস্] *a.* sham, মিথ্যা, বাজে ; counterfeit, জাল, মেকি । [Am.]

bog(e)y [bō°gi, বৌ°গি] *n.* a goblin, ভূত ; the devil, শয়তান। [cp. *bogle*]

Bohemian [bŏ-hē°-mi-an, বোহী°মিয়ান্] (**1**) *a.* of Bohemia, বোহীমিয়া-দেশীয় ; vagrant, ভবঘুরে ; socially unconventional, সামাজিক রীতিনীতি-বিরুদ্ধ ; of loose and irregular habits, ছন্নছাড়া। (**2**) *n.* a native of Bohemia, বোহীমিয়ার অধিবাসী ; a gypsy, যাযাবর, ভবঘুরে, বেদে ; a person of loose or irregular habits, ছন্নছাড়া ব্যক্তি। *n.* **Bŏhē°mianism**—যাযাবরবৃত্তি ; ছন্নছাড়া স্বভাব। [F. *bohemien*=a gypsy]

boil₁ [boyl, বয়্ল্] *n.* an inflamed suppurating tumour, ফোঁড়া, বিস্ফোটক। [OE. *byl*—cp. G. *beule*]

boil₂ [boyl, বয়্ল্] (**1**) *v.t.i.* to bubble up with heat, উত্তাপে টগ্‌বগ্ করিয়া ফোটান বা ফোটা ; to cook or be cooked in hot water, গরম জলে সিদ্ধ করা বা হওয়া অথবা পাক করা বা হওয়া। (**2**) *v.i.* to be agitated, উত্তেজিত হওয়া (to *boil* with anger ; it makes my blood *boil*)। (**3**) *n.* a state of boiling, উত্তাপে টগ্‌বগ্ করিয়া ফোটা, গরম জলে সিদ্ধ করা বা সিদ্ধ হওয়া (to be on the *boil*)। **(to) boil away**—তাপে ফুটিতে থাকা ; তাপে ফুটিতে ফুটিতে উবিয়া যাওয়া। **(to) boil down**—তাপে ফুটিতে ফুটিতে কমিয়া যাওয়া ; ক্রমে ক্রমে কমিয়া বা শান্ত হইয়া যাওয়া। **(to) boil** (something) **down**—তাপে ফুটাইয়া কমান ; (আল.) সংক্ষেপিত করা, কলেবর হ্রাস করা (to *boil down* an essay)। **(to) boil over**—তাপে ফুটিতে ফুটিতে উথলাইয়া পড়া। *n.* **boi°ler**—সিদ্ধকার ; সিদ্ধ করার জন্য বা জল গরম করার জন্য পাত্র বা চোঙ, এন্‌জিনের বয়লার। **boi°ling**—(**1**) *n.* উত্তাপে টগ্‌বগ্ করিয়া ফোটা ; গরম জলে সিদ্ধ করা বা পাক করা ; (**2**) *a.* উত্তাপে টগ্‌বগ্ করিয়া ফুটিতেছে এমন। **boiling hot**—অত্যন্ত গরম। *n.* **boi°ling-point**—যে পরিমাণ তাপ পাইলে তরল পদার্থ টগ্‌বগ্ করিয়া ফুটিতে আরম্ভ করে, স্ফুটনাঙ্ক। [OF. *boillir*<L. *bullire*<*bulla*=a bubble]

boisterous [boys°-t(a)ras, বয়্স্°ট্র্যাস্] *a.* noisy, হইচইপূর্ণ ; turbulent, প্রচণ্ড, ভীম। *adv.* **bois°terously**। *n.* **bois°terousness**। [ME. *boistous*<?]

boko [bō°-kō, বৌ°কৌ] *n.* (sl.) the nose, (অমা.) নাক। [?]

bold [bōld, বৌল্ড্] *a.* courageous, সাহসী ; daring, দুঃসাহসিক ; impudent, ধৃষ্ট ; forward, সপ্রতিভ ; thick and clear, স্থূল ও স্পষ্ট (*bold* letter)। **bold as brass**—ধৃষ্ট ; নির্লজ্জ। **(to) make bold**—সাহসী হওয়া, বিনানুমতিতেই সুযোগগ্রহণ করা (to make *bold* to say)। *a.* **bold°-faced**—ধৃষ্ট, বেহায়া, নির্লজ্জ ; স্থূল ও স্পষ্ট (*bold- faced* types)। *adv.* **bōld°ly**। *n.* **bōld°ness**। [OE. *bald*]

bole [bōl, বৌল্] *n.* a tree-trunk, গাছের গুঁড়ি। [ON. *bohle*=a plank]

bolero [ba-lār°-ō, ব্যালেয়্যার্°ঔ] *n.* Spanish national dance, স্পেইনের জাতীয় নৃত্য। [Sp.]

boll [bōl, বৌল্] *n.* a round seed-vessel, (তুলা শন প্রভৃতির) গোলাকার বীজকোষ। *n.* **boll°-weevil**—তুলাগাছের ক্ষতিসাধক পোকাবিশেষ। [var. of *bowl*]

bollard [bo°-la(r)d, ব°ল্যা(র্)ড্] *n.* a post on a wharf or ship, etc., for securing ropes, (নঙর করার সময়ে) দড়ি বাঁধার জন্য নৌ-ঘাটা বা পোতাদির উপরিস্থ খোঁটা। [<*bole* ?]

bolometer [bō-lo°-mē-ta(r), বৌল°মীট্যা(র্)] *n.* an instrument for measuring radiation, বিকিরণ-পরিমাপক যন্ত্র। [Gk. *bolē*=ray, *metron* =measure]

boloney [bo-lō°-ni, বলৌ°নি] *n.* nonsense, bosh, trash, অর্থহীন কিছু, তুচ্ছ বা বাজে কথা বা বস্তু। [?]

Bolshevik [bol°-sha-vik, বল্°শ্যাভিক্], (sl. contr.) **bolshie, bolshy** [bol°-shi, বল্°শি] (**1**) *n.* a member of the Majority Socialist Party of Russia, রুশিয়ার সংখ্যাগুরু সমাজতান্ত্রিক দলের সভ্য ; the Russian Marxist or Communist Party or a member of it, রুশিয়ার মার্কসীয় বা গণসাম্যবাদী দল অথবা উহার সদস্য ; a Marxian revolutionary, মার্কসবাদী বিপ্লবী। (**2**) *a.* of the Bolshevik Party, বলশেভিকদল-সংক্রান্ত বা উক্ত দলভুক্ত। *n.* **Bol°shevism**—মার্কসীয় গণসাম্যবাদ। *n.* **Bol°shevist**—মার্কসীয় গণসাম্যবাদী। [Russ. *bolshe*=greater]

bolster [bōl°-sta(r), বৌল্°স্ট্যা(র্)] (**1**) *n.* a long pillow or cushion, কোলবালিশ, পাশবালিশ, তাকিয়া। (**2**) *v.t.* to support with a bolster, তাকিয়ায় ঠেস দেওয়ান ; to hold up, খাড়া করান, ঠেস দেওয়ান। *a.* **bōl°stered**—ঠেকনো দেওয়া হইয়াছে এমন ; স্ফীত। [OE.]

bolt [bōlt, বৌল্ট্] (**1**) *n.* a bar to fasten a door, etc., খিল, হুড়কো ; a stout pin with a head, বল্টু ; an arrow of the crossbow, গুল্‌তিজাতীয় ধনুকের তীর ; a thunderbolt, বজ্র ; sudden start, সহসা সবেগে ধাবন। (**2**) *v.t.* to fasten with a bolt, খিল লাগান, বল্টু-দ্বারা আটকান ; to fetter, শৃঙ্খলিত করা ; to discharge like an arrow or thunderbolt, তীরের বা বজ্রের ন্যায় বেগে নিক্ষেপ করা ; to swallow hastily, টপ্ করিয়া গিলিয়া ফেলা। (**3**) *v.i.* to spring or dart, তড়াক্ করিয়া লাফ দেওয়া বা বেগে ছুটিয়া যাওয়া ; to run away, পালাইয়া যাওয়া (to make a *bolt* for it)। *p.* & *p. pt.* **bōl°ted**। **(to) shoot one's (last) bolt**—শেষ চেষ্টা করা। **a bolt from the blue**—বিনা মেঘে বজ্রপাত। *n.* **bōlt°-hōle**—জন্তু-জানোয়ার ছুটিয়া গিয়া নিরাপত্তার জন্য যে গর্তে আশ্রয় লয় ; (আল.) নিরাপদ স্থান। *a.* **bōlt°-upright°**—সম্পূর্ণ ঋজু। [OE.]

bolus [bō-las, বৌল্যাস্] *n.* a large pill or lump, বড় বড়ি বা দলা। [L.]
bomb [bom, বম্] (**1**) *n.* a high explosive projectile, বোমা। (**2**) *v.i.* to throw a bomb, বোমা ছোড়া। (**3**) *v.t.* to throw bombs at, বোমা ছুড়িয়া মারা। *v.t.* **bombard** [bom-bŭ(r)d°, বম্‌বা(র্)ড্°] বোমা ছুড়িয়া বা কামান দাগিয়া আক্রমণ করা অথবা বিধ্বস্ত করা; (আল.) ক্রমাগত প্রতিবাদ করিয়া বা প্রশ্ন করিয়া নাজেহাল করা। *p.* & *p. pt.* **bombar°dėd**। *n.* **bombardier** [bom-ba(r)-de(r)°, বম্‌ব্যা(র্)ডিয়্যা(র্)°] বৃটিশ গোলন্দাজবাহিনীর নিম্নতম পদস্থ সৈনিক। *n.* **bombard°ment**। *n.* **bomb°-bay**—বিমানপোতে বোমা রাখার জন্য কক্ষ। *n.* **bomb°-dispōsal**—নিক্ষেপ করা সত্ত্বেও ফাটে নাই এমন বোমার অপসারণ। **bomber** [bom°-ba(r), বম্°ব্যা(র্)] (**1**) *n.* বোমানিক্ষেপণকারী; বোমারু বিমান; (**2**) *a.* বোমাবর্ষণে ব্যবহৃত, বোমারু। *a.* **bomb°-proōf**—বোমা-নিক্ষেপের ফলে বিধ্বস্ত হয় না এমন, বোমা-প্রতিরোধী। *n.* **bomb°-shell**—কামানের গোলা; (আল.) আকস্মিক ও বিস্ময়কর বস্তু বা ব্যাপার। *n.* **bomb°-sight**—বোমা ছোড়ার নিশানা ঠিক করার জন্য বিমানপোতে যে কল থাকে। [F. *bombe* < Gk. *bombos* = a humming sound]
bombast [bom°-bast, বম্°ব্যাস্‌ট্] *n.* high-sounding language, শব্দাড়ম্বরপূর্ণ ভাষা। *a.* **bombas°tic**—শব্দাড়ম্বরপূর্ণ। *adv.* **bombas°tically**। [LL. *bombax* = cotton]
Bombay duck [bom°-bā duk, বম্°বেই ডাক্] *n.* a kind of fish, the bummalo, রোহিতজাতীয় মৎস্যবিশেষ।
bombe [bawnb, বঁব্] *n.* any cone-shaped dish or sweetmeat, যে কোন শাঙ্কবাকার খাবার বা মিঠাই, (তু.) মঠ। [F.]
Bombyx [bom°-biks, বম্°বিক্‌স্] *n.* the silk-worm genus, রেশমকীটগোত্র। [Gk.]
bona fide [bō°-na-fi°-di, বৌ°ন্যাফাই°ডি] *ph.* genuine, খাঁটি, প্রকৃত; genuinely, খাঁটিভাবে। **bō°na fi°dēs**—সদুদ্দেশ্য; আন্তরিকতা। [L.]
bonanza [bon-an°-za, বনান্°জ়্যা] *n.* prosperity, সমৃদ্ধি, শ্রীবৃদ্ধি; good luck, সৌভাগ্য; a large output (esp. of mines), প্রচুর মূল্যবান উৎপন্ন দ্রব্যাদি (বিশেষতঃ খনিজ)। **bonanza strike**—দৈবাৎ বা অকস্মাৎ মূল্যবান খনিজ পদার্থ আবিষ্কার। [L. *bonus* = good; Sp. = good weather]
bon-bon [bon°-bon, বন্°বন্] *n.* a sweetmeat, মিঠাইবিশেষ। [F. *bon* = good]
bond$_1$ [bond, বন্‌ড্] (**1**) *n.* that which binds, বন্ধনী; a band, পটী, ফিতা; link or union, সম্পর্ক (*bond* of friendship); a written promise, লিখিত প্রতিশ্রুতি, মুচলেকা; a contract, চুক্তি (to enter into a *bond* with); a debenture, ঋণপত্র, তমসুক; a mortgage, বন্ধক। (**2**) *v.i.* to bind with a contract or obligation, চুক্তিবদ্ধ বা শর্তাবদ্ধ করা, মুচলেকাবদ্ধ করা। *p.* & *p. pt.* **bon°dėd**। **bearer bonds**—যে সব সরকারি ঋণপত্রের বাবদ সুদ বাহকমাত্রেই নিতে পারে (তা সে বাহক উক্ত ঋণপত্রের মালিক নাও হইতে পারে)। **bond paper**—উৎকৃষ্ট কাগজবিশেষ। **bonded warehouse**—শুল্ক বা মাশুল আদায় না হওয়া পর্যন্ত যে সরকারি গুদামে মাল রাখা হয়। *n.* **bond°-hōlder**—উত্তমর্ণ। *n.* **bonds-man** [bon(d)z°-man, বন্‌জ়্°-ম্যান্] প্রতিভূ; জামিনদার। *fem.* **bonds°-woman** (also see **bond$_2$**)। [var. of *band*]
bond$_2$ [bond, বন্‌ড্] *a.* in slavery, দাসত্বাবদ্ধ। *n.* **bon°dåge**—দাসত্ববন্ধন। *n.* **bond°man, bondsman** [bon(d)z°-man, বন্‌জ়্°ম্যান্], **bond°-ser°vant**—ক্রীতদাস। *fem.* **bond°-woman, bonds°-woman, bond°-maid**—ক্রীতদাসী (also see **bond$_1$**)। *n.* **bond°-service**—ক্রীতদাসত্ব, গোলামী। *n.* **bond°-slāve**—ক্রীতদাস বা ক্রীতদাসী। [OE. *bonda* = a householder—confused with *bond$_1$*]
bone [bōn, বৌন্] (**1**) *n.* a hard substance forming the skeleton of vertebrate animals, অস্থি, হাড়, (মৎস্যাদির) কাঁটা; (in *pl.*) the body, skeleton or mortal remains, দেহ, কঙ্কাল, দেহাবশেষ। (**2**) *v.t.* to take out of the bones of, হাড় বা কাঁটা ছাড়ান; (*sl.*) to steal, (অমা.) চুরি করা। **a bag of bones**—কৃশকায় বা হাড্ডিসার লোক বা প্রাণী। **a bone of contention**—কলহের কারণ। **bred in the bones**—দৃঢ়মূল, বহুদূর প্রসারিত; বদ্ধমূল। **dry as a bone**—সম্পূর্ণ শুষ্ক (শক্ত ও নীরস)। **old bones**—প্রাচীন শরীর অর্থাৎ বৃদ্ধের দেহ। **not to make old bones**—বৃদ্ধ বয়স পর্যন্ত না বাঁচা; দীর্ঘজীবী না হওয়া। **to the bone**—অন্তরতম-প্রদেশ পর্যন্ত, সম্পূর্ণভাবে, হাড়ে-হাড়ে। **(to) feel in one's bones (that)**—নিশ্চিতভাবে অনুভব করা বা ধারণা করা (যে)। **(to) have a bone to pick (with)**—(কাহারও সহিত) তর্ক করার বা (কাহারও কাছে) নালিস করার মত কোন ব্যাপার থাকা। **(to) make no bones of** or **about**—কোন পরোয়া বা সঙ্কোচ না করা। **skin and bone**—see **skin**। *n.* **bōne°-ash**—ভস্মীভূত দেহের অস্থি, অস্থিভস্ম, দেহভস্ম। *a.* **bō°ned**—অস্থিযুক্ত (big-*boned* = বড় বড় বা মোটা মোটা অস্থিযুক্ত, strong-*boned*); হাড় বা কাঁটা ছাড়াইয়া লওয়া হইয়াছে এমন। *a.* **bōne°-dry**—সম্পূর্ণ শুষ্ক (শক্ত ও নীরস)। *n.* **bone°-dust**—অস্থিচূর্ণ। *n.* **bōne°head**—বোকা লোক। *a.* **bōne°lėss**—অস্থিহীন; (আল.) মেরুদণ্ডহীন, দৃঢ়তাহীন। *n.* **bōne°meal**—সাররূপে ব্যবহৃত অস্থিচূর্ণ। *n.* **bōne°-mill**—অস্থি চূর্ণ করার কারখানা। *n.* **bōne°-setter**—যে হাতুড়ে চিকিৎসক ভাঙ্গা হাড় জোড়া দেয়। *n.* **bōne°-shāker**—বাইসিক্‌ল্; যে

কোন ঝরঝরে গাড়ি। *a.* **bō°ny**—অস্থিময় ; অস্থিসার ; কৃশ; কৃশতনু। [OE. *ban*]

bonfire [bon°-fī(r), বন্‌°ফায়্যা(র্)] *n.* a large open-air fire to celebrate public rejoicing, জনসাধারণের আনন্দোৎসব-উপলক্ষে উন্মুক্ত স্থানে প্রজ্বালিত অগ্নিকুণ্ড, বহ্ন্যুৎসব। **to make a bonfire of**—পুড়াইয়া নষ্ট করা ; অব্যাহতি লাভ করা। [*bon-fire*]

bonhomie [bon°-o-mē, বন্‌°অমী] *n.* geniality, অমায়িকতা, সদাহাস্যপরায়ণ স্বভাব। [F.]

boniface [bo°-ni-fās, ব°নিফেইস্] *n.* an innkeeper, সরাইওয়ালা, হোটেলওয়ালা। [a character in Farquhar's *Beaux' Stratagem*]

bonito [bŏ-nē°-tō, বোনী°টৌ] *n.* a tunny of large kinds, বড় জাতের টুনি-মাছ। [Sp.]

bonkers [bong°-ka(r)z, বং°ক্যা(র্)জ্] *pred. a.* (sl.) slightly drunk, (অমা.) ঈষৎ পানোন্মত্ত ; crazy, পাগলাটে। **stark** or **raving bonkers**—সম্পূর্ণ উন্মাদ, বদ্ধপাগল। [?]

bon mot [bawng mō, ব্যং মৌ] *ph.* witty saying, বুদ্ধিপূর্ণ বা কৌশলী উক্তি, ঘোরান কথা। *pl.* **bons mots**। [F.]

bonnet [bo°-nit, ব°নিট্] (**1**) *n.* a kind of head-dress, (সচ. স্ত্রীলোকের) মাথার নরম ঢাকনা-বিশেষ, শিরাবরণ ; the cover of the engine of a motor-car, etc., মোটর-গাড়ির এবং অন্যান্য কতিপয় মেশিনের এন্‌জিনের ঢাকনা। (**2**) *v.t.* to cover with a bonnet, শিরাবরণ দিয়া ঢাকা। [OF. < LL. *bonnetum* = the name of a stuff]

bonny, bonnie [bo°-ni, ব°নি] *a.* comely, সুন্দর, সুদর্শন ; plump, হৃষ্টপুষ্ট, নাদুসনুদুস ; cheerful, হাসিখুশি (a *bonny* baby or face)। *adv.* **bonnily**—সন্তোষজনকভাবে। [?]

bon ton [bawng tawng, ব্যং ট্যং] *n.* a novel fashion recently introduced, সদ্যপ্রচলিত অভিনব রীতি বা ধরন। [F.]

bonus [bō°-nas, বৌ°ন্যাস্] *n.* an extra dividend paid to the shareholders, policy-holders, etc., অংশীদার বিমাকারী প্রভৃতির মধ্যে বণ্টিত অতিরিক্ত লভ্যাংশ ; a share of profit paid to the employees of a firm, ব্যবসায়-প্রতিষ্ঠানের কর্মচারীদের মধ্যে তাহাদের বেতন বাদেও লাভের যে অংশ বণ্টন করিয়া দেওয়া হয়। [L. *bonus* = good]

bony—see **bone.**

bonze [bonz, বন্‌জ্] *n.* a Buddhist priest, বৌদ্ধ পুরোহিত। [Jap. *bonz* = a priest]

boo [boo, বূ] (**1**) *n.* & *int.* an expression of disapprobation or contempt, অনুমোদন বা অবজ্ঞা প্রকাশক শব্দ, দুর-দুর, ছি-ছি, টিটকারি। (**2**) *v.t.i.* to hoot, টিটকারি দেওয়া, দুর-দুর বা ছি-ছি করা। [imit]

booby [boo°-bi, বূ°বি] *n.* a silly dull-witted fellow, হাবাগবা লোক, গণ্ডমূর্খ ব্যক্তি। *a.* **boo°byish**—হাবাগবা, বোকাটে। *n.* **boo°by-prize**—সর্বাপেক্ষা অকৃতিত্ব প্রদর্শনের জন্য প্রদত্ত পুরস্কার। *n.* **boo°by-trap**—কক্ষে প্রবেশকারীকে দুয়ারের কাছেই আছাড় খাওয়াইয়া মজা দেখিবার জন্য যে ফাঁদ পাতা হয়। [Sp. *bobo* = a dolt]

boodle [boodl°l, বূড্‌°ল্] *n.* a crowd, ভিড় ; a political bribe, রাজনৈতিক ঘুস। [Du. *boedel* = property]

book [book, বুক্] (**1**) *n.* sheets of paper, printed or unprinted, bound together, বই, পুস্তক, গ্রন্থ, কেতাব, খাতা ; a division of a volume or composition, গ্রন্থাদির খণ্ড বা অধ্যায় ; the Bible, খ্রিষ্টীয় ধর্মগ্রন্থ ; (usu. in *pl.*) a scripture or any authoritative composition, শাস্ত্র বা প্রামাণিক গ্রন্থ (it is in the *books*) ; a record of accounts, জমাখরচের বা হিসাবের খাতা ; (in *pl.*) formal accounts of transaction, জমাখরচ, হিসাবনিকাশ, খতিয়ান ; a record of bettings, বাজির বা জুয়ার হিসাবের খাতা। (**2**) *v.t.* to enter in a book, লিপিবদ্ধ করা ; to engage in advance, পূর্বাহ্নে স্থান সংগ্রহ করিয়া রাখা অর্থাৎ থিয়েটার বায়োস্কোপ রেলগাড়ি প্রভৃতির টিকিট কাটিয়া রাখা ; to purchase a ticket, টিকিট কেনা বা কাটা। *p.* & *p. pt.* **boo°ked**। **(the) Book**—বাইবেল। **in one's bad** or **black books**—কাহারও বিরাগে পতিত। **in one's good book**—কাহারও সুনজরে পতিত। **(to) bring to books**—কৈফিয়ত চাওয়া বা লওয়া বা দিতে বাধ্য করান। *n.* **book°-account°**—জমাখরচের খাতায় লিপিবদ্ধ পাওনাদেনার হিসাব। *n.* **book°binder**—যে ব্যক্তি বই খাতা প্রভৃতি বাঁধাই করে, দফতরি। **bookbinder's workshop**—দফতরিখানা। *n.* **book°binding**—পুস্তকাদি বাঁধাই, দফতরিগিরি। *n.* **book°cāse**—বই রাখিবার শেল্‌ফ বা আলমারি। *n.* **book°-debt**—জমাখরচের খাতানুযায়ী বিক্রেতার পাওনা। *n.* **book°end**—টেবিল প্রভৃতির উপর বই খাড়া করিয়া রাখার জন্য ঠেকনো। *n.* **book°-hun°ter**—যে ব্যক্তি দুষ্প্রাপ্য পুস্তকসমূহ খুঁজিয়া বেড়ায়। *n.* **boo°kie**—same as **book-maker**। *n.* **book°-ing-clerk°**—টিকিট-বিক্রেতা। *n.* **book°ing-off°ice**—টিকিট বিক্রয়ের অফিস ; টিকিটঘর। *a.* **book°ish**—গ্রন্থপাঠাসক্ত ; পুঁথিগত, কেতাবি। *n.* **book°-keeper**—হিসাব-রক্ষক, জমানবিস, খাজাঞ্চি। *n.* **book°-keeping**—হিসাব-রক্ষণ। *n.* **book°-land**—সরকারি আদেশবলে ব্যক্তিবিশেষকে প্রদত্ত সরকারি খাস-জমি। *n.* **book°-learning**—পুঁথিগত বিদ্যা। *n.* **book°lėt**—ক্ষুদ্র পুস্তক, পুস্তিকা। *n.* **book°-māker**—ঘোড়দৌড়ের পেশাদার জুয়াড়ি : ইহার নিকটেই সাধারণ লোকে বাজি ধরে। *n.* **book°-man**—পণ্ডিত ; সাহিত্যিক। *n.* **book°mark(er)**—যদ্দ্বারা পুস্তকের অধীত অংশ চিহ্নিত করিয়া রাখা হয়। *a.* **book°-mīndėd**—সর্ববিষয়ে পুঁথির কথার সাহায্য খোঁজে বা তাহা মানিয়া লইতে চাহে এমন। *n.* **book°plāte**—পুস্তকের মালিকের নাম-ধাম সংবলিত

যে কাগজখণ্ড পুস্তকের মধ্যে আটকাইয়া দেওয়া হয়। *n.* **book°pōst**—পুস্তক ও অনুরূপ কাগজপত্র ডাকযোগে প্রেরণের ব্যবস্থা। *n.* **book°seller**—পুস্তকবিক্রেতা; (মূলতঃ) পুস্তকপ্রকাশক। *n.* **book°-shelf**—পুস্তক রাখিবার তাক বা আলমারি। *pl.* **book°-shelveṡ**। *n.* **book°-shop**—বইয়ের দোকান। *n.* **book°-stall**—উন্মুক্ত স্থানে পুস্তক-বিক্রয়ের দোকান। *n.* **book°-stand**—উন্মুক্ত স্থানে পুস্তকবিক্রয়ের দোকান; বইয়ের তাক। *n.* **book°-trāde**—পুস্তক প্রকাশের ও বিক্রয়ের ব্যবসায়। *n.* **book°-worm**—গ্রন্থকীট, উইপোকা; যে ব্যক্তি প্রায় সময়ই অধ্যয়নে রত থাকে। [OE. *boc*]

boolean algebra [bo͞o°le-an al°ji-bra, বূ°লী-অ্যান অ্যাল্°জিব্র্যা] *n.* an algebra closely related to logic in which the symbols do not represent arithmetical quantities, ন্যায়শাস্ত্রের সহিত ঘনিষ্ঠভাবে সম্পর্কান্বিত বীজগণিত: ইহাতে ব্যবহৃত সাঙ্কেতিক চিহ্নসমূহ পাটীগণিতের সংখ্যার প্রতীক নহে। [Named after George *Boole* (1815—1864)]

boom₁ [bo͞om, বূম্] **(1)** *v.i.* to rush on, বেগে ছুটিয়া যাওয়া; to prosper suddenly, হঠাৎ সমৃদ্ধ হওয়া, (বাজার-সম্বন্ধে) সহসা গরম হওয়া অর্থাৎ ক্রয়-বিক্রয় বৃদ্ধি পাওয়া। **(2)** *n.* a sudden rise in business activity, ক্রয়-বিক্রয়ের আকস্মিক বৃদ্ধি (cp. **slump**)। [see *boom₂*]

boom₂ [bo͞om, বূম্] **(1)** *n.* a hollow roar, গুরুগম্ভীর গর্জন, গুম্‌গুম্ শব্দ। **(2)** *v.t.* to make a hollow roar, গুরুগম্ভীর গর্জন করা। *a.* **boom°-ing**—গুরুগর্জনকর, গুম্‌গুম্ শব্দকর। [imi.]

boomerang [bo͞o°-ma-rang, বূ°ম্যার্যাং] *n.* an Australian missile, অস্ট্রেলিয়ার ক্ষেপণাস্ত্রবিশেষ: ইহা নিক্ষেপকারীর নিকট ফিরিয়া আসে; (fig.) an act or argument that recoils upon the author, যে কাজের বা যুক্তির ফলে কর্মকর্তা বা যুক্তি-প্রদর্শক নিজেই জড়াইয়া পড়ে। [Aus.]

boon₁ [bo͞on, বূন্] *n.* a gift or favour, বর, অনুগ্রহ; a blessing, আশীর্বাদ; a request, অনুরোধ, প্রার্থনা। [OE. *ben* < ON. *bon* = prayer]

boon₂ [bo͞on, বূন্] *a.* bounteous, দানশীল; benign, মঙ্গলময়; congenial, সমভাবাপন্ন (a *boon* companion); jolly, হাসিখুশি। [F. *bon* < L. *bonus*]

Boor₁—alt. spell. of **Bœr**.

boor₂ [bo͞oa(r), বূয়্যা(র্)] *n.* a peasant, চাষা; a coarse person, বর্বর বা অসভ্য ব্যক্তি। *a.* **boor°ish**—চাষাড়ে; গেঁয়ো; বর্বর, অভব্য। *adv.* **boor°ishly**। *n.* **boor°ishness**। [Du. *boer*—influenced by OE. *bur*, *gebur* = a farmer]

boost [bo͞ost, বূস্ট্] **(1)** *v.t.* to shove, সম্মুখে ঠেলিয়া দেওয়া; to advertise, প্রচার করা; to help to promote, উন্নতিসাধনে সাহায্য করা; to increase the value, reputation, etc. (of a thing or person), (বস্তু বা ব্যক্তির) মূল্য খ্যাতি প্রভৃতি বৃদ্ধি করা। *p.* & *p. pt.* **bo͞os°tėd**। **(2)** *n.* a pushing forward, সম্মুখে ঠেলিয়া দেওয়া বা উন্নতিসাধন। *n.* **boost°er**—(পদার্থ.) বৈদ্যুতিক শক্তির পরিমাণ বৃদ্ধির যন্ত্রাদি বা কৌশল (a *booster* rocket); টিকাদির শক্তি বা কার্যকারিতা বৃদ্ধির জন্য নির্দিষ্ট মাত্রায় পরবর্তী ইনজেকশন (a *booster* injection)। [?]

boot₁ [bo͞ot, বূট্] **(1)** *n.* an advantage or profit, সুবিধা, লাভ। **(2)** *v.t.* to profit or advantage, লাভবান্ করান, সুবিধা দেওয়া। *a.* **bo͞ot°lėss**—লাভহীন; নিষ্ফল। **to boot**—অধিকন্তু। [OE. *bot* = compensation]

boot₂ [bo͞ot, বূট্] **(1)** *n.* a footwear, বুটজুতা। **(2)** *v.t.* to put on boots, বুটজুতা পরা; to kick, লাথি মারা; to dismiss, কর্মচ্যুত করা, বিতাড়িত করা। **high boots**—যে বুটজুতায় প্রায় হাঁটু পর্যন্ত ঢাকা পড়ে। **the boot is on the other leg**—দায়িত্বাদি এখন অপরের হাতে। **(to) die in one's boots**—চলিতে-ফিরিতে (অর্থাৎ শায়িতাবস্থায় নহে) হঠাৎ মারা যাওয়া। **(to) get the boots**—(অশি.) লাথি খাইয়া বিতাড়িত হওয়া, বরখাস্ত হওয়া। **(to) give one the boots**—(অশি.) লাথি মারিয়া বাহির করিয়া দেওয়া, বরখাস্ত করা। *n.* **bo͞ot°-black**—জুতার কালি। *a.* **bo͞o°tėd**—বুটজুতা-পরিহিত: অশ্বারোহণের জন্য সজ্জিত। *n.* **bo͞o°tee**—শিশুদের জন্য পশমে বোনা জুতা। *n.* **bo͞ot°jack**—বুটজুতা পরায় ও খোলায় সুবিধার জন্য ব্যবহৃত যন্ত্র-বিশেষ। *n.* **bo͞ot°-lāce**—জুতার ফিতা। *n.* **bo͞ot°-last, boot°-tree**—জুতার আকার বজায় রাখিবার জন্য উহার মধ্যে যে কাঠের ছাঁচ ঢুকাইয়া রাখা হয়, কালবুদ। *n.* **bo͞ot°-legger**—(মূলতঃ) যে ব্যক্তি বুটজুতার মধ্যে মদের বোতল লুকাইয়া বেআইনি আমদানি-রপ্তানি করে; যে ব্যক্তি বেআইনিভাবে (প্রধানতঃ মাদকদ্রব্যের) আমদানি-রপ্তানি করে। *a.* **bo͞ot°lėss**—জুতাহীন, নগ্নপদ; অফলপ্রসূ, অনর্থক (*bootless* to complain)। *n.* **bo͞ot°licker**—পা-চাটা লোক, হীন মোসাহেব। *n.* **bo͞ot°-māker**—জুতা প্রস্তুতকারক, মুচি। *n.* **bo͞ots**—সরাইখানার জুতা পরিষ্কারক ও সংবাদবাহী ভৃত্য। [OF. *bote* < LL. *botta*, *bota*]

booth [bo͞odh, বূদ্] *n.* a hut, কুঁড়েঘর; a small shop or stall of simple construction, সাধারণভাবে নির্মিত ছোট দোকানঘর (প্রায়শঃ চালাঘর), মেলা হাট প্রভৃতি স্থানে অস্থায়ী দোকানঘর; a polling office, ভোটদানের দফতর (a polling *booth*)। [ON. *buth* ?]

booty [bo͞o°-ti, বূ°টি] *n.* plunder, যুদ্ধে লুণ্ঠিত দ্রব্য, লুঠের মাল; a trophy, প্রতিযোগিতায় জয়-লাভের ফলে অর্জিত পুরস্কার। [ON. *byti* = share]

booze [bo͞oz, বূজ্] **(1)** *v.i.* to drink deeply, প্রচুরপরিমাণে মদ্যপান করা। **(2)** *n.* a drink, মদ্য, সুরা; a drinking bout, মদ্যপানোৎসব (to go on the *booze*)। *n.* **bo͞o°zer**। *a.* **bo͞o°zy**—মদ্যপ; আসবপ্রমত্ত, নেশায় বুঁদ। [Du. *buysen* (*v.*)]

bo-peep [bō-pep°, বৌপীপ্°] *n.* hide-and-seek play, লুকোচুরি-খেলা।

boracic—see **borax.**

borax [baw°-raks, ব্য°র‍্যাক্‌স্] *n.* a native salt, সোহাগা। *a.* **boracic** [bŏ-ra°-sik, বোর‍্যা°সিক্], **bo°ric**—সোহাগাঘটিত। **boric** or **boracic acid**—সোহাগাম্ল।

Bordeaux [baw(r)-dō°, ব্য(র্)ডৌ°] *n.* claret, উচ্চশ্রেণীর মদ্যবিশেষ। [*Bordeaux* in France]

bordel [bo(r)°del, ব(র্)°ডেল্], **bordello** [bo(r)°-de-lō, ব(র্)°ডেলৌ] *n.* brothel, বেশ্যালয়। [L. *borda*, It.]

border [baw(r)°-da(r), ব্য(র্)°ড্যা(র্)] (**1**) *n.* edge or margin, কিনারা, প্রান্ত ; the frontier of a country, দেশের সীমান্ত ; a piece of ornamental edging, বস্ত্রাদির পাড় আঁচলা লেস প্রভৃতি। (**2**) *a.* of or on the border, সীমান্তসংক্রান্ত, সীমান্তবর্তী, সীমান্তবাসী। (**3**) *v.i.* to come near or to be adjacent, নিকটবর্তী বা সন্নিহিত হওয়া (to *border* on, to *border* upon)। (**4**) *v.t.* to provide a border, সীমানা দাগাইয়া দেওয়া ; (বস্ত্রাদিতে) পাড় আঁচলা প্রভৃতি লাগান ; to bound, বেষ্টন করা। **(the) Border**—ইংল্যানড ও স্কটল্যাণ্ডের মধ্যবর্তী সীমানা বা অঞ্চল। *n.* **bor°derer**—সীমান্তের অধিবাসী। *n.* **bor°derland**—সীমান্তপ্রদেশ। *a.* **bor°derless**—পাড় আঁচলা প্রভৃতি নাই এমন। *n.* **bor°derline**—(**1**) সীমারেখা, সীমান্তরেখা। (**2**) অনিশ্চিত, (বিশে. পাগলামির) অতি সন্নিকটে (*borderline* case)। [OF. *bodure*—cp. *board*]

bore$_1$—see **bear$_1$.**

bore$_2$ [baw(r), ব্য(র্)] *n.* eagre, নদ্যাদির জোয়ারকালীন বান। [OE. *bara* = a wave]

bore$_3$ [baw(r), ব্য(র্)] (**1**) *v.t.* to make a hole by piercing, ছিদ্র করা, বেঁধা। (**2**) a hole made by piercing, ছিদ্র, ফুটা ; the diameter of a tube or any tubiform object, চোঙ্গের ব্যাস বা চোঙ্গের ন্যায় বস্তুর ব্যাস (six-*bore* gun)। *n.* **bo°rer**—ছিদ্র করিবার যন্ত্র, বিঁধন-যন্ত্র ; যে ব্যক্তি ছিদ্র করে ; কাষ্ঠে ছিদ্রকারী কীটবিশেষ। [OE. *borian*]

bore$_4$ [baw(r) ব্য(র্)] (**1**) *v.t.* to weary or annoy by tediousness, একঘেঁয়েমির দ্বারা ক্লান্ত বা বিরক্ত করা। (**2**) *n.* a wearisome person or thing, বিরক্তিকর ব্যক্তি বা বস্তু। *n.* **bore°dom**—একঘেঁয়েমি-জনিত বিরক্তি। *a.* **bo°ring**—বিরক্তিকর, ক্লান্তিকর। [?]

boreal, borealis—see **Boreas.**

Boreas [bo°-ri-as, ব°রিঅ্যাস্] *n.* the north wind personified, (ব্যক্তিরূপে কল্পিত) উত্তরবায়ু। *a.* **bo°real**—উত্তরদিক্-সংক্রান্ত। *a.* **borealis** [baw-ri-ā°-lis, ব্যরিএই°লিস্] উত্তরদিকস্থ, উত্তুরে, অবাচী (Aurora *Borealis*)। [Gk.]

boredom—see **bore$_4$.**

boric—see **borax.**

born, borne—see **bear$_1$.**

boron [bō°-ron, বৌ°রন্] *n.* (*chem.*) non-metallic element, (রসা.) অধাতব উপাদান বিশেষ (symbol B)। [from *borax*]

borough [bu°-ra, বা°র‍্যা] *n.* a corporation or municipal town, যে নগরে পৌরসভা বা পৌরসঙ্ঘ আছে ; a town that sends representative to parliament, লোকসভায় প্রতিনিধি প্রেরণের অধিকারপ্রাপ্ত নগর। *n.* **bo°rough-Eng°lish**—ইংল্যাণ্ডের অঞ্চলবিশেষে কনিষ্ঠ পুত্রকে জমির উত্তরাধিকারদানের বিধি। [OE. *burg*, *burh* = a city]

borrow [bo°-rō, ব°রৌ] *v.t.i.* to obtain on loan or trust, ঋণরূপে গ্রহণ করা, ধার বা কর্জ লওয়া ; to adopt from another, (রচনা মত ভঙ্গি প্রভৃতি) পরের নিকট হইতে গ্রহণ করা ; to copy, অনুকরণ করা। *n.* **bo°rrower**—অধমর্ণ, দেনদার। [OE. *borgian* < *borg*, *borth* = a pledge, security]

Borstal system [baw(r)°stl sis°-tim, ব্য(র্)°স্‌ট্‌ল্ সিস্°টিম্] a system of imprisoning and correcting young criminals, অপ্রাপ্তবয়স্ক অপরাধীদের কারারুদ্ধ করিয়া সংশোধনের ব্যবস্থাবিশেষ। [*Borstal* in Rochester]

boscage [bos°-kij, বস্°কিজ্] *n.* thick foliage, ঘন ঝোপ ; woodland, বৃক্ষপরিশোভিত স্থান, কুঞ্জ। [F.]

bosh [bosh, বশ্] *n.* & *int.* nonsense or foolish talk or writing, অর্থহীন বা মূর্খতাপূর্ণ কথাবার্তা অথবা রচনা। [Turk. *bosh* = worthless]

bosk [bosk, বস্‌ক্] **bos°ket**—*n.* a thicket, কুঞ্জ ; ঝোপ ; a grove, কুঞ্জ ; a plantation, খেত। *a.* **bos°ky**—ঝোপ-পূর্ণ ; কুঞ্জময়। [cp. *boscage*]

bo's'n, bos'n—contr. spell.s of **boatswain.**

bosom [boo°-zam, বু°জ্যাম্] *n.* the breast of a human being, বক্ষ ; the heart, হৃদয়, অন্তর। **bosom friend**—অন্তরঙ্গ বন্ধু। [OE. *bosm*]

boss$_1$ [bos, বস্] (**1**) *n.* a leader, নেতা, সরদার ; an employer, মনিব ; a foreman or superior officer, সরদার শ্রমিক বা উপরওয়ালা। (**2**) *v.t.* to manage or control, পরিচালনা বা নিয়ন্ত্রণ করা ; to domineer over, কর্তৃত্ব করা (to *boss* the show)। *p.* & *p. pt.* **bo°ssed**। **(to) boss about** or **around**—হুকুমজারি করা, হুকুম চালান। *a.* **boss°y**—কর্তৃত্বপ্রিয়, প্রভুত্বব্যঞ্জক। [Du. *baas* = master]

boss$_2$ [bos, বস্] *n.* a knob or stud, (দেরাজ দরজা কবাট প্রভৃতি সংলগ্ন) খোব্‌না বা অনুরূপ কোন বস্তু ; a raised ornament, জমি হইতে উঁচু-করা অলঙ্করণ। *a.* **bo°ssed**—স্থানে স্থানে উঁচু-করা। [OF. *boce* < OHG. *bozan* = to beat]

boss-eyed [bos°-īd, বস্°আইড্] *a.* (sl.) blind in one eye, এক-চোখ কানা ; squint-eyed, টেরাচোখো। [?]

bosun—contr. spell. of **boatswain.**

botany [bo°-ta-ni, ব°ট্যানি] *n.* the science of plants, উদ্ভিদ্‌বিদ্যা। **Botany Bay**—(ক্যাপটেন কুক কর্তৃক আবিষ্কৃত ও আখ্যাত) অষ্ট্রেলিয়ায় নির্বাসিত অপরাধীদের প্রসিদ্ধ উপনিবেশ ; অপরাধীদের যে-কোন উপনিবেশ। *adjs.* **bŏta°nic, bŏta°nical**—উদ্ভিদ্‌-বিদ্যাসংক্রান্ত। *n.* **bo°tanist**—উদ্ভিদ্‌বিজ্ঞানী। *v.t.* **bo°tanīze**—গবেষণার্থ প্রয়োজনীয় তরুলতার সন্ধান করা এবং সংগ্রহ করা। [Gk. *botanē* = grass]

botch [botch, বচ্] (**I**) *n.* a swelling on the skin, ফোসকা, ফুসকুড়ি ; a boil, ফোড়া, স্ফোটক, ব্রণ ; a blemish, কলঙ্কচিহ্ন, বিশ্রী দাগ ; a clumsy patch, যেমন-তেমনভাবে লাগান তালি ; an ill-finished work, জেবড়াভাবে নিষ্পন্ন কর্ম। (**2**) *v.t.i.* to patch or mend clumsily, যেমন-তেমন করিয়া তালি লাগান বা মেরামত করা ; to bungle, বিশৃঙ্খল করিয়া ফেলা, তালগোল পাকান। *p.* & *p. pt.* **bo°tched**। *n.* **bo°tcher**। **bo°tchy**—ফোসকা-পূর্ণ ; ব্রণময় ; বিশ্রী দাগে ভরা ; যেমন-তেমন করিয়া লাগান, তালিতে ভরা। [OF. *boche* = ulcer ?]

both [bōth, বৌথ্] (**I**) *a.* & *pron.* the one and the other, either, উভয়, দুইজনই। (**2**) *adv.* & *con.* as well, উভয়তঃ, ইহাও। [ON. *bathar*]

bother [bo°-dha(r), ব°দ্যা(র্)] (**I**) *v.t.* to vex, tease or perplex, বিরক্ত করা, জ্বালাতন করা, বিব্রত করা। (**2**) *v.i.* to take trouble, to worry, কষ্ট করা, মাথা ঘামান। (**3**) *n.* vexation or perplexity, বিরক্তি, বিব্রত ভাব। **(to) bother oneself about, (to) bother one's head about**—কোন বিষয়ে উদ্বিগ্ন হওয়া বা দুশ্চিন্তা করা। *n.* **botherā°tion**—(কথ্য.) বিরক্তি, বিব্রত ভাব। *a.* **bo°thersome**—বিরক্তিকর, বিব্রত করে এমন। [?]

bo-tree [bō°-trē, বৌ°ট্রী] *n.* বোধিবৃক্ষ, বোধিদ্রুম। [Cey. *bo* < Sans. *bodhi*]

bottle [bot°l, বট্‌°ল্] (**I**) *n.* a vessel for liquids, বোতল ; such a vessel containing wine, মদ্যপূর্ণ বোতল। (**2**) *v.t.* to put in this vessel, বোতলে পোরা। **(to) bottle up**—বোতলে ভরা ; (আল.) থামাইয়া রাখা, গোপন করা। **brought up on the bottle**—(শিশু-সম্বন্ধে) মাইপোষ খাইয়া (অর্থাৎ মাতৃস্তন্য পান করিয়া নহে) বড় হইয়াছে এমন। **too fond of the bottle**—পানাসক্ত। *n.* **bott°le-gourd**—লাউ। *a.* & *n.* **bott°le-green**—(বোতল তৈয়ারী করিতে ব্যবহৃত কাচের ন্যায়) কৃষ্ণসবুজ বা ঘনশ্যাম বর্ণ। *n.* **bott°le-neck**—পথাদির যে সঙ্কীর্ণ অংশে যানবাহনের অবাধগতি প্রায়ই বাধাপ্রাপ্ত হয় ; পণ্যাদি উৎপাদনের পথে বাধা ; কোন কাজ আটকাইয়া গিয়াছে এমন অবস্থা। *n.* **bott°le-washer**—শূন্য বোতল ধাবনকারী ; সর্বকর্ম সম্পাদনার্থ ভৃত্য। [OF. *bouteille* < *bottle*]

bottom [bo°-tam, ব°ট্যাম্] (**I**) *n.* the lowest part or surface, তলদেশ ; the root, foot, trunk, pedestal, foundation, etc., মূলদেশ, নিম্নদেশ, গোড়া বা গুঁড়ি, পীঠিকা, ভিত ; the lower part of the body, দেহের নিম্নাংশ, অধমাঙ্গ ; the bed of a river, sea, mine, etc., নদী সমুদ্র খনি প্রভৃতির গর্ভ বা ঐ গর্ভতলস্থ মৃত্তিকাময় জমি ; the lower part of a ship, boat, etc., পোতাদির তলদেশ ; a ship, জাহাজ, পোত ('My ventures are not in one *bottom* trusted') ; the seat of a sitting stool, চেয়ার টুল প্রভৃতির যে অংশে বসা হয় ; the part of a vessel supporting its contents, পাত্র বাসনকোসন প্রভৃতির তলি ; the least dignified position, সর্বনিম্ন সম্মানিত স্থান (his name was at the *bottom* of successful candidates) ; the inmost part, অন্তরতম প্রদেশ (*bottom* of one's heart) ; beginning or original cause, প্রারম্ভ, মূল কারণ (to get to the *bottom* of a disease)। (**2**) *a.* undermost, সর্বনিম্ন। (**3**) *v.t.* to furnish with a bottom, তলি লাগান। (**4**) *v.i.* to reach the bottom, তলদেশে পৌঁছান, তল বা থই পাওয়া। **at bottom**—মূলতঃ। **at the bottom of**—মূলে ; মূল কারণ-স্বরূপ। **(to) get to the bottom of**—ব্যাপক অনুসন্ধান করা ; মূল কারণের সন্ধান করা। **(to) knock the bottom of an argument**—কোন যুক্তি সম্পূর্ণ অসার বলিয়া প্রতিপন্ন করা। *a.* **bo°ttomless**—অতল, অগাধ ; তলহীন। *n.* **bo°ttomry**—জাহাজ বা জাহাজস্থিত মাল বন্ধক রাখিয়া কর্জ গ্রহণ। [OE. *botm*]

botulism [bo°-tū-lizm, ব°টিউ-লিজ্‌ম্] *n.* sausage poisoning, খাদ্যাদি বিষণ বা বিষাক্ত হওন। [L. *botulus* = sausage]

boudoir [boo-dwŭ(r), বূ°ড্‌োআ(র্)] *n.* a lady's private room, মহিলার খাসকামরা বা গোঁসাঘর। [F. *bouder* = to pout]

Bougainvillaea, Bougainvilia [bō-gan-vi°-li-a, বৌগ্যান্‌ভি°লিআ] *n.* a tropical climbing shrub with bright-coloured bracts, উজ্জ্বল বর্ণের মঞ্জরীপত্রযুক্ত গ্রীষ্মপ্রধান দেশের লতান গাছ-বিশেষ। [*Bougainville*, French navigator]

bough [bow, বাউ] *n.* a branch of a tree, বৃক্ষ-শাখা, গাছের ডাল। [OE. *bog.*, *boh* = an arm]

bought—see **buy.**

boulder [bōl°-da(r), বৌল্‌°ড্যা(র্)] *n.* a stone rounded by action of water, জলস্রোতের আঘাতে আঘাতে গোল আকারপ্রাপ্ত বৃহৎকায় শিলাখণ্ড ; a mass of rock transported from its native bed by natural agencies, নৈসর্গিক কারণে স্বস্থানভ্রষ্ট শৈলখণ্ড, গণ্ডশৈল। [?—cp. Swed. *bullersten* = a large stone in a stream]

boule [boo°-le, বূ°লী] *n.* the Legislative Council of ancient Greece, প্রাচীন গ্রীসের ব্যবস্থা-পরিষৎ ; the modern Greek legislature, বর্তমান গ্রীসের ব্যবস্থাপক সভা। [Gk.]

boulevard [bool°-vŭ(r), বূল্‌°ভা(র্)] *n.* a broad road or walk having rows of trees on both sides, দুইধারে বৃক্ষশ্রেণী পরিশোভিত প্রশস্ত রাস্তা বা উদ্যানপথ, বীথি। [F.—cp. *bulwark*]

boulter [bōl°-ta(r), বৌল্°ট্যা(র্)] *n.* a long stout fishing-line with many hooks, অনেক বঁড়শিযুক্ত বড় ছিপ। [?]

bounce [bowns, বাউন্‌স্] (**1**) *v.i.* to jump suddenly, সহসা লাফাইয়া উঠা, to rebound, নিক্ষিপ্ত হইবার পর আঘাত পাইয়া বেগে ফিরিয়া আসা, ঠিকরাইয়া ফিরিয়া আসা; to enter or go out violently and suddenly, হঠাৎ বেগে প্রবেশ করা বা বাহির হইয়া যাওয়া; to boast, দম্ভ বা বড়াই করা; to exaggerate, অতিরঞ্জিত করা। (**2**) *v.t.* to cause to rebound, ঠিকরাইয়া ফেলা। *p.* & *p. pt.* **boun°ced** । (**3**) *n.* a thud, গুরুভার বস্তু পতনের শব্দ, দুম্-শব্দ; a sudden leap, তিড়িং লাফ; a boast, দম্ভ, দম্ভোক্তি, বড়াই; a bold lie, নির্জলা মিথ্যাভাষণ। *n.* **boun°cer** । *a.* **boun°cing**—বৃহৎ ও গুরুভার, দম্ভ করে এমন। [Du. *bonzen* = to strike]

bound₁ [bownd, বাউন্‌ড্] *a.* ready to start or having started, গমনোদ্যত বা গমনরত (*bound* for Aden, homeward *bound*)। [ME. *boun* < ON. *buinn* < Nor. *bua* = to get ready]

bound₂ [bownd, বাউন্‌ড্] (**1**) *n.* a limit, সীমা, চৌহদ্দি; (in *pl.*) limitation, jurisdiction, অধিকারাদির সীমা, এলাকা (*bounds* of reason or probability)। (**2**) *v.t.* to set bounds to, সীমাবদ্ধ করা, সীমানির্দেশ করা, চৌহদ্দি স্থির করিয়া দেওয়া; to restrict, নিয়ন্ত্রিত করা; to surround, পরিবেষ্টন করা। *p.* & *p. pt.* **boun°dėd** । **out of bounds**—চলাফেরার এলাকা-বহির্ভূত, প্রবেশের পক্ষে নিষিদ্ধ। *n.* **boundary** [bown°-d(a)ri, বাউন্°ড্‌রি] সীমানা, চতুঃসীমা, চৌহদ্দি; (ক্রিকেটে) ব্যাট্‌স্‌ম্যান্ কর্তৃক ব্যাটের আঘাতে বলকে মাঠের সীমানার বাহিরে প্রেরণ। *a.* **bound°lėss**—অবাধ। [OF. *bonne* < LL. *bodina*]

bound₃ [bownd, বাউন্‌ড্] (**1**) *v.i.* to jump, লাফ দেওয়া। *p.* & *p. pt.* **boun°dėd** । (**2**) *n.* a leap, লম্ফ। *n.* **boun°der**—অমার্জিত ব্যক্তি; লোচ্চা লোক। [F. *bondir* (*v.*)]

bound₄ bounden—see **bind** । **bound up in**—কোন বিষয়ে অত্যন্ত আগ্রহশীল বা একান্তভাবে নিরত। **bound up with**—ঘনিষ্ঠ সম্পর্কযুক্ত।

bounty [bown°-ti, বাউন্°টি] *n.* munificence, উদার দানশীলতা; gift, দান। *a.* **boun°tėous, boun°tiful**—অতি দানশীল। [OF. *bontet* = goodness]

bouquet [boo°-kā, বু°কেই] *n.* a nosegay, কুসুমস্তবক, ফুলের তোড়া। [F.]

bourgeois₁ [ba(r)-joys°, ব্যা(র্)জয়্‌স্°] *n.* a very small printing type, মুদ্রণকার্যে ব্যবহৃত অতি ক্ষুদ্র অক্ষরবিশেষ। [F.]

bourgeois₂ [booa(r)°-jwŭ, বুয়্যা(র্)°জ্যোআ] (**1**) *n.* a middle-class person, মধ্যবিত্ত ব্যক্তি; a trader, ব্যবসাদার; a person with vested interest, (আধুনিক অর্থে) বর্তমান সমাজ-ব্যবস্থায় কায়েমি স্বার্থসম্পন্ন ব্যক্তি। (**2**) *a.* of the middle class, মধ্যবিত্ত; conservative, সংরক্ষণশীল; of or having the mentality of the class with vested interest, কায়েমি স্বার্থসম্পন্ন, কায়েমি স্বার্থ-সম্পন্ন সম্প্রদায়ের মনোবৃত্তিসম্পন্ন। *n.* **bourgeoisie** [booa(r)-jwŭ-zē°, বুয়্যা(র্)জ্যোআজ়ী°] মধ্যবিত্ত সম্প্রদায়; কায়েমি স্বার্থসম্পন্ন সম্প্রদায়। [F.]

bourn(e)₁ [booa(r)n, বুয়্যা(র্)ন্] *n.* a boundary, সীমানা; realm, রাজ্য, দেশ। [F. *borne*]

bourn(e)₂ [booa(r)n, বুয়্যা(র্)ন্] var. of **burn₁**.

bourse [booa(r)s, বুয়্যা(র্)স্] *n.* foreign money-market, বৈদেশিক মুদ্রার বাজার। [F.]

bouse—var. of **booze.**

bout [bowt, বাউট্] *n.* a turn or round, পালা, খেপ, দফা, পর্যায়; occasion or ceremony, উপলক্ষ বা উৎসব। **drinking bout**—মদ্যপানোৎসব। [?]

boutique [boo-tik°, বুটিক্°] *n.* a small shop selling articles of the latest fashion, সর্বাধুনিক ফ্যাশনের জিনিসপত্র (বিশেষতঃ টুপি, স্ত্রীলোকের পরিচ্ছদ, প্রসাধনদ্রব্য, প্রভৃতি) বিক্রয়ের ছোট দোকান-বিশেষ। [?]

bovine [bō°-vīn, বৌ°ভাইন্] *a.* of or like cattle, গবাদি পশুসংক্রান্ত বা গবাদি পশুর ন্যায়; (fig.) inert, (আল.) জড়বুদ্ধি। [L. *bovis* = an ox or cow]

bovril [bov°-ril, বভ্°রিল্] *n.* a meat extract, মাংসের নির্যাস। [L. *bovis* = an ox, *vril* = the electric fluid]

bow₁ [bow, বাউ] *n.* (usu. in *pl.*) the forepart of a ship, জাহাজের অগ্রভাগ। [?]

bow₂ [bow, বাউ] (**1**) *v.i.t.* to bend, আনত হওয়া বা আনত করান, নোয়া বা নোয়ান; to bend in saluting, প্রণত হওয়া বা প্রণত করান; to submit or cause to submit, বশ্যতাস্বীকার করা বা করান। (**2**) *n.* a bending of the body in salutation, প্রণাম, নত হইয়া অভিবাদন। **(to) bow one in**—মাথা ঝাঁকাইয়া অভিবাদনপূর্বক কক্ষমধ্যে (আগত ব্যক্তিকে) অভ্যর্থনা করা। **(to) bow one out**—মাথা ঝাঁকাইয়া অভিবাদনপূর্বক কক্ষ হইতে বিদায় দেওয়া। **(to) bow oneself out**—মাথা ঝাঁকাইয়া অভিবাদনপূর্বক কক্ষ হইতে বিদায় লওয়া। **(to) bow to one's opinion**—কাহারও অভিমতের নিকট নতিস্বীকার করা অর্থাৎ উহা মানিয়া লওয়া। *a.* **bow°ed**—আনত, সম্মুখে ঝুঁকিয়া পড়িয়াছে এমন। [OE. *bugan* = to bend]

bow₃ [bō, বৌ] *n.* the weapon for shooting arrows, ধনুক; the rainbow, রামধনু; a fiddle-stick, বেহালাদির ছড়; anything bent or curved, যে কোন বক্র বস্তু; a kind of knot, একপ্রকার গিঁট বা ফাঁস; the system of tying

For words in *bow-*, not given separately, see **bow₂** and **bow₃**.

a necktie with such a knot, উক্তভাবে গিঁট দিয়া নেকটাই বাঁধিবার ধরন ; a kind of necktie, নেক্‌টাই-বিশেষ (also **bow°-tie**)। **(to) draw the long bow**—অতিরঞ্জিত করা, ফেনাইয়া বলা। **(to) have two** (or **more**) **strings to one's bow**—একাধিক পরিকল্পনা গ্রহণের ক্ষমতা থাকা, নানা উপায় বা সঙ্গতির অধিকারী হওয়া। *a.* **bow°-legged**—বক্রপদ। *n.* **bow°man**—ধানুকী, তীরন্দাজ। *n.* **bow°shot**—তীরের নাগাল বা পাল্লা। *n.* **bow°string**—ধনুকের গুণ, জ্যা। *n.* **bow°-win°dow**—অর্ধচন্দ্রাকার জানালা। [OE. *boga*]

Bow bells [bō belz°, বৌ বেল্‌জ্‌°] *n.* the bells of the church of Mary-le-Bow in London, লণ্ডনের মেরী লা বৌ গির্জার ঘণ্টা। **within the sound of Bow bells**—লণ্ডন নগরে। [*St. Mary le bow*]

bowdlerize [bowd°-la-rīz, বাউড্‌°ল্যারাইজ়্‌] *v.t.* to correct a book or writing (esp. unnecessarily), (প্রধানতঃ অযথাভাবে) পুস্তক বা রচনা সংশোধিত করা। *n.* **bowdleriza°tion**। [*Dr. T. Bowdler,* who expurgated Shakespeare]

bowel [bow°-al, বাউ°অ্যাল্‌] *n.* an interior part of the body, দেহাভ্যন্তরস্থ যে কোন অংশ ; (in *pl.*) the entrails or intestines, নাড়িভুঁড়ি বা অন্ত্র ; (in *pl.*) the interior part of anything, অভ্যন্তর, গর্ভ (*bowels* of the earth)। [OF. *boel* < L. *botellus* = an intestine]

bower [bow°-a(r), বাউ°অ্যা(র্‌)] *n.* an arbour, কুঞ্জ, নিকুঞ্জ ; an abode, বাসা, আবাস ; an inner room, অন্তর্গৃহ। *a.* **bow°ery**—কুঞ্জময় ; ছায়াময়। [OE. *bur* = a chamber]

bowl₁ [bōl, বৌল্‌] *n.* a hemispherical basin, অর্ধচন্দ্রাকার বড় বাটি গামলা প্রভৃতি ; a large drinking cup, বৃহৎ পানপাত্র ; the cavity of anything, কোন কিছুর গর্ভ। [OE. *bolla*]

bowl₂ [bōl, বৌল্‌] (**1**) *v.i.* to deliver a ball in cricket, ক্রিকেটখেলায় বল করা। (**2**) *v.t.* to dismiss a batsman by hitting the wicket with a ball thrown, (ক্রিকেটে) বোল্‌ড্‌ আউট্‌ করা। *a.* **bow°led**—বোল্‌ড্‌ আউট্‌ হইয়াছে এমন। **bowled over**—পরাভূত, পর্যুদস্ত। *n.* **bow°ler₁**—ক্রিকেটে বল-নিক্ষেপক। *n.* **bow°ling**—ক্রিকেটখেলায় বল করা। *n.* **bow°ling-crease**—যে সীমানার মধ্য হইতে ক্রিকেটখেলায় বল করিতে হয়। *n.* **bow°ling-green**—অতিশয় মসৃণ তৃণাচ্ছাদিত জমি। [F. *boule* = bubble]

bowler₁—see **bowl₂**.

bowler₂ [bō-la(r), বৌ°ল্যা(র্‌)], **bowler hat**—*n.* a round felt hat, গোলাকার নরম পশমি টুপিবিশেষ, ধুচুনি-টুপি। [?]

bowline [bō°-lin, বৌ°লিন্‌] *n.* a rope from the weather side of the square sails to the bow, পোতাদিতে পাল খাটাইবার দড়িবিশেষ। **bowline knot**—মাঝিমাল্লারা দড়িতে যে সহজ অথচ দৃঢ় গিঁঠা দেয়। [?]

bowling—see **bowl₂**.

bowsprit [bō°-sprit, বৌ°স্প্রিট্‌] *n.* a strong spar over the bows of a ship, পালের দড়ি বাঁধার জন্য পোতোপরি খুঁটিবিশেষ। [cp. Du. *boegspriet*]

bow-wow [bow°-wow°, বাউ°ওআউ°] *n.* & *int.* a dog's bark, কুকুরের ডাক, ভৌ-ভৌ। [imi.]

box₁ [boks, বক্‌স্‌] (**1**) *n.* a blow with the palm of the hand or with the fists, চড়, চাপড়, চাটি, ঘুসি, মুষ্ট্যাঘাত। (**2**) *v.t.* to strike with the palm of the hand or with the fists, চড় বা ঘুসি মারা। (**3**) *v.i.* to fight with the fists, ঘুসাঘুসি করা, মুষ্টিযুদ্ধ করা। *p.* & *p. pt.* **box°ed**। *n.* **box°er**—মুষ্টিযোদ্ধা। *n.* **box°ing**—মুষ্টিযুদ্ধ। *n.* **box°ing-glove**—লড়াইয়ের সময় মুষ্টিযোদ্ধারা হাতে যে দস্তানা পরে। [Gk. *pyx* = with the fist ?]

box₂ [boks, বক্‌স্‌] (**1**) *n.* an evergreen small tree, চিরশ্যামল ক্ষুদ্র বৃক্ষবিশেষ ; its wood, উক্ত বৃক্ষের কাষ্ঠ (also **box°-wood**) ; a case or receptacle, বাক্স, পেটিকা, পেটী ; a compartment for a small number of persons, অল্প লোকের জন্য কামরা বা কক্ষ ; a temporary lodge, অস্থায়ী আবাস বা মাচান (shooting-*box*) ; an enclosed accommodation, এক বা একাধিক ব্যক্তির বসিবার বা দাঁড়াইবার জন্য ঘেরাও-করা স্থান, রঙ্গালয়াদিতে দর্শকের জন্য ঘেরাও-করা আসন, কাঠগড়া বা কাটরা (witness-*box*, sentry-*box*) ; the driver's seat in a carriage, গাড়িতে চালকের বসিবার স্থান (also **box°-seat**)। (**2**) *v.t.* to enclose in a box, বাক্সের মধ্যে ভরা। *p.* & *p. pt.* **box°ed**। **in the strong box**—ঝঞ্ঝাটে পতিত, বিপদ্‌গ্রস্ত। **(to) box up**—বাক্সে ভরিয়া ফেলা ; (আল.) অপরিসর বা ক্ষুদ্র স্থানে ঢোকান। *a.* **box°-en**—বক্‌স্‌-বৃক্ষের কাষ্ঠে নির্মিত। *a.* **box°ful**—এক বাক্সে যতটা ধরে তত পরিমাণ। *n.* **Box°ing-day**—বড়দিনের পরবর্তী দিবস ; এইদিন খ্রিস্টানদের মধ্যে আত্মীয়স্বজন ও বন্ধুবান্ধবকে উপহার প্রেরণের বিধি আছে। *n.* **box°-kīte**—বাক্সের আকারে তৈয়ারি ঘুড়ি। *n.* **box°-number**—সংবাদপত্রাদিতে প্রকাশিত উত্তরপ্রেরণের ঠিকানামধ্যে উল্লেখ্য নম্বরবিশেষ, বক্স নম্বর। *n.* **box°-o°ffice**—রঙ্গালয়াদিতে টিকিট কিনিবার ঘর। **box-office appeal**—(নাট্যাভিনয়াদি-সম্বন্ধে—প্রধানতঃ রুচিবিরোধী রসবিতরণের লোভ দেখাইয়া) দর্শক-আকর্ষণের ক্ষমতা। *n.* **box°room**—বাক্স প্রভৃতি রাখিবার ঘর। *n.* **box°wa°g(g)on**—রেলগাড়ির চারদিক ঢাকা মালবাহী কামরা। [L. *buxus* < Gk. *pyxos* = the tree, *pyxis* = a box]

boy [boy, বয়্‌] *n.* a male child, বালক ; a lad, ছোকরা ; a term of endearment to address a younger man, বয়ঃকনিষ্ঠকে স্নেহসম্ভাষণবিশেষ, বৎস, বাছা ; a young servant, ছোকরা-ভৃত্য ; a man-servant, ভৃত্য, পরিচারক। **Boy Scout**—

বালকদের মানসিক ও শারীরিক উন্নতি-বিধানার্থ স্থাপিত সঙ্ঘের সভ্য, ব্রতী বালক, কুমারচার। **boy°-friend**—মেয়েদের পুরুষ-বন্ধু। *n.* **boy°hood**—বাল্যকাল। *a.* **boy°ish**—বালকসুলভ। *n.* [ME. *boi*]

boycott [boy°-kat, বয়্°ক্যাট্] (**1**) *v.t.* to shut out from all social and commercial intercourse, সর্বপ্রকার সামাজিক ও অর্থনৈতিক সম্পর্ক ছিন্ন করা, একঘরে করা, বর্জন করা। (**2**) *n.* act of boycotting, সর্বপ্রকার সামাজিক ও অর্থনৈতিক সম্পর্ক ছেদন, বর্জন। [*Captain Boycott* who was so shut out]

brace [brās, ব্রেইস্] (**1**) *n.* armour for the arm, বাহুর বর্ম, বাহুত্রাণ ; anything that draws together and holds tightly, একাধিক বস্তুকে পরস্পরের দিকে টানিয়া দৃঢ়ভাবে আঁটিয়া রাখিবার উপকরণ ; a carpenter's tool, তুরপুনাদি ঘুরাইবার যন্ত্রবিশেষ ; { } this mark, ধনুর্বন্ধনী ; (in *pl.*) suspenders for trousers, প্যানট্ কোমরে আটকাইয়া রাখিবার জন্য বন্ধনী, গেলিস্ ; a couple, যুগল, জোড়া (*pl.* unchanged e. g. three *brace* of hens)। (**2**) *v.t.* to tighten or strengthen, আঁটো বা দৃঢ় করা। *p.* & *p. pt.* **brā°ced**। *a.* **bra°cing**—বলদায়ক, চাঙ্গা করে এমন (*bracing* climate or air)। *n.* **brāce°lėt**—কবজির অলঙ্কারবিশেষ, ব্রেসলেট। [OF. *bracæ* = the arm]

bracer$_1$ [brā°se(r), ব্রেই°স্যা(র্)] *n.* wrist-guard worn in archery or fencing, ধনুর্বিদ্যা-প্রদর্শন বা তরবারি-ক্রীড়ায় ব্যবহৃত মণিবন্ধের পুরু পটীবিশেষ। [F. *brasseure*]

bracer$_2$ [brā°-se(r), ব্রেই°স্যা(র্)] *n.* (sl.) any stimulating drink, pick-me-up, তেজস্কর যে কোন প্রকার পানীয়, যে পানীয় চাঙ্গা করে। [F. *bracier*]

brachial [brā°-ki-al, ব্রেই°কিঅ্যাল্] *a.* of the arm, বাহুর। [L. *brachialis* < *brachium* = arm]

bracken [bra°-ken, ব্র্যা°কেন্] *n.* a fern abundant on hillsides, heaths, etc., পর্বত-গাত্র প্রান্তর প্রভৃতি স্থানে প্রচুরপরিমাণে উৎপন্ন বৃহৎ পর্ণবিশেষ ; any large fern, যে কোন বৃহৎ পর্ণ। [?]

bracket [bra°-kit, ব্র্যা°কিট্] (**1**) *n.* a projecting support, (প্রধানতঃ দেওয়ালের গায়ে আটকান তাকের) প্রলম্বিত আলম্ব, নাগদণ্ড ; a shelf fastened to the wall, দেওয়ালগিরি ; marks used to enclose words or mathematical symbols, বন্ধনী-চিহ্ন। (**2**) *v.t.* to support by brackets, তাকের উপরে রাখা ; to enclose in brackets, বন্ধনী দেওয়া ; to group or place together, একত্রে বা সমভাবে স্থাপন করা। *p.* & *p. pt.* **bra°ckėtėd**। **first bracket**—লঘুবন্ধনী ( )। **second bracket**—ধনুর্বন্ধনী { }। **third bracket**—গুরুবন্ধনী [ ]। [F. *braguette* < L. *braca* = one of the breeches]

brackish [bra°-kish, ব্র্যা°কিশ্] *a.* saltish, ঈষৎ লোনা। *n.* **bra°kishnėss**। [Du. *brak*]

bract [brakt, ব্র্যাক্ট্] *n.* a small leaf or scale below the calyx, পুষ্পধরমঞ্জরী, মঞ্জরীপত্র। [L. *bractea* = a thin plate of metal]

brad [brad, ব্র্যাড্] *n.* a thin flat nail with almost no head, সরু চেপটা পেরেক-বিশেষ ; ইহার মাথা একপাশে বাঁকান থাকে। *n.* **brad°awl**—চর্মাদি ছেঁদা করিবার জন্য সুঁচবিশেষ। [ON. *broddr* = a spike]

Bradshaw [brad°-shaw, ব্র্যাড্°শ্য] *n.* a railway guide, রেলের সময় ভাড়া প্রভৃতি তথ্যপূর্ণ পুস্তক। [G. *Bradshaw*, its first compiler]

brae [brā, ব্রেই] *n.* a hill-slope or hillside, পাহাড়ের উতরাই বা পর্বতপার্শ্ব। [ON. *bra* = eyelid]

brag [brag, ব্র্যাগ্] (**1**) *v.t.i.* to boast, দম্ভ করা, বড়াই করা (*brag* of or that…)। *pr. pt.* **bra°gging** ; *p.* & *p. pt.* **bra°gged**। (**2**) *n.* a boasting, দম্ভোক্তি। [back formation from *braggart* ?]

braggart [bra°-ga(r)t, ব্র্যা°গ্যা(র্)ট্] (**1**) *n.* a vain boaster, অসার দম্ভকারী, মিথ্যা বড়াইকারী। (**2**) *a.* boastful, দম্ভপূর্ণ। [F. *bragard* = vain, boastful]

Brahma$_1$ [bra°-ma, ব্র্যা°ম্যা] *n.* a fowl of Chinese breed, চীনা কুক্কুটবিশেষ। [*Brahmaputra*, a river in India]

Brahma$_2$ [bra°-ma, ব্র্যা°ম্যা] *n.* the supreme Hindu deity, ব্রহ্মা ; God, ব্রহ্ম। *n.* **Brah°man, Brah°min**—ব্রাহ্মণ। *a.* **Brahma°nic(al), Brahmi°nic(al)**—ব্রাহ্মণ-সম্বন্ধীয়, ব্রহ্মণ্য, (অশি.) বামুনে। *a.* & *n.* **Brah°mō**—ব্রাহ্ম। *n.* **Brah°mŏism**—ব্রাহ্মধর্ম। [Sans.]

braid [brād, ব্রেইড্] (**1**) *v.t.* to plait or intertwine, বিনুনি করা, পাতা কাটা, বোনা ; to trim with braids, কোঁচান, চুনট করা, পাট করা। *p.* & *p. pt.* **brai°dėd**। (**2**) *n.* a plait, বিনুনি ; a fabric woven in a narrow band, রেশমি সুতা বা জরিতে বোনা কাপড়ের পাড় প্রভৃতি ; embroidery, বস্ত্রাদিতে সুঁচের দ্বারা কৃত কারুকার্য, সূচিশিল্প। [OE. *bregdan* = to plait or weave]

braille [brāl, ব্রেইল্] *n.* a kind of type in relief for the blind, অন্ধদের ব্যবহারের জন্য উঁচু-উঁচু করিয়া গঠিত বর্ণমালাবিশেষ। **braille system**—উক্ত বর্ণমালার সাহায্যে অন্ধদের শিক্ষাদানের পদ্ধতি। [*Louis Braille*, its inventor]

brain [brān, ব্রেইন্] (**1**) *n.* the convoluted nervous substance in the skull, মস্তিষ্ক, মগজ, ঘিলু ; (usu. in *pl.*) intellect, বুদ্ধি, ধীশক্তি। (**2**) *v.t.* to dash out the brains of, মাথা ফাটাইয়া ঘিলু বাহির করিয়া ফেলা। **brain drain**—(সচ. উন্নততর জীবিকার সন্ধানে) প্রযুক্তিবিদ্যা বিজ্ঞান প্রভৃতি বিষয়ে সুশিক্ষিত ব্যক্তিগণের দেশান্তর গমন, বিদেশে মগজ-চালান। **brains trust**—বিশেষজ্ঞদের লইয়া গঠিত সংস্থা। **(to) beat** or **rack one's**

brains—(কিছু স্মরণ বা উদ্ভাবন করার জন্য) গভীরভাবে চিন্তা করা, অত্যন্ত মাথা ঘামান। **(to) blow out one's brains**—নিজের মাথায় গুলি করিয়া মরা। **(to) have** (something) **in the brain**—মনে ধারণাদি থাকা। *n.* **brain°child**—(কাহারও মস্তিষ্কপ্রসূত) মূলভাব পরিকল্পনাদি *n.* **brain°-fag**—নিদারুণ মানসিক ক্লান্তি (অর্থাৎ চিন্তাশক্তির লোপ)। *n.* **brain°-fēver**—যে জ্বরে মস্তিষ্ক-প্রদাহ চৈতন্যলোপ প্রলাপ প্রভৃতি লক্ষণ প্রকাশ পায়। *a.* **brain°lėss**—ধীশক্তিহীন, জড়বুদ্ধি, নির্বোধ। *n.* **brain°-pan** মাথার খুলি। *a.* **brain°sick**—বোধশক্তি বিকৃত হইয়াছে এমন, ঈষৎ বিকৃতমস্তিষ্ক। *n.* **brain°-storm**—মানসিক বিপর্যয়জনিত আবেগাদির উচ্ছ্বাস। *n.* **brain°-washing**—ক্রমাগত বিরক্তিকর তর্কদ্বারা কাহাকেও তাহার পুরাতন ধ্যানধারণা বর্জনপূর্বক নূতন ভাবধারা-গ্রহণে বাধ্য করা, (সংবাদপত্রে) মগজ-ধোলাই। *n.* **brain°wāve**—সহসালব্ধ চমৎকার বুদ্ধি ধারণা বা ফন্দি। *a.* **brai°ny**—বুদ্ধিমান্, চালাক। [OE. *braegen*<Du. *brein*—cp. G. *bregen*]

braise [brāz, ব্রেইজ্] *v.t.* to stew in a closed vessel, চাপা-ঢাকা দিয়া (মাংসাদি) রাঁধা, গুমে-গুমে রাঁধা। [F. *braiser*]

brake$_1$—var. of **break$_2$**.

brake$_2$ [brāk, ব্রেইক্] *n.* a fern, পর্ণাঙ্গ ; a thicket, ঝোপ। [?]

brake$_3$ [brāk, ব্রেইক্] *n.* a handle, হাতল ; a lever for operating a machine, যন্ত্রাদির চালক-কলবিশেষ। [OF. *brac*<L. *brachium*=an arm]

brake$_4$ [brāk, ব্রেইক্] (**1**) *n.* a toothed instrument for breaking flax or hemp, পাট বা শণ আঁচড়াইবার অর্থাৎ ঝাড়িবার জন্য দাঁতওয়ালা যন্ত্রবিশেষ ; a harrow, জমি-চাষে ব্যবহৃত মই ; a contrivance for checking the motion of a machine, engine, etc., যন্ত্র এনজিন প্রভৃতির গতিরোধক কলবিশেষ, ব্রেক। (**2**) *v.t.i.* to apply brake (to), ব্রেক কসিয়া (গাড়ি প্রভৃতি) থামান, ব্রেক কসা (also **to put on** or **to apply the brake**)। **(to) act as a brake on**—নিয়ন্ত্রণ করা ; বাধা বা অন্তরায় সৃষ্টি করা। *a.* **brāke°lėss**—ব্রেকবিহীন। *n.* **brāke°(s)man**—রেলগাড়ির ব্রেকনিয়ন্ত্রণকারী। *n.* **brāke°-van**—রেলগাড়ির যে কামরায় ব্রেক থাকে। [cp. *break*]

bramble [bramb°l, ব্র্যাম্‌ব্‌ল্] *n.* the blackberry bush, বৈঁচি বা গোরীফল জাতীয় ফলবৃক্ষের ঝোপ ; any thorny thicket, কাঁটাঝোপ। *a.* **bramb°ly**—কাঁটাঝোপে পূর্ণ। [OE. *bremel*]

bran [bran, ব্র্যান্] *n.* husks of corn sifted from the flour, তুষ, ভুসি ; the coarser part of anything, কিছুর স্থূল বা অসার অংশ। [OF.]

branch [brŭnsh, ব্রান্‌শ্] (**1**) *n.* an armlike limb of a tree, বৃক্ষশাখা ; a subdivision or department, বিভাগ (a *branch* of study, the intelligence *branch*)। (**2**) *v.t.i.* to divide or be divided into branches, বিভিন্ন শাখায় বা বিভাগে বিভক্ত করা অথবা হওয়া। (**3**) *v.i.* to spread out branches, শাখাবিস্তার করা। *p.* & *p. pt.* **branch°ed**। **(to) branch out**—শাখাবিস্তার করা ; (আল.) নূতন দিকে স্বীয় কর্মক্ষেত্র প্রসারিত করা, (প্রতিষ্ঠানাদির) নূতন বিভাগ খোলা। *a.* **bran°chy**—শাখাবহুল। [F. *branche*<LL. *branca*=a beast's paw]

branchia [brang°-ki-a, ব্র্যাং°কিঅ্যা] *n.* a gill, মাছের কানকো বা ফুলকা। *pl.* **bran°chiæ**। *a.* **bran°chial**—কানকো বা ফুলকা সম্বন্ধীয় ; কানকোয়ালা বা ফুলকায়ালা। [L.]

branchy—see **branch.**

brand [brand, ব্র্যান্ড্] (**1**) *n.* a burning or charred log, জ্বলন্ত বা অর্ধদগ্ধ কাষ্ঠখণ্ড ; a metal instrument to burn a mark in, গরম ছেঁকা দিবার জন্য ধাতব যন্ত্র ; a mark burned into, ছেঁকা দেওয়ার দাগ ; a trade-mark, পণ্যদ্রব্যের মালিকানা শ্রেণী প্রভৃতি নির্দেশক চিহ্ন, পণ্যচিহ্ন ; a particular class of goods, বিশেষ শ্রেণীর পণ্য ; a mark of infamy, কলঙ্কচিহ্ন ; a sword, তরবারি। (**2**) *v.t.* to make a mark by burning or otherwise, ছেঁকা দিয়া বা অন্য উপায়ে চিহ্নিত করা ; to put a mark of infamy upon, কলঙ্কচিহ্ন আরোপ করা ; to stamp, ছাপ দেওয়া। *a.* **bran°dėd**—(কলঙ্ক) চিহ্নিত ; দাগী। *a.* **brand-new** [bran°-nū°, ব্র্যান্°নিউ°] সম্পূর্ণ নূতন, আনকোরা। [OE. *brand, brond*—cp. *burn*]

brandish [bran°-dish, ব্র্যান্°ডিশ্] *v.t.* to flourish, (অস্ত্রাদি) আন্দোলিত করা, ভাঁজা বা ঘোরান। *p.* & *p. pt.* **bran°dished**। [F. *brandir*=a sword]

brandy [bran°-di, ব্র্যান্°ডি] *n.* a strong spirit distilled from wine, উগ্র সুরাবিশেষ, ব্রানডি। *n.* **bran°dy-ball**—মিঠাইবিশেষ। *n.* **bran°dy-snap**—ব্রানডির গন্ধযুক্ত আদা-মেশান কেক। [Du. *branden*=to distil, *wijn*=wine]

brant-goose [brant°-goose°, ব্র্যান্ট্°গূস্°] var. of **brent-goose.**

brash [brash, ব্র্যাশ্] *a.* (coll.) rash, reckless, impudent, saucy, হঠকারী, দুঃসাহসী, বেপরোয়া, ধৃষ্ট, দুর্বিনীত ; bumptious, অশোভনভাবে নিজেকে জাহির করে এমন। [?]

brass [brŭs, ব্রাস্] (**1**) *n.* an alloy of copper and zinc, পিত্তল ; (*pl.*) musical instruments made of brass, পিত্তলনির্মিত বাদ্যযন্ত্রসমূহ ; (sl.) money, (অশি.) পয়সা, টাকাপয়সা ; effrontery, ধৃষ্টতা ; shamelessness, নির্লজ্জতা। (**2**) *a.* of this alloy, পিত্তলনির্মিত। **brass band**—পিত্তলনির্মিত বাদ্যযন্ত্রসমূহের ব্যানড-পার্টি। **brass tacks**—আসল ব্যাপার ; প্রকৃত তথ্যাবলী। *n.* **top brass**—উচ্চপদস্থ সামরিক কর্মচারী। *n.* **bra°ssāge**—মুদ্রা তৈয়ারি করার বাবদ টাঁকশালকে দেয় মজুরি। *n.* **brass°founder**—পিত্তলনির্মিত পদার্থের ঢালাইকর বা নির্মাতা। *n.* **brass°-hat** (সাম.-অশি.) উচ্চপদস্থ

সামরিক কর্মচারী। *n.* **bra°ssiness**। *a.* **bra°ssy**—পিত্তলনির্মিত; পিত্তলবৎ; নির্লজ্জ, বেহায়া, নির্মম। [OE. *braes*]

brassard [bra-su(r)d°, ব্র্যাসা(র্)ড্°] *n.* a badge worn on the arm, বাহুতে পরিধেয় ব্যাজ বা তকমা। [F.]

brasserie [bra°-sa-ri, ব্র্যা°স্যারি] *n.* a beer garden or restaurant, যে উদ্যান বা রেস্তর়াঁয় বিয়ার (এবং অন্যান্য খাবার) কিনিয়া বসিয়া খাওয়ার ব্যবস্থা থাকে। [F. = a brewery]

brassière [bra°-se(r), ব্র্যা°সিয়্যা(র্)] *n.* a woman's under-bodice to support the breasts, কাঁচুলি (shortened to *bra*)। [F.]

brassy—see **brass.**

brat [brat, ব্র্যাট্] *n.* (contem.) a child, (অবজ্ঞায়) বাচ্চা, ছোঁড়া। [OE. *bratt*]

bravado [bra-vŭ°-dō, ব্র্যাভা°ডৌ] (**1**) *n.* a display of courage, সাহসের বড়াই, সাহস বা বাহাদুরি প্রদর্শন। (**2**) *v.i.* to display bravery, সাহস বা বাহাদুরি দেখান। [Sp. *bravada*—cp. *brave*]

brave [brāv, ব্রেইভ্] (**1**) *a.* courageous, সাহসী; daring, দুঃসাহসী; fearless, নির্ভীক; noble, মহৎ; excellent, চমৎকার, অত্যুত্তম। (**2**) *v.t.* to face boldly, সাহসভরে সম্মুখীন হওয়া। (**3**) *n.* a bully, ভয়প্রদর্শনার্থ ভাড়া-করা গুণ্ডা। **(to) brave (it) out**—সাহসভরে সম্মুখীন হইয়া জয় করা। *adv.* **brāve°ly**। *n.* **brā°very**—সাহস; দুঃসাহস; নির্ভীকতা। [F.—cp. Sp. *bravo*]

bravo [brŭ°-vō°, ব্রা°ভৌ°] (**1**) *int.* well done, শাবাশ; excellent, চমৎকার। (**2**) *n.* a hired assassin, ভাড়াটে গুপ্তঘাতক; a daring villain, দুঃসাহসী গুণ্ডা। [Sp.]

brawl [brawl, ব্রাল্] (**1**) *n.* a noisy quarrel, উচ্চ শব্দে ঝগড়া। (**2**) *v.i.* to quarrel noisily, উচ্চশব্দে ঝগড়া করা; (of streams) to flow noisily, (নদী সম্বন্ধে) কলকল শব্দে বহিয়া যাওয়া। *n.* **braw°ler**। [?]

brawn [brawn, ব্রান্] *n.* muscle, (প্রধানতঃ বাহুর বা পায়ের ডিমার) মাংসপেশী; pickled boar's flesh, লবণে জারিত বা শুঁটকি শূকরমাংস। *n.* **braw°niness**। *a.* **braw°ny**—দৃঢ় মাংসপেশীবিশিষ্ট, পেশল, শক্তিশালী। [OF. *braon*—flesh]

bray [brā, ব্রেই] (**1**) *n.* the cry of an ass, গাধার ডাক। (**2**) *v.i.* (of asses) to cry, (গাধা-সম্বন্ধে) ডাকা। [OF. *breier*]

braze₁ [brāz, ব্রেইজ্] *v.t.* to solder with alloy of brass and zinc, পিতল দস্তা মিশাইয়া ঝালা। *n.* **brā°zier**—জ্বলন্ত কাঠকয়লা রাখার তাওয়াবিশেষ। [F. *braser* = to solder]

braze₂ [brāz, ব্রেইজ্] *v.t.* to cover with or colour like brass, পিত্তলের পাত দিয়া মোড়া বা পিত্তলের ন্যায় রঙ্ করা। **brā°zen**—(**1**) *a.* পিত্তলে নির্মিত; নির্লজ্জ, বেহায়া। (**2**) *v.t.* ধৃষ্টতার বা নির্লজ্জতার সহিত সম্মুখীন হওয়া। **(to) brazen (it) out**—অপকর্ম করিয়াও বেহায়ার মত আচরণ করা। *a.* **brā°zen-fāced**—ধৃষ্ট; বেহায়া। *adv.* **brā°zenly**—ধৃষ্টবৎ; বেহায়ার ন্যায়। *n.* **brā°zier**—পিত্তলের কারিগর; জ্বলন্ত অঙ্গার রাখিবার চুল্লী বা পাত্রবিশেষ। [see *brass*]

breach [brēch, ব্রীচ্] (**1**) *n.* a break, ফাটল; discontinuity, বিরতি; separation, বিচ্ছেদ; quarrel, বিরোধ; infringement, ব্যত্যয়, লঙ্ঘন, হানি, ভঙ্গ, চ্যুতি। (**2**) *v.t.* to make an opening in, বিদীর্ণ করা, ছিদ্র করা, ফাটল তৈরি করা। *p.* & *p. pt.* **brea°ched**। **breach of promise**—প্রতিশ্রুতিভঙ্গ। **breach of the peace**—দাঙ্গা-হাঙ্গামাদির দ্বারা জনসাধারণের বা দেশের শান্তিভঙ্গ। **breach of trust**—বিশ্বাসভঙ্গ। **(to) stand in the breach**—শত্রু-কামানের গোলাবর্ষণের ফলে প্রাচীরাদির ভগ্ন স্থানে দাঁড়ান; (আল.) অত্যন্ত বিপজ্জনক স্থানে দাঁড়ান। [OE. *bragee, brice*—cp. *break₂*]

bread [bred, ব্রেড্] *n.* food made of flour or meal, kneaded and baked, রুটি, পাউরুটি; livelihood, জীবিকা। **bread buttered on both sides**—অতীব ভাগ্যমন্ত বা সম্পন্ন অবস্থা। **one's daily bread**—কাহারও নিত্যপ্রয়োজনীয় খাদ্য। **(to) earn one's bread**—জীবিকার্জন করা। **(to) know which side one's bread is buttered (on)**—স্বার্থসম্বন্ধে পূর্ণসচেতন থাকা। **(to) take the bread out of one's mouth**—(কাহারও) রোজগারের পথ বন্ধ করিয়া দেওয়া; রুজি মারা। *n.* **bread-and-butter** [bred°n-bu°-ta(r), ব্রে°ড্ন্‌বা°ট্যা(র্)] পাউরুটির মাখন-মাখান স্লাইস বা টুকরা, জীবিকা। **a bread-and-butter letter**—আতিথ্যদানের জন্য ধন্যবাদপূর্ণ চিঠি। *n.* **bread°-crumb**—পাউরুটির ভিতরের অংশ। *n.* **bread°-line**—খয়রাতি খাদ্য লইবার জন্য লোকের লাইন। **on the breadline**—অতি দরিদ্র। *n. pl.* **bread°-stuffs**—ময়দা আটা প্রভৃতি। *n.* **bread°-winner**—যাহার উপার্জনে পরিবার প্রতিপালিত হয়। [AS.]

breadth [bredth, ব্রেড্থ্] *n.* width, প্রস্থ, প্রসার, চওড়াই; liberality, ঔদার্য। *adv.* **breadth°-ways, breadth°wīse**—আড়াআড়িভাবে। [OE. *braedu*—cp. *broad*]

break₁ [brāk, ব্রেইক্] *n.* a large wagonette with no body, (সচ. চাকাওয়ালা) আ-ঢাকা গাড়ি-বিশেষ। [see *break₂*]

break₂ [brek, ব্রেক্] (**1**) *v.t.i.* to divide, part, or crush, or be divided, parted or crushed, বিযুক্ত বিচ্ছিন্ন বিদীর্ণ ভঙ্গ বা চূর্ণ করা অথবা হওয়া, ভাঙ্গা বা ভাঙ্গিয়া যাওয়া; to destroy the continuity or integrity of or lose them, (চালু কাজে বা ব্যাপারে) ব্যাঘাত ঘটান বা ঘটা অথবা (একতায়) ভাঙ্গন ধরান বা ধরা; to crush the spirit of, or lose it, তেজ চূর্ণ করা বা হওয়া; to express or divulge or become known, প্রকাশ করা বা ব্যক্ত করা অথবা প্রকাশিত বা বিদিত হওয়া; to suspend, adjourn or terminate, or be suspended, adjourned or terminated, স্থগিত রাখা বা থাকা, সাময়িকভাবে ছুটি দেওয়া বা অবসান করা অথবা ছুটি হওয়া বা অবসান হওয়া; to make or become bankrupt, দেউলিয়া করা বা হওয়া। (2) *v.t.* to subdue, দমন করা, (অশ্বাদিকে) বশ মানান; to violate, (আইন শর্ত প্রভৃতি) ভঙ্গ করা বা লঙ্ঘন করা। (3) *v.i.* to appear, আবির্ভূত হওয়া (day *broke*, the monsoon *broke*)। *p.* **brōke,** (arch.) **brāke ;** *p. pt.* **br°ōken**। (4) *n.* act of breaking or the state of being broken, বিয়োগ, বিযুক্তি, বিচ্ছেদ, বিদারণ, ভাঙ্গন, চূর্ণন, ফাটল, ব্যাঘাত, হানি, তেজোহানি, দমন, লঙ্ঘন, সাময়িক বিরতি বা অবসান, স্থগন; appearance, আবির্ভাব (*break* of the monsoon); (billiard and croquet) a successful stroke, (বিলিয়ার্ড্ ও ক্রোকেট খেলায়) সফল বলচালনা যাহার ফলে পয়েন্ট অর্জিত হয়; (cricket) the deviation of ball on striking the pitch, (ক্রিকেটে) ভূমি স্পর্শ করিবার পর নিক্ষিপ্ত বলের ভিন্ন দিকে গতি। **a lucky break**—সৌভাগ্য। **without a break**—অবিরাম। **(to) break away**—দলত্যাগ করা; পলায়ন করা। **(to) break down**—দুর্ঘটনাদির ফলে বা দৈবক্রমে অচল অবস্থা প্রাপ্ত হওয়া; ধ্বংস হওয়া; (ভাবাবেগে) অভিভূত হওয়া বা ভাঙ্গিয়া পড়া। **(to) break forth**—ফাটিয়া গিয়া প্রকাশ পাওয়া, নির্গত হওয়া। **(to) break in, (to) break into, (to) break in upon**—হুড়মুড় করিয়া প্রবেশ করা। **(to) break off**—বিচ্ছিন্ন বা বিদীর্ণ করা; অবসান করা; (সহসা) চলিয়া যাওয়া। **(to) break out**—সহসা আবির্ভূত বা প্রাদুর্ভূত হওয়া; সমস্ত বাধাবিপত্তি উত্তীর্ণ হওয়া। **(to) break through**—সবলে পথ করিয়া লওয়া বা ভেদ করা। **(to) break up**—ভাঙ্গিয়া খুলিয়া ফেলা; চূর্ণবিচূর্ণ করা; অবসান করা; দল ভাঙ্গিয়া দেওয়া; খনন করা। **(to) break with**—বন্ধুত্বের অবসান ঘটান, বিচ্ছেদ ঘটান (to *break with* a friend); (অভ্যাসাদি) বর্জন করা। **brea°kable**—(1) *a.* break (*v*)-এর অর্থে, এবং—ভঙ্গুর, পলকা; (2) *n.* (usu. in *pl.*) ভঙ্গুর বা পলকা দ্রব্য। *n.* **brea°kāge**—বিয়োগ, বিযুক্তি, বিচ্ছেদ, বিদারণ, ভাঙ্গন, চূর্ণন; ভাঙ্গা বা চূর্ণিত বস্তু; ফাটল। *n.* **break°-away**—বিদ্রোহ; দলত্যাগ। *a.* **break°-back**—কোমর-ভাঙ্গা বা মাজা-ভাঙ্গা; মারাত্মক। *n.* **break°-down**—দুর্ঘটনার ফলে বা দৈবক্রমে অচল অবস্থাপ্রাপ্তি; ধ্বংস, পতন; পরিসংখ্যানগত বিশ্লেষণ (a *breakdown* of consumer expenditure)। *n.* **brea°ker**—চূর্ণকারী ব্যক্তি বা যন্ত্র; (সচ. সমুদ্রের) যে ঢেউ পাহাড়ের গায়ে বা তটের বুকে আছড়াইয়া পড়ে, ঊর্মিভঙ্গ। *a.* **break°-jaw**—দুরুচ্চার্য, দাঁতভাঙ্গা। *a.* **break°neck**—মরি-বাঁচি এমন বেগবিশিষ্ট, ভয়াবহ বা মারাত্মক বেগবিশিষ্ট (at a *breakneck* speed)। *n.* **break°-through**—(সাম.) শত্রুব্যূহভেদ; বিরাট সাফল্য-অর্জন। *n.* **break°-up°**—অবসান, ছুটি; সাময়িক বিরতি। *n.* **break°water**—স্রোতের বেগ হ্রাসের জন্য নির্মিত প্রাচীরাদি, বাঁধ। *a.* **brōke**—অর্থকৃচ্ছ্রতাযুক্ত, শূন্য-পকেট। *a.* **brō°ken**—বিদীর্ণ, ভঙ্গ, বিচ্ছিন্ন, চূর্ণিত; অশক্ত; দমিত; প্রশমিত; বিশৃঙ্খল করা হইয়াছে এমন; দল ভাঙ্গিয়া দেওয়া হইয়াছে এমন; গতিপরিবর্তক; (স্বাস্থ্য হৃদয় প্রভৃতি সম্বন্ধে) ভগ্ন; দেউলিয়া; (ভাষাসম্বন্ধে) অপূর্ণ ও অশুদ্ধ, ভাঙ্গা-ভাঙ্গা; (রাস্তাদি-সম্বন্ধে) এবড়ো-খেবড়ো, বন্ধুর। *a.* **brōken°-hear°tėd**—ভগ্নহৃদয়। [OE. *brecan*]

breakfast [brek°-fast, ব্রেক্‌ফ্যাস্‌ট্] (1) *n.* a break of fasting, উপবাসভঙ্গ; পারণ; the first meal of the day, প্রাতরাশ। (2) *v.i.* to break fast, উপবাস ভঙ্গ করা, পারণ করা; to take the first meal of the day, প্রাতরাশ আহার করা। (3) *v.t.* to supply the first meal of the day, প্রাতরাশ সরবরাহ করা। *p.* & *p. pt.* **break°fastėd**। [*break*$_2$, *fast*]

breast [breast, ব্রেস্‌ট্] (1) *n.* the forepart of the human body between the neck and belly or the corresponding part of any other creature, বক্ষ, বুক, উরঃ, বক্ষঃস্থল; one of the two milk-secreting organs in women or the corresponding organ of any animal, স্তন, মাই, কুচ; (fig.) heart, (আল.) হৃদয়, অন্তর, মর্মস্থল। (2) *v.t.* to face or oppose, সম্মুখীন হওয়া বা বাধা দেওয়া, বুক-পাতিয়া দেওয়া; to mount (পর্বতাদিতে) আরোহণ করা। *p.* & *p. pt.* **breas°tėd**। *adv.* **breast°-deep**—বুক-সমান গভীর স্থানে বা জলে। *a.* **breast°-fed**—স্তন্যপালিত। *n.* **breast°-feeding**—স্তন্যদুগ্ধ দ্বারা প্রতিপালন। *adv.* **breast°-high**—বুক-সমান উঁচু হইয়া। *n.* **breast°-plate** [bres°-plāt, ব্রেস্‌প্লেইট্] বুকে পরিবার বর্ম, উরস্ত্রাণ। *n.* **breast°-po°ckėt**—বুক-পকেট। *n.* **breast°-strōke**—বুকসাঁতার। *n.* **breast°work**—তাড়াহুড়া করিয়া নির্মিত মাটির প্রাচীরাদি। [OE. *breost*]

breath [breth, ব্রেথ্] *n.* the air drawn into and expelled from the lungs, নিঃশ্বাস-প্রশ্বাস; respiration, শ্বাস গ্রহণ ও ত্যাগ, শ্বসন; respiratory power, শ্বসনশক্তি, দম; a single respiration, শ্বাস, ফুঁ; slightest movement, সামান্যতম সঞ্চরণ (not a *breath* of air); life, জীবন, প্রাণ; a slight breeze, সামান্য বাতাস। **above one's breath**—উচ্চৈঃস্বরে। **bad breath**—দুর্গন্ধ নিঃশ্বাস। **below** or **under one's breath**—নিম্নকণ্ঠে, চাপা গলায়। **in the same breath**—সমকালে, একই সঙ্গে। **out of one's breath**—হাঁপাইয়া গিয়াছে বা দম হারাইয়া ফেলিয়াছে এমন; শ্বাসগ্রহণে কষ্ট পাইতেছে এমন। **under one's breath**—নিম্নকণ্ঠে, চাপা গলায়; **(to) catch** or **hold one's breath**—(ভয়াদির দরুন) ক্ষণকালের জন্য রুদ্ধশ্বাস হওয়া। **(to) get one's breath (again)**—দম ফিরিয়া পাওয়া। **(to) lose one's breath**—হাঁপাইয়া পড়া, দম হারান। **(to) take one's breath away**—বিস্ময়ে রুদ্ধশ্বাস করা। **(to) take breath**—দম লওয়া। **(to) spend** or

waste one's breath—বৃথা পরিশ্রম করা বা কথা বলা। *n.* **breathalyser** [bre°-tha-lī-ze(r), ব্রে°থ্যালাইজ্যা(র্)] নিঃশ্বাসে সুরা বা কোহলের অস্তিত্ব-নির্ণায়ক যন্ত্রবিশেষ। *a.* **breath°less**—রুদ্ধশ্বাস। *adv.* **breath°lessly**। *n.* **breath°-lessness**। *a.* **breath°taking**—(ভয়ে বিস্ময়ে) শ্বাসরোধ করে এমন ; উত্তেজনাপূর্ণ। [OE. *braeth*]

breathe [bredh, ব্রীদ্] (**1**) *v.i.* to draw in or expel breath, শ্বাস লওয়া বা ফেলা ; to rest or pause, বিশ্রাম লওয়া বা থামা (to *breathe* for a while) ; to live, জীবিত থাকা। (**2**) *v.t.* to draw in or expel from the lungs, বুকের বা ফুসফুসের ভিতরে টানিয়া লওয়া বা উহা হইতে বাহির করিয়া দেওয়া ; to infuse, সঞ্চারিত করা (to *breathe* life into) ; to utter softly, to whisper, মৃদু-কণ্ঠে বা ফিস্‌ফিস্ করিয়া বলা ; to express, প্রকাশ করা, ব্যক্ত করা ; to exercise, ব্যায়াম করা বা করান। **(to) breathe again**—দুশ্চিন্তামুক্ত হওয়া। **(to) breathe freely**—স্বচ্ছন্দ হওয়া। **(to) breathe new life into**—নবজীবন সঞ্চারিত করা। **(to) breathe one's last**—শেষ নিঃশ্বাস ত্যাগ করা, মৃত্যুমুখে পতিত হওয়া। **(to) breathe upon**—কলঙ্ক আরোপ করা। *n.* **brea°ther**—যে শ্বাস-প্রশ্বাস গ্রহণ করে বা বাঁচিয়া থাকে ; ব্যায়াম ; সাময়িক বিশ্রাম (to go for a *breather*)। *n.* **brea°thing-spāce, brea°thing-tīme**—দম ফেলার বা বিশ্রামের অবসর। [see *breath*]

breathless—see **breath.**

bred—see **breed.**

breech [brēch, ব্রীচ্] (**1**) *n.* (usu. in *pl.*) a kind of trousers, আঁটো পাজামাবিশেষ, চোগা ; the lower part of the body behind, নিতম্ব ও তাহার নিম্নবর্তী অংশ ; the hinder part of anything, কিছুর (বিশেষতঃ কামান-বন্দুকের) পশ্চাদ্ভাগ (এখানে বারুদ বা গুলি ভরা হয়)। (**2**) *v.t.* to put into breeches, চোগা পরান ; to flog, প্রহার করা, ঠেঙ্গান। *p.* & *p. pt.* **bree°ched**। **(to) wear the breeches**—(স্ত্রীলোক-সম্বন্ধে) স্বামীকে বশে বা তাঁবে রাখা, স্বামীর উপর কর্তৃত্ব করা। *n.* **breech°-block**—যে ইস্পাত-পিণ্ডদ্বারা বন্দুকাদির পশ্চাদ্ভাগ বন্ধ করা হয়। *n.* **breeche°-buoy**—সমুদ্রে জীবনরক্ষার্থ লাইফবয়ের সঙ্গে যে একজোড়া ক্যানভাস বাঁধিয়া দেওয়া হয়। *a.* **breech°less**—চোগাহীন ; পাজামাহীন। *n.* **breech°-loader**—যে বন্দুকের পশ্চাদ্ভাগে গুলি ভরা হয়। [OE. *brec* (*pl.* of *broc*)]

breed [brēd, ব্রীড্] (**1**) *v.t.* to bring forth, জন্ম দেওয়া, প্রসব করা ; to promote the generation of, বংশবৃদ্ধি করা ; to train or bring up, শিক্ষিত করিয়া তোলা, লালনপালন করা ; to cause, উদ্ভূত করান (war *breeds* misery)। (**2**) *v.i.* to be with young, গর্ভবতী হওয়া ; to produce offspring, সন্তান প্রসব করা, বাচ্চা দেওয়া ; to be produced, উদ্ভূত হওয়া। *p.* & *p. pt.* **bred** [bred, ব্রেড্]। (**3**) *n.* progeny or offspring, সন্তান, শাবক, বাচ্চা, বংশধর ; variety or race, জাতি, বংশ, কুল। *n.* **bree°der**—breed (*v.*)-এর সকল অর্থে, এবং—যে ব্যক্তি পশ্বাদির লালনপালন ও বংশবৃদ্ধি করে ; তেজস্ক্রিয় পদার্থের পরিমাণবর্ধক যন্ত্রবিশেষ (a *breeder* reactor)। *n.* **bree°ding**—জন্মদান ; (প্রধানতঃ পশুদের) বংশবর্ধন বা লালনপালন ; গোত্র বা বংশ ; শিক্ষাদান ; শিক্ষা ; শিষ্টাচার (a man of good *breeding*)। **what is bred in the bone will come out in the flesh**—বংশগত বৈশিষ্ট্য নিরন্তর আত্মপ্রকাশ করে বা অহরহ প্রকাশ পায়। [OE. *bredan* = to cherish or keep warm]

breeze₁ [brēz, ব্রীজ্] *n.* coal cinders, পোড়া কয়লার ছাই। **breeze blocks**—কংক্রীটের অট্টালিকা নির্মাণে ব্যবহৃত পোড়া কয়লার ছাই ও সিমেন্ট মিশাইয়া তৈয়ারি হালকা চাপড়াবিশেষ। [OF. *brese* ?]

breeze₂ [brēz, ব্রীজ্] (**1**) *n.* a gentle gale, মৃদুমন্দ বাতাস, মলয়ানিল ; disturbance or quarrel, অশান্তি বা কলহ। (**2**) *v.i.* (with *in* or *out*) তৎপরতার সঙ্গে বা অপ্রত্যাশিতভাবে প্রবেশ করা বা বাহির হইয়া যাওয়া। *a.* **breeze°less**—বায়ুহীন, নির্বাত। *a.* **bree°zy**—বায়ুময়, মৃদুমন্দ বায়ুপূর্ণ ; (আল.) প্রাণচঞ্চল, হাসিখুশি ; (আল.) ঝর্‌ঝরে। [O. Sp. *briza*—north-east wind]

bren-gun [bren°-gun, ব্রেন্‌°গান্] *n.* a light machine-gun, কাঁধে রাখিয়া দাগা যায় এমন হালকা মেশিনগান-বিশেষ। [*Brunn* in Moravia]

brent-goose [brent°-gōōs°, ব্রেন্‌ট্‌°গূস্°] *n.* a small wild goose, ক্ষুদ্র বনহংসীবিশেষ। *pl.* **brent-geese** [brent°-gēs°, ব্রেন্‌ট্‌°গীস্°] [?]

brethren—see **brother.**

Breton [bre°t(a)n, ব্রে°ট্‌ন্] (**1**) *a.* of Brittany, ফ্রান্সের বৃটানি-প্রদেশস্থ। (**2**) *n.* a native of Brittany, বৃটানির অধিবাসী।

breve [brēv, ব্রীভ্] *n.* a Pope's letter, পোপের চিঠি ; a mark to indicate a short vowel, লঘুস্বরবর্ণের মাথার উপরে প্রদত্ত চিহ্ন (˘) ; a musical note, স্বরলিপির চিহ্নবিশেষ। [L. *brevis* = short]

brevet [bre°-vit, ব্রে°ভিট্] (**1**) *n.* a military rank with pay for a lower order, যে সামরিক পদে নিম্নতর পদের জন্য নির্দিষ্ট বেতন গ্রহণ করিতে হয়। (**2**) *a.* higher in rank without corresponding pay, মর্যাদার তুলনায় হীনতর পদের বেতন মেলে এমন (*brevet* rank)। [L. *brevis* = short]

breviary [brē°-vər-i, ব্রী°ভিয়্যারি] *n.* the daily service book of the Roman Catholic Church, রোম্যান্ ক্যাথলিক গির্জায় দৈনন্দিন ব্যবহারের জন্য প্রার্থনা-পুস্তক। [L. *breviarium* < *brevis* = short]

brevier [bre-vē(r)°, ব্রেভিয়্যা(র্)°] *n.* a very small printing type, অতি ক্ষুদ্র ছাপার অক্ষর-বিশেষ। [L. *brevis* = short]

brevity [bre°-vi-ti, ব্রে°ভিটি] *n.* briefness,

conciseness, সংক্ষিপ্ততা, সংক্ষেপ, স্বল্পস্থায়িতা (cp. **brief**)। [L. *brevitas*<*brevis* = short]

brew [broo, ব্রূ] (**1**) *v.t.* to prepare by infusion, boiling and with or without fermentation, চোলাই করা, কাথ বা পানা (অর্থাৎ চা শরবত প্রভৃতি) প্রস্তুত করা ; to contrive or plot, ফন্দি আঁটা বা ষড়্যন্ত্র করা (to *brew* mischief or trouble)। (**2**) *v.i.* to perform the operation of brewing ale or beer, মদ্যাদি চোলাই করা ; to be gathering or forming, জমিয়া উঠা, ঘনীভূত হওয়া, (ঝড় প্রভৃতি) ঘনাইয়া ওঠা, গড়িয়া ওঠা (a storm is *brewing*)। (**3**) *n.* a brewing, চোলাই ; a brewage, চোলাই-করা পদার্থ অর্থাৎ মদ্যাদি, চা-শরবতাদি মিশ্রিত পানীয় (a rich *brew*)। *n.* **brew°age**—চোলাই-করা পদার্থ অর্থাৎ মদ্যাদি ; চা শরবত প্রভৃতি মিশ্রিত পানীয়। *n.* **brew°er**। *n.* **brew°ery, brew°-house**—যে স্থানে চোলাই করা হয়, ভাঁটিখানা। [OE. *breowan*]

briar—alt. spell. of **brier.**

bribe [brib, ব্রাইব্] (**1**) *n.* something offered to procure illegal action in favour of the giver, ঘুস, উৎকোচ (to give or offer or take *bribes*)। (**2**) *v.t.* to influence by a bribe, ঘুস দিয়া প্রভাবিত করা ; to give bribe to, ঘুস দেওয়া (to *bribe* a witness)। *n.* **bri°ber**। *n.* **bri°bery**—ঘুস প্রদান বা গ্রহণ। [OF. = a lump of bread]

bric-à-brac [brik°-a-brak, ব্রিক্‌অ্যাব্রাক্] *n.* old curiosities, দুর্লভ ও কৌতূহলোদ্দীপক প্রাচীন দ্রব্যাদি ; knick-knacks, টুকিটাকি বস্তু। [F.]

brick [brik, ব্রিক্] (**1**) *n.* a shaped block of burned or sun-dried clay, (আগুনে পোড়াইয়া বা রৌদ্রে শুকাইয়া প্রস্তুত) ইষ্টক, ইট ; (sl.) a spirited generous fellow, (অশি.) তেজস্বী মহাপ্রাণ ব্যক্তি, দরাজ লোক (to behave like a *brick*)। (**2**) *v.t.* to build or cover with brick, ইষ্টকদ্বারা নির্মাণ করা বা আচ্ছাদিত করা। *p.* & *p. pt.* **bri°cked**। **(to) brick up** or **in**—ইট গাঁথিয়া ফাঁক বন্ধ করা। **(to) drop a brick**—(কথ্য.) অবিবেচকের মত কিছু বলিয়া ফেলা। **(to) make bricks without straw**—অসম্ভব কার্যসাধনের নিষ্ফল চেষ্টা করা। *n.* **brick°bat**—ইটের ছোট টুকরা, পাটকেল, ঢিল। *n.* **brick°dust**—সুরকি। *n.* **brick°-field** ইটখোলা। *n.* **brick°-kiln**—পোড়াইবার জন্য ইটের পাঁজা। *n.* **brick°-layer**—রাজমিস্ত্রি। *n.* **brick°-laying**—রাজমিস্ত্রিগিরি ; ইষ্টকদ্বারা অট্টালিকাদি নির্মাণের কাজ। *n.* **brick°work**—ইষ্টকদ্বারা অট্টালিকাদি নির্মাণ ; ইটের গাঁথুনি। *a.* **bri°cky**—ইষ্টকতুল্য ; ইষ্টকে গঠিত। *n.* **brick°yard**—ইটখোলা। [F. *brique*—cp. *break*]

bridal [brid°l, ব্রাইড্‌°ল্] (**1**) *n.* a wedding or wedding feast, বিবাহোৎসব বা বিবাহোপলক্ষে ভোজ। (**2**) *a.* of a bride or a wedding, পাত্রীর, বধূর, বিবাহের ; nuptial, দাম্পত্য। [OE. *brydealo* = bride-ale—*bride, ale*]

bride [brid, ব্রাইড্] *n.* a woman about to be married or newly married, বিবাহের পাত্রী বা কন্যা, নববধূ। *n.* **bride°-ale**—বিবাহসভায় দম্পতির কল্যাণকামনায় যে সুরা পান করা হয়। *n.* **bride°-cake, brides°-cake**—বিবাহানুষ্ঠানে যে বৃহৎ কেক কাটিয়া কাটিয়া বিতরণ করা হয়। *n.* **bride°-chamber**—বাসরঘর। *n.* **bride°groom**—বিবাহের পাত্র, বর। *n.* **brides°maid**—যে অবিবাহিতা রমণী কনের প্রধানা সহচরীরূপে বিবাহানুষ্ঠানে উপস্থিত থাকে, নিতকনে। *n.* **brides°man**—যে অবিবাহিত পুরুষ বরের প্রধান সহচররূপে বিবাহানুষ্ঠানে উপস্থিত থাকে, নিতবর। [OE. *bryd*]

bridewell [brid°-wal, ব্রাইড্‌°ওয়্যাল্] *n.* a gaol, কারাগার। [*St. Bride's Well* in London]

bridge$_1$ [brij, ব্রিজ্] *n.* a kind of cardgame, তাসখেলাবিশেষ (এই খেলার দুইটি পদ্ধতি আছে—(**auction** ও **contract**)। [?]

bridge$_2$ [brij, ব্রিজ্] (**1**) *n.* a structure spanning a river, road, etc., সেতু, সাঁকো, পুল ; a piece of wood or other materials supporting the strings in a violin etc., সেতারাদি বাদ্যযন্ত্রের সোয়ারি ; the upper bony part of the nose, নাকের হাড়, নাসাদণ্ড ; the part of spectacles that is placed on or over the nose, চশমার যে অংশ নাসিকার উপরে থাকে ; the raised platform on a ship whence the captain gives direction, পোতাদির উপরিস্থ যে উচ্চ মঞ্চ হইতে পোতাধ্যক্ষ নাবিকগণকে নির্দেশ দেয়। (**2**) *v.t.* to connect as a bridge, সেতুরূপে সংযুক্ত করা ; to connect by building a bridge over, সেতুনির্মাণপূর্বক সংযুক্ত করা, সেতুবন্ধন করা ; to overcome (difficulties, etc.), (বিপদাদি) কাটাইয়া ওঠা। *n.* **bridge°-head**—শত্রু-এলাকার সন্নিকটে (সুবিধামত আক্রমণার্থ) সচরাচর নদীবক্ষে সেতুবন্ধনপূর্বক নির্মিত অস্থায়ী গড়। [OE. *brycg*]

bridle [brid°l, ব্রাইড্‌°ল্] *n.* a controlling apparatus on a horse's head, ঘোড়ার লাগাম বা বল্গা ; (fig.) check or restraint, (আল.) বাধা বা নিয়ন্ত্রণ। (**2**) *v.t.* to put bridle on, লাগাম পরান ; (fig.) to check or restrain, (আল.) বাধা দেওয়া বা নিয়ন্ত্রিত করা। *n.* **brid°le-path, brid°le-road**—অশ্বারোহণোপযোগী রাস্তা। [OE. *bridel*]

brief [bref, ব্রীফ্] (**1**) *n.* a short account of a client's case, আর্জি, মকদ্দমার নথি ; a summary, সংক্ষিপ্তসার, সংক্ষেপ। (**2**) *a.* short, concise, সংক্ষিপ্ত ; of a short duration, অল্পক্ষণস্থায়ী। (**3**) *v.t.* to instruct (a counsel), (কৌঁসুলিকে—মকদ্দমা-সম্বন্ধে) উপদেশ দেওয়া বা (ব্যাপার) বুঝাইয়া দেওয়া (to *brief* a counsel)। *p.* & *p. pt.* **brie°fed**। **in brief**—সংক্ষেপে, অল্প কথায়। **(to) be brief**—অল্প কথায় বলা। **(to) hold a brief**—(কাহারও পক্ষে) উকিল নিযুক্ত হওয়া ; পক্ষসমর্থন করা ; (বিদ্রূপে) দালালি করা। **(to) take**

a brief—উকিলরূপে মকদ্দমা পরিচালনার ভার লওয়া। *n.* **brief°-bag, brief°-cāse**—মকদ্দমার নথিপত্র বহনের জন্য ব্যাগ। *n.* **brief°ing**—নির্দেশ উপদেশ সংবাদাদি (a press *briefing*)। *a.* **brief°lėss**—মক্কেলহীন। *adv.* **brief°ly**। *n.* **brief°nėss** (cp. **brevity**)। [F. *bref* < L. *brevis* = short]

brier [brī°-a(r), ব্রাই°অ্যা(র্)] *n.* a prickly shrub, কাঁটাঝোপ; a wild rose bush, বন-গোলাপের ঝাড়; a wild rose, বনগোলাপ (also **sweet briar**)। [OE. *brer*]

brig [brig, ব্রিগ] contr. of **brigantine**.

brigade [bri-gād°, ব্রিগেইড্°] *n.* a large sub-division of an army or its jurisdiction, সৈন্যবাহিনীর বৃহৎ ভাগবিশেষ, ঐ ভাগের রক্ষণাবেক্ষণা-ধীন অঞ্চল। *n.* **brigāde°-mā°jor**—ব্রিগেডের মেজর-উপাধিধারী সহকারী সেনাপতি। *n.* **briga°-diēr°**—ব্রিগেডের সেনাপতি; উচ্চ সামরিক উপাধি-বিশেষ। [F.]

brigand [bri°-gand, ব্রি°গ্যান্ড্] *n.* a highway-man, দস্যু, রাহাজান। *n.* **bri°gandȧge**—রাহা-জানি; রাহাজানির প্রকোপ। [F.]

brigantine [bri°-gan-tīn, ব্রি°গ্যান্টাইন্] *n.* a two-masted vessel, দুই মাস্তুলওয়ালা পোতবিশেষ। [F. *brigantin*]

bright [brīt, ব্রাইট্] (**1**) *a.* shining, উজ্জ্বল, দীপ্ত; full of light, আলোময়; vivid, স্পষ্ট: beautiful, সুন্দর; joyful, আনন্দময়, প্রফুল্ল; intelligent, বুদ্ধিমান্ (a *bright* boy); glorious or happy, গৌরবময় বা সুখপূর্ণ (*bright* days of life); promising, (উন্নতির) সম্ভাবনাপূর্ণ (*bright* future)। (**2**) *adv.* shiningly, উজ্জ্বলভাবে; vividly স্পষ্টভাবে; beautifully, সুন্দরভাবে। *v.t.i.* **bri°ghten**—উজ্জ্বল বা আলোকিত বা স্পষ্ট বা সুন্দর বা প্রফুল্ল করা অথবা হওয়া (the sky is *brightening*, the boy's face *brightened* up)। *adv.* **brīght°ly**। *n.* **brīght°-nėss**। [OE. *byrht*, *beorht*]

Bright's disease [brīts°-di-zēz°, ব্রাইট্স্°-ডিজ়ীজ়্°] *n.* nephritis, বৃক্কপ্রদাহ। [Dr. R. *Bright*]

brilliant [bri°-li-ant, ব্রি°লিয়্যান্ট্] (**1**) *a.* very bright, অতিশয় উজ্জ্বল বা দীপ্তিমান্; splendid, চমৎকার; excellent, অত্যুৎকৃষ্ট; remarkably talented, clever or skilful, অতিশয় মেধাবী বুদ্ধিমান্ বা সুদক্ষ (a *brilliant* scholar or scientist)। (**2**) *n.* a diamond of the finest cut and brilliance, অতি সুন্দরভাবে পল-কাটা মনোহর দীপ্তি-সম্পন্ন হীরক। *n.* **bri°lliance, bri°lliancy, bri°lliantnėss**। *n.* **brilliantine** [bri-li-an-tēn°, ব্রিলিয়ান্টীন্°] কেশের ঔজ্জ্বল্যবর্ধক প্রসাধন-দ্রব্যবিশেষ, কেশরাগ। *adv.* **bri°lliantly**। [F. *brillant* = shining]

brim [brim, ব্রিম্] (**1**) *n.* the margin of a river, lake, etc., নদী হ্রদ প্রভৃতির কিনারা; the edge of a vessel, বাসনকোসনের কানা; the rim of a hat, টুপির ধার বা প্রান্ত। (**2**) *v.t.i.* to fill or be full to the brim, কানায় কানায় পূর্ণ করা বা হওয়া। *pr. pt.* **bri°mming**; *p.* & *p. pt.* **bri°-mmed**। **(to) brim over**—উপছাইয়া পড়া। **full to the brim**—কানায় কানায় ভরতি। *a.* **brim°ful**—কানায়-কানায় পূর্ণ। *n.* **bri°mmer**—কানায়-কানায় পূর্ণ পেয়ালা। *a.* **brimm°ing**—কিনারা ছাপাইয়া জল উঠিয়াছে এমন, কূল-ছাপান (*brimming* river)। [ME. *brymme*]

brimstone [brim°-stan, ব্রিম্°স্ট্যান্] *n.* sulphur, গন্ধক। [OE. *bryne* = a burning, *stone*]

brindle [brind°l, ব্রিন্ড্°ল্], **brind°led**—*a.* spotted and streaked, চাকা চাকা দাগযুক্ত ও ডোরাকাটা। [see *brand*]

brine [brīn, ব্রাইন্] (**1**) *n.* salt water, লোনা জল; the sea, সমুদ্র। (**2**) *v.t.* to pickle in brine, লোনা জলে ভিজাইয়া জারিত করা। *a.* **bri°ny**—লোনা। **the briny** (কথ্য.)—সমুদ্র। [OE. *bryne* = a burning]

bring [bring, ব্রিং] *v.t.* to fetch, লইয়া আসা, আনয়ন করা, আনা; to cause to come, হাজির করান; to institute, দায়ের করা (to *bring* a suit)। *p.* & *p. pt.* **brought** [brawt, ব্রাট্]। **bringing up**—লালনপালন; শিক্ষাদান; শিক্ষা। **(to) bring about**—ঘটান। **(to) bring back**—ফিরাইয়া আনা; ফেরত আনা; স্মৃতিপথে আনয়ন করা, স্মরণ করান। **(to) bring down**—নামাইয়া আনা (to *bring down* prices); হীন করা; (ঊর্ধ্বস্থ কিছুকে) গুলিবিদ্ধ করিয়া মাটিতে ফেলা; পরাস্ত করা; দমন করা। **(to) bring forth**—প্রসব করা; উৎপাদন করা। **(to) bring forward**—জের টানা। **(to) bring in**—উত্থাপন করা; প্রবর্তন করা। **(to) bring off**—লইয়া আসা; উদ্ধার করা। **(to) bring on**—প্রেরণা বা প্ররোচনা দেওয়া; প্রবৃত্ত করান। **(to) bring out**—ব্যক্ত করা; স্পষ্ট বা বিশদ করা; **(to) bring over**—দলে টানা। **(to) bring round**—আরোগ্য করা; মূর্ছা ভাঙান; ভিন্নপথে চালিত করা (he *brought* the talk *round* to the neglected subject)। **(to) bring through**—(রোগীকে) রক্ষা করা, বাঁচান; আরোগ্য করা। **(to) bring to**—মূর্ছা ভাঙান; (যানবাহনাদি-সম্বন্ধে) থামান বা থামা। **(to) bring under**—বশবর্তী বা বাধ্য করান; বশ মানান। **(to) bring up**—লালনপালন করা; শিক্ষিত করা; পেশ বা দাখিল করা; বমন করা, উদ্গীরণ করা। [OE. *bringan*—cp. *bear* (*v.*)]

brinjal [brin°-jawl, ব্রিন্°জ্বাল্] *n.* the egg-plant or its fruit, বেগুনগাছ বা বেগুন। [Sans. *Vatingana*]

brink [bringk, ব্রিংক্] *n.* the edge, কিনারা, প্রান্ত। **on the brink of**—প্রান্তে, কিনারায়। *n.* **brinkmanship**—বিশেষনীতি বা কার্যপদ্ধতি অনুসরণ করিয়া যুদ্ধসীমায় বা ধ্বংসের প্রান্ত অবধি পৌছান। [D. = *declivity* ?]

briny—see **brine.**

brio [bri°-ō, ব্রি°ঔ] *n.* vivacity, প্রাণবন্ত বা হাসি-খুশি ভাব। [It.]

briquet(te) [bri-ket°, ব্রিকেট্°] *n.* a block or ball of compressed coal-dust, কয়লার গুঁড়ায় তৈয়ারি ইষ্টকাকৃতি বা ডিম্বাকৃতি গুল। [F.]

brisk [brisk, ব্রিস্ক্] (**1**) *a.* lively, প্রাণবন্ত ; prompt, চটপটে ; active, কর্মঠ ; quick, দ্রুত ; moving quickly, দ্রুতগামী। (**2**) *v.t.i.* to make or become brisk, প্রাণবন্ত চটপটে কর্মঠ বা দ্রুতগামী করা অথবা হওয়া। *adv.* **brisk°ly**। *n.* **brisk°néss**। [W. *brysg*=brisk of foot]

brisket [bris°-kit, ব্রিস্°কিট্] *n.* the breast of animals, পশুর সিনা বা সিনার মাংস। [F. *brechet, brichet* ?]

bristle [bris°l, ব্রিস্°ল্] (**1**) *n.* a short stiff hair (esp. of a hog), (প্রধানতঃ শূকরের) ক্ষুদ্র শক্ত লোম। (**2**) *v.i.* to stand erect as bristles, উক্ত লোমের ন্যায় খাড়া হইয়া ওঠা ; (fig.) to show indignation, (আল.) ক্রোধ প্রকাশ করা ; to be beset with difficulties, অন্তরায়-কণ্টকিত হওয়া বা থাকা (to *bristle* with difficulties)। (**3**) *v.t.* to cover with bristles, উক্ত লোমাবৃত করা। *a.* **brist°ly**—উক্ত লোমবৎ ; উক্ত লোমে তৈয়ারি। [ME. *brustel*<OE. *byrst*]

Britannia [bri-ta°-nia, ব্রিট্যা°নিয়া] *n.* personification of Great Britain, গ্রেট্ ব্রিটেনের কল্পিত মূর্তরূপ। *a.* **Brita°nnic**—গ্রেট্ ব্রিটেনের বা ব্রিটানিয়ার। [L.]

Briticism—see **British.**

British [bri°-tish, ব্রি°টিশ্] (**1**) *a.* of Britain, ব্রিটেনের। (**2**) *n.* the language of the old Britons, Welsh, প্রাচীন ব্রিটনজাতির ভাষা অর্থাৎ ওয়েলশ্ ভাষা। *n.* **Bri°tisher**—ব্রিটেনের অধিবাসী। *n.* **Brit°ishism, Bri°ticism**—ব্রিটেনে (আমেরিকায় বা অন্যত্র নহে) ব্যবহৃত ইংরেজির বাগ্‌বৈশিষ্ট্য। [OE. *Brettisc*<*Bret*=a Briton]

Briton [bri°t(a)n, ব্রি°ট্‌ন্] *n.* an inhabitant of Britain, ব্রিটেনের অধিবাসী। [L. *Brittonis*]

brittle [brit°l, ব্রিট্°ল্] *a.* easily breakable, সহজে ভাঙ্গা যায় এমন ; frail, ভঙ্গুর, পলকা ; (fig. of temper) quickly lost, (আল. মেজাজ সম্পর্কে) দ্রুত খারাপ হয় এমন (a *brittle* temper)। *n.* **britt°leness**। [OE. *breotan*=to break]

britz(s)ka [brits°-kŭ, ব্রিৎস্°কা] *n.* অর্ধশায়িতভাবে আরোহণোপযোগী ছাদ-খোলা ঘোড়াগাড়িবিশেষ, ব্রিজকা। [Pol. *brycska*]

broach [brōch, ব্রৌচ্] (**1**) *n.* a sharp boring instrument, (প্রধানতঃ টিনের পাত্রাদির মুখ) ছিদ্র করিবার জন্য ধারাল যন্ত্রবিশেষ ; a church spire, গির্জার চূড়ার উপরে প্রোথিত লৌহদণ্ড। (**2**) *v.t.* to pierce or open up, (কেনেস্তারাদির মুখে) ছিদ্র করা, কাটিয়া খুলিয়া ফেলা ; to begin, আরম্ভ করা (to *broach* a subject) ; to utter, উচ্চারণ করা ; *p.* & *p. pt.* **broa°ched**। **(to) broach to**—(জাহাজাদি-সম্বন্ধে) প্রতিবাতে ফেরান বা ফেরা। [F. *broche*—cp. *brooch*]

broad [brawd, ব্রাড্] *a.* wide, চওড়া ; large or spacious, বৃহৎ, প্রশস্ত, বিস্তীর্ণ ; free or open, অবাধ, উন্মুক্ত ; clear, স্পষ্ট (*broad* daylight) ; outspoken, স্পষ্টবাদী ; coarse, স্থূল ; bold, মোটা (*broad* strokes); liberal-minded, উদারহৃদয় ; chief, প্রধান (*broad* points)। *n.* **broad°-bean°**—সীম। **Broad Church**—ইংল্যান্ডের প্রটেস্ট্যানট গির্জার যাজকসম্প্রদায়বিশেষ : শাস্ত্রীয় অনুশাসন ও ধর্মনীতি সম্বন্ধে ইঁহাদের কোন গোঁড়ামি নাই। *n.* **broad°-cloth**—বনাত (কাপড়)। *v.t.i.* **broad°en**—চওড়া প্রশস্ত বা বিস্তীর্ণ করা অথবা হওয়া ; উদার করা বা হওয়া। *n.* **broad-gauge**—see **gauge**। *adv.* **broad°ly**। **broad°-min°déd**—উদারচেতা। *a.* *n.* **broad°néss** (cp. **breadth**)। *n.* **broad°-side**—জাহাজের পার্শ্বদেশের যে অংশ জলের উপরে থাকে ; যুদ্ধ জাহাজের একপার্শ্বে স্থিত কামানসমূহের একই সঙ্গে গোলাবর্ষণ ; (আল.) ব্যক্তি বা গোষ্ঠীবিশেষের উপর একই সঙ্গে প্রবল আক্রমণ, জোরের সঙ্গে প্রকাশিত বা কড়া মন্তব্যাদি। *a.* **broad-spectrum**—বিস্তৃত বর্ণালীযুক্ত (*broad-spectrum* treatment—একই ভেষজ প্রয়োগে নানাবিধ রোগের চিকিৎসা)। *n.* **broad°way**—প্রশস্ত রাস্তা ; নগরী বা জেলার প্রধান রাস্তা। *adv.* **broad°ways, broad°wise**—আড়াআড়িভাবে। [OE. *brad*]

broadcast [brawd°-kŭst, ব্রাড্°কাস্ট্] (**1**) *v.t.i.* to relay by wireless, বেতারে ঘোষণা করা ; to scatter freely, (বীজসম্বন্ধে) অবাধে এলোমেলোভাবে ছড়ান। *p.* & *p. pt.* **broad°cast**। (**2**) *n.* act of broadcasting, বেতারে ঘোষণা ; a broadcast message, বেতার-বার্তা। (**3**) *a.* relayed by wireless, বেতারে ঘোষিত ; scattered and sown, এলোমেলোভাবে ছড়াইয়া উপ্ত। (**4**) *adv.* in all directions, চারিদিকে ; widely, ব্যাপকভাবে। *n.* **broad°caster**। [*broad, cast*]

Brobdingnag [brob°-ding-nag, ব্রব্°ডিংন্যাগ্] *n.* the imaginary land of giants, কল্পিত দৈত্যভূমি। *a.* **Brobdingna°gian**—দৈত্যাকার। [from Swift's *Gulliver's Travels*]

brocade [brŏ-kād°, ব্রোকেইড্°] *n.* a silk stuff with raised patterns, বুটিদার রেশমি কাপড় ; Indian cloth of gold and silver, জরি, কিংখাব। *a.* **brŏcā°déd**—বুটিদার ; জরির পোশাক-পরিহিত।

broccoli [bro°-ka-li, ব্র°ক্যালি] *n.* a hardy kind of cauliflower, এক ধরনের ফুলকপি। [It. pl. of *broccolo*=a sprout]

brochure [bro-shū(r)°, ব্রশিউয়্যা(র্)°] *n.* a pamphlet, ক্ষুদ্র পুস্তিকা। [F.]

brock [brok, ব্রক্] *n.* a badger, ভোঁদড়জাতীয় প্রাণী ; a dirty fellow, অপরিচ্ছন্ন বা নোংরা লোক। [O. E. *brocc*]

brocket [bro°-kit, ব্র°কিট্] *n.* a two-year-old

stag with straight dagger-shaped horns, সরল ছুরিকাকার শিংযুক্ত পুং হরিণ। [F. *brocard* =a speke]

brogue [brōg, ব্রৌগ্] *n.* a stout shoe, শক্ত জুতাবিশেষ ; an accent, প্রাদেশিক (বিশেষতঃ আইরিশ) উচ্চারণভঙ্গি। [Ir. *brog*=a small shoe]

broil₁ [broyl, ব্রয়্ল্] *n.* a noisy quarrel, উচ্চ কোলাহলপূর্ণ ঝগড়া। *n.* **broi°ler**—ঝগড়াটে লোক। [F. *brouiller*=to trouble]

broil₂ [broyl, ব্রয়্ল্] (**1**) *v.t.* to cook on fire, অগ্নিতাপে ঝলসাইয়া বা পোড়াইয়া পাক করা। (**2**) *v.i.* to be greatly heated, অতিশয় উত্তপ্ত হওয়া। *n.* **broi°ler**—উক্তভাবে ঝলসাইয়া বা পোড়াইয়া খাইবার উপযুক্ত পক্ষিশাবক ; ঝলসাইয়া রান্নার যন্ত্রবিশেষ ; প্রচণ্ড গরম দিন। [?]

broke, broken—see **break.**

broker [brō°-ka(r), ব্রৌ°ক্যা(র্)] *n.* a commercial go-between, ক্রয়-বিক্রয়ের দালাল। *n.* **bro°kerage**—দালালের পারিশ্রমিক বা কমিশন। *n.* **bro°kery**—দালালগিরি। [ME. & AF. *brocour*]

brolly [bro°-li, ব্র°লি] *n.* (coll.) an umbrella, (কথ্য.) ছাতা।

bromide [brō°-mīd, ব্রৌ°মাইড্] *n.* a chemical element, রাসায়নিক পদার্থবিশেষ ; (coll.) a trite remark, a platitude, (কথ্য.) নীরস বা মামুলি মন্তব্য ; a tiresome or boring person, ক্লান্তিকর বা বিরক্তিকর ব্যক্তি। **bromide paper**—আলোকচিত্র মুদ্রণের জন্য ব্রোমাইডের প্রলেপযুক্ত কাগজবিশেষ। [Gk. *bromos*=stink]

bromine [brō°-min, ব্রৌ°মিন্] *n.* a non-metallic element, অ-ধাতব মৌলপদার্থবিশেষ : ইহার মিশ্র ফটোগ্রাফিতে ব্যবহৃত হয়। [Gk. *bromos* =stink]

bronchi, bronchia, bronchial, bronchitis —see **bronchus.**

bronco [brong°-kō, ব্রং°কৌ] *n.* a wild or half-tamed horse, আমেরিকার বন্য বা কিছুটা পোষ-মানা ঘোড়াবিশেষ। [Sp. *bronco*=rough]

bronchus [brong°-kas, ব্রং°ক্যাস্] *n.* either of the two forks of the windpipe, শ্বাসনালীদ্বয়ের যে কোনটি। *pl.* **bron°chi, bron°chia**। *a.* **bron°chial**—শ্বাসনালীসংক্রান্ত। *n.* **bronchi°tis**—শ্বাসনালীর প্রদাহমূলক ব্যাধি। [Gk. *bronchos*=windpipe]

bronze [bronz, ব্রন্জ্] (**1**) *n.* an alloy of copper and tin, তাম্র ও টিনের মিশ্রণ-জাত ধাতুবিশেষ ; the light brown colour of bronze, তামাটে রঙ ; (fig.) impudence, (আল.) ধৃষ্টতা। (**2**) *a.* of or like bronze, উক্ত ধাতুনির্মিত, উক্ত ধাতুবৎ, তামাটে বর্ণবিশিষ্ট। (**3**) *v.t.i.* to make or become bronze-like, তামাটে করা বা হওয়া (skin *bronzed* by the sun) ; (fig.) to harden, (আল.) কঠিন করা বা হওয়া। **Bronze Age**—যে প্রাগৈতিহাসিক যুগে মানুষ ব্রঞ্জের ব্যবহার শিখিয়াছিল, তাম্রযুগ। *a.* **bron°zed**—উক্ত ধাতুপাতে মোড়া ; তামাটে ; কঠিন। *a.* **bron°zy**—উক্ত ধাতুতুল্য। [F.]

brooch [brōch, ব্রৌচ্] *n.* an ornamental clasp, সেফটিপিন-জাতীয় অলঙ্কারবিশেষ। [F. *broche*=a spit]

brood [brōōd, ব্রুড্] (**1**) *n.* any creature hatched, অণ্ডজ প্রাণী ; offspring, children, শাবক, সন্তানসন্ততি ; race, গোষ্ঠী, জাতি, বংশ ; parentage, কুল ; the number hatched at one time, একবারে ডিম ফুটিয়া যতগুলি শাবক বাহির হয়। (2) *v.t.i.* to sit for hatching, ডিমে তা দেওয়া ; to hatch, তা দিয়া শাবকের জন্মদান করা ; to meditate deeply, গভীরভাবে ধ্যান করা বা চিন্তা করা (to *brood on* or *over* one's miseries)। *p.* & *p. pt.* **broo°ded**। *n.* **brood°hen**—যে মুরগীর দ্বারা তা দেওয়ান হয়। *adv.* **brōō°dingly**—গভীর ধ্যানরত অবস্থায়। *n.* **brōōd°-māre**—শাবকোৎপাদনার্থ ঘোটকী। *a.* **brōō°dy**—(মুরগী-সম্বন্ধে) তা-এ বসিতে চায় এমন ; (আল.) মন-মরা, বিষণ্ণ, (কথ্য.) সন্তান-অভিলাষিণী নারী (a *broody* woman)। [OE. *brod*—cp. *breed*]

brook₁ [brook, ব্রুক্] *v.t.* to tolerate, সহ্য করা (to *brook* an insult)। *p.* & *p. pt.* **broo°ked**। [OE. *brucan*=to enjoy]

brook₂ [brook, ব্রুক্] *n.* a small stream, ক্ষুদ্র নদী। *n.* **brook°let**—অতি ক্ষুদ্র নদী। [OE. *broc*=water breaking forth]

broom [brōōm, ব্রুম্]। (**1**) *n.* shrub, গুল্মবিশেষ ; a long-handled domestic sweeping brush, লম্বা হাতলওয়ালা ঝাড়ুবিশেষ। (**2**) *v.t.* to sweep with a broom, উক্ত ঝাড়ু দিয়ে ঝাঁট দেওয়া। **a new broom**—পরিবর্তনসাধনে অত্যধিক উৎসাহী নবনিযুক্ত ঊর্ধ্বতন কর্মচারী। *n.* **broom°stick**—উক্ত ঝাড়ুর হাতল। [OE. *brom*]

broth [broth, ব্রথ্] *n.* a decoction of meat or vegetable in water, কাথ, ঝোল। [AS.]

brothel [bro°thl, ব্র°থ্‌ল্] *n.* a house of prostitution, বেশ্যালয়। [ME.=a ruined man]

brother [bru°-dh(a)r, ব্রা°দ্‌(র্)] *n.* a male born of same parents, সহোদর ভাই ; a half-brother, সৎভাই ; a closely resembling person, সদৃশ ব্যক্তি ; an associate, সহকারী ; a close friend, অন্তরঙ্গ বন্ধু ; a countryman or fellow-citizen, স্বদেশবাসী বা সহ-নাগরিক ; a fellow member of an order, profession, society, etc., সহধর্মী, গুরুভাই, সমব্যবসায়ী, সহকর্মী, একই সভার বা সংস্থার সভ্য, প্রভৃতি। *pl.* **bro°thers**—সহোদর ভাইসকল ; **brethren** [bredh°-rin, ব্রেদ্°রিন্] সহধর্মী বা গুরুভাই, সমব্যবসায়ী, সহকর্মী, একই সভার সভ্য, প্রভৃতি অর্থে। *n.* **bro°therhood**—ভ্রাতৃত্ব ; সমধর্মিতা, সহকর্মিতা, প্রভৃতি ; একই উদ্দেশ্যে সঙ্ঘবদ্ধ ব্যক্তিবর্গ, ভ্রাতৃসঙ্ঘ। *n.* **bro°ther-in-law** [bru°dh(a)r-in-law, ব্রা°দ্যর্‌ইন্‌ল] শ্যালক, দেবর, ভাশুর, ভগিনীপতি। *n.* **bro°therli-**

ness । *a.* **bro°therly**—ভ্রাতৃবৎ, ভ্রাতৃতুল্য ; স্নেহবান্। [OE. *brothor*—cp. G. *bruder*, Sans. *bhratri*]

brougham [broo°-am, ব্রু°অ্যাম্, broom, ব্রুম্] *n.* a one-horsed covered carriage, এক অশ্ববাহিত ঢাকা-দেওয়া গাড়িবিশেষ। [Lord *Brougham*]

brouhaha [broo-hŭ°-hŭ, ব্রুহা°হা] *n.* (coll.) fuss, uproar, (কথ্য.) অকারণ ব্যস্ততা বা হৈ-চৈ। [F.]

brought—see **bring.**

brow [brow, ব্রাউ] *n.* the arch of hair over the eye, ভ্রূ, ভ্রূলেখা ; the forehead, ললাট, কপাল ; the edge of a hill, শৈলপ্রান্ত, শৈলপার্শ্ব। *n.* **brow°-ague**—আধ-কপালে মাথা ধরা। *v.t.* **brow°beat**—চোখ রাঙ্গাইয়া বাগে আনা ; চোখ রাঙ্গান ; শাসান। *p.* **brow°beat** । *p. pt.* **brow°-beaten** । **brow°less**—ভ্রূহীন ; নির্লজ্জ, চক্ষুলজ্জাহীন। [OE. *bru*]

brown [brown, ব্রাউন্] (**1**) *a.* of a colour given by mixing orange and black. বাদামি, পিঙ্গল, কপিশ, কটা ; sunburnt or overbaked, রৌদ্রদগ্ধ বা বেশি সেঁকা হইয়াছে এমন। (**2**) *n.* the brown colour, বাদামি রঙ্, পিঙ্গলবর্ণ। (**3**) *v.t.i.* to make or become brown, পিঙ্গলবর্ণ করা বা হওয়া। **brown bess**—ইংল্যাণ্ডের প্রাচীন বন্দুকবিশেষ। **brown bread**—লাল আটার পাউরুটি বা রুটি। **browned off**—হতশ্রদ্ধ ; মন-মরা ; (অশি.) তিতিবিরক্ত ; হাল ছাড়িয়া দিয়াছে এমন ; হতাশ। **brown paper**—জিনিসপত্র মুড়িবার জন্য মোটা বাদামি কাগজবিশেষ। **brown rat**—ধেড়ে ইঁদুর। **brown stone**—অট্টালিকাদি-নির্মাণে ব্যবহৃত পিঙ্গলবর্ণ বেলেপাথরবিশেষ। **brown study**—ধ্যানমগ্ন অবস্থা ; আনমনা ভাব ; মানসিক আচ্ছন্নতা। *n.* **brow°nie**—ক্ষুদ্রকায়া সুশীলা পরীবিশেষ ; Girl Guides সংস্থার অল্পবয়স্কা সদস্যা। *n.* **brow°ning**—পিঙ্গলবর্ণ করা বা হওয়ার প্রণালী ; পিঙ্গলবর্ণ করার জন্য রঞ্জকদ্রব্য। *a.* **brow°nish**—ঈষৎ পিঙ্গল। *n.* **brown°ness**—পিঙ্গলতা। *a.* **brow°ny**—পিঙ্গল। [OE. *brun*]

browse [browz, ব্রাউজ্] (**1**) *v.i.t.* to feed on shoots of plants, (গবাদি পশুসম্বন্ধে) বৃক্ষশাখা-পল্লবাদি টানিয়া ছিঁড়িয়া ভক্ষণ করা বা করান ; to read desultorily, চোখ বুলাইয়া অর্থাৎ ভাসাভাসা-ভাবে পাঠ করা। (**2**) *n.* a twig, বৃক্ষাদির শাখা-পল্লব ; act of browsing, বৃক্ষাদির শাখাপল্লব ভক্ষণ ; উপভোগের জন্য ছাড়া-ছাড়াভাবে বা চোখ বুলাইয়া পাঠ ; fodder, গবাদি পশুর জাবনা। [OF. *brouster* < *broust*=a sprout]

Bruin [broo°-in, ব্রু°ইন্] *n.* popular name for a bear in fairy-tales and animal stories, রূপকথায় ও জন্তুজানোয়ারের কাহিনীতে ব্যবহৃত ভল্লুকের নামবিশেষ। [Du. *brown*]

bruise [brooz, ব্রুজ্] (**1**) *v.t.i.* to crush without breaking the surface, মারিয়া হাড় ভাঙ্গিয়া দেওয়া ; to discolour the skin by beating, মারিয়া কালশিরা ফেলা ; to pound or batter, চূর্ণ করা বা ভগ্ন করা। (**2**) *n.* discoloration of the skin due to beating, প্রহারজনিত কালশিরা। *n.* **brui°ser**—bruise (*v.*)-এর সকল অর্থে, এবং—পেশাদার মুষ্টিযোদ্ধা। [OE. *brysan* < F. *bruser*=to break]

bruit [broot, ব্রুট্] (**1**) *n.* something noised abroad, রটনা, গুজব। (**2**) *v.t.* to noise abroad, রটান (to *bruit* it abroad)। *p.* & *p. pt.* **brui°ted** । [F. (*n.*)]

brume [broom, ব্রুম্] *n.* fog, mist, কুয়াসা। *a.* **bru°mal, bru°mous**—কুয়াসাচ্ছন্ন ; শীতকালসদৃশ, শীতকালীন। [L. *bruma*=winter]

brunch [brunsh, ব্রান্‌শ্] *n.* single meal taken at midday in place of breakfast and lunch, প্রাতরাশ ও মধ্যাহ্ন ভোজের পরিবর্তে দ্বিপ্রহরে একবার ভোজন। [*br*eakfast + l*unch* (portmanteau word)]

brunette [broo-net°, ব্রুনেট্°] *n.* a dark-skinned and brown-haired woman, পিঙ্গলকেশী শ্যামাঙ্গী নারী। [F.]

brunt [brunt, ব্রান্ট্] *n.* the chief stress, (প্রধানতঃ আক্রমণের) আসল ধাক্কা বা চাপ (to bear the *brunt* of)। [?]

brush [brush, ব্রাশ্] (**1**) *n.* an instrument for scrubbing or sweeping or for dressing hair, ঝাড়, বুরুশ ; a painter's hair-pencil, চিত্রকরের তুলি, কুঁচি ; the art of painting, অঙ্কনবিদ্যা; a manner of painting, অঙ্কনের ধরন বা ভঙ্গি (a weak *brush*) ; a painter, চিত্রকর (from the same *brush*) ; a tuft, গুচ্ছ ; a bushy tail, ঝাটার ন্যায় লেজ ; a thicket, ঝোপ ; an encounter, a skirmish, খণ্ডযুদ্ধ। (**2**) *v.t.i.* to scrub, sweep or smoothen with a brush, বুরুশ করা, ঝাড়্ দেওয়া ; to touch with a painter's pencil, তুলি বোলান ; to sweep away quickly, তাড়াতাড়ি দূর করিয়া দেওয়া বা দূর হইয়া যাওয়া, ঝাটাইয়া লওয়া বা যাওয়া। *p.* & *p. pt.* **bru°shed** । **(to) brush aside** or **away**—(বিপদ্ আপত্তি প্রভৃতির প্রতি) ভ্রূক্ষেপ না করা, গ্রাহ্য না করা। **(to) brush off**—ঝাড়িয়া ফেলা ; (কথ্য.) বাতিল করা ; প্রত্যাখ্যান করা। **(to) brush up**—মাজিয়া ঘষিয়া উজ্জ্বল করা ; মরচে-পড়া বিদ্যা ঝালাইয়া লওয়া। *n.* **brush°-up**—মরচে-পড়া বিদ্যা ঝালাই। *n.* **brush°wood**—ছোট ঝোপ ; ভাঙ্গা বা ছাঁটা ডালপালা। *n.* **brush°-work**—অঙ্কন ; বিশেষ ধাঁচের তুলির কাজ। [OF. *brosse*=brushwood —cp. *bristle*]

brusque [broosk, ব্রুস্ক্ ; brusk, ব্রাস্ক্] *a.* blunt and abrupt, রূঢ় ও অসামাজিক। *adv.* **brusque°ly** । *n.* **brusque°ness** । (F.]

brussels sprouts [brus-elz sprowts°, ব্রাসেল্‌জ্

স্প্রাউট্‌স্°] *n. pl.* tiny cabbage-like vegetables, এক প্রকার খুদে বাঁধাকপি ।

brute [broot, ব্রূট্] (**1**) *a.* beastly, পশুসুলভ, পশুবৎ, পাশবিক ; irrational, বিচারবুদ্ধিহীন, ভাল-মন্দজ্ঞানশূন্য ; stupid, মূর্খ, বুদ্ধিহীন ; rude, রূঢ়, অশিষ্ট ; savagely cruel, বর্বর ; crude, স্থূল, অমার্জিত (*brute* force) । (**2**) *n.* a beast, পশু, জানোয়ার ; a man of beastly nature, পশু-স্বভাববিশিষ্ট মানুষ, বর্বর ব্যক্তি । *a.* **bru°tal, bru°tish**—পাশবিক ; বর্বর । *n.* **bruta°lity, bru°talism** । *v.t.* **bru°talize**—পশুবৎ করিয়া তোলা । *adv.* **bru°tishly** । [F. *brut*<L. *brutus*= irrational]

bubble [bub°l, বাব্‌°ল্] (**1**) *n.* a bladder of liquid blown out with gas, বুদ্বুদ (soap *bubbles*) ; anything empty or false, শূন্যগর্ভ বা অলীক বস্তু অথবা বিষয় ; an unsound or fraudulent scheme, বাজে বা প্রতারণামূলক পরিকল্পনা । (**2**) *a.* unsubstantial, অলীক ; fraudulent, প্রতারণামূলক ; unsound or transitory, বাজে বা ক্ষণস্থায়ী । (**3**) *v.i.* to rise in bubbles, বুদ্বুদাকারে উত্থিত হওয়া ; to give off bubbles, বুদ্বুদ সৃষ্টি করা ; to make sound like the rising and bursting of bubble, টগ্‌বগ্ বা বুজ্‌বুজ্ শব্দ করা ; (fig.) to be animated, (আল.) প্রাণচাঞ্চল্যে উচ্ছল হওয়া । (**4**) *v.t.* to deceive with fraudulent schemes, প্রতারণামূলক পরিকল্পনাদ্বারা ঠকান । **(to) bubble over**—(ক্রোধে) জ্বলিয়া ওঠা ; (আনন্দে) মাতিয়া ওঠা । *n.* **bubble-and-squeak** [bub°l-an-skwēk°, বাব্‌°ল্‌অ্যান্‌স্কুঈক্°] মাংস ও বাঁধাকপির চচ্চড়িবিশেষ । **bubb°ly**—(**1**) *a.* বুদ্বুদপূর্ণ ; (**2**) *n.* (কৌতু.) শ্যামপেন-মদ্য । [?]

bubo [bū°-bō, বিউ°বৌ] *n.* inflamed swelling of the glands, বাগীরোগ । *a.* **bubonic** [bū-bo°-nik, বিউব°নিক্] বাগীরোগগ্রস্ত । **bubonic plague**—যে প্লেগ-রোগে গ্রন্থিস্ফীতি দেখা দেয় : এই প্লেগ অতি দ্রুত ছড়াইয়া পড়ে । [L.<Gk. *boubon*]

buccaneer [bu-ka-nē(r)°, বাক্যানিয়্যা(র্)°] (**1**) *n.* a pirate, (প্রধানতঃ পশ্চিম-ভারতীয় দ্বীপপুঞ্জের) জলদস্যু । (**2**) *v.i.* to act as a pirate, জলদস্যুতা করা । [F. *boucanier*=a hunter of oxen]

buck [buk, বাক্] (**1**) *n.* the male of the deer, goat, hare, etc., পুংজাতীয় হরিণ ছাগ শশক প্রভৃতি, মৃগ ; a dandy, শৌখিন বেশভূষাপ্রিয় ব্যক্তি, বাবুমানুষ ; a dollar (U.S.), আমেরিকা যুক্তরাষ্ট্রের ডলার ; an article placed before a player at poker reminding him of his turn for the deal, তাসখেলাবিশেষে যে দ্রব্যের সাহায্যে খেলোয়াড়কে তাসবণ্টনের পালা স্মরণ করাইয়া দেওয়া হয় । (**2**) *v.i.* (of a horse or mule) to jump vertically with back arched and feet drawn together, (ঘোড়া বা খচ্চর সম্বন্ধে) পিঠ বাঁকাইয়া ও চার পা গুটাইয়া লাফ দেওয়া, তিড়িং করিয়া লাফান । (**3**) *v.t.* to throw down by bucking, ঐরূপ ভাবে লাফ দিয়া (আরোহীকে) ফেলিয়া দেওয়া । (**4**) *v.i.t.* (sl.) to cheer or make haste, (অশি.) প্রফুল্ল বা তৎপর হওয়া অথবা করান (usu. **to buck up**) । *p.* & *p. pt.***bu°cked** । **(to) pass the buck**—অপরের স্কন্ধে দায়িত্ব চালান করা । **the buck stops here**—দায়িত্ব আর চালান বা স্কন্ধান্তর করা যায় না । *a.* **bu°ckish**—প্রাণবন্ত, হাসিখুশি ; চটপটে ; চঞ্চল ; শৌখিন বেশভূষাপ্রিয় ; ছাগতুল্য (নির্বোধ) । *n* **buck°shot**—হরিণাদি-শিকারে ব্যবহৃত বন্দুকের গুলিবিশেষ । *n.* **buck°skin**—হরিণাদির নরম চামড়া । [OE. *buc, bucca*]

bucket[1] [bu°-kit, বা°কিট্] *v.i.t.* to ride or row very hard, ঘোড়ায় চড়িয়া অতিশয় বেগে ছোটা বা ছোটান, প্রাণপণ শক্তিতে নৌকা বাহিয়া যাওয়া বা নেওয়া ; to shove forward mercilessly, নির্মম-ভাবে সম্মুখে ঠেলিয়া দেওয়া । *p.* & *p. pt.* **bu°ckėtėd** । [see *bucket*[2]]

bucket[2] [bu°-kit, বা°কিট্] *n.* a vessel for holding or carrying water and other liquids, বালতি । **(to) kick the bucket**—মারা যাওয়া, পটল তোলা । *n.* **bu°ckėtful**—এক বালতিতে যত ধরে তত পরিমাণ । *n.* **bu°ckėt-shop**—স্টক-এক্সচেনজের তেজিমন্দি লইয়া জুয়াখেলার জন্য বে-আইনি প্রতিষ্ঠান । [?—cp. OE. *buc*=a pitcher, F. *buket*=a pail]

buckish—see **buck.**

buckle [buk°l, বাক্‌°ল্] (**1**) *n.* a fastening strap, বগ্‌লস্ । (**2**) *v.t.i.* to fasten with this, বগ্‌লস্ আঁটা ; to prepare for an action, উদ্যোগী করা বা হওয়া ; to unite, মিলিত করা বা হওয়া ; to wrap, মোড়ক করা, আবৃত করা । **(to) buckle to, (to) buckle down to**—প্রাণপণে (কার্যাদিতে) নিরত হওয়া । *n.* **buck°ler**—ক্ষুদ্র ঢালবিশেষ । [F. *boucle*=a ring, the boss of a shield]

buckram [buk°-ram, বাক্°র্যাম্] *n.* a coarse fabric, ফাঁক ফাঁক করিয়া বোনা মোটা কাপড়বিশেষ ; (fig.) anything very coarse and inartistic, (আল.) অতি স্থূল ও সৌন্দর্যহীন বস্তু । [OF. *boquerant*]

buckshis [buk°-shish, বাক্°শিশ্] var. of **baksheesh.**

buckshot, buckskin—see **buck.**

buckwheat [buk°-wēt, বাক্°উঈট্] *n.* a plant or its seed for feeding horses and poultry, বাজরা । [Du. *bukweit* ?]

bucolic [bū-ko°-lik, বিউক°লিক্], **būco°lical** *a.* of cattle, গবাদি পশুসংক্রান্ত ; pastoral, রাখালী, মেঠো ; rustic, গ্রাম্য । *n.* **būco°lic**—রাখালী কবিতা বা কবি : পল্লীগীতি বা তাহার রচয়িতা ; গেঁয়ো লোক । [L. *bucolicus*<Gk. *boukolikos* = a herdsman]

bud[1] [bud, বাড্] (**1**) *n.* rudimentary shoot of a plant, মুকুল, কুঁড়ি, বউল, কলি, অঙ্কুর । (**2**)

v.t. to put forth buds, মুকুলিত হওয়া ; to graft by inserting a bud under the bark of another tree, বৃক্ষবল্কলের অভ্যন্তরে ভিন্ন বৃক্ষের মুকুল স্থাপনপূর্বক কলম করা। (3) *v.i.* to put forth buds, মুকুল ধরা বা ফোটা। *pr. pt.* **bu°dding**; *p.* & *p. pt.* **bu°dded** I **in bud**—মুকুলিত। **(to) nip in the bud**—অঙ্কুরে বিনষ্ট করা, প্রথমাবস্থাতেই বা শৈশবেই ধ্বংস করা। *a.* **bu°dded**—মুকুলিত। *a.* **bu°dding**—স্ফুটনোন্মুখ ; উন্নতির পথে আগুসার। [ME. *budde*]

bud₂ [bud, বাড্], **bu°ddy**—*n.* a friend, দোস্ত, বন্ধু (তু.) ভায়া, ভাইডি। [Am. negro for *brother*]

Buddhism [boo°-dizm, বু°ডিজ্‌ম্] *n.* the religion founded by Gautama Buddha, বৌদ্ধধর্ম। *n.* **Bu°ddhist**—বৌদ্ধধর্মাবলম্বী ব্যক্তি। *a.* **Bu°ddhist, Buddhis°tic**—বৌদ্ধ। [Sans. *buddha* = wise]

budge [buj, বাজ্] *v.t.i.* to move or stir, নড়ান বা নড়া, নাড়ান বা নাড়া (usu. in *neg.* : not to *budge* an inch) I **(to) budge off**—দ্রুত প্রস্থান করা। [F. *bouger* < It. *bulicare* = to boil]

budget [bu°-jit, বা°জিট্] (I) *n.* a bag or its contents, থলি বা তন্মধ্যস্থ বস্তু ; a financial statement and programme, আয়ব্যয়ের বিবরণ ও ভবিষ্যতের জন্য পরিকল্পনা, (পরি.) আয়ব্যয়ক ; a plan of domestic expenditure, সাংসারিক খরচের বাঁধাবাঁধি পরিকল্পনা। (2) *v.i.* to prepare a budget, আয়ব্যয়ক রচনা করা (to *budget* for)। (3) *v.t.* to provide for in a budget, আয়ব্যয়কের অন্তর্ভুক্ত করা অর্থাৎ খরচের জন্য ব্যবস্থা করা। *p.* & *p. pt.* **bu°dgeted** I **budget estimate**—আনুমানিক আয়ব্যয়ক। **budget head**—আয়ব্যয়কশীর্ষ। **budget session**—রাষ্ট্রশাসনের বাবদ আয়ব্যয়ক স্থিরীকরণার্থ ব্যবস্থা-পরিষদের অধিবেশন, (পরি.) আয়ব্যয়কসত্র। *a.* **bu°dgetary**—আয়ব্যয়ক-সংক্রান্ত। [F. *bougette* = a small pouch]

budmash—alt. spell. of **badmash.**

buff [buf, বাফ্] (I) *n.* (orig.) buffalo-hide, (মূলতঃ) মহিষচর্ম ; a soft leather of light yellowish colour, ঈষৎ হলুদবর্ণ নরম চর্ম ; the light yellow colour of buff, বাফ্-চর্মবৎ ঈষৎ হলুদবর্ণ ; bare skin, অনাবৃত চর্ম। (2) *a.* made of buff, বাফ্-চর্মে নির্মিত ; light yellowish. ঈষৎ পীতাভ। **in buff**—বিবস্ত্র। [F. *buffle* = a buffalo]

buffalo [bu°-fa-lō, বা°ফ্যালৌ] *n.* an animal of the ox kind, মহিষ। [It.]

buffer [bu°-fa(r). বা°ফ্যা(র্)] *n.* an apparatus for deadening the force of a concussion, গাড়ির বা মেশিনাদির সংঘর্ষ-নিয়ন্ত্রক কলবিশেষ ; an old-fashioned or dull man, সেকেলে বা নির্বোধ ব্যক্তি। **buffer state**—দুই বৃহৎ রাষ্ট্রের মধ্যে সংঘর্ষ-রোধার্থ তাহাদের মধ্যস্থলে স্থাপিত ক্ষুদ্র রাষ্ট্র। **buffer stock**—অভাবের দিনের জন্য জমাইয়া রাখা খাদ্যশস্যের বা অন্য বস্তুর ভাণ্ডার। [see *buffet*]

buffet₁ [bu°-fit, বা°ফিট্] (I) *n.* a blow with the fist, ঘুসি ; a slap, চড়, চাপড় ; a heavy stroke, জোরে আঘাত বা ধাক্কা ; (arch.) a blow of destiny, নিয়তির আঘাত। (2) *v.t.i.* to strike with the fist, ঘুসি মারা ; to slap, চড় মারা ; to contend, সংগ্রাম বা লড়াই করা (to *buffet* with the waves)। *p.* & *p. pt.* **bu°ffeted** I [OF. *buffet* < *buffe*(*n.*)]

buffet₂ [boof°ā, বুফে°ই] *n.* a refreshment counter or bar, ভোজ্য বা পানীয় পরিবেশনের টেবিল। [F. *buffet* ; origin unknown]

buffo [boo°-fō, বু°ফৌ] (I) *a.* comic, হাস্যরসাত্মক। (2) *n.* a comic actor, হাস্যরসাত্মক ভূমিকার অভিনেতা। [It.]

buffoon [bu-fōōn°, বাফূন্°] *n.* a jester, ভাঁড়, বিদূষক। **(to) play the buffoon**—(অপরের চিত্তবিনোদনের নিমিত্ত) ভাঁড়ামি করা। *n.* **buffoon°ery**—ভাঁড়ামি, ভাঁড়গিরি ; মস্করা। [F. *bouffon* < It. *buffone* < *buffare* = to jest]

bug₁ [bug, বাগ্] (I) *n.* a blood-sucking ill-smelling insect, ছারপোকা ; virus infection, রোগবীজ সংক্রমণ ; small hidden microphone, গোপনে স্থাপিত বা লুক্কায়িত ধ্বনিবিবর্ধক যন্ত্র বা মাইক্রোফোন। (2) *v.t.* to install hidden microphone for spying, গোয়েন্দাগিরির বা গোপনে লক্ষ্য রাখার জন্য মাইক্রোফোন স্থাপন করা। *p. pr.* **bu°gging ;** *p.* & *p. pt.* **bu°gged** I **big bug**—বিশিষ্ট ব্যক্তি। [?]

bug₂ [bug, বাগ্], **bugbear** [bug°-bā(r), বাগ্°বেয়্যা(র্)] *n.* a fancied object of terror, জুজু, জুজুবুড়ি। [ME. *bugge* < ?]

bugger [bu°-ga(r), বা°গ্যা(র্)] *n.* a vicious person, জঘন্য ব্যক্তি ; a low term of abuse, (সচ. স্নেহসূচক গালিতে) বেটা হতভাগা প্রভৃতি। *n.* **bu°ggery**—(পরি.) পায়ুকাম। [F. *bougre* < *Bulgarus* = a Bulgarian (heretic)]

buggy [bu°-gi, বা°গি] *n.* a light carriage, একাদি-জাতীয় ক্ষুদ্র গাড়িবিশেষ। [?]

bugle [būg°l, বিউগ্°ল্] (I) *n.* a horn drinking vessel or blowing instrument, মহিষের বা বুনো ষাঁড়ের শৃঙ্গনির্মিত নলাকার পানপাত্র বা বাঁশি, শিঙ্গা, রামশিঙ্গা ; a small trumpet, used in the army, রণশিঙ্গা, তূর্য। (2) *v.i.* to sound a bugle, শিঙ্গা বাজান। *n.* **būg°le-call**—শিঙ্গাধ্বনি ; (আল.) যুদ্ধ-প্রস্তুতির আমন্ত্রণ বা নির্দেশ। *n.* **būg°ler**—রণশিঙ্গা-বাদক। [OF. < L. *buculus* = a small ox]

buhl [bōōl, বূল্] (I) *a.* inlaid with brass and tortoise-shell, পিত্তল ও কচ্ছপের খোলায় খচিত। (2) *n.* furniture thus inlaid, পিত্তল ও কচ্ছপের খোলায় খচিত আসবাবপত্র। [A.C. *Boule*, a cabinet-maker]

build [bild, বিল্ড্] (**1**) *v.t.* to construct, নির্মাণ করা; to establish, স্থাপন করা (to *build* a kingdom or school) । (**2**) *v.i.* to base or depend, ভর বা ভরসা করা, ভিত্তিস্বরূপ ব্যবহার করা । *p.* & *p. pt.* **built** । (**3**) *n.* form, structure, আকার, গঠন (of strong or the same *build*) । **(to) build on** or **upon**—নির্ভর করা (do not *build on* his promises) । **(to) build up**—(খ্যাতি প্রতিষ্ঠা দল প্রভৃতি) গড়িয়া তোলা । *n.* **buil°der**—নির্মাতা, প্রতিষ্ঠাতা । *n.* **buil°ding**—নির্মাণ, স্থাপন; নির্মিত বস্তু; অট্টালিকা । *n.* **buil°ding-society**—গৃহাদি নির্মাণের জন্য ঋণদান-সমিতি । *a.* **built°-in**—ভিন্ন বস্তুর ভিতরে বসাইয়া উহার অঙ্গস্বরূপ নির্মিত, গা- (a room with *built-in* almirah = গা-আলমারিওয়ালা ঘর; a box with a *built-in* lock = গা-তালাওয়ালা বাক্স) । **built-up area**—যে অঞ্চলে বহু অট্টালিকা নির্মিত হইয়াছে । [OE. *gebyld* = built]

bukshi, bukshee [buk°shē, বাক্°শী] *n.* a paymaster, বকশি । [Pers. *bakshia*]

bulb [bulb, বাল্ব্] (**1**) *n.* an underground stem of certain plants, কন্দ, মূল, গেঁড়; a swelling, স্ফীতি, স্ফীত অংশ, আব; the glass covering of an electric light, বিজলী-বাতির চিম্নি, বাল্ব্ । (**2**) *v.i.* to form bulbs, কন্দ বা গেঁড় উৎপাদন করা; to bulge out, উদ্গত হওয়া বা স্ফীত হওয়া । *a.* **bulbaceous** [bul-ba°-shas, বাল্বেই°শ্যাস্] কন্দযুক্ত; কন্দল । *a.* **bul°bous**—কন্দজ; কন্দযুক্ত; কন্দতুল্য, কন্দাকার । [L. *bulbus* < Gk. *bolbos* = an onion]

bulbul [bool°-bool, বুল্°বুল্] *n.* an Eastern song-thrush, বুল্বুলি; a sweet singer, মধুর গায়ক বা গায়িকা; a poet or poetess, কবি । [Pers.]

bulge [bulj, বাল্জ্] (**1**) *n.* a swelling, স্ফীতি, স্ফীত অংশ । (**2**) *v.i.* to swell out, স্ফীত হওয়া । *n.* **bul°giness** । *a.* **bul°gy**—স্ফীত; স্ফীতিশীল । [OF. *boulge*]

bulk [bulk, বাল্ক্] *n.* (**1**) a heap, স্তূপ; a cargo, এক জাহাজে বোঝাই সমুদয় মাল; a weighty burden, ভারী বোঝা; volume or size, বপু বা আয়তন; great size, body or structure, বিশাল আয়তন বা বপু বা আকার; the greater part of anything, অধিকাংশ অংশ, বেশির ভাগ । (**2**) *v.i.* to be in bulk, স্তূপাকার হওয়া; to be weighty or important, ভারী বা জরুরি হওয়া । (also **bulk large**) । (**3**) *v.t.* to put in a pile, স্তূপ করিয়া রাখা । *p.* & *p. pt.* **bul°ked** । **in bulk**—প্রচুর পরিমাণে; খোলা অবস্থায় (অর্থাৎ বাক্সে বা প্যাকেটে রক্ষিত নহে) । **bulk buying**—কোন বস্তু প্রচুর পরিমাণে ক্রয় । **the bulk of**—অধিকাংশ, বেশির ভাগ । *n.* **bulk°head**—জাহাজের মধ্যে জল-রোধক পার্টিশন বা বেষ্টনী । *n.* **bul°kiness** । *a.* **bul°ky**—স্তূপাকার; বিশাল; ভারী । [ON. *bulki* = heap or cargo ?]

bull$_1$ [bool, বুল্] *n.* a papal edict, পোপের মুদ্রাঙ্কিত অনুশাসন বা নির্দেশপত্র । [L. *bulla* = a leaden seal]

bull$_2$ [bool, বুল্] *n.* a ludicrous inconsistency in speech, কথার মধ্যে হাস্যকর অসঙ্গতি । [F.]

bull$_3$ [bool, বুল্] (**1**) *n.* an uncastrated male of ox and other bovine animals, বৃষ, বলিবর্দ, ষণ্ড, ষাঁড়, পুংজাতীয় গবাদি পশু; (astro.) the Taurus, (জ্যোতি.) বৃষরাশি; the part of the target to be hit, লক্ষ্যস্থানের যে অংশ ভেদ করিতে হয়, লক্ষ্যকেন্দ্র; (comm.) one who tries to raise the price of stocks and speculates on a rise, (বাণি.) যে ব্যক্তি শেয়ারের বা পণ্যদ্রব্যের মূল্যবৃদ্ধি করিতে চেষ্টা করে এবং ভবিষ্যৎ মূল্যবৃদ্ধির আশায় নিজের শেয়ার বা মাল ধরিয়া রাখে । (**2**) *v.t.* to seek to raise the price of, মূল্যবৃদ্ধির চেষ্টা করা । **a bull in a china shop**—(আল.) নন্দনকাননে দানব । **(to) take the bull by the horns**—সাহসের সহিত বিপদের সম্মুখীন হওয়া । *n.* **bull°-baiting**—ক্রীড়াবিশেষ: ইহাতে কুকুর লেলাইয়া দিয়া বৃষকে উত্তেজিত করান হয় । *n.* **bull-calf°**—পুং-বৎস । *n.* **bull°dog**—অত্যন্ত বলিষ্ঠ সাহসী ও নাছোড়-বান্দা কুকুরবিশেষ; (আল.) অতি বলশালী সাহসী এবং নাছোড়বান্দা পুরুষ । *v.i.* **bull°dōze**—মিথ্যা শাসান বা ভয় দেখান । *n.* **bull°dōzer**—যে ব্যক্তি মিথ্যা শাসায় বা ভয় দেখায়; জমিতে মই দিবার জন্য বা পথাদি মসৃণ করিবার জন্য যন্ত্রবিশেষ, ট্র্যাকটর । *n.* **bull°fight**—স্পেনদেশে প্রচলিত উত্তেজিত বৃষের সহিত তরবারিহস্তে পুরুষের লড়াই । *n.* **bull°fight°-er**—উক্ত লড়াইকারী । *n.* **bull°finch**—গোলাকার ঠোঁটওয়ালা এবং চক্চকে পালকওয়ালা ক্ষুদ্র গায়ক-পক্ষিবিশেষ । *n.* **bull°frog**—বৃহদাকার ভেক, কোলা বেঙ । *a.* **bull°ne°cked**—বৃষস্কন্ধ, স্থূলস্কন্ধ । *n.* **bullock** [boo°lak, বু°ল্যাক্] ছিন্নমুষ্ক বৃষ, বলদ; ষাঁড় । *n.* **bu°llock-cart**—গোরুর গাড়ি, গো-যান । *n.* **bull°ring**—ষাঁড়ের লড়াইয়ের জন্য ঘেরাও-করা মাঠ । *n.* **bull's°-eye**—লক্ষ্যস্থানের কেন্দ্র; ঐ কেন্দ্রভেদী আঘাত; পাহারাওয়ালার লণ্ঠনবিশেষ; ক্ষুদ্র জানালাবিশেষ, গবাক্ষ । *n.* **bull°-te°rrier**—সঙ্করজাতীয় তেজী কুকুরবিশেষ । [ME. *bole*—cp. *bellow*]

bullet [boo°lit, বু°লিট্] *n.* a missile discharged from a small fire-arm, বন্দুকের গুলি বা টোটা । *a.* **bu°llėt-headėd**—ক্ষুদ্র গোলাকার মস্তকবিশিষ্ট । *a.* **bu°llėt-prōōf**—বন্দুকের গুলি-দ্বারা অভেদ্য । [F. *boulette* = a small ball]

bulletin [boo°-li-tin, বু°লিটিন্] *n* a short (official) circular, ক্ষুদ্র (সরকারি) ইশ্তিহার, বুলেটিন্ । [F.]

bullion [boo°-li-an, বু°লিয়্যান্] *n.* gold and

silver in mass and uncoined, স্বর্ণ ও রৌপ্যের পিণ্ড বা বাট ; a fringe of twisted gold and silver threads, জরির ঝালর। *n.* **bu°llionist**—(পত্রমুদ্রার বিরোধী এবং) ধাতুমুদ্রার পক্ষপাতী ব্যক্তি। [?]

bully₁ [boo°-li, বু°লি] (**1**) *n.* a cruel oppressor of the weak, দুর্বলের নির্মম (সচ. কাপুরুষ) উৎপীড়ক ; a blustering, overbearing person, তর্জন-গর্জন করিয়া যে ব্যক্তি নিজের কর্তৃত্ব জাহির করে ; a hired ruffian, ভাড়াটে গুণ্ডা। (**2**) *v.t.* to oppress cruelly, নির্মমভাবে পীড়ন করা ; to threaten noisily, তর্জন-গর্জন করিয়া শাসান। (**3**) *a.* (Am.) excellent, চমৎকার। (**4**) *int.* bravo, চমৎকার, শাবাশ। [?]

bully₂ [boo°-li, বু°লি], **bu°lly-beef**—*n.* tinned or pickled beef, টিনে ভরতি বা লবণে জারিত গোমাংস। [F. *bouilli*=boiled beef, influenced by *bull*]

bully₃ [boo°-li, বু°লি], **bully-off°**—(**1**) *n.* (in football) a scrimmage, (ফুটবল-খেলায়) মাঠের কোন ক্ষুদ্র অংশে বল কাড়িয়া লইবার জন্য উভয় পক্ষের খেলোয়াড়গণের ভিড় ; (in hockey) an opening of the game or its reopening after a score or after the interval, (হকি-খেলায়) ক্রীড়ারম্ভ, কোন গোল হইবার পরে বা বিরামের পরে পুনরায় ক্রীড়ারম্ভ। (**2**) *v.t.i.* to begin the game by striking the ball, (ফুটবল হকি প্রভৃতি খেলায়) বলে আঘাত করিয়া খেলা আরম্ভ করা ; to oppress or tease, নিপীড়িত বা উত্ত্যক্ত করা। [?]

bulrush [bool°-rush, বুল্°রাশ্] *n.* a kind of water-plant, নলখাগড়া, শর। **bulrush millet**—বাজরা। [*bull* (for coarseness), *rush*]

bulwark [bool°-wa(r)k, বুল্°ওআ্যা(র্)ক্] *n.* a rampart, প্রাকার, গড়-প্রাচীর ; a breakwater, বাঁধ ; a means of defence or security, আত্মরক্ষার বা নিরাপত্তার উপায় (law is the *bulwark* of society)। [cp. G. *bollwerk*]

bum₁ [bum, বাম্] *n.* backside, পশ্চাদ্দেশ ; buttocks, নিতম্ব। *n.* **bum°-bai°liff**—আদালতের পরওয়ানা-বলে গ্রেপ্তারকারী বেলিফ বা পেয়াদা। *n.* **bum°boat**—(মূলতঃ) ময়লা-টানা গাড়ি ; জাহাজের জন্য খাদ্যবাহী নৌকা। [?]

bum₂ [bum, বাম্] (**1**) *n.* loafer, নিষ্কর্মা। (**2**) *v.i.* to wander about doing nothing, নিষ্কর্মার ন্যায় ঘোরাঘুরি করা (to *bum* around)। *pr. pt.* **bu°mming** ; *p.* & *p. pt.* **bu°mmed**। *n.* **bu°mmer**—যে ব্যক্তি অলস বা অবাঞ্ছিতভাবে ঘোরাফেরা করে। [G. *bummler*]

bumble-bee [bumb°l-be, বাম্ব্°ল্বী] *n.* a large humming bee, ভ্রমর, ভোমরা। [obs. *v.* *bumble*=to hum, *bee*]

bump [bump, বাম্প্] (**1**) *v.t.i.* to strike or to be struck with a bump, দুম্ করিয়া আঘাত করা বা আঘাত পাওয়া ; to knock or be knocked with a bump, দুম্ করিয়া ঠুকিয়া দেওয়া বা ঠুকিয়া যাওয়া ; (of a cricket ball) to cause to bound or be bounded high on striking the pitch, (ক্রিকেটে বল-সম্বন্ধে) ভূমিস্পর্শ করিয়া যাহাতে সজোরে উচ্চে লাফাইয়া ওঠে এমনভাবে নিক্ষেপ করা বা নিক্ষিপ্ত হওয়া। (**2**) *v.i.* to move joltingly, লাফাইয়া লাফাইয়া চলা। (**3**) *v.t.* (in boat-race) to overtake, (নৌকার বাইচ-খেলায়) নাগাল ধরা। *p.* & *p. pt.* **bum°ped**। (**4**) *n.* a stroke or knock with a thud, দুম্-শব্দে আঘাত ; a high rebound after striking the ground, ভূমি স্পর্শ করিবার পর বেগে ঊর্ধ্বে উল্লম্ফন ; a jolting movement, লাফাইয়া লাফাইয়া চলন ; a swelling, স্ফীতি ; a lump, (বড়) দলা বা পিণ্ড। **(to) bump off**—খুন করা, (জীবন) সাবাড় করা। **bum°per** (**1**) *n.* bump (*v.*)-এর সকল অর্থে, এবং বিশেষতঃ—(ক্রিকেটে) ভূমি স্পর্শ করিয়া যাহাতে সজোরে লাফাইয়া ওঠে এমনভাবে নিক্ষিপ্ত বল (also **bump°-ball**) ; অপর গাড়ির সহিত সজ্ঘর্ষরোধকল্পে মোটর-গাড়ির সম্মুখস্থ ধাতুনির্মিত পাতবিশেষ ; কানায়-কানায় পূর্ণ সুরাপাত্র ; শস্যের বা অন্য কিছুর অতিপ্রাচুর্য। (**2**) *a.* প্রচুর (a *bumper* harvest)। *n.* **bumpi°ness**। *a.* **bumptious** [bum(p)°-shas, বাম্°শ্যাস্] অশোভনভাবে নিজেকে জাহির করে এমন। *a.* **bum°py**—প্রতিহত হইয়া সজোরে লাফাইয়া ওঠে এমন। [imi]

bumpkin [bum(p)°-kin, বাম্(প্)°কিন্] *n.* an awkward rustic, অমার্জিত গেঁয়ো লোক ; a clown, ভাঁড়। [?]

bumptious, bumpy—see **bump**.

bun [bun, বান্] *n.* a sweet cake, সুমিষ্ট কেক-বিশেষ ; hair dressed in a rounded mass, খোঁপা (in a *bun*)। *n.* **bun°-fight**—(অশি.) চায়ের মজলিস। [OE. *bugne*=a swelling (?)]

buna [boo°na, বূ°ন্যা] *n.* synthetic rubber, কৃত্রিম রবার। [L. *bu*tadiene+*na*trium=sodium]

bunch [bunsh, বান্শ্] (**1**) *n.* a tuft or cluster, গুচ্ছ, থোকা, স্তবক, তোড়া ; a lump, দলা বা পিণ্ড ; a bundle, গাঁটরি, গাঁইট, আঁটি, তাড়া, বাণ্ডিল, গোছা ; (contem.) a group, (অবজ্ঞার্থে) দল (a *bunch* of rogues)। (**2**) *v.i.t.* to form into a bunch, গুচ্ছবদ্ধ হওয়া বা করা, থোকা বাঁধা অথবা বাঁধান (to *bunch* up)। *p.* & *p. pt.* **bun°ched**। *a.* **bun°chy**। [?]

bund [bund, বান্ড্] *n.* an embankment or dam, বাঁধ। [Hind. <Pers.]

bundle [bund°l, বান্ড্°ল্] (**1**) *n.* a number of things tied together, আঁটি, তাড়া, গোছা, গাটরি, গাঁইট। (**2**) *v.t.* to make into bundles, আটি বা তাড়া বা গাঁইট বাঁধা ; to put unceremoniously, to hustle, যেমন-তেমনভাবে গাদা করিয়া রাখা বা ঢোকান। (**3**) *v.t.i.* to pack up one's things for journey, ভ্রমণার্থ জিনিসপত্র বাঁধা, লটবহর বাঁধা ; to depart or send hurriedly, তাড়াহুড়া করিয়া প্রস্থান করা বা প্রেরণ করা (to *bundle* out of the room)। [cp. *bind*, *bond*]

bundobast—alt. spell. of **bandobast.**

bundook [bun°dook, বান্‌°ডুক্] *n.* a rifle or pistol, বন্দুক। [Hind.]

bung [bung, বাং] (**1**) *n.* the stopper of a barrel, পিপার মুখের ঢাকনি বা ছিপি। (**2**) *v.t.* to stop up with a bung, ছিপি আঁটা। **bunged up**—(নাক-সম্বন্ধে) শ্লেষ্মায় অবরুদ্ধ ; (চক্ষু সম্বন্ধে) স্ফীত ; (ড্রেন-সম্বন্ধে) কর্দমবৎ ময়লা জমিয়া অবরুদ্ধ। *n.* **bung°-hōle**—(প্রধানতঃ তরল) পদার্থাদি ভরিবার জন্য পিপার ছিদ্র। [?]

bungalow [bung°-ga-lō, বাং°গ্যালৌ] *n.* a lightly-built one-storied house, বাংলাবাড়ি, বাংলা। [Hind *bangla*]

bungle [bungg°l, বাংগ্‌°ল্] (**1**) *n.* anything clumsily done, তালগোল পাকাইয়া বা জেবড়াভাবে সম্পাদিত কার্য ; a gross mismanagement, চরম বিশৃঙ্খলা। (**2**) *v.t.* to perform clumsily, জেবড়াভাবে সম্পাদন করা ; to mismanage grossly, তালগোল পাকান, চরম বিশৃঙ্খল করা। *n.* **bung°ler**—যে তালগোল পাকায় ; আনাড়ী কর্মী। [?]

bunion [bu°-ni-an, বা°নিয়্যান্] *n.* an inflamed swelling on the head of the metatarsal bone at its junction with the great toe, পায়ের বুড়ো আঙ্গুলের সঙ্গে সংযোগস্থলে পদকুর্চাস্থির উপর প্রদাহপূর্ণ স্ফীতি বা গেঁজ। [?]

bunk$_1$ [bungk, বাংক্] *n.* a sleeping-berth, (প্রধানত: জাহাজে বা রেলগাড়িতে) ঘুমাইবার স্থান ; (in India) a shelf for keeping the luggage in a railway carriage, (ভারতে) যাত্রীদের মালপত্র রাখিবার জন্য রেলগাড়ির কামরায় তাকবিশেষ। [?]

bunk$_2$ [bungk, বাংক্] (**1**) *n.* running away, পলায়ন, চম্পট (esp. in *to do a bunk*)। (**2**) *v.i.* to run away, চম্পট দেওয়া (to *bunk off*)। [?]

bunker [bung°-ka(r), বাং°ক্যা(র্)] *n.* a ship's coal-bin, জাহাজের যেখানে কয়লা এবং অন্যান্য জ্বালানি থাকে ; (golf) a sandpit made as an obstacle, (গলফ-খেলায়) বলের গতিরোধার্থ বালুকাময় গর্ত ; (mil.) an underground shelter, (সাম.) আশ্রয়ার্থ খাদ। *a.* **bun°kered**—(গলফ-খেলায়) বল গতিরোধক গর্তে ঢুকাইয়া ফেলিয়াছে এমন ; (আল.) বিপদ্‌গ্রস্ত। [?]

bunkum [bung°-kam], বাং°ক্যাম্] *n.* hollow bombastic speech, বাগাড়ম্বরপূর্ণ শূন্যগর্ভ বক্তৃতা (it is all *bunkum*) ; humbug, শূন্যগর্ভ আত্মম্ভরিতা। [*Buncombe* in North Carolina]

bunnia [bu°-ni-a, বা°নিআ্যা] *n.* a Hindu merchant, বানিয়া, বেনে। [Hind.]

bunsen-burner [boon°sn-ba(r)°-na(r), বুন্‌°সন্‌ব্যা(র্)°ন্যা(র্)] *n.* a gas-burner, (প্রধানতঃ বৈজ্ঞানিক গবেষণাগারে ব্যবহৃত) গ্যাস-চুল্লিবিশেষ। [R. W. *Bunsen*, its inventor, *burner*]

bunting$_1$ [bun°-ting, বান্‌°টিং] *n.* a push with the horns, শিং দিয়া গুঁতা, ঢুঁ ; a strong timber, শক্ত কাঠবিশেষ। [?]

bunting$_2$ [bun°-ting, বান্‌°টিং] *n.* a species of birds, চড়াইজাতীয় ক্ষুদ্র পক্ষিবিশেষ ; flags or their material, পতাকা বা যে বস্ত্রাদি-দ্বারা পতাকা তৈয়ারি হয়। [?]

buoy [boy, বয়্] (**1**) *n.* an anchored float showing a ship's proper route, জাহাজের পথ-নির্দেশার্থ নঙ্গর-বাঁধা ভাসন্ত কুম্ভাকৃতি বস্তুবিশেষ, বয়া ; a life-buoy, লাইফবয়। (**2**) *v.t.* to mark with buoys, বয়া-দ্বারা চিহ্নিত করা ; to keep afloat, ভাসাইয়া রাখা ; to bear up, (মনের জোর) বজায় রাখা (*buoyed* up with new hope) ; to raise, তুলিয়া ধরা। *n.* **buoyancy** [boy°-an-si, বয়্‌°অ্যান্‌সি] জলে ভাসিয়া থাকার ক্ষমতা, প্লবতা ; (আল.) প্রফুল্লতা, প্রাণবন্ত ভাব। *a.* **buoy°ant**—প্লবমান ; (আল.) প্রফুল্ল, প্রাণবন্ত। [Du. *Boei*]

bur$_1$ [ba(r), ব্যা(র্)] *n.* the prickly head of certain plants, চোরকাঁটা ; (fig.) person difficult to shake off, (আল.) যে ব্যক্তির সংসর্গ এড়ান কঠিন। *n.* **bur°dock**—ভাঁটুইগাছ। [cp. D. *borre*]

bur$_2$ [ba(r), ব্যা(র্)] (**1**) *n.* the rough pronunciation of 'r', গলার মধ্যে ঘড়্‌ঘড়্ শব্দ করিয়া 'র'-এর উচ্চারণ (e.g. car = ka-r-r-r, কর্ম = ক-ড়্-ড়্-ড়্-ম)। (**2**) *v.i.* to whisper hoarsely, ভাঙ্গা গলায় ফিস্‌ফিস্ করিয়া বলা। **bur in the throat**—সাময়িক বাকরোধ বা শ্বাসরোধ। [imi.]

burble [ba(r)b°l, ব্যা(র্)ব্‌°ল্] *v.i.* to simmer, টগ্‌বগ্ করা (to *burble* with mirth)। [imi. ?]

burden$_1$ [ba(r)°d(a)n, ব্যা(র্)°ড্‌ন্] *n.* the refrain of a song, গানের ধুয়া। [F. *bourdon* = a humming tone in music]

burden$_2$ [ba(r)°d(a)n, ব্যা(র্)°ড্‌ন্] (**1**) *n.* a load, বোঝা ; an obligation or encumbrance, দায়িত্ব বা দায়। (**2**) *v.t.* to load, বোঝাই করা ; to encumber, দায়িত্ব চাপান, ভারগ্রস্ত করা (to *burden* a person with)। **the burden of proof**—প্রমাণ করার দায়িত্ব। *a.* **bur°densome**—গুরুভার ; দুর্বহ। [OE. *byrthen* < *beran* = to bear]

burdock—see **bur**$_1$.

bureau [bū-rō°, বিউরৌ°] *n.* a writing table with drawers, দেরাজওয়ালা লিখিবার টেবিল ; an office, দফতর, অফিস ; a government department, সরকারি বিভাগ বা দফতর। *pl.* **bū-reaus°, bureaux** [bū-rōz°, বিউরৌজ্‌°]। [F.]

bureaucracy [bū-ro-°kra-si, বিউর°ক্র্যাসি] *n.* a system of government by officials, আমলাতন্ত্র। *n.* **bureaucrat** [būa°-rŏ-krat, বিউঅ্যা°রোক্র্যাট্] আমলাতন্ত্রবাদী ব্যক্তি ; ক্ষমতাসীন আমলা। *a.* **būreaucra°tic**—আমলাতন্ত্রবাদী ; আমলাতান্ত্রিক ; ক্ষমতাসীন আমলাসুলভ। *adv.* **bureaucra°tically**। [*bureau*, Gk. *kratos* = power]

burette [bū-ret°, বিউরেট্‌°] *n.* a graduated glass tube with a top, তরল পদার্থ মাপার জন্য মাত্রাঙ্কিত ও ঢাকনাওয়ালা কাচের নলবিশেষ। [F.]

burg [ba(r)g, ব্যা(র্)গ্] *n.* a town or city, শহর বা নগর। [West G.]

burgeon [ba(r)°j(a)n, ব্যা(র্)°জ্‌ন্] *v.i.* (poet.) to put out leaves, পাতা ধরা ; to begin to grow, বাড়িয়া উঠিতে আরম্ভ করা। [?]

burgess [ba(r)°-jis, ব্যা(র্)°জিস্] *n.* a citizen of a borough, পূর্ণস্বশাসিত নগরের অধিবাসী ; a citizen, নাগরিক ; a member of parliament for a borough, পূর্ণস্বশাসিত নগর হইতে নির্বাচিত লোকসভার সভ্য। [OF. *burgeis*]

burgh—alt. spell. of **borough** । *a.* **burghal** [ba(r)°g(a)l, ব্যা(র্)°গ্‌ল্] পূর্ণস্বশাসনাধিকারপ্রাপ্ত নগর-সংক্রান্ত। *n.* **burgher** [ba(r)°-ga(r), ব্যা(র্)°গ্যা(র্)] (উক্ত) নগরবাসী। [see *borough*]

burglar [ba(r)°-gla(r), ব্যা(র্)°গ্ল্যা(র্)] *n.* one who breaks into a house by night to steal, রাত্রিবেলার সিঁদেল চোর। *n.* **bur°glary**—রাত্রে সিঁদ কাটিয়া চুরি। *v.t.i.* **burgle** [ba(r)g°l, ব্যা(র্)গ্‌ল্] (কৌতু.) সিঁদ কাটিয়া চুরি করা [back-formation from *burglar*] । [?]

burgomaster [ba(r)°-gŏ-mŭs-ta(r), ব্যা(র্)°-গোমাস্‌ট্যা(র্)] *n.* the chief magistrate or mayor of a Dutch or Flemish or German town, হল্যান্‌ড্ বা ফ্লান্ডার্স বা জার্মানির শহরের প্রধান ম্যাজিস্ট্রেট অথবা মেয়র। [Du. *burgemeester*]

burgundy [ba(r)°g(a)n-di, ব্যা(র্)°গন্‌ডি] *n.* a red-coloured wine, রক্তবর্ণ মদ্যবিশেষ। [*Burgundy* in France]

burial [be°-ri-al, বে°রিঅ্যাল্] *n.* act of burying, মৃতদেহ সমাহিত করা ; (arch.) a tomb, (আর্ষ.) সমাধি। *n.* **bu°rial-ground, bu°rial-plāce**—গোরস্থান, কবরখানা। **burial society**—কবর দেওয়ার খরচের ব্যবস্থাকারী বিমা-প্রতিষ্ঠান। [OE. *byrgels*=a tomb—see *bury*]

burke [ba(r)k, ব্যা(র্)ক্] *v.t.* to hush up or suppress or avoid gently, চুপি-চুপি চাপা দেওয়া বা দমন করা বা এড়ান (to *burke* a rumour or inquiry) । [*Burke*, who murdered people in order to sell their bodies for dissection]

burlap [ba(r)°-lap, ব্যা(র্)°ল্যাপ্] *n.* a coarse canvas, মোটা ক্যানভাস-কাপড়বিশেষ। [?]

burlesque [ba(r)-lesk°, ব্যা(র্)লেস্‌ক্°] (**1**) *n.* caricature, হাস্যকর অনুকরণ ; a parody, রচনাদির হাস্যকর অনুকরণ, ব্যঙ্গ রচনা, প্যারডি। (**2**) *a.* ludicrously imitative, হাস্যকরভাবে অনুকৃত (*burlesque* acting) । (**3**) *v.t.* to compose a burlesque of or mock by such a composition, (কিছুর) প্যারডি প্রভৃতি রচনা করা বা ঐরূপ রচনাদ্বারা ব্যঙ্গ করা ; to imitate ludicrously, হাস্যকরভাবে অনুকরণ করা। *p.* & *p. pt.* **burles°qued** । [It. *burlesco*]

burly [ba(r)°-li, ব্যা(র্)°লি] *a.* big and sturdy, বিশালদেহ ও হৃষ্টপুষ্ট, লম্বা-চওড়া। *n.* **bur°liness** । [ME. *borlich*]

Burman [ba(r)°-man, ব্যা(র্)°ম্যান্], **Burmese** [ba(r)-mēz°, ব্যা(র্)মীজ্°] (**1**) *a.* of Burma, ব্রহ্মদেশীয়, বর্মী। (**2**) *n.* a native or the language of Burma, ব্রহ্মের অধিবাসী বা ভাষা।

burn₁ [ba(r)n, ব্যা(র্)ন্] *n.* a small stream, ক্ষুদ্র নদী। *n.* **burn°side**—উক্ত নদীতীর। [OE. *burna*]

burn₂ [ba(r)n, ব্যা(র্)ন্] (**1**) *v.t.* to consume or injure by fire or heat, ভস্ম করা বা দগ্ধ করা, পোড়াইয়া ক্ষয় করা বা ছাই করা, পোড়ান, দহন করা, দাহ করা ; to oxidize, তাপ দিয়া বা পোড়াইয়া প্রস্তুত করা (to *burn* limestone) ; to cause or make by fire or heat, আগুন বা তাপের দ্বারা সৃষ্টি করা, সেঁকা দেওয়া (to *burn* a mark into) ; to cause a painful sensation, যন্ত্রণা দেওয়া (the failure *burns* him) । (**2**) *v.i.* to be consumed or injured by fire or heat, ভস্ম হওয়া বা দগ্ধ হওয়া ; to give heat or light, তাপ বা আলোক দান করা ; to glow, দীপ্তি পাওয়া, জ্বলা ; to feel excessive heat, অতিশয় গরম বোধ করা ; to become very much excited or animated, অতিশয় উত্তেজিত বা উদ্দীপ্ত হওয়া (to *burn* with passion) । *p.* & *p. pt.* **burnt, bur°ned** । (**3**) *n.* a mark of injury by fire or heat, পোড়া দাগ। **(to) burn away**—জ্বলিতে থাকা, জ্বলিতে জ্বলিতে ক্ষীণ হওয়া বা ক্ষয় পাওয়া। **(to) burn down**—(গৃহাদি) পোড়াইয়া ভূমিসাৎ করা ; (উনান আঁচ প্রভৃতি সম্বন্ধে) নূতন কয়লাদি দিবার ফলে মৃদুতর তেজে জ্বলা। **(to) burn in** or **into**—সেঁকা দেওয়া। **(to) burn low**—(উনান আঁচ প্রভৃতি সম্বন্ধে) নূতন কয়লাদি দিবার ফলে মৃদুতর তেজে জ্বলা। **(to) burn out**—জ্বলিতে জ্বলিতে তৈলাদি নিঃশেষিত হওয়ার ফলে নিভিয়া যাওয়া (the stove *burnt* itself *out*) ; পোড়াইয়া সম্পূর্ণ ধ্বংস করা ; (গৃহ গর্ত প্রভৃতিতে) অগ্নিসংযোগপূর্বক (বাসিন্দাদের) বাহিরে আসিতে বাধ্য করা। **(to) burn the candle at both ends**—মূর্খের ন্যায় অপচয় করা। **(to) burn the midnight oil**—গভীর রাত্রি পর্যন্ত জাগিয়া পড়াশুনা করা। **(to) burn up**—শিখাবিস্তারপূর্বক জ্বলিয়া ওঠা ; পোড়াইয়া ছাই করা বা ধ্বংস করা। *n.* **bur°ner**—দহনকারী ; চুল্লি (bunsen *burner*) ; অগ্নি বা আলোক উৎপাদক কল (*burner* of a stove) ; বাতি (gas-*burner*) । *a.* **bur°ning**—দহনকর ; জ্বলন্ত ; প্রজ্বলিত ; প্রদীপ্ত ; যন্ত্রণাপূর্ণ ; উত্তেজনাপূর্ণ ; ব্যাপকভাবে আলোচিত (*burning* question) ; প্রচণ্ড, তীব্র (*burning* thirst) । *n.* **bur°ning-glass**—আতশ-কাচ। [OE. *brinnan* (*i.*), *baernan*(*t.*)]

burnish [ba(r)°nish, ব্যা(র্)°নিশ্] (**1**) *v.t.* to polish by friction, ঘসিয়া মাজিয়া চকচকে করা। *p.* & *p. pt.* **bur°nished** । (**2**) *n.* polish, সম্মার্জনা ; lustre, চাকচিক্য। [F. *burnir*]

burnside—see **burn₁**.

burnt—see **burn₂** । *n.* **burnt°-offering**—আহুতি।

burr—alt. spell. of **bur**$_{1, 2}$.

burro—[booar°-ত, বুয়্যার্‌°ঔ] *n.* a donkey used as a pack-animal, মালবাহী গর্দভ। [Sp.]

burrow [bu°-rō, বা°রৌ] (**1**) *v.i.t.* to make or live in a hole dug in earth, (সচ. জন্তু-সম্বন্ধে) মাটি খুঁড়িয়া গর্ত করা বা উক্ত গর্তে বাস করা; to dwell in a concealed place, গুপ্তস্থানে বাস করা; (fig.) to investigate into mysteries, (আল.) রহস্যোদ্ঘাটনের চেষ্টা করা। (**2**) *n.* a hole for shelter, defence or concealment, আশ্রয় বা আত্মরক্ষা বা আত্মগোপনের জন্য খনিত গর্ত; a refuge, আশ্রয়। [OE. *beorgan*=to protect]

bursar [ba(r)°-sa(r), ব্যা(র্‌)°স্যা(র্‌)] *n.* a treasurer, কোষাধ্যক্ষ; a student maintained by endowed funds, বৃত্তিভোগী ছাত্র; grant for continuation of studies, শিক্ষার সাহায্যকল্পে শিক্ষার্থীকে অনুদান। *n.* **bur°sarship, bur°sary**। [LL. *bursa*=a purse]

burst [ba(r)st, ব্যা(র্‌)স্‌ট্] (**1**) *v.t.i.* to break into pieces, ভাঙ্গিয়া টুকরা-টুকরা করা বা হওয়া। (**2**) *v.t.* to break open, ভাঙ্গিয়া খুলিয়া ফেলা; to cause to give way by violence, বলপ্রয়োগদ্বারা ভাঙ্গিয়া ফেলা বা ছুটাইয়া দেওয়া; to make by breaking forcibly, সবলে ভাঙ্গিয়া সৃষ্টি করা। (**3**) *v.i.* to fly open, বলপ্রয়োগের ফলে ভাঙ্গিয়া খুলিয়া যাওয়া; to give way under violence, বলপ্রয়োগের ফলে ভাঙ্গিয়া বা ছুটিয়া যাওয়া; to enter or appear suddenly, সহসা প্রবেশ করা বা উপস্থিত হওয়া; to give vent to feelings or utter suddenly, সহসা আবেগাদি প্রকাশ করা বা কিছু বলা। *p. & p. pt.* **burst**। (**4**) *n.* bursting explosion, বিস্ফোরণ (the *burst* of crackers); sudden and violent outbreak for a short time, অকস্মাৎ অল্পকালস্থায়ী প্রচণ্ড প্রকাশ বা প্রকোপ (a *burst* of energy or anger or gunfire)। **(to) burst forth** or **out**—বিস্ময়াদি সহকারে চিৎকার করিয়া বলিয়া ওঠা; প্রবলভাবে বলিতে আরম্ভ করা; (হাসি কান্না প্রভৃতি) সহসা আরম্ভ করা বা আরম্ভ হওয়া (to *burst out* laughing or crying)। **(to) burst in**—প্রচণ্ডভাবে ভিতরদিকে (ঠেলিয়া) খুলিয়া ফেলা (he *burst* the door *in*); কথাদির মধ্যে বাধা দেওয়া (to *burst in* upon a conversation); হঠাৎ প্রবেশ করা বা উপস্থিত হওয়া। **(to) burst into**—সহসা সৃষ্টি করা (the stove *burst into* flames); (আবেগ কান্না হাসি প্রভৃতিতে) ফাটিয়া পড়া (to *burst into* laughter); পুষ্পমুকুলাদি ধরা (the tree *burst into* bloom); সহসা প্রবেশ করা বা উপস্থিত হওয়া; (দৃশ্যাদি) সহসা দৃষ্টিপথে আসা (to *burst into* view)। **(to) burst upon**—সহসা দৃষ্টিগোচর বা শ্রুতিগোচর হওয়া; সহসা প্রতীত হওয়া বা উপলব্ধি হওয়া; সহসা প্রবেশ করা বা উপস্থিত হওয়া। [OE. *berstan*]

burthen [ba(r)°dh(a)n, বা(র্‌)°দ্‌ন্] arch. form of **burden.**

bury [be°-ri, বে°রি] *v.t.* to hide or deposit in the ground, মৃত্তিকাগর্ভে স্থাপন করা বা লুকাইয়া রাখা; to inter (a corpse), গোর দেওয়া, কবর দেওয়া, সমাহিত করা; to blot out of remembrance, স্মৃতি হইতে মুছিয়া ফেলা ('to *bury* the dead, past'); to hide, লুকাইয়া রাখা (to *bury* one's face in one's hands, to *bury* oneself in the country); to engage wholly, নিবিষ্ট করা (to *bury* oneself in one's studies)। *n.* see **burial**। *n.* **bu°rying-ground, bu°rying-place**—গোরস্থান, কবরখানা। [OE. *byrgan*]

bus [bus, বাস্] contr. of **omnibus**। *n.* **bus°man**—বাসের ড্রাইভার বা কণ্ডাক্টর। **busman's holiday**—যে অবকাশ বা ছুটি স্বাভাবিক কাজকর্মেই ব্যয়িত হয়। *n.* **bus°-stop**—বাস থামার নির্দিষ্ট স্থান, বাস-স্টপ।

busby [buz°-bi, বাজ্‌°বি] *n.* an army fur cap, সৈনিকদের পশমি টুপিবিশেষ। [Hung.]

bush [boosh, বুশ্] *n.* a shrub or a clump of shrubs, গুল্ম, ঝাড়; a thicket, ঝোপ, ক্ষুদ্র জঙ্গল; a bunch of ivy before a tavern, পান্থশালার দ্বারে আইভি-লতার যে গুচ্ছ ঝুলাইয়া রাখা হয়। *n.* **bush°-coat**—(মূলতঃ সৈনিকদের) খাট কোট-বিশেষ। *n.* **bush°man**—অরণ্যবাসী, বুনো বা জঙ্গলি লোক। *n.* **bush°shirt**—(মূলতঃ সৈনিকদের) সম্পূর্ণ বুক-চেরা শার্টবিশেষ। *a.* **bu°shy**—ঝোপ-পূর্ণ, জঙ্গলময়; ঝোপের বা জঙ্গলের ন্যায়। *n.* **bu°shiness**। **(to) beat about the bush**—এলোপাতাড়িভাবে কোন বিষয়ের আলোচনা করা; অনর্থক ঘুরিয়া মরা। **good wine needs no bush**—চেনা বামুনের পৈতার দরকার হয় না। [ME. *busk, busch* < *ON. buskr*]

bushel [boo°sh(a)l, বু°শ্‌ল্] *n.* a dry measure of weight, আট গ্যালন পরিমাণ পাত্রে যত ধরে সেই পরিমাণ শস্যাদি শুষ্ক দ্রব্যের মাপ। **to hide one's light under a bushel**—স্বীয় যোগ্যতা ও গুণাদি সম্বন্ধে অতিশয় বিনীত হওয়া। [OF. *boissiel*—cp. *box*]

bushman, bushy—see **bush.**

busily, business$_1$—see **busy.**

business$_2$ [bi°z-nis, বি°জ্‌নিস্] *n.* the state of being busy, ব্যস্ততা; employment, কর্মে নিযুক্তি; trade, profession or occupation, ব্যবসায়, পেশা, বৃত্তি, কর্ম; a duty or task, কর্তব্য, দায়িত্ব; an affair, বিষয়; matter requiring attention, প্রণিধানযোগ্য বা আলোচ্য বিষয় (*business* of a meeting); a commercial or industrial concern, ব্যবসায়-প্রতিষ্ঠান বা শিল্প-প্রতিষ্ঠান; commercial activity, ব্যবসায়-বাণিজ্য; one's concern or object, প্রয়োজন, উদ্দেশ্য (what is your *business* here)। **business address**—কাহারও কর্মস্থল অফিস প্রভৃতির ঠিকানা (অর্থাৎ বাড়ির ঠিকানা নহে)। **business hours**—দৈনিক কার্যকাল। *a.* **bu°siness-like**—ব্যবসাদার-

সুলভ সুশৃঙ্খল এবং চটপটে। *n.* **bu°siness-man**—ব্যবসাদার। **on business**—কার্যব্যপদেশে ; কার্যোপলক্ষে। **place of business**—কর্মস্থল। **(to) come to** or **get to business**—অবশ্য-করণীয় কর্ম আরম্ভ করা। **(to) go about one's business**—স্বীয় কার্যে মন দেওয়া ; প্রস্থান করা। **(to) make it one's business**—দায়িত্ব ঘাড়ে লওয়া। **(to) mean business**—প্রকৃতই উদ্যোগী বা আগ্রহান্বিত হওয়া। **(to) mind one's own business**—নিজের চরকায় তেল দেওয়া। **(to) send one about one's business**—হস্তক্ষেপ করিতে বা মাথা গলাইতে নিষেধ করিয়া চটপট বিদায় দেওয়া। [see *busy*]

busker [bus°-ka(r), বাস্°ক্যা(র্)] *n.* a wandering musician or actor, ভ্রাম্যমাণ গায়ক বা অভিনেতা।

buskin [bus°-kin, বাস্°কিন] *n.* a boot for ancient tragic actors, প্রাচীনকালের বিয়োগান্ত নাটকের অভিনেতাদের বুটজুতা। [?]

bust [bust, বাস্ট্] *n.* a sculpture of the upper part of a human body, মানুষের উত্তমাঙ্গের প্রতি-মূর্তি, আবক্ষ মূর্তি ; the upper front part of the human body, (প্রধানতঃ নারীর) বক্ষঃ। [F. *buste*]

bustard [bus°-ta(r)d, বাস্°ট্যা(র্)ড্] *n.* a large swift-running bird, দ্রুতধাবনক্ষম বৃহৎকায় পক্ষি-বিশেষ। [F. *bistard* < L. *avis tarda* = a slow bird (a misnomer)]

buster [bus°-ta(r), বাস্°ট্যা(র্)] *n* a bomb or shell that wrecks completely, পূর্ণধ্বংসসাধক বোমা বা গোলা (tank-*buster*)। [< *burst*]

bustle [bus°l, বাস্°ল্] (**1**) *v.t.* to busy oneself noisily or fussily, অকারণ হৈচৈ সহকারে ব্যস্ত হওয়া বা তাড়াহুড়া করা। (**2**) *n.* hurried activity, অতিশয় কর্মব্যস্ততা ; tumult, হৈচৈ। [ME. *bustelen*]

busy [bi°-zi, বি°জ়ি] (**1**) *a.* fully employed, কর্মব্যস্ত, ব্যস্ত ; occupied, নিরত, রত। (**2**) *v.t.* to employ or engage fully, সম্পূর্ণ কর্মব্যস্ত বা ব্যস্ত রাখা, নিরত বা নিবিষ্ট করান। *adv* **bu°sily**। *n.* **bu°sybody**—পরের ব্যাপারে মাথা গলাইবার স্বভাববিশিষ্ট ব্যক্তি। *n.* **bu°syness, bu°siness**$_1$। [OE. *bysig*]

but [but, বাট্] (**1**) *prep.* except, ব্যতীত, বিনা, ভিন্ন, ছাড়া, ব্যতিরেকে। (**2**) *con.* on the other hand, পক্ষান্তরে ; otherwise, নচেৎ ; nevertheless, তৎসত্ত্বেও, তথাপি ; unless, যদি না ; that not, কিন্তু। (**3**) *adv.* only, কেবল, মাত্র ; very recently, just when, সবে, যে মুহূর্তে (he has *but* gone now)। (**4**) *n.* an objection, আপত্তি ('but me no *buts*')। (**5**) *v.t.* to put forward (an objection), (আপত্তি) উত্থাপন করা। **but for** or **but that**—যদি না উহার জন্য, না হইলে। **but one**—একটি বাদে। **but then**—তবে ইহাও যে ; পক্ষান্তরে। **not but that**—তবে ইহা নহে যে। [OE. *butan* = without—cp. *by* and *out*]

butane [bū°-tān, বিউ°টেইন্] *n.* a gas obtained from petroleum wells, পেট্রলের খাদ হইতে প্রাপ্ত গ্যাসবিশেষ : ইহার দ্বারা রন্ধনাদি করা হয়। [Gk. *hyle* = matter]

butcher [boo°-cha(r), বু°চ্যা(র্)] (**1**) *n.* a professional slaughterer of animals, কসাই। (**2**) *v.t.* to slaughter cruelly, জবাই করা, নৃশংসভাবে হত্যা করা। *n.* **bu°tchery**—কসাই-খানা ; নিষ্ঠুর হত্যালীলা। [OF. *bochier, bouchier* = a slaughterer of he-goats]

butler [but°-la(r), বাট্°ল্যা(র্)] *n.* a servant in charge of liquors, plates, etc., মদ্য থালাবাটি প্রভৃতির তত্ত্বাবধানকারী পরিচারক, খানসামা। *n.* **but°lery**—মদ্য থালাবাটি প্রভৃতি রাখিবার জন্য কক্ষ, খানসামার ভাণ্ডার। [NF. *butuiller*—LL. *buticularius*—cp. *bottle*]

butt$_1$ [but, বাট্] *n.* a mound behind targets, চাঁদমারির লক্ষ্যের পিছনে যে ঢিবি থাকে ; target, লক্ষ্য (the *butt* of ridicule)। [F. *but* = goal]

butt$_2$ [but, বাট্] (**1**) *v.t.i.* to strike or push with the head (as a goat), ঢুঁ মারা। (**2**) *n.* a push with the head, ঢুঁ। *p.* & *p. pt.* **bu°tted**। **(to) butt in**—মধ্যপথে মাথা গলান ; পরের কথার মধ্যে কিছু বলা। [OF. *boter*]

butt$_3$ [but, বাট্] (**1**) *n.* the thick and heavy end, as of a rifle, বন্দুকাদির কুঁদা ; the trunk of a tree, গাছের গুঁড়ি। (**2**) *v.i.* to meet end to end, মুখে-মুখে বা মাথায় মাথায় মেশা। *p.* & *p. pt.* **bu°tted**। *n.* **butt-end°**—গোড়ার বা কুঁদার দিক, কুঁদা, গোড়া। [?]

butt$_4$ [but, বাট্] *n.* a large cask for storing wine, মদ্যাদি রাখার জন্য বড় পিপা। [L. *butta*]

butter [bu°-ta(r), বা°ট্যা(র্)] (**1**) *n.* a fatty substance obtained from cream by churning, মাখন। (**2**) *v.t.* to smear with butter, মাখন মাখান ; to flatter with soft words, মিষ্ট কথায় ভোলান। **(to) butter one's bread on both sides**—পরম আরামে জীবনযাপন করা। **(to) butter up**—তোষামোদ করা। *n.* **bu°ttercup**—ঝুমকাজাতীয় স্বর্ণবর্ণ পুষ্পবিশেষ। *n.* **bu°tter-fingers**—যে ব্যক্তি (প্রধানতঃ ক্রিকেটের ক্যাচ) দৃঢ়ভাবে ধরিয়া রাখিতে পারে না। *n.* **bu°tterfish**—পাবদা তপসে বাটা প্রভৃতি নরমজাতীয় মৎস্যবিশেষ। *n.* **bu°tterfly**—প্রজাপতি। *n.* **bu°ttermilk**—মাখন-তোলা দুধ, ঘোল। *n.* **bu°tter-wife, bu°tter-woman**—মাখন-বিক্রেত্রী। *a.* **bu°ttery**$_1$—মাখনের ন্যায় (কোমল)। [OE. *butere* < G. *butter* < L. *butyrum*]

buttery$_1$—see **butter**.

buttery$_2$ [bu°-ta-ri, বা°ট্যারি] *n.* a domestic store-room for provisions (esp. liquors), (প্রধানতঃ মদ্যাদি রাখার জন্য) ভাঁড়ার ঘর। [F. *bouteillerie* = place for bottles]

buttock [bu°-tak, বা°ট্যাক্] *n.* (usu. in *pl.*) the rump, নিতম্ব, পাছা। [see *butt*]

button [bu°t(a)n, বা°ট্‌ন্] (**1**) *n.* a knob or disc for fastening, winding, etc., বোতাম, ঘড়ি বা অনুরূপ যন্ত্রাদির চাবি, সেতারাদি বাদ্যযন্ত্রের কান। (**2**) *v.t.i.* to fasten or be fastened with buttons, বোতাম-দ্বারা আটকান বা আবদ্ধ হওয়া। **bu°tton-hōle**—(**1**) *n.* জামায় বোতামের ঘর ; উক্ত ঘরের মধ্যে যে ফুল রাখা হয় ; (**2**) *v.t.* (পোশাকে) বোতামের ঘর করা ; ছিদ্রাদির কানা (মুড়িয়া) সেলাই করা ; মনোযোগ আকর্ষণ করা। *a.* **bu°ttoned-up**—স্বল্পবাক্‌, মুখচাপা। [F. *bouton*=a knob]

buttress [but°-ris, বাট্‌°রিস্] (**1**) *n.* a projecting support, (দেওয়ালাদির বহির্ভাগে নির্মিত) আলম্ব বা ঠেক্‌নো। (**2**) *v.t.* to prop, আলম্ব নির্মাণ করিয়া দেওয়া ; (fig.) to support or strengthen (an argument), পৃষ্ঠরক্ষা করা বা শক্তিশালী করা। [OF. *bouterez*<*bouter*=to push]

butty [bu°-ti, বা°টি] *n.* (coll.) a mate, chum, pal, companion, সঙ্গী, সাথী, অন্তরঙ্গ, ইয়ার ; (mining) a middleman between the mine-owner and miners, খনির মালিক ও শ্রমিকের মধ্যগ বা দালাল। [?]

buxom [buk°-sam, বাক্‌°স্যাম্] *a.* plump and comely, নাদুসনুদুস্ ও সুন্দর ; gay, হাসিখুশি। *n.* **bu°xomness**। [ME. *buhsum*<OE. *bugan*=to bow, *-some*]

buy [bī, বাই] (**1**) *v.t.* to purchase, ক্রয় করা, খরিদ করা, কেনা ; to gain over by bribery, etc., উৎকোচাদি প্রদানপূর্বক বশ করা ; to obtain in exchange for something, কিছুর বিনিময়ে অর্জন করা। *p. & p. pt.* **bought** [bawt, বাট্]। (**2**) *n.* a purchase, esp. a bargain, (বিশে.) লাভজনক ক্রয় বা আদান-প্রদান (a good *buy*)। **(to) buy back**—(বিক্রেতা কর্তৃক) বিক্রীত দ্রব্য পুনরায় কিনিয়া লওয়া। **(to) buy in**—কিনিয়া মজুত করিয়া রাখা (to *buy in* rice for the months of scarcity) ; নিলামে উপযুক্ত ডাক না ওঠায় (নিলামদার কর্তৃক) উচ্চতর ডাক দিয়া (মাল) ধরিয়া রাখা। **(to) buy off**—অর্থাদি প্রদানপূর্বক কবল এড়ান। **(to) buy out**—(কাহাকেও) অর্থ-প্রদানপূর্বক সম্পত্তি পদ প্রভৃতি ত্যাগ করান। **(to) buy over**—ঘুস খাওয়াইয়া রাজি করান বা দলে টানা। **(to) buy up**—সমগ্র বস্তু বা অধিকাংশ অংশ কিনিয়া লওয়া। *a.* **buy°able**। *n.* **buy°er**—ক্রেতা, খরিদদার। **buyers' market**—বাজারে প্রচুর পণ্য জমিয়া গিয়াছে অথচ অর্থাভাবে খরিদদাররা কিনিতে পারিতেছে না বলিয়া পণ্যমূল্যের অত্যন্ত হ্রাসপ্রাপ্তি। [OE. *bycgan*]

buzz [buz, বাজ়্] (**1**) *v.i.* to murmur (as a bee), (ভ্রমর সম্বন্ধে) গুঞ্জন করা ; (sl.) to go off quickly, (অশি.) দ্রুত চলিয়া যাওয়া বা ভাগিয়া পড়া (usu. **to buzz off**) ; (of the ears) to be filled with a humming or buzzing sound, (কান সম্পর্কে) ভোঁ ভোঁ করা (my ears are *buzzing*)। (**2**) *v.t.* to utter with a humming sound, গুন্‌গুন্ করিয়া বলা। (**3**) *n.* hum of a bee, ভ্রমরের গুঞ্জন ; a humming sound, গুঞ্জনধ্বনি, অস্পষ্ট কোলাহল। *n.* **bu°zzer**। [imi.]

buzzard [bu°-za(r)d, বা°জ়্যা(র্)ড্] *n.* a large bird of prey, বৃহদাকার শিকারি পক্ষিবিশেষ, (তু.) বাজ। [F. *busard*]

by [bī, বাই] (**1**) *prep.* at the side of, পার্শ্বে, ধারে, কিনারায় ; near, নিকটে, কাছে ; along, বরাবর, ধরিয়া ; near, via, past, মধ্য দিয়া, অতিক্রম করিয়া, হইয়া ; during, সময়ে, কালে (*by* day) ; within a fixed time or duration, নির্দিষ্টকাল-মধ্যে (*by* this week) ; with succession of, পরম্পরাক্রমে (two *by* two, day *by* day) ; through the agency, means, etc. of, কর্তৃক, দ্বারা, দিয়া, ক্রমে (*by* him, *by* chance) ; in terms of (a measure), পরিমাপে, পরিমাণে ; with the witness of, সাক্ষী মানিয়া, দোহাই পাড়িয়া (*by* God) ; in respect of, সম্বন্ধে, সম্পর্কে (a soldier *by* blood) ; multiplied into, গুণিত (two *by* three)। (**2**) *adv.* near, নিকটে ; aside, in reserve, এক পাশে, পৃথক্ করিয়া ; away, দূরে ; past, অতিক্রম করিয়া। (**3**) *a.* subsidiary, অধীন ; incidental, আনুষঙ্গিক ; apart, পৃথক্ ; secret, গুপ্ত ; indirect, পরোক্ষ। (**4**) *n.* a subsidiary thing or issue, আনুষঙ্গিক বস্তু বা বিষয়। **by and large**—সব কিছু বিচার করিয়া মোটামুটিভাবে। **by the by (bye)** or **by the way**—প্রসঙ্গত:। **(to) know** or **learn by heart**—মুখস্থ বা কণ্ঠস্থ করা। *adv.* **by-and-by** [bī°-an-bī°, বাই°অ্যান্‌-বাই°] ভবিষ্যতে, কালক্রমে, অচিরে। *n.* **by°-election**—উপনির্বাচন। *n.* **by°-end**—বাড়তি উদ্দেশ্য ; গুপ্ত উদ্দেশ্য। *a.* **by°-gone**—অতীত, গত। *n. pl.* **by°gones**—অতীত ঘটনাবলী। *n.* **by°lāne**—শাখা-গলি ; চোরা-গলি। *n.* **by°law, bye°-law**—উপবিধি। *n.* **by°-nāme**—উপনাম ; ডাকনাম। **by°-pass**—(**1**) *n.* বাধাদি এড়াইবার জন্য উপপথ বা ঘুরপথ ; (**2**) *v.t.* উপপথ নির্মাণ করিয়া দেওয়া ; এড়াইবার জন্য ঘুরপথে যাওয়া ; এড়াইয়া বা প্রদক্ষিণ করিয়া যাওয়া। *p. & p. pt.* **by°-passed**। *n.* **by°path**—ঘুরপথ ; গুরুত্বহীন পথ ; ক্ষুদ্র পথ। *n.* **by°play**—মূল নাটকের অন্তর্ভুক্ত ক্ষুদ্র নাটিকা, গর্ভনাটিকা। *n.* **by°-plot**—নাটকের মূল কাহিনীর অন্তর্ভুক্ত ক্ষুদ্রতর কাহিনী, উপকাহিনী ; গর্ভচক্রান্ত। *n.* **by°-product**—কোন দ্রব্য প্রস্তুতকালে উহার উপকরণের বর্জিত অংশদ্বারা প্রস্তুত দ্রব্য। *n.* **by°-road**—যে রাস্তা দিয়া লোকজন বড়-একটা চলে না। *n.* **by°stander**—পার্শ্বে দণ্ডায়মান দর্শক, যে দর্শক হঠাৎ ঘটনাস্থলে আসিয়া উপস্থিত হইয়াছে। *n.* **by°-street, by°-way**—নিরালা পথ। *n.* **by°word**—প্রবাদ। *n.* **by°work**—অবসরকালে কৃত কর্ম। [OE. *bi, big*<G. *bei*]

For words in *by-* and *bye-*, not given separately, see **by**.

bye—alt. spell. of **by** (*a.* & *n.*)

bye-bye [bī°-bī°, বাই°বাই°] *int.* good-bye, বিদায়-সম্ভাষণবিশেষ। [see *goodbye*]

byre [bī(r)°, বায়্যা(র্)°] *n.* a cowhouse, গোশালা। [AS.]

Byzantine [bī-zan°-tīn, বাইজ্যান্°টাইন] (**1**) *a.* of Byzantium or Constantinople, বাইজ্যান্টিআমের বা কনস্ট্যান্টিনোপলের। (**2**) *n.* a native of Byzantium, বাইজ্যান্টিআমের অধিবাসী।

C

C, c [sē, সী] *n.* the third letter of the English alphabet, ইংরেজি বর্ণমালার তৃতীয় অক্ষর; (mus.) the first note of the natural major scale, (সঙ্গীতে) স্বরগ্রামের প্রথম সুর, ষড়্জ, সা।

cab [kab, ক্যাব্] *n.* a hackney carriage, ভাড়াটে ঘোড়ার গাড়ি, ছেকড়া গাড়ি। *n.* **ca°bby, cab°man**—উক্ত গাড়ির গাড়োয়ান। *n.* **cab°-rank, cab°stand**—উক্ত গাড়ির আড্ডা। [dim. of *cabriolet*]

cabal [ka-bal°, ক্যাব্যাল্°] (**1**) *n.* a small secret party or clique, ক্ষুদ্র গুপ্তসমিতি বা চক্রিদল; a secret plot, গুপ্তচক্রান্ত। (**2**) *v.i.* to form such a party, ঐরূপ দল গঠন করা; to intrigue, চক্রান্ত করা। *pr. pt.* **caba°lling**; *p.* & *p. pt.* **caba°lled**। [F. *cabale* < H. *qabbalah*]

cabala—alt. spell. of **cabbala.**

cabaret [ka°-ba-rā, ক্যা°ব্যারেই] *n.* a restaurant with variety turns, চিত্তবিনোদনের বিবিধ ব্যবস্থাযুক্ত রেস্তর॑া; the entertainment given in such a restaurant: উক্ত রেস্তর॑ায় আয়োজিত নৃত্যগীতাদি চিত্তবিনোদনের ব্যবস্থা। [F.]

cabbage [ka°-bij, ক্যা°বিজ্] *n.* a kind of vegetable with round head or heart (as often called), বাঁধাকপি। [F. *caboche* = head]

cabbala [ka°-ba-lŭ, ক্যা°ব্যালা] *n.* the secret lore of Jewish rabbis, যে ইহুদি পণ্ডিতেরা বাইবেলে গুপ্ত অর্থ খুঁজিয়া পাইয়াছিলেন তাঁহাদের গুপ্তমন্ত্র। *n.* **ca°bbalist**—উক্ত মন্ত্রজ্ঞ পণ্ডিত। *a.* **cabbalis°tic**—উক্ত মন্ত্রসংক্রান্ত; অর্থপূর্ণ। [H. *qabbalah* = tradition]

cabby—see **cab.**

cabin [ka°-bin, ক্যা°বিন্] (**1**) *n.* a cottage, কুটীর; a room (esp. in a ship) for sleeping, (প্রধানতঃ জাহাজে) ঘুমাইবার জন্য কক্ষ। (**2**) *v.i.t.* to dwell or shut up in a cabin, ক্যাবিনে বাস করা বা আবদ্ধ করিয়া রাখা। *n.* **ca°bin-boy**—জাহাজে ক্যাবিন-যাত্রীদের পরিচারক। **cabin class**—(জাহাজে) প্রথম শ্রেণী এবং সাধারণ পর্যটকদিগের জন্য নির্দিষ্ট শ্রেণীর অন্তর্বর্তী শ্রেণী। [F. *cabane*]

cabinet [ka°-bi-nit, ক্যা°বিনিট্] *n.* a small or private room, ক্ষুদ্র কক্ষ, একান্ত কক্ষ, গুপ্তকক্ষ; a state's private council-room, রাষ্ট্রের গুপ্তমন্ত্রণাকক্ষ; ministers of a state collectively, মন্ত্রিসভা; the select inner group of ministers assisting the prime minister, প্রধান মন্ত্রীর দায়িত্বের অংশগ্রহণকারী বাছাই-করা মন্ত্রিবর্গ, (পরি.) মন্ত্রিপরিষৎ; a case with drawers, দেরাজওয়ালা আলমারিবিশেষ (a filing *cabinet*)। *n.* **ca°binet-māker**—আসবাবপত্র-নির্মাতা। *n.* **ca°binet-mem°ber, ca°binet-mi°nister**—মন্ত্রিপরিষদ্‌ভুক্ত মন্ত্রী। [dim. of *cabin*]

cable [kāb°l, কেইব্‌ল্] (**1**) *n.* a strong thick rope or chain, (প্রধানতঃ নঙ্গর বাঁধার) শৃঙ্খল, কাছি, দড়ি, রশি; a cable-length, এক রশি-পরিমাণ দৈর্ঘ্য; a line of submarine telegraphic wire, সমুদ্রগর্ভস্থ টেলিগ্রাফের তার; a cabled message, সমুদ্রগর্ভপথে প্রেরিত তারবার্তা। (**2**) *v.t.i.* to provide or fasten with a cable, কাছি জোগান বা কাছি দিয়া বাঁধা; to telegraph by cable, সমুদ্রগর্ভপথে তারবার্তা প্রেরণ করা। *n.* **cāb°legram**—সমুদ্রগর্ভপথে প্রেরিত তারবার্তা। *n.* **cāb°le-length, cāb°le's-length**—১০০ বাঁও (100 fathom) পরিমাণ মাপবিশেষ। [F. < LL. *caplum* = a halter]

cabman—see **cab.**

cabob [ka-bob°, ক্যাবব্°] *n.* a dish of pieced meat roasted with vegetables, কাবাব। [Ar. *kabob*]

caboodle [ka-bōōd°l, ক্যাবূড্°ল্] *n.* (sl.) the whole lot, (অশি.) সমস্তটা সংখ্যা বা পরিমাণ। [?]

caboose [ka-bōōs°, ক্যাবূস্°] *n.* a ship's kitchen, জাহাজের রান্নাঘর। [Du. *kombuis*]

cabriolet [ka-bri-ō-lā°, ক্যাব্রিওলেই°] *n.* a light two-wheeled carriage, লঘুভার দ্বিচক্রযানবিশেষ। [F. < L. *capra* = goat]

cabstand—see **cab.**

ca'canny [kŭ-ka°ni, কাক্যা°নি] *n.* workers' policy of 'go-slow' for limiting output, উৎপাদন ব্যাহত করিবার উদ্দেশ্যে শ্রমিকদের দ্বারা অনুসৃত মন্থরগতিতে কাজ করার নীতি। [see *canny*]

cacao [ka-kŭ°-ō, ক্যাকা°ও] *n.* a tree or its seed giving cocoa and chocolate, যে বৃক্ষের ফল হইতে কোকো ও চকোলেট প্রস্তুত হয়, উক্ত বৃক্ষের ফল। [Mexi. *cacauatl*]

cache [kash, ক্যাশ্] *n.* a hiding-place for treasure, provisions, ammunition, etc., ধনরত্ন খাদ্যসামগ্রী গোলাবারুদ প্রভৃতি লুকাইয়া রাখিবার স্থান। [F. < *cacher* = to hide]

cachet [ka°-shā, ক্যা°শেই] *n.* a seal, ছাপ, মোহর; a distinctive mark, বৈশিষ্ট্যসূচক চিহ্ন বা লক্ষণ। [F.]

cachinnate [ka°-ki-nāt, ক্যা°কিনেইট্] *v.i.* to laugh loudly, জোরে হাসা, খল্‌খল্ করিয়া হাসা। *p.* & *p. pt.* **ca°chinnātėd**। *n.* **cachinnā°tion**। [L. *cachinnare*]

cackle [kak°l, ক্যাক্‌ল্] (**1**) *n.* the sound made

by a hen or goose, মুরগীর বা রাজহাঁসের কক্কক্ শব্দ। (2) *v.i.* to make this sound, কক্কক্ করা। *n.* **cack°ler**। [ME. *cakelen* < D. *hakelen*]

cacology [ka-ko°-la-ji, ক্যাক°ল্যাজি] *n.* faulty vocabulary or pronunciation, অশুদ্ধ শব্দপ্রয়োগ বা উচ্চারণ। [Gk. *kakos* = bad, *logos* = speech]

cacophony [ka-ko°-fa-ni, ক্যাক°ফ্যানি] *n.* a disagreeable sound, শ্রুতিকটু ধ্বনি; discord of sound, বেসুর। *n.* **caco°phonous**—শ্রুতিকটু; বেসুরো। [Gk. *kakos* = bad, *phone* = sound]

cactus [kak°-tas, ক্যাক্°ট্যাস্] *n.* an edible American plant, আমেরিকার ভক্ষ্য উদ্ভিদ্‌বিশেষ, নাগফণী। [L. < Gk. *kaktos*]

cad [kad, ক্যাড্] *n.* a low vulgar person, লোচ্চা বা ইতর লোক। *a.* **ca°ddish**—লোচ্চা, ইতর (a *caddish* trick)। [contr. of *cadet*]

cadastral [ka-das°-tral, ক্যাড্যাস্°ট্র্যাল্] *a.* pertaining to the public register of lands for fiscal purposes, করনির্ধারণার্থ জমি-জরিপ-সংক্রান্ত, তফসিল-ভুক্ত (*cadastral* survey)। [F. < LL. *capitastrum* = register for a poll-tax]

cadaverous [ka-da°-v(a)ras, ক্যাড্যা°ভ্র্যাস্] *a.* corpse-like, মৃতবৎ; haggard, বিশীর্ণ। *n.* **cada°verousness**। [L. *cadaver* = a corpse]

caddie—see **caddy**$_2$.

caddish—see **cad**.

caddy$_1$ [ka°-di, ক্যা°ডি] *n.* a small tea-chest, চায়ের ক্ষুদ্র পেটীবিশেষ। [Mal. *kati* = the weight of a packet of tea]

caddy$_2$, **caddie** [ka°-di, ক্যা°ডি] *n.* an attendant who carries a golfer's clubs, গল্ফ্ খেলোয়াড়ের সাজসরঞ্জাম বহনের ভৃত্য। [F. *cadet*]

cadence [kā°d(a)ns, কেই°ড্‌ন্‌স্] *n.* rise and fall of sound, ধ্বনির উত্থান-পতন; rhythm, ছন্দে লয়ে স্বর প্রবাহ। *n.* **cadenza** [ka-den°-za, ক্যাডেন্°জ্যা] স্বরের লয় বা মূর্ছনা। [F. < It. *cadenza*]

cadet [ka-det°, ক্যাডেট্°] *n.* a younger son, যে পুত্র জ্যেষ্ঠ নহে, জ্যেষ্ঠেতর পুত্র; one who is undergoing military training, যুদ্ধবিদ্যাশিক্ষার্থী, সামরিক শিক্ষানবিস। **cadet corps**—বালক ও তরুণ (ছাত্র) লইয়া গঠিত সামরিক শিক্ষানবিসবাহিনী। *n.* **cadet°ship**। [F.]

cadge [kaj, ক্যাজ্] *v.t.i.* to go about begging or peddling, ভিক্ষা চাহিয়া বা ফেরি করিয়া ফেরা। *n.* **ca°dger**—ফেরিওয়ালা। [< *catch* ?]

cadre [ka°dr, ক্যা°ড্‌র্] *n.* the permanent expandable military or political unit, সৈন্যদলের বা রাজনীতিকদলের স্থায়ী কর্মচারিবৃন্দ; framework of an establishment, কোন সংস্থার কর্মচারিবৃন্দের কাঠাম। [F].

caduceus [ka-dū-si-as, ক্যাডিউ°সিঅ্যাস্] *n.* the rod of Hermes, দেবতাগণের সংবাদবাহক হার্মিসের হাতের দণ্ড। *a.* **cadū°cean** (*caducean* charm—ঐন্দ্রজালিক প্রভাব)। [L.]

caducous [ka-dū°-kas, ক্যাডিউ°ক্যাস্] *a.* falling early, দ্রুত ঝরিয়া যায় এমন, আশুপাতী। [L. *caducus* < *cadere* = to fall]

caecum (sē°-kam, সী°ক্যাম্] *n.* a sac or bag having only one opening, connected with the intestine of an animal, বদ্ধনালী। *pl.* **cae°ca**। [L.]

Cæsarean [si-zār°-ian, সিজ়েয়্যার্°ইঅ্যান্] (1) *a.* of Julius Cæsar, রোমশাসক জুলিয়াস্ সিজ়ার-সংক্রান্ত। (2) *n.* an adherent of Cæsar, সীজ়্যারের অনুগামী জন; an imperialist, সাম্রাজ্যবাদী ব্যক্তি। **Cæsarean section** or **birth**—প্রসূতির পেট কাটিয়া সন্তান বাহির করা (প্রবাদ যে, সীজ়্যারের জন্ম এইরূপে হইয়াছিল)।

cæsura [si-zūr°-a, সিজ়িউয়্যার্°অ্যা] *n.* (pros.) a pause (near the middle) in a line of verse, (ছন্দ.) কবিতার চরণমধ্যস্থ যতি। [L.]

café [ka°-fā, ক্যা°ফেই] *n.* a coffee-house, কফিখানা; a restaurant, রেস্তরাঁ। [F.]

cafeteria [ka-fi-tēr°-i-a, ক্যাফিটিয়্যার্°ইঅ্যা] *n.* a cafe with a counter for self-service, যে কফিখানায় বা রেস্তরাঁয় খরিদ্দারগণকে স্বয়ং লইয়া খাইতে হয়। [Sp.]

caff [kaf, ক্যাফ্] *n.* (sl.) café, (অমা.) কফিখানা। [*café*]

caffeine [ka°-fi-ēn, ক্যা°ফিঈন্] *n.* an alkaloid found in tea and coffee, চা ও কফির মধ্যে প্রাপ্ত উপক্ষারবিশেষ। [F. *cafeine*]

Caffre—alt. spell. of **Kaffir**.

caftan [kaf°-tan, ক্যাফ্°ট্যান্, kŭf-tŭn°, কাফ্-টান্°] *n.* a long-sleeved Persian or Turkish garment, ঢোলা-হাতা জামাবিশেষ। [Turk. *qaftan*]

cage [kāj, কেইজ্] (1) *n.* a box or compartment for captive animals, etc., or any structure resembling it, খাঁচা, পিঞ্জর। (2) *v.t.* to shut up in a cage, পিঞ্জরাবদ্ধ করা। *a.* **cā°ged**—পিঞ্জরাবদ্ধ। [F.]

cagey [kā°-ji, কেই°জি] *a.* (coll.) unwilling to be frank, মনখোলা আচরণে বা ধরা দিতে অনিচ্ছুক: cautious, shrewd, সতর্ক, হুঁশিয়ার, সুচতুর, বিচক্ষণ। [?]

cahoot [ka-hoot°, ক্যাহুট্°] *n.* (sl.) partnership company, (অশি.) অংশীদারী প্রতিষ্ঠান বা সংস্থা, অংশ। **in cahoots (with)**—গোপন চুক্তিতে আবদ্ধ, চক্রান্তে লিপ্ত। [?]

caique [kŭ-ēk, কাঈক্] *n.* a light rowing or sailing boat (or motor-boat) used in the eastern Mediterranean, পূর্ব ভূমধ্যসাগরে ব্যবহৃত হালকা দাঁড়-টানা বা পাল-তোলা (অথবা মোটরচালিত) নৌকা। [Turk. *kaik* = boat]

cairn [kā(r)n, কেয়্যা(র্)ন্] *n.* a heap of stones,

(esp. one raised over a grave or as a landmark), (প্রধানতঃ স্মৃতিরক্ষার্থ বা সীমানা-নির্দেশার্থ স্থাপিত) শিলাস্তূপ। [Gael. *carn*]

caisson [kā°s(a)n, কেইʹস্‌ন্] *n.* a chest or wagon for ammunition, গোলাবারুদের বাক্স বা গাড়ি; a water-tight box in which men work under water, জলের নীচে যে জলাভেদ্য বাক্সের মধ্যে বসিয়া লোকে কাজ করে। [F.]

caitiff [kā°-tif, কেইʹটিফ্] *n.* a mean despicable fellow, নীচ জঘন্য লোক। [OF. *caitif*]

cajole [ka-jōl°, ক্যাজৌল্] *v.t.* to coax, মিষ্ট কথায় ভোলান, স্তোক দেওয়া (to *cajole* a person *into* or *out of* doing a thing)। *n* **cajōle°ment**। *n.* **cajō°ler**। *n.* **cajōlery**—স্তোক। [F. *cajoler*=to chatter]

cake [kāk, কেইক্] (1) *n.* a piece of baked dough, কেক, পিষ্টক, পিঠা; anything resembling a cake, কেকের ন্যায় আকারের খণ্ড বা টুক্‌রা (a *cake* of soap)। (2) *v.t.i.* to form into a cake, কেকের আকারে বা শক্ত দলায় পরিণত করা বা হওয়া (his shoes are *caked* with mud.) *p.* & *p. pt.* **ca°ked**। **cakes and ale**—যাবতীয় উপাদেয় বা ভাল (খাবার) জিনিস; (পান-ভোজনের দ্বারা) আনন্দোৎসব। **a piece of cake**—(অশি.) অতি সহজ বা আরামপ্রদ বস্তু। **(to) sell like hot cakes**—অতি দ্রুত বিক্রীত হওয়া বা বাজারে কাটা। **cāke°walk**—(1) *n.* নর্তনশীল বা স্বচ্ছন্দ গতি; আমেরিকার নিগ্রোদের নৃত্যবিশেষ; (2) *a.* স্বচ্ছন্দ গতিশীল, সহজ (a *cakewalk* victory)। [ON. *kaka*]

calabash [ka°-la-bash, ক্যাʹল্যাব্যাশ্] *n.* a gourd or its shell, লাউ বা লাউয়ের খোলা। [F. *calebasse*<Sp. *calabaza*<Pers. *kharbuz*=melon]

calaboose [kala-bōōz°, ক্যাল্যাবূজ়্ʹ] *n.* prison, lock-up, জেলখানা, হাজত। [Sp. *calabozo*]

calamander [ka-la-man°-da(r). ক্যাল্যাম্যান্ʹড্যা(র্)] *n.* a cabinet wood, ভারতে ও সিংহলে উৎপন্ন শিশু-গাছের কাঠ। [Coromandal in India]

calamity [ka-la°-mi-ti, ক্যাল্যাʹমিটি] *n.* a great disaster or deep distress, চরম দুর্দশা বা দুঃখ। *a.* **cala°mitous**—চরম দুর্দশাপূর্ণ। [F. *calamite* <L. *calamitas*]

calash [ka-lash°, ক্যাল্যাশ্ʹ] *n.* a light carriage, গুটাইয়া রাখা যায় এমন ঢাকনাওয়ালা গাড়িবিশেষ; a hood for women, স্ত্রীলোকের একপ্রকার ঘোমটা বা বোরখা। [F. *caleche*]

calcareous [kal-kār°-i-as, ক্যাল্‌কেয়্যার্ʹইঅ্যাস্] *a.* chalky, limy, চুনযুক্ত, চুনা। [L. *calcarius*< *calx*=lime]

calces—see **calx.**

calcify [kal°-si-fī, ক্যাল্ʹসিফাই] *v.t.i.* to make or become limy, চুনে পরিণত করা বা হওয়া। *n.* **calcificā°tion**। [see *calcium*]

calcine [kal°-sīn, ক্যাল্ʹসাইন্] *v.t.i.* to reduce or become calx esp. by heat, প্রধানতঃ তাপ-প্রয়োগে চূর্ণ করা বা হওয়া। *n.* **calcinā°tion**। [see *calcium*]

calcium [kal°-si-am, ক্যাল্ʹসিঅ্যাম্] *n.* a chemical element, রাসায়নিক পদার্থবিশেষ, চুন। **calcium carbide**—চুন ও অঙ্গারের রাসায়নিক যৌগিক। [F. *calx, calcis*=lime]

calculable—see **calculate.**

calculate [kal°-kū-lāt, ক্যাল্ʹকিউলেইট্] *v.t.i.* to estimate, গণনা করা, হিসাব করা; নির্ভর করা (to *calculate* on or upon: more usu. *to bank* on); to weigh reasons, বিচার-বিবেচনা করা। *p.* & *p. pt.* **cal°culātėd**। *a.* **cal°cūlable**। *n.* **calcūlā°tion**। **(to) be out in one's calculation**—হিসাবে বা ঠিকে ভুল করা বা হওয়া। *a.* **calcū°lative**—গণনাসূচক, বিবেচনাপ্রসূত। *n.* **cal°cūlātor**—গাণনিক, হিসাবকারী; গণনাকার্যে ব্যবহৃত যন্ত্রবিশেষ (also **calculating machine**)। *a.* **cal°cūlating**—বিচক্ষণ; সতর্ক, হিসাবী, বিবেচক। *n.* **cal°cūlus**—উচ্চ শ্রেণীর গণিতবিশেষ; পাথুরি রোগ। [L. *calculare*]

Calcuttan [kal-ku°-tan, ক্যাল্‌কাʹট্যান্] (1) *a.* of Calcutta, কলিকাতার। (2) *n.* a citizen of Calcutta, কলিকাতার লোক। [Beng. *Kalikata*]

Caledonian [ka-li-dō°-ni-an, ক্যালিডৌʹনিয়্যান্] (1) *a.* of ancient Scotland, প্রাচীন স্কটল্যান্ডের। (2) *n.* a native of ancient Scotland, প্রাচীন স্কটল্যান্ডের অধিবাসী। [L. *caledonia*=Scotland]

caldron—see **cauldron.**

calendar [ka°-lin-da(r), ক্যাʹলিন্‌ড্যা(র্)] *n.* an almanac, পঞ্জিকা; the mode of adjusting the natural divisions of time, কাল গণনার পদ্ধতি। **calendar month**—জানুয়ারি ফেব্রুয়ারি প্রভৃতি মাসের যে-কোনটি। [L. *calendarium*=an account-book—cp. *calends*]

calender [ka°-lin-da(r), ক্যাʹলিন্‌ড্যা(র্)] (1) *n.* a machine for smoothening, ইস্ত্রি করার যন্ত্র; ইস্ত্রিকারক। (2) *v.t.* to smoothen with a calender, ইস্ত্রি করা। *n.* **ca°lėndrer**। *n.* **ca°lėndry**—ইস্ত্রিখানা। [F. *calandre*<Gk. *kylindros* =roller]

calends [ka°-lindz, ক্যাʹলিন্‌ড্‌জ়্] *n. pl.* the first of month in the Roman calendar, রোমানদের মাস-পয়লা। **on the Greek calends**—কখনও নহে (কারণ calends হইল রোমানদের মাসপয়লা—গ্রীকদের নহে)। [L. *kalendae*]

calf₁ [kŭf. কাফ্] *n.* the fleshy hinder part of the leg-shank, পায়ের ডিম বা গুল। *pl.* **calves** [kŭvz, কাভ্‌জ়্]। [ON. *kalfi*]

calf₂ [kŭf, কাফ্] *n.* the young of the cow, elephant, whale, etc., গো হস্তী তিমি প্রভৃতির বাচ্চা, বাছুর। *pl.* **calves** [kŭvz, কাভ্‌জ়্]। **cow**

in or **with calf**—গর্ভবতী গাভী, গাভিন গাই। *n.* **calf°-love**—কৈশোর-প্রেম, বাল্যপ্রেম। *v.t.i.* **calve**—বাছুর প্রসব করা। [OE. *cealf*—cp. G. *kalb*]

calibrate—see **calibre.**

calibre, caliber [ka°-li-ba(r), ক্যা°লিব্যা(র্)] *n.* the diameter of the bore of a tube, চোঙের ব্যাস; capacity, ক্ষমতা, শক্তি। *a.* **ca°libred, ca°libered**—নির্দিষ্ট মাপের ব্যাসযুক্ত; শক্তিমান্। *v.t.* **ca°librāte**—ব্যাসের মাপ নির্ণয় করা; শক্তির পরিমাপ করা; (পরি.) ক্রমাঙ্ক নির্ণয় করা। *p. & p. pt.* **ca°librātėd** । *n.* **calibrā°tion**—(পরি.) ক্রমাঙ্কন। [F. *calibre*=the bore of a gun]

calico [ka°-li-kō. ক্যা°লিকো] *n.* a cotton cloth, মূলতঃ ভারতবর্ষে উৎপন্ন সুতি বস্ত্রবিশেষ। [*Calicut* in India]

calif, caliph [ka°-lif, ক্যা°লিফ্] *n.* a successor of Mohammed, who is the civil and religious chief of the Islamic world, খলিফা। *n.* **ca°liphāte**—খলিফার পদ, অধিকার বা শাসন। [Ar. *khalifah*]

calipers, calisthenics, calix—alt. spell's. of **callipers, callisthenics** and **calyx** respectively.

calk$_1$ [kawk, ক্যক্] (**1**) *n.* a pointed piece on a horse-shoe or boot, অশ্বখুরের বা জুতোর তলির নাল। (**2**) *v.t.* to provide with a calk, নাল পরান। *p. & p. pt.* **calk°ėd** । [OE. *calc*=shoe <L. *calx*=a heel]

calk$_2$ [kawk, ক্যক্] *v.t.* to trace by colouring the back of the design and pressing along outlines, নকশার পিছনে রঙ্ মাখাইয়া ছাপ তোলা। *p. & p. pt.* **calk°ėd** । [L. *calcare*=to tread]

calk$_3$—alt. spell. of **caulk.**

call [kawl, ক্যল্] (**1**) *v.i.* to shout, চিৎকার করা; to utter the characteristic note, নিজস্ব ধ্বনি উচ্চারণ করা (a bird *calls*); to pay a visit, যাওয়া, যাইয়া সাক্ষাৎ করা (to *call* at a house, or on a person); to requisition the service, পরামর্শাদির জন্য ডাকা (to *call* in a doctor); to demand, দাবি করা (to *call* for records); to invoke, দোহাই পাড়া (to *call* upon God); to make subject, বাধ্য বা বিষয়ীভূত করা। (**2**) *v.t.* to ask to come, আসিতে বলা, ডাকা; to rouse, জাগান; to name, অভিহিত করা, নাম দেওয়া; to reckon, বোধ করা, জ্ঞান করা; to select for an office, কর্মাদি গ্রহণার্থ ডাকা (to be *called* to the bar); to read out, উচ্চৈঃস্বরে পাঠ করা (to *call* rolls)। (**3**) *v.t.i.* (in card games) to undertake to score, (তাসখেলায়) ডাক দেওয়া। (**4**) *n.* a summons or invitation, আহ্বান, ডাক, আমন্ত্রণ; a telephone communication, টেলিফোন-যোগে কথাবার্তা; a requisitioning of service, পরামর্শাদির জন্য ডাক; a characteristic cry, (পশুপক্ষীর) নিজস্ব ডাক; (in card games) a contract to score, (তাসখেলায়) ডাক; admission to the rank of lawyers, আদালতে ওকালতি করার অধিকারলাভ। *n.* **call°-bird**—যে পোষা পাখি অন্য পাখিদের ভুলাইয়া জালে আনিয়া ফেলে। *n.* **call°-box**—সর্বসাধারণের ব্যবহার্য টেলিফোন। *n.* **call°-boy**—রঙ্গমঞ্চে অভিনেতাদের ভৃত্যবিশেষ। *n.* **call°er**—আহ্বায়ক, আগন্তুক, সাক্ষাৎপ্রার্থী আগন্তুক। *n.* **call-°girl**—যে বেশ্যাকে টেলিফোন করিয়া নিযুক্ত করা হয়। *n.* **ca°lling**—পেশা। *n.* **call°-money**—দাবি করার সঙ্গে সঙ্গে যে টাকা দিতে হয়। *n.* **call°-ōver**—হাজিরা-খাতার নাম ডাকা, রোল-কল। *n.* **call°-up**—হাজির হইবার জন্য ডাক; টেলিফোনে আহ্বান; স্মরণ। **at call**—সহজলভ্য, হাতের কাছে হাজির। **within call**—ডাক পৌঁছায় এমন ব্যবধানের মধ্যে, ডাকের নাগালে। **house** or **place of call**—যে বাড়িতে বা স্থানে নিয়মিতভাবে যাওয়া হয়। **(to) call a meeting to order**—সভাদিতে সুশৃঙ্খল ও শোভন আচরণ করিতে বলা; সভাদির নিয়মাবলী মানিয়া চলিতে আদেশ করা। **(to) call away**—অন্য দিকে মন আকর্ষণ করা। **(to) call back**—(গত বিষয়) স্মরণ করা। **(to) call down**—মন্ত্রাদি উচ্চারণপূর্বক নামিয়া আসিবার বা বর্ষিত হইবার জন্য কামনা জানান (to *call down* curses on him); তীব্র ভৎর্সনা করা (to *call* one *down*)। **(to) call for**—কাহারও বাড়িতে গিয়া কিছু চাওয়া; কাহাকেও লইয়া কোথাও যাইবার জন্য তাহার বাড়িতে যাওয়া, দাবি করা, প্রয়োজন ঘটান। **(to) call forth**—উদ্ভূত করা; কারণ ঘটান; বাহির করিয়া নিয়োগ করা (to *call forth* all one's energy)। **(to) call in**—ফেরত চাওয়া, ফেরত দিতে বলা। **(to) call off**—সরাইয়া বা ফিরাইয়া লওয়া; সরিয়া বা পিছাইয়া আসা; বাতিল করা, বরবাদ করা; পরিহার করা; প্রত্যাহার করা (the strike was *called off*)। **(to) call on** or **upon**—আবেদন করা; মিনতি করা; আমন্ত্রণ করা; প্রয়োজন ঘটান; (কাহারও সঙ্গে) কিছুক্ষণের জন্য সাক্ষাৎ করা। **(to) call one's own**—নিজের বলিয়া দাবি করা। **(to) call out**—ডাক পাড়া; চিৎকার করা; কার্যত্যাগ করিয়া বাহিরে আসিতে বা ধর্মঘট করিতে আহ্বান করা; (জরুরি প্রয়োজনে) সেনাদল তলব করা। **(to) call over**—(হাজিরা-খাতার নাম) ডাকা। **(to) call a strike**—ধর্মঘট ডাকা। **(to) call up**—ডাকিয়া হাজির করান; টেলিফোনে ডাকা; স্মরণ করা। [OE. *ceallian*—cp. ON. *kalla*]

calligraphy [ka-li°-gra-fi, ক্যালি°গ্র্যাফি] *n.* fine penmanship, সুন্দর হস্তাক্ষর; handwriting, হস্তাক্ষর। *n.* **calli°grapher**—যাহার হাতের লেখা সুন্দর। [Gk. *kallos*=beauty, *graphein*=to write]

calling—see **call.**

callipers [ka°-li-pa(r)z, ক্যা°লিপ্যা(র্)জ্] *n. pl.* compasses for measuring diameter of bodies, ব্যাস মাপিবার যন্ত্রবিশেষ। [see *calibre*]

callisthenics [ka-lis-the°-niks, ক্যালিস্‌থে°-নিক্‌স্‌] *n. pl.* exercises for acquiring gracefulness and strength, সৌন্দর্য ও শক্তিলাভের জন্য ব্যায়াম। [Gk. *kallos* = beauty, *sthenos* = strength]

callosity—see **callous.**

callous [ka°-las, ক্যা°ল্যাস্‌] *a.* hardened, কঠিন; unfeeling, নির্মম। *n.* **callosity** [ka-lo°-si-ti, ক্যাল°সিটি] চর্মের কাঠিন্য, কড়া। *adv.* **ca°llously**। *n.* **ca°llousness**। [L. *callosus* < *callus* = hard skin]

callow [ka°-ōl, ক্যা°লৌ] *a.* unfledged, অজাতপক্ষ; unbearded, অজাতশ্মশ্রু; inexperienced, অপরিপক্ব (a *callow* youth)। *n.* **ca°llowness**। [OE. *calu*—cp. G. *kahl* = bald]

callus [ka°-las, ক্যা°ল্যাস্‌] *n.* an area of thickened skin, কড়া-পড়া ছাল, জামুড়া। [L.]

calm [kŭm, কাম্‌] (**1**) *a.* still, স্থির; quiet, শান্ত; tranquil, প্রশান্ত। (**2**) *n.* absence of wind, নিবাত অবস্থা, বায়ু-প্রবাহের ধীরতা: serenity, প্রশান্তি। (**3**) *v.t.i.* to make or become calm, শান্ত করা বা হওয়া। *adv.* **calm°ly**। *n.* **calm°ness**। **(to) calm down**—শান্ত হওয়া। **calm yourself**—শান্ত হও। [F. *calme* < Gk. *kauma* = noonday heat]

calomel [ka°-la-mel, ক্যা°ল্যামেল্‌] *n.* mercurous chloride, পারদঘটিত ঔষধবিশেষ। [F. < Gk. *kalos* = beautiful, *melas* = black]

caloric [ka-lo°-rik, ক্যাল°রিক্‌] (**1**) *n.* heat, উত্তাপ। (**2**) *a.* (পরি.) তাপিক। *n.* **calorie** [ka°-la-ri, ক্যা°ল্যারি] উত্তাপের মাপবিশেষ; প্রয়োজনীয় পরিমাণ তাপ। *n.* **calore°scence,** আলোকরশ্মির তাপে পরিবর্তন বা রূপায়ণ; (পরি.) তাপাপন। *a.* **calorific** [ka-la-ri°-fik, ক্যাল্যারি°ফিক্‌] উত্তপ্ত করে এমন; তাপদায়ক। **calorific value**—খাদ্যাদির দ্বারা উৎপন্ন নির্দিষ্ট পরিমাণ তাপ, (পরি.) তাপন-মূল্য। *n.* **calori°meter**—তাপমাপক যন্ত্র। *n.* **calori°metry** [L. *calor* = heat]

calpa—alt. spell. of **kalpa.**

calque—alt. spell. of **calk$_2$**.

caltrop [kal°-trop, ক্যাল°ট্রপ্‌] *n.* four-spiked iron ball (thrown on ground to maim cavalry horse). চারটি পেরেকযুক্ত (অশ্বারোহী সৈন্যের অশ্বকে আহত বা জখম করার জন্য ব্যবহৃত) লোহার বল; a kind of thorny plants, কাঁটাগাছবিশেষ। [L. *calx* = heel, trap]

calumny [ka°-lam-ni, ক্যা°ল্যাম্‌নি] *n.* slander, মিথ্যা অপবাদ বা কলঙ্ক। *v.t.i.* **calum°niāte**—মিথ্যা কুৎসা বা কলঙ্ক রটনা করা। *p.* & *p. pt.* **calum°niāted**। *n.* **calumniā°tion**। *n.* **calum°niātor**। *a.* **calum°niātory, calum°nious**—মিথ্যা অপবাদমূলক। [L. *calumnia*]

Calvary [kal°-va-ri, ক্যাল্‌ভ্যারি] *n.* the place where Jesus was crucified, যেস্থানে যিশু ক্রুশবিদ্ধ হইয়াছিলেন। [L. *calvaria* < Arm. *Golgotha*]

calve—see **calf$_2$**. । **calves**—see **calf$_1$**.

Calvinism [kal°-vi-niz(a)m, ক্যাল্‌ভিনিজ্‌ম্‌] *n.* theology of Calvin (1509-1564), ক্যাল্‌ভিনের ধর্মমত, পূর্ববিধানবাদ। *n.* **Cal°vinist**—উক্ত মতানুগামী ব্যক্তি। *a.* **Calvinis°tic**—উক্ত মতানুবর্তী।

calx [kalks, ক্যাল্‌ক্‌স্‌] *n.* residuum of metal or mineral after strong heating, ধাতুভস্ম, চুন, খড়ি। *pl.* **calx°ės, calces** [kal-sēz, ক্যাল্‌সীজ্‌]। [L. *calx, calcis*]

calyx [ka°-liks, ক্যা°লিক্‌স্‌] *n.* the outer covering of a flower, বৃতি। [Gk. *kalyx*]

cam [kam, ক্যাম্‌] *n.* the projecting part of a wheel adapted to convert circular into desired linear motion, চক্রাকার গতিকে উদ্দিষ্ট রৈখিক গতিতে পরিণত করিবার জন্য চাকার অংশবিশেষ। [Du. *kam*]

camaraderie [ka-ma-rŭ°-da-ri, ক্যাম্যারা°ড্যারি] *n.* the intimacy and mutual trust of comradeship, সহকর্মীদের মধ্যে অন্তরঙ্গতা ও পরস্পরের প্রতি আস্থা। [F.]

camber [kam°-ba(r), ক্যাম্‌°ব্যা(র্‌)] *n.* concave curvature on a road, ship's deck, etc., রাস্তা, জাহাজের পাটাতন প্রভৃতির উত্তল বক্রতা। [F. *cambre* < L. *camerāre,* = to vault]

cambist [kam°-bist, ক্যাম্‌°বিস্‌ট্‌] *n.* one skilled in the science of exchange, বাণিজ্যিক বিনিময়ে দক্ষ ব্যক্তি। [It. *cambista* < L. *cambire* = to exchange]

Cambrian [kam°-bri-an, ক্যাম্‌°ব্রিঅ্যান্‌] (**1**) *a.* Welsh, ওয়েল্‌স্‌-প্রদেশের। (**2**) *n.* a Welshman, ওয়েল্‌সের অধিবাসী। [Latinised form of W. *Cymry* = Welshmen, *cymru* = Wales]

cambric [kām°-brik, কেইম্‌ব্রিক্‌] *n.* a fine white linen, মিহি ও সাদা বস্ত্রবিশেষ। [*Kamerijik* in Flanders]

came—see **come.**

camel [ka°m(a)l, ক্যা°ম্‌ল্‌] *n.* a beast, উষ্ট্র, উট। *n.* **ca°mel-backed**—কুব্জ, ন্যুব্জপৃষ্ঠ। *n.* **cameleer°**—উষ্ট্রচালক; উষ্ট্রারোহী। *a.* **ca°meline**—উষ্ট্রসদৃশ; উষ্ট্রসংক্রান্ত। *n.* **camel-corps**—উষ্ট্রারোহী সৈন্যদল। *n.* **ca°mel('s)-hair**—উটের লোম; কাঠবিড়ালের লেজের লোমে তৈয়ারি চিত্রাঙ্কনের তুলি; উক্ত লোমে তৈয়ারি নরম ও ভারী বস্ত্রবিশেষ (a *camel-hair* coat)। [L. *camelus* < Gk. *kamelos* < H. *gamal*]

camellia [ka-mē°-li-a, ক্যামী°লিয়্যা] *n.* an evergreen shrub, চিরহরিৎ গুল্মবিশেষ। [*Kamel,* a Moravian botanist]

camelopard [ka°-mi-la-pŭ(r)d, ক্যা°মিল্যাপা(র্‌)ড্‌] *n.* the giraffe, জিরাফ। [L. *camelopardus* < Gk. *kamelos* = the camel, *pardalis* = the panther]

camembert [ka°-mam-bā(r), ক্যা°ম্যাম্‌বেয়্যা(র্‌)]

n. a kind of cheese, একপ্রকার পনির। [F. *kamaber*=rich soft cheese made near *Camembert* in Normandy]

cameo [ka°-mi-ō, ক্যা°মিঔ] *n.* a gem with figure carved in relief, খোদাই-করা মূর্তিযুক্ত মণিবিশেষ। [It. *cammeo*]

camera [ka°-m(a)ra, ক্যা°ম্র্যা] *n.* a private chamber, গুপ্তকক্ষ ; a photographical instrument, আলোকচিত্র-গ্রহণের যন্ত্র, ক্যামেরা। **in camera**—বিচারপতির খাসকামরায় (অর্থাৎ প্রকাশ্যে নহে) ; গোপনে রুদ্ধদ্বার কক্ষমধ্যে। *n.* **ca°meraman**—আলোকচিত্র-গ্রহণকারী। [L.<Gk. *kamara* =vault]

cami-knickers [ka°-mi-ni°-ka(r)z, ক্যা°মিনি°-ক্যা(র্)জ়্] *n.* combined camisole and knickers for women, স্ত্রীলোকের ইজেরসহ অন্তর্বাস-বিশেষ। [*camisole*+*knickers*]

camion [ka°-mi-an, ক্যা°মিঅ্যান্] *n.* motor truck or lorry, মালবাহী গাড়ি বা মোটরলরি। [F.]

camisole [ka°-mi-sōl, ক্যা°মিসৌল্] *n.* a woman's under-bodice, স্ত্রীলোকের অন্তর্বাস-বিশেষ। [Sp. *camisola*=chemise]

camlet [kam°-lit, ক্যাম্°লিট্] *n.* a costly cloth (originally of camel's hair), (মূলতঃ উষ্ট্রলোমে) বর্তমানে পশম ও ছাগলোমে প্রস্তুত বস্ত্রবিশেষ। [F.]

camomile, chamomile [ka°-mō-mīl, ক্যা°-মৌমাইল্] *n.* a kind of sweet-smelling plant with daisy-like flowers, একপ্রকার সুগন্ধি গাছ : ইহার ফুল একধরনের ঘাসের ফুলের মত ; dried flowers and leaves used in medicine, ঔষধে ব্যবহৃত একপ্রকার শুষ্ক পাতা ও ফুল। [F. *camomille*]

camouflage [ka°-moo-flŭz, ক্যা°মুফ্লাজ়্] (1) *n.* any device to deceive an enemy, ছদ্মবেশ আবরণ প্রভৃতি দ্বারা শত্রুকে প্রতারিত করার কৌশল। (2) *v.t.i* to deceive by disguising, ছদ্মবেশদ্বারা প্রতারিত করা। [F. *camouflet*=a smokepuff]

camp [kamp, ক্যাম্প্] (1) *n.* a place where tents are pitched, (প্রধানতঃ সৈন্যদলের) শিবির। (2) *v.i.* to encamp, শিবিরে বাস করা ; to pitch tents, তাবু খাটান। *p.* & *p. pt.* **cam°ped**। **(to) go camping**—বাহিরে কোথাও যাইয়া তাঁবুর মধ্যে ছুটির দিন যাপন করা। *n.* **camp°-bed, camp°-chair, camp°-stōol**—শিবিরবাসের উপযোগী সহজবহনসাধ্য যথাক্রমে খাট চেয়ার ও টুল। *n.* **cam°per**। *n.* **camp°-fīre**—শিবিরে রন্ধনাদির জন্য প্রজ্বালিত অগ্নি হইতে উৎপন্ন ধোঁয়া। *n.* **camp°-follower**—সৈন্যদলের অসামরিক পরিচারক (বা পরিচারিকা)। *n.* **camp°-meeting**—তাঁবুর মধ্যে বা উন্মুক্ত স্থানে অনুষ্ঠিত ধর্মসভা। [F.]

campagnia [kam-pŭ°-nia, ক্যাম্পা°নিঅ্যা] *n.* Italian plain south-east of Tiber, টাইবার নদীর দক্ষিণপূর্বে (রোমের সংলগ্ন) সমতল অঞ্চল। [It. <L. *Campania*]

campaign [kam-pān°, ক্যাম্পেইন্°] (1) *n.* a military operation, সামরিক অভিযান, যুদ্ধ ; an organized and extensive propaganda, সংগঠিত ও ব্যাপক প্রচারকার্য। (2) *v.i.* to serve in a campaign, সমর-অভিযানে অংশগ্রহণ করা ; to carry on a campaign, প্রচার-অভিযান চালান। *n.* **campaig°ner**। **an old campaigner**—নিজেকে পারিপার্শ্বিক অবস্থার সঙ্গে খাপ খাওয়াইয়া লইবার প্রচুর অভিজ্ঞতা যাহার আছে। [F. *campagne*<L. *campania*<*campus*=field]

campanile [kam-pa-nē°-lā, ক্যাম্প্যানী°লেই] *n.* a bell-tower detached from the church, গির্জা হইতে পৃথক্ ঘণ্টাঘর। [It. *campana*=a bell]

campanula [kam-pa°-nū-la, ক্যাম্প্যা°নিউল্যা] *n.* a bell-shaped flower or its plant, ঘণ্টাকার পুষ্পবিশেষ বা তাহার গাছ। [It. *campana*=a bell]

camphor [kam°-fa(r), ক্যাম্°ফ্যা(র্)] *n.* a volatile substance, কর্পূর। *a.* **cam°phorātėd**—কর্পূরমিশ্রিত। *n.* **cam°phor-lau°rel**—কর্পূরগাছ। [F. *camphre*< Ar. *kafur*—cp. Sans. *karpura*]

campion [kam°-pi-an, ক্যাম্°পিঅ্যান্] *n.* a kind of red-and-white flowering plant growing wild on roadsides, পথিপার্শ্বস্থ জঙ্গলা লাল এবং সাদা ফুলের গাছবিশেষ। [?]

campus [kam°-pas, ক্যাম্°প্যাস্] *n.* grounds of a college or school, কলেজ বা স্কুলের বাড়ির এলাকাভুক্ত জমি। [L.=field]

can$_1$ [kan, ক্যান্] *v.t.* (*aux.*) to be able, সক্ষম হওয়া, পারা। *p.* & *p. pt.* **could** [kood, কুড্]। *v.t.* **cannot** [ka°-not, ক্যা°নট্] না পারা। [OE. *cunnan*=to know]

can$_2$ [kan, ক্যান্] (1) *n.* a vessel (usu. of tin), (সচ. টিনের) পাত্র। (2) *v.t.* to preserve in a can, সংরক্ষণার্থ উক্ত পাত্রমধ্যে রাখা। *pr. pt.* **ca°nning** ; *p.* & *p. pt.* **ca°nned**। **canned food**—টিনে সংরক্ষিত খাদ্য। **to carry the can**—নিন্দার বা দোষের ভাগী হওয়া। **in the can**—(চলচ্চিত্রাদি সম্বন্ধে) মুক্তি-প্রতীক্ষায়। *n.* **ca°nnery**—খাদ্যাদি টিনে ভরতি করার কারখানা। [OE. *canne*]

Canadian [ka-nā°-di-an, ক্যানেই°ডিয়্যান্] (1) *a.* of Canada, ক্যানেডার। (2) *n.* a native of Canada, ক্যানেডার লোক।

Canaille [kan-ā°, ক্যানেই°] *n.* the mob, the rabble, উচ্ছৃঙ্খল জনতা। [F. <L. *canis*=a dog]

canal [ka-nal°, ক্যান্যাল্°] (1) *n.* an artificial watercourse, কাটা খাল কৃত্রিম খাল ; (bio.) a duct that conveys fluids, জীবদেহমধ্যস্থ তরল পদার্থবাহী নালী বা নল। (2) *v.t.* to make canal through, খাল কাটা। *pr. pt.* **cana°lling** ; *p.* & *p. pt.* **cana°lled**। *v. t.* **cana°līze**—খাল কাটা ; বাঁধ প্রভৃতির সাহায্যে নদীকে খালে পরিবর্তিত করা। *n.* **canalīzā°tion**। [L. *canalis*=a water-pipe]

canàrd [ka-nŭ(r)d°, ক্যানা(র্)ড্°] *n.* a false rumour, মিথ্যা গুজব। [F.]

Canarese—alt. spell. of **Kanarese.**

canary [ka-nā̄r°-i, ক্যানেয়্যার্‌°ই] *n.* a light sweet wine or a song-bird (also *canary-bird*) or a lively dance of the Canary Islands, ক্যান্যারি-দ্বীপপুঞ্জের একপ্রকার অনুগ্র ও সুমিষ্ট সুরা বা গায়কপক্ষী ; ক্যান্যারী দ্বীপের নৃত্যবিশেষ।

cancan [kan°-kan, ক্যান্‌°ক্যান্] *n.* a wild dance, উদ্দাম ও অশালীন ফরাসি নৃত্যবিশেষ। [F.]

cancel [kan°s(a)l, ক্যান্‌°স্‌ল্] *v.t.* to cross through, কাটিয়া দেওয়া ; to annul or abolish, বাতিল করা, রদ করা। *pr. pt.* **can°celling ;** *p.* & *p. pt.* **can°celled** । *n.* **cancellation** [kan-se-lā°sh(a)n, ক্যান্‌সেলেই°শ্‌ন্]। [L. *cancellare*]

Cancer [kan°-sa(r), ক্যান্‌°স্যা(র্)] *n.* (astr.) a zodiacal constellation ; the Crab, (জ্যোতি.) কর্কটরাশি। *n.* **can°cer**—পচনশীল ক্ষতরোগ। *a.* **can°cerous**—পচনশীল ক্ষতরোগ-সংক্রান্ত। [L.]

candelabrum [kan-di-lā°-bram, ক্যান্‌ডিলেই°ব্র্যাম্] *n.* a large branched candlestick, ঝাড়বাতিদান। *pl.* **candelābra** । [L.]

candescence [kan-de°s(a)ns, ক্যান্‌ডে°স্‌ন্‌স্] *n.* a white glow, শুভ্র দ্যুতি। *a.* **cande°scent**—শুভ্রোজ্জ্বল। [L. *candescere* < *candere* = to glow]

candid [kan°-did, ক্যান্‌°ডিড্] *a.* frank, অকপট, মনখোলা। *adv.* **can°didly** । *n.* **can°didness** । [L. *candidus* = white]

candidate [kan°-di-dit, ক্যান্‌°ডিডিট্] *n.* one who offers oneself for an office or honour, উমেদার, পদপ্রার্থী বা পরীক্ষার্থী, (পরি) অভ্যর্থী। *n.* **candidature** [kan°-di-di-cha(r), ক্যান্‌°ডিডিচ্যা(র্)] উমেদারি ; প্রার্থী হওয়া। [L. *cadidatus* < *candidus* = white]

candied—see **candy.**

candle [kand°l, ক্যান্‌ড্‌°ল্] *n.* a cylinder of wax, tallow, etc., মোমবাতি ; a candle-shaped object, মোমবাতির ন্যায় আকারবিশিষ্ট বস্তু। **not fit to hold a candle to**—মোটেই তুলনা করা চলে না এমন, একেবারেই তুলনার যোগ্য নহে। **the game is not worth the candle**—খরচা ও মেহনত পোষায় না এমন কর্ম। *n.* **Cand°lemass**—কুমারী মেরির পবিত্রীকরণোপলক্ষে রোমান ক্যাথলিক সম্প্রদায়ের উৎসববিশেষ। *n.* **can°dlelight**—মোমবাতির আলো (to read by *candlelight*)। *n.* **cand°le-power**—প্রজ্বালিত মোমবাতির সংখ্যাদ্বারা নিরূপিত ঔজ্জ্বল্য পরিমাপক আলোকশক্তি। *n.* **cand°lestick**—মোমবাতিদান। [OE. *candel* < L. *candela* < *candere* = to glow]

candour [kan°-da(r), ক্যান্‌°ড্যা(র্)] *n.* candidness, অকপটতা, সারল্য। [L. *candor* = whiteness—cp. *candid*]

candy [kan°-di, ক্যান্‌°ডি] **(1)** *n.* crystallized sugar, মিছরি। **(2)** *v.t.i.* to crystallize as sugar, মিছরিতে পরিণত করা বা মিছরি তৈয়ারি করা। *p.* & *p. pt.* **can°died** । *a.* **can°died**—মধুর ; মনোরঞ্জক (*candied* words)। [F. *candi* < Ar. *qandah*]

cane [kān, কেইন্] **(1)** *n.* the stem of the larger grasses, বেত, ইক্ষু ও ঐ জাতীয় তৃণের দণ্ড ; a slender rod for beating or walking, বেত, চাবুক, ছড়ি। **(2)** *v.t.* to beat with a cane ; বেত মারা। **cane sugar**—আখের চিনি। *n.* **ca°ning**—বেত্রাঘাত। [F. *canne* < Gk. *kanne* = a reed]

canine [kā°-nīn, কেই°নাইন্] *a.* of or like the dog, কুকুর-সংক্রান্ত বা কুকুর-সদৃশ। **canine tooth**—মানুষের শ্বদন্ত বা ছেদক দন্ত। [L. *caninus* < *canis* = a dog]

canister [ka°-nis-ta(r), ক্যা°নিস্‌ট্যা(র্)] *n.* a box or case, কেনেস্তারা, পেটী। [L. *canistrum* = a wicker-basket]

canker [kan°-ka(r), ক্যাং°ক্যা(র্)] **(1)** *n.* oral ulcer, মুখক্ষত ; a plant-disease, বৃক্ষাদির ক্ষয়রোগবিশেষ ; the worm causing this disease, বৃক্ষাদির ক্ষয়কর পোকাবিশেষ (also **can°ker-worm**) ; (fig.) destructive influence, ক্ষয়কর যন্ত্রণাদি (*canker* of the breast) **(2)** *v.t.* to eat into gradually, ক্রমশঃ ক্ষয় করা। *a.* **can°kered**—ক্ষতযুক্ত ; ক্ষয়প্রাপ্ত ; বিদ্বেষ-বিষে জর্জরিত। *a.* **can°kerous**—ক্রমশঃ ক্ষয়কর। [L. *cancer* = gangrene]

canna [ka°-na, ক্যা°ন্যা] *n.* flower plant with large ornamental leaves, বৃহৎ সুদৃশ্য পত্রশোভিত একপ্রকার ফুলগাছ। [L. a reed]

cannabis [ka°-na-bis, ক্যা°ন্যাবিস্] *n.* a narcotic drug, মাদকদ্রব্যবিশেষ, ভাং। [Gk. *kannabis*]

canned—see **can**$_2$.

cannibal [ka°-nib(a)l, ক্যা°নিব্‌ল্] *n.* an eater of the flesh of his own species, স্বগোত্রভোজী ; a man who eats human flesh, নরমাংসভোজী মানুষ, রাক্ষস। *n.* **cannibalism** [ka°-ni-ba-lizm, ক্যা°নিব্যালিজ্‌ম্] স্বগোত্রভোজন। *a.* **cannibalistic** [ka-ni-ba-lis°-tic, ক্যানিব্যালিস্‌°টিক্] স্বগোত্রভুক্ ; স্বগোত্রভোজন-সংক্রান্ত। *v.t.* **ca°nnibalize**—একই জাতের ভিন্ন যন্ত্রাদিতে অংশ জোগাইবার জন্য (ভাঙ্গাচোরা যন্ত্রাদি) ব্যবহার করা। [Sp. *Caribal* = Carib]

canning—see **can**$_2$.

cannon [ka°-nan, ক্যা°ন্যান্] **(1)** *n.* a great gun, কামান। *pl.* **ca°nnon(s)** । **(2)** *v.i.* to fire cannon, কামান দাগা। **cannonāde°**—**(1)** *n.* কামান-আক্রমণ ; **(2)** *v.t.* কামান-দ্বারা আক্রমণ করা বা ধ্বংস করা। *n.* **ca°nnon-ball**—কামান-গোলা। *n.* **cannoneer°**—যে ব্যক্তি কামান দাগে, গোলন্দাজ। *n.* **ca°nnon-fodder**—কামানের খাদ্যরূপে পরিগণিত সৈনিক বা অন্য মানুষ। [F. *canon*—cp. Pers. *kaman*]

cannot—see **can**$_1$.

canny [ka°-ni, ক্যা°নি] *a.* shrewd and cautious, বিচক্ষণ ও সতর্ক। [?]

canoe [ka-noo°, ক্যানূ°] (**1**) *n.* a kind of small boat, শালতিজাতীয় নৌকাবিশেষ। (**2**) *v.i.* to paddle a canoe, উক্ত নৌকা চালান। [Sp.< Haitian *canoa*]

cañon₁ [ka°-ni-an, ক্যা°নিঅ্যান্] *n.* a deep gorge or ravine, গভীর গিরিখাত বা গিরিসঙ্কট। [Sp.=a hollow]

canon₂ [ka°-nan, ক্যা°ন্যান্] *n.* a law or rule (esp. ecclesiastical), (প্রধানতঃ যাজকীয়) অনুশাসন; list of Bible books accepted by Church, বাইবেলের যে সমস্ত অংশ প্রামাণ্য বলিয়া স্বীকৃত, বাইবেলের অপ্রক্ষিপ্ত অংশ। *a.* **canonic** [ka-no°-nik, ক্যান°নিক্], **cano°nical**—আনুশাসনিক। *n. pl.* **cano°nicals**—যাজকগণের পোশাক। *n.* **ca°nonist**—গির্জার নিয়মাদি সম্পর্কে সুপণ্ডিত। *n.* **canoniza°tion**। *v.t.* **cano°nize**—মাহাত্ম্য দান করা। *n.* **ca°nonry**—যাজকত্র। [L.<Gk. *kanon*=a straight rod]

canoodle [ka-noo°-dl, ক্যানূ°ড্‌ল্] *v.t.i.* (sl.) caress, cuddle, আদর বা সোহাগ করা, নিবিড়ভাবে আলিঙ্গন করা বা জড়াইয়া ধরা। [?]

canophilist [ka-no°-fi-list, ক্যান°ফিলিস্ট্] *n.* a lover of dogs, কুকুর ভালবাসে এমন লোক, কুকুর-অনুরাগী ব্যক্তি। [L. *canis*=a dog, Gk. *phileein*=to love]

Canopus [ka-no°-pas, ক্যানৌ°প্যাস্] *n.* a bright star in the southern constellation, অগস্ত্য তারা। [L.<Gk. *Kanopos*=Menelaus's steersman]

canopy [ka°-na-pi, ক্যা°ন্যাপি] (**1**) *n.* a covering suspended overhead, চন্দ্রাতপ, চাঁদোয়া, শামিয়ানা। (**2**) *v.t.* to cover with a canopy, চন্দ্রাতপ বা শামিয়ানা দিয়া আচ্ছাদিত করা। [F. *canape*<Gk. *kanopion*=a couch with a mosquito curtain]

canorous [ka-no°-ras, ক্যানৌ°র‍্যাস্] *a.* melodious, সুরেলা। [L. *canorus*—*canor*=song or melody]

canst [kanst, ক্যান্‌স্‌ট্] arch. form of **can** (used with *thou*).

cant₁ [kant, ক্যান্ট্] (**1**) *n.* a sloping or sideways position, ঢাল্ বা কাত-হওয়া অবস্থা। (**2**) *v.t.i.* to give or have a cant, ঢালু বা কাত করা অথবা হওয়া। *p.* & *p. pt.* **can°ted**। [?]

cant₂ [kant, ক্যান্ট্] (**1**) *n.* a jargon, অর্থহীন ভাষা; the language peculiar to a sect, কোন দলের সাঙ্কেতিক ভাষা; insincere pious talk, ভণ্ডামিপূর্ণ ধর্মকথা বা নীতিবাক্য; a catchword, বহুল-ব্যবহৃত উক্তি। (**2**) *v.t.* to use language whose meaning has been lost due to repetition, বারংবার প্রয়োগের ফলে অর্থহীন হইয়া পড়িয়াছে এমন ভাষা ব্যবহার করা; to use the language of thieves, etc., তস্করাদির ভাষা ব্যবহার করা। *p.* & *p pt.* **can°ted**। (**3**) *a.* nonsense, অর্থহীন; slang, অশিষ্ট, ইতর; used as a language peculiar to a sect, দলগত সাঙ্কেতিক ভাষারূপে ব্যবহৃত। *a.* **can°ting**—ধর্মপ্রাণতার ভানপূর্ণ। [L. *cantare*<*canere*=to sing]

cant₃ [kant, ক্যান্ট্] (**1**) *n.* sale by auction, নিলামে বিক্রয়। (**2**) *v.t.* to sell by auction, নিলামে বিক্রয় করা। [OF. *encant*=auction]

can't [kŭnt, কান্ট্] contr. of **cannot.**

Cantab [kan°-tab, ক্যান্°ট্যাব্] *abbre.* of **Cantabrigian.**

cantabank [kan°-ta-bank, ক্যান্°ট্যাব্যাংক্] *n.* a travelling singer, ভ্রমণশীল গায়ক। [It. *cantambanco*]

Cantabrigian [kan-ta-bri°-ji-an, ক্যান্ট্যাব্রি°জিঅ্যান্] (**1**) *a.* of Cambridge, ক্যাম্‌ব্রিজের। (**2**) *n.* one belonging to Cambridge, ক্যাম্‌ব্রিজের লোক ছাত্র ইত্যাদি। [*Cantabrigia*]

cantaloup(e) [kan°-ta-loop, ক্যান্°ট্যালুপ্] *n.* a kind of melon, ফুটি বা খরমুজ। [*Cantalupo* in Italy]

cantankerous [kan-tang°-k(a)ras, ক্যান্ট্যাং°ক্‌র‍্যাস্] *a.* perverse in temper, খিট্‌খিটে মেজাজবিশিষ্ট; quarrelsome, ঝগড়াটে। *adv.* **cantan°kerously**। *n.* **cantan°kerousness**। [ME. *contek*=strife]

cantata [kan-tŭ°-ta, ক্যান্টা°ট্যা] *n.* a short musical composition (usually a dramatic story) sung by a soloist and a choir, (সচ. নাটকীয় বা চমকপ্রদ কাহিনীভিত্তিক) মূলগায়েন এবং দোহারগণ কর্তৃক গীত পালাগান (তুলনীয় পালাকীর্তন)। [It. *cantare*=to sing]

cantatrice [kan-ta-tre°-cha, ক্যান্ট্যাট্রি°চেই, kan°-ta-tres, ক্যান্ট্যাট্রি°স্] *n.* professional female singer, পেশাদার গায়িকা। [L.]

canteen [kan-ten°, ক্যান্টীন্°] *n.* a mess-tin, সৈনিকের পানাহারের পাত্রবিশেষ; a provision and liquor shop for soldiers, সৈনিকদের জন্য খাদ্য ও মদের রেস্তরাঁবিশেষ; a restaurant attached to an office, works, etc., অফিস কারখানা প্রভৃতির নিজস্ব রেস্তরাঁ; a soldier's water-bottle, সৈনিকের জলপাত্র। [F. *canttne*<It. *cantina*=a cellar]

canter [kan°-ta-(r), ক্যান্°ট্যা(র্)] (**1**) *n.* an easy gallop, স্বচ্ছন্দধাবন। (**2**) *v.i.t.* to run or cause to run at a canter, স্বচ্ছন্দগতিতে ধাবন করা বা করান। [*Canterbury-gallop*=the easy pace of the pilgrims riding to Canterbury]

cantharides [kan-tha°-ri-dez, ক্যান্‌থ্যা°রিডীজ্] *n. pl.* dried bodies of blister-beetles, ফোস্‌কা-উৎপাদক মক্ষিকার শুষ্কীকৃত দেহ। [L. *cantharis* <Gk. *kantharis*=a blister-beetle]

canticle [kan°-tikl, ক্যান্°টিক্‌ল্] *n.* a hymn, (প্রধানতঃ গির্জায় গীত) ভজন-গান। [L. *canticulum* =dim. of *canticum*=a song]

cantilever [kan°-ti-lē-va(r), ক্যান্°টিলীভ্যা(র্)] *n.* a large arm-like bracket for supporting cornices, balconies, etc., কার্নিস বারান্দা প্রভৃতির ভাররক্ষার্থ বাহুর ন্যায় আকারের বৃহৎ খিলান। **cantilever bridge**—ঐরূপ দুইটি খিলানের উপর স্থাপিত সেতু। [perch. cant=angle, lever]

canto [kan°-tō, ক্যান্°টৌ] *n.* the division of a long poem, কবিতার সর্গ, পর্ব, কাণ্ড প্রভৃতি। *pl.* **can°tos**। [It.]

canton [kan°-ton, ক্যান্°টন্] *n.* a division of territory, প্রদেশ, অঞ্চল। *v.t.* **canton°**—বিভিন্ন প্রদেশে বিভক্ত করা। *v.t.* **canton** [kantōōn°, ক্যান্টূন্°] নির্দিষ্ট অঞ্চলে সৈন্যগণের স্বতন্ত্র বাসের ব্যবস্থা করিয়া দেওয়া। *n.* **cantonment** [kantōōn°-mant, ক্যান্টূন্°ম্যান্ট্] সৈন্যদের ছাউনি। [OF.—cp. It. *cantone*=district]

canvas [kan°-vas, ক্যান্°ভ্যাস্] *n.* a coarse cloth used for sails etc. and for painting on, নৌকার পাল, তাঁবু, অঙ্কনপট বা চিত্রপট প্রভৃতির জন্য ব্যবহৃত ক্যাম্বিস-কাপড়। **under canvas**—(সৈনিকাদি-সম্বন্ধে) তাঁবুতে বাসরত, (জাহাজাদি-সম্বন্ধে) পাল মেলিয়া দিয়াছে এমন। [OF. *canevas*<Gk. *kannabis*=hemp]

canvass [kan°-vas, ক্যান্°ভ্যাস্] (**1**) *v.t.* to solicit votes, contributions etc., ভোট চাঁদা পণ্যদ্রব্য প্রভৃতি যাচ্ঞা করিয়া ফেরা। *p.* & *p. pt.* **can°vassed**। (**2**) *n.* a solicitation, যাচ্ঞা, প্রার্থনা। *n.* **can°vasser**। [see *canvas*]

canyon—alt. spell. of **cañon.**

cap [kap, ক্যাপ্] (**1**) *n.* a light head-dress, নরম বা পাতলা টুপি ; a caplike covering, টুপির ন্যায় ঢাকনা। (**2**) *v.t.* to cover with a cap, টুপি পরান বা ঢাকনা দিয়া বন্ধ করা ; to outdo, কৃতিত্বাদিতে (পূর্বগামীকে) ছাপাইয়া যাওয়া ; to admit (a player) to membership of a team, (খেলোয়াড়কে) টীমের সদস্যভুক্ত করা। *pr. pt.* **cap°-ping** ; *p.* & *p. pt.* **ca°pped**। **cap and bells**—কতিপয় ঘণ্টা-ঝোলান টুপি : ইউরোপের ভাঁড়েরা ইহা পরিত। **cap and gown**—ইংল্যাণ্ডের কলেজের শিক্ষক ও ছাত্রদের পরিধেয় টুপি ও গাউন। **cap in hand**—দীনভাবে। **(to) cap verses**—পালাক্রমে ছড়া কাটা (তু. কবির লড়াইতে উতোর দেওয়া)। **(to) throw up one's cap**—আনন্দের উচ্ছ্বাসে নিজের মাথার টুপি খুলিয়া ছুড়িয়া ফেলা। *a.* **cap°ful**—একটি টুপির গর্ভে যতটা ধরে তত পরিমাণ। [OE. *cæppe* <LL. *cappa*=a cape]

capable [kā°-pabl, কেই°প্যাব্‌ল্] *a.* able, সক্ষম ; efficient, দক্ষ ; qualified, যোগ্য। *n.* **cāp-abi°lity**—যোগ্যতা, সামর্থ্য ; *n. pl.* (বিকাশযোগ্য) কর্মদক্ষতা (he has great *capabilities*)। *adv.* **cā°pably**। [F.<LL. *capabilis*<*capere*=to hold]

capacious, capacitate—see **capacity.**

capacity [ka-pa°-s(i)ti, ক্যাপ্যা°স্‌টি] *n.* power of holding, containing, etc., ভিতরে ধারণের ক্ষমতা ; room, অভ্যন্তরস্থ স্থানের আয়তন (has a seating *capacity* of fifty passengers) ; ability, সামর্থ্য ; competence, যোগ্যতা ; position, পদাধিকার (in my *capacity* as a policeman, I arrest you)। *a.* **capacious** [kạpā°shas, ক্যাপেই°শ্যাস্] প্রশস্ত, অভ্যন্তরে প্রচুর জায়গা আছে এমন ; ধারণ-ক্ষমতাযুক্ত। *v.t.* **capacitate** [ka-pa°-si-tāt, ক্যাপ্যা°সিটেইট্] সমর্থ করা ; যোগ্যতা-সম্পন্ন করা। *p.* & *p. pt.* **capa°citātėd**। [F. *capacite*<L. *capacis*=able to receive]

cap-à-pie [ka-pa-pē°, ক্যাপ্যাপী°] *adv.* from head to foot, আপাদমস্তক (armed *cap-à-pie*)। [OF.]

caparison [kạ-pa°-risn, ক্যাপ্যা°রিস্‌ন্] (**1**) *n.* the cloth-covering of a horse, অশ্বের বস্ত্রাবরণ ; dress and ornaments, সাজসজ্জা। (**2**) *v.t.* to cover with a cloth (as a horse), (ঘোড়াকে) বস্ত্রাবৃত করা ; to dress richly, দামি পোশাক পরান। [Sp. *caparazon*<*capa*=a cape]

cape$_1$ [kāp, কেইপ্] *n.* a sleeveless cloak ; হাতাহীন কোটবিশেষ। [OF.<LL. *cappa*]

cape$_2$ [kāp, কেইপ্] *n.* a promontory, অন্তরীপ। **the Cape of Good Hope** or **the Cape**—উত্তমাশা অন্তরীপ। [F. *cap*<L. *caput*=the head]

caper [kā°-pa(r), কেই°প্যা(র্)] (**1**) *v.i.* to leap, (ছাগলের) লাফান ; to dance frolicsomely, তিড়িংতিড়িং নাচা। (**2**) *n.* a leap, লাফ ; a frolicsome dance, তিড়িংতিড়িং নাচ। **(to) cut a caper, (to) cut capers**—উক্ত নাচ নাচা ; নাচা ; তিড়িংতিড়িং করা ; মূর্খের ন্যায় আচরণ করা ; উদ্ভট আচরণ করা। [see *capriole*]

capful—see **cap.**

capillary [ka-pi°-la-ri, ক্যাপি°ল্যারি] *a.* hair-like, কেশবৎ (সূক্ষ্ম) ; of hair, কৈশিক। **capillary attraction**—কৈশিক আকর্ষণ (যে ক্ষমতাবলে চোষ কাগজ কালি শুষিয়া লয় অথবা পলিতা বাহিয়া তেল উপরের দিকে উঠে)। *n.* **capilla°rity**—কৈশিকতা। [L. *capillus*=hair]

capita—see **caput.**

capital$_1$ [ka°-pitl, ক্যা°পিট্‌ল্] *n.* the top of a pillar, স্তম্ভশীর্ষ। [L. *capitellum*<*caput*=the head]

capital$_2$ [ka°-pitl, ক্যা°পিট্‌ল্] (**1**) *a.* of the head, মস্তকসম্বন্ধীয় ; involving the death penalty, প্রাণদণ্ড-সংক্রান্ত (*capital* punishment) ; principal, main, প্রধান, মুখ্য ; relating to the principal money, মূলধন-সম্বন্ধীয় ; chief, রাজধানী-সম্বন্ধীয় (*capital* city) ; large, (অক্ষরসম্বন্ধে) বড় হাতের ; (coll.) excellent, (কথ্য.) চমৎকার (*capital* performance)। (**2**) *n.* the chief or most important thing, প্রধান বা মুখ্য বিষয় ; the chief town or seat of government, রাজধানী ; a large letter, বড় হাতের অক্ষর (e.g.

'A' 'R', etc.) ; the principal money in a business venture, মূলধন, পুঁজি। **(to) make capital of**—কাজে লাগান, সদ্ব্যবহার করা ; নিজের স্বার্থে লাগান। *n.* **capitalism** [ka°-pi-ta-lizm, ক্যা°পিট্যালিজ্‌ম্] যে সমাজ-ব্যবস্থায় ব্যক্তিগতভাবে ধনসঞ্চয় করিতে দেওয়া হয়, পুঁজিবাদ। *n.* **ca°pitalist**—পুঁজিপতি, পুঁজিবাদী ব্যক্তি। *a.* **capitalis°tic**—পুঁজিবাদী। *v.t.* **capitalize** [ka-pi°-ta-līz, ক্যাপি°ট্যালাইজ্‌] মূলধনে বা রাজধানীতে পরিণত করা ; নিজ সুবিধার্থে প্রয়োগ করা বা কাজে লাগান (to *capitalize* on somebody's errors)। *n.* **capitalizā°tion**। *adv.* **ca°pitally**—মুখ্যত:, প্রধানতঃ ; চমৎকারভাবে। [OF. *capitel*<L. *capitalis*<*caput*=the head]

capitation [ka-pi-tā°-sh(a)n, ক্যাপিটেই°শ্‌ন্] *n.* a poll-tax, মাথট, মাথা-পিছু দেয় কর। [L. *caput* =the head]

Capitol [ca°-pitl, ক্যা°পিট্‌ল্] *n.* the temple of Jupiter at Rome, রোমে অবস্থিত দেবরাজ জুপিটারের মন্দির ; (U.S.A.) Congress house, (আমে.) ব্যবস্থাপরিষদ্‌ভবন। [LL. *Capitolium*< *caput*=the head]

capitulate [ka-pi°-tū-lāt, ক্যাপি°টিউলেইট্‌] *v.i.* to surrender on terms, শর্তাধীনে আত্মসমর্পণ করা। *p.* & *p. pt.* **capi°tūlātėd**। *n.* **capitūlā°tion**। [LL. *capitulare*=to arrange under heads]

capon [kā°-pan, কেই°প্যান্] *n.* a castrated cock, খাসি-করা মোরগ। [OE. *capun*<Gk. *kapon*<*koptein*=to cut]

caprice [ka-prēs°, ক্যাপ্রীস্°] *n.* a freak, খেয়াল। *a.* **capricious** [ka-pri°-shas, ক্যাপ্রি°শ্যাস্] খেয়ালি। [F.<It. *capriccio*—cp. *caper*]

Capricorn [ka°-pri-kaw(r)n, ক্যা°প্রিক্য(র্)ন্] *n.* the tenth sign of the zodiac, (জ্যোতিষ.) মকররাশি। [L. *capricornus*<*caper*=a goat, *cornu*=a horn]

caprine [kap°-rīn, ক্যাপ্‌°রাইন্] *a.* of or like the goat, ছাগসংক্রান্ত বা ছাগতুল্য। [L. *caprinus* <*caper*=a goat]

capriole [ka°-pri-ōl, ক্যা°প্রিওল্] **(1)** *n.* caper, ছাগলের ন্যায় দুই পায়ে ভর দিয়া লাফ বা নাচ। **(2)** *v.i.* to caper, উক্তভাবে লাফান বা নাচা। [F.< It. *capriola*<L. *caper*=a goat]

capsicum [kap°-si-kam, ক্যাপ্‌°সিক্যাম্] *n.* kinds of plants with hot capsules and seeds, লঙ্কা ; such pods prepared for use in cooking, লঙ্কাবাটা বা লঙ্কাগুঁড়া। [L. *capsa*=a case ?]

capsize [kap-sīz°, ক্যাপ্‌সাইজ্‌°] *v.t.i.* to or to be upset, উলটাইয়া দেওয়া বা উলটাইয়া যাওয়া। [Sp. *capuzar* ?]

capstan [kap°-stan, ক্যাপ্‌°স্ট্যান্] *n.* a machine for winding cable upon it, তার রজ্জু প্রভৃতি গুটাইয়া রাখার জন্য যন্ত্র বা নাটাই। [F. *capestan*<LL. *capere*=to take]

capsule [kap°-sūl, ক্যাপ্‌°সিউল্] *n.* (bot.) a dry seed-case, (উদ্ভি.) শুষ্ক বীজকোষ ; (zoo.) a membranous covering, (প্রাণি.) ঝিল্লিক আবরণ ; (med.) a small gelatine case, (ভেষজ.) জেলাটিনে তৈয়ারি ক্ষুদ্র আধার, ক্যাপসুল ; that part of a spaceship in which an astronaut is placed, মহাকাশযানের যে অংশে মহাকাশচারী অবস্থান করে। *a.* **cap°sūlar**—বীজকোষ বা ঝিল্লিক আবরণ-সংক্রান্ত অথবা তত্তুল্য ; ক্যাপসুলের ন্যায় আকারবিশিষ্ট। [F. <L. *capsula*=a small case]

captain [kap°-tin, ক্যাপ্‌°টীন্] **(1)** *n.* a chief officer, অধ্যক্ষ ; the commanding officer of a military unit, সেনাপতি ; the chief officer of a ship, পোতাধ্যক্ষ ; the leader of a team, (খেলোয়াড়) দলের নায়ক। **(2)** *v.t.* to lead, পরিচালনা করা। *n.* **cap°taincy**—অধ্যক্ষের বা নায়কের বৃত্তি অথবা পদ। [OF. *capitaine*<LL. *capitaneus*=chief]

caption [kap°sh(a)n, ক্যাপ্‌°শ্‌ন্] *n.* an arrest, গ্রেপ্তার ; a heading, (সচ. আকর্ষণীয়) শিরনাম। [L. *captio*<*capere*=to take]

captious [kap°shas, ক্যাপ্‌°শ্যাস্] *a.* ready to take exception, একটুতে দোষ ধরে বা চটিয়া ওঠে এমন, খুঁতখুঁতে বা খিট্‌খিটে। [see *caption*]

captive [kap°-tiv, ক্যাপ্‌°টিভ্‌] **(1)** *n.* a prisoner, বন্দী। **(2)** *a.* confined, বন্দী, আবদ্ধ। *v.t.* **cap°tivāte**—মোহিত বা আকৃষ্ট করা। *p.* & *p. pt.* **cap°tivātėd**। *a.* **cap°tivāting**—আকর্ষণীয়, মনোহর। *n.* **capti°vity**—বন্দিত্ব। *n.* **cap°tor**—যে বন্দী করে। **capture** [kap°-cha(r) ক্যাপ্‌°চ্যা(র্)] **(1)** *n.* (বলপূর্বক) গ্রহণ বা অধিকার ; গ্রেপ্তার, বন্দী করা ; গৃহীত বা অধিকৃত বস্তু ; **(2)** *v.t.* জিতিয়া লওয়া ; বলপূর্বক অধিকার করা ; বন্দী করা। [F. *captif*<L. *captivus*<*capere*=to take]

caput [ka°-put, ক্যা°পাট্‌] *n.* a head, মস্তক, মুণ্ড। *pl.* **ca°pita**। [L.]

car [kŭ(r), কা(র্)] *n.* a wheeled vehicle, চক্রযুক্ত গাড়ি ; a motor-car, মোটরগাড়ি। *n.* **car°-ferry**—গুদারা। *n.* **car°man**—কোচোয়ান, গাড়োয়ান, মোটরগাড়ির চালক। [OF. *carre*<LL. *carra*—cp. Celt. *carr*]

carabine [ka°-ra-bin, ক্যা°র‍্যাবিন্] *n.* a small musket, ক্ষুদ্র বন্দুকবিশেষ। *n.* **carabineer°**—উক্ত বন্দুকধারী সৈনিক। [F.]

carafe [ka-rŭf°, ক্যারাফ্‌°] *n.* a bottle for water or wine, জল বা মদ রাখিবার বোতল। [F.]

carambole [ka°-ram-bōl, ক্যা°র‍্যাম্‌বৌল্] *n.* a particular stroke in billiards, বিলিয়ার্ড-খেলার মার-বিশেষ ; an indoor game, ক্যারামবোর্ড-খেলা। [see *carom*]

caramel [ka°-ra-mel, ক্যা°র‍্যামেল্] *n.* a substance produced from sugar by heating.

চিনির শিরা ; a sweetmeat, মিঠাইবিশেষ। [F.< Sp. *caramelo*]

carapace [ka°-ra-pās, ক্যা°র‍্যাপেইস্] *n.* the shell of the crab, tortoise, etc., কাঁকড়া কচ্ছপ প্রভৃতির খোলা। [F.<Sp. *carapacho*]

carat [ka°-rat, ক্যা°র‍্যাট্] *n.* a measure of weight for precious stones (=$3\frac{1}{6}$ grains), মণিরত্নের মাপবিশেষ (=প্রায় $1\frac{2}{3}$ রতি) ; a measure of purity of gold, স্বর্ণের বিশুদ্ধতার পরিমাপবিশেষ (বিশুদ্ধ স্বর্ণ=২৪ ক্যার‍্যাট্)। [F.<Ar. *qirat*=a carob-seed used as a weight]

caravan [ka-ra-van°, ক্যার‍্যাভ্যান্°] *n.* a company of travellers across the deserts, নিরাপত্তার জন্য একত্র ভ্রমণকারী মরুযাত্রিদল ; a large covered van, ঢাকনাওয়ালা বৃহৎ শকটবিশেষ। *n.* **caravanserai, caravansarai** [ka-ra-van°-sa-rai, ক্যার‍্যাভ্যান্°স্যারাই], **caravan°-sary**—মরুযাত্রীদের জন্য পান্থশালা বা সরাই। [Per. *karwan*]

caravel [ka°-ra-vel, ক্যা°র‍্যাভেল্] *n.* a fast-moving light ship, দ্রুতগামী হালকা জাহাজ। [F. *caravelle*]

car(r)away [ka°-ra-wā, ক্যা°র‍্যাওয়্এই] *n.* an aromatic fruit or its plant, শা-জিরা। [Ar. *karwiya*]

carbide [kŭr°-bīd, কা(র্)°বাইড্] *n.* a carbonic compound, অঙ্গারজ রাসায়নিক মিশ্র পদার্থ-বিশেষ। [see *carbon*]

carbine [kŭr°-bīn, কা(র্)°বাইন্] pop. var. of **carabine.**

carbohydrate [kŭ(r)°-bō-hī°-drāt, কা(র্)°বৌ-হাই°ড্রেইট্] *n.* a compound of carbon, hydrogen and oxygen, অঙ্গার জলজান ও অম্লজানের যৌগিক, শালিজাতীয় পদার্থ ; ইহা প্রাণিদেহের গঠন-মূলক বস্তু। [*carbon, hydrate*]

carbolic [kŭ(r)-bo°-lik, কা(র্)ব°লিক্] **(1)** *n.* phenol, রোগবীজনাশক রাসায়নিক পদার্থবিশেষ। **(2)** *a.* containing phenol, উক্ত পদার্থযুক্ত (*carbolic* acid)। [L. *carbo*=coal, *oleum*=oil]

carbon [kŭ(r)°-ban, কা(র্)°ব্যান্] *n.* a chemical element, অঙ্গার, অঙ্গারক ; a charcoal pencil used in electric lighting, বৈদ্যুতিক আলো জ্বালিবার উপকরণবিশেষ ; a kind of copying paper, প্রতিলিপি-গ্রহণার্থ কাগজবিশেষ। **carbon copy**—কারবন-কাগজদ্বারা গৃহীত প্রতিলিপি। **carbon dating**—প্রাগৈতিহাসিক দ্রব্যাদির কাল-নির্ণয়ের রাসায়নিক পদ্ধতিবিশেষ। **carbon dioxide**—জীবদেহ-বিনির্গত (সচ. শ্বাসের সঙ্গে নির্গত) গ্যাস-বিশেষ। **carbon monoxide**—জ্বলন্ত অঙ্গার হইতে নির্গত বিষাক্ত গ্যাসবিশেষ। **carbon paper**—চিঠি-পত্রাদির নকল গ্রহণের নিমিত্ত ব্যবহৃত রং-মাখান কাগজ, কারবন কাগজ। *a.* **cabonā°ceous**—অঙ্গারবৎ ; (অতিশয়) অঙ্গারপূর্ণ। **car°bonāte**—**(1)** *v.t.* অঙ্গারাম্লযুক্ত করা ; অঙ্গারাম্লে পরিণত করা। *p.* & *p, pt.* **car°bonātėd**। **(2)** *n.* অঙ্গারাম্ল হইতে উৎপন্ন লবণবিশেষ। *n.* **carbonā°tion**। *a.* **carbonic** [kŭ(r)-bo°-nik, কা(র্)ব°নিক] অঙ্গারমূলক ; অঙ্গারঘটিত। **carbonic acid**—অঙ্গারাম্ল। *a.* **carboniferous** [kŭ(r)-ba-ni°-f(a)ras, কা(র্)ব্যানি°-ফ্র্যাস্] অঙ্গার-উৎপাদী ; কয়লা-উৎপাদী। *v.t.i.* **car°-bonīze**—অঙ্গারে পরিণত করা বা হওয়া। *n.* **car°-bonizā°tion**। [F. *carbone*<L. *carbonis*=coal]

carboy [kŭ(r)°-boy, কা(র্)°বয়] *n.* a large glass bottle with basket-work or other casing, (বিপজ্জনক রাসায়নিক দ্রব্যসমূহ রাখার জন্য) খড়কুটা বা অন্য আবরণে মোড়া বড় কাচের বোতল। [Pers. *qaralah*]

carbuncle [kŭ(r)°-bungkl, কা(র্)°বাংক্‌ল্] *n.* a red precious stone, রক্তমণি চুনি প্রভৃতি ; a malignant tumour, দুষ্টব্রণ। *a.* **car°buncled**—রক্তমণিখচিত, দুষ্টব্রণপীড়িত। *a.* **carbun°cūlar**—রক্তমণি বা দুষ্টব্রণ সংক্রান্ত অথবা তৎসদৃশ ; (আল.) রক্তিম ও স্ফীত। [L. *carbunculus*=dim. of *carbo*=coal]

carburet [kŭ(r)°-bū-ret, কা(র্)°বিউরেট্] *v.t.* to combine or charge with carbon compounds, অঙ্গারকের সহিত যৌগিক বা অঙ্গারকদ্বারা জ্বালান। *p.* & *p. pt.* **car°burettėd**। *n.* **car°-buretter, car°burettor**—অঙ্গারকদ্বারা গ্যাস সৃষ্টি করার যন্ত্র। [F. *carbure*<L. *carbo*=coal]

carcass, carcase [kŭ(r)°-kas, কা(র্)°ক্যাস্] *n.* a dead body, (পশুপক্ষীর) মৃতদেহ, (ঘৃণাচ্ছলে—মানুষের) শব বা লাশ। [OF. *carquois*=a skeleton]

carcinoma [kŭ(r)-si-nō°-ma, কা(র্)সিনৌ°ম্যা] *n.* a form of cancer, পচনশীল ক্ষতবিশেষ, এক প্রকার কর্কটরোগ। [Gk. *karkinōma*]

card$_1$ [kŭ(r)d, কা(র্)ড্] **(1)** *n.* an instrument for combing wool or flax, পশম বা শণ আঁচড়াইবার চিরুনিবিশেষ। **(2)** *v.t.* to comb with a card, উক্ত চিরুনি দিয়া আঁচড়ান। *p.* & *p. pt.* **car°dėd**। **carding machine**—তুলা প্রভৃতি আঁচড়াইবার ও পরিষ্কার করার যন্ত্র, তুলা পেঁজার যন্ত্র। [F. *carde*<L. *carduus*=a thistle]

card$_2$ [kŭ(r)d, কা(র্)ড্] *n.* a small piece of cardboard unwritten or containing one's name, address, etc., or figures for playing a game, or containing an invitation, greeting, etc., পিজ্‌বোর্ডের অলিখিত ক্ষুদ্র টুকরা, কার্ড, কাহারও নামধাম-সংবলিত কার্ড, খেলিবার তাস, নিমন্ত্রণপত্র, সংবর্ধনালিপি, সম্ভাষণলিপি, প্রভৃতি ; (sl.) a queerly knowing person, (অশি.) অদ্ভুত সবজান্তা লোক ; (in *pl.*) a game played with cards, তাসখেলা। (one's) **best card**—সবচেয়ে জোরাল যুক্তি। **cooling card**—যাহা উৎসাহহানি বা আশাভঙ্গ করে। **sure card**—সাফল্যলাভের নিশ্চিত উপায়। **on the cards**—অসম্ভব নহে, সম্ভাব্য। **(to) have a card up one's sleeve**—কোন গুপ্ত পরিকল্পনা বা ফন্দি হাতে থাকা। **(to) have cards in one's hand**—সমস্ত কিছু নিজের আয়ত্তে পাওয়া। **(to) lay** or **put cards on the table**—(কাহারও) ক্ষমতা বা উদ্দেশ্যাদি সরলভাবে প্রকাশ করা। **(to) play one's cards well**—বিচক্ষণতার ও দক্ষতার সঙ্গে স্বকার্য করা। **(to) throw up the cards**—হার মানা। *n.* **card°-board**—পিজ্‌বোর্ড। *n.* **card°-index**—পৃথক্ পৃথক্ কার্ডে লিখিত বিভিন্ন দ্রব্যাদির পরিচয়পত্র। *n.* **card°-sharper**—জুয়াচুরির দ্বারা তাসের বাজি জিতিয়া যে ব্যক্তি জীবিকার্জন করে। *n.* **card°-table**—তাস-খেলার টেবিল। [F. *carte*<Gk. *chartes*=paper]

cardamom [kŭ(r)°-da-mom, কা(র্)°ড্যামম্] *n.* a kind of spice or its plant, এলাচ। [Gk. *kardamomon*]

cardiac [kŭ(r)°-di-ak, কা(র্)°ডিঅ্যাক্] (1) *a.* relating to the heart, হৃদয় বা হৃৎপিণ্ড সম্বন্ধীয় (*cardiac* complaint) ; heart-stimulating হৃৎ-পিণ্ড-বলকর। (2) *n.* a stimulant for the heart, হৃৎপিণ্ড-বলকর ঔষধাদি। [Gk. *kardia*=heart]

cardigan [kŭ(r)°-di-gan, কা(র্)°ডিগ্যান্] *n.* a knitted woollen jacket, পশমে বোনা গেঞ্জি-বিশেষ। [Lord *Cardigan*]

cardinal [kŭ(r)°-dinl, কা(র্)°ডিন্‌ল্] (1) *a.* of a hinge, কবজা-সম্বন্ধীয় ; fundamental, মৌলিক ; essential, অপরিহার্য, অত্যাবশ্যক ; principal, প্রধান ; deep scarlet, টকটকে লাল ; (math.) simple, (গণি.) অঙ্কবাচক বা পরিমাণবাচক (cp. **ordinal**)। (2) *n.* one of a very high order of the Roman Catholic clergies, রোমান ক্যাথলিকদের অত্যুচ্চপদস্থ যাজকবিশেষ, কার্ডিনাল ; (math.) a cardinal or simple number, (গণি.) অঙ্কবাচক সংখ্যা (e.g. 1, 2, 3, etc.)। **cardinal points**—চারটি প্রধান কোণ অর্থাৎ পূর্ব দক্ষিণ পশ্চিম ও উত্তর। **cardinal virtues**—ন্যায়পরতা, সহিষ্ণুতা, মিতাচার, বিচক্ষণতা প্রভৃতি চারিটি প্রধান সদ্‌গুণ। *adv.* **car°dinally**—মূলতঃ, প্রধানতঃ। *n.* **car°-dinalship**—কার্ডিনালের পদ। [L. *cardinalis*<*cardo*=a hinge]

cardio- [kŭ(r)°-di-ŏ, কা(র্)°ডিও] *in comp.* heart, হৃদয়-। *n.* **car°diŏgraph**—হৃৎস্পন্দনের চিত্রগ্রহণ করার যন্ত্রবিশেষ। *n.* **cardiology** [kŭ(r)-di-o°-la-ji, কা(র্)ডিঅ°ল্যাজি] হৃৎপিণ্ডের ক্রিয়া ও উহার রোগ সংক্রান্ত বিদ্যা, হৃদ্‌বিজ্ঞান। *n.* **cardio°-logist**—হৃদ্‌বিজ্ঞানী। [Gk. *kardia*]

care [kā(r), কেয়্যা(র্)] (1) *n.* affliction, যন্ত্রণা ; anxiety, উদ্বেগ দুশ্চিন্তা ; attention, caution, মনোযোগ, যত্ন, সতর্কতা ; charge, তত্ত্বাবধান ; an object of anxiety or watchfulness, উদ্বেগের বা সতর্কতার উপলক্ষ্য। (2) *v.i.* to be anxious or concerned, উদ্বিগ্ন বা শঙ্কিত হওয়া ; to like, পছন্দ করা ; to be desirous, ইচ্ছুক হওয়া ; to pay heed to, গ্রাহ্য করা ; to mind, মনে (কিছু) করা ; to provide, ভরণপোষণাদির ব্যবস্থা করা ; to watch over, সতর্ক দৃষ্টি রাখা, তত্ত্বাবধান করা, মনোযোগ দেওয়া ; (usu. in negative) to count or regard, গণ্য করা (don't *care* a straw for)। **(to) care for**—পছন্দ করা বা পাইতে ইচ্ছুক হওয়া ; গ্রাহ্য করা ; দেখাশুনা করা। **care of**—(কাহারও) ঠিকানায় প্রেরিতব্য, (পরি.) অবধায়ক। **(to) have a care, (to) take care**—সতর্ক বা সাবধান হওয়া। **not to care a damn**—মোটেই গ্রাহ্য না করা বা মনে স্থান না দেওয়া। **(to) take care of**—বিলিবন্দেজ করা, ব্যবস্থা করা ; তত্ত্বাবধান করা ; ভার লওয়া। *a.* **cāre°-free**—নিশ্চিন্ত, দুর্ভাবনাহীন। *a.* **cāre°ful**—মনোযোগী, সতর্ক। *adv.* **cāre°fully**। *n.* **cāre°fulness**। *a.* **cāre°-laden, cāre°-worn**—দুশ্চিন্তাপীড়িত। *a.* **cāre°-less**—অসতর্ক, অমনোযোগী। *n.* **cāre°lessness**। *n.* **cāre°-tāker**—তত্ত্বাবধায়ক। [OE. *caru*]

careen [ka-rēn°, ক্যারীন্°] *v.t.i.* to turn over on the side, (মেরামত বা পরিষ্কার করিবার জন্য জাহাজাদিকে) কাত করা। [L. *carina*=keel]

career [ka-rē(r)°, ক্যারিয়্যা(র্)°] (1) *n.* a swift course, দ্রুত গতি, বেগ (in full *career*) ; course or progress through life, জীবনের (বিশেষতঃ কর্মজীবনের) ধারা বা অগ্রগতি বা উন্নতি ; way of making a living, জীবিকার্জনের উপায় ; occupation, বৃত্তি। (2) *v.i.* to move or run rapidly, দ্রুতবেগে চলা বা দৌড়ান। *n.* **career°ist**—জীবনে (বিশেষতঃ কর্মজীবনে) উন্নতিলাভে আগ্রহশীল ব্যক্তি। [F. *carriere*=race-course<LL. *carraria*=carriage-road]

care-free, careful, care-laden, careless—see **care.**

caress [ka-res°, ক্যারেস্°] (1) *v.t.* to touch endearingly, স্নেহভরে স্পর্শ করা বা হাত বোলান ; to fondle, আদর বা সোহাগ করা। *p.* & *p. pt.* **care°ssed**। (2) *n.* a fondling touch, স্নেহ-স্পর্শ ; blandishment, আদর, সোহাগ। *a.* **ca-re°ssing**—স্নেহস্পর্শযুক্ত, স্নেহযুক্ত, আদরপূর্ণ, সোহাগ-পূর্ণ। *adv.* **caress°ingly**। [F. *caresser*<It. *carezza*=an endearment < L. *carus*=dear]

caret [ka°-rat, ক্যা°র‍্যাট্] *n.* '∧' : this mark to show where to insert something omitted, যে স্থানে বাদ-পড়া শব্দাদি বসাইতে হইবে তাহার নির্দেশচিহ্ন, তোলা-চিহ্ন, কাকপদ। [L.=it is wanting here]

caretaker, care-worn—see **care.**

cargo [kŭ(r)°-gō, কা(র্)°গৌ] *n.* the goods a ship carries, জাহাজে বাহিত মাল। [Sp.]

caribou [ka°-ri-boo, ক্যা°রিবু] *n.* the American reindeer, আমেরিকার বল্গা-হরিণ। [Canadian F.]

caricature [ka°-ri-ka-tū(r), ক্যা°রিক্যাটিউয়া(র্)] (**1**) *n.* ridiculously exaggerated representation of likeness of anything, উপহাসের বা হাস্যোদ্রেকের উদ্দেশ্যে অতিরঞ্জিত অনুকরণ। (**2**) *v.t.* to excite ridicule by exaggerated representation, অতিরঞ্জিত অনুকরণদ্বারা উপহাস করা বা হাস্যোদ্রেক করান। *n.* **caricatūr°ist**—উক্তভাবে অনুকরণ করিতে দক্ষ ব্যক্তি, নকুলে লোক। [It. *caricatura* < *caricare* = to load]

caries [kār°-i-ēz, কেয়্যা(র্)°ইঈজ্] *n.* decay, (দন্ত অস্থি প্রভৃতির) ক্ষয়। *a.* **cār°ious**—ক্ষয়িষ্ণু, ক্ষয়যুক্ত (*carious* tooth)। [L.]

carillon [ka-ri°-li-an, ক্যারি°লিয়্যান্] *n.* a set of bells for playing tunes, বাদ্যযন্ত্ররূপে ব্যবহৃত ঘণ্টামালা। [F. < LL. *quadrilio* = a quarternary]

carking [kŭ(r)°-king, কা(র্)°কিং] *a.* burdensome, গুরুভার, দুর্বহ (*carking* care)। [NF. *kark(e)* = care < LL. *carricare* = to load]

carl [kŭ(r)l, কা(র্)ল্] *n.* a man, লোক, বেটা; a peasant, চাষা। [ON.]

Carmelite [kŭ(r)°-mi-līt, কা(র্)°মিলাইট্] *n.* a White Friar, সিরিয়া-দেশীয় খ্রিস্টান সন্ন্যাসিবিশেষ। [Mt. *Carmel* in Palestine]

carminative [kŭ(r)°-mi-na-tiv, কা(র্)°মিন্যাটিভ্] (**1**) *a.* curing flatulence, বায়ুরোগহর (*carminative* mixture)। (**2**) *n.* a medicine that expels flatulence, বায়ুরোগহর ঔষধ। [L. *carminare* = to card]

carmine [ku(r)°-min, ku(r)°-mīn, কা(র্)°মিন্, কা(র্)°মাইন্] (**1**) *n.* a deep red colouring matter, গাঢ় লাল রঞ্জক পদার্থবিশেষ। (**2**) *a.* deep red, গাঢ় লাল। [F. & Sp. *carmin* < Ar. *qirmazi* = crimson]

carnage [kŭ(r)°-nij, কা(র্)°নিজ্] *n.* (extensive) slaughter, (ব্যাপক) হত্যা (a scene of *carnage*)। [F. < It. *carnaggio* < L. *carnis* = flesh]

carnal [kŭ(r)°nl, কা(র্)°ন্‌ল্] *a.* fleshy, রক্তমাংস-সম্বন্ধীয়; sensual, ইন্দ্রিয়গত, কামজ; sexual, যৌন (*carnal* desire)। *n.* **carnalism** [kŭ(r)°-na-lizm, কা(র্)°ন্যালিজ্‌ম্], **carna°lity**। *adv.* **carnally** [kŭ(r)°-na-li, কা(র্)°ন্যালি]। [L. *carnis* = flesh]

carnation [kŭ(r)-nā°sh(a)n, কা(র্)নেই°শ্‌ন্] (**1**) *a.* of rosy pink colour, গোলাপি লাল। (**2**) *n.* a carnation flower, গোলাপি লাল ফুলবিশেষ। [L. *carnatio* = fleshiness]

carnival [kŭ(r)°-niv(a)l, কা(র্)°নিভ্‌ল্] *n.* a Roman Catholic feast, রোমান ক্যাথলিকদের পর্ববিশেষ; any period of revelry, আনন্দোৎসবের কাল; riotous merriment, হুল্লোড়-পূর্ণ আমোদপ্রমোদ (a *carnival* of bloodshed); a fair-like entertainment, মেলা প্রদর্শনী প্রভৃতির দ্বারা আমোদ-প্রমোদের ব্যবস্থা, কার্নিভাল। [It. *carnevale* < L. *carnem levare* = to put away flesh]

carnivora [kŭ(r)-ni°-va-rŭ, কা(র্)নি°ভ্যারা] *n. pl.* the order of flesh-eating mammals, স্তন্যপায়ী প্রাণীদের মধ্যে মাংসাশী বর্গ। *n.* **car°nivōre**—মাংসাশী স্তন্যপায়ী প্রাণী। *a.*, **carnivorous** [kŭ(r)-ni°-v(a)ras, কা(র্)নি°ভ্র্যাস্] স্তন্যপায়ী ও মাংসাশী। [L. *carnis* = flesh, *vorare* = to devour]

carny, carney [ku(r)°-ni, কা(র্)°নি] (**1**) *v.t.* (coll.) to wheedle, to coax, (কথ্য.) মিষ্টকথায় ভুলান। *p.* & *p. pt.* **carnied**। (**2**) *n.* flattery, তোষামোদ। [?]

caroche [kŭ°-rōsh, কা°রৌশ্] *n.* a coach, গাড়ি। [F. < L. *carrus* = car]

carol [ka°r(a)l, ক্যা°র্‌ল্] (**1**) *n.* a song of joy and praise, (প্রায়শঃ নৃত্যসংবলিত) আনন্দভজন-গীত; a Christmas hymn, বড়দিন-উপলক্ষে ভজন-গান। (**2**) *v.i.* to sing a carol, ভজন-গান করা। (**3**) *v.t.* to praise in song, সঙ্গীতদ্বারা যশঃকীর্তন করা। *pr. pt.* **ca°rolling**; *p.* & *p. pt.* **ca°rolled**। *n.* **ca°roller**। [OF. *carole* < It. *carola* = a ring dance < L. *chorus*]

Caroline [ka°-ra-līn, ক্যা°র‍্যালাইন্] *a.* of Charles or Charlemagne, চার্লস্ বা শার্লমেন্-সংক্রান্ত। [L. *Carolus* = Charles]

carom [ka°-ram, ক্যা°র‍্যাম্] contr. of **carambole.**

carotene [ka°-rō-ten, ক্যা°রৌটীন্] *n.* a reddish yellow pigment in plants, উদ্ভিদে বিদ্যমান পিঙ্গল পদার্থবিশেষ। [?]

carotid [ka-ro°-tid, ক্যার°টিড্] *a.* of the two great arteries of the neck, ঘাড়ের দুই মহাধমনী-সংক্রান্ত। [Gk. *karotides* = sleep, stupor]

carouse [ka-rowz°, ক্যারাউজ্°] (**1**) *n.* a drinking-bout, মদ্যপানোৎসব; a boisterous revel, হুল্লোড়, হল্লা। (**2**) *v.i.* to hold a drinking bout, মদ্যপানোৎসব করা; to drink boisterously and without restraint, হৈ-চৈ করিয়া অবাধে মদ্যপান করা। *n.* **carou°sal**—মদ্যপানোৎসব; হুল্লোড়। [G. *gar aus* = quite out]

carp$_1$ [kŭ(r)p, কা(র্)প্] *n.* a freshwater fish, পোনামাছ। [OE. *carpe* < LL. *carpa*]

carp$_2$ [kŭ(r)p, কা(র্)প্] *v.i.* to catch at small faults or error, সামান্য ভুলত্রুটিতেই খিটখিট্ বা খুঁতখুঁত করা (with *at*)। *p.* & *p. pt.* **car°ped**। *n.* **car°per**। **car°ping**—(**1**) *a.* খুঁতখুঁতে; ছিদ্রান্বেষী (*carping* criticism)। (**2**) *n.* খুঁতখুঁতানি। [ON. *karpa* = to boast ?]

carpal—see **carpus.**

carpel [kŭ(r)°-pel, কা(র্)°পেল্] *n.* a pistil-cell, গর্ভপত্র। [Gk. *karpos* = fruit]

carpenter [kŭ(r)°-pin-ta(r), কা(র্)°পিন্ট্যা(র্)]

(1) *n.* a worker in timber, সূত্রধর, ছুতোর। (2) *v.i.* to work in timber, ছুতোরের কাজ করা। *n.* **car°pentry**—ছুতোরগিরি। [OF. *carpentier* < LL. *carpentarius* < *carpentum* = car]

carpet [kŭ(r)°-pit, কা(র্)°পিট্] (1) *n.* a thick fabric for covering floors, etc., গালিচা, কারপেট ; a carpet-like covering, কারপেট-সদৃশ আচ্ছাদন (a *carpet* of leaves, moss, etc.)। (2) *v.t.* to cover with this, গালিচা দিয়া মোড়া বা ঢাকা। *p.* & *p. pt.* **car°pĕtėd**। **on carpet consideration**—কেবল মুরুব্বির জোরে। **on the carpet**—আলোচনাধীন ; ভর্ৎসিত হইতেছে এমন। **(to) sweep (something) under the carpet**—(কোন কিছু) দৃষ্টিগোচর হইতে না দেওয়া বা লুকাইয়া রাখা। *n.* **car°pėt-bag**—ভ্রমণকারীর কারপেটে তৈয়ারি ব্যাগ। **car°pėtbagger**—*n.* রাজনৈতিক বা অন্য কোন উদ্দেশ্যে কোন স্থানে আগত ব্যক্তি। *n.* **car°pėt-knīght**—রাজসভায় কেবল প্রভাবের জোরে বীর-আখ্যায় ভূষিত ব্যক্তি ; ঘরে-বসা সৈনিক ; (আল.) মেয়েলি পুরুষ। *n. pl.* **car°pėt-slippers**—কারপেটে তৈয়ারি চটিজুতা। *n.* **car°pėt-sweeper**—গালিচা ও কম্বল ঝাড়িবার যন্ত্রবিশেষ। [OF. *carpite* < LL. *carpeta* = a coarse fabric]

carpus [kŭ(r)°-pus, কা(র্)°পাস্] *n.* the wrist, মণিবন্ধ, কব্জি। *a.* **carpal** [kŭ(r)°-pal, কা(র্)°-প্যাল্] মণিবন্ধ-সংক্রান্ত। [Gk. *karpos*]

carraway—see **caraway**.

carriage [ka°-rij, ক্যা°রিজ্] *n.* act or cost of carrying, বহন, বহনের মাসুল বা ভাড়া ; a vehicle, গাড়ি ; a carrying part of a machine, যে অংশে ভর দিয়া যন্ত্র চলে ; behaviour, আচরণ ; bearing, চালচলন (graceful *carriage*)। **carriage and pair**—দুই ঘোড়ার গাড়ি। *a.* **ca°rriageable**—বহনসাধ্য। *n.* **ca°rriage-drīve**—বাড়ি পার্ক প্রভৃতির মধ্যে গাড়ি চলাচলের পথ। *adv.* **ca°rriage-for°ward**—(মালের) প্রাপক বহন-খরচ দিবে এই শর্তে। *adv.* **ca°rriage-free°**—বিনা বহন-খরচায়। *adv.* **ca°rriage-paid°**—বহনের ভাড়া পূর্বাহ্ণে দিয়া। *n.* **carriage-way**—রাস্তার যে অংশ দিয়া যানবাহন চলাচল করে। (see *carry*)

carried, carrier—see **carry**.

carriole [ka°-ri-ōl, ক্যা°রিঔল্] *n.* a small open carriage, ক্ষুদ্র অনাচ্ছাদিত গাড়িবিশেষ। [F.]

carrion [ka°-ri-an, ক্যা°রিঅ্যান্] (1) *n.* the putrid carcase or flesh of any animal, প্রাণীর গলিত শব বা মাংস ; anything vile, জঘন্য আবর্জনা। (2) *a.* feeding on carrion, গলিত মাংসভোজী ; loathsome, জঘন্য। *n.* **ca°rrion-crow**—(গলিত মাংসভোজী) কাক। [F. *carogne* < LL. *caronia* < *caro, carnis* = flesh]

carrot [ka°-rat, ক্যা°র‍্যাট্] *n.* an edible root, গাজর। *a.* **ca°rroty**—গাজরবর্ণ (ঈষৎ লাল বা হলদে)। [F. *carotte* < L. *carota*]

carry [ka°ri, ক্যা°রি] (1) *v.t.* to convey, সঙ্গে করিয়া লইয়া যাওয়া, পৌঁছাইয়া দেওয়া ; to bear, বহন করা ; to lead or transport, পথ দেখাইয়া, বা গাড়িতে করিয়া লইয়া যাওয়া ; to bring about ঘটান ; to behave, আচরণ করা (to *carry* oneself well) ; to pass by a majority, ভোটাধিক্যে গৃহীত করান ; (সভ্য দর্শক প্রভৃতিকে) নিজ মত অনুমোদন করান বা স্বপক্ষে রাখা (to *carry* the audience) ; (accts.) to add to another column, (জমাখরচে) জের টানা ; (of a newspaper) to publish, (সংবাদপত্র-সম্বন্ধে) প্রকাশ করা। (2) *v.i.* (of sounds) to reach or extend, (শব্দাদি-সম্বন্ধে) পৌঁছান, ব্যাপ্ত হওয়া ; to be pregnant, গর্ভবতী হওয়া। *p.* & *p. pt.* **ca°rried**। **(to) carry all before one**—সমস্ত বাধা দূর করা। **(to) carry away**—(সঙ্গে করিয়া বা গাড়িতে করিয়া) লইয়া চলিয়া যাওয়া ; আত্মহারা করান (he was *carried away* with delight)। **(to) carry back**—(অতীতে) ফিরাইয়া লইয়া যাওয়া বা (অতীতের কথা) স্মরণ করা (this incident *carried* him *back* to his childhood)। **(to) carry forward**—(হিসাবের খাতায়) পরপৃষ্ঠায় জের টানিয়া লইয়া যাওয়া। **(to) carry off**—বধ করা ; জিতিয়া লওয়া। **(to) carry off (well)**—সন্তোষজনকভাবে বা নিখুঁতভাবে সম্পাদন করা। **(to) carry on**—চালাইয়া যাওয়া ; চালু রাখা বা চালান। **(to) carry out**—সম্পাদন করা; পালন করা। **(to) carry over**—পরপৃষ্ঠায় লইয়া যাওয়া, জের টানা। **(to) carry through**—বিপদ্-আপদে সাহায্য করিয়া চলা ; বিপদ্-আপদ্ কাটাইয়া উঠিতে সাহায্য করা ; কার্যকর করিবার চেষ্টায় সফল হওয়া ; সম্পাদন করা ; পালন করা। **(to) carry too far**—সীমা লঙ্ঘন করা। *n.* **ca°rrier**—বাহক ; গাড়ি ; (রোগাদির জীবাণুর) বাহন। *n.* **ca°rrier-pi°geon**—স্থান হইতে স্থানান্তরে চিঠিপত্রাদি বহনে সক্ষম পারাবত। [OF. *carier* < LL. *carricare* = to cart]

cart [kŭ(r)t, কা(র্)ট্] (1) *n.* a two-wheeled vehicle, পশুবাহিত বা হাতে-ঠেলা দুই-চাকার গাড়ি (যেমন, গোরুর গাড়ি)। (2) *v.t.* to carry in a cart, উক্ত গাড়িতে করিয়া লইয়া যাওয়া। *p.* & *p. pt.* **car°tėd**। **(to) be in the cart**—(অশি.) বিশ্রী অবস্থায় পড়া। **(to) put the cart before the horse**—স্বাভাবিক অবস্থা বিগড়াইয়া দেওয়া ; পারম্পর্য লঙ্ঘন করা। *n.* **car°tage**—উক্ত গাড়ি-ভাড়া। *n.* **car°ter**—উক্ত গাড়ির গাড়োয়ান। *n.* **cart°load**—একগাড়ি মাল। *n.* **cart-°road, cart°way**—উক্ত গাড়ির যাতায়াতের পথ। *n.* **cart°wright**—যে ছুতোরমিস্ত্রি উক্ত গাড়ি নির্মাণ করে। [OE. *craet* < ON. *kartr* ?]

carte blanche [kŭ(r)t°-blansh°, কা(র্)ট্°ব্লান্শ্°]

For words in *cart-*, not given separately, see **cart**.

n. a blank paper duly signed to be filled up by the recipient with his own terms, প্রাপক কর্তৃক নিজ শর্তাদি লিখিয়া পূরণ করিবার জন্য বিধিমতে সই-করা সাদা কাগজ; freedom of action, স্বেচ্ছামত কাজ করিবার অধিকার। [F.]

cartel [kŭ(r)°-tel, কা(র্)°টেল্] *n.* a challenge, দ্বন্দ্বে আহ্বান ; an agreement for exchange of prisoners, বন্দী-বিনিময়ের চুক্তি ; a union of firms, ব্যবসায়-প্রতিষ্ঠানসমূহের সম্মিলিত সংস্থা। [F. < It. *cartello* = a small card]

cartilage [kŭ(r)°-ti-lij, কা(র্)°টিলিজ্] *n.* gristle, তরুণাস্থি, কোমলাস্থি। *a.* **cartilaginous** [kŭ(r)-ti-la°-ji-nas, কা(র্)টিল্যা°জিন্যাস্] তরুণাস্থি-সংক্রান্ত ; তরুণাস্থিতুল্য। [F. < L. *cartilago*]

cartography [kŭ(r)-to°-gra-fi, কা(র্)ট°গ্র্যাফি] *n.* map-making, মানচিত্রাঙ্কন। *n.* **carto°grapher**—মানচিত্রকর। *a.* **cartŏgra°phic(al)**—মানচিত্রাঙ্কন-সম্বন্ধীয় ; মানচিত্রবৎ। [Gk. *chartes* = paper, *graphein* = to write]

cartomancy [kŭ(r)°tŏ-man-si, কা(র্)°টোম্যান্সি] *n.* divination by playing-cards, তাসদ্বারা ভবিষ্যৎ-গণনা। [Gk. *chartes* = card, *manteia* = divination]

carton [kŭ(r)°-tan, কা(র্)°ট্যান্] *n.* a thin pasteboard, পাতলা পিজ্‌বোর্ড ; a cardboard box, পিজ্‌বোর্ডের বাক্স ; a white disk within the bull's-eye of the target, চাঁদমারির বা নিশানার কেন্দ্রস্থলে সাদা গোল চিহ্ন। [see *cartoon*]

cartoon [kŭ(r)-tōōn°, কা(র্)টুন্°] (I) *n.* a preparatory drawing, চিত্রাঙ্কনের আদরা, নকশা ; a comic or satirical representation in painting, writing or acting, ব্যঙ্গচিত্র, ব্যঙ্গরচনা, ব্যঙ্গাভিনয়। (2) *v.t.* to make a cartoon of, চিত্রাঙ্কন রচনা বা অভিনয়ের দ্বারা ব্যঙ্গ করা। *n.* **cartoo°nist**—ব্যঙ্গচিত্রকর ; ব্যঙ্গরচনার লেখক ; ব্যঙ্গাভিনেতা। [F. *carton* < It. *cartone* < L. *carta* = card]

cartouche [kŭ(r)-tōōsh°, কা(র)তুশ্°] *n.* a case for cartridges, বন্দুকাদির গুলি রাখিবার আধার। [F. < It. *cartoccio* < Gk. *chartes* = paper]

cartridge [kŭ(r)°-trij, কা(র্)°ট্রিজ্] *n.* charge of explosive for guns, আগ্নেয়াস্ত্রের গুলিগোলা। *n.* **car°tridge-belt**—গুলি রাখিবার খোপযুক্ত কোমরবন্ধ। *n.* **car°tridge-pā°per**—স্থূল ও অমসৃণ কাগজবিশেষ। [corrup. of *cartouche*]

carve [kŭ(r)v, কা(র্)ভ্] (I) *v.t.* to cut into forms, খোদাই করা ; to cut up into slices or pieces, (মৎস্যমাংসাদি) খণ্ড খণ্ড করিয়া কাটা বা কোটা ; to apportion, বণ্টন করিয়া দেওয়া। (2) *v.i.* to practise carving, খোদাই করা। **(to) carve out**—কাটিয়া ফেলা ; প্রচেষ্টাদ্বারা লাভ করা। *n.* **car°ver**—ভাস্কর; মাছমাংস কাটার ছুরি। (also **car°ving-knife)**। *n.* **car°ving**—ভাস্কর্য ; মৎস্য-মাংসাদি কর্তন ; কর্তিত মৎস্যমাংসের টুকরা। [OE. *ceorfan* < G. *kerben* = to notch]

caryatid [ka-ri-ŭ°-tid, ক্যারিয়া°টিড্] *n.* a female figure used as a support or pillar, স্তম্ভরূপে ব্যবহৃত নারীমূর্তি। [Gk. *karyatis*]

cascade [kas-kād°, ক্যাস্‌কেইড্°] (I) *n.* a waterfall, জলপ্রপাত ; a trimming of lace in loose wavy fall, জলপ্রপাতের ন্যায় মেলিয়া পড়ে এমন ঝালরগুচ্ছ। (2) *v.t.* to fall in cascades, জলপ্রপাতের ন্যায় পতিত হওয়া। *p. & p. pt.* **cascā°dĕd**। [Fr. < It. *cascata* < L. *cadere* = to fall]

cascara [kas-kŭ°-ra, ক্যাস্‌কা°র্যা] *n.* a kind of laxative, রেচকপদার্থবিশেষ। [It. *cascata*]

case$_1$ [kās, কেইস্] (I) *n.* a box, sheath or covering, আধার, বাক্স, খাপ, কোষ, আবরণ ; (print.) a tray to hold types, (মুদ্রণ.) ছাপার টাইপ রাখার পাত্রবিশেষ (upper *case*—বড়হাতের অক্ষর ; lower *case*—ছোটহাতের অক্ষর)। (2) *v.t.* to enclose in a case, বাক্সের মধ্যে রাখা, কোষবদ্ধ করা। *p. & p. pt.* **cā°sed**। *a.* **cāse°-har°dened**—অভিজ্ঞতার ফলে কঠিনহৃদয় হইয়া গিয়াছে এমন। *n.* **cā°sing**—বাক্স, আবরণ, কোষ। [OF. *casse* < L. *capsa* < *capere* = to take]

case$_2$ [kās, কেইস্] *n.* an event, ঘটনা ; state, অবস্থা ; affair, ব্যাপার ; an instance of disease, রোগ ; a person under medical treatment, চিকিৎসাধীন রোগী ; a lawsuit, মকদ্দমা, মামলা ; (gr.) the relation of a noun or pronoun to another word in the sentence, (ব্যাক.) কারক। **in case**—ঘটনাচক্রে। **in case of**—এরূপ ঘটিলে, এহেন অবস্থায়। **in any case**—যাহাই ঘটুক না কেন। **in no case**—কোন অবস্থাতেই না। **in this** or **that case**—এরূপ বা ঐরূপ অবস্থায়, এরূপ বা ঐরূপ ঘটিলে। **(to) make out one's case**—সমর্থনমূলক কৈফিয়ৎ দেওয়া। *n.* **cāse°-book**—রোগীদের রোগ-বিবরণ লিখিয়া রাখিবার জন্য চিকিৎসকের খাতা। *n.* **cāse°-history**—রোগীর স্বাস্থ্যাদির অতীত বিবরণ। *n.* **cāse°-law**—অতীত মকদ্দমাদির নজির-বলে আইনগত প্রশ্নের মীমাংসা। [OF. *cas* < L. *casus* < *cadere* = to fall]

casein [kā°-si-ēn, কেই°সিঈন্] *n.* protein of milk, দুগ্ধসার, ননী। [L. *caseus* = cheese, *-in*]

casemate [kās°-māt, কেইস্°মেইট্] *n.* a bomb-proof vaulted chamber, বোমার আঘাত হইতে আত্মরক্ষা করিতে সক্ষম ছাদওয়ালা কক্ষ। [F.]

casement [kās°-mant, কেইস্°ম্যান্ট্] *n.* the frame of a window, জানালার ফ্রেম। [LL. *casamentum* = house-frame—cp. *case*]

caseous [kā°-si-as, কেই°সিঅ্যাস্] *a.* cheese-like, পনীরবৎ। [L. *caseus* = cheese]

For words in *case-*, not given separately, see **case**$_{1,2}$.

casern(e) [ka-za(r)n°, ক্যাজ়্যা(র্)ন্°] *n.* soldiers' quarters in a fort area, দুর্গ-অঞ্চলে সৈন্যদের আবাস। [F. <Sp. *caserna*]

cash [kash, ক্যাশ্] **(1)** *n.* coin or money, টাকাকড়ি বা মুদ্রা; ready money, নগদ টাকা; fund, তহবিল। **(2)** *v.t.* to turn into exchange for ready money, (চেক হুণ্ডি প্রভৃতি) ভাঙ্গান, বিনিময়-দ্বারা টাকা লওয়া। *p. & p. pt.* **ca°shed**। **cash and carry**—নগদ মূল্যে ক্রয়ের প্রথা। **cash down, cash on delivery**—মাল-সরবরাহের সঙ্গে সঙ্গে দাম আদায়ের প্রথা। **hard cash, spot cash**—নগদ টাকা। **in cash**—নগদ মূল্যে; নগদ টাকাকড়িওয়ালা। **out of cash**—নগদ মূল্য বিনা, ধারে; নগদ টাকাকড়ি-হীন। **(to) cash in on**—(কথ্য.) কিছুতে লাভ করা বা মুনাফা করা। *n.* **cash°-account°, cash°-cre°dit**—ব্যাঙ্ক হইতে প্রয়োজন-মত নির্দিষ্ট পরিমাণ পর্যন্ত ঋণলাভের ব্যবস্থা। *n.* **cash°-book**—জমাখরচের খাতা। *n.* **cashier$_1$°**—কোষাধ্যক্ষ, খাজাঞ্চি। *n.* **cash°-pay°ment**—মূল্য বেতন প্রভৃতি নগদ প্রদান। **cash price**—নগদ দাম। *n.* **cash°-register**—গণনা-যন্ত্রবিশেষ: ইহার মধ্যে নগদ টাকাপয়সা ফেলিয়া দিলে আপনা হইতে যোগ হইয়া যায়। [see *case$_1$*]

cashew [ka-shoo° ক্যাশূ°] *n.* an edible nut, কাজু-বাদাম। [F. *acajou* <Braz. *acajoba*]

cashier$_1$—see **cash.**

cashier$_2$ [ka-she(r)°, ক্যাশিয়্যা(র্)°] *v.t.* to dismiss from service with disgrace, অপমান পূর্বক কর্মচ্যুত করা; to depose, পদচ্যুত করা। *n.* **cashier°er**। *n.* **cashier°ment**। [Du. *casseren* <L. *cassare* <*cassus* = empty]

cashmere [kash-me(r)°, ক্যাশ্মিয়্যা(র্)°] *n.* wool of Kashmir goats or a shawl made of it, কাশ্মীরী ছাগের লোম বা তদ্দ্বারা প্রস্তুত শাল।

casing—see **case$_1$**.

casino [ka-se°-no, ক্যাসী°নৌ] *n.* a public dancing-hall, সর্বসাধারণের জন্য নৃত্যশালা, সর্বজনীন নৃত্যশালা। [It. <L. *casa* = a cottage]

cask [kŭsk, কাস্ক্] *n.* a hollow vessel, পিপা বা জালা। [F. *casque* <Sp. *casco*]

casket [kŭs°-kit, কাস্°কিট্] *n.* a little cask, ক্ষুদ্র বাক্স, কৌটা, সম্পুট। [dim. of *cask* ?]

casque [kask, ক্যাস্ক্] *n.* a helmet, শিরস্ত্রাণ। [F. <Sp. *casco*]

Cassandra [ka-san°-dra, ক্যাস্যান্°ড্র্যা] *n.* a prophet of ill, who is not listened to, যে অশুভ ভবিষ্যদ্বক্তার কথায় লোকে কর্ণপাত করে না। [*Cassandra*, a Trojan princess]

cassava [ka-sŭ°-va, ক্যাসা°ভ্যা] *n.* a tropical plant, গ্রীষ্মপ্রধান দেশের বৃক্ষবিশেষ: ইহার শিকড় হইতে tapioca (ভেজাল সাগুদানা) বাহির করা হয়। [Haytian *casavi*]

casserole [ka°-sa-rōl, ক্যা°স্যারৌল্] *n.* a stew-pan in which food is both cooked and served, ভাপে সিদ্ধ করার পাত্র-বিশেষ: ইহাতে রান্না ও পরিবেশন দুইই চলে। [Fr.]

cassia [kas°-ia, ক্যাসি°য়্যা] *n.* inferior variety of cinnamon, নিরেস ধরনের দারুচিনি। [L. *casia*]

cassock [ka°-sak, ক্যা°স্যাক্] *n.* a long loose robe, (বর্ত. সাধারণতঃ যাজকদের) আলখিল্লা। *a.* **ca°ssocked**—আলখিল্লা-পরিহিত। [F. *casaque* <It. *casacca*]

cassowary [ka°-sa-war-i, ক্যা°স্যাওয়্যারি] *n.* a large bird unable to fly, উড্ডয়নে অক্ষম এমু-জাতীয় বৃহৎ পক্ষিবিশেষ। [Mal. *casuari*]

cast [kŭst, কাস্ট্] **(1)** *v.t.* to throw or fling, নিক্ষেপ করা, ছোড়া; to shed, ঝরান; to reject, না-মঞ্জুর করা, খারিজ করা; to desert, পরিত্যাগ করিয়া যাওয়া; to mould, গঠন করা, ঢালাই করা, ছাঁচে ঢালা; to devise, পরিকল্পনা করা; to reckon, গণ্য করা; to add, যোগ করা; to assign a part to, (অভিনেতাকে) ভূমিকা দেওয়া; to give (a vote), (ভোট) দেওয়া। *p. & p. pt.* **cast**। **(2)** *n.* act of throwing or shedding, নিক্ষেপ বা বর্ষণ; a thing thrown, নিক্ষিপ্ত বস্তু: the distance covered by throwing, নিক্ষেপের পাল্লা বা ব্যাপ্তি; mould or shape, গঠন, ছাঁচ, আদল; manner or stamp, ভঙ্গি বা ছাপ; calculation, addition, গণনা, সঙ্কলন; a casual lift in a cart, etc., চলতি গাড়িতে হঠাৎ স্থানলাভ; matter, ejected by a bird, পক্ষিবিষ্ঠা; the assignment of parts of a play to actors, অভিনেতাগণের মধ্যে নাটকের ভূমিকা-বণ্টন; the set of actors and actresses playing roles, নাটকে ভূমিকাগ্রহণকারী অভিনেতা-অভিনেত্রীসমূহ; slight squint, সামান্য টেরা ভাব; throw of dice, পাশার দান, অক্ষপাত (a single *cast* of the dice); bent of mind, মানসিক প্রবণতা (gloomy *cast* of mind)। **(to) cast about for**—খুঁজিয়া বেড়ান; খুঁজিয়া পাইতে চেষ্টা করা। **(to) cast an eye** or **glance**—দৃষ্টিপাত করা। **(to) cast away**—অপচয় করা; (আবর্জনারূপে) পরিত্যাগ করিয়া যাওয়া। **(to) cast down**—হতাশ করা। **(to) cast off**—প্রত্যাখ্যান করা; পরিত্যাগ করা, বর্জন করা; (নৌকাদি) বন্ধনমুক্ত করিয়া ভাসাইয়া দেওয়া। **(to) cast up**—যোগ দেওয়া, গণনা করা। **the last cast**—প্রান্ত; (আল.) চরম সীমা বা অবস্থা। **cast°away**—**(1)** *n.* নির্জন স্থানে ভগ্নপোত ব্যক্তি; পরিত্যক্ত ব্যক্তি; **(2)** *a.* তুচ্ছ; প্রত্যাখ্যাত, না-মঞ্জুর। *n.* **cas°ting**—নিক্ষেপণ; গঠন; ঢালাই; নিক্ষিপ্ত বা গঠিত বস্তু; ছাঁচ। *n.* **cas°ting-net**—খেপলা জাল। *n.* **cas°ting-vōte**—দুই বিরোধী পক্ষের ভোট সমান-সমান হইলে জয়পরাজয়নির্ধারণার্থ সভাপতির ভোটাধিকার। *n.* **cas°ting-weight**—দাঁড়িপাল্লার দুই দিক সমান

করিবার জন্য যে পাষাণ চাপান হয়। **cast°-īron**—(**1**) *n.* ঢালাই লোহা; (**2**) *a.* ঢালাই লোহায় তৈয়ারি; (আল.) কঠিন, কঠোর, অক্লান্ত, অদম্য। *a.* **cast°-off**—পরিত্যক্ত বা বর্জিত (*cast-off* clothes or *cast-offs*); প্রত্যাখ্যাত। [ON. *kasta*=to throw]

Castaly [kas°-ta-li, ক্যাস্°ট্যালি] *n.* the fount of poesy, কাব্যদেবীর ঝরনা। *a.* **Castā°lian**—উক্ত ঝরনা-সংক্রান্ত। [Gk. *Kastalia*]

castanets [kas°-ta-nets, ক্যাস্°ট্যানেট্স্] *n. pl.* percussion instrument of hard wood or ivory used in pairs and rhythmically clicked together by the fingers, শক্ত কাষ্ঠ বা গজদন্ত নির্মিত করতালবিশেষ। [Sp. *casta neta*<L. *castanea*=a chestnut]

caste [kŭst, কাস্ট্] *n.* a hereditary social classification, জাত। **(to) lose caste**—জাত খোয়ান। *a.* **caste°léss**—জাতিচ্যুত। [Port. *casta*=breed<L. *castus*=pure]

castellan, castellated—see **castle.**

castigate [kas°-ti-gāt, ক্যাস্°টিগেইট্] *v.t.* to chastise or rebuke, প্রহার করা বা ভর্ৎসনা করা; to criticize severely, তীব্র নিন্দা করা; to amend, সংশোধন করা। *p. & p. pt.* **cas°ti-gātéd**। *n.* **castigātion**। *n.* **casti°gātor**। *a.* **cas°tigātory**—শাস্তিমূলক, ভর্ৎসনামূলক; নিন্দামূলক; সংশোধনাত্মক। [L. *castigare*]

castle [kŭs°l, কাস্°ল্] *n.* a fortress, দুর্গ; a palace, (সচ. দুর্গদ্বারা সুরক্ষিত) প্রাসাদ; a rook in chess, দাবাখেলার নৌকা; a man-of-war, রণতরী। **(to) build castles in the air** or **in Spain**—আকাশকুসুম রচনা করা। *n.* **castellan** [kas°-ta-lan, ক্যাস্°ট্যাল্যান্] দুর্গাধ্যক্ষ; দুর্গের মালিক; দুর্গেশ। *a.* **castellated** [kas°-te-lā-tid, ক্যাস্°টেলেইটিড্] দুর্গের ন্যায় মিনার ও প্রাকার আছে এমন; দুর্গবৎ। *n.* **cas°tle-buil°ding**—আকাশকুসুম-রচনা। *n.* **cast°led**—দুর্গযুক্ত। [OE. *castel*<L. *castellum*=a small fort]

castor$_1$, **caster** [kŭs°-ta(r), কাস্°ট্যা(র্)] *n.* a small wheel under the leg of chair, etc., চেয়ার টেবিল খাট প্রভৃতির নিচে লাগান ছোট চাকা; bottle or metal pot having holes in the top for salt or sugar, লবণ বা চিনি রাখিবার সচ্ছিদ্র বোতল বা ধাতবপাত্র। **castor sugar**—দোবরা চিনি। [see *cast*]

castor$_2$ [kŭs°-ta(r), কাস্°ট্যা(র্)] *n.* a substance obtained from the beaver, বীবরের দেহজাত কস্তুরী; ইহার দ্বারা গন্ধদ্রব্য ও ঔষধ তৈয়ারী হয়; (sl.) a beaver-hat, বীবরের লোমে তৈয়ারি টুপি। [L. <Gk. *kastor*—cp. Sans. *kasturi*]

castor-oil [kŭs°-ta-royl, ক্যাস্°ট্যারয়্ল্] *n.* a purgatory oil, রেড়ির তেল। [*castor*, oil ?]

castrate [kas-trāt, ক্যাস্ট্রেইট্] *v.t.* to geld, খোজা বা খাসি করা; to deprive of the power of generation, পুরুষত্বহীন করা, সন্তান উৎপাদনের ক্ষমতা হরণ করা। *a.* **castrā°téd**—খোজা, খাসি; নপুংসক। *n.* **castrā°tion**। [L. *castrare*]

casual [ka°-zū(a)l, ক্যা°(শ্)জ়িউল্] (**1**) *a.* accidental, আকস্মিক; unforeseen, অভাবিতপূর্ব; occasional, সাময়িক; offhand, উপস্থিতমত; careless, অসতর্ক, অমনোযোগী; unpremeditated, ভাবিয়া-চিন্তিয়া করা বা বলা হয় নাই এমন। (**2**) *n.* a casual visitor, labourer, beggar, etc., আকস্মিক বা সাময়িক অতিথি মজুর ভিখারি প্রভৃতি। *adv.* **ca°sūally**। *n.* **ca°sūalness**। *n.* **ca°sūalty**—ঘটনা, আকস্মিক ঘটনা, দৈবঘটনা, আপতন; দুর্ঘটনা; আনুষঙ্গিক বা হঠাৎ খরচা; (সাম.) যুদ্ধাদিতে হতাহত ব্যক্তি বা ক্ষতি। **casualty ward**—দুর্ঘটনাদিতে আহত ব্যক্তিদের চিকিৎসার জন্য হাসপাতালের বিভাগ। [L. *casualis*<*casus*=a happening—cp. *case*$_2$]

casuarina [ka-sū-a-rī°-nŭ, ক্যাসিউঅ্যারাই°না] *n.* a kind of tree, mainly Australian, ঝাউ-জাতীয় বৃক্ষবিশেষ। [Latinized from Mal. *casuari*]

casuist [ka°-zū-ist°, ক্যা°জ়িউইস্ট্°] *n.* one who studies and resolves (esp. sophistically) cases of conscience, (প্রধানতঃ কেবল কেতাবি বিদ্যাবলে) যে ব্যক্তি বিবেকঘটিত ব্যাপার বিচার করে, কূটতার্কিক। *n.* **ca°sūistry**—বিবেক-ঘটিত প্রশ্ন অর্থাৎ ন্যায়-অন্যায় কর্তব্যাকর্তব্য বিচার, কূটতর্ক। [F. *casuiste*<L. *casus*=a case]

casus belli [kā°-sas be°-lī, কেই°স্যাস্ বে°লাই] *ph.* act justifying war, যে ক্রিয়াকলাপের ফলে ন্যায়সম্মতভাবেই যুদ্ধের প্রয়োজন ঘটে। [L.]

cat [kat, ক্যাট্] *n.* a carnivorous quadruped, বিড়াল, মার্জার; a wrangling woman, ঝগড়াটে স্ত্রীলোক। **(to) bell the cat**—(ইঁদুর কর্তৃক) বিড়ালের গলায় ঘণ্টা বাঁধা অর্থাৎ নিদারুণ বিপজ্জনক কার্যের বা কার্যারম্ভের ঝুঁকি লওয়া। **(to) let the cat out of the bag**—(অনিচ্ছাসত্ত্বেও) গুপ্ত কথা ফাঁস করিয়া দেওয়া। **(to) rain cats and dogs**—মুষলধারে বৃষ্টি হওয়া। **(to) see which way the cat jumps, (to) wait for the cat to jump**—(কোন ব্যাপারে) অন্যান্য লোকে কি ভাবে বা কি করে তাহা দেখার অপেক্ষায় (সে ব্যাপারে) নিজে কিছু না করা। **enough to make a cat laugh**—সম্পূর্ণ অনিচ্ছুক। **Kilkenny cats** [kil-ke°-ni,……কিল্কে°নি…] এই বিড়ালদের দ্বন্দ্বযুদ্ধ উভয়ে হত না হওয়া পর্যন্ত থামে না, ঝগড়াটে বিড়াল। *n.* **ca°tamount**—ইউরোপীয় বনবিড়াল; পুমা ও ঐ জাতীয় যে কোন প্রাণী। *n.* **cat°amountain, cat o'mountain**—চিতাবাঘ বা ঐ জাতীয় প্রাণী। *a.* **cat°-and-dog°**—কুকুর-বিড়ালের ন্যায় নিরন্তর বিবদমান। **cat-and-dog life**—কলহময় জীবন। *n.* **cat°-bur°glar**—বিড়ালের ন্যায় লঘুপদে প্রাচীরাদি বাহিয়া উঠিতে দক্ষ তস্কর। **cat°call**—(**1**) *n.* ধিক্কার জ্ঞাপনার্থ ম্যাও-শব্দকর যন্ত্রবিশেষ; তীব্র শিস্ বা চিৎকার; (**2**) *v.i.t.* উক্ত যন্ত্র ধ্বনিত করিয়া

বিদ্রূপ করা ; শিস্ দেওয়া বা চিৎকার করা অথবা শিস্ দিয়া বা চিৎকার করিয়া বিদ্রূপ করা। *a.* **cat°-eyed**—বিড়ালাক্ষ ; অন্ধকারেও দেখিতে সক্ষম। *n.* **cat°-fish**—মাগুর শিঙি প্রভৃতি মাছ। *n.* **cat°gut**—মেষাদি প্রাণীর অন্ত্রদ্বারা নির্মিত বাদ্যযন্ত্রের তার বা তন্ত্র। *n.* **cat°kin**—কাশফুল। *a.* **cat°like**—নিঃশব্দ ; লঘুচরণ। *n.* **cat°ling**—বিড়ালছানা। *n.* **cat°-nap, cat°sleep**—চেয়ার প্রভৃতিতে বসা-অবস্থায় অল্পক্ষণ-স্থায়ী নিদ্রা। *n.* **cat-o'-nine-tails** [ka°-ta-nīn°-talz, ক্যা°ট্যানাইন্°-টেইল্জ্] নয়টি গ্রন্থিযুক্ত চাবুক-বিশেষ। **cat's°-eye**—বৈদূর্যমণি ; অন্ধকারে যান-বাহনের চলাচলের সুবিধার্থ রাস্তার মধ্যে স্থাপিত আলোক-বিচ্ছুরণের যন্ত্র-বিশেষ। *n.* **cat's-meat**—বিড়ালের খাদ্যরূপে বিক্রীত অশ্বমাংস। *n.* **cat's°-paw**—মৃদু বাতাস, মন্দবায়ু ; যে লোক অপরের যন্ত্র-হিসাবে প্রযুক্ত হয়। *a.* **ca°ttish, ca°tty**—বিড়ালতুল্য ; হিংসক ; পশ্চাতে নিন্দাকারী। *n.* **cat°-walk**—(সেতুর উপরে) সঙ্কীর্ণ পায়ে-চলা পথ। [AS.]

catachresis [ka-ta-krē°-sis, ক্যাট্যাক্রী°সিস্] *n.* (rhet.) misapplication of a word, (অল.) শব্দের অপপ্রয়োগ। *a.* **catachrestic** [ka-ta-kres°-tic, ক্যাট্যাক্রেস্°টিক্] উক্ত অপপ্রয়োগপূর্ণ। [Gk. *katakhresis*=misuse]

cataclasm [ka°-ta-klazm, ক্যা°ট্যাক্ল্যাজ়ম্] *n.* disruption, ভীষণভাবে বিচ্ছিন্ন বা ভগ্ন হওয়া। [Gk. *kataklasma*]

cataclysm [ka°-ta-klizm, ক্যা°ট্যাক্লিজ়্ম্] *n.* a deluge, প্লাবন ; (fig.) a great revolution, (আল.) মহাবিপ্লব, মহাপ্লাবন। *a.* **cataclys°mic**। [Gk. *kataklysmos*]

catacomb [ka°-ta-kōm, ক্যা°ট্যাকৌম্] *n.* a subterranean cemetery or store-room, ভূগর্ভস্থিত সমাধি বা ভাণ্ডার। [It. *catacomba*< Gk. *kata*=down, *kymbe*=a cup]

catafalque [ka°-ta-falk, ক্যা°ট্যাফ্যাল্ক্] *n.* a platform erected in a church for a coffin to rest on, গির্জায় শবাধার স্থাপনের নিমিত্ত নির্মিত মঞ্চ। [It. *catafalco*]

catalectic [ka-ta-lek°-tik, ক্যাট্যালেক্°টিক্] *a.* (pros.) wanting a syllable in the last foot, (ছন্দ.) শেষ চরণে একটি শব্দাংশ বা মাত্রা কম এমন। [Gk. *katalektikos*=incomplete]

catalepsy [ka°-ta-lep-si, ক্যা°ট্যালেপ্সি] *n.* a state of insensibility with bodily rigidity, শারীরিক কাঠিন্যযুক্ত চেতনালোপ। *a.* **catalep°tic**—উক্ত অবস্থাপ্রাপ্ত বা অবস্থাসংক্রান্ত। [Gk. *kata*=down, *lepsis*=seizure]

catalogue [ka°-ta-log, ক্যা°ট্যালগ্] (**1**) *n.* a systematic list, তালিকা। (**2**) *v.t.* to include in a catalogue, তালিকাভুক্ত করা ; to make a catalogue of, (কিছুর) তালিকা প্রস্তুত করা। *n.* **ca°taloguer**। [Gk. *katalogos* (*n.*)]

catalysis [ka-ta°-li-sis, ক্যাট্যা°লিসিস্] *n.* the chemical influence of a substance not itself changed, পদার্থ কর্তৃক নিজে পরিবর্তিত না হইয়াও ভিন্ন পদার্থের পরিবর্তনসাধন, (পরি.) অনুঘটন। *n.* **ca°talyst**—ঐরূপ পদার্থ, (পরি.) অনুঘটক। *a.* **cataly°tic**—উক্ত পরিবর্তনসংক্রান্ত (*catalytic* agent) [Gk. *katalysis*]।

catamaran [ka-ta-ma-ran°, ক্যাট্যাম্যার্যান্°] *n.* a raft of logs tied together, কাঠের ভেলা-বিশেষ ; (coll.) a quarrelsome woman, (কথ্য.) কলহপ্রিয়া নারী। [Tam. *katta-maram*=tied wood]

cataplasm [ka°-ta-plazm, ক্যা°ট্যাপ্ল্যাজ়্ম্] *n.* poultice, পুলটিস্। [Gk. *kataplasma*]

catapult [ka°-ta-pult, ক্যা°ট্যাপাল্ট্] (**1**) *n.* an ancient engine of war for throwing stones, arrows, etc., প্রস্তর তীর প্রভৃতি নিক্ষেপণার্থ প্রাচীন যুদ্ধযন্ত্রবিশেষ ; a toy apparatus for throwing stones etc., গুলতি। (**2**) *v.t.i.* to shoot out from a catapult, গুলতি ছোড়া। [L. *catapulta*]

cataract [ka°-ta-rakt, ক্যা°ট্যার্যাক্ট্] *n.* a waterfall, জলপ্রপাত ; an opaque condition of the lens of the eye, চক্ষুর ছানি। [L. *cataracta*<Gk. *kataraktes*]

catarrh [ka-tŭ(r)°, ক্যাটা(র্)°] *n.* a cold, সর্দি, শ্লেষ্মা। *a.* **cata°rrhal**—শ্লেষ্মাঘটিত ; শ্লেষ্মাযুক্ত। [L. *catarrhus*<Gk. *katarrhous*]

catastasis [ka-tas°-ta-sis, ক্যাট্যাস্°ট্যাসিস্] *n.* the part of a drama in which the action has reached its climax, নাটকের ঘটনাপ্রবাহের চরম পরিণতি বা সঙ্কটপূর্ণ অবস্থা। [Gk. *katastasis*=settlement]

catastrophe [ka-tas°-tra-fi, ক্যাট্যাস্°ট্র্যাফি] *n.* the dénouement of a drama, নাটকাদিতে বর্ণিত দ্বন্দ্বের চরম মুহূর্তের পরবর্তী অংশ ; an overturning, বিপর্যয় ; a sudden calamity, আকস্মিক বিপত্তি ; an unhappy ending, দুঃখময় পরিণতি। *a.* **catastrophic** [ka-tas-tro°-fic, ক্যাট্যাস্ট্রº-ফিক্] আকস্মিক বিপত্তিমূলক ; সর্বনাশা। [Gk. *kata*=down, *strophe*=a turning]

catch [kach, ক্যাচ্] (**1**) *v.t.* to take hold of, ধরা, লোফা ; (in cricket) to take hold of the ball whilst it is in the air having been hit by the batsman, or to dismiss (a batsman) by taking hold of the ball thus, (ক্রিকেটে) ব্যাট্স্ম্যান্ কর্তৃক শূন্যে নিক্ষিপ্ত বল মাটিতে পড়িবার পূর্বেই লোফা বা উক্তভাবে বল লুফিয়া (ব্যাট্স্ম্যান্‌কে) আউট্ করা ; to understand, বুঝিতে পারা, উপলব্ধি করা (to *catch* the meaning of) ; to seize, to pursue and seize, গ্রেপ্তার করা ; অনুসরণ করিয়া পাকড়াও করা (to *catch* a thief) ; to follow and come abreast of, অনুসরণপূর্বক

নাগাল ধরা (to *catch* a running car) ; to trap, ফাঁদে বা জালে ধরা ; to be in time for, (কিছু) ছাড়িয়া যাইবার পূর্বেই অর্থাৎ যথাসময়ে উপস্থিত হওয়া (to *catch* a train) ; to be infected by, (কিছুতে) আক্রান্ত হওয়া (to *catch* cold) ; to check, রোধ করা, বাধা দেওয়া ; to detect, দেখিতে পাওয়া (to *catch* one napping) । (2) *v.i.* to be entangled or fastened, বিজড়িত বা আবদ্ধ হওয়া (foot *catches* in a wire) । *p.* & *p. pt.* **caught** [kawt, কাট্] । (3) *n.* act of catching, (প্রধানতঃ ক্রিকেট বল) ধরা বা লোফা ; a seizure, গ্রেপ্তার, ধরা ; anything that seizes or holds, মুষ্টি বা ছিটকিনি বা ঐ জাতীয় কিছু যদ্দ্বারা আটকাইয়া ধরা হয় ; a contrivance for checking motion, গতিরোধক কল ; an object of catch, যাহা ধরা হয় ; a small game, (পক্ষী মৎস্য প্রভৃতি) ক্ষুদ্র শিকার (a fine *catch* of fish) ; a sudden advantage taken, সহসালব্ধ সুযোগ ; (mus.) a cue for a kind of chorus, (সচ. হাস্যোদ্রেককর) যৌথসঙ্গীতবিশেষের থেই । **(to) catch at**—ছিনাইয়া লওয়া । **(to) catch hold of**—আঁকড়াইয়া ধরা । **(to) catch out**—(ক্রিকেটে) বল লুফিয়া আউট্ করা । **(to) catch up**—চটপট ছিনাইয়া লওয়া বা লোফা বা আঁকড়াইয়া ধরা । **(to) catch one up, (to) cacth up with**—অনুসরণপূর্বক নাগাল ধরা ; সমস্ত বাকি কাজ সারিয়া ফেলা । **catch me** (or **him, her,** etc.)—পার ত করাও দেখি । **catch°-as-catch°-can°**—(1) *n.* মল্লক্রীড়ার প্রণালীবিশেষ : ইহাতে প্রতিদ্বন্দ্বীর যে কোন অঙ্গ আঁকড়াইয়া ধরা যায় ; (2) *a.* & *adv.* উক্ত প্রণালী-অনুযায়ী । *n.* **ca°tcher** । *a.* **ca°tching**—ধরে লোফে গ্রেপ্তার করে বা শিকার করে এমন ; সংক্রামক ; মনোহর, আকর্ষণীয় । *n.* **catch°ment**—নালা, নহর, যে খাত বাহিয়া বৃষ্টির জল নদীতে পড়ে । **catchment area**—যে খাত বা অঞ্চল হইতে বারিপাতের দরুন নদীতে বা জলাধারে জল সরবরাহ হয় ; (আল.) যে অঞ্চল হইতে বিদ্যালয়ের ছাত্র সংগৃহীত হয় । *a.* **catch°penny**—(পুস্তকাদি-সম্বন্ধে) বাজে, শুধু পয়সা পাওয়ার উদ্দেশ্যে তৈয়ারি । *n.* **catch°-phrāse**—বহুলপ্রচারিত বা সর্বজনবিদিত প্রবাদ অথবা উক্তি । *n.* **catch°word**—(অভিনয়াদির) থেই, ধরতা, সূত্র ; সাময়িক প্রচলিত কথা । *a.* **ca°tchy**—মনোহর, আকর্ষণীয় ; সহজে অবধারণসাধ্য; একটুতেই আবেগবিহ্বল হইয়া পড়ে এমন ; ভাবপ্রবণ । [OF. *cachier* < LL. *captiare* = to take firmly —cp. *chase*]

catchpole, catchpoll [kach°-pōl, ক্যাচ্‌পৌল্] *n.* a sheriff's officer, bum-bailiff, শেরিফের বা আদালতের পেয়াদা । [see *chase* and *pullet*]

catchup [ka°-chap, ক্যা°চ্যাপ্] corrup. of **ketchup.**

catchy—see **catch.**

cate [kāt, কেইট্] *n.* (usu. in *pl.*) dainty, মুখরোচক খাবার । [< obs. E. *acates*—cp. *cater*]

catechetic—see **catechize.**

catechize [ka°-ti-kīz, ক্যা°টিকাইজ্] *v.t.* to instruct by question and answer, প্রশ্নোত্তরদ্বারা শিক্ষা দেওয়া ; to examine by questioning, প্রশ্ন বা জেরা করিয়া পরীক্ষা করা । *a.* **catechetic** [ka-ti-ke°-tic, ক্যাটিকে°টিক্], **catechetical**—উক্ত প্রশ্নোত্তরমূলক । *n.* **ca°techism**—প্রশ্নোত্তর-প্রণালীতে শিক্ষাদানের বিধি ; খুঁটাইয়া প্রশ্ন বা জেরা (to put a person through his *catechism*) । *n.* **ca°techist** । [Gk. *katechizein* = to sound into the ears]

catechu [ka°-ti-choo, ক্যা°টিচু] *n.* extract of an Indian plant, খদির, খয়ের । [Mal. *cachu*]

catechumen [kat-i-kū°-man, ক্যাটিকিউ°ম্যান্] *n.* যে ব্যক্তিকে খ্রিষ্টধর্মের প্রাথমিক তত্ত্ব শিক্ষা দেওয়া হয় । [Gk. *Katechoumenos* = being taught]

category [ka°-ti-ga-ri, ক্যা°টিগ্যারি] *n.* a group of objects having common qualities, সমবৈশিষ্ট্যযুক্ত বস্তুসমূহ ; a class or order, শ্রেণী, বর্গ ; characteristics of a class, শ্রেণীগত বৈশিষ্ট্য । *a.* **categorical** [ka-ti-go°-rikl, ক্যাটিগ°রিক্‌ল্] নিশ্চিত ; পরম বা চরম ; ব্যতিক্রমহীন ; স্পষ্ট । *adv.* **catego°rically** । *v.t.* **ca°tegorize**—শ্রেণীভুক্ত বা শ্রেণীবিভক্ত করা । [Gk. *kategoria* = assertion]

catenate [ka°-ti-nāt, ক্যা°টিনেইট্] *v.t.* to connect as in a chain, শৃঙ্খলের আংটাসমূহের ন্যায় গাঁথা । *p.* & *p. pt.* **ca°tenāted** । *n.* **catenā°tion** । [L. *catenare* < *catena* = chain]

cater [kā°-ta(r), কেই°ট্যা(র্)] *v.i.* to provide food, amusement, etc., খাদ্য আমোদপ্রমোদ প্রভৃতি পরিবেশন করা বা সরবরাহ করা । **(to) cater for**—খাদ্যাদি সরবরাহ করা ; আমোদপ্রমোদ প্রভৃতি পরিবেশন করা । **(to) cater to**—আমোদাদি পরিবেশন করা । *n.* **cā°terer** । [OF. *acateor* < LL. *accaptare* = to acquire]

cater-cousin [kā°-ta(r)-kuzn, কেই°ট্যা(র্)-কাজ্‌ন্] *n.* an intimate person, অন্তরঙ্গ ব্যক্তি । [*cater* = feeding together (?), *cousin*]

caterpillar [ka°-ta(r)-pi-la(r), ক্যা°ট্যা(র্)পিল্যা(র্)] *n.* a larva of butterfly, moth, etc., শুঁয়াপোকা ; endless chain of plates over toothed wheels in tanks and some other vehicles, (ট্যাঙ্ক বা তজ্জাতীয় গাড়ির) খাঁজকাটা চাকার উপরের ধাতুপাতের বেল্ট (*caterpillar* tractor) । [OF. *chatepelose* = hairy cat (?)]

caterwaul [ka°-ta(r)-wawl, ক্যা°ট্যা(র্)ওঅ্যাল্] (1) *n.* a cat's angry shriek, বিড়ালের ক্রুদ্ধ চিৎকার । (2) *v.i.* (of cats) to shriek or quarrel noisily, (বিড়ালের) চিৎকার করা বা সশব্দে ঝগড়া করা, ফাঁস্‌ফাঁস্ করা । [*cat*, imi. *waul*]

catgut—see **cat.**

catharsis [ka-thŭ(r)°-sis, ক্যাথা(র্)°সিস্] *n.* purgation, রেচন ; purification, বিশোধন । **cathar°tic**—(1) *a.* রেচক বা বিশোধক ; (2) *n.*

রেচক ঔষধ : বিশোধক পদার্থ। [Gk. *katharsis*]

cathedral [ka-thē°-dr(a)l, ক্যাথী°ড্রল্] *n.* the principal church of a diocese containing the bishop's throne, যে গির্জায় বিশপের আসন থাকে। [L. *cathedra* < Gk. *kathedra* = a seat]

catheter [ka°-thi-ta(r), ক্যা°থিট্যা(র্)] *n.* a tube for admitting or removing gases or liquids through channels of the body, দেহের রন্ধ্রপথে (বিশেষতঃ মলদ্বারে ও প্রস্রাবের দ্বারে) প্রবেশ করাইয়া বায়ু বা তরল পদার্থাদি ঢুকাইবার বা বাহির করিবার জন্য নলবিশেষ। [Gk. *katheter*]

cathode [ka°-thōd, ক্যা°থৌড্] *n.* a negative pole of electric current, না-ধর্মী বৈদ্যুতিক তার। (cp. **anode**)। **cathode ray**—না-ধর্মী বৈদ্যুতিক তার হইতে নির্গত অদৃশ্য বিদ্যুৎ-পরমাণু প্রবাহ। [Gk. *kathodos* = a going down]

catholic [ka°-tha-lik, ক্যা°থ্যালিক্] (**1**) *a.* universal, সর্বজনীন, বিশ্বজনীন; general, সাধারণ; liberal, উদার, উদারনৈতিক; orthodox, গোঁড়া; original, সনাতন; pure, বিশুদ্ধ, অবিমিশ্র; of the Roman Church, রোমের খ্রিস্টীয় ধর্মসম্প্রদায়ভুক্ত; of the whole body of Christians, খ্রিস্টান-জগতের। (**2**) *n.* an adherent of the Roman Church, রোমের খ্রিস্টীয় ধর্মসম্প্রদায়ভুক্ত ব্যক্তি। *n.* **catholicism** [ka-tho°-li-sizm, ক্যাথ°লিসিজ়্ম্], **catholicity** [ka-thŏ°-li-si-ti, ক্যাথো°লিসিটি] catholic (*a.*)-এর সকল অর্থে, এবং —উদারতা। *v.t.i.* **catholicize** [ka-tho°-li-sīz, ক্যাথ°লিসাইজ়্] সর্বজনীন সাধারণ উদার গোঁড়া সনাতন বিশুদ্ধ প্রভৃতি করা বা হওয়া। [Gk. *katholikos* = universal]

catkin, cattish, catty—see **cat.**

cattle [kat°l, ক্যাট্°ল্] *n. pl.* beasts of pasture, গবাদি পশু। *n.* **catt°le-cake**—নানা উপাদানের মিশ্রণে প্রস্তুত গবাদি পশুর খাদ্যবিশেষ। *n.* **catt°le-lifting**—গোহরণ, গোগ্রহ। *n.* **catt°le-pen**—গবাদি পশুর খোঁয়াড়। *n.* **catt°le-show**—গবাদি পশুর প্রদর্শনী। [OF. *catel* < LL. *capitale* < *caput* = the head]

Caucasian [kaw-kā°-zi-an, ক্যকেই°জ়িঅ্যান্] (**1**) *a.* of the Caucasus or the country around it, ককেশাস্-পর্বতসংক্রান্ত বা ঐ পর্বতের চতুষ্পার্শ্বস্থ ভূখণ্ড-সংক্রান্ত; of the Caucasian race, ককেশীয় জাতির। (**2**) *n.* one of the four main ethnological divisions of mankind, the Aryan, নৃতত্ত্বানুযায়ী প্রধান মানবজাতিচতুষ্টয়ের অন্যতম, আর্যজাতি; one of this race, আর্য।

caucus [kaw°-kas, ক°ক্যাস্] *n.* the organization committee of a political party or its meeting, রাজনীতিক দলের (প্রতিনিধি-মনোনয়ন, ভোটদানের নীতি-নির্ধারণ প্রভৃতি সমস্যা সমাধানের ভারপ্রাপ্ত) সংগঠন-সমিতি বা উক্ত সমিতির বৈঠক। [?]

caudal [kaw°dl, ক°ড্ল্] *a.* relating to the tail, লাঙ্গুলগত। *a.* **cau°dāte**—লাঙ্গুলবিশিষ্ট। [L. *cauda* = tail]

caudle [kawd°l, কাড্°ল্] *n.* a gruel, মশলামেশান মিষ্টি গরম লপ্‌সিবিশেষ। [OF. *chaudel* < L. *calidus* = hot]

caught—see **catch.**

caul [kawl, কাল্] *n.* a net for the head, মাথা ঢাকিবার জন্য জালবিশেষ; the membrane enclosing the fœtus, ভ্রূণের মস্তকের আবরক ঝিল্লিবিশেষ (এই আবরক সহ জন্মিলে জলে ডুবিয়া মৃত্যু ঘটে না—পূর্বে এইরূপ ধারণা ছিল)। [OF. *cale*]

ca(u)ldron [kawl°dr(a)n, ক্যাল্°ড্রন্] *n.* a large boiling-vessel, বৃহৎ কটাহ বা কড়াই। [OF. *caudron* < L. *caldarium* = hot bath]

caulescent [kaw-le°snt, ক্যলে°স্‌ন্ট্] *a.* having a stem rising above the ground, মৃত্তিকা ভেদ করিয়া উপরে উঠে এমন কাণ্ডযুক্ত, (পরি.) সকাণ্ড। [L. *caulis* = a stalk]

cauliflower [ko°-li-flow-a(r), ক°লিফ্লাউআ্যা(র্)] *n.* a variety of cabbage, ফুলকপি। [LL. *cauliflora*]

caulk [kawk, কাক্] *v.t.* to render watertight by pressing oakum, etc., (নৌকাদির তলি প্রভৃতির ছিদ্রে) দড়ির টুকরাদি গুঁজিয়া দিয়া জল-প্রবেশ রোধ করা; to stop up (seams of), (ফুটা) বন্ধ করা। *p.* & *p. pt.* **cau°lked**। *n.* **caulk°er**—যে ব্যক্তি ফুটা বন্ধ করে; নির্জলা মিথ্যা। [OF. *cauquer* = to press < L. *calcare* = to tread]

cause [kawz, কাজ়্] (**1**) *n.* that which or one who produces an effect, উৎপাদক, সঙ্ঘটক, কারণ; an instrument or agent, নিমিত্ত; ground, reason, যুক্তি, হেতু; basis, ভিত্তি; motive, উদ্দেশ্য; sake, পক্ষ; an affair, ব্যাপার, ঘটনা; a law-suit, মামলা, মকদ্দমা। (**2**) *v.t.* to produce, উৎপাদন করা; to bring about, ঘটান; to effect, (কোন) পরিণতি ঘটান; to make to exist, অস্তিত্ব দান করা; to make or induce, করান বা হওয়ান। **final cause**—যে উদ্দেশ্যে বা যে বস্তুর জন্য কোন কার্য করা হয় (বিশেষতঃ বিশ্বসৃষ্টি); কার্যের প্রকৃত উদ্দেশ্য। **First Cause**—স্রষ্টা, ভগবান্। **(to) make common cause (with)**—একই উদ্দেশ্যে সঙ্ঘবদ্ধ হওয়া; কাহারও সহিত ভাগ্য মেলান অর্থাৎ সহযোগিরূপে একই ঝুঁকি গ্রহণ করা। **(to) show cause**—(আইনে) যুক্তি বা কারণ দেখান; *a.* **cau°ṡal**—কারণস্বরূপ বা নিমিত্তস্বরূপ; কারণ বা হেতু সংক্রান্ত। *n.* **causa°lity**—কার্য-কারণ-সম্বন্ধ; হেতুবাদ; নিমিত্তস্বরূপতা। *n.* **causā°tion**—সঙ্ঘটন; উদ্ভব; নিমিত্ত হেতু বা উদ্দেশ্য হওয়া; কার্য-কারণ-সম্বন্ধ। **cau°ṡative**—(**1**) *a.* নিমিত্তস্বরূপ; নিমিত্তবাচক; (ব্যাক.) ণিজন্ত; (**2**) *n.* ণিজন্ত ক্রিয়া। *a.* **cauṡe°less**—অকারণ। [F. < L. *causa*]

causerie (kō°za-ri, কৌ°জ়্যারি] *n.* a talk or gossip, মুখরোচক আলাপ-আলোচনা; an informal essay in a newspaper etc., সংবাদপত্রাদিতে প্রকাশিত চুটকি বা মুখরোচক লেখা। [F.]

causeway [kawz°-wā, ক্যজ্‌°ওাএই], **causey** [kaw°-zi, ক°জ়ি] *n.* a raised way through a marsh or water, জলাভূমির বা নদীর মধ্যে উঁচু করিয়া বাঁধান পথ, বাঁধ, জাঙ্গাল। [OF. *caucie* < LL. *calciata* = a trodden way]

caustic [kaws°-tik, ক্যস্‌°টিক্] (**1**) *a.* burning or corroding, দাহক বা ক্ষারীয়; (fig.) bitter or cutting, (আল.) তিক্ত বা তীব্র (*caustic* manner or remarks)। (**2**) *n.* a caustic substance, দহনকর বা ক্ষয়কর পদার্থ। *adv.* **caus°tically** । *n.* **causticity** [kaws-ti°-si-ti, ক্যস্‌টি°সিটি]। [L. *causticus* < Gk. *kaustikos* < *kaustos* = burnt]

cauterize [kaw°-ta-rīz, ক°ট্যারাইজ়্] *v.t.* to burn with a caustic or hot iron, দহনকর বা ক্ষয়কর পদার্থদ্বারা পোড়ান অথবা তপ্ত লোহার সেঁকা দেওয়া। *n.* **cauterizā°tion** । *n.* **cau°tery**—দাহক পদার্থ, কাষ্টকি; কাষ্টকি-দ্বারা দহন; তপ্ত লোহার সেঁকা। [F. *cauteriser* < LL. *cauterizare* < Gk *kauter* = a hot iron]

caution [kaw°sh(a)n, ক°শ্‌ন্] (**1**) *n.* heedfulness, সতর্কতা, মনোযোগ; warning, ভবিষ্যৎ বিপদাদি সম্বন্ধে সতর্কতা বা সতর্কীকরণ; security, জমানত। (**2**) *v.t.* to warn, সতর্ক করা; to reprove and warn, তিরস্কারপূর্বক সতর্ক করা। **caution money**—ভাল আচরণ করিবার জমানত-স্বরূপ প্রদত্ত টাকা। *a.* **cau°tionary**—সতর্কতা-মূলক; জমানত-স্বরূপ। *n.* **cau°tioner** । *a.* **cautious** [kaw°-shas, ক°শ্যাস্] সতর্ক; সতর্কতা-পূর্ণ। *adv.* **cau°tiously** । [F. < L. *cautio(nis)* < *cavere* = to beware]

cavalcade [kav(a)l-kād°, ক্যাভ্‌ল্‌কেইড্°] *n.* a procession of horsemen, অশ্বারোহীদের শোভা-যাত্রা। [F. < It. < L. *caballus* = a horse]

cavalier [ka-va-lē(r)°, ক্যাভ্যালিয়্যা(র্)°] (**1**) *n.* a knight, বীরপুরুষ; a horseman, অশ্বারোহী সৈনিক; a Royalist in the Civil War of Great Britain, গ্রেট বৃটেনের অন্তর্বিপ্লবে রাজপক্ষীয় (অর্থাৎ রাজা প্রথম চার্লসের অনুগামী) ব্যক্তি; a gallant, রমণীসেবক পুরুষ। (**2**) *a.* brave, বীরো-চিত, সাহসী; haughty, দাম্ভিক, গর্বিত; curt, সৌজন্যহীন, কাটখোট্টা; gay, হাসিখুশি। (**3**) *v.i.* to act as a cavalier, রমণীসেবক পুরুষের ন্যায় আচরণ করা। *adv.* **cavalier°ly** । [F. < It. *cavallo*—cp. *cavalcade*]

cavalry [ka°-v(a)l-ri, ক্যা°ভ্‌ল্‌রি] *n.* horse-soldiers, অশ্বারোহী সৈনিকগণ বা সৈন্যবাহিনী। [F. *cavallerie* < It. *cavalleria* < L. *caballarius* = horseman]

cave (kāv, কেইভ্) (**1**) *n.* a hollow in a rock, গিরিগুহা। (**2**) *v.t.* to hollow out, গুহা খনন করা। (**3**) *v.i.* to dwell in a hollow, গুহায় বাস করা। **(to) cave in**—(পা ফসকাইয়া) গর্তের মধ্যে পড়া; (বাহিরের চাপে) ভাঙ্গিয়া পড়া। *n.* **cāve°-dweller**—(সচ. প্রাগৈতিহাসিক যুগের) গুহাবাসী মানুষ। *n.* **cāve°-man**—প্রাগৈতিহাসিক যুগের গুহাবাসী মানুষ বা তদ্বৎ আদিম স্বভাববিশিষ্ট আধুনিক কালের মানুষ। [F. < L. *cavus* = a hollow]

caveat [kā°-vi-at, কেই°ভিঅ্যাট্] *n.* a process to suspend proceedings, কার্যাদি মুলতবি রাখার জন্য বিজ্ঞপ্তি বা সতর্কীকরণ। **caveat actor**—কর্তা সাবধান। **caveat emptor**—ক্রেতা সাবধান। [L. = let him beware]

cavendish [ka°v(a)n-dish, ক্যা°ভ্‌ন্‌ডিশ্] *n.* tobacco moistened and pressed into cake, ভিজাইয়া ও টিপিয়া চাকতি-করা তামাক। [?]

cavern [ka°-va(r)n, ক্যা°ভ্যা(র্)ন্] *n.* a deep cave, গভীর গিরিগুহা বা খাদ। *a.* **ca°verned**—গুহাময়; গুহাবাসী। *a.* **ca°vernous**—গুহাময়; গুহাবৎ। [F. *caverne* < L. *caverna*]

caves(s)on [ka°-va-san, ক্যা°ভ্যাস্যান্] *n.* a nose-band for a horse, ঘোড়ার নাকে পরাইবার দড়ি। [F. *cavecon* < It. *cavezzone*]

caviar, caviare [ka°-vi-ŭ(r), ক্যা°ভিয়া(র্)] *n.* salted roe of the sturgeon eaten as relish or appetizer, সামুদ্রিক মৎস্যবিশেষের লবণে জারিত রুচিকর ডিম; (fig.) that which is appreciated by persons of cultivated taste, কেবলমাত্র রুচিবান্ ব্যক্তিগণ কদর বুঝিতে পারে ঐরূপ বস্তু। **caviar to the general**—অজ্ঞ বা রুচিহীন ব্যক্তি মূল্য উপলব্ধি করিতে পারে না এরূপ বস্তু (তু. বেনাবনে মুক্তা ছড়ান)। [Turk. *khavyar*]

cavil [ka°-vil, ক্যা°ভিল্] (**1**) *v.i.* to raise empty trifling objections, অসার ও তুচ্ছ আপত্তি তোলা (to *cavil at*)। *pr. pt.* **ca°villing ;** *p. & p. pt.* **ca°villed** । (**2**) *n.* a frivolous objection, বাজে আপত্তি। [OF. *caviller* < L. *cavillari* = to mock]

cavity [ka°-vi-ti, ক্যা°ভিটি] *n.* a hollow, গর্ত, গহ্বর (a *cavity* in a tooth)। [L. *cavitas* < *cavus* = hollow]

cavort [ka-vaw(r)t°, ক্যাভা(র্)ট্°] *v.i.* to frisk, to prance about, তিড়িং-তিড়িং করিয়া লাফান। *p. & p. pt.* **cavor°ted** । [?]

caw [kaw, ক] (**1**) *n.* the cry of a crow, কাকের ডাক, কা-কা ধ্বনি। (**2**) *v.i.* (of crows) to cry, (কাক-সম্বন্ধে) কা-কা করিয়া ডাকা। *n.* **caw°ing**—কাকের ডাক। [imi.]

cayenne [cā-en°, কেইএন্°] *n.* pungent red pepper of capsicum, লঙ্কাগুঁড়া (usu. **cayenne pepper**)। [Braz. *kyynha*, confused with *Cayenne*, capital of French Guiana]

cease [sēs, সীস্] (**1**) *v.i.t.* to give over or desist from, বিরত বা নিবৃত্ত হওয়া, ক্ষান্ত হওয়া; to stop, থামা; to end, শেষ বা সমাপ্ত হওয়া। (**2**) *n.* act of ceasing, নিবৃত্তি, ক্ষান্তি; end, সমাপ্তি (without *cease*)। *n.* **cease°-fire°**—যুদ্ধবিরতি। *a.* **cease°-lėss**—অবিরাম। *adv.*

cease°lessly । *n.* **cessation** [se-sā°sh(a)n, সেসেই°শ্‌ন্] ক্ষান্তি ; নিবৃত্তি ; বিরতি ; সমাপ্তি । [F. *cesser* < L. *cessare* = to give over]

cecity [sē-°si-ti, সী°সিটি] *n.* blindness, অন্ধত্ব । [L. *caecus* = blind]

cedar [sē°-da(r), সী°ড্যা(র্)] *n.* a large timber-tree, চিরহরিৎ বৃহৎ দারুবৃক্ষবিশেষ । [L. *cedrus* < Gk. *kedros*]

cēde [sēd, সীড্] *v.t.* to surrender or give up, (সচ. পরাজয় বা বশ্যতা স্বীকারপূর্বক) পরহস্তে ছাড়িয়া দেওয়া । *p.* & *p. pt.* **cēdėd** । *n.* see **cession** । **(to) cede to**—(ভূমি বা অন্যান্য অধিকারাদি অপর রাষ্ট্রকে) ছাড়িয়া দেওয়া । [L. *cedere*]

cedilla [si-di°-la, সিডি°ল্যা] *n.* a mark (ç) put under 'c' to show that it is sibilant, c-এর উচ্চারণ 'ক' না হইয়া 'স' হইলে তাহার নিচে যে চিহ্ন বসান হয় । [Sp.]

ceil [sēl, সীল্] *v.t.* to overlay the inner roof of, (ঘরের) ছাদের বা চালের নিচের পিঠ নির্মাণ করা । *n.* **cei°ling**—ঘরের ছাদের বা চালের নিচের পিঠ ; (বিমানাদির) উড্ডয়নের চরম সীমা ; (বেতন বা মূল্যাদির) সর্বোচ্চ স্তর (price or wage *ceilings*) । [F. ?]

celandine [se°-lan-dīn, সে°ল্যান্‌ডাইন্] *n.* a plant of the poppy family, পুষ্পবৃক্ষবিশেষ, অর্কবৃক্ষ । [OF. *celidoine* < Gk. *khelidonion* < *khelidon* = a swallow]

celebrant—see **celebrate.**

celebrate [se°-li-brāt, সে°লিব্রেইট্] *v.t.* to make famous, প্রসিদ্ধ বা বিখ্যাত করা ; to perform ceremoniously, (পর্বাদি) পালন বা উদ্‌যাপন করা ; to solemnize, (পর্ব ঘটনা প্রভৃতি) বিধিসম্মতভাবে অনুষ্ঠিত করা । *n.* **ce°lėbrant**—উদ্‌যাপক, অনুষ্ঠাতা ; প্রধান পুরোহিত, হোতা । *a.* **ce°lėbrātėd**—প্রসিদ্ধ, বিখ্যাত । *n.* **celėbrā°tion**—উদ্‌যাপন, পালন ; অনুষ্ঠান ; প্রসিদ্ধি, খ্যাতি । *n.* **ce°lėbrātor** । *n.* **celebrity** [si-le°-bri-ti, সিলে°ব্রিটি] প্রসিদ্ধি, খ্যাতি ; প্রসিদ্ধ বা বিশিষ্ট ব্যক্তি । [L. *celebrare* < *celeber* = frequented]

celerity [si-le°-ri-ti, সিলে°রিটি] *n.* quickness, দ্রুততা ; dispatch, তৎপরতা । [F. *celerite* < L. *celeritas* < *celer* = quick]

celery [se°-la-ri, সে°ল্যারি] *n.* an edible garden plant, শাকবিশেষ । [F. *celerie* < Gk. *selinon* = parsley]

celestial [si-les°-ti-al, সিলেস্°টিয়্যাল্] **(1)** *a.* heavenly, স্বর্গীয়, স্বর্গস্থ, দিব্য ; of the sky, আকাশ-সংক্রান্ত, গাগনিক । **(2)** *n.* a heavenly being, দিব্য জীব ; a Chinese, চীনা, চৈনিক । **the Celestial Empire**—চীন-সাম্রাজ্য । [F. *cæleste* < L. *cælestis* < *cælum* = heaven]

celibacy [se°-li-ba-si, সে°লিব্যাসি] *n.* unmarried state, (প্রধানতঃ শপথপূর্বক অবলম্বিত) কৌমার্য, চিরকৌমার্য । *n.* & *a.* **ce°libāte**—কুমার ; কুমারব্রতী । [L. *caelebs* = single]

cell [sel, সেল্] *n.* a small room in a prison, monastery, etc., কারাগার মঠ প্রভৃতির মধ্যস্থ ক্ষুদ্র কক্ষ ; a small one-roomed hermitage, সন্ন্যাসীর ক্ষুদ্র এককক্ষ আশ্রম ; a small cavity, ক্ষুদ্র গহ্বর, কোষ ; a vessel for generating electric current, রাসায়নিক প্রক্রিয়ায় বিদ্যুৎ-প্রবাহ উৎপাদনের আধারবিশেষ ; a unit mass of living matter, জীবকোষ ; a unit group of a political party, রাজনৈতিক দলের (সচ. গুপ্ত) বিভাগ । *a.* **ce°lled, ce°llūlar**—ক্ষুদ্রকক্ষবিশিষ্ট ; কোষময় ; ছিদ্রবহুল । *n.* **ce°llule**—ক্ষুদ্র জীবকোষ । *n.* **ce°llūloid**—কৃত্রিম গজদন্ত, সেলুলয়েড । **ce°llūlōse**—**(1)** *a.* ক্ষুদ্রকোষযুক্ত, কোষময় ; ছিদ্রবহুল ; **(2)** *n.* কৃত্রিম রেশমাদি প্রস্তুত করিবার জন্য রাসায়নিক পদার্থবিশেষ ; উদ্ভিদের কোষ-প্রাচীরের প্রধান উপাদান বা অংশ । [OE. *celle* < L. *cella* = a small room]

cellar [se°-la(r), সে°ল্যা(র্)] **(1)** *n.* an underground room, (সচ. মদ্যাদি সংরক্ষণার্থ) ভূগর্ভস্থ ঘর ; a stock of wine, সংরক্ষিত মদ্যভাণ্ডার । **(2)** *v.t.* to store in a cellar, ভূগর্ভস্থ ভাণ্ডারে রাখা । *n.* **ce°llarage**—ভূগর্ভস্থ ভাঁড়ার ঘর ; উক্ত ঘরের ভাড়া । *n.* **ce°llaret**—(মদ্যাদির) বোতল রাখিবার আলমারী । [OF. *celier* < L. *cellarium* < *cella* = a cell]

cellist, cello—see **violoncello.**

cellophane [se°-la-fān, সে°ল্যাফেইন্] *n.* a transparent wrapping material, মোড়কাদি জড়াইবার জন্য একপ্রকার স্বচ্ছ কাগজ বা পদার্থবিশেষ । [name given by the original manufacturer]

cellular, celluloid, cellulose—see **cell.**

Celsius [sel°-si-as, সেল্°সিঅ্যাস্] *n.* thermometer made by Celsius (1701-44), having a hundred degrees with freezing-point of water at 0° and boiling-point at 100°, সেলসিয়াস-নির্মিত তাপমাপক যন্ত্র : ইহার হিমাঙ্ক 0° এবং স্ফুটনাঙ্ক ১০০° (=সেন্টিগ্রেড) । [Inventor's name]

Celt [kelt, কেল্‌ট্] *n.* a Gaul, কেল্‌ট্‌জাতি, কেল্‌ট্‌জাতীয় লোক ; the language of the Celts, কেল্‌ট্‌-ভাষা । *a.* **Cel°tic**—কেল্‌ট্‌-জাতীয় ; কেল্‌ট্‌ভাষাগত । [L. *Celtae*, Gk. *keltoi*]

cement [si-ment°, সিমেন্‌ট্°] **(1)** *n.* a sticking substance, বিলাতি মাটি, সিমেন্‌ট্ ; anything that makes two bodies stick together, জোড়া দিবার কার্যে ব্যবহৃত যে কোন পদার্থ ; the bony crust of the tooth-fang, যে অস্থিবৎ পদার্থে দন্তমূলের বহিরংশ গঠিত । **(2)** *v.t.* to stick together with a plaster of cement, সিমেন্‌টের প্রলেপদ্বারা জোড়া দেওয়া, সিমেন্‌ট্ করা ; to unite firmly, দৃঢ়ভাবে একত্র করা । *p.* & *p. pt.* **ce°mentėd** । *n.* **cementā°tion** । *n.* **ce°ment-mixer**—অন্যান্য মশলা বা উপাদানের সহিত সিমেন্‌ট্ মিশাইবার ঘূর্ণ্যমান পিপাবিশেষ । [OF. *ciment* < L. *caementum* = chippings of stone]

cemetery [se°-mi-tri, সে°মিট্রি] *n.* a burying ground, কবরখানা। [LL. *cœmeterium* < Gk. *koimeterion* = sleeping place]

cenobite—alt. spell. of **cœnobite.**

cenotaph [se°-na-tŭf, সে°ন্যাটাফ্] *n.* a sepulchral monument to a person who is buried elsewhere, অন্যত্র সমাহিত ব্যক্তির স্মৃতিস্তম্ভ। [Gk. *kenotaphion* = an empty tomb]

cense [sens, সেন্‌স্] *v.t.* to burn incense before, (প্রতিমাদির) সম্মুখে ধূপ-ধুনাদি গন্ধদ্রব্য পোড়ান। *p.* & *p. pt.* **cen°sed** । *n.* **cen°ser**—ধুনুচি। [see *incense*]

censor [sen°-sa(r), সেন্°স্যা(র্)] (**1**) *n.* a revenue and tax magistrate in ancient Rome, প্রাচীন রোমের রাজস্ব ও শুল্ক বিভাগের অধ্যক্ষ ; an official examiner of books, papers, letters, plays, etc., before their publication, delivery or acting, পুস্তক পত্রিকা পত্র নাটক প্রভৃতি প্রকাশ বিলি বা অভিনয় করিবার পূর্বে যে সরকারি আধিকারিকের অনুমোদন প্রয়োজন হয় ; one who blames, নিন্দুক। (**2**) *v.t.* to examine officially before publication, delivery or acting, (পুস্তক পত্র নাটক প্রভৃতি) প্রকাশ বিলি বা অভিনয়ের পূর্বে সরকারি পরীক্ষার বিষয়ীভূত করা ; to condemn, নিন্দা করা। *a.* **censorial** [sen-saw°-ri-al, সেন্‌স্য°রিঅ্যাল্] প্রাচীন রোমের রাজস্ব ও শুল্ক বিভাগের অধ্যক্ষ-সংক্রান্ত ; পুস্তক-পত্র-নাটকাদির সরকারি পরীক্ষা-সম্বন্ধীয় ; জনসাধারণের নৈতিক চরিত্র সংশোধন-সম্বন্ধীয়। *a.* **censorious** [sen-saw°-ri-as, সেন্‌স্য°রিঅ্যাস্] নিন্দাকর ; নিন্দাসূচক ; দোষদর্শী। *n.* **cen°sorship**—অনুমোদন-আধিকারিক বা পরীক্ষকের পদ বা কর্ম ; (পরি.) বিবাচন, প্রহরতা। [L.]

censure [sen°-sha(r), সেন্°শ্যা(র্)] (**1**) *n.* an adverse opinion or judgment, বিরুদ্ধ মত বা বিচার ; condemnation, নিন্দা ; reproof, ভর্ৎসনা। (**2**) *v.t.* to pass an adverse opinion or judgment, বিরুদ্ধ মত প্রকাশ করা বা রায় দেওয়া ; to condemn, নিন্দা করা (to *censure* a person for)। *a.* **censurable** [sen°-sh(a)-rable, সেন্°শ্র্যাব্‌ল্] নিন্দার্হ। *adv.* **cen°surably** । [L. *censura* < *censere* = to estimate]

census [sen°-sas, সেন্°স্যাস্] *n.* an official enumeration of population with statistics relating to them, বিভিন্ন জ্ঞাতব্যসহ সরকারি লোক-গণনা, আদমশুমার। [L. = a register]

cent [sent, সেন্ট্] *n.* a hundred, শত ; a hundredth of a dollar or a coin of that value, এক ডলারের এক-শতাংশ বা ঐ পরিমাণ মূল্যের মুদ্রা। **per cent**—শতকরা। **cent per cent**—শতকরা একশ ; সম্পূর্ণ। [L. *centum*]

centaur [sen°-taw(r), সেন্°ট্য(র্)] *n.* a fabulous monster, কল্পিত পৌরাণিক জীববিশেষ : ইহার উত্তমাঙ্গ মনুষ্যতুল্য ও নিম্নাঙ্গ অশ্ববৎ (তু. নৃসিংহ)। [Gk. *kentauros*]

centenary [sen-te°-na-ri, সেন্টী°ন্যারি] (**1**) *n.* hundredth anniversary or its celebration, শতবার্ষিক উৎসব, শতবার্ষিকী। (**2**) *a.* of a hundred years, শতবার্ষিক। *n.* **centenār°ian**—শতায়ুঃ ব্যক্তি। [L. *centenarius* < *centeni* = a hundred each]

centennial [sen-te°-ni-al, সেন্টে°নিয়াল্] (**1**) *a.* happening once in a hundred years, শতবর্ষে একবার ঘটে এমন, শতবার্ষিক। (**2**) *n.* centenary, শতবার্ষিক উৎসব, শতবার্ষিকী। *adv.* **cente°nnially** । [L. *centum* = a hundred, *annus* = a year]

center—Am. spell. of **centre.**

centesimal [sen-te°-sim(a)l, সেন্টে°সিম্‌ল্] *a.* hundredth, শততম, শতাংশিক। [L. *centesimus* < *centum* = a hundred]

centi- [sen°-ti, সেন্°টি] *in comp.* hundred, শত-। *a.* **cen°tigrāde**—শত-ডিগ্রীবিশিষ্ট ; শত ডিগ্রীতে বিভক্ত। *n.* **cen°tigramme**—$\frac{1}{100}$গ্রাম, সেনটিগ্রাম। *n.* **cen°tilitre**—$\frac{1}{100}$ লিটার, সেনটিলিটার। *n.* **cen°timeter**—$\frac{1}{100}$ মিটার, সেনটিমিটার। [L. *centum*]

centime [song°-tēm, সং°টীম্] *n.* hundredth part of French or Swiss Franc, ফরাসী বা সুইস ফ্রাঙ্কের শতাংশ। [F. > L. *centesimum* = a hundred]

centipede [sen°-ti-pēd, সেন্°টিপীড্] *n.* any many-footed crawling creature, বৃশ্চিক কেন্নো প্রভৃতি বহুপদ সরীসৃপ। [*centi-*, L. *pedis* = a foot]

cento [sen°-tō, সেন্°টৌ] *n.* a composition made up of scraps from different authors, বিভিন্ন লেখকের বিভিন্ন পঙ্‌ক্তি মিলাইয়া রচিত নূতন লেখা। [L. < Gk. *kentron* = patchwork]

centre [sen°-ta(r), সেন্°ট্যা(র্)] (**1**) *n.* the middle point of anything, (প্রধানতঃ বৃত্তের) কেন্দ্রবিন্দু বা কেন্দ্র ; the middle, মধ্যস্থল ; the most important or the main part, the chief source, স্থানাদির প্রধান অংশ, উৎস (*centre* of education or attraction) ; the chief leader of an organization, প্রতিষ্ঠানাদির প্রধান নেতা ; a centre-forward, ফুটবল হকি প্রভৃতি ক্রীড়ায় সেনটার-ফরওয়ার্ড ; the administrative headquarters of a state, রাষ্ট্রশাসনের কেন্দ্রী দফতর। (**2**) *v.t.i.* to place or be placed in the centre, কেন্দ্রে বা মধ্যস্থলে স্থাপন করা বা স্থাপিত হওয়া (to *centre* the ball) ; to concentrate or be concentrated in the centre, কেন্দ্রীভূত করা বা হওয়া। *a.* **central** [sen°-tr(a)l, সেন্°ট্র্‌ল্] কেন্দ্রী, কেন্দ্রীয় ; কেন্দ্রীয় শাসনের অন্তর্ভুক্ত, মূল, প্রধান, (the *central* idea, figures in a novel, etc.)। **central heating**—পাইপের ভিতর দিয়া গরম জল বা বাষ্পের সাহায্যে সম্পূর্ণ গৃহ বা ভবন গরম রাখিবার ব্যবস্থা। *n.* **centra°lity**—কেন্দ্রিতা। *adv.* **cen°trally** । *v.t.* **centralize** [sen°-tra-līz, সেন্°-

ট্র্যালাইজ্] কেন্দ্রীভূত করা ; কেন্দ্রাভিমুখে আকর্ষণ করা ; কেন্দ্রশাসনাধীন করা। *n.* **centraliza°tion**। *n.* **cen°tre-bit**—তুরপুনবিশেষ। *n.* **cen°tre-for°ward, cen°tre-half**—ফুটবল হকি প্রভৃতি খেলায় যথাক্রমে সেনটার-ফরওয়ার্ড ও সেনটার-হাফ। *n.* **cen°tre-piece**—টেবিলের মধ্যভাগে সাজাইয়া রাখিবার জন্য শৌখিন আসবাব। *a.* **cen°tric(al)**—কেন্দ্রী, কেন্দ্রীয়। *n.* **centricity** [sen-tri°-si-ti, সেনট্রি°সিটি] কেন্দ্রিতা। [F. <L. *centrum*<Gk. *kentron*=a sharp point]

centrifugal [sen-tri°-fūg(a)l, সেন্ট্রি°ফিউগ্‌ল্] *a.* tending away from the centre, কেন্দ্র হইতে অপসরণশীল, (পরি.) অপকেন্দ্র, কেন্দ্রাতিগ ; efferent, বহির্মুখ ; (bot.) proceeding from the apex towards the base, (উদ্ভি.) ডগা হইতে ক্রমশঃ নিম্নগামী। **centrifugal force**—অপকেন্দ্র বল। *adv.* **centri°fūgally** । *n.* **cen°trifuge** [sen°-tri-fūj, সেন্°ট্রিফিউজ্] তরল পদার্থ হইতে কঠিন কণিকাসমূহ পৃথক্ করিবার যন্ত্রবিশেষ ; এই যন্ত্র বেগে ঘুরাইয়া পৃথক্করণ সম্পন্ন হয়। [see *centre*, L. *fugus*=flying]

centripetal [sen-tri°-pitl, সেন্ট্রি°পিট্‌ল্] *a.* tending towards a centre, কেন্দ্রাভিমুখ, (পরি.) অভিকেন্দ্র ; কেন্দ্রাভিগ ; afferent, অন্তর্মুখ ; (bot.) proceeding from the base towards the apex. (উদ্ভি.) মূল হইতে ক্রমশঃ ঊর্ধ্বগ। [see *centre*, L. *petus*=seeking]

centuple [sen°-tūpl, সেন্°টিউপ্‌ল্] (**1**) *a.* hundredfold, শতগুণ। (**2**) *v.t.* to multiply by a hundred, শতগুণ করা। **centuplicate** [sen-tū°-pli-kat, সেন্টিউ°প্লিক্যাট্] (**1**) *a.* শতগুণ ; (**2**) *n.* শতসংখ্যক একই বস্তুর বা নকলের একটি, শতের এক। *v.t.* **centū°plicāte**—শতগুণ করা। *p.* & *p. pt.* **centū°plicātėd** । *n.* **centūplicā°tion** । [L. *centuplus*<*centum*=hundred, *plicare*=to fold]

century [sen°-choo-ri, সেন্°চুরি] *n.* a series of a hundred, ধারাবাহিক একশত ; one hundred successive years, শতাব্দী, শতবর্ষ ; (in cricket) one hundred run, (ক্রিকেটে) শত রান (make or score a *century*) । *n.* **centurion** [sen-tūr°-i-an, সেন্টিউয়্যা(র্)°ইঅ্যান্] একশত ক্রিয়াদি সম্পাদনকারী ব্যক্তি ; প্রাচীন রোমান সেনাবাহিনীতে একশত সৈনিকের নায়ক। [L. *centuria* <*centum*=hundred]

cephal [se-fal°, সেফ্যাল্°] *in comp.* head, মস্তক-, শিরঃ-। **cepha°lic**—(**1**) *a.* শিরঃপীড়ানাশক ; (**2**) *n.* শিরঃপীড়ানাশক ঔষধ। *a.* **cephal°ous**—মস্তকবিশিষ্ট। [Gk. *kephale*=head]

ceramic [si°-ra-mik, সি°র‌্যামিক্] *a.* of pottery, মৃৎশিল্পসংক্রান্ত, মৃন্ময় পাত্রাদি নির্মাণসংক্রান্ত। *n. sing.* **ce°ramics**—(with *sing. v.*) মৃৎশিল্প ; (with *pl. v.*) চীনামাটি প্রভৃতির দ্বারা প্রস্তুত বাসনকোসন। [Gk. *keramos*=potter's earth]

ceratoid [se°-ra-toyd, সে°র‌্যাটয়্‌ড্] *a.* horny, শৃঙ্গযুক্ত, শৃঙ্গী। [Gk. *keratoeides*<*keras*=horn, *eidos*=form]

Cerberus [sa(r)°-b(a)ras, স্যা(র্)°ব্র‌্যাস্] *n.* the three-headed dog guarding the entrance to Hades, নরকের বা পাতালের দ্বাররক্ষী পৌরাণিক ত্রিশির কুকুর। [L.<Gk. *kerberos*]

cere [sē(r), সিয়্যা(র্)] *n.* the naked wax-like patch at the base of a bird's beak, পাখির ঠোঁটের প্রান্তে মোমের ন্যায় অনাবৃত ঝিল্লী। *n.* **cēre°-cloth, cēre°ment**—শবদেহাচ্ছাদনের জন্য মোমমাখান বস্ত্র ; শববস্ত্র। [L. *cera*=wax]

cereal—see **Ceres.**

cerebellum, cerebral, cerebrate—see **cerebrum.**

cerebrum [se°-ri-bram, সে°রিব্র‌্যাম্] *n.* the front and larger part of the brain, মস্তিষ্কের বৃহত্তর সম্মুখভাগ, গুরুমস্তিষ্ক। *n.* **cerebellum** [seri-be°-lam, সেরিবে°ল্যাম্] লঘুমস্তিষ্ক। **ce°rė-bral**—(**1**) *a.* গুরুমস্তিষ্কসংক্রান্ত ; মস্তিষ্কসংক্রান্ত ; (ব্যাক.) তালব্য ; (**2**) *n.* (ব্যাক.) তালব্য বর্ণ। *v.i.* **ce°rėbrāte**—মস্তিষ্কের ক্রিয়া প্রদর্শন করান। *p.* & *p. pt.* **ce°rėbrātėd** । *n.* **cerėbrā°tion**—(প্রধানতঃ অজ্ঞাতসারে) মস্তিষ্কের ক্রিয়া। *n.* **cerebrī°-tis**—গুরুমস্তিষ্কের প্রদাহ। [L.]

cerecloth, cerement—see **cere.**

ceremony [se°-ri-ma-ni, সে°রিম্যানি] *n.* a religious rite, পর্বাদি পালন ; a polite observance, অনুষ্ঠান ; an empty outward form, বাহ্যিক সমারোহ বা অনুষ্ঠান ; formalities, বাহ্যিক ভদ্রতা ; pomp, জাঁকজমক, আড়ম্বর। **(to) stand on ceremony**—অত্যন্ত ভদ্রতা করা (please don't *stand on ceremony*=ভদ্রতার বালাই ঝেড়ে ফেলে সহজ সরল হও)। **cerėmō°nial**—(**1**) *a.* পর্বাদি পালন-সংক্রান্ত ; আনুষ্ঠানিক ; বাহ্যিক সমারোহ বা ভদ্রতা সংক্রান্ত ; (**2**) *n.* বাহ্যিক সমারোহ বা অনুষ্ঠান ; ভদ্রতা ; পর্বাদির পালনবিধি। *adv.* **cerė-mo°nially, cerėmo°niously** । *a.* **cerėmō°-nious**—অনুষ্ঠানপূর্ণ ; ভদ্রতাপূর্ণ ; আড়ম্বরপূর্ণ। [L. *caerimonia*=sanctity]

Ceres [sēr°-ēz, সিয়্যার্°ঈজ্] *n.* the Roman name for Demeter, কৃষি ও শস্যের অধিষ্ঠাত্রী গ্রীক দেবী ডিমিটার-এর রোমান নাম। **cēr°ėal**—(**1**) *n.* (usu. in *pl.*) খাদ্যশস্য ; উক্ত শস্যদ্বারা প্রস্তুত প্রাতরাশের খাবারবিশেষ ; (**2**) *a.* খাদ্যশস্যসংক্রান্ত। [L.]

cerise [sa-rēz°, স্যারীজ্°] *n.* & *a.* light clear red, হালকা ও উজ্জ্বল রক্তবর্ণ। [F.]

cert [sa(r)t, স্যা(র্)ট্] *n.* a certainty, নিশ্চিত বস্তু বা বিষয়। **a dead cert**—নিশ্চিত বা অবধারিত বিষয় ; দৌড়ে যে ঘোড়ার জয় নিশ্চিত। [contr. of *certainty*]

certain [sa(r)°tn, স্যা(র্)°ট্‌ন্] *a.* sure, নিশ্চিত ; doubtless, নিঃসন্দেহ, সন্দেহাতীত ; resolved, স্থিরীকৃত ; fixed, স্থির ; firm, দৃঢ় ; regular,

নিয়মিত ; inevitable, অবশ্যম্ভাবী ; some, কোন (a *certain* person) । **for certain**—নিশ্চয়ই ; নিশ্চিতভাবে । **in a certain condition**—(শোভন ভাষায়) অন্তঃসত্ত্বা । **(to) make certain**—নিশ্চিত হইবার জন্য খোঁজখবর লওয়া বা কিছু করা । *adv.* **cer°tainly** । *n.* **cer°tainty, cer°titūde** । **for a certainty**—নিশ্চিতভাবে ; নিঃসন্দেহে । **to a certainty**—নিশ্চয়ই । [OF. < L. *certus* = decided]

certes [sa(r)°-tēz, স্যা(র্)°টীজ়্] *adv.* certainly, নিশ্চয়ই, অবশ্যই । [F.]

certificate [sa(r)°-ti-fi-kit, স্যা(র্)°টিফিকিট্] *n.* a written declaration of some facts, (কিছুর সম্বন্ধে) লিখিত বিবৃতি বা সাক্ষ্য ; a testimonial of character or qualifications, (কাহারও বা কিছুর) চরিত্র বা গুণাবলী সম্বন্ধে প্রশংসাপত্র, (পরি.) শংসাপত্র । *v.t.* **certi°ficāte**—লিখিত বিবৃতি বা সাক্ষ্য দেওয়া ; শংসাপত্র দেওয়া । *a.* **cer°tifīable** । *adv.* **cer°tifīably** । *a.* **certi°ficātėd**—শংসাপত্র প্রাপ্ত । *n.* **certificā°tion** । *n.* **cer°tifier** । *v.t.* **cer°tify**—(কিছুর সত্যাসত্য বা ভালমন্দ সম্বন্ধে) বিবৃতি বা সাক্ষ্য দেওয়া ; নিশ্চিতভাবে জানান ; শংসাপত্র দেওয়া। [L. *certificare* = to make certain]

certiorari [sa(r)-shi-aw-rār°-i, স্যা(র্)শিঅ্যারেয়্যার্°ই] *n.* a writ from a higher court for records of a case tried in a lower one, নিম্নতর আদালতে বিচারিত মকদ্দমার নথিপত্র প্রেরণার্থ উচ্চতর আদালতের তলবপত্র বা আজ্ঞালেখ । [LL.]

certitude—see **certain.**

cerulean [si-roo°-li-an, সিরূ°লিঅ্যান্] *a.* sky-blue, আশমানি রঙের ; deep blue, গাঢ় নীল, সুনীল । [L. *caeruleus*]

cerumen [si-roo-men, সিরূ°মেন্] *n.* ear-wax, কানের খইল, কর্ণমল । [L. *cera* = wax]

ceruse [sē°-roos, সি°রূস্] *n.* সীসশ্বেত, সফেদা । [L. *cēreus* = wax-taper]

cervine [sa(r)°-vīn, স্যা(র্)°ভাইন্] *a.* of or like deer, হরিণসংক্রান্ত, হরিণতুল্য । [L. *cervinus* < *cervus* = a stag]

cervix [sa(r)°-viks, স্যা(র্)°ভিক্স্] *n.* (anat.) narrow part or neck of an organ (esp. of the womb), (শারীরস্থান) ; দেহাবয়বের (বিশে. গর্ভাশয়ের) সঙ্কীর্ণ অংশ । *a.* **cervical** [sa(r)°-vīkl, স্যা(র্)°ভাইক্‌ল্, sa(r)°-vikl, স্যা(র্)ভিক্‌ল্] ঘাড় সম্বন্ধীয় । [L. = neck]

cess [ses, সেস্] *n.* tax, কর, খাজনা, (পরি.) উপকর ; a local rate, স্থানীয় দর বা মূল্যহার ; [aphetic from *assess*]

cessation—see **cease.**

cession [se°sh(a)n, সে°শ্‌ন্] *n.* act of ceding, (হার বা বশ্যতা স্বীকারপূর্বক) পরিত্যাগ বা সমর্পণ । [L. *cessionis*—cp. *cede*]

cesspit [ses°-pit, সেস্°পিট্], **cesspool** [ses°-pool, সেস্°পুল্] *n.* a pit for collecting filthy water, ময়লা জল জমা হইবার জন্য কুয়াবিশেষ, খানা, (ভূগর্ভস্থ) মলকুণ্ড ; (fig.) a filthy place, (আল.) জঘন্য স্থান (a *cesspit* of injustice) । [?]

cestoid [ses°-toyd, সেস্°টয়্ড্] *n.* a tapeworm, ফিতাকৃমি । [Gk. *kestos* = a strap, *eidos* = form]

cetacean [si-tā°-shi-an, সিটেই°শিঅ্যান্] **(1)** *a.* of the mammalian order containing toothed whales, দন্তুর তিমিবর্গীয় । **(2)** *n.* a member of this order, উক্ত বর্গীয় প্রাণী । [Gk. *ketos* = a sea-monster]

cetane [sē°-tān, সি°টেইন্] *n.* colourless liquid found in mineral oil, খনিজ তেল হইতে প্রাপ্ত বর্ণহীন তরল পদার্থবিশেষ । **cetane number, cetane rating**—ডিজেল-তেলের প্রজ্বলন-ক্ষমতার পরিমাপ । [Gk. *kētos* = a sea-monster]

ceteris paribus [se°-ta-ris pa°-ri-bus, সে°ট্যারিস্ প্যা°রিবাস্] *adv.* other things remaining the same, অন্যান্য বিষয় বা বস্তু অপরিবর্তিত থাকিলে । [L.]

Ceylonese [sē-la-nēz°, সীল্যানীজ়্°] **(1)** *a.* of Ceylon, সিংহলের, সিংহলী । **(2)** *n.* a native of Ceylon, সিংহলবাসী ।

cha [cha, চা] *n.* tea, চা । [C.]

chabouk [chŭ°-book, চা°বুক্] *n.* a horse-whip, ঘোড়ার চাবুক । [Pers.]

chad [shad, শ্যাড্] *n.* a kind of fish, মৎস্যবিশেষ । [see *shad*]

chafe [shāf, শেইফ্] **(1)** *v.t.* to heat or fret or wear by rubbing, ঘর্ষণদ্বারা তপ্ত করা বা উত্তেজিত করা বা ক্ষয় করা ; to enrage, রাগান । **(2)** *v.i.* to rage, ক্রুদ্ধ হওয়া, চটা, মেজাজ খারাপ হওয়া, বিরক্ত হওয়া (to *chafe* at the delay or under a handicap) । *p.* & *p. pt.* **chā°fed** । **(3)** *n.* heat caused by rubbing, ঘর্ষণজনিত তাপ ; rage, ক্রোধ ; excitement, উত্তেজনা । *n.* **chā°fer**—ভাজিবার চাটুবিশেষ ; একপ্রকার গুবরে পোকা । *n.* **chā°fing-dish**—খাবার গরম রাখার জন্য তলায় হীটার-বা-উনানওয়ালা পাত্রবিশেষ । [F. *chauffer* < L. *calefacere* = to make hot]

chaff [chŭf, চাফ্] **(1)** *n.* the husks of corn, তুষ, ভুসি ; cut hay or straw, কর্তিত খড়কুটা ; refuse, আবর্জনা ; light banter, ইয়ারকি, তামাশা । **(2)** *v.t.* to banter, ইয়ারকি মারা, তামাশা করা । *p.* & *p. pt.* **cha°ffed** । *n.* **chaff°-cutter**—খড়-কাটা কল । *adv.* **cha°ffingly**—ইয়ারকির ছলে । *a.* **chaff°lėss**—নিস্তুষ, ভুসিশূন্য । *a.* **cha°ffy**—তুষে বা ভুসিতে পূর্ণ ; ইয়ারকিমূলক । [OE. *ceaf*]

chaffer [cha°-fa(r), চ্যা°ফ্যা(র্)] *v.i.* to haggle, দর-কষাকষি করা । *n.* **cha°fferer** । [ME. *chapfare* < OF. *ceap* = price, *faru* = way]

chafing-dish—see **chafe.**

chagrin [sha°-grin, শ্যা°গ্রিন্] **(1)** *n.* vexation, বিরক্তি, জ্বালাতন । **(2)** *v.t.* to vex, জ্বালাতন করা । *a.* **cha°grined**—বিরক্ত, উত্ত্যক্ত । [F.]

chain [chān, চেইন্] (**1**) *n.* a series of links, ধারাবাহিক সংযোগসমূহ বা পরস্পরসংযুক্ত বস্তু বা বিষয়, ধারা, প্রবাহ, স্রোত ; a number of same or similar things connected together, পরস্পর-সম্বদ্ধ এক বা একজাতীয় বস্তুসমূহ, শ্রেণী, মালা, পুঞ্জ (a *chain* of islands) ; fetters (প্রধানতঃ লৌহনির্মিত) শৃঙ্খল, নিগড় ; a measure of length or depth, ৬৬ ফুট পরিমিত দৈর্ঘ্যের বা গভীরতার মাপবিশেষ ; a ceaseless succession, পরম্পরা ; (*pl.*) fettered condition, শৃঙ্খলিত অবস্থা (in *chains*) ; (*pl.*) confinement, আটক অবস্থা, বন্দিত্ব। (**2**) *v.t.* to bind with a chain, শৃঙ্খলিত করা, শিকল দিয়া বাঁধা ; to imprison, বন্দী করা। *n.* **chain°-armour, chain°-mail**—লোহার আংটাসমূহ গাঁথিয়া তৈয়ারি বর্ম। *a.* **chai°ned**—পরস্পর-সম্বদ্ধ, বন্দী ; শৃঙ্খলিত। *n.* **chain°-gang**—একত্র শৃঙ্খলিত কয়েদি-দল। *a.* **chain°less**—শৃঙ্খলহীন, বাধাহীন, অবাধ (*chainless* spirit)। *n.* **chain°-letter**—যে চিঠির প্রাপককে ঐ চিঠির কয়েকখানি নকল করিয়া নূতন প্রাপকদের নিকট প্রেরণ করিতে হয় এবং সেই সব প্রাপককেও ঐরূপ করিতে হয়। *n.* **chain°-reac°-tion**—যে প্রক্রিয়াবলে ধারাবাহিক কতিপয় একই প্রতিক্রিয়ার প্রতিটি পূর্ববর্তী প্রতিক্রিয়া হইতে উদ্ভূত হয় ; সমপ্রতিক্রিয়াধারা। *n.* **chain°-rule**—পাটীগণিতের শৃঙ্খল-নিয়ম। *n.* **chain°-smōker**—যে ব্যক্তি ক্রমাগত সিগারেট খায় : ইহারা একটি সিগারেট পুড়িয়া গেলে, তাহা হইতেই পরেরটি ধরায়। *n.* **chain°-stitch**—সেলাইয়ের যে ফোঁড়ে একটা ফাঁস করিতে হয় এবং সেই ফাঁসের মধ্য দিয়া অনুরূপ একটি ফোঁড় গলাইতে হয়, শিকল-ফোঁড়। *n.* **chain°-store**—(আমে.) বিভাগীয় বিপণি। *n.* **chain°-work**—জাল, জালি। [OE. *chaeine* < L. *catena*]

chair [chā(r), চেয়্যা(র্)] (**1**) *n.* a movable seat, কেদারা, চেয়ার (to take a *chair*—আসনগ্রহণ করা); a seat of authority, কর্তৃত্বের আসন ; the seat of a president or judge, সভাপতির বা বিচারকের আসন ; the president or judge, সভাপতি বা বিচারক ; professorship, (সচ. প্রধান) অধ্যাপকের পদ ; a chair fitted with electricity for putting criminals to death, মৃত্যুদণ্ডপ্রাপ্ত অপরাধীদের প্রাণনাশার্থ বৈদ্যুতিক চেয়ার। (**2**) *v.t.* to place in a seat of authority, সভাপতি বিচারক প্রভৃতির কর্তৃত্বপূর্ণ আসনে বসান ; to place in a chair and carry publicly in triumph, চেয়ারে বসাইয়া বিজয়গর্বে বহন করিয়া লইয়া যাওয়া। **(to) take the chair**—সভাপতির আসন গ্রহণ করা। *n.* **chair°man**—(স্থায়ী) সভাপতি ; *fem.* **chair°-woman**। *n.* **chair°manship**। [F. *chaire* < Gk. *kathedra*]

chaise [shāz, শেইজ্] *n.* a light open carriage, অনাচ্ছাদিত হালকা গাড়িবিশেষ। [F. = variation of *chaire*—cp. *chair*]

chalcedony [kal-se°-da-ni, কাল্সে°ড্যানি] *n.* a variety of precious stone, মূল্যবান্ প্রস্তরবিশেষ। [Gk. *khalkedon* < *Chalcedon* in Asia Minor ?]

Chalcidian [kal-si°-di-an, ক্যাল্সি°ডিঅ্যান্] (**1**) *a.* of Chalcis, ক্যাল্সিস-দেশীয়। (**2**) *n.* a native of Chalcis, ক্যাল্সিসের অধিবাসী। *n.* **Chalcidian alphabet**, ক্যালসিসীয় বর্ণমালা (ইহা হইতেই ল্যাটিন বর্ণমালার উৎপত্তি)।

chalcography [kal-ko°-gra-fi, ক্যাল্ক°গ্র্যাফি] *n.* art of engraving on copper or brass, তামা-পিতলের উপরে খোদাই। [Gk. *khalkos* = copper, *graphein* = to write]

Chaldean [kal-di°-an, ক্যাল্ডি°অ্যান্], **Chaldee** [kal-dē°, ক্যাল্ডী°] (**1**) *a.* of Chaldea, ক্যাল্ডিয়া-দেশীয়। (**2**) *n.* the language or a native of Chaldea, ক্যাল্ডিয়ার ভাষা বা অধিবাসী ; a soothsayer or astrologer, ভবিষ্যদ্বক্তা বা জ্যোতির্বেত্তা। [Gk. *khaldaios*—cp. Sans. *knaladecya*]

chaldron [chawl°dr(a)n, চাল্ড্রন্] *n.* a coal-measure, কয়লার মাপবিশেষ (= 25½ হন্দর)। [F. *chaudron*—cp. *cauldron*]

chalet [sha°-lā, শ্যা°লেই] *n.* a summer hut of Swiss herdsmen in the Alps, আলপস্-পর্বতোপরি সুইজারল্যান্ডের রাখালদের গ্রীষ্মকালীন বাস-কুটির। [F. *casella* ?—cp. It. *casa* = house]

chalice [cha°-lis, চ্যা°লিস্] *n.* a bowl, পেয়ালা, পানপাত্র। *a.* **cha°liced**—পানপাত্রাকার। [OF. < L. *calix, calicis*]

chalk [chawk, চাক্] (**1**) *n.* a soft white earthy limestone used for burning into lime, চুনা-পাথর ; a substitute for this used for writing, etc., লিখন অঙ্কন প্রভৃতি কার্যে ব্যবহৃত খড়ি, চা-খড়ি, ফুলখড়ি। (**2**) *v.t.* to rub or mark with chalk, খড়ি দিয়া ঘষা বা দাগ দেওয়া। *p.* ও *p. pt.* **cha°lked** I **as like as chalk to cheese**—সম্পূর্ণ বিসদৃশ (যেমন পিটুলি-গোলা আর দুধ)। **by a long chalk**—অতিমাত্রায়। *n.* **cha°lkiness**। *a.* **chal°ky**—খড়িময় ; খড়িতুল্য। **(to) chalk out**—(খড়ি দিয়া) অঙ্কন করা ; পরিকল্পনা করা। **(to) chalk up**—খেলার পয়েন্ট প্রভৃতি লেখা ; লিপিবদ্ধ করা। [OE. *cealc* < L. *calx* = limestone]

challenge [cha°-linz, চ্যা°লিন্জ্] (**1**) *v.t.* to call on to settle a matter by fighting or contest of any kind, কোন বিষয় মীমাংসার্থ যুদ্ধে বা প্রতিদ্বন্দ্বিতায় আহ্বান করা ; to accuse, দোষারোপ করা ; অভিযুক্ত করা ; to object to, আপত্তি করা ; (by the sentry) to order to halt and show one's identity or utter the watchword, (প্রহরী কর্তৃক) কাহাকেও পরিচয়-প্রদানের বা সঙ্কেতধ্বনি-উচ্চারণের সাপেক্ষে থামিতে বলা। (**2**) *n.* a summon to a fight or contest or a duel, যুদ্ধে বা প্রতিদ্বন্দ্বিতায় বা দ্বন্দ্বযুদ্ধে আহ্বান ; an accusation, দোষারোপ, অভিযোগ ; objection, আপত্তি ; an order to halt and show one's identity or utter the watchword, (প্রহরী কর্তৃক কাহাকেও) পরিচয়-প্রদানের বা সঙ্কেতধ্বনি-উচ্চারণের সাপেক্ষে থামিবার নির্দেশ। *a.* **cha°llengeable** । *n.* **cha°llenger** । *adv.* **cha°llengingly** । [OF. *chalenge*=a dispute <L. *calumnia*=a false accusation]

cham [kam, ক্যাম্] *n.* (obs.) a khan, (অপ্র.) মুসলমান নৃপতিবিশেষের উপাধি, খান ; (fig.) an autocrat, (আল.) স্বৈরতন্ত্রী শাসক। [see *khan*]

chamar [cha°-ma(r), চ্যা°ম্যা(র্)] *n.* a tanner or shoemaker by caste, চামার। [Hind.]

chamber [chām°-ba(r), চেইম্°ব্যা(র্)] *n.* a room, ঘর, কক্ষ, কামরা ; a bedroom, শয়নকক্ষ ; an assembly house or room, সভাগৃহ, সভাকক্ষ ; a house of a legislature, ব্যবস্থাপরিষৎ-গৃহ ; an office or place of business, কার্যালয়, কাছারি (a doctor's *chamber*) ; a guild, সঙ্ঘ (*chamber* of commerce) ; a hall of justice, বিচারগৃহ ; a cavity, প্রাণিদেহের বা বৃক্ষগাত্রের বা যন্ত্রের রন্ধ্র, ছিদ্র। *n.* **chām°ber-maid**—হোটেলাদির শয়নকক্ষের পরিচারিকা। *n.* **chām°ber-music**—অল্প কয়েকজন বাজনদারের জন্য (সচ. তারযন্ত্রের) যৌথ-বাজনা। *n.* **chām°ber-pot**—রাত্রিকালে শয়নকক্ষে ব্যবহার্য মূত্রধানী। *n.* **chām°ber-prac°tice**—উকিল ডাক্তার প্রভৃতি কর্তৃক নিজ কক্ষে বসিয়া উপদেশাদি দানপূর্বক রোজগার। [F. *chambre*<L. *camera*<Gk *kamæra*=a room]

chamberlain [chām°-ba(r)-lin, চেইম্°ব্যা(র্)লিন্] *n.* a steward of the household of a sovereign or great noble, রাজসংসারের বা বিশিষ্ট অমাত্যের সংসারের সরকার। **Lord Chamberlain**—রাজসংসারের সরকার, কঞ্চুকী। *n.* **chām°berlainship** । [OF. *chambrelenc*—cp. *chamber*]

chameleon [ka-mē°-li-an, ক্যামী°লিঅ্যান্] *n.* a colour-changing lizard, গিরগিটি, বহুরূপী ; (fig.) an inconstant person, (আল.) যে ব্যক্তি কোন কিছুতে স্থিরভাবে অনুরত থাকে না, অস্থির-প্রকৃতি ব্যক্তি। [L. *chamaeleon*<Gk. *khamai* =or ground (i.e. dwarf), *leon*=lion]

chamfer [cham°fa(r), চ্যাম্°ফ্যা(র্)] (1) *v.t.* to bevel symmetrically (a right-angled edge or corner), (সমকোণী ধার বা কোণ) গোল করিয়া কাটা, কোণ মারিয়া দেওয়া। (2) *n.* a symmetrical bevel, গোলাকার করিয়া কর্তন। *a.* **cham°fered**—গোল করিয়া কর্তিত, খাঁজ-কাটা। [OF *chant fraindre*<L. *cantum frangere*=to break the edge]

chamois [sha°-mwŭ, শ্যা°মোআ] *n.* a goat-like antelope or the leather from its skin, কৃষ্ণসার হরিণবিশেষ বা তাহার চামড়া। [F.]

chamomile, camomile [kam°-ō-mīl, ক্যাম্°-ঔমাইল্] *n.* a strong-scented plant and its flower used in medicine, ঔষধে ব্যবহৃত এক প্রকার তীব্র গন্ধবিশিষ্ট গাছ ও তাহার ফল। [F *camomille*]

champ [champ, চ্যাম্প্] (1) *v.i.* to munch noisily, চবর্‌চবর্-শব্দে চিবান। (2) *v.t.* to chew, চিবান ; to bite, কামড়াইয়া ধরা ; (fig.) to crush, (আল.) চূর্ণ করা। *p.* & *p. pt.* **cham°ped** । (3) *n.* champing, চবর্‌চবর্-শব্দে চর্বণ ; চূর্ণন। [imi. ?]

champac—alt. spell. of **champak.**

champagne [sham-pān°, শ্যাম্পেইন্°] *n.* a rich wine, উৎকৃষ্ট মদ্যবিশেষ। [*Champagne* in France]

champaign [cham°-pān, চ্যাম্°পেইন্] *n.* an open level country, উন্মুক্ত সমতল মাঠ। [see *campaign*]

champak [chum°-puk, চাম্°পাক্, cham°-pak, চ্যাম্°প্যাক্] *n.* a kind of flower or its tree, চাঁপা ফুল বা তাহার গাছ, চম্পক। [Hind<*Sans.*]

champerty [cham°-pa(r)-ti, চ্যাম্°প্যা(র্)টি] *n.* (in law) illegal assistance to a party in a suit with a view to receiving a share of the disputed property, (আইনে) বিচারাধীন সম্পত্তির ভাগ পাইবার উদ্দেশ্যে বিবদমান পক্ষদ্বয়ের একটিকে বেআইনি সাহায্যদান। [NF.<L. *campi pars*=part of the field]

champion [cham°-pi-an, চ্যাম্°পিয়্যান্] (1) *n.* one who combats for oneself or for another, যে ব্যক্তি নিজের বা পরের জন্য দ্বন্দ্ব করে ; a defender, সমর্থক বা রক্ষক ; a victor, প্রতিদ্বন্দ্বিতায় বা প্রতিযোগিতায় বিজয়ী ; one who has excelled all competitors, (খেলাধুলায়) সেরা প্রতিযোগী ; a hero, বীরপুরুষ। (2) *v.t.* to defend or support, রক্ষা করা বা সমর্থন করা। (3) *a.* excellent, চমৎকার, সেরা (a *champion* horse)। *n.* **cham°pionship** । [F.<LL. *campionis* <*campus*=a plain for games]

chance [chŭns, চান্স্] (1) *n.* an unexpected event, অপ্রত্যাশিত ঘটনা, দৈবঘটনা, (পরি.) আপতন ; fortune, সৌভাগ্য ; opportunity, সুযোগ ; risk, ঝুঁকি ; possibility or probability, সম্ভাবনা, সম্ভাব্যতা ; (in *pl.*) misfortunes, দুর্ভাগ্য, দুর্ঘটনা। (2) *v.t.* to risk, ঝুঁকি নেওয়া। (3) *v.i.* to happen fortuitously, দৈবক্রমে ঘটা ; to find or meet by chance, হঠাৎ সাক্ষাৎ হওয়া বা পাওয়া (to *chance* upon)। *p.* & *p. pt.* **chan°ced** । (4) *a.* fortuitous, দৈবক্রমে ঘটে এমন, আপতিক। **by chance**—দৈবক্রমে, দৈবাৎ। **even chance**—(হারজিত ভালমন্দ প্রভৃতির) সমান-সমান সুযোগ, সমতা। **game of chance**—অদৃষ্টের বা ভাগ্যের খেলা। **on the chance of, on the chance that**—এই সম্ভাবনায় যে। **the main chance**—ধনোপার্জনের সুযোগ। **(to) stand a good** or **fair chance**—যথেষ্ট সম্ভাবনা বা আশা থাকা। **(to) take one's chance**—ভাগ্যপরীক্ষা করা ; ঝুঁকি নেওয়া। *a.* **chance°ful**—ঝুঁকিপূর্ণ ; বিপজ্জনক।

a. **chance°lėss**—সুযোগহীন ; সম্ভাবনাহীন। *a.* **chan°cy**—অনিশ্চিত ; ঝুঁকিপূর্ণ। [OF. *cheance* <LL. *cadentia*<*cadere*=to fall]

chancel [chŭn°s(a)l, চান্‌°স্‌ল্] *n.* the eastern part of a church, গির্জার পূর্বাংশ ; এখানে জনসাধারণের প্রবেশ নিষিদ্ধ। [OF.<L. *cancelli*= lattices]

chancellery—see **chancellor.**

chancellor [chŭn°sa-la(r), চান্‌°স্যাল্যা(র্)] *n.* a chief minister, প্রধান মন্ত্রী ; the president or a judge of a chancery, প্রধান বিচারালয়ের প্রধান বা অন্য বিচারপতি ; the head of a university, বিশ্ববিদ্যালয়ের আচার্য ; the official registrar of an order of knighthood, 'নাইট'-খেতাবের সরকারী নিবন্ধক। **Chancellor of the Exchequer**—গ্রেট্ ব্রিটেনের প্রধান অর্থমন্ত্রী। **Lord (High) Chencellor**—গ্রেট্ ব্রিটেনের লোক-পরিষদের সভাপতি। *n.* **chan°cellorship** । *n.* **chan°cellory, chan°cellery**—সরকারী নিবন্ধকের পদ দফতর বা কার্যকাল ; মন্ত্রিদফতর, মন্ত্রিখানা। [F. *chancelier*<LL. *cancellarius*=the usher of a law-court]

chance-medley [chŭns-med°-li, চান্‌স্‌মেড্‌°লি] *n.* (law) an unintentional but blamable homicide, (আইনে) অনিচ্ছাকৃত কিন্তু দণ্ডনীয় নরহত্যা ; (loos.) pure chance, (শিথি.) সম্পূর্ণ দৈবঘটনা। [OF. *chance medlee*=mixed chance —cp. *chance,,medley*]

chancery [chŭn°-s(a)ri চান্‌°স্‌রি] *n.* High Court of Justice or a division of it, প্রধান বিচারালয় বা তাহার বিভাগ ; a record office, নথিপত্রাদির দফতর, নিবন্ধ-করণ। **in chancery** —(মালিকানা স্বত্বসম্বন্ধে) বিচারাধীন। [F. *chancellerie*]

chancre [shang°-ka(r), শ্যাং°ক্যা(র্)] *n.* venereal ulcer, যৌনব্যাধিজনিত ক্ষত। *a.* **chan°crous** । [L. *cancer*]

chandelier [shan-di-lē(r)°, শ্যান্‌ডিলিয়্যা(র্)°] *n.* a branched frame for holding lights, বাতির ঝাড়। *n.* **chandler** [chŭnd°-la(r), চান্‌ড্‌°ল্যা(র্)] মোমবাতি তেল সাবান প্রভৃতি বিক্রেতা ; দোকানদার (gram-*chandler*)। *n.* **chand°lery**—উক্ত দোকানদারের পণ্য। [F.<LL. *candelarius*=a candlemaker—cp. *candle*]

change [chānz, চেইন্‌জ্] (**1**) *v.t.* to alter, পরিবর্তন করা ; to exchange, বিনিময় করা, বদল করা ; to transform or transfigure, রূপান্তরিত করা ; to give up one for another. এক ছাড়িয়া অন্যকে গ্রহণ করা ; to exchange (coins) for smaller ones or for foreign money, (নোট টাকা প্রভৃতি বা বিদেশী মুদ্রা) ভাঙ্গান বা খুচরা করা। (**2**) *v.i.* to undergo a change, পরিবর্তিত হওয়া, বদল হওয়া, রূপান্তরিত হওয়া ; to change one's clothes or carriage, পোশাক বা গাড়ি বদলান। (**3**) *n.* act of changing, পরিবর্তন, বদল, বিনিময়, অবস্থান্তর, রূপান্তর ; smaller coins given for a higher one or for foreign money, (টাকা নোট প্রভৃতি বা বিদেশী মুদ্রার) ভাঙ্গানি ; small coin, খুচরা টাকাপয়সা। **change of life**—রজোনিবৃত্তি। *a.* **chān°geable**—'change'-এর সকল অর্থে, এবং—(আল.) কোনকিছুতে দৃঢ়ভাবে অনুরত থাকে না এমন, অস্থিরপ্রকৃতি। *n.* **chāngeabi°lity** । *adv.* **chānge°ably** । *a.* **chānge°ful** —পরিবর্তনশীল ; নিত্যনূতন ; নানারকম ; (আল.) অস্থির। *a.* **chānge°lėss**—পরিবর্তনহীন। *n.* **chānge°ling**—(প্রধানতঃ পরীগণ কর্তৃক) অপহৃত বস্তুর বা শিশুর বদলে রাখিয়া-যাওয়া ভিন্ন বস্তু বা শিশু। *n.* **chānge°-ō°ver**—অবস্থান্তর। *n.* **chān°ger**—পরিবর্তনসাধক ; যে ব্যক্তি (সচ. বাট্টাগ্রহণপূর্বক) টাকাকড়ি ভাঙ্গাইয়া দেয়, পোদ্দার। [F. *changer*<L. *cambire*=to barter]

channel [cha°nl, চ্যা°ন্‌ল্] (**1**) *n.* a bed of running water, খাল, প্রণালী ; a navigable watercourse. নাব্য জলপথ ; a passage, (প্রধানতঃ তরল পদার্থ নিঃসারণের) পথ বা খাত। (**2**) *v.t.* to make a channel, খাল কাটা বা খনন করা ; to groove, খাঁজ কাটা ; to convey (through a channel), (খাতের মধ্য দিয়া) চালিত বা প্রবাহিত করা। *pr. pt.* **cha°nnelling ;** *p.* ও *p. pt.* **cha°nnelled** । **the Channel**—ইংলিশ-প্রণালী। [OF. *chanel*<L. *canalis*—cp. *canal*]

chanson [shun°-son, শাঁ°সঁ] *n.* a song, গান। [F.]

chant [chŭnt, চান্‌ট্] (**1**) *v.t.* to sing, গান গাওয়া ; to celebrate in a song, কীর্তন করা ; to recite in a singing manner, সুর করিয়া আবৃত্তি করা ; (fig.) to praise constantly, (আল.) নিয়ত প্রশংসা বা স্তুতি করা (to *chant* a person's praise)। *p.* ও *p. pt.* **chan°tėd** । (**2**) *n.* a song, গান ; a melody, সুর। *n.* **cha°nter**—গায়ক ; বাঁশিবিশেষ ; কীর্তনীয়া। *fem.* **chan°trėss** । *n.* **chan°try**—(দাতার আত্মার কল্যাণার্থ) Mass-সঙ্গীত কীর্তনের জন্য যাজককে প্রদত্ত বৃত্তি ; উক্ত কীর্তনের জন্য ভজনগৃহ। *n.* **chan°ty,** (USA) **chan°tey**—ভারী কিছু তুলিবার বা টানিবার সময়ে নাবিকদের গেয় যৌথসঙ্গীতবিশেষ। [F. *chanter*<L. *cantare*=to sing]

chanticleer [chan-ti-klē(r)°, চ্যান্‌টিক্লিয়্যা(র্)°] *n.* a domestic cock, গৃহপালিত মোরগ। [OF. *Chantecler*, the cock in the *Reynard the Fox*]

chaos [che°-os, কে°অস্] *n.* formless matter before it was reduced to order. (জগৎ) সৃষ্টির পূর্বে পদার্থাদির অমূর্ত অবস্থা, পিণ্ডাবস্থা ; shapeless mass, অমূর্ত পিণ্ড-পদার্থ ; disorder, বিশৃঙ্খলা (in a state of *chaos*)। *a.* **chao°tic**—বিশৃঙ্খল। *adv.* **chao°tically** । [Gk.]

chap$_1$ [chap, চ্যাপ্] (**1**) *v.i.t.* to crack, ফাট ধরা বা ফাটান, ফাটল ধরা বা ধরান (lips *chapped* by cold—শীতে ঠোঁট ফাটা। *pr. pt.* **cha°pping ;** *p. & p. pt.* **cha°pped** । (2) *n.* a fissure, ফাট, ফাটল। *a.* **chap°less**—ফাটলহীন, অটুট। *a.* **cha°ppy**—ফাটলযুক্ত ; টুটা-ফুটা। [ME. *chappen*]

chap$_2$ [chap, চ্যাপ্] *n.* (coll.) a fellow, (কথ্য.) লোকটা, বেটা। *n.* **chap°book**—যে জনপ্রিয় পুস্তক ফেরি করিয়া বেচা হয়। *n.* **chap°man**—খরিদদার ; দোকানদার ; ফেরিওয়ালা। [OE. *ceap*=trade< *ceapman*=trader<G. *kaufen*]

chap$_3$ [chap, চ্যাপ্] *n.* a jaw or cheek, চোয়াল বা গাল। *a.* **chap°-fallen**—চোয়ালের নিম্নভাগ বসিয়া গিয়াছে বা নাই এমন ; (আল.) বিষণ্ণ, হতাশ। *a.* **chap°less**—চোয়ালের নিম্নভাগ নাই এমন। [ON. *kjaptr*=jaw]

chapbook—see **chap$_2$**.

chapel [cha°pl, চ্যা°প্‌ল্] *n.* a place of Christian worship usu. attached to a house or institution, সচ. পরিবারের বা প্রতিষ্ঠানের নিজস্ব গির্জা অপেক্ষা ক্ষুদ্রতর খ্রিস্টীয় ভজনালয় (তু. বারোয়ারিতলা, চণ্ডীমণ্ডপ, ঠাকুরঘর)। [OF. *capele*<LL. *cappella*=a small cloak]

chaperon [sha°-pa-ron, শ্যা°প্যারোন্] (1) a kind of hood or cap, একপ্রকার বোরখা বা টুপি ; a (young) lady's attendant (usu. an elderly woman) on social occasions, সামাজিক ব্যাপারে (তরুণী) রমণীর (সচ. বিবাহিতা বা প্রবীণা) সহচরী। (2) *v.t.* to act as a chaperon to, উক্ত সহচরী-রূপে সঙ্গে থাকা। [F.]

chap-fallen—see **chap$_3$**.

chapiter [cha°-pi-ta(r), চ্যা°পিট্যা(র্)] *n.* the capital of a column, স্তম্ভশীর্ষ। [F. *chapitre*< L. *caput*=the head]

chaplain [chap°-lin, চ্যাপ্°লিন্] *n.* a clergyman attached to an institution or family, কোন প্রতিষ্ঠান বা পরিবারের জন্য নিযুক্ত যাজক। [OF. *chapelain*—cp. *chapel*]

chaplet [chap°-lit, চ্যাপ্°লিট্] *n.* a wreath of flowers leaves gold gems etc., for the head, পুষ্প পত্র স্বর্ণ মণি বা অন্য কিছুর দ্বারা গঠিত মাথায় পরিধানের মালা, শিরপেঁচ ; a string of beads used for counting prayers or as necklace, গুটিসমূহদ্বারা রচিত জপমালা বা কণ্ঠহার। [OF. *chapelet*<*chape*=a head-dress]

chapless—**chap$_{1,3}$**.

chapman—see **chap$_2$**.

chapped, chapping, chappy—see **chap$_1$**.

chaprassi [chup-ra°-si, চাপ্‌র্যা°সি] *n.* an official messenger or personal attendant, an orderly, চাপরাসি। [Hind.<*chapras*= a livery, a badge]

chapter [chap°-ta(r), চ্যাপ্°ট্যা(র্)] *n.* a main division of a book, অধ্যায়, পরিচ্ছেদ ; a particular subject, বিষয় ; a division of the Acts of Parliament of a session, গ্রেট্ ব্রিটেনের ব্যবস্থাপক সভার কোন একবারের অধিবেশনে গৃহীত আইনসমূহের ভাগ বা ধারা ; an assembly of the canons or of the members of a monastic or knightly order, যাজকসঙ্ঘ, ধর্মসম্প্রদায়, বীর-সম্প্রদায়। **chapter and verse**—কোন উক্তির সমর্থনে যথাযথ নজির। **chapter of accidents**—অভাবিতপূর্ব ঘটনাবলী ; পর পর সঙ্ঘটিত ঘটনাবলী। **to the end of the chapter**—প্রথম হইতে শেষ পর্যন্ত, আদ্যন্ত। *n.* **chap°ter-house**—সম্মেলন-কক্ষ, সভাকক্ষ। [OF. *chapitre*<L. *capitulum*=a small head]

char$_1$ [chŭ(r), চা(র্)] *n.* a kind of fish, (পার্বত্য নদ্যাদির) মৎস্যবিশেষ। [Celt. ?]

char$_2$ [chŭ(r), চা(র্)] (1) *n.* an odd job, টুকি-টাকি কাজ ; (in *pl.*) household work, গৃহস্থালির কাজ। (2) *v.i.* to do odd jobs or household work, টুকিটাকি কাজ বা গৃহস্থালির কাজ করা। *pr. pt.* **cha°rring ;** *p. & p. pt.* **cha°rred** । *n.* **charlady**—(পরিহাসসূচক অর্থে) ঠিকা ঝি, ঝি-ঠাকুরানী। *n.* **char°woman**—ঠিকা ঝি। [OE. *c(i)erran*=to turn—cp. *jar*]

char$_3$ [chŭ(r), চা(র্)] (1) *v.t.* to reduce to carbon, অঙ্গারে পরিণত করা। (2) *v.i.* to scorch, দগ্ধ করা। *conjug.* same as **char$_2$** । *a.* **cha°rry**—অঙ্গার বা কাঠ-কয়লা সংক্রান্ত, অঙ্গারিক। [?]

char-à-banc [sha°-ra-bang, শ্যা°র‍্যাব্যাং] *n.* a kind of open vehicle, ছাদহীন গাড়িবিশেষ ; (loos.) a coach for tourists or gypsies, (শিথি.) ভ্রমণকারীদের বা বেদেদের গাড়ি। [F. *char a bancs*=a carriage with benches]

character [ka°-rik-ta(r), ক্যা°রিক্‌ট্যা(র্)] (1) *n.* a letter, sign, figure, stamp or distinctive mark, বর্ণ বা অক্ষর, চিহ্ন, আকার বা মূর্তি, ছাপ, বৈশিষ্ট্যসূচক চিহ্ন ; manner of writing, লেখার ধরন, লিখনরীতি ; handwriting, হস্তলিপি, হস্ত-লিপির ছাঁদ ; a secret cipher, গুপ্তলিখন, সাঙ্কেতিক-লিখন ; a quality or peculiarity, গুণ, ধর্ম, বৈশিষ্ট্য ; nature, স্বভাব, প্রকৃতি ; the aggregate of peculiar qualities, habits, practices, etc., (প্রধানতঃ স্বাভাবিক) চরিত্র ; the aggregate of moral qualities, নৈতিক চরিত্র ; the reputation of possessing moral qualities, সচ্চরিত্রতা (a man of *character*) ; a formal statement of the qualities of an employee, কর্মচারীর গুণাবলী ও দক্ষতা সম্বন্ধে প্রশংসাপত্র ; well-marked personality or one who possesses this, ব্যক্তিত্ব, ব্যক্তিত্বসম্পন্ন পুরুষ (a public *character*, quite a *character*) ; a personality as created in a play, novel, etc., নাটক-উপন্যাসা-দিতে বর্ণিত চরিত্র। (2) *v.t.* to engrave or imprint, খোদাই করা বা ছাপ দেওয়া ; to describe, বর্ণনা করা। **in character**—(কার্যাদি) চরিত্রানুসারী বা যথোচিত। **out of character**—চরিত্রানুসারী বা যথোচিত নহে এমন, চরিত্রের সঙ্গে বেমানান।

charácteris°tic—(**1**) *n.* বৈশিষ্ট্য, ধর্ম, গুণ ; (**2**) *a.* বৈশিষ্ট্যমূলক ; বৈশিষ্ট্যসূচক। *adv.* **charácteris°tically** । *v.t.* **cha°rácterize**—চরিত্র বর্ণনা করা ; বৈশিষ্ট্য প্রদান করা। *n.* **charácterizā°tion** । *a.* **cha°rácterléss**—অসচ্চরিত্র ; চরিত্রহীন ; বৈশিষ্ট্যহীন ; ব্যক্তিত্বহীন। [L.<Gk. *kharakter*=stamp]

charade [sha-rŭd°, শ্যারাড়্°] *n.* a kind of word-riddle, শব্দসংক্রান্ত ধাঁধাবিশেষ। [F.]

charas—alt. spell. of **churrus.**

charcoal [chŭ(r)°-kōl, চা(র্)°কৌল্] *n.* wood charred into coal, কাঠকয়লা। **charcoal burner**—কাঠকয়লা প্রস্তুতকারী ব্যক্তি ; যে উনানে জ্বালানী হিসাবে কাঠকয়লা ব্যবহৃত হয়। [*char*$_3$, *coal*]

chard [shŭ(r)d, শা(র্)ড্] *n.* a variety of beet of which the leaves are used as a vegetable, একপ্রকার বীট ; ইহার পাতা সবজি হিসাবে ব্যবহৃত হয়।

chare [chār, চেয়্যা(র্)] var. of **char**$_2$.

charge [chu(r)j, চা(র্)জ্] (**1**) *v.t.* to fill or load or burden, পূর্ণ করা, ভরা, বোঝাই করা (to *charge* a gun); to cause to accumulate electricity, বিদ্যুৎশক্তি সঞ্চারিত করা (to *charge* a battery) ; to entrust or command, দায়িত্ব অর্পণ করা বা আদেশ দেওয়া ; to accuse, অভিযুক্ত করা, বিরুদ্ধে নালিশ করা ; to attack, আক্রমণ করা ; to demand or exact as a price, etc., মূল্যাদি দাবি করা বা আদায় করা। (**2**) *v.i.* to make an onset, আক্রমণ করা। (**3**) *n.* load or burden, বোঝা ; the load of powder, বারুদ ; cost or price, দাম, মূল্য ; attack, আক্রমণ ; accusation, অভিযোগ, নালিশ ; care, custody, তত্ত্বাবধান, রক্ষণাবেক্ষণ ; an object of care, তত্ত্বাবধানের অধীন ব্যক্তি বা বস্তু ; a task or duty, responsibility, ভারার্পিত কাজ বা কর্তব্য, দায়িত্ব ; command, আদেশ ; an accumulation of electricity, বিদ্যুৎশক্তির সঞ্চার ; (*pl.*) expenses, ব্যয়, খরচ। **(to) bring a charge against**—(অপরাধাদির হেতু) কাহাকেও অভিযুক্ত করা বা কাহারও বিরুদ্ধে অভিযোগ আনয়ন করা। **(to) give one in charge**—পুলিশে ধরাইয়া দেওয়া। **(to) lay to one's charge**—কাহারও বিরুদ্ধে (কোন) অভিযোগ আনা। **(to) take charge of**—তত্ত্বাবধানের ভার লওয়া ; কর্মাদির দায়িত্ব বা ভার গ্রহণ করা। *a.* **char°geable**—অভিযোগ্য ; নিন্দার্হ ; প্রদেয় (cost of repair *chargeable* on the owner)। *adv.* **char°geably** । *n.* **charge°-account**—দোকানের বাকির খাতা (এই খাতায় লিখিয়া মাল কিনিলে খরিদদারকে নগদ দাম দিতে হয় না)। *n.* **charge°-hand, charge°-man**—শ্রমিক-সর্দার। *n.* **charge°-sheet**—অভিযোগপত্র। *n.* **in-charge°**—ভারপ্রাপ্ত ব্যক্তি। [F. *charger*>LL. *carricare*=to load]

chargé-d'affaires [shŭ(r)°-zā-da-fā(r)°, শা(র্)°-জ়েইড্যাফেয়্যা(র্)°] *n.* a diplomatic agent of a rank inferior to that of an ambassador, রাজদূত অপেক্ষা নিম্নতর মর্যাদাসম্পন্ন কূটনীতিক কর্মচারী, রাষ্ট্রনিযুক্তক। [F.]

charger [chŭ(r)°-ja(r), চা(র্)°জ্যা(র্)] *n.* a war-horse, a যুদ্ধাশ্ব ; large flat dish, বৃহদাকার থালা। [see *charge*]

chariot [cha°-ri-at, চ্যারি°অ্যাট্] (**1**) *n.* a car esp. one used by ancient princes heroes or gods, রথ। (**2**) *v.t.i.* to carry in or ride a chariot, রথে চড়াইয়া লইয়া যাওয়া বা রথে চড়িয়া ভ্রমণ করা। *p.* & *p. pt.* **cha°riotéd** । *n.* **charioteer°**—সারথি ; রথারোহী ; রথী। [F. dim of *char*=a car]

charisma [ka°-riz-ma, ক্যা°রিজ্‌ম্যা] *n.* a spiritual power given by God, ভগবদ্দত্ত আধ্যাত্মিক শক্তি ; genius of an extraordinarily high degree, অনন্যসাধারণ প্রতিভা ; capacity to inspire and influence one's fellows, সঙ্গী সাথী সহকর্মী প্রভৃতি ব্যক্তিগণকে উদ্‌বুদ্ধ ও প্রভাবিত করিবার ক্ষমতা বা শক্তি। *a.* **charisma°tic** । [Gk. *charis*=grace]

charity [cha°-ri-ti, চ্যা°রিটি] *n.* the disposition to do good to others, পরহিত, পরোপকার ; kindness, দয়া, সদয়তা ; beneficence, বদান্যতা, দানশীলতা ; help to the poor, দরিদ্রসেবা; alms-giving, ভিক্ষাদান ; beneficent gift, alms, দান, ভিক্ষা (to live on *charity*) ; a charitable institution, দাতব্য প্রতিষ্ঠান; (B.) universal love, (খ্রিষ্টানসুলভ) বিশ্বপ্রেম বা সর্বজনে প্রীতি। **charity begins at home**—নিজের ঘরের দুয়ার হইতেই দাক্ষিণ্যের আরম্ভ হওয়া উচিত। **cold as charity**—(সরকারি) দাতব্যশালার আন্তরিকতাহীন দানের মতই হৃদয়হীন বা একান্ত উদাসীন বা সদয়তাহীন। *a.* **cha°ritable**—পরহিতপরায়ণ ; বদান্য ; দাতব্য। *adv.* **cha°ritably** । *n.* **cha°rity-boy°, cha°rity-girl°**—দাতব্য বিদ্যালয়ের ছাত্র বা ছাত্রী। *n.* **cha°rity-schōōl°**—দানরূপে প্রাপ্ত অর্থাদি-দ্বারা পরিচালিত অবৈতনিক বিদ্যালয়, দাতব্য বিদ্যালয়। [F. *charite*<L. *caritas*<*carus*=dear]

charivari [chŭ°ri-vŭ°-ri, চা°রিভা°রি] *n.* a medley of sounds, বিবিধ আওয়াজের সংমিশ্রণে মিলিত সঙ্গীত ; hubbub, হট্টগোল। [F.]

charka [cha(r)°-ka, চ্যা(র্)°ক্যা] *n.* a country-made spinning-wheel operated by the hand, চরখা। [Hind. *charkha*]

charlatan [shŭ(r)°-let(a)n, শা(র্)°ল্যাট্ন্] *n.* a quack, হাতুড়ে বৈদ্য ; an empty pretender to knowledge or skill, ভণ্ড পণ্ডিত। *n.* **char°latanism, char°latanry** । [F.]

Charles's Wain [chŭ(r)lz°-iz-wān, চা(র্)লজ়্°-ইজ়্‌ওএইন্] *n.* (astro.) the seven bright stars of the Great Bear, (জ্যোতি.) সপ্তর্ষিমণ্ডল। [OE. *Carles*=Charlemagne, *waegn*]

Charley, Charlie (chŭ(r)°-li, চা(র্)°লি] *n.* a night-watchman, (কথ্য.) রাতের পাহারাদার।

[*Charles*, a certain night-watchman]

charlotte [shŭ(r)°-lat, শা(র্)°ল্যাট্] *n.* a dish of cooked apple or other fruits covered with crumbs of toast, সিদ্ধ আপেল বা অন্যান্য ফলের উপরে সেঁকা রুটির টুকরা ছড়াইয়া প্রস্তুত খাদ্যবিশেষ, পুডিংবিশেষ। [F. Proper name]

charm [chŭ(r)m, চা(র্)ম্] (**1**) *n.* a spell, জাদু, মায়া; word or act having occult power, জাদুমন্ত্র, গুণ; an amulet, রক্ষাকবচ, তাবিজ; power of fascination, আকর্ষণশক্তি; allurement, প্রলোভন; attractiveness, মনোহারিত্ব; (usu. in *pl.*) beauty, সৌন্দর্য। (**2**) *v.t.* to bewitch, জাদুমুগ্ধ বা মায়ামুগ্ধ করা সম্মোহিত করা; to fascinate or attract, মুগ্ধ বা আকৃষ্ট করা; to allure, প্রলুব্ধ করা; to delight, আনন্দদান করা। **(to) work like a charm**—জাদুমন্ত্রের ন্যায় কাজ করা বা ফলপ্রসূ হওয়া। *a.* **char°med**—জাদুমুগ্ধ, আকৃষ্ট; প্রলুব্ধ; আনন্দিত; জাদুবলে সুরক্ষিত। *n.* **char°mer**—জাদুকর, মায়াবী, গুণিন্। *a.* **char°ming**—অতীব মনোহর বা সুন্দর। [F. *charme*<L. *carmen*=a song]

charnel-house [chŭ(r)°nl-hows, চা(র্)°নল্-হাউস্] *n.* a place where bones thrown up by the grave-diggers are kept, কবর খননকারিগণ কর্তৃক খুঁড়িয়া তোলা অস্থিসমূহ রাখার স্থান। [OF. *charnel*=burying-place]

Charon [kā(r)°(a)n, কেয়্যা(র্)°ন্] *n.* the ferryman conveying souls across the River of Death to Hades, (গ্রী. পু.) যে মাঝি মৃতদের আত্মা মৃত্যুনদী পার করাইয়া যমপুরীতে লইয়া যায়।

charpoy [chŭ(r)°-poy, চা(র্)°পয়্] *n.* a light Indian cot, চারপায়া। [Hind. *charpai*]

charr—alt. spell. of **char$_1$**.

charred, charring, charry—see **char$_{2,3}$**.

chart [chŭ(r)t, চা(র্)ট্] (**1**) *n.* a marine map, সমুদ্রাদির মানচিত্র; an outline map, নকশা; a sheet of tabulated information, তথ্য-তালিকা; a record shown by means of curves, lines, diagrams etc., নকশা রেখাচিত্রাদির সাহায্যে প্রস্তুত বর্ণনালিপি, বর্ণনাচিত্র (a temperature *chart*)। (**2**) *v.t.* to make a chart of, (কিছুর) মানচিত্র বা নকশা অঙ্কন করা; to show by means of a table or chart, তালিকা বা চিত্রলিপি আঁকিয়া প্রদর্শন করান। *p.* & *p. pt.* **char°ted**। [OF. *charte*<L. *charta*=card]

charta [kŭ(r)°-tŭ, কা(র্)°টা] *n.* a charter, সনদ। [L. *carta*=card]

charter [chŭ(r)°-ta(r), চা(র্)°ট্যা(র্)] (**1**) *n.* a written grant of rights, privileges, titles, etc., issued by a sovereign or legislature, অধিকার সুবিধা খেতাব প্রভৃতি প্রদায়ক রাজকীয় বা সরকারি সনদ, ফারমান; a commercial patent, বাণিজ্যিক পণ্যাধিকার, কোম্পানির পেটেন্ট্-পত্র; special privileges, (প্রধানতঃ বাণিজ্যিক প্রতিষ্ঠানকে প্রদত্ত) বিশেষ সুবিধাদি। (**2**) *v.t.* to grant by charter, সনদবলে প্রদান করা বা ব্যবস্থা করা; to hire by charter, (জাহাজাদি) চুক্তিপত্র সম্পাদনপূর্বক ভাড়া করা। *a.* **char°tered**—সনদদ্বারা সংরক্ষিত বা সুবিধাপ্রাপ্ত; চুক্তি করিয়া ভাড়া করা হইয়াছে এমন (a *chartered* aircraft or vessel)। **chartered accountant**—Institute of Accountants হইতে পাস্-করা হিসাবরক্ষক। **chartered company**—সরকারি সনদপ্রাপ্ত বাণিজ্যিক প্রতিষ্ঠান। *n.* **char°ter-party**—জাহাজের ভাড়া ও মাল-বহন সম্বন্ধে জাহাজের মালিক ও বণিকের মধ্যে সম্পাদিত লিখিত চুক্তি। [see *chart*]

Chartism [chŭ(r)°-tizm, চা(র্)°টিজ্ ম্] *n.* a movement in Great Britain for the extension of political power to the working classes, মেহনতি মানুষকে রাজনীতিক ক্ষমতাদানের জন্য গ্রেট্ ব্রিটেনের আন্দোলনবিশেষ। *n.* **Chartist**—উক্ত আন্দোলনে অংশগ্রহণকারী বা উক্ত আন্দোলনের সমর্থক। [see *chart*]

chartography—alt. spell. of **cartography.**

charwoman—see **char$_2$**.

chary [chār°-i, চেয়্যার্°ই] *a.* cautious, সতর্ক, সাবধানী; sparing, সংযত, হিসাবি। *adv.* **chār°ily**। *n.* **chār°iness**। [OE. *cearig*<*cearu*=care]

Charybdis [ka-rib°-dis, ক্যারিব্°ডিস্] *n.* a dangerous sea-monster mentioned in *Odyssey*, 'অডিসি'-তে বর্ণিত সমুদ্র-দানববিশেষ; a whirlpool on the Sicilian side of the Straits of Messina, মেসিনা-প্রণালীর মধ্যে সিসিলির কূলের নিকটবর্তী ঘূর্ণিজল।

chase$_1$ [chās, চেইস্] *n.* a frame holding composed types for page or sheet পৃষ্ঠা বা ফর্মা ছাপার জন্য কম্পোজ করা টাইপ বাঁধার কাঠামো বা ফ্রেম। [F. *chasse*=a shrine<L. *capsa*=a chest]

chase$_2$ [chās, চেইস্] *n.* the part of a gun enclosing the bore, বন্দুকাদির নল; a grove, খাঁজ। [F. *chas*=a hollow<LL. *capsum*=hollow of the chest—cp. *case*]

chase$_3$ [chās, চেইস্] *v.t.* to emboss or engrave, খচিত বা খোদাই করা। *p.* & *p. pt.* **chā°sed**। *a.* **cha°sed**—ক্ষোদিত, উৎকীর্ণ (*chased* silver)। *n.* **chā°ser**। [short. from *enchase*]

chase$_4$ [chās, চেইস্] (**1**) *v.i.* to pursue, ধাওয়া করা, পশ্চাদ্ধাবন করা; to hunt, শিকার করা বা শিকারার্থ পশ্চাদ্ধাবন করা; to drive away, তাড়াইয়া বা খেদাইয়া দেওয়া; to put to flight, খেদাইয়া লইয়া যাওয়া। *p.* & *p. pt.* **chā°sed**। (**2**) *n.* pursuit, পশ্চাদ্ধাবন; hunting, শিকার; a hunt, মৃগয়ালব্ধ পশু; a pursued ship, পশ্চাদ্ধাবিত জাহাজ। **in the chase of**—(কোন ব্যক্তি বা বস্তুর) পিছনে ধাওয়া করিয়া। **(to) give chase**—পশ্চাদ্ধাবন করা। *n.* **chāse°-port**—পশ্চাদ্ধাবনকালে জাহাজের যে রন্ধ্রের মধ্যে বন্দুকাদির নল স্থাপন

করিয়া গুলি ছোড়া হয়। *n.* **cha°ser**—পশ্চাদ্ধাবক ; শিকারি ; শত্রুবিমানের পশ্চাদ্ধাবনে ব্যবহৃত বিমানপোত ; যে রমণী খুব বেশী পুরুষের পিছনে-পিছনে ঘোরে ; মদ্যাদি পানের পর পেয় শীতল শরবত বিশেষ। [OF. *chasser*<L. *captare*<*capere*= to take]

chasm [kazm, ক্যাজ্‌ম্] *n.* an opening, ফাঁক, ফাটল, খাদ, গহ্বর। *a.* **chas°my**—ফাঁকযুক্ত, ফাটল-যুক্ত, খাদবিশিষ্ট। [Gk. *chasma*]

chassepot [shŭs°-pō, শাস্‌°পৌ] *n.* an old French gun, উনবিংশ শতাব্দীর ফরাসী বন্দুক-বিশেষ। [inventor's name].

chasseur [sha-sa(r)°, শ্যাস্যা(র্)°] *n.* a hunter, শিকারি ; a French infantryman or cavalryman, ফরাসি পদাতিক বা অশ্বারোহী সৈনিক। [F.]

chassis [sha°-si, শ্যা°সি] *n.* the base frame of a motor-car, gun-carriage, aeroplane's landing carriage, etc., মোটরগাড়ির কাঠাম চাকা ও কলকবজা, বন্দুকাদির কাঠাম, এরোপ্লেন যে অংশে ভর দিয়া ভূমিতে অবতরণ করে। *pl.* **cha°ssis**। [F.=frame]

chaste [chāst, চেইস্‌ট্] *a.* sexually virtuous, চরিত্রবতী, সতী ; modest, বিনয়ী, নম্র ; refined and pure, (হাবভাবে ও রুচিতে) মার্জিত ও বিশুদ্ধ। *adv.* **chāste°ly**। *v.t.* **chasten** [chā°sn, চেইস্‌ন্] মার্জিত বা শোধিত করা ; শাস্তিপ্রদানপূর্বক দোষমুক্ত করা বা সংশোধন করা ; শাস্তি দেওয়া ; দমন করা বা সংযত করা। *n.* **chāsteness**। *v.t.* **chas°tīse**—সংশোধনার্থ শাস্তি দেওয়া, শাসন করা। *n.* **chas°tīsement**। *n.* **chas°tity**—সতীত্ব ; কৌমার্য, কুমারীত্ব ; বিশুদ্ধতা, সংযম। [OF.<L, *castus*=pure]

chasuble [cha°-zūbl, চ্যা°জ়িউব্‌ল্] *n.* a sleeveless vestment worn by the priest at mass, খ্রিস্টানদের সমবেত ধর্মোপাসনাকালে আচার্যের পরিধেয় হাতা-ছাড়া আঙরাখাবিশেষ। [F.<LL. *casubula* <*casula*=a small hut]

chat [chat, চ্যাট্] (1) *v.t.* to talk familiarly, খোশগল্প করা, আড্ডা দেওয়া। *pr. pt.* **cha°tting** ; *p.* & *p. pt.* **cha°ttėd**। (2) *n.* familiar talk, খোশগল্প, বৈঠকি গল্প। *a.* **cha°tty**—খোশগল্পে, আড্ডাবাজ। *n.* **cha°ttiness**। [from *chatter*]

château [shŭ°-tō, শা°টৌ] *n.* a castle, দুর্গ ; a country-seat, জমিদারের পল্লীভবন। *pl.* **chateaux** [shŭ°-tōz, শা°টৌজ়্]। [F.]

chatelaine [sha°-te-lān, শ্যা°টেলেইন্] *n.* chains fastened to a woman's waist-belt for carrying keys, etc., চাবি প্রভৃতি ঝুলাইয়া রাখিবার জন্য স্ত্রীলোকের কোমর হইতে ঝুলান শিকল বা চেন (she wears a *chatelaine* at her belt)। [F.]

chatta [cha°-ta, চ্যা°ট্যা] *n.* an umbrella, ছাতা। [Hind. *chhata*]

chattel [cha°tl, চ্যা°ট্‌ল্] *n.* any property which is not freehold, যে সম্পত্তি লাখেরাজ নহে ; movable possession, অস্থাবর সম্পত্তি। [OF. *chatel*<L. *capitale*=goods]

chatter [cha°-ta(r), চ্যা°ট্যা(র্)] (1) *v.i.* to talk idly and rapidly, অনর্থক বক্‌বক্ করা ; (of birds) to utter rapid short notes repeatedly, (পাখি-সম্বন্ধে) কিচিরমিচির করা। (2) *n.* a quick succession of short notes, (পাখিদের) কিচিরমিচির শব্দ ; idle talk, অনর্থক বক্‌বকানি। *n.* **cha°tterbox**—যে ব্যক্তি অনর্থক বক্‌বক্ করে, বাচাল। *n.* **cha°tterer**—বাচাল ; কিচিরমিচির শব্দকারী পাখি (যেমন, চড়াই)। [imi.]

chatty—see **chat.**

Chaucerian [chaw-ser°-i-an, চাসিয়্যার্°ই-অ্যান্] *a.* of or like Geoffrey Chaucer, ইংরেজ কবি চসার্-সংক্রান্ত বা তত্তুল্য।

chauffer [chaw°-fa(r), চা°ফ্যা(র্)] *n.* a portable furnace, বহনযোগ্য উনান। [see *chafe*]

chauffeur [shō-fa(r), শৌ°ফ্যা(র্)] *n.* a paid driver of a motor-car, মোটর-গাড়ির মাহিনা-করা ড্রাইভার বা চালক, শোফার। *fem.* **chaffeuse** [shō-fēz°, শৌফেজ়্°]। [F.]

chaulmoogra, chaulmugra [chowl-mōōg°-ra, চাউল্‌মুগ্°র‍্যা] *n.* a medicinal plant, চালমুগরা-গাছ। [Beng.]

chauvinism [shō°-vi-nizm., শৌ°ভিনিজ়্ম্] *n* Jingoism, উৎকট স্বাদেশিকতা। *n.* **chau°vinist**—উৎকট স্বদেশভক্ত। *a.* **chauvinis°tic**—উৎকট স্বদেশভক্তিসম্পন্ন। [*Nicolas Chauvin*]

chaw [chow, চাউ] (1) *v.t.* to chew, চর্বণ করা। (2) *n.* a quid of tobacco, খইনি। *n.* **chaw°-bācon**—মূর্খ ও অমার্জিত গেঁয়ো লোক বা ভাঁড়। [var. of *chew*]

cheap [chēp, চীপ্] (1) *a.* low in price, সস্তা ; inferior in quality, paltry, অসার, তুচ্ছ, বাজে। (2) *adv.* at a low price, সস্তায় (to buy or sell *cheap*)। **dirt cheap**—ধুলার মত সস্তা, বেজায় সস্তা। **(to) feel cheap**—নিজেকে হীন মনে করা ; লজ্জিত হওয়া। **(to) hold cheap**—হীনমূল্য বা গুরুত্বহীন বলিয়া মনে করা ; অবজ্ঞা করা। **(to) make oneself cheap**—স্বীয় আচরণের ফলে নিজের সুনামহানি করা বা ছোট হওয়া। **on the cheap**—(কথ্য.) সস্তায়, সুলভে। *v.t.* **chea°pen**—দর-দাম বা দর-কষাকষি করা ; সস্তা করা ; মূল্যহ্রাস করা ; মর্যাদার বা সুনামের হানি করা। *n.* **cheap°-jack**—খুব সস্তায় মাল-বিক্রয়ের ভানকারী ফেরিওয়ালা। *adv.* **cheap°ly**। *n.* **cheap°nėss**। [OE. *ceap*=price—cp. G. *kaufen*=to buy]

cheat [chēt, চীট্] (1) *n.* a fraud, প্রতারণা, জুয়াচুরি ; one who defrauds or deceives, প্রতারক, জুয়াচোর। (2) *v.t.* to deceive, প্রতারিত বা প্রবঞ্চিত করা, ঠকান। (3) *v.i.* to practise fraud, জুয়াচুরি করা বা প্রতারণা করা। *p.* & *p. pt.* **chea°tėd**। [short. from *escheat*]

check [chek, চেক্] (1) *v.t.* to threaten opponent's king at chess, দাবাখেলায় কিশতি দেওয়া ; to bring to a stand, থামান, আটকান, রোধ করা ; to restrain or hinder, সংযত করা, বাধা দেওয়া ; to rebuke, তিরস্কার করা ; to verify, মিলাইয়া দেখা ; to punch (as a ticket), (টিকেটাদি) পরীক্ষা করিয়া চিহ্নিত করা ; to scrutinize, পরীক্ষা করিয়া দেখা। (2) *v.i.* to come to a stop, থামা। (3) *n.* a move at chess threatening opponent's king, দাবাখেলায় কিশতি; a stop, নিবৃত্তি ; a hindrance, বাধা, প্রতিবন্ধক ; restraint, সংযম ; control, নিয়ন্ত্রণ (to keep a *check* on one's temper) ; a rebuke, তিরস্কার ; a mark or means of verification, মিলাইয়া দেখার চিহ্ন বা উপায় ; a pattern of small squares, চৌখুপি নকশা, চেক ; any fabric with such a pattern, চেক-কাটা বস্ত্র ; a cheque, ব্যাঙ্কের চেক। **(to) check in**—(হোটেল কারখানা প্রভৃতিতে) পৌঁছিয়া হাজিরা-খাতায় নাম লেখান বা সই করা। **(to) check off**—মিলাইয়া সঠিক হইয়াছে দেখিয়া চিহ্ন দেওয়া। **(to) check out**—(হোটেল প্রভৃতি হইতে) পাওনাদি পরিশোধপূর্বক বিদায় লওয়া। **checks and balances**—(ক্ষমতার অপব্যবহার রোধের জন্য) কর্তৃপক্ষদ্বারা নিয়ন্ত্রণাদি বা তৎসংক্রান্ত পদ্ধতি বা উপায়-সমূহ। **(to) check up**—মিলাইয়া দেখা। *a.* **che°cked**—check (*v.*)-এর সকল অর্থে, এবং—চেক-কাটা। *n.* **che°cker$_1$**—বাধাদানকারী ; যে মিলাইয়া বা পরীক্ষা করিয়া দেখে। *n.* **che°cker-board**—দাবা ও ড্রাফ্‌ট্‌ খেলার (ইহা দাবাজাতীয় খেলা) জন্য চৌখুপি ছক-কাটা ফলক। *n.* **che°ckers**—ড্রাফ্‌ট্‌ খেলা। **check°māte°**—(1) *n.* দাবাখেলায় চালমাত ; (2) *v.t.* প্রতিপক্ষকে চালমাত করা ; (আল.) পরাস্ত করা। *p. & p. pt.* **check°-mā°ted** । *n.* **check°-up**—আকস্মিকভাবে অংশবিশেষ পরীক্ষা। [OF. *eschec*<Pers. *sha*=king ; checkmate<OF. *eschec mat*<Pers. *sha mat*=the king is killed]

checker$_1$—see **check.**

checker$_2$—alt. spell. of **chequer.**

chee-chee [chē°-chē, চী°চী] *n.* (contemp.) a Eurasian, (অবজ্ঞায়) ইউরেশীয়। [Beng. *chhi chhi*=fie, fie !]

cheek [chēk, চীক্] *n.* the side of the face below the eye, গণ্ড, গাল, কপোল ; (coll.) impudence, (কথ্য.) ধৃষ্টতা। **cheek by jowl**—পাশাপাশি, কাঁধে-কাঁধে। *n.* **cheek°-bōne**—চক্ষু ও গালের মধ্যবর্তী অস্থি। *a.* **chee°ked**—(নির্দিষ্ট) গালবিশিষ্ট (a rosy-*cheeked* girl)। *n.* **cheek°-tōōth**—মাঢ়ীর দাঁত। *a.* **chee°ky**—ধৃষ্ট। *adv.* **chee°kily** । *n.* **chee°kiness** । [OE. *cece, ceace*—cp. Du. *kaak*]

cheer [chē(r), চিয়্যা(র্)] (1) *n.* frame of mind, মানসিক অবস্থা (with good *cheer*) ; joy, আনন্দ ; a shout of joy, welcome, approval, encouragement, etc., হর্ষধ্বনি, সাদর সম্ভাষণসূচক বা সমর্থনজ্ঞাপক ধ্বনি, উৎসাহদায়ক ধ্বনি, প্রভৃতি (also **cheer°ing**) ; entertainment, মনোরঞ্জন ; food, খাদ্য। (2) *v.t.* to comfort, সান্ত্বনা দেওয়া ; to gladden, আনন্দিত করা ; to encourage, উৎসাহিত করা ; to applaud, সোল্লাসে প্রশংসা করা বা সমর্থন করা। (3) *v.i.* to take comfort, সান্ত্বনা পাওয়া। **(to) cheer up**—সান্ত্বনা পাওয়া বা সান্ত্বনা দেওয়া, প্রফুল্ল করা বা প্রফুল্ল হওয়া। *a.* **cheer°ful**—আনন্দদায়ক, মনোরম ; প্রফুল্ল, হাসিখুশি ; উৎসাহ-জনক। *adv.* **cheer°ily** । *n.* **cheer°iness** । *int.* **cheer°iō**—(অমা.) উল্লাসপূর্ণ বিদায়-সম্ভাষণবিশেষ। *a.* **cheer°less**—সান্ত্বনাবিরহিত, নিরানন্দ, বিরস ; নীরস। *n.* **cheer°lessness** । **cheer°ly**—(1) *adv.* হর্ষোৎফুল্লভাবে ; (2) *a.* হর্ষোৎফুল্ল। *a.* **cheer°y**—প্রফুল্ল, আনন্দদায়ক, মনোরম। [OF. *chiere*=face<LL. *cara*]

cheese [chēz, চীজ্] *n.* a milk-product, পনির। *n.* **cheese°-cake**—পনিরের পুর দেওয়া পিষ্টকবিশেষ ; স্ত্রীলোকের দৈহিক সৌন্দর্যপ্রধান আলোকচিত্র। *n.* **cheese°-cloth**—পনির (এবং ছানা) বাঁধার জন্য জালি-কাপড়। *n.* **cheese°-cutter**—পনির কাটিয়া তুলিবার জন্য চামচ বা ছুরি। *n.* **cheese°-monger**—পনির বিক্রেতা। *n.* **cheese°-pāring**—অত্যন্ত রোগা লোক ; টাকাকড়ি খরচের ব্যাপারে অতিসতর্কতা, ব্যয়কুণ্ঠা। *a.* **chee°sy**—পনিরতুল্য ; মাংসল ও কোমল, গোলগাল। *n.* **chee°siness** । [OE. *cese, cyse*<G. *kase*<L. *caseus*]

cheetah [chē°-ta, চী°টা] *n.* the Indian leopard, চিতাবাঘ। [Hind. *chita*]

chef [shef, শেফ্] *n.* a head cook, প্রধান পাচক, সর্দার বাবুর্চি। *n.* **chef d'œuvre** [shā-davr°, শেইড্যাভ্র্°] (কাহারও) সেরা কাজ বা শ্রেষ্ঠ অবদান, (কাহারও) শ্রেষ্ঠ গ্রন্থ বা শিল্পকর্ম। [F.]

ch(e)iro- [kīr°ō, কায়্যার্°ঔ] *in comp.* hand, হস্ত। *n.* **ch(e)ir°ŏgraph**—লিখিত বা সহি-করা দলিল। *n.* **ch(e)iro°grophist**—হস্তলিপি-বিশারদ। **ch(e)irography** [kīr-o°-gra-fi, কায়্যার্অ°গ্র্যাফি] *n.* হস্তলিপি, হাতের লেখা। *n.* **ch(e)ir°ŏmancy**—হস্তরেখা-বিচার, হাত দেখা। [Gk. *kheir*]

cheka [chā-ka. চেই°কা] *n.* the Russian secret police of 1917-1922, ১৯১৭-১৯২২ খ্রিস্টাব্দকালীন রাশিয়ার গোয়েন্দা পুলিস। [Russ. *che ka*, initials of *Chresvychainaya Kommissiya*=extraordinary commission]

chela$_1$ [chā°-la, চেই°ল্যা] *n.* a disciple, শিষ্য, চেলা। *n.* **che°laship**—চেলাগিরি। [Hind.]

chela$_2$ [kē°la, কী°ল্যা] *n.* the prehensile claw of lobsters, crabs, etc., গলদাচিংড়ি কাঁকড়া বিছে প্রভৃতি যে দাঁড়া দিয়া আঁকড়াইয়া ধরে। [Gk. *khele*]

chemical—see **chemistry.**

chemise [shi-mēz°, শিমীজ্°] *n.* a woman's

under-garment, স্ত্রীলোকের শেমিজ। [F. < LL. *camisia* = a shirt]

chemistry [ke°-mis-tri, কে°মিস্‌ট্রি] *a.* the science of properties of substance and of the laws of their combination and interaction, রসায়নবিদ্যা। **che°mical**—(**1**) *a.* রাসায়নিক ; রাসায়নিক প্রক্রিয়ায় প্রস্তুত (*chemical* gold) ; রসায়নবিদ্যায় পণ্ডিত ; (**2**) *n.* রাসায়নিক প্রক্রিয়ায় প্রস্তুত বা রাসায়নিক প্রক্রিয়ায় ব্যবহার্য পদার্থ (heavy *chemicals*) । **chemical warfare**—গ্যাস আগ্নেয় বোমা বিষাক্ত ধুম প্রভৃতির দ্বারা লড়াই। *adv.* **che°mically** । *n.* **che°mist**—রসায়নবিৎ, রাসায়নিক ; রাসায়নিক পদার্থের বিক্রেতা ; ঔষধপত্রাদির বিক্রেতা। *n.* **chemotherapy** [ke-ma-the°-ra-pi, কেম্যাথেরাপি] রোগজীবাণুনাশক রাসায়নিক মিশ্র-প্রয়োগে রোগচিকিৎসা। [see *alchemy*]

cheque [chek, চেক্] *n.* money order on a bank, ব্যাঙ্ক হইতে টাকা তুলিবার কাগজ ; (obs.) a counterfoil, (অপ্র.) রসিদ টিকিট প্রভৃতির প্রতিলিপি, চেকমুড়ি। **accounts payee cheque**—যে চেক কেবল ব্যাঙ্কে প্রাপকের অ্যাকাউন্টে জমা দিয়া ভাঙ্গান যায়। **back-dated cheque**—যে চেকের তারিখ পুরান হওয়ার ফলে ভাঙ্গান যায় না। **bearer cheque**—যে চেক বহনকারী মাত্রেই অর্থাৎ যে কেহ ভাঙ্গাইতে পারে। **blank cheque**—টাকার অঙ্ক বসাইবার স্থান ফাঁকা রাখিয়া সহি-করা চেক (ইহাতে প্রাপক খুশিমত টাকার অঙ্ক বসাইয়া লইতে পারে)। **certified cheque**—যে চেক ভাঙ্গাইয়া দিবার উপযুক্ত টাকা অ্যাকাউন্টে আছে বলিয়া ব্যাঙ্ক হইতে সার্টিফিকেট দেওয়া হইয়াছে। *n.* **cheque°-book**—চেকবহি। **crossed cheque**—দুইটি সমান্তরাল রেখা টানিয়া চিহ্নিত করা চেক : কোন ব্যাঙ্কে আমানত জমার মাধ্যমে এই চেক ভাঙ্গাইতে হয়। **order cheque**—যে চেক ভাঙ্গাইতে হইলে গ্রহীতার স্বাক্ষর প্রয়োজন। **(to) cash a cheque**—ব্যাঙ্কে চেক জমা দিয়া টাকা তোলা, চেক ভাঙ্গান। **(to) dishonour a cheque**—(ব্যাঙ্ক কর্তৃক) চেকের বদলে টাকা দিতে অস্বীকার করা। **(to) draw a cheque**—চেক কাটা। **(to) honour a cheque**—(ব্যাঙ্ক কর্তৃক) চেকের বদলে টাকা দেওয়া। [see *check*]

chequer [che°-ka(r), চে°ক্যা(র্)] (**1**) *v.t.* to mark with squares of different colours, বিভিন্ন বর্ণের চৌখুপি-দ্বারা শোভিত করা ; to variegate, বৈচিত্র্যময় করা। (**2**) *n.* (arch.) a chess-board, (আর্ধ.) দাবা খেলার জন্য ছক্-কাটা ফলক ; alternations of colours, বর্ণবৈচিত্র্য। *a.* **che°-quered**—দাবাখেলার ছকের ন্যায় বর্ণবৈচিত্র্যপূর্ণ ; বিচিত্রস্বভাব বা অস্থিরপ্রকৃতি ; ভাগ্যের বিচিত্র উত্থান-পতনসমন্বিত (a *chequered* career) ; বিচিত্রিত। [see *check*]

cherish [che°-rish, চে°রিশ্] *v.i.* to foster or nurture or nurse, লালন করা, সস্নেহে বা যত্নে পালন করা, শোষণ করা ; to nurture (a desire, ambition, etc.) in one's heart, (আকাঙ্ক্ষাদি) হৃদয়ে পোষণ করা। [F. *cherir* < *cher* = dear < L. *carus*]

cheroot [sha-root°, শ্যারূট্°] *n.* a kind of cigar, চুরুট। [F. *cheroute* < Tam. *shuruttu* = a roll]

cherry [che°-ri, চে°রি] (**1**) *n.* a stone-fruit or its tree, জামজাতীয় ফলবিশেষ বা উহার গাছ। (**2**) *a.* red, লাল বা রক্তবর্ণ (*cherry* lips) । *n.* **che°rry-pepper**—একপ্রকার লঙ্কা। [OE. *ciris* < L. *cerasus* < Gk. *kerasos*]

chersonese [ka(r)°-sa-nes, ক্যা(র্)°স্যানীস্] *n.* a peninsula, উপদ্বীপ। [Gk. *khersonesos*]

cherub [che°-rab, চে°র‍্যাব্] *n.* a celestial creature, শিশুর ন্যায় আকারবিশিষ্ট ডানাওয়ালা স্বর্গীয় জীববিশেষ ; (fig.) a chubby child, নধর শিশু। *pl.* **che°rubs, che°rubim** । *a.* **cherubic** [che-roo°-bik, চেরূ°বিক্] উক্ত স্বর্গীয় জীব-সুলভ ; (আল.) সুন্দর ও নিষ্পাপ। [H. *k'rub*]

chess [ches, চেস্] *n.* an indoor game, দাবা-খেলা বা শতরঞ্চ খেলা। *n.* **chess°board**—দাবা-খেলার জন্য ছক-কাটা ফলক। *n. pl.* **chess°men**—দাবাখেলার ঘুঁটিসমূহ। [OF. *esches* < Pers. *shah* = a king—cp. *check*]

chest [chest, চেস্ট্] *n*, a large strong box, সিন্দুক ; the thorax, বক্ষঃ, বক্ষঃপুট, বুক ; a treasury, ধনভাণ্ডার। **chest of drawers**—দেরাজ-ওয়ালা আলমারি বা টেবিল। **off one's chest**—মন হইতে অপনীত। **to hold** or **keep close to the chest**—গোপনতা রক্ষা করা, গোপন রাখা। *n.* **chest°-note**—(সঙ্গীতে) গম্ভীর সুর (তু. ওঙ্কার-ধ্বনি)। [OE. *cyst* < L. *cista* < Gk. *kiste*]

chesterfield [ches°-ta(r)-feld, চেস্°ট্যা(র্)ফীল্ড্] *n.* a kind of overcoat, লম্বা কোটবিশেষ ; a cushioned sofa, গদি-আঁটা সোফা। [Lord *Chesterfield*]

chestnut [ches°-nut, চেস্°নাট্] (**1**) *n.* a kind of nut, its tree, or the timber of its tree, বাদামবিশেষ, উক্ত বাদামবৃক্ষ, উক্ত বৃক্ষের কাষ্ঠ ; a high-class horse, উৎকৃষ্ট ঘোড়াবিশেষ ; (coll.) old and well-worn joke, (কথ্য.) পুরাতন ও চিরা-চরিত ঠাট্টা-তামাশা। (**2**) *a.* of chestnut colour, উক্ত বাদামি বর্ণবিশিষ্ট ; reddish-brown, পিঙ্গল। **(to) pull the chestnuts out of the fire**—কঠিন বা বিপন্ন অবস্থা হইতে উদ্ধার করা। [OF. *chastaigne* < L. *castanea*]

chevalier [she-va°-le(r), শেভ্যা°লিয়্যা(র্)] *n.* a cavalier, অশ্বারোহী সৈনিক ; a knight-errant, মধ্যযুগীয় ইউরোপের বীরব্রত পুরুষ ; a gallant, রমণী-মোহন পুরুষ, নাগর ; a swindler, ঠগ, জুয়াচোর। [F. < LL. *caballarius* < L. *caballus* = a horse]

chevron [shev°r(a)n, শেভ্°র্‌ন্] *n.* a V-shaped band to be worn on the sleeve by non-commissioned army officers, সৈনিকের পদ-

মর্যাদাসূচক V-আকারের ফিতাবিশেষ : ইহা জামার হাতায় আঁটিতে হয় ; a rafter, বরগা। [F.]

chevy [che°-vi, চে°ভি] (**1**) *n.* a hunting cry, শিকারির চিৎকার বা ধ্বনি ; pursuit, (শিকারার্থ) পশ্চাদ্ধাবন। (**2**) *v.t.i.* to chase, (শিকারার্থ) পশ্চাদ্ধাবন করা ; to harass, হয়রান করা। [*Chevy Chase,* a famous ballad ?]

chew [choo, চু] (**1**) *v.t.* to masticate, চর্বণ করা ; (fig.) to meditate, (আল.) চিন্তা করা। (**2**) *n.* chewing, চর্বণ ; a quid of tobacco, তামাকের টুকরা (তু. খৈনি)। **(to) chew the rag**—(অশি.) (পুরাতন অভিযোগাদি সম্পর্কে) আলোচনা করা, অসন্তোষভরে বিড়্বিড়্ করা। *n.* **chew°ing-gum**—ক্রমাগত চিবাইতে হয় এমন লজেনচুষবিশেষ। [OE. *ceowan* < G. *kauen*—cp. *jaw*]

chianti [ke-an°-ti, কীঅ্যান্°টি] *n.* red or white Italian wine, ইতালিদেশীয় লাল বা সাদা মদ্যবিশেষ। [*Chianti Mountains* in Italy]

chiaroscuro [ki-ŭ-ras-kooa°-ro, কিআর‍্যাস্‌কুয়্যা°রৌ] (**1**) *n.* treatment of light and shade in painting, চিত্রাঙ্কনে আলো-আঁধারের খেলা। (**2**) *a.* of or containing this treatment, আলো-আঁধারি ; half-revealed, আবছায়া। [It. = bright-black]

chiasmus [kī-az°-mas, কাইঅ্যাজ্°ম্যাস্] *n.* (rhet.) contrast by parallelism in reverse order, অর্থালঙ্কারবিশেষ, পরাবৃত্তি (do not *live to eat* but *eat to live*)। [Gk. *khiasmos* = cross-arranged]

chibouk, chibouque [chi-book°, চিবুক্°] *n.* a long tobacco-pipe, ফর্‌সি আলবোলা প্রভৃতির নল। [Turk.]

chic [shik, শিক্] (**1**) *n.* good style, elegance, মার্জিতভাব, সুরুচিপূর্ণতা, বেশভূষায় পরিপাট্য বা আড়ম্বর ; stamp of superiority, শ্রেষ্ঠতা বা প্রাধান্যের ছাপ। (**2**) *a.* stylish, elegant, মার্জিত, সুরুচিপূর্ণ ; smartly dressed or fashionable, পরিচ্ছন্ন বা পরিপাটি বেশে সজ্জিত, ফ্যাসনদুরস্ত। [F.]

chicane [shi-kān°, শিকেইন্°] (**1**) *v.t.* to use shifts and tricks, ছলচাতুরি খেলা। (**2**) *v.t.* to cheat, প্রতারণা করা, ঠকান। (**3**) *n.* a trick or deception, ফাঁকি বা ছলচাতুরি। *n.* **chica°ner** । *n.* **chica°nery**—প্রতারণা, ছলনা। [F.]

chi-chi [shē°shē, শী°শী] *a.* (coll.) pretentious, affected, দাম্ভিকতাপূর্ণ, ভানপূর্ণ। [F.]

chick₁ [chik, চিক্] *n.* a chicken, পাখির (বিশেষতঃ হাঁসমুরগির) ছানা ; (in endearment) a child, (আদরে) খোকামণি বা খুকুমণি ; (sl.) a girl, (অশি.) মেয়ে। [contr. of *chicken*]

chick₂ [chik, চিক্] *n.* a screen of laced bamboo slips etc., চিক। [Hind.]

chicken [chi°-kin, চি°কিন্] *n.* the young of birds, esp. of fowls, যে কোন পক্ষীর, বিশেষতঃ হাঁসমুরগির ছানা ; the flesh of a fowl, মুরগির মাংস ; a youthful person, যৌবনোচ্ছল ব্যক্তি। *a.* **chi°cken-hear°ted**—মনোবলহীন, ভীরু। *n.* **chi°cken-pox**—জলবসন্ত বা পানবসন্ত। [OE. *cicen*—cp. Du. *kieken*]

chicory [chi°-ka-ri, চি°ক্যারি] *n.* a kind of plant, উদ্ভিদবিশেষ : ইহার পাতা স্যালাড্-রূপে এবং মূলচূর্ণ কফির পরিবর্তে বা কফিতে মিশাইয়া খাওয়া হয়। [F. *chicorce* < L. *cichoreum* < Gk. *kikhorion*]

chide [chīd, চাইড্] (**1**) *v.t.* to scold, ভর্ৎসনা করা ; (**2**) *v.t.* to snarl, (কুকুরাদি সম্বন্ধে) ঘেঁাৎঘেঁাৎ করা। to complain, নালিশ করা। *p.* **chid** ; *p. pt.* **chi°dden** । [OE. *cidan*]

chief [chēf, চীফ্] (**1**) *a.* principal, প্রধান ; highest, সর্বোচ্চ ; most important, সর্বাপেক্ষা গুরুত্বপূর্ণ ; first, প্রথম। (**2**) *n.* a head or principal person, প্রধান ব্যক্তি, অধ্যক্ষ, কর্তা ; a leader, নায়ক, সর্দার ; the principal part, প্রধান অংশ। **in chief**—প্রধানতঃ, মুখ্যতঃ ; বিশেষতঃ। **-in-chief**—সর্বপ্রধান (commander-*in-chief*)। *adv.* **chief°ly**—প্রধানতঃ, মূলতঃ। *n.* **chieftain** [chēf°-tan, চীফ্°ট্যান্] গোষ্ঠীপতি, বংশপ্রধান ; নায়ক, সর্দার ; সেনাপতি ; শাসক। *fem.* **chief°tainess** । *n.* **chief°taincy, chief°tainship** । [F. *chef* < L. *caput* = the head]

chiffon [shi°-fon, শি°ফন্] *n.* a thin gauze used as a trimming, পোশাকে ঝালর লাগাইবার জন্য পাতলা কাপড়বিশেষ। *n.* **chiffonier** [shi-fa-nē(r)°, শিফ্যানিয়্যা(র্)°] কারুকার্যময় আলমারি। [F.]

chignon [shē°-ni-on, শী°নিয়ঁ] *n.* a fold or roll of hair worn on the back of the head, গুছি বা জটা। [F.]

chik—alt. spell. of **chick₂**.

chikara₁ [chi-ku°-ru, চিকা°রা] *n.* the Indian gazelle, (চতুঃশৃঙ্গ) গজলা-হরিণ। [Hind.]

chikara₂ [chi°-ka-ru, চি°-ক্যারা] *n.* a musical instrument, বেহালাজাতীয় বাদ্যযন্ত্রবিশেষ, চিকারা। [Hind.]

chilblain [chil°-blain, চিল্°ব্লেইন্] *n.* itching sore on hand or foot, হাত-পায়ের হাজা ; painful swelling of hands and feet in cold weather, (বিশে. শীতপ্রধান দেশে) শীতকালে হাত-পায়ের বেদনাদায়ক স্ফীতি। [*chill,* OE. *blain* = a boil]

child [chīld, চাইল্ড্] *n.* a very young person, বালক বা বালিকা, শিশু ; a son or daughter, পুত্র বা কন্যা ; a minor, নাবালক বা নাবালিকা ; (in *pl.*) offspring, descendants, inhabitants, সন্তানগণ বা শাবকগণ, বংশধরগণ, অধিবাসিগণ (*children* of the soil)। *pl.* **children** [child°r(a)n, চিল্ড্°র‍ন্]। **big with child**—গর্ভবতী, পোয়াতি। **from a child, of a child**—বাল্যাবধি, শৈশবাবধি। **with child**—গর্ভবতী। *n.* **child°-bearing**—সন্তান-প্রসব। *n.* **child°-**

bed—সন্তান-প্রসবকাল, প্রসূতি-অবস্থা। *n.* **chīld°birth**—সন্তান-প্রসব। *n.* **child°hood**—বাল্য, শৈশব। **second childhood**—ভীমরতি। *a.* **chīld°ish, chīld°līke**—বালসুলভ ; (আল.) চপল ; লঘুপ্রকৃতি, ছেব্‌লা। *a.* **chīld°lėss**—নিঃসন্তান। *n.* **chīld°-wīfe**—বালিকা-বধূ। [OE. *cild*]

childermas [chil°-da(r)-mas, চিল্‌ড্যা(র্)ম্যাস্] *n.* a Christian festival held on December 28 to commemorate the massacre of the children by Herod, ২৮শে ডিসেম্বরে অনুষ্ঠিত খ্রিষ্টানদিগের পর্ববিশেষ। [OE. *cild*=child, *maesse*=mass]

chiliad [ki°-li-ad, কি°লিঅ্যাড্] *n.* the number 1000, সহস্র, হাজার, 1000 ; 1,000 of anything, কোনকিছুর সহস্রটি। [Gk. *khiliados*<*khilioi*= 1,000]

chill [chill, চিল্] (**1**) *n.* coldness, শৈত্য, ঠাণ্ডা ; coldness of manner, অনাদর, বিরাগ ; depressing influence, যাহা নিস্তেজ বা নিরুৎসাহ করে। (**2**) *a.* shivering with cold, শীতে কম্পমান ; slightly cold, ঈষৎ ঠাণ্ডা ; not cordial, বিরাগপূর্ণ (a *chill* welcome)। (**3**) *v.t.i.* to make or grow cold, ঠাণ্ডা করা বা হওয়া ; to shiver with cold, শীতে কাঁপান বা কাঁপা ; to make or become disheartened, নিরুৎসাহ করা বা হওয়া (to *chill* a person's enthusiasm or zeal)। **(to) catch a chill**—ঠাণ্ডা লাগা, সর্দি হওয়া। **(to) take the chill off**—একটু গরম করা, কুসুম-কুসুম গরম করা। *n.* **chi°lliness** । *a.* **chi°lly**—ঠাণ্ডা ; শৈত্যপূর্ণ। [OE. *c(i)ele*)=cold—cp. *cold, cool*]

chilli [chi°-li, চি°লি] *n.* the pod of the capsicum, (শুকনা) লঙ্কা। [Mexi.]

chillum [chī°-lum, চি°লাম্] *n.* the detachable part of a hookah containing the tobacco, হুঁকার কলকি ; a hookah, হুঁকা ; a spell of smoking, হুঁকা খাওয়া, ছিলিম। [Hind. *chhilam*]

chilly—see **chill.**

chimaera—alt. spell. of **chimera.**

chime [chīm, চাইম্] (**1**) *n.* a set of attuned bells, এক সুরে বাঁধা ঘণ্টাসমূহ ; (usu. in *pl.*) the ringing of a chime, ঐ ঘণ্টাসকলের পরপর ধ্বনি ; harmonious sounds in succession, ঐকতানবদ্ধ পরপর ধ্বনি ; harmony, ঐকতান, সুরসঙ্গতি ; jingle, রুনুঝুনু শব্দ। (**2**) *v.i.* to sound a chime, সুরেলা ঘণ্টাধ্বনি করা বা হওয়া ; to sound in harmony, ঐকতানে বাজা ; to jingle, রুনুঝুনু করা ; (fig.) to accord or agree, (আল.) একমত বা সম্মত হওয়া। (**3**) *v.t.* to strike or cause to sound in chime or in harmony, ঐকতানবদ্ধভাবে বাজান, সুরেলা ধ্বনি করান ; to indicate by chiming, উক্ত ধ্বনি দ্বারা নির্দেশ করা। **(to) chime in**—কাহারও কথার মধ্যে বাধাদানপূর্বক তাহার সমর্থনে কিছু বলা। **(to) chime in with**—মিল খাওয়া। [ME. *chimbe*—cp. *cymbal*]

chimera [kī-mer°-a, কাইমিয়্যার্°অ্যা] *n.* a fabulous monster, অনল উদ্গিরণকারী পৌরাণিক দানববিশেষ ; ইহার মস্তক সিংহতুল্য ও লাঙ্গুল সর্পতুল্য এবং দেহ ছাগতুল্য ; (fig) a wild idle fancy, (আল.) অদ্ভুত অসার কল্পনা। *a.* **chimerical** [kī-me°-rik(a)l, কাইমে°রিক্‌ল্] উক্ত দানবীয় ; (আল.) অদ্ভুত ও অসার। [L.<Gk. *khimaira*=a she-goat]

chimer(e) [chi-mē(r)°, চিমিয়্যা(র্)°] *n.* the bishop's robe, বিশপের আঙরাখাবিশেষ। [OF. *chamarre*<?]

chimney [chim°-ni, চিম্°নি] *n.* an escape for smoke, fumes, etc., উনানাদির ধূমনির্গমের পথ বা নল, চিমনি। *n.* **chim°ney-cor°ner**—যে স্থানে চিমনি বসান থাকে অর্থাৎ উনানের পার্শ্বদেশ (এখানে শীতের দেশের লোকেরা বসিয়া আগুন পোহায়)। *n.* **chim°ney-piece**—উনানের উপরিস্থ তাক। *n.* **chim°ney-pot**—চিমনির নল। *n.* **chim°ney-stack**—(কারখানাদির) চিমনি-গুচ্ছ। *n.* **chim°ney-swa°llow**—সাধারণ সোয়ালো-পাখি। *n.* **chim°ney-sweep(er)**—চিমনি-পরিষ্কারক। [F. *cheminee*<L. *caminus*=a furnace]

chimp [chimp, চিম্প্] *n.* coll. abbr. of **chimpanzee.**

chimpanzee [chim-pan-ze°, চিম্প্যান্‌জী°] *n.* an African ape, আফ্রিকার প্রায় নরাকৃতি বনমানুষবিশেষ, শিম্পাঞ্জী। [West Af.]

chin [chin, চিন্] *n.* the jutting part of the face below the mouth, চিবুক, থুতনি। **(to) keep one's chin up**—নির্ভয়ে ঝামেলার সম্মুখীন হইবার দৃঢ়তা প্রকাশ করা। **up to the chin**—আকণ্ঠ নিমজ্জিত বা বিজড়িত। *a.* **chin°-deep**—আকণ্ঠ গভীর। *n.* **chin°-wagging**—(কথ্য.) বকবকানি, (তু.) জিভ-নাড়া। [OE. *cin*—cp. G. *kinn*]

China [chī°-na, চাই°ন্যা] *n.* চীনদেশ। **chī°na**—(**1**) *n.* চীনামাটি ; things made of porcelain, চীনামাটিতে তৈয়ারি জিনিস ; (**2**) *a.* চীনামাটিতে তৈয়ারি। *n.* **chī°na-clay**—চীনামাটি প্রস্তুতের উপাদান, কেওলিন। *n.* **chī°na-closėt**—চীনামাটির জিনিসপত্র রাখিবার জন্য তাকওয়ালা ছোট আলমারি। *n.* **chī°na-doll**—চীনামাটির পুতুল। *n.* **Chī°na-grass**—চীন-দেশীয় তৃণবিশেষ (ইহার আঁশে সুতা বস্ত্র প্রভৃতি তৈয়ারি হয়)। *n.* **Chī°naman**—চীনদেশের অধিবাসী, চীনা, চৈনিক। *a.* **Chī°na-rōse**—সামান্য গন্ধযুক্ত বিচিত্রবর্ণ গোলাপ। **china shop**—চীনামাটির জিনিসপত্রের দোকান। *n.* **Chī°natown**—চীনারা বিদেশী শহরাদির যে অংশে বাস করে, চীনাপাড়া। *n.* **chī°nawāre**—চীনামাটির বাসনকোসন পুতুল গহনা প্রভৃতি। **Chīnėse**—(**1**) *n.* চীনের অধিবাসী, চীনা ; (**2**) *a.* চীনদেশীয় ; চৈনিক। **Chinese lantern**—কাগজে তৈয়ারি লণ্ঠন। [Sans. *chene*]

chinchilla [chin-chi°-la, চিন্‌চি°ল্যা] *n.* a rodent, আমেরিকার জন্তুবিশেষ ; its soft grey fur, উহার কোমল ধূসর সলোম চর্ম। [Sp.]

chine$_1$ [chīn, চাইন্] *n.* the spine, (প্রধানতঃ জন্তুর) শিরদাঁড়া বা শিরদাঁড়ার মাংস। [OF. *eschine*]

chine$_2$ [chīn, চাইন্] *n.* a ravine, গভীর ও সঙ্কীর্ণ গিরিসঙ্কট। [OE. *cinu*=a cleft]

Chinese—see **China.**

chink$_1$ [chingk, চিংক্] *n.* a cleft, ফাটল। [ME. *chine*<OE. *cinu*]

chink$_2$ [chingk, চিংক্] (**1**) *n.* clink (as of coins), (ধাতব মুদ্রার) টুং বা ঝন্ শব্দ। (**2**) *v.i.* to clink, টুং বা ঝন্ শব্দ করা। *p.* & *p. pt.* **clin°ked** । [imi.]

chintz [chints, [চিন্‌ট্‌স্] *n.* a cotton cloth printed in parti-colour, ছিটকাপড়। [Hin. *chhint*]

chip [chip, চিপ্] (**1**) *v.t.* to cut with a small sharp blow, কুচ্ করিয়া কাটা ; to cut a small piece off the surface of, ছিলকা কাটিয়া লওয়া ; to slice, ফালি করা ; to crack by pecking, ঠোকরাইয়া ভাঙ্গা। (**2**) *v.i.* to become chipped, কুচ্ করিয়া কাটিয়া যাওয়া। *pr. pt.* **chi°pping ;** *p.* & *p. pt.* **chi°pped** । (**3**) *n.* an act of chipping, কুচ্ করিয়া কর্তন ; a piece chipped off, ছিল্‌কা ; a (dry) slice, (শুষ্ক) ফালি, টুকরা ; (*pl.*) thin strip of an apple, potato, etc., আপেল আলু প্রভৃতির পাতলা ফালি (potato *chips*) ; (sl.) a coin (অশি.) টাকা, মুদ্রা। **(to) chip in**—জুয়ার টেবিলে টাকা দিয়া খেলায় যোগদান করা ; মধ্যপথে যোগ দেওয়া ; অন্যের কথার মধ্যে বাধা দিয়া কথা বলা। **chip of the old block**—স্বীয় পিতার ন্যায় স্বভাবযুক্ত ব্যক্তি, বাপকা বেটা। **(to) have a chip on one's shoulder**—বিদ্বেষ বা আক্রোশ পোষণ করা ; বিরোধিতা বা অবজ্ঞার ভাব প্রকাশ করা। *n.* **chip°-hat**—তালপাতার টুপি (তু. টোকা)। *n.* **chip°muck, chipmunk** [chip°-mungk, চিপ্‌°মাংক্] উত্তর আমেরিকার ডোরা-কাটা কাঠবিড়ালবিশেষ। *a.* **chi°ppy**—ফালি-ফালি ; ছিবড়ার ন্যায় শুষ্ক ; মাত্রাধিক মদ্যপানের ফলে দেহমন বিগড়াইয়া গিয়াছে এমন। [ME. *chippen*=to slice —cp. *chop*]

chippendale [chi°-pan-dāl, চি°প্যান্‌ডেইল্] *n.* drawing-room furniture of a light style, বৈঠকখানার জন্য হালকা ধরনের আসবাবপত্র। [a cabinet-maker of the 18th century]

chippy—see **chip.**

chiro-, chirograph, chirography, chiromancy—see **ch(e)iro-.**

chiropody [ki-ro°pa-di, কির°প্যাডি] *n.* treatment of corns, bunions, warts, etc., (পায়ের বা হাতের) কড়া, প্রদাহপূর্ণ স্ফীতি, আঁচিল, প্রভৃতির চিকিৎসা। *n.* **chiro°podist**—উক্ত রোগাদির চিকিৎসক। [Gk. *kheiropodes*=having chapped feet ?]

chirp [cha(r)p, চ্যা(র্)প্] (**1**) *n.* the sharp thin notes of certain birds and insects, পক্ষীর বা পতঙ্গের কিচিরমিচির শব্দ। (**2**) *v.i.t.* to make this sound or utter with this sound, কিচিরমিচির করা বা কিচিরমিচির করিয়া বলা। *p.* & *p. pt.* **chir°ped** । *adv.* **chir°pily** । *n.* **chir°piness** । *a.* **chir°py**—কিচিরমিচির শব্দ করে এমন ; প্রাণবন্ত, হাসিখুশি। [imi.]

chirr [cha(r), চ্যা(র্)] (**1**) *v.i.* to chirp as a cricket, (ঝিঁঝিঁ-পোকা সম্বন্ধে) গুঞ্জন করা। (**2**) *n.* continuous chirping of a cricket, ঝিঁঝিঁ-পোকার একটানা ডাক। [imi.]

chirrup [chi°-rap, চি°র্যাপ্] *v.i.* to chirp, কিচিরমিচির করা ; to cheer up, আনন্দিত বা উৎসাহিত হওয়া। *p.* & *p. pt.* **chi°rruped** । [*cheer, up*]

chisel [chi°zl, চি°জ্‌ল্] (**1**) *n.* a tool of the carpenter or sculptor, বাটালি। (**2**) *v.t.* to cut or carve with a chisel, বাটালি দিয়া কাটা বা খোদাই করা ; (sl.) to cheat, to swindle, ঠকান বা প্রতারণা করা। *pr. pt.* **chi°selling ;** *p.* & *p. pt.* **chi°selled** । [OF. *cisel*<L. *caedere* =to cut]

chit$_1$ [chit, চিট্] *n.* a child, শিশু ; (contem.) a girl, (অবজ্ঞায়) ছুকরি। [<*kit*]

chit$_2$ [chit, চিট্] *n.* a short informal letter, হাতচিঠা, ক্ষুদ্র চিঠি। [Hin. *chitthi*]

chital [chē°tl, চীট্‌°ল্] *n.* a kind of white spotted deer, সাদা ফোঁটা ফোঁটা দাগওয়ালা হরিণবিশেষ, চিতল। [Hind.]

chitchat [chit°-chat, চিট্‌°চ্যাট্] *n.* chatting, বিশ্রম্ভালাপ, খোশগল্প। [redup. of *chat*]

chitral [chit°r(a)l, চিট্‌°র্‌ল্] *n.* the cheetah, চিতাবাঘবিশেষ, চিত্রল। [Hind.]

chittack [chi°-tak, চি°ট্যাক্] *n.* an Indian measure of weight, ছটাক। [Beng. *chhatak*]

chittagong [chi°-ta-gong, চি°ট্যাগং] *n.* a variety of domestic fowl, চাটগেঁয়ে কুক্কুট। [*Chittagong* in Bangladesh]

chitty [chi°-ti, চি°টি] *n.* (sl.) a letter, (অশি.) চিঠি। [Beng. *chithi*]

chivalry [shi°v(a)l-ri, শি°ভ্‌ল্‌রি] *n.* the qualifications of a knight-errant, মধ্যযুগীয় ইউরোপীয় বীরব্রতদের বীরধর্ম (তু. ক্ষাত্রধর্ম) ; bravery and courtesy, বীরত্ব ও বিনয় ; devotion to the service of women, স্ত্রীলোকদের সাহায্য করিবার ব্রত, রমণীসেবা ; inclination to defend the weak, দুর্বলকে রক্ষা করিবার ব্রত বা ইচ্ছা। *a.* **chi°valric, chi°valrous**—বীরধর্মপূর্ণ ; বীরধর্মসম্মত ; বীর ও বিনয়ী ; রমণীসেবী ; দুর্বলকে রক্ষা করে এমন। [F. *chevalerie*<L. *caballarius*=cavalier—cp. *cavalry*]

chive [chīv, চাইভ্] *n.* a small plant of the onion family, leaves of which are used for flavouring, পিয়াজ-জাতীয় গাছ ; ইহার পাতা দিয়া খাদ্যাদি স্বাদুগন্ধযুক্ত করা হয়। [F. *cive*<L. *cēpa*= onion]

chivy [chi°-vi, চি°ভি] var. of **chevy.**

chlorine [klaw°-ren, ক্ল°রীন্] *n.* a yellow-green gas, শ্বাসরোধী গন্ধযুক্ত পীতাভ সবুজ গ্যাস-বিশেষ, কুলহরিন, ক্লরিন। *n.* **chlo°ral**—চেতনা-নাশক ও বেদনাহর পদার্থবিশেষ। *n.* **chlo°rate**—ক্লরিক অ্যাসিডের লবণ। *a.* **chlo°ric, chlo°rous**—ক্লরিনঘটিত ; ক্লরিনযুক্ত। *n.* **chlo°ride**—ক্লরিনের যৌগিক. হাইড্রোক্লোরিক অ্যাসিডের লবণ। *v.t.* **chlo°rinate**—ক্লরিন মেশান। *p.* & *p. pt.* **chlo°-rinated**। *n.* **chlo°rite**—খনিজ পদার্থ বিশেষ। *n.* **chlo°rination**। *n.* **chlorodyne** [klo°ra-dīn, ক্ল°র্যাডাইন্] চৈতন্যনাশক ঔষধ-বিশেষ। **chloro-form** [klo°-ra-faw(r)m, ক্ল°র্যাফা(র্)ম্] (1) *n.* চৈতন্যনাশক তরল পদার্থবিশেষ ; (2) *v.t.* ক্লর্যাফর্ম প্রয়োগ করা বা উহা প্রয়োগপূর্বক চেতনা হরণ করা। *n.* **chlorophyl(l)** [klo-ra-fil, ক্ল°র্যাফিল্] যে উপা-দানের ফলে উদ্ভিদের রঙ্ সবুজ হয়, পত্রহরিৎ। *n.* **chlo°rosis**—(স্ত্রীলোকদের) পাণ্ডুরোগবিশেষ। [Gk. *khloros*= pale green]

chobdar [chōb°-da(r), চৌব্°ড্যার্] *n.* an usher, চোপদার। [Pers.]

chock [chok, চক্] (1) *n.* a wedge to prevent movement, (চাকা প্রভৃতির) গতিরোধার্থ কীলক ; a log, কাঠের বা গাছের গুঁড়ি। (2) *v.t.* to fasten with a chock, (চক্রাদিতে) উক্ত কীলক বাঁধিয়া দেওয়া। *p.* & *p. pt.* **cho°cked**। *a.* **chock-a-block, chock°-full**—পরিপূর্ণ ; ঠাসা-ঠাসি করিয়া ভরা হইয়াছে এমন। *a.* **chock°-tight**—অত্যন্ত আঁটো। [see *choke*]

chocolate [cho°-k(a)lit, চ°ক্‌লিট্] (1) *n.* a paste made by grinding cocoa seeds, কোকো চূর্ণ করিয়া প্রস্তুত মণ্ড ; a sweetmeat or beverage prepared from this paste, উক্ত মণ্ড হইতে প্রস্তুত মিঠাই (চকলেট) বা শরবত। (2) *a.* chocolate-coloured, চকলেটের ন্যায় বর্ণবিশিষ্ট অর্থাৎ গাঢ় পিঙ্গল। [Sp.<Mexico *choolatl*]

choice [choys, চয়্‌স্] (1) *n.* choosing, selection, বাছাই, পছন্দ, মনোনয়ন ; power of choosing, পছন্দ করার শক্তি, মনোনয়ন-শক্তি ; the thing chosen, বাছাই-করা বস্তু ; an alternative, ভিন্ন উপায় ; preference, তুলনামূলকভাবে অধিকতর পছন্দ ; the best part, সর্বোৎকৃষ্ট অংশ। (2) *a.* worthy of being chosen, পছন্দ বা মনোনীত হইবার যোগ্য ; select, বাছাই-করা ; appropriate, যথাযথ ; uncommonly good, অত্যুৎকৃষ্ট। **for choice**—তুলনামূলকভাবে বাছাই করিয়া, পছন্দ-অনুসারে। **Hobson's choice**—(ঘোড়াওয়ালা হবসন তাহার আস্তাবল হইতে অল্প দূরে যাইবার জন্য ঘোড়া ভাড়া দিত নতুবা মোটেই ভাড়া দিত না ; ইহা হইতে) হয় যে তুচ্ছ বস্তু দিতে চাওয়া হইতেছে তাহাই লইতে হইবে, নয়ত কিছুই মিলিবে না এমন অবস্থা অর্থাৎ নামকাওয়াস্তে বাছাই। **(to) make choice of**—বাছিয়া লওয়া, পছন্দ করিয়া লওয়া। [F. *choix*—cp. *choose*]

choir [kwīa(r), কোয়াইআ্যা(র্)] *n.* a chorus or band of singers (esp. of a church), (প্রধানতঃ গির্জার) ঐকতান-সঙ্গীত বা ঐকতান-গায়ক-মণ্ডলী। *n.* **choir°-master**—ঐকতান-গায়ক-দলের মূল গায়েন বা অধিকারী। *n.* **choir°-school**—(প্রধানতঃ cathedral কর্তৃক পরিচালিত) ছেলেদের পাঠশালা। [F. *choeur*<L. *chorus*<Gk. *khoros*—cp. *chorus*]

choke [chōk, চৌক্] (1) *v.t.* to stop or disturb the breathing of, to suffocate, শ্বাস-রোধ করা ; to obstruct, (বৃদ্ধি প্রভৃতি) ব্যাহত করা, রোধ করা। (2) *v.i.* to be choked, শ্বাস রুদ্ধ বা ব্যাহত হওয়া। (3) *n.* suffocation, শ্বাস-রোধ ; obstruction, বাধা ; a device to control the passage of gas, electric current etc. (যন্ত্রাদির মধ্যে) গ্যাস বিদ্যুৎপ্রবাহ প্রভৃতির নিয়ন্ত্রক কল। *p.* & *p. pt.* **chō°ked**। **(to) choke back** or **down**—(ক্রোধাদি) চাপা দেওয়া, দমন করা। **(to) choke off**—এড়ান। **(to) choke up**—সম্পূর্ণরূপে ভরা (drain *choked* up with dirt) ; বাধা জন্মান। *n.* **chōke°-damp**—কয়লা-খনিতে বিস্ফোরণের পর যে কার্বন-ডাই-অক্সাইড্ গ্যাস বিদ্যমান থাকে। *n.* **chō°ker**—(কৌতু.) জামার শক্ত ও উচু কলার, আঁটো কণ্ঠহার বা গলবন্ধ। *a.* **chō°ky₁**—শ্বাসরোধক। [?]

chokidar—see **choky₂**.

choky₁—see **choke.**

choky₂ [chō°-ki, চৌ°কি] *n.* a prison or cell, হাজত ; a toll-station, কুঁত বা শুল্ক আদায়ের ঘাঁটি, চৌকি। *n.* **chō°kidar**—চৌকিদার। [Hind. *chowki*]

choler [ko°-la(r), ক°ল্যা(র্)] *n.* the bile, পিত্ত ; anger, ক্রোধ ; biliousness, খিট্‌খিটে মেজাজ। *a.* **cho°leric**—পিত্তপূর্ণ ; ক্রুদ্ধ, রাগী ; খিট্‌খিটে, বদ-মেজাজি। [Gk. *kholera*<*khole*=the bile]

cholera [ko°-la-ra, ক°ল্যার‍্যা] *n.* a deadly infectious disease, ওলাউঠা, বিসূচিকা, কলেরা। *a.* **cholerā°ic**—বিসূচিকাঘটিত। [see *choler*]

choleric—see **choler.**

cholesterol [ko-les°-ta-rol, কলেস্°ট্যারল্] *n.* an alcohol ($C_{27}H_{45}OH$) occurring profusely in bloodstream, nerves, etc., রক্ত স্নায়ু প্রভৃতিতে প্রচুর পরিমাণে বিদ্যমান কোহলবিশেষ ; a white waxy substance present in human tissues, মানবদেহের কলাসমূহে বিদ্যমান শ্বেতবর্ণ মোমজাতীয় বস্তুবিশেষ। [Gk. *cholē*=bile, *stereos*=solid]

For words in *chlo-*, not given separately, see **chlorine.**

choose [chōōz, চূজ্] *v.t.i.* to select, বাছাই করা, বাছিয়া লওয়া, পছন্দ করা, মনোনীত করা ; to determine, স্থির করা ; to think fit or proper, উপযুক্ত মনে করা। *p.* **chōse** ; *p. pt.* **chō°sen** । **cannot choose but**—অনন্যোপায় হওয়া। **not much to choose between**—উভয়েই প্রায় সমান ভাল বা মন্দ। *n.* **chōō°ser** । *a.* **chōō°s(e)y**—সহজে সন্তুষ্ট করা যায় না এমন ; খুঁতখুঁতে। [OE. *cėosan* < Du. *kiesen*]

chop$_1$ [chop, চপ্] var. of **chap$_3$**.

chop$_2$ [chop, চপ্] *n.* (in India and China) a seal, ছাপ, সীলমোহর। [Hind. *chhap*]

chop$_3$ [chop, চপ্] (1) *v.t.* to cut with a sudden blow, ঘ্যাচ্ করিয়া কাটা ; to cut into small pieces, টুকরা-টুকরা করিয়া কাটা, কুচান। (2) *v.i.* to hack, পোঁচাইয়া কাটা। *pr. pt.* **cho°pping** ; *p.* & *p. pt.* **cho°pped** । (3) *n.* an act of chopping, ঘ্যাচ্ করিয়া বা কুচাইয়া কর্তন ; chopped food esp. of meat, কুচাইয়া কাটা মাংস বা সব্জির বড়া, চপ ; a piece cut off, কর্তিত টুকরা, ফালি ; dismissal from employment, sack, কর্মচ্যুতি, চাকুরি হইতে বিদায় (to get the *chop*]। **(to) chop at**—(কাহাকেও) চড় বা ঘুসি তোলা। **(to) chop in**—অন্যের কথার মধ্যে বাধা দিয়া কথা বলা। **(to) chop up**—টুকরা-টুকরা করিয়া বা কুচাইয়া কাটা। *n.* **chop°-block**—যে মুগুরের উপরে মৎস্যমাংসাদি রাখিয়া কুচাইয়া কাটা হয়। *n.* **chop°-house**—যে হোটেলাদিতে চপ ও শিক-কাবাব মেলে। *n.* **cho°pper**—যে ব্যক্তি কোপ মারিয়া কাটে ; মাংস টুকরা-টুকরা করিবার ধারাল অস্ত্র বা কাটারি। *n.* **chop-suey**—মাংস চাল ও পিঁয়াজ যোগে প্রস্তুত খাদ্য বা পোলাওবিশেষ। [var. of *chap$_1$*]

chop$_4$ [chop, চপ্] (1) *v.t.i.* to exchange, বিনিময় করা ; to change direction, গতি পরিবর্তন করা। *conjug.* same as **chop$_3$** । (2) *n.* exchange, বিনিময় ; change, পরিবর্তন। **(to) chop and change**—ক্রয়-বিক্রয় করা ; ক্রমাগত পরিবর্তন করা। **(to) chop logic**—বড় বেশি যুক্তি দেখান, তর্কজাল বিস্তার করা। **chop and change**—ক্রমাগত পরিবর্তন। *n.* **chop°-lo°gic**—অত্যধিক তর্কপরায়ণ ব্যক্তি। [?—cp. *chop$_1$*]

chop-chop [chop°-chop°, চপ্চপ্] *adv.* & *int.* promptly, ঝট্পট্, চট্পট্। [Pidgin—cp. C. *k'wai-k'wai*, Beng. *jhop jhop*]

chop-sticks [chop°-stiks, চপ্স্টিক্স্] *n. pl.* two small sticks used by the Chinese as forks for taking meals, চীনারা যে দুইটি কাঠি দ্বারা আহার করে। [*chop-chop, stick*]

choral, chorale—see **chorus.**

chord$_1$ [kaw(r)d, ক্য(র্)ড্] *n.* harmony of sounds of a different pitch, বিভিন্ন সুরের মিলিত ঝঙ্কার, ঐকতান। **common chord**—যে স্বরগ্রাম সর্বজনের পক্ষে আয়ত্ত করা সম্ভব। [from *accord*—confused with *chord$_2$*]

chord$_2$ [kaw(r)d, ক্য(র্)ড্] *n.* a string of a musical instrument, বাদ্যযন্ত্রের তার, তন্ত্র ; (geom.) a straight line joining any two points on a curve, (জ্যামি.) জ্যা ; a cord, নালী (vocal *chord*) ; (fig.) a nerve of emotions, (আল.) আবেগ-উৎপাদক ধমনী, হৃদয়তন্ত্রী। **(to) touch the right chord**—(আল.) সুকৌশলে হৃদয়-তন্ত্রীতে ঘা দেওয়া। *n. pl.* **chordā°ta**—যে প্রাণিবর্গের অন্ত্রদ্বারা বাদ্যযন্ত্রের তন্ত্র তৈয়ারী হয়। *a.* **chord°āte**—উক্ত প্রাণিবর্গভুক্ত। [Gk. *khorde* = a string]

chore [chaw(r), চ্য(র্)] *n.* small domestic task, গৃহস্থালীর ছোটখাট বা টুকিটাকি কাজ ; (*pl.*) daily household work, গৃহস্থালীর দৈনন্দিন কাজ-কর্ম। [form of *char*]

choreography, choric, chorine, chorist(er)—see **chorus.**

chortle [chaw(r)tl, চ্য(র্)ট্ল্] (1) *v.i.* to chuckle loudly, (আনন্দাদিতে) খল্খল্ করা। (2) *n.* a loud chuckle, খল্খল্ শব্দ। [assimilation of *chuckle* and *rattle* ?—coined by Lewis Caroll]

chorus [kaw°-ras, ক্য°র‍্যাস্] (1) *n.* a band of dancers and singers, যৌথ নর্তকদল বা গায়কদল ; union of voices in one simultaneous note, ঐকতান ; that which is sung or uttered by a chorus, ঐকতান-সঙ্গীত, ঐকতান-ধ্বনি, ঐকতান-ভাষণ ; a refrain sung by a chorus, যৌথ গানের ধুয়া, কোরাস্। (2) *v.t.i.* to sing or say together, একত্র গাওয়া বা বলা। *p.* & *p. pt.* **chŏ°rused** । **in chorus**—সমস্বরে, সমবেতকণ্ঠে মিলিতকণ্ঠে। *a.* **chŏ°ral**—ঐকতানসম্বন্ধীয় বা ঐকতান-গায়কদল-সম্বন্ধীয়, ঐকতানিক। *n.* **choral(e)** [ko-rŭl°, করাল্°] ঢিমেসুরের গানবিশেষ, স্তোত্র বা ভজন। *n.* **chŏrėŏ°graphy**—ballet-নাচের পরিকল্পনা। *a.* **choric**[ko°-rik, ক°রিক্] গ্রীক্ নাটকের কোরাস্-সংক্রান্ত বা তত্তুল্য। *n.* **chŏ°rine, chŏ°rus-girl**—কোরাস্-গায়িকা। *n.* **chŏ°rist, chŏ°rister**—কোরাস্-গায়ক। [L. < Gk. *khoros* = dance—cp. *choir*]

chose, chosen—see **choose.**

chota-hazri [chō°-ta-huz°-ri, চৌ°ট্যাহাজ্°রি] *n.* early light breakfast, প্রভাতের জলখাবার, ছোট হাজরি। [Hind. *chtoti hazri*]

chough [chuf, চাফ্] *n.* the red-legged crow, একজাতীয় লাল-পা কাক। [OF. *choue*]

chout [chowt, চৌট্] *n.* (hist.) one-fourth part of the revenue extorted by the Mahrattas, (ইতি.) মারাঠাগণ কর্তৃক আদায়ীকৃত রাজস্বের একচতুর্থাংশ বা চৌথ। [Hind. = a fourth part]

For words in *chop-*, not given separately, see **chop$_{3,4}$.**

chow [chow, চাউ], **chow°-chow°**—*n.* a Chinese condiment, চীনা পায়সবিশেষ ; a Chinese dog, চীনা কুকুর। [Pidgin]

chowkidar—alt. spell. of **chokidar.**

chow-mein [chow°-mēn°, চাউ°মীন্°] *n.* a dish of noodles cooked with vegetables and minced meat, সেমই সবজি ও মাংসের কিমাসহ প্রস্তুত খাদ্যবিশেষ। [Chin.=fry-dough]

chrematistic [krēma-tis°-tic, ক্রিম্যাটিস্°টিক্] *a.* (derog.) economic, of money-making, (নিন্দার্থে) অর্থ বা অর্থোপার্জন-সংক্রান্ত। *n.* **chrēmatis°tics**—অর্থনীতি। [*khrematistikos*=of money-making]

chrism [kri°zm, ক্রি°জ্‌ম্] *n.* a consecrated oil, পবিত্র তৈল। *n.* **chrisom** [kri°-zam, ক্রি°জ্যাম্] বাপ্তিস্মের (baptism-এর) পরে পবিত্র তৈল লেপনান্তে শিশুকে একমাস যাবৎ যে শুভ্র বসন বা আঙরাখা পরাইয়া রাখা হয়। [Gk. *khrisma*]

Christ [krīst, ক্রাইস্ট্] *n.* a name given to Jesus, যিশুকে প্রদত্ত আখ্যা, খ্রিস্ট ; the Anointed, স্বর্গীয় মহিমামণ্ডিত ব্যক্তি ; a Messiah, মহাপ্রভু। *v.t.* **christen** [kri°sn, ক্রি°স্‌ন্] খ্রিস্টের নামে বাপ্তিস্ম করা ; নামকরণ করা। *n.* **Chri°stendom**—জগতের যে অংশে খ্রিস্টধর্ম প্রচলিত (বিশেষতঃ ইউরোপ), খ্রিস্টীয়-জগৎ। **Christian** [kris°-ti-an, ক্রিস্°টিয়্যান্] (**1**) *n.* খ্রিস্টধর্মাবলম্বী বা খ্রিস্টানুগামী ব্যক্তি ; ধার্মিক ব্যক্তি ; (**2**) *a.* খ্রিস্ট বা খ্রিস্টধর্ম-সংক্রান্ত। **Christian Charity**—সৌভ্রাত্র পরোপকার ক্ষমা জীবসেবা প্রভৃতি সদ্‌গুণাবলী। **Christian era**—খ্রিস্টের জন্মতারিখ হইতে গণিত অব্দ, খ্রিস্টাব্দ। **Christian name**—বাপ্তিস্মের সময়ে প্রদত্ত নাম ; মূল নাম, ব্যক্তিগত নাম (অর্থাৎ বংশনাম নহে)। **Christian Science**—ধর্মোপদেশ-দ্বারা মনের চিকিৎসাপূর্বক রোগনিরাময়-পদ্ধতি। *n.* **Chris°tianism, Christia°nity**—খ্রিস্টধর্ম। *v.t.* **chris°tianīze**—খ্রিস্টধর্ম গ্রহণ করান, খ্রিস্টধর্মানুগত বা খ্রিস্টধর্মসম্মত করান। **Christmas** [kris°-mas, ক্রিস্°ম্যাস্] (**1**) *n.* খ্রিস্টের জন্মোৎসব (২৫শে ডিসেম্বর) ; (**2**) *a.* উক্ত উৎসবসংক্রান্ত বা উৎসবকালীন। **Christmas box**—ডাকপিয়ন দোকান-কর্মচারী প্রভৃতিকে প্রদত্ত খ্রিস্টমাসের বকশিশ। **Christmas card**—খ্রিস্টমাস-উপলক্ষে প্রেরিত অভিনন্দন-লিপি। **Christmas Day**—পঁচিশে ডিসেম্বর। **Christmas Eve**—চব্বিশে ডিসেম্বর। **Christmas rose** or **flower**—পুষ্পবিশেষ। **Christmas tree**—খ্রিস্টমাস-উপলক্ষে অর্ঘ্যাদিতে সজ্জিত যে (নকল) বৃক্ষ রোপণ করা হয়। *n.* **Christology** [kris-to°-la-ji, ক্রিস্‌ট°ল্যাজি] যিশুখ্রিস্টের প্রকৃতি ও আকৃতি সম্বন্ধে ধর্মদর্শনশাস্ত্র। [OE. *Crist*<Gk. *Khristos*=the Anointed]

chromate, chromatic, chromatin—see **chrome.**

chrome [krōm, ক্রৌম্], **chromium** [krō°-miam, ক্রৌ°মিঅ্যাম্] *n.* a metal, ধাতুবিশেষ, ক্রোমিয়াম। *n.* **chrō°mate**—ক্রোমিয়াম-ঘটিত লবণ-বিশেষ। *a.* **chrŏma°tic**—বর্ণসম্বন্ধীয় ; বর্ণবিশিষ্ট, বর্ণালী ; (সঙ্গীতে) সুরের আরোহ বা অবরোহসংক্রান্ত। *n.* (*pl.* in form) **chrŏma°tics**—বর্ণবিজ্ঞান। *n.* **chrōmatin**—(জীব.) যে তন্ত্রী রঞ্জিত করা যায় না। *n.* **chrōme-lea°ther**—ক্রোমিয়াম-দ্বারা ট্যান-করা চামড়া। *a.* **chro°mic**—উক্ত ধাতুসংক্রান্ত। [Gk. *khroma*=colour]

chromosome [krō°-mo-sōm, ক্রৌ°মসৌম্] *n.* (bio.) one of the minute threads present in every nucleus of animal and plant cells, (জীব.) জীব বা উদ্ভিদ্‌কোষস্থিত সূক্ষ্ম তন্তুসদৃশ বস্তু। [Gk. *chroma, soma*=body]

chronic [kro°-nik, ক্র°নিক্] *a.* lasting for a long time, (প্রধানতঃ রোগ-সম্বন্ধে) দীর্ঘস্থায়ী, বহু পুরাতন, (vul.) severe, (অমা.) তীব্র। *adv.* **chro°nically**। [Gk. *khronikos*<*khronos*=time]

chronicle [kro°-nikl, ক্র°নিক্‌ল্] (**1**) *n.* a record of events in order of time, সময়ানুক্রমে ধারাবাহিক ঘটনা-বিবরণ, ধারাবিবরণী ; a story, উপাখ্যান। (**2**) *v.i.* to enter as in a chronicle, ধারাবিবরণী-ভুক্ত করা। *n.* **chro°nicler**—ধারাবিবরণীর লেখক ; কাহিনীকার। [Gk. *khrontika*>*khronos*=time]

chronology [kra-no°-la-ji, ক্র্যান°ল্যাজি] *n.* the science of computing time, কালনিরূপণবিদ্যা ; a scheme or table of time, কালনির্ঘণ্ট ; order of time, কালপরম্পরা, কালক্রম। *a.* **chronological** [kro-na-lo°-jik(a)l, ক্রন্যাল°জিক্‌ল্] কাল-নিরূপণসংক্রান্ত, কালক্রমানুসারী। *adv.* **chronolo°gically**। **chronological age**—পঞ্জিকা-নির্দিষ্ট বৎসরানুসারে গণিত কাল। [Gk. *khronos*=time, *logos*=science]

chronometer [kra-no°-mi-ta(r), ক্র্যান°মিট্যা(র্)] *n.* a time-measuring instrument ; কালমাপক যন্ত্রবিশেষ, কালমান। *n.* **chrono°mėtry**—কাল-মিতি। [Gk. *khronos*=time, see *meter*]

chrysalis [kri°-sa-lis, ক্রি°স্যালিস্] *n.* a golden coloured butterfly pupa, সোনালী প্রজাপতির শুঙ্গ বা শুঁয়াপোকা। [Gk. *khrysallidos*=*khrysos*=gold]

chrysanthemum [kri-san°-th(a)-mam, ক্রি-স্যান্°থ্‌ম্যাম্] *n.* a golden coloured flower, সোনালী পুষ্পবিশেষ। [Gk. *khrysanthemon*]

chrysoberyl [kri-sō-be-ril, ক্রিসৌবে°রিল্] *n.* a yellowish-green gem, বৈদূর্যমণি। [L.<Gk. *khrusoberullos*]

chrysolite[kri°-sŏ-līt, ক্রি°সোলাইট্] *n.* olivine, সোনালী বা রক্তবর্ণ প্রস্তরবিশেষ, গোমেদ। [Gk. *khrysos*=gold, *lithos*=stone]

chub [chub, চাব্] *n.* a river-fish, ক্ষুদ্র মৎস্য-বিশেষ। *n.* **chu°bbinėss**। *a.* **chu°bby**—ক্ষুদ্র ও মোটা ; গোলগাল (*chubby* cheeks)। [?]

chuck$_1$ [chuk, চাক্] (**1**) *n.* the call of a hen, মুরগির ডাক ; a chicken, মুরগির বাচ্চা ; an endearing term, আদরসূচক সম্বোধনবিশেষ। (2) *v.i.* (of hens) to call, (মুরগির) ডাকা। *p.* & *p. pt.* **chu°cked**। [imi.]

chuck₂ [chuk, চাক্] *n.* the griping part of a lathe, কুঁদযন্ত্রের যে অংশদ্বারা জিনিসপত্র আঁকড়াইয়া ধরা হয়। [?]

chuck₃ [chuk, চাক্] (**1**) *n.* a gentle jerk under the chin, থুতনি ধরিয়া মৃদু নাড়া ; a toss or throw, উৎক্ষেপ বা নিক্ষেপ ; (coll.) dismissal, (কথ্য.) কর্মচ্যুতি, পদচ্যুতি। (**2**) *v.t.* to jerk gently under the chin, থুতনি ধরিয়া নাড়া দেওয়া ; to toss or throw, উৎক্ষিপ্ত করা বা নিক্ষেপ করা ; to dismiss or expel, বরখাস্ত করা, বাদ দেওয়া (to *chuck* out) ; to abandon, give up, (প্রচেষ্টাদি) পরিত্যাগ করা। [F. *choquer*=to jolt]

chuckle [chuk°l, চাক্°ল্] (**1**) a hen's call, মুরগির ডাক ; a suppressed laugh, চাপা হাসি। (**2**) *v.i.* (of a hen) to call, (মুরগির) ডাকা ; to laugh in a suppressed manner, (বিদ্রূপাদির ছলে) মুখ টিপিয়া হাসা। *n.* **chuck°le-head**—স্থূলবুদ্ধি ব্যক্তি, বোকা লোক। [see *chuck₁*]

chuddar [chu°-da(r), চা°ড্যা(র্)], **chu°ddah**—*n.* a sheet of cloth to cover the upper-part of the body or a corpse, চাদর। [Beng.]

chug [chug, চাগ্] (**1**) *n.* rapid explosive sound (of an automobile or oil engine) while in slow motion, আস্তে চলিবার কালে (মোটর বা তৈল-চালিত ইনজিনের) ভট্‌ভট্ শব্দ। (**2**) *v.i.* চলাকালীন ভট্‌ভট্ শব্দ করা। *pr. pt.* **chugg°ing** ; *p.* & *p. pt.* **chugg°ed**। [imi.]

chukker [chu°-ka(r), চা°ক্যা(র্)], **chu°kkah**—*n.* a period of play in polo, পোলো খেলায় একবারের পালা, চক্র। [Hin. *chakkur*]

chukor [chu-kaw(r)°, চাক্য(র্)°], **chukar** [chu-ka(r)°, চাক্যা(র্)°] *n.* an Indian partridge, চকোর। [Beng. *chakōr*]

chum [chum, চাম্] (**1**) *n.* a chamber-fellow, একই কক্ষে বাসকারী সঙ্গী ; a close friend, অন্তরঙ্গ বন্ধু, ইয়ার। (**2**) *v.t.* to be a chum, একই কক্ষে বাস করা বা অন্তরঙ্গ বন্ধু হওয়া। *pr. pt.* **chumm°ing** ; *p.* & *p. pt.* **chumm°ed**। **(to) chum up with**—বন্ধুত্ব করা। *n.* **chumm°ery**—বন্ধুবান্ধবগণের একত্রে বসবাসের স্থান। *a.* **chu°mmy**—মিশুক। [?]

chump [chump, চাম্প্] *n.* a thick lump, (প্রধানতঃ কাষ্ঠ মাংস প্রভৃতির) মোটা খণ্ড বা টুকরা ; (coll.) the head, (কথ্য.) মাথা ; (coll.) a fool, (কথ্য.) বোকা লোক। **off one's chump**—মন হইতে অপসৃত, বিস্মৃত। [?—cp. *chunk*]

chunk [chungk, চাংক্] *n.* a thick piece, মোটা খণ্ড বা টুকরা, চাং। [?—cp. *chump*]

chupati, chupattie, chupatty [chu-pa°ti, চাপ্যা°টি] *n.* a kind of Indian bread, চাপাটি। [Hind.]

chuprassy—alt. spell. of **chaprassi.**

church [cha(r)ch, চ্যা(র্)চ্] (**1**) *n.* a house for public worship, গির্জা ; the whole body of Christians, খ্রিষ্টান-সম্প্রদায় ; the clergy, যাজক-সম্প্রদায়। (**2**) *a.* of the church, গির্জার ; ecclesiastical, যাজকসম্প্রদায়ের, যাজনিক বা যাজকীয়। *n.* **church°court**—ধর্মসংক্রান্ত সমস্যা নিষ্পত্তির জন্য বিচারসভা। *n.* **church°-gōer**—যে ব্যক্তি নিয়মিতভাবে গির্জায় যায়। *a.* **church°lėss**—কোন গির্জার অন্তর্ভুক্ত নহে এমন। *n.* **church°man**—যাজক, পাদরি। *fem.* **church°woman**। *n.* **church°-rāte**—গির্জার ব্যয়নির্বাহার্থ দেয় কর। *n.* **church°-service**—গির্জায় অনুষ্ঠিত উপাসনা। *n.* **church°-war°den**—গির্জার তত্ত্বাবধায়ক কর্মচারি-বিশেষ। *a.* **chur°hy**—গির্জার প্রতি অত্যধিক অনুরক্ত। *n.* **church°yard**—গির্জা-সংলগ্ন কবরখানা। [OE. *circe*<L.<Gk. *kyriakon*=(house) of the Lord]

churl [cha(r)l, চ্যা(র্)ল্] *n.* a rustic, গেঁয়ো লোক ; a peasant, চাষা ; a labourer, মজুর ; an ill-bred surly fellow, অভব্য ইতর লোক। *a.* **chur°lish**—রূঢ় ; ইতর ; অভদ্র, অভব্য। *adv.* **chur°lishly**। [OE. *ceorl*=a countryman<ON. *karl*<G. *kerl*]

churn [cha(r)n, চ্যা(র্)ন্] (**1**) *n.* a butter-making machine, মন্থনদণ্ড, মাখনাদি তৈয়ারি করার জন্য চরকি ; a kind of large milk-can, বৃহৎ দুগ্ধভাণ্ডবিশেষ। (**2**) *v.t.i.* to stir to make butter, মন্থন করা। *n.* **churn°milk**—মাখনতোলা দুধ। [OE. *cyrin*<ON. *kirna*=a churn]

churr [cha(r), চ্যা(র্)] (**1**) *n.* a low sound of certain birds or insects, পক্ষীর বা পতঙ্গের চর্‌চর্ ফর্‌ফর্ ঝিঁঝি প্রভৃতি শব্দ। (**2**) *v.i.* to make this sound, ঐ শব্দ করা। [imi.]

churrus [chu°-rus, চা°রাস্] *n.* the resinous exudation of hemp, চরস। [Hind. *charas*]

chute [shōōt, শূট্] *n.* a waterfall, জলপ্রপাত ; a narrow sloping passage, সঙ্কীর্ণ ঢালু পথ। [F.=a fall]

chutney [chut°-ni, চাট্°নি] *n.* an Indian condiment of mangoes, chillies, etc., চাটনি। [Hind.]

chyle [kīl, কাইল্] *n.* a white fluid derived from food in the body, ভুক্ত খাদ্য হইতে দেহ-মধ্যে নির্গত শ্বেত তরল পদার্থবিশেষ, অন্নরস। **chylū°ria**—প্রস্রাবের রোগবিশেষ ; ইহাতে খাদ্যনিঃসৃত শ্বেত তরল পদার্থ প্রস্রাবে বিদ্যমান থাকে। [Gk. *khylos*=juice]

chyme [kīm, কাইম্] *n.* the pulp to which the food is reduced in the stomach, পাক-স্থলীতে ভুক্ত খাদ্যের মণ্ডাবস্থা। [Gk. *khymos*]

cicada [si-kŭ°da, সিকা°ড্যা] *n.* a winged insect, ঘুঘুরে পোকা (?)। [L.]

cicatrice [si°-ka-tris, সি°ক্যাট্রিস্], **cicatrix**

[si°-ka-triks, সি°ক্যাট্রিক্‌স্] *n.* a scar of healed wound, শুকান ক্ষতের চিহ্ন ; scar in the bark of a tree, বৃক্ষবল্কলে দাগ। **ci°catrize**—(**1**) *v.t.* (ক্ষতাদির) দাগ রাখা বা কাটা ; (**2**) *v.i.* (ক্ষতাদি) আরোগ্য হওয়া বা শুকান। *n.* **cicatrizā°tion**। [L. *cicatrix, cicatricis*=a scar]

cicerone [chi-cha-rō°-ni, চিচ্যারৌ°নি] *n.* a guide capable of explaining antiquities and other interesting objects, যে প্রদর্শক বা গাইড দর্শনার্থীদের নিকট প্রাচীন এবং অন্যান্য কৌতূহলোদ্দীপক বস্তুর ইতিহাসাদি বর্ণনা করিতে সক্ষম। [It.<L. *Cicero* the orator]

Ciceronian [si-sa-rō°-ni-an, সিস্যারৌ°নিয়ান্] *a.* of or like Cicero, রোমান্ বাগ্মী সিস্‌রো-সংক্রান্ত বা তত্তুল্য ওজস্বিতাপূর্ণ।

cider [sī°da(r), সাই°ড্যা(র্)] *n.* a mild drink made from apples, আপেল হইতে প্রস্তুত অনুগ্র সুরাবিশেষ। *n.* **ci°derpress**—আপেল নিঙড়াইয়া রস বাহির করিবার যন্ত্র। [F. *cidre*<Gk. *sikera*=strong drink<H. *shakar*]

cigar [si-gŭ(r)°, সিগা(র্)°] *n.* a roll of tobacco leaves for smoking, চুরুট। *n.* **cigarette** [si-ga-ret°, সিগ্যারেট্°] সিগারেট। *n.* **cigarette°-cāse**—সিগারেট রাখার বাক্স। *n.* **cigarette°-hōl°der**—সিগারেটের পাইপ। *n.* **cigarette°-ligh°ter**—সিগারেট জ্বালাইবার যন্ত্রবিশেষ। *n.* **cigarette°-pā°per**—সিগারেট তৈয়ারি করার কাগজ। [Sp. *cigarro*]

cilia [si°-li-a, সি°লিঅ্যা] *n. pl.* eyelashes, চোখের পাতার লোমসমূহ, অক্ষিপক্ষ্মাবলী ; hair-like organs on animal and vegetable tissue, প্রাণীর বা উদ্ভিদের শিরাস্থিত কৈশিক ঝিল্লী। *sing.* **ci°lium**। *a.* **ci°liary**—অক্ষিপক্ষ্মগত। *a.* **cil°iate, ci°liāted**—উক্ত লোমযুক্ত, পক্ষ্মল। [L. *cilium*=eyelash]

Cimmerian [si-mer°-i-an, সিমিয়্যা(র্)°ইঅ্যান্] *a.* (fig.) perpetually dark, (আল.) চির অন্ধকার। [Gk. *kimmerios*=of the Cimmerii, a tribe]

cinch [sinsh, সিন্‌শ্] *n.* a saddle-girth, অশ্বাদির পৃষ্ঠে জিন বাঁধার জন্য (সচ. চর্মনির্মিত) ফিতা বা দড়ি ; (coll.) a certainty, নিশ্চিত বস্তু বা ব্যাপার। [Sp. *cincha*<L. *cingula*]

cinchona [sing-kō°-na, সিংকৌ°ন্যা] *n.* a tree from the bark of which quinine is obtained, যে বৃক্ষের ছাল হইতে কুইনিন প্রস্তুত হয়। [Countess of *Chinchon*]

Cincinnatus [sin-si-nā°-tas, সিন্‌সিনেই°ট্যাস্] *n.* a great man in retirement who can be called upon in a crisis, সঙ্কটকালে যে অবসর-ভোগী প্রসিদ্ধ ব্যক্তির সাহায্য গ্রহণ করা যায়। [the famous Roman hero]

cincture [singk°-cha(r), সিংক্°চ্যা(র্)] (**1**) *n.* a girdle or belt, কোমরবন্ধ, কটিবন্ধ, বেলট। (**2**) *v.t.* to surround, পরিবেষ্টন করা। *a.* **cinc°tured**—পরিবেষ্টিত। [L. *cinctura*<*cingere*=to gird]

cinder [sin°-da(r), সিন্°ড্যা(র্)] *n.* the refuse of burned coals or anything else, পুড়িয়া গিয়াছে কিন্তু ভস্মীভূত হয় নাই এমন পদার্থ, অঙ্গার। *n.* **cin°der-track**—(ধাবনাদির) জন্য) অঙ্গারে আস্তৃত পথ। [OE. *sinder*=slag—cp. Gk. *sinter*]

Cinderella [sin-da-re°-la, সিন্‌ড্যারে°ল্যা] *n.* a girl of unrecognized merit or beauty, যে বালিকার গুণ বা রূপ স্বীকৃতি পায় নাই ; (fig.) that which has long been neglected, (আল.) যাহা বহুকাল অবহেলিত ; a dance ending at midnight, যে নাচ মধ্যরাত্রি পর্যন্ত চলে (also **Cinderella dance**)। [the heroine of a fairy tale]

cine- [si°-ni, সি°নি] in *comp.* cinema, চলচ্চিত্র-। *n.* **ciné-ca°mera**—চলচ্চিত্র তোলার জন্য ক্যামেরা। *n.* **ciné-film°**—চলচ্চিত্র তোলার জন্য ফিলম। *n.* **ciné-projec°tor**—চলচ্চিত্র-অভিক্ষেপযন্ত্র। [see *cinematograph*]

cinema [si-ni-ma, সি°নিম্যা] *n.* a building where cinematographic photographs are exhibited, চলচ্চিত্রগৃহ, সিনেমাহাউস ; cinematography, চলচ্চিত্র। [contr. of *cinematograph*]

cinematograph [si-ni-ma°-ta-gruf, সিনিম্যা°-ট্যাগ্রাফ্] *n.* an apparatus for producing motion pictures, চলচ্চিত্র-প্রদর্শনের যন্ত্র ; a camera for taking such photographs, চলচ্চিত্র তোলার যন্ত্র। *a.* **cinematographic** [si-ni-ma-ta°-gra-fik, সিনিম্যাট্যা°গ্র্যাফিক্] চলচ্চিত্রসংক্রান্ত। *n.* **cinematography** [si-ni-ma-to°-gra-fi, সিনিম্যাট°গ্র্যাফি] চলচ্চিত্র গ্রহণ বা প্রদর্শন সম্বন্ধীয় বিদ্যা, চলচ্চিত্র বিজ্ঞান। [F. *cinematographe*<Gk. *kinema, kinematos*=motion, see *graph*]

cinerary [si°-na-ra-ri, সি°ন্যার্যারি] *a.* of ashes, ভস্মসংক্রান্ত ; for containing ashes of the dead, দেহভস্ম রাখা হয় এমন। *n.* **cinerā°tion**—ভস্মীকরণ, (শব-) দাহন। *n.* **cinerā°tor**—দাহনযন্ত্র। *a.* **cinār°eous**—ছাইয়ের মত ধূসর, ছাই-রঙা। [L. *cinerarius*=ashy]

Cingalese—alt. spell. of **Sinhalese.**

cinnabar [si°-na-bŭ(r), সি°ন্যাবা(র্)] *n.* red mercury sulphide, vermilion, হিঙ্গুল, সিন্দুর। [L. *cinnabaris*<Gk. *kinnabari*]

cinnamon [si°-na-man, সি°ন্যাম্যান্] *n.* a Ceylonese tree or its spicy bark, দারুচিনি। [Gk. *kinnamomon*<H. *qinnamon*]

cinque [singk, সিংক্] *n.* the five at cards or on dice, তাসের বা পাশার পঞ্জা। *n.* **cinque°-foil**—পঞ্চদল পুষ্প ; উক্ত পুষ্পাকার প্রতীক। **Cinque Ports**—স্যান্‌উইজ্, ডোভার হাইদ্, রম্‌নি ও হেস্টিংস্ : ইংল্যাণ্ডের দক্ষিণস্থ এই পঞ্চ বন্দর। [F.]

cipher [sī°-fa(r), সাই°ফ্যা(র্) (**1**) *n.* (arith.) the symbol zero, (পাটী.) শূন্য, o ; any of the Arabic numerals, ১, ২, প্রভৃতি সংখ্যা ; a person or thing of little value, a nonentity, নিতান্ত তুচ্ছ ব্যক্তি বা বস্তু ; interwoven monograph, অক্ষরসমূহ একত্র জড়াইয়া লিখিত নাম ; a process of secret writing or anything thus written, গুপ্তলিখন-প্রণালী বা গুপ্ত লিখন। (2) *v.t.* to write in cipher, গুপ্ত প্রণালীতে লেখা। (3) *v.t.i.* to calculate, হিসাব করা, অঙ্ক কষা। *n.* **ci°pher-key**—সঙ্কেতলিপি-বোধিনী। [OF. *cyfre*<Ar. *cifr*=zero]

circa [sa(r)°-ka, স্যা(র্)°ক্যা] *adv.* & *prep.* about or around (a date), (কোন তারিখের) কাছাকাছি বা নাগাদ। [L.]

Circ(a)ean [sa(r)-se°-an, স্যা(র্)সী°অ্যান্] *a.* of or like Circe, সুদর্শনা জাদুকরী সার্সি-সংক্রান্ত বা তত্তুল্য ; very enchanting and attractive, অতিশয় জাদুময় ও আকর্ষণপূর্ণ। [L. *Circe*<Gk. *Kirke*, the enchantress in *Odyssey*]

circar—alt. spell. of **sircar.**

circinate [sa(r)°-si-nāt, স্যা(র্)°সিনেইট্] *a.* ring-shaped, বলয়াকার ; (bot.) rolled inwards, (উদ্ভি.—পরি.) কুণ্ডলিত। [L. *circinare*=to make round]

circle [sa(r)°kl, স্যার্°ক্‌ল্] (1) *n.* a geometrical figure, (জ্যামি.) বৃত্ত ; its circumference, পরিধি, পরিধিরেখা, (পরি.) পরিকেন্দ্র ; a circular object, বৃত্তাকার বস্তু, গোলক ; a ring, চক্র ; a planet's orbit, গ্রহকক্ষ, গ্রহপথ ; an association or group, সঙ্ঘ বা দল ; a territorial division, আঞ্চলিক বিভাগ, পরগনা ; a department, বিভাগ। (2) *v.t.* to encompass, পরিবেষ্টন করা বা প্রদক্ষিণ করা। (3) *v.i.* to move or stand in a circle, বৃত্তাকারে ভ্রমণ করা বা অবস্থান করা। **(to) come full circle**—চক্রাবর্ত সম্পূর্ণ হওয়া, সূচনা-বিন্দুতে আসিয়া শেষ হওয়া। **(to) square the circle**—অসাধ্যসাধন করিতে চেষ্টা করা। *n.* **cir°clėt**—ক্ষুদ্র বৃত্ত বা চক্র ; বৃত্তাকার শিরোভূষণবিশেষ, টিকলি (?)। [OE. *circul*<L. *circulus*=a small ring]

circuit [sa(r)°-kit, স্যা(র্)°কিট্] *n.* a journey or way round, প্রদক্ষিণ বা প্রদক্ষিণপথ ; perimeter, পরিসীমা ; a round-about way, ঘোরান পথ ; area enclosed, পরিবেষ্টিত স্থান ; the path of an electric current, বিদ্যুৎপ্রবাহের গতিপথ (short *circuit*) ; an official round, (সচ. বিচারপতিদের) সরকারি সফর। **(to) make a circuit of**—প্রদক্ষিণ করা। *a.* **circūi°tous**—ঘোরান (a *circuitous* route), বৃত্তাকার। [F.<L. *circuire*=to go round]

circular [sa(r)°-kū-la(r), স্যা(র্)°কিউল্যা(র্)] (1) *a.* of or like a circle, বৃত্তসংক্রান্ত, বৃত্তবৎ, চক্রবৎ ; round, গোল, বৃত্তাকার ; addressed to a circle of persons, একদল লোকের নিকট কথিত বা লিখিত বা প্রচারিত (a *circular* letter)। (2) *n.* a circular notice, একদল লোকের নিকট প্রেরিত বা প্রচারিত বিজ্ঞপ্তি, ইশতিহার, (পরি.) পরিপত্র। *n.* **circūla°rity**—বৃত্ততুল্যতা, গোলাকার অবস্থা। *v.t.* **cir°cūlarize**—ইশতিহার পাঠান বা প্রচার করা। *adv.* **cir°cular-ly**। [L. *circularis*]

circulate [sa(r)°-kū-lāt, স্যা(র্)°কিউলেইট্] *v.i.t.* to move as in a circle, বৃত্তাকারে পরিভ্রমণ বা বেষ্টন করা অথবা করান ; to spread, ছড়াইয়া পড়া বা ছড়াইয়া দেওয়া, প্রচারিত হওয়া বা প্রচার করা। *p.* & *p. pt.* **cir°cūlātėd**। **circulating library**—(সচ. চাঁদার বিনিময়ে) যে গ্রন্থাগার হইতে পাঠককে বাড়িতে পড়িবার জন্য পুস্তক ধার দেওয়া হয়। *n.* **cir°cūlā°tion**—প্রদক্ষিণ ; পরিবেষ্টন ; প্রচার ; (মাসিকপত্রিকাদির) প্রচার-সংখ্যা বা কাটতি ; (রক্তাদি) সংবহন। *n.* **cir°cūlātor**। *a.* **cir°culātory**—প্রদক্ষিণ বা পরিবেষ্টন করে এমন। [L. *circulare*]

circum- [sa(r)-kam, স্যা(র্)ক্যাম্] *pfx.* around, চতুর্দিকে, পরিবেষ্টক, প্রদক্ষিণ করে এমন। *n.* **circumam°bience**—পরিবেষ্টন, প্রদক্ষিণ। *a.* **circumam°bient**—পরিবেষ্টক, প্রদক্ষিণ করে এমন। *v.i.* **circumam°būlāte**—পদব্রজে ঘুরিয়া বেড়ান। *p.* & *p. pt.* **circumam°bulātėd**। *n.* **circumambūlā°tion**। *n.* **circumflex** [sa(r)°k(a)m-fleks, স্যা(র্)°ক্‌ম্‌ফ্লেক্‌স্] স্বরের উত্থান-পতন নির্দেশক চিহ্নবিশেষ (∧)। *v.t.* **cir°-cumflect**—উক্ত চিহ্ন প্রদান করা ; বক্র বা আনমিত করা। [*circum-*, L. *flectere*=to bend]। *p.* & *p. p.t.* **cir°cumflectėd**। *a.* **circumfluent** [sa(r)°kum-floo-ant, স্যা(র্)°কাম্‌ফ্লুঅ্যান্‌ট্] চতুর্দিক্ বেষ্টন করিয়া প্রবহমাণ ; পরিবেষ্টক। *v.t.* **cir-cumfūse°**—চতুর্দিকে সেচন করা, ছিটান ; অভিসিঞ্চিত করা। *n.* **circumfū°sion**। *a.* **circum-jā°cent**—চতুঃসীমার সর্বত্র অবস্থিত ; পরিবেষ্টক। [*circum-*, L. *jacere*=to lie]। *a.* **circumli°-ttoral**—সৈকতরেখার সন্নিহিত। *n.* **circumlocu-tion** [sa(r)-kam-la-kŭ°sh(a)n, স্যা(র্)ক্যাম্‌ল্যা-কিউ°শ্‌ন্] ঘুরাইয়া কথা বলা, ভাবপ্রকাশের নিমিত্ত প্রয়োজনাতিরিক্ত শব্দের প্রয়োগ। *a.* **circumlocu-tory** [sa(r)-kam-lo°-kū-ta-ri, স্যা(র্)ক্যাম্‌ল°-কিউট্যারি] ঘুরাইয়া বলা হইয়াছে এমন। *v.t.* **cir-cumna°vigāte**—জলপথে প্রদক্ষিণ করা। *p.* & *p. pt.* **circumna°vigātėd**। *n.* **circumnavigā°-tion**। *n.* **circumna°vigātor**। *a.* **circumpō°-lar**—মেরুপ্রদেশ বেষ্টন করিয়া অবস্থিত। *v.t.* **circumva°llāte**—প্রাকারদ্বারা পরিবেষ্টিত করা। *p.* & *p. pt.* **circumva°llātėd**। *n.* **circum-vallā°tion**—প্রাকারদ্বারা পরিবেষ্টন ; পরিবেষ্টক প্রাকার। [*circum-*, L. *vallum*=rampart]।

circumcise [sa(r)°kam-sīz, স্যা(র্)°ক্যাম্‌সাইজ়্] *v.t.* to cut off the foreskin of লিঙ্গাগ্রের ত্বক্-

ছেদন করা, সুন্নৎ করা। *n.* **circumci°sion** । [*circum-*, L. *cisum* < *caedere* = to cut]

circumference [sa(r)-kum°f(a)r(a)ns, স্যা(র্)-কাম্'ফ্‌রন্‌স্] *n.* the boundary-line (esp. of a circle), (প্রধানতঃ বৃত্তের) পরিধি, পরিধি-রেখা, নেমি; distance round, বৃত্তাকার ব্যবধান বা দূরত্ব। *a.* **circumferential** [sa(r)-kumf(a)ren°sh(a)l, স্যা(র্)কাম্‌ফ্‌রেন্'শ্‌ল্] পরিধিসংক্রান্ত। [*circum-*. L. *ferre* = to carry]

circumscribe [sa(r)°-kam-skrīb, স্যা(র্)°ক্যাম্‌স্ক্রাইব্] *v.t.* to draw a line round, চতুর্দিক্ বেষ্টন করিয়া রেখা অঙ্কন করা; (geom.) to describe a curve or figure touching externally, (জ্যামি.) গায়ে-গায়ে ঠেকাইয়া বক্র রেখা বা চিত্রাদি অঙ্কন করা, (পরি.) পরিলিখিত করা; to enclose, পরিবেষ্টন করা; to limit, সীমিত করা। *n.* **circumscrip°tion**—চতুর্দিক্ বেষ্টন করিয়া রেখাঙ্কন; (পরি.) পরিলিখন; পরিবেষ্টন। [*circum-*, L. *scribe* = to write]

circumspect [sa(r)°-kam-spect, স্যা(র্)°ক্যাম্‌স্পেক্‌ট্] *a.* watchful in every direction, সর্বদিকে নজর রাখে এমন; cautious, সতর্ক। *n.* **circumspec°tion**—সর্বদিকে নজর; সতর্কতা। *a.* **circumspec°tive**—সর্বদিকে নজর-যুক্ত; সতর্ক। *adv.* **cir°cumspectly** । *n.* **cir°cumspectness** । [*circum-*, L. *specere* = to look]

circumstance [sa(r)°k(a)m-stans, স্যা(র্)°ক্‌ম্‌স্ট্যান্‌স্] *n.* the surroundings of an action, পারিপার্শ্বিক অবস্থা, পরিবেশ; (*pl.*) the state of one's affairs, অবস্থা। **in** or **under the circumstances**—এইরূপ অবস্থায়। **in** or **under no circumstances**—কখনও বা কোন অবস্থাতেই না; যাহাই ঘটুক না কেন, তবুও না। *a.* **cir°cumstanced**—অবস্থাবিশেষের মধ্যে পতিত। *a.* **circumstantial** [sa(r)-k(a)mstan°sh(a)l, স্যা(র্)ক্‌ম্‌স্ট্যান্'শ্‌ল্] অবস্থাগত; আনুষঙ্গিক। **circumstantial evidence**—যে প্রমাণ নিশ্চিত বা প্রত্যক্ষ নহে—কেবল অবস্থা বিচার করিয়া লাভ করিতে হয়। *n.* **circumstantiality** [sa(r)kam-stan-shia°-liti, স্যা(র্)ক্যাম্‌স্ট্যান্‌শিঅ্যা°লিটি]। *adv.* **circumstan°tially** । [*circum-*, L. *stans* = standing]

circumvent [sa(r)-kam-vent°, স্যা(র্)ক্যাম্‌ভেন্‌ট্°] *v.t.* to encompass, পরিবেষ্টন করা; to besiege, অবরোধ করা, ঘেরাও করা; to outwit or deceive, হতবুদ্ধি করা বা প্রতারণা করা; to baffle by indirection, পরোক্ষ উপায় অবলম্বন করিয়া এড়াইয়া যাওয়া। *p.* & *p. pt.* **circumven°ted** । *n.* **circumven°tion** । [*circum-*, L. *venire* = to come]

circus [sa(r)°-kas, স্যা(র্)°ক্যাস্] *n.* circular arena for exhibition of games or the games exhibited there, বৃত্তাকার ক্রীড়াভূমি বা সেখানে প্রদর্শিত ক্রীড়া, সার্কাস; a circular group of houses or a junction of a street almost surrounded with such a group, বৃত্তাকার অট্টালিকা-শ্রেণী বা তদ্দ্বারা পরিশোভিত রাস্তা (Park Circus)। [L.]

cirrhosis [si-rō°-sis, সিরৌ°সিস্] *n.* (med.) hardening of an organ, (চিকি.) অন্ত্রাদির কঠিনীভবন (*cirrhosis* of liver)। [Gk. *kirrhos* = tawny]

cirrus [si°-ras, সি°র‍্যাস্] *n.* the deepest form of clouds, ঘনমেঘ, অলকমেঘ; (bot.) a tendril, লতা-তন্তু, আকর্ষ; (zoo.) a curled filament, (প্রাণি.) কুঞ্চিত শুঙ্গবিশেষ। [L. = a curl, tuft]

Cisalpine [cis-al°-pīn, সিস্‌অ্যাল্‌°পাইন্] *a.* on the southern or Italian side of the Alps, আল্প্‌স্ পর্বতের দক্ষিণে স্থিত। [L. *cis* = on this side]

cissy [si°si, সি°সি] (**1**) *n.* an effeminate person, মেয়েলি লোক। (**2**) *a.* effeminate, মেয়েলি। [< *sister*]

cist [sist, সিস্‌ট্] *n.* a prehistoric coffin, প্রস্তরাদিতে নির্মিত প্রাগৈতিহাসিক শবাধারবিশেষ। [see *chest*]

cistern [sis°-ta(r)n, সিস্°ট্যা(র্)ন্] *n.* a receptacle or reservoir for holding water etc., জল প্রভৃতি তরল পদার্থ রাখিবার আধার। [L. *cisterna* < *cista* = a chest]

citadel [si°-tadl, সি°ট্যাড্‌ল্] *n.* a fortress in or near a city, নগরদুর্গ; (fig.) place of safety or refuge, নিরাপদ্ স্থান বা আশ্রয়স্থল। [It. *cittadella* = a small city—cp. *city*]

cite [sīt, সাইট্] *v.t.* to summon, আসিতে আদেশ করা; to quote or adduce, (প্রধানতঃ নজিরস্বরূপ) উদ্ধৃত করা বা উল্লেখ করা; to mention for bravery, সাহস প্রদর্শন করিয়াছে বলিয়া উল্লেখ করা (he was *cited* in dispatches)। *p.* & *p. pt.* **ci°ted** । *a.* **ci°table**—নজির বা প্রমাণস্বরূপ উল্লেখযোগ্য। *n.* **citā°tion**—(সরকারি প্রতিবেদনাদিতে) উল্লেখ। [L. *citare* = to call]

cithern [si°-tha(r)n, সি°থ্যা(র্)ন্], **cittern** [si°-ta(r)n, সি°ট্যা(র্)ন্] *n.* an old-time stringed musical instrument, প্রাচীনকালের তারের বাদ্যযন্ত্রবিশেষ (তু. সেতার)। [Gk. *kithara* = harp]

citizen [si°-tizn, সি°টিজ্‌ন্] *n.* an inhabitant of a city or town, নগরবাসী, নাগরিক; a member of a state, রাষ্ট্রের প্রজা বা নাগরিক; a freeman, স্বাধীন (অর্থাৎ ক্রীতদাসত্ব বা বাধ্যতামূলক সৈনিকবৃত্তি পালনের চুক্তিতে আবদ্ধ নহে এমন) অধিবাসী। *n.* **ci°tizenship** । [ME. *citesein* < OF. *citeain*—cp. *city*]

citric, citron—see **citrus**.

citrus [sit°-ras, সিট্°র‍্যাস্] *n.* the genus including the citron, lemon, lime, orange, etc., লেবু-বর্গ। *a.* **ci°tric**—লেবু-সংক্রান্ত; লেবু-জাত। **citric acid**—লেবু-জাত অ্যাসিড বা অম্ল। *n.* **cit-**

ron [sit°r(a)n, সিট্°র্ন্] জামির বা জামির-গাছ। *a.* **ci°trous**। [L.]

city [si°-ti, সি°টি] *n.* (loos.) a large town, (শিথি.) বড় শহর, নগর; (strictly) a chartered town, (প্রকৃত অর্থে) সরকারি সনদবলে সৃষ্ট (বিশেষতঃ স্বশাসিত) নগর, মহানগরী, নগররাষ্ট্র; the trade-centre in a town, নগরীর ব্যবসায়কেন্দ্র। **city elders**—(প্রধানতঃ প্রাচীন গ্রীসের) নগরবৃদ্ধেরা; নগরীর পৌরসভার কর্তৃবৃন্দ। **city fathers**—নগরীর (গণনির্বাচিত) শাসকবর্গ, পৌরমুখ্যগণ। **city office**—নগরীর ব্যবসায়কেন্দ্রস্থিত কার্যালয়। **city state**—সার্বভৌম শাসনাধিকারপ্রাপ্ত স্বাধীন নগরী, নগর-রাষ্ট্র। **Eternal City**—রোম নগরী। **Holy City**—জেরুসলেম। **holy city**—পবিত্র নগরী, তীর্থ-নগরী (যেমন, কাশী মক্কা গয়া জেরুসলেম)। [F. *cite* =a city<L. *civitas*=the state]

civet [si°-vit, সি°ভিট্] *n.* a cat-like carnivore or a perfume obtained from its anal glands, গন্ধগোকুলা বা উহার পায়ুগ্রন্থি হইতে প্রাপ্ত গন্ধদ্রব্যবিশেষ (also **civet-cat**)। (F. *civette*<Ar. *zabad*]

civic [si°-vik, সি°ভিক্] *a.* of a city or citizen, নগর বা নাগরিক সম্বন্ধীয়, পৌর, রাষ্ট্রীয়। **civic rights**—নাগরিক অধিকার। **civic duties**—নাগরিক কর্তব্য। *n.* **ci°vics**—পৌরবিজ্ঞান। [L. *civicus*<*civis*=citizen]

civ(v)ies [si-viz, সি°ভিজ্] *n. pl.* civilian clothes, অসামরিক পোশাক-পরিচ্ছদ। [abbr.]

civil [si°vl, সি°ভ্ল্] *a.* of the community, সম্প্রদায়গত, সাম্প্রদায়িক; having the refinement of city-bred people, নাগরিক সভ্যতা-বিশিষ্ট ('গেঁয়ো'-র বিপরীত); polite, ভদ্র; not military, অসামরিক; secular, গির্জা-সংক্রান্ত নহে এমন, অযাজকীয়; inside a particular state, রাষ্ট্রের অভ্যন্তরীণ (*civil* war); pertaining to laws, আইন-সংক্রান্ত; (in law) not criminal, (আইনে) দেওয়ানি। **civil aviation**—সাধারণ বিমান-চলন। **civil code**—ন্যায়-সংহিতা। **civil court**—দেওয়ানি আদালত। **civil disobedience**—আইন-অমান্য আন্দোলন। **civil engineering**—খাল-খনন পথঘাট রেলপথ জাহাজ-ঘাটা নির্মাণ এবং অনুরূপ কার্য, পূর্তকর্ম। **civil list**—(মূলতঃ) অসামরিক ব্যাপারে সরকারি ব্যয়ের তালিকা; অসামরিক উচ্চ-পদস্থ কর্মচারীদের তালিকা, (পরি.) রাজপুরুষসূচী; (বর্ত.) রাজসংসারের খরচার তালিকা। **civil servant**—civil service-এর কর্মচারী। **civil service**—উচ্চপদস্থ সরকারি কর্মবিশেষ (ভারতে I.A.S. নামেই সমধিক পরিচিত), জনপালন-কৃতাক। **civil surgeon** পৌর চিকিৎসক। **civil war**—গৃহযুদ্ধ। **civilian** [si-vi°-li-an, সিভি°লিয়্যান্] (1) *n.* পৌর-আইনের ছাত্র বা অধ্যাপক; অসামরিক সরকারি কার্যে নিযুক্ত ব্যক্তি; (ভারতে) উচ্চপদস্থ অসামরিক সরকারি কর্মচারি-বিশেষ, আই. এ. এস্.; (2) *a.* অসামরিক; অযাজকীয়। *n.* **civi°lity**—ভদ্রতা। *v.t.* **civilize** [si°-vi-līz, সি°ভিলাইজ্] বর্বর-জীবন হইতে উন্নত করা, সভ্য করা; প্রবুদ্ধ করা, জ্ঞান বিকশিত করা; রুচি উন্নত করা, মার্জিতরুচি করা। *a.* **ci°vilizable**। *n.* **civiliza°tion**—সভ্যতা। *a.* **ci°vilized**—সভ্য। *adv.* **civilly** [si°vi-li, সি°ভিলি] ভদ্রভাবে। [L. *civilis*<*civis*=citizen]

Civvy Street [si°-vi strēt, সি°ভি স্ট্রীট্] *n.* (sl.) civilian life, (অশি.) অসামরিক ও অযাজকীয় জীবন। [abbr.]

clack [klak, ক্ল্যাক্] (1) *v.i.* to chatter or cackle loudly, উচ্চৈঃস্বরে বক্‌বক্ বা খল্‌খল্ করা; to make a short sharp sound (as of striking two flat objects), ক্ষণস্থায়ী খট্‌খট্ শব্দ করা। (2) *n.* cackling sound, উচ্চ খল্‌খল্-শব্দ; a sharp flat sound, খট্‌খট্-শব্দ। [imi.]

clad—see **clothe.**

claim [klām, ক্লেইম্] (1) *v.t.* to demand, (অধিকার কৈফিয়ত প্রভৃতি) দাবি করা; to maintain or assert, নিশ্চিতভাবে বা দৃঢ়ভাবে বলা। (2) *n.* a demand, দাবি; right, অধিকার, স্বত্ব; assertion, নিশ্চিত বা দৃঢ় কথন অথবা উক্তি। **(to) claim damages**—ক্ষতিপূরণ বা খেসারত দাবি করা। **(to) lay claim to**—স্বত্ব দাবি করা। **(to) put in a claim for**—(কোন বস্তুর) মালিকানা দাবিপূর্বক পাইবার জন্য আবেদন করা। **(to) stake out a claim**—খুঁটি পুঁতিয়া সীমানা চিহ্নিত করা বা মালিকানার দাবি জাহির করা। *a.* **clai°mable**। *n.* **clai°mant, clai°mer**—দাবিদার। [OF. *claimer*<L. *clamare*=to call out]

clairvoyance [klā(r)-voy°-ans, ক্লেয়্যা(র্)ভয়্°অ্যান্স্] *n.* the alleged power of hearing (or seeing) things not present to the senses, ইন্দ্রিয়াতীত বস্তু শ্রবণের (বা দর্শনের) কল্পিত ক্ষমতা, (পরি.) অলোকদৃষ্টি। **clairvoy°ant**—(1) *a.* অলোকদৃষ্টিসম্পন্ন; (2) *n.* অলোকদ্রষ্টা। *fem.* **clairvoyante** [klā(r)-voy°-ant, ক্লেয়্যা(র্)ভয়্°অ্যান্ট্] [F. *clair*<L. *clarus*=clear, F. *voir*<L. *videre*=to see]

clam$_1$—see **clamp**$_1$.

clam$_2$ [klam, ক্ল্যাম্] *n.* bivalve shell-fish of various kinds, নানারকম দ্বিপুটক জলচর খোলকী (বিশেষতঃ, শামুক ও গলদাচিংড়ি)। [see *clamp*$_1$]

clamant [clā°-mant, ক্লেই°ম্যান্ট্] *a.* calling aloud or earnestly, উচ্চৈঃস্বরে বা ঐকান্তিকভাবে ডাকিতেছে এমন; urgent, জরুরি। [L. *clamare* =to cry out]

clamber [klam°-ba(r), ক্ল্যাম্°ব্যা(র্)] (1) *v.i.* to climb with difficulty (esp. by crawling), (প্রধানতঃ চারি হাত-পায়ে) কষ্টসহকারে আরোহণ করা (to *clamber* up or over a steep wall)। (2) *n.* act of clambering, উক্তভাবে আরোহণ। [<*climb* ?]

clammy [kla°mi, ক্ল্যা°মি] *a.* sticky, আঠাল; moist and adhesive, সেঁতসেঁতে ও চটচটে

(*clammy* with sweat) । *adv.* **cla°mmily** । *n.* **cla°mminess** । [OE. *clæman* = to daub]

clamorous—see **clamour.**

clamour [kla°-ma(r), ক্ল্যা°ম্যা(র্)] (**I**) *n.* a loud continuous outcry, (প্রধানতঃ আবেদন দাবি নালিশ প্রভৃতি জ্ঞাপনার্থ) ক্রমাগত উচ্চ কলরব । (2) *v.i.* to raise a clamour, উক্ত কলরব করা । *a.* **clamorous** [kla°-m(a)ras, ক্ল্যা°ম্র্যাস্] উক্ত কলরবপূর্ণ । *n* **cla°mourer** । [L. *clamor*]

clamp$_1$ [klamp, ক্ল্যাম্প্] (**I**) *n.* a fastening implement, সাড়াশি-জাতীয় বাঁধিবার যন্ত্রবিশেষ (also **clam**$_1$) । (2) *v.t.* to bind with a clamp, উক্ত যন্ত্রদ্বারা বাঁধা । *p.* & *p. pt.* **clam°ped** । **(to) clamp down on**—কঠোরহস্তে দমন করা ; (সংবাদাদির) প্রকাশ ও প্রচার রোধ করা । [AS. *clam* = fetter—cp. G. *klamm*]

clamp$_2$ [klamp, ক্ল্যাম্প্] (**I**) *n.* a pile (esp. of bricks for burning), (প্রধানতঃ পোড়াইবার জন্য ইটের) পাঁজা বা স্তূপ ; mound of stored potatoes covered with straw and earth, খড় ও মাটি চাপা মজুদ আলুর স্তূপ । (2) *v.t.* to put in clamps, পাঁজায় পাঁজায় সাজান । *p.* & *p. pt.* **clam°ped** । [Du. *klamp* = heap ?]

clan [klan, ক্ল্যান্] *n.* a tribe, গোষ্ঠী, বংশ ; a tribe with a common ancestor usu. under a single chieftain, (প্রধানতঃ স্কট্‌ল্যান্ডের পার্বত্যাঞ্চলের) সচরাচর এক সরদারের অধীন একবংশীয় উপজাতি ; a collective name for a number of persons, বর্গনাম, গোত্রনাম ; a party or coterie, দল । *a.* **cla°nnish**—গোষ্ঠীগত ; গোষ্ঠীতুল্য । *n.* **cla°nnishness**—গোষ্ঠীপ্রীতি, গোষ্ঠীগত টান । *n.* **clans°man**—জ্ঞাতি । *fem.* **clans°-woman** । [Gael. *clann* = tribe—cp. *planta*]

clandestine [klan-des°-tin, ক্ল্যান্‌ডেস্°টিন্] *a.* surreptitious, চোরাগোপ্তা ; secret, গুপ্ত, ; concealed, লুক্কায়িত । *adv.* **clandes°tine°ly** । [L. *clandestinus*]

clang [klang, ক্ল্যাং] (**I**) *n.* a loud deep-ringing sound, ঢংঢং শব্দ ; sharp loud cry of some birds, পক্ষিবিশেষের উচ্চ চিৎকার । (2) *v.i.t.* to produce or cause to produce this sound, ঢংঢং করা বা করান, ঢংঢং করিয়া বাজা বা বাজান । *n.* **clang°er**—অসমীচীন মন্তব্য বা নির্বুদ্ধিতাজনিত ভুল (to drop a *clanger*) । *a.* **clan°gorous**—ঢংঢং আওয়াজ-যুক্ত । *n.* **clan°gour**—ঢং আওয়াজ । [L. *clangere* = to sound]

clank [clangk, ক্ল্যাংক্] (**I**) *n.* a mild clang, ঠং বা ঝন্ আওয়াজ । (2) *v.i.t.* to make or cause to make this sound, ঠং বা ঝন্ আওয়াজ করা বা করান । *p.* & *p. pt.* **clan°ked** । [<*clang* and *cling* ?]

clannish, clansman, clanswoman—see **clan.**

clap$_1$ [klap, ক্ল্যাপ্] (**I**) *n.* the noise made by the sudden striking together of two things, অকস্মাৎ দুই বস্তুর (প্রধানতঃ দুই করতলের) পরস্পর আঘাতজনিত শব্দ, তালি ; a burst of sound, (বজ্রাদির) নির্ঘোষ । (2) *v.t.* to strike together to make this noise, তালি দেওয়া ; to thrust together suddenly, অকস্মাৎ একত্র ঢুকাইয়া দেওয়া ; to fasten promptly, চট্‌পট্ বাঁধিয়া ফেলা ; to applaud by clapping the hands, করতালি দিয়া প্রশংসা করা ; to pat, মৃদু চাপড় মারা ; to bang, ঝপাং করিয়া বন্ধ করা । (3) *v.i.* to strike the hands together, করতালি দেওয়া ; to slam noisily, সশব্দে বন্ধ হওয়া ; to express applause, প্রশংসাধ্বনি করা ; (arch.) to come or go suddenly, (আর্ষ.) অকস্মাৎ আসা বা যাওয়া । *pr. pt.* **cla°pping ;** *p.* & *p. pt.* **cla°pped** । *n.* **clap-board** [klap°-baw(r)d, ক্ল্যাপ্°ব্য(র্)ড্, kla°-ba(r)d, ক্ল্যা°ব্য(র্)ড্] same as **weather-board** । **clap°net**—এক ধরনের জাল যাহার দড়ি টানিলে মুখ বন্ধ হয় । *n.* **cla°pper**—clap (*v.*)-এর সকল অর্থে এবং—ঘণ্টার দোলক ; পাখি তাড়াইবার জন্য শব্দকর যন্ত্রবিশেষ ; দুয়ারের সামনে ঘণ্টা ; (কথ্য.) জিভ । *v.t.* **cla°pperclaw**—চুলকান ; আঘাত করা ; নিন্দা করা ; বিদ্বেষপূর্ণ সমালোচনা করা । **clap°-trap°**—(**I**) *n.* সহজে বাহবা কিনিবার কৌশল (বিশেষতঃ উক্ত কৌশলপূর্ণ ভাষা বা ভঙ্গি) ; (2) *a.* উক্ত কৌশলপূর্ণ । [ON. *klappa* = to pat]

clap$_2$ [klap, ক্ল্যাপ] *n.* (vulg.) gonorrhoea, (অশ্লীল) প্রমেহ । [Du. klapoor ?]

claque [klak, ক্ল্যাক্] *n.* a body of hired applauders, ভাড়াটে প্রশংসাকারীর দল । *n.* **cla°-quer**—উক্ত দলভুক্ত প্রশংসাকারী । [F.]

claret [kla°-rat, ক্ল্যা°র্যাট্] *n.* a good red wine, উৎকৃষ্ট রক্তবর্ণ মদ্যবিশেষ । [F. *clairet* < *clair* < L. *clarus* = clear]

clarify [kla°-ri-fī, ক্ল্যা°রিফাই] (**I**) *v.t.i.* to make or become clear, পরিষ্কার করা বা হওয়া । (2) *v.t.* to purify, শোধন করা । *n.* **clarifica°tion** । [L. *clarus* = clear, *facere* = to make]

clari(o)net [kla-ri-net°, ক্ল্যারিনেট্°] *n.* a wind-instrument, বাঁশিবিশেষ । *n.* **clarine°ttist**—ক্ল্যারিনেট-বাদক । [F. < L. *clarus* = clear]

clarion [kla°-ri-an, ক্ল্যা°রিঅ্যান্] *n.* a kind of war-trumpet, বাঁশিজাতীয় সামরিক বাদ্যযন্ত্রবিশেষ, তূর্য ; its sound, তূর্যধ্বনি ; any similar sound, তূর্যধ্বনিবৎ শব্দ । **clarion call**—তূর্যধ্বনির ন্যায় উচ্চনিনাদে আহ্বান ; উদ্দীপক আহ্বান বা ডাক । [F. *clairon* < L. *clarus* = clear]

clarity [kla°-ri-ti, ক্ল্যা°রিটি] *n.* clearness, পরিষ্কার ভাব, স্পষ্টতা । [ME. *clarte* < L. *claritas*]

clash [klash, ক্ল্যাশ্] (**I**) *n.* a loud noise as of collision of metal sheets, ঝনৎকার, ঝঞ্ঝনা, ঝন্‌ঝন্ শব্দ ; opposition, বিপক্ষতা, বাধা ; contradiction, প্রতিবাদ ; collision, সঙ্ঘর্ষ ; conflict, বিরোধ (a *clash* of opinions, interests, etc.)। (2) *v.i.* to dash noisily together, সশব্দে পরস্পর সজ্ঘৃষ্ট হওয়া; to conflict, পরস্পর দ্বন্দ্ব করা বা পরস্পরবিরোধী হওয়া; to be contrary, প্রতিকূল বা বিরোধী হওয়া; to disagree, অমিল হওয়া (the colour of his clothes *clashes* with the colour of his headgear)। (3) *v.t.* to strike noisily against, (কিছুর সহিত) সশব্দে সজ্ঘৃষ্ট হওয়া। *p.* & *p. pt.* **cla°shed**। [imi.]

clasp [klŭsp, ক্লাস্প্] (1) *n.* a fastening, কব্জা, বকলস, খিল; an embrace, আলিঙ্গন; a grasp, দৃঢ়মুষ্টি। (2) *v.t.* to fasten with a clasp, কব্জাদির দ্বারা আটকান; to embrace or grasp tightly, দৃঢ়ভাবে আলিঙ্গন করা বা আঁটিয়া ধরা। *p.* & *p. pt.* **clas°ped**। **(to) clasp hands**—বিশেষ আবেগের সঙ্গে করমর্দন করা। *n.* **clas°per**—যে আঁটিয়া ধরে বা যদ্দ্বারা আঁটিয়া ধরা হয়। **clasp°-knife°**—যে ছুরির ফলা বাঁটের মধ্যে মুড়িয়া রাখা যায়, চাকু। [ME. *clapse*—cp. *hasp*]

class [klŭs, ক্লাস্] (1) *n.* a rank or order, পদমর্যাদার মান, শ্রেণী, জাতি; a social rank, (আর্থিক অবস্থা, পেশা, জাত প্রভৃতির দিক্ দিয়া) সামাজিক শ্রেণী (upper, middle and lower *classes*); a high social rank, উচ্চ সামাজিক শ্রেণী; a number of students taught together the same course of study, বিদ্যালয়াদির পাঠশ্রেণী; a grade, মূল্যায়নের মান; (in science) a genus, (বিজ্ঞা.) বর্গ, গোত্র, গোষ্ঠী। (*coll.*) distinction, high quality, (কথ্য.) উচ্চমান। (2) *a.* of high quality, উচ্চমানের (a *class* batsman)। (3) *v.t.* to arrange into a class or classes, শ্রেণীভুক্ত বা শ্রেণীভাগ করা। *p.* & *p. pt.* **cla°ssed**। *n.* **class°-book**—বিদ্যালয়ের শ্রেণীতে পড়াইবার জন্য পুস্তক। *a.* **class°-con°scious**—অর্থনীতিক ও সামাজিক দিক্ দিয়া স্বশ্রেণীভুক্তদের সহিত সর্বদা সহযোগিতাকারী, শ্রেণী-সচেতন। *n.* **class°-feeling**—শ্রেণী-বিদ্বেষ বা শ্রেণী-সঙ্কীর্ণতা। *n.* **class°-fellow, class°māte**—সমপাঠী। *a.* **class°less**—শ্রেণীহীন (a *classless* society)। *n.* **class°-list**—সসম্মান স্নাতক-উপাধিপ্রাপ্ত ব্যক্তিদের নামের তালিকা। *n.* **class°-man**—(প্রধানতঃ Oxford বিশ্ববিদ্যালয় হইতে) সসম্মান স্নাতক-উপাধিপ্রাপ্ত ব্যক্তি। *n.* **class°-room**—বিদ্যালয়ের শ্রেণীকক্ষ। *n.* **class°struggle, class°warfare**—শ্রেণী-সংগ্রাম। *a.* **classy**—(কথ্য.) চেহারায় ও আচরণে কেতাদোরস্ত; বা পরিপাটী আভিজাত্যপূর্ণ। L. *classis*=assembly]

classic [kla°-sik, ক্ল্যা°সিক্] *n.* any great writer or artist or his work, (প্রধানতঃ প্রাচীন গ্রীসের বা রোমের) বড় লেখক বা শিল্প অথবা তাঁহার রচনা বা শিল্প; a student of the ancient classics, প্রাচীন (গ্রীস ও রোমের) সাহিত্যাদির ছাত্র বা সাহিত্যাদিতে পণ্ডিত; (*pl.*) Greek and Latin studies, (প্রাচীন) গ্রীক ও ল্যাটিন ভাষায় লিখিত সাহিত্য ও অন্যান্য শাস্ত্র; books or authors of the highest class, উচ্চশ্রেণীর রচনা বা রচয়িতা (Milton is a *classic*)। *a.* **cla°ssic (al)**—শ্রেষ্ঠ বা অত্যুত্তম (রচনা সঙ্গীত চিত্র প্রভৃতি); প্রাচীন গ্রীস ও রোমের শ্রেষ্ঠ লেখকদের আদর্শানুসারী; সুসংহত ও সংযত; সুদীর্ঘ ইতিহাসের নিমিত্ত খ্যাত (a *classic* event)। *n.* **classica°lity**। *n.* **classicism** [kla°-si-sizm, ক্ল্যা°সিসিজ্‌ম্] প্রাচীন কালের শ্রেষ্ঠ রচনাদি আদর্শরূপে গ্রহণ করার ঝোঁক বা ঐগুলির অনুকরণ। *n.* **cla°ssicist**। [see *class*]

classify [kla°-si-fī, ক্ল্যা°সিফাই] *v.t.* to arrange in classes, বিভিন্ন শ্রেণীতে ভাগ করা, শ্রেণীভাগ করা। *a.* **cla°ssifiable**। *n.* **classificā°tion**—শ্রেণীবিভাজন। *a.* **cla°ssified**—শ্রেণীবদ্ধ (*classified* advertisements or ads)। [*class*, L. *facere*=to make]

clastic [klas°-tik, ক্লাস্°টিক্] *a.* composed of fragments, বিভিন্ন টুকরার দ্বারা গঠিত। [Gk. *klastos*<*klaein*=to break]

clatter [kla°-ta(r), ক্ল্যা°ট্যা(র্)] (1) *n.* repeated rattling sound, ক্রমাগত ঠন্‌ঠন্ শব্দ; noisy talk, হৈচৈপূর্ণ বক্‌বকানি। (2) *v.i.t.* to produce or cause to produce this sound, ঠন্‌ঠন্ করা বা করান। [OE. *clatrung* (*n.*)]

clause [klawz, ক্লজ্] *n.* a sentence, which is a part of a larger one, বৃহত্তর বাক্যের অঙ্গীভূত বাক্য, উপবাক্য; an article of a contract, will, act, etc., চুক্তি উইল আইন প্রভৃতির ধারা বা অংশ। [F.<L. *claudere*=to shut]

claustral [klaws°tr(a)l, ক্লস্°ট্র্‌ল্] *a.* of the cloister, মঠসংক্রান্ত; secluded, স্বতন্ত্র, একান্তবাসী; narrow, সঙ্কীর্ণ। [L. *claustrum*=an enclosed place]

claustrophobia [klaws-tra-fō°-bi-a, ক্লস্ট্র্যা-ফৌ°বিঅ্যা] *n.* morbid dread of being in closed places, (গুহা খনি প্রভৃতি) আবদ্ধ স্থানে থাকিতে আতঙ্করূপ ব্যাধি। [L. *claustrum*=an enclosed place, *phobia*]

clavate [klā°-vāt, ক্লেই°ভেইট্] *a.* club-shaped, গদাকার। [see *club*]

clave—see **cleave**$_{1,2}$.

clavichord [kla°-vi-kaw(r)d, ক্ল্যা°ভিক(র্)ড্] *n.* an old stringed instrument, প্রাচীন তারযন্ত্র-বিশেষ। [L. *clavis*=a key, *chord*]

clavicle [kla°-vikl, ক্ল্যা°ভিক্‌ল্] *n.* the collar-bone, কণ্ঠাস্থি। *a.* **clavi°cūlar**—কণ্ঠাস্থি-সংক্রান্ত; কণ্ঠাস্থি-সদৃশ। [L. *clavicula*<*clavis*=a key]

claw [klaw, ক্ল] (1) *n.* the sharp hooked nail of a beast or bird, পশুপক্ষীর তীক্ষ্ণ ও বক্র নখর; pincers of crabs and lobsters, কাঁকড়া চিংড়িমাছ

প্রভৃতির সাঁড়াশি-সদৃশ দাঁড়া। (2) *v.t.* to scratch or tear or seize (with the claw), (নখরদ্বারা) আঁচড়ান বা ছিন্ন করা বা আঁকড়াইয়া ধরা। *a.* **claw°ed**—নখরবিশিষ্ট। *n.* **claw°-hammer**—পেরেক টানিয়া তুলিয়া ফেলিবার জন্য হাতুড়িবিশেষ। [OE. *clawu*—cp. *cleave*]

clay [klā, ক্লেই] *n.* earth tenacious and ductile, কাদামাটি, মৃত্তিকা ; (fig.) the human body, (আল.) মানবদেহ। *a.* **clayey** [klā°-i, ক্লেই°ই] মৃত্তিকাগঠিত ; মৃন্ময় ; মৃত্তিকাপূর্ণ ; মৃত্তিকাবৎ। [AS. *claeg*—cp. G. *klei*]

claymore [klā°-maw(r), ক্লেই°ম্যা(র্)] *n.* an ancient Scottish sword, স্কট্ল্যান্ডের প্রাচীন তরবারিবিশেষ। [Gael. *claidheamhmor*]

clean [klēn, ক্লীন্] (1) *a.* free from dirt or stain or anything that defiles, নির্মল ; পরিষ্কার, পরিচ্ছন্ন ; neat, পরিপাটী ; pure, বিশুদ্ধ, পবিত্র (*clean* life) ; guiltless, নিষ্পাপ, নির্দোষ (a *clean* record ; shapely, সুগঠিত (*clean* figure) ; clear-cut, স্পষ্ট (*clean* words) ; free from doubt, সন্দেহাতীত ; complete, সম্পূর্ণ, ডাহা (*clean* treachery)। (2) *adv.* completely, সম্পূর্ণরূপে ; outright, স্পষ্টভাবে। (3) *v.t.* to make clean, পরিষ্কার করা। **(to) clean down**—(দেওয়ালাদি) ঝাড়-পোঁছ করা। **(to) clean out**—ভিতর সাফ করা (to *clean out* a room)। **(to) be cleaned out**—(খরচাদির ফলে) কপর্দকশূন্য হইয়া পড়া। **(to) clean up**—সাফ করা ; অবাঞ্ছিত ব্যক্তি বা বস্তু হইতে সম্পূর্ণ মুক্ত করা ; টাকাকড়ি লাভ করা। **(to) come clean, (to) make a clean breast of**—অপরাধাদি সম্পূর্ণ স্বীকার করা। *a.* **clean°-cut°**—স্পষ্ট, খোলাখুলি। *n.* **clea°ner**—যে পরিষ্কার করে ; যদ্দ্বারা পরিষ্কার করা হয় (vacuum *cleaner*)। *a.* **clean°-limbed**—সুগঠিত অঙ্গপ্রত্যঙ্গবিশিষ্ট। *n.* **clean°liness** । **cleanly** [klen°-li, ক্লেন্°লি] (1) *a.* পরিষ্কার-পরিচ্ছন্ন ; বিশুদ্ধ ; পরিপাটী ; (2) *adv.* পরিচ্ছন্নভাবে। *a.* **clean°shāven**—উত্তমরূপে দাড়িগোঁফ-কামান। *n.* **clean°-up°**—পরিষ্করণ ; পাপ-দোষাদি সম্পূর্ণ দূরীকরণ। [OE. *clǣne* < G. *klein* = small]

cleanse [klenz, ক্লেন্জ্] *v.t* to clean or purify, সাফ করা বা পরিষ্কার করা, বিশোধন করা। *n.* **clean°ser**—যে পরিষ্কার করে ; যদ্দ্বারা পরিষ্কার করা হয়। [OE. *claensian*]

clear [klē(r), ক্লিয়্যা(র্)] (1) *a.* pure, বিশুদ্ধ ; bright, উজ্জ্বল ; unclouded, নির্মেঘ ; transparent, স্বচ্ছ ; free from obstruction, difficulty, dullness, blame, etc., অবাধ, সহজ, সাবলীল, নিখুঁত, নির্দোষ ; distinct, স্পষ্ট (a *clear* voice) ; unambiguous, দ্ব্যর্থহীন। (2) *adv.* plainly, স্পষ্টভাবে ; quite, সম্পূর্ণরূপে। (3) *v.t.* to make clear, পরিষ্কার করা ; to empty, খালি করা, শূন্য করা ; to free from guilt, accusation, etc., দোষ অভিযোগ প্রভৃতি হইতে মুক্ত করা ; to leap, pass by or over, উল্লঙ্ঘন করা বা অতিক্রম করা (he *cleared* seven feet) ; to settle (a bill etc.), (পাওনাদারের বা হুণ্ডি প্রভৃতির) দাবি মিটান ; to remove, স্থানান্তরিত করা ; to set free (a ship etc.) for sailing, (জাহাজাদিকে) বাহিয়া যাইবার অনুমতি দেওয়া। (4) *v.i.* to become clear, পরিষ্কার হওয়া ; to grow free, bright, transparent, etc., মুক্ত উজ্জ্বল স্বচ্ছ প্রভৃতি হওয়া ; to sail after satisfying all demands and obtaining permission, সর্বপ্রকার দাবিপূরণান্তে অনুমতিগ্রহণপূর্বক (জাহাজাদির) বাহিয়া যাওয়া। **(to) clear away**—(ভোজনান্তে থালাবাসনাদি) সরাইয়া লইয়া যাওয়া, (এঁটো) পাড়া ; অপসৃত হওয়া (the clouds have *cleared away*)। **(to) clear off**—(অবসান ঘটাইয়া) নিষ্কৃতি পাওয়া, বিমুক্ত হওয়া (to *clear off* a debt) ; প্রস্থান করা ; (জাহাজাদির) বন্দর ছাড়িয়া প্রস্থান করা। **(to) clear one's throat**—খাঁকারি দিয়া গলা সাফ করা। **(to) clear out**—(ভিতরের জিনিসপত্র বা লোকজন সরাইয়া) খালি করা ; (কক্ষাদি হইতে) চলিয়া যাওয়া **(to) clear up**—সাফ করা বা সাফ হওয়া ; (প্রহেলিকাদির) সমাধান করা বা সমাধান হওয়া। **(to) keep** or **stay clear of**—এড়াইয়া চলা, কোনরূপ সম্পর্ক না রাখা। *n.* **clēar°ance**—পরিষ্করণ ; খালি করা ; জমি ভিটা প্রভৃতি হইতে উচ্ছেদ ; বাধাদি দূরীকরণ ; মধ্যবর্তী ফাঁকা জায়গা ; শুল্কবিভাগের দাবিদাওয়া পূরণান্তে যাত্রা করিবার জন্য জাহাজকে প্রদত্ত অনুমতিপত্র ; অনুমতিপত্র বা ছাড়পত্র। *a.* **clēar°-cut°**—স্পষ্ট, দ্ব্যর্থহীন। *a.* **clēar°-eyed, clēar°-sigh°tėd**—পরিষ্কার দৃষ্টিশক্তিসম্পন্ন ; (আল.) বিচক্ষণ। **clēar°-hea°dėd**—তীক্ষ্ণবোধশক্তিসম্পন্ন, বুদ্ধিমান্। *a.* **clēar°ing°-hos°pital**—রুগ্ণ ও আহতদের সাময়িকভাবে রাখার জন্য রণক্ষেত্রের হাসপাতাল। *n.* **clēar°ing-house**—চেক হুণ্ডি প্রভৃতি বিনিময় করিবার বা ভাঙ্গাইবার দফ্তরবিশেষ। *adv.* **clēar°ly**—পরিষ্কারভাবে ; স্পষ্টভাবে। *n.* **clear°ness**। [F. *clair* < L. *clarus*]

cleat [klēt, ক্লীট্] *n.* a wedge, গোঁজ, কীলক। [AS. ?]

cleave₁ [klēv, ক্লীভ্] (1) *v.t.* to chop or split, চেরা, ফাটান ; to separate violently, সবলে বিচ্ছিন্ন করা। (2) *v.i.* to part asunder, বিচ্ছিন্ন হওয়া ; to crack, ফাটিয়া যাওয়া। *p.* **clōve, cleft** [kleft, ক্লেফ্ট্], (arch.) **clāve** ; *p. pt.* **clō°ven, cleft** । **in the cleft stick**—(আল.) মুশকিলে বা বিপন্ন অবস্থায় পতিত। *n.* **clea°vāge, cleft**—ফাট। *a.* **clō°ven-foo°tėd, clō°ven-hoofed**—দ্বিখণ্ডিত পদযুক্ত বা খুরওয়ালা (যেমন গোরুর বা ভেড়ার)। [OE. *cleofan*—cp. G. *klieben*]

cleave₂ [klēv, ক্লীভ্] *v.i.* to stick fast, দৃঢ়ভাবে আঁটিয়া থাকা। *p.* **clea°ved, clāve** ; *p. pt.* **clea°ved** । *n.* (*sing.* & *pl.*) **clea°vers**—চোরকাঁটা। [OE. *clifian*—cp. G. *kleben*]

cleek [klēk, ক্লীক্] *n.* an iron-headed golfclub, গল্‌ফ্-খেলার জন্য লৌহমুখ লাঠিবিশেষ। [Scot.]

cleft—see **cleave₁**.

cleg [kleg, ক্লেগ্] *n.* a gadfly, ডাঁশ-মশাবিশেষ। [ON. *kleggi*]

clematis [kle°-ma-tis, ক্লে°ম্যাটিস্] *n.* a climbing shrub, বনলতাবিশেষ। [L.<Gk. *klematis*]

clement [kle°-mant, ক্লে°ম্যান্ট্] *a.* mild, মৃদু; gentle, নম্র, শান্ত; kind, সদয়; merciful, ক্ষমা-পূর্ণ, ক্ষমাশীল। *n.* **cle°mency**—মৃদুতা; নম্রতা; সদয়তা; ক্ষমাশীলতা। *adv.* **cle°mently**। [F. <L. *clemens, clementis*]

clench [klensh, ক্লেন্‌শ্] *v.t.* to grasp, দৃঢ়মুষ্টিতে আঁকড়াইয়া ধরা; to close tightly, দৃঢ়ভাবে মোড়া (to *clench* one's fingers) বা পরস্পর চাপা (to *clench* one's teeth); to drive into something else by hammering on the head, মাথায় ঘা মারিয়া মারিয়া কিছুর ভিতরে ঢুকাইয়া দেওয়া; (fig.) to drive home, (আল.) ভালভাবে উপলব্ধি করান (to *clench* an issue); to settle or confirm, মীমাংসা করা বা সত্য বলিয়া অনুমোদন করা। *p.* & *p. pt.* **clen°ched**। *n.* **clen°cher**—clench-এর সকল অর্থে, এবং বিশেষতঃ—অকাট্য যুক্তি। [OE. *clencean*—cp. *cling*]

clergy [kla(r)°-ji, ক্ল্যা(র্)°জি] *n.* the ministers of Christianity or other religion, খ্রিষ্টধর্মের বা অন্য ধর্মের যাজকমণ্ডলী। *n.* **cler°gyman**—যাজক। *fem.* **cler°gywoman**। [F. *clerge*< L. *clericus*]

cleric [kle°rik, ক্লে°রিক্] *n.* a clergyman, যাজক। *a.* **cle°ric(al)**—যাজকমণ্ডলী-সংক্রান্ত; কেরানি-সংক্রান্ত; কলমচী-সংক্রান্ত। [see *clerk*]

clerihew [kle°-ri-hū, ক্লে°রিহিউ] *n.* a short witty or nonsensical verse, কৌতুকপূর্ণ বা অর্থহীন ক্ষুদ্র (সচ. চার লাইনের) ছড়া। [E. *Clerihew* Bentley, an author]

clerk [klŭ(r)k, ক্লা(র্)ক্] *n.* a clergyman, যাজক; a priest, পুরোহিত; a lay officer of a parish church, গ্রাম্য গির্জার অযাজকীয় কর্মচারী; an office-assistant, কেরানি। [OE. *clerc*=a priest <LL. *clericus*—cp. *clergy*]

clever [kle°-va(r), ক্লে°ভ্যা(র্)] *a.* dexterous, দক্ষ; কুশলী; ingenious, দক্ষতাপূর্ণ, চাতুর্যপূর্ণ। *a.* **cle°verish**—ঈষৎ দক্ষ বা দক্ষতাপূর্ণ। *adv.* **cle°verly**। *n.* **cle°verness**। [?]

clew [kloo, ক্লু] (**1**) *n.* a ball of thread or the thread in it, সুতার গুলি বা তন্মধ্যস্থ সুতা; a thread guiding through a labyrinth, যে সুতা ধরিয়া গোলকধাঁধার পথ খুঁজিয়া লওয়া হয়; anything that leads on to the solution of a mystery, রহস্য-সমাধানের সূত্র; the corner of a sail, নৌকাদির পালের কোণ। (**2**) *v.t.* to coil up into a ball, গুলি পাকাইয়া গোটান। [OE. *cliwen*—cp. Du. *kluwen*]

cliché [klē°-shā, ক্লী°শেই] *n.* the impression of a die on soft metal, নরম ধাতুতে মুদ্রিত ছাঁচের ছাপ; a hackneyed literary phrase, অতি প্রচলিত শস্তা বা গতানুগতিক পদসমষ্টি। [F.]

click [klik, ক্লিক্] (**1**) *n.* a tickling sound, ক্লিক্ বা টিক্ আওয়াজ। (**2**) *v.i.* to make this sound, ঐ শব্দ করা; to be lucky, ভাগ্যবান্ বা জোর-কপালে হওয়া; to get along well together, (স্ত্রীপুরুষে) পরস্পর মানাইয়া চলা; to fall in love with each other, পরস্পর প্রেমে পড়া। *p.* & *pt.* **cli°cked**। [imi.]

client [klī°-ant, ক্লাই°অ্যান্ট্] *n.* an employer of a lawyer or of any professional man, উকিল প্রভৃতির মক্কেল; customer, খরিদ্দার। *n.* **clientele** [klī°-en-tel, ক্লাই°এন্‌টীল্], **clientèle** [klē-an-tel°, ক্লীআঁটেল্°] পোষ্যবর্গ; অনুচরবৃন্দ; মক্কেলগণ। *n.* **cli°entage**—মক্কেলবৃন্দ; খরিদ্দারগণ। *n.* **cli°entship**। [L. *cliens, clientis*=a dependent (upon a patron)]

cliff [klif, ক্লিফ্] *n.* a high steep rock, উচ্চ দুরারোহ পাহাড়; the steep rock-face, পর্বতের দুরারোহ পার্শ্ব। [OE. *clif*<Du.]

climacteric [klī-mak°-ta-rik, ক্লাইম্যাক্°ট্যারিক্] *n.* the period when change of life in human beings occurs, মানুষের দেহবিপর্যয়-কাল, যৌবনান্ত-কাল; a critical time, সঙ্কটমুহূর্ত। *a.* **climacteric** [klī-mak-te°-rik, ক্লাইম্যাক্টে°রিক্], **climac°terical**—দেহবিপর্যয়-কালীন, যৌবনান্তকালীন; সঙ্কটকালীন; সঙ্কটপূর্ণ। **the grand climacteric**—জীবনের তেষট্টিতম বৎসর (মানুষের জীবনে ইহাকে চরম সঙ্কটপূর্ণ কাল বলিয়া মনে করা হয়)। [Gk. *klimaker*<*klimax*=a ladder—cp. *climax*]

climactic(al)—see **climax**.

climate [klī°-mit, ক্লাই°মিট্] *n.* the condition of a country or place with regard to temperature, moisture, etc., কোন দেশের বা স্থানের জলবায়ু, স্থানীয় আবহাওয়া; prevailing condition, চলতি অবস্থা, যে অবস্থা বিদ্যমান (the political *climate*)। *a.* **clima°tic(al)**—জলবায়ু-সংক্রান্ত। *adv.* **clima°tically**। *n.* **climatology** [klī-ma-to°-la-ji, ক্লাইম্যাট°ল্যাজি] জলবায়ুসংক্রান্ত বিজ্ঞান। [F. *climat*<L. *clima*<Gk. *klima*= slope]

climax [klī°-maks, ক্লাই°ম্যাক্‌স্] *n.* (rhet.) the arranging of discourse in order of increasing strength, (অল.) ক্রমশঃ অধিকতর গুরুত্বানুযায়ী ভাবধারার সংস্থাপন, ভাবারোহ, অনুলোম; (fig.) a culmination, (আল.) চরম পরিণতি। *a.* (irregularly formed) **climac°tic(al)**—ভাবারোহী; চরম পরিণতিমূলক। [Gk. *klimax*=a ladder]

climb [klīm, ক্লাইম্] (**1**) *v.t.i.* to ascend or mount, (প্রধানতঃ চার হাত-পায়ের সাহায্যে) আরোহণ করা (also **to climb up**); to descend or dismount, অবতরণ করা (usu. **to climb down**) ; to ascend with difficulty, কষ্টে আরোহণ করা ; (of plants and creepers) to move upwards by clinging to other objects, লতাইয়া ওঠা। *p.* & *p. pt.* **clīmb°ed,** (arch.) **clōmb** । (2) *n.* an ascent, আরোহণ বা চড়াই (a hard *climb*)। *a.* **clīmb°able** । *n.* **clīmb°er** । *a.* **climbing** [klī°-ming, ক্লাই°মিং] লতাইয়া ওঠে এমন, লতানে। [OE. *climban*—cp. G. *klimmen*]

clime [klīm, ক্লাইম্‌] *n.* (poet.) a country, দেশ ; a tract, ভূখণ্ড। [see *climate*]

clinch [klinsh, ক্লিন্‌শ্‌] var. of **clench.**

cling [kling, ক্লিং] *v.i.* to stick close, আঁটিয়া ধরা বা জড়াইয়া ধরিয়া থাকা ; to adhere steadfastly, দৃঢ়ভাবে আসক্ত বা অনুরক্ত থাকা ; to shrink, (কাষ্ঠ ফল প্রভৃতি সম্বন্ধে) সঙ্কুচিত হওয়া। *p.* & *p. pt.* **clung** [klung, ক্লাং] । **clinging clothes** or **garments**—যে পোশাক শরীরের সঙ্গে সাঁটিয়া থাকিয়া দেহরেখাকে স্পষ্ট করিয়া তোলে। *a.* **cling°y**—আঁটিয়া থাকে এমন ; আঠাল ; (আল.) নাছোড়বান্দা। [OE. *clingan*]

clinic [kli°-nik, ক্লি°নিক্‌], **cli°nical**—*a.* of practical instruction given in hospital beside sick-beds, হাসপাতালে রোগীদের শয্যা-পার্শ্বে দাঁড়াইয়া প্রদত্ত ব্যবহারিক শিক্ষাসংক্রান্ত, (পরি.) নিদানিক (*clinical* lecture)। **clinical thermometer**—দেহের উত্তাপ গ্রহণের তাপমান যন্ত্র। *n.* **cli°nic**—নিদানিক শিক্ষা ; ব্যক্তিগতভাবে পরিচালিত আরোগ্যশালা, নার্সিং হোম। *adv.* **cli°nically** । [Gk. *klinikos* < *kline* = a bed]

clink$_1$ [klingk, ক্লিংক্‌] (1) *n.* a ringing sound, ঠুন্‌-শব্দ। (2) *v.i.t.* to produce or cause to produce the sound, ঠুন্‌-শব্দ করা বা করান। *p.* & *p. pt.* **clin°ked** । *a.* & *adv.* **clink°ing**—অতি উত্তম বা উৎকৃষ্ট ধরনের । [imi.]

clink$_2$ [klingk, ক্লিংক্‌] *n.* (*sl.*) prison, lock-up, (অশি.) জেলখানা, হাজত। [?]

clinker [kling°-ka(r), ক্লিং°কা্যা(র্‌)] *n.* a very hard brick, অতি কঠিন ইষ্টকবিশেষ, ঝামা (?)। [Du. *klinckerd*]

clinometer [klī-no°-mi-ta(r), ক্লাইন°মিট্যা(র্‌)] *n.* an instrument for measuring slopes, ঢাল বা গড়ান মাপিবার যন্ত্রবিশেষ। [Gk. *klino* = to slope, *meter*]

Clio [klī-°ō, ক্লাই°ঔ] *n.* the Muse of history, ইতিহাসের অধিষ্ঠাত্রী দেবী। [Gk. *kleiō*]

clip$_1$ [klip, ক্লিপ্‌] (1) *v.t.* to embrace, আলিঙ্গন করা ; to surround, পরিবেষ্টন করা ; to grip firmly, আঁটিয়া ধরা। *conjug.* same as **clip**$_2$ । (2) *n.* a gripping device, বস্তুসমূহ একত্র আঁটিয়া রাখার কল, ক্লিপ। [OE. *clyppan* = to embrace < G. *kluppe* = pincers]

clip$_2$ [klip, ক্লিপ্‌] (1) *v.t.* to cut with shears or scissors, কাস্তে বা কাঁচি দিয়া কাঁটা ; to trim, ছাঁটা ; to reduce, হ্রাস করা ; বাদ দেওয়া (he *clips* his r's) ; to punch a hole, ফুটা করা (to *clip* a bus ticket) ; to hit or punch sharply, সজোরে আঘাত করা বা ঘুসি মারা (to *clip* a person on the jaw)। (2) *v.i.* to go quickly, দ্রুতবেগে যাওয়া। *pt. pt.* **cli°pping ;** *p.* & *p. pt.* **cli°pped, clipt** । (3) *n.* an act of clipping, কর্তন, ছাঁটাই, হ্রাস ; the thing clipped off, যাহা ছাঁটা হইয়াছে, বিশেষতঃ মেষের কর্তিত লোমরাজি ; a smart blow সজোরে আঘাত বা ঘুসি। **(to) clip the wings of**—(আল.) ক্ষমতা বা শক্তি হরণ করা, দুর্বল করা। *n.* **cli°pper**—কর্তনকারী ; যে যন্ত্রদ্বারা কাটা হয় (hair or nail *clippers*) ; দ্রুতগামী ব্যক্তি প্রাণী বা বস্তু। **cli°pping**—(1) *n.* কর্তন, ছাঁটাই ; কর্তিত টুকরা, ছাঁট ; সংবাদপত্রের কাটিয়া-রাখা অংশ (news-paper *clippings*) ; (2) *a.* অত্যুৎকৃষ্ট ; দ্রুতগামী। [ON *clippa* = to cut ?]

clique [klēk, ক্লীক্‌] *n.* a coterie, (সচ. মন্দার্থে) ক্ষুদ্র দল ; a faction, চক্রিদল, ঘোঁট। *a.* **cli°quish**—দলাদলির মনোভাবসম্পন্ন। *a.* **cli°qu(e)y**—দলাদলিতে দক্ষ বা অভ্যস্ত। [F.]

clitoris [klī°-ta-ris, ক্লাই°ট্যারিস্‌] *n.* a homologue of the penis in the female, ভগাঙ্কুর। [Gk. *kleitoris*]

clivers—alt. spell. of **cleavers**$_2$ (see **cleave**$_2$)

cloak [klōk, ক্লৌক্‌] (1) *n.* a loose outer garment, ঢিলা কোটবিশেষ, আলখিল্লা ; a covering, আবরণ ; a disguise, ছদ্মবেশ ; pretence, ভান ; pretext, ছল। (2) *v.t.* to clothe with a cloak, আলখিল্লা পরান ; to cover, আবৃত করা ; to conceal, গোপন করা। *p.* & *p. pt.* **cloa°ked** । **cloak and dagger** (used *attributively*)—গোয়েন্দা-কাহিনীর ন্যায় রোমাঞ্চকর, চাঞ্চল্যকর, চক্রান্তসদৃশ। *n.* **cloak°-room**—ক্লোক্‌ ও টুপি খুলিয়া রাখিয়া দিবার জন্য ঘর ; রেলস্টেশনের যে ঘরে যাত্রীরা মালপত্র রাখিয়া যাইতে পারে ; পায়খানা। [OF. *cloke* < LL. *cloca* = a bell—cp. *clock*]

clobber$_1$ [klo°-ba(r), ক্ল°ব্যা(র্‌)] *n.* a paste used by shoemakers, পাদুকানির্মাতা-কর্তৃক ব্যবহৃত লেইবিশেষ। [?]

clobber$_2$ [klo°-ba(r), ক্ল°ব্যা(র্‌)] *v.t.* to strike very hard, প্রচণ্ড জোরে আঘাত করা ; to hurt badly, গুরুতররূপে জখম করা ; to defeat thoroughly, সম্পূর্ণরূপে পরাস্ত করা। **(to) clobber the taxpayer**—করদাতাদের করভারে প্রপীড়িত করা।

clock$_1$ [klok, ক্লক্‌] *n.* design on the side of a stocking, মোজার এক পাশের নকশা। [?]

clock$_2$ [klok, ক্লক্‌] (1) *n.* a time-measuring instrument, ঘড়ি ; the striking of the hour, সময়ের ঘণ্টা অর্থাৎ একটা দুইটা সাতটা বারটা প্রভৃতি (six *o'clock*)। (2) *v.t.* to time with a stop-watch, বিশেষভাবে প্রস্তুত ঘড়ির দ্বারা সময় নির্ণয় করা। (3) *v.i.* to register a time by an automatic recording clock, স্বয়ংক্রিয় ঘড়ির সাহায্যে সময় লিপিবদ্ধ করা। *p. & p. pt.* **clo°cked**। **(to) clock in**—স্বয়ংক্রিয় ঘড়ির সাহায্যে (কর্মচারী-দের দৈনিক) হাজিরার সময় লিপিবদ্ধ করা। **(to) clock off** or **out**—স্বয়ংক্রিয় ঘড়ির সাহায্যে (কর্মচারীদের দৈনিক) কর্মত্যাগের বা প্রস্থানের সময় লিপিবদ্ধ করা। **(to) put the clock back**—ঘড়ির কাঁটা পিছন-দিকে ঘোরান; (fig.) প্রতিক্রিয়াশীল কাজ করা। **(to) work against the clock**—নির্দিষ্ট সময়ের মধ্যে সমাপ্ত করিবার নিমিত্ত অতি দ্রুত কাজ করা। *n.* **clock°-watching**—(কর্মীদের) ঘন ঘন ঘড়ি দেখা অর্থাৎ কখন কাজ শেষ হইবে তাহার প্রতীক্ষা করা। **clock°wise**—(1) *a.* দক্ষিণাবর্ত, দক্ষিণাভিমুখ; (2) *adv.* দক্ষিণাবর্তে; দক্ষিণাভিমুখে। *n.* **clockwork**—ঘড়ির ন্যায় কলকব্জা। **like clockwork**—অবিরতভাবে, বিরতি ব্যতিরেকে। [ME. *clokke* < LL. *cloc(c)a* = a bell]

clod [klod, ক্লড্] *n.* a thick round lump, (প্রধানতঃ মাটির বা তৃণাচ্ছাদিত মাটির) গোলাকার বড় ডেলা তাল পিণ্ড বা চাপড়া; the body of man as formed of clay, মানুষের ক্ষিতিজ অর্থাৎ মৃত্তিকা-গঠিত দেহ; an imbecile person, মূর্খ লোক, জড়-বুদ্ধি ব্যক্তি। *a.* **clo°ddish, clo°ddy**—মৃত্তিকাময়; বোকাটে। *n.* **clod°hopper**—গেঁয়ো লোক; চাষা; জড়বুদ্ধি ব্যক্তি। *n.* **clod°pōle, clod°pōll**—জড়-বুদ্ধি ব্যক্তি। [a latter form of *clot*]

clog [klog, ক্লগ্] (1) *n.* a block of wood, কাঠের কুঁদা; an impediment, বাধা, প্রতিবন্ধক; a shoe with a wooden sole, কাষ্ঠনির্মিত তলিওয়ালা পাদুকাবিশেষ। (2) *v.t.i.* to fasten a block of wood to the leg to hamper movement, বাধা সৃষ্টির জন্য পায়ে কাঠের কুঁদা বাঁধিয়া দেওয়া; to obstruct, বাধা দেওয়া; to burden, ভারাক্রান্ত করা; to sole with wood, (পাদুকাদিতে) কাঠের তলি পরান; to cause to be blocked or to become so by dirt, waste matter, etc., নোংরা পচা বস্তুদ্বারা বোজান বা বুজিয়া যাওয়া। *pr. pt.* **clo°gging**; *p. & p. pt.* **clo°gged**। *n.* **clog°-dance**—যে নাচে তালে তালে মেঝের উপরে পায়ে জুতা ঠোকা হয়। *a.* **clo°ggy**—আঠাল; পিণ্ডবৎ। [?]

cloister [kloys°-ta(r), ক্লয়স্‌°ট্যা(র্)] (1) *n.* a covered arcade, (প্রধানতঃ মঠের বা কলেজ-ভবনের মধ্যে) আচ্ছাদিত উদ্যানপথ; a convent or monastic house, আশ্রম বা মঠ; an enclosed or secluded place, ঘেরাও-করা বা নির্জন স্থান। (2) *v.t.* to shut in a cloister, আশ্রমের বা মঠের মধ্যে আটকাইয়া রাখা; to confine within walls, প্রাচীরবেষ্টিত স্থানে আবদ্ধ করিয়া রাখা। *a.* **clois°tered**—মঠবাসী; নিভৃত (a *cloistered* life)। *a.* **cloistral** [kloys°tr(a)l, ক্লয়স্‌°ট্রল্] আশ্রম বা মঠ-সংক্রান্ত; আশ্রমে বা মঠে আবদ্ধ; নির্জন। [OF. *cloistre* < L. *claustrum* < *claudere* = to shut]

cloke—alt. spell. of **cloak.**

clomb—see **climb.**

close₁ [klōs, ক্লৌস্] (1) *a.* shut, রুদ্ধ; with no opening, রন্ধ্রহীন, নিশ্ছিদ্র; confined, আবদ্ধ, আটক; unventilated, আলো-বাতাস প্রবেশের পথহীন, বদ্ধ; suffocating, শ্বাসরোধী; narrow, সঙ্কীর্ণ; compact, ঘেঁসাঘেঁসি (of *close* texture); crowded, ভিড়ে পূর্ণ; near, নিকটবর্তী, কাছাকাছি (*close* to or by); intimate, অন্তরঙ্গ; concealed, secret, গোপনে রক্ষিত, গুপ্ত; (of a vowel) pronounced with slight opening of the lips. (ব্যাক.—স্বরবর্ণসম্বন্ধে) হ্রস্বোচ্চারণযুক্ত। (2) *adv.* in a close manner, আবদ্ধভাবে বা নিশ্ছিদ্রভাবে; tightly, দৃঢ়ভাবে; nearly, কাছে, কাছাকাছি; compactly, ঘেঁসাঘেঁসিভাবে; secretly, গুপ্তভাবে, গোপনে। (3) *n.* an enclosed place, ঘেরাও-করা স্থান; a narrow passage of a street, রাস্তার অপ্রশস্ত বা সরু অংশ। **a close call** or **shave**—অতি অল্পের জন্য অব্যাহতি বা পরিত্রাণ। *a.* **clōse°-fis°tėd**—কৃপণ, ব্যয়কুণ্ঠ। *adv.* **clōse°ly**। *n.* **close°ness**। *n.* **clōse°-up°**—খুব নিকট হইতে গৃহীত ফটোগ্রাফ বা আলোকচিত্র। [see *close₂*]

close₂ [klōz, ক্লৌজ্] (1) *v.t.i.* to or be shut, বন্ধ করা বা হওয়া; to draw together and unite, একত্র ও মিলিত করান বা হওয়া; to draw near, নিকটবর্তী করান বা হওয়া; to end, অবসান করান বা হওয়া, সমাপ্ত বা শেষ করা অথবা হওয়া; to suspend the working of or to have the work suspended, ছুটি দেওয়া বা হওয়া (he *closed* the shop, the shop *closes*)। (2) *v.t.* to contract, সঙ্কুচিত করা; to wind up; গুটাইয়া লওয়া (to *close* a business)। (3) *v.i.* to grapple, আঁকড়াইয়া ধরা। (4) *n.* the manner or time of termination, শেষ সমাপ্তি অবসান বা বন্ধের ধরন অথবা সময়; a pause, stop or end, ছুটি, অবসান। **closed book**—(আল.) সম্পূর্ণ অজানা বিষয় (astronomy is a *closed book* to him)। **closed circuit**—(দূরদর্শনে) যে বিদ্যুৎ-বন্ধে তাড়িতপ্রবাহ ক্যামেরা হইতে (শূন্যপথের পরিবর্তে) তারের ভিতর দিয়া পরদার উপরে সঞ্চারিত হয়। **closed shop**—যে কারখানাদিতে কেবল ট্রেড ইউনিয়নের সভ্যদের চাকরি দেওয়া হয়। **(to) close about**—পরিবেষ্টন করা, ঘেরা। **(to) close down**—কাজকর্ম বন্ধ করা বা বন্ধ হওয়া; কারবারাদি গুটাইয়া ফেলা। **(to) close in**—হ্রস্ব হওয়া। **(to) close in upon**—চতুর্দিক্ বেষ্টন করিয়া আগাইয়া আসা। **(to) close with**—সন্নিহিত হওয়া; আঁকড়াইয়া ধরা। **(to) draw** or **bring to a close**—সমাপ্ত করা। *n.* **clōse°-down**—কাজকর্মাদি বন্ধ হইয়াছে বা গুটাইয়া ফেলা হইয়াছে এমন অবস্থা। *n.* **clō°ṡer**—যে বন্ধ করে বা যাহা বন্ধ হয়। *a.* **clōse°-grained**—ঠাসবুনান, ঘন-বুনান। *n.* **clō°ṡure**—বন্ধ, অবসান, শেষ, ছুটি; (কারখানাদি)বন্ধ করিয়া দেওয়া হইয়াছে এমন অবস্থা। [F. *clos* < L. *claudere* = to close]

closet [klo°-zit, ক্ল°জ়িট্] (1) *n.* a small private room, ক্ষুদ্র একান্ত বা নিভৃত কক্ষ; privy,

পায়খানা। (2) *v.t.* to shut up or take into a closet, উক্ত কক্ষমধ্যে আটকাইয়া রাখা বা লইয়া যাওয়া ; to conceal, লুকাইয়া রাখা। *p.* ও *p. pt.* **clo°sĕtĕd** । **(to) be closeted together** or **with**—গোপনে আলোচনা করা। [OF.—cp. *close*]

closure—see **close₂**.

clot [klot, ক্লট্] (**1**) *n.* a mass of soft or fluid matter concreted, নরম বা তরল বস্তুর ঘনীভূত পিণ্ড, (রক্তাদির) চাপ ; (sl.) idiot, fool, (অশি.) নির্বোধ, জড়বুদ্ধি (usu. clumsy *clot*) । (**2**) *v.t.i.* to form into clots, চাপ বাঁধান বা বাঁধা। *pr. pt.* **clo°tting ;** *p.* ও *p. pt.* **clo°ttĕd** । **clotted hair**—জটা। *n.* **clo°ttinĕss** । *a.* **clo°tty**—চাপ বাঁধে এমন। [OE. *clott*=a clod of earth—cp. D. *klods*]

cloth [kloth, ক্লথ্] *n.* woven or felted fabric, (সুতা পশম পাট প্রভৃতিতে তৈয়ারি) বস্ত্র, কাপড়। *v.t.* **clothe** [klōdh, ক্লৌদ্] পোশাক পরান বা জোগান ; (আল.) আবৃত করা, প্রকাশ করা (*clothed* in fine language) । *pr. pt.* **clō°thing ;** *p.* ও *p. pt.* **clō°thed, clad** । *n. pl.* **clō°thĕs**—পোশাক-পরিচ্ছদ। *n.* **clō°thĕs-baskĕt**—যে সব ময়লা কাপড়-চোপড় কাচিতে হইবে (অথবা যাহা কাচা হইয়াছে) তাহা রাখিবার জন্য ঝুড়ি। *n.* **clō°thĕs-horse**—ধোয়া পোশাক-পরিচ্ছদ যে ফ্রেমে টাঙ্গাইয়া হাওয়া লাগান হয়। *n.* **clo°thĕs-līne**—কাচা কাপড়-চোপড় শুকাইতে দিবার জন্য দড়ি। *n.* **clō°thĕs-peg, clō°thĕs-pin**—দড়িতে শুকাইতে দেওয়া কাপড় যে ক্লিপ দিয়া আটকান হয়। *n.* **clō°thīer**—পোশাক-প্রস্তুতকারক বা পোশাক-বিক্রেতা। *n.* **clō°thing**—পোশাক ; আবরণ। [OE. *clath*—cp. G. *kleid*=a garment]

cloud [klowd, ক্লাউড্] (**1**) *n.* a mass of visible condensed watery vapour floating in the atmosphere, মেঘ ; mass of dust, smoke, etc., in the air, বাতাসে ভাসমান পুঞ্জপুঞ্জ ধূম ধূলিরাশি প্রভৃতি ; (fig.) anything un-substantial, (আল.) অলীক বা অসার বস্তু ; a crowd, বড় দল, ভিড় ; anything that obscures, যাহা (রূপগুণাদি) আড়াল করে বা ম্লান করে। (**2**) *v.t.i.* to overspread or be overspread with cloud, মেঘে ছাইয়া ফেলা বা ছাইয়া যাওয়া ; to darken, অন্ধকার করা বা হওয়া; to make or become obscure, ম্লান করা বা হওয়া। **in the clouds**—রহস্যময়, নিগূঢ় ; অলীক ; কাল্পনিক। **under a cloud**—বিপদাপন্ন; বিরাগে পতিত; হতমান। *n.* **cloud°-burst**—আকস্মিক প্রচণ্ড জলঝড়। *n.* **cloud°-castle, cloud°land, cloud°-world**—(আল.) আকাশ-কুসুম। *a.* **clou°dĕd**—মেঘাচ্ছন্ন ; অন্ধকারাচ্ছন্ন ; (আল.) ম্লান, বিষণ্ণ, চিন্তিত। *a.* **cloud°lĕss**—মেঘশূন্য, নির্মেঘ; পরিষ্কার। *n.* **cloud°lĕt**—ক্ষুদ্র মেঘ ; মেঘখণ্ড। *a.* **clou°dy**—মেঘাচ্ছন্ন ; অন্ধকারাচ্ছন্ন ; (আল.) বিষণ্ণ বা চিন্তিত। *adv.* **clou°dily** । *n.* **clou°dinĕss** । [OE. *clud*=a hill—cp. *clod, clot*]

clough [kluf, ক্লাফ্] *n.* a ravine, গিরিদরি ; a valley, উপত্যকা। [?—cp. G. *klinge*]

clout [klowt, ক্লাউট্] (**1**) *n.* a patch, তালি ; a piece of cloth, কাপড়ের ফালি, নেকড়া ; (coll.) a blow on the head, (কথ্য.) মস্তকে আঘাত। (**2**) *v.t.* to patch, তালি দেওয়া ; (coll.) to hit on the head, মস্তকে আঘাত করা। *p.* ও *p. pt.* **clou°tĕd** । [OE. *clut*—cp. D. *klud*=rag]

clove₁ [klōv, ক্লৌভ্] *n.* a division of a bulb, as in garlic, রসুনাদির কোয়া। [OE. *clufu*—cp. *cleave₁*]

clove₂ [klōv, ক্লৌভ্] *n.* a tropical tree or its dried bud used as a spice, লবঙ্গ। **oil of cloves**—লবঙ্গনির্যাস। [F. *clou*=nail<L. *clavus*]

clove₃, cloven—see **cleave₁**.

clover [klō°-va(r), ক্লৌ°ভ্যা(র্)] *n.* a genus of trefoil, গবাদি পশুর ভোজ্য ত্রিপত্রবিশেষ। **(to) be** or **live in clover**—বিলাসিতা ও আরামের সঙ্গে জীবন যাপন করা। [OE. *clafre*—cp. D. *klover*]

clown [klown, ক্লাউন্] (**1**) *n.* a rustic, গেঁয়ো লোক ; an ill-bred fellow, ভদ্র-শিক্ষাশূন্য ব্যক্তি ; অভদ্র ব্যক্তি ; a fool or buffoon, (প্রধানতঃ নাটকের) ভাঁড়, বিদূষক। (**2**) *v.t.* to play the fool or buffoon, ভাঁড়ামি করা, ভাঁড়ের বা বিদূষকের চরিত্রে অভিনয় করা। *a.* **clow°nish**—গেঁয়ো ; অসভ্য, আদবকায়দা জানে না এমন ; ভাঁড়সুলভ। [?]

cloy [kloy, ক্লয়্] *v.t.* to satiate or weary, (আধিক্য সম্পদ মাধুর্য একঘেঁয়েমি প্রভৃতির দ্বারা) রুচি বা স্পৃহা লোপ করা অথবা ক্লান্ত করা, (মাত্রাধিক ভোগের দরুন) অরুচি বা বিতৃষ্ণা বোধ করা। *a.* **cloy°lĕss**—চির অতৃপ্ত বা অক্লান্ত। *a.* **cloy°some**—অতিরিক্ত প্রাচুর্যের দ্বারা ক্লান্তি আনে এমন। [OE. *accloy*=to choke<OF. *encloyer*<LL. *inclavare*=to drive in a nail]

club [klub, ক্লাব্] (**1**) *n.* a heavy tapering stick, গদা, মুগুর ; a bat used in certain games, গল্‌ফ্ প্রভৃতি খেলার ব্যাট্ ; an association, সঙ্ঘ, সমিতি। (**2**) *v.t.* to beat with a club, গদা বা মুগুর দিয়া প্রহার করা। (**3**) *v.i.* to combine together, সঙ্ঘবদ্ধ হওয়া, দল বাঁধা। *pr. pt.* **clu°bbing ;** *p.* ও *p. pt.* **clu°bbed** । *a.* **clu°b(b)able**—সঙ্ঘের সভ্য হওয়ার যোগ্য ; মিশুক। *a.* **clu°bbed**—মুগুরের ন্যায় স্থূলাগ্র। *n.* **clu°bbist**—সঙ্ঘের সভ্য। *n.* **club°-foot°**—বিকৃতচরণ, (তু.) কুশ-পা। *n.* **club°-house°**—সমিতিভবন। *n.* **club°-law**—চণ্ডনীতিদ্বারা শাসন। *n.* **club°-room°**—সমিতিকক্ষ। [ON. *klubba*]

cluck [kluk, ক্লাক্] (**1**) *n.* the call of a hen or any similar sound, মুরগির ডাক বা অনুরূপ ধ্বনি। (**2**) *v.i.* to make this sound, উক্ত ধ্বনি করা। *p.* ও *p. pt.* **clu°cked** । [imi]

clue—alt. spell. of **clew**.

clump [klump, ক্লাম্প্] (**1**) *n.* a cluster of trees, shrubs, etc., বৃক্ষাদির ঝাড় (to grow in *clumps*) ; a clot, পায়ের সহিত আবদ্ধ গুরুভার ; a thick additional sole, জুতার মোটা বাড়তি তলি। (**2**) *v.i.t.* to cluster, ঝাড় বাঁধা বা বাঁধান। (**3**) *v.i.* to tread heavily, গুরুভারপীড়িত পা টানিয়া টানিয়া চলা (to *clump* about)। (**4**) *v.t.* to clot, পায়ে গুরুভার বাঁধিয়া দেওয়া। *p.* & *p. pt.* **clum°ped**। *a.* **clum°py**—(গতি ব্যাহতকর ও) গুরুভার। [?]

clumsy [klum°-zi, ক্লাম্‌জ়ি] *a.* awkward, ungainly, জেবড়া-জোবড়া, জবরজঙ্গ (a *clumsy* workman)। *adv.* **clum°sily**। *n.* **clum°siness**। [OE. *clumse* = to be stiff with clod—cp. Norw. *klumsa* = to paralyse]

clung—see **cling.**

cluster [klus°-ta(r), ক্লাস্‌ট্যা(র্)] (**1**) *n.* a bunch, swarm, crowd, etc., ঝাড়, স্তবক, থোলো, গুচ্ছ, ঝাঁক, দল, ভিড়। (**2**) *v.i.t.* to grow or collect into clusters, ঝাড় বা থোলো বা ঝাঁক বাঁধা অথবা বাঁধান। [OE. *clyster*—cp. *clot*]

clutch[1] [kluch, ক্লাচ্] *n.* a set of eggs on which a hen sits at one time, একবারে একটি মুরগি যতগুলি ডিমে তা দেয় ; a brood of chickens, একবারে তা দেওয়ার ফলে উৎপন্ন মুরগির বাচ্ছাদের ঝাঁক ; a sitting on eggs, ডিমে তা দেওয়া। [cp. *cleck*]

clutch[2] [kluch, ক্লাচ্] (**1**) *v.t.* to grasp tightly, দৃঢ়মুষ্টিতে ধরা, আঁটিয়া ধরা। (**2**) *v.i.* to snatch (at), ছোঁ মারা। *p.* & *p. pt.* **clu°tched**। (**3**) *n.* (usu. in *pl.*) a tight grasp, দৃঢ়মুষ্টি ; a snatching movement, ছোঁ ; a device for putting the working parts of a machine into or out of action, চালু বা বন্ধ করিবার জন্য মেশিনের নিয়ন্ত্রক অংশবিশেষ ; the gripping-piece of a crane, কপিকলের যে অংশ মালপত্র চাপিয়া ধরে। **in the clutches of**—কবলে বা থপ্পরে। **out of the clutches of**—কবলমুক্ত, গ্রাসমুক্ত। [OE. *clyccan* = to clench]

clutter [klu°ta(r), ক্লা°ট্যা(র্)] (**1**) *n.* a confused noise or mass, disorder or confusion, হট্টগোল বা ভিড়, বিশৃঙ্খল অবস্থা (in a *clutter*)। (**2**) *v.i.* to crowd together noisily and confusedly, হইচই করিয়া বিশৃঙ্খলভাবে ভিড় করা। [cp. *clot, clatter*]

co- [kō, কৌ] *pfx.* with, together, সহার্থক উপসর্গ, সহ, একত্রে, যুক্তভাবে।

coach [kōch, কৌচ্] (**1**) *n.* a close four-wheeled carriage, ঢাকাওয়ালা চার চাকার গাড়ি ; a railway carriage (for passengers), (যাত্রীদের জন্য) রেলগাড়ির কামরা ; a motor vehicle for tourists, ভ্রমণকারীদের জন্য মোটরগাড়ি ; a private tutor, গৃহশিক্ষক ; a professional trainer in athletics, মল্লক্রীড়াদির পেশাদার শিক্ষক। (**2**) *v.t.* to carry in a coach, গাড়িতে করিয়া লইয়া যাওয়া ; to tutor or instruct, শিক্ষা দেওয়া। (**3**) *v.i.* to go by coach, গাড়িতে করিয়া যাওয়া ; to act as tutor, শিক্ষকের কাজ করা ; to read with a tutor, গৃহশিক্ষকের নিকট শিক্ষাগ্রহণ করা। *p.* & *p. pt.* **coa°ched**। **(to) drive a coach and horses through**—ভাষাগত ত্রুটির সুযোগ লইয়া আইনাদির উদ্দেশ্য ব্যর্থ করা। *n.* **coach°-box**—গাড়িতে কোচওয়ানের বা চালকের বসিবার স্থান, কোচ-বাক্স। *n.* **coach°-dog**—(পূর্বে প্রধানতঃ ইউরোপে) প্রহরার জন্য গাড়ির সহিত রক্ষিত ডালমেশিয়াদেশীয় কুকুর। *n.* **coach°-horn**—গাড়ির ভেঁপু (পূর্বে ইউরোপে চলন্ত গাড়ির সামনে ছুটিতে ছুটিতে একজন লোক শিঙা বাজাইত)। *n.* **coach°-horse**—গাড়ি-টানা ঘোড়া। *n.* **coa°ching**—চার চাকার গাড়িতে চড়িয়া ভ্রমণ ; শিক্ষাদান ; উপদেশ। *n.* **coach°man**—গাড়ির চালক, কোচওয়ান। [F. *coche*]

coact [kŏ-act°, কোঅ্যাক্ট্°] *v.i.* to act together, একত্র কাজ করা। *p.* & *p. pt.* **cŏac°tėd**। *n.* **coac°tion**। *a.* **coac°tive**—একত্র কাজ করে এমন। [*co-,act*]

coagulant—see **coagulate.**

coagulate [kŏ-a°-gū-lāt, কোঅ্যা°গিউলেইট্] *v.t.i.* to curdle, ঘনীভূত করা বা হওয়া। *p.* & *p.pt.* **cŏa°gulātėd**। *n.* **cŏa°gūlant**—যাহা ঘনীভূত হয় বা করায়। *n.* **coagulā°tion**। [L. *coagulare*]

coal [kōl, কৌল্] (**1**) *n.* a hard black mineral, কয়লা, অঙ্গার ; a cinder, পোড়া কয়লা ; an ember, জ্বলন্ত কয়লা। (**2**) *v.t.* to put coal into, (উনানাদিতে) কয়লা দেওয়া। (**3**) *v.i.* to take in coal, (উনানাদি সম্বন্ধে) কয়লা লওয়া বা লাগান (to *coal* a ship)। **(to) carry coals to Newcastle**—(আল.) তেলা মাথায় তেল দেওয়া। **(to) haul (one) over the coals**—(অপকর্মাদির জন্য) তীব্র তিরস্কার করা। **(to) heap coals of fire on one's head**—অপকারের বিনিময়ে উপকার করিয়া মর্মযন্ত্রণা উৎপাদন করা। *a.* **coal°black**—কয়লার ন্যায় কাল, মসীকৃষ্ণ। *n.* **coal°dust°**—কয়লার সূক্ষ্ম চূর্ণ। *n.* **coal°-field**—কয়লা-খনিতে পূর্ণ অঞ্চল। *n.* **coal°-fish**—কড়-জাতীয় কৃষ্ণবর্ণ মৎস্যবিশেষ। *n.* **coal°-gas**—আলো জ্বালিবার ও উত্তপ্ত করিবার জন্য কয়লা হইতে প্রস্তুত গ্যাস, অঙ্গার-গ্যাস। *n.* **coa°ling-stā°tion**—যে বন্দরে জাহাজে কয়লা লইবার ব্যবস্থা আছে। *n.* **coa°lite**—কয়লা হইতে প্রস্তুত ধূম্রহীন জ্বালানি-বিশেষ। *n.* **coal°-mine**—কয়লার খনি। *n.* **coal°-pit**—কয়লা-খনির খাদ। *n.* **coal°-scuttle**—কয়লা-রাখা ঝুড়ি। *n.* **coal°-seam**—ভূগর্ভস্থ কয়লা-স্তর। *n.* **coal°-tar°**—কয়লাজাত আলকাতরা। *a.* **coa°ly**—কয়লা-সংক্রান্ত ; কয়লাতুল্য ; কয়লায় বা কয়লার গুঁড়ায় আবৃত। [OE. *col*—cp. ON. *kol*]

For words in *coal-*, not given separately, see **coal.**

coalesce [kŏ-a-les°, কোঅ্যালেস্°] *v.i.* to grow together or unite into one body, একত্র বৃদ্ধি পাওয়া বা একাঙ্গীভূত হওয়া। *p.* & *p. pt.* **cŏale°sced** । *n.* **coale°scence**—একত্র বর্ধন ; একাঙ্গীভবন। *a.* **coale°scent**—একাঙ্গীভবনশীল। [L. *coalescere* = to grow up]

coalition [kŏ-a-li°sh(a)n, কোঅ্যালি°শ্‌ন্] *n.* combination or alliance, (প্রধানতঃ রাজনীতিক দল রাষ্ট্র প্রভৃতির অস্থায়ী বা শর্তাধীন) মিলন বা সন্ধি (to form a *coalition*)। **coalition government**—বিভিন্ন দলদ্বারা গঠিত সম্মিলিত সরকার বা মন্ত্রিসভা। *a.* **coali°tional**—মিলনাত্মক ; সন্ধিবদ্ধ। *n.* **coali°tionist**—উক্ত মিলনের বা সন্ধির পক্ষপাতী ব্যক্তি। [see *coalesce*]

coaming(s) [kō°-ming (z), কৌ°মিং(জ্‌)] *n.* (*pl.*) raised rim about a ship's hatches to keep water out, জলপ্রবেশ রোধার্থে জাহাজের পাটাতনের ফাঁকের চতুষ্পার্শ্বের বেড় বা কানা। [?]

coarse [kaw(r)s, ক্য(র্)স্] *a.* common, সাধারণ, চলতি ; inferior, বাজে, অপকৃষ্ট ; rough or gross, unrefined, অমসৃণ, স্থূল, মোটা, অসূক্ষ্ম ; rude, রূঢ় ; uncivil, অশিষ্ট (*coarse* jokes, tastes, etc.); harsh, রুক্ষ, কর্কশ। *adv.* **coarse°ly**। *v.t.i.* **coars°en**—অমসৃণ বা রূঢ় করা বা হওয়া। *n.* **coarse°ness**। [<*in* or *of course* = ordinary]

coast [kōst, কৌস্‌ট্] (**1**) *n.* the seashore, সমুদ্রতীর, উপকূল। (**2**) *v.i.t.* to sail along the coast, or trade thus sailing, জাহাজাদিতে করিয়া উপকূল বাহিয়া যাওয়া বা উক্তভাবে যাইতে যাইতে বাণিজ্য করা ; to glide along a slope, ঢালু স্থান বাহিয়া গড়াইয়া নামা। *p.* & *p. pt.* **coas°tėd**। **the coast is clear**—পথ পরিষ্কার হইয়াছে ; পথে কোন বাধা নাই। *a.* **coas°tal**—উপকূলসংক্রান্ত ; উপকূলবর্তী। *n.* **coas°ter**—যে জাহাজাদি উপকূল ঘেঁষিয়া চলে, উপকূলবাহী জাহাজ ; সাইকেল প্রভৃতির পা-দান। *n.* **coast-guard** [kōs°gŭ(r)d, কৌস্°গা(র্)ড্] উপকূল-রক্ষিবাহিনী। *n.* **coast°guard(s)man**—উপকূল-রক্ষী। *n.* **coast°-line** উপকূলের প্রান্তরেখা, উপকূল-রেখা ; উপকূলপ্রান্ত। *adv.* **coast°-ward(s)**—উপকূলাভিমুখে। **coast°wise**—(**1**) *adv.* উপকূল-বরাবর ; (**2**) *a.* উপকূল বাহিয়া করা হয় এমন। [OF. *coste* < L. *costa* = a rib, side]

coat [kōt, কৌট্] (**1**) *n.* a sleeved outer garment, হাতাওয়ালা জামাবিশেষ, কোট ; any garment or covering, যে কোন পোশাক বা আবরণ ; a membrane or layer, অঙ্গজ ঝিল্লী, লেপ, প্রলেপ, পোঁচ। (**2**) *v.t.* to clothe, পোশাক পরান ; to cover with a coat or layer, আবৃত করা, লেপন করা। *p.* & *p. pt.* **coa°tėd**। **coat of arms**—বংশমর্যাদাসূচক নিদর্শনাদিতে খচিত জামা। **coat of mail**—বর্ম, লৌহনির্মিত বক্ষাবরণ। **(to) turn one's coat**—নিজের দল বা নীতি বদলান অথবা প্রতিপক্ষদলে যোগ দেওয়া (cp. **turncoat**)। *n.* **coa°tee**—ক্ষুদ্র কোটবিশেষ। *n.* **coat°-hanger**—কোট মেলিয়া ঝুলাইয়া রাখিবার জন্য আলনাবিশেষ। *n.* **coa°ting**—আচ্ছাদন ; অঙ্গজ ঝিল্লী ; লেপ, প্রলেপ ; পোঁচ ; কোট তৈয়ারী করার কাপড়। [OF. *cote* < LL. *cotta* = a tunic]

coax [kōks, কৌক্‌স্] *v.t.* to persuade by blandishments, মিষ্টকথায় ভুলান ; to pet, আদর করা ; to entice, প্রলুব্ধ করা। *p.* & *p. pt.* **coax°ed**। *n.* **coax°er,** (also) **coax**। *n.* **coax°ing**। *adv.* **coax°ingly**। [see *cokes*]

co-axial [kŏ-ak°-si-al, কোঅ্যাক্°সিঅ্যাল্] *a.* having the same axis, একই অক্ষবিশিষ্ট, (পরি.) সমাক্ষ। *adv.* **co-ax°ially**। [*co-*, see *axis*]

cob_1 [kob, কব্] *n.* a composition of clay and straw for building, অট্টালিকাদি নির্মাণের জন্য মাটির ও খড়ের মিশ্র। [?]

cob_2 [kob, কব্] *n.* a short-legged strong horse, হ্রস্বপদবিশিষ্ট বলিষ্ঠ ঘোড়া ; a male swan, রাজহংস ; a lump, (কয়লা মাটি প্রভৃতির) ডেলা বা চাঁই, চাঙড় ; the axis of an ear of maize, etc., a corn-cob, ভুট্টা প্রভৃতির কাণ্ড বা ভ্রূণাক্ষ ; a male swan, পুরুষ রাজহাঁস বা মরাল। *a.* **co°bby**—বলিষ্ঠ তেজী বা চট্‌পটে। [?—cp. *cop*]

cobalt [kŏ-bawlt°, কোব্যল্‌ট্°] *n.* a silvery-white metal, নিকেল-জাতীয় রূপালি ধাতুবিশেষ। [G. *kobalt* < *kobold* = demon of mines]

$cobble_1$ [kob°le, কব্°ল্] (**1**) *n.* a rounded stone, esp. used in paving, খোয়া (also **cobb°le-stōne**)। (**2**) *v.t.* to pave with this, খোয়া দিয়া বাঁধান। **cobbled street** or **road**—পাথর-বাঁধান রাস্তা। [?]

$cobble_2$ [kob°le, কব্°ল্] *v.t.* to patch up or mend (esp. shoes), (প্রধানতঃ জুতাদি) তালি দেওয়া বা মেরামত করা। *n.* **cobb°ler**—মুচি ; মদ চিনি প্রভৃতি মিশাইয়া প্রস্তুত পানীয়বিশেষ। **cobbler's punch**—ঝাঁঝাল বা উগ্র সুরাবিশেষ। [?]

cobby—see **cob_2**.

cobra [kō°-bra, কৌ°ব্র্যা], **cobra de capello** [kō-bra di ka-pe-lō°, কৌ°ব্র্যা ডি ক্যাপেলৌ°] *n.* a poisonous snake, গোক্ষুরসর্প, গোখুরা। [Port.]

cobweb [kob°-web, কব্°ওআ্এব্] *n.* a spider's net, মাকড়সার জাল, উর্ণা ; (fig.) anything that entangles, জাল, ফাঁদ ; anything flimsy or easily broken, অতি সূক্ষ্ম বা সহজে ছেঁড়া যায় এমন কিছু। **(to) blow the cobwebs away**—(মন) চাঙ্গা বা সতেজ করিয়া তোলা। [obs. *cob* = spider, *web*]

coca-cola [kō°-ka-kō°-la, কৌ°ক্যাকৌ°ল্যা] *n.* a carbonated soft drink, লিমনেড-জাতীয় পানীয়বিশেষ। [trade-name]

cocaine [kō-kān°, কৌকেইন্°] *n.* a drug obtained from certain leaves, মাদকদ্রব্যবিশেষ, কোকেন। [Sp. < Peru. *cuca*]

cochineal [ko°-chi-nēl, ক°চিনীল্] *n.* a bright scarlet dye-stuff made from the dried bodies of certain insects, পতঙ্গবিশেষের শুষ্কীকৃত দেহ হইতে তৈয়ারি টকটকে লাল রঞ্জকবিশেষ। [Sp. *cochinilla*<L. *coccum*=scarlet (ori. berry]

cock₁ [kok, কক্] *n.* a small cone-shaped pile of hay, dung, etc., খড় গোবর প্রভৃতির শাঙ্কবাকার গাদা। *a.* **co°cked**—শাঙ্কবাকারে গাদা-করা।

cock₂ [kok, কক্] (**1**) *n.* a male bird, esp. of the domestic fowl, পুং-পক্ষী, মোরগ, কুক্কুট; the time of cock-crowing, কুক্কুট-ধ্বনির সময়; a plucky chap, সাহসী লোক; a leader, সর্দার (*cock* of the walk—অবিসংবাদী দলপতি বা সর্দার); an upturned brim or anything set erect, ওলটান কানা, খাড়াভাবে স্থাপিত কিছু (*cock* of a hat); the trigger of a gun, বন্দুকের ঘোড়া; (vulg.) penis, (অশ্লীল.) জননেন্দ্রিয়। (**2**) *in comp.* (of birds) male, (পক্ষিসম্বন্ধে) পুং- (**cock-sparrow**=পুং-চড়াই)। (**3**) *v.t.* to set, erect, ঋজুভাবে স্থাপন করা; to turn up, ওলটান: to draw back (as the trigger of a gun), (বন্দুকের ঘোড়া প্রভৃতি) টানা। (**4**) *v.t.i.* to tilt up jauntily or defiantly, উদ্ধতভাবে (মাথা) খাড়া করা। **(to) go off at half cock**—যথা-কালের পূর্বে বা যথোচিত প্রস্তুতি ব্যতিরেকে শুরু করা। **cock°-a-dōōdle-dōō, cock-a-dōō°dle**—(**1**) *n.* কুক্কুটধ্বনি; (**2**) *v.i.* (কুক্কুট-সম্বন্ধে) ডাকা। *a.* **cock°-a-hōōp°**—জয়োল্লাসপূর্ণ। *a.* **cock°-and-bull°**—অলীক ও অসম্ভব, আষাঢ়ে, গাঁজাখুরি (*cock-and-bull* story)। *n.* **cock°-chāfer**—শস্যধ্বংসী পিঙ্গলবর্ণ পতঙ্গবিশেষ। *n.* **cock°-crow**—প্রত্যূষ; যে সময়ে মোরগ ডাকে। *a.* **co°cked**—ঋজুভাবে স্থাপিত; ওলটান; বাঁকান। **cocked hat**—তেকোনা টুপিবিশেষ। **(to) knock into a cocked hat**—প্রচণ্ড প্রহার করা, পিটাইয়া চেহারা বিকৃত করা, (তু. কথা.) মারিয়া হালুয়া বানান। *n.* **co°cker₁**—পক্ষিশিকারি ক্ষুদ্র কুকুরবিশেষ। *n.* **cockerel** [kok°(a)r(a)l, কক্‌রল্] কুক্কুটশাবক; যুবাপুরুষ, কিশোর। *a.* **cock°-eyed**—বাঁকা চাহনিবিশিষ্ট, টেরা। *n.* **cock°-fight**—মোরগের লড়াই; বালকদের ক্রীড়াবিশেষ। *n.* **cock°-loft**—ঠিক ছাদের নিচের ঘর। *n.* **cock°pit**—মোরগের লড়াইয়ের স্থান; যে স্থানে প্রায়ই লড়াই হয়; যুদ্ধজাহাজাদির নিম্নভাগে প্রধানতঃ আহত ও রুগ্‌ণদের আশ্রয়স্থান; এরোপ্লেনে বা ধাবন-প্রতিযোগিতায় যোগদানকারী মোটরগাড়িতে চালকের বসিবার স্থান। **cock's°comb**—ori. spell. of **coxcomb**। *a.* **cock°sure°**—(ঈষৎ ব্যঙ্গে) সম্পূর্ণ নিশ্চিত। *n.* **cock°tail**—বিভিন্ন মদ্য মিশাইয়া প্রস্তুত পানীয়বিশেষ। *a.* **co°cky**—ধৃষ্ট। [OE. *coc*—cp. ON. *kokkr*]

cockade [ko-kād°, ককেইড়্°] *n.* a rosette etc. worn on the hat as a badge, কিছুর নিদর্শনস্বরূপ টুপিতে যে ফুল ফিতা প্রভৃতি পরা হয়। [F. *cocarde*]

Cockaigne, Cockayne [ko-kān°, ককেইন্°] *n.* an imaginary land of idleness and luxury, আলস্য ও বিলাসে পূর্ণ কল্পিত দেশ; London, লনডন শহর। [?]

cockatoo [ko-ka-too°, কক্যাটু°] *n.* a large crested parrot, কাকাতুয়া। [Mal. *kakatua*]

cockatrice [ko°-ka-trīs, ক°ক্যাট্রাইস্] *n.* a fabulous monster, বৃহৎকায় কল্পিত সর্পদানববিশেষ। [OF. *cocatris*]

cockboat [kok°-bōt, কক্‌°বৌট্] *n.* a ship's small boat, জাহাজে যে ক্ষুদ্র নৌকা থাকে। [obs. *cock*, see *boat*]

cocker₁—see **cock₂.**

cocker₂ [ko°-ka(r), ক°ক্যা(র্)] *v.t.* to fondle, আদর দেওয়া, নাই দেওয়া। [?]

cockle₁ [kok°l, কক্‌°ল্] *n.* a cornfield weed, শস্যক্ষেত্রের আগাছাবিশেষ। [OE. *coccel*]

cockle₂ [kok°l, কক্‌°ল্] (**1**) *v.i.t.* to pucker, কুঞ্চিত হওয়া বা করা। (**2**) *n.* a pucker, কুঞ্চন। [F. *coquiller*=to blister ?]

cockle₃ [kok°l, কক্‌°ল্] *n.* a large mollusc or its shell, বড় গেঁড়ি-শামুক বা তাহার খোলা (also **cock°le-shell**) · small shallow boat, ডিঙি নৌকা বা ডোঙা। *a.* **cock°led**—গেঁড়ি-শামুকের ন্যায় শক্ত খোলায় আচ্ছাদিত। **(to) warm the cockles of one's heart**—মনপ্রাণ সজীব বা প্রফুল্ল করা। [F. *coquille*<Gk. *konchylion*<*konche*]

cockney [kok°-ni, কক্‌°নি] (**1**) *n.* an exclusively townish person, খাস শহুরে লোক; a native of London, লনডন-শহরের বাসিন্দা; London dialect, লনডনের ভাষা। (**2**) *a* exclusively townish, খাস শহুরে; of London or London dialect, লনডন-সংক্রান্ত বা লনডনের ভাষাসংক্রান্ত। [ME. *coken-ey*=cock's egg]

cockroach [kok°-rōch, কক্‌°রৌচ্] *n.* the so-called black beetle, আরসোলা। [Sp. *cucaracha*]

cockswain—ori. spell. of **coxswain.**

cocoa₁ [kō°-kō, কৌ°কৌ] *n.* the cacao-seed, কোকো-গাছের বীজ বা ফল; the powder or drink made from this seed, কোকো। [*cacao*]

coco(a)₂ [kō°-kō, কৌ°কৌ] *n.* a tropical palm-tree, নারিকেল-বৃক্ষ। *n.* **coco(a)nut**—[kō°ka-nut, কৌ°ক্যানাট্] নারিকেল। *n.* **cō°cō-(a) nut-matting**—নারিকেল-ছোবড়া হইতে প্রস্তুত মাদুর। *n.* **cō°cō(a)nut-milk°**—নারিকেল-শাঁসের রসজাত দুগ্ধ। [Port. & Sp. *coco*=a bugbear]

cocoon [ko-kōōn°, ককূন্°] *n.* the silken case spun by larvae, রেশম-গুটি। *n.* **cocōō°nery**—রেশম-গুটিপোকা পালনের স্থান, রেশম-গুটির চক্র। [F. *cocon*<*coque*=a shell<L. *concha*]

cod₁ [kod, কড্] *n.* a sea-fish, সামুদ্রিক মৎস্য-

বিশেষ, কডমাছ। *n.* **cod°ling₁**—কডমাছের বাচ্চা। *n.* **cod°-liver oil°**—কডমাছের পিত্ত বা যকৃৎ হইতে প্রস্তুত বলবর্ধক ভেষজ তৈল। [?]

cod₂ [kod, কড্] *v.t.* (*sl.*) to hoax, to make a fool of, (অশি.) ধোকা দেওয়া, বোকা বানান। *pr. pt.* **codd°ing** ; *p.* & *p. pt.* **codd°ed**। [?]

coddle [kod°l, কড্°ল্] (**1**) *v.t.* to pamper or fondle, নাই দেওয়া বা আদর করা; to parboil, আধ-সিদ্ধ করা। (**2**) *n.* an effeminate person, মেয়েলি পুরুষ। [?]

code [kōd, কৌড্] (**1**) *n.* a collection or digest of laws, আইনের সঙ্কলনগ্রন্থ বা সারসংগ্রহ, (পরি.) সংহিতা; a set of rules, নিয়মাবলী; established principles or standards, (নীতি আচার-আচরণ চারুকলা প্রভৃতি সম্পর্কে) প্রচলিত রীতি বা মান; a system of signals, সঙ্কেত-নিয়ম; a cipher, সঙ্কেতলিপি, (পরি.) গূঢ়লেখ। (**2**) *v.t.* to put into or express in code, সঙ্কলনভুক্ত বা রীতিভুক্ত করা, সঙ্কেত-লিপিদ্বারা লেখা বা বলা। *p.* & *p. pt.* **cō°ded**। *v.t.* **codify** [ko-di-fī°, কডিফাই°] সঙ্কলন-গ্রন্থভুক্ত করা; সার-সংগ্রহ করা; রীতিভুক্ত বা মানভুক্ত করা। *n.* **codificā°tion**। *n.* **co°difier**। **(to) break a code**—সঙ্কেতলিপির পাঠোদ্ধার করা। [F.]

codex [kō°-dex, কৌ°ডেক্স্] *n.* a manuscript volume, হাতে-লেখা পুঁথি। *pl.* **codices** [kō°-di-sez, কৌ°ডিসীজ্]। [L.=a book]

codger [ko°-ja(r), ক°জ্যা(র্)] *n.* a mean fellow, ইতর বা নীচ লোক; a fellow, লোক; a queer old person, অদ্ভুত বুড়া লোক। [?—cp. *cadger*]

codices—see **codex.**

codicil [ko°-di-sil, ক°ডিসিল্] *n.* a supplement to a will, শেষ-ইচ্ছাপত্র বা উইলের ক্রোড়পত্র। *a.* **codici°llary**—উক্ত ক্রোড়পত্রভুক্ত বা ক্রোড়পত্র-সংক্রান্ত। [L. *codicillus*=a small codex]

codify, codling₁, co-ed—see **code, cod** and **coeducation** respectively.

codlin(g)₁ [kod°-lin(g), কড্°লিন্, কড্°লিং] *n.* a kind of apple, একপ্রকার আপেল। [?]

coeducation [kō°-e-dū-kā°sh(a)n, কৌ°এডিউ-কেই°শ্ন্] *n.* education of the sexes together, স্ত্রী-পুরুষকে একত্র শিক্ষাদান, সহশিক্ষা। *n.* **cō°-ed°**—সহশিক্ষার ব্যবস্থাপূর্ণ শিক্ষায়তনে শিক্ষা-প্রাপ্তা বালিকা বা স্ত্রীলোক। *a.* **coeducā°tional**—সহশিক্ষামূলক। [*co-*, see *educate*]

coefficient [kō-i-fi°sh(a)nt, কোইফি°শ্ন্ট্] *n.* joint agent or factor, একই কার্যের একাধিক সজ্বটকের বা নিমিত্তের অন্যতম, সহসজ্বটক, সহনিমিত্ত; (alg.) a numerical expression for a factor of a quantity, (বীজগ.) সহগ, গুণক; (phys.) a numerical multiplier, (পদার্থ.) গুণাঙ্ক। [*co-*, *efficient*]

coenobite [sē°-no-bīt, সী°নবাইট্] *n.* a monk who lives in a community, কোন মঠবাসী সম্প্রদায়ভুক্ত সন্ন্যাসী। [Gk. *koinobion*<*koinos*= common, *bios*=life]

coequal [kō-ē°qw(a)l, কোঈ°ক্ব্ল্] (**1**) *a.* perfectly equal, সম্পূর্ণ সমতুল বা সমপদস্থ। (**2**) *n.* one of the same rank, সমপদস্থ ব্যক্তি। *n.* **coequality** [kō-i-kwo°-li-ti, কোইক্বো°লিটি]। *adv.* **coē°qually**। [*co-*, *equal*]

coerce [kō-a(r)s°, কোঅ্যা(র্)স্°] *v.t.* to restrain by force, দমন করা; to compel, বাধ্য করা (to *coerce* a person into doing)। *p.* & *p. pt.* **coer°ced**। *a.* **coercible** [kō-a(r)°-sibl, কোঅ্যা(র্)°সিব্ল্]। *adv.* **coer°cibly**। *n.* **coercion** [kō-a(r)°sh(a)n, কোঅ্যা(র্)°শ্ন্] দমন; দমন-নীতিদ্বারা শাসন। *n.* **coer°cionist**—দমন-নীতির সমর্থক। *a.* **coer°cive**—দমনমূলক; দমনকর (*coercive* measures)। [L. *coercere*]

coeternal [kō-i-ta(r)°nl, কৌইট্যা(র্)°ন্ল্] *a.* alike eternal, সমভাবে অনন্তকাল স্থায়ী বা চির-স্থায়ী। *adv.* **cōeter°nally**। [*co-*, *eternal*]

coeval [kō-ē°v(a)l, কো°ঈভ্ল্] (**1**) *a.* of the same age, সমবয়স্ক; contemporary (with), সমসাময়িক। (**2**) *n.* one of the same age, সমবয়স্ক বা সমসাময়িক ব্যক্তি। [L. *coaevus*< *aevum*=age]

co-executor [kō-eg-ze°-kū-ta(r), কোএগজে°-কিউট্যা(র্)] *n.* joint executor, উইল কার্যকর করার জন্য একাধিক ভারপ্রাপ্ত ব্যক্তির অন্যতম। *fem.* **cō-exe°cūtrix**। [*co-*, see *execute*]

co-exist [kō°-ig-zist°, কো°ইগ্জিস্ট্°] *v.i.* to exist at the same time (with), সমকালে বর্তমান থাকা, সহবর্তমান থাকা। *p.* & *p. pt.* **cō°-exis°ted**। *n.* **cō-exis°tence**—সহবর্তমানতা, সহাবস্থান। *a.* **cō°-exis°tent**—সহবর্তমান। [*co-*, *exist*]

co-extend [kō°-iks-tend°, কো°ইক্স্টেন্ড্°] *v.t.* to extend equally, সমবিস্তৃত হওয়া। *p.* & *p. pt.* **cō°-exten°ded**। *n.* **co-extension** [kō°-iks-tensh(a)n, কো°ইক্স্টেন্°শ্ন্] সমবিস্তার। *a.* **cō°-exten°sive**—সমবিস্তৃত। [*co-*, *extend*]

coffee [ko°-fi, ক°ফি] *n.* the powdered seeds of a shrub, or drink made from this powder, কফি। *n.* **co°ffee-bean, co°ffee-berry**—কফির বীজ। *n.* **co°ffee-house**—কফি পান করার দোকান, কফিখানা। *n.* **co°ffee-mill**—কফিবীজ গুঁড়াইবার যন্ত্র। *n.* **co°ffee-stall**—গরম কফি ও খাবার বিক্রয়ের জন্য (ঠেলা) গাড়ি, ভ্রাম্যমান কফিখানা। [Ar. *qahwah*=(ori.) wine]

coffer [ko°-fa(r), ক°ফ্যা(র্)] *n.* a chest for valuables, ধনরত্ন রাখিবার পেটিকা; a deep panel in a ceiling, ঘরের ছাদের উপরে নির্মিত আড়া। [OF. *cofre*=a chest<Gk. *kophinos*=a basket]

coffin [ko°-fin, ক°ফিন্] (**1**) *n.* a chest for a dead body, শবাধার। (**2**) *v.t.* to place in a coffin, শবাধারের মধ্যে রাখা; (fig.) to store away inaccessibly, (আল.) নাগালের বাহিরে সরাইয়া বা লুকাইয়া রাখা। **(to) drive a nail into one's coffin**—(আল.) কাহারও মরণ বা সর্বনাশ ডাকিয়া আনা। [OF. *cofin*<Gk. *kophinos* =a basket]

cog₁ [kog, কগ্] *v.t.* to cheat, প্রতারণা করা, ঠকান। *pr. pt.* **co°gging**; *p.* & *p. pt.* **co°gged**। **(to) cog dice**—অভিপ্রেত দান ফেলার জন্য পাশায় অপকৌশল করা বা অপকৌশলে পাশা ফেলা। [thieves' slang]

cog₂ [kog, কগ্] *n.* a catch or tooth as on the edge of a wheel, চাকার চারিধারে দাঁত বা খাঁজ। **(to) be a cog in the machine**—(আল.) বিরাট প্রতিষ্ঠান বা সংস্থার নগণ্য অংশ হওয়া। *n.* **cog°-wheel**—চারিধারে খাঁজ-কাটা চাকা। [ME. *cogge*<?]

cogent [kō°j(a)nt, কৌ°জ্‌ন্‌ট্] *a.* powerful, শক্তিমান্; convincing, দৃঢ়প্রত্যয়োৎপাদক, অকাট্য। *n.* **co°gency**—শক্তিমত্তা; দৃঢ়প্রত্যয়োৎপাদন-শক্তি; অকাট্যতা। *adv.* **co°gently**। [*co-*, L. *agere* =to drive]

cogitate [ko°-ji-tāt, ক°জিটেইট্] *v.i.t.* to meditate, ধ্যান করা, চিন্তা করা; to ponder over anything of the past, অনুধ্যান করা; to devise, উদ্ভাবন করা; (phil.) to form conception of, (দর্শ.) ধারণা করা। *p.* & *p. pt.* **co°gitātėd**। *a.* **co°gitable**—ধ্যেয়, চিন্তনীয়। *n.* **co°gitātion**। *a.* **co°gitātive**—ধ্যানশীল, চিন্তাশীল। [*co-*, *agitate*]

cognac [kō°-ni-ak, কৌনিয়্যাক্] *n.* an excellent French brandy, উৎকৃষ্ট ফরাসি মদ্যবিশেষ। [*Cognac* in France]

cognate [kog°-nāt, কগ্‌°নেইট্] (**1**) *a.* of the same family or kind or nature, সগোত্র, একই প্রকার, সমপ্রকৃতি, সমোদ্ভব (*cognate* languages)। (**2**) *n.* a kinsman, (প্রায়শঃ মাতার দিক্ দিয়া) জ্ঞাতি, কুটুম্ব (cp. **agnate**)। **cognate object**—(ব্যাক.) অকর্মক ক্রিয়া হইতে উদ্ভূত এবং ক্রিয়ার কর্মরূপে ব্যবহৃত শব্দ (e.g. he ran a *race*)। *n.* **cognā°tion**—সগোত্রতা, সমোদ্ভবতা। [L. *co-*, (*g*)*natus* = to be born]

cognition [kog-ni°sh(a)n, কগ্‌নি°শ্‌ন্] *n.* knowledge, জ্ঞান, অবধারণ, বোধ; apprehension, পূর্বজ্ঞান; (phil.) faculty or action of knowing, (দর্শ.) বোধশক্তি, ধারণাশক্তি, অবধারণা। *a.* **cog°nitive**—জানিতে বা ধারণা করিতে সক্ষম; জ্ঞান বা ধারণা সংক্রান্ত। *a.* **cog°nizable**—জ্ঞেয়, বোধগম্য; (অপরাধাদি-সম্পর্কে) বিচারালয়ের দৃষ্টির অন্তর্গত (*cognizable* offence)। *adv.* **cog°nizably**। *n.* **cog°nizance**—জ্ঞান, অবগতি, অবধারণ; (বিচারালয় কর্তৃক) বিচারার্থ গ্রহণ। **(to) take cognizance of**—(অপরাধাদি) বিচারালয় কর্তৃক স্বীয় দৃষ্টির অন্তর্ভুক্ত জ্ঞান করা; লক্ষ্য বা নজর করা। *a.* **cog°nizant**—জ্ঞাত, অবগত। *v.t.* **cognize°**—জানা, অবগত হওয়া, ধারণা করা। [L. *cognitio*< *co-*, (*g*)*noscere* =to know]

cognomen [kog-nō°-men, কগ্‌নৌ°মেন্] *n.* a surname, পদবি; a nickname, ডাকনাম, উপনাম; a name, নাম। *a.* **cognō°minal**—একই বা সদৃশ নামবিশিষ্ট; পদবি বা ডাকনাম বা নাম সংক্রান্ত। [L. *co-*, (*g*)*nomen* =a name]

cohabit [kō-ha°-bit, কৌহ্যা°বিট্] *v.i.* to dwell together as husband and wife (usu. of persons not married to each other), (সচ. স্বামী-স্ত্রী নহে এরূপ স্ত্রী-পুরুষের) স্বামী-স্ত্রীরূপে সহবাস করা। *p.* & *p. pt.* **cōha°bitėd**। *n.* **cōha°bitant**—স্বামী-স্ত্রীরূপে সহবাসকারী বা সহবাসকারিণী। *n.* **cohabitā°tion**। [L. *co-*, *habitare* =to dwell]

co-heir [kō°ā(r)°, কৌ°এয়্যা(র্)°] *n.* a joint heir, সম-উত্তরাধিকারী, শরিক। *fem.* **cō°heir°ėss**। [*co-*, *heir*]

cohere [kō-hē(r)°, কৌহিয়্যা(র্)°] *v.t.* to stick together, একত্র আঁটিয়া থাকা; to be consistent, (দল প্রভৃতিতে) অটলভাবে অন্তর্ভুক্ত থাকা। *n.* **cōhērе°nce, cōhērе°ncy**—একত্র আঁটিয়া থাকা, আসঞ্জন; অটলভাবে অন্তর্ভুক্ত থাকা; সুসঙ্গতি। *a.* **cōhērе°nt**—একত্র আসঞ্জনশীল; অটলভাবে অন্তর্ভুক্ত; সুসঙ্গত, সঙ্গতিপূর্ণ। *adv.* **cōhērе°ntly**। *n.* **cōhēr°er**—একত্র আসঞ্জিত বস্তু; অটলভাবে অন্তর্ভুক্ত বা অনুগামী ব্যক্তি; বিদ্যুৎতরঙ্গগ্রহণের যন্ত্রবিশেষ। [L. *co-*, *haerere* =to stick]

coheritor [kō-he°-ri-ta(r), কৌহে°রিট্যা(র্)] *n.* a co-heir, সম-উত্তরাধিকারী। [*co-*, OF. *heritier*]

cohesion [kŏ-hē°z(a)n, কোহী°জ্‌ন্] *n.* act of sticking together, একত্র আঁটিয়া থাকা, আসঞ্জন; the force with which molecules cohere, যে শক্তিবলে অণুসকল পরস্পর আসঞ্জিত থাকে; the tendency to remain united, অটলভাবে একত্র থাকার স্বভাব; consistency, সুসঙ্গতি। *a.* **cŏhē°sive**—আসঞ্জনশীল, আসঞ্জক; অটলভাবে অন্তর্ভুক্ত রাখে বা থাকে এমন; সুসঙ্গতিপূর্ণ; [see *cohere*]

cohort [kō°-haw(r)t, কৌ°হ(র্)ট্] *n.* a tenth part of a Roman legion, প্রাচীন রোমান সৈন্যবাহিনীর এক-দশমাংশ; a band, (প্রধানতঃ সৈনিকদের) দল, বাহিনী; (bot.) a group of families, (উদ্ভি.) জাতিপুঞ্জ, গোত্রপুঞ্জ। [L. *cohors* =a band of soldiers]

coif [koyf, কয়ফ্] *n.* a close-fitting covering for the head, আঁটো মস্তকাবরণবিশেষ, খোঁপা বাঁধার সূক্ষ্ম কাপড়। *n.* **coiffeur** [kwŭ-fa(r)°, ক্যোআফ্যা(র্)°]—(পরের) কেশপ্রসাধক বা কেশবিন্যাসকারী। *fem.* **coiffeuse** [kwŭ-faz°, ক্যোআফ্যাজ্°]। *n.* **coiffure** [kwŭ-fū(r)°, ক্যোআফিউয়্যা(র্)°] কেশবিন্যাসের ধরন; কেশবিন্যাস। [F. *coiffe*<LL. *cofia* =a cap]

coign(e)—alt. spell. of **coin** and **quoin.**

coil₁ [koyl, কয়্‌ল্] (**1**) *v.t.i.* to wind, কুণ্ডলী করা

বা হওয়া, গোল করিয়া বা গোলাকার কিছুতে গোটান অথবা ঐভাবে গুটাইয়া যাওয়া (to *coil* a rope) ; (2) *n.* a coiled object, কুণ্ডলিত বস্তু ; a ring into which anything is coiled, কুণ্ডলী ; পেঁচ ; a spiral wire for conduction of electric current, বিদ্যুৎপ্রবাহবাহী কুণ্ডলীকৃত তার ; (coll.) a coil-like contraceptive device, গর্ভনিরোধক কুণ্ডলিত বস্তুবিশেষ। [OF. *coillir*<L. *col-, legere* =to gather]

coil$_2$ [koyl, কয়্ল্] *n* disturbance, গোলমাল ; fuss, অকারণ হইচই। **mortal coil**—মানবজীবনের খাটুনি ও ঝঞ্ঝাট। [?]

coin [koyn, কয়্ন্] (**1**) *n.* (a piece of) metal money, মুদ্রা। (**2**) *v.t.* to convert (metal) into money, (ধাতু দিয়া) মুদ্রা তৈয়ারি করা, টঙ্কন করা ; to invent or make, উদ্ভাবন করা, তৈয়ারি করা (to *coin* a new word)। **(to) coin money**—দ্রুত অর্থোপার্জন করা বা শ্রীবৃদ্ধিলাভ করা। **(to) pay one in one's own coin**—(আল.) শয়তানকে তার নিজের ফাঁদে ফেলা ; যেমন কুকুর ঠিক তেমনি মুগুর মারা। *n.* **coi°nage**—টঙ্কন ; মুদ্রা-প্রচলন ; মুদ্রা ; উদ্ভাবন ; উদ্ভাবিত বস্তু। *n.* **coi°ner**—টঙ্কক ; উদ্ভাবক ; যে ব্যক্তি মুদ্রা জাল করে। [F.=the die to stamp money<L. *cuneus*=a wedge]

coincide [kŏ-in-sīd°, কোইন্সাইড্°] *v.i.* to occupy the same place or time (with), সমস্থানিক বা সমকালীন হওয়া ; to agree, মিল খাওয়া, মানান ; to be identical, সম্পূর্ণভাবে সদৃশ হওয়া। *p.* & *p. pt.* **cŏinci°dĕd**। *n.* **cŏin°cidence**—সমস্থানিকতা ; সমকালীনতা : মিল : সহসা ঘটনাসমূহের যুগপৎ সজ্ঘটন, সমাপতন। *a.* **cŏin°cident(al)**—সমস্থানিক ; সমকালীন ; মিলযুক্ত ; সদৃশ ; সমাপতনিক। [*co-*, L. *incidere*=to fall in]

coir [koy-a(r), কয়্অ্যা(র্)] *n.* the fibre of coconut husk, নারিকেল ছোবড়ার আঁশ। [Mal. *kayar*=cord]

coition [kō-ish(a)n, কৌইশ্ন্], **coitus** [kō°-itas, কৌ°ইট্যাস্] *n.* sexual intercourse, যৌন-সংসর্গ, রতিক্রিয়া। **coitus interruptus**—স্বেচ্ছা-পূর্বক রতিক্রিয়ায় ক্ষান্তি। [L. *coitio*<*co-, ire*=to go]

coke$_1$ [kōk, কৌক্] (**1**) *n.* residue of coal after distillation of volatile parts, তাপন-প্রণালী-দ্বারা যে পাথুরিয়া কয়লার দাহশক্তি হ্রাস করা হইয়াছে, কোক কয়লা। (**2**) *v.t.* to convert (coal) into coke, (কয়লাকে) কোক কয়লায় পরিণত করা। *p.* & *p. pt.* **cō°ked**। [?]

coke$_2$ [kōk, কৌক্] *n.* coll. for **coca-cola ;** coll. for **cocaine.**

coker [kō°ka(r), কৌ°ক্যা(র্)] var. of **coco(a)**$_2$। **cō°kernut**—var. of **coconut.**

col [kol, কল্] *n.* a depression or pass in a mountain-range, পর্বতমালার (আরোহণযোগ্য) টোল বা সঙ্কীর্ণ পথ। [F.<L. *collum*=a neck]

colander [ku°-lan°-da(r), কা°ল্যান্°ড্যা(র্)] *n.* a perforated vessel used in cookery, রন্ধন-কার্যে ব্যবহৃত ঝাঁঝরি, সাঞ্ঝা। [L. *coiare*=to strain]

cold [kōld, কৌল্ড্] (**1**) *a.* opposite of hot, ঠাণ্ডা ; chilly, শীতল ; of low temperature, তাপ কম এমন ; spiritless, উদ্যমহীন, নিষ্প্রাণ, নিরাবেগ ; indifferent, উদাসীন ; not cordial, unfriendly, সৌজন্যহীন, বিরাগপূর্ণ (*cold* reception)। (**2**) *n.* want of heat, তাপের অভাব, ঠাণ্ডা ; chill, শীত ; chilliness, শৈত্য ; chilly weather, ঠাণ্ডা আবহাওয়া ; catarrhal inflammation of the mucous membrane, সর্দি। **(to) be left out in the cold**—উপেক্ষিত হওয়া। **(to) catch cold**—সর্দি হওয়া। **(to) give the cold shoulder to**—same as **cold-shoulder**। **(to) leave one cold**—(কাহারও) মনের উপর দাগ কাটিতে বা মন গলাইতে অসমর্থ হওয়া। *a.* **cōld°-bloo°dĕd**—উত্তেজনাহীন ; অনুভূতিহীন ; নির্মম, নিষ্ঠুর (*cold-blooded* murder)। *n.* **cōld°-cream°**—অঙ্গরাগবিশেষ ; ইহা ব্যবহার করিলে শীতে গাত্রচর্ম ফাটে না। *a.* **cōld°-hear°tĕd**—হৃদয়হীন ; উদাসীন। *a.* **cō°ldish**—ঈষৎ ঠাণ্ডা। *adv.* **cōld°ly**। *n.* **cōld°nĕss**। *v.t.* **cōld-shoul°der**—(আল.) ধমক দিয়া দাবাইয়া রাখা ; (কাহারও) সংসর্গের প্রতি বীতরাগ হওয়া। [OE. *cald*—cp. G. *kalt*]

coleslaw [kōl°-slaw, কৌল্°স্ল] *n.* finely cut cabbage-salad, (কাঁচা খাওয়ার জন্য) কুচি কুচি করিয়া কাটা বাঁধাকপি, বাঁধাকপির স্যালাড। [Du. *koolsla*]

colic [ko°-lik, ক°লিক্] *n.* a severe pain in the belly, পেটের শূলবেদনা। *a.* **colicky** [ko°-li-ki, ক°লিকি] উক্ত বেদনাতুল্য বা বেদনাযুক্ত। [see *colon*$_2$]

colitis [kō-lī°-tis, কৌলাই°টিস্] *n.* inflammation of the colon, মলাশয় প্রদাহ। [*colon*]

collaborate [ka-la°-ba-rāt, ক্যাল্যা°ব্যারেইট্] *v.i.* to work in association (*on* a thing *with* a person), একযোগে বা সহযোগিরূপে কাজ করা। *p.* & *p. pt.* **collabo°ratĕd**। *n.* **collaborā°tion**। *n.* **collabo°rātor** (সাধারণ অর্থে), **collaborā°tionist** (মন্দার্থে)। [L. *collaborare*]

collage [ko°-lŭz, ক°লাজ্] *n.* a picture made partly or wholly from pieces of cloth, paper and other material glued to the canvas or other surface, টুকরা কাপড় কাগজ ও অন্যান্য বস্তু সাঁটিয়া যে চিত্র প্রস্তুত করা হয়। [F.]

collapse [ka-laps°, ক্যাল্যাপ্স্°] (**1**) *n.* a falling away or breakdown, (সচ. আকস্মিক ও সমূহ) পতন বা ধ্বংস বা ক্রিয়াশক্তিলোপ। (**2**) *v.i.* to close, বন্ধ হওয়া ; to fall away, পতিত হওয়া, to break down, ক্রিয়াশক্তি হারান (his heart *collapsed*) ; to go to ruin, ধ্বংস হওয়া ; to close or fold up, বন্ধ করা বা ভাঁজ করা বা গুটাইয়া রাখা। *p.* &

p. pt. **collap°sed** । *a.* **collap°sable, collap°sible**—বন্ধ হইতে সক্ষম । **collapsible door** or **gate**—যে দরজা ঠেলিয়া দিলেই দৃঢ়ভাবে রুদ্ধ হইয়া যায় । [L. *collapsus*<*col-*, *labi*=to fall]

collar [ko°-la(r), ক°ল্যা(র্)] (**1**) *n.* a neckband esp. one attached to garment, গলবন্ধনী, জামার কলার । (**2**) *v.t.* to seize by the collar, জামার কলার ধরিয়া পাকড়াও করা, (তু.) টুঁটি ধরা ; to capture, পাকড়ান ; (coll.) to take without permission, বিনা অনুমতিতে লওয়া । *n.* **co°llar-bōne**—কণ্ঠমূল ও বাহুসন্ধির মধ্যবর্তী অস্থিদ্বয়ের যে-কোনখানি, (পরি.) অক্ষকাস্থি । *a.* **co°llared**—কলার-যুক্ত ; ধৃত । *n.* **co°llar-stud**—জামার কলার আঁটিবার বোতাম । [OF. *colier*<L. *collare*<*collum*=the neck]

collate [ko-lāt°, কলেইট্°] *v.t.* to bring together for comparative examination, তুলনামূলক বিচারার্থ একত্র করা বা সংগ্রহ করা ; to place in order (as the sheets of a book in binding), (বাঁধাইর জন্য পুস্তকাদির পৃষ্ঠাসমূহ) যথাযথভাবে সাজান । *p.* & *p. pt.* **collā°tėd** । *n.* **collā°tion**—(পৃষ্ঠাসমূহ) একত্রীকরণ ; হালকা খাবার (cold *collation*) । *n.* **collā°tor** । [L. *collatum*=bringing together]

collateral [ko-la°t(a)r(a)l, কল্যা°ট্রল্] (**1**) *a.* side by side, পাশাপাশি ; parallel, সমান্তরাল ; corresponding, অনুরূপ, সদৃশ ; indirectly contributory to conclusion, (সাক্ষ্যাদি-সম্পর্কে) সিদ্ধান্তের পরোক্ষ সমর্থক (*collateral* evidence) ; of common descent but by different line, একই বংশের ভিন্ন পরিবারে জাত, জ্ঞাতিত্ববিশিষ্ট । (**2**) *n.* a collateral relation, জ্ঞাতি ; a contemporary, সমসাময়িক ব্যক্তি ; a rival, প্রতিদ্বন্দ্বী । **collateral security**—ঋণ আদায় বা পরিশোধ নিশ্চিত করার উদ্দেশ্যে অতিরিক্ত জামিন বা জামানত । *adv.* **colla°terally** । [*col-*, *lateral*]

collation, collator—see **collate**.

colleague [ko°-lēg, ক°লীগ্] *n.* an associate in some employment, সহকর্মচারী । [F. *collegue*<*cal-*, *league*]

collect$_1$ [ko°-lekt, ক°লেক্ট্] *n.* a short prayer, হ্রস্ব প্রার্থনাবিশেষ । [F. *collecte*<L. *collecta*=to gather together]

collect$_2$ [ka-lekt°, ক্যালেক্ট্°] (**1**) *v.t.* to assemble, একত্র করা, সংগ্রহ করা, সংহত করা, জমান ; to receive payment of, আদায় করা (to *collect* taxes) ; to bring (one's thoughts) under control, (স্বীয় চিন্তাধারাদি) আয়ত্তে আনা ; to infer, অনুমান করা । (**2**) *v.i.* to assemble or accumulate, একত্রিত হওয়া, জমা । **collective bargaining**—(বেতনাদি সম্পর্কে) শ্রমিক সংস্থা ও মালিকের মধ্যে আলাপ-আলোচনা বা দর-কষাকষি । **collective farm**—যৌথ খামার । **collective noun**—সমষ্টিবাচক বিশেষ্য । **collective security**—(আক্রমণাদিরোধার্থে) যৌথ নিরাপত্তা ব্যবস্থা । **(to) collect oneself**—আত্মসংবরণ করা ; স্বীয় মন সুস্থির করা । *a.* **collec°tėd**—একত্রিত ; সংগৃহীত ; সংহত ; সংযত ; আত্মসংযমপূর্ণ ; মানসিক শমতাযুক্ত । *n.* **collec°ting-box**—চাঁদা আদায়ের জন্য বাক্স । *n.* **collec°tion**—একত্রীকরণ বা একত্রীভবন ; সংগ্রহ (a fine *collection* of paintings) ; সমাবেশ ; সমবেত ব্যক্তি বা বস্তু, জনতা, ভিড় ; আদায় ; আদায়ীকৃত অর্থাদি ; সঙ্কলনগ্রন্থ ; আত্মসংযম, সমতা । *a.* **collec°tive**—সমবেত ; যৌথ (*collective* ownership) ; সাধারণ ; (ব্যাক.) সমষ্টিবাচক । *v.t.* **collec°tivize**—(সচ. জমিজমার ক্ষেত্রে) যৌথ মালিকানা ব্যবস্থা প্রবর্তন করা । *n.* **collectivizā°tion** । *n.* **collec°tivism**—পণ্যশিল্পের উৎপাদনার্থ মূলধন যৌথভাবে বিনিয়োগ করা উচিত : এই মত । *n.* **collec°tivist** । *n.* **collec°tor**—(চাঁদা, খাজনা, সঙ্কলনগ্রন্থের রচনাদি, দুষ্প্রাপ্য বস্তু ইত্যাদির) সংগ্রাহক : (ভারতে) জেলার প্রধান রাজস্ব-আদায়কারী ও শাসক (তু. সুবাদার), (পরি.) সমাহর্তা । *n.* **collec°torate**—জেলা-শাসকের দফ্তর । *n.* **collec°torship** । [L. *collegere*]

colleen [ko°-lēn, ক°লীন্] *n.* a girl, মেয়ে, ছুঁড়ি । [Irish *cailin*]

college [ko°-lij, ক°লিজ্] *n.* any institution for higher studies, মহাবিদ্যালয়, কলেজ । *n.* **collegian** [ka-le°-ji-an, ক্যালী°জিআন্] কলেজের সভ্য বা শিক্ষক বা ছাত্র ; কলেজ-ভবনের বাসিন্দা । *a.* **collegiate** [ka-le°-ji-it, ক্যালী°জিইট্] কলেজ-সংক্রান্ত ; কলেজতুল্য ; কলেজবিশিষ্ট (*collegiate* town) ; কলেজের অধীন (*collegiate* school) । [F. <L. *collegium*<*col-*, *legere*=to gather]

collet [ko°-lit, ক°লিট্] *n.* a ring, আঙ্টি ; a groove in a ring for holding a gem, আঙ্টিতে মণিরত্নাদি বসাইবার জন্য খাঁজ । [F.<L. *collum*]

collide [ka-līd°, ক্যালাইড্°] *v.i.* to dash together, পরস্পর সজ্ঘৃষ্ট হওয়া বা ধাক্কা খাওয়া ; (fig.) to be in conflict (with), (আল.) বিরোধিতা বা সজ্ঘাত হওয়া বা ঘটা । *p.* & *p. pt.* **colli°dėd** । *n.* see **collision** । [L. *collidere*]

collie [ko°-li, ক°লি] *n.* a Scottish sheep dog, মেষপালের প্রহরার কার্যে দক্ষ স্কটল্যানডের লোমশ কুকুরবিশেষ । [?]

collier [ko°-lē(r), ক°লিয়্যা(র্)] *n.* a coal-miner, কয়লা-খনির মজুর বা মালিক ; a coal-carrying ship or a sailor on this, কয়লাবাহী জাহাজ বা ঐ জাহাজের নাবিক । *n.* **colliery**—কয়লার খনি । [see *coal*]

colligate [ko°-li-gāt, ক°লিগেইট্] *v.t.* to bind together, একত্র আবদ্ধ করা ; to connect with a show of logic, হেত্বাভাস প্রদর্শনপূর্বক সম্বদ্ধ করা । *p.* & *p. pt.* **co°lligātėd** । *n.* **colligā°tion** । [L. *colligare*]

collimate [ko°-li-māt, ক°লিমেইট্] *v.t.* to adjust line of sight of, (দূরবীক্ষণাদির) দৃষ্টিরেখা ঠিক

করা। *p.* & *p. pt.* **co°llimāted** । *n.* **collimā°tion**—(পরি.) অক্ষিকরণ। *n.* **co°llimātor**—অক্ষিকরণার্থ ক্ষুদ্র দূরবীনবিশেষ। [L. *collimare*, a wrong reading for *collineare*]

collinear [ko°-li-nē(r), ক°লিনিয়্যা(র্)] *a.* in the same straight line, একই সরলরেখাভুক্ত, (পরি.) একরেখীয়। [*col-*, see *line*]

collision [ka-li°z(a)n, ক্যালি°জ্‌ন্] *n.* a violent clash, প্রবল ধাক্কা, সঙ্ঘর্ষ ; (fig.) conflict, (আল.) বিরোধ। [see *collide*]

collocate [ko°-lŏ-kāt, ক°লোকেইট্] *v.t.* to place together, একত্র স্থাপন করা ; to arrange, সাজান, বিন্যস্ত করা ; to station, সন্নিবিষ্ট করা ; (of words) to place side by side in a way characteristic of language, (শব্দাদি) ভাষার বৈশিষ্ট্য অনুযায়ী পাশাপাশি সংস্থাপন করা (*weak* tea but never *feeble* tea—here weak *collocates* with tea, but feeble does not) । *p.* & *p. pt.* **co°llŏcāted** । *n.* **co°llŏcā°tion** । [L. *collocare*]

collocutor [ko-lo°-kū-ta(r), কল°কিউট্যা(র্)] *n.* a partaker in talk, কথোপকথনে যোগদানকারী। [see *colloquy*]

collodion [ka-lō°-di-an, ক্যালৌ°ডিঅ্যান্] *n.* a solution of nitrated cotton, আঠাল রাসায়নিক পদার্থবিশেষ। [Gk. *kollodes* < *kolla* = glue, *eidos* = form]

colloid [ko°-loyd, ক°লয়্‌ড্] (**1**) *n.* a gluey substance, আঠাল পদার্থবিশেষ। (**2**) *a.* gluey, আঠাল। *a.* **colloi°dal**—উক্ত পদার্থঘটিত, আঠাল। [see *collodion*]

collop [ko°-lap, ক°ল্যাপ্] *n.* a slice of meat, মাংসখণ্ড। **minced collops**—কুচিকুচি-করা মাংস, কিমার মাংস। [?]

colloquy [ko°-la-kwi, ক°ল্যাকুই] *n.* conversation, কথোপকথন। *a.* **colloquial** [ka-lō°-kwi-al, ক্যালৌ°কুইঅ্যাল্] কথোপকথনমূলক ; কথোপকথনে ব্যবহৃত। *n.* **collo°quialism**—কথোপকথনে ব্যবহৃত ভাষার প্রয়োগ। *n.* **collo°quialist**—উক্ত ভাষা ব্যবহারকারী। *adv.* **collo°quially** । [*col-*, L. *loqui* = to speak]

collude [ka-lūd°, ক্যালিউড্°] *v.i.* to act in concert in a fraud etc., ষড়্‌যন্ত্রাদিতে সহযোগিতা করা। *p.* & *p. pt.* **collū°ded** । *n.* **collū°der** । *n.* **collū°sion**—ষড়্‌যন্ত্রাদিতে সহযোগিতা। *n.* **collū°sive**—ষড়্‌যন্ত্রাদিতে সহযোগিতাপূর্ণ। [L. *colludere* = to play together]

collyrium [ko-li°-ri-am, কলি°রিঅ্যাম্] *n.* eye-salve, সুর্মা ; অঞ্জন, কাজল। [Gk. *kollyrion*]

collywobbles [ko°li-woblz, ক°লিওঅ্যাব্‌ল্‌জ্] *n.* (coll.) rumbling in the intestines, (কথ্য.) পেটে গুড়গুড় শব্দ ; stomach-ache, পেটব্যথা ; (fig.) slight feeling of fear, (আল.) সশঙ্ক বা শঙ্কিত ভাব। [imit.]

colocynth [ko°-lŏ-sinth, ক°লৌসিন্থ্] *n.* a kind of cucumber, একপ্রকার শশা। [Gk. *kolokynthis*]

colon$_1$ [kō°-lan, কৌ°ল্যান্] *n.* a punctuation mark (:), যতিচিহ্নবিশেষ, কোলন। [Gk. *kolon* = a limb]

colon$_2$ [kō°-lan, কৌ°ল্যান্] *n.* the greater part of larger intestine, মলাশয়। *n.* **coli°tis**—মলাশয়-প্রদাহ। [Gk. *kolon* = the large intestine]

colonel [ka(r)°nl, ক্যা(র্)°ন্‌ল্] *n.* a high-ranked army officer, স্থলবাহিনীর উচ্চপদস্থ সেনাপতিবিশেষ। *n.* **co°lonelcy, co°lonel-ship** । [F. & Sp. *coronel* < It. *colonello* = the leader of a column < L. *columna* = column]

colonial, colonist, colonize—see **colony.**

colonnade [ko-la-nād°, কল্যানেইড্°] *n.* a range of columns or trees placed at regular intervals, সমান-সমান ব্যবধানে স্থাপিত স্তম্ভশ্রেণী বা তরুশ্রেণী। *a.* **colonnā°ded**—উক্তভাবে স্থাপিত স্তম্ভশ্রেণী বা তরুশ্রেণী দ্বারা পরিশোভিত। [F. < L. *columna* = column]

colony [ko°-la-ni, ক°ল্যানি] *n.* a state's dependency abroad, কোন রাষ্ট্রের ঔপনিবেশিক অধীন রাজ্য ; a military settlement in a subject territory, সামন্তরাজ্যে স্থাপিত কোন রাষ্ট্রের সামরিক ঘাঁটি ; a body of persons settled in a foreign country or the settlement founded by them, ঔপনিবেশিক-দল বা উপনিবেশ। *a.* & *n.* **colonial** [ka-lō°-ni-al, ক্যালৌ°নিয়্যাল্] ঔপনিবেশিক। *n.* **colo°nialism**—ঔপনিবেশিক-সুলভ আচরণ ; উপনিবেশগুলির উপরে অধিরাজ্যের মালিকানা স্বত্ব আছে ঃ এই রাজনৈতিক মত। *n.* **co°lonist**—উপনিবেশে বাসকারী, ঔপনিবেশিক। **co°lonize**—(**1**) *v.t.* উপনিবেশ স্থাপন করা ; উপনিবেশে পরিবর্তিত করা ; (**2**) *v.i.* স্থায়িভাবে বসবাস করা। *n.* **co°lonīzer, colonizā°tion** । [L. *colonia* < *colonus* = a husbandman]

colophon [ko°-la-fon, ক°ল্যাফন্] *n.* a tail-piece in a book giving information about the author, printer, publisher etc. পুস্তকাদির রচয়িতা প্রকাশক ও মুদ্রাকরের নাম এবং মুদ্রণাদির স্থান-কালের বৃত্তান্ত প্রভৃতি সংবলিত শেষপৃষ্ঠা। **from title-page to colophon**—প্রথম পৃষ্ঠা হইতে শেষ পৃষ্ঠা পর্যন্ত। [L. < Gk. *kolophon* = finishing touch]

color, coloration, colorific—see **colour.**

colossal—see **colossus.**

colossus [ka-lo°-sas, ক্যাল°স্যাস্] *n.* a gigantic statue (esp. that of Apollo at the entrance of Rhodes), অতিকায় মূর্তি (বিশেষতঃ রোড্‌স্-নগরদ্বারে স্থাপিত গ্রীক সূর্যদেবের মূর্তি)। *a.* **colo°ssal**—উক্ত মূর্তির ন্যায় অতিকায় ; (আল.) বিশাল। [L. < Gk. *kolossos*]

colour, (Am.) **color** [ku°-la(r), কা°ল্যা(র্)] (**1**) *n.* a sensation produced on the eye by decomposed light, বর্ণ ; hue, রঙ ; appearance of blood in the face, মুখমণ্ডলের রক্তিম আভা ; non-European race, অ-ইউরোপীয় (অর্থাৎ অশ্বেতকায়) জাতি (কারণ রৌদ্রস্পর্শে ইহাদের গাত্রচর্ম রঙিন) ; plausibility, বিশ্বাসযোগ্যতা, সম্ভাব্যতা ; reason, যুক্তি ; pretext, (সচ. মিথ্যা) ওজর, ছল, ভান ; tint, আভা ; paint, রঙের প্রলেপ ; (in *pl.*) a flag, পতাকা, নিশান ; a badge, সমিতি দল প্রভৃতির নিদর্শন ; ব্যাজ। (2) *v.t.* to put colour on, to paint, রঙ মাখান, রঙ করা ; to stain, রঞ্জিত করা ; to exaggerate, অতিরঞ্জিত করা ; to disguise, ছদ্মবেশের সাহায্যে গোপন করা ; to misrepresent, বিকৃতভাবে বর্ণনা করা। (3) *v.i.* to take on colour, রঙিন হওয়া ; to blush, লজ্জায় লাল হওয়া। **false colours**—মিথ্যা ছল, ভান। **flying colours**—জাঁকজমক। **high colour**—গাত্রবর্ণের রুক্ষতা। **off colour**—বিবর্ণ ; নিষ্প্রভ ; বিগতপ্রতিভ। **true colours**—আসল রূপ বা স্বভাব, স্বরূপ। **under colour of**—অজুহাতে। **(to) change colour**—লজ্জায় লাল হওয়া ; ফেকাশে বা বিবর্ণ হওয়া। **(to) come off with flying colours**—(কোন বিষয়ে) পরম সাফল্য লাভ করা। **(to) get** or **win one's colours**—(কলেজ বিশ্ববিদ্যালয় প্রভৃতির) খেলোয়াড়-দলে স্থানলাভ করা। **(to) give a false colour to**—বৈশিষ্ট্য বা আসল রূপ বিকৃত করিয়া বর্ণনা করা। **to give** or **lend colour (to)**—বিশ্বাসযোগ্য করিয়া তোলা। **(to) join the colours**—সৈন্যদলে ভর্তি হওয়া। **(to) lose colours**—মুখাকৃতি বিবর্ণ বা ম্লান হওয়া। **(to) lower one's colours**—দাবি প্রভৃতি ত্যাগ করা ; আত্মসমর্পণ করা। **(to) sail under false colours**—প্রতারণাদির উদ্দেশ্যে নিজেকে ভিন্ন মানুষ বলিয়া চালান, ভিন্ন মানুষ সাজা। **(to) stick to one's colours**—(আল.) স্বীয় মত বা দল পরিবর্তন করিতে অসম্মত হওয়া। *n.* **colo(u)ra°tion**। *a.* **colorific** [ko-la-ri°-fik, কল্যারি°ফিক্] রঙিন করে বা রঙ ফোটায় এমন। *a.* **co°lourable**—সুদর্শন ; সুন্দর বর্ণবিশিষ্ট ; গোপন রাখার চেষ্টা করা হইয়াছে এমন (*colourable* imitation)। *adv.* **co°lourably**। *n.* **co°lour-bar**—অশ্বেতকায়দের প্রতি আরোপিত অন্যায় বিধি-নিষেধ ; (শিথি.) বর্ণবৈষম্য। *a.* **co°lour-blind**—বর্ণের তারতম্য ধরিতে অক্ষম, বর্ণান্ধ। *a.* **co°loured**—রঙিন ; অশ্বেতকায়। *a.* **co°lourful**—রঙিন ; সুশোভন ; স্পষ্ট ; আনন্দময়। *n.* **co°louring**—রঙ ; যদ্দ্বারা বা যেভাবে রঙ করা হয় ; চেহারা, শোভা, ভাব। *a.* **co°lourless**—বর্ণহীন ; স্বচ্ছ ; ফেকাশে, পাণ্ডুর, রক্তশূন্য ; নিরপেক্ষ ; বৈশিষ্ট্যহীন, একঘেয়ে। **co°lour-line**—same as **colour-bar**। *n.* **co°lour-scheme°**—চিত্রাদিতে কি-ভাবে ও কি-কি রঙ মাখাইতে হইবে তাহার পরিকল্পনা। *n.* **co°lour-wash**—গৃহাদির দেওয়াল ও ছাদ রঙিন করা। *a.* **co°loury**—অত্যন্ত রঙিন, টকটকে। [OF. *color* < L.]

colt₁ [kōlt, কৌল্ট্] *n.* a pistol, পিস্তলবিশেষ। [Samuel *Colt*, its inventor]

colt₂ [kōlt, কৌল্ট্] *n.* a young horse, অশ্বশাবক ; an inexperienced youth, সংসারানভিজ্ঞ যুবক ; (B.) a young camel or ass, উষ্ট্রশাবক বা গর্দভশাবক। *a.* **cōl°tish**—অশ্বশাবকবৎ ; তিড়িং-বিড়িং করে এমন, চঞ্চল। [?]

colter, coltish—see **coulter** and **colt₂** respectively.

colubrine [ko°-lū-brīn, ক°লিউব্রাইন্] *a.* snake-like, সর্পবৎ। [L. *coluber* = a snake]

columbarium—see **columbine.**

columbine [ko°-lam-bīn, ক°ল্যাম্বাইন্] (1) *a.* of a dove, ঘুঘু-সংক্রান্ত ; dove-coloured, ঘুঘু-বর্ণ। (2) *n.* a garden plant, ঝাঁক-বাঁধা ঘুঘুর ন্যায় পুষ্পোৎপাদী বৃক্ষবিশেষ। *n.* **columbār°ium**—ঘুঘু-পাখির বাসা। [L. *columba* = a dove]

column [ko°-lam, ক°ল্যাম্] *n.* a pillar, থাম, স্তম্ভ ; a section of a page, table, accounts, etc., পৃষ্ঠা তালিকা জমাখরচ প্রভৃতির খাত বা দফা ; a section of newspaper, সংবাদপত্রের বিভাগ ; a body of troops placed in the shape of a column, স্তম্ভাকারে স্থাপিত সৈন্যদল ; anything column-shaped, স্তম্ভাকার বস্তু (a *column* of smoke)। *a.* **co°lumnal, co°lumnar**—স্তম্ভ দফা বা কাণ্ডসংক্রান্ত ; স্তম্ভাকার। *n.* **co°lumnist**—সংবাদপত্রের বিভাগীয় লেখক। [L. *columna*]

coma₁ [kō°-ma, কৌ°ম্যা] *n.* (bot.) a tuft, (উদ্ভি.) গুচ্ছ ; the head of a tree, তরুশীর্ষ ; (astr.) the nebulous envelope round a comet, (জ্যোতি.) ধূমকেতুর চতুষ্পার্শ্বস্থ কুহেলী। [Gk. *kome* = hair of head]

coma₂ [kō°-ma, কৌ°ম্যা] *n.* deep sleep, গাঢ় ঘুম ; stupor, আচ্ছন্নতা। **(to) go into a coma**—নিদ্রাচ্ছন্ন বা সংজ্ঞাহীন হওয়া। *a.* **cō°matōse, cō°mōse**—গাঢ় নিদ্রামগ্ন ; আচ্ছন্ন। [Gk. *koma*]

comb [kōm, কৌম্] (1) *n.* a toothed instrument for dressing or cleaning hair, wool, flax, etc., চুল পশম শণ প্রভৃতি আঁচড়াইবার চিরুনি ; the crest of some birds, পক্ষিবিশেষের চূড়া বা ঝুঁটি (cock's *comb*) ; the top of a wave or roof or hill, ঢেউ বা ছাদ বা পাহাড়ের উপরিভাগ ; a honeycomb, মউচাক। (2) *v.t.* to dress or clean with a comb, চিরুনি দিয়া আঁচড়ান : to search thoroughly, পাঁতি পাঁতি করিয়া খোঁজা। (3) *v.i.* to break with a white foam (as a wave), (তরঙ্গসম্বন্ধে) সাদা ফেনা-যুক্ত হইয়া ছড়াইয়া পড়া। **(to) comb out**—তন্ন তন্ন করিয়া খুঁজিয়া (অবাঞ্ছিত ব্যক্তি বা বস্তু) পাকড়ান বা বাদ দেওয়া। *n.* **comb°er**—যে ব্যক্তি পশমাদি আঁচড়ায় বা যদ্দ্বারা আঁচড়ান হয় ; বিশাল ফেনিল তরঙ্গ। *n. pl.* **comb°ings**—আঁচড়াইবার ফলে চিরুনিতে বাঁধিয়া যে চুল বা লোম উঠিয়া আসে। *n.* **comb°-out**—

তন্ন তন্ন করিয়া খুঁজিয়া (অবাঞ্ছিত ব্যক্তি বা বস্তু) পাকড়ান বা বাদ দেওয়া। [OE. *camb*]

combat [kom°-bat, কম্°ব্যাট্] (1) *v.i.t.* to contend or fight, প্রতিদ্বন্দ্বিতা করা বা লড়াই করা। *p.* & *p. pt.* **com°batėd** । (2) *n.* contest, duel, struggle. প্রতিদ্বন্দ্বিতা, প্রতিযোগিতা, দ্বন্দ্ব, লড়াই। **single combat**—দ্বন্দ্বযুদ্ধ। *n.* & *a.* **com°batant**—প্রতিযোগী, প্রতিদ্বন্দ্বী; প্রকৃত লড়াই করার জন্য নিযুক্ত (*combatant* and *non-combatant* army personnel)। *a.* **com°bative**—প্রতিদ্বন্দ্বিতাপ্রবণ; সংগ্রামশীল। *adv.* **com°batively** । *n.* **com°bativeness** । [F. *combattre*=to fight<L. *combatuere*=to strike]

combe—alt. spell. of **coomb.**

comber—see **comb.**

combine [kom-bīn°, কম্বাইন্°] (1) *v.i.t.* to join, সংযুক্ত বা মিলিত হওয়া অথবা সংযুক্ত বা মিলিত করা; to blend, মেশা বা মেশান। (2) *v.i.* to co-operate, সহযোগিতা করা। **combined exercises** or **operations**—(সাম) পদাতিক নৌ এবং বিমানবাহিনীর যৌথ মহড়া বা আক্রমণ। *n.* **combine** [kom°bīn, কম্°বাইন্] (সচ. ব্যবসায়ীদের বা নেতাদের) জোট (a Swedish *combine*)। *n.* **combination** [kom-bi-nā°-sh(a)n, কম্বিনেই°শ্‌ন্] cobine-এর সকল অর্থে, এবং—একই উদ্দেশ্যসাধনার্থ মিলিত ব্যক্তিবর্গ; কতকগুলি প্রদত্ত সংখ্যাদ্বারা বিভিন্ন রাশির সৃষ্টি (cp. **permutation**); (in *pl.*) একত্রে উত্তমাঙ্গের এবং নিম্নাঙ্গের অন্তর্বাসবিশেষ। [L. *combinare*=to join]

combustible [kam-bus°-tabl, ক্যাম্বাস্°টাব্‌ল্] (1) *a.* catching fire and burning easily, (সহজ-) দাহ্য; (fig.) excitable. (আল.—মানুষসম্বন্ধে) সহজে উত্তেজিত করা যায় এমন। (2) *n.* (usu. in *pl.*) a combustible material, দাহ্য পদার্থ। *n.* **combustibi°lity** । *n.* **combustion** [kam-bus°-ch(a)n, ক্যাম্বাস্°চন্] দহন; দাহ; দাহ্য পদার্থ; উত্তেজনা; হইচই। [*com-*, L. *urere*=to burn]

come [kum, কাম্] *v.i.* to move towards (opposite of **go**), আসা; to approach, সমীপবর্তী হওয়া; to arrive, পৌঁছান, উপনীত হওয়া; to happen, ঘটা; to result, ফলস্বরূপ উদ্ভূত হওয়া বা পরিণত হওয়া; to amount to, পরিমাণে মোট হওয়া; to become, হওয়া, হইয়া ওঠা। *p.* **cāme**; *p. pt.* **come** । **(to) come about**—ঘটা। **(to) come across**—(সহসা) সম্মুখীন হওয়া বা সাক্ষাৎ পাওয়া। **(to) come along**—দ্রুত অগ্রসর হইয়া আসা বা আরম্ভ করা। **(to) come after**—অনুসরণ করা। **(to) come apart**—টুকরা টুকরা বা খান্ খান্ হওয়া। **(to) come at**—পৌঁছান, উপনীত হওয়া। **(to) come away**—খসিয়া যাওয়া। **(to) come back**—প্রত্যাবর্তন করা। **(to) come before**—বিচার-বিবেচনার্থ উপস্থাপিত হওয়া বা পেশ হওয়া (this case will *come before* the additional judge); পূর্বাধিকারসম্পন্ন হওয়া (health *comes before* wealth)। **(to) come by**—নিকটে আসা; পাশ দিয়া যাওয়া; (কিছু) পাওয়া। **(to) come down**—অবতরণ করা; হ্রাস পাওয়া (the price *comes down*); হাতে বা অধিকারে আসা। **(to) come down on** or **upon**—রূঢ়ভাবে তর্জন-গর্জন করা; প্রহার বা তিরস্কার বর্ষণ করা। **(to) come down with**—(অর্থাদির) প্রাপ্য মিটাইয়া দেওয়া। **(to) come forward**—অগ্রসর হইয়া আসা। **(to) come high**—দুর্মূল্য হওয়া; চড়া দাম পড়া। **(to) come low**—মূল্য হ্রাস হওয়া; সস্তা হওয়া। **(to) come in**—প্রবেশ করা; (ক্রিকেটে) ব্যাটিং আরম্ভ করা; দৌড় প্রভৃতিতে প্রথম হওয়া; নির্বাচিত বা ক্ষমতাসীন হওয়া; চালু বা উপযোগী হওয়া; স্থান পাওয়া। **(to) come in for**—স্বীয় অংশরূপে বা ভাগরূপে গ্রহণ করা; (সমালোচনাদির) পাত্র হওয়া (the amendment has *come in for* a good deal of criticism)। **(to) come in handy**—প্রয়োজনে লাগা, উদ্দেশ্যাদি সাধিত হওয়া। **(to) come into**—উত্তরাধিকারসূত্রে পাওয়া। **(to) come of**—(কোন) বংশোদ্ভূত হওয়া; (কিছুর) ফলস্বরূপ ঘটা। **(to) come off**—চলিয়া আসা; বিচ্ছিন্ন হওয়া; অনুষ্ঠিত হওয়া; জয়ী হওয়া; (উদ্যোগাদি) সার্থক হওয়া। **(to) come on**—দ্রুত অগ্রসর হইয়া আসা বা আরম্ভ করা। **(to) come out**—ফলস্বরূপ উদ্ভূত হওয়া; প্রকাশিত বা প্রচারিত হওয়া। **(to) come out with**—উচ্চারণ করা; বলিয়া ফেলা। **(to) come round**—প্রদক্ষিণ করা; যথাকালে ঘটা; অনুকূল হওয়া; আরোগ্য লাভ করা। **(to) come through**—জীবনে পরোক্ষ বা প্রত্যক্ষ অভিজ্ঞতালাভের পরও বাঁচিয়া বা টিকিয়া থাকা (he has *come through* two world wars); (ব্যাধি-বিপদাদি) ভুগিয়া ওঠা। **(to) come to**—অভীষ্টাদি লাভ করা; পরিমাণে মোট হওয়া; অবস্থাদি প্রাপ্ত হওয়া (to *come to* this or that); পর্যবসিত হওয়া (to *come to* much or little or nothing)। **(to) come to a decision**—মীমাংসায় বা সিদ্ধান্তে পৌঁছান। **(to) come to one's attention** or **notice**—নজরে পড়া বা লক্ষ্যপথে আসা। **(to) come to oneself**—স্বাভাবিক মানসিক অবস্থা ফিরিয়া পাওয়া। **(to) come up**—হাজির হওয়া; (মৃত্তিকাদি) ভেদ করিয়া ওঠা, উদ্গত হওয়া। **(to) come up against**—(বাধাবিপদাদির) সম্মুখীন হওয়া। **(to) come up to**—সমান বা অনুরূপ হওয়া (the result did not *come up to* his expectations); পৌঁছান (the water *came upto* his chin)। **(to) come up with**—নাগাল ধরা। **(to) come upon**—আক্রমণ করা; সম্মুখীন হওয়া; সাক্ষাৎ পাওয়া। **to come**—আগামী (the shape of things *to come*)। *n.* **come°-and-gō**—আসা-যাওয়া, যাতায়াত। *a.* **come-at°-able**—অভিগম্য, প্রবেশ্য। *n.* **come°-back**—প্রত্যাবর্তন; পুনরভ্যুদয়; (সমুচিত) প্রত্যুত্তর। *n.* **come°-down**—অবতরণ; অধঃপতন; অপমান-

পূর্ণ হতাশা। *n.* **come°-off**—সমাপ্তি, শেষ, ; কর্তব্য বা দায়িত্ব এড়াইয়া যাওয়া। *n.* **co°mer**—আগন্তুক। **co°ming**—(1) *n.* আগমন ; (2) *a.* আসন্ন। *n. pl.* **comings-in**—আয়। [OE. *cuman*—cp. G. *kommen*]

comedy [ko°-mi-di, ক°মিডি] *n.* a play, story, etc., with a happy ending or of humorous type, মিলনান্তক বা হাস্যরসাত্মক নাটক গল্প প্রভৃতি। *n.* **comedian** [ka-mē°-di-an, ক্যামী°ডিঅ্যান্] উক্ত নাটকাদির চরিত্রাভিনেতা বা লেখক। *fem.* **comedienne** [ka-me-di-en° ক্যামেডিএন্°]। [F. *comedie* < Gk. *komoidia*]

comely [kum°-li, কাম্°লি] *a.* pleasing, মনোরম ; handsome, সুন্দর। *n.* **come°liness**। [OE. *cymlic* < *cyme* = suitable, *lic* = like]

comer—see **come.**

comestible [ka-mes°-table, ক্যামেস্°ট্যাব্‌ল্] (1) *a.* edible, ভক্ষণোপযোগী, ভক্ষণীয়। (2) *n.* (usu. in *pl.*) food, ভক্ষ্যদ্রব্য, খাদ্য। [F. < L. *comedere* = to eat up]

comet [ko°-mit, ক°মিট্] *n.* a heavenly body, ধূমকেতু। *a.* **co°mėtary, cometic** [ko-me°-tik, কমে°টিক্] ধূমকেতু-সংক্রান্ত ; ধূমকেতুবৎ। [Gk. *kometes* = long-haired]

comfit [kum°-fit, কাম্°ফিট্] *n.* sweetmeat, মিঠাই। [a doublet of *confect*]

comfort [kum°-fa(r)t, কাম্°ফ্যা(র্)ট্] (1) *v.t.* to relieve from pain or distress, যন্ত্রণা বা দুর্দশা হইতে মুক্ত করা ; to soothe, সান্ত্বনা দেওয়া ; to cheer, প্রফুল্ল বা চাঙ্গা করা ; উৎসাহ দেওয়া। *p. & p. pt.* **com°fortėd**। (2) *n.* relief from pain or distress, যন্ত্রণা বা দুর্দশা হইতে মুক্তি ; ease, আরাম ; quiet enjoyment, শান্তিপূর্ণ উপভোগ ; solace, সান্ত্বনা ; (usu. in *pl.*) whatever gives comfort, আরামদায়ক বস্তু, আরামের উপকরণ। **cold comfort**—নামে মাত্র সান্ত্বনা বা আরাম। **(public) comfort station**—সর্বসাধারণের জন্য শৌচাগার। *a.* **com°fortable**—আরামদায়ক। *adv.* **com°fortably**। *n.* **com°forter**—যে সান্ত্বনা দেয় ; যাহা আরাম দেয় ; গলা জড়াইবার জন্য পশমী কাপড়বিশেষ। **Job's comforter**—সান্ত্বনা দিতে গিয়া যে ব্যক্তি কেবল যন্ত্রণা বাড়ায়। *a.* **com°fortlėss**—সান্ত্বনাহীন ; আরামহীন ; অস্বস্তিকর। [OF. *con-forter* < L. *con-*, *fortis* = strong]

comfy [kum°-fi, কাম্°ফি] coll. contr. of **comfortable.**

comic [ko°-mik, ক°মিক্] *a.* relating to comedy, মিলনান্তক বা হাস্যরসাত্মক নাটকাদিসংক্রান্ত ; mirth-inspiring, হাস্যোদ্রেককর। *a.* **co°mical**—হাস্যোদ্রেককর ; মজাদার। *n.* **comica°lity**। [see *comedy*]

Cominform [ko°-min-faw(r)m, ক°মিন্‌ফ(র্)ম্] *n.* the Communist Information Bureau, ১৯৪৭ খ্রিস্টাব্দে গঠিত কমিউনিস্টদের তথ্য-সরবরাহের জন্য প্রতিষ্ঠানবিশেষ। [*Com*munist *Inform*ation]

coming—see **come.**

Comintern [ko°-min-ta(r)n, ক°মিন্‌ট্যা(র্)ন্] *n.* the Third International, কমিউনিস্ট ভাবধারানুযায়ী দুনিয়ার মজদুরদের আন্তর্জাতিক সঙ্ঘ, তৃতীয় আন্তর্জাতিক সভা। [*Com*munist *Interna*tional]

comitia [ko-mi°-shi-ŭ, কমি°শিআ] *n, pl.* the assemblies of the Romans for electing magistrates, passing laws, etc., শাসক-নিয়োগ আইন বিধিবদ্ধকরণ প্রভৃতির জন্য প্রাচীন রোমানদের জনসভা। [L.]

comity [ko°-mi-ti, ক°মিটি] *n.* courtesy, ভদ্রতা, সৌজন্য। **the comity of nations**—বিভিন্ন জাতির মধ্যে পরস্পরের রীতিনীতির সৌহার্দ্যমূলক স্বীকৃতি। [L. *comitas* < *comis* = courteous]

comma [ko°-ma, ক°ম্যা] *n.* a punctuation mark (,), যতিচিহ্নবিশেষ, কমা। **comma bacillus**—কমার ন্যায় আকারবিশিষ্ট অতি ক্ষুদ্র কলেরা-জীবাণু। **inverted commas**—("...") এই উদ্ধৃতিচিহ্ন। [L. < Gk. *komma* = a section of a sentence]

command [ka-mŭnd, ক্যামান্‌ড্°] (1) *v.t.* to order, আদেশ করা : to demand, দাবি করা (to *command* respect) ; to cause to act, সক্রিয় করান, খাটান। (2) *v.t.i.* to exercise supreme authority over, (কিছুর উপরে) সার্বভৌম কর্তৃত্ব করা ; to control or govern, নিয়ন্ত্রণ করা বা শাসন করা। *p. & p. pt.* **comman°dėd**। (3) *n.* an order, হুকুম ; authority, কর্তৃত্ব ; control, নিয়ন্ত্রণ ; rule, শাসন ; the thing commanded, শাসনাধীন বস্তু। **at command**—ইচ্ছামত ব্যবহার করা যায় এমন, আয়ত্তে ; আজ্ঞাপালনে প্রস্তুত বা তৎপর অবস্থায়। **at the word of command**—আদেশে, আদেশ পাইয়া। **yours to command**—(চিঠির শেষে পাঠরূপে ব্যবহৃত) আপনার আজ্ঞাধীন। **(to) do** (something) **at** or **by one's command**—কাহারও আদেশে করা। **(to) have command of**—(কিছুর) কর্তব্যভার পাওয়া। **(to) take command (of)**—(কিছুর) কর্তৃত্বভার গ্রহণ করা। *n.* **commandant** [ko-man-dant°, কম্যান্‌ড্যান্‌ট্°] সৈন্যবাহিনীর বা সামরিক এলাকার সেনাপতি। *v.t.* **commandeer** [ko-man-de(r)°, কম্যান্‌ডিয়্যা(র্)°] বলপূর্বক সৈন্যদলে ভর্তি করান বা যুদ্ধের কাজে লাগান। *n.* **com°-mander**—command (*v.*)-এর সকল অর্থে, বিশেষতঃ—সেনাপতি। **commander of the faithful**—মুসলমানদের খলিফার খেতাব, আমির-উল-মুমিনিন। *n.* **comman°der-in-chief°**—প্রধান সেনাপতি। *n.* **comman°dership**। *a.* **comman°ding**—command (*v.*)-এর সকল অর্থে, এবং দাবি করে বা আকর্ষণ করে এমন (*commanding* loveliness)। *n.* **command°ment**—হুকুম ; ঐশ্বরিক বা শাস্ত্রীয় নির্দেশ। **ten commandments**

–বাইবেলে বর্ণিত মোজেজের দশ বিধান। *n.* **comman°dō**—অভিযান চালাইবার জন্য বা আক্রমণ করিবার জন্য বাছাই-করা লোকে গঠিত বাহিনী ; উক্ত বাহিনীভুক্ত সৈনিক বা সেনানী। [F. *commander* < L. *com-, mandare*=to entrust]

commemorable—see **commemorate.**

commemorate [ka-me°-ma-rāt, ক্যামে°ম্যারেইট্] *v.t.* to recall the memory of a person or deed by a solemn or public act, (কাহারও বা কিছুর) স্মৃতিরক্ষণার্থ অনুষ্ঠানাদি করা ; to celebrate, (উৎসবাদি) উদ্‌যাপন করা ; to preserve the memory of, (কাহারও বা কিছুর) স্মৃতি বাঁচাইয়া রাখা। *p. & p. pt.* **comme°morātėd** । *a.* **comme°morable**—স্মৃতি বাঁচাইয়া রাখিবার যোগ্য, স্মরণীয়। *n.* **commemorā°tion**—স্মৃতিরক্ষণ ; স্মৃতিরক্ষার্থ উৎসব। *a.* **comme°morative**—স্মৃতিরক্ষামূলক, স্মারক (*commemorative* stamps)। *n.* **comme°morātor** । [L. *commemorare*]

commence [ka°-mens°, ক্যামেন্‌স্°] (**1**) *v.i.t.* to begin, আরম্ভ হওয়া বা করা ; to originate, উদ্ভূত হওয়া বা করা। (**2**) *v.t.* to take or earn (as a university degree), (বিশ্ববিদ্যালয়ের উপাধি প্রভৃতি) গ্রহণ করা বা অর্জন করা (to *commence* M.A.)। *p. & p. pt.* **commen°ced** । *n.* **commence°ment** । [OF. *cammencer*<L. *com-, initiare*=to begin]

commend [ka-mend°, ক্যামেন্‌ড্°] *v.t.* to commit as a charge, দায়িত্বাদি অর্পণ করা, ভার দেওয়া ; to recommend as worthy, যোগ্য বলিয়া সুপারিশ করা ; to praise, প্রশংসা করা ; to make favourable impression (reflex.), অনুকূল মনোভাবের সৃষ্টি করা, গ্রাহ্য বা আকর্ষণীয় মনে হওয়া (the proposal did not *commend* itself to the directors)। *p. & p. pt.* **commen°dėd** । **(to) commend me to**—দয়া করিয়া (অমুককে) আমার কথা বলিও, আমাকে কৃপা করিতে বলিও। *a.* **commen°dable**—প্রশংসনীয়। *adv.* **commen°dably** । *n.* **commendā°tion**—commend-এর সকল অর্থে, এবং—মুমূর্ষুর বা মৃতের আত্মাকে ভগবানের করুণার উপরে সমর্পণ ; শ্রদ্ধাজ্ঞাপন। *a.* **commen°datory**—ভারার্পণমূলক ; যোগ্য বলিয়া সুপারিশমূলক ; প্রশংসামূলক ; সাদর অভ্যর্থনাদিসহ গ্রহণ করার নির্দেশসংবলিত। [*com-*, L. *mandare*=to trust]

commensal [ka-men°sl, ক্যামেন্‌স্‌ল্] (**1**) *a.* eating at the same table, একই টেবিলে বসিয়া বা একই পাত্র হইতে ভোজনকারী ; (bio.) living together for mutual benefit, (জীব.) নিজ নিজ সুবিধার্থ পরস্পর সাহচর্যে বাসকারী। (**2**) *n.* a commensal person, সহভোক্তা ; a commensal animal or plant, পরস্পর সাহচর্যে বাসকারী প্রাণী বা উদ্ভিদ্। *n.* **commensa°lity** । *adv.* **commen°sally** । [*com-*, L. *mensa*=a table]

commensurable [ka-men°-sh(a)rabl, ক্যামেন্‌শ্‌র্যাব্‌ল্] *a.* having a common measure or factor (*to* or *with*), একই মানদ্বারা পরিমেয় বা একই ভাজকদ্বারা বিভাজ্য, (পরি.) প্রমেয় ; in due proportion, যথাপরিমাণ। *n.* **commensurabi°lity** । *a.* **commen°surȧte**—সমপরিমাণ, সমবিস্তার ; যথাপরিমাণ (*to* or *with*)। *n.* **commen°surȧteness, commensurā°tion** । [*com-*, L. *mensura*=a measure]

comment [ko°-ment, ক°মেন্‌ট্] (**1**) *n.* an explanatory note, টীকা ; a remark or criticism, মন্তব্য, মতামত, সমালোচনা। (**2**) *v.i.* to annotate, টীকা করা ; to remark or criticize, মন্তব্য করা, সমালোচনা করা, মতামত প্রকাশ করা। *p. & p. pt.* **co°mmentėd** । *n.* **commentary** [ko°-men-t(a)ri, ক°মেন্‌ট্‌রি] টীকা ; মন্তব্য। **a running commentary**—ঘটনাদির সঙ্ঘটনকালে প্রদত্ত মন্তব্যসহ ধারাবাহিক বিবরণ, (সংবাদপত্রের ভাষায়) ধারা-বিবরণী। *n.* **commentā°tion** । *n.* **co°mmentātor** । [L. *commentari*=to devise]

commerce [ko°-ma(r)s, ক°ম্যা(র্)স্] *n.* a large-scale interchange of merchandise, ব্যাপক পণ্য-বিনিময় ; extensive trade or traffic, ব্যাপক বাণিজ্য বা তদুদ্দেশ্যে পণ্যাদি চলাচল ; intercourse, মেলামেশা বা যোগাযোগ ; fellowship, বন্ধুত্ব। *v.i.* **commerce** [ka-ma(r)s°, ক্যাম্যা(র্)স্°] বাণিজ্য করা ; মেলামেশা করা বা যোগাযোগ রাখা। *p. & p. pt.* **commer°ced** । **chamber of commerce**—বাণিজ্য-সমিতি, বণিক্‌সঙ্ঘ। **commercial** [ka-ma(r)°sh-(a)l, ক্যাম্যা(র্)°শ্‌ল্] (**1**) *a.* বাণিজ্যিক ; বণিক্‌সুলভ, ব্যবসাদারি ; (**2**) *n.* বাণিজ্যিক প্রতিষ্ঠানের ভ্রমণরত ক্যানভাসার ; টেলিভিশন বা রেডিয়োতে প্রচারিত বিজ্ঞাপন। **commercial traveller**—বাণিজ্য-প্রতিষ্ঠানের নিজস্ব ভ্রমণরত ক্যানভাসার। *n.* **commercialesė**—ব্যবসাবাণিজ্যে ব্যবহৃত বিশেষ ধরনের ভাষা। *n.* **commer°cialism**—ব্যবসাদারি মনোবৃত্তি ; অতিশয় ব্যবসাদারি ; ব্যবসাদারি ভাষা। *n.* **commer°cialist**—পাকা ব্যবসাদার। *n.* **commerciality** [ka-ma(r)-shi-a°-li-ti, ক্যাম্যা(র্)শিঅ্যা°লিটি] (অতিশয়) ব্যবসাদারি। *v.t.* **commercialize** [ka-ma(r)°-shi-a-līz, ক্যাম্যা(র্)°শিঅ্যালাইজ়্] বাণিজ্যিক পণ্যে পরিণত করা ; ব্যবসাদারি মনোভাবসম্পন্ন করিয়া তোলা। [F.<L. *com-, mercis*=merchandise]

comminate [ko°-mi-nāt, ক°মিনেইট্] *v.t.* to threaten, ভয় দেখান। *p. & p. pt.* **co°mminātėd** । *n.* **comminā°tion**—দৈব প্রতিশোধ বা অভিশাপাদির ভীতি-প্রদর্শন। *a.* **co°mminatory**—ভীতিপ্রদর্শনমূলক ; ভীতিপ্রদর্শনকর। [*com-*, L. *minari*=to threaten]

commie [ko°-mi, ক°মি] *n.* abbr. for **communist** ।

commingle [komingg°l, কমিংগ্‌°ল্] *v.i.t.* to

mix together, একত্র মেশা বা মেশান। [*com-*, *mingle*]

comminute [ko°-mi-nūt, ক°মিনিউট্] *v.t.* to pulverize, গুঁড়া করা, চূর্ণ করা। *p.* & *p. pt.* **co°mminūtėd** । **comminuted fracture**—অস্থির একাধিক স্থানে ভগ্নাবস্থা, জটিল অস্থিভঙ্গ। *n.* **comminū°tion** । [L. *comminuere*]

commiserate [ka-mi°-za-rāt, ক্যামি°জ়্যারেইট্] *v.t.i.* to feel or express compassion for, সমবেদনা অনুভব করা বা জ্ঞাপন করা (to *commiserate* with a person on his misfortunes)। *p.* & *p. pt.* **commi°śeratėd** । *n.* **commiserā°tion** । *a.* **commi°serātive**—সমবেদনা-প্রকাশক। [*com-*, L. *miserari*=to deplore]

commissar [ko-mi-sǖ(r)°, কমিসা(র্)°], **commissary** [ko°-mi-sā-ri, ক°মিস্যারি] *n.* a deputy or delegate, প্রতিনিধি ; an officer who supplies provisions etc. to an army, সৈন্যবাহিনীকে খাদ্যাদি সরবরাহকারী সামরিক কর্মচারী ; a minister or head of a government department in Soviet Russia, সোভিএট রাশিয়ার যে-কোন সরকারী বিভাগের অধ্যক্ষ। *a.* **commissār°ial**—প্রতিনিধিসংক্রান্ত ; সৈন্যবাহিনীর খাদ্যসরবরাহকারী কর্মচারিসংক্রান্ত ; সোভিএট সরকারের বিভাগীয় অধ্যক্ষসংক্রান্ত। *n.* **commissār°iat**—সৈন্যবাহিনীকে খাদ্যসরবরাহের ভারপ্রাপ্ত বিভাগ ; সোভিএট সরকারের বিভাগীয় অধ্যক্ষের দফতর ; প্রতিনিধিবর্গ ; সোভিএট সরকারের বিভাগীয় অধ্যক্ষবর্গ। [LL. *commissarius*]

commission [ka-mi°sh(a)n, ক্যামি°শ্ন্] (**1**) *n.* act of empowering, ক্ষমতাপ্রদান ; the state of being empowered, ক্ষমতালাভ ; that which is committed, যে বিষয়ে ক্ষমতা দেওয়া হয় ; a charge entrusted to one to perform, কর্মভার; an instrument conferring authority, ক্ষমতা-প্রদানের ভারপ্রাপ্ত সমিতিবিশেষ; an official warrant of appointment in the armed services, সৈন্যবাহিনীতে নিয়োগের সরকারী সনদ ; performance or perpetration, সাধন বা সম্পাদন (*commission* of crimes) ; a body of persons appointed to perform certain duties, নির্দিষ্ট কর্মসম্পাদনে নিযুক্ত ব্যক্তিবর্গ, কমিশন, (পরি.) আয়োগ ; a percentage paid to an agent, বিক্রয়মূল্যের যে অংশ দালালের প্রাপ্য, দালালি, কমিশন (to sell goods on *commission*) । (**2**) *v.t.* to empower, ক্ষমতা প্রদান করা ; to appoint, নিযুক্ত করা ; to entrust a charge, কর্মভারাদি অর্পণ করা ; to put in commission, আয়োগের সভ্য করা ; to grant a commission in the armed services, সরকারি সনদ প্রদানপূর্বক সৈন্যবাহিনীতে নিযুক্ত করা। **in commission**—(প্রধানতঃ রণতরীসম্বন্ধে) যথা-প্রয়োজন লোকজন ও জিনিসপত্র লইয়া সমুদ্রযাত্রার জন্য প্রস্তুত। **out of commission**—প্রয়োজন ঘটিলে নিয়োগ করার জন্য পৃথক্ করিয়া রাখা হইয়াছে এমন ; (আল.) কর্মবিরত বা অপ্রাপ্ত। *n.* **commi°ssion-ā°gent**—যে দালাল (বেতনের পরিবর্তে) কমিশন লইয়া কাজ করে। *n.* **commi°ssionāīrē**—থিয়েটার সিনেমা প্রভৃতির উর্দি-পরা দ্বাররক্ষক। *a.* **commi°ssioned**—সরকারী সনদবলে সৈন্যবাহিনীতে নিযুক্ত (a *commissioned* officer) । *n.* **commi°ssioner**—ভারপ্রাপ্ত ব্যক্তি ; অধ্যক্ষ (police *commissioner*, divisional *commissioner*) । **High Commissioner**—বাণিজ্যিক ও অন্যান্য অধিকার সংরক্ষণার্থ বিদেশে প্রেরিত রাষ্ট্রদূতবিশেষ, (পরি.) প্রমহাধ্যক্ষ। *n.* **commi°ssionership** । [see *commit*]

commit [ka-mit°, ক্যামিট্°] *v.t.* to entrust, ভারার্পণ করা (to *commit* to one's charge) ; to consign or put, প্রেরণ করা বা নিবদ্ধ করা (to *commit* to prison, to memory, in writing, etc.) ; to perpetrate, (কোন) দুষ্কর্মাদি করা (to *commit* murder, suicide, etc.) ; to pledge or undertake, (কোন) কথা দেওয়া বা শপথ করা, দায়িত্ব স্বীকার করা। *pr. pt.* **commi°tting** ; *p.* & *p. pt.* **commi°ttėd** । *n.* **commit°ment**—commit-এর সকল অর্থে, এবং—প্রতিশ্রুতি ; গৃহীত দায়িত্ব। *n.* **commi°ttal**—প্রেরণ ; ভারার্পণ ; শপথ, প্রতিশ্রুতি। *n.* **commi°ttance**—দুষ্কর্মাদি সম্পাদন। **(to) commit to oneself**—নিজেকে দায়ী করা, নিজের প্রতি আরোপ করা ; দায়িত্ব বা ভার নেওয়া। [*com-*, L. *mittere*=to send]

committee [ka-mi°-ti, ক্যা°মিটি] *n.* a body of select persons to whom a special business is committed, বিশেষ কোন কার্যনির্বাহার্থ বাছাই-করা ব্যক্তিবর্গ, কমিটি, সমিতি। **(to) go into committee**—কমিটি গঠন করা। **in committee**—কমিটির অধিবেশনে। [see *commit*]

commode [ka-mōd°, ক্যামৌড্°] *n.* a chest of drawers, দেরাজওয়ালা আলমারি ; a close-stool, শয়নকক্ষে বা তৎসন্নিহিত স্থানে মলত্যাগের জন্য পাত্র। [see *commodious*]

commodious [ka-mō°-di-as, ক্যামৌ°ডিঅ্যাস্] *a.* convenient, সুবিধাজনক ; roomy, স্থানবহুল, প্রশস্ত, বিস্তৃত ; comfortable, আরামদায়ক। *adv.* **commo°diously** । *n.* **commo°diousnėss** । [L. *commodus*]

commodity [ka-mo°-di-ti, ক্যাম°ডিটি] *n.* a useful thing, কাজের জিনিস বা প্রয়োজনীয় বস্তু ; an article of traffic, পণ্যদ্রব্য। [see *commodious*]

commodore [ko°-ma-daw(r), ক°ম্যাডা(র্)] *n.* a high naval officer, উচ্চপদস্থ নৌসেনাপতি-বিশেষ। [Du. *kommandeur* ?]

common [ko°-man, ক°ম্যান্] (**1**) *a.* belonging equally to more than one, একাধিকের দ্বারা সমভাবে ভোগ্য, এজমালি ; public, জনসাধারণের ; general, সার্বজনীন ; usual, সচরাচর ঘটে এমন, গতানুগতিক ; ordinary, সাধারণ, মামুলি ; frequent, প্রায়ই ঘটে এমন (*common* incident) ;

easily available, সহজলভ্য; insignificant, সামান্য, তুচ্ছ; vulgar, ইতর; of low degree, নিকৃষ্ট; (gr.) indicative of a class, (ব্যাক.) জাতিবাচক (*common* noun); (gr.) having one form for male and female, (ব্যাক.) উভলিঙ্গ (*common* gender); (math.) belonging to two or more quantities, (গণি.) একাধিক সংখ্যা বা রাশির মধ্যে বর্তমান (*common* factor)। (2) *n.* a tract of open land for public use, জনসাধারণের ব্যবহার্য পতিত জমি (যেমন, গোচর জমি); (poet.) commonalty, (কাব্যে) জনসাধারণ। **common man** or **people**—সাধারণ লোক। **(to) have in common (with)**—(অন্যের সঙ্গে) সমগুণসম্পন্ন হওয়া: সমভোগী বা অংশীদার হওয়া। **in common**—(দল বা বর্গের) সকলের জন্য বা সকলের দ্বারা, সাধারণ, দলগত; অন্যের অথবা সবার সঙ্গে একত্রে বা মিলিয়া-মিশিয়া বা সমানভাগে। **out of the common**—অস্বাভাবিক। **right of common**—পতিত জমি জনসাধারণের ব্যবহারে অধিকার। **short commons**—হালকা খাবার, জলখাবার। **the common good**—সম্প্রদায়ের সর্বসাধারণের উপকার, গণমঙ্গল। **the common man, the common people**—জনসাধারণ। *n.* **co°mmonage**—পতিত জমিতে পশুচারণ বা অন্য কিছু করিতে জনসাধারণের অধিকার; পশুচারণাদির জন্য জনসাধারণের ব্যবহার্য পতিত জমি। *n.* **co°mmonalty**—জনসাধারণ। *n.* **co°mmoner**—সাধারণ (অর্থাৎ অভিজাত নহে এমন) লোক। *adv.* **co°mmonly**—common (*a.*)-এর সকল অর্থে, এবং—প্রকাশ্যভাবে। *n.* **co°mmonness**। **co°mmonplāce**—(1) *n.* গতানুগতিক বা বহুব্যবহৃত উক্তি প্রভৃতি; উল্লেখযোগ্য উদ্ধৃতি; (2) *a.* বহুব্যবহৃত, গতানুগতিক; বৈশিষ্ট্যহীন; (3) *v.t.i.* উল্লেখযোগ্য অংশ উদ্ধার করা বা সঙ্কলন-গ্রন্থভুক্ত করা। *p.* & *p. pt.* **co°mmonplāced**। *n.* **co°mmon-room**—স্কুল-কলেজের ভবনান্তর্গত ছাত্রগণের বৈঠকখানা। *n. pl.* **co°mmons**—ব্রিটিশ পার্লিয়াম্যানটের লোকসভা (ইহা জনসাধারণের প্রতিনিধি লইয়া গঠিত হয়—অন্য নাম: **House of Commons**); জনসাধারণের ব্যবহার্য জমি; একই টেবিলে বসিয়া গৃহীত খাদ্য, পঙ্‌ক্তি-ভোজ, খাদ্যসামগ্রী। **common noun**—(ব্যাক.) জাতিবাচক বিশেষ্য। **co°mmonsense**—(1) *n.* সাধারণ বুদ্ধি, সহজবুদ্ধি, কাণ্ডজ্ঞান; (2) *a.* সাধারণবুদ্ধিগম্য। *n.* **co°mmonweal, co°mmonwealth**—সর্বসাধারণের মঙ্গল, গণমঙ্গল; জনগণ; স্বাধীন রাষ্ট্রের সরকার: (প্রধানতঃ ইংল্যানডে প্রচলিত) লোকায়ত শাসনতন্ত্রবিশেষ; কোন প্রধান রাষ্ট্রের অধীন মৈত্রীবদ্ধ রাষ্ট্রপুঞ্জ। [F. *commun* < L. *communis*]

commotion [ka-mō°sh(a)n, ক্যামৌ°শ্‌ন্] *n.* a violent motion or moving, প্রচণ্ড গতি বা আন্দোলন; excitement, উত্তেজনা; agitation, বিক্ষোভ; tumult, হইচই (to make a *commotion* about nothing)। *a.* **commo°tional**—আলোড়নমূলক; আলোড়ক। [*com-, motion*]

communal [ko°-mūnl, ক°মিউন্‌ল্] *a.* of a commune or community, প্রাদেশিক বা সাম্প্রদায়িক (*communal* disturbance); owned in common, (মালিকানা বা অধিকার সম্পর্কে) যৌথ বা এজমালি, সমগ্র সম্প্রদায়ের অধিকারভুক্ত। *n.* **co°mmūnalism**—স্বায়ত্তশাসনতন্ত্র, স্বশাসনতন্ত্র; সাম্প্রদায়িক বা প্রাদেশিক সঙ্কীর্ণতা, সাম্প্রদায়িকতা। *n.* **co°mmūnalist**—স্বশাসনতন্ত্রের সমর্থক: সাম্প্রদায়িক বা প্রাদেশিক সঙ্কীর্ণতাসম্পন্ন ব্যক্তি, সাম্প্রদায়িকতাবাদী। *v.t.* **commūnalīze**—প্রাদেশিক বা সাম্প্রদায়িক অধিকারভুক্ত করা; সাম্প্রদায়িক বা প্রাদেশিক সঙ্কীর্ণতাসম্পন্ন করা। *n.* **co°mmūnalizā-tion**। [see *commune*$_1$]

commune$_1$ [ko°-mūn, ক°মিউন্] *n.* a corporation, সঙ্ঘ: a self-governing territorial division, রাষ্ট্রের স্বশাসিত প্রদেশ। **the (Paris) Commune**—প্রতিটি শহর বা জেলা নিজস্ব সরকার-দ্বারা শাসিত হইবে: ১৮৭১ খ্রিস্টাব্দে ফ্রান্সের বিপ্লবিগণ কর্তৃক প্রবর্তিত এই শাসনতন্ত্র। [F.—see *common*]

commune$_2$ [ka-mūn°, ক্যামিউন্°] *v.i.* to hold intercourse, পরস্পর (প্রধানতঃ আধ্যাত্মিক) কথা-বার্তা বলা, ভাব বিনিময় করা বা আদানপ্রদান করা; to receive Holy Communion, যিশুর পবিত্র প্রসাদ লাভ করা। *n.* **co°mmūne**—(প্রধানতঃ আধ্যাত্মিক) পরস্পর কথোপকথন, ভাব বিনিময় বা আদানপ্রদান। [OF. *communer* = to share]

communicable, communicant—see **communicate.**

communicate [ka-mū°-ni-kāt, ক্যামিউ°নি-কেইট্] (1) *v.t.* to give a share of, অংশ দেওয়া, ভাগ দেওয়া; to impart, transmit (motion, feeling, news, etc. *to*) or bestow, (বেগ মনোভাব সংবাদ প্রভৃতি) প্রদান করা; to reveal, প্রকাশ করা। (2) *v.i.* to share in common, অংশীদার হওয়া; to have means of passage, যাতায়াতের পথ পাওয়া; to have intercourse (*with*), (প্রধানতঃ পত্রাদিদ্বারা) যোগাযোগ রক্ষা করা বা আলাপ করা বা আদানপ্রদান করা। *p.* & *p. pt.* **commū°nicātėd**। *a.* **commū°nicable**—communicate-এর সকল অর্থে, এবং—সদালাপী। *adv.* **commū°nicably**। *n.* **commū°nicant**—যে ব্যক্তি নিয়মিতভাবে খ্রিস্টের শেষ-সান্ধ্যভোজপর্বে যোগদানপূর্বক প্রসাদ গ্রহণ করে; সংবাদদাতা। *n.* **commūnicā°tion**—communicate-এর সকল অর্থে, এবং—যোগাযোগ; চিঠিপত্র; যাতায়াতের পথ। **communication cord**—ট্রেনের কামরায় স্থাপিত যে শিকল বিপৎকালে টানিয়া ট্রেন থামান হয়। **communication satellites**—যোগাযোগকারী (কৃত্রিম) উপগ্রহসমূহ। *a.* **commū°nicative**—বলিয়া ফেলিতে বা জানাইতে রাজি; সহজেই বলিয়া ফেলে বা জানায় এমন; বাচাল। *n.* **commū°nicātor**। *a.* **commūnicatory**—জ্ঞানদায়ক। [L. *communicare*]

communion [ka-mū°-ni-an, ক্যামিউ°নিয়্যান্]

n. act of communing, আলাপন, যোগাযোগ স্থাপন ; intercourse, (প্রধানতঃ আধ্যাত্মিক) আলাপ, যোগাযোগ, গভীর চিন্তা বা ধ্যান (to hold *communion* with oneself) ; fellowship, মেলামেশা বা বন্ধুত্ব ; common possession, অংশীদারি বা এজমালি সম্পত্তি ; interchange, বিনিময় ; union in religious service or members of the union, প্রার্থনা-সভা বা উক্ত সভায় যোগদানকারী ব্যক্তিবর্গ ; the sacrament celebrating the Lord's Supper, খ্রিস্টের শেষ সান্ধ্যভোজপর্ব বা তদুপলক্ষে খ্রিস্টানদের সংস্কার (usu. **Communion** বা **Holy Communion**) । [L. *communio*<*communis* =common]

communiqué [ka-mū°-ni-kā, ক্যামিউ°নিকেই] *n.* an official announcement, সরকারি ঘোষণা । [F.]

communism [ko°-mū-nizm, ক°মিউনিজ্‌ম্] *n.* the Marxian theory of socialism, মার্কস-এর গণতান্ত্রিক নীতি (এই নীতি ব্যক্তিগত মালিকানা লোপের ও দেশের সম্পদ সমবণ্টনের পক্ষপাতী), গণসাম্যবাদ, সমভোগতন্ত্র । *n.* **co°mmūnist** । *a.* **commūnis°tic**—গণসাম্যবাদী । [see *commune*]

communitarian [ka-mū-ni-tār°-i-an, ক্যামিউনিটেয়ার্‌°ইঅ্যান্] *n.* a member of a community practising communism, সমভোগতান্ত্রিক সমাজের সভ্য । [see *commune*]

community [ka-mū°-ni-ti, ক্যামিউ°নিটি] *n.* a body of persons sharing the same political, municipal, social, religious or territorial conditions, একই রাজনীতিক পৌর সামাজিক ধর্মনীতিক বা প্রাদেশিক অবস্থাভুক্ত ব্যক্তিবর্গ, সম্প্রদায়, দল, গোষ্ঠী । **community centre**—(সর্বসাধারণের গণশিক্ষা আমোদপ্রমোদ প্রভৃতির জন্য ব্যবহৃত) সমাজ-ভবন, সমাজ-কেন্দ্র । **community chest**—আর্তত্রাণের জন্য সাধারণ ভাণ্ডার । **community development**—সমাজ-উন্নয়ন । **community kitchen**—সমাজের সকলের জন্য একত্র বসিয়া খাইবার স্থান, সামাজিক লঙ্গরখানা । **community project**—সমাজ-উন্নয়নার্থ প্রকল্প । **community singing**—সমাজের সকলে মিলিয়া গান, (তু.) লোকসঙ্গীত । **community worship**—বারোয়ারী পূজা । [OF. *communite*<L. *communitas*<*communis*=common]

communize [ka°-mū-nīz, ক্যা°মিউনাইজ্‌] *v.t.* to make common property, (সমাজের) সর্বসাধারণের সম্পত্তিতে পরিণত করা ; সমভোগসাধ্য করা । *n.* **commūnizā°tion** । [see *commune*]

commute [ka-mūt°, ক্যামিউট্‌°] (**1**) *v.t.* to interchange, পরস্পর বিনিময় করা ; to buy off (an obligation) by another, ভিন্ন কিছু করিয়া (কোন) দায়িত্ব এড়ান ; to change (a punishment into another less severe, or one kind of payment into another), (কঠোর শাস্তির স্থলে লঘু শাস্তি বা মূল্যাদি প্রদানের মাধ্যমে) একটি রদ করিয়া ভিন্ন একটি প্রয়োগ করা, পরিবর্তিত করা (to *commute* a death sentence, pension, etc.) । (**2**) *v.i.* to travel daily to and from place of work by public transport, প্রত্যহ পরিবহণ-সংস্থাদির যানবাহনে কর্মস্থলে যাতায়াত করা । *p. & p. pt.* **commū°ted** । *a.* **commū°table** । *n.* **commūtabi°lity** । *n.* **commūtā°tion** । *a.* **commū°tative**—বিনিময়সংক্রান্ত বা রদবদল-সংক্রান্ত ; বিনিময় বা রদবদল করে এমন । *n.* **co°mmūtātor**—বিদ্যুৎপ্রবাহ সংরক্ষণকর যন্ত্রবিশেষ । *n.* **commū°ter**—যে ব্যক্তি পরিবহন-সংস্থাদির যানবাহনে কার্যস্থলে যাতায়াত করে । **commuter belt**—শহরের চতুষ্পার্শ্বস্থ যে অঞ্চল হইতে যাত্রীরা প্রত্যহ শহরে যাতায়াত করে । [*com*-, L. *mutare*=to change]

comose—see **coma$_2$**.

compact$_1$ [kom°-pakt, কম্‌°প্যাক্‌ট্‌] *n.* a mutual contract, পারস্পরিক শর্ত ; a league, treaty or union, চুক্তি, সন্ধি, মৈত্রী, মিলন । [L. *compacisci*]

compact$_2$ [kam-pakt°, ক্যাম্‌প্যাক্‌ট্‌°] (**1**) *a.* closely placed or fitted together, নিবিড়, ঘনবিন্যস্ত, ঘন ; firm, দৃঢ় ; (of style) brief, (রচনাশৈলী-সম্বন্ধে) সংক্ষিপ্ত অর্থাৎ অনাবশ্যক বাহুল্যবর্জিত । (**2**) *v.t.* to press closely together, একত্র গাদাগাদি করিয়া রাখা, ঘনসন্নিবিষ্ট করা ; to consolidate, বাহুল্য বাদ দিয়া সংক্ষেপ করা । *p. & p. pt.* **compac°ted** । *n.* **compact** [kom°-pakt, কম্‌°প্যাক্‌ট্‌] ঘনসন্নিবিষ্ট বস্তু : পাউডার রাখার জন্য ক্ষুদ্র কৌটাবিশেষ । *adv.* **compact°ly** । *n.* **compact°ness** । [*com*-, L. *paugere*=to fix]

companion$_1$ [kam-pa°-ni-an, ক্যাম্‌প্যা°নিয়ান্] *n.* a raised frame on the quarter-deck for lighting cabins etc. below, নিচের কেবিন প্রভৃতিতে যাহাতে সূর্যালোক আসিতে পারে তজ্জন্য জাহাজের লেজের দিকের পাটাতনের উপর উঁচু করিয়া নির্মিত কাটগড়াবিশেষ (usu. **companion-way**) । *n.* **compa°nion-la°dder**—উক্ত কাটগড়ায় আরোহণার্থ সিঁড়ি বা মই । [cp. Du. *kompanje*]

companion$_2$ [kam-pa°-ni-an, ক্যাম্‌প্যা°নিয়ান্] (**1**) *n.* one who keeps company with another, সঙ্গী, সহচর ; an associate or partner, সহযোগী বা অংশীদার ; an attendant, বেতনভুক্ পার্শ্বচর বা সঙ্গী, পার্ষদ ; a handbook. সংক্ষিপ্ত সারগ্রন্থ ; anything complemental, অনুপূরক ; one of a pair, যুগলের বা জোড়ার একটি । (**2**) *v.t.* to go in company of, সঙ্গী হওয়া । (**3**) *a.* accompanying, সঙ্গী, আনুষঙ্গিক : complemental, অনুপূরক (a *companion* volume) । *a.* **compa°nionable**—সঙ্গলাভের বা সঙ্গী হইবার যোগ্য ; কাম্য ; মিশুক । *adv.* **compa°nionably** । *a.* **compa°nionate**—সঙ্গী থাকাকালে অংশরূপে প্রাপ্ত । **companionate marriage**—সহজে ছিন্ন করা যায় এমন অস্থায়ী পরিণয়-প্রথাবিশেষ, সাময়িক বিবাহ । *a.* **compa°nioned**—সঙ্গিযুক্ত ; সানুচর ।

a. **compa°nionless**—নিঃসঙ্গ। *n.* **compa°nionship**—সঙ্গিত্ব, সাহচর্য। [F. *compagnon* < LL. *companium* = a mess]

company [kum°-p(a)ni, কাম্°প্‌নি] (1) *n.* a person or persons associating with one, সঙ্গী বা সঙ্গিগণ ; association, সঙ্গ, সংসর্গ ; an assembly of persons, animals, etc., দল ; a society, সঙ্ঘ ; a number of persons associated together for trade, etc., বণিক্‌সঙ্ঘ ; কোমপানি : a division of a regiment, সৈন্যবাহিনীর ভাগবিশেষ ; social intercourse, সামাজিক সম্পর্ক, সামাজিকতা। (2) *v.t.i.* to accompany, সঙ্গী হওয়া। **company manners**—অতিথি প্রভৃতির সমক্ষে শিষ্টাচারের বাড়াবাড়ি। **company promoter**—বাণিজ্যিক প্রতিষ্ঠানের উন্নতিবিধানকর্তা। **bad company**—কুসঙ্গী। **excellent company**—চমৎকার সঙ্গী। **for company**—সঙ্গদানার্থ। **good company**—উত্তম সঙ্গী, সুসঙ্গী। **in company with**—সঙ্গে ; একত্রে। **poor company**—নীরস সঙ্গী ; নিকৃষ্ট সঙ্গী। **(to) bear** or **keep one's company**—সঙ্গদান করা ; সঙ্গে থাকা ; সঙ্গে যাওয়া ; সঙ্গী হওয়া। **(to) keep company** (with)—সংসর্গে থাকা। **(to) part company**—(কাহারও নিকট হইতে) বিদায় লইয়া প্রস্থান করা, ছাড়িয়া যাওয়া। [F. *compagnie*—see *companion*]

compare [kam-pā(r)°, ক্যাম্‌পেয়্যা(র্)°] (1) *v.t.* to place things together to estimate their similarity or dissimilarity, সাদৃশ্য বা বৈসাদৃশ্য অবধারণার্থ তুলনা করা ; to liken, সাদৃশ্যনির্ণয় করা ; (*gr.*) to give the degrees of comparison of, (ব্যাক.) '-তর' '-তম' যোগে বিশেষণপদের রূপ করা। (2) *v.i.* to make comparison, তুলনা করা ; to stand in comparison, সমতুল বা তুলনীয় হওয়া ; to vie, প্রতিদ্বন্দ্বিতা করা। **beyond** or **past** or **without compare**—তুলনাহীন, অতুল, অনুপম। *a.* **comparable** [kom°-p(a)rable, কম্°প্‌র্যাব্‌ল্] তুলনীয় ; তুলনাসাধ্য ; সমতুল। *n.* **comparability** [kom-pa-ra-bi°-li-ti, কম্‌প্যার‍্যাবি°লিটি।] *adv.* **com°parably**। *a.* **compa°rative**—তুলনাসংক্রান্ত ; তুলনামূলক (*comparative* linguistics, politics, etc.) ; নিশ্চিত বা সম্পূর্ণ নহে এমন, অপেক্ষাকৃত অধিক বা ভাল (*comparative* happiness) ; (ব্যাক.) দুইয়ের মধ্যে তুলনামূলক (*comparative* degree)। *n.* **compa°rison**—তুলনা ; তুলনাসাধ্যতা ; তুলনামূলক বিচার ; (অল.) উপমা। **by comparison**—তুলনামূলকভাবে। **in comparison (with)**—(কিছু বা কাহারও সঙ্গে) তুলনা করিলে। **(to) bear** or **stand comparison with**—তুলনামূলক বিচারে কাহারও বা কিছুর সমকক্ষ অথবা তদপেক্ষা অধিকতর উৎকৃষ্ট বলিয়া প্রতিপন্ন হইতে পারা। [*com-*, L. *parare* = to make equal]

compart—see **compartment.**

compartment [kam-pŭ(r)t°-mant, ক্যাম্‌পা(র্)ট্°ম্যান্ট্] *n.* a partitioned off division, (প্রধানতঃ রেলগাড়ির) পার্টিশন্-করা কামরা ; a division or partition of anything, কিছুর বিভাগ বা অংশ। *v.t.* **compart°**—বিভিন্ন অংশে ভাগ করা। *p.* & *p. pt.* **compar°ted**। *a.* **compart°mental**—(কলিকাতা ও অন্যান্য বিশ্ববিদ্যালয় কর্তৃক ব্যবহৃত) মূল হইতে বিচ্ছিন্ন করিয়া হ্রস্বীকৃত, উপ-। *v.t.* **compartmen°talize**—ভিন্ন ভিন্ন খোপ বা শ্রেণীতে বিভক্ত করা। [F. *compartiment* < L. *com-*, *partiri* = to part]

compass [kum°-pas, কাম্°প্যাস্] (1) *n.* a circuit or circle, প্রদক্ষিণ বা পরিবেষ্টন, চৌহদ্দি, বৃত্ত ; space, স্থান, পরিসর, বিস্তার (in a small *compass*) ; limit, সীমা ; range, নাগাল ; circumference, girth, পরিধি বেড় বা ঘের ; an instrument to find direction, দিঙ্‌নির্ণয়-যন্ত্র, কম্‌পাস্ ; (in *pl.*) an instrument for describing circles, বৃত্তাঙ্কনের যন্ত্র, কম্‌পাস্। (2) *v.t.* to go round or surround, প্রদক্ষিণ করা বা পরিবেষ্টন করা ; to besiege, অবরোধ করা ; to comprehend, সম্যক্ উপলব্ধি করা ; to bring about or accomplish, ঘটান বা সম্পাদন করা ; to achieve, লাভ বা অর্জন করা ; to devise, উদ্ভাবন করা ; to plot, চক্রান্ত করা। *p.* & *p. pt.* **com°passed**। **beyond (one's) compass**—নাগালের বা ধারণার বাহিরে। **the points of the compass**—উত্তর ঈশান পূর্ব অগ্নি দক্ষিণ নৈঋর্ত পশ্চিম বায়ু : এই অষ্ট কোণ। [F. *compas* = a circle < L. *com-*, *passus* = a step ?]

compassion [kam-pa°sh(a)n, ক্যাম্‌প্যা°শ্‌ন্] (1) *n.* pity, করুণা ; sympathy, সমবেদনা। (2) *v.t.* to pity, করুণা করা। *a.* **compassionate** [kam-pa°-sha-nit, ক্যাম্‌প্যা°শ্যানিট্] করুণাময় ; করুণাপূর্ণ (to grant leave on *compassionate* ground)। [F. < LL. *compassio* < *com-*, *pati* = to suffer]

compatible [kam-pa°-table, ক্যাম্‌প্যা°ট্যাব্‌ল্] *a.* consistent (*with*), সুসঙ্গত ; capable of co-existence, পাশাপাশি মানাইয়া থাকার যোগ্য। *n.* **compatibi°lity**। *adv.* **compa°tibly**। [F. < L. *com-*, *pati* = to suffer]

compatriot [kam-pa°-tri-at, ক্যাম্‌প্যা°ট্রিঅ্যাট্] *n.* a fellow-countryman, স্বদেশবাসী। [F. *compatriote* < L. *com-*, see *patriot*]

compeer [kom-pē(r)°, কম্‌পিয়্যা(র্)°] *n.* an equal, সমকক্ষ ব্যক্তি ; a companion, সঙ্গী ; an associate, সহযোগী। [*com-*, L. *par* = equal]

compel [kam-pel°, ক্যাম্‌পেল্°] *v.t.* to force or to oblige, জোর করা, বাধ্য করান। *pr. pt.* **compe°lling** ; *p.* & *p. pt.* **compe°lled**। *n.* see **compulsion**। [*com-*, L. *pellere* = to drive]

compend [kom°-pend, কম্°পেন্‌ড্], **compendium** [kam-pen°-di-am, ক্যাম্‌পেন্°ডিঅ্যাম্] *n.* an abridgement, সংক্ষেপ ; a summary or abstract, সংক্ষিপ্তসার। *a.* **compendious** [kam-pen°-di-as, ক্যাম্‌পেন্‌°ডিআ্যাস্] সংক্ষেপিত; সংক্ষিপ্ত। [*com-*, L. *pendum*=to weigh]

compensate [kom°-pen-sāt, কম্‌°পেন্‌সেইট্] *v.t.i.* to make amends for, ক্ষতিপূরণ করা, খেসারত দেওয়া। *p. & p. pt.* **com°pensāted** । *n.* **compensā°tion**—ক্ষতিপূরণ, খেসারত। *a.* **compens°ātional, com°pensātive, com°-pensātory**—ক্ষতিপূরণমূলক; ক্ষতিপূরক। *n.* **com°pensātor** । [*com-*, L. *pendere*=to weigh]

compère [kom°-pā(r), কম্‌°পেয়্যা(র্)] *n.* an organizer of cabaret or broadcast entertainment who introduces the artistes, যে ব্যক্তি রেস্তর্‌াঁয় বা বেতারে নৃত্যগীতাদির দ্বারা চিত্তবিনোদনের ব্যবস্থা করে এবং শিল্পকলা প্রদর্শনের পূর্বে জনসমক্ষে শিল্পীদের পরিচয় দেয়। [F.]

compete [kam-pēt°, ক্যাম্‌পীট্°] *v.t.* to strive or contend, প্রতিযোগিতা বা প্রতিদ্বন্দ্বিতা করা। *p. & p. pt.* **compē°ted** । *n.* **competition** [kom-pi-ti°-sh(a)n, কম্‌পিটি°শ্‌ন্] প্রতিযোগিতা (Indian tea faces keen *competition* in the world market)। *a.* **competitive** [kam-pe°-ti-tiv, ক্যাম্‌পে°টিটিভ্] প্রতিযোগিতামূলক; প্রতিযোগিতাপূর্ণ। *n.* **compet°itor** । [*com-*, L. *petere*=to strive after]

competent [kom°-pit(a)nt, কম্‌°পিট্‌ন্ট্] *a.* suitable, উপযুক্ত; fit, যোগ্য; capable, সক্ষম; legally qualified, আইনগত যোগ্যতাসম্পন্ন (*competent* authority); sufficient, পর্যাপ্ত। *n.* **com°petence°, com°petency**—উপযুক্ততা; যোগ্যতা; সক্ষমতা, ক্ষমতা; আইনগত যোগ্যতা; পর্যাপ্ততা। *adv.* **com°petently** । [*com-*, L. *petere*=to seek]

competitive, competition, competitor—see **compete.**

compile [kam-pīl°, ক্যাম্‌পাইল্°] *v.t.* to compose by collecting materials from other books, অন্যান্য গ্রন্থ হইতে সঙ্কলন করা; to collect, সংগ্রহ করা (to *compile* runs); to compose, রচনা করা। *n.* **compilā°tion, compīle°ment**—সঙ্কলন; সংগ্রহ; রচনা; সঙ্কলনগ্রন্থ; সংগৃহীত বস্তু। *n.* **compī°ler** । [F. *compiler* < L. *com-*, see *pile*]

complacent [kam-plā°s(a)nt, ক্যাম্‌প্লেই°স্‌ন্ট্] *a.* full of tranquil pleasure or satisfaction, শান্তিময় সুখপূর্ণ বা পরিতৃপ্ত; self-satisfied, আত্মপ্রসাদপূর্ণ। *n.* **complā°cence, complā°cency**—শান্তিপূর্ণ সুখ আরাম বা তৃপ্তি; আত্মপ্রসাদ। *adv.* **complā°cently** । [*com-*, L. *placere*=to please]

complain [kam-plān°, ক্যাম্‌প্লেইন্°] *v.i.* to express grief, pain, dissatisfaction, censure, etc. or a sense of injury, দুঃখ যন্ত্রণা অসন্তোষ নিন্দা প্রভৃতি প্রকাশ করা বা ক্ষতিগ্রস্ত হওয়ার জন্য নালিশ জানান; to accuse, অভিযোগ করা। *n.* **complai°nant**—অভিযোগকারী; (আইন) বাদী, ফরিয়াদি। *n.* **complai°ner** । *n.* **complaint°**—নালিশ, অভিযোগ; অসন্তোষ; দুঃখ-প্রকাশক বা অসন্তোষ-প্রকাশক কবিতা; খুঁত ধরা বা ছিদ্রানুসন্ধান; নালিশের বা দুঃখের কারণ; রোগ, পীড়া (a liver *complaint*)। [F. *complaindre* < L. *com-*, *plangere*=bewail]

complaisant [kam-plā°z(a)nt, ক্যামপ্লেই°জ্‌ন্ট্] *a.* desirous of pleasing, সন্তোষ-উৎপাদনে আগ্রহান্বিত বা যত্নশীল; obliging, সৌজন্যপূর্ণ। *n.* **complai°sance**—সন্তুষ্ট করার জন্য আগ্রহ বা যত্ন; পরম সৌজন্য। *adv.* **complai°santly** । [L. *complacere*]

complement [kom°-pli-mant, কম্‌°প্লিম্যান্ট্] *n.* that which fills up or completes, যদ্দ্বারা পূর্ণ করা হয়, (পরি.) পূরক। *v.t.* **complement** [kom°-pli-ment, কম্‌°প্লিমেন্ট্] (কিছুর) অসম্পূর্ণতা পূর্ণ করা, পূরক হওয়া। *p. & p. pt.* **com°plemented** । *a.* **complemental** [kom-pli-men°tl, কম্‌প্লিমেন্°ট্‌ল্], **complementary** [kom-pli-men-t(a)ri, কম্‌প্লিমেন্°ট্‌রি] পূর্ণতাদায়ক; পূরক-সংক্রান্ত; পূরকস্বরূপ; পূরক। [L. *complementum* < *com*, *plere*=to fill]

complete [kam-plēt°, ক্যামপ্লীট্°] (**1**) *a.* free from deficiency, পরিপূর্ণ, সম্পূর্ণ; finished, সমাধা করা হইয়াছে এমন, সম্পাদিত; entire, সমগ্র, পুরা, গোটা; consummate, নিখুঁত। (**2**) *v.t.* to finish, শেষ করা; to make perfect or entire, নিখুঁত বা সম্পূর্ণ করা; to accomplish, সম্পাদন করা। *p. & p. pt.* **complē°ted** । *adv.* **complēte°ly** । *n.* **complēte°ness** । *n.* **complētion** । *a.* **complēt°ive**—সম্পূর্ণতাদায়ক; সমাপক। [L. *completum*=to fill up]

complex [kom°-pleks, কম্‌°প্লেক্‌স্] (**1**) *a.* composed of more than one parts, একাধিক অংশদ্বারা গঠিত, যৌগিক; intricate, জটিল; difficult, কঠিন। (**2**) *n.* a complex whole, যৌগিক বস্তু; (psy.) a group of ideas or impressions causing abnormal mental condition, (মনোবি.) মনের স্বাভাবিক অবস্থালোপী ধারণাসমূহ, মনোবিকৃতি, চিত্তাচ্ছন্নতা, (loos.) mental condition, (শিথি.) মানসিক অবস্থা। *n.* **comple°xity** । *adv.* **com°plexly** । **complex sentence**—(ব্যাক.) জটিল বাক্য। [L. *com-*, *plicare*=to fold—cp. *complicate*]

complexion [kam-ple°ksh(a)n, ক্যাম্‌প্লে°ক্‌শ্‌ন্] *n.* natural colour of the skin, স্বাভাবিক গাত্রবর্ণ; colour, বর্ণ, রঙ; disposition, মেজাজ বা মনোভাব; quality, গুণ, ধর্ম; general appearance, চেহারা বা রূপ, আকার-প্রকার (the new strategy changed the *complexion* of the war)। *a.* **comple°xional**—স্বাভাবিক গাত্রবর্ণ-

সংক্রান্ত। *a.* **comple°xionless**—বর্ণহীন ; বিবর্ণ, ফেকাশে। [F.<L. *complexionis*=physical structure of body]

compliance—see **comply.**

complicate [kom°-pli-kat, কম্‌°প্লিকেইট্‌] (**1**) *v.t.* to twist or plait together, একত্র মোচড়ান বা পাকান বা জড়ান ; to make complex, জটিল করা ; to entangle, বিজড়িত করা, ফাঁদে ফেলা। *p.* & *p. pt.* **com°plicated** । (**2**) *a.* complex, জটিল ; folded together, একত্র পাকান বা জড়ান ; involved, বিজড়িত। *n.* **com°plicacy, complica°tion**—জটিলতা ; দুর্বোধ্যতা। *a.* **complicated**—জটিল (a *complicated* machine) ; দুর্বোধ্য। **complication of diseases**—একই দেহে এককালে বহু রোগের অবস্থিতি। [L. *com-, plicare*=to fold]

complicity [kam-pli°-si-ti, ক্যাম্‌প্লি°সিটি] *n.* the state of being an accomplice, দুষ্কর্মে সহযোগিতা (*complicity* in a crime), complexness, জটিলতা। [see *complex*]

complied, complier—see **comply.**

compliment [kom°-pli-mant, কম্‌°প্লিম্যান্‌ট্‌] *n.* an expression of regard, praise or formal civility, (উপহারাদি দানের সময়ে উচ্চারিত) শ্রদ্ধাসূচক বা প্রশংসাসূচক বা সৌজন্যসূচক বা প্রীতিপূর্ণ কথা। *v.t.* **compliment** [kom°-pli-ment, কম্‌°প্লিমেন্‌ট্‌] শ্রদ্ধা জানান ; প্রশংসা করা ; তোষণ করা ; সংবর্ধনা জানান ; সশ্রদ্ধ উপহার দেওয়া। *p.* & *p. pt.* **com°plimented** । *a.* **complimentary** [kom-pli-men°-t(a)ri, কম্‌প্লিমেন্‌°ট্‌রি] শ্রদ্ধা বা সৌজন্য জ্ঞাপন করে এমন ; শ্রদ্ধা প্রশংসা বা সৌজন্যের বশে প্রদত্ত ; বিনামূল্যে প্রদত্ত। [F.<L. *complimentum*—cp. *comply*]

comply [kam-pli°, ক্যাম্‌প্লাই°] *v.t.* to yield to the wishes of another, পরের ইচ্ছাপূরণে সম্মত হওয়া ; to agree or consent to, মানিয়া লওয়া, মত দেওয়া (to *comply* with the rules of an organization)। *p.* & *p. pt.* **compli°ed** । *n.* **compliance**—পরের ইচ্ছাপূরণ বা ইচ্ছাপূরণে সম্মতি ; মানিয়া লওয়া, মত দেওয়া। *a.* **compli°ant**—পরের ইচ্ছাপূরক বা পরের ইচ্ছাপূরণে সম্মত : একমত ; ভদ্র। *n.* **compli°er** । [It. *complier*<L. *complere* =to fulfil]

compo [kom°-po, কম্‌°পৌ] contr. of **composition** and **composite.**

component [kam-po°-nant, ক্যাম্‌পৌ°ন্যান্‌ট্‌] (**1**) *a.* making up, গঠনকর ; forming one of the elements or parts, অন্যতম উপাদানস্বরূপ বা অংশস্বরূপ। (**2**) *n.* one of the parts or elements, বিভিন্ন অংশের বা উপাদানের যে কোনটি। *a.* **compo°nental**—উপাদানমূলক বা অংশমূলক। [F. *componere*]

comport [kam-paw(r)t°, ক্যাম্‌প্যা(র্‌)ট্‌°] (**1**) *v.i.* to agree or suit (usu. *with*) মানান, উপযুক্ত হওয়া। (**2**) *v.t.* to behave, আচরণ করান (to *comport* oneself=আচরণ করা)। *p.* & *p. pt.* **compor°ted** । *n.* **comport°ment**—আচরণ। [*com-*, L. *portare*=to carry]

compose [kam°-poz°, ক্যাম্‌°পৌজ্‌°] (**1**) *v.t.* to form by putting or being together, একত্র করিয়া বা একত্র হইয়া গঠন করা ; to arrange or set at rest, বিন্যস্ত করা বা নিবৃত্ত করা ; to settle or soothe or reconcile, গোটান, স্থির করা বা শান্ত করা (to *compose* a dispute or quarrel) ; to produce or form artistically, রচনা করা ; to create, সৃজন করা ; to set up for printing, (মুদ্রাক্ষর-সম্বন্ধে) ছাপিবার জন্য সাজান ; (**2**) *v.i.* to put down music, স্বরলিপি লেখা ; to set up types for printing, ছাপিবার জন্য মুদ্রাক্ষর সাজান। *a.* **compo°sed**—গোটান হইয়াছে এমন ; স্থির ; শান্ত। *adv.* **compo°sedly** । *n.* **compo°ser**—সুরকার। *n.* **compo°sure**—শান্তি ; স্থৈর্য ; আত্মসংবরণ। [F. *composer*<L. *com-*, *pausare*=to cease or rest]

composite [kom°-pa-zit, কম্‌°প্যাজ়িট্‌] (**1**) *a.* formed of different parts and elements, বিভিন্ন অংশে বা উপাদানে গঠিত, যৌগিক। (**2**) *n.* anything so formed, যৌগিক বস্তু। **composite photograph**—বিভিন্ন আলোকচিত্রের অংশসমূহ সংযোজনপূর্বক গৃহীত উহার আলোকচিত্র। **composite ration,** (contr.) **compo ration**—সংগ্রামরত সৈনিককে টাটকা বা রাঁধা খাবারের পরিবর্তে প্রদত্ত বিভিন্ন রকম শুকনা ও শক্ত খাবার। *adv.* **com°positely** । *n* **com°positeness** । [L. *compositus*<*com-*, *ponere*=to place]

composition [kom-pa°zi°sh(a)n, কম্‌প্যাজ়ি°শ্‌ন্‌] *n.* act or art of composing, রচনা বা রচনাকৌশল ; construction, গঠন ; a thing composed or constructed, রচিত বা গঠিত বস্তু ; formation of words, sentences, etc., শব্দ বাক্য প্রভৃতি গঠন ; art of literary production, সাহিত্য-রচনা ; act or art of composing music, সঙ্গীতের স্বরলিপি-রচনা বা উহা রচনার কৌশল ; combination, মিশ্রণ ; a compound object, মিশ্র-দ্রব্য, মিশ্র (contr. **compo**) ; mental constitution, মেজাজ ; a compromise, আপস ; agreement for payment and acceptance of a part of the amount borrowed or claimed in lieu of full payment, আংশিক অর্থ প্রত্যর্পণদ্বারা পূর্ণ ঋণ-পরিশোধের চুক্তি ; act of compounding, শাস্তি মাফ বা অভিযোগ প্রত্যাহার (*composition* of falony)। *a.* **compositive** [kom-po°-si-tiv, কম্‌প°জ়িটিভ্‌] মিশ্রণকর। [see *composite*]

compositor [kam-po°-zi-ta(r), ক্যাম্‌প°জ়িট্যা(র্‌)] *n.* a type-setter, ছাপাখানায় মুদ্রণের জন্য যে ব্যক্তি অক্ষর সাজায়। [see *composite*, *compose*]

compos mentis [kom°-pos men°-tis, কম্‌°-

পস্ মেন্‌ টিস্] *ph.* in one's right mind, সুস্থমনে, প্রকৃতিস্থ অবস্থায়। [L.]

compost [kom°-post, কম্‌°পস্ট্] (**1**) *n.* compound manure, বিভিন্ন উপাদানে প্রস্তুত সার, মিশ্র-সার ; combination, মিশ্রণ। (**2**) *v.t.* to treat with or make into compost, মিশ্র-সার প্রয়োগ করা বা মিশ্র-সারে পরিণত করা। *p.* & *p. pt.* **com°postėd** । [see *composite*]

composure—see **compose.**

compot(e) [kom°-pōt, কম্‌°পৌট্] *n.* fruit preserved in syrup, সিরাপে ভিজাইয়া রাখিয়া সংরক্ষিত-করা ফল। [F.]

compound₁ [kom°-pound, কম্‌°পাউন্‌ড্] *n.* an enclosure round a building, (ভারতে) অট্টালিকাদির অংশভুক্ত পরিবেষ্টিত স্থান। [Mal. *kampong*=enclosure]

compound₂ [kam-pound°, ক্যাম্‌পাউন্‌ড্°] (**1**) *v.t.i.* to mix or combine, মিশ্রিত বা একত্র করা অথবা হওয়া (to *compound* a medicine) ; to settle by agreement, আপসে মীমাংসা করা বা হওয়া। (**2**) *v.t.* to condone or forbear prosecution, (কাহারও) শাস্তি মাফ করা বা (কাহারও বিরুদ্ধে) অভিযোগ উঠাইয়া লওয়া। (**3**) *v.i.* to bargain in the lump, থোক লাভ করা। *p.* & *p. pt.* **compoun°dėd** । **compound** [kom°-pownd, কম্‌°পাউন্‌ড্] (**1**) *a.* মিশ্রিত, যৌগিক ; (গণি.) বিভিন্নজাতীয় সংখ্যা রাশি মান প্রভৃতি সংবলিত (*compound* addition) ; (গণি.) চক্রবৃদ্ধি (*compound* interest) ; একাধিক স্থানব্যাপী, জটিল (*compound* fracture) ; (**2**) *n.* মিশ্র পদার্থ ; যৌগিক শব্দ ; বিভিন্ন পদার্থ মিশাইয়া প্রস্তুত ঔষধাদি। *n.* **compoun°der**—compound (*v.*)-এর সকল অর্থে, এবং বিশেষতঃ যে ব্যক্তি বিভিন্ন উপাদান মিশাইয়া ঔষধাদি প্রস্তুত করে। **compound sentence**—(ব্যাক.) যৌগিক বাক্য। [OF. *compundre*<L. *com-*, *ponere*=to place]

comprador(e) [kom-prŭ-dō(r)°, কম্‌প্রাডৌ(র্)°] *n.* a native intermediary through whom a foreign firm trades, (প্রধানতঃ চীনদেশে) বিদেশী ব্যবসায়-প্রতিষ্ঠানের দেশীয় দালাল, বেনিয়ান। [Port. =buyer<L. *com-*, *parare*=to furnish]

comprehend [kom-pre-hend°, কম্‌প্রিহেন্‌ড্°] *v.t.* to grasp mentally, to understand, উপলব্ধি করা, বোঝা ; to include, অন্তর্ভুক্ত করা। *p.* & *p. pt.* **comprėhen°dėd** । *a.* **comprėhen°sible**—বোধগম্য। *n.* **comprėhensibi°lity** । *adv.* **comprėhen°sibly** । *n.* **comprehension** [kom-pri-hen°sh(a)n, কম্‌প্রিহেন্‌°শ্‌ন্] উপলব্ধির ক্ষমতা, উপলব্ধি। *a.* **comprėhen°sive**—উপলব্ধি করার ক্ষমতাসম্পন্ন ; বিভিন্ন অংশ অন্তর্ভুক্ত করে এমন ; ব্যাপক। *adv.* **comprehen°sively** । **comprehensive school**—সর্বার্থসাধক মাধ্যমিক বিদ্যালয়। [L. *com-*, *prehendere*=to seize]

compress [kam-pres°, ক্যাম্‌প্রেস্°] *v.t.* to press together, (গাদাগাদি করিয়া) একত্র ঠাসা বা চাপা ; to condense, সংক্ষিপ্ত করা, চাপ দিয়া ছোট করা (to *compress* cotton or jute into bales)। *n.* **compress** [kom°-pres, কম্‌°প্রেস্] চাপ বা সেক দিবার জন্য কাপড় তুলা প্রভৃতির পুটুলি। *a.* **compre°ssed**—একত্র ঠাসিয়া রাখা হইয়াছে এমন : চাপ দিয়া ছোট করা বা পাতলা করা হইয়াছে এমন। *a.* **compre°ssible** । *n.* **compressibi°lity** । *n.* **compression** [kam-pre°sh(a)n, ক্যাম্‌প্রে°শ্‌ন্] একত্র ঠাসিয়া রাখা ; চাপ দিয়া ছোট করা বা পাতলা করা ; চাপ, গাদাগাদি ; সংক্ষেপণসাধ্যতা ; সংক্ষেপ (*compression* of ideas)। *a.* **compre°ssive**—একত্র ঠাসিয়া রাখিতে বা চাপ দিয়া ছোট করিতে অথবা পাতলা করিতে সক্ষম ; সংক্ষেপ করিতে সক্ষম ; সংক্ষেপক। *n.* **compre°ssor** । [*com-*, *press*]

comprise [kam-prīz°, ক্যাম্‌প্রাইজ্‌°] *v.t.* to contain or include, (অংশরূপে বা অঙ্গরূপে) অন্তরে ধারণ করা, অন্তর্ভুক্ত রাখা ; to consist of, (নিজে গঠিত হইবার জন্য কিছু) গ্রহণ করা। *a.* **comprī°sable** । *n.* **comprī°sal**—অন্তরে ধারণ ; অন্তর্ভুক্তি ; গ্রহণ। [F. *compris*—see *comprehend*]

compromise [kom°-pra-mīz, কম্‌°প্র্যামাইজ্] (**1**) *n.* settlement of differences by mutual concession, বিরোধাদির আপস-মীমাংসা। (**2**) *v.t.i.* to settle by mutual concession, আপসে মীমাংসা করা ; to bring one's credit under suspicion, স্বীয় সততা বা সুনাম সম্বন্ধে সন্দেহ হয় এইরূপ কাজ করা। *a.* **com°promīsing**—আপস-পূর্ণ ; আপস-প্রবণ ; সন্দেহজনক। [F. *compromis* <L. *com-*, *promittere*=to promise]

comptometer [komp-to°-mi-ta(r), কম্‌ট°মিট্যা(র্)] *n.* a calculating machine, যোগ-বিয়োগ-গুণ-ভাগদ্বারা সহজে হিসাব করার সহায়ক যন্ত্রবিশেষ। [trade-name]

comptroller—inc. spell. of **controller,** as in **Comptroller of Accounts.**

compulsion [kam-pul°sh(a)n, ক্যাম্‌পাল্‌°শ্‌ন্] *n.* act of compelling, (বলপ্রয়োগে) বাধ্য করা ; constraint, নিপীড়ন, শাসন ; obligation, বাধ্যবাধকতা। *a.* **compulsive** [kam-pul°-siv, ক্যাম্‌পাল্‌°সিভ্] (বলপ্রয়োগে) বাধ্য করে এমন, পীড়নকর। *a.* **compulsory** [kam-pul°-s(a)ri, ক্যাম্‌পাল্‌°স্‌রি] বাধ্যতামূলক। *adv.* **compul°sorily** । **(to) do under** or **upon compulsion**—বাধ্য হইয়া করা বা করিতে বাধ্য হওয়া। [see *compel*]

compunction [kam-pung(k)°sh(a)n, ক্যাম্‌পাং°শ্‌ন্] *n.* pricking of conscience, বিবেক-যন্ত্রণা ; remorse tinged with pity, করুণামিশ্রিত মর্মযন্ত্রণা। *a.* **compunctious** [kam-pung(k)°-shas, ক্যাম্‌পাং°শ্যাস্] বিবেকযন্ত্রণাময় ; মর্মপীড়িত। [OF.<L. *compunctio*<L. *com-*, *pungere*= to prick]

compute [kam-pūt°, ক্যাম্‌পিউট্°] *v.t.* to calculate, হিসাব করা ; to count, গণনা করা।

p. & *p. pt.* **compū°tėd** । *a.* **compū°table** । *n.* **computation** [kom°-pū-tā-sh(a)n, কম্‌পিউ-টেই°শ্‌ন্] । *a.* **compū°tative**—হিসাবমূলক ; গণনামূলক । *n.* **compū°ter**—হিসাবকারী ; গণনা-কারী ; হিসাব করার বা গণনা করার যন্ত্রবিশেষ, (পরি.) পরিগণক । *v.t.* **compū°terize**—পরিগণকের সাহায্যে উপাত্ত বা তথ্যাদি নিয়ন্ত্রণ বা সুসম্বদ্ধভাবে ব্যবহার করা ; উপাত্তাদি পরিগণকের ভাণ্ডারে সঞ্চিত রাখা । [L. *computare*]

comrade [kom°-rid, কম্‌°রিড্] *n.* a close companion or associate, অন্তরঙ্গ সঙ্গী বা সহকর্মী ; a fellow, সাথী (সমাজতান্ত্রিক ও গণসাম্যবাদী সমাজে সম্বোধনকালে ও নামোল্লেখকালে ব্যবহৃত) (*Comrade* Stalin) । **comrades in arms**—সহযোগী সৈন্যগণ । *a.* **com°rȧdely**—অন্তরঙ্গ সঙ্গিসুলভ বা সহকর্মি-সুলভ ; সাথীসুলভ । *n.* **com°rȧdeship** । [Sp. *camarada*=a room-mate<L. *camera*=a room]

comsat [kom°-sat, কম্‌°স্যাট্] *n.* abbr. for **communication satellite** (see **communication**) ।

Comus [kō°-mas, কৌ°ম্যাস্] *n.* a god of mirth, আনন্দোৎসবের দেবতা । *n.* **co°mus**—আনন্দোৎসব । [L.<Gk. *komos*=a revel]

con$_1$ [kon, কন্] (**1**) *adv.* against, বিরুদ্ধে । (**2**) *n.* that which opposes, বিরুদ্ধ বস্তু । [L. contr. of *contra-*]

con$_2$ [kon, কন্] (also to **con over**) *v.t.* to study carefully, প্রগাঢ়ভাবে অধ্যয়ন করা ; to learn, শিক্ষা করা ; to memorize, মুখস্থ করা । *pr. pt.* **co°nning** ; *p.* & *p. pt.* **co°nned** । *n.* **co°nner** । [a form of *can*<OE. *cunnan*=to know]

con$_3$ [kon, কন্] (**1**) *v.t.i.* to direct the steering of, হাল পরিচালনা করা, হাল ধরা । *conjug.* same as **con$_2$** । (**2**) *n.* direct steering, of, হাল-পরিচালনা । **conning tower**—হাল-পরিচালনা নিয়ন্ত্রণ ও পর্যবেক্ষণাদির জন্য যুদ্ধজাহাজ ও ডুবো-জাহাজের শীর্ষদেশে নির্মিত কক্ষ । *n.* **co°nner**—হালের মাঝি, কাণ্ডারী । [ME. & OE. *cond(ue)*<F. *conduire*<L. *conducere*—cp. *conduct*]

con$_4$ [kon, কন্] *n.* (sl.) abbr. for **confidence** । **con man**—same as **confidence man** । **con game**—same as **confidence game trick** । [*confidence*]

con amore [kon amaw°-ri, কন্ আমা°রি] *adv.* zealously, ardently, উৎসাহ বা উদ্দীপনা সহকারে । [It.]

conation [kō-nā°sh(a)n, কৌনেই°শ্‌ন্] *n.* (phil.) the active aspect of mind, (দর্শ.) মনের সক্রিয় ভাব অর্থাৎ ইচ্ছা করা বা বাছ-বিচার করার ক্ষমতা, সক্রিয় মানস । *a.* **cō°native**—সক্রিয় মানসগত ; (মনসম্বন্ধে) সক্রিয় । [L. *conari*=to try]

concatenate [kon-ka°-ti-nāt, কন্‌ক্যা°টিনেইট্] *v.i.* to chain or link, শৃঙ্খলিত বা গ্রথিত করা ; to connect in a series, শ্রেণীবদ্ধ করা । *p.* & *p. pt.* **conca°tėnātėd** । *n.* **concatėnā°tion** । [*con-*, L. *catena*=a chain]

concave [kon°-kāv°, কন্°কেইভ্°] (**1**) *a.* curved inwards, (ধনুকের ন্যায়) ভিতরদিকে বক্রতাযুক্ত, অবতল (*concave* lenses) । (**2**) *n.* a hollow or arch, অবতল গর্ত বা খিলান, অবতলতা । *adv.* **con°cāve°ly** । *n.* **conca°vity**—অবতলতা । [*con-*, *cave*]

conceal [kan°-sēl, ক্যান্°সীল্] *v.t.* to hide, লুকাইয়া রাখা ; to keep secret or untold, গুপ্ত বা অব্যক্ত রাখা ; to disguise, ছদ্মবেশ পরান । *a.* **concea°lable** । *n.* **conceal°ment** । [OF. *conceler*<L. *concelare*]

concede [kan-sēd°, ক্যান্‌সীড্°] *v.t.i.* to yield or give up, (অধিকারাদি) সমর্পণ বা ত্যাগ করা ; to grant or admit, মানিয়া লওয়া বা স্বীকার করা (to *concede* a point in an argument) । *p.* & *p. pt.* **concē°dėd** । *n.* see **concession** । [L. *concedere*]

conceit [kan-sēt°, ক্যান্‌সীট্°] (**1**) *n.* too much self-esteem, অতিশয় আত্মগর্ব ; fanciful notion, উদ্ভট ধারণা ; wit, বুদ্ধি । (**2**) *v.t.* (arch.) to imagine, (আর্ষ.) কল্পনা করা । **in one's conceit**—আপন বিচারে । **out of conceit with**—(কাহারও প্রতি) অসন্তুষ্ট । **wise in one's conceit**—আপন বিচারে সিদ্ধান্ত করিয়াছে এমন । *a.* **concei°tėd**—অতিশয় আত্মাভিমানী । *a.* **conceit°lėss**—মূর্খ । [see *conceive*—cp. *deceit*]

conceive [kan-sēv°, ক্যান্‌সীভ্°] (**1**) *v.t.i.* to become pregnant (with), গর্ভে ধারণ করা বা গর্ভবতী হওয়া ; to imagine, কল্পনা করা । (**2**) *v.t.* to express, প্রকাশ করা । *a.* **concei°vable**—কল্পনাসাধ্য । *n.* **conceivabi°lity** । *adv.* **concei°vably** । [OF. *concever*<L. *concipere*<*con-*, *capere*=to take]

concenter—alt. spell. of **concentre.**

concentrate [kon°-sen-trāt, কন্°সেন্‌ট্রেইট্] *v.t.i.* to bring or draw towards a common centre, একই কেন্দ্রীভূত করান বা হওয়া ; to direct one's exclusive attention (*on* or *upon*), পূর্ণ মনোযোগ দেওয়া ; to increase the strength of solution, etc. by evaporation, বাষ্পী-ভবনের দ্বারা দ্রবণাদি গাঢ় করা । *p.* & *p. pt.* **con°centrātėd** । *n.* **concentrā°tion** । **concentration camp**—যাহাদের সংস্পর্শ অন্যের পক্ষে ক্ষতিকর তাহাদিগকে পৃথক্ করিয়া রাখিবার জন্য শিবির ; অসামরিক বন্দীদের শিবির । *a.* **con°centrātive**—কেন্দ্রীভবনশীল ; মনোযোগী । *n.* **con°centrātor** । [lengthened form of *concentre*]

concentre [kon-sen°-ta(r), কন্‌সেন্°ট্যা(র্)] *v.i.* to tend to or meet in a common centre, একই কেন্দ্রাভিমুখ হওয়া বা একই কেন্দ্রে মেশা । *a.* **concen°tric(al)**—এককেন্দ্রবিশিষ্ট, সমকেন্দ্র । *n.*

concentri°city—একেকেন্দ্রিকতা। [F. *concentrer* < L. *con-*, *centre*]

concept [kon°-sept, কন্°সেপ্ট্] *n.* a thing conceived, কল্পিত বিষয় বা বস্তু, কল্পনা ; a general notion, ধারণা। *n.* **conception** [kan-sep°sh(a)n, ক্যান্‌সেপ্°শ্‌ন্] গর্ভাবস্থা ; কল্পন ; কল্পনা ; কল্পিত বিষয় বা বস্তু ; কল্পনা-শক্তি। *a.* **concep°tive**—কল্পনাশীল ; কল্পনাশক্তিসম্পন্ন। *a.* **conceptual** [kan-sep°-tū-al, ক্যান্‌সেপ্°টিউঅ্যাল্] কল্পনাসংক্রান্ত ; কল্পনাপ্রসূত। *n.* **concep°tūalism**—কিছুর মূর্ত প্রতিরূপ ব্যতীত উহার সাধারণ ধর্ম-কল্পনা করা যাইতে পারে : এই দার্শনিক মতবাদ। *n.* **concep°tūalist** । *a.* **conceptūalis°tic**—উক্ত মতসংক্রান্ত বা উক্ত মতানুসারী। [L. *concipere* = to conceive]

concern [kan-sa(r)n°, ক্যান্‌স্যা(র্)ন্°] (**1**) *v.t.* to relate to, সংস্রবযুক্ত বা সম্পর্কযুক্ত করান ; to affect or interest, সংশ্লিষ্ট করা ; to implicate, বিজড়িত করান ; to make uneasy, উদ্বিগ্ন করান। (**2**) *n.* relation, সংস্রব, সম্পর্ক ; interest, সংশ্লিষ্ট বিষয় (অর্থাৎ যাহা লইয়া মাথা ঘামাইতে হয়) ; anxiety, উদ্বেগ (no cause for *concern*) ; a business firm, ব্যবসায়-প্রতিষ্ঠান (a paying *concern*)। **as concerns**—বিষয়ে, সম্পর্কে। *a.* **concer°ned**—সম্পর্কিত ; সংশ্লিষ্ট ; উদ্বিগ্ন। *prep.* **concer°ning**—বিষয়ে, সম্পর্কে। *n.* **concern°ment**—সম্পর্কিত বিষয়, ব্যাপার ; প্রয়োজনীয়তা ; উদ্বেগ। [L. *concernere* = to distinguish]

concert [kon°-sa(r)t, কন্°স্যা(র্)ট্] *n.* union or agreement, ঐক্য বা ঐকমত্য (to work in *concert* with) ; harmony, সঙ্গতি, সামঞ্জস্য ; musical harmony, সুরসঙ্গতি, ঐকতান ; musical entertainment, ঐকতানবাদন, কন্‌সার্ট। *v.t.* **concert** [kan-sa(r)t°, ক্যান্‌স্যা(র্)ট্°] একত্র মিলিয়া-মিশিয়া উদ্ভাবন করা বা পরিকল্পনা করা ; বিন্যস্ত করা, সামঞ্জস্যবিধান করা। **concert grand**—বৃহত্তম আকারের পিয়ানো। **at concert pitch**—(আল.) পূর্ণ দক্ষতা বা তৎপরতার সঙ্গে। *a.* **concer°tėd**—পরস্পরের সহযোগিতায় উদ্ভাবিত বা পরিকল্পিত (*concerted* action) ; (সঙ্গীতে) বিভিন্ন অংশে বিন্যস্ত। *n.* **con°cert-hall**—সঙ্গীতশালা। *n.* **concertina** [kon-sa(r)-tē°-na, কন্‌স্যা(র্)টী°ন্যা] বাদ্যযন্ত্রবিশেষ। *n.* **concerto** [kon-cha(r)°-tō, কন্‌চ্যা(র্)°টৌ] সোলো গানের বা বাজনার স্বরলিপি। [It. *concertare* = to sing in concert]

concession [kan-se°sh(a)n, ক্যান্‌সে°শ্‌ন্] *n.* act of conceding, (বিশেষ অধিকার সুবিধা প্রভৃতি) প্রদান বা অর্পণ ; the thing conceded, প্রদত্ত বা অর্পিত বস্তু অথবা বিষয় : a grant, বৃত্তি। *n.* **conce°ssionaire**—যে ব্যক্তি জমির ব্যাপারে মালিক বা সরকার কর্তৃক প্রদত্ত বিশেষ অধিকার বা সুবিধা ভোগ করে। [see *concede*]

conch [kongk, কংক্ ; konch, কন্‌চ্] *n.* a shellfish, শঙ্খ, শাঁখ। *n.* **conchology** [kong-ko°-laji, কংক°ল্যাজি] শঙ্খবিজ্ঞান। [L. *concha* < Gk. *kongche* = a cockle—cp. Sans. *shankha*]

concierge [kawn-si-ā(r)z°, কাঁসিএয়্যা(র্)জ্°] *n.* a janitor or janitress, দ্বাররক্ষী বা দ্বাররক্ষিণী। [F.]

conciliate [kan-si°-li-āt, ক্যান্‌সি°লিএইট্] *v.t.* to win the goodwill of, শুভেচ্ছা অর্জন করা, মন পাওয়া ; to win over, (মিষ্ট কথা, যুক্তি, প্রভৃতির সাহায্যে) রাজি করান বা বশীভূত করা ; to reconcile (as discrepant theories), (বিরোধী মতাদির মধ্যে) বিরোধ দূর করা। *p. & p. pt.* **conci°liātėd**। *n.* **concilia°tion**। **conciliation board**—আপস বা রফার নিমিত্ত গঠিত সমিতি, সালিসী বোর্ড। *a.* **conci°liātive, conciliatory** [kan-si°-li-a-t(a)ri, ক্যান্‌সি°লিঅ্যাট্রি] সৌহার্দ্য অর্জন করে এমন ; বিরোধ-নিবারক (in a *conciliatory* spirit)। *n.* **conci°liātor**। [L. *conciliare* < *concilium* = council]

concinnity [kan-si°-ni-ti, ক্যান্‌সি°নিটি] *n.* (of literary style) elegance, neatness, (সাহিত্যের রচনাশৈলী সম্বন্ধে) চমৎকারিত্ব, ত্রুটিহীনতা বা সৌন্দর্য। [L. *concinnus* = well-adjusted]

concise [kan-sīs°, ক্যান্‌সাইস্°] *a.* cut short, সংক্ষেপীকৃত ; brief, সংক্ষিপ্ত। *adv.* **concise°ly**। *n.* **concise°nėss**। [L. *concisus* = cut off]

conclave [kon°-klāv, কন্°ক্লেইভ্] *n.* the meeting-room of cardinals for election of a pope, পোপ-নির্বাচনার্থ কার্ডিনালদের সভাকক্ষ ; any private assembly, গুপ্তসভা, রুদ্ধদ্বার সভা (to sit in *conclave*)। [L. < *con-*, *clavis* = a key]

conclude [kan-klōōd°, ক্যান্‌ক্লুড্°] (**1**) *v.t.i.* to bring or to come to an end, উপসংহার করা বা হওয়া, শেষ বা সমাপ্ত করা অথবা হওয়া ; to infer, সিদ্ধান্ত করা। (**2**) *v.t.* to settle finally, পাকাপাকিভাবে সম্পাদন করা (to *conclude* a deed or a treaty)। *p. & p. pt.* **conclu°dėd**। *a.* **conclu°ding**—শেষকালীন, সমাপ্তিকালীন ; শেষ-। *n.* **conclu°sion**—উপসংহার ; শেষ, সমাপ্তি, অবসান ; সিদ্ধান্ত (a foregone *conclusion*)। **(to) try conclusions with**—প্রতিযোগিতা করা বা প্রতিদ্বন্দ্বিতা করা। *a.* **conclu°sive**—উপসংহারমূলক বা সমাপ্তিমূলক ; চূড়ান্ত (*conclusive* evidence)। [L. *concludere*]

concoct [kan-kokt°, ক্যান্‌কক্‌ট্°] *v.t.* to digest, পরিপাক করা ; to make up of mixed ingredients, বিভিন্ন উপাদান মিশাইয়া তৈয়ারি করা ; to prepare, প্রস্তুত করা ; to devise, উদ্ভাবন করা ; to fabricate, (মিথ্যা কাহিনী) রচনা করা, বানাইয়া বলা। *p. & p. pt.* **concoc°tėd**। *n* **con°cocter, concoc°tor**। *n.* **concoc°tion**—concoct-এর সকল অর্থে, এবং—বিভিন্ন উপাদানে প্রস্তুত দ্রব্য ; পক্ব হওয়া ; চিকিৎসকের নির্দেশানুসারে বিভিন্ন উপাদান মিশাইয়া ঔষধ প্রস্তুত করা বা উক্তভাবে প্রস্তুত ঔষধ ; বানান গল্প। [*con-*, L. *coquere* = to cook]

concomitant [kan-ko°-mit(a)nt, ক্যান্‌ক°মিট্‌ন্ট্] (1) *a.* accompanying, সহগামী বা আনুষঙ্গিক ; co-existent, সহবিদ্যমান। (2) *n.* a concomitant person or thing, সঙ্গী, আনুষঙ্গিক বস্তু, সমসাময়িক বা সহবিদ্যমান ব্যক্তি অথবা বস্তু। *n.* **conco°mitance, conco°mitancy**—সহগমন, অনুষঙ্গ, সহবিদ্যমানতা। *adv.* **conco°mitantly** । [*con-*, L- *comitari*=to accompany]

concord [kongk°-kaw(r)d, কং°ক্য(র্)ড্] *n.* state of being of the same heart and mind, সমমনপ্রাণ অবস্থা ; agreement, মিল ; harmony, সমন্বয় ; a sweet union of sounds, নানাস্বরের মধুর মিলন। *v.i.* **concord** [kan-kaw(r)d°, ক্যান্‌ক্য(র্)ড্°] মিলযুক্ত বা সমন্বয়বিশিষ্ট হওয়া। *p.* & *p. pt.* **concor°dėd** । *n.* **concordance** [kan-kaw(r)°d(a)ns, ক্যান্‌ক(র্)°ড্‌ন্‌স্] মিল ; পুস্তকে ব্যবহৃত বা লেখক কর্তৃক ব্যবহৃত শব্দাবলীর অথবা বিষয়সমূহের বর্ণানুক্রমিক সূচি (a Vedic *concordance*)। *a.* **concor°dant**—মিলিত, সমন্বয়বিশিষ্ট। *n.* **concordat** [kon-kaw(r)°-dat, কন্‌ক্য(র্)°ড্যাট্] পোপ (বা যে কোন ধর্মকর্তা) ও শাসনসরকারের মধ্যে ঐকমত্য। [F. *concorde*<L. *concordia*<*concors*=of the same heart]

concourse [kong°-kaw(r)s, কং°ক্য(র্)স্] *n.* an assembly, সমাবেশ ; crowd, ভিড়। [F. *concours*<L. *concursus*<*con-*, *currere*=to run]

concrescence [kon-cre°-sens, কন্‌ক্রে°সেন্‌স্] *n.* (bio.) union, coalescence, growing together, (প্রাণী বি.) মিলন বা জুড়িয়া যাওয়ার অবস্থা, একসঙ্গে বৃদ্ধি। [L. *concrescentia*]

concrete [kon°-kret, কন্°ক্রীট্] (1) *a.* formed into one mass, একটি পিণ্ডে পরিণত ; not abstract, মূর্ত ; material, বাস্তব (*concrete* proposal) ; (gr.) denoting a thing, (ব্যাক.) বস্তুবাচক। (2) *n.* a mass formed by the mixture of different things, বিভিন্ন বস্তুর মিলনে সৃষ্ট পিণ্ড ; a mixture of lime, sand, gravel, etc., চুন বালি সুরকি প্রভৃতি মিশাইয়া প্রস্তুত লেপ, কংক্রীট। (3) *v.t.* to cover with a mixture of lime, sand, gravel and cement, to form into a solid mass, চুন বালি সুরকি প্রভৃতির মিশ্রণদ্বারা লেপ দেওয়া, কংক্রীট করা। *p.* & *p.p.t.* **con°crētėd** । *v.t.i.* **concrete** [kan-krīt°, ক্যান্‌ক্রীট্°] মিলিত বা মিশ্রিত করা অথবা হওয়া। *p.* & *p. pt.* **concrē°tėd** । **concrete noun**—(ব্যাক.) বস্তুবাচক বিশেষ্য। *adv.* **con°crētely**—মূর্তভাবে বা বাস্তবভাবে। *n.* **con°crēteness** । *n.* **concretion** [kan-krē°-sh(a)n, ক্যান্‌ক্রী°শ্‌ন্] জমাট-বাঁধা পিণ্ড ; পাথুরি রোগ। *a.* **concrē°tionary**—জমাট বাঁধাইবার শক্তিসম্পন্ন। [L. *concretus*<*con-*. *crescere*=to grow]

concubine [kong°-kū-bīne, কং°কিউবাইন্] *n.* an unmarried woman who cohabits, যে অবিবাহিতা রমণী কোন পুরুষের স্ত্রীরূপে বাস করে, উপপত্নী। *n.* **concū°binage**—বিবাহিতা না হইয়াও স্ত্রীরূপে ব্যবহৃত হওয়া। [F.<L. *concubina* <*con-*, *cubare*=to lie down]

concupiscence [kan-kū°-pisns, ক্যান্‌কি°উপিস্‌ন্‌স্] *n.* a violent desire, উদগ্র লালসা ; lust, কাম-লালসা। *a.* **concū°piscent**—উদগ্র-লালসাপূর্ণ ; কাম-লালসা-পূর্ণ। [L. *concupiscentia*<*con-*, *cupere*=to desire]

concur [kan-ka(r)°, ক্যান্‌ক্যা(র্)°] *v.t.* to happen together, একত্র বা এককালে ঘটা ; to concide, একস্থানে মেশা বা মিলিত হওয়া ; to agree, একমত হওয়া (to *concur* with)। *pr. pt.* **concū°rring ;** *p.* & *p. pt.* **concu°rred** । *n.* **concu°rrence**—একত্র বা এককালে সজ্ঘটন ; একস্থানে মিলন ; ঐকমত্য ; একত্র কাজ। *a.* **concu°rrent**—এককালে সজ্ঘটিত বা সজ্ঘটনশীল ; একস্থানে মিলিত ; একমত ; সহবর্তমান, অনুষঙ্গী। *adv.* **concu°rrently** । [*con-*, L. *currere*=to run]

concuss [kan-kus°, ক্যান্‌কাস্°] *v.t.* to shake violently, প্রচণ্ডভাবে আলোড়িত করা ; to agitate, উত্তেজিত করা ; to overawe, অত্যধিক আতঙ্কিত করা। *p.* & *p. pt.* **concu°ssėd** । *n.* **concussion** [kan-ku°sh(a)n, ক্যান্‌কা°শ্‌ন্] প্রবল উত্তেজনা ; (প্রধানতঃ মস্তকে) প্রচণ্ড আঘাত বা তজ্জনিত ফল ; কাহারও উপরে অন্যায় ও অত্যধিক চাপ। [L. *con-*, *cussus*<*con-*, *quatere*=to shake]

condemn [kan-dem°, ক্যান্‌ডেম্°] *v.t.* to blame, দোষ দেওয়া, নিন্দা করা ; to pronounce guilty, অপরাধী বলিয়া রায় দেওয়া ; to sentence, দণ্ডাদেশ দেওয়া (*condemned* to imprisonment for life) ; to pronounce unfit for use, ব্যবহারের অযোগ্য বলিয়া রায় দেওয়া ; to reject, বাতিল বা অগ্রাহ্য করা। *a.* **condemnable** [kan-dem°-nabl, ক্যান্‌ডেম্°ন্যাব্‌ল্]। *n.* **condemnation** [kon-dem-nā°sh(a)n, কন্‌ডেম্‌নেই°শ্‌ন্]। *a.* **condemnatory** [kan-dem°-na-t(a)ri, ক্যান্‌ডেম্°ন্যাট্‌রি] নিন্দামূলক, দোষারোপকর ; দণ্ডদায়ক। **condemned cell**—প্রাণদণ্ডে দণ্ডিত বন্দীকে রাখার জন্য কারাকক্ষ। [*con-*, L. *damnare*=to hurt]

condense [kan-dens°, ক্যান্‌ডেন্‌স্°] *v.t.i.* to make or become more dense, ঘন করা বা হওয়া ; to shorten, সংক্ষিপ্ত করা বা হওয়া। *pt.* & *p. pt.* **conden°sed** । **condensed milk**—রাসায়নিক প্রক্রিয়ায় ঘনীভূত দুগ্ধ। **condensed type**—ঘনসন্নিবিষ্ট মুদ্রাক্ষরবিশেষ। *a.* **conden°sable** । *n.* **condensabi°lity** । *n.* **condensā°tion**—ঘনীভবন ; সংক্ষেপণ ; (রসা.) তরল অংশ বাদ দিয়া বিভিন্ন যৌগিকের দুই বা অধিক পরমাণুর মিলন। *n.* **conden°ser**—বাষ্পকে তরলায়িত করিবার যন্ত্রবিশেষ ; আলোকে কেন্দ্রীভূত করিবার জন্য কাচবিশেষ ; বিদ্যুৎসঞ্চয়ী যন্ত্রবিশেষ। [*con-*, *dense*]

condescend [kon-di-send°, কন্‌ডিসেন্‌ড্°] *v.t.* to come down willingly from a superior position, স্বেচ্ছায় উচ্চাসন হইতে নামিয়া আসা ; to act graciously to inferiors, সদয় বা প্রসন্ন হওয়া ; to stoop to what is unworthy, অকিঞ্চিৎকরের প্রতি ঝোঁকা ; to comply, অভীষ্ট-পূরণ করা ; to agree, সম্মত হওয়া। *p.* & *p. pt.* **condėscen°dėd** । *a.* **condėscen°ding** । *adv.* **condėscen°dingly** । *n.* **condescension** [kon-di-sen°sh(a)n, কন্‌ডিসেন্‌°শ্‌ন্‌] উচ্চাসন ছাড়িয়া অবতরণ; সদয় বা প্রসন্ন হওয়া ; অধীনস্থ লোকের প্রতি দাক্ষিণ্য। [*con-*, *descend*]

condign [kan-dīn°, ক্যান্‌ডাইন্‌°] *a.* well-merited, (সচ. শাস্তি-সম্বন্ধে) সমুচিত। *adv.* **condign°ly** । *n.* **condign°nėss** । [*con-*, L. *dignus*=worthy]

condiment [kon°-di-mant, কন্‌°ডিম্যান্‌ট্‌] *n.* a seasoning, গুঁড়া-মসলা আচার চাটনি কাসুন্দি প্রভৃতি। [L. *condimentum*<*condire*=to pickle]

condition [kan-di°sh(a)n, ক্যান্‌ডি°শ্‌ন্‌] (**1**) *n.* state of being, অবস্থা, হাল ; good state or health, ভাল অবস্থা বা স্বাস্থ্য ; circumstances, পারিপার্শ্বিক অবস্থা, পরিবেশ ; manner, ধরন, ভঙ্গি, প্রণালী ; high rank, উচ্চ পদমর্যাদা (a person of *condition*) ; temper, মেজাজ ; prerequisite, প্রয়োজনীয় গুণাবলী, যোগ্যতা ; stipulation, শর্ত। (**2**) *v.t.* to agree upon, (শর্তাদি) মানিয়া লওয়া ; to stipulate, শর্ত করা ; to examine the condition of, (দ্রব্যাদির) অবস্থা বা হাল পরীক্ষা করা ; to put into the required state, প্রয়োজনীয় অবস্থায় রূপায়িত করা। **good condition**—অক্ষত অবস্থা। **in condition**—উত্তম অবস্থাপন্ন ; স্বাস্থ্যসম্পন্ন ; সুস্থ। **on condition that**—এই শর্তে যে ; যদি। **out of condition**—মন্দাবস্থায় পতিত ; স্বাস্থ্যহীন ; অসুস্থ। **(to) change one's condition**—(আর্ষ.) বিবাহ করা। *a.* **condi°tional**—শর্তাধীন। *n.* **conditionali°ty** । *a.* **condi°tioned**—অবস্থাবিশেষে পতিত ; শর্তাবদ্ধ ; আপেক্ষিক অর্থাৎ অন্য কিছুর উপরে নির্ভরশীল। **conditioned reflex**—আগে হইতে শিক্ষা পাওয়ার বা অভ্যাসের ফলে স্বীয় স্বভাববহির্ভূত ক্ষেত্রেও প্রতিক্রিয়া। [L. *condicio*<*con-*, *dicere*=to say]

condole [kan-dōl°, ক্যান্‌ডৌল্‌°] *v.i.* to grieve with another, পরের শোকে শোকপ্রকাশ করা। *a.* **condō°latory**—পরের শোকে শোকপ্রকাশমূলক। *n.* **condō°lence**—পরের শোকে শোকপ্রকাশ। [*con-*, L. *dolere*=to grieve]

condom [kan°-dom, ক্যান্‌°ডম্‌] *n.* a rubber sheath used as a contraceptive, গর্ভনিরোধক রবারনির্মিত খাপবিশেষ। [Inventor's name]

condominium [kon-dŏ-mi-ni-am, কন্‌ডৌ°-মিনিয়াম্‌] *n.* joint sovereignty, দুই সার্বভৌম সরকারের যুগ্ম শাসন। [*con-*, L. *dominium*=lordship]

condone [kan-dōn°, ক্যান্‌ডৌন্‌°] *v.t.* to forgive or overlook, (অপরাধাদি) ক্ষমা করা, মার্জনা করা। *n.* **condonation** [kon-dŏ-nā°-sh(a)n, কন্‌ডোনেই°শ্‌ন্‌]। [*con-*, L. *donare*=to give]

condor [kon°-daw(r), কন্‌°ড্য(র্)] *n.* a gigantic vulture, দক্ষিণ আমেরিকার বিরাট্‌কায় শকুনবিশেষ। [Sp.<Quichua *cuntur*]

conduce [kan-dūs°, ক্যান্‌ডিউস্‌°] *v.t.* to help to bring about, (ঘটনাদির) সজ্ঘটনে সাহায্য করা। *p.* & *p. pt.* **condū°cėd** । *n.* **condūce°ment** । *a.* **condū°cive**—সজ্ঘটনে সহায়ক ; উপকারী (dry climate is *conducive* to health)। [*con-*, L. *ducere*=to lead]

conduct [kan-dukt°, ক্যান্‌ডাক্‌ট্‌°] *v.t.* to guide, পথ দেখাইয়া লইয়া যাওয়া ; to carry, বহন করা ; (elec.) to transmit, (বিদ্যু.) একস্থান হইতে আনিয়া অন্যত্র সঞ্চার করা ; to direct or manage, পরিচালনা করা ; (usu. in refl.) to behave, আচরণ করা বা করান। *p.* & *p. pt.* **conduc°ted** । **(to) conduct oneself**—আচরণ করা। *n.* **conduct** [kon°-dakt, কন্‌°ড্যাক্‌ট্‌] পথনির্দেশ ; বহন ; সঞ্চারণ ; পরিচালনা ; আচরণ। *a.* **conduc°tible**—উত্তাপাদি একস্থান হইতে আনিয়া অন্যত্র সঞ্চার করিতে সক্ষম ; স্থানান্তরে সঞ্চারিত হইতে সক্ষম। *n.* **conductibi°lity** । *n.* **conduc°tion**—স্থানান্তরে বহন ও সঞ্চার। *a.* **conduc°tive**—একস্থান হইতে বহন করিয়া লইয়া অন্য স্থানে সঞ্চারিত করে এমন। *n.* **conducti°vity**—পরিবাহিতা। *n.* **conduc°tor**—পথপ্রদর্শক ; ট্রাম বাস প্রভৃতির কন্‌ডাক্‌টর ; স্থানান্তরে বাহক বা সঞ্চারক, পরিবাহী ; পরিচালক ; নায়ক। *fem.* **conduc°trėss** । [*con-*, L. *ducere*=to lead]

conduit [kon°-dit, কন্‌°ডিট্‌] *n.* a channel or pipe for conveying liquids, তরল পদার্থ নিষ্কাশনের জন্য নালা বা নল ; a tube covering electric wires etc., ইলেকট্রিকের তার প্রভৃতির আবরক নল। [F.]

conduplicate [kon-dūp°-li-kit, কন্‌ডিউপ্‌°লিকিট্‌] *a.* (bot.) folded lengthwise along the middle, (উদ্ভি.) লম্বালম্বিভাবে দু-ভাঁজ করা। [*con-*, *duplicate*]

cone [kōn, কৌন্‌] (**1**) *n.* a solid figure with a flat circular base, tapering to a point, বৃত্তাকার ও সমতল তলদেশযুক্ত মোচাকার বস্তু, শঙ্কু। (**2**) *v.t.* to shape like a cone, মোচাকার করা। *a.* **conic** [ko°-nik, ক°নিক্‌], **co°nical**—শঙ্কুবৎ, মোচাকার ; শঙ্কুঘটিত ; শাঙ্কব। **conic section**—সমতলের উপরে শঙ্কু বা শঙ্কুর অংশ স্থাপনের ফলে গঠিত মূর্তি। *n. pl.* **co°nics**—শঙ্কু-জ্যামিতি। *a.* **cō°niform**—মোচাকার, শাঙ্কবাকার। [Gk. *konos*]

coney—alt. spell. of **cony.**

confab [kon°-fab, কন্‌°ফ্যাব্‌] (coll.) contr. of **confabulation.**

confabulate [kan-fa°bū-lāt, ক্যান্‌ফ্যা°বিউলেইট্‌] *v.i.* to chat, গল্পগুজব করা। *p.* & *p. pt.* **confā°būlātėd** । *a.* **confa°būlatory**—গল্পগুজবকারী ;

গল্পগুজবমূলক। *n.* **confabūlā°tion**। [*con-*, L. *fabulari*=to talk]

confection [kan-fek°sh(a)n, ক্যান্‌ফেক্‌শ্‌ন্] (**1**) *n.* mixing, মিশ্রণ ; a compound, মিশ্রপদার্থ ; a sweetmeat, মিঠাই। (**2**) *v.t.* to make (esp. a sweetmeat), (প্রধানতঃ মিঠাই) তৈয়ারি করা। **confec°tionary**—(**1**) *n.* মিঠাই-প্রস্তুতকারক বা মিঠাই-বিক্রেতা, ময়রা ; মিঠাই ; মিঠাইয়ের কারখানা ; (**2**) *a.* মিঠাই-সংক্রান্ত ; মিঠাইয়ের কারখানা-সংক্রান্ত। *n.* **confec°tioner**—মিঠাই-প্রস্তুতকারক বা মিঠাই-বিক্রেতা, হালুইকর। *n.* **confec°tionery**—ময়রার বৃত্তি ; মিঠাইসমূহ। [L. *conficere*=to make up together]

confederate [kan-fe°-d(a)rit, ক্যান্‌ফে°ড্‌রিট্] (**1**) *a.* allied, মৈত্রীবদ্ধ। (**2**) *n.* an ally, মিত্র ; an accomplice, দুষ্কর্মে সহযোগী। *v.t.i.* **confederate** (kon-fe°-da-rāt, কন্‌ফে°ড্যারেইট্] মৈত্রী-বদ্ধ করা বা হওয়া ; দলে যোগ দেওয়ান বা দেওয়া। *p.* & *p. pt.* **confe°derātėd**। *n.* **confederacy** [kan-fe°d(a)ra-si, ক্যান্‌ফে°ড্‌র্যাসি] মিত্রসঙ্ঘ ; মিত্রসঙ্ঘের সভ্য ; ষড়্‌যন্ত্র। *n.* **confederā°tion**—(প্রধানতঃ বিভিন্ন নৃপতি বা রাষ্ট্রের) মৈত্রী বা মিত্রসঙ্ঘ। [L. *confoederare*=to league together]

confer₁ [kon°-fŭ(r), কন্‌°ফা(র্)] *v.* (*imp.*) compare, তুলনা কর। [L.]

confer₂ [kan°-fa(r)°, ক্যান্‌ফ্যা(র্)°] (**1**) *v.t.* to bestow something (*on* or *upon*), (খেতাবাদি) প্রদান করা। (**2**) *v.i.* to consult together (*with*), একত্র মন্ত্রণা বা পরামর্শ করা। *pr. pt.* **confe°rring** ; *p.* & *p. pt.* **confe°rred**। *n.* **conferee** [kon-fa-rē°, কন্‌ফ্যারী°] যাহার সহিত মন্ত্রণা করা হয় ; যাহাকে অর্পণ করা হয়। *n.* **confe°rence**—মন্ত্রণা করা ; মন্ত্রণা-সভা ; অধিবেশন : মতের আদান-প্রদান। *a.* **conferential** [kon-fa-ren°sh(a)l, কন্‌-ফ্যারেন্‌°শ্‌ল্] মন্ত্রণা-সংক্রান্ত ; মন্ত্রণা-সভা-সংক্রান্ত। *n.* **confer°ment**—প্রদান ; প্রদত্ত খেতাবাদি। *a.* **confe°rrable**—প্রদেয়। [*con*, L. *ferre*=to bring]

confess [kan-fes°, ক্যান্‌ফেস্°] (**1**) *v.t.* to acknowledge (esp. something wrong), (প্রধানতঃ অপরাধাদি) স্বীকার করা, কবুল করা। (**2**) *v.i.* to make confession, (প্রধানতঃ পাদ্রীর নিকটে) দোষ স্বীকার করা। **(to) confess to**—স্বীকার করা। *a.* **confe°ssėd**—স্বীকৃত ; প্রতিপালিত ; স্পষ্ট। **(to) stand confessed**—প্রকাশিত বা ব্যক্ত হওয়া। *adv.* **confe°ssėdly**। *n.* **confession** [kan-fe°sh(a)n, ক্যান্‌ফে°শ্‌ন্] অপরাধ-স্বীকার, কবুল-জবাব ; স্বীকৃত দোষাদি : দোষ-স্বীকারপত্র। **confe°ssional**—(**1**) *n.* যে (নির্দিষ্ট) নিভৃত স্থানে বসিয়া খ্রিস্টান পুরোহিতগণ পাপস্বীকার শ্রবণ করেন ; পাপস্বীকারের অনুষ্ঠান ; (**2**) *a.* দোষস্বীকারসম্বন্ধীয়। *n.* **confe°ssor**—পাপীদের অপরাধ-স্বীকার শ্রবণ-কারী খ্রিস্টান পুরোহিত ; যে ব্যক্তি বিপদ্ বরণ করিয়াও ধর্মপালন করে। *fem.* **confe°ssorėss**। [F. *confesser* < L. *con-*, *fateri*=to speak]

confetti [kan-fe°-ti, ক্যান্‌ফে°টি] *n. pl.* sweetmeats, মিঠাইসমূহ ; paper imitations of sweets flung in carnival, at weddings, etc., আনন্দমেলা বিবাহসভা প্রভৃতিতে কাগজে তৈয়ারি যে-সকল নকল মিঠাই ছুড়িয়া মারা হয়। [It.]

confide [kan-fīd°, ক্যান্‌ফাইড্°] *v.t.i.* to impart secrets with trust, বিশ্বাস করিয়া গুপ্ত কথাদি বলা, to rely, বিশ্বাস করা, আস্থা রাখা ; to entrust, (গোপন রাখিবার জন্য) বিশ্বাসপূর্বক ন্যস্ত করা। *p.* & *p. pt.* **confī°dėd**। *n.* **confidant** [kon-fi-dant°, কন্‌ফিড্যান্‌ট্°] (প্রধানতঃ প্রণয়ঘটিত) গুপ্তকথা বিশ্বাস করিয়া যাহাকে বলা হয় ; অন্তরঙ্গ বন্ধু। *fem.* **confidante** [kon-fi-dant°, কন্‌ফি-ড্যান্‌ট্°]। *n.* **confidence** [kon°-fid(a)ns, কন্°-ফিড্‌ন্‌স্] দৃঢ় বিশ্বাস বা আস্থা ; আত্মবিশ্বাস ; দৃঢ়তা ; সাহস ; ধৃষ্টতা ; বিশ্বাস করিয়া গোপনে জ্ঞাপন বা ঐভাবে জ্ঞাপিত বিষয়। **confidence game trick**—বোকা লোককে ভুলাইয়া তাহার মূল্যবান্ সম্পদ গচ্ছিত রাখার নামে লইয়া অপহরণ করা। **confidence man**—ঐরূপে অপহরণকারী। **in (strict) confidence**—বিশ্বাস করিয়া (একান্ত) গোপনে। **(to) take a person into one's confidence**—কাহাকেও বিশ্বাস করিয়া গুপ্তকথাদি বলা। **con°-fident**—(**1**) *a.* দৃঢ়বিশ্বাসী বা পূর্ণ আস্থাবান্ (*confident* of success) ; নিশ্চিত ; সাহসী ; (**2**) *n.* অন্তরঙ্গ বন্ধু। *a.* **confidential** [kon-fi-den°-sh(a)l, কন্‌ফিডেন্‌°শ্‌ল্] বিশ্বাসপূর্বক গোপনে জ্ঞাপিত বা প্রদত্ত বা স্বীকৃত ; গুপ্ত ; ব্যক্তিগত ও গুপ্ত। **confidential clerk** or **secretary**—(অন্য কর্ম-চারীদের) ব্যক্তিগত ও গুপ্ত ব্যাপারসমূহের ভারপ্রাপ্ত করণিক বা সচিব। **confidential file**—(কর্ম-চারীদের) ব্যক্তিগত গুপ্ত ব্যাপার-সম্বন্ধীয় ফাইল বা খাতা। *n.* **confī°der**। *adv.* **confī°dingly**। [*con-*, L. *fidere*=to trust]

configuration [kan-fi-gū-rā°sh(a)n, ক্যান্‌ফি-গিউরেই°শ্‌ন্] *n.* external shape, বাহ্যিক গঠন ; outline, নকশা ; relative position (as of planets), (গ্রহাদির) আপেক্ষিক অবস্থান। *v.t.* **confi°gurāte, confi°gure**—আকৃতি দান করা, গঠন করা। *p.* & *p. pt.* **confi°gurātėd, confi°-gured**। [*con-*, see *figure*]

confine [kon°-fīn, কন্°ফাইন্] *n.* border, সীমা, সীমান্ত ; boundary, চৌহদ্দি (usu. in *pl.*) (beyond the *confines* of human knowledge) ; (archaic) confinement, কয়েদ, হাজত ; a prison, কারাগার। *v.t.* **confine** [kan-fīn°, ক্যান্‌ফাইন্°] সীমাবদ্ধ করা ; ঘেরাও করা ; আটক রাখা ; অবরুদ্ধ করা। **(to) be confined**—confine (*v.*)-এর সকল অর্থে, এবং—সন্তানপ্রসবার্থ শয্যাশায়ী হওয়া। *n.* **confine°ment**—অবরোধ ; আটক ; কারাবরোধ ; (সন্তানপ্রসব রোগ প্রভৃতির জন্য) গৃহের বাহির না হইতে পারা। [*con-*, L. *finis*=the end]

confirm [kan-fa(r)m°, ক্যান্‌ফ্যা(র্)ম্°] *v.t.* to establish more firmly, দৃঢ়তরভাবে প্রতিপন্ন

করা ; to ratify, সমর্থন ও অনুমোদন করা (to *confirm* a treaty) ; to corroborate, সত্য বলিয়া স্বীকার করা। *a.* **confir°mable** । *n.* **confirmation** [kon-fa(r)-ma°-sh(a)n, কন্‌ফ্যা(র্)মেই°শ্‌ন্] confirm-এর সকল অর্থে, এবং—(চাকরি-সম্বন্ধে) পাকাপাকি স্বীকৃতি, (পরি.) সন্নিয়োগ ; নিশ্চিত প্রমাণ ; খ্রিস্টীয় গির্জায় পূর্ণ দীক্ষার অনুষ্ঠানবিশেষ। *a.* **confir°mative**—দৃঢ়তরভাবে প্রতিপাদনশীল; সমর্থন ও অনুমোদন করিতে চাহে এমন ; সত্য বলিয়া প্রমাণ করিতে চাহে এমন। *a.* **confir°matory**—দৃঢ়ভাবে প্রতিপাদন করে এমন ; সমর্থন ও অনুমোদন করে এমন ; সত্য বলিয়া স্বীকার করে এমন। *a.* **confir°med**—স্থিরীকৃত ; দৃঢ়তররূপে প্রতিপন্ন ; সমর্থন ও অনুমোদন লাভ করিয়াছে এমন, পাকাপাকিভাবে স্বীকৃত ; দীর্ঘ অভ্যাসগত, মজ্জাগত। *n.* **confir°mer** । [OE. *confirmer* < L. *con-*, see *firm*]

confiscate [kon°-fis-kāt, কন্‌°ফিস্‌কেইট্‌] *v.t.* to appropriate to the state or seize by authority, রাজসরকারে বা ক্ষমতাবলে বাজেয়াপ্ত করা। *p.* & *p. pt.* **con°fiscāted** । *n.* **con°fiscā°tion** । *n.* **con°fiscātor** । *a.* **con°fiscātory**—বাজেয়াপ্ত করা সম্পর্কিত। [L. *confiscare* < *con-*, *fiscus* = treasury]

conflagrate [kon°-fla-grāt, কন্‌°ফ্ল্যাগ্রেইট্‌] *v.t.i.* to burn up, জ্বালাইয়া দেওয়া বা জ্বলিয়া উঠা। *p.* & *p. pt.* **conflagrāted** । *n.* **conflagrā°tion**—প্রচণ্ড অগ্নিকাণ্ড। [L. *conflagrare*]

conflate [kan-flāt°, ক্যান্‌ফ্লেইট্‌°] *v.t.* to fuse into one, (প্রধানতঃ কোন পুঁথির বা গ্রন্থের দুই বিভিন্ন পাঠকে) একত্র মিশান। *p.* & *p. pt.* **conflā°ted** । *n.* **conflā°tion** । [L. *conflare* = to blow together]

conflict [kon°-flikt, কন্‌°ফ্লিক্‌ট্‌] *n.* a violent collision, প্রচণ্ড সজ্ঘর্ষ ; a struggle, দ্বন্দ্ব, বিরোধিতা, সজ্ঘাত ; a battle, যুদ্ধ। *v.i.* **conflict** [kan-flikt°, ক্যান্‌ফ্লিক্‌ট্‌°] সংগ্রাম করা ; দ্বন্দ্ব করা ; বিরোধিতা করা ; সজ্ঘৃষ্ট হওয়া। *p.* & *p. pt.* **conflic°ted** । *a.* **conflic°ting**—সজ্ঘর্ষশীল ; (পরস্পর) দ্বন্দ্বরত বা বিরোধী (*conflicting* report)। *n.* **conflic°tion** । [*con-*, L. *fligere* = to strike]

confluence [kon°-floo-ans, কন্‌°ফ্লুঅ্যান্‌স্‌] *n.* a flowing together or meeting-place (as of a river), (নদ্যাদির) মিলিত প্রবাহ বা সঙ্গম ; a concourse, জনসমাবেশ। **con°fluent**—(I) *a.* একত্র প্রবহমান ; সম্মিলিত ; (2) *n.* অন্য নদীর সহিত মিলিতভাবে প্রবাহিত নদী, নদীসঙ্গম। *n.* **con°flux**—মিলিত প্রবাহ। [*con-*, L. *fluere* = to flow]

conform [kan-faw(r)m°, ক্যান্‌ফ্য(র্)ম্‌°] (I) *v.t.* to make of the same form, অনুরূপ করা ; to adapt, উপযোগী করা। (2) *v.i.* to be of the same form, অনুরূপ হওয়া ; to obey, মানিয়া চলা (to *conform* to rules)। *a.* **confor°mable** । *n.* **conformabi°lity** । *adv.* **confor°mably** । *n.* **conformation** [kon-faw(r)-mā°sh(a)n, কন্‌ফ্য(র্)মেই°শ্‌ন্] গঠনপ্রণালী ; অবয়ব, কাঠাম। *n.* **confor°mist**—(প্রধানতঃ সরকার-অনুমোদিত গির্জার) অনুগামী ব্যক্তি। *n.* **confor°mity**—অনুরূপতা ; বশ্যতা ; প্রসঙ্গ নিয়ম প্রভৃতির অনুযায়িতা, স্বাভাবিকতা। **in conformity with**—অনুসারে। [*con-*, *form*]

confound [kan-found°, ক্যান্‌ফাউন্‌ড্‌°] *v.t.* to defeat, পরাভূত করা ; to confuse, তালগোল পাকাইয়া ফেলা ; to perplex, বিভ্রান্ত বা কিংকর্তব্যবিমূঢ় করা ; to astonish, বিস্মিত করা ; (*imp.*) to curse mildly, আ মলো যা (usu. **confound it**)। *a.* **confoun°dėd**—তালগোল-পাকান ; বিভ্রান্ত, হতবুদ্ধি, কিংকর্তব্যবিমূঢ় ; বিস্মিত ; (কথ্য.) ডাহা, মস্ত, শোচনীয় (a *confounded* folly)। *adv.* **confoun°dėdly** । [OF. *confondre* < L. *con-*, *fundere* = to pour]

confraternity [kon-fra-ta(r)°-ni-ti, কন্‌ফ্র্যাট্যা(র্)°নিটি] *n.* a brotherhood, (প্রধানতঃ ধর্মীয়) ভ্রাতৃসজ্ঘ ; a group or gang, দল। [*con-*, *fraternity*]

confrère [kon°frā(r), কন্‌°ফ্রেয়্যা(র্)] *n.* a fellow member of a profession, learned society, etc., সমবৃত্তিধারী বা সমজ্ঞানানুশীলনকারী ব্যক্তি। [F.]

confront [kan-frunt°, ক্যান্‌ফ্রান্‌ট্‌°] *v.t.i.* to come or bring face to face with, সম্মুখীন হওয়া বা করা ; to face in opposition or hostility, বিরোধিতা বা সংগ্রামের মুখোমুখি হওয়া ; to be opposite to, বিপরীত দিকে বা মুখোমুখিভাবে অবস্থিত হওয়া। *p.* & *p. pt.* **confron°tėd** । *n.* **confrontation** [kon-frun-tā°sh(a)n, কন্‌ফ্রান্‌টেই°শ্‌ন্] দুই বা ততোধিক ব্যক্তিকে পরস্পরের সম্মুখীন করা ; 'যুদ্ধং দেহি' মনোভাবে পরস্পরের সম্মুখীন হওয়ার অবস্থা। [*con-*, *front*]

Confucian [kan-fū°-shi-an, ক্যান্‌ফিউ°শিঅ্যান্‌] *a.* of Confucius, চীনা দার্শনিক কন্‌ফিউশিঅ্যাস্‌-সংক্রান্ত। *n.* **Confū°cianist**—কন্‌ফিউশিঅ্যাসের অনুগামী ব্যক্তি।

confuse [kan-fūz°, ক্যান্‌ফিউজ্‌°] *v.t.* to mix up indistinguishably, তালগোল পাকাইয়া ফেলা ; to throw into disorder, বিশৃঙ্খল করা ; to perplex, বিভ্রান্ত বা কিংকর্তব্যবিমূঢ় করা ; to fail to distinguish, বাছিয়া লইতে বা পার্থক্য বুঝিতে অক্ষম হওয়া। *a.* **confūsed**—তালগোল-পাকান ; বিশৃঙ্খল ; বিভ্রান্ত, হতবুদ্ধি, কিংকর্তব্যবিমূঢ় ; বাছিয়া লইতে বা পার্থক্য বুঝিতে অক্ষম। *adv.* **confū°sėdly** । *n.* **confū°sėdness** । *n.* **confū°sion**—তালগোল-পাকান অবস্থা ; বিশৃঙ্খলা ; গোলমাল ; বিভ্রান্তি, কিংকর্তব্যবিমূঢ়তা ; লজ্জা ; পরাজয় ; চরম লোকসান বা সর্বনাশ। [see *confound*]

confute [kan-fūt°, ক্যান্‌ফিউট্‌°] *v.t.* to prove false, মিথ্যা বা ভুল বলিয়া প্রমাণ করা ; to refute, যুক্তি প্রভৃতি খণ্ডন করা। *p.* & *p. pt.* **confū°tėd** । *a.* **confū°table** । *n.* **confūtā°tion** । [L. *con-*, *futare*]

congè [kawng°-zā, ক্যাংজেই], **congee** [kon°-gē, কন্‌জী] (1) *n.* a bow, অভিবাদন, প্রণাম ; dismissal, বিদায়-দান ; leave to depart, বিদায়-গ্রহণ। (2) *v.t.* to take leave, বিদায় নেওয়া ; to bow, অভিবাদন করা বা প্রণাম করা। [F. *conge* < L. *commeatus*=leave of absence]

congeal [kan-jēl°, ক্যান্‌জীল্‌°] *v.t.i.* to freeze, জমাট বাঁধান বা বাঁধা ; to stiffen, শক্ত বা আড়ষ্ট করা অথবা হওয়া ; to coagulate, দানা বা জমাট বাঁধান বা বাঁধা। *a.* **congea°lable** । *n.* **congeal°ment, congelation** [kon-ji-lā°sh(a)n, কন্‌জিলেই°শ্‌ন্‌] । [L. *congelare*]

congeneric [kon-ji-ne°-rik, কন্‌জিনে°রিক্‌], **congenerous** [kan-je°-na-ras, ক্যান্‌জে°ন্যার্যাস্‌] *a.* of the same origin or kind, স্বগোত্র বা স্বশ্রেণীভুক্ত। [*con-*, L. *genus*=kind]

congenial [kan-jē°-ni-al, ক্যান্‌জী°নিঅ্যাল্‌] *a.* kindred, সদৃশ, সগোত্র ; sympathetic, সমমনোভাবসম্পন্ন ; suitable, উপযোগী ; to one's taste, কাহারও রুচি অনুযায়ী (*congenial* work)। *adv.* **conge°nially** । *n.* **congenia°lity** । [*con-*, *genial*]

congenital [kon-je°-nitl, কন্‌জে°নিট্‌ল্‌] *a.* belonging to one from birth, (প্রধানতঃ রোগ অঙ্গবিকৃতি প্রভৃতি সম্পর্কে) সহজাত (*congenital* defect)। *adv.* **conge°nitally** । [*con-*, *genital*]

conger [kong°-ga(r), কং°গ্যা(র্‌)] *n.* a large sea-eel, বৃহদাকার সামুদ্রিক বানমাছ। [Gk. *gongros*]

congeries [kon-jēr°-ēz, কন্‌জিয়্যার্‌°ঈজ়্‌] *n.* (*sing.* & *pl.*) an aggregation, মোট দ্রব্য বা পরিমাণাদি, সমষ্টি (*congeries* of slums)। *false sing.* **congēr°y** । [L. < *con-*, *gerere*=to bring]

congest [kan-jest°, ক্যান্‌জেস্‌ট্‌°] *v.t.* to heap or crowd together in excess, অতিশয় গাদাগাদি করান বা ভিড় করান ; to accumulate greatly, অতিশয় সঞ্চিত করা বা পুঞ্জিত করা। *a.* **conges°tėd**—রক্তাধিক্যের ফলে পীড়িত ; অতিশয় পরিপূর্ণ, ভিড়ে পূর্ণ ; অত্যন্ত জনসমাকীর্ণ (*congested* areas of a city)। *n.* **congestion** [kan-jes°-ch(a)n, ক্যান্‌জেস্‌°চ্‌ন্‌]। *a.* **conges°tive**—গাদাগাদি করে বা ভিড় করে এমন ; সঞ্চিত বা পুঞ্জিত করে এমন। [*con-*, L. *gerere*=to bring]

conglobate [kon°-glŏ-bāt, কন্‌°গ্লোবেইট্‌] (1) *v.t.i.* to form into a globe, গোলাকারে পরিণত করান বা পরিণত হওয়া। *p.* & *p. pt.* **con°glŏbātėd** । (2) *a.* formed into a globe, গোলাকারে পরিণত। *n.* **conglŏbā°tion** । [*con-*, L. *globare* < *globus*=globe]

conglomerate [kon-glo°-ma-rit, কন্‌গ্লম্যারিট্‌] (1) *a.* gathered into a round mass, একত্র মিশিয়া গোলাকার পিণ্ডীভূত ; (geol.) composed of pebbles cemented together, (ভূবি.) একত্র পিণ্ডিত নুড়িসমূহদ্বারা গঠিত। (2) *n.* a miscellaneous mass, বিভিন্ন বস্তুর মিশ্রণজাত পিণ্ড ; (geol.) a conglomerated rock, (ভূবি.) একত্র পিণ্ডিত নুড়িসমূহদ্বারা গঠিত পাহাড়। *v.t.i.* **conglo°merāte**—একত্র মিশাইয়া গোল পিণ্ডীভূত করা বা একত্র মিশিয়া গোল পিণ্ডীভূত হওয়া। *p.* & *p. pt.* **conglo°merātėd** । *n.* **conglomerā°tion** । [L. *conglomerare*(*v.*) < *con-*, *glomus*=a clew]

congratulate [kan-gra°tū-lāt, ক্যান্‌গ্র্যা°টিউলেইট্‌] *v.t.* to express pleasure in sympathy with, অভিনন্দন জানান (to *congratulate* a person on or upon his success)। *p.* & *p. pt.* **congra°tūlātėd** । *n.* **congratūlā°tion** । *n.* **congratūlā°tor** । *a.* **congrātulā°tory**—অভিনন্দনমূলক। [*con-*, L. *gratulari* < *gratus*=pleasing]

congregate [kong°-gri-gāt, কং°গ্রিগেইট্‌] *v.t.i.* to assemble, সমাবিষ্ট করা বা হওয়া, জড় করা বা হওয়া। *p.* & *p. pt.* **can°gregātėd** । *n.* **congrėgā°tion**—সমাবেশ ; যে কোন গির্জার নিয়মিত উপাসকমণ্ডলী। *a.* **congrėgā°tional**—সমাবেশ-সংক্রান্ত ; উপাসকমণ্ডলী-সংক্রান্ত। [L. *congregare*]

congress [kong°-gres, কংগ্রেস্‌] *n.* act of meeting together (esp. of delegates, specialists, etc.), (প্রধানতঃ প্রতিনিধিবর্গ বিশেষজ্ঞগণ প্রভৃতির) সম্মেলন বা সভা, (পরি.) মহাসভা। *a.* **congressional** [kong-gre°sh-n(a)l, কংগ্রে°শ্‌ন্‌ল্‌] মহাসভা-সংক্রান্ত ; মহাসভায় সঙ্ঘটিত উত্থাপিত আলোচিত প্রভৃতি। *n.* **con°gressman**—উক্ত মহাসভার সদস্য। *n. fem* **con°gresswoman** । *n.* **Con°gress-worker**—ভারতের জাতীয় মহাসভার কর্মী। [*con-*, L. *gradi*=to go]

congruence [kong°-groo-ans, কং°গ্রুঅ্যান্‌স্‌], **con°gruency**—*n.* agreement, মিল, সাদৃশ্য ; suitableness, উপযোগিতা, যথাযথতা ; (geom.) equality in all respects, (জ্যামি.) সর্বসমতা। *a.* **con°gruent**—মিলযুক্ত ; সদৃশ ; উপযোগী, যথাযথ ; (জ্যামি.) সর্বসম (*congruent* triangles)। *n.* **con°gruity**—মিল, ঐক্য ; সঙ্গতি ; উপযুক্ততা, মানানসই ভাব। *a.* **con°gruous**—উপযোগী ; মানানসই ; সঙ্গতিপূর্ণ (*congruous* with)। [L. *congruere*=to run together]

conic(al), coniform—see **cone.**

conifer [kō°-ni-fa(r), কৌ°নিফ্যা(র্‌)] *n.* any cone-bearing plant, মোচাকৃতি শীর্ষবিশিষ্ট যে-কোন বৃক্ষ। *a.* **coni°ferous**—মোচাকৃতি। [L. *conus*=a cone, *ferre*=to bear]

conjecture [kan-jek°-cha(r), ক্যান্‌জেক্‌°চ্যা(র্‌)] (1) *n.* a guess or guessing, (প্রধানতঃ ভবিষ্যৎ-সম্বন্ধে) অনুমান ; an opinion without proof, সঙ্গত কারণ ব্যতিরেকেই গঠিত ধারণা। (2) *v.t.i.* to guess, অনুমান করা ; to form an opinion without proof, কারণ ব্যতিরেকেই ধারণা করা। *a.* **conjec°turable**—আন্দাজ করা যায় এমন ; অনুমেয়। *a.* **conjec°tural**—অনুমানমূলক ; অনুমানপ্রবণ। [*con-*, L. *jacere*=to throw]

conjoin [kan-joyn°, ক্যান্জয়্ন্°] *v.t.i.* to join together, একত্র যুক্ত করা বা হওয়া, মিলিত করা বা হওয়া। *a.* **conjoined** । *a.* **conjoint°**—একত্র যুক্ত বা মিলিত। *adv.* **conjoint°ly** । [F. *conjoindre* < L. *con-*, *join*]

conjugal [kon°-joog(a)l, কন্°জুগ্‌ল্] *a.* of marriage, বিবাহসংক্রান্ত, দাম্পত্য (*conjugal* happiness)। *n.* **conjuga°lity**—বিবাহিত অবস্থা, দাম্পত্যজীবন। *adv.* **con°jugally** । [L. *conjugalis* < *conjux* = a husband or wife]

conjugate [kon°-joo-gāt, কন্°জুগেইট্] (**1**) *v.t.* (gr.) to give the various inflections and parts of (a verb), (ব্যাক.) ধাতুরূপ করা। (**2**) *v.t.i.* (biochem.) to unite, (জৈব-রসা.) মিলিত করান বা মিলিত হওয়া। *p.* & *p. pt.* **con°jugāted** । **con°jugate**—(**1**) *a.* সংযুক্ত ; সম্বদ্ধ ; যুগ্ম ; (উদ্ভি.) জোড়ায় জোড়ায় উদ্ভূত ; (**2**) *n.* সমব্যুৎপত্তি-বিশিষ্ট শব্দ ; সদৃশ বা সম্পর্কযুক্ত কিছু। *n.* **conjugā°tion**—ধাতুরূপ ; মিলন ; সংযুক্তি, সম্বদ্ধতা ; যুগ্মতা। *a.* **conjugā°tional**—ধাতুরূপসংক্রান্ত ; মিলন-ঘটিত ; সংযোগমূলক বা সম্পর্কমূলক ; যুগ্মতাসংক্রান্ত। [L. *conjugare* < *con-*, *jugum* = a yoke]

conjunct [kan-jung(k)t°, ক্যান্জাংট্°] *a.* conjoined, একত্র মিলিত বা যুক্ত। **conjunct letter**—যুক্তাক্ষর। *n.* **conjunc°tion**—মিলন ; সংযোগ ; (ব্যাক.) সংযোগমূলক অব্যয় ; (জ্যোতি.) গ্রহসম্মেলন। **in conjunction with**—একত্রে, সংযোগে। *a.* **conjunc°tional**—মিলনাত্মক ; সংযোগমূলক। *n.* **conjunctiva** [kon-zung(k)-tī°-va, কন্-জাংটাই°ভ্যা] নেত্রবর্ত্মকলা। *a.* **conjunctī°val**—নেত্রবর্ত্মকলা-সম্পর্কিত। *a.* **conjunc°tive**—ঘনিষ্ঠভাবে মিলিত ; মিলনসংসাধক ; সংযোজক। *n.* **conjunctivī°tis**—নেত্রবর্ত্মকলার প্রদাহ। *adv.* **conjunct°ly** । *n.* **conjuncture** [kan-jung(k)°-cha(r), ক্যান্জাং°চ্যা(র্)] বিভিন্ন পারিপার্শ্বিক অবস্থার মিলন, পরিবেশ ; সন্ধিক্ষণ ; সঙ্কটমুহূর্ত। [L. *conjunctio*—see *conjoin*]

conjure [kun°-ja(r), কান্°জ্যা(র্)] *v.t.i.* to practise magical arts (upon), জাদু করা ; to produce magical effects, ঐন্দ্রজালিক প্রভাব বিস্তার করা ; to do sleight-of-hand tricks, হাতের কৌশল দেখান ; to compel (a spirit) by incantation, মন্ত্রোচ্চারণদ্বারা (ভুতপ্রেতাদি) নামান বা ঝাড়া। *v..i.* **conjure** [kan-jooa(r)°, ক্যান্জুয়্যা(র্)°] (প্রধানতঃ দোহাই পাড়িয়া) মিনতি করা বা আবির্ভূত হইবার জন্য সনির্বন্ধ অনুরোধ করা। **(to) conjure up**—ভেলকি বা ভোজবাজি দেখান ; স্মৃতি-পথে আনয়ন করা। **name to conjure with**—যে নাম ইন্দ্রজালের ন্যায় প্রভাব বিস্তার করে। *n.* **conjūrā°tion**—জাদু ; জাদুমুগ্ধতা ; জাদুমুগ্ধ করা ; আবির্ভূত হইবার জন্য (দোহাই পাড়িয়া) মিনতি ; ষড়যন্ত্র। *n.* **conjurer, conjuror** [kun°-ja-ra(r), কান্°জ্যার্যা(র্)] জাদুকর। [F. *conjurer* < L. *con-*, *jurare* = to swear]

conk₁ [kongk, কংক্] *v.i.* to break down, (গাড়ি-সম্বন্ধে) অচল হইয়া পড়া। *p.* & *p. pt.* **con°ked** । [?]

conk₂ [kongk, কংক্] *n.* (sl.) the nose, (অশি.) নাসিকা। *n.* **con°ky**—লম্বা নাকওয়ালা লোক। [see *conch*]

conn—alt. spell. on **con₂**.

connate [ko°-nāt, ক°নেইট্] *a.* innate, সহজাত ; inborn, জন্মগত ; born at the same time, এককালে জাত। [*con-*, L. *nasci*, *natus* = to be born]

connatural [ko°-na°chr(a)l, ক°ন্যা°চ্‌র্‌ল্] *a.* of the same nature with another, সমপ্রকৃতি। *adv.* **co°nna°turally** । [*con-*, *natural*]

connect [ka-nekt°, ক্যানেক্ট্°] *v.t.* to tie or join together, একত্র বাঁধা বা সংযুক্ত করা, সম্বদ্ধ করা ; to establish a relation between, সম্পর্ক বা কুটুম্বিতা স্থাপন করা। *a.* **connec°ted**—একত্র আবদ্ধ, সংযুক্ত, সম্বদ্ধ ; সম্পর্কযুক্ত, সংশ্লিষ্ট। *n.* **connec°ter, connec°tor** । *a.* **connec°table** । *n.* **connec°tion, connexion** [ka-nek°-sh(a)n, ক্যানেক্°শ্‌ন্] । **in this connection**—এই প্রসঙ্গে। **in connection with**—(কিছুর) সম্পর্কে। **connec°tive**—(**1**) *a.* সংযোজক ; (**2**) *n.* (ব্যাক.) সংযোজক অব্যয়। [*con-*, L. *nectere* = to tie]

conned, conner, conning—see **con₂,₃**.

connexion—see **connect**.

connive [ka-nīv°, ক্যানাইভ্°] *v.i.* to wink (as at a fault), (দোষাদির প্রতি) চক্ষু বুজিয়া থাকা, দেখিয়াও না দেখা ; to take no notice, উপেক্ষা করা। *n.* **conni°vance**—চক্ষু বুজিয়া থাকা ; প্রতিবাদ না করার ফলে (অর্থাৎ নীরবে) সমর্থন (done in *connivance* with or with the *connivance* of—পরোক্ষ সম্মতি বা প্রশ্রয়ের দরুন কৃত)। *n.* **connī°ver** । [L. *conivere* = to wink]

connoisseur [ko-ni-sa(r)°, কনিস্যা(র্)°] *n.* an erudite judge (esp. in the arts), (প্রধানতঃ চারুকলায়) পণ্ডিত বিচারক, রসপণ্ডিত। *n.* **connoisseur°ship** । [F. < L. *cognoscere* = to know]

connote [ko-nōt°, কনৌট্°], **co°nnōtāte**—*v.t.* to imply in addition to the primary meaning, গূঢ়ার্থ বা ভাবার্থ সূচিত করা ; (log.) to imply as inherent attributes, (ন্যায়.) স্বভাবগত বৈশিষ্ট্যাদি প্রকাশ করা ; (loos.) to mean, (শিথি.) অর্থ বোঝান। *p.* & *p. pt.* **connō°ted, co°nnōtāted** । *n.* **connotā°tion**—গূঢ়ার্থ ; (ন্যায়.) স্বভাবগত বৈশিষ্ট্যাদি ; অর্থ। *a.* **co°nnōtātive**—গূঢ়ার্থপ্রকাশক ; স্বভাবগত বৈশিষ্ট্যাদি প্রকাশক ; অর্থ-সূচক। [*con-*, L. *notare* = to mark]

connubial [ka-nū°-bi-al, ক্যানিউ°বিয়্যাল্] *a.* of marriage, বিবাহসংক্রান্ত। *n.* **connūbia°lity** । *adv.* **connū°bially** । [*con-*, L. *nubere* = to marry]

conoid [kō°-noyd, কৌ°নয়ড্] *n.* anything cone-shaped, মোচাকার বস্তু। *a.* **co°noid(al)**—মোচাকার ; মোচাকার বস্তুসংক্রান্ত। [see *cone*, Gk. *eidos*=form]

conquer [kong°-ka(r), কং°ক্যা(র্)] (1) *v.t.* to gain by force, জয় করা ; to overcome, পরাজিত করা। (2) *v.i.* to be victorious, জয়ী হওয়া। *a.* **con°querable** । *n.* **con°queror** । *fem.* **con°queréss** । [*con-*, L. *quaerere*=to seek]

conquest [kong°-kwest, কং°ক্যোএস্ট্] *n.* act of conquering, বিজয়, জয় করা। [see *conquer*]

consanguine [kon-sang°-gwin, কন্স্যাং°গুইন্], **consangui°néous**—*a.* related by blood, রক্তের সম্বন্ধযুক্ত ; akin, সগোত্র। *n.* **consangui°nity** । [*con-*, *sanguine*]

conscience [kon°sh(a)ns, কন্°শ্যান্স্] *n.* consciousness, চেতনা ; moral sense, নীতি-বোধ, নৈতিক চেতনা ; conscientiousness, বিবেকিতা, বিবেক-বুদ্ধি। **conscience money**—বিবেক-পীড়িত হইয়া পূর্বে ফাঁকি-দেওয়া দেনার বাবদ প্রদত্ত অর্থ। **for conscience**—বিবেকের তাড়নায়। **in all conscience**—অবশ্যই। **upon one's conscience**—বাস্তবিকপক্ষে, সত্যই। **(to) make a matter of conscience**—কোন ব্যাপারকে বিবেকবুদ্ধিদ্বারা বিচার্য বলিয়া মনে করা। **(to) speak one's conscience**—স্বীয় মতামত প্রকাশ করা। *a.* **con°science-proof**—বিবেকদংশনের অতীত, বিবেকহীন। *a.* **conscientious** [kon-shi-en°-shas, কন্শিএন্°শ্যাস্] বিবেকী, বিবেক-বুদ্ধিপূর্ণ। *adv.* **conscien°tiously** । *n.* **conscien°tiousness** । **conscientious objector**—যে ব্যক্তি বিবেকের দোহাই পাড়িয়া প্রতিবাদ করে। *a.* **conscionable** [kon°sh-nabl, কন্°শ্‌ন্যাব্‌ল্] বিবেকবুদ্ধিচালিত। *adv.* **con°scionably** । [F.<L. *conscientia*=knowledge]

conscious [kon°-shas, কন্°শ্যাস্] *a.* aware, জ্ঞাত (to be *conscious* of) ; having knowledge or consciousness, সজ্ঞান বা সচেতন। *adv.* **con°sciously** । *n.* **con°sciousnéss** । [L. *conscius*<*conscire*=to know—cp. *conscience*]

conscript [kan-skript°, ক্যান্স্ক্রিপ্ট্°] *v.t.* to enlist compulsorily, বাধ্যতামূলকভাবে অথবা জোর করিয়া সৈন্যদলে ভরতি করা (also rarely **conscrībe**) । *p.* & *p. pt.* **conscrip°téd** । **conscript** [kon°-skript°, কন্°স্ক্রিপ্ট্] (1) *a.* বাধ্যতামূলকভাবে সৈন্যদলে নিযুক্ত ; (2) *n.* উক্তভাবে নিযুক্ত সৈনিক। *n.* **conscrip°tion** । *a.* **conscrip°tional**—বাধ্যতামূলকভাবে সৈন্যদলে নিয়োগসংক্রান্ত। [*con-*, L. *scribere*=to write]

consecrate [kon°-si-krāt, কন্°সিক্রেইট্] *v.t.* to set apart for a holy use, পবিত্র উদ্দেশ্যে ব্যবহারের জন্য পৃথক্ করিয়া রাখা ; to sanctify, পবিত্র করা ; to devote, (পবিত্র কাজে) নিযুক্ত করা, উৎসর্গ করা। *p.* & *p. pt.* **con°sécrātéd** । *n.* **consecrā°tion**—consecrate-এর সকল অর্থে এবং—বিশপের পদে উন্নীত করা। *n.* **con°secrātor** । [L. *consecrare*=to sanctify thoroughly]

consecution—see **consecutive**.

consecutive [kan-se°-kū-tiv, ক্যান্সে°কিউটিভ্] *a.* following in regular order or one after another, ধারাবাহিক, পরপর। *adv.* **conse°cūtively** । *n.* **conse°cūtivenéss** । *n.* **consécū°tion**—ধারাবাহিকতা ; ধারাবাহিক বস্তুসমূহ বা বিষয়সমূহ। [*con-*, L. *sequi*=to follow]

consensus [kan-sen°-sas, ক্যান্সেন্°স্যাস্] *n.* agreement, মিল, ঐক্য ; (loos.) trend of opinion, (শিথি.) সাধারণ বা প্রচলিত মত। *a.* **consen°sūal**—সম্মতিসংক্রান্ত ; (বিজ্ঞা.) পরস্পর ক্রিয়া-প্রতিক্রিয়া-সংক্রান্ত। [L.—see *consent*]

consent [kan-sent°, ক্যান্সেন্ট্°] (1) *v.i.* to agree, একমত হওয়া, রাজি হওয়া ; to give assent or permission, সম্মতি বা অনুমতি দেওয়া। *p.* & *p. pt.* **consen°téd** । (2) *n.* concurrence, ঐকমত্য, সম্মতি ; permission, অনুমতি। **age of consent**—বিবাহ করিবার জন্য পাত্রপাত্রীর ন্যূনপক্ষে যে বয়স হওয়া দরকার। **with one consent**—সর্বসম্মতিক্রমে। *a.* **consentaneous** [kon-san-tā°-ni-as, কন্স্যান্টেই°নিঅ্যাস্] মিলযুক্ত ; অনুযায়ী ; সঙ্গতিযুক্ত। *n.* **consentaneity** [kon-sen-ta-nē°-i-ti, কন্সেন্ট্যানী°ইটি]। *a.* **consentient** [kan-sen°sh(a)nt, ক্যান্সেন্°শ্‌ন্ট্] একমত ; সম্মত। [*con-*, L. *sentire*=to feel or think]

consequence [kon°-s(i)kwans, কন্°সিক্যোঅ্যান্স্] *n.* a result of something, effect, ফলাফল, পরিণতি ; (log.) the relation of an effect to its cause, (ন্যায়.) কারণের সহিত কার্যের সম্পর্ক ; importance, গুরুত্ব (matter of *consequence*) ; social standing, সামাজিক প্রতিষ্ঠা বা প্রতিপত্তি (a man of *consequence*)। **con°sequent**—(1) *a.* (প্রধানতঃ কিছুর ফলস্বরূপ) অনুবর্তী বা অনুগামী। (2) *n.* ফলাফল, পরিণতি। *a.* **consequential** [kon-si-kwen°sh(a)l, কন্সিক্যোএন্°শ্‌ল্] (প্রধানতঃ পরোক্ষ) ফলস্বরূপ ; অনুবর্তী ; আত্মাভিমানী। *adv.* **con°sequently** । [F.<L. *consequi*=to follow after]

conserve [kan-sa(r)v°, ক্যান্স্যা(র্)ভ্°] (1) *v.t.* to keep entire, অক্ষুণ্ণ রাখা বা অবিকৃত রাখা (to *conserve* one's energies) ; to preserve, সংরক্ষিত করা। (2) *n.* something preserved, (মোরব্বা আমসত্ত্ব প্রভৃতি) সংরক্ষিত দ্রব্য। *a.* **conser°vable** । *n.* **conser°vancy**—সংরক্ষণ ; নদী অরণ্য প্রভৃতির সংরক্ষণ বা তত্ত্বাবধান বা তত্ত্বাবধায়ক সভা ; (ভারতে) ময়লাদি নিষ্কাশনপূর্বক সৈন্যশিবিরের সংরক্ষণ। *n.* **conser°vation** [kon-sa(r)-vā°-sh(a)n, কন্স্যা(র্)ভেই°শ্‌ন্]। **conservation of energy**—সামগ্রিক বিচারে শক্তি অক্ষয় : এই মতবাদ।

conservation of matter—পদার্থ অক্ষয় : এই মতবাদ। *a.* **conservaˉ°tional**—সংরক্ষণমূলক। *n.* **conserv°atism**—সংরক্ষণশীলতা (অর্থাৎ নূতন কিছু গ্রহণে অস্বীকৃতি)। **conservative** [kan-sa(r)°-v(a)tive, ক্যান্‌স্যা(র্)°ভ্‌টিভ্] (**1**) *a.* (সচ. রাজনীতিতে) সংরক্ষণশীল; সংরক্ষণে সক্ষম; পরিমিত, মাঝামাঝি (at a *conservative* estimate)। (**2**) *n.* সংরক্ষণশীল ব্যক্তি। *n.* **conser°vatoire** (F.), **conser°vatōrium**—সর্বসাধারণের জন্য সঙ্গীত-বিদ্যালয়। *n.* **conser°vātor**—আইনানুমোদিত বা সরকারি তত্ত্বাবধায়ক (*conservator* of forests)। *n.* **conser°vatory**—ভাণ্ডার; কাচের ঘরে সংরক্ষিত বিদেশী গাছপালার উদ্যানবিশেষ; সঙ্গীত-বিদ্যালয়। *n.* **conser°ver**—সংরক্ষক। [L. *conservare*]

consider [kan-si°-da(r), ক্যান্‌সি°ড্যা(র্)] (**1**) *v.t i.* to think (on) carefully, মনোযোগের সহিত ভাবা বা বিবেচনা করা; to attend to, মনোযোগ দেওয়া। (**2**) *v.t.* to count or take into account, গণ্য বা গ্রাহ্য করা। **all things considered**—সমস্ত কিছু বিবেচনাপূর্বক। **considered opinion**—সুবিবেচিত মত। *a.* **considerable** [kan-si°-d(a)-rabl, ক্যান্‌সি°ড্‌র্যাব্‌ল্] গণ্য হওয়ার যোগ্য; কিছু গুরুত্বপূর্ণ; একটুখানি নহে, বেশ কিছু। *adv.* **consi°derably**। *a.* **considerate** [kan-si°-d(a)rit, ক্যান্‌সি°ড্‌রিট্] সুবিবেচিত; সুবিবেচক; পরের সম্বন্ধে সহানুভূতিপূর্ণ বিবেচনাযুক্ত। *n.* **consideraˉ°tion**—চিন্তা: বিবেচনা; গুরুত্ব; উদ্দেশ্য বা হেতু; ক্ষতিপূরণ বা পুরস্কার (to do something for a *consideration*)। **(to) leave out of consideration**—উপেক্ষা বা অবহেলা করা; বিবেচনা করিয়া না দেখা। **(to) take into consideration**—বিবেচনা করিয়া দেখা। **on no consideration**—কোনই অবস্থায় বা যুক্তিতে নয়। **consi°dering**—(**1**) *prep.* & *con.* তাহা দেখিয়া বা বিবেচনা করিয়া; (**2**) *adv.* সব-কিছু বিবেচনা করিবার পর। *adv.* **consi°deringly**—(প্রধানতঃ পরের সম্বন্ধে সহানুভূতি-সহকারে) বিবেচনাপূর্বক। [L. *considerare*=to examine minutely]

consign [kan-sīn°, ক্যান্‌সাইন্°] *v.t.* to transfer, হস্তান্তরিত করা; to entrust, ন্যস্ত করা, হেপাজতে দেওয়া (to *consign* to misery or to one's grave); to transmit, প্রেরণ করা। *a.* **consig°nable**। *n.* **consignation** [kon-sig-nā°sh(a)n, কন্‌সিগনেই°শ্‌ন্] আইনানুমোদিতভাবে নিযুক্ত ব্যক্তিকে পারিশ্রমিকাদি প্রদান; মাল প্রেরণ। *a.* **consig°ned**—বিশ্বাসভরে প্রদত্ত; হস্তান্তরিত; সমর্পিত; প্রেরিত। *n.* **consignee°**—(প্রেরিত মাল প্রভৃতির) প্রাপক। *n.* **consig°ner, consig°nor**—প্রেরক। *n.* **consign°ment**—হস্তান্তর; সমর্পণ; প্রেরণ; প্রেরিত মাল; একত্রে প্রেরিত মালসমূহ। [L. *consignare*=to attest]

consist [kan-sist°, ক্যান্‌সিস্‌ট্°] *v.i.* to be composed (of), গঠিত হওয়া; to exist or be comprised (in), ভিতরে বিদ্যমান বা অন্তর্ভুক্ত থাকা; to agree (with), মিল-পূর্ণ বা সঙ্গতিপূর্ণ হওয়া। *p.* & *p. pt.* **consis°tėd**। *n.* **consis°tence, consis°tency**—ঘনত্ব (to mix flour and water to the right *consistency*); সার; দৃঢ়তা, অটলতা; মিল, সঙ্গতি। *a.* **consis°tent**—অটল; দৃঢ়; ঘন; মিলবিশিষ্ট; সঙ্গতিপূর্ণ। *adv.* **consis°tently**। *n.* **consis°tory**—সভাস্থান, সভামণ্ডপ; প্রাচীন রোমে সম্রাটের প্রধান বিচারালয়ের স্থান বা উক্ত বিচারালয়; সভা; আধ্যাত্মিক বিচারালয়, ধর্ম-বিচারালয়। *a.* **consistorial** [kon-sis-taw°-ri-al, কন্‌সিস্‌ট°রিঅ্যাল্] উক্ত সভামণ্ডপ বা বিচারালয় বা ধর্ম-বিচারালয় সংক্রান্ত। [*con-*, *sistere*=to set, stand]

console$_1$ [kon°-sōl, কন্°সৌল্] *n.* a bracket-like projection, দেওয়ালের তাকের ন্যায় বা কুলুঙ্গির ন্যায় নির্মিত অংশ; the key-desk of an organ, অর্গানের ঘাটসমূহ। [F.]

console$_2$ [kan-sōl°, ক্যান্‌সৌল্°] *v.t.* to comfort, সান্ত্বনা দেওয়া, প্রবোধ দেওয়া। *a.* **conso°lable**। *n.* **consolaˉ°tion**। **consolation prize**—(অকৃতকার্য প্রতিযোগীকে) সান্ত্বনাদানার্থ প্রদত্ত পুরস্কার। *a.* **conso°latory**—সান্ত্বনাদায়ক। [L. *consolari*]

consolidate [kan-so°-li-dāt, ক্যান্‌স°লিডেইট্] (**1**) *v.t.i.* to make or grow solid or firm, ঘন বা সুদৃঢ় করা অথবা হওয়া; to unite, মিলিত করা বা হওয়া। (**2**) *v.t.* (mil.) to rearrange and strengthen, (সাম.) পুনর্বিন্যাসদ্বারা শক্তিশালী করা। *p.* & *p pt.* **conso°lidātėd**। **consolidated fund**—জাতীয় ঋণের সুদ-পরিশোধার্থ বিভিন্ন খাতের রাজস্বের অংশ লইয়া গঠিত তহবিল বা নিধি। *n.* **consolidaˉ°tion**। *n.* **consolidaˉ°tor**। [L. *consolidare*]

consommé [kan-so°-mā, ক্যান্‌স°মেই] *n.* a clear meat soup made by slow boiling, মৃদু আঁচে জাল দিয়া তৈয়ারি মাংসের পাতলা ঝোল। [F.<L. *consummare*=to consummate]

consonant [kon°-sa-nant, কন্°স্যান্যান্ট্] (**1**) *a.* consistent, সঙ্গতিপূর্ণ; harmonious, সামঞ্জস্যপূর্ণ; agreeable, উপযোগী। (**2**) *n.* (gr.) a non-vowel sound or a letter representing it, (ব্যাক.) ব্যঞ্জনধ্বনি বা ব্যঞ্জনবর্ণ। *n.* **con°sonance**—উপযোগিতা, মিল; (সঙ্গীতে) বিভিন্ন সুরের মিলন বা সুরসমন্বয় অথবা একত্র ধ্বনিত হইবার উপযুক্ত বিভিন্ন সুর। *a.* **conso°nantal**—সমন্বয় বা মিলন সংক্রান্ত; ব্যঞ্জনধ্বনি বা ব্যঞ্জনবর্ণ সংক্রান্ত। *adv.* **con-so°nantly**। [*con-*, L. *sonare*=to sound]

consort [kon°-saw(r)t, কন্°স্য(র্)ট্] *n.* a wife or husband, স্ত্রী বা স্বামী; a companion, সঙ্গী; agreement, ঐক্য, মিল। **consort** [kan-saw(r)t°, ক্যান্‌স্য(র্)ট্°] (**1**) *v.t.i.* সঙ্গী হওয়া। (**2**) *v.i.* ঐক্যযুক্ত হওয়া। *p.* & *p. pt.* **consor°tėd**। **in consort**—সঙ্গে বর্তমান, সহগামী; সঙ্গতিপূর্ণ। *n.* **consortium** [kon°-saw(r)-ti-am, কন্°স্য(র্)টিঅ্যাম্; kon°-saw(r)-shi-am, কন্°স্য(র্)শিঅ্যাম্]

সহকারিতা, সাহচর্য ; মিলন, সঙ্ঘ ; আন্তর্জাতিক ব্যাঙ্ক-ব্যবসায়ীদের বা মূলধন বিনিয়োগকারীদের সভা ; কোন উদ্দেশ্যসাধনার্থ বিভিন্ন আন্তর্জাতিক শক্তি বা ব্যাঙ্ক প্রভৃতির মিলিত সঙ্ঘ। [L. *consors*]

conspectus [kan-spek°-tas, ক্যান্‌স্পেক্‌°ট্যাস্] *n.* a general view or survey, সাধারণভাবে নিরীক্ষণ বা পর্যবেক্ষণ ; synopsis, সংক্ষিপ্তসার। [L.<*con-, spicere*=to look]

conspicuous [kan-spi°-kū-as, ক্যান্‌স্পি°কিউঅ্যাস্] *a.* catching the eye, দৃষ্টি-আকর্ষক, নজর কাড়ে এমন ; prominent, বিশিষ্ট। **(to) make oneself conspicuous**—অস্বাভাবিক আচার-আচরণ সাজসজ্জা প্রভৃতির দ্বারা লোকের দৃষ্টি আকর্ষণ করা। *n.* **conspicuity** [kon-spi-kū°-i-ti, কন্‌স্পিকিউ°ইটি], **conspi°cūousnėss**। *adv.* **conspi°cūously**। [*con-*, L. *spicere*=to look]

conspire [kan-spī(r)°, ক্যান্‌স্পায়্যা(র্)°] *v.t.i.* to plot or scheme, চক্রান্ত করা, ষড়যন্ত্র করা, ফন্দি আঁটা। *n.* **conspi°racy**—চক্রান্ত, ষড়যন্ত্র; চক্রি-দল। **conspiracy of silence**—কোন বিষয় প্রকাশ না করা বা তৎসম্পর্কে নীরব থাকার চুক্তি বা চক্রান্ত। *n.* **conspi°rator**। *adv.* **conspīr°ingly**। [L. *con-, spirare*=to breathe]

constable [kun°-stable, কান্‌°স্ট্যাব্‌ল্] *n.* (ori.) a state officer of the highest rank or the warden of a castle, (মূলতঃ) সর্বোচ্চপদস্থ সরকারী কর্মচারী বা দুর্গরক্ষক ; a policeman, পাহারাওয়ালা কনস্টবল, (পরি.) আরক্ষী ; a high police officer, উচ্চপদস্থ পুলিস-কর্মচারী। **special constable**—বিশেষ উপলক্ষে শান্তিরক্ষাদির কাজ করার জন্য প্রতিজ্ঞা-বদ্ধ ব্যক্তি। **consta°būlary**—(1) *n.* কনস্টবল-বাহিনী ; (2) *a.* কনস্টবল-বাহিনী-সংক্রান্ত। [OF. *conestable*<L. *comes stabuli*=count of the stable]

constant [kon°st(a)nt, কন্‌°স্‌ট্ন্‌ট্] (1) *a.* fixed, স্থির ; unchangeable, অপরিবর্তনীয় ; firm, দৃঢ়, অবিচলিত ; continual, অবিরত, অবিরাম ; faithful, বিশ্বস্ত (a *constant* friend)। (2) *n.* (math.) a fixed quantity, (গণি.) অপরিবর্তনীয় রাশি, ধ্রুবক। *n.* **con°stancy**—স্থিরতা ; অপরিবর্তনীয়তা ; দৃঢ়তা ; বিরামহীনতা ; বিশ্বস্ততা ; (আর্ষ.) নিশ্চয়তা। *adv.* **con°stantly**। [L. *constare*=to stand firm]

constellate [kon°-sta-lāt, কন্‌°স্ট্যালেইট্] *v.t.i.* to cluster together, গুচ্ছবদ্ধ করা বা হওয়া। *p. & p. pt.* **con°stellātėd**। *n.* **constellā°tion**—একত্র অবস্থিত নক্ষত্রসমূহ, নক্ষত্রপুঞ্জ ; (জ্যোতিষ.) গ্রহপ্রভাব, গ্রহদৃষ্টি ; (আল.) বিশিষ্ট ব্যক্তিগণের দল বা সমাবেশ। [*con-*, L. *stellare*<*stella*=a star]

consternate [kon°-sta(r)-nāt, কন্‌°স্ট্যা(র্)নেইট্] *v.t.* to dismay, আতঙ্কিত করা। *p. & p. pt.* **con°ster°nātėd**। *n.* **释consternā°tion**—আতঙ্ক। [L. *consternare*=to strew wholly]

constipate [kon°-sti-pāt, কন্‌°স্টিপেইট্] *v.t.* to make costive, কোষ্ঠবদ্ধ করা। *a.* **con°stipātėd**—কোষ্ঠবদ্ধ। *n.* **constipā°tion**—কোষ্ঠবদ্ধতা। [L. *constipare*=to press together]

constituent—see **constitute.**

constitute [kon°-sti-tūt. কন্‌°স্টিটিউট্] *v.t.* to establish, স্থাপন করা ; to form, গঠন করা ; to appoint, নিযুক্ত করা। *p. & p. pt.* **con°stitūtėd**। *n.* **constituency** [kon-sti°-tū-an-si, কন্‌স্টি°টিউঅ্যান্‌সি] নির্বাচকমণ্ডলী ; নির্বাচনকেন্দ্র। **consti°tūent**—(1) *a.* গঠনকর ; শাসনতন্ত্র-রচনাকর ; স্থাপক ; নিয়োজক ; অপরিহার্য ; মৌলিক ; উপাদানমূলক ; নির্বাচক ; নির্বাচনীয়। (2) *n.* অপরিহার্য বা মৌলিক বা উপাদানমূলক অংশ ; নির্বাচক, ভোটদাতা। **constituent assembly**—রাষ্ট্রের শাসনতন্ত্র-গঠনকর পরিষৎ। *n.* **constitū°tion**—গঠন ; দেহের বা মনের বিন্যাস অথবা ধাত ; শাসন-বিধিসমূহ ; শাসনতন্ত্র, সংবিধান ; আইন, নিয়ম ; প্রথা। **constitū°tional**—(1) *a.* ধাতগত ; স্বাভাবিক ; আইনগত, বিধানিক ; শাসনতান্ত্রিক ; অপরিহার্য ; আইনানুগ, নিয়মতান্ত্রিক। (2) *n.* স্বাস্থ্যরক্ষার্থ নিয়মিত ভ্রমণ (to take a *constitutional*)। *n.* **constitu°tionalism**—নিয়মতান্ত্রিকতা। *n.* **constitū°tionalist**। *v.t.* **constitū°tionalīze**—নিয়মতন্ত্রাবদ্ধ বা নিয়মতান্ত্রিক করা। *a.* **consti°tūtive**—গঠনকর ; স্থাপক ; অপরিহার্য ; উপাদানমূলক। *n.* **con°stitūtor**। [L. *constituere*=to set up together]

constrain [kan-strān°, ক্যান্‌স্ট্রেইন্°] *v.t.* to compel, বাধ্য করান ; to bring about by force, জোর করিয়া ঘটান ; to confine, আটক করা ; to imprison, কারারুদ্ধ করা ; to limit by force, জোর করিয়া সীমাবদ্ধ রাখা। *a.* **constrāi°nable**। *a.* **constrai°ned**—কষ্টকৃত, জোর-করা (*constrained* voice) ; অস্বচ্ছন্দ (*constrained* manner) ; অস্বাভাবিক। *adv.* **constrāi°nėdly**। *n.* **constraint°**—দুর্বার শক্তি বা চাপ ; বাধ্য করা ; অবরোধ ; মনোভাব-দমন ; সংযম ; বিব্রতভাব ; বাধা। [OF. *constraindre*<L. *con-, stringere*=to press]

constrict [kan-strikt°, ক্যান্‌স্ট্রিক্ট্°] *v.t.* to press together, একত্র করিয়া পরস্পর চাপা ; to compress, চাপিয়া সঙ্কুচিত করা। *p. & p. pt.* **constric°tėd**। *n.* **constric°tion**—constrict-এর সকল অর্থে, এবং—আঁটো ভাব ; সংকীর্ণ স্থান। *a.* **constric°tive**—একত্র করিয়া চাপে এমন ; সঙ্কোচক। *n.* **constric°tor**—constrict-এর সকল অর্থে, এবং—সঙ্কোচক মাংসপেশী ; যে সর্প উহার শিকারকে জড়াইয়া ধরিয়া চূর্ণ করে (boa *constrictor*)। [L. *constringere*—cp. *constrain*]

constringe [kan-strinj°, ক্যান্‌স্ট্রিন্‌জ্°] *v.t.* to cause to contract, সঙ্কুচিত করান। *n.* **constrin°gency**—সঙ্কোচন। *a.* **constrin°gent**—সঙ্কোচক। [L. *constringere*]

construct [kan-strukt°, ক্যান্‌স্ট্রাক্ট্°] *v.t.* to

build up, নির্মাণ করা, গঠন করা। *p.* & *p. pt.* **construc°tėd** । *n.* **construct** [kon°-strukt, কন্‌স্ট্রাক্ট্] (প্রধানতঃ কল্পনায়) গঠিত বা নির্মিত বস্তু। *a.* **construc°tible** । *n.* **construc°tion**—নির্মাণ, গঠন ; গঠনকৌশল ; গঠিত বস্তু ; অট্টালিকা ; ব্যাখ্যা (to put a wrong *construction* on something) । *a.* **construc°tional**—গঠনসংক্রান্ত। *a.* **construc°tive**—গঠনমূলক, গঠনকর (*constructive* criticism) । *adv.* **construc°tively** । *n.* **construc°tiveness, construc°tor** । [L. *construere* = to build]

construe [kan-stroo°, ক্যান্‌স্ট্রু°] (**1**) *v.t.* to construct grammatically, ব্যাকরণ-অনুযায়ী গঠন করা ; to translate, ভাষান্তরিত করা, অনুবাদ করা ; to explain, ব্যাখ্যা করা (to *construe* a passage from Burke) । (**2**) *v.i.* to admit of grammatical analysis, ব্যাকরণসম্মত হওয়া। (**3**) *n.* act of construing, ব্যাকরণসম্মতভাবে গঠন ; a passage to be translated word for word, রচনাদির যে অংশের আক্ষরিক অনুবাদ করিতে হইবে। [see *construct*]

consuetude [kon°-swi-tūd, কন্‌সুইটিউড্] *n.* custom, প্রথা, রীতি ; familiarity, সুপরিচিতি, ঘরোয়া ভাব, ঘনিষ্ঠতা। *a.* **consuėtū°dinary**—রীতিসিদ্ধ। [L. *consuetudo* = custom]

consul [kon°s(a)l, কন্‌°স্‌ল্] *n.* one of the two chief magistrates in the Roman republic, প্রাচীন রোম-সাধারণতন্ত্রের প্রধান শাসকদ্বয়ের যে-কোনজন ; one of the three chiefs of the French republic, ফরাসি শাসনতন্ত্রের (১৭৯৯-১৮০৪) প্রধানত্রয়ের যে-কোনজন ; a government agent sent to a foreign state to attend to the interests of the citizens and commerce of his own, স্বীয় রাষ্ট্রের প্রজাপুঞ্জের ও ব্যবসায়গত স্বার্থসংরক্ষণার্থ ভিন্ন রাষ্ট্রে প্রেরিত সরকারি দূত, কন্‌সাল্, (পরি.) বাণিজ্যদূত। *a.* **con°sūlar**—বাণিজ্যদূতসংক্রান্ত। *n.* **con°sūlāte**—বাণিজ্যদূতের দফতর বাসভবন বা কার্যকাল। *n.* **con°sulship** । [L.]

consult [kan-sult°, ক্যান্‌সাল্ট্°] (**1**) *v.t.* to ask counsel or advice of, মন্ত্রণা বা উপদেশ চাওয়া ; to look up for information or advice, তথ্যের বা উপদেশের জন্য (কিছু) খুঁজিয়া বা পড়িয়া দেখা (to *consult* a dictionary) । (**2**) *v.t.i.* to discuss or consider (with), (কাহারও সহিত) আলোচনা বা পরামর্শ করা। *p.* & *p. pt.* **consul°tėd** । *n.* **consul°tant**—উপদেশপ্রার্থী ; পেশাদার উপদেষ্টা (যেমন চিকিৎসক) । *n.* **consultation** [kons(a)l-tā°sh(a)n, কন্‌সল্‌টেই°শ্‌ন্] পরামর্শ (in *consultation* with the secretary) । *a.* **consul°tative**—পরামর্শমূলক ; পরামর্শদায়ক ; উপদেশক। *n.* **consultee** [konsul-tē°, কন্‌সাল্‌টী°] উপদেষ্টা। *a.* **consul°ting**—অন্যকে, বিশেষতঃ অন্য সমব্যবসায়ীকে উপদেশ দেয় এমন (*consulting* physician or lawyer) । [L. *consultare* < *consulere*]

consume [kan-sūm°, ক্যান্‌সিউম্°] (**1**) *v.t.* to destroy, শেষ করিয়া দেওয়া ; to use up or exhaust, ব্যবহার করিয়া ফুরাইয়া ফেলা ; to waste or spend, অপচয় করা বা ব্যয় করা (to *consume* one's energies) ; to devour, গিলিয়া ফেলা। **(to) consume away**—সম্পূর্ণ নষ্ট বা অপচয় করিয়া ফেলা। (**2**) *v.i.* to waste away, ক্ষয় হওয়া। *a.* **consū mable** । *adv.* **consū°mably** । *adv.* **consū°mėdly**—অত্যধিক পরিমাণে (var of *confoundedly*, influenced by *consummately*) । *n.* **consū°mer**—যে ব্যক্তি দ্রব্যাদি ব্যবহারপূর্বক ফুরায় (যেমন পোশাকের পরিধানকারী, খাদ্যের ভোক্তা, প্রভৃতি)। **consumer(ṡ') goods**—পোশাক-পরিচ্ছদ খাদ্যদ্রব্য প্রভৃতি নিত্যপ্রয়োজনীয় পণ্য। **consumer research**—প্রস্তুতকারক কর্তৃক স্বীয় ভোগ্যপণ্যের চাহিদা-নির্ণায়ক গবেষণা। *n.* see **consumption** । [L. *con-*, *sumere* = to take]

consummate [kon°-su-māt, কন্‌°সামেইট্] *v.t.* to perfect, সম্পূর্ণতা দান করা ; to accomplish, নিষ্পন্ন করা ; to raise to the highest point, পরমোৎকর্ষ দান করা ; to make marriage legally complete by sexual intercourse, যৌনমিলন দ্বারা বৈবাহিক অনুষ্ঠান আইনতঃ সিদ্ধ করা। *p.* & *p. pt.* **con°summātėd** । *a.* **consummate** [kan-su°mit, ক্যান্‌সা°মিট্] পরমোৎকৃষ্ট ; পূর্ণ-নিষ্পাদিত ; পরিপূর্ণ, নিখুঁত (*consummate* skill) । *n.* **consummā°tion** । *a.* **con°summātive**—সম্পূর্ণ করে এমন ; নিষ্পাদক ; পরমোৎকর্ষদায়ক। *n.* **con°summātor** । [L. *consummare*]

consumption [kan-sum(p)°sh(a)n, ক্যান্‌সাম্°শ্‌ন্] *n.* act of consuming, ব্যবহার করিয়া ফুরাইয়া ফেলা, খরচ, গিলিয়া ফেলা ; the thing consumed, যাহা ব্যবহার করিয়া ফুরাইয়া ফেলা হইয়াছে ; wasting of the body, দেহের ক্ষয় ; pulmonary tuberculosis, ক্ষয়রোগ। **consumption basket**—পরিবার বা মাথাপিছু ভোগ্যবস্তুর ভোগের তালিকা। *a.* **consump°tive**—ক্ষয়শীল ; ক্ষয়রোগাক্রান্ত। [see *consume*]

contact [kon°-takt, কন্‌°ট্যাক্ট্] *n.* touch, স্পর্শ, ছোঁয়াচ ; meeting, সাক্ষাৎ ; association, সংসর্গ ; relation, সম্পর্ক ; electric circuit, বিদ্যুৎ-প্রবাহের গতিপথ, বিদ্যুৎ-বর্ত্ম। *v.t.* **contact** [kan-takt°, ক্যান্‌ট্যাক্ট্°] স্পর্শ করা ; সাক্ষাৎ বা সংসর্গ লাভ করা ; সম্পর্ক বা সংযোগ স্থাপন করা। *p.* & *p. pt.* **contac°tėd** । **(to) break contact**—বিদ্যুৎ-বর্ত্ম ছিন্ন করিয়া বিদ্যুৎ-প্রবাহের চলাচল বন্ধ করা। **(to) come into contact**—সংস্পর্শে আসা। **(to) make contact**—বিদ্যুৎ-বর্ত্ম স্থাপনপূর্বক বিদ্যুৎ-প্রবাহের চলাচলের ব্যবস্থা করা। **contact lenses**—নেত্রপল্লবের ভিতরে স্থাপিত প্লাসটিকে নির্মিত পরকলা বা লেন্স্। **contact man**—অসৎ কার্যাদির দূত বা দালাল। [L. *contingere* = to touch]

contagion [kan-tā°j(a)n, ক্যান্‌টেই°জ্‌ন্] *n.*

transmission of a disease by contact, সংস্পর্শের দ্বারা দেহ হইতে দেহান্তরে রোগ-সংক্রমণ ; a contagious disease, সংক্রামক রোগ ; a contagious and hurtful or harmful influence, সংক্রামক কু-প্রভাব। *a.* **contagious** [kan-tā°-jas, ক্যান্টেই°জ্যাস্] সংক্রামক ; সংক্রামকরোগবাহী ; ক্ষতিকর (leprosy is *contagious*) । *adv.* **contā°giously** । [L. *contagio* < *con-*, *tangere* = to touch]

contain [kan-tān°, ক্যান্টেইন্°] *v.t.* to hold within, অভ্যন্তরে ধারণ করা ; to comprise, উপাদানাদি-রূপে অন্তর্ভুক্ত রাখা (a maund *contains* forty seers) ; to restrain, সংযত রাখা (to *contain* oneself) । *a.* **contai°nable** । *n.* **contai°ner**—অভ্যন্তরে ধারণকারী ; ধারণপাত্র, আধার (যেমন, কৌটা কেনেস্তারা প্রভৃতি) ; পণ্যাদি পরিবহনের কার্যে ব্যবহৃত বৃহদাকার পাত্র বা আধার ; গ্যাস ধারণের পাত্র । *v.t.* **contain°erize**—(জাহাজ, রেল প্রভৃতি যোগে প্রেরণের উদ্দেশ্যে) মাল বিরাটাকার পাত্রে স্থাপন করা । *n.* **contain°erization** । *n.* **containment**—যে-কোন রাষ্ট্রের প্রভাব-ক্ষেত্রের বা প্রভাব-সীমার বিস্তার রোধ করার নীতি । [OF. *contenir* < L. *con-*, *tenere* = to hold]

contaminate [kan-ta°mi-nāt, ক্যান্ট্যা°মিনেইট্] *v.t.* to pollute or infect, স্পর্শাদি দ্বারা দূষিত বা সংক্রামিত করা । *p.* & *p. pt.* **conta°minātėd** । *n.* **contaminā°tion** । [L. *contaminare*]

contango [kan-tang°-gō, ক্যান্ট্যাং°গৌ] *n.* a charge paid by the buyer of stock to the seller for keeping back the delivery, ক্রীত মাল বিক্রেতার গুদামে গচ্ছিত রাখার বাবদ ক্রেতা কর্তৃক প্রদত্ত বাট্টা । [Sp. *contengo* = I check ?]

contemn [kan-tem°, ক্যান্টেম্°] *v.t.* to despise, অবজ্ঞা করা বা ঘৃণা করা । *n.* **contemn°er** । *n.* see **contempt** । [L. *contemnere* = to value little]

contemplate [kon°tem-plāt, কন্°টেম্প্লেইট্] (**1**) *v.t.* to consider attentively, মনোযোগের সহিত বিবেচনা করা ; to look intently at, নিবিষ্টভাবে অবলোকন করা (to *contemplate* one's figure in a mirror) ; to intend, (করিতে) মনস্থ করা বা অভিপ্রায় করা । (**2**) *v.t.i.* to meditate (on), (কোন বিষয়ে) গভীরভাবে চিন্তা করা, ধ্যান করা । *p.* & *p. pt.* **con°templātėd** । *n.* **contemplā°tion**—গভীর চিন্তা বা ধ্যান (to sit in *contemplation*) । *a.* **con°templātive**—চিন্তাশীল ; ধ্যানাভিমুখী বা ধ্যানোদ্দিষ্ট (of a *contemplative* turn of mind) । *n.* **con°templātor** । [L. *contemplari* = to mark out carefully a temple for auguries]

contemporaneity—see **contemporaneous.**

contemporaneous [kan-tem-pa-rā°-ni-as, ক্যান্টেম্প্যারেই°নিয়্যাস্] *a.* living or happening at the same time, সমকালীন ; সমসাময়িক । *n.* **contemporaneity** [kan-tem-p(a)ra-nē°-i-ti, ক্যান্টেম্প্র্যানী°ইটি], **contemporā°nėousnėss** । *adv.* **contemporā°nėously** । **contemporary** [kan-tem°p(a)-ra-ri, ক্যান্টেম্°প্র্যারি] (**1**) *a.* সমকালীন ; সমসাময়িক । (**2**) *n.* সমকালীন ব্যক্তি বা সংবাদপত্র । *adv.* **contem°porarily** । *v.t.* **contem°porize**—(প্রধানতঃ মনে মনে) সমকালীন বলিয়া ভাবা ; সমকালীন করা । [*con-*, L. *tempus* = time]

contempt [kan-tem(p)t°, ক্যান্টেম্ট্°] *n* scorn, ঘৃণা ; disregard, অবজ্ঞা । **contempt of court**—আদালতের আদেশ অমান্য করা বা বিচারককে অবমাননা ; আদালত-অবমাননা । *a.* **contemp°tible**—ঘৃণ্য ; অবজ্ঞেয় । *n.* **contemptibi°lity** । *a* **contemp°tūous**—ঘৃণা বা অবজ্ঞা করে এমন ; উদ্ধত, ধৃষ্ট ; ঘৃণাপূর্ণ ; অবজ্ঞাপূর্ণ । *adv.* **contemp°tūously** । [see *contemn*]

contend [kan-tend°, ক্যান্টেন্ড্°] (**1**) *v.i.* to strive, চেষ্টা করা ; to struggle, লড়াই করা (to *contend* with or against an opponent) ; to compete, প্রতিযোগিতা করা (to *contend* for an object) । (**2**) *v.t.* to dispute or debate, কলহ বা তর্ক করা (I *contend* that…) । *p.* & *p. pt.* **conten°dėd** । **contending passions**—পরস্পর-বিরোধী আবেগসমূহ । *n.* **conten°der** । *n.* **conten°tion**—বিবাদ, কলহ ; তর্ক, যুক্তি । *a.* **contentious** [kan-ten°-shas, ক্যান্টেন্°শ্যাস্] বিবাদ-প্রিয়, ঝগড়াটে ; কলহমূলক । [*con-*, L. *tendere* = to stretch]

content$_1$ [kon°-tent, কন্°টেন্ট্] *n.* that which is contained, অভ্যন্তরস্থ বস্তু, আধেয় ; capacity, অভ্যন্তরে ধারণ-ক্ষমতার পরিমাণ ; substance, সারমর্ম ; (in *pl.*) table of subjects of a book, পুস্তকাদির সূচি । [see *contain*]

content$_2$ [kan-tent°, ক্যান্টেন্ট্°] (**1**) *pred. a.* quite satisfied, পরিতৃপ্ত (to be *content* with) ; ready for want of a better course, রাজি (*content* to go) । (**2**) *n.* full satisfaction, পরিতৃপ্তি (to one's heart's *content*—পরম সন্তোষ বা তৃপ্তি সহকারে) । (**3**) *v.t.* to satisfy fully, পরিতৃপ্ত করা (to *content* oneself with) । *a.* **conten°tėd**—পরিতৃপ্ত । *a.* **content°lėss**—(চির) অতৃপ্ত । *n.* **content°ment**—তৃপ্তি, সন্তোষ । [F. < L. < *con-*, *tenere* = to hold]

contention, contentious—see **contend.**

contentless, contentment—see **content$_2$.**

conterminal [kon-ta(r)°minl, কন্ট্যা(র্)°মিন্‌ল্], **conterminous** [kon-ta(r)°-mi-nas, কন্ট্যা(র্)°মিন্যাস্] *a.* having a common boundary, একই সীমানাবিশিষ্ট । [*con-*, see *terminus*]

contest [kan-test°, ক্যান্টেস্ট্°] *v.t.i.* to dispute or debate, আপত্তি করা, প্রতিবাদ করা, তর্ক করা ; to strive, প্রচেষ্টা করা ; to compete, প্রতিযোগিতা করা ; to fight, লড়াই করা । *p.* &

p. pt. **contes°tėd** । *n.* **contest** [kon°-test, কন্‌টেস্‌ট্‌] জয়লাভের চেষ্টা ; প্রতিযোগিতা ; লড়াই ; বিতর্ক । *a.* **contes°table**—contest(*v.*)-এর সকল অর্থে, এবং—লড়াইয়ের কারণ হইবার যোগ্য । *n.* **contes°tant**—আপত্তিকারী : তর্ককারী ; প্রচেষ্টাকারী ; বিবাদী ; প্রতিযোগী ; প্রতিদ্বন্দ্বী । *n.* **contestation** [kon-tes-tā°-sh(a)n, কন্‌টেস্‌টেই°শন্‌] । *adv.* **contes°tingly**—contest(*v.*)-এর সকল অর্থে এবং বিশেষতঃ—তুল্যমূল্য প্রতিযোগিতাসহকারে । [F. *contester* < L. *contestari* = to call to witness]

context [kon°-tekst, কন্‌°টেক্‌স্‌ট্‌] *n.* the parts that precede or follow a passage and fix its meaning, রচনার কোন অংশের বর্ণনাপ্রসঙ্গ । *a.* **contex°tūal**—বর্ণনাপ্রাসঙ্গিক । *n.* **contex°tūre**—বয়ন, বুনানি ; গঠন ; বোনা কাপড় । [*con-*, L. *texere* = to weave]

contiguity—see **contiguous.**

contiguous [kan-ti°-gū-as, ক্যান্‌টি°গিউঅ্যাস্‌] *a.* touching, adjoining, ছুঁইয়া আছে এমন, সংলগ্ন ; neighbouring (to), সন্নিহিত, নিকটস্থ । *adv.* **conti°gūously** । *n.* **conti°gūousness** । *n.* **contiguity** [kon-ti-gū°-i-ti, কন্‌টিগিউ°ইটি] সন্নিধি, সান্নিধ্য । [L. *contiguus* < *con-*, *tangere* = to touch]

continent$_1$ [kon°-ti-nant, কন্‌°টিন্যান্‌ট্‌] *a.* temperate, মিতাচারী, সংযমী, জিতেন্দ্রিয় ; virtuous, ধার্মিক ; chaste, সচ্চরিত্র । *n.* **con°tinence, con°tinency**—মিতাচার, সংযম, জিতেন্দ্রিয়তা ; ধার্মিকতা ; সচ্চরিত্রতা, সতীত্ব । [L. *continens* < *continere* = to hold]

continent$_2$ [kon°-ti-nant, কন্‌°টিন্যান্‌ট্‌] *n.* one of the main divisions of the land surface of the globe, মহাদেশ । *a.* **con°tinental**—মহাদেশীয় (বিশেষতঃ ইউরোপীয়) । [see *continent*$_1$]

contingent [kan-tin°j(a)nt, ক্যান্‌টিন্‌°জ্‌ন্‌ট্‌] (**1**) *a.* liable but not certain to occur, ঘটা সম্ভব কিন্তু অনিশ্চিত ; dependent on something else, (with *on* or *upon*), অন্য কিছুর সাপেক্ষ ; accidental, আকস্মিক ; incidental, ঘটনাচক্রগত, আনুষঙ্গিক । (**2**) *n.* a contingent event, সম্ভাব্য কিন্তু অনিশ্চিত ঘটনা ; a part of an army, সৈন্যবাহিনীর অংশ । **contingent charges**—সম্ভাব্য ব্যয় । *n.* **contin°gency**—অনিশ্চিত সম্ভাবনা ; আকস্মিকতা ; অন্য কিছুর সাপেক্ষতা ; আকস্মিক ঘটনা ; আনুষঙ্গিকতা ; আনুষঙ্গিক খরচ । *adv.* **contin°gently** । [L. *contingens* < *con-*, *tangere* = to touch]

continue [kan-ti°-nū, ক্যান্‌টি°নিউ] (**1**) *v.t.* to prolong or extend, দীর্ঘতর করা বা প্রসারিত করা ; to maintain, চালাইয়া যাওয়া ; to resume, পুনরারম্ভ করা (to *continue* a speech) ; to adjourn, মুলতবি রাখা । (**2**) *v.i.* to remain in the same place or state, একই স্থানে বা একই অবস্থায় কাটাইতে থাকা ; to last, টিকিয়া বা চলিতে থাকা, স্থায়ী হওয়া (the war *continued* for a year) ; to extend, প্রসারিত হওয়া (the road *continues* up to Delhi) । *a.* **conti°nūal**—অবিরাম ; (স্বল্প বিরতিসহ) বারংবার । *n.* **continuance** [kan-ti°-nūans, ক্যান্‌টি°নিউঅ্যান্‌স্‌] স্থায়িত্ব ; অবিরাম অনুবৃত্তি । *a.* **conti°nūant**—স্থায়ী ; টিকিয়া থাকিতে সক্ষম ; চালাইয়া যায় এমন ; চালাইয়া যাইতে সক্ষম । *n.* **continūa°tion** । *a.* **conti°nūative**—চালাইয়া যায় বা চলিতে থাকে এমন । *n.* **conti°nūator**—যে ব্যক্তি অপরের রচনার পর হইতে লিখিয়া চলে, অনুলেখক । *a.* **conti°nūed**—অবিরাম । *n.* **conti°nūer** । *n.* **conti°nūity** । *a.* **conti°nūous**—অবিচ্ছিন্ন, অবিচ্ছেদ্য, একটানা, লাগাতার । *n.* **conti°nūum**—কেবল আপেক্ষিকভাবে বর্ণনযোগ্য অনবচ্ছেদ ব্যাপার বা বিষয় বা বস্তু, (space-time *continuum*) । *pl.* **conti°nūa** [F. *continuare*]

contort [kan-taw(r)t°, ক্যান্‌টা(র্‌)ট্‌°] *v.t.* to twist violently, প্রবলভাবে মোচড়ান বা কোঁচকান । *p.* & *p. pt.* **contor°tėd** । *n.* **contor°tion** । *n.* **contor°tionist**—যে ব্যায়ামবিদ্‌ শরীর নানাভাবে দুমড়াইয়া মোচড়াইয়া ক্রীড়া প্রদর্শন করে । [*con-*, L. *torquere* = to twist]

contour [kon°-tooa(r), কন্‌°টুয়্যা(র্‌)] (**1**) *n.* outline esp. indicating different objects by variation of colour, প্রধানতঃ বর্ণবৈচিত্র্যের দ্বারা বিভিন্ন বস্তুর পরিচয়-নির্দেশক নকশা, বর্ণালী নকশা, (পরি.) পরিণাহ, দেহরেখা । (**2**) *v.t.* to mark with contour lines, বর্ণালী নক্‌শা-সম্মত রেখাদ্বারা নির্দেশিত করা । **contour line**—মানচিত্রে প্রদর্শিত সমুদ্রপৃষ্ঠ হইতে সমোন্নত-রেখা, (পরি.) সমোন্নতি-রেখা । **contour map**—সমব্যবধানে স্থাপিত সমোন্নতি-রেখাবলী-সংবলিত মানচিত্র । **contour ploughing**—(সচ. পাহাড়ের সংলগ্ন স্থানে) ঢাল চিহ্ন বরাবর হলকর্ষণ । **contour survey**—আকার পরিমাপ । [F.]

contra [kon°-tra, কন্‌°ট্র্যা] *adv.* & *prep.* (mostly used as a *pfx.*) against, বিরুদ্ধে ; বিরুদ্ধ-, প্রতি- । [L.]

contraband [kon°-tra-band, কন্‌°ট্র্যাব্যান্‌ড্‌] (**1**) *a.* excluded by law, আইনবলে নিষিদ্ধ, বে-আইনী ; prohibited, নিষিদ্ধ (*contraband* goods) । (**2**) *n.* illegal traffic, চোরাই চালান ; smuggled goods, চোরাই-চালানি মাল । *n.* **con°trabandist**—চোরাই-চালানকারী । **contraband of war**—নিরপেক্ষ রাষ্ট্রের পক্ষে যুধ্যমান রাষ্ট্রসমূহকে যে-সমস্ত পণ্য সরবরাহ করা নিষিদ্ধ । [Sp. *contrabanda* < It. *contrabando* < L. *contra*, LL. *bandum* = ban]

contraception [kon°-tra-sep°sh(a)n, কন্‌°ট্র্যাসেপ্‌°শ্‌ন্‌] *n.* prevention of conception, গর্ভনিরোধ । **con°tracep°tive**—(**1**) *a.* গর্ভনিরোধক ; (**2**) *n.* গর্ভনিরোধক দ্রব্যাদি । [*contra*, *conception*]

contract [kan-trakt°, ক্যান্‌ট্র্যাক্‌ট্‌°] (**1**) *v.t.* to draw together, সঙ্কুচিত করা ; to shorten, হ্রস্ব

করা ; to wrinkle, কুঞ্চিত করা (to *contract* the brows) ; to effect by agreement, চুক্তিবদ্ধ করা ; to incur or catch, গ্রস্ত হওয়া (to *contract* debt or disease) । (2) *v.i.* to shrink, সঙ্কুচিত হওয়া ; to shorten, হ্রস্ব হওয়া । *n.* **contract** [kon°-trakt, কন্°ট্র্যাক্ট্] চুক্তি (to work on *contract*) ; চুক্তিপত্র ; বিবাহের সম্বন্ধ বা পাঁতিপত্র; তাসখেলার বাজিতে শেষ ডাক । **breach of contract**—চুক্তি-ভঙ্গ । *a.* **contrac°tėd**—সঙ্কুচিত ; হ্রস্বীকৃত ; সঙ্কীর্ণ । *a.* **contrac°tible** । *n.* **contractibi°lity** । *a.* **contract°ile**—সঙ্কোচক ; সঙ্কোচনক্ষম । *n.* **contracti°lity** । *n.* **contrac°tion**—সঙ্কোচন । *a.* **contrac°tive**—সঙ্কোচনশীল ; সঙ্কোচক । *n.* **contrac°tor**—ঠিকাদার । *a.* **contrac°tūal**—চুক্তি-মূলক (*contractual* obligation) । **contract bridge**—তাসখেলাবিশেষ । [*con-*, L. *trahere* = to draw]

contradict [kon-tra-dikt°, কন্ট্র্যাডিক্ট্°] *v.t.* to deny or refute, অস্বীকার করা বা প্রতিবাদ করা ; to be contrary to, (কিছুর) বিরুদ্ধ বা বিসদৃশ হওয়া । *p.* & *p. pt.* **contradic°tėd** । *a.* **contradic°table** । *n.* **contradic°tion** । **contradiction in terms**—পরস্পর-বিরোধী শব্দ-সম্বলিত উক্তি । *a.* **contradictious** [kon-tra-dik°-shas, কন্ট্র্যাডিক্°শ্যাস্] অস্বীকার করার বা প্রতিবাদ করার স্বভাববিশিষ্ট । *n.* **contradic°tor** । *adv.* **contradic°torily** । *n.* **contradic°torinėss** । *a.* **contradictory** [kon-tra-dik°-t(a)ri, কন্ট্র্যাডিক্°ট্‌রি] অস্বীকৃতিমূলক বা প্রতিবাদমূলক ; বিরুদ্ধ ; অসঙ্গত ; পরস্পর-বিরোধী (*contradictory* reports) । [L. *contradicere*]

contradistinction, contradistinctive—see **contradistinguish.**

contradistinguish [kon-tra-dis-ting°-gwish, কন্ট্র্যাডিস্টিং°গুইশ্] *v.t.* to distinguish by showing the difference between, বৈষম্য-প্রদর্শনপূর্বক বৈশিষ্ট্য প্রতিপাদন করা । *p.* & *p. pt.* **contradistin°guished** । *n.* **contradistinc°tion**—বৈষম্যমূলক বৈশিষ্ট্য, বিষম বৈশিষ্ট্য । *a.* **contradistinc°tive**—বিষম বৈশিষ্ট্যমূলক । [*contra, distinguish*]

contralto [kan-tral°-tō, ক্যান্ট্র্যাল্°টৌ] *n.* the lowest musical voice in woman, সঙ্গীতে বামাকণ্ঠের সর্বাপেক্ষা খাদের স্বর ; the possessor of such voice, উক্ত কণ্ঠস্বরবিশিষ্টা গায়িকা । [It.]

contraposition [kon-tra-pa-zi°sh(a)n, কন্ট্র্যাপ্যাজ়ি°শ্‌ন্] *n.* opposition, বৈপরীত্য, বিরোধ ; contrast, বৈষম্য ; (log.) a mode of conversion, (ন্যায়.) প্রতিজ্ঞার উদ্দেশ্য-বিধেয়ের পরিবর্তনের পদ্ধতিবিশেষ (if all A is B, then by *contraposition* no not-B is A) । [*contra*, see *oppose*]

contraption [kan-trap°sh(a)n, ক্যান্ট্র্যাপ্°শ্‌ন্] *n.* a strange-looking device, অদ্ভুতদর্শন যন্ত্র বা কল । [<*contrive*]

contrariety—see **contrary.**

contrary [kon°-tra-ri, কন্°ট্র্যারি] (1) *a.* opposite, বিপরীত (*contrary* to expectation) ; contradictory, বিরুদ্ধ, অসঙ্গত । (2) *n.* an extreme opposite, সম্পূর্ণ বিপরীত কিছু ; (log.) a proposition so related to another that both cannot be true though both may be false, (ন্যায়.) যে উক্তি অন্য একটি উক্তির সহিত এরূপ সম্পর্কবিশিষ্ট যে উভয়েই সত্য হইতে পারে না, যদিও উভয়েই মিথ্যা হইতে পারে । **by contraries**—প্রত্যাশার বিরুদ্ধে ; বিরুদ্ধে । **on the contrary**—সম্পূর্ণ বিপরীতে । **to the contrary**—ভিন্ন ফল দেয় এমনভাবে । *n.* **contrariety** [kon-tra-rī°-a-ti, কন্ট্র্যারাই°অ্যাটি] বৈপরীত্য, বিরুদ্ধভাব । *adv.* **con°trarily** । *n.* **con°trarinėss** । *adv.* **con°trariwīse**—পক্ষান্তরে । [L. *contrarius* < *contra*]

contrast [kan-trast°, ক্যান্ট্র্যাস্ট্°] *v.i.t.* to stand or set in opposition to (esp. to show the difference), (প্রধানতঃ তুলনামূলক বৈষম্য-প্রদর্শনার্থ) বিরুদ্ধে স্থাপিত হওয়া বা স্থাপন করা । *p.* & *p. pt.* **contras°tėd** । *n.* **contrast** [kon°-trast, কন্°ট্র্যাস্ট্] তুলনামূলক বিরোধিতা বা বৈসাদৃশ্য ; বৈষম্য-প্রদর্শন । [F. *contraster* < L. *contra, stare* = to stand]

contravene [kon-tra-vēn°, কন্ট্র্যাভীন্°] *v.t.* to oppose, বিরোধিতা করা ; to infringe, লঙ্ঘন করা । *n.* **contravention** [kon-tra-ven°-sh(a)n, কন্ট্র্যাভেন্°শ্‌ন্] লঙ্ঘন (in *contravention* of the rules—নিয়মাদি লঙ্ঘন করিয়া) । [*contra*, L. *venire* = to come]

contretemps [kawng°-tra-tŭng, ক্যং°ট্র্যাটাং] *n.* an importune happening, অশুভ ঘটনা । *pl.* **con°tretemps** । [F.]

contribute [kan-tri°-būt, ক্যান্ট্রি°বিউট্] *v.t.i.* to give or bear a part with others, কোন ব্যাপারে অন্যদের সহিত কিছু দেওয়া বা অংশ গ্রহণ করা (যেমন, প্রতিষ্ঠানাদিতে চাঁদা দেওয়া, মাসিকপত্রে লেখা দেওয়া, সংগঠনে সাহায্য করা) । *p.* & *p. pt.* **contri°būtėd** । *a.* **contribū°table**—দানসাধ্য ; প্রদেয় । *n.* **contribution** [kon-tri-bū°-sh(a)n, কন্ট্রিবিউ°শ্‌ন্] অংশরূপে প্রদান ; প্রদত্ত বস্তু বা অংশ । **(to) lay under contribution**—(বিজেতা-কর্তৃক বিজিতের নিকট হইতে) বলপূর্বক অর্থাদি আদায় করা । *a.* **contribū°tive, contribū°tory**—অংশরূপে প্রদানমূলক বা প্রদায়ক ; সাহায্যদায়ক । *n.* **contribū°tor** । [*con-*, L. *tribere* = to give]

contrite [kon°-trīt, কন্°ট্রাইট্] *a.* broken-hearted for sin, পাপের দরুন হতাশাপীড়িত ; penitent, অনুতপ্ত । *adv.* **con°trītely** । *n.* **con°trītenėss** । *n.* **contrition** [kan-tri°-sh(a)n, ক্যান্ট্রি°শ্‌ন্] পাপের দরুন দারুণ মর্মপীড়া । [L. *contritus* < *con-*, *terere* = to bruise]

contrive [kan-trīv°, ক্যান্ট্রাইভ্°] *v.t.* to plan,

পরিকল্পনা করা, ফন্দি আঁটা ; to invent, উদ্ভাবন করা ; to bring to pass, ঘটান ; to manage to do, সংসাধন করা। *a.* **contrī°vable** । *n.* **contrī°vance**—পরিকল্পনা, ফন্দি, কৌশল ; উদ্ভাবন ; সজ্ঘটন ; সংসাধন ; উদ্ভাবিত বস্তু ; আবিষ্কার। *n.* **contrī°ver**—(সচ. গৃহস্থালীর) কর্মাদি যে ব্যক্তি সুষ্ঠুভাবে সম্পন্ন করিতে পারে। [OF. *controver*]

control [kan-trōl°, ক্যান্‌ট্রৌল্‌] (1) *n.* restraint, সংযম (self-*control*) ; a check, দমন (*control* of enemies) ; authority or command, কর্তৃত্ব, শাসন (*control* of state) ; regulation, নিয়ন্ত্রণ (food *control*) । (2) *v.t.* to restrain, সংযত করা (to *control* one's temper) ; to check, দমন করা ; to govern or command, শাসন করা বা পরিচালনা করা ; to regulate, নিয়ন্ত্রিত করা (to *control* prices, etc.) । *pr. pt.* **contrō°lling** । *p. & p. pt.* **contrō°lled** । **control room**—(সাম.) যে কক্ষে যুদ্ধাদি পরিচালনার প্রণালী স্থিরীকৃত হয়। **(to) lose control of**—পরিচালনা করিতে বা সংযত রাখিতে অপারগ হওয়া। **(to) take control (of)**—নিয়ন্ত্রণ-ভার বা কর্তৃত্ব গ্রহণ করা। **out of control**—নিয়ন্ত্রণের বাহিরে গিয়াছে এমন ; নিয়ন্ত্রণবহির্ভূত। **under control**—নিয়ন্ত্রণাধীন। *a.* **contrō°llable** । *n.* **contrō°ller**—নিয়ামক। *n.* **contrō°llership** । *n.* **contrōl°ment** । [F. *control* < L. *contra*, *rotulus* = a roll]

controversy—see **controvert.**

controvert [kon°-tra-va(r)t, কন্‌ট্র্যাভ্যা(র্)ট্] *v.t.* to oppose, বিরোধিতা করা ; to dispute, তর্ক করা। *p. & p. pt.* **con°troverted** । *a.* **controversial** [kon-tra-va(r)°sh(a)l, কন্‌ট্র্যাভ্যা(র্)°শ্‌ল্] বিতর্কমূলক। *n.* **controver°sialist**—তর্কপ্রিয় ব্যক্তি, তার্কিক। *n.* **con°troversy**—বিতর্ক ; বিরোধ ; মতবিরোধ। **beyond controversy**—তর্কাতীত। [*contra*, L. *vertere* = to turn]

contumacious [kon-tū-mā°-shas, কন্‌টিউমেই°-শ্যাস্] *a.* insubordinate, অবজ্ঞাসহকারে পরের কর্তৃত্ব অস্বীকার করে এমন ; disobedient, অবাধ্য ; stubborn, একগুঁয়ে। *adv.* **contumā°ciously** । *n.* **contumā°ciousness** । *n.* **contumacy** [kon°-tū-ma-si, কন্‌°টিউম্যাসি] একগুঁয়ে অবাধ্যতা বা বাধাপ্রদান। [L. *contumax*, *contumacis*]

contumely [kon°-tūm-li, কন্‌°টিউম্‌লি] *n.* insolence, ঔদ্ধত্য। *a.* **contūmē°lious**—অতিশয় উদ্ধত। *adv.* **contūmē°liously** । [L. *contumelia*]

contuse [kon-tūz°, কন্‌টিউজ্‌°] *v.t.* to bruise, আঘাতপূর্বক আহত করা (ইহাতে চর্ম ছিন্ন বা অস্থিভঙ্গ হয় না)। *n.* **contū°sion**—আঘাতের ফলে আহত অবস্থা। [L. *contundere*]

conundrum [ka-nun°-dram, ক্যানান্‌°ড্র্যাম্] *n.* a riddle, ধাঁধাবিশেষ ; a hard question, কঠিন প্রশ্ন। [?]

conurbation [ko-na(r)-bā°sh(a)n, কন্যা(র্)বেই°-শ্‌ন্] *n.* a congeries of towns, যে অঞ্চল ব্যাপিয়া পাশাপাশি কয়েকটি শহর গড়িয়া উঠিয়াছে। [*con-*, L. *urbs* = city]

convalesce [kon-va-les°, কন্‌ভ্যালেস্‌°] *v.i.* to regain health gradually, (প্রধানতঃ রোগমুক্তির পর) ক্রমে ক্রমে স্বাস্থ্য ফিরিয়া পাওয়া। *p. & p. pt.* **convale°sced** । *n.* **convale°scence, convale°scency**—(রোগমুক্তির পরে) ক্রমে ক্রমে স্বাস্থ্য-পুনরুদ্ধার। *a. & n.* **convale°scent**—(রোগমুক্তির পরে) ক্রমে ক্রমে স্বাস্থ্য-পুনরুদ্ধারকারী। **convalescent hospital**—রোগমুক্তির পর স্বাস্থ্য-পুনরুদ্ধারকারীদের জন্য হাসপাতাল। [L. *convalescere*]

convection [kan-vek°sh(a)n, ক্যান্‌ভেক্‌°শ্‌ন্] *n.* transmission, (প্রধানতঃ তাপ ও বিদ্যুৎ সম্বন্ধে) এক হইতে অন্যে সঞ্চালন, (পরি.) পরিচলন। *n.* **convec°tor**—কক্ষের বায়ু গরম রাখিবার জন্য যন্ত্রবিশেষ। [L. *convectio* = bringing together]

convenances [kawng°-vi-nŭn-siz, ক্যং°ভি-ন্যাসিজ্‌] *n. pl.* conventional usages, চিরাচরিত সমাজপ্রথাসমূহ ; social proprieties, সামাজিক রীতিনীতি। [F.]

convene [kan-vēn°, ক্যান্‌ভীন্‌°] *v.i.t.* to assemble or call to assemble, সমবেত হওয়া বা সমবেত হইতে আহ্বান করা (to *convene* a meeting) । *n.* **convē°ner**—যে ব্যক্তি বা কমিটি সমবেত হইতে আহ্বান করে ; উক্ত কমিটির সভাপতি। [F. *convenir* < L. *con-*, *venire* = to come]

convenient [kan-vē°-ni-ant, ক্যান্‌ভী°নিয়ান্ট্] *a.* suitable, উপযোগী ; commodious, সুবিধাজনক। *n.* **convē°nience**—সুবিধা। **at one's convenience**—(কাহারও) সুবিধামত। **(to) make a convenience of**—(কাহারও) স্বেচ্ছাকৃত সেবার বা সাহায্যের অন্যায় সুযোগ গ্রহণ করা। **a marriage of convenience**—যে বিবাহে সুবিধাদি লাভই প্রধান বিবেচ্য বিষয়, সুবিধাদি লাভার্থে বিবাহ। *adv.* **convē°niently** । [see *convene*]

convent [kon°v(a)nt, কন্‌°ভ্‌ন্ট্] *n.* an association of religious persons (esp. women) secluded from the world or the house which they live in, সংসারত্যাগী ধর্মাচারীদের (বিশেষতঃ ধর্মাচারিণীদের) সঙ্ঘ বা আবাস বা মঠ। [see *convene*]

conventicle [kan-ven°-tikl, ক্যান্‌ভেন্‌°টিক্‌ল্] *n.* a secret or illegal or forbidden meeting, গুপ্ত বা বে-আইনি বা নিষিদ্ধ সভা। [L. *conventiculum* = a secret meeting of monks]

convention [kan-ven°sh(a)n, ক্যান্‌ভেন্‌°শ্‌ন্] *n.* act of convening, সভা-আহ্বান ; an assembly, সম্মেলন, সভা ; a treaty or agreement, (প্রধানতঃ সাময়িক) সন্ধি বা চুক্তি ; an established usage, চলিত প্রথা বা প্রয়োগ বা রীতি। *a.* **conven°tional**—চলিত প্রয়োগগত বা রীতিগত। **conventional weapons**—প্রচলিত যুদ্ধাস্ত্র (অর্থাৎ আণবিক

অস্ত্রাদি নহে)। *n.* **conven°tionalism**—(কথাবার্তা বেশভূষা প্রভৃতিতে) চলিত রীতি বা তাহার অনুসরণ। *n.* **conven°tionalist**—চলিত রীতির অনুসরণকারী। *n.* **conventiona°lity** । *v.t.* **conven°tionalize**—চলিত রীতিসম্মত করা; (স্বাভাবিকতার অপেক্ষা) চলিত রীতির অনুসরণ করা। [L. *conventio*—cp. *convene*]

converge [kan-va(r)j°, ক্যান্‌ভ্যা(র্)জ্°] *v.i.* to tend towards or meet at a point একই বিন্দু-অভিমুখ হওয়া বা একই বিন্দুতে মিলিত হওয়া, সমকেন্দ্রাভিমুখ বা সমকেন্দ্রী হওয়া; to acquire like character, সমধর্মী বা সমস্বভাব হওয়া। *n.* **conver°gence, conver°gency**—সমকেন্দ্রাভিমুখতা, সমকেন্দ্রিতা; সমধর্মিতা। *a.* **conver°gent**—সমকেন্দ্রাভিমুখ; সমধর্মী; সমস্বভাব। [*con-, verge*]

conversazione [kon°-va(r)-sat-si-ō°-ni, কন্°-ভ্যা(র্)স্যাৎসিওঁ°নি] *n.* a soirée given by or for a learned or art society, বিদ্বৎসমাজের বা শিল্পী-সমাজের সান্ধ্য আলোচনা-সভা। [It.]

converse₁ [kan-va(r)s°, ক্যান্‌ভ্যা(র্)স্°] *v.t.* to talk familiarly, অন্তরঙ্গভাবে কথোপকথন করা, আলাপ-আলোচনা করা (to *converse* with a person on or about a thing)। *p.* & *p. pt.* **conver°sed** । *n.* **converse** [kon°-va(r)s, কন্°-ভ্যা(র্)স্] আদান-প্রদান; আলাপ-আলোচনা। *a.* **conver°sable**—আলাপী; মিশুক। *n.* **con°versance**—অন্তরঙ্গ পরিচয়, আলাপ; গভীর জ্ঞান; অবগতি। *a.* **con°versant**—অন্তরঙ্গভাবে পরিচিত; গভীর জ্ঞানসম্পন্ন; অবগত (with *with*)। *n.* **conversation** [kon-va(r)-sā°sh(a)n, কন্‌ভ্যা(র্)সেই°শ্‌ন্] অন্তরঙ্গভাবে কথোপকথন; আলাপ-আলোচনা। *a.* **conversā°tional**—আলাপ-আলোচনামূলক; কথ্য (*conversational* English)। *n.* **conversā°tionalist**—সদালাপী ব্যক্তি। [F. *converser* < L. *conversari* = to associate]

converse₂ [kon°v(a)rs, কন্°ভ্যা(র্)স্] (1) *a.* reversed in order or relation, বিপরীত, উলটা। (2) *n.* that which is converse to another, বিপরীত বস্তু বা বিষয়; (math. & log.) a proposition converse to another, (গণি. ও ন্যায়.) বিপরীত প্রতিজ্ঞা বা উপাত্ত। *adv.* **con°versely** । *n.* **conversion** [kan-va(r)°sh(a)n, ক্যান্‌ভ্যা(র্)শ্‌ন্] বৈপরীত্য; কিছুর বিপরীত করা; পরিবর্তন; ধর্মান্তরণ। [see *convert*]

convert [kan-va(r)t°, ক্যান্‌ভ্যা(র্)ট্°] *v.t.* to change from one (party, form, etc.) to another, এক (দল রূপ প্রভৃতি) হইতে অন্যতে পরিবর্তিত করা; to change from one religion to another, ধর্মান্তরিত করান; to change from evil ways to goodliness, অসৎপথ হইতে সৎপথে আনা; to render into, পরিণত বা পর্যবসিত করা (to *convert* into a goal)। *p.* & *p. pt.* **conver°ted** । *n.* **convert** [kon°-vart, কন্°ভ্যা(র্)ট্] ধর্মান্তরিত ব্যক্তি; অসৎপথ হইতে সৎপথে আনীত ব্যক্তি; পরিবর্তিত ব্যক্তি। *n.* **conver°ter** । *a.* **converti°ble**—পরিবর্তনীয়; বিনিময়ে। *n.* **convertibi°lity**—বিনিময়-যোগ্যতা। *adv.* **converti°bly** । [*con-*, L. *vertere* = to turn]

convex [kon°-veks°, কন্°ভেক্‌স্°] *a.* rising like a circle formed on the outside, বৃত্তবৎ ক্রমোন্নত তলবিশিষ্ট, উত্তল (cp. **concave**)। *n.* **convex°ity**—উত্তলতা। *a.* **conve°xo-con°cave**—একপার্শ্বে উত্তল অপর পার্শ্বে অবতল। *a.* **conve°xo-con°vex**—উভয় পার্শ্বে উত্তল। [L. *convexus* < *con-, vehere* = to carry]

convey [kan-vā°, ক্যান্‌ভেই°] *v.t.* to carry, বহন করিয়া লইয়া যাওয়া; to transmit, লইয়া গিয়া দেওয়া; to transport, গাড়িতে করিয়া লইয়া যাওয়া; to communicate, জ্ঞাপন করা; to import, প্রদান করা। *a.* **convey°able** । *n.* **conveyance** [kan-vā°-ans, ক্যান্‌ভেই°অ্যান্‌স্] বহন; পরিবহণ; গাড়ি; (আইনে) সম্পত্তি-হস্তান্তর, সম্পত্তি-হস্তান্তরের দলিল। *n.* **convey°ancer**—সম্পত্তি-হস্তান্তরের দলিল-রচনাকারী। *n.* **convey°er, convey°or** । *n.* **convey°er-belt**—চাকার উপরে ঘূর্ণমান বা চলমান যে ফিতা বা বেল্টের সাহায্যে দ্রব্যাদি একস্থান হইতে অন্যস্থানে নীত হয়। [OF. *conveier* < L. *con-, via*]

convict [kan-vikt°, ক্যান্‌ভিক্‌ট্°] *v.t.* to prove or pronounce guilty, অপরাধী বলিয়া প্রতিপন্ন করা বা রায় দেওয়া। *p.* & *p. pt.* **convic°ted** । *n.* **convict** [kon°-vikt, কন্°ভিক্‌ট্] দণ্ডিত অপরাধী। [see *convince*]

conviction [kan-vik°sh(a)n, ক্যান্‌ভিক্°শ্‌ন্] *n.* act of convincing, প্রত্যয়-উৎপাদন; firm belief, দৃঢ় বিশ্বাস বা প্রত্যয়; a proving or finding guilty, দোষী বলিয়া প্রতিপাদন বা সাব্যস্তকরণ। **(to) carry conviction**—দৃঢ়প্রত্যয়যুক্ত হওয়া। [see *convince*]

convince [kan-vins°, ক্যান্‌ভিন্‌স্°] *v.t.* to produce a firm belief by evidence, argument, etc., প্রমাণ যুক্তি প্রভৃতির দ্বারা দৃঢ়প্রত্যয় উৎপাদন করা। *p.* & *p. pt.* **convin°ced** । *n.* **convince°ment** । *a.* **convin°cible** । *a.* **convin°cing**—দৃঢ়প্রত্যয়-উৎপাদক; সন্দেহনাশক। *adv.* **convin°cingly** । [*con-*, L. *vincere* = to conquer]

convivial [kan-vi°-vi-al, ক্যান্‌ভি°ভিঅ্যাল্] *a.* drinking or feasting in company, দলবদ্ধভাবে পান বা ভোজন করে এমন; of a feast, ভোজনসংক্রান্ত; jovial, আনন্দময়। *n.* **convi°vialist**—পানোৎসবে বা ভোজোৎসবে যোগদানকারী ব্যক্তি। *n.* **convivia°lity**—পানোৎসবপ্রিয়তা বা ভোজোৎসবপ্রিয়তা। *adv.* **convi°vially** । [L < *convivium* = a feast]

convocation—see **convoke.**

convoke [kan-vōk°, ক্যান্‌ভৌক্°] *v.t.* to call or summon to assemble, সমবেত হইবার জন্য

ডাকা (to *convoke* parliament)। *p.* & *p. pt.* **convō°ked** । *n.* **convocā°tion**—সমবেত হইবার জন্য আহ্বান ; বিশ্ববিদ্যালয়াদির বার্ষিক সমাবর্তন-সভা। *a.* **convocā°tional**—সম্মেলনসংক্রান্ত। [*con-*, L. *vocare*=to call]

convolute—see **convolve.**

convolve [kan-volv°, ক্যান্‌ভল্‌ভ্°] *v.t.* to roll together or one part upon another, বিভিন্ন বস্তু বা একই বস্তুর বিভিন্ন অংশ একত্র পাকান। *a.* **convolute** [kon°-va-lōōt, কন্‌ভ্যালুট্], **con°volūted**—একত্র পাকান, (পরি.)সংবর্ত। *n.* **convolū°tion**—পাক দেওয়া ; ভাঁজ ; সংবর্তন, কুণ্ডলী। [*con-*, L. *volvere*=to roll]

convolvulus [kan-vol°-vū-las, ক্যান্‌ভল্‌°ভিউল্যাস্] *n.* a kind of flower plant, পুষ্পবৃক্ষ-বিশেষ। [L.]

convoy [kon°-voy, কন্‌ভয়] (**1**) *v.t.* to accompany for protection, রক্ষণাবেক্ষণার্থ সঙ্গী হওয়া। (**2**) *n.* act of convoying, রক্ষণাবেক্ষণার্থ সঙ্গে গমন ; protection, রক্ষণাবেক্ষণ ; that which convoys or is convoyed, রক্ষণাবেক্ষণার্থ যে সঙ্গে যায় বা যাহার সঙ্গে যাওয়া হয় (যেমন, সামরিক পোতবহর বা লরিসমূহ)। [F. *convoyer*—cp. *convey*]

convulse [kan-vuls°, ক্যান্‌ভাল্‌স্°] *v.t.* to shake violently, প্রবলভাবে কম্পিত বা আলোড়িত করা ; to affect by spasms, (কাহারও) অঙ্গাদি আক্ষিপ্ত করান। *p.* & *p. pt.* **convul°sed** । *n.* **convulsion** [kan-vul°sh(a)n, ক্যান্‌ভাল্‌°শ্‌ন্] দেহস্থ মাংসপেশীর প্রবল আক্ষেপ ; প্রবল আলোড়ন। *a.* **convul°sionary**—আক্ষেপমূলক। *a.* **convul°sive**—আক্ষেপ-পীড়িত ; বিক্ষুব্ধ। [*con-*, L. *vellere* =to pull]

cony, coney [kō°-ni, কৌ°নি] *n.* a rabbit, খরগোশ ; a term of endearment, স্ত্রীলোককে প্রিয় সম্বোধন-বিশেষ। *n.* **cō°ny-catcher**—প্রতারক, জোচ্চোর। [OF. *conil* < L. *cuniculus*=a rabbit]

coo [kōō, কূ] (**1**) *v.i.t.* to murmur as a dove, ঘুঘুধ্বনি করা। (**2**) *n.* the sound of a dove, ঘুঘু-ধ্বনি। [imi.]

cook [kook, কুক্] (**1**) *v.t.* to prepare food as by heat, রন্ধন করা ; to concoct, বানান ; to tamper with (accounts, etc.), মিথ্যা (হিসাবাদি) প্রস্তুত করা। (**2**) *v.i.* to practise cookery, রন্ধনকার্য করা ; to undergo cooking, রন্ধিত হওয়া। *p.* & *p. pt.* **coo°ked** । (**3**) *n.* one who cooks, পাচক বা পাচিকা, রাঁধুনি। **too many cooks spoil the broth**—(আল.) একই কর্মে বহু কর্তা জুটিলে কর্ম পণ্ড হয় ; বহ্বি আসে গাড়ি গাড়ি, রোগী মরে তাড়াতাড়ি ; অধিক সন্ন্যাসীতে গাজন নষ্ট। **what's cooking**—(কথ্য.) কি ব্যাপার চলছে ? *n.* **coo°ker**—রাঁধিবার যন্ত্রবিশেষ। *n.* **coo°kery**—রন্ধনবিদ্যা। *n.* **cook°-house**—যে রন্ধনশালা বাসভবনের সংলগ্ন নহে ; জাহাজের রন্ধনশালা। *n.* **coo°kie**—চেপটা গড়নের ছোট মিষ্টি কেক বা বিস্কুটবিশেষ, মিষ্টি রুটি। *n.* **coo°ky**—(কথ্য.) পাচিকা বা পাচক। [OE. *coc*=a cook—cp. G. koch]

cool [kōōl, কূল] (**1**) *a.* moderately cold, ঈষৎ ঠাণ্ডা, শীতল ; unexcited, অনুত্তেজিত ; calm, শান্ত (*cool* in the face of danger) ; not ardent or cordial, আগ্রহহীন বা আন্তরিক অভ্যর্থনাহীন ; indifferent, উদাসীন, নিরাবেগ ; faint, মৃদু, অনুগ্র (a *cool* scent) ; impudent, ধৃষ্ট ; (coll.—of a sum of money) whole, (কথ্য.—টাকার অঙ্ক সম্বন্ধে) পুরাপুরি (a *cool* thousand)। (**2**) *v.t.i.* to make or grow cool, শীতল করা বা হওয়া ; to calm, শান্ত করা বা হওয়া। (**3**) *n.* coolness, শীতলতা (the *cool* of the morning) ; lack of interest or cordiality, ঔদাসীন্য, সহৃদয়তার অভাব ; composure, স্থৈর্য (to keep one's *cool*)। **(to) cool down** or **off**—শান্ত হইয়া যাওয়া ; মিইয়ে যাওয়া (his zeal *cooled down*)। *n.* **coo°lant**—(সচ. পারমাণবিক চুল্লীতে ব্যবহৃত) ঠাণ্ডা বা শীতল করার তরল পদার্থবিশেষ। *n.* **cōō°ler**—যে ব্যক্তি বা বস্তু শীতল করে ; যে যন্ত্রদ্বারা শীতল করা হয় (air-*cooler*)। *a.* **cōōl°-hea°déd**—ধীরস্বভাব, স্থিরমস্তিষ্ক। *adv.* **cōō°lly** । *n.* **cōōl°néss** । [OE. *col*—cp. G. *kuhl*]

coolie, cooly [kōō°-li, কূ°লি] *n.* an Indian or Chinese hired labourer, ভাড়াটে (বা চুক্তিবদ্ধ হইয়া বিদেশে গমনকারী) ভারতীয় বা চীনা শ্রমিক। [Tam. *kuli*=hire]

coomb [kōōm°, কূম্°] *n.* a deep wooded valley or flank of a hill, বৃক্ষাদিতে শোভিত গভীর উপত্যকা বা পর্বতপার্শ্ব। [OE. *cumb*=a hollow]

coon [kōōn, কূন্] *n.* an American animal, আমেরিকার ভল্লুকজাতীয় প্রাণিবিশেষ ; a sly fellow, চতুর লোক ; a negro, নিগ্রো। *n.* **cōōn°-song**—নিগ্রো-সঙ্গীত। [Am. *raccoon*]

co-op—see **co-operative.**

coop [kōōp, কূপ্] (**1**) *n.* a basket or cage for fowls, কুক্কুটাদি রাখিবার জন্য ঝুড়ি বা খাঁচা। (**2**) *v.i.* to confine in a coop, খাঁচাবন্দী করা ; to confine, আটক করিয়া রাখা। *p.* & *p. pt.* **cōō°ped** । [OF. *cupe*=a basket—cp. L. *cupa*=a cask]

cooper [kōō°pa(r), কূ°প্যা(র্)] (**1**) *n.* a maker of tubs, casks, etc., টব পিপা প্রভৃতির নির্মাতা। (**2**) *v.t.* to repair (tubs, casks, etc.), (টব পিপা প্রভৃতি) মেরামত করা। [LL. *cuparius* < *cupa*=a cask—cp. *coop*]

co-operate [kŏ-o°pa-rāt, কোঅ°প্যারেইট্] *v.i.* to work together, সহযোগিরূপে কাজ করা। *p.* & *p. pt.* **cŏ-o°perā°ted** । *n.* **cŏ-operā°tion**—সহযোগিতা। *a.* **co-opĕrative** [kŏ-o°-p(a)-ra-tiv, কোঅ°প্র্যাটিভ্] সহযোগিতা করে এমন। **co-operative society** or **store,** (coll. contr.) **cō-op°**—সমবায় সমিতি বা ভাণ্ডার। *n.* **cŏ-o°perātor** । [*co-*, *operate*]

co-opt [kŏ-opt°, কোঅপ্‌ট্‌] *v.i.* to elect into a body by votes of its members, কোন সভার সদস্যদের ভোটের দ্বারা উক্ত সভার সদস্যপদে নির্বাচিত করা (to *co-opt* a member)। *p. & p. pt.* **cŏ-op°tėd** । *n.* **cŏ-optā°tion, co-ŏp°tion** । [*co-*, L. *optare*=to choose]

co-ordinate [kŏ-aw(r)°d-nit, কোঅ্যা(র্‌)°ড্‌নিট্‌] (1) *a.* of the same order or rank, সমশ্রেণীভুক্ত বা সমপদস্থ ; of co-ordination, সমন্বয়মূলক। (2) *n.* a co-ordinate element, সমশ্রেণীভুক্ত বস্তু ; (math.) each of a system of more than one magnitude to fix the position of a point, line or plane, (গণি.—পরি.) স্থানাঙ্ক। *v.t.* **cŏ-or°dināte**—সমশ্রেণীভুক্ত বা সমপদস্থ করা ; সমন্বয়-বিধান করা। *p. & p. pt.* **cŏ-or°dinātėd** । **co-ordinate geometry**—বৈশ্লেষিক জ্যামিতি। *adv.* **co-or°dinately** । *n.* **co-or°dinateness** । *n.* **co-ordinā°tion** । [*co-*, *ordinate*]

coot [kōōt; কূট্‌] *n.* a water-fowl, জলচর পক্ষিবিশেষ। [ME. *cote*—cp. Du. koet]

cootie [kōō°-ti, কূ°টি] *n.* (sl.) louse, (অশি.) উকুন। [Hind. *khuthi*]

cop₁ [kop, কপ্‌] *a.* top, শীর্ষ ; a conical ball of thread, সুতার মোচাকার গুলি। [AS.]

cop₂ [kop, কপ্‌] *n.* (sl.) a policeman, (অশি.) পুলিস, পাহারাওয়ালা (also **co°pper₁**)। [from the copper badge of the policeman ?]

copal [kōp(a)l, কৌপ্‌ল্‌] *n.* a hard resin, বার্ণিশে ব্যবহৃত বৃক্ষজাত কঠিন আঠাবিশেষ, কহরোবা। [Sp.]

coparcener [kŏ°-pŭ(r)°-s(i)na(r), কো°পা(র্‌)°স্‌ন্যা(র্‌)] *n.* a joint heir, এজমালি সম্পত্তির শরিক। [*co-*, *parcener*]

copartner [kō°-pŭ(r)t°-na(r), কৌ°পা(র্‌)ট্‌°ন্যা(র্‌)] *n.* a partner, অংশীদার। *n.* **cō°part°nership** । **copartnership system**—অংশীদারি ব্যবস্থা। [*co-*, *partner*]

cope₁ [kōp, কৌপ্‌] *v.i.* to contend evenly, তুল্যমূল্যভাবে প্রতিদ্বন্দ্বিতা করা, আঁটিয়া ওঠা ; to grapple successfully, সাফল্যের সহিত আয়ত্ত করা। *p. & p. pt.* **cō°pėd** । [F. *couper*<L. *colaphus*=a buffet]

cope₂ [kōp, কৌপ্‌] (1) *n.* a covering, আবরণ, a cap or hood, টুপি মুখটি বোরখা প্রভৃতি মস্তকাবরণ। (2) *v.t.* to cover as with a cope, টুপি মুখটি বোরখা প্রভৃতির দ্বারা (মস্তক বা শীর্ষদেশ) আবৃত করা। *p. & p. pt.* **cō°pėd** । *n.* **cōpe°-stōne, cōp°ing-stōne**—প্রাচীরশীর্ষ-আচ্ছাদক প্রস্তর। *n.* **cō°ping**—প্রাচীরশীর্ষস্থ ঢাল। [OE. *cape*<LL. *capa*—cp. *cap*]

copeck—alt. spell. of **kopeck.**

coper [kō°-pa(r), কৌ°প্যা(র্‌)] *n.* a horse-dealer, অশ্বব্যবসায়ী (also **horse-coper**)। [Du. & G. *kōpen*]

Coparnican [kō-pa(r)°-ni-kan, কৌপ্যা(র্‌)°নিক্যান্‌] *a.* of Copernicus, বিখ্যাত জ্যোতির্বিদ কোপারনিকাস-সম্বন্ধীয়।

copied, copier—see **copy.**

coping—see **cope₂.**

copious [kō°-pi-as, কৌ°পিঅ্যাস্‌] *a.* plentiful, প্রাচুর্যপূর্ণ ; rich in words, শব্দবহুল, শব্দ-সম্পদ্‌-পূর্ণ ; not concise, বিশদ। *adv.* **cō°piously** । *n.* **cō°piousnėss** । [L. *copiosus*<*co-*, *ops*=wealth]

copper₁—see **cop₂.**

copper₂ [ko°-pa(r), ক°প্যা(র্‌)] (1) *n.* a metal, তাম্র, তামা ; a coin or vessel of copper, তাম্রমুদ্রা বা তাম্রপাত্র। (2) *a.* made of copper, তাম্রনির্মিত ; copper-coloured, তাম্রবর্ণ, তামাটে। (3) *v.t.* to cover with copper, তামা দিয়া মোড়া। **Copper Age**—যে যুগে মানুষ তামা ব্যবহার করিতে শিখিয়াছিল, তাম্রযুগ। **copper beech**—তাম্রাভ পত্রযুক্ত বীচ-বৃক্ষবিশেষ। **copper captain**—ভুয়া সেনাপতি। *a.* **co°pper-bo°ttomed**—(জাহাজাদি সম্বন্ধে) তলদেশ তামার পাতে মোড়া এমন ; (বিশে. আর্থিক ব্যাপারে) সর্বপ্রকারে নিরাপদ বা ঝুঁকি-শূন্য। *n.* **co°pperhead**—আমেরিকার সাজ্বাতিক সর্পবিশেষ, তাম্রবোড়া। *n.* **co°pperplāte**—তাম্রফলক। *n.* **co°ppersmith**—তাম্রকার। *a.* **co°ppery** । [OE. *coper*<LL. *cuper*<*cyprium aes*=Cyprian brass]

copperas [ko°-pa-ras, ক°প্যার‍্যাস্‌] *n.* ferrous sulphate, তুঁতে। [F. *couperose*<L. *cūpri rosa*=rose of copper ?]

copperhead—see **copper₂.**

coppice [ko°-pis, ক°পিস্‌] *n.* a wood of small growth for periodical cutting, বেড়াদিতে ব্যবহার্য ঝাড়বিশেষ : ইহা মাঝে মাঝে ছাঁটিয়া দিতে হয়। [OF. *copeiz*=wood newly cut]

copra [ko°-pra, ক°প্র্যা] *n.* the dried kernel of the coconut, নারিকেলের শুষ্ক শাঁস। [Mal. *koppara*=coconut]

coprology [kop-ra°-laji, কপ্র্যা°ল্যাজি] *n.* treatment of filthy or obscene subject in literature or art, সাহিত্যে বা শিল্পে অশ্লীল বিষয়ের অবতারণা। [Gr. *kapros*=dung, *logos*=discourse]

copse [kops, কপ্‌স্‌] var. of **coppice.**

Copt [kopt, কপ্‌ট্‌] *n.* an Egyptian Christian, মিশরদেশীয় খ্রিস্টান। **Cop°tic**—(1) *a.* উক্ত খ্রিস্টান-সম্বন্ধীয় ; (2) *n.* উক্ত খ্রিস্টানদের ভাষা।

copula [ko°-pū-la, ক°পিউল্যা] *n.* anything that joins together, সংযোজক বস্তু। *v.t.* **co°pūlāte**—যৌনসঙ্গম করা। *p. & p. pt.* **co°pūlātėd** । *n.* **copūlā°tion** । **co°pūlative**—(1) *a.* সংযোজক ; (2) *n.* (ব্যাক.) সংযোজক অব্যয়। [L.]

copy [ko°-pi, ক°পি] (1) *n.* an imitation, অনুকরণ, অনুকৃতি : a transcript, অনুলিপি, প্রতি-

লিপি, নকল (a rough or fair *copy*) ; a reproduction, প্রতিমূর্তি ; an exemplar, অনুকরণীয় আদর্শ ; a volume, খণ্ড (a *copy* of magazine) ; a collection, সঙ্কলন (a *copy* of verses) । (2) *v.t.i.* to make a copy (of), অনুকরণ বা নকল করা, প্রতিলিপি লেখা, টোকা, প্রতিমূর্তি গঠন করা । *p.* & *p. pt.* **co°pied** । *n.* **co°pier** । **co°pybook**—(1) *n.* আদর্শলিপি ; (2) *a.* মামুলি (*copybook* maxim) ; বাঁধা আদর্শানুযায়ী, (সংবাদপত্রের ভাষায়) প্রকরণগত (*copybook* batting) । *n.* **co°py-cat**—(অশি.) দাসমনোবৃত্তিসম্পন্ন অনুকরণকারী । *n.* **co°py-hōlder**—যে ব্যক্তি প্রুফ্-সংশোধককে পাণ্ডুলিপি পড়িয়া শোনায় । *n.* **co°pying-ink**—ছাপ লইবার কার্যে উপযোগী রঙিন কালি । *n.* **co°pying-pencil**—প্রতিলিপি-গ্রহণকার্যে উপযোগী পেনসিলবিশেষ । *n.* **co°pyist**—লিপি-নকলকারী, নকলনবিস ; অনুকরণকারী । **co°pyright**—(1) *n.* গ্রন্থস্বত্ব ; (2) *v.t.* গ্রন্থস্বত্ব সংরক্ষিত করা । *n.* **co°py-wrīter**—(প্রধানতঃ বিজ্ঞাপনাদির) লিপিকার । [F. *copie*<L. *copia*=plenty, (in LL.) a transcript]

coquet(te) [kō-ket°, কৌকেট্°] *v.i.* to flirt (with), প্রণয়ের ভান করা, ছিনালি করা । *pr. pt.* **cōque°tting** । *p.* & *p. pt.* **cōque°ttėd** । *n.* **cōquette°**—ছিনাল (স্ত্রীলোক) । *n.* **cō°quetry** ছিনালি । *a.* **cō°quett°ish**—ছিনালিপূর্ণ । *adv.* **coque°ttishly** । [F. *coqueter*<*coquet*=a small cock]

coracoid [ko°-ra-koyd, ক°র‍্যাকয়ড্] *a.* shaped like a crow's beak, কাকের ঠোঁটের ন্যায় আকারবিশিষ্ট । [Gk. *korakos*=a crow, *eidos*=form]

coracle [ko°-rakl, ক°র‍্যাক্ল্] *n.* a kind of wickerboat, বেত বাঁশ প্রভৃতিতে নির্মিত ভেলা । [Welsh *cwrwgl*]

coral [ko°r(a)l, ক°র্ল্] (1) *n.* a hard substance growing on the bottom of the sea, প্রবাল, পলা ; the creature that produces it, প্রবাল-কীট । (2) *a.* made of coral, প্রবালে গঠিত ; like coral, প্রবালতুল্য (রক্তবর্ণ) । *n.* **co°ral-is°land**—প্রবালে গঠিত দ্বীপ, প্রবালদ্বীপ । *a.* **coralline** [ko°-ra-līn, ক°র‍্যালাইন্] প্রবালসংক্রান্ত ; প্রবালতুল্য (রক্তবর্ণ) ; প্রবালপূর্ণ । *n.* **co°ral-reef°**—প্রবাল-প্রাচীর । *n.* **co°ral-rock°**—প্রবাল-পাহাড় । [L. *corallum*<Gk. *korallion*]

coram [kaw°-ram, ক°র‍্যাম্] *prep.* in the presence of, সমীপে, সকাশে । [L.]

coramine [ko°-ra-mīn, ক°র‍্যামাইন্] *n.* a drug used as a heart stimulant, nikethamide, হৃদযন্ত্রের উত্তেজক ভেষজবিশেষ । [?]

coranto [ko-ran°-tō, কর‍্যান্°টৌ] *n.* rapid and lively dance, প্রাণোচ্ছল ক্ষিপ্রগতি নৃত্য । [It. *coranta*]

corban [kaw(r)°-ban, ক্য(র্)°ব্যান্] *n.* anything devoted to God in fulfilment of a vow, কোরবানি । [Heb. *qorban*]

corbel [kaw(r)°b(a)l, ক্য(র্)°ব্ল্] *n.* (archi.) a projection from the face of a wall to support a weight, (স্থাপ.) ভাররক্ষার্থ প্রাচীরগাত্রের প্রলম্বিত অংশ (সচরাচর এই অংশ কাষ্ঠ বা প্রস্তরে তৈয়ারী হয় এবং ইহার উপরে হালকা ধরনের কক্ষাদি নির্মিত হয়) । [OF.<LL. *corvellus*<L. *corvus*=a raven]

corbie [kaw(r)°-bi, ক্য(র্)°বি] *n.* a raven, দাঁড়কাক । **corbie messenger**—যে দূত অতি বিলম্বে ফেরে বা মোটেই ফেরে না । [OF. *corbin*<L. *corvus*=a crow]

cord [kaw(r)d, ক্য(র্)ড্] (1) *n* a short thin rope, দড়ি ; any cord-shaped struture in the animal body, জীবদেহের তন্ত্রী (spinal *cord*) ; anything to bind with, বাঁধিবার উপকরণ ; a bond, বন্ধন (*cord* of friendship) । (2) *v.t.* to furnish or bind with a cord, দড়ি জোগান বা দড়ি দিয়া বাঁধা । *a.* **cor°dėd**—দড়িদ্বারা আবদ্ধ ; তন্ত্রীযুক্ত ; হাড়পাঁজরাসার ; তন্ত্রীতে আঘাতপ্রাপ্ত । *n.* **cor°dāge**—দড়িসমূহ, দড়িদড়া । *n.* **cor°ding**—দড়ি দিয়া বন্ধন ; দড়িদড়া । [F. <L. *chorda*—see *chord*]

cordate [kaw(r)°-dāt, ক্য(র্)°ডেইট্] *a.* heart-shaped, হৃৎপিণ্ডাকার । [L. *cordatus*<*cor*=the heart]

corded—see **cord.**

cordial [kaw(r)°-di-al, ক্য(র্)°ডিঅ্যাল্] (1) *a.* hearty, sincere, সহৃদয়, আন্তরিক ; affectionate, সাদর ; reviving the heart or spirits, হৃদয়ে বা মনে বলদায়ক । (2) *n.* a medicine, drink, etc., for reviving the heart or spirits, হৃদয়ে বা মনে বলদায়ক ঔষধ শরবত প্রভৃতি । *n.* **cordia°lity, cor°dialnėss** । *adv.* **cor°dially** । [F.<L. *cor, cordis*=the heart]

cording—see **cord.**

cordite [kaw(r)°-dīt, ক্য(র্)°ডাইট্] *n.* a cord-shaped smokeless explosive, দড়ির ন্যায় আকারযুক্ত নির্ধূম বিস্ফোরকবিশেষ । [see *cord*]

cordon [kaw(r)°d(a)n, ক্য(র্)°ড্ন্] (1) *n.* a row of stones along the line of a rampart, কেল্লার চতুষ্পার্শ্বস্থ প্রস্তরশ্রেণী ; line between infected and uninfected areas, সংক্রামক ব্যাধির দ্বারা আক্রান্ত এবং সংক্রামক ব্যাধিমুক্ত অঞ্চলসমূহের সীমানাসূচক বেষ্টনী (also **sanitary cordon**) ; a ribbon bestowed as a badge of honour, সম্মানসূচক ফিতা বা তকমা ; a line or circle of police, পুলিসরা পাশাপাশি দাঁড়াইয়া যে বেষ্টনী তৈয়ারী করে, পুলিস-বেষ্টনী । (2) *v.t.* to enclose with a cordon, উক্ত বেড়াদির দ্বারা ঘেরাও করা । **(to) cordon off**—বেষ্টনীর দ্বারা পৃথক্ করা (the unruly crowd was *cordoned off*) । [F.]

cordovan [kaw(r)°-da-van, ক্য(র্)°ড্যাভ্যান্] *n.* goat-skin leather from Cordova, স্পেনের করডোভা-প্রদেশে উপজাত ছাগচর্ম।

cords [kaw(r)dz, ক্য(র্)ড্জ্] *n. pl.* coll. abbr. of **corduroy** meaning trousers।

corduroy [kaw(r)°-da-roy, ক্য(র্)°ড্যারয়্] *n.* a cheap thick cotton stuff, সস্তা ও মোটা সুতি কাপড়বিশেষ; (*pl.*) trousers, ফুল প্যান্ট্। [F. *corde du roi*=king's cord ?]

cordwain [kaw(r)d°-wān, ক্য(র্)ড্°ওাএইন্] var. of **cordovan.**

cordwainer [kaw(r)d°-wā-na(r), ক্য(র্)ড্°ওাএই-ন্যা(র্)] *n.* a shoemaker, মুচি। [OF. *cordoanier*=a worker in cordovan]

core [kaw(r), ক্য(র্)] (**1**) *n.* the innermost part (esp. of fruit), (প্রধানতঃ ফলের) অন্তরতম প্রদেশ, মর্মস্থল, (শিথি.) শাঁস। (**2**) *v.t.* to take out the core of, অন্তর বা (ফলের) শাঁস কুরিয়া ফেলা। **hard core**—কেন্দ্রগত বা মৌলিক বা অন্তর্নিহিত বা আসল অংশ; প্রাণকেন্দ্র; মর্মস্থল। **rotten to the core**—একেবারে খারাপ, নিরতিশয় মন্দ। *n.* **cor°er**—কুরুনি। *a.* **core°lėss**—অন্তঃসারশূন্য; শাঁসহীন। [L. *cor*=the heart ?]

co-religionist [kō°-ri-li°-ja-nist, কৌ°রিলি°-জ্যানিস্ট্] *n.* an adherent of the same religion, সমধর্মী, ধর্মভাই। [*co-*, see *religion*]

corer—see **core.**

co-respondent [kō°-ris-pon-dant, কৌ°রিস্-পন্ড্যান্ট্] *n.* a person charged with adultery and proceeded against along with the respondent in a divorce suit, বিবাহ-বিচ্ছেদের মামলায় অভিযুক্ত পতির বা পত্নীর সঙ্গে যে ব্যক্তি অভিযুক্ত হয়, বিবাহ-বিচ্ছেদের মামলায় মোকাবিলা প্রতিবাদী বা প্রতিবাদিনী; (in India) a person proceeded against along with the respondent in a lawsuit, (ভারতে) মোকাবিলা প্রতিবাদী। [*co-*, see *respond*]

corf [kaw(r)f, ক্য(র্)ফ্] *n.* a basket used in mining, খনি হইতে কয়লা তোলার কাজে ব্যবহৃত ঝুড়ি। [Du.<L. *corbis*]

coriander [ko-ri-an°da(r), করিঅ্যান্°ড্যা(র্)] *n.* a plant, ধনেগাছ। *n.* **corian°der-seed**—ধনে। [F. *coriandre*<L. *coriandrum*<Gk. *koriannon*]

Corinthian [ka-rin°-thi-an, ক্যারিন্°থিঅ্যান্] (**1**) *a.* of Corinth, গ্রীসের অন্তর্গত করিন্থ-প্রদেশের, করিন্থীয়। (**2**) *n.* (arch.) an amiable person of fashion and pleasure, (আর্য.) সৌখিন ও আমোদপ্রিয় সহৃদয় লোক।

cork [kaw(r)k, ক্য(র্)ক্] (**1**) *n.* a kind of oak-tree, ওক-জাতীয় বৃক্ষবিশেষ; its bark, উক্ত বৃক্ষের ছাল; a stopper made of its bark, উক্ত ছালে নির্মিত ছিপি; any stopper, যে-কোন ছিপি। (**2**) *v.t.* to stop with a cork, ছিপি আঁটিয়া দেওয়া; to stop up, রুদ্ধ করা। *p. & p. pt.* **cor°ked**। *n.* **cor°kåge**—বোতলে ছিপি আঁটার বা খোলার কাজ; খরিদ্দার কর্তৃক সঙ্গে আনা মদের বোতলের ছিপি খোলার জন্য হোটেলের পরিচারকের পারিশ্রমিক। *n.* **cor°ker**—বিস্ময়কর ব্যক্তি বা বস্তু; উত্তর বা জবাব দেওয়া যায় না এমন যুক্তি, অকাট্য বা অখণ্ডনীয় যুক্তি। **cork°-screw**—(**1**) *n.* ছিপি খোলার জন্য পেঁচাল যন্ত্রবিশেষ; (**2**) *a.* উক্ত যন্ত্রের ন্যায় কুণ্ডলীযুক্ত; (**3**) *v.i.* কুণ্ডলী করিয়া চলা; (**4**) *v.t.* কষ্টের সহিত টানিয়া বাহির করা; বলপ্রয়োগ-দ্বারা বা চাতুরি-দ্বারা সংবাদ আদায় করা। *a.* **cor°ky**—ছিপি-সংক্রান্ত; ছিপির ন্যায় আকারবিশিষ্ট; উচ্ছল, চপল, আত্মজাহির করে এমন। [Sp. *alcorque*=cork slipper ?]

cormorant [kaw(r)°m(a)r(a)nt, ক্য(র্)°ম্র্ন্ট্] *n.* a web-footed sea-bird, লিপ্তপাদ সামুদ্রিক পক্ষিবিশেষ; a glutton, ঔদরিক বা পেটুক লোক। [F. *cormoran*<L. *corvus marinus*=sea crow]

corn₁ [kaw(r)n, ক্য(র্)ন্] *n.* a hard growth esp. on the foot, প্রধানতঃ পায়ের কড়া। *a.* **cor°nėous**—শৃঙ্গাকার; শৃঙ্গযুক্ত; শৃঙ্গের ন্যায় কঠিন। [L. *cornu*=a horn]

corn₂ [kaw(r)n, ক্য(র্)ন্] (**1**) *n.* a grain or seed, শস্যকণা, বীজ; grain collectively, শস্য। (**2**) *v.t.* to make granular, দানাদার করা; to sprinkle or preserve with grains of salt, লবণের কণা ছিটাইয়া দেওয়া বা লবণে জারিত করিয়া সংরক্ষিত করা। **corned beef**—লবণে জারিত গোমাংস। *n.* **corn°-bin**—শস্যাধার। *n.* **corn°-bread**—ভুট্টার রুটি। *n.* **corn°-cāke**—ভুট্টার তৈয়ারি কেক। *n.* **corn°-chandler**—খুচরা শস্য-বিক্রেতা। *n.* **corn°-dealer, corn°-merchant**—শস্যের ব্যাপারি। *n.* **corn°-ėxchānge**—শস্যের হাট বা গঞ্জ। *n.* **corn°-field**—শস্যক্ষেত্র। *n.* **corn°-flour**—ভুট্টা চাউল প্রভৃতির গুঁড়া বা ময়দা। *n.* **corn°-flower**—নীল ঝুমকাফুলবিশেষ। *n.* **corn°-fly**—শস্যহানিকর পতঙ্গবিশেষ। *n.* **corn°-law**—শস্যের কারবার (বিশেষতঃ চালানি কারবার) নিয়ন্ত্রক আইন। *n.* **corn°-mill**—ময়দার কল বা কারখানা। *n.* **corn°-pone**—ভুট্টার রুটি। *n.* **corn°-rent**—টাকার বদলে শস্যদ্বারা খাজনা-প্রদান। *n.* **corn-stalk**—শস্যমঞ্জরী। *a.* **cor°ny**—শস্যাকার; শস্যজাত; শস্যোৎপাদী; শস্যপূর্ণ; কড়ার মত শক্ত বা কর্কশ। [AS.]

cornea [kaw(r)°-nia, ক্য(র্)°নিঅ্যা] *n.* the transparent horny membrane covering the eye, অক্ষিগোলকের স্বচ্ছ আবরণ, অচ্ছোদপটল। [L. =horny]

cornelian [kaw(r)-nē°-li-an, ক্য(র্)নী°লিঅ্যান্] *n.* a precious stone, মূল্যবান্ রক্তিমাভ প্রস্তর-

বিশেষ। [F. *cornaline* < L. *cornum* = reddish cherry—confused with *carnis* = flesh]

corneous—see **corn$_1$**.

corner [kaw(r)°-na(r), ক্য(র্)°ন্যা(র্)] (**1**) *n.* the converging meeting-point of two lines or planes, কোণ; a bend as of a road, পথাদির মোড় বা বাঁক; a secret or remote place, গুপ্ত বা নিভৃত স্থান; a difficult position, সঙ্কট; (in football) a free kick under certain conditions, (ফুটবলে) কর্ণার; (comm.) buying up of the whole stock so that the buyer may resell it at the high price he chooses, (বাণি.) ইচ্ছামত উচ্চমূল্যে পুনর্বার বিক্রয়ার্থ কোন পণ্য-দ্রব্য সমুদায় ক্রয়। (**2**) *v.t.* to furnish with a corner, কোণযুক্ত করা; to set in a corner, কোণে স্থাপন করা, কোণে ঠেলা; to put in a difficulty, মুশকিলে ফেলা; (in football) to drive (the ball) at a corner, (ফুটবলে) কর্ণার করা; to form a corner against, (বাধাদানার্থ) কোণ রচনা করা বা কোণ রচনা করিয়া অবস্থান করা; (comm.) to get control of by corner, (বাণি.) পণ্যাদি সমুদায় ক্রয়পূর্বক বাজার স্বীয় আয়ত্তে আনা। **a tight corner**—যে আকস্মিক অবস্থাসঙ্কট সহজে এড়ান যায় না। **within the four corners of**—চার দেওয়ালের মধ্যে, অভ্যন্তরস্থিত, পরিবেষ্টিত। **(to) cut off a corner**—আড়াআড়িভাবে যাওয়া অর্থাৎ সোজা পথে যাওয়া। **(to) drive one into a corner**—যে অবস্থাসঙ্কট সহজে এড়ান যায় না তেমন অবস্থায় ফেলা। **(to) turn the corner**—মোড় ঘোরা; মুশকিল বা বিপদ্ হইতে উত্তীর্ণ হওয়া। *a.* **cor°nered**—কোণযুক্ত; মুশকিলে পতিত, কোণঠাসা। *n.* **cor°ner-stōne**—অট্টালিকার দুই দেওয়ালের মধ্যে সংযোগস্থাপক প্রস্তর-খণ্ড; ভিত্তিপ্রস্তর; মুখ্য প্রস্তর; (আল.) অত্যন্ত প্রয়োজনীয় অঙ্গ বা অংশ। [OF. *corniere* < L. *cornu* = horn]

cornet [kaw(r)°-nit, ক্য(র্)°নিট্] *n.* a musical instrument, বাঁশিবিশেষ; a conically rolled paper container, শাঙ্কবাকার ঠোঙাবিশেষ। [F. < L. *cornu* = horn]

cornice [kaw(r)°-nis, ক্য(র্)°নিস্] *n.* a projecting moulding along the top of a building, কার্নিস্। [It.]

Cornish [kaw(r)°-nish, ক্য(র্)°নিশ্] *a.* of Cornwall, কর্নওয়াল-দেশীয়।

cornucopia [kaw(r)-nū-kō°-pi-a, ক্য(র্)নিউ-কৌ°পিয়্যা] *n.* the horn of plenty, প্রাচুর্য-দায়ক বা প্রাচুর্যের নিদর্শনস্বরূপ ছাগশৃঙ্গ; a goat's horn shown in the art as overflowing with fruits, flowers and corn, চারুশিল্পে অঙ্কিত ফল পুষ্প ও শস্যে পরিপূর্ণ ছাগশৃঙ্গ; (fig.) overflowing store, (আল.) প্রাচুর্যে পরিপূর্ণ ভাণ্ডার। [L. *cornu copiæ*]

cornuted [kaw(r)-nū°tid, কা(র্)নিউ°টিড্] *a.* horned, শৃঙ্গযুক্ত, শৃঙ্গী; hornlike, শৃঙ্গতুল্য। [L. *cornutus* < *cornu* = horn]

corny$_1$—see **corn$_2$**.

corny$_2$ [kaw(r)°-ni, ক্য(র্)°নি] *a.* (sl.) hackneyed, (অশি.) গতানুগতিক, মামুলি (*corny* jokes)। [?]

corolla [ka-ro°-la. ক্যার°ল্যা] *n.* the whorl of the floral envelopes, পুষ্পের (বা শস্যাদির) পাপড়ি-পরিবেষ্টিত অভ্যন্তর, (পরি.) দলমণ্ডল। [L. = a small crown]

corollary [ka-ro°-la-ri, ক্যার্°ল্যারি] *n.* a supplementary deduction, অনুসিদ্ধান্ত। [L. *corollarium* = a garland]

corona [ka-rō°-na, ক্যারৌ°ন্যা] *n.* a part of the cornice, কার্নিসের অংশবিশেষ; (bot.) an appendage on the top of seed or inner side of the corolla, (উদ্ভি.) দলমণ্ডলের শীর্ষস্থ উপাঙ্গ-বিশেষ, শস্যমুকুট বা পুষ্পমুকুট; (astr.) a coloured ring round the sun or the moon, (জ্যোতি.) সূর্যের বা চন্দ্রের পরিবেষ্টক চক্রাকার জ্যোতিচ্ছটা, জ্যোতির্বলয়; one of the sun's envelopes seen during total eclipse, পূর্ণগ্রাস গ্রহণকালে দৃষ্ট সূর্যালোকাবরণ; a round chandelier, গোলাকার ঝাড়লণ্ঠনবিশেষ। *pl.* **corō°næ, corō°nas**। [L. = a crown]

coronach [ko°-ra-nak, ক°র্যান্যাক্] *n.* a dirge, শোকসঙ্গীত। [Gael. ?]

coronal [ka-rō°nl, ক্যারৌ°ন্‌ল্], **coronary** [ko°ra-na-ri, ক°র্যান্যারি] *a.* of or like a crown or corona, মাথার চাঁদি বা কার্নিসের শীর্ষ বা শস্যমুকুট বা পুষ্পমুকুট বা জ্যোতির্বলয় সংক্রান্ত অথবা তত্তুল্য। **coronary arteries**—যে শিরাদি-দ্বারা হৃৎপিণ্ডে রক্ত সঞ্চালিত হয়। *n.* **coronal** [ko°-ra°nl, ক°র্যা°ন্‌ল্] মাথায় পরিবার হার বা পুষ্পমালা। [see *corona*]

coronation [ko-ra-nā°sh(a)n, কর্যানেই°শ্‌ন্] *n.* the ceremony of crowning a sovereign, রাজ্যাভিষেক। [see *corona*].

coroner [ko°-ra-na(r), ক°র্যান্যা(র্)] *n.* an officer who inquires into the causes of accidental or suspicious death, অপঘাতজনিত বা সন্দেহজনক মৃত্যুর কারণ-তদন্তকারী বিচারকবিশেষ, করোনার, (পরি.) আশুমৃতপরীক্ষক। [OF. *corouner* < L. *corona* = crown]

coronet [ko°-ra-nit, ক°র্যানিট্] *n.* a small crown, (সচ. অমাত্যবৃন্দ কর্তৃক ব্যবহৃত) ক্ষুদ্র মুকুট; an ornamental head-dress, শিরোভূষণ। *a.* **co°roneted**—উক্ত মুকুট বা শিরোভূষণ পরিহিত। [OF. *coronete* < L. *corona* = a crown]

corpora—see **corpus**.

corporal$_1$ [kaw(r)°p(a)r(a)l, ক্য(র্)°প্‌র্‌ল্] *n.* a non-commissioned military officer, স্থল-বাহিনীর বা নৌবাহিনীর নিম্নপদস্থ নায়কবিশেষ। [F. *caporal* < It. *caporale* < *capo* = the head < L. *caput*]

corporal$_2$ [kaw(r)°p(a)r(a)l, ক্য(র্)°প্র্ল্] *a.* of the body, bodily, শারীরিক (*corporal* punishment) ; having a body, শরীরী ; material, বাস্তব ; not spiritual, ভৌতিক। *n.* **corporality** [kaw(r)-pa-ra°-li-ti, ক্য(র্)প্যারা°লিটি] । *adv.* **cor°porally** । [L. *corpus*=the body]

corporate [kaw(r)°-p(a)rit, ক্য(র্)°প্রিট্] *a.* legally united into one body, আইন-দ্বারা এক সংস্থাভুক্ত ; united, মিলিত, যৌথ (a *corporate* body) । *adv.* **cor°porątely** । *n.* **cor°poráteness** । *n.* **corporation** [kaw(r)-pa-rā°sh(a)n, ক্য(র্)প্যারেই°শ্ন্] আইনবলে গঠিত যৌথ সংস্থা বা প্রতিষ্ঠান, নিগম ; পৌরসভা, কর্পোরেশন। *a.* **corporative** [kaw(r)°pa-rā-tiv, ক্য(র্)°প্যারেইটিভ্] যৌথসংস্থা-গঠনমূলক। *n.* **cor°porātor**—যৌথসংস্থার সভ্য। [see *corporal*$_2$]

corporeal [kaw(r)-paw°-ri-al ক্য(র্)প্য°রিঅ্যাল্] *a.* having body or substance, দৈহিক বা ভৌতিক ; material, বাস্তব। *adv.* **corpo°réally** । [see *corporal*$_2$]

corps [kaw(r), ক্য(র্)] *n.* a division of an army, সৈন্যবাহিনীর ভাগবিশেষ ; any organized body, সংগঠিত দল ; বাহিনী। *pl.* **corps** [kaw(r)z, ক্য(র্(জ্)] । [F.<*corpus*=body—cp. *corpse*]

corpse [kaw(r)ps, ক্য(র্)প্স্] *n.* a dead human body, মানুষের শব। [ME. *cors*<F.<L. *corpus* =the body]

corpulent [kaw(r)°pū-lant, ক্য(র্)°পিউল্যান্ট্] *a.* excessively fleshy or fat, অতিশয় মাংসল বা মোটা। *n.* **cor°pūlence**—অত্যধিক মাংসলতা বা স্থূলতা। *adv.* **cor°pūlently** । [see *corpus*]

corpus [kaw(r)°-pas, ক্য(র্)°প্যাস্] *n.* the body, দেহ (habeas *corpus*) ; body of writings, কোন একটি বিষয়ের লেখা-সঙ্কলন। *pl.* **corpora** [kw(r)°-pa-rŭ, ক্য(র্)°প্যারা] । [L.]

corpuscle [kaw(r)°-pusl, ক্য(র্)°পাস্ল্], **corpuscule** [kaw(r)-pus°-kūl, ক্য(র্)পাস্°কিউল্] *n.* a minute particle, সূক্ষ্ম কণিকা। *a.* **corpus°cūlar**—সূক্ষ্ম কণিকাকার। [see *corpus*]

corral [kŏ-rŭl°, করাল্°] (**1**) *n.* a cattle-pen, গবাদি পশুর খোঁয়াড়। (**2**) *v.i.* to form a corral with, (কিছুর দ্বারা) খোঁয়াড় গঠন করা ; to confine in a corral, খোঁয়াড়ে আবদ্ধ করা। *pr. pt.* **corra°lling** । *p.* & *p. pt.* **corra°lled** । [Sp.]

correct [ka-rect°, ক্যারেক্ট্°] (**1**) *v.t.* to set right, to amend, ঠিক করা, সংশোধন করা ; to remove defects from or mark faults in, ভুলত্রুটি দূর করা বা দেখাইয়া দেওয়া ; to punish, শাস্তি দেওয়া ; to cure of fault, দোষাদি হইতে মুক্ত করা (to *correct* a criminal) । *p* & *p. pt.* **correctėd** । (**2**) *a.* right, faultless, ঠিক, নির্ভুল (*correct* answer) ; true, সত্য, খাঁটি (*correct* belief) ; accurate, exact, যথাযথ, সঠিক (*correct* time) ; proper, নিয়মানুগ (*correct* man) । *a.* **correc°tible** । *adv.* **correct°ly** । *n.* **correc°tion**—সংশোধন ; শাস্তি। **correction slip**—সংশোধনপত্র। **under correction**—প্রয়োজনানুসারে সংশোধনীয়। **(to) speak under correction**—বক্তব্য ভুল হইতে পারে অর্থাৎ উহা সংশোধনের প্রয়োজন হইতে পারে এ কথা জানিয়াশুনিয়াই কথা বলা। *a.* **correc°tional**— সংশোধনমূলক ; শাস্তিমূলক। **correc°tive**—(**1**) *a.* সংশোধনক্ষম, সংশোধনকারী (*corrective* training) ; (**2**) *n.* যাহা সংশোধন করে। *n.* **correc°titūde**—নির্ভুলতা ; (প্রধানতঃ স্বভাবচরিত্রের) বিশুদ্ধতা। *n.* **correct°nėss**—বিশুদ্ধতা। *n.* **correc°tor** । [L. *corrigere* =to correct]

correlate [ko°-ri-lāt, ক°রিলেইট্] (**1**) *v.i.t.* to be related to or bring into relation with one another, পরস্পর সম্পর্কযুক্ত হওয়া বা করান। *p.* & *p. pt.* **co°rrėlātėd** । (**2**) *n.* either of two correlated things, পরস্পর সম্পর্কযুক্ত বা আপেক্ষিক বস্তুদ্বয়ের যে-কোনটি। *n.* **corrėlā°tion**—পারস্পরিক সম্বন্ধ, আপেক্ষিকতা (*correlation* between height and weight) । **correlative** [ko-re°-la°-tiv, করে°ল্যা°টিভ্] (**1**) *a.* পরস্পর সম্পর্কযুক্ত বা আপেক্ষিক ; (**2**) *n.* ঐরূপ ব্যক্তি বা বস্তু। [*cor-*, *relate*]

correspond [ko-ris-pond°, করিস্পন্ড্°] *v.i.* to agree, answer or suit, অনুরূপ যথাযথ উপযুক্ত বা মানানসই হওয়া ; to communicate by interchange of letters, চিঠিপত্রের আদান-প্রদান করা (to *correspond* with a shipping agent) । *p.* & *p. pt.* **corrėspon°dėd** । *n.* **corrėspon°dence**—অনুরূপতা, ঐক্য, সাদৃশ্য ; বন্ধুত্বপূর্ণ আলাপ ; চিঠিপত্রের আদান-প্রদান ; চিঠিপত্র। **correspondence course**—পত্রযোগে নির্দিষ্ট পাঠক্রমানুযায়ী শিক্ষাদান। **corrėspon°dent**—(**1**) *a.* অনুরূপ ; ঐক্যযুক্ত ; সদৃশ ; (**2**) *n.* চিঠিপত্রের প্রাপক বা লেখক ; খবরের কাগজের সংবাদদাতা। *a.* **corrėspon°ding** —অনুরূপ, যথাযথ, উপযুক্ত, মানানসই ; চিঠিপত্র বিনিময় করে এমন। *adv.* **corrėspon°dingly** । [*cor-*, *respond*]

corridor [ko°-ri-daw(r), ক°রিড্য(র্)] *n.* a passage leading to separate rooms in a building or compartments in a railway train, অট্টালিকার বিভিন্ন কক্ষের মধ্যে বা রেলগাড়ির বিভিন্ন কামরার মধ্যে সংযোগ-স্থাপক পথ, দরদালান ; a strip of a state's territory that runs through that of another and leads to a port, etc., রাষ্ট্রের যে সঙ্কীর্ণ ভূখণ্ড পররাষ্ট্রের মধ্য দিয়া প্রসারিত হইয়া বন্দরাদির সহিত সংযোগস্থাপন করে (the Polish *Corridor*) । *n.* **corridor°-train**—যে রেলগাড়িতে ভিতরে এ মুড়া হইতে ও মুড়া পর্যন্ত যাওয়ার জন্য বারান্দা থাকে। [F.<It. *corridore*<*correre* =to run<L. *currere*]

corrigendum [ko-ri-jen°-dam, করিজেন্°-ড্যাম্] *n.* a thing to be corrected, সংশোধনীয় বিষয়। *pl.* **corrigen°da** । [L.]

corrigible [ko°-ri-jable, ক°রিজ্যাব্‌ল্] *a.* correctible, সংশোধনসাধ্য। *n.* **corrigibi°lity**। [see *correct*]

corroborant—see **corroborate.**

corroborate [ka-ro°ba-rāt, ক্যার°ব্যারেইট্] *v.t.* to confirm, সত্য বলিয়া দৃঢ়ভাবে সমর্থন করা। *p.* & *p. pt.* **corro°borātėd**। **corroborant** [ka-ro°b(a)r(a)nt, ক্যার°ব্‌রন্ট্], **corroborative** [ka-ro°-b(a)ra-tiv, ক্যার্°ব্র্যাটিভ্] (1) *a.* সত্য বলিয়া দৃঢ়ভাবে সমর্থন করে এমন; বলকারক; (2) *n.* সত্য বলিয়া দৃঢ়ভাবে সমর্থনকারী ব্যক্তি; বলকারক ঔষধ বা বস্তু। *n.* **corro°borātion**। *n.* **corro°borator**। *a.* **corro°boratory**—সত্য বলিয়া দৃঢ়ভাবে সমর্থনকর। [*cor-*, L. *roborare*=to strengthen]

corrode [ka-rōd°, ক্যারৌড্°] *v.t.i.* to eat away or be eaten away gradually, ক্রমশঃ ক্ষয় করা বা হওয়া। *p.* & *p. pt.* **corrō°dėd**। *a.* **corrō°dible, corrō°sible**। *n.* **corrō°sion**—ক্ষয়, অবক্ষয়। **corrō°sive**—(1) *a.* ক্ষয়কর; ক্ষয়িষ্ণু; (2) *n.* ক্ষয়কর বা ক্ষয়িষ্ণু পদার্থ। [*cor-*, L. *rodere*=to gnaw]

corrugate [ko°-roo-gāt, ক°রুগেইট্] *v.t.* to contract into wrinkles or folds, কুঞ্চিত করা, ভাঁজ করা। *p.* & *p. pt,* **corrugātėd**। **corrugated iron**—ঢেউতোলা লৌহপাত। **corrugated sheet**—ঢেউতোলা টিন। *n.* **corruga°tion**—কুঞ্চন। [*cor-*, L. *rugare*=to wrinkle]

corrupt [ka-rupt°, ক্যারাপ্‌ট্°] (1) *v.t.i.* to rot, বিকৃত করা বা হওয়া; to make or become putrid, পচান বা পচা; to make or become defiled, কলুষিত বা দূষিত করা অথবা হওয়া। *p.* & *p. pt.* **corrup°tėd**। (2) *a.* rotten, বিকৃত; putrid, পচা; defiled, কলুষিত, দূষিত। *n.* **corrup°ter**। *a.* **corrup°tible**। *n.* **corruptibi°lity**। *adv.* **corrup°tibly**। *n.* **corrup°tion**—corrupt (*v.*)-এর সকল অর্থে, এবং—অবিশুদ্ধতা; দোষ; পাপ; ঘুস। *a.* **corrup°tive**—বিকৃত করে বা পচায় বা কলুষিত করে এমন। *adv.* **corrupt°ly**। *n.* **corrupt°nėss** [*cor-*, L. *rumpere*=to break]

corsage [kaw(r)-sŭz°, ক্য(র্)সাজ্°] *n.* a bodice. কাঁচুলি। [OE.<L. *corpus*=the body]

corsair [kaw(r)°-sā(r), ক্য(র্)°সেয়্যা(র্)] *n.* a privateer, শত্রু-জাহাজ ধ্বংস করার জন্য নিযুক্ত অসামরিক জাহাজ বা তাহার অধ্যক্ষ; a pirate, জলদস্যু। [F. *corsaire*<L. *cursus*=a running]

corse [kaw(r)s, ক্য(র্)স্] poet. form of **corpse.**

corselet—see **corslet.**

corset [kaw(r)°-sit, ক্য(র্)°সিট্] *n.* an inner bodice, কাঁচুলি। *a.* **cor°sėtėd**—কাঁচুলি-পরা। [F.<L. *corpus*=the body]

cors(e)let [kaw(r)s°-lit, ক্য(র্)স্°লিট্] *n.* an armour for the body, বর্মবিশেষ, দেহত্রাণ। [F.<L. *corpus*=the body]

cortége [kaw(r)-taj°, ক্য(র্)টেইজ্°] *n.* a train of attendants, অনুচরবর্গ; a procession, শোভাযাত্রা; a funeral procession, শব-যাত্রার মিছিল। [F.]

cortex [kaw(r)°-teks, ক্য(র্)°টেক্‌স্] *n.* bark, বৃক্ষবল্কল; the outer grey matter of the brain, মগজের ধূসর বাহ্যাংশ; the outer part of the kidney; মূত্রগ্রন্থি বা বৃক্কের বহিরংশ। *pl.* **cortices** [kaw(r)°-ti-sēz, ক্য(র্)°টিসীজ্]। *a.* **cor°tical**—বল্কলসংক্রান্ত; বহির্ভাগীয়। *a.* **corticate** [kaw(r)°-ti-kit, ক্য(র্)°টিকিট্], **cor°ticātėd**—বল্কলযুক্ত। [L.]

corundum [kŏ-run°-dam, কোরান্°ড্যাম্] *n.* a precious mineral, মূল্যবান্ খনিজ রত্নবিশেষ, চুনি। [Tam, *kurundam*]

coruscant—see **coruscate.**

coruscate [ko°-ras-kāt, ক°র্‌্যাসকেইট্] *v.i,* sparkle, ঝলমল করা। *p.* & *p. pt.* **co°ruscātėd**। **corus°cant**—(1) *a.* ঝলমলে; (2) *n.* ঝলমলে পদার্থ। *n.* **corusca°tion**। [L. *coruscare*]

corvée [kaw(r)°-vā, ক্য(র্)°ভেই] *n.* compulsory gratuitous labour for the overlord, জমিদার প্রভৃতির জন্য বাধ্যতামূলক বেগার। [F.< LL. *corrogata*<*cor-*, *rogare*=to ask]

corvette [kaw(r)-vet°, ক্য(র্)ভেট্°] *n.* a kind of warship, রণতরিবিশেষ। [L.<Sp. *corbeta*< L. *corbita*]

corvine [kaw(r)°-vīn. ক্য(র্)°ভাইন্] *a.* of the raven or crow, দাঁড়কাক বা কাক-সংক্রান্ত অথবা ঐ জাতীয়। [L. *corvus*=a raven]

Corydon [ko°-rid(a)n, ক°রিড্‌ন্] *n.* a rustic, (রাখালি কবিতায়) পল্লীবাসী, গেঁয়ো লোক। [L.< Gk. *Korydon*, a shepherd in Virgil and Theocritus]

cos$_1$ [kos, কস্] contr. of **cosine.**

cos$_2$ [kaz, ক্যাজ্] *conj.* (coll.) abbr. of **because.**

cosh$_1$ [kosh, কশ্] (1) *n.* (sl.) a bludgeon, a cudgel, (অশি.) ক্ষুদ্র ভারী দণ্ড, মুগুরবিশেষ। (2) *v.t.* মুগুর দিয়া আঘাত করা। [?]

cosh$_2$ [kosh, কশ্] *n.* abbr. of *h*yberlolic *cos*ine.

cosher [ko°-sha(r), ক°শ্যা(র্)] (1) *v.t.* to pamper, to cocker (up), to coddle, নাই বা আদর দেওয়া, আদর করা। (2) *v.i.* to chat in a friendly way খোশগল্প করা। [?]

co-signatory [kō°-sig°-nat(a)-ri, কৌ°সিগ্°ন্যাট্‌রি] *a.* & *n.* (one) uniting with others in signing, অপরের সহিত যুক্তভাবে স্বাক্ষরকারী। [*co-*, *signatory*]

cosine [kō°-sīn, কৌ°সাইন্] *n.* (trig.) the sine of the complement of an angle, (ত্রিকোণ.) সমকোণ অপেক্ষা ক্ষুদ্রতর কোণের পূরক-রেখা, কোসাইন্। [*co-*, *sine*]

cosmetic [koz°-me°-tik, কজ্°মে°টিক্] (1) *a.*

purporting to improve beauty, সৌন্দর্যবর্ধক, কান্তিবর্ধক। (2) *n.* a cosmetic preparation, অঙ্গরাগ। *n.* **cosmetician** [koz-ma-ti°sh(a)n, কজ়্ম্যাটি°শ্‌ন্] অঙ্গরাগ তৈয়ারি করিতে দক্ষ ব্যক্তি। [Gk. *kosmetikos* < *kosmeein* = to adorn]

cosmic—see **cosmos.**

cosmo-[koz-mo, কজ়্ম্] *in comp.* the universe, বিশ্ব, সৃষ্টি। *n.* **cosmogony** [koz-mo°-ga-ni, কজ়্ম°গ্যানি] সৃষ্টির উৎপত্তিতত্ত্ব, সৃষ্টিরহস্য। *a.* **coṡmŏgo°nic(al)**—সৃষ্টিরহস্য-সংক্রান্ত। *n.* **coṡmo°gonist**—সৃষ্টিরহস্যবিদ্। *n.* **coṡmo°graphy**—সৃষ্টির গঠনতত্ত্ব। *n.* **coṡmo°grapher**—সৃষ্টির গঠনতত্ত্ববিদ্। *a.* **coṡmŏgra°phic(al)**—সৃষ্টির গঠনতত্ত্বমূলক। *n.* **cosmology** [koz-mo°-la-ji, কজ়্ম°-ল্যাজি] সৃষ্টিতত্ত্ব, বিশ্বতত্ত্ব। *a.* **cosmological** [koz-mŏ-lo°-jik(al), কজ়্মোল°জিক্‌ল্] সৃষ্টিতত্ত্ব-সংক্রান্ত। *n.* **cosmologist** [koz-mo°-la-jist, কজ়্ম°ল্যাজিস্ট্] সৃষ্টিতত্ত্ববিৎ। *n.* **cosmonaut** [koz°-ma-nawt, কজ়্°ম্যান্যট্] মহাকাশচারী, গ্রহ-চর। *n.* **cosmopolis** [koz-mo°-pa-lis, কজ়্ম°-প্যালিস্] আন্তর্জাতিক নগর, বিশ্বনগরী। **cosmopolitan** [koz-mŏ-po°-lit(a)n, কজ়্মোপ°লিট্‌ন্] (1) *a.* বিশ্বজনীন; সর্বসঙ্কীর্ণতামুক্ত, উদার; (2) *n.* যে ব্যক্তি পৃথিবীর সকল দেশকেই স্বদেশ মনে করে, বিশ্বনাগরিক; স্বাদেশিকতার সঙ্কীর্ণতামুক্ত ব্যক্তি। **coṡmo°polite**—(1) *a.* স্বাদেশিকতার সঙ্কীর্ণতামুক্ত; (2) *n.* বিশ্বনাগরিক। *n.* **coṡmo°vi°ṡion**—মহাকাশ হইতে পৃথিবীতে টেলিভিশন-যোগে তথ্যাদি পাঠাইবার বৈজ্ঞানিক ব্যবস্থাবিশেষ। [see *cosmos*]

cosmos [koz°-mos, কজ়্°মস্] *n.* the world or universe as a systematic whole, বিশ্ব-নিখিল, সৃষ্টি। *a.* **coṡ°mic**—সৃষ্টিসংক্রান্ত। **cosmic ray**—মহাজাগতিক রশ্মি। *adv.* **coṡ°mically**। [Gk.]

Cossack [ko°-sak, ক°স্যাক্] *n.* a Russian people of Turkish origin, তুর্কীবংশসম্ভূত রুশীয় জাতিবিশেষ, কসাক; a Cossack horseman, কসাক অশ্বারোহী সৈনিক। [Turk. *quzzaq* = freebooter]

cosset [ko°-sit, ক°সিট্] (1) *n.* a pet lamb, পোষা মেষশাবক। (2) *v.t.* to pet, to pamper আদর করা, প্রশ্রয় দেওয়া। *p.* & *p. pt.* **co°ssetėd**। [OE. *cotsaeta* = cot-dweller ?]

cost [kost, কস্ট্] (1) *v.t.i.* to be obtainable at a price (of), দাম লাগান বা দাম হওয়া; to involve an expenditure (of) খরচ লাগান বা খরচ পড়া; to require to be lost, খোয়াইতে বাধ্য করা (it *cost* him his life)। *p.* & *p. pt.* **cost**। (2) *n.* price, দাম, মূল্য; expenses, ব্যয়, খরচ (*cost* of living); law expenses, মামলার খরচ (decree with *cost*)। **cost accountant**—ব্যবসায়-প্রতিষ্ঠানাদির প্রতিটি খরচের হিসাব রাখার জন্য নিযুক্ত কর্মচারী। **cost price**—(বেপারির বা দোকানদারের) কেনা-দাম। **prime cost**—(লাভ এবং অন্যান্য খরচ বাদে) কেবল উৎপাদনের খরচ। **at all costs, cost what may**—মূল্য যাহাই লাগুক না কেন; ক্ষয়ক্ষতি যতই হউক না কেন। **at the cost of**—কোন লোকসান বা খরচের বিনিময়ে, খোয়াইয়া। **to one's cost**—কাহারও লোকসান বা অসুবিধা ঘটাইয়া। **(to) count the cost**—(কার্যাদি আরম্ভের পূর্বে) কতটা ঝুঁকি লইতে হইবে বা কতটা বিপদ ও লোকসানের সম্ভাবনা আছে তাহা ভাবিয়া-চিন্তিয়া দেখা। **cost°-free**—(1) *a.* মাশুল লাগে না এমন; (2) *adv.* বিনা মাশুলে। *n.* **cos°ting**—মূল্য-হিসাব, দর-কষা। *n.* **cost°linėss**। *a.* **cost°ly**—দামী, মহার্ঘ। [OF. *couster* < L. *constare* = to stand at]

costa [kos°-ta, কস্°ট্যা] *n.* a rib, পঞ্জরাস্থি। *a.* **cos°tal**—পঞ্জরাস্থি-সংক্রান্ত। [L.]

costard [kos°-ta(r)d, কস্°ট্যা(র্)ড্] *n.* a kind of apple, বৃহৎ আপেলবিশেষ, নোনাফল (?); (arch.) the human head, (আর্থ.) মানুষের মাথা। *n.* **cos°tard-monger, cos°ter(monger)**—ফলবিক্রেতা; গালিবিশেষ। [< *costa* ?]

cost-free, costing—see **cost.**

costive [kos°-tiv, কস্°টিভ্] *a.* constipated, কোষ্ঠবদ্ধ। *adv.* **cos°tively**। *n.* **cos°tivenėss**। [F. *constipe*—cp. *constipate*]

costly—see **cost.**

costume [kos°-tūm, কস্°টিউম্] (1) *n.* a manner of dressing, পোশাক পরিবার ধরন; dress, (বিশেষ কোন ধরনের) পোশাক। (2) *v.t.* to dress, পোশাক পরান। *n.* **cos°tūmer, costū°mier**—পোশাক-প্রস্তুতকারক বা পোশাক-বিক্রেতা। [F. < It. < L. *consuetudo* = custom]

cosy [kō°-zi, কৌ°জ়ি] (1) *a.* comfortable, আরামদায়ক। (2) *n.* a covering to keep teapot etc. warm, গরম রাখিবার জন্য চায়ের পাত্রাদির আবরণ। *adv.* **cōsily**। *n.* **cōsinėss**। [?]

cot$_1$ [kot, কট্] *n.* a small dwelling, ক্ষুদ্র আবাস; a cottage, কুটির। [AS.]

cot$_2$ [kot, কট্] *n.* a light bedstead, হালকা খাট, খাটিয়া। [Hin. *khat*]

cotangent [kō°-tan°z(a)nt, কৌ°ট্যান্‌জ়্ন্ট্], (contr.) **cot$_3$** [kot, কট্] *n.* (trig.) the tangent of the complement of an angle, (ত্রিকোণ.) কোণ-পূরকের স্পর্শরেখা, কোট্যান্‌জেন্ট্। [*co-, tangent*]

cote [kōt, কৌট্] *n.* a shelter for animals and birds, পশুপক্ষীর বাসা, পশুপক্ষী রাখার স্থান বা ঘের, খোঁয়াড় (dove-*cote*)। [AS.—cp. *cot$_1$*]

co-tenant [kō°-te°-nant, কৌ°টে°ন্যান্ট্] *n.* a joint tenant, (জমির) শরিক-প্রজা বা (বাড়ির) শরিক-ভাড়াটে। [*co-, tenant*]

coterie [kō°-ta-ri, কৌ°ট্যারি] *n.* an exclusive circle, (প্রধানতঃ সামাজিক সাহিত্যিক বা রাজনৈতিক) স্বতন্ত্র দল বা গোষ্ঠী, উপদল। [F. = (ori.) a group of peasants holding land jointly from a lord]

coterminous [kō°-ta(r)°-mi-nas, কৌ°ট্যা(র্)°-মিন্যাস্] corrup. of **conterminous.**

cotill(i)on [ka-ti°-li-an, ক্যাটি°লিয়্যান্] *n.* a country dance, পল্লীনৃত্যবিশেষ। [F.=petti-coat]

cottage [ko°-tij, ক°টিজ্] *n.* a small dwelling-house, কুটির (কিন্তু কুঁড়েঘর নাও হইতে পারে)। *n.* **co°ttager**—কুটিরবাসী (বিশেষতঃ শ্রমিক)। *n.* **co°ttage-pianō**—ছোট খাড়া পিয়ানো-বিশেষ। [LL. *cottagium*—cp. cot_1]

cotton [ko°tn, ক°ট্‌ন্] (**1**) *n.* a wool-like soft substance, কার্পাস তুলা; its plant, তুলাগাছ (also **co°tton-plant, co°tton-tree**); yarn or cloth made of it, তুলা হইতে প্রস্তুত সুতা বা কাপড়। (**2**) *v.t.* to provide or stop up with cotton, তুলা দেওয়া বা তুলা দিয়া বন্ধ করা। (**3**) *v.i.* to agree, একমত বা মানানসই হওয়া; to become attached, আসক্ত হওয়া। **(to) cotton on (to)**—(অশি.) বুঝিতে পারা, উপলব্ধি করা। **(to) cotton up (to)**—(কাহারও প্রতি) বন্ধুসুলভ আচরণ করা। *n.* **co°tton-cāke**—(গবাদি পশুর আহারের জন্য) তুলা-বীজের তৈল নিষ্কাশনপূর্বক প্রস্তুত খইল। *n.* **cotton-mill**—সুতাকল; কাপড়ের কল। *n.* **co°tton-press**—তুলাকে চাপ দিয়া সঙ্কোচন-পূর্বক বস্তাবন্দী করার যন্ত্র। *n.* **co°tton-seed**—কার্পাসবীজ। *n.* **co°tton-spinner**—সুতা-কাটুনি। *n.* **co°tton-waste**—উৎপাদনে ব্যবহারের পর তুলার বর্জিত অংশ (ইহা যন্ত্রাদি পরিষ্কারের কাজে ব্যবহৃত হয়)। *n.* **co°tton-wool°**—তুলার পাঁজ। *a.* **co°ttony**—তুলার ন্যায় নরম। [F. *coton*<Ar. *qutun*]

cotyledon [ko-ti-lē°d(a)n, কটিলী°ড্‌ন্] *n.* (*bot.*) a seed-leaf, (উদ্ভি.) বীজপত্র। *a.* **coty-ledonous** [ko-ti-lē°-da-nas, কটিলী°ড্যান্যাস্] বীজপত্রী। [Gk. *kotyledon*<*kotyle*=a cup]

$couch_1$ [kowch, কাউচ্] (**1**) *v.t.i.* to lay or lie down, শায়িত করান বা শায়িত হওয়া, শোয়ান বা শোয়া। (**2**) *v.t.* to put or express, নিবদ্ধ করা বা প্রকাশ করা (to *couch* in words); to lower to the position for attack, (বরশা ভল্ল প্রভৃতি) আঘাত করার জন্য তাক করা; to remove, (চোখের ছানি) অপসারণ করা। (**3**) *n.* a place for rest or sleep, বিশ্রামের বা ঘুমের স্থান; a bed or seat, (প্রধানতঃ গদি-আঁটা) এক-প্রকার বিছানা বা আসন, কৌচ। *a.* **cou°ched**—শায়িত; স্থাপিত। *a.* **cou°chant**—শায়িত; (পশু-সম্বন্ধে) প্রসারিত পদচতুষ্টয়ের উপর দেহ এলাইয়া দিয়া মাথা উঁচু করিয়া বিশ্রামরত; ওত পাতিয়া আছে এমন। [F. *coucher*=to lie down]

$couch_2$ [kowch, কাউচ্] *n.* a kind of grass, তৃণ-বিশেষ (also **couch°-grass**)। [var. of *quitch*]

couchee [kōō°-shā, কূ°শেই] *n.* an evening reception, সান্ধ্য সংবর্ধনা বা অভ্যর্থনা সভা বা তদুদ্দেশ্যে ভোজসভা। [F. *couché*]

couchette [koo-shet°, কুশেট্°] *n.* a sleeping berth, (প্রধানতঃ রেলগাড়িতে) যাত্রীদের ঘুমাইবার স্থান। [F.]

Couéism [kōō°-ā-izm, কূ°এইইজ়্ম্] *n.* psycho-therapy by autosuggestion, সম্মোহন বা স্বাভি-ভাবের সাহায্যে চিকিৎসা, মনস্তাত্ত্বিক চিকিৎসা-পদ্ধতি-বিশেষ। *n.* **Cou°éist.**। [Emile Coué (French Psychologist) 1862-1926, its expounder]

cougar [kōō°-gŭ(r), কূ°গা(র্)], **couguar** [kōō°-gwŭ(r), কূ°গ্যোআ(র্)] *n.* a puma, আমেরিকার (বন-) বিড়ালবিশেষ, পুমা। [F. *couguar*]

cough [kof, কফ্] (**1**) *v.i.* to expel air noisily from the lungs through the mouth, কাশা। (**2**) *v.t.* to expel by coughing, কাশিয়া তোলা। *p.* & *p. pt.* **coughed**। (**3**) *n.* act or sound of coughing, কাশি বা কাশির শব্দ; a respira-tory disease, কাশরোগ (to have a bad *cough*)। **(to) cough down**—কাশিয়া চুপ করান। **(to) cough up**—গয়ের তোলা; (অশি.) নেহাত অনিচ্ছায় (কিছু) বলা, হাত-ছাড়া করা ইত্যাদি (তু. ঝেড়ে কাশা)। *n.* **cough°-drop**—কাশি উপ-শমের লজেঞ্চুষবিশেষ। [ME. *coughen*—cp. G. *keuchen*=to gasp]

could—see **can_1**। **couldst**—same as **could** used with **thou**। **couldn't**—*contr.* of **could not.**

coulee [kōō-lā°, কূলেই°] *n.* a lava-flow, লাভা-স্রোত; a ravine, গিরিখাত; গিরিসঙ্কট। [F. *couler*=to flow]

coulisse [kōō-lēs°, কূলীস্°] *n.* timber grooved for a frame to slide in it, (দরজা প্রভৃতি) হড়কাইয়া বা অবাধে ঢুকাইবার জন্য কাঠের খাঁজ; (*pl.*) wings in a theatre, রঙ্গমঞ্চের উভয় পার্শ্বের অদৃশ্য-স্থান। [F. *couler*—to glide]

co(u)lter [kōl°-ta(r), কৌল্°ট্যা(র্)] *n.* the iron cutter in front of a ploughshare, লাঙ্গলের ফাল। [OE. *culter*<L.=knife]

council [kown°sl, কাউন্°স্‌ল্] *n.* an assembly, (আলোচনা মন্ত্রণা শাসন আইন-প্রণয়ন প্রভৃতির জন্য গঠিত) সভা, পরিষৎ; the members of a council collectively, সভার সদস্যবর্গ, পারিষদবর্গ। **in council**—সভাকক্ষে; মন্ত্রণারত। *n.* **coun°cil-board**—পরিষদের সদস্যদের টেবিল; সভার টেবিল। *n.* **coun°cil-chām°ber**—সভাকক্ষ। *n.* **coun°-cil-house**—সভাগৃহ, পরিষদ্‌ভবন। *n.* **coun°-cillor**—পরিষদের সদস্য; উপদেষ্টা; পৌরসভার সদস্য। [F. *concile*<L. *concilium*]

counsel [kown°s(a)l, কাউন্°স্‌ল্] (**1**) *n.* con-sultation, মন্ত্রণা, পরামর্শ; deliberation, বিবেচনা; advice, উপদেশ; one who gives counsel, পরামর্শদাতা, মন্ত্রী, উপদেষ্টা; a barrister or advocate, ব্যারিস্টার, উকিল, (পরি.) অধিবক্তা। (**2**) *v.t.* to advise, পরামর্শ মন্ত্রণা বা উপদেশ দেওয়া। *pr. pt.* **coun°selling**। *p.* & *p. pt.* **coun°-**

selled। **King's** or **Queen's Counsel**—ইংল্যানডের উচ্চশ্রেণীর ব্যারিস্টারদের মর্যাদাজ্ঞাপক খেতাববিশেষ। **counsel of perfection**—উত্তম কিন্তু অকার্যকর বা অবাস্তব উপদেশ। **(to) counsel (one) against**—সতর্ক করা। **(to) keep counsel**—গুপ্ত কথা গোপন রাখা ; মন্ত্রগুপ্তি রক্ষা করা। **(to) keep one's own counsel**—নিজের মনোভাব গোপন রাখা। *n.* **coun°sellor**—পরামর্শ-দাতা ; মন্ত্রী ; উপদেষ্টা। *n.* **coun°sellorship**। [F. *conseil*<L. *consilium* (*n.*)]

count₁ [kownt, কাউন্ট্] *n.* a noble equal in rank to an earl, ইউরোপের অভিজাত ব্যক্তিদের উচ্চ খেতাববিশেষ। *fem.* **coun°tess**। *n.* **coun°ty**—দেশের প্রশাসনিক বিভাগবিশেষ, জেলা। **county council**—জনকল্যাণসাধক সভা, জেলা-বোর্ড। **county cricket**—ইংল্যানডের বিভিন্ন জেলার মধ্যে ক্রিকেট-প্রতিযোগিতা। **county people**—গ্রাম-বাসী জমিদার বা জোতদার সম্প্রদায়। **county school**—জেলা-বোর্ড কর্তৃক পরিচালিত বিদ্যালয়। **county town**—জেলাসদর। [OF. *conte*<L. *comitis*=a companion]

count₂ [kownt, কাউন্ট্] (**1**) *v.t.i.* to number, গণনা করা বা গণিত হওয়া, সংখ্যানিরূপণ করা বা সংখ্যানিরূপিত হওয়া ; to name the numerals up to, এক-দুই করিয়া গনা বা এক-দুই পড়া ; to take or be taken into account, গ্রাহ্য করা বা হওয়া ; to reckon or be reckoned, গণ্য করা বা হওয়া। *p.* & *p. pt.* **coun°ted**। (**2**) *n.* reckoning, গণনা ; the number counted, গণিত সংখ্যা ; the sum total, মোট সংখ্যা। **(to) be counted out**—(মুষ্টিযোদ্ধাদির) ভূপাতিত হইবার পর দশ সেকনড বা দশ গণার মধ্যে উঠিতে না পারা (এবং ফলে পরাজিত বলিয়া ঘোষিত হওয়া)। **(to) count against**—প্রতিকূলে ধরা (please don't *count* his poverty *against* him)। **(to) count down**—উলটাভাবে (অর্থাৎ, ১০, ৯, ৮, ৭,......১ করিয়া) গনা। **(to) count for**—পরিগণিত হওয়া বা গুরুত্বপূর্ণ হওয়া (to *count for* much or little or nothing)। **(to) count out the House**—উপস্থিত সদস্যদের সংখ্যা গণনায় অত্যন্ত কম হওয়ায় পরিষদের অধিবেশন মুলতবি রাখা। **(to) count up**—মোট যোগ দেওয়া। **(to) count upon** or **on**—(কিছুর বা কাহারও) ভরসা করা; আস্থা রাখা। **(to) keep count of**—(কিছুর) মোট সংখ্যা মনে রাখা। **(to) lose count of**—(কিছুর) মোট সংখ্যা ভুলিয়া যাওয়া। **(to) take the count**—(মুষ্টিযোদ্ধাদি) ভূপাতিত হইবার পর (রেফারি কর্তৃক) দশ সেকনড বা দশ গনা। **counting for** (much or little or nothing)—(অত্যধিক বা সামান্য বা মোটেই না) গুরুত্বপূর্ণ হওয়া। *n.* **count°-down**—উলটাভাবে (অর্থাৎ, ১০, ৯, ৮,......১ করিয়া) গণনা। *n.* **coun°ting-frame**—গণনাযন্ত্রবিশেষ। *n.* **coun°ting-house**—হিসাব-নিকাশের বা লেনদেনের জন্য ব্যবসা-দারের অফিস। *a.* **count°able**—গণনা করা যায় এমন, গণনযোগ্য। *a.* **count°less**—অসংখ্য, অগণ্য। [OF. *cunter*<L. *computare*=to compute]

countenance [kown°-ti-nans, কাউন্°টিন্যান্স্] (**1**) *n.* the face, মুখ ; the facial expression, মুখভাব ; appearance, চেহারা ; demeanour shown towards a person, (কাহারও প্রতি প্রদর্শিত বিরাগপূর্ণ বা অনুরাগপূর্ণ) মুখভাব ; favour, অনুগ্রহ, আনুকূল্য, প্রসন্নতা ; approbation, সমর্থন (to give *countenance* to a proposal) ; composure, প্রশান্তি। (**2**) *v.t.* to support or favour, সমর্থন করা বা আনুকূল্য করা, ঢাকা দেওয়া বা রক্ষার্থে আড়াল করা। *p.* & *p. pt.* **coun°tenanced**। **in countenance**—অলজ্জিত। **out of countenance**—লজ্জিত। **(to) keep one's countenance**—ভাবাবেগ লুকাইয়া রাখা। **(to) put one out of countenance**—অপ্রতিভ করা ; ঘাবড়াইয়া দেওয়া। **(to) stare one out of countenance**—চোখ পাকাইয়া তাকাইয়া ঘাবড়াইয়া দেওয়া। [OF. *contenance*<L. *continentia*=demeanour]

counter₁ [kown°-ta(r), কাউন্°টা্যা(র্)] *n.* a table on which money is counted or over which money is transacted, যে টেবিলের উপরে টাকা গনা হয় বা যে টেবিলের উপর দিয়া (হুণ্ডি জিনিসপত্র প্রভৃতির বিনিময়ে) টাকা আদান-প্রদান করা হয় (a bank's or shop's *counter*) ; a small disc used for keeping count in games, ক্রীড়াদিতে গণনার জন্য ব্যবহৃত চাকতিবিশেষ। **under the counter**—খরিদ্দারের দৃষ্টির অন্তরালে। [see *count₂*]

counter₂ [kown°-ta(r), কাউন্°টা্যা(র্)] (**1**) *adv.* in the opposite direction, বিপরীত দিকে ; in opposition, প্রতিকূলে, বিরুদ্ধে (to run *counter* to)। (**2**) *a.* opposite, বিপরীত দিক্স্থ ; opposing, বিরুদ্ধ। (**3**) *n.* an opposite or opposing thing, বিপরীত দিক্স্থ বা বিরোধী বস্তু ; an encounter, প্রতিদ্বন্দ্বিতা ; a foiling stroke, প্রতিঘাত। (**4**) *v.t.* to encounter, (প্রতিদ্বন্দ্বিরূপে) সম্মুখীন হওয়া ; to contradict, প্রতিবাদ করা ; to strike to parry, প্রতিঘাত হানা ; to advance in opposition, প্রতিরোধার্থ উপস্থাপিত করা। [partly from *encounter* and partly from *counter-₃*]

counter-₃ [kown°-ta(r), কাউন্°টা্যা(র্)] *pfx.* against, বিরুদ্ধ, প্রতি-। *v.t.* **counteract** [kown-ta-rakt°, কাউন্টা্যার্যাক্ট্°] প্রতিকূলতা করা ; প্রতিকার করা; ব্যর্থ করা। *p.* & *p. pt.* **counterac°ted**। *n.* **counterac°tion**—প্রতি-কূল ক্রিয়া। **counterac°tive**—(**1**) *a.* প্রতিরোধী ; (**2**) *n.* প্রতিরোধক ব্যবস্থা বা বস্তু। *n.* **counter-approach** [kown°-ta-ra-proch° কাউন্°টা্যা-

For words in *counter-*, not given separately, see **counter-₃**.

র‌্যাপ্রৌচ্°] (সাম.) অবরোধকারী শত্রুর অগ্রগতি-প্রতিরোধার্থ অবরুদ্ধ স্থানের বাহিরে গাছ পাথর প্রভৃতি ফেলিয়া দিয়া সৃষ্ট বাধা। *n.* **counter-attack** [kown°-ta-ra-tak, কাউন্°ট্যারাট্যাক্] প্রতি-আক্রমণ। *v.t.i.* **coun°ter-attack**—প্রতি-আক্রমণ করা। *p. & p. pt.* **coun°ter-attacked**। *n.* **counter-attraction** [kown°ta-ra-trak°-sh(a)n, কাউন্°ট্যার‌্যাট্র্যাক্°শ্ন্] (প্রধানতঃ কোন আকর্ষণ প্রতিরোধার্থ) বিপরীত দিকে আকর্ষণ, বিকর্ষণ (সিনেমা সার্কাস্ প্রভৃতি) প্রতিদ্বন্দ্বী প্রদর্শনী। *v.t.* **counterba°lance**—বিপরীত দিকে ভার চাপাইয়া সমভার করা ; সমান শক্তিতে বিরোধিতা করা। *p. & p. pt.* **counterba°lanced**। *n.* **coun°ter-balance**—তুল্যশক্তিসম্পন্ন বিরোধী ব্যক্তি বা বস্তু। *n.* **coun°ter-blast**—উদ্ধত ঘোষণা বা নিন্দা। *n.* **coun°ter-charge**—অভিযোক্তার বিরুদ্ধে পালটা অভিযোগ। *n.* **coun°tercheck**—(দাবাখেলায়) প্রতিপক্ষের কিশতি রোধ করিয়া প্রদত্ত পালটা কিশতি ; সমুচিত উত্তর। *n.* **coun°ter-claim**—কোন দাবি আংশিকভাবে বা সম্পূর্ণভাবে প্রত্যাহার করাইবার জন্য আনীত পালটা দাবি। *adv.* **coun°ter-clock°-wise**—বাঁ-দিকে ঘুরিয়া, বামাবর্তে। *n.* **coun°ter-es°pionage**—বিপক্ষের গুপ্তচরদের গতিবিধি ও কার্যকলাপের প্রতি নজর রাখার জন্য গুপ্তচরগিরি। *n.* **coun°terfoil**—দাতা ব্যাঙ্ক-চেক্ রসিদ প্রভৃতির যে নকল রাখে, চেক্‌মুড়ি। *n.* **counter-i°rri-tant**—যন্ত্রণাদি উপশমকরণার্থ নূতন যন্ত্রণাসৃষ্টির জন্য যে পদার্থাদি ব্যবহার করা হয়। *v.t.i.* **counter-mīne°**—শত্রুর মাইন্ ধ্বংস করিবার জন্য মাইন্ পাতা ; (আল.) গুপ্ত কার্যকলাপদ্বারা ব্যাহত করা বা বাধা দেওয়া। *n.* **coun°termīne**—শত্রুর মাইন্-ধ্বংসকর মাইন্ ; (আল.) কিছু প্রতিহত করার জন্য গুপ্ত কার্য-কলাপ। *n.* **coun°ter-move**—বিপরীত গতি ; চালের বিরুদ্ধে চাল। *n.* **coun°terpart**—অনুরূপ বা পূরক অংশ ; প্রতিরূপ, প্রতিমূর্তি। *n.* **coun°-terplot**—পালটা ষড়্‌যন্ত্র। **coun°terpoise**—(1) *v.t.* বিরুদ্ধে বা বিপরীতে থাকিয়া সমভার করা ; (2) *n.* নিক্তির একদিকের মত অপর দিকেও সমান ভার। *n.* **coun°ter-revolu°tion**—কোন বিপ্লবের ফলাফল ধ্বংসকরণার্থ নূতন বিপ্লব, প্রতিবিপ্লব। *v.t.* **coun°tersign**—সত্যতানির্দেশার্থ সই করা, প্রতি-স্বাক্ষর করা। *n.* **coun°tersig°nature**—প্রতি-স্বাক্ষর। [AF. *countre* < F. *contre* < L. *contra*]

counterfeit [kown°ta(r)-fit, কাউন্°ট্যা(র্)ফিট্] (1) *v.t.* to imitate, নকল করা ; to forge, জাল করা। *p. & p. pt.* **coun°terfeitėd**। (2) *n.* something false, copied or forged, মিথ্যা কৃত্রিম অনুকৃত বা জাল বস্তু। (3) *a.* pretended, ভান-করা ; made in imitation, অনুকৃত, কৃত্রিম ; forged, জাল। [OF. *contrefet* < *contrefaire* = to imitate < L. *contra, fācere* = to do]

countermand [kown-ta(r)-mŭnd°, কাউন্-ট্যা(র্)মান্ড্°] *v.t.* to revoke (a command) with an opposing command, বিরুদ্ধ আদেশ জারি করিয়া (কোন আদেশ) বাতিল করা। *p. & p. pt.* **counterman°dėd**। *n.* **coun°termand°**—যে আদেশদ্বারা পূর্বপ্রদত্ত আদেশ বাতিল করা হয়। [OF. *contremandre* < L. *contra, mandare* = to order]

counterpane [kown°-ta(r)-pān, কাউন্°ট্যা(র্)-পেইন্] *n.* a coverlet for a bed, শয্যাচ্ছাদনী, (তু.) শুজনি। [OF. *contrepoint*]

counterpoint [kown°-ta(r)-poynt, কাউন্°-ট্যা(র্)পয়ন্ট্] *n.* (mus.) the art of combining melodies, (সঙ্গীতে) বিভিন্ন সুরের মিশ্রণ ; a melody added to another, এক সুরের সহিত মিশ্রিত ভিন্ন সুর। [F. *contrepoint* < It. *contrappunto* < L. *contra-, punctum* = a point]

countervail [kown°-ta(r)-vāl, কাউন্°ট্যা(র্)-ভেইল্] *v.t.i.* to counterbalance, ভারসাম্য বা সমতা রক্ষা করা। **countervailing duties**—(দামের সমতা রক্ষার জন্য) আমদানি পণ্যের উপরে দেয় শুল্ক। [OF. *contrevaloir* < L. *contravalere*]

countess—see **count**$_1$ and **earl.**

counting-house, countless—see **count**$_2$.

country [kun°-tri, কান্°ট্রি] *n.* a region, অঞ্চল, প্রদেশ ; the territory of a nation, দেশ, a state, রাষ্ট্র ; rural districts, গ্রামাঞ্চল ; mother-land, স্বদেশ, জন্মভূমি। **(to) appeal** or **go to the country**—দেশের জনসাধারণের রায় বা ভোট চাওয়া। **(to) bury oneself in the country**—পল্লী-অঞ্চলে নিরিবিলি জায়গায় যাওয়া বা বাস করা। **country cousin**—নগর-জীবনে অনভ্যস্ত ব্যক্তি, গেঁয়ো লোক। *a.* **coun°trified, country-fied**—গ্রাম্য, গেঁয়ো। *n.* **coun°try-dance**—পল্লী-নৃত্য। *n. pl.* **coun°try-fōlk**—গ্রামবাসিগণ। **country gentleman**—পল্লীবাসী জমিদার। *n.* **coun°try-house°, coun°try-seat°**—জমিদার প্রভৃতি সম্পন্ন লোকের পল্লীভবন। *n.* **coun°tryman**—গ্রামবাসী ; স্বদেশবাসী। *pl.* **coun°trymen**। *fem.* **coun°try-woman**। *n.* **coun°try-sīde°**—গ্রামাঞ্চল। **country town**—মফস্বল শহর। *a.* **country-wīde°**—দেশব্যাপী। [OF. *contree* < LL. *contrata* < L. *contra*]

county—see **count.**

coup [koo, কূ] *n.* a stroke, আঘাত ; a successful hit, সার্থক আঘাত। *n.* **coup-d'ètat** [koo°-dā-tŭ, কূ°দেইতা] শাসনব্যবস্থায় প্রচণ্ড বা অন্যায় পরিবর্তন। **coup de grace** [koo°-da-grŭs, কূ°দ্যাগ্রাস্] (চিত্রাদিতে) শেষ টান বা পোঁচ, ফিনিশিং। **coup de main** [koo°-da-man, কূ°দ্যাম্যাঁ] আকস্মিক ও প্রচণ্ড আক্রমণ। [F.]

coupé [koo°-pā, কূ°পেই] *n.* a four-wheeled carriage for two inside, দুইজন যাত্রী ভিতরে

বসিতে পারে এমন চার_চাকার গাড়িবিশেষ ; a covered two-seater motor car, দুইজন যাত্রীর আসনবিশিষ্ট ঢাকা মোটরগাড়ি ; a half compartment at the end of a railway carriage, রেলগাড়ির প্রান্তস্থিত অর্ধ-কামরাবিশেষ। [F.]

couple [kup°l, কা°প্‌ল্] (**I**) *n.* that which joins two things, দুই বস্তুর সংযোজক ; a pair, esp. of married person, দম্পতি, যুগল, মিথুন, জোড়া ; two, দুইটি, দ্বয়। (**2**) *v.t.* to join together, সংযোজিত বা মিলিত করান ; to marry, বিবাহ দেওয়া। (**3**) *v.i.* to pair sexually, দাম্পত্য-বন্ধনে মিলিত হওয়া, জোড়া হওয়া। **in couples**—জোড়ায় জোড়ায়। *n.* **coup°ler**—সংযোজক ব্যক্তি বা বস্তু (তু. ঘটক)। *n.* **coup°lėt**—কবিতার পরস্পর অন্ত্যমিলবিশিষ্ট দুইটি চরণ, শ্লোক ; জোড়া, যুগল, দম্পতি; যমজ। *n.* **coup°ling**—দুই বস্তুর সংযোজন ; দুই বস্তুর সংযোজক। [OF. *copte*<L. *copula*]

coupon [koo°-pon, কূ°পন্] *n.* a billet, or ticket entitling the holder to something, কুপন, টিকিট। [F.]

courage [ku°-rij, কা°রিজ্] *n.* boldness, সাহস ; bravery, বীরত্ব ; শৌর্য ; spirit, তেজ। *a.* **courageous** [ka-rā°-jas, ক্যারেই°জ্যাস্] সাহসী ; বীরত্বপূর্ণ ; তেজী। *adv.* **courā°geously** I **(to) have the courage of one's convictions**—নিজ প্রত্যয় বা বিশ্বাস অনুযায়ী কাজ করিবার সাহস বা মনোবল থাকা। **(to) pluck up** or **take courage**—সাহস সঞ্চয় করা ; মনে সাহস আনা। **(to) take one's courage in both hands**—(কঠিন কর্মসম্পাদনের জন্য) মনে যথেষ্ট সাহস আনা। [F. <OF. *corage*<L. *cor*=the heart]

courier [ku°-rē(r), কা°রিঅ্যা(র্)] *n.* a runner, যে ব্যক্তি ছুটিয়া সংবাদ বিলি করে, ধাবন্ত বার্তাবহ, রানার ; a messenger, দূত। [F.<L. *currere*=to run]

course [kaw(r)s, ক্য(র্)স্] (**I**) *n.* a run or race, ধাবন ; a passage, পথ ; a ground for racing or playing, দৌড়ের বা খেলার মাঠ ; a channel in which water flows, স্রোত-পথ ; the direction of movement, গতিপথ (the stars in their *courses*) ; a movement or journey, গতি বা ভ্রমণ ; a voyage, সমুদ্রযাত্রা ; progress, অগ্রগতি ; a series, ধারা (a *course* of lectures) ; career, জীবনযাত্রা ; conduct, আচরণ ; each of the items of a meal, ভোজের বিভিন্ন পদের যে কোনটি (an extra *course* of soup) I (**2**) *v.t.* to pursue, অনুসরণ করা, পশ্চাদ্ধাবন করা ; to cause to run, ধাবিত করান (to *course* a horse) I (**3**) *v.i.* to run, ধাবন করা ; to move swiftly, দ্রুতবেগে চলা। *p.* & *p. pt.* **cour°sed** I **in course of**—করা হইতেছে এমন অবস্থায় (the bridge is *in course of* construction) I **in the course of**—ঘটনাকালে (*in the course of* discussion) I **in (the) course of time**—কালক্রমে ; অবশেষে, শেষ পর্যন্ত। **in the course of nature, in the ordinary course of things**—স্বাভাবিক নিয়মে, স্বভাবতঃ। **of course**—স্বভাবতঃই ; নিঃসন্দেহে, অবশ্য। **(to) run** or **take its course**—স্বাভাবিক নিয়মে গড়িয়া ওঠা ; স্বাভাবিক পরিণতি লাভ করা। **(to) stay the course**—শেষ পর্যন্ত চালাইয়া যাওয়া ; হাল না ছাড়া। *n.* **cour°ser**—ধাবনকারী ; দ্রুতগামী অশ্ব। *n.* **cour°sing**—ডালকুত্তা লইয়া শিকারের পশ্চাদ্ধাবন। [F. *cours*<L.*cursus*<*currere*=to run]

court [kaw(r)t, ক্য(র্)ট্] (**I**) *n.* a space enclosed by walls, buildings, etc., প্রাচীর বা অট্টালিকাদির দ্বারা পরিবেষ্টিত স্থান, অঙ্গন ; an enclosed area for certain outdoor games, কোন কোন বহিরঙ্গন ক্রীড়ার জন্য পরিবেষ্টিত স্থান (tennis-*court*) ; the palace or council-chamber of a sovereign, রাজপ্রাসাদ বা রাজসভা ; his councillors or courtiers collectively, রাজার অমাত্যবর্গ বা সভাসদ্‌বর্গ ; a hall of justice, আদালত, ধর্মাধিকরণ (High *Court*) ; the judges and officials collectively, বিচারকবৃন্দ ও (আদালতের) অন্যান্য কর্মচারিগণ (the *court* rises) ; an assembly of persons to decide causes or its sitting, মামলাদি নিষ্পত্তির জন্য বিচারসভা বা উহার অধিবেশন (the university *court*) ; attention or civility, মনোযোগ, শিষ্টাচার, সম্মান (to pay *court* to) I (**2**) *v.t.* to pay court to, শিষ্টাচার বা সম্মান প্রদর্শন করা ; to woo, প্রণয়যাচ্ঞা করা, পাণিপ্রার্থনা করা ; to solicit, মিনতি করা ; to seek, অনুসন্ধান করা বা প্রার্থনা করা ; to invite (something disagreeable), (অস্বাচ্ছন্দ্যকর ঘটনা বা বিপদাদি) ডাকিয়া আনা (to *court* defeat or disaster) I *p.* & *p. pt.* **cour°tėd** I **(to) be presented at court, (to) go to court**—রাজদরবারে অভ্যর্থনা লাভ করা এবং রাজা বা রানীকে সম্মানপ্রদর্শন করা। **(to) be put** or **ruled out of court, (to) put oneself out of court**—এমন কিছু করা বা বলা যাহার ফলে রাজদরবারে আবেদন-নিবেদন করার অধিকার হারান। **court circular**—রাজদরবারের দৈনন্দিন ক্রিয়াকলাপ ও ঘটনাবলীর বিবরণ-সংবলিত ইশতিহার। *n.* **court°day**—যেদিন আদালত খোলা থাকে। *n.* **court°dress**—যে বেশ পরিয়া রাজসভায় বা আদালতে যাওয়া হয়, সভাসদের বা বিচারকের পোশাক। *n.* **court°-fōōl**—রাজসভার ভাঁড়। *n.* **court°-guide**—রাজদরবারে আনুষ্ঠানিকভাবে অভ্যর্থিত ব্যক্তিবর্গের নামধামপরিচয়সংবলিত সরকারি খাতা। *n.* **court°-house**—আদালতভবন। *n.* **cour°tier**—রাজসভাসদ্‌, অমাত্য। *n.* **cour°ting**—প্রণয়প্রার্থনা, পাণিপ্রার্থনা ; কৃপাপ্রার্থনা। *a.* **court°ly**—ভদ্র,

For words in *court-*, not given separately, see **court**.

শিষ্টাচারসম্পন্ন ; নম্র, বিনয়ী। *n.* **court°linèss** । *n.* **court°-mar°tial**—(প্রধানতঃ অপরাধী সৈনিকদের বিচারার্থ) সামরিক কর্মচারীদের লইয়া গঠিত বিচার-সভা। *n.* **court°ship**—প্রণয়-যাচ্ঞা ; পাণিপ্রার্থনা। *n.* **court°yard**—বাড়ির উঠান, অঙ্গন। [OF. *cort* <LL. *cortis*=a courtyard]

courteous [ka(r)°-ti-as, ক্যা(র্)°টিঅ্যাস্] *a.* polite, ভদ্র, সৌজন্যবিশিষ্ট, বিনয়ী, নম্র। *adv.* **cour°tèously** । *n.* **cour°tèousnèss** । *n.* **cour°tèsy**—শিষ্টাচার। **by courtesy of**—সৌজন্যে। [OF. *corteis*—cp. *court*]

courtesan, courtezan [kaw(r)-ti-zan°, কা(র্)-টিজ্যান্°] *n.* a court mistress, রাজসভায় যে বারাঙ্গনা থাকে, সভাসুন্দরী (তু. রাজনর্তকী) ; a prostitute, বেশ্যা। [F. *courtisane* <It. *cortigiana*]

courtesy—see **courteous.**

cousin [ku°zn, কা°জ্‌ন্] *n.* the child of an uncle or aunt, জেঠতুত খুড়তুত পিসতুত মাসতুত বা মামাত ভাই অথবা বোন (also **cou°sin-ger°-man, first cousin**) ; (ori.) a kinsman, (মূলতঃ) জ্ঞাতি। *n.* **cou°sinhood, cou°sinship** । *a.* **cou°sinly**—জেঠতুত খুড়তুত প্রভৃতি ভাই বা বোনের মত সম্পর্কযুক্ত ; উক্ত সম্পর্কোচিত। **first cousin once removed,** (loos.) **second cousin**—যে ভ্রাতা-ভগিনীদের মাতাপিতায় জেঠতুত খুড়তুত পিসতুত মামাত বা মাসতুত ভাইবোন। [F. <L. *con-*, *sobrinus*=the children of sisters]

couter [koo°-ta(r), কূ°ট্যা(র্)] *n.* a sovereign, সার্বভৌম ক্ষমতার মালিক (রাজা রানী সর্বময়কর্তা ইত্যাদি)। [Gypsy *cuta*=a gold piece]

cove$_1$ [kōv, কৌভ্] (**1**) *n.* a small bay or creek, ক্ষুদ্র উপসাগর বা খাঁড়ি ; a cavern or rocky recess, গুহার বা পর্বতের মধ্যে আশ্রয়স্থল ; (archi.) a curved junction of wall and ceiling, (স্থাপ.) কুব্জপৃষ্ঠ খিলানবিশেষ। (**2**) *v.t.* to overarch, কুব্জপৃষ্ঠ খিলান দিয়া আচ্ছাদিত করা।। [OF. *cofa*= a room—cp. G. *koben*]

cove$_2$ [kōv. কৌভ্] *n.* a fellow, লোকটা। [?]

covenant [ku°-vi-nant, কা°ভিন্যান্ট্] (**1**) *n.* a mutual agreement, চুক্তি, সংবিদা ; a deed of agreement, চুক্তিপত্র, চুক্তিনামা ; a compact between God and a person or a people, ঈশ্বর ও কোন ব্যক্তির বা জাতির মধ্যে চুক্তি। (**2**) *v.i.* to enter into an agreement, চুক্তি করা (to *covenant* with a person for something)। (**3**) *v.t.* to agree to, মানিয়া লওয়া ; to stipulate, শর্তাবদ্ধ করা। *a.* **co°vènantèd**—চুক্তিবদ্ধ। *n.* **covènantee°**—যাহার সহিত চুক্তি করা হয়। *n.* **co°vènantor**—চুক্তিকারী। [OF. <L. *convenire*=to come]

cover [ku°-va(r), কা°ভ্যা(র্)] (**1**) *v.t.* to overspread or overlay, আবৃত বা আচ্ছাদিত করা, ঢাকা ; to clothe or strew, ভূষিত করা বা উপরে ছড়ান ; to hide or screen, গোপন করা বা আড়াল করা, লুকাইয়া রাখা (to *cover* one's nervousness) ; to protect, রক্ষা করা ; to brood or sit on, তা দেওয়া ; to suffice for, পর্যাপ্ত হওয়া (to *cover* a demand) ; to provide completely for or against, (কিছুর) সাহায্যার্থ বা প্রতিরোধার্থ পূর্ণব্যবস্থা করা (to *cover* accidents) ; to comprise, অন্তর্ভুক্ত করা (the Gupta Empire *covered* a large area) ; to traverse, অতিক্রম করা (to *cover* ten miles a day) ; to take as field of operation, সংগ্রামক্ষেত্রাদিতে অবতীর্ণ হওয়া বা ওত পাতিয়া অবস্থান করা (the enemy *covered* the rear) ; to play a higher card upon, তাসখেলায় বড় তাস মারা (to *cover* a jack with an ace) ; to put a coin of equal value in wagering, বাজির উপরে বাজি ধরা ; (of stallion) to copulate with, (অশ্বাদি-সম্বন্ধে) সঙ্গম করা ; to direct with a weapon, অস্ত্র তাক করা ; to obstruct, বাধা দেওয়া (our halves *covered* their forwards) ; (as a journalist) to report on public occasions, meetings, etc., (সংবাদাতারূপে) গুরুত্বপূর্ণ ঘটনা সভা প্রভৃতির প্রতিবেদন রচনা করা বা রিপোর্ট লেখা (the reporter *covered* the Commonwealth Conference)। (**2**) *v.t.i.* to set (a table) as for a meal, ভোজনার্থ (টেবিল) সাজান। (**3**) *v.i.* to put one's hat on, টুপি পরা। (**4**) *n.* that which covers, আবরণ, আচ্ছাদন ; a lid, ঢাকনা, ডালা ; the binding of a book, পুস্তকাদির মলাট বা বাঁধাই ; an envelope, লেফাপা, খাম ; any hiding-place as a thicket, ঝোপ গুহা প্রভৃতি লুকাইবার স্থান ; a pretext, ভান, ওজর (under *cover* of illness) ; a disguise, ছদ্মবেশ। **(to) be covered with**—ছাইয়া যাওয়া বা ঢাকিয়া যাওয়া (the tree *was covered with* blossoms) ; স্বাভাবিকভাবে আবৃত থাকা (the sheep *is covered with* wool) ; অভিভূত হওয়া (he *was covered with* shame)। **(to) cover in**—ভরাট করিয়া দেওয়া, বুজাইয়া দেওয়া (to *cover in* a hole)। **(to) cover over**—(ভরাট করার জন্য বা আবৃত করার জন্য) উপরে কিছু ছড়াইয়া দেওয়া (to *cover over* a hole)। **(to) cover up**—ঢাকা দেওয়া (to *cover up* a dead body) ; (ঢাকা-দিয়া) লুকাইয়া ফেলা (to *cover up* a hide-out)। **(to) take cover**—(সাম.) শত্রুর গোলাবর্ষণ হইতে পরিত্রাণের জন্য লুকান। **from cover to cover**—প্রথম হইতে শেষ পর্যন্ত (to read a book from *cover to cover*)। **under cover of**—মনোভাব গোপন রাখিয়া বা ছল করিয়া (*under cover of* friendship)। **under separate cover**—পৃথক খামে বা মোড়কে (we are sending specimen copies *under separate cover*)। *n.* **co°veràge**—আবৃত বা অন্তর্ভুক্ত স্থানের পরিধি ; আবৃত বা অন্তর্ভুক্ত বস্তুর পরিমাণ ; যে-সংখ্যক লোকের নিকট বিজ্ঞাপন পৌঁছানর ব্যবস্থা হইয়াছে ; বিমা-দ্বারা নিরাপত্তাবিধানের

বা ক্ষতিপূরণের ব্যবস্থা (*coverage* of loss of goods in transit) ; ঘটনাদির বিবরণ প্রদান বা প্রচার (television *coverage* of the Olympic Games) । *n.* **co°vering**—আবরণ, আচ্ছাদন । **covering letter**—প্রেরিত দলিলাদির বর্ণনাসংবলিত তৎসহ প্রেরিত চিঠি । *n.* **co°ver-point**—ক্রিকেট-খেলায় ফিল্‌ড্‌জ্‌ম্যানের অবস্থানবিশেষ । *a.* **co°vert**—আচ্ছাদিত, আবৃত ; লুক্কায়িত ; গুপ্ত । *n.* **covert** [ku°va(r), কা°ভ্যা(র্)] ক্রীড়াদির জন্য আবরণ ; (গুপ্ত) আশ্রয়স্থল । **covert way**—দুর্গের বাহিরে পরিখার মধ্যে গুপ্তপথ । *n.* **co°verture**—আবরণ, আচ্ছাদন ; (গুপ্ত) আশ্রয়স্থল ; ছদ্মবেশ ; (আইনে) স্বামীর রক্ষণাবেক্ষণে থাকিবার দাবি করিতে হইলে পত্নীকে যে-সকল শর্তাদি পালন করিতে হয় । [F. *couvrir* < L. *co-*, *operire* = to cover]

coverlet [ku°-va(r)-lit, কা°ভ্যা(র্)লিট্], **coverlid** [ku°-va(r)-lid, কা°ভ্যা(র্)লিড্] *n.* a bedcover, শয্যাচ্ছাদনী, (তু.) শুজনি । [*cover*, F. *lit* < L. *lectum* = a bed]

covert, coverture—see **cover.**

covet [ku°-vit, কা°ভিট্] *v.t.* to desire eagerly or wrongfully, ব্যগ্রভাবে কামনা করা বা অন্যায় লালসা করা । *p.* & *p. pt.* **co°vèted** । *a.* **co°vètable**—লোভনীয় ; কাম্য । *adv.* **co°vètingly**—লোভনীয়ভাবে । *a.* **co°vètous**—লোলুপ ; অর্থ-লোলুপ । *n.* **co°vètousnèss** । [OF. *coveiter* < L. *cupiditas* < *cupere* = to desire]

covey [ku°-vi, কা°ভি] *n.* a brood of partridges, তিতির-পাখির ছানার ঝাঁক ; a flock (প্রধানতঃ ছোট পাখির) ঝাঁক । [OF. *coveé* < L. *cubare* = to lie down]

cow₁ [kow, কাউ] *v.t.* to subdue the spirit of, সাহস হরণ করা, ভয় পাওয়ান । [ON. *kuga* ?]

cow₂ [kow, কাউ] *n.* the female of the bovine animal, গাভী, গোরু ; the female of certain mammal animals, স্তন্যদাত্রী স্ত্রী-প্রাণী (যেমন, স্ত্রী-মহিষ হস্তিনী স্ত্রী-তিমি প্রভৃতি) ; (sl.) an ugly and bad-tempered woman, কুৎসিৎ বদমেজাজী স্ত্রীলোক । *pl.* **cows,** (arch.) **kine** [kīn, কাইন্] । *n.* **cow°-bell**—গোরুর গলায়-বাঁধা ঘণ্টা । *n.* **cow°-boy**—রাখাল-বালক । *n.* **cow°-calf**—গাইবাছুর । *n.* **cow°-catcher**—লাইন হইতে বাধাদায়ক দ্রব্যাদি সরাইবার জন্য রেলগাড়ি ট্রাম প্রভৃতির সামনে যে ফ্রেম লাগান থাকে । *n.* **cow°-dung**—গোবর । *n.* **cow°-herd**—রাখাল । *n.* **cow°hide**—গোচর্ম । *n.* **cow°-house**—গোশালা, গোয়াল, খাটাল । *a.* **cow°ish**—গো-সুলভ ; (আল) ভীরু । *n.* **cow°leech**—গোবৈদ্য । *n.* **cow°man**—(মাইনে-করা) দোহাল । *n.* **cow°-pen**—গোরুর খোঁয়াড় । *n.* **cow°pox**—গো-বসন্ত । *n.* **cow°shed**—গোয়াল । *n.* **cow-tree**—দক্ষিণ আমেরিকার বৃক্ষ-বিশেষ: ইহা হইতে দুধের মত রস নিঃসৃত হয়, গোপাদপ । [OF. *cu*—cp. G. *kuh*, Sans. *go*]

coward [kow°-a(r)d, কাউ°অ্যা(র্)ড্] (**1**) *n.* a faint-hearted person, ভীরু বা কাপুরুষ ব্যক্তি । (**2**) *a.* cowardly, ভীরু, কাপুরুষ । *n.* **cow°ardice**—ভীরুতা ; কাপুরুষতা । **cow°ardly**—(**1**) *a.* ভীরু ; কাপুরুষোচিত (*cowardly* behaviour) ; (**2**) *adv.* ভীরুর ন্যায় ; ভীরুতার সহিত । *n.* **cow°ardlinèss** । [OF. *couard* < L. *cauda* = a tail]

cower [kow°-a(r), কাউ°অ্যা(র্)] *v.i.* to crouch (esp. through fear), (প্রধানতঃ ভয়ে) জড়সড় হওয়া বা গুটিসুটি মারা । *adv.* **cow°eringly** । [cp. ON. *kura*, Dan. *kure* = to lie quiet]

cowl₁ [kowl, কাউল্] *n.* a hooded garment (esp. of a monk) or the hood of this, প্র(ধানতঃ সন্ন্যাসীর) মস্তকাবরণযুক্ত আলখিল্লা বা আলখিল্লা-সংলগ্ন মস্তকাবরণ ; a hood-shaped covering, চিমনি প্রভৃতির টুপির ন্যায় আকারযুক্ত ঢাকনা । [OE. *cugele*—cp. ON. *kofl*]

cowl₂ [kowl, কাউল্] *n.* a large vessel for liquids, তরল পদার্থ রাখিবার জন্য টব বা বৃহৎ পাত্র-বিশেষ । [OE. *cufle* < L. *cupella* = a small cask]

cowrie, cowry [kow°-ri, কৌ°রি] *n.* a kind of gasteropods or its shell used as money, কড়ি, কপর্দক । [Hind.]

cowslip [kow°-slip, কাউ°স্লিপ্] *n.* a kind of primrose, (প্রধানতঃ গোচারণজমিতে ফোটে এমন) প্রিম্‌রোজ্‌-ফুলবিশেষ । [OF. *cu* = cow, *slyppe* = dung]

cox [koks, কক্‌স্] contr. of **coxswain.**

coxa [koks°-ŭ, কক্‌স্°আ] *n.* the hip, পাছা, নিতম্ব । *a.* **cox°al**—পাছার, নিতম্বের । [L.]

coxcomb [koks°-kōm, কক্‌স্°কৌম্] *n.* (ori.) a strip of red cloth, like a cock's comb, worn by a professional fool, (মূলতঃ) পেশাদার বিদূষকরা মোরগচূড়ার মত যে লাল কাপড় মাথায় পরিত ; a fool, বিদূষক বা মূর্খ ; a conceited person, গর্বিত (ও মূর্খ) ব্যক্তি ; a dandy, ফুলবাবু । *n.* **cox°cōmbry**—বিদূষকগিরি ; ফুলবাবুগিরি । [*cock's comb*]

coxswain [kok°-swān, কক্°সোএইন্, kok°sn, কক্°স্‌ন্] *n.* the helmsman of a boat, হালের মাঝি, কর্ণধার । [GE. *cock* = a boat, *swain*]

coxy [koks°-i, কক্‌স্°ই] var. of **cocky.**

coy [koy, কয়্] *a.* retiring, মিশিতে লজ্জা পায় এমন ; shy, লাজুক ; modest, নম্র । *a.* **coy°ish**—লাজুক । *adv.* **coy°ly** । *n.* **coy°nèss** । [F. *coi* < L. *quietus* = quiet]

coyote [koi°-ōt, কয়্°ঔট্] *n.* a small North American wolf, উত্তর আমেরিকার ক্ষুদ্র নেকড়ে-বিশেষ । [Mex. *coyotl*]

coypu [koi°poo, কয়্°পু] *n.* a large South American aquatic rodent, দক্ষিণ আমেরিকার

For words in *cow-*, not given separately, see **cow₂**.

বৃহৎকায় জলচর দন্তুর প্রাণিবিশেষ। [native name]

coz [kuz, কাজ্] coll. contr. of **cousin.**

cozen [ku°-zn, কা°জ্‌ন্] *v.t.* to cheat, প্রতারণা করা, ঠকান। *n.* **co°zener** [?]

cozy [ko°-zi, কৌ°জি] *a.* alt. spelling of **cosy.**

crab$_1$ [krab, ক্র্যাব্] (**1**) *n.* a crustacean, কাঁকড়া; (*astr.*) the sign of Cancer, (জ্যোতি.) কর্কটরাশি; a hauling machine, কপিকলবিশেষ; (*usu.* in *pl.*) the lowest throw at hazard, (তাস পাশা প্রভৃতি জুয়াখেলার) সর্বনিম্ন দান। (**2**) *v.i.* to move sideways, কাত হইয়া বা আড়ে আড়ে চলা বা ওড়া। (**3**) *v.t.* to claw to pieces, (প্রধানত বাজ-পক্ষী কর্তৃক) নখরদ্বারা টুকরা টুকরা করা, ছিন্নভিন্ন করা। *pr. pt.* **cra°bbing;** *p. & p. pt.* **cra°bbed** | **(to) catch a crab**—জলের অত্যধিক নীচে দাঁড় ক্ষেপণের ফলে ভারসাম্য রক্ষা করিতে অসমর্থ হওয়া। [OE. *crabba*—cp. G. *krebs*]

crab$_2$ [krab, ক্র্যাব্] *n.* a wild bitter apple, তিক্ত বন্য আপেলবিশেষ (also **crab°-apple**)। *a.* **cra°bbed**—খিট্‌খিটে ('*crabbed* age'); কর্কশ; গাঁটযুক্ত, গ্রন্থিল; কুগঠিত; (হস্তাক্ষর বা রচনাদি সম্বন্ধে) দুর্বোধ্য। *a.* **crab°fāced**=গোমড়ামুখো। [?]

crack [krak, ক্র্যাক্] (**1**) *v.i.t.* to make or cause to make a sharp sudden sound, হঠাৎ তীক্ষ্ণ শব্দ করা বা করান; to split or break, বিদীর্ণ হওয়া বা করা, চিড় খাওয়া বা খাওয়ান, ফাট ধরা বা ফাটান, ভাঙ্গা; to break into (a house), সিঁদ কাটিয়া (বাড়িতে) ঢোকা। *p. & p. pt.* **cra°ckėd** | (**2**) *n.* cracking sound, চিড় খাওয়ার বা ফাটার আকস্মিক তীক্ষ্ণ শব্দ; a chink, ফাট, ফাটল; a blow, কিল, ঘুসি (a *crack* on the head); a moment, মুহূর্ত, ক্ষণ; (*coll.*) a very good player, (কথ্য.) অত্যুৎকৃষ্ট খেলোয়াড়; a quip, সরস প্রত্যুত্তর; a crazy fellow, খেপা লোক। (**3**) *a.* (*coll.*) very excellent or expert, (কথ্য.) অত্যুৎকৃষ্ট বা সুদক্ষ। **(to) crack up**—(বার্ধক্যের ফলে) শক্তি হারান; অথর্ব হওয়া; স্নায়বিক বা মানসিক আঘাতে ভাঙ্গিয়া পড়া; (বিমানপোতসম্বন্ধে—ক্রটিপূর্ণ অবতরণের ফলে) ক্ষতিগ্রস্ত হওয়া বা ক্ষতিসাধন করা; উচ্চ প্রশংসা করা। **(to) crack a bottle**—মদের বোতল খোলা বা বোতলের সমস্ত মদ পান করা। **(to) crack a crib**—(অশি.) সিঁদ কাটিয়া গৃহে প্রবেশ করা। **(to) crack a joke**—ঠাট্টা করা। **(to) crack down on**—(অপরাধ বা অপরাধীর বিরুদ্ধে) কঠোর ব্যবস্থা অবলম্বন করা (to *crack down on* gamblers)। **crack of dawn**—প্রভাত, প্রাতঃকাল। **crack of doom**—মৃত ব্যক্তিদের আত্মার শেষবিচারের দিনে বজ্রনির্ঘোষ। **in a crack**—একমুহূর্তে। *n.* **crack°brain**—বিকৃত-মস্তিষ্ক ব্যক্তি, খেপা লোক। *n.* **cra°cker**—সশব্দে বিদারণকারী; যাহা সশব্দে বিদীর্ণ হয়; যে দম্ভ করে; দম্ভী; মিথ্যা কথা; পাতলা মচমচে বিসকুট (cream-*cracker*); পটকা; (*pl.*) সুপারি বাদাম প্রভৃতি কাটিবার বা ফাটাইবার যন্ত্রবিশেষ (also **nut-crackers**)। *a.* **crack°-law**—দুরুচ্চার্য, দাঁত-ভাঙ্গা। *a.* **crack°ly**—ঠুনকো। *n.* **crack°-pot**—বাতিকগ্রস্ত বা ছিটগ্রস্ত ব্যক্তি, খেপাটে লোক, অদ্ভুত ধারণার বশীভূত ব্যক্তি। *n.* **crack°shot**—অব্যর্থ-সন্ধানী। *n.* **cracks°man**—সিঁদেল চোর। *n.* **crack°-up**—ব্যর্থতা, অসাফল্য; দুর্ঘটনাদির ফলে অচলতা প্রাপ্তি; বিকলতা; ভাঙ্গিয়া পড়া। [OE. *cracian*—cp. Du. *kraken*]

crackle [krak°l, ক্র্যাক্‌°ল্] (**1**) *v.i.* to emit slight frequent cracks, ক্রমাগত মৃদু ফাটিবার আওয়াজ করা, চট্‌পট্ আওয়াজ করা। (**2**) *n.* the act or sound of crackling, উক্ত শব্দ করা বা উক্ত শব্দ। *n.* **cracknel** [krak°nl, ক্র্যাক্‌°ন্‌ল্] মচ্‌মচে পাতলা বিসকুটবিশেষ। [see *crack*]

cradle [krād°l, ক্রেই°ড্‌ল্] (**1**) *n.* a bed or crib in which a child is rocked, দোলনা; (*fig.*) infancy, (আল.) শৈশব; (*fig.*) place of birth or nurture, (আল.) জন্মস্থান বা শৈশবভূমি; any cradle-shaped framework, দোলনাকার কাঠাম। (**2**) *v.t.* to place or rock in a cradle, দোলনায় শোয়ান বা দোলান; (*fig.*) to nurture, (আল.) শৈশবে প্রতিপালন করা। **from the cradle to the grave**—জন্ম হইতে মৃত্যু পর্যন্ত। *n.* **crād°le-song**—ঘুমপাড়ানি গান, ছেলে-ভোলান ছড়া। [OE. *cradol* < ?]

craft [krŭft, ক্রাফ্‌ট্] *n.* cunning, চাতুর্য; deceit, শঠতা, ছলনা; artifice, কৌশল, শিল্পকৌশল; skill, দক্ষতা; art, (প্রধানতঃ কারিগরি) শিল্প; trade, বৃত্তি, পেশা; a ship or boat (*pl.* unchanged), পোত, তরী (*craft* of all kinds are lying anchored at the harbour)। *n.* **craft°-guild**—সমবৃত্তিধারী কারিগরগণের সঙ্ঘ। *a.* **craft°lėss**—ছলনাশূন্য; সরল, শিল্পনৈপুণ্যহীন, অদক্ষ। *n.* **crafts°man**—কারিগর। *n.* **crafts°manship** | *adv.* **craf°tily** | *n.* **craf°tinėss** | *a.* **craf°ty**—কৌশলী; শঠ; দক্ষ, শিল্পনিপুণ। [OE. *craeft*—cp. G. *kraft*=power]

crag [krag, ক্র্যাগ্] *n.* a rough steep rock or point, বন্ধুর ও দুরারোহ পাহাড় বা পর্বতচূড়া। *a.* **cra°gged, cra°ggy**—দুরারোহ পর্বতসঙ্কুল বা শৃঙ্গময়। *n.* **cra°gginėss** | *n.* **crags°man**—কুশলী পর্বতারোহী। [Gael. *creag* ?]

cram [kram, ক্র্যাম্] (**1**) *v.t.* to stuff or fill overfull, ঠাসিয়া বা গাদাগাদি করিয়া ভরা; to overfeed, অত্যন্ত পেট বোঝাই করিয়া খাওয়ান; to teach or get up hastily (esp. by committing to memory), (প্রধানতঃ মুখস্থবিদ্যাদ্বারা) দ্রুত (পরীক্ষাদির জন্য) শেখান বা শেখা। (**2**) *v.i.* to eat greedily, পেটুকের মত ভোজন করা; to get up by cramming, (অর্থ না বুঝিয়া) মুখস্থবিদ্যাদ্বারা অধিগত করা। *pr. pt.* **cra°mming;** *p. & p. pt.* **cra°m-**

med । (3) *n.* a crowd, ভিড়; a crush, সঙ্ঘর্ষ; information that has been crammed, যাহা (অর্থ না বুঝিয়া) মুখস্থ করা হইয়াছে; the system of cramming, মুখস্থবিদ্যাদ্বারা শিক্ষাপ্রণালী। *n.* **cram°-full**—পেট ঠাসিয়া খাইলে যতটা খাওয়া যায় ততটা পরিমাণ। *n.* **cra°mmer**—যে ব্যক্তি হাঁস-মুরগির পালকে খাওয়ায় বা যে যন্ত্রদ্বারা উহাদিগকে খাওয়ান হয়; যে শিক্ষক ছাত্রগণকে মুখস্থ করাইয়া পরীক্ষাদির জন্য প্রস্তুত করায়; যে ছাত্র না বুঝিয়া মুখস্থ করে। [OE. *crammian*—cp. D. *kramme*=to crumple]

cramp [kramp, ক্র্যাম্প্] (1) *n.* a painful contraction of muscle, মাংসপেশীর যন্ত্রণাদায়ক আক্ষেপ বা খিল; a contrivance with screws for pressing things together, জিনিসপত্র আঁটিয়া ধরিবার জন্য সাঁড়াশিজাতীয় স্ক্রু-ওয়ালা যন্ত্র-বিশেষ; (fig.) a restraint, (আল.) বাধা। (2) *a.* hard to make out, (সচ. হস্তাক্ষর সম্বন্ধে) দুর্বোধ্য; narrow, সঙ্কীর্ণ। (3) *v.i.* to affect with spasms, আক্ষিপ্ত করা, খিল ধরান; to fasten with a cramp, সাঁড়াশি দিয়া আবদ্ধ করা; to confine, আটক করা; to hamper, ব্যাহত করা। *p.* & *p. pt.* **cram°ped** । *n.* **cramp°-iron**—জিনিসপত্রাদি একত্র বাঁধিবার জন্য উভয় মুখ বাঁকান লৌহখণ্ডবিশেষ। *n.* **cram°pon**—স্ক্রু-ওয়ালা লৌহ-সাঁড়াশিবিশেষ; জুতায় বাঁধিবার চর্মবেষ্টনীবিশেষ; ইহা বাঁধিলে জুতার নিচে কয়েকটি লোহার কাঁটা সংলগ্ন থাকে। *a.* **cram°py**—আক্ষেপযুক্ত; আক্ষেপ-সূচক। [OF. *crampe*—cp. Du. *kramp*]

cran [kran, ক্র্যান্] *n.* a measure of capacity for fresh herrings, পাত্রাদিতে তাজা হেরিং-মাছ যতটা ধরে তাহার পরিমাণ ($=37\frac{1}{2}$ গ্যালন)। [Gael. *crann*=a measure ?]

cranberry [kran°-b(a)ri, ক্র্যান্‌বরি] *n.* a kind of small red acid berry, বঁইচি-জাতীয় ক্ষুদ্র ও রক্তবর্ণ অম্লস্বাদ ফলবিশেষ। [?]

crane [krān, ক্রেইন্] (1) *n.* a bird with a long neck, সারস; a machine for raising heavy weights, ভারী বস্তু উত্তোলনার্থ কপিকলবিশেষ, ক্রেন; a bent pipe for drawing liquor out of a cask, পিপা হইতে মদ্যাদি তুলিবার জন্য বাঁকান নল-বিশেষ। (2) *v.t.* to raise with a crane, ক্রেন বা বাঁক-নল দিয়া তোলা; to stretch as a crane does its neck, সারসের মত (গলা) লম্বা করা (to *crane* one's neck)। (3) *v.i.* to stretch out the neck, গলা লম্বা করা; to pull up before a jump, লাফের পূর্বে টান-টান হইয়া সোজা হওয়া। *n.* **crāne°-fly**—একপ্রকার অতি দীর্ঘপদ মক্ষিকা বা পতঙ্গ। [OE. *cran*—cp. G. *kranich*]

crania, craniology—see **cranium.**

cranium [krā°-ni-am, ক্রেই°নিঅ্যাম্] *n.* the skull, মাথার খুলি, করোটি। *pl.* **crā°niums, crā°nia** । *a.* **crā°nial**—করোটিসংক্রান্ত। *n.* **craniology** [krā°ni-o°-la-ji, ক্রেইনিঅ°ল্যাজি] করোটিতত্ত্ব। *n.* **crānio°logist**—করোটিতত্ত্ববিৎ। [LL.<Gk. *kranion*=the skull]

crank [krangk, ক্র্যাংক্] (1) *n.* a crook or bend, মোড়, বাঁক; a conceit in speech, কথাবার্তায় দম্ভের ভাব; a whim, খেয়াল; a faddist, কোন বদ্ধমূল ধারণার বশবর্তী ব্যক্তি, বাতিকগ্রস্ত ব্যক্তি; an arm on the shaft for communicating motion, যন্ত্রকে সম্মুখে ও পিছনে (ধাক্কা দিয়া) ঘুরাইবার জন্য যন্ত্রাংশবিশেষ, ক্র্যাংক। (2) *v.i.* to turn a crank, ক্র্যাংক-যন্ত্র ঘুরান; to move in a zigzag manner, আঁকিয়া-বাঁকিয়া চলা। (3) *v.t.* to shape like a crank, ক্র্যাংকের ন্যায় আকার দেওয়া; to furnish with a crank, ক্র্যাংক-যুক্ত করা; to move by turning a crank, ক্র্যাংক ঘুরাইয়া চালান। *p.* & *p. pt.* **crank°ed** । (4) *a.* crooked, বাঁকা; loose, ঢিলা। **cran°kle**—(1) *v.t.i.* মোচড় দেওয়া বা মোচড় খাওয়া; কুঞ্চিত করা বা হওয়া; (2) *n.* মোচড়; কুঞ্চন। *a.* **cran°ky**—বাঁকা; অথর্ব; নড়বড়ে; খামখেয়ালি; বেজার, খিট-খিটে। *adv.* **cran°kily** । *n.* **cran°kiness** । [OE. *cranc*—cp. G. *krank*]

cranny [kra°-ni, ক্র্যা°নি] *n.* a small crack or hole, ক্ষুদ্র চিড় বা ফাট অথবা গর্ত। *a.* **cra°nnied**—বহু স্থানে চিড়-খাওয়া বা ফাট-ধরা; ছিদ্রবহুল। [?]

crap [krap, ক্র্যাপ্] (1) *n.* (vulg.) excrement, (অমা.) বিষ্ঠা; rubbish, বাজে বস্তু বা উক্তি; nonsense, অর্থহীন বা নির্বোধের উক্তি। (2) *v.i.* (vulg.) to defecate, (অমা.) মলত্যাগ করা, পায়খানা করা। **(to) crap out**—অকৃতকার্য হওয়া; ক্রীড়াদি হইতে নাম প্রত্যাহার করা। *a.* **cra°ppy**—(অমা.) আবর্জনাস্বরূপ বিরক্তিকর; গুষ্কারজনক। [Du. *krappe*]

crape [krāp, ক্রেইপ্] (1) *n.* a thin silk fabric, (সচ. কাল) পাতলা রেশমি কাপড়বিশেষ, ক্রেপ। (2) *v.t.* to clothe with crape, ক্রেপ-কাপড় দিয়া ঢাকা বা ক্রেপ-কাপড় পরান। *p.* & *p. pt.* **crā°ped** । *a.* **crā°py**—ক্রেপ-কাপড়ে ঢাকা; ক্রেপ-কাপড় পরিহিত। [F. *crepe*]

crapulence [cra°-pū-lans, ক্র্যা°পিউল্যান্স্] *n.* sickness due to excessive drinking, অত্যধিক মদ্যপানজনিত অসুস্থতা; intemperance, অসংযত-ভাবে মদ্যপান। *a.* **cra°pūlent, cra°pūlous**—অত্যধিক মদ্যপানের ফলে অসুস্থ; অসংযতভাবে মদ্য-পায়ী। [F. *crapule*<L. *crapula*=intoxication]

$crash_1$ [krash, ক্র্যাশ্] *n.* a coarse linen, মোটা কাপড়বিশেষ। [Russ. ?]

$crash_2$ [krash, ক্র্যাশ্] (1) *n.* the noise as of things breaking by a fall or dashing against one another, পড়িয়া চূর্ণ হওয়ার বা সজ্বর্ষের শব্দ, হুড়মুড়-শব্দ; a collision, সজ্বর্ষ; (com.) utter loss of reputation due to failure of an undertaking, (বাণি.) দায়িত্ব বা প্রতিশ্রুতি পালনে অক্ষমতাবশতঃ চরম সুনামহানি; a fall or destruction, পতন বা ধ্বংস। (2) *v.i.* to fall to pieces with a loud noise, হুড়মুড়-শব্দে ভাঙ্গিয়া পড়া ; to move with a loud noise, হুড়মুড়-শব্দে চলা ; to be ruined, সর্বনাশগ্রস্ত হওয়া ; (of aircraft) to alight with damage, (বিমানপোত-সম্বন্ধে) ক্ষতিগ্রস্ত হইয়া অবতরণ করা। (3) *v.t.* to dash in pieces, ছুড়িয়া মারিয়া চূর্ণবিচূর্ণ করা ; to drive with a crash, হুড়্মুড়্ করিয়া চালান। *p.* & *p. pt.* **cra°shed** । **crash programme**—দ্রুত সুফল লাভের উদ্দেশ্যে শ্রমসাধ্য কর্মসূচি। *n.* **crash°-dive**—(আক্রমণাদি এড়ানর জন্য) সাবমেরিনের আচমকা ডুব। *n.* **crash°-helmet**—সজ্ঘর্ষাদির সময়ে মাথা বাঁচানর জন্য শিরস্ত্রাণবিশেষ। *v.i.t.* **crash°-land**—(বিমানপোত-সম্বন্ধে) ক্ষতিগ্রস্ত হওয়ার ফলে আংশিক বা সম্পূর্ণ অনায়ত্তভাবে ভূতলে অবতরণ করা বা করান। *n.* **crash°-landing**—(বিমানপোতের) উক্তভাবে অবতরণ। [imi.]

crass [kras, ক্র্যাস্] *a.* thick, স্থূল ; gross, ডাহা ; stupid, মূর্খতাপূর্ণ। *n.* **cra°ssitūde, crass°nėss** । *adv.* **crass°ly** । [L. *crassus*]

crate [krāt, ক্রেইট্] (1) *n.* a wicker-work case for carrying crockery, fruits, etc., মাটির বাসনকোসন ফল প্রভৃতি বহনার্থ বেত প্রভৃতিতে তৈয়ারি বাক্স। (2) *v.t.* to pack in a crate, উক্ত বাক্সবন্দী করা। [L. *cratis*=a hurdle]

crater [krā°-ta(r). ক্রেই°ট্যা(র্)] *n.* the mouth of a volcano, আগ্নেয়গিরির মুখ ; a bowl-shaped cavity, (প্রধানতঃ বোমাদি বিস্ফোরণের ফলে সৃষ্ট) বাটির ন্যায় আকারযুক্ত গর্ত। [L.<Gk. *krater*]

cravat [kra-vat°, ক্র্যাভ্যাট্°] *n.* a neckcloth worn instead of a necktie, নেকটাইয়ের বদলে গলার বাঁধিবার রুমালবিশেষ। [F. *cravate*]

crave [krāv, ক্রেইভ্] *v.t.i.* to beg earnestly for, সনির্বন্ধভাবে প্রার্থনা করা, মিনতি করা ; to long for, আকুলভাবে কামনা করা। *n.* **crā°ver** । *n.* **crā°ving**—সনির্বন্ধ প্রার্থনা ; মিনতি ; আকুল-কামনা। [OE. *crafian*—cp. ON. *krefja*]

craven [krā°vn, ক্রেই°ভ্ন্] (1) *n.* a cowardly, person, কাপুরুষ, ভীরু ব্যক্তি। (2) *a.* cowardly, ভীরু। **(to) cry craven**—আত্মসমর্পণ করা। *adv.* **crā°venly** । *n.* **crā°vennėss** । [?]

craver, craving—see **crave.**

craw [kraw, ক্র্য] *n.* the first stomach of fowls, পক্ষীর পাকস্থলী। [ME. *crawe*<?]

crawfish [kraw°-fish, ক্র্য°ফিশ্] var. of **crayfish.**

crawl [krawl, ক্রাল্] (1) *v.i.* to move slowly with the body on or near the ground, বুকে ভর দিয়ে চলা ; to creep, হামাগুড়ি দেওয়া, to move slowly and stealthily, গুটিসুটি মারিয়া চলা ; (fig.) to behave abjectly, (আল.) হীনতাস্বীকার করিয়া চলা। (2) *n.* act of crawling, বুকে ভর দিয়া চলন, হামাগুড়ি, গুটিসুটি মারিয়া চলন ; (fig.) abject behaviour, (আল.) হীনতাস্বীকার। *n.* **craw°ler**—crawl (*v.*)-এর সকল অর্থে, এবং—সরীসৃপ, দীর্ঘসূত্র ব্যক্তি। *a.* **craw°ly**—(অনুভূতি সম্পর্কে) গায়ে পোকামাকড় হাঁটিয়া বেড়াইলে যে প্রকার মৃদু শির্‌শির্ ভাব হয় তেমন। [Scand.]

crayfish [krā°-fish, ক্রেই°ফিশ্] *n.* a crustacean, বাগ্‌দা-চিংড়ি। [ME. *crevice*<OF.]

crayon [krā°-an, ক্রেই°অ্যান্] (1) *n.* a drawing pencil made of coloured chalk etc., আঁকিবার জন্য রঙিন খড়ি প্রভৃতিতে তৈয়ারী পেনসিল। (2) *v.t.* to draw with a crayon, উক্ত পেনসিল দিয়া আঁকা। **in crayons**—উক্ত পেনসিলে অঙ্কিত। [F.<*craie*=chalk<L. *creta*]

craze [krāz, ক্রেইজ্] (1) *v.t.i.* to produce or develop fine cracks (on), (মাটির জিনিসপত্রে) সরু চিড় ধরান বা ধরা ; to make or become insane, পাগল করা বা হওয়া। (2) *n.* a fine crack, সরু চিড় ; insanity, পাগলামি, খেপামি ; an insane fancy, উন্মত্ত কল্পনা ; fad, বদ্ধমূল ধারণা, বাতিক ; fashion, ঢঙ। *a.* **crā°zy**—সরু চিড়-ধরা ; খেপা ; বিকৃতমস্তিষ্ক ; উন্মত্ত কল্পনাযুক্ত। *adv.* **crā°zily** । *n.* **crā°zinėss** । [Scand.]

creak [krēk, ক্রীক্] (1) *v.i.* to make a sharp sound (as of a hinge), (কবজাদি-সম্বন্ধে) ক্যাঁচ্‌ক্যাঁচ্ শব্দ করা। *p.* & *p. pt.* **crea°ked** । (2) *n.* a grating sound, ক্যাঁচ্‌ক্যাঁচ্ শব্দ। *a.* **crea°ky**—ক্যাঁচ্‌ক্যাচে-শব্দকর (*creaky* shoes)। *adv.* **crea°kily** । *n.* **crea°kinėss** । [imi.]

cream [krēm, ক্রীম্] (1) *n.* the oily part of milk, নবনী, দুধের সর ; any cream-like substance, যে কোন নবনীতুল্য পদার্থ (cold *cream*) ; the best part of anything, কিছুর শ্রেষ্ঠ অংশ, সারাংশ (*cream* of knowledge, the *cream* of society)। (2) *v.t.* to take off the cream from, নবনী তুলিয়া ফেলা ; to treat with cream, নবনী বা নবনীবৎ পদার্থ মাখান। (3) *v.i.* to form as or like cream, নবনীতে বা নবনীবৎ পদার্থে পরিণত হওয়া, সর পড়া। **barrier cream**—লোমকূপে ধুলা-বালি যাহাতে না ঢোকে তজ্জন্য হাতে যে ক্রীম মাখা হয়। **cold cream**—see **cold** । **mosquito cream**—যে ক্রীম গায়ে মাখা থাকিলে মশায় কামড়ায় না। **vanishing cream**—যে ক্রীম গায়ে মাখিলে তাহার কোন চিহ্ন থাকে না। *a.* **cream°-coloured, cream°-wōve**—নবনীর ন্যায় ঈষৎ গোলাপী আভাযুক্ত শ্বেতবর্ণবিশিষ্ট, গৌরবর্ণ। *n.* **crea°mery**—মাখন পনীর ঘি প্রভৃতির কারখানা বা দোকান। *a.* **cream°-laid**—নবনীর বা নবনীতুল্য কোমল ও গৌরবর্ণ পদার্থের প্রলেপযুক্ত (*cream-laid* paper)। *a.* **crea°my**— নবনীপূর্ণ ; নবনীমাখা ; নবনীতুল্য। [OF. *creme*<Gk. *khrisma*=unction]

crease [krēs, ক্রীস্] (1) *n.* a mark caused by folding, ভাঁজ বা পাট করার দাগ ; (in cricket) a regulating line dividing the playing field, (ক্রিকেটে) খেলার মাঠের বিভাজক-রেখাবিশেষ

(bowling *crease*) । (2) *v.t.* to make crease in, ভাঁজ করা বা পাট করা । (3) *v.i.* to fall into crease, ভাঁজ বা পাট হওয়া । *p.* & *p. pt.* **crea°sed** । *a.* **crea°sy**—ভাঁজপূর্ণ । [?]

create [kri-āt°, ক্রিএইট্°] *v.t.* to bring into existence, সৃজন করা, সৃষ্টি করা ; to make, produce, form or design, তৈয়ারী করা, উৎপাদন করা, গঠন করা, পরিকল্পনা করা, রচনা করা ; to invest with, (পদ খেতাব প্রভৃতি) প্রদান করা বা প্রবর্তন করা (the king *created* him a peer) । *p.* & *p. pt.* **creā°ted** । *n.* **creā°tion**—সৃজন, সৃষ্টি ; জগৎসৃষ্টি । *a.* **creā°tive**—সৃজক, সৃজনী । *n.* **crea°tiveness**—সৃষ্টিধর্মিতা । *n.* **creā°tor**—স্রষ্টা । *n.* **Creā°tor**—জগৎস্রষ্টা, ঈশ্বর । *n.* **creature** [krē°-cha(r), ক্রী°চ্যা(র্)] (সৃষ্ট) জীব, প্রাণী ; অপরের আজ্ঞাবাহী বা অধীন ব্যক্তি (a mere *creature* of the director) । **creature comforts**—পার্থিব (অর্থাৎ ভোজ্য-পানীয়-সংক্রান্ত) আরাম । **the creature**—(কথ্য.) উগ্র মদ্যবিশেষ, হুইস্কি । [L. *creare*]

creatine [krē°-a-tin, ক্রী°অ্যাটিন্] *n.* an organic base found in the juice of flesh, মাংসের নির্যাসে প্রাপ্ত জৈব সার বা গঠনাত্মক উপাদানবিশেষ । [Gk. *kreatos*=flesh]

creation, creative, creativeness, creator creature—see **create.**

crèche [krāsh, ক্রেইশ্] *n.* a public nursery for infants, জননীরা দিবাভাগের যে সময় কর্মব্যস্ত থাকেন, সে সময় তাঁহাদের শিশুসন্তানের তত্ত্বাবধান করার জন্য প্রতিষ্ঠান । [F.]

credence [krē°d(a)ns, ক্রী°ড্‌ন্‌স্] *n.* belief, বিশ্বাস, প্রত্যয় (letter of *credence*) । **(to) give credence to**—বিশ্বাস করা । *n.* **credential** [kri-den°sh(a)l, ক্রিডেন্°শ্‌ল্] (usu. in *pl.*) বিশ্বাস-উৎপাদক পরিচয়-পত্র, (পরি.) শংসাপত্র । [L. *credere* =to believe]

credible [kre°dabl, ক্রে°ড্যাব্‌ল্] *a.* believable, বিশ্বাসযোগ্য । *n.* **credibility** [kre-di-bi°li-ti, ক্রেডিবি°লিটি] বিশ্বাসযোগ্যতা । **credibility gap**—কোন উক্তি ও তাহার বিশ্বাসোৎপাদন ক্ষমতার মধ্যে প্রভেদ বা ফারাক । *adv.* **cre°dibly** । [see *credence*]

credit [kre°-dit, ক্রে°ডিট্] (1) *n.* belief, বিশ্বাস ; trust, আস্থা ; esteem, শ্রদ্ধা ; reputation, সুনাম ; honour, সম্মান ; distinction, বৈশিষ্ট্য ; good character, সচ্চরিত্রতা ; sale or loan on trust, বিশ্বাসপূর্বক ধারে বিক্রয় বা ঋণদান ; time allowed for payment, (দেনাদি) পরিশোধের মেয়াদ ; the receipt side of an account, হিসাব-নিকাশে জমার দিক্, (পরি.) আকলন ; the sum placed at a person's disposal in books of a bank etc., ব্যাঙ্কের হিসাবের খাতায় আমানতকারীর নামে জমা ; acknowledgment for merit, learning, etc., গুণ বিদ্যা কৃতিত্ব প্রভৃতি সম্বন্ধে স্বীকৃতি । (2) *v.t.* to believe, বিশ্বাস করা ; to trust, আস্থা রাখা ; to enter on the credit side of the account, হিসাব-নিকাশে জমার ঘরে বসান, জমা করা ; to set to the credit of, গুণ বিদ্যা কৃতিত্ব প্রভৃতি আরোপ করা (to *credit* one with presence of mind) । *p.* & *p. pt.* **cre°dited** । **credit account**—(দোকান প্রভৃতির) ধারে বিক্রয়ের হিসাব, বাকির হিসাব । **credit note**—ফেরত মালের জন্য বিক্রেতা কর্তৃক ঋণের স্বীকৃতি । **credit sales**—ধারে বিক্রয় । **credit squeeze**—মুদ্রাস্ফীতিরোধকল্পে (সুদের হার বাড়াইয়া বা অন্য কোন উপায়ে) ব্যবসায়-প্রতিষ্ঠানাদির পক্ষে (ব্যাঙ্ক প্রভৃতি হইতে) ঋণগ্রহণ আয়াসসাধ্য করার (সরকারি) নীতি । **credit titles**—(সিনেমা টেলিভিশন প্রভৃতি প্রদর্শনীর) প্রযোজক পরিচালক প্রমুখের নামের তালিকা । **on credit**—ধারে, বাকিতে (to sell or buy *on credit*) । *a.* **cre°ditable**—কৃতিত্বপূর্ণ ; সম্মানজনক । *adv.* **cre°ditably** । *n.* **cre°ditor**—উত্তমর্ণ, পাওনাদার । *a.* **cre°dit-worthy**—ধারে পণ্যাদি বিক্রয়ের জন্য বিশ্বাস বা নির্ভর করা যায় এমন । *n.* **cre°dit-worthiness** । [see *credence*]

credo [krē°-dō, ক্রী°ডৌ] same as **creed.**

credulous [kre°-dū-las, ক্রে°ডিউল্যাস্] *a.* too ready to believe, অল্পেই বিশ্বাস করে এমন, সহজ-বিশ্বাসী । *n.* **credū°lity, cre°dūlousness** । *adv.* **cre°dūlously** । [see *credence*]

creed [krēd, ক্রীড্] *n.* any system of religious belief, ধর্মমত, ধর্মবিশ্বাস । [OE. *creda*< L. *credo*=I believe]

creek [krēk, ক্রীক্] *n.* a small inlet of a river or sea, খাঁড়ি । [Scand. ?]

creel [krēl, ক্রীল্] *n.* basket, (প্রধানতঃ মাছের) ঝুড়ি, খালুই । [?]

creep [krēp, ক্রীপ্] (1) *v.i.* to move with the belly on or near the ground, পেটে ভর দিয়া চলা, হামাগুড়ি দেওয়া ; to move slowly or stealthily, ধীরে ধীরে বা চুপিসারে চলা ; to grow along the ground or on supports, লতাইয়া ওঠা ; to have the physical sensation of something creeping over or under the skin, শরীর শির্‌শির্ করা (the sight of the scorpion made my flesh *creep*) ; (fig.) to live or move abjectly, (আল.) হীনভাবে বাস করা বা চলা । *p.* & *p. pt.* **crept** [krept, ক্রেপ্ট্] । (2) *n.* a crawl, হামাগুড়ি ; a narrow passage, সঙ্কীর্ণ পথ ; (usu. in *pl.*) shrinking horror, শরীর শির্‌শির্ করে এইরূপ আতঙ্ক ; a despicable person who tries to win favour, ঘৃণ্য আচরণকারী অনুগ্রহপ্রার্থী ব্যক্তি । **(to) give one the creeps**—গা শির্‌শির্ করান, শিহরণ জাগান । *n.* **cree°per**—যাহা হামাগুড়ি দিয়া চলে ; লতা । *n.* **creep°-hōle**—লুকাইবার জন্য গর্ত (তু. ব্যাঙ্গে) ইঁদুরের গর্ত । *a.* **cree°py**—হামাগুড়ি দিয়া চলে এমন ; লতানে ; ভয়ে শরীর শির্‌শির্ করে এমন, গা-ছমছমে, আতঙ্কজনক (ghost stories make us creepy) I *adv.* **cree°pily** I *n.* **cree°piness** I [OE. *creopan*—cp. Du. *kruipen*]

creese—alt. spell. of **kris.**

cremate [kri-māt°, ক্রিমেইট্°] *v.t.* to burn (esp. a dead body), (প্রধানতঃ মৃতদেহ) দাহ করা। *p.* & *p. pt.* **crėmā°tėd** I *n.* **crėmā°tion** I *n.* **crėmā°tor**—দাহকারী ; দাহক-যন্ত্র। *n.* **crematorium** [kre-ma-taw°-ri-am, ক্রেম্যাটা°রিঅ্যাম্] দাহন-চুল্লি ; দাহন-যন্ত্র ; দাহন-স্থান ; শ্মশান। **crematory** [kre°-ma-t(a)ri ক্রে°ম্যাট্রি] (1) *a.* দাহ-সংক্রান্ত ; (2) *n.* same as **crematorium** I [L. *cremare*]

crenellated [kre°-na-lā-tid, ক্রে°ন্যালেইটিড্] *a.* embattled, (দুর্গপ্রাকারাদি সম্বন্ধে) কামান-বন্দুকাদি ছুড়িবার জন্য ছিদ্রময় ; notched, খাঁজ-কাটা। [OF. *crenel*=a notch<L. *crena*]

creosote [kri°-a-sōt, ক্রি°অ্যাসৌট্] *n.* an antiseptic oily liquid, বীজবারক তেলা পদার্থবিশেষ। [Gk. *kreas*=flesh, *soter*=saviour]

crêpe [krāp, ক্রেইপ্] *n.* a crape-like fabric, ক্রেপের ন্যায় কাপড়বিশেষ। [see *crape*]

crepitate [kre°-pi-tāt, ক্রে°পিটেইট্] *v.i.* to crackle, ঘড়্ঘড়্ শব্দ করা ; (of beetles) to discharge an offensive fluid, (আরসোলাদি-সম্বন্ধে) দুর্গন্ধ রস নিঃসারণ করা। *p.* & *p. pt.* **cre°pitātėd** I *n.* **crepitā°tion** I [L. *crepitare*]

crept—see **creep.**

crepuscular [kri-pus°-kū-la(r), ক্রিপাস্°কিউল্যা(র্)] *a.* of twilight, গোধূলিকালীন। [L. *crepusculum*=twilight]

crescendo [kri-shen°-dō, ক্রিশেন্°ডৌ] (1) *a.* & *adv.* (mus.) gradually increasing in loudness, (সঙ্গীতে) ক্রমশঃ চড়া সুরে ওঠে এমন বা এমনভাবে। (2) *n.* gradual increase of loudness, সুরে তীব্রতার ক্রমবৃদ্ধি। [It.=increasing]

crescent [kre°snt, ক্রে°স্‌ন্ট্] (1) *a.* increasing, বৃদ্ধিশীল, বর্ধমান ; shaped like waxing moon, ক্ষীণচন্দ্রাকার, অর্ধচন্দ্রাকার। (2) *n.* the waxing moon, ক্ষীণচন্দ্র, অর্ধচন্দ্র (also **crescent moon**) ; the Turkish standard or emblem, তুরস্কের পতাকা বা প্রতীক ; the Moslem faith, মুসলমানধর্ম। [L. *crescer*=to grow]

cress [kres, ক্রেস্], **cress°ės**—*n.* a name for various plants, হেলেঞ্চা শুশুনি প্রভৃতি শাক বা পানিফল। [OE. *cresse, cerse*—cp. G. *kresse*]

cresset [kre°-sit, ক্রে°সিট্] *n.* a vessel for combustibles, বাতিঘর প্রভৃতি স্থানে ব্যবহৃত লৌহ-প্রদীপবিশেষ। [OF.]

crest [krest, ক্রেস্ট্] (1) *n.* the comb or tuft on bird's head, পাখির মাথার ঝুঁটি বা শিখা ; the top, চূড়া, শীর্ষ, (*crest* of a hill) ; any crest-like ornament, ঝুঁটির আকারের ছাপ অথবা শিরস্ত্রাণাদির উপরে পাখির গহনা বা টিকলি। (2) *v.t.* to furnish with a crest, শিখাযুক্ত করা ; to serve as a crest, শিখার ন্যায় শোভা পাওয়া। *a.* **cres°tėd**—ঝুঁটিওয়ালা (a *crested* bird) ; ঝুঁটির ন্যায় ছাপওয়ালা (a *crested* note-paper) I *a.* **crest°fallen**—হতাশ ; মন-মরা। [OF. *creste*<L. *cristal*]

cretaceous [kri-tā°-shas, ক্রিটেই°শ্যাস্] *a.* of or like chalk, খড়ির তৈয়ারি বা খড়িসদৃশ। **the Cretaceous Age**—যে যুগে খড়ির পাহাড় সৃষ্ট হইয়াছিল। [L. *cretaceus*<*creta*=chalk]

cretin [kre°-tin, ক্রে°টিন্] *n.* an idiot of a kind found esp. in Alpine valleys, প্রধানতঃ আল্‌প্‌স্-এর উপত্যকায় দৃষ্ট জাতির ন্যায় হাবাগবা বা স্থূল-বুদ্ধি ব্যক্তি ; (coll.) a stupid person, (কথ্য.) নির্বোধ লোক। *n.* **cre°tinism**—বুদ্ধিবৃত্তির অতি মন্থর বিকাশের দরুন অস্বাভাবিক মানসিক অবস্থা। *a.* **cre°tinous** I [F.<L. *christianus*]

cretonne [kre-ton°, ক্রেটন্°] *n.* cotton cloth with printed designs, (পরদা ঢাকনা প্রভৃতি তৈয়ারী করার জন্য) ছাপা সুতি কাপড়। [F.<? *Creton* in Normandy]

crevasse [kri-vas°, ক্রিভ্যাস্°] *n.* a crack or split (esp. in a glacier), (প্রধানতঃ তুষারস্তূপে) চিড় বা ফাট। [OF. *crevace*]

crevice [kre°-vis, ক্রে°ভিস্] *n.* a crack or rent, চিড় বা ফাট। [see *crevasse*]

crew$_1$—see **crow.**

crew$_2$ [kroo, ক্রু] *n.* a company, দল ; the whole body of sailors or drivers etc., নাবিকদল বা রেলগাড়ির চালকবৃন্দ। *n.* **crew°-cut**—চুলের কদম-ছাঁট। *n.* **crew°man**—শ্রমিকদলের লোক। [OF. *creue*=increase]

crib [krib, ক্রিব্] (1) *n.* a manger, পশুদের জাবনার পাত্র ; a bin for cereals, শস্যাধার ; a hovel or hut, গুহা বা কুটির ; a confined place, আবদ্ধ স্থান ; a child's bed, শিশুশয্যা ; pilfering, ছিঁচকে চুরি, plagiarism, পরের রচনা নিজের নামে চালাইবার অপচেষ্টা, কুম্ভিলকগিরি ; a badly literal translation used by students, (মন্দার্থে) ছাত্রদের জন্য আক্ষরিক অনুবাদ (যেমন মানে-বইতে থাকে)। (2) *v.t.* to put in a crib, জাবনাপাত্রে বা শস্যাধারে বা গুহায় বা কুটিরে বা শিশুশয্যায় রাখা ; to confine, আটক রাখা ; to pilfer, ছিঁচকে চুরি করা ; to plagiarize, কুম্ভিলকগিরি করা। *pr. pt.* **cri°bbing** I *p.* & *p. pt.* **cri°bbed** I *n.* **cri°bbage**—তাসখেলাবিশেষ। [AS.]

crick [krik, ক্রিক্] (1) *n.* a cramp or spasm of the muscles of the neck etc., ঘাড় প্রভৃতির পেশীর ফিক ব্যথা (to have a *crick* in the neck) I (2) *v.t.* to produce a crick in, উক্তরূপ ফিক ব্যথা সৃষ্টি করা বা জন্মান। [?]

cricket$_1$ [kri°-kit, ক্রি°কিট্] *n.* an insect, ঝিঁঝি-পোকা। [OF. *criquet*]

cricket$_2$ [kri°kit, ক্রি°কিট্] (1) *n.* an outdoor game, ক্রিকেট-খেলা। (2) *v.i.* to play atcricket, ক্রিকেট-খেলা। *p.* & *p. pt.* **cri°ckėtėd** I **not**

cricket—অন্যায়, অবৈধ ; অখেলোয়াড়ি। *n.* **cri°cketer**—ক্রিকেট-খেলোয়াড়। [OF. *criquet*]

crikey [kri°-ki, ক্রি°কি] *int.* exclamation of surprise, বিস্ময়সূচক উক্তি। [Euphemism for *Christ*]

cried, crier—see **cry.**

crime [krīm, ক্রাইম্] *n.* an act punishable by law, আইনতঃ দণ্ডার্হ অপরাধ ; an evil act, অসৎ বা অন্যায় কর্ম ; sin, পাপ। **crime fiction**—গোয়েন্দা-উপন্যাস। *n.* **crīme°-sheet**—(সাম.) সৈনিকের অপরাধের তালিকা। **cri°minal**—(**1**) *a.* অপরাধপূর্ণ ; অপরাধমূলক ; (**2**) *n.* অপরাধী। *n.* **crimina°lity** । *v.t.* **cri°mināte**—অভিযুক্ত করা। *p.* & *p. pt.* **cri°minātėd** । *n.* **criminā°tion** । *n.* **criminology** [kri-mi-no°-la-ji, ক্রিমিন°ল্যাজি] অপরাধ-বিজ্ঞান। *n.* **crimino°logist** । [F.<L. *crimen*]

crimp [krimp, ক্রিম্প্] (**1**) *a.* made crisp, আকুঞ্চিত। (**2**) *v.t.* to frill, কুঞ্চিত করা ; to plait, চুনট করা। *p.* & *p. pt.* **crim°pėd** । (**3**) *n.* a plait, কুঁচি, (coll.) restraint or hindrance, (কথ্য.) বাধা বা অন্তরায় ; one who decoys or presses, (প্রধানতঃ সমুদ্রগামী জাহাজে নাবিকের কাজে এবং সেনাদলে ভর্তি হইবার জন্য) যে ব্যক্তি লোকদের প্রলুব্ধ করিয়া আনে, আড়কাঠি। [OE. *gecrympan*=to curl—cp. Du. *krimpen*=to shrink]

crimson [krim°zn, ক্রিম্°জ্‌ন্] (**1**) *n.* & *a.* deep red, টক্‌টকে লাল। (**2**) *v.t.i.* to dye or be dyed crimson, গাঢ় লাল রঙে রঞ্জিত করা বা হওয়া। [ME. *crimosin*<OE. *cramoisin*<Ar. *qirmizi*]

cringe [krinj, ক্রিন্‌জ্] (**1**) *v.i.* to bend or submit servilely, হীনভাবে বা গোলামের মত নত হওয়া অথবা বশ্যতাস্বীকার করা। (**2**) *n.* a servile obeisance, গোলামের ন্যায় বশ্যতাসূচক অভিবাদন। *n.* **crin°ger** । *adv.* **crin°gingly** । [OE. *cringan*=to shrink ?]

crinkle [kringk°l, ক্রিং°ক্‌ল্] (**1**) *v.t.i.* to twist, আকুঞ্চিত করা বা হওয়া, মোচড়ান। (**2**) *n.* a wrinkle, কুঞ্চন। *a.* **crink°ly**—আকুঞ্চিত (*crinkly* hair)। [?]

crinoline [kri°-na-lēn, ক্রি°ন্যালীন্] *n.* a fabric of horse-hair and flax, ঘোড়ার লোমে ও শণে তৈয়ারি বস্ত্র ; a light framework covered with stiff fabric to distend a skirt, সায়া বা ঘাগরা ফাঁপানর জন্য হালকা অথচ শক্ত কাঠাম ; a hooped petticoat or skirt, ফাঁপান সায়া বা ঘাগরা। [F.<L. *crinis*=hair, *linum*=flax]

cripple [krip°l, ক্রি°প্‌ল্] (**1**) *a.* lame, খঞ্জ, খোঁড়া। (**2**) *n.* a lame person, খোঁড়া লোক। (**3**) *v.t.* to make lame, খোঁড়া করা ; (fig.) to disable, (আল.) অক্ষম বা পঙ্গু করা। [OE. *crypel*—cp. *creep*]

crisis [krī°-sis, ক্রাই°সিস্] *n.* the turning-point, সন্ধিক্ষণ ; the moment of danger, সঙ্কটকাল (to come or draw to a *crisis*)। *pl.* **crī°sėṡ** । [Gk. *krisis*]

crisp [krisp, ক্রিস্‌প্] (**1**) *a.* closely curling, ঘনকুঞ্চিত, কোঁকড়ান ; wavy, তরঙ্গায়িত, ঢেউখেলান ; hard and brittle, মচ্‌মচে, খাস্তা ; fresh and clasping, নির্মল ও প্রাণ-জুড়ান (*crisp* air)। (**2**) *v.t.* to curl, কোঁকড়ান ; to ripple, তরঙ্গায়িত করা ; (of style, manners etc.) precise and decided, (রচনাশৈলী আচরণ প্রভৃতি সম্পর্কে) স্পষ্ট ও দ্বিধাহীন। *p.* & *p. pt.* **cris°pėd** । (**3**) *n.* (usu. in *pl.*) crisp food, খাস্তা খাবার। *adv.* **crisp°ly** । *n.* **crisp°nėss** । *a.* **cris°py**—ঘনকুঞ্চিত ; তরঙ্গায়িত ; মচ্‌মচে ; নির্মল ও প্রাণ-জুড়ান। **potato crisps**—পাতলা ফালি করিয়া ভাজা আলু (Amer. **potato chips**)। [L. *crispus*]

criss-cross [kris°-kross, ক্রিস্°ক্রস্] (**1**) *n.* a cross-like intersection, ক্রুশাকারে পরস্পর ছেদন। (**2**) *a.* & *adv.* crosswise, ক্রুশাকার বা ক্রুশাকারে। (**3**) *v.i.t.* to intersect crosswise, ক্রুশাকারে (পরস্পর) ছেদন করা। [*Christ's Cross*]

criteria—see **criterion.**

criterion [krī-tēr°-i-an, ক্রাইটিয়্যার্°ইঅ্যান্] *n.* a standard or principle of judging, বিচারের মান বা নীতি। *pl.* **critēr°ionṡ, critēr°ia** । [Gk. *kriterion*]

critic [kri°tik, ক্রি°টিক্] *n.* a reviewer, সমালোচক ; a fault-finder, দোষদর্শী, নিন্দক। *n.* **criticism** [kri°-ti-sizm, ক্রি°টিসিজ়্ম্] সমালোচনা। *v.t.* **criticize** [kri°-ti-sīz, ক্রি°টিসাইজ়্] সমালোচনা করা ; নিন্দা করা। *a.* **cri°ticizable** । *n.* **critique** [kri-tēk, ক্রিটীক্°] সমালোচনা। [Gk. *kritikos*]

critical [kri°-tik(a)l, ক্রি°টিক্‌ল্] *a.* relating to a crisis, সন্ধিক্ষণকালীন বা চরম সঙ্কটপূর্ণ ; relating to or engaged in criticism, সমালোচনামূলক, সমালোচনাকর ; captious, ছিদ্রান্বেষী, দোষদর্শী। *adv.* **cri°tically** । *n.* **cri°ticalnėss** । [see *critic, crisis*]

criticism, criticize, critique—see **critic.**

croak [krōk, ক্রৌক্] (**1**) *v.i.t.* to utter a deep hoarse sound (as a frog or raven), (ভেক বা দাঁড়কাক সম্বন্ধে) গম্ভীর কর্কশ শব্দ করা বা ঐরূপ শব্দে বলা, মক্‌মক্ বা তীব্র কা-কা রব করা অথবা ঐরূপ রবে বলা ; to forebode evil, অশুভ সূচিত করা ; to talk gloomily, বিষণ্ণকণ্ঠে বলা ; (sl.) to die, মারা যাওয়া, (তু.) পটল তোলা। *p.* & *p. pt.* **croa°kėd** । (**2**) *n.* the call of a frog or raven, ভেকের বা দাঁড়কাকের ডাক। *n.* **croa°ker**—ভেক বা দাঁড়কাক ; উহাদের ন্যায় শব্দকারী প্রাণী ; অমঙ্গলের ভবিষ্যদ্বক্তা। *adv.* **croa°kily** । *n.* **croa°kinėss** । *a.* **croa°ky**—ভেকের বা দাঁড়কাকের ন্যায় শব্দকর। [imi.]

crochet [krō°-shā, ক্রৌ°শেই] (**1**) *n.* looping

work done with a small hook, কুরুশ-কাঠি দিয়া বোনা জিনিস বা বয়ন। (2) *v.i.t.* to work in crochet, কুরুশকাঠি দিয়া বয়ন করা। *p. & p. pt.* **cro°cheted** [kro°-shād, ক্রৌ°শেইড্]। [F. <*croche*=a hook]

crock₁ [krok, ক্রক্] (1) *n.* an old weak and useless horse, বুড়ো দুর্বল ও অকেজো ঘোড়া, (তু.) বেতো ঘোড়া ; a decrepit person, জরাগ্রস্ত অথর্ব লোক ; a broken down old thing, বিকল ও অকেজো পুরাতন বস্তু (বিশেষতঃ মোটরগাড়ি)। (2) *v.i.t.* to break down or cause to break down, বিকল ও অকেজো হওয়া বা করা। [cp. *crake*=a poor beast]

crock₂ [krok, ক্রক্] *n.* an earthen pot or jar, মাটির কলসি হাঁড়ি প্রভৃতি ; a potsherd, খাপরা, খোলামকুচি। *n.* **cro°ckery**—মৃন্ময় পাত্রাদি, (চীনা) মাটির বাসন-কোসন। [OE. *croc*<? Celt]

crocket [kro°-kit, ক্র°কিট্] *n.* an ornament on the sloping side of a pinnacle, etc., অট্টালিকা-দির চূড়ার ঢালে লতাপাতার কারুকার্য। [see *croquet*]

crocodile [kro°-ka-dīl, ক্র°ক্যাডাইল্] *n.* an amphibious reptile, কুম্ভীর, কুমির। **crocodile bird**—যে পাখি কুমিরের দাঁতের পোকা তুলিয়া খায়। **crocodile tears**—মায়াকান্না, কুম্ভীরাশ্রু। [L. *crocodilus*<Gk. *krokodeilos*]

crocus [kro°kas, ক্রৌ°কাস্] *n.* a plant bearing coloured flowers, বসন্তকালে নানাবর্ণ পুষ্প-প্রসূ জংলা (ভেষজ) গাছবিশেষ ; a quack, হাতুড়ে চিকিৎসক। [Gk. *krokos*]

Crœsus [krē°-sas, ক্রী°স্যাস্] *n.* a very rich man, মহাধনাঢ্য ব্যক্তি। [King *Croesus* of Lydia]

croft [kroft, ক্রফ্‌ট্] *n.* a small piece of arable land, (প্রধানতঃ গৃহসংলগ্ন) ক্ষুদ্র খেত ; a small farm, ক্ষুদ্র গোলাবাড়ি। *n.* **crof°ter**—ছোট খামারের মালিক। [?]

Cro-Magnon [krō-ma°-ni-on, ক্রৌম্যা°নিয়ঁ] *a.* of a prehistoric tall long-headed European race, ইউরোপের দীর্ঘকায় ও লম্বা মাথাওয়ালা প্রাগৈতিহাসিক মানবজাতিগত। [*Cro-Magnon* in Dordogne]

cromlech [krom°-lekh, ক্রম্°লেখ্] *n.* a stone circle, (প্রধানতঃ গোরস্থানের) প্রস্তরনির্মিত বৃত্ত। [W.]

crone [krōn, ক্রৌন্] *n.* (usu. contem.) an old woman, (সচ. অবজ্ঞায়) বুড়ি। [OF. *carogne*=hag ?]

crony [krō°-ni, ক্রৌ°নি] *n.* (sl.) an intimate friend, (অশি.) অন্তরঙ্গ বন্ধু। [?]

crook [krook, ক্রুক্] (1) *n.* a bend or anything bent, বাঁক বা বক্র বস্তু ; a bent staff of shepherds or bishops, রাখাল বা বিশপগণের বাঁকা লাঠিবিশেষ ; (sl.) a swindler, (অশি.) জুয়াচোর। (2) *v.t.i.* to bend or be bent, বক্র করা বা হওয়া, বাঁকান বা বাঁকা হওয়া। **on the crook**—অসাধু, শঠ ; অসাধুভাবে, শঠতাপূর্বক, জুয়াচুরি করিয়া। *n.* **crook°-back**—কুঁজো লোক। *a.* **crook°-backed**—কুঁজো। *a.* **croo°kėd**—বাঁকা, অসরল, অসাধু ; বিকৃত। *adv.* **croo°kėdly**। *n.* **croo°kėdness**। [ON. *krokr* ?]

croon [kroon, ক্রুন্] (1) *v.t.* to utter a low sound (as a bull), (ষাঁড়-সম্বন্ধে) গাঁ-গাঁ শব্দ করা ; to lament, বিলাপ করা। (2) *v.i.t.* to sing in a low undertone, গুন্‌গুন্ করিয়া গাওয়া। (3) *n.* this sound, গাঁ-গাঁ ধ্বনি। *n.* **croon°er** [Sc.]

crop [krop, ক্রপ্] (1) *n.* (arch.) the top or end of anything, (আর্ব.) আগা বা গোড়া (*crop* of a twig) ; a whip-handle, চাবুকের হাতল ; a hunting whip with a loop instead of a lash, শিকারির ব্যবহার্য দড়ির বদলে ফাঁসওয়ালা চাবুকবিশেষ (also **hun°ting-crop**) ; an act or mode of cutting, ছাঁটাই, ছাঁট্ ; the total produce of cultivated land, মোট ফসল বা শস্য ; an entire hide, পশ্বাদির পুরা চামড়া ; the first stomach of fowls, ভুক্ত দ্রব্যাদি জীর্ণ করিবার পূর্বে পাখিরা উহা তাহাদের দেহমধ্যে যে থলির ন্যায় কোষে রাখে। (2) *v.t.* to cut off the top, ends, margins etc. of, ডগা গোড়া ধার প্রভৃতি ছাঁটিয়া ফেলা ; to cut short, ছাঁটিয়া ছোট করা ; to reap, ফসল কাটা ; to bite off in eating, কামড়াইয়া খাওয়া ; to cut the hair of, চুল বা লোম ছাঁটা। (3) *v.i.* to yield a crop, ফসল দেওয়া ; to come to the surface, উপরিভাগে ওঠা, উদ্ভূত হওয়া (usu. **to crop up, to crop out**) ; to come up casually, (প্রসঙ্গক্রমে) উত্থাপিত হওয়া। *pr. pt.* **cro°pping**। *p. & p. pt.* **cro°pped**। *n.* **crop°-dusting**—শস্যের চারার উপরে কীটনাশক ঔষধ বর্ষণ। *n.* **cro°pper**—যে ছাঁটে ; ছাঁটিবার যন্ত্র, কাঁচি, কাস্তে ; ধান্যবৃক্ষাদি ; কপোতবিশেষ। **(to) come a cropper**—পড়িয়া যাওয়া ; অসফল হওয়া, (পরীক্ষা-দিতে) ফেল করা। [AS.]

croquet [kro°-kā, ক্রৌ°কেই] *n.* an outdoor game, কাঠের বল-খেলাবিশেষ। [F.]

croquette [krŏ-ket°, ক্রোকেট্°] *n.* a seasoned and fried ball of rice, potato, meat, etc., চাউল আলু মাংস প্রভৃতি জারিত করিয়া ও ভাজিয়া তৈয়ারি মণ্ডবিশেষ। [F.]

crore [kraw(r), ক্র্য(র্)] *n.* ten millions, কোটি। [Sans.]

crosier, crozier [krō°-za(r), ক্রৌ°জ্যা(র্)] *n.* the staff of a bishop or abbot, বিশপের বা মঠাধ্যক্ষের যাজকীয় দণ্ড। [ME. *crose, croce*< LL. *crocia*=a crook]

cross [kross, ক্রস্] (1) *n.* a Roman gibbet, পরস্পর আড়াআড়িভাবে স্থাপিত দুইখানি কাষ্ঠখণ্ডে নির্মিত রোমকদের বধদণ্ড বিশেষতঃ যাহাতে বিদ্ধ করিয়া যিশুকে হত্যা করা হইয়াছিল, ক্রুশ ; the symbol of Christianity, খ্রিস্টধর্মের প্রতীক ; anything cross-shaped, ক্রুশাকার বস্তু ; a crossing, আড়া-আড়িভাবে কর্তন বা পার হওয়া ; adversity or affliction, দুঃখদুর্দশা (to bear one's *cross*) ;

mixing of breeds, সঙ্করতা ; a hybrid, বর্ণসঙ্কর প্রাণী ; unfairness, অন্যায়, অসাধুতা। (2) *a.* transverse, আড়াআড়ি ; oblique, তির্যক্ ; adverse, প্রতিকূল ; peevish, খিট্‌খিটে, বদমেজাজি ; hybrid, সঙ্কর (*cross*-breed) ; reciprocal, পরস্পরবিরোধী (*cross* accusations); balancing, ভারসাম্য-বিধায়ক। (3) *v.t.* to mark with a cross, ক্রুশ-চিহ্নিত করা ; to set something or draw a line across, (কিছুর উপরে) আড়াআড়িভাবে কিছু স্থাপন করা বা রেখা টানা ; to cancel by drawing lines through, আড়াআড়িভাবে রেখা টানিয়া কাটিয়া দেওয়া ; to go across, পার হওয়া (to *cross* a road, a river etc.) ; to restrict payment against (a bank-cheque) by drawing lines across it, (ব্যাঙ্কের চেকে) লাইন টানিয়া উহার বাবদ অর্থপ্রদান নিয়ন্ত্রিত করা (এইরূপ রেখাঙ্কিত চেক ব্যাঙ্কের কোন আমানত জমার মাধ্যমে ভাঙ্গাইতে হয়), ক্রস করা ; to obstruct or thwart, বাধা দেওয়া বা ব্যাহত করা ; to confront, মুখোমুখি হওয়া। (4) *v.i.* to lie or pass across, আড়াআড়িভাবে অবস্থান করা বা যাওয়া ; to meet and pass, অতিক্রম করিয়া যাওয়া ; to interbreed, সঙ্কর উৎপাদন করা। *p. & p. pt.* **cro°ssed** । **as cross as two sticks**—খিট্‌খিটে। **(to) cross oneself**—স্বীয় দেহের উপরে (অঙ্গুলি প্রভৃতির দ্বারা) ক্রুশ-চিহ্ন গঠনপূর্বক স্থাপন করা। **(to) cross one's hand with a piece of money**—(প্রধানতঃ দৈবজ্ঞের) হস্তে মুদ্রা প্রদান করা। **(to) cross one's t's and dot one's i's**—(আল.) সতর্ক ও যথাযথ হওয়া। **(to) make one's cross**—(দলিলাদিতে) সইয়ের বদলে ঢেরা-চিহ্ন দেওয়া, ঢেরা-সই করা। **(to) cross swords** (with a person)—অসিযুদ্ধে অবতীর্ণ হওয়া ; (আল.) (কাহারও সহিত) তর্কযুদ্ধে প্রবৃত্ত হওয়া। *n.* **cross°-bar**—খাড়াভাবে প্রোথিত দুইখানি কাষ্ঠখণ্ডের উপরে আড়াআড়িভাবে স্থাপিত তৃতীয় কাষ্ঠখণ্ড (*cross-bar* of a goal-post)। *n.* **cross°-beam**—অট্টালিকাদির ছাদের ভাররক্ষার্থ আড়াআড়িভাবে স্থাপিত কড়িকাঠ, আড়া। *n.* **cross°-bearer**—শোভাযাত্রাদিতে যে ব্যক্তি খ্রিস্ট-ধর্মের প্রতীকস্বরূপ ক্রুশ বহন করে। *n.* **cross°-belt**—বন্দুকের গুলি রাখার ব্যবস্থাযুক্ত স্কন্ধের সহিত সংলগ্ন কোমরবন্ধবিশেষ। *n.* **cross°-bench**—আইনসভায় যে সদস্য সরকার বা বিরোধী কোন পক্ষকেই স্থায়িভাবে ভোট দেয় না তাহার আসন, আইনসভায় নিরপেক্ষ সদস্যের আসন। *n. pl.* **cross bōnes**—(বিপদ্‌সঙ্কেতরূপে বা জলদস্যুদের পতাকায় অঙ্কিত) করোটির নিচে আড়াআড়িভাবে স্থাপিত উরুর দুইখানি হাড়। *n.* **cross°-bow**—গুলতিজাতীয় ধনুকবিশেষ, আড়ধনু। *a.* **cross°-bred**—দো-আঁশলা, সঙ্কর। *n.* **cross°-breed**—সঙ্কর প্রাণী। *n.* **cross°-bree°ding**—সঙ্কর-প্রজনন। *n.* **cross°-bun**—ক্রুশাকার পিঠাবিশেষ : গুডফ্রাইডি-উপলক্ষে ইহা খাওয়া হয়। *n.* **cross°-check°**—বিভিন্ন উপায়ের দ্বারা হিসাবাদির শুদ্ধতা পরীক্ষা। *a.* **cross°-coun°try**—রাস্তার বদলে মাঠের মধ্য দিয়া গন্তব্য। *n.* **cross°-cŭrrent**—(জনসাধারণের স্বার্থসংশ্লিষ্ট বিষয়ে) সংখ্যা-গুরু দলের মতাদির বিপরীত অভিমত। *n.* **cross°cut**—আড়াআড়ি-ভাবে কর্তন ; সর্বাপেক্ষা সিধা পথ। *v.t.* **cross°-exa°mine**—জেরা করা। *n.* **cross°-examinā°-tion** । *a.* **cross°-eyed**—বঙ্কিমনয়ন ; টেরা। *v.t.* **cross°-fer°tilīze**—(উদ্ভি.) এক বৃক্ষজাত পুষ্পের পুংকেশর হইতে রেণু লইয়া ভিন্ন বৃক্ষজাত পুষ্পের গর্ভ-কেশরে মাখাইয়া সঙ্কর ফলফুল উৎপাদন করা, (পরি.) পরনিষেক করা। *n.* **cross°-fertilīzā°tion** । *n.* **cross°fīre**—(সাম.) মুখোমুখিভাবে অবস্থিত প্রতিদ্বন্দ্বী সৈন্যশ্রেণীদ্বয় কর্তৃক দুই বা ততোধিক স্থানে গোলাগুলি-বিনিময় ; (আল.) বিভিন্ন স্থানে উপবিষ্ট ব্যক্তিগণ কর্তৃক একজনের প্রতি যুগপৎ প্রশ্ন-জিজ্ঞাসা। *a.* **cross°-grained**—(আল.) বদমেজাজি। *n.* **cross°-heading**—(সংবাদপত্রাদিতে) রচনাদির মধ্যে মধ্যে পাঠকদের সহায়তার জন্য প্রদত্ত বিষয়বস্তু-নির্দেশক শিরনাম। *n.* **cro°ssing**—cross (*v.*)-এর সকল অর্থে, এবং—ক্রুশাকারে স্থাপন; পরস্পর ছেদ বা উক্ত ছেদের স্থল ; সংযোগ-স্থল। *a.* **cross°-legged**—(উপবিষ্ট ব্যক্তি-সম্বন্ধে) এক পায়ের উপর আরেক পা আড়াআড়িভাবে রাখিয়াছে এমন। *adv.* **cross°ly** । *n.* **cross°-nėss** । *n.* **cross°-patch**—(কথ্য.) বদমেজাজি লোক। *n.* **cross°-pur°pose**—ভিন্ন উদ্দেশ্য ; বিরুদ্ধ আচরণ বা পদ্ধতি ; (in *pl.*) ভুল বোঝার ফলে কার্যে বা কথোপকথনে বিশৃঙ্খলা। *v.t.* **cross°-ques°tion**—জেরা করা। *n.* **cross°-re°ference**—গ্রন্থাদির এক পৃষ্ঠার উক্তির সঙ্গে সম্পর্কযুক্ত ভিন্ন পৃষ্ঠায় নিবদ্ধ উক্তি। *n.* **cross°-road**—দুই রাস্তার সংযোগস্থল, চৌমাথা। **at the cross-roads**—(আল.) স্বীয় জীবনের গুরুত্বপূর্ণ পরিবর্তনের মুখে। *n.* **cross°-section**—(সচ. বৃক্ষাদির কাণ্ড হইতে) আড়া-আড়িভাবে কর্তিত অংশ ; (আল.) কোন কিছুর প্রতিনিধিত্বমূলক নমুনা (a *cross-section* of the working class)। *n.* **cross°-stitch**—পরস্পর আড়াআড়িভাবে সেলাইয়ের ফোঁড়। *n.* **cross°-talk**—টেলিফোন করার সময়ে কখনও কখনও অন্য টেলিফোনে আলাপরত ব্যক্তিদের যে আলোচনা শোনা যায় ; পরস্পর দ্রুত উত্তর-প্রত্যুত্তর। *n. pl.* **cross°-trees**—ছোট মাস্তুলের ঠেক্‌নো-রূপে এবং দড়িকাছি টাঙ্গাইবার জন্য স্থাপিত আড়কাঠ-দ্বয়। **cross voting**—স্বদলের বিপক্ষে ভোটদান। *adv.* **cross°wīse**—ক্রুশাকারে ; আড়াআড়িভাবে। *n.* **cross°-word** (also **cross-word puzzle**)—শব্দ-হেঁয়ালিবিশেষ বা শব্দের ধাঁধা। [OE. *cros* < L. *crux, crucis*]

crotch [kroch, ক্রচ্] *n.* the place where a branch forks from a tree, গাছের যে স্থান হইতে ডাল বাহির হয় বা গজায় (to sit in a *crotch* of a tree)। [?]

For words in *cross*-, not given separately, see **cross.**

crotchet [kro°-chit, ক্র°চিট্] *n.* a hook, আঙ্‌টা; a note in music, (সঙ্গীতে) স্বরের (অর্ধ-) মাত্রা-বিশেষ; (print.) the third bracket, (মুদ্রণ.) গুরু-বন্ধনী ([ ]); a whim, খেয়াল। *a.* **cro°tchety**—খেয়ালি। [F.=a small hook]

croton [krō°t(a)n, ক্রৌ°ট্‌ন্] *n.* a plant, শক্তি-শালী রেচক তৈলোৎপাদী বৃক্ষবিশেষ, জয়পাল। [Gk. *kroton*]

crouch [krowch, ক্রাউচ্] (**1**) *v.i.* to lie or stoop timidly or servilely, গুটিসুটি মারিয়া থাকা, ভয়ে বা হীনভাবে আনত হওয়া। *p.* & *p. pt.* **crou°ched**। (**2**) *n.* act or state of crouching, উক্তভাবে অবস্থান বা আনতি। [?]

croup₁ [kroop, ক্রুপ্] *n.* inflammation of the larynx and trachea associated with cough, শ্বাসনালীর কাশিযুক্ত প্রদাহবিশেষ, খুংরিকাশি, ক্রুপ-কাশি। [imi.]

croup₂, croupe [kroop, ক্রুপ্] *n.* the rump of a horse, ঘোড়ার দেহের যে অংশ জিনের পিছনে থাকে। [F. *croupe*]

croupier [kroo°-pi-a(r), ক্রু°পিয়্যা(র্)] *n.* a person who presides at the gambling table collecting the money and paying the winner, যে ব্যক্তি জুয়াখেলার টেবিলে বাজির টাকা সংগ্রহ করে এবং জয়ী ব্যক্তিকে প্রাপ্য প্রদান করে। [F.]

crow [krō, ক্রৌ] (**1**) *n.* a kind of bird, কাক, বায়স; the cry of a cock, মোরগের ডাক, কুক্কুট-ধ্বনি; a child's inarticulate cry of joy, শিশুর অস্ফুট আনন্দধ্বনি; a crowbar, শাবল। (**2**) *v.i.* to utter a cock's cry, (কুক্কুটসম্বন্ধে) ডাকা; to croak, কর্কশধ্বনি করা: to utter an inarticulate cry of joy, (শিশুসম্বন্ধে), অস্ফুট আনন্দধ্বনি করা; to boast, দম্ভ করা; to exult at success, সাফল্যে উল্লসিত হওয়া। *p.* **crew** [kroo, ক্রু], **crow°ed**; *p. pt.* **crow°ed, crown₁°**। **as the crow flies**—সরলরেখায়, বরাবর সিধা। **(to) have a crow to pluck with**—কাহারও সঙ্গে কোন বিরোধ বা অপ্রীতিকর বিষয় সম্পর্কে আলোচনা থাকা। *n.* **crow°bar**—শাবল। *n.* **crow°-foot**—পুষ্পবিশেষ। *pl.* **crow°-foots**। *n.* **crow°line**—সরলরেখা। *n.* **crow's°-foot**—বার্ধক্যের ফলে চক্ষের কোলের চামড়ার কুঞ্চন। *pl.* **crow's°feet**। *n.* **crow's°-nest**—চতুর্দিক্ পর্যবেক্ষণার্থ পোতাদির মাস্তুলের উপর কক্ষ। [OE. *crawe*=a crow, *crawan*=to crow]

crowd [krowd, ক্রাউড্] (**1**) *n.* a multitude, ভিড়, গাদা। (**2**) *v.i.t.* to gather in a crowd, ভিড় করা বা করান, গাদা হওয়া বা করা; to swarm or cause to swarm, ঝাঁক বাঁধা বা বাঁধান। **the crowd**—ইতরসাধারণ; জনসাধারণ; জনতা। **(to) crowd out**—স্থানাদিতে ভিড় করিয়া (ব্যক্তিবিশেষকে) ঢুকিতে না দেওয়া। **(to) go with** or **follow the crowd**—দশজনে যাহা করে তাহাই সন্তুষ্টচিত্তে করা, দশজনের মত চলা। **(to) pass in a crowd**—ভিড়ের মধ্যে একরকম চলিয়া যাওয়া অর্থাৎ দোষত্রুটি আছে বলিয়া ধরা না পড়া। *a.* **crow°ded**—ভিড়ে পূর্ণ; জনাকীর্ণ; ঘনসন্নিবিষ্ট। [OE. *crudan*=to press]

crown₁—see **crow.**

crown₂ [krown, ক্রাউন্] (**1**) *n.* a head ornament, (প্রধানতঃ সম্মানসূচক) শিরোভূষণ, মালা, মুকুট; the diadem, রাজমুকুট; kingship, রাজ-পদ (to fight for the *crown*); the sovereign, নৃপতি (the *crown* and the people); honour or victory, সম্মান বা বিজয় (to win three *crowns*); the top, শীর্ষদেশ, চূড়া; the top part of the skull, মাথার চাঁদি ('broke his *crown*'); a British coin, গ্রেট্‌ব্রিটেনের মুদ্রাবিশেষ (=৫ শিলিং); a size of paper, কাগজের মাপবিশেষ (১৫″×২০″)। (**2**) *v.t.* to invest with a crown, or kingship, মুকুট বা রাজমুকুট পরান, রাজ্যাভিষিক্ত করা; to adorn, ভূষিত করা (to *crown* with success); (in draughts) to convert into a king, (ড্রাফ্‌ট্‌-খেলায় ঘুঁটিকে) রাজা বানান। **crown prince**—যুবরাজ, রাজ্যের ভাবী অধিকারী। **crown witness**—রাজসাক্ষী। **to crown all**—(ভাল বা মন্দ) অবস্থার চরমরূপে। *a.* **crow°ned**—মুকুটপরিহিত; অভিষিক্ত; ভূষিত। **crowning victory**—সেরা বিজয়। [OF. *corone* <L. *corona*]

crozier—see **crosier.**

crucial [kroo°-shi-al, ক্রু°শিঅ্যাল্] *a.* cross-like, ক্রুশতুল্য; testing, কঠোর; পরীক্ষামূলক বা সমস্যামূলক; decisive between two hypotheses, যে দৃষ্টান্ত বা পরীক্ষার দ্বারা দুইটি অনুমানের একটি প্রামাণ্য হয়, চূড়ান্ত (the *crucial* question or test)। [see *crux*]

crucible [kroo°-sibl, ক্রু°সিব্‌ল্] *n.* a pot for melting metals etc., ধাতু প্রভৃতি গলাইবার জন্য মাটির পাত্রবিশেষ, মুচি; (fig.) severe test, (আল.) কঠোর পরীক্ষা। [LL. *crucibulum*]

crucified, crucifier, crucifix—see **crucify.**

cruciform [kroo°-si-faw(r)m, ক্রু°সিফ্য(র্)ম্] *a.* cross-shaped, ক্রুশাকার। [L. *crucis*=a cross, *form*]

crucify [kroo°si-fi, ক্রু°সিফাই] *v.t.* to put to death on a cross, ক্রুশবিদ্ধ করিয়া বধ করা; (fig.) to torment, (আল.) যন্ত্রণা দেওয়া। *p.* & *p. pt.* **cru°cified**। *n.* **cru°cifier**। *n.* **cru°cifix**—ক্রুশবিদ্ধ যিশুমূর্তি। *n.* **crucifixion** [kroo-si-fik°sh(a)n, ক্রুসিফিক্‌°শ্‌ন্] ক্রুশবিদ্ধ করিয়া প্রাণবধ। [OF. *crucifier*<L. *crux*=cross, *figere*=to fix]

crude [krōōd, ক্রুড্] *a.* in the natural state, raw, স্বাভাবিক অর্থাৎ মূল অবস্থায় বিদ্যমান, কাঁচা (*crude* metal) ; not reduced to order or form, বিন্যস্ত করা বা আকারদান করা হয় নাই এমন ; undigested, পরিপাক করা হয় নাই এমন ; unripe, অপরিপক্ব ; immature, অপরিণত ; unrefined, অশোধিত (*crude* oil), অমার্জিত (*crude* taste) ; inartistic, কলাকৌশলহীন, নীরস (*crude* humour) । *adv.* **crude°ly** । *n.* **crude°nėss, cru°dity** । [L. *crudus*=raw]

cruel [krōō°-al, ক্রু°অ্যাল্] *a.* pitiless, নির্মম, নির্দয় ; savage, নিষ্ঠুর, নৃশংস ; severe, তীব্র ; painful, যন্ত্রণাদায়ক । *adv.* **cru°elly** । *n.* **cru°elty,** (obs.) **cru°elnėss** । [F.<L. *crudelis*]

cruet [kroo°-it, ক্রু°ইট্] *n.* a small glass bottle for salt, vinegar, etc., ভোজনকালে ব্যবহার্য লবণ, গোলমরিচের গুঁড়া, ভিনিগার, তেল প্রভৃতি রাখার জন্য শিশি । *n.* **cru°et-stand**—উক্ত শিশি রাখিবার জন্য ধাতুতে তৈয়ারি কাঠামবিশেষ । [OF.]

cruise [krōōz, ক্রুজ্] (**I**) *v.i.* to sail to and fro, জাহাজাদিতে চড়িয়া ইতস্ততঃ ঘোরা ; (coll.) to roam in search of something, (কথ্য.) কিছুর সন্ধানে ঘোরা । (**2**) *n.* an act of cruising, জাহাজাদিতে চড়িয়া ইতস্ততঃ ভ্রমণ ; a wandering about in search of an enemy, শত্রুর সন্ধানে (জলপথে বা স্থলপথে) বিচরণ । *n.* **crui°sėr**—জাহাজাদিতে চড়িয়া ইতস্ততঃ ভ্রমণকারী ; দ্রুতগামী রণপোতবিশেষ । [Du. *kruisen*=to cross]

crumb [krum, ক্রাম্] (**I**) *n.* a small bit (chiefly of bread), (প্রধানতঃ রুটির) ক্ষুদ্র টুকরা ; the soft part of bread, রুটির নরম অংশ । (**2**) *v.t.* to break into crumbs, টুকরা-টুকরা করা ; to put crumbs in or on, টুকরা গুঁজিয়া দেওয়া বা উপরে টুকরা রাখা । *a.* **crumb°y, crumm°y**—টুকরা-টুকরা ; নরম ; গোলগাল ও তুলতুলে ; (আল.) ইতর, অপকৃষ্ট । [OE. *cruma*—cp. Du. *kruim*]

crumble [krumb°l, ক্রাম্ব্°ল্] *v.t.i.* to break into pieces, টুকরা-টুকরা বা চূর্ণবিচূর্ণ করা অথবা হওয়া । *a.* **crumb°ly**—সহজেই টুকরা-টুকরা বা চূর্ণবিচূর্ণ হয় এমন । **(to) crumble to dust**—ধূলিসাৎ হওয়া । [dim. of *crumb*]

crumby, crummy—see **crumb.**

crump [krump, ক্রাম্প্] *a.* crooked, বক্র ; wrinkled, কুঞ্চিত । [OE. *crumb*]

crumpet [krum°-pit, ক্রাম্°পিট্] *n.* a soft cake of flour, egg, milk, etc. baked on an iron plate, ময়দা ডিম দুধ প্রভৃতি মিশাইয়া তৈয়ারী চেপটা বড়া-বিশেষ ; (sl.) head, (অশি.) মাথা ; (sl.) attractive girl or woman, (অশি.) আকর্ষণীয়া তরুণী বা নারী । [?]

crumple [krump°l. ক্রাম্প্°ল্] *v.i.t.* to wrinkle, কুঞ্চিত হওয়া বা করা ; to collapse, পতন ঘটা বা ঘটান । [see *crump*]

crunch [krunsh, ক্রান্শ্] (**I**) *v.t.* to chew, tread over or grind noisily, সশব্দে চিবান বা মাড়ান বা গুঁড়ান । *p.* & *p. pt.* **crun°ched** । (**2**) *n.* act or sound of crunching, সশব্দে চর্বণ বা পদদলন বা চূর্ণন অথবা উহার শব্দ । [imi.]

crupper [kru°-pa(r), ক্রা°প্যা(র্)] *n.* a leathern strap looped under the horse's tail, ঘোড়ার লেজের নিচ দিয়া জিন-সংলগ্ন যে চর্মবন্ধনী বাঁধিয়া দেওয়া হয় ; the hind part of a horse, অশ্বের পশ্চাদ্ভাগ । [OF. *cropiere*<*crope*=croupe]

crusade [krōō-sād°, ক্রুসেইড্°] (**I**) *n.* the Christian expedition to recover the Holy Land from the Mohammedans, মুসলমান-অধিকার হইতে তীর্থ-নগর জেরুসলেম-উদ্ধারার্থ খ্রিস্টান-দের অভিযান ; any struggle for the sake of religion or against public evil, ধর্মযুদ্ধ, জেহাদ । (**2**) *v.i.* to go on a crusade, ধর্মযুদ্ধে যাওয়া । *p.* & *p. pt.* **cru°sādėd** । *n.* **crusā°der**—ধর্মযোদ্ধা । [F. *croisade*<L. *crux*=a cross]

cruse [krōōz, ক্রুজ্] *n.* an earthen pot for oil or water, তেল বা জল রাখার জন্য ভাঁড় । **the widow's cruse**—অক্ষয় ভাঁড়, অফুরান সরবরাহ । [B.—cp. ON. *krus*]

cruset [krōō°-sit, ক্রু°সিট্] *n.* a goldsmith's crucible, সোনা গলাইবার মুচি । [cp. F. *creuset*]

crush [krush, ক্রাশ্] (**I**) *v.t.i.* to break or crumple under pressure, চাপের ফলে ভগ্ন বা চূর্ণ বা লাট করা অথবা হওয়া । (**2**) *v.t.* to subdue, দমন করা ; to ruin, সর্বনাশ করা । *p.* & *p. pt.* **crushed** । (**3**) *n.* a violent pressure, প্রবল চাপ বা পেষণ ; a drink made from fruit juice, ফলনির্যাস হইতে প্রস্তুত পানীয় (orange *crush*) । **(to) crush out**—নিঙড়াইয়া বা চাপ দিয়া বাহির করা (to *crush out* the juice from oranges) । **(to) crush up**—চাপ দিয়া গুঁড়া করা (to *crush up* a biscuit) । *n.* **cru°sher**—পেষণকারী ; পেষণ-যন্ত্র বা চূর্ণন-যন্ত্র । *a.* **cru°shing**—তেজবীর্য ও মনোবল সম্পূর্ণরূপে চূর্ণ করে এমন (a *crushing* defeat=গো-হার) ; সম্পূর্ণ স্তব্ধ বা অভিভূত করে এমন (a *crushing* reply=একেবারে চুপ-করান জবাব) । [OF. *croissir*]

crust [krust, ক্রাস্ট্] (**I**) *n.* the hard rind or outside coating of anything, শক্ত ছাল বা আবরণ, খোলা ; the outer part of bread, রুটির বহিরংশ ; the solid exterior of the earth, ভূত্বক্ (the earth's *crust*) । (**2**) *v.t.* to cover with a crust, কঠিন আবরণদ্বারা আবৃত করা । (**3**) *v.i.* to gather into a crust, কঠিন আবরণে পরিণত হওয়া, (তু.) সর পড়া । *a.* **crus°tāte, crustā°tėd, crus°tėd**—কঠিন আবরণে আবৃত ; সর-পড়া ; (আল.) প্রাচীন, শ্রদ্ধেয় (*crusted* notions) । *a.* **crus°ty**—খোলাযুক্ত ; সর পড়ে এমন ; (আল.) কোপনস্বভাব । *adv.* **crus°tily** । *n.* **crus°tinėss** । [L. *crusta*]

crustacea [krus-tā°-shi-a, ক্রাস্টে°ইশিআ্যা] *n.*

a class of animals with hard shells, কঠিন খোলাযুক্ত (প্রধানতঃ জলচর) প্রাণিবর্গ (যেমন কাঁকড়া চিংড়িমাছ প্রভৃতি)। **crustā°céan**—(**1**) *a.* কঠিন খোলাযুক্ত ; (**2**) *n.* ঐরূপ প্রাণী। *a.* **crustā°céous**—কঠিন খোলাযুক্ত। [see *crust(n.)*]

crustate, crusted, crusty—see **crust.**

crutch [kruch, ক্রাচ্] *n.* a staff for a lame person, খঞ্জের যষ্টি ; (fig.) moral support, (আল.) নৈতিক সমর্থন। *a.* **cru°tched**—ক্রুশ-চিহ্নিত ; ক্রুশ-ধারী। [OE. *crycc*]

crux [kruks, ক্রাক্স্] *n.* a cross, ক্রুশ ; (fig.) a knotty matter, (আল.) জটিল বিষয় (the *crux* of the problem)। *pl.* **crux°ės**। [L.]

cry [krī, ক্রাই] (**1**) *v.i.* to utter a loud shrill sound, (প্রধানতঃ যন্ত্রণাদিতে) আর্তনাদ করা ; to lament or weep loudly, উচ্চৈঃস্বরে বিলাপ করা বা কাঁদা ; to bawl, চিৎকার করা। (**2**) *v.t.* to utter loudly, চেঁচাইয়া বলা ; to exclaim, সবিস্ময়ে উচ্চৈঃস্বরে বলা ; to proclaim, ঘোষণা করা ; to offer for sale by crying, হাঁকিয়া ফেরি করা। *p.* & *p. pt.* **crī°ed**। (**3**) *n.* a shout, নিনাদ, চিৎকার, আর্তনাদ ; a call ডাক ; a fit of weeping, ক্রন্দন ; lamentation, বিলাপ ; clamour, হৈ-চৈ ; report, (বজ্র কামান প্রভৃতির) ধ্বনি বা গর্জন, নির্ঘোষ ; a battle-cry, সিংহনাদ ; a street call for sale, ফেরিওয়ালার হাঁক। *n.* **crī°er**—cry(*v.*)-এর সকল অর্থে, এবং বিশেষতঃ—সরকারি ঘোষক। **a far** or **long cry**—সুদূর ব্যবধান। **great** or **much cry and little wool**—অকারণে হৈ-চৈ, কেবল গর্জনসার। **in full cry**—(কুকুর কর্তৃক) সবেগে পশ্চাদ্ধাবন করিয়া। **within cry of**—শ্রুতির নাগালের মধ্যে। **(to) cry against**—প্রতিবাদ করা। **(to) cry down**—নিন্দা করা ; বাজে বলিয়া ঘোষণা করা ; উচ্চৈঃস্বরে নিন্দা করিয়া বসাইয়া দেওয়া। **(to) cry for**—কিছু পাইবার জন্য বিষম বায়না ধরা। **(to) cry off**—দায়িত্ব প্রতিশ্রুতি প্রভৃতি পালনে পরাঙ্মুখ হইয়া হঠিয়া আসা। **(to) cry oneself to sleep**—কাঁদিতে কাঁদিতে ঘুমাইয়া পড়া। **(to) cry one's eyes** or **heart out**—অঝোরে কাঁদা, আকুল ক্রন্দন করা। **(to) cry up**—উচ্চপ্রশংসা করা। **(to) give one** (something) **to cry for**—অকারণে বা সামান্য কারণে কাঁদার জন্য শাস্তি দেওয়া। *n.* **cry°-bāby**—শিশুর ন্যায় ক্রন্দনকারী। *a.* **cry°ing**—অত্যন্ত জরুরি (*crying* need)। [F. *crier* < L. *quiritare* = to scream]

crypt [kript, ক্রিপ্ট্] *n.* an underground cell, ভূগর্ভস্থ কক্ষ। *a.* **crypt°ic(al)**—লুক্কায়িত ; গুপ্ত ; অদৃশ্য ; রহস্যজনক। [L. *crypta* < Gk. *krypte* < *kryptein* = to hide]

crypto- [krip°-tŏ, ক্রিপ্°টো] *in comp.* hidden, গুপ্ত, লুক্কায়িত, অদৃশ্য। *n.* **cryp°tŏgam**—অপুষ্পক গোত্রীয় বৃক্ষ। *a.* **cryp°tŏgamous**—অপুষ্পক-গোত্রীয়। *n.* **cryp°tŏgram, cryptograph**—[krip°-tŏ-gruf, ক্রিপ্°টোগ্রাফ্] সাঙ্কেতিক অক্ষরে লিখিত লিপি, সাঙ্কেতিক লিপি। *n.* **crytographer** [krip-to°-gra-fa(r), ক্রিপ্ট°গ্র্যাফ্যা(র্)] সাঙ্কেতিক লিপি লিখনে বা তাহার পাঠোদ্ধারে দক্ষ ব্যক্তি। *a.* **cryptographic** [krip-ta-gra°-fik, ক্রিপ্ট্যাগ্র্যা°ফিক্] সাঙ্কেতিক লিপিসংক্রান্ত। *n.* **cryptography** [krip-to°-gra-fi, ক্রিপ্ট°গ্র্যাফি] সাঙ্কেতিক লিপি রচনার বিদ্যা। *n.* **cryptŏmē-r°ia**—জাপানি cedar-বৃক্ষ। *n.* **cryp°tonym**—গোপন বা গুহ্য নাম। *a.* **crypt°onymous**। [Gk. *kryptos* = hidden]

crystal [kris°tl, ক্রিস্°ট্ল্] (**1**) *n.* a clear transparent quartz, স্ফটিক, কেলাস ; anything bright and transparent, উজ্জ্বল ও স্বচ্ছ বস্তু ; cut-glass, পলতোলা কাচবিশেষ, খাসগেলাস ; (**2**) *a.* composed of or like crystal, স্ফটিকনির্মিত বা স্ফটিকতুল্য। **crystal set**—স্ফটিকনির্মিত বেতার-যন্ত্র বা রেডিও। *n.* **crys°tal-gāzing**—ভবিষ্যৎ-দর্শনের আশায় স্ফটিকখণ্ডের দিকে স্থিরদৃষ্টিতে তাকাইয়া থাকা। *a.* **crystalline** [kris°-ta-līn, ক্রিস্°-ট্যালাইন্] স্ফটিকতুল্য ; স্ফটিকনির্মিত। *v.t.i.* **crystallize** [kris°-ta-līz, ক্রিস্ ট্যালাইজ্] স্ফটিকে পরিণত করা বা হওয়া ; দানা বাঁধান বা বাঁধা ; (পরি.) কেলাসিত করা বা হওয়া। *a.* **crys°tallīzāble**। *n.* **crystallīzā°tion**—কেলাসন। *n.* **crystallo°-graphy**—কেলাসবিদ্যা। *a.* **crystalloid** [kris°-ta-loyd, ক্রিস্°ট্যালয়্ড্] স্ফটিকতুল্য। [OF. *cristal* < L. *crystallum* < Gk. *krystallos* = ice]

cub [kub, কাব্] (**1**) *n.* the young of certain wild animals, খেঁকশিয়াল নেকড়ে বাঘ সিংহ প্রভৃতি হিংস্র প্রাণীর বাচ্চা ; an embryo boy-scout, বয়-স্কাউট্ বা ব্রতী বালক হইবার জন্য যোগ্যতা অর্জনে রত অল্পবয়স্ক বালক। (**2**) *v.t.i.* (of wild animals) to bring forth, (হিংস্র পশ্বাদি সম্বন্ধে) বাচ্ছা দেওয়া। *pr. pt.* **cu°bbing ;** *p.* & *p. pt.* **cu°bbed**। *a.* **cu°bbish**—পশুশাবকের ন্যায় (দুর্বল অপটু ও আদব-কায়দাশূন্য)। [?]

cubby [ku°-bi, কা°বি] *n.* a snug place, আরাম-প্রদ স্থান (usu. **cu°bby-hōle**)। [?]

cube [kūb, কিউব্] (**1**) *n.* a soild square, ঘন-ক্ষেত্র ; the third power of a quantity, ঘনাঙ্ক বা ঘনফল (যেমন $2^3 = 2 \times 2 \times 2$, $q^3 = q \times q \times q$)। (**2**) *v.t.* to raise to the third power, ঘনাঙ্কিত করা বা ঘনফল বাহির করা। **cube root**—ঘন-মূল। *a.* **cū°bic(al)**—ঘনক্ষেত্রসংক্রান্ত বা ঘনাঙ্ক-সংক্রান্ত ; ঘনক্ষেত্রবিশিষ্ট বা ঘনাঙ্কবিশিষ্ট। *n.* **cū°bism**—ঘনাকার মূর্তিসমূহদ্বারা চিত্রাঙ্কনপদ্ধতি ; চিত্র-বিদ্যায় আধুনিক পদ্ধতি যদ্দ্বারা অঙ্কিত মূর্তি জ্যামিতির রেখাচিত্র-সম্মেলনের আভাস দেয়। *n.* **cū°bist**—যে চিত্রকর উক্ত পদ্ধতিতে ছবি আঁকে। [F. < L. *cubus* < Gk. *kybos*]

cubeb [kū°-beb, কিউ°বেব্] *n.* the dried berry of a Javan shrub, কাবাবচিনি। [F. *cubebe* < As. *kababah*]

cubic—see **cube.**
cubicle [kū°-bikl, কিউ°বিক্‌ল্] *n.* a bedroom, শয়নকক্ষ (সচ. বৃহত্তর কক্ষের পার্টিশন-করা অংশ); a cell, ক্ষুদ্র কক্ষ। [L. *cubiculum*]
cubism, cubist—see **cube.**
cubit [kū°-bit, কিউ°বিট্] *n.* a measure by the length of the arm from the elbow to the tip of the middle finger, একহস্তপরিমিত মাপ (=১৮″-২২″)। [L. *cubitum*=the elbow]
cucking-stool [kuk°-ing-stōōl, কা°কিংস্টূল্] *n.* a chair to which petty offenders, disorderly women, etc. were tied and exhibited, সামান্য অপরাধে অভিযুক্ত ব্যক্তিদের বা বদমেজাজী স্ত্রীলোকদের প্রকাশ্যে বাঁধিয়া রাখার চেয়ারবিশেষ। [ME.]
cuckold [ku°k(a)ld, কা°ক্‌ল্‌ড্] (**1**) *n.* the husband of an unfaithful wife, অসতী পত্নীর স্বামী। (**2**) *v.t.* to make cuckold, অসতীর স্বামীতে পরিণত করা। *n.* **cu°ckoldry**—অগম্যাগমন, ব্যভিচার। [OF. *cucuault*<*cucu*=cuckoo]
cuckoo [koo°-kōō, কু°কূ] *n,* a kind of bird, কোকিল, পিক; a silly person, বোকা লোক। **cuckoo in the nest**—ক্ষতিকর অনধিকার প্রবেশকারী। [imi.—cp. F. *coucou*]
cucumber [kū°-kam-ba(r), কিউ°-ক্যাম্‌ব্যা(র্) *n.* a fleshy fruit or its plant, শশা বা শশাগাছ। **as cool as a cucumber**—সম্পূর্ণ স্থিরচিত্ত। [L. *cucumeris*]
cucurbit [kū-ka(r)°-bit, কিউক্যা(র্)°বিট্] *n.* gourd, লাউ, অলাবু। *a.* **cucurbitaceous** [kū-ka(r)-bi-tā°-shas, কিউক্যা(র্)বিটেই°শ্যাস্] অলাবু-গোত্রীয়। [L. *cucurbita*]
cud [kud, কাড্] *n.* food brought back from the first stomach of a ruminating animal to be chewed again, জাবর। **(to) chew the cub**—জাবর কাটা, রোমন্থন করা; (আল.) একই কথা বারংবার চিন্তা করা বা আলোচনা করা। [OE. *cwidu*]
cuddle [kud°l, কা°ড্‌ল্] (**1**) *v.t.* to hug, সাদরে আলিঙ্গন করা বা জড়াইয়া ধরা; to fondle, আদর করা (the baby *cuddles* her doll)। (**2**) *v.i.* to lie close and snug together, পরস্পর জড়াজড়ি করিয়া আরামে শোওয়া (to *cuddle* up)। (**3**) *n.* a close embrace, গাঢ় আলিঙ্গন। *a.* **cuddle°some, cudd°ly**—পরস্পর জড়াজড়ি করিয়া শয়নে অভ্যস্ত বা পরস্পর জড়াজড়ি করিয়া শুইবার লোভ জাগায় এমন। [?]
cuddy [ku°-di, কা°ডি] *n.* a cabin or kitchen in the forepart of a boat, পোতাদির সম্মুখাংশে ক্ষুদ্র কক্ষ বা রন্ধনশালা। [?]
cudgel [ku°j(a)l, কা°জ্‌ল্] (**1**) *n.* a club, মুগুর, মোটা লাঠি। (**2**) *v.t.* to beat with a cudgel, মুগুরপেটা করা। *pr. pt.* **cu°dgelling**; *p. & p. pt.* **cu°dgelled** । **(to) cudgel one's brains**—কঠোরভাবে চিন্তা করা, দারুণভাবে মাথা ঘামান। **(to) take up the cudgels for**—(আল.) কিছুর জন্য সংগ্রাম করা; দৃঢ়ভাবে সমর্থন করা। [OE. *cycgel*]
cue$_1$ [kū, কিউ] *n.* the last words of an actor's speech serving as a hint to the next speaker, অভিনেতার ভাষণের শেষ শব্দাবলী যাহা পরবর্তী বক্তাকে সঙ্কেত জোগায়, ভাষণ-সূত্র, খেই; a hint, সঙ্কেত, ইশারা। [?]
cue$_2$ [kū, কিউ] *n.* a pigtail, বেণী; a billiards'-rod, বিলিয়ার্ড-খেলার লাঠি। *n.* **cue°ist**—বিলিয়ার্ড-খেলোয়াড়। [F. *queue*<L. *cauda*=a tail]
cuff$_1$ [kuf, কাফ্] *n.* the bottom part of the sleeve, জামার হাতার অগ্রভাগ, চুড়ি; a band for the wrist, মণিবন্ধে বন্ধনী বা পরিবার ফিতাবিশেষ; (coll. *pl.*) handcuffs, (কথ্য.) হাতকড়া। **off the cuff**—উপস্থিতমত, পূর্ব-প্রস্তুতি ছাড়া। **cuff°-links**—জামার আস্তিনের বোতামবিশেষ। [?]
cuff$_2$ [kuf, কাফ্] (**1**) *v.t.* to strike with the fist or open hand, ঘুসি বা চড় মারা। *p. & p. pt.* **cu°ffed** । (**2**) *n.* such a stroke, ঘুসি বা চড়। [?]
cuirass [kwi-ras°, কুাইর‍্যাস্°] *n.* a breastplate and backplate fastened together, একত্র আবদ্ধ বক্ষত্রাণ ও পৃষ্ঠত্রাণ। *n.* **cuirassier°**—উক্ত বর্মাবৃত অশ্বারোহী সৈনিক। [F. *cuirasse*<*cuir*=leather]
cuisine [kwi-zēn°, কুাইজ়ীন্°] *n.* a cooking department, রন্ধনবিভাগ; style of cooking, রন্ধনের প্রণালী বা কায়দা (French *cuisine*)। [F.]
cul-de-sac [kool°-da-sak°, কুল্°ড্যাস্যাক্°] *n.* a blind alley, একমুখো রাস্তা, কানাগলি; (fig.) inescapable position, (আল.) এড়ান যায় না এমন অবস্থা। [F.]
culinary [ku°-li-na-ri, কা°লিন্যারি] *a.* of the kitchen or cookery, রন্ধনশালা বা রন্ধনবিদ্যা সম্পর্কিত (*culinary* art)। [L. *culinarius*<*culina*=a kitchen]
cull [kul, কাল্] (**1**) *v.t.* to pick, চয়ন করা; to select, বাছিয়া লওয়া। (**2**) *n.* an animal eliminated from a flock as unsuitable, অনুপযোগী বিবেচনায় দল হইতে পৃথকীকৃত পশু। [F. *cueillir*=to gather<L. *colligere*]
cullender [ku°-lin-da(r), কা°লিন্‌ড্যা(র্)] var. of **colander.**
cully [ku°-li, কা°লি] *n.* (sl.) a fellow, pal, mate, (অশি.) সঙ্গী, সাথী, সহকর্মী। [?]
culm$_1$ [kulm, কাল্‌ম্] *n.* stalk or stem of grass, ঘাসের ডাঁটা, তৃণকাণ্ড। [L. *culmus*=stalk]
culm$_2$ [kulm, কাল্‌ম্] *n.* coal-dust, কয়লার গুঁড়া। [?]
culminant—see **culminate.**
culminate [kul°-mi-nāt, কাল্°মিনেইট্] *v.i.* (astr.) to be on the meridian, (জ্যোতি.) তুঙ্গী হওয়া; to reach the highest point (with *in*),

সর্বোচ্চ সীমায় বা বিন্দুতে পৌঁছান। *p.* & *p. pt.* **cul°-minātėd** । *a.* **cul°minant**—তুঙ্গীভূত। *n*, **culminā°tion**—সর্বোচ্চ সীমা (the *culmination* of a person's career)। [LL. *culminare*]

culpable [kul°-pabl, কাল্°প্যাব্‌ল্] *a.* faulty, দোষযুক্ত; blameworthy, নিন্দনীয়; criminal and legally punishable, দণ্ডার্হ (*culpable* homicide)। *n.* **culpabi°lity, cul°pablenėss** । *adv.* **cul°pably** । [L. *culpa*=a fault]

culprit [kul°-prit, কাল্°প্রিট্] *n.* an offender, অপরাধী; (Eng. law) an accused person, (ইংলণ্ডের আইনে) বিচারাধীন আসামী। [*cul*<*culpable, prit*<OF. *prest*=ready]

cult [kult, কাল্ট্] *n.* a system of religious belief or worship, ধর্মবিশ্বাস বা পূজাপদ্ধতি; great devotion, গভীর ভক্তি। [L. *cultus*<*colere*=to worship]

cultivate [kul°-ti-vāt, কাল্°টিভেইট্] *v.t.* to till or produce by tillage, কর্ষণ করা বা চাষ করা অথবা চাষ করিয়া ফলান; (fig.) to develop or civilize, উন্নতিসাধন করা বা সংস্কৃত করা; to devote attention to, (কিছু আয়ত্ত করিতে) মনোনিবেশ করা, অনুশীলন করা (to *cultivate* one's acquaintance)। *p.* & *p. pt.* **cul°tivātėd** । *a.* **cul°tivable**—কর্ষণসাধ্য। *n.* **cultivā°tion**—কর্ষণ, চাষ; কৃষি (land under *cultivation*)। *n.* **cul°tivātor**—কৃষক; কৃষিযন্ত্রবিশেষ। [LL. *cultivare*<L. *colere*=to till]

culture [kul°-cha(r), কাল্°চ্যা(র্)] (**1**) *n.* cultivation, কর্ষণ, কৃষি; rearing or production (of bees, silkworms, etc.), (মৌমাছি গুটিপোকা প্রভৃতি) পালন বা উৎপাদন; refinement or civilization, সংস্কৃতি, কৃষ্টি, সভ্যতা; a crop of experimentally grown bacteria, গবেষণাদ্বারা উৎপাদিত রোগজীবাণু; experiment or test, গবেষণা বা পরীক্ষা (blood-*culture*)। (**2**) *v.t.* to cultivate, কর্ষণ করা; to improve, উন্নতিসাধন করা। *a.* **cul°tural**—কৃষ্টিসম্পর্কিত; সাংস্কৃতিক, সভ্যতামূলক। *a.* **cul°tured**—কর্ষিত; সুশিক্ষিত; সংস্কৃতিসম্পন্ন, সভ্য। **cultured pearl**—কৃত্রিম উপায়ে উৎপন্ন মুক্তা। [L.<*colere*=to till]

culver [kul°-va(r), কাল্°ভ্যা(র্)] *n.* a wood-pigeon, বন-কপোত। [OF. *culfre*]

culverin [kul°-va-rin, কাল্°ভ্যারিন্] *n.* a large cannon, সেকেলে বৃহৎ কামানবিশেষ। [F. *coulevrine*=snake]

culvert [kul°-va(r)t, কাল্°ভ্যা(র্)ট্] *n.* a covered drain, রাস্তা রেলপথ প্রভৃতির নিচে আচ্ছাদিত পয়োনালী, কালবুদ। [?]

cum [kum, কাম্] *prep.* with, সহিত। **cum savoy**—(অশি.) ব্যবহারিক কারিগরি জ্ঞান। [L.]

cumber [kum°-ba(r), কাম্°ব্যা(র্)] (**1**) *v.t.* to burden, বোঝা চাপান; to hinder, বাধা দেওয়া। (**2**) *n.* encumbrance, বোঝা, দায়, ঝঞ্ঝাট। *a.* **cum°berlėss**—বোঝাহীন, দায়শূন্য, নির্ঝঞ্ঝাট। *a.* **cum°bersome, cum°brous**—ঝঞ্ঝাটপূর্ণ, ঝঞ্ঝাটে, কষ্টসাধ্য; দুর্বহ; কিম্ভূতকিমাকার। (a *cumbrous* sentence)। [OF. *combrer*=to hinder<LL. *cumbrus*=a heap]

cum(m)in [ku°-min, কা°মিন্] *n.* an umbelliferous plant, জিরা। [OE. *cymen*<L. *cuminum*]

cumulate [kū°-mū-lāt, কিউ°মিউলেইট্] *v.t.i.* to heap together, পুঞ্জীভূত করা বা হওয়া। *p.* & *p. pt.* **cū°mūlātėd** । *a.* **cū°mūlate**—পুঞ্জিত, পুঞ্জীভূত। *n.* **cūmūlā°tion** । *a.* **cū°mūlative**—পুঞ্জীভবনশীল, ক্রমপুঞ্জিত। *adv.* **cū°mūlatively** । **cumulative voting**—ভোটদান-পদ্ধতিবিশেষ: এই পদ্ধতিতে যত আসন, ভোটদাতার তত ভোট থাকে এবং ভোটদাতা ইচ্ছামত এক বা একাধিক প্রার্থীকে এইসকল ভোট দিতে পারে। [L. *cumulare*<*cumulus*=a heap]

cumulus [kū°-mū-las, কিউ°মিউল্যাস্] *n.* a heap, পুঞ্জ; a heaped-up mass of cloud, পুঞ্জমেঘ। *pl.* **cū°mūlī** । [L.]

cuneiform [kū°-ne-ifaw(r)m, কিউ°নীইফ্য(র্)ম্] (**1**) *a.* wedge-shaped, কীলকাকার। (**2**) *n.* cuneiform writing, পারস্য আসিরিয়া প্রভৃতি দেশের প্রাচীন শিলালিপিতে দৃষ্ট কীলকাকার বর্ণমালা। [L. *cuneus*=a wedge, see *form*]

cunning [ku°-ning, কা°নিং] (**1**) *a.* artful, কৌশলী; skilful দক্ষ; sly, চতুর। (**2**) *n.* artfulness, কৌশল; skill, দক্ষতা; slyness, চতুরতা। *adv.* **cu°nningly** । *n.* **cu°nningnėss** । [OE. *cunnan*=to know]

cunt [kunt, কাণ্ট] *n.* (vulg.) female genitalia, vagina, (অশ্লী. সচ. নিষিদ্ধ) স্ত্রী-জননেন্দ্রিয়; (derog.) despicable person, (নিন্দার্থে) ঘৃণ্য বা জঘন্য লোক। [MF. *cunte*]

cup [kup, কাপ্] (**1**) *n.* a drinking-vessel, পানপাত্র, পেয়ালা, কাপ; a cup-shaped trophy, পানপাত্রাকার বিজয়-পুরস্কার; a cup-shaped hollow or structure, পানপাত্রাকার গর্ত বা মূর্তি; the quantity that a cup may contain, এক পেয়ালায় যতটা ধরে তত পরিমাণ (also **cup°ful**)। (**2**) *v.t.* to form or put into a cup, পেয়ালার আকারে গঠন করা বা পেয়ালার মধ্যে রাখা; to bleed by means of cupping-glass, রক্তমোক্ষক কাচদ্বারা রক্তমোক্ষণ করা। *pr. pt.* **cu°pping** । *p.* & *p. pt* **cu°pped** । **in one's cups**—আংশিক বা সম্পূর্ণ মাতাল। **one's cup of tea**—(কথ্য.) পছন্দসই জিনিস। **there's many a slip betwixt the cup and the lip**—মুখে তোলার আগে পেয়ালা বহুবারই ফসকাতে পারে, না আঁচালে বিশ্বাস নেই। *n.* **cup°-bear°er**—ভোজোৎসবে যে পরিচারক পেয়ালায় মদ ঢালিয়া দেয়। *n.* **cup°-fi°nal**—(ফুটবল প্রভৃতি খেলায়) কাপ-প্রতিযোগিতার ফাইনালের খেলা। *n.* **cu°pping-**

glass—রক্তমোক্ষক কাচবিশেষ। *n.* **cup°-tie**—(ফুটবল প্রভৃতি খেলায়) কাপ-প্রতিযোগিতার তালিকা। [OE. *cuppe*<L. *cupa*=a tub]

cupboard [ku°-ba(r)d, কা°ব্যা(র্)ড্] *n.* a cabinet, (প্রধানতঃ ভোজনপাত্র খাদ্যসামগ্রী প্রভৃতি রাখিবার জন্য) আলমারি। *n.* **cu°pboard-love**—ধনসম্পত্তির লোভে প্রণয়-জ্ঞাপন, স্বার্থসিদ্ধির উদ্দেশ্যে বা প্রাপ্তির আশায় ভালবাসা বা আদর দেখান। [*cup, board*]

cup-final, cupful—see **cup.**

Cupid [kū°-pid, কিউ°পিড্] *n.* the Roman god of love, রোমানদের প্রণয়দেবতা বা কামদেব। *n.* **cū°pid**—সুন্দর বালক। *n.* **cūpi°dity**—লোলুপতা, অর্থলিপ্সা। [L. *Cupido*<*cupere*=to desire]

cupola [kū°-pa-la, কিউ°প্যাল্যা] *n.* a dome, গুম্বজ; its ceiling, উহার ভিতরদিকের ছাদ; an armoured dome to protect guns, কামান-রক্ষার্থ গুম্বজাকার দুর্গ; a furnace of an iron-foundry, লৌহ-ঢালাইয়ের কারখানার চুল্লি। [It.]

cupped, cupping—see **cup.**

cupreous [kū°-pri-as, কিউ°প্রিঅ্যাস্] *a.* of or like copper, তাম্রসংক্রান্ত, তাম্রনির্মিত, তাম্রতুল্য, তামাটে। *a.* **cū°pric**—তাম্রপূর্ণ। *n.* **cu°pro-nic°-kel**—মুদ্রানির্মাণকার্যে ব্যবহৃত তামা ও নিকেলের সঙ্কর ধাতু। [L. *cupreus*—cp. *copper*]

cup-tie—see **cup.**

cur [ka(r), কা(র্)] *n.* a worthless lowbred dog, হীন জাতের বাজে কুকুর, খেঁকি কুকুর; a contemptible scoundrel, জঘন্য ইতর লোক। *a.* **cu°rrish**—খেঁকি কুকুরতুল্য; জঘন্য ইতর। [ME. *curer*]

curable—see **cure₁.**

curacy—see **curate.**

curate [kūr°-it, কিউয়্যার্°ইট্] *n.* a clergyman helping a parish priest; ইংল্যাণ্ডের পল্লী-গির্জার সহকারী যাজক। *n.* **cūr°acy; cūr°āteship**। [LL. *curatus*<*cura*=care]

curative—see **cure₁.**

curator [kū-rā°-ta(r), কিউরেই°ট্যা(র্)] *n.* a superintendent, (প্রধানতঃ জাদুঘরের) তত্ত্বাবধায়ক; a legally appointed guardian, আইনানুযায়ী নিযুক্ত অভিভাবক। *fem.* **cūrā°trix**। *n.* **cūrā°-torship**। [L.]

curb [ka(r)b, ক্যা(র্)ব্] (1) *n.* a chain or strap attached to the bit for restraining a horse, লাগামের যে অংশ ঘোড়ার মুখে পরান হয়, ঘোড়ার মুখের সাজ; a restraint, বাধা, প্রতিবন্ধক। (2) *v.t.* to put a curb on, (ঘোড়ার) মুখে সাজ পরান; to check, দমন করা বা বাধা দেওয়া (to *curb* one's passions)। [F. *courbe*<L. *curvus*=bent]

curd [ka(r)d, ক্যা(র্)ড্] *n.* a milk product, দধি, ছানা। *v.t.i.* **curd°le**—দধিতে পরিণত করা বা হওয়া; জমাট বাধান বা বাঁধা, ঘনীভূত করা বা হওয়া। *a.* **cur°dy**—দধিবৎ, দধিপূর্ণ। *n.* **cur°diness**। [Celt. ?]

curé [kū°-rā, কিউ°রেই] *n.* a parish priest in France, ফ্রান্সের গ্রাম্য যাজক। [F.]

cure₁ [kūr, কিউয়্যা(র্)] (1) *n.* care of souls, আত্মার পরিচর্যা; care of the sick, রোগীর চিকিৎসা; healing, ব্যাধি-নিরাময়, আরোগ্য; a remedy, ঔষধ, প্রতিকার। (2) *v.t.* to heal, আরোগ্য করা। (3) *v.t.i.* to preserve or be preserved as by drying, salting, etc., শুকাইয়া বা লবণে জরাইয়া বা অন্য উপায়ে সংরক্ষিত করা অথবা হওয়া, শুঁটকি করা বা হওয়া (to *cure* fish, meat, tobacco, etc.)। *a.* **cūr°able**—আরোগ্যসাধ্য। *n.* **cūrabi°lity**। **cūr°ative**—(1) *a.* আরোগ্যকর; (2) *n.* আরোগ্যকর ঔষধ। *n.* **cūre°-all**—সর্বরোগহর ঔষধ। *a.* **cūre°less**—অচিকিৎস্য। *n* **cūr°er**—আধ্যাত্মিক উপদেষ্টা; চিকিৎসক। [OF.<L. *cura*]

cure₂ [kūr, কিউয়্যা(র্)] *n.* odd or queer person, অদ্ভুত বা বিচিত্র ধরনের লোক। [?]

curette [kū-ret°, কিউরেট°] (1) *n.* (surg.) a spoon-shaped instrument for scraping, (শল্য. চিকি.) চামচের ন্যায় চাঁচিবার যন্ত্রবিশেষ। (2) *v.t.* to scrape with a curette, (ক্ষতাদি) চাঁচিয়া পরিষ্কার করা। [F. *curer*=to cure]

curfew [ka(r)°-fū, ক্যা(র্)°ফিউ] *n.* the ringing of a bell as a signal to put out all fires and lights, সমস্ত আগুন ও বাতি নিভানর সঙ্কেতপূর্ণ ঘণ্টাধ্বনি; the traditional ringing of bell at a certain hour, নির্দিষ্ট সময়ে প্রথামত ঘণ্টাধ্বনি; a signal for the imposition of any restriction, (প্রধানতঃ সন্ধ্যায় বা রাত্রিতে নির্দিষ্ট সময়ের পরে রাজপথে বাহির হওয়ার বিরুদ্ধে) নিষেধাজ্ঞা জারির সঙ্কেত; the restriction itself, উক্ত নিষেধাজ্ঞা, সান্ধ্য-আইন; the hour of curfew, উক্ত সঙ্কেত-ধ্বনির সময়। [OF. *covrefeu*]

curia [kūr°-i-a, কিউয়্যার্°ইঅ্যা] *n.* one of the ten divisions of a Roman tribe, প্রাচীন রোমান জাতিবিশেষের অন্তর্গত দশ সম্প্রদায়ের যে-কোনটি; the Roman senate-house, প্রাচীন রোমের আইন-পরিষৎ-গৃহ; a (papal) court, (পোপের) আদালত। [L.]

curie [kū°-rē, কিউ°রী] *n.* the quantity of a radioactive substance undergoing $3{\cdot}70 \times 10^{10}$ radioactive transformations per second, প্রতি সেকেণ্ডে $3{\cdot}70 \times 10^{10}$ তেজস্ক্রিয় রূপান্তরণশীল তেজস্ক্রিয় পদার্থের পরিমাণবিশেষ। [Marie and Pierre *Curie*]

curio, curiosity—see **curious.**

curious [kūr°-i-as, কিউয়্যার্°ইঅ্যাস্] *a.* anxious to learn, জানিতে উদ্গ্রীব, কৌতূহলী; inquisitive, অনুসন্ধিৎসু, জিজ্ঞাসু; skilfully made, সুকৌশলে নির্মিত; rare, দুর্লভ, দুষ্প্রাপ্য; queer,

অদ্ভুত। *n.* **cū̄r°iō**—দুর্লভ ও কৌতূহলোদ্দীপক বস্তু। *n.* **curiosity** [kūr-i-o°-s(i)ti, কিউয়্যার্ইঅ°স্‌টি], —কৌতূহল ; কৌতূহলের বস্তু ; দুর্লভ বস্তু। *adv.* **cūr°iously** । *n.* **cur°iousness** । [L. *curiosus* < *cura*]

curl [ka(r)l, ক্যা(র্)ল্] (**1**) *v.t.i.* to twist into ringlets, থোকায় থোকায় কুঞ্চিত করা বা হওয়া ; to coil, পাকান ; to curve, বক্র করা বা হওয়া। (**2**) *n.* a ringlet of hair or anything like it, চূর্ণকুন্তল অর্থাৎ চুলের থোকা বা তত্তুল্য কিছু ; a bending, বাঁক, পাক। **(to) curl up**—ভূলুণ্ঠিত হওয়া, কুঁচকাইয়া মাটিতে লুটাইয়া পড়া। **(to) curl one up**—ভূলুণ্ঠিত করা। *n.* **cur°ler** । *n.* **curl°-pāper**—চুল কুঞ্চিত করার জন্য বিশেষভাবে তৈয়ারি যে কাগজে কয়েক ঘণ্টা চুল বাঁধিয়া রাখা হয়। *a.* **cur°-ly**—কুঞ্চিত, থোকাথোকা (*curly* hair)। *n.* **cur°-linėss** । [ME. *crull*—cp. D. *krolle* = to curl]

curlew [ka(r)°-lū, ক্যা(র্)°লিউ] *n.* a long-beaked moorland bird, জলাভূমির দীর্ঘচঞ্চু পক্ষিবিশেষ। [OF. *corlieu*]

curmudgeon [ka(r)-mu°jan, ক্যা(র্)মা°জ্যান্] *n.* a bad-tempered man, কোপনস্বভাব বা রুক্ষ মেজাজের লোক ; a miser, কৃপণ লোক। [?]

curmurring [ka(r)-mar°ing, ক্যা(র্)ম্যারিং°] *n.* rumbling sound (esp. in the bowels), (বিশে. পেটে) গুড়্‌গুড়্ শব্দ। [imit.]

currant [ku°r(a)nt, কা°র্‌ন্‌ট্] *n.* a dried seedless grape, শুষ্কীকৃত বীচিশূন্য আঙুরবিশেষ, কিশমিশ। [*Corinth*]

currency—see **current**.

current [ku°r(a)nt, কা°র্‌ন্‌ট্] (**1**) *a.* running or flowing, ধাবন্ত বা বহন্ত ; now passing, বর্তমানে চালু, চলতি ; present, বর্তমানের, আজকালকার। (**2**) *n.* a running or flowing, ধাবন, প্রবাহ, স্রোত ; a stream, জলস্রোত, স্রোতস্বিনী, নদীপ্রবাহ ; a flow of electricity, বিদ্যুৎপ্রবাহ ; course, গতিপথ, খাত। **alternating current**—যে বিদ্যুৎপ্রবাহ নিয়মিত ব্যবধানে দিক্‌পরিবর্তন করে, পরিবর্তী বা পর্যাবৃত্ত বিদ্যুৎপ্রবাহ। **direct current**—যে বিদ্যুৎপ্রবাহ কেবল এক দিকেই প্রবাহিত হয়। **(to) pass current**—খাঁটি বলিয়া গৃহীত বা প্রচলিত হওয়া। *n.* **cur°rency**—প্রচলন, রেওয়াজ ; যাহা চালু করে ; দেশে মুদ্রাদি চালু করার জন্য দফতর ; যে কোন দেশের প্রচলিত মুদ্রা। **(to) give currency to**—চালু করা, প্রচার করা বা ছড়ান (to *give currency to* rumour)। **hard currency**—ধাতুনির্মিত মুদ্রা ; যে মুদ্রার মূল্য সহজে হ্রাস পাইবার সম্ভাবনা নাই। **soft currency**—পত্রমুদ্রা ; যে মুদ্রার মূল্য সহজেই হ্রাস পাইবার সম্ভাবনা আছে। *n.* **cu°rrency-nōte**—টাকার নোট, পত্রমুদ্রা। *adv.* **currently** । *n.* **cu°rrentnėss** । [L. *currens* < *currere* = to run]

curriculum [ka-ri°-kū-lam, ক্যারি°কিউলাম্] *n.* a course, গতি-ক্রম ; a course of study, (বিশ্ববিদ্যালয়াদির) পাঠক্রম। *pl.* **curri°cūla** । [L.]

currish—see **cur**.

curry₁ [ku°-ri, কা°রি] *v.t.* to dress (leather), (চামড়া) পালিশ করা ; to rub down and dress (a horse), (ঘোড়ার) অঙ্গ দলাই-মলাই করা। *n.* **cu°rrier** । *n.* **curr°y-cōmb**—ঘোড়ার অঙ্গ দলাই-মলাই করার জন্য লৌহ-চিরুনিবিশেষ, খর্‌রা। **(to) curry favour with**—তোষামোদ বা চাটুবাদের দ্বারা অনুগ্রহলাভের চেষ্টা করা। [OF. *correier* = outfit < L. *con-*, see *array*]

curry₂ [kuri, কা°রি] (**1**) *n.* an Indian condiment, ঝোল। (**2**) *v.t.* to make a curry of, (কিছুর) ঝোল রাঁধা। *n.* **cu°rry-powder**—গুঁড়া মসলা। [Tam. *kari*]

curse [ka(r)s, ক্যা(র্)স্] (**1**) *n.* wishing of evil or harm, অভিশাপ ; divine decree of destruction or evil, ধ্বংসকর বা অমঙ্গলকর দৈব অভিশাপ ; a great evil, মস্ত অমঙ্গল ; a thing of which the effects are disastrous, অশুভ ফলদায়ক বস্তু (the *curse* of drink) ; violent word or words expressing anger, ক্রোধপ্রকাশক তীব্র কটূক্তি। (**2**) *v.t.i.* to utter a curse (against), অভিশাপ দেওয়া ; to use violent language against, তীব্র-কটূক্তি করা। *p.* & *p. pt.* **cur°sed** । **(to) be cursed with**—কিছুর দ্বারা দুর্ভাগ্যবশতঃ গ্রস্ত বা পীড়িত হওয়া (to *be cursed with* false friends or with a bad temper)। **the curse**—(কথ্য.) রজঃস্রাব। *a.* **cur°sėd, curst**—অভিশপ্ত ; অতিশয় যন্ত্রণাদায়ক ; ঘৃণ্য। [?]

cursive [ka(r)°-siv, ক্যা(র্)°সিভ্] *a.* written with a running hand, টানা-হাতে লিখিত (ধরিয়া-ধরিয়া লেখার বিপরীত)। [LL. *cursivus* < L. *currere* = to run]

cursory [ka(r)°-s(a)ri, ক্যা(র্)°স্‌রি] *a.* running quickly over, দ্রুত (পঠিত দৃষ্ট প্রভৃতি) ; superficial, ভাসা-ভাসা, উপর-উপর। *adv.* **cur°sorily** । *n.* **cur°sorinėss** । [L. *cursor* = a runner]

curst—see **curse**.

curt [ka(r)t, ক্যা(র্)ট্] *a.* short, সংক্ষিপ্ত ; summary, কাঠখোট্টারকম সংক্ষিপ্ত (a *curt* reply)। *adv.* **curt°ly** । *n.* **curt°nėss** । [L. *curtus*]

curtail [ka(r)-tāl°, ক্যা(র্)টেইল্°] *v.t.* to cut short, সংক্ষিপ্ত করা ; to cut off a part of, অংশ বা টুকরা কাটিয়া বাদ দেওয়া। *n.* **curtail°ment** । [OE. *curtal* < OF. *courtault* < L. *curtus*]

curtain [ka(r)°tn, ক্যা(র্)°ট্‌ন্] (**1**) *n.* a screen or mosquito-net, পরদা বা মশারি ; a screen separating the stage from the auditorium or the fall of this screen at the close of a scene, রঙ্গমঞ্চের যবনিকা, দৃশ্যান্তে উক্ত যবনিকাপতন। (**2**) *v.t.* to enclose or furnish with curtains, পরদা দিয়া ঢাকা বা পরদা লাগান। **behind the curtain**—যবনিকার অন্তরালে ; লোকচক্ষুর অগোচরে। **(to) curtain off**—পরদাদির দ্বারা পৃথক্ করা (to *curtain off* part of a room) । **(to) draw a curtain over**—(আল.) কিছুর সম্বন্ধে আর আলোচনা না করা । **(to) draw the curtain**—যবনিকা উত্তোলন করিয়া বা পার্শ্বে টানিয়া অদৃশ্য বস্তু প্রকাশ করা ; যবনিকা সম্মুখভাগে টানিয়া বা যবনিকা-পতন দ্বারা আড়াল করা । *n.* **cur°tain-call°**—অভিনয়ের দৃশ্যাদির শেষে পাদপ্রদীপের সম্মুখে উপস্থিত হইবার জন্য দর্শকমণ্ডলীর নিকট হইতে (অভিনেতাদিগকে) আহ্বান । *n.* **cur'tain-lec'ture**—শয়নকক্ষে স্বামীর প্রতি পত্নীর বক্তৃতা বা ভর্ৎসনা । *n.* **cur°tain-raiser**—মূল নাটকের পূর্বে অভিনীত ক্ষুদ্র নাটিকা । [OF. *cortine* < LL. *cortina* < ?]

curtilage [kŭ(r)°-til-ij, কা(র্)°টিলিজ্] *n.* a court attached to a dwelling-house, বসত-বাটীর লাগোয়া প্রাঙ্গণ বা এলাকা । [OF. *courtillage*]

curts(e)y [ka(r)t°-si, ক্যা(র্)ট্°সি] (**1**) *n.* a woman's obeisance by bending the knees, স্ত্রীলোক কর্তৃক নতজানু হইয়া অভিবাদন । *pl.* **curt°seys, curt°sies** । (**2**) *v.i.* to make a curtsy, উক্ত অভিবাদনার্থ নতজানু হওয়া, অভিবাদন করা । *p.* & *p. pt.* **curt°sied, curt°seyed** । **(to) bob a curtsy**—মাথা ঈষৎ ঝাঁকিয়া অভিবাদন করা । **(to) drop** or **make a curtsy**—নমস্কারাদি সৌজন্য দেখান । [see *courtesy*]

curve [ka(r)v, ক্যা(র্)ভ্] (**1**) *n.* anything bent, বক্র বস্তু ; a line that changes its direction from point to point, বক্ররেখা ; a graph, চিত্রাঙ্কলেখ, গ্রাফ ; a curved surface, বক্রতল । (**2**) *v.t.i.* to bend, বাঁকান বা বাঁকা ; to move in a curve, বক্রভাবে চালান বা চলা । *n.* **curvā°tion** । *n.* **curvature** [ka(r)°-va-cha(r), ক্যা(র্)°ভ্যাচ্যা(র্)] বক্রতা ; বক্রতার পরিমাণ । *a.* **curvili°neal, curvili°near**—বক্ররেখাদ্বারা বেষ্টিত বা গঠিত । [L. *curvus* = crooked]

curvet [ka(r)°-vet, ক্যা(র্)°ভেট্] *n.* a graceful jump by a horse, প্রথমে সম্মুখের পদদ্বয় পরে পশ্চাতের পদদ্বয়ও তুলিয়া ধনুকের মত পিঠ বাঁকাইয়া অশ্বের সুন্দর লাফ । [It. *corvetta* < L. *curvus* = crooked]

cuscus [kus°-kus, কাস্°কাস্] *n.* the aromatic root of an Indian grass, বেনা, খসখস ; a curtain made of it, খসখসের পরদা । [Hind. *khus-khus* < Pers.]

cusec [kū°sek, কিউ°সেক্] *n.* one cubic foot per second, প্রতি সেকনডে এক ঘন-ফুট : জল-স্রোতের প্রবহণের পরিমাপ । [*cubic, second*]

cushat [ku°-shat, কা°শ্যাট্] *n.* the wood-pigeon, বন-কপোত । [?]

cushion [koo°sh(a)n, কু°শন্] (**1**) *n.* some soft elastic stuff encased in cloth, leather, etc., for resting on, গদি ; a pillow, তাকিয়া, গির্দা, বালিশ ; a soft pad, নরম পুটুলি বা প্যাড্ (pin-*cushion*), । (**2**) *v.t.* to furnish with a cushion, গদি আঁটা । [OF. *coissin*]

cushy [koo°shi, কু°শি] *a.* easy and comfortable, (অশি.) সহজ ও আরামপ্রদ । [Hin. *khooshi*]

cusp [kusp, কাস্প্] *n.* an apex, a peak, চূড়া, শিখর ; (bot.) a pointed end, (বৃক্ষপত্রাদির) সূঁচাল ডগা । [L. *cuspis* = a point]

cuss [kus, কাস্] *n.* (sl.) curse, (অশি.) অভিশাপ বা তীব্র কটূক্তি ; person, chap, লোকটা (a queer old *cuss*) । **not to care a cuss**—একেবারেই উদ্বিগ্ন বা অস্থির না হওয়া । **not worth a tinker's cuss**—সম্পূর্ণ মূল্যহীন বা বাজে । *a.* **cussed** [kŭ-sid°, কাসিড্°] obstinate, troublesome, বেয়াড়া, একগুঁয়ে, ঝামেলা-সৃষ্টিকারী । *n.* **cu°ssedness**—একগুঁয়েমি (pure *cussedness*) । [vulg. pron. of *curse*]

custard [kus°-ta(r)d, কাস্°ট্যা(র্)ড্] *n.* a composition of milk, eggs, etc., sweetened and flavoured, দুধ ডিম প্রভৃতির দ্বারা প্রস্তুত সুমিষ্ট ও সুগন্ধ খাবারবিশেষ, ডিমের পায়স । *n.* **cus°tard-app°le**—আতা নোনা প্রভৃতি ফল । *n.* **cus°tard-powder**—দুধ ডিম প্রভৃতির মিশ্রিত গুঁড়া : ইহা জল বা দুধের সঙ্গে মিশাইয়া খাইতে হয় । [ME. *custade* < OE. *crustade* ?—cp. *crust*]

custody [kus°-ta-di, কাস্°ট্যাডি] *n.* a guarding, প্রহরা ; care, তত্ত্বাবধান ; security, নিরাপদে রক্ষণ ; charge, জিম্মা ; imprisonment, কয়েদ, হাজত (to take into *custody*) । *a.* **custō°dial**—প্রহরাসংক্রান্ত ; তত্ত্বাবধানমূলক ; নিরাপদে রক্ষণ-সংক্রান্ত ; কয়েদ বা হাজত সম্বন্ধীয় । *n.* **custō°dian**—প্রহরী ; তত্ত্বাবধায়ক ; জিম্মাদার [L. *custodia* = guard]

custom [kus°-tam, কাস্°ট্যাম্] *n.* usual practice, অভ্যাস, স্বভাব, রীতি, প্রথা ; trade, business, কারবার ; (in *pl.*) duties on import and export, আমদানি ও রপ্তানির উপরে ধার্য শুল্ক । *a.* **customary** [kus°-ta-m(a)ri, কাস্°ট্যাম্রি] অভ্যাসগত ; রীতিগত ; প্রথানুযায়ী । *adv.* **cus°tomarily** । *n.* **cus°tomariness** । *n.* **cus°tomer**—খরিদ্দার ; (কথ্য.) লোকটা (a queer *customer*) । **(an) awkward customer**—যে লোক বা প্রাণীর সঙ্গে কাজকারবার করা অথবা মেলামেশা করা বিপজ্জনক, সাজ্ঘাতিক লোক বা প্রাণী । *n.* **cus°tom-house**—শুল্ক-দফতর ; শুল্কভবন । [OF. *custume*]

cut [kut, কাট্] (**1**) *v.t.i.* to make an incision in, কর্তন করা, কাটা ; to cleave, চিরিয়া ফেলা, বিদীর্ণ করা ; to intersect, ভেদ করা । (**2**) *v.t.* to part, বিভক্ত করা ; to carve or hew, (মাছ-মাংসাদি) কোটা, ছেদন করা, টুকরা-টুকরা বা ফালা-ফালা করা ; to reap, (ফসলাদি) কাটা ; to re-

For words in *cut-*, not given separately, see **cut**.

duce or shorten, হ্রাস করা বা সংক্ষেপ করা (to have one's hair *cut*, to *cut* a long story short) ; to divide (a pack of cards), (তাস) কাটা ; to wound, আহত করা ; to give up, বর্জন করা বা ত্যাগ করা ; to abstain from, (কিছু হইতে) বিরত থাকা ; to execute or perform, সম্পাদন করা (to *cut* a caper) ; to make or fashion by cutting, কাটিয়া নির্মাণ করা (to *cut* a tunnel through a hill) । (**3**) *v.i.* to be cut, কর্তিত হওয়া ; to dash, ছুটিয়া যাওয়া ; to intersect, পরস্পর ছেদ করা ; avoid or absent oneself from, পরিহার করা বা অনুপস্থিত থাকা (to *cut* a class or lecture) ; to twiddle feet in dancing, নৃত্যকালে দ্রুততালে পা ফেলা ; (in motion pictures) to cease photographing, (ছায়াছবিতে) আলোকচিত্রগ্রহণ বন্ধ করা । *pr. pt.* **cu°tting** । *p. & p. pt.* **cut** । (**4**) *n.* a cleaving, কর্তন, চেরাই, বিদারণ ; a parting, বিভাজন, ছেদন, a stroke, আঘাত ; (in cricket) a stroke to the off side with horizontal bat, (ক্রিকেটে) ব্যাট কাত করিয়া ধরিয়া পাশের দিকে বল মারা ; an incision or wound, কাটা স্থান বা ক্ষত (a *cut* in the leg) ; a piece of the total quantity cut off, টুকরা বা কর্তিত অংশ ; a trimming, ছাঁট ; the manner of cutting or trimming, কর্তনের বা ছাঁটের ধরন ; a fashion (as of dress), (পোশাকাদির) ঢঙ বা রীতি ; a path or passage, পথ (a short *cut*) ; reduction in amount, size, etc., পরিমাণাদি হ্রাস বা সঙ্কোচন (a *cut* in expenditure, pay, prices, etc.) । **a cut above** —(কথ্য.) অপেক্ষাকৃত উৎকৃষ্ট বটে (he is *a cut above* his team-mates) । **cut and dried, cut and dry**—পূর্ব হইতেই (অপরিবর্তনীয়ভাবে) স্থিরীকৃত, রেডিমেড । **cut and thrust**—হাতাহাতি লড়াই ; (আল.) জোরাল বা প্রবল যুক্তি প্রভৃতির দ্রুত বিনিময় (the *cut and thrust* of the court-room) । **(to) cut across**—পথসংক্ষেপ করার জন্য কোন অপথ দিয়া যাওয়া (to reach home sooner, he *cut across* the field) । **(to) cut a dash** or **figure**—স্বীয় কৃতিত্ব বা বৈশিষ্ট্য প্রদর্শন করা বা প্রতিষ্ঠা লাভ করা । **(to) cut after**—কাহারও বা কিছুর নাগাল ধরার জন্য সিধা পথে দ্রুত পশ্চাদ্ধাবন করা । **(to) cut and come again**—হাতে বা পাতে যাহা আছে তাহা তাড়াতাড়ি খাইয়া ফেলিয়া নিজেই আরও খাবার লওয়া । **(to) cut and run** —বেগে ছুটিয়া পলাইয়া যাওয়া ; (পোতাদি-সম্বন্ধে) বিপদাদি এড়াইবার জন্য নঙ্গর তোলার পরিবর্তে নঙ্গরের দড়ি কাটিয়া দিয়া দ্রুত চলিয়া যাওয়া । **(to) cut at** —(তরবারি চাবুক প্রভৃতি দ্বারা) কঠোর আঘাত হানার জন্য তাক করা ; (আল.) ধ্বংসসাধনে বা ক্ষতি-সাধনে উদ্যত হওয়া । **(to) cut away**—কাটিয়া বাদ দেওয়া বা অপসারিত করা ; ছুটিয়া পলাইয়া যাওয়া । **(to) cut back**—(গাছের ডালপালা) কাণ্ডের কাছাকাছি পর্যন্ত ছাঁটিয়া ফেলা ; হ্রাস করা, কমান (production has been *cut back* because of prolonged strike) । **(to) cut both ways**—(কার্য বা যুক্তি সম্বন্ধে) অনুকূল ও প্রতিকূল উভয়ই হওয়া (তু. শাঁখের করাত) । **(to) cut down**—কাটিয়া নামান বা ভূপাতিত করা ; ধারাল অস্ত্রের আঘাতে নিহত বা আহত করা ; (রোগাদি কর্তৃক) জীবনহানি বা স্বাস্থ্যহানি ঘটান (Keats was *cut down* by consumption) ; হ্রাস করা (to *cut down* the price) । **(to) cut free**—(বন্ধনাদি) কাটিয়া ফেলিয়া মুক্ত করা (he *cut* us *free* from the bonds) । **(to) cut in**— অপরের কথার মধ্যে বাধা দিয়া কথা বলা বা মন্তব্য করা ; পিছন হইতে দ্রুত সামনে আসিয়া চলার পথে বাধা জন্মান (bus-drivers who try to *cut in* are chiefly responsible for road accidents) । **(to) cut into**—(অপরের) কথোপকথনের মধ্যে বাধা জন্মান । **(to) cut it fine**—অঘটন ঘটার আশঙ্কা সত্ত্বেও (প্রধানতঃ সময় সম্বন্ধে) একেবারে টায়টোয় হিসাব করিয়া চলা, (তু.) শিরে সংক্রান্তি করা (he *cut it fine* for as soon as he entered the train, it began to move) । **(to) cut loose**—কাটিয়া খুলিয়া ফেলা বা বিচ্ছিন্ন করা । **(to) cut off**— বিচ্ছিন্ন করা ; কাটিয়া বাদ দেওয়া ; ধ্বংস করা ; বাধা দেওয়া ; থামান ; সংযোগ ছিন্ন করা ; পৃথক্ বা স্বতন্ত্র বা নিঃসঙ্গ করা ; উত্তরাধিকার হইতে বঞ্চিত করা । **(to) cut on**—দ্রুত চলা বা অগ্রসর হওয়া । **(to) cut one's coat according to one's cloth**— নিজের অবস্থা বুঝিয়া ব্যবস্থা করা ; আয় বুঝিয়া ব্যয় করা ; নিজের হিম্মত বুঝিয়া কাজে হাত দেওয়া । **(to) cut one's wisdom-teeth** or **eye-teeth**—আক্কেল দাঁত ওঠা ; (আল.) কোন বিষয়ে অভিজ্ঞতার ফলে জ্ঞানলাভ করা, আক্কেল পাওয়া । **(to) cut open** —কাটিয়া খোলা । **(to) cut out**—কাটিয়া বাদ দেওয়া ; কাটিয়া তৈয়ারি করা (to *cut out* a path through a jungle) ; কিছু তৈয়ারি করার জন্য কাটা (to *cut out* a shirt of a piece of cloth) ; উদ্ভা-বন করা (to *cut out* a plan) ; বঞ্চিত করা বা বাদ দেওয়া (to *cut out* a competitor from a tournament) ; পরাজিত করা বা ছাপাইয়া যাওয়া (to *cut out* a rival) ; দলচ্যুত বা স্বতন্ত্র করিয়া রাখা, পৃথক্ করা (to *cut out* a sheep from the flock) ; আক্রমণপূর্বক দখল করা (to *cut out* an enemy ship) । **(to) be cut out for**—কোন কার্যাদির পক্ষে গুণ-ও-যোগ্যতাসম্পন্ন হওয়া । **(to) have one's work cut out (for one)**—স্বীয় কর্তব্য বা কার্য নির্দিষ্ট হওয়া ; কঠিন কার্যের বা কর্তব্যের সম্মুখীন হওয়া । **(to) cut (a person) dead**— (কাহাকেও) না দেখিবার বা না চিনিবার ভান করা । **(to) cut up**—কাটিয়া টুকরা টুকরা করা (to *cut up* a turkey) ; টুকরা কাটিয়া লওয়া (to *cut up* one's meat at dinner) ; কর্তিত হওয়া (this fat turkey will *cut up* well) ; ধ্বংস করা (the guerillas *cut up* a company of enemy troops) ; (usu. in *pass.*) মানসিক যন্ত্রণা ঘটান (she *was* badly *cut up* by the news of her husband's death) ; বিরুদ্ধ সমালোচনা করা, দোষ ধরা (Marxism cannot but be *cut up* by impartial reviewers) । **(to) cut up into**—কর্তনদ্বারা কিছুতে পরিণত করা বা হওয়া (this piece of leather *will cut up into* two pair of shoes) । **(to) cut up rough**—(কিছুতে) অত্যন্ত অসন্তুষ্ট বা মনঃক্ষুণ্ণ হওয়া ; ঝগড়া করিতে এবং সম্ভবতঃ মারামারি করিতে উদ্যত হওয়া । *n.* **cut°-back**—হ্রাস ছাঁটাই । *n.* **cut°-glass**—পলতোলা চকমকি কাচবিশেষ, খাসগেলাস । *n.* **cut°-in**—ভেদন, প্রবেশন । *n.* **cut°-off**—কর্তক ; কাতুরি ; সংক্ষেপক ; সোজা (জল-বা স্থল-) পথ ; জলস্রোত আলোক বিদ্যুৎ প্রভৃতি রোধের কৌশলবিশেষ । *n.* **cut°-out**—বিভাজন, ছেদন । *n.* **cut°-purse**—পকেটমার । *n.* **cu°tter**—কর্তক ; ছেদক ; কাতুরি ; কাঁচি ; দরজি । *n.* **cut°-throat**—খুনে ; দুর্বৃত্ত ; তিনজনের তাসের ব্রিজখেলা ; খোলা ক্ষুর । *n.* **cut°water**—জাহাজের সম্মুখস্থ অংশের অগ্রভাগ । *n.* **cut°worm**—একপ্রকার তৃণপত্রভোজী কীট বা চারাগাছ-খেকো পোকা । *n.* **cu°tting** কর্তন, ছেদন, কর্তিত অংশ ; সংবাদপত্র হইতে কাটিয়া রাখা অংশ বা খবর । **(to) strike a cutting**—গাছের ডাল কাটিয়া রোপণ করা । [?]

cutaneous—see **cutis.**

cutcha [ku°-chu, কা°চা] *a.* mud-built, মৃত্তিকা-নির্মিত, মেঠো, কাঁচা (*cutcha* road or hut) ; makeshift, অস্থায়ী বা সাময়িক (*cutcha* arrangement) । [Hin. *kuchcha*=raw]

cutcher(r)y—alt. spell's of **kachahri.**

cute [kūt, কিউট্] *a.* sharp-witted, তীক্ষ্ণবুদ্ধি, তীক্ষ্ণধী ; attractive, আকর্ষণীয় ; pretty and charming, সুন্দর ও মনোহর (a *cute* girl) । *adv.* **cūte°ly** । *n.* **cūte°nėss** । [aphet. of *acute*]

cuticle, cuticular—see **cutis.**

cutis [kū°tis, কিউ টিস্] *n.* the skin, ত্বক্, চর্ম ; the inner or the true skin, অন্তস্ত্বক্ । *a.* **cūtā°nėous**—ত্বক্‌সংক্রান্ত বা অন্তস্ত্বক্‌সংক্রান্ত । *n.* **cū°ticle**—বহিস্ত্বক্, কৃত্তিক, ছাল । *a.* **cūti°cūlar**—বহিস্ত্বক্‌সংক্রান্ত । [L.]

cutlass (kut°-las, কাট্°ল্যাস্] *n.* a short sword, (নাবিকাদি কর্তৃক ব্যবহৃত) একদিকে ধারওয়ালা ছোরা-বিশেষ, খঞ্জর । [F. *coutelas*]

cutler [kut°-la(r), কাট্°ল্যা(র্)] *n.* a maker or seller of knives, ছুরি-নির্মাতা বা ছুরি-বিক্রেতা । *n.* **cut°lery**—ছুরি নির্মাণের বা বিক্রয়ের বৃত্তি ; ছুরি-কাঁচি প্রভৃতি কাটিবার অস্ত্র । [L.=knife]

cutlet [kut°-lit, কাট্°লিট্] *n.* a preparation from meat or fish, মাংসের বা মাছের চেপটা ধরনের বড়া বা পিষ্টকবিশেষ, কাটলেট । [F. *cotelette* <L. *costa*=a rib]

cuttle [kut°l, কাট্°ল্] *n.* a kind of mollusc, স্বীয় দেহ হইতে মসীবর্ণ তরলপদার্থ-নিঃসারক সামুদ্রিক প্রাণিবিশেষ (usu. **cutt°lefish**) । *n.* **cutt°le-bōne**—উক্ত প্রাণীর দেহান্তর্গত খোলা । [OE. *cudele*]

cyanic, cyanide—see **cyanogen.**

cyanogen [sī-a°-na-jin, সাইঅ্যা°ন্যাজিন্] *n.* a compound of carbon and nitrogen, অঙ্গার-ও যবক্ষারজানের মিশ্রবিশেষ । *a.* **cya°nic**—উক্ত মিশ্রঘটিত ; নীলবর্ণ । **cyanic acid**—সাইঅ্যান্যাজিন্ অম্লজান ও যবক্ষারজান মিশ্রিত অম্লবিশেষ । *n.* **cy°anide**—কোন ধাতুর সহিত সাইঅ্যান্যাজিনের মিশ্র । [Gk. *kyanos*=blue]

cybernatics [sī-ba(r)-ne°-tiks, সাইব্যা(র্)নে°-টিক্‌স্] *n.* (treated as *sing.*) the comparative study of communion and control mechanism in machines and living creatures, যন্ত্রের বিভিন্ন অংশের এবং প্রাণিদেহের বিভিন্ন অঙ্গের মধ্যে সংযোগরক্ষা ও ঐসব অংশের ও অঙ্গের নিয়ন্ত্রণের কৌশলসম্বন্ধীয় তুলনামূলক বিজ্ঞান । [Gk. *kybernetes*=a steersman]

cycle [sīk°l, সাইক্°ল্] (**1**) *n.* a recurrent period, (ঘটনাদির) আবর্তনকাল, যুগাবর্ত, কালচক্র ; a recurring series of changes, আবর্তনশীল পরিবর্তন-ধারা ; an age, যুগ ; an imaginary circle in the heavens, খ-মণ্ডলের কল্পিত বৃত্ত, খ-গোলক ; a series of literary works centring on a certain event or figure, কোন ঘটনা বা চরিত্রকে কেন্দ্র করিয়া রচিত সাহিত্য (Arthurian *cycle*) ; a bicylce or tricyle, বাইসিকল বা ট্রাইসিকল । (**2**) *v.i.* to ride on or move in a cycle, বাইসিকলাদিতে চড়া বা চড়িয়া ভ্রমণ করা । *a.* **cyclic** [sik°-lik, সিক্°লিক্], **cyc°lical**—যুগাবর্তাদি-সংক্রান্ত ; আবর্তনশীল ; বৃত্তাকারে বিন্যস্ত । *n.* **cyc°list**—সাইকেল-আরোহী । [Gk. *kyklos*=a circle]

cyclone [sī°-klōn, সাই°ক্লৌন্] *n.* a system of winds rotating spirally, ঘূর্ণিবাত্যা, সামুদ্রিক ঝড় ; (loos.) a wind-storm, (শিথি.) ঝঞ্ঝা । *a.* **cyclonic** [sī-klo°-nik, সাইক্ল°নিক্] ঘূর্ণিবাত্যা-মূলক । [G. *kyklon*=whirling round]

cyclop(a)edia [sī-klŏ-pē°-di-a, সাইক্লোপী°ডি-অ্যা] contr. of **encyclopaedia.**

Cyclopean, Cyclopes—see **Cyclops.**

Cyclops [sī°-klops, সাই°ক্লপ্‌স্]. **Cy°clop**—*n.* (Gk. myth.) one of the one-eyed Sicilian giants, (গ্রী. পু.) সিসিলি-প্রদেশের একচক্ষু দৈত্য-বিশেষ : ইহাদের চক্ষুটি ললাটের মধ্যস্থলে থাকিত ; a one-eyed monster, একনেত্র দৈত্য । *pl.* **Cyclō°pēs, Cy°clopsės** । *a.* **Cyclŏpē°an,**

Cyclŏ°pian—উক্ত দৈত্যসংক্রান্ত ; উক্ত দৈত্যকর্তৃক তৈয়ারি । [Gk. *kyklops*]

cyclostyle [sī°-klŏ-stīl, সাই°ক্লোস্টাইল্] (**1**) *n.* an apparatus for multiplying copies of a writing, প্রতিলিপি-গ্রহণের যন্ত্রবিশেষ । (**2**) *v.t.* to reproduce by means of this machine, উক্ত যন্ত্রের সাহায্যে প্রতিলিপি গ্রহণ করা । [Gk. *kyklos*= circle, see *style*]

cyclotron [sī°-kla-tron, সাই°ক্ল্যাট্রন্] *n.* an apparatus for electro-magnetic acceleration of charged atoms, etc., নিক্ষিপ্ত পরমাণু প্রভৃতির চক্রাকার পরিক্রমণের তড়িৎ-চুম্বকীয় বেগবর্ধক যন্ত্রবিশেষ । [Gk. *kuklos*=a circle, *-tron*= agent]

cyder—alt. spell. of **cider.**

cygnet [sig°-nit, সিগ্°নিট্] *n.* a young swan, মরালশাবক । [L. *cygnus*=a swan]

cylinder [si°-lin-da(r), সি°লিন্‌ড্যা(র্)] *n.* a roller-shaped object, বেলনাকার বস্তু । *a* **cylin°dric(al)**—বেলনাকার । [Gk. *kylindros*]

cyma [sī°-ma, সাই°ম্যা] *n.* an S-shaped moulding of the cornice, কার্নিসের S-আকার গঠন । [Gk. *kyma*]

cymbal [sim°b(a)l, সিম্°ব্‌ল্] *n.* a plate-like musical instrument, ঝাঁঝ করতাল প্রভৃতি । *n.* **cymbalist** [sim°-ba-list, সিম্°ব্যালিস্‌ট্] ঝাঁঝ-বাদক, করতাল-বাদক । [L. *cymbalum*<Gk. *kymbalon*]

cyme [sīm, সাইম্] *n.* a young shoot, কচি ডাল, পল্লব । [L. *cyma*<Gk. *kyma*]

Cymry [kim°-ri, কিম্°রি] *n.* the Welsh, ওএলস্-বাসী । *a.* **Cym°ric**—ওএলস্-প্রদেশের । [W. *Cymru*=Wales]

cynegetic [si-nē-je°-tik, সিনীজে°টিক্] *a.* of hunting, শিকার-সম্বন্ধীয় । [Gk. *kynegetes*= huntsman]

cynic [si°-nik, সি°নিক্], **cy°nical**—*a.* disinclined to recognize goodness, কোন কিছুরই ভালকে স্বীকার করে না এমন, বিশ্বনিন্দক । *n.* **Cy°nic**—প্রাচীন গ্রীসের দার্শনিক সম্প্রদায়বিশেষ : ইহারা ধনসম্পদ্ শিক্ষাদীক্ষা আমোদ-আহ্লাদকে ঘৃণা করিয়া চলিত । *n.* **cy°nic**—চিরবিষণ্ন দোষদর্শী ব্যক্তি, (পরি.) অসূয়ক । *adv.* **cy°nically** । *n.* **cynicism** [si°-ni-sizm, সি°নিসিজ়্ম্] বিশ্বনিন্দাবাদ । [Gk. *kynikos*=dog-like, snarling]

cynosure [si°-na-zū(r), সি°ন্যাজ়ুয়্যা(র্)] *n.* the Ursa Minor, শিশুমার ; the North Star, or the constellation containing it, ধ্রুবতারা বা সপ্তর্ষিমণ্ডল ; (fig.) anything attractive or admirable, (আল.) যাহা মনোযোগ বা শ্রদ্ধা আকর্ষণ করে । [Gk. *kynos*=a dog, *oura*=a tail]

cypher—alt. spell. of **cipher.**

cypress [sī°-pris, সাই°প্রিস্] *n.* a coniferous tree, মোচাকার বৃক্ষবিশেষ ; a symbol of death or mourning, মৃত্যুর বা শোকের প্রতীক । [OF. *cipres*]

Cyprian [si°-pri-an, সি°প্রিঅ্যান্], **Cypriot** [si°-pri-ot, সি°প্রিঅট্] (**1**) *a.* of Cyprus, সাইপ্রাস্-দ্বীপের । (**2**) *n.* a native of Cyprus, সাইপ্রাসের অধিবাসী ।

Cyrillic [si-ri°-lik, সিরি°লিক্] *a.* of the alphabet used for Slavonic language, রুশীয় প্রভৃতি স্লাভনিক ভাষাসমূহের বর্ণমালাসংক্রান্ত । [St. *Cyril*]

cyst [sist, সিস্‌ট্] *n.* a bladder in animal body, জীবদেহের মলকোষ বা পূযকোষ । *a.* **cy°stic** । [LL. *cystis*<Gk. *kystis*]

cytogenetics [sī-ta-ji-ne°-tiks, সাইট্যাজিনে°টিক্‌স্] *n.* genetics in relation to cytology, জীবকোষ-সংক্রান্ত প্রজননশাস্ত্র । [Gk. *cyto*+ (see) *genetics*]

cytology [sī-ta°-la-ji, সাইট্যা°ল্যাজি] *n.* (bio.) study of living cells, (জীব.) জীবকোষ-সংক্রান্ত বিদ্যা । [Gk. *cyto*+*logos*=bladder]

czar—alt. spell. of **tsar.**

Czech, Czekh [chek, চেক্] (**1**) *n.* a member of westerly branch of the Slavs, the Bohemians and Moravians, স্লাভ্ বোহেমিয়ান্ ও মরাভিয়ান্ জাতির পশ্চিম-শাখাভুক্ত ব্যক্তি, চেক ; their language, চেক-ভাষা । (**2**) *a.* of the Czech, চেকজাতীয় । **Cze°chŏslōvak**—(**1**) *a.* চেকোস্লোভ্যাকিআর ; (**2**) *n.* চেকোস্লোভ্যাকিআর অধিবাসী । [Polish]

D

D, d [dē, ডী] *n.* the fourth letter of the English alphabet, ইংরেজি বর্ণমালার চতুর্থ বর্ণ ; (mus.) the second note in the natural scale, (সঙ্গীতে) ঋষভের সঙ্কেত, রে । **D-day**—দ্বিতীয় বিশ্বযুদ্ধে মিত্রশক্তিকর্তৃক ইয়োরোপ ভূখণ্ড আক্রমণের প্রথম দিন (6th June, 1944) ।

'd [d, ড্] contr. of **had, would.**

da—alt. spell. of **dah.**

dab₁ [dab, ড্যাব্] (**1**) *n.* an adept, দক্ষ ব্যক্তি । (**2**) *a.* adept, দক্ষ, কুশলী (a *dab* hand at games, etc.) । [?]

dab₂ [dab, ড্যাব্] (**1**) *v.t.* to strike gently with something soft or moist, নরম বা সিক্ত কোন পদার্থ দ্বারা মৃদুভাবে থাবড়ান (to *dab* one with mud) ; to touch or press lightly with handkerchief, etc., (রুমাল ইত্যাদির দ্বারা) আলতোভাবে স্পর্শ করা বা চাপ দেওয়া ; to smear, লেপন করা । *pr. pt.* **da°bbing** । *p.* & *p. pt.* **da°bbed** । (**2**) *n.* a gentle blow, মৃদু চাপড় ; a lump of soft or moist substance dropped on a surface, (লেপনকার্যে ব্যবহৃত) নরম বা ভিজা জিনিসের ডেলা (a *dab* of paint) ; (sl. in *pl.*) fingerprints,

আঙুলের ছাপ, অঙ্গুলাঙ্ক। **dabb°le**—(1) *v.t.* তরল পদার্থের মধ্যে রাখিয়া ঝাঁকান; তরল পদার্থ থাবড়ান বা মাখান; (2) *v.i.* হাত-পা দিয়া জল বা তরল পদার্থ ছিটান; হেলাফেলাভরে বা ছেলেমানুষের মত কিছু করা। **(to) dabble in**—শখহিসাবে (অর্থাৎ পেশা-হিসাবে নয়) কিছুর চর্চা করা (to *dabble in* politics)। *n.* **dabb°ler**। [?—cp. *daub*]

dabble, dabbler—see **dab**$_2$.

dace [dās, ডেইস্] *n.* a small river fish, নদীর ছোট মাছবিশেষ। [ME. *darce*]

dacha [dā°-cha, ডেই°চ্যা] *n.* a country house in Russia, রুশদেশের গ্রামস্থ বাসভবন। [Russ.]

dachshund [dak°-shoond, ড্যাক্°শুন্ড্] *n.* a badger-dog, শিকারী-কুকুরবিশেষ। [G.]

dacoit [da-koyt°, ড্যাকয়্ট্°] *n.* one of a gang of robbers, ডাকাত। *n.* **decoi°ti, dacoi°ty, dacoi°tage**—ডাকাতি। [Hind. *dakait*]

dacron [da°-kron, ড্যা°ক্রন্] *n.* a polyester textile fibre used in making shirts, blouses, etc., কৃত্রিম তন্তুবিশেষ। [A trade-name]

dactyl [dak°-til, ড্যাক্°টিল্] *n.* (pros.) a foot containing one long syllable followed by two short, কবিতার তিন syllable-যুক্ত বা ত্রিস্বরা পর্ববিশেষ; ইহার প্রথম syllable-টি দীর্ঘ এবং পরবর্তী দুইটি হ্রস্ব হয়। *a.* **dacty°lic**—উক্ত পর্বযুক্ত। [Gk. *daktylos*=a finger]

dad [dad, ড্যাড্], **da°ddy**—*n.* (coll.) father, (কথ্য.) বাবা। *n.* **daddy-long°-legs**—একপ্রকার অতি দীর্ঘপদ পতঙ্গ বা মক্ষিকা। [?]

dadaism [dŭ°-dŭ-izm, ডা°ডাইজ্‌ম্] *n.* a short-lived movement in painting sculpture and literature (1916-20) which threw off all tradition, শিল্প ভাস্কর্য ও সাহিত্যে ঐতিহ্যবিরোধী স্বল্পকালস্থায়ী আন্দোলন। [Fr. *dada*<a hobby-horse]

daedal(e) [dē°-dal, ডী°ড্যাল্] *a.* artistic, শিল্প-চাতুর্যপূর্ণ; skilful, কৌশলপূর্ণ। [L. *Daedalus*= Gk. *Daidalos*, the artist of Crete]

dæmon [dē°-man, ডী°ম্যান্] *n.* a spirit holding a middle place between gods and men, দেবতা ও মানুষের মধ্যবর্তী আত্মা, (তু.) মহাপুরুষ বা অবতার (the *dæmon* of Socrates); a demon, দৈত্য। *a.* **dæmonic** [dē-mo°-nik, ডীম°নিক্] উক্ত আত্মাসদৃশ। [see *demon*]

daff [daf, ড্যাফ্] arch. form of **doff.**

daffodil [da°-fa-dil, ড্যা°ফ্যাডিল্] *n.* a yellow flowered narcissus, পীতবর্ণ ক্ষুদ্র পুষ্পবিশেষ। [ME. *affodille*<Gk. *asphodelos*=asphodel]

daft [duft, ডাফ্‌ট্] *a.* weak-minded, হাবা; insane, খেপা, বিকৃতমস্তিষ্ক। *adv.* **daft°ly**। *n.* **daft°ness**। [see *deft*]

dagger [da°-ga(r), ড্যা°গ্যা(র্)] *n.* a sword, ছোরা, খঞ্জর। **at daggers drawn** (with)—(কাহারও সহিত) যুধ্যমান বা বিবদমান অবস্থায়। **(to) look daggers at**—বিদ্বেষভরে ও শত্রুভাবে তাকান। [?]

dago [dā°-gō, ডেই°গৌ] *n.* (usu. in contempt) a man of Southern Europe, (সচ. অবজ্ঞায়) দক্ষিণ ইউরোপের লোক। [Sp. *Diego*=James]

dah [dŭ, ডা] *n.* a Burmese sword-knife, ব্রহ্মদেশীয় দা, রামদা। [Burm.]

dahlia [dā°-li-a, ডেই°লিয়্যা] *n.* a flower or its plant, মেকসিকো-দেশীয় পুষ্পবিশেষ বা উহার বৃক্ষ। [*Dahl*, a Swedish botanist]

Dail Eireann [dāl°-ār°-an, ডেইল্°এয়্যার্°অ্যান্] *n.* the lower house of the legislature of Eire, স্বাধীন আয়ারল্যানডের ব্যবস্থাপক-সভার নিম্ন কক্ষ। [Ir.]

daily [dā°-li, ডেই°লি] (1) *adv.* every day, প্রত্যহ, দৈনিক। (2) *a.* প্রাত্যহিক, দৈনন্দিন। (3) *n.* a daily newspaper, দৈনিক সংবাদপত্র। **daily dozen**—(শয্যাত্যাগের পরে) প্রাত্যহিক ব্যায়াম। [see *day*]

dainty [dān°-ti, ডেইন্°টি] (1) *a.* tasteful, মুখরোচক, সুস্বাদু; delicate, সূক্ষ্ম: fastidiously neat, পুঙ্খানুপুঙ্খরূপে পরিষ্কার-পরিচ্ছন্ন; fastidious (esp. as regards food), (বিশে. আহার্য-সম্পর্কে) রুচিবাগীশ; (arch.) elegant, (আর্ষ.) চমৎকার, সুন্দর। (2) *n.* a dainty article, মুখরোচক বা সূক্ষ্ম বস্তু (প্রধানতঃ মুখরোচক খাবার)। *adv.* **dain°tily**। *n.* **dain°tiness**। [OF. *daintie*=worthiness]

dairy [dār°-i, ডেয়্যার্°ই] *n.* an establishment for milk and milk-products, দুগ্ধ ও মাখনাদি দুগ্ধজাত দ্রব্যের উৎপাদন সংরক্ষণ ও বিক্রয়ের প্রতিষ্ঠান, (পরি.) দোহ, গব্যশালা। **dairy cattle**—দুগ্ধের জন্য যে গবাদি পশু পোষা হয়। *n.* **dār°y-farm**—গব্যশালা। *n.* **dār°y-farming, dār°ying**—গব্যশালার ব্যবসায়, দোহ-ব্যবসায়। *n. fem.* **dār°y-maid**—গয়লা-মেয়ে, গোয়ালিনী। *n.* **dār°yman**—গোয়ালা। [ME. *deye*<OE, *daege*=a dairymaid]

dais [dā°-is, ডেই°ইস্] *n.* a raised platform, (বক্তৃতাদির) মঞ্চ, বেদী। [OF. *deis*]

daisy [dā°zi, ডেই°জ়ি] *n.* a meadow flower, ফুলবিশেষ: ইহা ঘাসের মধ্যে ফোটে। [OE. *daeges eage*=day's eye]

dak [dak, ড্যাক্] *n.* the mail-post, চিঠি-পত্রের ডাক; mail-coach, ডাকগাড়ি। **dak bungalow**—ডাক-বাংলা। [Hind.]

dakoit—alt. spell. of **dacoit.**

dal [dul, ডাল্] *n.* the pigeon-pea, (আ-রাঁধা বা রাঁধা) ডাল। [Hind.]

dale [dāl, ডেইল্] *n.* a valley, উপত্যকা। *n.* **dā°lesman**—উপত্যকাবাসী। [OE. *dæl*]

Dalila(h) [da-lī°-la, ড্যালাই°ল্যা] var. of **Delilah.**

dally [da°-li, ড্যা°লি] *v.i.* to lose time by

idleness or trifling, আলস্যে বা অবহেলায় সময় নষ্ট করা (to *dally* over one's work) ; to think idly about, অলসভাবে চিন্তা করা (to *dally* with an idea) ; to play, খেলা করা ; to exchange caresses, পরস্পর আদর বা সোহাগ করা। *n.* **dalliance** [da°-li-ans, ড্যা°লিঅ্যান্স্] আলস্যে বা হেলাফেলায় কালহরণ, দীর্ঘসূত্রতা ; খেলা ; পরস্পর আদর বা আলিঙ্গন। [OF. *dalier* = to chat]

Dalmatian [dal-mā°-shi-an, ড্যাল্মেই°শিঅ্যান্] *n.* a coach-dog, কুকুরবিশেষ : ইহারা চলন্ত গাড়ির সঙ্গে সঙ্গে দৌড়ায়। [*Dalmatia* in Europe]

dam₁ [dam, ড্যাম্] *n.* (usu. of beasts or in contempt) a mother, (সচ. পশুদের বা অবজ্ঞায়) মা। [see *dame*]

dam₂ [dam, ড্যাম্] (**1**) *n.* an embankment to restrain water, জলস্রোতরোধার্থ বাঁধ ; the water thus confined, বাঁধের মধ্যে অবরুদ্ধ জল। (**2**) *v.t.* to restrain by a dam, বাঁধ নির্মাণপূর্বক রোধ করা ; (fig.) to hold back (feelings, etc.), (আল. আবেগাদি) রোধ বা সংযত করা (usu. with *up*)। *pr. pt.* **da°mming** । *p.* & *p. pt.* **da°mmed** । [imi.]

damage [da°-mij, ড্যা°মিজ্] (**1**) *n.* harm or loss, ক্ষতি, লোকসান ; the value or cost of injury or loss, ক্ষতির মূল্য বা তজ্জনিত ব্যয় ; (in *pl.*) compensation for injury, ক্ষতিপূরণ বা খেসারত। (**2**) *v.t.* to harm, ক্ষতি করা। **what's the damage**—(কথ্য.) কত দাম দিতে হইবে (তু. কত খসবে) ? [OF. < L. *damnum* = loss]

damascene [da°-ma-sēn, ড্যা°ম্যাসীন্, da-ma-sēn°, ড্যাম্যাসীন্°] *a.* of Damascus, দামস্কাস-নগরের।

damask [da°-mask, ড্যা°ম্যাস্ক্] (**1**) *n.* a rose of Damascus, দামস্কাস্-নগরের গোলাপ ; figured stuff of silk, linen, etc., বস্ত্রাদিতে আঁকা মূর্তি ফুল প্রভৃতি, বুটি। (**2**) *a.* as red as a damask rose, দামস্কাসের গোলাপের ন্যায় লাল। (**3**) *v.t.* to weave with figured designs, বুটি তোলা। [the city of *Damascus*]

dame [dām, ডেইম্] *n.* the mistress of a house, গৃহকর্ত্রী, গৃহিণী ; a mistress, মনিবঠাকুরানী ; (now joc.) a lady, (বর্ত. ব্যঙ্গে) মহিলা, ঠাকরুন ; a noble lady, সম্ভ্রান্ত মহিলা ; a goddess, দেবী (*Dame* Fortune) ; a mother, মা। [F. < L. *domino* = a mistress]

damn [dam, ড্যাম্] (**1**) *v.t.* to censure or condemn, নিন্দা করা বা ঘৃণার্হ বলিয়া ঘোষণা করা ; to doom to hell, নরকভোগের আদেশ দেওয়া, দোজখ নাজেল করা। (**2**) *v.t.i.* to curse, অভিশাপ দেওয়া। (**3**) *n.* an oath, দিব্য, দিব্যি ; a curse, অভিশাপ। **not to care a damn**—মোটেই গ্রাহ্য না করা। **not worth a damn**—সম্পূর্ণ মূল্যহীন, অতি তুচ্ছ, কানাকড়িও দাম নয় এমন। *a.* **damnable** [dam°-nabl, ড্যাম্°ন্যাব্ল্] নরকে প্রেরণের যোগ্য, নারকী ; জঘন্য ; ক্ষতিকর। *adv.* **dam°nably** । *n.* **damnation** [dam-nā°sh(a)n, ড্যাম্নেই°শ্ন্] damn(*v.*)-এর সকল অর্থে, এবং—নরকভোগ ; নরক-যন্ত্রণা। *a.* **damnatory** [dam°-na-t(a)ri, ড্যাম্°-ন্যাট্রি] নরকে প্রেরণকর। **damn°ed**—(**1**) *a.* নরকে প্রেরিত ; জঘন্য ; (**2**) *adv.* অত্যধিক (*damned* hot)। *v.t.* **damnify** [dam°ni-fī, ড্যাম্°-নিফাই] ক্ষতিসাধন করা। *n.* **damnification** । [F. *damner* < L. *damnare* = to condemn]

damosel, damozel [da°-mŏ-zel, ড্যা°মোজ়েল্] var. of **damsel.**

damp [damp, ড্যাম্প্] (**1**) *n.* vapour, mist, বাষ্প, কুয়াশা (*damp* in the air) ; moist air, ভিজা বাতাস ; (in mines) any gas other than air, (খনিতে) বাতাস বাদে যে-কোন বাষ্প ; gloom or chill, অন্ধকার বা শৈত্য ; lowness of spirits, মন-মরা ভাব ; discouragement, উৎসাহহীনতা। (**2**) *a.* moist, ভিজা, সেঁতসেঁতে ; foggy, কুয়াশাচ্ছন্ন ; depressed, মন-মরা ; discouraged, নিরুৎসাহ। (**3**) *v.t.* to wet slightly, ঈষৎ আর্দ্র করা ; to depress or discourage, মন-মরা বা নিরুৎসাহ করা : to make dull, নীরস করা (also **dam°pen**)। **(to) cast a damp over**—নিরানন্দ বা মন-মরা ভাব সৃষ্টি করা। **(to) damp off**—(গাছ-পালাদিতে) অতিরিক্ত আর্দ্রতা হেতু পচন ধরা। *n.* **dam°per**—যে ব্যক্তি বা বস্তু নিরুৎসাহ অথবা বিষণ্ণ করে ; উনান বা স্টোভের আগুন খুঁচাইয়া দিবার জন্য ধাতব কাঠিবিশেষ। *adv.* **damp°ly** । *n.* **damp°ness** । *a.* **damp°-proof**—সেঁতসেঁতে হয় না এমন। [ME. *dampen*—cp. Du. *damp*]

damsel [dam°z(a)l, ড্যাম্°জ়্ল্] *n.* a young maid, তরুণী কুমারী ; a young girl, তরুণী। [OF. *dameisele*]

damson [dam°z(a)n, ড্যাম্°জ়্ন্] *n.* a small dark-purple plum, কিশমিশ ; its tree, কিশ-মিশ-গাছ। [contr. of *Damascene*]

dance [dŭns, ডান্স্] (**1**) *v.i.t.* to move with measured steps, নাচা বা নাচান ; to spring or cause to spring, লাফান বা লাফ দেওয়ান। *p.* & *p. pt.* **dan°ced** । (**2**) *n.* an act of dancing, নৃত্য, নাচ ; a dancing party, নাচের দল, নর্তক-নর্তকীবৃন্দ। **dance of death**—মৃত্যুর বিশ্বব্যাপী ক্ষমতা-প্রতিপাদক চিত্রমালাবিশেষ। **(to) dance attendance upon**—কাহারও আদেশ ও পরিচর্যার অপেক্ষায় উন্মুখ হইয়া থাকা। **(to) dance upon nothing**—ফাঁসি যাওয়া। **(to) lead one a dance** or **a pretty dance**—নিরন্তর উদ্বেগপূর্ণ ঝঞ্ঝাটে ফেলিয়া ঘুরাইয়া মারা। *n.* **dance°-band, dance°-orchestra**—নাচের সঙ্গে সঙ্গত করিবার জন্য ব্যানড্-পার্টি বা অর্কেস্ট্রা-পার্টি। *n.* **dance°-hall, dan°cing-hall**—সর্বসাধারণের জন্য নৃত্য-শালা : এখানে প্রবেশমূল্য লাগে। *n.* **dance°-hostess**—সর্বসাধারণের জন্য নৃত্যশালার পেশাদার নৃত্যসঙ্গিনী। *n.* **dan°cer**—নর্তক বা নর্তকী। *n.*

dan°cing-girl—পেশাদার নর্তকী, বাইজী। *n.* **dan°cing-mas°ter**—নৃত্যশিক্ষক। [OF. *danser*]

dandelion [dan°di-lī-an, ড্যান্°ডিলাইঅ্যান্] *n.* a flower plant or its flower, পুষ্পতরুবিশেষ বা উহার পীতবর্ণ পুষ্প। [F. *dent de lion*=liontooth]

dander [dan°-dar, ড্যান্°ড্যা(র্)] *n.* anger, passion, ক্রোধ, কোপ। **(to) raise one's dander**—কাহাকেও ক্রুদ্ধ করা বা রাগাইয়া দেওয়া। [?]

dandle [dand°l, ড্যান্ড্°ল্] *v.t.* to fondle by tossing in the arms, (শিশুকে) কোলে তুলিয়া লোফালুফি করিয়া আদর করা। [?]

dandriff [dan°-drif, ড্যান্°ড্রিফ্], **dandruff** [dan°-draf, ড্যান্°ড্রাফ্] *n.* a scaly scurf on the skin under the hair, মরামাস, খুসকি। [?]

dandy [dan°di, ড্যান্°ডি] **(1)** *n.* a foppish fellow, পোশাক-পরিচ্ছদে বাবুমানুষ, ফুলবাবু। **(2)** *a.* smart, সপ্রতিভ ; fine, চমৎকার। *v.t.* **dan°dify**—পরিপাটিভাবে পোশাক পরান। *n.* **dandifica°tion**। *a.* **dan°dyish**—ফুলবাবু-সদৃশ। *n.* **dan°dyism**—ফুলবাবুগিরি। [?]

Dane [dān, ডেইন্] *n.* a native of Denmark, ডেনমার্কের অধিবাসী ; a variety of dog, বৃহৎকায় কুকুরবিশেষ। *n.* **dane°geld**—ইংল্যানড-আক্রমণকারী ডেইনদিগকে টাকা দিয়া শান্ত করিবার জন্য ইংল্যানডের প্রজাপুঞ্জের উপর ধার্য কর। **Dā°nish**—**(1)** *a.* ডেনমার্কের ; ডেইনজাতির ; **(2)** *n.* ডেইনজাতির ভাষা। [OE. *Dene*<Dan. *Daner*(pl.)]

danger [dān°-za(r), ডেইন্°জ়্যা(র্)] peril or risk, বিপদ্, ঝুঁকি। **at danger**—বিপদ্‌সঙ্কেত প্রদর্শন করিতেছে এমন। **in danger**—বিপদাপন্ন। **out of danger**—বিপন্মুক্ত। **danger money**—বিপজ্জনক কাজের জন্য প্রদত্ত বেতন বাদে বাড়তি ভাতা। *a.* **dangerous** [dān°-zras, ডেইন্°জ়্র্যাস্] বিপজ্জনক, ঝুঁকিপূর্ণ ; নিরাপদ নহে এমন। *adv.* **dan°gerously**। *n.* **dānger-point** **dān°ger-līne**—যে বিন্দু বা রেখা অতিক্রম করিলে বিপদে পড়িতে হয় (তু. লক্ষ্মণের গণ্ডি)। [OF. *dangier*]

dangle [dangg°l, ড্যাংগ্ল্] *v.i.t.* to hang loosely or with a swinging motion, ঝোলা বা ঝোলান, দোলা বা দোলান (keys *dangling* at the end of a chain)। *n.* **dang°ler**—যে ব্যক্তি পরের (বিশেষতঃ স্ত্রীলোকদের) আশেপাশে ঘুর-ঘুর করিয়া বেড়ায়। [?]

Daniel [da°-ni-al, ড্যা°নিয়াল্] *n.* a very upright judge, বাইবেলে বর্ণিত ড্যানিয়েলের ন্যায় অতি ন্যায়বান্ বিচারক। [B.]

Danish—see **Dane.**

dank [dangk, ড্যাংক্] *a.* moist, wet, সেঁতসেঁতে, ভিজা (a *dank* and chilly place)। *n.* **dank°ness**। [?]

danseuse [dŭn-su(r)z, ডান্‌সা(র্)জ়্°] *n.* woman professional dancer, পেশাদার নর্তকী। [Fr.]

Daphne [daf°-ni, ড্যাফ্°নি] *n.* a genus of flowering shrubs, পুষ্পল গুল্মবর্গবিশেষ। [Gk.=sweet bay]

dapper [da°-pa(r), ড্যা°প্যা(র্)] *a.* neat smart and active, পরিষ্কার-পরিচ্ছন্ন সপ্রতিভ ও কর্মতৎপর। [Du.=brave]

dapple [dap°l, ড্যাপ্°ল্] *v.t.* to mark with spots, নানা ফুট্‌কি বা চাকা-চাকা দাগে বিচিত্র করা। *a.* **dapp°le(d)**—নানা ফুট্‌কি বা চাকা-চাকা দাগে চিত্রবিচিত্রিত (a *dappled* deer)। *a.* & *n.* **dapp°le-grey**—অপেক্ষাকৃত গাঢ় রঙের চাকা-চাকা দাগে শোভিত, ধূসরবর্ণ। [?]

dare [dā(r) ডেয়্যা(র্)] **(1)** *v.i.t.* to venture (to), সাহসী হওয়া বা সাহস করা। **(2)** *v.t.* to defy or face, দ্বন্দ্বার্থ সম্মুখীন হওয়া। *3rd pers. sing.* **dāre(s)** ; *p.* (in conditional clauses and negative sentences with *to* understood before an infinitive) **durst** [da(r)st, ড্যা(র্)স্ট্] ; *p.* & *p. pt.* **dār°ed**। **I dare say**—আমি অনুমান করি। *a.* & *n.* **dāre°-devil**—ডানপিটে। *v.i.t.* **dāre°n't**—contr. of **dare not**। **dār°ing**—**(1)** *a.* দুঃসাহসী ; সাহসী ; নির্ভীক ; দুঃসাহসিক (a *daring* burglary)। **(2)** *n.* সাহস। *n.* **dār°ing-do**—var. of **derring-do**। [OE. *durran*(*v.*)]

dark [dŭ(r)k, ডা(র্)ক্] **(1)** *a.* with no or very little light, আলোহীন বা ক্ষীণালোক, অন্ধকারময় ; black or blackish, কাল বা কৃষ্ণাভ ; sullen, বিষণ্ণ ; difficult to understand, দুর্বোধ্য ; obscure, অস্পষ্ট ; mysterious, রহস্যময় ; secret, গুপ্ত ; sinister, গুপ্ত ও অসৎ। **(2)** *n.* gloom, অন্ধকার ; obscurity, অস্পষ্টতা ; a state of ignorance, অজ্ঞানতা (to keep a person in the *dark*)। **Dark Ages**—ইউরোপের প্রাক্-সভ্যতার যুগ (৫ম-৯ম শতাব্দী)। **Dark Continent**—(অজানা রহস্যপূর্ণ বলিয়া) আফ্রিকা। **dark lantern**—যে লণ্ঠনের আলো ঢাকা দেওয়া যায় (অর্থাৎ এই আলো একটু দূর হইতে দেখা যায় না)। **after dark**—সন্ধ্যার পরে। **before dark**—সন্ধ্যার পূর্বে। **(to) keep dark**—নীরব বা গুপ্ত থাকা। *v.t.i.* **dar°ken**—অন্ধকার বা অধিকতর অন্ধকার করা অথবা হওয়া। *a.* **dar°kish**—ঈষদন্ধকার। **dark°ling**—**(1)** *a.* অন্ধকারময় ; **(2)** *adv.* অন্ধকারে (also **dark°lings**)। *adv.* **dark°ly**। *n.* **dark°ness**। *n.* **dark°-room°**—আলোকচিত্রাদি পরিস্ফুটনার্থ অন্ধকার ঘর। *a.* **dark°some**—অন্ধকারপূর্ণ। *n.* **darky, darkey**—a dark-skinned person, কৃষ্ণকায় ব্যক্তি ; (coll.) a Negro or a Negress, (কথ্য.) নিগ্রো পুরুষ বা নারী। [OE. *deorc*]

darling [dŭ(r)°-ling, ডা(র্)°লিং] **(1)** *n.* one dearly loved, অতি প্রিয় পাত্র বা পাত্রী, প্রিয়তম বা প্রিয়তমা। **(2)** *a.* dearly loved, অতি প্রিয়। [OE. *deorling*—cp. *dear*]

darn$_1$ [du(r)n, ডা(র্)ন্] minced form of **damn** and **damned.**

darn$_2$ [dŭ(r)n, ডা(র্)ন্] (**1**) *v.t.* to mend by interwoven stitches, রিপু করা, (উল) বোনা। (**2**) *n.* a part so mended, বস্ত্রাদির রিপু-করা অংশ। *n.* **dar°ner**। *n.* **dar°ning**—রিপু-কর্ম ; (উল-) বয়ন। *n.* **dar°ning-needle**—রিপু-কর্মের জন্য সূচ ; (উল) বোনার কাঠি। [?]

darnel [dŭ(r)°n(a)l, ডা(র্)°ন্‌ল্] *n.* a kind of grass growing as weed among corn, শস্যক্ষেত্রে জাত আগাছা-বিশেষ। [?]

darshan [da(r)°-shan, ড্যা(র্)°শ্যান্] *n.* Interview granted by a holy or great man, পূতচরিত্র বা মহান্ ব্যক্তি কর্তৃক দর্শনদান, দর্শন। [Hind. <Sans.]

dart [dŭ(r)t, ডা(র্)ট্] (**1**) *n.* a pointed missile, তীর বাণ বর্শা বল্লম ভল্ল প্রভৃতি ক্ষেপণাস্ত্র ; (in *pl.*) an indoor game, পৌরক্রীড়াবিশেষ ; ইহাতে সূচিমুখ ক্ষুদ্র লৌহশলাকা নিক্ষেপ করিয়া দূরে প্রাচীরগাত্রসংলগ্ন ফলকে বিঁধিতে হয় ; a sudden forward movement, অকস্মাৎ সম্মুখধাবন। (**2**) *v.t.i.* to shoot forth rapidly, বেগে ছুড়িয়া মারা বা ছুটিয়া যাওয়া ; to emit suddenly, সহসা নির্গত করা (the snake *darted* out its tongue)। *p.* & *p. pt.* **dar°tėd**। *n.* **dart°-board**—ডার্ট-খেলায় নিশানারূপে ব্যবহৃত ফলক। *adv.* **dar°tingly**। [OF.]

Darwinian [dŭ(r)-wi°-ni-an, ডা(র্)উই°নিঅ্যান্] (**1**) *a.* of Charles Darwin or his doctrine, চার্লস্ ডারউইন্ বা তাঁহার মতবাদ (বিশেষতঃ বিবর্তনবাদ) সম্বন্ধীয়। (**2**) *n.* a believer in Darwinism, ডারউইনের মতবাদে (বিশেষতঃ বিবর্তনবাদে) বিশ্বাসী ব্যক্তি। *n.* **Dar°winism**—ডারউইনের মতবাদ (বিশেষতঃ বিবর্তনবাদ)।

dash [dash, ড্যাশ্] (**1**) *v.t.* to throw or thrust or drive violently, প্রচণ্ডভাবে ছোড়া বা ঢোকান বা চালান ; to break by throwing violently upon anything, কিছুর উপরে প্রচণ্ডভাবে নিক্ষেপ করিয়া চূর্ণ করা ; to bespatter or splash, (কর্দমাদি) ছিটাইয়া দেওয়া (the motor-car *dashed* mud all over us) ; to frustrate or confound, হতোৎসাহ বা হতবুদ্ধি করা (to *dash* one's hopes)। (**2**) *v.i.* to rush violently, বেগে ছুটিয়া যাওয়া। *p.* & *p. pt.* **da°shed**। (**3**) *n.* a rush, বেগে ধাবন ; a violent onset, প্রচণ্ড আক্রমণ (a *dash* at the enemy) ; a violent collision, প্রবল সজ্ঘর্ষ ; energy, তেজ বা প্রবল কর্মশক্তি (a man of skill and *dash*) ; a punctuation-mark, (ব্যাক.) যতিচিহ্নবিশেষ (—), ড্যাশ্। **at a dash**—দ্রুততা এবং তৎপরতার সহিত। **(to) dash against**—(কিছুর সহিত) সজ্ঘৃষ্ট হওয়া বা সজ্ঘৃষ্ট করান ; সজ্ঘর্ষের ফলে চূর্ণ হওয়া বা চূর্ণ করা। **(to) dash off**—বেগে নিক্ষেপ করা ; দ্রুত রচনা বা অঙ্কন করা। **(to) dash out**—কিছুর উপরে আঘাতপূর্বক ভাঙ্গিয়া ভিতরের জিনিস বাহির করিয়া ফেলা। *n.* **dash°-board**—ছিটকাইয়া ওঠা কাদা হইতে চালককে রক্ষা করিবার জন্য ঘোড়ার গাড়ির সামনে যে আবরণ থাকে ; মোটর-গাড়িতে বা এরোপ্লেনে যন্ত্রপাতি রাখার জায়গা। *n.* **da°sher**। *a.* **da°shing**—তেজস্বী ; আড়ম্বরপ্রিয় ; অতিশয় ফ্যাশন-প্রিয়। [ME. *daschen, dassen* < ?]

dastard [das°ta(r)d, ড্যাস্°ট্যা(র্)ড্] *n.* a cowardly fellow, কাপুরুষ : one who does a brutal act without giving his victim a chance, যে ব্যক্তি প্রতিপক্ষকে আত্মরক্ষার কোন সুযোগ না দিয়া তাহার উপরে বর্বরোচিত অত্যাচার করে। **das°tardly**—(**1**) *a.* কাপুরুষোচিত ; (**2**) *adv.* কাপুরুষোচিতভাবে। *n.* **das°tardlinėss**। [?]

data [dā°-ta, ডেই°ট্যা] *n. pl.* facts given, from which others may be inferred, যে-সকল তথ্যের উপর নির্ভর করিয়া সিদ্ধান্ত করা যায়, উপাত্ত। *sing.* **da°tum**। **data bank**—উপাত্তসংগ্রহ-কেন্দ্র। **data processing**—সত্য-নির্ণয় বা সমস্যাদির সমাধানের নিমিত্ত তথ্যসমূহের বিশ্লেষণের প্রক্রিয়া। [L.]

date$_1$ [dāt, ডেইট্] *n.* a kind of fruit, খেজুর। *n.* **dāte°-palm**—খেজুরগাছ। [F. *datte* < Gk. *daktylos*]

date$_2$ [dāt, ডেইট্] (**1**) *n.* a statement of time, or time and place, তারিখ, তারিখ ও স্থান ; the time of an event, ঘটনার তারিখ ; (arch.) term of life, (আর্ষ.) পরমায়ু ; (coll.) engagement, appointment, (কথ্য.—সচ. স্ত্রী-পুরুষে) সাক্ষাৎকার বা মিলনের জন্য পূর্বনির্দিষ্ট দিনক্ষণ। (**2**) *v.t.* to affix a date to, তারিখ দেওয়া ; to ascertain the date of, তারিখ নিরূপণ করা ; to show signs of becoming out of date, সেকেলে বা ফ্যাশন-বহির্ভূত হওয়া (the book is beginning to *date*)। (**3**) *v.i.* to reckon time, তারিখ হিসাব করা ; to begin, শুরু হওয়া। **of date**—অদ্যকার, আজিকার। **of even date**—একই তারিখের। **out of date**—সেকেলে। **to date**—আজ পর্যন্ত ; এখন পর্যন্ত। **up to date**—(অতি) আধুনিক ; প্রগতিশীল। **(to) date from, (to) date back to**—অতীতের কোন নির্দিষ্ট তারিখ হইতে আরম্ভ হওয়া (Buddhism *dates back from* 500 B. C.)। *a.* **da°table**—তারিখ নির্ণয় করা যায় এমন। *a.* **dā°tėd**—পুরান ফ্যাশনের, সেকেলে। *a.* **dāte°lėss**—তারিখহীন ; অনন্ত, অসীম। *n.* **dāte°-līne**—(ভূগো.) যে অক্ষরেখার পশ্চিম ও পূর্বদিকস্থ দেশসমূহের তারিখে একদিনের পার্থক্য হয় ; যে লাইনে সংবাদপত্র প্রকাশের তারিখ অথবা সংবাদসমূহের স্থান ও তারিখের উল্লেখ থাকে। [OF. < L. *datum* = given]

dative [dā°-tiv, ডেই°টিভ্] (**1**) *a.* (gr.) expressing an indirect object, (ব্যাক.) সম্প্রদান-কারকীয়। (**2**) *n.* the dative case or case-ending, সম্প্রদান-কারক, চতুর্থী বিভক্তি ; a word in the dative, সম্প্রদান-কারকান্বিত পদ। *a.* **dati°val**—সম্প্রদান-কারকীয় ; সম্প্রদান-কারকান্বিত। [L. *dativus* < *dare* = to give]

datura [da-tū°-ra, ড্যাটিউ°র্যা] *n.* a species of thorn-apple, ধুতুরা। *n.* **datū°rine**—ঔষধে

ব্যবহৃত ধুতুরার বিষাক্ত রস। [Hin. *dhootoora*]

datum—see **data.**

daub [dawb, ডাব্] (**1**) *v.t.* to smear, মাখান, প্রলেপ দেওয়া; to paint coarsely, জেবড়াভাবে রঙ মাখান বা চিত্রাঙ্কন করা। (**2**) *n.* a coarse painting, জেবড়াভাবে অঙ্কিত বা রঙ-মাখান চিত্র। *n.* **dau°ber, daub°ster**—আনাড়ী বা অদক্ষ চিত্রকর। *a.* **dau°by**—আঠাল। [OF. *dauber*=to plaster]

daughter [daw°-ta(r), ড°টাা(র্)] *n.* one's female child, কন্যা, মেয়ে; woman, নারী। (*daughters* of India) I *n.* **daughter-in-law** [daw°-t(a)r-in-law, ড°ট্রিন্‌ল্য] পুত্রবধূ। *a.* **daugh°terly**—কন্যাতুল্য; কন্যোচিত। *n.* **daugh°terliness** I [OE. *dohtor*—cp. G. *tochter*, Sans. *duhitri*]

daunt [dawnt, ডান্‌ট্] *v.t.* to frighten, ভীত করা; to discourage, নিরুৎসাহ করা; to subdue, দমন করা। *p.* & *p. pt.* **daun°ted** I *a.* **daunt°less**—নির্ভয়; অদম্য। *adv.* **daunt°lessly** I [OF. *danter*]

dauphin [daw°-fin, ড°ফিন্] *n.* the eldest son of the king of France, ফ্রান্‌সের রাজার জ্যেষ্ঠ-পুত্র। *n. fem.* **dau°phiness**—ডাফিনের পত্নী। [F.]

davenport [da°vn-paw(r)t, ড্যা°ভ্‌ন্‌প্যা(র্)ট্] *n.* a writing-table, কারুকার্যপূর্ণ লেখার টেবিল; a long sofa, লম্বা সোফা অর্থাৎ হাতল ও হেলানওয়ালা এবং গদি-আঁটা বেঞ্চি। [maker's name ?]

davit [da°vit, ড্যা°ভিট্] *n.* one of a pair of posts on a ship for supporting, lowering or raising a boat, নৌকা ঝুলাইয়া রাখিবার নামাইবার বা টানিয়া তুলিবার জন্য জাহাজের পার্শ্বস্থ দণ্ডদ্বয়ের একটি। [OF. *Davi*=David (name)]

Davy Jones [dā°-vi jōnz°, ডেই°ভি জৌন্‌জ্°] *n.* (naut.) the evil spirit of the sea, (নাবিকদের ভাষায়) সমুদ্রের অপদেবতা। [?]

Davy-lamp [dā°-vi-lamp°, ডেই°ভিল্যাম্‌প্°], **Dā°vy**—*n.* a miner's safety lamp, খনি-মজুরদের জন্য তারে মোড়া লণ্ঠন। [*Sir Humphry Davy*, its inventor]

daw [daw, ড] contr. of **jackdaw.**

dawdle [dawd°l, ডাড্°ল্] *v.i.* to dally (usu. with *away*), হেলাফেলায় সময় নষ্ট করা। *n.* **dawd°ler** I [?]

dawk [dawk, ডাক্] var. of **dak.**

dawn [dawn, ডান্] (**1**) *v.i.* to become day, ভোর হওয়া; to begin to appear, প্রকাশিত বা উদিত হইতে আরম্ভ করা। (2) *n.* daybreak, ঊষা, ভোর; beginning, আরম্ভ, উদয় (*dawn* of civilization) I **(to) dawn on** or **upon**—স্পষ্টতঃ প্রতীয়মান হওয়া। [ON.]

day [dā, ডেই] *n.* the time from sunrise to sunset, দিন, দিবাভাগ, দিনমান; twenty-four hours from any midnight, এক মধ্যরাত্রি হইতে পরবর্তী মধ্যরাত্রি পর্যন্ত চব্বিশ ঘণ্টা কাল, একদিন; daylight, দিবালোক; the working hour, কাজের নির্দিষ্ট সময় (working *day*); a time or age, সময়, কাল, যুগ (*days* of yore); lifetime, জীবৎকাল, জীবদ্দশা (his *days* are up) I **better days**—অপেক্ষাকৃত সৌভাগ্যপূর্ণ ও সম্পন্ন অবস্থা (he has seen *better days*=পূর্বে তাহার অপেক্ষাকৃত সৌভাগ্যপূর্ণ ও সম্পন্ন অবস্থা ছিল)। **by day**—দিনমানে। **day after day**—দিনের পর দিন ধরিয়া; প্রত্যহ। **day after tomorrow**—আগামী পরশু। **day before yesterday**—গত পরশু। **day by day**—দিনের পর দিন, প্রত্যহ, দৈনন্দিন, দিনদিন, দিনে দিনে। **day in, day out**—অনির্দিষ্ট কাল ব্যাপিয়া দিনের পর দিন। **day off**—(আকস্মিক) ছুটির দিন। **day out**—ভৃত্যের (আকস্মিক) ছুটির দিন। **days of grace**—ঋণাদি পরিশোধের মেয়াদ উত্তীর্ণ হইবার পরেও অতিরিক্ত যে সময় (প্রধানতঃ তিন দিন) দেওয়া হয়। **day's work**—বাঁধা-ধরা দৈনিক কাজ, দৈনন্দিন কাজকর্ম। **all in the day's work**—দৈনন্দিন সমস্ত কাজকর্ম। **before day**—ভোর হওয়ার আগে। **better days**—সুদিন। **evil days**—দুর্দিন। **(to) fall on evil days**—দুর্দিনে পতিত হওয়া; দুঃখদুর্দশায় পতিত হওয়া। **from day to day, from one day to the next**—দিনের পর দিন, দৈনন্দিন; নিত্য, প্রত্যহ। **one day**—একদা, একদিন। **one of these (fine) days**—অদূর-ভবিষ্যতে একদিন। **the other day**—সেদিন, কিছু আগে একদিন। **some day**—একদিন ভবিষ্যতে। **this day fortnight**—একপক্ষকাল পরে আজকের এই বারে; আজ হইতে পক্ষকাল পরে। **this day week**—সপ্তাহকাল পরে আজকের এই বারে; আজ থেকে সপ্তাহকাল পরে। **to a day**—ঠিক (three years *to a day*) I **(to) call it a day**—আজকের দিনের মত যথেষ্ট কাজ হইয়াছে বলিয়া স্থির করা। **(to) carry the day**—নির্দিষ্ট দিনের খেলা প্রতিযোগিতা সংগ্রাম প্রভৃতিতে জয়লাভ করা; সফল হওয়া। *a.* & *adv.* see **daily** I *n.* **day-bed**—কৌচ। *n.* **day°-board°er**—যে ছাত্র সারাদিন বিদ্যালয়ে থাকিয়া অধ্যয়ন ও ভোজন করে কিন্তু সন্ধ্যার পূর্বে স্বগৃহে যায়। *n.* **day°-book**—দৈনিক জমাখরচের খাতা। *n.* **day°-boy**—same as **day°-scholar** I *fem.* **day°-girl** I *n.* **day°-break**—ঊষা, ভোর। **day°-dream**—(**1**) *n.* জাগরস্বপ্ন: দিবাস্বপ্ন; সুখস্বপ্ন; (**2**) *v.i.* জাগরস্বপ্ন দেখা। *n.* **day°-lā°bour**—দৈনিক মজুরির পারিশ্রমিক, দিনমজুরি। *n.* **day°-lā°bourer**—দিনমজুর, ঠিকা মজুর। *n.* **day°-light**—দিবালোক; প্রভাতালোক। *a.* **day°long**—সারাদিনব্যাপী। *a.* **day°-ōld**—একদিবসবয়স্ক। *n.* **day°-peep**—ঊষাগম: ঊষা। *n.* **day°-scholar**—যে ছাত্র বিদ্যালয়ে অধ্যয়ন করে কিন্তু স্বগৃহে বাস ও ভোজন করে। *n.* **day°-schōol**—যে বিদ্যালয় দিনে বসে এবং যেখানে ছাত্রদের আহার ও বাসস্থানের ব্যবস্থা নাই। *n.* **day°-spring**—(কাব্যে) ঊষা। *n.* **day°tīme**—দিনমান, দিবাভাগ। [OE. *daeg*—Sans. *diba*]

daze [dāz, ডেইজ্] (1) *v.t.* to stupefy, হতবুদ্ধি করা। (2) *n.* bewilderment, হতবুদ্ধি অবস্থা। *adv.* **dā°zedly**—হতবুদ্ধিভাবে। [ON. *dasa-sk* =to be breathless]

dazzle [daz°l, ড্যাজ়্°ল্] (1) *v.t.* to daze with strong light, তীব্র আলোকে ধাঁধাইয়া দেওয়া। (2) *n.* an act or state of dazzling, ঝলমলানি। *n.* **dazz°lement**। *adv.* **dazz°lingly**। [see *daze*]

D-day—see **D, d.**

deacon [dē°k(a)n, ডী°কন্] *n.* a member of the order of clergy, উচ্চপদস্থ খ্রিস্টীয় যাজকবিশেষ। *fem.* **dea°conėss**। *n.* **dea°conry**, **dea°conship**। [L. *diaconus*]

deactivate [de-ak°-ti-vāt, ডিঅ্যাক্°টিভেইট্] *v.t.* to diminish or remove the activity of, সক্রিয়তা বা কর্মতৎপরতা হ্রাস বা বন্ধ করা। [*de-*, *activate*]

dead [ded, ডেড্] (1) *a.* lifeless, জীবনশূন্য, মৃত, নিষ্প্রাণ ; no longer effective or current, এখন আর ক্রিয়াশীল বা চালু নহে এমন (a *dead* language) ; obsolete, অপ্রচলিত ; inactive, অক্রিয়, জড় ; dull, নীরস ; insensitive, অসাড় ; without vegetation, শষ্পহীন; utter, পরম, চরম, ডাহা, পুরাপুরি (*dead* stop)। (2) *adv.* lifelessly, জীবনহীন হইয়া ; utterly, পরম বা চরম ভাবে, একেবারে। (3) *n.* a dead person, মৃত ব্যক্তি। **the dead**—মৃত ব্যক্তিগণ। **dead (set) against**—সম্পূর্ণ বিরূপ বা বিরুদ্ধভাবাপন্ন। *a.* **dead heat**—যে দৌড় প্রতিযোগিতায় দুই বা ততোধিক প্রতিদ্বন্দ্বী একই সময়ে নির্দিষ্ট প্রান্তবিন্দুতে পেঁছায়। **Dead Sea apple**—সডোম-দেশীয় আপেল; পৌরাণিক ফলবিশেষ : ইহা দেখিতে মনোহর ছিল কিন্তু স্পর্শমাত্র ভস্মে পরিণত হইত ; (আল.) সুদর্শন কিন্তু হতাশাদায়ক বস্তু। **dead silence**—সম্পূর্ণ নিস্তব্ধতা। **dead to**—(কোন বিষয়ে বা কাহারও প্রতি) অনুভূতিহীন বা সহানুভূতিহীন। *a.* **dead°-beat°**—একেবারে অবসন্ন বা পরিশ্রান্ত। *a.* **dead°-drunk°**—পুরা মাতাল, বদ্ধমাতাল। *v.t.* **dea°den**—প্রাণহীন করা ; আংশিক-ভাবে উদ্যমহীন বা চেতনাহীন বা গতিহীন করা ; অসাড় করা ; ভোঁতা করা ; কমান ; শব্দরোধী বা শব্দহীন করা। *n.* **dead°-le°tter**—যে চিঠির প্রাপকের উদ্দেশ নাই : যে আইন বলবৎ থাকিলেও কার্যকর করা হয় নাই। *n.* **dead°-line**—নির্দিষ্ট সময়সীমা (যাহার পূর্বে কোন কাজ অবশ্য নিষ্পন্ন করিতে হইবে)। *n.* **dead°lock**—অচল অবস্থা। *n.* **dead°loss**—যে লোকসানে কোন ক্ষতিপূরণ পাওয়া যায় না, ডাহা লোকসান। *a.* **dead°ly**—প্রাণনাশক ; মারাত্মক ; সাজ্ঘাতিক। *n.* **dead°linėss**। *n.* **dead°-march°**—(প্রধানতঃ সৈনিকগণ কর্তৃক গীত) শবযাত্রা-কালীন শোকসঙ্গীত। *n.* **dead°ness**—মৃতাবস্থা। **dead°-pan**—(1) *a.* ভাবলেশহীন ; (2) *n.* ভাবলেশ-হীন মুখ বা চাহনি। *n.* **dead°-set°**—সম্পূর্ণ স্থির অবস্থা ; পূর্ণ দৃঢ়তা। *n.* **dead°-shot°**—অব্যর্থসন্ধানী ব্যক্তি। *n.* **dead°-wa°ter**—জলাশয়াদির বদ্ধ অর্থাৎ স্রোতোহীন জল। **dead°-weight**—গুরুভার, পীড়া-দায়ক ভার বা বোঝা ; মালবোঝাই জাহাজের ওজন। [AS.—cp. *death, die*]

deaf [def, ডেফ্] *a.* (wholly or partly) deprived of the power of hearing, (সম্পূর্ণ বা আংশিক) বধির, কালা ; unwilling to hear, শুনিতে নারাজ ; inattentive, অমনোযোগী। *v.t.* **dea°fen**—বধির করা ; কানে তালা লাগান। *adv.* **deaf°ly**। *n.* **deaf-mute°**—মূকবধির। *n.* **deaf°nėss**। [AS.—cp. Du. *doof*]

deal₁ [dēl, ডীল্] *n.* timber esp. of fir or pine, প্রধানতঃ দেবদারু বা পাইন বৃক্ষের তক্তা। [?—cp. OE. *thel, thille*]

deal₂ [dēl, ডীল্] (1) *n.* a quantity or extent, পরিমাণ, মাত্রা ; a large quantity or great extent, প্রচুর পরিমাণ বা অধিক মাত্রা (a good or great *deal* of) ; distribution of cards, তাসের বণ্টন ; a bargain, ব্যবসায়িক লেনদেন। (2) *v.t.* to distribute, বাঁটিয়া দেওয়া, বণ্টন করা ; to throw about, ছুড়িয়া মারা, হানা (to *deal* one a blow) ; to deliver, সরবরাহ করা। (3) *v.i.* to transact business, কেনাবেচা করা, কারবার করা (to *deal* in spices) ; to act, আচরণ করা (to *deal* with an enemy) ; to distribute cards, তাস বাঁটিয়া দেওয়া। *p.* & *p. pt.* **dealt** [delt, ডেল্ট্]। **fair deal**—সততাপরায়ণ আচরণ ; ন্যায়ব্যবহার। **new deal**—১৯৩২ খ্রিস্টাব্দে রুজ্‌ভেলট্ কর্তৃক প্রবর্তিত নূতন সামাজিক ও অর্থনৈতিক সংস্কারের কর্মসূচি ; যে কোন ন্যায্য নূতন পরিকল্পনা। **raw deal**—(কথ্য.) অন্যায় বিচার বা আচরণ। **square deal**—(কথ্য.) ন্যায়বিচার, ন্যায়ব্যবহার। *n.* **dea°ler**—deal(*v.*)-এর সকল অর্থে, এবং—ব্যবসায়ী, দোকানদার। *n.* **deal°ing**—অপরের প্রতি আচরণ ; (*pl.*) ব্যবসায়িক সম্পর্ক বা লেন-দেন (he is honest in his *dealings*)। [OF. *daelan* < *dael* = a part]

dean [dēn, ডীন্] *n.* a church dignitary, উচ্চ-পদস্থ খ্রিস্টান যাজকবিশেষ ; the administrator or a departmental head of a college, কলে-জের পরিচালক বা বিভাগীয় অধ্যক্ষ। *n.* **dea°nery**—(যাজক) ডীনের পদ কার্যকাল বা এলাকা। *n.* **dean°ship**। [OF. *deien* < LL. *decanus* = a chief of ten]

dear [dē(r), ডিয়্যা(র্)] (1) *a.* costly, মহার্ঘ, দামী, আক্রা ; scarce, দুর্লভ ; beloved, প্রিয়। (2) *n.* a dear person, প্রিয় পাত্র বা পাত্রী। (3) *int.* denoting surprise, pity, etc., বিস্ময় দুঃখ প্রভৃতি জ্ঞাপক শব্দ, আরে, হায়, (*dear dear*, oh *dear*)। **(to) hold dear**—(কাহাকেও বা কিছুকে) অত্যন্ত ভালবাসা। *adv.* **dēar°ly**। *n.* **dēar°nėss**—মহার্ঘতা। *n.* **dēar°y**—(সচ. সম্বোধনে) প্রিয় পাত্র বা পাত্রী (also **dēar°ie**)। [OE. *deore, dyre*]

dearth [da(r)th, ড্যা(র্)থ্] *n.* dearness, মহার্ঘতা ; scarcity, দুষ্প্রাপ্যতা ; want, অভাব ; famine, দুর্ভিক্ষ (in time of *dearth*)। [see *dear*]

death [deth, ডেথ্] *n.* cessation or loss of life, মৃত্যু, মরণ, জীবনহানি। **at death's door**—মরণের দ্বারে উপনীত, মুমূর্ষু। **bored, tired,** etc., **to death**—বিরক্তি ক্লান্তি প্রভৃতিতে মরার মত হইয়াছে এমন। **(to) do to death**—খুন করা। **(to) put to death**—বধ করা। **(to) shoot, stab, stone,** etc. **to death**—গুলি করিয়া, ছোরা মারিয়া, ঢিল ছুড়িয়া, বা ঐরূপ কোন উপায়ে হত্যা করা। **to catch one's death (of cold)**—(কথ্য.) সর্দিতে আক্রান্ত হইয়া বা ঠাণ্ডা লাগাইয়া মৃত্যুমুখে পতিত হওয়া। *n.* **death°-a°dder**—কাল-সর্প। *n.* **death°-a°gony**—মৃত্যুকালীন যন্ত্রণা, মরণ-যন্ত্রণা। *n.* **death°-bed**—মৃত্যুশয্যা। *n.* **death°-bell**—কাহারও মৃত্যু হইলে গির্জায় যে ঘণ্টা বাজে। *n.* **death°-blow**—মারাত্মক বা প্রাণঘাতী আঘাত, চরম আঘাত। *a.* **death°-dealing**—প্রাণঘাতী, মারাত্মক। *n. pl.* **death°-dū°ties**—উত্তরাধিকার-সূত্রে প্রাপ্ত সম্পত্তির জন্য দেয় কর। *n.* **death°-fire**—যে অগ্নি মৃত্যু আনে, মরণবহ্নি। *a.* **death°-less**—অমর, মৃত্যুহীন, অবিনাশী। **death°ly**—(**1**) *a.* মৃত্যু-সদৃশ ; (**2**) *adv.* মৃতবৎ (*deathly* pale)। *n.* **death°-mask**—মরা লোকের মুখের ছাঁচ। *n.* **death°-rāte**—(রাষ্ট্র দেশ প্রভৃতির অধিবাসীদের) মৃত্যুর হার। **death°-ratt°le**—মৃত্যুর অব্যবহিত পূর্বে গলায় ঘড়্‌ঘড়্ শব্দ। *n.* **death°-rōll**—মৃত বা নিহত ব্যক্তিদের তালিকা। *n.* **death's°-head**—নর-করোটি। *n.* **death°-song**—মৃত্যুকালীন গান, মরণসঙ্গীত। *n.* **death°-trap**—মৃত্যু-ফাঁদ। *n.* **death°-warrant**—ফাঁসির পরওয়ানা। [AS.—cp. *dead, die*]

débâcle [de-bŭk°l, ডেবাক্‌ল্] *n.* a breaking up of ice on a river, নদীবক্ষে তুষারাবরণের গলন ; collapse, ধ্বংস, সম্পূর্ণ পতন ; a stampede, ছত্রভঙ্গ, সম্পূর্ণ পরাজয় ও পলায়ন। [F.]

debag [di-bag°, ডিব্যাগ্°] *v.t.* to remove trousers forcibly from, বলপূর্বক পাতলুন খুলিয়া লওয়া। *pr. pt.* **deba°gging** ; *p. & p. pt.* **deba°gged** । [*de-, bag*]

debar [di-bŭ(r)°, ডিবা(র্)°] *v.t.* to bar out, (প্রধানতঃ প্রবেশাধিকার হইতে) বঞ্চিত করা ; to exclude, বাদ দেওয়া ; to hinder, বাধা দেওয়া। *pr. pt.* **dėba°rring** ; *p. & p. pt.* **dėba°rred** । [*de-, bar*]

debark [di-bŭ(r)k°, ডিবা(র্)ক্°] var. of **disembark.**

debase [di-bās°, ডিবেইস্°] *v.t.* to lower in quality, value or character, অপকৃষ্ট বা হীন-মূল্য বা হীনচরিত্র করা ; to adulterate (coin), (মুদ্রাদিতে) খাদ মেশান। *p. & p. pt.* **dėbā°sed** । *n.* **dėbāse°ment** । [*de-, base*]

debate [di-bāt°, ডিবেইট্°] (**1**) *n.* a controversy, বাগ্‌বিতণ্ডা, তর্কাতর্কি, বিতর্ক। (**2**) *v.t.i.* to dispute (about), বাগ্‌বিতণ্ডা বা তর্কাতর্কি করা। *p. & p. pt.* **dėbā°tėd** । *a.* **dėbā°table**—তর্কযোগ্য ; তর্কপ্রিয়। *adv.* **dėbā°tably** । *n.* **dėbāter**—তার্কিক। [OF. *debatre(v.)*]

debauch [di-bawch°, ডিব্যচ্°] (**1**) *v.t.* to lead away from duty or morality, কর্তব্যভ্রষ্ট বা নীতিভ্রষ্ট করা ; to corrupt with lewdness, লম্পট করা ; to seduce (woman), (স্ত্রীলোককে) ভ্রষ্ট করা ; to vitiate (taste, judgment, etc.), (রুচি বিচারবুদ্ধি প্রভৃতি) বিকৃত বা বিষাক্ত করা। (**2**) *n.* debauchery, লাম্পট্য। *a.* **dėbau°ched**—লম্পট, ভ্রষ্ট। *n.* **dėbau°cher, dėbauchee°**—লম্পট লোক। *n.* **dėbau°chery**—লাম্পট্য। [OF. *desbaucher*=to corrupt]

debenture [di-ben°-cha(r), ডিবেন্°চ্যা(র্)] *n.* a document or bond acknowledging a debt, (সচ. ব্যবসায়-প্রতিষ্ঠান কর্তৃক প্রদত্ত) ঋণস্বীকারপত্র। [L. *debentur*=there are due]

debilitate [di-bi°-li-tāt, ডিবি°লিটেইট্] *v.t.* to weaken, দুর্বল করা। *p. & p. pt.* **dėbi°litātėd** । *n.* **dėbi°lity**—দৌর্বল্য। [L. *debilitare<de-, habilis*=able]

debit [de°-bit, ডে°বিট্] (**1**) *n. a* debt or something due, ঋণ, দেনা ; an entry on the debtor side of an account, (also *debit-side*), হিসাবের খাতায় খরচের অঙ্ক, (পরি.) বিকলন। (**2**) *v.t.* to charge with debt, ঋণ চাপান ; to enter on the debtor side of an account, খরচ লেখা (to *debit* a person's account)। *p. & p. pt.* **de°bitėd** । [L. *debitum*=what is due]

debonair, debonnaire [de-ba-nā(r)°, ডেব্যা-নেয়্যা(র্)°] *a.* good-looking and courteous, সুদর্শন ও ভদ্র ; elegant, চমৎকার ও সুন্দর ; gay, প্রফুল্ল। *adv.* **debonair°ly** । *n.* **debonair°nėss** । [F.]

debouch [di-bowch°, ডিবাউচ্°] *v.i.* to emerge from a narrow passage or confined place, সঙ্কীর্ণ পথ বা আবদ্ধ স্থান হইতে নির্গত হওয়া। *p. & p. pt.* **dėbou°ched** । *n.* **dėbouch°-ment** । [F. *deboucher*]

debrief [dē-brēf,° ডীব্রীফ্°] *v.t.* to question to obtain information, প্রশ্নাদির দ্বারা সংবাদ সংগ্রহ করা। [*de-, brief*]

debris [de°-brē, ডে°ব্রী] *n.* wreckage, ধ্বংসাবশেষ ; rubbish, রাবিশ্। [F.]

debt [debt, ডেট্] *n.* what one owes to another, ঋণ, দেনা, ধার। **debt of honour**—দলিলবিহীন দেনা। **debt of nature**—মৃত্যু। **bad debt**—যে পাওনা আদায়ের আশা নাই। **National Debt**—সরকারের ঋণ, রাষ্ট্রীয় ঋণ, জাতীয় ঋণ। **in debt**—ঋণগ্রস্ত। **out of debt**—ঋণমুক্ত। **in one's debt**—কাহারও নিকট ঋণে আবদ্ধ। *n.* **debt°or**—ঋণী, দেনদার, অধমর্ণ। [OF. *dette*< L. *debitum*—cp. *debit*]

debug [dē-bug°, ডীবাগ্°] *v.t.* to remove concealed listening devices from, আড়ি-

পাতার যন্ত্র সরাইয়া ফেলা ; to remove faults, errors, etc., from a computer programme, পরিগণকের কার্যক্রম হইতে ভুলত্রুটি দূর করা। [*de-*, *bug*]

debunk [dē-bungk°, ডীবাংক্°] *v.t.* (sl.) to clear of humbug, (অশি.) বাগাড়ম্বর ত্যাগ করান, লম্বাই-চওড়াই থামান ; to remove the sentiment from (reputation), (খ্যাতিমানদের প্রতি) ভ্রান্ত শ্রদ্ধা হইতে মুক্ত করা। *p.* & *p. pt.* **dēbun°ked**। [*de-*, see *bunkum*]

début [dā°-boo, ডেই°বূ] *n.* a beginning, সূত্রপাত ; a first appearance before the public, জনসাধারণের সমক্ষে প্রথম উপস্থিতি বা আত্মপ্রকাশ। *n.* **débutant** [de°-bū-tun, ডে°বিউতাঁ] জনসাধারণের সমক্ষে প্রথম উপস্থিত ব্যক্তি। *fem.* **débutante** [de°bū-tŭnt, ডে°বিউতাঁত্]। [F.]

deca- [deca, ডেক্যা] *pfx.* ten, দশ। *n.* **de°ca-gram(me)**—দশ গ্রাম। *n.* **de°calitre**—দশ লিটার। *n.* **de°camētre**—দশ মিটার। [Gk. *deka*]

decad(e) [de°-kad, ডে°ক্যাড্] *n.* a series of ten, পর-পর দশটি ; a series of ten years, পর-পর দশ বৎসর, দশক। [Gk. *dekados*<*deka*]

decadence [de°-kad(a)ns, ডে°ক্যাড্‌ন্‌স্] *n.* a state of decay, অধঃপতিত অবস্থা, অধঃপতন ; a temporary period of downfall, (সাহিত্যে ও চারুকলায়) অধঃপতনের যুগ যখন প্রগতিশীল মৌলিক সৃষ্টির অভাব ঘটে। **de°cadent**—(**1**) *a.* অধঃপতিত বা সৃজনীশক্তিচ্যুত ; (**2**) *n.* ঐরূপ ব্যক্তি বা শিল্পী। [F.]

decagon [de°-ka-gan, ডে°ক্যাগ্যান্] *n.* a plane figure with ten angles and sides, দশভুজ ও দশকোণী সমতলক্ষেত্র। *a.* **deca°gonal**—উক্ত ক্ষেত্র-সংক্রান্ত বা ক্ষেত্রাকার। [*deka-*, Gk. *gonia*=an angle]

decagram(me)—see **deca-**.

decahedron [de-ka-hē°-dran, ডেক্যাহী°ড্র্যান্] *n.* a solid figure with ten faces, দশতলবিশিষ্ট ঘন, (পরি.) দশতলক। [*deka*, Gk. *hedra*=a seat]

decalitre—see **deca-**.

decalogue [de°ka-log, ডে°ক্যালগ্] *n.* (B.) the ten commandments, মশির মারফত মানুষের প্রতি ঈশ্বরের দশটি আদেশ। [*deka-*, Gk. *logos*=discourse]

Decameron [di-ka°-mar(a)n, ডিক্যা°ম্যার্‌ন্] *n.* Boccaccio's book of 100 tales told in ten days, বোকাসিওর দশদিনে কথিত শতকাহিনী-পূর্ণ গ্রন্থ। [*deka-*, Gk. *hemera*=a day]

decametre—see **deca-**.

decamp [di-kamp°, ডিক্যাম্প্°] *v.i.* to make off (*with*), (প্রধানতঃ গোপনে) প্রস্থান করা বা পিট্‌টান দেওয়া। *p.* & *p. pt.* **decam°ped**। *n.* **dècamp°-ment**। [F. *decamper*]

decant [di-kant°, ডিক্যান্‌ট্°] *v.t.* to pour off leaving sediment, তলানিতে নাড়া না দিয়া (তরল পদার্থাদি) ধীরে ধীরে ঢালা ; to pour from one vessel into another, এক পাত্র হইতে অন্য পাত্রে ঢালা। *p.* & *p. pt.* **dècan°tėd**। *n.* **dècantā°-tion**। *n.* **dècan°ter**—কারুকার্যময় কাঁচের বড় সুরাপাত্র। [F. *decanter*]

decapitate [di-ka°-pi-tāt, ডিক্যা°পিটেইট্] *v.t.* to behead, শিরশ্ছেদ করা। *p.* & *p. pt.* **dèca°-pitātėd**। *n.* **dècapitā°tion**। [LL. *decapitare*]

decapod [de°-ka-pod, ডে°ক্যাপড্] *n.* any of the ten-footed crustaceans, শক্ত-খোলাওয়ালা যে-কোন দশপদ প্রাণী (যেমন কাঁকড়া)। [*deka-*, Gk. *podos*=a foot]

decarbonize [dē-kŭ(r)°-ba-nīz, ডীকা(র্)°ব্যানাইজ্] *v.t.* to remove carbon or carbonic acid from, অঙ্গার বা অঙ্গারাম্ল হইতে মুক্ত করা। *n.* **decarbonizā°tion**। [*de-*, see *carbon*]

decasyllable [de°-ka-si-labl, ডে°ক্যাসিল্যাব্‌ল্] *n.* a word or a verse-line, with ten syllables, দশস্বরা শব্দ বা কবিতার দশস্বরা চরণ। *a.* **de°casylla°bic**—দশস্বরা। [*deka-*, Gk. *syllable*]

decay [di-kā°, ডিকেই°] (**1**) *v.i.t.* to waste away, ক্ষয়প্রাপ্ত হওয়া বা করা ; to decline or cause to decline, পতন ঘটা বা ঘটান। (**2**) *n.* a wasting away, ক্ষয় ; decline or downfall, পতন, অধঃপতন। [OF. *decair*]

decease [di-sēs°, ডিসীস্°] (**1**) *n.* death, মৃত্যু। (**2**) *v.i.* to die, মরা। **dècea°sed**—(**1**) *a.* মৃত বা সম্প্রতি মৃত ; (**2**) *n.* ঐরূপ ব্যক্তি (the *deceased*)। [OF. *deces*<L. *decessus*<*de-*, *cedere*=to go]

deceit [di-sēt°, ডিসীট্°] *n.* fraud, প্রতারণা, প্রবঞ্চনা। *a.* **dèceit°ful**—প্রতারণাপূর্ণ। *n.* **deceit°-fulness**। [OF. *deceite*<L. *decipere*=to deceive]

deceive [di-sēv°, ডিসীভ্°] *v.t.* to mislead, কৌশলে ভুলপথে চালিত করা ; to cheat, প্রতারণা করা, প্রবঞ্চনা করা। *a.* **dècei°vable**। *n.* **dècei°-ver**। [F. *decevoir*—cp. *deceit*]

decelerate [dē-se°-lar-āt, ডীসে°ল্যারেইট্] *v.t.* to diminish the speed of, গতি হ্রাস করা ; to cause to move slowly, ধীরগতিতে চালান। *n.* **decelerā°tion**, **dece°lerator**। [*de-*, *accelerate*]

December [di-sem°-ba(r), ডিসেম্°ব্যা(র্)] *n.* the twelfth month of the English year, ইংরেজি সনের দ্বাদশ মাস (অগ্রহায়ণের মাঝামাঝি হইতে পৌষের মাঝামাঝি পর্যন্ত)। [L.<*decem*=ten (formerly *December* was the tenth month of the year)]

decemvir [di-sem°-va(r), ডিসেম্°ভ্যা(র্)] *n.* one of the ten legislators of ancient Rome, প্রাচীন রোমের দশজন সভ্যবিশিষ্ট আইন-সভার সদস্য। *n.* **dècem°virāte**—উক্ত আইন-সভা ; উক্ত সভার কার্যকাল। [L. *decem*=ten, *vir*=a man]

decennial [di-se°-ni-al, ডিসে°নিয়্যাল্] *a.*

consisting of or occurring every ten years, দশবার্ষিক। [L. *decennium*]

decent [de°snt, ডী°স্‌ন্ট্‌] *a.* becoming, শোভন; proper, উপযুক্ত; modest, নম্র; moderate, পরিমিত; fairly good, বেশ ভালই। *n.* **dē°cency**—শোভনতা; উপযুক্ততা; নম্রতা; পরিমিত ভাব; বেশ ভাল ভাব। *adv.* **dē°cently**। [L. *decens* <*decere*=to become]

decentralize [dē-sen°-tra-līz, ডীসেন্‌°ট্র্যা-লাইজ়্‌] *v.t.* to withdraw from the centre or from the control of the central government, কেন্দ্র হইতে অপসৃত করা বা কেন্দ্রী সরকারের শাসনমুক্ত করিয়া অধীন সরকারের হাতে দেওয়া, বিকেন্দ্রী করা। *n.* **dēcentralizā°tion**। [*de-*, see *central*]

deception [di-sep°sh(a)n, ডিসেপ্‌°শ্‌ন্‌] *n.* act of deceiving, প্রতারণা, প্রবঞ্চনা, শঠতা; a means of deceiving, প্রতারণা বা প্রবঞ্চনার উপায়; state of being deceived, প্রতারিত অবস্থা। *a.* **dècep°tive**—প্রতারণাপূর্ণ; সহজে ভুল বোঝা হয় এমন। *adv.* **decep°tively**। [OF.<L. *deceptis*—cp. *deceit*]

dechristianize [dē-kris°-ti-a-nīz, ডীক্রিস্‌°টি-য়্যানাইজ়্‌] *v.t.* to turn from Christianity, খ্রিষ্টধর্মচ্যুত করা। [*de-*, see *Christ*]

decibel [de°-si-bel, ডে°সিবেল্‌] *n.* a unit for measuring the intensity of sounds, শব্দের তীব্রতার মান। [*deci-*, and Graham *Bell*, telephone inventor]

decide [di-sīd°, ডিসাইড্‌°] *v.t.* to determine, স্থির করা, ধার্য করা; to settle, মীমাংসা করা, মিটমাট করিয়া দেওয়া; to resolve, সঙ্কল্প করা। *a.* **dècī°dable**। *a.* **decī°dèd**—স্থিরীকৃত; মীমাংসিত; রায় দেওয়া হইয়াছে এমন; সঙ্কল্পিত; নিশ্চিত; স্পষ্ট; সন্দেহাতীত। *adv.* **decī°dedly**—নিশ্চিতভাবে; সন্দেহাতীতভাবে। *n.* **decī°der**। *n.* see **decision**। [OF. *decider*<L. *de-*, *caedere*=to cut]

deciduous [di-si°-dū-as, ডিসি°ডিউঅ্যাস্‌] *a.* liable to be shed at a certain period, নির্দিষ্ট সময়ে (পাতা) ঝরিয়া পড়ে এমন; (fig.) transitory, (আল.) ক্ষণস্থায়ী। *adv.* **dèci°dūously**। *n.* **dèci°dūousnèss**। [L. *deciduus*<*de-*, *cadere*=to fall]

decimal [de°-sim(a)l, ডে°সিম্‌ল্‌] (**1**) *a.* numbered or proceeding by tens, দশমিক। (**2**) *n.* a decimal fraction, দশমিক ভগ্নাঙ্ক। *n.* **decimalizā°tion**। *v.t.* **decimalize** [de°-si-ma-līz, ডে°সিম্যালাইজ়্‌] দশমিক ভগ্নাঙ্কে পরিণত করা। *adv.* **de°cimally**—দশমিক ভগ্নাঙ্কানুসারে। [L. *decima*=a tenth (part)]

decimate [de°-si-māt, ডে°সিমেইট্‌] *v.t.* to take the tenth part of, দশম অংশ গ্রহণ করা; to kill one in every ten, (শাস্তিদানার্থ) প্রতি দশজনে একজনকে হত্যা করা; (loos.) to reduce or destroy to a great extent, (শিথি.) বহুল-পরিমাণে হ্রাস বা ধ্বংস করা (population *decimated* by famine)। *p.* ও *p. pt.* **de°cimāted**। *n.* **decimā°tion**। *n.* **de°cimātor**। [L. *decimare*]

decipher [di-sī°-fa(r), ডিসাই°ফ্যা(র্‌)] *v.t.* to uncipher, সঙ্কেতলিপির অর্থোদ্ধার বা পাঠোদ্ধার করা; to make out (anything unknown or secret), (অজানা বা গুপ্ত) রহস্যোদ্ধার করা। *a.* **dècī°pherable**। *n.* **dècī°pherment**। [*de-*, *cipher*]

decision [di-si°z(a)n, ডিসি°জ়্‌ন্‌] *n.* act of deciding, নির্ধারণ, বিচার; settlement, মীমাংসা, নিষ্পত্তি; judgment, রায়; resolve, সঙ্কল্প; the quality of being decided in character, স্থির বুদ্ধি। *a.* **dècī°sive**—বিচারক্ষমতাসম্পন্ন; দৃঢ়সঙ্কল্প; স্থিরবুদ্ধি; নিষ্পত্তিমূলক; চূড়ান্ত (a *decisive* battle); নিশ্চিত (a *decisive* answer)। *adv.* **decī°sively**। [see *decide*]

decivilize [dē-si°-vi-līz, ডীসি°ভিলাইজ়্‌] *v.t.* to divest of civilization, সভ্যতা হরণ করা। [*de-*, *civilize*]

deck [dek, ডেক্‌] (**1**) *v.t.* to cover, আচ্ছাদিত করা; to clothe, পোশাক পরান: to adorn, সাজান; to furnish or cover with a platform, পাটাতনযুক্ত করা বা পাটাতনদ্বারা আচ্ছাদিত করা; to pile up on a platform, পাটাতনের উপর স্তূপীকৃত করা। *p.* ও *p. pt.* **de°cked**। (**2**) *n.* a covering, আচ্ছাদন; a horizontal platform of a ship, জাহাজের পাটাতন, ডেক; a platform or floor, মঞ্চ, পাটাতন, তলা (*deck* of a bus)। **(to) clear the decks**—নৌযুদ্ধের নিমিত্ত প্রস্তুত হওয়া; কার্যাদি আরম্ভ করার জন্য (কোন কিছু) প্রস্তুত করা। *n.* **deck°-chāir°**—জাহাজের ডেকের উপর পাতিয়া বসিবার উপযোগী চেয়ার। *n.* **de°cker**—সজ্জাকর; সজ্জা; নির্দিষ্ট তলযুক্ত গাড়ি বাড়ি প্রভৃতি (a double-*decker*)। **deck officers**—জাহাজের কাপ্তান ও মেটবর্গ অর্থাৎ চালকবর্গ (এনজিনিয়াররা নয়)। *n.* **deck°-passènger**—জাহাজের ডেকের অর্থাৎ সর্বনিম্নশ্রেণীর যাত্রী। [Du. *dekken*]

deckle-edged [dek°l-e°jd, ডেক্‌°ল্‌এ°জ্‌ড্‌] *a.* having untrimmed edges, (কোন কোন কাগজ-সম্বন্ধে) আ-ছাঁটা প্রান্তযুক্ত। [G. *deckel*=lid, see *edge*]

declaim [di-klām°, ডিক্লেইম্‌°] *v.i.t.* to speak harangue or recite rhetorically, অলঙ্কারপূর্ণ ভাষায় বলা বা বক্তৃতা করা বা আবৃত্তি করা। *n.* **dè-clai°mer**। *n.* **declamation** [de-kla-mā°-sh(a)n, ডেক্ল্যামেই°শ্‌ন্‌]। *a.* **declamatory** [di-kla°-ma-t(a)ri, ডিক্ল্যা°ম্যাট্‌রি] অলঙ্কারপূর্ণ ভাষণ বা আবৃত্তি সংক্রান্ত। [*de-*, *claim*]

declare [di-klā(r)°, ডিক্লেয়্যা(র্‌)°] *v.t.i.* to announce or pronounce, ঘোষণা করা (to *declare* the results of a contest); (in card-games) to announce the chosen trumpsuit or no trumps, (তাসখেলায়) রঙ দেখান; to make a statement of dutiable goods, শুল্ক ধার্যের যোগ্য মালের নাম প্রকাশ করা। **(to) declare for** or **against**—স্বপক্ষে বা বিপক্ষে সমর্থন জ্ঞাপন বা ঘোষণা করা। *a.* **declār°able** I *n.* **declār°ant**—ঘোষক। *n.* **declaration** [de-kla-rā°-sh(a)n, ডেক্ল্যারেই°শ্‌ন্] I *a.* **decla°rative, decla°ratory**—ঘোষণামূলক (*declaratory* judgement) I *n.* **declār°er** I [*declarare*]

declass [dē°-klus°, ডী°ক্লাস্°] *v.i.* to remove or degrade from one's class, স্বশ্রেণীচ্যুত করা বা স্বশ্রেণী হইতে নামাইয়া দেওয়া, জাতিচ্যুত করা। *p. & p. pt.* **dē°cla°ssed** I *v.t.* **dē°cla°ssify**—'গোপনীয়' শ্রেণী হইতে বিচ্যুত করা অর্থাৎ আর গোপনীয় করিয়া না রাখা (to *declassify* information concerning nuclear fission) I *n.* **dē°classificā°tion** I [F. *declasser*]

declension [di-klen°sh(a)n, ডিক্লেন্°শ্‌ন্] *n.* downfall, অধঃপতন; decay, ক্ষয়; (gr.) case-inflexion, (ব্যাক.) শব্দরূপ। [see *decline*]

decline [di-klīn°, ডিক্লাইন্°] (**1**) *v.i.t.* to bend, বাঁকা বা বাঁকান; to turn away, সরিয়া যাওয়া বা সরাইয়া আনা; to stoop or cause to stoop, আনত হওয়া বা করান; to refuse, অস্বীকার করা বা প্রত্যাখ্যান করা। (**2**) *v.i.* to fail or decay, অক্ষম হওয়া বা ক্ষয় পাওয়া। (**3**) *v.t.* avoid, পরিহার করা; (gr.) to give the various cases of, (ব্যাক.) শব্দরূপ করা। (**4**) *n.* fall or decay, পতন বা ক্ষয়। **(to) fall into a decline**—(শক্তি মর্যাদা গৌরব প্রভৃতির দিক্ দিয়া) পড়ন্ত অবস্থায় পড়া। *a.* **decli°nable**—(ব্যাক.) বিভক্তিযুক্ত; শব্দরূপ করা যায় এমন। *n.* **declinā°tion**—**decline** (*v.*)-এর সকল অর্থে এবং—ক্রমনিম্নভূমি বা ঢাল; বিষুবলম্ব; দিগ্‌দর্শন যন্ত্রের কাঁটার যথার্থ উত্তর হইতে পূর্বে বা পশ্চিমে স্থান পরিবর্তন। [L. *de-*, *clinare*=to bend]

declivity [di-kli°-vi-ti, ডিক্লি°ভিটি] *n.* downward slope, ঢল, উতরাই। *a.* **decli°vitous, decli°vous**—ঢালু। [L. *declivitas*]

declutch [dē°-kluch°, ডী°ক্লাচ্°] *v.t.* to release from the clutch, ক্লাচ্ টানিয়া (গাড়ির এনজিন প্রভৃতিকে) গিয়ারের সহিত সংযোগচ্যুত করা। *p. & p. pt.* **dē°clu°tched** I [*de-*, *clutch*]

decoct [di-kokt°, ডিকক্‌ট্°] *v.t.* to boil, সিদ্ধ করা; to extract the substance of by boiling, সিদ্ধ করিয়া সার পদার্থ বাহির করিয়া লওয়া, চোলাই করা। *p. & p. pt.* **decoc°ted** I *n.* **decoc°tion**—ক্বাথ। [*de-*, L. *coquere*=to cook]

decode [dē-kōd°, ডীকৌড্°] *v.t.* decipher, সঙ্কেতলিপির পাঠোদ্ধার বা অর্থোদ্ধার করা। *p. & p. pt.* **decō°ded** I *n.* **decō°der** I [*de-*, *code*]

decollate [di-ko°-lāt, ডিক°লেইট্] *v.t.* to behead, শিরশ্ছেদ করা; to truncate, অগ্রভাগ ছাঁটিয়া দেওয়া। *n.* **decolla°tion** I [L. *de-*, *collum*=the neck]

décolleté [dā-kol°-tā, ডেইকল্°টেই] *a.* (of a gown etc.) low cut, (স্ত্রীলোকের জামা-সম্বন্ধে) ঘাড় ও কাঁধ অনাবৃত থাকে এমন, ঘাড়-ও-কাঁধ-কাটা; wearing a low cut gown, ঘাড়-ও-কাঁধ-কাটা গাউন-পরিহিতা। [F.]

decolo(u)rize [dē-ku°-la-rīz, ডীকা°ল্যারাইজ়্] *v.t.* to deprive of colour, বর্ণহীন করা, বিবর্ণ করা, রঙ মুছিয়া ফেলা। *n.* **dēcolo(u)rizā°tion** I [*de-*, see *colour*]

decompose [dē-kam-pōz°, ডীক্যাম্‌পৌজ়্°] *v.t.i.* to resolve into elements, মূল উপাদানগুলি পরস্পর হইতে পৃথক্ করা বা হওয়া; to rot, পচান বা পচা। *n.* **decomposi°tion** I [F. *decomposer*]

decomposite [dē-kom°-pa-zit, ডীকম্°প্যাজ়িট্], **decompound** [dē-kam-pownd°, ডীক্যাম্‌পাউন্ড্°] (**1**) *a.* made by further compounding, পুনর্বার মিশ্রণদ্বারা তৈয়ারী। (**2**) *n.* decomposite substance, word, etc., ঐরূপভাবে তৈয়ারি পদার্থ শব্দ প্রভৃতি। [*de-*, *composite*, *compound*]

decompress [dē-kam-pres°, ডীক্যাম্‌প্রেস্°] *v.t.* to reduce pressure with a view to bringing back to normal, স্বাভাবিক চাপের অবস্থায় পুনঃপ্রত্যাবর্তনের নিমিত্ত চাপ কমান। *n.* **decompre°ssion** I **decompression chamber**—যে প্রকোষ্ঠে চাপ ধীরে ধীরে কমাইয়া স্বাভাবিক বায়ুচাপের সমান করা হয়। [*de-*, *compression*]

deconsecrate [dē-kon°-si-krāt, ডীকন্°সিক্রেইট্] *v.t.* to secularize, যাজকীয় আওতার বহির্ভূত করা। *p. & p. pt.* **dēcon°secrāted** I *n.* **dēconsecrā°tion** I [*de-*, *consecrate*]

decontaminate [dē-kan-ta°-mi-nāt, ডীক্যান্‌ট্যা°মিনেইট্] *v.t.* to free from contamination, রোগ-সংক্রামণ হইতে মুক্ত করা। *p. & p. pt.* **dēconta°mināted** I *n.* **dēcontaminā°tion** I [*de-*, *contaminate*]

decontrol [dē-kan-trōl°, ডীক্যান্‌ট্রৌল্°] (**1**) *v.t.* to remove control from, (সচ. সরকারি) নিয়ন্ত্রণ-মুক্ত করা, বিনিয়ন্ত্রিত করা। *pr. pt.* **dēcontrō°lling** I *p. & p. pt.* **dēcontrō°lled** I (**2**) *n.* removal of control, বিনিয়ন্ত্রণ। [*de-*, *control*]

decor [di-kaw(r)°, ডিকা(র্)°] *n.* scenery and stage embellishments, রঙ্গমঞ্চের দৃশ্যপট ও অন্যান্য সাজসজ্জা। [F.]

decorate [de°-ka°-rāt, ডে°ক্যা°রেইট্] *v.t.* to adorn or beautify, সাজান বা সৌন্দর্যবৃদ্ধি করা; to honour with medal, badge, etc., পদকাদি-দ্বারা ভূষিত করিয়া সম্মানিত করা। *p. & p. pt.* **de°corāted** I *n.* **decorā°tion**—অলঙ্করণ; অলঙ্কার; সজ্জা; পদকাদি প্রভৃতি সম্মানচিহ্ন। *a.* **decorative** [de°-k(a)ra-tive, ডে°ক্র্যাটিভ্] সজ্জাসংক্রান্ত; সৌন্দর্যবৃদ্ধিসংক্রান্ত; সম্মানচিহ্নসংক্রান্ত। *n.* **de°co-**

rator—সজ্জাশিল্পী, বেশকার। *a.* **de°corous**—শোভন ; উপযুক্ত ; সুন্দর। *adv.* **de°corously** । *n.* **decorum** [di-kaw°-ram, ডিক্য°র‍্যাম্] শোভনতা, শালীনতা ; ভদ্রতা ; শিষ্ট সমাজের যোগ্য আচরণ (sense of *decorum*) । [L. *decorare*]

decorticate [dē-ko(r)°-ti-kāt, ডীক(র্)°টিকেইট্] *v.t.* to deprive of the bark or husk or peel, বাকল বা তুস বা খোসা ছাড়ান। *p.* & *p. pt.* **dēcor°ticātėd** । *n.* **dēcorticā°tion** । [L. *decorticare*]

decoy [di-koy°, ডিকয়্°] (**1**) *v.t.* to allure, প্রলুব্ধ করা ; to entrap, ফাঁদে ফেলা। (**2**) *n.* allurement, প্রলোভন, টোপ ; a trap, ফাঁদ। *n.* **dėcoy°duck**—বন্য হাঁসের ঝাঁককে প্রলুব্ধ করিয়া ফাঁদে ফেলার জন্য শিক্ষাপ্রাপ্ত বুনো হাঁস, (তু.) কুনকি-হাঁস। [Du. *de-*=the, *kooi*<L. *cavea*=a cage]

decrease [dē-krēs°, ডীক্রীস্°] *v.i.t.* to lessen, হ্রাস হওয়া বা করা। *p.* & *p. pt.* **dēcrea°sed** । **on the decrese**—হ্রাস পাইতেছে এমন। *n.* **dē°crease**—হ্রাস। *adv.* **dēcreas°ingly** । *n.* **decrement** [de°-kri-mant, ডে°ক্রিম্যান্ট্] হ্রাস। [OF. *decrois*]

decree [di-krē°, ডিক্রী°] (**1**) *n.* an official order, (প্রধানতঃ সরকারি) হুকুম ; an edict or law, অনুশাসন বা আইন ; a judicial decision, রায়, ডিক্রী ; (theo.) a predetermined purpose, (ধর্ম.) বিধিলিপি, নিয়তি (*decree* of God, Providence, etc.) । (**2**) *v.t.i.* to issue or determine a decree, হুকুম দেওয়া, আইন জারি করা, রায় দেওয়া, ভাগ্যবিধান করা। **decree nisi**—কারণ দর্শানর সাপেক্ষে প্রদত্ত ডিক্রী। *n.* **dėcrē°tal**—হুকুম ; আইন ; (প্রধানতঃ পোপ কর্তৃক প্রদত্ত) রায় বা ভাগ্যনির্দেশ। [OF. *decret*<L. *decernere*=to decide]

decrement—see **decrease.**

decrepit [di-kre°-pit, ডিক্রে°পিট্] *a.* worn out by the infirmities of old age, জরাজীর্ণ ; in the last stage of decay, ধ্বংসের শেষ অবস্থায় উপনীত। *n.* **dėcre°pitnėss, dėcre°pitūde** । [L. *decrepitus*=very old]

decrepitate [di-kre°-pi-tāt, ডিক্রে°পিটেইট্] *v.i.t.* to crackle with heat, (লবণাদি-সম্বন্ধে) অগ্ন্যুত্তাপে চট্‌পট্‌-শব্দে পোড়া বা পোড়ান। *p.* & *p. pt.* **dėcre°pitātėd** । *n.* **dėcre°pitā°tion** । [*de-*, L. *crepitare*=to rattle much]

decrescendo—see **decrescent.**

decrescent [di-kre°s(a)nt, ডিক্রে°স্‌ন্ট্] *a.* becoming gradually less, ক্রমশঃ হ্রাসশীল। **decrescendo** [dē°-kri-shen°-dō ডী°ক্রিশেন্°ডৌ] (**1**) *n.* সঙ্গীতের লয় ; (**2**) *a.* উক্ত লয়-সংক্রান্ত ; (**3**) *adv.* উক্ত লয়ের সহিত (cp. **crescendo**) । [L. *decrescere*=to grow less]

decretal—see **decree.**

decrustation [dē-krus-tā°-sh(a)n, ডীক্রাস্‌টেই°শ্‌ন্] *n.* removal of a crust, কঠিন আবরণ বা ত্বক্ অপসারিত করা। [*de-, crust*]

decry [di-krī°, ডিক্রাই°] *v.t.* to cry down, চিৎকার করিয়া বসাইয়া বা থামাইয়া দেওয়া ; to condemn, নিন্দিত বলিয়া ঘোষণা করা ; to blame, দোষ দেওয়া, দোষারোপ করা। *n.* **decrial** [di-krī°-al, ডিক্রাই°অ্যাল্] চিৎকার করিয়া বসাইয়া বা থামাইয়া দেওয়া ; নিন্দার্হ বলিয়া ঘোষণা ; দোষারোপ। *n.* **dėcri°er** । [F. *decrier*]

decuman [de°-kū-man, ডে°কিউম্যান্] *a.* (of waves) large or powerful, (তরঙ্গসম্বন্ধে) বিশাল বা প্রচণ্ড ; principal, প্রধান, মহা। [L. *decumanus*<*decem*=ten]

decumbent [di-kum°-bant, ডিকাম্°ব্যান্ট্] *a.* lying down on the ground, ভূতলশায়ী। *n.* **dėcum°bence, dėcum°bency**—ভূতলে শয়ন ; ভূতলে শয়নের ভঙ্গি। [*de-, cumbent*]

decuple [de°-kū-pl, ডে°কিউপ্‌ল্] (**1**) *a.* tenfold, দশগুণ। (**2**) *n.* a number ten times repeated, দশগুণ সংখ্যা। (**3**) *v.t.* to multiply by ten, দশ দিয়া গুণ করা। *p.* & *p. pt.* **de°cūpled** । [L. *decuplus*]

decussate [di-kus°-āt, ডিকাস°এইট্] (**1**) *v.t.* to intersect or cross, আড়াআড়িভাবে রেখা টানা বা স্থাপন করা। *p.* & *p. pt.* **dėcuss°atėd** । (**2**) *a.* arranged or place crosswise, আড়াআড়িভাবে সজ্জিত বা স্থাপিত। [L. *decussare*]

dedicate [de°-di-kāt, ডে°ডিকেইট্] *v.t.* to set apart and consecrate to some sacred purpose, পবিত্র উদ্দেশ্যে ব্যবহার করিবার জন্য পৃথক্ করিয়া রাখা ও উৎসর্গ করিয়া দেওয়া ; to devote earnestly, একান্তভাবে নিয়োগ করা (to *dedicate* one's life to) ; to inscribe, (পুস্তকাদি কাহারও নামে) উৎসর্গ করিয়া দেওয়া। *p.* & *p. pt.* **de°dicātėd** । *n.* **dedicātee°**—উৎসর্গ করিয়া যাহাকে দেওয়া হয়। *n.* **dedicā°tion** । *n.* **de°dicātor** । *a.* **de°dicātory**—উৎসর্জনমূলক। [L. *dedicare*]

deduce [di-dūs°, ডিডিউস্°] *v.t.* to derive or infer from, কিছু হইতে সিদ্ধান্তাদি করা, অনুমান করা। *p.* & *p. pt.* **dėdū°ced** । *n.* **dėdūce°ment** । *n.* **dėdūcibi°lity** । *a.* **dėdū°cible** । [*de-*, L. *ducere*=to lead]

deduct [di-dukt°, ডিডাক্ট্°] *v.t.* to take away (অংশাদি) বাদ দেওয়া ; to subtract, বিয়োগ করা। *p.* & *p. pt.* **dėduc°tėd** । *a.* **dėduc°tible** । [see *deduce*]

deduction [di-duk°sh(a)n, ডিডাক্°শ্‌ন্] *n.* act of deducing, (অবরোহী প্রথায়) সিদ্ধান্তাদি গ্রহণ, অনুমান ; what is deduced, সিদ্ধান্ত, অনুমান ; act of deduction, বাদ দেওয়া, ব্যবকলন, বিয়োগ ; what is deduced, যাহা বাদ দেওয়া বা বিয়োগ করা হইয়াছে (*deductions* from pay) । *a.* **dėduc°tive**—(ন্যায়.) কারণ দেখিয়া কার্য-নির্ণয়াত্মক, অবরোহী (*deductive* logic, method, reasoning, etc.) । [see *deduce*]

deed [dēd, ডীড্] *n.* an act, কার্য, ক্রিয়া ; an exploit, প্রশংসনীয় কার্যাদি, কৃতিত্ব, অবদান ; a legal document of transaction, আদান-প্রদানের বা হস্তান্তরের দলিল (*deed* of agreement, contract, settlement, etc.) । **in deed**—বাস্তবিকপক্ষে, সত্য-সত্যই । [OE. *daed* < *don* = to do—cp. G. *tat*]

deem [dēm, ডীম্] *v.t.i.* to judge or consider or think, বিচার করা বা বিবেচনা করা, গণ্য করা, মনে করা । *n.* **deem°ster**—(বর্ত. কেবল "আইল্ অব্ ম্যান্" নামক দ্বীপের) বিচারক । *n.* **dempster** [dem°-sta(r), ডেম্°স্ট্যা(র্)] বিচারক । [OE. *deman*]

deep [dēp, ডীপ্] (**1**) *a.* extending or placed far down or far from the outside, গভীর বা গহন ; profound, নিগূঢ় ; difficult to understand, দুর্বোধ্য, জটিল (a *deep* mystery) ; secret, গুপ্ত ; profoundly versed, বিশারদ ; far involved, প্রগাঢ়ভাবে বিজড়িত (*deep* in debt, politics, etc.) ; cunning, চাতুরিপূর্ণ, শঠতাপূর্ণ ; intense, অতিশয়, বেজায় (*deep* love) ; (of colour) vivid and thick, (রঙ সম্বন্ধে) উজ্জ্বল ও গাঢ় (*deep* red) ; heart-felt, মর্মঘাতী (*deep* pain) ; absorbed in, নিমগ্ন (*deep* in study or thought) ; low in pitch, চাপা বা গম্ভীর স্বরবিশিষ্ট (a *deep* voice) । (**2**) *adv.* deeply, গভীরভাবে, নিগূঢ়ভাবে, প্রগাঢ়ভাবে । (**3**) *n.* that which is deep, গভীর বস্তু ; the sea, সমুদ্র ; the deep or deepest part, গভীর বা গভীরতম অংশ ; an abyss, a hollow, গহ্বর, গর্ত ; (in cricket) the portion of the field farthest away from the wickets, (ক্রিকেটে) মাঠের যে অংশ উইকেট হইতে দূরতম । *v.t.* **deep-freeze°**—সংরক্ষণার্থ (খাদ্য) অতি নিম্নতাপে হিমায়িত করা । *p.* **deep-frōze°** । *p. pt.* **deep-frō°zen** । *v.i.t.* **dee°pen**—গভীর বা গভীরতর নিগূঢ় বা নিগূঢ়তর হওয়া অথবা করা । *a.* **deep°-felt**—গভীরভাবে বা হৃদয় দিয়া অনুভূত । *v.t.* **deep-fry°**—তেলে ডুবাইয়া ভাজা, ছাঁকা তেলে ভাজা । *a.* **deep°-laid**—(পরিকল্পনা ফন্দি ফাঁদ প্রভৃতি সম্বন্ধে) সঙ্গোপনে ও সতর্কভাবে রচিত বা স্থাপিত । *adv.* **deep°ly** । *a.* **deep°mōst**—গভীরতম ; নিগূঢ়তম ; প্রগাঢ়তম । *a.* **deep°-mou°thėd**—গম্ভীর চাপা স্বরবিশিষ্ট । *n.* **deep°nėss** । *a.* **deep°-read**—গভীরভাবে পড়াশুনা করিয়াছে এমন । *a.* **deep°-rōō°tėd**—(আল.) বহুদূরপ্রসারিত, সুদৃঢ়, দৃঢ়মূল । *a.* **deep°-sea, deep°-water**—গভীর সমুদ্রের (*deep-sea*·fishing) । **deep sea** or **waters**—সমুদ্রের গভীর অংশ, গভীর সমুদ্র । **deep water(s)**—বিপজ্জনক গভীর জল ; (আল.) বিপদ্ বা মুশকিল । *a.* **deep°-sea°tėd**—গভীর ; বহু গভীর তলের । **deep therapy**—গভীর রঞ্জনরশ্মি বা গামারশ্মির প্রয়োগে চিকিৎসা । [OE. *deop*]

deer [dē(r), ডিয়্যা(র্)] *n.* a kind of animal, হরিণ । *pl.* **dēēr** । *n.* **deer-lick**—হরিণের লেহনযোগ্য লবণাক্ত ভূমি । *n.* **dēēr°-neck**—(ঘোড়ার) অতি কৃশ ও কুগঠিত গ্রীবা । **deer°-park**—মৃগাদি রাখার জন্য ঘেরাও-করা সংরক্ষিত স্থান । *n.* **dēēr°-skin**—হরিণ-চর্ম । *n.* **dēēr°-sta°lker**—যে শিকারি চুপিসাড়ে অগ্রসর হইয়া হরিণ শিকার করে ; সামনে-পিছনে দুইটি শিংয়ের মত উঁচু-করা টুপিবিশেষ । *n.* **dēēr°-sta°lking**—চুপিসাড়ে অগ্রসর হইয়া হরিণশিকার । [OE. *deor*—cp. Du. *dier*]

deface [di-fās°, ডিফেইস্°] *v.t.* to mar the external appearance of, চেহারা নষ্ট করা ; to disfigure, সৌন্দর্যহানি করা ; to discredit, মর্যাদাহানি করা ; to obliterate, মুছিয়া ফেলা । *p. & p. pt.* **dėfā°ced** । *n.* **dėfāce°ment** । [OF. *desfacer*]

de facto [dē-fak°-tō, ডীফ্যাক্°টৌ] *ph.* in fact, whether by right or not, অধিকার বলে হউক বা না হউক প্রকৃতপ্রস্তাবে বটে । [L.]

defalcate [di-fal°-kāt, ডিফ্যাল্°কেইট্] *v.i.* to embezzle money held on trust, গচ্ছিত অর্থ আত্মসাৎ করা, তহবিল তছরূপ করা । *p. & p. pt.* **dėfal°cātėd** । *n.* **dėfalcā°tion** । *n.* **dėfal°cātor** । [*de-*, LL. *falcare* = to cut]

defame [di-fām°, ডিফেইম্°] *v.t.* to attack the good fame or reputation of, মানহানি করা ; to speak ill of, নিন্দা করা, কুৎসা করা । *n.* **defamation** [de-fa-mā°sh(a)n, ডেফ্যামেই°শ্‌ন্] । *a.* **defam°atory**—মানহানিকর ; কুৎসামূলক । [OF. *diffamer*—cp. *fame*]

default [di-fawlt°, ডিফ'ল্ট্°] (**1**) *n.* a fault, defect or failing, দোষ, ত্রুটি, বিচ্যুতি, অক্ষমতা ; failure or neglect to act or appear, কর্তব্য-সাধনে বা হাজির হইতে অক্ষমতা অথবা অবহেলা ; an offence, অপরাধ ; failure to pay or repay, অর্থাদি প্রদানে বা পরিশোধে অক্ষমতা ; want or absence, অভাব বা অনুপস্থিতি (in *default* of) । (**2**) *v.i.* to fail through neglect of duty, কর্তব্যে অবহেলার জন্য অক্ষম হওয়া ; to fail to appear in court when summoned, পরওয়ানা পাইয়াও আদালতে হাজির হইতে অক্ষম হওয়া । *p. & p. pt.* **dėfaul°tėd** । **in default of**—(কিছুর) অভাব ঘটিলে, (কিছু) বাদ পড়িলে বা না পাইলে বা না ঘটিলে । **judgement by default**—প্রতিবাদী বা বিবাদীর অনুপস্থিতিতে ফরিয়াদি বা বাদীর পক্ষে রায়দান । *n.* **dėfaul°ter**—পরওয়ানা পাওয়া সত্ত্বেও আদালতে অনুপস্থিত ব্যক্তি ; যথাসময়ে অর্থাদিপ্রদানে বা বা ঋণপরিশোধে অক্ষম ব্যক্তি । [OF. cp. *fault*]

defeasance [di-fē°z(a)ns, ডিফীজ্‌ন্‌স্] *n.* defeat, পরাজয় ; a rendering null and void, বাতিল ও অকার্যকর করা । *a.* **dėfea°ṡible**—বাতিলযোগ্য । *n.* **dėfeaṡibi°lity** । *adv.* **dėfea°ṡibly** । [OF. *defesance*—cp. *defeat*]

defeat [di-fēt°, ডিফীট্°] *v.t.* to frustrate, ব্যাহত করা বা ব্যর্থ করা ; to undo or ruin, সর্বনাশ করা বা ধ্বংস করা ; to win a victory over, পরাজিত করা । (**2**) *n.* a frustration, ব্যাহতি, বাধা ; failure, ব্যর্থতা ; ruin, সর্বনাশ, ধ্বংস ; overthrow, loss in a game, পরাজয়, হার। *p.* & *p. pt.* **dėfea°tėd** । *n.* **dėfea°tism**—বিনা দ্বন্দ্বে হার মানার স্বভাব, পরাজিত মনোভাব। **dėfea°tist—(1)** *n.* পরাজিত মনোভাবসম্পন্ন ব্যক্তি ; **(2)** *a.* পরাজিত মনোভাবসম্পন্ন। *n.* **defeature** [di-fē°-cha(r), ডিফী°চ্যা(র্)] সর্বনাশ ; পরাজয় ; চেহারার বিকৃতি (cp. **feature**) ; ছদ্মবেশ। [OF. *defait*=undone]

defecate [de°-fi-kāt, ডে°ফিকেইট্] *v.t.* to clear from dregs, শিটা বা গাদ হইতে বিমুক্ত করা ; to purify, শোধন করা ; to empty the bowels, মলত্যাগ করা। *p.* & *p. pt.* **de°fecātėd** । *n.* **defecā°tion** । [L. *defaecare*]

defect [di-fekt°, ডিফেক্ট্°] *n.* a deficiency, অপূর্ণতা ; a want, অভাব ; a shortcoming, বিচ্যুতি ; blemish, খুঁত, ত্রুটি ; fault, দোষ। *n.* **dėfec°tion**—অক্ষমতা ; কর্তব্যচ্যুতি ; বিদ্রোহ ; স্বদলদ্রোহিতা, দলত্যাগ। *a.* **dėfec°tive**—অপূর্ণ ; অভাবপূর্ণ ; ত্রুটিপূর্ণ ; দোষযুক্ত। **dėfec°tor**—স্বদলদ্রোহী, দলত্যাগী। [L. *deficere*=to fail]

defence—see **defend.**

defend [di-fend°, ডিফেন্ড্°] *v.t.* to maintain against attack, প্রতিরোধ করা ; to protect, রক্ষা করা ; to ward off, প্রতিহত করা ; (in law) to resist against a charge, (আইনে) অভিযোগের জবাব দেওয়া ; to contest, প্রতিদ্বন্দ্বিতা করা (to *defend* one's championship) ; (obs.) to forbid, (অপ্র.) নিষেধ করা। *p.* & *p. pt.* **dė-fen°dėd** । *n.* **dėfence°**, (Am.) **dėfense°**—প্রতিরোধ ; রক্ষা ; প্রতিপাদন বা পক্ষসমর্থন (*defence* of poesy) ; (আইনে) প্রতিবাদীর বা আসামির জবাব অথবা কৈফিয়ত। *a.* **dėfence°lėss**—অরক্ষিত। *adv.* **dėfence°lėssly** । *n.* **defence°-lessnėss** । *a.* **dėfen°dable** । *n.* **dėfendant** [di-fen°-dant, ডিফেন্°ড্যান্ট্] রক্ষক ; সমর্থক ; (আইনে) প্রতিবাদী। *n.* **dėfen°der**—রক্ষক ; সমর্থক ; স্বীয় বিজয়ী-আখ্যা অক্ষুণ্ণ রাখার জন্য প্রতিদ্বন্দ্বিতায় অবতীর্ণ ব্যক্তি। *a.* **dėfen°sible**—রক্ষণসাধ্য ; রক্ষণীয় ; সমর্থনযোগ্য। *n.* **dėfensibi°-lity** । *adv.* **dėfen°sibly** । *a.* **dėfen°sive**—প্রতিরক্ষামূলক ; আত্মরক্ষামূলক। **defence mechanism**—অস্বস্তিকর আবেগাদি দূর করিবার বা এড়াইবার জন্য অবচেতন মনের স্বতঃস্ফূর্ত ক্রিয়াবিশেষ। **(to) stand on the defensive**—আত্মরক্ষামূলক পন্থাবলম্বন করা। [L. *defendere*]

defenestration [dē-fen-is-trā°-sh(a)n, ডীফেনিস্ট্রেই°শ্ন্] *n.* action of throwing out of a window, জানালা দিয়া নিক্ষেপ। [L. *de-*, *fenestra* =window]

defense, defensible, defensive—see **defend.**

defer₁ [di-fa(r)°, ডিফ্যা(র্)°] *v.t.* to postpone, স্থগিত রাখা, মুলতবি রাখা ; to delay, দেরি করান। *pr. pt.* **dėfe°rring** । *p.* & *p. pt.* **dėfe°rred** । **dėferred pay**—যে বেতন কর্মচারী কার্য হইতে অবসরগ্রহণকালে পায় বা কর্মরত অবস্থায় তাহার মৃত্যু ঘটিলে তাহার উত্তরাধিকারীকে দেওয়া হয়। **deferred shares**—নির্দিষ্ট সময় উত্তীর্ণ না হইলে বা নির্দিষ্ট ঘটনা না ঘটিলে যে শেয়ার বাবদ লভ্যাংশ দেওয়া হয় না। *n.* **dėfer°ment** । *n.* **dėfe°rrer** । [L. *differre*= to carry asunder—cp. *differ*]

defer₂ [di-fa(r)°, ডিফ্যা(র্)°] *v.i.t.* to yield (to), (পরের মত বা কর্তৃত্ব) মানিয়া লওয়া, বশ্যতাস্বীকার করা। *conjug.* same as **defer₁** । *n.* **deference** [de°f(a)(a)ns, ডে°ফ্রন্স্] (পরের মত বা কর্তৃত্ব) মানিয়া লওয়া, বশ্যতাস্বীকার ; সশ্রদ্ধ বাধ্যতা। **in deference to**—কাহারও বা কিছুর প্রতি শ্রদ্ধাবশতঃ। *a.* **deferential** [de-fa-ren°sh(al), ডেফ্যারেন্°শ্ল্] (পরের মত বা কর্তৃত্ব) স্বীকার করে এমন ; সশ্রদ্ধ বাধ্যতাপূর্ণ। *adv.* **deferen°tially** । [L. *deferre*=to bear down]

deferent [de°f(a)r(a)nt, ডে°ফ্রন্ট্] *a.* (physio.) in-carrying, (শারীর.) অন্তর্বাহ (*deferent* duct) ; (rare) deferential, (বিরল) পরের মত বা কর্তৃত্ব স্বীকার করে এমন, সশ্রদ্ধ বাধ্যতাপূর্ণ। [see *defer₂*]

deferential—see **defer₂.**

defiance, defiant—see **defy.**

deficient [di-fi°-sh(a)nt, ডিফি°শ্ন্ট্] *a.* wanting, অভাবপূর্ণ, অভাবগ্রস্ত ; not having enough of, পর্যাপ্ত নহে এমন (mentally *deficient*) ; imperfect, অসম্পূর্ণ ; defective, ত্রুটিপূর্ণ। *n.* **dėfi°-ciency**—অভাব (*deficiency* of food) ; অসম্পূর্ণতা ; ত্রুটি ; খুঁত। **deficiency disease**—খাদ্যপ্রাণ বা ভিটামিনের অভাবজনিত রোগ। *adv.* **dėfi°ciently** । *n.* **deficit** [de°-fi-sit, ডে°ফিসিট্] অভাব, ঘাটতি। **deficit budget**—ঘাটতি-বাজেট বা ঘাটতি-আয়-ব্যয়ক। [L. *deficiens*<*deficere*=to fail]

defied, defier—see **defy.**

defile₁ [di-fīl°, ডিফাইল্°] *v.t.* to march in file, সারি বাঁধিয়া যাওয়া। *n.* **dē°file**—যে সঙ্কীর্ণ পথের মধ্য দিয়া সৈন্যদল কেবল সারি বাঁধিয়াই চলিতে পারে ; গিরিসঙ্কট। [*de-*, F. *filer*—cp. *file*]

defile₂ [di-fīl°, ডিফাইল্°] *v.t.* to befoul, মলিন বা নোংরা করা ; to pollute or corrupt, দূষিত বা বিকৃত করা; (fig.) to desecrate, (আল.) কলুষিত করা। *n* **defile°ment** । *n.* **defi°ler** । [*de-*, OE. *fylan*<*ful*=foul—confused with OF. *defouler*=to trample]

define [di-fīn°, ডিফাইন্°] *v.t.* to decide or determine precisely, যথাযথভাবে স্থির করা বা নির্ধারণ করা ; to fix the limits of, সীমানির্দেশ করা ; to describe accurately, সঠিকভাবে বর্ণনা করা ; to fix the meaning of, অর্থ বা সংজ্ঞা নিরূপণ করা। *a.* **dėfi°nable** । *adv.* **dėfi°-nably** । *n.* **definition** [de-fi-ni°sh(a)n. ডেফিনি°শ্ন্] নির্ধারণ ; সীমানির্দেশ ; যথাযথ বর্ণনা ; সঠিক অর্থ বা সংজ্ঞা। [L. *definire*=to set bounds to]

definite [de°-fi-nit, ডে°ফিনিট্] *a.* having distinct limits, স্পষ্ট সীমাযুক্ত ; decided, fixed, স্থিরীকৃত, নির্ধারিত ; exact, যথাযথ ; clear, স্পষ্ট ; categorical, দ্ব্যর্থশূন্য ; (gr.) not vague, (ব্যাক.) নির্দিষ্ট (**definite article** অর্থাৎ '**the**') । *adv.* **de°finitely** । *n.* **dė°finitenėss** । *a.* **dėfi°nitive**—নির্ধারক ; সীমানির্দেশক ; নিশ্চিত ; চূড়ান্ত । [see *define*]

definition—see **define.**

definitive—see **definite.**

deflagrate [de°fla-grāt, ডে°ফ্ল্যাগ্রেইট্] *v.t.i.* to burn suddenly and rapidly, অকস্মাৎ দ্রুত পোড়ান বা পোড়া । *p. & p. pt.* **de°flagrātėd** । **deflagrating spoon**—উজ্জ্বলন চামচ । *n.* **deflagrā°tion**—(রসা.) আকস্মিক দহন । *n.* **de°flagrātor**—দ্রুত দহনযন্ত্রবিশেষ । [L. *deflagrare*]

deflate [dē-flāt°, ডীফ্লেইট্°] *v.t.* to reduce from inflation, (ফাঁপা চাকা প্রভৃতির ভিতরের বাতাসাদি নিষ্কাশনপূর্বক) স্ফীতি হ্রাস করা, (রাষ্ট্রাদির) মুদ্রাস্ফীতি হ্রাস করা । *p. & p. pt.* **dēflā°tėd** । *n.* **dēflā°tion** । *a.* **deflā°tionary**—(মুদ্রাস্ফীতি) ইত্যাদি হ্রাসকারী (*deflationary* effect on the price level) । [L. *deflare*]

deflect [di-flekt°, ডিফ্লেক্ট্°] *v.t.i.* to turn aside (from.), একপাশে বা অন্যদিকে সরান অথবা সরিয়া যাওয়া ; to deviate, বিপথগামী বা ভিন্নপথগামী করা অথবা হওয়া (to *deflect* from course) । *p. & p. pt.* **dėflec°tėd** । *n.* **dėflec°tion, dėflex°ion** । *n.* **deflec°tor**—শিখা বিদ্যুতালোকচ্ছটা প্রভৃতি একপাশে সরাইবার যন্ত্রবিশেষ । [L. *deflectere*]

defloration [dē-flaw-rā°sh(a)n, ডীফ্লরেই°শ্‌ন্] *n.* deflowering, পুষ্পহীন করা । [see *deflower*]

deflower [dē-flow°a(r), ডীফ্লাউ°আ্যা(র্)] *v.t.* to deprive of flowers, পুষ্পহীন করা ; to deprive of virginity, কুমারীত্ব নাশ করা । [L. *deflorare*—cp. *flower*]

defoliate [di-fō°-li-āt, ডিফৌ°লিএইট্] (**1**) *v.t.* to deprive of leaves, নিষ্পত্র বা পত্রশূন্য করা । (**2**) *a.* stripped of leaves, পত্রশূন্য । *n.* **defoli°ation**—পাতা খসানর বা ঝরিয়া পড়ার সময় ; পাতা ঝরিয়া পড়া, পত্রবিচ্যুতি । [L. *dē*, *folium*=a leaf]

deforest [dē-fo°-rist, ডীফ°রিস্ট্] var. of **disforest.**

deform [di-faw(r)m°, ডিফা(র্)ম্°] *v.t.* to disfigure, আকৃতি বিকৃত করা । *n.* **dėformā°tion**—অঙ্গ বা আকৃতি বিকৃত করা ; অঙ্গবিকৃতি, বিকলাঙ্গতা ; বিকৃতি । *a.* **dėfor°med**—বিকৃত অঙ্গযুক্ত, কুগঠিত । *n.* **dėfor°mity**—অঙ্গবিকৃতি ; বিকলাঙ্গতা । [*de-*, *form*]

defraud [di-frawd°, ডিফ্রাড্°] *v.t.* to cheat, ঠকাইয়া লওয়া, প্রতারিত করিয়া লওয়া (to *defraud* a person *of* his right) । *p. & p. pt.* **dėfrau°dėd** । [*de-*, *fraud*]

defray [di-frā°, ডিফ্রেই°] *v.t.* to provide money for, (ব্যয়াদি) বহন করা (to *defray* the expenses of relief work) । *n.* **dėfray°al** । *n.* **dėfray°er** । [OF. *desfrayer*]

defrost [dē°-frost, ডী°ফ্রস্ট্] *v.t.* to remove frost or ice from, জমাট-বাঁধা শিশির বা তুষার পরিষ্কার করা বা সরাইয়া ফেলা । *n.* **de°froster**—মোটরগাড়ি প্রভৃতির বায়ুরোধী কাচ হইতে তুষারকণা দূর করিবার যন্ত্রবিশেষ । [*dē-*, *frost*]

deft [deft, ডেফ্‌ট্] *a.* clever, চতুর ; skilful, দক্ষ, কুশলী । *adv.* **deft°ly** । *n.* **deft°nėss** । [ME. *defte*, *dafte*<OE. *gedaefte*=meek]

defunct [di-fung(k)t°, ডিফাংট্°] *a.* dead, মৃত ; no longer existing, বিলুপ্ত । [*de-*, L. *fungi*=to perform]

defuse [dē-fūz, ডীফিউজ্] *v.t.* to remove the fuse from (a bomb or a mine), (বোমা বা মাইন হইতে) দাহ্যপদার্থ-পূর্ণ নল বা ফিউজ সরাইয়া ফেলা । [*de-*, *fuse*]

defy [di-fī°, ডিফাই°] *v.t.* to challenge, দ্বন্দ্বে আহ্বান করা ; to brave, দ্বন্দ্বার্থ সম্মুখীন হওয়া ; to oppose or resist openly, প্রকাশ্যে বিরোধিতা করা বা প্রতিরোধ করা ; to set at naught, গ্রাহ্য না করা, তুচ্ছ করা ; to present insuperable obstacles to, (কিছুর পথে) অনতিক্রম্য বাধা সৃষ্টি করা (the problem *defied* solution ; to *defy* description or definition) । *p. & p. pt.* **dėfī°ed** । *n.* **defiance** [di-fī°ans, ডিফাই°অ্যান্স্] দ্বন্দ্বার্থ আহ্বান বা সম্মুখীনতা ; অবজ্ঞাপূর্ণ বিরোধিতা । **(to) bid defiance to**—(কাহারও সহিত) দ্বন্দ্ব বা বিরোধ করিতে উদ্যত হওয়া । **(to) set at defiance**—অবজ্ঞা করা । (to *set* rules *at defiance*) । *a.* **dėfī°ant**—দ্বন্দ্বার্থ সম্মুখীন বা আহ্বানপূর্ণ ; অবজ্ঞাসহকারে বিরোধে প্রবৃত্ত বা উদ্যত । *n.* **dėfī°er** । [OE. *defier*]

degauss [dē-gows°, ডীগৌস্°] *v.t.* to demagnetize a magnetic substance, চৌম্বক বস্তু চুম্বকত্বহীন করা ; to neutralize the magnetic field of, চৌম্বকক্ষেত্র চুম্বকত্বহীন বা নিষ্ক্রিয় করা । [*de-*, *gauss*]

degenerate [di-je°-n(a)rit, ডিজে°ন্‌রিট্] (**1**) *a.* having lost the high qualities of race or kind, বংশোচিত বা শ্রেণীগত মর্যাদাচ্যুত ; debased, অধঃপতিত । (**2**) *n.* one who is degenerate, বংশোচিত বা শ্রেণীগত মর্যাদাহারা ব্যক্তি অথবা প্রাণী, অধঃপতিত ব্যক্তি । *v.i.* **degenerate** [di-je°-narāt, ডিজে°ন্যারেইট্] বংশোচিত বা শ্রেণীগত মর্যাদা হারান ; অধঃপতিত হওয়া । *p. & p. pt.* **dėge°nerātėd** । *n.* **dėge°neracy, dėgenerā°tion** । *adv.* **dėge°nerately** । *n.* **dėge°nerātenėss** । [L. *degenerare*=to depart from its kind]

degrade [di-grād°, ডিগ্রেইড্°] *v.t.* to lower in grade, rank, dignity, value, position, character, etc., পদমর্যাদা, শ্রেণী, সম্মান, মূল্য, অবস্থা, চরিত্রের উৎকর্ষ, প্রভৃতি হ্রাস করা বা হানি করা। *p. & p. pt.* **dėgrā°dėd** । *n.* **degradation** [de-gra-dā°sh(a)n, ডেগ্র্যাডেই°শ্‌ন্] । [OF. *degrader* <L. *de-, grade*]

degree [di-grē°, ডিগ্রী°] *n.* a grade or step, মাত্রা, ধাপ; a unit of temperature, তাপমাত্রা; a mark of distinction conferred by universities, বিশ্ববিদ্যালয়ের উপাধি; 360th part of a revolution, বৃত্তের $\frac{1}{360}$ কৌণিক অংশ, ডিগ্রী; (gr.) stage, (ব্যাক.) তুলনার মান (**positive degree**=সাধারণ মান; **comparative degree** =তুলনামূলক মান; **superlative degree**—সর্বাধিক বা পরম মান)। **degree of comparison** দুইয়ের মধ্যে উৎকর্ষাদিবোধক '-তর'-যোগে নিষ্পন্ন বিশেষণপদের রূপ। **by degrees**—একটু একটু করিয়া। **degree of freedom**—(বিজ্ঞা.) যে-কোন গঠনতন্ত্রের দুইটি নিরপেক্ষ চলের যে-কোন একটি (যেমন, চাপ তাপ সমাহরণ অর্থাৎ একক পরিমাণ আয়তনে অণু বা স্থূলাণুর অনুপাত ইত্যাদি)। **third degree**—গুপ্ত সংবাদ বাহির করার জন্য বা স্বীকৃতি আদায়ের জন্য পুলিস কর্তৃক অভিযুক্ত ব্যক্তিকে দীর্ঘকালব্যাপী কঠোর জেরা। **to a high degree**—বেজায়। **to the last degree** (also coll. **to a degree**)—যৎপরোনাস্তি। [F. *degre*<L. *de-*, see *grade*]

dehisce [di-his°, ডিহিস্°] *v.i.* (of seed vessels) to burst open, (শস্যমঞ্জরীসম্বন্ধে) ফাটিয়া যাওয়া। *p. & p. pt.* **dėhi°scėd** । *n.* **dėhi°scence**—ফাটিয়া যাওয়া। *a.* **dėhi°scent**—ফাটিয়া যায় এমন। [L. *dehiscere*]

dehorn [dē-haw(r)n°, ডীহ(র্)ন্°] *v.t.* to remove the horns from, (গবাদি পশুর) শৃঙ্গ অপসারিত করা, বিশৃঙ্গ করা। [*de-, horn*]

dehumanize [dē-hū°-ma-nīz, ডীহিউ°ম্যানাইজ়্] *v.t.* to divest of human qualities, মনুষ্যোচিত গুণাবলী হইতে বিচ্যুত করা। [*de-*, see *human*]

dehydrate [dē-hī°-drāt, ডীহাই°ড্রেইট্] *v.t.i.* to deprive of or lose water, জলশূন্য বা নিরুদ করা অথবা হওয়া। *p. & p. pt.* **dėhy°drātėd** । *n.* **dėhydrā°tion**—নিরুদন। [*de-, hydrate*]

de-ice [dē°-īs°, ডী°আইস্°] *v.t.* to remove ice from, (বিমানপোতাদির উপর হইতে) বরফ বা তুষার অপসারিত করা। [*de-, ice*]

dehypnotize [dē-hip°-no-tīz, ডীহিপ°নটাইজ়্] *v.t.* to release or rouse from hypnotic state, সম্মোহিত অবস্থা হইতে মুক্ত বা জাগ্রত করা। [*dē, hypnotism*]

deicide [dē°-i-sīd, ডী°ইসাইড্] *n.* the killing or killer of a god, দেবহত্যা বা দেবঘাতক। [L. *deus*=a god, *caedere*=to kill]

deify [dē°-i-fī, ডী°ইফাই] *v.t.* to make a god of, দেবত্বারোপ করা বা দেবতুল্য করা। *n.* **deificā°tion**—দেবত্বারোপণ (the *deification* of a leader)। [F. *deifier*]

deign [dān, ডেইন্] (1) *v.i.* to condescend, প্রসন্ন হওয়া। (2) *v.t.* to condescend to give, প্রসন্ন হইয়া প্রদান করা। [F. *daigner*<L. *dignari*=to think worthy]

deism [dē°-izm, ডী°ইজ়্ম্] *n.* belief in the existence of God not as a revealed certainty, ধর্ম-বাদে যুক্তির খাতিরে ঈশ্বরের অস্তিত্বে বিশ্বাস, ঈশ্বরবাদ (তু. একাত্মবাদ)। *n.* **de°ist**—ঈশ্বরবাদী ব্যক্তি। *a.* **deis°tic(al)**—ঈশ্বরবাদী কিন্তু কোন ধর্ম মানে না এমন। [L. *deus*=a god]

deity [dē°-i-ti, ডী°ইটি] *n.* godhood, দেবত্ব; a god or goddess, দেব বা দেবী, দেবতা। **the Deity**—ঈশ্বর। [F. *deite*<LL. *deitas*<*deus*= a god—cp. Sans. *deva, Diti*]

deject [di-jekt°, ডিজেক্‌ট্°] *v.t.* to dispirit or depress, নিরানন্দ বা মনমরা করা। *a.* **dėjec°tėd**—নিরানন্দ, মনমরা। *n.* **dėjec°tion** । [L. *dejicere*]

déjeuner [dā°-za-nā, ডেই°জ্যানেই] *n.* a breakfast or lunch, প্রাতরাশ বা মধ্যাহ্নভোজ। [F.]

dejure [dē-joo(a)r°-i, ডীজুয়্যা(র্)°ই] (1) *a.* rightful, ন্যায়সম্মত অধিকারপূর্ণ। (2) *adv.* by right, ন্যায়সম্মত অধিকারবলে। [L.]

dekko [de°-kō, ডে°কৌ] (1) *n.* (mil. sl.) look, (সাম. অশি.) চাহনি। (2) *v.i.* to look, তাকান। **(to) have a dekko**—এক নজর দেখা বা তাকান। [Hind. *dekho*]

delate [di-lāt°, ডিলেইট্°] *v.t.* to charge with a crime, to accuse অভিযুক্ত করা, দোষারোপ করা। *n.* **delā°tion** । [L. *dēlātum*]

delay [di-lā°, ডিলেই°] (1) *v.i.* to postpone, মুলতবি করা বা স্থগিত রাখা; to defer, বিলম্বিত করান; to hinder or retard, বাধা দেওয়া বা ব্যাহত করা। (2) *v.i.* to put off time, বিলম্ব করা, দেরি করা; to linger, অপেক্ষা করা; to pause, থামা। (3) *n.* a deferring, স্থগন, বিলম্ব; a lingering, কালহরণ; hindrance, বাধা। **without delay**—অবিলম্বে। *n.* **dėlay°er** । [OF. *delaier*]

dele [dē°-li, ডী°লি] *v.t.* (*imp.*) delete, বাদ দাও, অপসৃত কর। [L.]

delectable [di-lek°-tabl, ডিলেক্‌°ট্যাব্‌ল্] *a.* delightful, আনন্দদায়ক, মনোরম। *n.* **dėlec°tablenėss** । *adv.* **dėlec°tably** । *n.* **dėlectā°tion**—আনন্দদান, চিত্তবিনোদন; আনন্দ। [F. <L. *delectabilis*<*delectare*=to delight]

delegate [de°-li-gāt, ডে°লিগেইট্] *v.t.* to depute, প্রতিনিধিরূপে প্রেরণ করা; to entrust, (দায়িত্বাদি) অর্পণ করা। *p. & p. pt.* **de°lėgātėd** । *n.* **de°lėgāte**—প্রতিনিধি। *n.* **de°lėgacy, delėgā°tion**—প্রতিনিধিরূপে প্রেরণ; প্রতিনিধিত্ব; প্রতিনিধিবর্গ। [*de-*, L. *legare*=to send as an ambassador]

delete [dē-lēt°, ডীলীট্°] *v.t.* to strike out, remove or obliterate, কাটিয়া দেওয়া, দূর করা বা মুছিয়া ফেলা (the censor *deleted* the offending words) । *p. & p. pt.* **dēlē°tėd** । *n.* **dė-lē°tion** । [L. *delere*]

deleterious [de-li-tē(r)°-i-as, ডেলিটিয়্যার্°ই-অ্যাস্] *a.* hurtful, ক্ষতিকর ; destructive, ধ্বংসাত্মক । *adv.* **delėtēr°iously** । *n.* **delėtēr°-iousnėss** । [Gk. *deleterios*]

delf, delft [delf, delft, ডেল্‌ফ্, ডেল্‌ফ্‌ট্] *n.* a kind of glazed earthenware, চকচকে বা রঙীন মৃৎপাত্রবিশেষ । [*Delft* in Holland]

deliberate [di-li°-ba-rāt, ডিলি°ব্যারেইট্] *v.t.i.* to consider or think carefully, বিশেষভাবে বিবেচনা করা বা চিন্তা করা (to *deliberate over* or *upon* a question) । *p. & p. pt.* **dėli°berātėd** । *a.* **deliberate** [di-li°-b(a)rit, ডিলি°ব্‌রিট্] সুচিন্তিত ; স্বেচ্ছাকৃত (a *deliberate* lie) ; ধীর ও সতর্ক । *adv.* **dėli°berātely** । *n.* **dėli°berā-tenėss** । *n.* **dėliberā°tion**—বিশেষভাবে বিবেচনা বা চিন্তন ; সুচিন্তিত কার্য ; ধীরতা । *a.* **dėli°-berātive**—সুচিন্তিত ; স্বেচ্ছাকৃত ; বিচার-বিবেচনার জন্য নিযুক্ত বা গঠিত (a *deliberative* assembly) । [L. *deliberare*=to weigh intensely<*libra*= a balance]

delicate [de°-li-kit, ডে°লিকিট্] *a.* pleasing, তৃপ্তিকর ; tasteful, রুচিকর, উপাদেয়, মুখরোচক, সুস্বাদু (*delicate* taste or flavour) ; effeminately graceful, নারীসুলভ কমনীয় ; subtle, সূক্ষ্ম (*delicate* meaning) ; slender, কৃশ, কৃশতনু ; tender, কোমল ; frail, দুর্বল, পলকা (*delicate* health) ; refined in manners, আদবকায়দা-দোরস্ত, মার্জিতব্যবহার ; polite, ভদ্র ; luxurious, ভোগবিলাসপূর্ণ, বিলাসী । *n.* **de°licacy**—তৃপ্তিকরতা, রুচিকরতা ; উপাদেয়তা ; সৌন্দর্য ; নারীসুলভ কমনীয়তা ; সূক্ষ্মতা ; কৃশতা ; দুর্বলতা ; মার্জিত স্বভাব ; ভদ্রতা ; রুচিকর খাবার । *adv.* **de°licāte-ly** । *n.* **de°licatenėss** । [L. *delicatus*]

delicious [di-li°shas, ডিলি°শ্যাস্] *a.* highly pleasing, esp. to taste, অতিশয় তৃপ্তিকর বা সুস্বাদু । *adv.* **deli°ciously** । *n.* **dėli°cious-nėss** । [L. *delicious*<*deliciae*=delight]

delicatessen [de-li-ca-te°-sen, ডেলিক্যাটে°সেন্] *n.* (*pl.*) cooked savoury foods, রান্না-করা সুস্বাদু খাদ্যাদি ; (*sing.*) shop selling such articles of food, এই সকল খাদ্যাদি বিক্রয়ের দোকান । [G. *delikatessen*]

delict [dē°-likt, ডী°লিক্‌ট্] *n.* violation of law, আইন-অমান্য ; an offence, অপরাধ । [L. *delictum*=an offence]

delight [de-līt°, ডিলাইট্°] (**1**) *v.t.i.* to please or be pleased highly, অতিশয় আনন্দিত করান বা আনন্দিত হওয়া । (**2**) *n.* a great pleasure, পরমানন্দ ; a delightful object, পরমানন্দদায়ক ব্যক্তি বা বস্তু বা বিষয় । **(to) take delight in**—(কিছুতে) আনন্দ পাওয়া, উপভোগ করা । *a.* **dėligh°tėd**—পরমানন্দিত । *a.* **dėlight°ful, dėlight°some**—পরমানন্দদায়ক । [OF. *deliter*<L. *delectare* (*v.*)]

Delilah [di-lī°-la, ডিলাই°ল্যা] *n.* a temptress, ছলনাময়ী, মোহিনী । [B.—the temptress of Samson]

delimit [dē-li°-mit, ডীলি°মিট্] *v.t.* to fix the limit of, সীমানির্দেশ করিয়া দেওয়া । *p. & p. pt.* **dėli°mitėd** । *n.* **dėlimitā°tion**—সীমানির্দেশ-করণ (*delimitation* of boundaries, constituencies, etc.) । [*de-, limit*]

delineate [di-li°-ni-āt, ডিলি°নিএইট্] *v.t.* to represent by a sketch or picture, নকশাদির দ্বারা দেখান বা বর্ণনা করা ; to describe (picturesquely), (চিত্রানুগভাবে) বর্ণনা করা । *p. & p. pt.* **dėli°neātėd** । *n.* **dėlineā°tion** । *n.* **dėli°neātor** । [L. *delineare*]

delink [di-lingk°, ডিলিংক্°] *v.t.* to sever the link of, সংযোগচ্যুত করা । [*de-, link*]

delinquent [di-ling°-kwant, ডিলিং°কোয়্যান্ট্] (**1**) *a.* failing in duty, কর্তব্যপালন করে নাই এমন ; guilty, দোষী । (**2**) *n.* a delinquent person, কর্তব্যে অবহেলাকারী বা অপরাধী । *n.* **dėlin°quency**—কর্তব্যে অবহেলা ; দোষ, ত্রুটি (juvenile *delinquency*) । [*de-*, L. *linquere*=to leave]

deliquesce [de-li-kwes°, ডেলিকোয়েস্°] *v.i.* to melt by absorbing moisture from the air, (লবণাদি-সম্বন্ধে) বায়ুতে আর্দ্রতাহেতু গলিয়া যাওয়া । *p. & p. pt.* **delique°scėd** । *n.* **delique°scence**—গলন, দ্রবণ । *a.* **delique°scent**—গলনশীল, দ্রবণশীল । [L. *deliquescere*]

delirious [di-li°-ri-as, ডিলি°রিঅ্যাস্] *a.* affected with delirium, বিকারগ্রস্ত, প্রলাপ বকিতেছে এমন ; wildly excited, প্রবলভাবে উত্তেজিত ; insane, উন্মত্ত । *adv.* **dėli°riously** । *n.* **dėli°riousnėss** । *n.* **dėli°rium**—বিকার ; প্রলাপ ; প্রবল উত্তেজনা । **delirium tremens**—দীর্ঘকাল অপরিমিত মদ্যপান-জনিত মানসিক ব্যাধিবিশেষ : এই রোগে প্রলাপ কম্প অনিদ্রা ও ভ্রান্ত ধারণা ঘটে । [L. *delirus*=crazy]

deliver [di-li°-va(r), ডিলি°ভ্যা(র্)] *v.t.* to liberate, rescue or save, মুক্ত করা, উদ্ধার করা, রক্ষা করা (to *deliver* a person from) ; to give up, পরিত্যাগ করা ; to hand over, অর্পণ করা ; to distribute, বিলি করা (to *deliver* letters) ; to give out, render or pronounce, (শব্দাদির সাহায্যে বা দ্বারা) প্রদান করা (to *deliver* a lecture or judgement) ; to assist at childbirth, প্রসূতিকে সন্তানপ্রসবে সাহায্য করা, সন্তান প্রসব করা (to be *delivered* of a child) ; to strike, আঘাত করা (to deliver a *blow*) । **(to) deliver the goods**—প্রতিশ্রুতি রক্ষা করিতে সমর্থ হওয়া বা পারা । *n.* **deliverance** [di-li°-v(a)r(a)ns, ডিলি°ভ্‌রন্‌স্] মুক্তি, উদ্ধার, রক্ষা ; রায় বা মতামত প্রদান । *n.* **dėli°-verer** । *n.* **deli°very** [di-li°-v(a)ri, ডিলি°ভ্‌রি]

মুক্তি, উদ্ধার, রক্ষা ; পরিত্যাগ ; প্রসব ; অর্পণ ; বিলি ; বক্তৃতাদি প্রদান ; বক্তৃতাপ্রদান-প্রণালী। [F. *delivrer* <L. *de-*, *liberare* = to set free]

dell [del, ডেল্] *n.* a deep hollow or small valley, (সচ. বৃক্ষাদিতে পূর্ণ) গভীর খাত বা ক্ষুদ্র উপত্যকা। [AS.—cp. *dale*]

delouse [di-lows°, ডিলাউস্°] *v.t.* to free from lice or other vermin, উকুন ও অন্যান্য উপদ্রবকর পোকা হইতে মুক্ত করা। *p.* & *p. pt.* **dėlou°sed** । [*de-*, *louse*]

Delphian [del°-fi-an, ডেল্°ফিঅ্যান্], **Delphic** [del°-fik, ডেল্°ফিক্] *a.* relating to Delphi or its oracle, গ্রীসের অন্তর্গত ডেল্‌ফি-নগরের, ডেল্‌ফির দৈববাণী-সংক্রান্ত ; oracular, দৈববাণীমূলক। [Gk. *Delphikos*]

delta [del°-ta, ডেল্°ট্যা] *n.* the fourth letter of the Greek alphabet, গ্রীক বর্ণমালার চতুর্থ অক্ষর (Δ, δ) ; a Δ-shaped alluvial deposit at a river-mouth, ব-দ্বীপ (the Gangetic *delta*) । *a.* **deltā°ic**—ব-দ্বীপান্তর্গত। *a.* **del°toid**—ব-দ্বীপের ন্যায় আকারবিশিষ্ট ; ত্রিকোণাকার। **deltoid muscle**—স্কন্ধের ত্রিকোণাকার পেশী। [Gk.]

delude [di-lōōd°, ডিলূড্°] *v.t.* to deceive, প্রবঞ্চিত বা প্রতারিত করা ; to mislead, ভ্রান্তপথে চালিত করা (to *delude* a person *with* or *into* doing a thing) । *p.* & *p. pt.* **dėlu°dėd** । *n.* **dėlu°der** । *n.* see **dėlusion** । [*de-*, L. *ludere* = to play]

deluge [de°-lūj, ডে°লিউজ্] (1) *n.* a great flood, মহাপ্লাবন। (2) *v.t.* to inundate, প্লাবিত করা ; to overwhelm (with questions), (প্রশ্নাদির দ্বারা) অভিভূত করা। **(the) Deluge**—(B.) নোআর সময়কালীন প্রলয়ঙ্কর মহাপ্লাবন। [F. < L. *diluvium*]

delusion [di-lōō°z(a)n, ডিলূ°জ্‌ন্] *n.* act of deluding, প্রবঞ্চনা, প্রতারণা ; a deluded state, প্রবঞ্চিত অবস্থা ; a hallucination, ভ্রান্তি, মোহ (to be under a *delusion* or to suffer from *delusions*) । *a.* **dėlu°śional**—প্রবঞ্চনামূলক ; ভ্রান্তিমূলক ; প্রবঞ্চিত ; ভ্রান্ত। *a.* **dėlu°sive, dėlu°sory**—প্রবঞ্চক ; ভ্রান্তি-উৎপাদক। *adv.* **dėlu°sively** । [see *delude*]

de luxe [dalooks°, ড্যালুক্‌স্°, daluks°, ড্যালাক্‌স্°] *a.* of a very high standard, উচ্চ শ্রেণীর ; very comfortable, অতীব আরামপ্রদ ; (a *de luxe* car) ; beautiful and costly, শোভন ও মূল্যবান্ (edition *de luxe*) । [F.]

delve [delv, ডেল্‌ভ্] *v.t.i.* to dig with a spade, কোদাল দিয়া খনন করা ; (fig.) to make deep research (*into*), গভীর গবেষণা করা। *n.* **del°ver** । [OE. *delfan*]

demagnetize [dē°-mag°-ni-tīz, ডী°ম্যাগ্°নিটাইজ্] *v.t.* to deprive of magnetic properties, চৌম্বকত্ব হরণ করা। *n.* **demagnetizā°tion** । [*de-*, see *magnet*]

demagogue [de°-ma-gog, ডে°ম্যাগগ্] *n.* popular leader, জননেতা ; a popular political orator, জনপ্রিয় রাজনীতিক বক্তা। *a.* **demago°gic**—জননেতাসুলভ ; জনপ্রিয় রাজনীতিক বক্তাসুলভ। *n.* **de°magog(u)iśm**—জননেতার ন্যায় বা জনপ্রিয় রাজনীতিক বক্তার ন্যায় আচরণ অথবা স্বভাব। *n.* **de°magogy**—জননেতৃত্ব ; জনপ্রিয় রাজনীতিক বক্তাগিরি। [Gk. *demagogos*]

demand [di-mŭnd°, ডিমান্‌ড্°] (1) *v.t.* to claim, দাবি করা ; to ask for peremptorily or authoritatively, দিবার জন্য বা জোগাইবার জন্য হুকুম করা, ফরমাশ করা ; to call for, তলব করা ; to inquire, সন্ধান করা বা প্রশ্ন করা। *p.* & *p. pt.* **dėman°dėd** । (2) *n.* a claim or claiming, দাবি; desire shown by consumers, চাহিদা ; inquiry, সন্ধান বা প্রশ্ন। **demand note**—দাবিপত্র, অভিযাচনপত্র। **in great demand**—প্রচুর চাহিদা-যুক্ত। **on demand**—চাহিবামাত্র, দাবি করা মাত্র। *a.* **dėman°dable**—দাবি করা যায় এমন। *n.* **dėman°dant**—দাবিকারী ; মামলার বাদী। *n.* **dėmān°der** । [F. *demander* < LL. *demandare*]

demarcate [dē°-mŭ(r)-kāt, ডী°মা(র্)কেইট্] *v.t.* to mark off or limit, সীমা বা সীমানা নির্দেশ করিয়া দেওয়া। *p.* & *p. pt.* **dē°marcātėd** । *n.* **dēmarcā°tion** । [Sp. *demarcar*]

démarche [dā°-mu(r)sh, ডেই°মা(র্)শ্] *n.* political step or proceeding, রাজনীতিক শাস্তি বা বিচার। [F.]

demean₁ [di-mēn°, ডিমীন্°] *v.t,* to make mean, হীন করা। [*de-*, *mean*]

demean₂ [di-mēn°, ডিমীন্°] *v.t.* (refl.) to behave, আচরণ করান (to *demean* oneself = আচরণ করা) । *n.* **dėmea°nour**—আচরণ, ব্যবহার (haughty *demeanour*) । [*de-*, OF. *mener* = to lead < L. *minare*]

dement [di-ment°, ডিমেন্‌ট্°] *v.t.* to make mad, উন্মত্ত করা। *a.* **dėmen°tėd**—উন্মত্ত, বিকৃত-মস্তিষ্ক ; উদ্বেগে অস্থিরচিত্ত। *n.* **dementia** [di-men°-shi-a, ডিমেন্°শিঅ্যা] মানসিক শক্তির দুর্বলতা, চিত্তভ্রংশ। [*de-*, L. *mens* = mind]

démenti [dā-mun°-tē, ডেইমাঁ°টী] *n.* official denial of rumour, গুজবের সরকারি প্রতিবাদ। [F.]

demerit [dē-me°-rit, ডীমে°রিট্] *n.* a fault, a defect, দোষ, ত্রুটি। [*de-*, *merit*]

demesne [di-mān°, ডিমেইন্°, di-mēn°, ডিমীন্°] *n.* a manor-house with adjacent lands not let out to tenants, খাস-সম্পত্তি, খাসমহল ; any landed property, ভূসম্পত্তি। [OF. *demeine*]

demi- [de°mi, ডে°মি] *pfx.* half, partial, etc., অর্ধ-, উপ-, প্রভৃতি। *n.* **de°mi-god**—উপদেবতা ;

দেবতুল্য ব্যক্তি (কিন্তু দেবতা নহে)। *n.* **demi-monde** [de°-mi-mawngd, ডে°মিম্যাংড্] শহরতলি-নিবাসিনী যে রমণী-শ্রেণীর বৃত্তি ও চরিত্র সন্দেহজনক, শহরতলির হাফ-গেরস্ত স্ত্রীলোক-শ্রেণী। *n.* **demi-mondaine°**—শহরতলির হাফ-গেরস্ত স্ত্রীলোক। *a.* **de°mi-offi°cial**—সরকারিও বটে ব্যক্তিগতও বটে, আধা-সরকারি। *n.* **de°mi-rep**—সন্দেহজনক চরিত্রের নারী। [F. <L. *dimidium*]

demijohn [de°-mi-jon, ডে°মিজন্] *n.* a large narrow-necked bottle, গলা-সরু বড় বোতল-বিশেষ। [F. *dame-jeanne*=Dame Jane]

demilitarized [dē-mi°-li-ta-rīzd, ডীমি°লিট্যারাইজ্‌ড্] *a.* caused to disband military forces, (দেশাদিসম্বন্ধে—সন্ধি প্রভৃতির নির্দেশানুযায়ী) সৈন্যবাহিনী ভাঙ্গিয়া দিতে বাধ্য হইয়াছে এমন। [*de-*, see *military*]

demi-monde, demi-official, demi-rep—see **demi-.**

demise [di-mīz°, ডিমাইজ্°] (**1**) *n.* transfer, (প্রধানতঃ উত্তরাধিকারীকে রাজ্য বা জমিদারি) হস্তান্তর; death, (সচ. নৃপতি বা বিশিষ্ট ব্যক্তির) মৃত্যু। (**2**) *v.t.* to send down to a successor, (সচ. উইল-দ্বারা) উত্তরাধিকারীকে দিয়া যাওয়া। [OF-=laid down <L. *dis-*, *mittere*=to send]

demission [di-mi°sh(a)n, ডিমি°শ্‌ন্] *n.* relinquishment, (অধিকারাদি) পরিত্যাগ; resignation, পদত্যাগ। [see *demit*]

demit [di-mit°, ডিমিট্°] *v.t.* to relinquish, (অধিকারাদি) ত্যাগ করা; to resign, পদত্যাগ করা; to dismiss, বরখাস্ত করা। *pr. pt.* **dėmi°tting**; *p.* & *p. pt.* **dėmi°ttėd**। [L. *demettre*<L. *dis-*, *mittere*=to send]

demiurge [de°-me(r)j, ডী°মীয়্যা(র্)জ্] *n.* the maker of the world (esp. considered as subordinate to God the Supreme), সৃষ্টিকর্তা (ইঁহাকে সচ. পরমেশ্বর হইতে ছোট মনে করা হয়—তু. ব্রহ্মা)। [Gk. *demiourgos*=craftsman]

demobilize [dē-mō°-bi-līz, ডীমৌ°বিলাইজ্], (contr.) **demob** [dē-mob°, ডীমব্°] *v.t.* to take out of mobilization, সৈন্যদলাদি ভাঙ্গিয়া দেওয়া। *n.* **dēmobilizā°tion**। [*de-*, *mobilize*]

democracy [di-mo-kra°-si, ডিমক্র্যা°সি] *n.* the system of government by the people themselves, গণতন্ত্র। *n.* **democrat** [de°-mŏ-krat, ডে°মোক্র্যাট্] গণতন্ত্রবাদী; আমেরিকা যুক্তরাষ্ট্রের ডেমোক্র্যাটদলের সদস্য। *a.* **demŏcra°tic(al)**—গণতান্ত্রিক। *adv.* **democra°tically**। *v.t.* **dėmo°cratize**—গণতান্ত্রিক বা গণতন্ত্রবাদী করা। *n.* **dėmocratizā°tion**। [F. *democratie* <Gk. *demokratia*]

demoded [dē-mō°-did, ডীমৌ°ডিড্] *a.* out of fashion, ফ্যাশন বা চল উঠিয়া গিয়াছে এমন। [F.—cp. *mode*]

demography [dē-mo°-gra-fi, ডীম°গ্র্যাফি] *n.* the study of population, সমাজের বিভিন্ন সম্প্রদায়ের অবস্থা বিশ্লেষণার্থ জন্ম মৃত্যু রোগ প্রভৃতির পরিসংখ্যান। *n.* **demo°grapher**—উক্ত বিষয়ের পরিসংখ্যানবিদ্ বা বিশেষজ্ঞ। *a.* **demōgraphic**—জনসংখ্যা-বিষয়ক (*demographic* particulars)। [see *demos*, Gk. *graphein*=to write]

demoiselle [dam-wŭ-zel°, ড্যাম্‌ওয়াজেল্°] *n.* a young lady, তরুণী। [F.]

demolish [di-mo°-lish, ডিম°লিশ্] *v.t.* to pull or throw down, ভাঙ্গিয়া ফেলা, চূর্ণ করা; to destroy, ধ্বংস করা। *p.* & *p. pt.* **dėmo°lished**। *n.* **demŏli°tion**। [F. *demolir*]

demology [dē-mo°-la-ji, ডীম°ল্যাজি] *n.* the theory of the nature and origin of communities, সমাজের প্রকৃতি ও উদ্ভব বিষয়ক তত্ত্ব। [Gk. *dēmos*=people, *logos*=a discourse]

demon [dē°-man, ডী°ম্যান্] *n.* an evil spirit, অপদেবতা, দৈত্য, পিশাচ; a daemon, মঙ্গলকর উপদেবতা; a person possessing preternatural energy or power, অস্বাভাবিক শক্তিসম্পন্ন ব্যক্তি (a *demon* bowler, a *demon* for work)। *fem.* **dė°monėss**। **dėmō°niac**—(**1**) *a.* দৈত্যাদি-সংক্রান্ত; ভৌতিক; ভূতগ্রস্ত; (**2**) *n.* ভূতগ্রস্ত ব্যক্তি। *a.* **dėmō°niacal, demonic** [dē-mo°-nik, ডীম°নিক্] same as **demoniac** (*a.*)। *adv.* **demonia°cally**। *n.* **dē°monism**—ভূত-প্রেতাদিতে বিশ্বাস। *v.t.* **dē°monize**—দৈত্যাদিতে রূপান্তরিত করা; দৈত্যতুল্য করা। *n.* **dēmono°logy**—পৈশাচী বিদ্যা। [L. *dæmon*]

demonetize [dē°-mu°-ni-tīz, ডীমা°নিটাইজ্] *v.t.* to deprive (metal etc.) of its status as money, (ধাতু প্রভৃতিকে) মুদ্রারূপে ব্যবহৃত হইবার যোগ্যতা হইতে বঞ্চিত করা। *n.* **dēmonėtīzā°tion**। [F. *demonetiser*]

demoniac, demonic, demonism, demonize—see **demon.**

demonstrable—see **demonstrate.**

demonstrate [de°-man-strāt, ডে°ম্যান্‌স্ট্রেইট্] (**1**) *v.t.* to make manifest, স্পষ্ট বা প্রকট করা; to give proof of, (কিছুর) প্রমাণ দেওয়া; to teach or explain or exhibit by practical means, ব্যবহারিকভাবে অথবা হাতে-কলমে শিক্ষা দেওয়া বা ব্যাখ্যা করা বা প্রদর্শন করান। (**2**) *v.i.* exhibit one's feelings, স্বীয় মনোভাব প্রকাশ করা (to *demonstrate* against rising prices), to act as demonstrator, ব্যবহারিক শিক্ষকের কাজ করা। *p.* & *p. pt.* **de°monstrāted**। *a.* **de°monstrable**। *n.* **demonstrability** [di-mon-stra-bi°-li-ti, ডিমন্‌স্ট্র্যাবি°লিটি]। *adv.* **de°monstrably**। *n.* **demonstrā°tion**। *a.* **demonstrative** [di-mon°-stra-tive, ডিমন্°স্ট্র্যাটিভ্] স্পষ্ট বা প্রকট করে এমন; প্রমাণদায়ক; প্রতিপাদক; ব্যবহারিকভাবে শিখায় বা ব্যাখ্যা করে বা দেখায় এমন; (ব্যাক.) নির্দেশক (*demonstrative* adjective) । *adv.* **demon°stratively** । *n.* **de°monstrātor** । [*de-*, L. *monstrare* = to show]

demoralize [di-mo°ra-līz, ডিম°র‍্যালাইজ্] *v.t.* to corrupt in morals, নীতিভ্রষ্ট করা, দুর্নীতিপরায়ণ করা ; to deprive of spirit and confidence, নির্বীর্য ও আত্মবিশ্বাসহীন করা, মনোবল ভাঙ্গিয়া দেওয়া । *n.* **dėmoralīzā°tion** । *a.* **dėmo°ralīzed**—নীতিভ্রষ্ট ; নির্বীর্য ও আত্মবিশ্বাসহীন । [F. *demoraliser*—cp. *moral*]

Demos [dē°-mos, ডী°মস্] *n.* personification of the people of democracy, (প্রধানতঃ বিদ্রূপে) জনগণেশ, গণদেবতা । *a.* **dėmo°tic**—জনগণসংক্রান্ত ; লৌকিক । [Gk.]

Demosthenic [de-mos-the°-nik, ডেমস্‌থে°নিক্] *a.* of or like Demosthenes, প্রাচীন গ্রীসের বাগ্মী ডিমস্‌থেনিস-সংক্রান্ত বা তত্তুল্য ; very eloquent, অত্যন্ত বাগ্মিতাপূর্ণ ।

demote [dē-mōt, ডীমৌট্°] *v.t.* to reduce in rank, হীনপদস্থ করা । *p. & p. pt.* **dēmō°tėd** । [on analogy of *promote*—*de-*, L. *movere* = to move]

demotic—see **Demos.**

dempster—see **deem**.

demur [di°ma(r)°, ডি°ম্যা(র্)°] (**1**) *v.i.* to hesitate, ইতস্ততঃ করা ; to object, আপত্তি তোলা । *pr. pt.* **dėmu°rring** । *p. & p. pt.* **dėmu°rred** । (**2**) *n.* hesitation, ইতস্ততঃ ভাব ; objection, আপত্তি (to accept without *demur*) । *n.* **demurrage** [di-mu°-rij, ডিমা°রিজ্] (যথাসময়ে মাল খালাস বা বোঝাই না করার ফলে) জাহাজ মালগাড়ি রেলগাড়ি প্রভৃতিকে অযথা দেরি করান বা তজ্জনিত দেয় ক্ষতিপূরণ । *n.* **dėmu°rrer**—আপত্তিকারী ; আপত্তি । [F. *demeurer* < L. *de-*, *morari* = to delay]

demure [di-mū(r)°, ডিমিউয়্যা(র্)°] *a.* sober, গম্ভীর, বাচালের বা চপলের বিপরীত ; modest, বিনয়ী । *adv.* **dėmūrē°ly** । *n.* **dėmūrē°nėss** । [F. *de-* = off, OF. *meur* < L. *maturus* = ripe]

dėmurrage, demurred, demurrer, demurring—see **demur**.

demy [di-mī°, ডিমাই°] *n.* a size of paper, কাগজের মাপবিশেষ ($22\frac{1}{2}'' \times 17\frac{1}{2}''$) । [F. *demi* < L. *dimidium* = half]

den [den, ডেন্] *n.* the lair of a wild beast, হিংস্র জন্তুর বাসগুহা ; a pit or cave, গর্ত বা গুহা ; (fig.) a haunt of vice or misery, (আল.) অসৎ কর্মের বা দুর্দশার আড্ডা ; (coll.) a private retreat for work, (কথ্য.) গুপ্ত বা নির্জন কর্মস্থল । [OE. *denn*]

denary [dē°-na-ri, ডী°ন্যারি] *a.* having ten as the basis of reckoning, decimal, গণনার ভিত্তি দশ এরূপ, দশমিক । [L. *dēnārius*]

denationalize [dē°-nash-na-liz, ডী°ন্যাশ্‌ন্যালাইজ্] *v.t.* to deprive of national rights or character, জাতিগত অধিকার বা বৈশিষ্ট্য হইতে বঞ্চিত করা, বিজাতীয় করা ; to transfer from state to private ownership, to restore (industries, etc.) to private ownership—সরকারি নিয়ন্ত্রণের স্থলে ব্যক্তিগত নিয়ন্ত্রণ বা মালিকানার পুনঃপ্রবর্তন করা । *n.* **dēnationalizā°tion** । [F. *denationaliser*—cp. *nation*]

denaturalize [dē-na°ch-ra-līz, ডীন্যা°চ্‌র‍্যালাইজ্] *v.t.* to make unnatural, অস্বাভাবিক করিয়া তোলা ; to divest of acquired citizenship or membership of a state, লব্ধ নাগরিকত্ব বা রাষ্ট্রের সদস্যপদ খারিজ বা বাতিল করা । *n.* **dēnaturalizā-tion** । [*de-*, see *natural*]

denature [dē-nā°-cha(r), ডীনেই°চ্যা(র্)] *v.t.* to change the nature or properties of, (কিছুর) গুণপরিবর্তন করা । *n.* **denā°turant**—যে পদার্থের সাহায্যে স্বাভাবিক গুণের পরিবর্তন ঘটান হয় । [*de-*, *nature*]

dengue [deng°-gi, ডেং°গি] *n.* an epidemic fever, ডেঙ্গু-জ্বর । [Swahili *dinga*]

deniable, denial, denied, denier$_1$—see **deny.**

denier$_2$ [di-nē(r)°, ডিনিয়্যা(র্)°] *n.* an old French coin, প্রাচীন ফরাসী রৌপ্যমুদ্রাবিশেষ । [F. < L. *denarius*]

denigrate [de°-ni-grāt, ডে°নিগ্রেইট্] *v.* to blacken, (সুনামাদি) কলঙ্কিত করা । *p. & p. pt.* **de°nigrātėd** । *n.* **denigrā°tion** । [L. *denigrare*]

denim [de°-nim, ডে°নিম্] *n.* coarse cotton fabric or cloth, মোটা সুতী কাপড় । [F. *de-*, *Nimes* in France]

denizen [de-°nizn, ডে°নিজ্‌ন্] (**1**) *n.* an inhabitant, অধিবাসী (মানুষ বা পশু) ; a naturalized foreigner, যে বিদেশীকে নাগরিকত্ব দেওয়া হইয়াছে ; a naturalized foreign plant, চাষের জন্য বিদেশ হইতে আনীত গাছপালা ; a naturalized foreign word, ভাষায় গৃহীত বিদেশী শব্দ । (**2**) *v.t.* to make a denizen, নাগরিকত্ব প্রদান করা ; to provide with inhabitants, অধ্যুষিত করান, অধিবাসী বসান । *n.* **de°nizenship**—বিদেশীর নাগরিক অধিকার । [OF. *deinzein*]

denominate [di-no°-mi-nāt, ডিন°মিনেইট্] *v.t.* to give a name to, নাম বা আখ্যা দেওয়া । *p. & p. pt.* **dėno°minātėd** । *n.* **dėnominā°tion**—নাম, আখ্যা ; নামপ্রদান, আখ্যাপ্রদান ; গোষ্ঠী-নাম ; সম্প্রদায়, শ্রেণী । *a.* **dėnominā°tional**—নামবাচক, আখ্যামূলক ; সম্প্রদায়গত, শ্রেণীগত । *a.* **dėno°minative**—নামপ্রদায়ক । *n.* **dėno°minātor**—নামপ্রদায়ক ; (গণি.) হর, বিভাজক । [*de-*, *nominate*]

denote [di-nōt°, ডিনৌট্°] *v.t.* to mark off, চিহ্নিত করিয়া দেওয়া ; to signify, বোঝান ; (log.) to indicate objects comprehended in a class, (ন্যায়.) একশ্রেণীভুক্ত সমস্ত প্রাণী বা বস্তুকে

নির্দেশ করা (cp. **connote**) । *p.* & *p. pt.* **dėnō°tėd** । *n.* **dēnōtā°tion**—চিহ্নিত করা ; অর্থ-নির্দেশ ; নামগত অর্থ ; (ন্যায়.) শ্রেণীগত নাম, (পরি.) বিশেষাভিধান । *a.* **dėnō°tative**—চিহ্নমূলক ; অর্থ-সূচক ; (ন্যায়.) বিশেষাভিধানিক । [F. *denoter*—cp. *note*]

dénouement [dā-nōō°-mung, ডেইনূ°মাং] *n.* (lit.) the gradual winding up of a plot or story when the climax is over, (সাহিত্যে) সঙ্কটমুহূর্ত পার হইয়া যাইবার পরে পরিণতির দিকে কাহিনীর ক্রমশঃ গতি, গল্পের রহস্য খুলিয়া প্রকাশ । [F.<L. *dis-*, *nodare*=to tie]

denounce [di-nowns°, ডিনাউন্‌স্°] *v.t.* to inform against or accuse publicly, (কাহারও বা কিছুর সম্বন্ধে) সর্বসাধারণের সমক্ষে অর্থাৎ প্রকাশ্যে নালিশ করা বা অভিযুক্ত করা বা দোষারোপ করা ; to notify formally termination of (treaties etc.), (সন্ধি চুক্তি প্রভৃতির) অবসান বিধিসম্মতভাবে ঘোষণা করা, আনুষ্ঠানিকভাবে বর্জন করা বা ভঙ্গ করা । *p.* & *p. pt.* **dėnoun°ced** । *n.* **dėnounce°ment** । *n.* **dėnoun°cer** । [F. *denoncer*]

de novo [dē-nō°-vō, ডীনৌ°ভৌ] *adv.* afresh, নূতন করিয়া, পুনরায় । [L.]

dense [dens, ডেন্‌স্] *a.* thick, compact, ঘন, নিবিড় । *adv.* **dense°ly** । *n.* **dense°nėss, densi°ty**—ঘনত্ব, নিবিড়তা ; ঘনত্বের পরিমাণ । [L. *densus*]

dent [dent, ডেন্‌ট্] (**1**) *n.* a notch, ধাক্কার ফলে সৃষ্ট গর্ত বা খাঁজ (তু. টোল) । (**2**) *v.t.* to notch, ধাক্কা দিয়া গর্ত করা বা খাঁজ কাটা (তু. টোল ফেলা) । *p.* & *p. pt.* **den°tėd** । **den°tal**—(**1**) *a.* দন্ত-সংক্রান্ত ; দন্তচিকিৎসা-সংক্রান্ত ; দন্তদ্বারা সৃষ্ট ; দন্ত্য । (**2**) *n.* (ব্যাক.) দন্ত্যবর্ণ । *a.* **den°tāte**—দাঁতওয়ালা, দন্তুর ; খাঁজ-কাটা । *n.* **dentā°tion**—দন্তুরতা ; খাঁজযুক্ততা । *n.* **den°tifrice**—দাঁতের মাজন । *n.* **den°tist**—দন্তচিকিৎসক । *n.* **den°tistry**—দন্ত-চিকিৎসা । *n.* **denti°tion**—দন্তোদ্গম । *n.* **denture** [den°-sha(r), ডেন্‌°শ্যা(র্)] (বিশে. কৃত্রিম) দাঁতের পাটী । [L. *dentis*=a tooth]

denude [di-nūd°, ডিনিউড্°] *v.t.* to make nude, নগ্ন করা ; to remove clothing or covering from, নিরাবরণ করা । *p.* & *p. pt.* **dėnū°dėd** । *n.* **dēnūdā°tion** । [L. *denudare*]

denunciate [di-nun°-si-āt, ডিনান্‌°সিএইট্] *v.t.* to denounce, সর্বসাধারণের সমক্ষে বিরুদ্ধ-ঘোষণা করা বা নিন্দা করা বা অভিযুক্ত করা । *p.* & *p. pt.* **dėnun°ciātėd** । *n.* **dėnunciā°tion**—denunciate-এর সকল অর্থে, এবং—আনুষ্ঠানিক ঘোষণা ; ভীতি-প্রদর্শন । *n.* **dėnun°ciātor** । *a.* **dēnun°ciātory**—সর্বসাধারণের সমক্ষে বিরুদ্ধঘোষণামূলক বা নিন্দামূলক বা অভিযোগমূলক ; বিধিসম্মত ঘোষণামূলক ; ভীতিপ্রদর্শনমূলক । [L. *denunciare*—cp. *de-*, *nounce*]

deny [di-nī°, ডিনাই°] *v.t.* to declare untrue, অসত্য বলিয়া ঘোষণা করা ; to reject, অননুমোদন করা বা অগ্রাহ্য করা ; to refuse, অস্বীকার করা ; to refuse to admit, মানিয়া লইতে অস্বীকার করা ; to refuse access to, প্রবেশ করিতে না দেওয়া ; to disown, ত্যাজ্য করা । *p.* & *p. pt.* **dėnī°ed** । **(to) deny oneself**—ভোগ না করা ; আত্মসংযম করা । *a.* **dėnī°able** । *n.* **dėnī°al**—অসত্য বলিয়া ঘোষণা ; অননুমোদন, অগ্রাহ্য করা ; অস্বীকার ; মানিয়া লইতে অস্বীকার ; প্রবেশ করিতে না দেওয়া ; ত্যাজ্য করা, ত্যাগ, বর্জন । *n.* **dėnī°er** । *adv.* **dėnyingly** । [F. *denier*]

deodar [di°-ō-dŭ(r), ডি°ওডা়া(র্)] *n.* a cedar, (প্রধানতঃ হিমালয়ের) দেবদারু । [Sans. *devadaru*]

deodorant—see **deodorize.**

deodorize [dē-ō°-da-rīz, ডীঔ°ড্যারাইজ়্] *v.t.* to take the odour from, গন্ধমুক্ত বা (বিশেষতঃ) দুর্গন্ধমুক্ত করা ; to disinfect, রোগবীজাদি-মুক্ত করা । *n.* **deodorant** [dē-ō°-da-rant, ডীঔ°-ড্যার‍্যান্‌ট্], **dēō°dorīzer**—দুর্গন্ধনাশক বা রোগ-বীজনাশক পদার্থ । *n.* **dēōdorīzā°tion** । [*de-*, see *odour*]

depart [di-pŭ(r)t°, ডীপা(র্)ট্°] *v.i.* to go away, প্রস্থান করা ; to die, মরা ; (of trains) start, (রেলগাড়ি সম্বন্ধে) রওনা হওয়া বা যাত্রা শুরু করা । **the dėpartėd**—মৃত ব্যক্তি । *n.* **departure** [di-pŭ(r)°-cha(r), ডিপা(র্)°চ্যা(র্)] প্রস্থান ; মৃত্যু ; বিপথে বা ভিন্ন-পথে গমন (*departure* from the usual process, customs, procedure, truth, etc.) ; ব্যতিক্রম (*departure* from the rule), (রেলগাড়ির) যাত্রা । [F. *departir*—cp. *part*]

department [di-pŭ(r)t°-mant, ডিপা(র্)ট্°ম্যান্‌ট্] *n.* a branch of an administration, university office, etc., শাসনব্যবস্থা বিদ্যালয় দফতর বা অন্যান্য প্রতিষ্ঠানের বিভাগ । *a.* **departmental** [dē-pŭ(r)t-men°tl, ডীপা(র্)ট্‌মেন্°ট্‌ল্] বিভাগীয় । **departmental shop**—বিভিন্ন ধরনের পণ্যের বৃহৎ দোকান । *adv.* **departmen°tally** [F. *département*]

departure—see **depart.**

depasture [di-pus°-chr(r), ডিপাস্°চ্যা(র্)] (**1**) *v.t.* to put to graze, চরান । (**2**) *v.i.* to graze, চরা । [*de-*, *pasture*]

depauperate [di-paw°-pa-rāt, ডিপ্যা°প্যারেইট্] *v.t.* to impoverish, দরিদ্র করা । *p.* & *p. pt.* **dėpau°perātėd** । [*de-*, see *pauper*]

depauperize [di-paw°-pa-rīz, ডিপ্যা°প্যারা-ইজ়্] *v.t.* to rid of pauperism, নিঃসম্বল অবস্থা হইতে মুক্ত করা । [*de-*, see *pauper*]

depend [di-pend°, ডিপেন্‌ড্°] *v.i.* (arch.) to hang down, (আর্ষ.) ঝোলা, লম্বিত হওয়া ; to be sustained by or connected with anything, কিছুর উপর নির্ভর করা বা কিছুর সাপেক্ষ হওয়া ; to rely, আস্থাস্থাপন করা, ভরসা করা ; to rest for maintenance or anything else, ভরণপোষণার্থ

বা অন্য কিছুর জন্য মুখাপেক্ষী হওয়া। *p.* & *p. pt.* **dėpen°dėd** । **that depends, it all depends**—অন্য কিছুর উপরে নির্ভর করে, অন্য কিছুর সাপেক্ষ। **depend upon it**—স্থির জেন, নিশ্চয় জেন। *a.* **dėpen°dable**—নির্ভরযোগ্য; আস্থাভাজন। **dėpen°dant, dėpen°dent**—(**1**) *n.* ভরণপোষণ বা অন্য কিছুর জন্য কাহারও মুখাপেক্ষী ব্যক্তি, পোষ্য; অনুচর; ভৃত্য; (**2**) *a.* নির্ভরশীল; সাপেক্ষ; আস্থাস্থাপক; ভরণপোষণাদির জন্য কাহারও মুখাপেক্ষী, পরাধীন। *n.* **dėpen°dence,** (rare) **dėpen°dance**—নির্ভরতা, সাপেক্ষতা; আস্থাস্থাপন, ভরসা; ভরণপোষণার্থ পরমুখাপেক্ষিতা; পরাধীনতা; ভরসাস্থল। *n.* **dėpendency**—কোন রাষ্ট্রের অধীন উপনিবেশ। [F. *dependre* < L. *dependere*]

depict [di-pikt°, ডিপিক্‌ট্°] *v.t.* to paint carefully, সযত্নে অঙ্কন করা; to describe minutely, পুঙ্খানুপুঙ্খরূপে বর্ণনা করা। *p.* & *p. pt.* **dėpic°tėd** । *n.* **dėpicter, dėpic°tor** । *n.* **dėpic°tion** । [*de-*, L. *pingere* = to paint]

depilate [de°-pi-lāt, ডে°পিলেইট্] *v.t.* to remove the hair from, কেশহীন বা লোমহীন করা। *p.* & *p. pt.* **dė°pilātėd** । *n.* **depilā°tion** । *a.* **depilatory** [de-pi°-la-t(a)ri, ডেপি°ল্যাট্‌রি] কেশনাশক, লোমনাশক (*depilatory* cream, powder, etc.)। [L. *depilare*]

deplane [dē°-plān°, ডী°প্লেইন্°] *v.i.* to alight from an aeroplane, এরোপ্লেন হইতে অবতরণ করা। [*de-*, *plane*$_1$]

deplete [di-plēt°, ডিপ্লীট্°] *v.t.* to empty, খালি করা; to exhaust, ফুরান; to reduce, হ্রাস করা। *p.* & *p. pt.* **dėplē°tėd** । *n.* **dėplē°tion** । *a.* **dėplē°tive, dėplē°tory**—শূন্যকর; নিঃশেষক; হ্রাসকর। [*de-*, L. *plere* = to fill]

deplore [di-plaw(r)°, ডিপ্ল্য(র্)°] *v.t.* to feel or express deep grief for, (কিছুর জন্য) গভীর দুঃখবোধ করা বা দুঃখপ্রকাশ করা, পরিতাপ করা বা বিলাপ করা। *a.* **deplo°rable**—শোচনীয়; দুঃখদায়ক; নিরতিশয় মন্দ (*deplorable* conduct)। *adv.* **deplo°rably** । [L. *deplorare*]

deploy [di-ploy°, ডিপ্লয়্°] (**1**) *v.t.i.* to unfold, ভাঁজ খোলা, মেলা; to extend, বিস্তার করা বা বিস্তৃত হওয়া, প্রসারিত করা বা হওয়া। (**2**) *v.i.* to extend from column into line, (সৈন্যদল-সম্বন্ধে) বড় সারি হইতে ভাঙ্গিয়া ক্ষুদ্র ক্ষুদ্র দলে ছড়াইয়া পড়া। *n.* **deploy°(ment)** । [F. *deployere*]

deplume [di-ploom°, ডিপ্লূম্°] *v.t.* to strip of plumes, পালক খসাইয়া লওয়া, পালকশূন্য করা। [F. *deplumer*—cp. *plume*]

depolarize [dē-pō°-la-rīz, ডিপৌ°ল্যারাইজ্] *v.t.* to prevent electrical polarization, বৈদ্যুতিক শক্তির মেরুপ্রবণতা রোধ করা; (fig.) to disturb or upset conviction, দৃঢ়প্রত্যয় নষ্ট করা। *p.* & *p. pt.* **dēpō°larīzed** । *n.* **dēpōlarīzā°tion** । [*de-*, L. *polaris*]

depone [di-pōn°, ডিপৌন্°] *v.t.* to lay down, স্থাপন করা, রাখা; to testify on oath, হলফ করিয়া সাক্ষ্য দেওয়া। **dėpō°nent**—(**1**) *a.* (ব্যাক.) কর্মবাচ্যভূত হইয়াও কর্তৃবাচ্যরূপে ব্যবহৃত; (**2**) *n.* (ব্যাক.) উক্তরূপে ব্যবহৃত ক্রিয়াপদ; যে ব্যক্তি আদালতে হলফ করিয়া সাক্ষ্য দেয়। [L. *deponere*]

depopulate [dē-po°-pū-lāt, ডীপ°পিউলেইট্] *v.t.* to denude of population, জনশূন্য করা। *p.* & *p. pt.* **dēpo°pūlatėd** । *n.* **dēpopūlā°tion** । *n.* **dēpo°pūlātor**—জনশূন্যকারী। [*de-*, L. *populari* = to ravage, (later) to dispeople]

deport$_1$ [di-paw(r)t°, ডিপ্য(র্)ট্°] *v.t.* to exile, নির্বাসিত করা; to expel, বিতাড়িত করা। *p.* & *p. pt.* **dėpor°tėd** । *n.* **dėportā°tion** । *n.* **dēportee°**—নির্বাসিত বা নির্বাসন-দণ্ডাজ্ঞাপ্রাপ্ত ব্যক্তি। [F. *deporter* < L. *de-*, *portare* = to carry]

deport$_2$ [di-paw(r)t°, ডিপ্য(র্)ট্°] *v.t.* (*refl.*) to behave, আচরণ করান। *p.* & *p. pt* **dėpor°tėd** । **(to) deport oneself**—আচরণ করা। *n.* **dėport°ment** । [OF. *deporter* < L. *de-* = intensely, *portare* = to carry]

depose [di-pōz°, ডিপৌজ্°] (**1**) *v.t.* to remove from office, পদচ্যুত বা গদিচ্যুত করা; to dethrone, সিংহাসনচ্যুত করা; to attest, প্রত্যায়ন করা বা তসদিক করা। (**2**) *v.i.* to bear witness, জবানবন্দি বা এজাহার বা সাক্ষ্য দেওয়া। *n.* **dėpō°ṡal**—পদচ্যুতি; গদিচ্যুতি; সিংহাসনচ্যুতি; প্রত্যায়ন; জবানবন্দি, এজাহার, সাক্ষ্য। [F. *deposer* < L. *de-*, *pausare* = to place]

deposit [di-po°-zit, ডিপ°জ়িট্] (**1**) *v.t.* to place, স্থাপন করা, রাখা; to lay down as a coating, bed, etc., পলি তলানি প্রভৃতি ফেলা; to entrust, গচ্ছিত রাখা। *p.* & *p. pt.* **dėpo°ṡitėd** । (**2**) *n.* that which is deposited, স্থাপিত বা গচ্ছিত বস্তু; coating, sediment, etc., পলি তলানি প্রভৃতি। *n.* **deposit account**—ব্যাঙ্কে জমা-দেওয়া স্থায়ী আমানত (এই টাকা পূর্বাহ্নে নোটিস না দিয়া তোলা যায় না)। **deposit safe**—মূল্যবান বস্তু গচ্ছিত রাখিবার নিমিত্ত ব্যাঙ্কের দুর্ভেদ্য প্রকোষ্ঠ। **money on deposit**—deposit account-এ জমা-দেওয়া টাকা। *n.* **depositary, depository** [di-po°-zi-t(a)ri, ডিপ°জ়িট্‌রি] যাহার নিকট গচ্ছিত রাখা হয়, ন্যাসরক্ষক; গচ্ছিত রাখার স্থান, ভাণ্ডার। *n.* **dėpo°ṡitor**—যে গচ্ছিত রাখে, আমানতকারী। [L. *depositum* = placed < *de-*, *ponere* = to place]

deposition [de-pa-zi°sh(a)n, ডেপ্যাজ়ি°শ্‌ন্] *n.* act of deposing or dethroning, পদচ্যুতি বা সিংহাসনচ্যুতি; witness or legal statement, সাক্ষ্য, প্রত্যায়ন, এজাহার, জবানবন্দি; act of depositing, স্থাপন বা গচ্ছিত রাখা, অবক্ষেপণ; the thing deposited, স্থাপিত বস্তু; coating, sediment, etc., পলি তলানি গাদ ইত্যাদি। [see *depose* and *deposit*]

depositor, depository—see **deposit.**

depot [de°-pō, ডে°পৌ] *n.* a place of deposit, গচ্ছিত রাখার স্থান ; a store-house, গুদাম, ভাণ্ডার ; (mil.) a station to keep stores and train the recruits, (সাম.) মালপত্র রাখার এবং নূতন সৈনিকদের শিক্ষাদানের কেন্দ্র ; the headquarters of a regiment, সৈন্যদলের কেন্দ্রী দফতর, হেড-কোয়ার্টার্স ; a place where buses and tram-cars are quartered, যেখানে সব বাস বা ট্রাম জমায়েত হয়। [F.<L. *depositum*]

deprave [di-prāv°, ডিপ্রেইভ্°] *v.t.* to make the moral character bad or worse, নৈতিক চরিত্র কলুষিত বা অধিকতর কলুষিত করা ; to corrupt, দূষিত করা। *n.* **depravation** [de-pra-vā°sh(a)n, ডেপ্র্যাভেই°শ্‌ন্] । *a.* **deprā°ved**—দুশ্চরিত্র । *n.* **depra°vity**—নৈতিক বিচ্যুতি ; লম্পট । [L. *depravare*]

deprecate [de°-pri-kāt, ডে°প্রিকেইট্] *v.t.* to try to ward off by prayer, প্রার্থনাদ্বারা (অমঙ্গলাদি) দূরীকরণের বা রোধের চেষ্টা করা ; to regret deeply, (কিছুর জন্য) গভীর দুঃখপ্রকাশ করা ; to plead against, (কিছুর) বিরুদ্ধে যুক্তি প্রদর্শন করান ; to express disapproval, বিরুদ্ধে মত প্রকাশ করা বা অনুমোদন না করা। *p. & p. pt.* **de°precāted** । *n.* **deprecā°tion** । *adv.* **de°precātingly** । *a.* **de°precative, de°precātory**—দূর করার বা রোধ করার জন্য অনুষ্ঠিত প্রার্থনামূলক ; গভীর দুঃখপ্রকাশক ; বিরুদ্ধ-যুক্তি-প্রদর্শক । *n.* **de°precātor** । [*de-*, L. *precari*=to pray]

depreciate [di-prē°-shi-āt, ডিপ্রী°শিএইট্] **(1)** *v.t.* to lower the value of, মূল্যহ্রাস করা ; to undervalue, যথাযথ মূল্য না দেওয়া (to *depreciate* one's merits) ; to disparage, নিন্দা করা। **(2)** *v.i.* to fall in price, মূল্যহ্রাস হওয়া, অবচয় ঘটা। *p. & p. pt.* **deprē°ciāted** । *n.* **deprēciā°tion**—(ক্ষয়ক্ষতির দরুন) মূল্যহ্রাস। *a.* **deprē°ciātory**—মূল্যহ্রাসকর ; অবচয়মূলক । *n.* **deprēciā°tor** । [L. *depretiare*<*de-*,*pretimu* =price]

depredate [de°-pri-dāt, ডে°প্রিডেইট্] *v.t.* to plunder or rob, লুণ্ঠন করা ; to lay waste, বিধ্বস্ত করা। *p. & p. pt.* **de°predāted** । *n.* **de°predā°tion** *n.* **de°predātor** । *a.***depredatory** [di-pre°-dat(a)ri, ডিপ্রে°ড্যাট্রি] লুণ্ঠক ; বিধ্বংসী । [L. *depraedari*<*de-*, *praeda*= plunder]

depress [di-pres°, ডিপ্রেস্°] *v.t.* to press down, চাপ দিয়া নিচু করা, দমান ; to lower, নিচু করা ; to humble, হীন করা ; to dispirit, উৎসাহ নষ্ট করা, মনোভঙ্গ করা ; to deject or sadden, মন-মরা বা বিষণ্ণ করা। *a.* **depre°ssed**—চাপের দ্বারা নিচু-করা, অবদমিত ; অবনত ; হীনতাপ্রাপ্ত ; হতোদ্যম ; মন-মরা ; বিষণ্ণ ; নিম্নবংশজাত, অন্ত্যজ (*depressed* class) । *a.* **depre°ssing**—নিচু হীন হতোদ্যম মন-মরা বা বিষণ্ণ করে এমন (*depressing* news, weather, etc.) । **depressed area**—যে অঞ্চলে বাজার মন্দা পড়িয়াছে। **depressed class**—অনুন্নত সম্প্রদায়। *n.* **depression** [di-pre°sh(a)n, ডিপ্রে°শ্‌ন্] depress-এর সকল অর্থে, এবং—নিচু জায়গা ; টোল, গর্ত ; (বাণি.) ক্রয়-বিক্রয়ে অবনতি, বাজার-মন্দা ; (আব.) নিম্নচাপ। *a.* **depre°ssive**—depressing-এর অনুরূপ। *n.* **depre°ssor**—উৎপীড়ক, অত্যাচারকারী ; নিম্নমুখে আকর্ষক মাংসপেশী ; ঠাসিয়া ধরার জন্য ডাক্তারি যন্ত্রবিশেষ। [*de-*, *press*]

deprive [di-prīv° ডিপ্রাইভ্°] *v.t.* to dispossess or divest of, বিরহিত বা বঞ্চিত করা ; to keep out of enjoyment, ভোগবঞ্চিত করা : to bereave, বিয়োগব্যথাপীড়িত করা (to *deprive* one of one's parents) । *a.* **deprī°vable** । *n.* **deprīvā°tion**—deprive-এর সকল অর্থে, এবং—পদাবনতি ; ক্ষতি ; হানি ; বিয়োগব্যথা। *a.* **deprī°ved**—(সুযোগ-সুবিধা অধিকার প্রভৃতি হইতে) বঞ্চিত। [L. *deprivare*]

de profundis [dē-pro-fun°-dis, ডীপ্রফান্°ডিস্] **(1)** *adv.* from the depths (of sorrow, etc.), (দুঃখাদি সম্পর্কে) গভীর অন্তস্তল হইতে। **(2)** *n.* cry from the depths of sorrow, etc., গভীর অন্তস্তল হইতে দুঃখজনিত আর্তনাদ বা আকুতি। [L.—B.]

depth [depth, ডেপ্থ্] *n.* deepness or its measure, গভীরতা, গভীরতার পরিমাপ ; a deep place, গভীর স্থান ; the deep or deepest part, গভীর বা গভীরতম অংশ (in the *depth* of one's heart) ; intensity, প্রাবল্য বা প্রগাঢ়তা (*depth* of passion) ; abstruseness, নিগূঢ়তা (*depth* of poetry) ; extensive sagacity and penetration, গভীর প্রজ্ঞা ও ধীশক্তি (*depth* of thought) । **out of one's depth**—অথই জলে ; নিদারুণ সঙ্কটে ; বুদ্ধির বা বোধশক্তির বাহিরে। **depth psychology**—অচেতন বা অজ্ঞান মনঃপ্রকৃতির সমীক্ষণ। *n.* **depth°-bomb, depth°-charge**—পোতাদি-ধ্বংসার্থ যে বোমা জলের নিচে গিয়া ফাটে। *a.* **depth°less**—গভীরতাহীন ; ভাসাভাসা ; অতল। [see *deep*—cp. ON. *dypth*]

depute [di-pūt°, ডিপিউট্°] *v.t.* to appoint or send as a substitute, প্রতিনিধিরূপে নিযুক্ত করা বা প্রেরণ করা ; to send with a special commission, বিশেষ ক্ষমতা প্রদানপূর্বক প্রেরণ করা ; to make over one's powers to, নিজের ক্ষমতাদি অর্পণ করা। *p. & p. pt.* **depū°ted** । *n.* **depūtā°tion**—প্রতিনিধিরূপে নিয়োগ বা প্রেরণ ; প্রতিনিধি বা প্রতিনিধিবর্গ। **de°pūtize**—**(1)** *v.t.* প্রতিনিধিরূপে নিয়োগ করা বা প্রেরণ করা ; **(2)** *v.i.* প্রতিনিধিত্ব করা। *n.* **deputy** [de°-pū-ti, ডে°পিউটি] প্রতিনিধি ; (কোন কোন দেশের) আইনসভার সদস্য। [L. *deputare*=to prune, (later) to select]

derail [di-rāl°, ডিরেইল্°] *v.i.t* to go off or

send off the rails, লাইনচ্যুত হওয়া বা করান (to *derail* a train) । *n.* **dėrail°ment** । [*de-*, *rail*]

derange [di-rānj°, ডিরেইন্‌জ্°] *v.t.* to disorder, বিশৃঙ্খল করা । *a.* **dėranged**—বিশৃঙ্খল ; বিকৃত-মস্তিষ্ক ; উন্মাদগ্রস্ত ; *n.* **dėrān°gement**—বিশৃঙ্খলা ; মস্তিষ্কবিকৃতি, উন্মত্ততা । [F. *deranger*]

derate [dē-rāt°, ডীরেইট্°] *v.t.* to relieve from local rates, (পণ্যদ্রব্যাদি আংশিক বা সম্পূর্ণরূপে) স্থানীয় করমুক্ত করা । *p.* & *p. pt.* **dērā°tėd** । [*de-*, *rate*]

derelict [de°-ri-likt, ডে°রিলিক্‌ট্] (**1**) *a.* forsaken, (মালিকাদি কর্তৃক) পরিত্যক্ত (a *derelict* car) । (**2**) *n.* anything forsaken, পরিত্যক্ত বস্তু । *n.* **derėlic°tion**—পরিত্যাগ ; পরিত্যক্ত অবস্থা ; বিশ্বাসঘাতকতাসহকারে পরিত্যাগ বা কর্তব্যত্যাগ (*dereliction* of duty) । [*de-*, *re-*, L. *linquere*=to leave]

derequisition [di-re-kui-zi°sh(a)n, ডিরেকুইজ়ি°শ্‌ন্] *n.* to free commandeered property, সরকার কর্তৃক দখলীকৃত সম্পত্তি নিয়ন্ত্রণমুক্ত করা । [*de-*, see *requisition*]

derestrict [dē°-ris-trikt°, ডী°রিস্‌ট্রিক্‌ট্°] *v.t.* to remove restriction from upon, বাধা-নিষেধ হইতে মুক্ত করা । *p.* & *p. pt.* **dē°rėstric°t-ed** । [*de-*, *restrict*]

deride [di-rīd°, ডিরাইড্°] *v.t.* to mock, উপহাস করা । *p.* & *p. pt.* **dėrī°dėd** । *n.* **dėrī°der** । *n.* **dėri°sion**—উপহাস ; উপহাসের লক্ষ্য পাত্র বা বস্তু । *a.* **dėrī°sive, dėrī°sory**—উপহাসক ; উপ-হাসমূলক । [L. *deridere*]

derig(u)eur [da-ri-ga(r)°, ড্যারিগ্যা(র্)°] *a.* required by etiquette, শিষ্টাচার বা আদব-কায়দার পক্ষে প্রয়োজনীয় । [F.]

derive [di-rīv°, ডিরাইভ্°] (**1**) *v.t.* to draw or obtain or infer, (কিছু হইতে) বাহির করা, আহরণ করা, পাওয়া, সিদ্ধান্ত করা ; to trace to an origin, উৎপত্তি নির্ণয় করা । (**2**) *v.i.* to issue (*from*), আগত বা নির্গত বা উদ্ভূত হওয়া । *a.* **dėrī°vable** । *n.* **derivā°tion**—derive-এর সকল অর্থে, এবং—(ব্যাক.) শব্দের প্রকৃতিপ্রত্যয়-নির্ণয় । **dėri°vative**—(**1**) *a.* আহরণ বা প্রাপ্তিসংক্রান্ত ; সিদ্ধান্তমূলক ; উদ্ভবের কারণ-নির্ণায়ক : (ব্যাক.) প্রকৃতিপ্রত্যয়গত ; (**2**) *n.* আহৃত বা প্রাপ্ত বা সিদ্ধান্তীকৃত বস্তু ; (ব্যাক.) প্রকৃতিপ্রত্যয়ান্ত শব্দ । [F. *deriver*—cp. *river*]

derm [de(r)m, ড্যা(র্)ম্], **der°mis**—*n.* the true skin, ত্বক্, অন্তস্ত্বক্ । *a.* **der°mal, der°mic**—অন্তস্ত্বক্ বা ত্বক্-সংক্রান্ত । *n.* **dermatology** [da(r)-ma-to°-la-ji, ড্যা(র্)ম্যাট°ল্যাজি] ত্বক্‌বিজ্ঞান । *n.* **dermato°logist**—ত্বক্-বিশেষজ্ঞ । [Gk. *derma*]

derogate [de°-ro-gāt, ডে°রোগেইট্] *v.i.* to lessen by taking away a part, অংশাদি বাদ দিয়া কমান ; to detract, খর্ব করা । *p.* & *p. pt.* **de°rŏgātėd** । *n.* **derŏgā°tion** । *a.* **deroga-tory** [di-ro°-ga-t(a)ri, ডির°গ্যাট্‌রি] হ্রাসকর, খর্বতাসাধক ; ক্ষতিকর, হানিকর । *adv.* **dėro°ga-torily** । [*de-*, L. *rogare*=to propose a law]

derrick [de°-rik, ডে°রিক্] *n.* a contrivance for moving or hoisting heavy weights, ভারী বস্তু নাড়াইবার ও উত্তোলন করিবার জন্য কলবিশেষ । [*Derrick*, a 17th century hangman]

derring-do [de°-ring-dōō, ডে°রিংডু] *n.* (arch.) daring action, (আর্ষ.) দুঃসাহসিক কাজ । [Lydgate's misprint *derrynge do* for *dorryng do* =daring (to) do, mistaken by Spenser for a noun]

derringer [de°-rin-za(r), ডে°রিন্‌জ়া(র্)] *n.* an American pistol, আমেরিকার ক্ষুদ্র পিস্তলবিশেষ । [inventor's name]

derv [da(r)v, ড্যা(র্)ভ্] *n.* fuel oil for diesel engines, ডিজেল-এনজিনের জ্বালানি তৈল । [*d*iesel *e*ngine *r*oad *v*ehicle]

dervish [da(r)°-vish, ড্যা(র্)°ভিশ্] *n.* a Mohammedan friar vowed to poverty and austerity, মুসলমান ফকির-বিশেষ, দরবেশ । [Turk. <Pers.]

desalinate [dē-sa°-li-nāt, ডীস্যা°লিনেইট্] *v.t.* to remove salt from (sea water, etc.), (সমুদ্রাদির জল) লবণমুক্ত করা । *n.* **desalinā°tion** । [*de-*, see *saline*]

descale [dē-skāl°, ডীস্কেইল্°] *v.t.* to remove deposit from inside boilers or water pipes, জলের পাইপ বা বয়লারের অভ্যন্তর ভাগের জমাট-বাঁধা পলি পরিষ্কার করা । [*de-*, see *scale*$_2$]

descant [des°-kant, ডেস্°ক্যান্ট্] *n.* melody, সুললিত সুর ; song, গান ; (mus.) a kind of melodic accompaniment, সুরেলা সঙ্গতবাদ্য-বিশেষ ; a discourse under several heads, বিভিন্ন বিষয়ে বিভক্ত আলোচনা-প্রসঙ্গ । *v.i.* **des-cant°**—গান গাওয়া ; সঙ্গত করা ; বিস্তারিতভাবে আলোচনা করা ; মন্তব্য করা । *p.* & *p. pt.* **des-can°tėd** । [ONF.<L. *dis-*, *cantus*=a song]

descend [di-send°, ডিসেন্ড্°] *v.i.t.* to climb or come down, অবরোহণ করা, অবতরণ করা, নামিয়া আসা, বা নামা, to be derived as a conclusion or offspring, ফলস্বরূপ বা বংশধর-রূপে উদ্ভূত হওয়া ; to make an attack, (আকস্মিক) আক্রমণ করা । *p.* & *p. pt.* **dėscen°dėd** । *n.* **dėscen°dant**—বংশধর । *n.* **dėscent°**—অব-রোহণ, অবতরণ ; উতরাই ; আক্রমণ ; বংশধররূপে উদ্ভব ; পুরুষ বা বংশপর্যায় ; বংশধরগণ, বংশ, গোষ্ঠী । [F. *descendre*]

describe [dis-krīb°, ডিস্‌ক্রাইব্°] *v.t.* to draw, অঙ্কন করা ; to give an account of, বর্ণনা করা । *a.* **dėscrī°bable** । *n.* **dėscrī°ber** । *n.* **dės-crip°tion**—অঙ্কন ; বর্ণনা ; রকম, শ্রেণী (bird of all *descriptions*) । *a.* **dėscrip°tive**—অঙ্কন করে এমন ; বর্ণনামূলক ; চিত্রানুগ । [*de-*, L. *scribere* =to write]

descry [dis-krī°, ডিস্‌ক্রাই°] *v.t.* to catch sight of, দেখিতে পাওয়া। *p.* & *p. pt.* **dėscried°**। [from *describe* confused with *decry*]

desecrate [de°-si-krāt, ডে°সিক্রেইট্‌] *v.t.* to profane, অপবিত্র করা। *p.* & *p. pt.* **de°sėcrātėd** । *n.* **desėcrā°tion** । *n.* **de°sėcrātor** । [*de-*, L. *secrare* = to set apart as sacred—cp. *consecrate*]

desert₁ [de°-za(r)t, ডে°জ্যা(র্)ট্‌] (**1**) *a.* deserted, পরিত্যক্ত ; desolate, জনশূন্য ; uninhabited, লোকবসতিহীন ; uncultivated, অকর্ষিত, পতিত। (**2**) *n.* a desert place, মরুভূমি বা প্রান্তর ; a desolate place, জনশূন্য অঞ্চল। [OF.<L. *deserere* = to desert]

desert₂ [di-za(r)t°, ডিজ্যা(র্)ট্‌°] (**1**) *v.t.* to forsake, পরিত্যাগ করা। (**2**) *v.i.* to run away (esp. from a service), (কর্মাদি পরিত্যাগ করিয়া) পলাইয়া যাওয়া। *p.* & *p. pt.* **dėser°tėd** । *n.* **dėser°ter** । *n.* **dėser°tion** । [*de-*, L. *serere* = to bind]

desert₃ [di-za(r)t°, ডিজ্যা(র্)ট্‌°] *n.* that which is deserved, যোগ্য বা কাম্য বস্তু; claim to reward, পুরস্কার পাইবার যোগ্যতা; merit, গুণ। *a.* **dėsert°lėss**—গুণহীন। [OF.—cp. *deserve*]

deserve [di-za(r)v°, ডিজ্যা(র্)ভ্‌°] *v.t.i.* to be worthy of, যোগ্য হওয়া। *a.* **dėser°ved**—যোগ্য, উপযুক্ত (well-*deserved* punishment)। *adv.* **dėser°vėdly** । *a.* **dėser°ving**—যোগ্যতাসম্পন্ন, উপযুক্ত (a *deserving* candidate)। [OF. *desirvir* <L. *de-*, *servire* = to serve]

déshabillé [dā-za-bē°-ya, ডেইজ্যাবী°য়েই] same as **dishabille** । [F.]

desiccate [de°-si-kāt, ডে°সিকেইট্‌] *v.t.i.* to dry up, শুষ্ক করা বা হওয়া, শুকান। *p.* & *p. pt.* **de°siccātėd** । *n.* **desiccā°tion** । *n.* **desiccā°tor** । [L. *dessicare*]

desiderate [di-zi°-da-rāt, ডিজ়ি°ড্যারেইট্‌] *v.t.* to desire earnestly, আকুলভাবে আকাঙ্ক্ষা করা ; to want, (কাহারও বা কিছুর) অভাববোধ করা ; to regret absence of, (কাহারও বা কিছুর) অনুপস্থিতির জন্য দুঃখ করা। *p.* & *p. pt.* **dėsi°derātėd** । *n* **dėsiderā°tion** । *a.* **dėsi°derātive**—(প্রধানতঃ ব্যাক.) ইচ্ছাসূচক, আকাঙ্ক্ষাজ্ঞাপক (*desiderative* verb)। *n.* **dėsiderā°tum**—আকুলভাবে আকাঙ্ক্ষিত বস্তু ; যে বস্তুর অভাব অনুভূত হইতেছে। *pl.* **dėsiderā°ta** । [L. *desiderare*—cp. *desire*]

design [di-zīn°, ডিজ়াইন্‌°] (**1**) *v.t.* to sketch a plan of, (কিছুর) নকশা অঙ্কন করা ; to contrive, পরিকল্পনা করা (to *design* an attack) ; to intend, (কোন) অভিলাষ বা অভিসন্ধি করা ; to destine, নিয়তি বা পরিণতিরূপে পূর্বনির্দিষ্ট করা (Providence *designed* his fall)। (**2**) *n.* an outline drawing or pattern, নকশা ; a plan, পরিকল্পনা, ফন্দি ; intention, অভিলাষ বা অভিসন্ধি। **by design**—ইচ্ছাপূর্বক। **(to) have designs on** or **upon** or **against**—কাহারও ক্ষতিসাধনের অভিসন্ধি করা ; দখল করার বা হরণ করার বা চুরি করার অভিসন্ধি করা। *v.t.* **designate** [de°-zig-nāt, ডে°জ়িগ্‌নেইট্‌] নাম বা আখ্যা দেওয়া ; কার্যাদিতে নিযুক্ত করা বা কার্যাদির জন্য মনোনীত করা (to *designate* a person as one's successor)। *p.* & *p. pt.* **de°ṡignātėd** । *a.* **de°ṡignate**—কার্যাদিতে নিযুক্ত হইয়াছে কিন্তু এখনও কর্মভার গ্রহণ করে নাই এমন (placed after the noun)। *n.* **deṡignā°tion**—নাম আখ্যা খেতাব পেশা পদ প্রভৃতি সূচক আখ্যা। *n.* **de°ṡignā°tor** । *adv.* **dėṡign°ėdly**—পূর্বপরিকল্পনানুসারে ; ইচ্ছাপূর্বক। *n.* **dėṡign°er** । *a.* **dėṡign°ful**—নানা অভিসন্ধিতে পূর্ণ। **dėṡign°ing**—(**1**) *a.* ফন্দি আঁটিতেছে এমন, ফন্দিবাজ ; কৌশলী ; (**2**) *n.* নক্সাদি প্রস্তুতের কাজ। [F. *designer*]

desire [di-zī(r)°, ডিজ়ায়্যা(র্)°] (**1**) *v.t.* to long for, পাইতে আকাঙ্ক্ষা করা, কামনা করা। (**2**) *n.* an earnest longing, আকুল আকাঙ্ক্ষা ; a wish, বাসনা ; a prayer or request, প্রার্থনা, মিনতি ; an object of desire, কাম্য বা আকাঙ্ক্ষিত বস্তু ; lust, কামলালসা। *a.* **dėṡīr°able**—কাম্য ; অনুমোদনযোগ্য ; মনোহর। *n.* **dėṡīrabi°lity** । *adv.* **dėṡīr°ably** । *n.* **dėṡīr°er** । *a.* **dėṡīr°ous**—আকাঙ্ক্ষী ; কামনাকারী। [F. *desirer*<L. *desiderare*]

desist [di-zist°, ডিজ়িস্‌ট্‌°] *v.i.* to leave off, ছাড়িয়া দেওয়া, বিরত হওয়া (to *desist* from work)। *p.* & *p. pt.* **dėṡis°tėd** । *n.* **dėṡis°tance** । [L. *desistere*]

desk [desk, ডেস্‌ক্‌] *n.* a table for writing reading etc., লিখন-পঠনাদির জন্য টেবিলবিশেষ, ডেস্‌ক্‌। *n.* **desk°-work**—ডেস্‌কের উপরে সম্পাদিত কাজ অর্থাৎ লেখার কাজ। [ME. *deske*<L. *discus*]

desolate [de°-sŏ-lāt, ডে°সোলেইট্‌] *v.t.* to make lonely or forlorn, নির্জন বা নিঃসঙ্গ করা ; to make joyless, নিরানন্দ করা ; to depopulate, জনশূন্য করা; to lay waste, (স্থানাদিকে), পতিত বা ঊষর করা, উৎসাদিত করা। *p.* & *p. pt.* **de°sŏlātėd** । *a.* **de°sŏlāte**—নিরানন্দ ; নিঃসঙ্গ ; নির্জন ; জনশূন্য ; পতিত। *n.* **de°sŏlator** । *n.* **desŏlā°tion** । [L. *desolare*]

despair [dis-pā(r)°, ডিস্‌পেয়্যা(র্)°] (**1**) *v.i.* to be without hope, হতাশ হওয়া (to *despair* of success)। (**2**) *n.* hopelessness, হতাশা ; that which causes despair, যাহা হতাশা জাগায়। *a.* **dėspāir°ing**—সহজেই হতাশ হয় এমন ; হতাশাপূর্ণ। [OF. *desperer*<L. *desperare*]

despatch—alt. spell. of **dispatch.**

desperado [des-pa-rŭ°-dō, ডেস্‌প্যারা°ডৌ] *n.* a desperate or reckless fellow, মরিয়া বা বেপরোয়া লোক ; a wild ruffian, হিংস্র দুর্বৃত্ত ;

a madman, উন্মাদ ব্যক্তি। *pl.* **despera°do(e)s**। [OSp.]

desperate [des°-p(a)rit, ডেস্°প্রিট্] *a.* in a state of despair, হতাশ ; reckless from despair, হতাশার ফলে মরিয়া বা বেপরোয়া ; (loos.) furious, (শিথি.) প্রচণ্ড, দুর্দান্ত (*desperate* fury)। *adv.* **desperately**। *n.* **des°perateness**। *n.* **desperation** [des-pa-rā°sh(a)n, ডেস্প্যারেই°শ্ন্] হতাশা ; মরিয়া বা বেপরোয়া ভাব ; প্রচণ্ড ক্রোধ। [see *despair*]

despicable [des°-pi-kabl, ডেস্°পিক্যাব্ল্] *a.* contemptible, ঘৃণ্য, জঘন্য। *n.* **despicabi°lity, des°picableness**। *adv.* **des°picably**। [see *despise*]

despise [dis-pīz°, ডিস্পাইজ়্°] *v.t.* to look down upon, অবজ্ঞা করা, ঘৃণা করা, ঘৃণার চক্ষে দেখা। *n.* **despi°ser**। [OF. *despire*]

despite [dis-pīt°, ডিস্পাইট্°] (**1**) *n.* contempt, অবজ্ঞা, ঘৃণা ; violent malice, প্রচণ্ড বিদ্বেষ। (**2**) *prep.* in spite of, সত্ত্বেও। **despite of, in despite of**—(কিছু) সত্ত্বেও। *a.* **despite°ful**—অবজ্ঞাপূর্ণ, ঘৃণাপূর্ণ ; বিদ্বেষপূর্ণ। *adv.* **despite°fully**। [OF. *despit*]

despoil [dis-poyl°, ডিস্পয়্ল্°] *v.t.* to plunder completely, সম্পূর্ণরূপে লুণ্ঠন করা ; to deprive, বিহীন বা বঞ্চিত করা ; to rob, হরণ করিয়া লওয়া। *n.* **despoi°ler**। *n.* **despōliā°tion**—হরণ বা লুণ্ঠন। [OF. *despoiller*—cp. *spoil*]

despond [dis-pond°, ডিস্পন্ড্°] *v.i.* to be wanting in hope, হতাশ বা নিরাশ হওয়া ; to be dejected, মন-মরা হওয়া। *p. & p. pt.* **despon°ded**। *n.* **despon°dence, despon°dency**—হতাশা, নৈরাশ্য ; মন-মরা ভাব। *a.* **despon°dent**—হতাশ, নিরাশ ; মন-মরা। *adv.* **despon°dingly**। [L. *despondere*]

despot [des°-pot, ডেস্°পট্] *n.* an absolute ruler, সার্বভৌম শাসক ; a tyrant, উৎপীড়ক। *a.* **despo°tic(al)**—সার্বভৌম শাসকসংক্রান্ত বা শাসকতুল্য ; সার্বভৌম ; স্বেচ্ছাকারী ও উৎপীড়ক ; স্বৈর। *n.* **des°potism**—সার্বভৌম ক্ষমতা বা শাসন ; স্বেচ্ছাচারপূর্ণ অত্যাচার ; স্বৈরতন্ত্র। [OF. <Gk. *despotes*=a master]

dessert [di-za(r)t°, ডিজ়্যা(র্)ট্°] *n.* a final course of fruits and sweets, ভোজের শেষপদরূপে প্রদত্ত ফল ও মিষ্টান্ন। *n.* **dessert°-ser°vice**—উক্ত ফল ও মিষ্টান্ন পরিবেশনের জন্য থালা। *n.* **dessert°-spōōn**—উক্ত ফল ও মিষ্টান্ন খাইবার উপযোগী চামচ। [OF.=to clear the table]

destination—see **destine.**

destine [des°-tin, ডেস্°টিন্] *v.t.* to foreordain, পূর্ব হইতে নির্দিষ্ট করিয়া দেওয়া ; to fix, ধার্য করা, নির্ধারণ করা ; to doom, ভাগ্যবিধান করা। *a.* **des°tined**—পূর্বনির্দিষ্ট ; ধার্য, নির্ধারিত ; ভাগ্যনিয়ন্ত্রিত। *n.* **destinā°tion**—উদ্দেশ্য ; লক্ষ্য ; পরিকল্পনা ; ভাগ্য ; গন্তব্যস্থল। *n.* **des°tiny**—নিয়তি, ভাগ্য, অদৃষ্ট। [F. *destiner*]

destitute [des°-ti-tūt, ডেস্°টিটিউট্] *a.* forlorn, নিঃসঙ্গ ; forsaken, পরিত্যক্ত ; in utter want, চরম অভাবগ্রস্ত, নিঃস্ব ; utterly lacking, সম্পূর্ণ বঞ্চিত বা বিহীন। *n.* **destitū°tion**—নিঃসঙ্গতা ; পরিত্যক্ত অবস্থা ; চরম অভাব ; চরম দারিদ্র্য ; সম্পূর্ণ বঞ্চিত বা বিহীন অবস্থা। [L. *destituere*=to place away]

destroy [dis-troy°, ডিস্ট্রয়্°] *v.t.* to pull down, ভাঙ্গিয়া ফেলা, চূর্ণ করা ; to ruin, সর্বনাশ করা ; to put an end to, বিনাশ করা, খতম করা। *n.* **destroy°er**—destroy-এর সকল অর্থে, এবং—জাহাজ-ধ্বংসী টর্পেডো-বাহী রণপোতবিশেষ। *a.* **destruc°tible**—চূর্ণনসাধ্য ; ধ্বংসসাধ্য ; বিনাশসাধ্য। *n.* **destructibi°lity**। *n.* **destruc°tion**—সর্বনাশ ; ধ্বংস, বিনাশ, বিলয় ; ধ্বংসের কারণ। *a.* **destruc°tive**—ধ্বংসকর ; ধ্বংসাত্মক ; বিনাশক। *n.* **destruc°tiveness**। *n.* **destruc°tor**—ধ্বংসকারী, বিনাশকারী। [OF. *destruire*<L. *destruere*]

desuetude [di-sū°-i-tūd, ডিসিউ°ইটিউড্] *n.* disuse, অপ্রচলন। [L. *desuetudo*]

desultory [de°-s(a)lt(a)ri, ডে°সল্‌ট্রি] *a.* skipping from one subject to another, অসংলগ্নভাবে বা এলোমেলোভাবে বিষয় হইতে বিষয়ান্তরে ঝাঁপাইয়া পড়ে এমন ; disconnected, অসংলগ্ন, অবান্তর ; unmethodical, নিয়মশৃঙ্খলাহীন (*desultory* reading)। *adv.* **de°sultorily**। *n.* **de°sultoriness**। [L. *desultorius*<*de-*, *salire*=to jump]

detach [di-tach°, ডিট্যাচ্°] *v.t.* to unfasten and remove, বাঁধন খুলিয়া পৃথক্ করা ; to separate, পৃথক্ বা বিচ্ছিন্ন করা ; to withdraw, সরাইয়া আনা, অপসৃত করা ; to send off on special service, বিশেষ কার্যভার দিয়া প্রেরণ করা। *a.* **deta°chable**। *a.* **deta°ched**—পৃথগীকৃত, বন্ধনমুক্ত ; বিচ্ছিন্ন ; অসম্বদ্ধ ; আলাদা, স্বতন্ত্র ; (বিভিন্ন বাড়ি-সম্বন্ধে) পাশাপাশি কিন্তু সংলগ্ন নহে এমন ; বাসনালালসাশূন্য, উদাসীন, নির্লিপ্ত। *n.* **detach°ment**—detach-(*v.*)-এর সকল অর্থে, এবং—বিশেষ কর্তব্য বা যুদ্ধাদির জন্য প্রেরিত সৈন্যবাহিনী বা অনুরূপ বিচ্ছিন্ন দল। [F. *detacher*—cp. *attach*]

detail [dē°-tāl, ডী°টেইল্] (**1**) *v.t.* to relate minutely, পুঙ্খানুপুঙ্খরূপে বর্ণনা করা ; to tell off for a special duty, নির্দিষ্ট কর্তব্যাদি পালনার্থ যাইতে হুকুম করা (to *detail* an officer for special duty)। (**2**) *n.* a small part, ক্ষুদ্র অংশ ; an item, দফা ; a minute account, পুঙ্খানুপুঙ্খ বর্ণনা ; a small body detailed for special duty, (প্রধানতঃ সাম.) নির্দিষ্ট কর্তব্যাদি পালনার্থ যাইবার জন্য আদেশপ্রাপ্ত ক্ষুদ্র দল। **in detail**—পুঙ্খানুপুঙ্খভাবে ; বিশদভাবে ; দফায় দফায়। *a.* **dētai°led**—পুঙ্খানুপুঙ্খ ; বিশদ। [*de-*, F. *tailler*=to cut]

detain [di-tān°, ডিটেইন্°] *v.t.* to hold back, আটকাইয়া বা ঠেকাইয়া রাখা, বিলম্ব করান ; to stop, থামান ; to keep in custody, হাজতে আটক রাখা। *n.* **detainee**—বিনা বিচারে আটক-বন্দী। *n.* **dėtai°ner** । *n.* **dėtain°ment, dėten°tion**—detain-এর সকল অর্থে, এবং—(ভারতে) রাজনীতিক কারণে বিনা বিচারে অনির্দিষ্ট কালের জন্য বন্দিত্ব, আটক-বন্দিত্ব। *a.* **détenu** [dā-ta-nōō°, ডেইট্যানু°] (ভারতে) রাজনীতিক আটক-বন্দী। [OF. *detenir* < L. *detinere*]

detect [di-tekt°, ডিটেক্ট্°] *v.t.* to discover or find out, (গুপ্তভাবে বা দৃষ্টি এড়াইয়া চলে এমন কিছুকে) আবিষ্কার করা বা দেখিতে পাওয়া, খুঁজিয়া বাহির করা। *p.* & *p. pt.* **dėtec°tėd** । *a.* **dė-tec°table** । *n.* **dėtec°tion** । **dėtec°tive**—(1) *a.* আবিষ্কার বা সন্ধান সংক্রান্ত ; গোয়েন্দা বা গোয়েন্দাগিরি সংক্রান্ত ; আবিষ্কারক ; (2) *n.* গোয়েন্দা। **detective story**—গোয়েন্দা-কাহিনী। *n.* **dė-tec°tor**—আবিষ্কারক ব্যক্তি বা যন্ত্র। [*de-*, L. *tegere* = to cover]

detent [di-tent°, ডিটেন্ট্°] *n.* a catch by removal of which a machine is set working, যন্ত্রাদি-সংলগ্ন যে ছিটকিনি বা কবজা খুলিয়া দিলে যন্ত্র চালু হয় ; a catch that regulates the striking of a clock, ঘড়ির ঘণ্টাধ্বনি-নিয়ামক যন্ত্রবিশেষ। [L. *detinere* < *de-*, *tenere* = to hold]

detente [de-tān°-t, ডেটেঁইংট্] *n.* cessation of strained relations between states, বিভিন্ন রাষ্ট্রের মধ্যে মন-কষাকষির অবসান। [F.—see *detent*]

detention, detenu—see **detain.**

deter [di-ta(r)°, ডিট্যা(র্)°] *v.t.* to frighten from, ভয় দেখাইয়া নিবৃত্ত করা ; to hinder, বাধা দেওয়া। *pr. pt.* **dėte°rring** । *p.* & *p. pt.* **dė-te°rred** । *n.* **dėter°ment** । **dėte°rrent**—(1) *a.* ভয় দেখাইয়া নিবৃত্ত করে বা বাধা দেয় এমন ; (2) *n.* ঐরূপ বস্তু। [*de-*, L. *terrere* = to frighten]

deterge [di-ta(r)j°, ডিট্যা(র্)জ্°] *v.t.* to cleanse (a wound etc.), (ক্ষতাদি) পরিষ্কার করা। **deter°-gent**—(1) *a.* (ক্ষতাদি) পরিষ্কারক ; (2) *n.* পরিষ্কারক বস্তু। [L. *detergere*]

deteriorate [di-tēr°-i-a-rāt, ডিটিয়্যার্°ইঅ্যা-রেইট্] *v.t.i.* to worsen, অধিকতর মন্দ করা বা হওয়া, অবনতি ঘটান বা ঘটা। *p.* & *p. pt.* **dė-tēr°iorātėd** । *n.* **dėtēriorā°tion** । [L. *deteriorare*]

determine [di-ta(r)°-min, ডিট্যা(র্)°মিন্] (1) *v.t.* to limit, সীমাবদ্ধ করা বা সীমানা-নির্দেশ করা ; to fix or settle, ধার্য করা, নিষ্পত্তি করা বা মীমাংসা করা ; to define, বর্ণনা করা ; to decide, সিদ্ধান্ত করা ; to resolve or cause to resolve, (কোন) সঙ্কল্প করা বা করান ; to find out precisely by calculation, (হিসাব বা গণনার দ্বারা) নির্ভুল-ভাবে নির্ধারণ করা (to *determine* the height of a mountain, the velocity of light, etc.)। (2) *v.t.* to terminate, অবসান করান বা হওয়া। (3) *v.i.* to come to a decision, সিদ্ধান্তে পৌঁছান। *a.* **determinable** [di-ta(r)°-m(i)nabl, ডিট্যা(র্)ম্ন্যাব্ল্] । *n.* **dėterminabi°-lity** । *adv.* **dėter°minably** । **dėter°minant**—(1) *a.* সীমিত করে এমন, সীমানানির্দেশক ; নির্ধারক ; মীমাংসাকর ; বর্ণনাকর, সিদ্ধান্তকর ; অবসানকর ; (2) *n.* ঐরূপ বস্তু বা বিষয় ; (বীজগণি.) ছক। *a.* **dėter°minate**—সীমাবদ্ধ ; নির্ধারিত ; চূড়ান্ত। *n.* **dėterminā°tion**—determine-এর সকল অর্থে, এবং—দৃঢ় সঙ্কল্প ; দৃঢ় চরিত্র। *a.* **dėter°minātive**—সীমানানির্দেশক ; নিষ্পত্তিকর ; বর্ণনাকর ; সিদ্ধান্তকর ; সঙ্কল্পকর ; অবসানকর। *adv.* **dėter°minedly** । *n.* **dėter°minism**—সব ঘটনাই মানুষের ইচ্ছা-বহির্ভূত কোন-না-কোন নিমিত্ত হইতে উদ্ভূত : এই দার্শনিক মতবাদ, নিমিত্তবাদ ; (মনোবি.) নিয়তিবাদ। *a.* **dėterminis°tic** । [L. *determinare*—cp. *terminate*]

deterred, deterrent, deterring—see **deter.**

detersion [di-ta(r)°sh(a)n, ডিট্যা(র্)°শ্ন্] *n.* act of cleansing, পরিষ্কার করা। **detersive** [di-ta(r)°-siv, ডিট্যা(র্)°সিভ্] (1) *a.* পরিষ্কারক ; (2) *n.* পরিষ্কারক পদার্থ। [see *deterge*]

detest [di-test°, ডিটেস্ট্°] *v.t.* to hate intensely, অতিশয় ঘৃণা করা। *p.* & *p. pt.* **dė-tes°tėd** । *a.* **dėtes°table**—অতিশয় ঘৃণ্য বা জঘন্য। *adv.* **dėtes°tably** । *n.* **dėtestā°tion** । [F. < L. *de-*, *testari* = to execrate]

dethrone [di-thrōn°, ডিথ্রৌন্°] *v.t.* to remove from a throne, সিংহাসনচ্যুত করা। *n.* **dė-throne°ment** । [*de-*, *throne*]

detonate [de-tō-nāt°, ডেটৌনেইট্°] *v.i.t.* to explode loudly, উচ্চশব্দে বিস্ফোরিত হওয়া বা করান। *p.* & *p. pt.* **de°tōnātėd** । *n.* **detōnā°-tion** । *n.* **de°tōnātor**—বিস্ফোরক পদার্থ ; সম্মুখস্থ কুয়াশা সম্বন্ধে রেল-ইঞ্জিন চালককে সতর্ক করার উপায় বিশেষ। [*de-*, L. *tonare* = to thunder]

détour [dā°-tooa(r), ডেই°টুয়্যা(র্)] *n.* a winding, বাঁক ; a circuitous way, ঘোরান পথ। [F.]

detract [di-trakt°, ডিট্র্যাক্ট্°] *v.t.i.* to take away, হরণ করা ; to abate, হ্রাস করা বা খর্ব করা অথবা হওয়া ; to defame, মানহানি করা, কুৎসা রচনা করা ; to take away the reputation (with *from*), যশ বা খ্যাতি খর্ব করা। *p.* & *p. pt.* **dėtrac°tėd** । *adv.* **dėtrac°tingly** । *n.* **dė-trac°tion** । *a.* **dėtrac°tive**—হরণকর ; অপসারক ; অপসরক ; হ্রাসকর ; হ্রাসশীল ; মানহানিকর। *n.* **dėtrac°tor** । [*de-*, L. *trahere* = to draw]

detrain [dē-trān°, ডীট্রেইন্°] *v.t.i.* to set down or alight out of a railway train, রেলগাড়ি হইতে নামান বা নামা। *n.* **dėtrain°-ment** । [*de-*, *train*—cp. *entrain*]

detriment [de°-tri-mant, ডে°ট্রিম্যান্ট্] *n.* damage, ক্ষতি। **to the detriment of**—ক্ষতি বা অনিষ্ট সাধন করিয়া (to work hard *to the detriment of* one's health) I *a.* **detrimen°tal**—ক্ষতিকর। *adv.* **detrimen°tally** I [L. *detrimentum*<*de-*, *terere*=to rub]

detrition—see **detritus.**

detritus [di-trī°-tas, ডিট্রাই°ট্যাস্] *n.* matter produced by detrition, কঠিন বস্তুর সহিত ঘর্ষণে ক্ষয়প্রাপ্ত হইয়া সৃষ্ট পদার্থাদি (যেমন, বালি, কাঁকর, নুড়ি)। *n.* **detri°tion**—কঠিন বস্তুর সহিত ঘর্ষণজনিত ক্ষয়। [L.=worn]

de trop [de°-trō°, ডে°ট্রৌ°] *pred. a.* unwelcome, not wanted, অবাঞ্ছিত। [F.]

detrude [di-trōōd,° ডিট্রুড্°] *v.t.* to thrust down, ধাক্কা মারিয়া ফেলিয়া দেওয়া। *n.* **detru°sion** I [*de-*=down, *trūdere*=to thrust]

detumescence [dē-tū-me°-sans, ডীটিউমে°স্যান্স্] *n.* (med.) subsidence or diminution of swelling, (চিকি.) স্ফীতিহ্রাস (বিপ. **intumescence**) I [L. *de-*, tumere=to swell]

deuce₁ [dūs, ডিউস্] *n.* the two at dice or cards, পাশার দুয়া বা তাসের দুরি; (in tennis) a situation in which one side must win two successive points or games to win the set, (টেনিস-খেলায়) যে অবস্থায় পরপর দুইটি পয়েনট পাইলে বা দানে জিতিলে প্রতিদ্বন্দ্বীদের একজন বিজয়ী হয়। [F. *deux*=two<L. *duos*]

deuce₂ [dūs, ডিউস্] *n.* the devil, (প্রধানতঃ আবেগাত্মক উক্তিমধ্যে ব্যবহৃত) শয়তান, পাপ (the *deuce* take it, who the *deuce* are you) I *a.* **deu°ced**—বিভ্রান্তিকর; শয়তানোচিত। [expanded meaning of *deuce₁*]

deus ex machina [dūs°-aks-mā°-ki-nā, ডিউস্°অ্যাক্স্মেই°কিনেই] *n.* providential interposition, সমস্যাদি সমাধানে দৈবসাহায্য। [L.]

Deuteronomy [dū-ta-ro°-na-mi, ডিউট্যার°ন্যামি] *n.* fifth book of the Old Testament (Bible), ওল্ড টেস্টামেন্টের পঞ্চম গ্রন্থ। [Gk. *dutero, nomos*=law]

deva [dā°-va, ডেই°ভ্যা] *n.* a god, দেব, দেবতা। [Sans.]

devalue [dē-va°-lū, ডীভ্যা°লিউ], **dēva°lūate** —*v.t.* to reduce the value of, মূল্যহ্রাস করা। *p. & p. pt.* **dēvalū°ed, dēva°lūated** I *n.* **dēvalūā°tion** I [*de-*, *value*]

devastate [de°-vas-tāt, ডে°ভ্যাস্‌টেইট্] *v.t.* to lay waste, বিধ্বস্ত করা, উৎসন্ন করা; to plunder, লুণ্ঠন করা। *p. & p. pt.* **de°vastātėd** I *adv.* **de°vastātingly** I *n.* **devastā°tion** I [L. *devastare*]

develop [di-ve°-lap, ডিভে°ল্যাপ্] (**1**) *v.t.i.* to unroll or unfold, পাক বা ভাঁজ খোলা বা খুলিয়া যাওয়া; to open by degrees, একটু একটু করিয়া খোলা; to advance, অগ্রসর করান বা হওয়া; to grow or cause to grow, বৃদ্ধি পাওয়ান বা পাওয়া; to expand, সম্প্রসারিত করা বা হওয়া; to evolve, উদ্ভূত করান বা হওয়া; to show by degrees, ক্রমে (লক্ষণাদি) প্রকাশ পাওয়া (symptoms of cancer *developed*) I (**2**) *v.t.* to elaborate, বাড়ান, বাড়াইয়া বর্ণনা করা; to work out the potentialities of, অন্তর্নিহিত শক্তি বিকশিত করা; (phot.) to render visible the image on a negative by means of chemicals, (ফটো.) নিগেটিভে গৃহীত আলোকচিত্র রাসায়নিক দ্রব্যের সাহায্যে দৃশ্যমান করা; to prepare (land) for building on, অট্টালিকাদি নির্মাণের উপযুক্ত করিয়া (ভূমি) উন্নত করা। *p. & p. pt.* **dėve°lopėd** I *n.* **dėve°loper**—develop-এর সকল অর্থে, এবং—আলোকচিত্রাদি মুদ্রণ করিবার রাসায়নিক দ্রব্য; মাংসপেশীর বৃদ্ধিসাধক যন্ত্র। *n.* **dėve°lopment**—develop-এর সকল অর্থে, এবং—ঘটনাদির সর্বশেষ অবস্থা বা পর্যায় (the latest *developments* in Indo-Soviet relations) I **development area**—নিয়োগবৃদ্ধির উদ্দেশ্যে যে-সকল অঞ্চলে শিল্পাদি স্থাপিত হয়। [F. *developper*<?]

deviate [dē°-vi-āt, ডী°ভিএইট্] *v.i.t.* to go away or cause to go away from the way, পথভ্রষ্ট হওয়া বা করা। *p. & p. pt.* **dē°viātėd** I *n.* **deviant**—যে ব্যক্তির নৈতিক ও সামাজিক মান স্বাভাবিক মান হইতে ভিন্ন। *n.* **dēviā°tion** I **standard deviation**—(পরিসংখ্যান) পর্যবেক্ষিত উপাত্তের ভেদের বর্গমূল। *n.* **dē°viātor** I [L. *deviare*<*de-*, *via*=a way]

device [di-vīs°, ডিভাইস্°] *n.* a plan, a trick, পরিকল্পনা, ফন্দি, কৌশল; an invention, আবিষ্কার; a contrivance, কল; a design, নকশা; (arch.) make, look, (আর্ষ.) চেহারা, আকৃতি। **(to) leave one to one's devices** —কাহাকেও উপদেশ না দিয়া বা সাহায্য না করিয়া তাহার ইচ্ছামত কাজ করিতে দেওয়া। [see *devise*]

Devil [de°vl, ডে°ভ্‌ল্] *n.* (B.) Satan, পাপাত্মাদের অধিপতি, শয়তান (তু. মার)। **de°vil**—(**1**) *n.* ভূত-প্রেত প্রভৃতি অনিষ্টকর আত্মা; অতি অসৎ ব্যক্তি; (সচ. ডিমের) গুরুপাক সুরুয়াবিশেষ; শপথবিশেষ বা গালিবিশেষ; যে লেখক বা উকিল সামান্য বেতন লইয়া অন্য লেখকের বা উকিলের কাজ করিয়া দেয়; (**2**) *v.t.* (সচ. ডিমের) গুরুপাক সুরুয়া পাক করা; (**3**) *v.i.* পরের শ্রমসাধ্য কাজ করিয়া দেওয়া। *pr. pt.* **de°villing**; *p. & p. pt.* **de°villed** I **devil to pay**—দারুণ বিপদ্ আসন্ন। **between the devil and the deep sea**——(আল.) ডাঙ্গায় বাঘ জলে কুমির—এমন অবস্থায় (পতিত)। **(to) give the devil his due**—বদমাশকেও (আত্মরক্ষাদির জন্য) সুযোগ বা প্রাপ্য প্রশংসা দেওয়া। **go to the devil** (imper.)—জাহান্নামে যাও, গোল্লায় যাও। **(to) play the devil**—নিদারুণ ক্ষতিসাধন করা বা বিশৃঙ্খলার সৃষ্টি করা। **(to) raise the devil**—হইচই করা, গোলমাল করা; বিক্ষোভসঞ্চার করা। **de°vilish**—

(1) *a.* শয়তানসুলভ ; অতিমন্দ ; (2) *adv.* অতিশয় (*devilish* high speed) । *a.* **de°vil-may-care°**—বেপরোয়া ; ধৃষ্ট । *n.* **de°vilment**—দুষ্টামি-নষ্টামি । *n.* **de°vilry**—শয়তানি ; শয়তানের কার্যকলাপ ; জাদু ; বদমাশি । [OE. *deofol, deoful* < L. *diabolus* < Gk. *diabolos* = slanderer]

devious [dē°-vi-as, ডী°ভিঅ্যাস্] *a.* remote, সুদূরস্থিত ; out of the way, পথবহির্ভূত ; round about, ঘোরান, সিধার বিপরীত ; winding, আঁকা-বাঁকা, সর্পিল ; erring, ভ্রান্তিশীল ; deceitful, প্রতারণাপূর্ণ (*devious* means or ways) । *adv.* **dē°viously** । *n.* **dē°viousness** । [L. *devius*—cp. *deviate*]

devise [di-vīz°, ডিভাইজ়্°] (1) *v.t.* to imagine, কল্পনা করা ; to compose, রচনা করা ; to plan, পরিকল্পনা করা ; to contrive, উদ্ভাবন করা ; (in law) to bequeath, (আইনে) উইল-দ্বারা দিয়া যাওয়া । (2) *n.* bequeathing, উইল করিয়া প্রদান ; a will, উইল, শেষ ইষ্টিপত্র ; the property bequeathed, উইল-দ্বারা প্রদত্ত সম্পত্তি । *n.* **devisee** [de-vi-zē°, ডেভীজ়ী°] উইলে যাহাকে সম্পত্তি দেওয়া হয় । *n.* **devī°ser**—কল্পনাকারী ; পরিকল্পক ; উদ্ভাবক । *n.* **devisor** [de-vi-saw(r)°, ডেভিজ়্যা(র্)°] উইল-কর্তা । [OF. < LL. *divisa* = a division of goods, a device < L. *dividere* = to divide]

devitalize [dē-vī°-ta-līz, ডীভাই°ট্যালাইজ়্] *v.t.* to deprive of strength and vigour, জীবনী-শক্তি ও তেজ হরণ করা, হীনবল করা । *n.* **devitalīzā°tion** । [*de-*, see *vital*]

devoid [di-voyd°, ডিভয়্ড্°] *a.* destitute, free, বিহীন, বর্জিত (*devoid* of shame) ; empty, খালি, শূন্য । [OF. *desvoidier*—cp. *void*]

devoir [de°-vwŭ(r), ডে°ভ্যোয়া(র্)] *n.* duty, কর্তব্য ; (usu. in *pl.*) an act of civility or devotion, নমস্কারাদি ভদ্রতা প্রদর্শন বা ভক্তিপ্রদর্শন । [F.]

devolution [dē-va-lōō°sh(a)n, ডীভ্যালূ°শ্‌ন্] *n.* a passing from one person to another, (প্রধানতঃ উত্তরাধিকারসূত্রে) পাত্র হইতে পাত্রান্তরে বা পাত্রান্তরের অধিকারে গমন ; transfer of powers, ক্ষমতা-হস্তান্তর ; a modified home rule, আংশিক স্বায়ত্তশাসন ; decentralization, বিকেন্দ্রীকরণ । [see *devolve*]

devolve [di-volv°, ডিভল্‌ভ্°] *v.t.i* to roll down, নিচে গড়াইয়া দেওয়া বা পড়া ; to hand down or come down in succession, উত্তরাধিকারসূত্রে হস্তান্তরিত করা বা হওয়া ; to fall as duty or responsibility, কর্তব্য দায়িত্ব প্রভৃতি বর্তান । [L. *devolvere*]

devote [di-vōt°, ডিভৌট্°] *v.t.* to dedicate solemnly, বিধিসম্মতভাবে উৎসর্গ করা ; to employ earnestly, একান্তভাবে নিয়োজিত করা । *a.* **devō°ted**—উৎসর্গীকৃত ; একান্তভাবে নিয়োজিত বা অনুরক্ত । *n.* **devotee** [de-vō-tē°, ডেভৌটী°] (সচ. ধর্মোদ্দেশে) আত্মোৎসর্গকারী ; ভক্ত ; একান্ত অনুরক্ত ব্যক্তি । *n.* **devō°tion**—উৎসর্জন ; ভগবদ্ভক্তি ; ধার্মিকতা ; আরাধনা ; ভজন ; গভীর অনুরক্তি ; প্রগাঢ় প্রচেষ্টা ; পরম বিশ্বস্তভাবে সেবা ; (in *pl.*) প্রার্থনা । *adv.* **devō°tional**—ভক্তিমূলক ; ভক্তিযুক্ত ; ভজন বা প্রার্থনা সংক্রান্ত । [*de-*, L. *vovere* = to vow]

devour [di-vow°-a(r), ডিভাউ°য়্যা(র্)] *v.t.* to swallow greedily, গোগ্রাসে গেলা ; to eat up, খাইয়া ফেলা ; to take in eagerly by the senses or mind, ইন্দ্রিয় বা মনের দ্বারা সাগ্রহে গ্রহণ করা (to *devour* a detective story) । **(to) be devoured by**—(আল.) কৌতূহল উদ্বেগ প্রভৃতি দ্বারা সম্পূর্ণ গ্রস্ত বা পীড়িত হওয়া । *n.* **devou°rer** । [OF. *devorer*]

devout [di-vowt°, ডিভাউট্°] *a.* pious, ধর্মপ্রাণ, ধার্মিক ; strongly attached, ভক্তিযুক্ত ; earnest, সাগ্রহ । *adv.* **devout°ly** । *n.* **devout°ness** । [OF. *devot* < L. *devotus*—cp. *devote*]

dew [dū, ডিউ] (1) *n.* atmospheric vapour condensed into small drops, শিশির, নীহার । (2) *v.t.* to wet with dew, শিশিরসিক্ত করা । (3) *v.i.* to fall as dew, শিশির পড়া । *n.* **dew°-drop**—শিশিরকণা । *n.* **dew°-fall**—শিশিরপাত ; শিশির পড়ার সময় । *a.* **dew°y**—শিশিরযুক্ত ; শিশিরসিক্ত । *n.* **dew°iness** । [OE. *deaw*—cp G. *tau*]

dewan [di-wŭn°, ডিওআন্°] *n.* a financial minister, অর্থমন্ত্রী ; the chief minister of a native state of India, ভারতের সামন্তরাজ্যের মুখ্যমন্ত্রী ; the steward of a business house, estate, etc., ব্যবসায়-প্রতিষ্ঠান জমিদারি প্রভৃতির দেওয়ান । *n.* **dewa°nny**—দেওয়ানি । [Pers.]

dewlap [dū°-lap, ডিউ°ল্যাপ্] *n.* the pendulous skin under the throat of the oxen, dogs, etc., গবাদি পশুর গলকম্বল । [?]

dexter [deks°-ta(r), ডেক্‌স্°ট্যা(র্)] *a.* on the right-hand side, ডান হাতের দিক্‌স্থ ; right, ডানদিকের, দক্ষিণস্থ । *a.* **dext(e)rous** [deks°-t(a)-ras, ডেক্‌স্°ট্র্যাস্] প্রধানতঃ দক্ষিণহস্তদ্বারা কার্যাদি করে এমন ; দক্ষ, নিপুণ, কুশলী । *adv.* **dex°terously** । *n.* **dexterity** [deks-te°-ri-ti, ডেক্‌স্টে°রিটি] । *n.* **dex°trōse**—গ্লুকোজ, দ্রাক্ষা-শর্করা । [L.—cp. Sans. *dakshina*]

dhal—alt. spell. of **dal**.

dharma [dar°-ma, ড্যা(র্)°ম্যা] *n.* the righteousness that underlies the law, ধর্মাচরণ, ধর্ম । [Sans.]

dharmsala [de(r)m°-su-la, ড্যা(র্)ম্°সাল্যা] *n.* a charitable guest-house founded and run as an act of piery, ধর্মশালা । [Hind. *dharamshala*]

dharna [da(r)°-na, ড্যা(র্)°ন্যা] *n.* an insistent squatting for some favour at the temple of a deity or before an eminent person, ধরনা। [Hind.]

dhoobi [dōō°-bi, ডৌ°বি] *n.* a washerman, ধোপা, রজক। [Hind.]

dhooly—alt. spell. of **doolie.**

dhoti [dō°-ti, ডৌ°টি], **dhooti** [dōō°-ti, ডূ°টি] *n.* a loin-cloth, ধুতি, কটিবস্ত্র। [Hind. *dhoti,* Beng. *dhooti*]

dhow [dow, ডাউ] *n.* an Arab ship, সমুদ্রগামী আরবীয় জাহাজ। [cp. Ar. *daw*]

dhurrie—alt. spell. of **durrie.**

diabetes [dī-a-bē°-tēz, ডাইঅ্যাবী°টীজ়্] *n.* a urinal disease, বহুমূত্ররোগ। **dīabe°tic**—(**1**) *a.* বহুমূত্ররোগ-সংক্রান্ত; বহুমূত্ররোগগ্রস্ত; (**2**) *n.* বহুমূত্র-রোগগ্রস্ত লোক। [Gk.]

diabolic [dī-a-bo°-lik, ডাইঅ্যাব°লিক্], **diabo°-lical**—*a.* devilish, শয়তানসুলভ, নারকীয়। *adv.* **dīabo°lically** I *n.* **diabolism** [dī-a°-ba-lizm, ডাইঅ্যা°ব্যালিজ়্ম্] শয়তানি; নারকীয় আচরণ; জাদুবিদ্যা; শয়তানের উপাসনা। *v.t.* **diabolize** [dī-a°-ba-līz, ডাইঅ্যা°ব্যালাইজ়্] শয়তানে পরিণত করা; শয়তানরূপে বর্ণনা করা। [L. *diabolos*=Devil]

diacritical [dī-a-kri°-tikl, ডাইঅ্যাক্রি°টিক্‌ল্] *a.* distinguishing, (মুদ্রণ চিহ্নাদি-সম্বন্ধে) বৈশিষ্ট্যসূচক (*diacritical* marks); capable of seeing distinction, বৈশিষ্ট্য লক্ষ্য করিতে সক্ষম। [Gk. *diakritikos*—cp. *critic*]

diactinic [dī-ak-ti°-nik, ডাইঅ্যাক্‌টি°নিক্] *a.* able to transmit actinic rays, বিকারক রশ্মি প্রেরণ করা যায় এমন। [*di-,* see *actinism*]

diadem [dī°-a-dem, ডাই°অ্যাডেম্] *n.* a crown, head-band, etc., মুকুট উষ্ণীষ প্রভৃতি। [OF. *diademe*<L.<Gk. *diadema*]

diaeresis [dī-ē°-ri-sis, ডাইঈ°রিসিস্] *n.* a mark (¨) placed over the second of two adjacent vowels to show that each is to be pronounced separately, পৃথগ্‌ভাবে উচ্চার্য দুই সন্নিহিত স্বরবর্ণের দ্বিতীয়টির উপরে প্রদত্ত চিহ্ন (¨)। *pl.* **dīaē°rēsēs** I [Gk. *diairesis*=separation]

diagnose—see **diagnosis.**

diagnosis [dī-ag-nō°-sis, ডাইঅ্যাগ্‌নৌ°সিস্] *n.* the identification of a disease by means of its symptoms, লক্ষণ দেখিয়া রোগনির্ণয়, রোগ-নিদান। *pl.* **dīagnō°sēs** I *v.t.* **dī°agnōse**—লক্ষণ দেখিয়া (রোগ) নির্ণয় করা। **diagnostic** [dī-ag-nos°-tik, ডাইঅ্যাগ্‌নস্°টিক্] (**1**) *a.* বৈশিষ্ট্যসূচক; (**2**) *n.* লক্ষণ; (in *pl.*) রোগনিদান-তত্ত্ব। [Gk.]

diagonal [dī-a°-ganl, ডাইঅ্যা°গ্যান্‌ল্] (**1**) *a.* joining or going through two non-adjacent angles of a plane figure, জ্যামিতিক ক্ষেত্রের দুই অসন্নিহিত কোণের মধ্যে সংযোগস্থাপক বা উক্ত কোণদ্বয়ভেদক; slantwise, তির্যক্। (**2**) *n.* a diagonal straight line, (জ্যামি.) দুই অসন্নিহিত কোণ-ভেদক সরলরেখা, (পরি.) কর্ণ। *adv.* **dīa°gonally** I [L. *diagonalis*<Gk. *diagonios*]

diagram [dī°-a-gram, ডাই°অ্যাগ্রাম্] *n.* (geom.) an explanatory figure, (জ্যামি.) প্রতিপাদ্য বিষয়াদি প্রমাণের জন্য অঙ্কিত অনুচিত্র; a sketch, নকশা। *a.* **dīagra°mmatic(al)**—নকশাসংক্রান্ত। *adv.* **diagramma°tically** I [Gk. *diagramma*]

dial [dī°(a)l, ডাই°ল্] (**1**) *n.* an instrument indicating the time of day, সময়জ্ঞাপক যন্ত্র-বিশেষ, ঘড়ি (sun*dial*); the face of a watch or clock, ঘড়ির ডায়াল বা মুখপট্ট; a plate with a movable index to show the value of some quantity measured or to make an adjustment, মাপ চাপ মূল্য প্রভৃতি নির্দেশার্থ বা যন্ত্রাদিকে চালু করার জন্য (যেমন, টেলিফোনে সংযোগস্থাপন) আবর্তনসাধ্য ফলকবিশেষ, ডায়াল; a miner's compass, খনিতে ব্যবহৃত দিঙ্‌নির্ণয়-যন্ত্রবিশেষ। (**2**) *v.t.* to measure or indicate or connect by dial, ডায়ালের সাহায্যে পরিমাপ করা বা প্রদর্শন করা বা সংযোগস্থাপন করা। *pr. pt.* **dī°alling;** *p.* & *p. pt.* **dī°alled** I [LL. *dialis*=daily]

dialect [dī°-a-lekt, ডাই°অ্যালেক্‌ট্] *n.* a subordinate form of language or speech, ভাষার প্রাদেশিক বা আঞ্চলিক বা ব্যক্তিগত রূপ অথবা উচ্চারণ-প্রণালী, স্থানিক ভাষা বা বাচন। *a.* **dīalec°tal**—স্থানিক ভাষাগত বা বাচনগত। *n.* **dialecticism** [dī-a-lek°-ti-sizm, ডাইঅ্যালেক্°টিসিজ়্ম্] ভাষায় বা উচ্চারণে প্রাদেশিকতা অর্থাৎ আঞ্চলিক প্রভাব। [Gk. *dialektos*]

dialectic [dī-a-lek°-tik, ডাইঅ্যালেক্°টিক্] *n.* discussion dealing with or guided by metaphysical contradictions, দার্শনিক বিরোধিতা অর্থাৎ অস্তি-নাস্তির পরিপ্রেক্ষিতে বিচার; (usu. in *pl.*) art and science of reasoning based on metaphysical contradictions, অস্তি-নাস্তির পরিপ্রেক্ষিতে বিচারশাস্ত্র, অস্তি-নাস্তিমূলক ন্যায়শাস্ত্র। *a.* **dīalec°tic(al)**—অস্তি-নাস্তির পরিপ্রেক্ষিতে বিচারমূলক; ন্যায়শাস্ত্রসম্মত, স্থানিক ভাষাগত বা বাচনগত। *n.* **dialectician** [dī-a-lek-ti°sh(a)n, ডাইঅ্যালেক্‌টি°শ্‌ন্] অস্তি-নাস্তির পরিপ্রেক্ষিতে বিচার-কারী, ন্যায়বাগীশ। [Gk. *dialektikos*]

dialecticism—see **dialect.**

dialogue [dī°-a-log, ডাই°অ্যালগ] *n.* conversation, কথোপকথন; exchange of views, মত-বিনিময় (a *dialogue* between the two leaders); a literary composition in the conversational form, কথোপকথনমূলক রচনা। [F.<Gk. *dialogos*]

diameter [dī-a°-mi-ta(r), ডাইঅ্যা°মিট্যা(র্)] *n.* a straight line passing through the side to side and the centre of any body or geometrical figure, ব্যাসরেখা, ব্যাস; unit of measurement of the magnifying power of a lens, লেন্স বা চশমা প্রভৃতির কাচের বিবর্ধন-শক্তির

পরিমাপের একক (a lens that magnifies ten *diameters*)। *a.* **dia°me°tral, diame°trical**—দুই প্রান্ত ও কেন্দ্র ভেদ করে এমন ; ব্যাসসংক্রান্ত ; ব্যাসানুরূপ। *adv.* **dia°metrally, diame°trically**—diametral ও diametrical-এর সকল অর্থে.—এবং পুরাপুরি উলটাভাবে। [F. < Gk. *diametros*]

diamond [dī°-a-mand, ডাইআ্যাম্যান্‌ড্] (1) *n.* the most valuable of all gems and the hardest of minerals, হীরক, হীরা ; a particular suit in cards, রুহিতন। (2) *a.* of like or made of diamond, হীরকসংক্রান্ত, হীরকতুল্য, হীরকনির্মিত। **diamond cut diamond**—কাঠে-কাঠে লড়াই, শেয়ানে-শেয়ানে কোলাকুলি। **a rough diamond**—আ-কাটা হীরা ; অমার্জিত প্রতিভাবান্ ব্যক্তি। [Gk. *adamantos*—cp. *adamant*]

Diana [dī-a°-na, ডাইঅ্যা°ন্যা] *n.* the Roman moon-goddess, রোমানদের চন্দ্রদেবী ; ইনি সতীত্বের ও মৃগয়ার অধিষ্ঠাত্রী ; (fig.) a huntress or a woman bent on remaining single, (আল.) মৃগয়াকারিণী বা কুমারী-জীবনযাপনে কৃতসঙ্কল্পা নারী। [L.]

diapason [dī-a-pā°zn, ডাইঅ্যাপেই°জ্‌ন্] *n.* a whole octave, সম্পূর্ণ স্বরাষ্টক ; the whole range of tones, পূর্ণ স্বরগ্রাম ; various sounds in concord, স্বরসমষ্টির সমন্বয় ; standard of pitch, স্বরের তীক্ষ্ণতার মান। [Gk. *dia pasōn* (khordōn) = through all (strings)]

diaper [dī°-a-pa(r), ডাই°অ্যাপ্যা(র্)] (1) *n.* linen fabric with small diamond pattern, বুটিদার কাপড় ; a towel, তোয়ালেবিশেষ। (2) *v.t.* to variegate with diamond pattern, (কাপড়ে) বুটি তোলা। [OF. *diapre*]

diaphanous [dī-a°-fa-nas, ডাইঅ্যা°ফ্যান্যাস্] *a.* transparent, স্বচ্ছ ; clear, নির্মল। [Gk. *diaphanes*]

diaphragm [dī°-a-fram, ডাই°অ্যাফ্র্যাম্] *n.* a thin partition or membrane, পাতলা পরদা বা ঝিল্লি, (পরি.) মধ্যচ্ছদা ; a device for controlling the inlet of light (through a camera lens), (লেন্সের ভিতর দিয়া) আলোকের প্রবেশ-নিয়ন্ত্রণের কৌশলবিশেষ। *a.* **diaphragmatic** [dī-a-frag-ma°-tik, ডাইঅ্যাফ্র্যাগ্ম্যা°টিক্] মধ্যচ্ছদাসংক্রান্ত। [Gk. *diaphragma*]

diarchy [dī°-ŭ(r)-ki, ডাই°আ(র্)কি] *n.* government by two independent authorities, দ্বৈত-শাসন। [*di*-, Gk. *archein* = to rule]

diarist—see **diary.**

diarrh(o)ea [dī-a-ri°-a, ডাইঅ্যারি°অ্যা] *n.* an excessive looseness of the bowels, উদরাময়, পেটের অসুখ। [Gk. *dia*- = through, *rhoia* = a flow]

diary [dī°-a-ri, ডাই°অ্যারি] *n.* a daily record, ব্যক্তিগত দৈনিক জীবনযাত্রার কাহিনী, দিনলিপি, রোজনামচা ; a book for noting daily engagements, duties, etc., দৈনিক দেখা-সাক্ষাৎ ও কর্তব্যাদি টুকিয়া রাখার জন্য খাতা। *n.* **di°arist**—দিনলিপিকার। [L. *diarium* < *dies* = day]

diastase [dī-as-tās°, ডাইঅ্যাস্‌টেইস্°] *n.* enzyme converting starch into maltose, important in digestion, হজম-প্রক্রিয়ায় সহায়ক রাসায়নিক দ্রব্যবিশেষ, উৎসেচকবিশেষ। [Gk. *diastasis* = separation]

diastole [dī-as°-ta-li, ডাইঅ্যাস্°ট্যালি] *n.* dilation of heart, arteries, etc., হৃৎপিণ্ড ধমনী প্রভৃতির সম্প্রসারণ (cp. **systole**)। [Gk. = to place asunder]

diatom [dī°-a-tam, ডাই°অ্যাট্যাম্] *n.* a unicellular algae, দুই প্রকোষ্ঠে বিভক্ত এককোষযুক্ত শৈবালবিশেষ। [Gk. *diatomos* = cut through]

diatomic [dī-a-to°-mik, ডাইঅ্যাট°মিক্] *a.* consisting of two atoms, দ্ব্যণুক। [*di*-, see *atom*]

diatribe [dī°-a-trīb, ডাই°অ্যাট্রাইব্] *n.* a continued discourse, সুদীর্ঘ আলোচনা বা বিতর্ক ; denunciatory harangue, তীব্র নিন্দা বা ভর্ৎসনামূলক বক্তৃতা। [Gk. = a spending of time]

dibasic [dī-bā°-sik, ডাইবেই°সিক্] *a.* (chem.) having two bases, (রসা.—পরি.) দ্বিক্ষারী। [*di*-, see *base*]

dibber [di°-ba(r), ডি°ব্যা(র্)] *n.* an instrument for making holes in the ground for seeds or plants, বীজ বা চারা রোপণের জন্য মাটি খুঁড়িবার যন্ত্রবিশেষ ; a dibble, খুরপা। [?]

dibble [dib°l, ডিব্°ল্] (1) *n.* a tool for making holes for seeds and plants, বীজ বা চারা রোপণের জন্য গর্ত খোঁড়ার যন্ত্রবিশেষ, খুরপা। (2) *v.t.i.* to plant or dig with a dibble, খুরপা দিয়া গর্ত খুঁড়িয়া রোপণ করা বা গর্ত খোঁড়া। *n.* **dibb°ler**। [?]

dibs [dibs, ডিব্‌স্] *n. pl.* children's game with sheep's knuckle-bones or pebbles, ভেড়ার গাঁটের হাড় বা নুড়ি দিয়া শিশুদের একপ্রকার খেলা ; counters used in card games, এক ধরনের তাসখেলায় গণনার জন্য ব্যবহৃত হাড়ের টুকরা বা নুড়িসমূহ ; (sl.) money, (অশি.) টাকাপয়সা। [Prob. from *dib*]

dichord [dī°-kaw(r)d, ডাই°ক্য(র্)ড্] *n.* an ancient two-stringed lute, প্রাচীন যুগের দুই-তারবিশিষ্ট বাদ্যবিশেষ, একপ্রকার দোতারা। [Gk. *dichordos*]

dice—see **die**$_1$.

dichotomy [dī-ko°-ta-mi, ডাইক°ট্যামি] *n.* a division into two parts, দ্বিবিভাগ, দ্বিবিভাজন। *v.t.i.* **dicho°tomize**—দ্বিবিভাজিত করা বা হওয়া। [Gk. *dichotomia*]

dick$_1$ [dik, ডিক্] *n.* (sl.) to swear, to affirm,

(অশি.) শপথ করা, হলফ করা (to take one's *dick*) । [abbr for declaration]

dick₂ [dik, ডিক্] *n.* (sl.) detective, (অশি.) গোয়েন্দা । [?]

dickens [di°-kinz, ডি°কিন্জ়্] *n.* (coll.) the devil, (কথ্য.) শয়তান, আপদ্ (what the *dickens*) । [?]

Dickensian [di-ken°-zi-an, ডিকেন্°জ়িঅ্যান্] *a.* of Charles Dickens, ইংরেজ ঔপন্যাসিক চার্ল্‌স্ ডিকেন্‌স্-সংক্রান্ত ।

dicker [di°-ka(r), ডি°কাা(র্)] *v.t.* to bargain or haggle, কেনা-বেচা করা বা দর-কষাকষি করা । [?]

dick(e)y [di°-ki, ডি°কি] *n.* an ass, গাধা । *n.* **di°cky-bird**—ছোট পাখি । [*Dick* = Richard]

dicta—see **dictum.**

dictaphone [dik°-ta-fōn, ডিক্°ট্যাফৌন্] *n.* a machine for recording speech, কথা রেকর্ড করিবার যন্ত্রবিশেষ, বাণীগ্রাহী যন্ত্র । [trade mark < L. *dictare* = to dictate, Gk. *phone* = sound]

dictate [dik-tāt°, ডিক্টেইট্°] *v.t.* to say or read for another to write, অপরের দ্বারা লিখাইয়া লইবার জন্য বলা বা পাঠ করা ; to lay down authoritatively, কর্তৃত্বভরে নির্দেশ দেওয়া (to *dictate* terms) ; to order, হুকুম করা । *p.* & *p. pt.* **dictā°ted** । *n.* **dic°tāte**—আদেশ, নির্দেশ, নিয়ম ; প্রেরণা (the *dictates* of the heart) । *n.* **dictā°tion** । *n.* **dictā°tor**—সার্বভৌম ক্ষমতা-প্রাপ্ত শাসক, একনায়ক । *a.* **dictatorial** [dik-ta-taw°-ri-al, ডিক্ট্যাটা°রিঅ্যাল্] একনায়ক বা একনায়কত্ব সংক্রান্ত অথবা তত্তুল্য । *n.* **dictā°tor-ship** । [L. *dictare* < *dicere* = to say]

diction [dik°sh(a)n, ডিক্°শ্‌ন্] *n.* choice of words and phrases (in speech or writing), (ভাষণে বা রচনায়) শব্দ-নির্বাচন ; style, রচনাশৈলী । [L. *dictio*]

dictionary [dik°-sh(a)nri, ডিক্°শ্‌নরি] *n.* a lexicon, অভিধান । [LL. *dictonarium*—cp. *diction*]

dictograph [dik°-tō-grŭf, ডিক্°টৌগ্রাফ্] *n.* an apparatus for recording in one room the speech or sounds made in another, এক কক্ষের কথাবার্তা বা শব্দ অন্য কক্ষে বসিয়া শুনিবার জন্য যন্ত্রবিশেষ । [trade-mark < L. *dictum* = speech, Gk. *graphein* = to write]

dictum [dik°-tam, ডিক্°ট্যাম্] *n.* a saying, a maxim, বাণী, নীতিবাক্য অনুশাসন-বাক্য । *pl.* **dic°ta, dic°tums** । [L.]

did—see **do**

didactic [di-dak°-tik, ডিড্যাক্°টিক্] *a.* instructive, শিক্ষামূলক ; preceptive, নীতিমূলক (*didactic* poetry) । *adv.* **didac°tically** । *n.* **didacticism** [di-dak°-ti-sizm, ডিড্যাক্°টিসিজ়্ম্] নীতিশিক্ষা দিবার চেষ্টা বা মত । *n. pl.* **dīdac°tics** নীতিশিক্ষাদানবিদ্যা ; নীতিশাস্ত্র । [Gk. *didaktikos* < *didaskein* = to teach]

diddle [di°dl, ডি°ড্‌ল্] *v.t.* (st.) to swindle, to cheat, প্রতারণা করা, ঠকান । *p.* & *p. pt.* **di°ddled** । [from Jeremy Diddler]

dido [di-dō°, ডিডৌ°] *n.* trick, prank, দুষ্টামি বা প্রতারণাপূর্ণ কৌশল, কৌতুক **(to) act dido**—বোকার ন্যায় আচরণ করা । **(to) cut up didoes**—(ক্রীড়াচ্ছলে) কৌতুক বা দুষ্টামি করা । *pl.* **di°does** ।

didn't [did°nt, ডিড্°ন্ট্] contr. of **did not.**

didst—see **do.**

die₁ [dī, ডাই] *n.* a small cube with numbered faces used in games of chance, জুয়া-খেলার জন্য ফুট্‌কি-চিহ্নিত ঘুঁটি, পাশা ; a stamp for impressing, (মুদ্রাদির) ছাঁচ । *pl.* **dice** [dīs, ডাইস্] ('পাশা' বা 'জুয়ার ঘুঁটি' অর্থে) ; **dies** ('ছাঁচ' অর্থে) । *a.* **die°-cast**—ছাঁচে ঢালাই-করা (*die-cast* doll) । **dīce**—(1) *v.i.* পাশা বা অনুরূপ কোন খেলা খেলা ; (2) *v.t.* ছাঁচ বানান । *p.* & *p. pt.* **dī°ced** । **(to) dice with death**—মৃত্যুর মুখামুখি হইয়া কাজ করা, বিপজ্জনক ঝুঁকি লইয়া কাজ করা (তু. 'মৃত্যুর সাথে পাঞ্জা') । **the die is cast**—হাতের পাশা ছুড়িয়া ফেলা হইয়াছে অর্থাৎ আরব্ধ কাজ হইতে আর পিছাইবার উপায় নাই । **(to) load the dice** (against)—(কাহারও বিরুদ্ধে) অন্যায় সুবিধা-গ্রহণের ব্যবস্থা করা । *n.* **dīce°-box**—যে গেলাসের মধ্য হইতে জুয়ার ঘুঁটি বা পাশা চালা হয় । [OF. *de* < LL. *dadus* = cast]

die₂ [dī, ডাই] *v.i.* (also *t.* with a cognate object) to lose life, প্রাণ হারান, মারা যাওয়া ; to perish, শুকাইয়া যাওয়া (a flower *dies*) ; to suffer or long for, যন্ত্রণা ভোগ করা বা সাগ্রহে কামনা করা (to *die* for food or love) ; to become insensible, (বেদনা শব্দ প্রভৃতি) বোধের অতীত হওয়া । *pr. pt.* **dying** [dī°-ing, ডাই°ইং] । *p.* & *p. pt.* **died°** । **to be dying for**—প্রবল আকাঙ্ক্ষা বা তীব্র বাসনা অনুভব করা । **(to) die a death**—বিশেষভাবে মরা (to *die a* disgraceful *death*) । **(to) die away**—ধীরে ধীরে দৃষ্টির বা শ্রবণের বহির্ভূত হওয়া, মিলাইয়া যাওয়া । **(to) die by violence**—সহিংস কার্যের দরুণ মারা যাওয়া । **(to) die by one's own hand**—আত্মহত্যা করা । **(to) die from wound**—ক্ষতাদি বা জখম হইতে মারা যাওয়া । **(to) die through negleat**—অবহেলা বা অযত্নে মারা যাওয়া । **(to) die on scaffold**—ফাঁসিতে মরা । **(to) die in battle, poverty,** etc.—যুদ্ধ দারিদ্র্য প্রভৃতিতে প্রাণ যাওয়া । **(to) die down**—(শব্দাদি) ডুবিয়া যাওয়া বা লোপ পাওয়া (আগুন আঁচ প্রভৃতি সম্বন্ধে) ক্রমে নির্বাপিত হওয়া ; (উত্তেজনাদি) ক্রমশঃ শান্ত বা প্রশমিত হওয়া ; **(to) die hard**—বাঁচিবার জন্য যৎপরোনাস্তি চেষ্টা করিতে করিতে মরা ; অনেক সহিয়া মরা । **(to) die of**—কোন কিছুর ফলে মারা যাওয়া (to *die of* hunger or illness) । **(to) die off**—একে একে মারা

যাওয়া। **(to) die out**—লুপ্ত বা অদৃশ্য হওয়া। *n.* **die°-hard**—অতিশয় গোঁড়া সংরক্ষণশীল ব্যক্তি। [ME. *deghen* < ON. *deyja* ?]

dielectric [dī-i-lek°-trik, ডাইইলেক্°ট্রিক্] (1) *a.* (elect.) non-conductive, বিদ্যুৎ-প্রবাহ পৃথক্ করিয়া রাখে এমন, অপরিবাহী। (2) *n.* insulating substance, যে বস্তু বিদ্যুৎ-প্রবাহ পৃথক্ করে, অপরিবাহী বস্তু; an insulator, অন্তরক। [Gk. *dia*=through, see *electric*]

diesel engine [dē°zl en°-jin, ডীজ়্ল্ এন্°-জিন্] *n.* an oil-engine which can work without petrol, পেট্রল ব্যতীত অন্য তেলে চলে এমন এনজিন। [Dr. R. *Diesel*, its inventor]

diet$_1$ [dī°-at, ডাই°অ্যাট্] *n.* a congress on national or international business, জাতীয় বা আন্তর্জাতিক ব্যাপার আলোচনার্থ সম্মেলন; a legislative assembly, আইন-সভা। [OF. *diete*]

diet$_2$ [dī°-at, ডাই°অ্যাট্] (1) *n.* a mode of feeding, ভোজনপ্রণালী; prescribed selection of food, স্বাস্থ্যবিধি-অনুযায়ী বাছাই-করা খাদ্যসামগ্রী, পথ্য (to be on a *diet*)। (2) *v.t.* to feed, খাওয়ান; to prescribe a diet for, স্বাস্থ্যবিজ্ঞানসম্মত খাদ্য-তালিকার ও পথ্যের বিধান দেওয়া; to put on a diet, ব্যবস্থাপিত খাদ্যতালিকা-অনুযায়ী খাওয়ান। (3) *v.i.* to take a regulated diet, নিয়ন্ত্রিত খাদ্য আহার করা। **dietary** [dī°-a-t(a)ri, ডাই°অ্যাট্রি] (1) *a.* পথ্য ও পথ্যবিধি-সংক্রান্ত (*dietary* rules, taboos, etc.); (2) *n.* পথ্য; খাদ্য-ভাতা। *a.* **dietetic(al)**—পথ্য-সংক্রান্ত। *n.* **dietetics**—পথ্যব্যবস্থাবিদ্যা; খাদ্যনির্বাচনবিদ্যা। *n.* **dietist, dietitian, dietician** [dī-a-ti°sh(a)n, ডাই-অ্যাটি°শ্ন্] পথ্যব্যবস্থাবিদ্যাবিৎ; খাদ্যনির্বাচনবিদ্যাবিৎ। [F. *diete* < Gk. *diaita*]

differ [di°-fa(r), ডি°ফ্যা(র্)] *v.t.* to vary, বিসদৃশ বা ভিন্নরূপ হওয়া; to disagree, ভিন্নমত হওয়া; to fall out, প্রতিবাদ করা বা বিবাদ করা। *n.* **difference** [di°fr(a)ns, ডি°ফ্‌রন্স্] বৈসাদৃশ্য, পার্থক্য; মতভেদ; বিবাদ; বিয়োগফল। **(to) make a difference between**—তারতম্যপূর্ণ আচরণ করা (he *makes a difference between* his son and his cousin)। **(to) make difference**—গুরুত্বপূর্ণ হওয়া (it will *make* no *difference* whether you stay or go)। *a.* **di°fferent**—বিসদৃশ, পৃথক্, ভিন্নরূপ; নানা (of *different* colours)। *adv.* **di°fferently**। *n.* **differentia** [di-fa-ren°-shi-ŭ, ডিফ্যারেন্°শিআ] (ন্যায়.) জাতিগত বৈশিষ্ট্য। *pl.* **differenti°æ**। **differential** [di-fa-ren°-sh(a)l, ডিফ্যারেন্°শ্‌ল্] (1) *a.* পার্থক্য-মূলক; জাতিগত বৈশিষ্ট্যমূলক; (গণি.) ন্যূনতম বিয়োগ-ফল-সংক্রান্ত; (2) *n.* ন্যূনতম বিয়োগফল। **differential calculus**—(গণি.) অন্তরকলন। **differentiate** [di-fa-ren°-shi-āt, ডিফ্যারেন্°শিএইট্] (1) *v.t.* পৃথক্ করা বা বৈশিষ্ট্য খুঁজিয়া বাহির করা; বাছিয়া আলাদা করা; (2) *v.i.* বৈশিষ্ট্য অর্জনপূর্বক পৃথক্ হওয়া। *p.* & *p. pt.* **differen°tiāted**। *n.* **differentiā°tion**—পৃথকীকরণ; পৃথকীভবন; জাতি-গত বৈশিষ্ট্য উল্লেখপূর্বক বর্ণনা; যথাযথ সংজ্ঞাপ্রদান; (গণি.) ব্যবকলন। *n.* **differen°tiātor**—যে ব্যক্তি অথবা বস্তু পৃথক্ করে বা বিয়োগ করে। [L. *differre*]

difficile [di°-fi-sēl, ডি°ফিসীল্] *a.* difficult, কষ্টসাধ্য, কঠিন। [OF.]

difficult [di°-fik(a)lt, ডি°ফিক্‌ল্ট্] *a.* not easy, কঠিন, শক্ত; hard to be done, দুঃসাধ্য; laborious and painful, শ্রমসাধ্য ও কষ্টকর; hard to please or persuade, সহজে সন্তুষ্ট বা সম্মত হয় না এমন (a *difficult* person to get on with); unmanageable, অবাধ্য, সহজে বাগ মানান বা সামলান যায় না এমন। *n.* **di°fficulty**—কাঠিন্য; দুঃসাধ্যতা; আয়াসসাধ্যতা; বাধা; প্রতিবন্ধক; মুশকিল। [F. *difficulte* < L. *difficultas*]

diffident [di°-fid(a)nt, ডি°ফিড্‌ন্ট্] *a.* distrusting, অবিশ্বাসী, সংশয়ী; lacking in self-confidence, আত্মবিশ্বাসহীন। *n.* **di°ffidence**—অবিশ্বাস, সংশয়; আত্মবিশ্বাসহীনতা। *adv.* **di°ffidently**। [L. *diffidere*=to distrust]

diffract [di-frakt°, ডিফ্র্যাক্‌ট্°] *v.t.* to break up, গুঁড়াইয়া ছড়াইয়া দেওয়া, বিচ্ছুরিত বা অপবর্তিত বা ব্যবর্তিত করা। *p.* & *p. pt.* **diffractėd**। *n.* **diffrac°tion**—(আলোকরশ্মির) বিচ্ছুরণ বা অপবর্তন বা ব্যবর্তন। *a.* **diffrac°tive**—ব্যবর্তনমূলক। [L. *diffringere*]

diffrangible [di-fran°-jable, ডিফ্র্যান্°জ্যাব্ল্] *a.* capable of being diffracted, বিচ্ছুরণসাধ্য; ব্যবর্তনসাধ্য। [see *diffract*]

diffuse [di-fūz°, ডিফিউজ়্°] (1) *v.t.* to pour out all round, চারিদিক্ ব্যাপিয়া বর্ষণ করা; to spread out or scatter, ছড়াইয়া বা ছিটাইয়া দেওয়া, বিকীর্ণ বা পরিব্যাপ্ত করা; to circulate, প্রচার করা। (2) *v.i.* to spread, ছড়াইয়া পড়া। *a.* **diffuse** [di-fūs°, ডিফিউস্°], **diffū°sed**—পরিব্যাপ্ত, বিকীর্ণ, বিস্তৃত (*diffuse* light); (রচনাদি-সম্বন্ধে) শব্দবহুল, ফেনান হইয়াছে এমন (*diffuse* style); সংক্ষিপ্ত নহে এমন। *adv.* **diffuse°ly**। *n.* **diffuse°ness**। *n.* **diffū°ser**। *a.* **diffū°sible**। *n.* **diffūsibi°lity**। *n.* **diffū°sion**—diffuse (*v.*)-এর সকল অর্থে, এবং—বিভাজন। *a.* **diffū°sive**—চারিদিক্ ব্যাপিয়া বর্ষণকর; সিঞ্চক; পরিব্যাপক; বিকিরণকর; প্রচারক। [L. *diffundere*]

dig [dig, ডিগ্] (1) *v.t.i.* to excavate, খনন করা, খোঁড়া; to turn up or work with a spade, কোদলান; (2) *v.t.* to poke or thrust, খোঁচা দেওয়া (to *dig* one's breast with a bayonet)। (3) *v.i.* to mine, খনি খনন করা। *pr. pt.* **di°gging**। *p.* & *p. pt.* **dug** [ডাগ্]। (4) *n.* excavation, খনন; an act of working up with a spade, কোদলানর কাজ; archaeological excavation, প্রত্নতাত্ত্বিক খননকার্য; a thrust, খোঁচা (a *dig* in the rib), a sarcastic remark,

ব্যঙ্গপূর্ণ উক্ত (a *dig* at a person) ; a cave-like dwelling-place; গুহাতুল্য আবাস। (to live in *digs*)। **(to) dig in**—খনন করিয়া নামিতে নামিতে অদৃশ্য হওয়া ; মাটি খুঁড়িয়া বা কোদলাইয়া তাহার সঙ্গে মিশান ; শ্রমসহকারে খাটা ; ট্রেঞ্চ খুঁড়িয়া তথায় অবস্থান করা ; নিজেকে দৃঢ়ভাবে প্রতিষ্ঠিত করা ; খাওয়া শুরু করা (food has been served, so *dig in*)। **(to) dig oneself in**—ট্রেঞ্চ খুঁড়িয়া তন্মধ্যে থাকা ; আত্মপ্রতিষ্ঠিত হওয়া। **(to) dig out**—মাটি খুঁড়িয়া বাহির করা। **(to) dig up**—মাটি খুঁড়িয়া তোলা বা বাহির করা ; আবিষ্কার বা প্রকাশ করা। *n.* **di°gger**—খননকারী (ব্যক্তি বা জন্তু) ; খনি-খনক। *n.* **di°ggings**—যে সব স্থানে খনি খনন করা হইতেছে। [OF. *diguer* ?]

digest₁ [dī°-jest, ডাই°জেস্‌ট্] *n.* a methodical compendium, (প্রধানতঃ আইন-কানুনাদির) সার-সংগ্রহ। [L. *digesta*]

digest₂ [di-jest°, ডিজেস্‌ট্°] (**1**) *v.t.i* to dissolve in the stomach, হজম বা পরিপাক করা অথবা হওয়া ; to soften by heat and moisture, তাপ ও শৈত্য প্রয়োগে নরম করা বা হওয়া, কোমলায়ন করা বা কোমলায়িত হওয়া। (**2**) *v.t.* to consider (প্রধানতঃ মনে-মনে) বিচার করা বা বিবেচনা করা। *p. & p. pt.* **diges°ted**। *n.* **diges°ter**—হজমকারী ; কোমলায়ন-যন্ত্র। *n.* **diges°tible**—হজমসাধ্য। *n.* **digestibi°lity**। *n.* **digestion** [dijes°ch(a)n, ডিজেস্‌°চ্‌ন্‌]। *a.* **di°gestive**—হজমসংক্রান্ত ; হজমি ; পরিপাকশক্তিবর্ধক। **digestive fluid** or **juice**—পাচক-রস, জারক-রস। **digestive system**—পাচনতন্ত্র। **digestive tube**—পাকনালী। [L. *digerere*=to dissolve]

digger, digging—see **dig.**

dight [dīt, ডাইট্] (**1**) *v.t.* to adorn or equip, সাজান, সাজপোশাক পরান ; to make ready, (সাজপোশাক পরাইয়া) প্রস্তুত করা। *p. & p. pt.* **dight**। (**2**) *a.* adorned or equipped, সজ্জিত ; ready, প্রস্তুত। [OE. *dihtan*=to arrange<L. *dictare*=to dictate]

digit [di°-git, ডি°জিট্] *n.* a finger or toe, হাতের বা পায়ের (প্রধানতঃ বুড়া) আঙুল ; a finger's breadth, একঅঙ্গুলিপরিমিত প্রসার, বুরুল (=$\frac{3}{4}$ ইঞ্চি) ; any arithmetical numeral, পাটীগণিতের ০ হইতে ৯ পর্যন্ত যে কোন সংখ্যা ; the twelfth part of the diameter of the sun or moon, সূর্যের বা চন্দ্রের ব্যাসের দ্বাদশাংশ (তু. কলা)। **di°gital**—(**1**) *a.* অঙ্গুলিসংক্রান্ত ; ০ হইতে ৯ পর্যন্ত যে কোন সংখ্যাঘটিত (*digital* computer) ; (**2**) *n.* পিয়ানো হারমোনিয়াম প্রভৃতির চাবি। *n.* **digita°lis**—হাতিশুঁড়-জাতীয় গুল্মবিশেষ হইতে প্রস্তুত ঔষধ। *a.* **di°gitate**—অঙ্গুলিবৎ কতিপয় শাখায় বিভক্ত। [L. *digitus*]

diglot [dī°-glot, ডাই°গ্লট্] (**1**) *a.* knowing two languages, দুইটি ভাষা জানে এমন। (**2**) *n.* a bilingual person, দ্বি-ভাষাভাষী ব্যক্তি। [Gk. *di-*, *glotta*=tongue]

dignify [dig°-ni-fī, ডিগ্‌°নিফাই] *v.t.* to invest with honour, সম্মান বা মর্যাদা দান করা ; to exalt, মহীয়ান্‌ করা। *a.* **dig°nified**—সম্মানিত ; মর্যাদাপূর্ণ ; মহীয়ান্‌ ; মহৎ ; গম্ভীর। [L. *dignificare*]

dignity [dig°-ni-ti, ডিগ্‌°নিটি] *n.* the state of being dignified ; সম্মানিত বা মর্যাদাপূর্ণ অবস্থা ; elevation of mind or character, মনের বা চরিত্রের উচ্চতা ; grandeur of mien, মর্যাদাপূর্ণ চালচলন ; elevation in rank, position, etc., সম্মানিত পদ অবস্থা প্রভৃতি ; excellence, উৎকর্ষ, মর্যাদা। **beneath one's dignity**—কাহারও পক্ষে মর্যাদাহানিকর। **(to) stand on** or **upon one's dignity**—যথোচিত সম্মানপূর্ণ ব্যবহার পাইবার জন্য জিদ ধরা। *n.* **dignitary** [dig°-ni-t(a)ri, ডিগ্‌°নিট্‌রি] সম্মানিত পদে অধিষ্ঠিত ব্যক্তি। [F. *dignite*<L. *dignitas*]

digraph [dī°-grŭf°, ডাই°গ্রাফ্‌°] *n.* two letters representing a single sound, যে বর্ণদ্বয় মিলিতভাবে একটি ধ্বনি সৃষ্টি করে (e.g. pu*sh*, n*ea*t. অই=ঐ)। [*di-*, *graph*]

digress [dī-gres°, ডাইগ্রেস্‌°] *v.i.* to depart from (the main subject), to become irrelevant, মূল বিষয় হইতে ভ্রষ্ট হওয়া, অপ্রাসঙ্গিক বা অবান্তর হওয়া। *p. & p. pt.* **digre°ssed**। *n.* **digression** [dī-gre°sh(a)n, ডাইগ্রে°শ্‌ন্‌]। *a.* **digre°ssive**—অপ্রাসঙ্গিক, অবান্তর। [L. *digredi*]

dike [dīk, ডাইক্] (**1**) *n.* a trench, পরিখা ; a ditch, খাত, খানা ; embankment, a dam, জলস্রোতাদি রোধের জন্য নির্মিত বাঁধ ; a wall, প্রাচীর। (**2**) *v.i.t.* to make or provide with a dike, পরিখা খানা বা প্রাচীর নির্মাণ করা অথবা ঐসব নির্মাণপূর্বক সংরক্ষিত করা। *p. & p. pt.* **di°ked**। [OE. *dic*<Du. *dijk*]

dilapidate [di-la°-pi-dāt, ডিল্যা°পিডেইট্] *v.t.* to pull down stone after stone, এক-একখানি করিয়া পাথর খসাইয়া ভাঙ্গিয়া ফেলা ; to waste or ruin, ক্ষয় করা বা ধ্বংস করা। *a.* **dila°pidāted**—ধ্বংসপ্রাপ্ত ; ধ্বংসস্তূপে পরিণত। *n.* **dilapidā°tion**—ধ্বংসপ্রাপ্ত বা ধ্বংসস্তূপে পরিণত অবস্থা ; (in *pl.*) ভাড়াটিয়াদের বসবাসের ফলে অট্টালিকার যে ক্ষতি সাধিত হয়। [L. *dilapidare*]

dilate [dī-lāt°, ডাইলেইট্°] (**1**) *v.t.i.* to widen, সর্বদিকে ছড়াইয়া দেওয়া বা ছড়াইয়া পড়া, বিস্তৃত করা বা হওয়া ; to enlarge, বড় করা বা হওয়া। (**2**) *v.i.* to speak at length, বিশদভাবে বা সবিস্তারে বলা (to *dilate* upon a subject)। *p. & p. pt.* **dilā°ted**। *a.* **dilā°table**। *n.* **dilātabi°lity**। *n.* **dilā°tion, dilā°tation**। *n.* **dilā°tor**—বিস্তারণশীল বা বিস্তারণসাধ্য যন্ত্র অথবা মাংসপেশী ; বিস্তারক ; বর্ধক। *n.* **dilā°ter**—বিস্তারকারী ; বর্ধক। [L. *dilatus*=borne apart]

dilatory [di°-la-t(a)ri, ডি°ল্যাট্‌রি] *a.* slow,

ঢিমে, ধীরুজ ; procrastinating, দীর্ঘসূত্র। *adv.* **di°latorily** । *n.* **di°latoriness** । [L. *dilatorius*]

dilemma [di-le°-ma, ডিলে°ম্যা] *n.* a form of argument forcing choice only between two unfavourable alternatives, তর্কপ্রণালী-বিশেষ : ইহাতে এমন দুটি সমান অসুবিধাজনক যুক্তি উপস্থিত করা হয় যে উহাদের একটি না একটি গ্রহণ করিতেই হইবে ; a perplexing situation, উভয়-সঙ্কট (to be in a *dilemma*) । **horns of a dilemma**—উভয়সঙ্কটাবস্থা । [L.<Gk.]

dilettante [di-li-tan°-ti, ডিলিট্যান্°টি] *n.* a lover of fine arts, কাব্য-সঙ্গীতাদি চারুকলার অনুরাগী (সচ. এই অনুরাগ অগভীর ও অপেশাদারি) । *pl.* **dilettanti** [di-li-tan°-tē, ডিলিট্যান্°টী] । *n.* **dilettan°tism**—চারুকলার প্রতি ভাষা-ভাষা অনুরাগ, পল্লবগ্রাহিতা । [It.]

diligent [di°-lij(a)nt, ডি°লিজ্‌ন্‌ট্] *a.* steady and earnest in application, অধ্যবসায়ী ; industrious, পরিশ্রমী । *n.* **di°ligence**—অধ্যবসায় ; পরিশ্রম । *adv.* **di°ligently** । [F. *diligens*<L. *diligere*=to choose]

dill [dil, ডিল্] *n.* a yellow-flowered herb, শুলফা । [OE. *dile*—cp. G & Sw. *dill*]

dilly-dally [di°-li-da-li, ডি°লিড্যালি] *v.i.* to loiter, ইতস্ততঃ ঘুরিয়া বেড়ান ; to trifle, হেলাফেলা করা বা হেলাফেলা করিয়া সময় কাটান । [reduplication of *dally*]

dilute [dī-lūt°, ডাইলিউট্° ; di-lūt°, ডিলিউট্°] (**1**) *v.t.* to make more liquid, (প্রধানতঃ জল মিশাইয়া) অধিকতর তরল বা পাতলা করা । (**2**) *v.i.* to become mixed, মিশ্রিত হওয়া । *p. & p. pt.* **dilū°tėd** । (**3**) *a.* diminished in concentration by mixing, জল প্রভৃতি মিশাইয়া অধিকতর তরলীকৃত । *n.* **dilū°tion, dilū°tion**—dilute (*v.*)-এর সকল অর্থে, এবং—অধিকতর তরলীকৃত বস্তু ; মিশ্র । [*di-*, L. *luere*=to wash away]

diluvial, diluvian—see **diluvium.**

diluvium [dī-lōō°-vi-am, ডাইলূ°ভিঅ্যাম্] *n.* an inundation or flood, প্লাবন, বন্যা, বান ; a deposit of sand, gravel, etc., left by currents of water, স্রোতোবাহিত বালি নুড়ি প্রভৃতির স্তর, পলি, পলল । *a.* **dilu°vial, dilu°vian**—(প্রধানতঃ বাইবেলে বর্ণিত অথবা ঐ সময়কালীন) প্লাবন বা বন্যা সংক্রান্ত ; পলিজ, (পরি.) পাললিক । [L.]

dim [dim, ডিম্] (**1**) *a.* not bright or distinct, অনুজ্জ্বল, অস্পষ্ট ; faint, ক্ষীণ, মৃদু । (**2**) *v.t.i.* to make or become dim, অনুজ্জ্বল বা অস্পষ্ট বা ক্ষীণ করা অথবা হওয়া ; to darken, আঁধার বা মলিন করা বা অথবা হওয়া । *pr. pt.* **di°mming** । *p. & p. pt.* **di°mmed** । **(to) take a dim view of**—(কথ্য.) অনুমোদন না করা ; প্রতিকূল বা হতাশাপূর্ণ মনোভাব পোষণ করা । *adv.* **dim°ly** । *a.* **di°mmish**—ঈষৎ অনুজ্জ্বল বা অস্পষ্ট, আবছা । *n.* **dim°nėss** । [OE. *dimm*<ON. *dimmr*=dark]

dime [dīm, ডাইম্] *n.* (the US) silver coins worth ten cents, দশ সেন্টের রৌপ্যমুদ্রা । **dime novel**—সস্তা রোমাঞ্চকর উপন্যাস । [L. *decima*=tenth]

dimension [di-men°sh(a)n, ডিমেন্°শন্] *n.* measure in length breadth and thickness, একত্রে দৈর্ঘ্য প্রস্থ ও বেধের মাপ, মাত্রা ; extent, বিস্তার ; size, আয়তন, মাপ ; (alg.) the sum of indices in a term, (বীজগ.) সংখ্যাদির ঘাতমাত্রা, (পরি.) মাত্রা (e.g. a^3, a^2b, abc=all of three *dimensions*) । *a.* **dimensional** [di-men°-shanl, ডিমেন্°শ্যান্‌ল্] দৈর্ঘ্য প্রস্থ ও বেধের মাপ-সংক্রান্ত; আয়তনসংক্রান্ত ; (বীজগ.) ঘাতমাত্রা-সংক্রান্ত । **fourth dimension**—(বীজগ.) দৈর্ঘ্য প্রস্থ ও বেধ ব্যতীত অতিরিক্ত একটি মাপ । [F.<L. *dimensio*]

dimeter [di°-mi-ta(r), ডি°মিট্যা(র্)] (**1**) *a.* (*pros.*) two-footed, (ছন্দ.) দুই-পর্বযুক্ত । (**2**) *n.* a two-footed verse, দুই-পর্বযুক্ত কবিতা । [*di-*, *meter*]

diminish [di-mi°-nish, ডিমি°নিশ্] *v.t.i.* to lessen, হ্রাস করা বা পাওয়া । *a.* **dimi°nishable** । *a.* **dimi°nished**—হ্রস্বীকৃত । *adv.* **dimi°nishingly** । [L. *diminuere*=to make less]

diminuendo [di-mi-nū-en°-dō, ডিমিনিউএন্°ডৌ] (**1**) *adv.* (mus.) decreasing gradually, (সঙ্গীতে) ক্রমশঃ হ্রাস পাইয়া । (**2**) *n.* gradual decrease, ক্রমশঃ হ্রাস । [It.]

diminution [di-mi-nū°sh(a)n ; ডিমিনিউ°শন্] *n.* a lessening, হ্রাস ; degradation, অবনতি । [see *diminish*]

diminutive [di-mi°-nū-tiv, ডিমি°নিউটিভ্] (**1**) *a.* of a diminished size, হ্রাসপ্রাপ্ত আকারযুক্ত ; very small, অতি ক্ষুদ্র ; contracted, সঙ্কুচিত । (**2**) *n.* (gr.) a word formed from another to denote a little one of the kind, (ব্যাক.) ক্ষুদ্রত্বব্যঞ্জক প্রত্যয়যোগে এক শব্দ হইতে গঠিত নূতন শব্দ (e.g. booklet>book) । *adv.* **dimi°nūtively** । *n.* **dimi°nūtivenėss** । [see *diminish*]

dimity [di°-mi-ti, ডি°মিটি] *n.* stout cotton fabric with raised stripes, উঁচু-উঁচু ডোরাযুক্ত শক্ত সুতী কাপড় । [Gk. *dimitos*=warp thread]

dimmed, dimming, dimmish—see **dim.**

dimple [dimp°l, ডিম্‌প্°ল্] (**1**) *n.* a small hollow, esp. on the body, টোল । (**2**) *v.t.* to form dimples, টোল ফেলা । *a.* **dimp°ly**—টোল-যুক্ত । [?]

din [din, ডিন্] (**1**) *n.* a loud continued noise, একটানা উচ্চ শব্দ । (**2**) *v.t.* to assail (the ears) with noise, উচ্চ শব্দদ্বারা (কানকে) পীড়িত করা, (কানে) তালা লাগান । *pr. pt.* **di°nning** । *p. & p. pt.* **di°nned** । **(to) din into a person's ears**—(যথোচিত গুরুত্ব সহকারে) বার বার বলা বা বা পুনরুক্তি করা, ক্রমাগত কানে ঢুকাইবার চেষ্টা করা । [OE. *dynn*, *dyne*]

dinar [dē-nŭ(r)°, ডীনা(র্)°] *n.* an ancient Arab gold coin, প্রাচীন আরবের স্বর্ণমুদ্রাবিশেষ। [L. *denarius*]

dine [dīn, ডাইন্] *v.i.t.* to take or supply with dinner, ভোজ খাওয়া বা ভোজ দেওয়া; to eat or feed one's meal, ভোজন করা বা করান। **(to) dine out**—স্বগৃহের বাহিরে ভোজন করা। *n.* **di°ner**—ভোজনকারী; রেলগাড়িতে যাত্রীদের জন্য ভোজনের কামরা। *n.* **di°ning-car**—রেলগাড়িতে যাত্রীদের জন্য ভোজনের কামরা। *n.* **di°ning-hall, di°ning-room**—ভোজন-কক্ষ। *n.* **di°ning-tāble**—ভোজ খাওয়ার টেবিল। [OF. *disner*]

ding-dong [ding°-dong°, ডিংডং°] **(1)** *n.* the sound of bells ringing, ঘণ্টাধ্বনি, ঢংঢং-শব্দ; monotony, একঘেঁয়েমি। **(2)** *a.* & *adv.* like a bell ringing, ঘণ্টাধ্বনিবৎ; keenly contested, তীব্র বা তুল্যমূল্য প্রতিদ্বন্দ্বিতাপূর্ণ। **a ding-dong struggle**—যে প্রতিদ্বন্দ্বিতায় উভয় প্রতিদ্বন্দ্বী সমান সুযোগ পায়। [imi.]

dinghy, dingey [ding°-gi, ডিং°গি] *n.* a small rowing-boat or ship's tender, ডিঙ্গি-নৌকা বা জাহাজে যে ক্ষুদ্র নৌকা থাকে। [Hind.]

dingle [ding°gl, ডিং°গ্‌ল্] *n.* a dell, (সচ. বৃক্ষ-শোভিত) গভীর খাদ বা উপত্যকা। [?]

dingo [ding°-gō, ডিং°গৌ] *n.* the native dog of Australia, অসট্রেলিয়ার দেশী কুকুরবিশেষ। *pl.* **din°gōes**। [Aus.]

dingy₁—alt. spell. of **dinghy.**

dingy₂ [din°-zi, ডিন্°জ়ি] *a.* of a dim and dark colour, নিষ্প্রভ কালচে বর্ণবিশিষ্ট; dull, নীরস; soiled, নোংরা, মলিন (a *dingy* town)। *adv.* **din°gily**। *n.* **din°giness**। [?]

dining—see **dine.**

dinkum [ding°-kam, ডিং°ক্যাম্] *a.* (sl.) genuine, real, honest, খাঁটি, অকৃত্রিম, সৎ। **dinkum oil**—অকৃত্রিম সত্য। [?]

dinky [ding°-ki, ডিং°কি] *a.* pretty, neat, ফুটফুটে, ছিমছাম। [Scot. *dink*=trim]

dinner [di°-na(r), ডি°ন্যা(র্)] *n.* the chief meal of the day, দিবসের প্রধান ভোজ, খানা; a feast, ভোজ। *n.* **di°nner-bell**—যে ঘণ্টা বাজাইয়া ভোজের সময় ঘোষণা করা হয়। *n.* **di°nner-jackėt**—সান্ধ্য পোশাকবিশেষ: ইহা পরিয়া ডিনার খাওয়া হয়। *n.* **di°nner-set**—ডিনার খাওয়ার জন্য পাত্রাদি। *n.* **di°nner-tīme**—ডিনার খাওয়ার নিয়মিত সময়। [OF. *disner*=cp. *dine*]

dinoceras [dī-no°-sa-ras, ডাইন°স্যার‍্যাস্] *n.* an extinct animal, অধুনালুপ্ত অতিকায় স্তন্যপায়ী ষড়শৃঙ্গ জন্তুবিশেষ। [Gk. *deinos*=terrible, *keras*=horn]

dinosaur [dī°-na-saw(r), ডাই°ন্যাস্থ(র্)] *n.* an extinct reptile, অধুনালুপ্ত সরীসৃপবিশেষ (ইহারা আশি ফুট পর্যন্ত দীর্ঘ হইত)। [Gk. *deinos*=terrible, *sauros*=lizard]

dint [dint, ডিন্ট্] *n.* blow, আঘাত; force, শক্তি। **by dint of**—বলে, সাহায্যে, দ্বারা (*by dint of* cunning=চাতুর্যবলে)। [OE. *dynt*]

diocese [dī°-a-sis, ডাই°অ্যাসিস্] *n.* a bishop's district, বিশপের এলাকা। **diocesan** [dī-o°-sis(a)n, ডাইঅ°সিস্‌ন্] **(1)** *a.* বিশপের এলাকা-সংক্রান্ত; উক্ত এলাকার অন্তর্ভূত। **(2)** *n.* এলাকার বিশপ। [F. & L.<Gk. *dioikesis*]

dioxide [dī-oks°-īd, ডাইঅক্‌স্°আইড্] *n.* a double atomic oxide, দ্ব্যণুক অক্‌সাইড্‌বিশেষ। [*di-*, *oxide*]

dip [dip, ডিপ্] **(1)** *v.t.* to immerse for a time, চোবান; to lower and raise again (as a flag), (পতাকাদি) নোয়াইয়া পুনরায় উঁচু করা; to baptize by immersion, ডুব দেওয়াইয়া দীক্ষিত করা; to lift by dipping, ডুব দিয়া তোলা; (coll.) to mortgage or pawn, বন্ধক দেওয়া। **(2)** *v.i.* to plunge and emerge, ডুব দিয়া ওঠা, ডুব খাওয়া; to sink, ডোবা, তলাইয়া যাওয়া; to enter slightly, ঈষৎ প্রবেশ করা; to look cursorily, ভাসাভাসাভাবে বা উপর-উপর চোখ বোলান; to incline downwards, নিম্নমুখ হওয়া। *pr. pt.* **di°pping**। *p.* & *p. pt.* **di°pped**। **(3)** *n.* dipping, চোবানি; a hollow, গর্ত; that which is lifted by dipping, ডুব দিয়া তোলা বস্তু; inclination downwards, নিম্নদিকে ঝোঁক, ঢল, উতরাই; a liquid for dipping into, যে তরল পদার্থের মধ্যে চোবান হয়। **(to) dip into one's pockets**—প্রচুর অর্থ ব্যয় করা। *n.* **dip°-net**—মাছ ধরার জন্য লম্বা হাতলওয়ালা জাল, ছাঁকি-জাল। *n.* **di°pper**—যে ডুব দেয় বা দেওয়ায়; ডুবুরি, শুলিয়া; রন্ধনের হাতা; খননকারীর বালতি বা ঝুড়ি; মোটর-গাড়ির হেডলাইট উঁচু ও নিচু করিবার জন্য যন্ত্রবিশেষ; পানকৌড়ি-পাখি। *n.* **dip°-stick**—পাত্রাদির মধ্যস্থ তরলপদার্থের গভীরতা মাপিবার জন্য কাঠি বা নল। [OE. *dyppan*<*dypan*=to plunge in—cp. D. *dyppe*]

diphtheria [dif-thēr°-i-a, ডিফ্‌থিয়্যার্°ইঅ্যা] *n.* an infectious throat-disease, কণ্ঠনালীর সংক্রামক রোগবিশেষ। *a.* **diphtheric** [dif-the°-rik, ডিফ্‌থে°রিক্], **diphtheritic** [dif-tha°-ri-tik, ডিফ্‌থ্যা°রিটিক্] উক্ত রোগসংক্রান্ত বা রোগগ্রস্ত। [Gk. *diphthera*=leather]

diphthong [dif°-thong, ডিফ্°থং] *n.* two vowel-sounds pronounced as one, সন্ধ্যস্বর বা সন্ধ্যস্বরধ্বনি (যেমন, ঐ=অ+ই, ঔ=অ+উ)। *a.* **diphthon°gal**—সন্ধ্যস্বরধ্বনিযুক্ত; সন্ধ্যস্বরসংক্রান্ত। [Gk. *diphthongos*]

diploma [di-plō°-ma, ডিপ্লৌ°ম্যা] *n.* a writing conferring some honour or privilege, (বিশ্ববিদ্যালয়াদির) উপাধি-পত্র। **diplō°maed, diplō°-ma'd**—উপাধিপ্রাপ্ত। [L.]

diplomacy [di°-plō°-ma-si, ডি°প্লৌ°ম্যাসি] *n.* art of negotiation, (সচ. রাষ্ট্রসমূহের মধ্যে) দৌত্য-

বিদ্যা, কূটনীতিক দৌত্য ; tact in management, কুশলী পরিচালনা। *n.* **di°plŏmat, diplō°matist**—কূটনীতিক দুত ; কূটনীতিবিদ্ ; কুশলী পরিচালক। *n.* **diplŏma°tic**—বিদেশী দুত ; (in *pl.*) সনদাদি প্রাচীন লিপির পাঠোদ্ধারবিদ্যা। *a.* **diplŏma°tic(al)**—কূটনীতিক দৌত্য বা কুশলী পরিচালনা সংক্রান্ত (the *diplomatic* service) ; কূটনীতিক দৌত্যপূর্ণ বা কুশলী পরিচালনাপূর্ণ (a *diplomatic* reply)। *v.i.t.* **diplō°matize**—কূটনীতিক দৌত্য করা বা উক্ত দৌত্যবলে সম্পাদন করা। [see *diploma*]

dip-net, dipped, dipper, dipping—see **dip.**

dipsomania [dip-sŏ-mā°-ni-a, ডিপ্‌সোমেই°-নিয়া] *n.* a morbid craving for alcoholic drink, মদ্যপানার্থ তীব্র লালসারূপ ব্যাধি। *n.* **dipsŏma°niac**—উক্ত ব্যাধিগ্রস্ত ব্যক্তি।

dip-stick—see **dip.**

diptera [dip°-ta-ra, ডিপ্‌°ট্যার‌্যা] *n. pl.* two-winged insects or flies, দুই-পক্ষযুক্ত পতঙ্গসমূহ বা মক্ষিকাসমূহ। *a.* **dip°teral, dip°terous**—দুই-পক্ষযুক্ত। [Gk. *dipteros*=two-winged]

dire [dɪ(r̄), ডায়্যা(র্)], **dīre°ful**—*a.* dreadful, ভয়াবহ, ভীষণ ; calamitous, শোচনীয়। *adv.* **dīre°fully**। *n.* **dīreful°nėss**। [L. *dirus*]

direct [di-rekt°, ডিরেক্‌ট্°] (**1**) *a.* straight, সোজা, সরাসরি (*direct* hit) ; straightforward, unambiguous, স্পষ্টাস্পষ্টি, খোলাখুলি, দ্ব্যর্থহীন (*direct* answer) ; shortest, not winding, সিধা (*direct* way) ; immediate, অব্যবহিত (*direct* result or successor) ; forward, সম্মুখাভিমুখ (a planet's *direct* movement)। (**2**) *adv.* directly, সরাসরিভাবে, স্পষ্টাস্পষ্টিভাবে, সিধা-পথে, অব্যবহিতভাবে, সম্মুখাভিমুখে। (**3**) *v.t.* to lay straight, সোজা রাখা ; to aim, লক্ষ্য করা, তাক করা (to *direct* a gun) ; to point out, নির্দেশ করা (to *direct* the way)। (**4**) *v.t.i.* to guide, পরিচালনা করা (to *direct* an army) ; to order, হুকুম করা ; to address, (চিঠিপত্রাদিতে প্রাপকের) নাম-ঠিকানা লেখা (cp. **redirect**)। **direct action**—কোন ব্যাপারে সিদ্ধিলাভের জন্য সরাসরি চেষ্টা (এই চেষ্টা শান্তিপূর্ণ এবং আইনসম্মত নাও হইতে পারে), প্রত্যক্ষ-সংগ্রাম। **direct object**—(ব্যাক.) মুখ্যকর্ম। **direct narration** or **speech**—(ব্যাক.) অপরোক্ষ উক্তি অর্থাৎ মূল বক্তা ঠিক যে যে শব্দ উচ্চারণ করিয়াছিল ঠিক সেই সেই শব্দোচ্চারণ। **direct tax**—প্রত্যক্ষ কর (যেমন আয়কর)। *n.* **direc°tion**—direct (*v.*)-এর সকল অর্থে এবং—পরিচালকগোষ্ঠী ; (চিঠিপত্রাদিতে লিখিত) প্রাপকের নাম-ঠিকানা। *a.* **direc°tional**—গতিপথসংক্রান্ত ; লক্ষ্যসংক্রান্ত। *n.* **direc°tion-fin°der**—বেতার-সঙ্কেত কোন্ দিক্ হইতে আসিতেছে তাহার নির্দেশক-যন্ত্র। **direc°tive**—(**1**) *a.* নির্দেশক ; পরি-চালক ; (**2**) *n.* নির্দেশ ; নির্দেশপত্র। **direct°ly**—(**1**) *adv.* direct (*a.*)-এর সকল অর্থে ; (**2**) *con.* (কথ্য.) যেইমাত্র…সেইমাত্র (he came in *directly* I called him)। *n.* **direct°nėss**। *n.* **direc°tor**—পরিচালক। *fem.* **direct°rėss, direc°trix**। *n.* **directorate** [di-rek°-t(a)rit, ডিরেক্‌°ট্‌রিট্] পরিচালকের দফতর, (পরি.) অধিকার ; পরিচালকবর্গ। *a.* **directorial** [di-rek-taw°-ri-al, ডিরেক্‌ট্য°-রিঅ্যাল্] পরিচালক বা পরিচালনা সংক্রান্ত। *n.* **direc°torship**। **directory** [di-rek°-t(a)ri, ডিরেক্‌°-ট্‌রি] (**1**) *a.* নির্দেশপূর্ণ ; নির্দেশক ; (**2**) *n.* যে গ্রন্থে কোন স্থানের অধিবাসীদের নাম-ঠিকানা বা পথনির্দেশ থাকে ; পরিচালকবর্গ। [L. *dirigere*=to put straight]

direful—see **dire.**

dirge [da(r)j, ড্যা(র্)জ্] *n.* a funeral song or hymn, অন্ত্যেষ্টিক্রিয়াকালীন সঙ্গীত বা স্তোত্র। [contr. of L. *dirige*]

dirigible [di°-ri-jabl, ডি°রিজ্যাব্‌ল্] *a.* capable of being directed, পরিচালনসাধ্য। [see *direct*]

dirt [da(r)t, ড্যা(র্)ট্] *n.* any filthy substance, কাদা গোবর প্রভৃতি যে কোন নোংরা পদার্থ ; loose earth, ধুলা। *a.* **dirt°-cheap**—ধুলার মত শস্তা, অত্যন্ত শস্তা (also **as cheap as dirt**)। **(to) eat dirt**—অতি হীনভাবে বশ্যতা স্বীকার করা বা হার মানা, দাঁতে কুটা করা। **(to) fling** or **throw dirt**—সুনামে কলঙ্ক দেওয়া ; গায়ে থুতু দেওয়া। *n.* **dirt°-track**—মোটর-রেস প্রভৃতির জন্য অঙ্গারচূর্ণদ্বারা আচ্ছাদিত পথ। **dir°ty**—(**1**) *a.* নোংরা ; মলিন ; অশ্লীল (*dirty* talk) ; জঘন্য (*dirty* habit) ; হীন ; (**2**) *v.t.* ময়লা করা। *adv.* **dir°tily**। *n.* **dir°tinėss**। **dirty work**—যে কাজে জামাকাপড়ে ও দেহে ময়লা লাগে ; হীন বিশ্বাসঘাতকতাপূর্ণ কাজ। [ME. *drit*<ON.=excrement]

disable [dis-āb°l, ডিস্‌এইব্‌°ল্] *v.t.* to deprive of strength or power, অক্ষম বা অশক্ত করা, শক্তিহীন করা ; to cripple, বিকলাঙ্গ করা ; to disqualify, অযোগ্য করা। *n.* **disāb°lement, disabi°lity**। [*dis-, able*]

disabuse [dis-a-būz°, ডিস্যাবিউজ্°] *v.t.* to free from false or wrong ideas, to undeceive, ভ্রান্ত ধারণাদি হইতে মুক্ত করা (to *disabuse* a person of wrong notions or prejudices)।

disadvantage [dis-ad-vŭn°-tij, ডিস্‌অ্যাড্‌ভান্°-টিজ্] *n.* unfavourable circumstance, অসুবিধা ; loss, লোকসান ; injury, ক্ষতি। *a.* **disadvantā°geous**—অসুবিধাজনক ; লোকসানপূর্ণ ; ক্ষতিকর। [*dis-, advantage*]

disaffect [dis-a-fekt°, ডিস্‌অ্যাফেক্‌ট্°] *v.t.* to estrange, স্নেহশূন্য বা অনুরাগশূন্য করা, অনাত্মীয় করা ; to cause to be disloyal, আনুগত্যহীন করা। *a.* **disaffec°tėd**—বিরক্ত, বিরূপ ; আনুগত্য-হীন। *n.* **disaffec°tion** [*dis-, affect*]

disaffirm [dis-a-fa(r)m°, ডিস্‌অ্যাফ্যা(র্)ম্°] *v.t.* to repudiate, মিথ্যা বা ভুল বলিয়া প্রতিপাদন করা। [*dis, affirm*]

disafforest [dis-a-fo°-rist, ডিস্‌অ্যাফ°রিস্‌ট্‌] same as **disforest.**

disagree [dis-a-grē°, ডিস্‌অ্যাগ্রী°] *v.i.* to differ, বিসদৃশ হওয়া ; to disaccord, বেসুরো বা বেতালা হওয়া ; to dissent, ভিন্নমত বা অসম্মত হওয়া, বিরোধী হওয়া ; to quarrel, বিবাদ করা। *a.* **disagree°able**—বিসদৃশ ; বেসুরো, বেতালা ; অসম্মত, ভিন্নমত, বিরোধী ; বিবদমান। *n.* **disagreeabi°lity** I *adv.* **disagree°ably** I *n.* **disagree°ment**—বৈসাদৃশ্য, অমিল ; মতভেদ ; বিবাদ। [*dis-, agree*]

disallow [dis°-a-low°, ডিস্°অ্যালাউ°] *v.t.* not to allow, অনুমতি না দেওয়া, অনুমোদন না করা ; to refuse to admit, কর্তৃত্ব সারবত্তা প্রভৃতি অস্বীকার করা। *a.* **disallow°able** I [*dis-, allow*]

disappear [dis-a-pē(r)°, ডিস্‌অ্যাপিয়্যা(র্)°] *v.i.* to vanish from sight, অদৃশ্য হওয়া। *n.* **disapp°ēārance**—অন্তর্ধান। [*dis-, appear*]

disappoint [dis-a-poynt° ডিস্‌অ্যাপয়্‌ন্‌ট্‌°] *v.t.* not to fulfil the hopes of, সাধ বা আশা পূর্ণ না করা, নিরাশ করা। *a.* **disappoin°tėd**—নিরাশ ; হতাশ। *a.* **disappoin°ting**—হতাশাব্যঞ্জক ; হতাশাদায়ক। *n.* **disappoint°ment**—নিরাশা ; হতাশা। [*dis-, appoint*]

disapprobation [dis-a-prŏ-bā°sh(a)n, ডিস্‌অ্যাপ্রোবেই°শ্‌ন্‌] *n.* disapproval, অননুমোদন। *a.* **dis°apprŏbātory**—অননুমোদনাত্মক। [*dis-, approbation*]

disapprove [dis°-a-proov°, ডিস্°অ্যাপ্রূভ্°] *v.t.i.* to give or have an unfavourable opinion (of), অনুমোদন না করা ; to reject, অগ্রাহ্য করা। *n.* **disappro°val** I *adv.* **disappro°vingly** I [*dis-, approve*]

disarm [dis-ŭ(r)m°, ডিস্‌আ(র্)ম্°] (1) *v.t.* to deprive of arms or armour, নিরস্ত্র বা বর্মহীন করা ; to make defenceless, অরক্ষিত করা ; to deprive of the power to hurt, আঘাত করার শক্তি হরণ করা। (2) *v.i.* to disband troops, সৈন্যদল ভাঙ্গিয়া দেওয়া ; to reduce national armaments, জাতীয় অস্ত্রবল হ্রাস করা। *n.* **disar°mament**—নিরস্ত্রীকরণ (new proposal for *disarmament*) I [*dis-, arm*]

disarrange [dis°-a-rānj°, ডিস্°অ্যারেইন্‌জ্°] *v.t.* to disorder, বিশৃঙ্খল করা। *n.* **disarrānge°ment** I [*dis-, arrange*]

disarray [dis°-a-rā°, ডিস্°অ্যারেই°] (1) *v.t.* to break the array of, ছত্রভঙ্গ করা ; to disorder, বিশৃঙ্খল করা। (2) *n.* want of array or order, বিন্যাসের অভাব, ছত্রভঙ্গ, বিশৃঙ্খলা। [*dis-, array*]

disassociate [dis-a-sō°-shi-ạt, ডিস্যাসৌ°শিয়েইট্‌] *v.t.* same as **dissociate.**

disaster [di-zŭs°-ta(r), ডিজ়াস্°টা(র্)] *n.* an adverse or unfortunate accident, আকস্মিক দুর্ঘটনা (train *disaster*) ; a sudden and great misfortune, আকস্মিক দুর্বিপাক বা দুর্দশা। *a.* **diṡas°trous**—দুর্ঘটনামূলক ; দুর্ঘটনা বা দুর্দশা ঘটায় এমন, সর্বনাশা। *adv.* **diṡas°trously** I [OF. *desastre* < L. *dis* = unfavourable, *astrum* = a star]

disavow [dis°-a-vow°, ডিস্°অ্যাভাউ°] *v.t.* to disown or deny, মানিয়া না লওয়া, অস্বীকার করা। *n.* **disavowal** [dis-a-vow°-al, ডিস্‌অ্যাভাউ°অ্যাল্‌] অস্বীকৃতি। [*dis-, avow*]

disband [dis-band°, ডিস্‌ব্যান্‌ড্°] *v.t.i.* to disperse (প্রধানতঃ সৈন্য-) দল সংগঠন প্রভৃতি ভাঙ্গিয়া দেওয়া বা ভাঙ্গিয়া যাওয়া, বিগঠিত করা বা হওয়া। *p.* & *p. pt.* **disban°dėd** I *n.* **disband°ment** I [OF. *desbander* = to unfasten—cp. *band*]

disbar [dis-bŭ(r)°, ডিস্‌বা(র্)°] *v.t.* to expel from the bar, ব্যবহারজীবি-সমাজ হইতে বিতাড়িত করা অর্থাৎ ব্যবহারজীবিরূপে কাজ করিবার অধিকার হইতে বঞ্চিত করা। *pr. pt.* **disba°rring** I *p.* & *p. pt.* **disba°rred** I [*dis-, bar*]

disbelief—see **disbelieve.**

disbelieve [dis°-bi-lēv°, ডিস্°বিলীভ্°] *v.t.i.* to refuse to believe, অবিশ্বাস করা। *n.* **dis°belief°**—অবিশ্বাস। *n.* **dis°belie°ver**—অবিশ্বাসী। [*dis-, believe*]

disbud [dis-bud°, ডিস্‌বাড্°] *v.t.* to remove buds from, (বৃক্ষাদি) মুকুলশূন্য করা, নির্মুকুল করা। *pr. pt.* **disbu°dding** I *p.* & *p. pt.* **disbu°ddėd** I [*dis-, bud*]

disburden [dis°-ba(r)°dn, ডিস্°ব্যা(র্)°ড্‌ন্‌] *v.t.* to rid of a burden, ভারমুক্ত করা ; to unload, বোঝা খালাস করা। [*dis-, burden*]

disburse [dis-ba(r)s°, ডিস্‌ব্যা(র্)স্°] *v.t.* to pay out, প্রাপ্য অর্থাদি প্রদান করা ; to expend, ব্যয়-নির্বাহ করা। *p.* & *p. pt.* **disbur°seḋ** I *n.* **disburse°ment** I [OF. *desbourser*]

disc—alt. spell. of **disk.**

diṡcard [dis-kŭ(r)d°, ডিস্‌কা(র্)ড্°] *v.t.i.* (of cards) to throw away as unnecessary or disallowable, (হাতের তাস সম্বন্ধে) অপ্রয়োজনীয় বা নিয়মবিরুদ্ধ বলিয়া ফেলিয়া দেওয়া ; to cast off, ছুড়িয়া ফেলা ; to reject, অগ্রাহ্য করা বা প্রত্যাখ্যান করা। (to *discard* outworn ideas or practices) I *p.* & *p. pt.* **discar°dėd** I *n.* **dis°card**—হাতের তাস ফেলিয়া দেওয়া ; ফেলিয়া-দেওয়া তাস। [*dis-, card*]

discern [di-sa(r)n°, ডিস্যা(র্)ন্°] *v.t.* to make out or distinguish, (প্রধানতঃ) চক্ষুদ্বারা বা বোধশক্তিদ্বারা নির্ণয় করা অথবা প্রভেদ করা, দেখিতে পাওয়া, উপলব্ধি করা। *n.* **discer°ner** I *a.* **discer°nible** I *adv.* **discer°nibly** I *a.* **discer°ning**—নির্ণয় করিতে বা প্রভেদ করিতে বা দেখিতে বা উপলব্ধি করিতে সক্ষম। *n.* **discern°ment** I [L. *discernere*]

discerptible [di-sa(r)p°-table, ডিস্যা(র্)প্°-ট্যাব্‌ল্] *a.* capable of being plucked apart, টানিয়া পৃথক্ করা যায় এমন ; not indestructible, অবিনশ্বর নহে এমন। *n.* **discerp°tion**—টানিয়া পৃথক্ করা। [L. *discerpere*=to tear in pieces]

discharge [dis-chŭ(r)j°, ডিস্‌চা(র্)জ্°] (**1**) *v.t.* to set free, মুক্ত করা ; to acquit, অভিযোগাদি হইতে খালাস দেওয়া ; to dismiss, বরখাস্ত করা বা খারিজ করা ; to fire (as a gun), (বন্দুকাদি) দাগা ; to disburden, ভারমুক্ত করা ; to eject or emit, নিক্ষেপ করা বা নির্গত করা (to *discharge* an arrow or electricity) ; to pour out, ঢালিয়া দেওয়া ; to petform, সম্পাদন করা (to *discharge* duties) ; to pay, অর্থাদি প্রদান করা। (**2**) *v.i.* to unload, ভারমুক্ত করা, বোঝা খালাস করা ; to become released, মুক্ত হওয়া ; to allow escape of contents, ভিতরের বস্তু বাহির হইতে দেওয়া ; to flow away or out, বহিয়া যাওয়া বা বাহির হওয়া। (**3**) *n.* act of discharging or state of being discharged, মুক্ত করা বা হওয়া, মুক্তি, খালাস, বরখাস্ত বা খারিজ করা অথবা হওয়া, বন্দুকাদি দাগা, ভারমুক্তি, নিক্ষেপ, নির্গমন, ঢালিয়া দেওয়া, সম্পাদন, অর্থাদি প্রদান, প্রবাহ ; that which is discharged, নির্গত বস্তু। *n.* **discharger**—discharge (*v.*)-এর সকল অর্থে, এবং—বিদ্যুৎ-প্রবাহ নির্গত করার যন্ত্র। [OF. *descharger* —cp. *charge*]

disciple [di-sīpl°, ডিসাইপ্‌ল্°] *n.* one who receives instruction from another, শিষ্য ; a follower, ভক্ত (বিশেষতঃ খ্রিষ্টের দ্বাদশ শিষ্যের যে-কোনজন)। [F.<L. *discipulus*]

discipline [di°-si-plin ডি°সিপ্লিন্] (**1**) *n.* instruction, উপদেশ, শিক্ষা ; systematic training, নিয়মানুগ অভ্যাস ; subjection to control or rules, বাধ্যতা, নিয়মানুবর্তিতা ; order, শৃঙ্খলা ; severe training, কঠোর শিক্ষা বা অভ্যাস ; তপশ্চর্যা ; mortification, মর্মযন্ত্রণা ; punishment, শাস্তি ; mortification by penance, প্রায়শ্চিত্ত-কল্পে অনুতাপ। (**2**) *v.t.* to subject to control or rule, নিয়ন্ত্রিত বা নিয়মানুবর্তী করান ; to train, অভ্যস্ত করান ; to educate, শিক্ষা দেওয়া ; to chastise or punish, শাসন করা, শাস্তি দেওয়া। *n* **disciplinār°ian**—কঠোর শাসক ; কঠোর নিয়মানুবর্তিতাপ্রিয় লোক। *a.* **di°sciplinary**—নিয়মানুবর্তিতামূলক ; নিয়মানুবর্তী ; শাস্তিমূলক ; শাস্তিদায়ক। **disciplinary measure**—শৃঙ্খলাদি রক্ষার জন্য গৃহীত ব্যবস্থা। *n.* **di°sciplíner**। [L. *disciplina*]

disclaim [dis-klām°, ডিস্‌ক্লেইম্°] *v.t.i.* to renounce claims to, দাবি পরিত্যাগ করা ; to disown, মানিতে অস্বীকার করা, ত্যাজ্য করা ; to repudiate, অমূলক বলিয়া প্রতিপাদন করা। *n.* **disclai°mer**—দাবি পরিত্যাগ ; ত্যজন ; মানিতে অস্বীকার (to issue a *disclaimer*) ; অমূলক বলিয়া প্রতিপাদন। [OF. *disclaimer*—cp. *claim*]

disclose [dis-klōz°, ডিস্‌ক্লৌজ্°] *v.t.* to unclose, অনাবৃত বা উন্মুক্ত করা, খোলা ; to bring to view, দৃষ্টিগোচর করান ; to reveal, প্রকাশ করা, ব্যক্ত করা। *n.* **disclō°śure**—আবরণ-মোচন ; উন্মোচন ; দৃষ্টিগোচর করান ; প্রকাশ ; যাহা অনাবৃত বা উন্মোচিত বা দৃষ্টিগোচর বা প্রকাশিত হইয়াছে। [OF. *desclos* —cp. *close*]

discolour, (Am.) **discolor** [dis-ku°-la(r), ডিস্‌কা°ল্যা(র্)] (**1**) *v.t.* to remove the colour from, বর্ণ অপসারণ করা, বিবর্ণ করা ; to alter or spoil the colour of, বর্ণ পরিবর্তিত বা নষ্ট করা ; to spoil the appearance of, চেহারা বিকৃত করা ; to stain, কলঙ্কিত করা ; to dirty, নোংরা করা। (**2**) *v.i.* to become discoloured, বিবর্ণ হওয়া। *n.* **discolo(u)rā°tion**। [OF. *discolorer*—cp. *colour*]

discomfit [dis-kum°-fit, ডিস্‌কাম্°ফিট্] *v.t.* to defeat, (সংগ্রামাদিতে) পরাজিত করা ; to disconcert, ছত্রভঙ্গ বা বিহ্বল করা। *p.* & *p. pt.* **discom°fitėd**। *n.* **discomfiture** [dis-kum°-fi-cha(r), ডিস্‌কাম্°ফিচ্যা(র্)] পরাজয় ; ছত্রভঙ্গ অবস্থা, বিহ্বলতা। [OF. *desconfit*]

discomfort [dis-kum°-fa(r)t, ডিস্‌কাম্°ফা(র্)ট্] (**1**) *n.* want of comfort, আরামহীনতা, অস্বাচ্ছন্দ্য (the mountain-climbers endured extreme *discomforts*)। (**2**) *v.t.* to deprive of comfort, আরামবিহীন বা অস্বচ্ছন্দ করা। *p.* & *p. pt.* **discomfortėd**। [OF. *desconforter*—cp. *comfort*]

discommode [dis-ka-mōd°, ডিস্‌ক্যামৌড্°] *v.t.* to put to inconvenience, অসুবিধায় ফেলা। *p.* & *p. pt.* **discommō°dėd**। (*dis-*, *commode*]

discompose [dis-kam-pōz°, ডিস্‌ক্যাম্‌পৌজ্°] *v.t.* to deprive of composure, প্রশান্তি হরণ করা, অস্থির বা উত্তেজিত করা ; to disorder, বিশৃঙ্খল করা। *n.* **discompō°śure**—অস্থিরতা ; উত্তেজনা ; বিশৃঙ্খলা। [*dis-*, *compose*]

disconcert [dis-kan-sa(r)t°, ডিস্‌ক্যান্‌স্যা(র্)ট্°] *v.t.* to throw into confusion, বিশৃঙ্খল বা ছত্রভঙ্গ করা ; to disturb, অস্থির বা উত্তেজিত করা ; to frustrate or defeat, ব্যাহত বা পরাজিত করা ; to put out of countenance, অপ্রতিভ করা। *p.* & *p. pt.* **disconcer°tėd**। *n.* **disconcert°ment**। [OF. *des-* =apart, *concerter*=to concert]

disconnect [dis°-ka-nekt°, ডিস্°ক্যানেক্‌ট্°] *v.t.* to disjoin, সংযোগ ছিন্ন করা, বিযুক্ত করা। *a.* **disconnec°tėd**—সংযোগহীন ; অসম্বদ্ধ ; (রচনাদি-সম্বন্ধে) সুসম্বদ্ধতাহীন। *n.* **dis°connec°tion, disconnexion** [dis°-ka-nek°sh(a)n, ডিস্°-ক্যানেক্°শ্‌ন্]। [*dis-*, *connect*]

disconsolate [dis-kon°-s(a)lit, ডিস্‌কন্°সলিট্] *a.* beyond consolation, সান্ত্বনার অতীত বা

অসাধ্য। *adv.* **discon°solately** । [*dis-*, L. *consolari*=to console]

discontent [dis°-kan-tent°, ডিস্‌°ক্যান্‌টেন্‌ট্‌°] (**I**) *a.* not content, অতৃপ্ত ; dissatisfied, অসন্তুষ্ট। (**2**) *n.* want of contentment, অতৃপ্তি, অসন্তোষ। (**3**) *v.t.* to make discontent, অতৃপ্ত, বা অসন্তুষ্ট করা। *a.* **dis°contentėd**—অসন্তুষ্ট। *n.* **dis°content°ment** । [*dis-*, *content*]

discontinue [dis°kan-ti°-nū, ডিস্‌°ক্যান্‌টি°-নিউ] *v.t.i.* to cease to continue, চলা বন্ধ করা বা হওয়া, থামান বা থামা ; to end, শেষ করা বা হওয়া। *n.* **discontinuance** [dis°-kan-ti°-nū-ans, ডিস্‌°ক্যান্‌টি°নিউঅ্যান্‌স্‌], **dis°continuā°-tion, discontinuity** [dis°-kon-ti-nū°-i-ti, ডিস্‌°কন্‌টিনিউ°ইটি]। *a.* **dis°conti°nūous**—ধারাবাহিক বা একটানা নহে এমন। [OF. *discontinuer*—cp. *continue*]

discord [dis°-kaw(r)d, ডিস্‌°ক্য(র্‌)ড্‌] *n.* disagreement, অমিল, বৈসাদৃশ্য ; strife, লড়াই ; quarrel, বিরোধ ; dissension, মতভেদ ; want of harmony, বেসুরো বা বেতালা সঙ্গীত ধ্বনি প্রভৃতি ; uproar, হৈচৈ। *v.i.* **discord°**—মিলহীন বা বিসদৃশ হওয়া ; কলহ করা বা লড়াই করা ; বিরোধী হওয়া ; ভিন্নমত হওয়া ; বেসুরো বা বেতাল হওয়া। *p.* & *p. pt.* **discor°dėd** । *n.* **discor°-dance**—same as **discord** (*n.*) । *a.* **discor°-dant**—মিলহীন, বিসদৃশ ; বিবদমান ; বিরোধী ; ভিন্ন-মত ; বেসুরো, বেতালা ; হৈচৈ-পূর্ণ। *adv.* **dis-cor°dantly** । [OF. *descord*]

discount [dis°-kownt, ডিস্‌°কাউন্‌ট্‌] *n.* a deduction from the bill, বাটা ; allowance for exaggeration, অতিরঞ্জন-বাবদ বর্ণনাদির সত্যতার মূল্যহ্রাস। *v.t.* **discount°**—বাটা দেওয়া ; অতিরঞ্জন-বাবদ বর্ণনাদির সত্যতার মূল্য হ্রাস করা। *p.* & *p. pt.* **discoun°tėd** । **at a discount**—ন্যূনমূল্যে, অবহারে। *a.* **discoun°table** । [OF. *des-* = away, *compter*=to count]

discountenance [dis-kown°-ti-nans, ডিস্‌-কাউন্‌ টিন্যান্‌স্‌]] *v.t.* to put out of countenance, অপ্রতিভ করা ; to refuse support to, সমর্থন না করা ; to discourage, নিরুৎসাহ করা। *p.* & *p. pt.* **discoun°tėnanced** । [OF. *des-contenancer*—cp. *countenance*]

discourage [dis-ku°-rij, ডিস্‌কা°রিজ্‌] *v.t.* to take away the courage, energy or confidence of, নিরুৎসাহ বা নিরুদ্যম বা আত্মবিশ্বাসহীন করা ; to oppose by showing disapproval, অননুমোদন প্রকাশপূর্বক বাধা দেওয়া। **discou°-ragement** । *a.* **discou°raging**—নিরুৎসাহ-জনক। *adv.* **discou°ragingly** । [OF. *descoura-ger*—cp. *courage*]

discourse [dis°-kaw(r)s°, ডিস্‌°ক্য(র্‌)স্‌°] (**I**) *n.* a speech, বক্তৃতা ; conversation, কথোপকথন ; আলাপ ; discussion, আলোচনা ; a treatise, প্রবন্ধ : a sermon, উপদেশ। (**2**) *v.t.i.* to talk, converse or discuss, বক্তৃতা দেওয়া, আলাপ করা বা আলোচনা করা ; to treat formally, প্রবন্ধ লেখা ; to hold forth one's view, কোন বিষয়ে মতাদি ব্যক্ত করা। *p.* & *p. pt.* **discour°sed** । **(to) discourse upon**—(কোন প্রসঙ্গে) সবিশদ বক্তৃতা বা আলোচনা করা। [F. *discours*<L. *discursus*<*dis-*, *currere*=to run]

discourteous [dis-ka(r)°-ti-as, ডিস্‌ক্যা(র্‌)°টি-অ্যাস্‌] *a.* wanting in courtesy, শিষ্টাচারহীন, সৌজন্যহীন, অভদ্র। *adv.* **discour°tėously** । *n.* **discour°tėousnėss, discour°tėsy** । [*dis-*, *courteous*]

discover [dis-ku°-va(r), ডিস্‌ক°ভ্যা(র্‌)] *v.t.* to uncover, আবরণমুক্ত করা ; to expose or exhibit, দৃষ্টিগোচর করান বা প্রদর্শন করান ; to reveal, প্রকাশ করা ; to make out, খুঁজিয়া পাওয়া, আবিষ্কার করা। *a.* **discoverable** [dis-ku°-v(a)rable, ডিস্‌কা°ভ্‌র‍্যাব্‌ল্‌] । *n.* **disco°verer** । *n.* **discovery** [dis-ku°-v(a)ri, ডিস্‌কা°ভ্‌রি] আবরণ-মোচন ; প্রদর্শন ; প্রকাশ ; আবিষ্কার। [OF. *des-*= away, *cover*]

discovert [dis-ku°-va(r)t, ডিস্‌কা°ভ্যা(র্‌)ট্‌] *a. fem.* (law) unmarried or widowed, (আইনে) অবিবাহিতা বা বিধবা রমণী সম্বন্ধে। [OF. *descovert* see *discover*]

discovery—see **discover.**

discredit [dis-kre°-dit, ডিস্‌°ক্রেডিট্‌] (**I**) *n.* loss of credit, সুনামহানি ; ill-repute, অপযশ, অখ্যাতি ; disgrace, কলঙ্ক (a *discredit* to one's family) । (**2**) *v.t.* to refuse credit to or belief in, মর্যাদা দিতে বা আস্থাস্থাপন করিতে অস্বীকার করা ; to deprive of credit, সুনাম-হানি করা ; to disgrace, কলঙ্কিত করা। *p.* & *p. pt.* **discre°ditėd** । *a.* **discre°ditable**—অযশস্কর ; অখ্যাতিকর। *adv.* **discre°ditably** । [*dis-*, *credit*]

discreet [dis-krēt°, ডিস্‌ক্রীট্‌°] *a.* having discernment, সুবিবেচনাপূর্ণ ; wary, সতর্ক ; prudent, বিচক্ষণ। *adv.* **discreet°ly** । *n.* **dis-creet°nėss** । [OF. *discret*<L. *discretus*< *discernere*=to discern]

discrepancy [dis-kre°-p(a)nsi, ডিস্‌ক্রে°প্‌ন্‌সি] *n.* disagreement, অনৈক্য, অমিল ; inconsistency, অসামঞ্জস্য। *a.* **discre°pant**—ঐক্যহীন, অসমঞ্জস ; বিরোধী। [*dis-*, L. *crepare*=to sound]

discrete [dis-krēt°, ডিস্‌ক্রীট্‌°] *a.* separate, পৃথক্‌, বিযুক্ত ; disconnected, অসম্বদ্ধ ; discontinuous, ধারাবাহিকতাহীন. অসংলগ্ন ; abstract, নির্বস্তুক, বিমূর্ত। *adv.* **discrēte°ly** । *n.* **dis-crēte°nėss** । [L. *discretus*—cp. *discreet*]

discretion [dis-kre°sh(a)n, ডিস্‌ক্রে°শ্‌ন্‌] *n.* discreetness, বিচারবুদ্ধিসম্পন্নতা, বিচক্ষণতা, সতর্কতা ; liberty to act at pleasure, স্বেচ্ছামত

কাজ করার স্বাধীনতা। **age** or **years of discretion**—সাবালকত্ব। **at discretion**—স্বেচ্ছানুসারে। **(to) be at one's discretion**—কাহারও সম্পূর্ণ আয়ত্তে বা তাঁবে থাকা। *a.* **discre°tional, discretionary** [dis-kre°-sh(a)nri, ডিস্‌ক্রে°শ্‌ন্‌রি] আপন বিচারবুদ্ধি বা বিবেচনা বা ইচ্ছার অধীন, নিজের মর্জিমাফিক; অবাধ (*discretionary* power)। *adv.* **discre°tionarily** । [OF. *discrecion* < L. *discretionis*]

discriminate [dis-kri°-mi-nāt, ডিস্‌ক্রি°মিনেইট্‌] (**1**) *v.t.i.* to note the difference (of), পার্থক্য লক্ষ্য করা বা বিচার করা; to distinguish, প্রভেদ করা। (**2**) *v.t.* to select from others, বাছিয়া লওয়া। *p. & p. pt.* **discri°minātėd** । **(to) discriminate against**—বৈষম্যমূলক আচরণ করা। *a.* **discri°minating**—পার্থক্য (বিশেষতঃ খুঁটিনাটি পার্থক্য) লক্ষ্য করে বা বিচার করে এমন অথবা উহা করিতে সক্ষম (a *discriminating* taste); বাছিয়া লয় এমন বা বাছাই করিতে সক্ষম; পক্ষপাতমূলক (*discriminating* treatment of children)। *n.* **discriminā°tion** । *a.* **discri°minative, discri°minatory**—পার্থক্য বা প্রভেদ করে এমন; বাছাই করে এমন, পক্ষপাতমূলক। *n.* **discri°minātor** । [L. *discriminare*]

discursive [dis-ka(r)°-siv, ডিস্‌ক্যা(র্‌)°সিভ্‌] *a.* running from one thing to another, অসম্বদ্ধভাবে বিষয় হইতে বিষয়ান্তরে অবতারণা করে এমন; এলোমেলো; digressive or irrelevant, অপ্রাসঙ্গিক বা অবান্তর; roving, উদ্দেশ্যহীনভাবে ইতস্ততঃ ভ্রমণশীল, টো-টো করিয়া বেড়ায় এমন; intellectual, বুদ্ধিগত; (phil.) proceeding by reasoning, not intuitive, (দর্শ.) তর্কদ্বারা লভ্য, স্বতঃপ্রামাণ্য নহে এমন। *adv.* **discur°sively** । *n.* **discur°sivenėss** । [see *discourse*]

discus [dis°-kas, ডিস্°ক্যাস্‌] *n.* a heavy disc, ভারী চক্রবিশেষ: মল্লগণ ইহা পরস্পর অপেক্ষা দূরে ক্ষেপণের জন্য প্রতিযোগিতা করে। **the discus throw**—ভারী চক্রক্ষেপণের প্রতিযোগিতা। [L. < Gk. *diskos*]

discuss [dis-kus°, ডিস্‌কাস্°] *v.t.* to examine in detail, বিশদভাবে বিচার করা বা আলোচনা করা (to *discuss* a matter with a person); to debate, বিতর্ক করা। *p. & p. pt.* **discu°ssėd** । *a.* **discu°ssable, discu°ssible** । *n.* **discussion** [dis-ku°sh(a)n, ডিস্‌কা°শ্‌ন্‌] বিতর্ক; আলোচনা (the matter is under *discussion*)। [L. *discutere*]

disdain [dis-dān°, ডিস্‌ডেইন্°] (**1**) *v.t.* to scorn, ঘৃণা করা, অবজ্ঞা করা, তাচ্ছিল্য করা। (**2**) *n.* contempt, ঘৃণা, অবজ্ঞা, তাচ্ছিল্য। *a.* **disdain°ful**—ঘৃণাপূর্ণ, তাচ্ছিল্যপূর্ণ। *adv.* **disdain°fully** । [OF. *desdaigner*]

disease [di-zēz°, ডিজ়ীজ়্°] *n.* morbid condition, অসুখ; ailment, ব্যাধি, পীড়া, রোগ। *a.* **diṡea°ṡed**—অসুস্থ; ব্যাধিগ্রস্ত, পীড়িত। [OF. *desaise*—cp. *ease*]

disembark [dis°-im-bŭ(r)k°, ডিস্°ইম্‌বা(র্‌)ক্°] (**1**) *v.t.* to set ashore, তীরে ভিড়ান; to take out of a ship, জাহাজ হইতে নামান। (**2**) *v.i.* to quit a ship, জাহাজ হইতে (স্থলে) নামা। *p. & p. pt.* **disėmbar°kėd** । *n.* **disėmbarkā°tion, disėmbark°ment** । [*dis-*, *embark*]

disembarrass [dis°-im-ba°-ras, ডিস্°ইম্‌ব্যা°র‌্যাস্‌] *v.t.* to free from embarrassment, কিংকর্তব্যবিমূঢ়তা বা ঝঞ্ঝাট হইতে মুক্ত করা। *p. & p. pt.* **dis°ėmba°rrassėd** । *n.* **disembarr°assment** । [*dis-*, *embarrass*]

disembody [dis°-im-bo°-di, ডিস্°ইম্‌ব°ডি] *v.t.* to separate from body, দেহ হইতে পৃথক্ করা, বিদেহী করা; to transform from the concrete to the abstract, বিমূর্ত করা; (mil.) to disband, (সাম.) সৈন্যদলাদি ভাঙ্গিয়া দেওয়া। **disembodied spirit**—অশরীরী বা বিদেহী আত্মা। *n.* **disėmbo°diment** । [*dis-*, *embody*]

disembogue [dis°-im-bōg°, ডিস্°ইম্‌বৌগ্°] *v.t.i.* to discharge at the mouth (as a stream), (নদ্যাদি কর্তৃক) মোহনায় উৎসারিত বা নির্গত করা বা ছিটান। [Sp. *desembocar*]

disembowel [dis-im-bow°-al, ডিস্‌ইম্‌বাউ°অ্যাল্‌] *v.t.* to remove the entrails of, নাড়িভুঁড়ি বাহির করিয়া লওয়া। *n.* **disembow°elment** । [*dis-*, *embowel*]

disembroil [dis-im-broyl°, ডিস্‌ইম্‌ব্রয়্‌ল্°] *v.t.* to free from embroilment, কলহমুক্ত বা ঝঞ্ঝাটমুক্ত করা। [*dis-*, *embroil*]

disemploy [dis-im-ploi°, ডিস্‌ইম্‌প্লয়্°] *v.t.* to remove from employment, চাকরি হইতে অপসারণ করা। *a.* **disemployed°** । [*dis-*, *employ*]

disenchant [dis°-in-chŭnt°, ডিস্°ইন্‌চান্‌ট্°] *v.t.* to free from enchantment or illusion, জাদুমুক্ত বা মোহমুক্ত করা। *p. & p. pt.* **disėnchan°tėd** । *n.* **disenchan°ter, disėnchant°ment** । [*dis-*, *enchant*]

disencumber [dis°-in-kum°-ba(r), ডিস্°ইন্‌কাম্°ব্যা(র্‌)] *v.t.* to free from encumbrance, ঝঞ্ঝাট দায় বা বোঝা হইতে মুক্ত করা। [*dis-*, *encumber*]

disendow [dis°-in-dow°, ডিস্°ইন্‌ডাউ°] *v.t.* to deprive of endowments, (প্রতিষ্ঠানাদির) বৃত্তি বন্ধ করিয়া দেওয়া। *n.* **disendow°ment** । [*dis-*, *endow*]

disengage [dis°-in-gāj°, ডিস্°ইন্‌গেইজ্°] (**1**) *v.t.i.* to detach or be detached, সংযোগচ্যুত করা বা হওয়া, বিচ্ছিন্ন করা বা হওয়া। (**2**) *v.t.* to free from being engaged, বিবাহার্থ বাগ্‌দানের দায় হইতে মুক্তি দেওয়া। *a.* **dis°ėngā°gėd**—সংযোগচ্যুত; বিবাহার্থ বাগ্‌দানের দায় হইতে মুক্ত;

হাতে কোন কাজ নাই এমন। *n.* **disėngā°gement** । [*dis-*, *engage*]

disenrol [dis-in-rōl°, ডিসিন্‌রৌল্°] *v.t.* to remove from a roll, তালিকা হইতে বর্জন করা বা বাদ দেওয়া, খারিজ করা। [*dis-*, *enrol*]

disentail [dis°-in-tāl°, ডিস্‌ইন্‌টেইল্°] *v.t.* to break or remove the entail of (an estate), (সম্পত্তিসম্বন্ধে) অব্যবহিত উত্তরাধিকারী যাহাতে বিক্রয়াদি না করিতে পারে এই জন্য যে ব্যবস্থা থাকে তাহা ভঙ্গ করা বা দূর করা। [*dis-*, *entail*]

disentangle [dis°-in-tangg°l, ডিস্°ইন্‌ট্যাংগ্°ল্] *v.t.* to free from entanglement or disorder, বিজড়িত অবস্থা বা বিশৃঙ্খলা হইতে মুক্ত করা; to unravel, পাক বা জট খোলা। *n.* **disėntang°lement** । [*dis-*, *entangle*]

disenthral(l) [dis°-in-thrawl°, ডিস্°ইন্‌থ্রল্°] *v.t.* to free from bondage, দাসত্বাদির বন্ধন হইতে মুক্ত করা। *pr. pt.* **dis°ėnthra°lling** । *p. & p. pt.* **dis°ėnthra°lled** । *n.* **disėnthral°ment** । [*dis-*, *enthral*]

disentomb [dis°-in-tōōm°, ডিস্°ইন্‌টুম্°] *v.t.* to take out of a tomb, কবর খুঁড়িয়া বাহির করিয়া লওয়া; (fig.) to discover, (আল.) আবিষ্কার করা। [*dis-*, *entomb*]

disequilibrium [dis°-ē-kwi-li°-bri-am, ডিস্°-ঈক্যুইলি°ব্রিঅ্যাম্] *n.* want or loss of equilibrium, (প্রধানতঃ মানসিক) ভারসাম্যের অভাব বা হানি; restlessness, অস্থিরতা। [*dis-*, *equilibrium*]

disestablish [dis°-is-tab°-lish, ডিস্°ইস্‌ট্যাব্°-লিশ্] *v.t.* to undo the establishment of, প্রতিষ্ঠানাদি ভাঙ্গিয়া দেওয়া। *p. & p. pt.* **dis°ėstab°lished** । *n.* **disėstab°lishment**—প্রতিষ্ঠানাদি ভাঙ্গিয়া দেওয়া; গির্জাকে রাষ্ট্রশাসন বা সরকার হইতে বিচ্ছিন্ন করা। [*dis-*, *establish*]

disfavour, (Am.) **disfavor** [dis°-fā°-va(r), ডিস্°ফেই°ভ্যা(র্)] (**1**) *n.* want of favour, অননুরাগ, বিরাগ (to fall into *disfavour*); displeasure, অসন্তোষ; dislike, অপছন্দ। (**2**) *v.t.* to treat with disfavour, বিরাগপূর্ণ ব্যবহার করা, অপছন্দ করা। [*dis-*, *favour*]

disfeature [dis-fē°-cha(r), ডিস্‌ফী°চ্যা(র্)] *v.t.* to mar features of, আকৃতি বিকৃত করা, চেহারা নষ্ট করা। [*dis-*, *feature*]

disfigure [dis-fi°-ga(r), ডিস্‌ফি°গ্যা(র্)] *v.t.* to spoil the figure of, মূর্তি বা চেহারা বিকৃত করা; to mar the beauty of, সৌন্দর্য নষ্ট করা। *n.* **disfigūrā°tion, disfi°gurement** । [OF. *desfigurer* < L. *dis-*, *figure*]

disforest [dis°-fo°-rist, ডিস্‌ফ°রিস্ট্] *v.t.* to clear of forest or trees, বনহীন বা বৃক্ষশূন্য করা। *p. & p. pt.* **dis°fo°rėsted** । [*dis-*, *forest*]

disfranchise [dis°-fran°-shīze, ডিস্°ফ্র্যান্°-শাইজ়্] *v.t.* to deprive of suffrage, ভোটাধিকার হরণ করা। *n.* **dis°fran°chisement** । [*dis-*, *franchise*]

disfrock [dis-frok°, ডিস্‌ফ্রক্°] *v.t.* to deprive of clerical status, (যাজকের) যাজনাধিকার হরণ করা। [*dis-*, *frock*]

disgorge [dis-gaw(r)j°, ডিস্‌গা(র্)জ্°] *v.t.i.* to eject from the throat, উগরাইয়া ফেলা; to vomit, বমন করা; to throw out violently, সবেগে বাহির করিয়া দেওয়া; to give up, পরিত্যাগ করা; to give back unjust gains, অন্যায়লব্ধ দ্রব্যাদি প্রত্যর্পণ করা। [OF. *desgorger*—cp. *gorge*]

disgrace [dis-grās°, ডিস্‌গ্রেইস্°] (**1**) *n.* loss of favour or position of honour, অনুগ্রহহানি বা সম্মানিতপদচ্যুতি; dishonour, অপমান, মর্যাদাহানি; cause of shame, লজ্জার কারণ (the presence of slums is a *disgrace* to the municipal authorities)। (**2**) *v.t.* to deprive of favour, অনুগ্রহ হইতে বঞ্চিত করা; to remove or degrade from a position of honour, সম্মানিত পদ হইতে অপসৃত করা বা নামাইয়া দেওয়া; to bring shame or dishonour upon, লজ্জা দেওয়া বা অপমান করা। *p. & p. pt.* **disgrā°ced** । *a.* **disgrāce°ful**—লজ্জাকর, মর্যাদাহানিকর। [F. < L. *dis-*, *grace*]

disgruntled [dis-grunt°ld, ডিস্‌গ্রান্ট্°ল্ড্] *a.* disappointed, হতাশ; discontented (*at* a thing, *with* a person), অসন্তুষ্ট; out of humour, moody, মেজাজ বিগড়াইয়াছে এমন, খেয়ালি; gloomy, বিষণ্ণ। [*dis-*, see *gruntle*]

disguise [dis-gīz°, ডিস্‌গাইজ়্°] (**1**) *v.t.* to conceal the identity of esp. by a deceiving dress, প্রধানতঃ ছদ্মবেশাদিদ্বারা প্রকৃত চেহারা গোপন করা; to cloak or conceal, ভান ছল ছদ্মবেশাদির দ্বারা গোপন করা (to *disguise* one's intentions)। (**2**) *n.* a deceiving dress, ছদ্মবেশ; a false appearance, কৃত্রিম চেহারা; covering up or concealment by deceptive manner, appearance, etc., কপট আচরণাদির দ্বারা প্রকৃত উদ্দেশ্য বা সত্য গোপন (it was a clever *disguise*)। **in disguise**— ছদ্মবেশে। *a.* **disguī°ṡed**—ছদ্মবেশী। *n.* **disguīṡe°ment** । *n.* **disguī°ṡer** । [OF. *des-*=not, see *guise*]

disgust [dis-gust°, ডিস্‌গাস্ট্°] (**1**) *n.* distaste or displeasure, বিরাগ; extreme annoyance, নিদারুণ বিরক্তি (he left the place in extreme *disgust*)। (**2**) *v.t.* to excite disgust in, বিরাগ বা নিদারুণ বিরক্তি জাগান। *a.* **disgus°tėd**—নিদারুণ বিরক্ত। *a.* **disgust°ful, disgus°ting**—নিদারুণ বিরক্তিকর। *adv.* **disgust°ėdly, disgust°fully, disgust°ingly** । [OF. *desgouster*]

dish [dish, ডিশ্] (**1**) *n.* a shallow flat-bottomed vessel, থালা, সান্‌কি, ডিশ্; as much as a dish will hold, একথালাপূর্ণ পরিমাণ (also **dish°ful**);

the food in a dish, থালায় রক্ষিত খাদ্য ; a particular kind of a food, খাদ্যের পদ ; a hollow, গর্ত। (2) *v.t.* to put in a dish ready for serving, পরিবেশনার্থ থালায় রাখা বা সাজান ; to make hollow, গর্ত করা, দাবান, টোল ফেলা ; to present or raise, পেশ করা বা উথাপন করা ; (coll.) to outwit, (কথ্য.) বুদ্ধির খেলায় হারান। *p. & p. pt.* di°shed। **the dishes**—মৃন্ময় বা চীনামাটির ভোজনপাত্র ও বাসনকোসন। **(to) dish out**—বণ্টন করা। **(to) dish up**—পরিবেশন করা ; (আল.) যুক্তিতর্কাদি জোগান। *n.* **dish°-cloth**—ভোজনপাত্রাদি ধোয়া-মোছার জন্য নেকড়া। *n.* **dish°-washer**—বাসন-কোসন ধুইবার যন্ত্রবিশেষ ; যে ব্যক্তি বাসন-কোসন ধোয়। *n.* **dish°-water**—যে জলে (উচ্ছিষ্ট) ভোজনপাত্রাদি ধোয়া হইয়াছে, বাসন-ধোয়া জল। *a.* **di°shy**—(অশি.—পুরুষ বা নারী সম্বন্ধে) মনোরঞ্জক, আকর্ষণীয়। [OE. *disc*—cp. *disk*]

dishabille [dis-a-bēl°, ডিস্‌অ্যাবীল্°] *n.* negligently or partly dressed state, শিথিলবসন বা কাপড়-ছাড়া অবস্থা ; an undress garment, পোশাকাদি ছাড়িয়া যে বস্ত্রাদি পরা হয় অর্থাৎ রাত্রিবাস তেলধুতি প্রভৃতি। [F. *deshabille*=undress]

disharmony [dis°-hŭ(r)°m(a)ni, ডিস্°হা(র্)°ম্‌নি] *n.* want of harmony, অনৈক্য, অমিল, অসঙ্গতি ; discord, বিরোধ, বেসুরো বা বেতালা অবস্থা। *a.* **disharmō°nious**—ঐক্যহীন, অসঙ্গতিপূর্ণ ; বিরোধী, বেসুরো, বেতালা। *v.t.i.* **disharmonize.** [dis-hŭ(r)°-ma-nīz, ডিস্‌হা(র্)°ম্যানাইজ্] ঐক্যহীন বা অসঙ্গতিপূর্ণ বা বিরোধী বা বেসুরো বা বেতালা করা অথবা হওয়া। [*dis-*, *harmony*]

dishearten [dis-hŭ(r)°tn, ডিস্‌হা(র্)°টন্] *v.t.* to deprive of heart or strength of mind ; হৃদয়ভঙ্গ করা বা মনোবলভঙ্গ করা ; to discourage, নিরুৎসাহ করা ; to depress, মন-মরা করা। [*dis-*, see *heart*]

dishevelled [di-she°v(a)ld, ডিশে°ভ্‌ল্‌ড্] *a.* disordered, (চুলসম্বন্ধে) অবিন্যস্ত বা আলুথালু ; untidy, (লোকসম্বন্ধে) অপরিচ্ছন্ন। *n.* **dishe°velment**—অবিন্যস্ত বা আলুথালু অবস্থা ; অপরিচ্ছন্নতা। [OF. *deschevelé*]

dishonest [dis-o°-nist, ডিস্‌অ°নিস্‌ট্] *a.* wanting in honesty, অসাধু ; fraudulent, প্রতারণাপূর্ণ ; insincere, আন্তরিকতাহীন। *adv.* **disho°nėstly**। *n.* **disho°nėsty**—অসাধুতা ; প্রতারণা ; অনান্তরিকতা। [OF. *des-*=not, see *honest*]

dishonour, (Am.) **dishonor** [dis-o°-na(r), ডিস্‌অ°ন্যা(র্)] (1) *n.* want of honour, অসম্মান ; disgrace, অপমান, অমর্যাদা ; discredit, সুনামহানি ; violation of chastity, শ্লীলতাহানি বা সতীত্বহানি। (2) *v.t.* to deprive of honour, to disgrace, অসম্মান বা অপমান করা ; to violate chastity of, শ্লীলতাহানি বা সতীত্বহানি করা ; to refuse payment of, (চেক বিল্ প্রভৃতির) নির্দেশানুযায়ী টাকা দিতে অস্বীকার করা। *a.* **dishonourable** [dis-o°-n(a)rabl, ডিস্‌অ°ন্‌র্যাব্‌ল্] অসম্মানপূর্ণ ; মর্যাদাহীন ; অসম্মানজনক ; অপমানজনক ; কলঙ্ককর। *adv.* **disho°nourably**। *n.* **disho°nourer**। [OF. *des-*=not, see *honour*]

disillusion [dis-i-lōō°z(a)n, ডিস্‌ইলূ°জ়ন্] (1) *n.* disenchantment, মোহমুক্তি, স্বপ্নভঙ্গ। (2) *v.t.* to disenchant, মোহমুক্ত করা ; to free from illusion, সুন্দর অথচ অলীক ধারণা নষ্ট করা, সুখস্বপ্ন ভাঙ্গিয়া দেওয়া। *a.* **disillu°ṡioned**—মোহমুক্ত ; স্বপ্নহারা। *n.* **disillu°ṡionment**—মোহমুক্তি, ভ্রান্তিনিরসন, ভ্রান্তিমোচন। [*dis-*, *illusion*]

disincentive [dis-in-sen°-tiv, ডিসিন্‌সেন্°টিভ্] (1) *a.* (of efforts) discouraging, উদ্যম-উদ্যোগাদির বাধাস্বরূপ। (2) *n.* discouragement to effort, প্রচেষ্টাদির পক্ষে অন্তরায় বা বাধা (high taxation is a *disincentive* to economic growth)। [*dis-*, *incentive*]

disincline [dis°-in-klīn°, ডিস্°ইন্‌ক্লাইন্°] *v.t.* to turn away inclination from, ঝোঁক দূর করা ; to excite dislike of, বিরূপ বা বিরাগপূর্ণ করা ; to make one unwilling, অনিচ্ছুক করান। *n.* **disinclinā°tion**—ঝোঁকের অভাব ; বিরাগ ; অনিচ্ছা। *a.* **disincli°ned**—ঝুঁকিয়া নাই এমন ; বিরূপ, বীতরাগ ; অনিচ্ছুক, গররাজি। [*dis-*, *incline*]

disinfect [dis°-in-fekt°, ডিস্°ইন্‌ফেক্‌ট্°] *v.t.* to free from infection or infectious germ, সংক্রামক-শক্তিশূন্য বা সংক্রামক-রোগবীজশূন্য করা। **disinfectant** [dis-in-fek°-tant, ডিস্‌ইন্‌ফেক্°ট্যান্‌ট্] (1) *a.* সংক্রামক-শক্তিনাশক বা সংক্রামক-রোগবীজনাশক ; (2) *n.* ঐরূপ পদার্থ। *n.* **disinfec°tion**। [*dis-*, *infect*]

disinfest [dis-in-fest°, ডিসিন্‌ফেস্ট°] *v.t.* to get rid of vermin, কীটমুষিকাদির উৎপাতমুক্ত করা। *n.* **disinfestā°tion**। **disinfestation officer**—মুষিকাদি ধ্বংস করার কর্মচারী। [*dis-*, *infest*]

disinflation [dis-in-flā°sh(a)n, ডিস্‌ইন্‌ফ্লেই°শ্‌ন্] *n.* return from inflation to normal condition, মুদ্রাস্ফীতি হইতে স্বাভাবিক অবস্থায় প্রত্যাবর্তন, মুদ্রাস্ফীতির অবসান। [*dis-*, see *inflate*]

disingenuous [dis°-in-je°-nū-as, ডিস্°ইন্‌জে°নিউঅ্যাস্] *a.* not ingenuous, অসরল, কুটিল, কপট। *adv.* **dis°inge°nūously**। *n.* **dis°inge°nūousnėss**। [*dis-*, *ingenuous*]

disinherit [dis°-in-he°-rit, ডিস্°ইন্‌হে°রিট্] *v.t.* to deprive of inheritance, উত্তরাধিকার হইতে বঞ্চিত করা। *p. & p. pt.* **dis°inhe°ritėd**। *n.* **dis°inhe°ritance**—উত্তরাধিকার হইতে বঞ্চিত করা। [*dis-*, *inherit*]

disintegrate [dis-in°-ti-grāt, ডিস্‌ইন্°টিগ্রেইট্] *v.t.i.* to separate into parts, নানা অংশে বিভক্ত করা বা হওয়া, খণ্ড খণ্ড করা বা হওয়া। *p. & p. pt.*

disin°tėgrātėd । *n.* **disintėgrā°tion** । *n.* **disin°tėgrātor**—নানা অংশে বিভাজনকারী ; যে যন্ত্রদ্বারা ঐরূপ বিভাজন করা হয়। । [*dis-*, *integrate*]

disinter [dis°-in-ta(r)°, ডিস্°ইন্‌ট্যা(র্)°] *v.t.* to exhume, কবর খুঁড়িয়া তোলা ; (fig.) to reveal, (আল.) প্রকাশ করা। *pr. pt.* **dis°inte°rring** ; *p.* & *p. pt.* **dis°inte°rred** । *n.* **disinter°ment** । [*dis-*, *inter*₁]

disinterest [dis-in°-trist, ডিস্‌ইন্°ট্রিস্‌ট্] *v.t.* to divest of interest, কৌতূহলশূন্য করা, উদাস করা। *a.* **disin°terėstėd**—কৌতূহলশূন্য ; উদাস ; নিরপেক্ষ ; স্বার্থশূন্য। *adv.* **disin°terėstedly** । *n.* **disin°terestėdnėss** । [*dis-*, *interest*]

disinvestment [dis-in-vest°-mant, ডিসিন্‌ভেস্ট্°ম্যান্‌ট্] *n.* realization of assets, (লগ্নীকৃত সম্পত্তি মূলধনাদির) বিনিয়োগ-মোচন। [*dis-*, *investment*]

disjoin [dis-join°, ডিস্‌জয়্‌ন্°] *v.t.* to separate or disunite, বিচ্ছিন্ন বা অসম্বদ্ধ করা। *v.t.* **disjoint°**—গ্রন্থি হইতে বিচ্ছিন্ন করা ; অংশসমূহ পৃথক্ করা ; অসংলগ্ন করা। *a.* **disjoin°tėd**—গ্রন্থিচ্যুত ; অংশসমূহ বিশ্লিষ্ট হইয়াছে এমন ; টুকরা-টুকরা ; অসম্বদ্ধ ; (আলোচনা প্রবন্ধ প্রভৃতি সম্বন্ধে) অসংলগ্ন। *adv.* **disjoint°ėdly** । *n.* **disjoint°ėdnėss** । [OF. *desjoindre*—cp. *join*]

disjunct [dis-jungkt°, ডিস্‌জাংক্‌ট্°] *a.* disjoined, বিচ্ছিন্ন, অসম্বদ্ধ। *n.* **disjunc°tion**—বিচ্ছিন্ন বা অসম্বদ্ধ অবস্থা। **disjunc°tive**—(**1**) *a.* বিচ্ছিন্ন করে এমন ; (ব্যাক.) বাক্য-সংযোজক কিন্তু অর্থান্তর-সূচক, বিয়োজক (*disjunctive* conjunction) ; (**2**) *n.* (ব্যাক.) বিয়োজক অব্যয় (e.g. **either···or, neither···nor**) । [OF. *desjoinct*]

disk [disk, ডিস্ক্] *n.* a quoit thrown by ancient Greek athletes, প্রাচীন গ্রীসের মল্লগণ যে চাকা ছুড়িয়া শক্তি-প্রতিযোগিতা করিত ; anything flat, thin and circular, গোলাকার থালার ন্যায় যে কোন বস্তু, চাকতি। *n.* **disk°-harrow**—জমিতে দেওয়ার যে মইতে কাঁটার বদলে চাকতি লাগান থাকে। [Gk. *diskos*]

dislike [dis-līk°, ডিস্‌লাইক্°] (**1**) *v.t.* not to like, অপছন্দ করা ; to have an aversion to, কিছুর প্রতি বিরূপ হওয়া। *p.* & *p. pt.* **disli°ked** । (**2**) *n.* disinclination (to), অপছন্দ ; aversion, (for, of) বিরাগ। **likes and dislikes**—পছন্দ-অপছন্দ। [*dis-*, *like*]

dislocate [dis°-lŏ-kāt, ডিস্°লোকেইট্] *v.t.* to displace, (স্ব-)স্থানচ্যুত করা ; to disjoint, গ্রন্থিচ্যুত করা। *p.* & *p. pt.* **dis°lŏcātėd** । *n.* **dislŏcā°tion** । [*dis-*, *locate*]

dislodge [dis-loj°, ডিস্‌লজ্°] *v.t.* to drive from a lodging or from a place of hiding, defence, etc., বাসস্থান গুপ্তস্থান আত্মরক্ষা-স্থান প্রভৃতি হইতে বিদূরিত করা। *n.* **dislodg(e)°ment** । [OF. *des-*=apart, see *lodge*]

disloyal [dis°-loy°(a)l, ডিস্°লয়্°ল্] *a.* not loyal, রাজদ্রোহী বা রাষ্ট্রদ্রোহী ; unfaithful, বিশ্বাসঘাতক। *adv.* **dis°loy°ally** । *n.* **dis°loy°alty** । [OF. *des-*=not, see *loyal*]

dismal [diz°m(a)l, ডিজ্°ম্‌ল্] *a.* gloomy, অন্ধকারময় ; dreary, নীরস, গুমোটপূর্ণ ; sorrowful, বিষণ্ণ, নিরানন্দ ; depressing, দুঃখদায়ক, বেদনাদায়ক। *adv.* **dis°mally** । *n.* **dis°malnėss** । [OF. < L. *dies mali*=evil days]

dismantle [dis-mant°l, ডিস্‌ম্যান্‌ট্°ল্] *v.t.* to strip, নগ্ন বা নিরাবরণ করা ; to divest of furniture, fittings, etc., so as to make useless, অকেজো করিবার জন্য আসবাবপত্র যন্ত্রপাতি প্রভৃতি সরাইয়া ফেলা বা খুলিয়া লওয়া ; to pull down, ভাঙ্গিয়া ফেলা, চূর্ণ করা। [OF. *des*=away, see *mantle*]

dismast [dis-must°, ডিস্‌মাস্‌ট্°] *v.t.* to deprive of a mast or masts, মাস্তুলহীন করা। *p.* & *p. pt.* **dismas°tėd** । [*dis-*, *mast*]

dismay [dis-mā°, ডিস্‌মেই°] (**1**) *v.t.* to appal, আতঙ্কিত করা। (**2**) *n.* consternation, আতঙ্ক। [OF.]

dismember [dis-mem°-ba(r), ডিস্‌মেম্°ব্যা(র্)] *v.t.* to separate a limb from, অঙ্গপ্রত্যঙ্গ বিচ্ছিন্ন করা, to partition or divide, বাঁটোয়ারা করা বা বিভাজন করা। *n.* **dismem°berment** । [OF. *des-*=apart, see *member*]

dismiss [dis-mis°, ডিস্‌মিস্°] *v.t.* to send away, বিদায় দেওয়া ; to discard, বাদ দেওয়া ; to remove from service or office, বরখাস্ত করা ; to reject, (মকদ্দমাদি) খারিজ করা বা অগ্রাহ্য করা। *p.* & *p. pt.* **dismi°ssed** । *n.* **dismi°ssal**—বিদায়দান, বর্জন, বাদ দেওয়া ; বরখাস্ত করা ; কর্মচ্যুতি বা পদচ্যুতি ; খারিজ করা বা অগ্রাহ্য করা। [*dis-*, L. *mittere*=to send]

dismount [dis°-mownt°, ডিস্°মাউন্‌ট্°] *v.t.i.* to come or bring down, (বাহনাদি হইতে) অবতরণ করান বা করা। *p.* & *p. pt.* **dis°moun°tėd** । [OF. *des-*=not, see *mount*]

disobedience, disobedient—see **disobey.**

disobey [dis°-ŏ-bā°, ডিস্°ওবেই°] *v.t.i.* not to obey, অমান্য করা বা অবাধ্য হওয়া। *n.* **disobedience** [dis-ŏ-bē°-di-ans, ডিস্‌ওবী°ডিঅ্যান্‌স্] অমান্য করা ; অবাধ্যতা। *a.* **disŏbē°dient**—অমান্যকারী ; অবাধ্য। *adv.* **disobe°diently** । [F. *des*=not, see *obey*]

disoblige [dis°-ŏ-blīj°, ডিস্°ওব্লাইজ্°] *v.t.* to relieve from an obligation, (প্রধানতঃ কৃতজ্ঞতাজনিত) দায় বা দায়িত্ব হইতে মুক্তি দেওয়া ; to refuse to oblige, বাধিত করিতে অস্বীকার করা ; to displease, অখুশি করা। *adv.* **dis°ŏblī°gingly** । **dis°ŏblī°gingnėss** [*dis-*, *oblige*]

disorder [dis-aw(r)°-da(r), ডিস্‌অ(র্)°ডা(র্)] (**1**) *n.* want or breach of order, peace, etc.,

বিশৃঙ্খলা, গোলযোগ, শান্তিভঙ্গ, হাঙ্গামা, হুজ্জত ; lawlessness, ; অরাজকতা ; disease, ব্যাধি (abdominal *disorder*) । (2) *v.t.* to throw out of order, বিশৃঙ্খল করা ; to produce disease in, ব্যাধিগ্রস্ত করা । *a.* **disor°dered**—বিশৃঙ্খল ; ব্যাধিগ্রস্ত । *a.* **disor°derly**—বিশৃঙ্খল ; উচ্ছৃঙ্খল ; অস্বাভাবিক ; অরাজক । *n.* **disor°derliness** । [OF. *des-*=not, see *order*]

disorganize [dis-aw(r)°-ga-niz, ডিস্‌অ্য(র্)°গ্যানাইজ্] *v.t.* to destroy the organic structure of, মৌলিক গঠন ভাঙ্গিয়া দেওয়া ; to disorder, বিশৃঙ্খল করা । *n.* **disorganizā°tion** । [*dis-*, *organize*]

disorientate [dis-ō°-ri-an-tāt, ডিস্‌ঔ°রিঅ্যান্‌টেইট্] *v.t.* to turn from the east, পূর্বদিক্ হইতে ভিন্নমুখ করান ; to throw out (bearing etc.) of one's reckoning, (চালচলন) চিনিতে বা বুঝিতে না দেওয়া । *p.* & *p. pt.* **disō°rientātėd** । *n.* **disōrientā°tion** । [*dis-*, see *orient*]

disown [dis-ōn°, ডিস্‌ঔন্°] *v.t.* to refuse to own, মানিয়া লইতে অস্বীকার করা ; to disclaim, দাবিত্যাগ করা ; to cast off, ত্যাজ্য করা, বর্জন করা । [*dis-*, *own*]

disparage [dis-pa°-rij, ডিস্‌প্যা°রিজ্] *v.t.* to dishonour by comparing with what is inferior, হীনতর কিছুর সহিত তুলনা করিয়া অসম্মান করা ; to depreciate, যোগ্য মর্যাদা না দেওয়া ; to slight, অবজ্ঞা করা । *n.* **dispa°ragement** । *n.* **dispa°rager** । *a.* **dispa°raging**—মর্যাদাহানিকর, অপমানজনক । *adv.* **dispa°ragingly** । [OF. *desparagier*]

disparate [dis°-pa-rit, ডিস্°প্যারিট্] *a.* unequal, অসদৃশ, অসম ; incapable of being compared, তুলনা করা যায় না এমন । *n. pl.* **dis°parates**—বিভিন্ন বর্গের বস্তুসমূহ বা বৈশিষ্ট্যসমূহ । [L. *disparatus*<*dis-*, *parare*=to make ready influenced by *dispar*=unequal]

disparity [dis-pa°-ri-ti, ডিস্‌প্যা°রিটি] *n.* inequality, অসমকক্ষতা, অসমতা ; difference, প্রভেদ । [*dis-*, see *par*]

dispassionate [dis-pa°sh-nit, ডিস্‌প্যা°শ্‌নিট্] *a.* free from passion or feeling, উত্তেজনাহীন, নিরাবেগ ; cool, শান্ত ; impartial, পক্ষপাতশূন্য । *adv.* **dispa°ssionately** । *n.* **dispa°ssionateness** । [*dis-*, see *passion*]

dispatch, despatch [dis-pach°, ডিস্‌প্যাচ্°] (1) *v.t.* to send off hastily, দ্রুত প্রেরণ করা ; to send out of the world, দুনিয়ার বাহিরে পাঠান ; to kill, বধ করা ; to perform quickly, দ্রুত সম্পাদন করা । (2) *v.i.* to make haste, তাড়াহুড়া করা । *p.* & *p. pt.* **dispa°tched** । (3) *n.* a quick sending off, দ্রুত প্রেরণ ; dismissal, বরখাস্ত করা ; quick performance, দ্রুত সম্পাদন ; taking of life, প্রাণবধ ; the sending off of mails, ডাকপ্রেরণ ; anything sent off quickly as message, দ্রুত প্রেরিত বার্তাদি ; (in *pl.*) official papers, (সচ. সামরিক কূটনীতিক প্রভৃতি বিষয়সংক্রান্ত) সরকারি কাগজপত্র । *n.* **dispatch°-box**—মূল্যবান্ সরকারি কাগজপত্র রাখার বাক্স । *n.* **dispa°tcher**—dispatch (*v.*)-এর সকল অর্থে, এবং বিশেষতঃ—ডাক-প্রেরক । *n.* **dispatch°-rider**—সরকারি কাগজপত্র বা দ্রুত প্রেরিত বার্তাদির বাহক । [Sp. *despachar*]

dispel [dis-pel°, ডিস্‌পেল্°] *v.t.i.* to scatter away so as to put out of sight, ছড়াইয়া দিয়া অদৃশ্য করা ; to put out of sight, দৃষ্টির আড়াল করা ; to drive away, দূরীভূত করা (to *dispel* doubts, etc.) । *pr. pt.* **dispe°lling** ; *p.* & *p. pt.* **dispell°ed** । [L. *dispellere*]

dispensable, dispensary, dispensation—see **dispense.**

dispense [dis-pense°, ডিস্‌পেন্‌স্°] (1) *v.t.* to deal out, বণ্টন করিয়া দেওয়া ; to administer, প্রয়োগ করা বা বিধান করা ; to make up for distributing or administering, (ঔষধাদি) বিতরণের বা প্রয়োগের উদ্দেশ্যে মিশান । (2) *v.i.* to compound, মিশ্র তৈয়ারি করা । *p.* & *p. pt.* **dispen°sed** । **(to) dispense with**—প্রয়োজন খতম করা ; (কিছু) ব্যতীতও কাজ চালান ; কার্যাদি শেষ করিয়া সরাইয়া রাখা ; বিদায় দেওয়া । *a.* **dispen°sable** । *n.* **dispensary** [dis-pen°-s(a)ri, ডিস্‌পেন্°স্‌রি] ঔষধ তৈয়ারি করিয়া বিতরণের (প্রধানতঃ দাতব্য) প্রতিষ্ঠান ; ঔষধের দোকান, ঔষধালয় ; হাসপাতালের অনাবাসিক রোগীদের চিকিৎসার জন্য বিভাগ । *n.* **dispensā°tion**—বণ্টন ; প্রয়োগ বা বিধান ; মিশ্রণ ; বিধির বা নিয়তির বা প্রকৃতির বিধান ; শাস্তি বা দায়িত্ব বা কর্তব্য হইতে অব্যাহতি । *n.* **dispen°ser**—বণ্টনকারী ; বিধায়ক ; ঔষধ পরিবেশনকারী ; (তরল সাবান পাউডার প্রভৃতি রাখিবার) বিশেষ ধরনের পাত্র । [F. *dispenser*]

dispeople [dis°-pē°pl, ডিস্°পী°প্‌ল্] *v.t.* to depopulate, জনশূন্য বা অধিবাসিশূন্য করা । [*dis-*, *people*]

disperse [dis-pa(r)s°, ডিস্‌প্যা(র্)স্°] *v.t.i.* to scatter in all directions, সর্বদিকে ছড়াইয়া দেওয়া বা ছড়াইয়া পড়া, বিকীর্ণ করা বা হওয়া ; to vanish, অদৃশ্য করা বা হওয়া । *p.* & *p. pt.* **disper°sed** । *n.* **disper°sal** । *n.* **dispersion** [dis-pa(r)°sh(a)n, ডিস্‌প্যা(র্)°শ্‌ন্] বিচ্ছুরণ । *n.* **disper°ser** । *a.* **disper°sive**—বিকিরণশীল ; বিকিরণকর ; অদৃশ্য করায় বা হয় এমন । [L. *dispergere*]

dispirit [dis-pi°-rit, ডিস্‌পি°রিট্] *v.t.* to dishearten, মন বা মনোবল ভাঙ্গিয়া দেওয়া ; to discourage, নিরুৎসাহ করা । *p.* & *p. pt.* **dispi°ritėd** । [*dis-*, *spirit*]

displace [dis-plās°, ডিস্‌প্লেইস্°] *v.t.* to put out of place (esp. one's own), (প্রধানতঃ স্ব-) স্থানচ্যুত করা ; to remove from a state, office or dignity, অবস্থা কর্ম পদ বা মর্যাদা হইতে বিচ্যুত করা, পদচ্যুত করা ; to supplant, (একজনকে) অপসৃত করিয়া সেই স্থানে স্থাপন করা ; to replace, স্থানাপন্ন করা। *p.* & *p. pt.* **displā°ced** । *n.* **displāce°ment**—স্থানচ্যুতি ; পদচ্যুতি ; ঘন বস্তুর দ্বারা অপসারিত জলের পরিমাণ (a ship of 20,000 tons *displacement*) । **displaced person**—স্বদেশ হইতে (বাধ্যতামূলকভাবে) বিচ্যুত ব্যক্তি, ; বাস্তুহারা ; উদ্বাস্তু। [OF. *desplacer*]

display [dis-plā°, ডিস্‌প্লেই°] (**1**) *v.t.* to exhibit, প্রদর্শন করান ; to exhibit ostentatiously, জাহির করা ; (print.) to lay out types etc., attractively, (মুদ্রণ.) টাইপ প্রভৃতির দ্বারা আকর্ষণীয়ভাবে সাজান (to *display* an advertisement) । (**2**) *n.* exhibition, প্রদর্শন ; an ostentatious show, জাহির (to make a *display* of one's affection, knowledge, wealth, etc.) ; an attractive lay-out of types etc., টাইপ প্রভৃতির দ্বারা আকর্ষণীয় বিন্যাস। *n.* **displāy°er** । [OF. *displeier*]

displease [dis-plēz°, ডিস্‌প্লীজ়্°] *v.t.* to offend, অসন্তুষ্ট করা ; to make angry to a slight degree, ঈষৎ ক্রুদ্ধ করা। *n.* **displeasure** [disple°-za(r), ডিস্‌প্লে°জ়্যা(র্)] অসন্তোষ ; ঈষৎ ক্রোধ। [OF. *des-*=not, see *please*]

disport [dis-paw(r)t°, ডিস্‌প্য(র্)ট্°] (**1**) *v.t.* (usu. *refl.*) & *i.* to amuse, (সচ. স্বীয়) চিত্তবিনোদন করা। *p.* & *p. pt.* **dispor°ted** । (**2**) *n.* relaxation, চিত্তবিনোদন ; frolic, আমোদপ্রমোদ, খেলাধুলা। [OF. *desporter*—cp. *sport*]

dispose [dis-pōz°, ডিস্‌পৌজ়্°] (**1**) *v.t.* to arrange, বিন্যস্ত করা বা ব্যবস্থা করা ; to place, স্থাপন করা ; to distribute, বিলিবন্দেজ করা ; to make over by sale, gift, etc., বিক্রয় দান প্রভৃতির দ্বারা হস্তান্তরিত করা ; to bestow, প্রদান করা ; to incline, (কিছুর প্রতি) ঝোঁকান ; to bring into a certain state, কোন অবস্থায় আনা। (**2**) *v.i.* (usu. followed by *of*) to settle things, ব্যবস্থা করা, মীমাংসা করা ; to finish, সমাপ্ত করা ; to make over, হস্তান্তরিত করা ; to get rid of, মুক্ত হওয়া, রেহাই পাওয়া। **(to) be disposed, (to) feel disposed**—উদ্যত হওয়া ; ইচ্ছুক হওয়া ; ইচ্ছা করা। **(to) be ill disposed (towards)**—বিদ্বিষ্ট বা প্রতিকূল হওয়া। **(to) be well disposed (towards)**—অনুকূল বা বন্ধুভাবাপন্ন হওয়া। *a.* **dispō°sable** । *n.* **dispō°sal**—বিন্যাস ; স্থাপন ; বিলিবন্দেজ ; হস্তান্তর ; প্রদানের অধিকার ; ইচ্ছানুযায়ী ব্যবহারের বা নিয়ন্ত্রণের অধিকার ; আয়ত্তি। **at one's disposal**—(কাহারও) নিজের আয়ত্তে বা অধিগত অবস্থায়। *n.* **dispō°ser** । [F. *disposer*—cp. *pause*]

disposition [dis-pa-zi°sh(a)n, ডিস্‌প্যাজ়ি°শ্‌ন্] *n.* arrangement, বিন্যাস, ব্যবস্থা ; distribution, বিলিবন্দেজ ; plan for making over, (সম্পত্তি প্রভৃতি) হস্তান্তরণের ব্যবস্থা ; natural inclination, স্বাভাবিক প্রবণতা, স্বভাব (romantic *disposition*) ; temper, মেজাজ। [F.—cp. *dispose*]

dispossess [dis°-pa-zes°, ডিস্°প্যাজ়েস্°] *v.t.* to deprive of possession, অধিকারচ্যুত করা ; to oust, স্থানচ্যুত করা। *p.* & *p. pt.* **dis°posse°ssed** । *n.* **disposse°ssion** । [*dis-*, *possess*]

dispraise [dis-prāz°, ডিস্‌প্রেইজ়্°] (**1**) *v.t.* to disparage, মর্যাদাহানি করা বা অসম্মান করা ; to censure, নিন্দা করা। (**2**) *n.* disparagement, মর্যাদাহানি বা অসম্মান ; censure, নিন্দা। [OF. *dispreisier*<L. *depretiare*=to depreciate—cp. *praise*]

disproof [dis°-prōōf°, ডিস্°প্রূফ্°] *n.* refutation, (যুক্তি) খণ্ডন, মিথ্যা বা ভুল বলিয়া প্রতিপাদন ; proof to the contrary, বিরুদ্ধ-প্রমাণ। [*dis-*, *proof*]

disproportion [dis°-pra-paw(r)°sh(a)n, ডিস্°প্র্যাপ্য(র্)°শ্‌ন্] *n.* lack of proportion, অনুপাতের অভাব, অসামঞ্জস্য। *a.* **dispropor°tionate**—অনুপাতহীন, অসমঞ্জস। *adv.* **dispropor°tionately** । [*dis-*, *proportion*]

disprove [dis°-prōōv°, ডিস্°প্রূভ্°] *v.t.* to refute, (যুক্তি) খণ্ডন করা, ভুল বা মিথ্যা বলিয়া প্রতিপাদন করা। [OF. *desprover*—cp. *prove*]

dispute [dis-pūt°, ডিস্‌পিউট্°] (**1**) *v.t.i.* to argue or debate, যুক্তি দেখান, তর্ক করা। (**2**) *v.t.* to call in question, সত্যতা বা যথার্থতা প্রমাণের জন্য আহ্বান করা। *p.* & *p. pt.* **dispū°ted** । (**3**) *n.* a debate or controversy, বিতর্ক, বাদানুবাদ ; a quarrel, কলহ, ঝগড়া। **beyond** or **past** or **without dispute**—নিঃসন্দেহে ; তর্কাতীতভাবে। **in dispute with**—বাদানুবাদে বা বিতর্কে লিপ্ত। *a.* **dispū°table**—বিতর্কনীয়, বিতর্ক্য ; সন্দেহজনক ; সারবত্তাপূর্ণ। *adv.* **dispū°tably** । *n.* **dispū°tant, dispū°ter** । *n.* **disputā°tion**—বিতর্ক, বাদানুবাদ ; বিতর্কানুশীলন। *a.* **disputatious** [dis-pū-tā°-shas, ডিস্‌পিউটেই°শ্যাস্] তর্কপ্রবণ ; ঝগড়াটে। [OF. *desputer*]

disqualify [dis-kwo°-li-fī, ডিস্‌ক্যোঅ°লিফাই] *v.t.* to deprive of requisite qualities or qualifications, প্রয়োজনীয় গুণ বা যোগ্যতা হরণ করা ; to disable, অক্ষম করা ; to pronounce unqualified, অযোগ্য বলিয়া ঘোষণা করা ; to debar, অধিকারাদি হইতে বঞ্চিত করা। *n.* **disqualificā°tion**—অযোগ্যতা, অক্ষমতা, ত্রুটি। [*dis-*, *qualify*]

disquiet [dis-kwī°-at, ডিস্‌ক্যোআই°অ্যাট্] (**1**) *n.* want of quiet, অশান্তি ; restlessness, অস্থিরতা ; anxiety, উদ্বেগ, উৎকণ্ঠা। (**2**) *v.t.* to make unquiet, restless or anxious, অশান্ত অস্থির বা উদ্বিগ্ন করা। *p.* & *p. pt.* **disquī°eted** । *a.* **disquī°eting**—অশান্তিকর ; উদ্বেগজনক (*disquieting* news) । *adv.* **disquie°tingly** । *n.* **dis-**

qui°etitūde—অশান্ত বা উদ্বিগ্ন অবস্থা। [*dis-, quiet*]
disquisition [dis-kwi-zi°sh(a)n, ডিসকুাইজ়ি°শ্‌ন্] *n.* a careful investigation by arguments, যুক্তিবলে উত্তমরূপে অনুসন্ধান; an elaborate treatise, বিশদ আলোচনাপূর্ণ প্রবন্ধ। *a.* **disquisi°tional**—উক্ত অনুসন্ধানমূলক বা উক্ত প্রবন্ধসংক্রান্ত বিশদ আলোচনাপূর্ণ। [L. *disquisitio*]
disregard [dis°-ri-gŭ(r)d°, ডিস্‌°রিগা(র্)ড্°] (**1**) *v.t.* to pay no attention to, মনোযোগ না দেওয়া, উপেক্ষা করা; to slight, অবজ্ঞা করা। *p.* & *p. pt.* **dis°regar°ded** । (**2**) *n.* want of attention, অমনোযোগ, উপেক্ষা; slight, অবজ্ঞা। *a.* **disregard°ful**—উপেক্ষাকর বা উপেক্ষাপূর্ণ। [*dis-, regard*]
disrelish [dis-re°-lish, ডিস্‌রে°লিশ্] (**1**) *v.t.* not to relish, স্বাদু বা রুচিসম্মত বলিয়া মনে না করা; to dislike, অপছন্দ করা। *p.* & *p. pt.* **disre°lished** । (**2**) *n.* distaste, অরুচি; dislike, অপছন্দ; disgust, বিরক্তি। [*dis-, relish*]
disrepair [dis°-ri-pā(r)°, ডিস্‌°রিপেয়্যা(র্)°] *n.* bad condition due to want of repair, মেরামতের অভাবে দুর্দশা। [*dis-, repair*]
disrepute [dis°-ri-pūt°, ডিস্‌°রিপিউট্°] *n.* bad repute, অখ্যাতি, দুর্নাম; discredit, খ্যাতিহানি। *a.* **disre°pūtable**—অখ্যাতিপূর্ণ; কলঙ্ককর, অসম্ভ্রান্ত; আলুথালু ও অশোভন। *n.* **disrepūtabi°lity** । *adv.* **disre°pūtably** । [*dis-, repute*]
disrespect [dis°-ris-pekt°, ডিস্‌°রিস্‌পেক্ট্°] *n.* want of respect, অসম্মান, অশ্রদ্ধা। *a.* **disrespect°ful**—অসম্মানকর, অশ্রদ্ধাকর। *adv.* **disrespect°fully** । [*dis-, respect*]
disrobe [dis°-rōb°, ডিস্‌°রৌব্°] *v.t.i.* to take away or put off robes, পোশাক খুলিয়া লওয়া বা খোলা; to undress, কাপড় ছাড়ান বা ছাড়া, ধড়াচূড়া খোলান বা খোলা; to make or be uncovered, অনাবৃত করা বা হওয়া। [*dis-, robe*]
disrupt [dis-rupt°, ডিস্‌রাপ্ট্°] *v.t.* to burst asunder, ফাটাইয়া শতধা করা, চূর্ণবিচূর্ণ করা। *p.* & *p. pt.* **disrup°ted** । *n.* **disrup°tion**—চূর্ণবিচূর্ণ অবস্থা; ভাঙ্গন; সংহতিনাশ, ঐক্যনাশ। *a.* **disrup°tive**—চূর্ণবিচূর্ণ করে এমন; সংহতিনাশক, ঐক্যনাশক। [L *disruptus* < *dis-, rumpere* = to break]
dissatisfy [di(s)°-sa°-tis-fī, ডি°স্যা°টিস্‌ফাই] *v.t.* to fail to satisfy, সন্তুষ্ট বা তৃপ্ত করিতে অক্ষম হওয়া; to displease, অসন্তুষ্ট করা। *n.* **dis°satisfac°tion**—অসন্তোষ; অতৃপ্তি। *a.* **dissatisfactory** [di(s)°-sa-tis-fak°-t(a)ri, ডি°স্যাটিস্‌ফ্যাক্°টরি] অসন্তোষজনক; অতৃপ্তিকর। *a.* **dis°sa°tisfied**—অসন্তুষ্ট; অতৃপ্ত। [*dis-, satisfy*]
dissect [di-sekt°, ডিসেক্ট্°] *v.t.* to cut asunder or in pieces, কাটিয়া বিচ্ছিন্ন করা বা টুকরা-টুকরা করিয়া কাটা; to anatomize, শবব্যবচ্ছেদ করা; to analyse and examine, বিশ্লেষণপূর্বক পরীক্ষা করা; *p.* & *p. pt.* **dissec°ted** । *n.* **dissec°tion** । *n.* **dissec°tor** । **dissecting room** or **table**—শবব্যবচ্ছেদের কক্ষ বা টেবিল। [*dis-*, L. *secare* = to cut]
dissemble [di-semb°l, ডিসেম্‌ব্°ল্] *v.t.i* to disguise, ছদ্মবেশ ধারণ করা: to conceal one's intentions or feelings, মনোভাব গোপন করা; to behave hypocritically, কপট আচরণ করা। *n.* **dissemb°ler** । *a.* **dissemb°ling**—কপট; প্রতারণাপূর্ণ। [L. *dissimulare*—cp. *resemble*]
disseminate [di-se°-mināt, ডিসে°মিনেইট্] *v.t.* to sow or scatter abroad, ইতস্ততঃ বপন করা বা ছড়াইয়া দেওয়া; to diffuse, বিকীর্ণ করা; to propagate, প্রচার করা। *p.* & *p. pt.* **disse°minā°ted** । *n* **dissemină°tion** । *n.* **disse°minātor** । [*dis-*, L. *seminare* = to cut]
dissension—see **dissent.**
dissent [di-sent°, ডিসেন্ট্°] (**1**) *v.i.* to think differently, ভিন্নমত পোষণ করা; to disagree, ভিন্নমত হওয়া (to *dissent* from)। *p.* & *p. pt.* **dissen°ted** । (**2**) *n.* difference of opinion, মতবিরোধ; a protest by a minority, সংখ্যালঘু-সম্প্রদায় কর্তৃক প্রতিবাদ; a separation from an established church, সনাতন গির্জা হইতে বিচ্ছেদ ('*dissent* of the dissident')। *n.* **dissension** [di-sen°sh(a)n, ডিসেন্°শ্‌ন্] মতদ্বৈধ, বিরোধ (internal *dissensions* make a country weak)। *n.* **Dissen°ter**—ইংল্যানডের সরকার কর্তৃক পৃষ্ঠপোষিত গির্জা-বহির্ভূত সম্প্রদায়ের লোক। **dissentient** [di-sen°-shi-ant, ডিসেন্°শিঅ্যান্ট্] (**1**) *a.* বিরুদ্ধ-মতপ্রকাশক (to raise a *dissentient* voice); ভিন্নমতাবলম্বী; (**2**) *n.* উক্ত প্রকার ব্যক্তি। *adv.* **dissen°tingly** । [L. *dissentire*]
dissertate [di-sa(r)°-tāt, ডিস্যা(র্)°টেইট্] *v.t.* to discourse, তত্ত্বালোচনা করা। *p.* & *p. pt.* **disser°tāted** । *n.* **dissertā°tion**—তত্ত্বালোচনা, বিতর্ক; গবেষণামূলক প্রবন্ধ। [L *dissertare*]
disserve [di(s)-sa(r)v°, ডিস্যা(র্)ভ্°] *v.i.* to do an ill turn to, অহিত করা, ক্ষতি করা। *n.* **dis°ser°vice**—অহিতসাধন। [OF. *desservir*—cp. *serve*]
dissever [di-se°-va(r), ডিসে°ভ্যা(র্)] *v.t.* to separate, to divide, বিযুক্ত বা পৃথক্ করা। [*dis-, sever*]
dissident [di°-sid(a)nt, ডি°সিড্‌ন্ট্] (**1**) *a.* dissenting, ভিন্নমত-পোষক। (**2**) *n.* a dissenter, ভিন্নমতাবলম্বী ব্যক্তি। *n.* **di°ssidence**—মতদ্বৈধ; অনৈক্য। [L. *disidens* < *dis-, sedere* = to sit]
dissimilar [di(s)°-si°-mi-la(r), ডি(স্)°সি°মিল্যা(র্)] *a.* unlike, বিসদৃশ, অসদৃশ। *n.* **dissimila°rity, dissimi°litūde** । *adv.* **di°ssi°milarly** । [*dis-, similar*]
dissimulate [di-si°-mū-lāt, ডিসি°মিউলেইট্] *v.t.i.* to dissemble, (মনোভাব অনুভূতি প্রভৃতির)

প্রকৃত অবস্থা গোপন করিয়া চলা অর্থাৎ ভিন্ন অবস্থার ভান করা। *p.* & *p. pt.* **dissi°mūlātėd** । *n.* **dissimūlā°tion** । *n.* **dissi°mūlātor** । [L. *dissimulare*<*dis-*, *similis*=like]

dissipate [di°-si-pāt, ডি°সিপেইট্] (**I**) *v.t.i.* to scatter, ছড়ান ; to waste, অপচয় বা ক্ষয় করা অথবা হওয়া (to *dissipate* money or health) ; to dispel or disappear, অদৃশ্য করান বা হওয়া। (**2**) *v.i.* to indulge in trivial or dissolute pleasure, তুচ্ছ বা অসৎ আমোদপ্রমোদে মগ্ন হওয়া। *a.* **di°ssipātėd**—তুচ্ছ বা অসৎ আমোদপ্রমোদে মগ্ন ; অপচিত (a *dissipated* life) । *n.* **dissipā°tion** । *a.* **di°ssipātive**—বিকীর্ণ বা অদৃশ্য করে অথবা হয় এমন ; অপচয় করে বা হয় এমন ; তুচ্ছ বা অসৎ আমোদপ্রমোদে মগ্ন। [L. *dissipare*]

dissociable—see **dissociate.**

dissociate [di-sō°-shi-āt, ডিসৌ°শিএইট্] *v.t.i.* to separate from society or from association of any kind, সমাজ বা সজ্ঘচ্যুত করা বা হওয়া ; to separate, পৃথক্ করা বা হওয়া ; to repudiate connexion, সংযোগ অস্বীকার বা ছিন্ন করা (to *dissociate* oneself from a resolution) । *p.* & *p. pt.* **dissō°ciātėd** । *a.* **dissō°ciable** । *n.* **dissōciā°tion** । [*dis-*, L. *sociare*=to associate]

dissoluble—see **dissolve.**

dissolute [di°-sa-lōōt, ডি°স্যালূট্] *a.* loose in morals, নৈতিক দিক্ দিয়া শিথিল, অসচ্চরিত্র (*dissolute* conduct of life) । *adv.* **di°ssolutely** । *n.* **di°ssoluteness** । [see *dissolve*]

dissolution—see **dissolve.**

dissolve [di-zolv°, ডিজ়ল্‌ভ্°] *v.t.i.* to liquefy ; দ্রব করা বা হওয়া, গলান বা গলা ; to decompose, বিগঠিত করা বা হওয়া ; to separate, পৃথক্ করা বা হওয়া ; to terminate, অবসান করা বা হওয়া ; to disperse, সংগঠনাদি ভাঙ্গিয়া দেওয়া বা ভাঙ্গিয়া যাওয়া ; to vanish, অদৃশ্য করা বা হওয়া ; to mix up, মিশাইয়া দেওয়া বা মিশিয়া যাওয়া ('*dissolve* in rain') । *a.* **dissol°vable, dissoluble** [di-so°-lūbl, ডিস°লিউব্‌ল্] । *n.* **dissolution** [di-sa-lōō°sh(a)n, ডিস্যালূ°শ্‌ন্] সংগঠনাদি ভাঙ্গিয়া দেওয়া, বিগঠন (*dissolution* of Parliament) ; শিথিলীকরণ বা শিথিলীভবন ; দ্রাবণ ; বিচ্ছেদ ; মৃত্যু । *a.* & *n.* **dissolvent** [di-zol°-vant, ডিজ়ল্°ভ্যান্ট্] দ্রাবক । [*dis-*, L. *solvere*=to loose]

dissonant [di°-sŏ-nant, ডি°সোন্যান্ট্] *a.* without harmony or concord, বেসুরো বা ঐক্যহীন । *n.* **di°ssŏnance**—সুরের অমিল ; অনৈক্য । *adv.* **di°ssŏnantly** । [L. *dissonans*<*dis-*, *sonare*=to sound]

dissuade [di-swād°, ডিস্যোএইড্°] *v.t.* to divert by advice, উপদেশদানপূর্বক বিরত করা (to *dissuade* a person from) । *p.* & *p. pt.* **dissuā°dėd** । *n.* **dissuā°sion** । *a.* **dissuā°sive**—উপদেশদানপূর্বক বিরত করায় এমন । [*dis-*, L. *suadere*=to advise]

distaff [dis°-tŭf, ডিস্°টাফ্] *n.* a stick for holding the bunch of flax, tow or wool in spinning, সুতা কাটিবার সময়ে শণ পশম প্রভৃতি জড়াইয়া রাখিবার জন্য কাটিম। **distaff side**—বংশধারায় মেয়েদের দিক্ । [OF. *distaef*]

distance [dis°t(a)ns, ডিস্°ট্‌ন্‌স্] (**I**) *n.* the measure of space between, ব্যবধান ; remoteness, দূরত্ব ; a remote place or part, দূরবর্তী স্থান বা অংশ ; space of time, সময়সূচক দূরবর্তিতা (at this *distance* of time) । (**2**) *v.t.* to place at a distance, দূরে স্থাপন করা বা ফেলিয়া আসা ; to leave behind, পিছনে ফেলিয়া আসা (usu. to *out-distance*) । *p.* & *p. pt.* **dis°tanced** । **a long-distance call**—(বহু-) দূরবর্তী স্থান হইতে টেলিফোনে আহ্বান । **the middle distance**—পুরোভূমি ও পশ্চাদ্‌ভূমির মধ্যবর্তী অংশের দৃশ্য । **(to) keep one's distance**—স্বীয় দূরত্ব বজায় রাখা অর্থাৎ কাহারও সহিত মাথামাখি না করা । **(to) keep one at a distance**—কাহারও সঙ্গ পরিহার করিয়া চলা, কাহাকেও দূরে সরাইয়া রাখা । *n.* **dis°tance-signal**—রেলগাড়ির গতিনির্ণয়ার্থ স্টেশনের অদূরবর্তী আলোকসঙ্কেত । *a.* **dis°tant**—ব্যবধানবিশিষ্ট ; দূরবর্তী ; বহুদূরবর্তী ; প্রাচীন ; সম্পর্কহীন ; গম্ভীরপ্রকৃতি বা অমিশুক । [F. <L. *di-*, *stare*=to stand]

distaste [dis°-tāst°, ডিস্°টেইস্‌ট্°] *n.* disrelish, অরুচি ; dislike, অপছন্দ ; repugnance, বিরাগ । *a.* **distāste°ful**—অরুচিকর ; বিরাগ-উৎপাদক । *adv.* **distaste°fully** । *n.* **distaste°fulness** । [*dis-*, *taste*]

distemper[1] [dis-tem°-pa(r), ডিস্‌টেম্°প্যা(র্)] (**I**) *n.* a mode of colour painting, (প্রধানতঃ ঘরের দেওয়ালে) রঙিন রঞ্জন বা প্রলেপ । (**2**) *v.t.* to paint in distemper, উক্ত প্রণালীতে রঞ্জিত করা । [L. *distemperare*=not to regulate]

distemper[2] [dis-tem°-pa(r), ডিস্‌টেম্°প্যা(র্)] (**I**) *n.* a morbid state, (দৈহিক বা মানসিক) অসুস্থতা ; disease, (প্রধানতঃ পশুদের) ব্যাধি ; ill-humour, বদমেজাজ । (**2**) *v.t.* to derange the temper of, মেজাজ বিগড়াইয়া দেওয়া ; to disease, ব্যাধিগ্রস্ত করা । [OF. *distemprer*=to derange—cp. *temper*]

distend [dis-tend°, ডিস্‌টেন্ড্°] *v.t.i.* to swell, ফোলান বা ফোলা । *p.* & *p. pt.* **disten°dėd** । **distended stomach**—বায়ু প্রভৃতির চাপে স্ফীত পাকস্থলী । *a.* **disten°sible**—ফুলাইতে পারা যায় এমন । *n.* **distensibi°lity** । *n.* **distension** [dis-ten°-sh(a)n, ডিস্‌টেন্°শ্‌ন্] স্ফীতি । [*dis-*, L. *tendere*=to stretch]

distich [dis°-tik, ডিস্°টিক্] *n.* a couplet, সম্পূর্ণ অর্থপ্রকাশক পরপর দুই চরণ কবিতা, শ্লোক । [Gk. *distikhos*]

distil(l) [dis-til°, ডিস্‌টিল্°] (**1**) *v.i.t.* to fall or cause to fall in drops, ফোঁটায় ফোঁটায় ঝরা বা ঝরান ; to flow or cause to flow gently, মৃদুভাবে প্রবাহিত হওয়া বা প্রবাহিত করা। (**2**) *v.t.* to convert from liquid into vapour by heat and then to condense again, তাপ-প্রয়োগে তরল অবস্থা হইতে বাষ্পীভূত করিয়া পুনরায় ঘন করা, পাতন করা, চোলাই করা। *pr. pt.* **distilling** । *p.* ও *p. pt.* **disti°lled** । *n.* **dis°tillate**—পাতন-করা বা চোলাই-করা পদার্থ। *n.* **distillā°tion**—পাতন। **destructive distillation**—অন্তর্ধূম পাতন (এই উপায়ে কয়লার গ্যাস সংগৃহীত হয়)। *a.* **disti°llatory**—ফোঁটায় ফোঁটায় ঝরন-সংক্রান্ত ; পাতন বা চোলাই-সংক্রান্ত। *n.* **disti°ller** । *n.* **disti°llery**—পাতন করার বা চোলাই করার কারখানা, ভাটিখানা। [OF. *distiller*]

distinct [dis-ting(k)t°, ডিস্‌টিং(ক্)ট্°] *a.* not identical, স্বতন্ত্র ; separate, পৃথক্ ; full of individual traits, বৈশিষ্ট্যপূর্ণ ; clearly perceptible, স্পষ্ট ; positive, নিশ্চিত। *adv.* **distinct°ly** । **distinct°nėss** । *n.* **distinc°tion**—স্বাতন্ত্র্য ; পার্থক্য ; বৈশিষ্ট্য ; ব্যক্তিত্ব ; বৈশিষ্ট্যসূচক চিহ্ন বা আচরণ ; সম্মান (academic *distinctions*)। **a distinction without a difference**—প্রকৃতপক্ষে কোনই প্রভেদ বা পার্থক্য নহে। *a.* **distinc°tive**—স্বাতন্ত্র্যসূচক ; পার্থক্যসূচক ; বৈশিষ্ট্যসূচক। *adv.* **distinc°tively** । [see *distinguish*]

distinguish [dis-ting°-gwish, ডিস্‌টিং°গুইশ্] (**1**) *v.t.* to mark off or set apart, চিহ্নিত করা অথবা স্বতন্ত্র বা পৃথক্ করা (to *distinguish* one thing from another) ; to give distinction to, বৈশিষ্ট্যপ্রদান করা ; to recognize by characteristic qualities, বৈশিষ্ট্যসূচক গুণাবলী অবধারণ-পূর্বক নির্ণয় করা ; to separate by a mark of honour, সম্মানচিহ্নাদিতে ভূষিত করিয়া পৃথক্ করা ; to make eminent or known, প্রসিদ্ধ বা বিদিত করান। (**2**) *v.i.* to show or recognize distinctions or differences, বৈশিষ্ট্য বা পার্থক্য দেখান অথবা নির্ণয় করা (to *distinguish* between two things)। *a.* **distin°guishable**—distinguish-এর সকল অর্থে, এবং—চেনা যায় এমন। *adv.* **distin°guishably** । *a.* **distin°guishėd**—বিশিষ্ট ; স্বতন্ত্র ; সম্মানিত (a *distinguished* scholar)। [L. *distinguere*=to prick asunder]

distort [dis-taw(r)t°, ডিস্‌ট্য(র্)ট্°] *v.t.* to twist aside, মোচড়াইয়া বা বাঁকাইয়া সরাইয়া আনা ; to put out of shape, বিকৃতমূর্তি করা ; to pervert, (কাহিনী অর্থ প্রভৃতি) বিকৃত করা ; to misrepresent, মিথ্যা বর্ণনা দেওয়া। *p.* ও *p. pt.* **distor°tėd** । *n.* **distor°tion** । *n.* **distor°tionist**—নকুলে লোক ; যে দড়াবাজিকর স্বীয় দেহ নানাভাবে দুমড়ায়। [*dis-*, L. *torquere*=to twist]

distract [dis-trakt°, ডিস্‌ট্র্যাক্‌ট্°] *v.t.* to draw aside or in different directions, একপাশে সরাইয়া আনা বা বিক্ষিপ্ত করা ; to confuse, বিহ্বল বা কিংকর্তব্যবিমূঢ় করা ; to render crazy, উন্মাদ-গ্রস্ত করা। *a.* **distrac°tėd**—বিক্ষিপ্তচিত্ত ; বিহ্বল ; কিংকর্তব্যবিমূঢ়। *adv.* **distrac°tėdly** । *n.* **dis°trac°tion**—বিক্ষেপ। [*dis-*, L. *trahere*=to draw]

distrain [dis-trān°, ডিস্‌ট্রেইন্°] *v.t.* to seize, (প্রধানতঃ বাকি ভাড়া বা মূল্যের দায়ে মাল) ক্রোক করা। *n.* **distrai°ner,** (in law) **distrai°nor** । *n.* **distrainee°**—যাহার মাল ক্রোক করা হইয়াছে। *n.* **distrāin°ment** । *n.* **distraint°**—মালক্রোক। [OF. *destraindre*]

distrait [dis-trā°, ডিস্‌ট্রেই°] *a.* absent-minded, আনমনা, অমনোযোগী। *fem.* **distraite** [dis-trāt°, ডিস্‌ট্রেইট্°]। [F.]

distraught [dis-trawt°, ডিস্‌ট্রাট্°] *a.* distracted, বিক্ষিপ্ত ; crazy, উন্মাদগ্রস্ত, খেপা। [<*distract* by association with *caught, taught,* etc.]

distress [dis-tres°, ডিস্‌ট্রেস্°] (**1**) *n.* extreme pain or suffering, নিদারুণ বেদনা বা যন্ত্রণা ; calamity, চরম দুর্দশা ; acute poverty, চরম দারিদ্র্য ; danger, or a great difficulty, বিপদ্ বা কঠিন মুশকিল ; anguish, মর্মপীড়া। (**2**) *v.t.* to afflict with pain, suffering or anguish, বেদনা যন্ত্রণা বা মর্মপীড়া দেওয়া ; to trouble or harass, কষ্ট দেওয়া বা হয়রান করা। *p.* ও *p. pt.* **distre°ssėd** । **distressed area**—দেশের যে অঞ্চলে বেকারী প্রবল। *a.* **distress°ful, distre°ssing** । *adv.* **distress°fully, distre°ssingly** । [OF. *destresse*]

distribute [dis-tri°-būt, ডিস্‌ট্রি°বিউট্] *v.t.* to divide (with *to* or *among*), (কতিপয়ের মধ্যে) বিভাজন বা বণ্টন করিয়া দেওয়া ; to deal out, পরিবেশন করা (to *distribute* films) ; to classify, শ্রেণীভাগ করা ; to spread out, ছড়াইয়া দেওয়া ; (print.) to undo composing and put back (types) in the case, (মুদ্রণ.) গাঁথনি ভাঙ্গিয়া (টাইপসমূহ) পুনরায় টাইপের খোপে রাখা ; (log.) to use with full extension, including every individual of the class, (ন্যায়.) জাতির অন্তর্গত প্রতিটি ব্যক্তি বা বস্তুকে বুঝায় এমন ব্যাপক-ভাবে শব্দাদি প্রয়োগ করা। *p.* ও *p. pt.* **distri°būtėd** । *a.* **distri°būtable** । *n.* **distri°būtor**—distribute-এর সকল অর্থে, এবং—প্রদর্শনার্থ বিভিন্ন চিত্রগৃহের নিকট ফিলমবিতরণকারী, চিত্র-পরিবেশক। *n.* **distribū°tion**—distribute-এর সকল অর্থে, এবং—(অর্থ.) জনসাধারণের মধ্যে মোট উৎপন্ন দ্রব্যের বণ্টনপ্রণালী। *a.* **distribū°tional**—বিভাজন-সংক্রান্ত ; উৎপন্ন দ্রব্যাদি বণ্টনসংক্রান্ত (*distributional* effect of taxation)। **distri°būtive**—(**1**) *a.* বিভাজক ; বণ্টক (*distributive* justice, trade, etc.) ; (ন্যায়. ও ব্যাক.) জাতি দল প্রভৃতির অন্তর্গত প্রতিটি ব্যক্তি বা বস্তু নির্দেশক (*distributive* middle, *distributive* pronoun) ; (**2**) *n.* যে শব্দ কোন

জাতি দল প্রভৃতির অন্তর্গত প্রতিটি ব্যক্তিকে বা বস্তুকে নির্দেশ করে (যেমন, 'each' 'every')। *adv.* **distri°būtively** । [*dis-*, L. *tribuere*= to allot]

district [dis°-trikt, ডিস্°ট্রিক্ট্] *n.* a division of territory, বিভাগ, জেলা, (পরি.) বিষয় ; a region, অঞ্চল (hill *districts*) ; jurisdiction, এলাকা। **district board**—জেলার উন্নতিবিধানের জন্য গঠিত স্বশাসিত পৌর-প্রতিষ্ঠানবিশেষ, জেলাবোর্ড। [F.<LL. *districtus*=jurisdiction]

distrust [dis-trust°, ডিস্ট্রাস্ট্°] (**1**) *n.* want of trust, আস্থাহীনতা, অবিশ্বাস ; doubt, সন্দেহ। (**2**) *v.t.* not to trust, আস্থা বা বিশ্বাস না করা ; to doubt, সন্দেহ করা। *p.* & *p. pt.* **distrus°-tėd** । *a.* **distrust°ful**—আস্থাহীন ; অবিশ্বাসী ; সন্দিহান, সন্দিগ্ধ। *adv.* **distrust°fully** । *n.* **dis-trust°fulnėss** । [*dis-*, *trust*]

disturb [dis-ta(r)b°, ডিস্ট্যা(র্)ব্°] *v.t.* to confuse or undo, বিশৃঙ্খল করা বা নষ্ট করা (to *disturb* arrangement) ; to agitate, উত্তেজিত বা বিক্ষুব্ধ করা (to *disturb* one's mind) ; to trouble attention etc. of, মনোযোগাদি নষ্ট করা (to *disturb* a student) ; to interrupt, বাধা দেওয়া। *n.* **distur°bance**—বিশৃঙ্খলা ; উত্তেজনা ; বিক্ষোভ ; অশান্তি ; গোলমাল ; বাধা। [OF. *destrouber*]

disunion [dis°-ū°-ni-an, ডিস্°ইউ°নিঅ্যান্] *n.* want of union, অনৈক্য বা অসংযোগ ; separation, বিচ্ছেদ ; discord, বিবাদ। *v.t.* **dis°-ūnīte°**—বিচ্ছিন্ন করা। *p.* & *p. pt.* **dis°ūni°tėd** । *n.* **disūni°ty**—একতা বা ঐক্যের অভাব, অনৈক্য, ভেদ। [*dis-*, *union*]

disuse [dis°-ūs°, ডিস্°ইউস্°] *n.* state of being out of use, অপ্রচলন, অব্যবহার (to fall into *disuse*)। *v.t.* **dis°ūse°**—আর ব্যবহার না করা ; প্রচলন বন্ধ করান। [*dis-*, *use*]

disutility [dis-ū-ti°-li-ty, ডিস্ইউটি°লিটি] *n.* lack of utility, disadvantage, উপযোগিতা বা উপযোগের অভাব, অসুবিধা। [*dis-*, *utility*]

disyllable [di-si°-labl, ডিসি°ল্যাব্ল্] *n.* a word of two syllables, দ্বিস্বরা শব্দ। *a.* **di°-sy°llabic**—দ্বিস্বরা। [F. *dissyllabe*—cp. *syllable*]

ditch [dich, ডিচ্] (**1**) *n.* a trench, পরিখা, খাত ; any long narrow depression to carry water or to serve as a boundary, পয়োনালী, খানা, ডোবা, চতুঃসীমানানির্দেশক খাত। (**2**) *v.i.* to dig or repair or clean a ditch, পরিখাদি খনন বা মেরামত বা সাফ করা। (**3**) *v.t.* to dig a ditch in or around, (কিছুর) ভিতরে বা চতুর্দিকে পরিখাদি খনন করা ; to drain by ditches, পয়োনালী-পথে নিষ্কাশিত করা ; (Am.) to throw in a ditch, (আমে.) খানার মধ্যে ছুড়িয়া ফেলা ; (sl.) to leave in the lurch, (অশি.) অসহায়-ভাবে বিপজ্জনক অবস্থার মধ্যে ফেলিয়া যাওয়া (to *ditch* an election candidate) ; to make a forced landing on the sea, (বিমানাদি কর্তৃক) বাধ্য হইয়া সমুদ্রবক্ষে অবতরণ করা। *p.* & *p. pt.* **di°tched** । **(to) die in the last ditch**—আমৃত্যু বা প্রাণপণ শক্তিতে শেষ অবধি প্রতিরোধ করা। **dull as ditch water**—নিরতিশয় নীরস। *n.* **di°tcher**—পরিখাদি খননকারী ; পরিখাদি খননের যন্ত্র। [OF. *dic*—cp. *dike*]

dither [di°-tha(r), ডি°থ্যা(র্)] (**1**) *v.i.* to tremble, to quiver, কাঁপা ; to vacillate, দোনা-মনা করা। (**2**) *n.* trembling or quivering, কম্পন ; vacillation, দোনা-মনা ভাব। **all of a dither**—(ভয়ে) কম্পমান ; দ্বিধাগ্রস্ত। [imi. ?]

dithyramb [di°-thi-ram(b), ডি°থির‍্যাম্] *n.* a Bacchanalian song or poem, গ্রীক আসব-দেবতা Bacchus-এর উদ্দেশ্যে রচিত গান বা কবিতা। *a.* **dithyrambic** [di-thi-ram°-bik, ডিথির‍্যাম্°-বিক্] উক্ত গান বা কবিতা সংক্রান্ত অথবা তত্তুল্য ; সোল্লাসে আবৃত্তি করা হয় এমন ; মহোল্লাসপূর্ণ ; উদ্দাম ও অসংযত। [Gk. *dithyrambos*]

ditto [di°-to, ডি°টৌ] (**1**) *n.* the aforesaid or the same thing, পূর্বোল্লিখিত বা একই বস্তু অথবা বিষয়। (**2**) *v.t.* to support or approve, সমর্থন বা অনুমোদন করা, সায় দেওয়া। **(to) say ditto to**—একমত হওয়া, মতৈক্য প্রকাশ করা। [It.]

ditty [di°-ti, ডি°টি] *n.* a short simple song, ক্ষুদ্র সাদাসিধা গান। [OF. *ditie*]

diuretic [dī-ū-re°-tik, ডাইইউরে°টিক্] (**1**) *a.* promoting the discharge of urine, মূত্রবর্ধক। (**2**) *n.* a diuretic medicine, মূত্রবর্ধক ঔষধ। *n.* **diurē°sis** । [Gk. *diouretikos*]

diurnal [dī-a(r)°nl, ডাইঅ্যা(র্)°ন্ল্] *a.* (astr.) occupying one day, (জ্যোতি.) একদিনব্যাপী, আহ্নিক, ঐকাহিক (*diurnal* motion) ; daily, দৈনিক, দৈনন্দিন, প্রাত্যহিক ; of the daytime, দিবাকালীন ; lasting a day, একদিবসস্থায়ী। *adv.* **dīur°nally** । [L. *diurnalis*]

divagate [dī°-va-gāt, ডাই°ভ্যাগেইট্] *v.i.* to stray or digress, বিপথে যাওয়া। *p.* & *p. pt.* **dī°vagātėd** । *n.* **dīvagā°tion** । [L. *divagari*]

divalent [di°-va-lant, dī-vā°-lant, ডি°ভ্যা-ল্যান্ট্, ডাইভেই°ল্যান্ট্] *a.* combining two atoms of hydrogen etc., দ্বিযোজী। *n.* **di°-valence, dīvā°lence**—দ্বিযোজিতা। [Gk. *di*-=twice, L. *valere*=to be worth]

divan [di-van°, ডিভ্যান্°] *n.* an Eastern couch, শয়ন ও উপবেশন উভয় কার্যেই ব্যবহারোপযোগী পালঙ্ক-বিশেষ ; a court of state or justice, রাজসভা বা বিচারালয় ; any assembly, সভা। [Ar. & Pers. *diwan*=a long seat]

divaricate [dī-va°-ri-kāt, ডাইভ্যা°রিকেইট্] *v.i.t.* to part in two branches, দুই শাখায় বিভক্ত হওয়া বা করা। *p.* & *p. pt.* **dīva°ricātėd** ।

n. **divarica°tion** । [*dis-*, L. *varicare*=to spread the legs]

dive [dīv, ডাইভ্] (**1**) *v.i.* to plunge into water, or down through the air, জলে বা শূন্যে ঝাঁপ দেওয়া বা ডুব দেওয়া। (**2**) *n.* a plunge or sweep, ঝাঁপ বা ডুব, ছোঁ; a headlong descent, নিচের দিকে মাথা রাখিয়া পতন। *n.* **dive°-bomber**—চিলের মত ছোঁ মারিয়া যে বিমানপোত হইতে বোমা নিক্ষেপ করা হয়। *n.* **di°ver**—ডুবুরি; পানকৌড়ি; পানকৌড়ি-জাতীয় যে-কোন ডুবুরি-পাখি। *n.* **di°ving-board**—যে তক্তার উপর দিয়া ঝাঁপ খাইয়া পড়া হয়। *n.* **di°ving-dress, di°ving-suit**—ডুবুরির পোশাক। [OE. *dyfan, duafn*<ON. *dyfa*]

diverge [dī-va(r)j°, ডাইভ্যা(র্)জ্°] *v.i.* to proceed in different directions from a common point, নির্দিষ্ট কেন্দ্র হইতে বিভিন্ন দিকে ছড়াইয়া পড়া, বিকীর্ণ হওয়া; to turn apart, অপসৃত হওয়া, সরিয়া আসা; to deviate, বিপথগামী হওয়া। *n.* **diver°gence, diver°gency**—বিকিরণ; অপসরণ; বিপথগমন। *a.* **diver°gent**—বিকিরণশীল; অপসরণশীল; বিপথগামী। [L. *divergere*]

divers [dī°va(r)z, ডাই°ভ্যা(র্)জ্] *a.* sundry, several, নানা, বিভিন্ন, কতিপয়; more than one, একাধিক, কতিপয় (essays by *divers* hands)। *a.* **di°verse**—ভিন্ন, অন্য; বিবিধ, নানা; বিচিত্র। *v.t.* **diver°sify**—বিভিন্ন বিবিধ একাধিক নানারূপ বা বিচিত্র করা। *n.* **diversifica°tion**। *n.* **diversity** [dī-va(r)°-s(i)ti, ডাইভ্যা(র্)°সিটি]—বৈচিত্র্য। [F.<L. *divertere*=to turn aside]

diversion—see **divert.**

diversity—see **divers.**

divert [dī-va(r)t°, ডাইভ্যা(র্)ট্°] *v.t.* to turn aside or to another direction, সরান বা ভিন্নমুখ করা, অন্য দিকে চালিত করা (to *divert* water from a river into a canal); to draw off attention of, মনোযোগ হরণ করা বা বিক্ষিপ্ত করান; to amuse, বিনোদন করা। *p. & p. pt.* **diver°ted**। *n.* **diversion** [dī-va(r)°sh(a)n, ডাইভ্যা(র্)°শ্‌ন্] অপসারণ; ভিন্নমুখ করা; মনোযোগ-হরণ; চিত্তবিক্ষেপ; বিনোদন; আমোদ-প্রমোদ। *a.* **diver°sionary**—মনোযোগ ভিন্নমুখী করে বা চিত্তবিক্ষেপ ঘটায় এমন (*diversionary* tactics)। *a.* **diver°ting**—চিত্তবিনোদনকর। [see *diverse*]

Dives [dī°-vēz, ডাই°ভীজ্] *n.* a rich man, ধনী ব্যক্তি। [B.]

divest [dī-vest°, ডাইভেস্ট্°] *v.t.* to strip or deprive of anything, বিহীন বা বঞ্চিত করা (to *divest* of clothes, power, love, etc.); (refl.) to give up, পরিত্যাগ করা (to *divest* oneself of a notion)। *p. & p. pt.* **dives°ted**। *n.* **divestiture** [dī-ves°-ti-cha(r), ডাইভেস্°টিচ্যা(র্)], **divest°ment**। [OF. *desvestir*—cp. *vest*]

divide [di-vīd°, ডিভাইড্°] (**1**) *v.i.t.* to break up or separate into parts or sections, বিভক্ত বিচ্ছিন্ন বা পৃথক্ হওয়া অথবা করা (a wooden fence *divides* his land from mine); to vote or cause to vote for or against a motion, কোন প্রস্তাবের স্বপক্ষে বা বিপক্ষে ভোট দেওয়া বা দেওয়ান, ভোটাধিকার প্রয়োগের কালে পৃথক্ হওয়া বা হওয়ান (the House *divided* after the debate)। (**2**) *v.t.* to share or deal out, (অংশাদি) বিভাজন বা বিতরণ করিয়া দেওয়া, বণ্টন করা; (math.) to ascertain how many times a quantity is contained in, (গণি.) ভাগ করা। *p. & p. pt.* **divi°ded**। (**3**) *n.* a dividing ridge, a watershed, দুই অববাহিকার মধ্যবর্তী উচ্চভূমি, জলবিভাজিকা। *n.* see **division**। *a.* **divi°dable**। *adv.* **divi°dedly**—divide-এর সকল অর্থে, এবং—ভিন্নপথে; ভিন্নমতাবলম্বনপূর্বক; একতাহীনভাবে। *n.* **divi°der**—বিভাজক। *n. pl.* **divi°ders**—বিভাজনযন্ত্র। [L. *dividere*]

dividend [di°-vi-dend, ডি°ভিডেন্‌ড্] *n.* (math.) that which is to be divided, (গণি.) ভাজ্য; the sum payable as interest of loan or share of profit, ঋণের সুদ বা (যৌথ কারবারের) লভ্যাংশরূপে প্রদেয় অর্থ। **(to) declare a dividend**—যৌথ কারবারের অংশীদারগণকে লভ্যাংশ দিবার সংকল্প ঘোষণা করা। *a.* **di°vidend-paying**—লভ্যাংশ-প্রদায়ী। *n.* **di°vidend-warrant**—লভ্যাংশ-প্রাপককে টাকা দিবার জন্য ব্যাঙ্কের প্রতি অনুমতিপত্র। [L. *dividendum*—cp. *divide*]

divider—see **divide.**

divine [di-vīn°, ডিভাইন্°] (**1**) *a.* of or from or like God or a god, ঐশ্বরিক, দৈব, দিব্য, দেবোপম; heavenly, স্বর্গীয়; holy, পবিত্র, পূত। (**2**) *n.* a minister of the gospel, শাস্ত্রোপদেষ্টা, ধর্মোপদেষ্টা; a theologian, ধর্মবিৎ; one skilled in divination, গুপ্তরহস্যাদি উদ্‌ঘাটনে বা ভবিষ্যদ্বাণী করিতে পারদর্শী ব্যক্তি। (**3**) *v.t.* to foresee or foretell, (ভবিষ্যৎ-সম্বন্ধে) পূর্বজ্ঞান করা বা ভবিষ্যদ্বাণী করা। (**4**) *v.i.* to practise divination, ভবিষ্যদ্বক্তারূপে বা গণৎকাররূপে জীবিকার্জন করা। *n.* **divina°tion**—ভবিষ্যৎ কথন: সচতুর অনুমান। *n.* **divi°ner**। *n.* **divi°ning-rod**—Y-আকারের যষ্টিবিশেষ: ইহার সাহায্যে অলৌকিক ক্ষমতাসম্পন্ন ব্যক্তিগণ ভূগর্ভস্থ জল বা ধাতু আবিষ্কারের ক্ষমতা দাবি করেন। [OF. *devin*=soothsayer<L. *divinus*]

divinity [di-vi°-ni-ti, ডিভি°নিটি] *n.* god-head, দেবত্ব; a god, দেবতা; a celestial being, স্বর্গীয় প্রাণী; the science of divine things, স্বর্গীয় বিষয়াদি সম্পর্কিত শাস্ত্র; theology, ধর্মশাস্ত্র। [OF. *devinite*<L. *divinitas*—cp. *divine*]

diving-board, diving-dress, diving-suit—see **dive.**

divisible—see **division.**

division [di-vi°z(a)n, ডিভি°জ্‌ন্] *n.* act of dividing, বিভাজন, ভাগ, বণ্টন; state of being divided, বিভক্ত অবস্থা ; a portion, section or partition, অংশ, বিভাগ ; difference, মতদ্বৈধ ; the taking of a vote, ভোট-গ্রহণ (the bill was passed without a *division*) ; a part of a province divided into several districts, কতিপয় জেলায় বিভক্ত প্রদেশের অংশ, বিভাগ। **division bell**—ব্যবস্থাপক-সভার সদস্যগণকে ভোট-গ্রহণের সময়জ্ঞাপক ঘণ্টাধ্বনি। *a.* **divi°sible**—বিভাজনসাধ্য ; (গণি.) নির্দিষ্ট সংখ্যা দ্বারা নিঃশেষে বিভাজ্য। *n.* **divisibi°lity** । *adv.* **divi°sibly** । *a.* **divi°sional**—বিভাজন বণ্টন বা বিভাগ সংক্রান্ত ; বিভাগীয়। *a.* **divi°sive**—বিভেদ বা বিবাদ সৃষ্টিকর। *n.* **divi°siveness** । *n.* **divi°sor**—(গণি.) ভাজক। [L. *divisio*—cp. *divide*]

divorce [di-vaw(r)s°, ডিভা(র্)স্°] **(1)** *n.* the legal dissolution of marriage, বিবাহবিচ্ছেদ। **(2)** *v.t.* to dissolve the marriage of, বিবাহ-বিচ্ছেদ করা ; to put away, (প্রধানতঃ বিবাহ-বিচ্ছেদদ্বারা) পরিত্যাগ করা ; to separate, বিচ্ছিন্ন করা। *p. & p. pt.* **divor°ced** । *n.* **divorcée** [di-vaw(r)°-sa, ডিভা(র্)°সেই] যাহার সহিত বিবাহ-বিচ্ছেদ করা হইয়াছে। *n.* **divorce°ment** । *n.* **divor°cer** । [F.]

divulge [dī-vulj°, ডাইভাল্জ্°] *v.t.* to give out or reveal (to), ফাঁস করা, প্রকাশ করিয়া দেওয়া। [L. *divulgare*]

dixie, dixy [dik°-si, ডিক্°সি] *n.* a cooking pail, ডেগচি। [Hind. *degchi*]

dizen [dī°zn, ডাই°জ্‌ন্] *v.t.* to dress up (esp. gaudily), (প্রধানতঃ জাঁকালভাবে) পোশাক পরান বা সাজান। [cp. *bedizen*]

dizzy [di°-zi, ডি°জ়ি] **(1)** *a.* giddy, মাথা ঝিম্‌ঝিম্ করিতেছে এমন ; confused, হতবুদ্ধি, বিহ্বল। **(2)** *v.t.* to make giddy, মাথা ঝিম্‌ঝিম্ করান ; to confuse, হতবুদ্ধি করা। *adv.* **di°zzily** । *n.* **di°zziness** । [OE. *dysig*=foolish—cp. D. *dosig*=drowsy]

do$_1$ [dōō, ডু] **(1)** *v.t.* to perform, করা ; to accomplish, সম্পাদন করা, সিদ্ধ করা ; to finish, শেষ করা, অবসান করা ; to work at or upon or out, (কোন) কার্যাদি করা ; to prepare, তৈয়ারি করা ; to dress up, বিন্যাস করা (to *do* one's hair) ; to cook, রন্ধন করা ; to act the role of, (কোন) ভূমিকায় অভিনয় করা। **(2)** *v.i.* to work, কাজ করা ; to be active, সক্রিয় বা কর্মরত থাকা ; to act, অভিনয় করা ; to behave, আচরণ করা ; to fare, সময়াদি যাপন করা, কাটান ; to thrive, উন্নতিলাভ করা ; to suffice, পর্যাপ্ত হওয়া। **(3)** *aux. v.* প্রশ্ন নঞর্থ প্রবণতা প্রভৃতি বুঝাইবার জন্য মূলক্রিয়াপদের সহায়ক উপক্রিয়া (*do* I go ? I *do* not go, I *do* go)। *pr. 2nd per. sing.* **do°est, dost** [dust, ডাস্ট্] ; *pr. 3rd per. sing.* **does** [duz, ডাজ়্], **doeth, doth** [duth, ডাথ্] ; *pt.* **did,** (*arch.*) **did'st** ; *p. pt.* **done** [dun, ডান্]। **doesn't**—contr. of **does not** । **(4)** *n.* (sl.) swindle, (অশি.) প্রতারণা ; entertainment, আমোদ-প্রমোদ ; customs, rules, প্রথা রীতি নিয়ম ইত্যাদি (to observe the *do's* and *don'ts*) । **(to) do away with**—লোপ করা, ধ্বংস করা। **(to) do for**—উপযোগী হওয়া ; পর্যাপ্ত হওয়া ; সর্বনাশ করা ; (অশি.) খুন করা। **(to) do in**—ঠকান ; সাবাড় করা বা ফতুর করা ; খুন করা। **(to) do out**—ঝাঁট দেওয়া ; সাফ করা। **(to) do over**—পুনরায় করা ; ফিরিয়া করা ; (রঙ্ দিয়া) আবৃত করা, বোলান। **(to) do up**—বাঁধিয়া ফেলা ; সাজাইয়া রাখা, গোছগাছ করা ; পরিষ্কার-পরিচ্ছন্ন করা ; গাঁটরি বাঁধা ; (বস্ত্রাদি) পাট করা ; নিরতিশয় ক্লান্ত করান, হাঁফ ধরাইয়া দেওয়া। **(to) do well**—উন্নতি করা। **(to) do with**—কাজে লাগান ; ব্যবহার করা ; (ব্যাপারাদিতে) মাথা গলান ; মানাইয়া চলা। **(to) do without**—মুখাপেক্ষী বা নির্ভরশীল না হওয়া ; প্রয়োজন বা অপরিহার্যতা ফুরাইয়া দেওয়া। **(to) have to do with**—সম্পর্কযুক্ত থাকা ; কোন ব্যাপারে কাহারও সহিত আদান-প্রদান বা বোঝা-পড়া করার প্রয়োজন থাকা। **what's to do**—ব্যাপার কি ? *n.* **do°-all**—সর্বকর্ম সম্পাদনার্থ কর্মচারী বা ভৃত্য। *n.* **doer** । *n.* **do-goo°der**—অত্যুৎসাহী সংস্কারক বা পরোপকারী ব্যক্তি। *n. pl.* **do°ings**—ক্রিয়াকলাপ, আচরণ, প্রণালী পদ্ধতি। **nothing doing**—(কথ্য.) নিশ্চয়ই না। [OE. *don, dyde, gedon*—cp. Du. *doen,* G. *tun*]

do$_2$ [dō, ডৌ] *n.* (mus.) the first note or syllable of the scale (do, ri, mi, fa, sol, la, ti), স্বরগ্রামের প্রথম স্বর, ষড়্জ বা সা। [arbitrary]

doab [dō°-ab, ডৌ°অ্যাব্] *n.* a tongue of land between two rivers, দুই নদীর (বিশেষতঃ গঙ্গা ও যমুনার) মধ্যবর্তী সঙ্কীর্ণ স্থলভাগ, দোআব, দোয়াব। [Hind.=two streams]

doat—alt. spell. of **dote.**

dobash [dō°-bash, ডৌ°ব্যাশ্] *n.* an interpreter, দোভাষী। [Hind. *dobhashi*]

dobbin [dob°-in, ডোব্°ইন্] *n.* a draught or farm horse, মালবাহী বা খামারের ঘোড়া। [pet-name=Robert]

docile [dō°-sīl, ডৌ°সাইল্] *a.* teachable, শেখান যায় এমন ; ready to learn, শিক্ষাগ্রহণে তৎপর ; easily managed, সহজে বশ মানে এমন, বাধ্য। *n.* **dŏ°cility** । [F.]

dock$_1$ [dok, ডক্] **(1)** *v.t.* to cut short, কাটিয়া ছোট করা ; to curtail, কমান ; to clip, ছাঁটা ; to deprive of pay, বেতন হইতে বঞ্চিত করা (to *dock* a worker's wages) । *p. & p. pt.* **do°cked** । **(2)** *n.* the part of an animal's tail left after clipping, ছাঁটিয়া দিবার পর প্রাণীদের লেজের যে অংশ বাকি থাকে। [ME. *dok*<ON. *dokkr*=stumpy tail ?]

dock$_2$ [dok, ডক্] **(1)** *n.* an artificial basin

for reception of vessels, জাহাজঘাটা, ডক ; a wharf, ফেরিঘাট, পারঘাট ; in a railway station, the place where railway line terminates, রেলস্টেশনের যেখানে লাইন শেষ হইয়াছে ; in court, the enclosure for the accused, আদালতে আসামির কাঠগড়া। (2) *v.t.i.* to bring into or enter a dock, ডকে ভেড়ান বা ভেড়া। (3) *v.t.* to equip with docks, ডক-যুক্ত করা ; to join (space-craft) together in space, (মহাকাশ-যানাদি) শূন্যে সংযুক্ত করা। *p.* & *p. pt.* **do°cked**। **dry dock, graving dock**—যে ডক হইতে পাম্প করিয়া জল নিষ্কাশিত করিয়া দেওয়া যায়। **floating dock**—জলে ভাসন্ত ডকবিশেষ। **wet dock**—যে ডকে জল জোয়ারাঙ্কে থাকে। *n.* **dock°age**—ডকে জাহাজ ভিড়াইবার স্থান ; ডক-ভাড়া। *n.* **dock°-dūes**—ডক ব্যবহার করার বাবদ মাশুল। *n.* **do°-cker, dock°-lābourer**—ডকশ্রমিক। *n.* **dock°-master**—ডকের তত্ত্বাবধায়ক বা অধ্যক্ষ। *n.* **dock°-yard**—জাহাজের আশ্রয় মেরামত প্রভৃতির ব্যবস্থা-সংবলিত প্রতিষ্ঠান, পোতাঙ্গন। [?]

docket [do°-kit, ড°কিট্] (1) *n.* a summary of writings, নিবন্ধসার ; a label, লেবেল ; a register of legal cases or judgments, মকদ্দমার বা রায়ের তালিকা ; an official permit to buy, সরকারি ক্রয়ানুমতি-পত্র। (2) *v.t.* to make a summary of the heads or contents of a writing, রচনার শিরনামসমূহের বা বিষয়বস্তুসমূহের তালিকা করা ; to enter in a book, গ্রন্থভুক্ত করা। [dim. of *dock* ?]

doctor [dok°-ta(r), ডক্°ট্যা(র্)] (1) *n.* a teacher, শিক্ষক ; a learned man, বিদ্বান্ পুরুষ ; a learned clergyman, বিদ্বান্ পাদরি ; a theologist, ধর্মশাস্ত্রবিৎ ; a recipient of the highest university degree in any faculty, কোন বিষয়ে বিশ্ববিদ্যালয়ের সর্বোচ্চ উপাধিপ্রাপ্ত ব্যক্তি ; a physician, চিকিৎসক ; a mender, মেরামতকারী ; (sl.) a ship's cook, (অশি.) জাহাজের পাচক। (2) *v.t.* to treat medically, চিকিৎসা করা (when a doctor *doctors* a doctor) ; to repair, মেরামত করা ; to patch up, জোড়াতালি দেওয়া (to *doctor* accounts, evidence, etc.) ; to adulterate, ভেজাল মেশান। (3) *v.i.* to practise medicine, চিকিৎসকবৃত্তি অবলম্বন করা। **doctor's stuff**—ঔষধ। *n.* **doctorate** [dok°-t(a)rit, ডক্°টৃরিট্] যে-কোন বিষয়ে বিশ্ববিদ্যালয়ের সর্বোচ্চ উপাধি ; উক্ত উপাধিপ্রাপ্ত ব্যক্তি। *n. fem.* **doc°trėss**—শিক্ষিকা ; বিদুষী নারী ; বিশ্ববিদ্যালয়ের সর্বোচ্চ উপাধিপ্রাপ্তা নারী ; চিকিৎসিকা ; শিক্ষকের বা পণ্ডিতের পত্নী। [L.]

doctrinaire [dok-tri-nā(r)°, ডক্‌ট্রিনেয়্যা(র্)°], **doctrinār°ian**—(1) *n.* an unpractical theorist, যে ব্যক্তি কার্যকরতার কথা উপেক্ষা করিয়া কেবল যুক্তিবলে মতবাদ খাড়া করিতে চাহে। (2) *a.* theoretical, কেবল তত্ত্বগত ; unpractical, অকার্যকর। *n.* **doctrinār°iṡm, doctrinā°rianiṡm**—কোন মতবাদের প্রতি অন্ধ আসক্তি। [F. < LL. *doctrinarius*]

doctrinal—see **doctrine.**

doctrine [doc°-trin, ডক্°ট্রিন্] *n.* what is taught, যাহা শিখান হয় ; a body of instructions, উপদেশাবলী ; a principle of belief, মতবাদ। *a.* **doc°trinal**—মতবাদসংক্রান্ত। [L. *doctrina*]

document [do°-kū-mant, ড°কিউম্যান্ট্] *n.* something that gives evidence, দলিল, প্রমাণ-পত্র। *v.t.* **document** [do°-kū-ment, ডকিউ°-মেন্ট্] দলিল দেখান ; দলিল দেখাইয়া প্রমাণ করা। *p.* & *p. pt.* **do°cūmentėd**। *a.* **documental** [do-kū°-mentl, ডকিউ°মেন্ট্‌ল্], **documentary** [do-kū°-men-t(a)ri, ডকিউ°মেন্টৃরি] (1) *a.* দলিল-সংক্রান্ত ; দলিলভুক্ত ; প্রামাণিক ; (2) *n.* প্রকৃত ঘটনাদির চলচ্চিত্র। *n.* **docūmen°tātion**—দলিল রচনা বা প্রদর্শন বা ব্যবহার ; উপন্যাসাদিতে প্রকৃত ঘটনাসমূহের সন্নিবেশ। [F. < L. *documentum* < *docere* = to teach]

dodder [do°-da(r), ড°ড্যা(র্)] *v.i.* to tremble, কাঁপা ; to move unsteadily, টলায়মান বা স্খলিত পদে চলা। *n.* **do°dderer**—বার্ধক্যাদির ফলে কম্পমান বা থুথ্‌রে লোক। *a.* **do°ddering, do°ddery**—থুথ্‌রে বুড়ো, জরাগ্রস্ত (*doddering* gait)। [?]

doddered [do°-da(r)d, ড°ড্যা(র্)ড্] *a.* having lost the top or branches, শীর্ষহীন, শাখা-হীন। [?]

dodderer, doddering—see **dodder.**

dodge [doj, ডজ্] (1) *v.i.* to start aside, গোপ্তা খাইয়া সরিয়া যাওয়া। (2) *v.t.* to evade by dodging, গোপ্তা খাইয়া বা সহসা স্থানপরিবর্তন করিয়া এড়ান। (3) *n.* an evasion, এড়াইয়া যাওয়া, কৌশলে পরিহার ; a trick, কৌশল, ছল। **(to) dodge the column**—কর্তব্যকর্ম কৌশলে এড়াইয়া যাওয়া। *n.* **do°dger**। *a.* **do°dgy**—(কথ্য.) চতুর ; কৌশলী ; ঝুঁকিপূর্ণ। [?]

dodo [dō°-dō, ডৌ°ডৌ] *n.* an extinct bird of Mauritius, মরিশাসের উড্ডয়ন-ক্ষমতাহীন অধুনালুপ্ত পক্ষিবিশেষ। [Port. *doudo* = silly]

doe [dō, ডৌ] *n.* the female of the buck or any other deer, হরিণী। [OE. *da* < D. *daa* = deer]

doer, does, doesn't—see **do.**

doff [dof, ডফ্] *v.t.* to take off, খুলিয়া ফেলা। [*do, off*]

dog [dog, ডগ্] (1) *n.* a male beast, কুকুর ; a term of contempt, অবজ্ঞাসূচক গালি-বিশেষ ; a mean or despicable fellow, লোচ্চা বা ঘৃণ্য লোক (dirty *dog*) ; an andiron, উনানের শিক বা ঝিঁকা ; a griping instrument, সাঁড়াশি-বিশেষ ; (astr.) either of the two constellations in the southern hemisphere, (জ্যোতি.) শ্বা বা প্রশ্বা, লুব্ধক। *fem.* see **bitch**। (2) *v.t.* to follow tenaciously or meanly as a dog, কুকুরের ন্যায় নাছোড়বান্দাভাবে বা হীনভাবে অনুসরণ করা। *pr. pt.* **dogging** । *p. & p. pt.* **do°gged** । **dog in the manger**—যে ব্যক্তি নিজেও ভোগ করিতে পারে না পরকেও ভোগ করিতে দেয় না। **(to) be top dog** —সর্বদা কর্তৃত্ব করা যায় এমন পদে বা অবস্থায় থাকা। **(to) be underdog**—সর্বদা বশ্যতাস্বীকার করিয়া বা তোয়াজ করিয়া চলিতে হয় এমন পদে বা অবস্থায় থাকা। **(to) die like a dog, to die a dog's death**—লজ্জা অপমান দুর্দশায় পীড়িত হইয়া মারা যাওয়া। **dog eat dog**—দুরন্ত প্রতিদ্বন্দ্বিতা (a case of *dog eating dog*)। **every dog has his day**—সকলেই (এমন কি দুর্দশাপন্ন ব্যক্তিও) সুদিনের নাগাল পায়। **(to) give** or **send** or **throw to the dogs** —আবর্জনাবোধে ছুড়িয়া ফেলিয়া দেওয়া; আত্মরক্ষার্থ বর্জন করা। **(to) go to the dogs**—গোল্লায় যাওয়া, সর্বনাশগ্রস্ত হওয়া। **(to) help a lame dog over a stile**—বিপদাপন্ন ব্যক্তিকে সাহায্য করা। **(to) lead one a dog's life**—কোনও শান্তি না দেওয়া; সর্বদা অস্থির বা জ্বালাতন করা। **not (to) lead the life of a dog**—কুকুরের অপেক্ষাও হীনতর জীবন যাপন করা। **(to) let sleeping dogs lie**—না ঘাঁটান; স্বেচ্ছায় বিপদে বা ঝামেলায় না জড়ান; যে সব সমস্যা আলোচনা করিলে ঝামেলা বাধিতে পারে সেগুলি আলোচনা না করা। **like a dog with two tails**—অতি মাত্রায় আহ্লাদিত, উল্লসিত । *n.* **dog°-bee**—পুং মৌমাছি। *n.* **dog°-berry**—জাম-জাতীয় বন্য ফল-বিশেষ। *n.* **dog°bis°cuit**—কুকুরের খাদ্যোপযোগী বিসকুট। *n.* **dog°-cart**—দুইজন যাত্রীর যোগ্য ঘোড়ার গাড়িবিশেষ: ইহাতে যাত্রিদ্বয়কে পিঠে-পিঠে বসিতে হয় এবং পূর্বে ইহাতে করিয়া খেলার কুকুরদের লইয়া যাওয়া হইত। *a.* **dog°-cheap**—বেজায় শস্তা। *n. pl.* **dog°-days**—৩রা জুলাই হইতে ১১ই আগস্ট পর্যন্ত কাল: এই সময়ে লুব্ধক উদিত হয় এবং ইহাই সাধারণতঃ বৎসরের উষ্ণতমকাল। **dog°-ear**—(1) *n.* গ্রন্থাদির পৃষ্ঠার ভাঁজ-করা কোণ; (2) *v.t.* (গ্রন্থাদির পৃষ্ঠার) কোণ মোড়া। *n.* **dog-end**—(অশি.) সিগারেটের শেষাংশ বা প্রান্তভাগ। *n.* **dog-fall**—উভয় মল্লের যুগপৎ ভূমিতে পতন। *n.* **dog°-fight**—কুকুরের লড়াই; এলোমেলো লড়াই। *n.* **dog°-fish**—ক্ষুদ্রকায় হাঙ্গরবিশেষ। **do°gged**—(1) *a.* কুকুরবৎ; থামটি মারিয়া ধরিয়া থাকে এমন; নাছোড়বান্দা; (2) *adv.* অতিশয়। **It's dogged as does it**—(কথ্য.) নাছোড়বান্দার মত লাগিয়া থাকিলে সাফল্য লাভ হয়। *n.* **do°ggie**—(শিশুদের ভাষায়) কুকুর। *a.* **do°-ggish**—কুকুরবৎ; ইতর; পাশব। **do°ggy**—(1) *a.* কুকুর-ভক্ত; কুকুরতুল্য; (2) *n.* (শিশুদের ভাষায়) কুকুর। *n.* **dog-house**—কুকুর রাখার ঘর; (আল.) হীন বা দুর্দশাগ্রস্ত অবস্থা (in the *dog-house*)। *n.* **dog°-leech**—কুকুরের চিকিৎসক। *a.* **dog°-leg(ged)**—কুকুরের পিছনের পায়ের ন্যায় বক্রপদ। *a.* **dog°-like**—কুকুরতুল্য; হীন ও অটল, অন্ধ (*dog-like* devotion)। **dog's age** —(কথ্য.) সুদীর্ঘ সময়। *n.* **dog's-body**—(অশি.) যে ব্যক্তি তাহার প্রভু বা সহকর্মীদের শ্রমসাধ্য কাজগুলি করিয়া দেয়, (তু.) কলুর বলদ। **dog's chance**—সামান্য সুযোগ। *n.* **dog's°-ear**—**dog-ear**-এর অনুরূপ। *a.* **dog°-sick**—দারুণ অসুস্থ। *n.* **dog°-sleep**—অতি পাতলা ঘুম, তন্দ্রা। *n.* **dog's°-letter**—(কুকুরের ডাকের সঙ্গে ধ্বনিসাদৃশ্য আছে বলিয়া) r-বর্ণ। *n.* **dog's-meat**—মাংসাদির যে বর্জিত অংশ কুকুরকে খাওয়ান হয়। *n.* **Dog°star**—নক্ষত্রবিশেষ, লুব্ধক। *a.* **dog°-tir°ed**—যৎপরোনাস্তি ক্লান্ত। *n.* **dog°-tooth**—নরম্যান্ স্থাপত্যশিল্পবিশেষ; (মানুষের) ছেদক দন্ত, শ্বদন্ত। *n.* **dog°-trick**—ইতর কৌশল। *n.* **dog°trot**—কুকুরের ধীর ও স্বচ্ছন্দ গতি। *n.* **dog°-watch**—বিকাল ৪টা হইতে ৬টা বা সন্ধ্যা ৬টা হইতে ৮টা পর্যন্ত (সামুদ্রিক) পোতোপরি প্রহরা। [OE. *docga*—cp. D. *dog*=a mastiff]

dogaressa—see **doge**.

doge [dōj, ডৌজ্, dō°-ja, ডৌজেই] *n.* the chief magistrate of Venice and Genoa, প্রজাতন্ত্রী ভিনিস্ ও জেনোয়ার প্রধান ম্যাজিস্ট্রেট। *fem.* **dogaressa** [dō-gŭ-re°sŭ, ডৌগারে°সা] উক্ত ম্যাজিস্ট্রেটের পত্নী। [It. <L. dux=a leader]

doggerel [do°g(a)r(a)l, ড°গর্‌ল্] (1) *n.* a verse of irregular rhythm, ছন্দের সমতাহীন কবিতা; a worthless verse, বাজে কবিতা; (2) *a.* of irregular rhythm, ছন্দের সমতাহীন; worthless, বাজে। [?]

doggo [do-gō°, ডগৌ] *adv.* (sl.) in hiding, in such a manner as to escape notice, (অশি.) লুক্কায়িতভাবে, যাহাতে নজরে না পড়ে এমনভাবে (to lie *doggo*)। [*dog* ?]

dogma [dog°-ma, ডগ্‌°ম্যা] *n.* an article of faith, esp. one laid down by ecclesiastical authority, ধর্মমত; a tenet or doctrine, মত, মতবাদ। *a.* **dogma°tic(al)**—মতবাদসংক্রান্ত; বদ্ধমূল ধারণাগত কিন্তু যুক্তিসহ নহে এমন; (সচ. যুক্তিতর্কের তোয়াক্কা না রাখিয়া) দৃঢ়ভাবে জাহির করে এমন। *n.* **dogma°tics**—খ্রিস্টীয় ধর্মমতসংক্রান্ত প্রস্তাব বা বিবৃতি; ধর্মবিজ্ঞান। *n.* **dog°matism**—মতাদি-সম্পর্কে অন্ধবিশ্বাস। *n.* **dog°matist**। *v.i.* **dog°matize**—যুক্তিতর্ক উপেক্ষা করিয়া অন্ধবিশ্বাসসহকারে স্বীয় ধারণা বা মত জাহির করা। *n.* **dog°matizer**। [Gk.]

doit [doyt, ডয়ট্] *n.* a Dutch coin, অল্পমূল্যের ওলন্দাজ মুদ্রাবিশেষ। **not to care a doit**—অতি তুচ্ছ বস্তু হিসাবে জ্ঞান করা, গ্রাহ্য না করা। [Du. *duit*]

doldrums [dol°-dramz, ডল্‌°ড্র্যাম্‌জ্] *n.* parts of the ocean near the equator where calms and light variable winds prevail, নিরক্ষরেখার নিকটবর্তী সমুদ্রের শান্ত অংশ, নিরক্ষীয় শান্তবলয়; low spirits, মন-মরা ভাব (in the *doldrums*); (of ships) becalmed state, (জাহাজের) স্থির অবস্থা। [?]

dole₁ [dōl, ডৌল্] (**1**) *n.* a share, অংশ, ভাগ; (charitable) distribution, (দানরূপে) বণ্টন বা বিতরণ; a charitable gift or alms, দান বা ভিক্ষা; state allowance to the unemployed or the indigent, (সচ. অবজ্ঞায়) বেকার বা দরিদ্রকে প্রদত্ত সরকারি ভাতা (to be or to go on the *dole*)। (**2**) *v.t.* to deal out sparingly (esp. alms), (সচ. ভিক্ষা-সম্বন্ধে) অল্প অল্প করিয়া বণ্টন করা বা বিতরণ করা। [OF. *dal*—cp. *deal*]

dole₂ [dōl, ডৌল্] *n.* pain, বেদনা; grief, শোক, দুঃখ; heaviness of heart, অন্তরবেদনা, বুক-চাপা ভাব। *a.* **dōle°ful**—বেদনাময়; শোকপূর্ণ। *adv.* **dole°fully.** । [OE. *doel*=grief]

doll [dol, ডল্] (**1**) *n.* a toy in human shape, পুতুল; a pretty, insipid woman, (সচ. জাঁকাল-ভাবে সজ্জিতা) সুন্দরী অথচ রসজ্ঞানহীনা নারী। (**2**) *v.t.i.* to dress carefully, সযত্নে সাজপোশাক পরান বা পরা (to *doll* up for a dinner party)। **do°lly**—(**1**) *n.* ক্ষুদ্র পুতুল; (অশি.) পরিচ্ছদে চালচলনে কেতাদুরস্ত আকর্ষণীয়া তরুণী। (**2**) *a.* পুতুলতুল্য; অতি সহজ (a *dolly* catch); [?]

dollar [do°-la(r), ড°ল্যা(র্)] *n.* a silver coin of U.S.A., আমেরিকা যুক্তরাষ্ট্রের মুদ্রাবিশেষ (বর্ত. প্রায় ৮৷৷৹ টাকা)। **dollar diplomacy**—রাজ্যশাসন ক্ষেত্রে ধনিকগোষ্ঠীর কূটনীতিক চাল। [G. *thaler*]

dollop [do°-lap, ড°ল্যাপ্] *n.* (coll.) shapeless lump of food, etc., (কথ্য.) খাদ্যাদির বড় আকার-হীন দলা (a *dollop* of rice)। [Norw. *dolp*= lump]

dolly—see **doll.**

dolmen [dol°-men, ডল্°মেন্] *n.* a stone table, পাথরের টেবিল; a prehistoric sepulchral stone chamber, প্রাগৈতিহাসিক যুগের প্রস্তরনির্মিত সমাধিকক্ষ। [F.]

dolour, (Am.) **dolor** [dō°-la(r), ডৌ°ল্যা(র্)] *n.* grief, শোক, দুঃখ; anguish, মর্মযন্ত্রণা। *a.* **dolorous** [do°-la-ras, ড°ল্যার‍্যাস্] শোকপূর্ণ; দুঃখপূর্ণ; মর্মযন্ত্রণাপূর্ণ। [OF.<L. *dolere*=to grieve]

dolphine [dol°-fin, ডল্°ফিন্] *n.* an animal of the whale kind, তিমিজাতীয় প্রাণিবিশেষ, শুশুক। [OF. *daulphin*]

dolt [dōlt, ডৌল্ট্] *n.* a dull or stupid fellow, স্থূলবুদ্ধি বা বোকা লোক। *a.* **dōl°tish**—স্থূলবুদ্ধি, বোকা। [?—cp. *dull*]

domain [dŏ-mān°, ডোমেইন্°] *n.* what one is master of or has dominion over, (কাহারও) অধিকৃত বা আয়ত্ত বা শাসিত বিষয় অথবা বস্তু; estate, জমিদারি; territory, রাজ্য; jurisdiction, এলাকা। [F. *domaine*]

dome [dōm, ডৌম্] (**1**) *n.* a rounded vault, গোলাকার গম্বুজ; (poet.) a mansion, (কাব্যে) অট্টালিকা। (**2**) *v.t.* to furnish with a dome, গোল গম্বুজবিশিষ্ট করা। *a.* **dō°med**—গোল গম্বুজ-যুক্ত। *a.* **dō°my**—গোল গম্বুজাকার; গোল গম্বুজ-তুল্য। [L. *domus*=a house]

Domesday—alt. spell. of **doomsday.**

domestic [dŏ-mes°-tik, ডোমেস্°টিক্] (**1**) *a.* of the house, or household or the family, গৃহ বা ঘরকন্না বা পরিবার সংক্রান্ত, গার্হস্থ্য, সাংসারিক, পারিবারিক; remaining much at home, ঘর-কুনো; private, গুপ্ত, ঘরোয়া; tame, বাধ্য, পোষা, গৃহপালিত (*domestic* animal); not foreign, স্বদেশী (*domestic* trade, market, news, etc.); home-made, গৃহজাত। (**2**) *n.* a household servant, বাড়ির চাকর, গৃহকর্মে নিযুক্ত ভৃত্য। **domestic economy**—সুষ্ঠুভাবে সাংসারিক ব্যয়-নির্বাহের প্রণালী। **domestic science**—গার্হস্থ্য-বিজ্ঞান। *adv.* **dŏmes°tically**। *v.t.* **dŏmes°ticāte**—পারিবারিক বা গার্হস্থ্য করান; সুপরিচিত করান; ঘরকুনো করা; বশ বা পোষ মানান। *a.* **dŏmes°ticātėd**—সাংসারিক জীবনেই পরিতৃপ্ত; ঘরকুনো; পোষ-মানা (dog was perhaps the first animal to be *domesticated*)। *n.* **dŏmesticā°tion**। *n.* **domesticity** [dō-mes-ti°-si-ti, ডৌমেস্টি°সিটি] গার্হস্থ্য-জীবন; ঘরকুনো জীবন; গৃহ-জীবন; সংসার-জীবন; (in *pl.*) গার্হস্থ্য-ব্যবস্থা। [L. *domesticus*<*domus*=a house]

domicile [do°-mi-sīl, ড°মিসাইল্] (**1**) *n.* a dwelling-place, বাসস্থান, বাসা; home, স্বগৃহ; permanent residence, স্থায়ী নিবাস। (**2**) *v.t.i.* to establish or settle down in a fixed residence, স্থায়িভাবে নিবাসিত করা বা হওয়া। *a.* **do°miciled**—স্থায়িভাবে নিবাসিত। *a.* **domici°liary**—স্থায়ী নিবাস বা নিবাসন সংক্রান্ত। *v.t.* **domici°liāte**—স্থায়ী নিবাস স্থাপন করা। *p.* & *p. pt.* **domici°liātėd**। *n.* **domiciliā°tion**। [F. <L. *domicilium*<*domus*=a house]

dominance, dominant—see **dominate.**

dominate [do°-mi-nāt, ড°মিনেইট্] *v.t.i.* to be lord over, প্রভুত্ব করা বা কর্তৃত্ব করা; to govern, শাসন করা; to prevail over, প্রভাববিস্তার বা আধিপত্য করা; to tower over, অন্যদের ছাপাইয়া ওঠা; overlook, উপর হইতে চাহিয়া দেখা; to be the most conspicuous amongst, বিশিষ্টতম হওয়া। *p.* & *p. pt.* **do°minātėd**। *n.* **dominance** [do°-mi-nans, ড°মিন্যান্স্] কর্তৃত্ব; প্রভাব; সর্বোচ্চতা; প্রাধান্য। *a.* **do°minant**—কর্তৃত্বপূর্ণ; প্রভাবশালী; সর্বোচ্চ; বিশিষ্টতম, প্রধান। *n.* **dominā°tion**—শাসন; কর্তৃত্ব; সার্বভৌম শাসন; স্বৈর-শাসন। *n.* **do°minātor**—শাসক, কর্তা; নিয়ন্ত্রক প্রভাব। [L. *dominari*]

domineer [do-mi-nē(r)°, ডমিনিয়্যা(র্)°] *v.i.* to rule arbitrarily, খেয়ালখুশিমাফিক শাসন করা;

to command haughtily, উদ্ধতভাবে আদেশ করা ; to be overbearing, দাম্ভিক হওয়া। *a.* **domineer°ing**—দাম্ভিক ; উদ্ধত। [Du. *domineren* < OF. *dominer*]

dominical [dŏ-mi°-nik(a)l, ডোমি°নিক্‌ল্] *n.* of the Lord (Christ), প্রভু (খ্রিস্ট) সম্বন্ধীয়। **dominical letter**—দেওয়ালপঞ্জিতে যে সাতটি অক্ষরদ্বারা (A হইতে G) রবিবারসমূহ চিহ্নিত করা হয় তাহাদের যে কোনটি। [LL. *dominicalis* < *dominus*=lord]

Dominican [dŏ-mi°-ni-kan, ডোমি°নিক্যান্] (1) *a.* of St. Dominic, খ্রিস্টীয় সাধু ডমিনিক-সংক্রান্ত বা তাঁহার অনুগামী। (2) *n.* a Dominican friar, ডমিনিকের সম্প্রদায়ভুক্ত সাধু (ইঁহারা কৃষ্ণ-পরিচ্ছদধারী বলিয়া **Black Friars** নামেও পরিচিত)।

dominie [do°-mi-ni, ড°মিনি] *n.* a schoolmaster, বিদ্যালয়ের শিক্ষক, স্কুলমাস্টার। [L. *domine*=Sir (*voc.*)]

dominion [da-mi°-ni-an, ড্যামি°নিয়্যান্] *n.* lordship, কর্তৃত্ব, প্রভুত্ব ; মালিকানা ; sovereignty, আধিপত্য, রাজত্ব ; a domain or territory, রাজ্য বা সম্পত্তি ; a self-governing colony, স্বায়ত্তশাসিত উপনিবেশ (*dominion* of Canada)। **dominion status**—অধীন রাষ্ট্রের পূর্ণ স্বায়ত্তশাসনাধিকার। [LL. *dominionis*]

domino [do°-mi-nō, ড°মিনৌ] *n.* a hooded cape of a priest, পুরোহিতের টুপিওয়ালা লম্বা আলখিল্লাবিশেষ ; a hooded cloak worn at masked balls or its wearer, আত্মপরিচয় লুকাইয়া বল-নাচে অর্থাৎ যৌথ নৃত্যে নাচিবার সময়ে যে ঘোমটাওয়ালা আলখিল্লা পরা হয় বা উক্ত আলখিল্লা-পরিহিত ব্যক্তি ; a kind of indoor-game, পৌরক্রীড়াবিশেষ ; a card game, তাস-খেলাবিশেষ। [Sp.]

domy—see **dome.**

don$_1$ [don, ডন্] *v.t.* to do or arrange, করা বা সাজান ; to put on, পরিধান করা ; to assume, ধারণ করা। *pr. pt.* **do°nning** ; *p. & p. pt.* **do°nned**। [*do, on*]

Don$_2$ [don, ডন্] *n.* a Spanish title, corresponding to Sir, Mr., 'শ্রীযুক্ত' 'মহাশয়' প্রভৃতির সদৃশ স্পেইনদেশীয় খেতাববিশেষ ; a Spanish gentleman, স্পেইনদেশীয় ভদ্রলোক ; a distinguished person ; সম্ভ্রান্ত ব্যক্তি ; an adept, বিশারদ ব্যক্তি ; a member of college or university staff, কলেজ বা বিশ্ববিদ্যালয়ের শিক্ষকবৃন্দের অন্যতম। *fem.* **Doña** [do°-niŭ, ড°নিয়া], **Donna** [do°-nŭ, ড°না]। *n. fem.* **dona(h)** [dō°-na, ডৌ°ন্যা] প্রেয়সী, প্রিয়তমা। *a.* **do°nnish**—সম্ভ্রান্ত ব্যক্তির ন্যায় অহঙ্কারী। [Sp.]

donation [dŏ-nā°sh(a)n, ডোনেই°শ্‌ন্] *n.* act of giving or a gift, দান। *v.t.* **dōnāte°**—দান করা। **dō°native**—(1) *n.* দান ; বৃত্তি ; প্রতিষ্ঠাতা বা পৃষ্ঠপোষকের দান ; (2) *a.* দানরূপে প্রদত্ত বা প্রদেয়। *n.* **donor** [dō°-naw(r), ডৌ°ন্য(র্)] দাতা। *n.* **donatory** [dō°-na-t(a)ri, ডৌ°ন্যাট্‌রি], **donee** [dō-nē°, ডৌনী°] দানগ্রাহক। [F. < L. *donare*=to give]

done—see **do** I **have done**—থাম ; থামাও। আর ঘাঁটাইও না বা ঘাঁটাঘাঁটি করিয়ো না। **(to) have done with**—(কর্ম সম্পর্ক প্রভৃতি) ত্যাগ করা বা শেষ করা।

donee—see **donation.**

donkey [dong°-ki, ডং°কি] *n.* an ass, গাধা ; a fool, স্থূলবুদ্ধি লোক। *n.* **do°nkey-engine**—জাহাজে মাল বোঝাই ও খালাস করার কাজে ব্যবহৃত ছোট এনজিনবিশেষ। *n.* **don°key-work**—ক্লান্তিকর কাজ। [?]

donjon [don°-jan, ডন্‌°জ্যান্ ; dun°-jan, ডান্‌°জ্যান্] *n.* a large strongly fortified tower, (দুর্গাদির) বড় এবং সুরক্ষিত মিনার। [arch. spell. of *dungeon*]

Donna, donnish—see **Don**$_2$.

donned, donning—see **don**$_1$.

donor—see **donation.**

don't [dōnt, ডৌন্ট্] contr. of **do not.**

doodle [dōōd°l, ডূড্‌°ল্] *v.i.* to scrawl meaninglessly, হিজিবিজি কাটা। *n.* **doodlebug**—(অশি.) একধরনের বোমা বা ক্ষেপণাস্ত্র। [?]

doolie [dōō°-li, ডু°লি] *n.* a litter, ডুলি ; a palanquin, পালকি। [Hind. *dōli*=a litter]

doom [dōōm, ডুম্] (1) *n.* judgment, রায় ; condemnation, শাস্তিদান ; নরকভোগ, দোজখ-নাজেল ; destiny, নিয়তি, ভাগ্যলিপি ; ruin, সর্বনাশ ; final judgment, (ঈশ্বর কর্তৃক মৃতদের আত্মাসমূহের) শেষবিচার। (2) *v.t.* to pronounce judgment on, (কাহারও প্রতি) রায় দেওয়া ; to sentence, দণ্ড দেওয়া ; to condemn, নরকে পাঠান, দোজখ নাজেল করা ; to destine, ভাগ্য-নির্দেশ করা। *a.* **dōō°med**—দণ্ডপ্রাপ্ত। *n.* **Dōōms°day**—শেষবিচারের দিন, রোজ-কেয়ামত। [OE. *dom*]

door [daw(r), ড(র্)] *n.* the usual entrance into a house, room, city, etc., দ্বার, দরজা, দুয়ার ; a frame for closing up the entrance, কপাট ; a means of entrance, প্রবেশপথ। **from door to door**—দ্বারে দ্বারে, বাড়ি বাড়ি (to beg *from door to door*)। **out of doors**—ঘরের বাহিরে, খোলা জায়গায়। **the open door**—সর্বজনের পক্ষে বাণিজ্য করার সমান সুযোগ ; অবাধ বা শুল্কমুক্ত বাণিজ্য। *a.* **open-door**—সর্বজনকে বাণিজ্য করার সমান সুযোগদায়ক (*open-door* policy)। **two (three, four,** etc.) **doors off**—দুইখানা (তিনখানা চারখানা প্রভৃতি) বাড়ি পরে। **with closed doors**—রুদ্ধদ্বার কক্ষে অর্থাৎ বাহিরের লোককে প্রবেশ করিতে না দিয়া, গোপনে। **within doors**—গৃহমধ্যে, বাড়ির ভিতরে। **(to) lay something at one's door**—কাহাকেও কোন কিছুর জন্য দায়ী

করা। **(to) lie at one's door**—(কাহারও প্রতি) সরাসরিভাবে আরোপযোগ্য হওয়া। **(to) show one the door**—বাড়ি হইতে তাড়াইয়া দেওয়া। *n.* **door°-bell**—দ্বারসংলগ্ন যে ঘণ্টা বাজাইয়া আগন্তুকগণ গৃহস্থকে ডাকে। *n.* **door°-cāse, door°-frāme**—দরজার ফ্রেম বা চৌকাঠ। *n.* **door°handle**—দরজার হাতল। *n.* **door°-keeper**—দরোয়ান, দ্বাররক্ষী। *n.* **door°-mat**—পাপোশ। *n.* **door°-nail**—যে বাড়ির সবাই মরিয়া নির্বংশ হইয়া গিয়াছে সে বাড়ির দরজায় যে পেরেক পোঁতা হয়। **dėad as a door-nail**—নিঃসন্দেহে বা নিশ্চিত মৃত। *n.* **door°-plāte**—বাড়ির দরজায় আটকান গৃহস্থের নাম-লেখা ফলক। *n.* **door°-pōst**—কপাটের পার্শ্বস্থ কাঠ। **deaf as a door-post**—সম্পূর্ণ বধির, বদ্ধ কালা। *n.* **door°-sill**—দরজার চৌকাঠের নিম্নস্থ কাঠ বা গোবরাট। *n.* **door°-step**—বাড়ির দরজার সামনে সিঁড়ির ধাপ। *n.* **door°way**—প্রবেশপথ। [OE. *duru* (fem.),*dor* (neut.)—cp. G. *tur, tor,* Sans. *dwar*]

dope [dōp, ডৌপ্] (**1**) *n.* a thick liquid, ঘন তরল পদার্থ; lubricant, চর্বি তেল প্রভৃতি লেপনীয় দ্রব্য; aeroplane varnish, বিমানপোতে লেপনের জন্য বার্নিশ; opium, আফিম; drug, (সচ. নিদ্রাকর্ষী) মাদকদ্রব্য; information, তথ্য, সংবাদ; a fool, মূর্খ লোক। (**2**) *v.t.i.* to administer dope or take it, মাদকদ্রব্য প্রয়োগ করা বা সেবন করা। *p.* & *p. pt.* **dō°ped** | **dope fiend**—মাদকদ্রব্যাদিতে আসক্ত ব্যক্তি, নেশাখোর। **(to) dope out**—আবিষ্কার করা। **do°pey, do°py**—(অশি.) মাদকদ্রব্যাদি সেবনের ফলে আচ্ছন্ন বা হতচেতন; নির্বোধ, বোকা। [Du. *doop*=sauce]

dor [daw(r), ড্য(র্)] *n.* a kind of dung-beetle, গুবরে পোকাবিশেষ, নারকুলে পোকা (?)। [OE. *dora*<?]

Dorian [daw°-ri-an, ড্য°রিঅ্যান্] (**1**) *a.* of Doris, গ্রীসের অন্তর্গত ডরিস্-প্রদেশের। (**2**) *n.* a native of Doris, ডরিসের অধিবাসী। **Doric** [do°-rik, ড°রিক্] (**1**) *a.* ডরিস্-প্রদেশের; ডরিস্-প্রদেশের ভাষাসংক্রান্ত; (**2**) *n.* গ্রীসের অন্যতম উপভাষা বা প্রাদেশিক ভাষা। **Dorian mode**—প্রাচীন গ্রীক সঙ্গীতের (সাদাসিধা অথচ উচ্চভাবপূর্ণ) প্রণালীবিশেষ। [L. *Dorius*<Gk. *Dorios*<*Doris*]

dormant [daw(r)°mant, ড্য(র্)°ম্যান্ট্] *a.* sleeping, ঘুমন্ত, সুপ্ত; not yet animated, এখনও অচেতন; undeveloped, অপরিবর্ধিত; lying inactive, অক্রিয় (a *dormant* volcano); unused, in abeyance, অব্যবহৃত, অপ্রচলিত, রহিত (*dormant* title)। *n.* **dor°mancy**—সুপ্তাবস্থা; অচেতনাবস্থা; অপরিবর্ধিত বা অক্রিয় অবস্থা; অপ্রচলন। [F.]

dormitory [daw(r)°-mit-ri, ড্য(র্)°মিট্রি] *n.* a large sleeping-room with several beds, কতিপয় শয্যা-সংবলিত বৃহৎ শয়নকক্ষবিশেষ; a suburb where city-workers dwell, যে শহরতলিতে নগরের শ্রমিকরা বাস করে। [L. *dormitorium*<*dormire*=to sleep]

dormouse [daw(r)°-mows, ড্য(র্)°মাউস্] *n.* a rodent, নেংটি ইঁদুর ও কাঠবিড়ালের সহিত সাদৃশ্যযুক্ত প্রাণিবিশেষ। *pl.* **dormice** [daw(r)°-mīs, ড্য(র্)°মাইস্]। [L. *dormire*=to sleep, *mouse* ?]

dorsal [daw(r)°-s(a)l, ড্য(র্)°স্‌ল্] *a.* of the back, পৃষ্ঠসংক্রান্ত, পৃষ্ঠদেশীয়, পৃষ্ঠ্য। *adv.* **dor°sally** | [L. *dorsum*=the back]

dory [daw°-ri, ড্য°রি] *n.* a flat-bottomed small boat, (প্রধানতঃ উত্তর আমেরিকার কড়্‌শিকারিদের) চেপটা তলিওয়ালা ছোট নৌকাবিশেষ। [?]

dose [dōs, ডৌস্] (**1**) *n.* the quantity of medicine to be taken at one time, ঔষধের একবারে সেব্য মাত্রা, এক দাগ; (sl.) venereal disease, (অশি.) যৌনব্যাধি। (**2**) *v.t.* to give in doses, এক-এক মাত্রা করিয়া প্রয়োগ করা; to give doses to, মাত্রার দাগ কাটিয়া ঔষধ দেওয়া। *p.* & *p. pt.* **dō°sed** | **dō°sage**—ঔষধের মাত্রা স্থিরীকরণ বা দাগ কাটা অথবা উহার প্রণালী; ঔষধের বিধিসম্মত মাত্রা। [F.<Gk. *dosis*=a giving]

doss [dos, ডস্] (**1**) *n.* a bed, শয্যা, বিছানা; a sleeping-place, ঘুমাইবার স্থান। (**2**) *v.i.* to sleep, to go to bed, ঘুমান (to *doss* down in a lodging-house)। *n.* **doss°-house**—বাসাবাড়ি (যেখানে রাত্রিবাসের জন্য বিছানা ভাড়া পাওয়া যায়)। [see *dorsal*]

dossier [do°-si-ā, ড°সিএই, do°-sēr(r), ড°সিয়্যা(র্)] *n.* a set of documents (concerning some person or matter), (কাহারও বা কোন বিষয় সম্পর্কে) দলিলগুচ্ছ। [F.]

dost—see **do.**

dot [dot, ডট্] (**1**) *n.* a small spot, ফুটকি, বিন্দু। (**2**) *v. t.* to mark with a dot, ফুটকি দেওয়া। *pr. pt.* **do°tting** | *p.* & *p. pt.* **do°ttėd** | **on the dot**—(কথ্য.) ঠিক নির্দিষ্ট মুহূর্তে। *a.* **do°ttėd, do°tty**—ফুটকি-দ্বারা চিহ্নিত বা গঠিত; ফুটকিওয়ালা; (কথ্য.) নির্বোধ; পাগলাটে, বাতিকগ্রস্ত। *n.* **dott°le**—ধূমপানের পর পাইপে বা কলিকায় যে আ-পোড়া তামাক অবশিষ্ট থাকে। [OE. *dott*=head of a boil—cp. Du. *dot*=a little lump]

dotage, dotard—see **dote.**

dote [dōt, ডৌট্] *v.i.* to be weakly affectionate, মাত্রাধিকরূপে বা মূর্খের ন্যায় অনুরাগী হওয়া, ভালবাসায় অন্ধ হওয়া (to *dote,* on or upon a person)। *p.* & *p. pt.* **dō°tėd** | *n.* **dō°tage**—মাত্রাধিক অনুরাগ, অন্ধ ভালবাসা; বার্ধক্যে শিশুসুলভ ভাব, ভীমরতি। *n.* **dō°tard**—যে ব্যক্তি মাত্রাধিকভাবে বা অন্ধের ন্যায় ভালবাসে; ভীমরতিগ্রস্ত বৃদ্ধ। *adv.* **dō°tingly** | [?]

doth—see **do.**

dott(e)rel [do°tr(a)l, ড°ট্‌র্‌ল্] *n.* a kind of plover, টিট্টিভবিশেষ: কেহ ধরিতে আসিলেও ইহা

বোকার মত নিশ্চল থাকিয়া ধরা পড়ে ; a fool, বোকা লোক। [< *dote*]

dottle, dotty—see **dot.**

double [dub°l, ডাব্°ল্] (**1**) *a.* twofold, দ্বিভাগ-বিশিষ্ট, দ্বিধাবিভক্ত ; twice as much, দ্বিগুণ ; in pairs, যুগ্ম, জোড়া ; paired, যুগল ; fit for two, দুইজনের উপযুক্ত (*double*-bedded) ; acting two contrary parts, দুই বিরোধী ভূমিকায় অভিনয়কারী ; insincere, আন্তরিকতাহীন, কপট ; folded once, একভাঁজ-করা। (**2**) *adv.* twice, দ্বিগুণিত হইয়া, দুইবারে ; in pairs, জোড়ায় জোড়ায়, যুগলে মিলিয়া ; insincerely, আন্তরিকতাশূন্যভাবে, কপটভাবে। (**3**) *v.t.* to multiply by two, দুই দিয়া গুণ করা, দ্বিগুণ করা ; to make twofold, দ্বিধাবিভক্ত করা ; to be double of, (কিছুর) দ্বিগুণ হওয়া ; to be a substitute for or a counterpart of, (কিছুর বা কাহারও) স্থানাপন্ন বা সদৃশ হওয়া ; (in card games) to double the scoring value of, (তাসখেলায়) পয়েনট প্রভৃতি দ্বিগুণিত করা ; to fold, ভাঁজ করা ; to clench, মুঠ করা (to *double* one's fist)। (**4**) *v.i.* to become double, দ্বিগুণ হওয়া ; to turn sharply back on one's course in running, ছুটিতে ছুটিতে হঠাৎ উলটা দিকে ফিরিয়া দৌড়ান ; to act as a substitute, স্থানাপন্ন বা বদলি হিসাবে কাজ করা। (**5**) *n.* a quantity twice as much, দ্বিগুণ পরিমাণ ; a pair, জোড়া, যুগল ; a win or a defeat in two events of the same programme, একই প্রতি-যোগিতার দুইটি বিভাগে জয় বা পরাজয় ; a duplicate, প্রতিনিধি, প্রতিরূপ, জুড়ি ; a game between two pairs, দুই জোড়া প্রতিযোগীর মধ্যে (টেনিস ব্যাড-মিনটন) প্রভৃতি খেলা (mixed doubles) ; a quick pace, দ্রুতগতি ; a turning upon one's course, ছুটিতে ছুটিতে ঘুরিয়া প্রত্যাবর্তন ; a trick, ছল, কৌশল, চাতুরি। **(to) double back**—পিছনের দিকে বা উলটা দিকে ভাঁজ করা অথবা দুমড়ান ; (গ্রেফতারাদি এড়াইবার জন্য) উলটা দিকে ফিরিয়া দ্রুতবেগে দৌড়ান। **(to) double up**—দুই ভাঁজ করা ; নুইয়া বা ঝুঁকিয়া পড়া ; ছুটিতে ছুটিতে হঠাৎ ফিরিয়া সবেগে প্রত্যাবর্তন করা ; অন্যের সহিত অংশ-ভাগ করিয়া লওয়া। *a.* **doub°le-ba°rrelled**—(বন্দুক-সম্বন্ধে) দোনলা। *n.* **doub°le-bāss°**—বেহালা-জাতীয় বাদ্যযন্ত্রবিশেষ। *a.* **doub°le-bed-dėd**—দুইজনের শয়নোপযোগী। *a.* **doub°le-breas°tėd**—(জামা বা কোট সম্বন্ধে) বুকের দিকে লম্বালম্বিভাবে দুইপাশেই আটকান যায় এমন। *v.t.* **double-check°**—ভুলভ্রান্তি এড়াইবার উদ্দেশ্যে দুইবার খতাইয়া দেখা। **doub°le-cross°**—(**1**) *n.* (প্রতিদ্বন্দ্বী) উভয় পক্ষের সহিতই বিশ্বাসঘাতকতা। (**2**) *v.t.* ঐরূপ বিশ্বাসঘাতকতা করা। *p.* & *p. pt.* **doub°le-cro°ssėd**। *n.* **doub°le-dea°ler**—প্রতারক ; শঠ। *n.* **doub°le-dealing**—প্রতারণা ; শঠতা। *n.* **doub°le-de°cker**—দোতলা গাড়ি বাড়ি প্রভৃতি। *a.* **doub°le-dyed°**—গাঢ়ভাবে রঞ্জিত ; (দুষ্কর্মাদিতে) অনুদ্ধারণীয়রূপে নিমগ্ন। *a.* **doub°le-e°dged**—দুইদিকেই ধারবিশিষ্ট। *n.* **doub°le-en°-try**—জমাখরচের খাতায় প্রতিটি আদান-প্রদান দুইস্থানে লিপিবদ্ধ করার নিয়মবিশেষ। *a.* **doub°le-eyed**—অতি তীক্ষ্ণদৃষ্টিসম্পন্ন। *a.* **doub°le-fāced**—কপট, ভণ্ড ; ভণ্ডামিপূর্ণ ; মিথ্যা। *n.* **doub°le-first°**—Oxford-বিশ্ববিদ্যালয় কর্তৃক গণিতে এবং গ্রীক ও ল্যাটিন ভাষার জন্য প্রদত্ত প্রথম শ্রেণীর স্নাতক-উপাধি ; উক্ত উপাধিপ্রাপ্ত ব্যক্তি। *a.* **doub°le-hear°tėd**—বিশ্বাসঘাতক ; কপট। *a.* **doub°le-lockėd**—দুই তালা দিয়া বা দুই খিল দিয়া রুদ্ধ। **double meaning**—দ্ব্যর্থক শব্দ বা উক্তি। *a.* **doub°le-mīn°dėd**—দ্বিধাগ্রস্ত। *n.* **doub°lenėss**। **doub°-le-quick°**—(**1**) *adv.* প্রায় ছুটিয়া ; অতি দ্রুতবেগে ; (**2**) *n.* প্রায় ধাবন-তুল্য বেগ ; অতি দ্রুত বেগ। *n.* **doub°ler**। *n.* **doub°le-talk**—যে উক্তির আপাত-অর্থের পিছনে বিপরীতার্থক প্রকৃত অর্থটি লুকান থাকে, (তু.) ব্যাজস্তুতি। *a.* **doub°le-ton°gued**—দ্বিজিহ্ব ; দ্বিধাবিভক্ত জিহ্বাবিশিষ্ট ; (আল.) একমুখে দুই কথা বলে এমন ; প্রতারক, শঠ। *adv.* **doub°ly**। [OF. *doble* < L. *duplus*]

double entendre [dōō°-blŭn-tŭn°dr, ডাব্লা°-টা°ড্র্] *ph.* an ambiguous word or phrase, দ্ব্যর্থক শব্দ বা উক্তি। [F.]

doublet [dub°-lit, ডাব্°লিট্] *n.* a close-fitting garment for the upper part of man's body, পুরুষের আঁটো জামাবিশেষ ; that which is repeated or duplicated, পুনরাবৃত্ত বস্তু বা অবিকল প্রতিমূর্তি ; one of a pair, জোড়ার একটি, জুড়ি (বিশেষতঃ একই উৎস হইতে উৎপন্ন কিন্তু ভিন্ন অর্থ-বিশিষ্ট শব্দদ্বয়ের অন্যতর—e.g. *balm*, *balsam*)। [OF. = dim. of *double*]

doubloon [dub-lōōn°, ডাব্লূন্°] *n.* the Spanish gold coin, স্পেইন্-দেশীয় স্বর্ণমুদ্রা। [Sp. *doblon*]

doubly—see **double.**

doubt [dowt, ডাউট্] (**1**) *v.i.* to be uncertain, অনিশ্চিত বা সন্দিহান হওয়া ; to hesitate, দ্বিধাগ্রস্ত হওয়া। (**2**) *v.t.* to hesitate to believe or accept, বিশ্বাস করিতে বা মানিয়া লইতে ইতস্ততঃ করা ; to distrust, অবিশ্বাস করা ; to question the truth of, সত্যতা সম্বন্ধে সংশয় প্রকাশ করা (to *doubt* the truth or validity of a report) ; to suspect, সন্দেহ করা। *p.* & *p. pt.* **doub°-tėd**। (**3**) *n.* uncertainty of opinion, ধারণার অনিশ্চয়তা, দ্বিধা ; suspicion, সন্দেহ ; distrust, অবিশ্বাস। **beyond** or **past (all) doubt**—সন্দেহাতীত, নিঃসন্দেহ। **doubting Thomas**—সন্দেহবাদী বা নাস্তিক। **in doubt**—সন্দেহযুক্ত ; সন্দিহান। **no doubt**—নিঃসন্দেহে ; নিশ্চয়ই ; অবশ্যই। **no room for doubt**—সন্দেহের

অবকাশ নাই। **without (a) doubt**—নিঃসন্দেহে; নিশ্চিতভাবে। **(to) make no doubt**—কোন সন্দেহ না করা; নিশ্চিত থাকা। **(to) throw doubt upon**—(কিছুর) নিশ্চয়তা বা বিশ্বাস্যতা সম্বন্ধে সন্দেহ জাগান। *a.* **doubt°ful**—সংশয়াপন্ন, দ্বিধাগ্রস্ত; অনিশ্চিত; অস্পষ্ট; (খ্যাতি সুনাম ইত্যাদি সম্বন্ধে) সন্দেহজনক (a man of doubt°ful character)। *adv.* **doubt°fully** । *n.* **doubt°fulness** । **doubt°less**—(1) *a.* দ্বিধাহীন, নিঃসন্দেহ। (2) *adv.* নিঃসন্দেহে, সম্ভবতঃ। [OF. *douter*]

douceur [dōō-sa(r)°, ডুস্যা(র্)°] *n.* gratuity, আর্থিক পুরস্কার, আনুতোষিক; bribe, ঘুস। [F.]

douche [dōōsh, ডুশ্] (1) *n.* a jet of water applied to the body for medicinal purpose, চিকিৎসার্থ দেহের উপরে বা অভ্যন্তরে সিঞ্চিত জল, ডুশের জল; an apparatus for applying douche, ডুশ দিবার যন্ত্র, ডুশ। (2) *v.t.* to apply douche, ডুশ দেওয়া। [F.<It. *doccia*=a water-pipe]

dough [dō, ডৌ] *n.* kneaded flour or meal, মাখা ময়দাদির তাল; (sl.) money, (অশি.) টাকা-কড়ি। *n.* **dough°nut**—ময়দা ও চিনি সহযোগে প্রস্তুত বড়াজাতীয় পিঠাবিশেষ। *n.* **dough°inėss** । *a.* **dough°y**—ময়দার তালের মত নরম। [OE. *dah*—cp. ON. *deig*]

doughty [dow°-ti, ডাউ°টি] *a.* able, সক্ষম; strong, বলবান্; valiant, শৌর্যশালী, সাহসী; formidable, দুর্দম। *adv.* **dough°tily** । *n.* **dough°tinėss** । [OE. *dyhtig*, *dohtig*—cp. G. *tuchtig*]

dour [doo°-a(r), ডু°য়্যা(র্)] *a.* stubborn, জেদি, দুর্দমনীয়; grim, রুক্ষ; severe, কঠোর (*dour* looks)। *n.* **dour°nėss** । [L. *durus*=hard]

douse [dows, ডাউস্] *v.t.* (naut.) to lower, (জাহাজের পাল) নামান; to put out, to extinguish, নিভান; to throw water over, (কিছুর) উপরে জল ছিটান; to drench, জলসিক্ত করা। *p.* & *p. pt.* **dou°sed** । **(to) douse the glim**—(অশি.) আলো নেভান। *n.* **dou°ser**—সিনেমার অভিক্ষেপ-যন্ত্রের আলোকপ্রবেশরোধার্থ কপাটবিশেষ। [?]

dove [duv, ডাভ্] *n.* a kind of pigeon, ঘুঘু, বনকপোত; a term of endearment, (প্রধানতঃ প্রণয়িনীকে) আদরসূচক সম্বোধনবিশেষ; an emblem of piety and innocence, ধার্মিকতার ও পবিত্রতার প্রতীকবিশেষ; (coll.) members of group furthering the cause of peace, (কথ্য.) শান্তি-বাদী গোষ্ঠীর সদস্য (বিপ. **hawk**)। *n.* **dove°-colour**—ঈষৎ ধূসর ঈষৎ নীল ও ঈষৎ গোলাপী বর্ণের মিশ্রণ। *a.* **dove°-colour(ed)**—ঈষৎ ধূসর ঈষৎ নীল ও ঈষৎ গোলাপি বর্ণবিশিষ্ট। *n.* **dove°-cot, dove°-cōte**—ঘুঘুর বাসা; পায়রার খোপ। **(to) flutter the dovecots**—সংস্কারমুগ্ধ জনসাধারণকে চঞ্চল করিয়া তোলা। *a.* **dove°-eyed**—মিটিমিটি চক্ষুযুক্ত বা চাহনিযুক্ত; নম্রনেত্র। *a.* **dove°-like**—ঘুঘুবৎ; নির্দোষ ও পবিত্র। *n.* **dove's-foot**—পুষ্পবিশেষ। **dove°tail**—(1) *n.* ছুতোরদের তক্তা জুড়িবার পদ্ধতিবিশেষ; উক্ত জোড়; (2) *v.t.i.* উক্ত পদ্ধতিতে জোড়া দেওয়া; (পরিকল্পনাদি) একত্র জুড়িয়া দেওয়া (to *dovetail* one plan with another)। [OE. *dufe*—cp. *taube*]

dow—alt. spell. of **dhow.**

dowager [dow°-a-ja(r), ডাউ°অ্যাজ্যা(র্)] *n.* a widow with title or property derived from her dead husband, মৃত স্বামীর খেতাব বা সম্পত্তি ভোগকারিণী বিধবা; a widow's title to distinguish her from the wife of her late-husband's heir, মৃত স্বামীর উত্তরাধিকারীর পত্নী হইতে পৃথক্ করিয়া বুঝাইবার জন্য বিধবার খেতাব-বিশেষ; (coll.) a distinguished elderly lady, (কথ্য.) সম্ভ্রান্তা বর্ষীয়সী মহিলা। [OF. *douagere*]

dowdy [dow°-di, ডাউ°ডি] (1) *n.* a woman in shabby clothes, রুচির বালাই নাই এমন পরিচ্ছদ-পরিহিতা স্ত্রীলোক। (2) *a.* shabbily dressed, অপরিপাটি পরিচ্ছদ-পরিহিতা; shabby and ill-shaped, (পোশাক-সম্বন্ধে) অপরিপাটি, বেঢপ। *adv.* **dow°dily** । *n.* **dow°dinėss** । [?]

dowel [dow°-al, ডাও°অ্যাল্] (1) *n.* headless pin or peg for fastening two pieces of wood, metal, etc. together, কাষ্ঠখণ্ড ধাতুনির্মিত দ্রব্যাদি একত্র জুড়িবার দুইদিকে ছুঁচাল মুখওয়ালা পেরেক বা পিনবিশেষ। (2) *v.t.* to fasten two pieces of wood etc. with headless pin or peg, পিনদ্বারা কাষ্ঠখণ্ডাদি জুড়িয়া দেওয়া। [G. *dobël*=a plug]

dower [dow°-a(r), ডাউ°অ্যা(র্)] (1) *n.* dowager's property, মৃত স্বামীর নিকট প্রাপ্ত বিধবার সম্পত্তি; a dowry, যৌতুক। (2) *v.t.* to bestow a dowry upon, যৌতুক দেওয়া। [OF. *douaire*]

down₁ [down, ডাউন্] *n.* a sand bank thrown up by the sea, বালিয়াড়ি; a treeless upland, নিষ্পাদপ উচ্চভূমি; (in *pl.*) an undulating upland tract of pasture-land, পশুচারণের জন্য অসমতল উচ্চভূমি। [OE. *dun*=a hill<Celt.]

down₂ [down, ডাউন্] *n.* soft feathers, নরম পালক। *a.* **dow°ny**—পালকাবৃত; পালকে নির্মিত। [OE. *dunn*=cp. G. *daune*]

down₃ [down, ডাউন্] (1) *adv.* below, নিচে; downstairs, নিচের তলায়, সিঁড়ির নিচে; to a defeated, subjugated, silenced or fallen state, পরাজিত দমিত নীরব বা অধঃপতিত অবস্থায়; in adversity, দুর্দশায়; at a disadvantage, অসুবিধায়; ill, মন্দভাবে বা মন্দাবস্থায়; on the spot, সঙ্গে সঙ্গে; in cash, নগদে। (2) *a.* going or directed towards a lower position or level, নিম্নগামী, নিম্নাভিমুখ; depressed, হতোদ্যম, নিরাশ। (3) *prep.* through or by or along; মধ্য দিয়া, পার্শ্ব দিয়া, বরাবর। (4) *n.* a reverse of fortune, ভাগ্যবিপর্যয়। (5) *v.t.* to knock or throw or set down, আঘাত করিয়া বা ছুড়িয়া ভূপাতিত করা, মাটিতে রাখা; to put down, নামাইয়া রাখা; to overthrow, পরাস্ত করা। **down under**—বিপরীতপৃষ্ঠে। **down with**—শয্যাগত (*down with* fever); নামাইয়া রাখা; গিলিয়া ফেলা; ধিক্ ধিক্; শেষ কর বা খতম কর (*down with* the traitor)। **cash** (or **money**) **down**—নগদ টাকা দিয়া ক্রয়। **(to) be down and out**—(মুষ্টিযুদ্ধে) ভূপাতিত হওয়ার পর প্রতিযোগিতায় অংশগ্রহণ করিতে অক্ষম হওয়া; (আল.) জীবনসংগ্রামে পরাজিত হওয়া; (আল.) বেকার ও নির্ধন থাকা। **(to) be down on**—(কাহারও প্রতি) বিদ্বিষ্ট হওয়া। **(to) down tools**—ধর্মঘট করা; (শ্রমিক কর্তৃক) কাজ বন্ধ করা। *a.* **down°cast, down°-hear°tėd**—হতোদ্যম; হতাশ; মনমরা। *n.* **down°fall**—পতন; অধঃপতন; সর্বনাশ; ব্যর্থতা। *v.t.* **down°grāde°**—নিম্নতর পদে বা শ্রেণীতে নামাইয়া দেওয়া। *p.* & *p. pt.* **down°grā°dėd**। **down°hill**—(1) *a.* & *adv.* পর্বতের উতরাই-বরাবর; (2) *n.* উতরাই। *n.* **down°pour**—প্রবলবর্ষণ, ধারাবৃষ্টি। **down°right**—(1) *a.* পুরাদস্তুর, পাকা (*downright* rogue); স্পষ্ট, ডাহা (a *downright* lie); (2) *adv.* পুরাদস্তুরভাবে; সুস্পষ্টভাবে। *adv.* **downstairs°**—সিঁড়ির নিচে, নিচের তলায়। **down°stream**—(1) *a.* স্রোতে ভাসন্ত; ভাটির অভিমুখ; (2) *adv.* স্রোতে ভাসিয়া; ভাটির অভিমুখে। *n.* **down°throw**—নিক্ষেপ, নিক্ষিপ্ত অবস্থা। **down town**—নগরের কেন্দ্রস্থলে। **down train**—কেন্দ্রী স্টেশন ছাড়িয়া ধাবমান রেলগাড়ি। *a.* **down°trodden**—পদদলিত; নিপীড়িত। *a.* **down°ward**—নিম্নাভিমুখ; মোহনাভিমুখ; সেকাল বা পুরাতন হইতে একালের বা নূতনের দিকে আগমনকারী; নিম্নাংশস্থিত। *adv.* **down°ward(ṡ)**—নিম্নাভিমুখে; উৎস হইতে মোহনার দিকে; সেকাল বা পুরাতন হইতে একালের বা নূতনের দিকে; নিম্নাংশে। [ME. *a-down, adun*<OE. *of dune* =from the hill]

downy—see **down$_2$**.

dowry [dow°-ri, ডাউ°রি] *n.* a gift or endowment which a woman brings to her husband, যৌতুক। [see *dower*]

dowse—alt. spell. of **douse**.

dowsing [dow°-zing, ডাউ°জ়িং] *n.* search for underground water or metals by using a Y-shaped rod, Y-আকারের নলের সাহায্যে ভূগর্ভস্থ জল বা ধাতুর সন্ধান। *n.* **dow°ṡer**—উক্ত সন্ধানকারী। [?]

doxology [dok-so°-la-ji, ডক্‌স°ল্যাজি] *n.* glory to God, গির্জায় প্রার্থনাকালে ঈশ্বরের মহিমাকীর্তন। *a.* **doxo°logical**। [Gk. *doxa*=glory, *logos* =discourse]

doxy$_1$ [dok°-si, ডক্°সি] *n.* a vulgar woman, ইতর স্ত্রীলোক। [?]

doxy$_2$ [dok°-si, ডক্°সি] *n.* opinion (esp. on theology), (বিশে. ঈশ্বরতত্ত্ব সম্বন্ধে) মতবাদ বা মতামত ('orthodoxy is my *doxy*, heterodoxy is another man's *doxy*')। [Gr. *doxa*=opinion]

doyen [dwī°-ēn, ড্যোয়াইঁ°ঈ] *n.* dean, শিক্ষাপ্রতিষ্ঠানাদির বিভাগীয় অধ্যক্ষ, ডীন; a senior member, (শিক্ষাপ্রতিষ্ঠান, কূটনীতিক সংস্থা, প্রভৃতির) পুরাতন সদস্য। [F.<L. *decames*]

doze [dōz, ডৌজ়্] (1) *v.i.* to sleep drowsily, ঝিমান। (2) *n.* a short light sleep, তন্দ্রা। *n.* **dō°zer**। *a.* **dō°zy**—তন্দ্রাচ্ছন্ন; ঝিমাইতেছে এমন। *n.* **dō°zinėss**। [cp. D. *dose*]

dozen [du°zn, ডা°জ়্‌ন্] *n.* a set of twelve, বারটি, তিন গণ্ডা। *pl.* (পূর্বে সংখ্যা থাকিলে) **do°zen,** (অন্যথায়) **do°zenṡ** (two *dozen* pens, *dozens* of hens)। **a long dozen**—তেরটি। **(to) talk nineteen to the dozen**—অনবরত কথা বলা। [OF. *dozeine*<L. *duodecim*]

dozy—see **doze.**

drab$_1$ [drab, ড্র্যাব্] *n.* a slut, নোংরা বা ইতর স্ত্রীলোক; a whore, বেশ্যা। [Geal. *drabag* ?)

drab$_2$ [drab, ড্র্যাব্] (1) *n.* a thick grey cloth, ধূসরবর্ণ মোটা কাপড়বিশেষ; a dull brown colour, নিষ্প্রভ বাদামী বর্ণ, মেটে রঙ্; dullness, নীরসতা। (2) *a.* of the drab colour, মেটে রঙের; dull and monotonous, নীরস ও একঘেঁয়ে (a *drab* existence)। *adv.* **drab°ly**.। *n.* **drab°nėss**। [F. *drap*=cloth ?]

drabble [drab°l, ড্র্যাব্°ল্] *v.t.* to besmear, লেপন করা, নিষিক্ত করা। [Low G. *drappus*—cp. *drape*]

drachm [dram, ড্র্যাম্] *n.* a drachma, প্রাচীন গ্রীক মুদ্রাবিশেষ; a dram, $\frac{1}{16}$ আউন্স্-পরিমাণ ওজন। [see *drachma*]

drachma [drak°-ma, ড্র্যাক্°ম্যা] *n.* an ancient Greek weight or coin, প্রাচীন গ্রীসের ওজনবিশেষ বা মুদ্রাবিশেষ। [Gk. *drachme*]

draconian [dra-kō°-ni-an, ড্র্যাকৌ°নিঅ্যান্] *a.* (of law) extremely severe and cruel, (আইন সম্বন্ধে) অতিশয় কঠোর ও নির্মম (*draconian* measures or code)। [*Drakōn* (621 B.C.)= an Athenian legislator]

draff [draf, ড্র্যাফ্] *n.* dregs, শিটা। [?]

draft$_1$—alt. spell. of **draught** (*n.*).

draft$_2$ [drŭft, ড্র্যাফ্‌ট্] (1) *n.* anything drawn, যাহা টানা হইয়াছে বা হইতেছে; the selecting of a smaller body from a larger one, বৃহৎ দল হইতে একটি ক্ষুদ্র দল বাছাই-করা; the body so selected or a member of it, উক্তভাবে নির্বাচিত দল বা তদন্তর্ভুক্ত ব্যক্তি; an order for the payment of money, হুণ্ডি; a demand, দাবি; an order, ফরমাশ; a plan, পরিকল্পনা; a preliminary sketch, মুসাবিদা, খসড়া, (পরি.) পূর্বলেখ, পাণ্ডুলেখ। (2) *v.t.* to draw an outline of,

(কিছুর বা কোন) খসড়া করা বা নকশা আঁকা ; to select a draft, বৃহৎ দল হইতে (কোন) ক্ষুদ্রতর দল বাছাই করা ; to detach, পৃথক্ করা । *p.* & *p. pt.* **draf°tėd** । *n.* **drafts°man**—নকশা-আঁকিয়ে ; পূর্বলেখক, পাণ্ডুলেখক । *n.* **drafts°manship** । [see *draught*]

drag [drag, ড্র্যাগ্] (**1**) *v.t.i.* to draw or move forcibly or slowly or heavily, (প্রধানতঃ মাটির উপরে দাগ ফেলিয়া) হেঁচড়াইয়া লইয়া যাওয়া বা ক্লান্তিভরে হেঁচড়াইয়া চলা । (**2**) *v.t.* to trail, (প্রধানতঃ কুকুর কর্তৃক গন্ধ শুঁকিয়া) অনুসরণ করা ; to explore with a drag-net, টানা-জাল ফেলিয়া অনুসন্ধান করা ; to harrow, জমিতে মই দেওয়া । (**3**) *v.i.* to be drawn forcibly or slowly along, হেঁচড়াইয়া বাহিত হওয়া ; to be very slow and tedious, অতিশয় মন্থর ও ক্লান্তিকর হওয়া । *pr. pt.* **dra°gging** । *p.* & *p. pt.* **dra°gged** । (**4**) *n.* anything dragged, যাহা হেঁচড়াইয়া লওয়া হইয়াছে বা হইতেছে ; an act of dragging, হেঁচড়ানি ; a drag-net, টানা-জাল ; a heavy harrow, কৃষিকার্যে ব্যবহৃত ভারী মই ; a trail of scent, পিছনে ফেলিয়া যাওয়া যে গাত্রগন্ধ (প্রধানতঃ কুকুরদিগকে) অনুসরণে সাহায্য করে ; an obstacle to progress, উন্নতির বা অগ্রগতির পথে অন্তরায়, বাধা । **(to) drag on**—ক্লান্তিকরভাবে চলিতে থাকা । **(to) drag one's feet**—ইচ্ছাপূর্বক মন্থরগতিতে (কাজ) করা, (কাজে) গড়িমসি করা । **(to) drag up a child**—সন্তানাদি অযত্নে প্রতিপালন করা । *n.* **drag°-net**—মাছ ধরার জন্য টানা-জাল । [OE. *dragan* < ON. *draga*—see *draw*]

draggle [drag°l, ড্র্যাগ্°ল্] *v.t.i.* to make or become wet and dirty, as by trailing, মাটির উপর দিয়া হেঁচড়াইয়া লইবার বা চলিবার ফলে সিক্ত ও মলিন করা অথবা হওয়া । *n.* **dragg°le-tail**—নোংরা পোশাক পরিহিতা নারী । [see *drag*]

dragoman [dra°gŏ-man, ড্র্যা°গোম্যান্] *n.* an interpreter, (প্রধানতঃ মধ্য-এশিয়ার) দোভাষী । *pl.* **dragomans** । [F. < Ar. *tarjuman*]

dragon [dra°g(a)n, ড্র্যা°গ্ন্] *n.* a fabulous monster, (সচ. নির্দিষ্ট ধনসম্পদ্‌রক্ষায় নিযুক্ত) পক্ষল ও আঁশ-যুক্ত এবং নিঃশ্বাসের সহিত অগ্নি-নিঃসারক হিংস্র পৌরাণিক দানববিশেষ ; a frightful or watchful person, ভয়াবহ বা সতর্ক ব্যক্তি ; a paper-kite, ঘুড়িবিশেষ ; a species of lizards, insects, etc., একপ্রকার বৃহদাকার সরীসৃপ পতঙ্গ প্রভৃতি (*dragon-fly*) ; a species of plants, লাল রঙের আঠা-নিঃস্রাবী বৃক্ষবর্গ । *n.* **dra°gon's-blood**—বৃক্ষবিশেষ হইতে প্রাপ্ত রক্তবর্ণ আঠাল নির্যাস ; ইহা রঞ্জনকার্যে ব্যবহৃত হয় । *n.* **dra°gon-fly**—গয়াল-পোকা । *n.* **dra°gon(s)-head**—বৃহদাকার বাঁধাকপি মূলা প্রভৃতি । *n.* **dra°gon-tree°**—রক্তবর্ণ আঠাল নির্যাস-স্রাবী বৃক্ষবিশেষ । [F. < Gk. *drakon*]

dragoon [dra-gōōn°, ড্র্যাগূন্°] (**1**) *n.* an old musket, প্রাচীন বন্দুকবিশেষ ; a heavy cavalryman, গুরুভার বর্মে ও অস্ত্রে সজ্জিত অশ্বারোহী সৈনিক । (**2**) *v.t.* to harass or compel by military persecution, সামরিক (বা সশস্ত্র) উৎপীড়নদ্বারা হয়রান করা বা বাধ্য করা । [see *dragon*]

drail [drāl, ড্রেইল্] *n.* fish-hook and line weighted with lead, সীসা-বাঁধা সুতাসহ বড়শি । [comb. of *draggle* and *trail* (?)]

drain [drān, ড্রেইন্] (**1**) *v.t.* to draw off by degrees, (তরল দ্রব্যাদি) একটু একটু করিয়া নিষ্কাশন করা ; to filter, পরিস্রুত করা ; to make or drink dry, পান করিয়া শুকাইয়া ফেলা ; to exhaust, শেষ করিয়া বা ফুরাইয়া ফেলা । (**2**) *v.i.* to flow off gradually or by degrees, ক্রমে ক্রমে বা একটু একটু করিয়া নিষ্কাশিত হওয়া ; to discharge, বিচ্ছুরিত বা ক্ষরিত বা নিঃসৃত হওয়া । (**3**) *n.* a watercourse, জলস্রোত ; a channel for escape of liquid, তরলপদার্থ-নিষ্কাশনের জন্য নালা ; a ditch, খানা ; a sewer, নর্দমা, পয়োনালী ; exhausting expenditure, যে খরচে সম্পদাদি নিঃশেষিত হয়, ধনাদি-শোষণ । **brain drain**—কারিগরি-বিদ্যা ও বিজ্ঞানে শিক্ষাপ্রাপ্ত ব্যক্তিগণের অধিক উপার্জন বা সুযোগের আশায় বিদেশগমন, মগজ-চালান । **down the drain**—অপচিত, অপব্যয়িত । *n.* **drai°nage**—নিষ্কাশন ; নিষ্কাশনের পথ বা ব্যবস্থা । *n.* **drai°nage-bāsin**—যে অঞ্চলের ময়লা বা বাড়তি জলাদি কোন নির্দিষ্ট নদীতে গিয়া পড়ে । *n.* **drain°-pīpe**—(ময়লা) জল প্রভৃতি নিষ্কাশনের নল ; নর্দমার নল । **drain-pipe trousers**—চোস্ত ট্রাউজার-বিশেষ । [OE. *dreahnian*]

drake [drāk, ড্রেইক্] *n.* the male of the duck, পুরুষ পাতিহাঁস । *n.* **drāke°-(stōne)**—যে চেপটা পাথর ছুড়িয়া দিলে জলের উপর দিয়া তর্‌তর্ করিয়া ছুটিয়া যায় । [?]

dram [dram, ড্র্যাম্] *n.* **drachm**-এর সংক্ষেপ ; a kind of alcoholic drink, সুরাবিশেষ । [see *drachm*]

drama [drŭ°-ma, ড্রা°ম্যা] *n.* a literary composition for stage-play, দৃশ্যকাব্য, নাটক ; stage-play, অভিনয় ; a series of interesting events, চমকপ্রদ ঘটনাপ্রবাহ । *a.* **dramatic** [dra-ma°-tik, ড্র্যাম্যা°টিক্], **drama°tical**—নাটকীয় ; নাটকোচিত ; চমকপ্রদ । *n.* (*pl.* in form but treated as *sing.*) **drama°tics**—অভিনয়ের জন্য রচিত পালা বা নাটক ; নাট্যাভিনয় ; নাট্যকলা । **dramatis personæ** [dra°-ma-tis pa(r)-sō°nē, ড্র্যা°ম্যাটিস্ প্যা(র্)সৌ°নী] নাটকোল্লিখিত চরিত্রাবলী, কুশীলব । *n.* **drama°tist** [dra°-ma-tist, ড্র্যা°ম্যাটিস্‌ট্] নাট্যকার । *v.t.* **dramatize** [dra°-ma-tīz, ড্র্যা°ম্যাটাইজ্] নাট্যরূপ দান করা, নাটকাকারে লেখা । *n.* **drama°tizātion** । [L. & Gk.]

dramaturge [dra°-ma-ta(r)j, ড্র্যা°ম্যাট্যা(র্)জ্] *n.* a playwright, নাট্যকার । *n.* **dra°matŭrgy**—নাটক-রচনা রীতি বা সূত্র ; নাট্যশিল্প । [F.]

drank—see **drink.**

drape [drāp, ড্রেইপ্] *v.t.* to cover or adorn as with cloth, বস্ত্রাদি-দ্বারা ঢাকা বা সাজান। *p.* & *p. pt.* **drā°ped** । *n.* **drā°per**—বস্ত্রব্যবসায়ী। *n.* **drā°pery**—বিক্রয়ার্থ জামাকাপড় ; ঝালরাদি ; বস্ত্রব্যবসায়। [OF. *draper*]

drastic [dras°tik, ড্র্যাস্°টিক্] *a.* violent, প্রচণ্ড ; severe, কঠোর ; (med.) strongly purgative, (চিকি.) তীব্র রেচক। *adv.* **dras°tically** । [Gk. *drastikos*]

drat [drat, ড্র্যাট্] (**1**) *v.t.* confound, চুলোয় যাক, আ মলো যা। (**2**) *int.* an exclamation to express vexation, বিরক্তিসূচক অব্যয়। [from *god* and *rot*]

draught$_1$—alt. spell. of **draft$_2$** (*v.*).

draught$_2$ [drŭft, ড্রাফ্ট্] *n.* drawing, টানিয়া লওয়া ; a pull, টান ; attraction, আকর্ষণ ; the thing or quantity drawn, যে বস্তু বা পরিমাণ টানিয়া লওয়া হইয়াছে ; act of drinking, পান ; the quantity drunk in one breath, এক ঢোক বা চুমুক (to drink at a *draught*) ; a dose, মদের বা ঔষধের মাত্রা ; a preliminary sketch, খসড়া, নকশা ; that which is taken in a net by one drawing, মাছ-ধরা জালের এক খেপে যাহা ধরা পড়িয়াছে ; a chosen detachment, বাছাই-করা লোকের একটি দল ; a current of air, এক দমক বাতাস ; depth of water a ship draws, জাহাজ চালাইবার জন্য নদ্যাদির প্রয়োজনীয় গভীরতা ; (in *pl.*) an indoor game, দাবাজাতীয় পৌরক্রীড়াবিশেষ। **(to) feel the draught**—(প্রধানতঃ আর্থিক) মুশকিল অনুভব করা। *n.* **draught°-animal, draught°-horse,** etc.—গাড়ি-টানা বা ভারবাহী পশু ঘোড়া প্রভৃতি। *n.* **draught°-board**—ড্রাফ্ট্-খেলার জন্য ছক-কাটা তক্তা। *n.* **draught°net**—মাছ ধরবার জন্য টানা-জাল। *n.* **draughts°-man**—ড্রাফ্ট্-খেলার ঘুঁটি ; ড্রাফ্ট্-খেলোয়াড় ; নকশা-অঙ্কনকারী বা মুসাবিদা-কারী (cp. **draftsman**)। [OE. *draht* < *dragan* = to draw]

Dravidian [dra-vi-di°-an, ড্র্যাভিডি°অ্যান্] (**1**) *n.* a non-Aryan race or their language, দ্রাবিড়জাতি বা দ্রাবিড়ভাষা। (**2**) *a.* of the Dravidian or their language, দ্রাবিড়জাতি বা দ্রাবিড়ভাষা সংক্রান্ত। [Sans. *Dravida*]

draw [draw, ড্র] (**1**) *v.t.* to pull, টানা ; to drag, টানিয়া বা হেঁচড়াইয়া লইয়া যাওয়া ; to bring forcibly towards or after one, সবলে কাহারও (বা কিছুর) অভিমুখ বা অনুসারী করা ; to pull back, টানিয়া ফেরান ; to contract, সঙ্কুচিত করা ; (to *draw* muscles) ; to attract, আকর্ষণ করা ; to entice, প্রলুব্ধ করা ; to take at random from a number, (সচ. লটারির জন্য) বাছবিচার না করিয়া গাদার মধ্য হইতে তুলিয়া লওয়া ; to get by lot, লটারিতে পাওয়া ; to inhale, নিঃশ্বাস বাতাস প্রভৃতি গ্রহণ করা (to *draw* breath or air) ; to cause to flow out, নিঃসারিত করা ; to bring out, বাহির করিয়া আনা ; to extract, নির্যাসাদি বাহির করা ; to pull through, অভ্যন্তরে ঢোকান (to *draw* thread through the eye of a needle, to *draw* the blade through one's heart) ; to deduce, (কিছু হইতে) সিদ্ধান্ত করা ; to take from a source, কিছু (উৎস) হইতে গ্রহণ করা (to *draw* water from a well) ; to unsheathe, কোষমুক্ত করা ; to take out, বাহির করিয়া লওয়া (to *draw* wine) ; to lengthen, প্রলম্বিত করা, বাড়ান ; to force to appear, উপস্থিত হইতে বাধ্য করান ; to trace or describe or shape, অঙ্কন করা বা বর্ণনা করা বা গঠন করা (to *draw* a circle or a character) ; to write out, লেখা বা রচনা করা ; to demand (as by a cheque), (চেক্ হুণ্ডি প্রভৃতির দ্বারা) দাবি করা ; to withdraw, ওঠান, তোলা (to *draw* money from a bank) ; to require as depth of water for floating, (সচ. পোতাদি-সম্পর্কে) ভাসিবার জন্য জলের গভীরতার প্রয়োজন বোধ করা ; to finish without winning or losing, (ক্রীড়াদিতে) সমান-সমান হওয়া। (**2**) *v.i.* to pull, টানা ; to move, চলা, নড়া (to *draw* near) ; to approach, সমীপস্থ হওয়া, নিকটে যাওয়া ; to practise drawing, চিত্রাঙ্কন করা ; to make one's way, পথ করিয়া লওয়া ; to resort, আশ্রয় লওয়া ; to allow a free current (of air etc.), (বাতাসাদির) প্রবাহ অবাধে আসিতে দেওয়া ; to draw a card, sword, lot, etc., তাস তরবারি লটারির টিকেট প্রভৃতি টানিয়া লওয়া বা টানিয়া বাহির করা ; to finish a game without winning or losing it, ক্রীড়াদিতে সমান-সমান হওয়া। *p.* **drew** [droo, ড্রু] । *p. pt.* **drawn** । (**3**) *n.* act of drawing, টান ; an attraction, আকর্ষণ ; anything drawn, যাহা টানা হইয়াছে ; assignment by lot, লটারি-দ্বারা ভাগ্যনির্দেশ বা ভাগনির্দেশ ; a drawn game, যে খেলায় উভয় প্রতিদ্বন্দ্বী পক্ষই সমান-সমান হইয়াছে, অমীমাংসিত খেলা (the game ended in a *draw*)। **(to) draw back**—হটিয়া বা পিছাইয়া আসা ; টানিয়া ফেরান বা সরান। **(to) draw first breath**—জন্মগ্রহণ করা। **(to) draw in**—সঙ্কুচিত করা বা হওয়া। **(to) draw it fine**—একেবারে যথাযথ হওয়া অর্থাৎ একটুও না বাড়াইয়া চুলচেরাভাবে বলা। **(to) draw it mild**—অতিরঞ্জন না করা। **(to) draw last breath**—মারা যাওয়া। **(to) draw near**—নিকটবর্তী বা সমীপস্থ হওয়া অথবা করান। **(to) draw off**—পিপা প্রভৃতি হইতে নিঃসৃত করা ; সরিয়া বা পিছাইয়া যাওয়া ; সরাইয়া দেওয়া। **(to) draw on**—নিকটস্থ বা সমীপস্থ হওয়া। **(to) draw on** or **upon**—ব্যাঙ্ক মহাজন প্রভৃতির উপরে চেক হুণ্ডি ইত্যাদি কাটিয়া দেওয়া ; (কাহারও বিশ্বাস ধৈর্য সম্বল প্রভৃতির উপরে) জোর খাটান ; (কাহাকেও লক্ষ্য করিয়া তরবারি পিস্তলত) প্রভৃতিউদ্যত করা, তাক করা।

(to) draw out—সৈন্যাদি সজ্জিত করা; মিষ্ট বাক্যাদিদ্বারা ভুলাইয়া কথা বলিতে প্রলুব্ধ করান, মুখ খোলান। **(to) draw the cloth** or **board** or **table**—ভোজনশেষে টেবিল সাফ করা। **(to) draw applause**—(পরের মুখে) প্রশংসা ধ্বনিত করান। **(to) draw tears**—(পরের) চক্ষু হইতে জল বাহির করা। **(to) draw a comparison** or **parallel (between)**—(উভয়ের মধ্যে) সাদৃশ্য বর্ণনা করা। **(to) draw a distinction (between)**—(উভয়ের মধ্যে) প্রভেদ বর্ণনা করা। **(to) draw the teeth of**—অনিষ্ট করার ক্ষমতা হরণ করা, নিরীহ করা। **(to) be Quick on the draw**—ঝট্ করিয়া অস্ত্র খাপমুক্ত করা। *n.* **draw°-bridge**—যে সেতু তুলিয়া রাখা যায়; অপসারণীয় সেতু; দুইজনের উপযুক্ত তাসের ব্রিজ্ খেলা। *n.* **drawee°**—যাহার নামে চেক হুণ্ডি প্রভৃতি কাটা হয়। *n.* **draw°er**—যে টানে বা আকর্ষণ করে; হোটেলাদিতে সুরাপরিবেশনকারী পরিচারক; দেরাজ (a chest of *drawers*); নিম্নাঙ্গের অন্তর্বাসবিশেষ, আণ্ডারউইঅ্যার। *n.* **draw°ing**—চিত্রাঙ্কন; লটারি প্রভৃতি দ্বারা ভাগ্য-নির্দেশ বা ভাগনির্দেশ; টান, আকর্ষণ। *n.* **draw°-ing-master**—চিত্রাঙ্কন-শিক্ষক। *n.* **draw°ing-paper, draw°ing-pen, draw°ing-pencil**—যথাক্রমে চিত্রাঙ্কনের কাগজ কলম পেনসিল। *n.* **draw°ing-tāble**—পাটাতনাদি টানিয়া যে টেবিলকে বাড়ান যায়। *n.* **draw°-net**—মাছ ধরার জন্য টানা-জাল। *n.* **draw°sheet**—রোগীর পিঠের নিচে যে অয়েলক্লথ্ প্রভৃতি দেওয়া হয়। *n.* **draw°-well**—গভীর পাতকুয়া। [OE. *dragan*—cp. *drag*]

drawback [draw°-bak, ড্র°ব্যাক্] *n.* a disadvantage, অসুবিধা; anything that impairs or lessens satisfaction, যে কারণে পূর্ণ আনন্দ বা তৃপ্তি লাভ করা যাইতেছে না, অপূর্ণতা; refund of import duty when goods are re-exported, আমদানী-কৃত মাল পুনরায় রপ্তানীর কালে আমদানী-শুল্কের প্রত্যর্পণ। [*draw, back*]

drawing-room$_1$ [draw°-ing-room, ড্র°ইংরুম্] *n.* a room for drawing plans, patterns, etc., নকশাদি অঙ্কনের জন্য নির্দিষ্ট কক্ষ। [*draw, room*]

drawing-room$_2$ [dro°-ing-room, ড্র°ইংরুম্] *n.* a room for retirement after dinner or for reception of guests, ভোজনশেষে বিশ্রামের জন্য বা অতিথিদের অভ্যর্থনার জন্য কক্ষ, বৈঠকখানা। [ori. *withdrawing room*]

drawl, [drawl, ড্রল্] (**1**) *v.t.i.* to speak with indolent or affected slowness, আলস্যভরে বা কায়দা করিয়া টানিয়া টানিয়া কথা বলা। (**2**) *n.* a slow utterance, উক্তভাবে কথন। *n.* **draw°ler**। *adv.* **daw°lingly**। [see *draw*]

dray [dra, ড্রেই] *n.* a cart for heavy loads, ভারী বোঝা বহনার্থ ঠেলাগাড়িবিশেষ। *n.* **dray°-man**—যে ব্যক্তি উক্ত গাড়ি ঠেলে বা চালায়, ঠেলা-ওয়ালা। [cp. *draw, drag*]

dread [dread, ড্রেড্] (**1**) *n.* great fear, মহা আতঙ্ক; an object of awe, ভীতিপ্রদ বা ভয়ঙ্কর কিছু। (**2**) *v.t.* to fear greatly, ভীষণ ভয় করা। *a.* **drea°dėd**—ভীষণ ভয় করা হয় এমন, আশঙ্কার বা আতঙ্কের বিষয়ীভূত। *a.* **dread°ful**—ভয়ঙ্কর; বিরক্তিজনক, খুব খারাপ (*dreadful* weather)। *n.* **dread°fulnėss**। *n.* **dread°nought**—অকুতোভয় ব্যক্তি; শক্তিশালী রণতরিবিশেষ। [ME. *dreden* <OE. *ondrædan*=to fear<ON. *ondreda*]

dream [drēm, ড্রীম্] (**1**) *n.* a vision during sleep, স্বপ্ন; any idle fancy or desire, অলীক কল্পনা বা কামনা (to *dream* of or about a bright future)। (**2**) *v.i.t.* to see a dream, স্বপ্ন দেখা; to experience in a dream, স্বপ্নে দেখা; to fancy or long (for), কল্পনা করা বা কামনা করা। *p.* & *p. pt.* **dreamed, dreamt** [dremt, ড্রেম্ট্]। *n.* **drea°mer**—স্বপ্নদর্শী; কল্পনাপ্রবণ বা ভাবুক ব্যক্তি। *n.* **dream°hōle**—বুরুজ মিনার প্রভৃতিতে আলো আসিবার জন্য উহার প্রাচীরগাত্রস্থ গর্ত বা গবাক্ষ। *adv.* **dream°ingly**। *n.* **dream°-land, dream°world**—স্বপ্নরাজ্য; কল্পনারাজ্য। *a.* **dream°lėss**—স্বপ্নহীন। *a.* **dream°līke**—স্বপ্নবৎ। *a.* **drea°my**—স্বপ্নময়; স্বপ্নিল; স্বপ্নবৎ; স্বপ্নপ্রবণ; স্বপ্নমাখা, ভাসা-ভাসা (*dreamy* eyes)। *adv.* **drea°mily**। *n.* **drea°minėss**। [ME. *dre(a)m*]

dreary [drē(r)°-i, ড্রিয়্যার্°ই], (poet.) **drear**—*a.* gloomy, বিষণ্ণ; cheerless, নিরানন্দ। *adv.* **drear°ily**। *n.* **drear°inėss**। [OE. *dreorig* =mournful]

dredge [drej, ড্রেজ্] (**1**) *n.* an apparatus for hauling up oysters, mud, etc., from the bottom of the sea or river, সমুদ্রের বা নদীর তলদেশ ঝাঁটাইয়া শুক্তি কর্দম প্রভৃতি তুলিবার জন্য যন্ত্রবিশেষ। (**2**) *v.t.* to bring up or clean out with a dredge, উক্ত যন্ত্রদ্বারা উত্তোলন করা বা পরিষ্কার করা। *n.* **dre°dger**—যে ব্যক্তি উক্ত যন্ত্রদ্বারা উত্তোলন করে বা পরিষ্কার করে; উক্ত যন্ত্র। [cp. *draw, drag*]

dree [drē, ড্রী] *v.t.* (arch.) to endure, (আর্ষ.) সহ্য করা। **(to) dree one's weird**—আপন অদৃষ্টফল সহ্য করিয়া যাওয়া। [OE. *dreogan*=to suffer]

dreggy—see **dregs.**

dregs [dregz, ড্রেগ্জ্] *n. pl.* sediments, তলানি, গাদ; the vilest part, নিকৃষ্ট অংশ (the *dregs* of society)। *a.* **dre°ggy**—তলানিপূর্ণ; পঙ্কিল। **to the dregs**—শিটামাত্র অবশিষ্ট রাখিয়া; (আল.) নিঃশেষে। [ON. *dregg*]

drench [drensh, ড্রেন্শ্] (**1**) *v.t.* to fill with drink or liquid, পানীয়ে বা সুরায় বা তরল পদার্থে

পূর্ণ করা ; to make one drink largely, প্রচুরভাবে পান করান ; to wet thoroughly, পুরাদস্তুরভাবে সিক্ত করা ; to physic by force, (জন্তুকে) জোর করিয়া ঔষধ সেবন করান। *p.* & *p. pt.* **dren°ched** । (2) *n.* a draught, এক ঢোক বা চুমুক ; a dose of medicine to be taken orally, পানীয় ঔষধের মাত্রা। *n.* **dren°cher**—drench (*v.*)-এর সকল অর্থে, এবং বিশেষতঃ—যে বৃষ্টি সম্পূর্ণ ভিজাইয়া দেয় ; জোর করিয়া ঔষধ সেবন করানর যন্ত্র। [OE. *drencan*=to cause to drink—see *drink*]

dress [dress, ড্রেস্] (1) *v.t.* to straighten, সোজা করা ; to smooth, মসৃণ করা ; to place in order, বিন্যস্ত করা ; to prepare, প্রস্তুত করা ; to prepare for cooking or to cook, (মাংসাদি) রন্ধনার্থ প্রস্তুত করা বা রন্ধন করা (to *dress* a fowl) ; to finish (clothes), (পোশাকাদি) ইস্ত্রি করা ; to trim, (চুল প্রভৃতি) ছাঁটা ; to treat (wound), (ক্ষতাদি) পরিষ্কার করিয়া পটী দিয়া বাঁধা ; to clothe, পোশাক পরান ; to provide clothes for, পরিধেয় বস্ত্রাদি যোগান (it costs a lot to *dress* one's family nowadays) ; to adorn or equip, সাজান ; to chide, তিরস্কার করা ; to thrash, আছড়ান বা পিটান। (2) *v.i.* to come into line, সারিতে আসিয়া দাঁড়ান ; to put on clothes, পোশাক পরা ; to put on finer or more formal clothes, পোশাকি জামাকাপড় পরা। *p.* & *p. pt.* **dre°ssed,** (sometimes) **drest** । (3) *n.* clothing, পোশাক ; formal clothing, পোশাকি বা সরকারী জামাকাপড়, ধড়াচূড়া। **evening dress**—সামাজিক সান্ধ্যভোজ সান্ধ্যোৎসব প্রভৃতিতে পরিধেয় পোশাক। **(to) dress down**—তীব্র তিরস্কার করা ; আচ্ছামত প্রহার করা, (তু.) শায়েস্তা করা। **(to) dress up**—পোশাকি কাপড়-চোপড় পরা ; (বিশেষ অনুষ্ঠানাদি উপলক্ষে) সাজ..গোজ করা। *n.* **dress°-circle**—রঙ্গালয়াদিতে ক্রমোন্নত-ভাবে স্থাপিত আসনশ্রেণীর প্রথম সারি। *n.* **dress°-coat**—পুরুষের পরিধেয় কৃষ্ণবর্ণ কোটবিশেষ। *n.* **dre°sser**—বেশকার, সজ্জাকর ; চিকিৎসাশাস্ত্রের যে ছাত্র ক্ষতাদি পরিষ্কার করে ; রঙ্গালয়াদিতে নট-নটীদের বেশকার ; রন্ধনার্থ মাংসাদি কাটার টেবিল ; যে ব্যক্তি (চুল প্রভৃতি) ছাঁটে বা বিন্যাস করে (hair-*dresser*)। *n.* **dre°ssing**—dress (*v.*)-এর সকল অর্থে এবং—সজ্জা ; পোশাক ; অলঙ্করণ ; অলঙ্কার ; ক্ষতাদি বাঁধার পটী ; ইস্ত্রির জন্য পোশাকাদিতে প্রদত্ত মাড় বা ঐ জাতীয় বস্তু ; রান্নার মসলাদি। *n.* **dre°ssing-gown**—আটপৌরে (অর্থাৎ পুরা পোশাক পরার আগে পরিধেয়) গাউনবিশেষ। *n.* **dre°ssing-room**—সাজপোশাক পরার ঘর, বস্ত্র-পরিবর্তনের ঘর। *n.* **dre°ssing-tāble**—সাজসজ্জা করার জন্য আয়নাওয়ালা টেবিল। *n.* **dress°-māker**—পোশাক-প্রস্তুতকারক। *n.* **dress°-rehearsal**—যথোচিত পোশাকাদি পরিয়া নাটকাভিনয়ের পূর্ণাঙ্গ মহলা। *a.* **dre°ssy**—সাজ-পোশাকপ্রিয়, বাবুগিরিতে রপ্ত ; (পোশাক-সম্বন্ধে) কেতা-দোরস্ত। [OF. *dresser*=to prepare]

dressage [dre°-süj, ড্রে°সাজ্] *n.* horse-training, খেলা দেখাইবার জন্য অশ্বাদির শিক্ষা বা তালিম। [F.]

drest—see **dress.**

drew—see **draw.**

dribble [drib°l, ড্রিব্°ল্] (1) *v.i.t.* to fall or let fall in small drops, ফোঁটায় ফোঁটায় ঝরা বা ঝরান, টুপ্‌টাপ্ করিয়া পড়া বা ফেলা ; (in football) to carry (the ball) gradually forward by kicking it tactfully, (ফুটবলে) কৌশলে (বল) কাটাইয়া লইয়া যাওয়া। (2) *v.i.* to slaver, লালা ঝরান। (3) *n.* drops dribbled down, ঝরিয়া পড়া ফোঁটাসমূহ। *n.* **drib(b)°lėt**—(সচ. টাকা-কড়ির) সামান্য পরিমাণ, ছিঁটাফোঁটা। *n.* **dribb°ler** । [obs. *drib*—cp. *drip*]

dried, drier—see **dry.**

drift [drift, ড্রিফ্‌ট্] (1) *n.* a driving, চালনা, তাড়না ; a heap of matter driven together by the current, একত্র প্রবাহতাড়িত বস্তুসমূহ, সম্প্রপাত, সম্প্রবাহ ; a driving shower or streaming movement, প্রপাত, প্রবাহ, স্রোত ; leeway, বায়ু যেদিকের লক্ষ্যে বহে সেই দিক্, অনুবাত দিক্ ; passive movement with the current, হাল-ছাড়াভাবে স্রোতে ভাসিয়া যাওয়া ; abandonment, হাল-ছাড়া বা উদাসী ভাব ; waiting inactively for things to happen, inaction, নিষ্ক্রিয়-ভাবে ভবিষ্যৎ সজ্ঘটনের প্রতীক্ষা, নিষ্ক্রিয়তা (a policy of *drift*) ; tendency, ঝোঁক, প্রবণতা ; a cattle-track, গবাদি পশুর চলাচলের ফলে সৃষ্ট পথ ; a drift-net, যে মাছ-ধরা জাল স্রোতে ভাসাইয়া বাহিতে হয় ; a tool for boring metals, ধাতু ছিদ্র করার যন্ত্র-বিশেষ ; purpose, উদ্দেশ্য, লক্ষ্য ; the meaning of words used, যে অর্থে শব্দাদি প্রযুক্ত হইয়াছে। (2) *v.t.* to drive, চালান, তাড়াইয়া নেওয়া ; to carry by drift, স্রোতে ভাসাইয়া নেওয়া ; to pierce or tunnel, বিদ্ধ করা বা সুরঙ্গ করা। (3) *v.i.* to float along, স্রোতে ভাসিয়া চলা ; to be driven together, একত্র চালিত হওয়া ; to leave things to circumstances, হাল ছাড়িয়া দিয়া পারিপার্শ্বিক অবস্থার বশ হইয়া চলা। *p.* & *p. pt.* **drif°tėd** । *n.* **drif°tāge**—প্রবাহতাড়িত বস্তু। *n.* **drif°ter**—প্রবাহতাড়িত ব্যক্তি বা বস্তু ; লক্ষ্যহীন বেকার লোক ; যে ব্যক্তি স্রোতে-ভাসা জাল বাহে বা উক্ত জাল বাহিবার নৌকা ; মাইন্ বসাইবার জন্য বা শত্রুপক্ষের মাইন্ উঠাইবার জন্য ব্যবহৃত নৌকা। *n.* **drift°-īce**—বায়ুপ্রবাহে ভাসন্ত তুষারপিণ্ড। *a.* **drift°lėss**—উদ্দেশ্যহীন ; উদাসী। *n.* **drift°-net**—যে মাছ-ধরা জাল স্রোতে ভাসাইয়া বাওয়া হয় (যেমন, ইলিশ-ধরা জাল)। *n.* **drift°way**—গবাদি পশুকে (গোষ্ঠে) তাড়াইয়া লইয়া যাইবার পথ। *n.* **drift°-wood**—স্রোতে ভাসিয়া আসিতে আসিতে কূলে নিক্ষিপ্ত কাঠের গুঁড়ি। [see *drive*]

drill₁ [dril, ড্রিল্] **dri°lling**—*n.* a stout and coarse linen, শক্ত ও খসখসে কাপড়বিশেষ। [G. *drillich*=ticking]

drill₂ [dril, ড্রিল্] (**1**) *v.t.* to bore, (তুরপুন দিয়া) ছিদ্র করা ; to exercise by repeated practice, বারংবার অনুশীলন করা ; to sow in rows, সারি বাঁধিয়া বপন করা। (**2**) *n.* a boring instrument, তুরপুন ; training exercise, (বিদ্যা যুদ্ধ প্রভৃতির) অনুশীলন, ড্রিল ; (fig.) rigorous discipline, (আল.) কঠোর নিয়মানুবর্তিতা ; a ridge with seeds or plants in a row, যে জমিখণ্ডে সারি দিয়া বীজ বপন করা হইয়াছে বা চারা-গাছসমূহ গজাইয়াছে ; plants grown in a row, সারি-বাঁধা চারাগাছ-সমূহ ; a machine for sowing or planting in a row, সারি দিয়া রোপণ করার যন্ত্রবিশেষ। *n.* **drill°-master**—ড্রিল-শিক্ষক। [Du. *drillen*=to bore ?]

drily—see **dry**.

drink [drink, ড্রিংক্] (**1**) *v.t.i.* to swallow a liquid, পান করা। (**2**) *v.i.* to take intoxicating liquors, সুরাপান করা। (**3**) *v.t.* to empty (a vessel) by swallowing the content, (অভ্যন্তরস্থ পানীয় বা সুরাদি) নিঃশেষে পান করিয়া (পাত্র) খালি করা ; to absorb, শোষণ করা বা আত্মভূত করা ; to enjoy through the senses, ইন্দ্রিয়-দ্বারা উপভোগ করা। *p.* **drank,** (arch.) **drunk** [drungk, ড্রাংক্] ; *p. pt.* **drunk,** (arch.) **drun°-ken**। (**4**) *n.* an act of drinking, পান, সুরাপান ; a quantity drunk, পানের পরিমাণ ; something to be drunk, পানীয় দ্রব্য ; a beverage, শরবত ; an intoxicating liquor, সুরা, মদ। **small** or **weak drink**—অনুগ্র সুরা। **soft drink**—শরবত বা সোডা লিমনেড প্রভৃতি। **strong drink**—সুরা, মদ। **the drink**—(কথ্য.) সমুদ্র। **in drink** or **the worse for the drink** or **under the influence of drink**—সুরামত্ত অবস্থায়। **(to) drink down** or **off**—এক চুমুকে পান করিয়া ফেলা। **(to) drink in**—শুষিয়া লওয়া। **(to) drink to (the health of)**—(কাহারও) স্বাস্থ্য-কামনায় মদ্যপান করা। **(to) drink up**—(অভ্যন্তরস্থ পানীয়) পান করিয়া (পাত্র) খালি করা ; (বৃক্ষাদি সম্পর্কে) শুষিয়া লওয়া। **(to) drive to drink**—মদ্যপান অভ্যাস করান, মদ ধরান। *a.* **drin°kable**। *n.* **drin°ker**—পানকর্তা ; মদ্যপ। *n.* **drin°king-bout**—মদ্যপানোৎসব। *n.* **drin°king-fountain**—জনসাধারণের জন্য প্রকাশ্য স্থানে পানীয় জলের ফোয়ারা। *n.* **drin°king-horn**—জলপানের বা মদ্যপানের জন্য ফাঁপা পশুশৃঙ্গ। *n.* **drin°king-song**—মদ্যপানোৎসবে গেয় গান ; মদ্যপানের মহিমার বর্ণনাপূর্ণ গান। *n.* **drink°-offering**—দেবতাকে উৎসর্গীকৃত মদ তৈল রক্ত প্রভৃতি। *n.* **drin°king-water**—পানীয় জল। [OE. *drincan*]

drip [drip, ড্রিপ্] (**1**) *v.i.t.* to dribble, ফোঁটায় ফোঁটায় ঝরা বা ঝরান। *pr. pt.* **dri°pping**। *p.* & *p. pt.* **dri°pped**। (**2**) *n.* a falling in drops, ফোঁটায় ফোঁটায় পতন ; that which drips, যাহা ফোঁটায় ফোঁটায় ঝরিয়া পড়ে ; the edge of a roof, ছাদের কিনারা ; (*sl.*) insipid or stupid person, নীরস বা নির্বোধ লোক। *n* **drip°-dry**—কাচা জামা-কাপড় না নিঙড়াইয়া কেবল মেলিয়া দিয়া ফোঁটায় ফোঁটায় জল ঝরাইয়া শুকান। *n.* **dri°pping-pan**—তেল ঝরানর জন্য ভাজা বস্তু (বিশেষতঃ মাংস) যে পাত্রে রাখা হয়। *n.* **drip°-stōne**—বৃষ্টির ছাট ঠেকানর জন্য দরজা জানালার উপরিস্থ ছাদের প্রলম্বিত অংশ। **dri°pping wet**—সম্পূর্ণ সিক্ত। [OE. *dryppan*]

drive [drīv, ড্রাইভ্] (**1**) *v.t.* to urge along, অগ্রসর করান, চালাইয়া নেওয়া ; to goad, তাড়াইয়া নেওয়া (to *drive* the cattle) ; to chase or frighten away, তাড়াইয়া বা খেদাইয়া দেওয়া ; to move or guide or operate, চালান বা পরিচালনা করা ; সম্পাদিত করা (to *drive* good bargain) ; to penetrate, ঢোকান (to *drive* a nail into the wall) ; to chase out from the place of hiding, (শিকারের মৃগদের) গুপ্তস্থান হইতে খেদাইয়া বাহির করা ; to shove forward, সম্মুখে ঠেলিয়া দেওয়া ; to inspire, প্রেরণা দেওয়া, অনুপ্রাণিত করা ; to activate, সক্রিয় করা ; to compel, বাধ্য করান ; to send away with force (as a ball), (ক্রিকেট-ক্রীড়াদিতে) সজোরে (বল) মারা (to *drive* a ball to the boundary)। (**2**) *v.t.i.* to convey or go in a carriage, গাড়িতে করিয়া নেওয়া বা যাওয়া ; (to *drive* a person to his place of business) ; to deal with, (তরবারি মুষ্টি প্রভৃতির দ্বারা) আঘাত করা ; to control or guide the movements or operations (of), (যন্ত্র গাড়ি পশু প্রভৃতিকে) চালান বা তাড়াইয়া নেওয়া। (**3**) *v.i.* to press forward, সবলে অগ্রসর হওয়া ; to be driven, পরিচালিত হওয়া ; to aim or tend towards a direction, অভিমুখ হওয়া। *p.* **drōve,** (arch.) **drāve**। *p. pt.* **dri°ven**। (**4**) *n.* an excursion in a carriage, গাড়িতে চড়িয়া ভ্রমণ (to go for a *drive*) ; a road for driving on, (গাড়ি পশু প্রভৃতি) চালাইয়া নিবার জন্য (সচ. বাড়িতে ঢুকিবার) পথ ; (in games) a driving stroke, (ক্রিকেটাদি খেলায় বলে বা ঘুঁটিতে) সজোরে আঘাত বা মার ; impulse, প্রেরণা ; power or endeavour to accomplish a thing, কর্মশক্তি, উদ্যম a statesman should have (*drive* and initiative) ; the chasing of games towards the shooters, মৃগদের খেদাইয়া শিকারিদের দিকে আনয়ন ; an organized campaign or special endeavour to realize an end, উদ্দেশ্যসাধনার্থ ব্যাপক অভিযান বা বিশেষ প্রচেষ্টা (export or sales *drive*)। **(to) drive at**—উদ্দেশ্য করা বা অর্থ বোঝান (what are you *driving* at =তোমার উদ্দেশ্য কি বা কি তুমি বোঝাতে চাইছ ?)। **(to) drive away at**—(কোন কাজে) কঠোরভাবে খাটা। **(to) drive home**—উত্তমরূপে উপলব্ধি করান। **driving licence**—মোটর-গাড়ি চালানর সরকারি অনুজ্ঞাপত্র। **driving test**—

অনুজ্ঞাপত্র লাভের নিমিত্ত গাড়ি চালানর যোগাতার পরীক্ষা। **(to) let drive at**—কাহারও বা কিছুর প্রতি আঘাতাদি তাক করা। *n.* **dri°ver**—চালক ; পরিচালক ; গাড়োয়ান ; যে যন্ত্রাদির সাহায্যে ঢোকান হয় (screw-*driver*)। *n.* **drive°way**—গাড়ি চালানর জন্য নির্দিষ্ট রাস্তা ; গাড়িবারান্দা। *n.* **dri°ving-belt**—মোটর এনজিন প্রভৃতির সঙ্গে সংলগ্ন যে বেলটের সাহায্যে যন্ত্রাদি চালান হয়। *n.* **dri°ving-wheel**—যন্ত্রের যে চাকা ঘুরাইয়া উহার অন্যান্য অংশ চালু করা হয়। [OE. *drifan*<G. *treiben* =to push]

drivel [dri°vl, ড্রি°ভ্‌ল্] (1) *v.i.* to slaver like a child, শিশুর ন্যায় লালা ঝরান ; to speak like an idiot, মূর্খের বা হাবার ন্যায় কথা বলা। *pr. pt.* **dri°velling** । *p.* & *p. pt.* **dri°velled** । (2) *n.* slaver, লালা ; nonsense, অর্থহীন কিছু, অর্থহীন কথাবার্তা। *n.* **dri°veller** । [ME. *drevelen, dravelen*<OE. *dreflian*]

drizzle [driz°l, ড্রিজ্‌°ল্] (1) *v.i.* to rain in small drops, গুঁড়িগুঁড়ি বৃষ্টি পড়া। (2) *n.* a light rain, গুঁড়িগুঁড়ি বৃষ্টি। *a.* **drizz°ly**—গুঁড়িগুঁড়ি বৃষ্টিপাতপূর্ণ। [OE. *dreosan*=to fall]

drogue [drōg, ড্রৌগ্] *n.* a buoy attached to the end of a harpoon-line to hamper the whale's speed, তিমির গতিরোধের উদ্দেশ্যে হারপুনের দড়ির সঙ্গে বাঁধা বোর্ড বা বয়াবিশেষ ; a conical canvas sleeve open at both ends to check the movement of an aircraft, বিমানের গতি নিয়ন্ত্রণের বা রোধের জন্য দুই মুখ-খোলা ক্যাম্বিসের শাঙ্কবাকার চোঙবিশেষ ; a sea-anchor, সমুদ্রে ব্যবহৃত নোঙ্গরবিশেষ। [?]

droit [droyt, ড্রয়্ট্, drawŭ, ড্রাআ] *n.* right, অধিকার : legal claim, আইনসঙ্গত দাবি। [F.]

drole [drōl, ড্রৌল্] *n.* a knave, a rascal, দুর্বৃত্ত বা পাজী লোক। [Fr.]

droll [drōl, ড্রৌল্] (1) *a.* queer, অদ্ভুত ; laughable, হাস্যকর ; amusing, মজাদার। (2) *n.* a jester, হাস্যরসিক, ভাঁড়, সঙ্‌। *n.* **drō°llery**—অদ্ভুত বা হাস্যকর বা মজাদার বিষয় অথবা বস্তু ; হাসির ছবি বা গল্প ; ঠাট্টা ; ভাঁড়ামি ; পুতুল-নাচ। *n.* **drōll°ness** । *adv.* **drō°lly** । [F. *drole*]

dromedary [dru°-ma-d(a)ri, ড্রা°ম্যাড্‌রি, dro°-ma-d(a)ri, ড্র°ম্যাড্‌রি] *n.* a one-humped camel, এক-কুঁজওয়ালা উটবিশেষ। [OF. *dromedaire*< LL. *dromedarius*<Gk. *dromas*=runner]

drone [drōn, ড্রৌন্] (1) *n.* male of the honey-bee, পুং-মধুপ, পুরুষ মৌমাছি ; one who lives on the labour of others, পরশ্রমজীবী ব্যক্তি ; an idler, অলস নিষ্কর্মা লোক ; a humming sound, গুঞ্জনধ্বনি (the *drone* of an aeroplane speeding across the sky) ; a monotonous sound, একঘেঁয়ে আওয়াজ ; a monotonous and tiresome speaker or speech, একঘেয়ে ও ক্লান্তিকর বক্তা বা বক্তৃতা (a boring *drone*)। (2) *v.i.t.* to hum, গুন্‌গুন্ করা, গুঞ্জন করা ; to speak or sound monotonously and tiresomely, একঘেয়ে ও ক্লান্তিকরভাবে বক্তৃতা করা বা বাজা। [OE. *dran*=bee]

drongo [drong°-gō, ড্রং°গৌ] *n.* a kind of forktailed bird, ফিঙ্গা। [Malagasy]

drool [drōōl, ড্রুল্] *v.i.* to drivel, (মুখ হইতে) লালা নিঃসৃত হওয়া বা ঝরা ; to talk foolishly, নির্বোধের ন্যায় কথা বলা। [See *drivel*]

droop [drōōp, ড্রুপ্] (1) *v.i.* to hang down, ঝুঁকিয়া পড়া ; to grow weak or faint, দুর্বল হইয়া বা ক্ষীণ হইয়া পড়া ; to decline, ক্ষয়প্রাপ্ত হওয়া ; to lose heart, মনের জোর হারান, হতোৎসাহ হওয়া (his spirits *drooped*)। (2) *v.t.* to let hang down, ঝোঁকান। *p.* & *p. pt.* **drōō°ped** । (3) *n.* a drooping state, আনতি। *adv.* **drōō°pingly** । [ON. *drupa*—cp. *drop*]

drop [drop, ড্রপ্] (1) *n.* a small rounded blob of liquid, ফোঁটা, বিন্দু ; a very small amount, যৎকিঞ্চিৎ পরিমাণ ; a round sweetmeat, গোলাকার মিঠাই (তু. রসমুণ্ডি, বুঁদিয়া) ; a drop-curtain, নাট্যাভিনয়ে প্রতি অঙ্কশেষে যে পরদা ফেলিয়া দিয়া রঙ্গমঞ্চ দর্শকদের দৃষ্টির আড়াল করা হয়, দৃশ্যযবনিকা (also **drop°-curtain, drop°-scēne**) ; a lapse, (রচনাদিতে) বিচ্যুতি, ছাড় ; (in *pl.*) liquid medicine, তরল ঔষধ (eye *drops*) ; a fall or descent, পতন বা অবতরণ (a big *drop*) ; an unpleasant surprise, অবাঞ্ছিত বিস্ময়। (2) *v.i.t.* to dribble, ফোঁটায় ফোঁটায় ঝরা বা ঝরান ; to fall or let fall, পড়া বা ফেলিয়া দেওয়া ; to come or bring down, নামা বা নামান ; to sink, ডোবা বা ডোবান ; to lapse or omit, বাদ পড়া বা বাদ দেওয়া। (3) *v.i.* to subside, লোপ পাওয়া, প্রশমিত হওয়া। (4) *v.t.* to abandon, পরিত্যাগ করা ; (to *drop* a bad habit) ; to write and send to, লিখিয়া পাঠান (to *drop* a line)। *pr. p.* **dro°pping** । *p.* & *p. pt.* **dro°pped** । **a drop in the bucket** or **ocean**—বোঝার উপর শাকের আঁটি, সমুদ্রে শিশিরবিন্দু। **drop by drop, in drops**—ফোঁটায় ফোঁটায়। **at the drop of a hat**—সঙ্কেত দেওয়ামাত্র ; সাগ্রহে ও চটপট করিয়া। **(to) have had a drop too much**—নেশায় বুঁদ হওয়া। **(to) drop anchor**—নঙ্গর ফেলা, নঙ্গর করা। **(to) drop a brick**—(কথ্য.) অসমীচীন কিছু বলিয়া বা করিয়া ফেলা। **(to) drop a stitch**—(পশমাদি বোনায়) ঘর বাদ ফেলা। **(to) drop across** (one) —হঠাৎ দেখা পাওয়া বা সম্মুখীন হওয়া। **(to) drop astern**—(জাহাজাদি-সম্বন্ধে) পিছাইয়া পড়া। **(to) drop away** or **off**—প্রস্থান করা ; অদৃশ্য হওয়া। **(to) drop back**—পিছাইয়া পড়া। **(to) drop behind**—দলের পিছনে জায়গা লওয়া। **(to) drop in**—হঠাৎ বা একে-একে আসা অথবা পড়া। **(to) drop in on**—হঠাৎ দেখা করিতে যাওয়া বা আসা।

(to) drop off—ঘুমাইয়া পড়া ; সংখ্যায় কমিয়া যাওয়া (his companions *dropped off* one by one) ; পরিমাণে কমিয়া যাওয়া (the lawyer's practice has *dropped off*)। **(to) drop out**—অন্তর্হিত হওয়া ; ভাগিয়া যাওয়া ; প্রতিদ্বন্দ্বিতাদি হইতে নিবৃত্ত হওয়া। **(to) drop through**—ব্যর্থ বা পণ্ড হওয়া, ভেস্তে যাওয়া (the scheme has *dropped through*)। **(to) let drop**—(কিছু হইতে) খসিয়া বা ফসকাইয়া বা ফোঁটায় ফোঁটায় পড়িতে দেওয়া অথবা ফেলিয়া দেওয়া ; (বাক্যাদি) বলিয়া ফেলা। *n.* **drop°-net**—মাছ ধরার জন্য খেপলা জাল। *n.* **dro°pper**—যে ফোঁটা কাটিয়া ফেলে ; যাহা ফোঁটা কাটিয়া পড়ে ; ফোঁটা কাটার যন্ত্র। *n.* **dro°pping**—(ফোঁটায় ফোঁটায়) পতন বা পতিত বস্তু ; (in. *pl.*) পশ্বাদির বিষ্ঠা। [OE. *dropa* < Du. *drop*]

dropsy [drop°-si, ড্রপ্‌°সি] *n.* a kind of disease, শোথরোগ। *a.* **drop°sical**—শোথরোগ-সংক্রান্ত। [aphetic form of *hydropsy*]

droshky [drosh°-ki, ড্রশ্‌°কি] *n.* a four-wheeled open carriage, (প্রধানতঃ রাশিয়ার) ছাদ-খোলা চার-চাকার ঘোড়ার গাড়িবিশেষ ; a cab, (জারমানিতে) ভাড়াটে ঘোড়ার গাড়ি। [Russ. *drozhki*]

drosometer [dro-so°-mi-ta(r), ড্রস°মিট্যা(র্)] *n.* an instrument for measuring dew, শিশির-মাপক যন্ত্রবিশেষ। [Gr. *drosos* = dew, *metron* = measure]

dross [dros, ড্রস্] *n.* the scum of melting metals, ধাতু গলাইলে যে গাদ বা ময়লা জমে, ধাতু-দ্রাবণমল ; refuse, আবর্জনা ; rust, ধাতুমল। *n.* **dro°ssiness**। *a.* **dro°ssy**—ময়লাযুক্ত ; আবর্জনা-বৎ ; ভেজাল। [OE. *dros*]

drought [drowt, ড্রাউট্], (arch.) **drouth** [drowth, ড্রাউথ্] *n.* dryness, শুষ্কতা, রুক্ষতা ; want of rain or water, অনাবৃষ্টি বা জলাভাব ; thirst, তৃষ্ণা। *a.* **drough°ty**—অতিশয় শুষ্ক ; বৃষ্টিহীন, জলশূন্য ; তৃষ্ণার্ত। [OE. *drugath* = dryness]

drove$_1$—see **drive.**

drove$_2$ [drōv, ড্রৌভ্] *n.* a herd driven or moving together, একত্র তাড়িত বা গমনকারী পশুদল। *n.* **drō°ver**—যে ব্যক্তি গবাদি পশুপাল বিক্রয়কেন্দ্রে লইয়া যায়, গবাদি পশুর ব্যবসায়ী। [OE. *draf* < *drifan* = to drive]

drown [drown, ড্রাউন্] (**I**) *v.i.t.* to die of or kill by suffocation in liquid, ডুবিয়া মরা বা ডুবাইয়া মারা ; to extinguish, লোপ পাওয়া বা লোপ করা ; to become or make indistinct, অস্পষ্ট হওয়া বা অস্পষ্ট করা। (**2**) *v.t.* to submerge or flood, নিমজ্জিত বা প্লাবিত করা। **to be drowned out**—বন্যাতাড়িত হইয়া স্থানত্যাগ করা। [ME. *drounen* < ?]

drowse [drowz, ড্রাউজ্] (**I**) *v.i.t.* to become or make heavy with sleep, তন্দ্রালু হওয়া বা করা। (**2**) *v.t.* to stupefy, হতবুদ্ধি করা, চৈতন্য আচ্ছন্ন করা। (**3**) *n.* a half-sleeping state, তন্দ্রা। *adv.* **drow°sily**। *n.* **drow°siness**—তন্দ্রাচ্ছন্নভাব ; জড়তা। *a.* **drow°sy**—তন্দ্রালু ; তন্দ্রা-উদ্রেককর। [OE. *drusian* = to be sluggish]

drub [drub, ড্রাব্] *v.t.* to beat or thrash, প্রহার করা বা লাঠিপেটা করা। *pr. pt.* **dru°bbing**। *p.* & *p. pt.* **dru°bbed**। **sound drubbing**—প্রচণ্ড প্রহার। [Ar. *daraba*]

drudge [druj, ড্রাজ্] (**I**) *v.i.* to do dull, laborious or very mean work, নীরস শ্রমসাধ্য বা অতি হীন কাজ করা, উঞ্ছবৃত্তি করা। (**2**) *n.* one who drudges, যে ব্যক্তি উঞ্ছবৃত্তি করে ; a slave, ক্রীতদাস ; dull, laborious or very mean work, উঞ্ছবৃত্তি। *n.* **dru°dgery**—উঞ্ছবৃত্তি ; নীরস একঘেঁয়ে খাটুনি। *adv.* **dru°dgingly**। [?]

drug [drug, ড্রাগ্] (**I**) *n.* any medicinal ingredient, ভেষজ পদার্থ বা উপাদান ; any narcotic or intoxicating substance, ঘুম-পাড়ানি পদার্থ বা মাদকদ্রব্য ; an unsalable commodity, (সচ. অত্যুৎপাদনের ফলে) অবিক্রেয় পণ্যদ্রব্য। (**2**) *v.t.* to mix with drugs, ভেষজ উপাদান অথবা ঘুমপাড়ানি পদার্থ বা মাদকদ্রব্য মেশান। (**3**) *v.t.i.* to apply drugs (to) ভেষজ উপাদান অথবা ঘুমপাড়ানি পদার্থ বা মাদক দ্রব্য প্রয়োগ করা। (**4**) *v.i.* to take drugs, মাদকদ্রব্যাদি সেবন করা। *pr. pt.* **dru°gging**। *p.* & *p. pt.* **dru°gged**। **drug on the market**—অবিক্রেয় মাল। *n.* **drug°-a°ddict**—মাদকাসক্ত ব্যক্তি। *n.* **dru°ggist**—ঔষধ-বিক্রেতা। *n.* **drug°-store**—ঔষধের দোকান ; (আমেরিকায়) রকমারি মালের দোকান বা মনোহারী দোকান। [OF. *drogue* < ?]

drugget [drŭ°-git, ড্রা°গিট্] *n.* coarse woollen fabric for floor-covering, মেঝে ঢাকিবার জন্য মোটা পশমী বস্ত্রবিশেষ। [Fr. *droguet*]

Druid [droo°-id, ড্রু°ইড্] *n.* a priest of the heathenic Britons, প্রাচীন অখ্রিস্টীয় ব্রিটনজাতির পুরোহিত। [F. *druide*]

drum [drum, ড্রাম্] (**I**) *n.* an instrument of percussion, ঢাক ঢোল ডঙ্কা মৃদঙ্গ প্রভৃতি, আনদ্ধ বাদ্যযন্ত্র ; anything shaped like a drum, ঢক্কাকার বস্তু ; the eardrum, কর্ণপটহ, কানের পরদা ; the sound of a drum, ঢাকের শব্দ, ডঙ্কানিনাদ ; the player of a drum, (প্রধানতঃ সাম.) ঢক্কাবাদক, ঢাকি। (**2**) *v.i.* to beat a drum, ঢাক বাজান ; to beat rhythmically, তালে তালে বাজান। (**3**) *v.t.* to expel or summon by drumming, ঢাক পিটিয়া খেদান বা ডাকা ; to circulate by drumming, ঢোলশোহরত করিয়া প্রচার করা ; to impress by continual repetition, ক্রমাগত আবৃত্তি করিয়া ধারণা জন্মাইয়া দেওয়া (to *drum* a lesson into a person)। *pr. pt.* **dru°mming** ; *p.* & *p. pt.* **dru°mmed**। **(to) drum out**—অপমানপূর্বক কর্মচ্যুত বা বরখাস্ত করা। *n.* **drum°fire**—গুম্‌গুম্-

শব্দসংবলিত কামানের গোলার আগুন। *n.* **drum°-fish**—আমেরিকার শব্দকর মৎস্যবিশেষ। *n.* **drum°-head**—ঢাক ঢোল প্রভৃতির চর্মাবরণ ; জাহাজের কাছি জড়াইবার যন্ত্রের শীর্ষভাগ। **drumhead court-martial**—যুদ্ধকালে অপরাধীদের চটপট বিচারের জন্য সামরিক আদালত। *n.* **drum°-mājor**—কুচ-কাওয়াজকারী সামরিক বাদকদলের নেতা। *n.* **dru°-mmer**—ঢক্কাবাদক, ঢাকি। *n.* **drum°-stick**—ঢাকের কাঠি। [imi. ?—cp. Du. *trom*]

drunk [drungk, ড্রাংক্] (**1**) *v.* see **drink** । (**2**) *a.* intoxicated, মদোন্মত্ত। (**3**) *n.* a drunkard, মদোন্মত্ত ব্যক্তি, মাতাল। *n.* **drun°kard**—মদ্যপ। **drun°ken**—(**1**) *v.* see **drink** ; (**2**) *a.* মদ্য-পানাসক্ত ; মাতাল। [see *drink*]

drupe [droop, ড্রুপ্] *n.* a fleshy stone-fruit, জলপাইজাতীয় আঁটিযুক্ত শাঁসাল ফলবিশেষ। [L. *drupa*]

dry [drī, ড্রাই] (**1**) *a.* without water or liquid or moisture, নির্জল, শুষ্ক, খট্‌খটে ; without rain, বৃষ্টিহীন (*dry* weather) ; thirsty, তৃষ্ণার্ত (*dry* throat) ; dehydrated, জলীয় অংশ বাহির করিয়া লওয়া হইয়াছে এমন, নিরুদক (*dry* milk) ; not juicy or fleshy, রসহীন, ঝোলহীন, শাঁসহীন (*dry* food or fruit) ; not green, কচি নহে এমন ; very old, অতি বৃদ্ধ (*dry* bones) ; sap-less, অসার (*dry* wood) ; forbidding the liquor trade, মদ্যব্যবসায় নিষিদ্ধ হইয়াছে এমন (*dry* day or city) ; deprived of capacity to give milk, দুগ্ধদানে অক্ষম (a *dry* cow) ; un-interesting, নীরস, আকর্ষণশূন্য (*dry* writing) ; insipid, রসকষহীন (*dry* humour) ; unsym-pathetic, সহানুভূতিহীন, বেদরদি (*dry* advice) ; formal or insincere, আনুষ্ঠানিক বা অনান্তরিক (*dry* courtesy) । (**2**) *v.t.i.* to make or become dry, শুষ্ক করা বা হওয়া ; to make or become free from water, liquid, etc., জলশূন্য করা বা হওয়া। *p.* & *p. pt.* **drī°ed** । **dry battery**—যে ইলেকট্রিক ব্যাটারিতে তরল রাসায়নিক পদার্থের পরিবর্তে ঘনীকৃত রাসায়নিক পদার্থ ব্যবহার করা হয়। **dry bulb thermometer**—বাতাসের আর্দ্রতা-পরিমাপক যন্ত্রবিশেষ। **dry goods**—কাপড়চোপড় বা ঐ জাতীয় পণ্যদ্রব্যাদি। **dry measure**—শুষ্কা-বস্থায় শস্যাদির ধারকত্বের পরিমাণ বা মাপ (যেমন ইং bushel, বাং. পালি)। **dry run**—মহলা। (**to**) **dryup**—সম্পূর্ণ শুষ্ক করা বা শুষ্ক হওয়া, সম্পূর্ণ শুকান। (**to**) **go dry**—মদ্যপান বর্জন করা বা বর্জন করিয়া চলা। *n.* **drī°er, dry°er**—যাহা শুষ্ক করে বা শুষ্ক হয় ; শুষ্ক বা জলহীন করার যন্ত্র অথবা উপাদান। *adv.* **drī°ly, dry°ly** । *a.* **dry°-as dust**—নীরস। *v.t.* **dry°-clean°**—(বস্ত্রাদি-সম্বন্ধে) জল না দিয়া আরকাদির সাহায্যে সাফ করা। *n.* **dry°-dock°**—জাহাজের যে ডক হইতে জল সরাইয়া দেওয়া যায়। *a.* **dry°-ey°ed**—অশ্রুশূন্য, নিরশ্রু। *n.* **dry°nėss** । *n.* **dry°-plāte**—আলোক-চিত্র গ্রহণের জন্য প্লেটবিশেষ : ইহা না ধুইয়াই ছবি তোলা যায়। *n.* **dry°-point**—তামার উপর খোদাই করার জন্য সূঁচবিশেষ। *n.* **dry°-rot°**—বাতাস না পাওয়ার ফলে কাষ্ঠের (ক্রমশঃ) ক্ষয়প্রাপ্তি এবং অবশেষে গুঁড়ায় পরিণতি ; (আল.) সামাজিক বা নৈতিক জীবনের যে অবক্ষয় পূর্বাহ্নে টের পাওয়া যায় নাই। **dry°-shod°**—(**1**) *a.* জুতা বা পা ভিজায় না এমন ; (**2**) *adv.* ঐরূপভাবে। *n.* **dry°-wa°lling**—বিনা চুন-সুরকিতে নির্মিতপ্রস্তর প্রাচীর। *n.* **dry°-wash**—যে স্রোত মাঝে মাঝে রুদ্ধ হইয়া যায় ; যে নদী মাঝে মাঝে শুকাইয়া যায়। [OE. *dryge*—cp. Du. *droog*]

dryad [drī°-ad, ড্রাই°অ্যাড্] *n.* a wood nymph, বনপরী, বৃক্ষপরী। [Gk. *dryados*]

'dst [dst, ড্স্ট্] contr. of **hadst, wouldst.**

dual [dū°-al, ডিউ°অ্যাল্] *a.* twofold, double, দ্বিগুণ, দ্বৈত (*dual* control, ownership, etc.) ; (gr.) expressing two things or persons ; (ব্যাক.) দ্বিবচনাত্মক। *n.* **dū°alism**—(দর্শ.) দ্বৈতবাদ। *n.* **dū°alist** । *a.* **dūalis°tic**—দ্বৈত ; (দর্শ.) দ্বৈতবাদী। *n.* **dūa°lity**—দ্বিত্ব। [L. *dualis*]

dub [dub, ডাব্] *v.t.* to confer knighthood upon by touching the shoulder with a sword, তরবারিদ্বারা স্কন্ধ স্পর্শ করিয়া knight বা বীরব্রতী আখ্যা দেওয়া ; to confer a title on, খেতাব দেওয়া ('*dub* me a doctor') ; to smear with a softening and waterproof subs-tance, কোমলতাদায়ক ও জলরোধী পদার্থ লেপন করা (to *dub* leather with grease) ; to give (a film) a new synchronized sound-track in languages different from the original, পৃথক্-ভাবে শব্দগ্রহণ বা সংযোজন দ্বারা চলচ্চিত্রাদি ভাষান্তরিত করা বা উহাতে অন্য ভাষা জুড়িয়া দেওয়া। *pr. pt.* **du°bbing** । *p.* & *p. pt.* **du°bbed** । *n.* **du°-bbin**—চামড়া সংরক্ষণের জন্য ঘন চর্বিবিশেষ। [OE. *dubbian*]

dubiety—see **dubious.**

dubious [dū°-bi-as, ডিউ°বিঅ্যাস্] *a.* doubt-ful, সন্দেহজনক, সন্দেহপূর্ণ ; uncertain, অনিশ্চিত ; vacillating, দ্বিধাপূর্ণ, দ্বিধাগ্রস্ত। *n.* **dubiety** [dū-bī°-a-ti, ডিউবাই°অ্যাটি], **dū°biousnėss** । *adv.* **dū°biously** । [L. *dubius*]

dubitate [dū°-bi-tāt, ডিউ°বিটেইট্] *v.i.* to doubt, সন্দেহ করা ; to hesitate, দ্বিধা করা। *p.* & *p. pt.* **dū°bitātėd** । *n.* **dūbitā°tion** । *a.* **dū°bitātive**—সন্দিহান ; দ্বিধাগ্রস্ত। [L. *dubitare*]

ducal [dū°k(a)l, ডিউ°ক্‌ল্] *a.* of a duke, ডিউক্-সংক্রান্ত। [F.<L *ducalis*]

ducat [du°-kat, ডা°ক্যাট্] *n.* an old gold coin of Europe, প্রাচীন ইউরোপের স্বর্ণমুদ্রাবিশেষ। [OF.<It. *ducato*]

duce [doo°-chā, ডু°চেই] *n.* the leader, নেতা ; ইটালির মুসোলিনীর খেতাব। [It<L. *dux*]

duchess—see **duke.**

duchy [du°-chi, ডা°চি] *n.* a dukedom, ডিউকের জমিদারি। [OF. *duche*]

duck₁ [duk, ডাক্] *n.* a kind of coarse cloth, (নৌকার পাল, থলি, প্রভৃতি তৈয়ারীর জন্য) মোটা কাপড়বিশেষ (তু. গুনচট); (in *pl.*) garments made of duck, উক্ত কাপড়ে তৈয়ারি পোশাক। [Du. *doeck*]

duck₂ [duck, ডাক্] (**1**) *v.t.i.* to dip or dive for a short while in water, ক্ষণকালের জন্য জলে চোবান বা ডুব দেওয়া। (**2**) *v.i.* to lower the head suddenly, হঠাৎ মাথা নিচু করা; to yield, হার মানা। *p.* & *p. pt.* **du°cked**। (**3**) *n.* a dip, ডুব, চোবানি; a sudden lowering of the head or body, হঠাৎ মাথা বা দেহ নিচু করা; a jerky bow, মাথা (ও দেহ) নাড়াইয়া নমস্কার। *n.* **du°cker**—যে ডুব দেয়; ডুবুরি; ডুবুরি পাখিবিশেষ (তু. পানকৌড়ি)। [ME. *douken*<assumed OE. *ducan*]

duck₃ [duk, ডাক্] *n.* a kind of bird, হংস, পাতিহাঁস; its female species, হংসী, পাতিহংসী; (in cricket) the zero run, (ক্রিকেটে) শূন্য রান (out for a *duck*); the zero, শূন্য; a term of endearment, আদরের সম্বোধনবিশেষ (তু. ময়না, তোতা); sweetheart, প্রিয়তমা। **ducks and drakes**—জলের উপরিতল ছোঁয়াইয়া চেপটা পাথর নিক্ষেপ, ছিনিমিনিখেলা। **(to) make** or **play ducks and drakes**—ছিনিমিনি খেলা; যথেচ্ছভাবে ব্যয় করা, অপব্যয় করা। **lame duck**—যে লোক বা জাহাজকে অকর্মণ্য করা হইয়াছে। **like a duck to water**—প্রকৃতিগতভাবে, স্বভাবতঃ; নির্ভয়ে নির্দ্বিধায় ও বিনা কষ্টে। **like water off a duck's back**—বিফলে, বৃথায়। **(to) break one's duck**—ক্রিকেটে (ব্যাটসম্যান কর্তৃক) প্রথম রান করা। *n.* **duck°bill**—অস্ট্রেলিয়ার হংসবৎ চঞ্চুযুক্ত অণ্ডজ স্তন্যপায়ী ও লিপ্তপাদ জলচর প্রাণিবিশেষ। *n.* **duck°-boards**—চলা-ফেরার সুবিধার্থ পাঁক বা কাদার উপরে যে তক্তা পাতিয়া দেওয়া হয়। *n.* **du°cking**—আচ্ছামত ভিজান; জলে চোবানি (to give one a *ducking*)। *n.* **du°cking-stōōl**—অপরাধীকে শাস্তিদানার্থ যে টুলে বাঁধিয়া জলে চোবান হয়। *a.* **duck°-legged**—খর্বপদ। *n.* **duck°ling**—হংসশাবক। *n.* **duck°shot**—হাঁস শিকারের জন্য গুলি বা ছটরা। *n.* **duck°weed**—অগভীর জলাশয়াদির উপরিভাগে জাত পুষ্পল উদ্ভিদ্‌বিশেষ। *n.* **du°cky**—আদরের সম্বোধনবিশেষ। [OE. *duce*—cp. *duck₂*]

duck₄ [dŭk, ডাক্] *n.* an amphibious military transport vehicle or landing craft, উভচর সামরিক যানবিশেষ। [Manufacturers code initials *DUKW*]

duct [dukt, ডাক্‌ট্] *n.* a tube carrying fluids in animal bodies or plants, প্রাণিদেহের বা বৃক্ষগাত্রের নালী বা নল; a pipe or passage, নল নালী বা পথ। *a.* **duct°lėss**—অনাল। [L. *ductus*]

ductile [duk°-tīl, ডাক্‌°টাইল্] *a.* easily led, সহজে পরিচালনীয়; yielding, বশ বা পোষ মানে এমন; flexible, (ধাতুসম্পর্কে) নমনীয়; capable of being drawn out into threads, সুতার বা ফেঁসোর আকারে বাহির করিয়া লওয়া যায় এমন। *n.* **ducti°lity**। [F.<L. *ductilis*]

dud₁ [dud, ডাড্] *n.* (in *pl.*—coll.) ragged clothes, (কথ্য.) জীর্ণ পোশাক। [?]

dud₂ [dud, ডাড্] *n.* a bomb or projectile that fails to go off, যে বোমা ও পটকা নিক্ষিপ্ত হইয়াও ফাটে নাই; a dishonoured cheque, ব্যাঙ্ক যে চেকের বদলে টাকা দিতে রাজি হয় নাই; a counterfeit, জাল বা নকল বস্তু; a useless person or thing, বাজে লোক বা বস্তু; a failure, ব্যর্থতা। [?]

dudder [dŭ°-da(r), ডা°ড্যা(র্)] *n.* confusion, বিশৃঙ্খল বা তালগোল পাকান অবস্থা। [?]

dude [dūd, ডিউড্, dōōd, ডুড্] *n.* dandy, ফুলবাবু; a townsman, শহরবাসী, শহুরে লোক। [?]

dudgeon [du°j(a)n, ডা°জ্‌ন্] *n.* resentment, অসন্তোষজনিত ক্রোধ। [?]

due [dū, ডিউ] (**1**) *a.* owed, ধার করা হইয়াছে এমন; that ought to be paid or done, পরিশোধনীয়, দেয়, করণীয়, বাকী; proper, যথোচিত, উপযুক্ত (*due* consideration); under engagement, (পৌঁছিবার জন্য বা অন্য কিছুর জন্য) পূর্বনির্দিষ্ট (he is *due* to speak today)। (**2**) *adv.* exactly, যথাযথভাবে; directly, সোজাসুজিভাবে। (**3**) *n.* that which is owed, দেনা, ঋণ; what one has a right to, পাওনা; (in *pl.*) fee, toll, charge or tribute, বেতন, কুঁত, মাসুল, খাজনা (harbour, light, tonnage, university *dues*); (in *pl.*) subscription, চাঁদা। **due to**—নিবন্ধন, কারণে (death was *due to* cardiac failure)। *adv.* **du°ly**—যথাযথভাবে; উপযুক্তরূপে; যথাসময়ে। **in due course**—যথাকালে; স্বাভাবিক পরম্পরা-অনুযায়ী। [OF. *deu*<L. *debere*=to owe]

duel [dū°-al, ডিউ°অ্যাল্] (**1**) *n.* a combat between two persons, দ্বন্দ্বযুদ্ধ। (**2**) *v.i.* to fight in a duel, দ্বন্দ্বযুদ্ধে অবতীর্ণ হওয়া। *pr. pt.* **du°elling**। *p.* & *p. pt.* **du°elled**। *n.* **du°ellist**। [It. *duello*]

duende [doo-en°-di, ডুএন্‌°ডি] *n.* evil spirit, অশুভ প্রেতাত্মা। [Sp.]

duenna [dū-e°-na, ডিউএ°ন্যা] *n.* an elderly lady acting as governess and companion of young girls, তরুণীদের গৃহশিক্ষিকা অভিভাবিকা ও সহচরী রূপে নিযুক্ত বয়স্কা মহিলা। [Sp. *duena* <L. *domina*=mistress]

duet(t) [dū-et°, ডিউএট্°] *n.* a composition in music for two persons, দ্বৈতসঙ্গীত। *n.* **due°ttist**—দ্বৈতসঙ্গীতগায়ক। [It. *duetto*]

duffel [du°f(a)l, ডা°ফ্‌ল্] *n.* a coarse woollen cloth with a thick nap, পুরু লোমওয়ালা খস্‌খসে

পশমি কাপড়বিশেষ। **duffel coat**—ঐ কাপড়ে তৈয়ারি এবং বোতামের বদলে ঘুন্টি লাগান কোটবিশেষ। [Du. <*Duffel*, a town near Antwerp]

duffer [du°-fa(r), ডা°ফ্যা(র্)] *n.* useless or stupid fellow, অকর্মণ্য বা মূর্খ লোক ; a counterfeit coin, জাল মুদ্রা ; an unproductive mine, শূন্যগর্ভ খনি ; a pedlar of sham jewellery etc., ঝুটা জহরতাদির ফেরিওয়ালা ; one who fakes up goods or alters brands on stolen cattle, যে ব্যক্তি পণ্য-দ্রব্যাদির নকল বাহির করে বা চোরাই গবাদি পশুর গায়ের মার্কা পরিবর্তিত করে। [?]

dug$_1$ [dug, ডাগ্] *n.* an udder of a cow or other beasts, গোরুর বা অন্য পশুর বাঁট, পশুচুচুক। [cp. D. *daegge*=to suckle]

dug$_2$—see **dig** I *n.* **dug°-out**—গাছের গুঁড়ি কুঁদিয়া প্রস্তুত নৌকা ; মাটি খুঁড়িয়া নির্মিত অস্থায়ী বাসা বা আশ্রয়, ট্রেঞ্চ ; যে অবসরপ্রাপ্ত ব্যক্তিকে পুনরায় কাজে লাগান হইয়াছে।

dugong [dū-gong, ডিউ°গং] *n.* a kind of marine mammal, স্তন্যপায়ী সামুদ্রিক জানোয়ারবিশেষ। [Mal. *duyong*]

dug-out—see **dug**$_2$.

duke [dūk, ডিউক্] *n.* a sovereign prince of a small state, ক্ষুদ্র রাজ্যের নৃপতি ; a nobleman of the highest order, সর্বোচ্চ শ্রেণীর অভিজাত ব্যক্তি বা ভূস্বামী ; a chief, সর্দার। *fem.* **duchess** [du°-chis, ডা°চিস্]। *n.* **dūke°dom**—ডিউকের মর্যাদা রাজ্য বা জমিদারি। [OF. *duc*]

dulcet [dul°sit, ডাল্°সিট্] *a.* sweet, সুমিষ্ট, মধুর ; melodious, সুস্বরপূর্ণ, সুরেলা। *v.t.* **dul°cify**—মধুর বা সুরেলা করা। *n.* **dulcificā°tion**। [L. *dulcis*]

dulcimer [dul°-si-ma(r), ডাল্°সিম্যা(র্)] *n.* a musical instrument, একতারাজাতীয় তারের বাদ্যযন্ত্রবিশেষ। [Sp. *dulcemele*]

Dulcinea [dul-si°-ni-a, ডাল্‌সি°নিঅ্যা, dul-sine°-a, ডাল্‌সিনী°অ্যা] *n.* an idolized sweetheart, দেবীরূপে পরিগণিতা প্রণয়িনী। [from Don Quixote]

dull [dull, ডাল্] (I) *a.* slow of understanding, স্থূলবুদ্ধি (a *dull* mind) ; inanimate, জড়, অচেতন ; spiritless, নিস্তেজ ; not bright, অনুজ্জ্বল, নিষ্প্রভ ; obscure, অস্পষ্ট ; uninteresting, নীরস (a *dull* play) ; slow-moving, মন্থর, ঢিমে ; monotonous, একঘেয়ে ; sad, বিষণ্ণ ; gloomy, অন্ধকারাচ্ছন্ন ; cloudy, মেঘাচ্ছন্ন ; blunt, ভোঁতা (a knife with a *dull* edge) ; (of goods) not in demand, (পণ্য সম্বন্ধে) চাহিদা নাই এমন ; (of trade) not active, (ব্যবসা-বাণিজ্য সম্বন্ধে) তেজী নয় এমন। (2) *v.t.i.* to make or become dull, স্থূলবুদ্ধি অচেতন নিস্তেজ নিষ্প্রভ অস্পষ্ট নীরস ঢিমে একঘেয়ে বিষণ্ণ অন্ধকারাচ্ছন্ন মেঘাচ্ছন্ন বা ভোঁতা করা অথবা হওয়া। *n.* **du°llard**—স্থূলবুদ্ধি লোক। *a.* **du°llish**—ঈষৎ স্থূলবুদ্ধি, বোকাটে ; নিষ্প্রভ, মেজমেজে। *n.* **dul(l)°ness**। *adv.* **du°lly**। [cp. OE. *dol*=foolish]

duly—see **due.**

duma [dū°-ma, ডিউ°ম্যা] *n.* the Russian parliament of 1906-17, ১৯০৬-১৭ খ্রিষ্টাব্দের রুশীয় ব্যবস্থা-পরিষৎ। [Russ.]

dumb [dum, ডাম্] (I) *a.* without the power of speech, বাক্‌শক্তিহীন, বোবা ; silent, নীরব। (2) *v.t.* to make dumb, বোবা করা, হতবাক্ করা। **(to) strike dumb**—বিস্ময়ে হতবাক্ করা। *n.* **dumb°bell**—মাংসপেশীর উন্নতিসাধক ব্যায়ামযন্ত্রবিশেষ। *v.t.* **dumbfound°**—হতবাক্ করা ; বিহ্বল বা অবাক্ করা। *p.* & *p. pt.* **dumbfoun°dėd**। *adv.* **dumb°ly**—কথা না বলিয়া, নীরবে। *n.* **dumb°nėss**। *n.* **dumb°-show°**—নীরব ইশারা বা অভিনয়, মূকাভিনয়। *n.* **du°mmy**—বোবা লোক ; যন্ত্রমাত্র বা পুতুল, সাক্ষিগোপাল ; খড়ে তৈয়ারি (নর-) মূর্তি, (তু.) কুশপুত্তল ; নকল মূর্তি বা কাঠাম ; আসল বস্তুর স্থানাপন্ন নকল বা জাল বস্তু ; মুদ্রিতব্য পুস্তকের নমুনা কাঠাম ; (তাসখেলায়) প্রকৃত বা কল্পিত যে খেলোয়াড়ের হাতের তাস মেলিয়া রাখা হয়, উক্ত খেলা ; এলেবেলে খেলোয়াড়। [AS.]

dumdum [dum°-dum, ডাম্°ডাম্] *n.* a soft-nosed bullet, বন্দুকের গুলিবিশেষ, দমদম বুলেট। [*Dum Dum* near Calcutta]

dump$_1$ [dump, ডাম্প্] (I) *v.t.* to set down with a thump, ধপ্ করিয়া নামান ; to unload, বোঝা বা মাল খালাস করা ; (comm.) to send to foreign market for sale at a price lower than the cost of production, (বাণি.) উৎপাদন-খরচেরও অপেক্ষা অল্পমূল্যে বিক্রয়ার্থ বিদেশী বাজারে (মাল) পাঠান ; to get rid of unwanted persons, অবাঞ্ছিত বস্তু বা লোক চালান দেওয়া। (2) *n.* thud, ধপ্-শব্দ ; a place for unloading, বোঝা বা মাল খালাসের স্থান ; a place to deposit rubbish, জঞ্জাল ফেলার স্থান, আঁস্তাকুড় ; a heap of rubbish, আবর্জনা-স্তূপ ; (coll.) dirty or unpleasant place, (কথ্য.) নোংরা বা নিরানন্দ স্থান (none can live in a *dump* like this) ; (mil.) temporary store, (সাম.) অস্থায়ী ভাণ্ডার। *n.* **dum°per**—আবর্জনা বহনকারী গাড়িবিশেষ (এই গাড়ি উল্টাইয়া জঞ্জাল ঢালিয়া ফেলা হয়)। [cp. D. *dumpe*]

dump$_2$ [dump, ডাম্প্] *n.* (usu. in *pl.*) depression or melancholy, মন-মরা ভাব বা বিষাদ। **(down) in the dumps**—মন-মরা বা বিষাদগ্রস্ত। [?]

dumpling [dump°-ling, ডাম্প্°লিং] *n.* a thick pudding, পুরু পুডিং-বিশেষ। [?]

dumpy [dum°-pi, ডাম্°পি] (I) *a.* short and thick, বেঁটে ও মোটা। (2) *n.* a dumpy person or animal or umbrella, বেঁটে ও মোটা লোক বা জন্তু বা ছাতা। *n.* **dum°pinėss**। [?]

dun$_1$ [dun, ডান্] *a.* mouse-coloured, মেটে রঙের। [AS. or Celt. ?]

dun$_2$ [dun, ডান্] (**1**) *v.t.* to importune for payment, পাওনা আদায়ের জন্য তাগাদা করা। *pr. pt.* **du°nning** । *p.* & *p. pt.* **du°nned** । (**2**) *n.* one who duns, পাওনা আদায়ের জন্য জোর তাগাদাকারী ; a demand for payment, পাওনা আদায়ের জন্য তাগাদা। **dunning letter**—টাকার তাগাদার চিঠি। [cp. *din*]

dunce [duns, ডান্স্] *n.* a dullard, স্থূলবুদ্ধি ব্যক্তি, বিশেষতঃ বিদ্যালয়ের গবা ছাত্র। **a dunce's cap**—বিদ্যালয়ের গবা ছাত্রকে শাস্তিস্বরূপ যে কাগজে তৈয়ারী চূড়াকার টুপি পরান হয়, (তু.) গাধার টুপি। [*Duns Scotus*, who opposed classical studies]

dunderhead [dun°-da(r)-hed, ডান্°ড্যা(র্)হেড্] *n.* a blockhead, স্থূলবুদ্ধি ব্যক্তি, বোকা লোক। [?]

dune [dūn, ডিউন্] *n.* a low hill of sand, (প্রধানতঃ সমুদ্রতটস্থ) বালিয়াড়ি। [F.—cp. *down*]

dung [dung, ডাং] (**1**) *n.* excrement (usu. of beasts), (সচ. পশুর) মল, গোবর ; manure, জমির সার। (**2**) *v.t.* to manure, (জমিতে প্রধানতঃ পশু-মলের) সার দেওয়া। (**3**) *v.i.* to void excrement, বিষ্ঠাত্যাগ করা, নাদান। *n.* **dung°-cāke**—ঘুঁটে। *n.* **dung°-cart**—গোবর বহনার্থ গাড়ি। *n.* **dung°-fork**—গোবর তোলার জন্য কাঁটাওয়ালা বেলচা-বিশেষ। *n.* **dung°-hill**—গোবর-গাদা। [AS.]

dungaree [dung-ga-rē°, ডাংগ্যারী°] *n.* a coarse calico, ভারতে উৎপন্ন মোটা সুতি কাপড়বিশেষ ; (in *pl.*) overalls, পরিহিত পোশাক ময়লা হইতে রক্ষার্থ উহার উপরে পরিধেয় উক্ত বস্ত্রে তৈয়ারি আলখিল্লাবিশেষ (যে আলখিল্লা বিজ্ঞানী গবেষক বা শল্যচিকিৎসকরা পরেন)। [Hin. *dungri*]

dung-cake, dung-cart—see **dung.**

dungeon [dun°j(a)n, ডান্°জ্ন্] *n.* the main tower of a castle, দুর্গের প্রধান বুরুজ ; a dark subterranean prison-cell, ভূগর্ভস্থ অন্ধকার কারাকক্ষ ; a strong and dark prison, সুদৃঢ় ও অন্ধকার কারাকক্ষ। [OF. *donjon*]

dung-fork, dung-hill—see **dung.**

dunk [dungk, ডাংক্] *v.t.* to dip cake, bread, etc. into tea, coffee or other beverage, চা কফি বা অন্যান্য পানীয়ে কেক রুটি প্রভৃতি চুবান। [G. *tunken*=to dip]

duodecimal [dū-ō-de°-sim(a)l, ডিউওডে°সি-ম্ল্] (**1**) *a.* computed by twelve, twelfth, দ্বাদশমিক, দ্বাদশাংশিক। (**2**) *n.* (math.) a method of calculating the area of a rectangle, (গণি.) চতুষ্কোণের আয়তন পরিমাপের প্রণালীবিশেষ, (পরি.) দ্বাদশিক। [L. *duodecim*=twelve]

duodecimo [dū-ō-de°-si°mō, ডিউওডে°সিমৌ] (**1**) *a.* formed of sheets folded so as to make twelve sheets, ২৪ পেজি ফর্মায় তৈয়ারি। (**2**) *n.* a duodecimo book, ২৪ পেজি ফর্মায় তৈয়ারি পুস্তক। [L.=in twelfth]

duodena, duodenal—see **duodenum.**

duodenum [dū-ō-dē°-nam, ডিউওডী°ন্যাম্] *n.* (anat.) the first portion of the small intestines, (শারীর.) গ্রহণী। *pl.* **dūodē°na** । *a.* **dūodē°nal**—গ্রহণীসংক্রান্ত (*duodenal* ulcer)। [L. *duodeni*=twelve each]

duologue [dū°-a-log, ডিউ°অ্যালগ্] *n.* conversation between two, দুই ব্যক্তির মধ্যে কথোপ-কথন। [irreg. < L. *duo*=two, Gk. *logos*=discourse]

dupe [dūp, ডিউপ্] (**1**) *n.* victim of deception, প্রতারিত ব্যক্তি। (**2**) *v.t.* to deceive, প্রতারিত করা। *p.* & *p. pt.* **dūped** । [F.]

duplex [dū°-pleks, ডিউ°প্লেক্স্] *a.* twofold, double, দ্বৈত, দ্বি- ; communicating in both directions simultaneously, উভয়মুখ, উভয়-দিগ্‌বর্তী। [L.]

duplicate [dū°-pli-kit, ডিউ°প্লিকিট্] (**1**) *a.* double, twofold, দ্বিগুণ, দ্বৈত, দ্বিধাবিভক্ত, দ্বি- ; like, equivalent, সদৃশ, সমরূপ, প্রতিরূপ ; alternative, বৈকল্পিক। (**2**) *n.* another thing of the same kind, একই জাতের আরেকটি বস্তু, প্রতিরূপ বস্তু ; a copy or transcript, প্রতিলিপি। **in duplicate**—একখানি প্রতিলিপিসহ। *v.t.* **dū°plicāte**—দ্বিগুণিত করা ; প্রতিলিপি গ্রহণ করা ; ভাঁজ করা। *p.* & *p. pt.* **dū°plicātėd** । *n.* **dūplicā°tion** । *n.* **dū°plicātor**—প্রতিলিপি মুদ্রণের যন্ত্রবিশেষ। [L. *duplicare*=to fold twice]

duplicity [dū-pli°-si-ti, ডিউপ্লি°সিটি] *n.* double-dealing, ছলনা, কাপট্য। [L. *duplicis*=double]

durable [dūr°-able, ডিউয়্যা(র্)°অ্যাব্ল্] (**1**) *a.* lasting, টেকসই ; permanent, স্থায়ী। (**2**) *n.* (usu. *pl.*) goods expected to last a long time, টেকসই দ্রব্যাদি (consumer *durables*)। *n.* **dūrabi°lity, dūr°ablenėss** । *adv.* **dūr°ably** । [L. *durare*=to endure]

durance—see **duration.**

duration [dū-rā°sh(a)n, ডিউরেই°শ্ন্] *n.* continuance in time, স্থিতিকাল ; power of continuance, স্থায়িত্ব ; length of time, কাল-পরিমাণ (of short *duration*)। **for the duration**—(কথ্য.) যতক্ষণ লড়াই চলে ততক্ষণ। **dūr°ance**—কারাবরোধ, কয়েদ। [see *durable*]

durbar [da(r)°-bŭ(r), ড্যা(র্)°বা(র্)] *n.* an audience-chamber or levee or court, দরবার। [Hind. < Pers.]

duress(e) [dū-res°, ডিউরেস্°] *n.* constraint, বিধিনিষেধ-আরোপ, সংযমন ; imprisonment, কারাবরোধ, কয়েদ ; illegal constraint, অবৈধ বলপ্রয়োগ বা জুলুম (under *duress*)। [OF. *duresse*]

during [dūr°ing, ডিউ°য়্যার্°ইং] *prep.* throughout the time or continuance of, কোন সময় বা স্থিতিকাল ব্যাপিয়া। [obs. E. *dure*=to continue < L. *durare*]

durrie [du°-ri, ডা°রি] *n.* an Indian cotton carpet fabric with fringes, যে কাপড়ে সতরঞ্চি

তৈয়ারি হয়, দড়ি ; a carpet made of this, সতরঞ্চি। [Hind. *dari*]

durst—see **dare.**

dusk [dusk, ডাস্ক্] (**1**) *a.* darkish, ঈষৎ অন্ধকারপূর্ণ ; of dark colour, কালচে রঙ্গের। (**2**) *n.* twilight, গোধূলি ; partial darkness, আংশিক অন্ধকার, ঈষদন্ধকার ; darkness of colour, রঙ্গের কালচে ভাব। (**3**) *v.t.i.* to darken, অন্ধকার করা বা হওয়া ; to dim, ক্ষীণ বা নিষ্প্রভ করা অথবা হওয়া। *p.* & *p. pt.* **dus°ked** । *a.* **dus°ky**—ঈষৎ অন্ধকারময় ; ঈষৎ কালচে ; অস্পষ্ট ; বিষণ্ণ। *adv.* **dus°kily** । *n.* **dus°kinėss** । [OF. *dox*=dark]

dust [dust, ডাস্ট্] (**1**) *n.* fine particles of the earth, ধূলিকণা, ধুলা ; powder or fine particles, গুঁড়া, চূর্ণ, কণা, রেণু (tea *dust*) ; earth, মাটি ; grave, কবর ('to *dust* returnest') ; gold-dust, স্বর্ণরেণু ; money, টাকাকড়ি ; an abject condition, হীনাবস্থা। (**2**) *v.t.* to free from dust, ধূলিমুক্ত করা (to *dust* the furniture) ; to sprinkle with dust, ধুলা ছিটাইয়া দেওয়া ; to make dusty, ধূলিপূর্ণ করা। *p.* & *p. pt.* **dus°tėd** । **(humbled) in** or **into the dust**—পদাবনত, পদানত, (তু.) দাঁতেকুটা। **(to) bite the dust**—আহত বা নিহত হইয়া ভূপাতিত হওয়া। **(to) dust one's jacket**—প্রহার করা। **(to) kick up** or **make** or **raise a dust**—ঝামেলা বা হাঙ্গামা বাধান। **(to) lick the dust**—পরাজিত বা নিহত হইয়া ভূপাতিত হওয়া ; হীন গোলামি করা। **(to) shake the dust off one's feet**—সক্রোধে বা ঘৃণাভরে প্রস্থান করা। **(to) throw dust in one's eyes**—(কাহারও) চক্ষে ধুলা দেওয়া ; ফাঁকি দেওয়া। *n.* **dustbin** [dus(t)°-bin, ডাস্°বিন্] গৃহস্থালীর জঞ্জাল ফেলার পাত্র, ডাস্‌বিন্। *n.* **dust°-cart**—ধুলা বা ছাই বা ময়লা ফেলার গাড়ি। *n.* **dust°-coat**—পরিহিত পোশাক ধুলা হইতে রক্ষা করার জন্য পরিধেয় কোটবিশেষ। *n.* **dus°ter**—যে ব্যক্তি ধুলা ঝাড়ে, ধুলা ঝাড়ার জন্য নেকড়া বা বুরুশ। *n.* **dust°man**—ধাঙ্গড়। *n.* **dust°pan**—ঘরঝাঁটান ধুলাময়লা রাখার পাত্র। *a.* **dust-proo͞f**—ধূলিমলিন হয় না এমন। *a.* **dusty**—ধূলিপূর্ণ ; ধূলিমলিন ; ধূলিতুল্য ; গুঁড়ায় পরিণত। **a dusty answer**—অস্পষ্ট উত্তর। **not so dusty**—খুব খারাপ নয় ; ভালই। *adv.* **dus°tily** । *n.* **dus°tinėss** । [AS.]

Dutch [duch, ডাচ্] (**1**) *a.* of Holland, its people or language, হল্যান্ডের, হল্যান্ড্‌বাসীর বা ওলন্দাজদের, ওলন্দাজ ভাষার। (**2**) *n.* the language of Holland, ওলন্দাজ ভাষা। **Dutch auction**—যে নিলামে ক্রেতা না মেলা পর্যন্ত নিলামকর্তা ক্রমশঃ দাম কমায়। **Dutch courage**—মাতালের সাহসের ভান। **Dutch treat**—যে পানভোজন আমোদ-প্রমোদ প্রভৃতিতে অংশগ্রহণকারীরা প্রত্যেকে নিজের নিজের ব্যয় বহন করে। **Dutch wife**—শয্যার উপরে (অর্ধশায়িত বা উপবিষ্ট অবস্থায়) হেলান দিবার জন্য ফ্রেমবিশেষ। **double Dutch**—অজানা বা অবোধ্য ভাষা। **(to) go Dutch**—প্রত্যেকে খরচের স্বীয় অংশ বহন করা। **(to) talk like a Dutch uncle**—অভিভাবকের ন্যায় তিরস্কার করা, তর্জন করা। *n.* **Dutch°man**—হল্যান্ড্‌বাসী, ওলন্দাজ। *fem.* **Dutch°woman** । [G. *deutsch* =belonging to the people]

duteous—see **duty.**

duty [dū°-ti, ডিউ°টি] *n.* obligation, কর্তব্য ; one's proper business, উচিত কর্ম ; responsibility, দায়িত্ব ; service, কর্মচারীর কার্যভার বা দায়িত্ব (a policeman on *duty*) ; attendance, পরিচর্যা বা শুশ্রূষা ; respect, সম্মান শ্রদ্ধা ; tax on goods, শুল্ক। **as in duty bound**—কর্তব্যানুরোধে। **off duty**—দৈনন্দিন ছুটির সময়ে বা অবকাশকালে। **on duty**—দৈনন্দিন কার্যরত অবস্থায়। **(to) do duty for**—কিছুর পরিবর্তে ব্যবহৃত হওয়া, ভিন্ন কিছুর স্থলাভিষিক্ত হইয়া প্রয়োজনসাধন করা (this bench will *do duty for* a cot)। *a.* **dū°tėous**—কর্তব্যনিষ্ঠ ; বাধ্য। *a.* **dū°tiable**—শুল্ক ধার্যের যোগ্য। *a.* **dū°tiful**—কর্তব্যনিষ্ঠ ; শ্রদ্ধাশীল ; বাধ্য। *adv.* **dū°tifully** । *a.* **dū°ty-free**—শুল্ক দিতে হয় না এমন, শুল্কমুক্ত। **dū°ty-paid**—(**1**) *a.* পূর্বাহ্ণেই শুল্ক প্রদত্ত হইয়াছে এমন ; (**2**) *adv.* ঐরূপভাবে। [AF. *duete*=see *due*]

duumvir [dū-um°-va(r), ডিউআম্°ভ্যা(র্)] *n.* a member of a board of two equal officials, (প্রধানতঃ প্রাচীন রোমের) একই পদে অধিষ্ঠিত যুগল কর্মকর্তার যে কোনজন। *pl.* **dūum°virs, duumviri** [dū-um°-vi-rē, ডিউআম্°ভিরী]। *n.* **dūum°virāte**—একই পদে একই কালে দুইজনের অধিষ্ঠান, দ্বৈত শাসন। [L. *duumviri* (*pl.*)]

duvet [do͞o°-vā, ডু°ভেই] a quilt stuffed with feathers, পালকে তৈয়ারি লেপ। [Fr.]

dwarf [dwa(r)f, ড্যোআ(র্)ফ্] (**1**) *n.* an abnormally short-sized person, animal or plant, বামন। (**2**) *v.t.* to hinder growth, বাড়িবার পথে বাধা জন্মান, বাড় নষ্ট করা ; to make one appear small, খর্ব বা হ্রস্ব বলিয়া প্রতীয়মান করান। (**3**) *v.i.* to become small, খর্ব বা হ্রস্ব হওয়া। *p.* & *p. pt.* **dwar°fėd** । *a.* **dwar°fish**—ঈষৎ বেঁটে। [OE. *dweorg*—cp. Du. *dwerg*]

dwell [dwel, ড্যোএল্] *v.i.* to reside, বাস করা, বসবাস করা ; to remain, থাকা, অবস্থান করা ; to keep one's attention fixed, স্থির মনোযোগ দেওয়া (to *dwell* on anything) ; to continue long, দীর্ঘস্থায়ী হওয়া, দীর্ঘকাল ধরিয়া চলিতে থাকা। *p.* & *p. pt.* **dwelt** । **(to) dwell on** or **upon**—(কোন বিষয়ে) বিস্তারিতভাবে আলোচনা করা বা চিন্তা করা বা লেখা। *n.* **dwe°ller**—বাসিন্দা ; অধিবাসী। *n.* **dwe°lling**—আবাস ; বসতবাড়ি ; বাড়ি ; বাস ; স্থায়িত্ব ; চালু অবস্থা। *n.* **dwe°lling-house**—বসতবাড়ি। *n.* **dwe°lling-plāce**—বাসস্থান। [OE. *dwellan*=to tarry]

dwindle [dwind°l, ড্যুইন্‌ড্‌°ল্] *v.i.* to grow less, হ্রাস পাওয়া ; to waste away, ক্রমে-ক্রমে অপচিত হওয়া ; to become feeble or degenerate, ক্ষীণ বা অধঃপতিত হওয়া। [dim. of obs. *v. dwine*=to fade]

dyad [dī°-ad, ডাই°অ্যাড্] *n.* the number two, দুই ; a couple, জোড়া, যুগল, মিথুন ; (chem.) a bivalent atom or element, (রসা.) দ্বিযোজী পরমাণু বা মৌল। [L.<Gk. *duas*<*duo*=two]

dyarchy—alt. spell. of **diarchy.**

dye [dī, ডাই] **(1)** *v.t.* to colour or stain, রঙ্‌ মাখান, রঞ্জিত করা ; **(2)** *n.* colour, রঙ, বর্ণ ; stain, রঙের ছাপ, ছোপ ; tinge, রঙের আভা ; a colouring liquid, তরল রঞ্জক পদার্থ। **(to) dye in the wool** or **in grain**—(উপাদানাদি) কাঁচা অবস্থায় রঞ্জিত করা। **a scoundrel** or **villain of the deepest dye**—চরম দুর্বৃত্ত। *a.* **dyed°-in-the-wool°**—(উপাদানাদি-সম্বন্ধে) কাঁচা অবস্থায় রঞ্জিত ; (আল.) সম্পূর্ণ। *n.* **dy°er**—বস্ত্রাদি রঞ্জনকারী। *n.* **dye°ing**—রঞ্জনকার্য। *n.* **dye°-stuff**—রঞ্জনের উপাদান। *n.* **dye°-work(s)**—রঞ্জনের কারখানা। [OE. *deagian*=to dye<*deag, deah* =colour]

dying—see **die₁**। **dying declaration**—(প্রধানতঃ বিচারাধীন আসামি-সম্বন্ধে ফরিয়াদির) মৃত্যুকালীন জবানবন্দী।

dyke—alt, spell. of **dike.**

dynamic [dī-na°-mik, ডাইন্যা°মিক্], **dyna°-mical**—**(1)** *a.* of force, শক্তিসংক্রান্ত ; of dynamics, গতিবিজ্ঞানসংক্রান্ত ; forceful, শক্তিশালী ; very energetic, প্রচুর কর্মশক্তিপূর্ণ ; ever mobile or progressive, চিরগতিশীল, প্রগতিশীল। **(2)** *n.* a moving or active force, বেগবান্‌ বা সক্রিয় শক্তি। *adv.* **dyna°mically**। *n. pl.* (treated as sing.) **dyna°mics**—গতিবিজ্ঞান। *n.* **dynamism**—ইন্দ্রিয়গ্রাহ্য জগৎ অন্তর্নিহিত সক্রিয় শক্তিজনিত—এই মতবাদ ; সক্রিয়তা বা গতিশীলতা। [Gk. *dynamikos*]

dynamite [dī°-na-mīt, ডাই°ন্যামাইট্‌] **(1)** *n.* an explosive, আল্‌ফ্রেড্‌ নোবেল কর্তৃক আবিষ্কৃত শক্তিশালী বিস্ফোরক পদার্থবিশেষ, ডিনামাইট। **(2)** *v.t.* to blow up with dynamite, ডিনামাইট্‌ দিয়া উড়াইয়া দেওয়া। *p. & p. pt.* **dy°namited**। [Gk. *dynamis*=power]

dynamo [dī°-na-mō, ডাই°ন্যামৌ] *n.* machine for generating electric current, বিদ্যুৎ-প্রবাহ উৎপাদনের যন্ত্রবিশেষ। [contr. of *dynamo-electric machine*<Gk. *dynamis*=power]

dynast [di°-nast, ডি°ন্যাস্ট্‌] *n.* a ruler, শাসক, নৃপতি। *a.* **dynas°tic**—রাজবংশীয়। *n.* **dy°nasty**—রাজবংশ। [Gk. *dunastes*]

dysentery [di°-sntri, ডি°স্‌ন্‌ট্রি] *n.* an intestinal disease, আমাশয়-রোগ, অতিসার। *a.* **dysenteric** [disn-te°-rik, ডিস্‌ন্‌টে°রিক্] আমাশয়ঘটিত। [Gk. *dysenteria*]

dyspepsia [dis-pep°-si-a, ডিস্‌পেপ্‌°সিঅ্যা] *n.* indigestion, অজীর্ণ-রোগ, পেটের অসুখ। **dyspep°tic**—**(1)** *a.* অজীর্ণ-রোগগ্রস্ত ; **(2)** *n.* অজীর্ণ-পীড়িত ব্যক্তি। [Gk.]

E

E, e [ē, ঈ] *n.* the fifth letter of the English alphabet, ইংরেজি বর্ণমালার পঞ্চম অক্ষর ; (mus.) the third note in the natural scale, (সঙ্গীতে) গান্ধারের সঙ্কেত, গা।

each [ēch, ঈচ্] *a. & pro.* every one considered separately, প্রত্যেক বা প্রত্যেকে। **each other**—পরস্পর। [OE. *aelc*<*a*=ever, *gelic* =alike]

eager [ē°-ga(r), ঈ°গ্যা(র্)] *a.* keenly desirous, আকুল আকাঙ্ক্ষী, ব্যগ্র ; keen, তীক্ষ্ণ, আকুল (*eager* desire) ; severe, কঠোর দারুণ ; biting, তীব্র ; sour, টক। **eager beaver**—পরিশ্রমী এবং অত্যুৎসাহী ব্যক্তি। *adv.* **ea°gerly**। *n.* **ea°gerness**। [OF. *aigre*<L. *acer*=sharp]

eagle [ēg°l, ঈগ্‌°ল্] *n.* a large bird of prey, ঈগল। *a.* **eag°le-eyed**—তীক্ষ্ণদৃষ্টিসম্পন্ন। *n.* **eag°-let**—ঈগল-শাবক। [OF. *aigle*<L. *aquila*]

eagre [ā°-ga(r), এই°গ্যা(র্)] *n.* a sudden rise of the tide in a river, নদীজলের আকস্মিক স্ফীতি, বান। [?]

ear₁ [ē(r), ইয়্যা(র্)] *n.* a spike as of corn, শস্যের মঞ্জরী বা শিষ। *a.* **ear°ed**—শিষযুক্ত [cp. G. *ahre*]

ear₂ [ē(r), ইয়্যা(র্)] *n.* the organ of hearing, কর্ণ, কান ; the sense or power of hearing, শ্রবণেন্দ্রিয় বা শ্রবণশক্তি, শ্রুতি ; the faculty of distinguishing sounds, বিভিন্ন ধ্বনির তারতম্য বোঝার ক্ষমতা, সুরবোধ (musical *ear*) ; attention, মনোযোগ, কর্ণপাত (to give *ear*) ; anything shaped like an ear, কর্ণাকার বস্তু (যেমন, বেহালার চাবি)। **(to) be all ears**—সম্পূর্ণ মনোযোগী হওয়া ; উৎকর্ণ হওয়া। **(to) fall on deaf ears**—কানে না ঢোকা, মনোযোগ আকর্ষণ করিতে না' পারা। **to feel one's ears burning**—কাহারও অনুপস্থিতিতে তাহার সম্পর্কে কথাবার্তা বা আলোচনা হইতেছে কল্পনা করা। **(to) give ear**—কর্ণপাত করা, মনোযোগ দেওয়া। **(to) give one's ears**—(কিছুর জন্য) যে কোন ত্যাগস্বীকার করা। **(to) go in at one ear and out at the other**—এক কান দিয়া ঢুকিয়া অন্য কান দিয়া বাহির হইয়া যাওয়া অর্থাৎ শুনিয়াও না শোনা (অর্থাৎ, মনে রেখাপাত না হওয়া)। **(to) have** or **win one's ear(s)**—কোন কথার প্রতি কাহারও

For words in *ear-*, not given separately, see **ear₂**.

মনোযোগ আকর্ষণ করিতে সমর্থ হওয়া। **(to) lend an ear**—শোনা, কর্ণপাত করা। **(to) prick up one's ears**—কান খাড়া করিয়া শুনিতে আরম্ভ করা; উৎকর্ণ হওয়া। **(to) set by the ears**—কলহরত করান। **(to) turn a deaf ear to**—কর্ণপাত না করা। **up to the ears**—সম্পূর্ণ নিমগ্ন বা বিজড়িত (to be *up to the ears* in work)। **walls have ears**—দেওয়ালেরও কান আছে অর্থাৎ কেহ আড়ালে থাকিয়া শুনিতে পারে। *n.* **ear°ache**—কানের ব্যথা, কর্ণশূল। *n.* **ear°-drop**—কানের দুল। *n.* **ear°-drum**—কানের পরদা, কর্ণপটহ। *a.* **ear°ed**—কর্ণযুক্ত, সকর্ণ। *n.* **ear°lap**—কানের লতি। **ear°mark**—(1) *n.* পশুর কানে মালিকানা নির্দেশের জন্য অঙ্কিত চিহ্ন; বৈশিষ্ট্যসূচক চিহ্ন; (2) *v.t.* মালিকানা-নির্দেশক বা বৈশিষ্ট্যসূচক চিহ্ন অঙ্কিত করা; বিশেষ উদ্দেশ্যে লাগানর জন্য পৃথক্ করিয়া রাখা। *p. & p. pt.* **ear°marked**। *n.* **ear°-pick**—কান-খুঁচুনি। *n.* **ear°-phone**—যে বেতার-যন্ত্র কানে লাগাইয়া ব্যবহার করিতে হয়। *n.* **ear°ring**—মাকড়ি। *n.* **ear°-shot**—শ্রুতিগোচরতা, শ্রবণশক্তির নাগাল (within *earshot*)। *n.* **ear°-trumpet**—কালারা শ্রবণ-কার্যের সহায়তার জন্য কানে যে নল বা যন্ত্র লাগাইয়া কথাবার্তা শোনে। *n.* **ear°wax**—কানের খোল, কর্ণমল। **ear°wig**—(1) *n.* কেওড়া-কীট; (2) *v.t.* কান ভাঙ্গান, কান ভারী করা। *pr. pt.* **ear°wigging**। *p. & p. pt.* **ear°wigged**। [OE. *eare*—cp. G. *ohr*. L. *auris*]

eared—see **ear**$_{1,2}$.

earl [a(r)l, অ্যা(র্)ল্] *n.* a British nobleman, গ্রেট ব্রিটেনের সম্ভ্রান্ত ব্যক্তিবিশেষ (মর্যাদায় marquis ও viscount-এর মধ্যবর্তী)। *fem.* **countess** [kown°-tis, কাউন্°টিস্]। *n.* **earl°dom**—আর্লের জমিদারি বা পদমর্যাদা। [OE. *eorl*=a warrior—cp. ON. *jarl*]

early [a(r)°-li, অ্যা(র্)°লি] (1) *adv.* near the beginning, গোড়ার দিকে, ভোরের দিকে; soon, শীঘ্র; in good time, (হাতে) সময় থাকিতে বা সময় রাখিয়া, যথাসময়ের পূর্বে। (2) *a.* belonging to or happening in or near the beginning, গোড়ার দিকের, ভোরবেলার; ready or present etc., in good time, beforehand, যথাসময়ের পূর্বকালীন; of the remote past or near future, বহুপ্রাচীন, সেকেলে, আসন্ন। **early bird**—(কথ্য.) যে ব্যক্তি খুব ভোরে ওঠে; যে আগে পৌঁছায় বা আসে। **earlier on**—গোড়ার দিকে, পূর্বে, আগে। **early and late**—চিরকাল, সর্বদা। **(to) keep early hours**—সকাল-সকাল ঘুমাইতে যাওয়া ও ঘুম হইতে ওঠা। *n.* **ear°liness**। [OE. *aerlice* (*adv.*) <*aer*=before]

earn [a(r)n, অ্যা(র্)ন্] *v.t.* to gain by labour, অর্জন করা, আয় করা; to acquire, সংগ্রহ করা, আয়ত্ত করা বা অধিকার করা; to deserve, পাইবার যোগ্য হওয়া, হকদার হওয়া; to bring to one, আনিয়া দেওয়া (this act *earned* him fame)। *n. pl.* **earn°ings**—অর্জিত দ্রব্যাদি বা টাকাকড়ি, আয়। [OE. *earnian*—cp. G. *ernte*, Sans, *arjan*]

earnest$_1$ [a(r)°-nist, অ্যা(র্)°নিস্‌ট্] *n.* money paid in token of a bargain, বায়না, বায়নার টাকা (also **ear°nest-money**)। [?]

earnest$_2$ [a(r)°-nist, অ্যা(র্)°নিস্‌ট্] (1) *a.* intent, ব্যগ্র, সাগ্রহ; sincere, আন্তরিক; serious, মনপ্রাণ দিয়াছে এমন অর্থাৎ হেলাফেলাপূর্ণ নহে এমন, সত্য-সত্য। (2) *n.* sincerity, আন্তরিকতা; seriousness, মন-প্রাণ-প্রযুক্ত অবস্থা, বাস্তবিকতা। **in earnest**—আন্তরিক; সাগ্রহ (perfectly *in earnest*); আন্তরিকভাবে; সাগ্রহে; সত্য-সত্য। *adv.* **ear°nestly**। *n.* **ear°-nestness**। [OF. *eornost*=seriousness<G. *ernst*]

earth [a(r)th, অ্যা(র্)থ্] (1) *n.* the world, পৃথিবী; soil, জমি, ক্ষেত্র, ভূমি; dry land, স্থলভাগ; clay, মৃত্তিকা, মাটি; dirt, ধুলা; the inhabitants of the world, জগদ্বাসী; the human body, মানবদেহ; মরদেহ; dead matter, মৃত বস্তু; a burrow, পশু কর্তৃক বাসের জন্য খনিত গর্ত। (2) *v.t.* to cover with or hide in the earth, মাটি চাপা দেওয়া বা মাটির নিচে লুকাইয়া রাখা; to bury, কবর দেওয়া; to smear with mud, মাটি লেপা। (3) *v.i.* to burrow, আশ্রয়ের জন্য মাটিতে গর্ত খোঁড়া বা গর্ত খুঁড়িয়া আশ্রয় লওয়া; to hide in the earth, মাটির নিচে লুকান। **how** or **why** or **where** or **who** etc. **on earth**—কেমনেই বা, কেনই বা, কোথায়ই বা, কেই বা, প্রভৃতি। **(to) come back** or **down to earth**—কল্পনা-রাজ্য ত্যাগ করিয়া বাস্তবে ফিরিয়া আসা। **(to) go** or **run to earth**—(শিয়ালের) নিজ গর্তে ঢোকা। **(to) run it to earth**—(আল.) খুঁজিয়া বাহির করা, অনুসন্ধানপূর্বক আবিষ্কার করা। **(to) earth up**—ঢাকিয়া দেওয়া (to *earth up* the roots of a plant)। *a.* **earth°-born**—মৃত্তিকাজাত; পৃথিবীতে জাত। *a.* **earth°-bound**—পৃথিবীর অভিমুখ। *a.* **earth°en**—মাটির তৈয়ারি, মৃন্ময়; পার্থিব; (আল.) মর, নশ্বর। *n.* **ear°then-ware**—মৃন্ময় পাত্র (হাঁড়ি কলসি প্রভৃতি)। *n.* **earth°ling**—মরপ্রাণী; ঐহিক বা সাংসারিক লাভলোকসানাদি সম্বন্ধে অতি-সচেতন ব্যক্তি। *a.* **earth°ly**—পার্থিব; জাগতিক; সাংসারিক; জঘন্য। **no earthly use**—কোন কাজ দেয় না এমন, অকেজো। **not an earthly chance**—কোন সুযোগ বা সম্ভাবনা নাই। *n.* **earth°liness**। *a.* **earth°ly-min°ded**—পার্থিব বা সাংসারিক ব্যাপারে অতি সচেতন, বিষয়ী। *n.* **earth°quake**—ভূমিকম্প। *n.* **earth°work**—মৃত্তিকাদ্বারা প্রাচীর দুর্গ বাঁধ প্রভৃতি নির্মাণ; উক্ত প্রাচীর দুর্গ বাঁধ প্রভৃতি। *n.* **earth°worm**—কেঁচো, মহীলতা; (আল.)

উচ্চাদর্শহীন নিতান্ত বিষয়ী লোক। *a.* **ear°thy**—পার্থিব, জাগতিক ; মৃন্ময় ; বিষয়ী ; ঘোর পার্থিব প্রবৃত্তিসম্পন্ন ; (আল.) মর, নশ্বর। *n.* **earth°iness**। [OE. *eorthe*—cp. G. *erde*, Sans. *prithwi*]

ease [ēz, ঈজ্] (**1**) *n.* freedom from pain or disturbance, আরাম, শান্তি ; freedom from difficulty, আয়াসহীনতা, সহজসাধ্যতা ; rest from work, বিশ্রাম, বিরাম ; naturalness, স্বাচ্ছন্দ্য, অবলীলা ; freedom from constraint, বাধাহীনতা। (**2**) *v.t.* to free from pain, trouble, anxiety, etc., যন্ত্রণা ঝঞ্ঝাট দুশ্চিন্তা প্রভৃতি হইতে মুক্ত করা, আরাম দেওয়া ; to relieve, স্বস্তিবিধান করা ; to relax, আলগা বা ঢিলা করা ; to calm, শান্ত করা। **(to) ease off**—ক্রমে ক্রমে ঢিলা বা আলগা করা অথবা হওয়া ; তীব্রতা বা উগ্রতা কমান অথবা কমা। **(to) ease oneself**—কু-প্রভাবাদি হইতে মুক্ত হওয়া ; আত্মশোধন করা ; বাহ্যে করা, মলত্যাগ করা। **(to) take it easy**—(কোন কার্যাদি সম্পাদনার্থ) বেশি পরিশ্রম বা তাড়াহুড়া না করা ; (অশু.) কোন কিছুর জন্য মন খারাপ না করা। *a.* **ease°ful**—আরামপূর্ণ ; শান্তিপূর্ণ। *adv.* **ea°sily**। *a.* **ea°sy**—আরামপূর্ণ ; শান্তিপূর্ণ ; অনায়াস, সহজ, স্বচ্ছন্দ ; সাবলীল ; অবাধ। **easy of access**—সহজে প্রবেশাধিকার লাভ করা যায় এমন। **easy come, easy go**—সহজে অর্জিত সহজে বা অক্লেশে ব্যয়িত (অর্থাদি)। **easy manners**—সহজ আচরণ বা চালচলন। **easy on the eye**—চক্ষুর প্রীতিকর, নয়নাভিরাম, প্রিয়দর্শন। **of easy virtue**—(নারী সম্বন্ধে) যৌনসম্ভোগে বাছবিচারহীন। *n.* **ea°siness**। *n.* **ea°sy-chair°**—আরাম-কেদারা। *a.* **ea°sy-gŏing**—স্বচ্ছন্দ ; নির্ঝঞ্ঝাট ; সহজ ; চিন্তাভাবনাহীন। [OF. *aise*]

easel [ē°zl, ঈ°জ়্‌ল্] *n.* a frame for supporting a picture during painting, অঙ্কনকালে যে তক্তার উপরে ছবি-আঁকার কাগজাদি স্থাপন করা হয়। [Du. *ezel* or G. *esel*=an ass]

easily, easiness—see **ease.**

east [ēst, ঈস্‌ট্] (**1**) *n.* that part of the sky where the sun rises at the equinox, পূর্বদিক্ ; the eastern part of a region or of the earth, পূর্বাঞ্চল ও প্রাচ্যজগৎ। (**2**) *a.* of towards or blowing from the east, পূর্বস্থ, পূর্বমুখ, পূর্বদিক্ হইতে প্রবাহিত। *n.* **East°-end°**—লনডনের বা অন্য যে কোন শহরের পূর্বাংশ (এই অঞ্চলে সাধারণতঃ দরিদ্রদের বাস)। *n.* **east°-en°der**—শহরের পূর্বাঞ্চলবাসী। **eas°terly**—(**1**) *a.* পূর্বদিকস্থ ; পূর্বদিক্ হইতে প্রবাহিত ; পূর্বমুখ ; পূর্বাভিমুখ ; (**2**) *adv.* পূর্বাভিমুখে ; (**3**) *n.* পুবাল বাতাস। *a.* **eas°tern**—পূর্বমুখ ; পূর্বদিকসংক্রান্ত ; পূর্বদিকস্থ ; প্রাচ্য ; প্রাচ্যবাসী। **Eastern Church**—গ্রীক গির্জা। *a.* **eas°ternmōst**—পূর্বপ্রান্তবর্তী, পূর্বপ্রান্তিক। *n.* **East°-In°dia**—ভারতবর্ষ এবং তৎসন্নিহিত যাবতীয় দেশ ও দ্বীপ। *n.* **East°-In°diaman**—ভারতবর্ষের এবং তৎসন্নিহিত দেশসমূহের উপকূলগামী বাণিজ্যতরী। *a.* **East°-In°dian**—ভারতবর্ষীয় ; ভারতের নিকটবর্তী (*East-Indian* islands)। *n.* **east°ing**—পূর্বাভিমুখে অতিক্রান্ত পথের দৈর্ঘ্য। *a.* **east°ward**—পূর্বাভিমুখ। *adv.* **east°ward(s)**—পূর্বাভিমুখে। [AS. cp. Du. *oost*, G. *osten*]

Easter [ēs°-ta(r), ঈস্°ট্যা(র্)] *n.* the festival of Christ's resurrection, যিশু খ্রিস্টের কবর হইতে পুনরুত্থান-পর্ব (গুড্‌ফ্রাইডের পরদিন শনিবার রাত্রে প্রতিপালনীয়)। *n.* **Ea°ster-Day**—ঈস্টারের পরদিন অর্থাৎ রবিবার। **Easter dues, Easter offerings**—ঈস্টার উপলক্ষে প্রার্থনাসভায় যাজককে প্রদত্ত অর্থ। **Easter egg**—খোলায় রং-করা ডিম (ঈস্টারের উপহার রূপে প্রদত্ত) ; ডিম্বাকৃতি মিঠাই বা চকলেট। [OE. *eastre*<G. *ostern* ?]

easterly, eastern—see **east.**

easy—see **ease.**

eat [ēt, ঈট্] (**1**) *v.t.* to take into the body by the mouth as food, খাওয়া, ভক্ষণ করা ; to swallow, গলাধঃকরণ করা, গেলা (to *eat* soup) ; to consume or corrode, ক্ষয় করা। (**2**) *v.i.* to take food, আহার করা, ভোজন করা। *p.* **āte**। *p. pt.* **ea°ten**। **(to) eat away**—ক্রমে-ক্রমে ধ্বংস করা বা ক্ষয় করা ; দাঁত দিয়া কাটা। **(to) eat in**—(অ্যাসিড-এর ন্যায়) ক্ষয় করা। **(to) eat off**—(মাঠের শস্যাদি) গবাদি পশুর দ্বারা খাওয়ান। **(to) eat up**—সম্পূর্ণ খাইয়া বা গিলিয়া ফেলা ; (আল.) সম্পূর্ণরূপে গ্রাস করা (he is *eaten up* with pride)। **what's eating you**—(কথ্য.) এত উদ্বিগ্ন কেন বা কিসে তোমাকে কুরে কুরে খাচ্ছে ? **eatable**—(**1**) *a.* খাবার যোগ্য, ভোজনযোগ্য। (**2**) *n.* (usu. *pl.*) খাদ্যদ্রব্য। *n.* **ea°tage**—অশ্ব বা গবাদি পশুর খাওয়ার জন্য ঘাস ও অন্যান্য পদার্থ, দানা বা জাব ; আহারের অধিকার। *n.* **ea°ter**। *n.* **ea°ting**—ভোজন। *n.* **ea°ting-house**—খাবারের দোকান বা হোটেল ; রেস্তরাঁ। *n. pl.* **eats**—(কথ্য.) খাদ্য বস্তু, খাবার (enough of *eats* in this hotel)। [OE, *etan*—cp. ON. *eta*]

eau-de-Cologne [ō°-da-ka-lon°, ঔ°ড্যাক্যালোন্°], **eau** [ō, ঔ] *n.* a soothing perfume, আরামদায়ক সুগন্ধিবিশেষ, ওডিকলোন। [F.=water of Cologne]

eaves [ēvz, ঈভ্‌জ়্] *n. pl.* (orig. *sing.*) the projecting edge of the roof, ঘরের ছাদের প্রলম্বিত অংশ, ঘরের ছাঁইচ। *v.i.t.* **ea°vesdrop**—ঘরের ছাঁইচে বা জানালার ধাড়ির কাছে দাঁড়াইয়া আড়ি পাতিয়া শোনা। *pr. pt.* **ea°vesdropping** ; *p.* & *p. pt.* **ea°vesdropped**। *n.* **ea°vesdropper**। [OE. *efer*=the edge of thatch]

ebb [eb, এব্] (**1**) *n.* the going back of the tide, ভাটা ; (fig.) a decline, (আল.) অবনতি, হ্রাস, মন্দা (at a low *ebb*)। (**2**) *v.i.* to flow back, ভাটা পড়া ; to decline, অবনতি হ্রাস বা মন্দা হওয়া। *n.* **ebb°-tide°**—ভাটার টান বা স্রোত, ভাটা। [OE. *ebba*]

ebon [e°-ban, এ°ব্যান্], **e°bony**—(**1**) *n.* a kind of wood or its tree, আবলুস কাঠ বা তাহার গাছ। (**2**) *a.* made of ebony, আবলুস-কাঠে নির্মিত ; as black as ebony, আবলুসের ন্যায় কাল। *n.* **e°bonite**—কঠিনীকৃত কাল রবারবিশেষ। [Gk. *ebenos*]

ebriety [i-brī°-a-ti, ইব্রাই°অ্যাটি] *n.* drunkenness, প্রমত্ততা, মাতলামি। [L. *ebriare*=to make drunk]

ebullient [i-bu°-li-ant, ইবা°লিয়্যান্ট্] *a.* boiling, (উত্তাপাদিতে) ফুটিতেছে এমন ; agitated, উত্তেজিত ; enthusiastic, exuberant, অত্যুৎসাহী, উচ্ছ্বসিত। *n.* **ebu°llience, ebu°lliency**—(উত্তাপাদিতে) ফোটা। *n.* **ebu°llioscope**—তরল পদার্থের স্ফুটনাঙ্ক মাপক যন্ত্রবিশেষ। *n.* **ebullition** [e-ba-li°-sh(a)n, এব্যালি°শ্‌ন্] (উত্তাপাদিতে) ফোটা ; উত্তেজনা ; (আবেগ লড়াই প্রভৃতির) প্রকাশ বা আরম্ভ। [L. *ebulliens*<*e*=out. *bullire*=to boil]

écarté [ā-kŭ(r)°tā, এইকা(র্)°টেই] *n.* a game of cards for two persons, দুইজনের তাসখেলা বিশেষ। [F.]

Ecce Homo [ek°-se hō-mō, এক্°সি হৌমৌ, ek°-i-hō-mō, এক্°ইহৌমৌ] *n.* a picture of Christ wearing crown of thorns, যীশুখ্রীষ্টের কণ্টকমুকুট-পরিহিত প্রতিকৃতি। [L.=behold the man]

eccentric [ik-sen°-trik, ইক্‌সেন্°ট্রিক্] (**1**) *a.* departing from the centre, কেন্দ্রাপসারী, উৎকেন্দ্র ; (of circles) not having the same centre as another, ভিন্নকেন্দ্রী ; irregular, নিয়মানুগত নহে এমন ; odd, অদ্ভুত, খামখেয়ালি। (**2**) *n.* an eccentric circle, ভিন্নকেন্দ্রী বৃত্ত ; an eccentric fellow, অদ্ভুতস্বভাব বা খামখেয়ালি ব্যক্তি। *adv.* **eccen°trically**। *n.* **eccentricity** [ek-sen-tri°-si-ti, এক্‌সেনট্রি°সিটি]। [Gk. *ek*=out of, *kentron*=centre]

ecclesia [i-klē°-zi-a, ইক্লী°জ়িঅ্যা] *n.* a popular assembly, (প্রধানতঃ অ্যাথেন্‌স্-এর) লোকসভা। *n.* **ėcclē°šiast**—অ্যাথেন্‌সের লোকসভার সদস্য ; প্রচারক (বাইবেলের অন্তর্ভুক্ত "Ecclesiastes" নামক গ্রন্থপ্রণেতা Solomon প্রচারক ছিলেন বলিয়া) ; পুরোহিত, পাদ্রী, ধর্মপ্রচারক। *n.* **ėcclēšias°tic**—পুরোহিত, পাদ্রী। *a.* **ėcclēšias°tic(al)**—গির্জা-সংক্রান্ত বা যাজক-সংক্রান্ত। [LL.<Gk. *ekklesia*]

ecdysis [ek°di-sis, এক্°ডিসিস্] *n.* the act of casting off outer skin or shell, sloughing off of skin, খোলস বা খোলা পালটান বা পরিবর্তন, নির্মোকমোচন, নির্মোচন। [Gk. *ekdusis*<ekduō=put off]

echelon [e°-sha-lon, এ°শ্যালন্] *n.* a stepwise arrangement of troops, warships, aircrafts, etc., সৈন্যদল রণতরী বিমান প্রভৃতির সোপানবৎ বিন্যাস ; group of persons at a specific level in an organization, যে-কোন সংস্থায় বিশেষ স্তর বা শ্রেণীর ব্যক্তিবর্গ (persons in the higher *echelon*)। [F.<*echelle*=stair]

echinus [e-ki°-nas, একি°ন্যাস্] *n.* a sea-urchin, তীক্ষ্ণ কণ্টকাবৃত সামুদ্রিক শামুকবিশেষ। [Gk. *echinos*=a hedgehog]

echo [e°-kō, এ°কৌ] (**1**) *n.* the reflection of sound or a reflected sound, প্রতিধ্বনি ; অনুরণন ; response, সাড়া ; repetition, পুনরাবৃত্তি ; imitation, অনুকরণ ; an imitator, অনুকরণ-কারী ; a copy, অনুকৃত বস্তু, অনুকৃতি। (**2**) *v.i.t.* to reflect sound, প্রতিধ্বনিত হওয়া বা করান। (**3**) *v.i.* to resound, ধ্বনিত বা অনুরণিত হওয়া। (**4**) *v.t.* to respond or repeat or imitate, সাড়া দেওয়া, পুনরাবৃত্তি বা অনুকরণ করা। *n.* **e°choism**—ধ্বন্যাত্মক শব্দগঠন ; ধ্বন্যাত্মক শব্দ। **echopra°xia**—উন্মাদরোগ বিশেষ, মস্তিষ্ক-বিকৃতি। *n.* **e°chō-sounding**—শব্দাদি প্রতিধ্বনিত হইয়া ফিরিয়া আসিতে কত সময় লাগে তাহা বিচারপূর্বক দূরত্ব-নির্ণয়। [L.<Gk. *ekho*=a sound]

éklair [āk-lā(r)°, এইক্লেয়্যা(র্)°] *n.* a finger-shaped cake filled with cream, etc., সর বা ননীর পুর দেওয়া অঙ্গুলিসদৃশ কেকবিশেষ। [F.]

eclampsia [i-klamp°-si-a, ইক্ল্যাম্প্°সিঅ্যা] *n.* a condition resembling epilepsy, (সদ্য. প্রসূতিদের) সন্ন্যাসজাতীয় রোগবিশেষ। [Gk. *eklampsis*]

éclat [āk°-lŭ, এইক্°লা] *n.* showy splendour, আড়ম্বর, জাঁকজমক ; conspicuous success, বিশেষ সাফল্য বা কৃতিত্ব ; applause, প্রশংসা। [F.]

eclectic [ek-lek°-tik, এক্লেক্°টিক্] (**1**) *a.* selecting and borrowing the best of everything, সমস্ত কিছুর ভাল বাছিয়া গ্রহণ করে এমন, সারগ্রাহী ; intellectually broad, মানসিক ঔদার্য-সম্পন্ন। (**2**) *n.* an eclectic person, ঐরূপ ব্যক্তি। *adv.* **eclec°tically**। *n.* **eclecticism** [ek-lek°-ti-sizm, এক্লেক্°টিসিজ়্ম্] সারগ্রাহিতা ; মানসিক ঔদার্য। [Gk. *eklektikos*]

eclipse [i-klips°, ইক্লিপ্‌স্°] (**1**) *n.* interception of the light of a luminary by the intervention of another body, (চন্দ্রসূর্যাদির) গ্রহণ ; a darkening, অন্ধকারাচ্ছন্ন করা বা ম্লান করা ; (fig.) loss of brilliancy, reputation, etc., (আল.) ঔজ্জ্বল্য খ্যাতি প্রভৃতি হ্রাস বা হানি। (**2**) *v.t.* to obscure the light of, (চন্দ্রসূর্যাদিকে পূর্ণ বা খণ্ড) গ্রাস করা ; to darken, অন্ধকার করা ; to outshine, দীপ্তিতে ছাপাইয়া যাওয়া, ঔজ্জ্বল্য ম্লান করা ; to outdo, ছাপাইয়া যাওয়া। *p.* & *p. pt.* **ėclip°sed**। **lunar eclipse**—চন্দ্রগ্রহণ। **partial eclipse**—খণ্ডগ্রাস। **solar eclipse**—সূর্য-গ্রহণ। **total eclipse**—পূর্ণগ্রাস। **ėclip°tic**—(**1**) *n.* সূর্যের বার্ষিক পরিক্রমণ-পথ, ক্রান্তিবৃত্ত ; সৌর অয়নবৃত্ত বা গ্রহণরেখা ; (**2**) *a.* গ্রহণসংক্রান্ত ; ক্রান্তি-বৃত্ত বা সৌর অয়নবৃত্ত বা গ্রহণরেখাসম্বন্ধীয়। [OF.<L. *eclipsis*]

eclogue [ek°-log, এক্°লগ্] *n.* a short pastoral poem, (প্রধানতঃ কথোপকথনের ভঙ্গিতে লেখা) ক্ষুদ্র রাখালী কবিতাবিশেষ। [L. *ecloga*< Gk. *ekloge*]

ecology [ē-ko°-la-ji, ঈক°ল্যাজি] *n.* a study of plants or living organisms or peoples in relation to environment, (পরি.) বাস্তব্য-বিদ্যা, বাস্তুসংস্থান। *a.* **ecolog°ical** । *adv.* **ecolog°ically** । [Gk. *oikos*=house, *logos*=discourse]

econometrics [i-ka-no-me°-trics, ইক্যানমে°-ট্রিক্স্] *n.* statistical analysis of economic data and their interrelations, আর্থিক উপাত্ত বা তথ্যাদি এবং উহার পারস্পরিক সম্পর্কসমূহের পরি-সংখ্যানগত বিশ্লেষণ। *a.* **econome°tric** । *n.* **econometri°cian** ।

economy [i-ko°-na-mi, ইক°ন্যামি] *n.* the management of a household or of money matters, গৃহস্থালির বা আর্থিক ব্যাপারের পরিচালনা; thrift, মিতব্যয়িতা; ব্যয়সঙ্কোচ; saving, সঞ্চয়; (theo.) judicious handling of a doctrine, (ধর্ম.) ধর্মমতের কৌশলময় প্রয়োগ বা ব্যাখ্যা; organization, সংগঠন বা দল। **economy class**—(বিশে. বিমানে) ভ্রমণের সুলভতম শ্রেণী। *a.* **economic** [ē-ka-no°-mik, ঈক্যান°মিক্], **ēcono°mical**—গৃহস্থালির বা আর্থিক ব্যাপারের পরিচালনা-সম্বন্ধীয়; মিতব্যয়ী; সঞ্চয়ী; (দর্শ.—মতাদি সম্পর্কে) বিচক্ষণভাবে ব্যবহার করে এমন; অর্থবিদ্যাসংক্রান্ত। **economic welfare**—আর্থিক কল্যাণ। *adv.* **econo°mically** । *n.* **ēcono°mics**—আর্থিক অবস্থা ও আর্থিক ব্যাপারের পরিচালনা; অর্থবিদ্যা। *n.* **ėco°nomist**—অর্থবিজ্ঞানী। **ėco°nomīze**—(**1**) *v.t.i.* মিতব্যয়িতার সহিত পরিচালনা করা বা খরচ করা; সতর্কভাবে খরচ করা; (**2**) *v.t.* (দার্শনিক মতাদি) বিচক্ষণতার সহিত ব্যবহার করা; (**3**) *v.i.* সঞ্চয়ী হওয়া। *n.* **ėconomizā°tion** । *n.* **ėcono°mīzer** । [L. *oeconomia*<Gk. *oikonomia*]

ecru [ek-rōō°, একরূ°] *n.* the light brown colour of unbleached linen, কোরা কাপড়ের হালকা বাদামি রঙ। [F.<L. *ex-*, *crudus*=raw]

ecstasy [ek°-sta-si, এক্°স্ট্যাসি] *n.* the exalted state of feeling, rapture, ভাবাবেশ, উচ্ছ্বাস, সমাধি; excessive joy, পরমানন্দ। *a.* **ec°stasied**—ভাবাবিষ্ট; পরমানন্দিত। *v.t.* **ec°stasīze**—ভাবাবিষ্ট বা পরমানন্দিত করা। *a.* **ecsta°tic**—ভাবাবেশকর; পরমানন্দদায়ক। *adv.* **ecs°ta°tically** । [Gk. *ekstasis*]

ectoblast [ek°-tŏ-blŭst, এক্°টোব্লাস্ট্] *n.* the outer membrane of a cell, কোষের বহিঃস্থ ঝিল্লী। [Gk. *ektos*=outside, *blastos*=a shoot]

ectoderm [ek-to-da(r)m, এক্টোড্যা(র্)ম্] *n.* the external layer of the embryo, জ্রূণের বহিরা-বরণ। [Gk. *ektos*, *derm*]

ectoparasite [ek-to-pa°-ra-sīt, একটোপ্যা°-র‍্যাসাইট্] *n.* an external parasite, বাহ্যপরজীবী। [Gk. *ekto*, *parasite*]

ectoplasm [ek°-tŏ-plazm, এক্°টোপ্ল্যাজ্‌ম্] *n.* substance believed to be exuded from the body of a spiritualistic medium during a trance, প্রেতচক্রের অনুষ্ঠানকালে যে ব্যক্তির উপর আধ্যাত্মিক আবেশ ঘটে তাহার দেহ হইতে কল্পিত স্যন্দিত পদার্থবিশেষ; (bio.) the outer layer of protoplasm, (জীব.) প্রাণকোষের মূল উপাদানের বহিঃস্তর। [Gk. *ektos*, *plasma*=mould]

ecumenical [ē-k-ū-me°-nik-l, ঈকুমে°নিক্‌ল্] *a.* of the whole Christian world or Church, সমগ্র খ্রিস্টধর্ম-জগৎ সংক্রান্ত; relating to unity among Christian Churches, বিভিন্ন গির্জা-গোষ্ঠীর ঐক্য সম্বন্ধীয়; worldwide, universal, জগদ্ব্যাপী, সর্বজনীন। [Gk. *oikoumenikos*=of the inhabited earth]

eczema [ek°-si-ma, এক্°সিম্যা] *n.* a skin disease, চর্মরোগবিশেষ, কাউর। [Gk.]

edacious [i-dā°-shas, ইডেই°শ্যাস্] *a.* of eating, আহারসংক্রান্ত; gluttonous, পেটুক; greedy, লোভী। *adv.* **ėdā°ciously** । *n.* **ėda°city** । [L. *edacis*]

edaphic [i-da°-fik, ইড্যা°ফিক্] *a.* pertaining to the soil, মৃত্তিকাসংক্রান্ত। *n.* **edaphology** [i-da-fo°-la-ji, ইড্যাফ°ল্যাজি] মৃত্তিকাবিজ্ঞান। [Gk. *edaphos*=ground]

eddy [e°-di, এ°ডি] (**1**) *n.* a whirlpool, ঘূর্ণিজল; a whirlwind, ঘূর্ণিবায়ু। (**2**) *v.i.* to move round and round, ঘুরিয়া ঘুরিয়া চলা। [?]

edelweiss [ā°dl-vās, এই°ড্‌ল্‌ভেইস্] *n.* an Alpine plant with white flowers, আল্‌পস্‌-পর্বতে জাত শ্বেতপুষ্পপ্রসূ বৃক্ষবিশেষ। [G.]

edema [i-dē°-ma, ইডী°ম্যা] *n.* same as **oedema**.

Eden [ē°dn, ঈ°ড্‌ন্] *n.* the garden of Adam and Eve, আদম ও ঈভ যে উদ্যানে বাস করিতেন (তু. অমরকানন); a paradise, স্বর্গোদ্যান, নন্দন-কানন; any pleasant place, মনোরম স্থান। [B.]

edentate [ē-den°-tāt, ঈডেন্°টেইট্] (**1**) *a.* toothless, দন্তহীন। (**2**) *n.* a toothless mammal, দন্তহীন স্তন্যপায়ী প্রাণী। [L, *edentatus*=toothless]

edge [ej, এজ্] (**1**) *n.* the border of anything, প্রান্ত (the *edge* of a forest); a rim, কানা, ধার; brink, কিনারা; a ridge or crest, পার্শ্বরেখা বা চূড়া; the cutting side of a weapon or instrument, অস্ত্রাদির ধারের দিক্; sharpness, ধার, তীক্ষ্ণতা, তীব্রতা (*edge* of a knife, *edge* of appetite)। (**2**) *v.t.* to border, প্রান্তে বা কিনারায় স্থাপন করা অথবা কানাওয়ালা বা কিনারাওয়ালা করা; to sharpen, শান দেওয়া, তীক্ষ্ণ বা তীব্র করা (to put an *edge* on a knife)। (**3**) *v.t.i.* to move slowly sideways, ধীরে

ধীরে পাশের দিকে চালান বা চলা। **(to) be on edge**—উত্তেজিত বা খিট্‌খিটে হওয়া। **(to) give (a person) the edge of one's tongue**—তীব্র তিরস্কার করা। **(to) have the edge on**—(কাহারও তুলনায়) সুবিধা বা প্রাধান্য পাওয়া। **(to) set the teeth on edge**—দাঁত টকিয়া যাওয়া বা শিরশির করা। *a.* **edge°less**—প্রান্তহীন বা কানা-হীন; ধার-শূন্য, ভোঁতা। *n.* **edge°tool**—বাটালি, ছেনি। *adv.* **edge°ways, edge°wise**—পার্শ্বাভিমুখে। *n.* **e°dging**—পোশাকাদির ঝালর; ফুলবাগিচার চতুষ্পার্শ্বে বাক্সাদি সাজাইয়া যে বেড়া দেওয়া হয়। *a.* **e°dgy**—তীক্ষ্ণ; পার্শ্বযুক্ত, ধারাল; (চিত্রাঙ্কনে) অতিশয় তীক্ষ্ণ বা স্পষ্ট রেখাযুক্ত; খিট্‌খিটে মেজাজ-বিশিষ্ট। [OE. *ecg*.—cp. G. *ecke*]

edible [e°-dibl, এ°ডিব্‌ল্] (1) *a.* fit to be eaten, ভক্ষণীয় বা ভোজ্য। (2) *n.* anything edible, ভক্ষ্য পদার্থ। *n.* **edibi°lity** । [L. *edibilis*]

edict [ē°-dikt, ঈ°ডিক্‌ট্] *n.* something proclaimed by authority, অনুশাসন। *a.* **edic°tal**—অনুশাসনিক। [L. *e-*=out of. *dicere*=to say]

edification, edifice—see **edify.**

edify [e°-di-fī, এ°ডিফাই] *v.t.* to build, নির্মাণ করা; to improve spiritually, morally or mentally, আধ্যাত্মিক বা নৈতিক বা মানসিক উন্নতিসাধন করা; to decorate the gate of a palace, etc., প্রাসাদ-তোরণাদি সাজান। *n.* **edificā°tion** । *n.* **e°difice**—(বৃহৎ) অট্টালিকা। *n.* **e°difier**—নির্মাতা। *a.* **e°difying**—আধ্যাত্মিক নৈতিক বা মানসিক উন্নতিসাধক; উপদেশমূলক (an *edifying* book)। [L. *aedes*=a house, *facere*=to make]

edit [e°-dit, এ°ডিট্] *v.t.* to prepare or compile for publication, (পুস্তকপত্রিকাদি) সম্পাদনা করা। *p. & p. pt.* **e°ditėd** । *n.* **ėdi°tion**—(পুস্তক-পত্রিকাদির) সংস্করণ। **ėdition de luxe**—শোভন সংস্করণ। *n.* **e°ditor**—সম্পাদক। *fem.* **e°ditrėss** । **editorial** [e-di-taw°-ri-al, এডিট্য°রিঅ্যাল্] (1) *a.* সম্পাদকীয়; (2) *n.* সম্পাদকীয় প্রবন্ধ। *n.* **e°ditorship** । [L. *edere*]

educable—see **educate.**

educate [e°-dū-kāt, এ°ডিউকেইট্] *v.t.* to bring up and instruct, প্রতিপালন করা ও শিক্ষিত করিয়া তোলা; to teach, শিক্ষা দেওয়া; to train, অভ্যাস করান। *p. & p. pt.* **e°ducātėd** । **educated guess**—অভিজ্ঞতাভিত্তিক অনুমান বা আন্দাজ। *a.* **e°dūcable** । *n.* **edūcabi°lity** । *n.* **edūcā°tion**—প্রতিপালন ও শিক্ষাদান; শিক্ষাদান; শিক্ষা। *a.* **edūcā°tional**—শিক্ষাদান-সংক্রান্ত; শিক্ষাসংক্রান্ত। *n.* **edūcā°tion(al)ist**—শিক্ষা-সংস্কারক; শিক্ষাব্রতী, শিক্ষাবিদ্। *a.* **e°dūcātive**—শিক্ষামূলক। *n.* **e°ducātor** । [L. *educare*]

educe [i-dūs°, ইডিউস্°] *v.t.* to draw out, টানিয়া বাহির করা; to extract, নিষ্কর্ষণ করা, নির্যাস বাহির করা; to develop or publish from latent existence, অন্তর্নিহিত গুণাদি বিবর্ধিত বা প্রকাশিত করা; to elicit, গূঢ়মর্মাদি প্রকাশ করা। *p. & p. pt.* **ėdū°ced** । *a.* **ėdū°cible**—অন্য কিছু হইতে প্রমাণ করা যায় এমন; নিষ্কর্ষণসাধ্য। *n.* **educt** [ē°-dukt, ঈ°ডাক্‌ট্] নিষ্কর্ষিত বস্তু, নির্যাস। *n.* **ėduc°tion**—নিষ্কর্ষণ। [L. *educere*]

edulcorate [i-dul-ka-rāt, ইডাল্‌ক্যারেইট্] *v.t.* to sweeten, মিষ্ট বা মধুর করা; to purify, শোধন করা; to free from acid by washing, প্রক্ষালনদ্বারা অম্ল বা অ্যাসিড মুক্ত করা। **edulcorā°tion** । [L. *ē*, *dulcorare*=to sweeten]

eel [ēl, ঈল্] *n.* a snake-like fish, বানমাছ, পাঁকালমাছ; (fig.) a slippery person, (আল.) যে ব্যক্তি এড়াইয়া চলিতে দক্ষ, যাহাকে সহজে ধরা যায় না। **as slippery as an eel**—বানমাছের মত পিছল; (যাহাকে বা যাহা) ধরিয়া রাখা কঠিন। *n.* **eel°-bas°ket**—বানমাছ ধরার চুপড়িবিশেষ। [OE. *ael*<G.]

e'en—[ēn, ঈন্] contr. of **even.**

e'er [ā(r), এয়্যা(র্)] contr. of **ever.**

eerie, eery [ēr°-i, ইয়্যা(র্)°ই] *a.* exciting fear, ভয় জাগায় এমন: weird, ভুতুড়ে; affected with fear, আতঙ্কগ্রস্ত। *adv.* **eer°ily** । *n.* **eer°inėss** । [Scot.<ME. *arh*, *eri*<OE. *aerg*=timid]

efface [i-fās°, ইফেইস্°] *v.t.* to destroy the surface of, উপরিভাগ বা মলাট নষ্ট করা; to rub out, ঘষিয়া তুলিয়া ফেলা, to obliterate, মুছিয়া ফেলা, নিশ্চিহ্ন করা। *p. & p. pt.* **ėffā°ced** । **(to) efface oneself**—সাধারণের নজর হইতে নিজেকে সরাইয়া রাখা, নিজেকে মূল্যহীন বলিয়া প্রতিভাত করা। *a.* **ėffā°ceable** । *n.* **ėfface°ment** । [F. *effacer*—cp. *face*]

effect [i-fekt°, ইফেক্‌ট্°] (1) *n.* the result, কাজের ফলাফল; impression produced, আরোপিত প্রভাব; reality, বাস্তবতা; (in *pl.*) goods, মালপত্র; property, সম্পত্তি (personal *effects*)। (2) *v.t.* to produce, উৎপাদন করা; to produce as the result of an action, কাজের ফলাফলস্বরূপ উৎপাদন করা; to accomplish, সম্পাদন করা; to bring about, ঘটান। *p. & p. pt.* **ėffec°tėd** । **for effect**—উল্লেখযোগ্য ছাপ দিবার জন্য; বিশেষভাবে প্রভাবিত করার জন্য। **general effect**—মোটামুটি কার্যফল বা গুণাগুণ। **in effect**—বস্তুতঃ; কার্যতঃ; মোটের উপর; সত্যই; সারবান্‌রূপে, ভালরকম, মোটারকম; (আইন প্রভৃতি সম্বন্ধে) বলবৎ, চালু (the law is still *in effect*)। **of no effect**—অকার্যকর; বৃথা। **to the same effect**—একই মর্মে। **with effect from**—উল্লিখিত সময় হইতে বলবৎ (*with effect from* July 1978)। **(to) bring into effect**—কার্যকর বা বলবৎ বা চালু করা। **(to) give effect to**—সম্পাদন করা; কার্যকর করা। **(to) leave no effects**—সন্তানাদির জন্য কোন সম্পত্তি না রাখিয়া

মারা যাওয়া। **(to) take effect**—বলবৎ হওয়া; চালু হওয়া। *a.* **effec°tive**—ফলপ্রসূ, ফলপ্রদ, ঘটাইতে সক্ষম; শক্তিমান্; কার্যোপযোগী, কার্যকর; বাস্তবিক; বলবৎ; চালু, সক্রিয়। *adv.* **effec°tively** । *n.* **effec°tiveness** । *a.* **effect°less**—ব্যর্থ; অব্যবহার্য; অকার্যকর। *a.* **effec°tual**—সফল, সার্থক। *n.* **effectua°lity** । *adv.* **effec°tually** । *v.t.* **effec°tuate**—সম্পাদন করা; ঘটান। *p. & p. pt.* **effec°tuated** । *n.* **effectua°tion** । [OF. < L. *effectus*]

effeminate [i-fe°-mi-nit, ইফে°মিনিট্] *a.* womanish, মেয়েলি; unmanly, পৌরুষহীন; weak, দুর্বল; soft, কোমল; voluptuous, কামুক। *n.* **effe°minacy, effe°minateness** । *adv.* **effe°minately** । [L. *effeminare*=to make womanish—cp. *feminine*]

effendi [e-fen°-di, এফেন্°ডি] *n.* a Turkish title of respect, তুরস্কের সম্মানসূচক সম্বোধন বা খেতাব। [Turk.]

efferent [e°-far(a)nt, এ°ফ্যা(র্)ন্ট্] *a.* out-carrying, বহির্বাহ (*efferent* nerves)। [L. *eferens*]

effervesce [e-fa(r)-ves°, এফ্যা(র্)ভেস্°] *v.i.* to boil up, (উত্তাপে) ফুটিয়া ওঠা; to bubble and hiss, বুদ্বুদ তুলিয়া বুজ্‌বুজ্ করিয়া ওঠা; to froth up, ফেনাইয়া ওঠা। *p. & p. pt.* **efferve°sced** । *n.* **efferve°scence, efferve°scency**—(উত্তাপে) ফুটিয়া ওঠা; বুজ্‌বুজ্ শব্দে বুদ্বুদন; ফেনায়িত হওয়া। *a.* **efferve°scent**—(উত্তাপে) ফুটিয়া উঠিয়াছে এমন; বুজ্‌বুজ্ শব্দে বুদ্বুদায়িত; ফেনায়িত; (আল.) বাচাল। [L. *effervescere*=to boil intensely]

effete [e-fet°, এফীট্°] *a.* exhausted, নিঃশেষিত; worn out, জীর্ণ; feeble, ক্ষীণ, দুর্বল; incapable, অক্ষম। *n.* **effēte°ness** । [L. *effetus*=worn out]

efficacious [e-fi-kā°-shas, এফিকেই°শ্যাস্] *a.* able to produce the intended result, অভীষ্ট-ফলদানে সক্ষম, ফলপ্রদ (an *efficacious* cure)। *adv.* **effica°ciously** । *n.* **effica°ciousness, e°fficacy** । [L. *efficax*]

efficient [i-fi°sh(a)nt, ইফি°শ্‌ন্ট্] *a.* effective, ফলপ্রদ, কার্যকর; capable, সক্ষম; competent, যোগ্য, দক্ষ। *n.* **effi°ciency**—ফলপ্রদতা, কার্যকরতা; সক্ষমতা; যোগ্যতা, দক্ষতা। *adv.* **effi°ciently** । [F. < L. *efficiens*]

effigy [e°-fi-ji, এ°ফিজি] *n.* a portrait, প্রতিমূর্তি, প্রতিকৃতি; the head or impression on a coin, মুদ্রায় যে মুখ বা ছাপ অঙ্কিত থাকে। **(to) burn in effigy**—বিরাগজ্ঞাপনার্থ কাহারও প্রতিকৃতি পোড়ান, কুশপুত্তল দাহ করা। [L. *effigies*]

effloresce [e-flaw-res°, এফ্লারেস্°] *v.i.* to blossom forth, ফুল ধরা, প্রস্ফুটিত হওয়া; (chem.) to become covered with a powdery crust, (রসা.) উপরিভাগে গুঁড়া-গুঁড়া সর পড়া। *p. & p. pt.* **efflore°sced** । *n.* **efflore°scence**—পুষ্পায়ন, প্রস্ফুটন, পুষ্পায়নকাল, গাত্রচর্মের রক্তিমাভা; (রসা.) চূর্ণময় উপরিভাগ, উপরিভাগ গুঁড়ায় আবৃত বা পরিণত হওয়া; উপরিভাগস্থ চূর্ণ। *a.* **efflore°scent**—ফুল ধরিতেছে বা ফুটিতেছে এমন; উপরিভাগে গুঁড়া-গুঁড়া সর পড়িতেছে এমন। [L. *exflorescere*]

effluent [e°floo-ant, এ°ফ্লুঅ্যান্ট্] (**1**) *a.* flowing out, স্রোতোরূপে নির্গমনশীল, প্রবহমান। (**2**) *n.* a branch-stream, শাখা-প্রবাহ, শাখা-নদী; liquid industrial waste, কারখানাদি হইতে নির্গত ময়লা জল; liquid sewage, ড্রেনের ময়লা বা নোংরা জল। *n.* **e°ffluence**—স্রোতোরূপে নির্গমন; প্রবাহ; নির্গমন। [L. *effluens*—cp. *flow*]

effluvia—see **effluvium.**

effluvium [e-floo°-vi-am, এফ্লু°ভিঅ্যাম্] *n.* disagreeable vapour coming out of decaying matter, গলিত বা বিকৃত পদার্থ হইতে নির্গত দূষিত বাষ্প; a stream of minute particles supposed to be flowing out of magnet, etc., চুম্বকাদি হইতে নির্গত সূক্ষ্ম চূর্ণের কল্পিত স্রোত। *pl.* **efflu°via** । [LL.]

efflux [e°-fluks, এ°ফ্লাক্‌স্] *n.* a flowing out, স্রোতোরূপে নির্গমন, প্রবহণ; that which flows out, প্রবাহ, স্রোত। *n.* **effluxion** [e-fluk°sh(a)n, এফ্লাক্°শ্‌ন্] স্রোতোরূপে নির্গমন, প্রবহণ। [L. *effluere* =to flow out]

effort [e°-fa(r)t, এ°ফ্যা(র্)ট্] *n.* a putting forth of strength, শক্তিপ্রয়োগ; strenuous attempt, কঠোর প্রচেষ্টা; something accomplished by way of strenuous attempt, কঠোর চেষ্টাদ্বারা সম্পাদিত কার্য। *a.* **e°ffortless**—নিশ্চেষ্ট; উদাস; অনায়াস। [F. < L. *ex, fortis*=strength]

effrontery [e-frun°-ta-ri, এফ্রান্°ট্যারি] *n.* impudence, ধৃষ্টতা। [F. *effronterie*=cp. *front*]

effulge [e-fulj°, এফাল্‌জ্°] *v.i.* to shine forth, দীপ্তি পাওয়া, কিরণ দেওয়া। *n.* **efful°gence**—অতিশয় ঔজ্জ্বল্য; অত্যুজ্জ্বল আলো; আলোর বন্যা। *a.* **efful°gent**—দীপ্তিশীল; দেদীপ্যমান; অত্যুজ্জ্বল। [L. *effulgere*]

effuse [e-fuz°, এফিউজ্°] *v.t.* to pour forth, (তরল পদার্থ, বায়ু, আলো, বাষ্প, শব্দ, রক্ত, প্রভৃতি) ঢালিয়া ফেলা বা নির্গত করা। *a.* **effūse°**—ঢালিয়া ফেলা বা নির্গত করা হইয়াছে এমন; বিক্ষিপ্ত; বিস্তৃত। *n.* **effū°sion**—effuse (*v.*)-এর সকল অর্থে, এবং—(আল.) ভাব-নির্ঝর, আবেগ-নির্ঝর (poetical *effusions*)। *a.* **effū°sive**—প্রচুরভাবে ঢালিয়া ফেলা হইতেছে এমন; প্রচণ্ড স্রোতে নির্গমনশীল; (ভূবি.) অগ্ন্যুদ্গীরক; (আল.) প্রবলভাবে আবেগ-প্রকাশক। [L. *effandere*]

eft$_1$ [eft, এফ্‌ট্] *adv.* afterwards, পরে, পরবর্তীকালে। *adv.* **eftsōōns°**—অব্যবহিত পরেই। [OE. *aeft, eft*=after]

eft$_2$ [eft, এফ্‌ট্] *n.* a newt, গোসাপ। [OE. *efeta*]

e.g. [ē°-jē°, ঈ°জী°] abbre. of **exempli gratia** =for example.
egad [i-gad°, ইগ্যাড্°] *int.* by God, দোহাই ঈশ্বরের, হা ভগবান্। [*eh God*]
egalitarian [i-ga-li-tār°-i-an, ইগ্যালিটেয়্যার্°ই-অ্যান্] *a.* & *n.* equalitarian, মানবজাতির সামাজিক ও রাজনীতিক সমতাবাদী। *n.* **ėgalitār°ianism**—মানবজাতির সামাজিক ও রাজনীতিক সমতাবাদ। *n.* **ega°lity**—সমতা, সমকক্ষতা। [OF. *egal*<L. *aequalis*<*aequus*=equal]
egest [i-jest°, ইজেস্ট্°] *v.t.* to discharge, to excrete, দেহাভ্যন্তর হইতে নিঃসারণ করা। *n.* **eges°tion**। [L. *ē*=out, *gerere*=to carry]
egg₁ [eg, এগ্] *v.t.* to instigate, প্ররোচিত করা (to *egg* a person *on* to an act or to do something)। [ON. *eggja*—cp. edge]
egg₂ [eg, এগ্] *n.* an oval body laid by birds and certain other creatures from which the young one is hatched, ডিম, অণ্ড; anything oval-shaped, ডিম্বাকার কোন বস্তু; (sl.) a bomb, (অশি.) বোমা। **a bad egg**—(কথ্য.) অকর্মণ্য বা বাজে লোক। **as sure as eggs is eggs**—(কথ্য.) নিঃসন্দেহে। **in the egg**—(আল.) প্রাথমিক অবস্থায় অবস্থিত, অপরিণত। **(to) put all one's eggs in one basket**—কোন ব্যাপারে নিজের যথাসর্বস্ব ঢালিয়া দিয়া ঝুঁকি লওয়া। **(to) tread upon eggs**—অতি সতর্কভাবে হাঁটা; সঙ্কটের মধ্যে সতর্কভাবে চলা। *n.* **egg°-apple**—বেগুন। **egg°-beater**—(অশি.) বিমানবিশেষ, হেলিকপ্টার। *n.* **egg°-cup**—সিদ্ধ ডিম রাখার জন্য ক্ষুদ্র পেয়ালা বা বাটি। *n.* **egg°-flip**—মদ্য বা দুগ্ধের সহিত কাঁচা ডিম (বা ডিমের কুসুম) মিশ্রিত পানীয়বিশেষ। *n.* **egg°-fruit**—বেগুন। *n.* **egg°-head**—(অশি.) অতিশয় পাণ্ডিত্যাভিমানী বা মেধা-প্রধান ব্যক্তি। *n.* **egg°ler**—ডিমবিক্রেতা। *n.* **egg°plant**—বেগুন-গাছ। *a.* **egg°-shāped**—ডিম্বাকার। *n.* **egg°-shell**—ডিমের খোলা; (আল.) ঠুনকো জিনিস। *n.* **egg°-whisk**—ডিম ফেটানর পাত্রবিশেষ। [ON.]
eglantine [e°-glan-tīn, এ°গ্ল্যান্টাইন্] *n.* the sweet-briar, বনগোলাপবিশেষ। [F.]
ego [e°-gō, এ°গৌ] *n.* (phil.) the 'I' or self, (দর্শ.) অহং। *a.* **egōcen°tric**—আত্মকেন্দ্রিক; অস্মিতাপূর্ণ; অহংভাবপূর্ণ; আত্মশ্লাঘাপূর্ণ। *n.* **e°gŏism**—(দর্শ.) স্বীয় অস্তিত্ব ব্যতীত অন্য কিছুর প্রমাণ নাই: এই মত, অহংবাদ; (নীতিশা.) স্বীয় লাভক্ষতির পরিপ্রেক্ষিতে ভালমন্দের ও ন্যায়-অন্যায়ের বিচার, আত্মবাদ; স্বার্থপরতা; অহঙ্কার। *n.* **e°gŏist**। *a.* **egŏis°tic(al)**—অহংবাদী; আত্মবাদী; স্বার্থপর; অহঙ্কারী। *n.* **egomā°nia**—উন্মাদের ন্যায় আত্মশ্লাঘা, মাত্রাধিক অহমিকা। *n.* **egomā°niac**। *n.* **e°gŏtism**—ঘনঘন 'আমি'-র ব্যবহার, অস্মিতা, নিজের সম্বন্ধে খুব বেশি কথন বা চিন্তন; আত্মপ্রাধান্য; আত্মশ্লাঘা, আত্ম-জাহির; আত্মসংক্রান্ত ব্যাপারের বর্ণনা। *n.* **e°gŏtist**—অস্মিতাপূর্ণ ব্যক্তি; অহংভাবপূর্ণ ব্যক্তি; আত্মশ্লাঘাকারী ব্যক্তি। *a.* **egŏtis°tic(al)**—অস্মিতাপূর্ণ; অহংভাবপূর্ণ; আত্মশ্লাঘাপূর্ণ। [L.<Gk.]
egregious [i-grē-jas, ইগ্রী°জ্যাস্] *a.* (arch.) distinguished, (আর্ষ.) বিশিষ্ট; shocking, শোচনীয়, মর্মান্তিক; notorious, কুখ্যাত। *adv.* **egre°giously**। *n.* **egre°giousness**। [L. *egregius*=chosen out of the flock]
egress [ē°-gress, ঈ°গ্রেস্] *n.* a going out, বহির্গমন, নিষ্ক্রমণ; the way, power or right to go out, বহির্গমনের অথবা নিষ্ক্রমণের পথ বা শক্তি বা অধিকার। *n.* **egression** [i-gre°sh(a)n, ইগ্রে°শ্ন্]। [L. *egredi*=to go out]
egret [ē°-gret, ঈ°গ্রেট্] *n.* the lesser white heron, সারস বা বক। [var. of *aigrette*]
Egypt [ē°-jipt, ঈ°জিপ্ট্] *n.* a country in Africa, মিশরদেশ। **Egyptian** [i-jip°sh(a)n, ইজিপ্°শ্ন্] (1) *a.* মিশরের, মিশরী; (2) *n.* মিশরবাসী। *n.* **Egyptology** [ē-jip-to°la-ji, ঈজিপ্ট°ল্যাজি] মিশরী পুরাতত্ত্ব। *n.* **Egypto°logist**।
eh [ā, এই] *int.* expressing inquiry, surprise, etc., প্রশ্ন বিস্ময় প্রভৃতি সূচক অব্যয়বিশেষ, অ্যাঁ। [ME. *ey*]
eider [ī°-da(r), আই°ড্যা(র্)] *n.* an Arctic duck, কোমল পালকের জন্য বিখ্যাত উত্তর-সাগরের হংসবিশেষ। *n.* **ei°der-down**—উক্ত হংসের পালক; উক্ত পালকে ভরা তোশক বা লেপ। [ON. *aethar* ?]
eight [āt, এইট্] *n.* & *a.* one more than seven, আট, অষ্ট, ৮। **(to) have one over the eight**—অত্যধিক মদ্যপান করা, মাতাল হওয়া। **eight°-fōld**—(1) *a.* অষ্টভাগে বিভক্ত; অষ্টগুণ; (2) *adv.* অষ্টভাগে বা অষ্টগুণে। *n.* **eight°some**—স্কটল্যানডের উচ্ছল নৃত্যবিশেষ। **eighth** [āttth, এইট্থ্] (1) *a.* অষ্টম; (2) *n.* অষ্টমাংশ। *adv.* **eighth°ly**—অষ্টমতঃ। [OE. *aehta, eahta*<G. *acht*—cp. L. *octo*, Gk *okto*, Sans. *asta*]
eighteen [ā°-tēn°, এই°টীন্°] *n.* & *a.* one more than seventeen, আঠার, অষ্টাদশ। **eigh°-teenth°**—(1) *a.* অষ্টাদশ; (2) *n.* অষ্টাদশাংশ। [OE. *aehtatene, eahtatiene*]
eighty [ā°-ti, এই°টি] *n.* & *a.* eight times ten, আশি, অশীতি, ৮০। *n. pl.* **eigh°ties**—৮০ হইতে ৮৯ পর্যন্ত সংখ্যাসমূহ। *a.* **eigh°tieth**—অশীতিতম। [OE. *aehtatig, eahtatig*]
either [ī°-dha(r), আই°দ্যা(র্), ē°-dha(r), ঈ°দ্যা(র্)] (1) *a.* & *pro.* the one or the other, উভয়ের যে-কোনটি বা যে-কেহ, হয় এ নয় ও (*either* of you can table the proposal); one of two, দুইয়ের মধ্যে এক, অন্যতর; each of two, উভয়ের প্রত্যেকে, উভয়েই (*either* view is correct)। (2) *con.* correlative to 'or', 'নয়' শব্দের সহচর শব্দ: 'হয়'। **either…or**—হয়…নয়। [OE. *æghwæther*]
ejaculate [i-ja°-kū-lāt, ইজ্যা°কিউলেইট্] (1) *v.t.* to eject, নির্গত করা। (2) *v.t.i.* to utter sud-

denly, হঠাৎ বলিয়া ফেলা। *p.* & *p. pt.* **ėja°cūlātėd** । *n.* **ėjacūlā°tion**—নির্গম; নির্গত পদার্থ; আকস্মিক উক্তি। *a.* **ėja°cūlatory**—নির্গত করে এমন; নির্গমনশীল; সহসা উক্ত; আকস্মিক উক্তি-সংক্রান্ত। [L. *ejaculari*]

eject [i-jekt°, ইজেক্ট্°] *v.t.* to cast out, নিক্ষেপ করা; ছুড়িয়া ফেলা; to emit, নির্গত করা; to turn out, বাহির করিয়া দেওয়া, উৎসাদিত করা, উচ্ছেদ করা, বিতাড়িত করা। *p.* & *p. pt.* **ėjec°tėd** । *n.* **ē°ject**—যে সিদ্ধান্তাদি স্বীয় মস্তিষ্কপ্রসূত নহে। *n.* **ėjec°tion**—eject (*v.*)-এর সকল অর্থে, এবং—বমন, বমি। *a.* **ėjec°tive**—নিক্ষেপক; নির্গত করে এমন; উৎসাদক; বিতাড়ক; স্বীয় মস্তিষ্ক-প্রসূত নহে এমন সিদ্ধান্তাদি সংক্রান্ত। *n.* **ėject°ment**—eject(*v.*)-এর সকল অর্থে, এবং—(আইনে) প্রজা-উচ্ছেদের মামলা। *n.* **ėjec°tor**—উৎসাদক; বিতাড়ক; যে যন্ত্রদ্বারা নিক্ষেপ করা বা নির্গত করা হয়। [L. *ejectare*]

eke_1 [ēk, ঈক্] *adv.* in addition, also, অধিকন্তু। [OE. *eac*—cp. *eke_2*]

eke_2 [ēk, ঈক্] *v.t.* to add to, সংযোজিত করা, বাড়ান; to supplement, অভাবাদি পূরণ করা। *p.* & *p. pt.* **ē°ked** । **(to) eke out**—অভাবাদি পূরণ করা। [OE. *ecan*]

ekka [e°-ka, একাা] *n.* a small one-horse carriage, এক্কাগাড়ি। [Hind.]

elaborate [i-la°-ba-rāt, ইল্যা°ব্যারেইট্] *v.t.* to produce by labour, শ্রমবলে উৎপাদন করা; to work out in detail, (মতাদি) সম্প্রসারিত করা বা বিশদ করা; to build up from raw materials, মূল উপাদানাদি হইতে তৈয়ারি করা। *p.* & *p. pt.* **ėla°borātėd** । *a.* **elaborate** [i-la°-b(a)rit, ইল্যা°ব্‌রিট্] শ্রমবলে উৎপাদিত; সম্প্রসারিত; বিশদী-কৃত; বিশদ; জটিল। *n.* **ėla°borateness, ėlaborā°tion** । *a.* **ėla°borātive**—শ্রমবলে উৎপাদক; সম্প্রসারক; মূল উপাদানাদি হইতে তৈয়ারি করে এমন। *n.* **ėla°borātor** । [L. *elaborare*—cp. *labour*]

élan [ā°-lŭng, এই°লাং] *n.* vivacity, প্রাণবন্ততা; impetuous rush, উচ্ছলনশীলতা, বেগের আবেগ, তীব্র আবেগ বা তজ্জনিত সক্রিয়তা। **elan vital** [ā°-lŭng vē-tal°, এই°লাং ভীট্যাল্°] সকল জীবের মধ্যে বিদ্যমান বলিয়া কল্পিত সহজাত চালকশক্তিবিশেষ, জৈব প্রাণশক্তি। [F.]

eland [ē°-land, ঈ°ল্যান্ড্] *n.* a South African antelope, দক্ষিণ আফ্রিকার কৃষ্ণসার মৃগবিশেষ। [Du.]

elapse [i-laps°, ইল্যাপ্স্°] *v.i.* to pass away, (সময়) অতিবাহিত হওয়া, কাটিয়া যাওয়া। *p.* & *p. pt.* **ėlap°sed** । [L. *elapsus*—cp. *lapse*]

elastic [i-las°-tik, ইল্যাস্°টিক্] **(1)** *a.* tending to recover original form or size, সম্প্রসারিত করিয়া ছাড়িয়া দিলে পুনরায় মূল আকার বা আয়তন প্রাপ্ত হয় এমন স্থিতিস্থাপক; springy, লাফানে; able to recover quickly from a shock etc., মানসিক আঘাতাদি দ্রুত কাটাইয়া উঠিতে সক্ষম; lively, প্রাণবন্ত; flexible, নমনীয়। **(2)** *n.* an elastic cord or string, (সচ. রবারে তৈয়ারি) স্থিতিস্থাপক দড়ি বা ফিতা। *adv.* **ėlas°tically** । *n.* **elasticity** [e-las-ti°-si-ti, এল্যাস্টি°সিটি]। [L. Gk. *elastikos*]

elate [i-lāt°, ইলেইট্°] **(1)** *v.t.* to make exultant or proud, পরমোল্লসিত বা গর্বিত করান। *p.* & *p. pt.* **ėlā°tėd** । **(2)** *a.* (arch.) exultant or proud, পরমল্লোসিত বা গর্বিত। *n.* **ėlā°tion**—মহোল্লাস; গর্ব; গর্বস্ফীত-ভাব (filled with *elation*)। [L. *elatus*=carried from]

elbow [el°-bō, এল্°বৌ] **(1)** *n.* the upper part of the joint between the fore and upper arm, কনুই; a turn or bend, মোড়, বাঁক। **(2)** *v.t.* to push with the elbow, কনুই দিয়া ধাক্কা দেওয়া; to jostle, অন্যকে ঠেলিয়া অগ্রসর হওয়া (to *elbow* one's way, etc.)। **at one's elbow**—নাগালের মধ্যে, হাতের কাছে। **out at elbows**—জামার হাতা কনুইএর কাছে ছিঁড়িয়া গিয়াছে এমন; নিতান্ত দুরবস্থাপন্ন। **up to the elbows**—সম্পূর্ণ বিজড়িত। *n.* **el°bow-grease**—প্রচণ্ড রগড়ানি; কঠোর শ্রম; (অশি.) ঘাম। *n.* **el°bow-room**—কনুই বাড়াইতে পারার মত জায়গা; (আল.) চলাফেরার বা কাজকর্মের পক্ষে পর্যাপ্ত জায়গা; (আল.) স্বাধীনতা ও সুবিধা। [OE. *elnboga*]

elchee, elchi [el°-chē, এল্°চী] *n.* an ambassador, রাষ্ট্রদূত। [Turk.]

$elder_1$ [el°-da(r), এল্°ড্যা(র্)] *n.* a flower plant, ফুলগাছবিশেষ। [OE. ellaern]

$elder_2$ [el°-da(r), এল্°ড্যা(র্)] **(1)** *a.* (of two persons, etc.) senior in age, (দুইয়ের মধ্যে) অগ্রজ বা জ্যেষ্ঠ (also see **old**)। **(2)** *n.* one who is older, বয়োজ্যেষ্ঠ ব্যক্তি (to follow the advice of *elders*); an ancestor, পূর্বপুরুষ; a member of a senate (elected on account of age), (প্রবীণতার জন্য নির্বাচিত) আইনসভার সদস্য; an official in the Protestant Church, প্রটেস্-ট্যান্ট গির্জার পাদরিবিশেষ। **elder statesman**—কার্য বা চাকরি হইতে অবসরপ্রাপ্ত যে রাজনীতি-বিদের নিকট হইতে প্রয়োজনকালে পরামর্শাদি গ্রহণ করা হয় এবং যাহার মতামত ও অভিজ্ঞতা মূল্যবান্ বলিয়া পরিগণিত হয়। *a.* **el°derly**—প্রৌঢ়। [see *old*]

eldest [el°-dist, এল্°ডিস্ট্] *a.* first-born, প্রথম জাত, জ্যেষ্ঠ। [see *old*]

El Dorado [el-dŏ-rŭ-dŏ, এল্ডোরা°ডো] *n.* the imaginary golden land, (আমেরিকা-বিজয়ী স্পেনবাসীদের) কল্পিত স্বর্ণভূমি বা সোনার দেশ; any place where one can easily get wealthy, যে স্থানে সহজে ধনাঢ্য হওয়া যায়। [Sp.=the gilded person]

elect [i-lekt°, ইলেক্ট্°] **(1)** *v.t.* to choose or

select (in preference), (একাধিকের মধ্য হইতে) মনোনীত করা বা পছন্দ করা ; বাছিয়া লওয়া ; to select by vote, ভোট দিয়া নির্বাচিত করা। *p.* & *p. pt.* **ėlec°tėd** I (2) *a.* chosen, নির্বাচিত ; selected for a post but not yet in it, কোন পদের জন্য মনোনীত কিন্তু এখনও উক্ত পদে অধিষ্ঠিত হয় নাই এমন (president *elect*) ; (theo.) chosen by God for salvation, (ধর্ম.) মুক্তিলাভার্থ ঈশ্বর কর্তৃক মনোনীত। (3) *n.* one chosen or set apart, নির্বাচিত বা বাছাই করিয়া পৃথকীকৃত ব্যক্তি। *n.* **ėlec°tion**—elect (*v.*)-এর সকল অর্থে, এবং—স্বেচ্ছায় প্রকাশ ; স্বাধীন মত ; (ধর্ম.) মুক্তিলাভের অধিকারদানার্থ ঈশ্বরের সার্বভৌম ক্ষমতার প্রয়োগ। *v.i.* **ėlectioneēr°**—রাজনৈতিক নির্বাচনে কোন প্রার্থীর পক্ষে ভোট সংগ্রহের জন্য খাটা। *n.* **ėlec-tioneēr°er** I *n.* **ėlectioneēr°ing**—রাজনৈতিক নির্বাচনে কোন প্রার্থীর পক্ষে ভোট-সংগ্রহের চেষ্টা। *a.* **ėlec°tive**—মনোনয়নসংক্রান্ত ; মনোনয়নকর ; ঐচ্ছিক (*elective* subjects) I *n.* **ėlec°tor**—মনোনয়নকর্তা ; নির্বাচক ; ভোটদাতা। *fem.* **ėlec°-t(o)rėss** I *a.* **electoral** [i-lek°t(a)r(a)l, ইলেক্‌ট্‌রল্] নির্বাচন বা নির্বাচক সংক্রান্ত ; নির্বাচক-গণদ্বারা গঠিত (*electoral* body) I **electoral college**—রাষ্ট্রপতি ও উপরাষ্ট্রপতি মনোনয়নকারী সমিতি ; (পূর্বে) যে সকল আর্কবিশপ ও নৃপতি জর্মান-সম্রাট্ নির্বাচন করিত। *n.* **electorate** [i-lek°-t(a)rit, ইলেক্‌ট্‌রিট্] মনোনয়নকর্তার মর্যাদা বা এলাকা ; নির্বাচকমণ্ডলী। [L. *eligere* (*v.*)]

electric [i-lek°-trik, ইলেক্‌ট্রিক্], **ėlec°trical**—*a.* of or charged with electricity, বিদ্যুৎ-সংক্রান্ত বা বিদ্যুৎ-সঞ্চারিত, তাড়িত, বৈদ্যুতিক ; (fig.) thrilling, (আল.) রোমাঞ্চকর। *adv.* **ėlec°tri-cally** I **electric chair**—প্রাণদণ্ডাজ্ঞাপ্রাপ্ত অপরাধীকে বধার্থ বৈদ্যুতিক শক্তিপূর্ণ চেয়ারবিশেষ। *n.* **ėlec°tric-eel**—সামুদ্রিক মৎস্যবিশেষ ; ইহার দেহ হইতে বিদ্যুচ্ছটা বিকীর্ণ হয়। **electric fan**—বিজলী-পাখা। **electric light**—বিজলী-বাতি। *n.* **electrician** [i-lek-tri°sh(a)n, ইলেকট্রি°শ্‌ন্] বিদ্যুৎসম্বন্ধে পণ্ডিত বা বিদ্যুৎ-মিস্ত্রি, তাড়িতী। *n.* **electricity** [i-lek-tri°-si-ti, ইলেকট্রি°সিটি] বিদ্যুৎ, তড়িৎ, বিজলী ; বিদ্যুৎ-বিজ্ঞান। *v.t.* **ėlec°trify**—বিদ্যুৎ সঞ্চার করা ; বিদ্যুৎপূর্ণ করা ; বিজলী বাতি পাখা প্রভৃতির দ্বারা শোভিত করা (to *electrify* a house) ; সহসা উত্তেজিত বা চমকিত করা (to *electrify* an audience by a fiery speech) I *n.* **ėlectrificā°tion** I [L. *electrum* < Gk. *elektron* = amber]

electro- [i-lek°-trŏ, ইলেক্‌ট্রো] *in comp.* electric, বিদ্যুৎ-, বৈদ্যুতিক I **elec°tro-car°diogram**—হৃদ্‌যন্ত্রের চিত্রাঙ্কলেখ। **electro-cardiograph**—হৃল্লেখযন্ত্র I *n.* **ėlectrŏ-che°mistry**—রসায়নে প্রযুক্ত বিদ্যুৎসংক্রান্ত বিজ্ঞান, তড়িদ্‌রসায়ন। *v.t.* **electrocute** [i-lek°-tra-kūt, ইলেক্‌ট্র্যাকিউট্] বৈদ্যুতিক-শক্তিপ্রয়োগে বধ করা। *p.* & *p. pt.* **ėlec°trocūtėd** I *n.* **ėlectro°cū-tion** I *n.* **ėlec°trōde**—বিজলি-তারের প্রান্ত, বিদ্যুদ্‌বাহ I *n.* **electrolysis** [i-lek-tro°-li-sis, ইলেক্‌ট্র°লিসিস্] (পরি.) তড়িদ্‌বিশ্লেষণ, তড়িদ্‌বিশ্লেষ। *n.* **ėlec°trŏ-mag°net**—বিদ্যুৎশক্তিপ্রয়োগে চৌম্বক-গুণপ্রাপ্ত লৌহাদি, তাড়িত-চুম্বক। *n.* **ėlec°trŏ-mag°netiśm**—তাড়িত-চুম্বক-বিজ্ঞান। *a.* **ėlec-tromō°tive**—তড়িচ্চালক I **ėlec°trŏplāte**—(1) *v.t.* বৈদ্যুতিক প্রণালীতে (সচ. রুপার) প্রলেপ লাগান ; *p.* & *p. pt.* **ėlec°trŏplātėd** I (2) *n.* উক্ত প্রণালীতে প্রলিপ্ত বস্তু। *n.* **ėlec°trŏscōpe**—বৈদ্যুতিক শক্তির অস্তিত্ব বা প্রকৃতি নির্ণায়ক যন্ত্র, (পরি.) তড়িদ্-বীক্ষণ I **ėlec°trŏstatics**—স্থিরবিদ্যুৎ-বিজ্ঞান। *n.* **ėlec°trŏthe°rapy**—বিদ্যুৎশক্তিপ্রয়োগে চিকিৎসা। [see *electric*]

electron [i-lek°-tron, ইলেক্‌ট্রন্] *n.* an indivisible unit of electricity, বিদ্যুৎ-পরমাণু, বিদ্যুতিন। *a.* **ėlectro°nic**—বিদ্যুতিন-সংক্রান্ত, বৈদ্যুতিন I *n.* (used as *sing.*) **ėlectro°nics**—বিদ্যুতিন-সংক্রান্ত পদার্থবিদ্যা। [Gk. *elektron* = amber—cp. *electric*]

eleemosynary [e-li-ē-mo°-si-na-ri, এলিঈম°-সিন্যারি] *a.* of or dependent on alms, ভিক্ষা-সংক্রান্ত বা ভিক্ষাজীবী। [Gk. *eleemosyne* = alms]

elegant [e°-li-gant, এ°লিগ্যান্ট্] *a.* pleasing to good taste, সুরুচিপূর্ণ (*elegant* manners) ; graceful, সৌষ্ঠবপূর্ণ, সুষ্ঠু ; neat, পরিচ্ছন্ন ; refined, মার্জিত ; foppish, বেশভূষায় আড়ম্বরপূর্ণ, পরিচ্ছদ-বিলাসী ; pretty, সুন্দর ; (vul.) excellent, (অমা.) চমৎকার। *n.* **e°lėgance**—সুরুচিপূর্ণতা ; সৌষ্ঠব ; পরিচ্ছন্নতা ; মার্জিত ভাব ; বেশভূষায় আড়ম্বর ; সৌন্দর্য ; (অমা.) চমৎকারিত্ব। *adv.* **e°lėgantly** I [F. < L. *elegans*]

elegy [e°-li-ji, এ°লিজি] *n.* a song of mourning or funeral, শোকসঙ্গীত বা অন্ত্যেষ্টিকালীন গান ; a poem written in elegiac metre, শোকসঙ্গীতের ছন্দে রচিত কবিতা। **elėgi°ac**—(1) *a.* শোকসঙ্গীতসংক্রান্ত ; শোকসঙ্গীতের অন্তর্ভুক্ত ; শোকপূর্ণ, করুণ ; শোকসঙ্গীতে ব্যবহৃত (also **elė-gi°acal**) I (2) *n.* same as **elegy** (*n.*) I *n.* **e°lėgist** I [L. *elegia* < Gk. *elegeia*]

element [e°-li-mant, এ°লিম্যান্ট্] *n.* a first principle or cause, মূলসূত্র বা আদিকারণ, নিদান ; an essential part, অপরিহার্য অংশ ; an ingredient, উপাদান ; the fundamental nature or quality, কোন পদার্থের বা প্রাণীর আসল স্বভাব বা গুণ ; one of the four fundamental substances (fire, air, earth and water), তেজ মরুৎ ক্ষিতি অপ্ (= জল) : এই চারি ভূতের যে-কোনটি (তু. পঞ্চভূত) ; (in *pl.*) the rudiments of learning, শাস্ত্রাদির প্রাথমিক তত্ত্ব (*elements* of logic) ; (chem.) a substance that cannot be resolved into simpler substances, (রসা.) মৌলিক পদার্থ, মৌল ; the sky, আকাশ, নভঃ, ব্যোম ; (in *pl.*) the weather, আবহাওয়া ; (in *pl.*) the power of nature, প্রকৃতির শক্তি (exposed to the fury of the *elements*) । **in one's element**—কাহারও পক্ষে যোগ্য বা সন্তোষজনক পরিবেশের মধ্যে । **out of one's element**—কাহারও পক্ষে বেমানান বা অসন্তোষজনক পরিবেশের মধ্যে । **elemental** [e-li-men°tl, এলিমেন্°ট্ল্] (**1**) *a.* প্রাথমিক ; ভৌতিক ; আবহাওয়া-সংক্রান্ত ; প্রাকৃতিক শক্তিসংক্রান্ত ; (**2**) *n.* তেজ মরুৎ ক্ষিতি অপ্ : এই চতুর্ভূতের যে কোনটির আত্মা, ভূত । *a.* **elementary** [e-li-men°-t(a) ri, এলিমেন্°-ট্রি] চতুর্ভূতের যে-কোনটি সংক্রান্ত ; ভৌতিক ; প্রাথমিক ; মৌলিক ; অবিমিশ্রিত ; নিদানসংক্রান্ত । [L. *elementum*]

elenchus [i-leng°kas, ইলেং°ক্যাস্] *n.* logical refutation, তর্কশাস্ত্রানুযায়ী (যুক্তি প্রভৃতি) খণ্ডন ; sophistic cross-examination, কুতর্কমূলক জেরা । **Socratic elenchus**—সত্যনির্ণয়ার্থ ক্ষুদ্র ক্ষুদ্র প্রশ্নোত্তরসমন্বিত জেরা । *a.* **elenctic** [i-leng°-tik, ইলেং°টিক] উক্ত খণ্ডন বা জেরা সংক্রান্ত । [L.<Gk. *elenkhos*]

elephant [e°-li-fant, এ°লিফ্যান্ট্] *n.* a huge quadruped, হস্তী, হাতি, গজ । *n.* **elephanti°asis**—গোদ, শ্লীপদ । *a.* **elephan°tine**—হস্তি-সংক্রান্ত ; হস্তিতুল্য ; অতি বৃহৎ । *a.* **elephan°toid**—হস্তিবৎ । [ME. *olifaunt*<OF. *olifant*<L. *elephantus*<Gk. *elephantos*]

elevate [e°-li-vat, এ°লিভেইট্] *v.t.* to raise to a higher position, উঁচু করা ; to exalt in rank, etc., (উর্ধ্বতন পদাদিতে) উন্নীত করা (he was *elevated* to the bench) ; to raise in mind and feelings, মন বা মনোভাবাদি উন্নত করা ; to raise or lift, (চক্ষু কণ্ঠস্বর আকাঙ্ক্ষা প্রভৃতি) উপরে তোলা, চড়ান, বড় করা । *p.* & *p. pt.* **e°levated** । *n.* **eleva°tion**—উন্নতিসাধন, উন্নয়ন ; উন্নতি, উচ্চ স্থান বা পদ ; উচ্চভূমি ; উচ্চতা । *n.* **e°levator**—উত্তোলক ব্যক্তি বা বস্তু বা যন্ত্র ; কপিকল ; অট্টালিকাদির উপরের তলায় ওঠা-নামা করার জন্য লিফ্‌ট্ ; যে মাংসপেশী দেহাংশ ফোলাইয়া তোলে ; বিমানপোতের যে অংশ উহার ওঠা-নামা নিয়ন্ত্রিত করে । [L. *elevare*]

eleven [i-le°vn, ইলে°ভ্ন্] (**1**) *n.* & *a.* one more than ten, একাদশ, এগার, ১১ । (**2**) *n.* a team of eleven, (ক্রিকেট ফুটবল প্রভৃতিতে) এগারজন খেলোয়াড়ে গঠিত দল (an India *eleven*) । *n. pl.* **elevenses**—সকালের জলখাবার (প্রায় বেলা এগারটায়) । **ele°venth**—(**1**) *a.* একাদশ । (**2**) *n.* একাদশ অংশ । [OE. *en(d)le(o)fan*]

elf [elf, এল্‌ফ্] *n.* a supernatural being of dwarfish human form, বেঁটে মানবাকার ভূত-বিশেষ ; a dwarf, বামন, বেঁটে লোক ; a little creature, ক্ষুদ্র প্রাণী ; a mischievous person, দুষ্ট লোক ; a wretch, পাজি লোক । *pl.* **el°ves** । **el°fin**—(**1**) *a.* উক্ত ভূতসংক্রান্ত বা ভূততুল্য । (**2**) *n.* উক্ত ভূতের বাচ্চা । *a.* **el°fish, el°vish**—উক্ত ভূতের ন্যায় ; ভুতুড়ে ; দুষ্টুমিপূর্ণ ; চাতুরিপূর্ণ ; পেজোমি-পূর্ণ । [OE. *aelf*<*Sw. elf*]

elicit [i-li°-sit, ইলি°সিট্] *v.t.* to draw forth, (অন্তর্নিহিত বা গুপ্ত কিছু) টানিয়া বাহির করা, প্রকাশ করা (to *elicit* a reply from a person) ; to educe, (অবস্থাদি বিচারপূর্বক) সিদ্ধান্ত করা । *p.* & *p. pt.* **eli°cited** । *n.* **elicita°tion** । [L. *elicere*]

elide [i-lid°, ইলাইড্°] *v.t.* to omit (a vowel or syllable) in pronunciation, (শব্দের কোন স্বরবর্ণ বা অংশ) উচ্চারণ না করা । *p.* & *p. pt.* **eli°ded** । *n.* **eli°sion** । [L. *elidere*]

eligible [e°-li-jabl, এ°লিজ্যাব্‌ল্] *a.* fit to be chosen, মনোনীত হইবার যোগ্য ; legally qualified, আইনতঃ যোগ্যতাসম্পন্ন ; suitable, উপযুক্ত (*eligible* for a post) । *n.* **eligibi°lity** । *adv.* **eligibly** । [F.<L. *eligere*]

eliminable—see **eliminate.**

eliminate [i-li°-mi-nat, ইলি°মিনেইট্] *v.t.* to remove, দূর করা, বাদ দেওয়া, নিষ্কাশন করা ; to get rid of, এড়ান, পরিহার করা । *p.* & *p. pt.* **eli°minated** । *a.* **eli°minable**—দূরীকরণযোগ্য, বর্জনীয় ; পরিহার্য । *n.* **eli°minant**—(চিকি.) যে বস্তু অনিষ্টকর পদার্থাদি নিষ্কাশিত করে । *n.* **elimina°tion** । *n.* **eli°minator** । [L. *eliminare*]

elision—see **elide.**

elite [e-let°, এলীট্°] *n.* a select or the best part, বাছাই-করা বা সেরা অংশ । [F.]

elixir [i-lik°-sa(r), ইলিক্°স্যা(র্)] *n.* a liquor or stone supposed to indefinitely prolong life or convert baser metals into gold, (প্রাচীন রসায়নবিদ্‌দের তৈয়ারি) যে রসায়ন বা পাথর অনন্ত পরমায়ু দিত বা ইতর ধাতুকে স্বর্ণে পরিণত করিত, স্পর্শমণি ; the best and sure remedy, শ্রেষ্ঠ ও অমোঘ ঔষধ । [LL.<Ar. *al-iksir*]

Elizabethan [i-li-za-be°th(a)n, ইলিজ্যাবী°থ্‌ন্] (**1**) *a.* of Queen Elizabeth or her reign or of literature etc. of her time, ইংল্যানডের রানী ইলিজ্যাবেথ্ সংক্রান্ত, তাঁহার শাসনকালীন, তাঁহার আমলের (১৫৩৪-১৬০৩ খ্রিস্টাব্দ) সাহিত্যাদি সংক্রান্ত । (**2**) *n.* an Elizabethan writer, রানী ইলিজ্যাবেথের যুগের লেখক ।

elk [elk, এল্‌ক্] *n.* a kind of deer, হরিণবিশেষ ।

ell [el, এল্] *n.* a measure of length, দৈর্ঘ্যের মাপবিশেষ (দেশভেদে এই মাপের তারতম্য আছে ; English *ell*=45″) । **give him an inch and he'll take an ell**—বসতে দিলে শুতে চায় । [OE. *eln*]

ellipse [i-lips°, ইলিপস্°] *n.* a geometrical figure, (জ্যামি.) উপবৃত্ত । *n.* **ellip°sis**—(ব্যাক.) এক বা একাধিক শব্দ উহ্য রাখিয়া বাক্যগঠন বা গঠিত

বাক্য। *a.* **ėllip'tic(al)**—উপবৃত্তসংক্রান্ত; উপবৃত্তাকার, ডিম্বাকার; শব্দাদি উহ্য রাখিয়া বাক্যগঠন-সংক্রান্ত বা উক্তরূপে গঠিত বাক্যসংক্রান্ত; শব্দাদি উহ্য আছে এমন। *n.* **ellipticity** [e-lip-ti°-si-ti, এলিপ্‌টি°সিটি] বৃত্তের আকার হইতে বিচ্যুতি বা বৈসাদৃশ্য; পৃথিবীর নিরক্ষবৃত্ত ও মেরুবৃত্তের মধ্যবর্তী ব্যবধান। [L. *ellipsis* < Gk. *elleipsis*]

elm [elm, এল্‌ম্] *n.* a kind of tree, দেবদারু-জাতীয় বৃক্ষবিশেষ। *a.* **el°my**—এল্‌ম্‌-বৃক্ষে পরিশোভিত। [AS.]

elocution [e-la-kū°sh(a)n, এল্যাকিউ°শ্‌ন্] *n.* art of effective speaking, esp. of public speaking, বাগ্মিতা, বক্তৃতাকৌশল; আবৃত্তিকারিতা; eloquence, বাক্‌পটুতা। *a.* **elocū°tionary**—বাগ্মিতাপূর্ণ; বাক্‌পটুতাপূর্ণ; বাগ্মিতা বা বাক্‌পটুতাসংক্রান্ত। *n.* **elocū°tionist**—বাগ্মী; বাক্‌পটু ব্যক্তি; যে শিক্ষক বক্তৃতা করিতে শিখায়; আবৃত্তিকারী। [L. *elocutio* < *e-*, *loqui* = to speak]

eloge [ā-lōz°, এইলৌ(শ্)জ্‌°], **elogium** [e-lō°-ji-am, ঈলৌ°(শ্)জিঅ্যাম্], **elogy** [e°-la-ji, এ°ল্যা(শ্)জি] *n.* a funeral oration, অন্ত্যেষ্টিকালে মৃতের গুণাবলী বর্ণনাপূর্বক বক্তৃতা। [F. *eloge* < L. *elogium* = epitaph]

elongate [ē°-long-gāt, ঈ°লংগেইট্] *v.t.i* to make or grow longer, দীর্ঘতর করা বা হওয়া; to extend, প্রসারিত করা বা হওয়া। *a.* **ē°longāte, ē°longātėd**—দীর্ঘায়ত; সম্প্রসারিত। *n.* **ēlongātion**—elongate (*v.*) এর সকল অর্থে, এবং—সম্প্রসারিত অংশ; (জ্যোতি.) সূর্য হইতে চন্দ্রের বা অন্যান্য গ্রহের কৌণিক ব্যবধান, (পরি.) প্রতান। [L. *elongare*]

elope [i-lōp°, ইলৌপ্°] *v.i.* to escape privately esp. with a lover, প্রধানতঃ প্রণয়ীর সহিত গোপনে পলায়ন করা। *p.* & *p. pt.* **ėlō°ped**। *n.* **elōpe°ment**। [AF. *aloper*]

eloquent [e°-lŏ-kwent, এ°লোকোএন্ট্] *a.* fluent forcible and apt in use of language, বাক্‌পটু; rhetorical, অলঙ্কারপূর্ণ। *n.* **e°lŏquence**—বাক্‌পটুতা; অলঙ্কারশাস্ত্র। (professor of *eloquence*)। *adv.* **e°lŏquently**। [L. *eloquens*]

else [els, এল্‌স্] *adv.* otherwise, নচেৎ, অন্যথায়; besides, অধিকন্তু, আরও, তাহা ছাড়া (anybody *else* = অন্য কেহ, anything *else* = অন্য কিছু)। *adv.* **else-where°**—অন্য কোথাও। **how else**—আর কি ভাবে বা রকমে। [OE. *elles*]

eltchi—alt. spell. of **elchee.**

elucidate [i-lōō°-si-dāt, ইলূ°সিডেইট্] *v.t.* to make lucid or clear, বিশদ বা স্পষ্ট করা; to explain, ব্যাখ্যা করা। *p.* & *p. pt.* **ėlu°cidāted**। *n.* **ėlucidā°tion**। *a.* **ėlu°cidātive, ėlu°cidātory**—বিশদ করে এমন; ব্যাখ্যাকর। *n.* **ėlu°cidātor**। [LL. *elucidare*]

elude [i-lōōd°, ইলূড্°] *v.t.* to escape by stratagem, কৌশলে এড়ান বা পালান; to baffle, ব্যর্থ করা। *p.* & *p. pt.* **ėlu°dėd**। *n.* **ėlu°sion**—কৌশলে পরিহার বা পলায়ন। *a.* **ėlu°sive, ėlu°sory**—কৌশলে পরিহার করে বা পলায়ন করে এমন; ছলনাময়; মনে পড়ে না এমন (an *elusive* word)। *n.* **ėlu°sivenėss**। [LL. *eludere*]

elver [el°-va(r), এল্°ভ্যা(র্)] *n.* a small eel, ক্ষুদ্র বা বাচ্চা বানমাছ। [var. of *eel-fare*—see *eel*]

elves, elvish—see **elf.**

Elysian—see **Elysium.**

Elysium [i-li°-zi-am, ইলি°জ়িঅ্যাম্] *n.* (Gk. myth.) the abode of the blessed, (গ্রী. পু.) মৃত পুণ্যাত্মাদের আবাস, দিব্যধাম। *a.* **Ely°sian**—দিব্যধামসংক্রান্ত; দিব্যধামতুল্য; দিব্য, স্বর্গীয়। [L. < Gk. *elysion*]

em [em, এম্] *n,* (print.) unit of measuring the amount of printed matter in a line, (মুদ্রণ.) প্রতিটি পঙ্‌ক্তির দৈর্ঘ্যের মাপবিশেষ। [the letter **M**]

'em [(a)m, (অ্যা)ম্] contr. of **them.**

emaciate [i-mā°-shi-āt, ইমেই°শিএইট্] *v.t.i.* to make or become very lean, অতি কৃশ বা রোগা করা অথবা হওয়া; to waste, ক্ষয় করা বা হওয়া। *a.* **ėmā°ciātėd**—অতিশয় কৃশতাপ্রাপ্ত; অতি কৃশ; ক্ষয়প্রাপ্ত। *n.* **ėmāciā°tion**। [L. *emaciare*]

emanate [e°-ma-nāt, এ°ম্যানেইট্] *v.i.* to flow, issue or originate (*from*), (কিছু হইতে) প্রবাহিত বা নির্গত বা উদ্ভূত হওয়া। *p.* & *p. pt.* **e°manātėd**। *n.* **emanā°tion**—প্রবহণ; প্রবাহ; উদ্ভব; ঈশ্বর হইতে সৃষ্টির উদ্ভব। [L. *emanare*]

emancipate [i-man°-si-pāt, ইম্যান্°সিপেইট্] *v.t.* to release from restraint or bondage, শাসন বা বন্ধন হইতে মুক্ত করা। *p.* & *p. pt.* **ėman°cipātėd**। *n.* **ėmancipā°tion**—বন্ধন-মুক্তি, শৃঙ্খল-মোচন (*emancipation of women*)। *n.* **ėmancipā°tionist**—ক্রীতদাস-প্রথার উচ্ছেদের সমর্থক। *n.* **ėman°cipātor**। [L. *emancipare*]

emasculate [i-mas°-kū-lāt, ইম্যাস্°কিউলেইট্] *v.t.* to castrate, খাসি বা খোজা করা; to weaken, বলহীন বা হীনবীর্য করা। *p.* & *p. pt.* **ėmas°cūlātėd**। *a.* **ėmas°cūlate**—খাসি, খোজা। *n.* **ėmas°cūlā°tion**। *n.* **ėmas°cūlātor**। *a.* **emasculatory** [i-mas°kū-la-t(a)ri, ইম্যাস্°কিউল্যাটরি]—খাসি বা খোজা করে এমন অথবা তৎসম্বন্ধীয়। [LL. *emasculare*]

embalm [im-bŭm°, ইম্‌বাম্°] *v.t.* to preserve from decay with aromatic drugs, (মৃতদেহাদিকে) সুগন্ধ ঔষধাদি লেপনপূর্বক তাজা রাখা; to perfume, সুবাসিত করা। *n.* **embalm°er, embalm°ing, ėmbalm°ment**। [*em-*, *balm*]

embank [im-bangk°, ইম্‌ব্যাংক্°] *v.t.* to enclose or defend with a bank or dike, বাঁধ দ্বারা পরিবেষ্টিত বা সংরক্ষিত করা। *p.* & *p. pt.* **ėmban°-**

ked । *n.* **ėmbank°ment**—বাঁধ-নির্মাণ ; বাঁধ। [*em-, bank*]

embarcation—alt. spell. of **embarkation.**

embargo [em-bŭ(r)°-go, এম্‌বা(র্)°গৌ] (**1**) *n.* an official order preventing the arrival or departure of ships, পোতাদির আগমন ও প্রস্থানের প্রতি সরকারী নিষেধাজ্ঞা ; a suspension of trade by authority, বাণিজ্য স্থগিত রাখার জন্য সরকারী আদেশ ; a ban, নিষেধাজ্ঞা (an *embargo* on gold) । (**2**) *v.t.* to lay an embargo on, উক্ত নিষেধাজ্ঞা জারি করা ; to seize by force of an embargo, উক্ত নিষেধাজ্ঞার বলে আটক করা। [Sp.]

embark [im-bŭ(r)k°, ইম্‌বা(র্)ক্°] *v.t.i.* to put or go on board a ship, জাহাজে তোলা বা ওঠা ; to engage (*in*), নিযুক্ত করা বা হওয়া ; to start or take part in an undertaking, (with *in*, *on* or *upon*) ব্যবসায় প্রভৃতি শুরু করা বা উহাতে প্রবৃত্ত হওয়া (to *embark* upon a new enterprise) । *p.* & *p. pt.* **ėmbar°kėd** । *n.* **ėmbarkā°tion** । [*em-, bark*$_3$]

embarrass [im-ba°-ras, ইম্‌ব্যা°র‍্যাস্] *v.i.* to encumber, (দায়িত্ব ঋণ বিপদ প্রভৃতিতে) বিজড়িত করা, দায়গ্রস্ত করা ; to perplex, হতবুদ্ধি বা বিহ্বল করা। *p.* & *p. pt.* **ėmba°rrassėd** । *a.* **ėmba°rrassing**—বিজড়িত বা দায়গ্রস্ত করে এমন ; হতবুদ্ধি বা বিহ্বল করে এমন (an *embarrassing* question) । *adv.* **ėmba°rrassingly** । *n.* **ėmba°rrassment** । [L. *embarrasser*]

embassy [em°-ba-si, এম্°ব্যাসি] *n.* ambassador's function or office, দৌত্য, দূতাবাস ; the person or persons sent on ambassadorial duty, দৌত্যকার্যে নিযুক্ত ব্যক্তি বা ব্যক্তিবর্গ। [see *ambassador*]

embattle$_1$ [im-bat°l, ইম্‌ব্যাট্°ল্] *v.t.* to furnish with battlements, গুলি চালাইবার জন্য সচ্ছিদ্র প্রাচীর নির্মাণ করিয়া দেওয়া। [*em-*, OF. *bataillier*]

embattle$_2$ [im-bat°l, ইম্‌ব্যাট্°ল্] *v.t.* to set in battle array, সংগ্রামার্থ বূাহ নির্মাণ করা। *a.* **ėmbatt°led**—সংগ্রামার্থ সজ্জিত। [OF. *embataillier*—cp. *battle*]

embay [im-bā°, ইম্‌বেই°] *v.t.* to enclose in a bay, পোতাশ্রয়ে আবদ্ধ রাখা ; to shut in, to surround, আটকাইয়া রাখা, ঘিরিয়া রাখা। *p.* & *p. pt.* **ėmbayed°** । [*em-, bay*]

embed [im-bed°, ইম্‌বেড্°] *v.t.* (usu. passive) to place firmly in, দৃঢ়ভাবে নিহিত করা (an event *embedded* in a person's memory) ; to lay as in a bed, শোয়ান, স্থাপিত করা। *pr. pt.* **ėmbe°dding ;** *p.* & *p. pt.* **ėmbe°ddėd** । [*em-, bed*]

embellish [im-be°-lish, ইম্‌বে°লিশ্] *v.t.* to decorate esp. with ornaments, অলঙ্কৃত করা, সাজান ; to make graceful, সুন্দর ও সৌষ্ঠবপূর্ণ করা। *p.* & *p. pt.* **ėmbe°llishėd** । *n.* **ėmbellishment**—অলঙ্করণ, সুশোভিতকরণ ; ভূষণ। [F. *embellissant*]

ember [em°-ba(r), এম্°ব্যা(র্)] *n.* a piece of live coal or wood, জ্বলন্ত অঙ্গার ; (usu. in *pl.*) red-hot ashes, লাল গরম ছাই, গন্‌গনে ছাই ; smouldering remains of a fire, নিভন্ত আগুন। [OE. *aemerge* < ON. *eimyrja*]

ember-days [em°-ba(r)-dāz°, এম্°ব্যা(র্)ডেইজ্°] *n.* days of fasting and prayer, প্রার্থনা ও উপবাসের দিনগুলি (also **days of ember**) । [OE. *ymbryne* = a circuit—cp. *ambi-*]

embezzle [im-bez°l, ইম্‌বেজ্°ল্] *v.i.* to appropriate fraudulently, তসরুফ করা, আত্মসাৎ করা। *n.* **ėmbezz°lement** । *n.* **ėmbezz°ler** । [AF. *enbesiler*]

embitter [im-bi°-ta(r), ইম্‌বি°ট্যা(র্)] *v.t.* to make (more) bitter, তিক্ত (বা তিক্ততর) করা ; to make more bitterly hostile, তীব্রতরভাবে বিরোধিতা করা ; to exasperate, তিক্তবিরক্ত করা। *n.* **ėmbi°tterment** । [*em-, bitter*]

emblazon [im-blā°z(a)n, ইম্‌ব্লেই°জ্‌ন্] *v.i.* to decorate with figures, মূর্তিদ্বারা পরিশোভিত করা ; to depict heraldically, কুলমর্যাদাচিহ্নদ্বারা চিত্রিত করা ; to celebrate, সমারোহসহকারে অনুষ্ঠিত করা ; to extol, সুখ্যাতি বা গুণকীর্তন করা। *n.* **ėmblā°zoner** । **ėmblā°zonment** । *n.* **ėmblā°zonry**—same as **blazonry** । [*em-, blazon*—confused with *blaze*]

emblem [em°-blem, এম্°ব্লেম্] (**1**) *n* a symbolic picture, device or badge, প্রতীক, প্রতীকচিহ্ন। (**2**) *v.t.* to symbolize, প্রতীকদ্বারা বা প্রতীকরূপে প্রকাশ করা। *a.* **emblema°tic(al)**—প্রতীকসংক্রান্ত ; প্রতীকস্বরূপ। *n.* **emblem°atist**—প্রতীকের আবিষ্কর্তা ; রূপক-কাহিনীকার। *v.t.* **emble°matize**—প্রতীকদ্বারা প্রকাশ করা। [L. < Gk. *emblema*]

embody [im-bo°-di, ইম্°বডি] *v.t.* to form into a body, দেহযুক্ত করা, মূর্ত করা ; to give a concrete shape to, বাস্তব রূপ দান করা ; to express tangibly, স্পষ্টভাবে প্রকাশ করা ; to incorporate, অঙ্গীভূত করা ; to organize, সংগঠিত করা। *a.* **ėmbo°died**—দেহী, শরীরী, মূর্ত ; বাস্তবরূপে রূপায়িত ; স্পষ্টভাবে প্রকাশিত ; অঙ্গীভূত ; সংগঠিত। *n.* **ėmbo°diment**—মূর্তকরণ ; মূর্তপ্রকাশ ; প্রতিরূপ বা প্রতিমূর্তি (an *embodiment* of virtue) । [*em-, body*]

embolden [im-bōl°d(a)n, ইম্‌বৌল্°ড্‌ন্] *v.t.* to make bold, সাহসী করা ; to encourage, উৎসাহিত করা। [*em-*, see *bold*]

embolism [em°-ba-lizm, এম্°ব্যালিজ্‌ম্] *n.* an intercalation of days in the calendar to correct error, পঞ্জিকার ত্রুটিসংশোধনের জন্য গৃহীত

অতিরিক্ত দিন (যেমন, leap year বা অধিবর্ষ); (med.) obstruction of artery etc., by clot of blood etc., (চিকি.) জমাট-বাঁধা রক্তাদি দ্বারা ধমনীর পথরোধ। [*em-*, Gk. *bolos*=stopper]

embolus [em°-ba-lus, এম্‌°ব্যালাস্] *n.* (med.) a clot of blood obstructing a blood-vessel, ধমনীরোধী রক্তপিণ্ড। *pl.* **em°boli**। [Gk. *embolos* =stopper]

embonpoint [ŭng-bong°-pawng°, আঁবঁপোআঁ°] *n.* stoutness, বলিষ্ঠতা; plumpness, হৃষ্ট-পুষ্টতা। [F.]

embosom [im-boo°-zam, ইম্‌বু°জ্যাম্] *v.t.* to embrace, আলিঙ্গন করা; to enclose, পরিবেষ্টন করা। [*em-*, *bosom*]

emboss [im-boss°, ইম্‌বস্°] *v.t.* to decorate with bosses, বুটি দিয়া খচিত করা; to carve or mould in relief, খোদাই করা; to make figures etc. stand out on surface, পটভূমি হইতে উঁচু করিয়া মূর্তি প্রভৃতি গঠন করা; to ornament with raised work, উঁচু-করা চিত্রাদিতে শোভিত করা। *p.* & *p. pt.* **embo°ssed**। [*em-*, *boss*$_2$]

embouchure [om-boo-shooa(r)°, অম্‌বুশুয়্যা(র্)°] *n.* the mouth of a river, নদীর মোহানা; the mouthpiece of a wind instrument, বাঁশির মুখ। [F.]

embowel [im-bow°-al, ইম্‌বাউ°অ্যাল্] *v.t.* to remove the bowels from, নাড়ি-ভুঁড়ি বাহির করিয়া ফেলা; to enclose or thrust into the bowels, পেটের মধ্যে রাখা বা ঢোকান। *pr. pt.* **embow°elling**; *p.* & *p. pt.* **embow°elled**। [*em-*, *bowel*]

embower [im-bow°a-(r), ইম্‌বাউ°আ্যা(র্)] *v.t.* to place in or enclose with a bower, কুঞ্জমধ্যে স্থাপন করা বা কুঞ্জদ্বারা পরিবেষ্টিত করা। [*em-*, *bower*]

embrace [im-bras°, ইম্‌ব্রেইস্°] (1) *v.t.* to take in the arms, আলিঙ্গন করা; to take eagerly or willingly, সাগ্রহে বা স্বেচ্ছায় গ্রহণ করা (to *embrace* an offer); to comprise, অন্তর্ভুক্ত করা; to admit or adopt, মানিয়া লওয়া বা অবলম্বন করা। *p.* & *p. pt.* **embra°ced**। (2) *n.* an embracing, আলিঙ্গন। [OF. *embracer*(*v.*)—cp. *brace*]

embrangle [im-brang°gle, ইম্‌ব্র্যাং°গ্‌ল্] *v.t.* to confuse, তালগোল পাকান; to entangle, জট-পাকান, ঝামেলায় জড়ান। *p.* & *p. pt.* **embran°gled**। *n.* **embran°glement**। [*em-*, *brangle*]

embrasure [im-bra°-za(r), ইম্‌ব্রেই°জ্যা(র্)] *n.* an internally splayed recess of a door or window, জানালা বা দরজা আটকানর জন্য ভিতর-দিকের বিট্ বা খাঁজ; an opening in a wall for cannon, কামান স্থাপনার্থ প্রাচীরগাত্রে ছিদ্র। [F.]

embrocate [em°-brŏ-kat, এম্‌°ব্রোকেইট্] *v.t.* to moisten and rub, (ঔষধাদি দ্বারা) মালিশ করা। *p.* & *p. pt.* **em°brŏcated**। *n.* **embrŏca°tion**—মালিশের তরল ঔষধবিশেষ বা লোশন। [LL. *embrocare*]

embroider [im-broy°-da(r), ইম্‌ব্রয়্°ড্যা(র্)] *v.t.* to decorate with needle-work, সূচিশিল্প-দ্বারা পরিশোভিত করা। *n.* **embroi°derer**। *n.* **embroidery** [im-broy°-d(a)ri, ইম্‌ব্রয়্°ড্‌রি] সূচিশিল্প, কশিদা। [OF. *embroder*—confused with OE. *bregdan*=to weave]

embroil [im-broyl°, ইম্‌ব্রয়্‌ল্°] *v.t.* to involve in a broil, কলহলিপ্ত করান; to entangle, বিজড়িত করা, ঝামেলায় জড়ান। **(to) become embroiled in quarrels**—ঝামেলায় বা বিবাদে জড়িত হওয়া। [F. *embrouiller*—cp. *broil*]

embryo [em°-bri-ō, এম্‌°ব্রিঔ] *n.* a young one of animal in its earliest stage of development, ভ্রূণ; beginning of anything, কিছুর আরম্ভ বা সূত্রপাত। **in embryo**—ভ্রূণাবস্থায় স্থিত; (আল.) প্রাথমিক অবস্থায় স্থিত, অপরিবর্ধিত। *a.* **embryonic** [em-bri-o°nik, এম্‌ব্রিঅ°নিক্] ভ্রূণসংক্রান্ত; ভ্রূণাবস্থিত; প্রাথমিক, বিকশিত হয় নাই এমন, অবিকশিত। [LL.<Gk. *embryon*]

emend [i-mend°, ইমেন্‌ড্°] **e°mendate**—*v.t.* to correct, সংশোধন করা। *p.* & *p. pt.* **emen°ded, e°mendated**। *a.* **emend°able**। *n.* **emenda°tion**। *n.* **e°mendator**। *a.* **emen°datory**—সংশোধনমূলক। [F. *emendare*]

emerald [e°-mar(a)ld, এ°ম্যার্‌ল্‌ড্] *n.* a very precious stone, পান্না। **Emerald Isle**—আয়র্ল্যান্ড্। [OF. *esmeralde*<Gk. *smaragdos*]

emerge [i-ma(r)j, ইম্যা(র্)জ্°] *v.i.* to rise out of anything, উত্থিত হওয়া; to issue forth, নির্গত হওয়া; to reappear after being concealed, গুপ্তাবস্থা হইতে পুনঃপ্রকাশিত হওয়া; to crop up, উদ্ভূত হওয়া। *n.* **emer°gence**—উত্থান; নির্গমন; গুপ্তাবস্থা হইতে পুনঃপ্রকাশ; উদ্ভব; উদ্ভিদ্-দেহে উদ্গত কোমল কাঁটার ন্যায় পদার্থবিশেষ, (পরি.) অঙ্গরুহ। *n.* **emer°gency**—আকস্মিক ঘটনা; জরুরি অবস্থা, (পরি.) অত্যয়, সঙ্কট। **emer°gency exit**—জরুরি বা সঙ্কটজনক অবস্থায় নির্গমন পথ। *n.* **emer°gency-man**—অত্যয়কালে যাহার সাহায্য লওয়া হয়। *a.* **emer°gent**—উত্থানশীল, নির্গমনশীল; গুপ্তাবস্থা হইতে পুনঃপ্রকাশমান; উদ্ভূত হইতেছে এমন; আকস্মিক; জরুরি। *n.* **emersion** [i-ma(r)°-sh(a)n, ইম্যা(র্)°শ্‌ন্] উত্থান; নির্গমন; গুপ্তাবস্থা হইতে পুনঃপ্রকাশ; উদ্ভব; চন্দ্রসূর্যাদির গ্রহণমুক্তি। [L.*emergere*]

emeritus [i-ma°-ri-tas, ইম্যা°রিট্যাস্] *a.* honourably discharged from service, চাকরি হইতে সসম্মানে বিদায়প্রাপ্ত (*emeritus* professor)। *pl.* **eme°riti**। [L.]

emersion—see **emerge.**

emery [e°-ma-ri, এ°ম্যারি] *n.* a coarse corundum used for polishing, পালিশের কাজে

ব্যবহৃত সিরিশ-গুঁড়া। *n.* **e°mery-pāper**—সিরিশ-কাগজ। [OF. *emeril* < Gk. *smeris*]

emetic [i-me°-tik, ইমেটিক্] (**1**) *a.* causing vomiting, বমনোদ্রেককর। (**2**) *n.* an emetic medicine, বমনোদ্রেককর ঔষধ। *n.* **ė°metin**—ঔষধবিশেষ। [Gk. *emetikos*]

emeute [ā-mat°, এইম্যাট্°] *n.* a popular rising, গণজাগরণ, গণবিপ্লব। [F.]

emiction [i-mik°-sh(a)n, ইমিক্°শ্‌ন্] *n.* act of discharging urine, মূত্রত্যাগ, প্রস্রাব-নির্গমন; urine discharged, নির্গত প্রস্রাব। *a.* **emic°tory** প্রস্রাব-নির্গমনে সহায়ক। [L. *ē*=from, *mingere* =to urinate]

emigrant—see **emigrate.**

emigrate [e°-mi-grāt, এ°মিগ্রেইট্] *v.i.t.* to remove from one country to another as a place of abode, এক দেশ হইতে বাস্তু উঠাইয়া ভিন্ন দেশে বাস করিতে যাওয়া বা পাঠান, দেশান্তরী হওয়া বা করান। *p.* & *p. pt.* **e°migrātėd**। *a.* & *n.* **emigrant** [e°-migr(a)nt, এ°মিগ্‌র্‌ন্ট্] দেশান্তরী বা বাস্তুত্যাগী। *n.* **emigrā°tion**। *a.* **e°migrātory**—দেশান্তরণমূলক; [L. *emigrare*]

emigré [e°-mi-gra, এ°মিগ্রেই] *n.* a French emigrant, ফরাসি দেশান্তরী বা বাস্তুত্যাগী (বিশেষতঃ ফরাসি বিপ্লবকালে স্বদেশ হইতে পলায়িত রাজপক্ষীয় লোক); a political exile, রাজনৈতিক কারণে স্বদেশ হইতে বিতাড়িত ব্যক্তি। [F.]

eminent [e°-mi-nant, এ°মিন্যান্ট্] *a.* exalted, distinguished, মহান্, বিশিষ্ট। **eminent domain**—যে ক্ষমতাবলে রাষ্ট্রপ্রধান যে কোন প্রজাকে তাহার সম্পত্তি রাষ্ট্রের বা জনসাধারণের ব্যবহারের জন্য দিতে বাধ্য করিতে পারেন। *n.* **e°minence**—মহত্ত্ব, বৈশিষ্ট্য; কার্ডিনালদের খেতাববিশেষ (His *Eminence*); ক্রমোন্নত ভূমি; উচ্চতা। *adv.* **e°minently**। [L. *eminens*]

Emir [e-mē(r)°, এমিয়্যা(র্)°] *n.* a title of a Mohammedan chieftain, আমির। *n.* **emi°rāte**—আমিরের পদ শাসনকাল বা রাজ্য। [Ar. *amir*]

emissary, emission—see **emit.**

emit [i-mit°, ইমিট্°] *v.t.* to send out, প্রেরণ করা; to throw out, নিক্ষেপ করা; ro issue, নির্গত করা; to utter, বলা। *pr. pt.* **emi°tting**। *p.* & *p. pt.* **emi°ttėd**। *n.* **emissary** [e°-mis(a)ri, এ°মিস্‌রি] প্রচারকার্যের জন্য বা গুপ্ত উদ্দেশ্যাদি সাধনার্থ প্রেরিত ব্যক্তি; গুপ্তচর। *n.* **emission** [i-mi°sh(a)n, ইমি°শ্‌ন্] প্রেরণ; নিক্ষেপ; নির্গতকরণ; কথন; নিক্ষিপ্ত বা নির্গত বস্তু; উক্তি। *a.* **emissive** [i-mi°-siv, ইমি°সিভ্] প্রেরক; নিক্ষেপক; নির্গত করে বা বলে এমন। [L. *emittere*]

emmer [e°ma(r), এ°ম্যা(র্)] *n.* a species of wheat, একপ্রকার গম। [G. dial.]

emmet [e°mit, এ°মিট্] *n.* (dial) the ant, (প্রাদে.) পিঁপড়া। [see *ant*]

emollient [i-mo°-li-ant, ইম°লিঅ্যান্ট্] (**1**) *a.* softening, কোমল করে এমন। (**2**) *n.* a softening application, প্রলেপ পুলটিস সেঁক প্রভৃতি কোমলতাদায়ক বস্তু। [L. *emollire*=to soften intensely]

emolument [i-mo°-lū-mant, ইম°লিউম্যান্ট্] *n.* (usu. in *pl.*) salary including allowances, ভাতাদিসহ বেতন। [L. *emolimentum* < ?]

emotion [i-mō°sh(a)n, ইমৌ°শ্‌ন্] *n.* mental agitation or excitement, মানসিক চাঞ্চল্য বা আবেগ; (phil.) feeling, (দর্শ.) অনুভূতি। *v.i.* **emōte°**—আবেগভরে করা। *a.* **ėmō°tional**—আবেগ বা অনুভূতি সংক্রান্ত; আবেগপূর্ণ; আবেগপ্রবণ। *n.* **ėmō°tionalism**—আবেগপ্রবণতা। *a.* **ėmō°tionlėss**—নিরাবেগ, আবেগহীন; অনুভূতিশূন্য। *a.* **ėmō°tive**—মানসিক চাঞ্চল্য বা আবেগ সংক্রান্ত; মানসিক চাঞ্চল্য বা আবেগ জাগায় এমন। *v.t.* **ėmove°**—আবেগময় করা। [L. *emotio*]

empanel [im-pa°nl, ইম্প্যা°ন্‌ল্] *v.t.* to enter on a panel, তালিকাভুক্ত করা। *pr. pt.* **ėmpa°nelling**; *p.* & *p. pt.* **ėmpa°nelled**। [*em-*, *panel*]

empathy [em°-pa-thi, এম্°প্যাথি] *n.* power of projecting one's personality into another's and imaginatively experiencing his or her experiences, স্বীয় সত্তা অন্যের সত্তায় লীন করিয়া তাহার শোক দুঃখ ও অন্যান্য অভিজ্ঞতা কল্পনায় নিজে অনুভব করার শক্তি, (তু.) হৃদয় দিয়া হৃদয় অনুভব করার শক্তি। [*em-*, Gk. *pathos*=feeling]

emperor [em°-p(a)ra(r), এম্°প্‌র্যা(র্)] *n.* a king of kings, রাজাধিরাজ, সম্রাট্। *fem.* **em°prėss**। *n.* **em°perorship**। [OF. *emperere*]

emphasis [em°-fa-sis, এম্°ফ্যাসিস্] *n.* forcible or impressive expression, জোরালভাবে বা মনের উপর ছাপ রাখে এমনভাবে প্রকাশ; stress on words, বাক্যমধ্যস্থ শব্দবিশেষ উচ্চারণে ঝোঁক বা জোর; accent, স্বরসজ্ঘাত; prominence, বৈশিষ্ট্য। *pl.* **em°phasēs**। **(to) lay emphasis on**—same as **emphasize**। *v.t.* **em°phasīze**—জোর দেওয়া; জোরাল করা। *a.* **ėmpha°tic(al)**—জোরাল। *adv.* **empha°tically**—জোরের সহিত। [Gk.]

empire [em°-pī(r), এম্°পায়্যা(র্)] *n.* a group of states under the same sovereign power, সাম্রাজ্য; the government of an emperor, সম্রাটের শাসন। [F. < L. *imperium*]

empiric [em-pi°-rik, এমপি°রিক] **empi°rical**—*a.* based on trial or experiment, পরীক্ষামূলক; গবেষণামূলক; known or knowing only by experience, কেবল অভিজ্ঞতাবলে জ্ঞাত বা জানিতে পারে এমন। *n.* **empi°ric**—পরীক্ষক, গবেষক; যাহার জ্ঞান কেবল অভিজ্ঞতাবলে অর্জিত; হাতুড়ে চিকিৎসক। *adv.* **empi°rically**। *n.* **empiricism** [em-pi°-ri-sizm, এম্পি°রিসিজ্‌ম্]

(দর্শ.) অভিজ্ঞতাই সকল জ্ঞানের একমাত্র উৎস : এই মত ; হাতুড়ে ডাক্তারি। *n.* **empi°ricist**। [F. < Gk. *empeirikos*]

emplacement [im-plās°-mant, ইম্‌প্লেইস্°-ম্যান্‌ট্] *n.* act of placing, স্থাপন ; (mil.) a gun-platform, (সাম.) কামান-স্থাপনের মঞ্চ। [*em-*, see *place*]

emplane [im-plān°, ইম্‌প্লেইন্°] *v.t.i.* to put or go on aeroplane, বিমানপোতে তোলা বা ওঠা ; [*em-*, *plane*]

employ [im-ploy°, ইম্‌প্লয়্°] (**1**) *v.t.* to engage in service, কর্মে নিযুক্ত করা ; to keep busy, ব্যস্ত বা নিরত রাখা ; to use or apply, ব্যবহার বা প্রয়োগ করা। (**2**) *n.* employment, চাকরি (in the *employ* of a multinational organization)। *a.* **ėmploy°able** নিয়োগের যোগ্য। *a.* **ėmploy°ed**—কর্মে নিযুক্ত ; নিরত ; ব্যবহৃত। *n.* **employé** [om-ploy°-ā, অম্‌প্লয়্°এই], **employee** [em-ploy°-ē, এম্‌প্লয়্°ঈ] কর্মচারী। *n.* **ėmploy°er**—নিয়োগকর্তা, মনিব ; প্রয়োগকর্তা। *n.* **ėmploy°ment**—employ (*v.*)-এর সকল অর্থে, এবং—কর্ম, চাকরি। **employment agency**—কর্মখালির সন্ধানাদি দেওয়ার জন্য সংস্থা। **employment exchange**—বেকারদের চাকরির ব্যবস্থা করিয়া দেওয়ার জন্য সরকারি প্রতিষ্ঠান। **in employment**—কর্মরত অবস্থা, চাকুরিতে বহাল অবস্থা। **out of employment**—কর্মহীন বা বেকার অবস্থা। [F. *employer*]

empoison [im-poi°zn, ইম্‌পয়্°জ়্‌ন্] *v.t.* to put poison into, বিষ মিশ্রিত করা, বিষাক্ত করা ; (fig to corrupt, (আল.) কলুষিত করা। [*em- poison*]

emporium [em-paw°-ri-am, এম্‌প্যা°রিআম্] *n.* a central market, যেখানে নানা স্থান হইতে পণ্যদ্রব্যসমূহ বিক্রয়ার্থ আনা হয়, গঞ্জ ; a large mart, বড়বাজার ; (vul.) a big shop (অমা.) বড় দোকান। [L.]

empower [im-pow°-a(r), ইম্‌পাউ°অ্যা(র্)] *v.t.* to authorize, ক্ষমতা প্রদান করা, অধিকারী করা (to *empower* a person to do something)। [*em-*, *power*]

empress—see **emperor.**

empressement [ŭn-pres°-mŭn, আঁপ্রেস্°মাঁ] *n.* display of cordiality, সহৃদয়তার জাহির। [F.]

empty [em(p)°-ti, এম্°টি] (**1**) *a.* containing nothing within, শূন্যগর্ভ, খালি ; devoid of furniture or inmates, আসবাবশূন্য বা বাসিন্দাশূন্য ; unoccupied, অনধিকৃত, কেহ বাস করে না এমন, অধিবাসিহীন ; without load, বোঝাশূন্য ; without effect, ব্যর্থ (*empty* threats) ; wanting in substance, অসার (*empty* vaunts) ; foolish, মূর্খ, বুদ্ধিহীন ; (coll. hungry, (কথ্য.) ক্ষুধার্ত (*empty*-bellied) ; without money or arms, কপর্দকশূন্য বা অস্ত্রহীন (*empty*-handed)। (**2**) *v.t.i.* to make or become empty, খালি করা বা হওয়া। (**3**) *n. pl.* (coll.) empty bottle, crate or other container, (কথ্য.) খালি বোতল বাক্স প্রভৃতি বা অন্যান্য পাত্র (*empties* are not taken back)। **(to) come empty**—কিছু না পাইয়া চলিয়া বা ফিরিয়া আসা। **on an empty stomach**—খালি পেটে। *n.* **emp°tier**। *n.* **emp°tinėss**। *a.* & *adv.* **emp°ty-hand°ėd**—শূন্যহাত বা শূন্যহাতে. রিক্তহস্ত বা রিক্তহস্তে ; দিবার জন্য কোন উপহার ব্যতীত ; নিরস্ত্র বা নিরস্ত্রভাবে। *a.* **emp°ty-hea°d-ed**—নির্বোধ, মাথায় কিছু নাই এমন, গবা ; কাণ্ডজ্ঞানহীন। [OE. *aemetig*]

empurple [im-pa(r)p°l, ইম্‌প্যা(র্)প্°ল্] *v.t.* to make purple, রক্তবর্ণ বা ময়ূরপঙ্খীবর্ণ করা। [*em-*, *purple*]

empyreal—see **empyrean.**

empyrean [em-pī-ri°-an, এম্‌পাইরি°অ্যান্] (**1**) *a.* formed of pure fire or light, বিশুদ্ধ আগুনে বা আলোকে গঠিত, মহাজ্যোতির্ময় ; of the highest heaven, ঊর্ধ্বতম স্বর্গলোকের, অগ্নিলোকের ; sublime, স্বর্গীয়, মহান্ (*also* **empyrė°al**)। (**2**) *n.* the highest heaven, ঊর্ধ্বতম স্বর্গলোক যেখানে বিশুদ্ধ আগুন থাকে বলিয়া কল্পনা করা হয় ; অগ্নিলোক ; the heavens, গগনমণ্ডল। [Gk. *empyros* = fiery]

em(e)u [ē°-mū, ঈ°মিউ] *n.* an Australian bird, অস্ট্রেলিয়ার অতি বৃহদাকার পক্ষিবিশেষ। [Port. *ema* = an ostrich]

emulate [e°-mū-lāt, এ°মিউলেইট্] *v.t.* to try to equal or excel, সমকক্ষ হইতে বা ছাপাইয়া যাইতে চেষ্টা করা। *p.* & *p. pt.* **e°mūlātėd**। *n.* **emūlā°tion**—সমকক্ষ হওয়ার চেষ্টা (in a spirit of *emulation*)। *a.* **e°mūlātive, e°mūlous**—সমকক্ষ হইতে বা ছাপাইয়া যাইতে সচেষ্ট। *n.* **e°mūlātor**। [L. *aemulari*]

emulsify—see **emulsion.**

emulsion [i-mul°sh(an), ইমাল্°শ্‌ন্] *n.* a milky liquid, দুগ্ধবৎ নির্যাসবিশেষ। *v.t.* **emulsify** [i-mul°-si-fī, ইমাল্‌সিফাই] উক্ত নির্যাসে পরিণত করা। *n.* **ėmulsificā°tion**। *a.* **emul°sive**। [L. *emul-gere* = to milk out]

en [en, এন্] *n.* (print.) half of an em, (মুদ্রণ.) আধ-এম্। [letter N]

enable [i-nā°bl, ইনেই°ব্‌ল্] *v.t.* to make able, সক্ষম বা সমর্থ করা ; to give power or authority, ক্ষমতা বা অধিকার দেওয়া। **enabling act**—যে আইন বলে কোন ব্যক্তিবিশেষ বা প্রতিষ্ঠানকে বিশেষ ক্ষমতা প্রদান করা হয়। [*en-*, *able*]

enact [i-nakt°, ইন্যাক্‌ট্°] *v.t.* to act the part of, নাটকের ভূমিকায় অভিনয় করা ; to establish by law, বিধিবদ্ধ করা, আইন পাস করা। *p.* & *p. pt.* **ėnac°tėd**। *n.* **ėnact°ment**—বিধিবদ্ধ-করা আইন। [*en-*, *act*]

enamel [i-na°-m(a)l, ইন্যা°ম্‌ল্] (**1**) *n.* a vitrified coating, কলাই, ইনামেল ; any enamel-like substance, ইনামেলতুল্য যে কোন চকচকে

পদার্থ (*enamel* of teeth)। (2) *v.t.* to coat with enamel, কলাই করা; to cover with an enamel-like substance, ইনামেলতুল্য পদার্থ-দ্বারা আবৃত করা। *pr. pt.* **ėna°melling**; *p.* & *p. pt.* **ėna°melled**। *n.* **ėna°meller**—যে ব্যক্তি কলাইয়ের কাজ করে। **enamel paint**—ইনামেল বা কলাই রং। *n.* **ėna°melwāre**—কলাইয়ের বাসন-কোসন। [OF. *enameler*]

enamour [i-na°-ma(r), ইন্যা°ম্যা(র্)] *v.t.* to inflame with love, প্রেমোচ্ছল করা; to charm, মুগ্ধ করা। *a.* **ėna°moured**—প্রেমমুগ্ধ। **(to) be enamoured of**—কিছুর প্রতি অত্যন্ত অনুরক্ত হওয়া। [*en-*, *amour*]

en bloc [awn-blok°, অঁব্লক্°] *adv.* in a lump, একযোগে। [F.]

en brosse [awn bros°, অঁব্রস্°] *a.* (of hair) cut short and bristly, (চুল সম্বন্ধে) কদমছাঁট দেওয়া হইয়াছে এমন। [F.]

encage [in-kāj°, ইন্‌কেইজ্°] *v.t.* to confine in a cage, খাঁচায় বন্দী করা। [*en-*, *cage*]

encamp [in-kamp°, ইন্‌ক্যাম্প্°] *v.t.i.* to settle in a camp, শিবিরে স্থাপিত করা বা শিবির স্থাপন করা; to lodge in tents, তাঁবুতে বাস করান বা বাস করা। *p.* & *p. pt.* **ėncam°ped**। *n.* **ėncamp°ment**—শিবিরস্থাপন; শিবিরে বাস; শিবির। [*en-*, *camp*]

encase [in-kās°, ইন্‌কেইস্°] *v.t.* to enclose in a case, বাক্স খাপ প্রভৃতির মধ্যে পুরিয়া রাখা; to surround or cover up, ঘিরিয়া বা ঢাকিয়া ফেলা। *p.* & *p. pt.* **ėncā°sed**। *n.* **ėncāse°ment**। [*en-*, *case*]

encash [in-kash°, ইন্‌ক্যাশ্°] *v.t.* to convert into cash, (হুণ্ডি চেক নোট টাকা প্রভৃতি) ভাঙ্গান। *p.* & *p. pt.* **ėnca°shed**। *n.* **ėncash°ment**। [*en-*, *cash*]

encaustic [en-kaws°-tik, এন্‌ক্যস্°টিক্] *a.* having the colours burned in, দাহনদ্বারা (স্থানে স্থানে) রঙ-করা (*encaustic* bricks or tiles)। [*en-*, *caustic*]

enciente [ūng-sānt°, আঁসেঁইং°] *a.* pregnant, গর্ভবতী, পোয়াতী। [F.]

encephalic [en-se-fa°-lik, এন্‌সেফ্যা°লিক্] *a.* of the brain, মস্তিষ্কসংক্রান্ত। *n.* **encephali°tis**—মস্তিষ্কপ্রদাহ। *n.* **ence°phalogram**—রঞ্জনরশ্মির সাহায্যে গৃহীত মস্তিষ্কের আলোকচিত্র। *n.* **ence°phalograph**—মস্তিষ্কের তাড়িতক্রিয়া লিপিবদ্ধ করিবার যন্ত্রবিশেষ। [Gk. *enkephalos*=brain]

enchain [in-chān°, ইন্‌চেইন্°] *v.t.* to put in chains, শৃঙ্খলিত করা; to hold fast, দৃঢ়ভাবে ধরা, আঁকড়াইয়া ধরা; to link together, একত্র গাঁথা। *n.* **ėnchain°ment**। [*en-*, *chain*]

enchant [in-chŭnt°, ইন্‌চান্ট্°] *v.t.* to bewitch, জাদুমুগ্ধ করা; to charm, মোহিত করা; to delight, পুলকিত করা। *a.* **ėnchan°tėd**—জাদুমুগ্ধ; মোহিত; পুলকিত; ভূতগ্রস্ত (the *enchanted* palace, soul, etc.)। *n.* **ėnchanter**—জাদুকর, মায়াবী; যে ব্যক্তি মুগ্ধ করে। *fem.* **ėnchan°trėss**। *a.* **ėnchan°ting**—মোহিত করে এমন, মোহন; অতীব আকর্ষণীয় বা মনোরম; ভুতুড়ে। *n.* **ėnchant°ment**—জাদুমুগ্ধ করা; জাদু; ভূতাবেশ; আকর্ষণ। [F. *enchanter*—cp. *cant*]

encircle [in-sa(r)°kl, ইন্‌স্যা(র্)°ক্‌ল্] *v.t.* to enclose (as in a circle), (বৃত্তাকারে) পরিবেষ্টন করা। *n.* **encir°clement**। *a.* **ėncir°cling**—(বৃত্তাকারে) বেষ্টনকর। [*en-*, *circle*]

en clair [ŭn-klā(r)°, আঁক্লেয়া(র্)°] *ph.* in ordinary language, (টেলিগ্রাম, সরকারি বার্তা, প্রভৃতি সম্বন্ধে) সাধারণ ভাষায় বা খোলা ভাষায় (অর্থাৎ সাঙ্কেতিক ভাষায় নহে)। [F.]

enclasp [in-klŭsp°, ইন্‌ক্লাস্প্°] *v.t.* to clasp, খিল আটকান, মুষ্টিবদ্ধ বা আলিঙ্গনাবদ্ধ করা। *p.* & *p. pt.* **ėnclas°pėd**। [*en-*, *clasp*]

enclave [ong-klŭv°, অংক্লাভ্°] *n.* a piece of territory surrounded by foreign dominion, রাষ্ট্রের যে অংশ অন্য রাষ্ট্রদ্বারা পরিবেষ্টিত। [F.]

enclose [in-klōz°, ইন্‌ক্লৌজ্°] *v.t.* to close or shut in, ঘেরাও করা বা অবরুদ্ধ করা, পরিবেষ্টন করা বা আটক করা; to put within, ভিতরে রাখা (to *enclose* something with a letter); to fence, বেড়া দেওয়া (to *enclose* a field)। *n.* **ėnclō°ṡer**। *n.* **ėnclō°ṡure**—ঘেরাও, অবরোধ; পরিবেষ্টন; অবরুদ্ধ বা পরিবেষ্টিত অবস্থা; চিঠিপত্রাদির সহিত লেফাপার ভিতরে যাহা রাখা বা পাঠান হয়; ঘেরাও-করা স্থান; যদ্দ্বারা ঘেরাও করা হয়, বেড়া। [*en-*, *close*]

encomiast—see **encomium**.

encomium [en-kō°-mi-am, এন্‌কৌ°মিঅ্যাম্] *n.* high commendation, উচ্চপ্রশংসা; স্তুতি। *pl.* **encō°miums, encō°mia**। *n.* **enco°miast**—উচ্চপ্রশংসাকারী; স্তাবক; চাটুবাদপূর্ণ কবিতাদির রচয়িতা। [L.<Gk. *enkomion*]

encompass [in-kum°-pas, ইন্‌কাম্°প্যাস্] *v.t.* to surround, পরিবেষ্টন করা, ঘেরাও করা। *p.* & *p. pt.* **ėncompa°ssed**। [*en-*, *compass*]

encore [ong-kaw(r)°, অংক্য(র্)°] (1) *int.* calling for repetition of a performance, (নৃত্যগীতাদি-সম্বন্ধে) শাবাশ্-শাবাশ্, আবার হউক। (2) *n.* a call of encore, উক্ত প্রশংসাধ্বনি। (3) *v.t.* to call encore to, উক্ত সপ্রশংস অনুরোধ জানান (the audience *encored* the singer)। [F.=again]

encounter [in-kown°-ta(r), ইন্‌কাউন্°ট্যা(র্)] (1) *v.t.* to meet face to face, (সচ. অপ্রত্যাশিতভাবে) সম্মুখীন হওয়া; to meet in contest, (কাহারও) প্রতিদ্বন্দ্বিরূপে অবতীর্ণ হওয়া; to oppose, বিরোধিতা করা। (2) *n.* a meeting, (সচ. অপ্রত্যাশিত) সাক্ষাৎ বা সম্মুখীন হওয়া; fight, লড়াই। [OE. *encontrer*<L. *id-*, *contra*]

encourage [in-ku°-rij, ইন্‌কা°রিজ্‌] *v.t.* to inspire with courage or hope, সাহস বা আশা দেওয়া, উৎসাহিত করা ; to incite, অনুপ্রাণিত করা ; to patronize, পৃষ্ঠপোষকতা করা। *n.* **ėncou°rágement**—উৎসাহদান ; উৎসাহ ; যাহা উৎসাহিত করে (success often acts as an *encouragement*)। *n.* **ėncou°rager** । **ėncou°ráging**—(1) *n.* উৎসাহদান ; (2) *a.* উৎসাহদায়ক। *adv.* **ėncou°rágingly** । [OF. *encoragier*—cp. *courage*]

encroach [in-krōch°, ইন্‌ক্রৌচ্‌°] *v.i.* to intrude unlawfully, (পরের সম্পত্তি অধিকার প্রভৃতিতে) অবৈধভাবে পদার্পণ বা হস্তার্পণ করা ; to intrude beyond boundaries, সীমালঙ্ঘন করা। *p. & p. pt.* **ėncroa°ched** । *n.* **ėncroa°cher** । *n.* **ėncroach°ment** । [OF. *encrochier*=to seize]

encrust, incrust [in-krust°] (1) *v.t.* to cover with a hard coating, কঠিন আবরণ বা ত্বক্ দ্বারা আবৃত করা। (2) *v.i.* to form into a crust, কঠিন আবরণে পরিণত হওয়া। *n.* **encrustā°tion**—var. of **incrustation** । [F. *incruster*]

encumber [in-kum°-ba(r), ইন্‌কাম্‌°ব্যা(র্)] *v.t.* to impede the motion of, গতি ব্যাহত করা ; to hamper, ব্যাহত করা ; to burden, ভারগ্রস্ত করা ; to burden with debts, ঋণভারাক্রান্ত করা ; to embarrass, বিহ্বল বা বিভ্রান্ত করা। *n.* **ėncumber°ment** । *n.* **ėncum°brance**—যাহা ব্যাহত করে ; দায়, দায়িত্ব ; বোঝা। [*en-, cumber*]

encyclop(a)edia [en-sī-klŏ-pe°-di-a, এন্‌সাইক্লোপী°ডিঅ্যা] *n.* a comprehensive work containing information on any or all branches of knowledge, যে-কোন এক বা সকল বিষয়ে জ্ঞাতব্য তথ্যপূর্ণ গ্রন্থ, জ্ঞানকোষ, বিদ্যাকোষ। *a.* **encyclŏp(a)e°dic(al)**—জ্ঞানকোষসম্বন্ধীয় ; সর্বব্যাপী ; অতি বিস্তৃত তথ্যপূর্ণ। *n.* **encyclŏp(a)e°dist**—জ্ঞানকোষ-প্রস্তুতকারী। [false Gk. *enkyklopaideia*<*enkyklios paideia*=general education]

end [end, এন্ড্‌] (1) *n.* the last point or portion, প্রান্ত, আগা, ডগা (a cigarette *end*) ; limit, সীমা ; termination or close, শেষ, অবসান, সমাপ্তি ; death, মৃত্যু (an untimely *end*) ; destruction, ধ্বংস ; consequence, পরিণাম ; aim, লক্ষ্য (with this *end* in view) ; odd piece, টুকরা ; a waxed thread, চর্বি-মাখান সুতা (shoemaker's *end*) ; part of a playing-field allotted to one of the two contesting teams, খেলার মাঠের প্রতিযোগি-দলদ্বয়ের যে-কোনটির এলাকা ; a region, অঞ্চল। (2) *v.t.i.* to terminate, শেষ করা বা হওয়া। *p. & p. pt.* **endėd** । **a dead end**—রেল ট্রাম প্রভৃতির শাখা লাইনের প্রান্তসীমা ; (আল.) যে অবস্থা হইতে আর অগ্রগতি বা উন্নতি অসম্ভব। **at a loose end**—কিছু করিবার নাই এমনভাবে, কর্মহীনভাবে। **at an end, at the end**—শেষ ; সমাপ্ত ; নিঃশেষিত। **at loose ends**—বিশৃঙ্খলাপূর্ণ। **at the wrong end**—বেঠিকভাবে বা বেঠিক জায়গা হইতে ; গোড়ায় গলদ করিয়া। **(to) get** or **have hold of the wrong end of the stick**—(কোন বিষয়ে) মূলগত ভুল ধারণা করা, মূলে ভুল করা, উলটা করিয়া দেখা। **end on**—মুখে-মুখে বা পিঠে-পিঠে, প্রান্তে-প্রান্তে (the two cars collided *end on*)। **end to end**—পাশে পাশে ঠেকাইয়া। **in the end**—অবশেষে ; উপসংহারে। **no end of**—অশেষ ; অসংখ্য ; অপরিসীম। **on end**—একটানা ; বরাবর (for months *on end*)। **to the bitter end**—যাহা কিছু সম্ভব তাহা যতক্ষণ পর্যন্ত না করা হয়। **without end**—অন্তহীনভাবে ; নিরবচ্ছিন্নভাবে। **(to) end in**—(কিছুতে) পরিণত বা পর্যবসিত হওয়া (to *end in* a fiasco)। **(to) end off**—সমাপ্ত করা। **(to) be at an end**—শেষ হওয়া, অবসান হওয়া। **(to) be the end of**—মৃত্যুর কারণ হওয়া, মৃত্যু ঘটান। **(to) bring to an end**—শেষ করা। **(to) come to an end**—শেষ হওয়া। **(to) draw to an end**—শেষ হইয়া আসা। **(to) go in** or **off the deep end**—তীব্র মনোভাব বা অনুভূতি কিছুমাত্র সংযত করার চেষ্টা না করিয়া প্রকাশ করা। **(to) keep one's end up**—(প্রতিকূল অবস্থার মধ্যেও কোনরকমে) নিজের ভূমিকা অভিনয় করিয়া চলা ; (ক্রিকেটে ব্যাট্‌স্‌ম্যান্ কর্তৃক) রান না করিয়া কোন রকমে নিজের উইকেটটি বাঁচাইয়া রাখা। **(to) make an end of, (to) put an end to**—শেষ করা ; রেহাই পাওয়া। **(to) make both ends meet**—নিজের আয়ের মধ্যেই কোনরূপে জীবনযাত্রা নির্বাহ করা। *n.* **end°-all**—যাহা সব-কিছুর অবসান ঘটায়। *n.* **end°-game**—দাবা তাস প্রভৃতি খেলার চূড়ান্ত বা অন্তিম পর্যায়। *n.* **en°ding**—উপসংহার। *a.* **end°lėss**—অশেষ, অনন্ত ; অসীম ; অবিরাম ; একটানা। *adv.* **end°lessly** । *a.* **end°mōst**—দূরতম। *n.* **end°-pāpers**—পুস্তনি। *n.* **end°-product**—উৎপাদনের চূড়ান্ত পর্যায়ের শেষে বা অন্তে প্রাপ্ত উৎপন্ন দ্রব্য। *adv.* **end°wayṡ, end°wīse**—প্রান্তসমূহ দর্শকগণের অভিমুখ করিয়া ; এক প্রান্ত হইতে অন্য প্রান্তে বা অন্য প্রান্ত পর্যন্ত। [OE. *ende*—cp. G. & Dan. *ende*, Sans. *anta*]

endanger [in-dān°-ja(r), ইন্‌ডেইন্‌°জ্যা(র্)] *v.t.* to expose to danger, বিপদ্‌গ্রস্ত করা, বিপন্ন করা। [*en-, danger*]

endear [in-dē(r)°, ইন্‌ডিয়্যা(র্)°] *v.t.* to make (more) dear, প্রিয় (বা প্রিয়তর) করা। *adv.* **ėndear°ingly**—আদরের সহিত, সোহাগভরে। *n.* **ėndear°ment**—প্রিয় বা প্রিয়তর করা ; আদর সোহাগ। [*en-, dear*]

endeavour [in-de°-va(r), ইন্‌ডে°ভ্যা(র্)] (1) *v.i.t.* to strive, (যথাসাধ্য বা প্রবলভাবে) চেষ্টা করা ; (2)

n. an attempt, প্রচেষ্টা (to make an *endeavour to* do or *at* doing) । [*en-*, F. *devoir*=duty]

endemic [en-de°-mik, এন্‌ডে°মিক্], **endə°mical**—*a.* prevalent in a people or a district, জাতিগত, দেশগত, স্থানীয় । *n.* **ende°mic**—যে রোগে অঞ্চলবিশেষ প্রায়ই অধ্যুষিত হয়, আঞ্চলিক রোগ । *adv.* **ende°mically** । [Gk. *endemios*]

ending, endless, endmost—see **end.**

endogamy [endō°-gamy, এন্‌ডৌ°গ্যামি] *n.* marrying within the tribe or group, বংশ কুল বা গোষ্ঠীর মধ্যে বিবাহ, (তু.) সগোত্রবিবাহ । *a.* **endō°gamous** । [Gk. *endō-*, *gamos*= marriage]

endorse [in-daw(r)s°, ইন্‌ড্য(র্‌)স্°] *v.t.* to write (esp. one's signature) or assign by writing on the back of, উলটা পিঠে লেখা (বিশেষতঃ সই করা) অথবা উলটা পিঠে লিখিয়া নির্দিষ্ট করা বা স্বত্ব-প্রদান করা, (পরি.) পৃষ্ঠাঙ্কিত করা; to approve or support, অনুমোদন বা সমর্থন করা । *p.* & *p. pt.* **ėn°dorsed** । *n.* **endorsee°**—পৃষ্ঠাঙ্কনপূর্বক যাহাকে স্বত্বপ্রদান করা হয় । *n.* **ėndorse°ment** । *n.* **endor°ser** । [ME. *endosse*<F. *endosser* —cp. L. *dorsum*=the back]

endow [in-dow°, ইন্‌ডাউ°] *v.t.* to bequeath a provision on, বাঁধা বৃত্তি বা ভাতা প্রদান করা; to enrich with any gift or faculty, কোন দান বা গুণাদির দ্বারা সমৃদ্ধ করা । *n.* **ėndow°ment**—বৃত্তিদান; যে গুণ প্রদানপূর্বক সমৃদ্ধ করা হইয়াছে; জন্মগত (শারীরিক বা মানসিক) গুণ (natural *endowments*) । **endowment insurance**—যে জীবনবিমা করিলে নির্দিষ্ট সময়ে নির্দিষ্ট পরিমাণ অর্থ দেওয়া হয় । [F. *endouer*—cp. *dowry*]

endue [in-dū°, ইনডিউ°] *v.t.* to put on, পরিধান করা; to clothe, পরান; to invest, সমন্বিত করান; to supply, জোগান । [OF. *enduire*]

endure [in-dū(r)°, ইন্‌ডিউয়্যা(র্‌)°] (1) *v.t.* to bear firmly, দৃঢ়ভাবে সহ্য করা । (2) *v.i.* to last, স্থায়ী হওয়া, টেকা । *a.* **ėndūr°able**—সহনসাধ্য; টেকসই । *n.* **ėndūr°ance**—সহন; সহিষ্ণুতা, ধৈর্য; টেকসই হওয়া, দীর্ঘস্থায়িত্ব; দীর্ঘকালব্যাপী অনুষ্ঠান । **endurance test**—সহ্যশক্তির পরীক্ষা । **beyond** or **past endurance**—আর সওয়া যায় না এমন, সহনাতীত । *n.* **ėndūr°er** । *a.* **ėndūr°ing**—স্থায়ী, টেকসই । [OF. *endurer*]

endways, endwise—see **end.**

enema [e°-nima, এ°নিম্যা] *n.* a liquid forced into the rectum, মলদ্বারের ভিতর দিয়া যে তরল ঔষধাদি প্রয়োগ করা হয়; an instrument for applying this, উক্ত ঔষধ প্রয়োগের যন্ত্র । [Gk.]

enemy [e°-ni-mi, এ°নিমি] (1) *n.* a hostile person, বিদ্বিষ্ট ব্যক্তি; a foe, শত্রু; a hostile force, শত্রুসেনা, প্রতিপক্ষ । (2) *a.* hostile, শত্রু-ভাবাপন্ন, বিরোধী, শত্রুপক্ষীয় । **how goes the enemy**—(অশি.) এখন সময় কত বা ক'টা বাজে । **the last enemy**—মৃত্যু । **the old enemy**—শয়তান (তু. মার) । *n.* see **enmity** । [OE. *enemi*]

energy [e°-na(r)-ji, এ°ন্যা(র্‌)জি] *n.* the power of doing work, কর্মশক্তি; vigorous activity, প্রবল সক্রিয়তা, কর্মচাঞ্চল্য; vigour, তেজ । *a.* **energe°tic**—কর্মশক্তিপূর্ণ; প্রবলভাবে সক্রিয়; কর্ম-চঞ্চল; তেজোময় । *adv.* **energe°tically** । *n. pl.* **energe°tics**—কর্মশক্তিসম্বন্ধীয় বিজ্ঞান । **e°nergize**—(1) *v.t.* কর্মশক্তি প্রদান করা; প্রবলভাবে সক্রিয় করা; তেজোময় করা; (2) *v.i.* প্রবলভাবে সক্রিয় হওয়া । [Gk. *energia*]

enervate [e°na(r)-vāt, এ°ন্যা(র্‌)ভেইট্] *v.t.* to deprive of nerve or strength or courage, স্নায়ুহীন বা শক্তিহীন বা সাহসহীন করা, দুর্বল করা । *p.* & *p. pt.* **e°nervātėd** । *a.* **e°nervāting**—দুর্বল করে এমন (*enervating* climate) । *n.* **enervā°tion** । [L. *enervare*]

en famille [ŭn fa-mēl°, আঁ ফ্যামীল্°] *adv.* at home, স্বগৃহে; amongst one's family, স্বীয় পরিজনদ্বারা পরিবৃত হইয়া । [F.]

enfant gâté [ŭn°-fun gŭ°tā] আঁ°ফাঁ গা°টেই] *n.* person given undue flattery or indulgence, যে ব্যক্তিকে অসঙ্গত খোসামোদ করা হয় বা অতিরিক্ত প্রশ্রয় দেওয়া হয় । [F.=spoilt child]

enfant terrible [ŭn°-fun te-rēbl°, আঁ°ফাঁ টেরীব্‌ল্°] *n.* a precocious child who asks awkward questions and repeats the answers heard putting thereby his or her elders to blush, যে ফাজিল শিশু বিভ্রান্তিকর প্রশ্ন-সমূহ জিজ্ঞাসা করে এবং তদুত্তরে যাহা শোনে তাহাই পরে স্থানে-অস্থানে বলিয়া গুরুজনদের অপ্রতিভ করে । [F.]

enfeeble [in-fēb°l, ইন্‌ফীব্°ল্] *v.t.* to make feeble, ক্ষীণ করা, দুর্বল করা । *n.* **ėnfeeb°lement** । [*en-*, *feeble*]

enfeoff [in-fef°, ইন্‌ফেফ্°] *v.t.* to give a fief to, জায়গির দেওয়া; (fig.) to hand over, (আল.) হস্তান্তর করিয়া দেওয়া । *n.* **ėnfeoff°ment** । [*en-*, *feoff*]

en fete [ŭn fāt, আঁ ফেইৎ] *adv.* engaged in or attired for holiday-making, ছুটির দিন উদ্‌যাপনে রত হইয়া বা তজ্জন্য সজ্জিত হইয়া । [F.]

enfetter [en-fe°-ta(r), এন্‌ফে°ট্যা(র্‌)] *v.t.* to bind in fetters, শৃঙ্খলিত বা শৃঙ্খলাবদ্ধ করা; to enslave, ক্রীতদাস বা গোলাম করা । [*en-*, *fetter*]

enfilade [en-fi-lād°, এন্‌ফিলেইড্°] (1) *n.* a number of things arranged as if threaded on a string, মাল্যাকারে বিন্যস্ত বস্তুসমূহ; a fire that rakes a file from end to end, (সৈন্য-) সারির উপরে এক প্রান্ত হইতে অপর প্রান্ত পর্যন্ত গোলাগুলি বর্ষণ । (2) *v.t.* to subject to enfilade, (সৈন্য-) সারির উপরে আগাগোড়া গোলাগুলি বর্ষণ করা । *p.* & *p. pt.* **enfilā°dėd** । [F. *enfiler*—cp. *file*$_1$]

enfold [in-fōld°, ইন্‌ফৌল্‌ড্‌°] *v.t.* to wrap up, মুড়িয়া বা জড়াইয়া ফেলা ; to embrace, আলিঙ্গনাবদ্ধ করা। *p.* & *p. pt.* **ėnfōl°dėd** । [*en-, fold*]

enforce [in-faw(r)s°, ইন্‌ফ(র্‌)স্‌°] *v.t.* to impose by force, বলপ্রয়োগদ্বারা চাপাইয়া দেওয়া বা দাবি করা ; to urge, প্রেরণা বা প্ররোচনা দেওয়া ; to press home, উপলব্ধি করান ; to compel, বাধ্য করান ; to give force or strength to, to strengthen, জোরদার করা (facts to *enforce* one's argument) । *p.* & *p. pt.* **ėnfor°ced** । *adv.* **enfor°cėdly**—বলপ্রয়োগদ্বারা ; বাধ্যতামূলকভাবে। *n.* **enforce°ment** । **enforcement branch**—(পরি.) নির্বহণ-শাখা। [*en-, force*]

enframe [in-frām°, ইন্‌ফ্রেইম্‌°] *v.t.* to put in a frame, ফ্রেমের মধ্যে স্থাপন করা। [*en-, frame*]

enfranchise [in-fran°-shīz, ইন্‌ফ্র্যান্‌°শাইজ্‌] *v.t.* to set free, মুক্ত করা, স্বাধীনতা দেওয়া ; to give the right to vote or political privileges, ভোটাধিকার বা রাজনৈতিক সুবিধাদি দেওয়া। *n.* **ėnfran°chisement** । [*en-, franchise*]

engage [in-gāj°, ইন্‌গেইজ্‌°] (**1**) *v.t.* to bind by a pledge or contract, প্রতিজ্ঞাবদ্ধ বা চুক্তিবদ্ধ করান ; to betroth, বিবাহের বাগ্‌দান করা ; to secure for service, কর্মে নিযুক্ত করার জন্য পূর্বাহ্নে ঠিক করিয়া রাখা ; to employ, নিযুক্ত করা, রত করান ; to gain over or charm, আকর্ষণ করা, মুগ্ধ করা (to *engage* one's attention) ; to enter into contest, প্রতিযোগিতায় বা দ্বন্দ্বে অবতীর্ণ হওয়া, যুদ্ধে রত হওয়া ; (archi.) to fasten, (স্থাপ.) বন্ধন করা ; to join, যুক্ত করা ; to entangle, বিজড়িত করা। (**2**) *v.i.* to pledge one's word, প্রতিশ্রুত হওয়া ; to become bound, আবদ্ধ হওয়া ; to take part, (প্রতিযোগিতাদিতে) অংশগ্রহণ করা ; যোগদান করা ; to busy oneself, নিযুক্ত বা রত হওয়া। *a.* **ėngā°ged**—engage-এর সকল অর্থে, এবং—অতি কৌতূহলী। *n.* **ėngāge°ment**—engage-এর সকল অর্থে, এবং—শপথ ; কর্ম ; যুদ্ধ, লড়াই ; পূর্বাহ্নে স্থিরীকৃত সাক্ষাতাদির ব্যবস্থা। **engagement ring**—বাগ্‌দানের নিদর্শনস্বরূপ আংটি। *a.* **ėngā°ging**—আকর্ষক ; চিত্তাকর্ষক ; মনোরম (*engaging* manner or smile) । [F. *engager*]

engender [in-zen°-da(r), ইন্‌জেন্‌°ডা্যা(র্‌)] *v.t.* to beget or produce, প্রসব করা, জন্ম দেওয়া, উৎপাদন করা। [F. *engendrer*]

engine [en°-zin, এন্‌°জিন্‌] (**1**) *n.* a mechanical contrivance to drive machines, cars, etc. by means of power, বাষ্পাদির শক্তিদ্বারা গাড়ি মেশিন প্রভৃতি চালাইবার যন্ত্রবিশেষ, এনজিন ; a locomotive, বাষ্পদ্বারা বা বিদ্যুৎদ্বারা চালিত বৃহৎ গাড়িবিশেষ ; রেলগাড়ি ; a military machine, যুদ্ধে ব্যবহৃত যে কোন যন্ত্র ; a machine, যন্ত্র, কল ; a device, কৌশল ; a means, উপায়। (**2**) *v.i.* to equip with an engine, এনজিন-যুক্ত করা। **engineer°**—(**1**) *n.* যন্ত্রশিল্পী ; বাস্তুশিল্পী ; (**2**) *v.i.* যন্ত্রশিল্পিরূপে বা বাস্তুশিল্পিরূপে কাজ করা ; (**3**) *v.t.* উদ্ভাবন করা ; ব্যবস্থা করা ; পরিচালনা করা। *n.* **engineer°ing**—যন্ত্রবিজ্ঞান ; পূর্তবিদ্যা। *n.* **engineer°ship** । [OF. *engin*]

engird [in-ga(r)d°, ইন্‌গ্যা(র্‌)ড্‌°] *v.t.* to gird round, কটিবন্ধবৎ পরিবেষ্টন করা। *p.* & *p. pt.* **ėngirt°** । *v.t.* **engird°le**—same as **engird** । [*en-, gird*]

Englander [ing°land-da(r), ইং°ল্যান্‌ড্যা(র্‌)] *n.* an Englishman, ইংরেজ। **New Englander**—নিউ ইংল্যানডের অর্থাৎ আমেরিকার পূর্বোত্তর দিকের ছয়টি রাষ্ট্রের লোক। [AS. *Angel, land*]

English [ing°-lish, ইং°লিশ্‌] (**1**) *a.* of England or its inhabitants or language, ইংল্যানডের, ইংরেজের, ইংরেজি ভাষার। (**2**) *n.* the language of England, ইংরেজি ; (as *pl.*) the inhabitants of England, ইংরেজ-জাতি। **in plain English**—সহজ সরল ভাষায়। **Middle English**—১৬শ শতাব্দী পর্যন্ত ইংরেজি ভাষার রূপ। **Old English**—১২শ শতাব্দী পর্যন্ত ইংরেজি ভাষার রূপ। **the King's** or **Queen's English**—শুদ্ধ ইংরেজি। *n.* **Eng°lishman**—ইংরেজ-পুরুষ। *fem.* **Eng°lishwoman** । [OE. *Englisc* < *Engle* = Angles]

engorge [in-gaw(r)j°, ইন্‌গ(র্‌)জ্‌°] *v.t.* to glut, পেট ঠাসিয়া খাওয়া। *a.* **ėngor°ged**—(চিকি.) রক্তাদির আধিক্যপূর্ণ। *n.* **ėngorge°ment**—পেট ঠাসিয়া আহার ; (চিকি.) রক্তাদির আধিক্য। [*en-, gorge*]

engraft [in-grŭft°, ইন্‌গ্রাফ্‌ট্‌°] *v.t.* to graft, কলম করা ; to insert, অভ্যন্তরে স্থাপন করা (to *engraft* the scion or shoot of a plant *into* or *upon* another) ; to implant firmly, দৃঢ়ভাবে রোপণ করা, বদ্ধমূল করা (to *engraft* an idea *in* the mind) ; to incorporate, অন্তর্ভুক্ত করা। *p.* & *p. pt.* **ėngraf°tėd** । [*en-, graft*]

engrain [in-grān°, ইন্‌গ্রেইন্‌°] *v.t.* to dye deeply or lastingly, গাঢ়ভাবে বা দীর্ঘস্থায়িরূপে রঞ্জিত করা ; to infix deeply, গভীরভাবে প্রোথিত করা, বদ্ধমূল করা। *a.* **ėngrai°ned**—প্রগাঢ়ভাবে বা দীর্ঘস্থায়িরূপে রঞ্জিত ; বদ্ধমূল ; অল্প বয়স হইতেই অভ্যস্ত (*engrained* laziness) । [ori. to dye with *grain*—see *grain*]

engrave [in-grāv°, ইন্‌গ্রেইভ্‌°] *v.t.* to carve or inscribe, খোদাই করা, মিনা করা ; (fig.) to impress deeply, (আল.) গভীরভাবে ছাপ দেওয়া (to *engrave* upon one's mind) । *n.* **ėngrā°ver**—যে ব্যক্তি নকশাদি খোদাই করে। *n.* **ėngrā°ving**—খোদাইয়ের কাজ, খোদন। [*en-, grave*]

engross [in-grōs°, ইন্‌গ্রৌস্‌°] *v.t.* to buy up wholesale or completely, পাইকারিভাবে বা সম্পূর্ণ কিনিয়া ফেলা ; to monopolize, একচেটিয়া করা ; to take wholly to oneself, সম্পূর্ণ আত্মসাৎ করা ; to absorb completely, সম্পূর্ণ

আচ্ছন্ন করা। *p.* & *p. pt.* **ėngrō°ssed** । *n.* **ėngrō°sser**—engross-এর সকল অর্থে, এবং—বাণিজ্যে একচেটিয়া অধিকারলাভার্থ যে ব্যক্তি বাজারের সমস্ত মাল কিনিয়া লয়। *n.* **ėngrō°ssing**—বাণিজ্যে একচেটিয়া অধিকারলাভার্থ বাজারের সমস্ত মাল ক্রয়। *n.* **ėngrōss°ment** । [*en-, gross*]

engulf [in-gulf°, ইন্‌গাল্‌ফ্°] *v.t.* to swallow up wholly, as in a gulf, উপসাগরের ন্যায় সম্পূর্ণ গ্রাস করা; to cause to be swallowed in a gulf, উপসাগরে নিমজ্জিত করান; to absorb or take in completely, সম্পূর্ণরূপে আচ্ছন্ন বা অন্তর্ভুক্ত করা। *p.* & *p. pt.* **ėngul°fed** । *n.* **ėngulf°ment** । [*en-, gulf*]

enhance [in-hŭns°, ইন্‌হান্‌স্°] *v.t.* to heighten, উচ্চ বা উচ্চতর করা, উন্নত করা; to increase, বৃদ্ধি করা, বাড়ান; to intensify, প্রবল বা প্রবলতর করা। *p.* & *p. pt.* **ėnhan°ced** । *n.* **ėnhance°ment** । [AF. *enhauncer*]

enigma [i-nig°-ma, ইনিগ্‌°ম্যা] *n.* a riddle, ধাঁধা, হেঁয়ালি, প্রহেলিকা; a puzzling person or thing, বিভ্রান্তিকর ব্যক্তি বা বস্তু। *a.* **enigma°tic(al)**—হেঁয়ালিমূলক; হেঁয়ালিতুল্য; হেঁয়ালিপূর্ণ; বিভ্রান্তিকর। *adv.* **enigma°tically** । *v.t.* **enig°matize**—হেঁয়ালিপূর্ণভাবে প্রকাশ করা। [L. *aenigma* < Gk. *ainigma*]

enjoin [in-joyn°, ইন্‌জয়্‌ন্°] *v.t.* to command or direct, আদেশ করা বা নির্দেশ দেওয়া; (Am.) to forbid, (আমে.) নিষেধ করা। [E. *enjoindre*]

enjoy [in-joy°, ইন্‌জয়্°] *v.t.* to take delight in, (কিছুতে) আনন্দ পাওয়া, উপভোগ করা; to have possession of, ভোগ করা (to *enjoy* a right)। **(to) enjoy oneself**—(পেশা পরিবেশ প্রভৃতিতে) আনন্দ অনুভব করা বা তৃপ্তি পাওয়া। *a.* **ėnjoy°able**—উপভোগ্য; মনোরম। *adv.* **ėnjoy°ably** । *n.* **ėnjoy°ment**—আনন্দ; সুখ; উপভোগ; ভোগ; (in *pl.*) আমোদপ্রমোদ। [*en-, joy*]

enkindle [in-kind°l, ইন্‌কিন্‌ড্‌°ল্] *v.t.* to inflame, প্রজ্বালিত করা; to rouse or incite, জাগরিত বা উত্তেজিত করা। [*en-, kindle*]

enlace [in-lās°, ইন্‌লেইস্°] *v.t.* to encircle, পরিবেষ্টন করা; to embrace, আলিঙ্গন করা; to lace, লেস্ পরান। *p.* & *p. pt.* **ėnlā°ced** । *n.* **enlāce°ment** । [*en-, lace*]

enlarge [in-lŭ(r)j°, ইন্‌লা(র্)জ্°] **(1)** *v.t.i.* to widen or expand, (অধিকতর) বিস্তৃত বা প্রসারিত করা অথবা হওয়া; to increase, বৃদ্ধি করা বা বৃদ্ধি পাওয়া; to amplify, (রচনাদি) বিশদ বা সম্প্রসারিত করা; to make or grow more liberal, অধিকতর উদার করা বা হওয়া; to liberate or set free, মুক্ত করা। **(2)** *v.t.* to reproduce (photographs) on a larger scale, (ফটোর) বৃহদাকারে প্রতিলিপি গ্রহণ করা, এনলার্জ করা। **(to) enlarge on** or **upon**—আরও বিস্তারিত করিয়া লেখা বা বলা। *n.* **ėnlar°ger**—ফটো এনলার্জ করার যন্ত্র। *n.* **ėnlarge°ment**—enlarge-এর সকল অর্থে, এবং—(অবাধ) স্বাধীনতা দান; মুক্তি। [*en-, large*]

enlighten [in-lī°tn, ইন্‌লাই°ট্‌ন্] *v.t.* to lighten, আলোকিত করা, জ্বালান; to shed light on, আলোকপাত করা; to instruct or inform, জ্ঞানদান করা, (সংবাদ) জানান; to elevate by knowledge or religion, জ্ঞানদ্বারা বা ধর্মশিক্ষাদ্বারা উন্নতিসাধন করা; to free from prejudice and superstition, পক্ষপাত ও কুসংস্কার হইতে মুক্ত করা। *a.* **ėnlīgh°tened**—জ্ঞানালোকপ্রাপ্ত এবং কুসংস্কারাদি হইতে মুক্ত, প্রবুদ্ধ। *n.* **ėnlīgh°tenment**—আলোকসম্পাত; আলোকপ্রাপ্ত অবস্থা (age of *enlightenment*)। [OE. *inlihtan*—cp. *light*]

enlist [in-list°, ইন্‌লিস্‌ট্°] *v.t.i.* to engage or be engaged as a soldier, সৈন্যের কাজে ভরতি করা বা হওয়া; to employ or be employed in advancing an object, কোন উদ্দেশ্যসাধনার্থ নিযুক্ত করা বা হওয়া; to get the support of, সমর্থনাদি লাভ করা (to *enlist* a person's sympathy)। *p.* & *p. pt.* **ėnlis°tėd** । *n.* **enlist°ment** । [*en-, list*]

enliven [in-lī°vn, ইন্‌লাই°ভ্‌ন্] *v.t.* to animate, প্রাণ বা চেতনা সঞ্চার করা; to excite or make active, উদ্দীপ্ত বা সক্রিয় করা; to make sprightly, প্রাণচঞ্চল করা; to brighten, উজ্জ্বল করা। [*en-*, see *life*]

en masse [ŭng-mas°, আংম্যাস্°] *adv.* in a mass, দলবদ্ধভাবে। [F.]

enmesh [in-mesh°, ইন্‌মেশ্°] *v.t.* to ensnare, জালে আটকান; to entangle, বিজড়িত করা। *p.* & *p. pt.* **ėnme°shed** । [*en-, mesh*]

enmity [en°-mi-ti, এন্°মিটি] *n.* hatred, ঘৃণা, বিরাগ; hostility, শত্রুতা। [OF. *enemistie*—cp. *enemy*]

ennoble [i-nōb°l, ইনৌ°ব্‌ল্] *v.t.* to make noble, মহান্ করা; to raise to nobility, অভিজাত শ্রেণীতে উন্নীত করা। *n.* **ėnnōb°lement** । [*en-, noble*]

ennui [ŭn-nwē°, আঁন্‌ন্যুঈ°, o°-nwē; অ°ন্যুঈ] *n.* mental weariness, মানসিক ক্লান্তি; languor, অবসাদ। [F.=distress]

enormity=see **enormous.**

enormous [i-naw(r)°-mas, ইন্য(র্)°ম্যাস্] *a.* immense, প্রচুর; huge, প্রকাণ্ড; অস্বাভাবিক; atrocious, সাঙ্ঘাতিক। *n.* **ėnor°mity**—মস্ত অপরাধ; নিদারুণ দুষ্কার্য; অবিচার, অন্যায়; বিশালতা, বিরাটত্ব, গুরুত্ব (the *enormity* of a problem)। *adv.* **ėnor°mously** । *n.* **ėnor°mousnėss** । [L. *enormis*]

enosis [e°-nō-sis, এ°নৌসিস্, e-nō°-sis, এনৌ°সিস্] *n.* political union of Greece and Cyprus, গ্রীস ও সাইপ্রাসের রাজনৈতিক সংযুক্তি। [Gk. *henōsis* < *heis, henos*=one]

enough [i-nuf°, ইনাফ্°] (arch.) **enow** [i-now°,

ইনাউ°] (**1**) *a.* sufficient, পর্যাপ্ত, যথেষ্ট (*enough* food for everybody or food *enough*) । (**2**) *adv.* sufficiently, পর্যাপ্ত বা যথেষ্ট পরিমাণে (it is boiled *enough* ; it is good *enough* for me) । (**3**) *n.* sufficience, পর্যাপ্ততা, যথেষ্ট পরিমাণ (to have *enough* of everything) । (**4**) *int.* it's too much—now stop, ঢের হয়েছে—থাম (also *enough* of it) । [OE. *genoh*—cp. Du. *genoeg*, G. *genug*]

en passant [ŭn-pa°-sŭng, আঁপ্যা°সাং] *adv.* by the way, প্রসঙ্গক্রমে । [F.]

enquire—alt. spell. of **inquire.**

enrage [in-rāj°, ইন্‌রেইজ্‌°] *v.t.* to make angry, ক্রুদ্ধ করান । *a.* **ėnrā°ged**—ক্রুদ্ধ ; প্রচণ্ড (*enraged at* or *by* a person's dishonest conduct) । [*ed-*, *rage*]

enrapture [in-rap°-cha(r), ইন্‌র‍্যাপ্‌°চ্যা(র্)] *v.t.* to delight intensely, পরমানন্দিত করান । [*en-*, *rapture*]

enrich [in-rich°, ইন্‌রিচ্‌°] *v.t.* to make rich, ধনবান করা, সমৃদ্ধ করা ; to fertilize, উর্বর করা (to *enrich* the soil *with* manure) ; to enhance, বাড়ান, বৃদ্ধি করা ; to improve, উন্নতিসাধন করা (to *enrich* one's taste) । *p.* & *p. pt.* **ėnri°ched** । *n.* **ėnrich°ment** । [*en-*, *rich*]

enrobe [in-rōb°, ইন্‌রৌব্‌°] *v.t.* to clothe, পোশাক পরান । [*en-*, *robe*]

enrol(l) [in-rōl°, ইন্‌রৌল্‌°] *v.t.* to enter one's name in a list, (সৈনিক ছাত্র বা সভ্যদের) তালিকায় নাম লিখিয়া লওয়া ; to recruit or admit, সংগ্রহ করা বা ভরতি করা (to *enrol* new students) ; to record, নথিভুক্ত করা, নিবন্ধিত করা । *pr. pt.* **ėnrō°lling** । *p.* & *p. pt.* **ėnrō°lled** । *n.* **ėnrōl°ment**—enrol-এর সকল অর্থে, এবং—তালিকা । [*en-*, *roll*]

en route [ŭn rōōt°, আঁ রুট্‌°] *adv.* on the way, যাইবার পথে, পথিমধ্যে । [F.]

ensanguined [in-sang°-gwind, ইন্‌স্যাং°গুইন্‌ড্‌] *a.* blood-stained, রক্তরঞ্জিত, শোণিতলিপ্ত । [*en-*, see *sanguine*]

ensate [en°-sāt, এন্‌°সেইট্‌] *a.* sword-shaped, তরবারির আকারবিশিষ্ট । [L. *ēnsis*=sword]

ensconce [in-skons°, ঈন্‌স্কন্‌স্‌°] *v.t.* to hide safely, নিরাপদে লুকাইয়া রাখা ; to establish comfortably, আরামের মধ্যে প্রতিষ্ঠিত করা । *p.* & *p. pt.* **ėnscon°ced** । [*en-*, *sconce₁*]

ensemble [ŭn-sŭm°bl, আঁসাঁ°ব্‌ল্‌] *n.* all parts of a thing viewed as a whole, সমগ্রদৃষ্টিতে কোন বস্তুর বিভিন্ন অংশ ; general effect, মোট ফল ; passage of music in which all the performers unite, ঐকতান-সঙ্গীত ; a group of musicians playing together regularly, যে বাদকদল নিয়মিতভাবে একত্র বাজায় ; a woman's costume consisting of different garments, পৃথক্ পৃথক্ অংশে ভাগ-করা কিন্তু সমকালে পরিধেয় স্ত্রীলোকের পোশাক । [F.]

enshrine [in-shrīn°, ইন্‌শ্রাইন্‌°] *v.t.* to place in a shrine, মন্দিরের মধ্যে স্থাপন করা । [*en-*, *shrine*]

enshroud [in-shrowd°, ইন্‌শ্রাউড্‌°] *v.t.* to cover with a shroud, শবাচ্ছাদন-বস্ত্রদ্বারা আবৃত করা ; to cover up, ঢাকিয়া ফেলা । *p.* & *p. pt.* **ėnshrou°dėd** । [*en-*, *shroud*]

ensiform [en°-si-faw(r)m, এন্‌°সিফা(র্)ম্‌] *a.* sword-shaped, তরবারির ন্যায় আকারবিশিষ্ট । [L. *ensis*=sword, see *form*]

ensign [en°-sīn, এন্‌°সাইন্‌] *n.* a badge, প্রতীক-চিহ্ন ; a national or regimental flag, জাতীয় বা সামরিক পতাকা ; a standard-bearer, পতাকাবাহক (প্রধানতঃ সৈনিক) ; (formerly) lowest commissioned officer in the British infantry, (পূর্বে) ব্রিটিশ পদাতিক বাহিনীতে সর্বনিম্নপদস্থ সেনাপতিবিশেষ ; (Am.) the lowest commissioned officer in the navy, (আমে.) নৌবাহিনীর সর্বনিম্নপদস্থ সেনাপতি । [OF. *enseigne* <L. *insignia*]

ensilage [en°-si-lij, এন্‌°সিলিজ্‌] *n.* the storing of green fodder in pits, গবাদি পশুর আহার্য কাঁচা ঘাস প্রভৃতি গর্তমধ্যে সংরক্ষণ । [F.]

enslave [in-slāv°, ইন্‌স্লেইভ্‌°] *v.t.* to turn into a slave, ক্রীতদাসে পরিণত করা । [*en-*, *slave*]

ensnare [in-snā(r)°, ইন্‌স্নেয়্যা(র্)°] *v.t.* to entrap, জালে ফেলা, ফাঁদে আটকান । [*en-*, *snare*]

ensphere [in-sfē(r)°, ইন্‌স্‌ফিয়্যা(র্)°] *v.t.* to enclose or place in a sphere, বর্তুলাকার স্থানে বা আধারে ঘিরিয়া রাখা বা স্থাপন করা ; to give a spherical form to, (কোন কিছুকে) গোলকের ন্যায় আকার দান করা । [*en*, *sphere*]

ensue [in-sū°, ইন্‌সিউ°] *v.t.i.* to follow, অনুসরণ করা ; to result (from), উদ্ভূত হওয়া । *a.* **ėnsū°ing**—আসন্ন । [OF. *ensuir*]

ensure [in-shooa(r)°, ইন্‌শুয়্যা(র্)°] *v.t.* to make sure or safe, নিশ্চিত বা নিরাপদ্ করা । also see **insure** । [*en-*, *sure*]

entablature [en-tab°-la-cha(r), এন্‌ট্যাব্‌°ল্যাচ্যা(র্)] *n.* (archi.) the part of a column resting upon the capital, (স্থাপ.) স্তম্ভশীর্ষোপরি ঢাকনার ন্যায় অংশবিশেষ । [It. *intavolatura*]

entail [in-tāl°, ইন্‌টেইল্‌°] (**1**) *v.t.* to settle on a series of heirs so that the immediate possessor may not dispose of the estate, এমনভাবে ভূ-সম্পত্তির ব্যবস্থা করিয়া যাওয়া যে অব্যবহিত উত্তরাধিকারী যেন উহা বেচিতে না পারে ; to bring on as an inevitable consequence, অপরিহার্য ফলরূপে ঘটান, কিছুর সঙ্গে অচ্ছেদ্যভাবে থাকা (this plan will *entail* a lot of expense *on* the organizers) । (**2**) *n.* the settlement of an entailed estate, উক্তরূপ ভূ-সম্পত্তির উত্তরাধিকার দান ; an estate entailed, উক্তরূপ উত্তরাধিকার-ব্যবস্থাযুক্ত সম্পত্তি। *n.* **ėntai°ler** । *n.* **ėntail°ment** । [*en-*, *tail*$_1$]

entangle [in-tangg°l, ইন্‌ট্যাংগ্‌°ল্] *v.t.* to twist into a tangle, জট পাকান ; to complicate, জটিল করা ; to involve in difficulties, ঝামেলায় জড়ান ; to ensnare, জালে বা ফাঁদে আটকান। *n.* **ėntang°lement**—ঝামেলায় বা জটিলতায় বিজড়িত অবস্থা ; শত্রুর অগ্রগতি রোধের নিমিত্ত কাঁটাতারের বেড়া। [*en-*, *tangle*]

entellus [en-te°-las, এন্‌টে°ল্যাস্] *n.* the hanuman, হনুমান। [a character in Virgil's *Æneid*]

entente [ŭng-tŭngt°, আঁতাংত্°] *n.* friendly relationship or agreement between states, বিভিন্ন রাষ্ট্রের মধ্যে রাজনীতিক কুটুম্বিতা বা মৈত্রী। [F.]

enter [en°-ta(r), এন্°ট্যা(র্)] (**I**) *v.t.i.* to come or go in, ঢোকান বা ঢোকা ; to penetrate, ভেদ করান বা করা ; to admit or be admitted, ভরতি করা বা হওয়া ; to include or join, সভ্য প্রার্থী প্রতিযোগী প্রভৃতিরূপে ভরতি করা বা ভরতি হওয়া ; to appear, অভিনয়মঞ্চ ক্রীড়াভূমি প্রভৃতিতে আবির্ভূত হওয়া। (**2**) *v.t.* to write into, (নথি বই প্রভৃতিতে) লিখিয়া রাখা, লিপিবদ্ধ করা। **(to) enter into**—অংশ গ্রহণ করা বা যোগদান করা (to *enter into* conversation, to *enter into* the competition) ; আলোচনা করিতে আরম্ভ করা (to *enter into* details) ; উপলব্ধি করা (to *enter into* the mystery, to *enter into* one's feelings) ; অংশরূপে বা অঙ্গরূপে পরিগণিত হওয়া (its possibility did not *enter into* our calculations)। **(to) enter on** or **upon**—আরম্ভ করা, নিযুক্ত হওয়া। [F. *entrer* < L. *intrare* = to go into]

enteric [en-te°-rik, এন্‌টে°রিক] (**I**) *a.* of the intestines, অন্ত্রসম্বন্ধীয়, আন্ত্রিক। (**2**) *n.* typhoid fever, আন্ত্রিক জ্বর, টাইফয়েড। *n.* **enteritis** [en-ta-rī°-tis, এন্‌ট্যারাই°টিস্] আন্ত্রিক প্রদাহ। [Gk. *enteron* = gut]

enterprise [en°-ta(r)-prīz, এন্°ট্যা(র্)প্রাইজ্] *n.* an undertaking, (প্রধানতঃ দুঃসাহসিক বা বিপজ্জনক) কর্মপ্রচেষ্টা বা উদ্যোগ ; an adventure, অভিযান ; readiness, initiative and daring in undertaking, কর্মসাধনে তৎপরতা উদ্যম ও সাহস (a man of great *enterprise* ; a spirit of *enterprise*)। *a.* **en°terprising**—কর্মসাধনে তৎপর, উদ্যমী ও সাহসী ; দুঃসাহসিক বা বিপজ্জনক কাজে পশ্চাৎপদ্ নহে এমন। *adv.* **en°terprisingly** । [OF. *entreprise*]

entertain [en-ta(r)-tān°, এন্‌ট্যা(র্)টেইন্°] *v.t.* to maintain, (যোগাযোগ, চিঠিপত্রের আদান-প্রদান, প্রভৃতি) বজায় রাখা ; to receive, গ্রহণ করা ; to receive cordially and provide lodging or refreshment for, সাদরে গ্রহণপূর্বক বাসস্থান বা আহার জোগান ; to amuse, চিত্তবিনোদন করা (we were *entertained* by the magician) ; to cherish, হৃদয়ে পোষণ করা (to *entertain* doubts, ideas, etc.)। *n.* **entertai°ner** । *a.* **entertai°ning**—আতিথ্যপূর্ণ ; চিত্তবিনোদনকর ; মনোরম। *n.* **entertain°ment**—গ্রহণ ; আতিথ্যদান ; ভোজ ; চিত্তবিনোদন ; আমোদপ্রমোদ ; হৃদয়ে পোষণ। **entertainment tax**—সিনেমা থিয়েটার প্রভৃতি প্রমোদানুষ্ঠানে দর্শকদের দেয় কর, প্রমোদ-কর। [F. *entretenir*]

enthalpy [en-thal°-pi, এন্‌থ্যাল্°পি] *n.* (phys.) the heat content of a substance per unit mass, (পদা. বিজ্ঞা.) যে কোন পদার্থের প্রতি একক ভরে তাপের পরিমাণ। [Gk. *enthalpein* = to warm in]

enthral(l) [in-thrawl°, ইন্‌থ্রল্°] *v.t.* to enslave, দাসত্বে আবদ্ধ করা। *pr. pt.* **ėnthra°lling** । *p.* & *p. pt.* **ėnthra°lled** । *n.* **ėnthral°ment** । [*en-*, *thrall*]

enthrone [in-thrōn°, ইন্‌থ্রৌন্°] *v.t.* to place on a throne, সিংহাসনে স্থাপন করা ; to exalt to the seat of royalty or bishopric, রাজাসনে বা বিশপের পদে অধিষ্ঠিত করা। *n.* **ėnthrōne°ment** । [*en-*, *throne*]

enthuse—see **enthusiasm.**

enthymeme [en°-thi-mēm, এন্°থিমীম্] *n.* a syllogism in which one premise is not explicitly stated, যে ন্যায়ে একটি প্রস্তাব বা সূত্র (অর্থাৎ সাধ্য আশ্রয় বাক্য বা সাধ্য আশ্রয়পক্ষ) অনুল্লিখিত থাকে। [Gk. en = in, *thymos* = the mind]

enthusiasm [in-thū°-zi-azm, ইন্‌থিউ°জ়িঅ্যাজ়্‌ম্] *n.* intense interest, (*for* or *about* a thing), প্রবল কৌতূহল বা আগ্রহ ; passionate zeal, পরম উদ্যম। *v.t.i.* **ėnthūse°**—কৌতূহলী বা আগ্রহান্বিত বা উদ্যমী করান অথবা হওয়া। *n.* **ėnthū°siast**—কৌতূহলী বা আগ্রহান্বিত বা উদ্যমপূর্ণ ব্যক্তি। *a.* **ėnthūsias°tic(al)**—প্রবল কৌতূহলপূর্ণ বা আগ্রহান্বিত বা উদ্যমী। *adv.* **enthusias°tically** । [Gk. *enthousiasmos*]

entice [in-tīs°, ইন্‌টাইস্°] *v.t.* to allure, প্রলোভিত করা ; to lead astray, বিপথে চালিত করা। *p.* & *p. pt.* **ėnti°ced** । *n.* **ėntice°ment** । *n.* **ėnti°cer** । [OF. *enticier* = to provoke]

entire [in-tī(r)°, ইন্‌টায়্যা(র্)°] (**I**) *a.* whole, complete, সম্পূর্ণ, পুরা, অখণ্ড ; not mixed, pure, অবিমিশ্র, খাঁটি। (**2**) *n.* completeness, সাম্পূর্ণ্য ; অখণ্ড অবস্থা। *adv.* **ėntīre°ly** । *n.* **ėntīre°ness, ėntīre°ty** । **in its entirety**—ইহার সম্পূর্ণ বা অখণ্ড অবস্থায়। [OF. *entier* < *integer* = whole]

entitle [in-tīt°l, ইন্‌টাইট্°ল্] *v.t.* to give a title or name to, আখ্যা বা নাম দেওয়া ; to give a right or claim to, অধিকারদান করা বা হকদার করা। [*en-*, *title*]

entity [en°-ti-ti, এন্°টিটি] *n.* being, সত্তা ; existence, অস্তিত্ব ; a real substance, প্রকৃত পদার্থ ; a thing that exists, অস্তিত্বশীল বস্তু। [LL. *entitas*]

entomb [in-to͞om°, ইন্টুম্°] *v.t.* to place in a tomb, কবরমধ্যে স্থাপন করা, কবর দেওয়া, সমাহিত করা। *n.* **entomb°ment** [*en-, tomb*]

entomic [en-to°-mik, এন্ট°মিক্] *a.* of insects, পতঙ্গসংক্রান্ত। *a.* **entomolo°gical** । *n.* **entomology** [en-ta-mo°-la-ji, এন্ট্যাম°ল্যাজ়ি] পতঙ্গ-বিজ্ঞান। *n.* **entomo°logist**—পতঙ্গ-বিজ্ঞানী। [Gk. *entoma*=insects]

entourage [on-too-rŭz°, অন্টুরাজ়্°] *n.* surroundings, পরিপার্শ্ব ; followers, অনুগামী লোক-জন। [F.]

entr'acte [on°-trakt, অন্°ট্র্যাক্ট্] *n.* interval between acts of play, নাট্যাভিনয়ে দুই অঙ্কের মধ্যকালীন বিরতি ; performance during this interval, উক্ত বিরতিকালে অভিনীত প্রহসনাদি। [F.]

entrails [en°-trāilz, এন্°ট্রেইল্জ়্] *n. pl.* the bowels or intestines, নাড়িভুঁড়ি, অন্ত্রাদি। [OF. *entraille*<LL *intralia*]

entrain [in-trān°, ইন্ট্রেইন্°] *v.t.i.* to put or get (troops, etc.) into a railway train, (সৈন্যাদি) রেলগাড়িতে চড়ান বা চড়া। *n.* **entrain°ment** । [*en-, train*]

entrammel [in-tra°ml, ইন্ট্র্যা°ম্ল্] *v.t.* to entangle, ঝামেলায় জড়ান ; to fetter, hamper, প্রতিবন্ধক বা বাধা সৃষ্টি করা। *p.* & *p. pt.* **entra°mmelled** । [*en-, trammel*]

entrance$_1$ [in-trŭns°, ইন্ট্রান্স্°] *v.t.* to put into a trance, মোহাবিষ্ট করা ; to overwhelm, অভিভূত করা। *p.* & *p. pt.* **entran°ced** । *n.* **entrance°ment** । [*en-, trance*]

entrance$_2$ [en°tr(a)ns, এন্°ট্রন্স্] *n.* act or power or right of entering, প্রবেশ, প্রবেশের ক্ষমতা, প্রবেশাধিকার ; coming upon the stage, অভিনয়মঞ্চে প্রবেশ ; a gate or door, প্রবেশ-পথ (front or back *entrance*), দ্বার ; a passage, পথ। *n.* **en°trance-fee, en°trance-money**—প্রবেশমূল্য। *n.* **en°trant**—যে বা যাহা প্রবেশ করে। [see *enter*]

entrap [in-trap°, ইন্ট্র্যাপ্°] *v.t.* to catch in a trap, ফাঁদে আটকান। *pr. pt.* **entra°pping** । *p.* & *p. pt.* **entra°pped** । [*en-, trap*]

entreat [in-trēt°, ইন্ট্রীট্°] *v.t.* to request earnestly, সনির্বন্ধ অনুরোধ করা। *p.* & *p. pt.* **entrea°tėd** । *a.* **entrea°ting**—সনির্বন্ধ অনুরোধকারী বা অনুরোধপূর্ণ। *n.* **entrea°ty**—সনির্বন্ধ অনুরোধ ; প্রার্থনা। [OF. *entraiter*]

entrée [on°-trā, অন্°ট্রেই] *n.* entry, প্রবেশ বা প্রবেশাধিকার ; a dish served at dinner between the chief course, ভোজনকালে দুই প্রধান পদ পরিবেশনের ফাঁকে যে টুকিটাকি খাবার সরবরাহ করা হয়। [F.]

entrench [in-trensh°, ইন্ট্রেন্শ্°] *v.t.* to dig a trench around, (কিছুর) চতুর্দিকে পরিখা খনন করা ; to fortify with a trench, পরিখাদ্বারা সুরক্ষিত করা। *p.* & *p. pt.* **entren°ched** । **(to) entrench oneself**—নিজেকে সুরক্ষিতভাবে প্রতিষ্ঠিত করা। *n.* **entrench°ment**—পরিখা-খনন ; পরিখা। [*en-, trench*]

entrepôt [on°-tra-pō, অন্°ট্র্যাপৌ] *n.* a storehouse, গুদাম ; a centre for export and import, রপ্তানি ও আমদানির কেন্দ্র, গঞ্জ। [F.]

entresol [on°-tra-sol, অন্°ট্র্যাসল্] *n.* low storey between first and ground floor, mezzanine floor, দোতলা এবং একতলার মধ্যবর্তী তলা। [F.]

entropy [en°-tra-pi, এন্°ট্র্যাপি] *n.* (phys.) ratio of amount of heat taken up to the absolute temperature at which the heat is absorbed, (পদা. বিজ্ঞান) পরম তাপমাত্রা অবধি উন্নীত তাপমাত্রার অনুপাত বা পরিমাপ : এই পরম তাপমাত্রায় তাপ বিশোষিত হয় এবং উহার ব্যবহার-যোগ্যতা থাকে না। [Gk. *en-*=in, *tropē*= turning]

entrepreneur [on-tra-pra-na(r)°, অন্ট্র্যাপ্র্যা-ন্যা(র্)°] *n.* one who undertakes an enterprise, যে ব্যক্তি দুঃসাহসিক বা বিপজ্জনক কাজের ঝুঁকি গ্রহণ করে ; a contractor or employer, ঠিকাদার বা নিয়োগকর্তা ; an organiser of entertainments, প্রমোদানুষ্ঠানের সংগঠক। *a.* **entrepreneur°ial** । *n.* **entrepreneur°ship** । [F.]

entrust [in-trust°, ইন্ট্রাস্ট্°] *v.t.* to give in trust, বিশ্বাসভরে অর্পণ করা ; to confide, বিশ্বাস-পূর্বক গুপ্ত কথা বলা বা গুপ্ত কাজের ভার দেওয়া। *p.* & *p. pt.* **entrus°tėd** । [*en-, trust*]

entry [en°-tri, এন্°ট্রি] *n.* act of entering, প্রবেশ ; coming upon the stage, অভিনয়মঞ্চে প্রবেশ ; an entrance, প্রবেশ-পথ ; the right or power of entrance, প্রবেশাধিকার, প্রবেশক্ষমতা ; act of including in a written record, or the things so written, লিপিবদ্ধকরণ বা লিপি-ভুক্ত বিষয় ; a list of competitors, প্রতিযোগীদের তালিকা। *n.* **en°try-money**—ক্লাব প্রতিযোগিতা প্রভৃতিতে যোগদানের জন্য দেয় মাসুল, প্রবেশমূল্য। [F. *entree*—cp. *enter*]

entwine [in-twīn°, ইন্টোআইন্°] *v.t.* to interlace (a thing *with, about, round* another), পাকান, জড়ান ; to weave বয়ন করা। [*en-, twine*]

entwist [in-twist°, ইন্টুইস্ট্°] *v.t.* to twist round, চতুর্দিকে জড়ান বা পাকান। *p.* & *p. pt.* **entwis°tėd** । [*en-, twist*]

enucleate [in-ū°-kli-āt, ইনিউ°ক্লিএইট্] *v.t.* explain, ব্যাখ্যা করা ; (surg.) to extract tumour, etc., (শল্য চিকি.) অস্ত্রোপচার দ্বারা আব বা টিউমার বাহির করা। [L. *ē*=from, *nucleus*=a kernel]

enumerate [i-nū°-ma-rāt, ইনিউ°ম্যারেইট্] *v.t.* to count, গণনা করা; to name over, পরপর উল্লেখ করা। *p. & p. pt.* **ėnūmerā°ted** । *n.* **ėnūmerā°tion**—গণনা; পরপর উল্লেখ; মোটামুটি অবধারণা। *a.* **ėnū°merative**—গণনামূলক। *n.* **ėnū°merātor** । [L. *enumerare*]

enunciate [i-nun°-si-āt, ইনান্°সিএইট্] *v.t.* to state formally, নিয়মানুযায়ী বিবৃত করা, নির্বচন করা; to pronounce distinctly, স্পষ্টভাবে উচ্চারণ করা বা বলা। *p. & p. pt.* **ėnun°ciāted** । *n.* **ėnunciā°tion** । *a.* **enunciative** [i-nun°-shi-ā-tiv, ইনান্°শিএইটিভ্] নির্বচনপূর্ণ; স্পষ্ট উক্তিপূর্ণ; ঘোষণামূলক। *n.* **ėnun°ciātor** । [L. *enuntiare*]

enure—older spell. of **inure.**

enuresis[e-nū-rē°-sis, এনিউরী°সিস্] *n.* (path.) incontinence of urine, (চিকি.) মূত্রের বেগধারণে অক্ষমতা, বিশেষতঃ শয্যায় মূত্রত্যাগ (nocturnal *enuresis*)। [Gk. *enoureo*=to urinate]

envelop [in-va°-lap, ইন্ভা°ল্যাপ্] *v.t.* to wrap up, (কিছুর মধ্যে) মুড়িয়া ফেলা; to cover up or hide, ঢাকিয়া বা লুকাইয়া ফেলা। *p. & p. pt.* **ėnve°loped** । *n.* **envelope** [en°-vi-lōp, এন্°ভিলৌপ্] মোড়ক; লেফাফা; খাম। *n.* **ėnve°lopment** । [OF. *enveloper*]

envenom [in-ve°-nam, ইন্ভে°ন্যাম্] *v.t.* to infuse venom into, বিষ সঞ্চারিত করা, বিষপূর্ণ করা; to poison, বিষাক্ত করা; to embitter, তিক্ত বা বিদ্বিষ্ট করা। [*en-, venom*]

enviable, envier, envious—see **envy.**

environ [in-vīr°(a)n, ইন্ভায়্যার্°ন্] *v.t.* to surround, পরিবেষ্টন করা। *n.* **envīr°onment**—পারিপার্শ্বিক অবস্থা, পরিবেশ। *a.* **envīronmen°tal** । *n.* **envīronmen°talist**—যে লোক মত পোষণ করে যে পরিবেশ বা পারিপার্শ্বিক অবস্থাই ব্যক্তি বা গোষ্ঠীর উন্মেষের বা উন্নতির আদি কারণ। *adv.* **envīronmen°tally** । *n. pl.* **environs** [en°-vir(a)-nz, এন্°ভিরন্‌জ্] পরিপার্শ্ব; শহরতলি; চতুষ্পার্শ্বস্থ অঞ্চলসমূহ (Calcutta and its *environs*)। [F. *environner*—cp. *veer*]

envisage [in-vi°-zij, ইন্ভি°জ়িজ্] *v.t.* to face, সম্মুখীন হওয়া; to consider, বিবেচনা করা; to view mentally, মনশ্চক্ষে দেখা। *n.* **ėnvi°sågement** । [*en-, visage*]

envoy$_1$**, envoi** [en°-voy, এন্°ভয়্] *n.* the concluding part of a poem or a book, কবিতা বা পুস্তকের শেষ অংশ (প্রধানতঃ পদ্যে লেখা)। [OF. *envoye*<*envoiir*=to send]

envoy$_2$ [en°-voy, এন্°ভয়্] *n.* a messenger, (প্রধানতঃ কূটনীতিক ব্যাপারে পররাষ্ট্রে প্রেরিত) দূত; a diplomatic minister, কূটনীতিক মন্ত্রী। [F. *envoye*=sent]

envy [en°-vi, এন্°ভি] (**1**) *n.* a feeling of mortification at other's good, পরশ্রীকাতরতা, ঈর্ষা। (**2**) *v.t.* to feel envy towards, ঈর্ষা করা; to grudge, (কাহাকেও কিছু) পাইতে দিতে নারাজ হওয়া। *a.* **en°viable**—ঈর্ষা জাগায় এমন (an *enviable* record of success); (দ্রব্যাদি সম্বন্ধে) অতীব বাঞ্ছনীয়। *adv.* **en°viably** । *n.* **en°vier** । *a.* **envious**—পরশ্রীকাতর; ঈর্ষান্বিত (*envious* of a neighbour's wealth)। [F. *envie*]

enwrap [in-rap°, ইন্°র‍্যাপ্] *v.t.* to wrap, (কিছুর দ্বারা) মুড়িয়া রাখা; to engross, আচ্ছন্ন করা। *pr. pt.* **ėnwra°pping** । *p. & p. pt.* **ėnwra°pped** । [*en-, wrap*]

Enzed [en-zed°, এন্‌জ়েড্] *n.* (coll.) New Zealand, (কথ্য.) নিউজিল্যাণ্ড নামক দেশ; a New Zealander, নিউজিল্যাণ্ডের অধিবাসী। *n.* **Enze°der**—নিউজিল্যাণ্ডবাসী। [pr. of *N. Z.*]

enwreathe [in-rēdh°, ইন্রীদ্°] *v.t.* to wreathe, মালা পরান; to surround, বেষ্টন করা। [*en-, wreathe*]

enzyme [en°-zīm, এন্°জ়াইম্] *n.* an organic chemical substance formed in living cells: able to cause changes in other substances without being changed itself, জীবন্ত প্রাণীর দেহকোষে উৎপন্ন জৈব রাসায়নিক পদার্থবিশেষ: ইহা নিজে পরিবর্তিত না হইয়া অন্য পদার্থের পরিবর্তনসাধনে সক্ষম; (পরি) উৎসেচক। *a.* **enzy°mic** । *n.* **enzymo°logy** । [*en-,* Gk. *zyme*=leaven]

eolithic [ē-ŏ-li°-thik, ঈওলি°থিক্] *a.* of the period preceding the Old Stone Age, প্রত্নপ্রস্তর যুগের পূর্ববর্তী। [Gk. *eos*=dawn, *lithos*—stone]

eon—see **Aeon.**

eonism [ē°-a-nizm, ঈ°অ্যানিজ়্ম্] *n.* adoption of female dress and manner by a male, পুরুষ কর্তৃক নারীর পোশাক ও আচরণ গ্রহণ। [Chevalier d'*eon*, French diplomat (d. 1810) who chose female dress as a disguise]

eosin [ē°ō-sin, ঈ°ওসিন্] *n.* a red dyestuff, লাল রঞ্জক পদার্থবিশেষ। **eosinophil**—(**1**) *a.* উক্ত রঞ্জকদ্বারা রঞ্জিত; (**2**) *n.* উক্ত পদার্থদ্বারা রঞ্জিত কোষ। [Gk. *ēōs*=dawn]

epact [ē°-pakt, ঈ°প্যাক্ট্] *n.* age of the moon on 1st January, পয়লা জানুয়ারীতে চন্দ্রের বয়ঃক্রম। [F. *épacte*<Gk. *epaktai*=intercalated (days)]

epaulet(te) [e°-paw-let, এ°প্যালেট্] *n.* a shoulder ornament of a naval or military officer, নৌবাহিনীর বা স্থলবাহিনীর আধিকারিকের স্কন্ধোপরি ধারণীয় অলঙ্কারবিশেষ। [F. *epaulette*, dim. of *epaule*=shoulder<L. *spatula*]

épée [ā-pā°, এইপেই°] *n.* a sharp-pointed sword used for duelling, অসিনৈপুণ্য প্রতিযোগিতায় ব্যবহৃত তীক্ষ্ণাগ্র তরবারিবিশেষ। [F.]

ephedrine [e°-fed-rin, এ°ফেড্রিন্] *n.* an alkaloid drug used in treating asthma, hay fever, etc., হাঁপানি সর্দিকাশিজনিত জ্বর প্রভৃতি চিকিৎসার ভেষজবিশেষ। [Gk. *ephedra*=horsetail]

ephemera [i-fe°-ma-ra, ইফে°ম্যার্যা], **ephemeron** [i-fe°-ma-ron, ইফে°ম্যারন্] *n.* a genus of insects living only for a day, মাত্র এক দিন বাঁচে এমন পতঙ্গবর্গ; any short-lived thing, ক্ষণস্থায়ী বস্তু। **ephemeral** [i-fe°-mar(a)l, ইফে°ম্যার্ল্] (**1**) *a.* একদিবসজীবী বা ক্ষণজীবী; (**2**) *n.* একদিবসজীবী বা ক্ষণজীবী প্রাণী অথবা বস্তু। *n.* **ėphemera°lity**। *n.* **ėphe°meris**—জ্যোতিষী (দিন-) পঞ্জিকা। [Gk. *ephemeros*]

epic [e°-pik, এ°পিক্] *n.* a kind of long narrative poem, মহাকাব্য। *a.* **ėpic(al)**—মহাকাব্যীয়; মহাকাব্যের নিয়মে রচিত। [Gk. *epikos*]

epicene [e°-pi-sēn, এ°পিসীন্] *a.* (gr.) of common gender, (ব্যাক.) উভলিঙ্গ। [*epi-*, Gk. *koinos*=common]

epicentre [e°-pi-sen-ta(r), এ°পিসেন্ট্যা(র্)] *n.* the point at which an earthquake breaks out, ভূমিকম্পের উৎপত্তিস্থলের ঠিক উপরিস্থ ভূপৃষ্ঠ, (পরি.) উপকেন্দ্র। [*epi-*, *centre*]

epicure [e°-pi-kū(r), এ°পিকিউয়্যা(র্)] *n.* a person of refined and fastidious taste, esp. in eating and drinking, প্রধানতঃ পানভোজনের সম্পর্কে অতি সুরুচিসম্পন্ন ও খুঁতখুঁতে লোক। **Epicūrė°an**—(**1**) *a.* গ্রীক্ দার্শনিক এপিকিউরস্-এর মতানুগামী, ভোগবাদী; (**2**) *n.* ভোগবাদী ব্যক্তি। **epicūrė°an**—(**1**) *a.* প্রমোদপ্রিয়, বিলাসপ্রিয়; রুচিবাগীশ; (**2**) *n.* প্রমোদপ্রিয় বা রুচিবাগীশ ব্যক্তি। *n.* **e°picūrism**—এপিকিউরস্-এর মতানুযায়ী বিলাস-ব্যসনে জীবনযাপন, ভোগবাদ। [L. *Epicurus*<Gk. *Epikouros*, a Greek philosopher]

epicycle [epi°-sī-kl, এপি°সাইক্ল্] *n.* (geom.) a circle whose centre moves round the circumference of a larger circle, (জ্যামি.) যে বৃত্তের কেন্দ্র বৃহত্তর বৃত্তের পরিধির উপরে চলনশীল। [Gk. *epi*=upon, *kyklos*=a circle]

epideictic [epi-dik°-tik, এপিডিক্°টিক্] *a.* done for show or display, দেখানর বা জাহির করার জন্য অনুষ্ঠিত। [Gk. *epi*=upon, *deiknynai*=to show]

epidemic [e-pi-de°-mik, এপিডে°মিক্] (**1**) *a.* affecting a community at a certain time, সম্প্রদায়বিশেষের মধ্যে একই কালে পরিব্যাপ্ত, ব্যাপক। (**2**) *n.* an epidemic disease, মহামারী (a cholera *epidemic*)। *a.* **epide°mical**—ব্যাপক; মহামারীসংক্রান্ত। *n.* **epidēmio°logy**—রোগবিস্তার বা মহামারী সংক্রান্ত বিদ্যা। [*epi-*, Gk. *demos*=the people]

epidermis [e-pi-da(r)°-mis, এপিড্যা(র্)°মিস্] *n.* the outer layer of the skin, cuticle, বহিশ্চর্ম, বহিস্তক্। *a.* **epider°mal, epider°mic**—বহিশ্চর্মগত। [*epi-*, *dermis*]

epiglottic—see **epiglottis.**

epiglottis [e-pi-glo°tis, এপিগ্ল°টিস্] *n.* a flap over the glottis, অলিজিহ্বা, আলজিভ। *a.* **epiglo°ttic**—অলিজিহ্বাসংক্রান্ত। [*epi-*, *glottis*]

epigram [e°-pi-gram, এ°পিগ্র্যাম্] *n.* a pointed expression, তীক্ষ্ণ ব্যঞ্জনাপূর্ণ উক্তি; a sarcastic saying, শ্লেষ; a short satirical poem, ক্ষুদ্র বিদ্রূপাত্মক কবিতাবিশেষ। *a.* **epigramma°tic(al)**—তীক্ষ্ণ ব্যঞ্জনাপূর্ণ, শ্লেষাত্মক; উক্ত কবিতাসংক্রান্ত বা তত্তুল্য। *n.* **epigra°mmatist**—উক্ত কবিতা-রচয়িতা। *v.t.* **epigra°mmatize**—(কিছুর সম্বন্ধে) উক্ত বিদ্রূপাত্মক কবিতা রচনা করা। [Gk. *epi-*, *gramma*]

epigraph [e°-pi-grŭf, এ°পিগ্রাফ্] *n.* an inscription, প্রস্তরাদিতে উৎকীর্ণ লিপি। *n.* **epigraphist** [e-pi°-gra-fist, এপি°গ্র্যাফিস্ট্] উক্ত লিপি-বিশারদ। *a.* **epigraphic** [e-pi-gra°-fik, এপিগ্র্যা°ফিক্] উক্ত লিপি-উৎকিরণসংক্রান্ত। *n.* **epigraphy** [epi°-gra-fi, এপি°গ্র্যাফি] উক্ত লিপি-উৎকিরণবিদ্যা। [*epi-*, *graph*]

epilate [e°-pi-lāt, এ°পিলেইট্] *v.t.* to remove hair from, লোম বা চুল তুলিয়া ফেলা। *n.* **epilā°tion**; **e°pilator**। [F. *épiler*<L. *ex*=from, *pilus*=hair]

epilepsy [e°-pi-lep-si, এ°পিলেপ্সি] *n.* a nervous disease, মৃগীরোগ, সন্ন্যাসরোগ; ভ্রামর। *n.* **epilep°tic**—মৃগীরোগী। *a.* **epilep°tic(al)**—মৃগীরোগগ্রস্ত; মৃগীরোগসংক্রান্ত (an *epileptic* fit)। [Gk. *epilepsia*]

epilogue [e°-pi-log, এ°পিলগ্] *n.* the concluding part of a book, গ্রন্থাদির উপসংহার বা শেষ পরিচ্ছেদ; a poem or speech spoken to the audience at the end of a play, অভিনয়ান্তে শ্রোতৃমণ্ডলীর উদ্দেশ্যে আবৃত্তি করার জন্য কবিতা বা ভাষণ। [F.<Gk. *epi-*, *logos*=speech]

epinosic [e-pi-no°-sic, এপিন°সিক্] *a.* unhealthy, অস্বাস্থ্যকর; unwholesome, অপকারী, ক্ষতিকর। [Gk. *epi-*, *nosos*=disease]

Epiphany [i-pi°-fa-ni, ইপি°ফ্যানি] *n.* a Christian festival commemorating the coming of the Magi to Jesus at Bethlehem, বেথ্‌লেহেমে যিশুর নিকট প্রাচ্যদেশীয় জ্ঞানীদের আগমন-উপলক্ষে ৬ই জানুয়ারি তারিখে অনুষ্ঠেয় খ্রিস্টীয় উৎসব-বিশেষ। [Gk. *epiphaneia*=appearance]

episcopacy [i-pis°-ka-pa-si, ইপিস্°ক্যাপ্যাসি] *n.* church government by bishops, বিশপগণ কর্তৃক গির্জা-শাসন; the bishops as a class, বিশপবর্গ। *a.* **ėpis°copal**—বিশপ-শাসিত; বিশপ-সংক্রান্ত। **ėpiscopā°lian**—(**1**) *a.* বিশপসংক্রান্ত; বিশপ-শাসিত গির্জা-সংক্রান্ত; (**2**) *n.* বিশপ-শাসিত গির্জা-ভুক্ত ব্যক্তি। *n.* **ėpis°copāte**—বিশপের পদ বা এলাকা বা শাসনকাল। [Gk. *episkopos*=an overseer]

episode [e°-pi-sōd, এ°পিসৌড়্] *n.* a subsidiary story, কাহিনীর বা কবিতার অন্তর্গত ক্ষুদ্রতর উপাখ্যান, অনুকাহিনী ; an interesting incident, মনোরম কাহিনী। *a.* **episodic** [e-pi-so°-dik, এপিস°ডিক্], **episo°dical**—উক্ত কাহিনীমূলক। [Gk. *epeisodion*]

epistaxis [e-pi-stak°-sis, এপিস্ট্যা°ক্সিস্] *n.* bleeding from the nose, নাসিকা হইতে রক্তক্ষরণ। [Gk. *epistazein*=to shed in drops]

epistemology [e-pis-tē-mo°-la-ji, এপিস্‌টীম°-ল্যাজি] *n.* the theory of knowledge, জ্ঞানতত্ত্ব। *a.* **epistemological** [e-pis-tē-ma-lo°-jik(a)l, এপিস্‌টীম্যাল°জিক্‌ল্], **episte°mic**—জ্ঞানতত্ত্বীয়। *n.* **epistemolo°gist**। [Gk. *episteme*=knowledge, *logos*=science]

epistle [i-pisl°, ইপিস্‌ল্°] *n.* a letter, চিঠি, পত্র (প্রধানতঃ খ্রিস্টীয় ধর্মপ্রচারক কর্তৃক লিখিত এবং বর্তমানে সাধারণ পত্রসম্বন্ধে কেবল ব্যঙ্গভরে প্রযুক্ত)। *n.* **epist°ler, epistoler** [i-pis°-ta-la(r), ইপিস্°-ট্যাল্যা(র্)] পত্রলেখক ; উপাসনা-সভায় বাইবেলের অংশবিশেষের পাঠক। *a.* **ėpis°tolary**—চিঠি-সংক্রান্ত। [OF. < L. *epistola*]

epistyle [e°pi-stīl, এ°পিস্টাইল্] *n.* architrave, স্তম্ভশীর্ষস্থ মাথালবিশেষ, বীম বা কড়ি। [*epi-*, Gk. *stylos*=a pillar]

epitaph [e°-pi-tŭf, এ°পিটাফ্] *n.* a tombstone inscription, সমাধিস্তম্ভে উৎকীর্ণ লিপি। [Gk. *epitaphion*]

epithalamium [e-pi-tha-lā°-mi-am, এপিথ্যা-লেই°মিঅ্যাম্] *n.* a marriage song or poem, বিবাহের গান বা কবিতা। *pl.* **epithalā°mia, epithalā°miums**। [Gk. *epi*=upon, *thalamos*=a bride-chamber]

epithet [e°-pi-thet, এ°পিথেট্] *n.* an attributive expression, গুণবাচক উক্তি, বিশেষণ ; a descriptive appellation, বর্ণনামূলক আখ্যা। *a.* **epithet°ic(al)**—বিশেষণাত্মক ; বর্ণনামূলক আখ্যা-গত ; বিশেষণপূর্ণ, বর্ণনামূলক আখ্যাপূর্ণ। [Gk. *epitheton*]

epitome [i-pi°-ta-mi, ইপি°ট্যামি] *n.* a summary or abstract, (প্রধানতঃ গ্রন্থাদির) সংক্ষিপ্তসার। **in epitome**—সংক্ষেপে। *n.* **ėpi°tomist**—সংক্ষিপ্তসার-রচয়িতা। *v.t.* **ėpi°tomīze**—সংক্ষিপ্তসার রচনা করা। [Gk.]

epoch [ē°-pok, ঈ°পক্] *n.* the beginning of an era, বিশেষ ঘটনাদ্বারা সূচিত যুগারম্ভ। *a.* **epochal** [e°-po-kal, এ°পক্যাল্] যুগারম্ভমূলক। *a.* **ē°poch-māking**—নবযুগস্রষ্টিকর। [Gk. *epoche*]

epode [e°-pōd, এ°পৌড়্] *n.* a kind of lyric poem, গীতিকবিতাবিশেষ : ইহাতে একটি দীর্ঘচরণ স্তবকের পর একটি হ্রস্বচরণ স্তবক থাকে। [Gk. *epoidos*]

epopee [e°-pŏ-pē, এ°পোপী] *n.* epic poetry or an epic poem, মহাকাব্য। [Gk. *epopoiia*]

epos [e°-pos, এ°পস্] *n.* the elementary stage of epic poetry, মহাকাব্যের প্রাথমিক অবস্থা ; an epic poem, মহাকাব্য। [Gk.=a word]

épris [ā-prē°, এইপ্রী°] *a.* enamoured (*of, with*), প্রেমমুগ্ধ। *fem.* **éprise** [ā-prēz, এইপ্রীজ্]। [F.]

epsilon [ep-sī°-lan, এপ্‌সাই°ল্যান্] *n.* fifth letter of the Greek alphabet, গ্রীক বর্ণমালার পঞ্চম অক্ষর। [Gk.]

Epsom salt(s) [ep°-sam sawlt(s), এপ্°স্যাম্ স্‌লট্(স্)] *n.* magnesium sulphate ($MgSO_4.7H_2O$) used as purgative, ম্যাগনেসিয়াম ধাতুর যৌগিকবিশেষ : রেচক পদার্থরূপে ব্যবহৃত। [*Epsom* in Surrey]

épuisé [ā-pwē-zā, এইপ্যোঈজ়েই] *a.* worn-out, ক্ষয়প্রাপ্ত, জীর্ণ। *fem.* **épuizée**। [Fo.]

epyllion [e-pi°-li-an, এপি°লিঅ্যান্] *n.* meniature epic poem, ক্ষুদ্রায়তন মহাকাব্য। [Gk. diminutive of *epos*=word]

equable [e°-kwabl, এ°ক্যোঅ্যাব্‌ল্] *a.* even, uniform, সুসমঞ্জস, সুষম ; of even temper, ধীরপ্রকৃতি। *n.* **equabi°lity**। *adv.* **e°quably**। [L. *aequabilis*]

equal [ē°kw(a)l, ঈ°ক্যো(অ্যা)ল্] (**1**) *a.* same in quantity, quality, size, value, degree, proportion, etc., সমান বা সমকক্ষ। (**2**) *n.* an equal person or thing, সমান বা সমকক্ষ ব্যক্তি অথবা বস্তু (he has no *equal* ; if *equals* be taken from *equals*)। (**3**) *v.t.* to be or make equal to, (কাহারও বা কিছুর) সমান বা সমকক্ষ হওয়া অথবা করা। *pr. pt.* **ē°qualling**। *p. & p. pt.* **ē°qualled**। **(to) be equal to**—(কিছুর) সমান হওয়া ; (কিছুর পক্ষে) উপযুক্ত হওয়া বা উপযুক্ত সাহস শক্তি প্রভৃতি সম্পন্ন হওয়া। *n.* **equality** [i-kwo°-liti, ইক্যঅ°লিটি]। *adv.* **ē°qually**। *v.t.i.* **equalīze** [ē°-kwa-līz, ঈ°ক্যোঅ্যালাইজ্] সমান বা সমকক্ষ করা অথবা হওয়া। *n.* **ēqualīzā°tion**। [L. *aequalis*=equal]

equanimous—see **equanimity.**

equanimity [ē-kwa-ni°-mi-ty, ঈক্যোঅ্যানি°মিটি] *n.* evenness of mind or temper, মনের বা মেজাজের সমতা অথবা ধীরতা। *a.* **ėqua°nimous**—মনের বা মেজাজের সমতা অথবা ধীরতা আছে এমন। [L. *aequanimitas*]

equate [i-kwāt°, ইক্যোএইট্°] *v.t.* to reduce to a common standard of comparison, সমীকরণ করা ; to state or regard as equal, সমান বা সমকক্ষরূপে বর্ণনা করা অথবা গণ্য করা। *n.* **ėquā°tion**—(প্রধানতঃ গণিতে একাধিক রাশির) সমীকরণ ; সমান করার ক্রিয়া বা প্রক্রিয়া (*equation* of demand and supply)। [L. *aequare*]

equator [i-kwā°-ta(r), ইক্যোএই°ট্যা(র্)] *n.* an imaginary circle of the earth equidistant from the poles, নিরক্ষবৃত্ত ; the line passing through the middle of this circle. নিরক্ষরেখা, ভূ-বিষুবরেখা। *a.* **equatorial** [e-kwa-taw°-ri-al, একোাঅ্যাটা°রিঅ্যাল্] নিরক্ষীয় (*equatorial* Africa)। [see *equate*]

equerry [i-kwe°-ri, ইকোাএ°রি] *n.* an officer of a princely stable, রাজকীয় অশ্বশালার তত্ত্বাবধায়ক, অশ্বপাল। [F. *ecurie*<LL. *scuria*=a stable]

equestrian [i-kwes°-tri-an, ইকোাএস্°ট্রিঅ্যান্] (**1**) *a.* of horsemanship, অশ্বারোহণসংক্রান্ত (*equestrian* skill); of the Roman order of knights, রোমান্ "নাইট্" বা বীরব্রতীসংক্রান্ত। (**2**) *n.* a horseman, অশ্বারোহী; a performer on horseback, যে ব্যক্তি ঘোড়ায় চড়িয়া খেলা দেখায়। *n. fem.* **equestrienne** [i-kwes-tri-en°, ইকোাএস্ট্রিএন্°]। [L. *equestris*]

equi- [ē°-kwi, ঈ°কুাই] *pfx.* equal, সমান, সমকক্ষ, সম-। *a.* **ēquian°gūlar**—সমকোণী। *n.* **ēqui-angūla°rity**। *a.* **ē°quidis°tant**—সমদূরবর্তী (*equidistant* from each other)। *adv.* **ē°qui-dis°tantly**। *a.* **ē°quilateral**—সমপার্শ্ববিশিষ্ট, সমভুজ, সমবাহু (an *equilateral* triangle)। [see *equal*]

equilibrate—see **equilibrium.**

equilibrium [ē-kwi-li°-bri-am, ঈকুাইলি°ব্রিঅ্যাম্] *n.* balance, (প্রধানতঃ দুই বিরোধী বস্তু ব্যক্তি বা শক্তির) ভারসাম্য বা সমভার অবস্থা (to maintain *equilibrium*)। *v.t.i.* **ēquili°brāte**—সমভার করা বা হওয়া। *p. & p. pt.* **ēquili°brātėd**। *n.* **ēquilibrā°tion**। *n.* **ēquili°brātor**—ভারসাম্যদায়ক যন্ত্র; বিমানপোতের ডানা। *n.* **ēqui°librist**—ভারসাম্যের ক্রীড়াপ্রদর্শক; দড়াবাজিকর। [L. *aequilibrium*]

equine [ē°kwīn, ঈ°কোাআইন্] *a.* of or like a horse, অশ্বসংক্রান্ত বা অশ্বতুল্য। [L. *equinus*]

equinoctial—see **equinox.**

equinox [ē°-kwi-noks, ঈ°কুাইনক্স্] *n.* the time at which the sun crosses the equator, যে সময়ে সূর্য নিরক্ষবৃত্ত অতিক্রম করে অর্থাৎ যখন দিন ও রাত্রি সমান হয়, বিষুব। **autumnal equinox**—জলবিষুব (২২শে বা ২৩শে সেপ্টেম্বর)। **spring** or **vernal equinox**—মহাবিষুব (২০শে মার্চ)। **equinoctial** [ē-kwi-nok°sh(a)l, ঈকুাইনক্°শ্ল্] (**1**) *a.* বিষুবীয়; বিষুবকালীন; বিষুবমণ্ডলসংক্রান্ত; (**2**) *n.* খ-বিষুবরেখা; শরৎকালীন বা বসন্তকালীন প্রবল বায়ুপ্রবাহ বা ঝড় (*equinoctial* gales)। [L. *aequus*=equal, *nox, noctis*=night]

equip [i-kwip°, ইকুাইপ্°] *v.t.* to fit out with everything needed, প্রয়োজনীয় সমস্ত কিছু দ্বারা সুসজ্জিত করা (to *equip* a workman *with* tools)। *pr. pt.* **ėqui°pping**। *p. & p. pt.* **ėqui°pped**। *n.* **equipage** [e°-kwi-pij, এ°কুাইপিজ্] সাজসজ্জা গাড়িঘোড়া ও অনুচরবৃন্দ। *n.* **ėquip°ment**—প্রয়োজনীয় সাজসজ্জায় সজ্জিত করা; সজ্জিতাবস্থা; সজ্জা। [F. *equiper*]

equipoise [e°-kwi-poyz, এ°কুাইপয়্জ্] (**1**) *n.* equilibrium, ভারসাম্য। (**2**) *v.t.* to balance, সমভার করা। [*equi-, poise*]

equitation [ekwi-tā°-sh(a)n, একুাইটেই°শ্ন্] *n.* the art of riding on horseback, horsemanship, অশ্বারোহণ বিদ্যা, অশ্বকে শিক্ষাদান বা তালিম দিবার বিদ্যা। [L. *equitāre*=to ride]

equity [e°-kwi-ti, এ°কুা°ইটি] *n.* fairness, justice, সমদর্শিতা বা ন্যায়বিচার; (in *pl.*) ordinary shares, বাণিজ্য-প্রতিষ্ঠানাদির সাধারণ শেয়ারগুলি বা লগ্নীপত্রসমূহ অর্থাৎ যেগুলির সুদের হার নির্দিষ্ট থাকে না। *a.* **e°quitable**—সমদর্শী বা নিরপেক্ষ; ন্যায়বিচারপূর্ণ। *n.* **e°quitablenėss**। *adv.* **e°quitably**। [OF. *equite*—cp. *equal*]

equivalent [i-kwi°-va-lant, ইকুাই°ভ্যাল্যান্ট্] (**1**) *a.* equal in value, power, meaning, etc., মূল্য শক্তি অর্থ প্রভৃতিতে সমান; interchangeable, সমভাবে বিনিময়ে; (chem.) of or like combining quality, (রসা.) সমান বা সদৃশ মিশ্রণগুণযুক্ত। (**2**) *n.* an equivalent thing, তুল্য বস্তু; (chem.) an equivalent weight, (রসা.) সমান ওজন। *n.* **ėqui°valence, ėqui°valency**—তুল্যতা। [F. <L. *equi-, valere*=to be worth]

equivocal [i-kwi°-vak(a)l, ইকুাই°ভ্যাক্ল্] *a.* containing two or more meanings, একাধিক বিভিন্ন অর্থপূর্ণ; ambiguous, দ্ব্যর্থক; of doubtful meaning, সন্দেহজনক অর্থপূর্ণ (an *equivocal* reply); undecided, অস্থিরসংকল্প; suspicious, সন্দিগ্ধ; questionable, সন্দেহজনক, অনিশ্চিত (an *equivocal* success)। *adv.* **ėqui°vocally**। *n.* **ėqui°vocalnėss**। *v.i.* **ėqui°vocāte**—বিভ্রান্ত করিবার উদ্দেশ্যে দ্ব্যর্থপূর্ণ বা সন্দেহজনক অর্থপূর্ণ শব্দ ব্যবহার করা। *p. & p. pt.* **ėqui°vocātėd**। *n.* **ėquivocā°tion**। *n.* **ėqui°vocātor**। *n.* **equivoke, equivoque** [e°-kwi-vōk, এ°কুাইভৌক্] দ্ব্যর্থপূর্ণ উক্তি; বিভিন্ন অর্থে একই শব্দের ব্যবহার। *p. & p. pt.* **e°quivōked, e°quivōqued**। [*equi-, vocal*]

era [ēr°-a, ইয়্যার্°অ্যা] *n.* a series of chronological years reckoned from a particular point, or that point itself, অব্দ বা অব্দারম্ভ; an age, যুগ। [LL. *aera*=a number]

eradicate [i-ra°-di-kāt, ইর্যা°ডিকেইট্] *v.t.* to root out, উন্মূলিত করা, সমূলে উৎপাটন করা; (fig.) to drive away or destroy completely, (আল.) সম্পূর্ণ বিতাড়ন করা বা ধ্বংস করা। *p. & p. pt.* **ėradicātėd**। *a.* **ėra°dicable**। *n.* **ėradicā°tion**। *n.* **ėra°dicātor**। [L. *eradicare*]

erase [i-rāz°, ইরেইজ্°] *v.t.* to rub out, ঘষিয়া তুলিয়া ফেলা; to obliterate, নিশ্চিহ্ন করা। *n.* **ėrā°ser**—যে ব্যক্তি ঘষিয়া তুলিয়া ফেলে; যদ্দ্বারা ঘষিয়া তুলিয়া ফেলা হয় (যেমন, রবার)। *n.* **erasure** [i-rā°-za(r), ইরেই°জ্যা(র্)] ঘর্ষণদ্বারা তুলিয়া ফেলা; যে স্থান হইতে কিছু ঘষিয়া তুলিয়া ফেলা হইয়াছে। [L. *eradere*]

ere [ā(r), এয়্যা(র্)] *adv., prep. & conj.* before পূর্বে, আগে। *adv.* **ērelong°, ere long**—অনতিবিলম্বে, শীঘ্র। *adv.* **ērenow°, ere now**—ইতিপূর্বে। **ērewhile°**—পূর্বে; কিছুকাল আগে। [OE. *aer*—cp. Du. *eer*]

Erebus [e°ri-bas, এ°রিব্যাস্] *n.* (myth.) the dark cavern between the earth and Hades, (পুরা.) পৃথিবী ও পাতালের মধ্যবর্তী অন্ধকার গুহা। [L. Gk. *Erebos*]

erect [i-rekt°, ইরেক্ট্°] (**1**) *a.* upright, ঋজু, সিধা, খাড়া। (**2**) *adv.* erectly, ঋজুভাবে। (**3**) *v.t.* to set erect, ঋজু বা সিধা বা খাড়া করা; to build or form, নির্মাণ করা বা রচনা করা। *p. & p. pt.* **ėrec°tėd**। *a.* **ėrec°tile**—ঋজু করা যায় এমন; প্রলম্বিত ও কঠিন করা যায় এমন (*erectile* tissue)। *n.* **ėrec°tion**—ঋজু করা বা ঋজুতা; নির্মাণ; নির্মিত অট্টালিকা। *adv.* **ėrect°ly**—ঋজুভাবে। *n.* **ėrect°nėss**। *n.* **ėrec°tor**—ঋজু (ও দৃ,) করে এমন ব্যক্তি বা বস্তু। [L. *erigere(v.)*]

eremite [e°ri-mīt, এ°রিমাইট্] *n.* a religious recluse, নির্জনবাসী সন্ন্যাসী। *a.* **erėmi°tic**—উক্ত সন্ন্যাসিসংক্রান্ত বা তত্তুল্য। [LL. *eremita*—cp. *hermit*]

erewhile—see **ere.**

ergo [a(r)°-gō, অ্যা(র্)°গৌ] *adv.* therefore, অতএব। [L.]

ergonomics [a(r)-go-no°-miks, অ্যা(র্)গন°মিক্স্] *n.* study of men in their working environments, কর্ম-পরিবেশে মানুষের যোগ্যতার বিচার-বিশ্লেষণ-সংক্রান্ত বিদ্যা। *n.* **ergo°nomist**। [Gk. *ergon*=work, *nomos*=law]

Erin [ir°-in, আয়্যার্°ইন্] *n.* Ireland, আয়ার্ল্যান্ড-এর প্রাচীন নাম।

eristic [e-ris°-tik, এরিস্°টিক্] (**1**) *a.* of disputation, বিতর্কসংক্রান্ত। (**2**) *n.* the art of disputation, বিতর্কবিদ্যা। [Ok. *eristikos*]

erk [a(r)k, অ্যা(র্)ক্] *n.* (sl.) naval rating, (অশি.) জাহাজের খালাসী বা লস্কর; aircraftman, বিমানসৈনিক; disliked person, যে ব্যক্তিকে কেহ পছন্দ করে না। [?]

ermine [a(r)°-min, অ্যা(র্)°মিন্] *n.* the stoat, নকুলজাতীয় প্রাণিবিশেষ; its fur, উহার সলোম চর্ম: ইহা বিচারপতিদের জামায় ব্যবহৃত হয়। [OF.]

erne [a(r)n, অ্যা(র্)ন্] *n.* the golden eagle, স্বর্ণ-ঈগল। [AS.—cp. ON. *orn*]

Ernie [a(r)°-ni, অ্যা(র্)°নি] *n.* a machine, or device for drawing the winning number in prize bonds, lotteries, etc., লটারি প্রভৃতিতে বাছবিচার না করিয়া গাদা হইতে টিকেট টানিবার যন্ত্রবিশেষ। [*e*lectronic *r*andom *n*umber *i*ndicator *e*quipment]

erode [i-rōd°, ইরৌড্°] *v.t.* to eat or wear away, ক্ষয় করা বা খওয়ান। *p. & p. pt.* **ėrō°dėd**। *n.* **ėrō°sion**—ক্ষয়; ক্ষয়করণ (soil *erosion* by wind and rain)। *a.* **ėrō°sive**—ক্ষয়কর। [L. *erodere*]

erogenous [i-ro°-je-nas, ইর°জেন্যাস্] *a.* causing sexual desire or excitement, যৌন আকাঙ্ক্ষা বা উত্তেজনা উদ্রেককর বা সঞ্চারক। **erogenous zone**—দেহের যে অংশে যৌন-প্রতিক্রিয়া প্রকট হয়। [Gk. *Eros; gene*<Gk.—*genēs*=-born]

Eros [e°-ros, এ°রস্] *n.* the Greek love-god, গ্রীক প্রেমদেবতা বা মদন। [Gk.]

erosion, erosive—see **erode.**

erotic [i-ro°-tik, ইর°টিক্] (**1**) *a.* of love, (সচ. যৌন) প্রেমমূলক, কামদ। (**2**) *n.* an amatory poem, প্রেমের কবিতা। *n.* **ero°ticism**—যৌন আকাঙ্ক্ষা বা উত্তেজনা; যৌনপ্রবৃত্তি বা তজ্জনিত মনোভাব। *n.* **eroto°logy**—কামশাস্ত্র [Gk. *eroticos*<*Eros*]

err [a(r), অ্যা(র্)] *v.i.* to make a mistake, ভুল করা; to sin, পাপ করা। **e°rring**—(**1**) *n.* বিপথগমন; ভুল করা; (**2**) *a.* বিপথগামী; ভুল বা পাপ করে এমন। [L. *errare*]

errand [e°r(a)nd, এ°র্ন্ড্] *n.* a message, প্রেরিত বার্তা বা খবর; a commission, কিছুর ভার দিয়া প্রেরণ। **fool's errand**—নিরর্থক কর্ম। **(to) run errands**—বার্তাবহন করা; টুকিটাকি কাজের জন্য প্রেরিত হওয়া। *n.* **errandboy** [e°r(a)n(d)-boy, এ°র্ন্বয়্] বার্তাবাহক ভৃত্য। [OE. *aerendi*<ON. *eyrindi*]

errant [e°r(a)nt, এ°র্ন্ট্] (**1**) *a.* wandering, (প্রধানতঃ ঝুঁকিপূর্ণ কাজের খোঁজে) ভ্রমণরত। (**2**) *n.* same as **knight-errant** (see **knight**)। *n.* **e°rrantry**—(প্রধানতঃ 'নাইট্'দের) ভ্রমণরত অবস্থা, ভ্রমণশীলতা। [see *err*]

errata—see **erratum.**

erratic [i-ra°-tik, ইর্যা°টিক্] *a.* wandering, ভ্রমণরত, ভ্রমন্ত; uncertain in movement, অনিশ্চিতগতি, অস্থিরগতি; not stationary, অস্থির; irregular in conduct or behaviour, অস্থিরপ্রকৃতি; capricious, খেয়ালি। *adv.* **erra°tically**। [see *err*]

erratum [i-rā°-tam, ইরেই°ট্যাম্] *n.* an error in writing or printing, লেখার বা ছাপার ভুল (বিশেষতঃ যেগুলির তালিকা গ্রন্থমধ্যে সন্নিবেশিত হয়)। *pl.* **errā°ta**। [see *err.*]

erroneous—see **error.**

error [e°-ra(r), এ°র্যা(র্)] *n.* a mistake, ভ্রম, ভুল; a wrong opinion, ভুল ধারণা। *a.* **ėrrō°nėous**—ভুল করে এমন, ভ্রমশীল; ভ্রমপূর্ণ; ভ্রমাত্মক। *adv.* **ėrrō°nėously**। [see *err*]

ersatz [er-sŭts°, এর্সাৎস্°] *n.* a substitute, বদলি লোক বা প্রতিস্থাপিত বস্তু। [G.]

Erse [a(r)s, অ্যা(র্)স্] *n.* West Highland Gaelic or Irish Gaelic, স্কটল্যান্ডের পশ্চিম পার্বত্যাঞ্চলে বা আয়ার্ল্যান্ডে ব্যবহৃত গেলিক ভাষা। [var. of *Irish*]

erst [a(r)st, অ্যা(র্)স্ট্] *adv.* at first, প্রথমে, গোড়ায় ; formerly, পূর্বে, আগে। *adv.* & *a.* **erst°while**—পূর্বে বা পূর্বকালীন। [OE. *aerest* = sup. of *aer*—see *ere*]

erubescent [e-roo-be°snt, এরুবে°স্ন্ট্] *a.* growing red, লাল হইয়া উঠিতেছে এমন ; blushing, লজ্জা পাইতেছে এমন। *n.* **erube°scence, erube°scency**—লাল হওয়া ; লজ্জিত হওয়া ; রক্তিমাভা ; লজ্জারাগ। [L. *erubescere* = to grow red]

eruct [i-rukt°, ইরাক্ট্°] *v.t.* to belch out as wind from the stomach, উদ্গীর্ণ করিয়া দেওয়া, ঢেকুর তোলা। *p.* & *p. pt.* **ėruc°tėd**। *n.* **ēructā°tion**। [L. *eructare*]

erudite [e°-roo-dīt, এ°রুডাইট্] *a.* learned, পণ্ডিত, পাণ্ডিত্যপূর্ণ। *adv.* **e°ruditely**। *n.* **erudi°tion**—পাণ্ডিত্য (বিশেষতঃ সাহিত্যসম্বন্ধে)। [L. *erudire* = to free from rudeness]

erupt [i-rupt°, ইরাপ্ট্°] *v.i.* to break out (as a volcano), (আগ্নেয়গিরির) বিস্ফোরণ হওয়া ; to break through gums, মাঢ়ী ভেদ করিয়া উদ্গত হওয়া। *p.* & *p. pt.* **ėrup°tėd**। *n.* **ėrup°tion**—erupt-এর সকল অর্থে, এবং—স্ফোটকাদির উদ্গম বা উদ্গত স্ফোটকাদি। *a.* **ėrup°tive**—বিস্ফোরণশীল ; উদ্গমশীল ; উদ্গত করায় এমন ; উদ্গমসংক্রান্ত। [L. *erumpere*]

erysipelas [e-ri-si°-pi-las, এরিসি°পিল্যাস্] *n.* an inflammatory disease, (সচ. মুখমণ্ডলের) প্রদাহমূলক রোগবিশেষ, বাতবিসর্পরোগ। [Gk.]

erythrocyte [i-ri°-thro-sīt, ইরি°থ্রসাইট্] *n.* red blood corpuscles, লোহিত রক্তকণিকা। [Gk. *erythros* = red]

escalade [es-ka-lād° এস্ক্যালেইড্°] *n.* the scaling of the walls with a ladder, মইয়ের সাহায্যে প্রাচীর বাহিয়া আরোহণ। [F. < Sp. *escalada* < L. *scāla*]

escalate [es°-ka-lāt, এস্°ক্যালেইট্] *v.t.i.* to increase by stages, ধাপে ধাপে বৃদ্ধি করা বা হওয়া ; (of warfare) to cause to become more violent, (যুদ্ধাদি সম্পর্কে) ক্রমে তীব্রতর বা ব্যাপক করিয়া তোলা। *n.* **escalā°tion**—তীব্রতাবৃদ্ধি। *n.* **es°calator**—ওঠা-নামার জন্য গতিশীল সিঁড়িবিশেষ। [back formation from *escalator* < *escalade*]

escape [is-kāp°, ইস্কেইপ্°] (**1**) *v.t.i.* to get free, মুক্তি বা নিষ্কৃতি পাওয়া ; to evade, এড়ান। (**2**) *v.i.* to flee, পলায়ন করা ; to slip out, ফসকাইয়া যাওয়া (to *escape* from one's hand) ; to issue, নির্গত হওয়া (smoke *escapes* from the chimney)। *p.* & *p. pt.* **ėscā°pėd**। (**3**) *n.* act or means of escaping, মুক্তি, পরিত্রাণ, পলায়ন, ফসকাইয়া যাওয়া, নির্গমন, বা উহাদের উপায় অথবা পথ ; flight from reality, রূঢ় বাস্তবকে এড়াইয়া যাওয়া ; an accidental or inadvertent emission, আকস্মিক বা ভ্রমজনিত নির্গমন ; a person or thing that has escaped, পলাতক ব্যক্তি বা নির্গত বস্তু। *n.* **escapade** [es-ka-pād°, এস্ক্যাপেইড্°] মুক্তি ; নিষ্কৃতি ; পরিহার ; (নিয়মের বন্ধন হইতে) পলায়ন ; উচ্ছৃঙ্খল আচরণ ; দুর্ঘটনাপূর্ণ অভিযান। *n.* **escā°pee**—যে কয়েদী জেলখানা হইতে পলায়ন করিয়াছে। *n.* **ėscāpe°ment**—(আর্ষ.) পলায়নের উপায় ; ঘড়ির গতি-নিয়ন্ত্রক অংশ ; পিয়ানোর তার ও আঘাত করিতে উদ্যত হাতুড়ির অন্তর্বর্তী স্থান। *n.* **ėscāp°ism**—রূঢ় বাস্তবকে এড়াইয়া চলার প্রবৃত্তি বা স্বভাব, পলায়নী প্রবৃত্তি। **ėscā°pist**—(**1**) *a.* পলায়নী প্রবৃত্তিপূর্ণ (*escapist* literature) ; (**2**) *n.* পলায়নী প্রবৃত্তিপূর্ণ ব্যক্তি। *n.* **escapo°logy**—বন্দিদশা হইতে মুক্তির উপায় এবং কৌশল। [OF.]

escarp [is-kŭ(r)p°, ইস্কা(র্)প্°] (**1**) *n.* a steep slope, বন্ধুর উতরাই বা ঢল ; the steep side of the ditch next a rampart (fort), দুর্গ প্রাকারের পার্শ্বস্থ পরিখার ক্রমোন্নত বন্ধুর পাড়। (**2**) *v.t.* to make into a scarp, বন্ধুর উতরাই-সদৃশ করিয়া নির্মাণ করা। *p.* & *p. pt.* **ėscar°ped**। *n.* **ėscarp°ment**। [F. *escarper* = to cut down steep—see *scarp*]

escheat [is-chēt°, ইস্চীট্°] (**1**) *n.* property that falls to the feudal lord or to the crown on owner's dying intestate and heirless, or by forfeiture, উত্তরাধিকারিহীন মালিক উইল না করিয়া মারা গেলে অথবা বাজেয়াপ্ত হইলে যে সম্পত্তি জমিদারের বা সরকারের অধিকারভুক্ত হয়। (**2**) *v.t.i.* to confiscate, or be confiscated, বাজেয়াপ্ত করা বা হওয়া। *p.* & *p. pt.* **ėschea°tėd**। [OF. *eschete*]

eschew [is-choo°, ইস্চূ°] *v.t.* to shun, পরিহার করা, এড়াইয়া চলা ; to abstain from, (কোন খাদ্যাদি-গ্রহণে) বিরত থাকা, বর্জন করা। [OF. *eschever*]

esclandre [es-klŭn°d(r), এস্ক্লাঁ°ড্(র্)] *n.* a scandal, অখ্যাতি, দুর্নাম ; any unpleasantness, ঝামেলা। [F.]

escort [es°-kaw(r)t, এস্°কা(র্)ট্] *n.* a person or persons, a ship or ships, usu. armed, accompanying another or others for protection, guidance or courtesy, যে লোক বা লোকেরা অথবা জাহাজ বা জাহাজসমূহ সচরাচর সশস্ত্র হইয়া অন্য লোকের বা লোকদের সঙ্গে অথবা জাহাজের বা জাহাজসমূহের সঙ্গে রক্ষিরূপে বা পথ-প্রদর্শনার্থ কিংবা ভদ্রতার খাতিরে যায়, সহযাত্রী রক্ষী বা রক্ষিদল। *v.t.* **ėscort°**—(কাহারও) রক্ষিরূপে সঙ্গে যাওয়া। *p.* & *p. pt.* **ėscor°tėd**। [F. *escorte*]

escritoire [es-kri-twŭ(r)°, এস্ক্রিট্যোআ(র্)°] *n.* a writing-desk with drawers, দেরাজওয়ালা লেখার টেবিলবিশেষ। [F. < LL. *scriptorium* < L. *scribere* = to write]

esculent [es°-kū-lant, এস্°কিউল্যান্ট্] (**1**) *a.* eatable, ভক্ষ্য, ভক্ষণোপযোগী। (**2**) *n.* anything eatable, খাদ্যসামগ্রী। [L. *esculentus*]

escutcheon [is-ku°ch(a)n, ইস্কা°চ্ন্] *n.* a shield with armorial bearing, কুলমর্যাদার চিহ্নাঙ্কিত ঢাল ; the part of a vessel's stem bearing its name, পোতাদির পশ্চাদ্ভাগস্থ যে অংশে উহার নাম অঙ্কিত থাকে। **a blot on one's escutcheon**—খ্যাতিতে বা সুনামে কলঙ্ক বা দাগ। [OF. *escuchon*]

Eskimo [es°-ki-mō, এস্°কিমৌ] *n.* a member of a North American race, এস্কিমো-জাতির লোক। [native Am.]

esophagus—alt. spell. of **œsophagus.**

esoteric [e-sŏ-te°-rik, এসোটে°রিক্], **esŏte°rical**—*a.* inner, আভ্যন্তরীণ ; secret, গুপ্ত ; mysterious, রহস্যমূলক, গূঢ় ; (phil.) taught to a select few, (দর্শ.) নির্বাচিত কয়েকজনকে শিক্ষা দেওয়া হয় এমন। *adv.* **esŏte°rically** । [Gk. *esoterikos*]

espadrille [es-pa-dril°, এস্প্যাড্রিল্°] *n.* light canvas shoe with rope-sole, দড়ির তলাযুক্ত হালকা ক্যাম্বিসের জুতা। [F. *eshardillo*<*espart*]

espalier [es-pa°-li-a(r), এস্প্যা°লিঅ্যা(র্)] *n.* trellis, লতাদি বাড়িয়া ওঠার জন্য নির্মিত মাচা ; a trained fruit-tree, মাচায় বাড়িয়া-ওঠা ফলগাছ। [F.]

esparto [es-pā(r)°-tō, এস্প্যা(র্)°টৌ] *n.* a kind of coarse grass grown in Spain and North Africa and used in paper-making, কাগজ নির্মাণের জন্য ব্যবহৃত ঘাসবিশেষ। [Gk. *sparton*= rope]

especial [is-pe°sh(a)l, ইস্পে°শ্‌ল্] *a.* special, বিশিষ্ট ; particular, বিশেষ কোন, নির্দিষ্ট ; preeminent, principal, প্রধান, মুখ্য। **in especial** —সর্বোপরি। *adv.* **ėspe°cially** । [OF.<L. *specialis*]

Esperanto [es-pa-ran°-tō, এস্প্যার্যান্°টৌ] *n.* an artificial language designed for world use, কৃত্রিম আন্তর্জাতিক ভাষাবিশেষ। [the penname of its inventor, Dr. Zamenhof]

espial—see **espy.**

espionage [es-pī-a-nŭz°, এস্পাইআ্যানাজ্°] *n.* spying, গোয়েন্দাগিরি ; use of spies, গোয়েন্দা-নিয়োজন। [F.]

esplanade [es-pla-nād°, এস্প্ল্যানেইড্°] *n.* a level space between a citadel and the first houses of the town, নগরদুর্গ ও নগরীর অট্টালিকা-শ্রেণীর মধ্যবর্তী সমতল জমি, গড়ের মাঠ ; any level space for walking or driving in, ভ্রমণের বা গাড়ি-চালনার জন্য সমতল জমি বা ময়দান। [F.<Sp. *esplanada*]

espouse [is-powz°, ইস্পাউজ্°] *v.t.* to marry or betroth, বিবাহ দেওয়া বা করা অথবা বাগ্‌দান করা ; to take upon oneself, as a cause, কিছুর সমর্থন প্রচার সম্পাদন প্রভৃতির দায়িত্ব স্বেচ্ছায় গ্রহণ করা (to *espouse* a cause)। *n.* **ėspou°sal** —(usu. in *pl.*) বিবাহ বা বাগ্‌দান ; কিছুর সমর্থন প্রচার সম্পাদন প্রভৃতির দায়িত্বগ্রহণ। *n.* **ėspou°ser** । [OF. *espouser*<L. *sponsare*]

espresso [es-pre°-sō, এস্প্রে°সৌ] *n.* a machine for making coffee under steam pressure, বাষ্পের চাপে কফি তৈয়ারির যন্ত্রবিশেষ ; coffee made by forcing boiling water through ground coffee, কফিচূর্ণের উপরে তোড়ে গরম জল ঢালিয়া প্রস্তুত কফি। [It.=pressed out]

esprit [es°-prē, এস্°প্রী] *n.* wit, বুদ্ধি, বুদ্ধিমত্তা ; sprightliness, হাসিখুশি ও সপ্রতিভভাব। *n.* **esprit-de-corps** [es°-prē-da-kaw(r)°, এস্°প্রী-ড্যাক্য(র্)°] স্বদলের সম্মানসম্বন্ধে সচেতনতা ; স্বদলানুগত্য। **esprit fort** [es°-prē fo(r), এস্°প্রীফ(র্)] স্বাধীন চিন্তাশীল ব্যক্তি। [F.]

espy [is-pī°, ইস্পাই°] *v.t.* to watch, পর্যবেক্ষণ করা ; to catch sight of, (হঠাৎ ও দূরে) দেখিতে পাওয়া বা লক্ষ্য করা। *n.* **ėspi°al**—পর্যবেক্ষণ ; নিরীক্ষণ ; (হঠাৎ ও দূরে) নিরীক্ষণ ; গোয়েন্দাগিরি। [OF. *espier*—see *spy*]

esquire [is-kwī°-a(r), ইস্ক্যোআই°য়্যা(র্)] *n.* (orig.) a shield-bearer, (মূলতঃ) ঢালবাহী ; a squire, মধ্যযুগীয় knight অর্থাৎ বীরব্রতিগণের সহচর পরিচারক ; a general title of courtesy (abbre. **Esq.**), ভদ্রলোকের নামের সহিত সংযোজ্য সম্মানসূচক আখ্যাবিশেষ। [OF. *esquier*]

essay [e°-sā, এ°সেই] *n.* an attempt, প্রচেষ্টা ; a test, পরীক্ষা ; a written composition, প্রবন্ধ। *v.t.* **essay°**—প্রচেষ্টা করা (to *essay* a task) ; পরীক্ষা করা। *n.* **essay°er, essay°ist**—প্রচেষ্টা-কারী ; পরীক্ষক ; প্রবন্ধকার। [OF. *essai*]

esse [e°-si, এ°সি] *n.* actual existence, প্রকৃত অস্তিত্ব, সত্তা। **in esse**—বিদ্যমান। [L.=to be]

essence [e°sns, এ°স্‌ন্স্] *n.* an existence, সত্তা ; intrinsic quality or element, (কিছুর) সারাংশ, মূল ও অপরিহার্য বৈশিষ্ট্য বা উপাদান ; an extract, নির্যাস ; a perfume, সুগন্ধসার। **essential** [i-sen°sh(a)l, ইসেন্°শ্‌ল্] **(1)** *a.* সারমূলক ; সত্তার বা অস্তিত্বের পক্ষে অপরিহার্য ; অপরিহার্য (an *essential* part ; long experience *essential*) ; উদ্বায়ী (*essential* oil) ; **(2)** *n.* অপরিহার্য কিছু ; মূল উপাদান বা সূত্র। *n.* **ėssentia°lity** । *adv.* **ėssen°tially** । [F.<L. *essentia*]

establish [is-tab°-lish, ইস্ট্যাব্°লিশ্] *v.t.* to set up or found, প্রতিষ্ঠা করা, স্থাপন করা ; to place in fixed position, possession or power, পদ অধিকার ক্ষমতা প্রভৃতিতে প্রতিষ্ঠিত করা ; to prove, প্রমাণ করা, প্রতিপাদন করা ; to ordain, বিধিবদ্ধ করা ; to make current, চালু করা ; প্রবর্তন করা (to *establish* a practice)। *p.* & *p. pt.* **ėstab°lished** । **established church**—সরকার কর্তৃক অনুমোদিত ও পৃষ্ঠপোষিত গির্জা। *n.* **ėstab°lisher** । *n.* **ėstab°lishment**—establish-এর সকল অর্থে, এবং—প্রতিষ্ঠান ; গৃহস্থালি বা জীবনযাত্রা ; চাকরবাকর বা কর্মচারিবর্গ। **the Establishment**—সমাজের

প্রভাবশালী এবং পরিবর্তনবিরোধী গোষ্ঠী। [OF. *establir* < *establissant*]

estaminet [es-ta°-me-na, এস্ট্যা°মীনেই] *n.* a cafe, ক্ষুদ্র পানশালাবিশেষ। [F.]

estate [is-tat°, ইস্টেইট্°] *n.* property landed or movable, স্থাবর বা অস্থাবর সম্পত্তি ; a landed property, ভূসম্পত্তি, জমিদারি বা তালুক ; condition, অবস্থা (*estate* of man) ; an order of men in the body politic, ব্যবস্থাপক-সভার সদস্যদের শ্রেণী। **estate duty**—মৃত ব্যক্তি কর্তৃক পরিত্যক্ত ভূসম্পত্তির উপর নির্ধারিত কর। **estate agent**—বাড়ি ও জমি কেনা-বেচার দালাল। **(the) fourth estate**—(ব্যঙ্গে) সাংবাদিকগোষ্ঠী বা সংবাদ-পত্রসমূহ। **housing estate**—যে বিস্তীর্ণ জমিতে ভাড়ার বিনিময়ে বা অন্যভাবে জনসাধারণের বাসার্থ সরকারি বা বেসরকারি উদ্যোগে বহু বাড়ি নির্মিত হয়। **industrial estate**—কল-কারখানার জন্য যে জমির উন্নয়ন করা হইয়াছে। **real estate**—see **real**। **(the) third estate**—বিপ্লবপূর্ব যুগের ফরাসি বুর্জোয়া অর্থাৎ মধ্যবিত্ত সম্প্রদায়। **(the) Three Estates**—ইংল্যানডের পার্লামেনটের যাজক জমিদার ও জনসাধারণের প্রতিনিধিগণ। *a.* **ėstā°ted**—ভূসম্পত্তির অধিকারী। [OF. *estat* < L. *status*]

esteem [is-tem°, ইস্টীম্°] (**1**) *v.t.* to set a high value on, উচ্চমূল্য দেওয়া বা উচ্চমূল্যসম্পন্ন বলিয়া জ্ঞান করা ; to regard with respect, শ্রদ্ধা করা ; to consider, গণ্য করা। (**2**) *n.* high estimation or value, উচ্চমূল্যাবধারণ বা উচ্চ মূল্য ; respectful regard, শ্রদ্ধা (to hold a person in great *esteem*)। *a.* **ėstee°med**—সশ্রদ্ধ ; শ্রদ্ধেয়। [F. *estimer*]

esthete—alt. spell. of **æsthete.**

estimable—see **estimate.**

estimate [es°-ti-mat, এস্°টিমেইট্] *v.t.* to judge of the worth of, মূল্যবিচার করা ; to calculate, গণনা করা ; হিসাব করা। *p.* & *p. pt.* **es°timāted**। *n.* **es°timate**—মূল্যবিচার (to form an *estimate* of a person's abilities) ; (সম্ভাব্য ব্যয়ের) হিসাব, প্রাক্কলন (a rough *estimate* of the cost of repair)। **(the) estimates**—(প্রধানতঃ ব্যবস্থাপক-সভায় উত্থাপিত আগামী বৎসরে রাষ্ট্র-পরিচালনা বাবদ) সম্ভাব্য ব্যয়ের হিসাবের খসড়া। *a.* **es°timable**—estimate (*v.*)-এর সকল অর্থে, এবং—শ্রদ্ধেয়। *adv.* **es°timably**। *n.* **estimātion**—estimate (*v.*)-এর সকল অর্থে, এবং—শ্রদ্ধা ; বিবেচনা (in my *estimation*) ; অনুমান। **(to) hold in estimation**—শ্রদ্ধা করা। *n.* **es°timātor**। [see *esteem*]

estivate—alt. spell. of **æstivate.**

Estonian [es-to°-ni-an, এসটৌ°নিঅ্যান্] (**1**) *a.* pertaining to Estonia on the Baltic, বাল্টিক সাগরের উপকূলবর্তী এসটোনিয়া নামক দেশ সম্বন্ধীয়। (**2**) *n.* a native of Estonia, এসটোনিয়ার অধিবাসী ; Estonian language, এসটোনীয় ভাষা। [*Estonia*, a republic in U.S.S.R.]

estoppel [is-to°p(a)l, ইস্টপ্ল্] *n.* (law) a conclusive admission not deniable by the party whom it affects ; (আইনে) চূড়ান্ত স্বীকৃতি : ইহা যে পক্ষের ভালমন্দের হেতু হয়, সে পক্ষও এই স্বীকৃতিকে অস্বীকার করিতে পারে না। [OF. *estoupail* = bung]

estrade [es-trŭd°, এস্ট্রাড্°] *n.* a raised but low platform, অনতিউচ্চ মঞ্চ। [Sp. *estrado* = carpeted floor]

estrange [is-trānj°, ইস্ট্রেইন্জ্°] *v.t.* to alienate, পর করা ; to separate, বিচ্ছিন্ন করা, ছাড়াছাড়ি করাইয়া দেওয়া। *n.* **ėstrānge°ment**—বিচ্ছেদ, ছাড়াছাড়ি (to cause an *estrangement* between two friends)। [OF. *estranger* < L. *extraneare*—cp. *strange*]

estuary [es°-tū(a)-ri, এস্°টিউরি] *n.* the wide lower tidal part of a river, নদীর মোহানা। [L. *æstuarium*]

esurient [ė-sū°-ri-ant, ইসিউ°রিঅ্যান্ট্] *a.* hungry, ক্ষুধার্ত ; greedy, লোভী। *n.* **ėsū°rience**। [L. *esurire* = to be hungry]

état-major [ā-tŭ°-ma-zaw(r)°, এইটা°ম্যা(শ্)জ়্য়া-(র্)°] *n.* (mil.) staff or staff-officer, (সাম.) সেনাপতির সহায়তার জন্য নিযুক্ত সেনানীবৃন্দ বা তাহাদের দফতর। [F.]

et cetera [it-set°-ra, ইট্সেট্°র‍্যা], (abbr.) **etc.** —*ph.* and the rest, এবং এই সব, গয়রহ, প্রভৃতি। [L.]

etch [ech, এচ্] *v.t.i.* to design on a metal, glass, etc. by corroding with acid, অ্যাসিডে খওয়াইয়া ধাতু কাচ প্রভৃতির উপর নকশাদি খোদাই করা। *p.* & *p. pt.* **e°tched**। *n.* **e°tcher**। *n.* **e°tching**—উক্ত খোদাই-কার্য বা খোদাই-বিদ্যা। [G. *atzen*]

eternal [i-ta(r)°nl, ইট্যা(র্)°ন্ল্] *a.* without beginning or end of existence, অনাদি ও অনন্ত ; everlasting, চিরস্থায়ী, চিরন্তন, শাশ্বত, অমর ; ceaseless, অবিরাম ; unchangeable, অপরিবর্তনীয়। **(the) Eternal**—ভগবান্। **eternal triangle**—প্রণয়জনিত সমস্যাবিশেষ : এই অবস্থায় দুই পুরুষ এক নারীকে অথবা দুই নারী এক পুরুষকে পাইতে চায়। *v.t.* **ėter°n(al)ize**—চিরস্থায়ী বা অমর করা। *adv.* **ėter°nally**। *n.* **ėter°nity**—চিরস্থায়িত্ব, অমরত্ব ; অবিনশ্বর যশ ; (usu. in *pl.*) অনন্ত কাল ; চিরসত্য ; মরণোত্তর জীবন বা কাল। [F. *eternel*]

ether [e°tha(r), ঈ°থ্যা(র্)] *n.* the clear upper sky beyond the clouds, মেঘলোক ছাড়াইয়া বিরাজিত নির্মল আকাশ ; (phys.) the elastic fluid permeating space, (পদার্থ.) সর্বত্র পরিব্যাপ্ত এবং বায়ু-কণিকা ও অন্য পদার্থের মধ্যবর্তী স্থানে বিরাজিত তরল বস্তুবিশেষ ; hypothetical medium through which light waves are transmitted, আলোকতরঙ্গ প্রেরণের কল্পিত মাধ্যম, ঈথর ; (chem.) a colourless volatile liquid, (রসা.) বর্ণহীন উদ্বায়ী তরল পদার্থবিশেষ, ঈথর। *a.* **ėthē̄r°ėal, ėthē̄r°ial**—ঈথর-পূর্ণ ; গাগনিক ; স্বর্গীয় ; বায়বীয় ; অশরীরী। *n.* **ėthērėa°lity** । *v.t.* **ėthē̄r°ėalīze**—ঈথরে পরিণত করা ; অশরীরী করা। *n.* **ėthērėalizā°tion** । *v.t.* **ē°therīze**—ঈথরে পরিণত করা ; ঈথর-প্রয়োগে অবশ বা আচ্ছন্ন করা (to *etherize* a patient for surgical operation)। *n.* **ētherīzā°tion** [L. *aether* < Gk. *aither*]

ethic [e°-thik, এ°থিক্], **e°thical**—*a.* of morals or moral questions, নৈতিক চরিত্র বা নীতিশাস্ত্র-সম্বন্ধীয়, নৈতিক। *n.* **ethic(s)**—নীতিশাস্ত্র ; (pl.) নৈতিক সত্যতা (the *ethics* of his decision are questionable)। *adv.* **e°thically** । [Gk. *ethikos*]

Ethiopian [ē-thi-ō°-pi-an, ঈথিঔ°পিয়্যান্] (**1**) *a.* of Ethiopia, আফ্রিকার অন্তর্গত ঈথিওপিয়া-রাজ্যের। (**2**) *n.* a native of Ethiopia, ঈথিওপিয়াবাসী ; a blackamoor, কৃষ্ণাঙ্গ মানুষ। [Gk. *Aithiops*]

ethnic [eth°-nik, এথ্°নিক্], **eth°nical**—*a.* of races, জাতিতত্ত্বমূলক, জাতিগত। *adv.* **eth°nically** । *n.* **ethnography** [eth-no°-gra-fi, এথ্ন°গ্র্যাফি] বিভিন্ন মানবজাতির বিবরণসংক্রান্ত বিজ্ঞান। *n.* **ethnology** [eth-no°-la-ji, এথ্ন°ল্যাজি] মানুষের জাতিবিভাগাদি-সংক্রান্ত বিজ্ঞান ; জাতিবিদ্যা। *a.* **ethnological** [eth-na-lo°-jik(a)l, এথ্ন্যাল°জিক্ল্] জাতিবিদ্যাসংক্রান্ত ; জাতিগত। *n.* **ethnologist** [eth-no°-la-jist, এথ্ন°ল্যাজিস্ট্] জাতিবিৎ, জাতিবিজ্ঞানী। [Gk. *ethnos*= a nation]

ethos [ē°-thos, ঈ°থস্] *n.* characteristic spirit of people, etc., জাতি প্রভৃতির আত্মিক বৈশিষ্ট্য ; system, তত্ত্ব। *n.* **ētho°logy**—চরিত্র-গঠন বিজ্ঞান। [Gk.=character, nature]

etiolate [ē°-ti-o-lāt, ঈ°টিঅলেইট্] *v.t.* to make pale for want of light, আলোর অভাবে পাণ্ডুর করা। *n.* **ētiolā°tion** ।

etiology—alt. spell. of **ætiology.**

etiquette [e-ti-ket°, এটিকেট্°] *n.* conventional rules of decorum, শিষ্টাচার, ভদ্রতা। [F.—see *ticket*]

Etonian [ē-tō°-ni-an, ঈটৌ°নিঅ্যান্] (**1**) *a.* educated at Eton College, ইটন কলেজে শিক্ষিত। (**2**) *n.* a student of Eton College, ইটন কলেজের ছাত্র। [Eton in Berkshire]

Etruscan [i-trus°-kan, ইট্রাস্°ক্যান্] (**1**) *a.* of Etruria, ইট্রুরিআ-দেশের। (**2**) *n.* a native of Etruria, ইট্রুরিআর অধিবাসী। [L. *Etruscus*= Etruria]

et sequentes [et sē-kwen°-tēz, এট্ সীকোয়েন্°টীজ্], (contr.) **et seqq.** [et-sek°, এট্সেক্°] *ph.* and those that follow, এবং যাহা পরে লেখা হইল। [L.]

etui, etwee [e-twē°, এট্যুঈ°] *n.* a small case, সুচ খড়কে প্রভৃতি রাখার জন্য ক্ষুদ্র আধারবিশেষ। [F. *etui*]

etymology [e-ti-mo°-la-ji, এটিম°ল্যাজি] *n.* the science of the derivation and original signification of words, শব্দের প্রকৃতি-প্রত্যয় ও মূল-ব্যুৎপত্তি সংক্রান্ত শাস্ত্র, শব্দপ্রকরণ। *a.* **etymologic** [e-ti-ma-lo°-jik, এটিম্যাল°জিক্], **etymo°logical**—উক্ত শাস্ত্রগত। *n.* **etymo°logist** —উক্ত শাস্ত্রবিৎ। [Gk. *etumologia*]

etymon [e°-ti-mon, এ°টিমন্] *n.* a primary word that gives rise to a derivative form, মূলশব্দ যাহা হইতে অন্যান্য শব্দ নিষ্পন্ন হয়। *pl.* **e°tyma** । [Gk. *etumon*=original form of a word]

eucalyptus [ū-ka-lip°-tas, ইউক্যালিপ্°ট্যাস্] *n.* a kind of tree, বৃহৎ বৃক্ষবিশেষ : ইহার পুষ্পনির্যাস হইতে "eucalyptus oil" নামক রোগবীজনাশক এক প্রকার সুগন্ধি তৈল প্রস্তুত হয়। [Latinized from Gk. *eu*=well, *kalyptos*=covered]

Eucharist, eucharist [ū°-ka-rist, ইউ°ক্যারিস্ট্] *n.* the Lord's Supper, যিশুখ্রিস্টের নৈশ-ভোজোৎসব ; consecrated elements of it, উক্ত ভোজের উপকরণ (বিশেষতঃ রুটি)। *a.* **eucharis°tic(al)**—উক্ত ভোজোৎসব-সংক্রান্ত। [Gk. *eucharistia*=thanksgiving]

Euclidean [ū-kli°-di-an, ইউক্লি°ডিঅ্যান্] *a.* of Euclid, জ্যোতির্বিদ্ ইউক্লিড্-সম্বন্ধীয় বা তাহার মতানুযায়ী (Euclidean *geometry*)।

eud(a)emonism [ū-dē°-man-izm, ইউডী°ম্যানিজ্ম্] *n.* a system of ethics that makes happiness the test of rectitude, যে নীতিশাস্ত্র অনুসারে কার্যাদির সুখকরতা বা সুখাবহতাই তৎসমূহের সার্থকতার প্রমাণ। *a.* **eūd(a)ēmo°nic** —সুখকর, সুখাবহ [Gk. *eudaimonio*=happiness]

eudiometer [ū-di-o°-mi-ta(r), ইউডিঅ°মিট্যা(র্)] *n.* an apparatus for gas analysis, গ্যাসমানযন্ত্র। *n.* **eūdiometry**—গ্যাসমিতি। [Gk. *eudios*= clear (weather), *metron*=measure]

eugenic [ū-je°-nik, ইউজে°নিক্] *a.* of the production of fine offspring, সুপ্রজননসংক্রান্ত। *n.* (treated as *sing.*) **euge°nics**—সুপ্রজনন-বিদ্যা। *n.* **euge°nist**—সুপ্রজনন-বিজ্ঞানী। [Gk. *eugenes*]

eulogy [ū°-la-ji, ইউ°ল্যাজি] *n.* speech or writing in praise, প্রশংসাত্মক উক্তি বা লেখা ; a praise, প্রশংসা। *n.* **eu°logist**—প্রশংসাকারী। *a.* **eulogistic** । *v.t.* **eu°logīze**—প্রশংসা করা। [Gk. *eulogion*]

eunuch [ū°-nak, ইউ°ন্যাক্] *n.* a castrated man, খোজা পুরুষ (বিশেষতঃ হারেমের প্রহরী বা উচ্চকণ্ঠ গায়ক)। [Gk. *eunoukhos*]

eupepsy [ū-pep°si, ইউপেপ্°সি] *n.* good digestion, ভাল হজমশক্তি। *a.* **eupep°tic**। [Gk. *eupepsia*=digestibility]

euphemism [ū°-fi-mizm, ইউ°ফিমিজ্‌ম্] *n.* (rhet.) substitution of a milder term for a harsh or offensive one, (অল.) রূঢ় বা অপ্রিয় উক্তির পরিবর্তে কোমল উক্তি-প্রয়োগ ('pass away' is a *euphemism* for 'die')। *a.* **euphėmis°tic**—উক্ত উক্তি-প্রয়োগমূলক। *adv.* **euphėmis°tically**। [Gk. *euphemismos*]

euphony [ū°-fa-ni, ইউ°ফ্যানি] *n.* an agreeable sound or pronunciation, মধুর ধ্বনি বা উচ্চারণ। *a.* **euphonic** [ū-fo°-nik, ইউফ°নিক্], **euphō°nious**—মধুরধ্বনিপূর্ণ। *adv.* **eupho°nically**। *v.t.* **eu°phonize**—মধুরধ্বনিপূর্ণ করা, সুরেলা করা। [Gk. *euphonia*]

euphoria [ū-faw°-ri-a, ইউফ্য°রিঅ্যা] *n.* state of well-being and pleasant excitement, কুশল ও আনন্দ-চঞ্চল অবস্থা, রমরমা unfounded feeling of optimism, strength, etc., ভিত্তিহীন আশাবাদিতা আত্মশক্তি প্রভৃতির অনুভূতি বা মানসিকতা। [Gk.]

euphuism [ū°-fū-izm, ইউ°ফিউইজ্‌ম্] *n.* affected and bombastic literary style, অস্বাভাবিক ও বড় বড় শব্দপূর্ণ রচনাশৈলী। *n.* **eu°phūist**—উক্ত রচনাশৈলী-অনুসরণকারী লেখক। *a.* **euphūis°tic**—উক্ত রচনাশৈলী-অনুযায়ী। *adv.* **euphūis°tically**। [Lyly's "*Euphues* and his England" < Gk. *euphyes*=graceful]

Eurasian [ū-rā°-zi-an, ইউরেই°জ়িঅ্যান্] (**1**) *a.* of mixed European and Asiatic descent, মাতাপিতার মধ্যে একজন ইউরোপীয় অপরজন এশিয়াবাসী এমন বা ঐরূপ বংশোদ্ভূত; of Europe and Asia, ইউরোপ ও এশিয়া সংক্রান্ত, ইউরেশীয়। (**2**) *n.* a Eurasian half-caste, ইউরেশীয় বর্ণসঙ্কর। [*Europe, Asia*]

eureka [ū-rē°-ka, ইউরী°ক্যা] (**1**) *int.* announcing a discovery, আবিষ্কার-ঘোষণাসূচক শব্দ-বিশেষ। (**2**) *n.* a brilliant discovery, চমৎকার আবিষ্কার। [Gk. *heureka*=I have found (the famous exclamation of Archemedes)]

eurhythmics [ū-ridh°-miks, ইউরিদ্°মিক্‌স্] *n.* (*pl.*) the art or system of rhythmic movement, (প্রধানতঃ সঙ্গীতের সাহায্যে শিক্ষণীয়) স্বচ্ছন্দ গতিভঙ্গির কৌশল বা বিদ্যা। [Gk. *eurythmia* < *eu*=well, *rythmos*=rhythm]

Eurodollar [ūr°-ō-do-la(r), ইউয়্যার্°ওডল্যা(র্)] *n.* U.S.A. dollars in European banks to act as an international currency, আন্তর্জাতিক বিনিময় মুদ্রা হিসাবে ব্যবহারের নিমিত্ত ইয়োরোপের ব্যাঙ্কে ডলারের আমানত।

European [ūr-a-pi°-an, ইউয়্যারঅ্যাপি°অ্যান্] *a.* & *n.* (a native) of Europe, ইউরোপীয়। *n.* **Europė°anism**—ইউরোপীয় আচার-ব্যবহার ও ভাবধারা বা তাহার অনুকরণ। *v.t.* **Europė°anize**—ইউরোপীয় আচার-ব্যবহার ও ভাবধারার অনুযায়ী করা। [Gk. *Europe*]

euthanasia [ū-tha-nā°-zi-a, ইউথ্যানেই°জ়িঅ্যা], **euthanasy** [ū-tha°-na-si, ইউথ্যা°ন্যাসি] *n.* an easy mode of death, মৃত্যুর সহজ প্রণালী, আরামের মরণ; act of putting painlessly to death, (প্রধানতঃ চিকিৎসাতীত রোগীর) বিনা যন্ত্রণায় মৃত্যু-সজ্ঘটন। [Gk. *euthanasia*]

euthenics [ū-the°-niks, ইউথে°নিক্‌স্] *n.* (treated as *sing.*) the science concerned with the improvement of living conditions, জীবনযাত্রার মানোন্নয়নমূলক বিজ্ঞান। [Gk. *euthe-neein*=to flourish]

evacuant—see **evacuate.**

evacuate [i-va°-kū-āt, ইভ্যা°কিউএইট্] *v.t.* to empty, (সচ. পাকস্থলী) খালি করা, রেচন করান; to remove, (বিপজ্জনক স্থানাদি হইতে) অপসারণ বা অপসরণ করা; to clear out troops, inhabitants, etc., from, (স্থানাদি হইতে) সৈন্যদল অধিবাসিবৃন্দ প্রভৃতিকে অপসৃত করা। *p.* & *p. pt.* **ėva°cūātėd**। *a.* & *n.* **ėva°cūant**—রেচক। *n.* **ėvacūā°tion**। *n.* **ėva°cūator**। *n.* **ėvacūee°**—অপসৃত বা স্থানত্যাগী ব্যক্তি। [L. *evacuare*]

evade [i-vād°, ইভেইড্°] *v.t.* to avoid artfully, কৌশলে এড়ান (to *evade* a question)। *p.* & *p. pt.* **ėvā°dėd**। *n.* **ėvā°sion**—কৌশলে পরিহার (*evasion* of responsibility, taxation, etc.); এড়ানর চেষ্টা। *a.* **ėvā°sive**—কৌশলে এড়াইয়া যায় এমন; কৌশলে এড়াইবার চেষ্টাপূর্ণ। [L. *evadere*]

evaluate [i-va°-lū-āt, ইভ্যা°লিউএইট্] *v.t.* to ascertain the value of, মূল্যনির্ধারণ করা। *p.* & *p. pt.* **ėva°lūātėd**। *n.* **ėvalūā°tion**। [F. *evaluer*—see *value*]

evanesce [ē-va-nes°, ঈভ্যানেস্°] *v.i.* to fade out of sight, ধীরে ধীরে দৃষ্টিবহির্ভূত হওয়া; to disappear, অদৃশ্য হওয়া। *p.* & *p. pt.* **evane°scėd**। *n.* **evane°scence**—অদৃশ্য হওয়া; ছুটিয়া দৃষ্টিবহির্ভূত হওয়া। *a.* **evane°scent**—ছুটিয়া দৃষ্টিবহির্ভূত হইতেছে এমন; বিলীয়মান; অদৃশ্য হইতেছে এমন। [L. *evanescere*]

evangel [i-van°-jel, ইভ্যান্°জেল্] *n.* (poet.) good news, সুসমাচার; gospel, (প্রধানতঃ খ্রিস্ট-প্রচারিত) ভগবদ্বাক্য; doctrine, মতবাদ। **ėvange°lic(al)**—(**1**) *a.* ভগবদ্বাক্যসংক্রান্ত; ভগবদ্বাক্য-সম্মত; ভগবানে বা ভগবদ্বাক্যে বিশ্বাসই মুক্তির একমাত্র উপায়: এই মতাবলম্বী প্রটেস্ট্যান্ট সম্প্রদায়ভুক্ত; (**2**) *n.* উক্ত প্রটেস্ট্যান্ট-সম্প্রদায়ভুক্ত ব্যক্তি। *n.* **ėvange°lism**—ভগবদ্বাক্য-প্রচার। *n.* **ėvan°gėlist**—ভগবদ্বাক্য-প্রচারক; খ্রিস্টের জীবনী ও বাণী সমন্বিত চারটি Gospel-এর অর্থাৎ সুসমাচারের যে-কোনটির লেখক; ভ্রমণশীল খ্রিস্টীয় যাজকবিশেষ। *v.t.* **ėvan°gelīze**—ভগবদ্বাক্য শেখান; খ্রিস্টান করা। *n.* **ėvangėlīzā°tion**। [L. *evangelicus*]

evaporate [i-va°-pa-rāt, ইভ্যা°প্যারেইট্] (**1**) *v.i.* to fly off in vapour, বাষ্পীভূত হইয়া উবিয়া যাওয়া ; to vanish, অদৃশ্য বা বিলুপ্ত হওয়া। (**2**) *v.t.* to turn into vapour, বাষ্পীভূত করা (heat *evaporates* water) ; to dry by evaporating the liquid part, তরল অংশ উবাইয়া দিয়া শুষ্ক করা। *p.* & *p. pt.* **ėva°porātėd** I *a.* **ėva°porable**—বাষ্পীভবনসাধ্য। *n.* **ėvaporā°tion** I [L. *evaporare*]

evasion, evasive—see **evade.**

Eve [ēv, ঈভ্] *n.* the first woman according to the Bible, বাইবেল-অনুসারে প্রথম নারীর নাম। [H. *Havvah*]

eve—see **even**$_2$.

even$_1$ [ē°v(a)n, ঈ°ভ্ন্] (**1**) *a.* level, সমতল ; smooth, মসৃণ (the tennis lawn is perfectly *even*) ; in the same plane, একই তলে অবস্থিত ; straightforward, অকুটিল ; equally balanced, সমভার ; equal, সমান, সম ; exact, সঠিক, যথাযথ ; (math.) integrally divisible by two, (গণি.) দুই দিয়া ভাগ দিলে মিলিয়া যায় এমন, যুগ্ম, জোড়। (**2**) *v.t.i.* to make or become even, সমতল বা সমান করা অথবা হওয়া। (**3**) *adv.* exactly, সঠিকভাবে, যথাযথভাবে, ঠিক-ঠিক ; nearly, প্রায় ; indeed, বাস্তবিকই ; so much as, তত…যত ; still, তবু, তথাপি ; extreme as the case may be, এমন কি। **even as**—ঠিক সেই সময়ে। **even date**—একই তারিখ। **even if**—যদিও। **even money**—উভয় পক্ষেই বাজি-ধরা সমপরিমাণ টাকা। **even now**—তথাপি ; (আর্ষ.) অল্প কিছুক্ষণ পূর্বে। **even odds**—অনুকূলে ও প্রতিকূলে সমান সুযোগ। **even then**—তথাপি। **even though**—যদিও। **(to) be** or **get even with**—পূর্ণপ্রতিশোধ লওয়া ; দেনা-পাওনায় সমান হওয়া। **(to) break even**—(কথ্য.) লেনদেন প্রভৃতিতে লাভও না করা লোকসানও না দেওয়া। **(to) even up**—সমান করা (this will *even* things *up*) I *a.* **ē°ven-handėd**—নিরপেক্ষ (*even-handed* justice) I *adv.* **ē°venly** I *a.* **ē°ven-mīn°dėd**—স্থিরচিত্ত, অচঞ্চলচিত্ত। *n.* **ē°venness** I [OE. *efen*—cp. Du. *even*]

even$_2$ [ē°v(a)n, ঈ°ভ্ন্] *n.* (poet.) evening, (কাব্যে) সন্ধ্যা। *n.* **eve** [ēv, ঈভ্] (কাব্যে) সন্ধ্যা বা রাত্রি ; পর্বাদির পূর্বরাত্রি বা পূর্বদিবস (Christmas *eve*) ; ঘটনাদির পূর্বমুহূর্ত (*eve* of departure) I **on the eve of**—প্রাক্কালে। *n.* **ē°venfall**—সন্ধ্যা ; গোধূলি। *n.* **ē°vensong**—খ্রিষ্টীয় গির্জার সান্ধ্য উপাসনাসঙ্গীতবিশেষ। *n.* **ē°ventide**—সন্ধ্যাবেলা। [OE. *aefen, æfnung*]

evening [ēv°ning, ঈভ্°নিং] *n.* the close of daytime, সন্ধ্যা ; the decline or end of life, শেষ বয়স বা মৃত্যু, জীবনসন্ধ্যা। *n.* **ēve°ning-dress**—রাত্রিকালীন সামাজিক উৎসবাদিতে পরিধেয় পোশাক I *n.* **ēve°ning-star°**—সন্ধ্যাতারা ; (জ্যোতি.) শুক্র-গ্রহ। [see *even*$_2$]

event [i-vent°, ইভেন্ট্°] *n.* a happening or incident, ঘটনা ; result, ফল, পরিণাম ; an item in programme of sports, ক্রীড়াসূচির দফা। **at all events**—যে-কোন অবস্থায়। **in any event**—যাহাই ঘটুক না কেন। **in the event of**—সজ্ঘটিত হইলে, ঘটিলে। **in the natural course of events**—ঘটনাবলীর স্বাভাবিক ধারা বা পরম্পরা অনুযায়ী। *a.* **ėvent°ful**—ঘটনাবহুল ; (সময়সম্বন্ধে) গুরুত্বপূর্ণ। *a.* **ėven°tūal**—পরিণামস্বরূপ ; চরম। *n.* **ėventūa°lity**—পরিণাম ; চরমতা ; সম্ভাব্য ঘটনা। *v.i.* **ėven°tūate**—ঘটা। *p.* & *p. pt.* **ėven°tūātėd** I [L. *eventus*]

ever [e°-va(r), এ°ভ্যা(র্)] *adv.* always, সর্বদা, সকল সময়ে ; eternally, চিরকাল ; continually, ক্রমাগত ; at any time, যে কোন সময়ে ; at any degree, যে কোন পরিমাণে ; at all, মোটেও ; anywhere, যে কোনখানে, কোথাও, কুত্রাপি। **ever and anon**—মাঝে মাঝে। **ever so**—যে কোন পরিমাণে ; বহুলপরিমাণে। **for ever**—অনন্তকাল বা চিরকাল ব্যাপিয়া। **Yours ever**—চিরকাল তোমারই (চিঠির উপসংহারের পাঠবিশেষ)। **e°vergreen**—(**1**) *a.* চিরহরিৎ ; (**2**) *n.* চিরহরিৎ গুল্ম বা বৃক্ষ। **everlas°ting**—(**1**) *a.* অনন্ত ; চির-স্থায়ী ; অবিরাম ; চিরন্তন ; ক্লান্তিকরভাবে দীর্ঘস্থায়ী ; (**2**) *n.* অনন্তকাল ; বহু বৎসর ধরিয়া অবিকৃত থাকে এমন পুষ্পবিশেষ ; অতি টেকসই বস্ত্রবিশেষ। *a.* **e°verli°ving**—অমর। *adv.* **evermore°** (also **for evermore**)—ভবিষ্যতে, চিরকাল, সর্বদা ; অবিরামভাবে, ক্রমাগত। [OE. *aefre*]

every [e°v-ri, এ°ভ্রি] *a.* each or all, প্রত্যেক বা সকল। **every bit** or **whit**—সমস্ত ; সম্পূর্ণ। **every here and there**—ইতস্ততঃ, সর্বত্র। **every man jack** or **every mother's son**—(বিনা ব্যতিক্রমে) সকলেই। **every now and then** (or **again**)—থাকিয়া-থাকিয়া ; মাঝে মাঝে, প্রায়ই। **every other**—একটি বাদে একটি। **every time**—প্রত্যেক বার ; সর্বদা ; যখনই। **every way, in every way**—সর্বদিক্ দিয়া, সর্বভাবে। *pro.* **e°verybody, e°veryone**—প্রত্যেকে ; সকলে। *a.* **ev°eryday**—প্রাত্যহিক, দৈনন্দিন ; সাধারণ, সচরাচর ঘটে এমন। **every day**—(দীর্ঘ-কাল বা কিছু কাল যাবৎ) প্রতিদিন। *n.* **E°very-man**—প্রাচীন ইংরেজি নাটকের নায়কবিশেষ ; যে কোন লোক ; প্রত্যেক লোক ; সাধারণ লোক। *pro.* **everything**—সমস্ত-কিছু। *adv.* **e°very-way**—সর্বপথে ; সর্বভাবে ; প্রত্যেক পথে বা ভাবে। *adv.* **e°verywhere**—সর্বত্র। [*ever*, OE. *aelc* =each]

evict [i-vikt°, ইভিক্ট্°] *v.t.* to expel, (সচ. আইনবলে) উচ্ছেদ করা। *p.* & *p. pt.* **ėvic°tėd** I

For words in *even*-, not given separately, see **even**$_{1,2}$.

n. **ėvic°tion** । *n.* **ėvict°or** । [L. *evictus*=overcome]

evidence [e°-vid(a)ns, এ°ভিড্‌ন্‌স্] (**1**) *n.* clearness or obviousness, স্পষ্টতা বা স্পষ্টতঃ প্রতীয়মান অবস্থা ; proof or testimony, প্রমাণ বা নজির ; indication, লক্ষণ, সূচনা ; (law) witness or information tending to establish data on which judgment is based, facts, সাক্ষ্য বা প্রামাণিক তথ্য (circumstantial, external, internal *evidence*, etc.) ; indication, sign, ইঙ্গিত, চিহ্ন, লক্ষণ । (**2**) *v.t.* to prove, প্রমাণ করা ; to indicate, লক্ষণ দেখান, সূচনা করা । *p.* & *p. pt.* **e°videnced** । **in evidence**—আদালত কর্তৃক যথোপযুক্ত সাক্ষ্যরূপে গৃহীত ; স্পষ্টতঃ প্রতীয়মান । **(to) bear** or **give evidence**—সাক্ষ্য বহন করা, সাক্ষী হওয়া ; সাক্ষ্য দেওয়া ; লক্ষণ দেখান । **(to) turn King's** (or **Queen's** or **State's**) **evidence**—রাজসাক্ষী হওয়া । *a.* **e°vident**—স্পষ্টতঃ প্রতীয়মান ; স্পষ্ট । *a.* **evidential** [e-vi-den°sh(a)l, এভিডেন্‌°শ্‌ল্‌], **evidentiary** [e-vi-den°-sha-ri, এভিডেন্‌°শ্যারি] প্রামাণিক ; সাক্ষ্যমূলক ; লক্ষণাত্মক । [L. *evidens*]

evil [e°vl, ঈ°ভ্‌ল্‌] (**1**) *a.* bad, মন্দ, খারাপ ; wicked, দুষ্ট, অসৎ ; harmful, ক্ষতিকর, অশুভ । (**2**) *adv.* in an evil manner, মন্দভাবে, অসদ্‌ভাবে, ক্ষতিকরভাবে; অশুভভাবে । (**3**) *n.* an evil thing, মন্দ অসৎ ক্ষতিকর বা অশুভ বস্তু অথবা ব্যক্তি ; harm, ক্ষতি, অমঙ্গল ; wickedness, দুর্বৃত্তি ; sin, পাপ । **to choose the lesser of two evils**—মন্দের ভাল বাছিয়া লওয়া । **(to) speak evil of**—নিন্দা বা কুৎসা করা । *n.* **ēvil-doer**—দুর্বৃত্ত ; পাপী ; যে ক্ষতি করে । *n.* **ē°vil-eye**—কুনজর, অশুভদৃষ্টি । *a.* **ē°vil-mīn°dėd**—দুর্বৃত্তিপরায়ণ ; অসৎ । *n.* **ē°vil-spea°king**—মন্দ ভাষণ ; নিন্দা বা কুৎসা । [OE. *yfel*—cp. Du. *euvel*, cp. *ill*]

evince [i-vins°, ইভিন্‌স্‌°] *v.t.* to prove beyond doubt, সন্দেহাতীতভাবে প্রমাণ করা ; to show clearly, স্পষ্ট করিয়া দেখান । *p.* & *p. pt.* **ėvin°ced** । [L. *evincere*]

evirate [e°-vi-rāt, ঈ°ভিরেইট্‌] *v.t.* to castrate, খোজা করা ; (fig.) to deprive of manly qualities (আল.) পুরুষোচিত গুণাবলী হরণ করা । *p.* & *p. pt.* **ē°virātėd** । [L. *evirare*<*e-*, *vir*=a man]

eviscerate [i-vi°-sa-rāt, ইভি°স্যারেইট্‌] *v.i.* to disembowel, নাড়িভুঁড়ি বাহির করিয়া ফেলা । *p.* & *p. pt.* **ėvi°scerātėd** । *n.* **ėvi°scerā°tion** । [*e-*, see *viscera*]

evoke [i-vōk°, ইভৌক্‌°], **evocate** [e°-vŏ-kāt, এ°ভোকেইট্‌] *v.t.* to call out, আহ্বান করিয়া আনা ; to awaken in the mind, মনে বা স্মৃতিতে জাগাইয়া তোলা ; to call up from the dead, মৃতদের মধ্য হইতে (আত্মাদিকে) ডাকিয়া তোলা । *p.* & *p. pt.* **ėvō°ked**, **evŏcātėd** । *n.* **evocā°tion** । *a.* **evo°cātive**—স্মৃতিতে জাগাইয়া তোলে এমন (*evocative* words) । [L. *evocare*]

evolute—see **evolution.**

evolution [ē-va-lōō°sh(a)n, ঈভ্যালূ°শ্‌ন্‌] *n.* act of evolving, পাক খোলা বা প্রকাশ করা ; a series of things unfolded, ক্রমান্বয়ে প্রকাশিত বস্তুসমূহ ; gradual development, ক্রমবিকাশ, বিবর্ধন ; the theory which holds that higher forms of life have gradually developed out of lower, অভিব্যক্তিবাদ ; (math.) the extraction of roots, (গণি.) অবঘাতন ; (usu. in *pl.*) orderly movements, (সৈন্যদল, পাখির ঝাঁক, প্রভৃতির) সুশৃঙ্খল চলাচল । **ē°volute**—(**1**) *n.* (গণি.) অবঘাতী বৃত্ত ; (**2**) *a.* পাক খোলা হইয়াছে বা পাক খুলিয়া উলটা দিকে পাকান হইয়াছে এমন । *a.* **ēvolu°tional, ēvolu°tionary**—পাক খোলা বা প্রকাশ করা সংক্রান্ত ; বিবর্ধনমূলক ; অভিব্যক্তিমূলক ; (গণি.) অবঘাতী । *n.* **ēvolu°tionism**—অভিব্যক্তিবাদ । *n.* **ēvolutionist** । *a.* **ē°volutive**—বিবর্ধনশীল । [L. *evolutio*—cp. *evolve*]

evolve [i-volv°, ইভল্‌ভ্‌°] (**1**) *v.t.i.* to unroll, পাক খোলা ; to disclose or be disclosed, প্রকাশ করা বা প্রকাশ পাওয়া ; to develop, বিবর্ধন করা বা বিবর্ধিত হওয়া (to *evolve* a new plan of action) । (**2**) *v.i.* to result, ফলস্বরূপ উদ্ভূত হওয়া । [L. *evolvere*]

evulse [i-vuls°, ইভাল্‌স্‌°] *v.t,* to pluck out, উপড়াইয়া ফেলা । *p.* & *p. pt.* **ėvul°sed** । *n.* **evulsion** [i-vul°sh(a)n, ইভাল্‌°শ্‌ন্‌] । [L. *evellere*]

ewe [ū, ইউ] *n.* a female sheep, ভেড়ি । *mas.* see **ram** । *n.* **ewe°-lamb**—বাচ্চা ভেড়ি ; দরিদ্রের একমাত্র সম্পদ্‌, বেঙের আধুলি । [OE. *eowu*—cp. L. *ovis*, Sans. *avi*=a sheep]

ewer [ū°-a(r), ইউ°অ্যা(র্‌)] *n.* a pitcher, হাতলওয়ালা বড় জগ । [F.]

ex [eks, এক্‌স্‌] *prep.* out of, ভিতর হইতে (*ex* stock) ; departing from, প্রস্থান করিয়া, ছাড়িয়া (*ex* Delhi) । [L.]

exacerbate [eks-a°-sa(r)-bāt, এক্‌স্‌অ্যা°স্যা(র্‌)-বেইট্‌] var. of **acerbate.**

exact [ig-zakt°, ইগ্‌জ্যাক্‌ট্‌°] (**1**) *v.t.* to demand and compel payment of, দাবি করা ও জোর করিয়া আদায় করা ; to extort, মোচড়াইয়া বাহির করা । *p.* & *p. pt.* **ėxac°tėd** । (**2**) *a.* precise, যথাযথ, ঠিক ঠিক ; accurate, সঠিক ; absolutely correct, একেবারে নির্ভুল ; rigorous, কঠোর (*exact* punishment) । *a.* **ėxac°ting**—সম্পূর্ণ পাওনা মিটাইতে বাধ্য করে এমন ; অন্যায় বা অত্যধিক দাবি করে এমন অথবা ঐরূপ দাবিপূর্ণ । *n.* **ėxac°tion**—exact(*v.*)-র সকল অর্থে, এবং—অন্যায় দাবি ; অন্যায় দাবিপূর্বক আদায়ীকৃত বস্তু । *n.* **ėxac°titūde, ėxact°ness**—যথাযথতা ; নির্ভুলতা ;

অতিরিক্ত সঠিকতা। *adv.* **ėxact°ly**—যথাযথভাবে ; সঠিকভাবে ; তাহাই বটে ; ঠিক বলিয়াছ বটে ; সম্পূর্ণ ঐরূপ। *n.* **ėxac°tor** । [L. *exigere*=to demand, to weigh strictly]

exaggerate [igz-a°-za-rāt, ইগ্‌জ়্‌অ্যা°জ্যারেইট্‌] *v.t.* to magnify unduly, অন্যায়ভাবে বাড়ান (to *exaggerate* one's own importance) ; to overstate, অত্যুক্তি করা, অতিরঞ্জিত করা। *p.* & *p. pt.* **ėxa°ggerāted** । *n.* **ėxaggerā°tion** । *a.* **ėxa°ggerative**—অন্যায়ভাবে বর্ধনকর ; অত্যুক্তিকর ; অতিরঞ্জক। *n.* **ėxa°ggerātor** । [*ex*-, L. *aggerare*=to heap up]

exalt [ig-zawlt°, ইগ্‌জ়ল্‌ট্‌°] *v.t.* to set aloft, উচ্চে স্থাপন করা, উন্নত বা উন্নীত করা ; to extol, প্রশংসা করা ; to ennoble, মহৎ বা মহিমান্বিত করা ; to intensify, (বর্ণ সুর প্রভৃতি) প্রগাঢ় করা। *a.* **ėxal°tėd**—উন্নত ; উচ্চ ; মহিমান্বিত। *n.* **ėxaltā°tion**—উন্নয়ন ; উচ্চ স্থান বা পদ ; মহিমান্বয়ন ; (জ্যোতিষে) গ্রহাদির তুঙ্গস্থানে অবস্থিতি। [L. *exaltare*]

exalté [eg-zŭl°-tā, এগ্‌জ়াল্‌°টেই] (**1**) *a.* excited, উত্তেজিত ; elated, উল্লসিত। (**2**) *n.* an excited or elated person, উত্তেজিত বা উল্লসিত ব্যক্তি। [F.]

exam—see **examine.**

examine [igz°-a°-min, ইগজ়্‌°অ্যা°মিন্‌] *v.t.* to test, পরীক্ষা করা ; to inquire into, অনুসন্ধান বা তদন্ত করা, গবেষণা করা ; to question, জেরা করা ; to inspect, পরিদর্শন করা। *n.* **ėxaminā°tion,** (contr.) **ėxam°**—পরীক্ষা, অনুসন্ধান, তদন্ত ; গবেষণা ; জেরা ; পরিদর্শন। *n.* **ėxaminee°**—পরীক্ষার্থী। *n.* **ėxa°miner**—পরীক্ষক। [F. *examiner* < L. *examinare*]

example [igz-ump°l, ইগ্‌জ়্‌আম্‌প্‌°ল্‌] *n.* a specimen, নমুনা ; an illustration, উদাহরণ ; exercise, অনুশীলনী ; a pattern, আদর্শ ; an instance, দৃষ্টান্ত ; a warning, সতর্কীকরণ (to punish in order to set an *example*) ; an exemplary person or thing, আদর্শ ব্যক্তি বা বস্তু (an *example* of patriotism)। **for example**—দৃষ্টান্তস্বরূপ। **(to) make an example of**—(অন্য অপরাধীদের) সতর্ক করিয়া দিবার জন্য কাহাকেও কঠোর শাস্তি দেওয়া। *a.* see **exemplary**। [OF. < L. *exemplum*]

exanimate [igz-an°-im-at, ইগ্‌জ়্‌অ্যান্‌°ইমেইট্‌] *a.* lifeless, dead, প্রাণহীন, মৃত ; spiritless, নিস্তেজ ; depressed, বিষণ্ণ, মন-মরা। [L. *exanimātus* < *ex*=from, *anima*=breath]

exanthema [eks-an-thē°-ma, এক্‌স্‌অ্যান্‌থী°ম্যা] *n.* eruptive disease with fever, রোগবিশেষ : ইহাতে জ্বরের সঙ্গে ফুসকুড়ি বাহির হয়। *pl.* **exanthē°mata** । [Gk. *ex*=from, *antheein*=to blossom]

exasperate [igz-ŭs°-p(a)-rāt, ইগ্‌জ়্‌আস্‌°প্‌রেইট্‌] to aggravate, (রোগ যন্ত্রণা প্রভৃতির) প্রকোপবৃদ্ধি করা ; to provoke or irritate extremely, অতিশয় ক্রুদ্ধ বা উত্ত্যক্ত করা। *p.* & *p. pt.* **ėxas°perāted** । *adv.* **ėxas°perātingly** । *n.* **ėxasperā°tion** । [L. *exasperare*]

Excalibur [eks-ka°-li-ba(r), এক্‌স্‌ক্যা°লিব্যা(র্‌)] *n.* King Arthur's sword, গ্রেট ব্রিটেনের পৌরাণিক রাজা আর্থারের তরবারির নাম। [OF. *escalibor*]

excavate [eks°-ka-vāt, একস্‌°ক্যাভেইট্‌] *v.t.* to dig or dig out, খনন করা বা খুঁড়িয়া তোলা ; to lay bare or reveal by digging, খননের দ্বারা অনাবৃত বা প্রকাশিত করা (to *excavate* a buried city)। *p.* & *p. pt.* **ex°cavāted** । *n.* **excavā°tion**—খনন ; খনিত গর্ত। *n.* **ex°cavātor** । [L. *excavare*]

exceed [iks-ēd°, ইক্‌স্‌ঈড্‌°] *v.t.i.* to go beyond the limit or measure of, সীমা বা মাত্রা ছাড়াইয়া যাওয়া (to *exceed* the speed limit) ; to outdo, (উৎকর্ষাদিতে) ছাপাইয়া যাওয়া। *p.* & *p. pt.* **ėxcee°dėd** । *a.* **ėxcee°ding**—সীমাতিরিক্ত বা মাত্রাতিরিক্ত ; ছাপাইয়া যায় এমন ; প্রচুর। *adv.* **excee°dingly**—অত্যধিক পরিমাণে (an *exceedingly* complex or knotty problem)। *n.* see **excess** । [L. *excedere*]

excel [iks-el°, ইক্‌স্‌এল্‌°] (**1**) *v.t.* to be superior to, শ্রেষ্ঠতর বা উৎকৃষ্টতর হওয়া ; to surpass, (উৎকর্ষাদিতে) ছাপাইয়া যাওয়া (he *excels* others in or at football)। (**2**) *v.i.* to be pre-eminent, গুণ কৃতিত্ব প্রভৃতিতে বিশিষ্ট বা শ্রেষ্ঠ হওয়া (the school *excels* in or at all outdoor games)। *pr. pt.* **ėx°celling** । *p.* & *p. pt.* **ėx°celled** । *n.* **excellence** [eks°-(a)lans, এক্‌স্‌°ল্যান্‌স্‌], **ex°cellency**—পরম কৃতিত্ব ; পরমোৎকর্ষ ; মহত্ত্ব ; সম্মানসূচক খেতাববিশেষ, মহামহিম (His *Excellency*)। *a.* **ex°cellent**—উৎকর্ষাদিতে অপরকে অতিক্রম করে এমন ; পরমোৎকৃষ্ট। *adv.* **ex°cellently** । **excelsior** [ek-sel°-si-aw(r), এক্‌সেল্‌°সিঅ্য(র্‌)] (**1**) *int.* আরও উচ্চে (ওঠ) ; (**2**) *n.* মোড়ক প্রভৃতি বাঁধার কাজে ব্যবহৃত কাঠের পাতলা ফালি বা চাঁচা। [L. *excellere*]

except [iks-ept°, ইক্‌স্‌এপ্‌ট্‌°] (**1**) *v.t.* to exclude, বাদ দেওয়া, অপসারণ করা। (**2**) *v.i.* to object, আপত্তি করা। *p.* & *p. pt.* **excep°tėd** । (**3**) *prep.* excluding, ব্যতিরেকে, বাদে, ব্যতীত। (**4**) *con.* unless, (আর্ষ.) যদি না (he cannot accomplish this task *except* he be born again)। **except for**—হইতে পারিত কিন্তু হইল না কেবল এই কারণে যে (this writing is very good *except for* grammatical mistakes)। **except that**—কেবল এই বাদে যে (he did everything *except that* he did not appear in person)। *pre.* **ėxcep°ting**—বাদে, ব্যতিরেকে, ব্যতীত। *n.* **ėxcep°tion**—বাদ, ব্যতিক্রম ; আপত্তি ; ক্ষোভ। **(the) exception proves the rule**—ব্যতিক্রম

আছে বলিয়াই নিয়মের সার্থকতা আছে, ব্যতিক্রমই নিয়মের অস্তিত্ব সূচিত করে। **open to exception**—আপত্তিযোগ্য। **(to) take exception to**—আপত্তি করা ; ক্ষুব্ধ হওয়া। *a.* **ėxcep°tionable**—আপত্তিকর। *adv.* **ėxcep°tionably** । *a.* **ėxcep°tional**—ব্যতিক্রমী ; অসাধারণ ; বিরল ; অস্বাভাবিক। *adv.* **ėxcep°tionally** । [L. *excipere* (*v.*)]

excerpt [eks°-ar(p)t, এক্‌স্‌°অ্যার্(প্)ট্] *n.* an extract (esp. from a book), (গ্রন্থাদি হইতে) উদ্ধৃতি। *v.t.* **excerpt°**—উদ্ধৃত করা। *p.* & *p. pt.* **excerp°tėd** । *n.* **excerp°tion**—উদ্ধরণ ; উদ্ধৃত অংশ। [L. *excerpere* (*v.*)]

excess [iks-es°, ইক্‌স্‌এস্°] (**1**) *n.* (usu. in *pl.*) a going beyond, সীমাদি অতিক্রম বা লঙ্ঘন ; intemperance, অমিতাচার, মাত্রাধিক্য ; that which exceeds, যাহা সীমা বা মাত্রা ছাড়াইয়া যায় ; the degree or amount of excess, আধিক্যের পরিমাণ, বাড়তি অংশ ; (*pl.*) outrageous acts, অতিরিক্ত অনাচার অত্যাচার প্রভৃতি (the *excesses* committed by the army were horrifying)। (**2**) *a.* in excess, বাড়তি (*excess* profit tax)। **excess fare**—(রেল স্টীমার প্রভৃতির) ক্রীত টিকেটের নির্দেশ লঙ্ঘনপূর্বক অধিকতর দূরে বা উচ্চতর শ্রেণীর আসনে বসিয়া ভ্রমণ-বাবদ দেয় বাড়তি মাসুল। **in excess of**—(কিছু অপেক্ষা) অধিকতর। **to excess**—মাত্রা ছাড়াইয়া, অপরিমিতভাবে (to drink *to excess*)। **(to) carry to excess**—মাত্রা ছাড়াইয়া (কিছু) করা। *a.* **ėxce°ssive**—অত্যধিক ; অমিত ; অপরিমিত ; নিদারুণ। *adv.* **ėxce°ssively** । [see *exceed*]

exchange [iks-chānj°, ইক্‌স্‌চেইন্‌জ্°] (**1**) *v.t.* to give or take in return, বিনিময় করা ; to barter, পণ্যবিনিময় করা (to *exchange* goods for goods)। (**2**) *v.i.* to pass by exchange of office, etc., with another, কাহারও সহিত পদাদি বদল করা। (**3**) *n.* act of exchanging, বিনিময়, পণ্যবিনিময়, পরস্পর পদাদি বদল ; the thing exchanged, যাহা বিনিময় করা হইয়াছে ; (econ.) the system of settling accounts by exchanging bills, (অর্থ.) হুন্ডির সাহায্যে বা বিল-বিনিময়পূর্বক পাওনা-দেনা মিটাইবার প্রথা; money-changing business, বাট্টা লইয়া টাকা ভাঙ্গাইয়া দিবার কারবার ; পোদ্দারি ; department for exchanging of currency of one country for that of another, বিদেশী মুদ্রা ভাঙ্গাইবার জন্য দফতর ; the difference between value of money in different countries, বিভিন্নদেশীয় মুদ্রার মধ্যে মূল্যগত পার্থক্য ; a stock exchange, শেয়ার ক্রয়বিক্রয়ের স্থান ; the place where merchants, etc., meet for business, যে স্থানে বণিগ্‌গণ ব্যবসায়-ব্যপদেশে মিলিত হয় ; a central telephone office, টেলিফোনের কেন্দ্রী-দফতর। **(to) exchange blows**—পরস্পর মারামারি করা। **exchange control**—মুদ্রা সংরক্ষণের নিমিত্ত নিয়ন্ত্রণ-পদ্ধতি। **(to) exchange words**—পরস্পর ঝগড়া করা। *a.* **ėxchān°geable**—বিনিমেয়। *n.* **ėxchāngeabi°lity** । *n.* **ėxchān°ger**—পোদ্দার। [OF. *eschangier*<L. *excambiare*=to barter]

exchequer [iks-che°-ka(r), ইক্‌স্‌চে°ক্যা(র্)] *n.* a revenue department of a state, রাষ্ট্রের রাজস্ব-দফতর ; a revenue court, (ইংল্যানডে ও স্কটল্যানডে) রাজস্ব-দফতরের বা রাজস্বসংক্রান্ত আদালত (also **Court of Exchequer**) ; a national treasury, জাতীয় বা সরকারি অর্থভাণ্ডার। **exchequer bill**—সরকার কর্তৃক গৃহীত আগাম টাকা বাবদ জামিননামা। [?—formerly the exchequer's table was covered with a *chequered* cloth]

excise₁ [eks-īz°, এক্‌স্‌আইজ্°] (**1**) *n.* a duty on certain home commodities, কতিপয় দেশী পণ্যদ্রব্যের উপর ধার্য শুল্ক, (পরি.) অন্তঃশুল্ক ; (in India) a duty on intoxicating commodities, আবকারি শুল্ক ; the government excise department, সরকারের উক্ত শুল্কসংক্রান্ত বিভাগ। (**2**) *a.* of excise, উক্ত শুল্কসংক্রান্ত (*excise* duty)। (**3**) *v.t.* to subject to excise duty, উক্ত শুল্ক ধার্য করা। *a.* **exci°ṡable** । *n.* **exci°ṡeman, excise officer**—আবকারি শুল্কসংগ্রাহক এবং আবকারি আইন-রক্ষক। [M.E. *excijs*]

excise₂ [eks-īz°, এক্‌স্‌আইজ্°] *v.t.* to cut off, কাটিয়া ফেলা। *n.* **exci°ṡion**—কর্তন, ছেদন ; পরিবর্জন। [L. *excidere*]

excite [iks-īt°, ইক্‌স্‌আইট্°] *v.t.* to call into activity, সক্রিয় করা ; to stir up, আন্দোলিত করা ; to rouse, জাগান ; to provoke, উত্তেজিত করা ; to stir emotionally, আবেগকম্পিত করা ; to produce electric or magnetic action in, বৈদ্যুতিক বা চৌম্বক ক্রিয়া সঞ্চারিত করা। *p.* & *p. pt.* **ėxci°tėd** । *a.* **ėxci°table**—(সহজে) সক্রিয় বা আন্দোলিত বা জাগরিত বা উত্তেজিত বা আবেগকম্পিত করান যায় এমন ; (সহজে) বৈদ্যুতিক বা চৌম্বক ক্রিয়া সঞ্চারিত করা যায় এমন ; ভাবপ্রবণ। *n.* **ėxcītabi°lity** । *n.* **excitant** [eks°-i-tant, এক্‌স্°ইট্যান্ট্] যাহা সক্রিয় বা আন্দোলিত বা জাগরিত বা উত্তেজিত বা আবেগকম্পিত করে ; বলবর্ধক বা তেজস্ক্রিয় ঔষধ ; ফটোগ্রাফ তুলিবার প্লেট-বিশেষ। *n.* **excitation** [eks-i-tā°sh(a)n, একস্‌ইটেই°শ্‌ন্]। *a.* **ėxci°tėd**—উত্তেজিত। *adv.* **ėxci°tedly** । *n.* **ėxcite°ment** । *n.* **ėxci°ter**—উত্তেজক ব্যক্তি বা বস্তু বা বিষয়। *a.* **ėxci°ting**—উত্তেজনাদায়ক ; উত্তেজনাপূর্ণ ; রোমাঞ্চকর। [F. *exciter*<L. *excitare*]

exclaim [iks-klām°, ইক্‌স্‌ক্লেইম্°] *v.t.i.* to utter vehemently, (বিস্ময়-ক্রোধ-বেদনাদিতে) চিৎকার করিয়া বলিয়া উঠা। *n.* **exclamation** [eks-kla-mā°sh(a)n, একস্‌ক্ল্যামেই°শ্‌ন্] চিৎকার করিয়া কথন বা উক্তি ; বিস্ময়াদির যতিচিহ্ন (!)। *a.* **exclamatory** [eks-kla°-ma-t(a)ri, এক্‌স্‌ক্ল্যা°ম্যাটরি] চিৎকার

করিয়া উক্ত বা উক্তিপূর্ণ ; বিস্ময়সূচক (an *exclamatory* sentence) । [F. *exclamer*]

exclude [iks-klood°, ইক্‌স্‌ক্লূড্°] *v.t.* to shut out, ঢুকিতে বা ভোগ করিতে না দেওয়া ; to prevent, বাধা দেওয়া ; to expel, বহিষ্কৃত করা ; to except, বাদ দেওয়া । *p.* & *p. pt.* **ėxclu°dėd** । *n.* **ėxclu°sion**—প্রবেশ করিতে বা ভোগ করিতে না দেওয়া ; বাধাদান ; বহিষ্কার ; বাদ দেওয়া, বর্জন ; ব্যতিক্রম । **to the exclusion of**—বাদ দিয়া ; বাদ দিবার জন্য । *a.* **ėxclu°sive**—প্রবেশে বা ভোগে বাধাদায়ক ; বাধাদায়ক ; বহিষ্কারক ; বর্জনকর ; খাপ খাওয়ানর অসাধ্য ; অমিশুক ; স্বতন্ত্র ; একচেটিয়া । *adv.* **ėxclu°sively** । *n.* **ėxclu°siveness** । [L. *excludere*]

excogitate [eks-ko°-ji-tāt, এক্‌স্‌ক°জিটেইট্] *v.t.* to think out, উদ্ভাবন করা । *p.* & *p. pt.* **exco°gitātėd** । *n.* **excogitā°tion** । [*ex-*, *cogitate*]

excommunicate [eks-kā-mū°-ni-kāt, এক্‌স্‌ক্যামিউ°নিকেইট্] *v.t.* to expel from the communion of the church, গির্জা বা ধর্মসম্প্রদায় হইতে বহিষ্কৃত করা । *p.* & *p. pt.* **excommū°nicātėd** । *n.* **excommūnicā°tion** । *a.* **excommū°nicatory**—গির্জা বা ধর্মসম্প্রদায় হইতে বহিষ্কারক । [*ex-*, *communicate*]

excoriate [eks-kaw°-ri-āt, এক্‌স্‌ক্য°রিএইট্] *v.t.* to peel off, খোসা ছাড়ান, ছাল ছাড়ান ; (*fig.*) to criticize severely, (আল.) তীব্র বা কঠোর সমালোচনা করা । *p.* & *p. pt.* **exco°riā°tėd** । *n.* **excoriā°tion** । [L. *excoriare* < *ex-*, *corium* = skin]

excorticate [eks-ko(r)°-ti-kāt, এক্‌স্‌ক(র্)°টিকেইট্] *v.t.* to strip the bark off, (বৃক্ষাদির) বাকল বা ছাল তোলা । *p.* & *p. pt.* **excor°ticātėd** । *n.* **excorticā°tion** । [*ex-*, L. *cortex* = bark]

excrement [eks°kri-mant, এক্‌স্°ক্রিম্যান্ট্] *n.* dregs, গাদ, শিটা ; (*usu. in pl.*) dung, পশু-বিষ্ঠা । *a.* **excremental** [eks-kri-men°tl, এক্‌স্‌ক্রিমেন্°ট্‌ল্] গাদ বা পশু-বিষ্ঠা সংক্রান্ত অথবা উহাতে পূর্ণ । [L. *excrementum* < *excernere* = to sift out]

excrescence [iks-kre°sns, ইক্‌স্‌ক্রে°স্‌ন্‌স্] *n.* an outgrowth, অঙ্গপ্রত্যঙ্গের অস্বাভাবিক বৃদ্ধি, উপবৃদ্ধি ; a wart or tumour, আঁচিল বা আঁব ; a superfluous part, বাড়তি অংশ । *a.* **excre°scent**—উপবৃদ্ধিমূলক ; বাড়তি । [L. *excrescere* = to grow out]

excrete [eks-krēt°, এক্‌স্‌ক্রীট্°] *v.t.* to eject, (দেহাভ্যন্তর হইতে ক্লেদাদি) নিঃসারণ করা । *p.* & *p. pt.* **excrē°tėd** । *n. pl.* **excrē°ta**—জীবদেহ-বিনির্গত ক্লেদ ঘর্ম বিষ্ঠা মূত্র প্রভৃতি, (পরি.) মল । *n.* **excrē°tion**—মল-নিঃসারণ ; নিঃসৃত মল । *a.* **excrē°tive**— মল-নিঃসারণে সক্ষম ; মল-নিঃসারণ-সংক্রান্ত ; নিঃসৃত ক্লেদাদি-সংক্রান্ত । **excrē°tory**—(**1**) *a.* মল-নিঃসারক । (**2**) *n.* মল-নিঃসারণের নালী, (পরি.) মল-নালী । [*ex-*, L. *cernere* = to separate]

excruciate [iks-kroo°shi-āt, ইক্‌স্‌ক্রু°শিএইট্] *v.t.* to torture, যন্ত্রণা দেওয়া । *p.* & *p. pt.* **ėxcru°ciātėd** । *a.* **ėxcru°ciāting**—অতি যন্ত্রণাদায়ক । *adv.* **ėxcru°ciātingly** । *n.* **ėxcruciā°tion** [*ex-*, L. *cruciare* = to crucify]

exculpate [eks°-kul-pāt, এক্‌স্°কাল্‌পেইট্] *v.t.* to clear from a charge, অভিযোগাদি হইতে মুক্তি দেওয়া (to *exculpate* a person from a charge) । *p.* & *p. pt.* **ex°culpātėd** । *n.* **exculpā°tion** । *a.* **exculpatory** [eks-kul°-pa-t(a)ri, এক্‌স্‌কাল্°প্যাট্‌রি] অভিযোগাদি হইতে মুক্তিদায়ক । [*ex-*, L. *culpa* = a fault]

excursion [iks-ka(r)°sh(a)n, ইক্‌স্‌ক্যা(র্)°শ্‌ন্] *n.* a going forth, বহির্গমন ; a raid, আক্রমণ ; a rambling, ইতস্ততঃ ভ্রমণ, পর্যটন ; a pleasure trip, প্রমোদভ্রমণ ; a deviation, বিপথগমন । **excursion train**—প্রমোদভ্রমণের নিমিত্ত কম ভাড়ার রেলগাড়ি । *n.* **ėxcur°sionist**—প্রমোদ-ভ্রমণকারী । *a.* **excursive** [eks-ka(r)°-siv, এক্‌স্‌ক্যা(র্)°সিভ্] ইতস্ততঃ ভ্রমণশীল ; প্রমোদভ্রমণরত ; বিপথগামী । *n.* **excursus** [eks-ka(r)°-sas, এক্‌স্‌ক্যা(র্)°স্যাস্] গ্রন্থভুক্ত কোন বিষয়ের বিশদ আলোচনাপূর্ণ পরিশিষ্ট । [*ex-*, L. *currere* = to run]

excuse [iks-kūz°, ইক্‌স্‌কিউজ্°] *v.t.* to free from blame or guilt, অপরাধাদি মার্জনাপূর্বক শাস্তি হইতে অব্যাহতি দেওয়া ; to pardon, ক্ষমা করা, মাফ করা ; to free from obligation, দায়িত্বাদি হইতে রেহাই দেওয়া (to *excuse* payment) ; to seek or extenuate or justify, কৈফিয়ত দিতে বা সমর্থন করিতে চেষ্টা করা, ওজর দেখান (to *excuse* one's own failure) । *n.* **ėxcūse°**—রেহাই পাইবার জন্য প্রদর্শিত ওজর (without *excuse*) : অব্যাহতি ; প্রশ্রয় । **in excuse of**—অব্যাহতি পাইবার জন্য ওজর দেখাইয়া । **excuse me**—সামান্য ত্রুটি-বিচ্যুতির জন্য শিষ্টাচারমূলক ক্ষমাপ্রার্থনাবিশেষ : মাফ করবেন । *a.* **ėxcū°sable** । *adv.* **ėxcū°sably** । *a.* **ėxcūsa°tory**—ক্ষমামূলক ; অব্যাহতিমূলক ; ক্ষমাপ্রার্থনামূলক । [L. *excusare*]

exeat [eks°-i-at, এক্‌স্°ইঅ্যাট্] *n.* (in schools, colleges, etc.—for students) formal leave of absence, (বিদ্যালয়াদির ছাত্রগণকে প্রদত্ত) সাময়িকভাবে অনুপস্থিত থাকার অনুমতি । [L. = let him go out]

execrable—see **execrate**.

execrate [eks°-i-krāt, এক্‌স্°ইক্রেইট্] *v.t.* to curse, অভিশাপ দেওয়া ; to detest, ঘৃণা করা । *p.* & *p. pt.* **ex°ėcrātėd** । *a.* **ex°ėcrable**—অভিশপ্ত হইবার যোগ্য ; জঘন্য । *adv.* **ex°ėcrably** । *n.* **exėcrā°tion**—অভিসম্পাত ; ঘৃণা ; অভিশপ্ত বা জঘন্য বস্তু । *a.* **ex°ėcrātive, ex°ėcrātory**—অভিশাপমূলক ; ঘৃণামূলক । [L. *exsecrari*]

execute [eks°-i-kūt, এক্‌স্°ইকিউট্] *v.t.* to perform, সম্পাদন করা ; to carry into effect, to give effect to, কার্যকর বা নির্বাহ বা চালু করা (to *execute* a will) ; to put to death by law, আইনবলে প্রাণবধ করা (to *execute* a murderer) । *p.* & *p. pt.* **ex°ècūtèd** । *a.* **ex°ècūtable** । *n.* **executant** [igz-e°-kū-tant, ইগ্‌জ্‌এ°কিউটান্‌ট্‌] সম্পাদক ; কার্যনির্বাহক ; দক্ষ সঙ্গীতবিশারদ । *n.* **exècū°tion** । **(to) put** or **carry into execution**—(পরিকল্পিত কার্যাদি) সম্পাদন করা. নিষ্পন্ন করা । *n.* **exècū°tioner**—সরকারি ঘাতক বা জহ্লাদ ; যে ফাঁসি দেয় । **executive** [igz-e°-kū-tiv, ইগ্‌জ্‌এ°কিউটিভ্‌] **(1)** *a.* সম্পাদনমূলক ; কার্যকরতামূলক ; কার্যনির্বাহী ; শাসনমূলক ; শাসনিক (cp. **judicial, legislative**) ; **(2)** *n.* সম্পাদক ; কার্যনির্বাহক ; শাসনকার্য-পরিচালক, শাসক । **executive action**—নির্বাহিক ক্রিয়া বা ব্যবস্থা । **executive authority**—নির্বাহিক অধিকারী । **executive committee**—নির্বাহ-সমিতি । **executive officer**—নির্বাহী আধিকারিক । **executive power**—নির্বাহিক ক্ষমতা । *n.* **executor** [igz-e°-kū-ta(r), ইগ্‌জ্‌এ°কিউটা্যা(র্‌)] সম্পাদক ; উইল কার্যকর করার ভারপ্রাপ্ত ব্যক্তি, নির্বাহক, অছি । *fem.* **èxe°cūtrix** । *n.* **èxe°cūtorship** । *a.* **èxecūtō°rial**—সম্পাদনমূলক ; কার্যকরতামূলক ; কার্যনির্বাহমূলক । [*ex-*, L. *sequi*=to follow]

exegesis [eks-i-jē°-sis, এক্‌স্‌ইজী°সিস্‌] *n.* interpretation, (প্রধানতঃ বাইবেলের) ব্যাখ্যা । *a.* **exège°tic(al)**—ব্যাখ্যামূলক ; ব্যাখ্যাকর । [Gk.]

exemplar [igz-em°-pla(r), ইগ্‌জ্‌এম্‌°প্ল্যা(র্‌)] *n.* a person or thing worthy of imitation, আদর্শ ব্যক্তি বা বস্তু (অর্থাৎ যাহাকে বা যাহা দেখিয়া অপরে শিক্ষা পায়) ; a model, আদর্শ, নমুনা ; a type, শ্রেণীগত বৈশিষ্ট্যের নমুনাস্বরূপ ব্যক্তি প্রাণী বা বস্তু ; an instance, দৃষ্টান্ত, উদাহরণ । *a.* **èxem°plary**—অনুকরণীয় (*exemplary* conduct) ; আদর্শ রূপ (*exemplary* punishment) ; লক্ষণীয় । *adv.* **èxem°plarily** । *n.* **èxem°plarinèss** । [L.]

exemplify [igz-em°-pli-fī, ইগ্‌জ্‌এম্‌°প্লিফাই] *v.t.* to illustrate by example or be an example of, উদাহরণদ্বারা ব্যাখ্যা করা বা উদাহরণস্বরূপ হওয়া ; to make an attested copy of or prove by such a copy, দলিলাদির প্রত্যয়িত নকল করা বা উক্ত নকলদ্বারা প্রমাণ করা । *n.* **èxemplificā°tion** । [L. *exemplum*=example, *facere*=to make]

exemplum [ig-zem°-plam, ইগ্‌জেম্‌°প্ল্যাম্‌] *n.* example, দৃষ্টান্ত, উদাহরণ । *pl.* **exem°pla** । [L.]

exempt [igz-em(p)t°, ইগ্‌জ্‌এম্‌(প্‌)ট্‌°] **(1)** *v.t.* to free or grant immunity (*from*), (দায়িত্বাদি হইতে) রেহাই বা অব্যাহতি দেওয়া । *p.* & *p. pt.* **èxemp°tèd** । **(2)** *a.* exempted, অব্যাহতিপ্রাপ্ত (*exempt* from tax) । **(3)** *n.* one who is exempt, অব্যাহতিপ্রাপ্ত ব্যক্তি । *n.* **èxemp°tion** । [F.<L, *eximere*]

exequies [eks°-i-kwiz, এক্‌স্‌°ইক্যুইজ্‌] *n. pl.* funeral rites, অন্ত্যেষ্টিক্রিয়া, শেষকৃত্য । [L. *exequiæ*]

exercise [eks°-a(r)-sīz, এক্‌স্‌°আ্যা(র্‌)সাইজ্‌] **(1)** *n.* practice, অভ্যাস, চর্চা, অনুশীলন ; bodily or mental training by means of systematic practice, শারীরিক ব্যায়াম বা মানসিক যোগাভ্যাস ; task set for practice, অনুশীলনী ; exertion of power, skill, etc., ক্ষমতাদির ব্যবহার ; (in *pl.*) military drill or mock-fight, সামরিক কুচকাওয়াজ বা নকল যুদ্ধ ; a set of tasks in a text-book, পাঠ্যপুস্তকাদিতে সন্নিবেশিত অনুশীলনীমালা । **(2)** *v.t.* to train by practice, অভ্যাস করান বা অনুশীলন করান ; to give exercise to, ব্যায়াম করান ; to exert or use, (ক্ষমতাদি) খাটান বা ব্যবহার করা (to *exercise* authority over a person) ; to tax or trouble, কষ্ট দেওয়া, পীড়ন করা (to *exercise* one's brain) । **(3)** *v.i.* to take exercise, ব্যায়াম করা ; to drill, কুচকাওয়াজ করা । *n.* **ex°ercise-book**—অনুশীলনীর উত্তর লেখার খাতা । [OF.<L. *exercitium*<*ex-*, *arcere* =to restrain]

exert [igz-a(r)t°, ইগ্‌জ্‌আ্যা(র্‌)ট্‌°] *v.t.* to bring to bear, (ক্ষমতাদি) প্রয়োগ করা, জাহির করা । *p.* & *p. pt.* **èxer°tèd** । **(to) exert oneself**—নিজের ক্ষমতাদি কাজে লাগান বা জাহির করা ; সচেষ্ট হওয়া । *n.* **èxer°tion**—প্রচেষ্টা, প্রয়াস । [*ex-*, L. *serere*=to put together]

exes [eks°-iz, এক্‌স্‌°ইজ্‌] *n. pl.* (coll.) expenses (কথ্য.) খরচ । [abbr.]

exeunt [eks°-i-unt, এক্‌স্‌°ইআন্‌ট্‌] *v.i.* they go out, (অভিনয়-মঞ্চ হইতে) তাহারা (অর্থাৎ অভিনেতা-অভিনেত্রীগণ) প্রস্থান করিল । [L.—see *exit*]

exfoliate [eks-fō°-li-āt, এক্‌স্‌ফৌ°লিএইট্‌] *v.t.i.* to remove or come off in flakes (হাড়, চামড়া, খনিজ পদার্থ, বৃক্ষবল্কল প্রভৃতি) স্তরে স্তরে বা পাল্লায় পাল্লায় তুলিয়া ফেলা বা উঠিয়া আসা । *p.* & *p. pt.* **exfō°liātèd** । *n.* **exfōliā°tion** । [L. *exfoliare* (*v.t.*)—see *folio*]

ex gratia [eks grā°-shi-a, একস গ্রেই°শিআ্যা] *ph.* as an act of grace, দাক্ষিণ্য বা সৌজন্য হিসাবে । **ex gratia payment**—নৈতিক বাধ্যবাধকতাবোধের দরুন প্রদত্ত অর্থাদি ।

exhale [eks-hāl°, এক্‌স্‌হেইল্‌°] *v.t.i.* to breathe forth, নিঃশ্বাসের সহিত বাহির করিয়া দেওয়া (to *exhale* air from the lungs) ; to emit, (বাষ্প গন্ধ প্রভৃতি) নিঃসৃত করা বা হওয়া ; to evaporate, বাষ্পীভূত করা বা হওয়া । **exhalant** [eks-hā°-lant, এক্‌স্‌হেই°ল্যান্‌ট্‌] **(1)** *a.* নিঃশ্বাসত্যাগী ; বাষ্পনিঃসারক ; তরলপদার্থ-নিঃসারক ; **(2)** *n.* উক্ত প্রকার অঙ্গ বা পাত্র । *n.* **exhalation** [eks-a-lā°sh(a)n, এক্‌স্‌অ্যালেই°শ্‌ন্‌] নিঃসারণ ; নিঃসৃত বস্তু ; বাষ্পীভবন ; বাষ্প গন্ধ প্রভৃতি ; কুয়াশা । [L. *exhalare*]

exhaust [igz-awst°, ইগ্‌জ্‌আস্‌ট্‌°] **(1)** *v.t.* to

draw off or use up, সম্পূর্ণ বাহির করিয়া ফেলা বা ব্যবহার করিয়া ফুরান ; to empty, খালি করা (to *exhaust* a vessel of contents) ; to consume completely, নিঃশেষ করিয়া ফেলা ; to wear out, পরিশ্রান্ত করা ; to say all that is worth saying about, বক্তব্য নিঃশেষে বলিয়া ফেলা (to *exhaust* a subject) । (2) *n.* an outward current or means of producing it, বহির্গামী স্রোত, ঐ স্রোত উৎপাদনের উপায় ; the exit of used fluid from an engine or the fluid so discharged, এনজিন হইতে কার্যশেষে তৈলাদি তরল-পদার্থের নির্গমন বা নির্গত তৈলাদি । *a.* **ėxhaus°tėd**—নিঃশেষিত ; পরিশ্রান্ত । *a.* **ėxhaus°tible** । *n.* **exhaustion** [igz-aws°ch(a)n, ইগ্‌জ্‌অ্যাশ্‌°চ্‌ন্] নিঃশেষিত অবস্থা ; নিদারুণ শ্রান্তি । *a.* **ėxhaus°tive**—নিঃশেষিত করে এমন ; পরিশ্রান্তিকর ; সামগ্রিক, সম্পূর্ণ (*exhaustive* treatment of a subject) । *adv.* **ėxhaus°tively** । *a.* **ėxhaust°lėss**—নিঃশেষিত করা যায় না এমন, অফুরন্ত ; শ্রান্তিহীন । *n.* **ėxhaust°-pīpe**—যন্ত্রাদির গ্যাস নির্গমনের নল । [L. *exhaurire*=to draw out]

exhibit [igz-i°-bit, ইগ্‌জ়্‌ই°বিট্] (**1**) *v.t.* to show, দেখান, প্রদর্শন করা । (**2**) *n.* anything exhibited, প্রদর্শিত বস্তু ; an article at an exhibition, প্রদর্শনীতে প্রদর্শিত বস্তু ; (law) an evidential document or object produced in court, (আইনে) আদালতে পেশ-করা প্রামাণিক দলিল বা বস্তু । *p. & p. pt.* **ėxhi°bitėd** । *n.* **exhibition** [eks-i-bi°sh(a)n, এক্‌স্‌ইবি°শ্‌ন্] প্রদর্শন ; জাহির, প্রদর্শনী ; বিদ্যালয়ের ছাত্রকে প্রদত্ত বৃত্তি । **(to) make an exhibition of oneself**—মূর্খের ন্যায় আচরণ করিয়া নিজেকে অপরের নিকট উপহাসাস্পদ করা । *n.* **exhibi°tioner**—বিদ্যালয়ের বৃত্তিপ্রাপ্ত ছাত্র । *n.* **exhibi°tionism**—নিজের দেহসৌষ্ঠবের প্রতি লোকের মনোযোগ আকর্ষণের উৎকট প্রবণতা ও প্রয়াস । *n.* **exhibi°tionist**—যাহার উক্ত প্রবণতা ও প্রয়াস আছে । *n.* **ėxhi°bitor**—প্রদর্শক ; জাহিরকারী ; বৃত্তিভোগী ছাত্র । [L. *exhibere*<*ex*-, *habere*=to have]

exhilarant—see **exhilarate.**

exhilarate [igz-i°-la-rāt, ইগজ্‌ই°ল্যারেইট্] *v.t.* to make hilarious, উল্লসিত করা । *p. & p. pt.* **ėxhi°larātėd** । **ėxhi°larant**—(**1**) *a.* উল্লাসকর । (**2**) *n.* উল্লাসদায়ক ঔষধ । *a.* **ėxhi°larāting, ėxhi°larātive**—উল্লাসকর । *n.* **ėxhilarā°tion**—উল্লাস । [L. *exhilarare*]

exhort [igz-aw(r)t°, ইগ্‌জ়্‌অ্য(র্)ট্°] *v.t.* to urge earnestly, সনির্বন্ধ মিনতি করা ; to counsel, পরামর্শ দেওয়া ; to urge strongly, বিশেষভাবে উদ্বুদ্ধ বা প্রণোদিত করা (to *exhort* a person to work harder) । *p. & p. pt.* **ėxhor°tėd** । *n.* **exhortation** [egz-aw(r)-tā°sh(a)n, এগ্‌জ়্‌-অ্য(র্)টেই°শ্‌ন্] মিনতি ; পরামর্শ ; প্রেরণাদান ; ধর্মসংক্রান্ত আলোচনা । *a.* **ėxhor°tative, ėxhor°tatory**—মিনতিপূর্ণ ; পরামর্শদায়ক । [L. *exhortari*]

exhume [eks-hūm°, এক্‌স্‌হিউম্°] *v.t.* to disinter, কবর বা মাটি খুঁড়িয়া তোলা ; (fig.) to reveal, (আল.) প্রকাশ করা । *n.* **exhūmā°tion** । [L. *exhūmare*]

ex hypothesi [eks hī-po°-tha-sī, এক্‌স্ হাইপ°-থ্যাসাই] *adv. pl.* from or according to the hypothesis, প্রকল্প বা অনুমান অনুসারে । [L.]

exigence [eks°-ij(a)ns, এক্‌স্°ইজ্‌ন্‌স্], **ex°igency**—*n.* pressing necessity, জরুরি প্রয়োজন বা অবস্থা (measures to pay for the *exigencies* of war) । *a.* **ex°igent**—জরুরি । [L. *exigens*]

exigible [eks°-i-jabl, এক্‌স্°ইজ্যাব্‌ল্] *a.* capable of being exacted (*against* or *from* a person), আদায়সাধ্য । [see *exact*]

exiguous [egz-i°-gū-as, এগ্‌জ়্‌ই°গিউঅ্যাস্] *a.* scanty, অত্যল্প, সামান্য (to live on an *exiguous* meal) । *n.* **exigū°ity, exi°gūousnėss** । [L. *exiguus*—cp. *exact*]

exile [ek°-sīl, এক্°সাইল্] (**1**) *n.* banishment, নির্বাসন (to go into or to live in *exile*) ; a banished person, নির্বাসিত ব্যক্তি । (**2**) *v.t.* to banish, নির্বাসিত করা । *a.* **ex°ilic**—নির্বাসন-সংক্রান্ত (বিশে. ব্যাবিলনে নির্বাসিত ইহুদিদের সম্পর্কে) । [OF. *exil* (*n.*)<*exsilium*]

exist [igz-ist°, ইগ্‌জ়্‌ইস্‌ট্°] *v.t.* to have an actual being or presence, অস্তিমান বা বিদ্যমান থাকা । *p. & p. pt.* **ėxis°tėd** । *n.* **ėxis°tence**—অস্তিত্ব ; বিদ্যমানতা ; জীবন ; জীবন-যাত্রা, জীবৎকাল ; জীব ; প্রাণী । *a.* **ėxis°tent**—অস্তিমান ; বিদ্যমান ; বর্তমান । *n.* **existentialism** [egz-is-ten°-shalizm, এগ্‌জ়্‌ইস্‌টেন্°শ্যালিজ়্‌ম্] পার্থিব বস্তুর কোন মূল্য নাই এবং জীবনের প্রতিটি মুহূর্ত পরিপূর্ণ সক্রিয়তায় যাপন করিয়া স্বীয় অস্তিত্ব ও জীবনকে অবশ্যই মূল্যময় করিয়া তুলিতে হইবে : এই মতবাদ । [L. *existere*]

exit [eks°-it, এক্‌স্°ইট্] *n.* departure (প্রধানতঃ অভিনয়মঞ্চ হইতে অভিনেতা বা অভিনেত্রীর) প্রস্থান ; a way out, প্রস্থানের পথ ; (fig.) death, (আল.) মৃত্যু । **exit permit**—যে কোন দেশ হইতে নির্গমনের আদেশপত্র । [partly L. *exit* (*pl. exeunt*), partly L. *exitus*=a way out]

ex nihilo [eks nī°-hi-lō, এক্‌স্ নাই°হিলৌ] *adv. ph.* out of nothing, শূন্য হইতে (creation *ex nihilo*) । [L.]

exode [eks°-ōd, এক্‌স্°ঔড্] *n.* the concluding part of a Greek Drama, গ্রীক নাটকের উপসংহার । [Gk. *exodion*]

exodus [eks°-a-das, এক্‌স্°অ্যাড্যাস্] *n.* departure, (প্রধানতঃ উদ্বাস্তুদের বা মিশরত্যাগী ইস্রাইলীয়দের) দলবদ্ধভাবে প্রস্থান বা অভিনিষ্ক্রমণ । [L.<Gk. *exodos*]

ex officio [eks° ŏ-fi°-shi-ō, এক্‌স্° ওফি°শিঔ] *ph.* by virtue of one's office, পদাধিকারবলে বা পদাধিকারজনিত । [L.]

exogamy [eks-o°-ga-mi, এক্‌স্‌অ°গ্যামি] *n.* the practice of marrying outside one's own group, অসবর্ণ বিবাহ। *a.* **exo°gamous**—অসবর্ণ-বিবাহমূলক। [Gk. *exo-*, *gamos*=marriage]

exonerate [igz-o°-na-rāt, ইগ্‌জ্‌অ°ন্যারেইট্] *v.t.* to exculpate, অভিযোগাদি হইতে মুক্তি দেওয়া। *p.* & *p. pt.* **ėxo°nerātėd** । *n.* **ėxonerā°tion** । *a.* **ėxo°nerātive**—অভিযোগাদি হইতে মুক্তিদায়ক। [*exonerare*<*ex-*, *onus*=burden]

exorbitant [igz-aw(r)°-bit(a)nt, ইগ্‌জ্‌অ্যা(র্)°-বিট্‌ন্ট্] *a.* grossly excessive, অত্যধিক। *n.* **ėxor°bitance**—আধিক্য। *adv.* **ėxor°bitantly** । [L. *exorbitare*=to go out of the wheel-track]

exorcise, exorcize [eks°-aw(r)-sīz, এক্‌স্°-অ্যা(র্)সাইজ্] *v.t.* to expel by invocation, পবিত্র নামাদি উচ্চারণপূর্বক (ভূতপ্রেতাদিকে) দূরীভূত করা ; to clear of evil spirits, ভূতপ্রেতাদি ঝাড়ান। *n.* **ex°orcism**—ভূত-ঝাড়ার কাজ বা মন্ত্র। *n.* **ex°orcist**—ভূতের রোজা। [LL.<Gk. *exorkizein*]

exordium [eks-aw(r)°-di-am, এক্‌স্‌অ্যা(র্)°ডিঅ্যাম্] *n.* the introductory part, গ্রন্থাদির ভূমিকা। *pl.* **exor°diums, exor°dia** । [L.]

exoteric [eks-ŏ-te°-rik, এক্‌স্‌ওটে°রিক্] *a.* communicable to the public or outsiders, জনসাধারণের নিকটেও বা দলবহির্ভূত ব্যক্তিদের নিকটেও প্রকাশ্য ; not admitted to esoteric teaching, দলের গূঢ় মন্ত্রাদির অনধিকারী ; (fig.) popular, (আল.) জনপ্রিয়। *adv.* **exote°rically** । [Gk. *exoterikos*]

exotic [egz-o°-tik, এগ্‌জ্‌অ°টিক্] (1) *a.* foreign, বিদেশী বা বহিরাগত ; outlandish, অদ্ভুত, উদ্ভট। (2) *n.* anything exotic, বিদেশী বা বহিরাগত বস্তু। **exotic dancer**—যে নর্তকী নৃত্যকালে ক্রমে অঙ্গাবরণ উন্মোচন করে। [Gk. *exotikos*]

expand [iks-pand°, ইক্‌স্‌প্যান্ড্°] (1) *v.t.i.* to spread out, বিস্তৃত করা বা হওয়া (heat *expands* metal)। (2) *v.t.* to develop or amplify, (রচনাদির বক্তব্য) বিশদতর বা সম্প্রসারিত করা। *p.* & *p. pt.* **ėxpan°dėd** । *n.* **ėxpanse**—বিস্তার ; বিস্তীর্ণ স্থান। *a.* **ėxpan°sible**—বিস্তারণসাধ্য, সম্প্রসারণসাধ্য। *n.* **ėxpansibi°lity** । *adv.* **ėxpans°ibly** । *a.* **ėxpan°sīle**—বিস্তারযোগ্য, বিস্তার্য। *n.* **expansion** [iks-pan°-sh(a)n, ইক্‌স্‌প্যান্°শ্‌ন্] বিস্তারণ ; বিস্তার ; সম্প্রসারণ। *a.* **ėxpan°sive**—বিস্তৃত ; ব্যাপক ; (ব্যক্তি বা বক্তব্য সম্বন্ধে) খোলাখুলি, অকপট। *adv.* **expan°sively** । *n.* **expan°siveness** । [L. *expandere*]

ex parte [eks° pŭ(r)°-ti, এক্‌স্° পা(র্)°টি] *ph.* in the interest of one side only, esp. on hearing from one party only, একতরফা। [L.]

expatiate [eks-pā°-shi-āt, এক্‌স্‌পেই°শিএইট্] *v.i.* to expand in discourse or writing, বিস্তৃতভাবে আলোচনা করা বা লেখা (to *expatiate* upon a topic of public interest) ; to walk about unrestrained, অবাধে ইতস্ততঃ ঘুরিয়া বেড়ান। *p.* & *p. pt.* **expā°tiātėd** । *n.* **expā°tiā°tion** । *a.* **expā°tiatory**—সম্প্রসারক। [L. *exspatiari*<*ex-*, *spatiare*=space]

expatriate [eks-pa°-tri-āt, এক্‌স্‌প্যা°ট্রিএইট্] (1) *v.t.* to banish, নির্বাসিত করা। *p.* & *p. pt.* **expa°triātėd** । (2) *n.* an expatriated person, নির্বাসিত বা দেশত্যাগী ব্যক্তি। [LL. *expatriare*<*ex-*, *patria*=fatherland]

expect [iks-pekt°, ইক্‌স্‌পেক্ট্°] *v.t.* to look forward to, প্রত্যাশা করা ; (coll.) to suppose or think, (কথ্য.) অনুমান করা, মনে করা। *p.* & *p. pt.* **ėxpec°tėd** । *n.* **ėxpec°tancy**—প্রত্যাশা বা প্রতীক্ষা ; প্রত্যাশিত বস্তু; আশা। **ėxpec°tant**—(1) *a.* প্রত্যাশী ; প্রতীক্ষমাণ ; প্রত্যাশিত ; প্রতীক্ষিত ; (2) *n.* প্রত্যাশী বা প্রতীক্ষমাণ ব্যক্তি। *adv.* **ėxpec°tantly** । *n.* **ėxpectā°tion**—প্রত্যাশা বা প্রতীক্ষা ; প্রত্যাশী বা প্রতীক্ষমাণ অবস্থা ; ভবিষ্যৎ মঙ্গলের আশা ; প্রত্যাশিত বা সম্ভাব্য বস্তু অথবা বিষয় ; সম্ভাব্যতার পরিমাণ ; সম্ভাব্য বস্তু বা বিষয়ের মূল্য ; (in *pl.*) উইল-বলে প্রাপ্তির সম্ভাবনা। **expectant mother**—সন্তানসম্ভবা রমণী। **beyond expectation**—(ফলাফল সম্বন্ধে) আশাতিরিক্ত। **contrary to expectation(s)**—আশার বিপরীত। **to fall short of expectations**—অভীষ্ট বা প্রত্যাশিত ফললাভ না করা। **expectation of life**—গড় আয়ু। [L. *exspectare*]

expectorate [eks-pek°-ta-rāt, এক্‌স্‌পেক্°ট্যারেইট্] *v.t.* to expel from the chest or lungs by coughing, কাশিয়া বুক বা ফুসফুস হইতে তুলিয়া ফেলা। *p.* & *p. pt.* **expec°torātėd** । **expec°torant**—(1) *a.* কাশিয়া তুলিয়া ফেলিবার পক্ষে সহায়ক ; (2) *n.* ঐরূপ ঔষধ। *n.* **expectorā°tion** । [L. *expectorare*]

expedient [iks-pē°-di-ant, ইক্‌স্‌পী°ডিঅ্যান্ট্] (1) *a.* suitable or advantageous, (উদ্দেশ্য-সাধনের পক্ষে) উপযোগী বা সুবিধাজনক। (2) *n.* an expedient means, উপযোগী বা সুবিধাজনক উপায় অথবা কৌশল। *n.* **ėxpē°dience, ėxpē°diency**—উপযোগিতা, যুক্তিযুক্ততা (to act from sheer *expediency*) ; সুযোগ। *adv.* **ėxpē°diently** । [L. *expediens*]

expedite [eks°-pi-dīt, এক্‌স্°পিডাইট্] *v.t.* to free from impediments, অন্তরায়শূন্য করা ; to hasten, ত্বরান্বিত করা ; to dispatch, দ্রুত প্রেরণ করা। *p.* & *p. pt.* **ex°pėditėd** । *adv.* **ex°pėdītely** । *n.* **expėdi°tion**—তৎপরতা, ত্বরা ; যুদ্ধাদির অভিযান। *a.* **expėdi°tionary**—অভিযানমূলক (an *expeditionary* force)। *a.* **expeditious** [eks-pe-di°-shas, এক্‌স্‌পিডি°শ্যাস্] ত্বরান্বিত, দ্রুত। *adv.* **expedi°tiously** । [L. *expedire*]

expel [iks-pel°, ইক্‌স্‌পেল্°] *v.t.* to turn out,

বিতাড়িত বা নির্বাসিত করা (to *expel* a person from a country or community) ; to eject, নির্গত করা ; to discharge, বিচ্ছুরিত করা। *pr. pt.* **expe°lling** । *p.* & *p. pt.* **expe°lled** । *a.* & *n.* **expe°llent**—বিতাড়ক ; নিঃসারক ; বিচ্ছুরক ; নির্বাসক। *n.* see **expulsion** । [L. *expellere*]

expend [iks-pend°, ইক্‌স্‌পেন্‌ড্°] *v.t.* to use up, ব্যবহার করিয়া নিঃশেষিত করা ; to spend, ব্যয় করা। *p.* & *p. pt.* **expen°ded** । *a.* **expen°dable**—(নিঃসংশয়ে) ব্যয় করা যায় এমন। *n.* **expenditure** [iks-pen°-di-cha(r), ইক্‌স্‌পেন্°ডিচ্যা(র্)] ব্যয়, খরচ। *n.* **expense°**—খরচ, ব্যয় ; মূল্য ; (in *pl.*) রাহা-খরচ, পথ-খরচ, হাত-খরচ, মামলায় পরাজিত পক্ষ কর্তৃক বিজয়ীকে প্রদেয় খরচ। **expense account**—খরচের হিসাব। *a.* **expens°ive**—ব্যয়বহুল ; দামি ; খরচে। **at one's expense**—(আল.) কাহাকেও অমর্যাদা উপহাস বা অবজ্ঞার পাত্র করিয়া (to laugh *at one's expense*)। **at the expense of**—নির্দিষ্ট কিছু মূল্যস্বরূপ দিয়া (to earn fame *at the expense of* one's life)। **(to) go to the expense of**—কোন ব্যাপারে অর্থব্যয় করা। **(to) put one to great expense**—অত্যধিক খরচ করিতে বাধ্য করান। [L. *expendere*]

experience [iks-per°-i-ans, ইক্‌স্‌পিয়্যার্°ই-অ্যান্‌স্] (1) *n.* long and varied observation or practical acquaintance, or wisdom derived from it, ভূয়োদর্শন বা অভিজ্ঞতা। (2) *v.t.* to have experience of, (কিছুর) অভিজ্ঞতা লাভ করা ; to suffer or undergo, সহ্য বা ভোগ করা (to *experience* hardship, pain, pleasure, etc.) ; to meet or learn, দেখা বা শেখা। *a.* **exper°ienced**—ভূয়োদর্শী, অভিজ্ঞ ; দক্ষ ; বিজ্ঞ। *a.* **exper°ienceless**—অনভিজ্ঞ। *a.* **experiential** [iks-per-i-en°sh(a)l, ইক্‌স্‌পিয়্যারিএন্°শ্‌ল্] অভিজ্ঞতালব্ধ ; অভিজ্ঞতাসংক্রান্ত। [F.<L. *experientia*]

experiment [iks-pe°-ri-mant, ইক্‌স্‌পে°রিম্যান্ট্] *v.t.i.* to test, পরীক্ষা করা ; to search by trial, গবেষণা করা। *p.* & *p. pt.* **expe°rimented** । *n.* **experiment** [iks-pe°-ri-mant, ইক্‌স্‌পে°রিম্যান্ট্] পরীক্ষা ; গবেষণা (to carry out or perform an *experiment* in physics)। *a.* **experimental** [eks-pe-ri-men°tl, এক্‌স্‌পেরিমেন্°ট্‌ল্] গবেষণামূলক ; গবেষণাদ্বারা লব্ধ ; পরীক্ষামূলক। *adv.* **experimen°tally** । *n.* **experimentation** [eks-pe-ri-men-ta°sh(a)n, এক্‌স্‌পেরিমেন্টেই°শ্‌ন্] পরীক্ষা ; গবেষণা। [L. *experimentum*<*experiri* =to try thoroughly]

expert [eks-pa(r)t°, এক্‌স্‌প্যা(র্)ট্°] *a.* trained by practice, অভ্যস্ত, অভিজ্ঞ ; skilful, দক্ষ, কুশলী। *n.* **ex°pert**—অভ্যস্ত বা অভিজ্ঞ বা দক্ষ ব্যক্তি। *n.* **expertise** [eks-pa(r)-tez°, এক্‌স্‌প্যা(র্)টীজ্°] অভিজ্ঞতা ; বিশেষজ্ঞসুলভ জ্ঞান, বিশেষ জ্ঞান ; বিশেষজ্ঞসুলভ মূল্যায়ন ; বিশেষজ্ঞের রিপোর্ট। *adv.* **expert°ly** । *n.* **expert°ness** । [F.<L. *expertus*]

expiable—see **expiate.**

expiate [eks°-pi-at, এক্‌স্°পিএইট্] *v.t.* to atone for completely, পূর্ণপ্রায়শ্চিত্ত করা (to *expiate* sin) ; to pay the penalty of, খেসারত দেওয়া। *p.* & *p. pt.* **expiated** । *a.* **ex°piable**—প্রায়শ্চিত্তসাধ্য। *n.* **expia°tion** । *n.* **ex°piator** । *a.* **ex°piatory**—প্রায়শ্চিত্তমূলক। [F. *expiare*]

expire [iks-pi(r)°, ইক্‌স্‌পায়্যা(র্)°] (1) *v.t.* to breathe out, নিঃশ্বাসের সহিত বাহির করিয়া দেওয়া। (2) *v.i.* to breathe out, নিঃশ্বাস ফেলা ; to die, মরা ; to come to an end, শেষ হওয়া (his term of office will soon *expire*) ; to lapse, তামাদি হওয়া ; to emit, বিকীর্ণ বা নির্গত হওয়া ; to come to light, প্রকাশ পাওয়া। *n.* **expira°tion**—শ্বাসত্যাগ ; অবসান, শেষ (at the *expiration* of the lease)। *n.* **expir°y**—মেয়াদ-শেষ। *a.* **expir°atory**—নিঃশ্বাস-পরিত্যাগ-সংক্রান্ত : মৃত্যু বা অবসান বা তামাদি সংক্রান্ত। [F. *expirer*<L. *ex-*, *spirare*=to breathe]

explain [iks-plan°, ইক্‌স্‌প্লেইন্°] *v.t.* to make explicit or intelligible, স্পষ্ট ও বিশদ বা বোধগম্য করা ; to expound, ব্যাখ্যা করা, অর্থ করা ; to account for, কৈফিয়ত দেওয়া (to *explain* oneself or one's conduct)। **(to) explain away**—(বাজে) কৈফিয়ত দিয়া এড়াইয়া যাওয়া (to *explain away* one's involvement in a crime)। *a.* **explai°nable** । *n.* **explanation** [eks-pla-na°sh(a)n, এক্‌স্‌প্ল্যানেই°শ্‌ন্] ব্যাখ্যা ; কৈফিয়ত। *a.* **expla°natory**—ব্যাখ্যামূলক ; কৈফিয়তমূলক। [*ex-*, L. *planare*=to level]

expletive [eks°-ple°-tiv, এক্‌স্°প্লী°টিভ্] (1) *a.* serving to fill out, শূন্যস্থানপূরক, অনুপূরক। (2) *n.* an expletive word, অনুপূরক বা পাদপূরক শব্দ ; an interjection, মনোভাববাচক অব্যয়। [L. *expletivus*]

explicable—see **explicate.**

explicate [eks°-pli-kat, এক্‌স্°প্লিকেইট্] *v.t.* to unfold, প্রকাশ করা ; to explain, ব্যাখ্যা করা। *p.* & *p. pt.* **ex°plicated** । *a.* **ex°plicable**—প্রকাশসাধ্য ; ব্যাখ্যাসাধ্য ; বর্ণনাসাধ্য। *n.* **explica°tion** । *a.* **ex°plicative, ex°plicatory**—প্রকাশমূলক ; ব্যাখ্যামূলক ; বর্ণনামূলক। [L. *explicare*=to unfold]

explicit [iks-pli°-sit, ইক্‌স্‌প্লি°সিট্] *a.* distinctly stated, পরিষ্কারভাবে বর্ণিত ; outspoken, স্পষ্টভাষিত ; clear, স্পষ্ট। *adv.* **expli°citly** । *n.* **expli°citness** । [see *explicate*]

explode [iks-plod°, ইক্‌স্‌প্লৌড্°] (1) *v.t.* to cry down, নিন্দাসূচক চিৎকার করিয়া বসাইয়া বা থামাইয়া দেওয়া ; to bring into disrepute, নিন্দা বা অপযশ করা। (2) *v.t.i.* to burst out with a loud report, উচ্চরবে বিদীর্ণ বা বিস্ফোরিত

করান অথবা হওয়া। (3) *v.i.* to break forth suddenly, সহসা ফাটিয়া পড়া। *p.* & *p. pt.* **ėx-plō°dėd** I **an exploded idea** or **view**—বর্জিত বা পরিত্যক্ত ধারণা। *n.* **ėxplō°sion**—আকস্মিক প্রচণ্ড বিস্ফোরণ বা তজ্জনিত বিকট আওয়াজ ; বহুল পরিমাণে বা সংখ্যায় আকস্মিক বৃদ্ধি (population *explosion*) I *a.* & *n.* **ėxplō°-sive**—বিস্ফোরক (high *explosives* are used in coal mines) I **explosive issue**—উত্তেজনা সৃষ্টিকারী প্রশ্ন বা বিষয়। **explosive temper**—ক্রোধে ফাটিয়া পড়ে এমন মেজাজ। [L. *explodere*]

exploit [eks°-ployt, এক্‌স্°প্লয়্‌ট্] *n.* a deed (esp. heroic), (প্রধানতঃ বীরত্বপূর্ণ) সম্পাদিত কর্ম, কৃতিত্ব। *v.t.* **ėxploit°**—কাজে লাগান ; (কিছুর) সুযোগ লওয়া ; (অপরের) ক্ষতি করিয়া স্বীয় স্বার্থসাধন করা, শোষণ করা। *p.* & *p. pt.* **ėxploi°tėd** I *a.* **ėxploi°table** I *n.* **ėxploitā°tion** I *n.* **ex°-ploiter** I [F.<L. *explicitum*]

explore [iks-plaw(r)°, ইক্‌স্‌প্ল্য(র্)°] *v.t.i.* to travel through for the purpose of discovery, আবিষ্কারার্থ ভ্রমণ করা ; to examine thoroughly, পুঙ্খানুপুঙ্খরূপে পরীক্ষা করা। *n.* **explorā°tion** I *n.* **explor°er** I [F.<L. *ex-plorare*]

expo [eks°-pō, একস্°পৌ] *n.* international exhibition of goods, উৎপন্ন দ্রব্যাদির আন্তর্জাতিক প্রদর্শনী। [abbr. of *exposition*]

explosion, explosive—see **explode.**

exponent [eks-pō°-nant, এক্‌স্‌পৌ°ন্যান্ট্] (1) *a.* expounding, প্রকাশক, ব্যাখ্যাকর। (2) *n.* an interpreter, ব্যাখ্যাতা ; an example, উদাহরণ, নজির ; (mus.) an executant, (সঙ্গীতের সুরাদি) যে ব্যক্তি গাহিয়া বাজাইয়া বা সম্পাদন করিয়া বুঝাইয়া দেয় ; (math.) an index, (গণি.) সংখ্যাদির শক্তিচিহ্ন বা তাহার প্রতীক, সূচক। *a.* **exponential** [eks-pŏ-nen°sh(a)l, এক্‌স্‌পোনেন্°শ্‌ল্] ব্যাখ্যামূলক বা ব্যাখ্যাপূর্ণ। [L. *exponens*]

export [eks-paw(r)t°, এক্‌স্‌প্য(র্)ট্°] *v.t.* to carry or send out of a country as commodities, রপ্তানি করা। *p.* & *p. pt.* **expor°-tėd** I *n.* **ex°port**—রপ্তানি ; রপ্তানি-করা মাল। **export duty**—রপ্তানি শুল্ক। *a.* **expor°table** I *n.* **exportā°tion** I *n.* **expor°ter** I [L. *exportare*—cp. *import*]

expose [iks-pōz°, ইক্‌স্‌পৌজ্°] *v.t.* to lay forth to view, দৃষ্টিগোচর করান, প্রকট করান ; to uncover, অনাবৃত করা ; to abandon, (শিশুকে) পরিত্যাগ করিয়া যাওয়া (to *expose* a newborn child) ; to submit to an influence, (শীতাতপাদির) প্রভাবাধীন করা ; to display (প্রধানতঃ বিক্রয়ার্থ) প্রদর্শন করান ; to expound, অর্থপ্রকাশ করা ; to disclose, প্রকাশ করা ; to reveal the wrong-doing of, to unmask, দুষ্কর্মাদি প্রকাশ করা, মুখোস খুলিয়া দেওয়া (to *expose* villainy) I *n.* **exposé** [eks-pō-zā, এক্‌স্‌পৌ°জেই] তথ্যাদি-সংক্রান্ত বিবৃতি ; (অপযশস্কর বস্তুসমূহ) প্রদর্শন। *n.* **expō°ser** I *n.* **ėxpō°sure**—প্রকট করা ; আবরণমোচন ; প্রভাবাধীন করা ; (আলোকচিত্র-গ্রহণে) সূর্যালোক-সম্পাত বা সূর্যালোক-সম্পাতের কাল (an *exposure* of a small fraction of a second is enough) ; অমঙ্গল প্রদর্শন ; প্রকাশ ; বিপন্ন হইবার সম্ভাবনা ; অনাবৃত অবস্থা। [F. *exposer*]

exposition [eks-pŏ-zi°sh(a)n, এক্‌স্‌পোজ়ি°শন্] *n.* act of exposing, প্রকট করা বা অনাবৃত করা ; the abandonment of a child, (শিশুকে) পরিত্যাগ বা পরিত্যজন ; submission to influences of heat, cold, etc., (শীতাতপাদির) প্রভাবাধীন করা ; commentary, interpretation, অর্থপ্রকাশ ; act of unfolding, প্রকাশ ; display for sale, (বিক্রয়ার্থ) প্রদর্শন ; a public exhibition, জনসাধারণের জন্য প্রদর্শনী ; explanation, ব্যাখ্যা ; description, বর্ণনা। *a.* **expo°ši-tive**—ব্যাখ্যামূলক ; বর্ণনামূলক। *n.* **expo°šitor**—প্রকটনকর্তা ; আবরণ-উন্মোচক ; ব্যাখ্যাতা ; বর্ণনাকারী। *a.* **expository** [eks-po°-zi-t(a)ri, এক্‌স্°পজ়িট্‌রি] প্রকট করে বা অনাবৃত করে এমন ; ব্যাখ্যাকর ; বর্ণনামূলক। [L. *expositio*]

ex post facto [eks° pōst fak°-tō, এক্‌স্° পস্‌ট্ ফ্যাক্°টৌ] *ph.* acting retrospectively, বিগত কালীন ব্যাপারেও প্রযুক্ত (*ex post facto* sanction) I [L.]

expostulate [iks-pos°-tū-lāt, ইক্‌স্‌পস্°টিউলেইট্] *v.i.* to remonstrate mildly, মৃদু ভর্ৎসনা বা অনুযোগ করা (to *expostulate* with a person about or on something) ; to argue, তর্ক করা বা যুক্তি দেখান। *p.* & *p. pt.* **expos°tūlātėd** I *n.* **ėxpostūlā°tion** I *a.* **ėxpos°tūlatory**—মৃদুভর্ৎসনামূলক। *n.* **ėxpos°tūlātor** I [L. *expostulare*=to demand intensely]

exposure—see **expose.**

expound [iks-pound°, ইক্‌স্‌পাউন্‌ড্°] *v.t.* to explain or interpret, ব্যাখ্যা করা বা অর্থপ্রকাশ করা (to *expound* a doctrine, theory, etc.) I *p.* & *p. pt.* **ėxpoun°dėd** I *n.* **ėxpoun°-der** I [OF. *espondre*<L. *exponere*]

express [iks-pres°, ইক্‌স্‌প্রেস্°] (1) *v.t.* to press out, চাপ দিয়া বাহির করা (to *express* oil out of linseed) ; to represent by a likeness, words, symbols, etc., প্রতিরূপ ভাষা প্রতীক প্রভৃতির দ্বারা প্রকাশ করা বা অভিব্যক্ত করা ; to state explicitly, স্পষ্টভাবে বর্ণনা করা ; to reveal, প্রকাশ করা ; to despatch, দ্রুত প্রেরণ করা। *p.* & *p. pt.* **ėxpre°ssed** I (2) *a.* explicit, স্পষ্ট (*express* wish) ; exact, যথাযথ, হুবহু (the boy is an *express* image of his father) ; downright, খোলাখুলি, সাফ-সাফ ; meant or sent for a particular purpose, বিশেষ উদ্দেশ্যে নির্দিষ্ট বা প্রেরিত ; expeditious, দ্রুত, দ্রুতগামী। (3) *adv.*

expeditiously, দ্রুততার সহিত, শীঘ্র ; especially, বিশেষভাবে ; by express train, mail, messenger, etc., দ্রুতগামী রেলগাড়ি ডাক দূত প্রভৃতির দ্বারা বা মারফত (to send a parcel or to travel *express*) । (4) *n.* a messenger or conveyance sent on special errand, বিশেষ উদ্দেশ্যে প্রেরিত দূত বা গাড়ি ; an express message, দ্রুতভাবে প্রেরিত বার্তা; an express conveyance, দ্রুতগামী (বিশেষতঃ রেল-) গাড়ি ; an express mail or messenger, দ্রুতগামী ডাক বা দূত । **express delivery**—দ্রুতগামী দূত ডাক প্রভৃতির সাহায্যে বিলি । **express fee**—দ্রুতগামী ডাক প্রভৃতির সাহায্যে বিলি করার জন্য মাসুল । **express letter**—দ্রুতগামী দূতের মারফত বা ডাকযোগে প্রেরিত চিঠি । **express train**—দ্রুতগামী রেলগাড়ি ঃ ইহা সব স্টেশন ধরে না । **(to) express oneself**—স্বীয় মনোভাবাদি প্রকাশ করা । *a.* **ėxpre°ssible**—প্রকাশসাধ্য ; বর্ণনসাধ্য । *n.* **expression** [iks-pre°-sh(a)n, ইক্‌স্‌প্রে°শ্‌ন্‌] চাপ দিয়া বাহির করা ; প্রকাশ বা অভিব্যক্তি ; প্রকাশ বা অভিব্যক্তির উপায় অর্থাৎ ভাষা শিল্পকৌশল শব্দ প্রতীক বাচনভঙ্গী মুখভাব ভাব প্রভৃতি । **beyond** or **past expression**—বর্ণনাতীত, অনির্বচনীয় । **(to) find expression**—প্রকাশের পথ পাওয়া (her grief *found expression* in tears) । *a.* **ėxpre°ssional**—প্রকাশমূলক, অভিব্যক্তিমূলক । *n.* **ėxpre°ssionism**—(সাহিত্যে ও চিত্রকলায়) বাহ্যিক জীবনের অপেক্ষা আভ্যন্তরীণ জীবনের মর্মোদ্ঘাটনে আগ্রহ, অভিব্যক্তিবাদ । *n.* **ėxpre°ssionist** । *a.* **ėxpressionis°tic**—অভিব্যক্তিমূলক ; অভিব্যক্তিবাদী । *a.* **ėxpre°ssionlėss**—(মুখের চেহারা-সম্বন্ধে) ভাবহীন, অভিব্যক্তিহীন, নির্বিকার (an *expressionless* face) । *a.* **ėxpre°ssive**—প্রকাশক ; অভিব্যক্তিপূর্ণ ; ভাবপূর্ণ ; স্পষ্ট ; দৃঢ়ভাবে উক্ত ; গূঢ় অর্থপূর্ণ । *adv.* **ėxpre°ssively** । *adv.* **ėxpress°ly**—স্পষ্টভাবে ; বিশেষ উদ্দেশ্যে (a book *expressly* written for handicapped children) । [L. *exprimere* (*v.*), partly F. *expres*]

expropriate [eks-prō°-pri-āt, এক্‌স্‌প্রৌ°প্রিএইট্‌] *v.t.* to dispossess, দখলচ্যুত করা (to *expropriate* a person of landed property) । *p.* & *p. pt.* **exprō°priātėd** । *n.* **exprōpriā°tion** । [L. *expropriare*]

expulsion [iks-pul°sh(a)n, ইক্‌স্‌পাল্‌°শ্‌ন্‌] *n.* act of expelling, বিতাড়ন বা নির্বাসন (the *expulsion* of a student from school) । *a.* **expulsive** [iks-pul°-siv, ইক্‌স্‌পাল্‌°সিভ্‌] বিতাড়ক ; নির্বাসক । [L. *expulsare*—see *expel*]

expunge [eks-punj°, এক্‌স্‌পান্‌জ্‌°] *v.t.* to wipe out, মুছিয়া ফেলা (to *expunge* name from list or passage from book) । *n.* **expunc°tion** । [L. *expungere*]

expurgate [eks°-pa(r)-gāt, এক্‌স্‌°প্যা(র্‌)গেইট্‌] *v.t.* to purify, (গ্রন্থাদির আপত্তিকর নোংরা ভ্রমাত্মক প্রভৃতি অংশ দূর করিয়া) শোধন করা । *p.* & *p. pt.* **ex°purgātėd** । *n.* **expurgā°tion** । *n.* **ex°purgātor** । *a.* **expurgatory** [eks-pa(r)°ga-t(a)ri, এক্‌স্‌প্যা(র্‌)°গ্যাট্‌রি] গ্রন্থাদি শোধনকর বা শোধনমূলক । **expurgated edition**—পরিশুদ্ধ সংস্করণ । [L. *expurgare*—see *purge*]

exquisite [eks°-kwi-zit, এক্‌স্‌°কুইজ়িট্‌] (1) *a.* of consummate excellence or beauty, নিখুঁত চমৎকারিত্বপূর্ণ বা সৌন্দর্যপূর্ণ ; acute, তীব্র, নিদারুণ (*exquisite* pain) ; keen, সূক্ষ্ম (*exquisite* perception or perceptibility) । (2) *n.* a fop, সজ্জাবিলাসী, ফুলবাবু । *adv.* **ex°quisitely** । *n.* **ex°quisitenėss** । [L. *exquisitus*]

exscind [ek-sind°, এক্‌সিন্‌ড্‌°] *v.t.* to cut off, (অঙ্গ অংশ প্রভৃতি) কাটিয়া ফেলা । *p.* & *p. pt.* **exscin°dėd** । [*ex-*, L. *scindere*=to cut]

ex-service [eks°-sa(r)-vis, এক্‌স্‌°স্যা(র্‌)ভিস্‌] *a.* formerly in one of the fighting services, পূর্বে সেনাবাহিনীতে নিযুক্ত ছিল এমন, সেনাবাহিনী হইতে অবসরপ্রাপ্ত । *n.* **ex-ser°viceman**—প্রাক্তন সৈনিক । [ex_2, L. *service*]

extant [eks-tant°, এক্‌স্‌ট্যান্‌ট্‌°] *a.* still existing, (পুরাতন প্রাণী দ্রব্য প্রভৃতি সম্বন্ধে) অদ্যাপি বর্তমান (*extant* copy, *extant* specimen) । [L. *extans*]

extempore [eks-tem°-pa-ri, এক্‌স্‌টেম্‌°প্যারি] *adv.* & *a.* off-hand, উপস্থিতমত (উক্ত বা রচিত) ; without preparation, পূর্বাহ্নে প্রস্তুত না হইয়া বা প্রস্তুতিহীন । *a.* **extemporā°nėous, extemporary** [iks-tem°-p(a)ra-ri, ইক্‌স্‌টেম্‌প্‌°র‍্যারি] same as **extempore** (*a.*) । *v.i.* **ėxtem°porize**—উপস্থিতমত বা বিনা প্রস্তুতিতে বক্তৃতা দেওয়া অথবা রচনা করা । *n.* **ėxtemporizā°tion** । [L.]

extend [iks-tend°, ইক্‌স্‌টেন্‌ড্‌°] (1) *v.t.* to stretch out, প্রসারিত করা (to *extend* one's hand to) ; to expand or widen, বাড়ান বা বিস্তৃত করা ; to offer, দিতে চাওয়া (to *extend* a greeting, an invitation, thanks etc.) ; to prolong the time, মেয়াদ বাড়াইয়া দেওয়া (to *extend* credit) । (2) *v.i.* to stretch, প্রসারিত হওয়া ; to reach, (সীমাদি পর্যন্ত) পৌঁছান বা বিস্তৃত হওয়া (the road *extends* for miles) ; to be inclusive, ব্যাপক হওয়া (this law *extends* to all) । *p.* & *p. pt.* **ėxten°dėd** । *a.* **ėxten°sible, exten°sīle**—প্রসার্য । *n.* **ėxtensibi°lity** । *n.* **extension** [iks-ten°sh(a)n, ইক্‌স্‌টেন্‌°শ্‌ন্‌] প্রসারণ ; প্রসার (*extension* of technical education) ; বিস্তার ; ব্যাপ্তি ; সংযোজিত অংশ (to build an *extension* to a school) । *a.* **ėxten°sive**—বিস্তৃত ; ব্যাপক (*extensive* knowledge) ; বৃহৎ ; বিশাল । *n.* **ėxten°sor**—যে মাংসপেশী দেহের কোন অঙ্গকে প্রসারিত করে বা সিধা করে । *n.* **ėxtent°**—প্রসার ; বিস্তার ; ব্যাপ্তি ; আয়তন ; সীমা ; চৌহদ্দি ; এলাকা ; বিস্তৃত স্থান ।

to a great extent—বহুল পরিমাণে। [L. *extendere*]

extenuate [eks-te°-nū-āt, এক্স্‌টে°নিউএইট্] *v.t.* to lessen, হ্রাস করা ; to palliate, প্রশমিত করা, গুরুত্ব হ্রাস করা। *p. & p. pt.* **exte°nūātėd** । *n.* **extenūā°tion** । **extenuating circumstances**—অপরাধের গুরুত্ব লাঘব করে এমন অবস্থাসমূহ। [L. *extenuare*]

exterior [eks-tēr°-i-a(r), এক্স্‌টিয়্যার্‌°ইঅ্যা(র্)] (1) *a.* outer, বহিঃস্থ ; outward, বহির্মুখ, বাহ্যিক ; foreign, বহিরাগত, বিদেশী। **exterior angle**—বহিঃকোণ। (2) *n.* the outside, বাহির, বহিঃ ; the outer surface, বাহিরের তল, বহিরাবরণ ; outward form or deportment, বাহ্যিক গঠন বা চালচলন ; appearance, চেহারা (a person with a rough or smooth *exterior*) ; an external part, বহিরংশ। *n.* **exteriority** [eks-tēr-i-o°-ri-ti, এক্স্‌টিয়্যার্‌ইঅ°রিটি] । *adv.* **extēr°iorly** । [L.=more outward]

exterminable—see **exterminate.**

exterminate [eks-ta(r)°-mi-nāt, এক্স্‌ট্যা(র্)°মিনেইট্] *v.t.* to root out, উন্মূলিত করা ; to destroy completely, সম্পূর্ণ ধ্বংস করা। *p. & p. pt.* **exter°minā°tėd** । *a.* **exter°minable** । *n.* **exterminā°tion** । *n.* **exter°minātor** । [L. *exterminare*]

external [eks-ta(r)°nl, এক্স্‌ট্যা(র্)°ন্‌ল্] (1) *a.* exterior, outward, বহিঃস্থ, বহির্মুখ, বহিরাগত ; not innate or intrinsic, বাহ্যিক, আপাত, প্রত্যক্ষ (*external* evidence) ; foreign, বিদেশী, বৈদেশিক (minister for *external* affairs, *external* policy) । (2) *n.* the exterior, বাহির, বহিঃ, বাহিরের তল, বহিরাবরণ ; (in *pl.*) the outward parts, বহিরংশসমূহ ; outward or non-essential forms and ceremonies, বাহ্যিক বা অপরিহার্য নহে এমন চেহারা অথবা অনুষ্ঠানাদি (to size up people by *externals*, the *externals* of religion) । *n.* **externa°lity**—বাহ্যিক আচরণ ; অগভীরতা ; বাহ্যিক অনুষ্ঠানাদি পালনে অত্যধিক আগ্রহ। *adv.* **exter°nally** । [L. *externus*]

exterritorial [eks°-te-ri-taw°-ri-al, এক্স্‌°টেরিট্য°রিঅ্যাল্] var. of **extraterritorial.**

extinct [iks-ting(k)t°, ইক্‌স্টিংট্°] *a.* extinguished, নির্বাপিত ; no longer existing, অধুনালুপ্ত (an *extinct* species) ; dead, মৃত। *n.* **ėxtinc°tion**—নির্বাপণ (the *extinction* of a fire) ; লোপ ; মৃত্যু ; ধ্বংস। [see *extinguish*]

extinguish [iks-ting°-gwish, ইক্‌স্টিং°গুাইশ্] *v.i.* to put out, নিভান ; to quench, প্রশমিত করা ; to put an end to, শেষ করা, লোপ করা ; to destroy, ধ্বংস করা ; to obscure, ম্লান করা ; to wipe out (a debt), (দেনা) নিঃশেষ করা। *p. & p. pt.* **ėxtin°guishėd** । *a.* **ėxtin°guishable** । *n.* **ėxtin°guisher**—নির্বাপক ; প্রশমক ; নির্বাপণ-যন্ত্র। *n.* **ėxtin°guishment** । [L. *ex(s)-tinguere*]

extirpate [eks-ta(r)°-pāt, এক্‌স্ট্যা(র্)°পেইট্] *v.t.* to root out, উন্মূলিত করা ; to destroy utterly, সম্পূর্ণ ধ্বংস করা (to *extirpate* all evils of society) । *p. & p. pt.* **extir°pātėd** । *n.* **extirpā°tion** । *n.* **extir°pātor**—উন্মূলক ; ধ্বংসকারী ; উন্মূলন-যন্ত্র, নিড়ানি। [L. *exstirpare*]

extol [iks-tol°, ইক্‌স্টল্°] *v.t.* to praise highly, উচ্চপ্রশংসা করা (to *extol* a person to the skies) । *pr. pt.* **ėxto°lling** । *p. & p. pt.* **ėxto°lled** । [L. *extollere*]

extort [iks-taw(r)t°, ইক্‌স্ট্য(র্)ট্°] *v.t.* to wring out, মোচড়াইয়া বাহির করা ; to obtain forcibly, বলপ্রয়োগে আদায় করা (to *extort* money, confession, etc. from a person) । *p. & p. pt.* **ėxtor°tėd** । *n.* **ėxtor°tion** । *a.* **ėxtor°tionate**—অত্যাচারপূর্ণ ; অত্যাচারী। *adv.* **ėxtor°tionately** । *n.* **ėxtor°tioner** । [*ex-*, L. *torquire*=to twist]

extra$_1$ [eks°-tra, এক্স্‌°ট্র্যা] (1) *a.* unusual, অস্বাভাবিক ; more than necessary, প্রয়োজনাতিরিক্ত, ফালতু ; extraordinary, অসাধারণ ; additional, অতিরিক্ত। (2) *adv.* in addition, অতিরিক্তভাবে (packing and postage *extra*) ; more than usually, স্বাভাবিক অপেক্ষা অধিকতর (an *extra* strong door) । (3) *n.* what is extra, অতিরিক্ত বস্তু, ফাউ ; an extra charge or payment, বাড়তি মূল্য বা মাশুল বা অর্থপ্রদান ; (in cricket) a run not scored off bat, (ক্রিকেটে) ব্যাট দিয়া বল মারিয়া যে রান্ করা হয় নাই। [contr. of *extraordinary* ?]

extra-$_2$ [eks-tra, এক্স্‌°ট্র্যা] *pfx.* beyond, অতিক্রম করিয়া, বহির্ভূত। *a.* **extracurri°cular**—নিয়মিত পাঠক্রম বহির্ভূত। *a.* **extraga°lactic**—ছায়াপথ-বহির্ভূত। *a.* **ex°trajudi°cial**—আদালতে পেশ করা হয় নাই এমন ; বিবেচনাধীন মামলার বহির্ভূত। *a.* **ex°trama°rital**—বিবাহ-বন্ধনের বহির্ভূত। **extramarital relations**—অবৈধ যৌনসংসর্গ। *a.* **ex°tramun°dāne**—অপার্থিব, অভৌতিক। *a.* **ex°tramūr°al**—গৃহপ্রাচীরের বহির্ভূত ; বিশ্ববিদ্যালয়ের সঙ্গে সংশ্লিষ্ট কিন্তু উহার সরাসরি কর্তৃত্বাধীন নহে এমন। *a.* **extraordinary** [iks-traw(r)°dn-ri, ইক্‌স্ট্র্য(র্)°ড্‌ন্‌রি] অস্বাভাবিক ; লক্ষণীয় ; বিস্ময়কর ; বিশেষ ; বিশিষ্ট ; নির্দিষ্ট সংখ্যার অতিরিক্তরূপে নিযুক্ত। *n. pl.* **ėxtraor°dinaries**—অস্বাভাবিক বস্তুসমূহ। *adv.* **ėxtraor°dinarily** । *a.* **extrasensory**—ইন্দ্রিয়াতিরিক্ত অনুভূতিসংক্রান্ত। *a.* **ex°tra-spe°cial**—অতি অস্বাভাবিক বা অদ্ভুত, অভিনব, বিশেষভাবে নির্মিত। *a.* **ex°traterrito°rial**—দেশবহির্ভূত, অতিরাষ্ট্রিক। [L.]

extract [iks-trakt°, ইক্‌স্ট্র্যাক্ট্°] *v.t.* to draw out forcibly, (রস দাঁত প্রভৃতি) সজোরে টানিয়া বাহির করা বা নিষ্কর্ষণ করা ; to extort, জোর

করিয়া আদায় করা; to select, বাছিয়া লওয়া; to copy out, (অংশবিশেষের) প্রতিলিপি গ্রহণ করা; to find out or take out, (বর্গমূল, নির্যাস প্রভৃতি) বাহির করা। *p.* & *p. pt.* **ėxtrac°tėd** । *n.* **extract** [eks°-trakt, এক্স্°ট্র্যাক্ট্] নির্যাস; গ্রন্থাদি হইতে উদ্ধৃত অংশ। *n.* **ėxtrac°tion**—extract (*v.*)-এর সকল অর্থে, এবং—নির্যাস; জোর-পূর্বক আদায়ীকৃত অর্থাদি; গ্রন্থাদি হইতে উদ্ধৃত অংশ; বংশ, কুল। **extrac°tive**—(1) *a.* নিষ্কর্ষী। (2) *n.* নিষ্কর্ষ, নির্যাস। *n.* **extrac°tor**—নিষ্কর্ষক; নিষ্কর্ষণ যন্ত্র; জোরপূর্বক আদায়কারী। [*ex-*, L. *trahere*= to draw]

extradite [eks°-tra-dīt, এক্স্°ট্র্যাডাইট্] *v.t.* to hand over for trial or punishment to a foreign government, বিচারার্থ বা দণ্ডদানার্থ বিদেশী সরকারের হাতে অর্পণ করা। *p.* & *p. pt.* **ex°tradīted** । *a.* **extradī°table** । *n.* **extradi°tion** । [L. *extraditio*]

extrajudicial, extramarital, extramundane, extramural—see **extra-₂**.

extraneous [eks-trā°-ni-as, এক্স্ট্রেই°নিঅ্যাস্] *a.* external, বহিঃস্থ; foreign, বিদেশী; নিজস্ব নহে এমন, পরক। *adv.* **extrā°nėously** । [L. *extraneus*]

extraordinary, extra-special, extraterritorial—see **extra-₂**.

extrapolate [iks-tra°-pō-lāt, ইক্স্ট্র্যা°পৌলেইট্] *v.t.i.* (math.) to estimate from the observed values or tendencies others which lie outside the limits of those known, (গণি.) জ্ঞাত মূল্যপ্রবণতা বা তথ্যাদির বিচারের দ্বারা উহাদের সীমা-বহির্ভূত তথ্যাদির গণন বা কলন; to infer or project or conjecture from what is known, জ্ঞাত তথ্যাদির বিচার-দ্বারা অজ্ঞাত তথ্য নিরূপণ করা, 'জ্ঞাত' হইতে 'অজ্ঞাত' অভিক্ষিপ্ত করা। *n.* **extrapolā°tion** । [L. *extra*+*interpolate*]

extravagant [iks-tra°-vi-gant, ইক্স্ট্র্যা°ভি-গ্যান্ট্] *a.* going beyond the bounds, সীমা-লঙ্ঘনকর; unrestrained, অসংযত; excessive, অত্যাধিক (*extravagant* price); lavish, অমিত; wasteful, অপচয়কর। *v.i.* **extra°vagate**—সৎপথ-চ্যুত হওয়া, পথবিচ্যুতি ঘটা; নির্দিষ্ট সীমা লঙ্ঘন করা (to *extravagate from* right course or *into* error)। *n.* **ėxtra°vȧgance**—সীমালঙ্ঘন; অসংযম; অত্যাধিক্য; অমিতব্যয়িতা; অপচয়। *adv.* **ėxtra°vagantly** । [*extra-₂*, L. *vagans*= wandering]

extravaganza [eks-tra-va-gan°-za, এক্স্ট্র্যা-ভ্যাগ্যান্°জ়্যা] *n.* a fantastic composition, (সঙ্গীত নাটক প্রভৃতি সম্বন্ধে) উদ্ভট রচনা; wild behaviour or speech, উন্মত্ত বা অসংযত আচরণ বা উক্তি। [It. (*e*)*stravaganza*]

extreme [iks-trēm°, ইক্স্ট্রীম্°] (1) *a.* outermost, most remote, সর্বাধিক দূরবর্তী; situated at either end, প্রান্তবর্তী; last, শেষ, চূড়ান্ত; highest, greatest, চরম, পরম; most violent, অতি প্রচণ্ড; (of opinions etc.) immoderate, (মতাদি-সম্পর্কে) চরমপন্থী (the *extreme* left, to hold *extreme* opinions, etc.)। (2) *n.* the verge, প্রান্ত; end, শেষ, ডগা, আগা; the highest limit or degree, চরম সীমা বা পরিমাণ (annoying in the *extreme*)। **(to) go to the extremes**—চরমে ওঠা; চরম পন্থাবলম্বন করা। **in the extreme**—সর্বোচ্চপরিমাণে; যৎপরোনাস্তি। **the last extremity**—চরম দুর্দশা; মৃত্যু। *adv.* **ėxtrēme°ly** । *n.* **ėxtrē°miṡm**—(মতাদি-সম্পর্কে) চরম পন্থা। *n.* **ėxtrēmist**—চরমপন্থী। *n.* **extremity** [iks-tre°-mi-ti, ইক্স্ট্রে°মিটি] প্রান্ত-সীমা; সর্বোচ্চ পরিমাণ; চরম দুর্দশা; চরম অবস্থা; শেষ; হাত বা পা। [F.<L. *extremus*]

extricable—see **extricate.**

extricate [eks°-tri-kāt, এক্স্°ট্রিকেইট্] *v.t.* to disentangle, বিজড়িত অবস্থা হইতে মুক্ত করা (to *extricate* oneself from a tight corner); to set free, মুক্ত করা। *p.* & *p. pt.* **extricā°tėd** । *a.* **ex°tricable** । *n.* **extricā°tion** । [L. *extricare*—cp. *intricate*]

extrinsic [eks-trin°-sik, এক্স্ট্রিন্°সিক্] *a.* external, বহিঃস্থ, বাহ্যিক; not belonging to a body, দেহগত নহে এমন; not inherent or essential, জন্মগত বা অপরিহার্য নহে এমন। *adv.* **extrin°sically** । [F. *extrinseque*<L. *extrinsecus*—cp. *intrinsic*]

extrovert [eks-trŏ-va(r)t°, এক্সট্রোভ্যা(র্)ট্°] *v.* to turn outward, বহির্মুখ করা। *p.* & *p. pt.* **extrŏver°tėd** । *n.* **ex°trŏvert**—(মনস্তত্ত্বে) বহির্জগৎ-সম্বন্ধে কৌতূহলী ব্যক্তি, বহির্মুখ ব্যক্তি। *n.* **extrŏver°sion** । [L. *extra vertere*—cp. *introvert*]

extrude [eks-trōōd°, এক্স্ট্রূড্°] *v.t.* to force out, বলপ্রয়োগদ্বারা বাহির করা। *p.* & *p. pt.* **extru°dėd** । *n.* **extru°ṡion**—বলপ্রয়োগদ্বারা বহিষ্কার। *a.* **extru°sive**—বলপ্রয়োগপূর্বক বহিষ্কারক। [L. *extrudere*]

exuberant [igz-ū°b(a)r(a)nt, ইগ্জ়িউ°ব্‌রন্ট্] *a.* luxuriant, সমৃদ্ধ; abounding, প্রাচুর্যপূর্ণ; overflowing, উপচাইয়া পড়িতেছে এমন, উচ্ছ্বসিত (*exuberant* spirits); lavish, প্রচুর। *n.* **exū°berance**—সমৃদ্ধি; প্রাচুর্য; উচ্ছ্বাস; অত্যাধিক্য। *adv.* **ėxū°berantly** । [L. *exuberans*]

exude [igz-ūd°, ইগজ্‌ইউড্°] *v.i.t.* to ooze out, (দেহরন্ধ্র হইতে ঘর্মাদি) ঝরা বা ঝরান, ক্ষরা বা ক্ষরান। *p.* & *p. pt.* **ėxū°dėd** । *n.* **exudation** [eks-ū-dā°sh(a)n, এক্স্ইউডেই°শ্‌ন্] ঝরণ, ক্ষরণ; ক্ষরিত বস্তু। [L. *exudare*]

exult [igz-ult°, ইগ্জ্‌আল্ট্°] *v.i.* to rejoice exceedingly, অতিশয় আনন্দ করা, উল্লসিত হওয়া (to *exult* at or in a person's success), ;

to triumph, (কাহারও উপর) বিজয়ী হওয়া। *p.* ও *p. pt.* **exul°ted** । *a.* **exul°tant**—মহোল্লসিত ; বিজয়ী । *n.* **exulta°tion** । *adv.* **exul°tingly** । [L. *ex(s)ultare*=to leap up]

exurb [iks°-a(r)b, ইক্‌স্‌অ্যা(র্)ব্] *n.* area or district outside city or town, নগর বা শহরের সীমানার বাহিরের অঞ্চল ; prosperous area beyond suburbs, শহরতলির সংলগ্ন সমৃদ্ধ অঞ্চল। [*ex* =out of, *urbs*=city<*urban*]

exuviæ [igz-ū°-vi-ē, ইগজ়্ইউ°ভিঈ] *n. pl.* cast off skins, shell, etc., জীবজন্তুর পরিত্যক্ত খোলস খোলা প্রভৃতি ; fossil remains of animals, জীবগণের অশ্মীভূত দেহাবশেষ । *v.t.i.* **exū°viate**—(খোলস প্রভৃতি) খসান বা ত্যাগ করা। [L.]

ex voto [eks vō°-tō, এক্‌স্ ভৌ°টৌ] (**1**) *adv.* made or in pursuance of a vow, ব্রতরূপে গৃহীত বা ব্রতানুযায়ী । (**2**) *n.* an offering made in a vow, ব্রতে নিবেদিত বস্তু । [L.]

eye [ɪ, আই] (**1**) *n.* the organ of sight, চক্ষু, নেত্র, অক্ষি ; the iris, কনীনিকা ; চক্ষুর মণি ; sight, দৃষ্টি, দর্শনশক্তি ; glance, নজর ; keenness of sight, দৃষ্টির তীক্ষ্ণতা ; regard, বিবেচনা ; discernment, (বর্ণ সৌন্দর্য প্রভৃতির) তারতম্য বিচারের শক্তি ; aim, লক্ষ্য ; anything eye-like, অক্ষিতুল্য কিছু (*eye* of a needle) ; a round hole, গোল গর্ত বা রন্ধ্র ; a mine entrance, খনির সুরঙ্গ বা প্রবেশপথ । (**2**) *v.t.* to observe or watch, লক্ষ্য করা বা নজর রাখা ; to observe narrowly, আড়-চোখে দেখা । **eyes front**—(ড্রিল্ প্রভৃতিতে) মাথা ঘুরাইয়া সামনে তাকাও । **eyes left**—(ড্রিল্ প্রভৃতিতে) মাথা ঘুরাইয়া বাঁয়ে তাকাও । **eyes right**—(ড্রিল প্রভৃতিতে) মাথা ঘুরাইয়া ডাইনে তাকাও । **before one's (very) eyes**—কাহারও চোখের উপর ; কাহারও কাছ হইতে লুকাইবার কোন চেষ্টা না করিয়া । **electric eye**—আলোকতড়িতপ্রবাহ-উৎপাদনের আধারবিশেষ । **(an) eye for (an) eye**—চোখের বদলে চোখ অর্থাৎ সমুচিত প্রতিশোধ বা প্রতিহিংসা । **eye of day**—সূর্য । **eye of needle**—সুচে সুতা পরাইবার ছিদ্র । **in eye**—দৃষ্টিতে । **in the eye of the law**—আইনের বিচারে, আইনের চোখে । **in the eyes of, in one's eyes**—(কাহারও) বিবেচনায় বা মতে । **mind's eye**—মনশ্চক্ষু, অন্তর্দৃষ্টি ; কল্পনা । **mind your eye**—(কথ্য.) সাবধান, চোখ খোলা রাখ । **my eye**—বিস্ময়াদি প্রকাশক উক্তিবিশেষ । **naked eye**—চর্মচক্ষু ; খোলা চোখ বা দৃষ্টি ; চশমাহীন চক্ষু । **under one's (very) eyes, under the eye of**—same as **before one's very eyes** । **up to the eyes (in)**—গভীরভাবে বিজড়িত । **with an eye to**—উদ্দেশ্য, লক্ষ্য করিয়া ; কামনায় ; প্রত্যাশায় । **(to) be all eyes**—পূর্ণ নজর ও মনোযোগ দেওয়া । **(to) be in the public eye**—জনসাধারণের মধ্যে বা প্রকাশ্যে প্রায়ই দৃষ্ট হওয়া ; সুপরিচিত হওয়া । **(to) black one's eye**—ঘুসি মারিয়া চোখের চারপাশে কালশিটে বা কালি ফেলিয়া দেওয়া । **(to) catch one's eye**—কাহারও চোখে পড়ার জন্য তাহার চোখে চোখে তাকান । **(to) clap eyes on**—same as **(to) set eyes on** । **not (to) clap eyes on**—(মোটেই) দেখিতে না পাওয়া বা দেখিতে না চাওয়া । **(to) close one's eyes to**—দৃষ্টিপাত করিতে অস্বীকার করা ; মনোযোগ দিতে অস্বীকার করা । **(to) do in the eye**—প্রতারণা বা ব্যাহত করা । **easy on the eye**—চক্ষুর প্রীতিকর, নয়নাভিরাম । **(to) get one's eye in**—(ক্রিকেট প্রভৃতি খেলায়) ক্রমে ক্রমে বলের গতি লক্ষ্য করিতে অভ্যস্ত হওয়া । **(to) give one a black eye**—same as **(to) black one's eye** । **(to) give an eye to**—মনোযোগ দেওয়া । **(to) have an eye for**—(কোন বিষয়ে) উত্তম বিচারশক্তিসম্পন্ন বা অনুভূতিসম্পন্ন হওয়া । **(to) have an eye to**—চিন্তা করা ; বিবেচনা করা ; অনুরাগী ও আসক্ত হওয়া । **(to) keep one's** (or **an) eye on**—নজর রাখা । **(to) keep one's eyes open** or **skinned**—সতর্ক দৃষ্টি রাখা । **(to) make one open one's eyes**—বিস্মিত করান । **(to) make eyes at**—অনুরাগভরে তাকান ; (লোভবশতঃ) নজর দেওয়া । **never (to) take one's eyes off**—নজর রাখিতে বা পর্যবেক্ষণ করিতে কখনও বিরত না হওয়া । **(to) open one's eyes (to)**—দেখান ; জ্ঞানচক্ষু উন্মীলিত করান ; উপলব্ধি করান । **(to) put a finger in the eye**—কাঁদা । **(to) put one's eye out**—চক্ষু গালিয়া ফেলা ; অন্ধ করা ; অনুগ্রহ হইতে বঞ্চিত করা । **(to) run one's eye over**—চোখ বুলান, আলগাভাবে বা উপর-উপর দেখা । **(to) see eye to eye (with)**—(কাহারও সহিত) সম্পূর্ণ একমত হওয়া । **(to) see with half an eye**—এক নজরে দেখা । **(to) set eyes on**—(কথ্য.) দৃষ্টিপাত করা, দেখা । **(to) turn a blind eye on** or **to**—দেখিয়াও না দেখার ভান করা । *n.* **eye°ball**—অক্ষিগোলক । *n.* **eye°-bath, eye°-cup**—ঔষধ-প্রয়োগার্থ যে পেয়ালা চক্ষুর উপরে স্থাপন করা হয় । *n.* **eye°-brow**—ভ্রূ । **(to) raise one's eye-brows**—বিস্ময় সংশয় প্রভৃতি প্রকাশ করা (তু. কপালে চোখ তোলা) । *a.* **eye°-catching**—লক্ষণীয়, আকর্ষণীয় । *n.* **eye°-drop**—চক্ষুর তরল ঔষধ ; (কাব্যে) অশ্রু । *n.* **eye°-flap**—ঘোড়ার চোখের ঠুলি । *n.* **eye°ful**—(কথ্য.) চক্ষু ভরিয়া দর্শন (we got an *eyeful* of the Tazmahal on a moonlit night) । *n.* **eye°- glass**—এক চক্ষুতে ধারণীয় চশমা । *n. pl.* **eye°-glasses**—চশমা । *n.* **eye°-hole**—চক্ষু স্থাপন করিয়া দেখিবার ছিদ্র । *n.* **eye°lash**—অক্ষিপক্ষ্ম । *a.* **eye°less**—চক্ষুহীন ; অন্ধ । *n.* **eye°-lid**—নেত্রপল্লব, চোখের পাতা । *n.* **eye°-ōpener**—যাহাতে চক্ষু বা জ্ঞাননেত্র উন্মীলিত হয় । *n.* **eye°-piece**—অনুবীক্ষণ বা দূরবীক্ষণের যে কাচে চক্ষু লাগাইয়া দেখিতে হয় । *n.* **eye°-pit**—অক্ষিকোটর । **eye°-rhyme**—যে সকল শব্দের বানানে সাদৃশ্য কিন্তু উচ্চারণে পার্থক্য থাকে (যেমন *love, move* ইত্যাদি) ।

n. **eye°-salve**—চোখের মলম ; কাজল। *n.* **eye°-shot**—দৃষ্টির নাগাল বা পাল্লা ; নজর। *n.* **eye°-sight**—দৃষ্টি ; দৃষ্টিশক্তি। *n.* **eye°sore**—চক্ষুশূল। *n.* **eye°-tooth**—চোখ হইতে সোজা নিচের দিকে উপরের বা নিচের পাটির ছেদনদন্ত বা শ্বদন্ত। **(to) cut one's eye-teeth**—বিচক্ষণতা লাভ করা। *n.* **eye°wash**—চক্ষু ধুইবার ঔষধবিশেষ ; বাগাড়ম্বর ; প্রতারণা, ছলনা। *n.* **eye°-witness**—প্রত্যক্ষ সাক্ষী। [OE. *eage*—cp. G. *auge*, Sans. *akshi*]

eyelet [ī°-lit, আই°লিট্] *n.* a small hole in cloth, sail, etc., for lace, string, etc., লেস দড়ি ইত্যাদি পরাইবার জন্য বস্ত্র নৌকার পাল প্রভৃতিতে ক্ষুদ্র ছিদ্র ; a loop-hole, ফাঁস ; a small hole to look or shoot through, নিরীক্ষণ করার জন্য বা গুলি নিক্ষেপের জন্য গবাক্ষ ; ঘুলঘুলি ; a small eye, ক্ষুদ্র চক্ষু। [OF. *oillet*<L. *oculus*—influenced by *eye*]

Eyetie [ī°tī, আই°টাই] *a.* & *n.* (*sl.*) Italian, (অশি.) ইটালীদেশীয় (লোক)। [vulg. pron. of *Italian*]

eyre [ā(r), এয়্যা(র্)] *n.* a journey or circuit, ভ্রমণ বা ভ্রমণের এলাকা ; a circuit court, ভ্রাম্যমাণ বিচারালয়। [OF. *eire*]

eyry, eyrie—alt. spell.'s of **ærie.**

F

F, f [ef, এফ্] *n.* the sixth letter of the English alphabet, ইংরেজি বর্ণমালার ষষ্ঠ অক্ষর ; (mus.) the major fourth of C-scale, (সঙ্গীতে) মধ্যমের সঙ্কেত, মা।

fa, fah [fŭ, ফা] *n.* (mus.) fourth note of scale in movable doh-system, স্বরগ্রামের চতুর্থ স্বর, মধ্যম, মা। [ME.]

fab [fab, ফ্যাব্] *a.* (coll.) marvellous, excellent, (কথ্য.) বিস্ময়কর, চমৎকার ; fabulous, প্রভূত, প্রকাণ্ড। [abbr. of *fabulous*]

Fabian [fā°-bi-an, ফেই°বিঅ্যান্] (**1**) *a.* wearing out an enemy by delaying tactics, নিষ্ক্রিয়ভাবে কালহরণপূর্বক শত্রুকে হয়রান করার কৌশলাবলম্বী ; preaching slow but gradual spread of socialism, সমাজতন্ত্রের মন্থর কিন্তু ক্রমবিস্তারের সমর্থক। (**2**) *n.* a member of the 'Fabian Society', সমাজতন্ত্রের মন্থর কিন্তু ক্রমবিস্তারের সমর্থক ইংল্যানডের ফেবিআন্ সোসাইটীর সভ্য। *n.* **Fā°bianism**। [L. *Fabianus*<*Fabius*, who wore out Hannibal by delaying tactics]

fable [fāb°l, ফেইব্°ল্] (**1**) *n.* a tale with a moral, নীতিগল্পবিশেষ : ইহাতে জীবজন্তু গাছপালা প্রভৃতি মানুষের মত আচরণ করে ; a legendary tale, পৌরাণিক কাহিনী, উপকথা : the plot in an epic or dramatic poem, মহাকাব্যের বা নাটকের কাহিনী ; a falsehood, মিথ্যা ; subject of common talk, সাধারণের আলোচনার বিষয়, লোককথা। (**2**) *v.t.i.* to tell or invent fictitious tales, অলীক কাহিনী বলা বা উদ্ভাবন করা। *a.* **fāb°led**—পৌরাণিক ; নীতিগল্প উপকথা প্রভৃতিতে বর্ণিত ; ভান-করা, মিথ্যা। *n.* **fa°būlist**—নীতিগল্প উপকথা প্রভৃতির লেখক। *a.* **fa°būlous**—ভান-করা, মিথ্যা ; নীতিগল্প উপকথা প্রভৃতিতে বর্ণিত ; প্রকাণ্ড ; অসম্ভব, অবিশ্বাস্য (*fabulous* riches or wealth) ; (কথ্য.) চমৎকার। *adv.* **fa°būlously**—অবিশ্বাস্য রকমের (*fabulously* rich)। *n.* **fa°būlousness**। [F.<L. *fabula*]

fabric [fab°-rik, ফ্যাব্°রিক্] *n.* workmanship, শিল্পকৌশল, কারিগরি ; texture or cloth, বুনন বা বস্ত্র (silk *fabrics*) ; a building, অট্টালিকা ; structure, কাঠাম, গঠন ; anything having connected parts, বিভিন্ন অংশ জোড়া দিয়া গঠিত বস্তু। *v.t.* **fa°bricāte**—নির্মাণ বা বয়ন করা ; মিথ্যা উদ্ভাবন করা, জাল করা (to *fabricate* a document)। *p.* & *p. pt.* **fa°bricātėd**। *n.* **fabricā°tion**। *n.* **fa°bricātor**। [L. *fabrica*]

fabulist, fabulous—see **fable.**

façade [fa-sŭd°, ফ্যাস্যাড্°] *n.* the face of a building, অট্টালিকার সদরের বহির্ভাগ ; (fig.) false appearance, (আল.) বিভ্রান্তিকর রূপ বা চেহারা (a *façade* of unconcern)। [F. after It. *facciata*]

face [fās, ফেইস্] (**1**) *n.* the front part of the head from forehead to chin, মুখমণ্ডল ; the outside make or appearance, বাহ্যিক গঠন বা চেহারা ; front or upper surface, সম্মুখভাগ, উপরিভাগ, পৃষ্ঠ ; surface, ঘনপদার্থের যে-কোন সমতল পৃষ্ঠ বা পার্শ্ব (the *face* of a crystal or brick) ; the printed surface of playing cards, তাসের যে পিঠে ফোঁটাদি অঙ্কিত থাকে ; the dial of a watch, etc., ঘড়ি প্রভৃতির ডায়াল ; (print.) a style of letter, (মুদ্রণ.) অক্ষরের আদল (a type of bold or thin *face*) ; expression of the countenance and bearing, মুখভাব ও চালচলন অবিকৃত রাখার ক্ষমতা, মুখরক্ষা ; boldness, সাহস, দুঃসাহস ; effrontery, ধৃষ্টতা ; a grimace, ভেঙ্চি, মুখবিকৃতি (to make *faces*) ; presence, উপস্থিতি ; (B.) anger or favour, ক্রোধ বা অনুগ্রহ। (**2**) *v.t.* to confront, মুখামুখি বা সম্মুখীন হওয়া ; to stand opposite or looking towards, বিপরীত দিকে বা মুখামুখি হইয়া অবস্থান করা, (কিছুর) অভিমুখ হইয়া দাঁড়ান ; to brave, সাহসভরে সম্মুখীন হওয়া বা লড়াই করা ; to resist or oppose, বাধা দেওয়া বা বিরোধিতা করা ; to put an additional face or surface, অতিরিক্ত মুখযুক্ত বা পৃষ্ঠযুক্ত করা ; to dress the surface of, (তৃণভূমি প্রভৃতির তৃণাদি ছাঁটিয়া) উপরিতলের বা পৃষ্ঠের শোভাবর্ধন করা। (**3**) *v.i.* to turn the face, (কিছুর দিকে) মুখ ফেরান, অভিমুখ হওয়া। **face to face**—মুখামুখি ; সামনাসামনি। **in one's face**—সরাসরি মুখের উপর ; গোপন রাখার কোন চেষ্টা না করিয়া। **in the face of**—

সরাসরি বিরোধিতা করিয়া ; সত্ত্বেও। **on the face of it**—স্বীয় চেহারায় ; স্পষ্টতঃ প্রতীয়মান ; দেখামাত্র বোঝা যায় এমন ; আপাতদৃষ্টিতে ; আপাত। **to one's face**—মুখের উপর ; সামনা-সামনি। **(to) be unable to look one in the face**—লজ্জায় কাহারও মুখের দিকে তাকাইতে না পারা। **(to) face out**—মুখে সাহসের ভাব দেখাইয়া উতরাইয়া যাওয়া। **(to) face up to**—সম্মুখীন বা মুখোমুখি হওয়া। **(to) fly in the face of**—মুখের উপর ঝাঁপাইয়া পড়া ; সরাসরি বিরোধিতা করা। **(to) have the face**—(কিছু করিবার মত) সাহস বা ধৃষ্টতা থাকা। **(to) keep a straight face**—(হাস্যাবেগ দমন করিয়া) নিজের আমোদ গোপন করা। **(to) look one in the face**—কাহারও মুখের প্রতি একদৃষ্টে তাকান। **(to) lose face**—হীন হওয়া, ছোট হওয়া ; মর্যাদা হারান। **(to) make** or **pull a face** or **faces (at)**—মুখভঙ্গি করা, ভেঙচান। **(to) pull** or **put on** or **wear a long face**—ম্লানমুখ বা বিষণ্ণ বা গম্ভীর হওয়া। **(to) put a good** or **bold face on**—কোন-কিছুর চেহারা সুদৃশ্য করা, কোন-কিছুকে সুদৃশ্য করা, কোন কাজ করিবার মত সাহস দেখান বা সাহসভরে কোন কাজ করা। **(to) put a new face on**—কোন-কিছুর চেহারা বদলান। **(to) save one's face**—মর্যাদাহানি এড়ান, মুখরক্ষা করা। **(to) set one's face against**—দৃঢ়ভাবে বিরোধিতা করা। **(to) show one's face**—উপস্থিত হওয়া, মুখ দেখান। *n.* **face°-āche**—মুখমণ্ডলের স্নায়বিক প্রদাহ। *n.* **fāce°-cārd**—তাসের সাহেব বিবি বা গোলাম। *n.* **face°-cloth**—মৃত বা জীবিত ব্যক্তির মুখ ঢাকিবার বস্ত্রখণ্ড ; হাতমুখ ধুইবার কালে ব্যবহৃত তোয়ালে (তু. গামছা ?)। *n.* **face°-cream**—মুখশ্রী বৃদ্ধির জন্য তৈলাক্ত প্রসাধন-দ্রব্য। *a.* **fā°ced**—মুখ-বিশিষ্ট ; তলযুক্ত, পৃষ্ঠযুক্ত ; উপরিভাগ ছাঁটিয়া শোভা-বর্ধন করা হইয়াছে এমন। *n.* **face°-fungus**—(কথ্য.) দাড়ি। *a.* **face°less**—সাধারণ্যে অপরিচিত। *n.* **face°-lift**—চেহারার শ্রীবৃদ্ধিসাধন। *n.* **fāce°-lifting**—বার্ধক্যাদিজনিত মুখমণ্ডলের চামড়ার কুঞ্চন দূর করিবার জন্য অস্ত্রোপচার। *n.* **fāce°-powder**—মুখে মাখার পাউডার। *n.* **fā°cer**—মুখভাব-গোপনকারী ; ভণ্ড বা ধৃষ্ট ব্যক্তি ; (অমা.) মুখের উপর কঠিন আঘাত ; (অমা.) ধৃষ্টতা ; বিঘ্ন। *n.* **fāce°-sāving**—মর্যাদাহানি হইতে পরিত্রাণ, মুখরক্ষা। *n.* **fā°cing**—সৌন্দর্যবর্ধনার্থ বা আত্মরক্ষার্থ সম্মুখভাগস্থ আবরণাদি ; জামার হাতার অগ্রভাগে বা কলারে ভিন্ন বা বিপরীত রঙের পটি। [F. <L. *facies*]

facet [fa°-sit, ফ্যা°সিট্] *n.* one side of a many-sided body, বহুপার্শ্ব বস্তুর যে-কোন পার্শ্ব, পল ; aspect of a problem or thing, সমস্যা বা অপর কিছুর দিক্ (yet another *facet* of his genius)। *a.* **fa°cèted**—পলকাটা। [F. *facette*=a small face]

facetiæ—see **facetious.**

facetious [fase°-shas, ফ্যাসী°শ্যাস্] *a.* witty, সরস ; waggish, ইয়ারকিপূর্ণ (a *facetious* remark)। *n.* **facēte°**। *n. pl.* **facetiæ** [fa-se°-shi-e, ফ্যাসী°-শিঈ] সরস উক্তি বা রচনা ; অশ্লীল পুস্তকাবলী। *adv.* **face°tiously**। *n.* **facē°tious-nėss**। [L. *facetia*]

facial [fā°sh(a)l, ফেই°শ্ল্] *a.* of the face, মুখ বা মুখাকৃতি সংক্রান্ত (*facial* paralysis, massage, etc.)। [see *face*]

facile [fa°-sīl, ফ্যা°সাইল্] *a.* easy, সহজ, সহজ-সাধ্য ; working with ease, সাবলীল (a writer with a *facile* pen) ; fluent, অনর্গল ; flexible, নমনীয়। *v.t.* **faci°litāte**—সহজ বা সহজতর করা। *p. & p. pt.* **faci°litātėd**। *n.* **facilitā°tion**। *n.* **faci°lity**—facile-এর সকল অর্থে এবং—(esp. in *pl.*) সুবিধা-সুযোগ (*facilities* for study, travel, etc.)। [F. <L. *facilis*]

facing—see **face.**

facsimile [fak-si°-mi-li, ফ্যাক্‌সি°মিলি] *n.* an exact copy, (হস্তলিপি মুদ্রা ছবি প্রভৃতির) অবিকল প্রতিরূপ। [L.]

fact [fakt, ফ্যাক্ট্] *n.* an actual happening, প্রকৃত ঘটনা ; a truth, সত্য, তথ্য ; real state of things, প্রকৃত অবস্থা। **as a matter of fact, in fact, in point of fact**—বাস্তবিকই, সত্য-সত্যই। **facts and figures**—নির্ভুল বা খাঁটি তথ্যাদি। **hard facts**—অনস্বীকার্য সত্য, কঠোর সত্য। *a.* **fac°tūal**—বাস্তবতথ্যমূলক ; তথ্যসংক্রান্ত ; বাস্তবিক, প্রকৃত। *n.* **factualism**—দার্শনিক মতবাদবিশেষ : এই মতে বাস্তব সত্য বা তথ্যাদি সর্বাপেক্ষা গুরুত্বপূর্ণ ও মৌলিক। [L. *factum*=done <*facere*=to do]

faction [fak°sh(a)n, ফ্যাক্°শ্ন্] *n.* a contentious party, (চক্রান্তকারী) বিরোধী দল ; dissension, party feeling, দলবিরোধ, দলাদলি। *a.* **fac°tional**—দলাদলিমূলক। *a.* **factious** [fak°-shas, ফ্যাক্°শ্যাস্] দুর্দান্ত ; দলাদলি-প্রবণ ; রাজবৈর-পূর্ণ। [L. *factio*]

factitious [fak-ti°-shas, ফ্যাক্‌টি°শ্যাস্] *a.* got-up, অভিসন্ধিমূলকভাবে (মিথ্যা) রচিত ; artificial, কৃত্রিম। *adv.* **facti°tiously**। *n.* **facti°tious-nėss**। [L. *facticius*]

factitive [fak°-ti-tiv, ফ্যাক্°টিটিভ্] *n.* (gr.) causative, (ব্যাক.) প্রযোজক (*factitive* verb)। [L. *factitivus*]

factor [fak°-ta(r), ফ্যাক°ট্যা(র্)] *n.* a commercial commission agent, যে ব্যক্তি দালালির বিনিময়ে অপরের বাণিজ্যিক লেনদেনে প্রতিনিধিত্ব করে, গোমশতা ; (math.) one of the components, which, when multiplied together, result in the given quantity, (গণি.) উৎপাদক, গুণনীয়ক ; a component element or cause,

অন্যতম উপাদান বা হেতু (an unknown *factor*, *factors* of production, etc.) ; (in India) the owner or manager of a factory, (ভারতে প্রধানতঃ নীলকুঠির) কুঠিয়াল। **common factor**—(গণি.) সাধারণ উৎপাদক। *n.* **fac°torage**—গোমশ-তার দালালি। *a.* **factorial** [fak-taw°-ri-al, ফ্যাক্‌ট্য°রিঅ্যাল্] (গণি.) উৎপাদক বা গুণনীয়ক সংক্রান্ত। *v.t.* **fac°torize**—(গণি.) উৎপাদক বা গুণনীয়ক নির্ণয় করা। *n.* **factorizā°tion**। *n.* **factory** [fak°-t(a)ri, ফ্যাক্°ট্‌রি] কারখানা; বিদেশে স্থাপিত বাণিজ্য কুঠি। **factory workers**—কারখানার শ্রমিক। *n.* **factory-ship**—তিমি-শিকারের জাহাজ: এই জাহাজেই তিমিজাত দ্রব্যাদি উৎপাদনের কারখানা থাকে। [L.]

factotum [fak-tō°-tam, ফ্যাকটৌ°ট্যাম্] *n.* a person employed to do all kinds of work, সব রকম কাজের জন্য নিযুক্ত ব্যক্তি (বিশেষতঃ ভৃত্য)। [L.]

factual—see **fact.**

factum [fak°-tam, ফ্যাক্°ট্যাম্] *n.* statement of facts, ঘটনার বিবরণ বা বিবৃতি; memorandum containing summary of facts of a case, মোকদ্দমাদির যথাযথ অনুক্রমিক বিবরণ বা স্মারকলিপি। [see *fact*]

facture [fak°-cha(r), ফ্যাক্°চ্যা(র্)] *n.* the process of making something, গঠনপ্রণালী; workmanship, quality of execution, কারিগরি দক্ষতা; thing made, (কাহারও দ্বারা) গঠিত বা প্রস্তুত বস্তু। [L. *factūra*<*facere*=to do]

facula [fa°-kū-la, ফ্যা°কিউল্যা] *n.* a spot on the sun, সূর্যপৃষ্ঠের দাগবিশেষ: ইহা সূর্যের বাকি অংশ অপেক্ষা উজ্জ্বলতর। *pl.* **facūlæ°**। [L.]

faculty [fa°-k(a)lti, ফ্যা°ক্‌ল্‌টি] *n.* power to act, কর্মশক্তি; ability or aptitude, কর্মক্ষমতা বা দক্ষতা; original mental power, মৌলিক মানসিক শক্তি; physical capability or function, শারীরিক ক্ষমতা বা ক্রিয়া; personal quality, ব্যক্তিগত গুণ; right or authority or privilege to act, কাজ করার অধিকার বা ক্ষমতা বা সুবিধা; licence, সরকারি অনুমতি, লাইসেন্‌স্; a department of learning at a university or the professors collectively of this department, বিশ্ববিদ্যালয়ের যে-কোন শিক্ষাবিভাগ বা যে-কোন বিভাগের অধ্যাপকবর্গ (*faculty* of science); the members of a profession, নির্দিষ্ট কোন পেশা-অবলম্বনকারী ব্যক্তিবর্গ। *a.* **fa°cultātive**—কর্মশক্তি দক্ষতা প্রভৃতি সম্বন্ধীয়; ঐচ্ছিক; স্বেচ্ছা-মূলক; আনুষঙ্গিক; অনুমতিমূলক; (প্রাণী বিজ্ঞা.) সম্পূর্ণ ভিন্ন পরিবেশে জীবনধারণের যোগ্যতাসম্পন্ন। [F. *faculte*<L. *facultas*]

fad [fad, ফ্যাড্] *n.* a pet notion, খোশখেয়াল; a craze, খেপামি। *a.* **fa°ddish**—খেপাটে; খেপামি-সঞ্জাত। *n.* **fa°ddist**—খেয়ালি ব্যক্তি। *a.* **fa°ddy**—যুক্তিহীন পছন্দ-অপছন্দসম্পন্ন (to be *faddy* about food)। *adv.* **fa°ddily**। [?]

fade [fād, ফেইড্] (1) *v.i.t.* to lose or cause to lose strength, freshness, loudness, brightness or colour (gradually), (ক্রমশঃ) শক্তি সজীবতা ধ্বনির উচ্চতা, বর্ণের ঔজ্জ্বল্য প্রভৃতি হারান অথবা নষ্ট করিয়া দেওয়া (the colour of these hangings will soon *fade*; humid weather has *faded* the painting); to wither, disappear or die away, or cause to wither, disappear or die away, শুকাইয়া যাওয়া বা শুকাইয়া দেওয়া, অদৃশ্য হওয়া বা করা, মরিয়া যাওয়া বা মারিয়া ফেলা। *p.* & *p. pt.* **fā°dėd**। (2) *n.* action or process of fading, অদৃশ্য হওয়া শুকাইয়া যাওয়া প্রভৃতির ক্রিয়া। **(to) do a fade**—(অশি.) প্রস্থান করা, সরিয়া পড়া। *n.* **fāde°-awāy°**—ধীরে ধীরে অদৃশ্য হওয়া। *n.* **fāde°-in°**—চলচ্চিত্রে ধীরে ধীরে ফুটিয়া ওঠা বা স্পষ্ট হওয়া। *a.* **fāde°less**—অম্লান। *n.* **fāde°-out°**—ধীরে ধীরে বিবর্ণ হইয়া যাওয়া বা মিলাইয়া যাওয়া। [OF. *fader*]

faeces [fē°-sēz, ফী°সীজ়্] *n. pl.* dregs, শিঠা, গাঁদ; excrement, মল, বিষ্ঠা। [L.]

faerie, faery [fe°-a-ri, ফে°অ্যারি] *n.* fairyland, পরীর দেশ; (obs.) a fairy, (অপ্র.) পরী। [var. of *fairy*]

fag [fag, ফ্যাগ্] (1) *v.t.i.* to make or become weary, পরিশ্রান্ত করা বা হওয়া; to force or be forced to do menial offices for others, as a schoolboy, ছাত্রাবস্থায় অন্যের পরিচারকরূপে কাজ করিতে বাধ্য করান বা বাধ্য হওয়া (to *fag* for a senior)। (2) *v.i.* to do hard work, কঠোর পরিশ্রম করা। *pr. pt.* **fa°gging**। *p.* & *p. pt.* **fa°gged**। (3) *n.* a schoolboy who fags, যে ছাত্র অন্যের পরিচারকরূপে কাজ করিতে বাধ্য হয়; drudgery, ক্লান্তিকর একঘেয়ে কাজ; (sl.) a cigarette, (অশি.) সিগারেট। *n.* **fag°-end°**—বস্ত্রাদির চারিপ্রান্তে যে সুতাগুলি অগ্রথিত অবস্থায় বাহির হইয়া থাকে; দড়ির দুই মাথার আলগা ফেঁসো; কিছুর নিকৃষ্ট অংশ বা আবর্জনা; বিরক্তিকর শেষভাগ (*fag-end* of the day); দগ্ধাবশেষ সিগারেট বা সিগার। [?]

fag(g)ot [fa°-gat, ফ্যা°গ্যাট্] *n.* a bundle of sticks or twigs for fuel, beating, etc., জ্বালানিরূপে বা প্রহারার্থ ব্যবহার্য আঁটি-বাঁধা লাঠিসমূহ বা ডালপালা; stick, লাঠি; a bundle of rods of iron or steel, লৌহের বা ইস্পাতের আঁটি-বাঁধা ডাণ্ডাসমূহ; a meat ball for frying, মাংসের বড়া-বিশেষ; a homosexual, সমরতিতে আসক্ত ব্যক্তি। [F. *fagot*]

Fahrenheit [fa°-r(a)nhīt, ফ্যা°র্‌ন্‌হাইট্] *a.* having 32° and 212° for freezing and boiling points, (তাপমানসম্পর্কে) হিমাঙ্ক ৩২° এবং স্ফুটনাঙ্ক ২১২° চিহ্নিত: এমন ব্যবস্থাবিশিষ্ট। [G. D. *Fahrenheit*,, its inventor]

faience [fū-yans°, ফাইঅ্যান্‌স্°] *n.* decorated and glazed earthenware and porcelain,

চিত্রিত ও চকচকে মাটির বা চীনামাটির পাত্র। [F.]

fail [fāl, ফেইল্] (**1**) *v.i.* to fall short, ন্যূন বা উন হওয়া ; to fall away or decay, ঝরিয়া বা শুকাইয়া যাওয়া ; to die, মরিয়া যাওয়া ; to prove deficient under trial, examination, etc., পরীক্ষাদিতে উন বা অযোগ্য বা অক্ষম বলিয়া প্রমাণিত হওয়া অথবা অনুত্তীর্ণ হওয়া ; to be baffled, ব্যর্থ হওয়া (our plans *failed*) ; to become insolvent or bankrupt, (কারবারাদি-সম্বন্ধে) অচল হওয়া, (লোকসম্বন্ধে) দেউলিয়া হওয়া। (**2**) *v.t.* to be wanting to বিচ্যুত হওয়া (his heart *failed* him) ; not to be sufficient for, (কাহারও পক্ষে) পর্যাপ্ত না হওয়া (his funds *failed* him) ; to disappoint or desert, হতাশ করা বা ছাড়িয়া যাওয়া। **(to) fail of**—কোন উদ্দেশ্যসাধনে অক্ষম হওয়া। **without fail**—অবশ্যই, নিশ্চিতই। **fai°ling**—(**1**) *n.* দোষ ; ত্রুটি ; অভাব ; দুর্বলতা ; ব্যর্থতা ; (**2**) *prep.* অভাব হওয়ায় (*failing* this)। *n.* **fail°ūre**—ন্যূনতা ; কমতি ; বিরতি ; বাদ ; শুকাইয়া যাওয়া ; ক্ষয় ; অচল বা দেউলিয়া হওয়া অথবা ঐ অবস্থা ; ব্যর্থতা, অসাফল্য (his efforts ended in *failure*)। [OF. *faillir* < L. *fallere* = to deceive]

fain (fān, ফেইন্] (**1**) *pred. a.* glad, আনন্দিত ; eager, ব্যগ্র ; compelled, বাধ্য। (**2**) *adv.* gladly, সানন্দে। [OF. *faegen* = joyful]

fainéant [fā°nāŭn, ফেই°নেইআঁ] (**1**) *a.* inactive, idle, নিষ্ক্রিয়, অলস। (**2**) *n.* an inactive person, an idler, নিষ্ক্রিয় বা অলস ব্যক্তি। [F. *fait* = does, *néant* = nothing]

faint [fānt, ফেইন্ট্] (**1**) *a.* weak, দুর্বল ; dim, ক্ষীণ (*faint* voice) ; indistinct, অস্পষ্ট (*faint* trace) ; not bright, অনুজ্জ্বল ; pale, বিবর্ণ ; spiritless, নিস্তেজ ; timid, ভীরু ; done in a feeble way, দুর্বলভাবে কৃত (*faint* attempt, resistance, etc.) ; inclined to swoon, মূর্ছাপ্রবণ ; sickly-smelling, দুর্গন্ধপূর্ণ ; oppressive, অসহ্য (মন্দ)। (**2**) *v.i.* to become faint, দুর্বল ক্ষীণ অনুজ্জ্বল নিস্তেজ বিবর্ণ বা ভীত হওয়া ; to swoon, মূর্ছা যাওয়া। *p. & p. pt.* **fain°tėd**। *n.* **faint°-heart**—নিস্তেজ বা ভীরু লোক। *a.* **faint°-heart°(ėd)**—নিস্তেজ, ভীরু। *adv.* **faint°ly**। *n.* **faint°nėss**—faint (*a.*)-এর সকল অর্থে, এবং—হতাশা। *n. pl.* **faints**—চোলাইয়ের প্রারম্ভে ও শেষে যে গাদ ওঠে। [OF. *feint* = feigned < L. *fingere* = to feign]

fair$_1$ [fā(r), ফেয়্যা(র্)] *n.* a periodical market, মেলা। **after the fair**—অতি বিলম্বে বা অনেক পরে (a day *after the fair*)। **before the fair**—অনেক আগে, অনেক সময় থাকিতে, (তু.) সাত-তাড়াতাড়ি। [OF. *feire* < L. *feria* = holiday]

fair$_2$ [fā(r), ফেয়্যা(র্)] (**1**) *a.* bright, উজ্জ্বল ; clear, স্পষ্ট ; clean, পরিষ্কার ; free from blemish, নির্দোষ ; beautiful, সুন্দর (a *fair* maiden) ; of a light hue, হালকা রঙের, উজ্জ্বলবর্ণ ; free from rain, fine, dry, বৃষ্টিহীন, চমৎকার, শুষ্ক বা অনার্দ্র (*fair* weather) ; unobstructed, অবাধ ; open, উন্মুক্ত ; prosperous, অনুকূল, শুভ (*fair* start) ; impartial, just, পক্ষপাতহীন, ন্যায্য (*fair* judgment) ; good, ভাল ; pleasing, আনন্দদায়ক ; plausible, সম্ভাব্য ; (*fair* chance) ; reasonable, যুক্তিসহ ; passable, চলনসই ; (arch.) an expression of courtesy, (আর্ষ.) ভদ্রতাসূচক সম্বোধনবিশেষ (*fair* sir) ; female, স্ত্রীজাতীয় (*fair* sex)। (**2**) *n.* a fair object, সুন্দর বস্তু বা প্রাণী ; (arch.) a woman, (আর্ষ.) নারী ('none but the brave deserves the *fair*')। (**3**) *v.t.* to make fair, সুন্দর বা নির্দোষ করা। (**4**) *adv.* in a fair manner, উজ্জ্বলভাবে, স্পষ্টভাবে, পরিষ্কারভাবে, নির্দোষভাবে, সুন্দরভাবে, চমৎকারভাবে, অবাধে, উন্মুক্ত-ভাবে, অনুকূলভাবে, নিরপেক্ষভাবে, আনন্দদায়কভাবে, যুক্তিসহভাবে, পুরাদস্তুরভাবে ; civilly, ভদ্রভাবে ; suitably, উপযুক্তভাবে ; evenly, সমান-সমান-ভাবে। **all's fair in love and war**—প্রণয়ঘটিত ব্যাপারে বা যুদ্ধে সকল পন্থাই প্রকৃষ্ট বা ন্যায়সঙ্গত। **fair enough**—সর্তে রাজি (স্বীকৃতিসূচক উক্তি)। **(to) keep fair with**—বন্ধুত্বপূর্ণ সম্পর্ক রক্ষা করা। **the fair**—নারীজাতি। **through fair and foul**—সৌভাগ্য দুর্ভাগ্য যাহাই ঘটুক না কেন তাহার ভিতরে ; ভালমন্দ সকল অবস্থাতেই। **fair trade**—পণ্যাদির বে-আইনী চালান সম্পর্কে শোভন উক্তি (তু. মহাবিদ্যা)। **fair°-and-squāre°**—(**1**) *a.* সৎ। (**2**) *adv.* সদ্ভাবে। *n.* **fair°-co°py**—পরিষ্কার-পরিচ্ছন্নরূপে গৃহীত প্রতিলিপি, (পরি.) শুদ্ধলেখ বা প্রতিলিপি। *a.* **fair°-dea°ling**—সততাপরায়ণ। *n.* **fair°-field**—ন্যায্য বা নিরপেক্ষ পরিস্থিতি। *a.* **fair°-hair°ed**—হালকা রঙ্গের চুলবিশিষ্ট। *adv.* **fair°ly**—(আর্ষ.) সুন্দরভাবে, পরিচ্ছন্নভাবে, নিরপেক্ষ-ভাবে বা ন্যায্যভাবে, যুক্তিসম্মতভাবে ; স্পষ্টভাবে ; পুরাপুরিভাবে ; মোটের উপর ; একরকম। *a.* **fair°-min°dėd**—ন্যায়বিচারশীল। *n.* **fair°nėss**—সততা, সুবিচার (in all *fairness*)। *n.* **fair°-play°**—সততা ; ন্যায়বিচার। *a.* **fair°-spō°ken**—মধুর ও ভদ্রভাষী। *n.* **fair°-way**—জাহাজের পক্ষে নাব্য খাল। *a.* **fair°-wea°ther**—চমৎকার আবহাওয়া-পূর্ণ ; অনুকূল অবস্থাপূর্ণ। **a fair-weather friend**—যে ব্যক্তি সুদিনের বন্ধু কিন্তু দুর্দিনে কেহ নয় (তু. সুখের পায়রা)। [OE. *faeger*]

fairy [fār°-i, ফেয়্যার্°ই] (**1**) *n.* (*fem.*) an imaginary being with magical powers, পরী। (**2**) *a.* of the fairies, পরী-সংক্রান্ত ; fairy-like, পরীবৎ ; fanciful, কল্পিত ; delicate, সুন্দর। *n.* **fair°yland**—পরীর দেশ ; কল্পিত দেশ। *n.* **fair°y-tāle**—পরীর গল্প ; রূপকথা। [OF. *faerie* = enchantment—cp. *faerie*]

fait accompli [fā-ta-kawmp°-lē, ফেইট্যাকঁ-প্°লী] *n.* thing done and no longer worth arguing about, যে কাজ করিয়া ফেলা হইয়াছে এবং যাহা লইয়া আর তর্কাতর্কি করা নিরর্থক। [F.]

faith [fāth, ফেইথ্] *n.* trust or confidence, বিশ্বাস, আস্থা, ভরসা ; belief and trust in God or religion, ঈশ্বরে বা ধর্মে বিশ্বাস ও আস্থা ; religious belief, ধর্মবিশ্বাস, ধর্ম ; fidelity to promise, প্রতিশ্রুতিপালনে নিষ্ঠা ; word or honour pledged, প্রতিশ্রুতি ; honesty, সততা ; faithfulness, বিশ্বস্ততা। **bad faith**—বিশ্বাসঘাতকতা। **in bad faith**—বিশ্বাসঘাতকতাপূর্বক ; অসাধুতার সঙ্গে ; কুটিলতা করিয়া। **in good faith**—সরল বিশ্বাসে। **(to) break faith with**—বিশ্বাসাদি ভঙ্গ করা, প্রতিকূল আচরণ করা। **(to) give** or **pledge one's faith to**—(কাহাকেও) সমর্থন সাহায্যাদির নিশ্চিত প্রতিশ্রুতি দেওয়া। **(to) pin one's faith on, (to) put one's faith in**—(কিছু বা কাহারও উপর) পূর্ণ আস্থাস্থাপন করা। *n.* **faith-cure**—ধর্মবিশ্বাসের জোরে আরোগ্যলাভ। *a.* **faith°ful**—বিশ্বাসী, আস্থাবান্ ; প্রতিশ্রুতিরক্ষা কর্তব্যপালন প্রভৃতিতে নিষ্ঠাবান্ ; ভক্ত ; অটল ; আন্তরিক ; সত্যানুগ ; বিশ্বস্ত ; যথাযথ। **the Faithful**—ধর্মে বা ঈশ্বরে বিশ্বাসী নরনারী ; মুসলমানজাতি। *adv.* **faith°fully**। **Yours faithfully**—অ-ঘনিষ্ঠ লোকের নিকট লেখা এবং ব্যবসায়িক চিঠিতে 'ইতি'-র পরে লেখা পাঠবিশেষ। *n.* **faith°fulness**। *n.* **faith°healing**—ঔষধাদির সাহায্য ছাড়া কেবল ধর্মবিশ্বাসের জোরে (অর্থাৎ, প্রার্থনা, শান্তি-স্বস্ত্যয়ন, দেবমন্দিরাদিতে ধরনা-শরনা, প্রভৃতির দ্বারা) ব্যাধি-নিরাময় ; ব্যাধিনিরাময়ের উক্ত প্রক্রিয়ায় বিশ্বাস। *a.* **faith°less**—বিশ্বাসহীন, আস্থাহীন ; ধর্মবিশ্বাসহীন ; প্রতিশ্রুতি বা কর্তব্য লঙ্ঘনকর ; একাগ্রতাহীন ; ব্যভিচারী ; অবিশ্বাসী, অবিশ্বস্ত ; ছলনাময়। *adv.* **faith°lessly**। *n.* **faith°lessness**। [ME. *feith, feyth*<OF. *feid*<L. *fides*]

fake [fāk, ফেইক্] **(1)** *v.t.* to do up poor material, বাজে মাল সাজাইয়া গুছাইয়া (মিথ্যা বেশ পরাইয়া) দেওয়া ; to cook report, মিথ্যা বিবরণ তৈয়ারি করা (to *fake* or to *fake up* a story) ; to counterfeit, জাল করা। *p.* & *p. pt.* **fā°ked**। **(2)** *n.* swindle, জুয়াচুরি ; sham, জালিয়াতি ; a faked article, জাল বা ঝুটা বস্তু ; a spurious person, জালিয়াত, বঞ্চক। **(3)** *a.* counterfeit, spurious, কৃত্রিম, মেকি (a *fake* painting)। [G. *fegen*=to furbish up ?]

fakir [fŭ°-kē(r), ফা°কিয়্যা(র্)] *n.* a Mohammedan (and also of other faiths) religious mendicant, ফকির, সন্ন্যাসী। [Ar. *faquir*]

Falange [fa-lŭnj°, ফ্যালাঞ্জ্°] *n.* Spanish fascist political party, স্পেনের ফ্যাসীবাদী (দক্ষিণপন্থী) রাজনৈতিক দল। [Sp.<Gk. *phalanx*]

falbala [fal°-ba-la, ফ্যাল্°ব্যাল্যা] *n.* a flounce or trimming on dress, (ঘাগরা প্রভৃতিতে) জুড়িয়া-দেওয়া বস্ত্রাংশ। [?]

falcate [fal°-kāt, ফ্যাল্°কেইট্] *a.* bent or curved like a sickle, কাস্তের ন্যায় বক্রাকার। [L. *falx, falcis*=a sickle]

falchion [fawl°sh(a)n, ফাল্°শ্ন্] *n.* a sickle-shaped sword, কাস্তের ন্যায় আকারবিশিষ্ট তরওয়াল। [OF. *fauchon*]

falcon [fawl°-kan, ফাল্°ক্যান ; faw°-kon, ফা°কন্] *n.* a bird of prey, শ্যেন, বাজপাখি। *n.* **fal°coner**—যে ব্যক্তি বাজপাখি পোষে বা উহাকে শিক্ষা দেয় অথবা উহা লইয়া শিকার করে কিংবা খেলা দেখায়। *a.* **fal°con-eyed**—শ্যেনদৃষ্টি, তীক্ষ্ণদৃষ্টি। *n.* **fal°conry**—বাজপাখিকে পালনের বা শিক্ষাদানের অথবা উহাকে লইয়া শিকার করার কিংবা খেলা দেখানর বিদ্যা। [OF. *faucon*<LL. *falco*]

falderal [fawl°-daral, ফ্যাল্°ড্যার্যাল্] *n.* a meaningless refrain of a song, গানের অর্থহীন ধুয়াবিশেষ ; a trifle, তুচ্ছ বস্তু। [?]

faldstool [fawld°-stōōl, ফাল্ড্°স্টুল্] *n.* a folding stool, ভাঁজ করিয়া রাখা যায় এমন বসিবার টুলবিশেষ ; a bishop's armless chair, বিশপের হাতলহীন আসনবিশেষ। [LL. *faldistolium*]

fall [fawl, ফাল্] **(1)** *v.i.* to come down, নামিয়া আসা ; to drop, পড়িয়া যাওয়া ; to drop prostrate, ভূপতিত হওয়া ; to be dropped in birth, ভূমিষ্ঠ হওয়া (it is the season for the lambs to *fall*) ; to be cast or shed, ঝরিয়া পড়া বা বর্ষিত হওয়া ; to collapse, ধ্বংস পাওয়া ; to decrease, হ্রাস পাওয়া ; to die away, মরিয়া যাওয়া ; to subside, প্রশমিত হওয়া ; to ebb, ভাটা পড়া ; to sink, নিমজ্জিত হওয়া ; to move or flow downwards, নিম্নমুখে যাওয়া বা প্রবাহিত হওয়া ; to be overthrown or killed, পরাভূত হওয়া বা (যুদ্ধাদিতে) নিহত হওয়া (he *fell* in battle) ; (of the face) to relax into an expression of dismay, (মুখসম্বন্ধে) আতঙ্কচিহ্নে আচ্ছন্ন হওয়া (his face *fell*) ; to be ruined, সর্বনাশগ্রস্ত হওয়া, হতমান হওয়া ; to be degraded অধঃপতিত বা হতমান হওয়া ; to be captured অধিকৃত বা বিজিত হওয়া ; to become a victim, অন্যের শিকার হওয়া ; to yield to temptation, প্রলোভনের বশীভূত হওয়া ; to pass to a state or action, (কোন) অবস্থাপ্রাপ্ত বা ক্রিয়াশীল হওয়া (to *fall* asleep, due, ill, silent, etc. ; to *fall* into bad habits, disgrace, etc.) ; to become, হওয়া ; to commence to be, আরম্ভ হওয়া, শুরু হওয়া ; to *fall* a-weeping) ; to happen, ঘটা ; to appertain, ভাগে পড়া, অংশান ; to be fixed, ধার্য হওয়া ; to lapse, তামাদি হওয়া ; to terminate, শেষ হওয়া। *p.* **fell** [fel, ফেল্]। *p. pt.* **fa°llen**। **(2)** *n.* a falling or felling, পতন বা পাতন ; a dropping prostrate, ভূপতিত হওয়া ; a shedding, বর্ষণ, ঝরন ; collapse, ধ্বংস (the *fall* of the Roman Empire) ; decrease, হ্রাস ; subsidence, প্রশমন ; ebb, ভাটা ; a move or flow downwards, নিম্নমুখে গমন বা প্রবহণ ; a cascade, ঝরনা, জলপ্রপাত (Niagara *Falls*) ; a slope, ঢল ; overthrow, পরাভব ; loss of life, (যুদ্ধাদিতে) প্রাণহানি ; ruin, সর্বনাশ ; degradation, অধঃপতন,

মর্যাদাহানি ; state of being captured, অধিকৃত বা বিজিত অবস্থা ; a yielding to temptation, প্রলোভনের বশ্যতা ; a passing to a state, অবস্থাপ্রাপ্তি ; commencement, আরম্ভ, শুরু ; occurrence, সংঘটন ; fixation, নির্ধারণ ; state of being lapsed, তামাদি ; termination, অবসান, শেষ ; autumn, শরৎকাল (to be published in the *fall* of 1978) । **the fallen**—সংগ্রামে নিহত যোদ্ধবর্গ । **(to) fall about (laughing)** or **with (laughter)**—হাসির বেগ সামলাইতে না পারিয়া হাসিতে থাকা, হাসিতে ফাটিয়া পড়া । **(to) fall across**—হঠাৎ সাক্ষাৎ হওয়া । **(to) fall among**—হঠাৎ দল প্রভৃতির মধ্যে আসিয়া পড়া (they *fell among* thieves) । **(to) fall away**—ধীরে ধীরে হ্রাস পাওয়া ; ক্ষীণ বা কৃশ হওয়া ; বিদ্রোহী হওয়া ; স্বদল ত্যাগ করা । **(to) fall back**—পশ্চাদপসরণ করা ; (পরাজয় স্বীকারপূর্বক) পথ ছাড়িয়া দেওয়া । **(to) fall back on** or **upon**—শেষ উপায়স্বরূপ কোন পন্থাদি অবলম্বন করা । **(to) fall behind**—পিছনে পড়িয়া থাকা ; পিছাইয়া পড়া । **(to) fall down**—(কর্তব্যকর্মাদিতে) ব্যর্থকাম হওয়া । **(to) fall for**—কিছুর রূপ মায়া গুণ প্রভৃতির দ্বারা আকৃষ্ট হওয়া । **(to) fall in**—(সাম.) যথাযথভাবে সারি বাঁধিয়া দাঁড়ান ; ভাঙ্গিয়া পড়া (the roof *fell in*) । **(to) fall in with**—একমত হওয়া ; (অনুরোধাদি) পূরণ করা বা পালন করা ; হঠাৎ সাক্ষাৎ পাওয়া । **(to) fall off**—ঝরিয়া যাওয়া ; ক্ষয় পাওয়া ; মরিয়া যাওয়া ; ধ্বংস হওয়া ; বিদ্রোহী হওয়া ; স্বদল ত্যাগ করা ; হটিয়া বা পিছাইয়া আসা । **(to) fall on**—সাগ্রহে আরম্ভ করা ; আক্রমণ করা ; সাক্ষাৎ করা ; সম্মুখীন হওয়া । **(to) fall out**—কলহ করা ; ঘটা ; (সাম.) লাইন বা সারি ত্যাগ করিয়া সরিয়া যাওয়া । **(to) fall over oneself**—জবুথবু হওয়ার ফলে বা ব্যস্ততার ফলে পড়িয়া যাওয়া ; (আল.) অত্যন্ত ব্যগ্র হওয়া । **(to) fall through**—ব্যর্থ হওয়া । **(to) fall to**—সাগ্রহে আরম্ভ করা ; নিজেকে প্রয়োগ করা ; খাইতে আরম্ভ করা । **(to) fall under**—(তালিকাদির) নির্দিষ্ট শিরনামের বা খাতের অন্তর্ভুক্ত হওয়া (these expenses *fall under* three heads) । **(to) fall upon**—আক্রমণ করা ; (কাহারও) বিরুদ্ধে বেগে ছুটিয়া যাওয়া । **(to) let fall**—(স্বীয় হস্তাদি হইতে) ফেলিয়া দেওয়া ; (আল.) শুনিতে দেওয়া, শোনান (he will not *let fall* his plans) । *n.* **fall-guy** [faul°-gī, ফাল্‌°-গাই] যে ব্যক্তিকে ফাঁদে পড়িয়া অপরের দুষ্কর্মের খেসারত দিতে হয়, যাহাকে অপরের নিন্দার ভার বহিতে হয় । *n.* **fa°lling-off**—হ্রাস । *n.* **fa°lling-star**—উল্কা । *n.* **fall°-out**—অ্যাটম বোমা ও হাইড্রোজেন বোমা নিক্ষেপের ফলে পৃথিবীতে সঞ্চারিত বায়ুবাহিত তেজস্ক্রিয় ধূলিরাশি । [OE. *fallan* < G. *fallen*]

fallacy [fa°-la-si, ফ্যা°ল্যাসি] *n.* anything deceptive, প্রতারণামূলক কিছু ; (log.) an apparently genuine but really illogical argument, (ন্যায়.) হেত্বাভাস । *a.* **fallacious** [fa-lā°-shus, ফ্যালেই°শাস্‌] হেত্বাভাসমূলক ; প্রতারণাপূর্ণ । *adv.* **fallā°ciously** । [L. *fallacia* < *fallere* = to deceive]

fallen—see **fall.**

fallible [fa°-labl, ফ্যা°ল্যাব্‌ল্‌] *a.* liable to error or mistake, ভ্রমপ্রবণ । *n.* **fallibility** [fa-li-bi°-li-ti, ফ্যালিবি°লিটি] । [LL. *fallibilis* < *fallere* = to deceive]

falling, fall-out—see **fall.**

Fallopian [fa-lō°-pi-an, ফ্যালৌ°পিঅ্যান্‌] *a.* relating to the Italian anatomist Fallopius, ইটালীয় শারীরস্থানবিৎ ফ্যালপিআস-সংক্রান্ত । **Fallopian tubes**—ডিম্বাশয় হইতে বহির্গত হইবার নালী । [*G. Fallopius*, Lalinized name of Fallopio (1523-62), the anatomist]

fallow₁ [fa°-lō, ফ্যা°লৌ] (1) *a.* ploughed but uncropped, কর্ষিত কিন্তু অনাবাদী । (2) *n.* a piece of fallow land, অনাবাদী জমি । (3) *v.t.* to plough without seeding, কর্ষণান্তে আবাদ না করিয়া ফেলিয়া রাখা । [OE. *fealgian* (*v.*) *fealh* (*n.*)]

fallow₂ [fa°-lō, ফ্যা°লৌ] *a.* brownish-yellow, পিঙ্গলবর্ণ । *n.* **fa°llow-deer**—পিঙ্গলবর্ণ হরিণবিশেষ । [OE. *falu*—cp. G. *fahl*]

false [fawls, ফাল্‌স্‌] (1) *a.* wrong, incorrect, ভুল (*false* alarm, idea, impression, verdict, weights, etc.) ; deceiving, প্রতারণাপূর্ণ ; untrue, মিথ্যা ; untruthful, মিথ্যাবাদী ; unfaithful, বিশ্বাসঘাতক ; counterfeit, জাল, মেকি ; artificial, কৃত্রিম । (2) *adv.* incorrectly, ভুলভাবে ; untruly, মিথ্যাভাবে ; dishonestly, অসাধুভাবে ; faithlessly, বিশ্বাসঘাতকতাপূর্বক । **false position**—বেকায়দা বা অসুবিধাপূর্ণ অবস্থা । **false pretences**—মিথ্যা জাহির বা ভান ; ভণ্ডামি । **false step**—হোঁচট ; (আল.) ভ্রান্ত বা ভুল পদক্ষেপ । **(to) play one false**—কাহারও সহিত ছলনা করা বা বিশ্বাসঘাতকতা করা । *a.* **false°-hear°ted**—বিশ্বাসঘাতক ; প্রতারণাময় । *n.* **false°hood**—মিথ্যা ; অসাধুতা ; প্রতারণা, ছলনা ; ছদ্মবেশ ; মিথ্যাভাষণ । *adv.* **false°ly** । *n.* **false°ness, fal°sity** । [OF. *fals* < L. *falsus* = deceived]

falsetto [fawl-se°-tō, ফাল্‌সে°টৌ] *n.* a voice forced or unnaturally high, জোর-করা বা কৃত্রিম স্বর, অস্বাভাবিক রকম উচ্চৈঃস্বর । [It.]

falsify [fawl°-si-fī, ফাল্‌°সিফাই] *v.t.* to forge, জাল করা (to *falsify* accounts, records, etc.) ; to misrepresent, মিথ্যা বর্ণনা দেওয়া ; to prove or declare false, মিথ্যা বলিয়া প্রমাণ করা বা ঘোষণা করা ; to disappoint, (কাহারও) আশা নষ্ট করা । *n.* **falsificā°tion** । *n.* **fal°sifier** । [F. *falsifier*—cp. *false*]

falsies [fawl°-siz, ফাল্‌°সিজ্‌] *n. pl.* brassieres filled with soft pads to improve the shape of the breasts, কোমল পদার্থে ভরা কাঁচুলিবিশেষ । [see *false*]

falter [fawl°-ta(r), ফল্‌°ট্যা(র্‌)] *v.i.* to stumble, হোঁচট খাওয়া ; to stagger, স্খলিতচরণে চলা ; to flinch, ভয়ে পশ্চাৎপদ হওয়া। (2) *v.i.t.* to speak hesitatingly, to stammer, স্খলিতকণ্ঠে বলা, তোতলান। *n.* **fal°terer**—falter-এর সকল অর্থে, এবং—কাপুরুষ। *adv* **fal°teringly**। [?]

fame [fām, ফেইম্‌] *n.* public report or rumour, জনরব ; renown, যশঃ, খ্যাতি। *a.* **fā°méd**—বিখ্যাত ; জনসাধারণ্যে পরিচিত ; জনরব-খ্যাত। [F.<L. *fama*]

familiar [fa-mi°-li-a(r), ফ্যামি°লিয়্যা(র্‌)] (1) *a.* well-known, সুপরিচিত ; intimate, ঘনিষ্ঠ, অন্তরঙ্গ ; free, স্বচ্ছন্দ, অবাধ ; unceremonious, লৌকিকতাবর্জিত ; domestic, ঘরোয়া ; common, usual, সাধারণ, প্রচলিত। (2) *n.* a familiar person, সুপরিচিত বা অন্তরঙ্গ ব্যক্তি ; a spirit attending a person at call, অনুগত ভূত বা দৈত্য (তু. তাল-বেতাল)। **familiar to**—সুপরিচিত। **familiar with**—(কোন বিষয়ে) গভীর জ্ঞানসম্পন্ন। *n.* **familia°rity**—familiar (*a.*)-এর সকল অর্থে এবং বিশেষতঃ—প্রণয়জনিত ঘনিষ্ঠতা ; (in *pl.*) সোহাগ ; গুরুজন উপরওয়ালা স্নেহপাত্র বা অধীন কর্মচারীর সহিত সমকক্ষের ন্যায় মেলামেশা। **familiarity breeds comtempt**—অতি ঘনিষ্ঠতা অশ্রদ্ধা বা বিরাগ জন্মায়। *v.t.* **fami°liarize**—সুপরিচিত করান ; অভ্যস্ত করান ; অভ্যাস বা অধ্যয়নের দ্বারা সহজ করা। *adv.* **fami°liarly**। [OF. *familier* <L. *familiaris*<*familia*=a family]

family [fa°-mi-li, ফ্যা°মিলি] *n.* the household, সংসার, পরিবার ; all the members of a household, পরিজনবর্গ, বংশ, কুল ; clan, গোষ্ঠী ; race, জাতি ; a group, (প্রাণী উদ্ভিদ্‌ ভাষা প্রভৃতির) দল, বর্গ (lions and tigers are animals of the cat *family*)। **family circle**—পরিজনবর্গ ; থিয়েটার প্রভৃতিতে দর্শকগণের জন্য 'বক্‌স্‌'-জাতীয় আসনবিশেষ। **family man**—সংসারী লোক (তু. ছা-পোষা মানুষ)। **family name**—পদবি, বংশনাম। **family planning**—পরিবার পরিকল্পনা। **family tree**—বংশতালিকা। **in a family way**—(লৌকিকতা-বর্জিত) অন্তরঙ্গভাবে বা ঘরোয়াভাবে। **in the family way**—গর্ভবতী। *a.* **fami°lial**—পারিবারিক বা বংশগত বৈশিষ্ট্যসূচক ; পারিবারিক বা বংশগত। [L. *familia*]

famine [fa°-min, ফ্যা°মিন্‌] *n.* extreme extensive scarcity (of food or anything), (খাদ্যের বা অন্য-কিছুর) দুর্ভিক্ষ ; hunger, ক্ষুধা ; starvation, অনশনে মৃত্যু। **famine prices**—দুর্ভিক্ষ-কালীন দুর্মূল্যতা, চড়া দাম। [F.<L. *fames*=hunger]

famish [fa°-mish, ফ্যা°মিশ্‌] *v.t.i.* to starve, খাদ্যাভাবে মৃতপ্রায় করান বা হওয়া। *p.* & *p. pt.* **fa°mished**। **He is famishing**—(কথ্য.) সে অত্যন্ত ক্ষুধার্ত। [obs. *fame*<L. *fames*=hunger]

famous [fā°-man, ফেই°ম্যাস্‌] *a.* renowned, বিখ্যাত ; well-known, সুপরিচিত, সুবিদিত। *adv.* **fā°mously**। [OF.<L. *famosus*<*fama*=fame]

famulus [fa°-mū-las, ফ্যা°মিউল্যাস্‌] *n.* attendant on a magician or scholar, যাদুকর বা পণ্ডিত ব্যক্তির অনুচর। *pl.* **famūlī**। [L.]

fan₁ [fan, ফ্যান্‌] *n.* a fanatic, গোঁড়া ভক্ত ; an enthusiastic follower or devotee, অত্যুৎসাহী অনুগামী বা অনুরাগী ব্যক্তি (film-*fan*)। **fan°-mail**—অনুরাগী ব্যক্তিগণের বা উৎসাহী সমর্থক-গণের দ্বারা লিখিত পত্রাদি। [<*fanatic*]

fan₂ [fan, ফ্যান্‌] (1) *n.* a basket for winnowing corn, কুলা ; any winnowing instrument, কুলাজাতীয় যে-কোন যন্ত্র ; an instrument for giving current of air, পাখা ; a wing, ডানা। (2) *v.t.* to winnow (কুলাদিতে করিয়া) ঝাড়া, to cool or kindle or direct a current of air by a fan, পাখার বাতাস দিয়া ঠাণ্ডা করা বা জ্বালান, পাখা দিয়া বাতাস করা ; (fig.) to add to excitement, (আল.) উত্তেজনা বাড়ান। *pr. pt.* **fa°nning**। *p.* & *p. pt.* **fa°nned**। **(to) fan the fire**—হাওয়া দিয়া উনানের আঁচ বাড়ান বা জোরাল করা। **(to) fan the flame**—(আল.) উত্তেজনা বৃদ্ধি করা। **(to) fan out**—পাখার আকারে ছড়াইয়া পড়া (the soldiers *fanned out* across the fields)। *n.* **fan°-light**—ঘরের দরজার উপরে পাখার আকারে নির্মিত গবাক্ষবিশেষ। *n.* **fan°-palm**—তালগাছ। *n.* **fan°tail**—পাখার ন্যায় লেজওয়ালা পায়রাবিশেষ, শিরাজু পায়রা। [OE. *fann*<L. *vannus*]

fanatic [fa-na°-tik, ফ্যান্যা°টিক্‌] (1) *a.* excessively zealous (esp. in religion), (প্রধানতঃ ধর্মসম্বন্ধে) অতিশয় গোঁড়া বা অনুরক্ত। (2) *n.* a fanatic person, অত্যন্ত গোঁড়া বা অনুরক্ত ব্যক্তি। *a.* **fana°tical**—same as **fana°tic** (*a.*)। *n.* **fanaticism** [fa-na°-ti-cizm, ফ্যান্যা°টিসিজ্‌ম্‌] অন্ধ গোঁড়ামি বা অনুরাগ। [L. *fanaticus*]

fancy [fan°-si, ফ্যান্‌°সি] (1) *n.* imagination of a lower type, স্থূলকল্পনা বা কল্পনাশক্তি ; an image of fancy, কল্পিত বস্তু বা মূর্তি ; a whim or caprice, খোশখেয়াল ; a fantasia, অসার কল্পনা ; capricious liking, খেয়ালি পছন্দ, শখ ; taste, রুচি ; love, ভালবাসা, প্রেম, স্নেহ। (2) *a.* pleasing to or originating in fancy or caprice, কল্পনা বা খোশখেয়াল চরিতার্থ করে এমন অথবা কল্পনা বা খোশখেয়াল হইতে প্রসূত ; ornamental, আলঙ্কারিক ; novel, অভিনব। (3) *v.t.* to imagine, কল্পনা করা ; to be prone to believe, বিশ্বাস করার জন্য ঝোঁকা ; to have a liking for, আকৃষ্ট হওয়া ; to breed or cultivate in order to develop certain points, নির্দিষ্ট বৈশিষ্ট্যাদির উন্নতিসাধনার্থ পোষা বা চাষ করা। **(a) passing fancy**—সাময়িক আকর্ষণ। **(to) fancy oneself**—নিজের সম্বন্ধে ভুল ধারণা করা (he *fancies* *himself* as a great poet)। **(to) catch** or **take the fancy of**—আকর্ষণ করা; খুশি করা। **(to) hit one's fancy**—খোশখেয়ালের অনুযায়ী হওয়া, মনোমত হওয়া, মনে ধরা। **(to) take a fancy to**—কিছুর প্রতি ঝোঁকা বা আকৃষ্ট হওয়া। *n.* **fan°cier**। *a.* **fan°ciful**—কল্পনাপ্রসূত; কল্পনাশক্তিসম্পন্ন; খেয়ালি; কাল্পনিক; উদ্ভট; অবাস্তব। *n.* **fan°cy-ball°**—যে বল্-নাচে নর্তক-নর্তকীরা স্ব স্ব খেয়াল অনুযায়ী পোশাক পরিয়া যোগ দেয়। *n.* **fan°cy-dress°**—পরিধানকর্তার খেয়াল-অনুযায়ী (সাধারণতঃ কোন চরিত্রের অনুকরণে কল্পিত) পোশাক। **fancy fair**—শখের দ্রব্যাদির মেলা: এই মেলার আয় সাধারণতঃ প্রতিষ্ঠানাদিতে দান করা হয় (তু. স্বদেশী মেলা)। *a.* **fan°cy-free°**—প্রেমের প্রভাবমুক্ত, অপ্রেমিক। **fancy goods**—বিচিত্র নকশাযুক্ত বস্ত্রাদি। **fancy woman**—প্রণয়িনী; বারবনিতা। *n.* **fan°cy-work**—সূচের কারুকার্য। [contr. of *fantasy*]

fandangle [fan-dang°-gle, ফ্যান্‌ড্যাংগ্‌ল্] *n.* elaborate ornament, প্রচুর অলঙ্কার বা ভূষণাদি; nonsense, tomfoolery, বোকামি, ভাঁড়ামি। [see *fandango*]

fandango [fan-dang°-gō, ফ্যান্‌ড্যাং°গৌ] *n.* Spanish or South American dance or its music, স্পেন বা দক্ষিণ আমেরিকার নৃত্যবিশেষ বা উহার আবহসঙ্গীত। [Sp.]

fane [fān, ফেইন্] *n.* (poet.) a temple, (কাব্যে) মন্দির। [L. *fanum*]

fanfare [fan°-fā(r), ফ্যান্°ফেয়্যা(র্)] *a.* a flourish of trumpets, bugles, etc., তূর্যনিনাদ। [F.]

fang [fang, ফ্যাং] **(1)** *n.* the tooth or claw or talon of a ravenous creature, হিংস্র প্রাণীর দাঁত বা থাবা বা নখর; the venom-tooth of a serpent, সাপের বিষদাঁত; the root of a tooth, দন্তমূল, দন্তমূলীয় থলি; a prong, সাঁড়াশি; clutch, কবল। **(2)** *v.t.* to seize upon, আঁকড়াইয়া ধরা, কবলিত করা। *a.* **fang°ed**—দন্তুর; থাবাওয়ালা; নখরযুক্ত; বিষদাঁতওয়ালা; সাঁড়াশির ন্যায় অঙ্গবিশিষ্ট। [AS.]

fan-light, fanned, fanning, fan-palm, fantail—see **fan**$_2$.

fanny$_1$ [fa°-ni, ফ্যানি] *n.* a tin container for drink, টিনের পানপাত্র (সচ. নাবিকদের মধ্যে প্রচলিত)। **fa°nny Adams**—টিনে-পোরা মাংস; ভাপে সিদ্ধ মাংসাদি। [from the name of a woman *fanny*]

fanny$_2$ [fa°-ni, ফ্যা°নি] *n.* buttocks, নিতম্ব পাছা; (vulg.) female genitals, (অশি.) যোনি, ভগ। [?]

fanny$_3$ [fa°-ni, ফ্যা°নি] *v.t.* to deceive or persuade by glib speaking, বাকপটুত্বের দ্বারা প্রতারণা করা বা বশে আনা। [?]

fantabulous [fan-ta°-bū-las, ফ্যাণ্ট্যা°বিউল্যাস্] *a.* (sl.) of unbelievable excellence, (অশি.) অবিশ্বাস্যরূপে চমৎকার। [*fanta*stic fa*bulous*]

fantasia [fan-tā°-zi-a, ফ্যান্টেই°জ়িঅ্যা] *n.* a musical or other composition not in keeping with the ordinary rules of form, উদ্ভট প্রণালীতে বা সাধারণ নিয়মাবলী অনুসরণ না করিয়া রচিত সঙ্গীত বা অন্য রচনা। [It. < Gk. *phantasia* —cp. *fantasy*]

fantasm—alt. spell. of **phantasm.**

fantast—see **fantasy.**

fantasy [fan°-ta-si, ফ্যান্°ট্যাসি] *n.* fancy, উদ্ভট কল্পনা; imagination, কল্পনা; caprice, খোশখেয়াল; fantasia, উদ্ভট প্রণালীতে রচিত সঙ্গীতাদি। *n.* **fan°tast**—উদ্ভট খেয়ালি লোক; অসার কল্পনাপ্রবণ বা স্বপ্নবিলাসী ব্যক্তি। *a.* **fantas°tic(al)**—উদ্ভট; কল্পনাপূর্ণ বা কল্পনাপ্রসূত; খেয়ালি; (অশি.) চমৎকার। *adv.* **fantas°tically**। [OF. *fantasie* < Gk. *phantasia*]

faquir—alt. spell. of **fakir.**

far [fŭ(r), ফা(র্)] **(1)** *a.* remote, দূরবর্তী; more distant of two, দুইয়ের মধ্যে অধিকতর দূরবর্তী; advanced, অগ্রবর্তী, অগ্রসর। **(2)** *adv.* to, at, or over a great distance or advanced stage, সুদূরে, বহুদূরে অগ্রসর হইয়া; remotely, বহুদূরে বা ব্যবধানে; very much, অত্যধিক; long, দীর্ঘকালব্যাপী; (of an animal) off, (প্রাণীসম্বন্ধে) ছাড়াইয়া। *compar.* **farther, further** [fŭ(r)°-dha(r), ফা(র্)দ্যা(র্)]; *super.* **far°mōst, far°thēst, fur°thēst, first** [ফ্যা(র্)স্‌ট্]। **(3)** *n.* a great distance, সুদূর ব্যবধান (from *far*); a large amount, প্রচুর পরিমাণ (this is best by *far* = this is by *far* the best)। **far and near, far and wide**—সর্বত্র, চতুর্দিকে; ব্যাপক। **(few and) far between**—নিতান্ত মধ্যে মধ্যে (অর্থাৎ বড় একটা নহে); বিরল। **far be it**—ভগবান্ রক্ষা করুন বা রোধ করুন। **far from**—সম্পূর্ণ ভিন্ন; মোটেই নহে। **far gone**—(রোগ উন্মাদ ঋণ প্রভৃতিতে) বিষমভাবে আক্রান্ত। **Far East**—এশিয়ার পূর্বাংশ, দূরপ্রাচ্য। **Far North**—সুমেরু অঞ্চল। **Far South**—কুমেরু অঞ্চল। **Far West**—প্রশান্ত মহাসাগরের উপকূলবর্তী উত্তর আমেরিকার অংশবিশেষ। **as far as, so far as**—তত দূর...যত দূর। **by far**—অত্যধিক পরিমাণে। **in so far (as)**—তত দূর...যত দূর। **so far**—এখন পর্যন্ত। **far°-away**—**(1)** *a.* (বহু-) দূরবর্তী; আচ্ছন্ন, আবিষ্ট, আনমনা; **(2)** *adv.* (বহু-) দূরে; বহুলপরিমাণে (also **far and away**)। *a.* **far°-fā°med**—ব্যাপকভাবে পরিচিত, সুপ্রসিদ্ধ। *a.* **far°-fetched**—বহুদূর হইতে আনীত; কষ্টকল্পিত, অস্বাভাবিক। *a.* **far°-flung°**—(আল.) সুদূরপ্রসারিত। **far-off**—**(1)** *a.* (বহু-) দূরবর্তী; **(2)** *adv.* (বহু-) দূরে। *a.* **far°-reach°ing**—বহুদূরপ্রসারিত; অতি ব্যাপক বা গভীর। *a.* **far°-see°-**

ing—দূরদর্শিতাপূর্ণ। *a.* **far°-sigh°ted**—দূরদর্শী; কাছের বস্তু ভাল দেখিতে অক্ষম, অদূরবদ্ধদৃষ্টিসম্পন্ন। [OE. *feor(r)*—cp. Du. *ver.*]

farad [fa°-rad, ফ্যা°র‍্যাড্] *n.* a unit of electrical capacity, বৈদ্যুতিক শক্তির মাত্রাবিশেষ। [*Faraday*, who discovered electricity (1791-1867)]

farce [fŭ(r)s, ফা(র্)স্] *n.* a dramatic work intended merely to excite laughter, হাস্যরসোদ্দীপক নাটিকা, প্রহসন; a ridiculous or empty show, হাস্যকর বা অসার অভিনয় অথবা দৃশ্য। *a.* **far°cical**—হাস্যকর; প্রাহসনিক। *n.* **farcica°lity**। *adv.* **far°cically**। [F.=stuffing]

farceur [fŭ(r)-sa(r)°, ফা(র্)স্যা(র্)°] *n.* a person who habitually indulges in mystifications, যে ব্যক্তি সচরাচর লোককে বিভ্রান্ত করিয়া তোলে; a buffoon, ভাঁড়, বিদূষক; writer or actor of farces, প্রহসনের রচয়িতা বা অভিনেতা। [F.]

farcical—see **farce.**

farcy [fŭ(r)°-si, ফা(র্)°সি] *n.* bacterial disease of cattle, গোমহিষাদির বীজাণুঘটিত রোগ। [OF. *farcin*<L. *farciminum*]

farded [fŭ(r)°-did, ফা(র্)°ডিড্] *a.* (of face, etc.) painted with cosmetics, (মুখমণ্ডল প্রভৃতি সম্বন্ধে) প্রসাধনদ্রব্যদ্বারা রঞ্জিত। [OF. *farder*]

fardel [fŭ(r)°-del, ফা(র্)°ডেল্] *n.* bundle, পোঁটলা, গাঁটরি; burden, ভার, মোট। [OF. *fardel*<dim. of *farde*=a burden]

fare [fa(r), ফেয়্যা(র্)] (**1**) *v.i.* to travel, ভ্রমণ করা; to get on, চালাইয়া যাওয়া; to go on, অগ্রসর হওয়া; to turn out, অবস্থাপ্রাপ্ত হওয়া, ঘটা, হওয়া (to *fare* ill or well); to be fed, আহারলাভ করা। (**2**) *n.* a course, পথ; the price of passage, যানবাহনাদির ভাড়া, পথ-খরচ; a passenger in a hired vehicle, ভাড়াটে গাড়ির যাত্রী, চড়নদার; food for table, পাতে-দেওয়া অর্থাৎ খাইতে-দেওয়া খাবার। **good fare**—উত্তম ভোজ, চমৎকার খানা। **simple fare**—সাদাসিধা খাবার। **fare°well°**—(**1**) *int.* & *n.* ভালয়-ভালয় যেন যাইতে পার: এই বিদায় সম্ভাষণ; বিদায়; (**2**) *a.* বিদায়কালীন (a *farewell* speech or dinner)। [OE. *faran*<G. *fahren*]

farina [fa-rī°-na, ফ্যারাই°ন্যা] *n.* meal of corn, শস্যচূর্ণ, ময়দা, আটা; pollen, পুষ্পরেণু, পরাগ। *a.* **farinaceous** [fa-ri-nā°-shas, ফ্যারিনেই°শ্যাস্] শ্বেতসারপূর্ণ; শ্বেতসারজ; গোধূমে বা ময়দায় বা আটায় তৈয়ারী (*farinaceous* foods)। [L.]

Faringee—alt. spell. of **Feringhi.**

farm [fŭ(r)m, ফা(র্)ম্] (**1**) *n.* a tract of land (ori. one leased) used for cultivation along with necessary buildings, (মূলতঃ পত্তনী) গোলা-বাড়ি বা খামার; an institution for breeding animals, পশুপালনের প্রতিষ্ঠান (dairy *farm*)। (**2**) *v.t.* to rent or lease to or from, ভাড়া বা ইজারা দেওয়া অথবা লওয়া; to cultivate, চাষ করা। (**3**) *v.i.* to be a farmer, জোতদারের বা কৃষকের বৃত্তি অবলম্বন করা। *n.* **far°mer**—কৃষক, চাষা; খামারের প্রজা; জোতদার; ইজারাদার। *n.* **farm°-hand, farm°-lābourer**—যে মজুর খামারে খাটে, খেতি-মজুর। *n.* **farm°house°**—খামার-সংলগ্ন কৃষকের বসত-বাড়ি। **(to) farm out**—অন্যের উপরে কর্মভার ন্যস্ত করা। *n.* **farm°-stead**—অট্টালিকাসংবলিত খামার, গোলাবাড়ি। *n.* **farm°yard**—গোলাবাড়ির উঠান। [LL. *firma*=a fixed payment]

farauche [fa-rōōsh°, ফ্যারূশ্°] (**1**) *a.* shy, লাজুক; sullen, গোমরা-মুখো। (**2**) *n.* লাজুক বা গোমরা-মুখো লোক। [F.]

farrago [fa-rā°-gō, ফ্যারেই°গৌ] *n.* a confused mass, বিভিন্ন দ্রব্যাদির তালগোল পাকান পিণ্ড, জগাখিচুড়ি। *a.* **farraginous** [fa-rā-ji-nas, ফ্যারেই°জিন্যাস্] তালগোল-পাকান; বিবিধ। [L.=mixed fodder]

farrier [fa°-rē(r), ফ্যা°রিয়্যা(র্)] *n.* one who shoes horses, যে ব্যক্তি ঘোড়ার খুরে নাল পরায়; a horse-doctor, অশ্ববৈদ্য; one who is in charge of cavalry horses, যুদ্ধাশ্বসমূহের তত্ত্বাবধায়ক, যুদ্ধাশ্বপাল। *n.* **fa°rriery**—ঘোড়ার খুরে নাল পরানর বৃত্তি; অশ্বরোগচিকিৎসকের বা যুদ্ধাশ্বপালের বৃত্তি। [OF. *ferrier*<L. *ferrum*=iron]

farrow [fa°-rō, ফ্যা°রৌ] (**1**) *n.* a litter of pigs, (একবারে জাত) শূকরশাবকসমূহ (quite a lot at one *farrow*)। (**2**) *v.i.t.* to bring forth (pigs), (শূকরের) ছানা প্রসব করা। [OE. *fearh*=a pig—cp. L. *porcus*]

fart [fŭ(r)t, ফা(র্)ট্] (**1**) *v.i.* (coarse) to break wind from the anus, (অশোভন ও নিষিদ্ধ উক্তিতে) বাতকর্ম করা, পাদা। (**2**) *n.* emission of wind from the anus, বাতকর্ম, পাদ। [Aryan]

farther, farthest—see **far**। **at (the) farthest**—সর্বাধিক দূরে; সর্বাধিক পূর্বে বা পরে; খুব বেশি দূরে হয় ত···; খুব বেশি আগে বা পরে হয় ত··· (three miles *at the farthest*)।

farthing [fŭ(r)°-dhing, ফা(র্)°দিং] *n.* a quarter of a penny, সিকি পেনি; least possible amount, সামান্যতম পরিমাণ। *a.* **far°thingless**—নিঃস্ব। **not to care a farthing**—মোটেও গ্রাহ্য না করা। [OF. *feorthing*=a fourth part]

farthingale [fŭ(r)°-dhing-gal, ফা(র্)°দিংগেইল্] *n.* a hooped petticoat, ফাঁপান সায়াবিশেষ। [OF. *verdugale*]

fasces [fa°-sēz, ফ্যা°সীজ্] *n.* the bundle of rods, borne before a Roman magistrate,

রোমান্ শাসকদের আগে আগে যে দণ্ডের আঁটি বহন করা হইত। [L.=*pl.* of *fascis*=bundle]

fascia [fa°-shi-a, ফ্যা°শিঅ্যা] *n.* the dashboard of a motor-car etc., ছিটাইয়া-ওঠা কাদা হইতে চালককে রক্ষার্থ মোটরগাড়ি প্রভৃতির সম্মুখস্থ আবরণ, ড্যাশবোর্ড। [L.=a band]

fascicle [fa°-sikl, ফ্যা°সিক্‌ল্], **fa°scicūle**—*n.* a bundle or bunch, আঁটি, গুচ্ছ। [L. *fasciculus*]

fascinate [fa°-si-nāt, ফ্যা°সিনেইট্] *v.t.* to control by the eye like a snake, সাপের মত চোখে চোখে চাহিয়া চলচ্ছক্তি রহিত করা; to charm, মুগ্ধ করা; to attract, আকর্ষণ করা। *p.* & *p. pt.* **fa°scinātėd**। *a.* **fa°scināting**—মুগ্ধ করে এমন; আকর্ষণীয়; মনোরম (*fascinating* display)। *adv.* **fa°scinātingly**। *n.* **fascinā°tion**—মুগ্ধ করা; আকর্ষণশক্তি; মোহিনীশক্তি; মোহ, আকর্ষণ। *n.* **fa°scinātor**। [L. *fascinare*]

Fascist [fa°-shist, ফ্যা°শিস্ট্] *n.* a member of an Italian nationalistic party reacting against communism, ইটালির সমভোগবাদবিরোধী জাতীয়তাবাদী রাজনৈতিক দলবিশেষের সভ্য। *a.* **fa°scist**—সমভোগবাদবিরোধী এবং চণ্ডনীতির দ্বারা জাতীয়তার প্রতিষ্ঠাকামী; স্বীয় অভীষ্টসাধনার্থ উগ্র চণ্ডনীতির অনুসরণকারী। *n.* **fa°scism**—স্বীয় অভীষ্টসাধনার্থ সমভোগবাদবিরোধী চণ্ডনীতির প্রয়োগ। [It. *fascio*=bundle]

fashion [fa°-sh(a)n, ফ্যা°শ্‌ন্] (**1**) *n.* pattern or form, গঠন-প্রণালী, ঢং, কায়দা, কেতা; vogue, প্রচলন, চলন; the prevailing mode or shape of dress, পোশাক-পরিচ্ছদ পরার বা তৈয়ারি করার চলিত কায়দা; a prevailing custom, চলিত প্রথা বা রীতি; manner, way, রকম, ধরন, উপায়; কায়দা। (**2**) *v.t.* to make, তৈয়ারি করা (to *fashion* a lump of clay into a pot); to form according to a pattern, প্রথানুযায়ী বা নমুনা-অনুযায়ী গঠন করা। **after** or **in a fashion**—এক রকম ভাবে (অর্থাৎ তেমন সন্তোষজনকভাবে নহে)। **after the fashion of**—অনুকরণে, ঢংয়ে, ধরনে, প্রকারে, কায়দায়। **in the fashion**—(পোশাকাদির) চলিত কায়দা-অনুযায়ী বা ধরন-অনুযায়ী। **a man** or **woman of fashion**—সমাজের উপরতলার পুরুষ বা স্ত্রীলোক যাহারা উক্ত উপরতলার রীতিনীতি মানিয়া চলিতে অভ্যস্ত। **(to) be all the fashion**—(পোশাক-পরিচ্ছদ আচার-আচরণ প্রভৃতি সম্বন্ধে) অত্যন্ত জনপ্রিয় হওয়া। **(to) be in the fashion, (to) follow the fashion**—(পোশাক-পরিচ্ছদ আচার-আচরণ সম্বন্ধে) চলিত রীতি বা ফ্যাশন মানিয়া চলা। **out of fashion**—চলন বা রেওয়াজ উঠিয়া গিয়াছে এমন। **(to) set the fashion**—নূতন রীতি বা ফ্যাশন নিজে অবলম্বনপূর্বক চালু করা। **fa°shionable**—(**1**) *a.* চলিত প্রথানুযায়ী বা রীতি-অনুযায়ী; পরিচ্ছদে বা চালচলনে আদবকায়দা-দোরস্ত; আদবকায়দা-দোরস্ত ব্যক্তিগণ কর্তৃক পৃষ্ঠপোষিত; (**2**) *n.* আদবকায়দা-দোরস্ত ব্যক্তি। *adv.* **fa°shionably**। *n.* **fashioner**। [OF. *fachon*<L. *factionis*=to make]

fast₁ [fŭst, ফাস্ট্] (**1**) *a.* firm, দৃঢ়; fixed, স্থির; steady, অটল; (of sleep) sound (নিদ্রাসম্বন্ধে) গভীর, গাঢ়; (of colours) not liable to fade or run, (বর্ণসম্বন্ধে) ফিকা হয় না বা উঠিয়া যায় না এমন, পাকা; dissipated, চরিত্রহীন (a *fast* woman)। (**2**) *adv.* firmly, দৃঢ়ভাবে; fixedly, স্থিরভাবে; steadfastly, অটলভাবে; soundly, (নিদ্রাসম্বন্ধে) গাঢ়ভাবে; close, কাছ ঘেঁষিয়া, সন্নিকটে। **fast by**—সন্নিকটে। **fast bind fast find**—(প্রবচন) সামলে রাখলে খোয়াবে না। **(to) play fast and loose**—আস্থাস্থাপনের যোগ্য না হওয়া; ছলনাপূর্ণ হওয়া; ধর্মাধর্মশূন্য হইয়া আচরণ করা। **(to) stand fast**—অটল থাকা; হঠিয়া না যাওয়া। **(to) stick fast**—অটল থাকা; হঠিয়া না আসা; অগ্রসর হইতে বা উন্নতিসাধন করিতে অক্ষম হওয়া, কোথাও আটকাইয়া বা গাড়িয়া থাকা। *n.* **fast°-and-loose**—প্রতারণামূলক জুয়াখেলাবিশেষ; ছিনিমিনি-খেলা। *n.* **fast°nėss**—(রং প্রভৃতির) স্থায়িত্ব; সুরক্ষিত স্থান বা দুর্গ (the mountain *fastness* of bandits)। [OE. *faest*—G. *fest*]

fast₂ [fŭst, ফাস্ট্] (**1**) *a.* quick, দ্রুত; speedy, বেগবান্ (a *fast* bowler); rapid, ঘনঘন; before time, (ঘড়ি প্রভৃতি সম্বন্ধে) যথাসময়ের অগ্রবর্তী বা অগ্রগামী; seeking excitement, উত্তেজনা-সন্ধানী (*fast* life); rash, হঠকারী; extravagant, অমিতব্যয়ী। (**2**) *adv.* swiftly, দ্রুতবেগে, সত্বর; rapidly, ঘন ঘন; extravagantly, অপব্যয়ীর ন্যায় (to live *fast*)। *n.* **fast°nėss**। [Scand.=urgent]

fast₃ [fŭst, ফাস্ট্] (**1**) *v.i.* to abstain from food, উপবাস করা; to go hungry, ক্ষুধার্ত থাকা। *p.* & *p. pt.* **fas°tėd**। (**2**) *n.* abstinence from food, উপবাস; the day or time of fasting, উপবাসের দিন বা সময়। **(to) break one's fast**—উপবাস ভঙ্গ করা। **(to) keep fast**—(শাস্ত্রোক্ত পর্বাদিতে) উপবাস করা। *n.* **fast°day**—ধর্মশাস্ত্রানুযায়ী উপবাসের বা প্রার্থনার দিন। *n.* **fas°ter**। *n.* **fas°ting**—ধর্মোদ্দেশ্যে উপবাস (a day spent in prayer and *fasting*)। [OE. *faestan*=to fast <G. *fasten*]

fasten [fŭ°sn, ফা°স্‌ন্] (**1**) *v.t.i.* to tie or make fast or firm or admit of being so, দৃঢ়ভাবে আবদ্ধ করা বা হওয়া অথবা দৃঢ় করা বা হওয়া; to attach, সংলগ্ন করা বা হওয়া। (**2**) *v.i.* to assault, আক্রমণ করা। **(to) fasten on** or **upon**—(কিছুর উপরে দৃষ্টি চিন্তা প্রভৃতি) নিবদ্ধ করা; পাকড়াইয়া বা আঁকড়াইয়া ধরা (to *fasten on* a fact); (কার্যাদির জন্য) নিন্দা দায় প্রভৃতি আরোপ করা; তাচ্ছিল্যভরে বা কৌতুকচ্ছলে উপনাম দেওয়া। *n.* **fa°stener**—দৃঢ়ভাবে আবদ্ধকারী; যদ্দ্বারা দৃঢ়ভাবে আবদ্ধ করা হয় (যেমন, ক্লিপ্ ছিট্‌কিনি প্রভৃতি)। [see *fast₁*]

fastidious [fas-ti°-di-as, ফ্যাস্‌টি°ডিঅ্যাস্] *a.* affecting superior taste, রুচিবাগীশ ; hard to please, খুঁতখুঁতে ; nicely critical, অতি সূক্ষ্ম সমালোচনা করে এমন। *adv.* **fasti°diously**। *n.* **fasti°diousnėss**। [L. *fastidiosus*]

fat [fat, ফ্যাট্] (**1**) *a.* plump, নাদুস্‌-নুদুস্ ; thick, মোটা, স্থূল ; full-bodied, (ছাপাখানার মুদ্রাক্ষর-সম্বন্ধে) চেটাল, চেপটা ; having much, or of the nature of, adipose tissue or the substance it contains, মেদবহুল, মেদজ ; oily, তৈলাক্ত, চর্বিপূর্ণ ; fertile, উর্বর ; profitable, লাভপূর্ণ ; rich, সমৃদ্ধ ; gross, মোটমাট ; slow-witted, স্থূলবুদ্ধি। *compar.* **fa°tter** ; *super.* **fa°ttėst**। (**2**) *n.* a substance found in the adipose tissue, মেদ ; solid animal or vegetable oil, চর্বি, উদ্ভিজ্জ তৈল ; the richest part of anything, কিছুর সর্বাধিক মূল্যবান্ অংশ ; a profitable work, লাভজনক কাজ ; inclination to corpulency, মেদপ্রবণতা, মোটাইয়া যাওয়ার ভাব ; a fat or fatted animal, মোটা প্রাণী, দুম্বা। (**3**) *v.t.i.* to make or grow fat, মোটা বা চর্বিযুক্ত করা অথবা হওয়া। *pr. pt.* **fa°tting**। *p.* & *p. pt.* **fa°ttėd**। **a fat lot**—(অমা.—বিদ্রূপে) অত্যধিক। **(to) chew the fat**—ক্রমাগত অসন্তোষ প্রকাশ করা। **(to) cut up fat**—অনেক অর্থবিত্ত রাখিয়া মারা যাওয়া। **the fat's in the fire**—অনুষ্ঠিত যে কার্যের ফলে ক্রোধ বিক্ষোভ প্রভৃতির আকস্মিক প্রবল বহিঃপ্রকাশ ঘটিবে। **(to) kill the fatted calf**—(প্রধানতঃ উড়নচড়ে লোক কুস্বভাব পরিত্যাগ করিলে তাহাকে) সানন্দে বা সাদরে গ্রহণ করা। **(to) live on the fat of the land**—সমস্ত খাবারের সেরা সেরা অংশ খাইয়া জীবনধারণ করা। *n.* **fat°-head**—স্থূলবুদ্ধি ব্যক্তি। *a.* **fat°headėd, fat°-wi°ttėd**—স্থূলবুদ্ধি। *n.* **fat°ling**—দুম্বা। *adv.* **fat°ly**—মোটের মাথায়, মোটামুটি। *n.* **fat°nėss**—fat (*a.*)-এর সকল অর্থে। *n.* **fat°sō**—(অশি. রসি.) মোটা লোক (তু. মোট্‌কা)। **fa°tten**—(**1**) *v.t.i.* মোটা বা মাংসল বা চর্বিপূর্ণ করা অথবা হওয়া ; (**2**) *v.t.* উর্বর করা। *n.* **fa°ttinėss**। *a.* **fa°ttish**। **fa°tty**—(**1**) *a.* চর্বিপূর্ণ বা মেদবহুল ; (**2**) *n.* ঐরূপ ব্যক্তি। [OE. *faett*=fatted]

fatal—see **fate.**

fate [fāt, ফেইট্] *n.* inevitable destiny, অবশ্যম্ভাবী নিয়তি, ভাগ্য ; ill-fortune, দুর্ভাগ্য ; final issue, পরিণতি (to decide, seal, etc. a person's *fate*)। **The Fates**—মানুষের জন্ম জীবন ও মৃত্যু নিয়ন্ত্রণকারিণী গ্রীক ভাগ্যদেবীত্রয়—ইঁহাদের নাম : Clotho, Lachesis এবং Atropos। *a.* **fā°tal**—ভাগ্যগত, নিয়তিমূলক ; ভাগ্যসূচক ; নিয়তিসূচক ; সর্বনাশা ; প্রাণনাশক (*fatal* accident or injury) ; মারাত্মক দুর্দশাপূর্ণ ; নিদারুণ। *n.* **fā°-talism**—সব-কিছুই নিয়তি-নিয়ন্ত্রিত : এই মত, অদৃষ্টবাদ ; বিপদের সম্মুখীন হইয়া হাল ছাড়িয়া দেওয়ার ভাব। *n.* **fā°talist**। *a.* **fātalis°tic**—অদৃষ্টবাদী (*fatalistic* outlook)। *n.* **fata°lity**—নিয়তিগত অবস্থা ; মারাত্মক বা সর্বনাশা অবস্থা ; নিয়তির নির্দেশ ; নশ্বরতা ; মৃত্যুর হার ; সর্বনাশ ; অবশ্যম্ভাবিতা ; চরম দুর্দশা। *adv.* **fā°tally**—মারাত্মকভাবে (*fatally* injured or wounded)। *a.* **fātėd**—(অমঙ্গলাদি-ভোগের জন্য) নিয়তিদ্বারা নির্দিষ্ট। *a.* **fāte°ful**—ভবিষ্যদ্বাণীমূলক ; নিয়তিনির্দিষ্ট ; জরুরি, মূল্যবান ; অবশ্যম্ভাবী ; চরম (*fateful* decision, events, etc.)। *adv.* **fāte°fully**। **as sure as fate**—সম্পূর্ণ নিশ্চিত, (তু.) মৃত্যুর মত অমোঘ বা অবশ্যম্ভাবী। [L. *fatum*=a prediction]

father [fŭ°-dh(a)r, ফা°দ্যা(র্)] (**1**) *n.* a male parent, পিতা, বাবা, জনক ; an ancestor, পূর্বপুরুষ (to lie buried with one's *fathers*) ; a contriver or originator or pioneer, স্রষ্টা, উদ্ভাবক, প্রবর্তক ; a title of respect or endearment, শ্রদ্ধেয় বা ধার্মিক পুরুষ অথবা যাজকদের আখ্যাবিশেষ, বৃদ্ধকে সম্বোধনকালে প্রীতিসূচক বা ভদ্রতাসূচক আখ্যাবিশেষ ; a member of a ruling body, শাসকগোষ্ঠীর অন্যতম (city-*father*)। (**2**) *v.t.* to adopt, (অপত্যাদিরূপে) গ্রহণ করা। **father figure**—সকলের শ্রদ্ধেয় ও বিশ্বাসভাজন প্রবীণ নেতা, পিতৃতুল্য নেতা। **(to) father upon**—পিতৃত্ব আরোপ করা (to *father upon* a play to a writer)। *n.* **fa°therhood**—পিতৃত্ব। *n.* **father-in-law** [fŭ°dh(a)r-in-law, ফা°দ্‌র্‌ইন্‌ল্য] শ্বশুর। *n.* **fa°therland**—জন্মভূমি (বিশেষতঃ জর্মানির প্রতি প্রযুক্ত)। *a.* **fa°therlėss**—পিতৃহীন ; অজ্ঞাত-নামা লেখক কর্তৃক রচিত। *a.* **fa°therly**—পিতৃতুল্য ; পিতৃোচিত ; পিতৃসংক্রান্ত। *n.* **fa°therlinėss**। **the Holy Father**—পোপ। [OE. *faeder*—cp. G. *vater*, L. & Gk. *pater*, Sans. *pitri*]

fathom [fa°-dham, ফ্যা°দ্যাম্] (**1**) *n.* a measure of length, দুই বাহু দুই দিকে প্রসারিত করিলে যে বিস্তার হয় তাহার মাপ (বর্ত. ছয় ফুট), বাঁও, ব্যাম। (**2**) *v.t.* (arch.) to measure or encircle with the outstretched arms, (আর্ষ.) প্রসারিত দুই বাহুদ্বারা মাপা বা বেষ্টন করা ; to try or measure the depth of, গভীরতা নির্ণয় করা ; (fig.) to comprehend, (আল.) অনুধাবন করা ; (fig.) to get to the bottom of, (আল.) তল পাওয়া। *a.* **fa°thomable**—গভীরতা নির্ণয় করা যায় এমন। *a.* **fa°thomlėss**—অগাধ ; অতল। [OE. *faethm*< Du. *vadem*—cp. G. *faden*]

fathometer [fa-dho°-mė-ta(r), ফ্যাদ°মিট্যা(র্)] *n.* a sonic depth finder, শব্দের বা প্রতিধ্বনির গভীরতা মাপক যন্ত্রবিশেষ। [Fathom+meter]

fatidical [fa-ti°-dik(a)l, ফ্যাটি°ডিক্‌ল্] *a.* having power to foretell future events, ভবিষ্যদ্বাণী করার শক্তিসম্পন্ন ; prophetical, ভাববাদিসুলভ। *adv.* **fati°dically**। [L. *fatidicus*<*fatum*= fate, *dicere*=to tell]

fatigue [fa-tēg°, ফ্যাটীগ্°] (**1**) *n.* weariness, মানসিক বা শারীরিক শ্রান্তি ; toil, পরিশ্রম ; failure under repeated stress, অবসাদ : a kind of duty requiring physical labour, (প্রধানতঃ শাস্তিরূপে আরোপিত) শারীরিক শ্রমমূলক কর্ম। (2) *v.t.* to make weary, শ্রান্ত বা ক্লান্ত করা ; to exhaust, অবসন্ন করা। *n.* **fatigue°-dū°ty**—সৈন্যগণকে যুদ্ধাদি ব্যতীত যে দৈহিক শ্রমের কাজ করিতে হয় (যেমন, রাস্তা-নির্মাণ মালবহন প্রভৃতি)। *n.* **fatigue°-party**—উক্ত শ্রমকার্যরত সৈন্যদল। [F. <L. *fatigare*=to weary]

fatling, fatted, fatten, fatting, fatty—see **fat.**

fatuity—see **fatuous.**

fatuous [fa°-tū-as, ফ্যা°টিউঅ্যাস্] *a.* silly, বোকা ; imbecile, জড়ধী, জড়বুদ্ধি। *n.* **fatū°ity, fa°tūousness** I *adv.* **fa°tūously** I [L. *fatuus*]

faubourg [fō-bōōrg, ফৌবূর্গ] *n.* a suburb, নগরের উপকণ্ঠ, উপনগরী। [F.]

faucet [faw°-sit, ফ্য°সিট্] *n.* a tap in a barrel, তরল পদার্থ বাহির করার জন্য পিপা-সংলগ্ন নল বা কল। [F. *fausset*]

faugh [paw, প্য] *int.* expressing disgust, বিরক্তিসূচক ধ্বনিবিশেষ, অঃ, ফুঃ।

fault [fawlt, ফ্যল্ট্] *n.* a failing, অক্ষমতা ; error, ভ্রম, ভুল ; blemish, খুঁত ; imperfection, অসম্পূর্ণতা ; a slight offence, সামান্য দোষ, ত্রুটি ; (geol.) a dislocation of strata, (ভূবি.) স্তরচ্যুতি, স্তরভঙ্গ। **at fault**—কিংকর্তব্যবিমূঢ়। **in fault**—নিন্দার্হ। **to a fault**—নিরতিশয় (generous *to a fault*)। **(to) find fault (with)**—দোষ বা খুঁত ধরা। *n.* **fault°finder**—যে ব্যক্তি খুঁত ধরিতে অভ্যস্ত, ছিদ্রান্বেষী। *n.* **fault°finding**—ছিদ্রান্বেষণ। *a.* **fault°less**—ত্রুটিহীন ; নিখুঁত ; নির্দোষ। *a.* **faul°ty**—ত্রুটিপূর্ণ ; ভ্রমাত্মক ; খুঁতযুক্ত ; অসম্পূর্ণ। *adv.* **faul°tily** I *n.* **faul°tiness** I [OF. *falte*]

fauna [faw°na, ফ্য°ন্যা] *n.* the animals of a region or period, or a list or account thereof, স্থানবিশেষের বা যুগবিশেষের সমগ্র প্রাণিকুল অথবা তাহাদের তালিকা বা বিবরণ। *pl.* **fau°nas, faunæ°** I *a.* **fau°nal**—প্রাণিকুলসংক্রান্ত। *n.* **fau°nist**—প্রাণিকুলের ইতিহাসবেত্তা। [L.=deity of shepherds]

faux pass [fō°-pŭ, ফৌ°পা] *ph.* a false step, ভুল পদক্ষেপ ; a mistake, ভুল। [F.]

favour [fā°-va(r), ফেই°ভ্যা(র্)] **(1)** *n.* countenance, সুনজর, আনুকূল্য ; good-will, শুভেচ্ছা ; an act of grace, অনুগ্রহ ; indulgence, প্রশ্রয়, নাই ; partiality, পক্ষপাত ; advantage, সুবিধা ; indulgence in amorous advancement, প্রেম-নিবেদনের ব্যাপারে প্রশ্রয়। (2) *v.t.* to countenance, সুনজরে দেখা, আনুকূল্য করা ; to treat indulgently, প্রশ্রয় দেওয়া ; to support or be partial to, সমর্থন করা বা পক্ষপাত দেখান ; to afford advantage to, সুবিধা দেওয়া ; to resemble in features, চেহারায় সাদৃশ্য থাকা (the son *favours* his father—অর্থাৎ মাতা অপেক্ষা পিতার সহিত চেহারায় অধিক সাদৃশ্য)। **in favour of**—জন্য, দরুন ; পক্ষে, পক্ষপাতী (I am *in favour of* a five-day week) ; আনুকূল্য করার জন্য। **in one's favour**—কাহারও অনুগ্রহভাজন। **out of favour**—অনুগ্রহ হইতে বঞ্চিত ; অপছন্দ করা হইতেছে এমন। **(to) curry favour of**—হাত কচলা-কচলি করিয়া অর্থাৎ হীন তোষামোদের দ্বারা অনুগ্রহ-লাভের চেষ্টা করা। *a.* **fā°vourable**—অনুকূল ; শুভ ; সহায়ক ; সুবিধাপূর্ণ ; সন্তোষজনক। *adv.* **fā°vourably** I **favourite** [fā°-v(a)rit, ফেই°-ভ্রিট্] **(1)** *a.* আনুকূল্যপ্রাপ্ত ; প্রশ্রয়প্রাপ্ত ; পক্ষপাত-মূলক সুবিধাভোগী ; প্রিয় ; (2) *n.* উক্ত প্রকার ব্যক্তি বা বস্তু। *n.* **fā°vouritism**—প্রিয় ব্যক্তিদের প্রতি পক্ষপাতিত্ব। [OF.<L. *favor* (*n.*)]

fawn$_1$ [fawn, ফ্যন্] **(1)** *n.* a young deer, হরিণ-শিশু। **(2)** *a.* of light yellowish brown colour like a fawn's, হরিণশিশুর ন্যায় হালকা হরিদ্রাভ বাদামী বর্ণবিশিষ্ট (*fawn*-coloured)। **(3)** *v.i.t.* to bring forth (a fawn), (হরিণশিশু) প্রসব করা। **in fawn**—(হরিণাদি সম্বন্ধে) গর্ভবতী। [OF. *faon*<L. *fetus*=offspring]

fawn$_2$ [fawn, ফ্যন্] *v.i.* to show affection by tail-wagging etc., (প্রধানতঃ কুকুর-সম্বন্ধে) লেজ নাড়িয়া বা অনুরূপ কিছু করিয়া (প্রভুর প্রতি) আনুগত্য বা আসক্তি দেখান ; to cringe or flatter servilely, পোঁ ধরিয়া ফেরা বা হীনভাবে তোষামোদ করা। *adv.* **fawn°ingly** I [var. of *fain*]

fay [fā, ফেই] *n.* a fairy, পরী। [OF. *fae*<LL. *fata*—cp. *fate*]

fealty [fē°(a)l-ti, ফী°ল্টী] *n.* the vassal's fidelity to his feudal lord, সামন্তের বা জমিদারের প্রতি প্রজার আনুগত্য। [OF. *fealte*—cp. *fidelity*]

fear [fē(r), ফিয়্যা(র্)] **(1)** *n.* apprehension of danger or pain, or the painful sensation caused by such apprehension, আশঙ্কা, আতঙ্ক ; dread, ভয়। **(2)** *v.t.* to regard with fear, ভয় করা ; to expect with alarm, আশঙ্কা করা। **(3)** *v.i.* to be afraid, ভীত হওয়া ; to be doubtful, সন্দিহান হওয়া। **for fear lest, for fear that**—পাছে না ঘটে বা না হয় এই আশঙ্কায়। **for fear of**—আশঙ্কায় ; উদ্বেগে। *a.* **fear°ful**—ভীরু ; ভয়ঙ্কর। *adv.* **fear°fully** I *n.* **fear°fulness** I *a.* **fear°less**—নির্ভীক ; দুঃসাহসী ; সাহসী। *adv.* **fēar°lessly** I *a.* **fear°some**—ভয়ঙ্কর (a *fearsome* aspect)। [OE. *faer*=fear, *faeran*=to terrify]

feasible [fē°-zabl, ফী°জ্যাব্ল্] *a.* practicable, কার্যকর ; possible, সম্ভব। *n.* **feasibi°lity** I *adv.* **fea°sibly** I **feasibility survey**—সাধন-যোগ্যতা বা সম্পাদন-যোগ্যতার জরিপ বা সমীক্ষা। [F. *faisable*]

feast [fēst, ফীস্ট্] **(1)** *n.* a festival (religious or secular), পর্ব ; festivity, আনন্দোৎসব ; a rich and sumptuous meal, ভোজ ; rich enjoyment, পরিপূর্ণ বা উচ্ছ্বসিত উপভোগ। (2) *v.i.* to hold a feast, উৎসব বা পর্ব পালন করা ; to eat sumptuously, পেট ভরিয়া ভোজন করা ; to receive intense delight, পরমানন্দ লাভ করা। (3) *v.t.* to entertain sumptuously, পেট ভরিয়া খাওয়ান, ভোজ দেওয়া ; to give sensuous pleasure to, to regale, ইন্দ্রিয়াদি চরিতার্থ করা, ইন্দ্রিয়াদির তৃপ্তিসাধন করা (to *feast* one's eyes on charming scenes)। *p.* & *p. pt.* **feas°ted**। **feast of reason**—বুদ্ধিদীপ্ত আলোচনাদি। [OF. *feste*<L. *festum*=a holiday]

feat [fēt, ফীট্] *n.* an exploit, কৃতিত্বপূর্ণ (বিশেষতঃ বীরত্বপূর্ণ) কার্য ; achievement, কৃতিত্ব। [F. *fait* <L. *factum*]

feather [fe°-dh(a)r, ফে°দ্যা(র্)] (1) *n.* an appendage growing from a bird's skin, পাখির পালক ; the feather-like end of an arrow, তীরের পশ্চাৎপ্রান্তের পালকবৎ অংশ ; a plume or plumelike thing worn in one's cap, টুপিতে যে পালক বা পালকবৎ বস্তু পরা হয় (ইহা সাধারণতঃ বৈশিষ্ট্যের বা গৌরবের চিহ্ন) ; (of boats etc.) an edgewise movement, (পোতাদির) পার্শ্বমুখ গতি। (2) *v.t.* to furnish with feathers, পালকশোভিত করা ; to move edgewise, (পোতাদিকে) পার্শ্বমুখে চালান। (3) *v.i.* to appear as a feather, পালকবৎ প্রতীয়মান হওয়া ; to wag the tail, লেজ নাড়া। **a feather in one's cap**—পরম গৌরব বা বৈশিষ্ট্যের নিদর্শন। **birds of a feather**—(মন্দার্থে) সহধর্মী লোকগণ ; একই দলভুক্ত দুষ্টগণ। **in high feather**—মহোল্লাসে ; মহোল্লসিত। **white feather**—কাপুরুষতার লক্ষণ (লড়ুয়ে মোরগের লেজের সাদা পালক উহার সাহসহীনতার লক্ষণরূপে পরিগণিত)। **(to) be gathered to one's feather**—মারা যাওয়া। **(to) feather one's nest**—(ক্ষমতাদির সুযোগ লইয়া) অর্থাদি আত্মসাৎ করা বা নিজের ট্যাঁকে গোঁজা, আপন ভাণ্ডার পূর্ণ করা, আপনার লাভের পথ সুগম করা। **(to) show the white feather**—ভয় বা ভীরুতা প্রকাশ করা। *n.* **fea°ther-bed**—যে গদির বা জাজিমের মধ্যে পালক ভরা থাকে ; (আল.) সুখশয্যা বা পরম আরাম। *n.* **fea°ther-brain, feather-head, feather-pate** — হাবাগবা, নির্বোধ, কাণ্ডজ্ঞানহীন। *n.* **fea°ther-weight**—অতিলঘু দৈহিক ওজনবিশিষ্ট মুষ্টিযোদ্ধা বা অন্যান্য মল্ল। *a.* **fea°thery**—পালকবৎ ; (আল.) অতি লঘুভার বা কোমল। [OE. *fether*<G. *feder*]

feature [fē°-cha(r), ফী°চ্যা(র্)] (1) *n.* form, appearance, গঠন, অবয়ব, আকৃতি, চেহারা ; cast of face, মুখের আদল ; an element or characteristic, (কিছুর) উপাদান বা বৈশিষ্ট্য ; a part of the body, অঙ্গ, প্রত্যঙ্গ ; (in *pl.*) the face, মুখমণ্ডল, বদন (handsome *features*) ; a special subject-matter in a newspaper, সংবাদপত্রের বিশেষ আলোচনা-বিভাগ। (2) *v.t.* to be a feature of, (কিছুর) চেহারা বা উপাদান বা বৈশিষ্ট্য বা অঙ্গ হওয়া ; to present prominently, লক্ষণীয়ভাবে উপস্থাপিত করা। **feature programme**—বিশিষ্ট ব্যক্তির জীবন বা স্মরণীয় ঘটনা অবলম্বনে নাট্যাকারে বেতার বা দূরদর্শনের কর্মসূচি। *a.* **fea°tured**—স্পষ্টীকৃত বৈশিষ্ট্যসংবলিত আকৃতিযুক্ত। *a.* **fea°tureless**—বৈশিষ্ট্যহীন। [OF. *faiture*]

febrifuge [fe°-bri-fūj, ফে°ব্রিফিউজ্] *n.* any medicine to cure fever, জ্বরনাশক ঔষধ ; any cooling drink, শীতল পানীয় বা শরবত। *a.* **febri°fūgal**। [F.<L. *febris*=fever, *fugare* =to drive away]

febrile [fē°-brīl, ফী°ব্রাইল্] *a.* of fever, জ্বরসংক্রান্ত ; feverish, ঈষৎ জ্বরোজ্বরো। *n.* **febri°lity**। [L. *febris*=fever]

February [fe°-broo-a-ri, ফে°ব্রুঅ্যারি] *n.* the second month of the English year, ইংরেজি বৎসরের দ্বিতীয় মাস (মাঘের মাঝামাঝি হইতে ফাল্গুনের মাঝামাঝি পর্যন্ত)। [L. *Februarius*]

feckless [fek°-lis, ফেক্°লিস্] *a.* spiritless, নিস্তেজ, helpless অসহায় ; futile, ব্যর্থ। [aphetic for *effect*]

feculence [fe°-kū-lans, ফে°কিউল্যান্স্] *n.* sediment, তলানি, কল্ক ; dregs, শিটা। *a.* **fe°cūlent** তলানিপূর্ণ ; শিটাপূর্ণ ; কর্দমাক্ত ; পঙ্কিল। [L. *faecula*]

fecund [fe°-kand, ফে°ক্যান্ড্] *a.* fruitful, ফলপ্রসূ ; fertile, উর্বর ; prolific, বহুপ্রসূ। *v.t.* **fecundate** [fē°-kun-dāt, ফী°কান্‌ডেইট্] ফলবতী বা উর্বর করা। *p.* & *p. pt.* **fē°cundātėd**। *n.* **fēcundā°tion**। *n.* **fēcun°dity**—উর্বরতা, প্রজননশক্তি। [L. *fecundus*]

fed—see **feed**। **fed up**—(অমা.) বিরক্ত, হয়রান, শ্রান্তিবশতঃ বা নৈরাশ্যবশতঃ হাল ছাড়িয়া দিয়াছে এমন।

fedayeen [fe-dŭ°-yēn, ফেডা°য়ীন্] *n. pl.* Arab guerrillas (operating esp. against Israel), (বিশে. ইসরায়েলের বিরুদ্ধে যুদ্ধরত) আরব গেরিলাবাহিনী। [Arab. *fidai*=an adventurer]

fedelini [fe-de-lē°-nē, ফেডেলী°নী] *n.* vermicelli, সেমাই। [It.]

federal [fe°d(a)r(a)l, ফে°ড্‌র্‌ল্] *a.* of or bound by a treaty or covenant, সন্ধিসংক্রান্ত বা চুক্তিসংক্রান্ত অথবা সন্ধিবদ্ধ বা চুক্তিবদ্ধ ; confederated, মৈত্রীবদ্ধ ; of a union in which several states combine for all purposes other than home affairs, আভ্যন্তরীণ ব্যাপার ব্যতীত অন্যান্য বিষয়ে সঙ্ঘবদ্ধ বিভিন্ন রাষ্ট্র-জোট-সংক্রান্ত, যুক্তরাষ্ট্রীয়, (পরি.) আমেলসংক্রান্ত। *n.* **federalism** [fe°-d(a)ra-lizm, ফে°ড্র্যালিজ্‌ম্] যুক্তরাষ্ট্রবাদ, আমেলবাদ। *n.* **fe°deralist**। *a.* **federate** [fe°-da-rit, ফে°ড্যারিট্] আমেলবদ্ধ। *v.t.i.* **fe°derāte**—আমেলবদ্ধ করা বা হওয়া। *p.* & *p. pt.* **fe°derātėd**। **federā°tion**—যুক্তরাষ্ট্র, আমেল। **Federal Bureau of In-**

vestigation (abbr. **FBI**)—আইনভঙ্গজনিত অপরাধাদি অনুসন্ধানের নিমিত্ত এবং জাতীয় নিরাপত্তা রক্ষার জন্য যুক্তরাষ্ট্রের সরকারি দপ্তর। [L. *foederis* =a treaty]

fee [fē, ফী] (**1**) *n.* price paid for services, উকিল ডাক্তার প্রভৃতির পারিশ্রমিক, ফী ; wages, বেতন ; terminal charges, বিদ্যালয়াদির বেতন বা পাওনা ; gratuity, বৃত্তি, অনুদান ; a grant of land, জায়গির, feudal tenure, প্রজাস্বত্ব ; inheritance, উত্তরাধিকার। (**2**) *v.t.* to pay a fee to, পারিশ্রমিক প্রদান করা ; to hire, (মজুর প্রভৃতি) ভাড়া করা। *n.* **fee°-simple**—সকল প্রকার শর্তমুক্তভাবে অধিকারপ্রাপ্তি। [OE. *feoh*=cattle<L. *pecus*—cp. AF. *fee*]

feeble [fēb°l, ফী°ব্‌ল্] *a.* very weak, অতি দুর্বল ; forceless, নিস্তেজ ; vacillating, দৃঢ়তাশূন্য (*feeble* support) ; faint, অস্পষ্ট, ক্ষীণ (*feeble* light)। *a.* **feeb°le-minded**—দুর্বলচিত্ত। *n.* **feeb°leness**। *adv.* **feeb°ly**। [OE. *foible*<L. *flebilis*=lamentable]

feed$_1$ [fēd, ফীড্‌] *p.* & *p. pt.* of **fee** (*v.*)

feed$_2$ [fēd, ফীড্‌] (**1**) *v.t.* to furnish or nourish with food or any necessary material, খাদ্য বা অন্য কোন প্রয়োজনীয় বস্তু জোগান অথবা তদ্দ্বারা পুষ্টিবিধান করা ; to make one eat, ভোজন করান, খাওয়ান ; to supply (actors, etc.) with cues, (অভিনেতা-অভিনেত্রীদিগকে) খেই ধরাইয়া দেওয়া। (**2**) *v.i.* to take food, খাদ্যগ্রহণ করা, ভোজন করা ; to nourish oneself by eating, খাদ্যাদি গ্রহণকরতঃ পুষ্টিলাভ করা। *p.* & *p. pt.* **fed** [fed, ফেড্‌]। (**3**) *n.* act of feeding, আহারদান, ভোজন ; an allowance of provender, শুষ্ক খাদ্যের (বিশেষতঃ গবাদি পশুর জন্য খড় ভুসি প্রভৃতির) বরাদ্দ ; fodder, গবাদি পশুর জাব (cattle *feed*) ; a plentiful meal, প্রচুর ভোজ ; pasture, চারণভূমি ; feeding of a machine, (চালু রাখার জন্য) মেশিনে প্রয়োজনীয় মালের যোগান ; supply or material supplied, সরবরাহ বা সরবরাহ-করা মাল; charge of a gun, বন্দুকাদির গোলাবারুদ। **off one's feed**—ক্ষুধাশূন্য ; আহারে বিগতস্পৃহ। **(to) feed on**—(কোন বস্তু) খাদ্যরূপে গ্রহণ করা বা খাইয়া বাঁচা (The cow *feeds* chiefly on grass)। **(to) feed oneself**—মুখে খাবার তোলা, আহার তোলা (the child cannot yet *feed itself*)। **(to) feed up**—বাড়তি খাদ্য দেওয়া (this emaciated lad needs *feeding up*)। *n.* **fee°der**—'feed (*v.*)-এর সকল অর্থে, এবং—যে অভিনেতা স্বীয় অভিনয়দ্বারা অন্য অভিনেতার অভিনয় পূর্ণাঙ্গ করিয়া তোলে, পার্শ্বাভিনেতা ; (মেশিনাদিতে জল বিদ্যুৎ কাগজ প্রভৃতি উপকরণ) সরবরাহকর অংশ ; শাখানদী ; অতিভোজী ; মাইপোষ ; লালপোষ ; মেষপালক ; রাখাল ; গবাদি পশুকে দুগ্ধা করা যাহার পেশা। *n.* **feed°back**—উৎপন্ন দ্রব্যের কিয়দংশ উৎপাদন প্রক্রিয়ায় পুনরায় ব্যবহারের জন্য ফেরত ; (দ্রব্যাদির) ব্যবহারকারী কর্তৃক সরবরাহকারীকে সংশ্লিষ্ট এবং প্রয়োজনীয় সংবাদাদি প্রদান। *n.* **fee°ding**—ভোজন ; ভোজ্য সামগ্রী ; চারণভূমি ; মুদ্রণের জন্য মেশিনে ঠিকভাবে কাগজস্থাপন। *n.* **fee°ding-bottle**—মাইপোষ। *n.* **fee°ding-cup**—অসুস্থ ব্যক্তি প্রভৃতিকে শায়িতাবস্থায় খাওয়ানর জন্য পেয়ালাবিশেষ। *n.* **feed°stock**—মেশিনে সরবরাহ-কৃত কাঁচা মাল। *n.* **feed°-tank**—পানের জন্য অথবা রেল-ইঞ্জিনের জন্য জলাধার। [OE. *fedan*=to feed]

fee-faw-fum [fē°-faw°-fum°, ফী°ফ্য°ফাম্°] *int.* & *n.* an ogreish exclamation to frighten, হাঁউ-মাঁউ-খাঁউ। [from *Jack the Giant-killer*]

feel [fēl, ফীল্] (**1**) *v.t.i.* to perceive or try by touch, স্পর্শদ্বারা অনুভব করা বা উপলব্ধি করা, স্পর্শ করিয়া দেখা ; to be conscious of, কিছুর সম্বন্ধে সচেতন হওয়া ; to have an inward persuasion of, (কিছুর সম্বন্ধে) অনুভূতিসম্পন্ন হওয়া বা অনুভূতি লাভ করা। (**2**) *v.i.* to produce a certain sensation when touched, স্পর্শ করিলে গরম ঠাণ্ডা প্রভৃতি অনুভূতি জাগান (to *feel* hot) ; to become sympathetic towards, সহানুভূতিসম্পন্ন হওয়া (to *feel* for a person)। *p.* & *p. pt.* **felt** [felt, ফেল্ট্]। (**3**) *n.* the sensation of touch, স্পর্শানুভূতি। **(to) feel as if, (to) feel as though**—এরূপ বোধ করা যেন। **(to) feel after**—(B.) হাতড়াইয়া বা খুঁজিয়া বেড়ান। **(to) feel equal to, (to) feel up to**—সমর্থ বা পারঙ্গম বলিয়া বোধ করা। **(to) feel like**—ইচ্ছুক বা আগ্রহসম্পন্ন হওয়া ; ঝোঁকা। *n.* **fee°ler**—অন্যের মতামত জানিবার উদ্দেশ্যে কৃত কৌশলপূর্ণ মন্তব্য বা পরোক্ষ কৌশল ; প্রাণীদের শুঙ্গ বা শুঁয়া। **(to) put out feelers**—সুকৌশলে অপরের মতামত বুঝিয়া লওয়া। **fee°ling**—(**1**) *n.* স্পর্শেন্দ্রিয় ; স্পর্শানুভূতি ; সুখদুঃখাদির বোধশক্তি ; কোমলতা ; আবেগ ; মানসিক সূক্ষ্মতা ; আবেগপ্রবণতা, ভাবপ্রবণতা, সংবেদন ; করুণা বা দরদ (a man of *feeling*) ; (in *pl.*) স্নেহ, আসক্তি বা ক্রোধ (to appeal to or to hurt one's *feelings*) ; (**2**) *a.* পরম কোমলতাপ্রকাশক বা সংবেদনশীল ; ভাবপ্রবণ ; সহানুভূতিসম্পন্ন ; করুণাসম্পন্ন, দরদি ; গভীরভাবে অনুভূত। **good feeling**—সদ্ভাব ; বন্ধুত্ব। **ill feeling**—অসদ্ভাব ; বিদ্বেষ ; শত্রুতা। **one's better feelings**—কাহারও প্রকৃতির মহত্তর অংশ। *adv.* **fee°lingly**। [OF. *felan* (*v.*)—cp. G. *fuhlen*]

feet—see **foot.**

feign [fān, ফেইন্] *v.i.* to invent, উদ্ভাবন করা, বানান (to *feign* an excuse or story) ; to imagine (esp. falsely), (প্রধানতঃ মিথ্যা) কল্পনা করা ; to forge, জাল করা ; to pretend or simulate, ভান করা বা ছল করা (to *feign* madness)। *a.* **feig°ned**—ভান-করা ; ছলনাপূর্ণ ; কল্পিত ; মিথ্যা। *n.* **feig°ning**—উদ্ভাবন ; জাল করা ; ভান বা ছল। [F. *feignant*<L. *fingere*]

feint [fānt, ফেইন্ট্] (**1**) *n.* a sham attack,

কৃত্রিম আক্রমণ ; a deceptive movement in fencing, boxing, etc., অসিক্রীড়া মুষ্টিযুদ্ধ প্রভৃতিতে আক্রমণ করিবার বা আক্রমণ এড়াইবার উদ্দেশ্যে পেঁচ খেলা। (2) *v.i.* to make a feint, কৃত্রিম আক্রমণ করা, কৌশলে আক্রমণ করা বা আক্রমণ এড়ান। *p.* & *p. pt.* **fein°tėd** I [F. *feinte*]

feisty [fī°-sti, ফাই°স্টি] *a.* (sl.) aggressive, (অশি.) কলহপ্রবণ ; exuberant, অত্যুৎসাহী, প্রাণবন্ত ; touchy, সহজে চটিয়া যায় এমন, স্পর্শকাতর। *n.* **feistinėss** I [from *feist* (fist ?) = small dog]

feldspar [feld°-spŭr, ফেল্ড্‌°স্পা(র্)], **felspar** [fel°-spŭr, ফেল্‌°স্পা(র্)] *n.* white or flesh-red mineral containing aluminium, potassium, sodium, etc., অ্যালুমিনিয়াম পটাশিয়াম, সোডিয়াম ইত্যাদি ঘটিত শুভ্র বা রক্তাভ ধাতব পদার্থবিশেষ। [by false derivation from G. *fels* = rock]

felicity [fi-li-si-ti, ফিলি°সিটি] *n.* happiness, সুখ ; a blessing, আশীর্বাদ ; a happiness of expression, প্রকাশসৌষ্ঠব। *v.t.* **fėli°citāte**—আনন্দ বা সুখ জ্ঞাপন করা ; সংবর্ধনা করা। *p.* & *p. pt.* **fėli°citātėd** I *n.* **fėlicitā°tion** I *a.* **fėli°citous**—সুখপূর্ণ ; (উক্তিসম্বন্ধে) মনোরম বা যথাযথ। *a.* **felicif°ic**—সুখোৎপাদন-প্রবণ। [OF. *falicite* < L. *felicitas*]

feline [fē°-līn, ফী°লাইন্‌] (1) *a.* of or like the cat, বিড়ালসংক্রান্ত, বিড়ালজাতীয়, বৈড়াল। (2) *n.* any animal of the cat tribe, বিড়ালজাতীয় যে কোন প্রাণী। *n.* **fėli°nity**—বৈড়ালতা। [L. *felinus*]

fell$_1$—see **fall.**

fell$_2$ [fel, ফেল্‌] *n.* the skin or hide of an animal, খোলস, গাত্রচর্ম ; covering of hair, wool, etc., চুল পশম প্রভৃতিতে গঠিত আবরণ। *n.* **fell°monger**—যে ব্যক্তি কাঁচা চামড়া পাকা করার কাজ করে। [AS.]

fell$_3$ [fel, ফেল্‌] *a.* cruel, নিষ্ঠুর ; fierce, হিংস্র, ভীষণ, ভয়ঙ্কর ; ruthless, দুর্দান্ত ; deadly, মারাত্মক (a *fell* disease) I [OF. *fel* = cruel]

fell$_4$ [fel, ফেল্‌] *v.t.* to cause to fall, পাতিত করা ; to knock down, ভাঙ্গিয়া ফেলা ; to bring to the ground, ভূপাতিত করা ; to cut down, কাটিয়া নামান ; to lay prostrate, (পীড়াদিতে) শয্যাশায়ী করান ; to stitch down with an overturned edge, মুড়ি-সেলাই করা। *n.* **fe°ller**—ছেদক, কাঠুরিয়া। [causative of *fall*]

fell$_5$ [fel, ফেল্‌] *n.* hill or mountain, পাহাড় বা পর্বত ; a tract of high moorland or waste, উচ্চ পতিত জমি বা ভূখণ্ড। [ON. *fjall*]

fellah [fe°-la, ফে°ল্যা] *n.* an Egyptian peasant, মিশরদেশীয় কৃষক। *pl.* **fell°ahs, fellahin°** I [Arab. *fallah* = a tiller]

fellatio [fe-lā°-shē-ō, ফেলেই°শীঔ] *n.* oral stimulation of penis, মুখরতি। [L. *fellāre* = to suck]

fellow [fe°-lō, ফে°লৌ] *n.* an associate, সহকর্মী ; a companion and equal, সমকক্ষ সঙ্গী, সাথী ; one of a pair, জোড়ার একটি জুড়ি ; a counterpart, প্রতিরূপ ; the like, প্রতিমূর্তি ; a member of a university or any learned institution, বিশ্ববিদ্যালয়ের বা অন্য যে-কোন বিদ্যাপ্রতিষ্ঠানের (সচ. বৃত্তিভোগী) সদস্য ; a man generally, (সচ. তুচ্ছার্থে) লোক। *n.* **fe°llow-ci°tizen**—একই নগর বা রাষ্ট্রের নাগরিক, সহ-নাগরিক, সনাগরিক। *n.* **fe°llow-coun°tryman**—স্বদেশবাসী। *n.* **fe°llow-creature**—একই জাতের প্রাণী, সগোত্র প্রাণী। *n.* **fe°llow-fee°ling**—সগোত্র প্রাণীদের প্রতি দরদ, জ্ঞাতিভাব। *n.* **fe°llow-man°**—মানুষ-ভাই। *n.* **fe°llow-mem°ber**—একই সভার সদস্য, সদস্য-ভাই। *n.* **fe°llowship**—সহকারিতা ; সাহচর্য ; সাথিত্ব ; অংশীদারিত্ব ; বন্ধুভাব ; আলাপ-আলোচনা, হৃদয়-বিনিময় ; সঙ্ঘ ; বিশ্ববিদ্যালয়ের সদস্যদিগের বৃত্তি পদ বা আয়। *n.* **fe°llow-tra°veller**—সহযাত্রী ; (রাজ.—বিদ্রূপে) দরদি। [ME. *felawe* < ON. *felagi* = a partner in goods]

felo de se [fē°-lō dē se, ফী°লৌডীসী] *ph.* self-murderer, আত্মহত্যাকারী ; self-murder, আত্মহত্যা। *pl.* **fē°lōs dē sē** (কেবল 'আত্মহত্যাকারী' অর্থে), **fēlōnēs dē sē** I [L.]

felon [fe°-lan, ফে°ল্যান্‌] (1) *n.* a very wicked criminal, হত্যাদি গুরু অপরাধে অপরাধী দুর্বৃত্ত। (2) *a.* wicked or cruel, দুর্বৃত্তিপূর্ণ, নিষ্ঠুর, নৃশংস। *a.* **fėlō°nious**—চরম দুর্বৃত্তিপূর্ণ ; অসৎ। *n.* **fe°lonry**—দুর্বৃত্ত-সম্প্রদায়। *n.* **fe°lony**—নরহত্যাদি গুরু অপরাধ ; (মূলতঃ) যে অপরাধে সমস্ত ভূ-সম্পত্তি বাজেয়াপ্ত হয়। [OF. < LL. *felonis* = a traitor]

felspar—see **feldspar.**

felt$_1$—see **feel.**

felt$_2$ [felt, ফেল্ট্‌] *n.* a woollen fabric, পশমি বস্ত্রবিশেষ। **felt hat**—উক্ত বস্ত্রে তৈয়ারি টুপি-বিশেষ। *n.* **fel°ting**—উক্ত বস্ত্রের উপাদান বা বয়ন-প্রণালী। [AS.]

felucca [fe-lu°-ka, ফেলা°ক্যা] *n.* small mediterranean coasting vessel with oars and sails, ভূমধ্যসাগরের দাঁড় ও পালওয়ালা ক্ষুদ্র নৌকা। [It. *feluca*]

female [fē°-māl, ফী°মেইল্‌] (1) *n.* (vul.) a woman or girl, (অমা.) স্ত্রীলোক বা বালিকা ; any animal or plant of the same sex as a woman, স্ত্রীজাতীয় প্রাণী বা উদ্ভিদ্‌। (2) *a.* of the sex as a woman, স্ত্রীজাতীয় ; of the females, স্ত্রীসংক্রান্ত ; womanish, মেয়েলি, স্ত্রীসুলভ। [F. *femelle* = cp. *male*]

feme [fēm, ফীম্‌] *n.* (law) a woman, (আইনে) স্ত্রীলোক। **feme covert**—বিবাহিতা স্ত্রীলোক। **feme sole**—কুমারী স্ত্রীলোক ; বিধবা ; স্বামী হইতে স্বতন্ত্রভাবে বাসকারিণী স্ত্রীলোক। *n.* **fē°micide**—নারীহত্যা বা নারীঘাতক। [OF.]

feminality, femineity—see **feminine.**

feminine [fe°-mi-nin, ফে°মিনিন্] *a.* (rare) of the female sex, (বিরল) স্ত্রীযোনিসংক্রান্ত; of women, স্ত্রীলোকসংক্রান্ত, স্ত্রীলোকদিগের; womanly, স্ত্রীসুলভ, মেয়েলি; (gr.) having the gender proper to women's names, (ব্যাক.) স্ত্রীলিঙ্গাত্মক, স্ত্রীলিঙ্গযুক্ত। *n.* **femina°lity**—স্ত্রী-স্বভাব; স্ত্রীলোকসুলভ বৈশিষ্ট্য; স্ত্রীত্ব; মেয়েদের টুকিটাকি জিনিসপত্র। *n.* **feminē°ity, femini°nity, fe°mininess**। *adv.* **fe°mininely**। *n.* **fe°minism**—নারীর অধিকারের বা নারী-জাগরণের সমর্থন। *n.* **fe°minist**। *v.t.i.* **fe°minize**—মেয়েলি বা স্ত্রীসুলভ করা বা হওয়া। [L. *femina*= a woman]

femoral—see **femur.**

femur [fē°-ma(r), ফী°ম্যা(র্)] *n.* thigh-bone, উর্বাস্থি। *pl.* **fē°murs, femora** [fe°-ma-ra ফে°ম্যার্যা]। *a.* **femoral** [fe-°mar(a)l, ফে°ম্যার্ল্] উরু-সম্বন্ধীয়। [L.=thigh]

fen [fen, ফেন্] *n.* low marshy land, জলা, বিল। *n.* **fen°-fire**—আলেয়া। *n.* **fen°-man**—বিলের অধিবাসী, বিলুয়া লোক। [OE. *fenn*<ON. *fen*]

fence [fens, ফেন্স্] (**1**) *n.* a barrier for keeping out intruders, বেড়া; art of self-defence in swordsmanship, অসিক্রীড়ায় আত্মরক্ষার কৌশল; defence, প্রতিরক্ষা; receiver of stolen goods, যে ব্যক্তি চোরাই মাল গচ্ছিত রাখে; his place of business, তাহার কারবারের স্থান। (**2**) *v.t.* to enclose with a fence, বেড়া দেওয়া; to fortify, সুরক্ষিত করা; to shield, ঢাল প্রভৃতির দ্বারা প্রতিরোধ করা বা আত্মরক্ষা করা; to keep off, ঠেকাইয়া রাখা। (**3**) *v.i.* to guard, পাহারা দেওয়া; to practise sword-play, অসিক্রীড়া অভ্যাস করা; to answer evasively, এড়াইয়া যাইবার চেষ্টায় কৌশলে জবাব দেওয়া; (of horses) to leap fences, (ঘোড়াসম্বন্ধে) বেড়া ডিঙ্গান। *p.* & *p. pt.* **fen°ced**। **(to) come down on one side or the other of the fence**—প্রতিদ্বন্দ্বী পক্ষদ্বয়ের যে-কোন একটিকে সমর্থন করা। **(to) come down on the right side of the fence**—বিজয়িপক্ষে যোগদান করা। **(to) mend one's fences**—কাহারও সহিত সদ্ভাব বা শান্তি স্থাপন করা। **(to) sit on the fence**—দায়িত্ব ঘাড়ে না লওয়া; নিরপেক্ষ বা নীরব থাকা। *a.* **fen°ced**—বেড়ার দ্বারা পরিবেষ্টিত। *a.* **fence°less**—বেড়াশূন্য; উন্মুক্ত; অরক্ষিত। *n.* **fen°cer**—অসিক্রীড়ক; বেড়া-উল্লঙ্ঘনকারী অশ্ব। *n.* **fen°cible**—কেবল বহিরাক্রমণ হইতে দেশরক্ষার্থ নিযুক্ত সৈনিক। **fencing**—(**1**) *a.* আত্মরক্ষাকর; প্রহরারত। (**2**) *n.* বেড়া-নির্মাণ; বেড়া-নির্মাণের কৌশল; বেড়ার উপাদান; বেড়াসমূহ; অসিক্রীড়া; অসিক্রীড়ার কৌশল। *n.* **fen°cing-master**—অসিক্রীড়ার শিক্ষক। [aphetic for *defence*]

fend [fend, ফেন্ড্] *v.t.i.* to ward off or resist, প্রতিহত করা বা প্রতিরোধ করা, ঠেকাইয়া রাখা (to *fend* off a blow)। *p.* & *p. pt.* **fen°dėd**। **(to) fend for oneself**—নিজের রক্ষণাবেক্ষণ ভরণপোষণ ইত্যাদি নিজে করা, আপন তত্ত্বাবধান আপনি করা। *n.* **fen°der**—আগুন পোহানর উনানের সম্মুখস্থ ছাই ঠেকানর জন্য ঘেরবিশেষ; সঙ্ঘর্ষ এড়ানর জন্য জাহাজের পার্শ্বদেশে রক্ষিত দড়ি প্রভৃতির গুচ্ছ। *n.* **fen°der-stōōl**—আগুন পোহানর উনানের সম্মুখে বসার জন্য টুল। [aphetic for *defend*]

Fenian [fē-ni-an, ফী°নিঅ্যান্] (**1**) *a.* a member of the Irish revolutionary party, আয়ারল্যানড হইতে ইংরেজ শাসনের উচ্ছেদকল্পে নিউইঅর্কে প্রতিষ্ঠিত আইরিশ্ বিপ্লবিদলের সভ্য। (**2**) *a.* of the Fenians, উক্ত বিপ্লবিগণসংক্রান্ত; of the fiann, রূপকথায় বর্ণিত আইরিশ রাজগণের রক্ষিদলসংক্রান্ত। [O. Ir. *Fene*=the ancient Irish people, confused with *fiann*=guard of legendary Irish kings]

fennel [fe°-nal, ফেন্যাল্] *n.* yellow-flowered umbelliferous plants used in cooking, শুলফাজাতীয় গাছ। [OE. *finul*]

fenugreek [fe°-nū-grēk, ফে°নিউগ্রীক্] *n.* a kind of leguminous plant. মেথি-গাছ। *n.* **fe°nūgreek-seed**—মেথি।

feoff [fef, ফেফ্] (**1**) *n.* a fief, জায়গির। (**2**) *v.t.* to grant possession of a fief, জায়গির প্রদান করা। *p.* & *p. pt.* **feo°ffed**। *n.* **feoffee°**—জায়গিরদার। *n.* **feo°ffer, feoffor** [fe-faw(r)°, ফেফ্য(র্)°] জায়গিরদাতা। *n.* **feoff°ment**। [OF. *feoffer, fiefer*<*fief*]

feral$_1$ [fēr°(a)l, ফিয়্যার্°ল্] *a.* deadly, মারাত্মক; brutal, পাশবিক; wild, untamed, বন্য, পোষ মানান হয় নাই এমন। [L. *fera*=a wild beast]

feral$_2$ [fēr°-(a)l, ফিয়্যার্°ল্] *a.* funeral, অন্ত্যেষ্টি-ক্রিয়াসংক্রান্ত। [F. *feralis*]

feretory [fe°-ri-t(a)ri, ফে°রিট্রি] *n.* a shrine for relics carried in processions, শোভাযাত্রা-সহকারে দেহাবশেষ প্রভৃতি লইয়া যাইবার জন্য মন্দির বা তাজিয়া। [L. *feretrum*<Gk. *pheretron*= bier]

ferial [fē°-ri-al, ফী°রিঅ্যাল্] *a.* pertaining to a holiday, ছুটির দিন সংক্রান্ত। [L. *fēria*=a holiday]

Feringhi, Feringhee [fa-ring°-gi, ফ্যারিং°গি] *n.* an Indian term for a European, ভারতে ইউরোপীয়দের আখ্যা, ফিরিঙ্গি। [corrup. of *Frank*$_2$]

ferment [fa(r)°-ment, ফ্যা(র্)°মেন্ট্] *n.* leaven, খাম্বিরা, কিণ্ব; act or process to cause to effervesce, গাঁজাইয়া তোলা বা গাঁজানর প্রণালী; agitation, আলোড়ন, বিক্ষোভ; excitement, উত্তেজনা; tumult, হৈচৈ। *v.t.i.* **ferment°**—গাঁজাইয়া তোলা বা ওঠা; সক্রিয় করা বা হওয়া; উত্তেজিত করা বা হওয়া। *p.* & *p. pt.* **fermen°tėd**। *a.* **fermen°table**। *n.* **fermenta°tion**। **in a ferment**—আলোড়ন বা বিক্ষোভের অবস্থায়। [F.<L. *fermentum*<*fervere*=to boil]

fern [fa(r)n, ফ্যা(র্)ন্] *n.* a kind of plant, গাছ-বিশেষ, পর্ণাঙ্গ। *a.* **fer°ny**। [OE. *fearn*<G. *farn*—cp. Sans. *parna*]

ferocious [fa-rō°-shas, ফ্যারৌ°শ্যাস্] *a.* savage, বন্য ; fierce, ভয়ঙ্কর, দুর্দান্ত ; cruel, হিংস্র। *adv.* **ferō°ciously**। *n.* **ferō°ciousness, ferocity** [fa-ro°-si-ti, ফ্যার°সিটি]। [L. *ferocis*=wild]

ferrel—see **ferrule.**

ferreous [fe°-ri-as, ফে°রিঅ্যাস্] *a.* of or containing iron, লৌহসংক্রান্ত, লৌহপূর্ণ, লৌহঘটিত। [L. *ferrum*=iron]

ferret$_1$ [fe°-rit, ফেরিট্] *n.* narrow silk or cotton tape, সরু রেশমি বা সুতি ফিতা। [It. *fioretto*=a small flower]

ferret$_2$ [fe°-rit, ফে°রিট্] (1) *n.* a variety of pole-cat, নকুলজাতীয় ধবধবে সাদা প্রাণিবিশেষ। (2) *v.t.* to drive out of a hiding-place, গুপ্ত আশ্রয়স্থল হইতে খোঁচাইয়া বাহির করা ; to search out, খুঁজিয়া বাহির করা। (3) *v.t.i.* to hunt with ferrets, উক্ত নকুলের সাহায্যে শিকার করা ; to rummage, search about, তন্ন তন্ন করিয়া খোঁজা ; to search out (secrets, criminals, etc.), (গুপ্ত বিষয়াদি, অপরাধী প্রভৃতি) খুঁজিয়া বাহির করা। *p. & p. pt.* **fe°rrĕtĕd**। [OF. *furet*]

ferric [fe°rik, ফে°রিক্] *a.* of iron, লৌহঘটিত ; (chem.) of trivalent iron, (রসা.) ত্রিযোজী লৌহঘটিত। [L. *ferrum*=iron]

ferro- [fe-rŏ, ফেরো] *pfx.* of or containing iron, লৌহঘটিত, লৌহ-। *n.* **fe°rrŏ-con°crēte**—লৌহনির্মিত কাঠামর উপর কংক্রীট্। *n.* **fe°rrŏ-type**—পাতলা লৌহপাতে গৃহীত আলোকচিত্র ; উক্ত আলোকচিত্র গ্রহণের প্রণালী। [L. *ferrum*=iron]

ferrous [fe°-ras, ফে°র‍্যাস্] *a.* of bivalent iron, দ্বিযোজী লৌহঘটিত। [L. *ferrum*=iron]

ferrule [fe°-rōōl, ফে°রূল্], **ferrel** [fe°r(a)l, ফে°র্ল্] *n.* a metal band or cap on a tube, নলের মাথার ধাতব বন্ধনী বা আঙটা বা মুখটি। [OF. *virole*<L. *viriola*=a bracelet]

ferry [fe°-ri, ফে°রি] (1) *v.t.i.* to convey or pass over a water, etc., নদ্যাদি পারাপার করান বা পারাপার হওয়া, খেয়া পার করান বা পার হওয়া। (2) *n.* a route or boat of ferrying, খেয়াপথ বা খেয়াতরী ; the right of ferrying passengers, খেয়া পার করিয়া দিবার অধিকার। *n.* **fe°rriage**—খেয়ায় পারাপার ; খেয়ানৌকার মাশুল। *n.* **fe°rry-boat**—খেয়াতরী। *n.* **fe°rryman**—খেয়ামাঝি। [OE. *ferian*=to convey, *faran*=to go<G. *fahre*=a ferry]

fertile [fa(r)°-tīl, ফ্যা(র্)°টাইল্] *a.* bearing abundantly, উর্বর ; fruitful, ফলপ্রসূ ; inventive, উদ্ভাবনশক্তিসম্পন্ন। *n.* **ferti°lity**। *v.t.* **fer°-tilīze**—উর্বর বা ফলপ্রসূ করা ; সমৃদ্ধ করা ; গর্ভবতী করা, গর্ভাধান করা ; (উদ্ভি.) পরাগিত করা। *n.* **fertilizā°tion**। *n.* **fer°tilizer**—fertilize-এর সকল অর্থে এবং—জমির সার। [F.<L. *fertilis*]

ferule [fe°-rōōl, ফে°রূল্] *n.* a cane or rod used for punishment, শাস্তিদানকার্যে ব্যবহৃত বেত বা লাঠি। [L. *ferula*]

fervent [fa(r)°v(a)nt, ফ্যা(র্)°ভ্‌ন্ট্] *a.* hot, তপ্ত, উষ্ণ ; ardent, ঐকান্তিক আগ্রহপূর্ণ ; intense, যৎ-পরোনাস্তি। *n.* **fer°vency, fer°ventnėss**। *adv.* **fer°vently**। [L. *fervere*=to boil]

fervid [fa(r)°-vid, ফ্যা(র্)°ভিড্] *a.* hot, তপ্ত ; glowing, প্রদীপ্ত, জ্বলন্ত ; zealous, একান্ত আগ্রহ-পূর্ণ। *adv.* **fer°vidly**। [see *fervent*]

fervour [fa(r)°-va(r), ফ্যা(র্)°ভ্যা(র্)] *n.* heat, তাপ ; zeal, উৎসাহ। [see *fervent*]

fescennine [fe°-sa-nīn, ফেস°্যানাইন] *a.* scurrilous, অশ্লীল গালিগালাজপূর্ণ। **fescennine verses**—মুখে মুখে রচিত যে কবিতাসমূহে একজন আর একজনকে বিদ্রূপ ও গালাগালি করে (তু. ওতোর-চাপান সহ কবির বা তরজা-ওয়ালার লড়াই)। [*Fescennium*=an Etruscan town]

fescue [fes°-kū, ফেস্°কিউ] *n.* a kind of grass used as fodder, গোমহিষাদির খাদ্যরূপে ব্যবহৃত তৃণবিশেষ ; a pointer used in teaching, শিক্ষা-কার্যে ব্যবহৃত নির্দেশক যষ্টি। [L. *festūca*=a straw]

festal [fes°tl, ফেস্°ট্‌ল্] *a.* of a feast or holiday, পর্বদিনসংক্রান্ত বা ছুটির দিনসংক্রান্ত ; gay, হাসিখুশি, প্রফুল্ল। *adv.* **fes°tally**। [see *feast*]

fester [fes°-ta(r), ফেস্°ট্যা(র্)] (1) *v.i.t.* to become or make corrupt, পচা বা পচান ; to suppurate or cause to suppurate, পূযপূর্ণ হওয়া বা করান ; (fig.) to become embittered, (আল.) সম্পর্কাদি তিক্ত হওয়া। (2) *n.* a wound discharging corrupt matter, দূষিত ক্ষত। [OF. *festre*]

festival—see **festive.**

festive [fes°-tiv, ফেস্°টিভ্] *a.* of a feast or holiday, পর্বদিন বা ছুটির দিন সংক্রান্ত ; mirthful, হাসিখুশি, উল্লসিত। *n.* **festival** [fes°-tav(a)l, ফেস্°ট্যাভ্‌ল্] পর্ব, পর্বসংক্রান্ত উৎসব, উৎসব। **festival match**—(সংবাদপত্রের ভাষায়) প্রদর্শনী ক্রীড়া-প্রতিযোগিতা। *adv.* **fes°tively**। *n.* **festi°vity**—সামাজিক উৎসব বা আমোদ-প্রমোদ ; হাসিখুশি ভাব। [L. *festivus*<*festum*=feast]

festoon [fes-tōōn°, ফেস্টূন্°] (1) *n.* a garland suspended between two points, দুই পার্শ্বে দুই দণ্ডের মাথায় ঝোলান মালা ; (pol.) a piece of cloth or paper containing slogans etc. hung like a festoon, (রাজ.) উক্ত মালার ন্যায় ঝোলান আন্দোলনের উদ্দেশ্যসূচক ধ্বনি প্রভৃতি সংবলিত বস্ত্র বা কাগজ, ফেস্টুন্। (2) *v.t.* to adorn with festoons, উক্ত মালার দ্বারা পরিশোভিত করা। [F. *feston*]

fetal—see **fœtus.**

fetch$_1$ [fech, ফেচ্] (1) *v.t.* to bring, আনা ; to

go and get, যাইয়া লইয়া আসা, আনিয়া দেওয়া (*fetch* me a pen) ; to sell for, দাম পাওয়া (these eggs will *fetch* a rupee) ; to draw in or out, (রক্ত নিঃশ্বাস প্রভৃতি) টানিয়া লওয়া বা বাহির করিয়া দেওয়া ; to strike, আঘাত করা। *p.* & *p. pt.* **fe°tched** । (2) *n.* act of bringing, আনয়ন ; a stratagem, কৌশল। **(to) fetch and carry (for)**—(কাহারও) টুকিটাকি হুকুম পালন করা ; (কাহারও) চাকরগিরি করা। **(to) fetch off**—বিপদাদি হইতে উদ্ধার করা। **(to) fetch out**—টানিয়া বাহির করা ; সম্প্রসারিত বা বিবর্ধিত করা। **(to) fetch up**—আরোগ্য করা ; পুনরুদ্ধার করা ; থামিয়া যাওয়া ; (কথ্য.) বমি করা। [OE. *feccan* < *fetian* = to fetch]

fetch₂ [fech, ফেচ্] *n.* the apparition or wraith of a living person, জীবিত ব্যক্তির ছায়ামূর্তি বা প্রেতাত্মা [?]

fête [fāt, ফেইট্] (1) *n.* festival, পর্ব ; the day of the saint after whom a child is named, (খ্রিস্টধর্মে) যে সাধুর নামে শিশুর নামকরণ হইয়াছে সেই সাধুর জন্মতিথি। (2) *v.t.* to entertain at a feast, ভোজ খাওয়ান ; to honour with festivities, সামাজিক উৎসবাদির ব্যবস্থা করিয়া সম্মানিত করা। *p.* & *p. pt.* **fê°ted** । [F.]

fetich(e)—alt. spell.'s of **fetish.**

fetid [fe°-tid, ফে°টিড্] *a.* stinking, পূতিগন্ধময়। [L. *fetidus*]

fetish [fē°-tish, ফী°টিশ্] *n.* an object of worship believed to procure for its owner the services of a spirit lodged within it, যে বস্তুকে ভূতাশ্রিত মনে করিয়া উক্ত ভূতের সাহায্য পাইবার আশায় পূজা করা হয় ; something irrationally reverenced, যে বস্তুকে অযৌক্তিকভাবে ভক্তি করা হয় (to make a *fetish* of something)। *n.* **fe°tishism**—অচেতন পদার্থাদিতে অন্ধ ভক্তি। *n.* **fe°tishist** । [F. *fetiche*]

fetlock [fet°-lok, ফেট্°লক্] *n.* a tuft of hair growing above a horse's hoof, অশ্বখুরের উর্ধ্বাংশে উদ্গত লোমগুচ্ছ ; the part where this hair grows, অশ্বখুরের যে উর্ধ্বাংশে উক্ত লোমগুচ্ছ উদ্গত হয়। [?]

fetor [fē-ta(r), ফী°ট্যা(র্)] *n.* stench, দুর্গন্ধ। [see *fetid*]

fetter [fe°-ta(r), ফে°ট্যা(র্)] (1) *n.* (usu. in *pl.*) a shackle for the feet, পায়ের বেড়ি ; a bond or restraint, বন্ধক বা প্রতিবন্ধক। (2) *v.t.* to put fetters on, বেড়ি পরান ; to restrain, বাধা দেওয়া। [OE. *feter*]

fettle [fet°l, ফেট্°ল্] *n.* condition, অবস্থা। **in good** or **fine fettle**—উত্তম (শারীরিক) অবস্থায় ; চমৎকার মেজাজে। [OE. *fetel* = a belt ?]

fetus—alt. spell. of **fœtus.**

fetwa [fet°-wa, ফেট্°ওয়্যা] *n.* a Muslim legal decision, ফতোয়া। [Ar.]

feud₁ [fūd, ফিউড্] *n.* a lasting hostility, দীর্ঘকালব্যাপী (ব্যক্তিগত বংশগত প্রভৃতি) দ্বন্দ্ব। **(to) be at feud with**—(কাহারও সহিত) শত্রুতারত থাকা। [OE. *faide, feide* < OHG. *fehida* = enmity]

feud₂ [fūd, ফিউড্] *n.* a fief on condition of service, কর্মাদি করিবার শর্তে বেতনের পরিবর্তে প্রদত্ত জায়গির, সামন্তাধিকার। *a.* **feu°dal**—উক্ত জায়গির-সংক্রান্ত ; সামন্ততান্ত্রিক (*feudal* system)। *n.* **feudalism** [fū°-da-lijm, ফিউ°ড্যালিজ্‌ম্] সামন্ততন্ত্র। *n.* **feu°dalist** । *a.* **feu°dalistic** । *n.* **feuda°lity**—সামন্ততন্ত্র ; সামন্তাধিকার। *a.* **feu°datory**—বেতনের পরিবর্তে বা সামন্ততন্ত্রানুযায়ী ভুক্তিত। [LL. *feudum*—see *fee*]

fever [fē°-va(r), ফী°ভ্যা(র্)] (1) *n.* morbid condition with high temperature, জ্বর ; extreme excitement or anxiety, নিরতিশয় উত্তেজনা বা দুশ্চিন্তা। (2) *v.t.* to put into a fever, জ্বরাক্রান্ত করা। **at** or **to fever pitch**—উত্তেজনার চরমে। *a.* **fē°vered**—জ্বরাক্রান্ত ; নিরতিশয় উত্তেজিত বা দুশ্চিন্তাগ্রস্ত। *n.* **fē°ver-heat**—জ্বরের তাপ ; উত্তেজনার চরম (excitement rose to *fever-heat*)। *a.* **fē°verish**—ঈষৎ জ্বরগ্রস্ত বা জ্বরভাবগ্রস্ত ; জ্বরলক্ষণাক্রান্ত ; অতি উত্তেজিত ; অতি ব্যাকুল। *adv.* **fē°verishly** । *n.* **fē°verishness** । *a.* **fē°verous**—জ্বরভাবাপন্ন, জ্বরোজ্বরো ; জ্বরাক্রান্ত করায় এমন ; (স্থানাদি সম্পর্কে) জ্বরে অধ্যুষিত ; আকস্মিক পরিবর্তনপূর্ণ। [OE. *fefor* < L. *febris*]

few [fū, ফিউ] *a.* small in number, অল্পসংখ্যক, কতিপয়। *n.* **few°ness**—সংখ্যাল্পতা। **a few**—অল্প কয়েকজন ; অল্প কিছু। **a good few, quite a few, not a few**—বহুসংখ্যক, বেশ কয়েকটি। **few and far between**—see **far** । **in few**—অল্প কথায়, সংক্ষেপে। **not fewer than**—সংখ্যায় মোট ; (শিথি.) অন্যূন। **some few**—তুচ্ছসংখ্যক, অত্যল্পসংখ্যক। **the few**—সংখ্যালঘু সম্প্রদায়, উনজন। [OE. *fea* (*pl. feawe*)—cp. L. *paucus*]

fez [fez, ফেজ্] *n.* the Turkish cap, ফেজটুপি। [*Fez* in Morocco]

fiacre [fiŭ°-k(r), ফিআ°ক্(র্)] *n.* a hackney-carriage, a cab, ভাড়াটে ঘোড়ার বা মোটর গাড়ি। [Hôtel de St. *Fiacre* in Paris]

fiancé [fi-ŭn°-sā, ফিআঁ°সেই] *n.* one betrothed, বাগ্‌দত্ত। *fem.* **fiancée** [fi-ŭn°-sā, ফিআঁ°সেই]। [F.]

fiasco [fi-as°-cō, ফিঅ্যাস্°কৌ] *n.* (ori.) a failure in musical or dramatic performance, (মূলতঃ) সঙ্গীতে বা নাট্যাভিনয়ে ব্যর্থতা ; a complete failure, চরম ব্যর্থতা (to end in a *fiasco*) ; ignominious result, কলঙ্ককর পরিণতি বা ফল। [It. = bottle]

fiat [fī°-at, ফাই°অ্যাট্] *n.* authorization, ক্ষমতাপ্রদান ; decree, রায়, হুকুম, আদেশ। [L. = let it be done]

fib [fib, ফিব্] (**1**) *n.* a trivial lie, যে মিথ্যা কথা তেমন গুরুতর নহে, গুল। (**2**) *v.i.* to tell a fib, ঐরূপ মিথ্যা বলা, গুল মারা। *pr. pt.* **fi°bbing ;** *p. & p. pt.* **fi°bbed** । *n.* **fi°bber, fib°ster** —গুলবাজ। [< *fable* ?]

Fibonacci [fē-bō-nŭ-chē, ফীবৌনাচী] *n.* the famous mathematician, বিখ্যাত গণিতজ্ঞ। **Fibonacci numbers** or **series**—সংখ্যাশ্রেণী-বিশেষ : এই সংখ্যাশ্রেণীতে পরবর্তী সংখ্যা পূর্ববর্তী পর পর দুই সংখ্যার যোগফলের সমান-(যেমন ১, ১, ২, ৩, ৫, ৮, ১৩ ইত্যাদি)। [Tuscan mathematician (1170-1230)]

fibre [fi°-ba(r), ফাই°ব্যা(র্)] *n.* a thread-like filament in plant or animal body, অংশু, আঁশ, তন্তু ; texture, বস্ত্রাদির জমিন। *n.* **fī°bre-board**—অংশুসমূহে কঠিন চাপ দিয়া তৈয়ারি বোর্ড। *n.* **fi°bre-glass**—রাসায়নিক প্রক্রিয়ায় কাচ-দ্বারা প্রস্তুত অংশু (ইহা দিয়া বস্ত্রাদি তৈয়ারি হয়)। *a.* **fi°bred**—অংশুযুক্ত। *a.* **fi°breléss**—অংশুহীন ; শক্তিহীন ; দৃঢ়তাহীন। *n.* **fibril** [fi°-bril, ফাই°-ব্রিল্] ক্ষুদ্র বা সূক্ষ্ম অংশু। *n.* **fībrōsis**—(দেহস্থ) সূক্ষ্ম অংশুসমূহের বৃদ্ধি। *a.* **fibrous** [fī°-bras, ফাই°ব্র্যাস্] অংশুদ্বারা গঠিত ; অংশুময়, অংশুল ; অংশুতুল্য ; (পরি.) তান্তব। [F. < L. *fibra*]

fibula [fi°-bū-la, ফি°বিউল্যা] *n.* the splint bone on the outer side of the leg, (পরি.) অনুজজ্ঘাস্থি। *a.* **fi°būlar**—অনুজজ্ঘাস্থিগত। [L. = brooch]

fickle [fik°l, ফিক্°ল্] *a.* inconstant, দৃঢ়ভাবে অনুগত থাকে না এমন ; changeable, পরিবর্তনশীল। *n.* **fick°leness** । [OE. *ficol, gefic*] = fraud]

fictile [fik°-tīt, ফিক্°টাইল্] *a.* used or fashioned by the potter, কুমারকর্তৃক ব্যবহৃত বা প্রস্তুত ; of pottery, মাটির তৈয়ারি দ্রব্যাদি সম্পর্কিত। [L. *fictilis* < *fingere* = to fashion or form]

fiction [fik°sh(a)n, ফিক্°শ্ন্] *n.* a feigned or false story or anything, বানান বা মিথ্যা গল্প অথবা অন্য কিছু, অলীক কাহিনী বা বস্তু ; the novel, উপন্যাস। **legal fiction**—(বিশ্লেষণাদির সুবিধার্থে) কোন কিছু সত্য বলিয়া ধরিয়া লওয়া। *a.* **fictitious** [fik-ti°-shas, ফিক্টি°শ্যাস্] উপন্যাসের ন্যায় অলীক ; কল্পিত ; অসত্য ; বানান। *a.* **fic°-tive**—অলীক, কল্পিত। [F. < L. *fictio*]

fiddle [fid°l, ফিড্°ল্] (**1**) *n.* the violin, বেহালা। (**2**) *v.t.i.* to play on a fiddle, বেহালা বাজান বা বেহালায় (সুরাদি) বাজান। (**3**) *v.i.* to be busy over trifles, তুচ্ছ কাজে ব্যস্ত থাকা। **a face as long as a fiddle, a face like a fiddle**—বিষণ্ণ মুখ। **(as) fit as a fiddle**—নিখুঁত স্বাস্থ্য-সম্পন্ন বা কর্মশক্তিসম্পন্ন। **(to) fiddle a tax return**—করের মিথ্যা হিসাব প্রস্তুত করা। **(to) play first fiddle**—অর্কেস্ট্রা-দলে প্রথম বা মূল বেহালা-বাদকরূপে বাজান; কার্যাদিতে নেতৃত্ব গ্রহণ করা বা প্রথম কাজ করা। **(to) play second fiddle (to)**—অর্কেস্ট্রা-দলে সহকারী বেহালাবাদকরূপে বাজান ; সহকারিরূপে কাজ করা ; সঙ্গীর কাছে ছোট হইয়া কাজ চালান। *n.* **fidd°le-bow**—বেহালার ছড়। *int.* **fiddle-de-dee** [fid°l-di-dē°, ফিড্°ল্-ডিডী°] অর্থহীন, বাজে। **fiddle-faddle** [fid°l-fadl, ফিড্°ল্ফ্যাড্ল্] (**1**) *v.i.* তুচ্ছ কাজে ব্যস্ত থাকা ; অযথা সময় নষ্ট করা ; (**2**) *n.* বাজে আলাপ বা কাজ। *n.* **fidd°ler**—বেহালাবাদক ; ক্ষুদ্র কাঁকড়াবিশেষ ; প্রতারক, জুয়াচোর। **fiddler's green**—নাবিকের স্বর্গ। **fiddler's money**—অল্পমূল্যের মুদ্রা (যেমন, আধলা)। **fidd°lestick**—(**1**) *n.* বেহালার ছড় ; (উপহাসসূচক অর্থে) অস্তিত্বহীন বস্তু ; (**2**) *int.* (usu. in *pl.*) অর্থহীন, বাজে। *a.* **fidd°ling**—বাজে কাজে ব্যস্ত ; অকিঞ্চিৎকর, তুচ্ছ (a *fiddling* job)। [OE. *fithele*—cp. G. *fiedel*]

fidelity [fi-de°-li-ti, ফিডে°লিটি] *n.* faithfulness, loyalty, (স্বামী স্ত্রী মনিব প্রভৃতির প্রতি) বিশ্বস্ততা বা আনুগত্য ; honesty, সততা সাধুতা ; exactitude in reproducing, প্রতিমূর্তি প্রভৃতি গঠনে সম্পূর্ণ অবিকল ভাব। [L. *fidelitas*]

fidget [fi°-jit, ফি°জিট্] (**1**) *v.i.* to move or become restless, অস্থিরভাবে চলাফেরা করা বা অস্থির বা অধীর হওয়া। *p. & p. pt.* **fi°dgéted** । (**2**) *n.* one who fidgets, যে ব্যক্তি অস্থির হইয়া উঠিয়াছে ; irregular motion, অনিয়মিত বা অ-স্বাভাবিক গতি ; restlessness, অস্থিরতা ; (in *pl.*) nervous restlessness, স্নায়বিক অস্থিরতা। *a.* **fi°dgéty**—অস্থির। *n.* **fi°dgétinéss** । [< obs. OE. *fidge* = to twitch < ?]

Fido [fī°-dō, ফাই°ডৌ] *n.* a device for dispersing airfield fog by burning petrol, পেট্রল জ্বালাইয়া বিমানক্ষেত্রের কুয়াশা দূরীকরণের কৌশল বা উপায়। [*F*og *I*nvestigation *D*ispersal *O*peration]

fiducial [fi°-dū°-shi-al, ফিডিউ°শিয়্যাল্] *a.* serving as a basis of reckoning, গণনার ভিত্তি-রূপে ব্যবহৃত ; of the nature of trust, (লোক-সম্বন্ধে) বিশ্বাস করিয়া গচ্ছিত রাখিতে দেওয়ার যোগ্য। *adv.* **fidu°cially** । **fidū°ciary**—(**1**) *a.* গচ্ছিত রাখার পক্ষে আস্থাভাজন ; আইনের সহায়তা ব্যতি-রেকে জনসাধারণের আস্থার উপরে নির্ভরশীল ; আস্থা-ভাজন ; (**2**) *n.* যাহার নিকট বিশ্বাস করিয়া গচ্ছিত রাখা হইয়াছে, ন্যাসরক্ষক। [L. *fiducia* = confidence]

fie [fī, ফাই] *int.* denoting disapprobation or disgust, অননুমোদন বা বিরক্তিসূচক অব্যয়-বিশেষ, ছিঃ, ধিক্। **fie upon**—ধিক্। [cp. F. *fi*]

fief [fēf, ফীফ্] *n.* land held in fee or on condition of military service, বেতনের পরি-বর্তে অথবা সৈন্যাদিরূপে কার্যাদি করার শর্তে প্রাপ্ত জায়-গির। [F. < LL. *feudum*—cp. *fee, feoff*]

field [fēld, ফীল্ড্] (**1**) *n.* open country in general, মাঠ, ময়দান ; a piece of ground used for tillage or pasture or sport, শস্য-

ক্ষেত্র, চারণভূমি, খেলার মাঠ ; range or jurisdiction, পাল্লা, এলাকা ; region or locality, অঞ্চল ; area, বিস্তার ; room, জায়গা, স্থান ; the locality of a battle, রণক্ষেত্র ; battle, লড়াই, যুদ্ধ ; (hard-fought *field*) । (2) *v.t.i.* (in cricket and baseball) to catch or stop and return (the ball) to the fixed place or to stand in position for this purpose, (ক্রিকেট ও বেইস্‌বল খেলায়) বল ধরিয়া বা থামাইয়া যথাস্থানে পুনঃপ্রেরণ করা অথবা এইরূপ করার জন্য মাঠের মধ্যে জায়গামত দাঁড়ান, ফীল্‌ডিং করা । (3) *v.t.* to put into the field, খেলিবার জন্য মাঠে নামান । *p.* & *p. pt.* **fiel°dėd** । **a fair field and no favour**—প্রতিযোগিতাদিতে সমান সুযোগসুবিধা । **field of view** or **vision**—এক নজরে যাহা-কিছু দৃষ্টিগোচর হয় । **(to) hold the field**—কার্যক্ষেত্রাদিতে স্বাধিকার বজায় রাখা । **in the field**—(সৈনিক সম্বন্ধে) রণক্ষেত্রে কার্যরত । **(to) keep the field**—লড়াই চালাইয়া যাওয়া ; নিজের কোট বজায় রাখা । **(to) take the field**—সংগ্রামক্ষেত্রে অবতীর্ণ হওয়া । *n.* **field°-allow°ance**—রণক্ষেত্রে কার্যরত সৈনিকগণকে প্রদেয় অতিরিক্ত ভাতা । *n.* **field°-am°būlance**—রণক্ষেত্রে কার্যরত সামরিক গ্লানোপচার বাহিনী । *n.* **field-artillery**—লঘুভার গোলন্দাজবাহিনীবিশেষ ; উক্ত বাহিনীর কামানসমূহ । *n.* **field°-book**—রণক্ষেত্রে পর্যবেক্ষণের ফলাফল বা জরিপের মাপজোখ টুকিয়া রাখার খাতাবিশেষ । *n.* **field°-day**—সৈন্যবাহিনীর যুদ্ধবিদ্যা অনুশীলনের দিন ; (আল.) পরম দিন বা উপলক্ষ । *n.* **fiel°der**—ক্রিকেট ও বেইস্‌বল্ খেলায় যে খেলোয়াড় ফীল্‌ডিং করে । **field events**—লম্ফন ধাবন বর্শা-নিক্ষেপ প্রভৃতি বহিরঙ্গন ক্রীড়াপ্রতিযোগিতা (কিন্তু ফুটবল হকি প্রভৃতি নহে) । *n.* **field°-glass**—দূরবিনবিশেষ । *n.* **field°-gun**—লঘুভার কামানবিশেষ । *n.* **field°-hos°pital**—রণক্ষেত্রে অস্থায়িভাবে স্থাপিত হাসপাতাল । *n.* **field°-ing**—ক্রিকেট ও বেইস্‌বল্ খেলায় ফীল্‌ডিং করা । *n.* **field°-mar°shal**—সেনাপতিদের সর্বোচ্চ পদমর্যাদাসূচক খেতাব । *n.* **field°-officer**—রণক্ষেত্রে সৈন্যপরিচালনার অধিকারসম্পন্ন সেনাপতি (ইঁহারা সাধারণত মেজর ও তদূর্ধ্ব পদমর্যাদাসম্পন্ন হন) । *n.* **fieldpiece**—যুদ্ধক্ষেত্রে ব্যবহৃত হালকা কামানবিশেষ । *n.* **fields°man**—same as **fielder** । *n.* **field°-sports**—উন্মুক্ত মাঠে অনুষ্ঠিত শিকার বা ক্রীড়াদি, বহিরঙ্গন ক্রীড়া । *n.* **field°-work**—খেতের কাজ ; যে সকল কাজ গবেষণাগারে না করিয়া উন্মুক্ত স্থানে করা হয় ; (usu. in *pl.*) রণক্ষেত্রে সৈন্যদল কর্তৃক নির্মিত অস্থায়ী দুর্গ । [OE. *feld*—cp. G. *feld*]

fiend [fēnd, ফীন্‌ড্] *n.* a devil, শয়তান ; a demon, দানব ; an inhumanly wicked being, অমানুষিক-রকম অসৎ প্রাণী ; an addict, একান্ত আসক্ত ব্যক্তি (opium *fiend*) ; a devotee, ভক্ত (fresh air *fiend*) । *a.* **fien°dish**—শয়তানতুল্য ; দানবতুল্য ; চরম নিষ্ঠুর । *adv.* **fien°dishly** । **fiendishly clever**—(কথ্য.) ভীষণ বা ভয়ঙ্কর চালাক । [OE. *feond*=enemy—cp. G. *feind*]

fierce [fē(r)s, ফিয়্যার্‌স্] *a.* savage, হিংস্র (a *fierce* dog) ; violent, প্রচণ্ড (*fierce* hatred) । *adv.* **fierce°ly** । *n.* **fierce°nėss** । [OF. *fers* <L. *ferus*=savage]

fiery [fīr°-i, ফায়্যার্‌°ই] *a.* like or consisting of fire, অগ্নিবৎ, অগ্নিময়, অগ্নিগর্ভ ; ardent, একান্ত আগ্রহপূর্ণ, পরমোৎসাহী ; impetuous, আবেগপূর্ণ ; irritable, খিট্‌খিটে, একটুতে উত্তেজিত হয় এমন (a *fiery* temper) ; very dry, hard or fast, (খেলার মাঠের অবস্থাসম্বন্ধে) অতি শুষ্ক কঠিন বা বেগপূর্ণ । *adv.* **fier°ily** । *n.* **fier°inėss** । [see *fire*]

fiesta [fē°-es-ta, ফী°এস্‌ট্যা] *n.* festivity, উৎসব ; holiday, পর্বের বা ছুটির দিন । [Sp.]

fife [fīf, ফাইফ্] *n.* a kind of small flute, ক্ষুদ্র বাঁশিবিশেষ । *n.* **fi°fer**—উক্ত বংশীবাদক । [G. *pfeife*=pipe, or F. *fifre*=fifer]

fifteen [fif°-tēn°, ফিফ্°টীন্°] *a.* & *n.* five and ten, পনের । *a.* **fif°teenth°**—পঞ্চদশ । [OE. *fiftene*]

fifth [fifth, ফিফ্‌থ্] *a.* the last of five, পঞ্চম ; equal to one of five equal parts, এক-পঞ্চমাংশ । **fifth column**—শত্রুর সহিত (গোপনে) সহযোগিতাকারী স্বদেশদ্রোহী দল । *n.* **fifth-co°lumnist**—উক্ত স্বদেশদ্রোহী দলভুক্ত ব্যক্তি । *adv.* **fifth°ly**—পঞ্চমতঃ । **fifth wheel**—(আল.) অপ্রয়োজনীয় বস্তু । [OE. *fifta*]

fifty [fif°-ti, ফিফ্‌টি] *a.* & *n.* five times ten, পঞ্চাশ । *pl.* **fif°ties**—৫০ হইতে ৫৯ পর্যন্ত সংখ্যাসমূহ । *a.* **fif°tieth**—পঞ্চাশত্তম । **fif°ty-fifty**—(1) *a.* & *adv.* আধা-আধি ; শতকরা পঞ্চাশ ; সমান-সমান ; (2) *n.* আধা-আধি বা সমান-সমান অংশ ; শতকরা পঞ্চাশ ভাগ । [OE. *fiftig*]

fig$_1$ [fig, ফিগ্] *n.* a kind of tree or its fruit, ডুমুর-গাছ বা ডুমুর ; a trifling thing, তুচ্ছ বস্তু । **not to care a fig for**—মোটেই গ্রাহ্য না করা । [F. *figue* <L. *ficus*]

fig$_2$ [fig, ফিগ্] (1) *n.* dress, পোষাক (in full *fig*) ; condition, form, অবস্থা, যোগ্যতার মান (in fine or good *fig*) । (2) *v.t.* to dress up, সাজগোজ করা । **all figged up** or **out**—পরিপাটিভাবে সজ্জিত । [G. *fegen*=sweep]

fight [fīt, ফাইট্] (1) *v.i.t.* to contend in war or single combat, সংগ্রাম করা বা দ্বন্দ্ব করা ; to contend or strive for, কিছুর জন্য প্রতিযোগিতা করা বা চেষ্টা করা । *p.* & *p. pt.* **fought** [fawt, ফ্যট্] । (2) *n.* a struggle, সংগ্রাম বা প্রচেষ্টা ; a combat, দ্বন্দ্ব ; a battle, যুদ্ধ, লড়াই । **(to) fight it out**—শেষ পর্যন্ত লড়াই করা ; কঠোর প্রচেষ্টা বা সংগ্রাম করিয়া লাভ করা অথবা উত্তীর্ণ হওয়া । **(to) fight one's way**—লড়াই করিয়া অগ্রসর হওয়া । **(to) put up a good fight**—সাহস ও সঙ্কল্পের সঙ্গে লড়াই করা । **(to) show**

fight—যুদ্ধের জন্য প্রস্তুত এমন লক্ষণ দেখান ; লড়াই করিতে তৎপর হওয়া ; হার মানিতে অস্বীকার করা। *n.* **figh°ter**—যোদ্ধা ; বোমারু বিমানের সঙ্গে লড়াই করিবার জন্য দ্রুতগামী বিমানপোতবিশেষ। **figh°ting**—(1) *n.* লড়াই ; (2) *a.* লড়াইয়ে ; লড়াইতে ব্যবহৃত ; লড়াই করিয়া অর্জন করিতে হয় এমন। **a fighting chance**—খুব চেষ্টা করিলে যে সাফল্য সম্ভব হইতে পারে। *n.* **figh°ting-cock**—যে মোরগকে লড়ান হয় ; ঝগড়াটে লোক ; নাছোড়বান্দা লোক। **fighting mad**—ভয়ানক ক্রুদ্ধ। [OE. *fehtan*<G. *fechten*]

figment [fig°-mant, ফিগ্°ম্যান্ট্] *n.* fabrication or invention, মিথ্যা রচনা বা উদ্ভাবন, সাজশ বস্তু। [L. *figmentum*]

figure [fi°ga(r), ফি°গ্যা(র্)] (1) *n.* appearance, চেহারা ; a shape, আকার, গঠন ; a geometrical form, জ্যামিতিক চিহ্ন ; a diagram or design, নকশা ; an illustration, উদাহরণ ; a human form or its representation, মানবমূর্তি, প্রতিমা ; a personality or character or characteristic, ব্যক্তিত্ব বা চরিত্র বা বৈশিষ্ট্য ; a type or emblem, রকম বা প্রকার বা প্রতীক ; a character denoting a number, সংখ্যা, রাশি, অঙ্ক (অর্থাৎ ১, ২, ৯, ০, প্রভৃতি) ; amount, পরিমাণ ; a rhetorical deviation from the ordinary mode of expression, ভাষালঙ্কার ; (log.) a form of syllogism, (ন্যায়শা.) অনুমানবাক্যের গঠনবিশেষ। (2) *v.t.* to form or shape, গঠন করা, আকারদান করা ; to make an image of, প্রতিমাগঠন করা, রূপায়িত বা মূর্ত করা ; to represent, অনুরূপ চিত্রাদি রচনা করা ; to design, পরিকল্পনা করা, নকশা আঁকা ; to imagine, কল্পনা করা ; to symbolize, প্রতীকরূপে প্রকাশ করা ; to note by figure, অঙ্কদ্বারা প্রকাশ করা ; to express, প্রকাশ করা। (3) *v.i.* to make figures, অঙ্কপাত করা ; to appear as a figure, মূর্ত হওয়া ; to appear, প্রকট বা প্রকাশিত হওয়া। **a long figure**—(অশি.) চড়া দাম বা দর। **figure of speech**—বাক্যালঙ্কার। **(to) cut** or **make a figure**—বিশেষ কোন ভাবে আবির্ভূত হওয়া (to *cut a* poor or sorry or fine *figure*) ; বিশিষ্টরূপে আবির্ভূত হওয়া ; বৈশিষ্ট্য অর্জন করা। **(to) figure on**—ভরসা করা ; হিসাবে ধরা। **(to) figure out**—(কোন বিষয়) হৃদয়ঙ্গম না হওয়া পর্যন্ত চিন্তা করা ; (সমস্যাদির) সমাধানার্থ সংখ্যা ব্যবহার করা। **(to) keep one's figure**—মেদবহুল বা মোটা না হওয়া। **public figure**—জনসাধারণের নিকট পরিচিত ব্যক্তি, খ্যাতনামা ব্যক্তি। *n.* **fi°gūrātion**—মূর্তিদান; অঙ্কদ্বারা প্রকাশ ; (সঙ্গীতে) প্রচুর মীড় মূর্ছনা গমক প্রভৃতির দ্বারা প্রকাশ। *a.* **fi°gūrative**—(ভাষা সম্বন্ধে) আলঙ্কারিক ; অলঙ্কারপূর্ণ বা অলঙ্কারবহুল ; গালভরা ; বিশিষ্ট। *adv.* **fi°gūratively**। *a.* **fi°gured**—মূর্তিযুক্ত ; মূর্ত ; প্রকাশিত। *n.* **fi°gurehead**—পোতাদির অগ্রভাগে শোভার জন্য খোদাই-করা মূর্তি ; কেবল শোভার জন্য উচ্চপদে অধিষ্ঠিত ক্ষমতাহীন ব্যক্তি, (তু.) ঠুঁটো জগন্নাথ। *n.* **figurine** [fi°-gūrēn, ফি°গিউরীন্] ক্ষুদ্র প্রস্তরমূর্তি। [F.<L. *figura*]

filament [fi°-la-mant, ফি°ল্যাম্যান্ট্] *n.* a threadlike object, সূক্ষ্ম সূত্রবৎ পদার্থবিশেষ, (পরি.) সূত্র ; a fibre, অংশু, আঁশ ; (bot.) the stalk of a stamen, (উদ্ভি.) পুংদণ্ড ; a thread of conductor in electric bulbs etc., বৈদ্যুতিক বাতি প্রভৃতির সূত্রবৎ বিদ্যুদ্বাহী শিখাবিশেষ, ফিল্যাম্যান্ট্। [L. *filum*=a thread]

Filaria—see **filariasis.**

filariasis [fi-la-rī°-a-sis, ফিল্যারাই°অ্যাসিস্] *n.* a kind of disease, শ্লীপদ রোগ। *n.* **Filaria** [fi-lā-ri-ŭ, ফিলেই°রিআ] শ্লীপদ-রোগের জীবাণু। *a.* **filā°rial**—উক্ত রোগসংক্রান্ত বা রোগজীবাণুসংক্রান্ত। [L. *filum*=a thread]

filature [fi°-la-tū(r), ফি°ল্যাটিউয়্যা(র্)] *n.* the reeling of silk or the place where it is done, গুটি হইতে রেশম-নিষ্কাশন বা যে স্থানে উক্ত নিষ্কাশন-কার্য করা হয়। [F.<L. *filum*=a thread]

filbert [fil°-ba(r)t, ফিল্°ব্যা(র্)ট্] *n.* the nut of the cultivated hazel, চাষের দ্বারা উৎপাদিত hazel-বৃক্ষের বাদাম। [St. *Philibert*, whose day (Aug. 22) fell in the nutting season]

filch [filsh, ফিল্শ্] *v.t.* to steal, চুরি করা ; to pilfer, ছিঁচ্‌কে চুরি করা। *p.* & *p. pt.* **fil°ched**। [?]

file$_1$ [fīl, ফাইল্] (1) *n.* a wire or any device for keeping papers in order, কাগজপত্রাদি গাঁথিয়া বা সাজাইয়া রাখার জন্য তার বা খাতা অথবা অন্য কোন যন্ত্র, ফাইল ; a collection of papers arranged in order, সাজাইয়া-রাখা কাগজপত্র, নথি ; a line of soldiers arranged in order, সুবিন্যস্ত সৈন্যশ্রেণী ; a small troop of soldiers, ক্ষুদ্র সৈন্যবাহিনী। (2) *v.t.* to place on a file, ফাইলে রাখা ; to arrange in order, যথাস্থানে বা পরপর সাজাইয়া রাখা ; to put on record, নথিভুক্ত করা ; to bring before, (প্রধানতঃ আদালতে) দায়ের করা (to *file* a suit)। (3) *v.i.* to march in file, সুশৃঙ্খলভাবে সারি বাঁধিয়া যাওয়া। **filing clerk**—যে কেরানী কাগজপত্রাদি ফাইলে সাজাইয়া রাখে। **on file**—(কাগজপত্র দলিল প্রভৃতি সম্বন্ধে) ফাইলে রক্ষিত ; নথি-ভুক্ত ; দায়ের-করা। **single file**—পরস্পর এক্-একজন করিয়া বিন্যস্ত শ্রেণী। *n.* **file°-co°py**—চিঠিপত্র দলিল প্রভৃতির যে প্রতিলিপি ফাইলে রাখা হয়। [L. *filum*=a thread]

file$_2$ [fīl, ফাইল্] (1) *n.* an instrument for smoothing metals etc., উখা। (2) *v.t.* to cut or smooth with a file, উখা দিয়া কাটা বা ঘষা বা মসৃণ করা ; to improve, উন্নতিসাধন করা। *n.* **file°-cutter**—উখা-নির্মাতা। *n. pl.* **fi°lings**—উখা দিয়া ঘষার ফলে যে গুঁড়াদি বাহির হয়। [OE. *fil*—cp. G. *feile*]

filemot [fi°-li-mot, ফি°লিমট্] (1) *a.* dead-leafcoloured, শুকনা পাতার ন্যায় বর্ণবিশিষ্ট। (2) *n.* dead-leaf colour, শুকনা পাতার বর্ণ। [F. *feuillemote*=dead leaf]

filet [fē°-lā, ফী°লেই] *n.* a kind of net with square mesh, চৌকা চৌকা ফাঁদওয়ালা জাল-বিশেষ। [F.=thread]

filfot—alt. spell, of **fylfot.**

filial [fi°-li-al, ফি°লিআ্যাল্] *a.* of or becoming a son or daughter, সন্তানসংক্রান্ত বা সন্তানোচিত (*filial* duty)। *adv.* **fi°lially**। [F.<L. *filius*= a son]

filibuster [fi°-li-bus-ta(r), ফি°লিবাস্ট্যা(র্)] (**I**) *n.* a military or piratical adventurer, দস্যু-বৃত্তিধারী সৈনিক বা নাবিক; one who makes unauthorised war, যে ব্যক্তি বিনা অধিকারে যুদ্ধ বাধায়; an obstructionist in a legislative assembly, বিধান-সভার কার্যে বাধাদানই যে-সভ্যের নীতি। (2) *v.i.* to act as a filibuster, সৈনিক-দস্যুর বা নাবিক-দস্যুর বৃত্তি অবলম্বন করা অথবা বিধান-সভার সভ্য হইয়া উহার কার্যে বাধাদানের নীতি গ্রহণ করা। [Sp. *filibustero*]

filigree [fi°-li-grē, ফি°লিগ্রী] *n.* an ornamental lacework of gold and silver, স্বর্ণ ও রৌপ্যের ঝালরের কারুকার্যবিশেষ। [F. *filigrane*<It. *filigrana*]

filings—see **file.**

Filipino [fi-li-pē°-nō, ফিলিপী°নৌ] *n.* a native of Philippine islands, ফিলিপাইন্ দ্বীপপুঞ্জের অধিবাসী। *fem.* **Filipi°na**। [Sp.]

fill [fil, ফিল্ (**I**) *v.t.* to make full, পরিপূর্ণ করা; to put into the void or vacancy, শূন্যস্থান পূর্ণ করা, ভরাট করা; to supply, সরবরাহ করা; to satisfy, তৃপ্ত করা; to glut, আকণ্ঠ ভো জন করান; to perform the duties of, কর্তব্যপালন করা। (2) *v.i.* to become full, পরিপূর্ণ হওয়া; to become satiated, পরিতৃপ্ত হওয়া। (3) *n.* as much as fills or satisfies, যে পরিমাণদ্বারা পরিপূর্ণ বা পরিতৃপ্ত হয়, পূর্ণপরিমাণ (to have one's *fill*); a single charge of anything, কোন-কিছুর মধ্যে একবারে যতখানি ধরে। **(to) fill in**—ব্যাপিয়া থাকা (to *fill in* time); ত্রুটি অভাব প্রভৃতি পূরণ করা। **(to) fill out**—(যথোচিত মাত্রায়) স্ফীত করা বা হওয়া। **(to) fill the bill**—পর্যাপ্ত হওয়া, প্রয়োজন মেটা। **(to) fill up**—শূন্য-স্থান সম্পূর্ণরূপে পূর্ণ করা বা পূর্ণ হওয়া; পরিপূর্ণ করা বা হওয়া। *n.* **fi°ller**—যে ব্যক্তি ভরে; যদ্দ্বারা ভরা হয়, যদ্দ্বারা পাত্রমধ্যে তরল পদার্থ ঢালা হয়, কুপি; পদার্থাদিকে নির্দিষ্ট গুণযুক্ত করার জন্য যাহা মিশান হয়, খাদ। *n.* **fi°lling**—ভরা; ভরাট করা। **filling station**—(সচ. পথ-চলতি) গাড়ি প্রভৃতিতে পেট্রল কিনিয়া ভরিবার দোকান, পেট্রল-পাম্প। [OE. *fyllan*<*full*]

fillet [fi°-lit, ফি°লিট্] (**I**) *n.* a little string or band, (প্রধানতঃ মাথায় জড়ানর বা চুল বাঁধার) দড়ি বা ফিতা; a piece of boned meat or fish, হাড়-ছাড়ান মাংসের বা কাঁটা-ছাড়ান মাছের টুকরা; (usu. in *pl.*) animal's loins, (ভক্ষ্য) জন্তুর নিতম্ব বা রাং। (2) *v.t.* to bind with a fillet, ফিতা বা দড়ি দিয়া বাঁধা; to make into fillets, মাছ-মাংসের কাঁটা বা হাড় ছাড়াইয়া লওয়া; to bone, হাড় খসান। [F. *filet*<L. *filum*=a thread]

fillip [fi°-lip, ফিলিপ্] (**I**) *v.t.* to strike with the finger-nail, টোকা বা টুস্‌কি মারা (টাকা বাজানর সময়ে যেমন করা হয়); to incite or stimulate, উদ্যম বা প্রেরণা যোগান। *p.* & *p. pt.* **fi°lliped**। (2) *n.* a stroke with the finger-nail; টুস্‌কি; a stimulus, উদ্যম বা প্রেরণা (to give a *fillip* to industries)। [var, of *flip*]

filly [fi°-li, ফি°লি] *n.* a young mare, বাচ্চা ঘোটকী; a lively wanton girl, চঞ্চলা স্বাস্থ্যবতী বালিকা বা ছুকরি। [dim. of *foal*]

film [film, ফিল্‌ম্] (**I**) *n.* a thin skin or membrane, পাতলা চামড়া, ছাল, ঝিল্লি; a thin layer, সর; a photographic material, আলোকচিত্র-গ্রহণের উপকরণবিশেষ, ফটো তোলার ফিলম; a motion picture, বায়স্কোপের ছবি, চলচ্চিত্র; (in *pl.*) the cinematograph, চলচ্চিত্র-শিল্প। (2) *v.t.i.* to cover or be covered with a film, ছাল বা ঝিল্লি বা সর দিয়া আবৃত করা অথবা আবৃত হওয়া। (3) *v.t.* to make a motion picture of, বায়স্কোপের ছবি তোলা (to *film* a play); to adapt or enact for the cinematograph, চলচ্চিত্রের উপযোগী করা বা চলচ্চিত্রে অভিনীত করান। *n.* **film°-actor**—চলচ্চিত্রাভিনেতা। *fem.* **film°-actress**। *n.* **film°-fan**—চলচ্চিত্রানুরাগী, সিনেমা-ভক্ত। *n.* **film°-land**—চলচ্চিত্র-জগৎ, সিনেমা-জগৎ। *n.* **film°-play**—চলচ্চিত্রাভিনয়। *n.* **film°-star**—বিশিষ্ট চলচ্চিত্রাভিনেতা বা চলচ্চিত্রাভিনেত্রী। *a.* **fil°my**—ছাল বা ঝিল্লী বা সর দিয়া আবৃত অথবা গঠিত কিংবা ঐগুলির যে-কোনটির তুল্য; মেঘাচ্ছন্ন। *n.* **fil°miness**। **film première**—চলচ্চিত্রাদির প্রথম প্রদর্শন। [OF. *filmen*=membrane]

filoselle [fi-lō-sel°, ফিলৌসেল্°] *n.* coarse floss silk, ফেঁসো হইতে প্রস্তুত মোটা রেশম। [F.]

filter [fil°-ta(r), ফিল্°ট্যা(র্)] (**I**) *n.* an apparatus for purifying a fluid, জল বা তরল পদার্থ পরিস্রুত করার যন্ত্র, ফিল্টার। (2) *v.t.i.* to pass through a filter, ফিল্টারের মধ্য দিয়া নেওয়ান; to purify by means of a filter, ফিল্টার-দ্বারা পরিস্রুত করা; to purify, বিশোধন করা; to percolate, চোয়ান। *n.* **fil°ter-pāper**—তরলপদার্থ পরিস্রাবণকার্যে ব্যবহৃত ছিদ্রময় কাগজবিশেষ। *n.* **filtertip**—তামাকের ধোঁয়ার নিকোটিন বিশোধিত করার জন্য সিগারেটের মুখে যে সোলা প্রভৃতির দ্বারা তৈয়ারি ফিল্টার জড়ান থাকে। *a.* **fil°ter-ti°pped**—উক্ত ফিল্টার-পরান। [OF. *filtre*]

filth [filth, ফিল্থ্] *n.* foul matter, নোংরা বস্তু, ময়লা; anything that defiles, যাহা (দেহ বা

মনকে) পঙ্কিল করে ; obscenity, অশ্লীলতা। *a.* **fil°thy**—নোংরা ; অপবিত্র ; অশ্লীল। *adv.* **fil°thily**। *n.* **fil°thinėss**। [OE. *fylth* < *ful* = foul]

filtrate [fil°-trāt, ফিল্°ট্রেইট্] (**1**) *v.t.i.* to filter, পরিস্রুত করা বা চোয়ান। *p.* & *p. pt.* **fil°trātėd**। (**2**) *n.* **filtered liquid,** পরিস্রুত তরল পদার্থ, (পরি.) পরিস্রুৎ। *n.* **filtrā°tion**। [see *filter*]

Fin$_1$—alt. spell. of **Finn.**

fin$_2$ [fin, ফিন্] *n.* an organ by which an aquatic animal swims, মৎস্যাদি জলচর প্রাণীর ডানা ; flat projection on the tail of an aircraft, বিমানের পশ্চাদ্ভাগে মাছের ডানার মত চেপটা অংশ। *a.* **fi°nned, fi°nny**—ডানাওয়ালা। [OE. *finn* < L. *pinna*—cp. Sans. *dayan*]

final [fī°nl, ফাই°ন্‌ল্] (**1**) *a.* last, সর্বশেষ ; ultimate, চরম, পরম ; decisive, চূড়ান্ত। (**2**) *n.* the last of a series, ক্রমিক কোন-কিছুর সর্বশেষটি ; (in games) the last or deciding round, (ক্রীড়াদিতে) শেষ বা চূড়ান্ত পর্যায় (I.F.A. *Final*); the final examination, শেষ বা চূড়ান্ত পরীক্ষা (School *Final*)। *n.* **finalist** [fī°-na-list, ফাই°ন্যালিস্ট্] ক্রীড়াদিতে যে প্রতিযোগী চূড়ান্ত পর্যায়ে পৌঁছিয়াছে। *n.* **finā°lity**—চূড়ান্ত অবস্থা অর্থাৎ যাহার পর আর কিছুই নাই (an air of *finality* in one's tone) ; সম্পূর্ণতা ; শেষ বা উপসংহার ; (দর্শ.) পরমকারণবাদ। *adv.* **fi°nally**। [F. < L. *finalis*]

finale [fi-nŭ°-li, ফিনা°লি] *n.* the end, অবসান ; conclusion, উপসংহার ; the last movement in a musical composition, সঙ্গীতের শেষধ্বনি, লয়। [It.]

finalist, finality, finally—see **final.**

finance [fi-nans°, ফিন্যান্‌স্°] (**1**) *n.* money affairs or revenue, আর্থিক ব্যাপার বা রাজস্ব ; the art of managing the public money, সরকারি টাকাকড়ির আদায় খরচ এবং হিসাব সম্বন্ধীয় বিদ্যা ; (in *pl.*) money resources, আর্থিক সংস্থান (our *finances* are not in a sound condition)। (**2**) *v.t.* to furnish with money, টাকা (বিশেষতঃ মূলধন) জোগান। *p.* & *p. pt.* **finan°cėd**। *a.* **financial** [fi-nan°sh(a)l, ফিন্যান্°শ্‌ল্] আর্থিক। *n.* **finan°ciēr**—আর্থিক ব্যাপারে পণ্ডিত ; ব্যবসায়াদিতে মূলধন বিনিয়োগকারী, ধনিক। **financial houses** or **institutions**—মূলধন বিনিয়োগকারী সংস্থাসমূহ। [F.]

finch [finch(sh), ফিন্‌চ্(শ্)] *n.* kinds of small birds, এক শ্রেণীর ছোট পাখি (যেমন, bull *finch*, chaf *finch*, gold *fiinch*, green *fince*)। [OE. *fine*)

find [fīnd, ফাইন্ড্] (**1**) *v.t.* to come upon or meet with, সম্মুখীন হওয়া বা সাক্ষাৎ পাওয়া ; to discover, আবিষ্কার করা, খুঁজিয়া বাহির করা ; to reach, (সিদ্ধান্তাদিতে) উপনীত হওয়া ; to come to perceive, দেখিতে পাওয়া ; to supply, জোগান, জোটান (to *find* one a wife) ; to determine or pronounce, বিচারপূর্বক সিদ্ধান্ত করা বা রায় দেওয়া (to *find* one guilty) ; to get or obtain, পাওয়া ; to arrive at naturally, স্বাভাবিকভাবে গন্তব্য স্থানে পৌঁছান (water *finds* its own level)। *p.* & *p. pt.* **found** [fownd, ফাউন্ড্]। (**2**) *n.* act of finding, সাক্ষাৎলাভ, আবিষ্কার, সন্ধান, উপনীত হওয়া, দর্শনলাভ, সরবরাহ, রায়দান, প্রাপ্তি ; something found, যাহার সাক্ষাৎ মিলিয়াছে, আবিষ্কৃত সন্ধানপ্রাপ্ত বা দৃষ্ট ব্যক্তি অথবা বস্তু, সিদ্ধান্ত, যাহা বা যাহাকে জোগান অথবা জোটান হইয়াছে ; রায় ; প্রাপ্ত বস্তু। **(to) find for**—(কাহারও) পক্ষে রায় দেওয়া। **(to) find one in**—(কাহারও) চাহিদা মেটান, জোগান। **(to) find one's tongue** or **voice**—(লজ্জাদিবশতঃ কিছুকাল হতবাক্ থাকার পর) বাক্‌শক্তি ফিরিয়া পাওয়া বা কথা বলিতে সমর্থ হওয়া। **(to) find oneself**—স্বীয় (যোগ্য) বৃত্তি খুঁজিয়া পাওয়া ; স্বীয় ক্ষমতা ও কর্মশক্তি উপলব্ধি করা ; স্বীয় দেহ বা মনের অবস্থা সম্বন্ধে বোধ করা (how do you *find yourself* now = এখন কেমন বোধ করছ বা এখন কেমন লাগছে তোমার ?) ; নিজেকে দেখিতে পাওয়া (he *found himself* in a cave)। **(to) find out**—আবিষ্কার করা, দেখিতে পাওয়া। **all found**—আহার বাসস্থান পরিচ্ছদ প্রভৃতি প্রয়োজনীয় ব্যবস্থাসহ। *n.* **fīn°der**। **finders keepers**—(কথ্য.) যে খুঁজিয়া পাইবে জিনিস তাহারই। *n.* **fīn°ding**—find (*v.*)-এর সকল অর্থে, বিশেষতঃ—রায় ; আবিষ্কার (the *findings* of the Commission)। [OE. *findan*—cp. G. *finden*]

fine$_1$ [fīn, ফাইন্] (**1**) *n.* end, conclusion, সমাপ্তি, উপসংহার ; a money penalty, জরিমানা, অর্থদণ্ড। (**2**) *v.t.* to impose a fine on, জরিমানা করা (to *fine* a person for an offence)। **in fine**—অবশেষে, উপসংহারে। [L. *finis* = an end]

fine$_2$ [fīn, ফাইন্] (**1**) *a.* excellent, চমৎকার ; beautiful, সুন্দর ; subtle, সূক্ষ্ম (*fine* distinction) ; consisting of small particles, ক্ষুদ্র কণিকাময় ; very thin slender or small, অতি পাতলা সরু বা মিহি ; cultured, সংস্কৃত, সুরুচিসম্পন্ন (*fine* manners) ; sharp, তীক্ষ্ণ ; ধারাল ; exquisite, নিখুঁত ; showy, জাঁকাল ; remarkable, লক্ষণীয় ; pure, বিশুদ্ধ, খাঁটি (gold 22 carats *fine*) ; (iron.) excellent, (বিদ্রূপে) ভ্যালা (a *fine* excuse)। (**2**) *v.t.* to make fine, সূক্ষ্ম বা পাতলা বা সরু বা মিহি করা ; to refine, সংস্কৃত করা ; to purify, বিশোধন করা। (**3**) *adv.* well, বেশ, খুব ; well enough, বেশ খানিক ; with little to spare, সামান্যই বাদ দিয়া। **one fine day**—একদা। **one of these fine days**—একদা ভবিষ্যতে। **fine arts**—চিত্রাঙ্কন ভাস্কর্য সঙ্গীত প্রভৃতি চারুকলা। *a.* **fīne°-drawn**—অতি সূক্ষ্ম রেখাদি-দ্বারা অঙ্কিত ; অতি সূক্ষ্মভাবে প্রদর্শিত। **fine gentleman**—অত্যন্ত আদবকায়দা-দোরস্ত অলস পুরুষ। *fem.* **fine lady**। *adv.* **fīne°ly**। *n.* **fīne°nėss**। *n.* **fī°nery**—চমৎকারিত্ব ; সূক্ষ্ম কারুকার্য ; (বিরল) জাঁকাল পোশাক বা

অলঙ্কার ; লোহার পাত তৈয়ারি করার চুল্লী। *a.* **fine°spō°ken**—চমৎকার ভাষায় উক্ত। *a.* **fine°-spun**—সূক্ষ্মভাবে বোনা হইয়াছে এমন। **fine writing**—অলঙ্কারবহুল ভাষা। [F. *fin*<L. *finitus* = finished]

finesse [fi-nes°, ফিনেস্°] (**1**) *n.* subtlety of contrivance, কৌশলের সূক্ষ্মতা ; artifice, কৌশল ; artfulness, চাতুর্য, চাতুরি ; (in card games) an attempt to take the trick by an inferior card holding a higher one in reserve, বড় তাস হাতে রাখিয়া ছোট তাস দিয়া পিট লওয়ার চেষ্টা। (**2**) *v.t.i.* to play in finesse, বড় তাস হাতে রাখিয়া ছোট তাস দিয়া পিট লওয়ার চেষ্টা করা। (**3**) *v.i.* to use artifice, কৌশল অবলম্বন করা। *p.* & *p. pt.* **fine°ssed**। [F.]

finger [fing°-ga(r), ফিং°গ্যা(র্)] (**1**) *n.* one of the five (or four excluding the thumb) terminal parts of the hand, হাতের অঙ্গুলি (বর্ত. অঙ্গুষ্ঠবাদে) ; anything finger-shaped, অঙ্গুলাকার কিছু ; a finger-breadth, এক অঙ্গুলির প্রস্থপরিমাণ, অঙ্গুলিপরিমাণ ; touch, স্পর্শ ; fingering, অঙ্গুলি-চালনা। (**2**) *v.t.* to touch play or toy with by means of finger, অঙ্গুলিদ্বারা স্পর্শ করা বা বাজান বা খেলা করা, আঙ্গুল বসান ; to filch, চুরি করা। **one's fingers are all thumbs**—(লোক-সম্বন্ধে) পোশাক-পরিচ্ছদ চালচলন কাজকর্ম প্রভৃতিতে অত্যন্ত জেবড়া। **(to) burn one's fingers**—অন্যায় হস্তক্ষেপের, অথবা অসাবধানতার দরুন দুর্ভোগ বা ভোগান্তি হওয়া। **(to) clench one's fingers**—হাত মুষ্টিবদ্ধ করা। **(to) have at** (one's) **finger('s)-ends** or **finger-tips**—(কোন বিষয়ে) পুরা-পুরি পণ্ডিত হওয়া (তু. নখদর্পণে থাকা)। **(to) keep one's fingers crossed**—এই আশা করা যে ভালই হইবে—পরিকল্পনাদি বানচাল হইয়া যাইবে না। **(to) lay** or **put one's finger on**—(ভ্রম-প্রমাদ, ঝামেলাদির হেতু, প্রভৃতি) স্পষ্টভাবে বা সঠিক-ভাবে নির্দেশিত করা। **one's fingers itch**—কেহ কিছু করিবার জন্য উৎসুক বা অস্থির (তু. হাত সুড়সুড় বা নিশপিশ করে)। **(to) slip through one's fingers**—আঙ্গুলের ফাঁক দিয়া গলিয়া যাওয়া, মুঠিতে ধরিয়া রাখিতে না পারা ; (আল. লাভের) সুযোগ-সুবিধাদি হারান। **(to) turn** or **twist round** or **around one's (little) finger**—(কাহাকেও) ইচ্ছামত পরিচালনা করিতে সক্ষম হওয়া, কড়ে আঙ্গুলে করিয়া নাচান। *n.* **fin°ger-al°phabet**—অন্ধ ও মুক-বধিরদের জন্য অঙ্গুলিস্পর্শদ্বারা অনুভব করিয়া পড়ার উদ্দেশ্যে রচিত উঁচু-উঁচু-করা বর্ণমালা। *n.* **fin°ger-board**—বেহালাদি তারের বাদ্যযন্ত্রের যে স্থানে অঙ্গুলি-সঞ্চালন করিয়া বাজাইতে হয়। *n.* **fin°ger-bowl**—হাতের আঙ্গুল ধুইবার জন্য ভোজটেবিলে যে জলপাত্র বা গেলাস দেওয়া হয়। *n.* **fin°ger('s)-breadth**—অঙ্গুলিপরিমাণ ($=\frac{3}{4}''$)। *n.* **fin°gering**—(সচ. বাদ্য-যন্ত্রে) অঙ্গুলিসঞ্চালন বা তাহার প্রণালী। *n.* **fin°ger-mark**—হাতের আঙ্গুলের ছাপ। *n.* **fin°ger-nail**—হাতের নখ। *n.* **fin°ger-pōst**—যে পথনির্দেশক খুঁটিতে হস্তাঙ্গুলি অঙ্কিত থাকে। *n.* **fin°ger-print**—হস্তাঙ্গুলির রেখাসমূহের ছাপ। *n.* **fin°ger-stall**—হস্তাঙ্গুলির রক্ষাবরণ, অঙ্গুলিত্র, মেজরাফ। *n.* **fin°ger-tip**—হস্তাঙ্গুলির ডগা, (আল.) সহজ নাগাল বা আয়ত্তি (to have on *finger-tip*)। [AS.]

finial [fī°-ni-al, ফাই°নিঅ্যাল্] *n.* (archi.) ornamental work, (স্থাপ.) অট্টালিকাদিতে লতাপাতার কারুকার্য, পদ্মের কাজ। [L. *finis* = end]

finical [fi°-nik(a)l, ফি°নিক্‌ল্] *a.* fastidious, খুঁতখুঁতে, অতি রুচিবাগীশ। *n.* **finica°lity, fi°ni-calness**। *adv.* **fi°nically**। **finicking** [fi°-ni-king, ফি°নিকিং] (**1**) *n.* খুঁতখুঁতানি ; (**2**) *a.* খুঁতখুঁতে। *a.* **fi°nicky**। [?—cp. *fine*$_2$]

finis [fī°-nis, ফাই°নিস্] *n.* the end, শেষ, সমাপ্তি ; conclusion, উপসংহার। [L.]

finish [fi°-nish, ফি°নিশ্] (**1**) *v.t.* to end, শেষ করা, সমাপ্ত করা ; to complete, সম্পূর্ণ করা ; to give the last touches to, নির্মিত চিত্র প্রতিমা বা অন্যান্য জিনিসপত্রের উৎকর্ষসাধনার্থ শেষবারের মত কারিকুরি করা (the filigree work is finely *finished*) ; to destroy, ধ্বংস করা। *p.* & *p. pt.* **fi°nished**। (**2**) *n.* that which ends or completes, যাহা সমাপ্ত করে বা সম্পূর্ণ করে ; the end of a race, hunt etc., ধাবন-প্রতিযোগিতা শিকার প্রভৃতির শেষ পর্যায় ; last touch, চিত্র প্রতিমা প্রভৃতির উৎকর্ষসাধনার্থ শেষবারের মত কারিকুরি (a smooth *finish*)। **(to) be in at the finish** (বিশে. শৃগাল-শিকার সম্পর্কে) পশু নিহত হইবার সময়ে অর্থাৎ শেষ সময়ে উপস্থিত থাকা ; (আল.) (সংগ্রামাদির) শেষ অবস্থায় উপস্থিত থাকা। **(to) fight to a finish**—এক পক্ষ পরাস্ত না হওয়া পর্যন্ত বা জয়-পরাজয় মীমাংসিত না হওয়া পর্যন্ত লড়াই করা। **(to) finish off** or **up**—সম্পূর্ণ খাইয়া ফেলা ; (কথ্য.) ধ্বংস করা, মারিয়া ফেলা। **(to) finish up with**—কোন পদ আহারপূর্বক ভোজন শেষ করা (*to finish up* a dinner *with* a dish of fruits)। *a.* **fi°nished**—সমাপ্ত ; সম্পূর্ণ ; নিখুঁত। *n.* **fi°nisher**—যে কারিগর বা যন্ত্রাদি উৎপাদনের সমাপ্তি পর্যায়ের কর্ম নিষ্পন্ন করে ; চরম আঘাত। **fi°nishing**—(**1**) *a.* সমাপক ; সম্পূর্ণতা-সাধক ; উৎকর্ষসাধনার্থ শেষবারের মত কারিকুরিমূলক ; ধ্বংসকর ; (**2**) *n.* সমাপ্তি ; সম্পূর্ণতা ; উৎকর্ষসাধনার্থ শেষবারের মত কারিকুরি ; ধ্বংস। [F. *finissant*<L. *finis* = an end]

finite [fī°-nīt, ফাই°নাইট্] *a.* having an end or limit, সান্ত, সসীম, সীমাবদ্ধ। **finite verb**—(ব্যাক.) সমাপিকা ক্রিয়া। *n.* **fi°niteness**। [L. *finitus*]

fink$_1$ [fink, ফিংক্] *n.* South African weaver-bird, দক্ষিণ আফ্রিকার বাবুই পাখিবিশেষ। [Afrik. *vink* = finch]

fink$_2$ [fink, ফিংক্] (**1**) *n.* (sl.) unpleasant person, (অশি.) বিরক্তিজনক লোক ; detective, গোয়েন্দা ; spy, চর ; strike-breaker, ধর্মঘট ভঙ্গকারী, ধর্মঘটের সময়ে যে লোক কাজ করে বা শ্রমিক

সরবরাহ করে। (2) *v.i.* inform on, সংবাদাদি দেওয়া। [?]

Finn [fin, ফিন্] *n.* a native of Finland and adjacent regions, ফিন্ল্যান্ড ও তৎসন্নিহিত দেশসমূহের অধিবাসী, ফিন্-গোষ্ঠীর লোক। **Fi°nnish**—(1) *a.* ফিন্-গোষ্ঠী-সংক্রান্ত ; ফিন্ল্যান্ড-সংক্রান্ত ; (2) *n.* ফিন্-গোষ্ঠীর ভাষা। [OE. *finnas*]

finned, finny—see **fin**$_2$.

fiord, fjord [fi°-aw(r)d, ফি°অ্য(র্)ড্] *n.* a long narrow rockbound inlet, দীর্ঘ সঙ্কীর্ণ ও পর্বতবেষ্টিত উপসাগর বা সমুদ্রের খাঁড়ি। [Norw. *fjord*]

fir [fa(r), ফ্যা(র্)] *n.* a genus of several coniferous trees, দেবদারুজাতীয় মোচাকার বৃক্ষগোষ্ঠী। *a.* **fi°rry**—উক্ত বৃক্ষবহুল। [OE. *fyrh*—cp. G. *fohre*]

fire [fī(r), ফায়্যা(র্)] (1) *n.* a supposed elemental substance, কল্পিত চারি ভূতের (হিন্দুশাস্ত্রে পঞ্চভূতের) অন্যতম, তেজ, অগ্নি ; a mass of burning matter, আগুন ; flame, glow, শিখা, তাপ, দ্যুতি ; a conflagration, অগ্নিকাণ্ড ; firing, প্রজ্বালন বা বন্দুকাদি দাগা ; fuel, ইন্ধন, জ্বালানি ; a heating apparatus, তাপনযন্ত্র ; heat or light, তাপ, জ্বালা আলোক ; (poet.) lightning, (কাব্যে) বিদ্যুৎ ; heat of fever or inflammation, জ্বরের বা প্রদাহের তাপ অথবা জ্বালা ; discharge of firearms, বন্দুকাদি হইতে নিক্ষিপ্ত গুলি-গোলা ; (fig.) enthusiasm, ardour, passion, vigour, animation, উৎসাহ, উদ্যম, আবেগ, তেজ, উদ্দীপনা। (2) *v.t,* to ignite, to inflame, অগ্নিসংযোগ করা, জ্বালান ; to cause to explode, বিস্ফুরিত করা ; to expose to heat, তাপে রাখা, তাপ দেওয়া ; to bake, আগুনে সেঁকা ; to cauterize, দাহন করা, পোড়ান ; to fuel, ইন্ধন দেওয়া ; to discharge, (বন্দুকাদি) দাগা ; to animate, উদ্দীপ্ত করা। (3) *v.i.* to take fire or become inflamed, জ্বলিয়া ওঠা ; to shoot with fire-arms, বন্দুকাদি দাগা (to *fire* on an unruly crowd) ; to break out in anger or any other passion, ক্রোধান্বিত হওয়া বা অন্য কোন রিপুপ্রভাবে উদ্দীপ্ত হওয়া। **between two fires**—উভয় দিক্ হইতে নিক্ষিপ্ত গুলিগোলার মধ্যে। **fire and brimstone**—নরক : ক্রোধসূচক বা বিরক্তিসূচক উক্তিবিশেষ। **fire and sword**—(যুদ্ধাদিতে) অগ্নিকাণ্ড ও হত্যা। **on fire**—দাউদাউ করিয়া জ্বলিতেছে এমন। **(a) running fire**—সৈন্যশ্রেণীর সেনাগণ কর্তৃক পরপর অবিশ্রান্ত গুলিচালনা ; (আল.) পরপর অবিশ্রাম সমালোচনা বা প্রতিকূল প্রশ্ন। **under fire**—শত্রুপক্ষের গোলাগুলির বা প্রতিপক্ষের সমালোচনার সম্মুখীন। **(to) fire ahead**—অভীষ্ট বক্তব্য বা কর্ম চাপিয়া না' রাখিয়া বলিতে বা করিতে আরম্ভ করা। **(to) fire away**—(আল.) আরম্ভ করা বা বলিয়া ফেলা। **(to) fire off**—(বন্দুকাদি) দাগা ; পরপর দ্রুত জিজ্ঞাসা করা বা বলা। **(to) fire up**—প্রজ্বালিত করা, (আগুন) জ্বালান ; উত্তেজিত করা বা হওয়া ; রাগে জ্বলিয়া ওঠা। **(to) catch fire**—আগুন লাগা ; জ্বলিয়া ওঠা ; উদ্দীপ্ত হওয়া। **(to) fire a person with**—উদ্দীপ্ত করা, উদ্দীপনাপূর্ণ করা। **(to) hang fire**—(বন্দুকাদি হইতে) গোলা-গুলি ছুটিতে বিলম্ব হওয়া ; (ঘটনাদি) পাকিয়া উঠিতে দেরি হওয়া। **(to) lay a fire**—আগুন জ্বালাইবার জন্য কাষ্ঠাদি সাজান (তু. উনুন সাজান)। **(to) make a fire**—আগুন জ্বালান। **(to) open fire**—গোলাগুলি ছুড়িতে আরম্ভ করা। **(to) play with fire**—আগুন লইয়া খেলা করা, নির্বোধের ন্যায় ঝুঁকি নেওয়া, অযথা বিপদ বরণ করা। **(to) set on fire, (to) set fire to**—প্রজ্বালিত করা ; অগ্নিসংযোগ করা। **(to) set the Thames on fire**—লক্ষণীয় বা অসাধারণ কোন কাজ করা। **(to) strike fire from**—কিছুতে আঘাত করিয়া বা কিছু ঘসিয়া অগ্নিস্ফুলিঙ্গ উৎপাদন করা (*to strike fire from* flint)। **(to) take fire**—জ্বলিয়া ওঠা; উদ্দীপ্ত হওয়া। **there is no smoke without fire**—(আল.) যা রটে তা কিছু বটে। *n.* **fire°-alarm°**—অগ্নিকাণ্ডের সংবাদ-জ্ঞাপন বা সংবাদ-জ্ঞাপক যন্ত্রবিশেষ। *n.* **fire°-arm**—(usu.in *pl.*) বন্দুকাদি আগ্নেয়াস্ত্র। *n.* **fire°-ball**—বিস্ফোরিত অ্যাটম-বোমার কেন্দ্রগত অংশ। *n.* **fire°-bomb**—যে বোমা বিস্ফোরিত হইলে ধ্বংসকর অগ্নিকাণ্ডের সৃষ্টি করে, আগুনে বোমা। *n.* **fire°box**—বাষ্পীয় শকটের যে অংশে আগুন থাকে। *n.* **fire°-brand**—জ্বলন্ত কাষ্ঠখণ্ড ; যে ব্যক্তি লড়াই বাধায় বা উত্তেজনার সৃষ্টি করে। *n.* **fire°break**—দাবানলের প্রসাররোধার্থ অরণ্যাদির মধ্যে বৃক্ষাদিশূন্য ফাঁকা জায়গা ; অগ্নিকাণ্ড-রোধার্থ কারখানা গুদাম প্রভৃতিতে অদাহ্য পদার্থে নির্মিত প্রাচীর। *n.* **fire°brick**—অগ্নিসহ ইষ্টক। *n.* **fire°-br°igade**—দমকল-বাহিনী। *n.* **fire°-bu°cket**—অগ্নিকাণ্ড নির্বাপণে ব্যবহৃত জলের বালতি। *n.* **fire°clay**—ইষ্টকনির্মাণে ব্যবহৃত মৃত্তিকাবিশেষ। *n.* **fire°-control°**—জাহাজের নির্দিষ্ট স্থান হইতে কামান-বর্ষণ নিয়ন্ত্রণের পদ্ধতি। *n.* **fire-°cracker**—পটকা-বাজি। *n.* **fire°damp**—কয়লাখনিতে জাত গ্যাস-বিশেষ (ইহার সহিত বাতাস মিশিলে বিস্ফোরণ ঘটে), মিথেন গ্যাস। *n.* **fire°dog**—উনানের শিক বা ঝিঁকা। *n.* **fire-°ea°ter**—যে বাজিকর আগুন খাওয়ার খেলা দেখায় ; কলহপ্রিয় ব্যক্তি, খুব লড়িয়ে লোক। *n.* **fire°-engine**—দমকল। *n.* **fire°-escape**—অট্টালিকাদিতে অগ্নিকাণ্ডকালে বাসিন্দাদের নির্গমন পথ, অগ্নিতারণ পথ। *n.* **fire°-extinguisher**—অগ্নিনির্বাপণার্থ রাসায়নিক পদার্থসমূহ সিঞ্চনের যন্ত্র। *n.* **fire°-fighter**—অগ্নিকাণ্ড-নির্বাপণকারী দমকলকর্মী। *n.* **fire°-fighting**—অগ্নিকাণ্ড-নির্বাপণ। *n.* **fire°fly**—জোনাকি। *n.* **fire°-grate**—আগুন রাখার তাওয়া। *n.* **fire°-guard**—উনানাদির সামনে যে ধাতুনির্মিত আবরণ বা জাফরি থাকে। *n.* **fire°hose**—অগ্নিনির্বাপণার্থ জলসিঞ্চনের নল। *n.* **fire°-insur°ance**—অগ্নিকাণ্ড-জনিত ক্ষতি এড়ানর জন্য কৃত বিমা। *n. pl.* **fire°-irons**—উনান খোঁচানর শিক, চিমটা, সাঁড়াশি, প্রভৃতি। *n.* **fire°-light**—উনানাদির আগুনের আলো। *n.* **fire°lock**—গাদা বন্দুক। *n.*

fire°man—অগ্নিনির্বাপণকারী ; দমকলকর্মী ; যে ব্যক্তি এন্‌জিনাদিতে কয়লা জোগায় ; খনিতে অগ্নিকাণ্ড-প্রতিরোধী কর্মচারী ; যে ব্যক্তি বন্দুকাদি দাগে। *n.* **fire°-office**—অগ্নিবিমার কার্যালয়। *n.* **fire°-place**—বাসগৃহের যে স্থানে আগুন জ্বালান হয় ; ধূম-নিঃসারক চিমনির মুখ ; উনান। *n.* **fire°-po°licy**—অগ্নি-বিমা-পত্র। *n.* **fire°-power**—প্রতি মিনিটে কত বার কামানাদি দাগিতে পারে, তাহার মাপ (*fire-power* of a bomber)। **fire°proof**—(**1**) *a.* অগ্নি-সহ ; অদাহ্য ; (**2**) *v.t.* অগ্নিসহ করা। *n.* **fir°er**—fire (*v.*)-এর সকল অর্থে, এবং—উত্তেজনাকারী। *n.* **fire°-raiser**—যে ব্যক্তি অসদভিপ্রায়ে পরের গৃহাদিতে আগুন লাগায়। *n.* **fire°-raising**—পরগৃহাদিতে অগ্নিদান। *n.* **fire°-screen**—অগ্ন্যুত্তাপ-প্রতিরোধী পরদা। *n.* **fire°-side°**—উনানের পার্শ্ব ; বাসগৃহ। *n.* **fire°-walker**—যে ব্যক্তি অগ্নিতপ্ত প্রস্তর বা কাঠ-কয়লার ছাই-ঢাকা গনগনে আগুন বা ঐরূপ কিছুর উপর দিয়া হাঁটে। *n.* **fire°-station**—দমকলের অবস্থানস্থল বা আড্ডা। *n.* **fire°-walking**—অগ্নিতপ্ত প্রস্তর বা কাঠকয়লার ছাই-ঢাকা গনগনে আগুন বা ঐরূপ কিছুর উপর দিয়া হাঁটা। *n.* **fire°-watcher**—বিমান হইতে নিক্ষিপ্ত বোমায় সৃষ্ট অগ্নিকাণ্ড লক্ষ্য করিয়া তাহা নিবারণ করা যাহার কাজ। *n.* **fire°-water**—(কথ্য.) হুইসকি জিন রাম প্রভৃতি উগ্র সুরা। *n.* **fire°wood**—জ্বালানীকাষ্ঠ। *n.* **fire°work**—আতশবাজি ; (in *pl.*) আতশবাজি পোড়ান ; সঙ্গীতাদিতে আড়ম্বরপূর্ণ মোচড় বা ঝালা ; (in *pl.*) (আল.) বুদ্ধি আবেগ প্রভৃতির বহিঃপ্রকাশ বা অভিব্যক্তি। *n.* **fir°ing**—fire (*v.*)-এর সকল অর্থে, এবং বিশেষতঃ—বন্দুকাদি দাগা। *n.* **firing-line**—যুদ্ধরত সৈন্যগণের সামনের সারি। *n.* **fir°ing-squad, fir°ing-par°ty**—মৃতের সম্মানার্থ তাহার কবরে গুলি ছোড়ার জন্য বা দণ্ডিত আসামীকে গুলি করিয়া বধের জন্য নিযুক্ত দল। [OE. *fyr*—cp. Gk. *pyr*]

firkin [fī(r)°-kin, ফায়্যা(র্)°কিন্] *n.* a small cask for liquids, butter, etc., তরল পদার্থ মাখন প্রভৃতি রাখার ছোট পিপা। [Old Du. *vierde* = fourth]

firm$_1$ [fa(r)m, ফ্যা(র্)ম্] *a.* fixed, স্থির ; compact, ঘন ; strong, বলিষ্ঠ ; steady, দৃঢ়, অটল (*firm* as a rock) ; resolute, অদম্য ; decided, স্থিরসঙ্কল্প। *adv.* **firm°ly**। *n.* **firm°ness**। **(to) hold firm to**—দৃঢ়ভাবে আঁকড়াইয়া থাকা, নিজ সঙ্কল্পে অটল থাকা। [OF. *ferme* < L. *firmus*]

firm$_2$ [fa(r)m, ফ্যা(র্)ম্] *n.* (ori.) the title under which a company transacts business, (মূলতঃ) ব্যবসায়-প্রতিষ্ঠান কর্তৃক কারবারে ব্যবহৃত নাম ; a business establishment, ব্যবসায়-প্রতিষ্ঠান। [It. *firma* < L. *firmus*—cp. *farm*]

firmament [fa(r)°-ma-mant, ফ্যা(র্)°ম্যাম্যান্ট্] *n.* the vault of heaven, নভোমণ্ডল, মহাকাশ ; the sky, আকাশ। [L. *firmamentum*]

firman [fa(r)°-man, ফ্যা(র্)°ম্যান্] *n.* an Oriental sovereign's edict, বাদশা নবাব প্রভৃতির আদেশপত্র, ফরমান। [Pers. *ferman*]

first [fa(r)st, ফ্যা(র্)স্ট্] (**1**) *a.* foremost, সর্বাগ্রে স্থিত, প্রথম ; most eminent, সর্বাধিক উল্লেখযোগ্য ; chief, প্রধান। (**2**) *n.* one who or that which is first or of first class, প্রথম বা প্রধান বা প্রথম শ্রেণীভুক্ত ব্যক্তি অথবা বস্তু ; a place in the first class, প্রথম শ্রেণীতে স্থান (to get a *first* in classics)। (**3**) *adv.* before all, সর্বাগ্রে (*first* come, *first* served)। **first and last**—আদ্যন্ত, সর্বতোভাবে। **(to) get to the first base**—সাফল্যের সহিত শুরু করা। *n.* **first°-aid**—(চিকিৎসক আসার পূর্বে পীড়িত বা আহতের) প্রাথমিক চিকিৎসা। **first°-born**—(**1**) *a.* প্রথমজাত বা জ্যেষ্ঠ ; (**2**) *n.* জ্যেষ্ঠ সন্তান। *a.* **first°-class**—প্রথম শ্রেণীর ; সর্বোৎকৃষ্ট ; শ্রেষ্ঠ। **first cost**—(বাণি.) মুনাফা-বাদে খরচ। **first form**—মাধ্যমিক বিদ্যালয়ের নিম্নতম শ্রেণী। *n. pl.* **first°-fruits**—খেত হইতে প্রথম সংগৃহীত বৎসরের প্রথমবারের ফলসমূহ বা ফসল ; (আল.) কাজের বা প্রচেষ্টার প্রথম ফল ; (আল.) ব্যবসায়াদি হইতে প্রথমলব্ধ লাভ বা আয়। **first°-hand**—(**1**) *a.* সরাসরি ; (**2**) *adv.* সরাসরিভাবে। **at first hand**—সরাসরি। *n.* **first°ling**—(বিশে. পশুর) প্রথম সন্তান ; প্রথমজাত ফল, প্রথম উৎপন্ন দ্রব্যাদি। *adv.* **first°ly**—প্রথমতঃ। **first name**—প্রথম নাম অর্থাৎ বংশনাম নহে (e.g. *Surendranath* of Sir Surendranath Bandyopadhyay)। *n.* **first°-offen°der**—প্রথমবার দণ্ডপ্রাপ্ত অপরাধী। *a.* **first°-rate** প্রথমশ্রেণীভুক্ত ; শ্রেষ্ঠ। *adv.* **first-rate°**—অত্যুত্তমভাবে, চমৎকারভাবে। [OE. *fyrst*—cp. *fore*]

firth [fa(r)th, ফ্যা(র্)থ্], **frith** [frith, ফ্রিথ্] *n.* an arm of the sea, উপসাগর ; an estuary, নদীর মোহানা। [ON. *fiorthr*]

fisc, fisk [fisk, ফিস্ক্] *n.* the state treasury, (প্রধানতঃ প্রাচীন রোমের) রাজকোষ। **fis°cal**—(**1**) *a.* রাজকোষসংক্রান্ত ; সরকারি রাজস্বসংক্রান্ত ; (**2**) *n.* (সরকারি) কোষাধ্যক্ষ ; রোমের প্রধান সরকারি উকিল। **fiscal question**—অবাধ বাণিজ্যসংক্রান্ত বা সংরক্ষণসংক্রান্ত প্রশ্ন। [L. *fiscus* = purse]

fish$_1$ [fish, ফিশ্] (**1**) *n.* a piece of wood placed along another to strengthen it, কাষ্ঠ-খণ্ডকে জোরাল করার জন্য তৎপার্শ্বে স্থাপিত ভিন্ন কাষ্ঠখণ্ড ; a counter for games, খেলার ঘুঁটি ; a game of cards, তাসের জুয়াখেলাবিশেষ। (**2**) *v.t.* to strengthen with a fish or fishplate, ফিশ্ বা ফিশ্‌প্লেইট্ স্থাপনপূর্বক জোরাল করা। *p.* & *p. pt.* **fi°shed**। *n.* **fish°plate**—রেললাইন পরস্পর জুড়িবার জন্য জোড়ের মুখে উভয় পাশে যে লোহার পাত ব্যবহার করা হয়, ফিশ্‌প্লেইট্। [F. *fiche* = peg ?]

fish$_2$ [fish, ফিশ্] (**1**) *n.* an aquatic vertebrate or its flesh, মৎস্য, মাছ ; (coll.) person, (কথ্য.) লোক (clever, cool, queer, etc. *fish*)। *pl.* **fish°(es)**। (**2**) *v.i.* to catch or try to catch fish, মাছ ধরা বা মাছ ধরার চেষ্টা করা ; to search for something in or under water, জলের

মধ্যে বা নিচে কিছুর সন্ধান করা। (3) *v.t.* to catch and bring out of water, জল হইতে ধরিয়া তোলা ; to bring up or out, গভীর বা গুপ্ত বা অজ্ঞাত স্থান হইতে তুলিয়া অথবা বাহির করিয়া আনা ; to elicit, প্রকাশ করা ; to ransack, তন্নতন্ন করা বা তোলপাড় করা ; to practise the fisher's craft in, (কিছুর) মধ্যে জাল ফেলা। *p. & p. pt.* **fi°shed** । **a pretty kettle of fish**—অতি বিশৃঙ্খল অবস্থা। **(to) cry stinking fish**—স্বীয় প্রচেষ্টাদির নিন্দা করা। **neither fish nor flesh**—ইহাও নহে উহাও নহে। **neither fish nor good red herring**—বৈশিষ্ট্যহীন, বিশেষত্বহীন। **queer fish**—অদ্ভুত প্রকৃতির ব্যক্তি। **(to) fish in troubled waters**—স্বীয় স্বার্থসাধনার্থ বিশৃঙ্খলাপূর্ণ সময়ের সুযোগ লওয়া। **(to) have other fish to fry**—অন্য কিছু করণীয় কাজ থাকা। **there's as good fish in the sea as ever came out of it**—দুষ্প্রাপ্যতার কোন আশঙ্কা নাই ; (আল.) একটি সুযোগ নষ্ট হইলেও আরও সুযোগ মিলিবে। *a.* **fish°be°llied**—মৎস্যবৎ নতোদর। *n.* **fish°bōne**—মাছের কাঁটা। *n.* **fish°-creel**—মাছের ঝুড়ি, খালুই। *n.* **fi°sher**—জেলে, ধীবর ; শৌখিন মৎস্য-শিকারি। *n.* **fisherman**—ধীবর, জেলে। *n.* **fi°shery**—মাছ ধরার ব্যবসায় বা স্থান বা অধিকার ; মাছের চাষ, মেছো ঘেরি। *a.* **fish°ful**—মৎস্যপূর্ণ। *n.* **fish°-garth**—মাছ ধরার জন্য নদীতে যে বেড়া দেওয়া হয়, গড়া। *n.* **fish°-hook**—বঁড়শি। **fi°shing**—(1) *n.* মৎস্য-শিকার ; (2) *a.* মৎস্য-শিকারে ব্যবহৃত। *n.* **fi°shing-rod**—মাছ-ধরা ছিপ। *n.* **fi°shing-tackle**—মাছ-ধরা জাল ছিপ এবং অন্যান্য সরঞ্জাম। *n.* **fish°pond**—মাছের পুকুর। *n.* **fish°-slice**—মাছ পরিবেশনের চেপটা ও চওড়া চামচ ; খুন্তিবিশেষ। *a.* **fish°-tail**—মাছের লেজের ন্যায় আকারবিশিষ্ট। *n.* **fish°-wife, fish°-woman**—মৎস্য-বিক্রেত্রী, মেছুনী। *a.* **fi°shy**—মৎস্যপূর্ণ ; মৎস্যতুল্য ; সন্দেহজনক (a *fishy* affair)। *adv.* **fi°shily** । *n.* **fi°shinėss** । [OE. *fisc*—cp. G. *fisch*]

fisk—see **fisc.**

fissile [fi°-sīl, ফি°সাইল্] *a.* readily split, সহজে বিদারণীয় (*fissile* material)। *n.* **fission** [fi°sh(a)n, ফি°শ্‌ন্] বিদারণ ; (বিজ্ঞা.) পরমাণুকে মোটামুটি সমদ্বিভাগে বিভাজন। *a.* **fi°ssionable** । *a.* **fissi°-parous**—(কোষ সম্বন্ধে) বিদারণ-জনিত ; (রাজ.) ঐক্যনাশক। *n.* **fissure** [fi°-sh-a(r), ফি°শ্যা(র্)] ফাট, চিড়্, ফাটল। *a.* **fi°ssured**—বিদীর্ণ, ফাটলওয়ালা, চিড়্-ধরা [L. *findere*=to cleave]

fist [fist, ফিস্ট্] (1) *n.* the closed or clenched hand, মুষ্টি। (2) *v.t.* to strike or grip with the fist, ঘুসি মারা বা আঁকড়াইয়া ধরা। *p. & p. pt.* **fis°tėd** । **(to) clench one's fist**—হাত মুষ্টিবদ্ধ করা, ঘুসি পাকান। **(to) make a fist at or of**—(কথ্য.) চেষ্টা করা। *a.* **fistic, fistical** । *n. pl.* **fis°ticuffs**—ঘুসি ; ঘুসাঘুসি। [OF. *fyst*—cp. G. *faust*]

fistula [fis°-tū-la, ফিস্°টিউল্যা] *n.* a narrow passage or duct, সঙ্কীর্ণ পথ বা সরু নালী ; (path.) a pipe-like ulcer, (চিকি.) ভগন্দর-রোগ। [L.=a pipe]

fit$_1$ [fit, ফিট্] *n.* an attack of illness, রোগাদির আক্রমণ (a *fit* of fever) ; an attack of epilepsy, মৃগীরোগের আক্রমণ ; a paroxysm, অঙ্গাদির আক্ষেপ বা খিচুনি ; a temporary attack or outburst, সাময়িক আক্রমণ বা আকস্মিক প্রকোপ (a *fit* of passion)। **fits and starts**—রহিয়া রহিয়া ব্যস্ততা বা কর্মচাঞ্চল্য। **by fits and starts or by fits**—(কর্মচাঞ্চল্যাদি প্রকাশের সম্বন্ধে) রহিয়া রহিয়া অল্প সময়ের জন্য, অনিয়মিতভাবে। **(to) give one a fit**—(কথ্য.) অন্যের মনে বিষম আঘাত দিবার মত কিছু করা। **(to) have a fit**—অত্যন্ত বিস্মিত হওয়া বা মনে আঘাত পাওয়া। *a.* **fit°ful**—থাকিয়া থাকিয়া ঘটে এমন। *adv.* **fit°fully** । [OE. *fitt*=a struggle]

fit$_2$ [fit, ফিট্] (1) *a.* suitable, উপযুক্ত ; competent, যোগ্য, যোগ্যতাসম্পন্ন ; becoming, শোভন, মানানসই ; proper, যথোচিত, উচিত, সঙ্গত ; able to work, কর্মক্ষম ; in good condition, ভাল অবস্থাযুক্ত। (2) *n.* act of making fit, উপযুক্ত বা মানানসই করা ; a thing that fits, মানানসই বস্তু (বিশেষতঃ পোশাক) (a good, bad, tight, loose, or excellent *fit*)। (3) *v.t.* to make fit, উপযুক্ত বা যোগ্য বা মানানসই করা ; to alter to make fit, মানানসই করার জন্য অদল-বদল বা কাটছাঁট করা ; to adjust, সমন্বয়সাধন করা ; to piece together, (অংশসমূহ) যথামত জোড়া দেওয়া বা খাপ খাওয়ান। (4) *v.i.* to become fit for, (কিছুর) যোগ্য বা মানানসই হওয়া ; to agree with, খাপ খাওয়ান। *pr. pt.* **fi°tting** । *p. & p. pt.* **fi°ttėd** । **(to) fit in**—উপযোগী বা সুসমঞ্জস হওয়া বা করান, মানান ; সময়োপযোগী বা স্থানোপযোগী হওয়া বা করান ; উপযুক্ত স্থান বা কাল খুঁজিয়া পাওয়া অথবা খুঁজিয়া দেওয়া। **(to) fit on**—খাপ খাওয়ানর চেষ্টা করা ; পোশাকাদি পরিধানপূর্বক মানানসই হইল কিনা দেখা। **(to) fit out**—সরবরাহ করা। **(to) fit up**—যন্ত্রাদির বিভিন্ন অংশ সরবরাহ করা। *n.* **fi°tter**—যে ব্যক্তি যন্ত্রাদির বিভিন্ন অংশ যথাযথভাবে জোড়া দেয়, ফিটার-মিস্ত্রি। *adv.* **fit°ly** । *n.* **fitment**—আসবাব বা সরঞ্জাম (kitchen *fitments*)। *n.* **fit°-nėss** । *n.* **fit°-out**—পোশাক-পরিচ্ছদ, সাজসজ্জা। **fi°tting**—(1) *a.* উপযুক্ত, শোভন, মানানসই ; যথাযথ, সঙ্গত ; (2) *n.* (usu. in *pl.*) কার্যকর করার জন্য প্রয়োজনীয় সাজসরঞ্জাম (electrical *fittings*) ; আনুষঙ্গিক অংশসমূহ ; ফিটার-মিস্ত্রির কাজ। *adv.* **fi°ttingly** । *n.* **fi°tting-out**—যন্ত্রাদির আনুষঙ্গিক অংশসমূহের সরবরাহ। *n.* **fi°tting-shop**—যন্ত্রাদির বিভিন্ন অংশ জোড়া দেওয়ার দোকান। [?]

fitch [fich, ফিচ্] *n.* a polecat or its hair খট্টাশ বা উহার লোম ; brush made of polecat's hair, খট্টাশের লোমে তৈয়ারি তুলি। [Old Du. *visse*]

five [fīv, ফাইভ্] (**1**) *a.* & *n.* four and one, পাঁচ, পঞ্চ। (**2**) *n.* a group of five, পঞ্চসংখ্যক কিছু (big *five*) ; a card with five points, তাসের পঞ্জা (*five* of clubs)। *a.* & *adv.* **five°-fōld**—পঞ্চধা। *n.* **fi°ver**—(কথ্য.) পাঁচ পাউন্ড্ বা পাঁচ ডলার মূল্যের নোট ; মাধ্যমিক বিদ্যালয়ের দ্বিতীয় শ্রেণীর ছাত্র। *a.* **five°-star**—সর্বোচ্চ শ্রেণীর (a *five-star* hotel)। [OE. *fif*—cp. G. *funf*, Sans. *pancha*]

fix [fiks, ফিক্স্] (**1**) *v.t.i.* to make or become fast, দৃঢ় বা আঁটো করা অথবা হওয়া ; to settle, (প্রধানতঃ স্থায়িভাবে) স্থাপন করা বা স্থাপিত হওয়া। (**2**) *v.t.* to drive in, ঢোকান ; to settle, স্থির করা (to *fix* a date) ; to make or keep steady or motionless, অটল বা নিশ্চল করা অথবা ঐরূপ করিয়া রাখা ; to fasten or attach, বাঁধা বা সংলগ্ন করা ; to implant deeply, (সচ. মনে) গভীরভাবে প্রোথিত বা মুদ্রিত করা (to *fix* facts in a person's mind)। *p.* & *p. pt.* **fix°ed**। (**3**) *n.* (coll.) a difficulty or a dilemma, (কথ্য.) মুশকিল বা উভয়সঙ্কট। **fixed capital**—ব্যবসায়-প্রতিষ্ঠানের নিজস্ব বাড়ি আসবাবপত্র মেশিন প্রভৃতি, স্থায়ী মূলধন। **fixed deposit**—ব্যাঙ্কে স্থায়ী জমা বা আমানত। **fixed stars**—নভোমণ্ডলে যে-সমস্ত তারাকে নিশ্চল বলিয়া মনে হয়, স্থিরতারাদল (এইগুলি **planets** বা গতিশীল নক্ষত্রপুঞ্জের বিপরীত)। **in a fix**—মুশকিলে পতিত। **(to) fix on**—বাছিয়া দেওয়া ; স্থির করিয়া দেওয়া। **(to) fix up**—বন্দোবস্ত করিয়া দেওয়া ; বাসস্থান জোগাড় করিয়া দেওয়া (they *fixed* me *up* for the night)। *n.* **fixā°tion**—fix (*v.*)-এর সকল অর্থে, এবং—ঘনীভবন, জমাট বাঁধা ; (মনস্তত্ত্ব) মানসিক উন্নতির ব্যাহতি ; (মত বা ধারণা সম্বন্ধে) নিশ্চলতা, অটলতা। *n.* **fixa-tive**—(ছবি প্রভৃতি সাঁটিবার জন্য) আঠাল বস্তু। *a.* **fixed**—অটল, নিশ্চল, স্থির ; স্থিরীকৃত ; উবিয়া যায় না এমন, অনুদ্বায়ী ; দৃঢ়, আঁটো ; স্থায়ী, টেকসই। *adv.* **fix°ėdly**। *n.* **fix°ity**—স্থায়ী অবস্থা বা স্থায়িত্ব। *n.* **fixture** [fixs°-cha(r), ফিক্স্°চ্যা(র্)] দৃঢ় বা আঁটো করা ; স্থাপন ;ঢোকান ; স্থিরীকরণ ; অটল বা নিশ্চল করা ; বন্ধন ; সংলগ্ন করা ; জমিতে বা অট্টালিকাতে যে অস্থাবর বস্তু আঁটিয়া দেওয়া হয় (যেমন, খুঁটি বা ইলেকট্রিকের তার) ; স্থায়ী বা অপরিহার্য আসবাবপত্র (যেমন, হাসপাতালে রোগীর খাট) ; (দেওয়াল-আলমারী তাক প্রভৃতির ন্যায়) দৃঢ়সংলগ্ন বস্তু বা সরঞ্জাম (*fixtures* and fittings) ; কোন স্থানে স্থাপিত জিনিস বা ব্যক্তি ; ঘটনাবলীর পূর্বনির্দিষ্ট সময়সূচি (a football knock-out *fixture*)। [L. *fixus*]

fizgig [fiz°-gig, ফিজ্°গিগ্] *n.* a flirtatious young woman, প্রেমের ভান করিতে অভ্যস্ত তরুণী ; a kind of small firework, a cracker, হালকা ধরনের বাজি, পটকা। [see *fizz*+gig=crazy girl]

fiz(z) [fiz, ফিজ্] (**1**) *v.i.* to hiss, হিস্‌হিস্ বা সাঁ-সাঁ শব্দ করা। (**2**) *n.* a hissing sound, উক্ত শব্দ ; (coll.) champagne, (কথ্য.) শামপেন-মদ্য। *n.* **fi°zzer**—উক্ত শব্দকর কিছু ; চমৎকার কিছু ; (প্রধানতঃ ক্রিকেট-খেলায়) অতি দ্রুতগামী বল। *v.i.* **fizz°le**—হিস্‌হিস্ বা সাঁ-সাঁ শব্দ করা ; ব্যর্থ হওয়া। **(to) fizzle out**—বাজে হইয়া যাওয়া ; ব্যর্থতায় পর্যবসিত হওয়া ; অসন্তোষজনক পরিণতি লাভ করা (the plan *fizzled out*)। *a.* **fi°zzy**—হিস্‌হিস্ বা সাঁ-সাঁ শব্দকর অথবা উক্ত শব্দপূর্ণ। [imi.]

fjord—see **fiord.**

flabbergast [fla°-ba(r)-gŭst, ফ্ল্যা°ব্যা(র্)গাস্ট্] *v.t.* to confound, হতবুদ্ধি করা। *p.* & *p. pt.* **fla°bbergastėd**। *a.* **fla°bbergasting**—হতবুদ্ধি করে এমন। [?]

flabby [fla°-bi, ফ্ল্যা°বি] *a.* soft, (প্রধানতঃ মাংস-সম্বন্ধে) কোমল, তুলতুলে ; (fig.) weak, lacking in energy, দুর্বল, নিস্তেজ (a *flabby* character)। *adv.* **fla°bbily**। *n.* **fla°bbinėss**। [see *flap*]

flabellate [fla-be°-let, ফ্ল্যাবে°লেট্], **flabelli-form** [fla-be°-li-faw(r)m, ফ্ল্যাবে°লিফা(র্)ম্] *a.* fan-shaped, পাখার ন্যায় আকারবিশিষ্ট। [*flabell-um*=a fan]

flaccid [flak°sid, ফ্ল্যাক্°সিড্] *a.* limp, ঢলঢলে ; flabby, তুলতুলে ; soft, কোমল ; lacking in vigour, বীর্যহীন। *n.* **flacci°dity**। [L. *flaccidus*]

flag₁ [flag, ফ্ল্যাগ্] *v.i.* to droop, অবসন্নভাবে ঝুলিতে থাকা বা অবসন্ন হওয়া ; to flap feebly, দুর্বলভাবে ডানা ঝাঁপটান ; to grow spiritless or weak, নিস্তেজ হওয়া (his strength is *flagging*)। *pr. pt.* **fla°gging**। *p.* & *p. pt.* **fla°gged**। [OF. *flac*<L. *flaccus*]

flag₂ [flag, ফ্ল্যাগ্] *n.* an iris, ছোট গাছ-বিশেষ ; (B.) reed-grass, নল-খাগড়া। *n.* **flag°-bas°kėt**—বসিবার মোড়া। [?]

flag₃ [flag, ফ্ল্যাগ্] (**1**) *n.* a piece of bunting used as a standard or signal, পতাকা, নিশান। (**2**) *v.t.* to decorate with flags, পতাকাশোভিত করা ; to signal by means of a flag or flags, পতাকাদ্বারা সঙ্কেত করা। *conjug.* same as **flag₁**। **black flag**—জলদস্যুর কৃষ্ণপতাকা ; ফাঁসির সময়ে উত্তোলিত কৃষ্ণ পতাকা ; শোক বা বিরাগ জ্ঞাপক কৃষ্ণ-পতাকা। **red flag**—বিপদ্ বিরোধিতা বা নিলামের সঙ্কেতসূচক লাল পতাকা ; আশ্রয় না মিলিবার সঙ্কেত-সূচক লাল পতাকা ; সমাজতন্ত্রের বা বিদ্রোহের প্রতীকস্বরূপ লাল পতাকা ; সমাজতান্ত্রিক গান। **white flag**—যুদ্ধবিরতির বা আত্মসমর্পণের প্রতীক শ্বেত পতাকা। **yellow flag**—আরোহীদের মধ্যে সংক্রামক রোগী থাকার ফলে পৃথক্ করিয়া রাখা জাহাজে অথবা সামরিক হাসপাতাল বা অ্যামবুলেন্সের উপরে যে হলুদবর্ণ পতাকা ওড়ান হয়। **(to) lower** or **strike one's flag**—আত্মসমর্পণের চিহ্নস্বরূপ পতাকা নামান। **(to) put the flag out**—

বিজয়োৎসব করা। *n.* **flag°-cap°tain**—প্রধান নৌ-সেনাপতির জাহাজের অধ্যক্ষ। *n.* **flag°-day**—ক্ষুদ্র ক্ষুদ্র পতাকার বিনিময়ে হাসপাতালাদি সেবাপ্রতিষ্ঠানের জন্য অর্থসাহায্য সংগ্রহের দিন। *n.* **flag°-ship**—প্রধান নৌ-সেনাপতির জাহাজ। **flag°-waver**—উৎকট স্বদেশ-ভক্ত; রাজনৈতিক আন্দোলনকারী। [?]

flag₄ [flag, ফ্ল্যাগ্] (**1**) *n.* a flat paving stone, মেঝে বাঁধানর জন্য প্রস্তরফলক। (**2**) *v.t.* to pave with this, উক্ত পাথর দিয়া বাঁধান। *conjug.* same as **flag₁**। *n.* **flag°stōne**—উক্ত পাথর। [ON. *flaga*=a slab]

flagella, flagellant, flagellate—see **flagellum.**

flagellum [fla-je°-lam, ফ্ল্যাজে°ল্যাম্] *n.* a scourge, বেত্রদণ্ড, বেতের চাবুক; (bot.) a long runner, (উদ্ভি.) বেত। *pl.* **flage°lla**। **fla°gėllant**—(**1**) *a.* বেত্রাঘাত করে এমন। (**2**) *n.* যে ব্যক্তি (সচ. ধর্মার্থ বা প্রায়শ্চিত্তের নিমিত্ত) নিজেকে বেত্রাঘাত করে; আত্মনিগ্রহকারী। *v.t.* **fla°gellāte**—বেত মারা। *p.* & *p. pt.* **fla°gellātėd**। *n.* **flagellā°tion**। *n.* **fla°gellātor**। [L.]

flageolet [fla-jŏ-let°, ফ্ল্যাজোলেট্°] *n.* a small variety of flute, ক্ষুদ্র বাঁশিবিশেষ (যেমন, টিনের বাঁশি)। [F.]

flagitious [fla-ji°-shas, ফ্ল্যাজি°শ্যাস্] *a.* grossly wicked, অতি দুর্বৃত্ত; deeply criminal, গুরু অপরাধী। *adv.* **flagi°tiously**। *n.* **fla°gitiousnėss**। [L. *flagitiosus*]

flagon [fla°-gan, ফ্ল্যা°গ্যান্] *n.* a large bottle, বড় বোতল; a liquor-jug, মদের ঘড়া। [F. *flacon*—LL. *flasconis*]

flagrant [flāg°r(a)nt, ফ্লেইগ্°র্‌ন্ট্] *a.* notorious, অতি অসৎ; enormous, নিদারুণ, ঘোর (*flagrant* offence)। *n.* **flāg°rancy**। *adv.* **flāg°rantly**। [L. *flagrans*=burning]

flail [flāl, ফ্লেইল্] (**1**) *n.* an implement for threshing corn, শস্য আছড়ানর জন্য লম্বা লাঠি। (**2**) *v.t.* to strike with, or as if with a flail, উক্ত লাঠি দিয়া আঘাত করা বা উক্ত লাঠির আঘাতের ন্যায় আঘাত করা। [OE. *fligel*—cp. *flagellum*]

flair [flā(r), ফ্লেয়্যা(র্)] *n.* intuitive discernment or aptitude, স্বাভাবিক বিচারবুদ্ধি বা নৈপুণ্য (a *flair* for language)। [F.=scent]

flak [flak, ফ্ল্যাক্] *n.* anti-aircraft guns, বিমান-বিধ্বংসী কামান। [G. *fl*ierabwehr*k*anone]

flake [flāk, ফ্লেইক্] (**1**) *n.* a small flat layer, ক্ষুদ্র ও সমতল স্তর, ফলক, পাত; a very small loose mass, (তুষারাদির) ক্ষুদ্র ক্ষুদ্র কণিকার স্তর; a spark, স্ফুলিঙ্গ। (**2**) *v.t.* to form into flakes, ফলকায়িত করা। (**3**) *v.i.* to fall in flakes, স্তরে স্তরে গঠিত কণিকার ন্যায় পড়া। *p.* & *p. pt.* **flā°kėd**। *a.* **flā°ky**—ক্ষুদ্র ও সমতল স্তরবং; স্তূপীকৃত কণিকাবং। *n.* **flā°kinėss**। [?]

flam [flam, ফ্ল্যাম্] *n.* an idle fancy, অলীক কল্পনা; a sham story, মিথ্যা কাহিনী; falsehood, মিথ্যা। [?]

flambeau [flam°-bō, ফ্ল্যাম্°বৌ] *n.* a flaming torch, (দাউদাউ করিয়া) জ্বলন্ত মশাল। *pl.* **flambeaux** [flam°-bōz, ফ্ল্যাম্°বৌজ্], **flam°beaus**। [F.<L. *flamma*=a flame]

flamboyant [flam-boy°-ant, ফ্ল্যাম্বয়্°অ্যান্ট্] (**1**) *a.* (archi.) marked with wavy flame-like lines, (স্থাপ.) তরঙ্গায়িত অগ্নিশিখাতুল্য রেখাদ্বারা শোভিত; gorgeously coloured, টকটকে রঙিন, উজ্জ্বল বর্ণশোভিত। (**2**) *n.* a tropical tree or its flower, অশোকতরু বা তাহার ফুল (?)। *adv.* **flamboy°antly**। [F.=blazing]

flame [flām, ফ্লেইম্] (**1**) *n.* the gleam or blaze of a fire, অগ্নিশিখা, আগুনের ঝলক; bright light, উজ্জ্বল আলোক; rage, রোষ, ক্রোধ; passion, আবেগ; love or its object, (প্রণয়জনিত) অনুরাগ বা অনুরাগের পাত্র (she is an old *flame* of my friend)। (**2**) *v.t.* to set aflame, প্রজ্বালিত করা, জ্বালান। (**3**) *v.i.* to burn as flame, শিখাবিস্তার করিয়া জ্বলা; to break out in passion, আবেগে ফাটিয়া পড়া বা জ্বলিয়া ওঠা, উদ্দীপ্ত হওয়া। **in flames**—বহ্নিমান, জ্বলন্ত। **(to) pour oil on the flame(s)**—(আল.) অগ্নিতে ইন্ধন দেওয়া অর্থাৎ ক্রোধ কলহ প্রভৃতি উসকান। *a.* **flā°ming**—টকটকে লাল; অতি রঙিন (a *flaming* colour); অত্যন্ত গরম বা উত্তপ্ত (a *flaming* sun); অতিরঞ্জিত (a *flaming* description); প্রচণ্ড; নিদারুণ, ঘোর, জঘন্য (a *flaming* dog, idiot, etc.)। *a.* **fla°mmable**। *n.* **flame°-projector, flame°-thrower**—যুদ্ধকালে তরলাগ্নি বা জ্বলন্ত পদার্থ নিক্ষেপের যন্ত্রবিশেষ। *a.* **fla°my**—শিখাসংক্রান্ত; শিখাসদৃশ। [OF. *flambe*<L. *flamma*]

flamingo [fla-ming°-gō, ফ্ল্যামিং°গৌ] *n.* a tropical bird, মরাল। [Port. *flamengo*<L. *flamma*=a flame]

flan [flan, ফ্ল্যান্] *n.* tart containing or spread with jam, fruit, cheese, etc., ফল জ্যাম বা পনির উপরিভাগে মাখাইয়া বা ভিতরে উহার পুর দিয়া প্রস্তুত কেকবিশেষ; metal disc from which coin, etc. is made, মুদ্রা প্রভৃতি তৈয়ারির নিমিত্ত ধাতব চাকতি। [OF. *flaon*]

flange [flanj, ফ্ল্যান্জ্] (**1**) *n.* a projecting edge, (চক্রাদির) চতুষ্পার্শ্বের প্রলম্বিত কানা। (**2**) *v.t.* to put a flange on, উক্ত কানা-যুক্ত করা। [<*flank*?]

flank [flank, ফ্ল্যাংক্] (**1**) *n.* the side of an animal from the ribs to the thigh, পশুর পঞ্জর ও জঙ্ঘার মধ্যবর্তী পার্শ্বদেশ; the side or wing, (প্রধানতঃ সৈন্যবাহিনীর বা নৌবহরের) পার্শ্ব-

দেশ। (2) *v.t.* to be on or pass round or attack or guard the flank of, পার্শ্বদেশে থাকা, উহা বেষ্টন করিয়া যাওয়া, উহা আক্রমণ করা বা রক্ষা করা। *p. & p. pt.* **flan°ked** । *n.* **flan°ker**—আক্রমণকারী বাহিনীর পার্শ্বদেশ রক্ষার জন্য নির্মিত অস্থায়ী দুর্গ। [F. *flanc*]

flannel [fla°nl, ফ্ল্যা°ন্‌ল্] (1) *n.* a woollen stuff, পশমি কাপড়-বিশেষ, ফ্ল্যানেল ; a garment of flannel, ফ্ল্যানেলের পোশাক ; (in *pl.*) a garment of flannel used for games, খেলোয়াড়দের ফ্ল্যানেলের পোশাক। (2) *a.* made of flannel, ফ্ল্যানেলে প্রস্তুত। *a.* **fla°nnelled**—ফ্ল্যানেলের পোশাক-পরিহিত। *n.* **flannelette** [fla-na-let°, ফ্ল্যান্যালেট্°] ফ্ল্যানেলের মত দেখিতে সুতি কাপড়। *n.* **fla°nnel-mouth**—চাটুকার, তোষামোদকারী ; মিথ্যা বড়াইকারী। [OF. *flaine*=blanket, W. *gwlanen*=wool]

flap [flap, ফ্ল্যাপ্] (1) *n.* the blow or motion of a broad loose object, চেটাল ও আলগাভাবে ঝোলান কিছুর আঘাত বা আন্দোলন, ঝাপটা ; (of wings) moving up and down, পক্ষবিধুনন, পাখা নাড়ান ; anything broad and loose, চেটাল ও আলগাভাবে ঝোলান কিছু (যেমন, পাখির ডানা, জামার নিম্নপ্রান্ত, প্রভৃতি) ; detached portion of skin or flesh, ছালের বা মাংসের ছিলকা ; (coll.) state of agitation or fuss, বিক্ষুব্ধ অবস্থা বা অযথা হইচই (to be in or get into a *flap*)। (2) *v.t.* to beat or move with a flap, (ডানাদি) ঝাপটাইয়া আঘাত করা বা চালান। (3) *v.i.* to move as wings, ডানাদি ঝাপটান ; to hang like a flap, ডানাদির ন্যায় ঝোলা। *pr. pt.* **fla°pping** । *p. & p. pt.* **fla°pped** । **(to) be in a flap, (to) get into a flap**—(কথ্য.) ভীত-ত্রস্ত বোধ করা। *n.* **fla°pper**—যে ডানাদি ঝাপটায় ; যাহা ডানাদির ন্যায় ঝাপটায় ; তরুণ পাখি বা বন্য-হংসী ; মাছি মারার বা পাখি তাড়ানর জন্য হাত-পাখার ন্যায় দণ্ডবিশেষ ; (অশি.) যৌবনোন্মুখী বালিকা। [?]

flapdoodle [flap°-doodl, ফ্ল্যাপ্°ডুড্‌ল্] *n.* bunkum, nonsense, শূন্যগর্ভ বক্তৃতা, বাজে বস্তু বিষয় উক্তি প্রভৃতি। [?]

flapjack [flap°-jak, ফ্ল্যাপ্°জ্যাক্] *n.* pancake, ডিম ময়দা চিনি দুধ প্রভৃতির সংমিশ্রণে প্রস্তুত আস্‌কে-জাতীয় পিঠাবিশেষ ; sweet oatcake, জইদ্বারা প্রস্তুত মিষ্ট কেকবিশেষ ; a flat compact or case for face-powder, মুখে মাখার পাউডারের চেপটা কৌটা-বিশেষ। [*flap*+gaek]

flare [fla(r), ফ্লেয়্যা(র্)] (1) *v.i.* to spread, ছড়াইয়া পড়া ; to wave, তরঙ্গায়িত হওয়া ; to burn glaringly, দাউদাউ বা গন্‌গন্ করিয়া জ্বলা ; to blaze up, জ্বলিয়া ওঠা ; to become fiercely enraged, ক্রোধে জ্বলিয়া ওঠা ; (of violent activity) to break out suddenly, (দাঙ্গা-হাঙ্গামা সম্পর্কে) অকস্মাৎ শুরু হওয়া (r.oting *flared* up)। (2) *n.* a widening out, প্রসারণ, বিস্তারণ ; a glare, দাউদাউ বা গন্‌গন্ করিয়া জ্বলা ; an unshaded flame, অনাবৃত অগ্নিশিখা ; sudden blaze, অকস্মাৎ জ্বলিয়া ওঠা ; a torch, মশাল। *n.* **flare°-path**—বিমান উড্ডয়ন ও অবতরণের জন্য বিমানক্ষেত্রের আলোকিত অংশ। *n.* **flare°-up**°—অকস্মাৎ জ্বলিয়া ওঠা বা ক্রোধপ্রকাশ। *adv.* **flar°ingly** । [Norw. *flara*=to blaze]

flash [flash, ফ্ল্যাশ্] (1) *n.* a momentary gleam of light, আলোর ঝলক ; a momentary gleam, (অস্ত্র বিদ্যুৎ প্রভৃতির) ঝলক ; a sudden burst, আকস্মিক দমক (a *flash* of delight) ; a moment, মুহূর্ত, পলক (in a *flash*) ; a sudden rush, (জল বাতাস প্রভৃতির) আকস্মিক তোড় বা ঝাপটা ; a flash-board, জলকপাট ; a bright or a distinctive mark on a dress, পোশাকাদিতে উজ্জ্বল বা বৈশিষ্ট্যসূচক চিহ্ন ; thieves' slang, তস্করদের অমার্জিত বুলি ; news sent by telegraph, তার-যোগে প্রেরিত সংবাদ, তার-বার্তা ; news prominently displayed in a newspaper, সংবাদপত্রে আকর্ষণীয়ভাবে প্রকাশিত সংবাদ ; (in a film) a scene shown momentarily, (চলচ্চিত্রে) নাটকের কাহিনী বুঝাইবার উদ্দেশ্যে যে দৃশ্য বিশেষতঃ অতীত ঘটনার দৃশ্য ক্ষণকাল প্রদর্শিত হয় (also **flash°-back**)। (2) *a.* showy, জাঁকাল ; vulgar, অমার্জিত, অশিষ্ট ; of the thieves, tramps, etc., or of their language, তস্কর ভবঘুরে প্রভৃতি সম্বন্ধীয় বা তাহাদের ভাষাসংক্রান্ত। (3) *v.i.* to break forth as a flash of light, ঝলকাইয়া ওঠা ; to sparkle brilliantly, ঝক্‌মক্ করা ; to blaze out, জ্বলিয়া ওঠা, প্রদীপ্ত হওয়া ; to burst out violently, প্রচণ্ড তেজে ফাটিয়া পড়া ; to move like a flash, ঝলক দিয়া চলা। (4) *v.t.* to cause to flash, ঝলকাইয়া তোলা, ঝক্‌মক্ করান, প্রদীপ্ত করা ; to send suddenly by some startling means, চমকপ্রদ উপায়ে হঠাৎ প্রেরণ করা (to *flash* news across the world) ; to display prominently, (সংবাদপত্রে সংবাদাদি) আকর্ষণীয়ভাবে সাজান। *p. & p. pt.* **fla°shed** । **a flash in the pan**—যে প্রচেষ্টা প্রায় আরম্ভের সঙ্গে সঙ্গে শেষ হয় বা ব্যর্থতায় পর্যবসিত হয়। **in a flash**—মুহূর্তমধ্যে ; চকিতে ; তৎক্ষণাৎ। *n.* **flash°-board**—জলস্রোত গভীর বা নিয়ন্ত্রিত করার জন্য তক্তাবিশেষ, জলকপাট। *n.* **fla°sher**—(সচ. সঙ্কেত-জ্ঞাপনের উদ্দেশ্যে) বৈদ্যুতিক আলো দ্রুত জ্বালানর ও নিবানর স্বয়ংক্রিয় কৌশল বা উপায়। *n.* **flash°-light**—যে আলো থাকিয়া থাকিয়া ঝলক দেয় ; আলোক-চিত্রগ্রহণে ব্যবহৃত বৈদ্যুতিক আলো। *n.* **flash°-point**—যে পরিমাণ তাপ পাইলে তরল পদার্থ আলোকের সংস্পর্শে আসিয়া এমন দাহ্য বাষ্প নিঃসৃত করে যাহা ঝলকাইয়া ওঠে। *a.* **fla°shy**—পলকের জন্য ঝলকাইয়া বা ঝক্‌মক্ করিয়া ওঠে এমন ; জাঁকাল কিন্তু অসার ; অত্যধিক চক্‌চকে। *adv.* **fla°shily** । *n.* **flash°iness** । [imi. ?]

flask [flŭsk, ফ্লাস্‌ক্] *n.* a bottle, বোতল ; a gunpowder-case, বারুদ রাখার আধার ; (in

India) a thermos, (ভারতে) তরল পদার্থাদি গরম রাখার জন্য বোতলবিশেষ। [OE. *flasc*<LL. *flasco*]

flat [flat, ফ্ল্যাট্] (**1**) *a.* smooth, মসৃণ ; level, সমতল ; uninteresting, আকর্ষণহীন ; monotonous, একঘেয়ে, বৈচিত্র্যহীন ; uniform, সমরূপ, একরূপ ; insipid, নীরস ; lacking in brightness, ঔজ্জ্বল্যহীন ; gloomy, বিষণ্ণ ; dejected, হতাশ ; downright, পুরাপুরি, স্পষ্ট, ডাহা ; (of feet) having little or no arch, (পা-সম্বন্ধে) চেটাল ; (mus.) relatively low, (সঙ্গীতে) খাদের (স্বর বা সুর) ; (of a race) performed on a level ground, (ধাবনসম্বন্ধে) সমতল ভূমিতে অনুষ্ঠিত। (**2**) *n.* a plain, সমতল ভূমি ; low-lying marshy land, নাবাল জলাজমি (mud *flats*) ; anything level or broad, সমতল বা চেটাল কিছু (the *flat* of the hand, sword, etc.) ; a self-contained story or a part of the story of a house, অট্টালিকাদির স্বয়ংসম্পূর্ণ তল বা উক্ত তলের অংশ, ফ্ল্যাট (a house divided into *flats*) ; an insipid scene or passage, নীরস দৃশ্য বা রচনাদির অংশ ; a flat note, খাদের সুর। (**3**) *adv.* in or to a flat position, সমতলে ; evenly, সমভাবে ; too low in pitch, খাদে, খাদের সুরে ; without qualification, যোগ্যতাবর্জিতভাবে বা বৈশিষ্ট্যবর্জিতভাবে। **flat out**—নিজের সমস্ত শক্তি ও সম্বল লইয়া (to defend a cause *flat out*) ; সম্পূর্ণ পরিশ্রান্ত বা নিঃশেষিত। **flat racing**—সমতল ভূমিতে ধাবন-প্রতিযোগিতা। **flat spin**—নিয়ন্ত্রণের অক্ষমতাহেতু বিমানের দ্রুত অবতরণ। **sharps and flats**—পিয়ানোর কাল রঙের ঘাটসমূহ। **that's flat**—আমি তোমাকে স্পষ্টই (এ কথা) বলছি। **(to) fall flat**—ব্যর্থ হওয়া ; প্রভাব-বিস্তারে অক্ষম হওয়া। *n.* **flat°-boat**—চেপটা তলদেশযুক্ত মালবাহী নৌকা-বিশেষ। *a.* **flat°-bo°ttomed**—চেপটা বা সমতল তলদেশযুক্ত। *n.* **flat°-fish**—চেপটা আকারের বড় সামুদ্রিক মৎস্যবিশেষ : ইহারা কাত হইয়া সাঁতার কাটে। *a.* **flat°-footed**—চেটাল পা-ওয়ালা। **flat°-head**—(**1**) *a.* চেপটা মাথাওয়ালা বা বোকা। (**2**) *n.* ঐরূপ লোক। *n.* **flat°iron**—ইস্ত্রি। *adv.* **flat°ly**। *n.* **flat°-ness**। *n.* **flat°-race**—সমতল ভূমিতে ধাবন। **flat rate**—বাঁধা দর, একদর। *v.t.i.* **fla°-tten**—চেটাল করা বা হওয়া। [ON. *flatr*]

flatter [fla°ta(r), ফ্ল্যা°ট্যা(র্)] *v.t.* to try to please with insincere praise and servile attentions or with false hopes, মিথ্যা আশা দেখাইয়া বা অযথা প্রশংসা করিয়া খুশি করার চেষ্টা করা, তোষামোদ করা, মোসাহেবি করা, স্তাবকতা করা ; to overpraise, অতিরঞ্জিত প্রশংসা করা ; to coax, মিষ্টি কথায় ভোলান। **(to) flatter oneself**—আত্মতৃপ্তি অনুভব করা। *n.* **fla°tterer**—তোষামোদকারী, চাটুকার, স্তাবক, মোসাহেব। *a.* **fla°ttering**—আত্মতৃপ্তিকর। *n.* **fla°ttery**—তোষামোদ, মোসাহেবি ; স্তাবকতা। [OF. *flater*=to smooth ?]

flattie [fla°-ti, ফ্ল্যা°টি] *n.* (coll.) flat-heeled shoe, চেপটা-গোড়ালি জুতা ; flat-bottomed boat, চেপটা তলদেশযুক্ত নৌকা। [see *flat*]

flatulence, flatulent—see **flatus.**

flatus [flā°-tas, ফ্লেই°ট্যাস্] *n.* gas generated in the stomach, পাকস্থলীতে যে দূষিত বায়ু জন্মায়। *n.* **flatulence** [fla°-tū-lans, ফ্ল্যা°টিউল্যান্স্], **fla°tūlency**—পেট-ফাঁপা ; বায়ুর প্রকোপ ; বারংবার বাতকর্মের ইচ্ছা ; উক্তির অসারতা। *a.* **fla°tūlent**—পেট ফাঁপিয়াছে এমন ; বায়ুপ্রকোপযুক্ত ; অসার, শূন্যগর্ভ। [L.=a blowing]

flaunt [flawnt, ফ্লান্ট্] (**1**) *v.i.* to wave in the wind, বাতাসে দোলা বা ওড়া (flags are *flaunting* in the breeze) ; to move ostentatiously, জাঁকালভাবে চলাফেরা করা। (**2**) *v.t.* to display ostentatiously, জাঁকালভাবে প্রদর্শন করা বা জাহির করা (to *flaunt* one's riches)। *adv.* **flaun°-tingly**। [?]

flautist [flaw°-tist, ফ্লা°টিস্ট্] *n.* a flute-player, ফ্লুট্-বংশীবাদক। [It. *flautista*]

flavescent [fla-ve°-sant, ফ্ল্যাভে°স্যান্ট্] *a.* turning yellow, হলুদবর্ণ হইতেছে এমন ; yellowish, হরিদ্রাভ। [L. *flavescere*]

flavine [flā°-vēn, ফ্লেই°ভীন্] *n.* a yellow dye, হলুদ রঙ। [L. *flavus*=yellow]

flavour [flā°-va(r), ফ্লেই°ভ্যা(র্)] (**1**) *n.* that quality of anything which affects smell or taste, খাদ্যাদির রুচিকর সুগন্ধ ; a smack or relish, স্বাদ, স্বাদুতা। (**2**) *v.t.* to impart flavour to, রুচিকর সুগন্ধ দান করা। *n.* **flā°vouring**—রুচিকর সুগন্ধপূর্ণ করিবার জন্য খাদ্যাদিতে যাহা মিশান হয়। *a.* **flā°vourless**—রুচিকর সুগন্ধহীন। *a.* **flā°vorous, flā°voursome**। [OF. *flaur*—influenced by *savour*]

flaw$_1$ [flaw, ফ্ল] *n.* a gust of wind, বাত্যা, দমকা বাতাস ; a sudden rush, আকস্মিক তীব্র বেগ, ঝাপটা ; an outburst (of passion), (আবেগাদির) অকস্মাৎ প্রবল প্রকাশ। [cp. Du. *vlaag*, SW. *flaga*]

flaw$_2$ [flaw, ফ্ল] (**1**) *n.* crack, চিড়, ফাট্ ; a defect, ত্রুটি, খুঁত, (বস্ত্রাদির) নাল-ভাঙ্গা দোষ। (**2**) *v.t.* to crack, ফাটান, চিড় ধরান। *a.* **flaw°less**—নিখুঁত। *adv.* **flaw°lessly**। [ON. *flaga*=a slab]

flax [flaks, ফ্ল্যাক্স্] *n.* the fibres of the linseed, শণ ; the linseed plant, শণগাছ, তিসি অতসি বা মসীনা গাছ। *a.* **flax°en**—শণে তৈয়ারি ; শণের সদৃশ ; হালকা হলুদবর্ণ (*flaxen* hair)। [OE. *flaex*—cp. G *flachs*]

flay [flā, ফ্লেই] *v.t.* to strip off the skin from, ছাল ছাড়ান ; (fig.) to criticize pitilessly or severely, (আল.) নির্দয়ভাবে বা প্রচণ্ডভাবে সমালোচনা করা। *n.* **flay°-flint**—অতি কঞ্জুস লোক। [OE. *flean*—cp. ON. *fla*=to skin]

flea [flē, ফ্লী] *n.* an insect, পক্ষহীন মাছিবিশেষ ; নীলমাছি। **a flea in one's ear**—যন্ত্রণাদায়ক বাধা ; প্রচণ্ড ধমকানি। *n.* **flea°bāne**—যে-সব বৃক্ষের তীব্র গন্ধে নীলমাছি দূর হয় বলিয়া কথিত আছে। *n.* **flea°bīte**—মাছির কামড় বা তাহার দাগ ; (আল.) তুচ্ছ ব্যাপার, ছোটখাট বা সামান্য অসুবিধা। *a.* **flea°-bitten**—মক্ষিকাদষ্ট ; ক্ষুদ্র ক্ষুদ্র লাল দাগ-ওয়ালা ; (আল.) নীচ। *n.* **flea°-pit**—নোংরা বা অপরিচ্ছন্ন প্রেক্ষাগৃহাদি। [OE. *fleah*—cp. G. *floh*]

fleam [flēm, ফ্লীম্] *n.* a lancet for bleeding of horses, অশ্বের রক্তক্ষরণের জন্য অস্ত্র-চিকিৎসকের ছুরি। [OF. *flieme*]

fleck [flek, ফ্লেক্] (**1**)*n.* a spot or speckle, ফুটকি বা অতি সরু ডোরা দাগ, ফুটফুট চিহ্ন ; a small particle, কণা, ছিটেফোঁটা। (**2**) *v.t.* to spot or streak, ফুটকি বা সরু ডোরা দাগের দ্বারা চিত্রিত করা। *a.* **fle°ckėd**—ফুটকিযুক্ত, সরু সরু ডোরা-কাটা। *a.* **fleck°lėss**—দাগ নাই এমন, বেদাগ ; নিষ্কলঙ্ক। [ON. *flekkr*=a spot—cp. G. *fleck*]

fled—see **flee.**

fledge [flej, ফ্লেজ্] *v.t.* to provide with feathers or wings, পালকযুক্ত বা ডানাযুক্ত করা। *a.* **fle°dged**—পালকযুক্ত ; ডানাযুক্ত ; পক্ষোদ্গম হইয়াছে এমন। *n.* **fledg(e)°ling**—সদ্যঃ উদ্ভিন্নপক্ষ পাখি ; (আল.) অনভিজ্ঞ লোক। *a.* **fle°dgy**—পালকবহুল। [ME. *fligge, flegge*<OE. *flecge*]

flee [flē, ফ্লী] (**1**) *v.i.* to run away (with *from, before*), পলাইয়া যাওয়া ; to disappear, অদৃশ্য হওয়া। (**2**) *v.t.* to avoid, এড়াইয়া চলা ; to leave abruptly, হঠাৎ ত্যাগ করা বা চলিয়া যাওয়া (he *fled* the country)। *p.* & *p. pt.* **fled** [fled, ফ্লেড্]। *n.* **fleer** [fle°-a(r), ফ্লী°আ্যা(র্)]। [OE. *fleon*—cp. G. *fliehen*]

fleece [flēs, ফ্লীস্] (**1**) *n.* a sheep's coat of wool, মেষের সলোম চর্ম ; the wool shorn from a sheep at one time, একটা ভেড়া হইতে একবারে কর্তিত পশম ; anything like fleece, মেষের সলোম চর্মবৎ কিছু। (**2**) *v.t.* to shear, লোম ছাঁটিয়া লওয়া ; to plunder, লুণ্ঠন করা ; to cheat, ঠকাইয়া লওয়া (to be *fleeced* of one's money) ; to cover, (পশমাদি-দ্বারা) আচ্ছাদিত করা। *a.* **flee°cėd**—সলোম চর্মবিশিষ্ট। *n.* **flee°cer**। *a.* **flee°cy**—পশমপূর্ণ ; পশমবৎ। [OE. *fleos*—cp. G. *fliess*]

fleer$_1$—see **flee.**

fleer$_2$ [flē(r), ফ্লিয়া্যা(র্)] (**1**) *v.t.i.* to sneer, অবজ্ঞাপূর্ণ বিদ্রূপ করা ; to mock, উপহাস করা। (**2**) *n.* mockery ; উপহাস, বিদ্রূপ। *adv.* **fleer°ingly**। [cp. Norw. *flira*=to grin]

fleet$_1$ [flēt, ফ্লীট্] *n.* a troop of ships, পোতবহর, নৌবহর ; a navy, নৌ-শক্তি ; group of vehicles owned by one proprietor, এক মালিকের অধিকারভুক্ত যানসমূহ ; group of vehicles travelling together, একত্র গমনরত যানসমূহ [OE, *fleot*=a ship]

fleet$_2$ [flēt, ফ্লীট্] *a.* swift, দ্রুত, দ্রুতগামী ; transient, ক্ষণস্থায়ী। *a.* **fleet°-foot**—দ্রুতগামী। *adv.* **fleet°ly**। *n.* **fleet°nėss**। *a.* **flee°ting**—দ্রুতগামী ; দ্রুত ধাবমান ; অস্থায়ী (*fleeting* happiness)। [OE. *fleotan*=to float—cp. *flee*$_1$]

fleet$_3$ [flēt, ফ্লীট্] (**1**) *n.* a shallow creek, brook, etc., অগভীর খাঁড়ি সোঁতা প্রভৃতি। (**2**) *adv.* at or to a small depth, অল্প গভীরে (to sow or plough *fleet*)। [OE. *flēot*=an inlet]

Fleet Street [flēt°strēt, ফ্লীট্° স্ট্রীট্] *n.* a street in London full of newspaper offices, বহুসংখ্যক সংবাদপত্রের দফ্‌তরে পূর্ণ লণ্ডনের রাস্তাবিশেষ ; (fig.) journalism, (আল.) সাংবাদিকতা।

Fleming [fle°-ming, ফ্লে°মিং] *n.* a native of Flanders, ফ্ল্যান্ডার্স-বাসী। [see *Flemish*]

Flemish [fle°-mish, ফ্লে°মিশ্] (**1**) *a.* of the Flemings or their language, ফ্লান্ডার্স-এর অধিবাসিসংক্রান্ত বা তাহাদের ভাষাসংক্রান্ত। (**2**) *n.* the language of the Flemings, ফ্লেমিশ্-ভাষা। [Du. *Vlaamsch*]

flench [flensh, ফ্লেন্শ্], **flense** [flens, ফ্লেন্স্] *v.t.* to cut up (a whale), (তিমিকে) কাটিয়া ফেলা ; to flay (a seal), (সীলের) ছাল ছাড়ান। *p.* & *p. pt.* **flen°chėd**। [D. *flense*]

flesh [flesh, ফ্লেশ্] (**1**) *n.* the soft muscular substance on the bones, জীবদেহের মাংস ; animal food, (মাছ-বাদে) আমিষ খাদ্য ; the bodies of beasts and (sometimes) birds, পশুমাংস ও (কখনও কখনও) পক্ষিমাংস (কিন্তু মৎস্য নহে) ; the body (but not the soul), জৈবদেহ, মরদেহ ; animals, প্রাণিবর্গ ; animal nature, জীবপ্রকৃতি ; human body, মানবদেহ ; human bodily nature, মানবের দেহগত বা জৈব প্রকৃতি (demands of the *flesh*) ; bodily hunger or requirement, দেহের ক্ষুধা বা প্রয়োজন ; kindred, জ্ঞাতি ; the soft substance of the fruit, ফলের মাংসল অংশ বা শাঁস। (**2**) *v.t.* to incite (dogs etc.) by taste of blood, (কুকুর প্রভৃতিকে) মাংসের বা রক্তের স্বাদ গ্রহণ করাইয়া উত্তেজিত করান ; to initiate in bloodshed, খুনাখুনিতে প্রবৃত্ত করান ; to encourage by foretaste of success, পূর্বাহ্নে সাফল্যের আংশিক স্বাদগ্রহণ করাইয়া উৎসাহিত করান ; to use for the first time, (তরবারি কলম প্রভৃতি) প্রথম ব্যবহার করা ; to gratify with fleshly indulgence, দৈহিক বা ইন্দ্রিয়গত সুখদানে চরিতার্থ করা। **flesh and blood**—মানবপ্রকৃতি ; মানবের জৈবপ্রকৃতি ; জ্ঞাতি। **flesh and fell**—(as noun) সর্বাঙ্গ ; (as adverb) সম্পূর্ণরূপে। **one flesh**—বিবাহবন্ধনে আবদ্ধ। **one's own flesh and blood**—নিকট আত্মীয়স্বজন। **in the flesh**—মরদেহে ; জীবনে। **the way of all flesh**—মৃত্যু (তু. মহাপ্রয়াণ)।

(to) go the way of all flesh—মারা যাওয়া। **(to) demand one's pound of flesh**—অতি নিষ্ঠুরভাবে ঋণশোধের জন্য পীড়াপীড়ি করা। **(to) have one's pound of flesh**—অতি নিষ্ঠুরভাবে পাওনা আদায় করিয়া লওয়া। **(to) lose flesh**—রোগা হইয়া যাওয়া ; গায়ের মাংস ঝরা। **(to) make one's flesh creep**—(প্রধানতঃ অলৌকিক কিছুর ভয়ে) আতঙ্কিত করা। **(to) put on flesh**—মোটা হওয়া ; মোটান। *a.* **fle°shed**—মাংসল ; মোটা ; হিংসাপ্রবৃত্তি সম্পূর্ণ চরিতার্থ হইয়াছে এমন। *n.* **flesh°-colour**—ইউরোপীয়দের স্বাভাবিক গাত্রবর্ণ। *n.* **flesh°-eater**—মাংসাশী। *n. pl.* **flesh°ings**—(অভিনেতা নর্তকী প্রভৃতির) হরিদ্রাভ-গোলাপী আঁট-সাঁট পাজামা। *a.* **flesh°less**—মাংসহীন ; কৃশ। **flesh°ly**—(1) *a.* দৈহিক, দেহগত ; জৈব ; ইন্দ্রিয়গত ; অনাধ্যাত্মিক ; (2) *adv.* দেহগতভাবে ; জৈব দিক্ দিয়া ; ইন্দ্রিয়গতভাবে ; অনাধ্যাত্মিকভাবে। *n. pl.* **flesh°pots**—উত্তম উত্তম ভোজ্য ও পানীয় এবং ভোগসুখ। *n.* **flesh°-wound**—যে ক্ষত মাংস ভেদ করিয়াছে কিন্তু অস্থি পর্যন্ত পৌঁছায় নাই। *a.* **fle°shy**—মাংসল ; মোটা ; নাদুসনুদুস। *n.* **flesh°iness**। [OE. *flæsc*—cp. G. *fleisch*]

fletch [flech, ফ্লেচ্] *v.t.* to put feather on (an arrow), (তীর প্রভৃতিতে) পালক লাগান। *n.* **fletch°-er**—তীর প্রস্তুতকারক। [F. *flèche*=an arrow]

fletton [fle°-tan, ফ্লে°ট্যান্] *n.* type of brick made by semi-dry process, অর্ধ-শুষ্ক করার পদ্ধতিতে প্রস্তুত ইষ্টকবিশেষ। [*Fletton* in Huntingdonshire]

fleur-de-lis, fleur-de-lys [fla(r)°-da-lē°, ফ্ল্যা-(র্)°ড্যালী°] *n.* the iris, পুষ্পবিশেষ ; a heraldic bearing of the French kings, ফ্রান্সের রাজাদের কুলভূষণবিশেষ। *pl.* same as *sing.* । *a.* **fleury** [floo°-ri, ফ্লুরি], **flory** [flaw°-ri, ফ্ল°রি] উক্ত কুলভূষণশোভিত। [F.]

fleuron [flarawn°, ফ্লেয়্যার°] *n.* flower-shaped ornament (in architecture, coin, etc), (স্থাপত্যশিল্প মুদ্রা প্রভৃতিতে) ফুলের আকারে তৈয়ারী অলঙ্কার। [OF. *floron*]

flew—see **fly.**

flews [flooz, ফ্লুজ্] *n. pl.* hanging lips of dog, কুকুরের প্রলম্বিত ওষ্ঠ বা ঝুলিয়া-পড়া ঠোঁট। [?]

flex [fleks, ফ্লেক্স্] (1) *v.t.i.* to bend, বক্র করা বা হওয়া, নোয়ান বা নোয়া। *p. & p. pt.* **flex°ed**। (2) *n.* a bending, আনমন, বাঁক, বক্রতা ; a flexible cord or line, (প্রধানতঃ বৈদ্যুতিক) নমনীয় রজ্জু বা তার। *a.* **flex°ible, flex°ile**—সহজে বাঁকান বা নোয়ান যায় এমন, নমনীয়, সহজবশ্য। *n.* **flexibi°lity, flex°ibleness**। *adv.* **flex°ibly**। *n.* **flexion** [fle°k-sh(a)n, ফ্লে°ক্শ্ন্] বাঁক ; ভাঁজ ; গ্রন্থি-সঙ্কোচক পেশীর ক্রিয়া ; (ব্যাক.) উপসর্গ ও প্রত্যয়। *n.* **flex°or**—গ্রন্থি ভাঁজ করার সহায়ক মাংসপেশী। *n.* **flexure** [fleksh°-a(r), ফ্লেক্শ্°-অ্যা(র্)] বাঁক ; বক্রতা। [L. *flexum*=to bend]

flibbertigibbet [fli°-ba(r)-ti-ji°-bit, ফ্লি°ব্যা(র্)-টিজি°বিট্] *n.* a frivolous person given to gossipry, লঘুপ্রকৃতি আড্ডাবাজ লোক। [?]

flick [flik, ফ্লিক্] (1) *v.t.* to strike lightly as with a lash or a finger-nail, চাবুক দিয়া আলতো আঘাত করা বা আঙুলের নখ দিয়া টুস্কি মারা। *p. & p. pt.* **fli°cked**। (2) *n.* a stroke of this kind, ঐরূপ আঘাত ; (in *pl.*) cinema film or cinema performance, (অশি.) চলচ্চিত্র বা চলচ্চিত্র-প্রদর্শন (to go to the *flicks*)। **(to) flick through**—পুস্তকাদির পৃষ্ঠা দ্রুত উলটান। *n.* **flick-knife**—বোতাম টিপিলে যে ছুরির ফলা বাহির হইয়া আসে। [imi.]

flicker [fli°-ka(r), ফ্লি°ক্যা(র্)] (1) *v.i.* to flutter or quiver, (পাখির ডানা, অগ্নিশিখা, প্রভৃতি সম্বন্ধে) ঈষৎ ঝট্‌পট্ করা বা কাঁপা ; to burn unsteadily, অস্থিরভাবে বা কাঁপিয়া কাঁপিয়া জ্বলা। (2) *n.* an act of flickering, ঈষৎ ঝট্‌পটানি বা কম্পন, অস্থির-ভাবে জ্বলা ; a quivering movement or light, কম্পমান গতি বা আলো। *adv.* **fli°ckeringly**। [OE. *flicorian*]

flier—see **fly.**

flight$_1$ [flīt, ফ্লাইট্] *n.* an act or manner of fleeing, পলায়ন বা তাহার ধরন। **flight of capital**—(সচ. সঙ্কটের কালে) মূলধন বিদেশে চালান। **(to) put to flight**—পলায়ন করিতে বাধ্য করা, সম্পূর্ণরূপে পরাস্ত করা। **(to) take flight, (to) take to flight**—পলায়ন করা। [assumed OE. *flyht*—cp. *flee*]

flight$_2$ [flīt, ফ্লাইট্] *n.* flying, শূন্যে ধাবন বা তাহার ধরন ; soaring, উড্ডয়ন ; a series, (সোপানাদির) শ্রেণী (we went up three *flights* of stairs) ; a flock, (পাখির) ঝাঁক ; swift movement, দ্রুত গতি ; a sally, বেগে নিষ্ক্রমণ ; a volley, (গোলা-গুলি তীর প্রভৃতির) বেগে বর্ষণ ; a unit of the Air Force, বিমানবাহিনীর অংশ। **in flight**—শূন্যে ধাবনরত ; শূন্যে ধাবনকালে। **in the highest** or **top flight**—মুখ্যস্থানাধিষ্ঠিত, সর্বোচ্চ শ্রেণীতে স্থিত। *n.* **flight°-lieute°nant**—মর্যাদায় স্থলবাহিনীর ক্যাপটিনের (captain) সমতুল বিমানবাহিনীর নিম্নপদস্থ সেনাপতিবিশেষ। *a.* **flightless**—(পাখি সম্বন্ধে) উড়িতে অক্ষম। *a.* **fli°ghty**—দ্রুতগামী ; অলীক কল্পনাপূর্ণ ; পরিবর্তনশীল ; অস্থিরচিত্ত। *adv.* **fli°ghtily**। *n.* **fli°ghtiness**। [OE. *flyht*<*fleogan*=to fly]

flimflam [flim°-flam, ফ্লিম্°ফ্ল্যাম্] (1) *n.* trick, কৌশল, চালাকি ; trifle, তুচ্ছ বা বাজে ব্যাপার। (2) *v.t.* to deceive, প্রতারণা করা। [imit, reduplicate]

flimsy [flim°-zi, ফ্লিম্°জ়ি] (1) *a.* thin, পাতলা ; without solidity, strength or reason, দৃঢ়তা-হীন, শক্তিহীন, যুক্তিহীন (a *flimsy* excuse) ; weak, দুর্বল, ক্ষীণ ; trivial, তুচ্ছ। (2) *n.* transfer-paper, প্রতিলিপিগ্রহণের কাগজ ; (sl.) a banknote, (অশি.) পত্রমুদ্রা। *adv.* **flim°sily** । *n.* **flim°sinėss** । [?—cp. *film*]

flinch₁ [flinsh, ফ্লিন্‌শ্] *v.i.* to shrink back, সঙ্কুচিত হইয়া বা ভয় পাইয়া পিছাইয়া আসা ; to fail, ব্যর্থ বা অক্ষম হওয়া। *p.* & *p. pt.* **flin°chėd** । *n.* **flin°chėr** । *adv.* **flin°chingly** । [?]

flinch₂ [flinsh, ফ্লিন্‌শ্] var. of **flench.**

flinders [flin°-da(r)z, ফ্লিন্°ড্যা(র্)জ্] *n. pl.* fragments, splinters, টুকরা, খণ্ড। [Norw. *flindra* =a splinter]

fling [fling, ফ্লিং] (**I**) *v.t.* to throw violently, সবেগে নিক্ষেপ করা ; to toss, লুফিয়া লইবার জন্য উপরে ছুড়িয়া দেওয়া ; to cause to fall, ফেলিয়া দেওয়া ; to shoot, (তীর গুলি প্রভৃতি) ছোড়া। (**2**) *v.i.* to dash or rush or to throw oneself impetuously, বেগে ছুটিয়া যাওয়া বা ঝাঁপাইয়া পড়া ; to throw missiles, তীর গুলি প্রভৃতি ছোড়া। *p.* & *p. pt.* **flung** [flung, ফ্লাং]। (**3**) *n.* a throw, নিক্ষেপ ; a taunt, বিদ্রূপ ; violent movement, প্রবল আন্দোলন। **in full fling**—সর্বাধিক বা যথাসাধ্য বেগে, বেপরোয়াভাবে। **(to) have a fling at**—কোন কিছু করিবার চেষ্টা করা ; উপহাস বা বিদ্রূপ করা। **(to) have one's fling**—অবাধ আমোদপ্রমোদে কাটাইবার মত সময় পাওয়া। [cp. ON. *flengja*]

flint [flint, ফ্লিন্ট্] *n.* a hard stone from which fire is struck with steel, চকমকি পাথর ; (fig.) anything very hard, (আল.) অতি কঠিন কিছু। *n.* **flint°-corn**—একপ্রকার শক্ত দানার ভুট্টা। *n.* **flint°-glass**—(মূলতঃ চকমকি-প্রস্তর-ভস্ম হইতে প্রস্তুত) অতি স্বচ্ছ কাচবিশেষ। *a.* **flint°-heart-(ėd)**—কঠিনহৃদয়, নির্মম। *n.* **flint°-lock**—গাদা-বন্দুকবিশেষ বা তাহাতে বারুদ ভরার ঘর। *n.* **flint°-stōne**—ঘরের দেওয়াল প্রভৃতির নির্মাণকার্যে ব্যবহৃত পাথরকুচি। *n.* **flin°tinėss** । *a.* **flin°ty**—চকমকি-প্রস্তরপূর্ণ ; চকমকি-প্রস্তরতুল্য ; (আল.) অতি কঠিন বা নির্মম। *adv.* **flin°tily** । **(to) set one's face like a flint**—অটল বা অবিচলিত হওয়া। [AS.]

flip [flip, ফ্লিপ্] (**I**) *v.t.i.* to fillip, টুস্‌কি মারা, বা মৃদু আঘাত করা ; to flap, আস্তে পত্‌পত্‌ করা। *pr. pt.* **fli°pping** । *p.* & *p. pt.* **flippėd** । (**2**) *n.* a fillip, টুস্‌কি, মৃদু আঘাত ; a small hot drink of beer and spirits sweetened or similar concoction, সুমিষ্টীকৃত মদ্যের গরম ও অনুগ্র পানীয় বা অনুরূপ কোন শরবত (egg-*flip*)। **(to) flip one's lid**—আত্মসংযম হারান। **flip°-flap°, flip°-flop°**—(**I**) *adv.* বারংবার টুস্‌কি মারিয়া বা পত্‌পত্‌ করিয়া। (**2**) *n.* নৃত্যবিশেষ ; ডিগবাজি ; আতসবাজিবিশেষ, চটপটী (?) ; পুরুষ হইতে পুরুষান্তরে প্রেমনিবেদনকারিণী স্ত্রীলোক। *n.* **fli°pper**—সন্তরণে অভ্যস্ত অঙ্গ ; জলের নিচে মৎস্যাদির ন্যায় সাবলীলভাবে সন্তরণের জন্য ডুবুরিরা পায়ে যে কল বাঁধিয়া লয় ; (অশু.) হাত। *n.* **flip°-side**—গ্রামোফোন রেকর্ডের বিপরীত পিঠ। [imi.—cp. *fillip, flap*]

flippant [fli°-pant, ফ্লি°প্যান্ট্] *a.* pert and frivolous of speech, ফাজিল ও বাচাল, অসার বাক্যবাগীশ (a *flippant* comment) ; impertinent, ধৃষ্ট, জেঠা ; (obs.) playful, (অপ্র.) হাসিখুশি। *n.* **fli°ppancy** । *adv.* **fli°ppantly** । [?]

flirt [fla(r)t, ফ্ল্যা(র্)ট্] (**I**) *v.t.* to jerk, ঝাঁকান ; to move quickly like a fan, পাখার ন্যায় দ্রুত নাড়া ; to flick, টুস্‌কি মারা, মৃদু আঘাত করা। (**2**) *v.i.* to trifle with love, প্রেমের ভান করা, ছিনালি করা ; to move briskly about, দ্রুত ইতস্ততঃ ঘুরিয়া বেড়ান। *p.* & *p. pt.* **flir°tėd** । (**3**) *n.* a pert giddy girl, পুরুষ হইতে পুরুষান্তরে প্রেমনিবেদনকারিণী ধৃষ্টা স্ত্রীলোক ; one who coquets for amusement, যে (প্রধানতঃ স্ত্রীলোক) কেবল খেলার ছলে প্রণয়ের ভান করে, ছিনাল। *n.* **flirtā°tion**—প্রেমের ভান ; ছিনালি। *a.* **flirta-tious** [fla(r)-ta°-shas, ফ্ল্যা(র্)টেই°শ্যাস্] প্রেমের ভান করিতে বা ছিনালি করিতে অভ্যস্ত। *adv.* **flir°-tingly** । [imi.]

flit [flit, ফ্লিট্] *v.i.* to move about rapidly and lightly or silently, দ্রুত লঘুপায়ে বা নিঃশব্দে চলাফেরা করা (to *flit about, by, to and fro*) ; to be unsteady, অস্থির হওয়া ; to change one's abode স্বীয় বাসা বদলান। *pr. pt.* **fli°-tting** । *p.* & *p. pt.* **fli°ttėd** । [ON. *flytja*]

flitch [flich, ফ্লিচ্] *n.* the salted side of a hog, লবণে জারিত শূকরের পার্শ্বদেশস্থ মাংস। [OF. *flicce*]

flitter [fli°-ta(r), ফ্লি°ট্যা(র্)] *v.t.* to flutter, ঝাপটান। *n.* **fli°tter-mouse**—বাদুড়। [see *flit*]

flivver [fli-va(r), ফ্লি°ভ্যা(র্)] *n.* (sl.) a cheap motor-car or aeroplane, (অশি.) সস্তা মোটরগাড়ি বা বিমান ; failure, ব্যর্থতা। [?]

float [flōt, ফ্লৌট্] (**I**) *v.i.* to be supported in a fluid or air, ভাসা ; to move lightly, being so supported, ভাসিয়া যাওয়া ; to drift about aimlessly, উদ্দেশ্যহীনভাবে ভাসিয়া চলা ; to be free from usual attachment, স্বাভাবিক বন্ধন বা দায়িত্ব হইতে মুক্ত থাকা ; to use a float, ভেলায় চড়িয়া যাওয়া। (**2**) *v.t.* to cause to float ; ভাসান ; to convey on a float, ভেলায় চড়াইয়া নেওয়া ; to launch, to circulate, (প্রধানতঃ বাজারে) ছাড়িয়া দেওয়া, চালু করা (to *float* shares of a limited company) ; to allow the exchange value of a currency to fluctuate (within narrow limits), (সচ. সঙ্কীর্ণ সীমার মধ্যে) মুদ্রার বৈদেশিক বিনিময়-মূল্য ওঠা-নামা করিতে দেওয়া (to *float* dollar, mark, pound, etc.)। *p.* & *p. pt.* **floa°tėd** । (**3**) *n.* state of floating, ভাসন্ত অবস্থা ; a wave, তরঙ্গ ; a contrivance for floating or keeping something afloat, যে বস্তুর সাহায্যে ভাসিয়া থাকা বা

ভাসাইয়া রাখা যায় (যেমন, ভেলা, বয়া, বঁড়শির ফাতনা প্রভৃতি); a cart for carrying cattle etc., গবাদি পশু প্রভৃতিকে বহনার্থ গাড়িবিশেষ; footlight, পাদপ্রদীপ। *a.* **floa°table**—ভাসিতে সক্ষম। *n.* **flo(a)°tāge**—ভাসমান হওয়া, ভাসমান বস্তু (যেমন, শেওলা); পোতাদি ভাসমান বস্তুর যে অংশ জলের উপরে থাকে। *n.* **flo(a)tā°tion**—ভাসা; ভাসিয়া যাওয়া; ভাসন্ত বস্তুসম্বন্ধীয় বিজ্ঞান; (প্রধানতঃ লিমিটেড বা সীমিত) ব্যবসায়-প্রতিষ্ঠান আরম্ভ করা বা খোলা। *n.* **floa°ter**—float (*v.*)-এর সকল অর্থে, এবং—ব্যবসায়-প্রতিষ্ঠান কর্তৃক যে অংশীদারিপত্র বিক্রয়ার্থ বাজারে ছাড়া হয়, কোম্পানির কাগজ। *a.* **floa°ting**—ভাসন্ত (*floating* bridge); পরিবর্তনশীল সংখ্যাবিশিষ্ট (the *floating* population); নির্দলীয় (*floating* vote); দাবি-মাত্রে বা নির্ধারিত সময়ে প্রদেয় বা পরিশোধ্য (*floating* debt)। *n.* **float°-plāne**—যে বিমানপোত জলে ভাসিতে সক্ষম। *n.* **float°-stōne**—ভাসিতে সক্ষম শিলাবিশেষ। [OE. *flotian* = to float—cp. ON. *flota*]

floccinaucinihilipilification [flok-si-naw-si-ni-hi-li-pi-li-fi-cā°-sh(a)n, ফ্লক্‌সিন্‌সিনিহিলিপিলিফিকেই°শ্‌ন্] *n.* (joc.) habit of estimating as worthless, (রসি.) অকিঞ্চিৎকর বলিয়া পরিগণনের অভ্যাস বা স্বভাব। [L. flocci, nauci, nihili, pili = words meaning 'at little value']

floccule [flo°-kūl, ফ্ল°কিউল্] *n.* a tuft like that of wool, পশমের ন্যায় অকুঞ্চিত গুচ্ছ। *a.* **flocculent** [flo°-kū-lant, ফ্ল°কিউল্যান্ট্] পশমতুল্য (আকুঞ্চিত); পশমপূর্ণ। [L. *floccus* = a lock]

flock₁ [flok, ফ্লক্] (1) *n.* a company, (প্রধানতঃ পশু বা পক্ষীর) ঝাঁক, দল। (2) *v.i.* to collect or go in flocks or in crowds, ঝাঁক বাঁধা বা ভিড় করা, ঝাঁক বাঁধিয়া বা ভিড় করিয়া চলা। *p. & p. pt.* **flo°cked**। **flocks and herds**—ভেড়া ও গোমহিষাদির পাল। [OE. *flocc*—cp. *flock₂*, ON. *flokkr*]

flock₂ [flok, ফ্লক্] *n.* a lock of wool, পশমগুচ্ছ; a tuft, গুচ্ছ (a *flock* of cotton); waste cotton, wool, etc., কাপড় পশম প্রভৃতির অকেজো ছাঁট। *n.* **flock°-bed, flock°-mattress**—যে তোশকের বা জাজিমের মধ্যে তুলার বদলে পশম থাকে। [OF. *flock* < L. *floccus*]

floe [flō, ফ্লৌ] *n.* a layer of floating ice, ভাসমান তুষারস্তর। [Norw. *flo* = layer ?]

flog [flog, ফ্লগ্] *v.t.* to beat (with birch, whip, etc.), (ভূর্জবৃক্ষের ডাল, চাবুক, প্রভৃতির দ্বারা) প্রহার করা। *pr. pt.* **flogg°ing**; *p. & p. pt.* **flo°gged**। [contr. of *flaggellate* ?]

flong [flong, ফ্লং] *n.* papier-mâché for stereotyping, ছাঁচ গড়ার জন্য কাগজের মণ্ড। [F. *flau*]

flood [flud, ফ্লাড্] (1) *n.* an inundation, বন্যা, বান; a deluge, মহাপ্লাবন, প্রলয়-প্লাবন; an inflow of tide, জোয়ার (*flood*-tide); any great flow or profusion, প্রবল স্রোত বা অত্যধিক প্রাচুর্য (*flood* of tears or light); (poet) a river or other water, (কাব্যে) নদী বা অন্য কোন জলাশয়। (2) *v.t.* to overflow, প্লাবিত করা; to supply profusely, প্রচুরপরিমাণে জোগান (the market was *flooded* with consumer goods); to overfill, অত্যধিক পূর্ণ করা, উপছাইয়া তোলা; to overcast completely, সম্পূর্ণ ছাইয়া বা ঢাকিয়া ফেলা; ro overwhelm, আচ্ছন্ন করা (to *flood* one with praise)। (3) *v.i.* to flow or bleed profusely, প্রচুরপরিমাণে প্রবাহিত হওয়া বা রক্ত ঝরা, বান ডাকা। **flood and field**—(কাব্যে) সমুদ্র এবং ভুভাগ, জলস্থল। **in flood**—(নদ্যাদি সম্বন্ধে) বন্যার জলে উপছাইয়া উঠিয়া কূল ছাপাইতেছে এমন। **Noah's Flood, the Flood**—বাইবেলে বর্ণিত নোয়ার সময়ের প্রলয়-প্লাবন। **(to) be flooded out**—বন্যার জন্য (স্থানাদি) ত্যাগে বাধ্য হওয়া। *a.* **floo°dėd**—প্লাবিত; উপছাইয়া পড়িতেছে এমন; পরিপূর্ণ; সম্পূর্ণ; আচ্ছাদিত। *n.* **flood°-gāte**—নদ্যাদির স্রোতনিয়ন্ত্রণের জন্য নির্মিত দরজাবিশেষ। **flood°līght**—(1) *n.* রঙ্গমঞ্চাদি হইতে অন্ধকার দূরীকরণার্থ নানা দিক্ হইতে পাতিত আলোক; (2) *v.t.* উক্ত আলোকদ্বারা আলোকিত করা। *p.* **flood°-līghtėd**। *p. pt.* **flood°līghtėd, flood°lit**। *n.* **flood°-mark**—বন্যার জলের স্ফীতির সীমারেখা, বন্যারেখা। *n.* **flood°-tīde**—জোয়ার। *n.* **flood°-water**—বন্যার জল। [OE. *flod*—cp. *flow*, Du. *vloed*, G. *flut*]

floor [flaw(r), ফ্ল্য(র্)] (1) *n.* the lower surface of a room, গৃহতল, ঘরের মেঝে; a platform, মঞ্চ; a storey, গৃহাদির তলা (ground *floor*); the base, ভিত্, তলদেশ; that on which anything is performed, যাহার উপরে দাঁড়াইয়া কিছু করা হয় (the *floor* of the assembly house); the floor of a council room, সভাতল; a level area, সমতল স্থান; right to speak in debate, বিতর্কে যোগদানের অধিকার (to have or to be given the *floor*); minimum of prices, wages, etc., সর্বনিম্ন দর বেতন ইত্যাদি (prices have touched the *floor*)। (2) *v.t.* to furnish with a floor, মেঝে নির্মাণ করিয়া দেওয়া; to throw or place on the floor, মেঝের উপরে নিক্ষেপ করা বা স্থাপন করা, ভূপাতিত করা; (coll.) to vanquish, (কথ্য.) পরাভূত করা; to nonplus, জব্দ করা বা হতবুদ্ধি করা। **(to) cross the floor**—বিতর্ক সভায় বিরুদ্ধ দলে যোগদান করা। **(to) take the floor**—বিতর্কসভায় বক্তৃতা করা। *n.* **floor°-cloth**—ঘরের মেঝে-মোছার জন্য নেকড়া, নেতা। *n.* **floor°ing**—মেঝে নির্মাণ; মেঝে-নির্মাণের উপাদান, মঞ্চ। *n.* **floor°-leader**—আইনসভায় দলের নেতা। *n.* **floor°-polish**—মেঝে চক্‌চকে ঝক্‌ঝকে করার পালিশ। *n.* **floor°-show**—রেস্তোর°াদিতে খরিদদারের চিত্তবিনোদনের জন্য মেঝের উপর (মঞ্চের উপর নহে) অনুষ্ঠিত নৃত্যগীতাদি। *n.* **floor°-walker**—same as **shop-walker**। *n.* **first°-floor°**—দোতলা;

(আমে.) একতলা। *n.* **se°cond-floor°, third°-floor,** etc.—তেতলা চারতলা প্রভৃতি। [OE. *flor*—cp. Du. *vloer*, G. *flur*]

flooz(s)ie [floo°-zi, ফ্লু°জ়ি] *n.* an attractive young woman (esp. of loose morals), (বিশে. শিথিল-চরিত্র) রমণীয়া তরুণী। [?]

flop [flop, ফ্লপ্] (**1**) *n.* a limp, heavy, flapping movement, or fall or its sound, হেলিয়া ছুলিয়া ধুপ্‌ধাপ্ করিয়া চলন বা পতন, উক্ত চলনের বা পতনের শব্দ; a collapse, ধ্বংস, চরম পতন; a failure, ব্যর্থতা; (sl.) sleep, (অশি.) ঘুম। (**2**) *v.i.t.* to move or drop with a flop, হেলিয়া ছুলিয়া ধুপ্‌ধাপ্ করিয়া চলা বা পড়া অথবা উক্তভাবে চালান বা ফেলিয়া দেওয়া। (**3**) *v.i.* to fail, ব্যর্থ হওয়া; to collapse, ধ্বংস পাওয়া। *pr. pt.* **flo°pping** । *p. & p. pt.* **flo°pped** । (**4**) *adv. & int.* with a flop, হেলিয়া ছুলিয়া ও ধুপ্‌ধাপ্ করিয়া (to fall *flop* into the water)। *adv.* **flo°ppily** । *n.* **flopp°iness** । *a.* **flo°ppy**—হেলিয়া ছুলিয়া ধুপ্‌ধাপ্ করিয়া চলে বা পড়ে এমন। [<*flap*]

flora [flaw°-ra, ফ্ল্য°র‍্যা] *n.* plants collectively of a region or age, or a list of them, কোন অঞ্চলের বা যুগের উদ্ভিদ্‌কুল অথবা তাহার তালিকা। *a.* **flo°ral**—পুষ্পসংক্রান্ত। *a.* **Flo°ral**—রোমের পুষ্পদেবী ফ্লারা-সংক্রান্ত। *n.* **florescence** [flaw-re°-sens, ফ্ল্যরে°সেন্‌স্] পুষ্পোদ্গম; মুকুলের বিকাশ; (উদ্ভি.) পুষ্পোদ্গমকাল। *a.* **flore°scent**—পুষ্পোদ্গমশীল; বিকাশোন্মুখ; পুষ্পোদ্গমকালীন। *n.* **flo°-rēt**—ক্ষুদ্র পুষ্প, পুষ্পিকা। *v.t.* **flo°riāte**—ফুলের নকশা দিয়া সাজান; (বস্ত্রাদিতে) বুটি তোলা। *p. & p. pt.* **flo°riāted** । *n.* **flo°riculture**—ফুল ও লতাপাতার চাষ, পুষ্পোৎপাদনবিদ্যা। *a.* **flo°ricul°tural**—পুষ্পোৎপাদনবিদ্যা-সংক্রান্ত। *n.* **floricul°turist** । *a.* **florid** [flo°-rid, ফ্ল°রিড্] পুষ্পময়; উজ্জ্বলবর্ণ; রক্তিমাভ, রাঙা হইয়া উঠিয়াছে এমন; (ভাষা ও রচনা সম্বন্ধে) অলঙ্কারবহুল; অত্যধিক সুসজ্জিত বা অলঙ্কৃত। *n.* **flori°dity** । *a.* **flori°ferous**—(বীজ ও গাছপালা সম্বন্ধে) প্রচুরপরিমাণে পুষ্পোৎপাদী। *n.* **florilē°gium**—(বাছাই-করা) রচনাসংগ্রহ। (*pl.*) **florilē°gia, florilē°giums** । *n.* **florist** [flo°-rist, ফ্ল°রিস্‌ট্] যে ব্যক্তি পুষ্পের চাষ করে বা পুষ্প বিক্রয় করে, মালী; পুষ্পোৎপাদন-বিজ্ঞানী। [L. *Flora*, goddess of flower, *floris*=a flower]

Florentine [flo°-ren-tīn, ফ্ল°রেন্‌টাইন্] (**1**) *a.* of Florence, ফ্লরন্‌স্-নগরীর। (**2**) *n.* a native of Florence, ফ্লরন্‌স্-বাসী; Florentine silk, ফ্লরন্‌সে উৎপাদিত রেশমী কাপড়। [L. *Florentinus*]

florescence, floret, floriate, floriculture, florid, floriferous, florilegium—see **flora.**

florin [flo°-rin, ফ্লরিন্] *n.* (ori.) a Florentine gold coin, (মূলতঃ) ফ্লরন্‌স্-নগরীর স্বর্ণমুদ্রাবিশেষ; an English coin, ইংল্যান্ডের ছুই শিলিং মূল্যের মুদ্রাবিশেষ। [F.<It. *florino*=a small flower]

florist—see **flora.**

floruit [flaw°-roo-it, ফ্ল্য°রুইট্] *n.* the period during which a person flourished or was alive, (কোন ব্যক্তির) অভ্যুদয়-কাল বা সঠিক (জন্ম-মৃত্যুর তারিখের অভাবে) জীবৎকাল। [L.=he flourished]

flory—see **fleur-de-lis.**

floss [flos, ফ্লস্] *n.* the silk enveloping silkworm's cocoon, and other waste of silk manufacture, যে রেশমদ্বারা রেশমগুটি পরিবেষ্টিত থাকে এবং রেশম-উৎপাদন কালে যে-সব সুতা ছিঁড়িয়া বা খারাপ হইয়া যায়, রেশমের ফেঁসো। *n.* **floss°-silk°**—রেশমের ফেঁসো দিয়া প্রস্তুত নিকৃষ্ট রেশম। *a.* **flo°ssy**—রেশমের ফেঁসো দিয়া প্রস্তুত বা তত্তুল্য। [?]

flotage, flotation—see **float.**

flotilla [flŏ-ti°-la, ফ্লোটি°ল্যা] *n.* a fleet of small ships, ক্ষুদ্র জাহাজসমূহের বহর। [Sp.=a small fleet]

flotsam [flot°-sam, ফ্লট্°স্যাম্] *n.* goods lost by shipwreck and found floating on the sea, জাহাজ-ডুবির পরে যে-সব মালপত্র সমুদ্রে ভাসিতে দেখা যায় (cp. **jetsam**)। [AF. *floteson*<OF. *floter*=to float]

flounce$_1$ [flowns, ফ্লাউন্‌স্] (**1**) *v.i.* to move abruptly or impatiently, আকস্মিকভাবে বা অস্থিরভাবে চলিতে আরম্ভ করা অথবা নড়িয়া ওঠা (to *flounce about, away, down, out, up*)। *p. & p. pt.* **floun°ced** । (**2**) *n.* an abrupt or impatient fling, or flop or movement, আকস্মিকভাবে অথবা অস্থিরভাবে নিক্ষেপ বা পত্‌পতানি বা চলন। [Norw. *flunsa*=to hurry]

flounce$_2$ [flowns, ফ্লাউন্‌স্] (**1**) *n.* a hanging strip sewed to a woman's skirt, স্ত্রীলোকের ঘাগরার কোমরের কাছে যে রঙচঙে কাপড়ের লম্বা ফালি সেলাই করিয়া জুড়িয়া দেওয়া হয়। (**2**) *v.t.* to furnish with flounces, উক্ত ফালি সেলাই করিয়া জুড়িয়া দেওয়া। *p. & p. pt.* **floun°ced** । *n.* **floun°cing**—উক্ত ফালি। [OF. *froncier*=to plait]

flounder$_1$ [flown°-da(r), ফ্লাউন্‌ড্যা(র্)] *v.i.* to struggle violently and awkwardly, (পাঁক হইতে ওঠার জন্য) প্রাণপণে হাস্যকর চেষ্টা করা, নাকানি-চোবানি খাওয়া; to make mistakes, ভুল করা; to manage badly, তালগোল পাকাইয়া ফেলা; সুব্যবস্থা করিতে অক্ষম হওয়া। [a blending of *founder* and *blunder* ?]

flounder$_2$ [floun°-dā(r), ফ্লাউন্‌ড্যা(র্)] *n.* a kind of flat fish, বোয়ালজাতীয় মৎস্যবিশেষ, রাঘববোয়াল। [AF. *floundre*<OF. *flondre*]

flour [flow°-a(r), ফ্লাউ°অ্যা(র্)] (**1**) *n.* the finely ground meal of wheat or any other grain, গোধুমচূর্ণ, ময়দা, আটা; the powder of any substance, যে-কোন পদার্থের চূর্ণ বা গুঁড়া। (**2**) *v.t.* to reduce into or sprinkle with flour, গুঁড়া করা বা গুঁড়া ছিটাইয়া দেওয়া। *n.* **flour°-bōlt**—গোধুমাদি চূর্ণ করার জাঁতা। *n.* **flour°-**

mill—ময়দা-কল। *a.* **flour°y**—ময়দায় বা গুঁড়ায় আচ্ছাদিত ; ময়দার ন্যায় বা গুঁড়ার ন্যায়। [<*flower*]

flourish [flu°-rish, ফ্লা°রিশ্] (**1**) *v.i.* to grow luxuriantly, প্রচুরপরিমাণে জন্মান ; to thrive, উন্নতিলাভ করা, খ্যাতির সহিত বাঁচিয়া থাকা ; to be of full vigour, পূর্ণ তেজসম্পন্ন বা কর্মশক্তি-সম্পন্ন হওয়া ; to use copious and flowery language, শব্দবহুল ও অলঙ্কারময় ভাষা ব্যবহার করা ; to move pompously, জাঁকালভাবে চলা-ফেরা করা ; to show ostentatiously, সাড়ম্বরে প্রদর্শন করা ; (mus.) to play or sing ostentatiously, (সঙ্গীতে) ঝঙ্কার তোলা ; to make ornamental strokes with the pen, কলম দিয়া চিত্রবিচিত্র করা। (**2**) *v.t.* to adorn with copious and flowery language, শব্দবহুল ও অলঙ্কারময় ভাষায় সাজান ; to decorate, সাজান ; to brandish with a grave grandeur, (অস্ত্র কলম প্রভৃতি) গুরুগম্ভীর চালে আন্দোলিত করা। *p. & p. pt.* **flou°rished**। (**3**) *n.* decoration, (সম্মানাদিসূচক) অলঙ্কার ; showy splendour, জাঁকজমক ; an ornamental stroke of the pen, লেখনীদ্বারা অঙ্কিত বিচিত্র রেখা বা চিত্র ; the brandishing of a weapon, etc., অস্ত্র কলম প্রভৃতির আন্দোলন ; a parade of words, বাগ্‌বাহুল্য ; (mus.) an ostentatious play, (সঙ্গীতে) ঝঙ্কার ; the sound of blowing, নিনাদ (*flourish* of trumpets)। *a.* **flour°ishing**—উন্নতিশীল ; সমৃদ্ধ ; জাঁকাল। [OF. *florir* < L. *floris* = flower]

floury—see **flour.**

flout [flowt, ফ্লাউট্] (**1**) *v.t.* to jeer at, বিদ্রূপ করা ; to treat with contempt, অবজ্ঞা করা (to *flout* a person's advice, order, etc.)। *p. & p. pt.* **flou°tėd**। (**2**) *n.* jeer, বিদ্রূপ। *adv.* **flou°tingly**। [ME. *floute* = to play on a flute ?]

flow [flō, ফ্লৌ] (**1**) *v.i.* to run as water or in stream, প্রবাহিত হওয়া ; বহিয়া চলা ; to rise or come as the tide, জোয়ারে ফুলিয়া ওঠা, জোয়ার আসা ; to glide unhindered, অবাধে বহিয়া চলা ; to issue abundantly, প্রচুর পরিমাণে নির্গত হওয়া। (**2**) *n.* an act of flowing, প্রবহণ ; a current or stream, স্রোত, প্রবাহ, ধারা ; the setting in of the tide, জোয়ারের আরম্ভ ; the tide itself, জোয়ার (ebb and *flow*) ; an abundant issuing out or the speed thereof, প্রচুর নির্গমন বা নির্গমন-বেগ (*flow* of thought) ; abundant supply, প্রচুর সরবরাহ (*flow* of money) ; fluency, বক্তৃতার বা লেখার সাবলীল ও প্রচুর ক্ষমতা। **flow of spirits**—স্বাভাবিক আনন্দোচ্ছল ভাব। *n.* **flow-chart**—জটিল কর্মাদির গতি বা বিচলন নির্দেশক চিত্রলেখ। *a.* **flow°ing**—প্রবহমাণ ; স্বচ্ছন্দ-গতি, সাবলীল (to write in a *flowing* style) ; ভাঁজে ভাঁজে বা ঢেউ-খেলানোভাবে ঝুলিয়া বা ছড়াইয়া পড়ে এমন (*flowing* garment, hair, etc.) [OE. *flowan*]

flower [flow°-a(r), ফ্লাউ°অ্যা(র্)] (**1**) *n.* the blossom or the reproductive organ of a plant, ফুল, পুষ্প, কুসুম ; a flowering plant, ফুলগাছ, পুষ্পবৃক্ষ ; (fig.) the best of anything ; (আল.) কিছুর শ্রেষ্ঠ অংশ বা নিদর্শন (the *flower* of virtue) ; (fig.) the best person or thing, (আল.) সেরা ব্যক্তি বা বস্তু (he is the *flower* of his regiment) ; (fig.) the embodiment of perfection, (আল.) পূর্ণাঙ্গ নিদর্শন ; ornament of style of speech or writing, ভাষালঙ্কার ; (in *pl.*—obs.) menstrual discharge, (অপ্র.) স্ত্রীরজঃ ; (in *pl.*) a sublimate, রাসায়নিক ভস্ম ; (*flowers* of sulphur)। (**2**) *v.t.* to adorn with floral designs, ফুলের নকশা দিয়া সাজান, (বস্ত্রাদিতে) ফুল তোলা। (**3**) *v.i.* to blossom, ফুল ধরা, ফুল ফোটা ; to flourish, সমৃদ্ধ হওয়া। **flower of speech**—শব্দালঙ্কারপূর্ণ ভাষা। **in flower**—ফুল ধরিয়াছে এমন ; পুষ্পিত। **cut flowers**—গৃহাদির শোভাবর্ধনকার্যে ব্যবহৃত কাগজ প্রভৃতি কাটিয়া তৈয়ারি ফুল। *n.* **flow°erbed**—মালঞ্চ, বাগিচা। *n.* **flow°er-bud**—পুষ্পমুকুল, ফুলের কুঁড়ি। *n.* **flower-de-luce** [flow-a(r)-di-loos°, ফ্লাউ-অ্যা(র্)ডিলুস্°] same as **fleur-de-lis**। *n.* **flow°erer**—নির্দিষ্ট সময়ে বা পরিমাণে পুষ্পিত হয় এমন বৃক্ষ। **abundant flowerer**—যে বৃক্ষে প্রচুর-পরিমাণে ফুল ধরে। **late flowerer**—যে বৃক্ষে দেরিতে ফুল ধরে। *n.* **flow°erėt**—ক্ষুদ্র পুষ্প, পুষ্পিকা। *n.* **flow°er-garden**—পুষ্পোদ্যান। *n.* **flow°er-girl**—ফুলওয়ালি, পুষ্পবিক্রেত্রী। **flow°ering**—(**1**) *n.* পুষ্পোদ্গম ; (**2**) *a.* পুষ্পোদ্যানসংক্রান্ত ; পুষ্পোদ্গমসংক্রান্ত। *a.* **flow°erlėss**—পুষ্পহীন ; অপুষ্পক। *n.* **flow°er-pot**—ফুলের টব। *n.* **flow°er-show**—পুষ্পপ্রদর্শনী। *n.* **flow°er-stalk**—কুসুমবৃন্ত। *a.* **flow°ery**—পুষ্পময় ; পুষ্পশোভিত ; অতি সুসজ্জিত। *n.* **flow°erinėss**। [OE. *flour* < L. *floris*—cp. Sans. *foolla*]

flown—see **fly.**

flub [flub, ফ্লাব্] (**1**) *v.t.* to botch, to bungle, তালগোল পাকান। (**2**) *v.i.* to perform badly, খারাপভাবে করা ; to blunder, মারাত্মক ভুল করা। (**3**) *n.* a blunder, সাজ্ঘাতিক ভুল। [?]

flubdub [flŭb°-dub, ফ্লাব্°ডাব্] *n.* bombastic language, শব্দাড়ম্বরপূর্ণ ভাষা। [?]

fluctuate [fluk°-tū-āt, ফ্লাক্°টিউএইট্] *v.i.* to move like a wave, তরঙ্গায়িত হওয়া ; to move this way and that, একবার এদিকে আরেকবার ওদিকে যাওয়া ; to waver, চঞ্চল হওয়া, অস্থির হওয়া। *p. & p. pt.* **fluctū°ātėd**। *n.* **fluctūā°tion**—চাঞ্চল্য, অস্থিরতা ; (বিনিময়হার তাপ ইত্যাদি সম্পর্কে) ওঠা-নামা (*fluctuation* in the rate of exchange, in temperature, etc.)। [L. *fluctuare*]

flu(e) [floo, ফ্লু] contr. of **influenza.**

flue$_1$—see **flu.**

flue$_2$ [floo͞, ফ্লু] *n.* a pipe for conveying hot air, smoke, etc., গরম হাওয়া ধোঁয়া অগ্নিশিখা প্রভৃতি বাহির করিয়া দিবার নল বা চিমনি। *n.* **flue°(pipe)**—বাদ্যযন্ত্রাদির ধ্বনি-উৎপাদক নল। [?]

fluent [floo͞°-ant, ফ্লু°অ্যান্ট্] *a.* voluble, শব্দবহুল ; copious, প্রাচুর্যপূর্ণ ; flowing easily and gracefully, স্বচ্ছন্দগতিবিশিষ্ট ; speaking smoothly and readily, সাবলীল গতিতে বলিতে সক্ষম, বাক্পটু (a *fluent* speaker)। *n.* **flu°ency, flu°entness**। *adv.* **flu°ently**। [L. *fluere*=to flow]

fluff [fluf, ফ্লাফ্] (**1**) *n.* soft down from cotton, fur etc., তুলা পালক প্রভৃতির নরম ফেঁসো ; faulty acting, ত্রুটিপূর্ণ অভিনয়। (**2**) *v.t.* to shake, puff or spread out, (লেপ তোষক বালিশ প্রভৃতি) ঝাঁকিয়া ঠিক করা (to *fluff* out a pillow) ; to bungle, তালগোল পাকান (to *fluff* a catch)। *a.* **flu°ffy**—তুলার নরম ফেঁসোর ন্যায় ; তালগোলপাকান। *a.* **flu°ffiness**। [?]

fluid [floo͞°-id, ফ্লু°ইড্] (**1**) *a.* that flows, তরল ; unsolidified, অঘনীভূত ; (of ideas) not fixed, (ধারণাদি) স্থির বা নিশ্চয় নহে এমন (*fluid* opinions)। (**2**) *n.* a fluid substance, তরল পদার্থ। *v.t.* **flui°dify**—তরলায়িত করা। *n.* **flui°dity, flu°idness**। [L. *fluidus*]

fluke [floo͝k, ফ্লুক্] (**1**) *n.* an accidental success, আকস্মিক বা অপ্রত্যাশিত সাফল্য (to win by a *fluke*)। (**2**) *v.t.* get by fluke, অপ্রত্যাশিতভাবে লাভ করা বা পাওয়া। [?]

flume [floo͞m, ফ্লুম্] *n.* an artificial channel for carrying water for industrial use, কলকারখানা ও মেশিন প্রভৃতিতে প্রয়োজনীয় জলসরবরাহের জন্য নালা। [OF. *flum*<L. *flumen*= a river]

flummery [flu°-ma-ri, ফ্লা°ম্যারি] *n.* an acid jelly made from the husks of oats, জইয়ের খোসা হইতে তৈয়ারি অম্লাস্বাদ মোরব্বাবিশেষ। [Welsh *llymru*]

flummox [flu°-maks, ফ্লা°ম্যাক্স্] *v.t.* (sl.) to perplex, (অশি.) বিহ্বল বা হতবুদ্ধি বা বিভ্রান্ত করা। [?]

flump [flump, ফ্লাম্প্] *v.i.t.* (coll.) to fall with a dull noise or thud, (কথ্য.) ধুপ্ করিয়া পড়া ; to throw down heavily, সশব্দে ফেলিয়া দেওয়া (to *flump* down)। [imi.]

flung—see **fling.**

flunk [flunk, ফ্লাংক্] *v.t.i.* (sl.) to shirk, (অশি.) কর্তব্য বা দায়িত্ব এড়াইয়া চলা ; to fail in examination, etc. or to cause to fail, পরীক্ষাদিতে ফেল করা বা করান। [*fl*inch+*funk*]

flunkey [flung°-ki, ফ্লাং°কি] *n.* a liveried servant, চাপরাসি ; a footman, (গাড়ি প্রভৃতির) আগমনবার্তা-ঘোষক ভৃত্য ; (fig.) a servile flatterer, (আল.) হীন মোসাহেব বা চাটুকার। [Sc?.]

fluor [floo͞°-aw(r), ফ্লু°অ্য(র্)] *n.* calcium fluoride, খনিজ পদার্থবিশেষ। *v.i.* **fluoresce** [flooa-res°, ফ্লুঅ্যারেস্°] স্ফুরজ্যোতির্ময় হওয়া। *p.* & *p. pt.* **fluore°sced**। *n.* **fluore°scence**—স্ফুরজ্যোতি, (পরি.) প্রতিপ্রভা। *a.* **fluore°scent**—স্ফুরজ্যোতির্ময়, (পরি.) প্রতিপ্রভ। [L.=flow]

fluorine [floo͞°-ar-ēn, ফ্লু°অ্যারীন্] *n.* a non-metallic element, a pale-yellow gas, অধাতব মৌলপদার্থবিশেষ, একপ্রকার হরিদ্রাভ গ্যাস। *n.* **fluoride**—অন্য মৌল পদার্থের সহিত সংমিশ্রণ-জাত ফ্লুঅরিনের যৌগ। [L. *fluor*]

flurry [flu°-ri, ফ্লা°রি] (**1**) *n.* a sudden blast or gust, আকস্মিক দমক (a *flurry* of wind) ; agitation, বিক্ষোভ ; bustle, হৈচৈ। (**2**) *v.t.* to agitate, বিক্ষুব্ধ করা ; to confuse, বিশৃঙ্খল করা, তালগোল পাকান। [imi. ?—cp. *flaw, hurry*]

flush$_1$ [flush, ফ্লাশ্] *n.* a set of cards all of one suit, যে হাতের সমস্ত তাসই এক রঙের ; a gambling at cards, তাসের জুয়াবিশেষ, তেতাস। [F. *flux*]

flush$_2$ [flush, ফ্লাশ্] (**1**) *v.i.t.* to start up or cause to start up, (প্রধানতঃ পাখি-সম্বন্ধে) ভয়ে চমকাইয়া ওঠা বা চমকাইয়া তোলা। *p.* & *p. pt.* **flu°shed**। (**2**) *n.* উক্ত চমক। [imi.]

flush$_3$ [flush, ফ্লাশ্] (**1**) *n.* a sudden flow or rise, আকস্মিক প্রবাহ বা উচ্ছ্বাস ; a rush of blood to the skin assuming redness, যে রক্তোচ্ছ্বাসের ফলে গাত্রচর্ম রক্তিমাভ হইয়া ওঠে ; a sudden growth, rush, etc., আকস্মিক বৃদ্ধি বেগ প্রভৃতি ; a rush of feeling, আবেগোচ্ছ্বাস ; a puddle, কর্দমপূর্ণ পুকুর ; bloom, বিকাশ, বিকশিত যৌবন (in the first *flush* of youth) ; vigour, তেজ ; abundance, প্রাচুর্য। (**2**) *v.i.* to glow, দীপ্তি পাওয়া ; to redden in the face, মুখ লাল হওয়া, রক্তিমবদন হওয়া ; to flow swiftly, suddenly or copiously, দ্রুত বা আকস্মিক বা সাবলীল গতিতে প্রবাহিত হওয়া। (**3**) *v.t.* to cleanse by a copious flow of water, প্রচুর জলস্রোতদ্বারা বিধৌত করা (to *flush* the drains, the pan in a lavatory, etc.) ; to clear by a blast of air, হাওয়া দিয়া উড়াইয়া লওয়া ; to cause to glow, দীপ্ত করান ; to elate, (আবেগাদি) উদ্দীপ্ত করা। *a.* **flu°shed**—রক্তিমাভ ; উত্তেজিত। *n.* **flush°-box**—জলপ্রবাহদ্বারা ধৌত করার যন্ত্রবিশেষ। [imi. —cp. *flash, blush*]

fluster [flus°-ta(r), ফ্লাস্°ট্যা(র্)] (**1**) *n.* hurrying, ত্বরা ; flurry, আকস্মিক দমক, বিক্ষোভ, চঞ্চলতা, হৈচৈ (in a *fluster*)। (**2**) *v.t.i.* to make or become flurried, বিক্ষুব্ধ করা বা হওয়া। (**3**) *v.i.* to bustle, হৈচৈ করা। [ON. *flaustr*]

flute [floo͞t, ফ্লুট্] (**1**) *n.* a musical pipe, বাঁশি, বংশী, বেণু ; a stop with a flute-like tone in an organ, হারমোনিয়াম প্রভৃতিতে বাঁশির ন্যায় আওয়াজ বাহির করার চাবি। (**2**) *v.i.* to play the flute, বাঁশি বাজান। (3) *v.t.* to sing or speak in flute-like tones, বাঁশির ন্যায় সুরে গান গাওয়া বা কথা বলা; to form flutes or grooves in, বাঁশি তৈয়ারী করা বা বাঁশির ছেদার ন্যায় খাঁজ কাটা। *a.* **flu°tėd**—বাঁশির ছেদার ন্যায় খাঁজ-কাটা। *n.* **flu°tist**—বংশীবাদক। *n.* **flu°ting**—বংশীবাদন। *a.* **flu°ty**—বাঁশির সুরের ন্যায় শব্দযুক্ত। [OF. *fleute* ?]

flutter [flu°-ta(r), ফ্লা°ট্যা(র্)] (1) *v.i.* to move about with a bustle, হৈচৈ করিয়া চলাফেরা করা; to vibrate, স্পন্দিত হওয়া; to be agitated or worried, বিক্ষুব্ধ বা অস্থির বা দুশ্চিন্তাগ্রস্ত হওয়া; to toss a coin, মুদ্রাদি উৎক্ষিপ্ত করা। (2) *v.t.* to throw into disorder, বিশৃঙ্খল করা; to move in quick succession, দ্রুত নাড়ান বা ঝাঁকান; to flap (wings), (ডানা) ঝাপটান। (3) *n.* a quick irregular motion, দ্রুত ইতস্ততঃ আন্দোলন; an act of flapping, ঝাপটানি; agitation, বিক্ষোভ, চাঞ্চল্য; worry, দুশ্চিন্তা; uncertainty, অনিশ্চয়তা; confusion, বিশৃঙ্খলা। **(to) have a flutter**—(কথ্য.) বাজি ধরা বা জুয়া খেলা। [OE. *flotorian*=to float about<*fleotan*=to float]

fluty—see **flute.**

fluvial [floo°-vi-al, ফ্লু°ভিঅ্যাল্] *a.* of rivers, নদীসংক্রান্ত, নদীজ। [L. *fluvialis*]

flux [fluks, ফ্লাক্স্] (1) *n.* act of flowing, প্রবহণ; a flow, প্রবাহ; continuous change, নিরন্তর পরিবর্তন (in a state of *flux*); a discharge from a mucous membrane, সর্দি-নিঃসরণ, সর্দি; excrement, মল; substance mixed with metal etc., ধাতুমিশ্র। (2) *v.t.* to melt, গলান। (3) *v.i.* to flow, প্রবাহিত হওয়া; to fuse, মিশিয়া যাওয়া। *p.* & *p. pt.* **flu°xed**। *n.* **flux°ion** [flu°ksh(a)n, ফ্লা°ক্শ্ন্] প্রবহণ; নিঃসরণ; পার্থক্য, বৈসাদৃশ্য; পরিবর্তন; (গণি.) নিরন্তর পরিবর্তনশীল সংখ্যার পরিবর্তন হার। *a.* **flu°xional, flu°xionary**—পরিবর্তনশীল; অস্থির। [OF.<L. *fluxus*]

fly₁ [flī, ফ্লাই] (1) *v.i.* to move through the air, ওড়া; to move or go away swiftly, দ্রুত নড়া বা চলিয়া যাওয়া (time *flies*); to flee, পলাইয়া যাওয়া; to flitter, পত্পত্ করা (the banner *flies*)। (2) *v.t.* to avoid, এড়াইয়া চলা; to flee from, (সান্নিধ্য হইতে) পলাইয়া বেড়ান; to cause to fly, ওড়ান (to *fly* a kite); to conduct or transport by air, শূন্যপথে বা উড়াইয়া লইয়া যাওয়া (to *fly* a person in an aircraft); to cross or pass by flying, উড়িয়া পার হওয়া বা অতিক্রম করা। *p.* **flew** [floo, ফ্লু]। *p. pt.* **flown** [flōn, ফ্লৌন্]। (3) *n.* a kind of insect, মাছি, মশা, মাছিজাতীয় যে-কোন পতঙ্গ, মক্ষিকা; a kind of fish-hook, মক্ষিকাকৃতি বঁড়শিবিশেষ; (arch.) a familiar spirit, (আর্ষ.) চেনা ভূত; an attendant parasite, সঙ্গী জীবাণু; a flight, ধাবন, শূন্যধাবন, পলায়ন; a flap, (তাঁবু লেফাফা প্রভৃতির) ঝাঁপ বা ঢাকনা; the free end of a flag, পতাকাদির যে অংশ ওড়ে; a fast stage-coach, দ্রুতগামী যাত্রীবাহী গাড়িবিশেষ। **(to) fly at** or **upon**—হঠাৎ আক্রমণ করা। **(to) fly high**—উচ্চাকাঙ্ক্ষী হওয়া। **(to) fly in pieces**—টুকরা-টুকরা হইয়া ভাঙ্গিয়া ছড়াইয়া পড়া। **(to) fly in the face of**—অগ্রাহ্য করা; বিরোধিতা করা। **(to) fly into rage** or **passion**—সহসা (অত্যন্ত) ক্রুদ্ধ হওয়া। **(to) fly open**—হঠাৎ বা সবেগে খুলিয়া যাওয়া। **(to) fly out**—রাগে ফাটিয়া পড়া। **(to) fly the coop**—(কথ্য) সহসা প্রস্থান করা। **(to) fly to arms**—সাগ্রহে বা তৎপরতার সহিত অস্ত্রগ্রহণ করা। **(to) fly to bits**—টুকরা-টুকরা হইয়া ভাঙ্গিয়া ছড়াইয়া পড়া। **(to) let fly at**—আক্রমণ করা; ছুড়িয়া মারা। **(to) make the dust** or **feathers fly**—ঝগড়া বা মারামারি বাঁধান। **(to) send (one) flying**—(কাহাকেও) তাড়াইয়া দেওয়া। **(to) send (things) flying**—(জিনিসপত্র) দ্রুত চতুর্দিকে ছুড়িয়া দেওয়া বা ছড়াইয়া ফেলা। **a fly in the ointment**—এক গামলা গোদুগ্ধে এক ফোঁটা চোনা, গুড়ে বালি। **(with) no flies on**—সতর্কতার অভাব নাই; ত্রুটিহীন, নিখুঁত। **the bird has flown**—যাহাকে খোঁজা হইতেছে বা পাকড়াও করার চেষ্টা চলিতেছে, সে পালাইয়াছে। **there are no flies on him**—(অশি.) সে এমন সতর্ক যে তাহাকে ফাঁকি দেওয়া যায় না; (অশি.) তাহার কর্মদক্ষতা নিখুঁত। **on the fly**—উড়ন্ত অবস্থায়। *n.* **fly°bāne**—যে বিষে মশা-মাছি মরে; উক্ত বিষোৎপাদী বৃক্ষ। *n.* **fly°blow**—মশা-মাছির ডিম। *a.* **fly°blown**—মাছির ডিমে বা শূকে পূর্ণ। *n.* **fly°-boat**—ডিঙ্গিনৌকাবিশেষ। *n.* **fly°-by-nīght**—বিমানপোতের নৈশধাবন। *n.* **fly°-catcher**—মক্ষিকাভুক্ পাখিবিশেষ। *n.* **fly°er, flī°er**—যে ওড়ে; যন্ত্রাদির দ্রুতগতিযুক্ত অংশবিশেষ; যে প্রাণী বা গাড়ি অসাধারণ বেগে ছোটে; বৈমানিক। *n.* **fly°-flap**—মাছি-মারা লাঠি বা পাখা, মক্ষিকা-তাড়ন-দণ্ড। **fly°ing**—(1) *n.* শূন্যধাবন; ওড়ান; দ্রুতবেগে গমন; পলায়ন; (2) *a.* উড়ন্ত; দ্রুতগামী; পলায়নরত, পলাতক। *n.* **fly°ing-boat**—সমুদ্রাদির জলের উপর অবতরণে সক্ষম বিমানপোত। *n.* **fly°ing-bomb**—বিমানপোতের ন্যায় আকারযুক্ত বোমাবিশেষ, উড়ন্ত বোমা। *n. pl.* **fly°ing-colours**—উড়ন্ত পতাকা; বিজয়সাফল্য (to come off with *flying-colours*)। *n.* **fly°ing-co°lumn**—দ্রুতগামী সৈন্যবাহিনীবিশেষ। *n.* **fly°ing-fish**—উড়ুক্কু মাছবিশেষ। *n.* **fly°ing-fort°rėss**—বিশাল বোমারু বিমানপোতবিশেষ। *n.* **fly°ing-fox**—বৃহৎ বাদুড়বিশেষ। *n.* **fly°ing-machine**—বিমানপোত। *n.* **fly°ing-officer**—বিমানবাহিনীর সর্বনিম্নপদস্থ সেনাপতি। *n.* **fly°ing-par°ty**—শত্রুপক্ষকে হয়রান করার জন্য প্রেরিত ক্ষুদ্র সৈন্যদল। *n.* **fly°ing-sau°cer**—গ্রহান্তর হইতে পৃথিবীতে উড়িয়া-আসা থালার ন্যায় আকারের শূন্যযান, উড়ন-চাকতি। *n.* **fly°ing-shot**—ধাবমান কিছুর প্রতি গুলি-নিক্ষেপ। *n.* **fly°ing-squad**—পাহারা-

ওয়ালা টিকিট-চেকার প্রভৃতির দ্রুতগামী দল। *n.* **fly°-leaf**—পুস্তকাদির গোড়ায় বা শেষে যে সাদা কাগজ থাকে। *n.* **fly°-ōver**—রাস্তার যে চৌমাথায় বিপরীতগামী যানবাহন ও লোকসমাগমকে ভেদ করিয়া সেতু অবস্থিত থাকে ; (সম্মানাদি প্রদর্শনার্থ) ঊর্ধ্বে বিমানপোতের শোভাযাত্রা। *n.* **fly°-pāper**—মাছি মারার জন্য আঠাল কাগজবিশেষ। *n.* **fly°-past**—(সম্মানাদি প্রদর্শনার্থ) ঊর্ধ্বে বিমানপোতের শোভাযাত্রা। *n.* **fly°-swatter**—মাছি মারার হাতিয়ারবিশেষ। *n.* **fly°-trap**—মাছি ধরার ফাঁদ। *n.* **fly°-weight**—অনধিক প্রায় এক মণ পনের সের ওজনের মুষ্টিযোদ্ধা অথবা কুস্তিগির। *n.* **fly°-wheel**—মেশিনাদির চালনা বা নিয়ন্ত্রণের জন্য গুরুভার চাকা-বিশেষ। [OE. *fleogan* =to fly, *fleoge*=fly, insect]

fly₂ [flī, ফ্লাই] *a.* wide awake, সম্পূর্ণ জাগ্রত বা সজাগ ; not to be deceived, প্রতারিত বা প্রবঞ্চিত হয় না এমন। [?]

foal [fōl, ফৌল্] (**1**) *n.* the young of the horse family, অশ্ব গর্দভ প্রভৃতির শাবক। (**2**) *v.i.t.* to bring forth a foal, (অশ্বাদি কর্তৃক) বাচ্চা প্রসব করা। **in foal, with foal**—(ঘোটকী-সম্বন্ধে) গর্ভবতী। [OE. *fola*—cp. G. *fohlen*]

foam [fōm, ফৌম্] (**1**) *n.* froth, ফেনা ; bubbles, বুদ্‌বুদ ; (poet.) the sea, (কাব্যে.) সমুদ্র। (**2**) *v.i.* to produce or come in foam, ফেনিল হওয়া বা ফেনাইয়া ওঠা। **(to) foam at the mouth**—(কথ্য.) অত্যন্ত ক্রুদ্ধ হওয়া। *a.* **foa°ming**—ফেনায়িত ; ফেনায়মান। *n.* **foam°-rubber**—গদি বালিশ প্রভৃতি তৈয়ারির কাজে ব্যবহৃত নরম ফুলান রবারবিশেষ। *a.* **foa°my**—সফেন, ফেনিল। [OE. *fam*—cp. G. *feim*]

fob₁ [fob, ফব্] *n.* a small pocket for watches etc., ঘড়ির পকেট (পূর্বে ইহা পাজামার কোমরবন্ধে থাকিত)। *n.* **fob°-chain**—পকেটঘড়ির চেন্। [?]

fob₂ [fob, ফব্] (**1**) *n.* a trick, কৌশল, ছল। (**2**) *v.t.* to cheat, প্রতারণা করা, ঠকান ; to palm off, (উৎকৃষ্ট কোন বস্তুর পরিবর্তে নিকৃষ্ট কিছু) কৌশলে হাতে গুঁজিয়া দেওয়া। *pr. pt.* **fo°bbing**। *p. & p. pt.* **fo°bbed**। [cp. G. *foppen*=to befool]

focal, foci—see **focus**.

fo'c's'le—see **forecastle**.

focus [fō°-kas, ফৌ°ক্যাস্] (**1**) *n.* (geom.) a fixed point such that the distance of a point on a conic section from it and from the directrix have a constant ratio, (জ্যামি.) যে বিন্দু হইতে শঙ্কুর উপরিস্থ কোন বিন্দু ও শঙ্কুর পরিধি স্থিরানুপাতবিশিষ্ট, (পরি.) নাভি ; a point in which rays converge or from which they diverge, যে বিন্দুতে বিকীর্ণ রশ্মিসমূহ মিলিত হয় বা যে বিন্দু হইতে ঐগুলি বিকীর্ণ হয়, রশ্মিকেন্দ্র, ফোকস্; a central point, কেন্দ্রবিন্দু ; the point of origin, উৎসবিন্দু ; centre of activity, ক্রিয়া-কেন্দ্র। *pl.* **foci** [fō°-sī, ফৌ°সাই], **fō°cusės**। (**2**) *v.t.* to bring to a focus, নাভিগত করান ; to adjust to a focus, রশ্মিকেন্দ্রানুসারী করা ; to concentrate, কেন্দ্রীভূত করা। *p. & p. pt.* **fō°cus(s)ėd**। **(to) focus on**—কেন্দ্রীভূত করা (to *focus* one's attention, efforts, thoughts, etc. *on* something)। **real focus**—সৎ ফোকস্। **virtual focus**—অসৎ ফোকস্। *a.* **fō°cal**—নাভি-সংক্রান্ত ; ফোকস্-সংক্রান্ত ; কেন্দ্রী। *v.t.* **fō°calīze**—same as **focus** (*v.*)। [L.=a hearth]

fodder [fo°da(r), ফ°ড্যা(র্)] (**1**) *n.* food for cattle, গবাদি পশুর জাব। (**2**) *v.t.* to supply with fodder, জাব (খাইতে) দেওয়া। [OE. *fodor* —cp. G. *futter*]

foe [fō, ফৌ] *n.* an enemy, শত্রু। *n.* **foe°man** —(আর্ষ.) সংগ্রামরত শত্রুপক্ষীয় যোদ্ধা। [ME. *foo* <OE. *fa(h)(a.) gefa(n.)*]

fœtus [fē°-tas, ফী°ট্যাস্] *n.* the fully developed embryo in the womb or egg, ভ্রূণ। *a.* **fœ°tal**—ভ্রূণসংক্রান্ত। *n.* **fœticide** [fē°-ti-sīd, ফী°টিসাইড্] ভ্রূণহত্যা। [L. *fetus*=offspring]

fog₁ [fog, ফগ্] (**1**) *n.* a thick mist, ঘন কুয়াশা, কুহেলিকা ; cloudy obscurity, মেঘাচ্ছন্নতা ; (area of) cloudiness or blur on a developed photographic plate or film, ফটো-ফিলমে (প্রতিবিম্বাদির) অস্পষ্টতা, আলোকচিত্রের ফিলমে আবছা দাগ। (**2**) *v.t.* to shroud in fog, ঘনকুয়াশাচ্ছন্ন করা ; to obscure, অস্পষ্ট করা। (**3**) *v.i.* to become coated or clouded, আবৃত বা মেঘাচ্ছন্ন হওয়া। *pr. pt.* **fo°gging**। *p. & p. pt.* **fo°gged**। **in a fog**—(আল.) হতবুদ্ধি, বিভ্রান্ত। *n.* **fog°-bank** —দূর হইতে স্থলের ন্যায় প্রতীয়মান কুয়াশার স্তূপ। *n.* **fog°-bell**—কুয়াশায় নাবিকরা যাহাতে পথ না হারায় সেজন্য যে ঘণ্টা বাজান হয় ; উক্ত ঘণ্টাধ্বনি। *a.* **fog°-bound**—পথিমধ্যে কুয়াশায় আটকাইয়া পড়িয়াছে এমন। *a.* **fo°gged**—কুয়াশাচ্ছন্ন ; মেঘাচ্ছন্ন ; অস্পষ্ট। —*adv.* **foggily**। *n.* **fo°gginės**। *a.* **fo°ggy** —কুয়াশাচ্ছন্ন ; সেঁতসেঁতে ; জড়বুদ্ধি ; মূর্খ। *n.* **fog°-horn**—কুয়াশা-সম্বন্ধে সতর্ক করার জন্য জাহাজ হইতে বা জাহাজের উদ্দেশ্যে যে সাইরেন বাজান হয়। *n.* **fog°-signal**—রেলগাড়ির চালককে সম্মুখস্থ কুয়াশা-সম্বন্ধে সতর্ক করিয়া দিবার জন্য রেললাইনের উপর স্থাপিত কলবিশেষ : ইহার উপর দিয়া রেলগাড়ি চলিয়া গেলে ইহা সশব্দে ফাটে। [?]

fog₂ [fog, ফগ্] (**1**) *n.* aftermath, খড় কাটিয়া লইবার পরে জমিতে যে তৃণ জন্মায়। (**2**) *v.i.* to become covered with fog, উক্ত তৃণদ্বারা আবৃত হওয়া। *conjug.* : same as **fog₁**। *a.* **fo°ggy**—উক্ত তৃণাবৃত। [?]

fog(e)y [fō°-gi, ফৌ°গি] *n.* a dull old fellow,

For words in *fog-*, not given separately, see **fog₁,₂**.

নীরস বুড়ো লোক, বুড়োহাবড়া ; person with antiquated notions, মান্ধাতার আমলের ধ্যান-ধারণাসম্পন্ন ব্যক্তি। *a.* **fog(e)yish**—বুড়োহাবড়ার ন্যায়। [?]

foible [foy°bl, ফয়্°ব্‌ল্] *n.* a weakness, দুর্বলতা ; something on which one mistakenly prides oneself, মিথ্যা গর্বের বিষয়। [OF.=weak —cp. *feeble*]

foil₁ [foyl, ফয়্‌ল্] (**1**) *v.i.* to defeat, পরাস্ত করা ; to baffle, ব্যর্থ বা নিষ্ফল করা ; to frustrate, ব্যাহত করা। (**2**) *n.* a check or frustration, বাধা, ব্যাহতি ; repulse, পরাভব ; an incomplete fall in wrestling, মল্লযুদ্ধে পরাভবের উপক্রম ; a blunt sword with a button on the point for fencing, অসিযুদ্ধে ব্যবহৃত (যাহার তীক্ষ্ণাগ্র টুপি-দ্বারা আবৃত) ভোঁতা তরোয়াল। **(to) put on the foil**—পরাজিত করা ; ব্যর্থ করা। [OE. *fuler*=to crush<L. *fullo*=a fuller of cloth]

foil₂ [foyl, ফয়্‌ল্] *n.* a leaf or thin plate of metal, ধাতুপাত, তবক (tin-*foil*) ; a mercury coating on a mirror, আয়নায় পারদের প্রলেপ ; anything that sets off by contrast, যাহা তুলনায় অন্য বস্তুর ঔজ্জ্বল্য বৃদ্ধি করে। *a.* **foi°led**—পারদের প্রলেপযুক্ত। *n.* **foi°ling**—পারদলেপন। [OF.<L. *folium*=a leaf]

foist [foyst, ফয়্‌স্‌ট্] *v.t.* to bring in or insert by stealth or wrongfully, গোপনে বা অন্যায়ভাবে ঢোকান ; to palm on or upon, কৌশলে (কাহাকেও কিছু) গ্রহণ করান, কৌশলে হাতে গুঁজিয়া দেওয়া (usu. **to foist off**) ; to father (composition) upon, (রচনাদির) রচয়িতার পদ আরোপ করা। *p.* & *p. pt.* **fois°tėd**। [?—cp. Du. *vuisten*=to take in hand]

fold₁ [fōld, ফৌল্‌ড্] (**1**) *n.* an enclosure for domestic animals, গবাদি পশুর (বিশেষতঃ ভেড়ার) খোঁয়াড় ; a flock of sheep, মেষপাল ; (fig.) a church, (আল.) গির্জা ; a religious community, ধর্মসম্প্রদায় ; (fig.) a safe resort, (আল.) নিরাপদ আশ্রয়। (**2**) *v.t.* to shut up in a fold, খোঁয়াড়ে আটকাইয়া রাখা। *p.* & *p. pt.* **fōl°dėd**। **(to) return to the fold**—(ঘরের ছেলের) ঘরে ফেরা ; পূর্বেকার আশ্রয় সঙ্ঘ সম্প্রদায় দল প্রভৃতিতে ফেরা। [OE. *fal(o)d*=a fold]

fold₂ [fōld, ফৌল্‌ড্] (**1**) *n.* a doubling of anything upon itself, ভাঁজ, পাট (to carry a thing in the *fold* of one's dress, to hang in *folds*) ; an embrace, আলিঙ্গন ; coil of serpent, সাপের কুণ্ডলী। (**2**) *v.t.* to double over, ভাঁজ করা ; to embrace, দুই হাতে জড়াইয়া ধরা, আলিঙ্গন করা। (**3**) *v.i.* to become folded, ভাঁজ হওয়া। *p.* & *p. pt.* **fōl°dėd**। **fold mountain**—(পরি.) ভঙ্গিল পর্বত। **(to) fold one's arms**—নিজের বুকের উপর হাত দুইখানি ক্রুশাকারে রাখা। **(to) fold in one's arms**—বুকে জড়াইয়া ধরা ; আলিঙ্গন করা। *n.* **fōl°der**—যে ব্যক্তি ভাঁজ করে ; যাহা ভাঁজ হয় ; কাগজ ভাঁজ করার জন্য ছুরির ন্যায় যন্ত্রবিশেষ ; আলগা কাগজপত্রাদি রাখার জন্য ভাঁজ-করা বাক্সবিশেষ ; ভাঁজ-করা কাগজে বিজ্ঞাপনাদি। *n.* **fōl°ding**—ভাঁজ, পাট ; (ভূবি.) স্তরের আনতি বা বক্রতা। [OE. *faldan(v.)*—cp. G. *falten*]

foliaceous, foliage, foliar, foliate, folic acid—see **folium.**

folio [fō°-li-ō, ফৌ°লিঔ] *n.* a leaf of a book, পুস্তকাদির পাতা অর্থাৎ দুই পৃষ্ঠা ; a sheet of paper once folded, একভাঁজ-করা কাগজ ; a book of such sheets or the size of such a book, ঐরূপ কাগজে প্রস্তুত পুস্তক বা উক্ত পুস্তকের আকার ; a page in an account-book, or two opposite pages numbered as one, খতিয়ানের এক পৃষ্ঠা বা একই পৃষ্ঠাসংখ্যাবিশিষ্ট মুখামুখি পৃষ্ঠাদ্বয় ; (print.) page number in a book ; (মুদ্রণ.) পুস্তকের পৃষ্ঠাসংখ্যা ; a wrapper for loose papers, আলগা কাগজপত্র রাখার জন্য একপ্রকার খাম বা মোড়ক। **in folio**—একভাঁজ-করা কাগজে (মুদ্রিত লিখিত প্রভৃতি) বা উক্ত কাগজের আকারে। [L. *in folio*=on leaf<*folium*=a leaf]

folium [fō°-li-am, ফৌ°লিঅ্যাম্] *n.* a leaf, পাতা, বৃক্ষপত্র, পর্ণ। *a.* **fōliā°ceous**—বৃক্ষপত্রবৎ ; বৃক্ষপত্রসংক্রান্ত ; পত্রোৎপাদী ; ফলকাকার। *n.* **fō°liȧge**—বৃক্ষপত্রসমূহ; পর্ণরাজি। *a.* **fō°liar**—পত্রসংক্রান্ত; পত্রসদৃশ। *v.t.* **fō°liāte**—পিটাইয়া পত্রাকার করা, পাত করা ; (আয়না প্রভৃতিতে পারদাদি) ধাতুর প্রলেপ দেওয়া ; গ্রন্থাদিতে পাতার (পৃষ্ঠার নহে) নম্বর বসান। *p.* & *p. pt.* **fō°liātėd**। *a.* **fō°liāte**—পিটাইয়া পাত করা হইয়াছে এমন, পত্রিত ; ধাতু-প্রলেপ-যুক্ত। *n.* **fōliā°tion**—foliate (*v.*)-এর সকল অর্থে, এবং—(বৃক্ষাদির)পত্রোদ্গম ; (স্থাপ.) অট্টালিকাদির দেওয়ালে ফুল ও লতাপাতার কাজ। **folic acid** [fō°-lik a°-sid, ফৌ°লিক্ অ্যা°সিড] রক্তাল্পতার ঔষধরূপে ব্যবহৃত বৃক্ষপত্রাদি হইতে প্রাপ্ত ভিটামিন-যুক্ত অম্লবিশেষ। [L.]

folk [fōk, ফৌক্] *n.* people, লোক ; a nation, জাতি ; (arch.) commons, (আর্ষ.) জনসাধারণ ; (usu. in *pl.*) relations, জ্ঞাতিগোষ্ঠী (old *folks* in one's family)। *n.* **fōlk°-dance**—জাতির নিজস্ব (যৌথ) নৃত্য, লোকনৃত্য। *n.* **fōlk°lore**—জাতির অদ্যাপি প্রচলিত প্রাচীন রীতিনীতিসংক্রান্ত বিদ্যা, লোকাচারবিদ্যা। *n.* **fōlk°lorist**—লোকাচারবিদ্যায় পণ্ডিত ব্যক্তি। *n.* **fōlk°mōōt**—প্রাচীন ইংল্যানডের লোকসভা। *n.* **folk°nik**—লোকসঙ্গীতের ভক্ত, লোকসঙ্গীতানুরাগী। *n.* **fōlk°-song**—জাতির নিজস্ব প্রাচীন সঙ্গীত, লোকসঙ্গীত। *n.* **fōlk°-tāle**—রূপকথা। [OE. *fold*<ON. *folk*]

follicle [fo°-likl, ফ°লিক্‌ল্] *n.* (zoo.) a small sac or vesicle, জীবদেহান্তর্গত ক্ষুদ্র থলি বা কোষ ; a cocoon, রেশম-কীটাদির গুটী। *a.* **folli°cūlar**—কোষাকার ; গুটীর ন্যায় আকারবিশিষ্ট। [L. *folliculus*]

follow [fo°-lō, ফ°লৌ] (**1**) *v.t.* to go after or behind, অনুগমন বা অনুসরণ করা ; to go along, (কিছুর) বরাবর চলা ; to succeed, উত্তরাধিকারী হওয়া ; to pursue, পশ্চাদ্ধাবন করা ; to attend, মনোযোগ দেওয়া ; to imitate, অনুকরণ করা ; to obey, মানিয়া চলা ; to adopt, গ্রহণ করা (to *follow* an opinion) ; to understand, বুঝিতে পারা (to *follow* an argument) ; to strive to obtain, পাইবার চেষ্টা করা ; to engage in (a profession), (বৃত্তি পেশা ইত্যাদি) গ্রহণ করা (to *follow* the law, medicine, etc.) । (**2**) *v.i.* to come after, পরবর্তী হওয়া । (**3**) *v.i.t.* to result from, (কিছুর) ফলস্বরূপ উদ্ভূত হওয়া । **(to) follow on**—অনুগমন করা ; ক্রিকেটে প্রথম ইনিংসে প্রতিপক্ষ অপেক্ষা ১৫০ রান কম করায় তাহাদের দাবিতে তাহাদের ব্যাট করার পূর্বেই দ্বিতীয়বার ব্যাট করা । **(to) follow out**—(কিছু) শেষ পর্যন্ত দেখা বা চালাইয়া যাওয়া । **(to) follow up**—সুবিধা আঁকড়াইয়া ধরা ; আরব্ধ আলোচনা চালাইয়া যাওয়া । *n.* **fo°llower**—অনুসরণকারী, অনুগামী ; পশ্চাদ্ধাবক ; অনুকরণকারী ; শিষ্য ; পরিচারিকার প্রণয়ী । **fo°llowing**—(**1**) *n.* অনুগামিবৃন্দ, সমর্থকবৃন্দ (a leader with a large *following*) ; (**2**) *a.* অনুগামী ; পরবর্তী ; পশ্চাদুল্লিখিত । *n.* **follow-on**—অনুগমন ; ক্রিকেটে প্রথম ইনিংসে প্রতিপক্ষ অপেক্ষা ১৫০ রান কম করার জন্য প্রতিপক্ষের দাবিতে তাহাদের ব্যাট করার পূর্বেই বাধ্যতামূলকভাবে দ্বিতীয়বার ব্যাট করা । [OE. *folgian, fylgan*—cp. G. *folgen*]

folly [fo°-li, ফ°লি] *n.* silliness, মূর্খতা, বোকামি ; a foolish thing, মূর্খতাপূর্ণ কাজ বা ব্যাপার ; (obs.) sin, (অপ্র.) পাপ । [OF. *folie*<*fol*=foolish]

foment [fŏ-ment°, ফোমেন্ট্°] *v.t.* to apply a warm lotion to, গরম আরকাদি প্রয়োগ করা ; to apply warmth to, সেক দেওয়া ; to foster, stimulate or instigate, (সচ. মন্দার্থে) লালন করা, বলীয়ান্ করা, প্ররোচিত করা (to *foment* discontent) । *p. & p. pt.* **fŏmen°tĕd** । *n.* **fŏmentā°tion** । *n.* **fŏ°menter** । [L. *fomentum* for *fovimentum*<*fovere*=to warm]

fond [fond, ফন্ড্] *a.* foolishly tender and loving, মূর্খের মত কোমলহৃদয় ও স্নেহপরায়ণ, স্নেহান্ধ ; over-affectionate, অত্যধিক স্নেহপরায়ণ ; over-indulgent, অতিশয় নাই দেয় এমন ; extremely attached, অতিশয় অনুরাগী বা আসক্ত (*fond* of eating) ; foolish, মূর্খ (*fond* hopes) । *v.t.* **fond°le**—হাত বুলাইয়া আদর করা ; আদর করা । *n.* **fond°ler** । *n.* **fond°ling**—পোষা জীব । *adv.* **fond°ly** । *n.* **fond°nĕss** । [*p. pt.* of OE. *fon* =to be foolish]

fondant [fon°-dant, ফন্°ড্যান্ট্] *n.* a kind of soft sweetmeat, নরম মিঠাইবিশেষ : ইহা মুখের মধ্যে রাখামাত্র গলিয়া যায় (তু. হাওয়া-মিঠাই বা বুড়ির মাথার পাকা চুল) । [F.<*fondre*=to melt<L. *fundere*]

font₁—see **fount.**

font₂ [font, ফন্ট্] *n.* a vessel for baptismal water, খ্রিস্টধর্মের পবিত্র দীক্ষা-বারি রাখার পাত্র ; (poet.) a fountain, (কাব্যে) ঝরনা, উৎস । *a.* **fon°tal**—দীক্ষা-বারির পাত্রসংক্রান্ত ; উৎস বা উৎসমুখ সংক্রান্ত ; মৌলিক , প্রাথমিক ; দীক্ষাসংক্রান্ত । [L. *fontis*]

food [fōōd, ফূড্] *n.* victuals, খাদ্য, আহার ; anything that nourishes, দেহ ও মনের পুষ্টিসাধক বস্তু । **(to) be food for fishes**—জলে নিমজ্জিত হওয়া, ডুবিয়া মারা যাওয়া । **food for powder**—সৈনিক । **(to) be food for worms**—মারা যাওয়া । **food for reflection** or **thought**—চিন্তার খোরাক । **food values**—বিভিন্ন খাদ্যের তুলনামূলক পুষ্টিসাধন-ক্ষমতা । *n.* **fōōd°-control°**—খাদ্যনিয়ন্ত্রণ । *a.* **fōōd°lĕss**—খাদ্যহীন ; উপবাসী । *n.* **fōōd°stuff**—আহার্য সামগ্রী । [OE.*fado*—cp. Sw. *foda*]

fool [fōōl, ফূল্] (**1**) *n.* one wanting in wisdom or intelligence, মূর্খ বা নির্বোধ ব্যক্তি ; a jester, বিদূষক, ভাঁড় ; a tool or victim, যে ব্যক্তি অন্যের যন্ত্রস্বরূপ কাজ করে বা অন্যের শিকার হয় (a *fool* of circumstances) ; a term of endearment or disrespect, আদরসূচক বা অশ্রদ্ধাসূচক সম্বোধন-বিশেষ (old *fool*) । (**2**) *v.t.* to deceive, প্রতারণা করা, ফাঁকি দেওয়া (to *fool* a person out of money or into doing something) ; to make (one) appear foolish, বোকা বানান ; to squander, (অর্থ সময় প্রভৃতি) অপচয় করা ; to dupe, ভুলাইয়া ফাঁদে ফেলা । (**3**) *v.i.* to play the fool, ভাঁড়ামি করা, বোকার ভূমিকায় অভিনয় করা ; to trifle, অপচয় করিয়া বা তুচ্ছতাচ্ছল্য করিয়া বেড়ান, ছেবলামি করা । **a fool's errand**—মূর্খতাপূর্ণ বা নিষ্ফল চেষ্টা ; আলেয়ার বা বুনো হাঁসের পিছনে ধাবন (to be on *a fool's errand*) । **a fool's paradise**—আকাশ-কুসুম (to be in a *fool's paradise*) । **Feast of Fools**—মধ্যযুগীয় ইউরোপে খ্রিস্টমাসের অনতিপরে পালনীয় পর্ববিশেষ : ইহাতে নাগরিকরা মিলিয়া একটি হাবাগবা লোককে বিশপ সাজাইয়া শোভাযাত্রায় বাহির হইত । **fool's cap**—ভাঁড়ের মাথার টুপি (cp. **coxcomb**) । **to fool away**—মূর্খের মত অপচয় করা । **(to) be a fool for one's pains**—কোন কাজ করা অথচ তাহার জন্য ধন্যবাদ বা পুরস্কার না পাওয়া । **(to) make a fool of**—উপহাসের পাত্র করা, বোকা বানান ; হতাশ করা । **(to) play the fool**—ভাঁড়ামি করা ; বোকার ভূমিকায় অভিনয় করা ; মসকরা করা । *n.* **fōō°lery**—বোকামি ; মূর্খতা । *n.* **fōōl°hardinĕss** । *a.* **fōōl°hardy**—মূর্খের মত সাহসী ; গোঁয়ার-গোবিন্দ ; হঠকারী । *n.* **fōō°ling**—ভাঁড়ামি ; বিদূষকের ভূমিকায় অভিনয় ; অকারণ অপচয় ; ছেবলামি । *a.* **fōō°lish**—মূর্খ, বোকা ; বিচারবুদ্ধিহীন ; অবিচক্ষণ ; হাস্যকর ; মূর্খতাপূর্ণ ; তুচ্ছ । *adv.* **foo°lishly** । *n.* **foo°lishnĕss** । *a.* **fōōl°-prōōf**

—এমন স্পষ্ট যে বোকাতেও বুঝিতে পারে ; অব্যর্থ। **fōōls°cap**—(1) *n.* কাগজের মাপবিশেষ (=17″× 13½″ বা 330×200mm) (পূর্বে এই মাপের কাগজে ভাঁড়ের মাথার টুপির জলছাপ থাকিত) ; (2) *a.* উক্ত মাপের। [OF. *fol.* <L. *follis*=a windbag]

foot [foot ফুট্] (1) *n.* the termination of the leg from the ankle downwards, পায়ের পাতা, পদপৃষ্ঠ, চরণ ; step, pace, পদক্ষেপ ; the base, মূলদেশ, পাদদেশ ; a measure, ১২ ইঞ্চি পরিমাণ মাপবিশেষ, ফুট ; a metrical unit, কবিতার চরণের মাত্রা ; (*pl.*) infantry, পদাতিকবর্গ। *pl.* **feet** [fet, ফীট্]। (2) *v.t.i.* to dance, নাচা ; to walk or tread, হাঁটা বা মাড়ান ; to add up, যোগ দেওয়া। (3) *v.t.* to kick, লাথি মারা। *p.* & *p. pt.* **foo°tėd** । **cold feet**—(আল.) নিরুৎসাহ বা ভয়। **(to) have** or **get cold feet**—নিরুৎসাহ হওয়া বা ভয় পাওয়া। **on foot**—হাঁটিয়া বা দৌড়াইয়া, পদব্রজে ; (আল.) সক্রিয় বা সজীব। **under foot**—পায়ের নিচের মাটিতে, ভূমির উপরে। **(to) foot the bill**—বিল্ বা পাওনা শোধ করা অথবা মানিয়া লইয়া শোধ করিতে রাজি হওয়া। **(to) be on one's feet**—দাঁড়ান ; দণ্ডায়মান থাকা ; (আল.) রোগাদির পরে স্বাস্থ্য ফিরিয়া পাওয়া ; সারিয়া ওঠা ; (আল.) জীবিকার্জন করিতে পারা (অর্থাৎ অর্থের জন্য পরমুখাপেক্ষিতা হইতে মুক্তি পাওয়া), নিজের পায়ে দাঁড়ান। **(to) carry one off one's feet**—(কাহাকেও) প্রবল উৎসাহে পূর্ণ করা। **(to) drag one's feet**—(অনিচ্ছাভরে) পা টানিয়া টানিয়া চলা ; (আল.) অনিচ্ছার ফলে অতি ধীরে ধীরে অগ্রসর হওয়া বা কাজ করা। **(to) fall on one's feet**—ভাগ্যবান্ হওয়া। **(to) find one's feet**—দাঁড়াইতে ও হাঁটিতে সমর্থ হওয়া ; (আল.) পরের সাহায্য ব্যতীত নিজের উপর ভর করিয়া কাজ করিতে বা জীবনযাপন করিতে সমর্থ হওয়া। **(to) keep one's feet**—পড়িয়া না যাওয়া, খাড়া থাকিতে পারা। **(to) put one's foot down**—আপত্তি করা ; দৃঢ় হওয়া। **(to) put one's feet up**—(কথ্য.) পা ছড়াইয়া বিশ্রাম করা। **(to) put one's foot in** or **into** (it)—অবিবেচনার ফলে নষ্ট করা ; অবিবেচকের মত কিছু বলা বা করা ; মূর্খের মত মন্তব্য করা ; ভুল করা। **(to) set on foot**—উদ্ভূত করা ; প্রবর্তন করা ; চালু করা। **(to) set one on one's feet**—নিজেকে নিজে চালু রাখার মত বা টিকাইয়া রাখিবার মত শক্তি দান করা। *n.* **foo°tage**—মোট ফুট ; ফুট-অনুযায়ী মূল্য। *a.* **foot°-and-mouth**—সাজ্বাতিক (*foot-and-mouth* disease)। *n.* **foot°-ball**—ফুটবল ; ফুটবল-খেলা। *n.* **foot°baller**—ফুটবল-খেলোয়াড়। *n.* **foot°-bath**—রোগাদির প্রতিকারার্থ গরম (বা ঠাণ্ডা) জলে পা ডুবাইয়া রাখা, পাদগাহন ; পাদগাহনের পাত্র, পাদগাহ। **foot°-board**—গাড়ি প্রভৃতির পা-দান। *n.* **foot°-boy** উর্দি-পরিহিত বালক-ভৃত্য। *n* **foot°bridge**—পদব্রজে গমনকারীদের জন্য সেতু (ইহার উপর দিয়া যানবাহন চলিতে পারে না)। *n.* **foo°ter**—ফুটবল-খেলা। *n.* **foot°fall**—পদধ্বনি। *n.* **foot°-gear**—পাদুকা ; জুতা-মোজা। *n.* **foot°hills**—পর্বত-শ্রেণীর পাদদেশে অবস্থিত পাহাড়সমূহ। *n.* **foot°-hōld**—পা রাখার জায়গা (যেমন, রেকাব) ; (প্রায়ই অনিশ্চিত) অধিকার বা প্রতিষ্ঠা। *n.* **foo°ting**—পায়ে ভর দিয়া দাঁড়ানর জায়গা ; প্রতিষ্ঠা ; অবস্থা ; অবস্থান ; পদক্ষেপ ; পদবিক্ষেপ ; নৃত্য ; পথ, পায়ে-চলা পথ ; সুতি লেস্। *n.* **foot°-licker**—হীন স্তাবক বা মোসাহেব, পদলেহনকারী। *n.* **foot°light**—অভিনয়-মঞ্চের সম্মুখভাগে প্রজ্বালিত দীপমালার যে-কোনটি, পাদপ্রদীপ। *a.* **foot°-lōōse**—মুক্ত, অবাধ। *n.* **foot°man**—পদচারী ; চাপরাসী ; যে ভৃত্য গাড়ির আগে-আগে দৌড়াইয়া পথিকদের সতর্ক করিয়া দেয় ; পদাতিক সৈনিক। *n.* **foot°mark, foot°-print**—পদচিহ্ন, পদাঙ্ক। *n.* **foot°nōte**—পৃষ্ঠার নিম্নভাগে প্রদত্ত টীকাদি, পাদটীকা। *n.* **foot°pad**—পদাতিক রাহাজান। *n.* **foot°-pa°ssenger**—পদ-ব্রজে ভ্রমণকারী। *n.* **foot°path**—(মূলতঃ) মাঠ প্রভৃতির উপরে লোকের পায়ে-পায়ে সৃষ্ট পথ, পদব্রজে গমনকারীদের জন্য রাস্তার পাশ দিয়া শান-বাঁধান পথ। *n.* **foot°plāte**—(রেল প্রভৃতির) এনজিন-চালকেরা যে মঞ্চের উপর দাঁড়াইয়া কাজ করে। *n.* **foot°-pound**—এক পাউণ্ড ওজন এক ফুট উচ্চতায় তুলিতে ব্যয়িত শক্তির পরিমাণ। *n.* **foot°-rāce**—(পদব্রজে) দৌড়-প্রতিযোগিতা। *n.* **foot°rest**—পায়ের পাতা রাখিবার স্থান, পাদপীঠ, পাদানি। *n.* **foot°rule**—এক ফুট দীর্ঘ বা এক-এক ফুট করিয়া ভাগ-করা মাপ-কাঠিবিশেষ। *n.* **foot°-slogger**—পর্যটক, পদব্রজে দীর্ঘপথ অতিক্রমকারী। *n.* **foot°-soldier**—পদাতিক সৈনিক। *a.* **foot°-sore**—(অত্যধিক হাঁটার ফলে) ক্ষতপদ বা বেদনাগ্রস্ত পদবিশিষ্ট। *n.* **foot°-step**—পদক্ষেপ ; পদধ্বনি ; পদচিহ্ন ; ধাপ ; (in *pl.*) গতিক্রম ; (in *pl.*—fig.)আদর্শ বা দৃষ্টান্ত। *n.* **foot°-stool**—উপবিষ্ট অবস্থায় পা রাখার জন্য ছোট টুল-বিশেষ। *a.* **foot°sure**—পদস্খলিত হয় না বা ভুল পা ফেলে না এমন, দৃঢ়চরণ। *n.* **foot°wear**—(দোকান-দারদের ভাষায়) জুতা, পাদুকা। *n.* **foot°-work**—(ক্রীড়াদিতে) পা-চালনার কৌশল। [OE. *fot* (pl. *fet*)—cp. L. *pedis*, Gk. *podos*, Sans. *pada*]

footle [foot°l, ফুট্°ল্] (1) *v.i.* to trifle, ছেলেমি করা ; to show silly incompetence, বোকামি-পূর্ণ অক্ষমতা প্রদর্শন করা। (2) *n.* silly nonsense, বোকামিপূর্ণ অর্থহীন কিছু, ছেলেমানুষি। *a* & *n.* **foot°ling**—ছেলেমানুষি। [?]

foozle [fōōz°l, ফুজ্°ল্] (1) *n.* (golf etc.) a bungled stroke (গল্ফ্ প্রভৃতি ক্রীড়ায়—বলে) তালগোল পাকাইয়া নষ্ট-করা আঘাত। (2) *v.t.i.* to bungle, তালগোল পাকাইয়া নষ্ট করা। [cp. G. *fuseln*=to work badly]

fop [fop, ফপ্] *n.* an affected dandy, অসার বাবুগিরির দম্ভে মত্ত ব্যক্তি। *n.* **fo°ppery**—অসার বাবুগিরি বা তাহার দম্ভ ; মূর্খতা। *a.* **fo°ppish**—অসার বাবুগিরির দম্ভে পূর্ণ। [?]

for [faw(r), ফা(র্)] (1) *prep.* instead of, (তৎ-)

স্থানে, পরিবর্তে (a new hat *for* old) ; in exchange against, বিনিময়ে (rice *for* money) ; in favour of, পক্ষে, পক্ষসমর্থনে (to plead *for* the accused) ; on account of, জন্য, দরুন (preparation *for* war) ; in the direction of, অভিমুখে, লক্ষ্যে (bound *for* Delhi) ; regarding, সম্বন্ধে, বিষয়ে (*for* the rest) ; due to, কারণে (absence *for* illness) ; suitable for or adapted to, উপযোগী (a school *for* the blind) ; in search of, সন্ধানে (to hunt *for* a thief) ; in spite of, সত্ত্বেও (*for* all that) ; in recompense of, খেসারতস্বরূপ ('an eye *for* an eye') ; during, to the extent of, ব্যাপিয়া, যাবৎ (*for* six days, *for* ten miles) ; as, রূপে (*for* certain) I **(2)** *con.* because, যেহেতু (I asked him to come *for* I had a secret to confide) I **for all (that)**—(তৎসমুদায়) সত্ত্বেও। **for God's sake**—ঈশ্বরের দোহাই (বক্তব্য জোরাল করার জন্য ব্যবহৃত) I **for all I care**—বয়ে গেছে আমার মানতে। **for all I know**—বয়ে গেছে আমার জানতে। **for the time being**—আপাততঃ, সাময়িকভাবে। **not long for this world**—এই দুনিয়ায় বেশিদিন নয়, অচিরে মারা যাইবে। **nothing for it but to submit**—বশ্যতাস্বীকার না করিয়া উপায় নাই, বশ্যতাস্বীকার একমাত্র পথ। [AS.]

forage [fo°-rij, ফ°রিজ্] **(I)** *n.* food for horses and cattle, অশ্ব ও গবাদি পশুর খাদ্য ; act of foraging, অশ্ব ও গবাদি পশুর জন্য খাদ্যের সন্ধান এবং তাহা বলপূর্বক লুণ্ঠন (on the *forage*) I **(2)** *v.i.* to search for and forcibly carry off forage, অশ্ব ও গবাদি পশুর জন্য খাদ্য সন্ধানপূর্বক তাহা লুণ্ঠন করা ; to rummage, তন্ন তন্ন করিয়া খোঁজা I **(3)** *v.t.* to plunder, লুণ্ঠন করা I *n.* **fo°rager** I [F. *fourrage*<OF. *feurre*=fodder]

foramen [fō-rā°-man, ফৌরেই°ম্যান্] *n.* a small opening, ক্ষুদ্র ছিদ্র বা রন্ধ্র I *pl.* **fōra°mina** I [L.]

forasmuch [f(a)raz°-much, ফ্র্যাজ্°মাচ্] *con.* since, because, সে-কারণে, যেহেতু (*forasmuch* as) I [*for, as, much*]

foray [fo°-rā, ফ°রেই] **(I)** *n.* a raid, (আকস্মিক) হানা বা আক্রমণ I **(2)** *v.i.t.* to raid, হঠাৎ হানা দেওয়া বা আক্রমণ করা I [?—cp. *forage*]

forbad(e)—see **forbid.**

forbear$_1$—alt spell of **forebear.**

forbear$_2$ [faw(r)-bā(r)°, ফ্য(র্)বেয়্যা(র্)°] **(I)** *v.i.* to abstain, বিরত থাকা, পরিহার করিয়া চলা I **(2)** *v.t.* to abstain from, পরিহার করা ; to spare, রেহাই দেওয়া, ক্ষমা করা ; to withhold, বিরত করা, থামাইয়া রাখা I *p.* **forbore** [faw(r)-baw(r)°, ফ্য(র্)ব্য(র্)°] ; *p. pt.* **forborne** [faw(r)-baw(r)n°, ফ্য(র্)ব্য(র্)ন্°] I *n.* **forbear°ance**—বিরতি, পরিহার ; ক্ষমা, রেহাই (to show *forbearance* to a person) ; ধৈর্য ; নিবারণ, নিবৃত্তি I *a.* **forbear°ing**—দীর্ঘকাল ধরিয়া ভুগিতেছে এমন ; ধৈর্যশীল I [OE. *forberan, forbear* (*p.*), *forboren*(*p. pt.*)<*for-, bear*]

forbid [fa(r)-bid°, ফ্যা(র্)বিড্°] *v.t.* to prohibit, নিষেধ করা, মানা করা I *p.* **forbade** [fa(r)-băd°, ফ্যা(র্)বেইড্°, fa(r)-bad°, ফ্যা(র্)ব্যাড্°], **forbad°** I *p. pt.* **forbi°dden** I *n.* **forbi°ddance**—নিষেধ, নিষেধাজ্ঞা I *a.* **forbi°dden**—নিষিদ্ধ ; বে-আইনি I **forbi°dding**—**(I)** *n.* নিষেধ ; **(2)** *a.* অনাকর্ষণীয় ; বিরাগ-উৎপাদক ; ভীষণদর্শন ; বিকটাকৃতি (*forbidding* appearance, look, etc.) I **God forbid**—ঈশ্বর না করুন I [OE. *forbeodan, forbead* (*p.*), *forboden* (*p. pt.*) < *for-, bid*]

forbore, forborne—see **forbear**$_2$.

force [faw(r)s, ফ্য(র্)স্] **(I)** *n.* strength, power, শক্তি, ক্ষমতা, জোর ; energy, কর্মশক্তি ; efficacy, কার্যকরতা ; validity, বলবত্তা, চালু থাকা (the law is in *force*) ; influence, প্রভাব ; impetus, প্রেরণা ; violence, বলপ্রয়োগ (by *force*) ; compulsion, জোরাজুরি ; intense effort, প্রবল চেষ্টা ; military strength, সামরিক শক্তি, army, বাহিনী ; the body of police, পুলিস-বাহিনী ; speed, বেগ ; (in *pl.*) troops, সৈনিকগণ বা সৈন্যবাহিনী ; exact meaning, real import, সঠিক অর্থ বা তাৎপর্য I **(2)** *v.t.* to apply force to, বলপ্রয়োগ করা ; to compel, বাধ্য করান ; to strain to the utmost, সর্বশক্তি প্রয়োগ করিতে বাধ্য করান (he *forced* his feet along the way) ; to urge, কিছু করার জন্য প্রবল তাড়না করা বা প্রেরণা দেওয়া ; to overpower or capture, বলপ্রয়োগদ্বারা অভিভূত করা বা অধিকার করা ; to break open, ভাঙ্গিয়া খুলিয়া ফেলা (to *force* a lock) ; to make or find by force or great effort, জোরপূর্বক বা বিষম কষ্ট করিয়া তৈয়ারী করা অথবা বাহির করা (to *force* one's way) ; to impose by force, বলপ্রয়োগপূর্বক আরোপ করা বা গ্রহণ করিতে বাধ্য করা (to *force* something upon a person) I **(to) join forces with**—কাহারও সৈন্যবাহিনীর সঙ্গে স্বীয় বাহিনী মিলিত করান ; (আল.) শক্তিবৃদ্ধির জন্য কাহারও সঙ্গে যোগ দেওয়া I *a.* **for°ced**—কষ্টকৃত (*forced* march) ; কষ্টকল্পিত (*forced* imagery) ; অস্বাভাবিক ; কৃত্রিম উপায়ে সৃষ্ট I *adv.* **for°cedly**—force (*v.*)-এর সকল অর্থে I *n.* **for°cedness** I *a.* **force°ful**—শক্তিমান্ ; কর্মশক্তিপূর্ণ ; শক্তি-তাড়িত ; প্রবল ; প্রবল আকর্ষণপূর্ণ I *a.* **for°cible**—শক্তিমান্ ; প্রবল ; বলপ্রয়োগদ্বারা সাধিত (*forcible* occupation) I *adv.* **for°cibly** I *n.* **for°cing**—বলপ্রয়োগ ; বলপ্রয়োগদ্বারা সাধন বা সাধনের চেষ্টা I *v.t.* **force°-feed**—(অনশন ধর্মঘটী কয়েদী প্রভৃতিকে) জোর করিয়া খাওয়ান I *v.i.* **force°-land**—বাধ্য হইয়া অবতরণ করা I [F.<LL. *fortia*<L. *fortis* =strong]

force-meat [faw(r)s°-mēt, ফ্য(র্)স্°মীট্] *n.*

meat chopped and seasoned for stuffing, মাংসের পুর বা কিমা। [<obs. *force* (corrup. of *farce*), *meat*]

forceps [faw(r)°-seps, ফ্য(র্)°সেপ্‌স্] *n.* (*sing.* & *pl.*) a surgical instrument, সাঁড়াশিবৎ ডাক্তারি যন্ত্রবিশেষ, ফর্‌সেপ্‌। [L.]

forcible—see **force.**

ford [faw(r)d, ফ্য(র্)ড্] (**1**) *n.* a shallow part of a river etc., which may be crossed by wading, নদ্যাদির যে অগভীর স্থান হাঁটিয়া পার হওয়া যায়। (**2**) *v.t.i.* to wade across, হাঁটিয়া পার হওয়া। *p.* & *p. pt.* **for°ded** । *a.* **for°dable** । [OE. *ford-faran*=to go]

fordo [faw(r)-doo°, ফ্য(র্)ডু°] *v.t.* to destroy, ধ্বংস করা; to kill, হত্যা করা; to exhaust, ফুরাইয়া ফেলা। *p.* **for°did** । *p. pt.* **fordone** [faw(r)-dun°, ফ্য(র্)ডান্°]। [OE. *fordon*<*for-*, *do*]

fore$_1$ [faw(r), ফ্য(র্)] (**1**) *a.* in front, সম্মুখস্থ; অগ্রবর্তী। (**2**) *adv.* at or towards the front, সম্মুখে, অগ্রে। (**3**) *n.* the front, সম্মুখ; the foremast, জাহাজের সর্বাগ্রবর্তী মাস্তুল। **at the fore**—সর্বাগ্রবর্তী মাস্তুলে টাঙ্গান। **to the fore**—হাতের কাছে; (শিথি.) বিশিষ্ট। *adv.* **fore°-and-aft°**—জাহাজের লম্বালম্বিভাবে। [AS.—cp. G. *vor-*, L. & Gk. *pro*, Sans. *pooras*]

fore-$_2$ [faw(r), ফ্য(র্)] *pfx.* before, beforehand, in front, etc., পূর্বে, আগেই, আগেভাগে, সম্মুখে প্রভৃতি। *n.* **forearm** [faw°-ru(r)m, ফ্য°রা(র্)ম্] কনুই হইতে কবজি বা আঙ্গুলের ডগা পর্যন্ত হাতের অংশ, পুরোবাহু, হস্ত, হাত। *v.t.* **forearm°**—আগে হইতেই অস্ত্রশস্ত্রে সজ্জিত করান বা সংগ্রামার্থ প্রস্তুত করা। *n.* **forebear** [faw(r)°-ba(r), ফ্য(র্)°বেয়্যা(র্)] (usu. in *pl.*) পূর্বপুরুষ। *v.t.* **fore°bōde**—ভবিষ্যদ্বাণী করা; (সচ. অমঙ্গলাদির) পূর্বলক্ষণ দেখান বা পূর্বাভাস দেওয়া। *p.* & *p. pt.* **fore°bōdėd** । *n.* **fore°bōdement** । *n.* **fore°bōding**—পূর্বাভাসদান। *n.* **fore°brain**—পুরোমস্তিষ্ক। *v.t.* **forecast°**—পূর্বেই হিসাব করা বা অনুমান করা; ভবিষ্যদ্বাণী করা। *p.* & *p. pt.* **fore°cast°** । *n.* **fore°cast**—পূর্বকৃত হিসাব; পূর্বানুমান; ভবিষ্যদ্বাণী; পূর্বাভাস। *n.* **forecas°ter** । *n.* **fore°court**—অট্টালিকার সম্মুখভাগে ঘেরা অঙ্গন। *n.* **fore°deck**—ডেকের বা জাহাজের সম্মুখভাগ। *v.t.* **fore°dōom**—পূর্ব হইতেই দণ্ডিত বা নির্দিষ্ট করা (the attempt was *foredoomed* to failure)। *n.* **fore°father**—পূর্বপুরুষ। *n.* **fore°finger**—তর্জনী। *n.* **fore°foot**—চতুষ্পদ জীবের সম্মুখভাগের পদদ্বয়ের বা থাবা-দ্বয়ের যে-কোনখানি। *pl.* **fore°-feet** । *n.* **fore°front**—একেবারে পুরোভাগ। *v.t.* **fore°gather**—alt. spell. of **forgather** । *n.* **fore°ground**—চিত্রের বা দৃশ্যের যে অংশ দর্শকের দৃষ্টির সর্বাধিক নিকটে থাকে, (পরি.) পুরোভূমি (cp. **background**)। *a.* **fore°hand**—নিজের সামনের দিকে হাত বাড়াইয়া কৃত। **a forehand drive**—(টেনিস প্রভৃতিতে) নিজের সামনের দিকে হাত বাড়াইয়া বলে মার। *a.* **fore°handėd**—same as **forehand**; মিতব্যয়ী। *v.t.* **fore°judge°**—সাক্ষ্যপ্রমাণাদি গ্রহণের পূর্বেই সিদ্ধান্ত করা। *v.t.* **fore-know°**—পূর্বেই জানা; (ভবিষ্যৎ ঘটনাদি) পূর্বেই জানিতে বা বুঝিতে পারা। *p.* **foreknew°**; *p. pt.* **foreknown°** । *a.* **foreknow°ing**—পূর্বেই জানিতে বা বুঝিতে সক্ষম। *n.* **fore°know°lėdge**—পূর্বজ্ঞান; ভবিষ্যদ্দর্শন, দূরদর্শন। *a.* **foreknown°**—পূর্বেই জানা গিয়াছে এমন, পূর্বজ্ঞাত। *n.* **fore°-land**—অন্তরীপ। *n.* **fore°leg**—চতুষ্পদ প্রাণীর সম্মুখভাগের পদদ্বয়ের যে-কোনখানি। *n.* **fore°lock**—যে কেশগুচ্ছ কপালের উপর ঝুলিয়া পড়ে, চূর্ণকুন্তল। *n.* **fore°man**—প্রথম বা প্রধান ব্যক্তি; (জুরিদের) সভাপতি ও মুখপাত্র; (শ্রমিকদের) মুখ্যকর্মী, কর্মী-সরদার। *pl.* **fore°men** । *fem.* **fore°woman** । *n.* **fore°mast**—জাহাজের সম্মুখভাগের প্রথম মাস্তুল, অগ্র-মাস্তুল। *n.* **fore°name**—নামের প্রথম অংশ (অর্থাৎ পদবি বা বংশনাম নহে), প্রকৃত নাম। *n.* **fore°nōon**—পূর্বাহ্ণ। *v.t.* **foreordain** [fo(r)°-o(r)-dān°, ফ(র্)°অ(র্)ডেইন্°] (ভাগ্য প্রভৃতি) পূর্ব হই-তেই নির্ধারিত বা নির্দিষ্ট করিয়া দেওয়া। *n.* **fore-ordinā°tion** । *n.* **fore°part**—সম্মুখভাগ; গোড়ার দিক্‌। *v.t.* **forerun°**—(কাহারও বা কিছুর আগমন-বার্তাদি লইয়া) অগ্রে আসিয়া উপস্থিত হওয়া, অগ্রদূতস্বরূপ আসা। *p.* **foreran°** । *p. pt.* **forerun°** । *n.* **foreru°nner**—অগ্রদূত। *n.* **fore°sail**—অগ্র-মাস্তুলে খাটান মুখ্য পাল। *v.t.i.* **foresee°**—আগে হইতে দেখা বা জানা, দূরদর্শন করা। *p.* **foresaw°** । *p. pt.* **foreseen°** । *a.* **foresee°ing**—দূরদর্শী। *v.t.* **foresha°dow**—(কিছুর) পূর্বাভাস দেওয়া। *n.* **fore°shore**—নদীর জল জোয়ারের সময় যতদূর ওঠে সেখান হইতে ভাটার সময়ে যতদূর নামে ততদূর পর্যন্ত নদীতীরের অংশ, জোয়ার-রেখা ও ভাটা-রেখার মধ্যবর্তী স্থান। *v.t.* **fore°shor°ten**—এমনভাবে অঙ্কন করা যে দেখিলে ছোট বলিয়া মনে হয়। *v.t.* **fore°show°**—পূর্বেই দেখান; (কিছুর সম্বন্ধে) ভবিষ্যদ্বাণী করা, পূর্বাভাস দেওয়া। *p.* **fore°show°ed** । *p. pt.* **fore°shown°** । *n.* **fore°sight**—দূরদর্শন; দূর-দর্শিতা। *n.* **fore°skin**—পুংজননেন্দ্রিয়ের আবরক চর্ম, লিঙ্গত্বক্‌। *v.t.* **foretāste°**—পূর্বেই বা অন্য কাহারও পূর্বেই স্বাদগ্রহণ করা; পূর্বানুমান করা। *p.* & *p. pt.* **foretās°tėd** । *n.* **fore°tāste**—পূর্বস্বাদ; পূর্বানুমান। *v.t.* **foretell°**—পূর্বেই বলা; (কোন) ভবিষ্যদ্বাণী করা। *p.* & *p. pt.* **foretōld°** । *n.* **fore-te°ller**—ভবিষ্যদ্বক্তা। *n.* **fore°thought**—ভবি-ষ্যতের ভাবনা, ভবিষ্যৎচিন্তা; পূর্বানুমান; পূর্বেই চিন্তন; দূরদর্শিতা। *v.t.* **forewarn°**—পূর্বেই সতর্ক করা। *n.* **forewar°ning**—পূর্বেই সতর্কীকরণ। *n.* **fore-**

woman—see **foreman** । *n.* **fore°word**—ভূমিকা। [see *fore*₁]

forecastle, fo'c's'le [fōk°sl, ফৌক্°স্‌ল্] *n.* (formerly) a small raised deck on the fore-end of a ship, (পূর্বে) জাহাজের সম্মুখাংশে ক্ষুদ্র উচ্চ পাটাতনবিশেষ; (now) the forepart of the deck; (বর্ত.) জাহাজের সম্মুখভাগে পাটাতনের তলদেশ (এখানে মাল্লারা ঘুমায়)। [*fore*-₂, *castle*]

foreclose [faw(r)-klōz°, ফ্য(র্)ক্লৌজ্°] *v.t.* to shut out, প্রবেশ করিতে না দেওয়া; to prevent বাধা দেওয়া; to bar the right of redeeming, (ঋণ পরিশোধের মেয়াদ উত্তীর্ণ হওয়ায় বা অন্য কারণে বন্ধকী সম্পত্তি) মুক্ত বা খালাস করার অধিকার হইতে বঞ্চিত করা (can a bank *foreclose* the mortgage at will?)। *n.* **foreclō°sure**—প্রবেশ করিতে না দেওয়া; বাধাদান; বন্ধকী সম্পত্তি খালাসের অধিকার হরণ। [OF. *forclos*=to exclude<L. *foris*=outside, *clausum*=to shut]

foregather—alt. spell. of **forgather.**

forego₁—alt. spell. of **forgo.**

forego₂ [faw(r)-gō°, ফ্য(র্)গৌ°] *v.t.i.* to precede, অগ্রবর্তী বা পূর্ববর্তী হওয়া। *p.* **forewent** [faw(r)-went°, ফ্য(র্)ওএন্ট্°]; *p. pt.* **foregone** [faw(r)gon°, ফ্য(র্)গন্°]। *n.* **foregō°er** । **foregō°ing**—(1) *a.* অগ্রবর্তী বা পূর্ববর্তী; (2) *n.* অগ্রবর্তী বা পূর্ববর্তী বিষয়। *a.* **foregone°**—অগ্রবর্তী বা পূর্ববর্তী। **foregone conclusion**—বিচারের আগেই গৃহীত সিদ্ধান্ত; অবশ্যম্ভাবী ফলাফল। [*fore*-₂, *go*]

forehead [fo°-rid, ফ°রিড্] *n.* the forepart of the head above the eye, কপাল, ললাট, ভাল। [OE. *forheafod*<*fore*-₂, *head*]

foreign [fo°-rin, ফ°রিন্] *a.* belonging to another country, বিদেশী, পরদেশী; coming from abroad or outside, বহিরাগত (*foreign* body or substance); alien, পরক; extraneous, নিজস্ব নহে এমন; unconnected, সম্বন্ধহীন, অবান্তর; inappropriate, অসঙ্গত। **foreign affairs**—পররাষ্ট্র সংক্রান্ত বিষয়সমূহ, বৈদেশিক নীতি। **foreign aid**—বৈদেশিক সাহায্য। **foreign exchange**—ভিন্ন রাষ্ট্রের মুদ্রা, বৈদেশিক বিনিময় মুদ্রা। **foreign to**—(কিছুর পক্ষে) স্বাভাবিক বা প্রকৃতিগত বা নিজস্ব নহে এমন; সম্বন্ধহীন। *n.* **fo°reigner**—বিদেশী ব্যক্তি। [OE. *forain*<LL. *foraneus*<L.]

foremost [faw(r)°-mōst, ফ্য(র্)°মৌস্ট্] *a.* first in place, সর্বাগ্রবর্তী; most advanced, সর্বাধিক অগ্রসর; first in rank or dignity, পদমর্যাদায় বা সম্মানে শ্রেষ্ঠ; most important, সর্বাধিক গুরুত্বপূর্ণ; principal, মুখ্য, প্রধান। [OE. *forma*=first (*super.* of *fore*), -*st* (*sfx.* of *super.* degree)—it is a double superlative]

forensic [fa-ren°-sik, ফ্যারেন্°সিক্] *a.* of or used in law-courts, আদালতি, আদালতে ব্যবহৃত (*forensic* ability, science or skill) । **forensic medicine**—বিচারকার্যে আদালত কর্তৃক গৃহীত ডাক্তারি অভিমত, ডাক্তারি সাক্ষ্য। [L. *forensis*<*forum*=market-place]

forest [fo°-rist, ফ°রিস্ট্] (1) *n.* a large uncultivated tract of land full of trees and underwood, বড় বন, অরণ্য; a preserve for big game, হিংস্র পশু শিকারের জন্য সংরক্ষিত বনভূমি, মৃগয়া-ভূমি (the King's *forest*)। (2) *v.t.* to reduce to forest, বনে পরিণত করা। **forest law**—সরকারি অরণ্যে জনসাধারণের শিকার-অভিযান-নিয়ন্ত্রক আইন। *n.* **fo°rėster**—বনপাল, (পরি.) বনকর্মী। *n.* **fo°rėst-guard**—বনরক্ষী। *n.* **fo°rėst-rānger**—বনরক্ষক। *n.* **fo°rėstry**—বনপালনবিদ্যা; বনাঞ্চল। *n.* **fo°rėst-tree**—(বড়) বনবৃক্ষ (যাহা হইতে তক্তা হয়), দারুবৃক্ষ। [OF.<LL. *forestis*]

forestall [faw(r)-stawl°, ফ্য(র্)স্টাল্°] *v.t.* to buy up before reaching the market so as to sell again at higher prices, (পণ্যদ্রব্যাদি) উচ্চতর মূল্যে পুনর্বিক্রয়দ্বারা লাভবান্ হইবার জন্য বাজারে পৌঁছিবার পূর্বেই কিনিয়া ফেলা; to anticipate (action, events, etc.) and deal with before regular time, (কার্য ঘটনাদির) সম্ভাবনা অনুমান করা এবং যথাসময়ের পূর্বে সম্পন্ন করা; to baffle by anticipating, (ক্রিয়াদির) সম্ভাবনা অনুমান করিয়া পূর্বেই পণ্ড বা ব্যর্থ করা। *n.* **foresta°ller** । [*fore-steal*=ambush<*fore*-, *stall*]

forester, forestry—see **forest.**

forever [fa-re°-va(r), ফ্যারে°ভ্যা(র্)] *adv.* for ever, চিরতরে। [*for*-, *ever*]

forewent—see **forego₂.**

forfeit [faw(r)°-fit, ফ্য(র্)°ফিট্] (1) *n.* that to which a right is lost, বাজেয়াপ্ত বস্তু; a penalty, খেসারত; a fine, জরিমানা। (2) *v.t.* to lose the right to, (কিছুতে) অধিকার খোয়ান; (arch.) to confiscate, (আর্ষ.) বাজেয়াপ্ত করা; (loos.) to give up voluntarily, (শিথি.) স্বেচ্ছায় (অধিকারাদি) ত্যাগ করা। *p.* & *p. pt.* **for°feitėd** । *a.* **for°feitable**—বাজেয়াপ্ত হওয়ার যোগ্য। *n.* **forfeiture** [faw(r)°-fi-cha(r), ফ্য(র্)°ফিচ্যা(র্)] *n.* বাজেয়াপ্ত করা বা হওয়া; বাজেয়াপ্ত বস্তু। [OF. *forfait*<L. *foris*=outside, *facere*=to make]

forfend [faw(r)-fend°, ফ্য(র্)ফেন্ড্°] *v.t.* to ward off, প্রতিহত করা। *p.* & *p. pt.* **forfen°dėd** । [*for*-, *fend*]

forgather [faw(r)-ga°-dhar, ফ্য(র্)গ্যা°দ্যা(র্)] *v.i.* to meet, (প্রধানতঃ দৈবাৎ) মিলিত হওয়া বা দেখা পাওয়া। [*fore*-, *gather*]

forgave—see **forgive.**

forge₁ [faw(r)j, ফ্য(র্)জ্] *v.i.* to move steadily on, দৃঢ়ভাবে ক্রমশঃ অগ্রসর হওয়া। **(to) forge ahead**—দৌড় প্রতিযোগিতায় সকলকে পিছনে

ফেলিয়া আগাইয়া যাওয়া ; দ্রুতগতিতে উন্নতি করা। [?]

forge$_2$ [faw(r)j, ফ্য(র্)জ্] (**1**) *n.* a smithy, কামারশালা ; the blacksmith's furnace, কামারের হাপর ; a workshop, কারখানা। (**2**) *v.t.* to form by heating and hammering, তাপ-প্রয়োগ করিয়া ও হাতুড়ি দিয়া পিটাইয়া তৈয়ারি করা ; to form, গঠন করা, নির্মাণ করা ; to fabricate, মিথ্যা রচনা করা, বানাইয়া বলা ; to counterfeit, জাল করা। (**3**) *v.i.* to commit forgery, মুদ্রাদি জাল করা। *n.* **for°ger**—কামার ; নির্মাতা ; জালিয়াত। *n.* **for°gery**—জালিয়াতি ; জাল দ্রব্য। *n.* **for°ging**—তাপপ্রয়োগ করিয়া ও হাতুড়ি দিয়া পিটাইয়া নির্মাণ ; পেটা বস্তু।। [OF.<L. *fabrica*]

forget [fa(r)-get°, ফ্যা(র্)গেট্°] *v.t.* to lose remembrance of, বিস্মৃত হওয়া, ভুলিয়া যাওয়া। *pr. pt.* **forge°tting** । *p.* **forgot** [fa(r)-got°, ফ্যা(র্)গট্°] । *p. pt.* **forgo°tten,** (arch.) **forgot°** । **(to) forget oneself**—আত্মসংযম হারান ; আত্মমর্যাদা ভুলিয়া যাওয়া ; আত্মহারা হওয়া। *a.* **forget°ful**—বিস্মরণশীল ; অমনোযোগী। *adv.* **forget°fully** । *n.* **forget°fulness** । *n.* **forget°-me-not**—চোরকাঁটা-জাতীয় গুল্মবিশেষ। *a.* **forge°ttable** । **forge°tting**—(**1**) *n.* বিস্মরণ ; (**2**) *a.* বিস্মরণশীল। *a.* **forgo°tten**—বিস্মৃত। [OE. *forgetan*<*for-*, *get*]

forgive [faw(r)-giv°, ফ্য(র্)গিভ্°] *v.t.* to pardon, ক্ষমা করা, মার্জনা করা ; to overlook, (দোষাদি) উপেক্ষা করা। *p.* **forgāve°** । *p. pt.* **forgi°ven** । *a.* **forgi°vable** । *n.* **forgive°ness**—ক্ষমা ; ক্ষমাশীলতা। *a.* **forgi°ving**—ক্ষমাশীল। [OE. *forgiefan*<*for-*, *give*]

forgo [faw(r)-gō°, ফ্য(র্)গৌ°] *v.t.* to give up, (অধিকার পদ প্রভৃতি) ত্যাগ করা ; to let go, যাইতে দেওয়া ; to abstain from, পরিহার করিয়া চলা (to *forgo* the pleasures of life)। *p.* **forwent** [faw(r)-went°, ফ্য(র্)ওএন্ট্°] । *p. pt.* **forgone** [faw(r)-gon°, ফ্য(র্)গন্°] । [OE. *forgan*,<*for-*, *go*]

forgot, forgotten, forgetting—see **forget.**

fork [faw(r)k, ফ্য(র্)ক্] (**1**) *n.* a pronged instrument, কাঁটা, ভোজনকার্যে ব্যবহৃত কাঁটা, কাঁটাওয়ালা কুড়ুল বা আঁকশি ; a steel instrument giving a fixed musical note, বাদ্যযন্ত্রাদিতে সুর বাঁধার যন্ত্রবিশেষ (also **tuning-fork**) ; a bifurcation, দ্বিধাবিভাজন, দ্বিধাবিভাজনের স্থান বা সন্ধিস্থল ; a branch, (প্রধানতঃ নদীর বা পথের) শাখা ; a flash of lightning, বিদ্যুতের ঝিলিক ; the part of a bicycle to which a wheel is attached, বাইসিকলের যে অংশের সহিত চাকা আটকান থাকে। (**2**) *v.i.* to branch, শাখাবিভক্ত হওয়া ; to follow a branch route, শাখাপথ ধরা, শাখাপথ ধরিয়া যাওয়া। (**3**) *v.t.* to form as a fork, কাঁটার আকারে গঠন করা ; to move or strike with a fork, কাঁটা দিয়া নাড়ান বা আঘাত করা বা বিদ্ধ করা। **(to) fork out** or **over**—হস্তান্তর করিয়া দেওয়া, দিয়া দেওয়া। *a.* **for°ked, for°ky**—কাঁটার আকারে গঠিত ; কাঁটাওয়ালা ; শাখাবিভক্ত ; দ্বিশৃঙ্গ (the *forked* tongue of a snake)। *n.* **for°kiness** । [OE. *forca*<L. *furca*]

forlorn [fa(r)-law(r)n°, ফ্যা(র্)ল্য(র্)ন্°] *a.* quite lost, একেবারে হারাইয়া গিয়াছে এমন ; forsaken, পরিত্যক্ত ; neglected, অবহেলিত ; wretched, অভাগা। *adv.* **forlorn°ly** । **forlorn°ness** । [OE. *forloren*<*for-*, *loren*, *p. pt.* of *leosan*= to lose—cp. G. & Du. *verloren*]

forlorn-hope [fa(r)-law(r)n°-hōp°, ফ্যা(র্)ল্য(র্)ন্°হৌপ্°] *n.* a troop of soldiers chosen for a desperate enterprise, চরম বিপজ্জনক কাজের জন্য নির্বাচিত সৈন্যদল ; a desperate enterprise, মরিয়া-হইয়া কৃত প্রচেষ্টা। [Du. *verloren hoop*=lost troop]

form [faw(r)m, ফ্য(র্)ম্] (**1**) *n.* shape, গঠন, আকার, আকৃতি, মূর্তি, রূপ ; a mould, ছাঁচ ; pattern, নমুনা ; type, রকম, প্রকার ; mode, ধরন ; order, বিন্যাস, শৃঙ্খলা ; regularity, নিয়ম ; system, তন্ত্র (*form* of government) ; style, রীতি ; symmetry, সামঞ্জস্য, অঙ্গাঙ্গী মিল ; a prescribed set of words or course of action, অনুমোদিত শব্দপুঞ্জ বা কর্মসূচি ; ceremony, অনুষ্ঠান ; behaviour, আচরণ ; condition of competency or fitness, যোগ্যতাসূচক বা সক্ষমতাসূচক গুণ (the good or bad *form* of a player) ; a proforma, বিভিন্ন জ্ঞাতব্য বিষয়দ্বারা পূর্ণ করার জন্য ছক-কাটা কাগজ, নিদর্শ-পত্র, ফর্ম (application *forms*) ; a long seat without back, যে বেঞ্চিতে হেলান দেওয়া যায় না ; (print.) a forme, (মুদ্রণ.) ফর্মা। (**2**) *v.t.* to give form or shape to, মূর্তি বা আকার দান করা (to *form* into a shape) ; to create, সৃজন করা ; to make or build, গঠন করা, তৈয়ারি করা, নির্মাণ করা ; to contrive, উদ্ভাবন করা ; to conceive mentally, কল্পনা করা (to *form* an idea, opinion, etc.) ; to constitute, উপাদানস্বরূপ হইয়া গঠন করা ; to establish, প্রতিষ্ঠা করা ; (mil.) to assume specified formation, (সাম.) নির্দিষ্ট আকারে বিন্যাস করা (to *form* column, line, etc.) ; to organize, সংগঠিত করা (to *form* a party)। (**3**) *v.i.* to assume a form, মূর্তি বা আকার পরিগ্রহ করা। *a.* **for°mal**—প্রচলিত প্রথানুযায়ী (a *formal* call) ; (বাহ্যিক) আকারগত ; বাহ্যিক ; আনুষ্ঠানিক ; কৃত্য ; বিধিবৎ ; নিয়মমাফিক ; (অত্যন্ত) নিয়মনিষ্ঠ বা আচারপ্রিয় ; (অত্যন্ত) ভদ্রতা বা লৌকিকতা করে এমন ; কেবল বাহ্যিক রূপবিশিষ্ট কিন্তু প্রাণহীন ; নিয়মগত ও অসার (*formal* criticism)। *n.* **for°malism**—ধর্মের ব্যাপারে অতিশয় আচারপ্রিয়তা ; রীতিনীতি পালনের আতিশয্য ; আচার-আচরণের কঠোরতা।

n. **for°malist** । *n.* **forma°lity**—কঠোরভাবে ধর্মসংক্রান্ত আচার-আচরণ বা ভদ্রতার রীতিনীতি পালন ; লৌকিকতা ; আনুষ্ঠানিকতা (legal *formalities*) ; প্রচলিত রীতি ; বাহ্যিক নিয়ম বা রূপ বজায় রাখিতে গিয়া সারবস্তুকে উপেক্ষা (it is a mere *formality*) । *v.t.* **for°malize**—নির্দিষ্ট কোন আকার বা রূপ দেওয়া ; আইনসঙ্গত রূপানুযায়ী বা কাঠাম-অনুযায়ী লেখা ; লৌকিকতাদ্বারা অথবা আচার-আচরণ পালনের আতিশয্যদ্বারা কঠোর বা রুক্ষ করা । *n.* **formā°tion**—গঠন ; সৃজন ; স্থাপন ; সংগঠন ; (ভূবি.) স্তরসমষ্টি । **flying in formation**—নির্দিষ্ট বিন্যাসে বিমানাদির উড্ডয়ন । **for°mative**—(**1**) *a.* মূর্তিদায়ক বা রূপদায়ক ; গঠনকর ; গঠনমূলক ; গঠনশীল ; বর্ধনশীল (*formative* years of a man's life) ; (ব্যাক.) রূপগত অর্থাৎ মৌলিক নহে (যেমন, বিভক্তি প্রত্যয় উপসর্গ প্রভৃতি যাহা শব্দগঠনে সাহায্য করে কিন্তু নিজেরা কোন শব্দ নহে) ; (**2**) *n.* (ব্যাক.) রূপগঠক শব্দাদি অর্থাৎ বিভক্তি প্রত্যয় উপসর্গ প্রভৃতি । *a.* **form°lėss**—নিরাকার, অরূপ । *adv* **form°lessly** । [L. *forma*=shape]

formal—see **form**.

format [faw(r)°-mat, ফ্য(র্)°ম্যাট্] *n.* the shape and size of books etc., গ্রন্থাদির আকার ও আয়তন । [F.]

formation, formative—see **form**.

forme [faw(r)m, ফ্য(র্)ম্] *n.* the body of type secured in a chase for printing, (মুদ্রণ.) ফর্মা । [see *form*]

former [faw(r)°-ma(r), ফ্য(র্)°ম্যা(র্)] *a.* before in time, পূর্বকালীন ; past, বিগত, প্রাক্তন, ভূতপূর্ব ; first mentioned (of two), (দুইয়ের মধ্যে) প্রথম উল্লিখিত (of the two solutions the *former* is better than the latter) । *adv.* **for°merly**—সেকালে ; পূর্বে ; ইতঃপূর্বে । [OE. *forma* =first (*super. deg.*), *-er* (*compar. sfx.*)—formed on analogy of ME. *formest*]

formic [faw(r)°-mik, ফ্য(র্)°মিক্] *a.* of ants, পিঁপড়া-সংক্রান্ত । **formic acid**—পিঁপড়া কর্তৃক নিঃসারিত অ্যাসিড-বিশেষ । [L. *formica*=an ant]

formica [faw(r)-mī°-ca, ফ্য(র্)মাই°ক্যা] *n.* heat-resistant hard plastic sheet (for covering surfaces), (উপরিভাগ আবৃত করার জন্য) তাপরোধী শক্ত প্লাস্টিকের চাদর । [*proprietary.*]

formidable [faw(r)°m(i)-dabl, ফ্য(র্)°ম্ড্যাব্ল্] *a.* dreadful, ভয়ঙ্কর ; redoubtable, দুর্দান্ত, প্রচণ্ড । *adv.* **for°midably** । [F.<L. *formidabilis*]

formula [faw(r)°mū-la, ফ্য(র্)°মিউল্যা] *n.* a prescribed form (in religious rites, etc.) (ধর্মানুষ্ঠানাদির), অনুমোদিত বিধি ; a formal statement of doctrines, ধর্মমতাদির মোটামুটি বর্ণনা ; (math.) a general expression for solving a problem, (গণি.) অঙ্ক-কষার বা সমস্যা-পূরণের সাধারণ সঙ্কেত, সূত্র ; (chem.) a set of symbols expressing the composition of a body, (রসা.) গঠনকর উপাদানসমূহের নির্দেশক সাঙ্কেতিক চিহ্নাবলী ; a list of ingredients of a patent medicine etc., পেটেন্ট্ ঔষধাদির উপাদানের তালিকা, ফরমুলা । *pl.* **for°mulæ, for°mūlas** । **for°mūlary**—(**1**) *n.* বিধি ; মোটামুটি বর্ণনা ; সূত্র, সঙ্কেত ; ফরমুলা ; বিধি সূত্র সঙ্কেত ফরমুলা বা নজিরের গ্রন্থ । (**2**) *a.* বিধিসম্মত ; ধর্মাদির আচারগত । *v.t.* **for°mūlāte**—সূত্রবদ্ধ করা ; সাঙ্কেতিক উপায়ে প্রকাশ করা ; স্পষ্ট বা নির্দিষ্ট রূপদান-পূর্বক বর্ণনা করা (to *formulate* a doctrine) । *p.* & *p. pt.* **for°mūlā°tėd** । *n.* **formūlā°tion** । *v.t.* **for°mūlīze**—same as **formulate** । [L. dim. of *formo*=form]

fornicate [faw(r)°-ni-kāt, ফ্যর্°নিকেইট্] *v.i.* to commit the guilt of sexual intercourse whilst unmarried, অবিবাহিত অবস্থায় যৌন-সহবাসরূপ অপরাধ করা । *p.* & *p. pt.* **for°nicātėd** । *n.* **fornicā°tion**—উক্ত অপরাধ ; (B.) ব্যভিচার । *n.* **for°nicātor** । *fem.* **for°nicātrėss** । [L. *fornicatus*<*fornix*=a (vaulted) brothel]

forrader [fo°ra-da(r), ফ°র‍্যাড্যা(র্)] *adv.* (coll.) more forward, অধিক অগ্রসর । **can't get any forrader (forwarder)**—কিছুতেই অগ্রসর হইতে বা কোনপ্রকার উন্নতি করিতে পারি না । [see *forward*]

forsake [fa(r)-sāk°, ফ্যার্সেইক্°] *v.t.* to desert or abandon, পরিত্যাগ করা, ফেলিয়া যাওয়া । *p.* **forsook°** । *p. pt.* **forsā°ken** । *a.* **forsā°ken**—পরিত্যক্ত । [OE. *forsacan*<*for-*, *sacan*=to strive]

forsooth [fa(r)-sōōth°, ফ্যারসুথ্°] *adv.* in truth, সত্য বলিতে কি, সত্যই ; সত্যসত্যই ; (iron.) certainly, (শ্লেষে) অবশ্যই । [*for-*, *sooth*]

forswear [faw(r)-swā(r)°, ফ্য(র্)সোয়্যা(র্)°] (**1**) *v.t.* to deny or renounce on oath, শপথ-পূর্বক অস্বীকার করা বা ত্যাগ করা । (**2**) *v.i.* to perjure, মিথ্যা শপথ করা, হলফ করিয়া মিথ্যা বলা । *p.* **forswore** [faw(r)-saw(r)°, ফ্য(র্)স্য(র্)°] । *p. pt.* **forsworn°** । **(to) forswear oneself**—হলফ করিয়া মিথ্যা বলা । [OE. *forswerian*<*for-*, *swear*]

fort [faw(r)t, ফ্য(র্)ট্] *n.* a small fortress, ক্ষুদ্র দুর্গ, গড় ; a trading-centre, বাণিজ্যকেন্দ্র, গঞ্জ । [F.<L. *fortis*=strong]

forte$_1$ [faw(r)t, ফ্য(র্)ট্] *n.* a person's strong point, লোকের বৈশিষ্ট্যসূচক গুণ (mathematics is not my *forte*) ; the strong part of the upper half of a sword etc., তরোয়াল প্রভৃতির দৃঢ় অংশ অর্থাৎ উপরের দিক্ । [F. *fort*=strong]

forte$_2$ [faw(r)°-ti, ফ্য(র্)°টি] (**1**) *a.* loud, (সঙ্গীতে) উচ্চৈঃস্বর, উদাত্ত । (**2**) *adv.* loudly, উচ্চৈঃস্বরে, উদাত্তভাবে । (**3**) *n.* a loud passage in music, উদাত্ত সুর । [It.]

forth [faw(r)th, ফ্য(র্)থ্] (**1**) *adv.* forward,

সম্মুখে ; out, বাহিরে ; in continuation, বরাবর, চালাইয়া যাওয়ার ভাবসূচক ; abroad, বিদেশে । (2) *prep.* (arch.) from out of, (আর্ষ.) কিছুর ভিতর হইতে । **and so forth**—এবং এইরূপ সমস্ত, প্রভৃতি । **back and forth**—একবার এদিকে একবার ওদিকে । *a.* **forthco°ming**—আসন্ন (the *forthcoming* debate on industrial policy) ; সহায়তা করিতে প্রস্তুত ; দরকারের সময় পাওয়া যায় এমন (money from the World Bank may not be *forthcoming*) । *adv.* & *a.* **forth°right**—স্পষ্টাস্পষ্টি ; সরাসরি ; অতি দ্রুত । *adv.* **forth°-with°**—অবিলম্বে, সঙ্গে-সঙ্গে । [OE. < *fore*—cp. G. *fort*]

forties, fortieth—see **forty.**

fortify [faw(r)°-ti-fī, ফ্য(র্)°টিফাই] *v.t.* to secure or strengthen with forts, দুর্গনির্মাণপূর্বক নিরাপদ্ বা শক্তিশালী করা ; to invigorate or strengthen, বলাধান করা ; শক্তিশালী করান ; to confirm, (উক্তি প্রভৃতির) সমর্থন করা ; to enrich (as of foodstuff), (খাদ্যদ্রব্যাদির) উৎকর্ষবৃদ্ধি করা । *a.* **for°tifiable** । *n.* **fortifica°tion**—fortify-র সকল অর্থে, এবং—দুর্গনির্মাণবিদ্যা ; দুর্গ ; (usu. *pl.*) আত্মরক্ষামূলক প্রাচীর ঢিবি স্তম্ভ ইত্যাদি । *n.* **for°-tifier** । [F. *fortifier* < LL. *fortificare* = to make strong]

fortissimo [faw(r)-ti°-si-mō, ফ্য(র্)টি°সিমৌ] (I) *n.* a very loud passage in music, সঙ্গীতে অত্যুচ্চকণ্ঠ সুর । (2) *a.* very loud, (সুর-সম্বন্ধে) অত্যুচ্চকণ্ঠ । (3) *adv.* very loudly, (সুর-সম্বন্ধে) অত্যুচ্চকণ্ঠে । [see *forte*$_2$]

fortitude [faw(r)°-ti-tūd, ফ্য(র্)°টিটিউড্] *n.* courageous endurance বীরত্বপূর্ণ সহিষ্ণুতা । *a.* **fortitū°dinous**—বীরের ন্যায় সহিষ্ণু । [L. *fortitudo* < *fortis* = strong]

fortnight [faw(r)t°-nīt, ফ্য(র্)ট্°নাইট্] *n.* two weeks or fourteen days, পক্ষ, দুই সপ্তাহ (বাঙ্গালায় ১৫ দিন) । **fort°nightly**—(I) *a.* পাক্ষিক । (2) *adv.* পাক্ষিকভাবে । [OE. *feowertyne niht*]

fortran [faw(r)°-tran, ফ্য(র্)°ট্র্যান্] *n.* computer language used in scientific calculation, বৈজ্ঞানিক গবেষণাদিতে ব্যবহৃত বিশেষ গণনাপদ্ধতি । [*For*mula *tran*slation]

fortress [faw(r)°-tris, ফ্য(র্)°ট্রিস্] *n.* a fortified place, দুর্গসংরক্ষিত স্থান নগর প্রভৃতি, নগরদুর্গ । [OE. *forteresse* < LL. *fortalitia*]

fortuitism [faw(r)-tū°-i-tizm, ফ্য(র্)টিউ°ইটিজ্‌ম্] *n.* belief in chance and natural causes, দৈবের দ্বারাই সব কিছু সজ্ঘটিত হয় অর্থাৎ মানুষের জীবন ও সৃষ্টি সম্পূর্ণরূপে দৈবাধীন : এই বিশ্বাস । *n.* **fortū°itist**—উক্ত বিশ্বাসসম্পন্ন ব্যক্তি । [see *fortuitous*]

fortuitous [faw(r)-tū°-i-tas, ফ্য(র্)টিউ°ইট্যাস্] *a.* happening by chance, দৈবক্রমে সজ্ঘটিত ; accidental, আকস্মিক, (পরি.) আপতিক । *adv.* **fortū°itously** । *n.* **fortū°itousness, fortū°ity** । [L. *fortuitus*]

fortune [faw(r)°ch(a)n, ফ্য(র্)°চ্‌ন্] (I) *n.* chance, আকস্মিক ঘটনা ; luck, ভাগ্য ; বরাত ; the arbitrary ordering of events, দৈব ; the lot that falls to one in life, নিয়তি ; good luck, সৌভাগ্য ; great wealth, প্রচুর ধন । (2) *v.i.* to befall, ভাগ্যে ঘটা । (3) *v.t.* to determine the fortune of, ভাগ্যনির্ধারণ করিয়া দেওয়া । **(to) make a fortune**—প্রচুর ধনোপার্জন করা । **(to) marry a fortune**—ঐশ্বর্যশালিনী মহিলাকে বিবাহ করা । **(to) try one's fortune**—অদৃষ্ট পরীক্ষা করা । *a.* **for°tunate**—ভাগ্যবান্ ; অনুকূল ; শুভ । *adv.* **for°tunately**—ভাগ্যক্রমে । *n.* **for°tune-book**—জ্যোতিষ-গ্রন্থ । *a.* **for°tuneless**—ভাগ্যহীন, দুর্ভাগ্য । *n.* **for°tune-hunter**—যে ব্যক্তি ধনী পরিবারে বিবাহ করিয়া ধনবান্ হইতে চেষ্টা করে । *n.* **for°tune-teller**—জ্যোতিষী, গণক । *n.* **fortune-telling**—ভাগ্যগণনা । [F. < L. *fortuna*]

forty [faw(r)°-ti, ফ্য(র্)°টি] *a.* & *n.* four times ten, চল্লিশ । *pl.* **for°ties**—চল্লিশ হইতে উনপঞ্চাশ পর্যন্ত সংখ্যাসমূহ ; শতাব্দীর চত্বারিংশত্তম হইতে উনপঞ্চাশত্তম পর্যন্ত সালসমূহ । **the Roaring Forties**—৪০ ডিগ্রি ও ৫০ ডিগ্রি উত্তর অক্ষরেখার মধ্যবর্তী অতলান্তিক মহাসাগরের ঝঞ্ঝাবিক্ষুব্ধ অঞ্চল, গর্জনকারী চল্লিশা । **for°tieth**—(I) *a.* চত্বারিংশত্তম ; (2) *n.* চত্বারিংশত্তমটি । [OE. *feowertig* < *feower* = four, *tig* = ten]

forum [faw°-ram, ফ°র‍্যাম্] *n.* a market-place for transaction of public business and dispensation of justice, (প্রধানতঃ প্রাচীন রোমের) বাজার : এখানে সরকারি কাজকর্ম ও বিচারকার্য নিষ্পন্ন করা হইত ; the law-courts, আদালতসমূহ, ধর্মাধিকরণ; a place for public discussion, সাধারণের আলাপ-আলোচনার স্থান ; periodicals giving opportunity for debate, etc., বিতর্ক আলাপ-আলোচনার পাক্ষিক মাসিক পত্রিকাদি । [L.]

forward [faw(r)°-wa(r)d, ফ্য(র্)°ওয়্যা(র্)ড্] (I) *a.* near or at the forepart, অগ্রস্থ ; in advance, অগ্রবর্তী ; concerned with future transactions, ভবিষ্যৎ লেন-দেন সম্পর্কিত (*forward* contract, prices etc.) ; well advanced, বেশ অগ্রসর বা উন্নত ; ready, prompt, প্রস্তুত, তৎপর, সপ্রতিভ ; too ready or prompt, অত্যধিক প্রস্তুত বা তৎপর বা সপ্রতিভ বা আগবাড়া ; presumptuous, ধৃষ্ট, নির্লজ্জ ; eager, উদ্‌গ্রীব ; early ripe, অকালপক্ক, ইঁচড়ে পাকা । (2) *v.t.* to help on, অগ্রসর হইতে সাহায্য করা ; to send on, সম্মুখে প্রেরণ করা, পাঠাইয়া দেওয়া (to *forward* goods to a person) । (3) *adv.* towards the front or future, সম্মুখদিকে, ভবিষ্যৎপানে ; onward, সম্মুখে, অগ্রসর হইয়া ; progressively, উন্নতির সহিত । (4) *n.* a player in the front line, a striker, (ফুটবলাদি বহিরঙ্গন ক্রীড়ায়) দলের সম্মুখ-ভাগের খেলোয়াড় । *n.* **for°warding**—পণ্যদ্রব্যাদি প্রেরণ বা চালান ; চিঠিপত্র । **forwarding agent**—যে প্রতিষ্ঠান বা ব্যক্তি পণ্যদ্রব্যাদি যথাস্থানে প্রেরণের কাজ করে । *adv.* **for°wardly** । *n.* **for°ward-ness**—forward(*a.*)-এর সকল অর্থে এবং বিশেষতঃ—অত্যন্ত তৎপরতা বা সপ্রতিভতা বা আগবাড়া ভাব ; ধৃষ্টতা । *adv.* **for°wards**—same as **forward** (*adv.*) । [OE. *foreward* < *fore-*$_2$, *ward* (*weard*) = direction]

forwent—see **forgo.**

foss(e) [fos, ফস্] *n.* a ditch or trench or canal, খানা বা পরিখা বা খাল ; (anat.) a groove, (শারীর.) খাঁজ । [F. *fosse* < L. *fossa* < *fossum* = to dig]

fossil [fosl, ফস্‌ল্] (**1**) *n.* (obs.) a rock or mineral dug out of the earth, (অপ্র.) মাটি খুঁড়িয়া বাহির-করা পর্বতশিলা বা খনিজ-পদার্থ ; a relic of former living things preserved in the rocks, প্রস্তরীভূত জীবদেহ, জীবাশ্ম ; an antiquated person or thing, সেকেলে ধরনের বা সেকেলে ব্যক্তি অথবা বস্তু (an old *fossil*) । (**2**) *a.* dug out of the earth, মাটি খুঁড়িয়া উত্তোলিত ; in the state of a fossil, অশ্মীভূত ; antiquated, সেকেলে । **fossil fuel**—ভূগর্ভস্থ প্রস্তরীভূত ইন্ধন বা জ্বালানী, কয়লা প্রভৃতি জ্বালানী (বিপ. **nuclear fuel**) । *v.t.i.* **fossilize** [fo°-si-līz, ফ°সিলাইজ্] অশ্মীভূত করা বা হওয়া । **fossilīzā°-tion** । [F. *fossile* < L. *fossilis* < *fodere* = to dig]

foster [fos°ta(r), ফস্°ট্যা(র্)] *v.t.* to bring up or nurse, বড় করিয়া তোলা বা লালনপালন করা (to *foster* a child) ; to encourage, উৎসাহিত করা ; to promote, উন্নতিবিধান করা ; to cherish, পোষণ করা (to *foster* a hope) । *n.* **fos°terage**—পালক মাতাপিতার সহিত পালিত সন্তানের সম্পর্ক । *n.* **fos°ter-brother**—একই পালক কর্তৃক প্রতিপালিত ভিন্ন মাতাপিতার সন্তান । *fem.* **fos°ter-sister** । *n.* **fos°ter-child**—পালিত সন্তান । *n.* **fos°ter-father**—পালক-পিতা (অর্থাৎ জন্মদাতা নহে) । *fem.* **fos°ter-mother**—ধাত্রী-জননী, ধাই-মা । *com. gen.* **fos°ter-pārent** । *n.* **fos°terling**—পালিত (শিশু) সন্তান । *n.* **fos°ter-nurse**—পালয়িত্রী, ধাই-মা । *n.* **fos°-ter-son**—পালিত পুত্র । *fem.* **fos°ter-daugh-ter** । [OE. *fostrian* = to nurse, *fostor* = food]

fought—see **fight.**

foul [fowl, ফাউল] (**1**) *a.* filthy, dirty, নোংরা, ময়লা, ক্লেদপূর্ণ ; disfigured, বিকৃতমূর্তি ; untidy, অপরিচ্ছন্ন ; loathsome, জঘন্য ; obscene, অশ্লীল ; profane, অপবিত্র ; shameful, লজ্জাকর ; gross, অমার্জিত ; in bad state, দুর্দশাগ্রস্ত ; unfavourable, প্রতিকূল ; stormy, ঝড়ো (*foul* weather) ; unfair, অন্যায় । (**2**) *v.t.* to make foul, নোংরা বা বিকৃতমূর্তি বা অপরিচ্ছন্ন বা অপবিত্র করা (the dog has *fouled* the pavement) । (**3**) *v.t.i.* to collide with, সজ্ঘৃষ্ট হওয়া, ধাক্কা খাওয়া ; to become entangled, জড়াইয়া যাওয়া ; to commit a foul, ক্রীড়াদিতে নিয়মভঙ্গরূপ অন্যায় করা, (to *foul* an opponent) । (**4**) *n.* act of fouling, নোংরা বা বিকৃতমূর্তি বা অপরিচ্ছন্ন বা অপবিত্র করা ; any breach of the rules in games or contests, ক্রীড়ায় বা প্রতিযোগিতায় নিয়মভঙ্গ । (**5**) *adv.* in a foul manner, নোংরা বা অপরিচ্ছন্ন বা অপবিত্রভাবে ; unfairly, অন্যায়ভাবে । **(to) claim a foul**—খেলায় নিয়মভঙ্গের অজুহাতে খেসারতমূলক সুবিধা দাবি করা । **(to) fall foul of**—বিপক্ষে যাওয়া ; কলহ করা ; সজ্ঘৃষ্ট হওয়া, ধাক্কা খাওয়া ; আক্রমণ করা । *a.* **foul°-fāced**—কুৎসিত মুখাকৃতিবিশিষ্ট ; অনামুখো । *adv.* **fou°lly** । *a.* **foul°-mou°thed, foul°-spō°ken** অশ্লীল ভাষা-ভাষী । *n.* **foul°nėss** । *n.* **foul°-play**—ক্রীড়ায় বা প্রতিযোগিতায় নিয়মভঙ্গ ; অসাধুতা, জুয়াচুরি ; অত্যাচার বা খুন । [OE. *ful*—cp. G. *faul*]

foulard [fōō-lā(r)d°, ফুলেয়া(র্)ড্°] *n.* thin fabric or material of silk, পাতলা সিল্কের কাপড় ; handkerchief etc. made from silk fabric, সিল্কের রুমালাদি । [F.]

foumart [fōō°-mā(r)t, ফু°মেয়া(র্)ট্] *n.* a pole-cat, খট্টাশ । [ME. *fulmard*]

found$_1$—see **find.**

found$_2$ [fownd, ফাউন্‌ড্] *v.t.* to lay the base of, ভিত্তিস্থাপন করা ; to base, ভিত্তির উপরে দাঁড় করান (to *found* a doctrine upon) ; to establish, প্রতিষ্ঠিত করা (to *found* a school) ; to originate, উদ্ভাবন বা প্রবর্তন করা (to *found* a system) ; to endow, অর্থাদি দান করিয়া ব্যবস্থা করা (to *found* a grant) । *p.* & *p. pt.* **foun°-dėd** । *n.* **foundā°tion**—found-এর সকল অর্থে, এবং—প্রতিষ্ঠা ; ভিত্তি (strong or weak *foundation*) ; বৃত্তিদানাদি কার্যের জন্য স্থায়ী তহবিল বা নিধি (the Ford *Foundation*) । **foundation cream**—অন্যান্য প্রসাধন-দ্রব্যাদি লেপনের পূর্বে ব্যবহৃত স্নো ক্রীম প্রভৃতি । **foundation garment**—কাঁচুলি-বিশেষ । *n.* **foundā°tioner**—বৃত্তিভোগী ব্যক্তি । *n.* **foundā°tion-stōne**—ভিত্তি-প্রস্তর । *n.* **foun°der$_1$**—প্রতিষ্ঠাতা । *fem.* **foundrėss** । [F. *fonder* = L. *fundare*]

found$_3$ [fownd, ফাউন্‌ড্] *v.t.* to melt, গলান ; to cast, ঢালাই করা । *p.* & *p. pt.* **foun°ded** । *n.* **foun°der$_2$**—ঢালাইকর, ঢালাইওয়ালা ; ঢালাই-কারখানার মালিক । *n.* **foun°dry**—ঢালাই-বিদ্যা ; ঢালাইয়ের কারখানা । [F. *fondre* < L. *fundere* = to pour]

foundation—see **found$_2$.**

founder$_{1,2}$—**found$_{2,3}$.**

founder$_2$ [fown°-da(r), ফাউনড্যা(র্)] (**1**) *v.i.t.* to sink, ডোবা বা ডোবান ; to collapse, ভাঙ্গিয়া

পড়া বা ভাঙ্গিয়া ফেলা ; to stumble or cause to stumble, হোঁচট খাওয়া বা খাওয়ান ; to go or make lame, (সচ. কর্মপীড়িত অশ্বসম্বন্ধে) খোঁড়া হওয়া বা খোঁড়া করা ; to stick in mud, পাঁকে আটকাইয়া যাওয়া বা আটকাইয়া ফেলা। (2) *n.* a collapse, পতন ; inflammation of horse's foot, (অত্যধিক খাটুনির ফলে) অশ্বের পদস্ফীতি। [OF. *fondrer*=to fall in<L. *fundus*=bottom]

foundling [fownd°-ling, ফাউন্‌ড্‌°লিং] *n.* a little child found deserted, কুড়াইয়া-পাওয়া পরিত্যক্ত শিশু। **foundling hospital**—কুড়াইয়া-পাওয়া পরিত্যক্ত শিশুদের প্রতিপালনের জন্য সরকারি বা বেসরকারি দাতব্য প্রতিষ্ঠান। [*found* (<*find*),-ling]

foundress—see **found₂**.

foundry—see **found₃**.

fount₁ [fownt, ফাউন্‌ট্‌], **font,** [font, ফন্‌ট্‌] *n.* (print.) a set of types of the same face and size, (মুদ্রণ.) একরূপ আকারের ও আয়তনের অক্ষর-সমূহ। [F. *fonte*<L. *fundere*=to cast]

fount₂ [fownt, ফাউন্‌ট্‌] *n.* a spring, ঝরনা ; a source, উৎস। [*fontis*]

fountain [fown°-tin, ফাউন্‌°টিন্‌] *n.* a spring, ঝরনা ; a jet, ফোয়ারা ; a source, (প্রধানতঃ নদীর) উৎস ; (rhet.) the cause or place of origin, the store, (আল.) উৎপত্তির কারণ বা স্থান (in Great Britain the Crown is the *fountain* of honour), ভাণ্ডার (*fountain* of joy) ; a reservoir for oil, ink, etc., (বাতি কলম ইত্যাদিতে) তেল কালি প্রভৃতি রাখার আধারবিশেষ। *n.* **foun°tain-head°**—উৎসমুখ ; আদি, সূত্রপাত ; আদি উৎস। *n.* **foun°tain-pen°**—ঝরনা-কলম, ফাউনটেন-পেন। [F. *fountaine*<LL. *fontana*< *fontis*]

four [faw(r), ফ্য(র্)] (**1**) *a.* one more than three, চার। (2) *n.* the number four, চার ; persons or things numbering four, ব্যক্তি বা বস্তু চতুষ্টয় ; a boundary stroke in cricket, ক্রিকেটে বাউনডারির মার (কারণ ১ বাউনডারিতে ৪ রান হয়) ; the fourth hour after midday or midnight, বেলা বা রাত্র চার ঘটিকা ; the four extremities or (in case of beasts) feet, চার হাত-পা বা (পশুদের ক্ষেত্রে) চার পা। **on all fours** —চার পায়ে বা চার হাতে-পায়ে ভর দিয়া ; (আল.) সম্পূর্ণ একপ্রকার বা অনুরূপ। *a.* **four°-figure**—চারিসংখ্যাবিশিষ্ট (অর্থাৎ ১০০০ হইতে ৯৯৯৯ পর্যন্ত) ; দশমিকের চতুর্থ স্থান পর্যন্ত। *n.* **four-flush°er**—প্রতারক ; যে লোক ভাঁওতা দেয়। **four°-fōld**—(**1**) *a.* চার ভাগে বিভক্ত ; চার রকম ; চার-ভাঁজ করা ; চতুর্গুণ। (2) *adv.* চার ভাগে (বিভক্ত হইয়া) ; চার রকমে ; চার ভাঁজে ; চতুর্গুণ হইয়া বা করিয়া। *a.* **four°-foo°tėd, four°-legg°ed**—চতুষ্পদ, চার-পেয়ে। *a.* **four°-han°dėd**—চতুর্ভুজ ; চারজনে খেলিতে হয় এমন। *n.* **four°-in-hand°**—চার-ঘোড়ার গাড়ি। *a.* **four°-part**—(গান সম্বন্ধে) চার-জনে মিলিয়া গাহিবার উপযুক্ত। *a.* **four°-ply**—(পশম কাঠ প্রভৃতি সম্বন্ধে) চার দফা আঁশে তৈয়ারি। *n.* **four°-pos°ter**—যে খাটে মশারি বা চাঁদোয়া টাঙ্গাইবার জন্য চারটি খুঁটি থাকে, (তু.) ছতরি-দেওয়া খাট। *n.* **four°-poun°der**—৪ পাউনড ওজনের গোলা ছোড়ার উপযোগী কামান। *a.* **four°score**—আশি। *a.* **four°squāre°**—বর্গক্ষেত্রযুক্ত, সমচতুষ্কোণ ও সমচতুর্ভুজ ; চারিদিকে সমানভাবে মুখ রাখিয়াছে এমন। *a.* **four°-wheeled**—চারচাকাওয়ালা। *n.* **four°-whee°ler**—চতুশ্চক্র যান। [OE. *feower* —cp. G. *vier*]

fourteen [faw(r)°-tēn, ফ্য(র্)°টীন্‌] *a.* & *n.* four and ten, চৌদ্দ, চতুর্দশ। *n.* **fourtee°ner**—কবি-তার চতুর্দশ মাত্রাবিশিষ্ট চরণ : ইহা ব্যাল্যাড্‌ কবিতার ছন্দ। **four°teenth°**—(**1**) *a.* চতুর্দশ। (2) *n.* চতুর্দশ অংশ। [OE. *feowertene*<*four-, ten*]

fourth [faw(r)th, ফ্য(র্)থ্‌] (**1**) *a.* last of four, চতুর্থ ; equal to one of four equal parts, চতুর্থাংশ। (2) *n.* one of four equal parts, এক-চতুর্থাংশ ; the fourth day of the month, মাসের চার তারিখ, চউঠা। *adv.* **fourth°ly**। [OE. *feo(we)rtha*<*four*]

fowl [fowl, ফাউল্‌] (**1**) *n.* a bird, (সচ. কুক্কুট-জাতীয়) পাখি ; the flesh of fowl, পক্ষিমাংস। *pl.* **fowl(s)**। (2) *v.i.* to kill or catch or hunt a wild fowl, বনের পাখি মারা বা ধরা বা শিকার করা। *n.* **fow°ler**—পক্ষিশিকারি। *n.* **fow°ling**—পক্ষিশিকার। *n.* **fow°ling-net**—পাখি-ধরা জাল। *n.* **fow°ling-piece**—পক্ষি-শিকারের জন্য ছট্‌রা বন্দুক। *n.* **fowl°-run**—মুরগি পুষিবার জমি। [OE. *fugol*—G. *vogel*]

fox [foks, ফক্‌স্‌] (**1**) *n.* a sharp-nosed, bushy-tailed quadruped, পাঁতিশিয়াল ; a sly person, চতুর লোক। *fem.* **vixen**। (2) *v.t.i.* (sl. & coll.) to cheat cunningly (অশি. ও কথ্য.) শঠতাপূর্বক ঠকান বা প্রতারণা করা। **fox and geese**—বাঘ-বন্দী-জাতীয় খেলাবিশেষ। *a.* **fox°ed** —বিবর্ণ ; ফুটকি-ফুটকি দাগ-ধরা (গ্রন্থাদি) ; পানোন্মত্ত। *n.* **fox°brush**—পাঁতিশিয়ালের লেজ। *n.* **fox°-earth**—পাঁতিশিয়ালের গর্ত। *n.* **fox°glove**—ঔষধে ব্যবহৃত পুষ্পলতাবিশেষ (তু. শিয়ালকাঁটা)। *n.* **fox°-hōle**—শত্রুপক্ষের গোলাগুলি হইতে আত্মরক্ষার্থ সৈনিকেরা যে গর্ত খুঁড়িয়া তন্মধ্যে থাকে। *n.* **fox°-hound**—শিয়াল-খেদানে কুকুরবিশেষ। **fox°-hunt** —(**1**) *n.* কুকুরসহ শিয়ালের পিছনে ধাবনপূর্বক উহাকে বিতাড়ন ; (**2**) *v.i.* কুকুর লইয়া শিয়ালের পশ্চাদ্ধাবন-পূর্বক উহাকে বিতাড়ন করা। *n.* **fox°ing**—শঠতার দ্বারা প্রতারণা। *n.* **fox°-te°rrier**—শিয়াল-ধরা কুকুরবিশেষ। *n.* **fox°-trot**—অশ্বের হ্রস্ব পদক্ষেপে ধীরে ধীরে চলন, ধীর ও দ্রুত পদক্ষেপে তালে তালে নৃত্যবিশেষ। *a.* **fox°y**—পাঁতিশিয়ালসংক্রান্ত ; পাঁতি-শিয়ালতুল্য ; চতুর ; শঠ ; পিঙ্গল ; অত্যধিক রঙ্‌-চঙে ; ফুটকি-ফুটকি দাগ-ধরা তীব্র টক স্বাদযুক্ত। *n.* **fox°inėss**। [AS.—cp. G. *fuchs*]

foyer [foy°-a, ফয়্°এই] *n.* a room in theatre etc. for audience's use during the interval, থিয়েটারাদিতে অভিনয়াদির সাময়িক বিরতিকালে দর্শকবৃন্দের ব্যবহারার্থ কক্ষবিশেষ ; a large hall in a hotel, হোটেলের বড় হলঘর। [F.]

fracas [fra°-kŭ, ফ্র্যা°কা] *n* uproar, হৈচৈ, হট্টগোল ; a noisy quarrel, হৈচৈ-পূর্ণ ঝগড়া, উচ্চ কলহ। *pl.* **fracas** [fra-kŭz, ফ্র্যা°কাজ্] । [F. <It. *fracasso*]

fraction [frak°sh(a)n, ফ্র্যাক্°শ্‌ন্] *n.* a fragment, টুকরা ; (*arith.*) a numerical quantity that is not an integer, (পাটী.) ভগ্নাঙ্ক, ভগ্নাংশ ; a breach of unity, একতাহানি, অনৈক্য ; the breaking of the bread in the Eucharist, যিশু খ্রিস্টের ভোজপর্বোপলক্ষে রুটি-বিভাজন। **decimal fraction**—দশমিক ভগ্নাঙ্ক। **proper fraction**—(পাটী.) যে ভগ্নাঙ্কের মান ১ অপেক্ষা কম, (পরি.) প্রকৃত ভগ্নাঙ্ক। **vulgar fraction**—সামান্য ভগ্নাঙ্ক। *a.* **frac°tional**—টুকরা-ঘটিত ; ভগ্নাঙ্কঘটিত ; টুকরার ন্যায় ; ভগ্নাঙ্কবৎ। [L. *frangere*=to break]

fractious [frak°-shas, ফ্র্যাক্°শ্যাস্] *a.* peevish, ঝগড়াটে, খিটখিটে, বদমেজাজি। *adv.* **frac°tiously**। *n.* **fractious°ness**। [see *fraction*]

fracture [frak°-cha(r), ফ্র্যাক্°চ্যা(র্)] (**1**) *n.* breaking, ভঙ্গ ; the breaking of a bone, অস্থিভঙ্গ ; the part broken, ভগ্ন অংশ ; a breach, ফাট, ফাটল, বিদার। (**2**) *v.t.i.* to break through, ফাঁক করিয়া লওয়া বা ফাঁক হইয়া যাওয়া, ভগ্ন করা বা হওয়া ; to crack, চিড় ধরান বা ধরা, ফাটান বা ফাটা। **compound fracture**—হাড় ভাঙ্গিয়া উপরে চামড়া ছিন্ন হওয়া, জটিল অস্থিভঙ্গ। **simple fracture**—হাড় ভাঙ্গিয়া গিয়াছে কিন্তু উপরের চামড়ায় কোন ক্ষতি হয় নাই এমন অবস্থা, সরল অস্থিভঙ্গ। [see *fraction*]

frae [frā, ফ্রেই] Scot. form of **fro** or **from.**

fragile [fra°-jīl, ফ্র্যা°জাইল্] *a.* easily broken, ভঙ্গুর ; frail, নশ্বর ; delicate, পলকা, রোগা। *n.* **fragi°lity**। [F.<L. *fragilis*]

fragment [frag°-mant, ফ্র্যাগ্°ম্যান্ট্] *n.* a piece broken off, টুকরা, খণ্ড ; an incomplete portion, অসম্পূর্ণ অংশ। *a.* **fragmental** [frag-men°-tl, ফ্র্যাগ্‌মেন্°ট্‌ল্] প্রাচীনতর পর্বতের অংশদ্বারা গঠিত ; টুকরা-টুকরা। *a.* **fragmentary** [frag°-man-t(a)ri, ফ্র্যাগ্°ম্যান্ট্রি] বিভিন্ন টুকরা দিয়া গঠিত ; টুকরা-টুকরা ; ভগ্ন ; অসম্পূর্ণ (a *fragmentary* report)। *adv.* **frag°mentarily**। *n.* **frag°mentariness**। *n.* **fragmentā°tion**—টুকরা-টুকরা করা (*fragmentation* of land)। [L. *frangere*=to break]

fragrant [frāg°r(a)nt, ফ্রেইগ্°র্‌ন্ট্] *a.* sweet-scented, সুগন্ধ, সুরভিত। *n.* **frāg°rance, frāg°rancy**—সুন্দর গন্ধ, সুরভি, সৌরভ। *adv.* **frāg°rantly**। [L. *fragrans*=smelling]

frail₁ [frāl, ফ্রেইল্] *n.* a rush-basket, নলখাগড়াদিতে তৈয়ারি ঝুড়ি। [OE. *frayel*]

frail₂ [frāl, ফ্রেইল্] *a.* very easily shattered, ভঙ্গুর, পলকা ; transient, ক্ষণস্থায়ী, নশ্বর ; feeble and infirm, দুর্বল ও অক্ষম, অথর্ব ; decrepit, জরাগ্রস্ত ; morally weak, নৈতিক দুর্বলতাগ্রস্ত ; unchaste, অসচ্চরিত্র, অসতী ; tender, কোমল। *adv.* **frai°lly**। *n.* **frail°ness, frail°ty**। [OF. *fraile*<L. *fragilis*=fragile]

frame [frām, ফ্রেইম্] (**1**) *v.t.* to form, গঠন করা ; to shape, আকারদান করা ; to put together, (বিভিন্ন অঙ্গ বা অংশ) যথাস্থানে একত্র সন্নিবেশিত করা, কাঠাম গড়া ; ro contrive, (সুকৌশলে) উদ্ভাবন করা ; to concoct, মিথ্যা বানান ; to adjust, সমন্বয়সাধন করা ; to adapt, উপযোগী করা ; to bring about, ঘটান ; to articulate, (শব্দ) ধ্বনিত করা ; to direct, পরিচালিত করা ; to enclose in a border or case, ফ্রেমে পরান (to *frame* a photograph) ; to make a victim of a concocted charge, বানান অভিযোগে অভিযুক্ত করা, সাজশ মামলার আসামি করা। (**2**) *v.i.* to set about, আরম্ভ করা ; to give promise of becoming skilful, দক্ষতার সহিত কাজ করিতে পারিবে এইরূপ সম্ভাবনার আভাস দেওয়া ; to contrive to do something, কিছু নিষ্পন্ন করিয়া ওঠা। (**3**) *n.* the body, দেহ, শরীর (a man of sturdy or gigantic *frame*) ; structure, গঠন ; a putting together of parts, বিভিন্ন অঙ্গের বা অংশের একত্র যথাস্থানে সন্নিবেশ ; a case made to enclose or border anything, (চিত্রাদির) ফ্রেম ; the skeleton, কাঠাম, কঙ্কাল ; mental state, মানসিক অবস্থা বা মেজাজ ; a game of snooker etc., স্নুকার বিলিয়াড্ প্রভৃতি খেলার এক দফা বা দান। **frame of mind**—মনের সাময়িক অবস্থা। *n.* **frā°mer**। *n.* **frāme°-house**—পিজবোর্ডে মোড়া কাঠের বাড়ি। *a.* **frame°less**। *n.* **frāme°-up**—চক্রান্ত, ষড়যন্ত্র। *n.* **frāme°work**—কাঠাম-গঠন ; কাঠাম। *n.* **frām°ing**—frame(*v.*)-এর সকল অর্থে, এবং—কাঠাম, ফ্রেম। [OE. *framian*=to be helpful]

franc [frangk, ফ্র্যাংক্] *n.* a European coin, ইউরোপের বিভিন্ন দেশে প্রচলিত অল্পমূল্যের মুদ্রাবিশেষ। [OF.<*Francorum rex*, the legend on the first coin]

franchise [fran°-shīz, ফ্র্যান্°শাইজ্] *n.* a privilege or exemption, (আইনগত বা রাজনীতিক) বিশেষ সুবিধা বা অব্যাহতি ; citizenship, নাগরিকাধিকার ; the right or a qualification of voting, ভোটদানের অধিকার বা যোগ্যতা। *n.* **fran°chisement**—মুক্তি। *n.* **fran°chiser**—ভোটদাতা। [OF.<*franc*=free]

Franciscan [fran-sis°-kan, ফ্যান্সিস্°ক্যান্] (**1**) *a.* of the order of St. Francis, সাধু ফ্র্যান্সিস্ কর্তৃক স্থাপিত সন্ন্যাসি-সম্প্রদায়ের। (**2**) *n.* a Franciscan monk, উক্ত সম্প্রদায়ভুক্ত সন্ন্যাসী। [L. *Franciscus*=Francis]

Franco- [frang°-kō, ফ্র্যাং°কৌ] *in comp.* French, ফরাসি ; French and, ফরাসি এবং (**Franco-German**=ফরাসি ও জর্মান ; ফরাসি ও জর্মান সম্বন্ধীয়)। *n.* **Fran°cō-mā°nia**—ফরাসি-প্রীতি। *n.* **Fran°cō-phōbia**—ফরাসি-ভীতি। [see *Frank*]

francolin [frang°-kŏ-lin, ফ্র্যাং°কোলিন্] *n.* a kind of partridge, তিত্তির-পক্ষিবিশেষ। [F.<It. *Francolino*]

frangible [fran°-jibl. ফ্র্যান্°জিব্‌ল্] *a.* easily broken, ভঙ্গুর, পলকা। *n.* **frangibi°lity**। [L. *frangere*=to break]

frank [frangk, ফ্র্যাংক্] (**1**) *a.* free, open, মুক্ত, অবাধ, খোলা (a *frank* confession) ; candid, মন-খোলা, সরলপ্রাণ, দিলদরিয়া ; outspoken, স্পষ্টভাষী বা স্পষ্টভাষিত (a *frank* opinion)। (**2**) *v.t.* to sign (a letter) so as to ensure free carriage or to send free of cost, (পত্রাদি) বিনা মাসুলে প্রেরণার্থ সই করা বা বিনা মাসুলে প্রেরণ করা। *p.* & *p. pt.* **fran°ked**। (**3**) *n.* a franking signature, পত্রাদি বিনা মাসুলে প্রেরণার্থ সই করার ক্ষমতাপ্রাপ্ত ব্যক্তির সই ; a franked cover, উক্ত ব্যক্তির সই-করা লেফাফা। *n.* **fran°king-machine**—চিঠিপত্রে ডাকটিকিট লাগাইবার জন্য এবং মোট ডাকখরচার হিসাব রাখিবার জন্য স্বয়ংক্রিয় যন্ত্রবিশেষ। *adv.* **frank°ly**। *n.* **frank°ness**। [OF. *franc*<L.L. *francus* (*a.*)]

Frank [frangk, ফ্র্যাংক্] *n.* one belonging to the Germanic nation that conquered Gaul in the 5th century, জর্মানজাতির শাখাবিশেষের লোক : ইহারা পঞ্চম শতাব্দীতে গল বা আধুনিক ফ্রান্স জয় করে। *a.* **Fran°kish**—উক্ত জাতিতুল্য। [L. *Francus*<OHG. *Fronko*=a free man]

Frankenstein [frang°-ken-stīn, ফ্র্যাং°কেন্‌স্টাইন্] *n.* any creature or thing bringing disaster to its creator, যে প্রাণী বা বস্তু স্বীয় স্রষ্টার চরম বিপদ্ ঘটায় (also **Frankenstein monster**)। [the hero of Mrs. Shelley's *Frankenstein*]

frankincense [frang°-kin-sens, ফ্র্যাং°কিন্‌সেন্‌স্] *n.* a sweet-smelling resin, গুগ্‌গুল্, ধুনা। [OF. *franc encens*]

franklin [frangk°-lin, ফ্র্যাংক্°লিন্] *n.* an English freeholder, রাজা ভিন্ন অপর কাহাকেও কর দেয় না এমন ইংরেজ কৃষক। [LL. *francus*—cp. *Frank*]

frantic [fran°-tik, ফ্র্যান্°টিক্] *a.* mad, ক্ষিপ্ত ; furious, প্রচণ্ড ; extreme, চরম (*frantic* effort)। *adv.* **fran°tically**। *n.* **fran°ticness**। [OF. *frenetique*<Gk. *phrenetikos*=mad]

fratch [frach, ফ্র্যাচ্] *n.* a brawl or quarrel, সরব কলহ-মারামারি বা ঝগড়া। *a.* **fra°tchy**—ঝগড়াটে ; কোপনস্বভাব। [Imi.]

frater [frā°-ta(r), ফ্রেই°ট্যা(র্)] *n.* a refectory, (খ্রিষ্টীয়) মঠাদির ভোজনকক্ষ। [OE. *fraitur*]

fraternal [fra-ta(r)°nl, ফ্র্যাট্যা(র্)°ন্‌ল্] *a.* of a brother or brethren, ভ্রাতৃসংক্রান্ত বা সমধর্মী অর্থাৎ ভ্রাতৃতুল্য ব্যক্তিগণ-সংক্রান্ত ; brotherly, ভ্রাত্রোচিত, ভ্রাতৃবৎ। *adv.* **frater°nally**। *n.* **frater°nity**—সমধর্মিতা ; ভ্রাতৃসঙ্ঘ ; সৌভ্রাত্র। *v.i.* **fra°ternīze**—ভ্রাতৃরূপে মেলামেশা করা ; ভাই-ভাই হওয়া। *n.* **fraternizā°tion**। [L. *frater*=a brother—cp. *brother*]

fratricide [frā°-tri-sīd, ফ্রেই°ট্রিসাইড্] *n.* one who kills one's brother or sister, স্বীয় ভ্রাতৃঘাতক বা ভগ্নীহন্তা ; the killing of one's brother or sister, স্বীয় ভ্রাতাকে বা ভগ্নীকে হত্যা। *a.* **frātricī°dal**—উক্ত হত্যা বা হত্যাকারী সংক্রান্ত। [F.<L. *frater*=a brother, *caedere*=to kill]

frau [frow, ফ্রাউ] *n.* a woman, স্ত্রীলোক ; a wife, বধূ। *n.* **Frau**—জর্মানভাষায় শ্রীযুক্তা (ইংরেজি Mrs.-এর প্রতিশব্দ)। *n.* **Fräulein, fräulein** [froy°-līn, ফ্রয়্°লাইন্] শ্রীমতী : কুমারীর প্রতি প্রযোজ্য (ইংরেজি Miss-এর প্রতিশব্দ)। [G.]

fraud [frawd, ফ্রাড্] *n.* deceit, প্রতারণা, জুয়াচুরি ; a deceptive trick, ছল, ফাঁদ ; a fraudulent production, প্রতারণার উদ্দেশ্যে সৃষ্ট বস্তু, জাল বস্তু ; (coll.) a cheat, (কথ্য.) প্রতারক, জুয়াচোর। *n.* **fraudulence** [fraw°-dū-lans, ফ্রা°ডিউল্যান্‌স্] প্রতারণা, জুয়াচুরি। *a.* **frau°dūlent**—প্রতারণাপূর্ণ, জুয়াচুরিপূর্ণ ; প্রতারণা বা জুয়াচুরি করে এমন। *adv.* **frau°dūlently**। [OE. *fraude*<L. *fraudis*]

fraught [frawt, ফ্রাট্] *a.* laden, (মালে) বোঝাই ; (fig.) filled, (আল.) পরিপূর্ণ (*fraught* with meaning)। [*p. pt.* of obs. *v. fraught*=to load with cargo—cp. *freight*]

fraulein—see **frau.**

fray₁ [frā, ফ্রেই] *n.* an affray, দাঙ্গাহাঙ্গামা ; brawl, হৈচৈ-পূর্ণ কলহ। [aphetic from *affray*]

fray₂ [frā, ফ্রেই] (**1**) *v.t.* to wear off by rubbing, ঘষিয়া ক্ষয় করিয়া ফেলা ; to ravel out the end or edge of, জট খুলিয়া ডগা বা প্রান্ত বাহির করা ; (fig.) exasperate, (আল.) অতিশয় ক্রুদ্ধ বা উত্যক্ত করা। (**2**) *v.i.* to become worn off by rubbing, ঘর্ষণের ফলে ক্ষয় হওয়া ; to rub the velvet off new horns, ঘর্ষণদ্বারা (হরিণাদির) নবোদ্গত শৃঙ্গের লোম তুলিয়া ফেলা। *a.* **fray°ed**—ঘর্ষণের ফলে ছিন্ন (*frayed* cuffs of a shirt) ; উত্যক্ত, ক্রুদ্ধ (*frayed* nerves, temper etc.)। *n.* **fray°ing**—ঘর্ষণদ্বারা তুলিয়া ফেলা ; ঘর্ষণদ্বারা তুলিয়া-ফেলা বস্তু। [F. *frayer*<L. *fricare*=to rub]

freak [frēk, ফ্রীক্] *n.* caprice, খেয়াল ; sport, খেলা, রঙ্গ ; an abnormal product of nature, প্রকৃতির উদ্ভট সৃষ্টি (also **freak of nature**)। *a.* **frea°kish, frea°ky**—খেয়ালি। *adv.* **frea°kishly**। *n.* **frea°kishness**। [?]

freckle [frek°l, ফ্রেক্°ল্] **(1)** *v.t.* to spot, ফোঁটা দেওয়া ; to colour with spots, ফোঁটা-দ্বারা রঞ্জিত করা। **(2)** *n.* a light yellowish spot on the skin, চামড়ার উপরে ঈষৎ হলদে ফুটকি-চিহ্ন ; (in *pl.*) sporadic sunburn, রৌদ্রে পোড়ার ফলে ইতস্ততঃ দাগ। *a.* **freck°ly**—উক্ত ফোঁটা-দাগওয়ালা বা রৌদ্রে পোড়ার ফলে ফোঁটা-ফোঁটা-দাগওয়ালা। [ON. *freknur*=spots]

free [fre, ফ্রী] **(1)** *a.* not bound, বন্ধনহীন, মুক্ত ; at liberty, independent, স্বাধীন ; unimpeded, অব্যাহত ; unrestrained, অবাধ (*free* trade) ; spontaneous, natural, সাবলীল, স্বচ্ছন্দ (*free* movement, *free* style) ; ready, প্রস্তুত, রাজি (*free* to confess) ; guiltless, stainless, নির্দোষ, নির্মল, নিষ্কলঙ্ক ; frank, মন-খোলা ; liberal, উদার ; lavish, মুক্তহস্ত (*free* in spending) ; uncombined, unattached, (অপরের সহিত) অসংযুক্ত, সংযোগহীন ; exempt, রেহাই-প্রাপ্ত (*free* from taxation) ; without cost or charge, মাসুলহীন (*free* pass) ; bold, impudent, উদ্ধত, ধৃষ্ট ; vulgar, অমার্জিত, রুচিবিরোধী, অশ্লীল (*free* tongue)। **(2)** *adv.* freely, মুক্তভাবে, স্বাধীনভাবে ; without payment, বিনা মাসুলে ; without obstruction, অবাধে। **(3)** *v.t.* to liberate, স্বাধীনতা দেওয়া, মুক্ত করা (to *free* a country from bondage) ; to rescue, উদ্ধার করা, ত্রাণ করা। **free and easy**—লৌকিকতাবর্জিত ; আনুষ্ঠানিক ভদ্রতাবিরহিত। **free from**—বিমুক্ত (*free from* anxiety)। **free on board**—জাহাজ রেলগাড়ি বিমানপোত প্রভৃতিতে যাত্রিগণকে বিনামূল্যে সরবরাহ করা হয় এমন। **free of**—(কিছুর) এলাকা হইতে বহির্গত বা নিষ্ক্রান্ত (the ship was not yet *free of* the harbour) ; বিমুক্ত (*free of* blemishes)। **(to) make free with**—(কাহারও সঙ্গে) মাখামাখি করা বা ইয়ারকি দেওয়া। —**(to) make one free of**—(কিছুর) অংশগ্রহণে অধিকার দেওয়া ; অবাধে ব্যবহার করিতে দেওয়া। *n.* **free-agency**—স্বাধীনভাবে কাজ করার অধিকার। *n.* **free-agent**—উক্ত অধিকারপ্রাপ্ত ব্যক্তি। *n.* **free°bōōter**—লুঠের মালের সন্ধানে অবাধে ভ্রমণশীল ব্যক্তি ; জলদস্যু [Du. *vrijbuiter*]। *n.* **free°-bōōting**—লুঠের মালের সন্ধানে অবাধে ভ্রমণ ; জলদস্যুতা। *a.* **free-born**—স্বাধীনতার অধিকার লইয়া জাত, জন্ম-স্বাধীন। **Free church**—পোপের কর্তৃত্ববিরোধী স্কটল্যানডের খ্রিষ্টীয় গির্জাসমূহ। *n.* **free-city**—নিজস্ব সরকারদ্বারা শাসিত নগর, নগররাষ্ট্র। *n.* **freed°man**—মুক্তিপ্রাপ্ত ক্রীতদাস। *fem.* **freed°woman**। *n.* **free°dom**—স্বাধীনতা ; মনখোলা ভাব, অকপটতা ; স্পষ্টবাদিতা, অদম্য সাহস ; অসংযোগ, বিযুক্তি ; নাগরিক সম্মান, পৌর সম্মান ও অধিকার (to receive the *freedom* of a city) ; (কথাবার্তায় বা আচার-আচরণে) অসঙ্গত মাখামাখির ভাব, ইয়ারকি ; অনুমতি। **free enterprise**—বেসরকারি শিল্পোদ্যোগ বা ব্যবসায়। **free fight**—আইনকানুনহীন লড়াই ; বেপরোয়া লড়াই ; হাতাহাতি লড়াই। *n.* **free°-for-all**—যে বিবাদ বা বিতর্কে সকলকে স্ব স্ব মত জ্ঞাপন করিতে এবং তাহা বজায় রাখিবার জন্য চেষ্টা করিতে দেওয়া হয়। *a.* **free°-hand**—খোলা-হাতে কৃত (a *free-hand* drawing) ; (আল.) যথেচ্ছভাবে কৃত। **a free hand**—ইচ্ছামত কাজ করার পূর্ণ অধিকার। *a.* **free°-han°dėd**—মুক্তহস্ত ; বদান্য। *a.* **free°-hear°tėd**—অকপট ; উদার। *n.* **free°hōld**—যে সম্পত্তির জন্য রাজা ব্যতীত অন্য কাহাকেও কর দিতে হয় না, নিষ্কর বা লাখেরাজ সম্পত্তি। *n.* **free°hōlder**—লাখেরাজ সম্পত্তিভোগী। *n.* **free-house**—যে মদের দোকানে সকল রকম মদ পাওয়া যায় : এই মদের দোকান কোন ভাটিখানার দ্বারা পরিচালিত নহে। **free kick**—ফুটবল প্রভৃতি খেলায় বল মারার জন্য প্রদত্ত বিশেষ সুবিধা। *n.* **free-labour**—যে শ্রমিকরা কোন ট্রেড ইউনিআনের অন্তর্ভুক্ত নহে। *n.* **free°-lance°**—প্যালেসটাইনের ধর্মযুদ্ধান্তে যে বীরেরা অর্থবিনিময়ে যোদ্ধার কাজ করার জন্য ইউরোপের দেশে দেশে ঘুরিয়া বেড়াইত তাহাদের যে-কোনজন ; যে সাংবাদিক রাজনীতিক প্রভৃতি বাঁধা চাকরি করে না বা কোন দলভুক্ত নহে। **free list**—থিয়েটারাদিতে বিনামূল্যে প্রবেশাধিকারপ্রাপ্ত ব্যক্তিদের তালিকা ; যাহাদের নিকট বিনামূল্যে গ্রন্থাদি প্রেরণ করা হইয়াছে তাহাদের তালিকা। *n.* **free°-li°ver**—যে ব্যক্তি অবাধে পানভোজন ও আমোদপ্রমোদ উপভোগ করে। **free°-li°ving**—**(1)** *n.* অবাধে পানভোজন ও আমোদ-প্রমোদ উপভোগ ; **(2)** *a.* অবাধে পানভোজন ও আমোদ-প্রমোদ উপভোগকারী। *n.* **free-love**—বিবাহাদি বন্ধনমুক্ত প্রেম বা যৌনসম্পর্ক, অবাধ প্রেম বা যৌনসম্পর্ক। *adv.* **free°ly**। *n.* **free°man**—স্বাধীন ব্যক্তি ; বিশেষ ভোটাধিকারসম্পন্ন বা সুবিধাভোগী ব্যক্তি। *n.* **free°-māson**—(মধ্যযুগীয় ইউরোপে) উচ্চশ্রেণীর রাজমিস্ত্রি ; সামাজিক আমোদপ্রমোদ ও পরস্পর সহযোগিতার জন্য একত্র বসবাসকারী গুপ্ত ভ্রাতৃসঙ্ঘের সদস্য। *n.* **free°-māsonry**—উক্ত রাজমিস্ত্রির বৃত্তি বা উক্ত ভ্রাতৃসঙ্ঘ। *n.* **free°nėss**। **free pass**—থিয়েটার রেল প্রভৃতির ফ্রী পাস। *n.* **free-port**—যে বন্দরে পণ্যদ্রব্যের উপরে শুল্ক দিতে হয় না। *n.* **freer** [fre°-a(r), ফ্রী°অ্যা(র্)] মুক্তিদাতা ; উদ্ধারকর্তা। *n.* **free-school**—অবৈতনিক বিদ্যালয়। **free speech**—বাক্‌স্বাধীনতা। *a.* **free°-spōken**—অকপটবক্তা ; অকপটে উক্ত। *n.* **free°-stōne**—সহজভেদ্য পাথর : বেলে-পাথর চুনাপাথর প্রভৃতি। *n.* **free°thin°ker**—ধর্মসম্বন্ধে স্বাধীন মতাবলম্বী ; যুক্তিবাদী। *n.* **free°thinking**—ধর্মসম্বন্ধে স্বাধীনভাবে চিন্তন বা স্বাধীন মত ; যুক্তি মানিয়া চলা, যুক্তিবাদ। *n.* **free°thought**—ধর্মসম্বন্ধে স্বাধীন চিন্তা বা মত ; যুক্তিবাদ। *n.* **free°-trāde°**—শুল্কহীন বা বাধানিষেধহীন বাণিজ্য, অবাধ বাণিজ্য। *n.* **free°-trāder**—অবাধ বাণিজ্যনীতির সমর্থক ; যে ব্যক্তি শুল্ক ফাঁকি দিয়া পণ্যদ্রব্য চালানের কারবার করে, চোরাই চালানের কারবারি। **free translation**—যে অনুবাদ

আক্ষরিক নহে, ভাবানুবাদ। **free verse**—গতানুগতিক ছন্দোবন্ধনহীন কবিতা ; মুক্তচ্ছন্দ কবিতা ; গদ্য কবিতা। *n.* **free°-wheel°**—বাইসিকলের যে অংশের সাহায্যে পিছনের চাকাটি সাময়িকভাবে চালক-অংশ হইতে বিযুক্ত করা যায়। *n.* **free°-will°**—স্বেচ্ছা, স্বাধীন ইচ্ছা ; ইচ্ছামত নির্বাচন বা বাছাই ; নিজে স্থির করার অধিকার। [OE. *freo*—cp. ON. *fri*]

freeze [frēz, ফ্রীজ়্] (**1**) *v.i.t.* to turn into ice, বরফে পরিণত হওয়া বা করা, হিমায়িত হওয়া বা করা ; to solidify, ঘনীভূত হওয়া বা করা, জমিয়া যাওয়া বা জমান ; to become or make stiff or fixed, কঠিন বা স্থির হওয়া অথবা করা। (**2**) *v.t.* to prevent the use of, ব্যবহার বন্ধ করা (to *freeze* a fund) ; to deprive one of the right of using, (কিছু) ব্যবহার করার অধিকার হইতে বঞ্চিত করা (to *freeze* one's bank balance)। *p.* **frōze**। *p. pt.* **frō°zen**। (**3**) *n.* state of freezing, ঘনীভূত বা জমাটবাঁধা অবস্থা ; (fig.) enforced stabilization or severe control of wages prices, etc., বেতন দাম প্রভৃতি স্থিতিশীলকরণ বা দৃঢ়হস্তে নিয়ন্ত্রণ (a wage *freeze*)। **(to) freeze one out**—প্রতিযোগিতা অসৌজন্য প্রভৃতির দ্বারা ব্যবসায় সমাজ ইত্যাদি হইতে বিতাড়িত করা। **(to) freeze one's blood, (to) make one's blood freeze**—আতঙ্ক জাগাইয়া রক্ত জমাইয়া দেওয়া, আতঙ্কে হিম করা। **(to) freeze on to**—(অশি.) দৃঢ়মুষ্টিতে ধরা, খুব শক্ত করিয়া ধরা। *n.* **free°zer**—হিমায়ন-যন্ত্র ; যে বস্তুদ্বারা হিমায়িত করা হয় ; যে ব্যক্তি হিমায়িত করে। *n.* **free°zing-mixture**—তরল বস্তু জমাইবার জন্য বরফ লবণ প্রভৃতির মিশ্রবিশেষ। *n.* **free°zing-point**—তাপমাত্রা যেখানে নামিয়া গেলে তরল দ্রব্য জমিয়া যায়, হিমাঙ্ক। **frozen limit**—(কথ্য.) অসহনীয়তার চরম সীমা, চরম অসহনীয় অবস্থা। [OE. *freosan* (*p. pt.* of *froren*)—cp. G. *frieren*]

freight [frāt, ফ্রেইট্] (**1**) *n.* cargo,(জাহাজাদিতে) বাহিত মাল ; freightage, মালবহনের মাশুল, মালের ভাড়া। (**2**) *v.t.* to load, (জাহাজাদিতে) মাল বোঝাই করা ; to hire or let out, (জাহাজাদি) ভাড়া করা বা ভাড়া দেওয়া। *p. & p. pt.* **freigh°tėd**। *n.* **freigh°tȧge**—জাহাজাদিতে মালবহনের মাশুল ; মালের ভাড়া। *n.* **freigh°ter**। [ODu. *vrecht* ?]

French [frensh, ফ্রেন্শ্] (**1**) *a.* of France or her people, ফ্রান্সের বা ফরাসিজাতির বা ফরাসি-ভাষার, ফরাসি। (**2**) *n.* the people or language of France, ফরাসি জাতি বা ভাষা। **(to) take French leave**—গোপনে বা বিনানুমতিতে প্রস্থান করা ; সন্দেহজনকভাবে সরিয়া পড়া। *n.* **French°-bean°**—বরবটি সীম প্রভৃতি। *n.* **French°-chalk°**—কাষ্ঠাদি পালিশের জন্য পাউডার-বিশেষ। *n.* **French°man**—ফরাসি পুরুষ। *fem.* **French°woman**। **French°-po°lish**—(**1**) *n.* আসবাবপত্র বার্নিশের উপকরণবিশেষ। (**2**) *v.t.* উক্ত উপকরণদ্বারা বার্নিশ করা। **Fren°chy**—(**1**) *a.* উৎকট ফরাসিপনাগ্রস্ত ; (**2**) *n.* (অবজ্ঞায়) ফ্রান্সবাসী, ফরাসি। **French window**—গরাদহীন জানালা (ইহা দেখিতে প্রায় দরজার ন্যায়)। [OE. *Frensisc*<L. *Francus*]

frenetic [fri-ne°-tik, ফ্রিনে°টিক্] *a.* same as **phrenetic.**

frenzy [fren°-zi, ফ্রেন্°জ়ি] (**1**) *n.* a violent excitement, প্রবল উত্তেজনা ; a paroxysm of madness, উন্মাদনার প্রকোপ বা সাময়িক আক্রমণ। (**2**) *v.t.* to drive to frenzy, প্রবলভাবে উত্তেজিত করা, ক্ষিপ্ত বা সাময়িক উন্মাদনাগ্রস্ত করা। *a.* **fren°zied**—অত্যন্ত উত্তেজিত ; সাময়িক উন্মাদনাগ্রস্ত। *adv.* **fren°ziedly**। [OF. *frenesie*<L. & LGk. *phrenesis*]

frequent [frē°-kwant, ফ্রী°কোাআ্যন্ট্] *a.* coming or occurring often, বারংবার বা ঘনঘন আসে অথবা ঘটে এমন ; numerous, বহুসংখ্যক ; rapid, দ্রুত (*frequent* pulse) ; found near together, সন্নিহিত বা স্বল্পব্যবধানে স্থিত। *v.t.* **frequent** [frē°-kwent°, ফ্রী°কোাএন্ট্°] ঘনঘন যাওয়া (to *frequent* a place) ; মেলামেশা করা। *p. & p. pt.* **frē°quentėd**। *n.* **frē°quency**—বারংবার আগমন বা সজ্ঘটন ; স্পন্দনের দ্রুততা ; দ্রুতস্পন্দনের সংখ্যা। *n.* **frēquentā°tion**—বারংবার গমন। **frēquen°tative**—(**1**) *a.* (ব্যাক.) বীপ্সাব্যঞ্জক ; (**2**) *n.* (ব্যাক) বীপ্সাব্যঞ্জক ক্রিয়া। *n.* **frēquen°ter**। *adv.* **frē°quently**। *n.* **frē°quentnėss**। [L. *frequens* =crowded]

fresco [fres°-kō, ফ্রেস্°কৌ] (**1**) *n.* a mode of painting upon walls, প্রাচীর-গাত্রে চিত্রাঙ্কনের পদ্ধতিবিশেষ ; a picture so painted, উক্ত পদ্ধতিতে অঙ্কিত চিত্র। (**2**) *v.t.* to paint in fresco, উক্ত পদ্ধতিতে (দেওয়াল) চিত্রিত করা। *a.* **fres°coed**—উক্ত পদ্ধতিতে অঙ্কিত চিত্রাবলীদ্বারা আবৃত। [It.=fresh]

fresh [fresh, ফ্রেশ্] (**1**) *a.* active and healthy, কর্মক্ষম ও স্বাস্থ্যবান ; new, নূতন ; not stale, তাজা, টাটকা, বাসি নহে এমন ; raw, কাঁচা (*fresh* vegetables) ; inexperienced, অনভিজ্ঞ ; young, তরুণ ; pure, বিশুদ্ধ (*fresh* air) ; brisk, চটপটে। (**2**) *adv.* freshly, নূতন করিয়া ; again, পুনরায়। **(to) break fresh ground**—নূতন কিছু আরম্ভ করা। **fre°shen**—(**1**) *v.t.i.* কর্মক্ষম ও স্বাস্থ্যবান করা বা হওয়া ; নূতন বা তাজা করা অথবা হওয়া ; (**2**) *v.i.* জোরাল হাওয়ার ফলে ঢেউযুক্ত হওয়া। *n.* **fresh°er**—প্রাক্স্নাতক (স্তরে বা পর্যায়ে) প্রথম বর্ষের ছাত্র বা ছাত্রী (also **freshman**)। *adv.* **fresh°ly**। *n.* **fresh°nėss**। *n.* **frėshėt**—প্রচণ্ড বৃষ্টিতে বা বরফ-গলা জলে নদীতে বন্যা বা প্রবল জলপ্রবাহ। [OE. *fersc*—cp. G. *frisch*]

fret$_1$ [fret, ফ্রেট্] (**1**) *v.t.i.* to corrode, ক্ষয় করা বা হওয়া ; to ripple, ছোট ছোট ঢেউ তোলা বা ওঠা ; to ferment, গাঁজাইয়া তোলা বা উঠা ; to chafe, জ্বালাতন বা অস্থির করা অথবা হওয়া। *pr. pt.* **fre°tting**। *p. & p. pt.* **fre°ttėd**। (**2**) *n.* agitation of the surface of a liquid, তরঙ্গ ; বুদ্বুদ ; irritation, জ্বালাতন ; restlessness, ছটফটানি, অস্থিরতা ; an eroded spot, ক্ষয়জনিত দাগ। **(to) fret and fume**—ক্রোধ ও অধীরতা প্রকাশ করা। *a.* **fret°ful**—খিটখিটে, বদমেজাজি। *adv.* **fret°fully** I **fre°tting**—(**I**) *a.* জ্বালাতনকর ; (**2**) *n.* খিটখিটে স্বভাব। [OE. *fretan*=to gnaw<*for-*, *etan*=to eat]

fret₂ [fret, ফ্রেট্] (**I**) *n.* ornamental interlaced work, পরস্পর সমকোণে মিলিত সরল রেখাবলী সমন্বিত কারুকার্য। (**2**) *v.t.* to decorate with this, উক্ত কারুকার্যে পরিশোভিত করা। *conjug.* same as **fret₁** I *n.* **fret°-saw**—পাতলা কাঠে নকশা-নির্মাণের জন্য ফ্রেমে-আঁটা অতি সরু করাত-বিশেষ। *n.* **fret°-work**—নকশার কাজ; নকশা-কাটা কাঠ। [OF. *freter(v.)*]

Freudian [froy°-di-an, ফ্রয়্°ডিঅ্যান্] *a.* of Freud or his doctrine of psychoanalysis, ফ্রয়ড বা তাঁহার মনোবিশ্লেষণমূলক মতবাদসংক্রান্ত অথবা তদনুগামী। **Freudian slip**—(কথ্য.) এক কথা বলিতে গিয়া তাহার বিপরীত কিছু বলিয়া ফেলা (যেমন let the coffin pass-এর বদলে let the person cough বলা)। [*S. Freud* : Austrian psychologist (1856-1939)]

friable [frī°abl, ফ্রাই°অ্যাব্‌ল্] *a.* easy to crumble, সহজে চূর্ণ বা গুঁড়া হয় এমন। *n.* **friabi°lity** I [F.<L. *friabilis*]

friar [frī°-a(r), ফ্রাই°অ্যা(র্)] *n.* a Christian religious mendicant, খ্রিস্টান ভিক্ষু। *n.* **frī°ar-bird**—অস্ট্রেলিয়ার মধুপায়ী পক্ষিবিশেষ। *a.* **fri-arly**—ভিক্ষুতুল্য। *n.* **frī°ary**—ভিক্ষু-আশ্রম, ভিক্ষুদের মঠ। [OF. *frere*<L. *frater*=a brother]

fribble [frib°l, ফ্রিব্°ল্] (**I**) *v.t.* to trifle, ছেবলামি করা। (**2**) *n.* a trifler, ছেবলা লোক। *n.* **fribb°-ler** I [imi.]

fricassee [fri°-ka-sē, ফ্রি°ক্যাসী] *n.* a dish of meat or fowl cut up, fried or stewed and served with sauce, আচার বা চাটনির সহিত পরিবেশিত পশু বা পক্ষীর কুচান ভাজা বা সিদ্ধ মাংস। [F.]

fricative—see **friction.**

friction [frik°-sh(a)n, ফ্রিক্°শন্] *n.* rubbing, ঘর্ষণ ; (mech.) resistance body meets with in moving over another, (বলবি.) গতিশীল বস্তুসমূহের পরস্পর সজ্ঘর্ষণ ; (fig.) a clash or disagreement, (আল.) সজ্ঘর্ষ; বিরোধ, বৈসাদৃশ্য। *a.* **fric°-tional**—ঘর্ষণজনিত ; সজ্ঘর্ষমূলক। **fri°cative**—(**I**) *a.* ঘর্ষণদ্বারা উৎপন্ন ; (ব্যাক.—সচ. ব্যঞ্জন উচ্চারণ-সম্বন্ধে) ওষ্ঠ্য। (**2**) *n.* ওষ্ঠ্যবর্ণ। [L. *fricare*=to rub]

Friday [frī°di, ফ্রাই°ডি] *n.* the sixth day of the week, শুক্রবার। **Good Friday**—যিশুর ক্রুশবিদ্ধ হইবার ঠিক আগের শুক্রবার। [OE. *Frigedaeg*=the day of the goddess Frig]

fridge—alt. spell. of **frige.**

fried—see **fry₂.**

friend [frend, ফ্রেন্ড্] *n.* an intimate acquaintance, বন্ধু ; a favourer, অনুগ্রহকারী ; a well-wisher, হিতাকাঙ্ক্ষী, শুভার্থী। **(to) be** or **make friends with**—বন্ধুত্বপূর্ণ হওয়া ; অনুরাগী হওয়া। **(to) make friends again**—বিচ্ছেদ বা বিবাদের পর পুনরায় বন্ধুত্ব স্থাপন করা। *a.* **friend°less**—বন্ধুহীন, নির্বান্ধব ; নিঃসহায়। *n.* **friend°liness** I *a.* **friend°ly**—বন্ধুতুল্য ; বন্ধুত্বপূর্ণ, আপসপূর্ণ ; অনুকূল; আমোদের জন্য—অর্থের জন্য নহে এমন, প্রীতিপূর্ণ (a *friendly* match)। *n.* **friend°ship**—বন্ধুত্ব ; আনুকূল্য। [OE. *freond*—cp. G. *freund*]

frier—see **fry₂.**

frieze₁ [frēz, ফ্রীজ্] *n.* the part of the entablature between the architrave and cornice, স্তম্ভাদির মাথাল ও কার্নিসের মধ্যবর্তী (কারুকার্যময়) অংশ। [OF. *frise*]

frieze₂ [frēz, ফ্রীজ্] *n.* a coarse and heavy woollen cloth, খস্‌খসে মোটা পশমি কাপড়বিশেষ। [F. *frise*]

frig₁ [frij, ফ্রিজ্] *n.* (coll.) refrigerator, (কথ্য.) হিমায়নযন্ত্র। [abbr.]

frig₂ [frig, ফ্রিগ্] (**I**) *v.i.t.* (vulg.) to copulate, (অশ্লী.) যৌনসঙ্গম করা ; to masturbate, স্বমেহন করা, পাণিমেহন বা হস্তমৈথুন করা ; to mess, বিশৃঙ্খল করা, তালগোল পাকান ; to fool about, মূর্খের ন্যায় আচরণ করা ; to make off, চম্পট দেওয়া। *pr. pt.* **frigg°ing** I *p. & p. pt.* **frigg°-ed** I (**2**) *n.* masturbation, fooling about, etc., হস্তমৈথুন, মূর্খের ন্যায় আচরণ ইত্যাদি। [Late ME. *friggen*<*fricare*=to rub]

frigate [fri°-git, ফ্রি°গিট্] *n.* a small warship, ক্ষুদ্র রণতরিবিশেষ ; a large sea-bird, সামুদ্রিক চিলবিশেষ (তু. শঙ্খচিল)। [OF. *fregate*<It. *fregata*]

fridg(e) [frij, ফ্রিজ্] contr. of **refrigerator.**

fright [frīt, ফ্রাইট্] *n.* sudden fear, আকস্মিক ভয় ; terror, আতঙ্ক। *v.t.* **frigh°ten**—হঠাৎ ভয় পাওয়ান, আতঙ্কিত করা ; ভয়তাড়িত করা। **(to) frighten into**—ভয় দেখাইয়া প্রবৃত্ত করান। **(to) frighten out of**—ভয় দেখাইয়া নিবৃত্ত করান। *a.* **fright°ful**—ভয়ঙ্কর। *adv.* **fright°-fully** I *n.* **fright°fulness** I [OE. *fyrhto*—cp. G. *furcht*=fear]

frigid [fri°-jid], ফ্রি°জিড্] *a.* frozen or stiffened with cold, ঠাণ্ডায় জমিয়া বা কঠিন হইয়া গিয়াছে এমন ; very cold, হিমশীতল ; without spirit or ardour or feeling or animation, নিস্তেজ, নিরুৎসাহ, নিরাবেগ, নির্জীব ; dull, নীরস। **frigid zones**—মেরুপ্রদেশদ্বয়ের চিরতুষারাবৃত অংশ, হিমমণ্ডল। *n.* **frigi°dity, fri°gidness**—frigid-এর সকল অর্থে, এবং—যৌনপ্রবৃত্তিশূন্য। *adv.* **fri°gidly** I [L. *frigidus*<*frigere*=to be cold]

frigidaire [fri-ji-dā(r)°, ফ্রিজিডেয়্যা(র্)°] *n.* a refrigerator, হিমায়ন যন্ত্র, শীতনযন্ত্র ; (পরি.) শীতক। [see *frigid*]

frill [fril, ফ্রিল্] **(1)** *n.* an ornamental ruffle, কুঁচি, চুনট, ঝালর, প্রভৃতি। **(2)** *v.t.i.* to ruffle, কোঁচান, চুনট করা, ঝালর পরান। [?]

fringe [frinj, ফ্রিন্জ্] **(1)** *n.* a border of loose threads, ঝালর ; hair falling over the brow, যে কেশগুচ্ছ ললাটের উপর ঝুলিয়া পড়ে, ঝামড়া চুল ; a border, আঁচলা বা পাড়। **(2)** *v.t.* to adorn with fringe, ঝালর-দ্বারা পরিশোভিত করা; to border, আঁচলা বা পাড় লাগান। [OF. *frenge* < L. *fimbria* = threads]

frippery [fri°-pa-ri, ফ্রি°প্যারি] *n.* tawdry finery, (প্রধানতঃ পোশাকে বা সাহিত্যে) অসার বা তুচ্ছ কারুকার্য অথবা রঙ্‌চঙ্ ; ornamental trifles, বাজে রঙ্‌চঙে বস্তুসমূহ। [OF. *freperie* < *frepe* = a rag]

frippét [fri°-pit, ফ্রি°পিট্] *n.* a frivolous young woman, চপল বা ছেবলা তরুণী। [?]

Frisian [fri°-zi-an, ফ্রি°জ়িঅ্যান্] **(1)** *a.* of Friesland, ফ্রিজ্‌ল্যান্ড-দেশীয়। **(2)** *n.* a native or the language of Friesland, ফ্রিজ্‌ল্যানডের লোক বা ভাষা।

frisk [frisk, ফ্রিস্ক্] **(1)** *v.i.* to leap playfully, ক্রীড়াচ্ছলে তিড়িংতিড়িং করিয়া লাফান। *p.* & *p. pt.* **fris°kėd**। **(2)** *n.* a playful movement, ক্রীড়াচঞ্চল গতি, তিড়িংতিড়িং চলন বা লাফ। *n.* **fris°ker**। *a.* **fris°ky**—প্রাণচঞ্চল, চঞ্চল ; আনন্দে তিড়িংতিড়িং করিয়া লম্ফনরত ; ক্রীড়াচঞ্চল ; ক্রীড়ারত। *adv.* **fris°kily**। *n.* **fris°kinėss**। [OF. *frisque*]

friskit [fris°-kit, ফ্রিস্°কিট্] *n.* (print.) a thin iron frame for holding paper in position at the time of printing, (মুদ্রণ.) ছাপিবার সময়ে কাগজ জায়গামত আটকাইয়া রাখিবার পাতলা লোহার ফ্রেম। [F. *frisquette*]

frit₁ [frit, ফ্রিট্] *n.* a calcined mixture, কাচ তৈয়ারির উপাদানরূপে ব্যবহৃত বিভিন্ন চূর্ণিত বস্তুর মিশ্রবিশেষ। [It. *fritta* < L. *frigere* = to toast]

frit₂ [frit, ফ্রিট্] *n.* a small fly destructive to wheat, গমবিনাশক ক্ষুদ্র মক্ষিকাবিশেষ। also **frit°-fly**। [?]

frith [frith, ফ্রিথ্] var. of **firth**.

fritter₁ [fri°-ta(r); ফ্রি°ট্যা(র্)] *n.* a piece of fruit etc. fried in batter, পিটুলি-জাতীয় উপাদানাদির প্রলেপ দিয়া ভাজা ফলের টুকরা, গুগলি, শামুক, প্রভৃতি (তু. বেগুনি)। [OF. *friture* < L. *frigere* = to fry]

fritter₂ [fri°ta(r), ফ্রি°ট্যা(র্)] *v.t.* to break into fragments, টুকরা-টুকরা করিয়া ভাঙ্গা ; to squander piecemeal, একটু একটু করিয়া অপচয় করা বা উড়াইয়া দেওয়া (to *fritter* away one's money or time or energy)। *n.* **fri°tterer**। [OF. *freture* < L. *fractura* < *frangere* = to break]

frivol, frivolity—see **frivolous.**

frivolous [fri°-va-las, ফ্রি°ভ্যাল্যাস্] *a.* trifling, তুচ্ছ, বাজে, অসার ; silly, মূর্খতাপূর্ণ ; given to trifling, not serious, চপল, ছেবলা, ছেলেমানুষিপূর্ণ (*frivolous* conduct or behaviour)। *v.i.* **frivol** [fri°v(a)l, ফ্রি°ভ্‌ল্] (কিছু বা কাহাকেও লইয়া) ছেবলামি করা। *n.* **frivolity** [fri-vo°-li-ti, ফ্রিভ°লিটি] তুচ্ছ বা অসার বস্তু অথবা বিষয় ; মূর্খতা ; চাপল্য, ছেবলামি, ছেলেমানুষি। *adv.* **fri°volously**। *n.* **fri°volousnėss**। [L. *frivolus*]

frizz [friz, ফ্রিজ়্] **(1)** *v.t.* to curl, (চুল) কুঞ্চিত করা ; কোঁকড়ান ; **(2)** *n.* a curl, কুঞ্চিত গুচ্ছ। *pr. pt.* **fri°zzing**। *p.* & *p. pt.* **fri°zzed**। *a.* **fri°zzed**—কুঞ্চিত কেশদামবিশিষ্ট। *a.* **fri°zzy**—কুঞ্চিত। [OF. *friser* = to curl]

frizzle₁ [friz°l, ফ্রিজ়্°ল্] *v.t.i.* to fry noisily, চড়্‌চড়্-শব্দে ভাজা বা ভর্জিত হওয়া (fish is *frizzling* in the pan) ; to scorch or be scorched noisily, চড়্‌চড়্-শব্দে পোড়ান বা পুড়িয়া যাওয়া। [imi. ?]

frizzle₂ [friz°l, ফ্রিজ়্°ল্] **(1)** *v.t.i.* to form into small curls, ছোট ছোট কোঁকড়ান থোকা করা বা হওয়া। **(2)** *n.* a curl, কুঞ্চিত গুচ্ছ। *a.* **frizz°ly**—ছোট ছোট থোকায় কুঞ্চিত। [?—cp. *friz*]

frizzy—see **frizz.**

fro [frō, ফ্রৌ] *adv.* & (obs.) *prep.* away, দূরে। [ON. *fra*]

frock [frok, ফ্রক্] **(1)** *n.* a monk's wide-sleeved gown, সন্ন্যাসীর ঢিলাহাতা আলখিল্লা ; a long coat, লম্বা কোট, আলখিল্লা ; a sailor's woollen jersey, নাবিকের পশমি গেঞ্জি ; a woman's or child's gown, স্ত্রীলোকের বা শিশুর ঢিলা ও লম্বা জামাবিশেষ, ফ্রক ; a military coat, সৈনিকের জামাবিশেষ ; (fig.) a wearer of a frock, (আল.) আলখিল্লা-পরিহিত ব্যক্তি ; (fig.) priestly character, (আল.) পুরুতপনা, পুরুতগিরি। **(2)** *v.t.* to dress with a frock, আলখিল্লা বা ফ্রক পরান ; to invest with priestly office, পৌরোহিত্য প্রদান করা (cp. **unfrock**)। *a.* **fro°ckėd**—আলখিল্লা-পরিহিত, ফ্রক-পরিহিত। *n.* **frock°coat°**—পুরুষের ডবল-ব্রেস্ট্ লম্বা ঝুলের কোটবিশেষ। [OF. *froc* = a monk's frock—cp. LL. *frocus* < L. *floccus* = a flock of wool, OHG. *hroch* = a coat]

Froebelism [fra°b(a)-lizm, ফ্র্যা°ব্‌লিজ়্‌ম্, froy°b(a)lizm, ফ্রয়্°ব্‌লিজ়্‌ম্] *n.* education of young children on the kindergarten system, কিন্‌ডারগার্টন্-পদ্ধতিতে শিশুদের শিক্ষাদান। [*Froebel*, the German educationist]

frog₁ [frog, ফ্রগ্] *n.* a horny substance on the underside of a horse's hoof, অশ্বখুরের নিম্নভাগে শৃঙ্গবৎ পদার্থ। [?]

frog₂ [frog, ফ্রগ্] *n.* a grooved piece of iron at a place in the railway or tramway, লরি-প্রভৃতি পার হওয়ার দরুন ক্ষতি হইতে রক্ষার্থ রেল-লাইনের বা ট্রামলাইনের উপরে স্থাপিত খাঁজ-কাটা লৌহখণ্ড। [?]

frog₃ [frog, ফ্রগ্] *n.* an attachment to a waistbelt for supporting sword, bayonet, etc., তরবারি বেয়নেট প্রভৃতি বহনার্থ কোমরবন্ধ-সংলগ্ন থাপ। [Port. *froco*<L. *floccus*=lock ?]

frog₄ [frog, ফ্রগ্] *n.* an amphibian, বেঙ্, ভেক, মণ্ডূক ; (derog.) a Frenchman, (নিন্দার্থে) ফরাসি-দেশের লোক। **frog in the throat**—কর্কশ ও রুক্ষ কণ্ঠস্বর, ফেঁসফেঁসে গলার আওয়াজ। *n.* **frog°-eater**—ভেকভোজী; ফরাসি। **fro°ggy**—(**1**) *n.* (আদরে) বেঙ্ ; (অবজ্ঞায়) ফরাসি ; (**2**) *a.* ভেকতুল্য ; ভেকপূর্ণ। *n.* **frog°man**—পায়ে কৃত্রিম পাখনা লাগাইয়া ও অকসিজেন লইয়া জলের নিচে সন্তরণে দক্ষ ব্যক্তি। [OE. *frogga* (also *frox*)—cp. G. *frosch*]

frolic [fro°-lik, ফ্র°লিক্] (**1**) *a.* merry, আনন্দময়, হাসিখুশি ; full of pranks, কৌতুকোচ্ছল। (**2**) *n.* gaiety, আনন্দ, হাসিখুশি ভাব ; a prank, কৌতুক ; a gambol, ক্রীড়াচ্ছলে তিড়িংতিড়িং নাচ ; merry-making, আমোদপ্রমোদ। (**3**) *v.i.* to play wild pranks or merry tricks, অত্যন্ত কৌতুকোচ্ছল হওয়া বা কৌতুকপূর্ণ চাতুরি খেলা : to gambol, ক্রীড়াচ্ছলে তিড়িংতিড়িং নাচা। *pr. pt.* **frolicking** [fro°-li-king, ফ্র°লিকিং]। *p.* & *p. pt.* **frolicked** [fro°-likt, ফ্র°লিক্ট্]। *a.* **fro°licsome**—হাসিখুশি ; ক্রীড়াচঞ্চল। [Du. *vrolijk* (*a.*)]

from [from, ফ্রম্] *prep.* forth of, out of, ভিতর হইতে ; away, দূরে, নিকট হইতে সরিয়া ; beginning at, আরম্ভ করিয়া (*from* head to foot) ; by reason of, যুক্তিবলে, কারণে (to deduce *from* something)। **from now on**—এখন হইতে ভবিষ্যতে। [OE. *fram, from*—cp. Goth. *fram*]

frond [frond, ফ্রন্ড্] *n.* a leaf (esp. of a palm or fern), (তালগাছের বা ফার্ন-গাছের) পাতা, পর্ণ; (bot. & zoo.) a leaflike organ or appendage, (উদ্ভি. ও প্রাণি.) পত্রবৎ অঙ্গ বা উপাঙ্গ, পর্ণাঙ্গ। *n.* **fron°dage**—পর্ণরাজি ; পর্ণাঙ্গসমূহ। *a.* **frondose** [fron°-das, ফ্রন্°ড্যাস্] পত্রবৎ ; পত্রতুল্য [L. *frondis*=a leaf]

front [frunt, ফ্রান্ট্] (**1**) *n.* the forehead, কপাল, ললাট ; the face, মুখ, বদন, আনন ; the forepart, সম্মুখভাগ ; the principal face of a building, অট্টালিকার সদর ; the foremost line, সর্বসম্মুখের সারি ; the battle-field, রণক্ষেত্র ; the middle part of the tongue, জিহ্বার মধ্যভাগ ; boldness, সাহস ; impudence, ধৃষ্টতা। (**2**) *a.* of or in the front, সম্মুখের, সম্মুখস্থ ; of or at the principal face, সদরের, সদরস্থ ; articulated with the middle of the tongue, জিহ্বার মধ্যভাগদ্বারা উচ্চারিত। (**3**) *v.t.* to stand in front of or opposite to, সম্মুখে বা বিপরীতে অবস্থান করা ; to face towards, অভিমুখ হওয়া, মুখোমুখি হওয়া ; to meet or oppose face to face, সম্মুখীন হওয়া বা মুখোমুখি হইয়া বিরোধ করা ; to add a front to, মুখ বা সম্মুখ তৈয়ারি করিয়া দেওয়া ; to serve as a front to, মুখস্বরূপ বা সম্মুখস্বরূপ হওয়া। (**4**) *v.i.* to face, সম্মুখীন হওয়া। *p.* & *p. pt.* **fron°ted**। **front door**—সদর দরজা। **in front**—সম্মুখে ; সম্মুখভাগে। **in front of**—(কিছুর) সম্মুখে। **(to) be in the front rank**—প্রথম সারিতে থাকা, সুপরিচিত বা নেতৃস্থানীয় হওয়া। **(to) come to the front**—লক্ষণীয় হওয়া ; বিশিষ্ট স্থান অধিকার করা। **(to) put on** or **present a bold front**—সাহসের সহিত সম্মুখীন হওয়া বা মোকাবিলা করা। *n.* **fron°tage**—সম্মুখভাগ ; অট্টালিকার সদর ; সদরের আয়তন ; সদরস্থ অঙ্গন। **fron°tal**—(**1**) *a.* সম্মুখের ; সদরের ; ললাটের সামনাসামনি (*frontal* attack)। (**2**) *n.* মলাটের ছবি ; ললাটের গহনাদি ; (স্থাপ) জানালার বা দরজার উপরে ত্রিকোণাকার গাঁথুনি-বিশেষ ; বেদীর সম্মুখভাগ আচ্ছাদনার্থ ফুল-তোলা কাপড়ের ঢাকনাবিশেষ। *n.* **front°-ben°cher**—সম্মুখের সারির বেঞ্চিতে উপবেশনকারী মন্ত্রী সদস্য প্রভৃতি। *a.* **front°less**—বেহায়া ; উদ্ধত। *n.* **front°let**—কপালে বাঁধার ফিতাবিশেষ। **front°-page°**—(**1**) *n.* সংবাদপত্রের প্রথম পৃষ্ঠা ; (**2**) *a.* উক্ত পৃষ্ঠায় মুদ্রণযোগ্য ; গুরুত্বপূর্ণ, মূল্যবান্। *a.* **front°-rank**—প্রথম সারির, অগ্রগণ্য। [L. *frontis*]

frontier [frun°-te(r), ফ্রান্°টিয়্যা(র্)] *n.* the border of a country, দেশের সীমান্ত। **fron°tiers-man**—সীমান্তবাসী। [OF.<L. *frontis*=the front]

frontispiece [frun°-tis-pes, ফ্রান্°টিস্পীস্] *n.* the front of a building, অট্টালিকার সদর ; a figure at the front of a book, পুস্তকাদির প্রথম মলাটের ছবি, প্রচ্ছদপট। [F. *frontispice*< LL. *frontispicium*]

frost [frost, ফ্রস্ট্] (**1**) *n.* a state of freezing, জমিয়া-যাওয়া অবস্থা, হিমায়িত অবস্থা ; temperature at or below the freezing-point of water, জলের হিমাঙ্ক বা তন্নিম্নবর্তী তাপ ; frozen dew, তুষার ; (sl.) a disappointment, (অশি.) হতাশা ; (sl.) failure, (অশি.) ব্যর্থতা (the show was a *frost*)। (**2**) *v.t.* to affect or cover with frost, তুষারপীড়িত বা তুষারাবৃত করা। (**3**) *v.t.i.* to make or become frost-like, তুষারতুল্য করা বা হওয়া, হিমায়িত করা বা হওয়া। **Jack frost**—ব্যক্তিরূপে কল্পিত তুষার। *n.* **frost-bite** [fros(t)°-bīt, ফ্রস্°বাইট্] তুষারস্পর্শে দেহের অসাড়তা

বা প্রদাহ। *a.* **frost°-bitten**—তুষারাবৃত, তুষার-পীড়িত। *a.* **frost°-bound**—(জমি-সম্বন্ধে) তুষারাবৃত হওয়ার ফলে কঠিনীভূত। *n.* **frost°-work**—জানালাদির শার্সিতে তুষারস্পর্শে যে তরল বাষ্পের প্রলেপ পড়ে। *a.* **fros°ty**—তুষারোৎপাদী ; তুষার-পূর্ণ ; তুষারাবৃত ; তুষারতুল্য; অত্যন্ত ঠাণ্ডা। *adv.* **fros°tily** । *n.* **fros°tiness** । [AS.]

froth [froth, ফ্রথ্] (**1**) *n.* foam, ফেনা, গাঁজলা ; (fig.) chatter, (আল.) বক্‌বকানি। (**2**) *v.i.t.* to throw up or cause to throw up froth, ফেনায়িত হওয়া বা করা, গাঁজলা তোলা বা তোলান (the animal is *frothing* at the mouth) । *a.* **fro°thy**—ফেনময় ; ফেনসদৃশ ; শূন্যগর্ভ ; অসার। *adv.* **fro°thily** । *n.* **fro°thiness** । [ON. *frotha*]

frow [frow, ফ্রাউ] *n.* a Dutchwoman, ওলন্দাজ স্ত্রীলোক। [Du. *vrouw*—cp. G. *frau*]

froward [frŏ°-a(r)d, ফ্রৌ°অ্যা(র্)ড্] *a.* self-willed, স্বেচ্ছাচারী ; perverse, বিকৃতবুদ্ধি ; unreasonable, untoward, যুক্তি মানে না এমন, অবাধ্য। *adv.* **fro°wardly** । *n.* **fro°ward°ness** । [*fro-, ward*]

frown [frown, ফ্রাউন্] (**1**) *v.i.* to wrinkle the brow as in anger, ভ্রূকুটি করা ; to show disapprobation, or disapproval, অসমর্থন বা বিরাগ দেখান। (**2**) *v.t.* to express or send or force by frowning, ভ্রূকুটি-দ্বারা প্রকাশ করা বা বিতাড়িত করা বা বাধ্য করান। (**3**) *n.* a contraction of the brow, ভ্রূকুটি ; a stern look, কঠোর চাহনি (to look with a *frown* of disapproval) । *a.* **frow°ning**—অন্ধকারময় ; অসমর্থনপূর্ণ বা বিরাগপূর্ণ ; ভয়ঙ্কর, ভীতিপ্রদর্শক। [OF. *froignier*]

frowst [frowst, ফ্রাউস্ট্] (**1**) *n.* fusty heat in the room, ঘরে ভেপ্‌সা গরমের অবস্থা ; stuffy air in the room, ঘরে শ্বাসরোধী বদ্ধ হাওয়া ; (sl.) one who dislikes fresh air, (অশি.) বিশুদ্ধ বায়ু অপছন্দ করে এরূপ ব্যক্তি। (**2**) *v.i.* to stay indoors in stuffy atmosphere, ভেপ্‌সা ঘরে আবদ্ধ থাকা। *p.* & *p. pt.* **frows°tėd** । *n.* **frows°tinėss** । *a.* **frows°ty** । [?]

frowzy, frowsy [frow°-zi, ফ্রাউ°জি] *a.* fusty, ভেপসা ; ill-smelling, দুর্গন্ধপূর্ণ, পূতিগন্ধময় ; slatternly, আলুথালু বেশভূষা-পরা ; untidy, অপরিচ্ছন্ন ; uncared-for, অবহেলিত। [?]

frozen—see **freeze**.

fructify [fruk°-ti-fi, ফ্রাক্‌°টিফাই] (**1**) *v.t.* to make fruitful, ফলবতী করা। (**2**) *v.i.* to bear fruit, ফলপ্রসব করা। *n.* **fructificā°tion**—ফলোৎপাদন ; ফলপ্রসব। *n.* **fruc°tōse**—ফলজ শর্করা। **fruc°tūous**—ফলপ্রসূ ; (আল.) প্রয়োজনীয় ; লাভজনক। [L. *fructus*=fruit]

frugal [froo°g(a)l, ফ্রূ°গ্‌ল্] *a.* thrifty, মিতব্যয়ী ; sparing, অল্প অল্প করিয়া ব্যবহার করে বা জোগায় এমন। *n.* **fruga°lity** । *adv.* **fru°gally** । [L. *frugalis*]

frugivorous [froo-ji-va-ras, ফ্রুজি°ভ্যার্যাস্] *a.* feeding on fruits and seeds, ফলমূলভোজী। [L. *frux, frugis*=fruit, *vorare*=to eat]

fruit [froot, ফ্রুট্] (**1**) *n.* the produce of the earth, শস্য, ফসল ; an edible part of a plant, ফল ; the offspring, সন্তান; effect, ফলাফল। (**2**) *v.i.* to produce fruit, ফলপ্রসব করা। *p.* & *p. pt.* **frui°tėd** । **bush fruits**—বুনো ফল। **forbidden fruit**—(B.) নিষিদ্ধ ফল বা আপেল যাহা ঈশ্বর ইডেন-উদ্যানবাসী আদম ও ইভকে খাইতে নিষেধ করিয়াছিলেন ; (আল.) লোভনীয় কিন্তু নিষিদ্ধ বস্তু। *n.* **frui°tāge**—ফলসমূহ। *n.* **fruit°-cake**—কিশ্‌মিশ্-মেশান কেক। *n.* **fruitār°ian**—যে ব্যক্তি (কেবল) ফল খাইয়া জীবনধারণ করে। *n.* **frui°ter**—ফলোৎপাদী বৃক্ষ। *n.* **frui°terer**—ফল-বিক্রেতা, মেওয়াওয়ালা। *fem.* **frui°terėss** । *a.* **fruit°ful**—ফলবতী, ফলপ্রসূ ; সফল। *adv.* **fruit°fully** । *n.* **fruit°fulnėss** । *n.* **fruit°-knife**—ফল কাটিবার জন্য রুপার ফলকওয়ালা ছুরি। *a.* **fruit°lėss**—নিষ্ফলা ; বন্ধ্যা ; নিষ্ফল। *adv.* **fruit°lessly** । *n.* **fruit°lessnėss** । *n.* **fruit°-machine**—জুয়া-খেলার মেশিন-বিশেষ : ইহার মধ্যে টাকা-পয়সা ভরিয়া ইহাকে চালাইতে হয়। *n.* **fruit°-sa°lad**—বিভিন্ন ফলের কুচি মিশাইয়া তৈয়ারি স্যালাড। *a.* **frui°ty**—ফলবৎ (স্বাদযুক্ত) ; সমৃদ্ধ ; সুস্বাদু। [OF. <L. *fructus*]

fruition [froo-i°sh(a)n, ফ্রুইশ্‌ন্] *n.* enjoyment, উপভোগ ; (inc.) coming into fruit, (অশু.) ফললাভ, আশাসিদ্ধি। [OF.<L. *frui*=to enjoy]

fruitless, fruity—see **fruit**.

frumenty [froo°-man-ti, ফ্রু°ম্যান্‌টি] *n.* hulled wheat boiled in milk and cinnamon, sugar, etc. গমের পায়সবিশেষ। [OE. *frumentee* <L. *frumentum*]

frump [frump, ফ্রাম্প্] *n.* a dowdy and cross-grained woman, সেকেলে ধরনের পোশাক পরে এমন বা পারিপাট্যহীন সাজপোশাকে ভূষিতা বদমেজাজি স্ত্রীলোক। *a.* **frum°pish, frum°py**—বদমেজাজি, খিট্‌খিটে। [?]

frustrate [frus-trāt°, ফ্রাস্ট্রেইট্°] *v.t.* to baffle, ব্যর্থ করা, ব্যাহত করা। *p.* & *p. pt.* **frustrā°tėd** । *n.* **frustrā°tion**—ব্যর্থ-করণ ; পরাজয় ; নৈরাশ্য (heart-broken by *frustrations*) । [L. *frustrari*]

fry$_1$ [frī, ফ্রাই] *n.* young of fishes and other creatures produced in large numbers, (প্রধানতঃ মাছের) ছানাসমূহ বা ছানার ঝাঁক ; a number of small things, টুকিটাকি জিনিসপত্র। **small fry**—নগণ্য ব্যক্তিগণ, বাচ্চাকাচ্চা, প্রভৃতি (তু. চুনোপুঁটি)। [ON. *frio*=seed]

fry$_2$ [frī, ফ্রাই] (**1**) *v.t.* to cook in oil or fat, ভাজা ; to scorch or burn, (রৌদ্রে বা আগুনে) পোড়ান। (**2**) *v.i.* to undergo frying, ভর্জিত

হওয়া। *a.* **fri°ed**—ভর্জিত। *n.* **fry°er, fri°er**—যে ভাজে, ভাজার চাটু। *n.* **fry°ing**—ভাজা। *n.* **fry°ing-pan**—ভাজার চাটু। **out of the frying-pan into the fire**—ছোট বিপদ্ হইতে বড় বিপদের মধ্যে, চোরের হাত থেকে ডাকাতের হাতে। [F. *frire*<L. *frigere*]

fubsi [fub°-zi, ফাব্°জ়ি] *a.* fat and squat, মোটা ও বেঁটে, হোঁত্‌কা। [obs. *fubs*=small fat person]

fuchsia [fū°sha, ফিউ°শ্যা] *n.* a shrub with bell-like flowers, ঘণ্টাকার রঙিন পুষ্পপ্রসূ গুল্মবিশেষ। [*Leonard Fuchs*, a German botanist]

fuchsine [fōōk°-sin, ফুক্°সিন্] *n.* a kind of deep red dye, এক রকমের টকটকে বা গাঢ় লাল রঙ। [see *fuchsia*]

fuck [fuk, ফাক্] (**1**) *v.i.t.* (vulg.) to have sexual intercourse (with), (অশ্লীল) যৌনসঙ্গম করা। (**2**) *n.* act of copulation, যৌনসঙ্গম। **(to) fuck off**—চম্পট দেওয়া। **not (to) care or give a fuck**—একটুও বা একেবারেই গ্রাহ্য না করা। [?]

fuddle [fud°l, ফা°ড্‌ল্] (**1**) *v.t.i.* to stupefy or be stupefied, as with drink, মদ্যপানাদি দ্বারা হতবুদ্ধি বা মাতাল করা অথবা হওয়া। (**2**) *n.* intoxication, আসবপ্রমত্ততা। *n.* **fudd°ler**—মাতাল, মদ্যপ। [?]

fuddy-duddy [fu°di-dudi, ফা°ডিডাডি] *n.* (coll.) an old-fashioned person, (কথ্য.) সেকেলে ধরনের লোক; a fussy person, ব্যস্তবাগীশ ব্যক্তি, অকারণে হৈচৈ করে এমন ব্যক্তি। [?]

fudge [fuj, ফাজ্] (**1**) *n.* nonsense, অর্থহীন কথা বা বিষয় বা বস্তু; a soft sweetmeat, নরম মিঠাইবিশেষ। (**2**) *int.* nonsense, অর্থহীন, বাজে। (**3**) *v.t.i.* to fit together in a makeshift way, কোন রকমে জোড়াতালি দিয়া খাপ খাওয়ান বা খাওয়া। [?]

Fuehrer [fū°-rer, ফিউ°রের] *n.* a leader, নেতা; the title of Hitler, নাৎসী জর্মানীর নেতা হিট্‌লের-এর খেতাব। [G.]

fuel [fū°-al, ফিউ°অ্যাল্] (**1**) *n.* material for a fire, জ্বালানি দ্রব্য, ইন্ধন। (**2**) *v.t.i.* to furnish with or take fuel, ইন্ধন সরবরাহ বা সংগ্রহ করা। *pr. pt.* **fū°elling**। *p. & p. pt.* **fū°elled**। **(to) add fuel to the flame**—ক্রোধাদি অধিকতর উদ্দীপ্ত করা (তু. অগ্নিতে বা ক্রোধে ঘৃতাহুতি দেওয়া)। **fuelling station**—ইনজিনে তেল কয়লা প্রভৃতি সরবরাহের কেন্দ্র। *n.* **fū°eller**—যে ব্যক্তি ইন্ধন জোগায়। *n.* **fū°el-value**—ইন্ধনাদি হইতে প্রাপ্ত শক্তির পরিমাণ। [OF. *frowaille*<LL. *focable*]

fug [fug, ফাগ্] *n.* (coll.) fustiness of air in a room, (কথ্য.) ঘরের মধ্যে বাতাসে ভেপসা গন্ধ (ঘরের দরজা-জানালা বন্ধ করিয়া কয়েকজনে মিলিয়া চুরুট টানিলে যেরূপ গন্ধ হয়); fluff and dust collected in a corner, etc., গৃহকোণ প্রভৃতি স্থানে জমা জঞ্জাল ও ধুলা। *a.* **fu°ggy**—উক্ত ভেপসা গন্ধপূর্ণ; উক্ত জঞ্জাল ও ধুলায় ভরতি। [?]

fugacious [fū-gā°-shas, ফিউগেই°শ্যাস্] *a.* fleeing, পলায়নপর; fleeting, দ্রুত অপস্রিয়মান বা ধাবমান; readily shed, সহজে ঝরিয়া যায় এমন, আশুপাতী। *adv.* **fūgā°ciously**। *n.* **fūgā°ciousness, fugacity** [fū-ga°-si-ti, ফিউগ্যা°সিটি]। [L. *fugacis*>*fugere*=to flee]

fuggy—see **fug.**

fugitive [fū°-ji-tiv, ফিউ°জিটিভ্] (**1**) *a.* fleeing, পলায়নপর; fleeting, দ্রুত অপস্রিয়মান বা ধাবমান; evanescent, অদৃশ্য হইয়া যাইতেছে এমন, বিলীয়মান; occasional, সাময়িক; written for some passing occasion, সাময়িক ঘটনাদি উপলক্ষে রচিত বা লিখিত। (**2**) *n.* a fugitive person or creature, পলায়নপর বা দ্রুত ধাবমান ব্যক্তি অথবা প্রাণী, পলাতক; one hard to be caught, সহজে ধরা যায় না এমন ব্যক্তি বা প্রাণী; an exile, নির্বাসিত ব্যক্তি। *n.* **fū°gitiveness**। [L. *fugitivus*]

fugleman [fū°-gl-man, ফিউ°গল্‌ম্যান্] *n.* a soldier before a company at drill as an example, ড্রিলের সময়ে সৈন্যগণ তাহাদের সম্মুখস্থ যে সৈনিকটির কায়দা-কৌশল নকল করে; a leader or spokesman, সরদার বা মুখপাত্র। [G. *flugelmann*]

Führer—alt. spell. of **Fuehrer.**

fulcrum [ful°-kram, ফাল্°ক্র্যাম্] *n.* (mech.) the prop on which a lever moves, (বলবি.) যে অংশে ভর দিয়া যন্ত্রাদি ঘোরে, (পরি.) আলম্ব; a support, অবলম্বন। *pl.* **ful°crums, ful°cra**। [L.]

fulfil [fool°-fil, ফুল্°ফিল্] *v.t.* to complete, সম্পূর্ণ করা; to accomplish, সম্পাদন বা সংসাধন করা (to *fulfil* one's duties); to carry into effect, কার্যকর করা; to carry out, প্রতিপালন করা (to *fulfil* a promise); to satisfy, তৃপ্ত করা, সিদ্ধ করা (to *fulfil* desire)। *pr. pt.* **fulfi°lling**। *p. & p. pt.* **fulfi°lled**। *n.* **fulfil°ment**। [OE. *fullfyllan*<*full, fill*]

fulgent [ful°j(a)nt, ফাল্°জ্‌ন্ট্] *a.* shining, bright, দীপ্তিমান্, জ্যোতির্ময়, উজ্জ্বল, চক্‌চকে। *adv.* **ful°gently**। [L. *fulgens*]

fuliginous [fū-li°-ji-nas, ফিউলি°জিন্যাস্] *a.* sooty, ধূমমলিন, ঝুলকালি-মাখা; dusky, অন্ধকারময়। [L. *fuliginis*=soot]

full₁ [fool, ফুল] (**1**) *a.* replete, পরিপূর্ণ, পূর্ণ; abundant, প্রচুর; complete, entire, total, সম্পূর্ণ, গোটা, সমগ্র, মোট; perfect, intense, নিখুঁত, প্রগাঢ় (*full* light); performed with utmost vigour or capability, পূর্ণ তেজে বা কর্মক্ষমতায় সাধিত, যথাসাধ্য (*full* gallop); deepest, highest, চরম, পরম (*full* misery); having utmost measure, দীর্ঘতম (*full* length); swelled, protuberant, স্ফীত, উদ্গত। (**2**) *adv.* same as **fully**। (**3**) *n.* the utmost extent,

পূর্ণপরিমাণ ; highest degree, সর্বোচ্চ সীমা ; the whole, গোটা বস্তু। **at the full**—চরম বা পরম সীমায় (to preserve one's greatness *at the full*)। **full brother** or **sister**—সহোদর ভ্রাতা বা ভগিনী (একই মাতাপিতার সন্তান)। **full cousin**—খুড়তুত জেঠতুত বা পিসতুত ভাই অথবা বোন। **full of years**—অতিবৃদ্ধ। **full out**—পূর্ণবেগে ; পূর্ণশক্তিতে। **full pitch** or **toss**—ক্রিকেটে যে বল নিক্ষিপ্ত হইয়া ব্যাটসম্যানের ব্যাটে লাগার বা উইকিট অতিক্রম করার পূর্বে ভূমিস্পর্শ করে না। **full to the brim**—কানায়-কানায় ভরতি। **full up**—সম্পূর্ণ ভরা, কানায়-কানায় ভরা। **in full**—পুরাপুরি, কিছু বাদ না দিয়া (paid *in full*)। **in full swing**—পূর্ণোদ্যমে, পূর্ণবেগে। **in the fullness of time**—কালপূর্ণ হইলে। **to the full**—পূর্ণপরিমাণে ; সম্পূর্ণভাবে। **full back**—ফুটবলাদি খেলায় খেলোয়াড়বিশেষ, ফুলব্যাক। *n.* **full°-blood**—ধমনীতে বিশুদ্ধরক্তবিশিষ্ট লোক, (তু.) নৈকষ্য কুলীন। *a.* **full°-bloo°dėd**—পুরা রক্তবিশিষ্ট ; তেজস্বী ; বিশুদ্ধ জাতের ; মাতৃকুল ও পিতৃকুল উভয় দিক্ দিয়াই সম্পর্কযুক্ত ((*full-blooded* relation)। *a.* **full°-blown**—(পুষ্পাদি-সম্বন্ধে) পূর্ণবিকশিত ; (নরনারীসম্বন্ধে) পূর্ণযৌবনপ্রাপ্ত ; পূর্ণযোগ্যতাসম্পন্ন ; পূর্ণপ্রবিষ্ট ; পূর্ণস্ফীত। *a.* **full°-bo°died**—স্থূলকায়। *a.* **full°-dress**—যথাবিধি পুরা পোশাক-পরিহিত (*full-dress* rehearsal) ; (বিতর্কাদি সম্পর্কে) বিশেষ গুরুত্বপূর্ণ, পূর্ণচিত্র বা সর্বাঙ্গীন (a *full-dress* debate or biography)। *a.* **full°-fed**—পেট-ভরা ভোজনে তৃপ্ত বা পরিপুষ্ট। *a.* **full°-fle°dged**—পুরাপুরি পাখা উঠিয়াছে এমন ; পূর্ণবর্ধিত ; পূর্ণসদস্যের পদপ্রাপ্ত ; পুরাদস্তুর। *a.* **full°-grown**—পূর্ণাকারপ্রাপ্ত ; পূর্ণবর্ধিত। *a.* **full°-hear°tėd**—পূর্ণ সাহসী ; উৎসাহপূর্ণ। **full house**—(রঙ্গালয়াদি-সম্বন্ধে) দর্শকাদির কোন আসন খালি নাই এমন। **full-length°**—(1) *a.* পূর্ণাবয়ব ; (2) *n.* পূর্ণাবয়ব ছবি প্রভৃতি ; (3) *adv.* পূর্ণপ্রসারিত দেহে। *n.* **full°-moon**—পূর্ণচন্দ্র, পূর্ণিমার চাঁদ ; পূর্ণিমা। *n.* **full°-mouthed**—(গবাদি পশু-সম্বন্ধে) সব-কয়টি দাঁত আছে এমন ; প্রচুর খাইতে পায় এমন ; (যথাসাধ্য) উচ্চৈঃস্বরবিশিষ্ট। *n.* **ful(l)°nėss**—full (*a.*)-এর সকল অর্থে, এবং—প্রাচুর্য ; ধনসম্পদ্‌শালিতা, ধনসম্পদ্। *a.* **full°-pāge**—পুরা একপৃষ্ঠাব্যাপী। *a.* **full°-scāle°**—(নকশা চিত্র প্রভৃতি সম্বন্ধে) অঙ্কনীয় ব্যক্তি প্রাণী বা বস্তুর সমান মাপে অঙ্কিত। *a.* **full°-speed, full°-tilt**—পূর্ণবেগ, পূর্ণবেগবান্ (*full-speed* movement) ; পূর্ণপ্রেরণাচালিত। *n.* **ful°-stop°**—বাঙ্গালা দাঁড়ির অনুরূপ ইংরেজি যতি-চিহ্ন, ফুলস্টপ্। *a.* **full°-tīme**—সর্বক্ষণ ধরিয়া কাজ করে এমন (*full-time* worker)। *n.* **full°-ti°mer**—সর্বক্ষণের বা রাত-দিনের কর্মচারী। *a.* **full°-voiced**—যথাশক্তি উচ্চৈঃস্বরে গীতরত। *adv.* **fu°lly**। [AS.—cp. ON. *fullr*. G. *voll*]

full₂ [fool, ফুল্] *v.t.* to score and beat, (বস্ত্রাদি) কাচা, কচলান, আছড়ান। *n.* **fu°ller**—ধোপা। **fuller's earth**—সাজিমাটি, মুলতানী মাটি। [OF. *fullere*=fuller < L. *fullo*]

fulmar [fool°-ma(r), ফুল্°ম্যা(র্)] *n.* a sea-bird, বৃহৎকায় সামুদ্রিকপক্ষিবিশেষ। [ON. *full*=foul, *mar*=gull]

fulminant—see **fulminate.**

fulminate [ful°-mi-nāt, ফাল্°মিনেইট্] (1) *v.i.* to flash like lightning, বিদ্যুতের ন্যায় ঝলকান ; to thunder, নির্ঘোষ বা উচ্চনাদ তোলা ; to issue decrees loudly and threateningly, উচ্চৈঃস্বরে এবং ভয় দেখাইয়া আদেশাদি জারি করা। (2) *v.i.t.* to explode, বিস্ফোরিত হওয়া বা করান, সশব্দে ফাটা বা ফাটান। (3) *v.i.* to denounce, নিন্দা ঘোষণা করা। *p.* & *p. pt.* **ful°minātėd**। *a.* **fulminant** [fool°-mi-nant, ফুল্°মিন্যান্ট্] বিস্ফোরক ; (চিকি.) অকস্মাৎ বর্ধনশীল। *a.* **ful°minating**—বিস্ফোরণশীল। *n.* **fulminā°tion**। **fulminic acid**—গন্ধক। [F. *fulminare*]

fulness—see **full₁**.

fulsome [fool°-sam, ফুল্°স্যাম্] *a.* cloying, আধিক্যদ্বারা বিরাগ জাগায় এমন ; causing surfeit, আধিক্যপূর্ণ বা আতিশয্যপূর্ণ ; nauseous, হৃক্কারজনক। *adv.* **ful°somely**। *n.* **ful°somenėss**। [*full*, *-some*]

fulvous [ful°-vas, ফাল্°ভ্যাস্] *a.* tawny, ফিকা, হরিদ্রাভ, পিঙ্গল, তামাটে। [L.]

fumarole [fū°-ma-rōl, ফিউ°ম্যারৌল্] *n.* a hole emitting gas in a volcano, আগ্নেয়গিরির ধূম-নিঃসারক রন্ধ্র। *a.* **fūmero°lic**। [F. *fumerolle* or It. *fumaruola*]

fumble [fumb°l, ফাম্°ব্‌ল্] *v.i.t.* to grope about or handle awkwardly, কিছু ঠাহর না পাইয়া বা অসহায়ভাবে হাতড়ান (to *fumble* in the dark) ; to mumble, কি বলা উচিত ঠিক করিতে না পারিয়া আবোল-তাবোল বলা ; to bungle, তালগোল পাকান, আনাড়ির মত কাজ করা। *n.* **fumb°ler**। *adv.* **fumb°lingly**। [cp. Du. *fommelen*, ON. *falma*]

fume [fūm, ফিউম্] (1) *n.* smoke or vapour, ধোঁয়া বা বাষ্প ; any volatile matter, উদ্বায়ী পদার্থ ; excitement, rage, etc., উত্তেজনা, ক্রোধ, আবেগ প্রভৃতি (he is in a *fume*) ; anything unsubstantial, অসার বস্তু ; a passionate person, যে ব্যক্তি সহজে উত্তেজিত হয়। (2) *v.i.* to come off in vapour or smoke, বাষ্প বা ধোঁয়া হইয়া ওঠা ; to be in a rage, ক্রুদ্ধ হওয়া (to *fume* at having to wait)। (3) *v.t.* to fumigate, ধোঁয়া বা বাষ্প দেওয়া, বাষ্পস্নান করান ; to give off, উবাইয়া দেওয়া ; to offer incense to, ধূপধুনা দেওয়া। *a.* **fū°ming**—ধূমায়মান। *a.* **fū°my**। [L. *fumus*=smoke]

fumigate [fū°mi-gat, ফিউ°মিগেইট্] *v.t.* to apply fumes to, ধোঁয়া বা বাষ্প দেওয়া, বাষ্পস্নান করান (to *fumigate* a room for disinfection) । *p.* & *p. pt.* **fū°migātėd** । *n.* **fūmigā°tion** । *n.* **fū°migātor**—বাষ্পপ্রয়োগের যন্ত্র । [L. *fumigare*]

fun [fun, ফান্] *n.* sportive merriment, মজা, কৌতুক । **for fun, in fun**—কৌতুকচ্ছলে । **fun and games**—(কথ্য.) হৈচৈপূর্ণ রঙ্গকৌতুক, আনন্দোৎসব । **like fun**—(কথ্য.) দ্রুত ; মোটেই না । **(to) make fun of, (to) poke fun at**—(কাহাকেও লইয়া) মজা করা, ঠাট্টা করা । *a.* **fu°nny**—কৌতুকপূর্ণ, মজাদার ; অদ্ভুত ; হাস্যকর । *n.* **fu°nny-bōne**—কনুইয়ের যে অংশের উপর দিয়া একটি অতি সংবেদনশীল শিরা প্রলম্বিত আছে । **funny farm**—(অশি.) পাগলা গারদ বা পাগলের হাসপাতাল । **funny man**—পরিহাসদক্ষ ব্যক্তি, পেশাদার ভাঁড় । *adv.* **fu°nnily** । *n.* **fu°nniment**—মস্করা, তামাসা, ভাঁড়ামি । *n.* **fu°nniness** । [obs. *fon*=to befool ?]

funambulist [fū-nam°-bū-list, ফিউন্যাম্°বিউলিস্ট্] *n.* a rope-walker, দড়াবাজিকর । [L. *funambulus*]

function [fung°sh(a)n, ফাং°শ্ন্] (**1**) *n.* performance, সম্পাদন, অনুষ্ঠান ; activity, ক্রিয়াকলাপ ; duty, কর্তব্য ; faculty, স্বাভাবিক ক্রিয়া বা ধর্ম (the *function* of heart, nerves, etc.) ; a profession, বৃত্তি, পেশা ; a solemn service, পর্ব, ধর্মানুষ্ঠান ; a ceremony, উৎসব ; a social gathering, সামাজিক সম্মেলন, আনন্দ-সম্মেলন ; (math.) a quantity so related with another that any change in the one produces a corresponding change in the other, (গণি.) যে রাশি অন্য এক রাশির সহিত এমন সম্পর্কযুক্ত যে একটির কোন পরিবর্তন হইলে অন্যটিরও অনুরূপ পরিবর্তন হইবে, (পরি.) অপেক্ষক । (**2**) *v.i.* to perform a function, অনুষ্ঠানাদি সম্পাদন করা, কর্তব্যাদি পালন করা ; to operate or work, সক্রিয় হওয়া বা কাজ করা । *a.* **func°tional**—ক্রিয়ামূলক, কর্তব্যমূলক, স্বাভাবিক ক্রিয়ামূলক, (পরি.) কার্মিক ; (রোগ-সম্বন্ধে) দেহের কোন যন্ত্রের ক্রিয়াবৈগুণ্যজাত (মৌলিক গঠনজনিত নহে) (a *functional* disorder of the kidney, *functional* diseases of the intestines) ; (অট্টালিকাদির নির্মাণপ্রণালীসম্বন্ধে) সৌন্দর্য অপেক্ষা উপযোগিতার দিকেই অধিকতর মনোযোগ দেওয়া হইয়াছে এমন (*functional* architecture) । *n.* **func°tionalism**—অট্টালিকাদি-নির্মাণে সৌন্দর্য অপেক্ষা উপযোগিতার প্রতি অধিকতর মনোযোগদানের নীতি । *n.* **func°tionalist**—উক্ত নীতির সমর্থক । *n.* **func°tionary**—কর্মভারপ্রাপ্ত বা পদাধিষ্ঠিত ব্যক্তি । **func°tionlėss**—কর্মহীন, ক্রিয়াহীন । [OF. < L. *functio*]

fund [fund, ফান্ড্] (**1**) *n.* a permanent stock, তহবিল, ভাণ্ডার, কোষ (an inexhaustible *fund* of commonsense, energy, humour, etc.) ; a stock of money set apart for a particular purpose, নির্দিষ্ট ব্যাপারে ব্যয়ের জন্য অর্থ-তহবিল ; (in *pl.*) pecuniary resources, আর্থিক সম্বল, পুঁজি (the public *funds*) ; (in *pl.*) stock of government debt, শিল্প-বাণিজ্যাদিতে বিনিয়োগার্থ সরকার কর্তৃক গৃহীত ঋণের ভাণ্ডার, (পরি.) নিধি । (**2**) *v.t.* to convert into a parmanent debt at a fixed interest, নির্দিষ্ট সুদে স্বল্প-মেয়াদী ঋণকে দীর্ঘ-মেয়াদী ঋণে পরিণত করা, নিধিতে পরিণত করা (to *fund* floating or unfunded debts) ; to put into a fund, তহবিলে বা ভাণ্ডারে জমা দেওয়া । *a.* **fun°dėd**—সরকারি ঋণভাণ্ডারে জমা দেওয়া হইয়াছে এমন বা সরকারি ঋণপত্রাকারে বিদ্যমান, (পরি.) নিহিত । *n.* **fund°-hōlder**—সরকারি ঋণভাণ্ডারে অর্থবিনিয়োগকারী । [L. *fundus*=the bottom]

fundament [fun°-da-mant, ফান্°ড্যাম্যান্ট্] *n.* the buttocks, নিতম্ব, পাছা । [see *fundamental*]

fundamental [fun-da-men°tl, ফান্ড্যামেন্°ট্ল্] (**1**) *a.* of or serving as a base, ভিত্তিগত, মূলদেশীয় ; ভিত্তিস্বরূপ ; essential, অপরিহার্য ; primary, basic, প্রাথমিক, মৌলিক, বুনিয়াদী (*fundamental* rights, rules, etc.) ; important, গুরুত্বপূর্ণ ; chief, প্রধান, মুখ্য । (**2**) *n.* that which serves as a ground-work, ভিত্তিস্বরূপ অঙ্গ, বনিয়াদ ; মূলসূত্র (the *fundamentals* of mathematics) ; an essential part, অপরিহার্য অঙ্গ ; (mus.) the root of a chord, (সঙ্গীতে) সুরের স্বরগ্রামের মূলধ্বনি । *n.* **fundamen°talism**—বাইবেল বা অন্য ধর্মশাস্ত্রের বিজ্ঞানবিরুদ্ধ উক্তিতেও অন্ধবিশ্বাস । *n.* **fundamen°talist** । *n.* **fundamenta°lity** । *adv.* **fundamen°tally** । [L. *fundamentum*=foundation]

funebrial [fū-nē-bri-al, ফিউনীব্রিঅ্যাল্] *a.* of funerals, অন্ত্যেষ্টিক্রিয়াসংক্রান্ত ; funereal, melancholy, নিরানন্দ, শোকাবহ । [L. *funebris*]

funeral [fū°n(a)r(a)l, ফিউ°নর্ল্] (**1**) *n.* the burial of the dead, অন্ত্যেষ্টিক্রিয়া ; a burial procession, শবানুগমন । (**2**) *a.* of the funeral, অন্ত্যেষ্টিক্রিয়াসংক্রান্ত বা শবানুগমনসংক্রান্ত । **funeral pile, pyre**—চিতা । *a.* **fūner°eal**—অন্ত্যেষ্টিক্রিয়াসংক্রান্ত বা শবানুগমনসংক্রান্ত ; নিরানন্দ ; শোকপূর্ণ । [LL. *funeralis*]

fungi, fungous—see **fungus.**

fungus [fung°-as, ফাং°অ্যাস্] *n.* a cryptogamous plant, ছত্রাক, ভুঁইফোড়, বেঙের ছাতা ; a thing of sudden growth, আকস্মিক বৃদ্ধিপ্রাপ্ত বস্তু । *pl.* **fun°gī** । *n.* **fungicide** [fun°ji-sīd, ফান্°জিসাইড্] ছত্রাক বা আকস্মিক বৃদ্ধিপ্রাপ্ত বস্তু ধ্বংসকারী দ্রব্যাদি । *a.* **fun°goid**—ছত্রাকবৎ ; ছত্রাকাকৃতি । *a.* **fun°gous**—ছত্রাকসংক্রান্ত ; ছত্রাকবৎ ; কোমল ; ভিজা ; আকস্মিক বর্ধনযুক্ত ; ক্ষণস্থায়ী । [L.]

funicle [fū°nikl, ফিউ°নিক্ল্] *n.* a small cord

or ligature, সরু দড়ি বা ফিতা, তার। *a.* **fūni°-cūlar**—সরু দড়ি বা ফিতা সংক্রান্ত অথবা তত্তুল্য; তারে চালিত (*funicular* railway)। [L. *funiculus*]

funk [fungk, ফাংক্] (1) *n.* panic, আতঙ্ক; a person who shrinks in fear, ভয়ে পশ্চাৎপদ ব্যক্তি। (2) *v.i.t.* to shrink back or balk at in fear, ভয়ে পিছাইয়া আসা বা ছাড়িয়া দেওয়া। *p.* & *p. pt.* **fun°ked**। **blue funk**—যৎপরোনাস্তি আতঙ্ক। *a.* **fun°ky**—ভয়ে পশ্চাৎপদ; ভয়প্রাপ্ত, আতঙ্কিত। *adv.* **fun°kily**। *n.* **fun°kiness**। [?]

funnel [fu°nl, ফা°ন্‌ল্] *n.* a. tubular vessel for pouring fluids, বোতল প্রভৃতির মধ্যে তরল পদার্থাদির ঢালার জন্য কুপি, a passage for escape of smoke etc., ধুমাদির নির্গমনপথ। *a.* **fun-ne°lled**—কুপিওয়ালা; ধুমাদি-নির্গমনের পথযুক্ত; নলাকার। [F. or Port. ? < *infundibulum*]

funny—see **fun**.

fur [fa(r), ফ্যা(র্)] (1) *n.* the hair of certain animals, কোন কোন পশুর লোম বা পশম; the skin with this hair attached, উক্ত লোমওয়ালা পশুচর্ম; a garment of fur, উক্ত পশমে প্রস্তুত পোশাক (she is wearing expensive *furs*); animals having fur, উক্ত লোমওয়ালা পশুবর্গ; a coating on the tongue, জিহ্বার উপরে যে ছাতলা পড়ে। (2) *v.t.* to clothe with fur, উক্ত লোমে প্রস্তুত জামা পরান; to cover or furnish with fur, উক্ত লোমে আবৃত করা বা উক্ত লোম লাগান। (3) *v.t.i.* to coat or become coated, (জিহ্বায়) ছাতলা ফেলা বা পড়া। *pr. pt.* **fu°rring**। *p.* & *p. pt.* **fu°rred**। **fur and feather**—পশমওয়ালা পশুবর্গ বা পক্ষিকুল। **(to) make the fur fly**—ঝঞ্ঝাট বা হাঙ্গামা সৃষ্টি করা। *a.* **furr°ed** উক্ত পশমি পোশাক-পরা; উক্ত লোমওয়ালা; লোমশ। *n.* **furrier** [fu°-re(r), ফা°রিয়্যা(র্)] উক্ত পশুলোম বা পশমি পোশাক বিক্রেতা। *a.* **fu°rry**—উক্ত পশম-পূর্ণ বা পশমতুল্য বা পশমাবৃত; উক্ত পশমি পোশাক-পরা। [OF. *forrer*=to encase]

furbelow [fa(r)°bi-lō, ফ্যা(র্)°বিলৌ] (1) *n.* a plaited border, (ঘাগরা সায়া প্রভৃতির) পাড়; a showy ornament, লোক-দেখান অনাবশ্যক গহনা। (2) *v.t.* to flounce, পাড় লাগান। [Sp. *falbala*]

furbish [fa(r)°-bish, ফ্যা(র্)°বিশ্] *v.i.* to purify, শোধন করা; to polish, পালিশ করা, মাজিয়া-ঘষিয়া চক্‌চকে করা; to burnish, বার্নিশ করা। *p.* & *p. pt.* **fur°bished**। [OF. *fourbir* < OHG. *furban*=to purify]

furcate [fa(r)°-kāt°, ফ্যা(র্)°কেইট্°], **fur°cāted** —*a.* forked, খণ্ডিত, বিভক্ত; branched, শাখা-বিভক্ত। *n.* **furcā°tion**—খণ্ডিত বা বিভক্ত করা। [L. *furca*=fork]

furibund [fūr°-i-bund, ফিউয়্যার্°ইবান্ড্] *a.* raging, খেপিয়া উঠিতেছে এমন, ক্রোধোন্মত্ত। [L. *furibundus* > *furia*=rage]

furioso [fūr-i-ō°-zō, ফিউয়্যার্ইঔ°জৌ] (1) *n.* a furious person, ক্রোধোন্মত্ত ব্যক্তি। (2) *a.* & *adv.* (mus.) with fury, (সঙ্গীতে) প্রচণ্ড বা প্রচণ্ড-ভাবে, ঝঙ্কারপূর্ণ বা ঝঙ্কার দিয়া। [It.—cp. *furious*]

furious [fūr°-i-as, ফিউয়্যার্°ইঅ্যাস্] *a.* full of fury, ক্রোধোন্মত্ত; violent, প্রচণ্ড। **fast and furious**—হৈচৈপূর্ণ। *adv.* **fūr°iously**। *n.* **fūr°-iousness** (also see **fury**)। [OE. *furieus* < L. *furiosus* < *furia*=fury]

furl [fa(r)l, ফ্যা(র্)ল্] *v.t.* to roll up, (ডানা বা পতাকাদি) গুটাইয়া রাখা। [obs. *fardel* ?]

furlong [fa(r)°-long, ফ্যা(র্)°লং] *n.* one-eighth of a mile, এক মাইলের এক-অষ্টমাংশ পরিমিত মাপবিশেষ। [OE. *furlang* < *furth*=furrow, *lang*=long]

furlough [fa(r)°-lō, ফ্যা(র্)°লৌ] *n.* leave of absence, সাময়িক ছুটি, লম্বা ছুটি গ্রহণ (to go home on *furlough*)। [Du. *verlof*]

furnace [fa(r)°-nis, ফ্যা(র্)°নিস্] *n.* an enclosed structure for production of great heat, (কারখানাদির) বৃহৎ অগ্নিকুণ্ড; (fig.) severe test, (আল.) কঠোর পরীক্ষা (tried in the *furnace*)। [OF. *fernais* < L. *fornacis*]

furnish [fa(r)°-nish, ফ্যা(র্)°নিশ্] *v.t.* to fit up or supply completely or with what is necessary, সম্পূর্ণভাবে বা প্রয়োজনীয় সব কিছু দিয়া সজ্জিত করা, সম্পূর্ণভাবে বা প্রয়োজনীয় সব কিছু সরবরাহ করা; to fit up or equip or supply, সজ্জিত করা বা সরবরাহ করা। *a.* **fur°nished**—সজ্জিত; আসবাবপত্রে সজ্জিত (*furnished* house or room)। *n.* **fur°nisher**। *n. pl.* **fur°-nishings**—আসবাবপত্রাদি বা অন্য গৃহসজ্জা। [OF. *furnir*]

furniture [fa(r)°-ni-cha(r), ফ্যা(র্)°নিচ্যা(র্)] *n.* movable equipment of a house or room, আসবাবপত্র। [F. *fourniture*]

furore [foo-raw°-ri, ফুর্য°রি] *n.* a craze, উন্মাদনা; wild enthusiasm, প্রচণ্ড উৎসাহ (the announcement created a *furore* in parliament)। [It.]

furrier—see **fur**.

furrow [fu°-rō, ফা°রৌ] (1) *n.* the trench made by a plough, হলকর্ষণে সৃষ্ট খাত, হলরেখা, সীতা; a groove, খাঁজ; a deep wrinkle, গভীর কুঞ্চন। (2) *v.t.* to form furrows in, হাল চালাইয়া খাত করা, হাল দেওয়া, খাঁজ কাটা, কুঞ্চিত করা। *a.* **fu°rrowy**—সীতাযুক্ত; খাঁজযুক্ত; কুঞ্চিত। [OE. *furh*]

furry—see **fur**.

further [fa(r)°-dha(r), ফ্যা(র্)°দ্যা(র্)] (1) *adv.* at or to a greater distance or degree, অধিকতর দূরে বা মাত্রায়, আরও; in addition, অধিকন্তু। (2) *a.* more distant, অধিকতর দূর-বর্তী; additional, অধিকতর, তদতিরিক্ত (*further* words, until *further* notice)। (3) *v.t.* to help forward, অগ্রসর করান; to promote, উন্নতিবিধান করা (to *further* the cause of education, peace, etc.)। **(to) see one further**—কাহাকেও ফাঁসি যাইতে বা মরিতে দেখা (অশুভ কামনাবিশেষ)। *n.* **fur°therance**—অগ্রনয়ন; উন্নতিবিধান। *n.* **fur°therer**। *adv.* **fur°thermore**—তদ্ব্যতীত, এতদতিরিক্ত, অধিকন্তু। *a.* **fur°thermōst**—দূরতম; প্রান্তস্থিত। *a.* & *adv.* **fur°thėst**—সর্বাধিক দূরবর্তী বা দূরে। [OE. *furthor* (*adv.*) *furthra*(*a.*) < *fore* or *forth* + comp. sfx. *ther*, *fyrthran* (*v.*) indiscriminate use of *comp.* & *sup.* suffixes in *furthermore*, *furthermost*]

furtive [fa(r)°-tiv, ফ্যা(র্)°টিভ্] *a.* stealthy, চোরা, অলক্ষিত (*furtive* glance or look)। *adv.* **fur°tively**। [L. *furtivus*]

furuncle [fūr°-ungkl, ফিউয়্যার্°আংক্‌ল্] *n.* a boil or tumour, ফোড়া বা টিউমার। [L. *furunculus*]

fury [fūr°-i, ফিউয়্যার্°ই] *n.* rage, প্রচণ্ড ক্রোধ রোষ বা উত্তেজনা; a violently angry woman, অতি উগ্রস্বভাবা স্ত্রীলোক। *n.* **Fūr°y**—প্রতিহিংসার অধিষ্ঠাত্রী গ্রীক দেবীত্রয়ের যে-কোনজন। **the Furies**—প্রতিহিংসার অধিষ্ঠাত্রী গ্রীক দেবীত্রয় (যথা Alecto, Tisiphone, Megaera)। [F. *furie* < L. *furia*]

furze [fa(r)z, ফ্যা(র্)জ্] *n.* whin, পীতপুষ্পপ্রসূ চিরহরিৎ মেঠো গুল্মবিশেষ। *a.* **fur°zy**। [OE. *fyrs*]

fuscous [fus°-kas, ফাস্°ক্যাস্] *a.* sombre and dark in colour, করাল কৃষ্ণবর্ণ (তু. বিবর্ণ)। [L. *fuscus*]

fuse₁ [fūz, ফিউজ্] *n.* a tube with combustible matter for firing explosives, বোমাদি ফাটানর জন্য তৎসংলগ্ন দাহ্য পদার্থপূর্ণ নল। [It. *fuso* < L. *fusus* = a spindle]

fuse₂ [fūz, ফিউজ্] (1) *v.t.i.* to melt, গলান বা গলা; to blend by melting, গলাইয়া একত্র মেশান বা গলিয়া একত্র মেশা; to amalgamate, একীভূত করা বা হওয়া। (2) *v.i.* (of an electric light) to go out by melting of a fuse, ফিউজ-তার গলিয়া নিভিয়া যাওয়া, ফিউজ হওয়া। (3) *n.* (elec.) a piece of fusible wire, (বিদ্যুতে) সহজে গলাইয়া মেশান যায় এমন তার, ফিউজ্-তার। **fuse bomb**—হাইড্রোজেন বোমা। *a.* **fū°sible**—সহজে দ্রবণীয়। *n.* **fūsibi°lity**। *n.* **fū°sion**—গলন; গলাইয়া বা গলিয়া মিশ্রণ; একীকরণ বা একীভবন (*fusion* of political parties)। [L. *fundere* = to melt]

fuselage [fū°-zi-lŭz, ফিউ°জ়িলাজ্] *n.* the body of an aeroplane, বিমানপোতের কাঠাম। [F. *fuseler* = to shape like a spindle < L. *fusus* = a spindle]

fusible—see **fuse₂**.

fusil [fū°-zil, ফিউ°জ়িল্] *n.* a flint-lock musket, প্রাচীন গাদাবন্দুকবিশেষ। *n.* **fūsilier°**, **fūsileer°**—(পূর্বে) গাদাবন্দুকধারী সৈনিক; (বর্ত.) সৈন্যবাহিনীবিশেষের আখ্যা (Royal Scot *Fusiliers*)। *n.* **fūsillāde°**—যুগপৎ বা একটানাভাবে গুলিগোলা নিক্ষেপ। [OF. *fuisil*]

fusion—see **fuse₂**.

fuss [fus, ফাস্] (1) *n.* a bustle, (অকারণ) তাড়াহুড়া বা হৈচৈ বা ব্যস্ততা। (2) *v.i.* to be in a fuss, (অকারণে) হৈচৈ করা বা ব্যতিব্যস্ত হওয়া। (3) *v.t.* to agitate, (অকারণে) ব্যতিব্যস্ত করান। *p.* & *p pt.* **fu°ssed**। **(to) kick up a fuss**—(আপত্তি তুলিয়া বা অন্যভাবে) ঝামেলা বা হৈচৈ বাঁধান। **(to) maka a fuss of**—অতিরিক্ত নজর বা মনোযোগ দেওয়া। *n.* **fuss°budget, fuss°pot**—যে ব্যক্তি অত্যধিক হৈচৈ করে বা ব্যস্ততা দেখায়। *a.* **fu°ssy**—(অকারণে) হৈচৈ করে বা ব্যতিব্যস্ত করায় এমন, ব্যস্তবাগীশ; (অকারণ) হৈচৈ-ভরা বা ব্যস্ততাপূর্ণ। *adv.* **fu°ssily**। *n.* **fu°ssinėss**। [?]

fustanella [fus°-ta-ne°-lu, ফাস্°ট্যানে°লা] *n.* a white kilt worn by Greek men, গ্রীক পুরুষের পরিধেয় একপ্রকার ঘাগরা বা সায়া। [It. < Mod. Gk. *phoustani*]

fustian [fus°-ti-an, ফাস্°টিঅ্যান্] *n.* a coarse cotton fabric, খস্‌খসে সুতি বস্ত্রবিশেষ; bombast, গাল-ভরা ভাষা, বাগাড়ম্বর। [OF. *fustaigne* < *El-Fustat* in Cairo]

fustigate [fus°-ti-gāt, ফাস্°টিগেইট্] *v.t.* to cudgel, মুগুর-পেটা করা। *p.* & *p. pt.* **fus°tigātėd**। *n.* **fustigā°tion**। [L. *fustigare*]

fusty [fus°-ti, ফাস্°টি] *a.* stale-smelling, বাসি বা বস্তা-পচা গন্ধযুক্ত: stuffy, ভেপসা; antiquated, সেকেলে। *n.* **fus°tinėss**। [OF. *fust* = cask]

futile [fū°-tīl, ফিউ°টাইল্] *a.* ineffectual, অকার্যকর, ব্যর্থ (a *futile* endeavour); trifling, তুচ্ছ। *adv.* **fū°tīlely**। *n.* **fū°tīlenėss, fūti°lity**। [L. *futilis*]

future [fū°-cha(r), ফিউ°চ্যা(র্)] (1) *a.* that is to be or to come, ভাবী, ভবিষ্যৎকালীন, আগামী,; (gr.) expressive of future time, (ব্যাক.) ভবিষ্যদ্দ্যোতক। (2) *n.* time to come, ভবিষ্যৎ, আগামী কাল (to provide for the *future*); future life or condition, ভবিষ্যৎ জীবন বা ভাগ্য বা অবস্থা; prospect, ভবিষ্যৎ উন্নতি বা উন্নতির আশা (he has no *future*); goods bought and sold at current price to be delivered at future date, বর্তমান দামে পণ্যাদির আগাম ক্রয়বিক্রয়; (gr.) the future tense, (ব্যাক.) ভবিষ্যৎকাল। *a.* & *n.* **fū°ture-per°fect**—(ব্যাক.) পুরাঘটিত ভবিষ্যৎ (কাল)। *n.* **fū°turism**—(চিত্রাঙ্কনে) প্রচলিত রীতিবিরোধী প্রতীকের খেয়ালখুশিমত ব্যবহার। *n.* **fū°turist**—উক্ত রীতিবিরোধী প্রতীকের ব্যবহারকারী চিত্রকর বা উক্ত প্রতীক ব্যবহারের সমর্থক। *n.* **futurity** [fū-tūr°-i-ti, ফিউটিউয়্যার্°ইটি] ভবিষ্যৎ; ভবিতব্যতা। [F. *futur* < L. *futurus*, *fut. pt.* of *esse* = to be]

fuze—alt. spell. of **fuse.**

fuzz [fuz, ফাজ্‌] *n.* fluff, মিহি গুঁড়া বা আঁশ। *a.* **fu°zzy**—উক্ত গুঁড়ায় বা আঁশে পূর্ণ; অস্পষ্ট, ঝাপসা। *adv.* **fu°zzily** । *n.* **fu°zziness** । [?]

fylfot [fil°-fot, ফিল্‌ফট্‌] *n.* a swastika, স্বস্তিকা-চিহ্নবিশেষ। [*fill the foot* of the window]

G

G, g [jē, জী] *n.* the seventh letter of the English alphabet, ইংরেজি বর্ণমালার সপ্তম বর্ণ; (mus.) the major fifth of C-scale, (সঙ্গীতে) মুদারার পঞ্চমের সঙ্কেত।

gab [gab, গ্যাব্‌] *n.* (coll.) prattle, (কথ্য.) বাজে বক্‌বকানি। **gift of the gab**—বাক্‌পটুতা। *a.* **ga°bby**—বাচাল। [?]

gabardine—alt. spell. of **gaberdine.**

gabble [gab°l, গ্যাব্‌°ল্‌] (**1**) *v.i.* to talk inarticulately, আধো-আধোভাবে কথা বলা; to chatter, বক্‌বক্‌ করা। (**2**) *n.* gabbling, আধো-আধো ভাষণ, বক্‌বকানি। *n.* **gabb°ler** । [cp. *gab*]

gabelle [ga-bal°, গ্যাব্যাল্‌°] *n.* a tax, কর; the French pre-Revolution salt-tax, বিপ্লবপূর্ব ফ্রান্সের লবণ-কর। [F.<LL. *gabella*]

gaberdine [ga°-ba(r)-dēn, গ্যা°ব্যা(র্‌)ডীন্‌] *n.* a loose cloak, (প্রধানতঃ ইহুদিদের) আলখিল্লা; fine hard-laid cloth, মসৃণ শক্ত কাপড়বিশেষ; dress material for rain-coats, বর্ষাতির কাপড় প্রভৃতি। [OF. *gauvardine*]

gabfest [gab°-fest, গ্যাব্‌°ফেস্‌ট্‌] *n.* gathering for conversation, অন্তরঙ্গভাবে কথোপকথনের নিমিত্ত সমাবেশ বা জটলা; prolonged spell of talking, অনেকক্ষণ ধরিয়া আলাপ-আলোচনা বা কথাবার্তা। [*gab*, F. *fest*=festival]

gabion [gā°-bi-an, গেই°বিঅ্যান্‌] *n.* bottomless wicker basket or cylinder filled with earth and used as protection from rifle fire, তলাবিহীন মাটি-ভরা বাঁশের বা বেতের ঝুড়ি বা চোঙ: ইহা গোলাগুলি হইতে আত্মরক্ষার জন্য ব্যবহৃত হয়। [It. *gabbione*=a large cage]

gable [gāb°l, গেইব্‌°ল্‌] *n.* the triangular part of a wall at the end of a ridged roof, কানাওয়ালা ছাদের প্রান্তস্থ দেওয়ালের ত্রিকোণ অংশ। [OF.<ON. *gafl*]

gaby [gā°-bi, গেই°বি] *n.* a simpleton, হাবা-গবা লোক। [?]

gad$_1$ [gad, গ্যাড্‌] minced form of **God** (*int.*)।

gad$_2$ [gad, গ্যাড্‌] *n.* a metal spike, সূক্ষ্মাগ্র ধাতুদণ্ডবিশেষ; a wedge or chisel, শাবল বা গাঁইতি; a goad, অঙ্কুশ। **upon the gad**—মুহূর্তের প্রেরণায় বা আবেগে। [ON. *gaddr*]

gad$_3$ [gad, গ্যাড্‌] *v.i.* to rush here and there waywardly, বিনা উদ্দেশ্যে ইতস্ততঃ ছুটাছুটি করা। *pr. pt.* **ga°dding** । *p.* & *p. pt.* **ga°dded** । **on the gad**—ক্রমাগত এদিকে ওদিকে ছুটাছুটি বা ঘোরা-ফেরা। *n.* **gad°about**—বিনা উদ্দেশ্যে ইতস্ততঃ ছুটা-ছুটি; যে ব্যক্তি ঐরূপ ছুটাছুটি করে। [OE. *gadling*—companion ?]

gadfly [gad°-flī, গ্যাড্‌°ফ্লাই] *n.* a cattle-biting fly, গো-মাছি। [*gad$_2$*, *fly*]

gadget [ga°-jit, গ্যা°জিট্‌] *n.* a small contrivance, যে কোন ছোট কল (a *gadget* to open cans)। *n.* **ga°dgetry**—(কাজের সুবিধার্থ) ছোট কল সাজসরঞ্জাম বা হাতিয়ারসমূহ। [?—cp. *gauge*]

gad(d)i [gu°-di, গা°ডি] *n.* an Indian throne, ভারতীয় নৃপতিদের সিংহাসন। [Hind. *gaddi*]

Gaekwar [gī°-kwa(r), গাই°ক্যোঅ্যা(র্‌)] *n.* the title of the prince of Baroda, বরোদাপতির আখ্যা, গাইকোয়াড়। [Marathi]

Gael [gāl, গেইল্‌] *n.* a Celtic race, গেইল-জাতি। **Gae°lic**—(**1**) *a.* গেইলজাতিগত; (**2**) *n.* গেইলজাতির ভাষা; ইংল্যানডের উত্তরাঞ্চলের ভাষা। [Gael. *Gaidheal*]

gaff$_1$ [gaf, গাফ্‌] *n.* (sl.) nonsense, (অশি.) অর্থহীন কিছু। **(to) blow the gaff**—গুপ্তরহস্য বা ষড়্‌যন্ত্র ফাঁস করিয়া দেওয়া। **(to) stand the gaff**—বাধাবিঘ্নাদি সহ্য করা। [?]

gaff$_2$ [gaf, গ্যাফ্‌] (**1**) *n.* a fishing-spear, (মাছ-ধরার) বর্শাবিশেষ, কোঁচ। (**2**) *v.t.* to hook with a gaff, কোঁচ দিয়া বিদ্ধ করা। *pr. pt.* **ga°ffing** । *p.* & *p. pt.* **ga°ffed** । [F. *gaffe*]

gaffe [gaff, গ্যাফ্‌] *n.* a blunder, ভুল; indiscreet act or remark, অসমীচীন কাজ বা মন্তব্য; faux pas, ভুল পদক্ষেপ। [F.]

gaffer [ga°-fa(r), গ্যা°ফ্যা(র্‌)] *n.* a term of address applied to an old man, নিম্নশ্রেণী বৃদ্ধকে সম্বোধনবিশেষ: বুড়োকর্তা; the foreman of a gang, শ্রমিকসর্দার। [<*grandfather* or *godfather* ?]

gaffing—see **gaff$_2$.**

gag [gag, গ্যাগ্‌] (**1**) *v.t.i.* to stop the mouth by thrusting something into it, জোরপূর্বক মুখের মধ্যে কিছু ঢুকাইয়া দিয়া মুখ বন্ধ করা; to choke, কণ্ঠরোধ করা। *pr. pt.* **ga°gging** । *p.* & *p. pt.* **ga°gged** । (**2**) *n.* something thrust into the mouth to enforce silence, কণ্ঠরোধার্থ মুখের মধ্যে যাহা ঢুকাইয়া দেওয়া হয়; (surg.) an instrument thrust into the mouth to distend the jaws, (শল্য.) অস্ত্রোপচারকালে মুখ-মধ্যে যে যন্ত্র ঢুকাইয়া হাঁ করাইয়া রাখা হয়; an actor's interpolation, অভিনেতা তাহার পাটের মধ্যে যে স্বরচিত (প্রক্ষিপ্ত) উক্তি ঢুকাইয়া দেয়; a joke or hoax, ঠাট্টা, মিথ্যা কথা, ফাঁকি। [imi.]

gaga [ga°-gŭ, গ্যা°গা, gŭ°-gŭ, গা°গা] *a.* (sl.) in senile dotage, (অশি.) বার্ধক্যের ফলে একান্ত অনুরাগী; (sl.) senile, ভীমরতিগ্রস্ত। [?]

gage$_1$—alt. spell. of **gauge.**

gage$_2$ [gāj, গেইজ্] (**1**) *n.* a pledge, বন্ধকী দ্রব্য বা জমানত ; something thrown down as a challenge, দ্বন্দ্বযুদ্ধে আহ্বানপূর্বক যাহা ভূতলে নিক্ষেপ করা হয় (যেমন, দস্তানা) । (**2**) *v.t.* to bind by pledge or security, বন্ধক রাখা, জামিন দেওয়া ; to wager, বাজি রাখা । [OF. *gauge*]

gagged, gagging—see **gag.**

gaggle [gag°l, গ্যা°গ্‌ল্] (**1**) *n.* (of geese) a flock, (রাজহংসীর) ঝাঁক বা দল ; (facet.—of talkative girls or women) a group, (কৌতু.—বাচাল তরুণী বা স্ত্রীলোকের) দল । (**2**) *v.i.* to cackle, প্যাঁকপ্যাঁক করা । [imi. ?]

gaiety, gaily—see **gay.**

Gaikwar—alt. spell. of **Gaekwar.**

gain [gān, গেইন্] (**1**) *v.t.* to obtain to one's advantage, লাভ করা ; to earn, অর্জন করা ; to win, জিতিয়া লওয়া ; to be successful in, (কিছুতে) সফল হওয়া ; to increase in amount, পরিমাণে বৃদ্ধি পাওয়া (to *gain* in weight) ; to win. over to one's party, team, etc., (কাহাকেও) স্বদলে আনিতে পারা ; to reach, নাগাল পাওয়া, পৌঁছান । (**2**) *v.i.* to profit, লাভ করা, লাভবান্ হওয়া ; to become better, উন্নতিলাভ করা ; to progress, অগ্রসর হওয়া । (**3**) *n.* that which is gained, profit, অর্জিত বস্তু, লাভ, মুনাফা ; a win, জয় । **(to) gain ground**—পরিব্যাপ্ত হওয়া, বিস্তৃতি লাভ করা । **(to) gain in** or **on** or **upon**—ক্রমে ক্রমে নাগাল ধরা । *n.* **gai°ner** । *a.* **gain°ful**—লোভনীয় ; লাভজনক বেতন পাওয়া যায় এমন, বৈতনিক (*gainful* employment) । *adv.* **gain°fully** । *n. pl.* **gai°nings**—মুনাফাসমূহ, লাভ । [OF.]

gainly [gān°-li, গেইন্‌°লি] *a.* shapely, সুঠাম ; graceful, সুষ্ঠু । [ON. *gegn*]

gainsay [gān-sā°, গেইন্‌সেই°] *v.t.* ro contradict, প্রতিবাদ করা ; to deny, অস্বীকার করা । *p. & p. pt.* **gainsaid** [gān-sād°, গেইন্‌সেইড্°] । *n.* **gainsay°er** । [OE. *gegn*=against, *say*]

gainst, 'gainst [genst, গেন্‌স্ট্] poet, contr. of **against.**

gait [gāt, গেইট্] *n.* manner of walking, হাঁটার ধরন, চলনভঙ্গি (awkward or ungainly *gait*) । [see *gate*$_2$]

gaiter [gā°-ta(r), গেই°ট্যা(র্)] *n.* a covering for the ankle or leg, পায়ে পরিবার পটিবিশেষ (*gaiters* with galoshes) । [F. *guetre*]

gal [gal, গ্যাল] *n.* (coll. joc.) a girl, (কথ্য. কৌতুকার্থে) মেয়ে । [see *girl*]

gala [gŭ°-la, গা°ল্যা] *n.* a festivity, আনন্দোৎসব । *n.* **ga°la-dress**—উৎসবাদিতে পরিধেয় পোশাক । [F.=show]

galactic—see **galaxy.**

galaxy [ga°-laks-i, গ্যা°ল্যাক্‌সি] *n.* the Milky Way, (জ্যোতি.) ছায়াপথ, স্বর্গগঙ্গা ; the luminous band of stars along the Milky Way, ছায়াপথস্থিত উজ্জ্বল নক্ষত্রমণ্ডলী ; (fig.) a splendid assemblage, (আল.) চমৎকার সমাবেশ । *a.* **galac°tic**—(জ্যোতি.) ছায়াপথসংক্রান্ত । **extra galactic systems**—ছায়াপথ-বহির্ভূত নক্ষত্রপুঞ্জ । [F.<Gk. *galaxias*<*gala, aktos*=milk]

gale [gāl, গেইল্] *n.* a strong wind, প্রবল বাতাস, বাত্যা ; (poet.) a gentle wind, (কাব্যে) মৃদুমন্দ বায়ু ; a noisy outburst, আবেগাদির (বিশে. হাস্যরোলের) আকস্মিক প্রকাশ (*gales* of laughter) । [?]

Galilean$_1$ [ga-li-li°-an, গ্যালিলি°অ্যান্] (**1**) *a.* of Galilee, গ্যালিলী-প্রদেশের । (**2**) *n.* a native of Galilee, গ্যালিলীর লোক ।

Galilean$_2$ [ga-li-li°-an, গ্যালিলি°অ্যান্] *a.* of or following Galileo, ইট্যালির বিখ্যাত গণিতবেত্তা গ্যালিলিও-সংক্রান্ত বা তাঁহার মতানুযায়ী ।

galilee [ga-li°-lē, গ্যা°লিলী] *n.* a porch or chapel at the entrance of a church, গির্জার প্রবেশপথে অবস্থিত গাড়িবারান্দা বা ভজনালয় । [<B. ?]

galimatias [ga-li-ma°-ti-as, গ্যালিম্যা°টিঅ্যাস্ ; ga-li-mā°-shi-as, গ্যালিমেই°শিঅ্যাস্] *n.* nonsense or meaningless talk, অর্থহীন উক্তি ; rigmarole, দীর্ঘ অসংলগ্ন বক্তৃতা । [F.]

galingale [ga°-ling-gal, গ্যা°লিংগেইল্] *n.* an aromatic root, সুগন্ধি কন্দবিশেষ, আম-আদা (?) । [OF. *galingal*<Ar. *khalanjan*]

gall$_1$ [gawl, গ্যল্] *n.* bile, পিত্ত ; bitterness, তিক্ততা ; malignity, বিদ্বেষ ; (coll.) impudence, (কথ্য.) ধৃষ্টতা । *n.* **gall°-bladder**—পিত্তকোষ । *n.* **gall°-duct**—পিত্তনালী । *n.* **gall°-stone**—পাথুরি রোগ । [OF. *g(e)alla*—cp. G. *galle*]

gall$_2$ [gawl, গ্যল্] *n.* an abnormal growth on a plant caused by insects, কীটপতঙ্গদ্বারা কৃত বৃক্ষগাত্রে ফোড়ার ন্যায় অস্বাভাবিক স্ফীতি । *a.* **gallic** [ga°-lik, গ্যা°লিক্] উক্ত স্ফীতি হইতে প্রাপ্ত । **gallic acid**—উক্ত বাদামাকার স্ফীতি হইতে প্রাপ্ত রস (ইহা দিয়া কালি তৈয়ারি হয়), হীরাকষ (?) । *n.* **gall°-fly, gall°-mite, gall°-wasp**—বৃক্ষগাত্রে স্ফীতি উৎপাদনকারী কীটবিশেষ । *n.* **gall°-nut**—বাদামের ন্যায় আকারের উক্ত স্ফীতি । [F. *galle*<L. *galla*=oak-apple]

gall$_3$ [gawl, গ্যল্] (**1**) *n.* a painful swelling, (প্রধানতঃ অশ্বগাত্রে) যন্ত্রণাদায়ক স্ফীতি বা ফোড়া ; a sore due to chafing, ঘর্ষণের ফলে সৃষ্ট ক্ষত ; irritation, (শারীরিক বা মানসিক) যন্ত্রণা, জ্বালা । (**2**) *v.t.* to injure by rubbing, ঘর্ষণদ্বারা ক্ষত করা, ছড়িয়া দেওয়া ; to irritate, জ্বালাতন করা । *a.* **ga°lling**—জ্বালাতনকর, পীড়াদায়ক (it is *galling* to him to have to ask for a favour) । [OF. *g(e)alla*=a wound]

gallant [ga°-lant, গ্যা°ল্যান্ট্] *a.* brave, সাহসী ;

noble, মহৎ। **gallant**°—(**1**) *a.* স্ত্রীলোকের মনোরঞ্জনে তৎপর; প্রেমপূর্ণ, প্রণয়াভিলাষী; (**2**) *n.* হাসিখুশি বীরপুরুষ; আদবকায়দাদোরস্ত বা ফ্যাশন-দোরস্ত পুরুষ; পাণিপ্রার্থী; প্রণয়প্রার্থী; (ছলনাময়) নাগর। **the honourable and gallant member**— ইংল্যানডের পার্লিঅ্যাম্যানটের যে সদস্য সামরিক চাকরি করেন বা করিতেন তাঁহাকে সম্বোধনের রীতিবিশেষ। *adv.* **ga°llantly**। *n.* **ga°llantness**। *n.* **gall°antry**—সাহস; অকুতোভয়তা; স্ত্রীলোকের মনোরঞ্জনে তৎপরতা; প্রণয়লীলা; নাগরালি। [F. *galant*]

gall-bladder—see **gall**$_1$.

galleon [ga°-li-an, গ্যা°লিঅ্যান্] *n.* a large Spanish vessel, স্পেনদেশীয় বৃহৎ তরণীবিশেষ। [Sp. *galeon*—cp. *galles*]

gallery [ga°-la-ri, গ্যা°ল্যারি] (**1**) *n.* a covered walk, আচ্ছাদিত ভ্রমণ-স্থান; a long balcony, লম্বা বারান্দা, দরদালান; (in theatres etc.) the highest floor of seats, (থিয়েটার প্রভৃতিতে) সর্বোচ্চ তলার আসনশ্রেণী (ইহার মূল্য নিম্নতম), গ্যাল্যারি; the occupants of the gallery, গ্যাল্যারিতে উপবিষ্ট শ্রোতৃমণ্ডলী বা দর্শকবৃন্দ (অর্থাৎ শ্রোতা বা দর্শকদের মধ্যে যাহাদের রুচি ও শিক্ষাদীক্ষা ন্যূনতম); a room for the exhibition of fine arts, চিত্রাদি-প্রদর্শন নাচগান প্রভৃতির জন্য নির্দিষ্ট কক্ষ; a tunnel, সুড়ঙ্গ। (**2**) *v.t.* to provide with a gallery or tunnel, গ্যাল্যারি-যুক্ত বা সুড়ঙ্গ-যুক্ত করা। **(to) play to the gallery**—রুচি ও শিক্ষাদীক্ষায় হীনতম শ্রোতৃমণ্ডলীর মনোরঞ্জনার্থ অভিনয় করা। *a.* **ga°llaried**—গ্যাল্যারির দ্বারা বা গ্যাল্যারি-বৎ শোভিত। [OF. *galerie*]

galley [ga°-li, গ্যা°লি] *n.* a long one-decked ship, দাঁড় ও পালের দ্বারা চালিত লম্বা একতলা পোতবিশেষ; an ancient warship, প্রাচীন রণতরীবিশেষ; a large rowing-boat, ছিপ-নৌকা; the kitchen of a ship, জাহাজের রান্নাঘর; (print.) a tray for type that has been set up, (মুদ্রণ) কম্পোজ-করা টাইপ রাখার পাত্র; (print.) a galley-proof, (মুদ্রণ.) মেইক্-আপের পূর্বে গ্যালির প্রুফ (also **ga°lley-proof**)। *a.* **ga°lley-slāve**—প্রাচীনকালে রণতরীতে ক্রীতদাসের ন্যায় নাবিকের কাজ করার দণ্ডপ্রাপ্ত ব্যক্তি; কয়েদি। *adv.* **galley-west°**—(অমা.) বিশৃঙ্খল বা অচৈতন্য অবস্থায়। **(to) knock galley-west**—বিভ্রান্ত বা পরাজিত করা। [OF. *galie*, *galee* < LL. *galea*]

Gallic [ga°-lik, গ্যা°লিক্] *n.* & *a.* Gaulish, গল্-জাতি বা তৎসংক্রান্ত; (joc.) French. (ব্যঙ্গে) ফরাসি। **Ga°llican**—(**1**) *a.* ফ্রান্সের; ফরাসি; ফ্রান্সের রোমান ক্যাথলিক গির্জার অনুগামী। (**2**) *n.* উক্ত গির্জার অনুগামী ব্যক্তি। *n.* **Ga°llicanism**—ফ্রান্সের রোমান ক্যাথলিক গির্জার প্রতি আনুগত্য এবং স্বাদেশিকতা ও স্বাধীনচেতা ভাব। *adv.* **Ga°llice**—ফরাসি ভাষায়। *n.* **gallicism** [ga°-li-sizm, গ্যা°-লিসিজ়্ম্]-ভাষায় ফরাসিপনা। [L. *Gallus*=a Gaul]

gallic acid—see **gall**$_2$.

gallicism—see **Gallic.**

gallinaceous [ga-li-nā°-shas, গ্যালিনেই°শ্যাস্] *a.* akin to the domestic fowl, হংসকুক্কুটাদি গৃহপালিত পক্ষিকুলের সগোত্র (যেমন, তিত্তির)। [L. *gallina*=a hen]

galling—see **gall**$_3$.

gallinule [ga°-li-nūl, গ্যা°লিনিউল্] *n.* a water-hen, জলকুক্কুট। [L. *gallina*=a hen]

galliot, galiot [ga°-li-at, গ্যা°লিঅ্যাট্] *n.* a small galley, ছোট দাঁড়ের নৌকাবিশেষ। [F. *galiote*]

gallipot [ga--li-pot, গ্যা°লিপট্] *n.* a small glazed pot, (প্রধানতঃ ঔষধ রাখার জন্য) মসৃণ ক্ষুদ্র পাত্রবিশেষ, খল। [a *pot* brought in *galleys* from the Mediterranean]

gallivant [ga°-li-vant°, গ্যা°লিভ্যান্ট্°] *v.i.* to gad about, (প্রধানতঃ প্রণয়লীলায়) অকারণ হৈচৈ করিয়া বেড়াইয়া কালহরণ করা। [< *gallant* ?]

gall-nut—see **gall**$_2$.

gallon [ga°-lan, গ্যা°ল্যান্] *n.* a measure of capacity (=4 quarts), তরল দ্রব্যাদির প্রায় সাড়ে চার লিটার পরিমিত ওজনবিশেষ। [ONF. *galon* < F. *jalon*]

gallop [ga°-lap, গ্যা°ল্যাপ্] (**1**) *n.* an animal's fastest pace, অশ্বাদির (চারি পা একত্র তুলিয়া লাফাইয়া লাফাইয়া) দ্রুততম বেগে ধাবন; a ride at a gallop, উক্তভাবে ধাবন্ত প্রাণীর পৃষ্ঠে চড়িয়া গমন। (**2**) *v.i.t.* to go or cause to go at a gallop, উক্তভাবে ধাবন করা বা করান। (**3**) *v.i.* to ride a galloping animal, উক্তভাবে ধাবন্ত প্রাণীর পৃষ্ঠে আরোহণপূর্বক গমন করা। *p.* & *p. pt.* **ga°lloped**। *n.* **ga°lloper**—উক্তভাবে ধাবনকারী পশু বা তাহার আরোহী। *a.* **ga°lloping**—দ্রুতগতিতে বৃদ্ধি পায় বা অগ্রসর হয় এমন (*galloping* consumption)। **Canterbury gallop**—(ক্যান্ট্যার্‌বিউরির গির্জায় তীর্থযাত্রীদের ন্যায়) ধীর গতি। [OF. *galop(er)*]

gallopade [ga-la-pād°, গ্যাল্যাপেইড্°] *n.* a lively dance, দ্রুততালে নৃত্যবিশেষ। [?]

galloper, galloping—see **gallop.**

gallows [ga°-lōz, গ্যা°লৌজ়্] *n. pl.* (usu. treated as *sing.*) a wooden frame for hanging criminals, ফাঁসিকাঠ; any similar structure, ভিন্ন উদ্দেশ্যসাধনার্থ অনুরূপ কোন কাঠাম। **(to) cheat the gallows**—ফাঁসির যোগ্য হইয়াও এড়াইয়া যাওয়া। **(to) come to the gallows**—ফাঁসি যাওয়া। **gallows humour**—মারাত্মক রসিকতা। *n.* **ga°llows-bird**—ফাঁসির যোগ্য বা ফাঁসির আদেশপ্রাপ্ত ব্যক্তি। *a.* **ga°llows-ripe**—ফাঁসির উপযুক্ত। *n.* **ga°llows-tree**—ফাঁসিকাঠ। [OE. *galga*—cp. G. *galgen*]

gall-stone—see **gall**$_1$.

Gallup poll [ga°-lap pōl°, গ্যা°ল্যাপ্ পৌল্°] *n.* a test of how a representative sample of people is to vote or think about something, জনসাধারণের ভোট নিলে কি হইতে পারে অথবা কোন বিষয়ে জনসাধারণের মতামত বা ধারণা কি, তাহা আঁচ করিবার জন্য এলোপাতাড়িভাবে ভোট-গ্রহণপ্রণালী বা গৃহীত ভোট। [*Gallup*, the deviser of this system]

galoche—alt. spell of **galosh.**

galoot [ga-loot°, গ্যালূট্] *n.* (coll.) a clumsy-lout (কথ্য.) অভব্য বর্বর ব্যক্তি; an awkward fool, জড়বুদ্ধি, হাবাগবা, গবেট। [?]

galop [ga°-lap, গ্যা°ল্যাপ্] *n.* a lively dance in duple time, দ্বিগুণলয়ে বা দ্রুততালে নৃত্যবিশেষ। [F.]

galore [ga-law(r)°, গ্যাল্য(র্)°] *adv.* in abundance, প্রচুরপরিমাণে। [Ir. *go*=to, *leor*=sufficiency]

galosh [ga-losh°, গ্যালশ্°] *n.* (obs.) a clog, (অপ্র.) জুতার তলিতে যে নাল পরান হয়; an overshoe, জুতাকে রাস্তার ময়লা হইতে রক্ষণার্থ উহাতে যে (সচ. রবারের) আবরণ পরান হয়। [F. *galoche*]

galumph [ga-lumf°, গ্যালাম্ফ্°] *v.i.* to go boundingly in triumph, বিজয়ানন্দে ধেইধেই করিয়া নাচিতে নাচিতে যাওয়া। [*gallop* (>*gal-*) *triumph* (>*-umph*)—coined by L. Carroll]

galvanic—see **galvanism.**

galvanism [gal°-va-nizm, গ্যাল্°ভ্যানিজ়্ম্] *n.* electric current, বিদ্যুৎপ্রবাহসঞ্চার; medical treatment by electric current, বিদ্যুৎপ্রবাহদ্বারা চিকিৎসা। *a.* **galvā°nic**—বিদ্যুৎপ্রবাহসংক্রান্ত; বিদ্যুৎপ্রবাহোৎপাদী; বিদ্যুৎপ্রবাহজাত; (আল.) আকস্মিক ও উদ্দীপনাপূর্ণ (a *galvanic* effect); (ক্রিয়াদি সম্বন্ধে) যেন বিদ্যুৎস্পৃষ্ট হইয়াছে এমন। *v.t.* **gal°vanīze**—বিদ্যুৎপ্রবাহ প্রয়োগ করা বা সঞ্চারিত করা; বিদ্যুৎপ্রবাহপ্রয়োগে বলীয়ান্ করা; কৃত্রিম বলসঞ্চার করা; বিদ্যুৎপ্রবাহদ্বারা ধাতুপ্রলেপ দেওয়া; রাং-ঝালাই করা। *n.* **galvanizā°tion** । *n.* **gal°vanīzer** । *n.* **galvano°mėter**—তড়িৎ-প্রবাহের শক্তিমাপক যন্ত্রবিশেষ। [*Galvani*, the discoverer]

gambado$_1$ [gam-bā°-dō, গ্যাম্বেই°ডৌ] *n.* a leather covering or boot attached to a saddle, জিনের সঙ্গে যুক্ত চামড়ার আবরণ বা বুটজুতা-বিশেষ। [It. *gamba*=leg]

gambado$_2$ [gam-bā°-dō, গ্যাম্বেই°ডৌ] *n.* a leap or bound of a horse, ঘোড়ার উল্লম্ফন বা লাফ। [Sp. *gambada*]

gambier [gam°-bē(r), গ্যাম্°বিয়্যা(র্)] *n.* an astringent substance prepared from the extract of an oriental plant, (চামড়া ট্যান করার কার্যে ব্যবহৃত) গামভারি-বৃক্ষের নির্যাসে প্রস্তুত কষবিশেষ। [Mal. *gambhir*, a plant]

gambit [gam°-bit, গ্যাম্°বিট্] *n.* (in chess) an opening with an offer of a sacrifice to gain an advantage, (দাবাখেলায়) খেলার সূত্রপাতে সুবিধালাভার্থ নিজের ঘুঁটি প্রতিপক্ষকে মারিতে দেওয়া। [Sp. *gambito*<It. *gambetto*]

gamble [gamb°l, গ্যাম্ব্°ল্] (**1**) *v.i.* to play games of chance for money, জুয়াখেলা; to take great risks for the sake of possible advantage, সম্ভাব্য সুবিধার বা লাভের আশায় বড় রকমের (প্রধানতঃ আর্থিক) ঝুঁকি লওয়া। (**2**) *v.t.* to squander or lose by staking, জুয়া খেলিয়া ওড়ান বা খোয়ান। (**3**) *n.* a game of chance for money, জুয়া; risky undertaking, ঝুঁকি। **(to) gamble away**—(টাকা সম্পত্তি প্রভৃতি) জুয়া খেলিয়া উড়াইয়া দেওয়া; (আল.) জুয়ার মত অনিশ্চিত ঝুঁকি লইয়া অপচয় করা বা হারান (he has *gambled away* his entire fortune)। *n.* **gamb°ler**—জুয়াড়ি। *n.* **gamb°ling-den, gamb°ling-house**—জুয়ার আড্ডা। [<*game*]

gamboge [gam-bōōz°, গ্যাম্বূজ়্°] *n.* a gum-resin, রজন। [*Cambodia*, whence it was first carried to Europe]

gambol [gam°b(a)l, গ্যাম্°ব্ল্] (**1**) *v.i.* to frisk, ক্রীড়াচ্ছলে তিড়িংতিড়িং নাচা। *pr. pt.* **gam°bolling** । *p. & p. pt.* **gam°bolled** । (**2**) *n.* a frisk, তিড়িংতিড়িং নাচ। [It. *gambata*=a kick]

game [gām, গেইম্] (**1**) *n.* sport, ক্রীড়া, খেলা; (in *pl.*) athletic sports, ক্রীড়া-প্রতিযোগিতা (the Asian *Games*); a contest for recreation, আনন্দলাভার্থ প্রতিযোগিতা; a spell or round of game, খেলার দফা বা দান (a *game* of tennis); the score that wins a game, যত পয়েন্ট পাইলে খেলায় জয় হয় (a *game* in auction bridge); jest, উপহাস, ঠাট্টা (to make *game* of); an object of pursuit, অনুসন্ধিত বা অভীষ্ট বস্তু; fighting spirit, সংগ্রামী মনোভাব, হার-না-মানা মনোভাব; the spoil of the chase, শিকার; the flesh of the hunted animals, মৃগয়ালব্ধ প্রাণীর মাংস; a flock of kept swans, পোষা রাজহাঁসের ঝাঁক; (in pl.) tricks, dodges, ছল, চতুরালি, (none of your *games*)। (**2**) *a.* of animals hunted as game, শিকারের প্রাণি-সংক্রান্ত; spirited, (লড়াইয়ের মোরগাদি-সম্পর্কে) তেজী; courageous, সাহসী; having the necessary spirit and willingness for some act, কোন কার্য সম্পাদনের উপযুক্ত তেজ-ও-ইচ্ছাসম্পন্ন (I am *game* for it)। (**3**) *v.i.* to gamble, জুয়া খেলা। **as game as Ned Kelly**—অত্যন্ত সাহসী; যথাযথ কর্মক্ষমতাসম্পন্ন। **big game**—শিকারোপযোগী বড় পশু (যেমন, বাঘ সিংহ)। **fair game**—যে মৃগ হননে আইনের বাধা নাই; (আল.) যে ব্যক্তি বা প্রতিষ্ঠানকে আক্রমণ করিলে বা সমালোচনা করিলে অন্যায় হয় না। **game(s) theory**—যুদ্ধ অর্থনীতি এবং কৌশলপূর্ণ ক্রীড়াদির গাণিতিক বিশ্লেষণ বা সম্ভাব্য ফলাফলের হিসাব। **(to) give the game away**—গোপন কৌশল পরিকল্পনা রহস্যাদি ফাঁস করা। **losing game**—যে খেলায় পরাজয়ের সম্ভাবনা একরূপ নিশ্চিত। **(to) be off one's game**—নিজের স্বাভাবিক ক্রীড়াদক্ষতানুযায়ী খেলিতে

না পারা। **(to) die game**—বীরের মত মরা ; শেষ পর্যন্ত সাহস বজায় রাখা। **(to) have the game in one's hands**—খেলায় জয়লাভসম্বন্ধে নিশ্চিত হওয়া ; খেলাকে নিজের আয়ত্তে আনা। **(to) make game of**—উপহাস করা ; উপহাসের পাত্র করা। **(to) play the game**—খেলোয়াড়ি মনোভাব দেখান। **the game is up**—খেলা সাঙ্গ হইয়াছে ; সাফল্যের আশা নাই ; পরিকল্পনা ভেস্তে গেছে। *n.* **gāme°-bag**—শিকার-করা প্রাণী (প্রধানতঃ পাখি) রাখার জন্য শিকারির ঝোলাবিশেষ। *n.* **gāme°-cock**—যে মোরগকে লড়ান হয়। *n.* **gāme°-keeper**—শিকারের পশুপক্ষিপালক ; শিকারভূমির রক্ষক। *n. pl.* **gāme°-laws**—শিকারের অধিকার ও মৃগ-সংরক্ষণ সংক্রান্ত সরকারি আইন। *n.* **gāme°-licence**—শিকার করার জন্য সরকারি অনুমতিপত্র, শিকারের লাইসেন্স্। *adv.* **gāme°ly** । *n.* **gā°mes-master**—বিদ্যালয়ের ক্রীড়াদির ভারপ্রাপ্ত শিক্ষক। *fem.* **gā°mes-mistress** । *n.* **gāme°ness** । *n.* **gāme°-prèserve°**—শিকারের জন্য সংরক্ষিত বন, শিকারভূমি। *a.* **gāme°some**—ক্রীড়নশীল, হাসি-খুশি। *n.* **gāme°ster**—জুয়াড়ি। *n.* **gā°ming**—জুয়াখেলা। *n.* **gā°ming-house, ga°ming-room**—জুয়ার আড্ডা। *n.* **gā°ming-tāble**—জুয়াখেলার টেবিল। *n.* **games°man**—যে ব্যক্তি মানসিক চাপ বা সংশয় সৃষ্টির দ্বারা ক্রীড়াদিতে জয়লাভ করে। *n.* **games°manship** । [OE. *gamen*—cp. ON. *gaman*]

gamete [ga°-mēt, গ্যা°মীট্, ga-mēt°, গ্যামীট্°] *n.* a sexual reproductive cell, জননকোষ। *n.* **gametangium** [ga-mit-an°-ji-am, গ্যামিট্-অ্যান্°জিঅ্যাম্] যে অঙ্গে বা অবয়বে জননকোষ সৃষ্টি হয়। *pl.* **gametan°gia** । [Gk. *gamete*=wife, *gametes*=husband]

gamin [ga°-min, গ্যা°মিন্ ga°-mun, গ্যা°মাঁ] *n.* a street urchin, যে দুষ্ট বালক রাস্তায় রাস্তায় ঘুরিয়া বেড়ায় ; an impudent or cheeky child, ধৃষ্ট বা বেআদব বালক। *fem.* **gamine°** । [F.]

gamma [ga°-ma, গ্যা°ম্যা] *n.* the third letter of the Greek alphabet, গ্রীক বর্ণমালার তৃতীয় বর্ণ। **gamma rays**—তেজস্ক্রিয় পদার্থ কর্তৃক নিঃসারিত অতি হ্রস্ব তরঙ্গদৈর্ঘ্যসম্পন্ন রশ্মিসমূহ। [Gk.]

gammer [ga°-ma(r), গ্যা°ম্যা(র্)] *n.* an old woman, বুড়ি-মা। [<*grandmother* or *godmother*]

gammexane [ga-meks°-ān, গ্যামেক্স্°এইন্] *n.* an insecticide, শক্তিশালী কীটনাশক পদার্থবিশেষ। [*y-hexachlorocyclohexane*]

gammon₁ [ga°-man, গ্যা°ম্যান্] (**1**) *n.* a kind of victory at backgammon, ব্যাক্গ্যামন্-খেলায় একপ্রকার জয়লাভ ; a hoax, or humbug, ধোঁকা বা বড়াই বা দম্ভোক্তি। (**2**) *v.t.* to defeat by a gammon, ব্যাক্গ্যামন্-খেলায় বিশেষ নিয়মানুসারে পরাজিত করা ; to hoax, ধোঁকা দেওয়া। [OE. *gamen*=a game ?]

gammon₂ [ga°-man, গ্যা°ম্যান্] *n.* the ham of a hog, (প্রধানতঃ লবণে জারিত) শূকরের রাং বা জঙ্ঘা। [ONF. *gambon*]

gamp [gamp, গ্যাম্প্] *n.* (coll.) a large clumsy umbrella, (কথ্য.) বড় ও কুদর্শন ছাতা। [Mrs. *Gamp*, in Dickens's 'Martin Chuzzlewit']

gamut [ga°-mat, গ্যা°ম্যাট্] *n.* (mus.) the note 'G' on the first line of the bass stave, (সঙ্গীতে) উদারার স্বরগ্রামের পঞ্চম স্বর, পা ; the whole compass of voice or instrument, স্বরের বা যন্ত্রের সমস্ত বিভিন্ন ধ্বনি, স্বরলহরী ; the full extent or scope of anything, কিছুর পূর্ণ ব্যাপ্তি, আগাগোড়া সব (the whole *gamut* of crime, feeling, etc.)। [see *gamma*]

gander [gan°-da(r), গ্যান্°ড্যা(র্)] *n.* the male of the goose, রাজহংস ; a fool, মূর্খ লোক, বোকা। [OE. *gan(d)ra*—cp. Du. & Low G. *gander*]

Ganesa [gu-nā°-sa, গানেই°স্যা] *n.* the Hindu god of success, সিদ্ধিদাতা গণেশ। [Sans.]

gang₁—alt. spell of **gangue.**

gang₂ [gang, গ্যাং] *n.* a band (দুর্বৃত্ত, কয়েদি, ক্রীতদাস, চমরী গাই, প্রভৃতির) দল। **(to) gang up**—দল বাঁধিয়া কাজ করা। *n.* **gan°ger, gangs°-man**—শ্রমিক-সর্দার। *n.* **gang°ster**—দুর্বৃত্তদলের লোক। [AS.]

Ganges [gan°-zēz, গ্যান্°জ়ীজ়্] *n.* an Indian river, গঙ্গানদী। *a.* **Gangetic** [gan-je°-tik, গ্যান্জে°টিক্] গঙ্গানদীর, গাঙ্গেয়। [Gk. *gagges*—cp. L. *Gangeticus*]

ganglia—see **ganglion.**

gangling [gang-gling, গ্যাং°গ্লিং], **gangly** [gang°-gli, গ্যাং°গ্লি] *a.* (of a person) tall and thin, lanky, কৃশ ও লম্বা। [OF. *gangan*=to go]

ganglion [gang°-gli-an, গ্যাং°গ্লিঅ্যান্] *n.* a tumour in a tendon sheath, আব ; a nerve-centre, স্নায়ুকেন্দ্র, (পরি.) নার্ভগ্রন্থি। *pl.* **gan°glia, gan°glions** । [Gk.]

gangrene [gang°-grēn, গ্যাং°গ্রীন্] (**1**) *n.* death of a part of the body, দেহের অংশবিশেষের পচন, পচনশীল ক্ষত ; (**2**) *v.t.i.* to affect or be affected with gangrene, পচন ধরান বা ধরা, পচা ঘা করা বা হওয়া। (**3**) *v.t.* to mortify, যন্ত্রণা বা মর্মপীড়া দেওয়া। *a.* **gan°grènous**—পচনশীল ; পচনশীল ক্ষতযুক্ত ; যন্ত্রণাগ্রস্ত, মর্মপীড়িত। [Gk. *gangraina*]

gangsman, gangster—see **gang₂**.

gangue [gang, গ্যাং] *n.* a rock in which ores are embedded, আকরিকের স্তরে পূর্ণ শিলা। [F. <G. *gang*=a vein]

gangway [gang°-wā, গ্যাং°ওয়্এই] *n.* a passage, (প্রধানতঃ পোতোপরি বা সভাকক্ষাদিতে আসনশ্রেণী-সমূহের মধ্যবর্তী) চলাফেরার পথ। [OF. *gangweg*]

ganister [ga-nis-ta(r), গ্যানিস্ট্যা(র্)] *n.* (geol.) a hard stone, (ভূবিদ্যা) কঠিন প্রস্তর। [?]

ganja [gan°-ja, গ্যান্°জ্যা] *n.* the female -

flowering tops of Indian hemp, or an intoxicating preparation made from it, গাঁজা, গঞ্জিকা। [Hind.]

gannet [ga°-nit, গ্যা°নিট্] *n.* the solan goose, সামুদ্রিক রাজহংসবিশেষ ; (sl.) a greedy person, (অশি.) লোভী ব্যক্তি। [OE. *ganot*>a seafowl—cp. Du. *gent*]

gantry [gan°-tri, গ্যান্°ট্রি] *n.* a structure to support a travelling-crane, railway signals, etc., চলন্ত ক্রেইন, রেলের সিগন্যাল, প্রভৃতির ভাররক্ষার্থ (সচ. ইস্পাতে নির্মিত) কাঠামবিশেষ। [OF. *gantier* <L. *canterius*=a trellis]

Ganymede [ga°-ni-mēd, গ্যা°নিমীড্] *n.* (joc.) a cup-bearer or waiter, (ব্যঙ্গে) হোটেলাদির পরিচারক বা সুরাপাত্রবাহক ; the largest satellite of Jupiter, বৃহস্পতির বৃহত্তম উপগ্রহ। [Gk. *Ganymedes*, the cup-bearer of Zeus]

gaol—alt. spell. of **jail.**

gap [gap, গ্যাপ্] *n.* a breach, ফাঁক, ফাটল ; a break in continuity, ধারাবাহিকতায় বিচ্ছেদ ; a divergence, ভিন্নমুখিতা বা বৈসাদৃশ্য। **(to) bridge** or **close** or **fill** or **supply** or **stop the gap**—অভাবপূরণ করা ; শূন্যস্থান পূরণ করা। **credibility gap**—কোন ব্যক্তি বা গোষ্ঠীর অন্য ব্যক্তি বা গোষ্ঠীর বিশ্বাস উৎপাদনে অক্ষমতাজনিত ব্যবধান (এই বাচনভঙ্গি শোভন ভাষায় মিথ্যাভাষণের অপবাদ বলিয়া গণ্য হইতে পারে।) **generation gap**—প্রাচীন ও নবীনের মধ্যে নানা বিষয়ে ব্যবধান বা পারস্পরিকভাব-বিনিময়ের অর্থাৎ বোঝাবুঝির অক্ষমতা। *a.* **ga°pped, gappy**—ফাঁক বা ফাটল আছে এমন ; বিচ্ছেদপূর্ণ। *a.* **gap°-toothed**—ফাঁক-ফাঁক দাঁতওয়ালা, বিরলদন্ত। [ON.]

gape [gāp, গেইপ্] **(1)** *v.t.* to open the mouth wide, মুখব্যাদান করা ; to yawn, হাই তোলা ; to stare with mouth open wide, (বিস্ময়াদিতে) মুখ হাঁ করিয়া একদৃষ্টে তাকাইয়া থাকা ; to be wide open, মস্ত ফাঁক হওয়া। *p.* & *p. pt.* **gā°ped**। **(2)** *n.* act of gaping, মুখ হাঁ-করা বা হাঁ করিয়া একদৃষ্টে নিরীক্ষণ ; a yawn, হাই, জৃম্ভণ। **the gapes**—হাঁস-মুরগির রোগবিশেষ : এই রোগে উহাদের মুখ হাঁ হইয়া যায় এবং ঐ অবস্থাতেই মৃত্যু হয় ; (কৌতু.) হাই, জৃম্ভণ। *n.* **gā°per**—মুখব্যাদানকারী ; জৃম্ভক ; উভয়মুখ শম্বুকবিশেষ ; (কথ্য.) ক্রিকেট খেলায় সহজে লুফিবার মত বল, সহজ ক্যাচ্। *adv.* **gāp°ingly**। [ON. *gapa*]

garage [ga°-rŭz, গ্যা°রাজ্] **(1)** *n.* a building for housing or tending motor vehicles, মোটরগাড়ি লরি প্রভৃতি রাখার বা মেরামতের স্থান, গ্যারেজ। **(2)** *v.t.* to put into a garage, গ্যারেজে রাখা। [F.]

garb [gŭ(r)b, গা(র্)ব্] **(1)** *n.* fashion of dress, পোশাকের ঢঙ ; dress, পোশাক। **(2)** *v.t.* to clothe, পোশাক পরান। [It. *garbo*=grace]

garbage [gŭ(r)°-bij, গা(র)°বিজ্] *n.* refuse, যাহা ফেলিয়া দেওয়া হয়, বর্জিতাংশ (যেমন পাঁঠাছাগলের নাড়িভুঁড়ি), জঞ্জাল ; any worthless thing, বাজে-জিনিস। *n.* **gar°bage-can**—জঞ্জাল ফেলার পাত্র বা আধার, ডাস্টবিন। [?]

garble [gŭ(r)b°l, গা(র্)ব্°ল্] *v.t.* to select advantageously, (প্রধানতঃ মন্দার্থে) নিজের সুবিধা-জনক অংশসমূহ বাছিয়া লওয়া ; to misrepresent or falsify by garbling, সুবিধাজনক অংশসমূহ বাছিয়া লইয়া এবং অন্যান্য অংশ চাপা দিয়া বিকৃত বর্ণনা করা বা খণ্ডন করা। **garbled report**—বিকৃত প্রতিবেদন। [It. *garbellare*<Ar. *ghirbal*=a sieve]

garboil [gŭ(r)°boyl, গা(র্)°বয়ল্] *n.* disorder, বিশৃঙ্খলা ; uproar, গোলমাল, হৈচৈ। [OF. *garbouil* <It. *garbuglio*]

garden [gŭ(r)°dn, গা(র্)°ড্ন্] **(1)** *n.* a piece of ground for growing flowers etc., (ফুল সবজি প্রভৃতির) বাগান, উদ্যান ; (in *pl.*) used in street-names, রাস্তার আখ্যাবিশেষ (Mandeville *Gardens*)। **(2)** *v.i.* to cultivate or work in a garden, বাগান করা বা বাগানের কাজ করা। **garden city**—দূর-দূর ব্যবধানে স্থিত উদ্যানশোভিত ভবনসমূহে পূর্ণ নগর ; উদ্যান-নগরী। *n.* **gar°dener** উদ্যানপালনবিৎ ; উদ্যানপালক ; মালী। *n.* **gar°den-house**—বাগান-বাড়ি। *n.* **gar°dening**—উদ্যানপালন। *n.* **gar°den-par°ty**—বাগানবাড়িতে প্রীতিমিলন বা প্রীতিভোজ। *n.* **gar°den-path°**—উদ্যানশোভিত পথ ; উদ্যানস্থ পথ। **(to) lead one up the garden-path**—বিপথে বা ভুল পথে চালিত করা। [OF. *gardin*]

gardenia [gŭ(r)-dē°-ni-a, গা(র্)ডী°নিআ্যা] *n.* a genus of trees and plants with large fragrant flowers, গন্ধরাজ বা ঐ গোত্রীয় পুষ্পবৃক্ষ ; its flowers, গন্ধরাজ ফুল। [*Dr. A Garden*, an American botanist]

garfish [gŭ(r)°-fish, গা(র্)°ফিশ্] *n.* a pike-like fish, তারা-বান বা থুরকুনা জাতীয় মাছবিশেষ। [OE. *gap*=spear]

garganey [gä(r)°-ga-ni, গেয়্যা(র্)°গ্যানি] *n.* a kind of duck, একপ্রকার পাঁতিহাঁস। [It. *garganello*]

Gargantuan [gŭ(r)-gan°-tū-an, গা(র্)গ্যান্°টিউ-অ্যান্] *a.* enormous, বিশাল, প্রকাণ্ড। [*Gargantua*, the giant in 'Rabelais']

garget [gä(r)°-get, গেয়্যা(র্)°গেট্] *n.* inflammation of cow's or ewe's udder, গাই বা ভেড়ির স্তন বা বাঁটের স্ফীতি। [OF. *gargate*]

gargle [gŭ(r)g°l, গা(র্)গ্°ল্] *v.t.i.* to wash (the throat), মুখের মধ্যে জল বা অন্য তরলপদার্থ লইয়া গল্গল্ শব্দে (গলা) ধোওয়া, গার্গল্ করা। **(2)** *n.* a liquid for washing the throat, উক্তভাবে গলা ধুইবার জন্য তরল পদার্থ। [OF. *gargouiller*]

gargoyle [gŭ(r)°-goyl, গা(র্)°গয়ল্] *n.* a projecting spout from the roof-gutter, ছাদের

নর্দমা-সংলগ্ন মানুষের বা সিংহব্যাঘ্রাদির মুখাকার প্রলম্বিত নালাবিশেষ (ইহা হইতে নর্দমার জল বাড়ির বাহিরে পড়ে)। [OF. *gargouille*<LL. *gurgulio*=throat]

garish [gar°-ish, গেয়া্(র্)°ইশ্] *a.* showy, জাঁকাল, চটকদার (*garish* clothes); very bright, খুব ঝল্‌মলে। *adv.* **gār°ishly** । *n.* **gār°ishness** । [?]

garjan—alt. spell. of **gurjan.**

garland [gŭ(r)°-land, গা(র্)°ল্যান্‌ড্] (**1**) *n.* a wreath, পুষ্পমাল্য বা পত্রমালা; (arch.) anthology, (আর্ষ.) সঙ্কলন-গ্রন্থ। (**2**) *v.t.* to adorn with a garland, মাল্যভূষিত করা। *p.* & *p. pt.* **garlan°dėd** । [OF. *garlande*]

garlic [gŭ(r)°-lik, গা(র্)°লিক্] *n.* a bulbous plant, রসুন। **clove of garlic**—রসুনের কোয়া। [OE. *garleac*]

garment [gŭ(r)°-mant, গা(র্)°ম্যান্ট্] *n.* an article of dress, জামা। *a.* **gar°mentėd**—পোশাক-পরিহিত; সজ্জিত। [OF. *garniment*<*garnir*=to furnish]

garn [ga(r)n, গ্যা(র্)ন্] *int.* (coll.) expressing disbelief or ridicule, (কথ্য.) অবিশ্বাস বা বিদ্রূপ-সূচক অব্যয়। [Cockney pronunciation of *go on*]

garner [gŭ(r)°-na(r), গা(র্)°ন্যা(র্)] (**1**) *n.* a granary, শস্যগোলা, শস্যভাণ্ডার; a store, ভাণ্ডার। (**2**) *v.t.* to store, ভাণ্ডারজাত করা, ভাণ্ডারে রাখা বা জমান। [OF. *gernier*<L. *granarium* (*n.*)]

garnet [gŭ(r)°-nit, গা(র্)°নিট্] *n.* a mineral, মণিরূপে ব্যবহৃত রক্তবর্ণ খনিজ পদার্থবিশেষ, তামড়ি। [OF. *grenat* ?]

garnish [gŭ(r)°-nish, গা(র্)°নিশ্] (**1**) *v.t.* to adorn, (প্রধানতঃ ভোজনপাত্রের চতুর্দিক্) সাজান; to serve notice on (the garnishee) for the purpose of attaching the money repayable to the creditor, দেনা পরিশোধ না করিতে আদেশ জারি করা কারণ পাওনাদার আদেশদাতার নিকট ঋণী। *p.* & *p. pt.* **gar°nished** । (**2**) *n.* materials for garnishing, শোভা বা রুচির জন্য প্রধান ভোজনপাত্রের চতুর্দিকে যাহা রাখা হয়। *n.* **garnishee°**—উত্তমর্ণ আদেশদাতার কাছে ঋণী বলিয়া তাহার যে খাতকের উপর ঋণপরিশোধ করিতে নিষেধ করিয়া আদেশ জারি করা হয়। *n.* **gar°nisher**—যে ব্যক্তি খাতকের উপর উক্ত আদেশ জারি করে। *n.* **gar°niture**—সজ্জিতকরণের দ্রব্য অলঙ্কার প্রভৃতি। [OF. *garnir*=to furnish]

garotte—alt. spell. of **garrotte.**

garret [ga°-rat, গ্যা°র‍্যাট্] *n.* a watch-tower, পর্যবেক্ষণার্থ অট্টালিকাদির ছাদের উপরে কুঠুরি; an attic, চিলে-কোঠা। *n.* **garre°teer°**—চিলে-কোঠার ভাড়াটে; অতি দরিদ্র লেখক। [OF. *garite*=a place of safety]

garrison [ga°-risn, গ্যা°রিস্‌ন্] (**1**) *n.* a supply of soldiers for guarding a fortress, town, etc., দুর্গ নগর প্রভৃতি রক্ষার্থ সৈন্য-সরবরাহ। (**2**) *v.t.* to furnish with troops, সৈন্য সরবরাহ করা; to defend by garrisoned fortresses, সৈন্য-বাহিনীপূর্ণ দুর্গদ্বারা (শহরাদি) সংরক্ষিত করা। **garrison town**—সৈন্য-সরবরাহের স্থায়ী ব্যবস্থাযুক্ত নগর। [OF. *garison*]

garrotte [ga-rot°, গ্যারট্°] (**1**) *n.* a Spanish capital punishment, স্পেইনদেশের ফাঁসির প্রণালী-বিশেষ; apparatus for this purpose, উক্ত ফাঁসি দিবার যন্ত্র। (**2**) *v.t.* to execute by the garrotte, উক্ত যন্ত্রদ্বারা ফাঁসি দেওয়া; to throttle, লুণ্ঠনাদির উদ্দেশ্যে ফাঁস পরাইয়া হতচেতন করান। *p.* & *p. pt.* **garro°ttėd** । *n.* **gar(r)ott°er** । [Sp.]

garrulity—see **garrulous.**

garrulous [ga°-roo-las, গ্যা°রুল্যাস্] *a.* talkative, ক্রমাগত কথা বলার স্বভাববিশিষ্ট, বাক্যবাগীশ। *n.* **garrulity** [ga-roo°-li-ti, গ্যারু°লিটি], **ga°rrulousness** । *adv.* **ga°rrulously** । [L. *garrire* =to chatter]

garter [gu(r)°-ta(r), গা(র্)°ট্যা(র্)] *n.* a band used to support a stocking, মোজা বাঁধার ফিতা, গার্টার; the badge of the highest order of knighthood in Great Britain, গ্রেটব্রিটেনের সেরা নাইট্‌দের (অর্থাৎ বীরপুরুষদের বা সম্ভ্রান্ত ব্যক্তিদের) নিদর্শন। [OF. *gartier*]

garth [gu(r)th, গা(র্)থ্] *n.* an enclosure, ঘেরাও-করা স্থান; a garden, বাগান, বাগিচা; a weir in a river for catching fish, নদ্যাদিতে মাছ ধরার জন্য যে গড়া দেওয়া হয়। [ON. *garthr*=a court]

Garuda [ga°-roo-da, গ্যা°রুড়া] *n.* a divine bird on whom rides Vishnu, গরুড়। [Sans.]

gas [gas, গ্যাস্] (**1**) *n.* any aeriform fluid, বাষ্প, গ্যাস; poisonous gas, বিষবাষ্প; gas-light, গ্যাস-বাতি; (coll.) empty or boastful talk, (কথ্য.) অসার বা মিথ্যা দম্ভোক্তি (it's all *gas*)। (**2**) *v.t.* to attack, poison, light, inflate or treat with gas, গ্যাস ছড়াইয়া আক্রমণ করা বা বিষাক্ত করা, গ্যাস-দ্বারা জ্বালান, গ্যাস ঢুকাইয়া ফোলান, গ্যাস-প্রয়োগে চিকিৎসা করা। (**3**) *v.i.* to emit gas, গ্যাস নিঃসৃত করা; to talk gas, বাজে বক্‌বক্ করা, অসার বড়াই করা। *pr. pt.* **ga°ssing** । *p.* & *p. pt.* **ga°ssed** । **blister** or **skin gas**—যে গ্যাসে গাত্রচর্মে ফোস্‌কা ফেলিয়া বা গাত্রচর্ম পোড়াইয়া মৃত্যু ঘটায়। **laughing gas**—যে গ্যাস নিঃশ্বাসের সহিত গ্রহণ করিলে ক্রমাগত হাসি পায়; (আল.) হাস্যোদ্রেক-কর ব্যক্তি বা বস্তু। **tear gas**—যে গ্যাসে চক্ষু হইতে ক্রমাগত জল পড়ে। **(to) step on the gas**—মোটরাদির বেগবর্ধক যন্ত্রে চাপ দেওয়া, বেগ বৃদ্ধি করা। *n.* **gas°-bag**—গ্যাস-ভরা থলি (বিশেষতঃ যাহা বিমান-পোতে থাকে); (আল.) যে ব্যক্তি অত্যধিক কথা বলে এবং বাজে কথা বলে। *n.* **gas°-burn°er**—স্টোভ বাতি প্রভৃতির যে ছিদ্রবহুল মুখ হইতে গ্যাস বাহির হইয়া জ্বলে। *n.* **gas-chamber**—প্রাণদণ্ডাজ্ঞাপ্রাপ্ত অপ-

রাখী প্রভৃতিকে যথার্থ গ্যাসে পূর্ণ ঘর ; আপেল প্রভৃতি সংরক্ষণার্থ গ্যাসে ভরা আলমারিবিশেষ। *n.* **gas°-coal**—গ্যাস তৈয়ারির যোগ্য কয়লা। *n.* **gaselier** [ga-sa-le(r)°, গ্যাস্যালিয়্যা(র্)°] গ্যাসবাতির ঝাড় (cp. **chandelier**)। *n.* **gas°-engine**—গ্যাস-দ্বারা চালিত এনজিন। *a.* **gā°sėous**—বাষ্পীভূত ; গ্যাসে পূর্ণ। *n.* **gas°-ėscāpe°**—বাষ্প-নির্গমন। *n.* **gas°-fitter**—গ্যাস-বাতির মিস্ত্রি। *n. pl.* **gas°-fittings**—অট্টালিকাদিতে গ্যাস-বাতির নল ও অন্যান্য প্রয়োজনীয় অংশ। *n.* **gasificā°tion** । *v.t.i.* **ga°sify**—গ্যাসে রূপান্তরিত করা। *n.* **gas°-jet**—গ্যাসের আলোর শিখা। *n.* **gas°-light**—গ্যাস-বাতি। *a.* **gas°-lit**—গ্যাস-বাতির-দ্বারা আলোকিত। *n.* **gas°-man**—গ্যাস তৈয়ারির বা গ্যাস-বাতি জ্বালার কার্যে নিযুক্ত ব্যক্তি। *n.* **gas°-mant°le**—গ্যাস-বাতির ডুম্। *n.* **gas°-mask**—বিষবাষ্পপ্রতিরোধী মুখোশ। *n.* **ga°-sŏlēne, gasoline** [ga°-sŏ-lēn, গ্যা°সোলীন্] পেট্রলের মধ্যে প্রাপ্ত উদ্বায়ী দাহ্য পদার্থবিশেষ ; (আমেরিকায়) পেট্রল, বিশেষতঃ মোটরের পেট্রল। *n.* **gasŏ°-mėter**—কৃত্রিম গ্যাস রাখার বৃহৎ আধারবিশেষ, গ্যাস-ভাণ্ডার। *n.* **gas°-oven**—যে উনান গ্যাসে জ্বলে। *n.* **gas°-plant**—উদ্বায়ী তৈল-নিঃসারক বৃক্ষবিশেষ। *n.* **gas°-pōst**—রাস্তায় গ্যাস-বাতি জ্বালার খুঁটি। *n.* **gas°-ring**—গ্যাস-বাতির মুখের বলয়বিশেষ : ইহার মধ্য হইতে শিখা বাহির হয়। *n.* **ga°ssi-nėss** । *n.* **ga°ssing**—গ্যাস-দ্বারা বিষাক্ত করা ; বিষবাষ্পপ্রয়োগ ; বিষবাষ্পপ্রয়োগে হত্যা ; অসার বা বাজে কথা। *n.* **gas°-stōve**—যে স্টোভ বা উনান গ্যাসে জ্বলে, গ্যাসচুল্লি। *a.* **ga°ssy**—গ্যাসে পূর্ণ ; গ্যাসময় ; (অশি.) অসার দম্ভপ্রবণ। *n.* **gas°-tar** অঙ্গার-বাষ্প উৎপাদনকালে প্রাপ্ত আলকাতরা। *n.* **gas°-works**—গ্যাস তৈয়ারির কারখানা। [invented by Van Helmont—suggested by Gk. *khaos*]

Gascon [gas°-kan, গ্যাস্°ক্যান্] *n.* a native of Gascony, গ্যাসকনির অধিবাসী ; a braggart, অসার বড়াইকারী। **gasconāde°**—(1) *n.* অত্যধিক দম্ভ ; (2) *v.i.* অতিশয় বড়াই করা। *p.* & *p. pt.* **gas°conādėd** । [F.]

gash₁ [gash, গ্যাশ্] (1) *v.t.* to cut deeply into, গভীরভাবে বিদ্ধ করা বা কাটা। *p.* & *p. pt.* **ga°-shed** । (2) *n.* a deep open cut, গভীর বিদারণ বা ক্ষত। [ME. *garse* <OF. *garser*=to scarify <LL. *garsa*=scarification]

gash₂ [gash, গ্যাশ্] *a.* (sl.) extra, spare, (অশি.) অতিরিক্ত, বাড়তি বা ফালতু। [?]

gasket [gas°-kit, গ্যাস্°কিট্] *n.* a small cord for securing sails etc., পোতাদির পাল প্রভৃতি বাঁধার জন্য ছোট দড়ি। [?]

gasogene—alt. spell. of **gazogene.**

gasp [gŭsp, গাস্প্] (1) *v.i.* to gape for breath, দম ফুরাইয়া হাঁপান, হাঁ করিয়া শ্বাস লওয়া ; to desire eagerly, পাইবার জন্য আকুল হওয়া ; to be on the point of death, মুমূর্ষু হওয়া, মরণশ্বাস তোলা। (2) *v.t.* to breathe gapingly, কষ্টের সহিত হাঁ করিয়া শ্বাস গ্রহণ করা। **(to) utter gaspingly,** হাঁপাইতে হাঁপাইতে বলা (he *gasped* out a few words)। *p.* & *p. pt.* **gas°pėd** । (3) *n.* act of gasping, হাঁফ। **(to) gasp one's life away** or **out**—মারা যাওয়া। **the last gasp**—মৃত্যুশ্বাস ; মুমূর্ষু অবস্থা। *n.* **gas°per**—যে হাঁপায় ; (অশি.) সস্তা সিগারেট। *a.* **gas°ping**—হাঁপাইতেছে এমন ; মুমূর্ষু। [ON. *geispa*=to yawn]

gast(e)ropod [gas°t-ra-pod, গ্যাস্°ট্র্যাপড্] *n.* a class of molluscs having locomotive organs placed ventrally, শম্বুকাদি উদরপদ প্রাণী, শামুক। [Gk. *gaster*=belly, *pous, podos*=foot]

gastric [gas°-trik, গ্যাস্°ট্রিক্] *a.* of the stomach, পাকস্থলীসংক্রান্ত। **gastric juice**—পাচকরস। *n.* **gas°tritis**—পাকাশয়ের প্রদাহপূর্ণ রোগ। *n.* **gas°tronōme**—উত্তম আহার্য ও পানীয়ের বিচারক। *a.* **gastronomic** [gas-tra-no°-mik, গ্যাস্ট্র্যান°মিক্] উত্তম খাদ্য বাছাই করা ও তৈয়ারি করা ও খাওয়া সম্বন্ধীয়। *n.* **gastro°nomist**—উক্ত বিদ্যাবিৎ। *n.* **gastronomy** [gastro°-na-mi, গ্যাস্ট্র°ন্যামি] উত্তম খাদ্য বাছাই করা ও তৈয়ারি করা ও ভোজন করার বিদ্যা। [Gk. *gaster*=belly]

gat [gat, গ্যাট্] *n.* (sl.) revolver or other firearms, রিভলভার বা অন্য আগ্নেয়াস্ত্র। [abbr. of *gatling*]

gate [gāt, গেইট্] *n.* an entrance or passage, প্রবেশপথ, দ্বার, পথ ; the main entrance, সিংহদ্বার, সদর দরজা ; a frame for closing an entrance, দরজার কপাট, দরজা ; a channel or mountain pass, খাল বা গিরিপথ ; an entrance or exit, প্রবেশের বা নির্গমনের পথ ; gate-money, প্রবেশমূল্যরূপে প্রাপ্ত মোট টাকা। **(to) stand in the gate**—(B.) আত্মরক্ষার পক্ষে সুবিধাজনকভাবে অবস্থান করা। *v.i.* **gāte-°crash**—প্রবেশমূল্য না দিয়া বা বিনা নিমন্ত্রণে ঢোকা ; (আল.) অনধিকার প্রবেশ করা। *p.* & *p. pt.* **gāte°-crashed** । *n.* **gāte°-crasher** । *a.* **gātėd**—দ্বারবিশিষ্ট (thousand-*gated*=হাজার-দুয়ারী)। *n.* **gāte°-house**—সিংহদ্বার বা সদর দরজার পার্শ্বে বা উপরে নির্মিত কক্ষাদি। *n.* **gāte°-keeper, gāte°-man**—দ্বাররক্ষী, দরওয়ান। *n.* **gāte°-money**—খেলার মাঠ প্রভৃতিতে প্রবেশমূল্যরূপে প্রাপ্ত মোট টাকা। *n.* **gāte°-post**—দরজার খুঁটি বা বাজু। *n.* **gāte°way**—দরজার ভিতর দিয়া পথ ; দরজা, তোরণ ; প্রবেশপথ (*gateway* to knowledge)। **between you and me and the gate-post**—কাহাকেও বিশ্বাসপূর্বক অত্যন্ত গোপনে (জ্ঞাপিত)। [OE. *geat*=a way—cp. Du. & ON. *gat*, Beng. *ghat*]

gather [ga°-dha(r), গ্যা°দ্যা(র্)] (1) *v.t.i.* to collect, জড় করা বা হওয়া ; to amass, জমান বা জমা, পুঞ্জীভূত করা বা হওয়া ; to draw together, একত্র করা বা হওয়া। (2) *v.t.* to cull, চয়ন করা ; to earn, অর্জন করা (to *gather* knowledge)। (3) *v.i.* to increase, বৃদ্ধি পাওয়া (dark clouds are gathering) ; to suppurate, পূযপূর্ণ হওয়া, পাকিয়া ওঠা ; to make way, পথ করিয়া লওয়া। **(to) be gathered to one's fathers**—মারা যাওয়া। **(to) gather oneself together**—নিজের সর্বশক্তি কেন্দ্রীভূত করা। *n.* **ga°therer**। *n.* **ga°thering**—সংগ্রহ ; সমাবেশ ; পুঞ্জ ; ভিড় ; জনসমাবেশ ; পূযপূর্ণ ফোঁড়া। *n.* **ga°thering-cry**—যুদ্ধার্থ সমাবিষ্ট হইবার জন্য আহ্বান। [OE. *ga(e)-derian*—cp. Du. *gaderen*]

gatling [gat°-ling, গ্যাটলিং] *n.* machine-gun with celustred barrels, বহু চোঙবিশিষ্ট কামান-বিশেষ (also **gatling gun**)। [R. J. Gatling—American inventor (died 1903)]

gauche [gowsh, গাউশ্] *a.* socially awkward, সপ্রতিভভাবে মেলামেশা করিতে পারে না এমন, সামাজিক ব্যাপারে জবুথবু ; tactless, কৌশলহীন। *n.* **gaucherie** [gow°-sha-ri, গাউ°শ্যারি] জবুথবু আচরণ ; কৌশলহীন কাজ। [F.=left]

gaucho [gow°-chō, গাউ°চৌ] *n.* a South American cowboy of mixed European and native descent, দক্ষিণ আমেরিকার বর্ণসঙ্কর রাখালবিশেষ। [Sp.]

gaud [gawd, গ্যড্] *n.* (obs.) a large ornamental bead on a rosary, (অপ্র.) জপমালার বড় রঙচঙে অক্ষটি ; a piece of finery, চাকচিক্য-পূর্ণ বস্তু ; an ornament, গহনাবিশেষ ; showy ceremony, জাঁকাল অনুষ্ঠান ; a festivity, উৎসব। *adv.* **gau°dily** । *n.* **gau°diness** । *a.* **gau°dy**—জাঁকাল ; হাসিখুশি ; রুচিবিরোধিভাবে চক্চকে। [L. *gaudium*=joy]

gauge [gāj, গেইজ্] (1) *n.* a measuring apparatus, মাপার যন্ত্র ; a standard of measure, মানদণ্ড, মাপ ; a measurement, (ধারণ-ক্ষমতা পরিধি প্রভৃতির) পরিমাপ ; distance between a pair of wheels or rails, এক জোড়া চাকার বা রেললাইনের মধ্যবর্তী ব্যবধান ; a means of estimate, হিসাব করার উপায় বা নিয়ম ; (fig.) capacity, extent, etc., (আল.) ধারণ-ক্ষমতা পাল্লা প্রভৃতি। (2) *v.t.* to measure, (ধারণ-ক্ষমতা গভীরতা প্রভৃতি) মাপা ; to estimate, হিসাব করা ; to take measure of, (লোকের গায়ের) মাপ লওয়া ; to adjust to a standard, সাধারণ মাপে বা মানে আনা ; (fig.) to assess, (আল.—চরিত্রগুণ ক্ষমতা প্রভৃতির) মূল্যাবধারণ করা (to *gauge* a person's character)। **broad gauge**—সাধারণ মাপ ($56\frac{1}{2}''$) অপেক্ষা অধিকতর চওড়া রেল-লাইন। **metre gauge**—৩৯·৩৭″ চওড়া রেল-লাইন। **narrow gauge**—সাধারণ মাপ ($56\frac{1}{2}''$) অপেক্ষা কম চওড়া রেল-লাইন। **rain gauge**—বৃষ্টিপাত-পরিমাপক যন্ত্রবিশেষ। **standard gauge**—$56\frac{1}{2}''$ চওড়া রেল-লাইন (ইহাই সাধারণ মাপ)। **(to) take the gauge of**—আন্দাজ বা হিসাব করা ; মূল্যাবধারণ করা। *a.* **gau°geable**—পরিমেয়। *n.* **gau°ger**—পরিমাপক ; আবগারি বিভাগের কর্মচারী। *n.* **gau°ging**—মদ্যাদি আবগারি দ্রব্যপূর্ণ জালার ভিতরের বস্তু মাপা। *n.* **gau°ging-rod**—আবগারি দ্রব্যপূর্ণ জালার ভিতরের বস্তু মাপার যন্ত্রবিশেষ। [OF.]

Gaul [gawl, গ্যল্] *n.* ancient France, প্রাচীন ফ্রান্সের নাম ; a native of Gaul, প্রাচীন ফ্রান্সের অধিবাসী, (joc.) a Frenchman, (ঠাট্টায়) ফরাসি। **Gau°lish**—(1) *a.* প্রাচীন ফ্রান্সের বা তত্রত্য অধিবাসীর। (2) *n.* গল্-জাতির ভাষা (ইহা কেল্‌ট্-ভাষার সগোত্র)। [F. *Gaule*<L. *Gallia*]

gauleiter [gow°-lī-ta(r), গাউ°লাইট্যা(র্)] *n.* Nazi district political leader, আঞ্চলিক বা জেলার নাৎসী রাজনৈতিক নেতা ; (fig.) local or petty tyrant, স্থানীয় বা অধস্তন অত্যাচারী শাসক। [G. *gau*=administrative district, *leiter*=leader]

gaunt [gawnt, গ্যন্ট্] *a.* lean, রোগা, কৃশ ; haggard-looking, বিশুষ্ক চেহারাবিশিষ্ট ; grim, কঠোর। *adv.* **gaunt°ly** । *n.* **gaunt°ness** । [?]

gauntlet$_1$ [gawnt°-lit, গ্যন্ট্°লিট্] *n.* a military punishment, সামরিক শাস্তিবিশেষ (ইহাতে দণ্ডিত ব্যক্তিকে সৈন্যশ্রেণীর মধ্যে দৌড়াইতে হয় এবং তখন তাহাকে ঐ সৈনিকেরা যথেচ্ছ প্রহার করে)। **(to) run the gauntlet**—উক্ত শাস্তি ভোগ করা। [Sw. *gatlopp*]

gauntlet$_2$ [gawnt°-lit, গ্যন্ট্°লিট্] *n.* iron glove, লৌহ-দস্তানা ; a glove covering the wrist, কবজি পর্যন্ত ঢাকা পড়ে এমন দস্তানা। **(to) throw down the gauntlet**—দ্বন্দ্বযুদ্ধে আহ্বানের প্রতীকস্বরূপ স্বহস্তের (লৌহ-) দস্তানা খুলিয়া ভূমিতে নিক্ষেপ করা। **(to) take up** or **pick up the gauntlet**—প্রতিদ্বন্দ্বী কর্তৃক ভূমিতে নিক্ষিপ্ত (লৌহ-) দস্তানা তুলিয়া লইয়া দ্বন্দ্বযুদ্ধের আমন্ত্রণ গ্রহণ করা। *a.* **gaunt°leted**—উক্ত দস্তানা-পরিহিত। [F. *gantelet*]

gauze [gawz, গ্যজ্] *n.* a thin transparent fabric, পাতলা ও স্বচ্ছ (প্রধানতঃ রেশমি) কাপড়-বিশেষ। *n.* **gau°ziness** । *a.* **gau°zy**—(কাপড়-সম্বন্ধে) পাতলা ও স্বচ্ছ। [F. *gaze*<?]

gave—see **give**.

gavel$_1$ [ga°vl, গ্যা°ভ্ল্] *n.* an auctioneer's or chairman's hammer, নিলামদারের বা সভাপতির হাতুড়ি। [?]

gavel$_2$ [gav°l, গ্যাভ্°ল্] *n.* tribute or rent, কর বা খাজনা। *n.* **ga°velkind**—ইংল্যানডের কেন্ট্-প্রদেশে প্রচলিত পৈতৃক সম্পত্তিতে প্রত্যেক ছেলের ভোগদখলের সমানাধিকার। [OE. *gafol*]

gawk [gawk, গ্যক্] (1) *n.* an awkward or bashful person, জবুথবু বা লাজুক ব্যক্তি। (2) *v.i.*

to stare stupidly, বোকার মত একদৃষ্টে তাকাইয়া থাকা। *adv.* **gaw°kily** । *n.* **gaw°kiness** । **gaw°ky**—(1) *a.* জবুথবু বা লাজুক ; (2) *n.* জবুথবু বা লাজুক ব্যক্তি। [?]

gawp [gawp, গ্যাপ্] *v.i.* to gape in amazement, বিস্ময়ে হাঁ করিয়া থাকা ; to look at or stare in a foolish way, বোকার মত অপলক দৃষ্টিতে তাকাইয়া থাকা। [M.E. *galpen*=to yawn]

gay [gā, গেই] *a.* lively, প্রাণচঞ্চল, চপল ; bright, উজ্জ্বল ; mirthful, হাসিখুশি, প্রফুল্ল ; light-hearted, লঘুপ্রকৃতি ; of loose life, ছন্নছাড়া বা অসচ্চরিত্র ; showy, জমকাল। *n.* **gaiety** [gā°-a-ti, গেই°অ্যাটি], **gay°ness** । *adv.* **gai°ly** । *a.* **gay°some**—আনন্দপূর্ণ। [OF. *gai*]

gayal [gī°-al, গাই°অ্যাল] *n.* an Indian domestical ox, গৃহপালিত ষণ্ডবিশেষ, গয়াল। [Hind.]

gaze [gāz, গেইজ্] (1) *v.i.* to look fixedly, স্থির-দৃষ্টিতে তাকাইয়া থাকা (to *gaze* at the sky)। (2) *n.* a fixed look, স্থির দৃষ্টি। *n.* **gā°zer** । [?]

gazel(le) [ga-zel°, গ্যাজ়েল্°] *n.* a kind of small antelope, ক্ষুদ্র বার-শিঙা হরিণবিশেষ, গজলা-হরিণ। [F.<Ar. *ghazal*]

gazette [ga-zet°, গ্যাজ়েট্°] (1) *n.* a newspaper, সংবাদপত্র ; (usu. with capital 'G') an official newspaper, সরকারি সংবাদপত্র বা ইশতিহার, গেজেট। (2) *v.t.* to publish in an official gazette, গেজেটে প্রকাশিত করা। *p.* & *p. pt.* **gaze°tted** । **(to) have one's name in the Gazette**—(প্রধানতঃ দেউলিয়া বলিয়া) সরকারি গেজেটে নাম প্রকাশিত হওয়া। *n.* **gazetteer°**—(মূলতঃ) সরকারি সাংবাদিক ; (বর্ত.) ভৌগোলিক অভিধান। [F.<It. *gazzetta*>a small coin]

gazogene [ga°-za-jēn, গ্যা°জ়্যাজীন্] *n.* an apparatus for making aerated waters, সোডা লিমনেড প্রভৃতি তৈয়ারি করার যন্ত্রবিশেষ। [F. <*gaz*—gas, Gk. *-genes*=generating]

gazump [ga-zump°, গ্যাজ়াম্প্°] *v.t.* (sl.) to swindle, প্রতারণা করা ; to raise the price of property after acceptance of an offer made by the intending buyer, (অশি.) ক্রেতা-কর্তৃক বিক্রয় সর্ত গ্রহণের পরে সম্পত্তির দাম বৃদ্ধি করা। [?]

gean [gēn, গীন্] *n.* the European wild cherry, ইউরোপের বনে জাত চেরি ফলবিশেষ। [OF. *guigne*]

gear [ge(r), গিয়্যা(র্)] (1) *n.* equipment, সাজ-সরঞ্জাম ; clothes, পোশাক-পরিচ্ছদ ; armour, বর্ম ; harness, অশ্বাদির সাজ ; apparatus, যন্ত্রপাতি ; household stuff, গৃহস্থালির জিনিসপত্র ; affair, ব্যাপার, বিষয় ; the part of a machine for transmitting motion, যন্ত্রের বা যান্ত্রিক যানসমূহের চালক অংশ, গিয়ার্। (2) *v.t.* to harness, (অশ্বাদিকে) সাজ পরান ; to put or connect in gear, (যন্ত্রাদির) গিয়ার্ চালু করা, গিয়ার্ লাগান ; (fig.) to make one work, (আল.) কার্যরত করান, সক্রিয় করা। **(to) gear down** or **up**—যন্ত্রাদির বেগ কমান বা বাড়ান। **(to) gear to**—অন্য কিছুর উপর নির্ভরশীল বা উহার অঙ্গীভূত করা (to *gear to* a programme)। **out of gear**—(আল.) বিকল অবস্থা। *n.* **gēar°-box**—গিয়ার্ বদলানর যন্ত্রপাতি রাখার বাক্স। *n.* **gear°ing**—যন্ত্রের বা যান্ত্রিক যানের দন্তযুক্ত চাকা ও দন্তের সমষ্টি ; (আল.) যৌথকারবারের বিশেষ অংশীদারগণের মধ্যে লভ্যাংশের অংশবিশেষ বণ্টন ; উক্ত বণ্টিত অর্থ। [ME. *gere*< ON. *gervi* ?]

gecko [ge°-kō, গে°কৌ] *n.* a house lizard found in warm climates, টিকটিকি বা অনুরূপ সরীসৃপ। [Mal. *gekoq*]

gee [jē, জী], **gee°-gee**—(1) *int.* go on, অশ্বাদি চালাইবার সময়ে চালক যে আওয়াজ করে, হেট্-হেট্, টক্টক্। (2) *n.* (childish) a horse, (শিশুদের আধো-আধো ভাষায়) ঘোড়া (also **gee°-up**)। [imi.]

geese—see **goose**.

geezer [gēz°-a(r), গীজ়্°অ্যা(র্)] *n.* (sl.) a queer old man, (অশি.) অদ্ভুত বুড়ো লোক ; a man, লোক। [from *guiser*]

Gehenna [gi-he°-na, গিহে°ন্যা] *n.* hell, নরক ; a place of torment, যন্ত্রণাভোগের স্থান। [B.]

Geiger counter [gī°-ga(r) kown°-ta(r), গাই°-গ্যা(র্) কাউন্°ট্যা(র্)] *n.* an instrument for detecting radio-activity, তেজস্ক্রিয়তার বিদ্যমানতা-অবধারক যন্ত্রবিশেষ। [*Geiger*, a German physicist, *counter*]

geisha [gā°-sha, গেই°শ্যা] *n.* a Japanese dancing-girl, জাপানি-বাইজি। [Jap.]

geist [gīst, গাইস্ট্] *n.* spirit, impulse, উদ্দীপনা, প্রেরণা। [G.]

gelatin(e) [je-la-tēn°, জেল্যাটীন্°] *n.* a kind of glue, সিরিশ-আঠা। *n.* **gelatinizā°tion** । *v.t.* **gela°tinīze**—সিরিশ-আঠায় পরিণত করা ; (খাদ্যাদি-সম্বন্ধে) থক্থকে আঠাল পদার্থে পরিণত করা, জাউ বা হালুয়া করা। *a.* **gela°tinous**—নরম ও আঠাল, জাউতুল্য। [F.<It. *gelatina*=jelly]

gelation [je-lā°sh(a)n, জেলেই°শ্ন্] *n.* solidification by cooling, শীতলীকৃত করিয়া ঘনীভূত করা। [L. *gelationis*]

geld₁ [geld, গেল্ড্] *n.* a tax, কর, খাজনা (Dane-*geld*)। [OE. *geld*, *gyld*=payment—cp. ON. *giald*=money]

geld₂ [geld, গেল্ড্] *v.t.* to emasculate, খোজা বা খাসি করা। *p.* & *p. pt.* **gel°ded** । *n.* **gel°der** । *n.* **gel°ding**—খোজা বা খাসি করা ; খাসি-করা পশু (বিশেষতঃ ঘোড়া)। [ON. *gelda*]

gelid [je°-lid, জে°লিড্] *a.* icy cold, তুষার-শীতল ; cold, ঠাণ্ডা। *n.* **geli°dity, ge°lidness** । *adv.* **ge°lidly** । [L. *gelidus*<*gelu*=frost]

gelignite [je°-lig-nīt, জে°লিগ্নাইট্] *n.* an explosive made from nitric acid, glycerine, etc., নাইট্রিক অ্যাসিড, গ্লিসারিন, প্রভৃতি মিশাইয়া তৈয়ারি বিস্ফোরকবিশেষ। [*gelatine*+L. *ignis*=fire]

gem [jem, জেম্] (**1**) *n.* any precious stone, when cut, পল-কাটা রত্ন; anything precious, beautiful or admirable, দামি বা সুন্দর বা প্রশংসনীয় বস্তু অথবা ব্যক্তি। (**2**) *v.t.* to adorn with gems, রত্নভূষিত করা (at night the sky is *gemmed* with stars)। *pr. pt.* **ge°mming**। *p. & p. pt.* **ge°mmed**। *n.* **gemmo°logy**—রত্নবিষয়ক বিদ্যা বা বিজ্ঞান। *a.* **gem°-like, ge°mmy**—রত্নখচিত; রত্নসদৃশ। [OE. *gim*]

geminate [je°-mi-nāt, জে°মিনেইট্] (**1**) *v.t.* to pair, যুগ্ম করা, জোড়া মেলান (to *geminate* a tree or bird)। *p. & p. pt.* **ge°minātėd**। (**2**) *a.* in pairs, যুগ্ম, জোড়ায় জোড়ায় স্থাপিত। *n.* **geminā°tion**। *n.* **Ge°minī**—মিথুনরাশি। *n.* **ge°minī**—যুগল, মিথুন, জোড়া। [L. *geminus*=twin]

gemma [je°-mŭ, জে°মা] *n.* (bot.) a leaf-bud, (উদ্ভি.) পত্রমুকুল; (zoo.) a bud-like growth from the animal body, (প্রাণি.) গর্ভমুকুল, ভ্রূণমুকুল। *pl.* **gemmæ°**। *a.* **ge°mmåte**—পত্রমুকুলযুক্ত; ভ্রূণমুকুলধারণকারী। **ge°mmāte**—(**1**) *v.t.* রত্নভূষিত করা। (**2**) *v.i.* ভ্রূণমুকুল ধারণ করা। *p. & p. pt.* **ge°mmātėd**। *n.* **gemmā°tion**—পত্রমুকুলবিন্যাস; ভ্রূণমুকুলধারণ। [L.=a bud]

gemot [gi-mōt°, গিমৌট্°] *n.* a meeting, সভা (cp. **witenagemot**)। [AS.—cp. *moot*]

gen [jen, জেন্] *n.* (sl.) general or inside information, (অশি.) সাধারণ বা ভিতরের খবর। [?]

gendarme [zon°-dŭ(r)m, জ়ঁ°দা(র্)ম্] *n.* a military policeman of France, ফ্রান্সের সৈনিক-আরক্ষী। *pl.* **gen°darmeś**। *n.* **gendarmerie°**—ফ্রান্সের সৈনিক-আরক্ষী-বাহিনী। [F.]

gender₁ [jen°-da(r), জেন্°ড্যা(র্)] poet. form of **engender.**

gender₂ [jen°-da(r), জেন্°ড্যা(র্)] *n.* (gr.) a distinction of words answering to sex, (ব্যাক.) লিঙ্গ। **common gender**—উভলিঙ্গ। **feminine gender**—স্ত্রীলিঙ্গ। **masculine gender**—পুংলিঙ্গ। **neuter gender**—ক্লীবলিঙ্গ। [F. *genre* <L. *generis*]

gene [jēn, জীন্] *n.* (bio.) one of the factors controlling heredity, (জীব.) বংশানুগতির অন্যতম নিয়ন্ত্রক উপাদান। *a.* **gē°nic**। [Gk. *genos*=a race]

genealogy [jē-ni-a°-la-ji, জীনিঅ্যা°ল্যাজি] *n.* the lineage or pedigree, বংশবৃত্তান্ত, কুলুজি। *a.* **genealogical** [jē-ni-a-lo°-jik(a)l, জীনিঅ্যাল°জিক্‌ল্] বংশবৃত্তান্ত বা কুলুজি সংক্রান্ত। *adv.* **genealo°gically**। *n.* **genea°logist**—কুলুজিবিৎ, কুলাচার্য, ভাট। **genealogical tree**—বংশতালিকা, কুলুজিনামা, কুরছিনামা। [Gk. *genea*=race, *logos*=science]

genera—see **genus.**

general [je°n(a)r(a)l, জে°ন্‌র্‌ল্] (**1**) *a.* relating to whole class, or to the whole or all, সাধারণ, সর্বজনীন, সমগ্র, সর্বজনগত; usual, সামান্য, নিত্যনৈমিত্তিক; without exception, ব্যতিক্রমহীন; universal, বিশ্বজনীন; widespread, ব্যাপক; public, জনসাধারণের; chief, প্রধান, মহা- (director-*general*)। (**2**) *n.* (mil.) a chief commanding officer; (সাম.) প্রধান সেনাপতির খেতাব। **general election**—সাধারণ নির্বাচন। **as a general rule**—সচরাচর, সাধারণতঃ। **in general**—(ন্যায়.) ব্যাপকভাবে, সর্বজনীনভাবে; সচরাচর, সাধারণতঃ। *n.* **ge°neralist**—যে ব্যক্তির জ্ঞান এক বিষয়ে সীমাবদ্ধ নহে, যে ব্যক্তি একাধিক বিষয়ে পারঙ্গম (বিপ. **specialist**)। *n.* **generality** [je-na-ra°-li-ti, জেন্যার্যা°লিটি], general (*a.*)-এর সকল অর্থে, এবং—জনসাধারণ। *n.* **generalizā°tion**। **generalize** [je°-n(a)-ra-līz, জে°ন্‌র্যালাইজ়্] *v.t.i.* সাধারণ বা সর্বজনীন বা বিশ্বজনীন করা; সাধারণ সংজ্ঞার অন্তর্ভুক্ত করা; সাধারণ রূপ বা সংজ্ঞা দেওয়া, সামান্য করা; সাধারণের ব্যবহারে লাগান (to *generalize* the use of a scientific discovery; সাধারণের আয়ত্ত বা বোধগম্য করা; (ন্যায়.) আরোহী প্রথায় সিদ্ধান্ত করা অর্থাৎ বিশেষ হইতে সামান্যে আসা। *adv.* **ge°nerally**—সর্বজনীনভাবে; একত্রে, সাধারণতঃ, সচরাচর; প্রায় ক্ষেত্রেই; মোটের উপর। *n.* **ge°neralship**—(প্রধান) সেনাপতিত্ব; সৈন্যচালনার কৌশল। OF.<L. *generalis*]

generalissimo [jen(a)-ra-li°-si-mō, জেন্‌র্যালি°সিমৌ] *n.* supreme commander, মহাধ্যক্ষ বা প্রধান সেনাপতি; রাষ্ট্রনায়ক মুসোলিনী চিয়াংকাইশেক স্টালিন প্রভৃতির খেতাব। [It.]

generate [je°-na-rāt, জে°ন্যারেইট্] *v.t.* to produce, উৎপাদন করা; to bring into existence, সৃষ্টি করা, জন্মান; to originate, উদ্ভূত করান। *p. & p. pt.* **ge°nerātėd**। *n.* **generā°tion**—উৎপাদন; সৃষ্টি, জন্ম; উদ্ভব; প্রজনন, জনি, জনন; বংশের পর্যায়, পুরুষ (fourth *generation*=চতুর্থ পুরুষ); সমকালীন ব্যক্তিবর্গ; সন্তান; বংশধর; জাতি; (B.—in *pl.*) বংশপরম্পরা, ইতিহাস। **alternation of generations**—(পরি.) জনুঃক্রম। **generation gap**—see **gap**। **spontaneous generation**—স্বতঃজনন, অজীবজনি। *a.* **ge°nerātive**—উৎপাদক; সৃজক; জন্মদায়ক। *n.* **ge°nerātor**—জন্মদাতা; উৎপাদক; উৎপাদন-যন্ত্র। *fem.* **ge°nerātrix**—মাতা; জন্মদাত্রী; উৎপাদিকা। [L. *generare*]

generic—see **genus.**

generosity—see **generous.**

generous [je°n(a)-ras, জে°ন্‌র্যাস্] *a.* noble, মহৎ; liberal, উদার; bountiful, বদান্য। *n.* **generosity** [ge-na-ro°-siti, জেন্যার°সিটি], মহত্ত্ব;

ঔদার্য ; বদান্যতা। *adv.* **ge°nerously**। [L. *generosus*=nobly born]

genesis [je°-ni-sis, জে°নিসিস্] *n.* generation, জন্ম, জনন ; creation, সৃষ্টি ; beginning, starting point, সূচনা (the *genesis* of civilization)। *pl.* **ge°nesēs**। *n.* **Ge°nesis**—বাইবেলের অন্তর্ভুক্ত 'সৃষ্টিতত্ত্ব' নামক প্রথম গ্রন্থ। [Gk.]

genet(te) [je°-nit, জে°নিট্] *n.* a carnivorous animal, গন্ধগোকুলাজাতীয় প্রাণিবিশেষ। [F. *genette* < Ar. *jarnait*]

genetic [ji-ne°-tik, জিনে°টিক্], **gėne°tical**—*a.* of origin, জন্ম বা সৃষ্টি বা উদ্ভব সম্বন্ধীয়। **genetic code**—যে নিয়মে বা রীতি অনুসারে বংশানুগতির নিয়ন্ত্রক উপাদান জীব বা উদ্ভিদ্‌কোষে স্থিত তন্তুসদৃশ বস্তুতে বা ক্রোমোসোমে সঞ্চিত থাকে। **genetic spiral**—(পরি.) পত্রমূলাবর্ত। *adv.* **gėne°tically**। *n.* **gėne°ticist**—প্রজনন বিজ্ঞান বা বিদ্যা বিশেষজ্ঞ। *n.* **gėne°tics**—প্রজনন-শাস্ত্র ; (পরি.) সুপ্রজননবিদ্যা। [improperly formed from *genesis*]

Genevan [ji-nē°-van, জিনী°ভ্যান্] (1) *a.* of Geneva, জেনেভা-দেশীয়। (2) *n.* a native of Geneva, জেনেভা-বাসী ; a follower of Calvin, জন্ ক্যাল্‌ভিনের ধর্মমতানুগামী। **Geneva Convention**—১৮৬৫ খ্রিস্টাব্দে সম্পাদিত আন্তর্জাতিক চুক্তি : এই চুক্তিবলে হাসপাতাল প্রভৃতির নিরাপত্তার এবং নৌ ও সামরিক যাজকদের নিরাপত্তার ব্যবস্থা হয়। **Geneva Cross**—লাল ক্রুশচিহ্নবিশেষ (আন্তর্জাতিক নিয়মে যুদ্ধকালে এই চিহ্নযুক্ত স্থানাদিকে নিরপেক্ষ মনে করিয়া আঘাত করা হয় না)। **Genevan theology**—জন্ ক্যাল্‌ভিনের ধর্মমত।

genial$_1$ [ji-nī°-al, জিনাই°অ্যাল্] *a.* of the chin, চিবুক-সংক্রান্ত। [Gk. *geneion*=chin]

genial$_2$ [jē°-ni-al, জী°নিয়্যাল্] *a.* of marriage and generation, বিবাহ ও প্রজনন সংক্রান্ত ; favouring growth, বর্ধনসহায়ক ; healthful, স্বাস্থ্যকর (a *genial* climate) ; cheering, আনন্দদায়ক ; kindly, সদয় ; amiable, অমায়িক। *n.* **gēnia°lity**। *adv.* **gē°nially**। [L. *genialis*]

genie [jē°-ni, জী°নি] *n.* a jinnee, জিন্, ভূত, দৈত্য। [F. *genie* < L. *genius*—confused with Ar. jin]

genital [je°-nitl, জে°নিট্‌ল্] *a.* of generating, বংশ বা জনন সম্বন্ধীয়। *n. pl.* **ge°nitals**—জননেন্দ্রিয়, উপস্থ। [L. *genitalis*]

genitive [je°-ni-tiv, জে°নিটিভ্] (1) *a.* (gr.) of the case expressing origin, possession, etc., (ব্যাক.) সম্বন্ধপদীয়। (2) *n.* the genitive case, সম্বন্ধপদীয় কারকবিশেষ, ষষ্ঠীবিভক্তি। *a.* **geniti°val**—সম্বন্ধপদীয়। [L. *genitivus*=of generation—mistranslation of Gk. *genike*=of class]

genius [jē°-ni-as, জী°নিয়্যাস্] *n.* the inborn creative faculty, সহজাত সৃজনী ক্ষমতা, প্রতিভা ; special or inborn skill, বিশেষ বা সহজাত দক্ষতা ; a guiding spirit, মানুষের ভাগ্যাদি নিয়ন্ত্রণকারী (সৎ বা অসৎ) অশরীরী আত্মা ; দৈত্যাদি। *pl.* **gēniusės**—প্রতিভাবান্ ব্যক্তিগণ ; **genii** [jē°-ni-ī, জী°নিআই] অশরীরী আত্মাসমূহ, ভূতপ্রেতাদি। **genius loci**—কোন স্থান বা অঞ্চলের সংসর্গ হালচাল প্রভৃতি। **one's evil genius**—কাহারও নিরয়গমনের সহায়ক অশুভ আত্মা ; কাহারও উপর প্রবল কু-প্রভাববিস্তারকারী ব্যক্তি (তু. কাহারও শনি বা রাহু)। **one's good genius**—কাহারও মোক্ষলাভের সহায়ক শুভ আত্মা বা দেবদূত ; কাহারও উপর প্রবল সু-প্রভাববিস্তারকারী ব্যক্তি। [L.]

genocide [je°-nŏ-sīd, জে°নোসাইড্] *n.* deliberate extermination of a race or community, (ব্যাপক হত্যাদিদ্বারা বা জীবনধারণের পক্ষে সম্পূর্ণ প্রতিকূল অবস্থার সৃষ্টি করিয়া) কোন জাতি বা সম্প্রদায়ের বিলোপসাধন। [Gk. *genos*, L. *cædere*=to kill]

Genoese [je-nŏ-ēz°, জেনোঈজ্°] (1) *a.* of Genoa, জেনোয়া-দেশীয়। (2) *n.* a native of Genoa, জেনোয়া-বাসী। [L. *Genua*=Genoa]

genre [zewn(r), জেঁ(র্)] *n.* kind, রকম ; style, ধরন ; portrayal of scenes etc. from the ordinary life, সাধারণ জীবন হইতে অঙ্কিত দৃশ্যাদি (also **genre°-pain°ting**)। [F.]

gent [jent, জেন্ট্] vul. contr. of **gentleman.**

genteel [jen-tēl°, জেন্টীল°] *a.* (usu. iron.) well-bred, graceful, fashionable, (সচ. বিদ্রূপে) ভদ্র, শোভন, আদবকায়দা-দোরস্ত। *adv.* **gentee°lly**। *n.* **genteel°nėss**। [F. *gentil* < L. *gentilis*—cp. *gentle*]

gentian [jen°-shi-an, জেন্°শিঅ্যান্] *n.* kinds of blue-flowered plant growing in mountain region, নীল অপরাজিতা-বর্গীয় বিভিন্ন পাহাড়ি পুষ্পবৃক্ষের নাম। [L. *gentiana*]

Gentile [jen°-tīl, জেন্°টাইল্] *a.* & *n.* (anyone) not of the Jewish race, অ-ইহুদি। *a.* **gen°tīle**—গোষ্ঠীসংক্রান্ত ; গোষ্ঠীভুক্ত ; (ব্যাক.) জাতিবাচক। [L. *gentilis* < *gens*=a clan]

gentility—see **gentle.**

gentle [jent°l, জেন্ট্°ল্] (1) *a.* well-born, সদ্বংশজাত ; refined in manners, ভদ্র ; mild, নম্র, শান্তস্বভাব ; amiable, অমায়িক, সুশীল ; soothing, শীতল, মৃদুমন্দ (*gentle* wind) ; moderate, অল্প, মৃদু (*gentle* heat) ; gradual, ক্রমান্বয়ী (*gentle* rise)। (2) *n.* a well-born person, সদ্বংশজাত ব্যক্তি ; a trained falcon, শিকারির শিক্ষিত বাজপক্ষী। **gentle craft**—মুচির কাজ। *n.* **genti°lity**—সদ্বংশে জন্ম ; কৌলীন্য ; ভদ্রতা ; অমায়িকতা ; সৌজন্য ; ভদ্রসমাজ। *n. pl.* **gent°lefōlk**—সদ্বংশীয় ব্যক্তিগণ। *n.* **gent°lehood**—ভদ্রবংশে জন্মজনিত মর্যাদা বা চরিত্র ও চালচলন (তু. বনেদিয়ানা)। *n.* **gent°leman**—সদ্বংশীয় ব্যক্তি ; খেতাবহীন ভদ্র সৈনিক-পুরুষ ; ভদ্রলোক (অর্থাৎ কৃষক বা ব্যবসায়ী নহে) ; সজ্জন ব্যক্তি। *fem.* **gent°lewoman**—সদ্বংশীয়া স্ত্রীলোক ; ভদ্রমহিলা। **gentle-**

man farmer—যে কৃষিজীবী স্বহস্তে কৃষিকার্য না করিয়া মজুরদ্বারা তাহা করায় (তু. জোতদার)। **gentleman's agreement**—যে চুক্তি কেবল বিশ্বাস ও মৌখিক প্রতিশ্রুতির উপরই সম্পাদিত এবং লিখিত, দলিলহীন, ভদ্রলোকের চুক্তি। *a.* **gent°lemanlike, gent°lemanly**—ভদ্রজনোচিত ; ভদ্র। *n.* **gent°lemanliness** । *adv.* **gent°ly** । [OF. *gentil* < L. *gentilis* = well-bred]

Gentoo [jen-too°, জেন্‌টু°] *n.* a gentleman of Hindosthan, হিন্দুস্থানের ভদ্রলোক। [Port. *gentio* = a Gentile]

gentry [jen°-tri, জেন্‌°ট্রি] *n.* the class of people next below the rank of nobility, আমির-ওমরাহ্ প্রভৃতি সম্ভ্রান্ত বংশের অব্যবহিত নিম্নবংশীয় ব্যক্তিবর্গ। [OF. *genterise* < *gentil* = gentle]

genuflect [je°-nū-flekt, জে°নিউফ্লেক্‌ট্] *v.i.* to bend the knees in worship, পূজা করার জন্য বা সম্মানপ্রদর্শনার্থ নতজানু হওয়া। *p.* & *p. pt.* **ge°nūflected** । *n.* **genuflexion** [je-nū-flek°-sh(a)n, জেনিউফ্লেক্‌°শ্‌ন্], **genuflec°tion** । [L. *genu* = the knee, *flectere* = to bend]

genuine [je°-nū-in, জে°নিউইন্] *a.* natural, স্বাভাবিক ; not spurious, অকৃত্রিম, আসল ; real, pure, খাঁটি, বিশুদ্ধ ; sincere, আন্তরিক। *adv.* **ge°nūinely** । *n.* **ge°nūineness** । [L. *genuinus*]

genus [je°-nas, জী°ন্যাস্] *n.* a class of objects including all subordinate species, (বস্তু প্রাণী প্রভৃতির) বর্গ। *pl.* **genera** [je°-na-ra, জে°ন্যার্যা]। *a.* **generic** [ji-ne°-rik, জিনে°রিক্] বর্গীয়। **generic name**—বর্গনাম। *adv.* **gene°rically** । [L. = birth]

geocentric [ji-ŏ-sen°-trik, জিওসেন্‌°ট্রিক্] *a.* having the earth for centre, ভূকেন্দ্রিক, ভূকেন্দ্রী। *adv.* **geŏcen°trically** । [Gk. *ge* = earth, *kentron* = centre]

geode [ji°-ōd, জি°ঔড়্] *n.* (geol.) a rock cavity lined with crystals, (ভূতত্ত্ব) স্ফটিক-বেষ্টিত গিরি-গুহাবিশেষ ; (mining) a rounded hollow nodule of ironstone, (খনিবিদ্যা) প্রধানতঃ অঙ্গারকে পূর্ণ) লৌহ-আকরিকের শূন্যগর্ভ গোলক, (পরি.) ধরাকৃতি। *n.* **gēo°dėsy**—ভূগোলকের আকার ও পরিমাপ-সংক্রান্ত গণিতবিদ্যার শাখা। *a.* **gēode-s°ėc, gēodētic** । [F. < Gk. *geodes* = earthly]

geography [ji-o°-gra-fi, জিঅ°গ্র্যাফি] *n.* the science of the earth's surface and inhabitants, ভূগোলবিদ্যা। *n.* **geŏ°grapher**—ভূগোলবিৎ, ভৌগোলিক। *a.* **geŏgra°phic(al)**—ভূগোল-সংক্রান্ত, ভৌগোলিক। **geographical distribution**—পৃথিবীর কোন্ কোন্ অঞ্চলে কি কি প্রাণী ও উদ্ভিদ্ পাওয়া যায় তৎসম্বন্ধীয় ভূগোল, প্রাণি-ভূগোল। [Gk. *geographia* < *ge* = earth, *graphein* = to write]

geology [ji-o°-la-ji, জিঅ°ল্যাজি] *n.* the science of the earth's crust and its strata, ভূবিদ্যা। *a.* **geologic** [ji-ŏ-lo°-jik, জিওল°জিক্], **geŏlo°gical**—ভূবিদ্যাসংক্রান্ত, ভূতাত্ত্বিক। *n.* **geo°logist**—ভূবিৎ, ভূবিজ্ঞানী। *v.i.t.* **geo°logize**—মৃত্তিকা খননাদিদ্বারা ভূতাত্ত্বিক গবেষণা করা। [Gk. *ge* = earth, *logos* = science]

geometer—see **geometry.**

geometry [ji-o°-mi-tri, জিঅ°মিট্রি] *n.* the science of properties and relations of magnitudes, জ্যামিতি। *n.* **geo°meter, geometrician** [ji-ŏ-me-tri°sh(a)n, জিওমেট্রি°শ্‌ন্] জ্যামিতিবেত্তা। *a.* **geometric** [ji-ŏ-me°-trik, জিওমে°ট্রিক্], **geŏme°trical**—জ্যামিতিসংক্রান্ত, জ্যামিতিক। **geometrical progression** or **series**—গুণোত্তর প্রগতি বা শ্রেণী। [Gk. *geometria*]

geophysics [gē-ō-fi°-ziks, গীঔফি°জিক্‌স্] *n.* the physics of the earth, ভূপ্রকৃতিবিদ্যা। [Gk. *ge* = earth, see *physics*]

geopolitics [jēo-po°-li-tiks°, জীঅপ°লিটিক্‌স্] *n.* study of the effect of geographical position and features upon the politics of a country, ভৌগোলিক সংস্থান দ্বারা প্রভাবিত দেশ-বিশেষের রাজনীতি-বিষয়ক বিদ্যা। [G. *geopolitik*]

geoponic [jēo-po°-nik, জীঅপ°নিক্] *a.* of agriculture, কৃষিবিষয়ক। *n.* **geopo°nics** (treated as sing.)—কৃষিবিদ্যা। [Gk. *geoponikos* < *ge* = earth, *ponos* = labour]

georgette [jaw(r)-jet°, জ্য(র্)জেট্°] *n.* a thin silk dress material, পাতলা রেশমি কাপড়বিশেষ। [a milliner's name]

Georgian [jaw(r)°-ji-an, জ্য(র্)°জিঅ্যান্] *a.* of the time of the first four Georges of Great Britain, গ্রেটব্রিটেনের প্রথম চারজন জর্জ-নামধারী নৃপতির শাসনকালীন ; of the time of George V and VI, পঞ্চম ও ষষ্ঠ জর্জের শাসনকালীন।

geranium [ji-rā°-ni-am, জিরেই°নিঅ্যাম্] *n.* a plant, সারসের চঞ্চুবৎ আকারের ফলোৎপাদী বৃক্ষ-বিশেষ ; its flower, উক্ত বৃক্ষের ফুল। [L. < Gk. *geranos* = a crane]

geriatrics [je-ri-a°-triks, জেরিঅ্যা°ট্রিক্‌স্] *n.* medical care of the old, বৃদ্ধদের স্বাস্থ্যের তত্ত্বাবধান ও প্রয়োজনানুসারে চিকিৎসা। *a.* **geria°tric**—উক্ত তত্ত্বাবধান ও চিকিৎসা সংক্রান্ত। *n.* **geriatri°cian**—বার্ধক্যজনিত ব্যাধির চিকিৎসক। [Gk. *geras* = old age, *iatros* = physician]

germ [ja(r)m, জ্যা(র্)ম্] *n.* rudimentary form of a living thing, বীজ, জীবাণু ; a shoot, অঙ্কুর ; the origin or beginning, উৎস বা সূত্রপাত ; a first principle, মূলসূত্র ; a microbe causing disease, রোগজীবাণু। **germ warfare**—জীবাণুযুদ্ধ। *n.* **germ°-cell**—বীজকোষ, গর্ভাশয়, জননকোষ। *n.* **germen** [ja(r)°-men, জ্যা(র্)°মেন্] বীজকোষ, গর্ভাশয় ; অঙ্কুর ; ভ্রূণ। *a.* & *n.* **ger°-**

micide—জীবাণুনাশক (বস্তু)। *a.* **ger°minal**—বীজ বা জীবাণু সংক্রান্ত, বৈজিক। *v.i.t.* **ger°minate**—অঙ্কুরিত হওয়া বা করা। *p. & p. pt.* **ger°minātėd** । *n.* **germinā°tion** । *a.* **ger°minative**—অঙ্কুরিত হয় এমন। [F. *germe*<L. *germen*=a germ, *germinare*=a sprout]

german₁ [ja(r)°-man, জ্যা(র্)°ম্যান্] *a.* fully related, পূর্ণসম্পর্কযুক্ত অর্থাৎ পিতার দিক্ হইতে সম্পর্কযুক্ত, খুড়তুত বা জেঠতুত বা পিসতুত (cousin *german*)। *a.* **germāne°**—প্রাসঙ্গিক ; যথাযথ, সঙ্গত। [OF. *germain*<L. *germanus*]

German₂ [ja(r)°-man, জ্যা(র্)°ম্যান্] (**1**) *n.* a native or the language of Germany, জর্মানির অধিবাসী বা ভাষা ; an ethnological division of mankind, মানবজাতির নৃতাত্ত্বিক বিভাগবিশেষ। (**2**) *a.* of Germany or German or the German language, জর্মানির, জর্মান-জাতির, জর্মান-ভাষার ; German-speaking, জর্মান-ভাষাভাষী। **German measles**—এক ধরনের হাম। **German silver**—রুপালি ধাতুমিশ্রবিশেষ, জর্মানসিল্ভার। **High German**—(মূলতঃ) দক্ষিণ জর্মানির ভাষা ; (বর্ত.) সাধু বা সাহিত্যিক জর্মান ভাষা। **Low German**—উত্তর জর্মানির ভাষা ; ইংরেজি ডাচ প্রভৃতি পশ্চিম-জর্মান-গোষ্ঠীর অন্তর্গত ভাষাসমূহ। **Germa°nic**—(**1**) *a.* জর্মানির ; জর্মান-ভাষাগোষ্ঠীর (অর্থাৎ জর্মান ইংরেজি প্রভৃতির) ; (**2**) *n.* আদি বা মূল ইন্দো-জর্মান-ভাষা। *n.* **germa°nity**—জর্মানত্ব। [L. *Germanus*]

germen, germicide, germinal, germinate—see **germ.**

gerontology [je-ran-to°-la-ji, জের‍্যান্ট°ল্যাজি] *n.* scientific study of processes of growing old, কিভাবে ও কেন বার্ধক্য আসে তৎসম্বন্ধীয় বিজ্ঞান, বার্ধক্যবিদ্যা। [Gk. *geron, gerontos*=an old man, *logos*=science, discourse]

gerrymander [ge°-ri-man-da(r), গে°রিম্যান্-ড্যা(র্)] *v.t.* to manipulate unfairly in the interests of a particular party or candidate, নির্দিষ্ট কোন দলের বা প্রার্থীর লাভের জন্য (নির্বাচন-কেন্দ্রাদিতে) অন্যায় প্রভাব বিস্তার করা। [Governor *Gerry*, and the map of Massachusetts in 1811, which looked like a *salamander*]

gerund [je°r(a)nd, জে°র্ন্ড্] *n.* (gr.) a form of Latin verb, (ব্যাক.) ধাতু হইতে গঠিত ল্যাটিন নামপদবিশেষ ; an English verbal noun, ধাতুর সহিত 'ing'-যোগে গঠিত ইংরেজি নামপদবিশেষ (to learn *dancing*)। *a.* **gerundial** [ji-run°-di-al, জিরান্°ডিঅ্যাল্], **gerundive** [ji-run°-div, জিরান্°ডিভ্] উক্ত নামপদীয়। [L. *gerundium*]

gesso [je°-sō, জে°সৌ] *n.* a ground of gypsum or plaster of Paris for tempera painting, জিপসাম বা প্লাসটার অব পারিস দ্বারা প্রস্তুত চিত্রাঙ্কনের পটভূমি। [It.<L. *gypsum*]

gest(e) [jest, জেস্ট্] *n.* an exploit, দুঃসাহসিক কর্ম ; a tale of adventure, দুঃসাহসিক কাজের কাহিনী। [OF. *geste*]

gestalt [gesh-tŭlt°, গেশ্টাল্ট্°] *n.* form, pattern, আকার, গড়ন, ধাঁচ ; organized whole or unit. সুসংগঠিত পূর্ণাঙ্গ রূপ বা একক। **gestalt psychology**—গঠনকারী অংশাদির প্রতি আকৃষ্ট না হইয়া পূর্ণাঙ্গ রূপ গ্রহণের মানসিকতা, (মনস্তত্ত্ব) বিশেষ ধরনের উপলব্ধি। [G.]

gestapo [gas-tŭ°-pō, গ্যাস্টা°পৌ] *n.* the Nazi secret police, নাৎসি জর্মানির গোয়েন্দা পুলিস। [G. *ge*heime *sta*ats *po*lizei=secret state police]

gestation [jes-tā°sh(a)n, জেস্টেই°শ্ন্] *n.* the act of carrying the young in the womb, গর্ভে ধারণ। *a.* **ges°tatory**—গর্ভসংক্রান্ত। [L. *gestare*=to carry]

gesticulate [jes-ti°-cū-lāt, জেস্টি°কিউলেইট্] *v.i.* to make gestures, অঙ্গভঙ্গি করা। *p. & p. pt.* **gesti°cūlātėd** । *n.* **gesticulā°tion** । *n.* **gesti°cūlātor** । *a.* **gesti°cūlātory**—অঙ্গভঙ্গিপূর্ণ। [L. *gesticulari*]

gesture [jes°-cha(r), জেস্°চ্যা(র্)] *n.* (obs.) a posture, (অপ্র.) অঙ্গভঙ্গি ; a significant movement of or by limbs or body, ইশারা, অঙ্গ-দ্বারা সঙ্কেত ; (fig.) move to convey intention or to evoke response, (আল.) ইচ্ছাজ্ঞাপক বা সাড়া জাগানর জন্য ইসারা (to make a friendly *gesture*)। [LL. *gestura*<*gestus*]

get [get, গেট্] (**1**) *v.t.* to obtain, পাওয়া ; to earn, অর্জন করা ; to procure, সংগ্রহ করা ; to receive, প্রাপ্ত হওয়া ; to fetch or fetch for, আনা বা আনিয়া দেওয়া (to *get* a pen for him, to *get* him a pen) ; to attain, লাভ করা ; to catch, ধরা ; to understand, বুঝিতে পারা ; to learn, শেখা ; to memorize, মুখস্থ করা ; to hit, আঘাত করা ; to discover, আবিষ্কার করা, দেখিতে পাওয়া ; to come into contact with, সংযোগ বা যোগাযোগ স্থাপন করা (to *get* a person over the phone) ; to arrest, ধরা বা গ্রেপ্তার করা ; to get the better of, আয়ত্তে আনা, পরাভূত করা ; to battle, সংগ্রাম করা ; to irritate, উত্ত্যক্ত করা ; to captivate, আকৃষ্ট করা ; to cause to be or become or go, হওয়ান বা চালান ; to induce, প্ররোচিত করা ; to betake, অবলম্বন করা ; to beget, জন্ম দেওয়া। (**2**) *v.i.* to arrive, উপনীত হওয়া ; to become, হওয়া ; to grow richer, অধিকতর সমৃদ্ধ হওয়া। *pr. pt.* **ge°tting** । *p.* **got** [got, গট্]। *p. pt.* **got,** (arch.) **go°tten** । **(to) get about**—ভ্রমণ করা ; স্বীয় কাজ-কর্ম করা ; (সংবাদ গুজব কাহিনী প্রভৃতি সম্বন্ধে) লোকের মুখে ধীরে ধীরে ছড়াইয়া পড়া। **(to) get above oneself**—(স্বীয় গুণপনার তুলনায় অধিক) আত্মতৃপ্ত হওয়া ; নিজের সম্বন্ধে বেজায় মস্ত ধারণা

পোষণ করা। **(to) get abroad**—(সংবাদ গুজব কাহিনী প্রভৃতি সম্বন্ধে) লোকের মুখে মুখে ধীরে ধীরে ছড়াইয়া পড়া। **(to) get across**—পার হওয়া। **(to) get one across**—পার করান। **(to) get a thing across**—কিছু উপলব্ধি করান। **(to) get ahead**—অন্যের অপেক্ষা আগাইয়া যাওয়া বা উন্নতি লাভ করা (*to get ahead* of); অগ্রসর হওয়া; উন্নতিলাভ করা। **(to) get along**—কার্যাদি চালান, চলিতে পারা (*to get along* without foreign aid); অগ্রসর হওয়া; উন্নতিলাভ করা; একমত বা সম্মত হওয়া; ঐক্যপূর্ণ বা সৌহার্দ্যপূর্ণ হওয়া; (কাহারও সহিত) মানাইয়া চলা (*to get along* with)। **(to) get anywhere**—(usu. in neg.) কোন ফল পাওয়া; কোন উন্নতিলাভ করা। **(to) get at**—পৌঁছান; নাগাল পাওয়া; হাতে পাওয়া, ধরিতে পারা; খুঁজিয়া পাওয়া, বুঝিতে পারা; কোন কিছু বুঝাইতে চাওয়া, ইঙ্গিত করা (what are you *getting at*); ঘুস খাওয়ান; (অমা.) পরিহাস করা। **(to) get away**—চলিয়া যাইতে সমর্থ হওয়া; পলায়ন করা, ভাগিয়া যাওয়া। **(to) get one** (or a thing) **away**—পাঠাইয়া দেওয়া বা সরান বা দুর করা। **(to) get away with**—টানিয়া লইয়া যাওয়া; সাফল্যের সহিত চালাইয়া নেওয়া; শাস্তিযোগ্য কাজ করা সত্ত্বেও শাস্তি এড়ান। **(to) get a woman with child** কোন স্ত্রীলোকের গর্ভে সন্তান উৎপাদন করা, গর্ভবতী করান। **(to) get back**—যাত্রাস্থলে ফিরিয়া আসা; পুনরুদ্ধার করা, ফিরিয়া পাওয়া; পূর্বস্থানে ফিরাইয়া নেওয়া বা পৌঁছাইয়া দেওয়া। **(to) get one's own back**—প্রতিশোধ লওয়া। **(to) get by**—(কাহারও বা কিছুর) পাশ দিয়া যাওয়া; মন্তব্য বা সমালোচনা আকর্ষণ না করিয়া চলিতে পারা (I hope to *get by* in my national dress)। **(to) get down**—অবতরণ করা, নামা। **(to) get down to**—মন দিয়া বা পূর্ণোদ্যমে কার্যাদিতে হাত লাগান (*to get down to* one's work); অনুমানাদি বর্জন করিয়া বিশ্লেষণ করা (*to get down to* facts); নামান (to *get* a person or thing *down*); গলাধঃকরণ করা (*to get* the medicine *down*); লিখিয়া লওয়া (*to get* the comments *down*); (কথ্য.) মন-মরা করা (this defeat should not *get* you *down*)। **(to) get in**—ঢোকা; পৌঁছান; ভোট-কেন্দ্রাদি হইতে নির্বাচিত হওয়া (he *got in* for Amta); ঢোকান; সংগ্রহ করিয়া আনা (*to get in* the crops); আদায় করিয়া আনা (*to get in* taxes)। **(to) get into**—ঢোকা; পরিধান করা (I cannot *get into* this shirt); সঞ্চারিত বা সঞ্চালিত হওয়া (the whisky *got into* his head); আবিষ্ট হওয়া (*to get into* a rage); (মন্দাভ্যাসাদিতে) অভ্যস্ত হওয়া (to *get into* bad habits)। **(to) get nowhere** —কিছুমাত্র ফল না পাওয়া বা উন্নতিলাভ না করা; দিশাহারা হওয়া। **(to) get off**—(যানবাহনাদি হইতে) অবতরণ করা; অপসৃত হওয়া, সরা; যাত্রা করা; (শাস্তি দুর্ভাগ্য প্রভৃতি) এড়ান; পলায়ন করা; নিজে নিজে পরিচিত হওয়া (she *got off* with him at a tea-party)। **(to) get one** (or a thing) **off**—অপসৃত করা; প্রেরণ করা; রক্ষা করা। **(to) get on**—(প্রধানতঃ যানবাহনাদিতে) আরোহণ করা; ভর দেওয়া; অগ্রসর হওয়া; আসন্ন হওয়া, ঘনান (it is *getting on* for evening); উন্নতিলাভ করা; মানাইয়া চলা (to *get on* with a person); পরিধান করা; উপরে লাগান বা বসান (he can't *get* the lid *on*)। **(to) get on one's feet**—দাঁড়ান। **(to) get one on**—অগ্রসর করান; উন্নতিলাভ করান। **(to) get on to**—(কাহারও বা কিছুর কোন দোষাদি) বুঝিতে বা ধরিতে পারা (she has tricked me a number of times, but now I *am getting on to* her)। **(to) get out**—প্রকাশিত হওয়া; জানাজানি হওয়া; বাহির হওয়া; বাহিরে যাওয়া বা আসা; পরিত্যাগ করা। (কদভ্যাসাদি) ক্রমে ক্রমে ত্যাগ করা; পলায়ন করা (*to get out of* prison); এড়ান (*to get out of* one's duties)। **(to) get out of bed**—শয্যাত্যাগ করা; **(to) get one out**—বাহিরে আনা; বাহির করা (*to get out* a few words of thanks, *to get* a confession *out of* the suspect)। **(to) get over**—ডিঙ্গাইয়া পার হওয়া; (পথাদি) অতিক্রম করা; (বিপদাদি) কাটাইয়া বা সামলাইয়া ওঠা, উত্তীর্ণ হওয়া; (রোগাদি হইতে) আরোগ্যলাভ করা। **(to) get round**—এড়ান; বুঝাইয়া-সুঝাইয়া রাজি করান অথবা স্বপক্ষে বা স্বমতে আনা। **(to) get somewhere**—কিছু ফল পাওয়া; কিছু উন্নতিলাভ করা। **(to) get through**—পৌঁছান; শেষ করা; টেলিফোনে লাইন পাওয়া; (পরীক্ষাদিতে) উত্তীর্ণ হওয়া, পাস করা; পাস করান (*to get* a bill *through* Parliament, *to get* a pupil *through* an examination)। **(to) get to**—আরম্ভ করা। **(to) get together**—একত্র হওয়া, জড় হওয়া; একত্র করা, জড় করা। **(to) get** (something) **under**—দমন করা (*to get* a fire or revolt *under*)। **(to) get up**—ওঠা; উঠিয়া দাঁড়ান; আরোহণ করা; জাগা বা জাগান; শয্যা হইতে ওঠা বা তোলা; প্রচণ্ড হইয়া উঠিতে আরম্ভ করা (the sea is *getting up*); শেখা বা মুখস্থ করা (we *got up* all ten poems of the book); নাগাল ধরা (he could not *get up* to others); পরিশোভিত করা (the book is ill *got up*); আয়োজন করা বা ব্যবস্থা করা (to *get up* a tea-party or a dramatic performance); উৎপাদন করা (*to get up* steam) সাজা; পোশাক পরা (to *get up* as a prince)। *a.* **get-at°-able**—সুগম; সুলভ; সহজসাধ্য। *n.* **get°-away**—পলায়ন; নিষ্কৃতি, আরম্ভ। *n.* **ge°tter** । *n.* **ge°tting**—অর্জন বা অর্জিত বস্তু, আয়, জন্মদান। *n.* **get°-together**—পুরাতন বন্ধু-বান্ধব প্রভৃতির পুনর্মিলন। *n.* **get-up°**—সাজসজ্জা; বাহ্য চেহারা, পরিসাজ (*get-up* of a book)। [ON. *geta*]

gewgaw [gū°-gaw, গিউ°গ্য] *n.* a toy, খেলনা; bauble, তুচ্ছ রঙ্চঙে বস্তু। [?]

geyser [ga°-za(r), গেই°জ্যা(র্)] *n.* a hot spring,

উষ্ণপ্রস্রবণ। *n.* **geyser** [ge°-za(r), গী°জ্যা(র্)] স্নানাদির জল গরম করিবার যন্ত্রবিশেষ। [Icelandic *Geysir*]

gharri, gharry [ga°-ri, গ্যা°রি] *n.* a wheeled vehicle, (প্রধানতঃ অশ্ববাহিত ও ভাড়াটে) চাকা-ওয়ালা গাড়ি। [Hind. *gari*=a vehicle]

ghastly [gŭst°-li, গাস্ট্°লি] *a.* death-like, মৃত্যুবৎ ভয়ঙ্কর (a *ghastly* accident) । *n.* **ghast°liness** । [OE. *gaestan*]

ghat, ghaut [gawt, গাট্] *n.* a mountain-pass, গিরিপথ ; (usu. in *pl.*) a mountain-range, পর্বতশ্রেণী ; a landing-stair on a river-bank etc., নদ্যাদির ঘাট ; a place of cremation, শ্মশান-ঘাট (usu. **bur°ning-ghat**)। **the Eastern Ghats**—পূর্বঘাট পর্বতমালা। **the Western Ghats**—পশ্চিমঘাট পর্বতমালা। [Hind.]

ghazal [ga°-zal, গ্যা°জ্যাল্] *n.* a Persian and Arabic verse-form, গজল। [Ar.]

ghazi [ga°-zē, গ্যা°জ়ী] *n.* a Muslim warrior slaying infidels, বিধর্মী-হন্তা মুসলমান যোদ্ধা, গাজি। [Ar.]

ghee [gē, গী] *n.* clarified butter, ঘৃত, ঘি। [Hind.]

gherao [ge-rŭ°-ō, গেরা°ঔ] (**1**) *n.* act of surrounding a person in order to compel him or her to meet the demand of the surrounders, কোন দাবি পূরণসাপেক্ষে ঘেরাও। (**2**) *v.t.* to surround thus, উক্তভাবে ঘেরাও করা। *a.* **ghera°ōed, ghera°ō'd**—উক্তভাবে ঘেরাঁও-করা। [Beng.]

gherkin [ga(r)°-kin, গ্যা(র্)°কিন্] *n.* a variety of small cucumber, ক্ষীরা। [Du. *gurkkijn*<Slav.]

ghetto [ge°-tō, গেটৌ] *n.* the Jew's quarter in a city, (প্রধানতঃ ইটালির) শহরে ইহুদি-পাড়া (ইহুদিদের এই অঞ্চলের বাহিরে যাইতে দেওয়া হয় না) ; an area to which a (minority) community or party is confined, যে এলাকার মধ্যে নির্দিষ্ট কোন (সংখ্যালঘু) সম্প্রদায় বা দলের গতিবিধি সীমাবদ্ধ করিয়া রাখা হয়। [It.]

ghi—alt. spell. of **ghee.**

ghost [gōst, গৌস্ট্] *n.* a spirit, ভূত, প্রেত, অপদেবতা ; the soul of a man, মানুষের আত্মা ; a spirit appearing after death, মানুষের মৃত্যুর পর তাহার যে আত্মা আবির্ভূত হয়, প্রেতাত্মা ; a faint or false appearance, ক্ষীণ বা মিথ্যা আভাস (not a *ghost* of hope) ; a semblance, সাদৃশ্য ; (sl.) one who does another's work—literary or artistic—for him, (অশি.) যে ব্যক্তি পরের হইয়া রচনাদি লেখে। **(to) give up the ghost**—মারা যাওয়া। **not (to) have the ghost of a chance**—কোন সুযোগ বা সম্ভাবনা না থাকা। *n.* **ghōst°liness** । *a.* **ghōst°ly**—আধ্যাত্মিক ; ধর্মসংক্রান্ত ; অশরীরী ; ভুতুড়ে ; ক্ষীণ, আবছায়া। *n.* **ghōst°-story**—ভূতের গল্প। *n.* **ghōst°-writer**—লেখক-কর্মচারি-বিশেষ : ইহার লেখা তাহার মনিব স্বনামে চালায়। [OF. *gast—h* from Caxton's Flemish habit—cp. G. *geist*]

ghoul [gōōl, গূল্] *n.* a demon that preys on corpses, মড়া-খেকো ভূত, পিশাচ। *a.* **ghou°lish**—উক্ত ভূতের ন্যায় ; মড়া-খেকো ; পৈশাচিক। [Ar. *ghul*]

giant [jī°-ant, জাই°অ্যান্ট্] (**1**) *n.* a huge mythical being, দৈত্য, দানব ; a man or anything of abnormally great stature, অস্বাভাবিকরকম বৃহৎকায় পুরুষ বা অন্য কিছু ; a very powerful man, অতি শক্তিশালী বা ক্ষমতাবান্ লোক। *fem.* **gi°antėss** । (**2**) *a.* gigantic, দৈত্যবৎ বিশাল বা প্রকাণ্ড। *a.* **gi°antly** । *n.* **gi°ant-killer**—যে ব্যক্তি নিজের চেয়ে অধিক ক্ষমতাশালী প্রতিদ্বন্দ্বীকে পরাভূত করে। [OF. *geant*<Gk. *gigantos*]

gib [jib, জিব্] *n.* a contrivance for keeping a part of a machine etc. in place, যন্ত্রাদির অংশ যথাস্থানে রাখার জন্য ব্যবহৃত কীলকবিশেষ। [?]

gibber [ji°-ba(r), জি°ব্যা(র্)] *v.i.* to utter senseless or inarticulate sounds, অর্থহীন বা অস্পষ্ট আওয়াজ করা। [imi.]

gibberish [gi°ba-rish, গি°ব্যারিশ্] *n.* rapid gabbling talk, বাজে বক্‌বকানি ; jargon, অর্থহীন কথাবার্তা। [imi.]

gibbet [ji°-bit, জি°বিট্] (**1**) *n.* a gallows, ফাঁসি-কাষ্ঠ (বিশেষতঃ ফাঁসির পর মৃতদেহ ঝুলাইয়া রাখার জন্য ক্রুশাকার দণ্ড) ; (fig.) to hold up to ridicule, (আল.) উপহাসাস্পদ করা। (**2**) *v.t.* to expose on a gibbet, ফাঁসি-কাষ্ঠে ঝুলাইয়া রাখা। *p. & p. pt.* **gi°bbetėd** । [OF. *gibet*=a stick]

gibbon [gi°-ban, গি°ব্যান্] *n.* a variety of ape, দীর্ঘভুজ উল্লুকবিশেষ, গিবন। [?]

gibbosity—see **gibbous.**

gibbous [gi°-bas, গি°ব্যাস্] *a.* humpbacked, কুব্জপৃষ্ঠ ; convex on two sides, উভয় পার্শ্বই উত্তল এমন। *n.* **gibbosity** [gi-bo°-si-ti, গিব°সিটি], **gi°bbousnėss** । *adv.* **gi°bbously** । [L. *gibbosus*]

gibe [jīb, জাইব্] (**1**) *v.i.t.* to scoff, ঘৃণা করা ; to taunt, উপহাস করা (to *gibe* at a person's mistakes) । (**2**) *n.* a flout, ঘৃণা, অবজ্ঞা ; a taunt, উপহাস। *n.* **gi°ber** । *adv.* **gi°bingly** । [?]

giblets [jib°-lits, জিব্°লিট্স্] *n. pl.* the eatable entrails of a fowl etc., পক্ষী প্রভৃতির নাড়িভুঁড়ির যে অংশ খাওয়া চলে। [OF. *gibelet*]

giddap [gi°-dap, গি°ড্যাপ্] *int.* (coll.) (of command to horses, etc.) go on, (কথ্য.) (অশ্বাদির প্রতি আদেশ) চল্ চল্ (তু. হেট্ হেট্)। [from *get up*]

giddy [gi°-di, গি°ডি] *a.* dizzy, মাথা ঝিম্‌ঝিম্ করিতেছে এমন ; causing dizziness, মাথা ঝিম্‌ঝিম্ করায় এমন ; whirling, ঘূর্ণায়মান ; frivolous, চঞ্চল। **my giddy aunt**—বিস্ময়সূচক উক্তি।

a. **gi°ddily** I *n.* **gi°ddinėss** I *a.* **gi°ddy-hea°-dėd**—চিন্তাশক্তিহীন। [OE. *gidig, gydig*= insane]

gift [gift, গিফ্‌ট্] (**1**) a thing given, প্রদত্ত বস্তু, দান ; a present, উপহার ; a bribe, ঘুষ ; a natural or inborn quality, স্বাভাবিক বা সহজাত গুণ ; act of giving, প্রদান। (**2**) *v.t.* to endow, (গুণাদিতে) ভূষিত করা ; to present, উপহার দেওয়া। *a.* **gif°tėd**—প্রভূত স্বাভাবিক বা সহজাত গুণসম্পন্ন। [see *give*]

gig$_1$ [gig, গিগ্‌] *n.* a two-wheeled carriage, দ্বিচক্রযানবিশেষ ; a ship's small boat, জাহাজে যে ক্ষুদ্র নৌকা থাকে ; a racing-boat, বাইচের নৌকা ; a flighty girl, অস্থিরচিত্তা বালিকা বা তরুণী। [?]

gig$_2$ [gig, গিগ্‌] *n.* a kind of fish-spear, মাছ-ধরা কোচবিশেষ। [Sp. *fisga*=harpoon]

gig$_3$ [gig, গিগ্‌] *n.* engagement of musicians for one performance only, কেবল এক রাত্রের জন্য বাজনার দল নিয়োগ। [?]

gigantic [gɪ-gan°-tik, জাইগ্যান্‌°টিক্] *a.* giant-like, দৈত্যবৎ, দানবীয় ; huge, প্রকাণ্ড। [L. *gigantis*]

giggle [gig°l, গিগ্‌°ল্] (**1**) *v.t.* to titter, ফিক্‌ফিক্‌ করিয়া চাপা হাসি হাসা বা বোকার মত হাসা। (**2**) *n.* such laugh, ঐরূপ হাসি ; (coll.) an amusing person or thing, (কথ্য.) আমোদজনক বা কৌতুক-প্রদ ব্যক্তি বা বস্তু। *n.* **gigg°ler** I *n.* **gig°lėt, gig°lot**—যে মেয়ে ফিক্‌ফিক্‌ করিয়া হাসে। [imi.]

gigolo [ji°-go-lō, জি°গলৌ] *n.* a professioal male dancing partner, পেশাদার পুরুষ নৃত্যসঙ্গী ; a young man paid by an older woman for his attentions, প্রৌঢ়া বা বৃদ্ধা স্ত্রীলোকের অর্থপুষ্ট তরুণ প্রণয়ী। [F.]

gild [gild, গিল্‌ড্] *v.t.* to cover or overlay with gold or gold-like substance, সোনার দ্বারা বা সোনালি পদার্থদ্বারা গিলটি করা ; to gloss over, চক্‌চকে করা। *p.* & *p. pt.* **gil°dėd, gilt** I **(to) gild the lily**—অনাবশ্যক অলঙ্করণের দ্বারা স্বাভাবিক সৌন্দর্য নষ্ট করা। *n.* **gil°der** I *n.* **gil°-ding**—যে বস্তুদ্বারা গিলটি করা হয়। [OE. *gyldan* <*gold*—cp. *gold*]

gill$_1$ [gil, গিল্] *n.* the respiratory organ in fishes, etc., মৎস্যাদি জলচর প্রাণীর শ্বাসযন্ত্র, ফুলকা, কানকুয়া। [?]

gill$_2$ [jil, জিল্] *n.* a measure=$\frac{1}{4}$ pint, $\frac{1}{4}$ পাইন্‌ট্ (অর্থাৎ $2\frac{1}{2}$ আউন্‌স্) পরিমিত ওজনবিশেষ। [OF. *gelle*]

gillyflower [ji°-li-flow-a(r), জি°লিফ্লাউয়্যা(র্)] *n.* a flower, লবঙ্গবৎ গন্ধযুক্ত পুষ্পবিশেষ। [OF. *girofle*<Gk. *karyo-phyllon*=the clove-tree]

gilt—see **gild** I **(to) take the gilt off the gingerbread**—(কিছুর) সর্বাপেক্ষা আকর্ষণীয় গুণের হানি করা। *a.* **gilt°-edged**—গিলটি-করা প্রান্তযুক্ত ; শ্রেষ্ঠ শ্রেণীর ; সম্পূর্ণ নিরাপদ্‌ (*gilt-edged* stocks or securities)।

gimbal [jim°b(a)l, জিম্‌°ব্‌ল্] *n.* (usu. in *pl.*) a contrivance for keeping a hanging object horizontal, (প্রধানতঃ জাহাজাদির উপরে) ঝুলন্ত বস্তুকে আনুভূমিকভাবে রাখার জন্য কল-বিশেষ। [OF. *gemel*=a finger-ring<L. *gemellus*< *geminus*=twin]

gimblet—alt. spell. of **gimlet.**

gimcrack [jim°-crak, জিম্‌°ক্র্যাক্] (**1**) *a.* paltry and ill-made and frail, তুচ্ছ ও বাজেভাবে তৈয়ারি এবং পলকা (a *gimcrack* article)। (**2**) *n.* showy but worthless article, চটকদার কিন্তু তুচ্ছ বস্তু। [?]

gimlet [gim°-lit, গিম্‌°লিট্] *n.* a small tool for boring holes, ক্ষুদ্র তুরপুনবিশেষ। *a.* **gim°-lėt-eyed**—তীক্ষ্ণদৃষ্টিসম্পন্ন। [OF. *gumbelet*]

gimmick [gi°-mik, গি°মিক্] *n.* (coll.) tricky device, (কথ্য.) প্রতারণাপূর্ণ কৌশল ; a device adapted to win publicity or to attract attention জনপ্রিয়তালাভের বা মনোযোগ আকর্ষণের জন্য উপায় বা কৌশল। [?]

gimp$_1$ [gimp, গিম্‌প্] *n.* silk or cotton twist with cord or wire running through it, দড়ি বা তারের সঙ্গে পাকান সিল্কের বা সুতী ফিতাবিশেষ ; fishing-line of silk bound with wire, ছিপের তারে জড়ান রেশমী সুতা। [?]

gimp$_2$ [gimp, গিম্‌প্] *n.* (sl.) courage, (অশি.) সাহস। [?]

gin$_1$ [jin, জিন্] *n.* a kind of wine, মদ্যবিশেষ। [Du. *genever*]

gin$_2$ [jin, জিন্] (**1**) *n.* a snare or trap, জাল বা ফাঁদ ; a machine, যন্ত্র ; a machine for separating cotton from seeds, তুলা হইতে বীজ ছাড়াইবার যন্ত্র। (**2**) *v.t.* to trap or ensnare, জালে বা ফাঁদে আটকান ; to separate cotton from seeds, তুলা হইতে বীজ পৃথক্‌ করা। *pr. pt.* **gi°nning** I *p.* & *p. pt.* **gi°nned** I [<*engine*]

ginger [jin°-ja(r), জিন্‌°জ্যা(র্)] (**1**) *n.* a root, আদা ; ginger-beer, আদা-মিশ্রিত পানীয়বিশেষ ; mettle, ধাত ; stimulation, উত্তেজন, তেজ-সঞ্চার। (**2**) *v.t.* to put ginger into, আদা মেশান ; to make spirited, তেজী করা। **ginger group**—যে উপদল তীব্র সমালোচনার দ্বারা দলের গোড়া মতাবলম্বীদিগকে নানা সংস্কার ও কার্যাদিতে প্রবৃত্ত করায়। *n.* **gingerāde°, gin°ger-āle°**—আদা-মিশ্রিত পানীয়বিশেষ। *n.* **gin°ger-beer°**—আদা-মিশ্রিত ফেনিল পানীয়বিশেষ। *n.* **gin°gerbread**—আদার রসমিশ্রিত কেক্‌-বিশেষ। [ME. *gingivere* <OF. *gengibre*<LL. *gingiber*]

gingerly [jin°-ja(r)-li, জিন্‌°জ্যা(র্)লি] *adv.* (also *a.*) with soft steps, নিঃশব্দচরণে ; with extreme wariness and delicate gentleness যৎপরোনাস্তি সতর্কতার সহিত এবং কোন ব্যস্ততা না

দেখাইয়া। [OF. *gensor*, compar. of *gent*=graceful]

gingham [ging°-am, গিং°অ্যাম্] *n.* printed cotton or linen cloth with designs in stripes or checks, ডোরা-কাটা বা চৌখুপি-আঁকা সুতি বা রেশমি কাপড়বিশেষ ; (coll.) an umbrella, (কথ্য.) ছাতা। [F. *guingam*<Mal. *ginggang*=striped]

gink [gink, গিংক্] *n.* (sl.) a strange fellow, অদ্ভুত লোক। [?]

gingko [ging°-kō, গিং°কৌ] *n.* a holy tree of China and Japan with fan-shaped leaves, চীন-জাপানের তালপাতার ন্যায় পত্রযুক্ত বৃক্ষবিশেষ। [Jap. *gingko*<C. *yin*=silver, *hing*=apricot]

ginseng [jin°-seng, জিন্°সেং], *n.* a Chinese plant the root of which is regarded as a panacea, চীনদেশীয় গাছ-বিশেষ : ইহার শিকড় সর্বরোগহর বলিয়া পরিগণিত। [C. *jen-shen*=(?) image of man]

gipsy—alt. spell. of **gypsy.**

giraffe [ji°-rŭf°, জিরাফ্°] *n.* the camelopard, দীর্ঘগ্রীব প্রাণিবিশেষ, জিরাফ। [Ar. *zarafah*]

girandole [ji°-ran-dōl, জি°র‌্যান্‌ডৌল্] *n.* branched chandelier, দীপাধার, বাতির ঝাড় ; ornament with large central stone surrounded by small ones, কেন্দ্রস্থ বড় পাথরের চারদিকে ছোট ছোট পাথর বসান গহনাবিশেষ (যেমন কানের দুল ফুল প্রভৃতি) ; rotating firework, চরকী বাজি। [It. *girandola*<*girare*<L. *gyrāre*=to turn round]

girasol [ji°-ra-sol, জি°র‌্যাসল্], **girasole** [ji°-ra-sōl, জি°র‌্যাসৌল] *n.* fire-opal, আগুন-রঙা মণিবিশেষ। [L. *girare*, see *girandole*]

gird$_1$ [ga(r)d, গ্যা(র্)ড্] **(1)** *v.i.t.* to jeer (at), বিদ্রূপ বা উপহাস করা। *p. & p. pt.* **gir°dėd**। **(2)** *n.* a taunt, উপহাস, বিদ্রূপ। [?]

gird$_2$ [ga(r)d, গ্যা(র্)ড্] *v.t.* to bind round, বেষ্টন করিয়া বাঁধা ; to bind with a girdle, কোমরবন্ধদ্বারা বাঁধা ; to surround, বেষ্টন করা ; to clothe or furnish, পোশাক পরান, সজ্জিত করা। *p. & p. pt.* **gir°dėd, girt**। **(to) gird up one's loins**—কার্যাদির জন্য প্রস্তুত হওয়া। **a sea-girt isle**—সমুদ্রবেষ্টিত দ্বীপ। *n.* **gir°der**—বৃহৎ কড়িবিশেষ। [OE. *gyrdan*—cp. G. *gurten*]

girdle [ga(r)d°l, গ্যা(র্)ড্°ল্] **(1)** *n.* a waistbelt, কোমরবন্ধ ; anything that encompasses, যাহা বেষ্টন করে। **(2)** *v.t.* to bind with a girdle কোমরবন্ধদ্বারা বাঁধা ; to encompass, বেষ্টন করা। [OE. *gyrdel*<*gyrdan*=to gird]

girl [ga(r)l, গ্যা(র্)ল্] *n.* a female child, বালিকা, মেয়ে, a young unmarried woman, অবিবাহিতা তরুণী ; a woman, স্ত্রীলোক ; (coll.) a sweetheart, (কথ্য.) প্রণয়িনী ; a maid-servant, পরিচারিকা। **Girl Guide**—ব্রতচারিণী বালিকা, মেয়ে-স্কাউট্। **old girl**—প্রাক্তন ছাত্রী ; স্ত্রীলোককে ঘরোয়া সম্বোধনবিশেষ। *n.* **girl°hood**—বালিকা-বয়স। *n.* **gir°lie**—(আদর বা সোহাগ বুঝাইতে) বালিকা বা মেয়ে। *a.* **gir°lish**—বালিকাসুলভ (*girlish* conduct)। *a.* **gir°ly-girly**—বেশি রকম মেয়ে-মেয়ে বা মেয়েলি। [?]

girt—see **gird$_2$.**

girth [ga(r)th, গ্যা(র্)থ্] *n.* belly-band of a saddle, জিন্ আটকাইবার জন্য ঘোড়ার পেটে যে বেল্‌ট্ বাঁধা হয় ; measurement of the circumference, পরিধির বা ঘেরের মাপ। [ON. *gjorth*]

gist [jist, জিস্‌ট্] *n.* the main point or the substance of a matter, (রচনাদির) মূল বক্তব্য বা সারমর্ম। [OF.]

git [git, গিট্] *n.* (sl. derog.) a worthless person, (অশি.) তুচ্ছার্থে) অপদার্থ লোক। [ON. *geta*]

give [giv, গিভ্] *v.t.* to bestow, অর্পণ করা ; to impart, প্রদান করা ; to yield, (অধিকারাদি) ছাড়িয়া দেওয়া ; to grant, অনুমোদন করা ; to permit, অনুমতি দেওয়া ; to afford, দেওয়া ; to supply, সরবরাহ করা ; to pay or render, (অর্থ ধন্যবাদ প্রভৃতি) দেওয়া ; to pronounce, (রায় অভিমত প্রভৃতি) প্রদান করা বা ঘোষণা করা ; to show, দেখান (to *give* promise of a bright future) ; to admit or own, স্বীকার করা, মানিয়া লওয়া ; to emit or scatter, নিঃসৃত বা বিচ্ছুরিত করা (to *give* light)। **(2)** *v.i.* to yield to pressure, চাপে পড়িয়া হার মানা (to *give* in) ; to begin to melt, গলিতে আরম্ভ করা ; to soften, নরম হওয়া ; (of window etc.) to open or look or lead, (জানালাদি) উন্মুক্ত হইলে দৃষ্টিগোচর করান বা দৃষ্টি প্রসারিত হইয়া গিয়া মেশা। *p.* **gāve** ; *p. pt.* **gi°ven**। **give and take**—আদানপ্রদান ; বিনিময় ; আপসে লেনদেন-পূর্বক মীমাংসা। **(to) give away**—বিনিময়ে কিছু না লইয়া দিয়া দেওয়া, ছাড়িয়া দেওয়া ; বিতরণ করা, বাঁটিয়া দেওয়া ; বিশ্বাসঘাতকতা-পূর্বক ধরাইয়া দেওয়া ; (কন্যাদি) সম্প্রদান করা। **(to) give back**—ফেরত দেওয়া ; ফেরত পাঠান। **(to) give forth**—নিঃসৃত বা বিচ্ছুরিত করা। **(to) give in**—(কাহারও বা কিছুর কাছে) হার মানা ; মানিয়া লইতে বাধ্য হওয়া (*to give in* to another's view) ; যথাযোগ্য ব্যক্তির হস্তে অর্পণ করা (*to give in* one's examination papers)। **(to) give into**—বরাবর যাইয়া মেশা, প্রসারিত হইয়া গিয়া মেশা (the road *gives into* the forest)। **(to) give off**—(ধূমাদি) নিঃসৃত করা। **(to) give on** or **upon**—উন্মুক্ত হইলে দৃষ্টিগোচর করান (the window *gives upon* the sea)। **(to) give oneself away**—নিজের অজান্তে গুপ্তরহস্য ফাঁস করিয়া ফেলা। **(to) give out**—সংবাদাদি জ্ঞাপন করা ; ঘোষণা করা ; নিঃসৃত বা বিচ্ছুরিত করা ; বিতরণ করা, বাঁটিয়া দেওয়া ; ক্লান্তিবশতঃ ভাঙ্গিয়া পড়া

বা ক্ষীণ হওয়া ; কম পড়া। **(to) give over**—(কর্মাদি হইতে) নিবৃত্ত হওয়া ; অর্পণ করা। **(to) give up**—পরিত্যাগ করা। **(to) be given over to**—(মন্দ অভ্যাসাদিতে) অত্যাসক্তিবশতঃ আত্মহারা হওয়া। *a.* **gi°ven**—অর্পিত ; প্রদত্ত ; নির্দিষ্ট ; আসক্ত ; প্রবণ ; অনুমোদিত ; স্বীকৃত। *n.* **gi°ver**—অর্পণকারী : প্রদানকারী ; দাতা। [OE. *gefan*—cp. G. *geven*]

gizzard [gi°-za(r)d, গি°জ্যা(র্)ড্] *n.* the second stomach of a bird, পক্ষীর দ্বিতীয় পাকস্থলী ; (fig.) throat, (আল.) গলা, কণ্ঠ। **(to) stick in one's gizzard**—অত্যন্ত অপছন্দ হওয়া ; অরুচিকর বা অপ্রীতিকর বোধ হওয়া। [OF. *g(u)iser*<? L. *gigeria*=cooked entrails of fowl]

glabella [gla-be°-la, গ্ল্যাবে°ল্যা] *n.* part of forehead above line of eyebrows, ভ্রূরেখা উপরিস্থ কপালের অংশ। [L. *glabellus*]

glabrous [glāb°-ras, গ্লেইব্°র‌্যাস্] *a.* hairless, কেশহীন ; bald, টেকো। [L. *glaber*]

glacé [gla°-se, গ্ল্যা°সে] *a.* (of fruits) iced or sugared, (ফলসম্বন্ধে) বরফের মধ্যে রাখিয়া শীতলীকৃত বা চিনি-মাখান ; (of leather, cloth, etc.) smooth or polished, (চামড়া কাপড় প্রভৃতি সম্বন্ধে) মসৃণ বা পালিশ-করা। [F.]

glacial [glā°-si-al, গ্লেই°সিঅ্যাল্] *a.* icy, বরফ-তুল্য, হিম- ; frozen, জমাট-বাঁধা ; readily solidified, সহজে জমাট বাঁধে এমন ; of ice, বরফ বা তুষার সংক্রান্ত ; of the ice age, তুষারযুগীয় ; (fig.) icy, cold, (আল.) নীরস। **glacial epoch** or **era**—অতীতে যখন উত্তর গোলার্ধের অধিকাংশ অঞ্চল বরফে ঢাকা ছিল তৎকাল বা যুগ। *v.t.* **glā°ciāte**—বরফের দ্বারা পালিশ করা। *p.* & *p. pt.* **glā°ciātėd**। *n.* **glāciā°tion**। [F.<L. *glacialis*]

glacier [gla°-sē(r), গ্ল্যা°সিয়্যা(র্)] *n.* a slowly moving stream or mass of ice, হিমবাহ, তুষারস্রোত। [F.]

glacis [gla°-sis, গ্ল্যা°সিস্] *n.* a gentle slope (esp. in fortification), (প্রধানতঃ দুর্গাদির) ঢল বা ঢাল। *pl.* **gla°cisės, gla°cis**। [F.]

glad [glad, গ্ল্যাড্] *a.* pleased, খুশি, সন্তুষ্ট ; cheerful, আনন্দপূর্ণ ; bright, উজ্জ্বল ; pleasant, মনোরম। *v.t.* **gla°dden**—খুশি বা আনন্দিত করা ; উজ্জ্বল বা মনোরম করা। *adv.* **glad°ly**। *n.* **glad°nėss**। *a.* **glad°some**—আনন্দিত ; হাসিখুশি। [OE. *glaed*—cp. D. *glad*]

glade [glād, গ্লেইড্] *n.* an open space in a wood, অরণ্যমধ্যস্থ ফাঁকা জায়গা। [?]

gladiator [gla°-di-ā-ta(r), গ্ল্যা°ডিএইট্যা(র্)] *n.* a professional combatant in ancient Rome, প্রাচীন রোমে যে পেশাদার মল্ল প্রাণপণ করিয়া মানুষ বা হিংস্র পশুর সহিত লড়াই করিত। *a.* **gladiatorial** [gla-di-a-taw°-ri-al, গ্ল্যাডিঅ্যাট্য°রিঅ্যাল্] উক্ত মল্লসংক্রান্ত। [L.]

gladiole [gla°-di-ōl, গ্ল্যা°ডিউল্], **gladiolus** [gla-di-ō°-las, গ্ল্যাডিঔ°ল্যাস্] *n.* any plant of the Iris family with sword-shaped leaves, অসি-ফলকাকার পত্রযুক্ত বৃক্ষবিশেষ। [L. *gladius*=sword]

Gladstone bag [glad°-stan bag, গ্ল্যাড্°স্ট্যান্ ব্যাগ্] *n.* a portable bag, হাতে বহনযোগ্য (সচ. চামড়ার তৈয়ারি) ঝোলাবিশেষ। [*Gladstone*, a prime minister of Great Britain]

glair [glā(r), গ্লেয়্যা(র্)] **(1)** *n.* the white of egg used as varnish, বার্নিশে ব্যবহৃত ডিম্বের শ্বেতাংশ ; any viscous substance, যে-কোন আঠাল পদার্থ। **(2)** *v.t.* to varnish with glair, ডিমের শ্বেতাংশ-দ্বারা বার্নিশ করা। [F. *glaire*—cp. LL. *clara*]

glaive [glāv, গ্লেইভ্] *n.* a sword, তরবারি ; a spear, বর্শা। [OF.]

glamorous—see **glamour**.

glamour [gla°-ma(r), গ্ল্যা°ম্যা(র্)] *n.* enchantment, জাদু ; fascinating beauty, মোহিনী মায়া ; fictitious or delusive beauty, নকল বা বিভ্রম-জনক সৌন্দর্য। **glamour girl**—সাজসজ্জা ও অঙ্গরাগাদির সাহায্যে নিজেকে সুন্দরী ও যুবতী বলিয়া প্রতিপন্ন করিতে সচেষ্ট (প্রধানতঃ অধিকবয়স্কা) নারী, নকল মোহিনী। *a.* **glamorous** [gla°-ma-ras, গ্ল্যা°-ম্যার‌্যাস্] জাদুপূর্ণ ; কৃত্রিম সৌন্দর্যদ্বারা আকর্ষণকর। [corrup. of *grammar*]

glance [glŭns, গ্লান্স্] **(1)** *v.i.t.* to fly off obliquely, তির্যগ্ভাবে ছুটিয়া যাওয়া বা ছুড়িয়া মারা ; to flash, ঝলকান ; to snatch a momentary view, এক পলক দেখা। **(2)** *n.* an oblique movement, তির্যক্ গতি ; a brief look, এক পলক দৃষ্টি (to see a thing at a *glance*) ; (in cricket) a variety of stroke, (ক্রিকেটে) ব্যাটের যে আঘাতে বল তির্যক্ গতিতে ছুটিয়া যায়। *p.* & *p. pt.* **glan°cėd**। *adv.* **glan°cingly**। [?]

gland [gland, গ্ল্যান্ড্] *n.* a secreting structure in plant or animal, উদ্ভিদ্দেহের বা জীবদেহের লালাগ্রন্থি। *a.* **glan°dūlar**—উক্ত গ্রন্থিযুক্ত বা গ্রন্থি-সংক্রান্ত (*glandular* fever)। *n.* **glan°dūle**—ক্ষুদ্রগ্রন্থি। [L. *glandis*=an acorn]

glanders [glan°-da(r)z, গ্ল্যান্°ড্যা(র্)জ্] *n.* a contagious fatal disease of the horse and ass, অশ্ব ও গর্দভের মারাত্মক সংক্রামক রোগবিশেষ : এই রোগে চোয়াল ফোলে এবং নাক হইতে সর্দি ঝরে ; this disease communicated to man, মানুষের মধ্যে সংক্রামিত উক্ত রোগ। [OF. *glandre*=a gland]

glare [glā(r), গ্লেয়্যা(র্)] **(1)** *n.* an oppressively dazzling light, চোখ-ধাঁধান ঝলমলে আলো ; overpowering lustre, যে দ্যুতি বিহ্বল করে ; a glassy surface, কাচের মত উজ্জ্বল উপরিভাগ ; a fierce stare, কঠোর স্থিরদৃষ্টি, জ্বলন্ত দৃষ্টি (to look with a *glare*)। **(2)** *v.i.* to shine dazzlingly and oppressively, তীব্রভাবে ঝলমল করা বা দীপ্তি পাওয়া ; to stare fiercely, তীব্রদৃষ্টিতে তাকান।

a. **glar°ing**—উজ্জ্বল ও চোখ-ধাঁধান (the *glaring* headlight of a motor-car) ; জ্বলন্ত (*glaring* eyes) । [ME. *glaren*=to shine—cp. LG. *glaren*]

glass [glŭs, গ্লাস্] (**1**) *n.* a brittle substance, কাচ ; any article made of glass, কাচের তৈয়ারি জিনিস (যেমন কাচের গেলাস, আয়না, চশমার বা ঘড়ির কাচ, দুরবিন, প্রভৃতি) ; a glassful, এক গেলাসে যে পরিমাণ তরল পদার্থ ধরে (a *glass* of wine) ; (in *pl.*) spectacles, চশমা । (**2**) *v.t.* to glaze or polish, চক্চকে করা বা পালিশ করা ; to reflect in glass, কাচে বা আয়নায় প্রতিবিম্বিত করা । *p.* & *p. pt.* **gla°ssed** । *n.* **glass°-blower**—যে ব্যক্তি কাচ গলাইয়া জিনিসপত্র তৈয়ারি করে ; কাচ গলানর যন্ত্র । *n.* **glass°-blowing**—কাচ গলাইয়া জিনিসপত্র তৈয়ারির প্রণালী । *n.* **glass°-cutter**—কাচ-কাটা যন্ত্র ; কাচ-কাটা হীরা ; খাসগেলাসের বা বেলোয়ারি কাচের কারিগর । *n.* **glass°-cutting**—কাচ কাটার বা গলানর বা পালিশ করার কাজ । **glass eye**—কাচের তৈয়ারি নকল চক্ষু । *n.* **glass°ful**—এক গেলাসে যত ধরে তত পরিমাণ । *n.* **glass°-house**—কাচের কারখানা ; কাচে নির্মিত বাড়ি বা কুঞ্জভবন । **(to) live in a glass-house**—অরক্ষিত অবস্থায় থাকা (যে অবস্থায় সহজেই আক্রান্ত হওয়া সম্ভব) । *adv.* **gla°ssily** । *n.* **glassine°**—একপ্রকার চক্চকে স্বচ্ছ কাগজ । *n.* **gla°ssiness** । *n.* **glass-pāper**—কাচের গুঁড়ার প্রলেপযুক্ত কাগজবিশেষ ; শিরিস-কাগজ । *n.* **glass°wāre**—কাচের জিনিসপত্র । *n.* **glass°-wool**—কাচের সূক্ষ্ম তন্তু । *n.* **glass°-work**—কাচের কারখানা ; কাচের তৈয়ারি জানালা দরজা প্রভৃতি । *a.* **gla°ssy**—কাচতুল্য । [OE. *glaes*]

glaucoma [glaw-kō°-ma, গ্ল্যকৌ°ম্যা] *n.* an eye-disease, চোখের ছানির জটিল অবস্থা । [Gk. *glaukoma*=cataract]

glaucous [glaw°-kas, গ্ল্য°ক্যাস্] *a.* sea-green, সমুদ্রের ন্যায় সবুজ বা ফিকে নীল, সিন্ধুনীল । [L. *glaucus* < Gk. *glaukos*]

glaze [glāz, গ্লেইজ্] (**1**) *v.t.* to furnish or fit with glass, কাচ পরান । (**2**) *v.t.i.* to make or become glassy, চক্চকে করা বা হওয়া । (**3**) *n.* a glassy coating, চক্চকে প্রলেপ ; glassiness, চক্চকে জেল্লা । *n.* **glā°zer**—যে ব্যক্তি মৃন্ময় পাত্রাদি চক্চকে করে । *n.* **glāzier°**—যে ব্যক্তি জানালা-দরজাদিতে কাচ পরায় । *n.* **glā°zing**—জানালাদিতে কাচ পরানর কাজ ; মৃন্ময় পাত্রাদিতে জেল্লা ধরানর কাজ ; উক্ত জেল্লা ধরানর জন্য প্রলেপ ; (চিত্রাঙ্কনে) ঈষৎ স্বচ্ছ রঙ্ বা রঙের প্রলেপ । [ME. *glasen* < *glas*=glass]

gleam [glēm গ্লীম্] (**1**) *v.i.* to glow moderately, মৃদুভাবে দীপ্তি পাওয়া (cat's eyes *gleam* in darkness) । (**2**) *n.* a moderate glow, মৃদু দীপ্তি ; a beam, রশ্মি ; brightness, ঔজ্জ্বল্য ; (fig.) flash or show of feeling, comprehension, qualities, etc., (আল.) অনুভূতি উপলব্ধি অথবা গুণাদির ক্ষণিক প্রকাশ (a *gleam* of hope, intelligence, etc.) । [OE. *glaem* (*n.*)]

glean [glēn, গ্লীন্] *v.t.i.* to gather what has been left by the reapers or others, কৃষকের ফসল কাটিয়া লওয়ার পরে যে শস্যাদি খেতে পড়িয়া থাকে তাহা বা অপরে যাহা উপেক্ষাভরে ফেলিয়া গিয়াছে তাহা একটু একটু করিয়া কুড়ান । *n.* **glea°ner** । *n.* **glea°ning**—উক্ত সংগ্রহের কাজ, শিলোঞ্ছবৃত্তি ; (in *pl.*) উক্তরূপে সংগৃহীত বস্তু [OF. *glener*]

glebe [glēb, গ্লীব্] *n.* earth, land, a field, মৃত্তিকা, জমি, খেত ; land going with benefice, যাজকত্রের অন্তর্ভুক্ত জমি । [L. *gleba*]

glee [glē, গ্লী] *n.* joy, আনন্দ ; mirth, উল্লাস ; a kind of chorus song, যৌথসঙ্গীতবিশেষ । *a.* **glee°ful, glee°some**—আনন্দপূর্ণ ; উল্লসিত । *adv.* **glee°fully** । *n.* **glee°-man**—চারণ-কবি । [OF. *gleo, gliw*]

gleet [glēt, গ্লীট্] *n.* a thin discharge from chronic wound or ulcer, পুরাতন ক্ষত বা ঘা হইতে নিঃসৃত পুঁজ রক্ত বা রস । [F. *glette*=slime]

glen [glen, গ্লেন্] *n.* a narrow valley, নদীযুক্ত সঙ্কীর্ণ উপত্যকা । [Gael. *gleann*]

glendoveer [glen-do°-vē(r), গ্লেন্ডৌ°ভিয়্যা(র্)] *n.* a heavenly spirit, স্বর্গীয় আত্মাবিশেষ, উপদেবতা । [F *grandouver*—cp. Sans. *gandharba*]

glib [glib, গ্লিব্] *a.* smooth, মসৃণ ; slippery, পিচ্ছিল ; easy, সহজ ; facile or fluent, সাবলীল (to have a *glib* tongue) । *adv.* **glib°ly** । *n.* **glibness** । [cp. Du. *glibberig*]

glide [glīd, গ্লাইড্] (**1**) *v.i.* to slide easily, অবলীলাক্রমে হড়কাইয়া চলা ; to flow or float gently, ধীরে ভাসিয়া বা বহিয়া চলা । *p.* & *p. pt.* **gli°ded** । (**2**) *n.* act of gliding, উক্তভাবে হড়কাইয়া বা ভাসিয়া বা বহিয়া চলন । *a.* **gli°der**—glide (*v*)-এর সকল অর্থে, এবং—এনজিনহীন বিমানপোতবিশেষ । [OF. *glidan* (*v.*)—cp. G. *gleiten*]

glim [glim, গ্লিম্] *n.* faint light, ক্ষীণ আলো ; (sl.) lantern, (অশি.) লণ্ঠন । **(to) douse the glim**—লণ্ঠন নিভান । [abbr. of *glimmer*]

glimmer [gli°-ma(r), গ্লি°ম্যা(র্)] (**1**) *v.i.* to burn or appear faintly, মিট্মিট্ করিয়া জ্বলা বা প্রকাশ পাওয়া । (**2**) *n.* a faint light, ক্ষীণ আলো (a *glimmer* of light) ; a glimpse, আভাস (a *glimmer* of hope) । *adv.* **gli°mmeringly** । [< *gleam*]

glimpse [glims, গ্লিম্স্] (**1**) *n.* a faint light, ক্ষীণ আলো ; a faint appearance, আভাস ; a momentary view, ক্ষণিকদৃষ্টি । (**2**) *v.i.* to glimmer, মিট্মিট্ করিয়া জ্বলা । (**3**) *v.t.* to get a glimpse of, এক পলক দেখিতে পাওয়া, আভাস পাওয়া । *p.* & *p. pt.* **glimp°sed** । **(to) catch** or **have** or **get a glimpse of**—এক পলক দেখিতে পাওয়া । [ME. *glymsen*=to glimpse]

glint [glint, গ্লিন্ট্] (1) *v.i.* to flash, ঝলকাইয়া ওঠা; to glitter, চক্‌চক্ করা। (2) *v.t.* to reflect, প্রতিবিম্বিত করান। *p.* & *p. pt.* **glin°tėd** I (3) *n.* a gleam, মৃদু দীপ্তি। [ME. *glent* < ?]

glissade [gli-sŭd°, গ্লিসাড্°] (1) *v.i.* to slide down, পিছলাইয়া নামা। *p.* & *p. pt.* **glissa°dėd** I (2) *n.* act of sliding down a slope, উতরাই বাহিয়া পিছলাইয়া অবতরণ। [F. *glisser*]

glissando [gle-san°-dō, গ্লীস্যান্°ডৌ] *n.* (mus.) passing rapidly up or down the scale, (সঙ্গীতে) দ্রুত আরোহণ বা অবরোহণ, স্বর-সপ্তকে ওঠা-নামা। [It. *sliding*]

glisten [glis°n, গ্লিস্°ন্] (1) *v.i.* to glitter, চক্‌চক্ করা। (2) *n.* sparkling gleam, চক্‌চকে দ্যুতি। [OE. *glisnian*]

glitter [gli°-ta(r), গ্লি°ট্যা(র্)] (1) *v.i.* to sparkle brilliantly, ঝক্‌মক্ করা; to be showy, জাঁকাল হওয়া। (2) *n.* sparkling glow, ঝক্‌মকানি; showiness, জাঁক, আড়ম্বর। *a.* **gli°ttering**—উজ্জ্বল, চাকচিক্যময়; আকর্ষণীয় (*glittering* prospects) I *adv.* **gli°tteringly** I [ME. *gliteren*—cp. ON. *glitra*]

gloaming [glō°-ming, গ্লৌ°মিং] *n.* twilight, সন্ধ্যা-গোধূলি। [OE. *glomung* < *glom* = twilight]

gloat [glōt, গ্লৌট্] *v.i.* to gaze exultingly (especially with a wicked or malicious joy), (বিশেষতঃ বিদ্বেষপূর্ণ বা দুর্বুদ্ধিজাত বা জয়গর্বিত) উল্লাস বা তুষ্টির দৃষ্টিতে তাকান (to *gloat* over one's possession) I *p.* & *p. pt.* **gloa°tėd** I [?]

globe [glōb, গ্লৌব্] *n.* a spherical body, গোলক; the earth, পৃথিবী; a sphere representing the earth or the heavens, ভূ-গোলক বা খ-গোলক; an orb, emblem of sovereignty, নৃপতি-পদের প্রতীকস্বরূপ গোলকবিশেষ; eyeball, অক্ষিগোলক; a lamp glass, লণ্ঠনের চিমনি; a nearly spherical glass vessel, প্রায় গোলাকার কাচের পাত্র। *a.* **glō°bal**—গোলাকার; বিশ্বব্যাপী। *n.* **glōbe°-fish**—পোটকা মাছ। *n.* **glōbe°-trotter**—পৃথিবী-পর্যটক। *a.* **glō°boid, glōbōse**—গোলাকার। *n.* **glōbo°sity** I *n.* **globule** [glo°-būl, গ্ল°বিউল্] ক্ষুদ্র গোলক; বড়ি; বটিকা। *a.* **glo°būlar**—বটিকাকৃতি। *n.* **globūla°rity** I [L. *globus*]

glom [glom, গ্লম্] *v.t.i.* to steal, চুরি করা; to grab, আত্মসাৎ বা দখল করা। [?]

glomerate [glo°-ma-rit, গ্ল°ম্যারিট্] *a.* gathered into a ball or cluster, পিণ্ডীভূত; গুচ্ছবদ্ধ। *n.* **glomerā°tion** I [L. *glomerare* = to gather into a ball]

gloom [gloom, গ্লূম্] (1) *n.* partial darkness, ঈষদন্ধকার; obscurity, অস্পষ্টতা; melancholy, বিষাদ; despondency, হতাশা। (2) *v.i.t.* to be or make melancholy or dejected, বিষণ্ণ বা হতাশ হওয়া অথবা করান; to be filled or to fill with gloom, আঁধারে পূর্ণ হওয়া বা করা। *a.* **glōōmy**—অনুজ্জ্বল; অস্পষ্ট; ক্ষীণালোকিত; অন্ধকার; বিষণ্ণ। *adv.* **glōō°mily** I *n.* **glōō°minėss** I [partly, OE. *glom* = twilight, partly > *glum* ?]

glop [glop, গ্লপ্] *n.* (sl.) liquid or viscous substance (esp. unattractive food), তরল বা আঠাল বস্তু (বিশে. অরুচিকর খাদ্য)। [imit.]

glorify [glaw°-ri-fī, গ্ল°রিফাই] *v.t.* to make glorious, মহিমান্বিত করা; to exalt to (heavenly) happiness, (স্বর্গীয় সুখে) সুখী করা; to invest with radiance or splendour or beauty, দ্যুতি বা চমৎকারিত্ব বা সৌন্দর্য দান করা; to worship, পূজা করা। *n.* **glorificā°tion** I [L. *gloria* = glory, *facere* = to make]

gloriole, glorious—see **glory.**

glory [glaw°-ri, গ্ল°রি] (1) *n.* renown, যশ; exalted or triumphant honour, মহিমা বা বিজয়-গৌরব; distinction, বৈশিষ্ট্য; ornament, অলঙ্কার; pride, অহঙ্কার; গৌরব (the *glories* of ancient India); adoration and thanksgiving, প্রশংসা ও ধন্যবাদজ্ঞাপন (*glory* be); radiance, splendour, beauty, দ্যুতি, চমৎকারিত্ব, সৌন্দর্য; effulgence of heavenly light, স্বর্গীয় জ্যোতি; (heavenly) bliss, (স্বর্গীয়) সুখ; halo, স্বর্গীয় জীবাদির মস্তকের পশ্চাৎস্থিত জ্যোতির্বলয় (usu. **glō°riōle**); (B.) the presence of God, ঈশ্বরের অধিষ্ঠান বা সান্নিধ্য। (2) *v.i.* to boast, গর্ব করা; to exult, জয়গর্ব প্রকাশ করা। **glory be**—হে ঈশ্বর, তুমিই ধন্য। **(to) go to glory**—(কথ্য.) মারা যাওয়া। **(to) send to glory**—(কথ্য.) হত্যা করা। *a.* **glo°rious**—মহৎ; মহিমান্বিত; চমৎকার; উজ্জ্বল; যশোদায়ক (*glorious* success, victory, etc.) I [OF. *glorie*, L. *gloria* (*n.*)]

gloss$_1$ [glos, গ্লস্] (1) *n.* a marginal explanation of a difficult word, পৃষ্ঠার প্রান্তে প্রদত্ত কঠিন শব্দের টীকা; an explanation, ব্যাখ্যা, টীকা; a commentary or glossary, (কোন পুস্তকের) টীকাগ্রন্থ বা শব্দকোষ। (2) *v.t.* to give a gloss on, (কিছুর) টীকা দেওয়া। *n.* **glo°ssary**—কোন পুস্তকের শব্দকোষ। *a.* **glossār°ial**—উক্ত শব্দকোষসংক্রান্ত বা উক্ত শব্দকোষসংবলিত। *n.* **glo°ssarist**—উক্ত শব্দকোষপ্রণেতা। *n.* **glossā°tor**—(প্রধানতঃ মধ্যযুগীয়) যাজকীয় ও অযাজকীয় বিধানসমূহের টীকাকার: প্রাচীন শাস্ত্রাদির টীকাকার। [Gk. *glossa* = a word requiring explanation]

gloss$_2$ [glos, গ্লস্] (1) *n.* brightness or lustre, (পালিশের) ঔজ্জ্বল্য বা দ্যুতি; external show, বাহ্য জাঁকজমক; (fig.) deceptive appearance, কপট বাহ্য রূপ (a *gloss* of honesty over a life full of dishonest doings) I (2) *v.t.* to give a lustre to, (পালিশদ্বারা) ঝকমকে করা। *p.* & *p. pt.* **glo°ssėd** I **(to) gloss over**—কৈফিয়তের

দ্বারা দোষত্রুটি ঢাকা বা প্রশমিত করা। *a.* **glo°ssy**—মসৃণ ও চক্চকে। *adv.* **glo°ssily** । *n.* **glo°ssiness** । [cp. ON. *glossi*=blaze]

glossitis [glo-sī°-tis, গ্লসাইটিস্] *n.* inflammation of the tongue, জিহ্বা-প্রদাহ। [Gk. *glōssa*=tongue]

glottal, glottic—see **glottis.**

glottis [glo°-tis, গ্ল°টিস্] *n.* the opening of the larynx, শ্বাসরন্ধ্র। *a.* **glo°ttal**—শ্বাসরন্ধ্রগত। *a.* **glo°ttic**—শ্বাসরন্ধ্রগত; জিহ্বাসংক্রান্ত; ভাষাগত। [Gk.]

glove [gluv, গ্লাভ্] *n.* a covering for the hand, দস্তানা, মুষ্টিযুদ্ধকালে পরিধেয় দস্তানা। **(to) fit like a glove**—সম্পূর্ণ মাপসই হওয়া। **hand in glove (with)**—অতি ঘনিষ্ঠ বা বন্ধুত্বপূর্ণ। **with the gloves off**—লড়াইয়ের মনোভাবে; প্রচণ্ড আগ্রহভরে। *a.* **glo°ved**—দস্তানা-পরিহিত। *n.* **glove°-fight**—দস্তানা-পরা হাতে মুষ্টিযুদ্ধ। *n.* **glo°ver**—যে ব্যক্তি দস্তানা তৈয়ারি করে বা বেচে। [OF. *glof*—cp. *loof*]

glow [glō, গ্লৌ] **(1)** *v.i.* to shine with an intense heat, প্রখর তাপযুক্ত হইয়া দীপ্তি পাওয়া; to flush, ঝলকাইয়া ওঠা; to flush or be excited with emotion, etc., আবেগাদির ফলে উদ্ভাসিত বা উত্তেজিত হইয়া ওঠা। **(2)** *n.* a shining with heat, প্রখর দীপ্তি; brightness, ঔজ্জ্বল্য; warmth of feeling, ভাবাবেগ (*glow* of enthusiasm); brightness of colour, বর্ণের ঔজ্জ্বল্য (*glow* of cheeks)। *a.* **glow°ing**—প্রখর দীপ্তিপূর্ণ; প্রদীপ্ত; উজ্জ্বল; ভাবাবেগপূর্ণ (a *glowing* account of an event); উদ্যমপূর্ণ বা উৎসাহপূর্ণ। *adv.* **glow°ingly** । *n.* **glow°-worm**—জোনাকি, খদ্যোৎ। [OE. *glowan* (*v.*)]

glower [glow°a(r), গ্লাউ°আ্যা(র্)] *v.i.* to stare frowningly (*at*), ভ্রূকুটি করিয়া একদৃষ্টে তাকাইয়া থাকা। [?]

glowing, glow-worm—see **glow.**

gloze [glōz, গ্লৌজ্] **(1)** *v.i.t.* to flatter, তোষামোদ করা; to make glosses (*on*), টীকা করা। **(2)** *v.t.* to deceive, প্রতারণা করা; to palliate, to explain away, দোষাদি হালকা করা। *n.* **glō°zing**—তোষামোদ; প্রতারণা। [OF. *glose* < L. & Gk. *glossa*]

glucose [gloo°-kōs, গ্লু°কৌস্] *n.* grape-sugar, দ্রাক্ষা-শর্করা। [Gk. *glykys*=sweet]

glue [gloo, গ্লু] **(1)** *n.* an adhesive gelatine, পশুর হাড় শিঙ্ প্রভৃতি গলাইয়া প্রস্তুত শিরিসের আঠা। **(2)** *v.t.* to join with glue or other adhesive, শিরিস বা অন্য আঠা দিয়া জোড়া দেওয়া; to apply or attach closely, চাপিয়া স্থাপন করা (to *glue* ear or eye to the keyhole)। *n.* **glue°pot**—শিরিস-আঠা তৈয়ারির জন্য পশুর হাড় প্রভৃতি গলানর পাত্র; শিরিসের আঠা রাখার পাত্র। *a.* **glue°y**—আঠাল। [F. *glu* < LL. *glus*]

glum [glum, গ্লাম্] *a.* sullen, বিষণ্ণ; gloomy, অন্ধকারাচ্ছন্ন। *adv.* **glum°ly** । *n.* **glum°ness** । [ME. *glom(b)e*=to frown]

glume [gloom, গ্লুম্] *n.* (bot.) chaff-like bract in calyx of grasses etc., (উদ্ভি.) তৃণাদির তুষের ন্যায় মঞ্জরী; husk of grain, তুষ বা ভুসি। [L. *gluma*=husk]

glut [glut, গ্লাট্] **(1)** *v.t.* to swallow greedily, গোগ্রাসে গেলা; to feed to the full, গাণ্ডেপিণ্ডে অর্থাৎ পেট বোঝাই করিয়া খাওয়ান; to saturate, পরিপূর্ণভাবে তৃপ্ত করা; to supply excessively, অত্যধিক পরিমাণে সরবরাহ করা (to *glut* the market with consumer goods)। *pr. pt.* **glu°tting** । *p.* & *p. pt.* **glu°tted** । **(2)** *n.* a glutting, গোগ্রাসে গলাধঃকরণ বা ভোজন; a surfeit, অত্যধিক বোঝাই বা ভোজন; an oversupply, অত্যধিক বা অতিরিক্ত সরবরাহ। [L. *gluttire*=to swallow]

gluten [gloo°-tan, গ্লু°ট্যান্] *n.* a sticky substance made of flour, ময়দায় প্রস্তুত আঠা। *a.* **glu°tinous**—আঠাল। *adv.* **glu°tinously** । *n.* **glu°tinousness** । [L.]

glutton [glu°tn, গ্লা°ট্ন্] *n.* an excessive eater, অতিভোজী ব্যক্তি; (fig.) a devourer, (আল.) গ্রাসকারী (a *glutton* of books)। *a.* **glu°ttonous**—অতিভোজিতুল্য, পেটুকবৎ। *adv.* **glu°ttonously** । *n.* **glu°ttony**—অতিভোজন। [F. *glouton* < L. *gluto*]

glycerin(e) [gli-sa-rēn°, গ্লিস্যারীন্°], **glycerol** [gli°-sa-rol, গ্লি°স্যারল্] *n.* a colourless sweet liquid, গ্লিসারিন। [Gk. *glykeros*=sweet]

glycosuria [glī-ko-sū°-ria, গ্লাইকসিউ°রিআ্যা] *n.* presence of sugar in urine, প্রস্রাবে শর্করার বিদ্যমানতা বা স্থিতি। [F. *glycose*=glucose, *uria*]

glyptic [glip°-tik, গ্লিপ্°টিক্] *a.* of carving, (প্রধানতঃ রত্নমণির) খোদাই-সংক্রান্ত। *n. sing.* **glyp°tics**—রত্নমণি খোদাই করার বা কাটার বিদ্যা। *n.* **glypto°graphy**—রত্নাদি খোদাই করার শিল্প বা কৌশল। [Gk. *glyptos*=carved]

G-man [jē°-man, জী°ম্যান্] *n.* an agent of the F.B.I., আমেরিকার কেন্দ্রী গোয়েন্দা-দফতরের চর; a government man, সরকারি কর্মচারী বা সরকারের লোক। [abbr. of Government *man*]

gnar(r) [nŭ(r), না(র্)] *v.i.* to snarl, ঘেঁৎঘেঁৎ করা। [imi.]

gnarl [nŭ(r)l, না(র্)ল্] *n.* a knot in a tree, বৃক্ষদেহের গ্রন্থি। *a.* **gnar°led, gnar°ly**—(বৃক্ষ-সম্বন্ধে) গ্রন্থিল। [obs. *knurled*=twisted]

gnash [nash, ন্যাশ্] *v.t.i.* (of teeth) to strike together, (দাঁত) কড়্মড়্ করা। *p.* & *p. pt.* **gna°shed** । [ME. *gnasten* <imi ?]

gnat [nat, ন্যাট্] *n.* a kind of fly, ডাশ-মশা; (fig.) insignificant annoyance, ছোটখাট উৎ-

পাত। **(to) strain at a gnat**—সামান্য ব্যাপারে ইতস্ততঃ করা। [OE. *gnaet*]

gnathic [na°-thik, ন্যা°থিক্] *a.* of the jaws, চোয়াল-সংক্রান্ত। [Gk. *gnathos*=jaw]

gnaw [naw, ন্য] *v.t.i.* to bite persistently, চিবান; to corrode, ক্ষয় করা; (*fig.*) to torture, (আল.) যন্ত্রণা দেওয়া। *p.* **gnaw°ed** । *p. pt.* **gnaw°ed, gnawn** । [OE. *gnagan*]

gnome$_1$ [nōm, নৌম্] *n.* a diminutive spirit, পাতালের ধনসম্পদ্-রক্ষাকারী বামন ভুত। [Paracelsus's Latin *gnomus*]

gnome$_2$ [nōm, নৌম্] *n.* a generalized maxim (in poetry), যে নীতি-বাক্যে (কবিতার) বক্তব্যটির উপসংহার করা হয়। *a.* **gno°mic**—নীতি-বাক্য-সংক্রান্ত। [Gk.]

gnomon [nō°-mon, নৌ°মন্] *n.* the pin of a sundial, সূর্যঘড়ির কাঁটা। *a.* **gnomo°nic(al)**—সূর্যঘড়ির কাঁটা-সংক্রান্ত বা উক্ত কাঁটাদ্বারা সময়নির্দেশ-সংক্রান্ত। *n.* (treated as *sing.*) **gnomo°nics**—উক্ত কাঁটা-দ্বারা সময়নির্দেশ করার বিদ্যা। [Gk.]

gnosis—see **gnostic.**

gnostic [nos°-tik, নস্°টিক্] *a.* having knowledge, অবগত, জ্ঞানসম্পন্ন; of the Gnostics, আধ্যাত্মিক রহস্যবাদী খ্রিস্টানদের সংক্রান্ত। *n.* (*usu.* in *pl.*) **Gnos°tic**—(প্রাচীন কালের) আধ্যাত্মিক রহস্যবাদী খ্রিস্টান। *n.* **gnō°sis**—জ্ঞান; রহস্যসম্পর্কে জ্ঞান। *n.* **Gnosticism** [nos°-ti-sizm, নস্°টি-সিজ়্ম্] (প্রাচীন কালের) খ্রিস্টানদের রহস্যবাদ। [Gk. *gnostikos*=good at knowing]

gnu [nōō, নূ] *n.* an oxlike antelope, বৃষবৎ হরিণবিশেষ। [Hottentot]

go [gō, গৌ] (**1**) *v.i.* to pass, যাওয়া; to move, চলা, নড়া; to proceed, অগ্রসর হওয়া; to run, ধাবন করা; to depart, প্রস্থান করা; to operate, সক্রিয় বা চালু হওয়া (a machine *goes*); to sound, বাজা (the bell *goes*); to take a direction, অভিমুখ হওয়া; to tend, ঝোঁকা; to extend, প্রসারিত হওয়া; to be about, উপক্রম করা, উদ্যত হওয়া (the horse is *going* to run); to be current, বর্তমানে চালু থাকা (the rumour *goes*); to be valid, বলবৎ থাকা; to be reckoned, গণ্য হওয়া; to be known, বিদিত থাকা; to be on the whole or ordinarily, মোটামুটিভাবে হওয়া বা সচরাচর হওয়া; to be pregnant, গর্ভবতী বা পরিপূর্ণ হওয়া; to become, হওয়া; to happen, ঘটা; to turn out, পরিণত হওয়া; to fare, কৃতকার্য বা অকৃতকার্য হওয়া; to be a part of, অংশস্বরূপ হওয়া; to be contained, অন্তর্ভুক্ত হওয়া; to give way, পথ ছাড়িয়া দেওয়া; to suit, মানানসই হওয়া (to *go* with)। (**2**) *v.t.* to go through or over, পাঠ করা, অনুধাবন করা; to stake, বাজি ধরা; to call, ডাক দেওয়া। *p.* **went** [went, ওএন্ট্]। *p. pt.* **gone** [gon, গন্]। (**3**) *n.* a going, গমন; gait, গতি; affair, ব্যাপার (a pretty *go*); (*coll.*) something that has a run, (কথ্য.) সফল অভিযান (to make the venture a *go*); avail, কার্যকরতা (it is no *go*); energy, কর্মশক্তি; activity, সক্রিয়তা; an attempt, প্রচেষ্টা; a portion supplied at one time, একবারে যতখানি সরবরাহ করা হইয়াছে। **(to) give one the go-by**—উপেক্ষা করা; অবজ্ঞা করা। **(to) go about**—ক্রমাগত স্থান হইতে স্থানান্তরে ভ্রমণ করা বা বিচরণ করা; লোকের মুখে মুখে প্রচারিত হওয়া; (কর্মাদিতে) রত বা ব্যাপৃত হওয়া; (কিছু) খোঁজা; (কিছুর জন্য) চেষ্টা করা। **(to) go after**—(কোন ব্যক্তি বা বস্তু) পাইবার জন্য চেষ্টা করা। **(to) go against**—বিরোধী বা প্রতিকূল হওয়া। **(to) go ahead**—অসঙ্কোচে বা বিনা দ্বিধায় অগ্রসর হওয়া; অগ্রসর হওয়া, আগাইয়া যাওয়া; উন্নতিলাভ করা; (কথ্য.) চলিতে থাকা (the fire *went ahead*); (কথ্য.) চালাইয়া যাওয়া (to *go ahead* with the talk)। **(to) go along**—অগ্রসর হওয়া; আগাইয়া যাওয়া। **(to) go along with**—সঙ্গী বা অনুষঙ্গী হওয়া। **Go along with you!**—(কথ্য.) আমি যে এটা বিশ্বাস করব এমন প্রত্যাশা করো না, ধাষ্টামো করো না। **(to) go at**—আক্রমণ করা; (কর্মাদি) সাগ্রহে যথাশক্তি করিতে থাকা। **(to) go away**—প্রস্থান করা। **(to) go back**—প্রত্যাবর্তন করা; নির্দিষ্ট পশ্চাদ্বর্তী স্থান বা বিগত কাল পর্যন্ত প্রসারিত হওয়া (this tendency *goes back* to the nineteenth century)। **(to) go back on** or **upon**—(প্রতিজ্ঞাদি পালন না করিয়া) হঠিয়া আসা; (প্রতিশ্রুতি প্রভৃতি) পালনে বা পূরণে অক্ষম হওয়া। **(to) go before**—পূর্বগামী হওয়া (pride *goes before* a fall)। **(to) go beyond**—অতিক্রম করিয়া বা ছাড়াইয়া যাওয়া। **(to) go broke**—কপর্দকহীন হওয়া। **(to) go by**—অতিক্রান্ত হওয়া, অতিবাহিত হওয়া; (উপদেশাদি দ্বারা) পরিচালিত হওয়া; মানিয়া চলা; কিছু হইতে কোন ধারণা বা সিদ্ধান্ত করা (he *goes by* his experiences)। **(to) go down**—ডুবিয়া যাওয়া; নামিয়া যাওয়া; অস্তমিত হওয়া; গলাধঃকৃত হওয়া; গৃহীত হওয়া; বরিত বা আদৃত হওয়া; প্রসারিত হওয়া (this history *goes down* to 1914); (তাসের ব্রিজ খেলায়) ডাক-অনুযায়ী চুক্তিপূরণে অসমর্থ হওয়া, (কাহারও কাছে) হার মানা বা পরাজিত হওয়া; (বিশ্ববিদ্যালয়াদি) পরিত্যাগ করা; হ্রাস পাওয়া; লিপিবদ্ধ হওয়া। **(to) go down with**—গ্রহণযোগ্য হওয়া। **(to) go far**—সফল হওয়া; (টাকা-সম্বন্ধে) মূল্যবিশিষ্ট হওয়া (a rupee does not *go* so *far* as it did ten years ago)। **(to) go far to** or **towards**—বেশ-কিছু সাহায্য করা (India's help will *go far to* the victory of the revolutionaries of East Bengal)। **(to) go for**—আক্রমণ করা; পাইতে বা আনিতে যাওয়া। **(to) go for nothing**—মূল্যহীন হওয়া। **(to) go forth**—(আদেশাদি) বাহির হওয়া বা প্রচারিত হওয়া।

(to) go forward—অগ্রসর হওয়া ; সম্মুখে যাওয়া বা চলা ; (কার্যাদি) আগাইয়া যাওয়া ; সম্পাদিত বা নিষ্পন্ন হওয়া ; সজ্ঘটিত হওয়া। **(to) go in**—ঢোকা ; (চন্দ্রসূর্যাদি-সম্বন্ধে) মেঘে ঢাকিয়া যাওয়া ; প্রতিযোগিরূপে (ক্রীড়াদিতে) যোগ দেওয়া ; (ক্রিকেটে ব্যাট্স্ম্যান-সম্বন্ধে) ইনিংসে ব্যাটিং করিতে আরম্ভ করা ; একত্র হওয়া, জড় হওয়া। **(to) go in for**—(কিছুতে) রত হওয়া। **(to) go into**—ঢোকা ; (পেশা সমাজ প্রভৃতিতে) প্রবেশ করা ; সতর্কভাবে পরীক্ষা করা (to *go into* a question) ; তদন্ত করা ; (পোশাকাদি) পরা, গায়ে চড়ান, স্বেচ্ছায় আক্রান্ত হওয়া (to *go into* hysterics)। **(to) go it**—(usu. in *imperat.*) প্রবল উদ্যমে বা প্রচণ্ডভাবে কাজ করা ; অমিতপরিমাণে (টাকা) খরচ করা। **(to) go it alone**—(অশি.) নিজের দায়িত্বে (এবং বিনা সাহায্যে বা সমর্থনে) কোন কর্মপন্থা অবলম্বন করা বা কিছু করা। **(to) go off**—প্রস্থান করা ; মারা যাওয়া ; না বলিয়া চলিয়া যাওয়া ; চম্পট দেওয়া ; (খাদ্যাদি-সম্বন্ধে) খারাপ হইয়া যাওয়া, পচিয়া বা টকিয়া যাওয়া ; (নিদ্রায় বা মূর্ছায়) আচ্ছন্ন হওয়া বা নিমগ্ন হওয়া ; (পণ্যদ্রব্যাদি-সম্বন্ধে) বিক্রীত হওয়া, কাটিয়া যাওয়া ; (কর্ম অভিনয় প্রভৃতি সম্বন্ধে) উতরান ; অপসৃত হওয়া, সরিয়া যাওয়া (to *go off* one's head) ; (বন্দুকের গুলি, তীর, প্রভৃতি সম্বন্ধে) ছুটিয়া যাওয়া ; বিস্ফোরিত হওয়া ; ঔজ্জ্বল্য হারান ; অবনতি লাভ করা। **(to) go on**—চলিতে থাকা ; চলা ; চালু থাকা ; অধ্যবসায়সহকারে করিতে থাকা ; করিতে বা বলিতে থাকা ; (সময়াদি-সম্বন্ধে) অতিবাহিত হওয়া ; ঘটিতে থাকা ; (নাটকে) মঞ্চে প্রবেশ করা ; (কার্যাদির) পালা আরম্ভ করা ; (ক্রিকেটে) বোলিং আরম্ভ করা। **(to) go out**—নিভিয়া যাওয়া (the fire has *gone out*) ; (কক্ষ অট্টালিকা প্রভৃতির) বাহিরে যাওয়া ; পদত্যাগ করা (the Ministry has *gone out*) ; (প্রথা কেতা প্রভৃতি সম্বন্ধে) অচল হওয়া বা বাতিল হওয়া ; (প্রধানতঃ দূরদেশে) ভ্রমণে বাহির হওয়া ; (প্রধানতঃ বালিকা বা স্ত্রীলোক সম্বন্ধে) অর্থোপার্জনের জন্য গৃহের বাহির হওয়া ; (হৃদয়ে) আকর্ষণ অনুভব করা (his heart *goes out* to the poor) ; শেষ হওয়া, অতিবাহিত হইয়া যাওয়া (the year *goes out*) ; সমাজে মেশার জন্য বা সামাজিক অনুষ্ঠানে যোগদানের জন্য গৃহের বাহিরে যাওয়া। **(to) go over**—(পুরাতন দল সম্প্রদায় প্রভৃতি ত্যাগ করিয়া) নূতন দল সম্প্রদায় প্রভৃতিতে যোগদান করা ; পরীক্ষা করা ; পরিদর্শন করা ; পুনরাবৃত্তি করা ; পুনরালোচনা করা ; পুনরায় অধ্যয়ন করা বা অনুশীলন করা। **(to) go round**—(বিনা কারণে) দেখা করিতে যাওয়া ; সোজা পথ ছাড়িয়া ঘুরপথে যাওয়া ; প্রত্যেককে কিছু কিছু বাঁটিয়া দিবার পক্ষে (পরিমাণে বা সংখ্যায়) পর্যাপ্ত হওয়া (enough oranges to *go round*)। **(to) go through**—সম্পাদন করা ; উতরান বা নিষ্পন্ন হওয়া (the deal will not *go through*) ; পুঙ্খানুপুঙ্খরূপে আলোচনা করা বা পরীক্ষা করা ; সহ্য করা বা ভোগা ; (গ্রন্থসম্বন্ধে) বিক্রীত হওয়া (this book *went through* many editions) ; (পাওনার বিল প্রভৃতি সম্বন্ধে) গৃহীত হওয়া। **(to) go through with**—সম্পূর্ণরূপে নিষ্পন্ন করা। **go to**—যাক্‌গে—এখন বল, এস, প্রভৃতি সূচক উক্তি। **(to) go together**—মিশ খাওয়া (black and red *go* well *together*)। **(to) go too far**—সীমা বা মাত্রা ছাড়াইয়া যাওয়া (you should not *go too far* in this matter)। **(to) go under**—নিমজ্জিত হওয়া, ডোবা ; (আখ্যাদিতে) অভিহিত হওয়া ; ধ্বংস হওয়া ; মরা। **(to) go up**—ওঠা ; ঊর্ধ্বে যাওয়া ; আরোহণ করা ; বৃদ্ধি পাওয়া ; নির্মিত হওয়া (new buildings *are going up*) ; চূর্ণ হওয়া বা ধ্বংস হওয়া (the temple *has gone up* in flames) ; রাজধানী নগর বিশ্ববিদ্যালয় প্রভৃতিতে ঢোকা বা তদভিমুখে যাওয়া। **(to) go with**—সঙ্গী হওয়া ; অনুষঙ্গী হওয়া ; একমত হওয়া ; মানানসই হওয়া ; পাণিপ্রার্থনা করা। **(to) go without**—(কিছুর) অভাবগ্রস্ত হওয়া, (কিছু হইতে) বঞ্চিত বা বিরহিত হওয়া। **(to) be on the go**—সক্রিয় বা কর্মরত বা চালু থাকা। **(to) have a go** (at)—(কিছু) করিবার চেষ্টা করা। **(to) let go**—ছাড়িয়া দেওয়া ; মুক্ত করিয়া দেওয়া। **(to) let oneself go**—নিজের অনুভূতি আবেগ মনোভাব কামনা প্রভৃতি আর চাপিয়া না রাখিয়া প্রকাশ করিয়া ফেলা ; আরাম করা, উপভোগ করা। **(to) let it go at that**—(কোন বিষয়ে) আর না বলা বা আলোচনাদি বন্ধ করা। **at one go**—এক প্রচেষ্টায় ; একবারের চেষ্টায়। **all (quite) the go**—(নির্দিষ্ট সময়ের) ফ্যাশন-সম্মত। **a near go**—অল্পের জন্য পরিত্রাণ। **full of go**—উৎসাহ-উদ্দীপনাপূর্ণ। **no go**—অসম্ভব ; ব্যর্থ ; বৃথা। **on the go**—বিরামহীনভাবে কর্মরত। *a.* **gŏ-ahead**—কার্যাদিতে ঝাঁপাইয়া পড়ে এমন ; কর্মশক্তিপূর্ণ ; সক্রিয়ভাবে প্রগতিশীল। *a.* **gō-aś-you-pleaśe**°—আইন-কানুন বা বিধি-নিষেধের বাধামুক্ত ; যথেচ্ছ। *n.* **gō**°**-between**—মধ্যস্থ ; দালাল। *n.* **gō**°**-by**°—কৌশলে পরিহার ; ইচ্ছাপূর্বক উপেক্ষা ; অতিক্রমণ ; আগাইয়া যাওয়া। *n.* **gō**°**-cart**—শিশুদের হাঁটিতে শিখাইবার গাড়ি বিশেষ। *n.* **gŏ**°**er**—গমনকারী ; যাত্রী। *n.* **gō**°**-ge**°**tter**—(কথ্য.) কিছু করা বা পাওয়ার জন্য একবার চেষ্টা করিতে আরম্ভ করিলে না করিয়া বা না পাইয়া ছাড়ে না এমন ব্যক্তি ; আত্মপ্রতিষ্ঠার জন্য অতীব উদ্যোগী ব্যক্তি। *n.* **gō-off**°—আরম্ভ ; যাত্রারম্ভ ; কর্মারম্ভ। **at one go-off**—না থামিয়া। *a.* **gō-slow**°—শ্রমিকগণকর্তৃক ইচ্ছাপূর্বক নিয়মিত শ্লথগতিতে কর্মসম্পাদন-সম্পর্কিত। **go-slow policy**—উদ্দেশ্যমূলকভাবে কম উৎপাদনের নীতি। [OE. *gan* (*v.*)—cp. G. *gehen*, Sans. *gam*]

goad [gōd, গৌড্] (1) *n.* a sharp-pointed stick for driving cattle, অঙ্কুশ ; a stimulus, প্রেরণা। (2) *v.t.* to drive with a goad, অঙ্কুশ-দ্বারা তাড়না করা বা চালান ; to urge forward, সম্মুখে চালিত করা। *p.* & *p. pt.* **goa**°**ded**। *n.* **goadśman, goad**°**ster**—যে ব্যক্তি অঙ্কুশদ্বারা তাড়না করে। [OE. *gad*]

goal [gōl, গৌল্] *n.* a mark set up to bound

a race, ধাবন-পথের শেষ সীমারেখা ; the turning-point, যেখানে পৌঁছিবার পর ফিরিতে বা ঘুরিতে হয় ; the winning point, প্রতিযোগিতাদিতে যে খুঁটি সর্বাগ্রে ছুঁইতে পারিলে জয়লাভ হয় ; aim, লক্ষ্য ; the goal-post, গোল্‌পোস্ট্‌ ; a score, গোল্ করা ; গোল্। **(to) kick** or **score a goal**—গোল্ দেওয়া। *n.* **goal°-keeper,** (coll.) **goa°lie**—গোলরক্ষক। *n.* **goal°-pōst**—গোল্-পোস্ট্। *n.* **goal°-tender**—বরফের উপর অনুষ্ঠিত হকি খেলার গোলরক্ষক। [?]

goat [gōt, গৌট্] *n.* a ruminant, (পুং বা স্ত্রী) ছাগ, ছাগল। *n.* **Goat**—(জ্যোতিষ.) মকররাশি। **(to) get one's goat**—(অশি.) জ্বালাতন করা বা চটান। **(to) play the giddy goat**—বোকামি করা ; বোকার মত ও উত্তেজিতভাবে আচরণ করা। **(to) separate the sheep from the goats**—ভালমন্দ প্রভেদ বা পৃথক্ করা। *n. mas.* **hē°-goat**—পুং-ছাগ, পাঁঠা। *n. fem.* **shē°-goat**—ছাগী, ছাগল। *n.* **goatee°**—ছাগুলে দাড়ি, নুর। *n.* **goat°-herd**—ছাগপালক, যে ব্যক্তি ছাগল চরায়। *a.* **goa°tish**—ছাগতুল্য (বোটকা গন্ধযুক্ত) ; কামুক। *n.* **goat°ling**—এক হইতে দুই বৎসর বয়স্ক ছাগশিশু। *n.* **goat's°-hair**—অলক মেঘ। *n.* **goat°skin**—ছাগচর্ম। [OE. *gat*—cp. Du. *geit*]

gob₁ [gob, গব্] *n.* the mouth, মুখগহ্বর, মুখ, হাঁ ; a lump of slimy substance, আঠাল পদার্থের দলা। [OF. *gobe*=mouthful, lump]

gob₂ [gob, গব্] *n.* a sailor, নাবিক (also **go°-bby**) ; (sl.) mouth, মুখগহ্বর। [?]

gobbet [go°-bit, গ°বিট্] *n.* mouthful, এক গ্রাস ; a lump, দলা ; an extract for translation or comment, অনুবাদের বা সমালোচনার জন্য (কাব্যের) অংশবিশেষ। [OF. *gobet*]

gobble [gob°l, গব্°ল্] **(1)** *v.t.* to swallow hastily or in lump, গব্‌গব্ করিয়া বা দলায় দলায় গেলা। **(2)** *v.i.* to make a noise in the throat (as a turkey), (বড় মোরগ-সম্বন্ধে) গলার মধ্যে (ক্রুদ্ধ) ঘড়্‌ঘড়্ আওয়াজ করা। *n.* **gobb°ler**—বড় মোরগ। [OF. *gober*=to devour]

gobbledegook, gobbledygook [goble°-di-gōōk, গব্‌লডিগূক্] *n.* pompous nonsense, লম্বা-চওড়া অর্থহীন উক্তি ; official jargon, সরকারি দপ্তরে ব্যবহৃত বিশেষ ধরনের (দুর্বোধ্য ও অর্থহীন) ভাষা। [imit. of *turkeycock* ?]

gobby [go°-bi, গ°বি] *n.* see **gob₂**।

go-between—see **go.**

gobemouche [gob°-mōōsh, গব্°মূশ্] *n.* a credulous person, বিশ্বাসপ্রবণ ব্যক্তি। *pl.* **gobemouches** (pronun. same)। [F. *gobe-mouches*=fly-catcher]

goblet [gob°-lit, গব্°লিট্] *n.* a drinking cup, (প্রধানতঃ হাতলহীন) বাটির ন্যায় আকারের বৃহৎ পান-পাত্রবিশেষ। [OF. *gobelet*]

goblin [gob°-lin, গব্°লিন্] *n.* a sprite, অপদেবতা ; a bogy, (প্রধানতঃ নষ্টামি-ভরা ও কদাকার) ভূত। [OF. *gobelin*]

God [god, গড্] *n.* the Creator, ঈশ্বর, ভগবান্। *n.* **god**—দেবতা ; উপাস্য বিগ্রহ ; প্রগাঢ় ভক্তি ও শ্রদ্ধার পাত্র। *fem.* **go°ddėss**—দেবী। **God's acre**—গির্জার প্রাঙ্গণস্থিত কবরখানা। **God's truth**—পরম সত্য। *n.* **god°child**—খ্রিষ্টধর্মানুযায়ী যে শিশুর দীক্ষাকালে ধর্মপিতৃত্ব বা ধর্মমাতৃত্ব গ্রহণ করা হইয়াছে, ধর্মসন্তান। *n. fem.* **god°-daughter**—ধর্মকন্যা। *n.* **god°father**—ধর্মপিতা। *a.* **God°-fearing**—ভগবদ্ভীরু ; ধর্মভীরু ; ধার্মিক। *a.* **God°-forgotten, God°-forsāken**—এমন দুর্দশাগ্রস্ত যে মনে হয় যেন ভগবান্‌ও ভুলিয়া গিয়াছেন বা পরিত্যাগ করিয়াছেন। *a.* **God°-gif°tėd**—ঐশ্বরিক দানপ্রাপ্ত ; ঈশ্বরদত্ত। *n.* **god°head,** (rare) **god°hood**—দেবত্ব ; দেবতা ; স্বর্গীয় প্রকৃতি। *a.* **god°lėss**—ঈশ্বরহীন ; নাস্তিক ; অধার্মিক। *a.* **god°like**—দেব-তুল্য ; স্বর্গীয়। *a.* **god°ly**—ঈশ্বরতুল্য ; ধার্মিক ; ঐশ্বরিক নিয়মসম্মত। *n.* **god°linėss**। *n. fem.* **god°-mother**—ধর্মমাতা (see **godchild**)। *n.* **god°-pārent**—ধর্মপিতা বা ধর্মমাতা। *n.* **God's°-ācre°**—same as **God's acre**। *n.* **god°send**—দৈবাৎ লব্ধ পরম সৌভাগ্য ; প্রয়োজনের সময়ে (আকস্মিকভাবে) প্রাপ্ত পরম সাহায্য। *n.* **god°son**—ধর্মপুত্র (see **godchild**)। *n.* **god°speed**—ঈশ্বর যাত্রা সফল করুন ; এই কামনা (I bid you *godspeed*=কামনা করি, ঈশ্বর তোমার যাত্রা সফল করুন)। [AS.—cp. G. *gott,* Du. *god*]

godown [gō°-down, গৌ°ডাউন্] *n.* a warehouse, গুদাম। [Mal. *godong*]

godwit [god°-wit, গড্°উইট্] *n.* a bird, বক্রচঞ্চু ও দীর্ঘপদ পক্ষিবিশেষ। [?]

goer, go-getter—see **go.**

goggle [gog°l, গগ্°ল্] **(1)** *v.i.* to roll or strain the eyes, চক্ষু ঘূর্ণিত করা বা পাকান। **(2)** *v.t.* to roll (the eyes), (চক্ষু) ঘূর্ণিত করা। **(3)** *a.* rolling, ঘূর্ণ্যমান ; staring, স্থিরদৃষ্টি, অপলক। **(4)** *n.* a stare, স্থির দৃষ্টি ; a rolling of the eye, অক্ষি-ঘূর্ণন ; (in *pl.*) protective spectacles, (ধুলা রৌদ্র প্রভৃতি হইতে) রক্ষাকর চশমাবিশেষ (sun-*goggles*)। *a.* **gogg°le-eyed**—বড় বড় নেত্রবিশিষ্ট ; ঘূর্ণ্যমান নেত্রবিশিষ্ট। [?]

goglet [gog°-lit, গগ্°লিট্] *n.* a long-necked jar for keeping water cool, জল ঠাণ্ডা রাখার লম্বা গলাযুক্ত পাত্রবিশেষ (তু. কুজো)। [Port. *gorgoleta*]

Goidel [goy°-dal, গয়্°ড্যাল্] *n.* a Gael, গেইল্-জাতি। *a.* **Goidelic** [goy-de°-lic, গয়্ডে°লিক্] গেইল্-জাতীয়। [O. Ir.]

going [gŏ°-ing, গো°ইং] **(1)** *n.* act of moving, গমন, চলন ; departure, প্রস্থান ; progress, অগ্রসরণ, উন্নতি ; gait, গতি ; (B) course of life, জীবনযাত্রা। **(2)** *a.* in motion or activity, চলন্ত, চালু, সক্রিয় ; about, উদ্যত ; existing, বিদ্যমান, বর্তমান। **comings and goings**—

আনাগোনা। **going concern**—চালু ব্যবসায়। **going forth**—(B.) নির্গমনপথ। *n.* **gŏ°ings-on, goings on**—আচরণ ; নিন্দনীয় বা অদ্ভুত আচরণ ; ঘটনাসমূহ। **goings out**—(আর্ষ.) ব্যয়। **going strong**—সম্পূর্ণ সক্রিয় বা কর্মক্ষম ; উন্নতিশীল। **(to) keep it going**—চালু রাখা। **(to) set going**—চালু করান। [see *go*]

goitre [goy°ta(r), গয়্‌°ট্যা(র্)] *n.* morbid swelling of the thyroid gland, গলগণ্ড। *a.* **goi°tred, goitrous** [goyt°-ras, গয়্‌ট্‌°র‍্যাস্] গলগণ্ড-যুক্ত। [F.]

gold [gōld, গৌল্‌ড্] **(1)** *n.* a precious metal, স্বর্ণ, সুবর্ণ, সোনা ; articles made of gold, সোনার জিনিস (বিশেষতঃ গহনা) ; money, টাকা-কড়ি, স্বর্ণমুদ্রা ; riches, ধনসম্পদ্ ; anything very precious, অতি মূল্যবান্ বস্তু ; yellow colour, সোনালি রঙ, হরিদ্রাবর্ণ। **(2)** *a.* made of or like gold, স্বর্ণনির্মিত, স্বর্ণবৎ। *n.* **gōld°beater**—স্বর্ণপাত-প্রস্তুতকারী। *n.* **gōld°-brick°**—স্বর্ণপিণ্ড ; জাল স্বর্ণপিণ্ড ; প্রতারণা, ফাঁকি। *n.* **gōld°-digger**—যে ব্যক্তি স্বর্ণসন্ধানে মাটি খোঁড়ে ; স্বর্ণসন্ধানী ; যে স্ত্রীলোক পুরুষের নিকট হইতে কেবল টাকা শুষিবার চেষ্টা করে। *n.* **gōld°dust**—স্বর্ণরেণু। *a.* **gōl°den**—স্বর্ণনির্মিত ; স্বর্ণবর্ণ ; সোনালি ; উজ্জ্বল ; অতি মূল্যবান্ (a *golden* chance or opportunity) ; আনন্দময় (*golden* days) ; অতি অনুকূল। **golden age**—স্বর্ণযুগ ; সত্যযুগ। **golden eagle**—(ঈষৎ স্বর্ণবর্ণ বলিয়া) সাধারণ ঈগলপক্ষী, স্বর্ণঈগল। **golden fleece**—(গ্রী. পু.) মেষবিশেষের স্বর্ণলোমাবৃত চর্ম ; ইহা গ্রীক বীর জেইসন্ ও তাঁহার সঙ্গিগণ দানব-বিশেষের কবল হইতে উদ্ধার করিয়া আনিয়াছিলেন। **golden goose**—রূপকথার স্বর্ণ-ডিম্বপ্রসূ হংসী। *n.* **gōld°fē°ver**—স্বর্ণসন্ধানের বাতিক। *n.* **gōld°-field**—স্বর্ণখনিপূর্ণ অঞ্চল। *n.* **gōld°finch**—সোনালি পালকওয়ালা উজ্জ্বলবর্ণ গায়কপক্ষিবিশেষ। *n.* **gōld°fish**—চীন ও জাপানের সোনালি মাছবিশেষ। *n.* **gōld°foil**—পুরু স্বর্ণপাত, স্বর্ণ-তবক। *n.* **gōl°dilocks**—সোনালি কেশবিশিষ্ট ব্যক্তি ; সোনালি ঝুমকা-ফুলবিশেষ। *n.* **gōld°-ink**—সোনালি কালি। *n.* **gōld°-lāce**—সোনালি জরির তৈয়ারি লেইস। *n.* **gōld°-leaf**—সোনার পাত। *n.* **gōld°-mīne**—স্বর্ণখনি ; (আল.) মস্ত লাভের বা আয়ের উৎস। *n.* **gōld°-mīner**—স্বর্ণখনির মালিক বা খনক। *n.* **gōld°-plāte°**—সোনার বাসন-কোসন। *n.* **gōld°-rush**—নবাবিষ্কৃত স্বর্ণখনিপূর্ণ অঞ্চলাভিমুখে স্বর্ণ-সন্ধানীদের ধাবন। *n.* **gōld°smith**—স্বর্ণকার, সেকরা। *n.* **gōld°-thread**—সোনালি জরি। *n.* **gōld°-wīre**—সোনার তার। [AS.—cp. G. *gold*]

golf [golf, গল্‌ফ্] **(1)** *n.* an outdoor game, বহিরঙ্গন ক্রীড়াবিশেষ, গল্‌ফ্-খেলা। **(2)** *v.i.* to play golf, উক্ত খেলা খেলা। *p.* & *p. pt.* **gol°fed**। *n.* **golf°-club**—গল্‌ফ-খেলার লাঠি বা সঙ্ঘ। *n.* **golf°-course, golf°-links**—গল্‌ফ্-খেলার মাঠ। *n.* **gol°fer**—গল্‌ফ্ খেলোয়াড়। [?]

Golgotha [gol°-ga-tha, গল্‌°গ্যাথ্যা] *n.* a burial-ground, গোরস্থান। [B.]

Goliath [gŏ-lī°-ath, গোলাই°অ্যাথ্] *n.* a giant, দৈত্য, দানব। [B.]

golliwog [go°-li-wog, গ°লিওয়্যাগ্] *n.* a grotesque black doll with bristling hair, শক্ত খাড়া চুলওয়ালা অদ্ভুত গড়নের কাল পুতুল। [*golliwogg* = a doll in certain US children's books]

gollop [go°-lop, গ°লপ্] **(1)** *v.t.* (coll.) to swallow greedily and hastily, (কথ্য.) গোগ্রাসে গেলা, গপগপ করিয়া খাওয়া। **(2)** *n.* greedy and hasty gulp, গোগ্রাসে ভক্ষণ। [from *gulp*]

golly [go°-li, গ°লি] *int.* expressing surprise, বিস্ময়সূচক অব্যয়বিশেষ। [Negro = God]

golosh—alt. spell. of **galosh.**

goluptious [gol-up°-shas, গলাপ্‌°শ্যাস্] *a.* delightful, আনন্দদায়ক, মনোরম। [see *voluptuous*]

gombeen [gom°-bēn, গম্‌°বীন্] *n.* usury, চড়া সুদে টাকা ধার দেওয়ার পেশা, তেজারতি। *n.* **gombeen°man**—যে ব্যক্তি চড়া সুদে টাকা ধার দেয়, সুদখোর। [Ir. *gaimbin*]

gomorrah [ga-mo°-ra, গ্যাম°র‍্যা] *n.* a wicked town, অসৎ ও দুর্বৃত্ত অধিবাসীতে অধ্যুষিত নগর। [B.]

gondola [gon°-da-la, গন্‌°ড্যাল্যা] *n.* a Venetian boat, ভিনিসের লম্বা ও সরু নৌকাবিশেষ। *n.* **gonodolīer°**—উক্ত নৌকার মাঝি। [It.]

gone—see **go**। **(to) be far gone**—গভীরভাবে বিজড়িত বা নিমগ্ন হওয়া। **(to) be gone on**—(অশি.—কিছু বা কাহারও প্রতি) মোহাচ্ছন্নের ন্যায় আকৃষ্ট হওয়া। *n.* **gon°er**—মৃত ব্যক্তি ; দণ্ডপ্রাপ্ত বা সর্বনাশগ্রস্ত ব্যক্তি।

gong [gong, গং] *n.* a metal bell, ধাতুনির্মিত (সচ. চেপটা) ঘণ্টা। [Mal.]

gonococcus [go-nō-ko°-kas, গনৌক°ক্যাস্] *n.* the gonorrhoeal bacterium, প্রমেহের জীবাণু। [Gk. *gonos* = seed, *kokkos* = a berry]

gonorrhœa [go-nō-rē°-ŭ, গনৌরী°আ] *n.* a venereal disease, প্রমেহ। *a.* **gonorrhœ°al**—প্রমেহঘটিত। [Gk. *gonorroia*]

goo [gōō, গূ] *n.* (sl.) sticky substance, আঠাল বা চট্‌চটে বস্তুবিশেষ ; sentimentality, সস্তা ভাব-প্রবণতা, দুর্বলচিত্ততা। *a.* **goo°ey**। [?]

good [good, গুড্] **(1)** *a.* excellent, ভাল ; suitable, উপযুক্ত ; desirable, প্রেয় ; beneficial, শুভ, মঙ্গলকর ; helpful, সহায়ক ; favourable, অনুকূল ; virtuous, ধার্মিক, সৎ ; kind, সদয় ; benevolent, দয়ালু ; well-behaved, সুশীল ; reputable, খ্যাতির যোগ্য ; doughty, দৃঢ় ; worthy, যোগ্য ; commendable, প্রশংসনীয় ; adequate, পর্যাপ্ত ; valid, বলবৎ, যুক্তিসিদ্ধ ; sound, প্রগাঢ় (*good* knowledge) ; serviceable, ব্যবহার্য ; genuine, খাঁটি ; pleasing, মনোরম ; ample,

প্রচুর (a *good* deal of)। *compar.* see **better ;** *super.* see **best**। (2) *n.* the end of ethics, নীতিশাস্ত্রের শেষ লক্ষ্য, মঙ্গল ; that which is good, যাহা-কিছু ভাল বা সৎ ; prosperity, সমৃদ্ধি, উন্নতি ; welfare, মঙ্গল, কল্যাণ ; advantage, সুবিধা ; benefit, উপকার ; virtue, সদ্‌গুণ ; (in *pl.*) movable property, অস্থাবর সম্পত্তি ; merchandise, পণ্যদ্রব্য ; freight, জাহাজাদিতে বাহিত মালপত্র। (3) *int.* well, বেশ ভাল ; right, ঠিক ; be it so, তাহাই হউক। (4) *adv.* well, ভালভাবে। **a good job** or **business**—সৌভাগ্যময় ব্যাপার। **goods and chattels**—যাবতীয় অস্থাবর সম্পত্তি, মালপত্র। **good for**—যোগ্য, উপযুক্ত (he is *good for* two more years' service) ; নির্দিষ্ট পরিমাণের সমতুল্য (his credit is *good for* Rs. 5,000 ; this cheque is *good for* Rs. 1,000 only)। **as good as**—ঠিক তদ্রূপ ; (উহার) অপেক্ষা কম নহে ; প্রকৃতপক্ষে। **for good (and all)**—চিরতরে ; অপরিবর্তনীয়ভাবে। **for the good of**—কল্যাণের বা উপকারের নিমিত্ত (*for the good of* the country)। **in good time**—সকাল-সকাল ; যথাসময়ে। **no good**—অকার্যকর ; ব্যর্থ ; বাজে। **(to) do good**—সৎকাজ করা। **to the good**—উদ্‌বৃত্তরূপে বা লাভরূপে (Rs. 10 *to the good*)। **(to) make good**—পূর্ণ করা, পালন করা (to *make good* a promise) ; সম্পাদন করা ; ক্ষতিপূরণ করা ; যুক্তি প্রভৃতির দ্বারা প্রমাণিত করা। **(to) stand good**—স্থায়ী মঙ্গলপূর্ণ হওয়া ; থাকিয়া বা টিকিয়া যাওয়া। **(to) think good**—প্রবণ বা রাজি বা ইচ্ছুক হওয়া। **good breeding**—ভালভাবে প্রতিপালিত হইলে যে ভদ্র আচরণ শিক্ষা করা হয়। **good day**—সাক্ষাৎকালীন বা বিদায়কালীন সাধারণ সম্ভাষণবিশেষ। **good evening**—সন্ধ্যায় বা রাত্রিতে সাক্ষাৎকালীন সম্ভাষণবিশেষ। **good fellow**—আনন্দময় বা অন্তরঙ্গ সঙ্গী। *n.* **good-fe°llowship**—আনন্দোচ্ছলতা, অন্তরঙ্গতা। **good for anything**—যে কোন কাজ করিতে প্রস্তুত। **good°-for-nothing, good°-for-naught**—(1) *a.* সম্পূর্ণ অকেজো বা বাজে। (2) *n.* ঐরূপ লোক। **Good Friday**—খ্রিস্টীয় পর্ববিশেষ (যিশুকে ক্রুশবিদ্ধ করার দিন)। *n.* **good-humour**—খোশ-মেজাজ। *a.* **good-hū°moured**—খোশ-মেজাজপূর্ণ। *a.* **goo°dish**—কিছুটা বা একটু দীর্ঘ বৃহৎ প্রভৃতি। *a.* **good°-loo°king**—সুদর্শন। **good°ly**—(1) *adv.* চমৎকারভাবে ; সদয়ভাবে ; (2) *a.* সুদর্শন ; চমৎকার ; প্রচুর (a *goodly* sum of money)। *n.* **good°liness**। *n.* (formerly used as a *pfx.*) **good°man**—জোতদার ; গৃহস্থ ; স্বামী, পতি, কর্তা। **good morning,** (arch.) **good morrow**—রাত্রি ১২ টার পর হইতে বেলা ১২টা পর্যন্ত সাক্ষাৎকালীন বা বিদায়কালীন সম্ভাষণবিশেষ। *a.* **good°-nā°tured**—স্বভাবতঃই সৎ ও শান্ত, ভালমানুষ। **good°ness**—(1) *n.* গুণ ; ধার্মিকতা ; চমৎকারিত্ব ; দয়া ; (2) *int.* ভগবান্ (**my goodness, goodness me**=হা ভগবান্)। **Goodness knows**—আমি জানি না ; ভগবান্ সাক্ষী, ঈশ্বরের দোহাই। **(to) have the goodness to**—দয়া করে (*have the goodness* to come to my place, please)। **good night**—রাত্রিতে বা অপরাহ্ণে বিদায়কালীন সম্ভাষণবিশেষ। **good offices**—মধ্যস্থতা, সালিসি। **(the) good people**—পরীগণ। **good sense**—বিচারবুদ্ধি। **(to) deliver the goods**—প্রতিশ্রুতি রক্ষা করা। **goods train**—(রেলের) মাল-গাড়ি। *a.* **good°-tem°pered**—ঠাণ্ডা মেজাজওয়ালা। *n. fem.* **good°wife** (*fem.* of **goodman**)—গৃহকর্ত্রী, পত্নী, গিন্নি। *n.* **good°will°**—দয়া ; মঙ্গলকামনা ; ব্যবসায়ে সুনাম (ইহা বিক্রয় করা যায়)। *n.* **goo°dy**—ভালমানুষের বউ। *a.* **goo°dy, goo°dy-goo°dy**—ভালমানুষির ভানে পূর্ণ ; নেহাৎ ভালমানুষ (বা অপদার্থ)। [OE. *god*—cp. Du. *goed*, G. *gut*]

good-bye [(*n.*) good-bī°, গুড্‌বাই° ; (*int.*) goo°-bī°, গু°বাই°] *n.* & *int.* farewell, ভগবান্ তোমার সহায় হউন : এই বিদায়-সম্ভাষণ। [contr. of *God be with you*]

goof [goof, গূফ্] (1) *n.* a fool, বোকা লোক (also **goop**)। (2) *v.i.* to idle, আলস্যে সময় কাটান। (3) *v.t.* to bungle, তালগোল পাকান। *a.* **goo°fy**—বোকা। [F. *goffe* ?]

googly [goog°-li, গুগ্‌°লি] *n.* (in cricket) a manner of bowling, (ক্রিকেটে) বল-নিক্ষেপের ধরনবিশেষ। [?]

gook [gook, গূক্] *n.* (derog.) a foreigner (especially one from East Asia), (তুচ্ছার্থে.) বিদেশী (বিশে. পূর্ব এশিয়ার অধিবাসী)। [?]

goon [goon, গূন্] *n.* (Am.—sl.) a hired thug, ভাড়াটে গুণ্ডা ; a stupid person, বোকা লোক। [?]

goop [goop, গূপ্] *n.* same as **goof.**

Goorkha—alt. spell. of **Gurkha.**

gooroo—alt. spell. of **guru.**

goosander [goo-san°da(r), গূস্যান্‌°ড্যা(র্)] *n.* a large duck, বৃহৎ হংসবিশেষ। [*goose*, ON. *ander* =ducks ?]

goose [goos, গূস্] *n.* the female of a gander, হংসী ; a stupid person, বোকা লোক। *pl.* **geese** [ges, গীস্]। **(to) cook one's goose**—(অশি.) খতম করা ; মারিয়া ফেলা ; সর্বনাশ করা ; পরিকল্পনাদি ভেস্তে দেওয়া। *n.* **goose°-flesh**—গায়ে কাঁটা দেওয়া, রোমহর্ষ, কাঁটাশিরা। *n.* **goo°sery**—হাঁস রাখার জায়গা ; বোকামি। *n.* **goose°-skin**—হাঁসের মাংস। *n.* **goose°-step**—হাঁটু না ভাঙ্গিয়া চলার ভঙ্গি। [OE. *gos*, (*pl.*) *ges*—cp. ON. *gas*]

gooseberry [gooz°-b(a)ri, গুজ্‌°ব্‌রি] *n.* a shrub or its fruit, গুল্মবিশেষ বা উহার বৈঁচি-জাতীয় ফল। **(to) play gooseberry**—পৃথক্ পৃথক্ ভাবে সঙ্গপ্রার্থী দুই ব্যক্তিকে (সচ. দুই প্রণয়ীকে) সমকালে সঙ্গ দেওয়া। [*goose, berry* ?]

gopher [go°-fa(r), গৌ°ফ্যা(র্)] *n.* a rat-like

animal of North America, উত্তর আমেরিকার মূষিকজাতীয় প্রাণিবিশেষ। [F. *gaufre*=honeycomb ?]

gopura [go°-poo°ra, গৌ°পূ°র‌্যা] *n.* a conical tower over the gateway of a temple, মন্দির-তোরণে শাঙ্কবাকার মিনার। [Sans.]

Gordian [gaw(r)°-di-an, গ্য(র্)°ডিঅ্যান্] *a.* intricate, (গিঁট-সম্বন্ধে) জটিল। **(to) cut the Gordian knot**—বলপ্রয়োগে বিপদ্ বা ঝঞ্ঝাট দূর করা। [King *Gordius* of Phrygia, who tied an intricate knot which Alexander cut]

gore₁ [gaw(r), গ্য(র্)] **(1)** *n.* a triangular piece in a garment to widen it, জামার বহর বাড়ানর জন্য যে তেকোনা পটি লাগান হয়। **(2)** *v.t.* to shape like a gore, তেকোনা পটির আকারে গঠন করা; to furnish with a gore, তেকোনা পটি লাগান; to pierce (with spears, horns, etc.), (বর্শা পশুশৃঙ্গ প্রভৃতি দ্বারা) বিদ্ধ করা, ঢুঁ মারিয়া ছেঁদা করা (*gored* to death by a bull)। [OE. *gara*=a triangular piece of land, *gar*=a spear]

gore₂ [gaw(r), গ্য(র্)] *n.* clotted blood, জমাটবাঁধা বা শুষ্ক রক্ত; blood, রক্ত। *adv.* **go°rily** । *a.* **go°ry**—জমাটবাঁধা বা শুষ্ক রক্তবৎ; রক্তবৎ; রক্তাক্ত; রক্তিম। [OE. *gor*=filth—cp. ON. *gor*=cud]

gorge [gaw(r)j, গ্য(র্)জ্] **(1)** *n.* the throat, কণ্ঠনালী; a ravine, গিরিসঙ্কট; the entrance to an outwork, (দুর্গাদির) সঙ্কীর্ণ প্রবেশপথ; the contents of the stomach, পাকস্থলীর মধ্যস্থ খাদ্যাদি; a gluttonous feed, গুরুভোজ, অতিভোজন। **(2)** *v.i.t.* to swallow or feed gluttonously, গাণ্ডেপিণ্ডে খাওয়া বা খাওয়ান। *a.* **gor°ged**—কণ্ঠনালীযুক্ত; গিরিসঙ্কটবিশিষ্ট; সঙ্কীর্ণ প্রবেশপথযুক্ত; গাণ্ডেপিণ্ডে খাইয়াছে এমন। *n.* **gor°gèt**—কণ্ঠের বর্মবিশেষ; কণ্ঠহার; পাখির গলার রঙিন ডোরা। [OF.]

gorgeous [gaw(r)°jas, গ্য(র্)°জ্যাস্] *a.* showy, জাঁকাল, আড়ম্বরপূর্ণ; splendid, চমৎকার। *adv.* **gor°geously** । *n.* **gor°geousnèss** । [OF. *gorgias*=gaudy]

gorget—see **gorge.**

Gorgon [gaw(r)°-gan, গ্য(র্)°গ্যান্] *n.* any one of the three fabled female monsters, গ্রীক পুরাণের দানবীত্রয়ের যে-কোনটি (ইহাদের নাম Stheno, Euryale ও Medusa; ইহাদের মাথায় চুলের বদলে কতকগুলি জীবন্ত সর্প ছিল; যে-কেহ Medusa-র মুখের দিকে তাকাইলে প্রস্তরীভূত হইত); a terrible or ugly woman, ভয়ঙ্করী বা কুদর্শনা স্ত্রীলোক। *v.t.* **gor°gonize**—কাহারও প্রতি পৌরাণিক গরগনদের ন্যায় তীব্রদৃষ্টিতে তাকান। [Gk. *Gorgo*, (*pl.*) *Gorgos* < *gorgones*=grim]

gorilla [ga-ri°-la, গ্যারি°ল্যা] *n.* a great African ape, গোরিলা, বনমানুষ। [Gk. *Gorillai* (*pl.*) < Afr.=wild man]

gormandize [gaw(r)°-man-dīz, গ্য(র্)°ম্যান্ডাইজ্] *v.i.* to eat hastily or voraciously, গবগব করিয়া বা গাণ্ডেপিণ্ডে খাওয়া, অসম্ভব পেট পুরিয়া খাওয়া। [see *gourmand*]

gormless [gaw(r)m°-lès, গ্য(র্)ম্°লিস্] *a.* (coll.) lacking sense, foolish, (কথ্য.) নির্বোধ, বোকা। *n.* **gorm°lèssnèss** । [dial. *gaum*=understanding]

gorse [gaw(r)s, গ্য(র্)স্] *n.* furze, পীতবর্ণ পুষ্পপ্রসূ মেঠো গুল্মবিশেষ। [OE. *gorst*]

gory—see **gore.**

gosh [gosh, গশ্] *int.* (vul.) God, (অমা.) ভগবান্। [*God*]

gosling [goz°-ling, গজ্°লিং] *n.* a young goose. শিশু-হংসী। [OE. *gos*=goose, *-ling*]

gospel [gos°p(a)l, গস্°প্‌ল্] *n.* the teaching of Christ, খ্রিস্টের উপদেশাবলী; Christ's life-history, (প্রধানতঃ বাইবেলে বর্ণিত) খ্রিস্টের জীবনকাহিনী; any one of the first four books of the New Testament, বাইবেলের অন্তর্ভুক্ত New Testament বা নূতন নিয়ম নামক খণ্ডের প্রথম পুস্তকচতুষ্টয়ের যে-কোনখানি; any strongly advocated principle or system, দৃঢ়ভাবে প্রচারিত নীতি বা নিয়ম। **gospel oath**—New Testament-এর প্রথম গ্রন্থচতুষ্টয়ের নামে অথবা তার যে-কোনখানির নামে শপথ; (আল.) ধর্মশাস্ত্রের নামে শপথ। **gospel truth**—পরম সত্য; শাস্ত্রীয় বচন। *n.* **gospeller** [gos°-pa-la(r), গস্°প্যাল্যা(র্)] প্রচারক। [OE. *godspel(l)* < *God*, *spel(l)*=story]

gossamer [go°-sa-ma(r), গ°স্যাম্যা(র্)] **(1)** *n.* a very fine spider's thread, লূতাতন্তু; anything very thin, অতি পাতলা কোন বস্তু। **(2)** *a.* very light or flimsy, অতিশয় হালকা বা পাতলা (light as *gossamer*)। *a.* **go°ssamery**—লূতাতন্তুবৎ; খুব পাতলা। [ME. *gossomer* < *goose-summer* ? =when gossamer abounds]

gossip [go°-sip, গ°সিপ্] **(1)** *n.* (arch.) a familiar friend, (আর্ষ.—প্রধানতঃ স্ত্রীলোকের) অন্তরঙ্গ বান্ধবী; a tattler, যে ব্যক্তি (প্রধানতঃ স্ত্রীলোক) সংবাদ অথবা বাজে বা কলঙ্ককর গুজব রটাইয়া বেড়ায়, রটন্তী; tittle-tattle, খোশখবর; idle or scandalous rumours, বাজে বা কলঙ্ককর গুজব; easy familiar talk or writing, চুটকি কথা বা রচনা। **(2)** *v.i.* to tattle, সংবাদ অথবা বাজে বা কলঙ্ককর গুজব রটাইয়া বেড়ান; to chat, খোশগল্প করা; *p.* & *p. pt.* **go°ssiped** । *a.* **go°ssipy**—সংবাদ অথবা বাজে গুজব বা কলঙ্ক রটনা করে এমন; খোশগল্পপ্রিয়। [OE. *godsibb*=(ori.) godfather]

got—see **get** । **(to) have got**—(কথ্য.) কাছে বা অধিকারে থাকা (I *have got* no pice)। **(to) have got to**—বাধ্য হওয়া। *a.* **got°-up**—মিথ্যাভাবে সাজান, সাজস (a *got-up* case)।

Goth [goth, গথ্] *n.* an ancient Germanic

nation, জর্মানগোষ্ঠীভুক্ত প্রাচীন জাতিবিশেষ ; a barbarian, অসভ্য বা বর্বর ব্যক্তি। **Go°thic**—(**1**) *n.* গথ্-জাতির ভাষা বা স্থাপত্য ; মোটা ও সাদামাটা মুদ্রাক্ষর ; (**2**) *a.* গথ্-জাতিসংক্রান্ত বা তাহাদের ভাষাসংক্রান্ত ; অসভ্য ; বর্বর ; (স্থাপ.) বড় বড় থাম ও থিলান আছে এমন ; (মুদ্রাক্ষরসম্বন্ধে) মোটা ও সাদামাটা। *n.* **Gothicism** [go°thi-sizm, গ°থিসিজ়্ম্] গথিক্ বাস্থিধি রচনাশৈলী বা স্থাপত্য-কৌশল ; বর্বর বা অভদ্র আচরণ। [L. *Gothicus*]

gotten—see **get.**

got-up—see **got.**

gouge [gowj, গাউজ্ ; gōōj, গূজ্] (**1**) *n.* a chisel, বাটালিবিশেষ ; (coll.) swindle, (কথ্য.) প্রতারণা। (**2**) *v.t.* to scoop out, (উক্ত বাটালি-দ্বারা কুরিয়া কুরিয়া) গর্ত করা ; to force out, (প্রধানতঃ হাতের বুড়া আঙ্গুল দিয়া চক্ষু) উপড়াইয়া ফেলা ; (coll.) to extort money from, (কথ্য.) বলপূর্বক অর্থাদি কাড়িয়া লওয়া বা আদায় করা। [OF. <LL. *gubia*]

Goulard lotion [gōō-la(r)d° lō°sh(a)n, গূল্যা(র্)ড্° লৌ°শ্ন্] *n.* a lotion of sub-acetate of lead in solution, অঙ্গপ্রত্যঙ্গ মচকাইয়া গেলে বা অস্থিভঙ্গ হইলে ব্যবহার্য লোশন-বিশেষ। [F. *Goulard*, a French surgeon)

goulash [gōō°-lash, গূ°ল্যাশ্] *n.* a stew of beef, vegetable etc., গোমাংস তরিতরকারি প্রভৃতির সুরুয়াবিশেষ। [Hung. *gulyas* (*hus*) = herdsman (meat)]

gourd [gooa(r)d, গুয়্যা(র্)ড্] *n.* a vegetable fruit, লাউ, অলাবু। [OF. *gourde*, contr. of *cougourde* < L. *cucurbita*]

gourmand [gooa(r)°-mand, গুয়্যা(র্)°ম্যান্ড্] (**1**) *n.* a glutton, অতিভোজী ব্যক্তি ; a lover of good fare, উত্তম খাদ্যপ্রিয় ব্যক্তি। (**2**) *a.* gluttonous, অতিভোজী, পেটুক। *n.* **gourmandise** [gōō(r)°-man-dīz, গূ(র্)°ম্যান্ডাইজ় ; gōō(r)°-man-dēz, গূ(র্)°ম্যান্ডীজ়্] উত্তম খাদ্যপ্রীতি, ভোজনবিলাস। [F.—cp. *gormandize*]

gourmet [gooa(r)°-me, গুয়্যা(র্)°মে] *n.* an epicure, পানভোজনবিলাসী ব্যক্তি (মূলতঃ উত্তম সুরাপানপ্রিয় ব্যক্তি)। [F.]

gout [gawt, গাউট্] *n.* a paroxysmal disease, গেঁটেবাত। *a.* **gou°ty**—গেঁটেবাত-সংক্রান্ত ; গেঁটেবাতগ্রস্ত। *adv.* **gou°tily**। *n.* **gou°tiness**। [OF. *goutie*]

govern [gu°va(r)n, গা°ভ্যা(র্)ন্] (**1**) *v.t.* to direct, পরিচালনা করা ; to control, নিয়ন্ত্রিত করা (to *govern* one's passions) ; to rule, (রাজ্যাদি) শাসন করা ; to determine, স্থির করা বা নির্ণয় করা ; (gr.) to determine the case of, (ব্যাক.) কারকনির্ণয় করা। (**2**) *v.i.* to exercise authority, কর্তৃত্ব করা ; to administer as a state, রাজ্যাদি শাসন করা। *a.* **go°vernable**। *n.* (arch.) **governance** [gu°va(r)-nans, গা°ভ্যা(র্)ন্যান্স্] শাসন ; নিয়ন্ত্রণ ; পরিচালনা ; আচরণ। **the governed**—শাসনাধীন ব্যক্তিবর্গ ; প্রজাবর্গ। *a.* **g°overning**—শাসক ; পরিচালক ; নিয়ন্ত্রক। **governing body**—পরিচালক-মণ্ডলী। **governing class**—শাসক-শ্রেণী। **Government** [gu°va(r)n-mant, গাভ্যা°(র্)ন্ম্যান্ট্] (**1**) *n.* শাসন ; পরিচালনা ; নিয়ন্ত্রণ ; শাসনতন্ত্র ; শাসকবর্গ, সরকার ; শাসনকাল ; শাসন-বিভাগ ; শাসনাধীন রাজ্য ; (ব্যাক.) ভিন্ন শব্দের কারকনির্ণয়ে কোন শব্দের ক্ষমতা ; (**2**) *a.* সরকারি। **government securities**—সরকারি ঋণস্বীকার-পত্র। *a.* **governmental** [gu-va(r)n-men°tl, গাভ্যা(র্)ন্মেন্°ট্ল্] সরকারি ; শাসনসংক্রান্ত। *n.* **go°vernor**—রাজ্যশাসক বা নৃপতি, রাজ্যপাল, লাটসাহেব ; (প্রতিষ্ঠানাদির) অধ্যক্ষ বা পরিচালক ; দুর্গাধিপতি ; (গৃহ-)শিক্ষক ; পিতা ; কর্তা ; মনিব ; যন্ত্রাদির গতি-নিয়ন্ত্রক অংশ। *fem.* **go°verness**—(বর্ত.—কেবল) গৃহশিক্ষিকা। *n.* **go°vernor-ge°neral**—রাষ্ট্রের প্রধান শাসক ; রাজপ্রতিনিধি ; বড়লাট। *n.* **go°vernorship**। [OF. *governor*]

gowk [gowk, গাউক্] *n.* (dial.) cuckoo, (প্রাদে.) কোকিল ; (coll.) a half-witted person, a fool, (কথ্য.) স্থূলবুদ্ধি লোক, বোকা। [OE. *gēac*]

gown [gown, গাউন্] (**1**) *n.* a loose outer garment, (বিদ্বৎসমাজ পাদরি বিচারক প্রভৃতির পরিধেয়) আলখিল্লাবিশেষ ; a woman's dress, স্ত্রীলোকের জামাবিশেষ। (**2**) *v.t.* to dress in a gown, গাউন্ পরান। *a.* **gow°ned**—গাউন্-পরিহিত। *n.* **gowns°man**—পাদরি উকিল বা ইংল্যানডের বিশ্ববিদ্যালয়ের সভ্য প্রভৃতি যাঁহারা সচরাচর গাউন্ পরেন। [OF. *goune*]

grab [grab, গ্র্যাব্] (**1**) *v.t.i.* to seize suddenly, হঠাৎ আঁকড়াইয়া ধরা (to *grab* at an opportunity) ; to appropriate or capture unscrupulously, বিধিনিয়মের তোয়াক্কা না করিয়া আত্মসাৎ করা বা দখল করা। *pr. pt.* **gra°bbing**। *p.* & *p. pt.* **gra°bbed**। (**2**) *n.* a sudden seizure, হঠাৎ আঁকড়াইয়া ধরা ; an unscrupulous seizure, বিধিনিয়মের তোয়াক্কা না করিয়া দখল ; a kind of game at cards, তাসখেলাবিশেষ। *n.* **gra°bber**—grab (*v.*)-এর উভয় অর্থে, এবং—অর্থলিপ্সু ব্যক্তি। *a.* **gra°bby**। [?—cp. *grip*]

grabble [grab°l, গ্র্যাব্°ল্] *v.i.* to grope, হাতড়াইয়া বেড়ান। [<*grab*]

grace [grās, গ্রেইস্] (**1**) *n.* easy elegance, চেহারায় বা আচরণে স্বাভাবিক মাধুর্য বা সৌষ্ঠব ; ornament or embellishment, অলঙ্কার বা সদ্গুণ ; any commendable quality, প্রশংসনীয় গুণ ; favour, অনুগ্রহ ; kindness, দয়া, কৃপা ; pardon, ক্ষমা ; the mercy of God, ঐশ্বরিক করুণা ; divine influence, স্বর্গীয় প্রভাব ; eternal life or salvation, অমর জীবন বা মোক্ষ ; a ceremonious title, (ডিউক আর্চবিশপ প্রভৃতিকে সম্বোধনের) আখ্যাবিশেষ ; (in *pl.*) favour or friendship, অনুগ্রহ বা বন্ধুত্ব। (2) *v.t.* to mark with favour, অনুগ্রহ করা; to adorn, সৌষ্ঠব বা শোভা বাড়ান। *p.* & *p. pt.* **grā°ced**। *n. pl.* **Grā°cēs**—সৌন্দর্যের অধিষ্ঠাত্রী গ্রীক দেবীত্রয় (ইহাদের নাম: Euphrosyne, Aglaia, Thalia)। **with (a) bad grace**—করুণাশূন্য-ভাবে; বেজার হইয়া। **with (a) good grace**—করুণাপূর্ণভাবে; প্রসন্ন হইয়া। **(to) be in one's good graces**—কাহারও আনুকূল্য বা পৃষ্ঠপোষকতা ভোগ করা। **(to) give one a month's grace**—(কাহাকেও) আরও এক মাস সময় দেওয়া। **(to) fall from grace**—নীতিভ্রষ্ট বা চরিত্রভ্রষ্ট হওয়া; অনুগ্রহ হারান, বিরাগভাজন হওয়া; মোক্ষলাভের অধিকার হারান। *a.* **grāce°-ful**—স্বাভাবিক সৌষ্ঠবে বা মাধুর্যে পূর্ণ; শোভন; ধার্মিক; সৎ; অনুগ্রহপূর্ণ; ক্ষমাপূর্ণ; করুণাময়। *adv.* **grace°fully**। *n.* **grace°fulness**। *a.* **grāce°léss**—স্বাভাবিক মাধুর্যহীন বা সৌষ্ঠবহীন; অপকৃষ্ট; করুণাহীন; ক্ষমাহীন; অনুগ্রহহীন; অসৎ; দুর্বৃত্তিপরায়ণ; অশোভন। *adv.* **grace°lėssly**। *n.* **grace°lėssnėss**। *a.* **gra°cile**—সুন্দর ছিপছিপে। *n.* **graci°lity**—ছিপছিপে ভাব বা গড়ন; (রচনাশৈলী সম্বন্ধে) নিরলঙ্কার সারল্য। **gracious** [grā°-shas, গ্রেই°শ্যাস্] (1) *a.* করুণাময়; সদয়; ক্ষমাশীল; ক্ষমা-পূর্ণ; দেবানুগ্রহসঞ্জাত; গ্রহণযোগ্য; প্রশংসনীয়; সু-দর্শন; শোভন; অনুকূল, শুভ। (2) *n.* ভগবান্। **good gracious**—বিস্ময়সূচক উক্তিবিশেষ: ভগবান্! *adv.* **grā°ciously**। *n.* **grā°ciousnėss**। [F. < L. *gratia* = favour]

grad [grad, গ্র্যাড়্] *n.* graduate, স্নাতক। [abbr.]

grade [grād, গ্রেইড়্] (1) *n.* a degree or step in quality, rank, dignity or progress, উৎকর্ষ পদমর্যাদা মর্যাদা উন্নতি বা অগ্রগতির ক্রমমাত্রা অথবা ধাপ; rank, পদমর্যাদা; position in a scale, ওজন; standard, মান; a class, শ্রেণী; a class of a school, বিদ্যালয়ের পাঠশ্রেণী (the school has four *grades*); (math.) one-hundredth part of a right angle, (গণি.) এক সমকোণের এক-শতাংশ; a slope, উতরাই, ঢল। (2) *v.t.* to arrange in grades, ক্রম-অনুসারে সাজান, মাত্রা-বিভক্ত বা ক্রমবিভক্ত করা; to assign a grade to, নির্দিষ্ট ক্রম-ভুক্ত করা। *p.* & *p. pt.* **grā°dėd**। **(to) grade up**—(পশ্বাদির) উন্নত শ্রেণীর সঙ্কর উৎপাদন করা। **(to) make the grade**—উত্তম বা ঈপ্সিত মানে পৌছান। **on the down grade**—অবনতিশীল। **on the up grade**—উন্নতি-শীল। *n.* **gradā°tion**—ক্রম, মাত্রা, ধাপ; ধাপে ধাপে আরোহণ বা উন্নতি; যে-অবস্থায় পৌছান গিয়াছে; মাত্রাবিন্যাস, ক্রমবিন্যাস। *a.* **gradā°tional**—ক্রম মাত্রা বা ধাপ সংক্রান্ত; ধাপে ধাপে আরোহণ বা উন্নতি সংক্রান্ত; মাত্রাবিন্যাস বা ক্রমবিন্যাস সংক্রান্ত। *n.* **grā°dient**—নতির পরিমাণ, নতিমাত্রা (a steep *gradient*)। *a.* **gra°dūal**—ক্রমশঃ অগ্রগমনশীল; (ধীর ও) ক্রমান্বয়িক। *n.* **gra°dūalnėss**। *n.* **gra°dūate**—বিশ্ববিদ্যালয়ের স্নাতক-উপাধিপ্রাপ্ত ব্যক্তি। **gra°dūāte**—(1) *v.t.* মাত্রাবিভক্ত বা ক্রমবিভক্ত করা (to *graduate* a scale); বিশ্ববিদ্যালয়ের স্নাতক-উপাধি দান করা; (2) *v.i.* ক্রমে-ক্রমে চলিয়া যাওয়া; স্নাতক-উপাধি পাওয়া। *a.* **gra°dūā°tėd**—মাত্রাঙ্কিত, অংশাঙ্কিত (যেমন, থার্মমিটার, স্কেল প্রভৃতি)। *n.* **gradūā°tion**। *n.* **gra°dūātor**—রেখাকে ক্রম-বিভক্ত বা মাত্রাবিভক্ত করার যন্ত্র। [L. *gradus* = a step]

Gr(a)ecize [grē°-sīz, গ্রী°সাইজ়্] (1) *v.t.* to make Greek, গ্রীকে পরিণত করা, গ্রীক বানান; to hellenize, (ভাষা প্রভৃতিকে) গ্রীক চরিত্র বা গ্রীক বৈশিষ্ট্য দান করা। (2) *v.i.* to become Greek, গ্রীক বনা; to conform to Greek ways or idioms, গ্রীক চালচলন বা বাগ্বিধি অনুসরণ করা; to use Greek, গ্রীক-ভাষা ব্যবহার করা। *n.* **Gr(a)ē°cism**—(প্রধানতঃ ভিন্ন ভাষায় অনুসৃত) গ্রীক বাগ্বিধি বা ভাষাবৈশিষ্ট্য; গ্রীক চাল-চলন ও বৈশিষ্ট্য। [L. *Graecus* < Gk. *Graikos* = Greek, *Graikizein* = to speak Greek]

Gr(a)eco- [grē°-kō, গ্রী°কৌ] *in comp.* Greek, গ্রীক। *a.* **Gr(a)ē°co-Rōman**—গ্রীক ও রোমান উভয় জাতিসম্পর্কিত। [see *Gra(e)cize*]

graft₁ [grŭft, গ্রাফ্‌ট্] (1) *n.* a spade's depth, কোদালের এক চাড়ে যতখানি মাটি ওঠে; a spade, কোদাল; corruption in official life, সরকারি কর্মচারীদের অসাধুতা। (2) *v.i.* to be engaged in corrupt practices, (সরকারি কর্মচারিসম্বন্ধে) অসাধুতায় রত থাকা, অসাধুতা করা। *p.* & *p. pt.* **graf°tėd**। [?]

graft₂ [graft, গ্রাফ্‌ট্] (1) *n.* a piece of a plant inserted into another so as to come into organic union. বৃক্ষের কলম, জোড় কলম; (surg.) a piece of transplanted living tissue, (শল্যচিকি.) ভিন্ন দেহের যে অংশ কোন দেহে জোড়া দেওয়া হইয়াছে; act of transplanting, উক্ত কলম করার বা জোড়া দেওয়ার প্রণালী। (2) *v.t.i.* to transplant, কলম করা, (শল্যচিকি.) ভিন্ন দেহের অংশ কোন দেহে জোড়া দেওয়া। *p.* & *p. pt.* **graf°tėd**। *n.* **graf°ting**—graft (*v.*-)-এর সকল অর্থে। [OE. *graff* < OF. *graffe* < Gk. *graphion* = a stylus]

grail [grāl, গ্রেইল্] *n.* Christ's platter at the Last Supper, খ্রিস্টের শেষভোজকালীন থালা যাহাতে জোসেফ খ্রিস্টের রক্ত ধরিয়াছিলেন (also **holy grail**)। [OF. *graal, grael* > LL. *gradale* = a plate]

grain [grān, গ্রেইন্] (1) *n.* a single seed, শস্য-কণা, corn, শস্য; a hard particle, শক্ত কণা; a weight, ওজনবিশেষ (প্রায় $\frac{1}{8}$ রতি); (in *pl.*) refuse malt after brewing or distilling, চোলাইর বা পাতনের পরে দ্রব্যাদির যে অকেজো অংশ পরিত্যক্ত হয়, ছিবড়া; texture, বুনন; জমিন; kernel, শাঁস; the dried body of some insects, (একদা শস্যরূপে পরিগণিত) কোন কোন কীটের

শুষ্কীভূত দেহ ; the red dye made from these, ঐ কীটদেহদ্বারা প্রস্তুত লাল রঞ্জক। (2) *v.t.* to form into grains, দানার আকারে গঠন করা, দানা বাঁধান ; to dye in grain, শুষ্ক কীটদেহদ্বারা প্রস্তুত লাল রঞ্জকে রঞ্জিত করা। **against the grain**—চল বা প্রবণতা বা প্রবৃত্তির বিরুদ্ধে। **in grain**—সারপদার্থের দিক্ দিয়া ; আসলে, বস্তুতঃ। *n.* **grai°nage**—শস্যের উপর ধার্য শুল্ক, শস্যশুল্ক। *a.* **grained**—দানার ন্যায় আকারযুক্ত, দানাদার ; অমসৃণ। [F.<L. *granum*]

gram₁—alt. spell. of **gramme.**

gram₂ [gram, গ্র্যাম্] *n.* chick-pea, ছোলা ; pulse generally, কলাই, দানা। *a.* **gram°-fed**—বেশ হৃষ্টপুষ্ট। [Port. *grao*(*gram*)<L. *granum* =a grain]

gramercy [gra-ma(r)°-si, গ্র্যাম্যা(র্)°সি] *int. & n.* great thanks, বহুত ধন্যবাদ। [OF. *grant merci*]

graminivorous [gra-mi-ni°-v(a)ras, গ্র্যামিনি°ভ্র্যাস্] *a.* feeding on gram, ছোলাভোজী, কলাইভোজী। [*gram₂*, L. *vorare*=to eat]

grammalogue [gra°-ma-log, গ্র্যাম্যা°লগ্] *n.* a sign for a word in shorthand, দ্রুতলিখনপদ্ধতি বা শর্টহ্যাণ্ডের শব্দসূচক চিহ্ন বা সঙ্কেত। [Gk. *gramma*=a letter, *logos*=a word]

grammar [gra°-ma(r), গ্র্যা°ম্যা(র্)] *n.* the art and science dealing with the use of a language or a book on this, ব্যাকরণ ; elements of anything, কোন বিষয়ের ক-খ বা প্রাথমিক জ্ঞান। *n.* **grammār°ian**—বৈয়াকরণ ; ব্যাকরণ-শিক্ষক। *n.* **gra°mmar-school**—প্রাচীন ভাষা (বিশেষতঃ লাটিন ও গ্রীক) শিক্ষার বিদ্যালয়। *a.* **gramma°tic(al)**—ব্যাকরণগত। [Gk. *gramma* =a letter—cp. OF. *gramaire*]

gramme [gram, গ্র্যাম্] *n.* a unit of weight, ওজনের মাপবিশেষ (=15.430 Troy grains= কিঞ্চিদধিক 7½ রতি)। [F.<L. & Gk. *gramma*]

gramophone [gra°-ma-fōn, গ্র্যা°ম্যাফৌন্] *n.* a phonograph, কলের গান, গ্রামাফোন। [Gk. *gramma*=record, see *phone*]

grampus [gram°-pas, গ্র্যাম্°প্যাস্] *n.* a popular name for several kinds of ferocious whales, হিংস্র তিমি। [16th cent. *graundepose*<*grapeys*<OF. *grapois*<L. *crassus piscis*=fat fish]

granary [gra°-na-ri, গ্র্যা°ন্যারি] *n.* a storehouse for grain, শস্যগোলা ; (fig.) a region rich in crop, (আল.) প্রচুর শস্যোৎপাদী অঞ্চল। [L. *granarium*]

grand₁ [grand, গ্র্যান্ড্] *a.* pre-eminent, শ্রেষ্ঠ ; chief, প্রধান ; exalted, মহান্ ; magnificent, চমৎকার (we had a *grand* time) ; sublime, পরম ; on a great scale, প্রচুর ; in complete form, পূর্ণাঙ্গ ; full, পুরা (a *grand* thousand)। *adv.* **grand°ly**—grand-এর শেষ অর্থটি বাদে অন্য সকল অর্থে। *n.* **grand°ness**। [F.<L. *grandis* =great]

grand-₂ [gran(d), গ্র্যান্] *a.* of the second degree of parentage or descent, দুই পুরুষের ব্যবধানবিশিষ্ট। **grand master**—সর্বোচ্চশ্রেণীর দাবা খেলোয়াড়। *n.* **grand-aunt** [grand°-ŭnt, গ্র্যান্ড্°আন্ট্] ঠানদিদি। *n.* **grand°child**—নাতি বা নাতনি। *mas.* **grand°son**—নাতি। *fem.* **grand°daughter**—নাতনী। *n.* **grand°-dad**—ঠাকুরদাদা বা দাদামশায়। *n.* **grandam(e)** [gran°-dam, গ্র্যান্°ড্যাম্] (আর্ষ.) পিতামহী বা মাতামহী ; বৃদ্ধা স্ত্রীলোক। *n.* **grand°-dūke°**—ফ্লরেন্স্ বা টাস্কানির শাসকগণকে পোপের দেওয়া খেতাব। *fem.* **grand°-du°chess**। *n.* **grand°father,** (childish) **grand°pa**—পিতামহ বা মাতামহ। *fem.* **grand°mother,** (childish) **grand°ma**—পিতামহী বা মাতামহী। *comm. gen.* **grand°pārent**। *n.* **grand°sīre**—পিতামহ বা মাতামহ ; পূর্বপুরুষ। [see *grand₂*]

grande [grand, গ্র্যান্ড্] *a. fem.* of **grand₁**। **grande passion**—আত্মভোলা প্রেম। **grande toilette**—উৎসবের পোশাক। [F.]

grandee [gran-dē°, গ্র্যান্ডী°] *n.* a very high nobleman of Castile, ক্যাস্টিল-রাজ্যের বা স্পেইনের অতি সম্ভ্রান্ত অমাত্য। [Sp. & Port. *grande*=grand]

grandeur [gran°-ja(r), গ্র্যান্°জ্যা(র্)] *n.* greatness, মহনীয়তা ; splendour, জাঁকজমক ; magnificence, চমৎকারিত্ব। [F.]

grandiloquent [gran-di°-la-kwant, গ্র্যান্ডি°ল্যাকো্যআ্যান্ট্] *a.* pompous in language, বাগাড়ম্বরপূর্ণ (a *grandiloquent* style)। *n.* **grandi°loquence**। *adv.* **grandi°loquently**। [*grand₁*, *eloquent*]

grandiose [gran°-di-ōs, গ্র্যান্°ডিঔস্] *a.* grand, চমৎকার ; pompous, আড়ম্বরপূর্ণ ; bombastic, বাগাড়ম্বরপূর্ণ। *adv.* **gran°diōsely**। *n.* **grandiosity** [gran-di-o°-si-ti, গ্র্যান্ডিঅ°সিটি]। [F. <It. *grandioso*]

grange [grānz, গ্রেইন্জ্] *n.* a country-house with farm-buildings, গোলা-বাড়ি-সংবলিত পল্লীভবন। [OF.=barn]

granite [gra°-nit, গ্র্যা°নিট্] *n.* a rock, গ্র্যানিট্-শিলা। [It. *granito*]

granivorous [gra-ni°-va-ras, গ্র্যানি°ভ্যার্যাস্] *a.* feeding on grains, শস্যভোজী। [*grain*, L. *vorare*=to devour]

granny, grannie [gra°-ni, গ্র্যা°নি] *n.* a grandmother, পিতামহী বা মাতামহী ; an old woman, বৃদ্ধা স্ত্রীলোক। [<*gran*(*d*)*am*]

For words in *grand-*, not given separately, see **grand₁** and **grand₂**.

grant [grŭnt, গ্রান্ট্] (**1**) *v.t.* to bestow, প্রদান করা ; to admit, মানিয়া লওয়া, গ্রাহ্য করা (to *grant* an appeal) ; to concede, দিতে রাজি হওয়া (to *grant* leave) । *p. & p. pt.* **gran°tėd** । (**2**) *n.* granting, প্রদান, মানিয়া লওয়া, দিতে রাজি হওয়া ; a gift, দান ; a sum of money granted by a government, সরকারি অনুদান । **(to) take for granted**—বিনা বিচারে স্বীকার করিয়া লওয়া । *n.* **grantee°**—যাহাকে দেওয়া হয়, গ্রাহক । *n.* **gran°tor** । [OF. *graanter*=to promise]

granule [gra°-nūl, গ্র্যা°নিউল্] *n.* a little grain, ক্ষুদ্র শস্যদানা ; a particle, কণিকা । *a.* **gra°nūlar**—ক্ষুদ্র শস্যদানাবৎ, কণিকাকার । **gra°nūlāte**—(**1**) *v.t.i.* কণিকাকার করা বা হওয়া ; *p. & p. pt.* **gra°nūlātėd** । (**2**) *a.* কণিকাকার । *n.* **granūlā°tion** । [L. *granulum*]

grape [grāp, গ্রেইপ্] *n.* a kind of fruit, দ্রাক্ষা, আঙ্গুর । **sour grapes**—যে দুর্লভ বস্তুকে মিথ্যা নিন্দা করা হয় । **the grapes are sour**—আঙ্গুরগুলি টক : কোন মনোহর বা মূল্যবান্ দ্রব্য চেষ্টা করিয়াও না পাইলে স্বীয় অকৃতকার্যতাকে ঢাকা দিবার জন্য মিথ্যা উক্তি । *n.* **grāpe°-fruit**—শরবতি লেবু, মোসম্বি লেবু । *n.* **grāpe°-shot**—ছটরা-গুলি । *n.* **grāpe°-stōne**—আঙ্গুরের বীচি । *n.* **grāpe°-sugar**—গ্লুকোজ, দ্রাক্ষা-শর্করা । *n.* **grāpe°-vīne**—দ্রাক্ষা-লতা । [OF.=a cluster of grapes]

graph$_1$ [grŭf, গ্রাফ্] *sfx.* writing, লিখন । [see *graph$_2$*]

graph$_2$ [grŭf, গ্রাফ্] *n.* a symbolic diagram, নকশা, (পরি.) চিত্রলেখ । *a.* **graphic** [gra°-fik, গ্র্যা°ফিক্], **gra°phical**—চিত্রলেখ-সংক্রান্ত ; চিত্রানুগ ; স্পষ্ট (a *graphic* description of the mile-long procession) । *adv.* **gra°phically** । **graphic arts**—চিত্রাঙ্কন খোদাই প্রভৃতি চারুকলা (সঙ্গীত ভাস্কর্য প্রভৃতি নহে) । **graphic formula**—রাসায়নিক সঙ্কেতসূত্র । [Gk. *graphe*=a writing]

graphite [gra°-fīt, গ্র্যা°ফাইট্] *n.* blacklead, কৃষ্ণসীস নামক ধাতু । [see *graph$_2$*]

grapnel [grap°-nal, গ্র্যাপ্°ন্যাল্] *n.* a small anchor, ক্ষুদ্র নঙ্গরবিশেষ ; a hooking iron, লৌহ-আঁকশিবিশেষ । [dim. of OF. *grapin*<*grape*=a hook]

grapple [grap°l, গ্র্যাপ্°ল্] (**1**) *n.* an instrument for hooking or holding, আঁকশি-বিশেষ, সাঁড়াশি-বিশেষ ; a grip or clutch, আঁকড়াইয়া ধরা, কবল । (**2**) *v.t.* to seize or clutch, আঁকড়াইয়া ধরা । (**3**) *v.i.* to contend in close fight, জড়াজড়ি বা হাতাহাতি করিয়া লড়াই করা ; to try to deal with a problem, সমস্যাদি সমাধানের চেষ্টা করা । *n.* **grapp°ling-īron**—(প্রধানতঃ শত্রু-জাহাজ টানিয়া আনার জন্য) নঙ্গরের ন্যায় আঁকশি-বিশেষ । [cp. OF. *grappil*]

grasp [grŭsp, গ্রাস্প্] (**1**) *v.t.* to seize and hold, আঁকড়াইয়া ধরা ; to comprehend, উপলব্ধি করা । (**2**) *v.i.* to try to seize, আঁকড়াইয়া ধরিতে চেষ্টা করা (to *grasp* at an opportunity) । *p. & p. pt.* **gras°ped** । (**3**) *n.* grip, fast hold, দৃঢ়মুষ্টিতে ধারণ ; comprehension, উপলব্ধি । **to grasp the nettle**—সাহসের সঙ্গে কঠিন বা বিপজ্জনক অবস্থার মোকাবিলা করা । **beyond grasp**—নাগালের বাইরে ; বোধাতীত । **within grasp**—নাগালের বা উপলব্ধি-সীমার মধ্যে । *n.* **gras°per** । *a.* **gras°ping**—আঁকড়াইয়া ধরিবার জন্য ব্যগ্র ; (ধনসম্পদের প্রতি) লোলুপ । [ME. *grapsen* by metathesis]

grass [grŭs, গ্রাস্] (**1**) *n.* common herbage, ঘাস, দূর্বা, তৃণ । (**2**) *v.t.* to cover with grass, তৃণাবৃত করা । *p. & p. pt.* **gra°ssed** । **(to) let grass grow under one's feet**—অপেক্ষা করা, দেরি করা, গড়িমসি করিয়া কালক্ষেপ করা । *n.* **grass°-cutter**—ঘাস-কাটা কল ; (ভারতে) ঘেসেড়া । *a.* **grass°-green**—সবুজ তৃণাবৃত ; তৃণবৎ সবুজ, দূর্বাদলশ্যাম । *a.* **grass°-grown**—বড় বড় ঘাসে ঢাকা । *n.* **grass°hopper**—ফড়িং । *n.* **grass°-plot**—তৃণাবৃত ভূমিখণ্ড । *n. pl.* **grass°roots**—মূল স্তর উপাদান বা উৎস ; (আল.) ভোটদাতৃগণ (unwise to neglect the *grassroots*) । *n.* **grass°-wi°dow**—সাময়িকভাবে পতি-পরিত্যক্তা বা পতিবিরহিণী নারী (তু. প্রোষিতভর্তৃকা) । *n.* **gra°ssinėss** । *a.* **gra°ssy**—তৃণাবৃত ; তৃণবৎ ; শ্যামল । [OE. *graes*—cp. ON. G. & D. *gras*, Sans. *ghasa*]

grate$_1$ [grāt, গ্রেইট্] *n.* a framework, esp. one for holding a fire or for looking through a door, উনানের ঝাঁঝরি, দরজার জাফরি ; a cage, খাঁচা ; a grid, ঝাঁঝরি । *n.* **grā°ting**—উনানের শিক ; জানালা খাঁচা প্রভৃতির গরাদ ; নর্দমার ঝাঁঝরি ; [LL. *grata*]

grate$_2$ [grāt, গ্রেইট্] (**1**) *v.t.* to rub hard or wear away with anything rough, জোরে ঘষা বা অমসৃণ কিছুর সহিত ঘষিয়া ক্ষয় করান । (**2**) *v.i.t.* to jar (on), খর্খর্ শব্দ করা বা উক্ত শব্দ করিয়া পীড়া দেওয়া (the sound *grates* the ear) ; to fret, ক্রোধে বা দুঃখে অস্থির হওয়া অথবা অস্থির করা । *p. & p. pt.* **grā°tėd** । **(to) grate on**—কানে খট্ করিয়া লাগা (it *grated on* my ears) ; বিরক্তি উৎপাদন করা (it *grated on* my nerves) । *n.* **grā°ter**—দ্রব্যাদি গুঁড়ানর জন্য অমসৃণ তলযুক্ত যন্ত্র-বিশেষ । *a.* **grā°ting**—কঠিনভাবে ঘর্ষণকর ; অনুভূতি ইন্দ্রিয় প্রভৃতির পক্ষে পীড়াদায়ক ; কর্কশ, খর্খরে (a *grating* voice) ; উত্ত্যক্ত করে এমন । *adv.* **grā°tingly** । [OF. *grater*]

grateful [grāt°f(oo)l, গ্রেইট্°ফ্ল্] *a.* thankful, কৃতজ্ঞ (*grateful to* a person *for* a thing) । *adv.* **grāte°fully** । *n.* **grāte°fulnėss** । [OF. *grat*<L. *gratus*]

gratify [gra°-ti°fī, গ্র্যা°টি°ফাই] *v.t.* to please, খুশি করা ; to satisfy, সন্তুষ্ট করা ; to fulfil the desire of, বাসনা চরিতার্থ করা ; to bribe, ঘুষ দেওয়া ; to tip, বক্‌শিশ দেওয়া । *n.* **gratificā°tion** । *n.* **gra°tifier** । [see *grateful*]

grating—see **grate**$_{1,2}$.

gratis [grā°-tis, গ্রেই°টিস্] *adv.* free of charge, মাগনা, বেগারহিসাবে । [L.]

gratitude [gra°-ti-tūd, গ্র্যা°টিটিউড্] *n.* thankfulness, কৃতজ্ঞতা । [F.<LL. *gratitudo*]

gratuitous [gra-tū°-i-tas, গ্র্যাটিউ°ইট্যাস্] *a.* done or given free, বিনা পারিশ্রমিকে কৃত বা বিনামূল্যে প্রদত্ত (*gratuitous* advice, service, etc.) ; (law) benefiting one party only, (আইনে) একতরফা উপকারসাধক ; without reason or ground or proof, অকারণ, ভিত্তিহীন, প্রমাণহীন ; uncalled for, উপরপড়াভাবে কৃত । *adv.* **gratū°itously** । [see *gratuity*]

gratuity [gra-tū°-i-ti, গ্র্যাটিউ°ইটি] *n.* a present, উপহার ; an acknowledgement of service, (প্রধানতঃ আর্থিক পুরস্কারাদি প্রদানপূর্বক) কর্মের বা সেবার স্বীকৃতি, (পরি.) আনুতোষিক ; a tip, বকশিশ । [F. *gratuite*<LL. *gratuitas*]

gratulatory [gra°-tū-lā-ta-ri, গ্র্যা°টিউলেইট্যারি] *a.* congratulatory, অভিনন্দনমূলক । [L. *gratulari*=to congratulate]

gravamen [gra-vā°-men, গ্র্যাভেই°মেন্] *n.* grievance, অভিযোগ, নালিশ ; the ground of complaint, নালিশের ভিত্তি । *pl.* **gravā°mens, gravā°mina** । [L.]

grave$_1$ [grāv, গ্রেইভ্] *a.* important, গুরুত্বপূর্ণ ; serious, গুরুতর (a *grave* mistake, offence, etc.) ; sober, গম্ভীর ; রাশভারী ; solemn, পরম ; low in pitch, অনুদাত্ত । *adv.* **grāve°ly** । *n.* **grāve°nėss** । [F.<L. *gravis*]

grave$_2$ [grāv, গ্রেইভ্] (**1**) *v.t.* (obs.) to bury, (অপ্র.) কবর দেওয়া । (**2**) *v.t.i.* to engrave, খোদাই করা । *p.* **grā°ved** । *p. pt.* **grā°ved, grā°ven** । (**3**) *n.* a pit to bury the dead in, কবর, গোর ; a burial place, গোরস্থান, কবরখানা ; the abode of the dead, মৃতের আলয় ; death, মৃত্যু ; destruction, ধ্বংস । **(to) have one foot in the grave**—বার্ধক্য-হেতু মৃত্যুর সন্নিকট হওয়া । *n. pl.* **grāve°-clōthės**—শববস্ত্র । *n.* **grāve°-digger**—কবর-খনক । *n.* **grā°ver**—খোদাইকারী ; (তাম্র) খোদাইয়ের ছেনিবিশেষ । *n.* **grā°ving**—খোদাই-কার্য । *n.* **grāve°stōne**—কবরের উপরে স্থাপিত স্মৃতিপ্রস্তর । *n.* **grāve°yard**—কবরখানা । [OE. *grafan*=to dig, *graef*=a grave]

gravel [gra°v(a)l, গ্র্যা°ভ্‌ল্] (**1**) *n.* an assemblage of small rounded stones, কাঁকর, নুড়ি ; a urinary disease, পাথুরি-রোগ । (**2**) *v.t.* to strew with gravel, কাঁকর বিছাইয়া দেওয়া বা কাঁকর দিয়া ছাওয়া (to *gravel* a road) ; to perplex, হতবুদ্ধি বা কিংকর্তব্যবিমূঢ় করা । *pr. pt.* **gra°velling** । *p. & p. pt.* **gra°velled** । *n.* **gra°vel-pit**—যে গর্ত খুঁড়িয়া কাঁকর তোলা হয় । *n.* **gra°vel-walk**—কাঁকরে-ছাওয়া (পায়ে-চলা) পথ । [OF. *gravele*]

gravid [gra°-vid, গ্র্যা°ভিড্] *n.* (zool.) pregnant, (প্রাণিবিদ্যা) গর্ভিণী । *n.* **gravi°dity** । [L. *gravidus*]

gravimeter [gra-vi°-mē-ta(r), গ্র্যাভি°মীট্যা(র্)] *n.* instrument for measuring difference in force of gravity between two places, উভয় স্থানের মধ্যে মাধ্যাকর্ষণ-শক্তির পার্থক্য-মাপক যন্ত্রবিশেষ । *a.* **gravime°tric**—তৌলিক । **gravimetric analysis**—(রসা.) তৌলিক বিশ্লেষণ । *n.* **gravi°metry**—ওজনের পরিমাপ । [L. *gravis*=heavy, *meter*]

gravitate—see **gravity.**

gravity [gra°-vi-ti, গ্র্যা°ভিটি] *n.* weightiness, গুরুত্ব ; gravitational attraction, অভিকর্ষ ; graveness, গুরুতর অবস্থা ; serious demeanour, গাম্ভীর্য ; solemnity, ভাবগম্ভীর অবস্থা ; lowness of pitch, স্বরের অনুদাত্ততা । **centre of gravity**—ভরকেন্দ্র । **specific gravity**—(বিজ্ঞা.) আপেক্ষিক গুরুত্ব । *v.i.* **gra°vitāte**—ভারের দ্বারা চালিত বা তাড়িত হওয়া ; (পৃথিবী বা কোন গ্রহ-উপগ্রহের প্রতি) মহাকর্ষ-শক্তিদ্বারা আকৃষ্ট হওয়া বা চালিত হওয়া ; তলাইয়া যাওয়া ; নামিয়া পড়িয়া স্থির হওয়া ; কিছুর প্রতি খুব আকৃষ্ট হওয়া । *p. & p. pt.* **gra°vitātėd** । *n.* **gravitā°tion**—gravitate-এর সকল অর্থে, এবং—বিভিন্ন গ্রহ-উপগ্রহের পরস্পর আকর্ষণ, মাধ্যাকর্ষণ, মহাকর্ষ । *a.* **gravitā°tional** মহাকর্ষীয় । [L. *gravitas*]

gravy [grā°-vi, গ্রেই°ভি] *n.* the juices from meat while cooking, মাংসের রসা ক্বাথ বা ঝোল ; (coll.) unexpected or unearned money, (কথ্য.) অপ্রত্যাশিত বা অনুপার্জিত অর্থ । *n.* **gra°vy-boat**—নৌকার আকারের ঝোল পরিবেশনের পাত্র । **gravy train**—সহজে অর্থাগমের উৎস । *n.* **grā°vy-soup**—মাংসের রসার ন্যায় ঘন ঝোল । [?]

gray—alt. spell. of **grey** । *n.* **gray°ling**—রুপালি মাছবিশেষ ; রুপালি প্রজাপতিবিশেষ ।

graze$_1$ [grāz, গ্রেইজ্] (**1**) *v.t.* to touch lightly in passing, আলতোভাবে আঁচড়াইয়া যাওয়া । (**2**) *n.* a light passing touch, আলতো স্পর্শ । [?—cp. *graze*$_2$]

graze$_2$ [grāz, গ্রেইজ্] *v.t.i.* to feed on growing grass or pasture, (গবাদি পশুসম্বন্ধে) চারণভূমিতে ঘাস খাওয়ান বা খাওয়া, চরান বা চরা । *n.* **grā°zer**—যে পশু চারণভূমিতে চরিয়া ঘাস খায় । *n.* **grāzier°**—যে ব্যক্তি বিক্রয়ার্থ পশুকে খাওয়াইয়া মোটাসোটা করে । *n.* **grā°zing-land**—পশুচারণভূমি । [OE. *grasian*<*graes*>grass]

grease [grēs, গ্রীস্] *n.* animal fat, জান্তব চর্বি ; any oily or fatty matter, তৈলজ বা চর্বিতুল্য পদার্থ । *v.t.* **greaśe**—চর্বি মাখান । *n.* **grease°-**

gun—মেশিন প্রভৃতির অভ্যন্তরে চর্বি অভিক্ষেপণের কলবিশেষ। **grease monkey**—(অশি.) যন্ত্রশিল্পী, যন্ত্রবিৎ, মিস্ত্রি। *n.* **grease°-paint°**—অভিনেতৃগণের নকল গোঁফদাঁড়ি লাগানর আঠাবিশেষ। *n.* **grea°ser**—যে ব্যক্তি মেশিনে চর্বি মাখায়। *a.* **grea°sy**—চর্বিযুক্ত; চর্বিবৎ; তৈলাক্ত; অশ্লীল। **greasy spoon**—(অশি.) সুলভ ভোজনালয়, সস্তায় খাবার জায়গা। *adv.* **grea°sily** । *n.* **grea°sinėss** । [OF. *gresse*=fatness<*gras*=fat]

great [grāt, গ্রেইট্] (1) *a.* big, large, বড়, বৃহৎ, মস্ত; (of letters) capital, (ইংরেজি অক্ষরসম্বন্ধে) বড় হাতের; elevated, (ক্ষমতা পদমর্যাদা প্রভৃতিতে) অত্যুচ্চ; pre-eminent, বিশিষ্ট, প্রধান; highly gifted, প্রতিভাসম্পন্ন; sublime, পরম, মহান্; weighty, গুরুত্বপূর্ণ; serious, গুরুতর; swelled, স্ফীত; on a large scale, প্রচুরপরিমাণ; vast, বিশাল। (2) *in comp.* one degree more remote in the direct line of descent, আরও এক পুরুষের ব্যবধানবিশিষ্ট (**great-grandfather**= প্রপিতামহ)। *n. pl.* **greats**—অক্স্ফর্ড্-বিশ্ববিদ্যালয়ের বি. এ. চূড়ান্ত (final) পরীক্ষা। **Great Dane**—বৃহদাকার লোমশ কুকুরবিশেষ। **Great Scot(t)**—বিস্ময়সূচক উক্তিবিশেষ। **Great Sea**—ভূমধ্যসাগর। *n.* **great°-coat°**—ওভারকোট। *a.* **great°-hear°tėd**—মহৎহৃদয়; উচ্চমনাঃ; উদার। *adv.* **great°ly** । *n.* **great°nėss** । [AS.—cp. Du. *grcot*]

greave [grēv, গ্রীভ্] *n.* (usu. in *pl.*) armour for shins, হাঁটুর নিচে পায়ে পরিবার বর্মবিশেষ। [OF. *greve*]

greaves [grēvz, গ্রীভ্‌জ্] *n. pl.* dregs of melted tallow, গলিত চর্বির গাদ বা শিটা, মোমবাতির গলিত অংশ। [Low G. *greven*]

grebe [grēb, গ্রীব্] *n.* a kind of diving-bird, মাছরাঙা-জাতীয় ক্ষুদ্র ডুবুরি পক্ষিবিশেষ। [F.]

Grecian [grē°sh(a)n, গ্রী°শ্‌ন্] (1) *n.* Greek, গ্রীকজাতীয় বা গ্রীস-দেশীয়। (2) *n.* a Greek, গ্রীসের লোক, গ্রীক। [L. *Graecia*=Greece]

Grecism, Grecize—see **Graecize.**

Greco-—see **Graeco-.**

greed [grēd, গ্রীড্] *n.* an eager desire, আকুল আকাঙ্ক্ষা; covetousness, অর্থগৃধ্নুতা। *adv.* **gree°dily** । *n.* **gree°dinėss** । *a.* **gree°dy**—আকুল আকাঙ্ক্ষী; অর্থগৃধ্নু। *n.* **gree°dyguts**—(অমা.) পেটুক ব্যক্তি। [back formation<OE. *graedig*=greedy]

Greek [grēk, গ্রীক্] (1) *a.* of Greece, its people, or its language, গ্রীসদেশের, গ্রীকজাতির, গ্রীক-ভাষার। (2) *n.* a native or the language of Greece, গ্রীসের অধিবাসী বা ভাষা, গ্রীক; a cunning rogue, শঠ ব্যক্তি, বাটপাড়। **all Greek**—বোধের অগম্য, বোধাতীত। **when Greek meets Greek**—যখন সমপ্রতিদ্বন্দ্বিতা হয় (তু. গজকচ্ছপের বা সুন্দ-উপসুন্দের লড়াইর সময়)। [OE. *Grecas, Crecas*=Greeks—cp. Gk. *Graikos*]

green [grēn, গ্রীন্] (1) of the colour between blue and yellow, সবুজ, শ্যামল, হরিৎ; vigorous, সতেজ; hale, সুস্থ; new, নূতন; young, তরুণ, কচি; unripe, কাঁচা; fresh, টাটকা; inexperienced, অনভিজ্ঞ; covered with green grass, সবুজ তৃণাবৃত। (2) *n.* the green colour, সবুজ বর্ণ; a green field, সবুজ তৃণাবৃত জমি বা মাঠ; (pl.) green vegetables, সবুজ তরিতরকারি। (3) *v.t.i.* to make or become green, সবুজবর্ণ করা বা হওয়া। **green belt**—শহরের চতুষ্পার্শ্বের উন্মুক্ত অঞ্চল। **green in my eye**—বিশ্বাসপ্রবণতার চিহ্ন (do you see any *green in my eye ?*)। *n.* **greenback**—আমেরিকার পত্রমুদ্রা (ইহার পশ্চাদ্‌পৃষ্ঠ সবুজবর্ণে মুদ্রিত বলিয়া)। *n.* **green°-boat°**—প্রমোদ-তরী। *n.* **gree°nery**—সবুজ গাছপালা; শ্যামশোভা; শ্যামলিমা; নবশ্যাম। *a.* **green°-eyed**—সবুজবর্ণ নেত্রবিশিষ্ট; (আল.) ঈর্ষান্বিত। *n.* **green°finch**—সবুজবর্ণ শ্যামাজাতীয় গায়ক পক্ষিবিশেষ। **green fingers**—(কথ্য.) উদ্যানপালনে দক্ষতা। *n.* **green°-fly**—গাছপালায় থাকে এমন সবুজবর্ণ এঁটেল পোকাবিশেষ। *n.* **green°-gāge**—আঁশশেওড়া-জাতীয় ফলবিশেষ। *n.* **green°grōcer**—তরিতরকারি-বিক্রেতা। *n.* **green°grōcery**—তরিতরকারির ব্যবসায়; তরিতরকারিওয়ালার পণ্য। *n.* **green°horn**—আনকোরা অনভিজ্ঞ যুবক। *n.* **green°house**—বৃক্ষাদির চাষের জন্য কাচের ঘরবিশেষ। *n.* **gree°ning**—সবুজবর্ণ করা বা হওয়া; পাকিলেও সবুজ থাকে এরূপ আপেলবিশেষ। *a.* **gree°nish**—হরিতাভ; ঈষৎ সবুজ। *n.* **green°-ishnėss** । **Green Isle**—আয়ারল্যান্ড। **green light** (পরিকল্পনাদি) চালু করার অনুমতি। **green linnet**—same as **greenfinch** । *adv.* **green°ly**—কাঁচা অবস্থায়; অপটুভাবে। *n.* **green°nėss**—green (*a.*)-এর সকল অর্থে। **green revolution**—উন্নয়নশীল দেশসমূহে প্রচুর পরিমাণে শস্যোৎপাদন বৃদ্ধি, সবুজ বিপ্লব। *n.* **green°room**—রঙ্গমঞ্চে অভিনেতাদের বিশ্রাম-কক্ষ (পূর্বে ইহার দেওয়াল সবুজবর্ণে রঞ্জিত থাকিত)। *n.* **green°-sicknėss**—পাণ্ডুরোগ, ন্যাবা। *n.* **green°-stuff**—সবুজ তরিতরকারি। **green tea**—(মার্চ-মাসে উৎপন্ন) বাষ্পদ্বারা শুষ্কীকৃত চা; উক্ত চায়ের দ্বারা প্রস্তুত পানীয়। *n.* **green°sward**—সবুজ তৃণাচ্ছাদিত জমি। *n.* **green°wood**—গাছপালায় ও তৃণে পূর্ণ বন। [OE. *grene*—cp. Du. *groen*]

Greenwich [gr°-nij, গ্রি°নিজ্] *n.* a town in Kent with a State observatory, ইংল্যান্ডের কেন্ট্-জেলার নগরবিশেষ: এখানে সরকারি মানমন্দির আছে। **Greenwich time, Greenwich mean time** (abbr. **G. M. T.**)—ব্রিটেন ও অন্য কতিপয় দেশে ব্যবহৃত (এবং বিশেষতঃ জ্যোতিষকার্যে ব্যবহৃত) কালপরিমাণ (এই সময় ভারতীয় সময় হইতে $5\frac{1}{2}$ ঘণ্টা কম)।

greet [grēt, গ্রীট্] *v.t.* to accost with salutation or kind wishes, নমস্কারাদি করিয়া বা শুভেচ্ছা জানাইয়া সম্ভাষণ করা (to *greet* a friend with smile) ; to congratulate, সংবর্ধনা জানান ; to meet, সাক্ষাৎ পাওয়া (to *greet* the eye) । *p.* & *p. pt.* **gree°tėd** । *n.* **gree°ting**—আনন্দ বা শুভেচ্ছা জ্ঞাপন (birthday *greetings*) ; প্রীতি-সম্ভাষণ ; অভিবাদন । [OE. *gretan*—cp. Du. *groeten*=to salute]

gregarious [gre-gār°-i-as, গ্রেগেয়্যার্°ইঅ্যাস্] *a.* living in flocks or company, যূথচর ; fond of company, সঙ্গলিপ্সু । *adv.* **gregār°iously** । *n.* **gregār°iousnėss** । [L. *gregarius*<*gregis* =a flock]

Gregorian [gre-gaw°-ri-an, গ্রেগ্য°রিঅ্যান্] *a.* of Gregory, (প্রধানতঃ ইউরোপীয় পঞ্জিকাসম্বন্ধে) গ্রেগরির, গ্রেগরিকৃত, গ্রেগরির অনুযায়ী । **Gregorian calendar**—পোপ ত্রয়োদশ গ্রেগরি (১৫০২-১৫৮৫) কর্তৃক প্রবর্তিত এবং বর্তমানে প্রচলিত পঞ্জিকা বা ক্যালেণ্ডার ।

gremlin [grem°-lin, গ্রেম্°লিন্] *n.* a goblin causing trouble to airman, ভূতবিশেষ : বৈমানিকদের ঝামেলায় ফেলা ইহার কার্য । [?]

grenade [gri-nād°, গ্রিনেইড্°] *n.* a small bomb, ক্ষুদ্র বোমাবিশেষ । *n.* **grenadier** [gre-na-dē(r)°, গ্রেন্যাডিয়্যা(র্)°] (মূলতঃ) উক্ত বোমা-নিক্ষেপক সৈনিক ; (বর্ত.) সম্মুখশ্রেণীভুক্ত পদাতিক সৈনিকবিশেষ । **grenadine°$_1$**—ডালিমের রসে প্রস্তুত শরবত ; ফালি ফালি করিয়া কাটা বাছুরের বা হাঁস-মুরগির ঝলসান মাংস । [F.<Sp. *granada*= pomegranate]

grenadine$_1$—see **grenade** ।

grenadine$_2$ [gre-na-dēn°, গ্রেন্যাডীন্°] *n.* loosely woven silk or mixed fabric, পাতলা বুনটের রেশম বা মিশ্র সুতার বস্ত্রবিশেষ । [F. *grenadin*]

grew—see **grow.**

grey [grā, গ্রেই] (**1**) *a.* of ashy colour, ধূসর, ছাই-রঙা ; dull, নীরস, অনুজ্জ্বল ; grey-haired, পলিতকেশ ; old, বৃদ্ধ ; mature, পরিণত । (**2**) *n.* grey colour, ধূসর বর্ণ ; grey clothes, ধূসর বর্ণের পোশাকাদি (dressed in *grey*) । (**3**) *v.t.i.* to make or become grey or dull, ধূসর বা নীরস বা অনুজ্জ্বল করা অথবা হওয়া । **grey mare**—(আল.) যে স্ত্রী স্বামীর উপরে প্রভুত্ব বা কর্তৃত্ব করে । **grey matter**—মাথার ঘিলু ; মগজ । *n.* **grey°-beard**—পলিত শ্মশ্রু ; বৃদ্ধলোক । *a.* **grey°-hāired, grey°-headėd**—পলিতকেশ ; বৃদ্ধ । *a.* **grey°ish**—ঈষৎ ধূসর বা পলিত বা নীরস । *n.* **grey°nėss** । [OE. *graeg*—cp. G. *grau*]

greyhound [grā°-hownd, গ্রেই°হাউন্ড্] *n.* a variety of dog, বৃহদাকার ও কৃশকায় শিকারি কুকুরবিশেষ, ডালকুত্তা । [OE. *grighund*]

grid—see **gridiron.**

griddle [grid°l, গ্রিড্°ল্] *n.* a pan for baking cake, কেক ভাজিবার চাটুবিশেষ । [AF. *gridil*]

gridiron [grid°ī(r̄a)n, গ্রিড্°আয়্যা(র্)ন্] *n.* a metal frame for broiling, রন্ধনের ঝাঁঝরি-বিশেষ । *n.* **grid**—রন্ধনের ঝাঁঝরি ; উনানের শিক ; নর্দমার ঝাঁঝরি ; বিদ্যুদ্বাহী তারজালি । [ME. *gredire*=a griddle, confused with *iron*]

grief [grēf, গ্রীফ্] *n.* sorrow, দুঃখ ; distress, দুর্দশা ; great mourning, তীব্র শোক ; affliction, মর্মযন্ত্রণা । **(to) come to grief**—বিপত্তি বা দুর্দশা বা দুর্ঘটনায় পড়া । [OF.<L. *gravis*= heavy]

grieve [grēv, গ্রীভ্] (**1**) *v.t.i.* to cause grief to or feel grief, দুঃখ দেওয়া বা পাওয়া । (**2**) *v.t.* to mourn, শোক করা । *n.* **grie°vance**—দুঃখের বা নালিশের কারণ ; উৎপীড়িত অবস্থা ; দুর্দশা ; বোঝা ; দায়িত্ব ; কষ্ট ; ক্ষতি । *a.* **grie°vous**—দুঃখদায়ক ; শোচনীয় ; নিদারুণ যন্ত্রণাদায়ক (*grievous* pain) । [OF. *grever*<L. *gravare*]

griff [grif, গ্রিফ্] *n.* (sl.) news, খবর, reliable information, নির্ভরযোগ্য সংবাদ । [abbr. *griffin* ।]

griffin$_1$ [gri°-fin, গ্রি°ফিন্] *n.* (sl.) hint, (অশি.) ইঙ্গিত, ইশারা ; betting tip. (ঘোড়দৌড় প্রভৃতি সম্বন্ধে) অগ্রিম সম্ভাব্য খবর । [?]

griffin$_2$ [gri°-fin, গ্রি°ফিন্], **griffon** [gri°-fan, গ্রি°ফ্যান্] *n.* an imaginary half-eagle half-lion, কল্পিত জীববিশেষ : ইহার মস্তক ও পক্ষ ঈগলের ন্যায় এবং দেহ সিংহতুল্য । [F. *griffon*]

grig [grig, গ্রিগ্] *n.* a cricket, ঝিঁঝি-পোকা ; a grasshopper, ফড়িঙ্ ; a small eel, ক্ষুদ্র বান-মাছ । [?]

grill [gril, গ্রিল্] (**1**) *v.t.i.* to broil or be broiled on a gridiron, ঝাঁঝরিতে করিয়া ভাজা বা ভর্জিত হওয়া ; to torment, নির্যাতন করা ; to cross-examine brutally, অতি রূঢ়ভাবে জেরা করা । (**2**) *n.* a gridiron, রন্ধনের ঝাঁঝরি ; act of grilling, ঝাঁঝরিতে করিয়া ভাজা ; a grilled dish, ভাজাভুজি । [F. *griller*]

grill(e) [grill, গ্রিল্] *n.* a lattice, জানালা-দরজার জাফরি ; a grating in a jail door, etc., কারাগারাদির দরজার গরাদ । [F.]

grim [grim, গ্রিম্] *a.* of forbidding aspect, করালদর্শন ; ferocious, হিংস্র, দুর্দান্ত ; ghastly, ভয়ানক ; stern, কঠোর । **(to) hold on like grim death**—বজ্রমুষ্টিতে ধরা । *adv.* **grim°ly** । *n.* **grim°nėss** । [OE. *grim(m)*—cp. G. *grimm* =fury]

grimace [gri-mās°, গ্রিমেইস্°] (**1**) *n.* a distortion of the face, মুখবিকৃতি, ভেঙ্চি । (**2**) *v.i.* to make wry face, মুখবিকৃতি করা । *p.* & *p. pt.* **grimā°cėd** । [F.]

grimalkin [gri-mal°-kin, গ্রিম্যাল্°কিন্, gri-mawl°kin, গ্রিম্যল্°কিন্] *n.* an old cat, বুড়ো-

বিড়াল; a cat, বিড়াল। [*grey, Malkin,* dim. of *Maud*]

grime [grīm, গ্রাইম্] (1) *n.* a sooty or coaly dirt, ঝুলকালি, কয়লার কালি। (2) *v.t.* to soil deeply, পুরু করিয়া ঝুলকালি মাখান, বেজায় নোংরা করা। *a.* **grī°my**—ঝুলকালি-মাখা; অতি নোংরা। *adv.* **grī°mily** । *n.* **grī°minėss**। [cp. Fl. *grijm*]

grin [grin, গ্রিন্] (1) *v.i.* to smile with grimaces, ভেঙ্‌চি কাটিয়া হাসা, দাঁত বাহির করিয়া হাসা। *pr. pt.* **gri°nning** । *p.* & *p. pt.* **gri°nned**। (2) *n.* act of grinning, মুখবিকৃতিসহকারে হাস্য, দন্তবিকাশ, বিকৃত হাস্য; a forced or sardonic smile, কষ্টহাসি, বিদ্রূপহাস্য। **(to) grin and bear**—(যন্ত্রণা আশাভঙ্গ প্রভৃতি) নীরবে বা হাসিমুখে সহ্য করা। [OE. *grennian*—cp. G. *greinen*]

grind [grīnd, গ্রাইন্ড্] (1) *v.t.* to reduce to powder, চূর্ণ করা, গুঁড়া করা; to wear down or sharpen or smooth or roughen by friction, ঘর্ষণদ্বারা ক্ষয় করা বা ধার দেওয়া বা মসৃণ করা বা খরখরে করা; to rub together, পরস্পর ঘর্ষণ করা; to oppress or harass, উৎপীড়ন করা বা হয়রান করা। (2) *v.i.* to be rubbed together, পরস্পর ঘর্ষিত হওয়া, ঘষা লাগা; to jar, কর্ণপীড়াদায়ক শব্দ করা; to drudge, হীন ক্লান্তিকর কাজ করা, উঞ্ছবৃত্তি করা; to read hard, পাঠ করিলে শ্রুতিকটু লাগা। *p.* & *p. pt.* **ground** [grownd, গ্রাউন্ড্]। (3) *n.* act or sound of grinding, চূর্ণন বা চূর্ণনশব্দ; a jarring sound, কর্ণপীড়াদায়ক শব্দ; drudgery, কঠোর ও নীরস শ্রম; laborious study for an examination, পরীক্ষার জন্য শ্রমসহকারে অধ্যয়ন। *n.* **grīn°der**—চূর্ণকারী; চূর্ণনযন্ত্র; শানওয়ালা; শান-যন্ত্র; পেষক-দন্ত, মাড়ীর দাঁত; পরীক্ষায় পাশের জন্য যে শিক্ষক শ্রমসহকারে মুখস্থ করায় বা যে ছাত্র মুখস্থ করে; কঠোর অধ্যবসায়ী ছাত্র। *n.* **grīn°dery**—শান দিবার কারখানা। **grinding**—(1) *n.* চূর্ণন। (2) *a.* হয়রান, নাকাল। *n.* **grīnd°stōne**—গোল শানপাথরবিশেষ (শান দিবার সময়ে ইহাকে চক্রাকারে ঘুরান হয়)। [OE. *grindan*]

grinned, grinning—see **grin.**

grip [grip, গ্রিপ্] (1) *n.* grasp, দৃঢ়মুষ্টি; mental or intellectual grasp, power of understanding, মানসিক বা বুদ্ধিগত অবধারণা, বোধশক্তি; the mode or means of grasping, দৃঢ়মুষ্টিগত করার কায়দা বা উপায়। (2) *v.t.i.* to grasp or seize, দৃঢ়মুষ্টিতে ধরা বা আঁকড়াইয়া ধরা; to warrant or influence, আকর্ষণ করা বা প্রভাববিস্তার করা; to comprehend, সম্যক্ অবধারণা বা হৃদয়ঙ্গম করা। *pr. pt.* **gri°pping** । *p.* & *p. pt.* **gri°ppėd** । **(to) be in grips (with), (to) come** or **get to grips (with)**—প্রাণপণে আক্রমণ করিতে থাকা বা আক্রমণ করা; বিষম দ্বন্দ্বে রত থাকা। *n.* **gri°pper**—যে আঁটিয়া ধরে বা যদ্দ্বারা আঁটিয়া ধরা হয়। [OE. *gripe(n.)*]

gripe [grīp, গ্রাইপ্] (1) *v.t.i.* to grasp, আঁটিয়া ধরা বা দৃঢ়মুষ্টিতে ধরা; to afflict or pain যন্ত্রণা বা বেদনা দেওয়া। *p.* & *p. pt.* **grī°pėd** । (2) *n.* a grasp or grasping, আঁটিয়া ধরা বা দৃঢ়মুষ্টিতে ধারণ; pain, বেদনা; (*pl.*) colic, পিত্তশূল বেদনা। *a.* **grī°ping**—অর্থলিপ্সু; (বেদনাসম্বন্ধে) সহসা আঁটিয়া ধরে এমন। *n.* **gripe°-water**—(বিশে. শিশুদের) অম্ল-নাশক ঔষধ। [OE. *gripan(v.)*—cp. ON. *gripa*]

grippe [grip, গ্রিপ্] *n.* influenza, ইনফ্লুএন্‌জা-জ্বর। [F.]

gripped, gripping—see **grip.**

grisaille [gri-zāl°, গ্রিজ়েইল্°] *n.* a style of painting, (অট্টালিকার গাত্রাদিতে) ধুসর আভাযুক্ত চিত্রপ্রণালীবিশেষ। [F.]

Griselda [gri-zel°-da, গ্রিজ়েল্‌°ড্যা] *n.* a woman of excessive meekness and patience, অত্যধিক শান্তস্বভাবা ও ধৈর্যশীলা নারী। [a heroine of a tale retold by Chaucer]

grisette [gri-zet°, গ্রিজ়েট্] *n.* a young working-class Frenchwoman, শ্রমজীবী শ্রেণীর ফরাসী তরুণী। [F.]

grisly [griz°-li, গ্রিজ্‌°লি] *a.* frightful, ভয়াবহ। *n.* **gris°linėss** । [OF. *grislic*]

grist [grist, গ্রিস্ট্] *n.* corn for grinding, চূর্ণ করার জন্য আনীত বা রক্ষিত শস্য; malt for one brewing, একবারে চোলাই করিবার জন্য মোট পদার্থ; (fig.) profit, (আল.) লাভ। **all is grist that comes to his mill**—তিনি সব জিনিসেরই সদ্ব্যবহার করেন বা সব জিনিসই কাজে লাগান। **(to) bring grist to the mill**—লাভের উৎস হওয়া। [AS.]

gristle [gris°l, গ্রিস্‌°ল্] *n.* cartilage, তরুণাস্থি, কোমলাস্থি, মজ্জা। **in the gristle**—অপরিণত, অবর্ধিত, অপরিপুষ্ট। *n.* **grist°linėss** । *a.* **grist°ly**—মজ্জাবৎ কোমল; মজ্জাদ্বারা গঠিত। [AS.]

grit [grit, গ্রিট্] (1) *n.* particles of sand or stone, বালির বা পাথরের শক্ত কণিকাসমূহ, কাঁকর; firmness of character, চরিত্রের দৃঢ়তা। (2) *v.i.t.* to produce grating sound, কর্কশ শব্দ করা; to grind (teeth), (দন্ত) কড়মড় করা; to spread grit on, কাঁকর বা পাথর কুচি বিছান। *a.* **gri°tty**—শক্ত কণিকাপূর্ণ; বালুকাময়; দৃঢ়চরিত্র। [OF. *greot*]

grits [grits, গ্রিট্‌স্] *n. pl.* coarsely ground grain, মোটাভাবে চূর্ণিত শস্য (বিশেষতঃ জই)। [OE. *grytta*]

gritty—see **grit.**

grizzle₁ [griz°l, গ্রিজ্‌°ল্] *n.* a grey colour, ধূসর বর্ণ। *a.* **grizz°led, grizz°ly**—ধূসরবর্ণ। [ME. *grisel* < F. *gris* = grey]

grizzle₂ [griz°l, গ্রিজ্‌°ল্] *v.i.* to grumble, অসন্তোষভরে বিড়্‌বিড়্ করা; to whimper, প্যান্‌প্যান্ করিয়া কাঁদা। [?]

groan [grōn, গ্রৌন্] (1) *v.i.* to utter a deep moan, গভীর আর্তনাদ করা; (fig.) to be afflicted, (আল.) যন্ত্রণা পাওয়া। (2) *n.* a deep moan, গভীর আর্তনাদ। [OE. *granian*]

groat [grōt, গ্রৌট্] *n.* an English silver coin, ইংল্যানডের রৌপ্যমুদ্রাবিশেষ (=৪ পেনি)। [Du. *groot*=great]

groats [grōts, গ্রৌট্স্] *n. pl.* the hulled grain of oats, নিস্তুষ জই। [OE. *grotan*]

grobian [grō°-bi-an, গ্রৌ°বিঅ্যান্] *n.* coarse slovenly person, অশিষ্ট অপরিচ্ছন্ন ব্যক্তি। [G. *grob*=coarse]

grocer [grō°-sa(r), গ্রৌ°স্যা(র্)] *n.* a dealer in tea, sugar, etc., চা চিনি প্রভৃতি বিক্রেতা, মুদি। *n.* **grō°cery**—মুদিখানার জিনিস; মুদিখানা। **grocetēr°ia**—খরিদ্দার কর্তৃক নিজের হাতে ক্রেতব্য দ্রব্যাদি সংগ্রহের মুদিখানা। [F. *grossier*]

grog [grog, গ্রগ্] *n.* a mixture of spirits and water, জলমিশ্রিত সুরা। *n.* **grog°-blossom**—মদ্যপানের ফলে নাকের রক্তবর্ণ অবস্থা। *a.* **gro°ggy**—ঈষৎ মাতাল; (মুষ্টিযুদ্ধে) মারের চোটে অথবা অসুখের দরুন কম্পিতচরণ। *n.* **gro°gginėss**। *n.* **gro°g-shop**—বাজে মদের দোকান। [the nickname of Admiral Vernon, who had sailors' rum mixed with water ?]

grogram [grog°-ram, গ্রগ্°র্যাম্] *n.* a silk fabric, মোটা রেশমি বস্ত্রবিশেষ। [OF. *gros grain* =coarse grain]

groin [groyn, গ্রয়্ন্] *n.* the fold between the belly and the thighs, কুঁচকি; (archi.) the line of intersection of two vaults, (স্থাপ.) পরস্পরভেদী দুই খিলানের সংযোগস্থল। [ME. *grind, grine*<? OE. *grynde*=abyss]

groom [groom, গ্রুম্] (1) *n.* the caretaker of horses, অশ্বপাল, সহিস; an officer of the royal household, রাজসংসারের কর্মচারিবিশেষ; a bridegroom, বর। (2) *v.t.* to tend, (প্রধানতঃ ঘোড়াকে) লালনপালন বা (উহার) পরিচর্যা বা খিদমত করা; to make smart or to give a neat appearance to (a person), চটপটে বা ছিমছাম করিয়া তোলা। *n.* **grooms°man**—বরের সঙ্গী, (তু. নিতবর)। [?]

groove [groov, গ্রুভ্] (1) *n.* a furrow, (ছেনি দিয়া কাটা) খাঁজ; a piece of undeviating routine, একঘেয়ে কার্যক্রম। (2) *v.t.* to cut a groove in, খাঁজ কাটা। **(to) get into a groove**—অভ্যাসের ফাঁদে আটকা পড়া, অভ্যাসের বশীভূত হওয়া। *a.* **groo°vy**—বেশভূষাদিতে আধুনিক বা হাল ফ্যাশনের। [Du. *groeve*]

grope [grōp, গ্রৌপ্] *v.t.i.* to search or feel about fumblingly, as if blind, অন্ধের ন্যায় খুঁজিয়া বা হাতড়াইয়া বেড়ান (to *grope* one's way in darkness)। *p.* & *p. pt.* **grō°ped**। *adv.* **grō°pingly**। [OE. *grapian*]

gross [grōs, গ্রৌস্] (1) *a.* coarse, স্থূল, মোটা; rough, খস্খসে; palpable, সহজবোধ্য, স্পষ্ট; glaring, জাজ্বল্যমান (*gross* injustice, negligence, etc.); shameful, লজ্জাকর; whole, পুরা, মোদ্দা; stupid, বোকা, হাঁদা; sensual, কামলালসাগত; obscene, অশ্লীল; total, মোট; (of food) coarse, repulsive, (খাদ্য সম্বন্ধে) মোটা, অরুচিকর। (2) *n.* the bulk, প্রধান অংশ; the whole, পুরা অংশ, twelve dozen, ১২ ডজন, ১৪৪টি। *pl.* **grōss**। (3) *v.t.* to earn as gross profit, মোট লাভ হিসাবে (অর্থাৎ খরচাদি বাদ না দিয়া) আয় করা। **gross feeder**—যে ব্যক্তি মোটা আহার্যাদি পছন্দ করে (অর্থাৎ ভোজনবিলাসী নহে)। **gross national product**—যে-কোন দেশের বাৎসরিক মোট উৎপন্ন দ্রব্য ও কার্যাদির মোট মূল্য। **in (the) gross**—মোটের উপর; পাইকারিভাবে। *adv.* **grōss°ly**। [F. *gros.*<L. *grossus*= thick]

grotesque [grŏ-tesk°, গ্রোটেস্ক্°] (1) *a.* fantastic, অদ্ভুত বা অসম্ভব। (2) *n.* a fantastic figure, অদ্ভুত বা অসম্ভব মূর্তি। *adv.* **grŏtesque°-ly**। *n.* **grŏtesque°nėss**। [F.]

grotto [gro°-tō, গ্রটৌ] *n.* a cave, গুহা; an imitation cave, (প্রধানতঃ অদ্ভুত) নকল গুহা (কাব্যে **grot**)। *pl.* **gro°ttō(e)ṡ**। [It. *grotta* <Gk. *krypte*=a crypt]

grotty [gro°-ti, গ্র°টি] *a.* (sl.) dirty, ugly, (অশি.) নোংরা, বিশ্রী; unpleasant, অপ্রীতিকর। [from *grotesque*]

grouch [growch, গ্রাউচ্] (1) *v.i.* (coll.) to grumble, (কথ্য.) অসন্তোষভরে বিড়্বিড়্ করা; to complain, অভিযোগ জানান বা অসন্তোষ প্রকাশ করা। (2) *n.* a discontented person, অসন্তুষ্ট ব্যক্তি; a fit of grumbling or bad temper, আকস্মিক অসন্তোষ বা বদমেজাজ প্রকাশ। *n.* **grou-chi°nėss.** *a.* **grouch°y**। [see *grudge*]

ground$_1$—see **grind.**

ground$_2$ [ground, গ্রাউন্ড্] (1) *n.* (arch.) bottom, (প্রধানতঃ সমুদ্রের) তলদেশ; the solid surface of the earth, ভূপৃষ্ঠ; ভূতল; land, স্থল, ভূমি; soil, মৃত্তিকা, মাটি, জমি, মাঠ, ক্ষেত্র; the floor, গৃহতল, মেজে; position, অবস্থা, field of action, কর্মক্ষেত্র; foundation, ভিত্তি; (in art) the surface on which the figures are represented, (চারুকলায়) পটভূমি; (in *pl.*) basis of justification, সঙ্গত কারণ; dregs, তলানি, শিটা। (2) *v.t.* to fix on a ground or principle, ভূতলে বা মতের উপর স্থাপন করা (one should *ground* one's arguments on facts); to cause to run aground, কূলে লাগান বা চড়ায় আটকান; to instruct in first principles, মূলসূত্র শিক্ষা দেওয়া; to prepare the ground of, পটভূমি তৈয়ারি করা। (3) *v.i.* to come to the ground, ভূতলে নামা বা পড়া। **above ground**—জীবন্ত। **below ground**—মৃত ও সমাহিত। **common ground**—বিবদমান পক্ষসমূহ

কর্তৃক স্বীকৃত যুক্তিপ্রদর্শনের ভিত্তি। **down to the ground**—(কথ্য.) সম্পূর্ণরূপে বা সর্বতোভাবে। **forbidden ground**—(আল.) যে প্রসঙ্গ অবশ্যই পরিহার করিয়া চলিতে হইবে। **(to) break fresh ground**—অহল্যা জমি চাষ করা। **(to) cover (much, little,** etc.) **ground**—(যথেষ্ট, সামান্য প্রভৃতি) স্থান পরিভ্রমণ করা; (আল.) বহু, অল্প প্রভৃতি বিষয় আলোচনা করা। **(to) cut the ground from under one's feet**—কাহারও পরিকল্পনা ফন্দি যুক্তি প্রভৃতি পূর্বাহ্নে অনুমান করিয়া তাহাকে বিপর্যস্ত করা। **(to) fall to the ground**—ব্যর্থ হওয়া। **(to) gain ground**—অগ্রসর হওয়া; সুবিধা পাওয়া। **(to) gather ground**—সুবিধা করিয়া লওয়া। **(to) give** or **lose ground**—হটিয়া আসা; সুবিধা হারান। **(to) hold** or **keep** or **stand one's ground**—দৃঢ়ভাবে দাঁড়াইয়া থাকা, হটিয়া না আসা, নিজের কোট বজায় রাখা। **(to) shift one's ground**—স্বীয় যুক্তি বিষয়বস্তু প্রভৃতি বদলান। *n.* **ground°age**—বন্দরে অবস্থিতিকালে জাহাজ কর্তৃক দেয় শুল্ক বা কর। *n.* **ground°-bait**—মাছের চার। *n.* **ground°-bass**—চড়া সুরে গাইবার কালে খাদে বা উদারায় পুনঃপুনঃ গীত গানের মুখ বা ধুয়া। **ground crew**—**ground staff**-এর অনুরূপ। *n.* **ground°-fish**—গভীর জলের মাছ। **ground floor**—অট্টালিকাদির সর্বনিম্ন তল, একতলা। **ground game**—শিকারের পশু (পাখি নহে)। *n.* **ground°ing**—ভিত্তি; কোন বিষয়ে গভীর প্রাথমিক জ্ঞান (a good *grounding* in elementary science); পটভূমি; ভিত্তিস্থাপন। *a.* **ground°-less**—ভিত্তিহীন, অকারণ; মিথ্যা। *n.* **ground°ling**—নদ্যাদির তলদেশবাসী মাছ; থিয়েটারাদিতে সম্মুখভাগে ভূতলের আসনের দর্শক। *n.* **ground(s)°man**—খেলার মাঠের তদারককারী; বিমানপোতাঙ্গনের বা এরোড্রোমের মিস্ত্রি। *n.* **ground°-nut**—চীনাবাদাম। *n.* **ground°-oak**—ওক্‌গাছের চারা। *n.* **ground°-o°fficer**—জমিদারের ভূ-সম্পত্তির তদারককারী কর্মচারী; বিমানপোত ভূতলে থাকাকালে যে কর্মচারী উহার তদারক করে। *n.* **ground°-plan**—অট্টালিকাদির সর্বনিম্ন তলের নকশা। *n.* **ground°-sheet**—জলাভেদ্য শতরঞ্জিবিশেষ। *n.* **grounds°-man**—see **groundman** । **ground staff**—বিমানপোতের যে-সব মিস্ত্রি বা কর্মচারী ভূতলে থাকিয়া কাজ করে। **ground story**—**ground floor**-এর অনুরূপ। **ground swell**—ঝড় বা ভূমিকম্পের ফলে মন্থর গতিতে সমুদ্রের চলমান তরঙ্গরাজি, ঝড় বা ভূকম্পনের দরুন সমুদ্রস্ফীতি। *n.* **ground°work**—ভিত্তি, বনিয়াদ; অপরিহার্য বা মূল অংশ; মূলসূত্র। [OE. *grund*—cp. G. *grund*]

group [groop, গ্রূপ্] **(1)** *n.* a number of persons or things together, সমষ্টি, দল, বর্গ, পুঞ্জ; a clique, চক্রিদল; উপদল; a class or subclass, শ্রেণী; উপবর্গ; a section, শাখা। **(2)** *v.t.i.* to form or fall into a group, দলে দলে ভাগ করা বা হওয়া; to assemble, দলবদ্ধ করা বা হওয়া। *p.* & *p. pt.* **grou°ped** । **group captain**—বিমানবাহিনীর উচ্চপদস্থ কর্মচারী বা ক্যাপটেন। *n.* **grou°pie**—(অশি.) বিমানবাহিনীর কর্মচারী; ভ্রাম্যমাণ জনপ্রিয় গায়কদলের অন্তর্ভুক্ত নারীগায়িকা বা মেয়ে গাইয়ে। *n.* **grouping**—গুণ বয়স প্রভৃতি অনুযায়ী দলে দলে বিভাজন; উপদলগঠন। [F. *groupe* <It. *groppo* (*n.*)]

grouse₁ [grows, গ্রাউস্] *n.* the moor-fowl, লিপ্তপাদ পক্ষিবিশেষ, জঙ্গলী হাঁস। [?]

grouse₂ [grows, গ্রাউস্] **(1)** *v.i.* (coll.) to complain, to grumble, (কথ্য.) অসন্তোষ প্রকাশ করা। **(2)** *n.* complaint, অসন্তোষ, অভিযোগ। [?]

grove [grōv, গ্রৌভ্] *n.* a small wood, কুঞ্জবন; an avenue of trees, তরুবীথিকা। *a.* **grō°vy** । [OE. *graf*=? tamarisk]

grovel [gro°vl, গ্র°ভ্‌ল্] *v.i.* to crawl on the earth, (প্রধানতঃ নিদারুণ আশঙ্কাদিতে) মাটিতে বুক দিয়া লুটাইয়া চলা; to be base, অতি হীন হওয়া (to *grovel* at the feet of the boss)। *pr. pt.* **gro°velling** । *p.* & *p. pt.* **grove°lled** । *n.* **gro°veller** । **gro°velling**—**(1)** *a.* অবলুণ্ঠিত; নতমুখ; **(2)** *adv.* অবলুণ্ঠিত হইয়া; নতমুখে। [ME. *groveling* (*adv.*) < ON. *grufa*]

grow [grō, গ্রৌ] **(1)** *v.i.* to have life, জন্মান; to become enlarged, বড় হওয়া, বৃদ্ধি পাওয়া; to advance towards maturity, পরিণতির দিকে অগ্রসর হওয়া, বয়সে বাড়া; to increase, সংখ্যায় বাড়া; to develop, উন্নতিলাভ করা; to extend, প্রসারিত হওয়া; to pass from one state to another, অবস্থান্তর প্রাপ্ত হওয়া; to become, হইয়া ওঠা, হওয়া। **(2)** *v.t.* to cause to grow, জন্মান, জন্মদান করা; to produce, উৎপাদন করা; to cultivate, চাষ করা। *p.* **grew** [groo, গ্রূ]। *p. pt.* **grown** । **growing pains**—বৃদ্ধিশীল বা বাড়ন্ত বয়সে শিশুদের পায়ের স্নায়ুতে ক্লান্তি প্রভৃতির দরুন বেদনা বোধ; (আল.) বর্ধিষ্ণু উদ্যোগাদির প্রাথমিক পর্যায়ের অসুবিধাসমূহ। **(to) grow on** or **upon**—অধিকতর প্রভাববিস্তার করা বা প্রতিষ্ঠা অর্জন করা। **(to) grow together**—একত্র বড় হওয়া বা লালিত-পালিত হওয়া। **(to) grow out of**—(কিছু হইতে) উদ্ভূত হওয়া; খুব বাড়িয়া ওঠা; কিছুর পক্ষে খুব বড় হইয়া পড়া (to *grow out of* one's clothes)। **(to) grow up**—বড় হইয়া ওঠা; সাবালক হইয়া ওঠা। **(to) grow upon**—গভীরতরভাবে বদ্ধমূল হওয়া (this habit *grew upon* him); মনোহরণ করা (this picture *grows upon* me)। *n.* **grow°er**—grow-এর সকল অর্থে, বিশেষতঃ—গাছ, চারা; কৃষক। *a.* **grown**—পূর্ণতাপ্রাপ্ত; পূর্ণবয়স্ক (a *grown* man)। *a.* & *n.* **grown°-up**—সাবালক বা সাবালিকা; বয়ঃপ্রাপ্ত। *n.* **growth**—জন্ম; ক্রমবৃদ্ধি; উন্নতি; ক্রমোন্নতি; জাত বা উৎপন্ন বস্তু; অনভিপ্রেত অঙ্গবৃদ্ধি। [OE. *growan* < ON. *groa*]

growl [growl, গ্রাউল্] **(1)** *v.i.t.* to snarl (as

an angry dog), (ক্রুদ্ধ কুকুর-সম্বন্ধে) গর্জন করা বা গর্জন করিয়া বলা (the dog *growled* at the ragamuffin) । (2) *n.* the snarl of an angry dog, কুকুরের ক্রুদ্ধ গর্জনধ্বনি । *n.* **grow°ler** । *adv.* **grow°lingly** । [imi. ?]

grown, growth—see **grow.**

groyne [groyn, গ্রয়্ন্] *n.* a breakwater (usu. wooden), নদ্যাদির কূলের অবক্ষয় বা ধোয়াট রোধ করার জন্য (সচ. কাষ্ঠনির্মিত) বাঁধ । [OF. *groign*= snout<L. *grumire*=to grunt ?]

grub [grub, গ্রাব্] (**1**) *v.i.* to dig in the dirt, নোংরার মধ্যে খনন করা ; to be occupied meanly, হীন কাজে নিযুক্ত থাকা । (**2**) *v.t.* to dig or root out, খুঁড়িয়া তোলা বা নির্মূল করা (to *grub* up weeds) । *pr. pt.* **gru°bbing** । *p.* & *p. pt.* **gru°bbed** । (**3**) *n.* an insect larva, কীটপতঙ্গের শূক ; (sl.) food, (অশি.) খাবার । **Grub Street**—বাজে বইয়ের দোকানে এবং বাজে লেখকের বাসস্থানে পূর্ণ লনডনের রাস্তাবিশেষ (তু. বটতলা) । (বই-সম্বন্ধে) বাজে, বটতলা-মার্কা । *n.* **gru°bber**—খনক ; খনন-যন্ত্র ; খনিত্র ; নিড়ানি ; হীনকর্মরত ব্যক্তি । *n.* **grub°-hook**—নিড়ানি । *a.* **gru°bby**—নোংরা ; শূককীটে থিক্‌থিক্ করিতেছে এমন । *adv.* **gru°bbily** । *n.* **gru°bbiness** । [ME. *grobe*<?]

grudge [gruj, গ্রাজ্] (**1**) *v.t.i.* to grumble at, (কিছুকে লক্ষ্য করিয়া) অসন্তোষভরে বিড়্‌বিড়্ করা । (**2**) *v.t.* to envy, ঈর্ষা করা ; to give or allow reluctantly, অনিচ্ছাভরে প্রদান করা বা অনুমতি দেওয়া ; to be loth, নারাজ হওয়া বা অসম্মত হওয়া । (**3**) *n.* enmity or envy, শত্রুতা বা ঈর্ষা (I bear him no *grudge*) ; an old quarrel, পুরাতন বিবাদ । **(to) have a grudge against**—(কাহারও বিরুদ্ধে) আক্রোশ পোষণ করা । *adv.* **gru°dgingly** । [ME. *grutch*<OF. *groucier*]

gruel [grooal, গ্রুঅ্যাল্] *n.* a thin food, জইয়ের মণ্ড ; লপ্‌সি ; (coll.) severe punishment, (কথ্য.) কঠোর শাস্তি (to get one's *gruel*) । **gru°elling** —(**1**) *a.* কঠোর শাস্তিমূলক বা কঠোর (a *gruelling* fight or race) ; (**2**) *n.* উক্ত প্রকার আচরণ । [OF. =groats]

gruesome [groo°-sam, গ্রু°স্যাম্] *a.* horrible, ভয়ঙ্কর ; disgusting, জঘন্য, ঘৃণ্য । *adv.* **grue°somely** । *n.* **grue°someness** । [cp. G. *grausam*]

gruff [gruf, গ্রাফ্] *a.* rough or abrupt in manner or sound, আচরণে বা আওয়াজে রূঢ় অথবা অভদ্রের ন্যায় আকস্মিক কিংবা সংক্ষিপ্ত । *adv.* **gruff°ly** । *n.* **gruff°ness** । [Du. *grof*]

grumble [grumb°l, গ্রাম্‌ব্‌ল্] (**1**) *v.i.* to murmur discontentedly, অসন্তোষভরে বিড়্‌বিড়্ করা । (**2**) *n.* act of grumbling, অসন্তোষভরে বিড়্‌বিড়ানি । *n.* **grumb°ler** । *a.* & *n.* **grumb°ling** । *adv.* **grumb°lingly** । [cp. Du. *grommelen*]

grume [groom, গ্রূম্] *n.* a thick fluid (esp. clotted blood), ঘন তরল পদার্থ (বিশে. জমাট-বাঁধা রক্ত) । *a.* **gru°mous** । [L. *grumus*=a small heap]

grump—see **grumpy.**

grumpy [grum°-pi, গ্রাম্‌°পি] , **grum°pish**—*a.* surly, বদমেজাজি । *n.* **grump**—(কথ্য.) বদমেজাজি লোক । *adv.* **grum°pily** । *n.* **grum°piness** । [obs. *grump*=sulkiness]

Grundyism [grun°-dizm, গ্রান্‌°ডিজ়্‌ম্] *n.* conventional propriety, চলিত লোকপ্রথাগত ঔচিত্য বা শোভনতা ; prudery, শালীনতার ভান । [Mrs. *Grundy* in Morton's play, 'Speed the plough' (1798)]

grunt [grunt, গ্রান্ট্], **gruntle** [grun°tl, গ্রান্‌°ট্‌ল্] (**1**) *v.i.* to make a sound (as a pig), (শূকরছানা-সম্বন্ধে) ঘোঁত্‌ঘোঁত্ করা । *p.* & *p. pt.* **grun°ted** । (**2**) *n.* the sound of a pig, শূকরছানার ঘোঁত্‌ঘোঁতানি । *n.* **grun°ter**—যে ঘোঁত্‌ঘোঁত্ করে ; শূকরছানা । *adv.* **grun°tingly** । [OE. *grunnettan*]

gryphon—alt. spell. of **griffon.**

guano [gwŭ°-nō, গ্যোআ°নৌ] *n.* the dung of sea-fowl used as fertilizer, জমির সাররূপে ব্যবহৃত সামুদ্রিক পক্ষীর বিষ্ঠা । [Sp.<Peru. *huanu*=dung]

guarantee [gar(a)n-tē°, গ্যারন্‌টী°] (**1**) *n.* one who gives guaranty or security, জামিনদার, প্রতিভূ ; surety, জামিন, জামানত । (**2**) *v.t.* to undertake as surety for, (কাহারও) জামিন হওয়া ; to undertake. (কিছুর) দায়িত্বগ্রহণ করা । *n.* **guarantor** [gar(a)n-taw(r)°, গ্যারন্‌ট্যা(র্)°] জামিনদার । **gua°ranty**—(**1**) *n.* জামিন ; জামিননামা ; জামিনদার ; জামানত । (**2**) *v.t.* (কাহারও বা কিছুর) জামিন হওয়া । [AF. *garantie*—cp. *warrant*]

guard [gŭ(r)d, গা(র্)ড্] (**1**) *v.t.* to watch or take care of, পাহারা দেওয়া বা তত্ত্বাবধান করা ; to protect, রক্ষা করা ; to restrain, বাধা দেওয়া, ঠেকাইয়া রাখা । (**2**) *v.i.* to watch, পাহারা দেওয়া । (**3**) *n.* watch, পাহারা ; protection, রক্ষা ; restraint, বাধা ; one who or that which guards, পাহারাদার, রক্ষক ; one who has charge of a coach or railway train, ডাকগাড়ির রক্ষক বা রেলের গার্ড ; (in *pl.*) household troops, রক্ষিবাহিনী । **guard of honour**—কাহাকেও সম্মানপ্রদর্শনার্থ সৈনিক কর্তৃক কুচকাওয়াজ । **off one's guard**—অসতর্ক হইয়া পড়িয়াছে এমন । **on one's guard**—সতর্কতা অবলম্বন করিয়াছে এমন । **(to) mount guard**—পাহারা দিতে যাওয়া ; পাহারা দেওয়া । *a.* **guar°ded**—সুরক্ষিত ; সতর্ক ; সতর্কভাবে উক্ত । *n.* **guard°house, guard°room**—প্রহরীদের বাসভবন বা বাসকক্ষ ;

গারদ, হাজত। *n.* **guar°dian**—তত্ত্বাবধায়ক ; অভিভাবক। **guardian angel**—মানুষের ব্যক্তিগত শুভসাধক দেবদূত (তু. শুভগ্রহ)। *n.* **guar°dianship**। *a.* **guard°less**—প্রহরিহীন ; অরক্ষিত। *n.* **guard°-rail**—সিঁড়ির পার্শ্বস্থ রেলিং। *n.* **guards°man**—রক্ষিবাহিনীর সৈনিক। [OF. *garder*]

guava [gwŭ°-va, গোয়াআ°ভ্যা] *n.* a tropical, fruit or its plant, পেয়ারা বা পেয়ারাগাছ। [Sp. *guayaba*]

gubbins [gŭ°-binz, গা°বিন্‌জ্‌] *n.* a valueless thing, মূল্যহীন বস্তু ; trash, বাজে জিনিস ; gadget, ছোটখাট যন্ত্র বা কল ; (coll.) a foolish person, (কথ্য.) বোকা লোক। [from *gobbon*]

gubernatorial [gū-ba(r)-na-taw°-ri-al, গিউব্যা(র্)ন্যাট্য°রিঅ্যাল্] *a.* of a governor, শাসকসংক্রান্ত। [L. *gubernator*=governor]

gudgeon [gu°j(a)n, গা°জ্‌ন্] *n.* a variety of fish, সহজেই ধরা পড়ে এমন মৎস্যবিশেষ ; a gull, যে ব্যক্তি সহজে প্রতারিত হয়। [OF. *goujon*]

guelder-rose [gel°-da(r)-rōz°, গেল্‌°ড্যা(র্) রৌজ্‌°] *n.* the snowball-tree, পুষ্পবৃক্ষবিশেষ : ইহাতে থোকায় থোকায় সাদা ফুল ফোটে। [*Geldern* in Prussia]

guerdon [ga(r)°d(a)n, গ্যা(র্)°ড্‌ন্] *n.* a reward or recompense, পুরস্কার বা ক্ষতিপূরণ। [OF.]

guerilla—see **guerrilla.**

guernsey [ga(r)n°-zi, গ্যা(র্)ন্‌°জ়ি] *n.* a knitted upper garment, গেঞ্জি। [*Guernsey* in the Channel Islands]

guer(r)illa [ga-ri°-la, গ্যারি°ল্যা] *n.* harassing an army by small bands, ক্ষুদ্র ক্ষুদ্র দলে আক্রমণ করিয়া শত্রুবাহিনীকে হয়রান করা, গেরিলা-যুদ্ধ। **guerilla strike**—ট্রেড ইউনিআনের অনুমতি ছাড়াই শ্রমিক-ধর্মঘট। [Sp. *guerrilla*]

guess [ges, গেস্] (**1**) *v.t.i.* to suppose or conjecture, মনে করা, ধারণা করা, অনুমান করা। *p.* & *p. pt.* **gue°ssed**। (**2**) *n.* a conjecture, ধারণা, অনুমান। **anybody's guess**—যে বিষয়ে বা ব্যাপারে কেহই নিশ্চিত নহে। **at a guess**—ধারণায়, অনুমানে। **by guess**—ধারণাপূর্বক ; অনুমানপূর্বক। **(to) keep a person guessing**—কাহাকেও স্পষ্ট ধারণা করিতে না দেওয়া, কাহাকেও আন্দাজ-অনুমানের অবস্থায় রাখা। *n.* **gues(s)-timate**—(কথ্য.) অনুমানভিত্তিক হিসাব বা হিসাবের খসড়া (**guess**+**estimate**)। *n.* **guess°work**—অনুমানপ্রসূত মতাদি। [NE. *gessen*—cp. Du. *gissen*]

guest [gest, গেস্ট্] *n.* a visitor, (বিনামূল্যে বা মূল্যবিনিময়ে অভ্যর্থিত) অতিথি ; one who is invited at a feast, নিমন্ত্রিত ব্যক্তি। **paying guest**—যে ব্যক্তি খরচা দিয়া কোন গৃহস্থের বাড়ি থাকে ও খায়। *n.* **guest-house**—অতিথিশালা ; বোর্ডিং। *n.* **guest°-night**—যে রাত্রে ক্লাব মেস বোর্ডিং প্রভৃতির সদস্যরা বন্ধুদের অতিথিরূপে আনিতে পারে। *n.* **guest°-room**—গৃহের যে কক্ষে অতিথিকে থাকিতে দেওয়া হয়। [OE. *gest*—cp. G. *gast*]

guff [guf, গাফ্] *n.* (sl.) nonsense, (অশি.) অর্থহীন উক্তি। [imi.]

guffaw [gu-faw°, গাফা°] *v.t.* to laugh loudly, অট্টহাস্য করা, হো-হো করিয়া হাসা। (**2**) *n.* a loud laugh, অট্টহাসি। [imi.]

guichet [gē°-sha, গী°শেই] *n.* ticket-office window, টিকিটঘরের জানালা ; a small opening in a door, wall, etc., দরজা দেয়াল প্রভৃতিতে ফোকর বা ছিদ্র। [F.]

guide [gīd, গাইড্] (**1**) *v.t.* to lead or direct, পথ দেখাইয়া লইয়া যাওয়া; to manage, পরিচালনা করা ; to regulate, নিয়ন্ত্রিত করা। *p.* & *p. pt.* **gui°ded**। (**2**) *n.* he who or that which guides, যে ব্যক্তি বা বস্তু বা গ্রন্থ পথনির্দেশ করে কিংবা পরিচালনা করে অথবা নিয়ন্ত্রিত করে। *n.* **guid°ance**—পথনির্দেশ ; পরিচালনা ; নেতৃত্ব। *n.* **guide°book**—পথনির্দেশ-সংবলিত গ্রন্থ, পথপঞ্জি। *a.* **guide°less**—পথপ্রদর্শকহীন ; পরিচালকহীন ; অসহায়। *n. pl.* **guide°-lines**—(সচ. কর্তৃপক্ষের) নীতি সম্পর্কে নির্দেশাবলী (*guide-lines* on distribution of doles)। *n.* **guide°-pōst**—পথনির্দেশক স্তম্ভ। **guided missile**—যে ক্ষেপণাস্ত্রের গতি দূর হইতে নিয়ন্ত্রিত করা যায়। **guided tour**—পথনির্দেশক কর্তৃক নিয়ন্ত্রিত সফর। [OF. *guider*]

g(u)ild [gild, গিল্ড্] *n.* a society for mutual aid, (প্রধানতঃ বণিক্‌দের) সমবায় সঙ্ঘ ; a corporation পৌরসভা ; the meeting-place of a guild, উক্ত সঙ্ঘের সভাস্থান। **Guild Socialism**—যে সমাজতন্ত্রবাদ মালিক শ্রমিক ও বিশেষজ্ঞে গঠিত পরিচালক-সভাকে শিল্পোৎপাদন ব্যাপারে সার্বভৌম কর্তৃত্ব দিবার পক্ষপাতী। *n.* **guild°hall°**—উক্ত সঙ্ঘের সভাভবন ; টাউনহল। [OE. *gield*—cp. ON. *gildi*]

g(u)ilder [gil°-da(r), গিল্‌°ড্যা(র্)] *n.* a Dutch coin, হল্যান্ডের মুদ্রাবিশেষ। [Du. *gulden*]

guildhall—see **guild.**

guile [gīl, গাইল্] *n.* cunning, চাতুরি ; deceit, ছলনা, প্রতারণা ; cunning devices, ছলাকলা। *a.* **guile°ful**—চাতুর্যপূর্ণ ; ছলনাময়। *a.* **guile°less**—প্রতারণাহীন ; ছলাকলাশূন্য ; সরল। [OF.]

guillemot [gi°-li-mot, গি°লিমট্] *n.* an arctic sea-bird, মেরুপ্রদেশীয় সামুদ্র ডুবুরি পক্ষিবিশেষ। [F. <? *Guillaume*=William]

guillotine [gi-la-tēn°, গিল্যাটীন্°] (**1**) *n.* a French instrument for beheading, (বিপ্লবিগণ কর্তৃক প্রথম ব্যবহৃত) ফ্রান্সের শিরশ্ছেদ-যন্ত্রবিশেষ ; a surgical instrument for excising the uvula etc., আলজিভ প্রভৃতিতে অস্ত্রোপচারের জন্য ডাক্তারি অস্ত্রবিশেষ ; a machine for cutting paper etc., কাগজ প্রভৃতি কাটার যন্ত্রবিশেষ ; a rule for shortening discussion, (প্রধানতঃ

ব্যবস্থাপক-সভার প্রস্তাবিত আইন-সম্পর্কে) আলোচনা সংক্ষেপ করার উদ্দেশ্যে প্রদত্ত নির্দেশ। (2) *v.t.* to behead by guillotine, গিলোটিন্-দ্বারা শিরশ্ছেদ করা। [*J.I. Guillotin*, its proposer]

guilt [gilt, গিল্ট্] *n.* state of having committed an offence, দোষ, অপরাধ, অপরাধিত্ব; sin, পাপ; sinfulness, পাপিষ্ঠতা। **guilt complex**—অপরাধবোধ-প্রপীড়িত মানসিকতা বা আবেশ। *adv.* **guil°tily**। *n.* **guilti°ness**। *a.* **guilt°less**—নিরপরাধ; নির্দোষ; নিষ্পাপ। *a.* **guil°ty**—অপরাধী; দোষী (to plead *guilty*); পাপী; অপরাধযুক্ত, দোষযুক্ত (*guilty* conscience, look, etc.); পাপযুক্ত। [OE. *gylt*]

guinea [gi°-ni, গি°নি] *n.* an English coin, ইংল্যানডের অপ্রচলিত স্বর্ণমুদ্রাবিশেষ (=২১ শিলিং)। *n.* **gui°nea-fowl**—মোরগজাতীয় পক্ষিবিশেষ। *fem.* **gui°nea-hen**। *n.* **gui°nea-pig**—ক্ষুদ্র জন্তুবিশেষ, গিনিপিগ; যে ব্যক্তি নিজেকে বৈজ্ঞানিক পরীক্ষাদিতে ব্যবহৃত হইতে দেয়। [*Guinea* in Africa]

guise [gīz, গাইজ্] *n.* (arch.) garb, (আর্ষ.) পোশাক; semblance, আভাস; pretence, ভান (under the *guise* of friendship)। [OF.]

guitar [gi-tŭ(r)°, গিটা(র্)°] *n.* a musical instrument, ছয়তারযুক্ত বাদ্যযন্ত্রবিশেষ, গিটার। *n.* **guita°rist**—গিটার-বাদক। [F. *guitar(e)*<L. *cithara*]

gulch [gulsh, গাল্শ্] *n.* a ravine (especially one with torrent), (বিশেষতঃ স্রোতপূর্ণ) গিরিখাত। [?]

gulden [gool°-dan, গুল্°ড্যান্] *n.* an obsolete German coin, জর্মানির অপ্রচলিত মুদ্রাবিশেষ। [G.=(lit.) golden]

gulf [gulf, গাল্ফ্] (**1**) *n.* a bay almost encircled by land, প্রায় স্থলবেষ্টিত উপসাগর; an abyss, গভীর গর্ত বা খাত; a whirlpool, ঘূর্ণিজল, আবর্ত; what swallows up anything, গ্রাসকারী; an impassable barrier or gap, দুরতিক্রম্য বাধা বা ব্যবধান (*gulf* of difference)। (**2**) *v.t.* to engulf, (প্রায়) বেষ্টন করা; to swallow up, গ্রাস করিয়া ফেলা, গেলা। *p.* & *p. pt.* **gul°fed**। [OF. *golfe*]

gull₁ [gul, গাল্] *n.* a sea-bird, সামুদ্রিক পক্ষিবিশেষ, শঙ্খচিল। [W. *gwylan* ?]

gull₂ [gull, গাল্] (**1**) *n.* a person easily duped, সহজেই ফাঁদে পড়ে বা প্রতারিত হয় এমন ব্যক্তি। (**2**) *v.t.* to beguile, ফাঁদে ফেলা, প্রতারিত করা; to hoax, ধোঁকা দেওয়া। *n.* **gullibi°lity**। *a.* **gu°llible**। [<*gull₁*?]

gullet [gu°-lit, গা°লিট্] *n.* the passage for food in the neck, অন্ননালী; the throat, কণ্ঠ; a narrow trench, সঙ্কীর্ণ পরিখা। [OF. *goulet*=dim. of *goule*<L *gula*=throat]

gullible—see **gull₂**.

gully₁ [gu°-li, গা°লি] *n.* a large knife, বড় ছুরি, ছোরা। [?]

gully₂ [gu°-li, গা°লি] *n.* a water-worn ravine, জলস্রোতে পর্বতগাত্র ক্ষয় হইয়া সৃষ্ট গিরিখাত; a ditch, খানা, পয়োনালী; a groove, খাঁজ; (in cricket) the position between point and slips, (ক্রিকেটে) ফিল্ড্জ্ম্যানদের মধ্যমাঠে দাঁড়ানর স্থানবিশেষ। [<*gullet*] ?]

gulosity [gū-lo°-si-ty, গিউল°সিটি] *n.* gluttony, উদরপরায়ণতা, ঔদরিকতা। [L. *gulositas*<L. *gulosus*=gluttonous]

gulp [gulp, গাল্প্] (**1**) *v.t.i.* to swallow spasmodically or in large draughts, ঢক্ঢক্ বা গব্গব্ করিয়া গেলা। *p.* & *p. pt.* **gul°ped**। (**2**) *n.* act of gulping, ঢক্ঢক্ বা গব্গব্ করিয়া গলাধঃকরণ (to empty a cup of milk at one *gulp*); a quantity gulped at once, বড় এক ঢোক। [cp. Du. *gulpen*]

gum₁ [gum, গাম] *n.* the firm flesh at the bases of the teeth, মাঢ়ী। *n.* **gum°boil**—মাঢ়ীতে উদ্গত ফোড়া। *a.* & *n.* **gu°mmy₁**—দন্তহীন (ব্যক্তি)। [OE. *goma*=palate]

gum₂ [gum, গাম্] (**1**) *n.* a viscid exudation of certain plants, আঠাল বৃক্ষনির্যাস, গঁদ; a gum-tree, গঁদের গাছ। (**2**) *v.t.* to coat or attach with gum, গঁদ মাখান বা গঁদ দিয়া জোড়া দেওয়া। *pr. pt.* **gu°mming**। *p.* & *p. pt.* **gu°mmed**। **gum arabic**—গঁদের আঠাবিশেষ। **gum elastic**—রবার। **gum resin**—ধুনা। **(to) gum up**—হস্তক্ষেপদ্বারা বানচাল করা। *n.* **gum°-boot°**—রবারের তৈয়ারি বুটজুতা। *n.* **gu°mma**—উপদংশজনিত আব। *n.* **gu°mminess**। *a.* **gu°mmy₂**—গঁদে পূর্ণ, আঠাল। *n.* **gum°shoe**—কর্দমাদি হইতে রক্ষার্থে, জুতার উপরে পরিবার জুতা; (কথ্য.) চুপিসারে বা গোপনে কৃত কর্ম; (কথ্য.) গোয়েন্দা বা পুলিস। *n.* **gum°-tree**—গঁদের গাছ। **up a gum-tree**—অসুবিধাজনক বা বেকায়দার অবস্থায়। [OF. *gomme*—cp. Egy. *kemai*]

gumption [gum(p)°sh(a)n, গাম্(প্)°শ্ন্] *n.* common-sense, সাধারণ বুদ্ধি, কাণ্ডজ্ঞান (he lacks *gumption*)। [?]

gun [gun, গান্] *n.* a tubular fire-arm, বন্দুক, কামান, রাইফেল, রিভলভর; a signal by gun, বন্দুক দাগিয়া নির্দেশ; the sound of a gun, বন্দুকের শব্দ, কামান-গর্জন; one who carries a gun, বন্দুকধারী; a member of a shooting-party, বন্দুক-ছোড়ার দলের লোক। **at gunpoint**—বন্দুকের ভয় দেখাইয়া। **great gun**—(অপ্র.) কামান: (কথ্য.) অতি বিশিষ্ট ব্যক্তি। **son of a gun**—সৈনিকের জারজ পুত্র (গালিতে ব্যবহৃত); (কথ্য.) ঘৃণ্য বা জঘন্য লোক। **(to) blow great guns**—(বাতাস সম্বন্ধে) প্রচণ্ডবেগে প্রবাহিত হওয়া। **(to) give** (engine, etc.) **the gun**—(ইনজিন প্রভৃতির) বেগ বৃদ্ধি করা। **(to) go great guns**—বলিষ্ঠ-

ভাবে বা তেজের সহিত সফলতার দিকে অগ্রসর হওয়া। **(to) stick to one's guns**—আক্রমণ বা বিরুদ্ধ যুক্তি সত্ত্বেও নিজের কোট বজায় রাখিতে পারা। *n.* **gun°-barrel**—বন্দুকের বা কামানের নল। *n.* **gun°-boat**—কামান-বাহী পোত। *n.* **gun°-carriage**—কামানবাহী চাকাওয়ালা গাড়ি বা যে চাকাওয়ালা অংশের উপর ভর দিয়া কামান ঠেলিয়া লওয়া যায়। *n.* **gun°-cotton**—নাইট্রিক ও সাল্ফিউরিক্ অ্যাসিডে সিক্ত তুলা-দ্বারা প্রস্তুত বিস্ফোরক। *n.* **gun°-fight**—বন্দুকের লড়াই। *n.* **gun°-fire**—বন্দুক বা কামান দাগা; প্রভাতে বা সন্ধ্যায় যে সময়ে কামান দাগা হয়। *n.* **gun°-layer**—যে ব্যক্তি দাগিবার জন্য কামান সাজায়। *n.* **gun°man**—বন্দুকধারী; রিভলভরধারী দুর্বৃত্ত। *n.* **gun°metal**—পিত্তল (কামান-নির্মাণে ব্যবহৃত হইত বলিয়া)। **gun moll**—নারী অপরাধী, অপরাধিনী; অপরাধীর সঙ্গিনী। *n.* **gu°nner**—গোলন্দাজ। *n.* **gu°nnery**—কামান দাগার বিদ্যা, গোলন্দাজি বিদ্যা। *n.* **gun°-powder**—কামানের বারুদ। *n.* **gun°-room**—জাহাজে গোলন্দাজদের কামরা। *n.* **gun°-runner**—(বিপ্লবাদি সজ্ঘটনার্থ) যে ব্যক্তি গোপনে ও অবৈধভাবে দেশমধ্যে বন্দুকাদি আগ্নেয়াস্ত্র চালু করে। *n.* **gun°-running**—(বিপ্লবাদি সজ্ঘটনার্থ) গোপনে ও অবৈধভাবে দেশমধ্যে আগ্নেয়াস্ত্র চালু করা। *n.* **gun°shot**—কামানের পাল্লা। *a.* **gun°-shy**—(বিশে. শিকারী কুকুর সম্বন্ধে) বন্দুকের আওয়াজে ভয় পায় এমন। *n.* **gun°-smith**—কামান-নির্মাতা, বন্দুক-নির্মাতা। [ME. *gonne*<? *Gunhild*, the name of a woman]

gunk [gungk, গাংক্] *n.* (coll.) viscous or liquid material, চট্‌চটে বা তরল বস্তু। [proprietary name]

gunnel$_1$—alt. spell. of **gunwale.**

gunnel$_2$ [gun°l, গান্°ল্] *n.* small eel-shaped sea-fish, বানমাছের আকারের ছোট সামুদ্রিক মাছ। [?]

gunny [gu°-ni, গা°নি] *n.* a jute fabric, গুনচট। [Hin. *goni*]

gunter [gun°-ta(r), গান্°ট্যা(র্)] *n.* a two-foot flat rule with scale, দুই ফুট লম্বা অংশাঙ্কিত চেপটা স্কেলবিশেষ (also **Gunter's scale**). [inventor's name]

gunwale [gu°nl, গা°ন্‌ল্] *n.* the upper edge of a ship's or boat's side, জাহাজের বা নৌকার পার্শ্বদেশের উপরিভাগের কিনারা। [*gun*. OE. *walu* =a ridge—cp. ON. *volr*=a rod]

gup [gup, গাপ্] *n.* gossip, খোশগল্প। [Hind.]

gurgle [ga(r)g°l, গ্যা(র্)গ্°ল্] (1) *v.t.* to make a bubbling sound, বুদ্বুদ্ উঠিবার মত গল্‌গল্ শব্দ করা। (2) *n.* the sound of gurgling, গল্‌গল্ শব্দ। [imi.]

gurjun [gu(r)°-jan, গা(র্)°জ্যান্] *n.* a tree yielding balsam, গর্জনবৃক্ষ। [Beng. or Hind. *garjan*]

gurk [gŭ(r)k, গা(র্)ক্] (1) *n.* belching, ঢেকুর। (2) *v.i.* to belch, ঢেকুর তোলা। [imi.]

Gurkha [gua(r)°-ka, গুয়্যা(র্)°ক্যা] *n.* a member of a Hindu race of Nepal, গোর্খা। [Nepalese *Gorkha*]

gurnard [ga(r)°-na(r)d, গ্যা(র্)°ন্যা(র্)ড্], **gurnet** [ga(r)°-nit, গ্যা(র্)°নিট্] *n.* a kind of sea-fish, সামুদ্রিক মৎস্যবিশেষ। [OF. *gornard*]

guru [goo°-roo, গু°রূ] *n.* a teacher, esp. a spiritual one, গুরু। [Hind.]

gush [gush, গাশ্] (1) *v.i.t.* to flow or cause to flow out violently or profusely, প্রবলভাবে বা প্রচুরপরিমাণে নিঃসৃত হওয়া বা নিঃসৃত করান (blood is *gushing* from the wound); to talk with excessive enthusiasm, অত্যধিক উৎসাহসহকারে কথা বলা। *p.* & *p. pt.* **gu°shed**। (2) *n.* a violent or profuse issue of fluid, তরল পদার্থের প্রবল বা প্রচুর নিঃস্রাব। *n.* **gu°sher**—প্রবলভাবে বা প্রচুরভাবে নিঃসৃত পদার্থ অথবা যে ব্যক্তি উক্তভাবে নিঃসৃত করায়। *a.* **gu°shing**—প্রবলবেগে বা প্রচুরপরিমাণে নির্গমনশীল; অত্যধিক উৎসাহসহকারে কথা বলে বা বলিতেছে এমন। *adv.* **gu°shingly**। [ME. *gosshe, gusche*<?]

gusset [gu°-sit, গা°সিট্] (1) *n.* an angular piece let into a garment, জামার কোন অংশ টেকসই বা বর্ধিত করার জন্য তাহাতে যে তেকোনা পটি সেলাই করিয়া দেওয়া হয়; an iron bracket strengthening angle of a structure, কিছুর কোনা দৃঢ় করার জন্য তাহাতে যে লৌহপাত আঁটিয়া দেওয়া হয়, বাতা। (2) *v.t.* to insert a gusset, উক্ত পটি সেলাই করিয়া দেওয়া বা উক্ত বাতা দেওয়া। *p.* & *p. pt.* **gu°sseted**। [OF. *gousset*]

gust$_1$ [gust, গ্যাস্ট্] *n.* a sudden blast of wind, আকস্মিক দমকা বাতাস; a violent burst, (ভাবাদির) প্রবল অভিব্যক্তি। *adv.* **gus°tily**। *n.* **gus°tiness**। *a.* **gus°ty**—ঝড়ো; সহজেই উত্তেজনশীল। [ON. *gustr*]

gust$_2$ [gust, গাস্ট্] *n.* (arch.) sense of taste, (আর্ষ.) রসনেন্দ্রিয়; relish, রুচি, রুচিবোধ। **(to) have a gust of**—স্বাদ বা মর্ম উপলব্ধি করা। *n.* **gustā°tion**—স্বাদগ্রহণ; রসনেন্দ্রিয়। *a.* **gust°-ative, gust°atory**—রসনেন্দ্রিয়সংক্রান্ত, (পরি.) রাসন। [L. *gustus*=taste]

gusto [gus°-tō, গাস্°টৌ] *n.* taste, স্বাদ; relish রুচি। **with a gusto**—তৃপ্তিসহকারে। [It.]

gusty—see **gust.**

gut [gut, গাট্] (1) *n.* the alimentary canal, পৌষ্টিক নালী, অন্ত্র; the string of musical instrument, made of the intestines of a sheep etc., মেষাদির অন্ত্রদ্বারা প্রস্তুত বাদ্যযন্ত্রের তার, তন্ত্র; a narrow passage, সঙ্কীর্ণ পথ; a strait, প্রণালী; a channel, খাল; a lane, গলি; (in *pl.*)

the viscera, নাড়িভুঁড়ি ; (coll.) stamina, endurance, determination, courage, (কথ্য.) নাছোড়বান্দা হইয়া কাজ করার শক্তি, সহশক্তি, সঙ্কল্প, সাহস (he has plenty of *guts*) ; inner parts or contents of anything, অভ্যন্তরস্থ বস্তু বা পদার্থ (the speech has no *guts* in it) । (2) *v.t.* to take out the guts or the contents of, নাড়িভুঁড়ি বা ভিতরের বস্তু বাহির করিয়া লওয়া ; to reduce to a shell, (দাহন লুণ্ঠন প্রভৃতি দ্বারা) খোলামাত্রে পরিণত করা (to *gut* a ship ; fire *gutted* the building) । *pr. pt.* **gu°tting** । *p. & p. pt.* **gu°tted** । **(to) sweat** or **work (one's) guts out**—কঠোর পরিশ্রম করা, প্রচণ্ড খাটা । *a.* **gut°less**—সঙ্কল্পহীন ; সাহসশূন্য । *n.* **gut°-scrā°per**—(কৌতুকার্থে) বেহালাবাদক । *adv.* **gut°sily** । *n.* **gut°-siness** । *a.* **gut°sy**—ঔদরিক, পেটুকবৎ ; সাহসী, সাহসিকতাপূর্ণ । [OE. *guttas*]

gutta-percha [gu°-ta-pa(r)°-cha, গা°ট্যাপ্যা(র্)°-চ্যা] *n.* a rubber-like substance, রবারতুল্য পদার্থবিশেষ । [Mal. *getah*=gum, *percha*=its tree]

gutted—see **gut.**

gutter [gut°-ta(r), গা°ট্যা(র্)] (1) *n.* a channel for carrying off water, (প্রধানতঃ পথিপার্শ্বে বা বাড়ির ছাদের নীচে) পয়োনালী, খানা ; a furrow or groove, গর্ত বা খাঁজ ; (fig.) slum-life, (আল.) বস্তিজীবন । (2) *v.t.i.* to furrow or be furrowed, গর্ত খোঁড়া বা গর্ত হওয়া । (3) *v.i.* (of a candle) to run down in drops, (মোমবাতি-সম্বন্ধে) ফোঁটায় ফোঁটায় গলিয়া যাওয়া ; (of a flame) to be blown downwards or to threaten to go out, (অগ্নিশিখা-সম্বন্ধে) নিম্নমুখ হইয়া জ্বলা বা নিভিবার উপক্রম করা । **gutter press**—যে সকল সংবাদপত্র নিন্দাকুৎসা বা স্থূল ও অমার্জিত সংবাদ পরিবেশন করে । *n.* **gu°tter-man**—ফুটপাতের দোকানদার । *n.* **gu°ttersnipe**—অনাথ ও নিরাশ্রয় শিশু ঃ রাস্তায়ই ইহার ঘরবাড়ি । [OF. *goutiere*]

gutting—see **gut.**

guttural [gu°t(a)r(a)l, গা°ট্র্ল্] *a.* of the throat, কণ্ঠসংক্রান্ত ; throaty in sound, কণ্ঠপথে উচ্চারিত ; কণ্ঠ্য । (2) *n.* (gr.) a guttural letter, (ব্যাক.) কণ্ঠ্যবর্ণ । *adv.* **gu°tturally** । [L. *guttur* =the throat]

guy$_1$ [gī, গাই] (1) *n.* a rope, rod, etc., to steady anything, কিছুকে খাড়া রাখার জন্য রজ্জু দণ্ড প্রভৃতি । (2) *v.t.* to steady by a guy, উক্ত রজ্জু দণ্ড প্রভৃতির সাহায্যে খাড়া রাখা । [OF. *guis*]

guy$_2$ [gī, গাই] (1) *n.* an effigy, (ইংল্যানডের বারুদ-ষড়যন্ত্রের নেতা Guy Fawkes-এর) কুশপুত্তল । an odd figure, অদ্ভুত মূর্তি ; a fellow, লোক ; (sl.) a joke, (অশি.) তামাশা, ঠাট্টা ; (sl.) decamping, (অশি.) পলায়ন । (2) *v.t.* to turn to ridicule, উপহাসাস্পদ করা । (3) *v.i.* to decamp, পলায়ন করা । [*Guy Fawkes*]

guzzle [guz°l, গাজ়্°ল্] *v.t.i.* to swallaw greedily, (প্রধানতঃ মদ) ঢক্‌ঢক্ করিয়া গেলা (to *guzzle* beer) । *n.* **guzz°ler** । [cp. F. *gosier*=throat]

gymkhana [jimkŭ°-na, জিম্‌কা°ন্যা], (contr.) **gym**—*n.* a public resort for athletic games, জনসাধারণের মল্লক্রীড়ার স্থান ; a meeting for such games, মল্লক্রীড়াদির অনুষ্ঠান । **gym slip, gym tunic**—স্কুলের মেয়েদের পরিধেয় ঢিলা আঙরাখাবিশেষ । [Hin. *gendkhana*=racket-court, remodelled on *gymnastics*]

gymnasium [jim-nā°-zi-am, জিম্‌নেই°জ়িঅ্যাম্] *n.* a place or school for gymnastics, শরীরচর্চার বা মল্লক্রীড়াদির স্থান অথবা বিদ্যালয় ; a secondary school, (প্রধানতঃ জর্মানির) মাধ্যমিক বিদ্যালয় । *pl.* **gymnā°siums, gymnā°sia** । *a.* **gymnā°sial**—শরীরচর্চার স্থানসংক্রান্ত বা বিদ্যালয়-সংক্রান্ত । *n.* **gym°nast**—মল্ল ; শরীরচর্চার বা মল্লক্রীড়াদিতে দক্ষ ব্যক্তি । *n.* **gymnas°tic,** (usu. **gymnas°tics**—treated as *sing.*)—শরীরচর্চার প্রণালীবিশেষ, জিম্‌ন্যাস্‌টিক্ । *a.* **gymnas°tic(al)** —শরীরচর্চার প্রণালীসংক্রান্ত । [Gk. *gymnasion* <*gymnos*=naked]

gymnosophist [jim-no-so-fist, জিম্‌নসফিস্ট] *n.* a sect of ancient Hindu philosopher who wore little or nothing and was given up to contemplation, প্রাচীন ভারতের একশ্রেণীর যোগী-দার্শনিক নগ্ন-সন্ন্যাসী । [Gk. *gymnosophistai*]

gynæceum [gī-nē-sē°-am, গাইনীসী°অ্যাম্, ji-nē-sē°-am, জিনীসী°অ্যাম্] *n.* women's quarters in a house, বাড়ির অন্তঃপুর, অন্দরমহল, জেনানা । [Gk. *gynaikeion*]

gynæcology [gī-ni-ko°-la-ji, গাইনিক°ল্যাজি] *n.* the science of treating of the disease of women, স্ত্রীরোগবিদ্যা । *a.* **gynæcological** [gī-ni-ka-lo°-jik(a)l, গাইনিক্যাল°জিক্‌ল্] স্ত্রীরোগ-বিদ্যাসংক্রান্ত । *n.* **gynæco°logist**—স্ত্রীরোগবিশারদ, স্ত্রীরোগ-চিকিৎসক । [Gk. *gynaeco-* =woman, *logos*=science]

gyp$_1$ [jip, জিপ্] *n.* a college servant at Cambridge and Durham, ক্যাম্‌ব্রিজ্ ও ডারহামে কলেজের ভৃত্য । [<*gypsy* ?]

gyp$_2$ [jip, জিপ্] *n.* (sl.) merciless scolding or punishment, নির্মম তিরস্কার বা শাস্তি । **(to) give one gyp**—নির্মমভাবে তিরস্কার করা বা শাস্তি দেওয়া । [?]

gyp$_3$ [jip, জিপ্] (1) *v.t.* to swindle, to cheat, প্রতারণা করা, ঠকান । *pr. pt.* **gypp°ing** । *p. & p. pt.* **gypp°ed** । (2) *n.* a cheat, প্রতারক, জুয়াচোর । [?]

gypsum [jip°-sam, জিপ্°স্যাম্] *n.* a soft mineral, নরম খনিজ পদার্থবিশেষ ; ইহার দ্বারা প্লাস্টার অব্ প্যারিস্ তৈয়ারি হয়, জিপ্‌সাম । [L.<Gk. *gypsos*=chalk]

gypsy [jip°-si, জিপ্°সি] *n.* one of a wandering race, a Romany, ভারতীয় যাযাবর জাতি হইতে উৎপন্ন লোক, বেদে; a cunning rogue, চতুর দুর্বৃত্ত; a dark-skinned person, কৃষ্ণাঙ্গ ব্যক্তি। [*Egyptian*—gypsies were formerly thought to have come from Egypt]

gyre [jī(r), জায়্যা(র্)] *n.* a ring, চক্র, বলয়; a circle, বৃত্ত; a circular movement, বৃত্তাকারে এক পাক ঘূর্ণন। *a.* **gyr°ate**—বলয়াকারে পাকান বা আবর্তিত। *v.i.* **gyrate** [jī-rāt°, জাইরেইট্°] চক্রাকারে ঘোরা, আবর্তিত হওয়া। *p.* & *p. pt.* **gyrā°téd**। *n.* **gyrā°tion**। *a.* **gyratory** [jī°-ra-t(a)ri, জাই°র‍্যাট্রি] আবর্তনশীল; আবর্তন-সংক্রান্ত। *n.* **gyroscope** [gīr°-a-skōp, গায়্যার্°-অ্যাস্কৌপ্] আবর্তনশীল বস্তুসমূহের গতিতত্ত্ব ব্যাখ্যার যন্ত্রবিশেষ (coll. abbr. **gy°rō**)। *a.* **gyrosco°pic**। [L. *gyrus*<Gk. *gyros*]

gyve [jīv, জাইভ্] (**I**) *v.t.* to fetter, শৃঙ্খলিত করা, বেড়ি পরান। (**2**) *n.* (usu. in *pl.*) a fetter, শৃঙ্খল, বেড়ি। [ME. *gives, gyves*]

H

H, h [āch, এইচ্] *n.* the eighth letter of the English alphabet, ইংরেজি বর্ণমালার অষ্টম বর্ণ।

ha(h) [hŭ, হা] *int.* denoting surprise, joy, grief, etc., বিস্ময়-আনন্দ-দুঃখাদিসূচক অব্যয়বিশেষ। *int.* & *n.* **ha°-ha**—বারংবার হাস্যধ্বনি, হা-হা। [imi.]

habeas corpus [hā°-bi-as kaw(r)°-pas, হেই°-বিঅ্যাস্ ক্য(র্)°প্যাস্] *n.* a writ demanding that a prisoner be brought before the court, বন্দীকে সশরীরে আদালতে হাজির করিয়া তাহার বন্দিত্বের কারণ-প্রদর্শনার্থ আদেশপত্র। [L.=you must have the body]

haberdasher [ha°-ba(r)-da-sha(r), হ্যা°ব্যা(র্)-ড্যাশ্যা(র্)] *n.* a seller of small articles of dress, etc., চুলের ফিতা কাঁটা প্রভৃতি টুকিটাকি জিনিসের দোকানদার। *n.* **ha°berdashery**—উক্ত দোকানদারের মাল বা কারবার বা দোকান। [OF. *hapertas*<?]

habergeon [ha°-ba(r)j(a)n, হ্যা°ব্যা(র্)জ্‌ন্] *n.* a sleeveless coat of mail, হাতাহীন বর্মবিশেষ। [OF. *haubergeon*]

habile [ha°-bil, হ্যা°বিল্] *a.* skilful, dexterous, নিপুণ, পটু। [ME. var. of *able*]

habiliment [ha-bi°-li-mant, হ্যাবি°লিম্যান্ট্] *n.* (usu. in *pl.*) attire, সাজপোশাক। [F. *habiller*=to dress<L. *habilis*=fit]

habilitate [ha-bi°-li-tāt, হ্যাবি°লিটেইট্] (**I**) *v.t.* to qualify, যোগ্যতাদান করা; to finance, টাকাকড়ি যোগান। (**2**) *v.i.* to qualify, যোগ্যতা-সম্পন্ন হওয়া। *p.* & *p. pt.* **habi°litātéd**। *n.* **habilitā°tion**। [LL. *habilitare*=to enable]

habit [ha°-bit, হ্যা°বিট্] (**I**) *n.* settled tendency or practice, অভ্যাস, প্রকৃতি, স্বভাব; custom, রীতি; mental or bodily constitution, মানসিক বা শারীরিক ধাত; dress, পোশাক (a riding *habit*)। (**2**) *v.t.* to dress, পোশাক পরান; (arch.) to inhabit, (আর্ষ.—কোথাও) বাস করা। *p.* & *p. pt.* **ha°bitéd**। **(to) break oneself of a habit**—কোন অভ্যাস ত্যাগ করিতে সমর্থ হওয়া। **(to) fall** or **get into a habit**—কোন অভ্যাসে রপ্ত হওয়া। **(to) get out of a habit**—কোন অভ্যাস ত্যাগ করা। **creature of habit**—অভ্যাসের দাস। **from force of habit**—অভ্যাসের বশে। *a.* **ha°bitable**—বাসযোগ্য। *n.* **habitabi°lity**। *adv.* **ha°bitably**। *n.* **ha°bitant**—বাসিন্দা, অধিবাসী। *a.* **habitā°tion**—বাস; বাসস্থান; বাসা। *a.* **habit°ūal**—অভ্যাসগত (a *habitual* smoker); রীতিগত। *adv.* **habi°tually**। *v.t.* **habi°tūate**—অভ্যস্ত করান। *p.* & *p. pt.* **habi°tūātéd**। *n.* **habi°tūā°tion**। *n.* **ha°bitūde**—মানসিক বা শারীরিক ধাত; বৈশিষ্ট্য, অভ্যাস; রীতি। [L. *habitus*=state, dress]

habitat [ha°bi-tat, হ্যা°বিট্যাট্] *n.* the normal abode of an animal or plant, জন্তুর বা গাছপালার স্বাভাবিক আবাস অথবা জন্মস্থান। [L.=(it) dwells]

habitué [ha°-bi-tū-ā, হ্যাবি°টিউএই] *n.* a habitual frequenter, যে ব্যক্তি ঘন ঘন আসে। [F.]

hachure [ha°-shū(r), হ্যা°শিউয়্যা(র্)] *n.* (usu. in *pl.*) a hill-shading line on a map, মানচিত্রে ব্যবহৃত পর্বত-প্রদর্শনার্থ রেখা। [F.]

hacienda [ha-si-an°-da, হ্যাসিঅ্যান্°ড্যা] *n.* (Lat. Am.) a large landed estate with a dwelling house, বসতবাড়ি-সংবলিত বৃহৎ ভূসম্পত্তি। [Sp.<L. *facienda*=things to be done]

hack$_1$ [hak, হ্যাক্] (**I**) *v.t.i.* to slash, পোঁচাইয়া পোঁচাইয়া বা ফালি-ফালি করিয়া কাটা। *p.* & *p. pt.* **ha°cked**। (**2**) *n.* an act of hacking, উক্তভাবে কর্তন; a gash, গভীর ক্ষত। **hacking cough**—দম-আটকান বা বুক-ফাটান কাশি। *n.* **hack°saw**—ধাতু কর্তনের জন্য করাত। [ME. *hacken*—cp. G. *hacken*]

hack$_2$ [hak, হ্যাক্] (**I**) *n.* a horse for hire, (প্রধানতঃ ওঁছা) ভাড়াটে ঘোড়া; an ordinary riding horse, টাট্টু ঘোড়া; a person overworked on hire, যে ব্যক্তিকে বেতনের বিনিময়ে অত্যধিক খাটান হয়; a literary drudge, ভাড়াটে সাহিত্যিক বা লেখক (publisher's *hacks*)। (**2**) *v.t.* to make a hack of, ভাড়ায় খাটান; to hackney, গতানুগতিক বা একঘেয়ে করিয়া ফেলা।

For words in *habit-*, not given separately, see **habit**.

n. **hack°-work**—পুস্তকপ্রকাশকগণ কর্তৃক ভাড়াটে সাহিত্যিকদ্বারা লেখান গ্রন্থ, বাজে বই। [see *hackney*]

hackery [ha°-ka-ri, হ্যা°ক্যারি] *n.* an Indian bullock cart, ভারতীয় গোরুর গাড়ি। [Hind. *chhakra*]

hackle [hak°l, হ্যাক্°ল্] (**1**) *n.* a comb for flax or hemp, পাট বা শণ আঁচড়ানর জন্য চিরুনি ; a cock's neck feather, কুক্কুটের ঘাড়ের পালক ; the hair of a dog's neck, কুকুরের ঘাড়ের লোম ; hair, লোম, চুল ; whiskers, গোঁফ ; an artificial fly dressed with a cock's hackle, কুক্কুটের ঘাড়ের পালকে মোড়া বঁড়শির টোপ। (**2**) *v.t.* to dress with a hackle, চিরুনি দিয়া (পাট বা শণ) আঁচড়ান, বঁড়শিতে কুক্কুটের ঘাড়ের পালক পরান। **(to) make one's hackles rise**—কাহাকেও রাগান বা চটান (তু. রাগে শরীরের লোম খাড়া হওয়া)। **with hackles up**—অতিশয় ক্রুদ্ধ ; মারামারি করিতে উদ্যত। *a.* **hack°ly**—অমসৃণ, এবড়ো-খেবড়ো ধারযুক্ত। [OE. *hacele*=cloak, Du. *hekel*]

hackney [hak°-ni, হ্যাক্°নি] (**1**) *n.* a horse for general use (esp. for hire), (প্রধানতঃ ভাড়াটে) ছেকড়া ঘোড়া। (**2**) *v.t.* to carry in a hackney-coach, ভাড়াটে গাড়িতে করিয়া লইয়া যাওয়া ; to use overmuch, অত্যধিক ব্যবহার করা বা খাটান ; to make commonplace, গতানুগতিক করা। (**3**) *a.* let out for hire, ভাড়াটে। *n.* **hack°ney-cab, hack°ney-ca°rriage, hack°ney-coach**—ভাড়াটে গাড়ি, ছেকড়া গাড়ি। *a.* **hack°neyed**—গতানুগতিক (ও নীরস)। *n.* **hack°neyman**—যে ব্যক্তি ঘোড়া ভাড়া দেয়। [OF. *haquenee*=an ambling nag]

had—see **have**। **had as good**—হয়ত ইহাও (হইতে পারিত)। **had better** or **best**—করিলে ভাল বা সর্বোত্তম হইত। **had rather**—বরং পছন্দ করা ; বরং ভাল হওয়া।

haddock [ha°-dak, হ্যা°ড্যাক্] *n.* a seafish, কড্-জাতীয় সামুদ্রিক মৎস্যবিশেষ। [ME. *haddok*]

Hades [hā°-dēz, হেই°ডীজ্] *n.* the underworld, পাতাল ; the abode of the dead, মৃতের আলয় ; hell, নরক। [Gk. *Haides*]

hadith [ha°-dith; হ্যা°ডিথ্, ha-dēth°, হাডীথ্°] *n.* the body of traditions about Mohammed, হাদিস। [Ar.]

hadj [haj, হ্যাজ্] *n.* Mohammedan pilgrimage to Mecca, হজ। *n.* **ha°dji**—হাজি। [Ar.]

hadn't [hadnt, হ্যাড্‌ন্ট্] contr. of **had not.**

hadst—see **have.**

haem- [hēm, হীম্] *in comp.* blood, রক্ত। *a.* **h(a)e°mal**—রক্ত বা রক্তকোষ সম্বন্ধীয়। *a.* **haema°tic**—রক্তসংক্রান্ত। *n.* **hae°matin**—রক্তকণিকার লৌহঘটিত উপাদানবিশেষ। *n.* **h(a)e°matite**—(সচ. রক্তবর্ণ) মূল্যবান্ আকরিক লৌহবিশেষ। *a.* **hae°matoid**—রক্তবৎ। *n.* **haemato°logy**—রক্ত-বিজ্ঞান। *n.* **haematū°ria**—মূত্রের সহিত (বৃক্ক হইতে) শোণিতস্রাব। *n.* **h(a)emŏglō°bin**—লাল শোণিতকণার রঞ্জক উপাদান। *n.* **h(a)emo°lysis**—রক্তের লোহিত কণিকা হ্রাস। *n.* **h(a)emophi°lia**—দেহের কোথাও যৎসামান্য ক্ষত হইলেও অত্যধিক রক্তনিঃসারণের প্রবণতা। *n.* **haemop°tysis**—ফুসফুস হইতে রক্তবমি বা নির্গত রক্ত। *n.* **h(a)e°morrhage**—রক্তকোষসমূহ হইতে শোণিতস্রাব। *n.* **h(a)e°morrhoid**—(usu. in *pl.*) অর্শ। *n.* **h(a)emo°stasis**—রক্তক্ষরণ রোধ। *a.* **h(a)emo°static**—রক্তক্ষরণ রোধ করে এমন (*haemostatic* serum)। [Gk. *haima*=blood]

haft [hŭft, হাফ্‌ট্] *n.* a handle, (ছোরা ছুরি প্রভৃতির) হাতল বা বাট। [OE. *haeft*=cp. G. *heft*]

hag [hag, হ্যাগ্] *n.* (ori.) a witch, (মূলতঃ) ডাইনি ; an ugly old woman, কুৎসিত বুড়ি। *a.* **hag°-ridden**—দুঃস্বপ্নপীড়িত। [?]

haggard [ha°-ga(r)d, হ্যা°গ্যা(র্)ড্] (**1**) *n.* an untamed hawk, বন্য বাজপাখি। (**2**) *a.* untamed, পোষ-না-মানা, বন্য ; lean, কৃশ ; hollow-eyed, চক্ষু বসিয়া গিয়াছে এমন ; wild-looking, খেপাটে চাহনি-যুক্ত। *adv.* **ha°ggardly**। [OF. *hagard*]

haggis [ha°-gis, হ্যা°গিস্] *n.* dish made of minced heart, lungs and liver of sheep, etc., ভেড়া প্রভৃতির কলিজা ফুসফুস ও যকৃতের কিমাদ্বারা প্রস্তুত খাদ্যবিশেষ। [?]

haggle [hag°l, হ্যাগ্°ল্] *v.i.* to bargain wranglingly, অতিশয় দর-কষাকষি করা ; to cavil, তুচ্ছ বিষয় লইয়া ঝগড়া করা বা তর্কাতর্কি করা। *n.* **hagg°ler**। [< *hag*]

hagiology [ha-ji-o°-la-ji, হ্যাজিঅ°ল্যাজি] *n.* saints' legends, সাধু মহাপুরুষদের জীবনসম্বন্ধীয় উপাখ্যানাবলী। *n.* **hagio°latry**—সাধুসন্ত-মহাত্মাদিগের অর্চনা, সাধুসন্তদিগের প্রতি অগাধ ভক্তি। *n.* **hagio°logist**—উক্ত উপাখ্যানরচয়িতা ; উক্ত উপাখ্যানাবলী সম্বন্ধে বিশারদ ব্যক্তি। [Gk. *hagios*=holy, *logos*=science]

hah, ha-ha—see **ha.**

hail₁ [hāl, হেইল্] (**1**) *n.* a call from a distance, দূর হইতে আহ্বান ; a greeting, প্রীতি-সম্ভাষণ ; earshot, কানের নাগাল বা সান্নিধ্য। (**2**) *v.t.* to greet, প্রীতিসম্ভাষণ জানান ; to accost, সম্বোধন করা ; to call to from a distance, দূর হইতে ডাক দেওয়া ; to summon to stop or approach, থামিতে বা কাছে আসিতে বলা। (**3**) *int.* indicating greeting or salutation, সম্ভাষণসূচক বা অভিবাদনসূচক শব্দ। **within hail**—(জাহাজ-সম্বন্ধে) অতি সন্নিকটে। **(to) hail from**—(কোথাও) হইতে আসা। **hail°-fellow, hail°-fellow°-well°-met**—(**1**) *a.* সুপরিচিত ও বন্ধুভাবাপন্ন ; (**2**) *n.* ঐরূপ ব্যক্তি। [ON. *heill*=health]

hail$_2$ [hāl, হেইল্] (**1**) *n.* frozen vapour falling in shower, করকা, শিলা, শিল ; a shower of hail, করকাবৃষ্টি, শিলাবৃষ্টি ; a shower, (অস্ত্র বাক্য তিরস্কার প্রভৃতির) বর্ষণ। (**2**) *v.i.t.* to shower hail, শিলাবৃষ্টি হওয়া বা করান ; to shower abundantly or vigorously, প্রচুরপরিমাণে বা প্রবলবেগে বর্ষিত হওয়া বা বর্ষণ করা। *n.* **hail°shot**—ছটরা গুলি (শিলাবৎ ছড়াইয়া পড়ে বলিয়া)। *n.* **hail°stōne**—শিলাপিণ্ড। *n.* **hail°-storm**—শিলাবৃষ্টি। [OE. *haegl*—cp. G. *hagel*]

hair [hā(r), হেয়্যা(র্)] *n.* one or all (in this sense no *pl.*) of the filaments growing from the skin of an animal, লোম, চুল, কেশ ; a fibre, (গাছের) আঁশ ; anything very fine, অতি সূক্ষ্ম কোন-কিছু ; a hair's breadth, চুলপরিমাণ প্রসার বা ব্যবধান। **to a hair, to the turn of hair**—যথাযথভাবে ; সূক্ষ্মাতিসূক্ষ্মভাবে। **(to) get one by the short hairs**—(অশি.) সম্পূর্ণ আয়ত্তে পাওয়া। **(to) keep one's hair on**—(অশি.) অবিচলিত থাকা ; (নিজের) মাথা বা মেজাজ ঠাণ্ডা রাখা। **(to) let one's hair down**—(স্ত্রীলোক কর্তৃক) খোপা খুলিয়া চুল এলাইয়া দেওয়া ; (আল.) কিছুক্ষণ নিয়মমাফিক বা কেতাদোরস্ত ভদ্রতা করিবার পর গা এলাইয়া দেওয়া। **(to) lose one's hair**—চুল উঠিয়া যাওয়ার ফলে টেকো হওয়া। **(to) make one's hair stand on end**—ভয়ে মাথার চুল খাড়া করান ; ভীত বা আতঙ্কিত করা। **not (to) turn a hair**—বিচলিত হওয়ার কোন লক্ষণ না দেখান ; সম্পূর্ণ অবিচলিত থাকা। **(to) put up the hair** or **her hair**—বেণী দোলান ছাড়িয়া দিয়া খোঁপা বাঁধা (পূর্বে ইহা বালিকাদের যৌবনপ্রাপ্তির চিহ্ন ছিল)। **(to) split hairs**—সূক্ষ্মাতিসূক্ষ্ম প্রভেদ করা। **hāir('s)°breadth**—(**1**) *n.* চুল-পরিমাণ প্রসার ; অত্যল্প ব্যবধান ; (**2**) *a.* অতি নিকটবর্তী বা সঙ্কীর্ণ বা সরু। *n.* **hāir°brush**—চুল আঁচড়ানর বুরুশ। *n.* **hāir-cut**—কেশকর্তন ; চুলছাঁটাই। *n.* **hāir°-do**—পেশাদার কেশবিন্যাসকারীর দ্বারা স্ত্রীলোকের কেশবিন্যাস। *n.* **hāir°-dresser**—চুল-ছাঁটা ও কেশবিন্যাস যাহার পেশা, (তু.) নরসুন্দর। *n.* **hāir°-dressing**—কেশবিন্যাস। *n.* **hāir°dye**—চুলে মাখিবার জন্য রঞ্জক, কেশরঞ্জক। *a.* **hāir°léss**—কেশশূন্য ; লোমশূন্য। *a.* **hāirlike**—কেশবৎ। *n.* **hāir°line**—লোমদ্বারা অঙ্কিত রেখা ; চুলের ন্যায় সরু রেখা ; চুলের ন্যায় সরু সরু ডোরা-কাটা কাপড়। *n.* **hāir°-net**—স্ত্রীলোকের মাথায় পরার জাল। *n.* **hāir°oil**—কেশ-তৈল। *n.* **hāir°-pen°cil**—অঙ্কনকার্যে ব্যবহৃত অতি সরু পেনসিল। *n.* **hāir°-pin**—মাথার চুল আঁটিয়া রাখার জন্য পিন-বিশেষ। **hairpin bend**—রাস্তার U-আকারের বাঁক। *n.* **hāir°-rai°ṡer**—রোমাঞ্চকর অতি ভয়াবহ কাহিনী। *n.* **hāir°-shirt**—অনুতাপীর পরিধেয় পশুলোমে তৈয়ারি জামাবিশেষ। **hāir°-spli°tting**—(**1**) *n.* সূক্ষ্মাতিসূক্ষ্ম প্রভেদ করা ; (**2**) *a.* উক্ত প্রভেদমূলক, চুল-চেরা। *n.* **hāir°-spring**—ঘড়ির যন্ত্রমধ্যস্থ অতি সূক্ষ্ম পাকান তারবিশেষ। *a.* **hāir°y**—কেশসংক্রান্ত বা লোমসংক্রান্ত ; কেশতুল্য ; লোমতুল্য ; কেশে বা লোমে আবৃত ; কেশবহুল, লোমশ ; (অশি.) অপ্রীতিকর ; অমার্জিত, জেবরা-জোবরা। *n.* **hāir°inėss**। *a.* **hair°y-heeled**—অশিষ্ট, শিক্ষাদীক্ষাহীন। [OE. *haer*—cp. G. Du. & Dan. *haar*]

hajj—alt. spell. of **hadj.**

hajji—alt. spell. of **hadji.**

hake [hāk, হেইক্] *n.* a sea-fish related to cod, কড্জাতীয় সামুদ্রিক মাছ। [Norw. *hake-fisk* = hook fish]

hakim$_1$ [hŭ-kēm°, হাকীম্°] *n.* (Mus.) a physician, চিকিৎসক, হেকিম। [Ar.]

hakim$_2$ [hu°-kim, হা°কিম্] *n.* (Mus.) a judge or governor, বিচারপতি বা শাসক। [Ar.]

halal [hu-lul°, হালাল্°] (**1**) *v.t.* to slaughter according to law, (পশু-পক্ষী প্রভৃতিকে) শাস্ত্রীয় বিধানানুসারে বধ করা, হালাল করা। (**2**) *n.* an animal thus slaughtered, হালাল-করা প্রাণী। [Ar. = lawful]

halberd [hal°-ba(r)d, হ্যাল্°ব্যা(র্)ড্] *n.* an axe-like weapon, যুদ্ধ-কুঠার, পরশু। *n.* **halberdier°**—পরশুধারী সৈনিক। [OF. *halebard*]

halcyon [hal°-si-an, হ্যাল্°সিঅ্যান্] (**1**) *n.* the kingfisher, মাছরাঙা। (**2**) *a.* calm or peaceful, শান্ত বা শান্তিপূর্ণ (পূর্বে বিশ্বাস করা হইত যে সমুদ্রের জল যখন স্থির থাকে তখন মাছরাঙা-পাখি তাহার উপরে ভাসন্ত বাসা বাঁধে) ; happy, সুখপূর্ণ। **halcyon days**—সুখশান্তির সময়। **halcyon weather**—সম্পূর্ণ শান্ত আবহাওয়া। [L.]

hale$_1$ [hāl, হেইল্] *a.* healthy, স্বাস্থ্যবান্ ; robust, বলিষ্ঠ। **hale and hearty**—সুস্থ ও সবল। *n.* **hale°ness**। [OE. *hal*—cp. *whole*]

hale$_2$ [hāl, হেইল্] *v.t.* to drag, টানিয়া বা হেঁচড়াইয়া টানিয়া লইয়া যাওয়া (to *hale* off to a prison-van)। [OF. *haler*]

half [hŭf, হাফ্] (**1**) *n.* one of two equal parts, অর্ধেক, অর্ধ, অর্ধাংশ ; a half-term, অর্ধ-বৎসর ; a halfback, ফুটবল প্রভৃতি খেলার হাফ্‌ব্যাক্। *pl.* **hal°veṡ**। (**2**) *a.* having one of two equal parts, অর্ধেক, অর্ধ ; being in part, আংশিক ; incomplete, অসম্পূর্ণ। (**3**) *adv.* to the extent of one-half, আধা-আধি ; partly, আংশিকভাবে ; imperfectly, অসম্পূর্ণভাবে। **at half-mast**—(পতাকাদি) অর্ধনমিত অবস্থায়। **(one's) better-half**—(কাহারও) স্ত্রী। **by half**—বেজায়, অত্যধিক (too clever *by half*—অতি চালাক)। **not half**—অশি.) একটুও না, মোটেও না ; মোটেই না (*not half* bad) ; (অশি.) অতিরিক্ত মাত্রায়। **half-and-half** [hŭf°(a)nd-hŭf°, হাফ্°ন্‌হাফ্°] (**1**) *n.* দুই বস্তুর সমপরিমাণ মিশ্র ; (**2**) *a.* & *adv.* আধা-আধি। *n.* **half°-back°**—ফুটবল প্রভৃতির খেলায় হাফ্‌ব্যাক্। *a.* **half°-bā°ked**—পুরাপুরিভাবে করা হয় নাই

এমন ; পুরাপুরিভাবে সেঁকা হয় নাই এমন ; অসম্পূর্ণ ; অপরিণত, হাবাগবা। *n.* **half°-bin°ding**—কেবল অর্ধাংশ চামড়া দিয়া বাঁধাই। *n.* **half°-blood°**—বিমাতার বা বিপিতার দিক্ দিয়া সম্পর্কিত ব্যক্তি, বর্ণসঙ্কর ব্যক্তি। *a.* **half°-bloo°déd**—বিমাতার বা বিপিতার দিক্ দিয়া সম্পর্কযুক্ত ; বর্ণসঙ্কর। *a.* **half°-bound°**—কেবল অর্ধাংশ চামড়া দিয়া বাঁধান এমন। *a.* **half°-bred**—অযত্নে প্রতিপালিত বা শিক্ষাপ্রাপ্ত ; বর্ণসঙ্কর। *n.* **half°-breed**—বর্ণসঙ্কর ব্যক্তি বা প্রাণী। *n.* **half°-brother**—সৎভাই (বিমাতার বা বিপিতার পুত্র)। *n.* **half°-caste**—বর্ণসঙ্কর ব্যক্তি। *n.* **half°-cock**—পিছনের দিকে আধা-টানা অবস্থায় বন্দুকের ঘোড়ার অবস্থান। **(to) go off at half-cock**—যথাসময়ের পূর্বে বিস্ফোরণ ঘটা ; (আল.) যথাসময়ের পূর্বে কাজে হাত দেওয়া এবং ব্যর্থ হওয়া। *n.* **half°-(-a)-crown°**—$2\frac{1}{2}$ শিলিং বা দুই টাকা মূল্যের ইংল্যানডীয় মুদ্রা। *a.* **half°-done**—আংশিকভাবে সম্পাদিত বা রন্ধনকৃত। *n.* **half°-door**—উপরে নিচে দ্বিধাবিভক্ত দরজার নিম্নাংশ। *a.* **half°-har°dy**—(গাছপালা-সম্বন্ধে) তুষারপাতের আক্রমণ হইতে রক্ষা করার ব্যবস্থা প্রয়োজন, নচেৎ অন্য সব দিক্ দিয়া উন্মুক্ত স্থানে জন্মাইবার উপযোগী। *a.* **half°-hear°téd**—উৎসাহশূন্য, শিথিল-উদ্যম। *adv.* **half°-hear°tedly**। *n.* **half°-ho°liday**—দৈনিক কর্মকালের অর্ধেক ছুটি, একবেলা ছুটি। **half°-hour°ly**—(1) *a.* অর্ধ-ঘণ্টা অন্তর অন্তর সঙ্ঘটিত কৃত প্রভৃতি ; (2) *adv.* অর্ধ-ঘণ্টা অন্তর অন্তর। **half°-leng°th**—(1) *n.* আবক্ষ প্রতিকৃতি ; (2) *a.* পুরা দৈর্ঘ্যের অর্ধপরিমাণ। *n.* **half°-loaf°**—সাধারণ মাপের অর্ধেক পাউরুটি। **half°-mast°**—(1) *n.* শোক-দুর্দশা নির্দেশার্থ পতাকার অর্ধাবনমন। (2) *adv.* উক্ত কারণে পতাকা অর্ধাবনমিত করিয়া (the flag is flying *half-mast*)। (3) *v.t.* উক্ত কারণে (পতাকা) অর্ধাবনমিত করা। *p.* & *p. pt.* **half°-mas°téd**। *n.* **half°-mea°sure**—কার্যাদি সাধনের পক্ষে অপর্যাপ্ত উপায়। *n.* **half°-mōōn**—অর্ধচন্দ্র। *n.* **half-nel°son**—কুস্তির প্যাঁচবিশেষ (পিছন হইতে প্রতিদ্বন্দ্বীর হাতের নিচে হাত ঢুকাইয়া চাপিয়া ধরিবার প্যাঁচ)। **(to) get a half-nelson on**—(কাহাকেও সম্পূর্ণরূপে বাগে পাওয়া। *n.* **half°-pay°**—(প্রধানতঃ সংগ্রাম-বিরত সৈনিককে প্রদত্ত) হ্রস্বীকৃত বেতন। *a.* **half°-pay**—হ্রস্বীকৃত বেতনভুক্। *n.* **halfpenny** [hā°-p(a)ni, হেই°প্‌নি] আধ-পেনি ; ইংল্যানডের মুদ্রাবিশেষ (=প্রায় তিন পয়সা)। *pl.* **halfpence** [hā°p(a)ns, হেই°প্‌ন্‌স্], **hā°lf-penniés**। *n.* **hā°lfpenny-worth**—আধ-পেনি-মূল্যের বস্তু। **half°-pound**—(1) *n.* আধ-পাউনড ; ইংল্যানডের পত্রমুদ্রা। (2) *a.* আধ-পাউনড ওজনবিশিষ্ট। *n.* **half°-pounder**—আধ-পাউনড-টাক ওজনের মৎস্য বা অন্য কিছু ; আধ-পাউনড ওজনের গোলা ছোড়ার জন্য কামান। **half°-prīce°**—(1) *n.* অর্ধমূল্য। (2) *a.* অর্ধমূল্যে বিক্রেয় বা বিক্রীত। (3) *adv.* অর্ধমূল্যে। *n.* **half°-rupee°**—আধুলি। *n.* **half°-sister**—সৎবোন (*fem.* of **half-brother**)। *a.* **half°-sīze°**—পূর্ণ মাপের বা আকারের অর্ধপরিমাণ। *n.* **half°-so°vereign**—ইংলণ্ডের অর্ধ-সভারিন্ মূল্যের মুদ্রা। *a.* **half°-starv-ed**—আধপেটা খাইতে পায় এমন। *a.* **half°-term**—বিদ্যালয়াদির বৎসরের মধ্যকালীন, ষাণ্মাসিক। *n.* **half°-tīde**—জোয়ার-ভাটার ঠিক মধ্যবর্তী অবস্থা। *n.* **half°-tīme**—পুরা সময়ের অর্ধাংশ বা মাঝামাঝি ; ফুটবল প্রভৃতি খেলার মধ্যসময়কালীন সাময়িক বিরতি। *n.* **half°-tōne**—বিভিন্ন আকারের বিন্দুদ্বারা ফটো-গ্রাফাদির রূপায়ণ। *n.* **half°truth**—অর্ধসত্য উক্তি বা কথা। *adv.* **half-way°**—মধ্যপথে ; অর্ধেকটা পর্যন্ত ; অসম্পূর্ণভাবে। **half°-way**—(1) *a.* ঠিক মধ্যস্থলে অবস্থিত (*half-way* measures are never satisfactory)। (2) *adv.* মাঝপথে ; মাঝামাঝি শর্তে (to meet a person *half-way*)। *n.* **half°-wit**—বোকা বা হাবা লোক। *a.* **half°-wi°ttéd**—বুদ্ধিহীন, বোকা। **half°-yearly**—(1) *a.* ষাণ্মাসিক। (2) *adv.* বৎসরে দুই বার করিয়া। (3) *n.* ষাণ্মাসিক পত্রিকাদি। [AS.—cp. G. *halb*, D. *halv*]

halibut [ha°-li-but, হ্যা°লিবাট্] *n.* a large flat-fish, একই পার্শ্বে দুইটি চক্ষুযুক্ত বৃহৎ মৎস্যবিশেষ। [*holy, butt*=fish (because it is much eaten on holy days)]

halidom [ha°li-dam, হ্যা°লিড্যাম্] *n.* a holy place or thing, পবিত্র স্থান বা বস্তু। [OE. *hali-gdom*]

halieutic [ha-li-ū°-tik, হ্যালিইউ°টিক্] *a.* of fishing, মৎস্য-শিকার-সংক্রান্ত। *n. pl.* **halieū°tics**—মৎস্য-শিকার-বিদ্যা। [Gk. *halieutikos*<*halieus* =a fisher]

halitosis [ha-li-tō°-sis, হ্যালিটৌ°সিস্] *n.* (med.) abnormally foul breath, (চিকি.) অস্বাভাবিক দুর্গন্ধযুক্ত শ্বাস। [L. *halitus*=breath]

hall [hawl, হল্] *n.* the largest room in a great house, বড় বাড়ির বৃহত্তম কক্ষ, হলঘর ; a building with a hall, হল-ঘরওয়ালা অট্টালিকা ; a manor-house, পল্লীগ্রামে জমিদারির মধ্যে জমিদার-ভবন ; the main building of a college, কলেজের প্রধান অট্টালিকা ; a college, কলেজ ; a licensed boarding-house for students, অনুমোদিত ছাত্রাবাস, কলেজ-হস্টেল ; a dining-room, (প্রধানতঃ কলেজের) ভোজনকক্ষ ; an institution for special profession, বিশেষ-বৃত্তিমূলক শিক্ষায়তন ; a servant's parlour, বড় বড় বাড়িতে ভৃত্যদের পান-ভোজনাদির জন্য বৈঠকখানা ; a large building or room for public use, জনসাধারণের ব্যবহার্য বা ব্যবহারার্থ বড় বাড়ি বা ঘর (town-*hall*) ; a passage between rooms of a house, বাড়ির বিভিন্ন কক্ষের মধ্যবর্তী গলি-পথ, (তু.) দরদালান। *n.* **hall°-door**—বাড়ির সদর দরজা। **hall°-mark°**—(1) *n.* বিশুদ্ধতা নির্মাতা নির্মাণ-তারিখ প্রভৃতি নির্দেশ করিয়া সোনারুপার জিনিসে সেঁকরার দোকানে বা অন্যত্র যে ছাপ দেওয়া হয় ; বিশুদ্ধতা বা উৎকর্ষ নির্দেশক ছাপ (*hall-mark* of perfection)। (2) *v.t.*

উক্ত ছাপ দেওয়া। *n.* **hall°-stand**—ছাতা টুপি কোট প্রভৃতি রাখার জন্য হলঘরে স্থাপিত আলনা। [AS.—cp. Du. *hall*]

hallal—alt. spell. of **halal.**

hallelujah [ha-li-lōō°-ya, হ্যালিলূ°ইয়্যা] (**1**) *n.* & *int.* the exclamation : 'praise Jehovah', 'ধন্য পরমেশ্বর' : এই ধ্বনি। (**2**) *n.* a song of praise to God, ঈশ্বরের স্তবগান। [H.]

halliard—alt. spell. of **halyard.**

hall-mark—see **hall.**

hallo(a) [ha-lō°, হ্যালৌ°] *n.* & *int.* a cry to call attention or express surprise, মনোযোগ-আকর্ষণার্থ বা বিস্ময়প্রকাশক ধ্বনিবিশেষ, আরে। [imi.]

halloo [ha-lōō°, হ্যালূ°] (**1**) *n.* a cry to urge on a chase or to call attention, শিকারের পিছনে লেলাইয়া দিবার জন্য বা মনোযোগ-আকর্ষণার্থ চিৎকারবিশেষ। (**2**) *v.i.* to cry dogs on, কুকুর লেলাইয়া দিবার জন্য চিৎকার করা ; to raise an outcry, হৈচৈ তোলা। (**3**) *v.t.* to encourage or hunt with halloos, লেলাইয়া দিবার ধ্বনি তুলিয়া উৎসাহিত করা বা শিকার করা। [imi.]

hallow [ha°-lō, হ্যা°লৌ] (**1**) *v.t.* to make holy, পবিত্র করা ; to reverence, ভক্তি করা। (**2**) *n.* a saint, মহাপুরুষ, সাধু। **Hallow even** (usu. **Hallowe'en°**)—All Hallows Day-র (see **all**) আগের সন্ধ্যা ও রাত্রি (৩১ অক্টোবর)। [OF. *halgian*<*halig*=holy]

hall-stand—see **hall.**

hallucinate [ha-lōō°-si-nāt, হ্যালূ°সিনেইট্] *v.t.* to produce false impressions in the mind, অলীক কিছুর অস্তিত্বে বিশ্বাস জন্মান। *p.* & *p. pt.* **hallu°cinātėd**। *n.* **hallucinā°tion**—অলীক কিছুর অস্তিত্বে বিশ্বাস। *a.* **hallu°cinatory**। *n.* **hallu°cinogen**—মায়া বা ভ্রম উৎপাদনকারী ভেষজ। [L. *hallucinari*=to wander in the mind]

halo [hā°-lō, হেই°লৌ] *n.* a ring of light or colour, (প্রধানতঃ চন্দ্র সূর্য বা পবিত্রাত্মার মস্তক বেষ্টনকারী) জ্যোতিশ্চক্র বা বর্ণবলয় ; (fig.) an ideal glory or glamour, (আল.) অলৌকিক মহিমা বা দীপ্তি। *pl.* **hā°lo(e)ṡ**। [Gk. *halos*=a halo]

halt₁ [hawlt, হল্ট্] (**1**) *v.i.t.* to come or cause to come to a temporary stop, সাময়িক-ভাবে থামা বা থামান। *p.* & *p. pt.* **hal°tėd**। (**2**) *n.* a temporary stop, সাময়িক নিবৃত্তি ; a stopping place, থামার স্থান। **(to) call** or **cry halt**—চিৎকার করিয়া থামিতে বলা। [G.=stoppage]

halt₂ [hawlt, হল্ট্] (**1**) *v.i.* to limp, খোঁড়ান ; to vacillate, দোমনা হওয়া (to *halt* between two opinions) ; to proceed unsteadily, (যুক্তি ছন্দ প্রভৃতিতে) খোঁড়াইয়া খোঁড়াইয়া বা অদৃঢ়ভাবে অগ্রসর হওয়া। *p.* & *p. pt.* **hal°tėd**। (**2**) *a.* lame, খঞ্জ (the *halt* and the blind)। *adv.* **hal°tingly**। [D.]

halter [hawl°-ta(r), হল্°ট্যা(র্)] *n.* a rope for holding or leading an animal, or for hanging criminals, পশুর গলার দড়ি বা ফাঁসির দড়ি। [OE. *haelftre*<G. *halfter*]

halve [hŭv, হাভ্] *v.t.* to divide or cut in half, আধা-আধি করিয়া ভাগ করা বা কাটা (to *halve* a gourd)। [see *half*]

halves—see **half**। **by halves**—অসম্পূর্ণভাবে। **(to) cry halves**—অর্ধেক দাবি করা। **(to) go halves**—আধাআধিভাবে বা সমানাংশে ভোগ করা ; আধাআধি বখরা হওয়া।

halyard [ha°-li-a(r)d, হ্যা°লিয়্যা(র্)ড্] *n.* a rope for hoisting or lowering a sail, flag, etc., পাল পতাকা প্রভৃতি টাঙ্গানর বা নামানর দড়ি। [ori. *hallyer*—influenced by association with *yard*]

ham [ham, হ্যাম্] (**1**) *n.* the back of the thigh, উরুর পশ্চাদংশ ; the thigh of an animal, (esp. of a hog), পশুর (বিশেষতঃ শূকরের) উরু বা রাং ; an actor who overacts, অতি-অভিনয়কারী অভিনেতা ; overacting, অতি-অভিনয়। (**2**) *v.i.t.* to overact, অতি-অভিনয় করা। *pr. pt.* **hamm°ing**। *p.* & *p. pt.* **hamm°ed**। *a.* **ham°-handėd**—হস্তচালনায় অপটু। *a.* **hamm°y**। [OE. *hamm*]

hamadryad [ha-ma-drī°-ad, হ্যাম্যাড্রাই°অ্যাড্] *n.* a wood nymph, বনপরীবিশেষ : এ যে গাছে বাস করে সেই গাছের সঙ্গেই একত্র মারা যায় ; a venomous Indian snake, ভারতের বিষধর সর্পবিশেষ। [Gk. *hamadryas*]

hamble [hamb°l, হ্যাম্ব্°ল্] *v.t.* to mutilate, অঙ্গচ্ছেদ করা ; to make useless for hunting, (প্রধানতঃ কুকুরের পা খোঁড়া করিয়া দিয়া তাহার) শিকারের ক্ষমতা হরণ করা। [OE. *hamelian*]

hamburg(h)er [ham°-ba(r)-ga(r), হ্যাম্°ব্যা(র্)-গ্যা(র্)] *n.* ground meat, esp. beef, পিষ্টকাদিতে পুর-হিসাবে ব্যবহারের জন্য নির্দিষ্ট মাংস বা গোমাংস ; sandwich or sausage made of it, উক্ত মাংসে তৈয়ারি স্যান্ড্উইচ বা পিঠা। [*Hamburg* in Germany]

Hamite [ha°-mīt, হ্যা°মাইট্] *n.* a descendant of Ham, (B.) নোআর পুত্র হ্যামের বংশধর বা সন্তান ; a member of an African race, আফ্রিকার জাতিবিশেষের লোক। *a.* **Hami°tic**—উক্ত জাতীয়।

hamlet [ham°-lit, হ্যাম্°লিট্] *n.* a small village, ক্ষুদ্র গ্রাম। [OF. *hamelet*]

hammam [ha°-mam, হ্যা°ম্যাম্] *n.* an oriental bathing establishment, সাধারণের জন্য প্রাচ্যের (বিশেষতঃ তুরস্কের) স্নানাগার বা গোসলখানা। [Ar.]

hammer [ha°-ma(r), হ্যা°ম্যা(র্)] (**1**) *n.* a tool for driving nails, etc., হাতুড়ি ; the trigger of a gun, etc., বন্দুকাদির ঘোড়া। (2) *v.t.* to strike or drive or shape with a hammer, হাতুড়ি দিয়া আঘাত করা, হাতুড়ি মারিয়া ঢোকান বা গঠন করা ; to defeat or criticize severely, নিদারুণভাবে পরাজিত করা বা সমালোচনা করা ; (fig.) to make one understand by a great and repeated effort, (আল.) বারংবার কঠোর প্রচেষ্টা করিয়া কাহারও মাথায় ঢোকান অর্থাৎ উপলব্ধি করান (to *hammer* an idea into a person's head)। **throwing the hammer**—বহিরঙ্গন ক্রীড়ায় হাতুড়ি-নিক্ষেপ-প্রতিযোগিতা। **(to) be** or **go at it hammer and tongs**—প্রচণ্ড উদ্যম ও কোলাহলের সহিত মারামারি বা তর্কাতর্কি করা। **(to) be** or **come under the hammer**—নিলামে বিক্রীত হওয়া। *n.* **ha°mmercloth**—গাড়ির চালকের আসন ঢাকিবার কাপড়। *n.* **ha°mmersmith**—কামার ; সেকরা। [OE. *hamor*]

hammock [ha°-mak, হ্যা°ম্যাক্] *n.* a hanging bed of canvas etc., প্রধানতঃ জাহাজে ব্যবহৃত চট প্রভৃতিতে নির্মিত দোলনা-সদৃশ বিছানাবিশেষ। [Sp. *damaca*]

hamper₁ [ham°-pa(r), হ্যাম্°প্যা(র্)] *v. t.* to obstruct movement of, গতিরোধ করা ; to impede, ব্যাহত করা। (?)

hamper₂ [ham°-pa(r), হ্যাম্°প্যা(র্)] *n.* a large basket, বড় ঝুড়ি। [OF. *hanapier*]

hamshackle [ham°-shakl, হ্যাম্°শ্যাক্‌ল্] *v.t.* to shackle (horses etc.) by tying head to foreleg, (অশ্বাদির) মস্তক ও সম্মুখের পদদ্বয় দড়ি দিয়া একত্র বাঁধিয়া রাখা ; (fig.) to fetter or restrain, (আল.) শৃঙ্খলিত করা বা প্রতিরোধ করা। [*ham*, *shackle*]

hamster [ham°-sta(r), হ্যাম্°স্ট্যা(র্)] *n.* a rat-like rodent with cheek-pouches, ধেড়ে ইঁদুরের ন্যায় প্রাণিবিশেষ : শস্য বহন করিয়া ভাণ্ডারজাত করিবার জন্য ইহার মুখ হইতে প্রায় কাঁধ পর্যন্ত একটি লম্বা থলি থাকে। [G.]

hamstring [ham°-string, হ্যাম্°স্ট্রিং] *n.* the great tendon at the back of knee or the hock of the hind-leg, মানুষের হাঁটুর পশ্চাদ্ভাগে অবস্থিত পঞ্চশিরার মধ্যে বৃহত্তমটি বা চতুষ্পদ জন্তুর পিছনের পায়ের শিরা। (2) *v.t.* to cripple by cutting the hamstrings, উক্ত শিরা কর্তনপূর্বক খোঁড়া করিয়া দেওয়া ; (fig.) to destroy the power or efficiency of acting, (আল.) কাজের শক্তি বা যোগ্যতা নষ্ট করা। *p.* & *p. pt.* **ham°stringed, ham°strung**। [*ham*, *string*]

hand₁ [hand, হ্যান্ড্] (1) *n.* the extremity of the arm below the wrist, হাত, হস্ত ; the forefoot of some quadrupeds, কোন কোন চতুষ্পদ প্রাণীর সম্মুখভাগের যে-কোন পা (a monkey's *hand*) ; a pointer, নির্দেশক কাঁটা (*hand* of a clock) ; side, direction, পার্শ্ব, দিক্ ; a worker, কর্মী (বিশেষতঃ কারখানার মজুর) ; help or share in performance, কর্মসম্পাদনে সাহায্য বা অংশ (to lend a *hand*) ; influence, প্রভাব ; power or manner of performing, কর্মসম্পাদনের ক্ষমতা বা প্রণালী ; style, কাজের ধরন ; skill, দক্ষতা ; custody, keeping, হেপাজত, তত্ত্বাবধান (in the *hand* of the police) ; possession or clutch, অধিকার বা আয়ত্তি ; handwriting, হস্তাক্ষর (to write a good *hand*) ; the set of cards held by a player at one deal, তাসখেলায় একবারের বণ্টনে একজন খেলোয়াড় যত তাস পাইয়াছে ; the play of a single deal of cards, এক দান (অর্থাৎ একবার বণ্টনের) তাসখেলা। (2) *v.t.* to lay hands on, হাত লাগান ; to pass over to by hand, হাত বাড়াইয়া আনিয়া দেওয়া ; to help, সাহায্য করা। *a.* **han°dėd**—হস্তযুক্ত। **hand and foot**—হাতে-পায়ে ; হাত-পা দিয়া। **(to) bind (one) hand and foot**—(কাহারও) হাত-পা বাঁধা ; (আল.) সম্পূর্ণরূপে অসহায় ও নিশ্চল করা। **(to) wait on** or **serve (one) hand and foot**—(কাহারও) সর্বপ্রকার হুকুম তামিল করা ; সর্বপ্রকারে সেবা করা বা পরিচর্যা করা। **hand and glove, hand in glove**—অত্যন্ত ঘনিষ্ঠ বা অন্তরঙ্গ (to be *hand in glove* with somebody)। **hand in hand**—পরস্পর হাত-ধরাধরি করিয়া ; একত্র ; মিলিয়া-মিশিয়া। *a.* **hand°-to-hand°**—হাতাহাতি, সামনাসামনি, মুখোমুখি। **hand to hand**—হাতা-হাতি করিয়া, মুখোমুখিভাবে (to fight *hand to hand*)। *a.* **hand°-to-mouth°**—নিতান্ত অপরিহার্য খাদ্য (ও অন্যান্য বস্তু) কোন রকমে জোগাড় হয় এমন দীনদশাগ্রস্ত। **(from) hand to mouth**—জীবনধারণের জন্য অপরিহার্য দ্রব্যাদি অতি কষ্টে জোগাড় হয় এমন দীনদশায়। **(to) live from hand to mouth**—দিন আনে দিন খায় : এমন অবস্থায় জীবন যাপন করা। **hands off**—দূরে থাক ; ছুঁয়ো না, হাত দিয়ো না ; আঘাত করিও না। **hands up**—(বিনা প্রতিরোধে আত্মসমর্পণের জন্য) মাথার উপরে হাত তোল। **at hand**—নাগালের মধ্যে, হাতের কাছে। **at one's hands**—কাহারও নিকট হইতে, কাহারও হাতে (I received rough treatment *at his hands*)। **by hand**—হাতে তৈয়ারী (knitted *by hand*) ; হাতে করিয়া বা হাতে-হাতে (to deliver *by hand*)। **by the strong hand**—বলপ্রয়োগদ্বারা। **clean hands**—সম্পূর্ণ নির্দোষ। **good hands**—উত্তম রক্ষণাবেক্ষণ বা হেফাজত। **in hand**—তহবিলে বর্তমান (balance or cash *in hand*) ; করা হইতেছে বা সম্পাদিত হইতেছে এমন (the work is *in hand*) ; আয়ত্ত, নিয়ন্ত্রিত, সংযমিত (the noisy children should be taken *in hand*, the situation is well *in hand*)। **long hand**—সাধারণ হাতের লেখা (অর্থাৎ শর্টহ্যাণ্ড বা টাইপ-করা লেখা নয়)। **man of his hands**—কর্মদক্ষ ব্যক্তি, বাস্তববুদ্ধি-সম্পন্ন ব্যক্তি। **(a) new hand**—নূতন কর্মী বা কর্মচারী। **off one's hands**—আর দায়িত্ব নাই এমন ; দায়িত্ব ঝাড়িয়া ফেলা হইয়াছে এমন। **(to)**

get off one's hands—(কোন বিষয় সম্পর্কে) স্বীয় দায়দায়িত্ব ঝাড়িয়া ফেলা। **(an) old hand**—পুরাতন বা অভিজ্ঞ কর্মচারী ; পুরান বা ঘাগি কয়েদি। **on all hands**—সর্বদিকে, সর্বজনের দ্বারা। **on hand**—প্রস্তুত ; সুলভ, প্রাপ্তিসাধ্য ; আয়ত্তে বা অধিকারে আছে এমন। **on one's hand**—কাহারও দায়িত্বে আছে এমন ; কাহারও করণীয়। **on the other hand**—সেক্ষেত্রে (it is costly, but *on the other hand* it is durable) ; পক্ষান্তরে। **out of hand**—অবিলম্বে ; হাতের বাহিরে, নাগালের বাহিরে, আয়ত্তের বাহিরে, ক্ষমতার বাহিরে। **out of one's hand**—কাহারও হাত হইতে। **(to) feed out of one's hand**—কাহাকেও মানিতে সম্পূর্ণ ইচ্ছুক ও প্রস্তুত হওয়া বা থাকা। **poor hand**—অদক্ষ বা অপটু কর্মী। **show of hands**—হাত তুলিয়া ভোটদান। **small hand**—টানা হাতের লেখা। **to one's hand**—(কর্মাদির জন্য) প্রস্তুত। **under one's hand**—কাহারও সই-করা। **upper hand**—কর্তৃত্ব, দাপট ; সুবিধা। **(to) get the upper hand of**—কাহারও উপর কর্তৃত্ব বা প্রাধান্য লাভ করা ; প্রতিদ্বন্দ্বী প্রভৃতিকে আয়ত্তে আনার সুবিধা পাওয়া। **with a bold hand**—সাহসের সঙ্গে ; উদ্ধতভাবে। **with a heavy hand**—অত্যাচারসহকারে ; কঠোরভাবে। **(to) ask for** (a lady's) **hands**—(কোন মহিলার) পাণিপ্রার্থনা করা। **(to) bear a hand**—(কার্যাদিতে) সাহায্য বা সহযোগিতা করা। **(to) change hands**—মালিকানা বদল হওয়া, হাত-বদল হওয়া। **(to) clasp hands**—(কাহারও সহিত) গভীর আবেগে করমর্দন (handshake) করা। **(to) clasp one's hands**—নিজের দুই হাতের আঙ্গুলে আঙ্গুলে জড়াজড়ি করা। **(to) come to hand**—হাতে আসিয়া পৌঁছান। **(to) force one's hands**—কাহাকেও অনিচ্ছাসত্ত্বেও কিছু করিতে বাধ্য করান। **(to) give one's hand on a bargain**—(কাহারও সহিত) চুক্তিসম্পাদনান্তর করমর্দন করা। **(to) hand down** or **on**—উত্তরাধিকারসূত্রে দিয়া যাওয়া। **(to) have one's hands free**—হাতে কাজ না থাকা, হাত খালি থাকা। **(to) have one's hands full**—হাতে প্রচুর কাজ থাকা, হাত ভরতি থাকা। **(to) keep a firm hand on, (to) keep one's hands on**—নিয়ন্ত্রণে বা বশে রাখা। **(to) keep one's hand in**—দক্ষতা বজায় রাখা। **(to) lay hands on**—আঁকড়াইয়া ধরা ; অধিকার করা ; গায়ে হাত তোলা, অর্থাৎ মারা। **(to) lay on hands**—হস্তদ্বারা স্পর্শ করিয়া আশীর্বাদ করা বা পদাদি দান করা। **(to) lend a hand**—(কার্যাদিতে) সহযোগিতা বা সাহায্য করা। **(to) lie on one's hands**—অপ্রার্থিত অযাচিত অবিক্রীত বা অব্যবহৃত থাকা। **not (to) do a hand's turn, not (to) lift a hand**—(কার্যাদি সম্পাদনের জন্য) কিছুই না করা ; কোন সাহায্য বা সহযোগিতা না করা। **(to) lift** or **raise one's hand against**—(কাহারও) গায়ে হাত তোলা ; আঘাত করা ; ভয় দেখান। **(to) play a lone hand**—কাহারও সাহায্য না লইয়া নিজে নিজে করা। **(to) set in hand**—ভার লওয়া ; (কার্যাদিতে) নিযুক্ত করা বা রত করান। **(to) set one's hand to**—(কার্যাদিতে) নিরত হওয়া, হাত লাগান ; (কাজের) ভারগ্রহণ করা : স্বাক্ষর করা। **(to) shake hands**—সম্ভাষণার্থ করমর্দন করা। **(to) strike hands**—চুক্তিতে বা শর্তে রাজি হইয়া পরস্পরের হাতে আঘাত করা অথবা হাতে হাত মেলান। **(to) take in hand**—(কার্যাদির) ভার লওয়া ; হাতে (কাজ) লওয়া। **(to) take off one's hands**—(কার্যাদির) ভারমুক্ত করা। **(to) wash one's hands (of)**—দায়িত্বত্যাগ করা। **(to) win** (a lady's) **hand**—(কোন মহিলার) পাণিপ্রার্থনা করিয়া বিবাহে (তাহার) সম্মতি লাভ করা। [AS.]

hand$_2$ [han(d), হ্যান্] *in comp.* of or by or for the hand, হাতের, হস্তদ্বারা, হস্তকৃত, হাতের জন্য ; (fig.) handy or small, (আল.) সুবিধাজনক বা ক্ষুদ্র। *n.* **hand°-bag**—(প্রধানতঃ স্ত্রীলোকের) হাতব্যাগ। *n.* **hand°-ball**—ফুটবল প্রভৃতি খেলায় অবৈধভাবে হস্তদ্বারা বল ছুঁইবার ফলে আইনভঙ্গ। *n.* **hand°-barrow**—দু-চাকাওয়ালা ঠেলাগাড়ি। *n.* **hand°-bāsin**—হাত-মুখ ধোওয়ার জন্য দেওয়ালের সঙ্গে গাঁথা জলের কলওয়ালা চীনামাটির পাত্র। *n.* **hand°bill**—ইশতিহার। *n.* **hand°book**—কোন বিষয়ে প্রয়োজনীয় তথ্যাদিপূর্ণ ক্ষুদ্র পুস্তক বা সারগ্রন্থ, পুস্তিকা। *n.* **hand°brake**—হাত ব্রেক। *n.* **hand°-cart**—হাতে-ঠেলা গাড়ি। *n.* **hand°clap** হাততালি। **hand°cuff**—(1) *n.* (esp. in pl.) হাত-কড়া। (2) *v.t.* হাতকড়া পরান। *p. & p. pt.* **hand°cuffed**। *n.* **hand°ful**—একমুঠা ; অল্প সংখ্যা বা পরিমাণ (a *handful* of persons)। *n.* **hand°-glass**—হাত-আয়না। *n.* **hand°-grenāde**—হাত-বোমা। *n.* **hand°grip**—হস্তদ্বারা দৃঢ়ভাবে ধারণ ; হাতল। *n.* **hand°loom**—তাঁত। *a.* **hand°māde°**—হস্তনির্মিত (অর্থাৎ কলের তৈয়ারি নহে)। *n.* **hand°maid(en)**—পরিচারিকা। *n.* **hand°-nōte**—ঋণস্বীকারের দলিল বা খত, হ্যানড-নোট। *n.* **hand°-out**—(কথ্য.) মুষ্টিভিক্ষা ; সংবাদপত্রে প্রকাশের জন্য প্রদত্ত (রাজনীতিক নেতা প্রভৃতির) লিখিত বিবৃতি। *a.* **hand°-picked**—সযত্নে নির্বাচিত বা বাছাই-করা। *n.* **hand°-pōst**—হস্তাকার পথনির্দেশক স্তম্ভ। *n.* **hand°-press**—হস্তচালিত মুদ্রণযন্ত্র বা অন্য মেশিন। *n.* **hand-rail** [hand°-rāl, হ্যান্ড্°রেইল্] সিঁড়ি প্রভৃতির দু-পাশের হাতল। *n.* **hand-saw** [hand°-saw, হ্যান্ড্°স্য] হাত-করাত ; ছোট করাত। *n.* **handshake** [hand°-shāk, হ্যান্ড্°শেইক্] প্রীতিসম্ভাষণার্থ পরস্পর করমর্দন। *n.* **handstand** [hand°-stand, হ্যান্ড্°স্ট্যান্ড্] করতলে ভর রাখিয়া পা ঊর্ধ্বে তুলিয়া ঋজুভাবে দেহস্থাপনপূর্বক যোগব্যায়াম। *n.* **hand°work** [hand°-wa(r)k, হ্যান্ড্°ওাআা(র্)ক্] হস্তদ্বারা (অর্থাৎ, মেশিন দ্বারা নয়) কৃত (সূক্ষ্ম) শিল্পকর্ম (যেমন, সুঁচের কাজ)। *n.* **handwriting** [hand°-rīting, হ্যান্ড্°রাইটিং]

হাতের লেখা, হস্তাক্ষর। *a.* **hand-wrought** [hand°-rawt, হ্যান্ড্°র্যাট্] হস্তকৃত, হাতের তৈয়ারি। [see *hand₁*]

handicap [han°-di-kap, হ্যান্°ডিক্যাপ্] (**1**) *v.t.* to impose disadvantages or impediments upon in order to offset advantages and make a better contest, শক্তিসাম্য রক্ষার্থ এবং প্রতিযোগিতা তীব্রতর করার জন্য অসুবিধা বা বোঝা চাপান: (fig.) to place at a disadvantage, (আল.) অসুবিধায় ফেলা। *p.* & *p. pt.* **han°dicapped** । (**2**) *n.* a contest so adjusted, or the condition imposed, উক্তভাবে তীব্রতরকৃত প্রতিযোগিতা অথবা আরোপিত অসুবিধা বা বোঝা; (fig.) a disadvantage, (আল.) অসুবিধা। [?]

handicraft [han°-di-krŭft, হ্যান্°ডিক্রাফ্ট্] *n.* manual craft, কারিগরি শিল্প, হাতের কাজ। *n.* **han°dicraftsman**—কারিগর। [*hand, craft*]

handiwork [han°-di-wa(r)k, হ্যান্°ডিওয়্যা(র্)ক্] *n.* work done by the hand, হস্তকৃত (প্রধানতঃ সূক্ষ্ম) শিল্প (যেমন সুঁচের কাজ); creation, সৃষ্টি; doing, কর্ম। [OE. *handgewerc*—cp. *hand, work*]

handjar [han°-jŭ(r), হ্যান্°জা(র্)] *n.* a dagger, খঞ্জর। [Pers. & Ar. khanjar]

handkerchief [hang°-ka(r)-chif, হ্যাং°ক্যা(র্)-চিফ্] *n.* a cloth or paper for wiping the nose etc., রুমাল। *n.* **hank°ie, hank°y**—(কথ্য.) রুমাল। [*hand*, OF. *cuevrechief*=a covering of the head]

handle₁ [hand°l, হ্যান্ড্°ল্] *v.t.* to touch or operate with the hand, হস্তদ্বারা স্পর্শ করা বা চালান, হাত লাগান; to manage, পরিচালনা করা; to treat, কাহারও প্রতি আচরণ করা; to deal in, কিছুর ব্যবসায় করা; to discuss, আলোচনা করা। [OE. *handlian* < *hand*]

handle₂ [hand°l, হ্যান্ড্°ল্] *n.* a part by which a thing is held, হাতল। **(to) fly off the handle**—অত্যন্ত ক্রুদ্ধ হওয়া এবং আত্মসংযম হারান। **(to) give a handle to**—কাহাকেও অসুবিধাসৃষ্টির বা আক্রমণের সুযোগ দেওয়া (Your ways may *give a handle to* your enemies)। **handle to one's name**—নামের সহিত যুক্ত সম্মানজনক উপাধি খেতাব ইত্যাদি। [OE. < *hand*]

han(d)sel [han°s(a)l, হ্যান্°স্ল্] (**1**) *n.* an inaugural gift at beginning of New Year or on entering on new circumstances, নববর্ষের প্রথম দিনে অথবা নূতন কোন অবস্থাদি উপলক্ষে প্রারম্ভিক উপহার (তু. হাত-বাড়ানি টাকা); earnest-money, বায়নার টাকা। (**2**) *v.t.* to give a handsel to, উক্ত উপহার দেওয়া; to inaugurate, সূত্রপাত করা। [OE. *handselen*=hand-gift, or ON. *handsal*>earnest-money]

handsome [han°-sam, হ্যান্°স্যাম্] *a.* good-looking, সুদর্শন; generous, উদার, হাত-ভরা, মোটারকম (*handsome* gift); considerable, প্রচুর (*handsome* amount)। *adv.* **hand°somely** । *n.* **hand°someness** । [*hand,-some*]

handy [han°-di, হ্যান্°ডি] *a.* dexterous, কুশলী (*handy* performance); ready to hand, হাতের নাগালের মধ্যে অবস্থিত; convenient, সুবিধাজনক। **(to) come in handy**—কোন না কোন সময়ে কাজে লাগে বা দরকার মিটায়। *adv.* **han°dily** । *n.* **han°diness** । **handy man**—টুকিটাকি কাজের জন্য বা ফাইফরমাশ খাটার জন্য নিযুক্ত লোক। [see *hand*]

hang [hang, হ্যাং] (**1**) *v.t.* to suspend, ঝোলান; to place on the wall, দেওয়ালে (ছবি চিক্ পরদা প্রভৃতি) টাঙ্গান; to put to death by suspending by the neck, ফাঁসি দেওয়া; to damn, গোল্লায় পাঠান (*hang* it)। (**2**) *v.i.* to be suspended, ঝোলা; to hover, শূন্যে ভাসিয়া থাকা; to impend, আসন্ন হওয়া; to be in suspense, অনিশ্চিত অবস্থায় থাকা; to linger, বিলম্ব করা; to depend, নির্ভর করা। *p.* & *p. pt.* **han°ged** (কেবল ফাঁসি দেওয়া অর্থে), **hung** (সকল অর্থে)। (**3**) *n.* act or mode of hanging, ঝুলন বা ফাঁসি অথবা উহাদের ধরন; (euphem.) a damn, (ভদ্র বা মৃদু ভাষায়) নরক। **not a hang of it**—কিছুমাত্র নহে। **(to) get the hang of it**—বুঝিতে পারা (to *get the hang of* an argument); ধারা বা পদ্ধতি অনুধাবন করিতে পারা। **(to) hang about,** (USA) **(to) hang around**—ইতস্ততঃ ঘোরাঘুরি করা। **(to) hang back**—ইতস্ততঃ করা বা অনিচ্ছাপ্রদর্শন করা। **(to) hang by a hair** or **thread** or **by a single thread**—অতি পলকা বা অনিশ্চিত অবস্থার উপরে নির্ভর করা। **(to) hang off**—ছাড়িয়া দেওয়া। **(to) hang on (to)**—আঁটিয়া থাকা; নাছোড়বান্দার মত পিছনে লাগিয়া থাকা; বিলম্ব করা, প্রতীক্ষা করা; নির্ভর করা। **(to) hang out**—(সাইনবোর্ড চিত্র প্রভৃতি প্রদর্শনার্থ) টাঙ্গান; (অশি.) বাস করা, থাকা (where are you *hanging out* now)। **(to) hang over**—(কিছুর) উপরে ঝোলা বা ঝোঁকা। **(to) hang round**—same as **(to) hang around** । **(to) hang together**—একত্র রাখা; সংযুক্ত বা মিলিত করান। **(to) hang up**—ঝোলান, টাঙান; দেরি করান; পূর্বস্থানে বা যথাস্থানে রাখা (to *hang up* a telephone receiver)। **(to) let** (it) **go hang**—(কোন বিষয়ে) উদাসীন থাকা, গ্রাহ্য না করা। *n.* **han°ger**—যে ব্যক্তি ঝোলায় বা ফাঁসি দেয়; যাহার উপরে ঝোলান হয় (যেমন, আলনা)। **hang°-dog**—(**1**) *n.* নীচ লোক। (**2**) *a.* ধূর্ততাপূর্ণ ও লজ্জিত। *n.* **han°ger-on°**—যে ব্যক্তি

(কাহারও) পিছনে পিছনে ফেরে ; গলগ্রহ ব্যক্তি ; যে ব্যক্তি কোন স্থানে আঁটিয়া থাকে। **han°ging**—(1) *a.* ঝুলিতেছে এমন ; আনত ; আনতশির ; মনমরা ; ফাঁসির যোগ্য। (2) *n.* ফাঁসি ; (esp. in *pl.*) দেওয়ালে ঝোলান ছবি চিক্ পরদা প্রভৃতি। *n.* **hang°man**—যে ব্যক্তি ফাঁসি দেয়, জল্লাদ। *n.* **hang°-nail**—হস্তাঙ্গুলির নখমূলের চামড়ার ছাল। *n.* **hang°-ōver**—অপ্রীতিকর পরিণাম। [OE. *hangian*—cp. ON. *hanga*, Du. & G. *hangen*]

hangar [hang°-ga(r), হ্যাং°গ্যা(র্)] *n.* a shed for aircraft carriages etc., বিমানপোত ও অন্যান্য যান রাখার জন্য ঢাকা দেওয়া স্থান। [F.]

hanjar—alt. spell. of **handjar.**

hank [hangk, হ্যাংক্] *n.* a coil=840 yds., ৮৪০ গজ পরিমাণ সুতার ফেটি। [ON. *hanki*=a hasp]

hanker [hang°-ka(r), হ্যাং°ক্যা(র্)] *v.i.* to yearn, অতিশয় লালায়িত হওয়া (to *hanker after* or *for* something)। *n.* **han°kering**—তীব্র লালসা। [?]

hankie, hanky—see **handkerchief.**

hanky-panky [hang°-ki-pang°-ki, হ্যাং°কি-প্যাং°কি] *n.* jugglery, ভোজবাজি ; underhand trickery, গুপ্ত কলা-কৌশল। [arbitrary]

Hans [hanz, হ্যান্জ্] *n.* the nickname for a German or Dutchman, জর্মান বা ওলন্দাজের প্রতি প্রযোজ্য উপনামবিশেষ। [G. & Du.]

Hansard [han°-sa(r)d, হ্যান্°স্যা(র্)ড্] *n.* the printed report of debates in Parliament, ইংল্যানডের পারলামেনটের তর্কবিতর্কের মুদ্রিত বিবরণী। *v.t.* **han°sardize**—কাহাকেও তাহার আগেকার লিপিবদ্ধ মত উল্লেখপূর্বক বিরোধিতা করা। [Luke *Hansard*, the first (?) printer of the reports of the Parliament]

hansel—see **handsel.**

hansom [han°-sam, হ্যান্°স্যাম্] *n.* a two-wheeled cab, দ্বিচক্রযানবিশেষ : ইহাতে চালকের স্থান আরোহীদের পশ্চাতে থাকে। [*J. A. Hansom*, its inventor]

hanuman [ha-nōō-mŭn°, হ্যানুমান্°] *n.* the entellus monkey, হনুমান। [Hind. < Sans.]

hap [hap, হ্যাপ্] (1) *n.* chance, দৈব ; fortune, (আকস্মিক) সৌভাগ্য ; accident, আকস্মিক দুর্ঘটনা। (2) *v.i.* to chance, দৈবযোগে ঘটা। *pr. pt.* **ha°pping** । *p. & p. pt.* **ha°pped** । **hap°ha°-zard**—(1) *n.* দৈব ; এলোমেলো অবস্থা ; (2) *a.* দৈবক্রমে সজ্ঘটিত ; আকস্মিক ; এলোমেলো ; (3) *adv.* দৈবাৎ ; এলোমেলোভাবে। *a.* **hap°lėss**—ভাগ্যহীন, দুর্ভাগা ; অসুখী। *adv.* **hap°ly**—দৈবাৎ, হঠাৎ ; সম্ভবতঃ। [ON. *happ*=good luck]

haphazard, hapless, haply, happed—see **hap.**

ha'p'orth [hā°-pa(r)th হেই°প্যা(র্)থ্] coll. contr. of **halfpennyworth.**

happen [ha°p(a)n, হ্যা°প্ন্] *v.i.* to come to pass, ঘটা। **as it happens**—দৈবক্রমে। **if anything should happen**—যদি মৃত্যু ঘটে। *n.* **ha°ppening**—ঘটনা। [see *hap*]

happing—see **hap.**

happy [ha°-pi, হ্যা°পি] *a.* lucky, ভাগ্যবান্ ; content, তৃপ্ত ; pleased, সুখী ; apt, (ভাষা বা আচরণ সম্বন্ধে) যথাযথ, শোভন। *adv.* **ha°ppily** । *n.* **ha°ppinėss** । **ha°ppy-gŏ-luck°y**—(1) *a.* স্বচ্ছন্দ, ভাবনা-চিন্তার তোয়াক্কা করে না এমন ; যে কোন অবস্থাকেই মানিয়া লইতে প্রস্তুত। (2) *adv.* যেমন খুশি তেমনভাবে। [see *hap*]

hara-kiri [ha°-ra-ki°-ri, হ্যা°র্যাকি°রি] *n.* a Japanese method of committing suicide, জাপানিদের পেট চিরিয়া আত্মহত্যা করার প্রণালীবিশেষ। [Jap.]

harangue [ha-rang°, হ্যার্যাং°] (1) *n.* a pompous address, বাগাড়ম্বরপূর্ণ বক্তৃতা। (2) *v.i.t.* to deliver a harangue (to), উক্ত বক্তৃতা দেওয়া বা শোনান। [OF.]

harass [ha°-ras, হ্যা°র্যাস্] *v.t.* to wear out, হয়রান বা নাকাল করা। *p. & p. pt.* **ha°rassed** । *n.* **ha°rassment** । [OF. *harasser*]

harbinger [hŭ(r)°-bin-ja(r), হা(র্)°বিন্জ্যা(র্)] *n.* a forerunner, অপরের আগমন-বার্তাবাহী দূত, অগ্রদূত (cocks are the *harbingers* of dawn)। [see *harbour*—ME. *herbergeour*]

harbour [hŭ(r)°-ba(r), হা(র্)°ব্যা(র্)] (1) *n.* a shelter for ships, পোতাশ্রয় ; a shelter, আশ্রয়। (2) *v.t.i.* to shelter, আশ্রয় দেওয়া বা আশ্রয় লওয়া। (3) *v.t.* to nurse in one's mind, মনে মনে পোষণ করা (to *harbour* a grudge)। **harbour dues**—পোতাশ্রয়ে জাহাজ নঙ্গর করিবার বা ভিড়াইবার বাবদ দেয় মাশুল। **harbour bar**—যাহাতে সমুদ্রতরঙ্গ বন্দরাদির তীরোপরি সবেগে আছড়াইয়া না পড়ে তজ্জন্য জলমধ্যে নির্মিত প্রাচীর ; পোতাশ্রয়ের মুখস্থ বালুচর। *n.* **har°bourage**—আশ্রয়স্থল। *a.* **har°bourlėss**—নিরাশ্রয়। *n.* **har°bour-master**—পোতাশ্রয়াধিকারিক। [ME. *harberwe* < OE. *herbeorg*=shelter for the army]

hard [hŭ(r)d, হা(র্)ড্] (1) *a.* not easily broken, stiff, শক্ত, কঠিন ; not flexible, অনমনীয় ; solid, ঘন, অতরল ; firm, দৃঢ়, অটল, অনড় ; difficult, কষ্টসাধ্য ; laborious, শ্রমসাধ্য ; difficult to bear, দুঃসহ (*hard* times) ; difficult to please, দুস্তোষ্য ; unfeeling, নির্মম, নির্দয় (*hard* words) ; dear, উচ্চমূল্য, আক্রা (*hard* market) ; excessive, অপরিমিত (*hard* drinker)। (2) *adv.* earnestly, সাগ্রহে ; forcibly, সবলে ; uneasily, কষ্টপূর্ণভাবে ; severely, কঠোরভাবে ; harshly, কর্কশভাবে ; excessively, অপরিমিতভাবে, বেজায় (to drink *hard*) ; close, নিকটে। **hard and fast**—অপরিবর্তনীয়ভাবে বিধিবদ্ধ, বাঁধাধরা। **hard by**—সন্নিকটে, অদূরে। **hard put to it**—দারুণ কষ্টে বা মুশকিলে পতিত। **(to) go hard with**—

(কাহারও পক্ষে) অশুভ বা প্রতিকূল বা কঠিন হওয়া। *n.* **hard°-back, hard°-cover**—শক্ত মলাটে বাঁধান বই। *a.* **hard°-backed, hard°-bound, hard°-covered**—শক্ত মলাটে বাঁধান। *a.* **hard°-baked**—কড়া-সেঁকা ; (আল.) নির্মম, কঠিন। *a.* **hard-bi°tten**—কঠোর সংগ্রামী ; দুর্দম। *n.* **hard°-board**—তক্তার বর্জিতাংশ ছিলকা প্রভৃতির দ্বারা তৈয়ারি শক্ত ও পুরু পিজবোর্ড-বিশেষ। *a.* **hard°-boiled**—(ডিম সম্বন্ধে) শক্ত হওয়া পর্যন্ত সিদ্ধ ; (আল.) সহানুভূতিহীন ; বিচক্ষণ ও কূটবুদ্ধিসম্পন্ন। *a.* **hard°-ear°ned**—কষ্টার্জিত। *v.t.i.* **hard°en**—কঠিন ঘন বা নির্মম করা অথবা হওয়া। *a.* **hard°-fea°tured**—কঠোর আকৃতিবিশিষ্ট, অপ্রিয়দর্শন। *a.* **hard°-fis°tėd**—দৃঢ়মুষ্টি ; কৃপণ। *a.* **hard°-fought°**—তীব্র প্রতিদ্বন্দ্বিতাপূর্ণ। *a.* **hard°-grai°-ned**—ঘন ও শক্ত বুননবিশিষ্ট ; অনাকর্ষণীয়। *a.* **hard°-hea°dėd**—কুটিল ; চতুর ; ভাবপ্রবণতাহীন। *a.* **hard°-hear°tėd**—নির্মম ; নিষ্ঠুর। *a.* **hard°-hit**—(লোকসান প্রেম প্রভৃতি দ্বারা) নিদারুণভাবে আঘাতপ্রাপ্ত বা ক্ষতিগ্রস্ত। **(to) be hard hit**—বিষম কষ্টে পড়া। *adv.* **hard°ly**—কষ্টসহকারে ; বড় একটা নহে, কমই বটে (*hardly* plausible) ; কঠোরভাবে, কর্কশভাবে। *n.* **hard°nėss**—hard (*a.*)-এর সকল অর্থে। *a.* **hard°-pre°ssed**—বিষম বিপন্ন। *n.* **hard°ship**—কষ্ট (to bear *hardship* in silence)। *a.* **hard°-up°**—অভাবগ্রস্ত ; অর্থাভাবগ্রস্ত। *n.* **hard°wāre**—লৌহ তাম্র প্রভৃতি ইতর ধাতুনির্মিত দ্রব্য, লোহালক্কড়। *n.* **hard°wāreman** লোহা-লক্কড়ের ব্যবসায়ী, কালোয়ার। *a.* **hard°-won**—কষ্টার্জিত। *n.* **hard°wood**—খুঁটি আসবাব-পত্র প্রভৃতি তৈয়ারির জন্য শক্ত ও টেকসই কাষ্ঠ (যেমন, সেগুন শাল ওক প্রভৃতি)। *a.* **hard°-wor°king**—পরিশ্রমী। [AS.—cp. Du. *hard*]

hardy [hŭ(r)°-di, হা(র্)°ডি] *a.* daring, দুঃসাহসী ; audacious, ধৃষ্ট, স্পর্ধিত ; robust, বলিষ্ঠ ; able to bear hardship, কষ্টসহিষ্ণু। *n.* **har°dihood, har°dinėss**। *adv.* **har°dily**। [OF. *hardi*]

hare [hā(r), হেয়্যা(র্)] *n.* a variety of rodent, খরগোশ, শশক। **hare and hounds**—চোর-পুলিশ জাতীয় শিশুক্রীড়াবিশেষ : এই খেলায় দুইজন কাগজের টুকরা ছড়াইতে ছড়াইতে ছুটিয়া পালায় এবং অপর সকলে ধরিবার জন্য তাহাদিগকে অনুসরণ করে। **(to) hold** or **run with the hare and run** or **hunt with the hound**—চোরকে সিঁদ দিতে আর গৃহস্থকে সজাগ থাকিতে বলা, উভয় প্রতিদ্বন্দ্বী পক্ষের সহিতই মিতালি রাখা। **(to) start a hare**—কোন প্রসঙ্গ উত্থাপন করা, কোন বিষয়ের আলোচনা শুরু করা ; আলোচনাকালে অপ্রাসঙ্গিক বিষয় উত্থাপন করা। *n.* **hāre°-bell**—নীল ঝুমকা-ফুলবিশেষ। *a.* **hāre°-brained**—অমনোযোগী ; চপল ; হঠকারী, বেপরোয়া। *a.* **hāre°-footed**—দ্রুতগামী। *n.* **hāre°lip**—দ্বিধা-বিভক্ত উপরের ঠোঁট। *a.* **hāre°-lipp°ed**—দ্বিধা-বিভক্ত ওষ্ঠবিশিষ্ট, গন্নাকাটা। [OE. *hara*—cp. Du. *hare*]

harem [hār°-am, হেয়্যার্°অ্যাম্] *n.* women's quarters in a Mohammedan house, হারেম ; its occupants collectively, হারেম-বাসিনী স্ত্রীলোকগণ। [Ar. *haram*=anything forbidden]

haricot [ha°-ri-kō, হ্যা°রিকৌ] *n.* kidney bean, ক্ষুদ্র সীমবিশেষ ; French bean, সীম বরবটি প্রভৃতি। [F.]

hark [hŭ(r)k, হা(র্)ক্] *v.t.i.* to listen (to), শোনা। *p.* & *p. pt.* **har°ked**। *v.i.* **har°ken**—same as **hark** (*v.i.*)। **(to) hark back** (to)—পূর্বপ্রসঙ্গে ফিরিয়া যাওয়া। [ME. *herkien*]

harlequin [hŭ(r)°-li-kwin, হা(র্)°লিক্যুইন্] *n.* a pantomime character, মূক অভিনয়ের অভিনেতা বা চরিত্র ; a buffoon, সঙ্, ভাঁড়। *n.* **harlėqui-nāde°**—মূক নাটকের যে অংশে মূক অভিনেতার বা চরিত্রের প্রাধান্য থাকে। [F.]

Harley Street [hŭ(r)°-li stret°, হা(র্)°লি স্ট্রীট্°] *n.* a London street where many fashionable physicians live, লনডনের যে রাস্তায় শৌখিন ডাক্তারেরা বাস করে, লনডনের ডাক্তার-পাড়া।

harlot [hŭ(r)°-lat, হা(র্)°ল্যাট্] *n.* a whore, বেশ্যা। *n.* **har°lotry**—বেশ্যাগিরি। [OF. *herlot* =a base fellow]

harm [hŭ(r)m, হা(র্)ম্] **(1)** *n.* injury, ক্ষতি ; moral injury, নৈতিক ক্ষতি। **(2)** *v.t.* to injure, ক্ষতি করা। **out of harm's way**—নিরাপদ্ স্থানে। *a.* **harm°ful**—ক্ষতিকর। *adv.* **harm°-fully**। *a.* **harmlėss**—নির্দোষ ; নিরীহ ; অক্ষত। *adv.* **harm°lessly**। [OE. *herm*—cp. G. *harm*]

harmonic [hŭ(r)-mo°-nik, হা(র্)ম°নিক্] **(1)** *a.* of harmony, ঐকতানসম্বন্ধীয় ; in harmony, একতান ; musical, সুরেলা ; concordant, মিলবিশিষ্ট, সমন্বয়পূর্ণ, সদৃশ। **(2)** *n.* a harmonic tone, একতান সুর, সুরেলা সুর ; (in *pl.*—treated as *sing.*) musical acoustics, সুরবিজ্ঞান। **harmonic progression, series etc.**—(গণিত) বিপরীত শ্রেণী (এক-কে যে-সকল সংখ্যাদ্বারা ভাগ করিলে ভাগফলসমূহ সমান্তর শ্রেণী (arithmetic series) রচনা করে। যথা, $\frac{1}{12}$, $\frac{1}{15}$, $\frac{1}{20}$, $\frac{1}{30}$ ইত্যাদি)। *n.* **harmo°nica**—বিভিন্ন বাদ্যযন্ত্রের নাম ; মাউথ-অর্গান। *a.* **harmo°nical**—same as **harmonic** (*a.*)। *a.* **harmō°nious**—একতান ; মিলবিশিষ্ট, সমন্বয়পূর্ণ ; সদৃশ। *n.* **harmonist** [hŭ(r)°-ma-nist, হা(র্)°ম্যানিস্ট্] সুরবিশারদ ; মিলন-সংসাধক, সমন্বয়সাধক। *n.* **harmō°nium**—হারমোনিআম। *v.i.t.* **harmonize** [hŭ(r)°-ma-nīz, হা(র্)°ম্যানাইজ্] একতান হওয়া বা করান ; সমন্বয়পূর্ণ হওয়া বা করান ; থাপ খাওয়া বা খাওয়ান। *n.* **harmoni-**

For words in *hard-*, not given separately, see **hard** and **hardy**.

zation [hŭ(r)m(a)nī-zā°sh(a)n, হা(র্)ম্‌নাইজে্‌ই-শ্‌ন্] | *n.* **har°monizer** | *n.* **harmony** [hŭ(r)°-m(a)ni, হা(র্)°ম্‌নি] সমন্বয় ; সঙ্গতি ; সাদৃশ্য, মিল ; ঐকতান ; সুরেলা ধ্বনি ; সঙ্গতি। [Gk. *harmonia*]

harness [hŭr°-nis, হা(র্)°নিস্] (**1**) *n.* equipment esp. of a draught animal, অশ্বাদি ভারবাহী পশুর সাজ ; equipment, সাজসরঞ্জাম ; armour, বর্ম। (**2**) *v.t.* to put harness on, (ভারবাহী পশুকে) সাজ পরান ; to equip with armour, বর্মভূষিত করা। *p.* & *p. pt.* **har°nessed** | **in harness**—নিত্যকর্মের চাকায় আবদ্ধ অর্থাৎ অবসরহীন। **(to) die in harness**—নিত্যকর্মের চাকায় আবদ্ধাবস্থায় (অর্থাৎ চাকরি প্রভৃতি হইতে অবসরপ্রাপ্ত অবস্থায় নয়) মরা। [OF. *harneis* = armour]

harp [hŭ(r)p, হা(র্)প্] (**1**) *n.* a stringed musical instrument, বীণাজাতীয় তারের বাদ্যযন্ত্রবিশেষ। (**2**) *v.i.* to play on the harp, বীণা বাজান ; to dwell tediously, কোন বিষয়াদি ক্লান্তিকরভাবে আলোচনা বা চিন্তা করিতে থাকা। *p.* & *p. pt.* **har°ped** | **(to) harp on one string**—ক্রমাগত একই বিষয়ের আলোচনাদি করা। *n.* **har°per, har°pist**—বীণাবাদক। [OE. *hearpe*—G. *harfe*]

harpoon [hŭ(r)-pōōn°, হা(র্)পূন্°] (**1**) *n.* a barbed dart, (প্রধানতঃ তিমি-শিকারের জন্য) কোচজাতীয় অস্ত্রবিশেষ, হারপুন্। (**2**) *v.t.* spear with a harpoon, হারপুন দিয়া বিদ্ধ করা। [F. *harpon* = a clamp]

harpsichord [hŭ(r)p°-si-kaw(r)d, হা(র্)প্°সি-কা(র্)ড্] *n.* a stringed musical instrument, তারের বাদ্যযন্ত্রবিশেষ। [OF. *harpechorde*—cp. *harp, chord*]

harpy [hŭ(r)°-pi, হা(র্)°পি] *n.* a mythical monster, পৌরাণিক দানবীবিশেষ : ইহার দেহের অর্ধাংশ নারীর ন্যায় এবং অপরার্ধ পক্ষীর ন্যায় ; a rapacious person, অতিলোভী লোক। [Gk. *harpyia*]

harquebus(e) [hŭ(r)°-kwi-bas, হা(র্)°ক্যুইব্যাস্] *n.* an old-fashioned hand-gun, সেকেলে বন্দুকবিশেষ। [F. *arquebuse*]

harridan [ha°-rid(a)n, হ্যা°রিড্‌ন্] *n.* a vixenish woman, শয়তানি-ভরা ঝগড়াটে স্ত্রীলোক। [OF. *haridelle* = a jade ?]

harried, harrier₁—see **harry.**

harrier₂ [ha°-rē(r), হ্যা°রিয়্যা(র্)] *n.* a keen-scented dog, খরগোশ-শিকারে সহায়ক তীক্ষ্ণঘ্রাণ-শক্তিসম্পন্ন ক্ষুদ্র কুকুরবিশেষ। [< *hare* or *harry*]

harrow [ha°-rō, হ্যা°রৌ] (**1**) *n.* a spiked frame for breaking clods on ploughed land, জমিতে দিবার মই। (**2**) *v.i.* to draw a harrow over, (জমিতে) মই দেওয়া : to tear or harass, ছিন্ন করা বা হয়রান করা। *a.* **ha°rrowing**—চরম দুর্দশাপূর্ণ বা যন্ত্রণাদায়ক (a *harrowing* tale of distress)। [ME. *harwe*]

harry [ha°-ri, হ্যা°রি] *v.t.* to plunder, লুণ্ঠন করা ; to ravage, বিধ্বস্ত করা ; to harass, হয়রান বা নাকাল করা। *p.* & *p. pt.* **ha°rried** | *n.* **ha°rrier₁** | [OE. *hergian* < *here* = army]

harsh [hŭ(r)sh, হা(র্)শ্] *a.* rough, রূঢ়, কর্কশ (*harsh* voice) ; rigorous, কঠোর (a *harsh* judgement)। *adv.* **harsh°ly** | *n.* **harsh°ness** | [ME. *harsk*—cp. G. *harsch* = hard]

hart [hŭ(r)t, হা(র্)ট্] *n.* a male deer from the age of six years, ছয় বৎসর বা ততোধিক বয়স্ক পুং-হরিণ। *fem.* **hind** | [OE. *heort*]

hartal [hu(r)°-tal, হা(র্)°ট্যাল্] *n.* (in India) a stoppage of work in protest or boycott, হরতাল। [Guj.]

harum-scarum [hār°-am-skār°-am, হেয়্যা(র্)°-অ্যাম্‌স্কেয়্যার্°অ্যাম্] (**1**) *a.* reckless, বেপরোয়া। (**2**) *n.* a reckless person or conduct, বেপরোয়া লোক বা আচরণ। [?]

harvest [hŭ(r)°-vist, হা(র্)°ভিস্‌ট্] (**1**) *n.* the time of reaping and gathering in crops, ফসল কাটার ও গোলাজাত করার সময় ; crops gathered in, সংগৃহীত ফসল ; product of labour, শ্রমের ফল। (**2**) *v.t.* to reap and gather, ফসল কাটিয়া গোলাজাত করা। *p.* & *p. pt.* **har°vested** | *n.* **har°vester**—যে ব্যক্তি ফসল কাটে ; ফসল কাটার যন্ত্র। *n.* **har°vest-feast, har°vest-festival**—ফসল কাটার পর ঈশ্বরকে ধন্যবাদজ্ঞাপনপূর্বক ভোজোৎসব, (তু.) নবান্ন। *n.* **Har°vest-home**—গোলায় ফসল তোলার পর জোতদার কর্তৃক চাষীকে প্রদত্ত ভোজ। *n.* **har°vest-mōōn**—জলবিষুবের সন্নিকটবর্তী পূর্ণিমা। [OE. *haerfest*—cp. G. *harbst*]

has—see **have** | *n.* **has°-been**—(কথ্য.) যে ব্যক্তি বা বস্তু তাহার উৎকর্ষ হারাইয়া ফেলিয়াছে, হৃতগৌরব ; (কথ্য.) সেকেলে বা অপ্রচলিত ব্যক্তি বা বস্তু।

hash [hash, হ্যাশ্] (**1**) *v.t.* to hack or to mince, পোচাইয়া পোচাইয়া বা কুচি-কুচি করিয়া কাটা। *p.* & *p. pt.* **ha°shed** | (**2**) *n.* that which is hashed, কুচি-কুচি করিয়া কাটা বস্তু ; a dish of hashed meat and vegetable, কুচি-কুচি করিয়া কাটা মাংস ও শাকসবজির ব্যঞ্জন ; (coll.) hashish, (কথ্য.) সিদ্ধি, ভাং। **(to) make a hash of**—জেবড়াভাবে কিছু করা ; তালগোল পাকাইয়া ফেলা, বিশৃঙ্খল করা। **(to) settle one's hash**—(অশি.) কাহারও সম্পর্কে এমন ব্যবস্থা করা যে সে যেন আর উৎপাত না করিতে পারে। [F. *hacher* < *hache* = hatchet]

hashish [ha°-shish, হ্যা°শিশ্], **hasheesh** [ha°-shēsh, হ্যা°শীশ্] *n.* leaves or shoots of hemp, সিদ্ধি, ভাং। [Ar. *hashish*]

hasn't [haznt, হ্যাজ্‌ন্‌ট্] contr. of **has not.**

hasp [hŭsp, হাস্‌প্] *n.* a clasp, তালা প্রভৃতি পরাইবার আঙটা বা কড়া, পতর। [OE. *haepse*—cp. D. & G. *haspe*]

hassock [ha°-sak, হ্যা°স্যাক্] *n.* a cushion for kneeling upon, নতজানু অবস্থায় হাঁটু রাখার জন্য গদি। [OE. hassuc (<?)]

hast—see **have.**

haste [hāst, হেইস্‌ট্] (**1**) *n.* hurry, ত্বরা। (**2**) *v.t.i.* same as **hasten** । *p. & p. pt.* **hās°tėd** । **(to) make haste**—তাড়াতাড়ি করা বা চলা ; ত্বরান্বিত হওয়া। *v.t.i.* **hasten** [hā°sn, হেই°স্‌ন্] ত্বরান্বিত করান বা হওয়া ; দ্রুত অগ্রসর করান বা হওয়া ; দ্রুত চালান বা চলা। *adv.* **hās°tily** । *n.* **hās°tinėss** । *a.* **hās°ty**—ত্বরিত ; দ্রুতগতি ; হঠকারী (*hasty* words are often regretted)। [OF.]

hat [hat, হ্যাট্] *n.* a covering for the head (usually with brim), (সাধারণতঃ কিনারাওয়ালা) টুপি। **a bad hat**—পাজি লোক। **as mad as a hatter**—অতিশয় উন্মত্ত বা ক্ষিপ্ত। **hat in hand**—হীনভাবে, গোলামের মত। **hats off to**—(কাহাকেও) সর্বসম্মান প্রদর্শন করা হউক। **Homburg hat**—পশমি টুপিবিশেষ : ইহার মধ্যস্থল দাবান থাকে। **my hat**—বিস্ময়সূচক উক্তিবিশেষ। **old hat**—(অশি.) অতিরিক্ত-জানা বা পরিচিত কোন কিছু, সেকেলে ধরনের যা-কিছু। **out of a hat**—সম্পূর্ণ উদ্দেশ্যহীন বা অপরিকল্পিতভাবে, ভোজবাজি বা ভেলকি দেখাইয়া। **under one's hat**—গোপনে ; বিশ্বাস করিয়া গোপনে। **(to) eat one's hat**—অসম্ভব শর্তাদিতে দায়িত্ব গ্রহণ করা। **(to) pass** or **send round the hat**—চাঁদা তোলা ; চাঁদা চাহিয়া বেড়ান। **(to) raise one's hat**—অভিবাদনাদি জ্ঞাপনার্থ নিজের টুপি খুলিয়া ফেলা। **(to) talk through one's hat**—ধাপ্পা দেওয়া ; আস্ফালন করা ; অতিরঞ্জিত করা ; নির্বোধের ন্যায় বলা। *n.* **hat°band**—টুপির চতুষ্পার্শ্বস্থ ফিতা। *n.* **hat°ful**—উলটা-করা টুপির ফাঁপা জায়গায় যতটা পরিমাণ ধরে। *a.* **hāt°lėss**—টুপি-হীন, নগ্নশির। *n.* **hat°peg**—টুপি ঝুলাইয়া রাখার আঙ্‌টা। *n.* **hat°-pin**—চুলের সঙ্গে টুপি আটকাইয়া রাখিবার জন্য স্ত্রীলোকগণ কর্তৃক ব্যবহৃত একপ্রকার লম্বা পিন। *n.* **hat°-rack**—টুপি ঝুলাইয়া রাখার আঙ্‌টাসমূহ। *n.* **hat°-stand**—টুপি ঝুলাইয়া রাখার আঙ্‌টা-সংবলিত আলনাবিশেষ। *a.* **hattėd**—টুপি-পরিহিত। *n.* **ha°tter**—টুপি নির্মাতা বা বিক্রেতা। *n.* **hat°-trick**—টুপির সাহায্যে প্রদর্শিত ভোজবাজিবিশেষ ; (খেলাধুলায়) যে-কোন কৃতিত্ব পরপর তিনবার প্রদর্শন (যেমন, পরপর তিনটি গোল করা বা পরপর তিনজনকে আউট্ করা)। [OE. *haet*—D. *hat*]

hatch$_1$ [hach, হ্যাচ্] *n.* a half-door, উচ্চতায় অর্ধেক দরজা, হাফডোর ; the lower half of a divided door, আড়াআড়িভাবে বিভক্ত দরজার নিম্নাংশ ; a hatchway or the trap-door over it, মেঝে ছাদ বা পোতাদির পাটাতনে যে ফাঁক রাখা হয় অথবা উক্ত ফাঁকের ঢাকনা। **under hatches**—জাহাজাদির ডেকের নিচে। *n.* **hatch°way**—মেঝে ছাদ বা পোতাদির পাটাতনে যে ফাঁক বা ফোকর রাখা হয়। [OF. *haec(c)*]

hatch$_2$ [hach, হ্যাচ্] (**1**) *v.t.i.* to bring or come forth from the egg, ডিম ফুটাইয়া (শাবক) জন্মান বা ডিম ফুটিয়া জন্মলাভ করা। (**2**) *v.t.* to originate or develop, সৃষ্টি করা, বিবর্ধিত করা। *p. & p. pt.* **ha°tched** । (**3**) *n.* the act of hatching, ডিম ফুটাইয়া শাবকের জন্মদান ; brood hatched, একবারের ডিম্বজাত শাবকসমূহ। **(to) count one's chickens before they are hatched**—অনিশ্চিত ভবিষ্যতের উপর গভীরভাবে আস্থা করা, গাছে কাঠাল গোঁপে তেল দেওয়া। *n.* **ha°tchery**—কৃত্রিম উপায়ে (প্রধানতঃ মাছের) ডিম ফুটাইয়া ছানা উৎপাদনের স্থান। [ME. *hacchen*<assumed OE. *haeccean*]

hatch$_3$ [hach, হ্যাচ্] (**1**) *v.t.* to draw fine lines on a surface (usu. close parallel lines), (সচ. স্বল্প ব্যবধানে সমান্তরাল) সূক্ষ্ম রেখা টানা। (**2**) *n.* উক্তরূপে অঙ্কিত রেখা। **hatched moulding**—(স্থাপত্যশিল্পে) পরস্পরছেদী উল্লম্ব ও আনুভূমিক সমান্তরাল রেখাসমূহদ্বারা রচিত নক্‌শা। [F. *hacher*]

hatchet [ha°-chit, হ্যা°চিট্] *n.* a small axe, ক্ষুদ্র কুঠারবিশেষ। **(to) bury the hatchet**—সংগ্রাম হইতে নিবৃত্ত হওয়া। [F. *hachette*<*hacher* =to chop]

hatchment [hach°-mant, হ্যাচ্°ম্যান্ট্] *n.* the arms of a deceased person placed on the front of his house, মৃত ব্যক্তির গৃহসম্মুখে রক্ষিত তাহার অস্ত্রশস্ত্র ; a square tablet with a deceased person's armorial bearings affixed outside his house, মৃত ব্যক্তির গৃহের সম্মুখে রক্ষিত কুলচিহ্নাঙ্কিত চতুষ্কোণ ফলক। [<*achievement*]

hatchway—see **hatch$_1$.**

hate [hāt, হেইট্] (**1**) *v.t.* to dislike intensely, নিরতিশয় অপছন্দ করা, ঘৃণা করা। *p. & p. pt.* **hā°tėd** । (**2**) *n.* hatred, ঘৃণা। *a.* **hāte°ful**—ঘৃণা-উদ্রেককর ; ঘৃণ্য ; সঘৃণ ; ঘৃণাব্যঞ্জক। *adv.* **hate°fully** । *n.* **hate°fulnėss** । *n.* **hā°ter** । *n.* **hāt°rėd**—ঘৃণা। [OE. *hete(n.) hatian (v.)*]

hath—see **have.**

hatred—see **hate.**

hauberk [haw°-ba(r)k, হ°ব্যা(র্)ক্] *n.* a coat of mail, বর্মবিশেষ। [OF. *hauberc*]

haughty [haw°-ti, হ°টি] *a.* proud, arrogant, গর্বিত, উদ্ধত। *adv.* **haugh°tily** । *n.* **haugh°tinėss** । [OF. *haut*=high<L. *altus*]

haul [hawl, হল্] (**1**) *v.t.i.* to drag, হেঁচড়াইয়া লইয়া যাওয়া ; to pull forcibly, সবলে টানা। (**2**) *v.i.* to alter a ship's course, জাহাজের গতিপরিবর্তন করান ; to sail, বাহিয়া যাওয়া। (**3**) *n.* a pulling, টান ; a draught, এক টানে যাহা

পাওয়া গিয়াছে (যেমন, জালের এক খেপে ধৃত মৎস্য-সমূহ) ; a catch or take or gain, ধৃত বা প্রাপ্ত বস্তু, একবারের লাভ। **(to) haul down one's colours** or **flag**—পরাজয়স্বীকারপূর্বক আত্মসমর্পণ করা। **(to) haul up**—হেঁচড়াইয়া লইয়া যাইবার পর বা সবলে টানিবার পর থামা, জাহাজের গতি পরিবর্তন করিয়া থামান বা থামা ; জোর করিয়া ধরিয়া কৈফিয়ত চাওয়া। *n.* **hau°lage**—হেঁচড়াইয়া লইয়া যাওয়া ; সবলে টান ; (প্রধানতঃ ভারী মালবহনের) গাড়ি ; মালবহনাদির মাসুল। **haulage industry**—মাল পরিবহন শিল্প। *n.* **hau°ler, hau°lier**—যে ব্যক্তি হেঁচড়াইয়া লইয়া যায় বা সবলে টানে : কয়লা-খনিতে যে ব্যক্তি কয়লা-ভরা টবসমূহ টানিয়া তোলে। [var. of *hale*]

haulm [hawm, হম্] *n.* straw or stems of plants collectively, খড় অথবা উদ্ভিদের কাণ্ড-সমূহ। [OE. *healm*]

haunch [hawnsh, হন্শ্] *n.* the part of the body between the ribs and the thigh, কোমর হইতে কুঁচকি পর্যন্ত দেহাংশ ; fleshy part of buttock and thigh, পাছা এবং উরুর মাংসল অংশ। [OF. *hanche*]

haunt [hawnt, হন্ট্] (**1**) *v.t.* to frequent, (কোন স্থানে) বারংবার যাওয়া বা যাতায়াত করা ; to associate importunately, নাছোড়বান্দার ন্যায় সঙ্গে সঙ্গে ফেরা ; to inhabit or visit, (ভূতাদি কর্তৃক) অধিষ্ঠান করা বা দর্শন দেওয়া ; to recur frequently to the memory of, (কাহারও) স্মৃতি-পথে বারংবার উদিত হওয়া। (**2**) *v.i.* to appear or visit frequently, বারংবার উদিত হওয়া বা যাতা-য়াত করা। (**3**) *n.* a place of frequent resort, যে স্থানে বারংবার যাতায়াত করা হয়। *a.* **haun°ted**—বারংবার যাতায়াত করা বা দর্শন করা হয় এমন ; (কাহারও বিশেষতঃ ভূতাদির দ্বারা) পরিপূর্ণ বা অধ্যুষিত ; ভূতগ্রস্ত ; ভুতুড়ে। [OF. *hanter*]

hautboy [ō°-boy, ঔ°বয়্] *n.* a wind-instrument, শানাই-জাতীয় বাঁশিবিশেষ। [F. *hautbois*, It. *oboe*]

hauteur [ō-ta(r)°, ঔটা্যা(র্)°] *n.* haughtiness, ঔদ্ধত্য। [F.]

Havana [ha-va°-na, হাভ্যা°ন্যা] *n.* an excellent quality of cigar made at Havana or in Cuba, উৎকৃষ্ট চুরুট-বিশেষ।

have [hav, হ্যাভ্] (**1**) *v.t.* to hold in possession or control, অধিকারে বা আয়ত্তে পাওয়া (to *have* a son, a pice or a property) ; to contain, অভ্যন্তরে ধারণ করা (the pot *has* no milk) ; to obtain, পাওয়া (to *have* a decree) ; to enjoy, উপভোগ করা (to *have* a reputation or freedom) ; to experience, অভিজ্ঞতালাভ করা ; to endure or undergo, সহ্য করা বা ভোগ করা (to *have* sorrow)। (**2**) *aux. v.* denoting perfect tenses, পুরাঘটিত কালসূচক উপক্রিয়াবিশেষ (to *have* gone) । *pr. 2nd. per. sing.* **have** ; (with 'thou') **hast** । *pr. 3rd. per. sing.* **has**, (arch.) **hath** ; *pr. pl.* (in all per's) **have**, *p.* **had**, (with 'thou') **hadst** । (**3**) *n.* a rich man, বিত্তবান্ ব্যক্তি, (পরি.) অস্তিমান্। *n.* **have°-not**—বিত্তহীন ব্যক্তি, (পরি.) নাস্তিমান্। *pl.* **have°-nots**। **(to) have at**—আক্রমণ করা, আঘাত হানা। **(to) have** (it) **back**—ফেরত পাওয়া। **(to) have had it**—সুযোগ নষ্ট হওয়া বা পাইবার সম্ভাবনা নির্মূল হওয়া (do not think I can give you the thing you want ; you *have had it*)। **(to) have one down**—কাহাকেও অভ্যাগত বা অতিথিরূপে পাওয়া। **(to) have** (it) **in**—গৃহাদির মধ্যে (কিছু) থাকা। **(to) have one in**—স্বীয় গৃহাদির মধ্যে (বাহিরের) কাহাকেও পাওয়া বা আনা। **(to) have it**—প্রভাববিস্তার করা ; ছাপাইয়া যাওয়া ; শাস্তি কুফল প্রভৃতি ভোগ করা। **(to) have** (it) **on**—পরিধান করা। **(to) have to do**—করিতে বাধ্য হওয়া। **(to) have** (it) **out**—বাহির করিয়া ফেলা ; প্রকাশ করা ; তুলিয়া ফেলা ; উৎপাটন করা। **(to) have it out (with)**—(কাহারও সহিত) স্পষ্টভাবে আলোচনাপূর্বক বোঝাপড়া করিয়া লওয়া। **(to) have to do with**—(কিছু সম্বন্ধে) আলোচনাদি করা। **(to) have one up**—আদালত প্রভৃতির সম্মুখে কৈফিয়ত দিবার জন্য তলব করা। [OE. *habban*, (*p.*) *haefde*, (*p. part.*) *gehaefd*—cp. G. *haben*, D. *have*]

haven [hā°vn, হেই°ভ্ন্] *n.* a harbour, পোতা-শ্রয় ; a refuge, আশ্রয়স্থল। [OE. *haefen*—cp. Du. *haven*, G. *hafen*]

haven't [hav°nt, হ্যাভ্°ন্ট্] *contr.* of **have not.**

haver [ha°-va(r), হ্যা°ভ্যা(র্)] (**1**) *v.i.* to talk nonsense, to talk foolishly, অর্থহীন উক্তি করা, বোকার মত কথা বলা। (**2**) *n.* foolish talk, নির্বোধ উক্তি। [?]

haversack [ha°-va(r)-sak, হ্যা°ভ্যা(র্)স্যাক্] *n.* a (soldier's) bag for carrying provisions, খাদ্য-বহনার্থ (সৈনিকের) ঝোলাবিশেষ। [F. *havresac* < G. *habersack* = a sack for carrying oats]

havildar [ha-vil°-da(r), হাভিল্°ডা্যা(র্)] *n.* an Indian sergeant, হাবিলদার। [Per. *hawal-dar*]

havoc [ha°-vak, হ্যা°ভ্যাক্] (**1**) *n.* devastation, ব্যাপক ধ্বংস। (**2**) *v.t.* to devastate, ব্যাপক ধ্বংস করা, মরুভূমি করা। *pr. pt.* **ha°vocking** । *p.* & *p. pt.* **ha°vocked** [ha°-vakt, হ্যা°ভ্যাক্ট্]। **(to) play havoc with** or **among, (to) make havoc of**—সমূহ ধ্বংসসাধন বা ক্ষতিসাধন করা। [AF. *havok* < OF. *havot*]

haw [haw, হ] *n.* a hedge, ঝোপ, বেড়া ; the hawthorn berry, বৈঁচিজাতীয় ফলবিশেষ। *n.* **haw°thorn**—কাঁটাগাছবিশেষ, বেড়াগাছবিশেষ। [OE. *haga*—cp. Du. *haag*, G. *hag*]

haw-haw [haw°-haw°, হ°হ°] *n.* & *int.* boisterous laughter, অট্টহাস্য, হো-হো। [imi.]

$hawk_1$—see **hawker.**

hawk$_2$ [hawk, হক্] (**1**) *n.* a bird of prey, শ্যেন, বাজ ; a keen-sighted person, তীক্ষ্ণদৃষ্টিসম্পন্ন ব্যক্তি ; a rapacious and predatory person, লোভী ও লুণ্ঠনকারী ব্যক্তি ; a person who favours the use of military force in foreign policy, যে ব্যক্তি বৈদেশিক নীতিতে বল-প্রয়োগে বিশ্বাসী । । (**2**) *v.t.i.* to hunt with trained hawks, শিক্ষিত বাজপাখির সাহায্যে শিকার করা । **(to) know a hawk from a handsaw**—বিভিন্ন বস্তুর মধ্যে পার্থক্য নির্ণয় করিতে পারা, বিচার-বুদ্ধির পরিচয় দেওয়া । *p.* & *p. pt.* **haw°ked** । *a.* **hawk°-eyed**—তীক্ষ্ণদৃষ্টিসম্পন্ন, শ্যেনচক্ষু । *a.* **hawk°-nosed**—শ্যেনপক্ষীর ন্যায় বক্রাগ্র নাসিকাযুক্ত । [OE. *hafoc*—cp. Du. *havic*]

hawk$_3$ [hawk, হক্] (**1**) *v.t.* to force up from the throat, কাশিয়া বা খক্‌খক্ করিয়া তুলিয়া ফেলা । (**2**) *v.i.* to clear the throat noisily, খক্‌খক্ শব্দে গলা সাফ করা । *p.* & *p. pt.* **haw°ked** । [imi.]

hawker [haw°ka(r), হ°ক্যা(র্)] *n.* an itinerant dealer, ফেরিওয়ালা (বর্তমানে এই ফেরিওয়ালা তাহার মালপত্র ভারবাহী পশু বা ঠেলাগাড়িতে করিয়া ফেরি করে—নিজের মাথায় বহন করে না) । *v.t.* **hawk**—ফেরি করা । *p.* & *p. pt.* **haw°ked** । [cp. G. *hoker*]

hawse [hawz, হজ্] *n.* part of a ship's bow in which hawseholes are cut for cables to run through, জাহাজের সামনের দিকে যেখানে কাছি যাইবার গর্ত কাটা থাকে । [ON. *hāls*=neck]

hawser [haw°-za(r), হ°জ্যা(র্)] *n.* a stout rope or cable, (বর্তমানে প্রায়ই তারে তৈয়ারি) রজ্জু বা কাছি । [GF. *haucier* ?]

hawthorn—see **haw.**

hay [hā, হেই] *n.* grass cut down and dried for fodder, খড় । **(to) hit the hay**—(অশি.) বিছানায় গা দেওয়া, শুইয়া পড়া, ঘুমাইতে যাওয়া । **(to) máke hay**—কর্তিত তৃণ লইয়া লোফালুফি করা ; বিশৃঙ্খল করা বা তালগোল পাকান ; তৃণ শুকাইয়া খড় তৈয়ারি করা । **(to) make hay while the sun shines**—সুযোগের বা সময়ের সদ্ব্যবহার করা । *n.* **hay°cock**—খড়ের মোচাকার গাদা । *n.* **hay°field**—যে মাঠে তৃণ শুকাইয়া খড় করা হয় । *n.* **hay°-fēver**—তৃণাদির পরাগ বা ধুলা নাকে যাওয়ার ফলে সর্দি কাশি মাথাধরা প্রভৃতি উপসর্গযুক্ত ব্যাধিবিশেষ । *n.* **hay°-fork**—খড় উলটান ও তোলার জন্য লম্বা হাতলওয়ালা আঁকশিবিশেষ । *n.* **hay°-loft**—খড়ের মাচা । *n.* **hay°-māker**—যে ব্যক্তি তৃণাদি শুকাইয়া খড় তৈয়ারি করে । *n.* **hay°-māking**—তৃণাদি শুকাইয়া খড় তৈয়ারি করা । *n.* **hay°rick, hay°stack**—খড়ের গাদা । *n.* **hay°-tīme**—উপযুক্ত সময় বা সুযোগ । **hay°wīre**—(**1**) *n.* খড়ের আঁটি বাঁধার জন্য তার ; (**2**) *a.* বিশৃঙ্খল ; উত্তেজিত ; বিক্ষিপ্তচিত্ত । **(to) go haywire**—বিক্ষিপ্তচিত্ত বা বিভ্রান্ত হওয়া । [OE. *hi(e)g, heg*—cp. ON. *hey*]

hazard [ha°-za(r)d, হ্যা°জ্যা(র্)ড্] (**1**) *n.* a dicing game, পাশাখেলাবিশেষ ; chance, অনিশ্চিত ভাগ্য, দৈব ; accident, আকস্মিক ঘটনা ; risk, ঝুঁকি ; danger, বিপদ্ । (**2**) *v.t.* to expose to risk or danger, ঝুঁকির বা বিপদের সম্মুখীন করা (to *hazard* one's life) ; to venture, সাহসভরে ঝুঁকি লওয়া । *p.* & *p. pt.* **ha°zardėd** । **at all hazards**—যে কোন ঝুঁকিই থাকুক না কেন, যে কোন বিপদ্ আসুক না কেন । *a.* **ha°zardous**—ঝুঁকিপূর্ণ ; বিপজ্জনক ; অনিশ্চিত । [Arab. *al azar*=the (throw of) dice]

haze [hāz, হেইজ্] (**1**) *n.* fog, mist, কুয়াশা ; obscurity, আবছায়া, অস্পষ্টতা ; mental obscurity, মানসিক আচ্ছন্নতা । (**2**) *v.t.* to make hazy, কুয়াশাচ্ছন্ন বা অস্পষ্ট করা । *a.* **hā°zy**—কুয়াশাচ্ছন্ন (*hazy* weather) ; অস্পষ্ট ; অনিশ্চিত । *adv.* **hā°zily** । *n.* **hāz°inėss** । [?]

hazel [hā°zl, হেই°জ্‌ল্] (**1**) *n.* a tree of the birch family, বৃক্ষবিশেষ । (**2**) *a.* of hazel, উক্ত বৃক্ষের ; light brown, (উক্ত বৃক্ষজাত বাদামের ন্যায়) হালকা বাদামি রঙের । *adv.* **hā°zelly** । *n.* **hā°-zel-nut**—উক্ত বৃক্ষজাত বাদাম । [OE. *haesel*—cp. G. *hasel*, Du. *hazel*]

hazy—see **haze.**

H-bomb [āch°-bomb, এইচ্°-বম্] *n.* উদ্‌জান-বোমা । [contr. of *hydrogen bomb*]

he [hē, হী] (**1**) *pro.* nominative, *masc. 3rd per.* সে, তিনি । *fem,* see **she** । (**2**) *a.* (esp. *in comp.*) male, পুরুষজাতীয় (*he°*-goat) ; very manly, অতি পৌরুষপূর্ণ (*he°*-man) । [AS.]

head [hed, হেড্] (**1**) *n.* the uppermost or the foremost part of an animal's body, মস্তক, মাথা, শিরা ; the brain, মস্তিষ্ক, মগজ ; intelligence, বোধশক্তি, মেধা, বুদ্ধি ; a chief or leader, সর্দার বা নেতা ; the principal person or administrator, প্রতিষ্ঠান বিভাগ গ্রাম সরকার রাষ্ট্র প্রভৃতির প্রধান ব্যক্তি বা কর্তা (যেমন, বিদ্যালয়ের প্রধান শিক্ষক, কলেজের অধ্যক্ষ, বিভাগের অধিকর্তা, গ্রামের মোড়ল, রাষ্ট্রের শাসক) ; the front or top, সম্মুখভাগ বা শীর্ষ (at the *head* of the procession) ; an individual, লোক, ব্যক্তি (an additional expense of Rs. 10 per *head*) ; a heading or classified account, শিরনাম বা হিসাবের খাত ; source of a stream, নদ্যাদির উৎস (the *head* waters of the Ganga) ; as a measure of length, দৈর্ঘ্যের মাপ হিসাবে (the horse won by a *head*) । (**2**) *v.t.i.* to lead or direct, নেতৃত্ব করা বা পরিচালনা করা ; to be at the head of, পুরোবর্তী হওয়া ; to get ahead of, আগাইয়া বা ছাড়াইয়া যাওয়া । (**3**) *v.t.* to strike (the ball) with the head, মাথা দিয়া (বল) মারা । *p.* & *p. pt.* **hea°dėd** । **an old head on young shoulders**—অল্পবয়স্ক ব্যক্তির প্রবীণ বয়সোচিত জ্ঞান । **head and shoulders above**

a person—কাহারও অপেক্ষা অনেকাংশে শ্রেষ্ঠ (Moliere was *head and shoulders above* his contemporaries) । **head and heart**—সমস্ত বুদ্ধি ও মন দিয়া । **head first** or **foremost**—মাথা বাড়াইয়া । **head over heels**—ডিগবাজি খাইয়া । **heads or tails**—নিক্ষিপ্ত মুদ্রা চিত্ বা উপুড় হইয়া পড়িবে তাহা বলিবার জন্য আহ্বান । **off one's head**—বিকৃতমস্তিষ্ক, খেপা । **on one's head**—ভূতলে মস্তকস্থাপনপূর্বক শূন্যে পা তুলিয়া দিয়া । **out of one's own head**—স্বতঃপ্রবৃত্তভাবে ; আপনা হইতে ; স্বীয় উদ্ভাবনী-শক্তিবলে । **over head and ears**—গভীরভাবে বিজড়িত । **two heads are better than one**—একজনের কাছে বুদ্ধি নেওয়ার চেয়ে দুজনের কাছে বুদ্ধি নেওয়া ভাল, (তু. বুদ্ধি নেবে দশের কাছে) । **weak in the head**—তেমন বুদ্ধিমান্ নয়, বোধশক্তিতে হীন । **(to) come to a head**—চরম অবস্থায় পৌঁছান ; মাথা গজাইয়া উঠা (the boil has *come to a head*) ! **(to) eat one's head off**—(প্রাণী প্রভৃতি সম্বন্ধে) যত মূল্য খোরাকির ব্যয়ও তত হওয়া । **(to) get it into one's head**—কোন বিষয়ে দৃঢ় প্রত্যয় বা দৃঢ় ধারণা হওয়া । **(to) give one one's head**—ইচ্ছামত চলিতে বা কাজ করিতে দেওয়া । **(to) go by the head**—মাথা নিচু করিয়া নিমজ্জিত হওয়া । **(to) go to one's head**—(ধারণাদি জন্মিবার ফলে) কাহারও গাম্ভীর্য বা সুবুদ্ধি নষ্ট হওয়া ; (মদ্যাদি সম্বন্ধে) মাথায় চড়া ও অবাঞ্ছিতরূপে মাতাল করা ; (সাফল্যাদি সম্বন্ধে) মাথা ঘুরাইয়া দেওয়া, আত্মহারা করা । **(to) hang one's head**—লজ্জাদিতে মাথা নত করা । **(to) have a head** (or **good head**) **on one's shoulders**—ক্ষমতা ও স্থৈর্য থাকা ; কাণ্ডজ্ঞান থাকা । **(to) head off**—আগাইয়া বা ছাড়াইয়া যাওয়া ; পথভ্রষ্ট বা উদ্দেশ্যভ্রষ্ট হওয়া । **(to) keep one's head**—ধৈর্য বজায় রাখা, মাথা ঠিক রাখা । **(to) lay heads together**—একত্র পরামর্শ ও সহযোগিতা করা । **(to) lose one's head**—ধৈর্য হারান, মাথা ঠিক না রাখা । **(to) make head against**—সাফল্যের সঙ্গে প্রতিরোধ করা । **(to) make head or tail of**—(usu. in neg.) কোন অর্থ খুঁজিয়া পাওয়া, মাথামুণ্ড খুঁজিয়া পাওয়া । **(to) poke one'e head**—ঝুঁকিয়া পড়া ; মাথা বাড়াইয়া দেওয়া । **(to) put heads together**—একত্র পরামর্শ ও সহযোগিতা করা । **(to) put into one's head**—কাহারও মনে কোন ধারণা জন্মান, মাথায় ঢোকান । **(to) put out of one's head**—কোন বিষয় সম্পর্কে চিন্তা করা হইতে বিরত হওয়া ; কোন ধারণা পরিত্যাগ করা ; কিছু ভুলাইয়া দেওয়া । **(to) shake the head**—অনিচ্ছা অসম্মতি অসমর্থন প্রভৃতি জ্ঞাপনার্থ মাথা নাড়া, মাথা নাড়িয়া 'না' বলা । **(to) take (it) into one's head**—ধারণা করা । **(to) talk one's head off**—বক্‌বক্ করিয়া মাথা ধরাইয়া দেওয়া । **(to) talk over the head of**—দুর্বোধ্যভাবে কিছু বলা বা আলোচনা করা । **(to) turn one's head**—see **turn** । *n.* **head°āche**—মাথা-ব্যথা, মাথাধরা । *n.* **head°band**—মাথায় বাঁধার ফিতা । *n.* **head°-boy**—সর্দার পড়ুয়া । *n.* **head°-cloth**—টুপির বদলে মাথায় পরার কাপড় । *n.* **head°-dress**—উষ্ণীষ, পাগড়ি । *a.* **hea°dėd**—মস্তকবিশিষ্ট । *n.* **hea°der**—head (*v.*)-এর সকল অর্থে, এবং—মাথা নিচু করিয়া জলে ঝম্পদান ; মাথা দিয়া মারা বল, হেড্-করা বল । *n.* **head°gear**—উষ্ণীষ, পাগড়ি । *n.* **head°-hunter**—বিজয়নিদর্শনস্বরূপ শত্রুর মস্তক কাটিয়া রাখে এমন অসভ্য জাতির লোক । *adv.* **hea°dily** । *n.* **hea°dinėss** । *n.* **hea°ding**—শিরনাম ; নেতৃত্ব, পরিচালনা ; অগ্রগমন ; মাথা দিয়া আঘাত । **heading towards**—অভিমুখ ; অভিমুখে অগ্রসরণরত । *n.* **head°land**—স্থলভাগের যে অংশ সমুদ্রে গিয়া পড়িয়াছে, অন্তরীপ । *a.* **head°lėss**—মস্তকহীন ; মস্তিষ্কহীন ; নির্বোধ ; নেতৃহীন । *n.* **head°-līght**—(গাড়ি প্রভৃতির) পুরোভাগস্থ বাতি । *n.* **head°-līne**—সংবাদপত্রাদির পৃষ্ঠার শীর্ষদেশস্থ শিরনাম । *n.* **head°-līner**—রঙ্গাভিনয়াদির ইশতিহারের শীর্ষদেশে যাহার নাম প্রায়ই দেখা যায় । **head°long**—(1) *adv.* সামনে মাথা বাড়াইয়া হঠকারিতার সহিত । (2) *a.* হঠকারী । *n.* **head°man**—সর্দার ; মোড়ল ; নেতা । *n.* **headmas°ter**—বিদ্যালয়ের প্রধানশিক্ষক । *fem.* **headmis°trėss** । *a.* **head°-mōst**—সর্বাধিক পুরোবর্তী বা অগ্রসর । **head°-on°**—(1) *a.* (গাড়ি প্রভৃতির সজ্বর্ষসম্বন্ধে) মুখামুখি (a *head-on* collision) । (2) *adv.* মুখামুখিভাবে । *n.* **head°phōne**—(usu. in *pl.*) মাথায় বাঁধিয়া ব্যবহার্য বেতারযন্ত্রবিশেষ । *n.* **head°piece**—শিরস্ত্রাণ ; টুপি ; শীর্ষভাগস্থ অংশ ; পুস্তকাদির অধ্যায়ের প্রারম্ভে অলঙ্করণ । *n. pl.* **head°quar°terṡ**—(প্রধান) সেনাপতির আবাস ও দফতর ; কেন্দ্রী দফতর ; কেন্দ্রস্থান : রাজধানী । *n.* **head°-room**—ফাঁকা জায়গা ; যানবাহনাদি চলাচলের উপযুক্ত (ফাঁকা) জায়গা । *n.* **head°set**—same as **headphone** । *n.* **head°ship**—প্রধান শিক্ষক বা শিক্ষিকার পদ । *n.* **headṡ°-man**—জল্লাদ, ঘাতক । *n.* **head°stall**—লাগামের যে অংশ অশ্বাদির মাথায় পরান হয় । *n.* **head°stōne**—কবরের শীর্ষদেশে স্থাপিত প্রস্তরখণ্ড । *a.* **head°strong**—একগুঁয়ে । *n.* **head-waiter**—হোটেলাদির সর্দার পরিচারক । *n.* **head°way**—(প্রধানতঃ জাহাজের) অগ্রগতি ; উন্নতি (the project has made no *headway*) । *n.* **head°-wind**—যে বাতাসের ঝাপটা সরাসরি মুখের উপর আসিয়া লাগে অর্থাৎ ঠিক বিপরীত দিক্ হইতে আগত বাতাস । *n.* **head°-word**—শিরনাম প্রভৃতিতে মোটা অক্ষরে মুদ্রিত শব্দ (যেমন অভিধানে আলোচিত শব্দাবলী) (*headwords* have been printed in heavy type) । *n.* **head°-work**—মানসিক কার্য ; বুদ্ধির কাজ । *n.* **head°-wor°ker**—বুদ্ধিজীবী ব্যক্তি । *a.* **hea°dy**—মস্তিষ্কপীড়নকর ; মত্ততাদায়ক ; প্রজ্বলিত ; হঠকারী ; প্রচণ্ড । [OE. *heafod*—cp. Du. *hoofd*]

heal [hel, হীল্] *v.t.i.* to cure or be cured, আরোগ্য করা বা হওয়া । *n.* **heal°-all**—সর্বরোগহর

ঔষধ। *n.* **hea°ler**—আরোগ্যকর্তা ; চিকিৎসক। **hea°ling**—(1) *n.* আরোগ্য ; চিকিৎসা। (2) *a.* আরোগ্যকর। [OE. *haelan*—cp. G. *heil*, Du. *heel*]

health [helth, হেল্‌থ্] *n.* sound bodily condition, স্বাস্থ্য ; bodily condition, শারীরিক অবস্থা (good or poor *health*) ; a toast, স্বাস্থ্য-কামনা (to drink a person's *health*)। **health resort**—স্বাস্থ্যকর স্থান, স্বাস্থ্যনিবাস। **health service**—স্বাস্থ্য কৃত্যক। *a.* **health°ful**—স্বাস্থ্যকর ; নৈতিক বা আধ্যাত্মিক উন্নতিসাধক। *adv.* **heal°thily** । *a.* **heal°thy**—স্বাস্থ্যবান্ (a *healthy* child) ; স্বাস্থ্যকর (a *healthy* climate) ; সুস্থতার পরিচায়ক (a *healthy* appetite)। [OE. *haelth*]

heap [hēp, হীপ্] (1) *n.* a mass of things resting one upon another, পুঞ্জ, পাঁজা ; a mound, স্তূপ ; (often in *pl.*) a collection, গাদা (*heaps* of books)। (2) *v.t.* to collect in a heap or mound, পুঞ্জীভূত করা, পাঁজা করিয়া সাজান, স্তূপাকার করা ; to mass or pile up, জড় করা, গাদা করা ; জমান। *p. & p. pt.* **hea°ped**। **struck all of a heap**—বিস্ময়ে বিহ্বল বা অভিভূত। [AS.—cp. G. *haufe*]

hear [hē(r), হিয়্যা(র্)] *v.t.i.* to perceive by the ear, শোনা, শ্রবণ করা ; to listen (to), কর্ণপাত করা ; to try judicially, বিচার করা ; to receive information, সংবাদ পাওয়া। *p. & p. pt.* **heard** [ha(r)d, হ্যা(র্)ড্]। **hear hear**—শ্রোতৃমণ্ডলী কর্তৃক সমর্থনসূচক ধ্বনি, বেশ বেশ। **(to) hear one out**—কাহারও বক্তব্যাদি শেষ পর্যন্ত শোনা। **not (to) hear of**—কর্ণপাত না করা ; শুনিতে না চাওয়া। *n.* **hēar°ing**—শ্রবণ ; শ্রবণশক্তি ; শ্রবণেন্দ্রিয়, শ্রুতি ; মকদ্দমাদির শুনানি ; শুনাইবার সুবিধা বা সুযোগ ; শ্রুতিপথ, শ্রবণের নাগাল। **hard of hearing**—কানে কম শোনে এমন, কানে কালা। *n.* **hear°ing-aid**—বধির ব্যক্তিগণকর্তৃক ব্যবহৃত বৈদ্যুতিক ধ্বনি সম্প্রসারক যন্ত্র। *n.* **hēar°say**—জনশ্রুতি, জনরব। **hearsay evidence**—জনরবভিত্তিক সাক্ষ্যপ্রমাণ। [OE. *heran*—cp. Du. *hooren*, ON. *heyra*]

heard—see **hear.**

hearken [hŭ(r)°k(a)n, হা(র্)°কন্] *v.t.i.* to listen attentively to, মনোযোগসহকারে শোনা বা কর্ণপাত করা। [OE. *hercnian*—cp. G. *horchen*]

hearsay—see **hear.**

hearse [ha(r)s, হ্যা(র্)স্] *n.* (ori.) a framework for candles at a funeral, (মূলতঃ) অন্ত্যেষ্টিক্রিয়াকালে মোমবাতিসমূহ রাখিবার আধারবিশেষ ; a car for carrying the dead, শবযান। *n.* **hearse°-cloth**—শবযান-আচ্ছাদনের জন্য বস্ত্র ; শবাচ্ছাদনবস্ত্র। [OF. *herse*]

heart [hŭ(r)t, হা(র্)ট্] *n.* the organ that circulates the blood, হৃৎপিণ্ড ; the innermost part, অন্তর, অন্তঃকরণ, অন্তরতম প্রদেশ বা অঞ্চল (*heart* of a city) ; the (imagined) seat of affection, হৃদয় ; the chief or vital part, প্রধান অংশ ; মর্মদেশ ; courage, সাহস (to take *heart*) ; cordiality, সমাদর ; a term of endearment, প্রিয়-সম্বোধনবিশেষ (dear *heart*) ; (usu. in *pl.*) a suit of playing-cards, তাসের হরতন। **a change of heart**—অন্তরের (শুভ) পরিবর্তন বা সংশোধন। **after one's own heart**—স্বীয় অভিরুচি-অনুযায়ী। **at heart**—প্রকৃত স্বভাবানুযায়ী, অন্তরে (honest *at heart*)। **by heart**—মুখস্থ করিয়া (to learn *by heart*)। **from the bottom of one's heart**—গভীর আন্তরিকতার সঙ্গে। **heart and soul**—পরিপূর্ণ আন্তরিকতা বা অনুরাগ সহকারে। **heart of heart(s)**—গভীরতম অনুভূতি ; বদ্ধমূল ধারণা বা বিশ্বাস, প্রগাঢ়তম স্নেহ। **heart to heart**—মনখোলা ও অন্তরঙ্গ (*heart to heart* talk)। **in good heart**—স্বাস্থ্যপূর্ণ অবস্থায় ; উর্বর অবস্থায় ; হাসিখুশি অবস্থায় ; সাহসের সহিত। **with all one's heart**—পূর্ণ ইচ্ছাসহকারে, সর্বান্তঃকরণে। **(to) break one's heart**—দুঃখ-হতাশাদিতে ভগ্নহৃদয় হওয়া বা ভগ্নহৃদয় হইয়া মারা যাওয়া ; গভীর মর্মপীড়া দেওয়া। **(to) eat one's heart out**—দুর্ভাগ্যাদি সম্বন্ধে চিন্তা করিতে করিতে শুকাইয়া মরিয়া যাওয়া। **(to) find it in one's heart** (to)—(chiefly in the neg. or interro.) মন চাওয়া, প্রবণ হওয়া, ঝোঁকা। **(to) have at heart**—(পরমাগ্রহে) হৃদয়ে পোষণ করা। **(to) have one's heart in one's mouth**—ভয়ে কম্পিত হওয়া, (তু.) বুক ধড়ফড় করা। **(to) have the heart** (to)—(usu. in the neg. or interro.) এতটা কঠিন হৃদয় বা সহানুভূতিহীন হওয়া (how can yon *have the heart* to beat such a fine dog)। **(to) lay to heart**—(কিছুর ফলে) গভীরভাবে মর্মপীড়িত হওয়া। **(to) lie at one's heart**—(কাহারও) কৌতূহলের বা ভালবাসার বস্তু হওয়া। **(to) lose heart**—নিরুৎসাহ হওয়া, মনের জোর হারান। **(to) lose one's heart to**—(কাহারও বা কিছুর প্রতি) অত্যন্ত অনুরাগী বা আসক্ত হওয়া ; প্রেমে পড়া। **(to) one's heart's content**—পরিতৃপ্তির শেষ সীমা অবধি, পরম পরিতৃপ্তি সহকারে। **(to) set one's heart on**—সাগ্রহে কামনা করা বা লোভ করা। **(to) set the heart at rest**—হৃদয় শান্ত করা ; দুঃখ আবেগ উৎকণ্ঠা প্রভৃতি দূর করা। **(to) speak to the heart**—সান্ত্বনা বা উৎসাহ দেওয়া। **(to) take heart**—দৃঢ়প্রত্যয়সম্পন্ন হওয়া বা দৃঢ় আস্থা রাখা, মনে জোর করা। **(to) take to heart**—ব্যথা পাওয়া ; খুব বেশি অনুভব করা বা লাগা। *n.* **heart°āche**—মর্মবেদনা ; দুঃখ। *n.* **heart°beat**—হৃৎস্পন্দন। *n.* **heart('s)°-blood**—হৃদয়শোণিত, প্রাণরক্ত ; সারাংশ ; প্রাণ। *n.* **heart°-break**—প্রাণঘাতী দুঃখ বা হতাশা, হৃদয়ভঙ্গ। *a.* **heart°-breaking**—প্রাণঘাতী ; প্রাণঘাতী দুঃখদায়ক ; হৃদয়ভঙ্গকর। *a.* **heart°-brōken**

—(দুঃখ বা হতাশায়) ভগ্নহৃদয়। *n.* **heart°-burn**—গলাজ্বালা বা বুকজ্বালা, অম্লরোগ, অম্বল ; (আল.) মর্মদাহ। *n.* **heart°-burning**—অসন্তোষ, বিক্ষোভ; ঈর্ষা। *n.* **heart°-diśeaśe°**—হৃদ্‌রোগ। *a.* **hear°tėd**—হৃদয়গত আবেগাদিসম্পন্ন (kind-*hearted*)। *v.t.i.* **hear°ten**—উৎসাহ দেওয়া বা পাওয়া। *n.* **heart°-failure**—হৃদ্‌ক্রিয়া বা হৃদ্‌স্পন্দন বন্ধ হওয়া অথবা তজ্জনিত মৃত্যু। *a.* **heart°-felt**—গভীরভাবে অনুভূত ; আন্তরিক। *adv.* **hear°tily**। *n.* **hear°tinėss**। *a.* **heart°lėss**—হৃদয়হীন ; নির্মম, নিষ্ঠুর। *adv.* **heart°lessly**। *n.* **heart°-lessnėss**। *n.* **heart°-quāke**—হৃদ্‌কম্প। *a.* **heart°-ren°ding**—হৃদয়বিদারী ; যন্ত্রণাদায়ক। *n.* **heart's°-ease**—pansy-পুষ্পের পুরাতন নাম। *a.* **heart°sick**—মর্মপীড়িত ; হতাশ। **heart°sore**—(**1**) *a.* ক্ষতহৃদয় ; দুঃখিতান্তঃকরণ ; (**2**) *n.* মর্মক্ষত ; দুঃখ। *n.* **heart°-string**—প্রাণশিরা ; (in *pl.*) মায়া দয়া প্রভৃতি হৃদয়বৃত্তি। *a.* **heart-whōle**—প্রণয়পীড়িত হয় নাই এমন ; আন্তরিক ; ডাহা। *a.* **hear°ty**—গভীরভাবে অনুভূত ; আন্তরিক, প্রকৃত (*hearty* attempt) ; সমাদরপূর্ণ ; সাদর (*hearty* reception) ; বলিষ্ঠ (*hearty* slap) ; পরিতোষপূর্ণ, জবর (*hearty* meal) ; দিলখোলা বা হাসিখুশি (*hearty* man)। [OE. *heorte*—cp. Du. *hart*, Sans. *hrit*]

hearth [hŭ(r)th, হা(র্)থ্] *n.* the fireside, ঘরের মেঝের যে অংশে উনান থাকে ; the house itself, গৃহ। **hearth and home**—গৃহ ও ইহার স্বাচ্ছন্দ্য। **(to) fight for hearth and altar**—(আপন) গৃহ ও ধর্ম রক্ষার জন্য সংগ্রাম করা। *n.* **hearth°-rug**—উনানের সম্মুখে যে কম্বল পাতা থাকে। *n.* **hearth°-stone**—যে পাথর দিয়া উনানের মেঝে তৈয়ারি হয়। [OE. *heorth*—cp. Du. *haard*]

heat [hēt, হীট্] (**1**) *n.* hotness, তাপ, উত্তাপ ; a high temperature, (দেহাদির) উচ্চ তাপ ; the hottest time, সর্বাপেক্ষা গরম কাল ; vehemence of passion, আবেগাদির প্রাবল্য বা প্রচণ্ডতা ; anger, ক্রোধ ; sexual excitement, কামোত্তেজনা (at, in or on *heat*) ; animation, উদ্দীপনা ; a single course in a race, ধাবন-প্রতিযোগিতার এক পাক বা চক্র ; (in *pl.*) preliminary rounds of competition held to select the contestants in the final, শেষ খেলার জন্য প্রতিদ্বন্দ্বীদের বাছাই করার উদ্দেশ্যে অনুষ্ঠিত প্রাথমিক প্রতিযোগিতা। (**2**) *v.t.i.* to make or become hot, উত্তপ্ত করা বা হওয়া। *n.* **heat°-a°poplexy**—সর্দিগর্মি, গ্রীষ্মাধিক্য-হেতু চেতনালোপ। *a.* **hea°tėd**—উত্তপ্ত ; উত্তেজিত ; ক্রুদ্ধ। *n.* **hea°ter**—যে ব্যক্তি বা যন্ত্র উত্তপ্ত করে ; উনানবিশেষ। *n.* **heat°-flash**—(পারমাণবিক বোমা প্রভৃতির বিস্ফোরণের ফলে) চরম উত্তাপ। **hea°ting**—(**1**) *n.* উত্তাপন। (**2**) *a.* উত্তাপক। *n.* **heat°-spot**—গাত্রচর্মের যে অংশে উত্তাপ অনুভূত হইতেছে বা উক্ত অনুভূতির চিহ্ন। *n.* **heat°-strōke**—প্রবল উত্তাপজনিত পীড়া, সর্দিগর্মি। *n.* **heat°-wāve**—আবহাওয়ার আকস্মিক তাপপ্রবাহ ; লু। [OE. *haeto*]

heath [hēth, হীথ্] *n.* a barren open country ; (প্রধানতঃ গুল্মাদিতে আচ্ছাদিত) উষর প্রান্তর ; a shrub, গুল্মবিশেষ, বেনা (?)। [OE. *haeth*—cp. G. *heide*]

heathen [hē°dh(a)n, হী°দ্‌ন্] (**1**) *n.* a person of no religion, or of some lower form of religion, ধর্মশূন্য বা নিম্নস্তরের ধর্মাবলম্বী জাতিভুক্ত ব্যক্তি (তু. ম্লেচ্ছ) ; one who is not a Christian, অখ্রিস্টান ; a follower of the old Greek religion, প্রাচীন গ্রীক-ধর্মাবলম্বী ব্যক্তি ; (coll.) a person without religion or civilization, (কথ্য.) ধর্মহীন বা অসভ্য ব্যক্তি, বর্বর। *pl.* **hea°-then** (সমষ্টিগতভাবে বা জাতিগতভাবে) ; **hea°-thenś** (ব্যক্তিগতভাবে)। (**2**) *a.* of or like the heathen, উক্ত জাতিসংক্রান্ত বা উক্ত জাতিবৎ ; irreligious, ধর্মহীন। *n.* **hea°thendom**—উক্ত জাতির সমাজ ; বর্বর-সমাজ। *a.* **hea°thenish**—উক্ত জাতিসংক্রান্ত ; রুক্ষ ; অসভ্য ; নিষ্ঠুর। *n.* **hea°-thenism**—উক্ত জাতির ধর্ম; অসভ্যতা, বর্বরতা। *v.t.* **hea°thenīze**—উক্ত জাতির ন্যায় আচার-আচরণবিশিষ্ট করিয়া তোলা। *n.* **hea°thenry**—উক্ত জাতির ধর্ম বা সমাজ। [OE. *haethen*—Du. *heiden*]

heather [he°-dha(r), হে°দ্যা(র্)] *n.* a variety of shrub, গুল্মবিশেষ। **(to) take to the heather**—বে-আইনি লোকে পরিণত হওয়ায় জঙ্গলে পলায়নপূর্বক জীবনযাপন করা। **hea°ther-mix-ture**—(**1**) *n.* উক্ত গুল্মের ন্যায় বিচিত্রবর্ণ বস্ত্র। (**2**) *a.* উক্ত গুল্মের ন্যায় বিচিত্রবর্ণ। *a.* **hea°thery**—উক্ত গুল্মে পূর্ণ। [?]

heave [hēv, হীভ্] (**1**) *v.t.i.* to lift or be lifted (esp. with an effort), (প্রধানতঃ কষ্টসহকারে) উত্তোলন করা বা উত্তোলিত হওয়া ; to swell, স্ফীত করা বা হওয়া। (**2**) *v.t.* to haul or haul up, সবলে টানা বা টানিয়া তোলা (to *heave* the anchor) ; to throw, নিক্ষেপ করা ; to force from the breast (as a sigh), (নিঃশ্বাসাদি) বক্ষ হইতে বাহির করিয়া দেওয়া (to *heave* a sigh)। *p.* & *p. pt.* (সাধারণ অর্থে) **hea°ved** ; ('haul'-অর্থে) *p.* **hōve**, *p. pt.* **hō°ven**। (**3**) *n.* an effort upward, সবলে উত্তোলন ; a swelling, স্ফীতি ; hauling, সবলে আকর্ষণ ; a throw, নিক্ষেপ। **heave ho**—নঙ্গরাদি উত্তোলনকালে নাবিকগণ যে 'হেইয়ো' ধ্বনি করে। **(to) heave in sight**—দৃষ্টিগোচর হওয়া। *n.* **hea°ver**—যে লোক ভারী জিনিস তোলে বা নামায়। [OE. *hebban*, (*p.*) *hof*, (*p. p.*) *hafen*—cp. G. *heben*]

heaven [he°vn, হে°ভ্‌ন্] *n.* (usu. in *pl.*) the

sky, আকাশ, গগন ; the upper regions of the air, ব্যোম, নভঃ ; the abode of God or the gods and the blessed, স্বর্গ ; Providence, নিয়ন্তা, নিয়তি ; supreme happiness, পরম সুখ। *n.* **Heaven**—ঈশ্বর। **in the seventh heaven** —পরমানন্দিত। **(to) move heaven and earth**—(কোন কার্যাদি সম্পাদনার্থ) যথাশক্তি চেষ্টা করা। *a.* **hea°ven-born**—স্বর্গজাত ; স্বর্গীয়। *a.* **hea°venly**—গাগনিক ; স্বর্গীয়, দিব্য ; ঐশ্বরিক ; পবিত্র ; বিশুদ্ধ ; পরম সুখী ; অত্যুৎকৃষ্ট। *n.* **hea°venliness**। **heavenly bodies**—নক্ষত্র গ্রহ উপগ্রহ প্রভৃতি, জ্যোতিষ্কমণ্ডলী। **the heavenly city**—স্বর্গ। *a.* **hea°venly-mīn°dėd**—পবিত্রমনাঃ, ধর্মভাবপূর্ণ। *a.* **hea°ven-sent**—ঈশ্বর-প্রেরিত; নিয়তি-নির্দিষ্ট (*heaven-sent* opportunity)। *a.* **hea°venward**—আকাশাভিমুখ ; স্বর্গাভিমুখ। *adv.* **hea°venward(s)**—আকাশাভিমুখে ; স্বর্গাভিমুখে। [OE. *heofon*]

heavy [he°-vi, হে°ভি] *a.* weighty, ভারী, গুরু-ভার ; lumbering, টানিতে বা ঠেলিতে কষ্ট হয় এমন (*heavy* feet) ; laden, বোঝাই ; of high specific gravity, উচ্চ আপেক্ষিক গুরুত্ব-সম্পন্ন ; hard to bear, দুর্বহ ; grievous, দুঃখদায়ক ; sad, দুঃখিত (*heavy* heart) ; grave, গম্ভীর ; dull, নীরস ; lacking sprightliness, নির্জীব ; intellectually slow, স্থূলবুদ্ধি, গবা (*heavy*-witted); laborious, শ্রমসাধ্য (*heavy* task) ; drowsy, তন্দ্রাতুর (*heavy* eyes) ; thick, মোটা (*heavy* pillar) ; hard to digest ; গুরুপাক (*heavy* food) ; strong, কড়া (*heavy* drink) ; heavy-armed, গুরুভার অস্ত্রাদিতে ভূষিত (*heavy* artillery) ; gloomy, অন্ধকারাচ্ছন্ন (*heavy* with clouds) । **heavy hydrogen**—ভারী উদ্‌জান বা হাইড্রোজেন অর্থাৎ স্বাভাবিক হাইড্রোজেন পরমাণু অপেক্ষা দ্বিগুণ ভারী হাইড্রোজেন আইসোটোপ। **heavy water**—ভারী জল অর্থাৎ যে জলে দুইটি ভারী হাইড্রোজেন পরমাণু (অপর নাম deuterium) এবং একটি সাধারণ অক্সিজেন পরমাণু থাকে (অপর নাম deuterium oxide)। *n.* **hea°viness**। *adv.* **hea°vy, hea°vily**। *a.* **hea°vy-han°dėd**—এলোমেলো, জবড়জং ; অত্যাচারপূর্ণ। *a.* **hea°vy-hear°tėd**—দুঃখভারপীড়িত। *a.* **hea°vy-lā°den**—গুরুভার বোঝায় বোঝাই। *n.* **hea°vy-weight**—অপেক্ষাকৃত গুরুভার ব্যক্তি বা বস্তু; ২ মন ৬ সেরেরও অধিক দৈহিক ওজনবিশিষ্ট মল্ল। [OE. *hefig* < *hebban* = to heave—cp. OHG. *hebig*]

hebdomadal [heb-do°-madl, হেব্‌ড°ম্যাড্‌ল্] *a.* weekly, সাপ্তাহিক (*hebdomadal* council)। [Gk. *hebdomas, hebdomados* = week]

Hebe [hē°-bi, হী°বি] *n.* the goddess of youth, গ্রীকদের তারুণ্যের দেবী। [Gk.]

Hebraic, Hebraism—see **Hebrew.**

Hebrew [hē°-broo, হী°ব্রূ] **(1)** *n.* a Jew, (প্রাচীন) ইহুদি ; the Semitic language of the Hebrews, হীব্রুভাষা। **(2)** *a.* of the Hebrews or their language, (প্রাচীন) ইহুদি-জাতীয় বা হীব্রুভাষার। *a.* **Hēbrā°ic(al)**—ইহুদিজাতির বা হীব্রুভাষার। *n.* **Hē°brāism**—হীব্রু চিন্তাধারা বা বাগ্বিধি। *n.* **Hē°brāist**—হীব্রুভাষার পণ্ডিত। *v.t.i.* **Hebraize** [hē°-bre-īz, হী°ব্রেআইজ্] হীব্রুভাষায় রূপান্তরিত করা বা হীব্রু বাগ্বিধি ব্যবহার করা। [OF. *Ebreu.* L. *Hebraeus*]

Hecate [he°-ka-ti, হে°ক্যাটি] *n.* a mysterious Greek goddess, রহস্যময়ী গ্রীক দেবীবিশেষ। [Gk.]

hecatomb [he°-ka-tōm, হে°ক্যাটোম্] *n.* a great public sacrifice (especially of 100 oxen in ancient Greece), ব্যাপক সর্বজনীন বলি (বিশেষতঃ প্রাচীন গ্রীসে শত বৃষ-বলি)। [Gk. *hecatombe*]

heck [hek, হেক্] *n.* (coll. euphem.) hell, (কথ্য. কোমল-উক্তি) নরক। **what the heck**—গ্রাহ্য করি না। [form of *hell*]

heckle [hek°l, হেক্°ল্] **(1)** *v.i.* to comb (পশম শণ প্রভৃতি) আঁচড়ান ; to catechize severely, প্রশ্নবাণে জর্জরিত করা। **(2)** *n.* a hackle, পশমাদি আঁচড়ানর জন্য চিরুনি। *n.* **heck°ler**। [cp. *hackle*]

hectare [hek°-tŭ(r), হেক্°টা(র্)] *n.* a measure of area (10000 sq. metres = 2·471 acres), জমির আয়তনের মাপবিশেষ। [*hecto-*, F. *are* = area < L.]

hectic [hek°-tik, হেক্°টিক্] **(1)** *a.* consumptive, ক্ষয়কর ; affected with consumptive fever, ক্ষয়জ্বরগ্রস্ত ; morbidly flushed, রোগে আরক্তিম ; (coll.) feverish, (আল.) উত্তেজিত ও অস্থির। **(2)** *n.* hectic fever, ক্ষয়জ্বর ; a consumptive, ক্ষয়-রোগী। [Gk. *hektikos* = habitual]

hecto- [hek°-tō, হে°ক্টো] *in comp.* 100 times, শতগুণ, শত- (*hectogram, hectolitre, hectometre*)। [F. < Gk. *hekaton* = a hundred]

hector [hek°-ta(r), হেক্°ট্যা(র্)] **(1)** *n.* a bully, যে ব্যক্তি তর্জন-গর্জন করিয়া কর্তৃত্ব জাহির করে। **(2)** *v.t.i.* to bully, তর্জন-গর্জন করিয়া কর্তৃত্ব জাহির করা। [Gk. *Hektor*, the Trojan hero]

hedge [hej, হেজ্] **(1)** *n.* a close row of bushes or small trees serving as a fence, বেড়ার কাজ করে এমন সব ঝোপের বা ক্ষুদ্র বৃক্ষের ঘন সারি (যেমন, ফণিমনসা পাতাবাহার) ; (fig.) a barrier, (আল.) প্রতিবন্ধক ; means of defence against possible loss, সম্ভাব্য ক্ষতি হইতে সংরক্ষণের ব্যবস্থা। **(2)** *v.t.* to enclose with a hedge, উক্ত ঝোপ বা বৃক্ষসারি দিয়া বেড়া দেওয়া ; to surround, ঘেরাও করা ; to guard, রক্ষা করা ; to secure oneself against loss, ক্ষতি বা লোকসান রোধের ব্যবস্থা করা (to *hedge* a speculative transaction)। **(3)** *v.i.* to make hedges, উক্ত বেড়া-ঝোপ বা বৃক্ষসারি প্রস্তুত করা ; to avoid giving a direct answer, সরাসরি জবাব এড়াইয়া

যাওয়া বা না দেওয়া (don't *hedge*, say 'yes' or 'no') । *n.* **hedgehog** [hej°-og, হেজ্°অগ্] কাঁটা-চুয়া ; মেলামেশার অযোগ্য লোক, অসামাজিক ব্যক্তি । *n.* **hedge°-row**—বেড়া-ঝোপের বা বেড়া-গাছের সারি । *n.* **hedge°-schōōl**—যে বিদ্যালয় খোলা মাঠে বসে । *n.* **hedge°-spa°rrow, hedge°-warb°ler**—পক্ষিবিশেষ (ইহারা ঝোপে ঝোপে গান গাহিয়া ফেরে) । [OE. *hecg*—cp Du. *hegge*]

hedonic—see **hedonism.**

hedonism [hē°-do-nizm, হী°ডনিজ়্ম্] *n.* the ethical doctrine that pleasure is the highest good, (নীতিশা.) ভোগসুখ বা আনন্দই শ্রেয়ঃ বিধান : এই মত, আনন্দবাদ । *a.* **hē°donic, hēdonis°tic**—আনন্দবাদী । *n.* **hē°donist**—আনন্দবাদী দার্শনিক । [Gk. *hedone*=pleasure]

heed [hēd, হীড়্] (1) *v.t.* to observe, লক্ষ্য করা ; to attend to, মনোযোগ দেওয়া । (2) *n.* notice, লক্ষ্য ; attention, মনোযোগ । **(to) take heed**—সতর্ক বা মনোযোগী হওয়া । **(to) pay or give heed to**—মনোযোগ দেওয়া । *a.* **heed°ful**—মনোযোগী ; সতর্ক । *a.* **heed°lėss**—অমনোযোগী ; অসতর্ক । [OE. *hedan*—cp. Du. *hoeden*]

heehaw [hē°-haw°, হী°হ°] *n.* a bray, গাধার ডাক, রাসভনিনাদ ; loud laugh, উচ্চ হাস্য । [imi.]

heel₁ [hēl, হীল্] *v.i.t.* to lean or cause to lean on one side, (জাহাজাদি সম্পর্কে) একপাশে (ঈষৎ) কাত হওয়া বা কাত করান । [OE. *hieldan*—cp. Du. *hellen*]

heel₂ [hēl, হীল্] (1) *n.* the part of the foot projecting behind, গোড়ালি ; the whole foot, (প্রধানতঃ পশুর) সমগ্র চরণ ; the covering or support of the heel, a spur, গোড়ালির ঢাকনা বা গোড়ালি রাখার জায়গা, নাল, রেকাব ; the hinder part of anything, কোন-কিছুর পশ্চাদংশ ; a heel-like bend, গোড়ালির ন্যায় আকারবিশিষ্ট বাঁক । (2) *v.t.* to perform or touch or strike with the heel, গোড়ালি দিয়া করা বা ছোঁয়া বা মারা ; to furnish with a heel, গোড়ালি অথবা গোড়ালির ঢাকনা বা নাল বা রেকাব লাগান ; to seize by the heels, গোড়ালি আঁকড়াইয়া ধরা । (3) *v.t.i.* to follow at the heels of, পায়ে-পায়ে অনুসরণ করা । **at heel, at** or **on** or **upon one's heels**—ঠিক পিছনে, পায়ে-পায়ে । **down at heel**—জুতার গোড়ালি ক্ষয় হইয়া গিয়াছে এমন ; ছেঁড়া ও ময়লা পোশাক-পরিহিত ; দুর্দশাগ্রস্ত । **heel of Achilles**—(কাহারও) একমাত্র দুর্বল স্থান । **heels over head**—নিচের দিকে মাথা করিয়া ; ডিগবাজি খাইয়া । **out at heel**—ছেঁড়া মোজার ফাঁক দিয়া গোড়ালি দেখা যাইতেছে এমন ; দুর্দশাগ্রস্ত । **under the heel of**—(আল.) পর্যুদস্ত । **(to) come to heel**—পিছনে-পিছনে আসা ; কুকুরের ন্যায় আজ্ঞাপালন ও অনুসরণ করা । **(to) kick** or **cool one's heel**—প্রতীক্ষা করিতে বাধ্য হওয়া । **(to) kick up one's heels**—তিড়িংতিড়িং করিয়া লাফান বা নাচা । **(to) lay** or **set** or **clap (fast) by the heels**—শৃঙ্খলিত করা । **(to) lie by the heels**—কারারুদ্ধ থাকা । **(to) show a clean pair of heels, (to) take to one's heels**—চম্পট দেওয়া, ভাগিয়া যাওয়া । **(to) tread on one's heels**—ভিড় করিয়া পিছনে আসা, সামনে যাইবার জন্য ঠেলাঠেলি করিতে করিতে গোড়ালি মাড়াইয়া দেওয়া । **(to) turn on** or **upon one's heel**—বোঁ করিয়া পিছনে ঘুরিয়া যাওয়া বা ঘুরিয়া চলিয়া যাওয়া । *n.* **heel°tap**—পানশেষে গেলাসে মদের যে তলানি পড়িয়া থাকে । [OF. *hela*—cp. Du. *hiel*]

heft [heft, হেফ্ট্] (1) *n.* heaving, সবলে উত্তোলন ; (in U.S.A.) weight, ওজন । (2) *v.t.* to lift, উত্তোলন করা ; to try the weight of, ওজন-নির্ধারণের জন্য তোলা বা তুলিতে চেষ্টা করা । *p.* & *p. pt.* **hef°tėd** । *a.* **hef°ty**—(প্রধানতঃ দেহ-সম্পর্কে) ভারী গোছের ; হৃষ্টপুষ্ট ; তাগড়াই ; প্রবল । [see *heave*]

hegemony [hi-ge°-ma-ni, হিগে°ম্যানি] *n.* leadership, (প্রধানতঃ রাষ্ট্রসঙ্ঘভুক্ত কোন রাষ্ট্রদ্বারা অন্যান্য রাষ্ট্রের উপর) কর্তৃত্ব, নেতৃত্ব । [Gk. *hegemonia* < *hegemon*=leader]

hegira [he°-ji-ra, হে°জির্যা] *n.* the Mohammedan era, ৬২২ খ্রিষ্টাব্দে মোহাম্মদের মক্কা হইতে পলায়নের তারিখ হইতে গণিত হিজরি সন । [Ar. *hijrah*=flight]

he-goat—see **he.**

heifer [he°-fa(r) হে°ফ্যা(র্)] *n.* a young cow that has not had calf, বকনা-বাছুর । [OE. *heahfore, heahfru*]

heigh [hā, হেই] *int.* a cry of inquiry, encouragement, etc., প্রশ্ন উৎসাহদান প্রভৃতি সূচক উচ্চধ্বনিবিশেষ । *int.* & *n.* **heigh°-hō°**—ক্লান্তি একঘেঁয়েমি হতাশা প্রভৃতি সূচক ধ্বনিবিশেষ । [imi.]

height [hīt, হাইট্] *n.* altitude, উচ্চতা ; a high point, উচ্চ স্থান ; top, শীর্ষ, শিখর, চূড়া ; excellence or dignified elevation, উৎকর্ষ বা মহিমা । *v.t.i.* **heigh°ten**—উঁচু করা বা উঁচু হওয়া ; উন্নতি-বিধান বা উন্নতিলাভ করা ; অগ্রসর করান বা অগ্রসর হওয়া ; তীব্রতর করান বা হওয়া (to *heighten* an effect) । [OE. *hiehtho, heahthu* < *heah*=high]

heinous [hā°nas, হেই°ন্যাস্] *a.* extremely wicked, চরম অসৎ বা দুর্বৃত্তিপূর্ণ ; odious, জঘন্য । *adv.* **hei°nously** । *n.* **hei°nousnėss** । [OF. *hainos*]

heir [ā(r), এয়্যা(র্)] *n.* a (lawful) successor, (আইনসম্মত) উত্তরাধিকারী । *fem.* **heir°ėss** । *n.* **heir°-appa°rent**—কোন জীবিত ব্যক্তির আইন-সম্মত উত্তরাধিকারী । *a.* **heir°lėss**—উত্তরাধিকারি-হীন । *n.* **heir°lōōm**—যে আসবাবপত্র বা ব্যক্তিগত অস্থাবর সম্পত্তি পুরুষানুক্রমে পরিবারে চলিয়া আসিয়াছে । *n.* **heir°-presump°tive**—ঘনিষ্ঠতর কোন আত্মীয় না জন্মিলে যাহার উত্তরাধিকারলাভের সম্ভাবনা আছে । [OF. < L. *heres*]

hejra [hej°-ra, হেজ্‌°র‍্যা] var. of **hegira.**

hejira—alt. spell. of **hegira** ।

held—see **hold**$_2$.

heliacal [hi-lī°-ak(a)l, হিলাই°অ্যাক্‌ল্] *a.* (astr.) of the sun, সূর্যসংক্রান্ত, সৌর। [Gk. *heliakos* < *helios*=the sun]

helianthus [hē-li-an°-thas, হীলিঅ্যান্‌°থ্যাস্] *n.* the sunflower genus, সূর্যমুখী-গোত্র। [Gk. *helios*=the sun, *anthos*=flower]

helical—see **helix.**

Helicon [he°-li-kon, হে°লিকন্] *n.* source of poetic inspiration, কাব্য-প্রেরণার উৎস। *a.* **Helicō°nian** । [Gk. Helikōn=a mountain-range in Boeotia sacred to Muses]

helicopter [he°-li-kop-ta(r), হে°লিকপ্‌ট্যা(র্)] *n.* a flying machine, বিমানপোতবিশেষ, হেলিকপ-টার। [Gk. *helix*=screw, *pteron*=wing]

helio- [hē°-li-ō, হী°লিঔ] *in comp.* sun, সৌর, সূর্য-। *a.* **hēliōcen°tric**—সূর্যকেন্দ্রিক। **hē°liŏ-graph**—(**1**) *n.* সূর্যালোক প্রতিফলিত করিয়া সাঙ্কেতিক বার্তা প্রেরণের জন্য যন্ত্রবিশেষ। (**2**) *v.t.* উক্ত যন্ত্রযোগে (বার্তা) প্রেরণ করা। *n.* **hēlio°latry**—সূর্যোপাসনা। *n.* **hēlio°sis**—সর্দিগর্মি। *n.* **heliother°apy**—সূর্যচিকিৎসা। *n.* **heliotrope** [he°-li-a-trōp, হে°লিয়্যাট্রৌপ্] সূর্যমুখী ফুল বা তাহার গাছ; সূর্যমুখী ফুলের ময়ূরপঙ্খী রঙ্‌। *a.* **heliotropic** [he-li-a-tro°-pik, হেলিয়্যাট্র°পিক্] ময়ূরপঙ্খী-বর্ণবিশিষ্ট; সূর্যাভিমুখ, সূর্যাবর্তী। [Gk. *helios*]

helipad [he°-li-pad, হে°লিপ্যাড্] *n.* a helicopter's route, হেলিকপটারের গতিপথ; (inc.) a heliport, (অশু.) হেলিকপটারের ওঠা-নামার জায়গা। [Gk. *helix*=screw, Du. *pad*=a path —cp. *helicopter*]

heliport [he°-li-paw(r)t, হে°লিপ্য(র্)ট্] *n.* a stopping-place for helicopters, হেলিকপটারের ওঠা-নামার পক্ষে উপযুক্ত স্থান। [Gk. *helix*=screw, see *port*—cp. *helicopter*]

helium [hē°-li-am, হী°লিয়্যাম্] *n.* a gas, সূর্যমণ্ডলস্থ গ্যাসবিশেষ, হীলিয়াম্। [Gk. *helios*=the sun]

helix [hē°-liks, হী°লিক্‌স্] *n.* a spiral, স্ক্রুর ন্যায় পেঁচাল কিছু। *n.* **He°lix**—কেওড়া-কীট। *a.* **helical** [he°-lik(a)l, হে°লিক্‌ল্] স্ক্রুর ন্যায় পেঁচাল। [Gk.]

he'll$_1$ [hēl, হীল্] contr. of **he will.**

hell$_2$ [hel, হেল্] *n.* the abode of the dead or of the damned or of the evil spirits, মৃতের আলয় বা নরক; a place of vice and misery, অসৎকর্ম ও দুর্দশার আড্ডা; a gambling-house, জুয়ার আড্ডা। **come hell or high water**—যে-কোন বাধাই আসুক না কেন। **for the hell of it**—বিশেষ কোন কারণে নহে, কেবল মজার বা তামাশার জন্য। **harrying** or **harrowing of hell**—খ্রিস্ট কর্তৃক আত্মাসমূহের উদ্ধারসাধন। **hell for leather**—যথাসম্ভব দ্রুতবেগে। *a.* **hell°-bent**—নাছোড়বান্দা। *a.* **hell°-born**—নরকে জাত বা উৎপন্ন। *a.* **hell°-bred**—নরকে প্রতিপালিত। *n.* **hell°-cat**—হিংসুটে বিড়াল। *n.* **hell°-fire**—নরকে চিরবিদ্যমান দাবানল, নরকাগ্নি, নরকভোগ, নরকযন্ত্রণা। *a.* **hell°-gāte**—নরকের দ্বার; যমদ্বার। *n.* **hell°-hound**—নরকের কুত্তা; নরকের দূত; নারকী জীব; অতি দুর্বৃত্ত। *a.* **he°llish**—নারকীয়; নরকতুল্য। *adv.* **he°llish(ly)** । *n.* **he°llishness** । *a.* **hell°-ward**—নরকাভিমুখ। *adv.* **hell°ward(s)**—নরকাভিমুখে। [OE. *hel(l)*—cp. ON. *hel*]

hellebore [he°-li-baw(r), হে°লিব্য(র্)] *n.* a plant of the rose-family or its flower, গোলাপ-জাতীয় বৃক্ষবিশেষ বা তাহার ফুল (একদা ইহাকে উন্মাদ-রোগের ঔষধ বলিয়া মনে করা হইত)। [Gk. *helleboros*]

Hellene [he°-lēn, হে°লীন্] *n.* a Greek, গ্রীস্-বাসী, গ্রীক। *a.* **Hellē°nic**—গ্রীসের, গ্রীক-জাতীয়। *n.* **He°llėnism**—গ্রীক বাগ্বিধি ভাবধারা সংস্কৃতি বা আচার-আচরণ। *n.* **He°llėnist**—গ্রীক-ভাষাবিৎ; গ্রীক ভাষা ও আচার-আচরণ অবলম্বনকারী (বিশেষতঃ ইহুদি)। **He°llėnize**—(**1**) *v.i.* গ্রীক নিয়ম মানিয়া চলা; (**2**) *v.t.* গ্রীকে পরিণত করা। [Gk. *Hellen*]

hello [hu°-lō°, হা°লৌ°] var. of **hallo.**

helm$_1$ [helm, হেল্‌ম্] (**1**) *n.* steering apparatus, হাল। (**2**) *v.t.* to steer, হাল ধরা; to direct, চালনা বা পরিচালনা করা। *n.* **helms°man**—কাণ্ডারী। [OE. *helma*—cp. G. *helm*=a handle]

helm$_2$ [helm, হেল্‌ম্], **hel°mėt**—*n.* a covering of armour for the head, মাথার বর্ম, শিরস্ত্রাণ। *a.* **hel°mėtėd**—শিরস্ত্রাণপরিহিত। [AS.]

helot [he°-lat, হে°ল্যাট্] *n.* an ancient Spartan slave or serf, প্রাচীন স্পার্টার ক্রীতদাস বা ভূমিদাস বা খেতি-মজুর; (fig.) member of a social class humiliated and held in subjection, (আল.) অবজ্ঞাত ও পদদলিত শ্রেণীর লোক। *n.* **he°lotåge**—উক্ত ক্রীতদাসত্ব বা মজুরগিরি। *n.* **he°lotry**—উক্ত বা যে-কোন ক্রীতদাসবর্গ বা মজুরগণ। [Gk. *Heilotes*]

help [help, হেল্‌প্] (**1**) *v.t.i.* to assist, সাহায্য করা; to contribute or donate, দান চাঁদা ভিক্ষা প্রভৃতি দেওয়া। (**2**) *v.t.* to relieve, ত্রাণ করা; to relieve the wants of, অভাবমোচন করা; to deal out, বণ্টন করিয়া দেওয়া; to remedy, প্রতিকার করা; to mitigate or prevent, দমন করা বা বাধা দেওয়া (I cannot *help* it)। *p.* & *p. pt.* **hel°pėd** । (**3**) *n.* assistance, সাহায্য; relief, উদ্ধারার্থ সাহায্য; contribution, donation, দান চাঁদা ভিক্ষা প্রভৃতি; an assistant, সহকারী। **more than one can help**—প্রয়োজনাতিরিক্ত। **so help me God**—শপথবিশেষ। **(to) help off with**—খুলিতে বা করিতে বা এড়াইতে সাহায্য করা। **(to) help on with**—পরিতে সাহায্য করা। **(to) help oneself**

(to)—আমন্ত্রণের বা অধিকারপ্রাপ্তির অপেক্ষা না করিয়াই (খাওয়ার জন্য) গ্রহণ করা। **(to) help out**—কিছু যোগ দিয়া অভাবাদি পূরণ করা, সম্পূরণ করা। *n.* **hel°per**—সাহায্যকারী ; সহকারী। *a.* **help°ful**—সহায়ক ; উপকারী ; কাজের। *adv.* **help°fully**। *n.* **help°fulness**। *n.* **hel°ping**—ভোজনকালে বণ্টিত খাদ্যের ভাগ। *a.* **help°less**—অক্ষম ; অসহায়। *adv.* **help°lessly**। *n.* **helplessness**। *n.* **help°mate, help°meet**—পত্নী। [OE. *helpan,* (*p.*) *healp,* (*p. pt.*) *holpen*—cp. ON. *hjalpa*]

helter-skelter [hel°-ta(r)-skel°-ta(r), হেল্°-টাা(র্)স্কেল্°টাা(র্)] **(1)** *adv.* in a confused hurry, বিশৃঙ্খলভাবে তাড়াহুড়া করিয়া, ব্যস্তসমস্ত হইয়া। **(2)** *n.* a confused medley, বিশৃঙ্খল ও ব্যস্তসমস্ত ভিড়। **(3)** *a.* confused, বিশৃঙ্খল ; confusedly hurrying, বিশৃঙ্খল তাড়াহুড়া-পূর্ণ। [imi.]

helve [helv, হেল্ভ্] *n.* the handle of an axe or similar tool, কুড়ুলাদির হাতল। **(to) throw the helve after the hatchet**—লোকসানের উপর লোকসান দেওয়া বা চাপান। [OF. *h(i)elfe*=a handle]

Helvetian [hel-ve°-shi-an, হেল্ভী°শিঅ্যান্] **(1)** *a.* Swiss, সুইজারল্যান্ড্-দেশীয়। **(2)** *n.* a Swiss, সুইজারল্যান্ড্বাসী। [L. *Helvetia*=Switzerland]

hem$_1$ [mm, ম্‌ম্] *n.* & *int.* a sort of half-cough to draw attention, মনোযোগ-আকর্ষণার্থ উম্‌ম্-ধ্বনি। [imi.]

hem$_2$ [hem, হেম্] *n.* a border, (বস্ত্রাদির) প্রান্ত বা পাড় বা আঁচলা ; a border doubled down and sewed, মুড়ি-সেলাই-দেওয়া পাড়। **(2)** *v.t.* to form a hem on, বস্ত্রাদির প্রান্তকে মুড়ি-সেলাই দেওয়া। *pr. pt.* **he°mming**। *p.* & *p. pt.* **he°mmed**। **(to) hem in** or **up**—পরিবেষ্টন করা, ঘেরাও করা। **hem°stitch**—**(1)** *n.* বস্ত্রাদির প্রান্তের কতকগুলি সুতা বাহির করিয়া লইয়া সেলাই, ঝুলপি-সেলাই ; **(2)** *v.t.* ঝুলপি-সেলাই করা। *p.* & *p. pt.* **hem°stitched**। [OE. *hemm(n.)*]

he-man—see **he.**

hematic—see **haem-.**

hemi- [he-mi°, হেমি°] *in comp.* half, অর্ধ-। *n.* **hemianō°p(s)ia**—দৃষ্টিক্ষেত্রের অর্ধাংশব্যাপী অন্ধত্ব। **hemi°crania**—আধকপালে মাথাধরা। **hemiple°gia**—শরীরের একদিকে পক্ষাঘাত বা অসাড়তা। *n.* **he°misphere**—গোলার্ধ ; ভূ-গোলার্ধ বা তাহার মানচিত্র। **Eastern hemisphere**—পূর্ব গোলার্ধ অর্থাৎ ইউরোপ এশিয়া ও আফ্রিকা। **Western hemisphere**—পশ্চিম গোলার্ধ অর্থাৎ আমেরিকা। *a.* **hemispheric** [he-mi-sfe°-rik, হেমিস্ফে°রিক্], **hemisphe°rical**—গোলার্ধ বা ভূ-গোলার্ধ সংক্রান্ত। *n.* **hemistich** [he°-mi-stik, হে°মিস্টিক্] কবিতার শ্লোকার্ধ। [Gk.]

hemlock [hem°-lok, হেম্°লক্] *n.* a poisonous plant, or its poison, বিষলতাবিশেষ বা উহার বিষ। [OE. *hymlice*]

hemo-—see **haem-.**

hemp [hemp, হেম্প্] *n.* a plant of the mulberry family, শণ ; a narcotic drug such as bhang, canabis, hashish, marijuana, etc. obtained from this plant, শণ হইতে প্রাপ্ত ভাং প্রভৃতি চেতনানাশক বা অসাড়তাজনক মাদক দ্রব্যাদি। *a.* **hempen** [hem°-pan, হেম্°প্যান্] শণে তৈয়ারি। [OE. *h(a)enep*—cp. G. *kannabis*]

hemstitch—see **hem**$_2$.

hen [hen, হেন্] *n.* a female bird, পক্ষিণী ; the female of the cock, মুরগি হংসী প্রভৃতি। *mas.* see **cock** । **as scarce as hen's teeth**—অতি দুর্লভ বা দুষ্প্রাপ্য। **like a hen with one chicken**—অসম্ভব রকমের ঝামেলাসৃষ্টিকারী বা ব্যস্তবাগীশ। *n.* **hen°bāne**—নিদ্রাকর্ষক উদ্ভিজ্জ মাদক-পদার্থবিশেষ। *n.* **hen°-cōōp**—মুরগির বাক্স বা খাঁচা। *a.* **hen°-hear°ted**—ভীরুস্বভাব। *n.* **hen°-house**—মুরগির বাসা বা বড় বাক্স। *n.* **henn°ery**—হাঁস-মুরগি প্রভৃতি পালনের স্থান। *n.* **hen°-party**—কেবল স্ত্রীলোকদের জন্য অনুষ্ঠিত পারটি অর্থাৎ আনন্দ ভোজ প্রভৃতির আসর। *v.t.* **hen°peck**—(স্ত্রী কর্তৃক স্বামীর উপরে) কর্তৃত্ব করা। *a.* **hen°pecked**—স্ত্রৈণ। *n.* **hen°-roost**—কুক্কুটাদির নিশাযাপনের জন্য নির্দিষ্ট স্থানাদি। *n.* **hen°-run**—হাঁস-মুরগি প্রভৃতির বিচরণের জন্য ঘেরাও করা স্থান বা জায়গা। [OE. *henn*—cp. *cock,* G. *henne*]

hence [hens, হেন্স্] **(1)** *adv.* from this place, এই স্থান হইতে ; from this time onwards, এখন হইতে ভবিষ্যতে, অতঃপর ; in the future, ভবিষ্যতে ; from this cause or reason or origin, এই নিমিত্ত, এই কারণে, এই উৎস হইতে, অতএব। **(2)** *int.* begone, ভাগ, যাও, দূর হও। *adv.* **hence°forth, hence°forward**—এখন হইতে ভবিষ্যতে, অতঃপর। [ME. *hennes*<OE. *heonan* cp. L. *hinc*]

henchman [hensh°-man, হেন্শ্°ম্যান্] *n.* a servant, ভৃত্য ; a page, বালক-ভৃত্য ; a right-hand man, দক্ষিণহস্তস্বরূপ সহায়ক ব্যক্তি ; an ardent supporter, দৃঢ় সমর্থক। [OE. *heng(e)st*=a horse, *man*]

hendecagon [hen-de°-ka-gon, হেনডে°ক্যাগন্] *n.* a plane figure of eleven sides and angles, একাদশ বাহু ও কোণ সমন্বিত ক্ষেত্র বা তল। [Gk. *hendeka*=eleven, *gōnia*=an angle]

hendecasyllable [hen-de-ka-si-la-bl, হেন্°-ডেক্যাসি°ল্যাব্ল্] *n.* a metrical line of eleven syllables, একাদশ অক্ষর বা মাত্রাবিশিষ্ট ছন্দোবদ্ধ পঙ্‌ক্তি। [Gk. *hendeka*=eleven, *syllabē*=a syllable]

For words in *hemo-* & *hen-*, not given separately, see **haem** and **hen** respectively.

hendiadys [hen-dī°-a-dis, হেন্‌ডাই°অ্যাডিস্] *n.* a rhetorical figure, বাক্যালঙ্কারবিশেষ : ইহাতে বিশেষণ ও বিশেষ্য সংবলিত একটি যৌগিক ভাবকে দুইটি বিশেষ্য দিয়া প্রকাশ করা হয় (যেমন, heraldry and law=heraldic law)। [Gk. *hen dia dyoin*= one by two]

henna [he°-na, হে°ন্যা] *n.* an Oriental shrub, হেনা, মেহেদি ; a dye obtained from its shoots and leaves, মেহেদি-লতা হইতে প্রাপ্ত রঞ্জক বা রঙ্‌। *a.* **he°nnad**—মেহেদির রঙে রঞ্জিত। [Ar.]

hep [hep, হেপ্] *a.* (sl.) well-informed, (অশি.) ওয়াকিবহাল ; stylish, ফ্যাশনদোরস্ত ; abreast of advanced trends, প্রগতিশীল বা আধুনিক ভাবধারাসম্পন্ন। *n.* **hep-cat**—হালফ্যাশনের লোক ; জনপ্রিয় তাললয়সমন্বিত জাজ সঙ্গীত ও নৃত্যের অনুরাগী। [?]

heparin [he°-pa-rin, হে°প্যারিন্] *n.* substance extracted from animal liver and used to prevent clotting of blood, প্রাণীর যকৃৎ-নির্যাস বিশেষ : ইহা রক্তের চাপ-বাঁধা রোধ করে। [L. *hepar*]

hepatic [hi-pa°-tik, হিপ্যা°টিক্] (1) *a.* of or good for the liver, যকৃৎসংক্রান্ত বা যকৃতের উপকারসাধক ; liver-hued, যকৃতের ন্যায় বর্ণবিশিষ্ট। (2) *n.* a hepatic medicine, যকৃতের ব্যাধির ঔষধ। *n.* **hėpatī°tis**—যকৃতের প্রদাহ। [Gk. *hepatos*=liver]

hepta- [hep°-ta, হেপ্°ট্যা] *in comp.* seven, সপ্ত-। *n.* **hep°tachord**—সপ্ততন্ত্রী বাদ্যযন্ত্রবিশেষ। *n.* **hep°tad**—সাত ব্যক্তি বা বস্তুর সমষ্টি, সপ্তক। *n.* **heptagon** [hep°-ta-gan, হেপ্°ট্যাগ্যান্] সমসপ্তভুজ ক্ষেত্র। [Gk.]

her [ha(r), হ্যা(র্)] *pro. genet.* (or *poss. a.*), *dat.* and *accus.* of **she,** (স্ত্রীলিঙ্গে) তাহার, তাঁহার, তাহাকে, তাঁহাকে। *mass.* see **his, him**। *pro. poss.* (used without a *n.*) **hers**—তাহার বা তাঁহার (স্ত্রী)। *pro.* (*refl.*) **her°self**—সে বা তিনি স্বয়ং (স্ত্রী) ; তাহাকে বা তাঁহাকে নিজেকে (স্ত্রী)। [OE. *hire*]

herald [he°r(a)ld, হে°র্‌ল্ড্] (1) *n.* an officer who made public proclamations and arranged ceremonies, ঘোষণা-প্রচারক এবং উৎসবাদির ব্যবস্থাপক সহকারী কর্মচারী ; an officer in charge of the etiquette of chivalry, the register of the genealogies and armorial bearings, বীরধর্মের আদবকায়দা এবং অভিজাতদের বংশাবলী ও কুলচিহ্নের তালিকা সংরক্ষণের ভারপ্রাপ্ত সরকারি কর্মচারী, সরকারি কুলাচার্য বা ভাট ; an official who reads out proclamation, সরকারি ঘোষণা-পাঠকারী কর্মচারী ; a proclaimer, (সরকারি) ঘোষক ; a forerunner, অগ্রদূত। (2) *v.t.* to usher in, আগন্তুকের পরিচয়াদি ঘোষণাপূর্বক (তাহাকে সভাকক্ষাদিতে) লইয়া আসা ; to announce the arrival of, আগমনবার্তা ঘোষণা করা ; to proclaim, ঘোষণা করা। *p.* & *p. pt.* **he°raldėd**। *a.* **heraldic** [he-ral°-dik, হেরাল্‌°ডিক্] (সরকারি) ঘোষক বা ভাটদের সংক্রান্ত অথবা তাহাদের বৃত্তিসংক্রান্ত। *n.* **he°raldry, he°raldship**। [OF. *herault*]

herb [ha(r)b, হ্যা(র্)ব্] *n.* a plant with no woody stem, শক্ত ডাঁটাহীন লতা (যেমন, হেলেঞ্চা) ; a medicinal plant, ঔষধি। **herb beer**—লতাপাতা হইতে প্রস্তুত বিয়ার। *a.* **herbaceous** [ha(r)-bā°-shas, হ্যা(র্)বেই°শ্যাস্] লতাপাতা-সংক্রান্ত ; লতাপাতা-দ্বারা প্রস্তুত বা পূর্ণ ; লতাপাতার ন্যায়। *n.* **her°bȧge**—লতাপাতাসমূহ, শাকপাতা ; জমিতে পশুচারণের অধিকার। **her°bal**—(1) *a.* লতাপাতার ভেষজ গুণসংক্রান্ত ; (2) *n.* উক্ত গুণবিষয়ক পুস্তক। *n.* **her°balist**—লতাপাতার ভেষজ গুণবিৎ ব্যক্তি ; ভেষজ গুণসম্পন্ন লতাপাতার বিক্রেতা বা সংগ্রাহক। *n.* **herbār°ium**—লতাপাতার সংগ্রহ ও সংরক্ষণ। *pl.* **herbār°iumṡ, herbār°ia**। *n.* **her°bivōre**—তৃণভোজী প্রাণী। *a.* **herbivorous** [ha(r)-bi°-va-ras, হ্যা(র্)বি°ভ্যার্যাস্] লতাপাতা-ভোজী। [F. *herbe*<L. *herba*]

Herculean [ha(r)-kū-li°-an] হা(র্)কিউলি°অ্যান্] *a.* of or like Hercules, গ্রীক বীর হারকিউলিস্-সংক্রান্ত বা তত্তুল্য ; extremely laborious and difficult or dangerous, যৎপরোনাস্তি শ্রমসাধ্য এবং কঠিন বা বিপজ্জনক ; of extraordinary strength and size, অসাধারণ বলবান্ ও বিরাট্‌কায়। **Hercules' choice**—অলস আরামের জীবন ত্যাগপূর্বক কঠোর শ্রমপূর্ণ জীবনগ্রহণ। **Hercules' club**—হারকিউলিসের গদার ন্যায় ভীমাকৃতি গুরুভার গদা (তু. ভীমের গদা)। [Gk. *Herakles*=Hercules]

herd₁ [ha(r)d, হ্যা(র্)ড্] *n.* a herdsman, পশুপালক (cow*herd*)। [OE. *hi(e)rde*—cp. G. *hirte*]

herd₂ [ha(r)d, হ্যা(র্)ড্] (1) *n.* a company of beasts, পশুপাল, যূথ ; a large company of people, (তুচ্ছার্থে) মানুষের পাল বা বড় দল। (2) *v.i.* to go in a herd, (পশুসম্বন্ধে) দলবদ্ধ হইয়া বিচরণ করা ; to live like beasts in a herd, পশুর ন্যায় দল বাঁধিয়া বাস করা। (3) *v.t.* to put in a herd, যূথভুক্ত করা ; to drive together, (পশুপালের ন্যায়) একত্র তাড়িত বা চালিত করা। *p.* & *p. pt.* **her°dėd**। *n.* **herd°-instinct**—যূথচর-প্রবৃত্তি। *n.* **herdṡ°man**—পশুপালক। [OE. *heord*—cp. G. *herde*]

here [hē(r), হিয়্যা(র্)] *adv.* in, to or at this place or point, এইস্থানে, এখানে। **here and there**—এখানে-সেখানে, ইতস্ততঃ ; মাঝে-মাঝে ; বিরলভাবে ; অনিয়মিতভাবে। **here goes**—বক্তা যে কিছু করিতে উদ্যত হইয়াছে তাহার নির্দেশপূর্ণ সবিস্ময় উক্তি। **here there and everywhere**—সর্বত্র। **here's to**—আমি (অমুকের) স্বাস্থ্যকামনায় মদ্যপান করিতেছি। **here you are**—ইহাই তুমি চাও ; এই-ই পথ বা উপায়। **neither here nor there** —অবান্তর, এ বিষয়সম্পর্কিত নহে। *adv.* **hēre°-about(s)**—এখানে (কাছাকাছি) কোথাও। **hēre-**

af°ter—(1) *adv.* অতঃপর ; ভবিষ্যতে ; (2) *n.* ভবিষ্যৎ অবস্থা ; ভবিষ্যৎ। *adv.* **hēreat°**—ইহাতে ; এই কারণে। *adv.* **hēreby°**—এতদ্দ্বারা। *adv.* **hērein°**—ইহার মধ্যে ; এখানে। *adv.* **hēreinaf°ter**—অতঃপর ইহাতে (*hereinafter* in this letter)। *adv.* **hēreinbéfore°**—ইতঃপূর্বে ইহাতে। *adv.* **hēreof°**—ইহার। *adv.* **hēreto°**—ইহার দিকে ; (আর্ষ.) এখন পর্যন্ত ; ইহার জন্য। *adv.* **hēre°tofore°**—ইতঃপূর্বে ; পূর্বে। *adv.* **hēre°un°der**—ইহার নিচে। *adv.* **hēre°unto°**—এই সময় পর্যন্ত ; এই পর্যন্ত। *adv.* **hēre°upon°**—ইহার উপরে ; ইহাতে ; ইহার ফলে ; ইহার অব্যবহিত পরে। *adv.* **hēre°with°**—ইহার সঙ্গে। [OF. *her*—cp. Du. & G. *hier*]

heredity [hi-re°-di-ti, হিরে°ডিটি] *n.* transmission of characters to descendants, বংশ-পরম্পরাক্রমে চারিত্রিক বৈশিষ্ট্যাদির পুনরাবৃত্তি, (পরি.) বংশগতি ; heritability, উত্তরাধিকারসূত্রে প্রাপ্তি-সাধ্যতা। *a.* **hère°ditable**। *n.* **hereditabi°lity**। *n.* **hereditament** [he-ri-di°-ta-ment, হেরিডি°ট্যাম্যান্ট্] উত্তরাধিকারসূত্রে প্রাপ্তিসাধ্য সম্পত্তি ; উত্তরাধিকার। *a.* **hereditary** [hi-re°-di-t(a)ri, হিরে°ডিট্‌রি] বংশগত ; উত্তরাধিকারসূত্রে প্রাপ্ত। *adv.* **hère°ditarily**। *n.* **hèreditariness**। [L. *hereditas*<*heres*=an heir]

heresy [he°-ra-si, হে°র‍্যাসি] *n.* belief contrary to accepted doctrine, প্রচলিত (ধর্ম-) মতের বিরুদ্ধ বিশ্বাস। *n.* **he°retic**—প্রচলিত (ধর্ম-)মতের বিরুদ্ধ মতাবলম্বী ব্যক্তি। *a.* **heretical** [hi-re°-tik-(a)l, হিরে°টিক্‌ল্] প্রচলিত (ধর্ম-) মতবিরোধী। [OF. *heresie*<L. *haeresis*]

heriot [he°-ri-at, হে°রিঅ্যাট্] *n.* a fine due to the lord of a manor on a tenant's death, প্রজার মৃত্যুর দরুন জমিদারকে দেয় জরিমানা। [OE. *heregeatu*]

heritable [he°-ri-tabl, হে°রিট্যাব্‌ল্] *a.* that may be inherited, উত্তরাধিকারসূত্রে প্রাপ্তিসাধ্য। *adv.* **he°ritably**। [F.]

heritage [he°-ri-tij, হে°রিটিজ্] *n.* that which is inherited, উত্তরাধিকারসূত্রে প্রাপ্ত সম্পত্তি পদ গুণাগুণ প্রভৃতি, উত্তরাধিকার। [OF.]

hermaphrodite [ha(r)-ma°-fra-dīt, হ্যা(র্)ম্যা°-ফ্র্যাডাইট্] (1) *a.* having the characteristics of both sexes, উভলিঙ্গ। (2) *n.* a hermaphrodite animal or plant, উভলিঙ্গ ব্যক্তি বা প্রাণী বা উদ্ভিদ ; (fig.) person or thing combining opposite qualities, (আল.) বিপরীত লক্ষণ-সমন্বিত ব্যক্তি বা বস্তু। [Gk. *Hermaphroditos*, who became one with the nymph Salmacis]

Hermes [ha(r)°-mēz, হ্যা(র্)°মীজ্] *n.* the messenger of the Greek gods, গ্রীক দেবতাদের বার্তাবাহী দেবতা। [Gk.]

hermetic [ha(r)-me°-tik, হ্যা(র্)মে°টিক্] *a.* (esp. of alchemy) closed airtightly, (প্রধানতঃ অপ-রসায়ন-সম্বন্ধে) বাতাসও ঢুকিতে পারে না এমনভাবে রুদ্ধ ; perfectly closed, সম্পূর্ণভাবে রুদ্ধ। *adv.* **herme°tically**। [*Hermes Trismegistos*, the Egyptian god of science]

hermit [ha(r)°-mit, হ্যা(র্)°মিট্] *n.* a solitary religious ascetic, নির্জনবাসী সন্ন্যাসী ; a person living in solitude, নির্জনবাসী। *fem.* **her°mitèss**। *n.* **her°mitàge**—সন্ন্যাসীর আশ্রম : নির্জন আবাস। [ME. *eremite*<Gk. *eremites*]

hern [ha(r)n, হ্যা(র্)ন্] var. of **heron.**

hernia [ha(r)°-ni-a, হ্যা(র্)°নিয়্যা] *n.* protruding rupture, অন্ত্রবৃদ্ধিমূলক রোগবিশেষ, হার্নিআ। [L.]

hero [hēr°-ō, হিয়্যার্°ঔ] *n.* (ori.) a demigod, (মূলতঃ) উপদেবতা ; man of distinguished valour, বীরপুরুষ ; an illustrious and idealised person, আদর্শ পুরুষ ; the principal male figure in a story, fiction, play etc., কাহিনী উপন্যাস নাটক প্রভৃতির প্রধান পুরুষ-চরিত্র নায়ক বা নেতা। *fem.* **heroine** [he°-rŏ-in, হে°রোইন্]। **hèrŏ°ic**—(1) *a.* বীরসুলভ, বীরোচিত ; বীরত্বপূর্ণ ; বীরগণসংক্রান্ত ; মহাকাব্যীয়। (2) *n.* মহাকাব্যের ছন্দে লিখিত কবিতা ; (in *pl.*) ভাবের বা ভাষার উচ্ছ্বাস। **heroic couplet**—মহাকাব্যের (ছন্দে লিখিত) শ্লোক। **heroic poem**—মহাকাব্য। **heroic verse**—মহাকাব্যের ছন্দে লিখিত কবিতা। **hero's welcome**—বীরোচিত অভ্যর্থনা। *a.* **hèrŏ°ical**—same as **heroic** (*a.*)। *n.* **heroism** [he°-rŏ-izm, হে°রোইজ্‌ম্] বীরত্ব ; সাহস ; শৌর্য। *n.* **hēr°ō-worship**—বীরপূজা ; বিশিষ্ট ব্যক্তিদের প্রতি অত্যধিক ভক্তি। [Gk. *heros*—cp. L. *vir*, OE. *wer*=a man, Sans. *vira*]

heroic(al)—see **hero.**

heroin [he°-rŏ-in, হে°রোইন্] *n.* a narcotic drug prepared from morphine, (ঔষধে ও নেশারূপে ব্যবহারের জন্য) মরফিন হইতে তৈয়ারি মাদকবিশেষ। [?—cp. Gk. *heros*=a hero]

heroine—see **hero.**

heron [he°r(a)n. হে°র্‌ন্] *n.* a wading bird, সারস-জাতীয় পক্ষিবিশেষ। [OF. *hairon*]

hero-worship—see **hero.**

herpes [ha(r)°-pēz, হ্যা(র্)°পীজ্] *n.* a skin disease, পোড়া নারাঙ্গা বা বিসর্প। [L.<Gk.]

herpetology [ha(r)-pi-to°-la-ji, হ্যা(র্)পিট°ল্যাজি] *n.* study of reptiles, সরীসৃপ-সংক্রান্ত বিদ্যা। [Gk. *herpeton*=a reptile]

herr [hā(r), হেয়্যা(র্), her, হের্] *n.* lord or master : the German term of address equivalent to 'sir' or 'Mr.' প্রভু বা কর্তা : 'বাবু' 'শ্রীযুক্ত' প্রভৃতির ন্যায় জর্মানদের নামের পূর্বে প্রযোজ্য আখ্যা। [G.]

For words in *here-*, not given separately, see **here.**

herring [he°-ring, হে°রিং] *n.* a small sea-fish, ক্ষুদ্র সামুদ্রিক মৎস্যবিশেষ, সিন্ধু-সফরী। **red herring**—লবণাদিতে জারিত শুঁটকি হেরিংমাছ ; আলোচনার মোড় ফেরানর জন্য যে বিষয়ের অবতারণা করা হয়। [OE. *h(a)ering*—cp. G. *haring*]

hers, herself—see **her.**

Hertzian [he(r)t°-si-an, হ্যা(র্)°ট্‌সিঅ্যান্] *a.* of or discovered by Hertz, বিজ্ঞানী হার্ট্‌স্-সংক্রান্ত বা তৎকর্তৃক আবিষ্কৃত। **Hertzian waves**—(রেডিওতে ব্যবহৃত) তড়িৎ-চুম্বকীয় তরঙ্গ। [Heinrich *Hertz* (1857-94), German physicist]

he's [hēz, হীজ়্] *contr.* of **he is, he has**। **he's had it**—(অমা.) তাহার জন্য কিছুই নাই ; সে নিহত হইয়াছে।

hesitancy—see **hesitate.**

hesitate [he°-zi-tāt, হে°জ়িটেইট্] *v.i.* to stop in making a decision, ইতস্ততঃ করা, দ্বিধা করা। *p. & p. pt.* **he°sitātėd** । *n.* **he°sitancy, hesitātion**—দ্বিধা। *a.* **he°sitant**—ইতস্ততঃ করে এমন, দ্বিধাপূর্ণ ; দ্বিধাগ্রস্ত। *adv.* **he°sitantly** । [L. *haesitare*]

Hesper [hes°pa(r), হেস্°প্যা(র্)], **Hesperus** [hes°-p(a)ras, হেস্°প্র্যাস্] *n.* the evening-star, সন্ধ্যাতারা। **Hespēr°ian**—(1) *a.* পাশ্চাত্ত্য ; (2) *n.* পাশ্চাত্ত্যবাসী। [Gk. *hesperos*=evening, western]

Hessian [he°-si-an, হে°সিঅ্যান্] (1) *a.* of Hesse, জর্মানীর হেস্-প্রদেশীয়। (2) *n.* a native of Hesse, হেসের লোক ; a jute cloth, চট। **Hessian boot**—(প্রথমে হেসের সৈনিকগণ কর্তৃক ব্যবহৃত) দীর্ঘ বুটজুতাবিশেষ। **Hessian fly**—গোধুম-বিধ্বংসী পতঙ্গবিশেষ।

hest [hest, হেস্ট্] *n.* behest, আদেশ, অনুজ্ঞা ; vow, শপথ। [OE. *haes*]

het [het, হেট্] *a.* (sl.) heated, উত্তপ্ত। **het up**—(কথ্য.) উত্তেজিত ; উত্ত্যক্ত, উদ্বিগ্ন। [dial. *p. p.* of heat]

hetaera [hė-tēr°-a, হিটেয়্যার্°অ্যা], **hetaira** [hi-tī°-ra, হিটাই°র‍্যা] *n.* courtesan, mistress (esp. in ancient Greece), (বিশে. প্রাচীন গ্রীসে) রাজসভার বারাঙ্গনা, রক্ষিতা। [Gk. *hetaira*]

hetero- [he°-ta-rō, হে°ট্যারৌ] *in comp.* other, different, one or other, অন্য, ভিন্ন, একটি না হয় অন্যটি। *a.* **heterodox** [he°-t(a)ra-doks, হে°ট্র্যাডক্স্] প্রচলিত (ধর্ম-)মতের বিরোধী। *n.* **he°terodoxy**—প্রচলিত (ধর্ম-)মতের বিরোধিতা। *a.* **hetero°gamous**—অসমজননকোষী। *n.* **heterogeneity** [he-t(a)rŏ-ji-nē°-ti, হেট্রোজিনী°টি], **heterŏgē°nėousnėss** । *a.* **heterŏgē°nėous**—বিভিন্ন ধর্মী, নানাধর্মী ; বিভিন্ন উপাদানে গঠিত। *adv.* **he°terŏgē°nėously** । *n.* **heterogenesis** [he-t(a)rŏ-je°-ni-sis, হেট্রোজে°নিসিস্] স্বয়ং-জনন ; পরবর্তী জনন। *a.* **hetero°merous**—অসমাংশক। *a.* **heterose°xual**—ইতররতি-প্রবণ। *n.* **heterosexuali°ty**—ইতররতি। *a.* **hetero-tro°phic**—পরভোজী। [Gk. *heteros*]

heuristic [hū-ris°-tik, হিউরিস্°টিক্] (1) *a.* serving to discover, খুঁজিয়া বাহির করে এমন, অনুসন্ধানমূলক, আবিষ্কারমূলক (*heuristic* method)। (2) *n.* (usu. in *pl.*) the art of discovery in logic, ন্যায়শাস্ত্রগত আবিষ্কারবিদ্যা বা অনুসন্ধানবিদ্যা ; the method in education by which the pupil is set to find out things for himself, যে শিক্ষাপ্রণালীতে ছাত্রছাত্রীকে নিজে নিজে সব কিছু বাহির করিতে শেখান হয়। [Gk. *heuriskein*=to find]

hew [hū, হিউ] *v.t.i.* to cut with blows, কোপাইয়া কাটা। *p.* **hew°ed** । *p. pt.* **hew°ed, hewn** । *n.* **hew°er** । **hewers of wood and drawers of water**—যাহারা অত্যন্ত শ্রমসাধ্য এবং দাসোচিত কাজ করে, অতি নিম্নশ্রেণীর শ্রমজীবী। [OE. *heawon*—cp. G. *hauen*]

hex [heks, হেক্স্] *n.* witch, ডাইনী ; magic spell, সম্মোহন, যাদুমন্ত্র ; anything that brings bad luck, যাহা দুর্ভাগ্যের কারণ, দুর্ভাগ্যসূচক বস্তু বা বিষয়। [G. *hexe*]

hexa- [heks°-ā, হেক্স্°অ্যা] *in comp.* six. ছয়, ষট্-। *n.* **hex°achord**—ষড়্‌তন্ত্রী বাদ্যযন্ত্রবিশেষ। *n.* **hex°ad**—ছয় ব্যক্তি বা বস্তুর সমষ্টি। *n.* **hexagon** [heks°-a-gan, হেক্স্°অ্যাগ্যান্] ষড়্‌ভুজ ক্ষেত্র। *a.* **hexa°gonal**—ষড়্‌ভুজাকার। **hexa°mėter**—(1) *n.* ষড়্‌মাত্রিক কবিতা বা চরণ। (2) *a.* ষড়্-মাত্রিক। [Gk. *hex*]

hey [hā, হেই] *int.* used to call attention or express surprise or interrogation, মনোযোগ-আকর্ষণ অথবা বিস্ময় বা প্রশ্নসূচক ধ্বনিবিশেষ, এই বা অ্যা। **hey presto** [···pres-tō°,···প্রেস্টৌ°] জাদুকর কর্তৃক কৃত কোন ভেলকির অবসানসূচক ধ্বনি।

heyday [hā°-dā, হেই°ডেই] *n.* full bloom, flush, (যৌবন সমৃদ্ধি প্রভৃতির) পরম বা পূর্ণ বিকাশ, তুঙ্গী অবস্থা (in the *heyday* of youth)। [?]

hi [hī, হাই] *int.* calling attention, মনোযোগ আকর্ষক অব্যয়বিশেষ, ওহে, এই। [imi.]

hiatus [hī-ā°-tas, হাইএই°ট্যাস্] *n.* a gap, (ধারাবাহিকতায়) ফাঁক বা বিচ্ছেদ ; (gr.) a concurrence of vowel sounds in two consecutive syllables, (ব্যাক.) পরপর দুইটি সন্ধিযোগ্য শব্দাংশে বা সিল্যাব্‌লে সন্ধি না করিয়া স্বরপ্রয়োগ। [L.]

hibernal—see **hibernate.**

hibernate [hī°-ba(r)-nāt, হাই°ব্যা(র্)নেইট্] *v.i.* to winter, শীতযাপন করা। *p. & p. pt.* **hī°bernā°tėd** । *a.* **hī°bernal**—শীতকালীন। *n.* **hībernā°tion** । [L. *hibernare*]

Hibernian [hī-ba(r)°-ni-an, হাইব্যা(র্)°নিঅ্যান্] (1) *a.* of Ireland, আয়ারল্যান্ড্-দেশীয়। (2) *n.* an Irishman, আয়ারল্যান্ড্-বাসী। [L, *Hibernia*=Ireland]

hic [hik, হিক্] *int.* sound of hiccup, হিক্কার শব্দ বা আওয়াজ। [imi.]

hiccup, hiccough [hi°-kup, হি°কাপ্] (**1**) *n.* respiratory spasm, হিক্কা, হেঁচকি। (**2**) *v.i.* to make a hiccup, হিক্কা তোলা। (**3**) *v.t.* to say with a hiccup, হিক্কা তুলিয়া বলা। *p.* & *p. pt.* **hi°ccuped, hi°ccoughed**। [imi.]

hick [hik, হিক্] *n.* (coll.) a countryman or farmer, (কথ্য.) পল্লীবাসী বা কৃষক। [?]

hickey [hi°-ki, হি°কি] *n.* gadget, কাজের সহায়ক ছোটখাট কল। [?]

hickory [hi°-ka-ri, হি°ক্যারি] *n.* a North American hardwood tree, উত্তর আমেরিকার শক্ত কাঠের গাছবিশেষ। [Native Virginian *pohickery*]

hid—see **hide₂**.

hidalga—see **hidalgo.**

hidalgo [hi-dal°-gō, হিড্যাল্°গৌ] *n.* a Spanish nobleman of the lowest order, স্পেনের নিম্নতম অভিজাত সম্প্রদায়ের লোক ; a Spanish gentleman, স্পেনদেশীয় ভদ্রলোক। *fem.* **hidal°ga**। [Sp. *hijo de algo*=son of something]

hidden—see **hide₂**.

hide₁ [hīd, হাইড্] (**1**) *n.* the skin of a beast, পশুচর্ম ; (joc.) the human skin, (বিদ্রূপে) মানুষের চামড়া। **(to) save one's hide**—(নিজেকে) প্রহারাদি হইতে বাঁচান। **(to) tan a person's hide**—(কাহাকেও) মারধোর করা। *a.* **hīde°-bound**—আঁটো চর্মযুক্ত (অর্থাৎ গায়ে মাংস নাই এমন) ; (আল.) সঙ্কীর্ণমনাঃ, গোঁড়া। *n.* **hi°ding**—দারুণ প্রহার। [OF. *hyd*—cp. G. *haut*]

hide₂ [hīd, হাইড্] *v.t.i.* to conceal or go into concealment, লুকাইয়া ফেলা বা লুকাইয়া পড়া, লুকান, গোপন করা বা গোপনে থাকা। *p.* **hid** [hid, হিড্]। *p. pt.* **hi°dden, hid**। *n.* **hīde°-and-seek°**—লুকাচুরি। *n.* **hīde°-away**—পলাতক ; গোপনতা। *n.* **hīde°-out**—গুপ্ত আশ্রয়। *n.* **hi°-ding**—লুক্কায়িত হওয়া ; গোপন করা ; লুকানর স্থান। **(to) go into hiding**—আত্মগোপন করা, ফেরার হওয়া, গুপ্ত আশ্রয়ে বা স্থানে থাকা। **(to) come out of hiding**—গুপ্ত আশ্রয়স্থল বা অন্তরাল হইতে বাহির হওয়া। *n.* **hi°ding-plāce**—লুকানর স্থান। [OE. *hydan*]

hideous [hi°-di-as, হি°ডিঅ্যাস্] *a.* frightful, ভয়ঙ্কর, ভীষণ ; extremely ugly, অতি কুৎসিত, বীভৎস। *adv.* **hi°dėously**। *n.* **hi°dėousnėss**। [OE. *hideus*]

hiding—see **hide₁,₂**.

hydrosis [hī-drō°-sis, হাইড্রৌ°সিস্] *n.* (med.) perspiration, (চিকি.) ঘাম, স্বেদ। [Gk. *hydrōs* =sweat]

hie₁ [hī, হাই] *v.i.* to hasten (with *to*), তাড়াতাড়ি যাওয়া বা পাঠান। [OE. *higian*]

hie₂ [hī, হাই] *n.* & *int.* the call to a horse plough-ox, etc., to turn to the left, ঘোড়া বলদ প্রভৃতিকে বাঁয়ে ঘোরানর জন্য যে ধ্বনি করা হয়, হেট্-হেট্ বাঁয়ে। [imi.]

hierarch [hī°-a-rŭrk, হাই°অ্যারার্ক্] *n.* a chief priest, প্রধান পুরোহিত। *a.* **hīerar°chal, hīerar°chic(al)**—প্রধান পুরোহিত বা পৌরোহিত্য সংক্রান্ত। *n.* **hī°erarchy**—দেবদূতগণের শ্রেণীত্রয়ের যে-কোনটি ; দেবদূতগণ ; পুরোহিতগণকর্তৃক শাসন, যাজকতন্ত্র ; (পুরোহিতবর্গ বা অন্য কিছুর) ক্রমোচ্চ শ্রেণীবিভাগ। [L. *hierarkhes*]

hieratic [hī-a-ra°-tik, হাইঅ্যার্যা°টিক্] *a.* priestly, (প্রধানতঃ প্রাচীন মিশরের) পুরোহিতসংক্রান্ত। [L. *hieraticus*]

hieroglyph [hī°-a-rŏ-glif, হাই°অ্যারোগ্লিফ্] *n.* a sacred character used in picture-writing, (প্রধানতঃ প্রাচীন মিশরের) চিত্রলিপিতে ব্যবহৃত বর্ণমালাবিশেষ। **hīeroglу°phic**—(**1**) *a.* উক্ত বর্ণমালাসংক্রান্ত। (**2**) *n.* উক্ত বর্ণমালা। [Gk. *hieros* =sacred, *glyphein*=to carve]

hierophant [hī-a-rŏ-fant, হাই°অ্যারোফ্যান্ট্] *n.* a revealer of sacred things, পবিত্র (ও গূঢ়) বিষয়াদির প্রকাশক ; a priest, পুরোহিত। [Gk. *hieros*=sacred, *phainein*=to show]

hi-fi [hī°-fī°, হাই°ফাই°] coll. contr. of **high-fidelity.**

higgle [hig°l, হিগ্°ল্] *v.i.* to chaffer, দর-কষাকষি করা, দরাদরি করা। *n.* **higg°ler**। **higg°ling** —(**1**) *n.* দর-কষাকষি। (**2**) *a.* দরকষাকষি-সংক্রান্ত। [<*haggle*]

higgledy-piggledy [higl°-di-pigl°-di, হিগ্ল্°ডি-পিগ্ল্°ডি] *a.* & *adv.* in confusion, বিশৃঙ্খল বা বিশৃঙ্খলভাবে। [?]

high [hī, হাই] (**1**) *a.* elevated, উচ্চ, উঁচু ; lofty, উচ্চে অবস্থিত, ঊর্ধ্বস্থিত ; of specified upward extent, নির্দিষ্ট উচ্চতাবিশিষ্ট (six feet *high*) ; far up from the sea-level or ground, সমুদ্রপৃষ্ঠ বা সমভূমি হইতে (বহু) উচ্চে (*high*-land) ; upper, inland, উচ্চাংশের, সমুদ্রতীর হইতে দূরবর্তী অঞ্চলের (*High* German) ; swelled, স্ফীত (*high* water) ; far up from the zero of a scale, দাঁড়িপাল্লার সমতা হইতে উচ্চ অর্থাৎ হালকা ; advanced in a scale, মানদণ্ডে অগ্রসর অর্থাৎ মাপে বা পরিমাণে বেশি (*high* fever) ; great, extreme, intense, deep, মস্ত, যৎপরোনাস্তি, প্রবল, প্রগাঢ় ; important, গুরুত্বপূর্ণ ; advanced or full, বৃদ্ধিপ্রাপ্ত বা পূর্ণ (*high* time) ; advanced, অগ্রসর (*high* culture) ; exalted, dignified, উন্নত, মর্যাদাসম্পন্ন (*high* post) ; excellent, চমৎকার ; eminent, aristocratic, বিশিষ্ট, অভিজাত (*high* society) ; noble, মহান্ (*high* mind) ; pompous, জাঁকাল, আড়ম্বরপূর্ণ (*high* style) ; hilarious, পরমানন্দিত (*high* spirit) ; haughty, উদ্ধত ; loud, shrill, উচ্চস্বর বা তীক্ষ্ণস্বর ; violent, প্রচণ্ড ; drunk, পানোন্মত্ত ; luxurious,

সমৃদ্ধ ; principal, প্রধান (*high* way) ; favourable, অনুকূল ; dear, মহার্ঘ, চড়া ; heavy, ভারী, গুরুভার ; remote in time, সেকেলে, প্রাচীন। (2) *adv.* aloft, উচ্চে, উর্ধ্বে ; shrilly, উচ্চৈঃস্বরে বা তীক্ষ্ণস্বরে ; arrogantly, উদ্ধতভাবে (to hold one's head *high*) ; prominently, বিশিষ্টভাবে ; strongly, দৃঢ়ভাবে, প্রবলভাবে (passions ran *high*) ; luxuriously, সমৃদ্ধিসহকারে ; dear, মহার্ঘভাবে, চড়া দামে। (3) *n.* a high level or figure, উচ্চ তল বা মূর্তি ; the heaven, the sky, স্বর্গ, আকাশ (from on *high*)। **high and dry**—(পোতাদি সম্বন্ধে) জলে নাই এমন, স্থলোপরি উত্তোলিত ; চড়ায়-ঠেকা অবস্থায় পতিত ; নিরুপায় ও অসহায় অবস্থায় পতিত ; পরিত্যক্ত। **with a high hand**—কঠোর কর্তৃত্বপূর্ণভাবে। *n.* **high°-ad°miral**—প্রধান নৌ-সেনাপতি। **high alter**—গির্জার প্রধান বেদী। **high and low**—ধনী ও নির্ধন। **(to) search high and low**—সর্বত্র অনুসন্ধান করা। *n.* **high°ball**—বরফমিশ্রিত হুইস্কি ও সোডায় পূর্ণ গেলাস। *a.* **high°born**—অভিজাত বা মহদ্বংশীয়। *a.* **high°-bred**—অভিজাতবংশীয় ; সম্ভ্রান্তবংশোচিতভাবে বা ভদ্রোচিতভাবে প্রতিপালিত। **high°brow**—(1) *n.* অতি বিদ্বান্ বা পাণ্ডিত্যাভিমানী ব্যক্তি। (2) *a.* উক্ত ব্যক্তিতুল্য। *n.* **high°browism**—অতিশয় পাণ্ডিত্যাভিমান। **High Church**—ইংল্যানডের এক শ্রেণীর গির্জা যেখানে পুরোহিত-সম্প্রদায়কে প্রাধান্য দেওয়া হয়। *a.* **high°-class**—উচ্চশ্রেণীর, অত্যুৎকৃষ্ট। *a.* **high°coloured**—টক্টকে বর্ণবিশিষ্ট ; টক্টকে লাল (also see **colour**)। **High Court**—প্রধান বিচারালয়, মহাধর্মাধিকরণ। *n.* **high°-day**—ছুটির দিন, উৎসবের বা পর্বের দিন ; প্রকাশ্য দিবালোক ; (অশু.) পরম বিকাশ বা তুঙ্গী অবস্থা। **high°er**—(1) *a.* & *adv. compar.* of **high** (*a.* & *adv.*)। (2) *v.t.i.* উপরে তোলা বা ওঠা, আরোহণ করান বা করা। **high-explō°sive**—(1) *n.* অতি শক্তিশালী বিস্ফোরক। (2) *a.* উহার ন্যায় কার্যকর। **high-falutin(g)** [hī-fa-lōō°-tin(g), হাইফ্যালু°টিন্. হাইফ্যালু°টিং]—(1) *a.* গাল-ভরা শব্দপূর্ণ। (2) *n.* গালভরা শব্দপূর্ণ কথাবার্তা বা বক্তৃতা। *a.* **high°-fide°lity**—(রেডিয়ো-সেট গ্রামোফোন-রেকরড প্রভৃতি সম্বন্ধে) মূল আওয়াজ যথাযথভাবে ধ্বনিত করিতে সক্ষম। *a.* **high°flown**—আড়ম্বরপূর্ণ ; বাগাড়ম্বরপূর্ণ. গাল-ভরা। *a.* **high°-han°dėd**—কঠোরভাবে দাবাইয়া রাখে এমন, কঠোর কর্তৃত্বপূর্ণ ; উদ্ধত ; প্রচণ্ড ; স্বেচ্ছাচারপূর্ণ। *adv.* **high°-han°dėdly**। *n.* **high°-han°dėdnėss**। *n.* **high°-hat°**—গুম্বজাকার টুপি-পরিহিত ব্যক্তি ; উন্নাসিক ব্যক্তি। *n.* **high°land**—পার্বত্যাঞ্চল। *n. pl.* **High°-lands**—স্কটল্যানডের পার্বত্যাঞ্চল। *n.* **high°lander**—পার্বত্যাঞ্চলবাসী ; পাহাড়িয়া লোক। *n.* **High°-lander**—স্কটল্যানডের পার্বত্যাঞ্চলবাসী। *a.* **high°-level**—উচ্চপর্যায়ের (*high-level* conference)। **high°light**—(1) *n.* প্রধান বৈশিষ্ট্য ; (in *pl.*) উজ্জ্বলতম স্থানসমূহ বা অংশসমূহ। (2) *v.t.* লক্ষণীয় করা, সবার দৃষ্টিগোচর করা, সকলের চোখের সামনে তুলিয়া ধরা। *adv.* **high°ly**। *a.* **high°ly-strung**—same as **high-strung**। *a.* **high°-min°dėd**—উচ্চমনাঃ ; অহঙ্কারী ; গর্বিত ; আত্মমর্যাদাবোধসম্পন্ন ; উদারহৃদয়। *adv.* **high°-mindėdly**। **high-mindėdnėss**। *a.* **high°-ne°ckėd**—(জামা-সম্পর্কে) ঘাড় ঢাকা পড়ে এমন কলারওয়ালা। *n.* **high°nėss**—high (*a.*)-এর সকল অর্থে এবং—রাজরাজড়াদের মর্যাদাসূচক আখ্যাবিশেষ (His *Highness* the Nizam)। *a.* **high°-pi°tchėd**—উচ্চ ও তীক্ষ্ণ স্বর-বিশিষ্ট। *a.* **high°-plācėd**—উচ্চে বা উচ্চাসনে স্থাপিত। *a.* **high°-powered**—(ব্যক্তি সম্বন্ধে) উচ্চ ক্ষমতাপ্রাপ্ত। *a.* **high°-pre°ssure**—বাষ্পাদির প্রবল চাপ দেয় বা সহ্য করিতে পারে এমন ; (কর্মাদি সম্বন্ধে) খুব ব্যস্ত রাখে এমন। *a.* **high-principled**—সম্মানার্হ, মাননীয়। *a.* **high°-pri°cėd**—উচ্চমূল্য, চড়া দামের। *a.* **high°-ran°king**—(পদাদি সম্বন্ধে) উচ্চ, উর্ধ্বতন। *a.* **high°-rea°ching**—উর্ধ্বে বহুদূরপ্রসারিত ; উচ্চাকাঙ্ক্ষ। *a.* **high°-rise**—গগনচুম্বী অট্টালিকা সম্পর্কিত (*high-rise* flats)। **High School**—উচ্চ বিদ্যালয়। *a.* **high°-soun°ding**—আড়ম্বরপূর্ণ ; বাগাড়ম্বরপূর্ণ। *a.* **high°-spi°ritėd**—তেজস্বী ; সাহসী। *a.* **high°-strung°**—অতি অভিমানী বা ভাবপ্রবণ। **high tea**—নৈশ আহারের পরিবর্তে সায়াহ্নে মাংসাদিসহ আহার ও চা পান। *n.* **high°tide°**—জোয়ার ; জোয়ারের সময় ; বান। *a.* **high°-tō°ned**—উচ্চৈঃস্বর ; নৈতিক দিক্ দিয়া উন্নত। *n.* **high°-up°**—উচ্চ সামাজিক মর্যাদাসম্পন্ন, অতি সম্ভ্রান্ত। *n.* **high°-wa°ter**—জোয়ারের সময় ; জোয়ার ; জলস্ফীতি। *n.* **high°-wa°ter-mark**—জোয়ারের জল যে-পর্যন্ত ওঠে. জোয়ার-রেখা। *n.* **high°-way**—রাজপথ, সর্বসাধারণের পথ ; প্রধান পথ। *n.* **high°wayman**—পথিমধ্যস্থ দস্যু, রাহাজান। [OE. *heah*]

high-muck-a-muck [hī°-muk-a-muk, হাই°-মাক্অ্যামাক্] *n.* a man of great self-importance, a conceited man, আত্মাভিমানী লোক, অহঙ্কারী ব্যক্তি। [Chinook *hiu*=plenty, *muckamuck*=food]

hight [hīt, হাইট্] *a.* called, আখ্যাত, অভিহিত। [irreg. *p. pt.* of OE. *hatan*]

hijack [hī°-jak, হাই°জ্যাক্] *v.t.i.* (sl.) to prey upon bootleggers, and blackmail them in kind or coin, (অশি.) মদ্যের অবৈধ চালানকারীদের পাকড়াও করিয়া তাহাদের নিকট হইতে ঘুসবাবদ টাকা বা মদ আদায় করা ; to compel (a plane) to deviate from the destination and land elsewhere by means of intimidating the pilot at the point of fire-arms, etc., বন্দুকাদির দ্বারা পাইলটকে ভয় দেখাইয়া (বিমানপোতকে) গন্তব্য-পথ ত্যাগপূর্বক অন্যত্র অবতরণ করিতে বাধ্য করান, আকাশ-পথে উড়ন্ত বিমান ছিনতাই করা (cp. **sky-jack**) ; to compel to deviate a vehicle by intimidating the driver at the point of fire-arms etc., বন্দুকাদির দ্বারা চালককে ভয় দেখাইয়া (চলন্ত গাড়ি) গন্তব্যপথ হইতে অন্যদিকে লইয়া যাওয়া, চলন্ত গাড়ি ছিনতাই করা। *p. & p. pt.* **hi°jacked**। *n.* **hi°jacker**। [?]

hijra(h) [hij°-ra, হিজ্°র্যা] var. of **hegira.**

hike [hīk, হাইক্] (**1**) *n.* a long tramp in the country, পল্লী-অঞ্চলে পদব্রজে দীর্ঘ ভ্রমণ। (**2**) *v.t.* to go for long tramp, উক্ত ভ্রমণে যাওয়া; to walk laboriously, পরিশ্রমসহকারে হাঁটা। *p. & p. pt.* **hi°ked**। [?]

hila—see **hilum.**

hilarious [hi-lār°-i-as, হিলেয়্যার্°ইঅ্যাস্] *a.* gay, অত্যধিক হাসিখুশি; extremely merry, যৎপরোনাস্তি উল্লসিত। *adv.* **hilār°iously**। *n.* **hila°rity**—হাসিখুশি ভাব, পরমোল্লাস; উল্লাসপূর্ণ হৈচৈ। [E. *hilaris*]

Hilary [hi°la-ri, হি°ল্যারি] *n.* legal or university term beginning in January, জানুআরি মাসে আদালতের বা বিশ্ববিদ্যালয়ের যে কর্মকাল আরম্ভ হয়। [*St. Hilary* (<*Hilarius*)]

hill [hil, হিল্] *n.* a small mountain, পাহাড়, উপগিরি; a mound, ঢিবি (ant-*hill*)। **old as the hills**—অতি প্রাচীন। *n.* **hill°-fort**—পর্বতোপরি নির্মিত দুর্গ, গিরিদুর্গ। *n. pl.* **hill°-men**—পাহাড়িয়া জাতি। *n.* **hillock** [hi°-lak, হি°ল্যাক্] ক্ষুদ্র পাহাড়, টিলা। *n.* **hill°-side**—পাহাড়ের ঢল বা উতরাই। *n.* **hill°-top**—গিরিশীর্ষ, পাহাড়ের চূড়া। *a.* **hi°lly**—পাহাড়পূর্ণ, পাহাড়িয়া। [OE. *hyll*]

hilsa [hil°-sa, হি°ল্স্যা] *n.* a variety of river fish, ইলিশ মাছ। [Beng. Hilsa<Ilish]

hilt [hilt, হিল্ট্] *n.* the handle of a sword or dagger, তরবারির বা ছোরার হাতল, দামাট। **up to the hilt**—সম্পূর্ণভাবে; পরিপূর্ণভাবে। [AS.]

hilum [hī°-lam, হাই°ল্যাম্] *n.* the point of attachment of the seed to the seed-vessel, বীজকোষের যে-অংশে বীজ আবদ্ধ থাকে, (পরি.) ডিম্বনাভি। *pl.* **hi°la**। [L.]

him [him, হিম্] *pro. dat. & accus.* of **he,** তাহাকে বা তাঁহাকে (পুং)। *fem.* see **her**। *pro.* **him°self**—সে বা তিনি স্বয়ং অথবা নিজে কিংবা নিজে নিজেকে। [AS.]

hind₁ [hīnd, হাইন্ড্] *n.* the female of the stag, হরিণী। [AS.]

hind₂ [hīnd, হাইন্ড্] *n.* a farm worker, খেতিমজুর; a rustic, গেঁয়োলোক। [OE. *hi(w)na*]

hind₃ [hīnd, হাইন্ড্], **hīn°der₁**—*a.* at the rear, পিছনের, পশ্চাৎস্থিত; সর্বশেষে অবস্থিত। **hind foot** or **leg**—(প্রধানতঃ চতুষ্পদ জন্তুদের) পিছনের পা। *a.* **hi°nd(er)most**—সর্বপশ্চাদ্‌বর্তী। *n.* **hi°ndsight**—সংঘটনের পরে বোধোদয়, ঘটনার পরে বুদ্ধির উন্মেষ (তু. চোর পালালে বুদ্ধি বাড়ে)। [OE. *hinder*=backwards]

hinder₂ [hin°-da(r), হিন্°ড্যা(র্)] *v.t.* to impede, ব্যাহত করা; to obstruct, বাধা দেওয়া; to prevent, থামান। *n.* **hind°rance**—বাধা। [OE. *hindrian*—cp. G. *hindern*]

Hindi [hin°-di, হিন্°ডি] *n.* an Indo-Germanic language of Northern India, হিন্দিভাষা। [Hin. *Hindi*<*Hind*=India]

Hindu, Hindoo [hin°-dōō, হিন্°ডু] (**1**) *n.* an adherent of Hinduism, হিন্দু; (arch.) a native of Hindusthan or India, (আর্ষ.) হিন্দুস্থান বা ভারতবর্ষের লোক। (**2**) *a.* of Hindus, or Hinduism, হিন্দু। *v.t.i.* **Hin°duise, Hin°dōōise**—হিন্দুভাবাপন্ন করা। **Hin°duism, Hin°dōō°ism**—হিন্দুধর্ম; হিন্দুয়ানি। *n.* **Hindustan°, Hindōōstan°, Hindŏstan°**—ভারতবর্ষ। *n.* **Hindusta°ni, Hindōōsta°nee**—হিন্দুস্থানী ভাষা। [Pers. *kshindu*]

hinge [hinj, হিন্জ্] (**1**) *n.* the hook or joint on which a door or lid turns, কবজা; the joint of a bivalve shell, প্রাণী ফল প্রভৃতির দ্বিপুটক খোলার জোড়; (fig.) the chief principle or point, (আল.) প্রধান নীতি বা অংশ (বিশেষতঃ যাহাকে কেন্দ্র করিয়া বিষয়সমূহ মোড় ঘোরে)। (**2**) *v.t.* to furnish with hinges, কবজা পরান; to turn, মোড় ফেরান। (**3**) *v.i.* to hang or turn as on a hinge, কবজায় ঝোলা বা ঘোরা; to depend, নির্ভর করা। **off the hinges**—দেহ হইতে বিচ্ছিন্ন বা বিচ্যুত; বিকল, বিশৃঙ্খল। [<*hang*]

hinny [hi°ni, হি°নি] *n.* a variety of mule, ঘোটক বা গর্দভী হইতে উৎপন্ন খচ্চর। [L. *hinnus*]

hint [hint, হিন্ট্] (**1**) *n.* a slight or indirect indication or mention, ঈষৎ বা পরোক্ষ উল্লেখ, সঙ্কেত, আভাস; a helpful suggestion, সাহায্যপূর্ণ ইঙ্গিত বা পরামর্শ। (**2**) *v.t.i.* to give hints, সঙ্কেত বা আভাস দেওয়া, ঈষৎ বা পরোক্ষ উল্লেখ করা। *p. & p. pt.* **hin°ted**। [OE. *hentan*=to seize]

hinterland [hin°-ta(r)-land, হিন্°ট্যা(র্)ল্যান্ড্] *n.* a region lying inland from a port or centre of activities, দেশের বন্দর হইতে বা কাজকর্মের কেন্দ্র হইতে দূরবর্তী অঞ্চল, পশ্চাৎপ্রদেশ। [G.]

hip₁ [hip, হিপ্] (**1**) *n.* the projection of the pelvis and the upper part of the thigh-bone, নিতম্ব, পাছা। (**2**) *v.t.* to throw over the hip, (কুশতিতে) পাছায় ভর দিয়া পড়িয়া থাকিতে হয় এমনভাবে ছুড়িয়া ফেলা। *pr. pt.* **hi°pping**। *p. & p. pt.* **hi°pped, hipt**। **(to) have** or **catch on the hip**—অপরকে আয়ত্তে আনার সুযোগ পাওয়া, বাগে পাওয়া। *n.* **hip°-bath**—যে টবের মধ্যে বসিয়া স্নান করা যায়। *n.* **hip°-bōne**—পাছার হাড়। *n.* **hip°-gout**—কটিবাত। *n.* **hip°-joint**—উরুসন্ধি, কুঁচকির পশ্চাদ্ভাগ। *n.* **hip°-po°cket**—প্যান্টের পকেট। [OE. *hype*]

hip₂ [hip, হিপ্] *a.* in keeping with advanced trends, প্রগতিপন্থী; aware of advanced trends, প্রগতি সম্পর্কে ওয়াকিবহাল। [?]

hippie—alt. spell. of **hippy.**

hippo [hi°-pō, হি°পৌ] coll. contr. of **hippopotamus.**

Hippocrene [hi-pŏ-krē°-ni, হিপোক্রী°নি] *n.* a fountain sacred to the Muses and Apollo, (গ্রী. পু.) কাব্যাদির অধিষ্ঠাত্রী দেবীত্রয় ও সূর্যদেবতা অ্যাপোলোর অধিষ্ঠিত ঝরনাবিশেষ। [Gk. *hippokrene*]

hippodrome [hi°-pa-drōm, হি°প্যাড্রৌম্] *n.* a racecourse for horses or chariots, ঘোড়ার বা রথের ধাবন-প্রতিযোগিতার মাঠ ; a circus, মল্লভূমি। [Gk. *hippos*=a horse, *dromos*=a course]

hippopotamus [hi-pa-po°-ta-mas, হিপ্যাপ°-ট্যাম্যাস্] *n.* a large aquatic animal, জলহস্তী। [LL.<Gk. *hippos*=a horse, *potamos*=river]

hippy [hi°-pi, হি°পি], **hipster** [hip°-sta(r), হিপ্°স্ট্যা(র্)] *n.* a member of a group of youths revolting from the society and belonging to the underground sub-culture known for drug-addiction, sex-freedom, anti-politics, etc., সমাজদ্রোহী যুবসজ্ঘবিশেষের সভ্য : মাদকসেবন, যৌনস্বাধীনতা, রাজনীতির প্রতি বিতৃষ্ণা প্রভৃতি ইহাদের বৈশিষ্ট্য। [<*hypochondria*, influenced by *hip*]

hircine [ha(r)°-sīn, হ্যা(র্)°সাইন্] *a.* goat-like, ছাগতুল্য, ছাগুলে ; having a strong goatish smell, উৎকট ছাগতুল্য বোটকা গন্ধযুক্ত। [L. *hircus*=a he-goat]

hire [hī(r), হায়্যা(র্)] **(1)** *n.* wages, মজুরি ; the price paid for the use of anything, ভাড়া। **(2)** *v.t.* to procure the service of at a price, ভাড়া করা বা মজুরি দিয়া নিযুক্ত করা। **on hire**—ভাড়া দেওয়ার জন্য ; ভাড়া-করা। *a.* **hīr°ed** —ভাড়া-করা, ভাড়াটে। *n.* **hīre°ling**—বেতন-বিনিময়ে (সাময়িকভাবে) নিযুক্ত ভৃত্য ; ভাড়াটে কর্মী বা সৈনিক ; বেশ্যা। *n.* **hīre°-pur°chase**—কিশতিবন্দী শর্তে ক্রয়-প্রণালীবিশেষ। *n.* **hīr°er**। [OE. *hyr* (*n.*), *hyrian* (*v.*)]

hirsute [ha(r)°-sūt, হ্যা(র্)°সিউট্] *a.* hairy, লোমশ। [L. *hirsutus*]

his [hiz, হিজ্] *pro. gen.* (*poss*) of **he** and also **it.** তাহার, তাঁহার, ইহার। *fem.* see **her**। [AS.]

Hispanic [his-pa°-nik, হিস্প্যা°নিক্] *a.* Spanish, স্পেইনদেশীয়। [L. *Hispania*=Spain]

hispid [his°-pid, হিস্°পিড্] *a.* bristly, শক্ত শক্ত লোমযুক্ত। [L. *hispidus*]

hiss [his, হিস্] **(1)** *v.i.* to make a sibilant sound, (সাপের) হিস্‌হিস্-ধ্বনি করা। **(2)** *v.t.* to condemn by hissing, উক্ত ধ্বনি করিয়া নিন্দা করা। *p.* & *p. pt.* **hi°ssed** । **(3)** *n.* the hissing sound, হিস্‌হিস্-ধ্বনি। [imi.]

histogram [his°-to-gram, হিস্°টগ্রাম্] *n.* a diagram showing frequency distribution, বারলেখ। [Gk. *histos*=mast, *gram*]

histology [his-to°la-gi, হিস্‌ট°ল্যাজি] *n.* the study of organic tissues, জীবদেহের তন্তুবিন্যাস-বিদ্যা, (পরি.) কলাস্থান। [Gk. *histos*=a web, *logos*=science]

history [his°t(a)-ri, হিস্°ট্রি] *n.* an account of an event, ঘটনা-বিবরণ ; a systematic account of the origin and progress of anything, ইতিহাস। **(to) make history**—ভবিষ্যতের ইতিহাসে স্থানলাভের যোগ্য কাজ করা। *n.* **historian** [his-taw°-rian, হিস্‌টা°রিঅ্যান্] ইতিহাস-রচয়িতা, ইতিবৃত্তকার ; ইতিহাসবেত্তা। *a.* **historic** [his-to°-rik, হিস্‌ট°রিক্], **histo°rical** —ঐতিহাসিক ; ইতিহাস ; ইতিহাস-অনুযায়ী। **historical method**—ঐতিহাসিক দৃষ্টিকোণ হইতে ঘটনাদির বিচার। **historical present**—(ব্যাক.) অতীত ঘটনাদিকে জীবন্ত করিয়া তোলার জন্য বর্ণনা-মধ্যে বর্তমান কালসূচক ক্রিয়াপদের ব্যবহার। *n.* **historicity** [his-ta-ri°-si-ti, হিস্‌ট্যারি°সিটি] ঐতিহাসিক সত্য, বাস্তবিকতা। *n.* **historiographer** [his-taw-ri-o°-gra-fa(r), হিস্‌টারিঅ°গ্র্যাফ্যা(র্)] ইতিহাস-রচয়িতা ; সরকারি বা পেশাদার ইতিহাস-লেখক। *n.* **historio°graphy**—ইতিহাস-রচনা। *a.* **historio°graphic(al)**— ইতিহাস-রচনা-সম্বন্ধীয়। [L.<Gk. *historia*]

histrion—see **histrionic.**

histrionic [his-tri-o°-nik, হিস্‌ট্রিঅ°নিক্] *a.* of the stage or stage-players, রঙ্গমঞ্চ বা রঙ্গমঞ্চাভিনেতা সংক্রান্ত (*histrionic* talents) ; theatrical, নাটুকে ; hypocritical, ভণ্ডামিপূর্ণ। *n.* **his°trion**—(অবজ্ঞায়) রঙ্গমঞ্চাভিনেতা। *adv.* **histrio°nically**। *n. pl.* **histrio°nics**—নাটকাভিনয়, নাটুকে চালচলন বা বাচন। [L. *histrionicus*]

hit [hit, হিট্] **(1)** *v.t.* to strike, আঘাত করা ; to strike with a missile, অস্ত্রাদি দ্বারা (লক্ষ্যে) আঘাত করা, (লক্ষ্যাদি) বিদ্ধ করা বা ভেদ করা ; to light upon or attain by chance, হঠাৎ আবিষ্কার করা বা লাভ করা ; to suit, উপযোগী বা মানানসই করা। **(2)** *v.i.* to strike, আঘাত করা ; to direct a stroke, লক্ষ্যসন্ধান করা ; to come in contact, সংস্পর্শে আসা ; to alight or crop up, নামিয়া আসা বা গজাইয়া ওঠা ; to succeed, সফল হওয়া। *pr. pt.* **hi°tting**। *p.* & *p. pt.* **hit**। **(3)** *n.* act of striking, আঘাত করা ; a stroke, আঘাত ; a successful stroke or shot, সফল আঘাত বা লক্ষ্যভেদ ; a lucky chance, ভাগ্যক্রমে সহসালব্ধ সুযোগ ; a surprising success, বিস্ময়কর (আকস্মিক) সাফল্য (his latest song is quite a *hit*) ; a happy turn of thought or expression, (গ্রন্থাদির মধ্যে) ভাবের বা বর্ণনার চমৎকার গতিপরিবর্তন। **hit°-and-run°**—(পথ-দুর্ঘটনাদি সম্বন্ধে) চাপা দিয়া বা ধাক্কা মারিয়া বা আঘাত করিয়া পলাইয়া গিয়াছে (অর্থাৎ থামে নাই) এমন ; (যুদ্ধসম্বন্ধে) চকিতে আক্রমণপূর্বক আঘাত হানিয়া দ্রুত পলায়নকর ; (বিমান-আক্রমণাদি সম্বন্ধে) অত্যল্পকাল-

স্থায়ী। *n.* **hi°tter**। **a hit or a miss**—যে ব্যাপারে হয় সাফল্য নয় চরম ব্যর্থতা অবশ্যম্ভাবী। **(to) hit at**—কাহারও বা কিছুর প্রতি অস্ত্র বিদ্রূপ প্রভৃতি লক্ষ্য করা। **(to) hit the headline**—(সংবাদাদি সম্বন্ধে) শিরনামরূপে ছাপা হওয়া বা বিশেষ গুরুত্ব পাওয়া। **(to) hit it**—সঠিক অনুমান করা; ঠিক বা লাগসই কথাটি বলা অথবা ঐরূপ কাজ করা। **(to) hit it off (with** or **together)**—একমত হওয়া; রাজি হওয়া। **(to) hit off**—সানন্দে অনুকরণ করা বা বর্ণনা করা। **(to) hit one when one is down**—(আল.) অন্যায়ভাবে (এবং সচ. নীচতাসহকারে) আঘাত করা বা আক্রমণ করা। **(to) hit out**—(প্রধানতঃ মুষ্টিদ্বারা) আঘাত করিয়া ওড়ান। **(to) hit upon**—হঠাৎ আবিষ্কার করা বা উদ্ভাবন করা। **hit parade**—সর্বাধিক বিক্রীত গানের রেকর্ডের তালিকা। **hit songs**—যে-সকল গান অত্যন্ত জনপ্রিয়। [OE. *hyttan*—cp. ON. & Sw. *hitta*]

hitch [hich, হিচ্] **(1)** *v.i.t.* to move jerkily, ঝাঁকি দিয়া চলা বা চালান; to fasten or fix with a hook, vehicle, etc., আঙটা ফাঁস গাড়ি প্রভৃতির সহিত বাঁধা বা আটকান অথবা আবদ্ধ হওয়া। *p. & p. pt.* **hi°tched**। **(2)** *n.* a jerk, ঝাঁকি, ঝিঁকা; an impediment, (প্রধানতঃ ক্ষুদ্র) বাধা; temporary stoppage, সাময়িক গতিরোধ বা ব্যাহতি; a kind of noose, নাবিকদের তৈয়ারি রজ্জুর ফাঁসবিশেষ। **(to) hitch into**—(গল্পাদির মধ্যে) কৌশলে ঢোকান। **(to) hitch up**—(ঘোড়াকে গাড়িতে) জোতা। *v.i.* **hitch°-hike**—(কথ্য.) পথ-চলতি মোটরগাড়ি বা লরিতে বিনা ভাড়ায় ভ্রমণ করা। *p. & p. pt.* **hitch°-hiked**। *n.* **hitch°-hiker**। [?]

hither [hi°-dha(r), হি°দ্যা(র্)] **(1)** *adv.* to this place, এইস্থানে, এখানে, অত্র। **(2)** *a.* situated at this place, এখানে অবস্থিত। **hither and thither**—ইতস্ততঃ, এখানে-ওখানে। **(to) hither and thither**—যাতায়াত করা। *adv.* **hi°therto**—এই সময় পর্যন্ত, এ যাবৎ; (আর্ষ.) এই স্থান পর্যন্ত। *adv.* **hi°therward(s)**—এই স্থানাভিমুখে, এদিকে। [OE. *hider*—cp. Goth. *hidre*]

Hitlerism [hit°-la-rizm, হিট্°ল্যারিজ্‌ম্] *n.* the principles and methods of Hitler, জর্মানীর একনায়ক হিটলারের নীতি বা পন্থা; militant anti-semitic nationalism, ইহুদিবিদ্বেষপূর্ণ হিংস্র স্বাদেশিকতা (এই মত সব কিছু রাষ্ট্রীয়করণের পক্ষপাতী)।

hive [hīv, হাইভ্] **(1)** *n.* an artificial home for bees, মউমাছিদের কৃত্রিম বাসা, মউচাক, মধুচক্র; a scene of great industry or crowd, অতি কর্মব্যস্ত বা জনাকীর্ণ স্থান। **(2)** *v.t.* to store into a hive, সংগ্রহ করিয়া মউচাকে রাখা; to lay up a store, ভাণ্ডারজাত করা, ভাণ্ডারে রাখা। **(3)** *v.i.* to take shelter or reside together, একত্র আশ্রয় লওয়া বা এক বাসায় বাস করা। **to hive off**—(আল.) ঝাঁক বাঁধিয়া এক দল পরিত্যাগপূর্বক ভিন্ন দল বাঁধা; অধীনস্থ সংস্থার বা কোম্পানীর হস্তে কার্যভার ন্যস্ত করা। [OE. *hyf*]

hives [hīvz, হাইভ্‌জ্] *n.* nettle-rash, রক্তবর্ণ দদ্রুজাতীয় চর্মরোগবিশেষ, আমবাত। [?]

h'm [m, ম্] *contr.* of **hem**$_1$ and **hum.**

ho [hō, হৌ] *int.* a call to draw attention, to indicate direction, to express surprise, derision, etc., মনোযোগ-আকর্ষণ, গন্তব্যস্থল বা গতিপথ নির্দেশ (westward *Ho*), বিস্ময়-ঘৃণাদি প্রকাশ, প্রভৃতি সূচক ধ্বনিবিশেষ। [imi.]

hoar [haw(r), হ(র্)] **(1)** *a.* white, শুভ্র, শ্বেতবর্ণ; greyish white, ধূসরাভ শুভ্র, পলিত; grey-haired with age, বার্ধক্যের ফলে পলিতকেশ। **(2)** *n.* hoariness, শুভ্রতা; the age, বার্ধক্য। *n.* **hoar°frost**—শিশির জমিয়া সৃষ্ট শুভ্র তুষার, তুহিন, (পরি.) কণতুষার। *n.* **hoar°head**—পলিতকেশ বৃদ্ধ লোক। *a.* **hoarhea°ded**—পলিতকেশ। *n.* **hoa°riness**। *n.* **hoar°-stone**—বিবর্ণতাপ্রাপ্ত প্রাচীন (প্রধানতঃ সীমা-নির্দেশক) প্রস্তরখণ্ড। *a.* **hoa°ry**—বয়সের দরুন শুভ্র বা পলিত; প্রাচীন (the *hoary* ruins of antiquity); (উদ্ভি.) ক্ষুদ্র ক্ষুদ্র শুভ্র রোমাবৃত। [OE. *har*—cp. ON. *harr*]

hoard$_1$ [haw(r)d, হ(র্)ড্] **(1)** *n.* a store, ভাণ্ডার, মজুত-করা বস্তু; a hidden store, গুপ্ত ভাণ্ডার; a treasure, (ভাণ্ডারজাত বা সঞ্চিত) সম্পদ্। **(2)** *v.t.i.* to store, জমা করিয়া রাখা; to store up secretly, গোপনে মজুত করা। *p. & p. pt.* **hoar°ded**। *n.* **hoar°der**—মজুতদার। [OE. *hord*—cp. G. *hort*]

hoard$_2$ [haw(r)d, হ(র্)ড্], **hoar°ding**—*n.* a screen of boards round a building for posting bills, নির্মাণের বা মেরামতের সময়ে অথবা বিজ্ঞাপনাদি মারার জন্য অট্টালিকাকে ঘেরিয়া স্থাপিত তক্তা ভারা। [OF. *hurdis* < *hourd* = a palisade]

hoarfrost, hoarhead—see **hoar.**

hoarhound—var. of **horehound.**

hoarse [haw(r)s, হ(র্)স্] *a.* rough and husky, কর্কশ ও ফেঁসফেঁসে (অর্থাৎ গলাভাঙ্গা স্বর); hoarse-voiced, কর্কশ ও ফেঁসফেঁসে কণ্ঠস্বরবিশিষ্ট। *adv.* **hoarse°ly**। *n.* **hoarse°ness**। [OE. *has*]

hore-stone, hoary—see **hoar.**

hoax [hōks, হৌক্‌স্] **(1)** *n.* a deceptive trick, ধোঁকা, ফাঁকি। **(2)** *v.t.* to trick, পরিহাসচ্ছলে বা বাজে গুজব রটাইয়া ধোঁকা অথবা ফাঁকি দেওয়া। *p. & p. pt.* **hoax°ed**। *n.* **hoax°er**। [< *hocus* ?]

hob$_1$ [hob, হব্] *n.* a hub, চক্রনাভি; a shelf beside a grate, (রাঁধা) জিনিসপত্র গরম রাখার জন্য উনানের পার্শ্বস্থ তাকবিশেষ, উনানের পিঠ। **hob°-nail**—**(1)** *n.* অশ্বখুরাদিতে নাল আঁটার জন্য স্থূলশীর্ষ পেরেক। **(2)** *v.t.* উক্ত পেরেক লাগান; উক্ত পেরেক-আঁটা জুতা দিয়া মাড়ান। *a.* **hob°nailed**—উক্ত পেরেক-আঁটা। **hobnail liver**—যকৃতের ব্যাধিবিশেষ। [?]

hob$_2$ [hob, হব্] *n.* a rustic, গ্রাম্য লোক ; a male ferret, সাদা নকুলজাতীয় প্রাণীর পুরুষ ; a clownish fellow, হাস্যোদ্রেককর ব্যক্তি, ভাঁড়। **(to) play** or **raise hob**—বিশৃঙ্খলা ঘটান, ক্ষতি করা। [ME. form of *rob* (short for Robin or Robert)]

hobble [hob°bl, হব্°ল্] **(1)** *v.i.* to walk lamely or awkwardly, খোঁড়াইয়া খোঁড়াইয়া বা জবুথবুভাবে চলা। **(2)** *v.t.* to tie together the legs of, (অশ্বাদিকে আটকাইয়া রাখার জন্য ঢিলাভাবে) পাগুলি একত্র বাঁধিয়া দেওয়া ; to hamper, (গতি) ব্যাহত করা। **(3)** *n.* a hobbling gait, খোঁড়াইয়া খোঁড়াইয়া বা জবুথবুভাবে চলা ; a difficulty, মুশকিল ; a clog, পায়ে বাঁধা ভার, পায়ের বোঝা। *n.* **hobb°le-skirt**—কম ঘেরের ঘাগরাবিশেষ : ইহা পরিধান করিলে হ্রস্ব পদক্ষেপে চলিতে হয়। [Du. *hobbelen*=to rock from side to side]

hobbledehoy [hobl°-di-hoy°, হব্‌ল্°ডিহয়্°] *n.* an awkward youth, হাবাগবা কিশোর। [?]

hobby [ho°-bi, হ°বি] *n.* a small but strong and active horse, ক্ষুদ্র অথচ শক্তিশালী ও চট্‌পটে ঘোড়া ; a favourite pursuit followed as an amusement, শখের পেশা, শখ, খোশখেয়াল। *n.* **ho°bby-horse**—খেলনা-ঘোড়া, কাঠের ঘোড়া ; মেলা প্রভৃতিতে বালকবালিকাদের যে কাঠের ঘোড়ায় চড়াইয়া ঘোরান হয় ; (আল.) প্রিয় বিষয়বস্তু। [OF. *hobi(n.)*]

hobgoblin [hob°-gob-lin, হব্°গব্‌লিন্] *n.* a mischievous fairy, দুষ্ট পরী ; a bogy, জুজু, ভূত। [*Rob(>Hob)*=Robin, *goblin*]

hobnail—see **hob$_1$**.

hobnob [hob°-nob, হব্°নব্] *v.i.* to associate or drink together familiarly, বন্ধুভাবে মেলামেশা করা বা একত্র সুরাপান করা, খুব মেলামেশা করা। *pr. pt.* **hob°nobbing** । *p. & p. pt.* **hob°nobbed** । [<*hab nab*=have or have not ?]

hobo [hō°-bō, হৌ°বৌ] *n.* a wandering workman, যে মজুর ঘুরিয়া ঘুরিয়া কাজ খোঁজে ; a tramp, ভবঘুরে লোক। [?]

Hobson's choice—see **choice.**

hock$_1$ [hok, হক্] var. of **hough.**

hock$_2$ [hok, হক্] *n.* any white Rhenish wine, Rhine-দেশের যে কোন সাদা মদ। [obs. *Hockamore*=the wine made at Hoccheim <G. *Hoccheimer*]

hock$_3$ [hok, হক্] **(1)** *v.t.* (sl.) to pledge, to pawn, (অশি.) বন্ধক দেওয়া। **(2)** *n.* pawn, বন্ধকী জিনিস। **in hock**—বন্ধক অবস্থায় ; দেনাগ্রস্ত ; কারাগারে নিক্ষিপ্ত। [Du. *hok*=debt, prison]

hockey [ho°ki, হ°কি] *n.* a game, হকিখেলা। [?]

Hock-tide [hok°-tīd, হক্°টাইড্] *n.* an old English festival, ঈস্টারের পর দ্বিতীয় সোমবারে **(Hock Monday)** ও মঙ্গলবারে **(Hock Tuesday)** অনুষ্ঠিত পর্ববিশেষ। [?]

hocus—see **hocus-pocus.**

hocus-pocus [hō°-kas-pō°-kas, হৌ°ক্যাস্‌পৌ°ক্যাস্] *n.* jugglery, ভোজবাজি ; deception, ছলনা, প্রতারণা। *v.t.* **hō°cus**—প্রতারিত করা, ঠকান ; ধোঁকা বা ফাঁকি দেওয়া ; মাদকদ্রব্য প্রয়োগ করা বা প্রয়োগপূর্বক অচৈতন্য করা। *p. & p. pt.* **hō°cussed** । [sham L.]

hod [hod, হড্] *n.* a trough for carrying bricks or mortar, (অট্টালিকাদি নির্মাণের জন্য) ইট বা চুন-সুরকি বহনের পাত্রবিশেষ। *n.* **hod°man**—উক্ত পাত্রবাহী মজুর ; রাজমজুরের জোগানদার। [?]

hodden [hod°-n, হড্°ন্] *n.* coarse woollen cloth, মোটা পশমী কাপড়বিশেষ। [?]

hodge-podge [hoj°-poj, হজ্°পজ্] var. of **hotchpotch.**

hodiernal [hō-di-urn°-al, হৌডিআর্ন°অ্যাল্] *a.* of or pertaining to the present day, বর্তমান সময় সংক্রান্ত। [L. *hodiernus*<*hodiē*=today]

hodometer [ho-do°-mi-ta(r), হড°মিট্যা(র্)], **odometer** [o-do°-me-ta(r), অড°মিট্যা(র্)] *n.* an instrument attached to a wheel to measure distance covered, অতিক্রান্ত পথের পরিমাপের নিমিত্ত গাড়ির চাকায় আটকান যন্ত্রবিশেষ। [Gk. *hodos*=a way, *metron*=a measure]

hoe [hō, হৌ] **(1)** *n.* a cultivator's implement, মাটি খুঁড়িয়া তুলিয়া গুঁড়া করার ও আগাছা দূর করার যন্ত্রবিশেষ, নিড়ানি। **(2)** *v.t.i.* to scrape or weed with a hoe, নিড়ানি দিয়া খোঁড়া বা আগাছাদি দূর করা। *n.* **hoe°down**—একপ্রকার প্রাণবন্ত ও উচ্ছল নৃত্য। [OF. *houe*]

hog [hog, হগ্] **(1)** *n.* swine, শূকর ; a castrated boar, খাসি-করা শূকর ; a pig, শূকরছানা ; a low filthy or greedy person, ইতর নোংরা বা লোভী লোক। **(2)** *v.t.i.* to arch like a hog's back, শূকরপৃষ্ঠের ন্যায় অর্ধবৃত্তাকার বা ধনুকাকার করা অথবা হওয়া। *pr. pt.* **ho°gging** । *p. & p. pt.* **ho°gged** । **(to) go the whole hog**—কোন কাজ নিখুঁতভাবে বা সম্পূর্ণভাবে করা। **hog on ice**—নিরাপত্তাহীন ব্যক্তি, বিপদাপন্ন ব্যক্তি। *a.* **ho°ggish**—শূকরতুল্য ; নোংরা ; বর্বর ; স্বার্থপর। *n.* **hogs°head**—বড় পিপাবিশেষ ; মদ্যাদির পরিমাণবিশেষ (=সওয়া ৩ মণেরও বেশি)। [OE. *hogg*]

hoist [hoyst, হয়স্‌ট্] **(1)** *v.t.* to lift, উত্তোলন করা ; to raise with tackle, দড়িদড়া বাঁধিয়া উত্তোলন করা। *p. & p. pt.* **hois°ted** । **(2)** *n.* lifting, উত্তোলন ; a lift, উত্তোলক যন্ত্র, লিফ্‌ট্। [obs. *hoise*]

hoity-toity [hoy°-ti-toy°-ti, হয়্°টিটয়্°টি] **(1)** *int.* an exclamation of surprise or disapprobation, বিস্ময়সূচক বা অননুমোদনসূচক, ধ্বনিবিশেষ। **(2)** *a.* noisy, হৈচৈপূর্ণ ; haughty, ক্রুদ্ধ। [?]

hok(e)y-pok(e)y [hō°-ki-pō°-ki, হৌ°কিপৌ°কি] *n.* hocus-pocus, ভোজবাজি, ফাঁকি ; a cheap ice-cream, শস্তা দামের আইসক্রীম। [<*hocus-pocus*]

hold₁ [hōld, হৌল্ড্] *n.* a ship's cavity for cargo, মাল রাখার জন্য জাহাজের খোল। [<*hole*—influenced by *hold₂*]

hold₂ [hōld, হৌল্ড্] (**1**) *v.t.* to keep, রাখা ; to have, অধিকারে পাওয়া ; to grasp, আঁকড়াইয়া ধরা ; to sustain, সহ্য করা ; to defend successfully, সাফল্যের সহিত রক্ষা করা ; to maintain, পোষণ করা (to *hold* an opinion) ; to occupy, অধিষ্ঠান করা বা দখলে রাখা (to *hold* a place or post) ; to arrest, আকর্ষণ করা (to *hold* one's attention) ; to catch, ধরা ; to confine, আটক রাখা ; to restrain, সংযত করা ; to detain, বিলম্বিত করান ; to stop, ধরিয়া রাখা ; to contain, অভ্যন্তরে ধারণ করা (the pot *holds* no milk) ; to derive title to, (কিছুতে) অধিকারলাভ করা ; to celebrate, অনুষ্ঠান করা (to *hold* a meeting) ; to think, মনে করা, বিবেচনা করা। (**2**) *v.i.* to grasp, আঁকড়াইয়া ধরা ; to remain fixed, স্থির বা অটল থাকা ; to adhere, আঁটিয়া থাকা। *p.* & *p. pt.* **held** [held, হেল্ড্]। *p. pt.* (arch.) **hōlden** । (**3**) *n.* act or manner of holding, ধারণ বা ধারণ-প্রণালী ; grip, আয়ত্তি (to lose one's *hold*) ; custody, গচ্ছিত বা আটক রাখার স্থান, হাজত ; stronghold, দুর্গ। **(to) hold (oneself) aloof**—সঙ্গ পরিহার করিয়া চলা, একান্তে থাকা। **(to) hold back**—ইতস্ততঃ করা ; (কিছু করিতে) অনিচ্ছা প্রকাশ করা। **(to) hold** (a person or thing) **back**—(কোন ব্যক্তিকে) কিছু করিতে না দেওয়া, আটকাইয়া রাখা ; (কোন বস্তু বা বিষয়) না দেওয়া ; (কোন বস্তু বা বিষয়) লুকাইয়া রাখা বা গুপ্ত রাখা (to *hold back* information) । **(to)hold counsel with** পরামর্শ করা। **(to) hold down**—নোয়াইয়া বা নিচু করিয়া রাখা ; (চাকরি-সম্বন্ধে) বজায় রাখা। **(to) hold forth**—সম্মুখে স্থাপন করা ; দেখান ; জনসাধারণের সমক্ষে বক্তৃতা করা ; দিতে চাওয়া। **hold hard**—থামাও। **(to) hold in**—সংযত করিয়া বা দমাইয়া রাখা। **(to) hold in contempt**—ঘৃণার বা অবজ্ঞার দৃষ্টিতে দেখা। **(to) hold off**—দূরে সরাইয়া রাখা ; এড়াইয়া চলা। **(to) hold on**—অধ্যবসায়সহকারে লাগিয়া থাকা ; চালাইয়া যাওয়া , আঁটিয়া থাকা ; থামা ; একটু অপেক্ষা করা ; যথাস্থানে রাখা। **(to) hold on to**—মালিকানা ত্যাগ না করা (*to hold on to* one's shares of a joint-stock company) । **(to) hold oneself in readiness (for)**—জরুরী বা অনুরূপ অবস্থার জন্য প্রস্তুত থাকা। **(to) hold one's own**—হার না মানা ; হার মানিয়া অপদস্থ না হওয়া, কোট বজায় রাখা। **(to) hold one's peace** or **tongue**—চুপ করা ; নীরব থাকা। **(to) hold out**—সহ্য করা, টেকসই বা স্থায়ী হওয়া ; প্রতিরোধ করিয়া চলা ; দিতে চাওয়া ; আগাইয়া বা প্রসারিত করিয়া ধরা। **(to) hold over**—মুলতবি করা ; মেয়াদ উত্তীর্ণ হওয়ার পরেও বাড়িতে বা জমিতে থাকা। **(to) hold together**—একত্র থাকা বা একত্র রাখা ; সংহত থাকা বা সংহত রাখা। **(to) hold up**—উধ্বে তোলা, ওঠান ; সরাইয়া রাখা, গোপনে রাখা ; সহ্য করা ; থামান, নিশ্চল করা ; গতিরোধ করিয়া বা ভয় দেখাইয়া ডাকাতি করা। **(to) hold with**—অনুমোদন করা। *n.* **hōld°-all**—বিছানাপত্র ও কাপড়চোপড় বাঁধিয়া লইবার জন্য চট বস্ত্র রবার প্রভৃতি দ্বারা প্রস্তুত আবরণবিশেষ, হোল্ড্-অল। *n.* **hōld°back**—বাধা। *n.* **hōl°der**—ধারণকারী বা অধিকারী ব্যক্তি প্রাণী অথবা বস্তু (*holder* of a title, pen-*holder*) । *n.* **hōld°-fast**—দৃঢ়ভাবে আঁটিয়া ধরে এমন যে-কোন বস্তু ; কবল। **holding**—ধৃত বস্তু ইজারা বা পাট্টা লওয়া ভূ-সম্পত্তি ; ধারণ ; আয়ত্তি ; প্রভাব। *n.* **hōld°-up**—ডাকাতির উদ্দেশ্যে আক্রমণ ; পথ-দস্যু, রাহাজান ; নিবৃত্তি ; বাধা। [OE. *haldan*<Goth.]

hole [hōl, হৌল্] (**1**) *n.* a cavity গর্ত, কোটর, গুহা ; an aperture, রন্ধ্র, ছিদ্র ; a breach, ফাঁক ; ফাটল ; a scrape, মুশকিল, ঝঞ্ঝাট ; a hiding-place, লুকানর স্থান ; a refuge, আশ্রয়স্থল ; a mean lodging, নোংরা ক্ষুদ্র ও অন্ধকার বাসা বা বাসকক্ষ ; a place for disreputable business, বেআইনি বা নোংরা কারবারের আড্ডা। (**2**) *v.t.* to form holes in, গর্ত করা। (**3**) *v.t.i.* to put or go into a hole, গর্তের মধ্যে রাখা ফেলা বা ঢোকা। **a hole in one's coat**—সুনামে কলঙ্ক। **in holes**—গর্তময়, ছিদ্রময়। **(to) make a hole in**—(কিছুর) মোটা অংশ ব্যয় করা। **(to) pick a hole in one's coat**—কাহারও দোষ বা খুঁত খুঁজিয়া বাহির করা অথবা সুনামে কলঙ্ক দেওয়া। **(to) pick holes in**—(কিছুর) খুঁত ধরা। *a.* **hole°-and-cor°ner**—গুপ্ত ; চোরাগোপ্তা (*hole-and-corner* ways or methods) । [OE. *hol*—cp. G. *hohl*]

holi, holee [hō°-lē, হৌ°লী] *n.* a Hindu festival in which people throw coloured powder at one another, হোলিখেলা। [Hind.]

holiday [ho°-la-di, হ°ল্যাডি] (**1**) *n.* a day of rest and recreation, ছুটির ও আমোদের দিন। (**2**) *a.* befitting a holidy, ছুটির দিনের উপযোগী (*holiday* sports) ; gay, হাসিখুশি (*holiday* spirit) । *n. pl.* **ho°liday-mākers**—(বিদেশাদিতে) যাহারা ছুটির দিন যাপন করিতে আসিয়াছে ; উৎসবকারিগণ। *n.* **ho°liday-māking**—ছুটিযাপন ; আনন্দোৎসব করা। [*holy, day*]

holily holiness—see **holy.**

holla [ho°-lŭ, হ°লা] *int.* ho, there ! এই কে আছ ওখানে, কোই হায় ; attend, শোন। [F. *hola*]

Hollander [ho°-land-da(r), হ°ল্যান্‌ড্যা(র্)] *n.* a native of Holland, হল্যান্ডের লোক, ওলন্দাজ।

holler [ho°-la(r), হ°ল্যা(র্)] *v.t.i.* to yell, তীব্রস্বরে বা তারস্বরে চীৎকার করা। [var. of *hollo*]

hollo(a) [ho-lō°, হলৌ°] var. of **hallo.**
hollow [ho°-lō, হ°লৌ] (1) *n.* a hole, গর্ত, কোটর, গুহা ; a depression, দাবিয়া যাওয়া জায়গা, টোল, ঠালা : a vacuity, শূন্যগর্ভ বা ফাঁপা জায়গা ; a groove, খাঁজ ; a channel, খাত । (2) *a.* having a hole, গর্তযুক্ত ; concave, অবতল ; sunken, দাবিয়া গিয়াছে এমন ; empty, শূন্যগর্ভ, ফাঁপা ; unreal, অপ্রকৃত, মিথ্যা ; insincere, অনান্তরিক, ফাঁকা (*hollow* promises) ; unsound, পলকা ; shallow, অগভীর, ভাসা-ভাসা । (3) *v.i.* to make a hole in, গর্ত করা ; to make a hollow, দাবান, অবতল করা, ঠালা করা ; to excavate, খনন করা । **(to) beat a person hollow**—কাহাকেও প্রচণ্ড প্রহার করা । *a.* **ho°llow-eyed**—কোটরগত নেত্রবিশিষ্ট । *n.* **ho°llowness** । [OE. *holh* < *hol*—cp. *hole*]
holly [ho°-li, হ°লি] *n.* an evergreen shrub, জামের ন্যায় লাল রসাল ফলযুক্ত চিরশ্যামল গুল্মবিশেষ । [OE. *holegn*]
hollyhock [ho°-li-hok, হ°লিহক্] *n.* a tall plant, নানাবর্ণ পুষ্পপ্রসূ উঁচু গাছবিশেষ । [*holy* (the plant grew originally in the *Holy land*), OE. *hoc*=mallow]
holm [hōm, হৌম্] *n.* an islet, (প্রধানতঃ নদীবক্ষস্থিত) ক্ষুদ্র দ্বীপ ; flat land by a river, নদীতীরস্থ সবুজ সমভূমি । [AS.]
holocaust [ho°-la-kawst, হ°ল্যাকাস্ট্] *n.* a sacrifice, হোমবিশেষ : ইহাতে উৎসর্গীকৃত গোটা প্রাণীকে জীবন্ত দগ্ধ করা হইত ; (fig.) a great killing, (আল.) ব্যাপক হত্যাকাণ্ড । [Gk. *holokauston*]
holp [hōlp, হৌল্প্], **hol°pen**—obs. *p. pt.* of **help.**
holster [hōl°-sta(r), হৌল্°স্ট্যা(র্)] *n.* a pistol-case, পিস্তল রাখার খাপ । *a.* **hōl°stered**—খাপে-ভরা । [Du. ?]
holt [hōlt, হৌল্ট্] *n.* a wood, জঙ্গল, বন ; a woody hill, জঙ্গলাকীর্ণ পাহাড় । [AS.—cp. ON. *holt*]
holus-bolus [hō°-las-bō°-las, হৌ°ল্যাস্-বৌ°-ল্যাস্] *adv.* all in a bump, altogether, একসঙ্গে । [Gk. *holos* and *bolos*=lump]
holy [hō°-li, হৌ°লি] *a.* morally perfect and pure, পবিত্রচেতা, বিশুদ্ধচেতা, পূতচরিত্র, religious, ধার্মিক ; sacred, পবিত্র, পূত ; saintly, সাধুজনোচিত । **Holy Alliance**—নেপোলিঅনের পতনের পর খ্রিস্টধর্মানুসারে মানবজাতির মঙ্গল ও শান্তি বিধানার্থ অস্ট্রিয়া রাশিয়া ও প্রাশিয়ার মধ্যে স্থাপিত মৈত্রী । **holy day**—শাস্ত্রীয় পর্বদিন । **Holy Ghost** or **Spirit**—খ্রিস্টধর্মানুযায়ী ঈশ্বরের তৃতীয় রূপ ; পবিত্র আত্মা (ঈশ্বরের রূপ তিনটি হইল : God the father, God the Son এবং God the Holy Ghost) । **holy grail**—see **grail** । **Holy Land**—পুণ্যভূমি প্যালেস্টাইন্ (যিশুর জন্মভূমি) । **holy of holies**—ইহুদিদের তাঁবুনির্মিত গির্জার অন্দরমহল । **Holy One**—পরমেশ্বর । **hō°lystōne**—(1) *n.* জাহাজের ডেক্ ঘসিয়া পরিষ্কার করার জন্য বেলে পাথর (এই ঘসার কাজ রবিবারে করা হইত বলিয়া ঐ পাথরের ঐরূপ নাম) । (2) *v.t.* বেলে পাথর দিয়া ঘসিয়া পরিষ্কার করা । *adv.* **hō°lily** । *n.* **hō°liness** । *n.* **Hō°liness**—পোপের আখ্যা (His *Holiness*) । [OE. *halig*]
homage [ho°-mij, হ°মিজ্] *n.* formal acknowledgement of allegiance, আনুগত্য-স্বীকার ; (fig.) reverence, or reverential acknowledgement, (আল.) শ্রদ্ধা বা সশ্রদ্ধ স্বীকৃতি । [OF.]
home [hōm, হৌম্] (1) *n.* the habitual abode, স্বাভাবিক বাসভবন, আবাস ; residence, স্বগৃহ, বাসভবন, বাসা ; domestic life, গার্হস্থ্য বা পারিবারিক জীবন ; motherland, জন্মভূমি, স্বদেশ ; habitat, বিচরণস্থান ; a refuge, আতুরাশ্রম বা অনাথশালা ; a private hospital, ব্যক্তিগতভাবে পরিচালিত হাসপাতাল ; (in some games) the goal, (লুডো প্রভৃতি খেলায়) শেষ লক্ষ্যস্থল । (2) *a.* of home, স্বগৃহ বা স্বদেশ সংক্রান্ত (*home* minister) ; domestic, পারিবারিক (*home* comforts) ; towards home, স্বগৃহাভিমুখ বা স্বদেশাভিমুখ ; very effective, অতীব কার্যকর (*home* thrust) ; carried on or produced in one's own country, স্বদেশে কৃত বা উৎপন্ন (*home* industries, products, etc.) । (3) *adv.* to home, স্বগৃহাভিমুখে বা স্বদেশাভিমুখে (to come *home*) ; very effectively, অতি কার্যকরভাবে (to drive a point *home*) । (4) *v.i.t.* to go or send home, স্বগৃহে স্বদেশে বা বাসায় যাওয়া ফেরা অথবা পাঠান । *n.* **at-hōme°**—পূর্বনির্দিষ্ট সময়ে স্বগৃহে অভ্যাগতদের অভ্যর্থনা । **at home**—স্বগৃহে ; স্বচ্ছন্দে, আরামে ; পরগৃহকে নিজের গৃহের মত জ্ঞান করিয়া স্বচ্ছন্দে (to be or feel *at home*) ; সুপরিচিত ; সহজে শেখার ক্ষমতাসম্পন্ন (*at home* in foreign language) ; আগন্তুককে অভ্যর্থনা করিতে প্রস্তুত । **not at home (to)**—নিজের গৃহে কোন আগন্তুকের সঙ্গে দেখা করে না এমন । **(to) be** or **feel** or **make oneself at home**—কোন স্থানকে স্বগৃহের ন্যায় মনে করিয়া অবাধে আচরণ করা । **(to) bring home (to)**—সন্দেহাতীতরূপে প্রমাণ করা ; ভালভাবে উপলব্ধি করান । **(to) come home**—স্বগৃহে ফেরা ; গভীরভাবে হৃদয় স্পর্শ করা । **(to) get home**—স্বগৃহে পৌঁছান, বাড়ি পৌঁছান ; সম্পূর্ণরূপে উপলব্ধি হওয়া । **(to) get one home**—বাড়ি পৌঁছাইয়া দেওয়া । **(to) pay home**—মর্মভেদী আঘাত করা বা প্রতিশোধ লওয়া । **(to) strike home**—ঠিক লক্ষ্যে আঘাত করা । *a.* **hōme°-bound**—গৃহাভিমুখ ; স্বগৃহে আবদ্ধ । *a.* **hōme-bred**—গৃহপালিত ; দেশী ; সাদাসিধা । *a.* **hōme°-brewed**—স্বগৃহে বা পরিবারমধ্যে ব্যবহারার্থ চোলাইকরা । *n.* & *a.* **hōme°-co°ming**—স্বগৃহে বা স্বদেশে প্রত্যাবর্তন অথবা প্রত্যাবর্তনরত । *n.* **hōme°-craft**—গৃহজাত শিল্প, কুটিরশিল্প । **(the) Home**

countries—লনডনের চতুষ্পার্শ্বস্থ পল্লী-অঞ্চল। **Home Department**—স্বরাষ্ট্র-বিভাগ। **home economics**—গার্হস্থ্য বিজ্ঞান *n.* **hōme°-fīre**—বাড়ির উনান বা তাহার ক্রিয়াকলাপ। *a.* **hōme°-grown°**—(খাদ্যশস্যাদি-সম্বন্ধে) স্বদেশে উৎপন্ন (অর্থাৎ আমদানি-করা নয়)। *n.* **hōme°guard°**—দেশরক্ষিবাহিনীর স্বেচ্ছাসৈনিক; (usu. in *pl.*) দেশরক্ষিবাহিনী। *a.* **hōme°-keeping**—ঘরকুনো। *n.* **hōme°land**—স্বদেশ; জন্মভূমি। *a.* **hōme°lėss**—গৃহহীন; নিরাশ্রয়। *n.* **hōme°-līfe**—গার্হস্থ্য; পারিবারিক জীবন। *a.* **hōme°līke**—গৃহতুল্য (a *homelike* environment); সুপরিচিত; সহজ; আরামপ্রদ। *n.* **hōme°-linėss**। *a.* **hōme°ly**—পারিবারিক; সুপরিচিত; সাদাসিধা; ছলচাতুরিহীন। *a.* **hōme°-māde°**—স্বগৃহে বা স্বদেশে প্রস্তুত; সাদাসিধা। **hō°mer**—শীঘ্রই দূর হইতে পথ চিনিয়া নিজের বাসায় পৌঁছিতে শেখে এমন পারাবত। **home market**—(দেশী পণ্য বিক্রয়ার্থ) স্বদেশীয় বাজার। **Home office**—স্বরাষ্ট্র দফতর, স্বরাষ্ট্র-ভবন। *n.* **Home Rule**—স্বায়ত্তশাসনবিশেষ। **Home Secretary**—স্বরাষ্ট্র-সচিব। *a.* **hōme°-sick**—স্বদেশে ফেরার জন্য কাতর। **hōme°spun**—(1) *a.* স্বগৃহে বা স্বদেশে বোনা; দেশী; সাদাসিধা; (2) *n.* ঐরূপ কাপড়। *n.* **hōme°stead**—বাসভবন ও তৎসংলগ্ন জায়গাজমি, বাস্তু, ভিটেমাটি, ডেরাডাঙ্গা। *n.* **hōme°-thrust**—অতীব কার্যকর বা মর্মান্তিক মন্তব্য। *n.* **hōme°-town**—যে নগরে কেহ স্বভাবতঃ বাস করে বা করিত। *n.* **hōme°-truth**—অকাট্য সত্য বা উক্তি; অন্তর-পোড়ান কথা। *a.* **hōme°-ward**—স্বগৃহাভিমুখ; স্বদেশাভিমুখ। *adv.* **hōme°-ward(ṡ)**—স্বগৃহাভিমুখে; স্বদেশাভিমুখে। *n.* **hōme°work**—ছাত্রগণকে যে কাজ বাড়ি হইতে করিয়া আনিতে হয়; (কথ্য.) (বিশেষতঃ আলোচনাদির নিমিত্ত) প্রস্তুতিপর্বের কাজ (to do one's *homework* for a debate)। **hō°mey**—Am. spell. of **homy**। **hō°ming**—(1) *a.* স্বগৃহগামী (টর্পেডো প্রভৃতি সম্পর্কে) নিশানা বা লক্ষ্যস্থলে নির্ভুলভাবে প্রেরণ করিবার জন্য বৈদ্যুতিন যন্ত্র-সমন্বিত (a *homing* guidance system)। (2) *n.* স্বগৃহে প্রত্যাবর্তন। *a.* **hō°my**—স্বগৃহতুল্য, পারিবারিক। [OE. *ham*—cp. Du. & G. *heim*]

homeopathy—alt. spell. of **homœopathy.**

homer—see **home.**

Homeric [hŏ-me°-rik, হোমে°রিক্] *a.* of or like Homer or his poetry, গ্রীক মহাকবি হোমর-সংক্রান্ত বা তাঁহার কাব্যসংক্রান্ত অথবা তত্তুল্য। **Homeric laughter**—হোমরের রচনায় বর্ণিত দেবমণ্ডলীসুলভ অট্টহাসি।

homicide [ho°-mi-sīd, হ°মিসাইড্] *n.* manslaughter, নরহত্যা; one who kills another of his class, স্বশ্রেণীঘাতক; a murderer, নরহত্যাকারী। *a.* **homici°dal**—নরঘাতী; স্বশ্রেণীঘাতী; হত্যাপূর্ণ। [L. *homicidum*=manslaughter, *homicida*=a murderer]

homily [ho°-mi-li, হ°মিলি] *n.* a sermon, সাদাসিধা ব্যাখ্যামূলক ধর্মোপদেশ। *n.* **homile°tic(al)**—উক্ত ধর্মোপদেশমূলক। *n. pl.* **homile°tics**—ধর্মপ্রচারবিদ্যা। [Gk. *homilia*]

homing—see **home.**

hominy [ho°-mi-ni, হ°মিনি] *n.* ground maize boiled in milk or water, দুধে বা জলে সিদ্ধ ভুট্টাচূর্ণ। [Amer. Ind.]

homœo- [ho°-mi-ō, হ°মিওঁ] *in comp.* like, similar, অনুরূপ, সদৃশ, সম-। *n.* **homœopathy** [hō-mi-o°-pa-thi, হৌমিঅ°প্যাথি] সদৃশ-বিধান, হোমিওপ্যাথি। *n.* **hō°mœŏpath, hōmœo°-pathist**—সদৃশবিধানী চিকিৎসক। *a.* **hōmœo-pa°thic**—সদৃশবিধানানুযায়ী। *n.* **homœ°ostasis**—পরিবর্তনশীল বাহ্যিক অবস্থা সত্ত্বেও দেহের আভ্যন্তরীণ স্থিতি বা সাম্য রক্ষণ। [Gk. *homoeo-*]

homogeneous [ho-mŏ-jē°-ni-as, হমোজী°নিঅ্যাস্] *a.* of the same kind or nature, সমশ্রেণীভুক্ত বা সমপ্রকৃতি; uniform, একরূপ, সমরূপ। *n.* **homogeneity** [ho-mŏ-je-nē°-i-ti, হমোজেনী°ইটি], **homŏgē°nėousnėss**। *adv.* **homŏgē°nėously**। *v.t.* **homogėnīz(s)e**। [Gk. *homogenes*]

homograph [ho°-mŏ-grŭf, হ°মোগ্রাফ্] *n.* a word spelt like another but with a different meaning, একই বানানবিশিষ্ট কিন্তু ভিন্নার্থক শব্দ। [*homo-, graph*]

homologous [ho-mo°-la-gas, হম°ল্যাগ্যাস্] *a.* agreeing, corresponding, অনুরূপ, সদৃশ। *n.* **homologue** [ho°-ma-log, হ°ম্যালগ্] অনুরূপ বা সদৃশ বস্তু। [Gk. *homologos*]

homonym [ho°-ma-nim, হ°ম্যানিম্] *n.* a word of the same sound as another but of different meaning, একই ধ্বনিবিশিষ্ট কিন্তু ভিন্নার্থবোধক শব্দ। *a.* **homonymous** [ho-mo°-ni-mas, হম°নিম্যাস্] একই ধ্বনিবিশিষ্ট কিন্তু ভিন্নার্থবোধক। [Gk. *homonymos*]

homophone [ho°-ma-fōn, হ°ম্যাফৌন্] *n.* a word having same sound or pronunciation but different in meaning and spelling, একই ধ্বনি অথবা উচ্চারণবিশিষ্ট কিন্তু ভিন্নার্থক ও ভিন্নবানানবিশিষ্ট শব্দ। *a.* **homophonous**। [Gk. *homos*=same, *phōnē*=sound]

homopolar [ho-mo-pō°-la(r), হমপৌ°ল্যা(র্)] *a.* having similar poles, সদৃশমেরু-বিশিষ্ট, (chem.) covalent, (রসা.) সহযোজ্য। [Gk. *homos*; *polar*]

Homo sapiens [hō°-mō sa°-pi-ans, হৌ°মৌ স্যা°পিঅ্যান্স্] *n.* modern man regarded as a species, বর্তমানে যে মানবগোষ্ঠী পৃথিবীতে আছে তাহাদের নৃতাত্ত্বিক নাম। [L.=wise man]

homosexual [hō°-mŏ-seks°-ū-al, হৌ°মো°-সেক্‌স্‌°ইউঅ্যাল্] (1) *a.* having sexual propensity to one's own sex, সমরতি বা সমকাম। (2) *n.* a homosexual creature, সমরতি বা সমকাম প্রাণী। *n.* **hō°mŏsexūa°lity**। [*homo-, sexual*]

homuncule [homung°-kūl, হমাং°কিউল্] *n.* a little man, a dwarf, ছোটখাট মানুষ, বেঁটে। [L. *homunculus*]

homy—see **home.**

hone [hōn, হৌন্] (1) *n.* a whetstone, (ক্ষুর ধার দেওয়ার) শান-পাথর। (2) *v.t.* to whet on a hone, শান-পাথরে ঘসিয়া ধার দেওয়া। [OE. *han* —cp. ON. *hein*]

honest [o°-nist, অ°নিস্‌ট্] *a.* full of honour, প্রতিশ্রুতিরক্ষাশীল ; just, ন্যায়বান্ ; free from fraud, সততাপরায়ণ, সাধু, সৎ ; candid, সরল ; truthful, সত্যবাদী ; sincere, আন্তরিক ; respectable, সম্ভ্রান্ত ; chaste, সচ্চরিত্র, সতীত্বপূর্ণ (*honest* woman)। **(to) be quite honest about it**—(বক্তা কর্তৃক) লোকের বা শ্রোতার বিশ্বাস উৎপাদন করিতে পারিবে বলিয়া কামনা করা (*to be quite honest about it*, I meant to be impartial= কামনা করি, বা আপনারা আমাকে বিশ্বাস করিবেন যে আমার উদ্দেশ্য ছিল পক্ষপাতহীন হওয়া)। *adv.* **ho°nėstly**—honest-এর সকল অর্থে, এবং—সত্য-সত্যই (*honestly*, that is all I have)। *n.* **ho°nėsty** —প্রতিশ্রুতিরক্ষার স্বভাব, সত্যপালন ; ন্যায়পরায়ণতা ; সততা, সাধুতা ; সারল্য ; সত্যবাদিতা ; আন্তরিকতা। [OE. *honeste*<L. *honestus*]

honey [hu°ni, হা°নি] *n.* nectar of flowers, মধু, মউ, পুষ্পমধু ; anything sweet like honey, মধুতুল্য মিষ্ট বস্তু ; a term of endearment, (পত্নী প্রণয়িনী বা রমণীদিগকে) প্রিয়সম্বোধনবিশেষ। **honey sac**—মৌমাছির মধুসঞ্চয়ের থলি। *n.* **ho°ney-bee** —মউমাছি। **ho°neycōmb**—(1) *n.* মধুচক্র, মউমাছির চাক বা বাসা। (2) *v.t.* মউচাকের ন্যায় ঝাঁঝরা করা বা ছিদ্রবহুল করা। *a.* **ho°ney-combed**—মউচাকতুল্য ছিদ্রবহুল। *n.* **ho°neydew**—বৃক্ষাদি-নিঃসৃত মধুর নির্যাস। *a.* **ho°neyed**—মধুমাখা ; মধুময় ; মধুর। **ho°neymōōn**—(1) *n.* বিবাহের পরবর্তী প্রথম সপ্তাহ (বেশিও হইতে পারে) যখন নবদম্পতী আত্মীয়স্বজন হইতে দূরে থাকিয়া ছুটি উপভোগ করে ; (আল.) কোন উদ্যোগ বা প্রতিষ্ঠানের প্রারম্ভে ঐক্য বা সমন্বয়ের কাল বা মেয়াদ। (2) *v.i.* উক্ত সপ্তাহ যাপন করা। *a.* **ho°ney-mouthed**—মধুভাষী। *n.* **ho°ney-su°cker**—বড় পাখিবিশেষ। *n.* **ho°neysuckle**—পুষ্পলতাবিশেষ। [OE. *hunig* —cp. G. *honig*]

honied—alt. spell. of **honeyed.**

honk [hongk, হংক্] (1) *n.* the cry of the wild goose, বন্য হংসীর ডাক ; the noise of a motor horn, মোটরের ভেঁপুর আওয়াজ। (2) *v.i.* to make a honk, মোটরগাড়ির হর্ন দেওয়া বা বাজান। [imi.]

honorarium [o-na°rar°-i-am, অন্যা°রেয়্যার্°-ইঅ্যাম্] *n.* a voluntary fee for services, বিশেষ কাজের জন্য স্বেচ্ছাপ্রদত্ত বা রীতিমত বেতনের বদলে প্রদত্ত পারিশ্রমিক, দক্ষিণা। [L.=honorary]

honorary [o°-n(a)ra-ri, অ°ন্‌র্যারি] *a.* conferring honour, সম্মানপ্রদ (an *honorary* degree) ; holding a title or office without performing services or without reward, বিনাকার্যে বা বিনাবেতনে খেতাবধারী অথবা পদাধিকারী, অবৈতনিক। [L. *honorarius*]

honorific [o-na-ri°-fik, অন্যারি°ফিক্] (1) *a.* implying honour, সম্মানসূচক। (2) *n.* a form of honorific address or mention, সম্মানসূচক সম্বোধনের বা উল্লেখের রীতি। [L. *honorificus*]

honoris causa [o-naw°-ris kaw°-za, অন্য°রিস্ ক°জ্যা] *ph.* for the sake of honour, সম্মাননার্থ বা সম্মানার্থ। [L.]

honour [o°-na(r), অ°ন্যা(র্)] (1) *n.* esteem, high respect, শ্রদ্ধা, উচ্চ সম্মান ; righteousness, সততা, সাধুতা ; exalted position, সম্মানিত পদ ; thing conferred as distinction, সম্মানসূচক খেতাব উপাধি প্রভৃতি ; self-respect, আত্মসম্মান ; dutifulness, কর্তব্যপরায়ণতা ; chastity, সতীত্ব ; a title of respect, বিচারপতি প্রভৃতিকে সম্মানসূচক সম্বোধন (your *honour*) ; credit, সুনাম ; (in *pl.*) civilities, প্রদর্শিত সৌজন্যাদি ; in Universities, a higher grade of distinction, বিশ্ববিদ্যালয়ের পরীক্ষায় বিশেষ কৃতিত্বের জন্য সম্মান (*honours* in English) ; any of the four or five trump cards or the four aces, কোন কোন তাসখেলায় রঙের সেরা চারখানি বা পাঁচখানি তাস অথবা টেক্কা-চতুষ্টয় ; points earned for holding these, উক্ত তাস পাইবার ফলে লব্ধ পয়েন্ট্। (2) *v.t.* to respect, সম্মান করা ; to revere, শ্রদ্ধা করা ; to exalt, উন্নীত বা মহিমান্বিত করা ; to do honour to, সম্মানিত করা ; to confer honour upon, সম্মানসূচক খেতাবাদি প্রদান করা ; to accept and pay against, চেক হুণ্ডি প্রভৃতির বিনিময়ে টাকা দেওয়া (to *honour* a cheque)। **affair of honour**—(আত্মসম্মান-রক্ষার্থ) দ্বন্দ্বযুদ্ধ। **honour bright**—আত্মসম্মানের দোহাইবিশেষ। **honours easy**—(কোন কোন তাসখেলায়) যে তাস কয়খানি honours বলিয়া পরিগণিত তাহা উভয় পক্ষই সমসংখ্যায় পাইয়াছে এমন অবস্থা। **honours of war**—যুদ্ধে আত্মসমর্পণকারী বাহিনীকে যে-সকল সুযোগ-সুবিধা দেওয়া হয়। **last honours**—অন্ত্যেষ্টি-ক্রিয়া। **upon my honour** —আত্মসম্মানের দোহাইবিশেষ। **(to) do the honours**—নমস্কারাদি সৌজন্য প্রদর্শন করা। *a.* **honourable** [o°-n(a)rabl অ°ন্‌র্যাব্‌ল্] সম্মানযোগ্য ; সম্মানিত ; মাননীয় ; ন্যায়পরায়ণ। **Right Honourable**—marquis-অপেক্ষা হীনতর খেতাবধারী ব্যক্তি বা ইংল্যানডের মন্ত্রী বা লনডন ও অন্য কোন কোন নগরের মেয়র প্রভৃতির আখ্যা। *adv.* **ho°nour-**

ably । *a.* **ho°noured**—সম্মানিত। [AF. (*h*)*onour* <L. *honor*]

hooch, hootch [hōōch, হূচ্] *n.* (sl.) alcoholic drink, whisky, (অশি.) মদ্য, হুইস্কি। [Alaskan *hoochinao*=name of an Alaskan tribe that made such liquor]

hood₁ [hood, হুড্] **(1)** *n.* a covering for the head and the neck, মাথা ও ঘাড়ের বস্ত্রাবরণ-বিশেষ, বোরখা ; an ornamental fold worn over an academic gown, বিশ্ববিদ্যালয়াদির উৎসব প্রভৃতিতে পরিধেয় গাউনের ঘাড়ের উপরে যে কারুকার্যময় বস্ত্রখণ্ড রাখা হয় ; a folding roof, মোটরগাড়ি প্রভৃতির যে চাল গুটাইয়া রাখা যায় ; the expanded head of a snake, সাপের ফণা। **(2)** *v.t.* to cover with a hood, বোরখা দিয়া ঢাকা। *a.* **hoo°déd**—বোরখা দিয়া আবৃত ; ফণাওয়ালা। *n.* **hood°man**—কানামাছি খেলায় যাহার চক্ষু বাঁধিয়া দেওয়া হয়। [OE. *hod*—cp. Du. *hoed*]

hood₂ [hood, হুড্] *n.* (sl.) gangster, (অশি.) গুণ্ডা বা দুর্বৃত্তদলের লোক। [abbr. of *hoodlum*]

hoodlum [hood°-lam, হুড্°ল্যাম্] *n.* a street rowdy, রাস্তায় গুণ্ডা ও রক্‌বাজ ছেলে। [?]

hoodman—see **hood.**

hoodoo [hōō°-dōō°, হূ°ডূ°] **(1)** *n.* voodoo, ডাকিনী-বিদ্যাবিশেষ ; a bringer of bad luck, দুর্ভাগ্যদায়ক ব্যক্তি বা বস্তু। **(2)** *v.t.* to bewitch, জাদুমুগ্ধ করা ; to bring bad luck to, দুর্ভাগ্য ঘটান। [see *voodoo*]

hoodwink [hood°-wingk, হুড্°উইংক্] *v.t.* to blindfold, চক্ষু বাঁধিয়া দেওয়া ; to deceive, প্রতারণা করা, ফাঁকি দেওয়া। *p.* & *p. pt.* **hood°winked** । [*hood, wink*]

hooey [hōō°-i, হূ°ই] *n.* (sl.) nonsense, (অশি.) অর্থহীন কিছু, বাজে উক্তি বিষয় বস্তু প্রভৃতি। [?]

hoof [hōōf, হূফ্] **(1)** *n.* the horny part of feet of certain animals, গরু ঘোড়া প্রভৃতির পায়ের খুর ; (joc.) the human foot, (ব্যঙ্গে) মানুষের পা। *pl.* **hōōfs, hōō°ves** । **on the hoof**—(গোমহিষাদির সম্বন্ধে) বাঁচিয়া আছে এমন, জীবন্ত। **(to) pad the hoof**—(রসিকতায়) পদব্রজে গমন করা, হাঁটিয়া যাওয়া। *n.* **hoof-pick**—(অশ্বাদির) খুর হইতে নুড়ি প্রভৃতি বাহির করার কাঠি-বিশেষ। **(2)** *v.t.* to strike with the hoof, পায়ের খুর দিয়া আঘাত করা ; to kick, লাথি মারা। **(3)** *v.i.* to walk, হাঁটা। *a.* **hōōfed**—খুরদ্বারা আহত ; লাথি খাইয়াছে এমন। [OE. *hof*—cp. G. *huf*]

hook [hook, হুক্] **(1)** *n.* a bent piece of metal etc. to catch or hold anything, কিছু ধরিয়া বা আটকাইয়া রাখার জন্য লৌহাদি-নির্মিত আঙ্টা (যেমন, মাছ ধরার বঁড়শি, জামা টাঙানর হুক্ প্রভৃতি) ; (fig.) a snare or trap, (আল.) জাল বা ফাঁদ ; (*pl.* sl.) fingers, (অশি.) আঙ্গুলসমূহ ; a boxer's blow with bent elbows, কনুই বাঁকাইয়া মুষ্টিপ্রহার ; (in cricket) a manner of hitting the ball, (ক্রিকেটে) কনুই ভাঙ্গিয়া ব্যাট্ দিয়া বল-চালনা। **(2)** *v.t.* to catch or hold with a hook, হুকে আঙ্টায় বা বঁড়শিতে আটকান অথবা গাঁথা (to *hook* a fish) ; to hang on a hook, হুকে ঝোলান ; to form into a hook, আঙ্টার বা বঁড়শির ন্যায় বাঁকান (to *hook* one's finger) ; (fig.) to entrap, (আল.) ফাঁদে ফেলা ; to deal a blow by bending the elbows, কনুই বাঁকাইয়া ঘুসি মারা ; (in cricket) to hit by bending the elbows, (ক্রিকেটে) কনুই ভাঙ্গিয়া বল মারা। **(3)** *v.i.* to bend, বক্র হওয়া। *p.* & *p. pt.* **hoo°ked** । **by hook or by crook**—কলে বা কৌশলে যেমন করিয়াই হউক না কেন। **hook and eye**—পোশাকাদি আটকাইবার হুক এবং আংটা। **hook, line and sinker**—(মৎস্যশিকার হইতে উদ্ভূত আল. অর্থ) সম্পূর্ণরূপে, একেবারে। **off the hook**—মুশকিল অসুবিধা বিপত্তি ইত্যাদি হইতে মুক্ত। **(to) go off the hooks**—মারা যাওয়া ; বিকৃতমস্তিষ্ক বা পাগল হওয়া ; উন্মত্তের ন্যায় আচরণ করা। **on one's own hook**—নিজের দায়িত্বে বা উদ্যমে। *a.* **hook°-nō°sed**—বক্রনাস। *n.* **hook°-up**—একই বার্তাদি প্রচারার্থ পরস্পর সংযুক্ত বিভিন্ন বেতারকেন্দ্র। *n.* **hook°worm**—বক্রদেহ ক্রিমিবিশেষ। [OE. *hoc.*—cp. Du. *hoek*]

hooka(h) [hoo°-ka, হু°কা] *n.* a smoking apparatus, হুঁকা। [Ar. *huqqah*]

hook(e)y [hoo°-ki, হু°কি] *n.* (sl.) a truant, (অশি.) স্কুল-পালানে ছেলে বা মেয়ে অথবা অফিস বা কর্মস্থল হইতে পালান যাহার স্বভাব। **(to) play hookey**—স্কুল বা অফিস বা কর্মস্থল হইতে পালান। [?]

hooligan [hōō°-li-gan, হূ°লিগ্যান্] *n.* a street rough, রাস্তার গুণ্ডা, রাহাজান। *n.* **hōō°liganism**—গুণ্ডামি, রাহাজানি। [name of a gangster ?]

hoop₁ [hōōp, হূপ্] **(1)** *n.* a band for binding the staves of casks, etc., পিপা প্রভৃতির কাষ্ঠখণ্ডগুলিকে আঁটিয়া রাখার জন্য ধাতুপাতের ঘেরবিশেষ ; a ring for a child to trundle, ছোট ছেলেরা যে চাকা চালায় ; an elastic ring for expanding a skirt, ঘাগরার ঘের প্রয়োজনমত বাড়ানর জন্য স্থিতিস্থাপক চক্রবিশেষ ; a ring, আঙ্টা, কড়া, চক্র। **(2)** *v.t.* to bind with a ring, ধাতুপাতের ঘের দিয়া বাঁধা ; to encircle, বেষ্টন করা। *p.* & *p. pt.* **hōō°ped** । **(to) go through the hoop**—কঠোর পরীক্ষার মধ্য দিয়া কালাতিবাহিত করা, দুঃখ-দুর্দশায় কাল কাটান। [OE. *hop*—cp. Du. *hoep*]

hoop₂, hooping-cough—see **whoop.**

hoopoe [hōō°-pōō, হূ°পূ] *n.* a crested bird, ঝুঁটিওয়ালা পাখিবিশেষ। [ME. *hoop* <OF. *huppe*]

hoosegow [hōōs°-gow, হূস্°গাউ] *n.* (sl.) prison, (অশি.) কারাগার, জেলখানা, শ্রীঘর। [Sp. *juzgado*=tribunal]

hoot [hōōt, হূট্] **(1)** *v.t.i.* to shout in derision, চিৎকার করিয়া বিদ্রূপ করা ; (of an owl) to cry,

(পেঁচা কর্তৃক) চিৎকার করা। (2) *v.t.* to sound, (মোটরের হর্ন, সাইরেন, প্রভৃতি) ধ্বনিত করা। *p.* & *p. pt.* **hōō°tėd** । (3) *n.* the sound of hooting, বিদ্রূপাত্মক চিৎকার ; the cry of an owl, পেঁচার ডাক ; the sound of a motor-horn, siren, etc., মোটর-হর্ন সাইরেন প্রভৃতির শব্দ। **not to care a hoot** or **two hoots**—মোটেই গ্রাহ্য না করা, সম্পূর্ণ অগ্রাহ্য করা। *n.* **hōō°ter**—যে ব্যক্তি বিদ্রূপাত্মক চিৎকার করে; কারখানা খনি রেল স্টীমার প্রভৃতির সাইরেন সিটি বা বাঁশি। *int.* **hōōts, hōōt°-tōōt°**—তিরস্কার বিরক্তি অধৈর্য প্রভৃতি সূচক ধ্বনি। [imi.]

hooves—see **hoof.**

hop₁ [hop, হপ্] (1) *v.i.* to leap on one leg, একপায়ে লাফান ; to move in jumps like a bird, পাখির ন্যায় লাফাইয়া লাফাইয়া চলা ; to limp, খোঁড়ান ; (of aircrafts) to leave the ground, (বিমানপোত-সম্বন্ধে) ভূমি ত্যাগ করিয়া উপরে উঠা। (2) *v.t.* to cause to hop, এক পায়ে লাফ দেওয়ান। *pr. pt.* **ho°pping** । *p.* & *p. pt.* **hopped** । **hopping mad**—(কথ্য.) অত্যন্ত ক্রুদ্ধ। **hop, skip** (or **step**), **and jump**—লাফালাফি-খেলাবিশেষ। **on the hop**—কাজের মধ্যেই, কর্মরত অবস্থায়; অসতর্কভাবে; ঠিক সেই মুহূর্তে। **(to) hop it, (to) hop off**—প্রস্থান করা। **(to) hop the twig**—(অশি.) মারা যাওয়া; কৌশলে ঋণদাতাকে এড়াইয়া যাওয়া। *n.* **hopper**—যে লাফায়; লাফানে প্রাণী; ফড়িঙ্; যে চোঙ্গার মধ্য দিয়া শস্যাদি চূর্ণনযন্ত্রে বা জাঁতায় নীত হয়। [OE. *hoppian*=to dance—cp. G. *hopfen*]

hop₂ [hop, হপ্] (1) *n.* a climbing plant, লতাবিশেষ ; (in *pl.*) its fruit-clusters, মদ ও ঔষধ সুগন্ধ করার জন্য ব্যবহৃত উক্ত লতার ফলগুচ্ছ। (2) *v.t.* to mix hops, (সুরভিত করার জন্য) উক্ত লতার ফলগুচ্ছ মেশান। (3) *v.i.* to collect hops, উক্ত ফলগুচ্ছ সংগ্রহ করা। *pr. pt.* **ho°pping** । *p.* & *p. pt.* **ho°pped** । *n.* **ho°pper** । [Du.]

hope [hōp, হৌপ্] (1) *v.t.i.* to expect and desire, প্রত্যাশা করা, আশা করা, কামনা করা। *p.* & *p. pt.* **hō°ped** । (2) *n.* expectation blended with desire, প্রত্যাশা, আশা, কামনা ; that on which hope is based, আশাস্থল, ভরসাস্থল (he is my only *hope*) । *a.* **hōpe°ful**—আশাপূর্ণ, আশাপ্রদ ; আশান্বিত। *adv.* **hōpe°fully** । *n.* **hope°fulness** । *a.* **hōpe°lėss**—আশাহীন ; নিরাশ; অকেজো, অকর্মণ্য, ব্যর্থ (a *hopeless* worker or attempt); চিকিৎসার অসাধ্য (a *hopeless* disease or case) । *adv.* **hōpe°lessly** । *n.* **hōpe°lėssnėss** । *adv.* **hō°pingly** । **beyond** or **past hope**—(সাফল্য আরোগ্য প্রভৃতি সম্বন্ধে) আর আশা নাই এমন। **(to) hope against hope**—পরিপূর্ণ নিরাশার মধ্যেও প্রায় অসম্ভব কোন আশা করা। **(to) lay one's hopes on**—কাহারও উপর আস্থাস্থাপন করা বা ভরসা করা। [OE. *hopian* (*v.*) *hopa* (*n.*)—cp. Du. *hopen*]

hopped, hopper, hopping—see **hop₁,₂.**

hopple [hop°l, হপ্°ল্] var. of **hobble.**

hora [hō°-ra, হৌ°র্যা] *n.* an hour, ঘণ্টা, ৬০ মিনিট। *a.* **hō°ral, hō°rary**—ঘণ্টা-সংক্রান্ত ; প্রতি ঘণ্টায় ঘটে এমন। [L.]

Horatian [hŏ-rā°sh(a)n, হোরেই°শ্‌ন্] *a.* of or like Horace, ল্যাটিন্ কবি হরেস্-সম্বন্ধীয় বা তত্তুল্য।

horde [haw(r)d, হ(র্)ড্] *n.* a wandering tribe, যাযাবার জাতিবিশেষ ; a multitude, বড় দল। [F. <Turk, *ordu*=camp]

horehound [haw(r)°-hownd, হ(র্)°হাউন্ড্] *n.* a plant,. কাশির ঔষধরূপে ব্যবহৃত গাছড়াবিশেষ। [OE. *har*=hoar, *hune*=a plant]

horizon [hŏ-rī°zn, হোরাই°জ্‌ন্] *n.* the line at which the earth and sky appear to meet, দিক্‌চক্রবাল, দিগন্ত, দিগ্‌বলয় ; (fig.) the limit of one's perception or experience, (আল.) কাহারও বোধশক্তি বা অভিজ্ঞতার সীমা, মনোদিগন্ত। *a.* **horizontal** [ho-ri-zon°tl, হরিজ়ন্°ট্‌ল্] দিক্‌চক্রবালসংক্রান্ত ; দিগন্তস্থিত ; দিগন্তের সহিত সমান্তরাল, (পরি.) আনুভূমিক ; সমতল। **on the horizon**—(ঘটনাদি সম্বন্ধে) আসন্ন বা প্রতীয়মান হইতেছে এমন। *adv.* **horizon°tally** । [F.<L.<Gk.]

hormone [haw(r)°-mōn. হ(র্)°মৌন্] *n.* an internal secretion which stimulates animal organs into action, প্রাণিদেহজ রসবিশেষ : ইহা রক্তের সঙ্গে মিশিয়া অঙ্গপ্রত্যঙ্গগুলিকে সক্রিয় করিয়া তোলে। [Gk. *hormon*]

horn [haw(r)n, হ(র্)ন্] (1) *n.* a hard outgrowth on the head of an animal, পশুশৃঙ্গ, শিঙ ; an antenna, হুল, শুঙ্গ ; a wind-instrument, (মূলতঃ শৃঙ্গদ্বারা নির্মিত হইত বলিয়া) শিঙা, রামশিঙা ; a sounding apparatus, মোটরগাড়ি প্রভৃতির ভেঁপু ; a drinking vessel, পশুশৃঙ্গনির্মিত পানপাত্র ; an imaginary growth on a cuckold's head, অসতী স্ত্রীর স্বামীর মস্তকে কল্পিত শৃঙ্গ ; either of the extremities of the crescent moon, ক্ষীণচন্দ্রের যে কোন প্রান্ত। (2) *v.t.* to furnish with horns, শৃঙ্গশোভিত করা। (3) *v.i.* to blow a horn, শিঙা বা ভেঁপু বাজান। (4) *v.t.i.* to gore, শিঙ্ দিয়া গুঁতান। **(to) draw in one's horns**—(আল.) গৃহীত দায়িত্ব বা কর্মভার হইতে হঠিয়া যাওয়া অথবা উহা পালনে তেমন গা না ঘামান। *n.* **horn°beam**— শক্ত কাণ্ডযুক্ত ক্ষুদ্র বৃক্ষবিশেষ। *n.* **horn°bill**—শিঙ্‌ওয়ালা ঠোঁটযুক্ত পক্ষিবিশেষ। *a.* **hor°ned**—শৃঙ্গযুক্ত ; শৃঙ্গের ন্যায় বক্র। *n.* **hor°ner**—পশু-শৃঙ্গের পাত্রাদি নির্মাতা ; শিঙা-বাদক। *n.* **horn°-mad**—ক্রোধোন্মত্ত। *n.* **horn°-pīpe**—প্রাচীন ওএল্‌স্-এর বাঁশিবিশেষ। *a.* **horn°-rimmed**—(চশমা-সম্বন্ধে) পশুশৃঙ্গসদৃশ উপাদানে নির্মিত ফ্রেমওয়ালা। *n.* **hor°ninėss** । *a.* **hor°ny** পশুশৃঙ্গদ্বারা নির্মিত ; পশুশৃঙ্গ-

সংক্রান্ত ; শৃঙ্গের ন্যায় শক্ত (hands *horny* from hard work) ; খুব যন্ত্রণা-ভোগের ফলে তৎসম্বন্ধে বোধশক্তিহীন। [AS.—cp. G. *horn*]

hornbill, horned, horner—see **horn.**

hornet [haw(r)°nit, হ(র্)°নিট্] *n.* a large variety of wasp, বড় বোলতাবিশেষ, ভীমরুল। [OE. *hyrnet*—cp. *horn*]

hornpipe, horn-rimmed, horny—see **horn.**

hornswoggle [ho(r)ns°-wogl, হ(র্)ন্স্°ওগ্‌ল্] *v.t.* (sl.) to cheat, (অশি.) প্রতারণা করা। [?]

horologe [ho°-ra-loj, হ°র‍্যালজ্] *n.* any machine for telling the hours, সময়-নির্দেশক যন্ত্র, ঘড়ি। *n.* **horology** [ho-ro°-la-ji, হর°ল্যাজি] ঘড়ি-নির্মাণবিদ্যা। [L. *horologium*<Gk. *horologion*]

horoscope [ho°-ras°kop, হ°র‍্যাস্°কৌপ্] *n.* an observation of the heavens at one's birth for astrological predictions, কোষ্ঠী, জাতপত্রিকা। [Gk. *horoskopos*]

horrendous [hor-end°-as, হরএণ্ড্°অ্যাস্] *a.* (coll.) dreadful, horrifying, (কথ্য.) ভীষণ, ভয়ঙ্কর। [L. *horrendus*<horrere=to bristle]

horrent [haw°-r(a)nt, হ°র্‌ন্ট্] *a.* bristling, শূকরের লোমের মত খাড়া খাড়া। [L. *horrere*=to bristle]

horrible [ho°-rabl, হ°র‍্যাব্‌ল্] *a.* exciting horror, ভয়ঙ্কর, ভয়ানক ; unpleasant, অপ্রীতিকর (*horrible* weather)। *adv.* **ho°rribly**। [L. *horribilis*]

horrid [ho°-rid, হ°রিড্] *a.* (arch.) terrible, (আর্ষ.) ভয়ঙ্কর, ভীষণ ; (arch.) rough, (আর্ষ.) এবড়ো-খেবড়ো, বন্ধুর ; (coll.) detestable, (কথ্য.) জঘন্য (*horrid* practice)। [L. *horridus*]

horrify [ho°-ri-fī, হ°রিফাই] *v.t.* to strike with horror, আতঙ্কিত করা। *a.* **horri°fic**—আতঙ্ককর, ভয়ঙ্কর। [L. *horrificus*]

horripilation [ho-ri-pi-lā°sh(a)n, হরিপিলেই°শ্‌ন্] *n.* the bristling of the skin causing erection of the hairs, গায়ের লোম খাড়া হইয়া ওঠার অবস্থা ; goose-flesh, রোমাঞ্চ। [L. *horripilatio*]

horror [ho°-ra(r), হ°র‍্যা(র্)] *n.* a shuddering, আতঙ্কজনিত কম্পন ; intense dislike or abhorrance, পরম বিতৃষ্ণা বা ঘৃণা। **chamber of horrors**—আতঙ্ককর দ্রব্যাদির সংগ্রহশালা। **horror fiction** or **film**—আতঙ্ককর বিষয়বস্তুসম্বন্ধীয় উপন্যাস বা চলচ্চিত্র। *a.* **ho°rror-stricken, ho°rror-struck**—আতঙ্কগ্রস্ত, আতঙ্কিত। [L.]

hors [aw(r), অ্য(র্)] *adv.* & *prep.* outside, বহির্ভূত। **hors de combat** [aw(r)°-da-kawng°-bŭ, অ্য(র্)°ড্যাকাং°বা] পঙ্গু হইয়া যাওয়ার ফলে সংগ্রাম বা প্রতিযোগিতা হইতে বাতিল অথবা অপসৃত। *n.* **horsd'œuvre** [aw(r)-davr°, অ্য(র্)ড্যাভ্‌র্°] রসনাতৃপ্তির জন্য ভোজনকালে মাঝে মাঝে যে-সকল খাবার দেওয়া হয় (যেমন, চাটনি, চানাচুর)। [F.]

horse [haw(r)s, হ(র্)স্] *n.* a kind of quadruped, ঘোড়া, ঘোটক, অশ্ব ; (*collec. sing.*) cavalry, অশ্বারোহী সৈন্যদল, সাদী ; a wooden frame for punishment, শাস্তিদানকার্যে ব্যবহৃত তক্তাবিশেষ ; a gymnastic apparatus, ডিগবাজি খাইয়া ব্যায়াম করার যন্ত্রবিশেষ ; a horse-like support, ঝুলাইয়া বা আটকাইয়া রাখার জন্য অশ্বাকার কাঠামবিশেষ (clothes-*horse*)। **a horse of another colour**—(আল.) সম্পূর্ণ ভিন্ন ব্যাপার। **a willing horse**—ইচ্ছুক কর্মী, কর্মনিষ্ঠ ব্যক্তি। **dark horse**—ঘোড়দৌড়ে ধাবনোদ্যত যে ঘোড়ার গুণাগুণের পরিচয় এখন পর্যন্ত মেলে নাই ; (আল.) যে ব্যক্তির গুণাগুণের পরিচয় এখন পর্যন্ত মেলে নাই ; (আল.) শেষ মুহূর্তের পূর্ব পর্যন্ত যে পদপ্রার্থী বা অভ্যর্থীকে হাজির করা হয় নাই। **gift horse**—উপহাররূপে প্রদত্ত ঘোড়া। **(to) look a gift horse in the mouth**—পুঙ্খানুপুঙ্খভাবে প্রাপ্ত উপহারের খুঁত বাহির করার চেষ্টা করা। **(straight) from the horse's mouth**—(ঘোড়দৌড়ের পূর্বাভাসাদি সম্বন্ধে) সরাসরিভাবে (প্রাপ্ত)। **white horse**—(সমুদ্রের) শ্বেতশীর্ষ তরঙ্গ। **(to) be on one's high horse, (to) ride the high horse**—উদ্ধত বলিয়া প্রতীয়মান হওয়া। **(to) eat like a horse**—প্রচুর খাওয়া। **(to) flog a dead horse**—স্বীয় কর্মশক্তির অপচয় করা। **(to) hold one's horses**—সংযত ভাব প্রদর্শন করা ; ইতস্ততঃ করা ; ব্যস্তবাগীশ ভাব না দেখান। **(to) take horse**—ঘোড়ায় চড়া। **(to) work like a horse**—কঠোর পরিশ্রম করা, বেজায় খাটা। *a.* **horse°-and-bugg°y**—একেবারে সেকেলে বা অপ্রচলিত। *n.* **horse°back**—অশ্বপৃষ্ঠ। *n.* **horse°-box**—যে গরাদে-ঘেরা আধারের মধ্যে ঢুকাইয়া ঘোড়াকে রেলগাড়ি প্রভৃতিতে পরিবহণ করা হয়। *n.* **horse°-brea°ker**—অশ্বকে যে বশ করে বা শেখায়। *n.* **horse°-chest°nut**—বাদামবিশেষ। *n.* **horse°-co°per, horse-dea°ler**—অশ্বব্যবসায়ী, অশ্ববিক্রেতা। *n.* **horse°-doc°tor**—অশ্ববৈদ্য ; পশু-চিকিৎসক। *n.* **horse°-flesh**—খাদ্যরূপে ব্যবহৃত অশ্বমাংস ; অশ্বজাতি (a good judge of *horse-flesh*)। *n.* **horse°-fly**—অশ্ব ও গবাদি পশুর বিরক্তি-উৎপাদক ডাঁশ-মশাবিশেষ। *n. pl.* **horse°-guards**—অশ্বারোহী রক্ষিবাহিনী। *n.* **horse°-hair**—ঘোড়ার লেজের বা কেশরের লোম, বালামচি। *n.* **horse°-laugh**—কর্কশ অট্টহাস্য। *n.* **horse°-leech**—অশ্ববৈদ্য ; পশুচিকিৎসক ; যে লোকের কিছুতেই আশ মেটে না। *n.* **horse°man**—অশ্বারোহী ; ঘোড়া বশ করিতে দক্ষ ব্যক্তি ; অশ্বারোহী সৈন্য, সাদী। *n.* **horse°manship**। *n.* **horse°play**—ডানপিটেমি ও হৈচৈপূর্ণ খেলা ; (থিয়েটারাদিতে) নাটক বা অভিনয়। *n.* **horse°-pond**—ঘোড়াকে জল খাওয়াইবার ও স্নান করাইবার জন্য পুকুর। *n.* **horse°-power**—এক অশ্বের সমান শক্তি অর্থাৎ ১ মিনিটে প্রায় ৪০২ মন ওজন ১ ফুট উঁচু করার জন্য

প্রয়োজনীয় শক্তি, অশ্বশক্তি। *n.* **horse°-race**—ঘোড়দৌড়। *n.* **horse°-radish**—ঝাল-স্বাদযুক্ত কন্দবিশেষ। *n.* **horse°-sense°**—কাণ্ডজ্ঞান, সাধারণ জ্ঞান। *n.* **horse°-shoe**—ঘোড়ার খুরের নাল। *n.* **horse°-shoe°ing**—ঘোড়ার খুরের নাল পরানর কাজ। *n.* **horse°-trading**—অশ্বব্যবসায়; (আল.) চতুরতার সঙ্গে বেচাকেনা, প্রচণ্ড দরকষাকষি। **horse°-whip**—(1) *n.* ঘোড়া চালানর চাবুক। (2) *v.t.* ঘোড়ার চাবুক দিয়া মারা; চাবকান। *pr. pt.* **horse°-whipping**। *p. & p. pt.* **horse°-whipped**। *n.* **horse°woman**—অশ্বারোহণে অভ্যস্তা স্ত্রীলোক। *a.* **hor°sy**—ঘোড়া বা ঘোড়দৌড় সংক্রান্ত; অশ্বপ্রিয়; রেসুড়ে। [OE. *hors*—cp. ON. *hros*]

hortative [haw(r)°-ta-tiv, হ্ব(র্)°ট্যাটিভ্] *a.* of exhortation, উপদেশমূলক। [L. *hortari*=to incite]

horticulture [haw(r)°-ti-kul-cha(r), হ্ব(র্)°টিকালচ্যা(র্)] *n.* the art of gardening, উদ্যানপালনবিদ্যা। *a.* **horticultural** [haw(r)-ti-kul°-ch(a)r(a)l, হ্ব(র্)টিকাল্°চ্র্ল্] উদ্যানপালনসংক্রান্ত। *n.* **horticulturist** [haw(r)-ti-kul°-ch(a)rist, হ্ব(র্)টিকাল্°চ্রিস্ট্] উদ্যানপালক। [L. *hortus*=a garden, *cultura*=culture]

hosanna [hō-za°-na, হৌজ়্যা°ন্যা] *n.* an exclamation of praise to God or a prayer for His blessings, ভগবানের প্রশংসাসূচক ধ্বনি বা ভগবানের আশীর্বাদলাভের জন্য প্রার্থনা। [Gk.<Heb. *hoshia*=save, *na*=I pray]

hose [hōz, হৌজ়্] *n.* a covering for the legs or feet, পুরা পায়ের বা পায়ের পাতার মোজাবিশেষ; close-fitting breeches, আঁটো পাজামাবিশেষ; a flexible pipe for watering, জলসেচনার্থ নমনীয় নলবিশেষ, হৌজ়্ পাইপ্ (also **hōse°-pipe**)। *pl.* **hōse,** (কেবল 'হৌজ়্ পাইপ্' অর্থে) **hō°ṡes**। *a.* **hō°ṡed**—উক্ত মোজা বা আঁটো পাজামা পরিহিত। [OE. (*pl.*) *hosan*—cp. G. *hose*]

hosier—see **hosiery.**

hosiery [hō°-za-ri, হৌ°(শ্)জ্যারি] *n.* hose collectively, মোজাসমূহ; knitted goods, গেঞ্জি মোজা প্রভৃতি বোনা কাপড়-চোপড়। *n.* **hō°ṡier**—বোনা বস্ত্রাদিবিক্রেতা। [see *hose*]

hospice [hos°-pis, হস্°পিস্] *n.* a house of rest for strangers, kept by monks, সন্ন্যাসিসম্প্রদায় কর্তৃক পরিচালিত অতিথিশালা, ধর্মশালা; a refuge, অনাথশালা। [F.<L. *hospitium*]

hospitable [hos°-pi-tabl, হস্°পিট্যাব্‌ল্] *a.* welcoming and generous towards strangers or guests, অতিথিসেবাপরায়ণ। *adv.* **hos°pitably**। [LL. *hospitagium*]

hospital [hos°-pitl, হস্°পিট্‌ল্] *n.* an institution for the sick and the wounded, হাসপাতাল। *n.* **hospitalizā°tion**। *v.t.* **hos°pitalize**—চিকিৎসার্থ হাসপাতালে পাঠান বা ভর্তি করা। *n.* **hos°pital-ship°**—রুগ্‌ণ ও আহতদের চিকিৎসা ও পরিবহণার্থ নিয়োজিত জাহাজ। [OF. <LL. *hospitale*]

hospitality [hos-pi-ta°-li-ti, হস্‌পিট্যা°লিটি] *n.* hospitableness, অতিথিসেবা, আতিথেয়তা। [see *hospital*]

hoss [hos, হস্] *n.* (coll.) a horse, (কথ্য.) ঘোড়া। [see *horse*]

host₁ [hōst, হৌস্ট্] *n.* one who entertains a guest or stranger, অতিথি যে বাড়িতে আশ্রয় পায় সেই বাড়ির কর্তা, অতিথিসেবক, নিমন্ত্রণকর্তা; an innkeeper, হোটেলওয়ালা, সরাইওয়ালা। *fem.* **hos°tėss**—host-এর সকল অর্থে, এবং—সুখস্বাচ্ছন্দ্যের তত্ত্বাবধায়িকা (air-*hostess*)। **(to) reckon without one's host**—নিমন্ত্রণকর্তার সহিত পরামর্শ না করিয়াই নিমন্ত্রণের পরিকল্পনা হিসাবাদি করা; সম্ভাব্য বিরোধিতাদি উপেক্ষা করা। [OF. *hoste*<L. *hospitis*]

host₂ [hōst, হৌস্ট্] *n.* an army, সৈন্যবাহিনী; a great multitude, মস্ত বড় দল। (he is) **a host in himself**—একাই বহুসংখ্যক লোকের কর্মক্ষমতা ধারণ করে (তু. একাই এক শ)। **heavenly host**—দেবদূতগণ। **Lord of hosts**—(হেব্রু-মতে) ভগবান্ (দেবদূতবাহিনী তারকাবাহিনী প্রভৃতির কর্তা বলিয়া)। [OF.<L. *hostis*]

hostage [hos°-tij, হস্°টিজ্] *n.* one given to another as a pledge, জামিনরূপে পরহস্তে সমর্পিত ব্যক্তি, প্রতিভূ। [OF.]

hostel [hos°tl, হস্°ট্‌ল্] *n.* an inn, সরাই; a non-commercial boarding-house for students, etc., ছাত্রাদির জন্য ব্যবসায়রূপে পরিচালিত নহে এমন আবাস, হসটেল। *n.* **hostel(l)er** [hos°-te-la(r), হস্°টেল্যা(র্)] সরাইওয়ালা; হসটেলের মালিক: হসটেল-বাসী। *n.* **hostelry** [hos°-tel-ri, হস্°টেল্‌রি] সরাই। [OF.<L. *hospitale*]

hostess—see **host₁.**

hostile [hos°-tīl, হস্°টাইল্] *a.* of an enemy, শত্রুপক্ষীয়; full of enmity, শত্রুতাপূর্ণ; adverse, প্রতিকূল; opposing, বিরোধী। *adv.* **hos°tīlely**। *n.* **hosti°lity**—শত্রুতা; প্রতিকূলতা; বিরোধিতা; (in *pl.*) যুদ্ধবিগ্রহ, লড়াই (at the commencement of *hostilities*)। [L. *hostilis*]

hostler—alt. spell. of **ostler.**

hot [hot, হট্] (1) *a.* of a high temperature, উচ্চতাপযুক্ত; very warm, খুব গরম (a *hot* day); fiery, অগ্নিময়, জ্বলন্ত, প্রখর (*hot* sun); pungent, ঝাল (pepper is *hot*); animated, উদ্দীপ্ত; ardent, আগ্রহপূর্ণ, সাগ্রহ; violent, প্রচণ্ড, দুর্দান্ত; untamable, অদম্য; sexually excited, কামোদ্দীপিত; lustful, কামুক; dangerous, বিপজ্জনক। (2) *adv.* hotly, অত্যুষ্ণভাবে, অগ্নিময়ভাবে, প্রখরভাবে, উদ্দীপ্ত হইয়া, সাগ্রহে, প্রচণ্ডভাবে, অদম্যভাবে, বিপজ্জনকভাবে। (3) *v.t.i.* to make hot, গরম করা; to become hot, গরম হওয়া; (fig.) to become dangerous, বিপজ্জনক হওয়া (things are *hotting* up)। **hot air**—(কথ্য.) যে উত্তেজিত দম্ভোক্তির তেমন অর্থ নাই। **(to) be hot on the trail (of), (to) be hot on one's tracks**—পায়ে পায়ে ধাওয়া করা বা অনুসরণ করা। **(to) be hot under the collar**—ক্রুদ্ধ হওয়া। **(to) give it one hot**—তীব্র তিরস্কার করা বা কঠোর শাস্তি দেওয়া। **(to) make it** or **the place** or **things too hot**—নানাভাবে বিপন্ন করিয়া বা প্রতিকূল আচরণ করিয়া অস্বস্তিকর বা বিপজ্জনক অবস্থার সৃষ্টি করা। *n.* **hot°bed**—দ্রুত ফসল-উৎপাদনার্থ যে জমি কাচে ঢাকিয়া সার গাঁজাইয়া গরম করা হয়; (আল.) দ্রুত বৃদ্ধি বা প্রসারের উপযোগী স্থান (*hotbed* of politics)। *n.* **hot°blast**—গরম বাতাসের ঝাপটা, লু। *a.* **hot°-bloo°dėd**—উষ্ণ-শোণিতপূর্ণ; উত্তেজিত; আগ্রহপূর্ণ; তেজস্বী; খিটখিটে। **hot dog**—গরম sausage-এ তৈয়ারি sandwich। *adv.* **hot°foot**—অতি দ্রুতপদে। *n.* **hot°head**—উগ্রস্বভাব ব্যক্তি, রুক্ষ মেজাজের লোক। *a.* **hot°-hea°-dėd**—উগ্রস্বভাব। *n.* **hot°-house**—গ্রীষ্মপ্রধান অঞ্চলের উদ্ভিদাদিপালনার্থ কৃত্রিম প্রক্রিয়ায় উষ্ণীকৃত উদ্যান; কোন কিছু শুকানর জন্য উষ্ণীকৃত কক্ষ; (আর্ষ.) সাধারণ স্নানাগার; (আর্ষ.) বেশ্যালয়। *adv.* **hot°ly**। *n.* **hot°nėss**। *n.* **hot°-plāte**—রন্ধনকালে হাঁড়ি-কড়া প্রভৃতি বসাইবার জন্য স্টোভের উপর যে (আলগা) ঢাকনা থাকে; জিনিসপত্র গরম রাখার জন্য অন্যান্য যন্ত্রের উপরে অনুরূপ ঢাকনা। *n.* **hot°pot**—ঢাকনা-বদ্ধ পাত্রমধ্যে ভাপে সিদ্ধ করিয়া রাঁধা শাকসবজিসহ মাংস। **hot°press**—(1) *v.t.* মসৃণ করার জন্য গরম দুইখানি পাতের মধ্যে রাখিয়া চাপ দেওয়া। *p.* & *p. pt.* **hot°pressed**। (2) *n.* উক্ত প্রক্রিয়া বা উক্ত পাত দুইখানি। **hot stuff**—অতি চমৎকার বা তেজস্বী বা প্রচণ্ড ব্যক্তি বস্তু অথবা অনুষ্ঠান। *a.* **hot°-tem°-pered**—উগ্রস্বভাব। *n.* **hot-wa°ter-bottle**—সেক দিবার জন্য গরম জলভরা বোতল। [OE. *hat*—cp. Sw. *het*]

Hotchkiss [hoch°-kiss, হচ্°কিস্] *n.* a variety of machine-gun, মেশিনগান্‌বিশেষ। [inventor's name]

hotchpot [hoch°-pot, হচ্°পট্], **hotchpotch** [hoch°-poch. হচ্°পচ্] *n.* a dish of mixed ingredients, বিভিন্ন দ্রব্যে বিশেষতঃ মেষমাংস বা শাকসবজি মিশাইয়া প্রস্তুত খাদ্যবিশেষ, খিচুড়ি; a medley, বিভিন্ন দ্রব্যাদির সংমিশ্রণ (a *hotchpotch* of ideas)। [F. *hochepot*]

hotel [hŏ-tel°, হোটেল্°] *n.* a boarding-house for travellers, পান্থাবাস, হোটেল; a large inn, বড় সরাই। *n.* **hŏtel°-keeper, hotelier** [ō°-ta-le(r), ঔ°ট্যালিয়্যা(র্)] হোটেলের মালিক। [F.]

hotspur [hot°-spa(r), হট্°স্প্যা(র্)] *n.* a violent rash man, উগ্রস্বভাব ও হঠকারী ব্যক্তি। [*hot, spur*—nickname of Henry Percy]

Hottentot [ho°-tntot, হ°ট্‌ন্‌টট্] *n.* one of a South African race, দক্ষিণ আফ্রিকার হটেন্‌টট্‌-জাতির লোক; their language, ঐ জাতির ভাষা। [Du.]

houdah—alt. spell. of **howdah.**

hough [hok, হক্] (1) *n.* the leg of a quadruped between the knee and the fetlock, জন্তুর হাঁটু ও গোড়ালির মধ্যবর্তী পা। (2) *v.t.* to hamstring, পায়ের শিরা ছেদনপূর্বক খোঁড়া করিয়া দেওয়া। *p.* & *p. pt.* **hough°ed**। [OE. *hoh*= the heel]

hound [hound, হাউন্ড্] (1) *n.* a hunting dog, শিকারি কুকুর; a despicable man, জঘন্য লোক। (2) *v.t.* to chase, (শিকারার্থ) পশ্চাদ্ধাবন করা; to harass, জ্বালাতন করা (to be *hounded* by one's creditors)। *p.* & *p. pt.* **houndėd**। **master of hounds**—শিকারি কুকুরপালের মালিক। **(to) follow the hounds**—এক পাল শিকারি কুকুর সঙ্গে লইয়া শিকার করা। **(to) ride to hounds**—এক পাল শিকারি কুকুর সঙ্গে লইয়া অশ্বারোহণে শিকার করা। [OE. *hund*]

hour [owa(r), আউয়্যা(র্)] *n.* sixty minutes, ৬০ মিনিট, ঘণ্টা; the time, সময়; an occasion, উপলক্ষ; an angular unit, কৌণিক মাপবিশেষ (=১৫°); (in *pl.*) the goddesses of the seasons and the hours, ঋতুর ও সময়ের অধিষ্ঠাত্রী দেবীগণ; fixed duration, প্রার্থনা বিদ্যালয় অফিস প্রভৃতির (দৈনন্দিন) কার্যকাল। **after hours**—নিয়মিত দৈনিক কর্মকালের পরে। **at the eleventh hour**—শেষ মুহূর্তে, শিরে সংক্রান্তি লইয়া। **out of hours**—নিয়মিত দৈনিক কর্মকালের বাহিরে অর্থাৎ পূর্বে বা পরে। **the dead hours**—রাত্রির যে সময়ে চতুর্দিক নীরব থাকে, (তু.) নিশুতি। **(the) small hours**—মধ্যরাত্রির অব্যবহিত পরবর্তী (এবং উষাগমের পূর্ববর্তী) কয়েক ঘণ্টা। **(to) keep bad** or **late hours**—রাত্রে দেরি করিয়া ঘুমান ও বেলায় জাগা; উদ্দাম ও উচ্ছৃঙ্খল জীবন যাপন করা। **(to) keep good** or **early** or **regular hours**—রাত্রে সকাল-সকাল ঘুমান ও জাগা; শান্ত ও সুনিয়ন্ত্রিত জীবন যাপন করা। *n.* **hour°-glass**—বালি-ঘড়ি। *n.* **hour°-hand**—ঘড়িতে ঘণ্টার কাঁটা। **hour°ly**—(1) *adv.* প্রতি ঘণ্টায় (the medicine is to be taken *hourly*); এক ঘণ্টা অন্তর; প্রায়ই, ঘনঘন (to expect news *hourly*)। (2) *a.* উক্তভাবে সঙ্ঘটিত বা সম্পাদিত। [OF. *hore*<L. & Gk. *hora*]

houri [hooa°-ri, হুঅ্যা°রি] *n.* a nymph of Mohammedan Paradise, হুরি। [Pers. *huri* <Ar. *huriya*=a black-eyed girl]

hourly—see **hour.**

house [hows, হাউস] (1) *n.* a construction for dwelling in, বাসভবন, বাসা; a building,

অট্টালিকা, বাড়ি ; a dwelling place, বাসস্থান, আবাস ; a household, পরিজনবর্গ, পরিবার ; a family, বংশ, কুল ; a business firm, ব্যবসায়-প্রতিষ্ঠান ; a legislative body, আইন-সভা (upper *house*, lower *house*) ; an audience, শ্রোতৃমণ্ডলী ; an auditorium, শ্রোতাদের বসার কক্ষ ; an institution, প্রতিষ্ঠান ; (astrol.) one of the twelve heavenly divisions, (জ্যোতি.) মেষাদি দ্বাদশ রাশির যে-কোনটির কক্ষ। *pl.* **hou°ses** । (2) *v.t.* to provide a house or shelter for, গৃহের ব্যবস্থা করা বা গৃহে আশ্রয় দেওয়া (I can *house* you for the night) । **(the) House**—ব্যবস্থাপক-সভা ; (কথ্য.) গ্রেটব্রিটেনের stock exchange । **house**—(1) *v.t.* আবরণদ্বারা সংরক্ষিত করা ; আশ্রয় বা বাসা দেওয়া, নিবসিত করা ; গুদামজাত করা । (2) *v.i.* আশ্রয় লওয়া ; বাস করা। **house of cards**—(শিশুদের দ্বারা নির্মিত) তাসের বাড়ি। **the house of Commons**—see **common** । **the housing scheme**—বাড়ির নকশা-অঙ্কন বাড়ি-নির্মাণ জনসাধারণের বাসভবনের ব্যবস্থা প্রভৃতি সম্বন্ধে সরকারি পরিকল্পনা। **house of God** or **prayer** or **worship**—প্রার্থনার স্থান, ভজনালয় মন্দির গির্জা মসজেদ প্রভৃতি। **house of correction**—সচরাচর শিক্ষাব্যবস্থাসমন্বিত কারাগার। **house of ill fame**—বেশ্যালয়। **House of Lords** or **Peers**—ইংল্যানডের খেতাবধারী সম্ভ্রান্ত ব্যক্তিবর্গকে লইয়া গঠিত ঊর্ধ্বতন ব্যবস্থাপক সভা। **House of the people**—ভারতবর্ষের লোকসভা। **a drink on the house**—পানশালার মালিকের বা সরাইওয়ালার খরচায় মদ্যপান। **like a house afire** or **on fire**—বিস্ময়কর দ্রুততার সহিত। **under house arrest**—স্বগৃহে বন্দী (অবস্থায়)। **(to) bring the house down**—(রঙ্গালয়ে) সরব প্রশংসা লাভ করা। **(to) keep a good house**—অতিথি-অভ্যাগতের জন্য প্রচুর খাদ্যসামগ্রীর ব্যবস্থা রাখা। **(to) keep house**—গৃহের বা হোটেলের তত্ত্বাবধান করা। **(to) keep open house**—স্বগৃহে অতিথি-অভ্যাগত ও বন্ধুদের অভ্যর্থনা করিতে সর্বদা প্রস্তুত থাকা, অতিথি-অভ্যাগত ও বন্ধুদের জন্য সর্বদা গৃহের দুয়ার খুলিয়া রাখা। **(to) move house**—বাসা বদল করিয়া জিনিসপত্র নূতন বাসায় লইয়া যাওয়া। **(to) put** or **set one's house in order**—সংসার জীবন আচরণাদি সুশৃঙ্খল করা। *n.* **house-a°gent**—বাড়ি ভাড়ার ও ক্রয়-বিক্রয়ের দালাল। *n.* **house°-boat**—বাসযোগ্য বজরা। *n.* **house°-brea°ker**—সিঁদেল চোর। *n.* **house°-brea°king**—সিঁদ কাটিয়া চুরি। *n.* **house°craft** গার্হস্থ্যবিদ্যা। *n.* **house°-dog**—যে কুকুর বাড়ি পাহারা দেয়। *n.* **house°-fly**—মাছি। *n.* **house°-ful**—গৃহে যতগুলি বা যতখানি ধরে। **house°hōld**—(1) *n.* পরিবার, পরিজনবর্গ। (2) *a.* পারিবারিক ; গৃহস্থালিসংক্রান্ত। *n.* **Household**—রাজসংসার। **household god**—গৃহদেবতা, কুলদেবতা। **household goods**—ব্যক্তিগত শখের গৃহস্থালির বস্তুসমূহ। **household word**—জনসাধারণের নিকট সুপরিচিত শব্দ বা নাম। *n.* **house°hōlder**—গৃহস্থ ; গৃহকর্তা। *n.* **house°keeper**—(প্রধানতঃ স্ত্রীলিঙ্গ) বাড়ি ও গৃহস্থালির তত্ত্বাবধায়ক, বাড়ির সরকার। *n.* **house°-keeping**—গৃহস্থালি। *a.* **house°less**—গৃহহীন ; নিরাশ্রয়। *n.* **house°maid**—গৃহপরিচারিকা, বাড়ির ঝি। *n.* **house°-party**—একদল অতিথিকে পল্লীভবনে আনাইয়া কয়েকদিন যাবৎ অভ্যর্থনা। *n.* **house°physician**—হাসপাতালের আবাসিক চিকিৎসক। *a.* **house°-proud**—গৃহের তদারক ও রক্ষণাবেক্ষণ সম্বন্ধে অতি মনোযোগী। *n.* **house°-room**—রাখিবার মত জায়গা (there is no *house-room* here for your piano) । *n.* **house°-sur°geon**—হাসপাতালের আবাসিক শল্যচিকিৎসক। *a.* **house-to-house** [hows°ta-hows°, হাউস্‌-°ট্যাহাউস°] বাড়ি-বাড়ি ঘুরিয়া সম্পাদিত (*house-to-house* publicity) । *n.* **house°top**—গৃহচূড়া ; বাড়ির ছাদ (to proclaim from the *housetops*) । *a.* **house°-trained**—(বিড়াল-কুকুর সম্বন্ধে) গৃহমধ্যে পরিষ্কার-পরিচ্ছন্ন থাকিতে শিক্ষাপ্রাপ্ত। *n.* **house°-warming**—নবগৃহে প্রবেশোপলক্ষে বন্ধুবান্ধব ও আত্মীয়-স্বজনকে নিমন্ত্রণপূর্বক ভোজ-দান ; গৃহপ্রবেশ। *n.* **house°wife** [hu°-zif হা°জ়িফ্‌]—সুঁচসুতা প্রভৃতি সেলাইয়ের সরঞ্জাম রাখার থলিবিশেষ। *n.* **house°wife** [old pronun. but now discarded : hu°-zif, হা°জ়িফ্‌] গৃহকর্ত্রী, গৃহিণী ; গৃহস্থালির কাজে নিযুক্তা পরিচারিকা। *a.* **house°-wifely**—গৃহিণীসুলভ ; গৃহস্থালিসংক্রান্ত। *n.* **house°-wifery**—গৃহিণীর কর্তব্য ; গৃহস্থালি। *n.* **house°-work**—গৃহস্থালির কাজ, ঘরকরনা। *n.* & *a.* **hou°-sing**—বাসভবনসমূহ, বাসস্থানসমূহ, নিবাসন, বা তৎ-সংক্রান্ত (*housing* association) । [OE. *hus*—cp. G. *haus*]

hove—see **heave.**

hovel [ho°vl, হ°ভ্‌ল্‌] *n.* a small and wretched dwelling, ক্ষুদ্র ও জঘন্য বাসা ; a shed, গোয়াল। [?]

hover [ho°-va(r), হ°ভ্যা(র্‌)] *v.i.* to hang in the air, (পাখি-সম্বন্ধে) বাতাসে ভাসিতে থাকা ; to remain suspended, ঝুলিতে থাকা ; to linger, বিলম্ব করা, গাঁতি দিয়া পড়িয়া থাকা ; to loiter about, ইতস্ততঃ ঘোরাফেরা করা। [?]

how [how, হাউ] *adv.* & *con.* in what manner, কিভাবে, কেমন করিয়া ; to what extent, কত ; by what means, কি উপায়ে ; in what condition, কি অবস্থায়। **how do you do** [how°-dū-doo°, হাউ°ডিউডু°] কেমন আছ তুমি ; সাক্ষাৎকালে সৌজন্যসূচক প্রশ্নবিশেষ (ইহার উত্তরেও how do you do বলিতে হয়)। **how now**—একি ? এমন কেন ? **how's that** [how-zat°, হাউজ্যাট্‌°] ক্রিকেটখেলায় ফিল্ডিং-রত দল কর্তৃক আমপায়ারের নিকট প্রতিপক্ষীয় ব্যাট্‌স্‌ম্যান্‌কে আউট বলিয়া ঘোষণা করার জন্য আবেদন। **the how and the why**—প্রণালী ও হেতু। *adv.* & *con.* **how°-**

be°it—তাহা যাহাই হউক না কেন ; তৎসত্ত্বেও ; যাহা হউক। *adv.* & *con.* **howe°ver**—যে-কোন ধরনে বা পরিমাণে ; তৎসত্ত্বেও ; যাহাই হউক না কেন, যাহা হউক। *adv.* **howsŏe°ver**—যে-কোন উপায়েই হউক না কেন ; যাহা হউক। [OE. *hu*]

howbeit, however—see **how.**

howdah [how°-da, হাউ°ড়া] *n.* a seat esp. on an elephant's back, হাওদা। [Pers.]

howitzer [how°-it-sa(r), হাউ°ইট্স্যা(র্)] *n.* a short gun, ক্ষুদ্র কামানবিশেষ। [G. *haubitze*]

howl [howl, হাউল্] (**1**) *v.t.i.* (of wolves or dogs) to yell, (নেকড়ে বা কুকুর কর্তৃক) গর্জন করা, চিৎকার করা ; to wail, আর্তনাদ করা ; to roar, গর্জন করা। (**2**) *n.* act or sound of howling, গর্জন, চিৎকার, আর্তনাদ। *n.* **how°ler**—howl (*v.*)-এর সকল অর্থে, এবং—(অশি.) স্পষ্ট ও মজার ভুল। **how°ling**—(**1**) *a.* গর্জনপূর্ণ ; আর্তনাদপূর্ণ ; (অশি.) চরম, ডাহা (a *howling* shame) ; (**2**) *n.* গর্জন ; আর্তনাদ। [OF. *huller*<L. *ululare*]

howsoever—see **how.**

hoyden [hoy°dn, হয়্°ড্ন্] *n.* a tomboy, দামাল মেয়ে, গেছো মেয়ে। *a.* **hoy°denish**। [?]

hub [hub, হাব্] *n.* the nave of a wheel, চক্রনাভি, চক্রকেন্দ্র ; (fig.) the central part, (আল.) কেন্দ্রস্থল। **hub of the universe**—বোস্টন-নগর। [?]

hubble-bubble [hub°l-bubl, হাব্°ল্বাব্ল্] *n.* bubbling noise, বুদ্বুদের শব্দ ; a kind of hookah, খেলো হুঁকা। [imi.]

hubbub [hu°-bub, হা°বাব্] *n.* confused noise, হৈচৈ ; uproar, চিৎকার, হল্লা ; riot, দাঙ্গা। [It.—cp. Gael. *ububb*]

hubby [hu°-bi, হা°বি] *n.* (vul.) a husband, (অমা.) স্বামী, ভাতার। [dim. of *husband*]

hubris [hū°-bris, হিউ°ব্রিস্] *n.* insolent pride, arrogance, অযথা গর্ব, ঔদ্ধত্য। [Gk. *hybris*]

huckaback [hu°-ka-bak, হা°ক্যাব্যাক্] *n.* a coarse linen, তোয়ালে প্রভৃতি তৈয়ারীর জন্য মোটা কাপড়বিশেষ। [?]

huckle [huk°l, হাক্°ল্] *n.* the haunch, the hip, কোমরের নিম্নাংশ, নিতম্ব। *n.* **hack°le-bone**—নিতম্বাস্থি। [obs. *huck*=hip ?]

huckleberry [huk°l-be-ri, হাক্°লবেরি] *n.* a North American shrub, or its fruit, উত্তর আমেরিকার গুল্মবিশেষ বা উহার ফল। [corrup. of *hurtleberry* ?]

huckster [huk°-sta(r), হাক্°স্ট্যা(র্)] (**1**) *n.* a hawker of small wares, ক্ষুদ্র বাসন-কোসনের ফেরিওয়ালা ; a mean higgling fellow, অত্যন্ত দরাদরি করে এমন ইতর লোক। (**2**) *v.i.* to hawk, ফেরি করা। [?]

huddle [hud°l, হাড্°ল্] (**1**) *v.t.i.* to crowd together disorderly, বিশৃঙ্খলভাবে গাদাগাদি করান বা করা (to *huddle* things together)। (**2**) *n.* a confused crowd, বিশৃঙ্খল ভিড় বা গাদা। **(to) go into a huddle**—(কথ্য.) আলোচনাদির জন্য মিলিত হওয়া। [?]

hue₁ [hū, হিউ] *n.* clamour, হৈচৈ। **hue and cry**—কাহারও পশ্চাদ্ধাবনার্থ অপরদের আহ্বানের জন্য সৃষ্ট শোরগোল (They raised a *hue and cry* as they chased the thief)। [imi.—cp. F. *huer*]

hue₂ [hū, হিউ] *n.* colour, বর্ণ, রঙ্ ; dye, রঞ্জন ; appearance, চেহারা। *a.* **hū°ed**—বর্ণবিশিষ্ট। [OE. *hiow, heow*]

huff [huf, হাফ্] (**1**) *n.* a fit of anger, রোষাবেশ (he left the meeting in a *huff*) ; sulks, অভিমান, মান ; (in draughts) forfeiture of a piece of the opponent, (ড্রাফ্ট্-খেলায়) প্রতিপক্ষের ঘুঁটি মারা। (**2**) *v.t.i.* to bully, তর্জনগর্জন করা ; to sulk, অভিমান করা, মান করা ; (in draughts) to remove one of the opponent's pieces, (ড্রাফ্ট্ খেলায়) প্রতিপক্ষের ঘুঁটি মারা ; (fig.) to bluster, তর্জনগর্জন করা (*huffing* and puffing)। *p.* & *p. pt.* **hu°ffed**। *a.* **huff°y**—তর্জনগর্জনে অভ্যস্ত ; অভিমানী। *adv.* **hu°ffily**। *n.* **hu°ffiness**। [imi.]

hug [hug, হাগ্] (**1**) *v.t.* to clasp close with the arms, দৃঢ়ভাবে আলিঙ্গন করা, বুকে জড়াইয়া ধরা। *pr. pt.* **hu°gging**। *p.* & *p. pt.* **hu°gged**। (**2**) *n.* a close embrace, গাঢ় আলিঙ্গন্। **(to) hug oneself**—নিজেকে নিজে ধন্যবাদ দেওয়া বা অভিনন্দিত করা। **(to) hug the shore**—(জাহাজ সম্পর্কে) তীর ঘেঁষিয়া চলা। [?]

huge [hūj, হিউজ্] *a.* vast, বিশাল ; enormous, প্রকাণ্ড। *adv.* **hūge°ly**—বিশালভাবে ; প্রকাণ্ডভাবে ; অত্যধিক ; অতিশয়। [OF. *ahuge*]

hugger-mugger [hu°-ga(r)-mu-ga(r), হা°গ্যা(র্)মাগ্যা(র্)] (**1**) *n.* secrecy, গোপনতা ; confusion, বিশৃঙ্খলা। (**2**) *a.* secret, গুপ্ত ; confused, বিশৃঙ্খল। [?]

Huguenot [hū°-ga-not, হিউ°গ্যানট্] *n.* a French Protestant, ফ্রান্সের প্রটেস্ট্যান্ট্-সম্প্রদায়ের লোক। [F.]

hula [hōō°-la, হু°ল্যা], **hu°la-hu°la**—*n.* a Hawaiian women's dance, হাওয়াই-দ্বীপের স্ত্রীলোকদের নৃত্যবিশেষ। *n.* **hu°la-hoop**—কোমরের চারিদিকে বৃহৎ চক্রের ঘূর্ণনের সঙ্গে নৃত্যবিশেষ। [Hawaiian]

hulk [hulk, হাল্ক্] *n.* an unwieldy ship, বেসামাল জাহাজ ; a dismantled ship, যে জাহাজের অংশসমূহ খুলিয়া ফেলা হইয়াছে ; a big lubberly fellow, স্থূলতাবশতঃ স্বচ্ছন্দে নড়িতে চড়িতে অক্ষম লোক। *pl.* **hulks**—hulk-এর সকল অর্থে, এবং—কারাগাররূপে ব্যবহৃত পুরাতন জাহাজ। *a.* **hul°king, hul°ky**—প্রকাণ্ড ; জবুথবু। [OE. *hulc*—cp. G. *holkas*]

hull₁ [hul, হাল্] (**1**) *n.* a husk or outer covering, তুষ খোসা বা বহিরাবরণ। (2) *v.t.* to separate from the hull, বহিরাবরণ মোচন করা, তুষ বা খোসা ছাড়ান। [OE. *hulu*=a husk, *helan*= to cover]

hull$_2$ [hul, হাল্] *n.* the frame of a ship, জাহাজের কাঠাম। [?]

hullabaloo [hu-la-ba-loo°, হাল্যাব্যালু°] *n.* an uproar, হৈচৈ, শোরগোল। [<*halloo* ?]

hullo [hu°-lo, হা°লৌ] var. of **hallo.**

hum$_1$ [hum, হাম্] *int.* expressive of various attitudes, হুম্। [imi.]

hum$_2$ [hum, হাম্] (1) *v.i.* to make a suppressed monotonous sound (as bees), মউমাছি কর্তৃক) গুঞ্জন করা; to sing inarticulately with closed lips, ঠোঁটে ঠোঁট চাপিয়া গুন্‌গুন্ করিয়া গান গাওয়া (to *hum* a tune); to be busily active, অতি কর্মব্যস্ত থাকা। (2) *v.t.* to render by humming, গুন্‌গুন্ করিয়া বলা গাওয়া প্রভৃতি। *pr. pt.* **hu°mming** । *p.* & *p. pt.* **hu°mmed** । (3) *n.* the noise of bees, মউমাছির গুঞ্জন (the *hum* of bees); an inarticulate murmur, অস্পষ্ট গুঞ্জন (the *hum* of voices from the market-place) । **hu°mming**—(1) *n.* গুঞ্জন। (2) *a.* গুঞ্জনকর। *n.* **hu°mming-bird**—গ্রীষ্মপ্রধান অঞ্চলের ক্ষুদ্র পক্ষিবিশেষ: ইহারা দ্রুত উড্ডয়নক্ষম ও চমৎকার লেজবিশিষ্ট এবং ইহাদের ডানা ঝাপটানর ফলে গুঞ্জনধ্বনি উত্থিত হয়, (তু.) খঞ্জনা। *n.* **hu°mming-top**—লাটিমবিশেষ: ইহা ঘুরাইলে বোঁ বোঁ শব্দ হয়। [imi.]

human [hū°-man, হিউ°ম্যান্] *a.* of or like man or mankind, মানুষ বা মানবজাতি সম্বন্ধীয়, মানবসুলভ; befitting man or mankind, humane, মনুষ্যত্বপূর্ণ, মনুষ্যোচিত; genial, সহৃদয়। *a.* **hū°māne**—মনুষ্যোচিত ভাবপূর্ণ, মনুষ্যত্বপূর্ণ; দয়ালু; কোমলহৃদয়; ক্ষমাশীল; উৎকৃষ্ট; উচ্চাঙ্গ, সাধু (*humane* letters) । *n.* **hū°manism**—সাহিত্যানুশীলন; মনুষ্য বা মনুষ্যত্ব সংক্রান্ত বিদ্যাদি; মানবধর্ম; (দর্শ.) প্রয়োগবাদ। **hū°manist**—(1) *n.* মনুষ্য বা মনুষ্যত্ব সংক্রান্ত সাহিত্যবিৎ; প্রাচীন সাহিত্যে বিশেষতঃ গ্রীক ও ল্যাটিন সাহিত্যে পণ্ডিত; মনুষ্যস্বভাব বা মনুষ্যধর্ম সম্বন্ধে পণ্ডিত; (দর্শ.) প্রয়োগবাদ। (2) *a.* same as **humanistic** । *a.* **hūmanis°tic**—মনুষ্য বা মনুষ্যত্ব সংক্রান্ত; (দর্শ.) প্রয়োগবাদমূলক। **hūmanitār°ian**—(1) *a.* যে ব্যক্তি খ্রিস্টের দেবত্ব অস্বীকারপূর্বক তাহাকে কেবল মনুষ্যরূপে গণ্য করে; লোকহিতকামী; পরহিতব্রতী। (2) *a.* মনুষ্যত্বসংক্রান্ত; লোকহিতকর; সদাশয়; বদান্য। *n.* **hūmanitār°ianism**—খ্রিস্টকে কেবল মনুষ্যরূপে বর্ণনা; লোকহিত। *n.* **hūma°nity**—মনুষ্যপ্রকৃতি বা মনুষ্যধর্ম; দয়া সমবেদনা প্রভৃতি মনুষ্যোচিত গুণাবলী, মনুষ্যত্ব; মনুষ্যজাতি; (in *pl.*) প্রাচীন সাহিত্য বিশেষতঃ গ্রীক ও লাটিন সাহিত্য; (in *pl.*) কলা অর্থাৎ সাহিত্য দর্শন ইতিহাস প্রভৃতি। *v.t.i.* **hū°manīze**—মনুষ্যোচিত বা মনুষ্যত্বপূর্ণ করা অথবা হওয়া। *n.* **hūmanīzā°tion** । *n.* **hū°mankīnd**—মনুষ্যজাতি। *a.* **hū°man-līke**—মনুষ্যতুল্য। *adv.* **hū°manly**—মনুষ্যোচিত বা মনুষ্যত্বপূর্ণ ভাবে; মানুষের দ্বারা, মানবিক শক্তিবলে (the doctor did all that was *humanly* possible) । *n.* **hū°manness** । [F. *humain*<L. *humanus*]

humble [humb°l, হাম্ব্°ল্] (1) *a.* low, নীচ, ইতর; lowly, নিচু; modest, নম্র; unpretentious, নিরহঙ্কার; abased, অবনমিত, হৃতমান। (2) *v.t.* to lower, নিচু করা; to abase, অবনমিত বা হৃতমান করা। **your humble servant**—আপনার বিনীত ভৃত্য; চিঠির শেষে প্রদেয় পাঠবিশেষ, (তু.) আপনার বশংবদ। *n.* **hum°bleness** । *adv.* **hum°bly** । [F.<L. *humilis*=low]

humble-bee [humb°l-bē, হাম্ব্°ল্বী] *n.* a bumble-bee, ভ্রমর। [*hum, bee*]

humble-pie [humb°l-pī, হাম্ব্°ল্পাই°] *n.* a pie made from the umbles of a deer, হরিণের নাড়িভুঁড়ি-দ্বারা তৈয়ারি বড়াবিশেষ। **(to) eat humble-pie**—নিজের মানহানি করা; অপমান বা পরাজয় স্বীকার করিয়া নিজের কথা ফিরাইয়া লইতে বাধ্য হওয়া। [*umbles, pie*]

humbly—see **humble.**

humbug [hum°-bug, হাম্°বাগ্] (1) *n.* pretence, দমবাজি, ভান; a pretentious person, দমবাজ। (2) *v.t.* to deceive, প্রতারণা করা। (3) *v.i.* to pretend, দমবাজি বা ভান করা। *pr. pt.* **hum°bugging**; *p.* & *p. pt.* **hum°bugged** । *n.* **hum°buggery, hum°bugism**—দমবাজি, ভান। [?]

humdrum [hum°-drum, হাম্°ড্রাম্] (1) *a.* dull, নীরস; monotonous, একঘেয়ে; commonplace, গতানুগতিক (to live a *humdrum* life) । (2) *n.* monotony, একঘেয়েমি; tedious talk, ক্লান্তিকর কথাবার্তা। [*hum, drum*]

humeral, humeri—see **humerus.**

humerus [hū°-ma-ras, হিউ°ম্যার্যাস্] *n.* the bone of the upper arm, বাহুর ঊর্ধ্বাংশের হাড়, প্রগণ্ডাস্থি। *pl.* **hū°merī** । *a.* **hū°meral**—প্রগণ্ডাস্থিসংক্রান্ত। [L.=shoulder]

humid [hū°-mid, হিউ°মিড্] *a.* moist, আর্দ্র, damp, সেঁতসেঁতে। *n.* **hūmi°dity, hū°midness** । [L. *(h)umidus*]

humiliate [hū-mi°-li-āt, হিউমি°লিএইট্] *v.t.* to humble, অবনত অবমানিত হীন বা হৃতমান করা। *p.* & *p. pt.* **hūmi°liātėd** । *a.* **hūmi°liāting**—অপমানকর, মানহানিকর। *n.* **hūmiliā°tion** । [L. *humiliare*]

humility [hū-mi°-li-ti, হিউমি°লিটি] *n.* humbleness, নীচাবস্থা, অবমানিত অবস্থা; modesty, নম্রতা। [OF. *humilite*<L. *humilitas*]

hummock [hu°-mak, হা°ম্যাক্] *n.* a hillock, ছোট পাহাড়, টিলা। [?]

humoral, humorist, humorous—see **humour.**

humour [hū°-ma(r), হিউ°ম্যা(র্)] (1) *n.* a fluid of the animal body, জীবদেহনিঃসৃত রস (বিশেষতঃ রক্ত কফ পিত্ত ও বাতের যে-কোনটি) ; temperament or mood, মানসিক অবস্থা, মেজাজ (fighting *humour*, good or ill *humour*) ; caprice. খেয়াল ; a mental quality which apprehends and delights in the ludicrous and mirthful, কৌতুকরসবোধ ; comicality, ব্যঙ্গকৌতুক । (2) *v.t.* to go in with the humour of, (কাহারও) মেজাজের সহিত তাল রাখিয়া চলা (it is not always wise to *humour* a child) । *a.* **humoral** [hū°-mar(a)l, হিউম্যার্‌ল্] জীবদেহ-নিঃসৃত রস-সংক্রান্ত । *n.* **humorist** [hū°-ma-rist, হিউম্যারিস্‌ট্] যাহার চালচলন ও কথাবার্তা কৌতুকপূর্ণ, রসিক ; কৌতুকপূর্ণ কাহিনী-রচয়িতা । *a.* **humorous** [hū°-m(a)ras, হিউ°ম্র্যাস্] কৌতুকপূর্ণ ; হাস্যোদ্রেককর ; খেয়ালি ; মেজাজি । *adv.* **hū°morously** । *a.* **hū°mour-some**—খেয়ালি ; খিটখিটে । **out of humour**—অসন্তুষ্ট, মেজাজ বিগড়াইয়া গিয়াছে এমন । [F. *humor* < L. (*h*)*umor*]

hump [hump, হাম্‌প্] (1) *n.* a hunch on the back, কুঁজ, ককুদ ; (sl.) despondency or sulkiness, (অশি.) হতাশা বা মনমরা ভাব (it gives him the *hump*) । (2) *v.t.* to make hump-shaped, কুঁজের ন্যায় আকার দেওয়া (the cat *humped* her back) । (3) *v.t.i.* to exert, (নিজেকে) খাটান । *a.* **hum°ped**—কুঁজওয়ালা । *n.* **hump°-back**—কুঁজ ; কুঁজো লোক । *a.* **hump°back(ed)**—কুঁজো । *a.* **hum°py**—কুঁজসদৃশ ; কুঁজবিশিষ্ট ; বদমেজাজি ।

humph [mm, ম্‌ম্] *int.* expressing doubt or dissatisfaction, সন্দেহ বা অসন্তোষ প্রকাশক ধ্বনিবিশেষ । [imi.]

humpty-dumpty [hum°-ti-dum°-ti, হাম্‌°টি-ডাম্‌°টি] *n.* a short dumpy egglike person, রূপকথায় বর্ণিত বেঁটে হৃষ্টপুষ্ট ও ডিম্বাকার লোক, কুম্‌ড়োপটাস্ । [folk-tales]

humus [hū°-mas, হিউ°ম্যাস্] *n.* decomposed organic matter in the soil, মাটি বিশ্লেষণ করিলে তন্মধ্যে মিশ্রিত যে গলিত জীবদেহ পাওয়া যায়, মৃত্তিকায় পরিণত গলিত জীবদেহ । [L.]

Hun [hun, হান্] *n.* one of a nomadic race, হুন-জাতীয় লোক, হুন । [OE. *Hune, Hunas*= the Huns < L. *Hunni*]

hunch [hunsh, হান্‌শ্] (1) *n.* hump, কুঁজ, ককুদ ; a lump, দলা, পিণ্ড ; (কথ্য.) সুচতুর বা যথার্থ অনুমান ; পূর্বাভাস । (2) *v.t.* to hump, কুঁজো করা ; to bend, বাঁকান । *p.* & *p. pt.* **hun°ched** । *n.* **hunch°back**—কুঁজো লোক । *a.* **hunch°-backed**—কুব্জপৃষ্ঠ ; কুঁজো । [?]

hundred [hun°-drad, হান্‌ড্র্যাড্] *n.* & *a.* ten times ten, একশত, শত, ১০০ । **hundred per cent**—সম্পূর্ণরকম ; পুরাপুরি । *a.* & *n.* **hun°-dredth**—শততম ; শতাংশ । *n.* **hun°dred-weight**—হন্দর (=১১২ পাউন্‌ড্ বা $\frac{1}{20}$ টন) । [AS. < *hund*=a hundred, *-red*]

hung—see **hang.**

Hungarian [hung-gar°-i-an, হাংগেয়্যার্‌°ইঅ্যান্] (1) *a.* of Hungary, হাঙ্গেরির, হাঙ্গেরীয় । (2) *n.* a native of Hungary, হাঙ্গেরির অধিবাসী ।

hunger [hung°-ga(r), হাং°গ্যা(র্)] (1) *n.* craving for food, ক্ষুধা ; craving, প্রবল আকাঙ্ক্ষা । (2) *v.i.* to crave for food, ক্ষুধার্ত হওয়া ; to crave, আকুল আকাঙ্ক্ষী হওয়া । *n.* **hun°ger-march**—বেকার বা অভাবী লোকেদের আন্দোলন-মূলক শোভাযাত্রা, ভুখমিছিল । **hun°ger-strike**—অনশন-ধর্মঘট । *adv.* **hun°grily** । *n.* **hun°gri-ness** । *a.* **hun°gry**—ক্ষুধার্ত ; প্রবল আকাঙ্ক্ষী ; লোলুপ ; নিতান্ত অভাবগ্রস্ত । [OE. *hungor* (*n.*), *hyngran*-(*v.*)—cp. G. *hunger*]

hunk [hungk, হাংক্] *n.* a lump, বড় দলা বা পিণ্ড । [see *hunch*]

hunks [hungks, হাংক্‌স্] *n.* (sing.) a miser, কৃপণ ব্যক্তি । [?]

hunky [hung°-ki, হাং°কি] *n.* (sl. derog.) a person from Central or Eastern Europe, (অশি. তুচ্ছার্থে) মধ্য বা পূর্ব ইয়োরোপ হইতে আগত ব্যক্তি বা লোক । [?]

hunky-dori [hung-ki-dō°-ri, হাংকি-ডৌ°রি] *a.* excellent, চমৎকার । [?]

hunt [hunt, হান্‌ট্] (1) *v.t.i.* to seek or pursue game over, শিকার সন্ধান করা বা শিকারের পশ্চাদ্ধাবন করা ; to ransack, তন্নতন্ন করিয়া খোঁজা ; to pursue, (ধরার জন্য) অনুসরণ করা । *p.* & *p. pt.* **hun°ted** । (2) *n.* a chase of wild animal, শিকার-সন্ধান, শিকার ; search, অনুসন্ধান ; pursuit, অনুসরণ । **(to) hunt after**—ধরার জন্য পশ্চাদ্ধাবন করা ; অনুসন্ধান করা । **(to) hunt down**—(অপরাধী প্রভৃতিকে) অনুসন্ধান ও অনুসরণ পূর্বক গ্রেপ্তার করা । **(to) hunt for**—খোঁজা, তালাস করা । **(to) hunt high and low**—তন্ন-তন্ন করিয়া খোঁজা । **(to) hunt out**—খুঁজিয়া বাহির করা । **(to) hunt up**—পশ্চাদ্ধাবন করিয়া ধরা ; খুঁজিয়া বাহির করা । *n.* **hun°ter**—শিকারি, ব্যাধ । *fem.* **hun°tress** । *n.* **hun°ting**—শিকার । *n.* **hun°ting-ground**—মৃগয়াভূমি । *n.* **hun°t-ing-song**—শিকারের গান । *n.* **hunts°man**—শিকারি, ব্যাধ । [OE. *huntian*]

hurdle [ha(r)d°l, হ্যা(র্)ড্‌°ল্] *n.* a portable frame with bars, গরাদওয়ালা বহনযোগ্য বেড়া-বিশেষ ; (fig.) an obstacle, (আল.) প্রতিবন্ধক ; (in *pl.*) a race in which hurdles are jumped over, বেড়া-ডিঙ্গান দৌড় । *n.* **hurd°ler**—উক্ত বেড়া-নির্মাতা ; যে ব্যক্তি বেড়া-ডিঙ্গান দৌড় দৌড়ায় । *n.* **hurd°le-race**—বেড়া-ডিঙ্গান দৌড় । [OE. *hyrdel*—cp. G. *hurde*]

hurdy-gurdy [hu(r)°di-gu(r)°di, হা(র্)°ডি-গা(র্)°ডি] *n.* a musical instrument played by turning handle, একপ্রকার বাদ্যযন্ত্র : ইহা হাতল ঘুরাইয়া বাজান হয়। [imi. ?]

hurl [ha(r)l, হ্যা(র্)ল্] (1) *v.t.* to fling violently, সজোরে নিক্ষেপ করা। (2) *n.* a violent throw, সজোরে নিক্ষেপ। [?—cp. low G. *hurreln*]

hurly [ha(r)°-li, হ্যা(র্)°লি] *n.* commotion, বিক্ষোভ, হৈচৈ। *n.* **hur°ly-burly**—উচ্ছৃঙ্খল হৈচৈ। [?—cp. *hurl*]

hurra(h) [hoo-rŭ°, হুরা°], **hurray** [hoo-rā°, হুরেই°] (1) *int.* & *n.* an exclamation of approbation or joy, অনুমোদনসূচক বা আনন্দসূচক উচ্চধ্বনি। (2) *v.i.* to utter this exclamation, উক্ত ধ্বনি করা। [cp. Norw. Sw. & D. *hurra*, G. *hurrah*]

hurricane [hu°-ri-kan, হা°রিক্যান্] *n.* a great cyclonic storm, প্রবল সামুদ্রিক ঝড়; a violent wind, প্রবল বাত্যা, ঝঞ্ঝা। *n.* **hu°rricane-lamp, hu°rricane-lantern**—হারিকেন-লণ্ঠন। [Sp. *huracan*]

hurry [hu°-ri, হা°রি] (1) *v.t.i.* to urge or move forward quickly, দ্রুত অগ্রসর করান বা হওয়া; to hasten, ত্বরান্বিত করান বা হওয়া। (2) *n.* a driving forward, সম্মুখে প্রেরণ বা গমন, অগ্রসরণ; haste, ত্বরা। **in a hurry**—অস্থির; ব্যস্তসমস্ত; দ্রুতভাবে। **(to) hurry along** or **up**—তাড়াতাড়ি করা বা প্রস্তুত হওয়া বা চলা। *adv.* **hu°rriedly**—তাড়াতাড়ি। *a.* & *n.* **hu°rrying**—দ্রুত অগ্রগামী বা অগ্রগমন; ত্বরান্বিত বা ত্বরা। **hurry-skurry** [hu°-ri-sku°-ri, হা°রিস্কা°রি] (1) *n.* তাড়াহুড়া হৈচৈ ও বিশৃঙ্খলা। (2) *adv.* তাড়াহুড়া হৈচৈ ও বিশৃঙ্খলার সহিত। [imi. ?]

hurst [ha(r)st, হ্যা(র্)স্ট্] *n.* a wood, বন; a grove, কুঞ্জ, বনানী। [OE. *hyrst*]

hurt [ha(r)t, হ্যা(র্)ট্] (1) *v.t.i.* to cause pain to, বেদনা বা যন্ত্রণা দেওয়া (tight shoes *hurt*); to wound, আহত বা ক্ষত করা; to damage, ক্ষতিসাধন করা। *p* & *p. pt.* **hurt**। (2) *n.* a wound, ক্ষত; injury, ক্ষতি। *a.* **hurt°ful**—বেদনাদায়ক; ক্ষতিকর; অপরাধী। *a.* **hurt°less**—বেদনা দেয় বা ক্ষতি করে না এমন। [OF. *hurter* = to knock]

hurtle [ha(r)t°l, হ্যা(র্)ট্°ল্] *v.t.i.* to hurl with a noise, সশব্দে নিক্ষেপ করা বা ছুটিয়া যাওয়া। [< *hurt*]

husband [huz°-band, হাজ্°ব্যান্ড্] (1) *n.* a man married to a woman, স্বামী, পতি, ভর্তা; (obs.) a farmer, (অপ্র.) কৃষক; a thrifty manager, হিসাবি পরিচালক। (2) *v.t.* to marry, বিবাহ দেওয়া বা বিবাহ করা; to manage with economy, মিতব্যয়িতার সহিত পরিচালনা বা ব্যবহার করা। (to *husband* one's resources)। *p.* & *p. pt.* **hus°banded**। *a.* **hus°bandly**—মিতব্যয়ী। *n.* **husbandman** [huz°-ban(d)-man, হাজ্°ব্যান্ম্যান্] কৃষক। *n.* **hus°bandry**—কৃষিকার্য; মিতব্যয়িতা; সুপরিচালনা। [OE. *husbonda* < ON. *husbondi*]

hush [hush, হাশ্] (1) *int.* be silent, চুপ, চুপ কর। (2) *n.* a silence, নিস্তব্ধতা (in the *hush* of mid-night)। (3) *v.t.i.* to make or become silent or calm, নীরব বা শান্ত করা বা হওয়া। *p.* & *p. pt.* **hu°shed**। **(to) hush up**—কণ্ঠরোধ করিয়া ফেলা; গোপন করিয়া বা লুকাইয়া ফেলা; নীরব হওয়া। *n.* **hushaby(e)** [hush°-a-bī, হাশ্°অ্যাবাই]—শিশুদের ঘুমপাড়ানী ছড়া বা গান (also *int.*)। *a.* **hush°-hush**—গোপনতাপূর্ণ (a *hush-hush* affair)। *n.* **hush°-mo°ney**—মুখ বন্ধ রাখার জন্য প্রদত্ত ঘুস। [imi.]

husk [husk, হাস্ক্] (1) *n.* the outer covering of fruit or seed, (ফলের) খোসা, তুষ, ভুসি; (in *pl.*) refuse, আবর্জনা। (2) *v.t.* to remove the husk from, খোসা তুষ বা ভুসি ছাড়ান, কণ্ডন করা, ভানা। *a.* **husk°ed**—খোসা ভুসি বা তুষের দ্বারা আবৃত বা ঐগুলি ছাড়াইয়া লওয়া হইয়াছে এমন। *adv.* **hus°kily**। *n.* **hus°kiness**। *a.* **hus°ky**—(পুরু) খোসাওয়ালা; তুষে বা ভুষিতে পূর্ণ; আবর্জনাতুল্য; শুষ্ক; নীরস; কর্কশ (*husky* voice); হৃষ্টপুষ্ট ও বলবান্। [ME. *huske* < ?]

hussar [hoo-zŭ(r)°, হুজ়া(র্)°] *n.* a light-armed cavalry soldier, (মূলতঃ হাঙ্গেরির) লঘুভার অশ্বারোহী সৈনিক। [Hung. *huszar*]

hussy [hu°-si, হা°সি] *n.* a pert girl, বেহায়া (ও প্রগলভা) মেয়ে; a worthless girl, অকেজো মেয়ে। [< *housewife*]

hustings [hus°-tingz, হাস্°টিংজ্] *n.* the chief court of London, লনডনের প্রধান আদালত; electioneering, নির্বাচন-সংক্রান্ত কাজকর্ম (অর্থাৎ ভোটাদি সংগ্রহের চেষ্টা)। [OE. *husting* = a council]

hustle [hus°l, হাস্°ল্] (1) *v.t.* to shake or push together, একত্র নাড়ান বা ঠেলা; to crowd with violence, সজোরে ঠাসিয়া দেওয়া বা গাদা করা; to jostle, ঠেলিয়া ঢুকাইয়া দেওয়া; to hasten roughly, ধাক্কাইয়া অগ্রসর করান; (sl.) to swindle, (অশি.) প্রতারণা করা। (2) *v.i.* to push roughly against, ধাক্কা দিয়া অগ্রসর হওয়া; to hurry, তাড়াহুড়া করা; to bustle, হৈচৈ করা। (3) *n.* frenzied activity, তাড়াহুড়া-পূর্ণ কর্মব্যস্ততা। *n.* **hust°ler**—কর্মতৎপর ব্যক্তি; যে লোক তাড়াহুড়া করিয়া কাজ করে; (অশি.) প্রতারক; বারবনিতা। [Du. *hutselen* (*v.*)]

hut [hut, হাট্] *n.* a small and mean house of rude construction, কুঁড়েঘর, কুটির; a temporary structure for dwelling, বাসের জন্য নির্মিত অস্থায়ী কুটির। *a.* **hu°tted**—কুটিরদ্বারা গঠিত বা কুটিরমধ্যে স্থাপিত (*hutted* accommodation)। *n.* **hut°ment**—কুটিরে (অস্থায়ী) বাস; কুটিরদ্বারা গঠিত (অস্থায়ী) বাসা। [F. *hutte*]

hutch [huch, হাচ] *n.* a box, a chest, বাক্স,

সিন্দুক ; a pen for rabbits, etc., খরগোশাদি রাখার বাক্স বা খাঁচা। [F. *huche*]

huzoor [hoo-zōō(r)°, হুজ়্(র্)°] *n.* a title of respect, হুজুর। [Ar.=the presence]

huzza [hoo-zu°, হুজ়া°] (1) *int.* & *n.* hurrah, আনন্দ বা সমর্থন-জ্ঞাপক ধ্বনি। (2) *v.i.* to utter huzza, উক্ত ধ্বনি করা। [G. *hussa* ?]

huzzy [hu°-zi, হা°জ়ি] var. of **hussy.**

hyacinth [hī°-as(i)nth, হাই°অ্যাস্‌ন্থ্] *n.* a flower-plant or its flower, লিলি-জাতীয় পুষ্পলতাবিশেষ বা উহার রক্তাভ নীল ফুল। *a.* **hyacinthine** [hī-a-sin°-thīn, হাইঅ্যাসিন্°থাইন্] উক্ত পুষ্পলতাপূর্ণ; রক্তাভ নীলবর্ণ। [Gk. *hyakinthos*]

Hyades [hī°-a-dēz, হাই°অ্যাডীজ়্] *n. pl.* a cluster of five stars in the constellation of the Bull, বৃষরাশিস্থ পঞ্চতারা, রোহিণী-নক্ষত্র। [Gk.]

hyæna [hu-ē°-na, হাঈ°ন্যা] *n.* a wild beast, হিংস্র প্রাণিবিশেষ, হায়না। [L.<Gk. *hyaina*]

hyaline [hī°-a-lin, হাই°অ্যালিন্] (1) *a.* glassy, কাচতুল্য; transparent, স্বচ্ছ; clear, নির্মল। (2) *n.* smooth sea, clear sky etc., নিস্তরঙ্গ সমুদ্র নির্মল আকাশ ইত্যাদি। **hyaline degeneration** —দেহের গ্রথিত কোষাদির শক্তিহ্রাস: ইহার ফলে কোষসমূহ ঈষদচ্ছ হয়। *n.* **hy°alite**—বর্ণহীন মনিবিশেষ। *a.* **hy°aloid**—কাচতুল্য। [Gk. *hyalos*=glass]

hybrid [hī°-brid, হাই°ব্রিড্] (1) *a.* crossbred, বর্ণসঙ্কর বা দোআঁশলা (a *hybrid* animal, word, etc.)। (2) *n.* a hybrid creature, plant or word, বর্ণসঙ্কর লোক প্রাণী উদ্ভিদ্ বা শব্দ। *n.* **hy°bridism, hybri°dity**—বর্ণসঙ্করতা। *n.* **hybridiza°tion**। *v.t.i.* **hy°bridize**—বর্ণসঙ্কর প্রাণী বা উদ্ভিদ্ উৎপাদন করা। [L. *hibrida*=offspring of a tame sow and a wild boar]

hydatid [hī°-da-tid, হাই ড্যাটিড্] *n.* a water cyst in an animal body, জীবদেহে জলপূর্ণ পূয়কোষ বা মলকোষ। [Gk. *hydatis*]

Hydra [hī°dra, হাই°ড্র্যা] *n.* a manyheaded water-snake, (গ্রী. পু.) বহুশীর্ষ জলচর সর্পদানববিশেষ: ইহার মাথা কাটিয়া ফেলামাত্র পুনরায় নূতন মাথা গজাইত; (fig.) a thing hard to extirpate, (আল.) উচ্ছেদ করা দুরূহ এমন বস্তু। [Gk.]

hydrangea [hī-drān°-za, হাইড্রেইন্°জ্যা] *n.* a genus of shrubby plants with large balls of white or blue or pink flowers, থোকা থোকা সাদা বা নীল বা গোলাপি পুষ্পপ্রসূ গুল্মবিশেষ; this flower, উক্ত পুষ্প। [*hydro-*, Gk. *angeion* =vessel]

hydrant [hī°dr(a)nt, হাই°ড্র্‌ন্ট্] *n.* a water-pipe with a nozzle for the hose, রাস্তার ধারে ধারে যে জলের কল থাকে। [Gk. *hydor*]

hydrate [hī°-drāt, হাই°ড্রেইট্] (1) *n.* a (chemical) compound of water with another compound or element, কোন যৌগিকের বা উপাদানের সহিত জলের (রাসায়নিক) মিশ্র। (2) *v.t.* to combine chemically with water, (অন্য কোন যৌগিক বা উপাদানের) জলের সহিত রাসায়নিক যৌগিক প্রস্তুত করা; to cause to absorb water, জল শুষিয়া বা টানিয়া লওয়ান। *a.* **hy°drāted**—জলযোজিত, (পরি.) সোদক। *n.* **hydrā°tion**—রাসায়নিক প্রক্রিয়ায় জল যোজন, (পরি.) জলযোজন। [Gk. *hydor* =water]

hydraulic [hī-draw°-lik, হাইড্র্য°লিক্] *a.* of hydraulics, জল ও অন্য তরল পদার্থের গতিবিজ্ঞান-সংক্রান্ত; conveying water, জলবাহী; worked by water or other liquid in pipes, নলের মধ্য দিয়া প্রবাহিত জল-দ্বারা বা অন্য তরল পদার্থ-দ্বারা চালিত। *n. pl.* (used as a *sing.*) **hydrau°lics** —জল ও অন্য তরল পদার্থের গতিবিজ্ঞান; নলের মধ্য দিয়া জল ও অন্য তরল পদার্থ প্রবাহিত করার বিদ্যা। **hydraulic bent**—(ভূগর্ভ হইতে) জল তোলার জন্য শোষক পদার্থে নির্মিত ফিতাবিশেষ। **hydraulic press**—নলের মধ্যে জল প্রবাহিত করিয়া চাপ দিবার জন্য যন্ত্রবিশেষ। [Gk. *hydor*=water' *aulos*=a pipe]

hydro- [hī°-drō, হাই°ড্রো] *in. comp*, water, জল-। *n.* **hy°drŏcar°bon**—*n.* উদ্‌জান ও অঙ্গারজানের যৌগিকজাত পদার্থ (e.g. benzene, paraffin)। *n.* **hydrocele** [hī°-drŏ-sēl, হাই°ড্রোসীল্] কোষবৃদ্ধিরোগ। *a.* **hy°drŏchlo°ric**—জলজান ও ক্লোরিন দিয়া প্রস্তুত। *a.* **hy°drŏcya°nic**—জলজান ও সাইঅ্যানোজেন্ উপাদানে প্রস্তুত। **hydrocyanic acid**—পটেশিআম্ সাইঅ্যানাইড্ নামক তীব্র বিষ। *n. pl.* (used as *sing.*) **hy°drŏdyna°mics**—জল ও অন্যান্য তরল পদার্থসংক্রান্ত শক্তিবিজ্ঞান। *a.* **hy°drodyna°mic(al)**—উক্ত শক্তিসংক্রান্ত বা শক্তিবিজ্ঞানসংক্রান্ত। *a.* **hy°drŏelec°tric**—জলশক্তি হইতে উৎপন্ন বিদ্যুৎমূলক। *n.* **hy°drofoil**—নৌকার বা বোটের খোলের তলায় যুক্ত পাতবিশেষ যাহা নৌকা দ্রুতবেগে চলাকালে উহার খোল জলের উপরিভাগে ভাসাইয়া তোলে। *n.* **hydrogen** [hī°-drō-j(a)n, হাই°ড্রোজ্‌ন্] জলজান, উদ্‌জান। **hydrogen bomb** —বর্তমান কালের অন্যতম মারাত্মক বোমাবিশেষ। *a.* **hydrogenous** [hī-dro°-ji-nas, হাইড্র°জিন্যাস্] উদ্‌জানঘটিত; উদ্‌জানযৌগিক। *n.* **hydrography** [hī-dro°-gra-fi, হাইড্র°গ্র্যাফি] পৃথিবীর জলভাগ সম্বন্ধে গবেষণা উহার মানচিত্রাঙ্কন গভীরতানির্ণয় প্রভৃতি সংক্রান্ত বিজ্ঞান। *n.* **hy°drologist**। *n.* **hydrology** [hī°-dro-la-ji, হাই°ড্রল্যাজি] পৃথিবীর স্থলভাগে (বিশেষতঃ ভূগর্ভে) কোথায় জল পাওয়া যাইতে পারে তৎসংক্রান্ত বিজ্ঞান, জলানুসন্ধানবিদ্যা। *v.t.* **hy°drolys(z)e**। *n.* **hydro°lysis**—জলের সহিত রাসায়নিক ক্রিয়ার ফলে বিয়োজন। *a.* **hydroly°tic**। *n.* **hydroma°nia**—প্রবল জলাকাঙ্ক্ষা *n.* **hy°dromel**—মধু ও জলের মিশ্রণ বা উহা মিশাইয়া প্রস্তুত পানীয়। *n.* **hydro°mēter**—আপেক্ষিক গুরুত্বপরিমাপক ভাসমান যন্ত্রবিশেষ। *a.* **hydropa°thic**—জলচিকিৎসানুযায়ী। *n.* **hydro°pathist**

—জলচিকিৎসক। *n.* **hydro°pathy**—জলচিকিৎসা। *n.* **hydrophobia** [hī°-dra-fō°-bi-a, হাই°ড্র্যাফৌ°বিঅ্যা] জলাতঙ্করোগ। *a.* **hydro°pic**—শোথ-রোগ-সংক্রান্ত। *n.* **hy°drŏplāne**—সাবমেরিন্‌কে জলপৃষ্ঠে তোলার যন্ত্র। *n.* **hydropo°nics**—জলে সার মিশাইয়া মৃত্তিকাবিহীন কৃষি। *a.* **hy°drosta°-tic(al)**—উদ্‌স্থিতিবিজ্ঞানসংক্রান্ত বা স্থিতিশক্তিসংক্রান্ত। *n. pl.* (used as *sing.*) **hy°drŏsta°tics**—জল ও অন্য তরল পদার্থের স্থিতিশক্তিসংক্রান্ত বিজ্ঞান। *n.* **hydrother°apy**—same as **hydropathy**। [Gk. *hydor*=water]

hydrous [hī°-dras, হাই°ড্রাস্] *a.* containing water, জলপূর্ণ। [Gk. *hydor*=water]

hyena—alt. spell. of **hyæna.**

hygiene [hī°-jēn, হাই°জীন্] *n.* the science and art of health, স্বাস্থ্যবিজ্ঞান; sanitary principle, স্বাস্থ্যবিধি। *a.* **hygie°nic**—স্বাস্থ্য-বিজ্ঞানসম্মত; স্বাস্থ্যবিধিসম্মত; স্বাস্থ্যকর। *n.* **hy°-gienist**—স্বাস্থ্যবিজ্ঞানী। [F.<Gk. *hygieine*]

hygro- [hī-gro°, হাইগ্রো°] *in comp.* wet, moist, সিক্ত, আর্দ্র। *n.* **hygromèter**—বাতাসের বা গ্যাসের আর্দ্রতা-নির্ণায়ক যন্ত্র। *n.* **hygro°mètry**—বাতাসের বা গ্যাসের আর্দ্রতা-নির্ণয়বিদ্যা। *n.* **hygro-scope** [hī°-gra-skōp, হাই°গ্র্যাস্কৌপ্] বাতাসের আর্দ্রতা-নির্দেশক যন্ত্র। *a.* **hy°groscopic**—(পদা-র্থাদি সম্বন্ধে) বাতাস হইতে জল শুষিয়া লয় এমন। [Gk. *hygros*=wet]

hylic [hī°-lik, হাই°লিক্] *a.* of matter, material, বস্তু-সংক্রান্ত, বাস্তব; corporeal, দৈহিক, আধিভৌতিক। [Gk. *hulikos*]

hylotheism [hī-°lo-thē-izm, হাই°লথীইজ়্ম্] *n.* the doctrine that god and matter are identical, ঈশ্বর ও জড়জগৎ অভিন্ন: এই মতবাদ, জড়বাদ। [Gk. *hyte*=wood, matter, theos=god]

Hymen₁ [hī°-men, হাই°মেন্] *n.* the Greek god of marriage, গ্রীক বিবাহ-দেবতা। *n.* **hy°-men**—বিবাহ, পরিণয়। *a.* **hymeneal** [hī-me-ni°-al, হাইমেনি°অ্যাল্] বিবাহসংক্রান্ত। *n. pl.* **hymenè°alṡ**—বিবাহসমূহ। [Gk.]

hymen₂ [hī°-men, হাই°মেন্] *n.* the virginal membrance, সতীচ্ছদ। *a.* **hy°menal**—সতীচ্ছদ-সংক্রান্ত। [Gk.=membrane]

hymn [him, হিম্] (1) *n.* a song of praise, স্তবগান, স্তোত্র। (2) *v.t.i.* to sing in praise of, (কাহারও) স্তবগান করা। *n.* **hymnal** [him°-nal, হিম্°ন্যাল্], **hymnary** [him°-na-ri, হিম্°ন্যারি] স্তবগ্রন্থ। *n.* **hymnody** [him°-no-di, হিম্°নডি] স্তবসমূহ; স্তবকীর্তন। *n.* **hymnographer** [hym-no°-gra-far, হিম্‌ন°গ্র্যাফ্যা(র্)] স্তোত্ররচয়িতা। *n.* **hymno°logist**—স্তোত্র-রচয়িতা; স্তোত্রাবলী সম্বন্ধে গবেষক। *n.* **hymnology** [hym-no°-la-ji, হিম্‌ন°ল্যাজি] স্তোত্র-রচনা; স্তোত্রাবলী সম্বন্ধে গবেষণা; স্তোত্রাবলী। [Gk. *hymnos*]

hypallage [hī-pa°-la-gi, হাইপ্যা°ল্যাগি] *n.* (rhet.) transferred epithet, বাক্যালঙ্কারবিশেষ: ইহাতে শব্দসমূহের স্বাভাবিক সম্বন্ধ উলটাইয়া দেওয়া হয়, অন্যাসক্তি। [Gk. *hypo*=under, *allassein* =to exchange]

hype₁ [hīp, হাইপ] (1) *n.* (sl.) cheating, (অশি.) প্রতারণা। (2) *v.t.* প্রতারণা করা। [?]

hype₂ [hīp, হাইপ্] *n.* (sl.) drug addict, (অশি.) মাদকাসক্ত ব্যক্তি; hypodermic injection or needle, ইন্‌জেকশনের পিচকারি বা উহার সূচ। **hyped up**—কৃত্রিম উপায়ে উত্তেজিত বা উদ্দীপিত। [?]

hyper- [hī°-par, হাই°প্যা(র্)] *in comp.* over, excessive, more than normal, অধি-, অত্যধিক, অস্বাভাবিক। *n.* **hyperbā°tion**—উক্তি জোরাল করিবার জন্য বাক্যমধ্যে শব্দাবলীর স্বাভাবিক স্থানের পরিবর্তন। *n.* **hyperbola** [hī-pa(r)°-ba-la, হাইপ্যা(র্)°ব্যাল্যা] পরাবৃত্ত। *n.* **hyperbole** [hī-pa(r)°ba-li, হাইপ্যা(র্)°ব্যালি] (অল.) অতিশয়োক্তি। *a.* **hyperbolic** [hī-pa(r)-bo°-lik, হাইপ্যা(র্)-ব°লিক্], **hyperbo°lical**—পরাবৃত্ত বা অতিশয়োক্তি সংক্রান্ত। **hyperborean** [hy-pa(r)-baw-ri°-an, হাইপ্যা(র্)ব্যরি°অ্যান্] (1) *a.* পৃথিবীর উত্তর-প্রান্তিক; (কথ্য.) দেশের উত্তর-প্রান্তিক। (2) *n.* পৃথিবীর বা দেশের উত্তর-প্রান্তের অধিবাসী। *a.* **hyperconsci-ous**—অতিরিক্ত মাত্রায় সচেতন। *a.* **hy°percri°-tical**—অত্যন্ত সূক্ষ্ম সমালোচনাকর বা ছিদ্রান্বেষী। *n.* **hyper°gamy**—সমান ঘরে অথবা উচ্চ শ্রেণী বা জাতিতে বিবাহ। *n.* **hy°permarket**—(শহরের প্রত্যন্ত-প্রদেশে অবস্থিত) বিপুল দ্রব্যসম্ভারের বিরাট বিপণি। *a.* **hyperphy°ṡical**—অতিপ্রাকৃত। *a.* **hy°persen°sitive**—অত্যধিক সংবেদনশীল বা সুবেদী। *a.* **hyperso°nic**—শব্দাপেক্ষা পাঁচগুণ গতিবেগসম্পন্ন। *n.* **hyperten°sion**—(চিকি.) উচ্চ রক্তচাপ, রক্তচাপাধিক্য। [Gk.]

hyphen [hī°f(a)n, হাই°ফ্‌ন্] *n.* a sign joining two syllables or words, দুই শব্দের বা শব্দাংশের সংযোজক-চিহ্নবিশেষ, হাইফেন্ (-)। *v.t.* **hy°phen, hyphenate** [hī°-fa-nāt, হাই°ফ্যানেইট্] হাইফেন্-দ্বারা সংযুক্ত করা। *p.* & *p. pt.* **hy°phened, hy°phenātèd**। **hyphenated Americans**—মিশ্রজাতির যুক্তরাষ্ট্রীয় নাগরিক (যেমন Irish-Americans, German-Americans ইত্যাদি)। [Gk.]

hypnosis [hip-nō°-sis হিপ্‌নৌ°সিস্] *n.* a sleep-like state in which the mind responds to external suggestion, সম্মোহিত অবস্থা। *pl.* **hypnō°sēṡ**। **hypnother°apy**—সম্মোহন প্রক্রিয়াবলে চিকিৎসা। [Gk. *hupnoo*=to make sleep]

hypnotic—see **hypnotism.**

hypnotism [hip°-na-tizm, হিপ্°ন্যাটিজ়্ম্] *n.* the science or production of hypnosis, সম্মোহনবিদ্যা বা সম্মোহন। **hypnotic** [hip-no°-tik, হিপ্‌ন°টিক্] (1) *a.* সম্মোহক; সম্মোহিত। (2) *n.*

সম্মোহক পদার্থ; সম্মোহিত ব্যক্তি বা প্রাণী। *n.* **hyp°notist**—সম্মোহনকারী ; সম্মোহন-বিজ্ঞানী। *n.* **hypnotizā°tion** । *v.t.* **hyp°notize**—সম্মোহিত করা। [F. *hypnotique*=hypnotic<Gk. *hypnotikos*]

hypo [hī°-pō, হাই°পৌ] *n.* (coll.) hyposulphate of soda, আলোকচিত্রগ্রহণকার্যে ব্যবহৃত হাইপোসালফিট্ অব্ সোডা। [contr. of *hyposulphate*]

hypochondria [hī-pŏ-kon°-dri-a, হাইপোকন্°-ড্রিঅ্যা] *n.* a nervous malady, স্নায়বিক রোগ-বিশেষ : ইহাতে রোগী অমূলক আতঙ্কগ্রস্ত বা উদ্বিগ্নতা-পূর্ণ হইয়া থাকে। *a.* & *n.* **hypochon°driac**—উক্ত রোগগ্রস্ত বা রোগী। [Ge. *hypochondrion*]

hypocrisy [hi-po°-kra-si, হিপ্°ক্র্যাসি] *n.* dissimulation, feigning, ভণ্ডামি, কাপট্য। *n.* **hypocrite** [hi°-pŏ-krit, হি°পোক্রিট্] ভণ্ড, কপটাচারী। *a.* **hypocri°tical**—ভণ্ডামিপূর্ণ। [Gk. *hypocrisia*=acting]

hypoderma [hī°-pŏ-da(r)°-ma, হাই°পোড্যা(র্)°-ম্যা], **hypŏder°mis**—*n.* the tissue next under the epidermis, অধস্ত্বক্। *a.* **hypŏderm°-al, hypŏder°mic**—অধস্ত্বক্‌সংক্রান্ত। *n.* **hypŏder°mic**—অধস্ত্বকে প্রদেয় ইন্‌জেক্‌শন্ ; উক্ত ইন্‌জেক্‌শনের ঔষধ বা সুচ। [*hypo-*, Gk. *derma*=dermis]

hypogastrium [hī-pŏ-gas°-tri-am, হাইপোগ্যাস্°ট্রিঅ্যাম্] *n.* lower region of the abdomen immediately below the central part, উদরের মধ্যস্থলের অব্যবহিত নিম্নাংশ। *pl.* **hypogas°-tria** । *a.* **hypogas°tric** ।

hypotension [hīpŏ-ten°-sh(a)n, হাইপোটেন্°-শ্‌ন্] *n.* low blood pressure, রক্তের নিম্নচাপ। [Gk. *hypo*=under, *tension*]

hypotenuse [hī-po°-ti-nūz, হাইপ°টিনিউজ্] *n.* the side of a right-angled triangle opposite to right angle, (জ্যামি.) অতিভুজ, কর্ণ। [F.<L. *hypotenusa*<Gk. *hypoteinousa*]

hypothecate [hī-po°-thi-kāt, হাইপ°থিকেইট্] *v.t.* to mortgage, বন্ধক দেওয়া, দায়বদ্ধ করা। *p.* & *p. pt.* **hypo°thecāted** । *n.* **hypothecā°-tion** । [LL. *hypothecare*]

hypothesis [hī-po-thi-sis, হাইপ°থিসিস্] *n.* a supposition, কিছু প্রমাণার্থ যাহা সত্য বলিয়া ধরিয়া লওয়া হইয়াছে, প্রকল্প। *pl.* **hypo°thesēs** । *v.i.t.* **hypo°thesīze**—(কিছু) প্রকল্প রচনা করা। *a.* **hypothetic** [hī-pŏ-the°-tik, হাইপোথে°টিক্], **hypo°thetical**—প্রকল্পিত। [Gk.]

hyson [hī°sn, হাই°স্‌ন্] *n.* an excellent green tea from China, চীনদেশীয় উৎকৃষ্ট সবুজ চা-বিশেষ। [Chin.]

hyssop [hi°-sap, হি°স্যাপ্] *n.* an aromatic plant, সুগন্ধি লতাবিশেষ। [L. *hyssopus*<Gk. *hyssopos*]

hysteria [his-tēr°-i-a, হিস্‌টিয়্যার্°ইঅ্যা] *n.* a nervous disease, (প্রধানতঃ স্ত্রীলোকদের) মৃগীরোগ, হিস্টিরিয়া ; morbid excitement, বায়ুরোগবিশেষ। *a.* **hysteric** [his-te°-rik, হিস্°টেরিক্], **hyste°-rical**—হিস্টিরিয়া-গ্রস্ত ; হিস্টিরিয়া-সংক্রান্ত। *n. pl.* **hyste°rics**—হিস্টিরিয়া-জনিত অঙ্গাদির আক্ষেপ-সমূহ। [Gk. *hystera*=the womb]

hysteron-proteron [his°-tar-on-pro°-tar-on, হিস্°ট্যারন্‌প্র°ট্যারন্] *n.* a figure of speech in which what would follow comes first, বাক্যালঙ্কারবিশেষ ; ইহাতে বাক্যাদির ক্রম উলটাইয়া যায় এবং অনুগামী বিষয় প্রথম স্থলাভিষিক্ত হয় (যেমন I die ! I faint ! I fail !) ; an inversion, ক্রমিকতার পরিবর্তন, (পরি.) উৎক্রম। [Gk. meaning latter-former]

I

I$_1$, i [আই] *n.* the ninth letter of the English alphabet, ইংরেজি বর্ণমালার নবম বর্ণ।

I$_2$ [ī, আই] **(1)** *pro. nom. sing.* of the first person, আমি। **(2)** *n.* the ego, অহং। [ME. *ich*, —cp. G. *ich*, Sans, *aham*]

i'$_3$ [i, ই] contr. of **in.**

iambus [ī-am°-bas, আইঅ্যাম্°ব্যাস্], **iamb** [ī°-am(b), আই°অ্যাম্] *n.* a foot of two syllables, a short followed by a long, কবিতার দ্বিমাত্রিক চরণবিশেষ : ইহার প্রথম মাত্রার উচ্চারণে ঝোঁক দেওয়া হয় না এবং পরবর্তী মাত্রাটি বিপরীত হয়। **iam°bic**—**(1)** *a.* উক্ত মাত্রাবিশিষ্ট। **(2)** *n.* উক্ত মাত্রাবিশিষ্ট কবিতা বা চরণ। [L. *iambus*<Gk. *iambos*]

Iberian [ī-bēr°-ian, আইবিয়্যার্°ইঅ্যান্] **(1)** *a.* of Iberia, আইবেরিয়ার অর্থাৎ স্পেইন্ ও পর্টুগালের। **(2)** *n.* a native of Iberia, আইবেরিয়ার লোক। [L. & Gk. *Iberia*]

ibex [ī°-beks, আই°বেক্‌স্] *n.* a wild goat, (পার্বত্যাঞ্চলের) বন্য ছাগবিশেষ। [L.]

ibidem [i-bī°-dem, ইবাই°ডেম্], (abbr.) **ibid**—*adv.* in the same book, chapter, passage, etc., একই পুস্তকে অধ্যায়ে অংশে ইত্যাদি। [L.]

ibis [ī°-bis, আই°বিস্] *n.* a wading bird, সারস-জাতীয় বক্রচঞ্চু জলচর পক্ষিবিশেষ। [L. & Gk.]

ice [īs, আইস্] **(1)** *n.* frozen water, বরফ ; a frozen confection, জমাট-বাঁধান মিষ্টান্ন (*ice-cream*)। **(2)** *v.t.* to cover or cool with ice, বরফ দিয়া ঢাকা বা ঠাণ্ডা করা (the lake was *iced* over) ; to freeze, জমাট বাঁধান। *p.* & *p. pt.* **ī°ced** । **on thin ice**—(আল.) বিপজ্জনক অবস্থায়। **(to) break the ice**—(আল.) প্রাথমিক দ্বিধা-সঙ্কোচাদি অতিক্রম করা। **(to) cut no ice** or **not (to) cut much ice**—(আল.) বড় একটা কার্যকর না হওয়া বা প্রভাবিত করিতে না পারা অথবা

মোটেই কার্যকর না হওয়া বা প্রভাবিত করিতে না পারা। *n.* **ice°-āge**—যে প্রাচীন যুগে পৃথিবীর অধিকাংশ স্থান তুষারাবৃত ছিল, তুষার-যুগ। *n.* **ice°-axe**—পর্বতারোহণকালে বরফ কাটিয়া সিঁড়ি-নির্মাণের জন্য কুঠার। *n.* **ice°-bag**—(রোগীদের মস্তকাদিতে প্রয়োগার্থ) কুচো বরফ রাখার জন্য বা বরফে পূর্ণ রবারের থলিবিশেষ। *n.* **ice°-boat**—জমাট তুষারাবৃত হ্রদ বা সাগরে চলাচল করার উপযোগী নৌকা। *a.* **ice°-bound**—(বন্দরাদি সম্বন্ধে) জল জমিয়া বরফে পরিণত হওয়ার ফলে চলাচল অসম্ভব হইয়াছে এমন। *n.* **ice°-box**—খাদ্যাদি শীতল রাখিবার জন্য বরফে পূর্ণ বাক্স; (আমেরিকায়) রেফ্রিজারেটার। *n.* **ice°-breaker**—সমুদ্রাদির তুষারাবরণ কাটিয়া পথ তৈয়ারি করিবার জন্য জাহাজবিশেষ। *n.* **ice°-cap**—(তুষারাদির শীর্ষে) তুষারে গঠিত মুকুটাকার আবরণ। *a.* **ice°-cōld**—বরফের ন্যায় ঠাণ্ডা। *n.* **ice°cream**—আইস্‌ক্রীম্। **ice-cream soda**—আইসক্রীমমিশ্রিত সোডাওয়াটার। *n.* **ice°fall**—তুষারপাত; বরফ-স্তূপের চাপে ধসিয়া-পড়া স্থান, বরফের ধস্। *n.* **ice°-field**—মেরু-অঞ্চলের তুষারাবৃত জলভাগ বা স্থলভাগ। *n.* **ice-floe** [īs°-flō, আইস্°-ফ্লৌ] বিস্তৃত স্থান ব্যাপিয়া ভাসন্ত বরফের চাঁই। *a.* **ice°-free**—(বন্দরাদি সম্বন্ধে) বরফ-মুক্ত (cp. **ice-bound**)। *n.* **ice°-ho°ckey**—তুষারের উপর অনুষ্ঠিত হকি-খেলা। *n.* **ice°-man**—বরফ-বিক্রেতা। *n.* **ice°-pack**—সমুদ্রে ভাসন্ত কুচো কুচো বরফ একত্র মিশিয়া যে চাঁই গঠন করে; উক্ত চাঁইতে আবৃত সমুদ্রের অংশ; (রোগীদের মস্তকাদিতে প্রয়োগার্থ) কুচো বরফ রাখার জন্য বা বরফে পূর্ণ রবারের থলি-বিশেষ। *n.* **ice°-pan°-tomīme, ice°-show°**—কৃত্রিম বরফে মণ্ডিত মেঝের উপর স্কেটিং-প্রদর্শনী। *n.* **ice°-tray**—রেফ্রিজারেটারের মধ্যে যে পাত্রে জল রাখিয়া চাকা চাকা বরফ তৈয়ারি করা হয়। *n.* **ice°-water**—বরফ-গলান জল, বরফ-জল। *adv.* **ī°cily**। *n.* **ī°cinėss**। *a.* **ī°cy**—বরফে তৈরারি; বরফপূর্ণ; বরফতুল্য; অতি ঠাণ্ডা; আদরশূন্য; স্নেহ শূন্য। [OE. *is*—cp. ON. *iss*]

iceberg [īs°-ba(r)g, আইস্°ব্যা(র্)গ্] *n.* a mass of floating ice, সমুদ্রে ভাসন্ত বিরাট তুষারস্তূপ, হিমশৈল; (fig.) unemotional person, (আল.) আবেগহীন ব্যক্তি (an *iceberg* of a man)। [Scand.—see *ice, berg*]

Icelander—see **Icelandic.**

Icelandic [īs-lan°-dik, আইস্‌ল্যান্°ডিক্] **(1)** *a.* of Iceland, আইস্‌ল্যান্‌ড্-দেশীয়। **(2)** the modern language of Iceland, আইস্‌ল্যান্ডের আধুনিক ভাষা: Old Norse, প্রাচীন নর্স-ভাষা। *n.* **Ice°-lander**—আইস্‌ল্যান্ডের অধিবাসী।

ichneumon [ik-nū°-man, ইক্‌নিউ°ম্যান্] *n.* any animal of the mongoose kind, নকুল, বেজি। [Gk.]

ichnography [ik-no°-gra-fi, ইক্‌ন°গ্রাফি] *n.* ground-plan of buildings etc., অট্টালিকাদির জমির নকশা; the art of drawing ground-plan, জমির নকশা প্রস্তুত করার কৌশল বা বিদ্যা। [Gk. *ichnos*=a track]

ichor [ī°-kaw(r), আই°ক্য(র্)] *n.* fluid flowing like blood in the veins of God, দেবরক্ত; a watery discharge from wound etc., ক্ষতাদি হইতে নিঃসৃত রস বা লালা। [Gk.]

ichthyology [ik-thi-o°-la-ji, ইক্‌থিঅ°ল্যাজি] *n.* the study of fishes, মৎস্যবিজ্ঞান। *a.* **ich°-thyoid**—মৎস্যসদৃশ। [Gk. *ichtys*=fish, *logos*=science]

ichthyosis [ik-thi-ō-sis, ইক্‌থিওসিস্] *n.* a disease in which the skin becomes hardened and rough, চর্মরোগবিশেষ: ইহাতে চামড়া কর্কশ ও রুক্ষ হয়। [Gk. *ikhthus*=fish]

icicle [ī°-sikl, আই°সিক্‌ল্] *n.* a tapering spike of ice hanging from eaves etc., ঘরের ছাঁচের কানা হইতে প্রলম্বিত জমাট-বাঁধা তুষার। [OE. *isesgicel*]

icon [ī°-kon, আই°কন্] *n.* an image, প্রতিমা; a portrait, অঙ্কিত বা খোদাই-করা বা অন্যভাবে নির্মিত প্রতিমূর্তি। *a.* **īco°nic**—প্রতিমাসংক্রান্ত। *n.* **īconŏclasm**—(দেব-) প্রতিমা-বিচূর্ণন; প্রতিমা-পূজার বিরোধিতা। *n.* **īco°nŏclast**—প্রতিমা-চূর্ণকারী; প্রতিমা-পূজাবিরোধী ব্যক্তি; প্রাচীন মত-সমূহ চূর্ণ করিতে উৎসুক ব্যক্তি। *n.* **īco°nŏclas°-tic**—প্রতিমাপূজাবিরোধী। *n.* **īcono°grapher**। *n.* **iconography** [ī-ko-no°-gra-fi, আইকন°-গ্র্যাফি] সম্বন্ধযুক্ত চিত্রাঙ্কনদ্বারা গ্রন্থের বিষয়বস্তুর ব্যাখ্যা; অঙ্কিত বা খোদাই-করা মূর্তিসম্পর্কিত বিদ্যা। *n.* **īcono°later**—মূর্তি-উপাসক। *n.* **īcono°-latry**—প্রতিমা বা মূর্তিপূজা। [L.<Gk. *eikon*]

icterus [ik°-tar-as, ইক্°ট্যার্যাস্] *n.* (path.) jaundice, (চিকি.) কামলা, নেবা। *a.* **icte°ric**। [Gk. *ikteros*]

ictus [ik°-tas, ইক্°ট্যাস্] *n.* a rhythmical or metrical stress, ছন্দের পর্বনির্দেশক চিহ্ন, ছন্দোঘাত। *a.* **ic°tic**। [L.=a blow],

icy—see **ice.**

id$_1$—abbr. of **idem.**

i'd$_2$ [īd, আইড্] contr. of **I would, I had** or **I should.**

id$_3$ [id, ইড্] *n.* a unit of germ-plasm, (পরি.) অদস্। [Sw.]

id$_4$ [id, ইড্] *n.* interacting forces or energies constituting the unconscious, অচেতন মনের পরস্পর প্রতিক্রিয়াশীল শক্তি বা উপাদানসমূহ। [L. *id*=it]

idea [ī-di°-a, আইডি°অ্যা] *n.* a notion or thought, or product of intellectual notion, ধারণা, ভাব, কল্পনা; intention, অভিপ্রায়; aim, উদ্দেশ্য। **(to) get ideas into one's head**—

এমন সব প্রত্যাশা করা যাহা পূর্ণ হইবার সম্ভাবনা নাই; অসম্ভব প্রাপ্তির কামনা করা। *v.t.* **īde°ate**—কল্পনা বা ধারণা করা। *n.* **īdeā°tion**। [L.<Gk.]

idee fixe [ēdā fe°ks, ঈডেই ফী°ক্‌স্] *n.* a monomania, মন বোধ প্রভৃতির আচ্ছন্ন বা আবিষ্ট ভাব; the idea dominating the mind, ধারণা-সংবন্ধন; obsession, আবেশ। [F.]

Ideal [ī-di°-al, আইডি°অ্যাল্] **(1)** *a.* existing in idea or imagination, ধারণাগত, ভাবগত, কল্পিত, কাল্পনিক; highest and best, শ্রেষ্ঠ, সর্বোচ্চ ও সর্বোত্তম; conforming to or serving as a standard, আদর্শস্বরূপ। **(2)** *n.* the highest conception of anything, or its embodiment, আদর্শ বা শ্রেষ্ঠ কল্পনা অথবা ভাব, পরমাদর্শ; a standard of perfection, পূর্ণতার মান। *n.* **īdė°alism**—(দর্শ.) ধারণা বা ভাবই সকল জ্ঞানের উৎস: এই মত, ভাববাদ; পূর্ণতার প্রতি ঝোঁক, আদর্শবাদ, আদর্শ-প্রিয়তা। *n.* **īdė°alist**। *a.* **īdėalis°tic**—ভাববাদী; আদর্শবাদী। *n.* **īdė°ality**—আদর্শ অবস্থা; সৌন্দর্য ও পূর্ণতার আদর্শগঠনের ঝোঁক ও সক্ষমতা। *n.* **īdėalīzā°tion**। *v.t.* **īdė°alize**—আদর্শস্বরূপ গণ্য করা বা প্রকাশ করা; বাস্তবের সংস্পর্শমুক্ত করা। *adv.* **īdė°ally**। [see *idea*]

idem [ī°-dem, আই°ডেম্] **(1)** *n.* the same author, book, word, authority, etc., একই রচয়িতা, পুস্তক, শব্দ, নির্ভরযোগ্য পণ্ডিত বা গ্রন্থ, প্রভৃতি। **(2)** *adv.* in the same author, book, word, authority, etc., একই রচয়িতায়, পুস্তকে, শব্দে, নির্ভরযোগ্য পণ্ডিতে বা গ্রন্থে, প্রভৃতি। [L.]

identical—see **identity.**

identify [ī-den°-ti-fī, আইডেন্‌°টিফাই] *v.t.* to treat as or make identical with, অভিন্নরূপে গণ্য করা, অভিন্ন বা একরূপ করা; to establish the identity of, শনাক্ত করা; to associate inseparably with, অবিচ্ছেদ্যরূপে একাত্ম বা অঙ্গীভূত করা। **(to) identify oneself with**—পৃষ্ঠপোষকতা বা সহায়তা করা; দলভুক্ত হওয়া। *a.* **īden°tifīable**—শনাক্ত করিতে বা চিনিতে পারা যায় এমন। *n.* **īdentificā°tion**। [LL. *identificare*]

identity [ī-den°-ti-ti, আইডেন্‌°টিটি] *n.* sameness, একরূপতা, অভিন্নতা; individuality, ব্যক্তিগত পরিচয়; (math.) an equation true for all values of the symbols involved, (গণি.) অভেদ। **identity card** or **disc** or **certificate**—ব্যক্তিগত পরিচয়-নির্দেশক কার্ড বা চাকতি বা শংসাপত্র, অভিজ্ঞান। *a.* **īden°tical**—একরূপ; অভিন্ন। **identical proposition**—অভেদ প্রতিজ্ঞা বা উক্তি। **identical twins**—একই জননকোষজাত সম্পূর্ণ অভিন্নরূপ যমজ। *adv.* **iden°tically**। [LL. *identitas*]

ideogram [i°-di-ŏ-gram, ই°ডিওগ্র্যাম্], **ideograph** [i°-di-ŏ-gruf, ই°ডিওগ্রাফ্] *n.* a character that stands for the thing itself directly, যে বর্ণমালা শব্দ বা ধ্বনি সূচিত না করিয়া সরাসরি ভাবনির্দেশ করে (যেমন, চৈনিক বর্ণমালা), (পরি.) ভাবলেখ। [Gk. *idea*=idea, *gramma*=a drawing, *graphein*=to write]

ideology [ī-di-o°-la-ji, আইডিঅ°ল্যাজি] *n.* the science of ideas, metaphysics, ভাবতত্ত্ব, জ্ঞানতত্ত্ব, (পরি.) অধিবিদ্যা; abstract thinking, বিমূর্ত বা ভাবপ্রধান চিন্তা; unpractical speculation, অকার্যকর বা অবাস্তব চিন্তা; way of thinking, চিন্তা-প্রণালী, চিন্তাধারা (bourgeois or Marxist or totalitarian *ideology*)। *a.* **īdėolo°gical**—ভাবতত্ত্ব বা অধিবিদ্যা সংক্রান্ত; বিমূর্ত বা ভাবপ্রধান; ভাবগত, ভাবমূলক। *n.* **īdėo°logist**, **idėo°logue**—ভাবপ্রধান চিন্তাশীল ব্যক্তি, ভাববাদী; অবাস্তব চিন্তাশীল ব্যক্তি। [Gk. *idea*=idea, *logos*=science]

ides [īdz, আইড্‌জ্] *n.* the 15th of March, May, July and October, and the 13th of the other months, (প্রাচীন রোমে) মার্চ মে জুলাই ও অক্টোবর মাসের ১৫ তারিখ এবং অন্যান্য মাসের ১৩ তারিখ। [F.<L. *idus* (*pl.*)]

id est [id°-est°, ইড্‌°এস্‌ট্] *ph.* that is, অর্থাৎ। [L.]

idiocy—see **idiot.**

idiom [i°-di-am, ই°ডিঅ্যাম্] *n.* a mode of expression peculiar to a language, ভাষার বৈশিষ্ট্যমূলক প্রকাশভঙ্গি, বাগ্‌ধারা, বাগ্‌বৈশিষ্ট্য। *a.* **idiŏma°tic(al)**—বাগ্‌বৈশিষ্ট্যগত; বাগ্‌বৈশিষ্ট্য-সম্মত। *adv.* **idioma°tically**। [Gk. *idioma*]

idiopathy [idi-o°-pa-thi, ইডিঅ°প্যাথি] *n.* (med.) a primary disease not produced by another, (চিকি.) মূল ব্যাধি (অর্থাৎ যে ব্যাধি অপর ব্যাধি-সঞ্জাত নহে)। *a.* **idiopa°thic**। [Gk. *idiopatheia*]

idiosyncracy [i-di-ŏ-sing°-kra-si, ইডিওসিং°-ক্র্যাসি] *n.* peculiarity of temperament, মেজাজের বৈশিষ্ট্য, মেজাজ। *a.* **idiosyncra°tic(al)**—উক্ত বৈশিষ্ট্যগত বা বৈশিষ্ট্যপূর্ণ; মেজাজি; খেয়ালি। [Gk. *idios*=own, *synkrasis*=a mixing together]

idiot [i°-di-at, ই°ডিঅ্যাট্] *n.* a person too deficient in mind to be capable of rational conduct, জড়বুদ্ধি ব্যক্তি, (পরি.) জড়ধী; an utter fool, ডাহা মূর্খ লোক। *n.* **i°diŏcy**—ডাহা মূর্খতা। *a.* **idiotic** [i-di-o°-tik, ইডিঅ°টিক্], **idio°tical**—ডাহা মূর্খতাপূর্ণ। *adv.* **idio°tically**। [F.<L. *idiota*<Gk. *idiotes*=an ordinary person]

idle [īd°l, আইড্‌°ল্] **(1)** *a.* lazy, অলস, কুঁড়ে; unemployed, বেকার, কর্মহীন (*idle* brain); baseless, অমূলক (*idle* fears); futile, অকার্যকর (*idle* attempt); trifling, তুচ্ছ (*idle* cause)। **(2)** *v.t.* to spend in idleness, আলস্যে (দিন প্রভৃতি) কাটান (to *idle* one's time away)। **(3)**

v.t.i. to make or become idle, অলস করা বা হওয়া। *n.* **id°leness**—আলস্য। *n.* **id°ler**—যে ব্যক্তি আলস্যে দিন কাটায়। *adv.* **īd°ly**। [OE. *idel* —cp. Du. *ijdel*]

Ido [ē°-dō, ঈ°ডৌ] *n.* an artificial universal language, (১৯০৭ খ্রিস্টাব্দে সৃষ্ট) কৃত্রিম বিশ্বজনীন ভাষাবিশেষ। [=offspring]

idol [īd°l, আইড্°ল্] *n.* an image, প্রতিমূর্তি; an image of a god or goddess, প্রতিমা; an object of worship, উপাস্য দেবদেবী বা ব্যক্তি বা বস্তু; an object of love or deep devotion or admiration, ভালবাসা বা পরম ভক্তির বা শ্রদ্ধার পাত্র; a false god, ভুয়া দেবতা। *n.* **īdolīzā°tion**। *v.t.* **idolize** [ī°-da-līz, আই°ড্যালাইজ্] (কাহাকেও) উপাস্য পাত্রে পরিণত করা। *n.* **ī°dolīzer**। [L. *idolum*<Gk. *eidolon*]

idolator [ī-do°-la-ta(r), আইড°ল্যাটা(র্)] *n.* a worshipper of idols, প্রতিমা-উপাসক; a great admirer, পরম ভক্ত। *fem.* **īdo°latress**। *a.* **īdo°latrous**—প্রতিমা-উপাসনাকর; পরম ভক্তিশীল। *n.* **īdo°latry**—প্রতিমা-উপাসনা, (ব্যঙ্গে) পুতুলপূজা; পরম ভক্তিশীলতা। [F. *idolatre*<Gk. *eidololatres*]

idolize—see **idol.**

idolum [īdō°-lam, আইডৌ°ল্যাম্] *n.* mental image, idea, ধারণা, ভাব, মানস রূপ, ভাবমূর্তি; fallacy, হেত্বাভাস; apparition, অপচ্ছায়া, ভূত। *pl.* **īdō°la**। [L.]

idyl(l) [ī°-dil, আই°ডিল্, i°-dil, ই°ডিল্] *n.* a short poem on a picturesque scene, চিত্রানুগ বা বর্ণনামূলক ক্ষুদ্র (প্রধানতঃ রাখালী) কবিতা; a story of happy innocence, (প্রধানতঃ পল্লীজীবনের) নির্দোষ সুখের বা সারল্যের কাহিনী। *a.* **idy°llic**—উক্ত কবিতা বা কাহিনী সংক্রান্ত অথবা তত্তুল্য; সরল শান্ত ও মনোরম (*idyllic* happiness)। *n.* **i°dyllist**—উক্ত কবিতা বা কাহিনীর লেখক। [L. *idyllium*<Gk. *eidyllion*]

i.e. [ī°-ē°, আই°ঈ°] abbr. of **id est.**

if [if, ইফ্] (**1**) *con.* on condition or supposition that, যদি, যদ্যপি, যদি হয়; whether, কিনা। (**2**) *n.* a condition, শর্ত, সাপেক্ষতা (there are too many *ifs* about the proposal)। **if only** —কামনা বা আশা প্রকাশক উক্তিবিশেষ, এমন যদি হইত বা হয় (*If only* I were there)। [OF. *gif* —cp. ON. *ef*]

igloo [ig°-lōō, ঈগ্°লূ] *n.* an Eskimo domeshaped hut, এসকিমোদের গুম্বজাকার কুটির। [Eskimo]

igneous [ig°-ni-as, ইগ্°নিঅ্যাস্] *a.* of fire, fiery, অগ্নি-সংক্রান্ত; অগ্নিতুল্য, অগ্নিগর্ভ, আগ্নেয়; produced by volcanic agency, আগ্নেয়গিরি প্রভৃতির দ্বারা সৃষ্ট। [L. *ignis*=fire]

ignis-fatuus [ig°-nis-fa°-tū-as, ইগ্°নিস্‌ফ্যা°টিউঅ্যাস্] *n.* Will-o'-the-wisp, আলেয়া; (coll.) misleading hope, etc., (কথ্য.) বিভ্রান্তিকর আশা-আকাঙ্ক্ষা প্রভৃতি। [L.]

ignite [ig-nīt°, ইগ্‌নাইট্°] *v.t.i.* to set on or take fire, প্রজ্বালিত করা বা প্রজ্বলিত হওয়া। *p.* & *p. pt.* **ignī°ted**। *n.* **igni°tion**। **ignition temperature**—জ্বলনাঙ্ক। [L. *ignire*]

ignoble [ig-nō°-bl, ইগ্‌নৌ°ব্‌ল্] *a.* of low birth, হীনজাত; mean, ইতর, নীচ; dishonourable, অসম্মানজনক। *n.* **ignō°bleness**। *adv.* **ignō-bly**। [F.<L. *ignobilis*]

ignominy [ig°-nŏ-mi-ni, ইগ্°নোমিনি] *n.* loss of good name, সুনামহানি; infamy, কলঙ্ক। *a.* **ignŏmi°nious**—সুনামহানিকর, কলঙ্ককর (*ignominious* defeat)। *adv.* **ignomi°niously**। [L. *ignominia*]

ignoramus [ig-nŏ-rā°-mas, ইগ্‌নোরেই°ম্যাস্] *n.* a foolish person, নির্বোধ ব্যক্তি (পূর্বে শব্দটি অগ্রাহ্য-করা অভিযোগপত্রের উলটা পিঠে লেখা হইত)। [L. =we are ignorant, we ignore]

ignorant [ig°n(a)r(a)nt, ইগ্°ন্‌র্‌ন্‌ট্] *a.* without knowledge, অজ্ঞান, মূর্খ; uninstructed, অনুপদিষ্ট; uninformed, unaware, অবিদিত; uneducated, অশিক্ষিত; showing or arising from want of knowledge, অজ্ঞানতাপূর্ণ; অজ্ঞানতাসঞ্জাত। *n.* **ig°norance**—অজ্ঞানতা, মূর্খতা; শিক্ষাহীনতা। *adv.* **ig°norantly**। [F.< L. *ignorans*—cp. *ignore*]

ignore [ig-naw(r)°, ইগ্‌ন(র্)°] *v.t.* to disregard wilfully, ইচ্ছাকৃতভাবে অগ্রাহ্য করা বা তুচ্ছ করা; to set aside, বাতিল করা বা প্রত্যাখ্যান করা। [L. *ignorare*=not to know]

iguana [i-gwŭ°-na, ইগোয়া°ন্যা] *n.* an American lizard, আমেরিকার গোসাপজাতীয় বৃক্ষচর সরীসৃপবিশেষ। [Sp.]

iguanodon [igwa°-na-don, ইগ্যুঅ্যা°ন্যাডন্] *n.* a huge herbivorous dinosaur now extinct, অধুনালুপ্ত তৃণভোজী বিশালকায় ডাইনোসর। [Gk.]

ikon—alt. spell. of **icon.**

ileum [ī°-li-am, আই°লিঅ্যাম্] *n.* the posterior part of the small intestine, ক্ষুদ্রান্ত্রের পশ্চাদ্ভাগ, (পরি.) নিম্ন ক্ষুদ্রান্ত্র। [LL.]

ilia, iliac—see **ilium$_2$.**

Ilium$_1$ [ī°-li-am, আই°লিঅ্যাম্] *n.* Troy, ট্রয়-নগর। [L.<Gk. *Ilion*]

ilium$_2$ [i°-li-am, ই°লিঅ্যাম্] *n.* the hip-bone, নিতম্বাস্থি, পাছার হাড়। *pl.* **i°lia**—পার্শ্বসমূহ। *a.* **i°liac**—উক্ত অস্থিগত। [L.]

ilk [ilk, ইল্ক্] *a.* same, একই। **of that ilk** —ঐ একই অবস্থার ও বংশের। [OE. *ilca*]

i'll$_1$ [īl, আইল্] contr. of **I will.**

ill$_2$ [il, ইল্] (**1**) *a.* evil, bad, মন্দ, খারাপ; wicked, অসৎ; producing evil, অশুভ, অমঙ্গলকর; hurtful, ক্ষতিকর (*ill* effects); unfortunate, দুর্ভাগ্যজনক; unfavourable, প্রতিকূল; difficult, কঠিন, দুঃসাধ্য (*ill* to please); sick, অসুস্থ; diseased, পীড়িত; incorrect, ভ্রমাত্মক,

ভ্রমপূর্ণ ; cross, খিট্‌খিটে (*ill* temper) । (2) *adv.* badly, মন্দভাবে (to behave *ill*) ; not well, অসুস্থভাবে ; incorrectly, ভুল করিয়া ; wrongfully, অন্যায়ভাবে ; unfavourably, প্রতিকূলভাবে ; with difficulty, কষ্টসহকারে । *compar.* **worse** [wa(r)s ওঅ্যা(র্)স্] ; *super.* **worst** । (3) *n.* evil, অশুভ, অমঙ্গল ; wickedness, বদমাশি, দুর্বৃত্তি ; misfortune, দুর্ভাগ্য ; harm, ক্ষতি । **ill at ease**—অস্বস্তি বোধ করিতেছে এমন । **(to) ill become one**—কাহারও পক্ষে অশোভন হওয়া । **(to) go ill with**—কাহারও বিপদ্ বা দুর্ভাগ্য ঘটান । **(to) speak ill of**—কাহারও নিন্দা করা । **(to) take it ill**—ক্ষুব্ধ বা ক্ষুণ্ণ হওয়া । *a.* **ill°-advi°sed**—অবিবেচনাপূর্ণ । *a.* **ill°-affec°ted**—অসুস্থ । *a.* **ill-behaved**—অশোভন আচরণপূর্ণ, অভদ্র । *a.* **ill°-besee°ming**—অশোভন । *a.* **ill-bō°ding**—অশুভ, অমঙ্গলসূচক । *a.* **ill°-bred°**—মন্দভাবে প্রতিপালিত ; অশিক্ষিত ; অশিষ্ট । *n.* **ill°-bree°ding**—অশিষ্ট আচরণ । *a.* **ill°-conditioned**—মন্দাবস্থ ; হীনাবস্থ । *a.* **ill°-dispō°sed**—প্রতিকূল ; শত্রুভাবাপন্ন । **ill fame**—কলঙ্ক, অপযশ, নৈতিক বদনাম । *a.* **ill°-fā°ted**—দুর্ভাগ্যগ্রস্ত । *a.* **ill°-fā°voured**—কুদর্শন ; কুগঠন ; কুৎসিত । **ill feeling**—প্রতিকূলতা ; শত্রুতা ; বিদ্বেষ । *a.* **ill°-go°tten**—মন্দ উপায়ে প্রাপ্ত (*ill-gotten* gains) । *a.* **ill°-hū°moured**—মেজাজ বিগড়াইয়া গিয়াছে এমন ; বদমেজাজি । *a.* **ill°-ju°dged**—অবিবেচনাপূর্ণ । *a.* **ill-ma°nnered**—অভদ্র । *a.* **ill°-nā°tured**—বদমেজাজি । *n.* **ill°ness**—অসুস্থতা ; পীড়া । *a.* **ill°-off**—মন্দাবস্থ ; দরিদ্র । *a.* **ill°-ō°mened**—অমঙ্গলসূচক ; দুর্ভাগ্যপূর্ণ । *a.* **ill°spent**—অসৎভাবে বা মন্দভাবে ব্যয়িত, অপব্যয়িত । *a.* **ill°-starr°ed**—কুলগ্নে বা কুনক্ষত্রে জাত ; দুর্ভাগা । *a.* **ill°-tem°pered**—বদমেজাজি । *a.* **ill°-tī°med**—অসময়োচিত । *v.t* **ill°-treat**—অনাদরপূর্ণ আচরণ করা ; অসদাচরণ করা । *n.* **ill-°treat°ment** । *n.* **ill°-turn°**—প্রতিকূলতাপূর্ণ বা শত্রুতাপূর্ণ কাজ । *v.t.* **ill°-ū°se**—অনাদরপূর্ণ আচরণ করা ; অসদাচরণ করা । *a.* **ill-ū°sed**—অনাদরপূর্ণ আচরণপ্রাপ্ত ; অসদাচরণপ্রাপ্ত ; অন্যায়ভাবে ব্যবহৃত ; অপব্যয়িত । **ill will**—প্রতিকূলতা ; শত্রুতা । *n.* **ill°-wi°sher**—অমঙ্গলাকাঙ্ক্ষী । [ON. *illr*—confused with OE. *yfel*=evil]

illation [i-lā°sh(a)n, ইলেই°শ্‌ন্] *n.* inference, সূত্র হইতে সিদ্ধান্তগ্রহণ ; conclusion, উপসংহার । *a.* **i°llātive**—সূত্রমূলক । [L. *illatio*]

illegal [i-lē°g(a)l, ইলী°গ্‌ল্] *a.* contrary to law, আইনবিরুদ্ধ, অবৈধ । *n.* **illēga°lity** । *v.t.* **illē°galize**—অবৈধ করা । *adv.* **illē°gally** । [*il-*, *legal*]

illegible [i°-le°-jabl, ই°লে°জ্যাব্‌ল্] *a.* that cannot be read, দুষ্পাঠ্য ; indistinct, অস্পষ্ট । *n.* **illegibility** [i-le-ji-bi°-li-ti, ইলেজিবি°লিটি] *adv.* **illegibly** । [*il-*, *legible*]

illegitimate [i-li-ji°-ti-mit, ইলিজি°টিমিট্] (**1**) *a.* not lawful, অবৈধ ; bastard, জারজ ; improper, অনুচিত । (2) *n.* a bastard, জারজ সন্তান । *n.* **illegi°timacy**—অবৈধতা ; জারজতা ; অনৌচিত্য । *adv.* **illegi°timately** । [*il-*, *legitimate*]

illiberal [i-li°b(a)r(a)l, ইলি°ব্‌র্‌ল্] *a.* not liberal, অনুদার, সঙ্কীর্ণচেতা ; mean, হীনমনাঃ ; niggardly, কৃপণস্বভাব । *n.* **illiberality** [i-li-ba-ra°-li-ti, ইলিব্যার্যা°লিটি] । *adv.* **illi°berally** । [F.—cp. *liberal*]

illicit [i-li°-sit, ইলি°সিট্] *a.* unlawful, অবৈধ ; forbidden, নিষিদ্ধ (*illicit* sale of drugs) । *adv.* **illi°citly** । [F. *illicite*]

illimitable [i-li°-mi-tabl, ইলি°মিট্যাব্‌ল্] *a.* boundless, সীমাহীন, অসীম । *adv.* **illi°mitably** । [*il-*, see *limit*]

illiterate [i-li-°t(a)rit, ইলি°ট্‌রিট্] (**1**) *a.* ignorant of letters, নিরক্ষর ; uneducated, অশিক্ষিত ; unable to read, পড়িতে জানে না এমন, পঠনাক্ষম । (**2**) *n.* an illiterate person, নিরক্ষর বা অশিক্ষিত বা পঠনাক্ষম ব্যক্তি । *n.* **illiteracy** [i-li°t-(a)-ra-si, ইলি°ট্‌র্যাসি], **illi°terateness** । [*il-*, *literate*]

illness—see **ill.**

illogical [i-lo°-jik(a)l, ইল°জিক্‌ল্] *a.* contrary to the rules of logic, অযৌক্তিক । *n.* **illo°gicality** । *adv.* **illo°gically** । [*il-*, see *logic*]

illude [il-ūd°, ইলিউড্°, il-ōōd°, ইলূড্°] *v.t.* to trick, to deceive, ছলনা বা প্রতারণা করা । [see *illusion*]

illume [i-lūm°, ইলিউম্°] *v.t.* (poet.) illumine, (কাব্যে) উজ্জ্বল বা দ্যুতিময় করা, আলোকিত করা ; to help to explain, অর্থাদি প্রাঞ্জল করা । *v.t.* **illū°minate**—আলোকিত করা ; জ্বালান ; উদাহরণদ্বারা বা সম্বন্ধযুক্ত চিত্রদ্বারা ব্যাখ্যা করা ; সাজান । *p.* & *p. pt.* **illū°minated** । *a.* **illū°minable** । **illū°minant**—(**1**) *a.* আলোকিত বা প্রজ্বালিত করে এমন । (**2**) *n.* উক্ত প্রকার পদার্থ । *n.* **illū°minā°tion** । *a.* **illū°minative**—আলোকদায়ক ; ব্যাখ্যাকর । *n.* **illū°minātor** । *v.t.* **illū°mine**—উজ্জ্বল বা দ্যুতিময় করা ; আলোকিত করা ; সাজান । [L. *illuminare*]

illusion [i-lōō°z(a)n, ইলূ°(শ্)জ্‌ন্] *n.* deception, delusion, মায়া, মোহ, বিভ্রান্তি । **(to) be under an illusion**—বিভ্রান্তি বিভ্রম প্রভৃতির দ্বারা আবিষ্ট হওয়া, মায়ার ঘোরে থাকা । **(to) have no illusions about**—অলীক বিশ্বাসাদির দ্বারা প্রতারিত না হওয়া । *n.* **illu°sionism**—(দর্শ.) মায়াবাদ । *n.* **illu°sionist**—মায়াবাদী ; জাদুকর । *a.* **illu°sive, illusory** [i-lōō-°s(a)ri, ইলূ°স্‌রি] মায়াময়, অলীক, মিথ্যা । [L. *in-*, *ludere*=to play]

illustrate [i°-las-trāt, ই°ল্যাস্‌ট্রেইট্] *v.t.* to make clear, বিশদ বা স্পষ্ট করা ; to explain,

ব্যাখ্যা করা; to exemplify, (কিছুর) উদাহরণ দেওয়া; to explain and decorate by pictures, চিত্রদ্বারা ব্যাখ্যা করা ও সাজান (to *illustrate* a book) । *p.* & *p. pt.* **i°llustrāted** । *n.* **illustrā°tion**—illustrate-এর সকল অর্থে, এবং ব্যাখ্যাকর ও শোভাবর্ধক চিত্র। *a.* **i°llustrātive**—বিশদ করে এমন; ব্যাখ্যাকর; উদাহরণদায়ক; চিত্রযোগে ব্যাখ্যাকর ও শোভাবর্ধক। *n.* **i°llustrātor** । [L. *illustrare*=to light up]

illustrious [i-lus°-tri-as, ইলাস্°ট্রিঅ্যাস্] *a.* highly distinguished or renowned, অতি বিশিষ্ট বা সুবিখ্যাত। *adv.* **illus°triously** । *n.* **illus°triousness** । [see *illustrate*]

I'm [īm, আইম্] contr. of **I am.**

image [i°-mij, ই°মিজ্] (**1**) *n.* likeness, প্রতিমূর্তি; a statue, প্রস্তরমূর্তি; an idol, প্রতিমা; an idea, ভাব, ধারণা, ভাবমূর্তি; a reflection, প্রতিবিম্ব; (rhet.) a metaphor or simile, (অল.) রূপক বা উপমা। (**2**) *v.t.* to form an image of, (কিছুর) প্রতিমা গঠন করা; to portray, অঙ্কিত করা; to mirror, প্রতিবিম্বিত করা; to imagine, কল্পনা করা। *n.* **i°māge-breaker**—যে ব্যক্তি প্রতিমা চূর্ণ করে। *n.* **imagery** [i°-mi-j(a)ri, ই°মিজ্‌রি] কল্পিত মূর্তি; কল্পনা; কল্পনাপ্রসূত শব্দালঙ্কারসমূহ; প্রতিমাসমূহ। *n.* **i°māge-wor°ship**—প্রতিমাপূজা। *n.* **i°māgist**—রোমানটিসিজমের বিরোধী এবং যথাযথ বর্ণনার দ্বারা বক্তব্য স্পষ্ট করিয়া তোলার পক্ষপাতী কবি। [OF.<L. *imago*]

imagine [i-ma°-jin, ইম্যা°জিন্] *v.t.* to form mental images of, মনে মনে মূর্তিগঠন করা; to conceive, কল্পনা বা ধারণা করা; to think, চিন্তা করা; to think vainly, অলীক বা অসার কল্পনা করা; to guess, অনুমান করা; to contrive, উদ্ভাবন করা। *a.* **ima°ginable** । *adv.* **ima°ginably** । *a.* **imaginary** [i-ma°-ji-n(a)ri, ইম্যা°জিন্‌রি] কল্পিত; অলীক। *n.* **imaginā°tion**—কল্পনা; চিন্তা; অলীক কল্পনা। **(to) draw on one's imagination**—কল্পিত বা মিথ্যা বিবৃতি দেওয়া। *a.* **ima°ginative**—কল্পনাপ্রবণ; কল্পনাশক্তিপূর্ণ; কল্পনামূলক। [OF. *imaginer*<L. *imaginari*]

imagist—see **image.**

imago [i-mā°-gō, ইমেই°গৌ] *n.* the last or perfect state of insect life, কীটজীবনের শেষ বা পূর্ণতাপ্রাপ্ত অবস্থা (যেমন প্রজাপতি), (পরি.) সমঙ্গ। *pl.* **imāginės, imāgōs** । [L.]

imam [i-mŭm°, ইমাম্°], **imaum** [i-mawm°, ইম্যম্°] *n.* the official leaders of devotions in a mosque, এমাম। [Ar.]

imbalance [im-ba°-lans, ইম্ব্যা°ল্যান্স্] *n.* absence between two totals, (টাকাকড়ির) দুই যোগফলের মধ্যে গরমিল। [*im. balance*]

imbed—alt. spell. of **embed.**

imbecile [im°-bi-sīl, ইম্°বিসাইল্] (**1**) *a.* mentally weak or stupid, জড়বুদ্ধি বা মূর্খ। (**2**) *n.* an imbecile person, জড়বুদ্ধি বা মূর্খ লোক। *adv.* **im°bėcilely** । *n.* **imbeci°lity** । [F. *imbecille* <L. *imbecillus*]

imbibe [im-bīb°, ইম্‌বাইব্°] *v.t.* to drink in, পান করিয়া লওয়া; to absorb, আত্মভূত করা, শুষিয়া লওয়া; to assimilate, হজম করা। *n.* **imbi°ber** । [L. *imbibere*]

imbricate [im°-bri-kāt, ইম্°ব্রিকেইট্] *v.t.i.* to lay or be laid one over another, একখানির উপরে আরেকখানি করিয়া স্থাপিত করা বা হওয়া। *p.* & *p. pt.* **im°bricātėd** । *n.* **imbricā°tion** । [L. *imbricare*=to tile]

imbroglio [im-brō°-li-ō, ইমব্রৌ°লিঔ] *n.* a confused mass, তালগোল-পাকানো পিণ্ড; a tangle, জট; complicated and disorderly situation, জটিল ও বিশৃঙ্খল অবস্থা। [It.]

imbrue [im-broo°, ইম্‌ব্রু°] *v.t.* to wet or moisten, সিক্ত বা আর্দ্র করা; to stain or dye, কলঙ্কিত বা রঞ্জিত করা। [OF. *embreuver*]

imbue [im-bū°, ইম্‌বিউ°] *v.t.* to moisten, আর্দ্র করা; to tinge deeply, গাঢ়ভাবে রঞ্জিত করা; to cause to imbibe, পান করান বা শোষণ করান; to inspire, অনুপ্রাণিত করা। [OF. *imbuer*<L. *imbuere*]

imitate [i°-mi-tāt, ই°মিটেইট্] *v.t.* to copy, অনুকরণ করা, নকল করা; to mimic, ব্যঙ্গ করার জন্য বা হাস্যকরভাবে নকল করা। *p.* & *p. pt.* **i°mitātėd** । *a.* **i°mitable** । *n.* **imitabi°lity** । *n.* **imitā°tion**—অনুকরণ; অনুকৃতি। *a.* **i°mitātive**—অনুকরণকর; অনুকরণমূলক; অনুকরণপ্রবণ। *n.* **i°mitātor** । [L. *imitari*]

immaculate [i-ma°-kū-lit, ইম্যা°কিউলিট্] *a.* spotless, faultless, অকলঙ্ক; pure, বিশুদ্ধ, পবিত্র। **immaculate Conception**—যিশুজননী মেরির মানবের আদিমতম (অর্থাৎ আদম-ইভের) পাপ ছাড়াই জন্মিয়াছিলেন: রোম্যান্ ক্যাথলিকদের এই মত। *adv.* **imma°cūlately**—নিখুঁতভাবে (*immaculately* dressed)। *n.* **imma°cūlatenėss** । [L. *immaculatus*]

immanent [i°-ma-nant, ই°ম্যান্যান্ট্] *a.* indwelling, অন্তর্বাসী; pervading, পরিব্যাপ্ত; inherent, অন্তর্নিহিত। *n.* **i°mmanence, i°mmanency**—(দর্শ.—পরি.) সর্বেশ্বরবাদ। [L. *immanere*=to remain]

immaterial [i-ma-tēr°-i-al, ইম্যাটিয়্যার্°ইঅ্যাল্] *a.* not material, অবাস্তব; not corporeal, অশরীরী; unimportant, জরুরি বা গুরুত্বপূর্ণ নহে এমন, বাজে (*immaterial* objections)। *n.* **immatēr°ialism**—(দর্শ.) অবস্তুবাদ। *n.* **immatēr°ialist** । *n.* **immatēria°lity** । *v.t.* **immatēr°ialize**—অবাস্তব বা অশরীরী করা। [*im-*, *material*]

immature [i-ma-tū(r)°, ইম্যাটিউয়্যা(র্)°] *a.* not

mature, অপরিণত (*immature* minds of children) ; not ripe, অপক্ব ; not perfect, অপূর্ণাঙ্গ ; come before due time, অকালজাত। *n.* **immatūr°ity** । [*im-*, *mature*]

immeasurable [ime°-za-rabl, ইমে(শ্)°জ্যার্যাব্‌ল্] *a.* not measurable, অপরিমেয়, অমেয় ; very great, অতি বৃহৎ বা প্রচুর। *adv.* **immea°surably** । [*im-*, see *measure*]

immediate [i-mē°-di-at, ইমী°ডিয়্যাট্] *a.* with nothing between, অব্যবহিত ; direct, সরাসরি, প্রত্যক্ষ (the *immediate* heir) ; present, বর্তমান; without delay, বিলম্ববিহীন, অবিলম্ব (*immediate* action)। *n.* **immē°diacy, immē°diateness** । *adv.* **immē°diately** । [*im-*, *mediate*]

immemorial [i-mi-maw°-ri-al, ইমিম্য°রিঅ্যাল্] *a.* ancient beyond the reach of memory, স্মরণাতীত কালের, মান্ধাতার আমলের। *adv.* **immėmo°rially** । [L. *im-*, *memorial*]

immense [i-mens°, ইমেন্‌স্°] *a.* beyond measure, অপরিমেয়, অমেয় ; vast, বিশাল ; huge, প্রকাণ্ড ; (sl.) very amusing, (অশি.) অতি কৌতুকাবহ। *adv.* **immense°ly**—অত্যন্ত, খুব (I enjoyed myself *immensely*) । *n.* **immense°nėss, immen°sity** । [F.<L. *immensus*]

immensurable [i-men°-sū-rabl, ইমেন্°সিউর‍্যাব্‌ল্] *a.* immeasurable, অপরিমেয়, অমেয়। [*im-*, *mensurable*]

immerse [i-ma(r)s°, ইম্যা(র্)স্°] *v.t.* to dip, চোবান, ডোবান ; to baptize by dipping the whole body, খ্রিষ্টধর্মানুসারে সর্বাঙ্গ ডুবাইয়া দীক্ষিত করা ; to engage or involve deeply, গভীরভাবে ব্যাপৃত বা বিজড়িত করা। *p.* & *p. pt.* **immer°sed** । *n.* **immersion** [i-ma(r)°sh-(a)n, ইম্যা(র্)°শ্‌ন্] immerse-এর সকল অর্থে, এবং —(প্রতিমাদি) বিসর্জন। **immersion heater**—(সচ. গরম জলের ট্যাংক-সংলগ্ন) জল গরম করার জন্য বৈদ্যুতিক হীটার। [*im-*, L. *mergere*=to plunge]

immigrant—see **immigrate.**

immigrate [i°-mi-grāt, ই°মিগ্রেইট্] *v.i.* to migrate into a country for settling there, বসবাসের জন্য বিদেশে আসা। *p.* & *p. pt.* **i°mmigrātėd** । *n.* **immigrant** [i°-migr(a)nt, ই°মিগ্‌রন্‌ট্] বসবাসের জন্য বিদেশে আগমনকারী, (পরি.) অভিবাসী। *n.* **immigrā°tion**—(পরি.) অভিবাসন। [L. *immigrare*]

imminent [i°-mi-nant, ই°মিন্যান্‌ট্] *a.* impending, আসন্ন, আগতপ্রায়। *n.* **i°mminence, i°mminency**—আসন্নতা ; আসন্ন ব্যাপার। *adv.* **i°mminently** । [L. *im-*, *minere*=to jut]

immiscible [i-mi°-sabl, ইমি°স্যাব্‌ল্] *a.* that cannot be mixed, মিশ্রণের অসাধ্য। *n.* **immiscibility** [i-mi-si-bi°-li-ti, ইমিসিবি°লিটি]। [*im-*, *miscible*]

immission—see **immit.**

immit [i-mit°, ইমিট্°] *v.t.* to insert, ভিতরে স্থাপন করা ; to inject, অন্তঃপ্রবিষ্ট করান। *pr. pt.* **immitt°ing** । *p.* & *p. pt.* **immittėd** । *n.* **immission** [im-i°sh(a)n, ইমি°শ্‌ন্] ভিতরে স্থাপন। [L. *immittere*]

immitigable [imi-ti-ga-bl, ইমি°টিগ্যাব্‌ল্] *a.* that cannot be mitigated, উপশম করা বা তীব্রতা হ্রাস করা যায় না এমন। *adv.* **immi°tigably** । [*im-*, see *mitigate*]

immobile [i-mō°-bīl, ইমৌ°বাইল্] *a.* immovable, নাড়ানর অসাধ্য ; motionless, গতিহীন, নিশ্চল, স্থির। *n.* **immobi°lity** । *n.* **immōbilizā°tion** । *v.t.* **immō°bilīze**—নিশ্চল করা। [*im-*, *mobile*]

immoderate [i-mo°d(a)-rit, ইম°ড্‌রিট্] *a.* exceeding the bounds, সীমাতিরিক্ত ; excessive, অত্যধিক ; extravagant, অমিত ; unrestrained, অবাধ। *adv.* **immo°derately** । [*im-*, *moderate*]

immodest [i-mo°-dist, ইম°ডিস্‌ট্] *a.* wanting in modesty, দুর্বিনীত, অবিনয়ী ; indecent, অশোভন (*immodest* behaviour) ; impudent, ধৃষ্ট। *adv.* **immo°destly** । *n.* **immo°desty**—দুর্বিনীত ভাব ; অশোভনতা ; অশ্লীল আচরণ। [*im-*, *modest*]

immolate [i°-mŏ-lāt, ই°মোলেইট্] *v.t.* to offer in sacrifice, দেবোদ্দেশ্যে বলি দেওয়া বা উৎসর্গ করা। *p.* & *p. pt.* **i°mmŏlātėd** । *n.* **immŏlā°tion** । *n.* **i°mmŏlātor** । [L. *immolare*]

immoral [i-mo°r(a)l, ইম°র্‌ল্] *a.* contrary to moral laws, নীতিবিগর্হিত ; wicked, অসৎ ; licentious, অসচ্চরিত্র। *n.* **immora°lity** । *adv.* **immo°rally** । [*im-*, *moral*]

immortal [i-maw(r)°tl, ইম্য(র্)°ট্‌ল্] (**1**) *a.* exempt from death or destruction, অমর, অবিনশ্বর ; never to be forgotten, অবিস্মরণীয় ; (coll.) everlasting, (কথ্য.) চিরস্থায়ী। (**2**) *n.* an immortal being, especially (in *pl.*) gods of antiquity, অমর প্রাণী (বিশেষতঃ পৌরাণিক দেবদেবীগণ) ; one whose work commands immortal fame, অবিনশ্বর কীর্তিমান্ ব্যক্তি। *n.* **immorta°lity** । *n.* **immortalizā°tion** । *v.t.* **immortalize** [i-maw(r)°ta-līz, ইম্য(র্)°ট্যালাইজ্] অমর বা অবিনশ্বর বা অবিস্মরণীয় করা ; (কথ্য.) চিরস্থায়ী করা। [*im-*, *mortal*]

immortelle [i-maw(r)-tel°, ইম্য(র্)টেল্°] *n.* an everlasting flower, চিরস্থায়ী পুষ্প (তু. পারিজাত)। [F.=immortal]

immovable [i-mōō°-vabl, ইমূ°ভ্যাব্‌ল্] *a.* not movable, নাড়ানর অসাধ্য, অনড় ; motionless, গতিহীন, নিশ্চল, স্থির ; steadfast, অটল ; unyielding, অপরাজেয় ; unalterable, অপরিবর্তনীয়। *n.* **immo°v(e)able**—(usu. in *pl.*)

স্থাবর সম্পত্তি (অর্থাৎ ঘরবাড়ি জায়গা-জমি)। *n.* **immovabi°lity** । *adv.* **immo°vably** । [*im-*, see *move*]

immune [i-mūn°, ইমিউন্°] *a.* free from obligation, দায়মুক্ত ; exempt, রেহাইপ্রাপ্ত ; secure, নিরাপদ্, অনাক্রম্য (*immune* from the attack of a disease) । *n.* **immu°nity** । **diplomatic immunity**—যে যে বিষয়ে (যেমন, করপ্রদান) বিদেশী রাষ্ট্রের দূতকে অব্যাহতি দেওয়া হয় । *n.* **immūnizā°tion** । *v.t.* **i°mmūnize**—অনাক্রম্য করা । *n.* **immūno°logy**—রোগাদির অনাক্রম্যতা বা বিমুক্তি সংক্রান্ত বিদ্যা । [L. *immunis*]

immure [i-mū(r)°, ইমিউয়্যা(র্)°] *v.t.* to wall in, প্রাচীরবেষ্টিত করা ; to imprison, কারারুদ্ধ করা ; to shut oneself up, নিজেকে অবরুদ্ধ করা বা অবরুদ্ধ অবস্থায় রাখা । *n.* **immūrе°ment** । [*im-*, L. *murus*=wall]

immutable [i-mū°-tabl, ইমিউ°ট্যাব্‌ল্] *a.* unchangeable, পরিবর্তনাতীত । *n.* **immūtabi°lity** । *adv.* **immū°tably** । [*im-*, *mutable*]

imp [imp, ইম্প্] *n.* a scion of a family, বংশধর ; a child, শিশু, সন্তান ; a mischievous child, পাজি সন্তান ; a little devil, বাচ্ছা শয়তান বা শয়তানের বাচ্ছা । *a.* **im°pish**—শয়তানের বাচ্ছার ন্যায় ; শয়তানিপূর্ণ ; পেজমি-ভরা । *adv.* **im°pishly** । *n.* **im°pishness** । [OE. *impa*<LL. *impotus* =a graft]

impact [im-pakt°, ইম্প্যাক্ট্°] *v.t.* to press firmly together, দৃঢ়ভাবে একত্র ঠাসা ; to collide, সজ্ঘৃষ্ট করা । *n.* **im°pact**—আঘাত ; সজ্ঘর্ষ ; ফল বা প্রভাব (*impact* of science on society) । [see *impinge*]

impair [im-pā(r)°, ইম্পেয়্যা(র্)°] *v.t.* to damage, ক্ষতিসাধন করা ; to weaken, দুর্বল করা । *n.* **impair°ment** । [OF. *empeirer*]

impala [im-pu°-la, ইম্পা°ল্যা] *n.* an African antelope, আফ্রিকার কৃষ্ণসার মৃগবিশেষ । [Zulu]

impale [im-pāl°, ইম্পেইল্°] *v.t.* to fence in with stakes, খোঁটা দিয়া ঘেরাও করা ; to shut in, অবরুদ্ধ করা ; to kill by transfixing on a stake, শূলে চড়াইয়া প্রাণবধ করা । *n.* **impāle°ment** । [F. *empaler*<L. *im-*, *palus*=a stake]

impalpable [im-pal°-pabl, ইম্প্যাল্°প্যাব্‌ল্] *a.* not perceptible to the touch, স্পর্শ করিলেও বোঝা যায় না এমন, স্পর্শাতীত । *n.* **impalpabi°lity** । *adv.* **impal°pably** । [*im-*, *palpable*]

impan(n)el—alt. spell. of **empanel.**

imparity [im-par°-i-ti, ইম্পেয়্যার্°ইটি] *n.* inequality, অসমতা । [L. *impar* <*im-*, *par*]

impark [im-pu(r)k°, ইম্পা(র্)ক্°] *v.t.* to enclose animals in a park, ঘেরাও-করা ভূমিতে পশুদের সংরক্ষণ করা । [L. *im-*, see *park*]

impart [im-pŭ(r)t°, ইম্পা(র্)ট্°] *v.t.* to give a part of, অংশ দেওয়া ; to give, প্রদান করা ; to inform or communicate, (সংবাদাদি) জ্ঞাপন করা । *p.* & *p. pt.* **impar°tėd** । [OF. *empartir*<L. *impartire*]

impartial [im-pŭ(r)°sh(a)l, ইম্পা(র্)°শ্‌ল্] *a.* free from partiality, পক্ষপাতশূন্য, নিরপেক্ষ ; just, ন্যায়পরায়ণ । *n.* **impartia°lity** । *adv.* **impar°tially** । [*im-*, *partial*]

impartible [im-pŭ(r)°-table, ইম্পা(র্)°ট্যাব্‌ল্] *a.* not divisible, (সম্পত্তিসম্বন্ধে) অবিভাজ্য । [*im-*, see *part*]

impassable [im-pŭ°-sabl, ইম্পা°স্যাব্‌ল্] *n.* not capable of being passed or traversed, অনতিক্রম্য বা দুর্গম । *n.* **impassabi°lity** । [*im-*, see *pass*]

impasse [am-pŭs°, অ্যাপাস্°] *n.* a blind alley, একমুখো রাস্তা, কানাগলি ; deadlock, অচল অবস্থা, অব্যাহতিহীন (সঙ্কট-) অবস্থা । [F.]

impassible [im-pa°-sabl, ইম্প্যা°স্যাব্‌ল্] *a.* incapable of feeling or emotion or suffering, অনুভূতিশূন্য, আবেগশূন্য, যন্ত্রণাবোধহীন । [church L. *impassibilis*]

impassion [im-pa°sh(a)n, ইম্প্যা°শ্‌ন্] *v.t.* to move with passion, আবেগান্বিত করা । *a.* **impa°ssionȧte, impa°ssioned**—আবেগান্বিত ; আবেগপূর্ণ (an *impassioned* speech) । [It. *impassionare*]

impassive [im-pa°-siv, ইম্প্যা°সিভ্] *a.* not susceptible of feeling, অনুভূতিশূন্য ; imperturbable, অবিচলিত । *adv.* **impa°ssively** । *n.* **impa°ssivenėss, impa°ssivity** । [*im-*, *passive*]

impasto [im-pŭs°-tō, ইম্পাস্°টো] *n.* laying on of colour thickly, রঙ্ প্রভৃতির পুরু প্রলেপ । [It.<LL. *impastare*]

impatient [im-pā°sh(a)nt, ইম্পেই°শ্‌ন্ট্] *a.* lacking in patience, অধৈর্য ; restless, অস্থির । *n.* **impā°tience**—ধৈর্যহীনতা ; অস্থিরতা । *adv.* **impa°tiently** । [*im-*, *patient*]

impavid [im-pa°-vid, ইম্প্যা°ভিড্] *a.* fearless, নির্ভীক, ভয়শূন্য । *adv.* **impa°vidly** । [*im-*, *pavidus*=fearing]

impawn [im-pawn°, ইম্প্যান্°] *v.t.* to pledge, বন্ধক দেওয়া ; to risk, ঝুঁকি নেওয়া । *p.* & *p. pt.* **impawn°ed** । [*im-*, see *pawn*]

impeach [im-pēch°, ইম্পীচ্°] *v.t.* to disparage, নিন্দা করা ; to find fault with, দোষারোপ করা ; to call in question, সন্দেহ করা ; to accuse, (রাজদ্রোহাদি গুরু অপরাধে) অভিযুক্ত করা । *p.* & *p. pt.* **impea°chėd** । *a.* **impea°chable** । *n.* **impeach°ment** । [OF. *empech(i)er*=to impede<L. *impedicare*]

impeccable [im-pe°-kabl, ইম্পে°ক্যাব্‌ল্] *a.* not liable to sin, নিষ্পাপ ; faultless, নির্দোষ,

নিখুঁত (an *impeccable* record) I *n.* **impeccabi°lity** I *adv.* **impe°ccably** I [*im-*, *peccable*]

impecunious [im-pi-kū°-ni-as, ইম্‌পিকিউ°নি-অ্যাস্] *a.* having no money, অর্থসম্বলশূন্য, টাকাকড়ি নাই এমন, আর্থিক অভাবগ্রস্ত I *n.* **impecuniosity** [im-pi-kū-ni-o°s(i)-ti, ইম্‌পিকিউনি-অ°স্‌টি] I [L. *im-*, *pecunia*=money]

impede [im-pēd°, ইম্‌পীড্°] *v.t.* to hinder or obstruct, ব্যাহত করা বা বাধা দেওয়া I *p.* & *p. pt.* **impe°dėd** I *n.* **impediment** [im-pe°-di-mant, ইম্‌পে°ডিম্যান্‌ট্] বাধা ; বোচকা-বুচকি, লটবহর ; তোত্‌লামি I *n. pl.* **impedimen°ta**—(বিশে.) সৈন্যদের মালপত্র বা লটবহর I [L. *impedire*]

impel [im-pel°, ইম্‌পেল্°] *v.t.* to urge forward, সজোরে সম্মুখে চালিত করা ; to excite to action, সক্রিয় করা, অনুপ্রাণিত করা I *pr. pt.* **impe°lling** I *p.* & *p. pt.* **impe°lled** I **impe°llent**—(1) *a.* সম্মুখে প্রেরক ; প্রেরণাদায়ক ; (2) *n.* যে বা যাহা সম্মুখে প্রেরণ করে অথবা প্রেরণা দেয় I *n.* **impe°ller**—যাহা প্রেরণা দেয় বা চালিত করে ; ইনজিন চালনার জন্য উহার যে অংশ ঘুরাইতে হয় I [L. *impellere*]

impend [im-pend°, ইম্‌পেন্‌ড্°] *v.i.* to overhang, মাথার উপরে ঝুলিতে থাকা ; to threaten, ভয় দেখান ; to be imminent, আসন্ন বা আগতপ্রায় হওয়া I *p.* & *p. pt.* **impen°dėd** I *a.* **impen°ding**—আসন্ন (*impending* danger, storm, etc.) I [L. *impendere*]

impenetrable [im-pe°-ni-trabl, ইম্‌পে°নিট্র্যাব্‌ল্] *a.* not to be penetrated, অভেদ্য ; impervious, অপ্রবেশ্য ; inscrutable, চেনার বা উপলব্ধি করার অসাধ্য I *n.* **impenėtrabi°lity** I *adv.* **impe°nėtrably** I [*im-*, see *penetrate*]

impenitent [im-pe°-ni-t(a)nt, ইম্‌পে°নিট্‌ন্‌ট্] *a.* not repenting, অননুতাপী, অনুতাপশূন্য I *n.* **impe°nitence**—অনুতাপশূন্যতা I [*im-*, *penitent*]

imperative [im-pe°-ra-tiv, ইম্‌পে°র‍্যাটিভ্] (1) *a.* expressive of command, advice or request, আদেশব্যঞ্জক, উপদেশমূলক, অনুরোধাত্মক, অনুজ্ঞামূলক ; urgently necessary, একান্ত প্রয়োজনীয় I (2) *n.* (gr.) the imperative mood or a verb in this mood, (ব্যাক.) অনুজ্ঞাসূচক ক্রিয়াভাব (also **imperative mood**) বা ক্রিয়াপদ I *adv.* **impe°ratively** I [L. *imperativus*]

imperceptible [im-pa(r)-sep°-tabl, ইম্‌প্যা(র্)-সেপ্°ট্যাব্‌ল্] *a.* not perceptible or discernible, দেখা যায় না বা নির্ণয় করা যায় না এমন I *n.* **imperceptibi°lity** I *adv.* **impercep°tibly** I [*im-*, *perceptible*]

Imperfect [im-pa(r)°-fikt, ইম্‌প্যা(র্)°ফিক্‌ট্] *a.* incomplete, অসম্পূর্ণ ; faulty, ত্রুটিপূর্ণ ; wanting any normal part, অঙ্গহীন ; (gr.) expressing continued action, (ব্যাক.) ঘটমান I *n.* **imperfection** [im-pa(r)-fek°sh(a)n, ইম্‌প্যা(র্)-ফেক্°শন্] অসম্পূর্ণতা ; ত্রুটি ; অভাব I *adv.* **imper°fectly** I [F. *imparfait*—cp. *perfect*]

imperforate [im-pa(r)°-fa-rit, ইম্‌প্যা(র্)°ফ্যারিট্] *a.* having no perforation or opening, ছিদ্রবিহীন I *n.* **imperfora°tion** I [*im-*, see *perforate*]

imperial [im-pēr°-i-al, ইম্‌পিয়্যা(র্)°ইঅ্যাল্] (1) *a.* of an empire or emperor, সাম্রাজ্য বা সম্রাট্ সংক্রান্ত, সাম্রাজ্যিক ; sovereign, সার্বভৌম ; august, মহান্ I (2) *n.* a supporter of an emperor, সম্রাট্‌পক্ষীয় ব্যক্তি ; a tuft of beard on the lower lip, নুর-দাড়ি ; a size of paper, কাগজের মাপবিশেষ (২২″×৩০″) I **imperial city**—রোমনগরী I **imperial measure** or **weight**—গ্রেট্‌ব্রিটেনের পার্লিআম্যান্‌ট্ কর্তৃক নির্দিষ্ট ওজনের মান I *n.* **impēr°ialism**—সাম্রাজ্যতন্ত্র, সাম্রাজ্যবাদ I *n.* **impēr°ialist**—সাম্রাজ্যবাদী ব্যক্তি ; সম্রাট্‌পক্ষীয় সৈনিক I *a.* **impērialis°tic**—সাম্রাজ্যবাদী I *adv.* **impēr°ially** I [L. *imperium* =sovereignty]

imperil [im-pe°-ril, ইম্‌পে°রিল্] *v.i.* to endanger, বিপদ্‌গ্রস্ত করা I *pr. pt.* **impe°rilling** I *p.* & *p. pt.* **impe°rilled** I [*im-*, *peril*]

imperious [im-pēr°-i-as, ইম্‌পিয়্যার্°ইঅ্যাস্] *a.* commanding, কর্তৃত্বপূর্ণ ; haughty, উদ্ধত ; tyrannical, স্বেচ্ছাচারী ; imperative, আদেশব্যঞ্জক ; urgent, জরুরি I *adv.* **impe°riously** I *n.* **impe°riousnėss** I [see *imperial*]

imperishable [im-pe°-ri-shabl, ইম্‌পে°রিশ্যাব্‌ল্] *a.* not perishable, অবিনশ্বর ; everlasting, চিরস্থায়ী (*imperishable* fame) I *n.* **imperishabi°lity** I *adv.* **impe°rishably** I [*im-*, see *perish*]

imperium [im-pē°-ri-um, ইম্‌পী°রিআম্] *n.* a military chief commander, প্রধান সেনাপতি ; empire, সাম্রাজ্য I **imperium in imperio**—উচ্চতর কর্তৃত্বাধীন সর্বময় ক্ষমতার অধিকারী কর্তৃপক্ষ I [L.]

impermanent [im-pa(r)°-ma-nant, ইম্‌প্যা(র্)°-ম্যান্যান্‌ট্] *a.* not permanent, অস্থায়ী I *n.* **imper°manence** I [*im-*, *permanent*]

impermeable [im-pa(r)°-mi-able, ইম্‌প্যা(র্)°-মিঅ্যাব্‌ল্] *a.* impervious, অভেদ্য, অপ্রবেশ্য ; not permitting passage of fluids, জলাভেদ্য I *n.* **impermėabi°lity** I [*im-*, see *permeate*]

impermissible [im-pa(r)°-mi-sabl, ইম্‌প্যা(র্)°-মিস্যাব্‌ল্] *a.* not permissible, অনুমতিদানের অযোগ্য I [*im-*, see *permit*]

impersonal [im-pa(r)°snl, ইম্‌প্যা(র্)°স্‌ন্‌ল্] *a.* not having personality, ব্যক্তি নহে এমন ; without reference to any particular person, অব্যক্তিগত, নৈর্ব্যক্তিক ; (gr.) used only in the third person singular, (ব্যাক.) কেবল প্রথম

পুরুষে একবচনে ব্যবহৃত (e.g. *it* rains)। [*im-*, see *person*]

impersonate [im-pa(r)°-sa-nāt, ইম্‌প্যা(র্)°স্যানেইট্] *v.t.* to invest with personality or body, ব্যক্তিত্ব দান করা বা মূর্ত করা; to personify, প্রাণীরূপে বিশেষতঃ মানুষরূপে প্রকাশ করা; to play the part of, (নাটকাদির চরিত্রের) ভূমিকা অভিনয় করা; to pretend to be another person for purposes of fraud, প্রতারণার উদ্দেশ্যে নিজেকে অপর লোক বলিয়া পরিচয় দেওয়া। *p. & p. pt.* **imper°sonātėd** । *n.* **imperson ā°tion** । *n.* **imper°sonātor** । [*im-*, see *person*]

impertinent [im-pa(r)°-ti-nant, ইম্‌প্যা(র্)°টিন্যান্ট্] *a.* irrelevant, অপ্রাসঙ্গিক; trifling, তুচ্ছ; intrusive, অনধিকার-প্রবেশকারী; impudent, ধৃষ্ট। *n.* **imper°tinence, imper°tinency**—অপ্রাসঙ্গিকতা; তুচ্ছতা; অকারণ প্রবেশ; ধৃষ্টতা। *adv.* **imper°tinently** । [*im-*, *pertinent*]

imperturbable [im-pa(r)-ta°-babl, ইম্‌প্যা(র্)-ট্যা°ব্যাব্‌ল্] *a.* not excitable, উত্তেজিত হয় না এমন, অচঞ্চল; ever quiet, চিরশান্ত, প্রশান্ত। *n.* **imperturbabi°lity** । *adv.* **impertur°bably** । [*im-*, see *perturb*]

impervious [im-pa(r)°-vi-as, ইম্‌প্যা(র্)°ভিঅ্যাস্] *a.* not to be penetrated (with *to*), অভেদ্য। [*im-*. *pervious*]

impetigo [im-pė-tī°-gō, ইম্‌পিটাই°গৌ] *n.* a contagious pustular skin disease, ফুসকুড়িওয়ালা ছোঁয়াচে চর্মরোগবিশেষ। [L.]

impetuous [in-pe°-tū-as, ইম্‌পে°টিউঅ্যাস্] *a.* rushing on violently or rapidly, প্রচণ্ডবেগে বা দ্রুতবেগে ধাবমান; vehement, প্রচণ্ড; working with sudden energy, হঠাৎ প্রেরণা পাইয়া সক্রিয় হইয়া উঠিয়াছে এমন। *n.* **impetuosity** [im-pe-tū-o°-si-ti, ইম্‌পেটিউঅ°সিটি]। *adv.* **impe°tuously** । [see *impetus*]

impetus [im°-pi-tas, ইম্‌°পিট্যাস্] *n.* momentum, যে শক্তিবলে দেহ বস্তু প্রভৃতি চলে, ভরবেগ; impulse, আবেগ, প্রেরণা। [L.]

impiety [im-pī°-a-ti, ইম্‌পাই°অ্যাটি] *n.* ungodliness, অধার্মিকতা। [*im-*, *piety*]

impinge [im-pinj°, ইম্‌পিন্‌জ্°] *v.t.i.* to strike, আহত বা সজ্ঘৃষ্ট করা (with *on* or *upon*); to drive, প্রবিষ্ট করান, ঢোকান। *n.* **impinge°ment** । [L. *impingere*]

impious [im°-pi-as, ইম্‌°পিঅ্যাস্] *a.* not pious, অধার্মিক; wicked, অসৎ। *n.* see **impiety** । *adv.* **im°piously** । [*im-*, *pious*]

impish—see **imp.**

implacable [im-pla°-kabl, ইম্‌প্ল্যা°ক্যাব্‌ল্] *a.* not to be appeased, শান্ত করা যায় না এমন, অপ্রশম্য (an *implacable* enemy)। *n.* **implacabi°lity** । *adv.* **impla°cably** । [*im-*, *placable*]

implant [im-plŭnt°, ইম্‌প্লান্ট্°] *v.t.* to engraft, ভিন্নদেহের অঙ্গাদি আনিয়া দেহমধ্যে স্থাপন করা; to fix in, (কিছুর) ভিতরে স্থাপন করা, ঢোকান; to plant, রোপণ করা। *p. & p. pt.* **implan°tėd** । *n.* **Implantā°tion** । [F.<*im-*, *plant*]

implement [im°-pli-ment, ইম্‌°প্লিমেন্ট্] *v.t.* to give effect to, কার্যে পরিণত করা (to *implement* a plan); to fulfil or perform, সম্পূর্ণ করা বা সম্পাদন করা। *p. & p. pt.* **im°plėmentėd** । *n.* **implement** [im°-pli-mant, ইম্‌°প্লিম্যান্ট্] কারিগরী যন্ত্র (farm *implements*)। *a.* **implėmen°tal**—যন্ত্রস্বরূপ। *n.* **implėmentā°tion** । [LL. *implementum*]

implicate [im°-pli-kāt, ইম্‌°প্লিকেইট্] *v.t.* to entwine together, একত্র জড়ান বা পাকান; to entangle, বিজড়িত করা; to involve, সংশ্লিষ্ট করা; to imply, অর্থপ্রকাশ করা। *p. & p. pt.* **im°plicātėd** । *n.* **implicā°tion**—বিজড়িত করা (*implication* in a crime); জট; সংশ্লেষ; অর্থপ্রকাশ; প্রকাশিত অর্থ; নিহিতার্থ (to study the *implications* of a statement)। *a.* **im°plicative**—বিজড়িত করে এমন; অর্থপ্রকাশক। [L. *implicare*]

implicit [im-pli°-sit, ইম্‌প্লি°সিট্] *a.* implied though not plainly expressed, স্পষ্ট না হইলেও পরোক্ষ বা গূঢ় অর্থরূপে প্রকাশিত, অন্তর্নিহিত (cp. **explicit**); unquestioning, সন্দেহাতীত, পূর্ণনির্ভরশীল (*implicit* faith)। *adv.* **impli°citly** । [see *implicate*]

implode [im-plōd°, ইম্‌প্লৌড্°] *v.t.i.* to collapse inwards violently under tremendous pressure, heat, etc., প্রচণ্ড চাপ তাপ প্রভৃতির দরুন অভ্যন্তর ভাগের দিকে সঙ্কুচিত করা বা হওয়া। *p. & p. pt.* **im°plōded** । *n.* **implō°sion** । [*im-*, L. *plaudere*=to clap]

implore [im-plaw(r)°, ইম্‌প্ল্য(র্)°] *v.t.* to request earnestly, সনির্বন্ধ অনুরোধ করা, মিনতি করা (to *implore* for help)। *a.* **implor°ing**—মিনতিপূর্ণ (with *imploring* eyes)। *adv.* **implor°ingly** । [L. *implorare*=to invoke with tears]

imply [im-plī°, ইম্‌প্লাই°] *v.t.* to involve the truth of, স্বীয় অন্তরে অর্থাদি নিহিত রাখা; to express indirectly, পরোক্ষভাবে প্রকাশ করা; to signify, অর্থপ্রকাশ করা; to mean, অভিপ্রায়াদির ইঙ্গিত দেওয়া। [OF. *emplier*<L. *implicare*]

impolicy [im-po°-li-si, ইম্‌প°লিসি] *n.* bad or wrong policy, খারাপ বা ভুল পন্থা; injudiciousness, অবিবেচনা। [*im-*, *policy*]

impolite [im-pŏ-līt°, ইম্‌পোলাইট্°] *a.* uncivil, rude, অশিষ্ট, অবিনয়ী, অভদ্র। [*im-*, *polite*]

impolitic [im-po°-li-tik, ইম্‌প°লিটিক্] *a.* not politic, কূটবুদ্ধিপ্রসূত বা সুবিবেচনাপ্রসূত নহে এমন। [*im-*, *politic*]

imponderable [im-pon°d(a)-rabl, ইম্‌পন্°ড্র‌্যা-ব্‌ল্] (1) *a.* not capable of being weighed or estimated, ওজন বা হিসাব করার অসাধ্য, ক্ষুদ্রত্বের দিক্ দিয়া অপরিমেয়, অনির্ণেয় ; without weight, ওজনশূন্য ; very light, অতি লঘুভার। (2) *n.* (esp. *pl.* fig.) thing, qualities, etc. that cannot be estimated, অপরিমেয় বা অনির্ণেয় বস্তু গুণ প্রভৃতি। [*im-*, see *ponder*]

impone [im-pōn°, ইম্‌পৌন্°] *v.t.i.* to impose, আরোপ করা। *a.* & *n.* **impō°nent**—কর্তব্য-ভারাদি আরোপ করিতে অধিকারী। [L. *imponere*]

import [im-paw(r)t°, ইম্‌প্য(র্)ট্°] *v.t.* to bring in, ভিতরে লইয়া আসা ; to bring from abroad, আমদানি করা ; to signify, অর্থপ্রকাশ করা ; to portend, (ভাবী ঘটনাদির) আভাস দেওয়া। *a.* **impor°tėd**—আমদানি-কৃত। *n.* **im°port**—আমদানি ; আমদানি-কৃত মাল ; (প্রকাশিত) অর্থ ; গুরুত্ব (a question of great *import*)। *a.* **impor°table**—আমদানি করা যায় এমন। *n.* **importā°tion**—আমদানি। *n.* **impor°ter**—আমদানি-কারক। *a.* **import°lėss**—নিষ্ফল ; গুরুত্বহীন। [L. *importare*—cp. *export*]

important [im-paw(r)°t(a)nt, ইম্‌প্য(র্)°ট্‌ন্ট্] *a.* of great import or consequence, অতিশয় গুরুত্বপূর্ণ ; very urgent, অতি জরুরি ; pompous, জাঁকাল। *n.* **impor°tance**—প্রবল গুরুত্ব ; অতি জরুরি ভাব ; জাঁকজমক। *adv.* **impor°tantly**। [see *import*]

importune [im-paw(r)°-tūn, ইম্‌প্য(র্)°টিউন্] *v.t.* to solicit with troublesome application, কাকুতি-মিনতিদ্বারা উত্ত্যক্ত করা। *a.* **impor°tūnāte**—কাকুতি-মিনতিদ্বারা উত্ত্যক্ত করে এমন ; নাছোড়বান্দারূপে অনুরোধ করে এমন ; অতি জরুরি (*importunate* demand)। *n.* **importū°nity**—বিরক্তিকর কাকুতি-মিনতি ; নাছোড়বান্দা অনুরোধ ; অতি জরুরি ভাব। [L. *importunus*=inconvenient]

impose [im-pōz°, ইম্‌পৌজ্°] (1) *v.t.* to place upon, (দোষগুণাদি) আরোপ করা ; to enjoin, (দায়িত্বাদি) অর্পণ করা ; to lay on, (কর প্রভৃতি) ধার্য করা ; to set on, (বোঝা প্রভৃতি) চাপান ; to palm off, হস্তকৌশলদ্বারা পাচার করিয়া দেওয়া ; (print.) to arrange according to page-numbers, (মুদ্রণ.) ছাপার জন্য পৃষ্ঠাসংখ্যানুযায়ী সাজান। (2) *v.i.* to mislead or deceive, ভুলাইয়া বিপথে নেওয়া বা ঠকান ; to lay a burden, বোঝা চাপান। **(to) impose on** or **upon**—প্রতারণা করা ; অন্যায় সুযোগ গ্রহণ করা। *a.* **impō°sing**—কর্তৃত্বব্যঞ্জক ; প্রবলভাবে আরোপ করার স্বভাববিশিষ্ট ; মনোরম ; সম্ভাব্য ; প্রতারণাপূর্ণ। [F. *imposer*—cp. *compose*]

imposition [im-pa-zi°sh(a)n, ইম্‌প্যাজি°শ্‌ন্] *n.* an act of imposing, উপরে স্থাপন, আরোপ, আধান ; a tax or burden, আরোপিত কর বা বোঝা ; deception, প্রতারণা ; punishment task, শাস্তিস্বরূপ প্রদত্ত কার্যভার ; (print.) arrangement according to page-numbers, (মুদ্রণ.) ছাপার জন্য পৃষ্ঠাসংখ্যানুযায়ী বিন্যাস। [L. *imposition*—cp. *impose*]

impossible [im-po°-sabl, ইম্‌প°স্যাব্‌ল্] *a.* not possible, অসম্ভব, অসাধ্য ; not easy, শক্ত, দুরূহ ; not convenient, অসুবিধাজনক ; hopelessly unsuitable, একেবারে অনুপযোগী ; beyond doing anything with, (সচ. ব্যক্তিসম্বন্ধে) লেনদেন কাজকারবার প্রভৃতির পক্ষে সর্বতোভাবে অনুপযোগী। *n.* **impossibi°lity**। *adv.* **impo°ssibly**। [*im-*, *possible*]

impost [im°-pōst, ইম্°পৌস্ট্] *n.* a tax, (প্রধানতঃ আমদানি-কৃত মালের উপর ধার্য) শুল্ক। [OF.<L. *imponere*=to lay on]

impostor [im-pos°-ta(r), ইম্‌পস্°ট্যা(র্)] *n.* one who assumes a false character, জাল লোক, ভণ্ড ; a swindler, জুয়াচোর। [L. *imponere*=to impose]

imposture [im-pos°-cha(r), ইম্‌পস্°চ্যা(র্)] *n.* fraud, জুয়াচুরি, প্রতারণা। [see *impostor*]

impotent [im°-pŏt(a)nt, ইম্°পোট্‌ন্ট্] *a.* powerless, শক্তিহীন, অক্ষম ; futile, ব্যর্থ (*impotent* rage) ; without sexual power, যৌন-সঙ্গমে শক্তিহীন, পুরুষত্বহীন। *n.* **im°pŏtence, im°pŏtency**—শক্তিহীনতা, অক্ষমতা ; ব্যর্থতা ; পুরুষত্ব-হীনতা। *adv.* **im°potently**। [F.<*im-*, *potent*]

impound [im-pownd°, ইম্‌পাউন্‌ড্°] *v.t.* to shut up, as in a pound, খোঁয়াড়ে আবদ্ধ করা ; to shut up, অবরুদ্ধ করিরা রাখা ; to take legal possession of, আইনসম্মত দখল লওয়া ; to confiscate, বাজেয়াপ্ত করা। *p.* & *p. pt.* **impoun°dėd**। [*im-*, *pound*$_2$]

impoverish [im-po°v(a)-rish, ইম্‌প°ভ্‌রিশ্] *v.t.* to make poor, দরিদ্র করা ; to exhaust strength of, শক্তি ফুরাইয়া ফেলা। *p.* & *p. pt.* **impo°verished**। *n.* **impo°verishment**। [OF. *empovrir*]

impracticable [im-prak°-ti-kabl, ইম্‌প্র্যাক্°টি-ক্যাব্‌ল্] *a.* not practicable, অকার্যকর ; unmanageable, বাগে আনা যায় না এমন। *n.* **impracticabi°lity**। *n.* **imprac°ticablenėss**। *adv.* **imprac°ticably**। [*im-*, *practicable*]

impractical [im-prak°-ti-kl, ইম্‌প্র্যাক্°টিক্‌ল্] *a.* not practical, অকার্যকর ; not realistic, বাস্তবে রূপায়িত করা যায় না এমন। [*im-*, see *practical*]

imprecate [im°-pri-kāt, ইম্°প্রিকেইট্] (1) *v.t.* to invoke (an evil spirit upon a person etc.), (কাহারও ক্ষতিসাধনার্থ ভূতপ্রেতাদিকে) মন্ত্রাদি উচ্চারণ-পূর্বক আহ্বান করা। (2) *v.t.i.* to curse, অভিশাপ দেওয়া। *p.* & *p. pt.* **im°precātėd**। *n.* **imprėcā°tion**। *a.* **im°prėcātory**—উক্ত আহ্বান-পূর্ণ ; অভিশাপপূর্ণ। [L. *imprecatus*]

impregnable [im-preg°-nabl, ইম্‌প্রেগ্‌°ন্যাব্‌ল্] *a.* that cannot be taken, (দুর্গাদি-সম্বন্ধে) অধিকার করার অসাধ্য, অভেদ্য, অজেয় ; proof against attack, আক্রমণের ফলে ক্ষতিগ্রস্ত হয় না এমন। *n.* **impregnabi°lity** । *adv.* **impreg°nably** । [F. *imprenable* < L. *im-*, *pre(h)endere* = to take]

impregnate [im°-preg-nāt, ইম্‌°প্রেগ্‌নেইট্] *v.t.* to make pregnant, গর্ভবতী করা ; to fecundate, ফলবতী বা উর্বর করা ; to saturate, to permeate (*with*), পরিপূর্ণ বা পরিব্যাপ্ত বা উচ্ছ্বসিত করা। *p.* & *p. pt.* **im°pregnātėd** । *n.* **impregnā°tion** । [LL. *impregnare*]

impresario [im-pre-sŭ°-ri-ō, ইম্‌প্রেসা°রিও] *n.* the manager of an opera company, অভিনয়কারী দলের কর্মসচিব (তু. যাত্রাদলের অধিকারী) ; the organizer of public entertainments, প্রমোদানুষ্ঠানাদির সংগঠক। [It.]

impress$_1$ [im-pres°, ইম্‌প্রেস্‌°] *v.i.* to force into service, (সরকারি, বিশেষতঃ সামরিক চাকরিতে) জোরপূর্বক নিযুক্ত করা। *p.* & *p. pt.* **impre°ssėd** । *n.* **impress°ment** । [*im-*, *press$_2$*]

impress$_2$ [im-pres°, ইম্‌প্রেস্‌°] *v.t.* to imprint or stamp by pressure, চাপ-প্রয়োগপূর্বক ছাপ দেওয়া ; to influence the mind deeply, মনকে গভীরভাবে প্রভাবিত করা। *p.* & *p. pt.* **impre°ssėd** । *n.* **im°press**—ছাপ ; প্রভাব ; বৈশিষ্ট্য। *a.* **impre°ssible** । *n.* **impressibi°lity** । *n.* **impression** [im-pre°sh(a)n, ইম্‌প্রে°শ্‌ন্] ছাপ দেওয়া ; প্রভাবিত করা ; ছাপ ; প্রভাব ; গভীর অনুভূতি বা আবেগ ; অতীত কিছুর সম্বন্ধে অস্পষ্ট ধারণা বা স্মৃতি ; (মুদ্রণ.) এক এক দফার মুদ্রণ বা মুদ্রিত পুস্তকাদির মোট সংখ্যা। *n.* **impressionabi°lity** । *a.* **impre°ssionable**—(সহজে) ছাপ গ্রহণ করে বা প্রভাবিত হয় এমন। *adv.* **impre°ssionably** । *n.* **impre°ssionism**—চিত্রাঙ্কন-পদ্ধতি-বিশেষ : এই পদ্ধতি-অনুসারে চিত্রকরগণ গতানুগতিক বিধিনিষেধ উপেক্ষা করিয়া নিজেরা বিষয়বস্তুকে যেভাবে দেখেন ঠিক সেইভাবে অঙ্কনের চেষ্টা করেন, বাস্তবরূপবাদ ; সাহিত্যাদি রচনায় অনুরূপ পদ্ধতি। *n.* **impre°ssionist** । *a.* **impressionis°tic**—উক্ত পদ্ধতিগত। *a.* **impre°ssive**—ছাপ দেয় বা প্রভাব বিস্তার করে এমন। *adv.* **impre°ssively** । *n.* **impre°ssivenėss** । [L. *imprimere*—cp. *press*]

imprest [im°-prest, ইম্‌°প্রেস্‌ট্] *n.* earnest-money, বায়না, দাদন ; money advanced, আগাম দেওয়া টাকা, অগ্রদত্ত টাকা। **imprest account**—(খরচার বিল্ প্রভৃতি অনুমোদনের পূর্বেই মেটানর জন্য প্রদত্ত) অগ্রদত্ত তহবিল। [L. *im-*, *praestare* = to offer]

imprimatur [im-pri-mā°-ta(r), ইম্‌প্রিমেই°টা(র্)] *n.* a licence to print a book, etc., পুস্তকাদি মুদ্রণের অনুমতি বা লাইসেন্‌স্ ; (*fig.*) sanction, (আল.) অনুমোদন। [L. = let it be printed]

imprimis [im-prī°-mis, ইম্‌প্রাই°মিস্] *adv.* in the first place, প্রথমতঃ। [L.]

imprint [im-print°, ইম্‌প্রিন্ট্°] *v.t.* to print, মুদ্রিত করা ; to stamp, ছাপ দেওয়া ; to impress the mind, মনকে প্রভাবিত করা। *p.* & *p. pt.* **imprin°tėd** । *n.* **im°print**—মুদ্রিত বস্তু ; ছাপ ; প্রভাব ; গ্রন্থাদিতে প্রদত্ত প্রকাশকের নাম প্রকাশনার স্থান তারিখ প্রভৃতি। [OF. *empreinter* < L. *im-*, *print*]

imprison [im-pri°zn, ইম্‌প্রি°জ্‌ন্] *v.t.* to put into prison, কারারুদ্ধ করা ; to shut up, অবরুদ্ধ করা। *n.* **impri°sonment** । [OF. *emprisoner* < L. *im-*, *prison*]

improbable [im-pro°-babl, ইম্‌প্র°ব্যাব্‌ল্] *a.* not likely, অসম্ভব, তেমন সম্ভব নহে। *n.* **improbabi°lity** । *adv.* **impro°bably** । [*im-*, *probable*]

improbity [im-prō°-bi-ti, ইম্‌প্রৌ°বিটি] *n.* want of probity, সাধুতা বা সততার অভাব, অসাধুতা, বদমাশি। [*im-*, *probity*]

impromptu [im-prom(p)°-tū, ইম্‌প্রম্‌°টিউ] (1) *a.* extempore, উপস্থিতমত (অর্থাৎ যেমন-তেমনভাবে বা সঙ্গে সঙ্গে) প্রস্তুত (an *impromptu* speech) । (2) *adv.* extempore, পূর্বপ্রস্তুতি ব্যতীত, উপস্থিতমত। (3) *n.* an extempore speech, composition etc., উপস্থিতমত বক্তৃতা রচনা প্রভৃতি। [L.]

improper [im-pro°-pa(r) ইম্‌প্র°প্যা(র্)] *a.* incorrect, বেঠিক ; unsuitable, অনুপযুক্ত ; unfit, বেমানান ; unseemly, অনুচিত ; indecent, অশোভন ; greater than 1, (ভগ্নাঙ্ক-সম্পর্কে) ১-এর বেশি, অপ্রকৃত (e.g. $\frac{41}{7}$, $\frac{8}{3}$, etc.)। *adv.* **impro°perly** । *n.* **impropriety** [im-prŏ-prī°-a-ti, ইম্‌প্রোপ্রাই°অ্যাটি]। [*im-*, *proper*]

impropriate [im-prō°-pri-āt, ইম্‌প্রৌ°প্রিএইট্] *v.t.* to place (ecclesiastical property) in the hands of a lay-man, অযাজকীয় লোকের হাতে (যাজকীয় সম্পত্তি) অর্পণ করা, দেবোত্তর সম্পত্তি বাজেয়াপ্ত করা। *p.* & *p. pt.* **imprō°priātėd** । *n.* **imprōpriā°tion** । *n.* **imprōpriātor** । [LL. *impropriatus*]

impropriety—see **improper**.

improve [im-proov°, ইম্‌প্রুভ্‌°] *v.t.i.* to make or grow better, উন্নতিবিধান বা উন্নতিলাভ করা ; to raise or rise in price, মূল্যবৃদ্ধি করা বা হওয়া। **(to) improve upon** or **on**—(অন্যের দ্বারা কৃত কর্মাদির) উৎকর্ষসাধন করা (to try to *improve upon* nature)। *n.* **improvabi°lity** । *a.* **impro°vable** । *adv.* **impro°vably** । *n.* **improve°ment** । *n.* **impro°ver** । [AF. *emprower* < OF. *en prou* = into profit]

improvident [im-pro°-vid(a)nt, ইম্‌প্র°ভিড্‌ন্ট্] *a.* not provident or prudent, অদূরদর্শী বা অবিচক্ষণ। *n.* **impro°vidence**—অদূরদর্শিতা,

অবিচক্ষণতা। *adv.* **impro°vidently**। [*im-, provident*]

improvise [im°-prŏ-vīz, ইম্‌প্রোভাইজ্] *v.t.* to compose and recite, or perform extempore, বিনা পূর্বপ্রস্তুতিতে উপস্থিতমত রচনা ও আবৃত্তি করা বা সম্পাদন করা; to make or contrive offhand or in emergency, উপস্থিতমত বা জরুরি অবস্থায় হাতের কাছে পাওয়া উপাদানাদির দ্বারা তৈয়ারি করা বা উদ্ভাবন করা। *n.* **imprŏvisā-tion**। *n.* **imprŏ°visātor, im°prŏviser**। [F. *improviser*<L. *im-, provisus*=foreseen]

imprudent [im°-proo°d(a)nt, ইম্‌প্রু°ড্‌ন্ট্] *a.* not prudent, অবিচক্ষণ; rash, হঠকারী। *n.* **impru°dence**—অবিচক্ষণতা; হঠকারিতা। [*im-, prudent*]

impudent [im°-pūd(a)nt, ইম্‌°পিউড্‌ন্ট্] *a.* shamelessly forward, ধৃষ্ট; insolent, উদ্ধত; unblushing, নির্লজ্জ, বেহায়া। *n.* **im°pūdence**—ধৃষ্টতা, ঔদ্ধত্য, নির্লজ্জতা, বেহায়াপনা। *adv.* **im°-pūdently**। [L. *impudens*]

impudicity [im-pū-di°-si-ti, ইম্‌পিউডি°সিটি] *n.* shamlessness, নির্লজ্জতা; lack of modesty, বিনয় বা শালীনতার অভাব। [F. *impudicité*]

impugn [im-pūn°, ইম্‌পিউন্°] *v.t.* to attack by words or arguments, বাক্যবলে বা যুক্তিবলে আক্রমণ করা; to call in question, to oppose, সত্যতা অস্বীকার করা, বিরোধিতা করা। *n.* **impūgn°ment**। [L. *impugnare*]

impuissance [im-pwe°-sans, ইম্‌প্যুঈ°স্যান্স্] *n.* lack of power, impotence, weakness, শক্তিহীনতা, দুর্বলতা। *a.* **impui°ssant**। [F. *im-, puissance*]

impulse [im°-puls, ইম্‌°পাল্স্] *n.* act of impelling, সম্মুখে ঠেলিয়া দেওয়া; an impelling force, যে শক্তি সম্মুখে ঠেলিয়া দেয়; a sudden force, আকস্মিক শক্তি বা বেগ; an impetus, প্রেরণা, আবেগ; a blow, আঘাত; a beat, স্পন্দন; ঘাত। *n.* **impulsion** [im-pul°sh(a)n, ইম্‌পাল্°শ্‌ন্] যে শক্তি সম্মুখে ঠেলিয়া দেয়; প্রেরণা; অনুপ্রাণন, উত্তেজন। *a.* **impul°sive**—সম্মুখে ঠেলিয়া দিবার ক্ষমতাবিশিষ্ট; প্রেরণাদায়ক; আবেগপূর্ণ; আবেগপ্রবণ। *adv.* **impul°sively**। *n.* **impul°sive-ness**। [L. *impulsus*<*impellere*=cp. *impel*]

impunity [im-pū°-ni-ti, ইম্‌পিউ°নিটি] *n.* exemption from punishment or ill consequences, শাস্তি বা মন্দ পরিণাম হইতে অব্যাহতি। **with impunity**—কোন প্রকার শাস্তি বা ঝুঁকি ব্যতিরেকে। [L. *impunitas*]

impure [im-pū(r)°, ইম্‌পিউয়্যা(র্)°] *a.* mixed with something foreign, অন্য কিছুর সহিত মিশ্রিত, ভেজাল; defiled, নোংরা, পঙ্কিল; unholy, অপবিত্র; unchaste, অসৎ, অসচ্চরিত্র; unclean, অপরিষ্কার। *n.* **impūr°ity**—অপবিত্রতা; (in *pl.*) অপদ্রব্য (*impurities* in food)। [*im-, pure*]

impute [im-pūt°, ইম্‌পিউট্°] *v.t.* to ascribe (প্রধানতঃ দোষাদি এবং কদাচিৎ গুণাদিও) আরোপ করা; to charge, অভিযুক্ত করা, দোষী করা। *p.* & *p. pt.* **impū°tėd**। *n.* **impūtabi°lity**। *a* **impū°table**—দোষারোপের যোগ্য; অভিযোগ্য; নিন্দনীয়; আরোপ্য (দোষাদি)। *adv.* **impū°-tably**। *n.* **impūtā°tion**—আরোপ; নিন্দা; অভিযোগাদি (*imputations* on a man's character)। *n.* **impū°ter**। [F. *imputer*<L. *imputare*]

in [in, ইন্] (**1**) *prep.* expressing inclusion or position within limits of time, space, circumstance, etc., মধ্যে, ভিতরে; into, ভিতরের দিকে, অভ্যন্তরে; during, কালে, সময়ে (*in* his childhood)। (**2**) *adv.* from within, ভিতর হইতে; in addition to, অধিকন্তু। **in all**—মোট সংখ্যায় বা পরিমাণে, মোট। **in and out**—প্রবিষ্ট ও বহির্গত। **ins and outs**—প্রতিটি আনাচ-কানাচ; প্রতিটি অঙ্গপ্রত্যঙ্গ বা বৈশিষ্ট্য। **the ins and outs**—যাহারা পদে বা ক্ষমতায় আছে এবং যাহারা পদ বা ক্ষমতা হারাইয়াছে; সরকারপক্ষ ও বিরোধীপক্ষ। **in as far as, in so far as**—ততদূর...যতদূর, সেই পরিমাণে...যে পরিমাণে। **in-asmuch as**—যেহেতু; এই বিবেচনা বা বিচার করিয়া যে। **in between**—দুইয়ের মধ্যস্থলে বা মধ্যবর্তী কালে; দুজনের মধ্যে। **in for**—পাওয়ার বা ভোগার সম্ভাবনাপূর্ণ অবস্থায় (*in for* a difficulty); যোগদান করিয়াছে এমন (*in for* the competition)। *n.* **in°-pātient**—যে রোগী হাসপাতালে থাকিয়া চিকিৎসিত হয়। *adv.* **insŏmuch°**—তত পরিমাণে, ততখানি; যেহেতু; তত; সুতরাং। **in that**—এই কারণে যে। **in with**—সৌহার্দ আছে এমন; সম্পর্কযুক্ত, সম্বন্ধ বা সংশ্লিষ্ট। [AS.—cp. G. & L. *in*]

inability[in-a-bi°-li-ti, ইন্‌অ্যাবি°লিটি] *n.* want of ability, অক্ষমতা। [*in-, ability*]

in absentia [in ab-sen°-tia, ইন্ অ্যাব্‌সেন্°শিআ্যা] *adv.* in absence, অনুপস্থিতিতে। [L.]

inaccessible [in-ak-se°-sabl, ইন্‌অ্যাক্‌সে°স্যাব্‌ল্] *a.* not accessible, অপ্রবেশ্য, অগম্য; not obtainable, অপ্রাপ্য; unapproachable, নিকটে বা সমীপে যাওয়া যায় না এমন; অনভিগম্য। *n.* **inacce°ssibility**। *adv.* **inacce°ssibly**। [F.—cp. *access*]

inaccuracy—see **inaccurate**.

inaccurate [in-a°-kū-rit, ইন্‌অ্যা°কিউরিট্] *a.* not accurate, অযথাযথ, বেঠিক; erroneous, ভ্রমাত্মক। *n.* **ina°ccūracy**—অযথাযথতা; ভ্রম। [*in-, accurate*]

inaction—see **inactive**.

inactive [in-ak°-tiv, ইন্‌অ্যাক্°টিভ্] *a.* not active, নিষ্ক্রিয়; inert, নিরুদ্যম, অতৎপর, অলস; having no effect or action, অক্রিয় বা বেকার। *n.* **inac°tion, inac°tivity**। [*in-, active*]

inadaptability [in-a-dap-ta-bi°-li-ti, ইন্-

অ্যাডাপ্‌ট্যাবি°লিটি] *n.* want of adaptability, মানাইয়া বা উপযোগী করিয়া লওয়ার ক্ষমতার অভাব। *a.* **inadap°table** I [*in-*, see *adapt*]

inadequacy—see **inadequate.**

inadequate [in-a°-di-kwit, ইন্‌অ্যা°ডিকুাইট্‌] *a.* insufficient, অপর্যাপ্ত, অপ্রতুল; incompetent, অযোগ্য। *n.* **ina°dequacy, ina°dequateness** I *adv.* **ina°dequately** I [*in-*, *adequate*]

inadmissible [in-ad°-mi-sabl, ইন্‌অ্যাড্‌°মিস্যাব্‌ল্‌] *a.* not allowable, মানিয়া লওয়ার বা গ্রাহ্য করার অযোগ্য অথবা অসাধ্য, অস্বীকার্য (*inadmissible* evidence) I *n.* **in°admissibi°lity** I [*in-*, see *admission*]

inadvertent [in-ad-vŭ(r)°t(a)nt, ইন্‌অ্যাড্‌ভা(র্‌)°টন্‌ট্‌] *a.* inattentive, অমনোযোগী; caused by inattention or negligence, অমনোযোগের বা অবহেলার ফলে সৃষ্ট; unintentional, অনিচ্ছাকৃত। *n.* **inadver°tence, inadver°tency**—অমনোযোগ; অবহেলা; অসতর্কতা। *adv.* **inadver°tently** I [*in-*, *advertent*]

inalienable [in-ā°-li-a-nabl, ইন্‌এই°লিঅ্যান্যাব্‌ল্‌] *a.* not alienable, হস্তান্তরের বা অপসারণের অসাধ্য। *n.* **inālienabi°lity** I *adv.* **inā°lienably** I [*in-*, see *alien*]

inamorata [in-a-mŏ-rŭ°-ta, ইন্‌অ্যামোরা°ট্যা] *n. fem.* a woman in love or beloved, প্রেমে পড়িয়াছে এমন স্ত্রীলোক, প্রেমিকা বা প্রিয়া। *mas.* **inamŏra°tŏ** I [It. *innamorata*]

inane [i-nān°, ইনেইন্‌°] *a.* empty, শূন্যগর্ভ, ফাঁকা; senseless, অর্থহীন; characterless, বৈশিষ্ট্যহীন। *n.* **inani°tion**—খাদ্যাভাবজনিত অবসাদ (to die of *inanition*) I *n.* **ina°nity** I [L. *inanis*]

inanimate [in-a°-ni-mit, ইন্‌অ্যা°নিমিট্‌] *a.* without animation, অচেতন, জড়; without life, নিষ্প্রাণ; dead, মৃত; spiritless, নিস্তেজ; dull, নীরস। *n.* **ina°nimateness, inanimā°tion** I [*in-*, *animate*]

inanition, inanity—see **inane.**

inappeasable [in-apē°-za-bl, ইন্যাপী°জ্যাব্‌ল্‌] *a.* impossible to pacify, not appeasable, শান্ত বা তুষ্ট করা যায় না এমন। [*in-*, see *appease*]

inappellable [in-api°-la-bl, ইন্যাপি°ল্যাব্‌ল্‌] *a.* that cannot be appealed against, আপীলের অযোগ্য। [*in-*, see *appeal*]

inappetent [ina°-pi-tant, ইন্যা°পিট্যান্‌ট্‌] *a.* lacking desire, আকাঙ্ক্ষা বা লিপ্সা নাই এমন, স্পৃহাহীন। [*in-*, see *appetence*]

inapplicable [in-ap°-li-kabl, ইন্‌অ্যাপ্‌°লিক্যাব্‌ল্‌] *a.* not applicable, অপ্রযোজ্য; unsuitable, বেমানান, বেখাপ। *n.* **inapplicabi°lity** I *adv.* **inapp°licably** I [*in-*, see *apply*]

inapposite [in-a°-pŏ-zit, ইন্‌অ্যা°পোজ়িট্‌] *a.* not apposite, ঠিকমত খাটে না এমন, বেমানান, বেখাপ; irrelevant, অপ্রাসঙ্গিক, অবান্তর। **ina°ppositeness** I [*in-*, *apposite*]

inappreciable [in-a-prē°-shabl, ইন্‌অ্যাপ্রী°শ্যাব্‌ল্‌] *a.* lying beyond appreciation, উপলব্ধি-করা যায় না এমন, বোধাতীত; not worth reckoning, গ্রাহ্য করার অযোগ্য; trifling, তুচ্ছ। *n.* **inapprēciā°tion**—উপলব্ধি করার শক্তিশূন্যতা; উপলব্ধির অভাব। *adv.* **inapprē°ciably** I *a.* **inapprē°ciātive**—উপলব্ধি করে না এমন। [*in-*, *appreciable*]

inapprehensible [in-a-pre-hen°-sabl, ইন্‌অ্যাপ্রিহেন্‌°স্যাব্‌ল্‌] *a.* not apprehensible, (সচ. পূর্বাহ্ণে) টের পাওয়া যায় না এমন। [*in-*, see *apprehend*]

inapproachable [in-a-prō°-chabl, ইন্‌অ্যাপ্রৌ°চ্যাব্‌ল্‌] same as **unapproachable.**

inappropriate [in-a-prō°-pri-it, ইন্‌অ্যাপ্রৌ°প্রিইট্‌] *a.* not appropriate, যথাযথ নহে এমন, unsuitable, বেমানান। *n.* **inappro°priateness** I [*in-*, *appropriate*]

inapt [in-apt°, ইন্‌অ্যাপ্‌ট্‌°] *a.* not apt, যথাযথ নহে এমন, বেমানান; unfit, অযোগ্য, অনুপযুক্ত। *n.* **inapt°ness, inapt°itūde** I [*in-*, *apt*]

inarch [in-u(r)ch°, ইনা(র্‌)চ্‌°] *v.t.* to graft by uniting growing branch without separating from the original stem, ডাল না কাটিয়া গোড়ার সঙ্গে জোড়-কলম বাঁধা। [*in-*, *arch*]

inarticulate [in-ŭ(r)-ti°-kū-lit, ইন্‌অ্যা(র্‌)°টিকিউলিট্‌] *a.* not jointed, অসংলগ্ন, অসম্বদ্ধ, অগ্রস্থিত; uttered indistinctly, অস্পষ্টভাবে বা আধোআধোভাবে উচ্চারিত। *adv.* **inarti°cūlately** I *n.* **inar°ticūlateness, inarticūlā°tion** I [*in-*, *articulate*]

inartificial [in-u(r)-ti-fi°sh(a)l, ইন্‌আ(র্‌)টিফি°শ্‌ল্‌] *a.* not done by art, শিল্পবিদ্যাবলে কৃত নহে এমন, অকৃত্রিম; simple, সরল, অকপট। [*in-*, *artificial*]

inartistic [in-ŭ(r)-tis°-tik, ইন্‌আ(র্‌)টিস্‌°টিক্‌] *a.* not artistic, শিল্পচাতুর্যহীন, শিল্পরুচিবিগর্হিত; deficient in appreciation of art, শিল্পবোধহীন; crude, স্থূল। *adv.* **inartis°tically** I [*in-*, see *artist*]

inasmuch—see **in.**

inattention—see **inattentive.**

inattentive [in-a-ten°-tiv, ইন্‌অ্যাটেন্‌°টিভ্‌] *a.* not attentive, অমনোযোগী; careless, অযত্নশীল; neglectful, তাচ্ছল্যপূর্ণ। *n.* **inatten°tion, inatten°tiveness** I *adv.* **inatten°tively** I [*in-*, *attentive*]

inaudible [in-aw°-dabl, ইন্‌অ্য°ড্যাব্‌ল্‌] *a.* not audible, শুনিতে পাওয়া যায় না এমন, শ্রবণাতীত। *n.* **inaudibi°lity** I *adv.* **inau°dibly** I [*in-*, *audible*]

inaugural—see **inaugurate.**

inaugurate [i-naw°-gū-rat, ইন্য°গিউরেইট্‌] *v.t.*

to induct formally into an office, আনুষ্ঠানিক-ভাবে পদাধিষ্ঠিত করান, অভিষিক্ত করা ; to cause to begin, প্রবর্তন বা উদ্বোধন বা আরম্ভ বা সূত্রপাত করা ; to exhibit publicly for the first time, (মূর্তি অট্টালিকা প্রভৃতি) জনসাধারণের সমক্ষে প্রথম আবরণমুক্ত করা, উন্মোচন করা, প্রদর্শন করান। *p.* & *p. pt.* **inau°gūrated** । **inau°gūral**—(**1**) *a.* উদ্বোধনী ; প্রারম্ভিক ; আরম্ভকর (an *inaugural* lecture) । (**2**) *n.* উদ্বোধন ; আরম্ভ ; উদ্বোধনী বক্তৃতা । *n.* **inaugūrā°tion** । *n.* **inau°gūrātor** । [L. *inaugurare*—cp. *augur*]

inauspicious [in-aws-pi°-shas, ইন্‌অ্যাস্‌পি°শ্যাস্‌] *a.* ill-omened, অমঙ্গলসূচক, অশুভ ; unlucky, দুর্ভাগ্যপূর্ণ । *adv.* **inauspi°ciously** । *n.* **inauspi°ciousness** । [*in-*, *auspicious*]

inboard [in-baw(r)d°, ইন্‌ব্য(র্‌)ড্‌°] *a.* within the hull of a ship, জাহাজের খোল বা কাঠামোর অভ্যন্তরে স্থিত । [*in-*, *board*]

inborn [in°-baw(r)n°, ইন্‌°ব্য(র্‌)ন্‌°] *a.* innate, সহজাত ; implanted by nature, প্রকৃতিগত । [*in-*, *born*]

inbred [in°-bred°, ইন্‌°ব্রেড্‌°] *a.* innate, জন্মগত, সহজাত, প্রকৃতিগত । [*in-*, see *breed*]

in-built [in°-bilt, ইন্‌°বিল্ট্‌] *a.* formed as part of a main structure, built-in, মূল অবয়ব বা কাঠামোর অংশ হিসাবে নির্মিত । [*in-*, *build*]

Inca [ing°-ka, ইং°ক্যা] one of an old royal race of Peru, পেরুর প্রাচীন রাজবংশীয় লোক । [Peru.]

incage—alt. spell. of **encage.**

incalculable [in-kal°-kū-labl, ইন্‌ক্যাল্‌°কিউ-ল্যাব্‌ল্‌] *a.* beyond calculation, হিসাবের অসাধ্য, অগণ্য, অসংখ্য ; not reckonable, ধারণাতীত । *n.* **incal°cūlability** । *adv.* **incal°cūlably** । [*in-*, see *calculate*]

incandesce [in-kan-des°, ইন্‌ক্যান্‌ডেস্‌°] *v.i.* to be luminous by heat, তাপদগ্ধ হওয়ার ফলে দীপ্তি পাওয়া, ভাস্বর হওয়া । *p.* & *p. pt.* **incande°sced** । *n.* **incande°scence**—শ্বেততাপ, ভাস্বরতা, জ্বলিয়া ওঠার অবস্থা । *a.* **incan°descent**—ভাস্বর । **incandescent lamp**—শ্বেত-আলোকদায়ক লণ্ঠন-বিশেষ, ভাস্বর দীপ । [L. *incandescere*]

incantation [in-kan-tā°sh(a)n, ইন্‌ক্যান্‌টেই°-শ্‌ন্‌] *n.* magical formula or the use of it, জাদুমন্ত্র বা জাদুমন্ত্রোচ্চারণ ; spell, charm, জাদু । [L. *incantare*=to sing a magical formula]

incapable [in-kā°-pabl, ইন্‌কেই°প্যাব্‌ল্‌] *a.* not capable, অক্ষম, অসমর্থ (with *of*) ; incompetent, অযোগ্য । *n.* **incāpabi°lity** । *adv.* **incā°pably** । [*in-*, *capable*]

incapacity [in-ka-pa°-si-ti, ইন্‌ক্যাপ্যা°সিটি] *n.* inability, অক্ষমতা, অসামর্থ্য ; legal disqualification, আইনগত অযোগ্যতা বা অনধিকার । *v.t.* **incapa°citāte**—অক্ষম বা অযোগ্য করা । *p.* & *p. pt.* **incapa°citāted** । *n.* **in°capacitā°tion** । [F. *incapcite*—cp. *capacity*]

incarcerate [in-kŭ(r)°sa-rāt, ইন্‌কা(র্‌)°স্যারেইট্‌] *v.t.* to imprison, কারারুদ্ধ করা ; to confine, অবরুদ্ধ করা । *p.* & *p. pt.* **incar°cerāted** । *n.* **incarcerā°tion**—কারাবরোধ । [*in-*, L. *carcer* =a prison]

incarnadine [in-kŭ(r)°-na-dīn, ইন্‌কা(র্‌)°-ন্যা-ডাইন্‌] (**1**) *v.t.* to dye red, (রক্তের ন্যায়) লালবর্ণে রঞ্জিত করা, রক্তিম করা । (**2**) *a.* blood-red, রক্তের ন্যায় লাল, রক্তবর্ণ, রক্তিম । [F. *incarnadin*<It. *incarnadino*=carnation]

incarnate [in°-kŭ(r)-nāt, ইন্‌°কা(র্‌)নেইট্‌] *v.t.* to embody in flesh, রক্তমাংসে গঠিত দেহযুক্ত করা । *p.* & *p. pt.* **in°carnāted** । *a.* **incar°nate**—রক্তমাংসে গঠিত (বিশেষতঃ মনুষ্য) দেহধারী (a devil *incarnate*) । *n.* **incarnā°tion**—(প্রধানতঃ খ্রিস্টের) রক্তমাংসে গঠিত দেহধারণ ; আবির্ভাব ; মূর্ত হওয়া । [LL. *incarnare*]

incase—alt. spell. of **encase.**

incautious [in-kaw°-shas, ইন্‌ক্য°শ্যাস্‌] *a.* not cautious, অসতর্ক, অসাবধান । *n.* **incau°tion, incau°tiousness** । *adv.* **incau°tiously** । [*in-*, see *caution*]

incendiary [in-sen°-dēr-i, ইনসেন্‌°ডিয়্যার্‌ই] (**1**) *n.* one who maliciously sets fire to property, যে ব্যক্তি বিদ্বেষবশতঃ (পরের) ঘরবাড়িতে আগুন দেয় ; one who stirs up strife, যে লোক বিরোধ বাধায় বা বিরোধের আগুন জ্বালায় ; a bomb filled with inflammatory substances, আগ্নেয় বোমা । (**2**) *a.* of malicious setting fire to property, বিদ্বেষবশতঃ (পরের) ঘরে অগ্নিসংযোগমূলক ; inflammatory, আগ্নেয় (an *incendiary* bomb) ; tending to excite strife, বিবাদ বাধাইতে তৎপর, লোকের উত্তেজনা সৃষ্টিকর (an *incendiary* speech) । *n.* **incen°diarism**—পরগৃহে অগ্নিদান ; বিবাদ-সৃষ্টির স্বভাব, নারদগিরি । [L. *incendiarius*]

incendivity [in-sen-di°-vi-ti, ইন্‌সেন্‌ডি°ভিটি] *n.* power of causing ignition, অগ্নি প্রজ্বালনের ক্ষমতা । [L. *incendere*=to set on fire]

incense₁ [in-sens°, ইন্‌সেন্‌স্‌°] (**1**) *v.t.* to enrage, ক্রোধদীপ্ত করা ; to incite, উদ্দীপিত করা । *p.* & *p. pt.* **incen°sed** । [OF. *incenser*<L. *incendere*=to kindle]

incense₂ [in°-sens, ইন্‌°সেন্‌স্‌] (**1**) *n.* a material burned to give fragrant fumes, ধূপ, ধুনা ; the fumes so obtained, ধূপের ধোঁয়া ; any pleasant smell, যে কোন সুগন্ধ বা সৌরভ ; (fig.) homage or flattery, বশ্যতা বা স্তাবকতা । (**2**) *v.t.* to perfume or fumigate with incense, ধূপের ধোঁয়া দিয়া সুরভিত করা বা ধূপের ধোঁয়া দেওয়া ; to burn incense to, দেবতাদির উদ্দেশ্যে ধূপ পোড়ান । *p.* & *p. pt.* **incen°sed** । *n.* **in°censor**—যে ধূপ পোড়ায় বা উৎসর্গ করে । *n.* **in°censory**—

ধুনুচি। [OF. *encens*<L. *incensum*<*incendere*=to set on fire]

incentive [in-sen°-tiv, ইন্‌সেন্‌°টিভ্] (**1**) *a.* inciting, উদ্দীপক, উৎসাহদায়ক (*incentive* bonus)। (**2**) *n.* incitement, উদ্দীপনা, উৎসাহ (*incentive* to action)। [L. *incentivus*=striking up a tune]

in-centre [in°-sen-ta(r), ইন্‌°সেন্ট্যা(র্)] *n.* the centre of the inscribed circle, (পরি.) অন্তঃকেন্দ্র। [*in-*, *centre*]

incept [in-sept°, ইন্‌সেপ্‌ট্°] (**1**) *v.t.* (obs.) to begin, (অপ্র.) আরম্ভ করা ; to take or absorb into the body (food, etc.), (খাদ্যাদি) দেহাভ্যন্তরে গ্রহণ করা। (**2**) *v.i.* to take a master's or doctor's degree, (ক্যাম্ব্রিজ্-বিশ্ববিদ্যালয়ে) এম্. এ বা এম্. এস্-সি. অথবা ডক্টরিট্ ডিগ্রী পাওয়া। *p.* & *p. pt.* **incep°tėd**। *n.* **incep°tion**। *a.* **incep°tive**—প্রারম্ভিক ; আরম্ভসূচক। *n.* **incep°tor**। [L. *incipere*]

incertitude [in-sa(r)°-ti-tūd, ইন্‌স্যা(র্)°টিটিউড্] *n.* uncertainty, অনিশ্চয়তা। [F.<L. *in-*, see *certain*]

incessant [in-se°snt, ইন্‌সে°স্‌ন্ট্] *a.* unceasing, অবিরাম, অবিশ্রাম। *adv.* **ince°ssantly**। [L. *incessans*—cp. *cease*]

incest [in°-sest, ইন্‌°সেস্ট্] *n.* sexual commerce within the prohibited degrees of kindred, নিষিদ্ধ আত্মীয়কুটুম্বের সহিত যৌনসংসর্গ, (পরি.) অজাচার। *a.* **inces°tūous**—অজাচারী। [L. *incestum*]

inch₁ [insh, ইন্‌শ্] *n.* an island, দ্বীপ। [Gael. *innis*]

inch₂ [insh, ইন্‌শ্] (**1**) *n.* the twelfth part of a foot, ইঞ্চি (=$\frac{1}{12}$ ফুট) ; (in *pl.*) height, stature, উচ্চতা (a man of your *inches*)। (**2**) *v.t.i.* to move by inches or slow degrees, একটু একটু করিয়া অগ্রসর হওয়া। **by inch(es)**—একটু একটু করিয়া। **every inch**—সম্পূর্ণরূপে, পুরাদস্তুরভাবে, সর্বতোভাবে। **within an inch of**—অতি সন্নিকটে ; প্রায়। **not (to) yield an inch**—একটুও না হঠা। [OE. *ynce*<L. *uncia*]

inchoate [in°-kŏ-it, ইন্‌°কোইট্] *a.* just begun, সবে আরম্ভ হইয়াছে এমন ; undeveloped, অপরিণত। *v.t.* **in°chŏate**—আরম্ভ করা ; *p.* & *p. pt.* **in°chŏātėd**। *n.* **inchŏā°tion**। *a.* **in°chŏātive**—ক্রিয়াদির আরম্ভসূচক। [L. *inchoare*]

incident [in°-sid(a)nt, ইন্‌°সিড্‌ন্ট্] (**1**) *a.* falling upon something, কিছুর উপরে পতনশীল বা পতিত, আপতিত ; liable to occur, সজ্ঘটনশীল ; naturally belonging, স্বভাবতঃ অন্তর্ভুক্ত ; consequent, পরিণামরূপে সজ্ঘটিত। (**2**) *n.* an event, ঘটনা ; a subordinate action, উপঘটনা, অনুঘটনা ; an episode, কাহিনী ; a brief violent occurrence, ক্ষণস্থায়ী সহিংস বা আক্রমণাত্মক ঘটনা (a frontier *incident*)। *n.* **in°cidence**—আপতন ; যাহার উপরে পতিত হয়, (পরি.) পশ্চাদ্‌ভার (*incidence* of tax)। *a.* **incidental** [in-siden°tl, ইন্‌সিডেন্‌°ট্‌ল্] আপতিত ; আপতিক ; সম্ভাব্য ; আনুষঙ্গিক ; প্রাসঙ্গিক। **incidental music**—প্রসঙ্গবাদ্য। *adv.* **inciden°tally**—incidental-এর সকল অর্থে, এবং—প্রসঙ্গক্রমে। [*in-*, *cidere*=to fall]

incinerate [in-si°-na-rāt, ইন্‌সি°ন্যারেইট্] *v.t.* to reduce to ashes, ভস্মীভূত করা। *p.* & *p. pt.* **inci°nerā°tėd**। *n.* **incinerā°tion**। *n.* **inci°nerātor**—ভস্মীকরণ-যন্ত্র, দাহনযন্ত্র। [L. *incinerare*]

incipient [in-si°-pi-ant, ইন্‌সি°পিঅ্যান্ট্] *a.* beginning, (সবে) আরম্ভ হইতেছে এমন, উপক্রান্ত ; nascent, জন্মলাভ করিতেছে বা সৃষ্ট হইতেছে এমন, জায়মান। *n.* **inci°pience, inci°piency**—প্রারম্ভ, উপক্রম ; জন্ম। [L. *incipiens*—see *incept*]

incipit [in°-si-pit, ইন্‌°সিপিট্] *n.* first words (গ্রন্থাদির) অথারম্ভ। [L.]

incise [in-sīz°, ইন্‌সাইজ্°] *v.t.* to cut into, কাটিয়া ক্ষত করা ; to gash, চেরা; to engrave, খোদাই করা। *n.* **inci°sion**। *a.* **incī°sive**—কর্তনকর ; তীক্ষ্ণ ; মর্মভেদী (*incisive* criticism)। *adv.* **incī°sively**। *n.* **incī°sor**—কর্তক দন্ত, (পরি.) কৃন্তক। [F. *inciser*<L. *incidere*]

incite [in-sīt°, ইন্‌সাইট্°] *v.t.* to move to action, সক্রিয় করা ; to instigate, উত্তেজিত বা উদ্দীপ্ত করা। *p.* & *p. pt.* **incī°tėd**। *n.* **incitā°tion, incite°ment**। [F.<L. *incitare*]

incivility [in-si-vi°-li-ti, ইন্‌সিভি°লিটি] *n.* want of civility, অসৌজন্য, অভদ্রতা। [F. *incivilite*—cp. *civility*]

incivism [in°-si-vizm, ইন্‌°সিভিজ্‌ম্] *n.* want of good citizenship, নাগরিক কর্তব্যপালন ও দায়িত্ববোধের অভাব। [F. *incivisme*]

in-clearing [in°-klēr-ing, ইন্‌°ক্লিয়্যার্‌ইং] *n.* the cheques etc. collectively received through the clearing-house by a bank for payment, সরকারি ক্লিয়ারিং হাউসের মারফত ব্যাংক কর্তৃক প্রাপ্ত যাবতীয় চেক হুণ্ডি প্রভৃতি যাহার বিনিময়ে ব্যাংককে টাকা দিতে হইবে। [*in*, see *clear*]

inclement [in-kle°-mant, ইন্‌ক্লে°ম্যান্ট্] *a.* severe, প্রচণ্ড ; stormy, ঝড়ো ; harsh, উগ্র, কঠোর। *n.* **incle°mency**—প্রচণ্ডতা ; ঝটিকাপূর্ণতা ; উগ্রতা। [*in-*, *clement*]

incline [in-klīn°, ইন্‌ক্লাইন্°] (**1**) *v.i.t.* to lean or cause to lean forward or downward, ঝোঁকা বা ঝোঁকান ; to bend, বাঁকা বা বাঁকান ; to bow or cause to bow, আনত হওয়া বা করান, নোয়া বা নোয়ান ; to deviate or cause to deviate, পথভ্রষ্ট হওয়া বা করা, বক্রী হওয়া বা করা ; to slope, ঢালু হওয়া বা করা ; to have or cause to have slight desire, (কিছুর বা কাহারও) অনুরাগী হওয়া বা করান। (**2**) *n.* a slope, ঢালু, উতরাই। *a.* **incli°nable**—ঝোঁক-বিশিষ্ট ; ঝোঁকান বা ঢালু

করা যায় এমন ; ঈষৎ অনুরাগী ; অনুকূল। *n.* **incli-na°tion**—বাঁক ; বক্রতা ; আনতি, নতি ; ঝোঁক ; অনুরাগ ; আনুকূল্য। [L. *inclinare*]

inclose—alt. spell. of **enclose.**

include [in-klood°, ইন্‌ক্লুড্°] *v.i.* to enclose, পরিবেষ্টিত করা ; to comprise (as a part), (অংশরূপে) অন্তর্ভুক্ত করা ; to classify or reckon as a part, অংশরূপে শ্রেণীভাগ করা বা গণ্য করা ; to take in, ভিতরে গ্রহণ করা, ভরতি করা। *p & p. pt.* **inclu°dėd** । **included angle**—অন্তর্ভুক্ত কোণ। *n.* **inclu°ṡion**—include-এর সকল অর্থে, (পরি.) প্রোত। *a.* **inclu°sive**—পরিবেষ্টক ; অন্তর্ভুক্তিকর ; ব্যাপক ; সর্বব্যাপী ; সমেত (*inclusive* of minor points)। *adv.* **inclu°sively** । [L. *includere*]

incognito [in-kog°-ni-tō, ইন্‌কগ্°নিটৌ], (coll. contr.) **incog°**—(**1**) *a.* unknown or disguised, অপরিচিত বা আত্মপরিচয় গোপনকারী বা ছদ্মবেশী। (**2**) *n.* an unknown or disguised man, অপরিচিত বা ছদ্মবেশী পুরুষ। *fem.* **incog°nita** । (**3**) *adv.* in disguise, ছদ্মবেশে (to travel *incognito*)। [It.<L. *incognitus*]

incogniz(s)able [in-kog°-ni-za-bl, ইন্‌কগ্°নিজ়্যাব্‌ল্], **incognoscible** [in-kog°-no-si-bl, ইনকগ্°নসিব্‌ল্] *a.* that cannot be known or apprehended, জানা যায় না এমন, অজ্ঞেয়। *a.* **incog°niz(s)ant**—জানে না এমন। [*in-*, see *cognition*]

incoherent [in-kŏ-hēr°(a)nt, ইন্‌কোহিয়্যার্°ন্‌ট্] *a.* not coherent, অসম্বদ্ধ, অসংলগ্ন ; loose, আলগা, ঢিলা, বিচ্ছিন্ন ; irrelevant, অবান্তর, অপ্রাসঙ্গিক। *n.* **incohēr°ence, incohēr°ency**—অসম্বদ্ধতা, অসংলগ্নতা ; শিথিলতা, বিচ্ছিন্নতা, অপ্রাসঙ্গিকতা। *adv.* **incohēre°ntly** । [*in-*, *coherent*]

incohesive [in-kŏ-hē°-siv, ইন্‌কো°হীসিভ্] *a.* not cohesive, আসঞ্জনশীল নহে এমন ; inconsistent, সঙ্গতিহীন। [*in-*, see *cohesion*]

incombustible [in-kam-bus°-tabl, ইন্‌ক্যাম্‌বাস্°ট্যাব্‌ল্] *a.* not consumable by fire, অদাহ্য। *n.* **incombustibi°lity** । *adv.* **incombus°tibly** । [*in-*, *combustible*]

income [in°-kam, ইন্°ক্যাম্] *n.* receipts from business, lands, work, investments, etc., আয়। **income group**—নির্দিষ্ট পরিমাণ আয়ের ভিত্তিতে চিহ্নিত শ্রেণীবিশেষ। **income tax**—আয়কর *n.* **incomer** [in-ku°-ma(r), ইন্‌কা°ম্যা(র্)] প্রবেশকারী ; বসবাসার্থ বিদেশ হইতে আগমনকারী ; অনধিকার-প্রবেশকারী ; উত্তরাধিকারী। **incoming** [in-ku°-ming, ইন্‌কা°মিং] (**1**) *a.* প্রবেশ করিতেছে এমন ; প্রবেশোদ্যত ; আসিতেছে এমন (*incoming* telephone calls) ; (লোভ বা আয় সম্বন্ধে) জমিয়া বা গড়িয়া উঠিতেছে এমন। (**2**) *n.* প্রবেশ ; আগমন ; (usu. in *pl.*) আয়। [*in-*, *come*]

incommensurable [in-ka-men°sh(a)rabl, ইন্‌ক্যামেন্°শ্র্যাব্‌ল্] *a.* having no common measure, একই ভাজকদ্বারা ভাগ করিলে মেলে না এমন, অমেয় ; not worthy to be measured with, একই সঙ্গে তুলিত হওয়ার অযোগ্য। *n.* **in°commensurabi°lity** । *adv.* **incommen°surably** । *a.* **incommensurate** [in-ka-men°-sh(a)rit, ইন্‌ক্যামেন্°শ্‌রিট্] *a.* সমানুপাতহীন ; বেখাপ ; বেঢপ ; অপর্যাপ্ত, অপ্রতুল ; অমেয়, অপরিমেয়। [*in-*, *commensurable*]

incommode [in-ka-mōd°, ইন্‌ক্যামৌড্°] *v.t.* to trouble or inconvenience, ঝামেলায় ফেলা বা অসুবিধা ঘটান। *p. & p. pt.* **incommō°dėd** । *a.* **incommō°dious**—অসুবিধাজনক ; ঝামেলাপূর্ণ, স্বাচ্ছন্দ্যহীন। [F. *incommoder*<L. *incommodare*]

incommunicable [in-ka-mū°-ni-kabl, ইন্‌ক্যামিউ°নিক্যাব্‌ল্] *a.* not to be communicated to others, অপরকে জানান অনুচিত বা অসাধ্য ; lacking in communication facilities, যেখান হইতে খবর পৌঁছান যায় না। *n.* **in°commūnicabi°lity** । *adv.* **incommū°nicably** । *a.* **incommū°nicative**—same as **uncommunicative** । [*in-*, see *communicate*]

incommutable [in-ka-mū°-ta-bl, ইন্‌ক্যামিউ°ট্যাব্‌ল্] *a.* unchangeable, পরিবর্তন করা যায় না এমন, অপরিবর্তনীয় ; not exchangeable, বিনিময় করা যায় না এমন। [L. *in-*, *commutabilis*]

incompact [in-kam-pakt°, ইন্‌ক্যাম্‌প্যাক্‌ট্°] *a.* not compact, নিবিড় বা ঘন বা দৃঢ় নহে এমন ; (of style) not terse, (রচনাশৈলীসম্বন্ধে) অযথা বাহুল্যপূর্ণ। [*in-*, *compact*$_1$]

incomparable [in-kom°-p(a)rabl, ইন্‌কম্°প্‌র্যাব্‌ল্] *a.* matchless, অতুলন, অনুপম। *n.* **incomparabi°lity** । *adv.* **incom°parably** । [F.—cp. *compare*]

incompatible [in-kam-pa°-tabl, ইন্‌ক্যাম্‌প্যা°ট্যাব্‌ল্] *a.* not compatible (*with*), খাপ খাওয়ানর অসাধ্য, বিরুদ্ধ, বেমানান, অসঙ্গত ; একত্র থাকিতে বা কাজ করিতে অক্ষম। *n.* **in°compatibi°lity** । [*in-*, *compatible*]

incompetent [in-kom°-pit(a)nt, ইন্‌কম্°পিট্‌ন্‌ট্] *a.* not competent, অসমর্থ, অযোগ্য, অনধিকারী। *n.* **incom°pėtence**—অসামর্থ্য, অযোগ্যতা, অনধিকার। *adv.* **incom°petently** । [F.<LL. *in-*, *competent*]

incomplete [in-kam-plēt°, ইন্‌ক্যাম্‌প্লীট্°] *a.* imperfect, অসম্পূর্ণ, অপূর্ণাঙ্গ ; unfinished, অসমাপ্ত। *n.* **incomplēte°nėss, incomplē°tion** । [*in-*, *complete*]

incomprehensible [in-kom-pri-hen°-sabl, ইন্‌কম্‌প্রিহেন্°স্যাব্‌ল্] *a.* beyond comprehension, উপলব্ধির অসাধ্য, বোধাতীত, ধারণাতীত, অবোধ্য ; not to be contained within the limits, সীমার মধ্যে আঁটিয়া রাখা যায় না এমন। *n.* **incomprėhensibi°lity**। *adv.* **incomprė-hen°sibly**। *n.* **incomprehension** [in-kom-pre-hen°sh(a)n, ইন্‌কম্‌প্রিহেন্‌°শ্‌ন্‌] উপলব্ধির বা বোধের অভাব। [*in-*, see *comprehend*]

incompressible [in-kam-pre°-sabl, ইন্‌ক্যাম্‌-প্রে°স্যা(ব্‌)ল্‌] *a.* not to be compressed into smaller bulk, চাপ দিয়া বা ঠাসিয়া সঙ্কুচিত করার অসাধ্য, অসংনম্য। *n.* **incompressibi°lity**। [*in-*, see *compress*]

incomputable [in-kam-pū°-tabl, ইন্‌ক্যাম্‌-পিউ°ট্যাব্‌ল্‌] *a.* incalculable, অগণ্য, অসংখ্য, হিসাব করার অসাধ্য। [*in-*, see *compute*]

inconceivable [in-kan-sē°-vabl, ইন্‌ক্যান্‌সী°-ভ্যাব্‌ল্‌] *a.* that which cannot be conceived by the mind, অচিন্তনীয়,. ধারণাতীত ; impossible, অসম্ভব। *n.* **in°conceivabi°lity**। *adv.* **inconcei°vably**। [*in-*, see *conceive*]

inconclusive [in-kan-kloo°-siv, ইন্‌ক্যান্‌ক্লু°-সিভ্‌] *a.* indecisive, নিষ্পত্তিহীন, মীমাংসাহীন। *adv.* **inconclu°siveiy**। [*in-*. see *conclude*]

incondite [in-kon°-dīt, ইন্‌কন্‌°ডাইট্‌] *a.* not well put together, (সাহিত্যরচনাদি সম্পর্কে) সুসম্বদ্ধভাবে গ্রথিত নহে এমন ; irregular, সুগঠিত নহে এমন, এলোমেলো। [L. *inconditus*]

incongruent [in-kong°-groo-ant, ইন্‌কং°গ্রু-অ্যান্‌ট্‌], **incongruous** [in-kong°-groo-as, ইন্‌কং°গ্রু অ্যাস্‌] *a.* inconsistent, বেথাপ, বেমানান। *n.* **incongru°ity**। [*in-*, *congruent, congruous*]

inconsecutive [in-kan-se°-kū-tiv, ইন্‌ক্যান্‌-সে°কিউটিভ্‌] *a.* not consecutive, ধারাবাহিক বা পরপর নহে এমন, অক্রমিক। [*in-*. *consecutive*]

inconsequent [in-kon°-si-kwent, ইন্‌কন্‌°সি-ক্যোএন্‌ট্‌], **inconsequential** [in°-kon-si-kwen°sh(a)l, ইন্°কন্‌সিক্যোএন্‌°শ্‌ল্‌] *a.* not following from the premises, যুক্তি-পরম্পরাগত নহে এমন, যুক্তিধারাহীন ; illogical, অযৌক্তিক ; irrelevant, অবান্তর ; of no consequence, নিষ্ফল, তুচ্ছ। *n.* **incon°sėquence** যুক্তিধারাহীনতা ; অযৌক্তিকতা ; অবান্তরতা ; নিষ্ফলতা ; তুচ্ছতা। [*in-*, see *consequence*]

inconsiderable [in-kan°-si-d(a)rabl, ইন্‌ক্যান্°-সিড্‌র্যাব্‌ল্‌] *a.* not worth considering, নগণ্য, গ্রাহ্য করার অযোগ্য ; trifling, তুচ্ছ ; of no great size, ক্ষুদ্রায়তন। [F.—cp. *consider*]

inconsiderate [in-kan-si°-d(a)rit, ইন্‌ক্যান্‌-সি°ড্‌রিট্‌] *a.* not considerate, অবিবেচক ; rash, হঠকারী (*inconsiderate* comments) ; unsympathetic, সহানুভূতিহীন। *n.* **inconsiderā°tion, inconsi°deratenėss**। [*in-*, see *consider*]

inconsistent [in-kan-sis°t(a)nt, ইন্‌ক্যান্‌সিস্‌°-ট্‌ন্‌ট্‌] *a.* not consistent, অসঙ্গত, সম্বন্ধহীন ; unsuitable, অনুপযোগী, বেমানান ; self-contradictory, আত্মবিরোধী, স্বয়ংবিরুদ্ধ ; irrelevant, অবান্তর ; inconstant, অটল থাকে না এমন, দৃঢ়-ভাবে লাগিয়া থাকে না এমন ; changeable, পরিবর্তনশীল। *n.* **inconsis°tency**—অসঙ্গতি ; অনুপযুক্ততা ; আত্মবিরোধ ; অটল না থাকার স্বভাব ; পরিবর্তনশীলতা। *adv.* **inconsis°tently**। [*in-*, see *consist*]

inconsolable [in-kan-sō°-labl, ইন্‌ক্যান্‌সৌ°-ল্যাব্‌ল্‌] *a.* not to be comforted, সান্ত্বনাতীত (*inconsolable* grief)। *adv.* **inconsō°lably**। [*in-*, see *console*]

inconsonant [in-kon°-sa-nant, ইন্‌কন্‌°স্যান্যা-ন্‌ট্‌] *a.* not consonant, বেসুরো। *n.* **incon°-sonance**—সুরের অনৈক্য। [*in-*, *consonant*]

inconspicuous [in-kan-spi°-kū-as, ইন্‌ক্যান্‌-স্পি°কিউঅ্যাস্‌] *a.* not conspicuous, (সহজে) দৃষ্টিগোচর হয় না এমন, লক্ষণীয় বা আকর্ষণীয় নহে এমন। [*in-*, *conspicuous*]

inconstant [in-kon°st(a)nt, ইন্‌কন্‌°স্টন্‌ট্‌] *a.* subject to change, পরিবর্তনশীল ; fickle, স্থির বা অটল থাকে না এমন। *n.* **incon°stancy**—পরিবর্তনশীলতা ; স্থির বা অটল না থাকার স্বভাব। [F.—cp. *constant*]

incontestable [in-kan-tes°-tabl, ইন্‌ক্যান্‌টেস্°-ট্যাব্‌ল্‌] *a.* indisputable. অকাট্য, তর্কাতীত ; unquestionable, সন্দেহাতীত। *n.* **in°contest-abi°lity**। *adv.* **incontes°tably**। [*in-*, see *contest*]

incontinent [in-kon°-ti-nant, ইন্‌কন্‌°টিন্যান্‌ট্‌] *a.* lacking in self-restraint, (প্রধানতঃ যৌন-সংসর্গের ব্যাপারে) আত্মসংযমহীন ; unchaste, অসচ্চরিত্র ; unable to restrain natural discharges or evacuation, মলমূত্রাদির বেগধারণে অক্ষম। *n.* **incon°tinence, incon°tinency**—আত্মসংযমের অভাব ; অসচ্চরিত্রতা। [F.—cp. *continent*]

incontrovertible [in°-kon-tra-va(r)°-tabl, ইন্°কন্‌ট্র্যাভ্যা(র্‌)°ট্যাব্‌ল্‌] *a.* indisputable, তর্কাতীত, অকাট্য। *adv.* **in°controver°tibly**। [*in-*, see *controvert*]

inconvenient [in-kan°-vē°-ni-ant, ইন্‌ক্যান্°-ভী°নিঅ্যান্‌ট্‌] *a.* incommodious, অসুবিধাজনক ; troublesome, ঝামেলাপূর্ণ। *n.* **inconvē°nience**—অসুবিধা ; ঝামেলা। *adv.* **inconvē°niently**। [F.—cp. *convenient*]

inconvertible [in-kan-va(r)°-tabl, ইন্‌ক্যান্‌-ভ্যা(র্‌)°ট্যাব্‌ল্‌] *a.* not convertible, (টাকাকড়ি হুণ্ডি প্রভৃতি সম্বন্ধে) ভাঙ্গান যায় না এমন, অবিনিময় (*inconvertible* currency)। *n.* **in°convertibi°-lity**। *adv* **inconver°tibly**। [*in-*, see *convert*]

inconvincible [in-kan-vin°-sabl, ইন্‌ক্যান্‌ভিন্°-স্যাব্‌ল্‌] *a.* incapable of being convinced, (ব্যক্তিসম্বন্ধে) প্রত্যয়-উৎপাদনের অসাধ্য। [*in-*, see *convince*]

incorporate$_1$ [in-kaw(r)°-p(a)rit, ইন্‌ক্য(র্‌)°-

প্‌রিট্‌] *a.* bodiless, দেহহীন, বিদেহী, বিমূর্ত। [L. *incorporatus*<*in-*, *corpus*]

incorporate₂ [in-kaw(r)°-pa-rat, ইন্‌ক্য(র্‌)°-প্যারেইট্‌] (**1**) *v.t.i.* to unite in one body, একদেহভুক্ত করা বা হওয়া; to combine into one substance, একত্র মিশ্রণদ্বারা এক পদার্থে পরিণত করা বা হওয়া; to form into one association, একত্র করিয়া বা হইয়া একটি সংস্থা গঠন করা, সঙ্ঘবদ্ধ করা বা হওয়া। (**2**) *v.t.* to incarnate, দেহযুক্ত করা। *p.* & *p. pt.* **incor°porātėd**। *a.* **incorporate** [in-kaw(r)°-p(a)rit, ইন্‌ক্য(র্‌)°-প্‌রিট্‌] একই দেহে মিলিত; সমসংস্থাভুক্ত, (পরি.) নিগমভুক্ত; নিগমবদ্ধ। *n.* **incorporā°tion**—incorporate (*v.*)-এর সকল অর্থে, এবং—সংস্থা বা নিগম। *n.* **incor°porātor**। [L. *incorporare*]

incorporeal [in-kaw(r)-paw°-ri-al, ইন্‌ক্য(র্‌)-প্য°রিঅ্যাল্‌] *a.* bodiless, অশরীরী, বিদেহী; spiritual, আধ্যাত্মিক; immaterial, অবাস্তব। [*in-*, *corporeal*]

incorrect [in-ka-rekt°, ইন্‌ক্যারেক্‌ট্‌°] *a.* erroneous, ভ্রমাত্মক, ভ্রমপূর্ণ; faulty, ত্রুটিপূর্ণ; improper, অনুচিত (*incorrect* style or character)। *adv.* **incorrect°ly**। *n.* **incorrect°nėss**। [*in-*, *correct*]

incorrigible [in-ko°-ri-jabl, ইন্‌ক°রিজ্যাব্‌ল্‌] *a.* beyond correction or reform, সংশোধনের বা সংস্কারসাধনের অসাধ্য, সংশোধনাতীত (an *incorrigible* drug-addict)। *n.* **incorrigibi°lity**। *adv.* **inco°rrigibly**। [F.—cp. *corrigible*]

incorruptible [in-ka-rup°-tabl, ইন্‌ক্যারাপ্‌°-ট্যাব্‌ল্‌] *a.* not capable of decay, অক্ষয়; that cannot be bribed, ঘুষ গ্রহণ করান যায় না এমন; inflexibly just, সততায় বা ন্যায়পরায়ণতায় অটল। *n.* **in°corruptibi°lity**। *adv.* **incorrup°tibly**। [*in-*, see *corrupt*]

increase [in-krēs°, ইন্‌ক্রীস্‌°] *v.i.t.* to grow or make greater in size or number, আয়তনে বা সংখ্যায় বৃদ্ধি পাওয়া অথবা বৃদ্ধি করা; (arch.) to grow or make rich (or richer), (আর্ষ.) ধনাঢ্য (বা অধিকতর ধনাঢ্য) হইয়া ওঠা বা করিয়া তোলা। *p.* & *p. pt.* **increa°sed**। *n.* **in°crease**—আয়তনবৃদ্ধি, সংখ্যাবৃদ্ধি; বৃদ্ধি; ধনবৃদ্ধি; লাভ; উৎপাদন; বংশধর, সন্তানসন্ততি। **on the increase**—বৃদ্ধির পথে, বর্ধমান (world population is *on the increase*)। *adv.* **increa°singly**। [ME. *encressen*< AF. *encresser* <L. *increscere*]

incredible [in-kre°-dabl, ইন্‌ক্রেডাব্‌ল্‌] *a.* unbelievable, অবিশ্বাস্য। *n.* **incredibi°lity**। *adv.* **incre°dibly**। [*in-*, *credible*]

incredulity—see **incredulous.**

incredulous [in-kre°-dū-las, ইন্‌ক্রে°ডিউল্যাস্‌] *a.* unbelieving, বিশ্বাসহীন, অবিশ্বাসী। *n.* **incrėdū°lity**। *adv.* **incre°dūlously**। [*in-*, *credulous*]

increment [in°-kri-mant, ইন্‌°ক্রিম্যান্‌ট্‌] *n.* increase, বৃদ্ধি। **unearned increment**—(জমি গৃহ প্রভৃতির) মূল্যবৃদ্ধি হেতু বিনা শ্রমে মালিকের লাভ। [L. *incrementum*]

incriminate [in-kri°-mi-nāt, ইন্‌ক্রি°মিনেইট্‌] *v.t.* to accuse, অভিযুক্ত করা বা দোষারোপ করা। *p.* & *p. pt.* **incri°minātėd**। *a.* **incri°minātory**—অভিযোগমূলক, দোষারোপমূলক। [*in-*, *criminate*]

incrustation [in-krus-tā°sh(a)n, ইন্‌ক্রাস্‌টেই°-শ্‌ন্‌] *n.* formation of a crust, (দেহোপরি) কঠিন আবরণ পড়া; hard coating, কঠিন আবরণ বা প্রলেপ; scab, মামড়ি; (fig.) accretion of habit, (আল.) অত্যাজ্যভাবে কোন অভ্যাস গঠন। [*in-*, see *crust*]

incubate [in°-kū-bāt, ইন্‌°কিউবেইট্‌] (**1**) *v.i.t.* to hatch, ডিমে তা দেওয়া; (fig.) to ponder (over), (আল.) কোন বিষয়ে গভীরভাবে চিন্তা করা। (**2**) *v.i.* to foster the development of, (গবেষণার্থ রোগজীবাণুর) পুষ্টিসাধন করা। *p.* & *p. pt.* **in°cūbātėd**। *n.* **incūbā°tion**—incubate-এর সকল অর্থে, এবং—(চিকি.) রোগসংক্রমণ এবং রোগলক্ষণ-প্রকাশের অন্তর্বর্তী কাল। *n.* **in°cūbātor**—যে হংসী ডিমে তা দিতেছে; কৃত্রিম উপায়ে ডিম ফোটানর যন্ত্র; অপরিণতাবস্থায় জাত শিশুদের বা রোগজীবাণুর পুষ্টিসাধন-যন্ত্র। [L. *incubare*]

incubus [in°-kū-bas, ইন্‌°কিউব্যাস্‌] *n.* the nightmare, যে ভূত রাত্রিবেলা ঘুমন্ত মানুষকে পাইয়া বসে; any oppressive influence, পীড়াদায়ক প্রভাব বা ভর্‌। [L.]

inculcate [in°-kul-kāt, ইন্‌°কাল্‌কেইট্‌] *v.t.* to impress upon by frequent admonitions or repetitions, বারংবার তিরস্কার করিয়া বা আবৃত্তি করিয়া ধারণা জন্মাইয়া দেওয়া। *p.* & *p. pt.* **in°culcātėd**। *n.* **inculcā°tion**। *n.* **in°culcātor**। [L. *inculcare*]

inculpable [in-kul°-pabl, ইন্‌কাল্‌°প্যাব্‌ল্‌] *a.* blameless, নির্দোষ। *adv.* **incul°pably**। [*in-*, *culpable*]

inculpate [in°-kul-pāt, ইন্‌°কাল্‌পেইট্‌] *v.t.* to charge with a crime or blame, অভিযুক্ত করা বা দোষারোপ করা। *p.* & *p. pt.* **in°culpātėd**। *n.* **inculpā°tion**। *a.* **inculpatory** [in-kul°-pā-t(a)ri, ইন্‌কাল্‌°পেইট্‌রি] অভিযোগমূলক। [LL. *inculpare*]

incult [in-kult°, ইন্‌কাল্‌ট্‌°] *a.* unpolished, uncultivated, অমার্জিত; (of person or manners) coarse, (ব্যক্তি বা আচরণ সম্পর্কে) স্থূল। [L. *in-*, *cultus*]

incumbent [in-kum°-bant, ইন্‌ক্যাম্‌°ব্যান্‌ট্‌] (**1**) *a.* lying, শায়িত; leaning, হেলান দিয়া আছে এমন; resting upon, কিছুর উপর ভর দিয়া চাপিয়া আছে বা বোঝার ন্যায় আছে এমন; imposed, (কর্তব্যাদি-সম্বন্ধে) আরোপিত (it is *incumbent* on you to warn him) । (2) *n.* the holder of a benefice, যে যাজক বৃত্তি বা গির্জার জন্য প্রদত্ত সম্পত্তি ভোগ করে ; holder of any office or place, যে কোন পদে বা স্থানে অধিষ্ঠিত বা আসীন ব্যক্তি । *n.* **incum°bency**—শায়িত বা হেলান-দেওয়া বা বিশ্রামরত অবস্থা ; বোঝার ন্যায় আরোপ ; বোঝা, দায়িত্ব, কর্তব্য ; পদাদিতে অধিষ্ঠান ; গির্জার জন্য প্রদত্ত সম্পত্তি বা বৃত্তি । [L. *incumbens*]

incunable [in-kū°-na-bl, ইন্‌কিউ°ন্যাব্‌ল্] *n.* same as **incunabulum** ।

incunabulum [in-kū-na°-bū-lam, ইনকিউন্যা°-বিউল্যাম্] *n.* a book printed before 1500, ১৫০০ খ্রীষ্টাব্দের পূর্বে মুদ্রিত পুস্তক ; early stage of development of a thing, কোন কিছুর প্রাথমিক বিকাশ । *pl.* **incūna°būla** । [L. *incunabula* =a cradle, infancy]

incur [in-ka(r)°, ইন্‌ক্যা(র্)°] *v.t.* to become liable to, দায়ী হওয়া ; to bring upon oneself, স্বীয় স্কন্ধে গ্রহণ করা (to *incur* debts) ; to suffer, (যন্ত্রণাদি) ভোগ করা । *pr. pt.* **incu°rring** । *p. & p. pt.* **incu°rred** । [L. *incurrere*]

incurable [in-kūr°-abl, ইন্‌কিউয়্যার্°অ্যাব্‌ল্] (1) *a.* past cure or correction, চিকিৎসার বা সংশোধনের অসাধ্য । (2) *n.* a person who is incurable, যে লোকের রোগ নিরাময় হয় না । *n.* **incūrabi°lity** । *adv.* **incūr°ably** । [OF.—cp. *cure*]

incurious [in-kūr°-i-as, ইন্‌কিউয়্যার্°ইঅ্যাস্] *a.* not curious, কৌতূহলশূন্য ; indifferent, উদাসীন ; uninteresting, কৌতুহল উদ্দীপ্ত করে না এমন, অনাকর্ষণীয় । *n.* **incuriosity** [in-kūr-i-o°-s(i)ti, ইন্‌কিউয়্যারইঅ°স্‌টি] । [*in-*, *curious*]

incursion [in-ka(r)°sh(a)n, ইন্‌ক্যা(র্)°শ্‌ন্] *n.* a hostile inroad, পরদেশ-আক্রমণ, বহিরাক্রমণ, পর-দেশমধ্যে জোরপূর্বক প্রবেশ । *a.* **incursive** [in-ka(r)°siv, ইন্‌ক্যা(র্)°সিভ্] বহিরাক্রমণমূলক । [L. *incursio*]

incurve [in-ka(r)v°, ইন্‌ক্যা(র্)ভ্°] *v.t.* to curve inwards, ভিতরের দিকে বাঁকান । *n.* **incurvā°tion** । [*in-*, *curve*]

incuse [in-kūz°, ইন্‌কিউজ়্°] *v.t.* to impress by stamping, as a coin, মুদ্রাদিতে ছাপ দেওয়া বা মূর্তি প্রভৃতি অঙ্কিত করা । [L. *incudere*=to strike on]

Ind [ind, ইন্‌ড্] *n.* (poet.) India, (কাব্যে) ভারত-বর্ষ । [F. *Inde*—cp. *India*]

indebted [in-de°-tid, ইন্‌ডে°টিড্] *a.* being in debt, ঋণী ; owing gratitude, কৃতজ্ঞতাপাশে বদ্ধ । *n.* **inde°btėdnėss** । [OF. *endette*—cp. *debt*]

indecent [in-dē°snt, ইন্‌ডী°স্‌ন্‌ট্] *a.* unbecoming, অশোভন ; immodest, অভদ্র ; gross, obscene, ইতর, অশ্লীল । *n.* **indē°cency**—অশোভনতা ; অভদ্রতা ; ইতরতা ; অশ্লীলতা । *adv.* **indē°cently** । [*in-*, *decent*]

indecipherable [in-di-sī°-f(a)rabl, ইন্‌ডিসাই°-ফর্‌যাব্‌ল্] *a.* incapable of being deciphered, পাঠোদ্ধার করা যায় না এমন । [*in-*, see *decipher*]

indecision [in-di-si°z(a)n, ইন্‌ডিসি°জ়্‌ন্] *n.* want of decision, অস্থিরসঙ্কল্পতা ; hesitation, ইতস্ততঃ ভাব, দ্বিধা । *a.* **indėcī°sive**—অমীমাংসিত (an *indecisive* battle) ; অস্থিরসঙ্কল্প (a man with an *indecisive* turn of mind) । *adv.* **indėcī°sively** । [*in-*, *decision*]

indeclinable [in-di-klī°-nabl, ইন্‌ডিক্লাই°ন্যাব্‌ল্] *a.* (gr.) not varied by inflection, (ব্যাক.) বিভক্তি-যোগে পরিবর্তিত হয় না এমন (অর্থাৎ অব্যয়) । *adv.* **indecli°nably** । [F.—cp. *decline*]

indecorous [in-de°-ka-ras, ইন্‌ডে°ক্যার্‌যাস্] *a.* unseemly, অশোভন ; improper, অনুচিত ; in bad taste, কুরুচিপূর্ণ ; unmannerly, অভদ্র । *adv.* **inde°corously** । *n.* **inde°corousnėss**, **indecorum** [in-di-kaw°-ram, ইন্‌ডিক্য°র্‌যাম্] । [*in-*, *decorus*]

indeed [in-dēd°, ইন্‌ডীড্°] (1) *adv.* in fact, বাস্তবিকপক্ষে ; in truth, প্রকৃতপক্ষে, সত্যই । (2) *int.* expressing surprise and interrogation, তাই নাকি । [*in-*, *deed*]

indefatigable [in-di-fa°-ti-gabl, ইন্‌ডিফ্যা°টি-গ্যাব্‌ল্] *a.* unwearying, ক্লান্ত হয় না এমন, অক্লান্ত । *adv.* **indėfa°tigably** । [F.—cp. *fatigue*]

indefeasible [in-di-fē°-zable, ইন্‌ডিফী°জ়্যাব্‌ল্] *a.* not to be made void, ব্যর্থ বলিয়া প্রমাণ করা যায় না এমন, অকাট্য ; (of claims, rights, etc.) that cannot be annulled or forfeited, (দাবি অধিকারাদি সম্পর্কে) যাহা বিলোপ বা বাতিল করা যায় না । *n.* **in°dėfeaṡibi°lity** । *adv.* **indėfea°ṡibly** । [*in-*, see *defeasance*]

indefectible [in-di-fek°-ti-bl, ইন্‌ডিফেক্°টিব্‌ল্] *a.* faultless, ত্রুটিহীন, নিখুঁত ; not liable to defect, unfailing, দোষত্রুটির সম্ভাবনাহীন । [L. *in-*, *defectibilis*]

indefensible [in-di-fen°-sabl, ইন্‌ডিফেন্°স্যাব্‌ল্] *a.* not tenable, (যুক্তি মত প্রভৃতি সম্বন্ধে) টিকাইয়া রাখা যায় না এমন । [*in-*, *defensible*]

indefinable [in-di-fī°-nabl, ইন্‌ডিফাই°ন্যাব্‌ল্] *a.* that cannot be defined, অবর্ণনীয়, বর্ণনাতীত । *adv.* **indefi°nably** । [*in-*, see *define*]

indefinite [in-de°-fi-nit, ইন্‌ডে°ফিনিট্] *a.* vague, ভাসা-ভাসা ; not clear, অস্পষ্ট ; not precise, অনির্দিষ্ট ; uncertain, অনিশ্চিত ; undetermined, অনিয়ত ; (gr.) not referring to a particular person or thing, (ব্যাক.) নির্দিষ্ট কোন ব্যক্তি বা বস্তুকে বুঝায় না এমন (*indefinite* article) । *adv.* **inde°finitely** । [*in-*, *definite*]

indehiscent [in-di-hī°-sent, ইন্‌ডিহি°সেন্ট্] *a.* (of fruit) not splitting open when mature, (ফল সম্বন্ধে) পাকিলে ফাটিয়া যায় না এমন । [*in-*, L. *dehiscere*]

indelible [in-de°-libl, ইন্‌ডে°লিব্‌ল্] *a.* not delible, মুছিয়া ফেলার অসাধ্য, অনপনেয় (*indelible* ink, shame, stain, etc.) । *n.* **indelibi°lity** । *adv.* **inde°libly** । [*in-*, *delible*]

indelicate [in-de°-li-kit, ইন্‌ডে°লিকিট্] *a.* coarse, স্থূল, অসূক্ষ্ম, অতি স্থূল ও বলিষ্ঠ, হোঁতকা ; immodest, অশ্লীল, অভদ্র ; vulgur, অমার্জিত ; tactless, কৌশলহীন । *n.* **inde°licacy**—স্থূলতা ; অশ্লীলতা, অভদ্রতা ; অমার্জিত অবস্থা ; কৌশলহীনতা । [*in-*, *delicate*]

indemnify [in-dem°-ni-fī, ইন্‌ডেম্‌°নিফাই] *v.t.* to secure, নিরাপদ্ করা ; to compensate, ক্ষতিপূরণ করা (to *indemnify* a person against loss) । *n.* **indemnifica°tion** । [L. *indemnis* = unhurt]

indemnity [in-dem°-ni-ti, ইন্‌ডেম্‌°নিটি] *n.* security from damage, loss or punishment, ক্ষতি বা লোকসান বা শাস্তি এড়াইবার ব্যবস্থা, নিরাপত্তা ; compensation, ক্ষতিপূরণ, খেসারত । [F. *indemnite*—cp. *indemnify*]

indent [in-dent°, ইন্‌ডেন্‌ট্°] (**1**) *v.i.* to notch, দাঁতের পাটির মত খাঁজ কাটা ; (print.) to set back farther from the margin to mark a new paragraph, (মুদ্রণ.) নূতন অনুচ্ছেদের প্রথম পঙ্‌ক্তির গোড়ার কিছুটা স্থান ফাঁকা রাখা ; to order, (মাল প্রভৃতি প্রধানতঃ বিদেশ হইতে পাঠানর জন্য) ফরমাশ দেওয়া (to *indent* for new machinery) । *p.* & *p. pt.* **inden°ted** । (**2**) *n.* a notch, খাঁজ ; an order or order form for goods, মাল পাঠানর ফরমাশ বা ফরমাশ-পত্র । *n.* **indenta°tion**—খাঁজ কাটা বা কাটান ; খাঁজ । *n.* **inden°ter**—মাল পাঠানর ফরমাশদাতা । *n.* **inden°tion**—খাঁজ কাটা বা কাটান ; খাঁজ ; নূতন অনুচ্ছেদের প্রথম পঙ্‌ক্তির গোড়ায় যে ফাঁকা জায়গা থাকে ; উপকূলস্থ সঙ্কীর্ণ খাঁড়ি । **indenture** [in-den°-cha(r), ইন্‌ডেন্‌চ্যা(র্)] (**1**) *n.* খাঁজ কাটা ; খাঁজ ; মাল-প্রেরণের ফরমাশ-পত্র ; (আইনে) চুক্তি-পত্র ; চুক্তিনামা । (**2**) *v.t.* চুক্তি-পত্র সম্পাদনপূর্বক আবদ্ধ করা । [LL. *indentare*, fused with *in*, *dent*]

independent [in-di-pen°-dant, ইন্‌ডিপেন্‌°ডান্‌ট্] (**1**) *a.* not dependent, স্বাধীন, পরমুখাপেক্ষী নহে এমন ; not subordinate, অনধীন ; completely self-governing, স্বশাসিত, স্বতন্ত্র ; thinking or acting on one's own, স্বাধীন বৃত্তিধারী বা স্বাধীন চিন্তাশীল, স্বাবলম্বী ; free from bias, সংস্কারমুক্ত । (**2**) *n.* a politician independent of any party, যে রাজনীতিক ব্যক্তি কোন দলভুক্ত নহে, স্বতন্ত্র রাজনীতিক ব্যক্তি । *n.* **indėpendence**—স্বাধীনতা ; স্বাবলম্বন ; স্বাতন্ত্র্য । **Independence Day**—(পরশাসন হইতে রাষ্ট্রের) মুক্তির দিন, স্বাধীনতা-দিবস । *adv.* **indėpen°dently** । [*in-*, see *depend*]

indescribable [in-dis-krī°-babl, ইন্‌ডিস্‌ক্রাই°ব্যাব্‌ল্] *a.* beyond description, অবর্ণনীয় ; বর্ণনাতীত । *adv.* **indėscrī°bably** । [*in-*, see *describe*]

indestructible [in-dis-truk°-tabl, ইন্‌ডিস্‌ট্রাক্‌°ট্যাব্‌ল্] *a.* that cannot be destroyed, ধ্বংস করার অসাধ্য, ধ্বংসাতীত । *n.* **indėstructibi°lity** । [*in-*, see *destroy*]

indeterminable [in-di-ta(r)°-m(i)nabl, ইন্‌ডিট্যা(র্)°ম্‌ন্যাব্‌ল্] *a.* not to be ascertained or fixed, নির্ণয় বা স্থির করার অসাধ্য, অনির্ণেয় । *a.* **indėter°minate**—অনির্ণীত ; অস্থিরীকৃত । *n.* **indetermination** [in-di-ta(r)-mi-nā°sh(a)n, ইন্‌ডিট্যা(র্)মিনেই°শ্‌ন্] কর্তব্যাকর্তব্য সম্বন্ধে সঙ্কল্পের অভাব ; দ্বিধা, ইতস্ততঃ ভাব ; স্থির লক্ষ্যের অভাব । *n.* **indėter°minism**—মানুষের সকল কাজই তাহার উদ্দেশ্য বা সঙ্কল্প হইতে প্রসূত হয় না : এই মতবাদ । [*in-*, see *determine*]

index [in°-deks, ইন্‌°ডেক্‌স্] (**1**) *n.* the fore-finger, তর্জনী ; a pointer on an instrument, ঘড়ি দাঁড়িপাল্লা প্রভৃতির কাঁটা ; the finger of a finger-post, হস্তাকার নির্দেশ স্তম্ভে অঙ্কিত তর্জনী ; anything that draws attention, মনোযোগ আকর্ষক বস্তু ; a table of contents etc., গ্রন্থের বিষয়সূচি, (সচ.) গ্রন্থশেষে প্রদত্ত বিষয়বস্তুর বর্ণানুক্রমিক সূচি, (পরি.) অনুক্রমণী ; an alphabetical register or list, বর্ণানুক্রমিক তালিকাপুস্তক বা তালিকা ; a mathematical symbol, গণিতের ঘাত-চিহ্ন বা সূচক ; (fig.) a preface or prologue, (আল.) গ্রন্থাদির ভূমিকা বা প্রস্তাবনা ; (fig.) an indication, (আল.) লক্ষণ, সূচনা । *pl.* **in°dexės**—'গ্রন্থসূচি'-অর্থে, **indices** [in°-di-sēz, ইন্‌°ডিসীজ্‌] অন্য সকল অর্থে । (**2**) *v.t.* to provide with or place in an index, গ্রন্থাদির সূচি দেওয়া বা সূচিভুক্ত করা । *p.* & *p. pt.* **in°dexed** । *n.* **index-fin°ger**—তর্জনী । *n.* **in°dex-learn°ing**—গ্রন্থাদির সূচিমাত্র-পাঠে লব্ধ ভাসাভাসা জ্ঞান, মলাট-পাণ্ডিত্য । **index number** or **figure**—জীবন-যাত্রার খরচের সাধারণ পরিমাণ । [L.]

India [in°-di-a, ইন্‌°ডিয়্যা] *n.* ভারতবর্ষ । *a.* & *n.* **In°dian**—ভারতীয় ; পূর্ব ও পশ্চিম ভারতীয় দ্বীপপুঞ্জের বা আমেরিকার (আদিবাসী) । **East Indian**—পূর্বভারতীয় দ্বীপপুঞ্জের অধিবাসী । **Red Indian**—আমেরিকার আদিবাসিবিশেষ । **West Indian**—পশ্চিম-ভারতীয় দ্বীপপুঞ্জের অধিবাসী । **Indian club**—শরীরচর্চায় ব্যবহৃত বোতলের ন্যায় আকারের মুগুর বা গদা । **Indian corn**—ভুট্টা । **Indian file**—একজনের পিছনে একজন করিয়া সারি । **Indian ink**—চীনে ও জাপানে তৈয়ারী কাল কালি । **Indian summer**—আমেরিকার উত্তরাংশে শরতের শেষভাগে শান্ত ও শুষ্ক আবহাওয়া । *n.* **In°diaman**—ভারত-গামী বাণিজ্য-জাহাজ । *v.t.* **In°dianize**—ভারতীয় বা ভারতবর্ষের অনুযায়ী করিয়া তোলা । *n.* **in°dia-ru°bber**—রবার ; পেনসিলের দাগ তোলার রবার । *n.* **India-paper**—অতি পাতলা অথচ টেকসই কাগজবিশেষ (ইহার অপর নাম : **Bible paper**) ।

[L. <Gk. *Indos*=the Indus<Pers. *hind*]

indicate [in°-di-kāt, ইন্'ডিকেইট্] *v.t.* to point out, নির্দেশিত করা, দেখান ; to suggest, ইঙ্গিত দেওয়া ; to be a mark of, (কিছুর) লক্ষণ হওয়া। *p. & p. pt.* **indicā°tėd** । *n.* **indicā°tion**—নির্দেশ ; প্রদর্শন ; ইঙ্গিত ; লক্ষণ ; চিহ্ন ; সূচনা। *a.* **indicā°tive, indicā°tory**—নির্দেশক ; প্রদর্শক ; ইঙ্গিতদায়ক ; লক্ষণাত্মক ; (ব্যাক.--ক্রিয়ার প্রকার সম্বন্ধে) অবধারক বা নির্দেশক। *n.* **in°dicātor** । [L. *indicare*]

indict [in-dīt°, ইন্ডাইট্°] *v.t.* to charge with a crime, অভিযুক্ত করা। *p. & p. pt.* **in-dī°ctėd** । *a.* **indī°ctable** । *n.* **indict°ment** । [AF. *enditer*<L. *indictare*]

indiction [in-dik°sh(a)n, ইন্ডিক্°শ্ন্] *n.* a government decree fixing land-tax, জমির খাজনার পরিমাণ-নির্দেশক সরকারি হুকুম। [L. *indictio*]

Indies [in-diz°, ইনডিজ্°] *n. pl.* India or the islands beyond, ভারতবর্ষ বা তাহার নিকটবর্তী দ্বীপপুঞ্জ (also **East Indies**) ; the group of islands at the mouth of the gulf of Mexico, মেকসিকো-অন্তরীপবর্তী দ্বীপপুঞ্জ, পশ্চিমভারতীয় দ্বীপপুঞ্জ (also **West Indies**) । [*pl.* of L. *India*]

indifferent [in-di°f(a)rnt, ইন্ডি°ফ্‌রন্ট্] *a.* commonplace, গতানুগতিক ; uninteresting, নীরস, আকর্ষণশূন্য ; of a middle quality, মাঝামাঝি ধরনের, তেমন ভাল নহে ; neutral, নিরপেক্ষ ; uninterested, কৌতূহলশূন্য ; উদাসীন ; inattentive, careless, মনোযোগহীন, যত্নহীন। *n.* **indi°fference**—গতানুগতিকতা ; নীরসতা ; মাঝামাঝি অবস্থা ; অনুত্তমতা ; নিরপেক্ষতা ; কৌতূহলশূন্যতা, উদাসীনতা ; অমনোযোগ ; অযত্ন। *n.* **indi°fferentism**—(প্রধানতঃ ধর্মীয় ব্যাপারে) ঔদাসীন্যের ভান। *adv.* **indi°fferently** । [*in-*, see *differ*]

indigence—see **indigent**.

indigenous [in-di-ji°-nas, ইন্ডিজি°ন্যাস্] *a.* native born, স্বদেশজাত, দেশীয়। *adv.* **indigė°nously** । [F. *indigena*=a native]

indigent [in-dij(a)nt, ইন্°ডিজ্‌ন্ট্] *a.* needy, অভাবী (বিশেষতঃ একান্ত প্রয়োজনীয় অন্নবস্ত্রহীন)। *n.* **in°digence**—অভাব। [F.<L. *indigens*]

indigested, indigestible—see **indigestion**.

indigestion [in-di°-jes°ch(a)n, ইন্ডি°জেস্°চ্ন্] *n.* want of digestion, পরিপাক-শক্তির অভাব, অজীর্ণ ; painful digestion, বদহজম। *a.* **indiges°tėd**—পরিপাক হয় নাই এমন ; আকারহীন, অবিন্যস্ত, এলোমেলো। *n.* **in°digestibi°lity** । *a.* **indiges°tible**—হজম হয় না এমন। *adv.* **indiges°tibly** । [*in-*, see *digest*]

indign [in-dīn°, ইন্ডাইন্°] *a.* (arch.) unworthy, (আর্ষ.)-অযোগ্য। [L. *indignus*]

indignant [in-dig°-nant, ইন্ডিগ্°ন্যান্ট্] *a.* affected with anger and disdain, ঘৃণামিশ্রিত ক্রোধযুক্ত (*indignant* at a thing or with a person) । *adv.* **indig°nantly** । *n.* **indignā°tion, indig°nance**—ঘৃণামিশ্রিত ক্রোধ। [L. *indignitus*—see *dignity*]

indignity [in-dig°-ni-ti, ইন্ডিগ°নিটি] *n.* disgrace, অপমান ; dishonour, অসম্মান ; unworthy treatment, অমর্যাদা ; slight, অবজ্ঞা। [*in-*, *dignity*]

indigo [in°-di-gō, ইন্°ডিগৌ] *n.* a violet-blue dye obtained from a plant, বৃক্ষজাত নীল ; its plants, নীলের চারা ; its colour, বেগনি নীলবর্ণ। **indigo blue**—বেগনি নীলবর্ণ। *n.* **in°digō-plan°ter**—নীলকর। [Sp.]

indirect [in-di-rekt°, ইন্ডিরেক্ট্°] *a.* not direct or straight, অঋজু, অসরল, ঘোরান, বাঁকা ; not in direct succession, পরম্পরাহীন ; oblique, তির্যক্ ; not straightforward or honest, কুটিল, অসাধু ; not first-hand, পরোক্ষ, সরাসরি নহে এমন। **indirect evidence**—অবস্থাগত প্রমাণ। **indirect object**—(ব্যাক.) গৌণকর্ম। **indirect narration** or **speech**—(ব্যাক.) পরোক্ষ উক্তি। *n.* **indirec°tion**—পরোক্ষ উপায় ; অসাধুতা। *a.* **indirect°ly** । *n.* **indirect°nėss** । [*in-*, *direct*]

indiscernible [in-di-sa(r)°-nabl, ইন্ডিস্যা(র্)°ন্যাব্‌ল্] *a.* imperceptible, লক্ষ্যের অতীত। *adv.* **indiscer°nibly** । [*in-*, see *discern*]

indiscipline [in-di°-si-plin, ইন্ডি°সিপ্লিন্] *n.* want of discipline, নিয়মনিষ্ঠার অভাব ; disorderliness, উচ্ছৃঙ্খলতা। [*in-*, *discipline*]

indiscreet [in-dis-krēt°, ইন্ডিস্ক্রীট্°] *a.* not discreet, অসমীচীন, অদূরদর্শী, হঠকারী। *adv.* **indiscreetly** । *n.* **indiscreet°nėss, indiscretion** [in-dis-kre°-sh(a)n, ইনডিস্ক্রে°শ্ন্] । [*in-*, *discreet*]

indiscrete [in-dis-krēt°, ইন্ডিস্ক্রীট্°] *a.* not formed of separate parts, পৃথক্ পৃথক্ অংশ দ্বারা প্রস্তুত নহে এমন। [*in-*, *discrete*]

indiscriminate [in-dis-kri°-mi-nit, ইন্ডিস্ক্রি°মিনিট্] *a.* not distinguishing, তারতম্যহীন, বাছবিচারহীন ; confused, এলোমেলো, পাঁচমিশালি ; *adv.* **indiscri°minately** । *n.* **indiscriminā°tion**—তারতম্যহীনতা ; এলোমেলো অবস্থা। [*in-*, *discriminate*]

indispensable [in-dis-pen°-s(a)bl, ইন্ডিস্পেন্°স্‌ব্‌ল্] *a.* not to be dispensed with, অপরিহার্য (air and water are *indispensable* to life) । *n.* **indispensability** [in°-dis-pen-sa-bi°-li-ti, ইন্°ডিস্পেন্স্যাবি°লিটি] । *adv.* **indispen°sably** । [*in-*, see *dispense*]

indispose [in-dis-pōz°, ইন্ডিস্পৌজ্°] *v.t.* to render slightly unwell or unfit or averse, ঈষৎ অসুস্থ বা অক্ষম বা বিরাগপূর্ণ করা। *a.* **indispō°sed**—বিরাগপূর্ণ ; ঈষৎ অসুস্থ বা অক্ষম। *n.* **indis-**

position [in-dis-pa-zi°sh(a)n, ইন্‌ডিস্‌প্যাজ়ি°শ্‌ন্] বিরাগ ; ঈষৎ অসুস্থতা বা অক্ষমতা, শরীর খারাপ। [*in-, dispose*]

indisputable [in°-dis-pū°-tabl, ইন্‌°ডিস্‌পিউ°ট্যাব্‌ল্] *a.* beyond dispute, তর্কাতীত, অকাট্য। *adv.* **in°dispū°tably** । [*in-*, see *dispute*]

indissoluble [in-di-so°-lūbl, ইন্‌ডিস°লিউব্‌ল্] *a.* unbreakable, ভাঙ্গা যায় না এমন ; not violable, অলঙ্ঘ্য ; inseparable, পৃথক্ করার অসাধ্য, অচ্ছেদ্য (an *indissoluble* bond) । *n.* **in°dissolūbi°lity** । *adv.* **indisso°lūbly** । [*in-, dis-*, see *solve*]

indistinct [in-dis-tingt°, ইন্‌ডিস্‌টিংট্°] *a.* not distinct, অস্পষ্ট, ক্ষীণ। *a.* **indistinc°tive**—বৈশিষ্ট্যমূলক বা তারতম্যমূলক নহে এমন। *adv.* **indistinct°ly** । *n.* **indistinct°ness** । [*in-, distinct*]

indistinguishable [in-dis-ting°-gwi-shabl, ইন্‌ডিস্‌টিং°গুইশ্যাব্‌ল্] *a.* not distinguishable, পার্থক্যনির্ণয়ের অসাধ্য। *adv.* **indistin°guishably** । [*in-*, see *distinguish*]

indite [in-dīt°, ইন্‌ডাইট্°] *v.t.i.* to compose or write, রচনা করা বা লেখা। *p.* & *p. pt.* **indī°tėd** । [OF. *enditer*—cp. *indict*]

indium [in°-di-am, ইন্‌°ডিঅ্যাম্] *n.* a soft silver-white metal, রজত-শুভ্র নরম ধাতুবিশেষ। [from *indigo* with reference to two indigo-coloured lines in the spectrum]

indivertible [in-di-vŭ(r)°-ti-bl, ইন্‌ডিভা(র্)°টিব্‌ল্] *a.* that cannot be turned aside, একপাশে বা একান্তে চালিত করা যায় না এমন। [*in-*, see *divert*]

individual [in-di-vi°-dū(a)l, ইন্‌ডিভি°ডিউল্] (**1**) *a.* single, একক, স্বতন্ত্র, (পরি.) প্রাতিস্বিক ; particular, বিশেষ, বৈশিষ্ট্যমূলক ; characteristic of a particular person, ব্যক্তিগত। (**2**) *n.* a single member of a class, কোন বর্গের একটি প্রাণী ; a single human being, (এক) ব্যক্তি, জন ; (vul.) a person, (অমা.) লোক, বেটা (what an unpleasant *individual*) । *n.* **individualism** [in-di-vi°-dū-a-lizm, ইন্‌ডিভি°ডিউঅ্যালিজ়্‌ম্] ব্যক্তিস্বাতন্ত্র্য, (পরি.) ব্যক্তিতাবাদ। *n.* **indivi°dūalist** । *a.* **individūalis°tic**—ব্যক্তিতাবাদী। *n.* **individūa°lity**—ব্যক্তিস্বাতন্ত্র্য ; ব্যক্তিগত বৈশিষ্ট্য। *v.t.* **individualize** [in-di-vi°-dū-a-līz, ইন্‌ডিভি°ডিউঅ্যালাইজ়্] ব্যক্তিগত বৈশিষ্ট্য দান করা ; বিশেষ করা। *adv.* **indivi°dūally** । *v.t.* **indivi°dūate**—same as **individualize** । *n.* **individūā°tion** । [L. *individuus*]

indivisible [in-di-vi°-zabl, ইন্‌ডিভি°জ়্যাব্‌ল্] *a.* not divisible, অবিভাজ্য। *n.* **indivisibi°lity** । *adv.* **indivi°sibly** । [*in-, divisible*]

Indo-Chinese [in°-dō-chī-nēz°, ইন্‌°ডৌচাইনীজ়্°] *a.* of Indo-China, ইন্দোচীনের, ইন্দোচৈনিক। [*Indo-, Chinese*]

indocile [in-dō°-sīl, ইন্‌ডৌ°সাইল্] *a.* not docile, শিক্ষাগ্রহণে অনিচ্ছুক, বশ মানে না এমন। *n.* **indŏci°lity** । [*in-, docile*]

indoctrinate [in-dok°-tri-nāt, ইন্‌ডক্°ট্রিনেইট্] *v.t.* to instruct in any doctrine, কোন মতবাদ শেখান বা গ্রহণ করান ; to imbue with any opinion, মনে কোন ধারণা বদ্ধমূল করা। *p.* & *p. pt.* **indoc°trinātėd** । *n.* **indoctrinā°tion** । *n.* **indoc°trinātor** । [*in-*, see *doctrine*]

Indo-European [in°-dŏ-ūr-a-pi°-an, ইন্‌°ডোইউয়্যারঅ্যাপি°অ্যান্], **Indo-Germanic** [in°-dŏ-ja(r)-ma°-nik, ইন্‌°ডোজ্যা(র্)ম্যা°নিক্] *a.* Aryan, আর্য। [*Indo-, European, Germanic*]

indolent [in°-dŏ-lant, ইন্‌°ডোল্যান্‌ট্] *a.* slothful, lazy, পরিশ্রমবিমুখ, অলস। **in°dŏlence**—শ্রমবিমুখতা, আলস্য। *adv.* **in°dŏlently** । [L. *indolens*]

Indology [in-do°-la-ji, ইন্‌ড°ল্যাজি] *n.* study of Indian history, culture, literature, etc., ভারতীয় ইতিহাস সংস্কৃতি সাহিত্য প্রভৃতি বিষয়ক বিদ্যা। *n.* **Indologist** । [*Indo-, logy*]

indomitable [in-do°-mi-tabl, ইন্‌ড°মিট্যাব্‌ল্] *a.* unyielding, অদম্য (*indomitable* courage) ; stubbornly persistent, নাছোড়বান্দা। *adv.* **indomitably** । [*in-, domitable*]

Indonesian [in-dŏ-nē°-zi-an, ইন্‌ডোনী°জ়িঅ্যান্] (**1**) *a.* of Indonesia, ইন্দোনেশিয়ার অর্থাৎ মালয়-দ্বীপপুঞ্জের। (**2**) *n.* a native of Indonesia, ইন্দোনেশিয়ার লোক। [*Indo-, Asian*]

indoor [in°-daw(r), ইন্‌°ড্য(র্)] *a.* practised or used, or being within a building, গৃহমধ্যে অনুষ্ঠিত বা ব্যবহৃত বা অবস্থিত। *adv.* **in°doors**—গৃহমধ্যে। [*in-, door*]

indorse—alt. spell. of **endorse.**

Indra [in°-dra, ইন্‌°ড্র্যা] *n.* the king of Hindu gods, দেবরাজ ইন্দ্র : ইনি আকাশ বৃষ্টি ও বজ্রের অধিদেবতা। [Sans.]

indrawn [in-drawn, ইন্‌ড্রান্] *a.* (of breath, etc.) drawn in, (শ্বাস প্রভৃতি সম্পর্কে) ভিতরে টানিয়া লওয়া হইয়াছে এমন ; aloof, দূরত্ব রক্ষা করিয়া চলে এমন, একান্তে স্থিত। [*in-*, see *draw*]

indubitable [in-dū°-bi-tabl, ইন্‌ডিউ°বিট্যাব্‌ল্] *a.* beyond doubt, সন্দেহাতীত ; certain, নিশ্চিত। *adv.* **indū°bitably** । [L. *indubitabilis*—cp. *dubitate*]

induce [in-dūs°, ইন্‌ডিউস্°] (**1**) *v.t.* to prevail on or persuade, পরামর্শাদি দিয়া রাজী করান, প্ররোচিত করা ; (phys.) to cause by mere proximity, (পদার্থ.) কেবল সান্নিধ্যদ্বারা (বৈদ্যুতিক আবেশাদি) ঘটান, আবিষ্ট করা (to *induce* magnetism in an iron rod) । (**2**) *v.t.i.* to infer inductively, আরোহী প্রথায় বিচার করা। *p.* & *p. pt.* **indū°cėd** । *n.* **indūce°ment**—যাহা উদ্দীপনা বা উৎসাহ জাগায়। *n.* **indū°cer** । [L. *inducere*]

induct [in-dukt°, ইন্‌ডাক্‌ট্°] *v.t.* to introduce or install, (পদাদিতে) অভিষিক্ত বা অধিষ্ঠিত করান। to initiate, প্রবৃত্ত করান; to enlist into military service, সৈন্যবিভাগে ভরতি করা। *p.* & *p. pt.* **induc°ted**। *n.* **inductance**—বিদ্যুৎ-প্রবাহের গতিপথে আবেশনের পরিমাণ। *n.* **induc°tion**—আনয়ন; গ্রহণ; (পদাদিতে) অধিষ্ঠিত করা; ভূমিকা, প্রস্তাবনা; প্রবৃত্ত করান; (পদার্থ.) কেবল সান্নিধ্যদ্বারা সজ্ঘটন, আবেশন (magnetization by *induction*); আরোহী প্রথায় বিচার, আরোহ; (চিকি.) ঔষধাদি প্রয়োগদ্বারা বা কৃত্রিম উপায়ে প্রত্যাশিত ফল উৎপাদন করা (*induction* of labour—ঔষধাদির দ্বারা প্রসববেদনা সৃষ্টি করা)। *a.* **induc°tive**—আনয়নকর; পরিচয়দায়ক; ভূমিকামূলক, প্রস্তাবনামূলক, উদ্বোধক; (পদাদিতে) অধিষ্ঠায়ক; প্রবৃত্ত করায় এমন; আবেশক; আরোহী। *n.* **induc°tor**—যে ব্যক্তি যাজকগণকে পদাধিষ্ঠিত করে; বৈদ্যুতিক আবেশনযন্ত্রের যে কোন অংশ। [see *induce*]

indue—alt. spell. of **endue.**

indulge [in-dulj°, ইন্‌ডাল্‌জ্°] (1) *v.t.* to yield to the wishes of, ইচ্ছাপূরণ করা; to favour or gratify, আনুকূল্য করা বা চরিতার্থ করা; to treat with undue favour, প্রশ্রয় দেওয়া, নাই দেওয়া; not to restrain, সংযত না করা। (2) *v.i.* to gratify one's appetite freely, অবাধে নিজের ক্ষুধা বা সাধ মিটান। *n.* **indul°gence**—ইচ্ছাপূরণ; আনুকূল্য, চরিতার্থ করা; প্রশ্রয়, নাই; অসংযম। *a.* **indul°gent**—ইচ্ছাপূরক; আনুকূল্যকর, চরিতার্থ করে এমন; প্রশ্রয়পূর্ণ (*indulgent* father); অসংযত। [L. *indulgere*]

indurate [in°-dūr-āt, ইন্‌°ডিউয়্যা(র্)এইট্] *v.t.i.* to harden, শক্ত করা বা হওয়া। *p.* & *p. pt.* **in°dūrāted**। *n.* **indūrā°tion**। [L. *indurare*]

Indus [in°-das, ইন্‌°ড্যাস্] *n.* a river of India, সিন্ধুনদ। [L.<Gk. *Indos*]

industry [in°-das-tri, ইন্‌°ড্যাস্‌ট্রি] *n.* diligence, শ্রমশীলতা; assiduity, অধ্যবসায়; a trade or manufacture, শিল্প, শ্রমশিল্প। *a.* **industrial** [in-dus°-tri-al, ইন্‌ডাস্‌°ট্রিঅ্যাল্] শিল্পসংক্রান্ত; শিল্পপণ্যোৎপাদী (an *industrial* country)। **industrial alcohol**—শিল্পে ব্যবহারের কিন্তু পানের অনুপযোগী সুরাসার বা কোহল। **industrial dispute**—মালিক ও শ্রমিকের মধ্যে শিল্পসংক্রান্ত বিরোধ। *n.* **indus°trialism**—রাষ্ট্র জাতি প্রভৃতিকে শিল্পপণ্যোৎপাদনে তৎপর করিয়া তোলার মতবাদ, শিল্পযোজনবাদ। *n.* **indus°trialist**—শিল্পপণ্যোৎপাদক ধনিক বা কারিগর, শিল্পপতি বা শিল্প-শ্রমিক। *n.* **industrializā°tion**—শিল্পায়ন। *v.t.* **indus°trialize**—(রাষ্ট্রাদিতে) কলকারখানা গড়িয়া তোলা, শিল্পসমৃদ্ধ বা শিল্পায়ত করা। *a.* **industrious** [in-dus°-tri-as, ইন্‌ডাস্‌°ট্রিঅ্যাস্] পরিশ্রমী: অধ্যবসায়ী। *adv.* **indus°triously**। [L. *industria*]

indwell [in-dwel°, ইন্‌ড্যোএল্°] *v.i.* to dwell in, (কিছুর) ভিতরে বাস করা। *p.* & *p. pt.* **indwelt°**। *n.* **indwe°ller**—বাসিন্দা। *a.* **indwe°lling**—(সচ. অন্তরে) বসবাসকারী (*indwelling* god or spirit)। [*in-*, *dwell*]

inebriate [i-nē°-bri-āt, ইনী°ব্রিএইট্] *v.t.* to make drunk, মাতাল করা; to exhilarate greatly, অতিশয় উল্লসিত করা। *p.* & *p. pt.* **inē°briāted**। **inē°briate**—(1) *a.* মাতাল, প্রমত্ত; অতিশয় উল্লসিত; (2) *n.* ঐরূপ ব্যক্তি। *n.* **inē°briātion, inēbri°ety**। [L. *inebriare*]

inedible [in-e°-dibl, ইন্‌এ°ডিব্‌ল্] *a.* not edible, অভক্ষ্য, অখাদ্য। *n.* **inedibi°lity**। [*in-*, *edible*]

inedited [in-e°-di-tid, ইন্‌এ°ডিটিড্] *a.* not published, (গ্রন্থাদি-সম্বন্ধে) অপ্রকাশিত; published without editorial alterations, সম্পাদকীয় সংশোধনাদি ছাড়াই প্রকাশিত। [*in-*, see *edit*]

ineducable [in-e°-dū-ca-bl, ইন্‌এ°ডিউক্যাব্‌ল্] *a.* incapable of being educated, শিক্ষাগ্রহণে অসমর্থ বা শিক্ষার অযোগ্য। [*in-*, see *educate*]

ineffable [in-e°-fabl, ইন্‌এ°ফ্যাব্‌ল্] *a.* indescribable, অবর্ণনীয়; inexpressible, অপ্রকাশ্য, অনুচ্চার্য, অনির্বচনীয় (*ineffable* joy)। *adv.* **ine°ffably**। [F.<L. *ineffabilis*]

ineffaceable [in-i-fā°-sable, ইন্‌ইফেই°স্যাব্‌ল্] *a.* not effaceable, মুছিয়া ফেলা যায় না এমন; অনপনেয়। [*in-*, see *efface*]

ineffective [in-i-fek°-tiv, ইন্‌ইফেক্‌°টিভ্] *a.* not effective, অকার্যকর, ব্যর্থ, বিফল, অক্ষম; useless বাজে। *adv.* **ineffec°tively**। *n.* **ineffec°tiveness**। *a.* **ineffec°tūal**—নিষ্ফল। *adv.* **ineffec°tūally**। [*in-*, *effective*]

inefficacious [in-e-fi-kā°-shas, ইন্‌এফিকেই°শ্যাস্] *a.* not efficacious, (ঔষধ ব্যবস্থা প্রভৃতি সম্বন্ধে) ফলোৎপাদনে অক্ষম, অকার্যকর। *adv.* **inefficā°ciously**। *n.* **ine°fficacy**। *in-*, *efficacious*]

inefficient [in-i-fi°sh(a)nt, ইন্‌ইফি°শ্‌ন্‌ট্] *a.* not efficient, অদক্ষ, অপটু; ineffective, অকার্যকর। *n.* **ineffi°ciency**—অদক্ষতা; অকার্যকরতা। *adv.* **ineffi°ciently**। [*in-*, *efficient*]

inelastic [in-i-las°-tik, ইন্‌ইল্যাস্‌°টিক্] *a.* not elastic, অস্থিতিস্থাপক; tight, আঁটো, শক্ত; (fig.) unadaptable, (আল.) মানাইয়া লইতে অক্ষম, অনমনীয়। *n.* **inelasticity** [in-i-las-ti°-si-ti, ইন্‌ইল্যাস্‌টি°সিটি]। [*in-*, *elastic*]

inelegant [in-e°-li-gant, ইন্‌এ°লিগ্যান্‌ট্] *a.* not elegant, অসুন্দর, অশোভন, অসংস্কৃত, সুরুচিবিরোধী। *n.* **ine°legance**—অসৌন্দর্য, অশোভনতা, অসংস্কৃতভাব, সুরুচির অভাব। *adv.* **ine°legantly**। [F.—cp. *elegant*]

ineligible [in-e°-li-jabl, ইন্‌এ°লিজ্যাব্‌ল্] *a.* not eligible, অনধিকারী, অযোগ্য। *n.* **ineligibi°lity**। *adv.* **ine°ligibly**। [*in-*, *eligible*]

ineluctable [in-i-luk°-table, ইন্‌ইলাক্‌°ট্যাব্‌ল্] *a.* inescapable, এড়ান যায় না এমন, অপরিহার্য (*ineluctable* fate or destiny) । *adv.* **ineluc°tably** । [L. *inelucta-, bilis*]

inept [i-nept°, ইনেপ্‌ট্‌°] *a.* unfit, অযোগ্য, অক্ষম ; irrelevant and futile, অবান্তর ও ব্যর্থ ; absurd, অসম্ভব । *n.* **inep°titūde, inept°nėss** । *adv.* **inept°ly** [L. *ineptus*]

inequality [in-i-kwo°-li-ti, ইন্‌ইক্যোঅ°লিটি] *n.* want of equality, সমতার অভাব, অসমতা ; difference, প্রভেদ, পার্থক্য । [OF. *inequalite* —cp. *equal*]

inequitable [in-e°-kwi-tabl, ইন্‌এ°কুাইট্যাব্‌ল্] *a.* unfair, পক্ষপাতপূর্ণ ; unjust, ন্যায়পরতাহীন, অন্যায় (*inequitable* distribution of wealth) । *adv.* **ine°quitably** । *n.* **ine°quity**—পক্ষপাত ; অবিচার, অন্যায় । [*in-, equitable*]

ineradicable [in-i-ra°-di-kabl, ইন্‌ইর্যা°ডিক্যাব্‌ল্] *a.* that cannot be rooted out, উন্মূলিত করার অসাধ্য, অনুন্মূলনীয় । *adv.* **inera°dicably** । [*in-*, see *eradicate*]

inert [i-na(r)t°, ইন্যা(র্)ট্‌°] *a.* without inherent power of motion, action or resistance, সহজাত চলচ্ছক্তি বা কর্মশক্তি বা প্রতিরোধশক্তি নাই এমন, জড় (*inert* matter), নিষ্ক্রিয় (*inert* gases), অপ্রতিরোধী ; sluggish, কুঁড়ে, অলস, তৎপরতাহীন । *n.* **inertia** [ina(r)°-shi-a, ইন্যা(র্)°-শিআ্যা] জড়ত্ব, জাড্য, নিষ্ক্রিয়তা, প্রতিরোধশক্তিহীনতা, আলস্য, কুঁড়েমি ; (পদার্থ.) পদার্থসমূহ বাধা না পাইলে যে সহজাত গুণের জন্য বিদ্যমান থাকে বা একমুখে চলিতে থাকে । *adv.* **inert°ly** । *n.* **inert°nėss** । [L. *iners*=idle]

inescapable [in-is-kā°-pable, ইন্‌ইস্‌কেই°প্যাব্‌ল্] *a.* unescapable, এড়ান যায় না এমন, অপরিহার্য ; inevitable, অবশ্যম্ভাবী । [*in-*, see *escape*]

inessential [in-is-en°-shl, ইন্‌ইসেন্‌°শ্‌ল্] *a.* not indispensable, অপরিহার্য নয় এমন । [*in-*, see *essence*]

inestimable [in-es°-ti-mabl, ইন্‌এস্‌°টিম্যাব্‌ল্] *a.* beyond estimation, অপরিমেয়, অমেয় ; priceless, অমূল্য । *adv.* **ines°timably** । [*in-*, see *estimate*]

inevitable [in-e°-vi-tabl, ইন্‌এ°ভিট্যাব্‌ল্] *a.* unavoidable, sure to happen, অপরিহার্য, অবশ্যম্ভাবী । *n.* **inevitabi°lity ; ine°vitablenėss** । *adv.* **ine°vitably** । [L. *in-*, *e-*=from, *vitare*= to avoid]

inexact [in-ig-zakt°, ইন্‌ইগ্‌জ্যাক্‌ট্‌°] *a.* not exact, অযথাযথ । *n.* **inėxact°itūde, inėxact°nėss** । [*in-, exact*]

inexcusable [in-iks-kū°-zabl, ইন্‌ইক্‌স্‌কিউ°-জ্যাব্‌ল্] *a.* unpardonable, ক্ষমার অযোগ্য, অমার্জনীয় । *adv.* **inėxcū°sably** । [*in-*, see *excuse*]

inexhaustible [in-ig-zaws°-tabl, ইন্‌ইগ্‌জ্যস্‌°-ট্যাব্‌ল্] *a.* that cannot be exhausted, অফুরান, অক্ষয় (*inexhaustible* fund of energy) । *n.* **in°ėxhaustibi°lity** । *adv.* **inėxhaus°tibly** । [*in-*, see *exhaust*]

inexistence [in-ig-zis°t(a)ns, ইন্‌ইগ্‌জিস্‌°ট্‌ন্‌স্] *n.* non-existence, অনস্তিত্ব, অবিদ্যমানতা । *a.* **inėxis°tent**—অস্তিত্বহীন, অবিদ্যমান । [*in-*, see *exist*]

inexorable [in-eks°(a)-rabl, ইন্‌এক্‌স্‌°র‍্যাব্‌ল্] *a.* relentless, কিছুতেই কথা শোনে না অথবা প্রতিহত বা শান্ত হয় না এমন, অপ্রতিরোধনীয় । *adv* **inex°orably** । [L. *in-, ex-, orare*=to entreat]

inexpedient [in-iks-pē°-di-ant, ইন্‌ইক্‌স্‌পী°-ডিঅ্যান্‌ট্‌] *a.* not expedient, অসুবিধাজনক ; impolitic, অবিচক্ষণ । *n.* **inexpē°diency**—অসুবিধা ; অবিবেচনা । [*in-, expedient*]

inexpensive [in-iks-pen°-siv, ইন্‌ইক্‌স্‌পেন্‌°-সিভ্‌] *a.* cheap, ব্যয়বহুল নহে এমন, সস্তা । *adv.* **inexpen°sively** । *n.* **inexpen°sivenėss** । [*in-*, see *expend*]

inexperience [in-iks-pēr°-i-ans, ইন্‌ইক্‌স্‌পিয়্যার্‌°ইঅ্যান্‌স্] *n.* want of experience, অনভিজ্ঞতা । *a.* **inėxpēr°ienced**—অনভিজ্ঞ, অদক্ষ ; আনাড়ি । [F.—cp. *experience*]

inexpert [in-eks-pa(r)t°, ইন্‌এক্‌স্‌প্যা(র্)ট্‌°] *a.* unskilled, অদক্ষ, আনাড়ি । [OF. *in-*, see *expert*]

inexpiable [in-eks°-pi-able, ইন্‌এক্‌স্‌°পিঅ্যাব্‌ল্] *a.* not able to be expiated for, প্রায়শ্চিত্তের অতীত, অমার্জনীয় ; unappeasable, শান্ত করার অসাধ্য । *adv.* **inex°piably** । [*in-*, see *expiate*]

inexplicable [in-eks°-pli-kabl, ইন্‌এক্‌স্‌°প্লি-ক্যাব্‌ল্] *a.* incapable of being explained, ব্যাখ্যা করার বা কারণ-নির্ণয়ের অসাধ্য, অনির্বচনীয় । *n.* **inexplicabi°lity** । *adv.* **inex°plicably** । [F.—cp. *explicable*]

inexplicit [in-iks-pli°-sit, ইন্‌ইক্‌স্‌প্লি°সিট্‌] *a.* not explicit, not clear, অস্পষ্ট, পরিষ্কার নহে এমন । *adv.* **inexpli°citly** । *n.* **inexpli°citnėss** । [*in-*, see *explicit*]

inexpressible [in-eks-pre°-sabl, ইন্‌এক্‌স্‌প্রে°-স্যাব্‌ল্] *a.* that cannot be expressed, প্রকাশ করা বা ব্যক্ত করা যায় না এমন ; unutterable, অবাচ্য, অনুচ্চার্য ; indescribable, অবর্ণনীয় । *adv.* **inexpre°ssibly** । *a.* **inexpre°ssive** । *n.* **inexpre°ssivenėss** । [*in-*, see *express*]

inexpugnable [in-iks-pug°-nabl, ইন্‌ইক্‌স্‌পাগ্‌°-ন্যাব্‌ল্] *a.* impregnable, invincible, অভেদ্য, অজেয় ; that cannot be captured, যাহা অধিকার করা যায় না । [*in-, expugnabilis*]

in extenso [in eks-ten-sō°, ইন্‌ এক্‌স্‌টেন্‌সৌ°] *pl.* at full length, পুরাপুরিভাবে, অসংক্ষেপিতভাবে । [L.]

inextinguishable [in-iks-ting°-gwi-shabl,

ইন্‌ইক্‌স্‌টিং°গুইশ্যাব্‌ল্] *a.* not extinguishable, নেভান যায় না এমন, অনির্বাণ ; unquenchable, অদম্য। *adv.* **inextin°guishably** । [*in-*, see *extinguish*]

inextricable [in-eks°-tri-kabl, ইন্‌এক্‌স্‌°ট্রি-ক্যাব্‌ল্] *a.* not able to be extricated, জট ছাড়ান যায় না এমন (*inextricable* difficulties) ; that cannot be escaped from, (স্থান অবস্থা প্রভৃতি সম্বন্ধে) এড়ানর অসাধ্য। *adv.* **inex°tricably** । [*in-*, see *extricate*]

infallible [in-fa°-labl, ইন্‌ফ্যা°ল্যাব্‌ল্] *a.* unerring, ভুল করে না এমন, অভ্রান্ত ; unfailing, অব্যর্থ। *n.* **infallibi°lity** । *adv.* **infa°llibly** । [*in-*, *fallible*]

infamous [in°-fa-mas, ইন্‌°ফ্যাম্যাস্] *a.* of ill fame, অখ্যাতিপূর্ণ, কলঙ্কপূর্ণ ; notoriously vile, কুখ্যাত, অতি অসৎ বলিয়া খ্যাত ; abominable, জঘন্য। *n.* **in°famy**—অখ্যাতি, কলঙ্ক, যৎপরোনাস্তি অসৎ ভাব ; জঘন্যতা। [*in-*, *famous*]

infancy—see **infant.**

infant [in°-fant, ইন্‌°ফ্যান্‌ট্] *n.* a babe, শিশু। **infant in arms**—যে শিশু হাঁটিতে শেখে নাই, কোলের শিশু। **infant mortality**—বয়স এক বৎসর পূর্ণ হইবার পূর্বে শিশুমৃত্যু। **infant school**—শিশু-বিদ্যালয়। *n.* **in°fancy**—শৈশব ; বাল্যকাল ; কিছুর আরম্ভ বা শৈশবাবস্থা। *n.* **infan°ticide**—(প্রধানতঃ মাতার সম্মতিক্রমে) নবজাত শিশুহত্যা। *a.* **in°fantile**—শিশুসংক্রান্ত ; শৈশবসংক্রান্ত ; শিশুসুলভ ; অপরিণত। **infantile paralysis**—পক্ষাঘাতরূপ সংক্রামক শিশু-রোগবিশেষ। *n.* **infan°tilism**—শিশুসুলভ আচরণ ; প্রাপ্তবয়স্ক ব্যক্তির অপ্রাপ্তবয়স্কের ন্যায় মানসতা, মনের অনগ্রসরতা। [*in-*, L. *fari*=to speak]

infantry [in°f(a)n-tri, ইন্‌°ফ্‌ন্‌ট্রি] *n.* foot soldiers, পদাতিক সৈন্যবাহিনী। *n.* **in°fantryman**—পদাতিক সৈনিক। [F. *infanterie*<It. *infanteria*]

infatuate [in-fa°-tū-āt, ইন্‌ফ্যা°টিউএইট্] *v.t.* to turn to folly, বুদ্ধিভ্রষ্ট করান ; to inspire with extravagant passion, মোহাচ্ছন্ন করা। *p.* & *p. pt.* **infa°tūātėd** । *n.* **infatūā°tion** । [L. *infatuare*]

infect [in-fekt°, ইন্‌ফেক্‌ট্°] *v.t.* to fill with noxious corruption or germs, দোষপূর্ণ বা রোগজীবাণুপূর্ণ করা, দূষিত বা সংক্রামিত করা ; to spread to, ছাইয়া ফেলা। *p.* & *p. pt.* **infec°tėd** । *n.* **infec°tion**—দূষণ ; সংক্রমণ ; সংক্রামক রোগ। *a.* **infectious** [in-fek°-shas, ইন্‌ফেক্‌°শ্যাস্] সংক্রামক ; ব্যাপ্তিশীল, ছড়াইয়া পড়ে এমন। *a.* **infective** । [L. *inficere*]

infelicitous [in-fi-li°-si-tas, ইন্‌ফিলি°সিট্যাস্] *a.* not felicitous, আনন্দদায়ক বা মনোহর নহে এমন ; inappropriate, অযথাযথ, বেমানান। *n.* **infėli°city**—আনন্দদান-শক্তির বা মনোরঞ্জন-শক্তির অভাব ; অশোভনতা, অপ্রাসঙ্গিকতা। [*in-*, see *felicity*]

infer [in-fa(r)°, ইন্‌ফ্যা(র্)°] *v.t.* to deduce, (কিছু হইতে) সিদ্ধান্ত করা। *pr. pt.* **infe°rring** । *p.* & *p. pt.* **infe°rred** । *a.* **infe°rable, infe°rrable** । *n.* **in°ference**—সিদ্ধান্ত, (পরি.) অনুমিতি। *a.* **inferential** [in-fa-ren°sh(a)l, ইন্‌ফ্যারেন্‌°শ্‌ল্] সিদ্ধান্তজাত ; সিদ্ধান্তসংক্রান্ত। [L. *inferre*]

inferior [in-fēr°-i-a(r), ইন্‌ফিয়্যার্‌°ইঅ্যা(র্)] (**1**) *a.* lower, নিম্নতর বা হীনতর ; subordinate, অধীন, (পরি.) অধরিক ; poor or poorer in quality, নিকৃষ্ট বা নিকৃষ্টতর ; (of ovary) below the calyx, (জরায়ু-সম্বন্ধে) অধোগর্ভ। (**2**) *n.* one lower in rank or station, হীনপদস্থ ব্যক্তি ; a subordinare person, অধীন কর্মচারী। *n.* **inferiority** [in-fēr-i-o°-ri-ti, ইন্‌ফিয়্যার্‌ইঅ°রিটি]। **inferiority complex**—স্বীয় হীনতাসম্বন্ধে অবচেতন ধারণাজনিত মানসিক বিশৃঙ্খলা, হীনমানস, (পরি.) হীনতাভাব। *adv.* **infēr°iorly** । [L.]

infernal [in-fa(r)°nl, ইন্‌ফ্যা(র্)°ন্‌ল্] *a.* of hell or lower world, নরকের, পাতালের ; hellish, নারকী ; devilish, শয়তানসুলভ, শয়তানিপূর্ণ ; abominable, জঘন্য। *adv.* **infer°nally** । [L. *infernus*]

inferno [in°-fa(r)-nō, ইন্‌°ফ্যা(র্)নৌ] *n.* hell, নরক, পাতাল। [It.]

inferrable, inferred, inferring—see **infer.**

infertile [in-fa(r)°-tīl, ইন্‌ফ্যা(র্)°টাইল্] *a.* unproductive, অনুর্বর, নিষ্ফল। *n.* **inferti°lity** । [F.—cp. *fertile*]

infest [in-fest°, ইন্‌ফেস্‌ট্°] *v.t.* to haunt or beset or swarm about, in a troublesome or injurious way, (প্রধানতঃ কীটাদি কর্তৃক) উপদ্রবসহকারে বা ক্ষতিকরভাবে (স্থানাদি) পরিব্যাপ্ত বা অধ্যুষিত করা। *p.* & *p. pt.* **infes°tėd** । *n.* **infestā°tion** । [L. *infestare*]

infidel [in°-fid(a)l, ইন্‌°ফিড্‌ল্] (**1**) *a.* unbelieving or sceptical, অবিশ্বাসী, নাস্তিক ; disbelieving any religion, ধর্মে অবিশ্বাসী। (**2**) *n.* one belonging to religion opposed to Christianity, খ্রিস্টধর্মবহির্ভূত ব্যক্তি ; a disbeliever in religion, নাস্তিক বা অবিশ্বাসী ব্যক্তি। *n.* **infide°lity**—(প্রধানতঃ দাম্পত্য) বিশ্বাসঘাতকতা ; ধর্মে অবিশ্বাস। [OF. *infidele*<L. *idfedelis*]

infield [in°-fēld, ইন্‌°ফীল্‌ড্] *n.* (in cricket) the part of the ground near the wicket, (ক্রিকেটে) উইকেটের নিকটবর্তী খেলার মাঠের অংশ। [*in*, *field*]

infighting [in°-fī-ting, ইন্‌°ফাইটিং] *n.* boxing at close quarters, খুব কাছাকাছি অবস্থায় মুষ্টিযুদ্ধ ; (fig.) hidden conflict in an organization, যে কোন সঙ্ঘ বা সংগঠনের আভ্যন্তরীণ সংঘর্ষ বা অন্তর্দ্বন্দ্ব। [*in-*, see *fight*]

infiltrate [in-fil°-trāt, ইন্‌ফিল্‌ট্রেইট্] *v.t.i.* to cause to percolate, (তরল পদার্থাদি) চোয়ান, পাতন করা ; to permeate, পরিব্যাপ্ত করা ; to interpenetrate gradually and unobservedly, ক্রমে ক্রমে ও অলক্ষিতে অনুপ্রবেশ করা। *p. & p. pt.* **infil°trātėd** । *n.* **infiltrā°tion, infiltrā°tor** । [*in-*, see *filter*]

infinite [in°-f(i)nit, ইন্‌°ফ্‌নিট্] (**1**) *a.* endless, limitless, অশেষ, অনন্ত, অসীম ; vast, বিশাল ; innumerable, অসংখ্য ; inexhaustible, অক্ষয় ; (math.) greater than any assignable quantity, (গণি.) সংখ্যাতীত, অগণ্য। (**2**) *n.* that which is boundless, অনন্ত কাল সীমা প্রভৃতি। **(the) Infinite**—ঈশ্বর। *adv.* **in°finitely** । *n.* **in°finiteness** । *a.* **infinitesimal** [inf(i)ni-te°-sim(a)l, ইন্‌ফ্‌নিটে°সিম্‌ল্] পরিমেয়ভাবে ক্ষুদ্র, অতি ক্ষুদ্র, ক্ষুদ্রাতিক্ষুদ্র। **infinitesimal calculus**—অনুকলন। *n.* **infi°nitūde**—অশেষতা, অন্তহীনতা ; অসীমতা ; বিশালতা ; সংখ্যাহীনতা ; অক্ষয়তা ; অগণ্যতা। *n.* **infi°nity**—অনন্ত বা অসীম কাল সীমা প্রভৃতি; (গণি.) গণনাতীত সংখ্যা (সঙ্কেত চিহ্ন ∞)। [*in-*, *finite*]

infinitive [in-fi°-ni-tiv, ইন্‌ফি°নিটিভ্] (**1**) *a.* (gr.—of the mood of a verb) expressing the verbal notion without person or number, (ব্যাক.) পুরুষ বা বচন ব্যতিরেকে ক্রিয়াভাব-প্রকাশক। (**2**) *n.* the infinitive mood or a verb in this mood, উক্ত ক্রিয়াভাব বা উক্ত ক্রিয়াভাবসূচক ক্রিয়াপদ। **(to) split infinitive(s)**—'to' ও ক্রিয়াপদের মধ্যে ক্রিয়াবিশেষণাদি বসান (যেমন, to earnestly request)। *a.* **infiniti°val** । [L. *infinitivus*]

infinitude, infinity—see **infinite.**

infirm [in-fa(r)m°, ইন্‌ফ্যা(র্)ম্°] *a.* feeble, দুর্বল ; sickly, রুগ্ণ। **infirm of purpose**—সঙ্কল্পে বিচলিত এমন। *n.* **infir°mary**—হাসপাতাল ; চিকিৎসালয়। *n.* **infirmi°ty**—দুর্বলতা ; বৈকল্য (*infirmities* of old age)। *adv.* **infirm°ly** । [*in-*, $firm_1$]

infix [in°-fiks, ইন্‌°ফিক্‌স্] (**1**) *v.t.* to fix firmly into, পোক্তভাবে পুঁতিয়া দেওয়া ; to drive in, ভিতরে ঢুকাইয়া দেওয়া ; to insert an element within a root or the body of a word, শব্দাভ্যন্তরে ধাতুর সহিত শব্দ যুক্ত করা। (**2**) *n.* inserted element, নিষ্পাদক অংশ। [L. *infixus*]

inflame [in-flām°, ইন্‌ফ্লেইম্°] *v.t.i.* to cause to flame or burn, or burst into flame, প্রজ্বালিত করা বা প্রজ্বলিত হওয়া, আগুন লাগান বা আগুন ধরা ; to make or become hot, উত্তপ্ত করা বা হওয়া ; to make or become excited, উত্তেজিত বা উদ্দীপ্ত করা অথবা হওয়া। **inflamed eyes**—রক্তবর্ণ চক্ষু বা ক্রুদ্ধ দৃষ্টি। [OF. *en-, flammer*<L. *inflammare*]

inflammable [in-fla°-mabl, ইন্‌ফ্ল্যা°ম্যাব্‌ল্] *a.* that may be set on fire, দাহ্য ; easily kindled or excited, সহজে জ্বলিয়া ওঠে অথবা উদ্দীপ্ত বা উত্তেজিত হয় এমন। *n.* **inflammabi°lity** । *n.* **inflammā°tion**—দাহ্যতা ; সহজদাহ্যতা ; উদ্দীপন, উত্তেজন ; ফোড়া প্রভৃতির ফলে অঙ্গের স্ফীতি জ্বালা ও আরক্ত ভাব, প্রদাহ। *a.* **infla°mmatory**—প্রজ্বালক, জ্বলনশীল, উত্তেজক (*inflammatory* speeches ; an *inflammatory* condition of the bronchus)। [L. *inflammare*]

inflate [in-flāt°, ইন্‌ফ্লেইট্°] *v.t.* to swell with air or gas, বাতাস বা বাষ্প ঢুকাইয়া স্ফীত করা : to puff up, ফোলান ; to elate, গর্বিত করা ; to expand or raise unduly, অযথা প্রসারিত করা বা বাড়ান (to *inflate* price)। *a.* **inflā°tėd**—স্ফীত। *n.* **inflā°tion**—inflate-এর সকল অর্থে, এবং—(অর্থ.) মুদ্রাস্ফীতি। *a.* **infla°tionary**—মুদ্রাস্ফীতিজনিত (*inflationary* effect on prices)। *n.* **inflā°tor**—যাহা স্ফীত করে ; সাইকেল ফুটবল প্রভৃতির পাম্প্। [L. *in-*, *flare*]

inflatus [in-flā°-tas, ইন্‌ফ্লেই°ট্যাস্] *n.* inspiration, প্রেরণা, উদ্দীপনা। [L.]

inflect [in-flekt°, ইন্‌ফ্লেক্‌ট্°] *v.t.* to bend in, বাঁকাইয়া আনা ; to modulate, (স্বর) ভাঁজা ; (gr.) to vary in the terminations, (ব্যাক.) বিভক্তি বা প্রত্যয় যোগে শব্দের বা ধাতুর রূপ-পরিবর্তন করা। *p. & p. pt.* **inflec°tėd** । *n.* **inflec°tion, inflexion** [in-flek°sh(a)n, ইন্‌ফ্লেক্‌°শ্‌ন্] বাঁকাইয়া আনয়ন ; অপসারণ ; পথচ্যুতি ; স্বর-ভাঁজা ; (ব্যাক.) বিভক্তি ও প্রত্যয়। *a.* **inflec°tional, inflex°ional**—বাঁকাইয়া আনয়ন বা অপসারণ বা পথচ্যুতি বা স্বর-ভাঁজা বা বিভক্তি ও প্রত্যয় সম্বন্ধীয় (*inflectional* endings)। [L. *inflectere*]

inflexible [in-flek°-sabl, ইন্‌ফ্লেক্‌°স্যাব্‌ল্] *a.* unbending, অনমনীয় (*inflexible* will) ; rigid, কঠিন, শক্ত। *n.* **inflexibi°lity** । *adv.* **inflex°ibly** । [*in-*, *flexible*]

inflexion—see **inflect.**

inflict [in-flikt°, ইন্‌ফ্লিক্‌ট্°] *v.t.* to lay on, (আঘাতাদি) হানা বা বসান (to *inflict* a blow) ; to impose, (শাস্তি বেদনা প্রভৃতি) প্রদান বা আরোপ করা (to *inflict* punishment)। *p. & p. pt.* **inflic°tėd** । *n.* **inflic°tion** । [L. *infligere*]

inflorescence [in-flaw-re°sns, ইন্‌ফ্ল্যারে°স্‌ন্‌স্] *n.* mode of branching of a flower-bearing axis, যে-কোন একখানি বৃক্ষশাখায় পুষ্প-প্রস্ফুটনের ধারা, পুষ্পবিন্যাস। [L. *inflorescere*=to begin to blossom]

inflow [in°flō, ইন্‌°ফ্লৌ] *n.* act of flowing in, influx, প্রবাহিত হইয়া ভিতরে প্রবেশ, অন্তঃপ্রবাহ (*inflow* of capital)। *a.* **in°flowing**—অন্তঃপ্রবাহী। [*in-*, *flow*]

influence [in°-floo-ans, ইন্‌°ফ্লুঅ্যান্‌স্] (**1**) *n.* (astro.) planetary power upon men and things, (জ্যোতিষ.) গ্রহপ্রভাব ; power of producing an effect, (প্রধানতঃ অলক্ষিত) প্রভাব ;

that which has such power, প্রভাববিশিষ্ট বস্তু ; ascendency, কর্তৃত্ব, ক্ষমতা। (2) *v.t.* to have or exert influence upon, (কাহারও উপরে) প্রভাবসম্পন্ন হওয়া বা প্রভাবিত করা। *a.* **influential** [in-floo-en°sh(a)l. ইন্‌ফ্লুএন্°শ্‌ল্] প্রভাববিশিষ্ট ; ক্ষমতাশালী। *adv.* **influen°tially** । [OF. <LL. *influentia*]

influenza [in-floo-en°za, ইন্‌ফ্লুএন্°জ়্যা] *n.* a kind of fever, ইন্‌ফ্লুএনজা-জ্বর। [It.]

influx [in°-fluks, ইন্°ফ্লাক্‌স্] *n.* a flowing in, প্রবাহিত হইয়া ভিতরে প্রবেশ, অন্তঃপ্রবাহ (a steady *influx* of tourists) ; that which flows in, অন্তঃপ্রবিষ্ট বস্তু। [L. *influxus*]

infold—alt. spell. of **enfold.**

inform [in-faw(r)m°, ইন্‌ফ্য(র্)ম্°] *v.t.i.* to intimate to, জ্ঞাপন করা ; to tell, বলা ; to inspire, প্রেরণা দেওয়া। *n.* **infor°mant**—সংবাদদাতা ; সন্ধানদাতা। *n.* **information** [in-fa(r)-mā°sh(a)n, ইন্‌ফ্যা(র্)মেই°শ্‌ন্] তথ্য ; সংবাদ ; প্রেরণা ; বিচারাধীন আসামির পক্ষে প্রতিকূল সংবাদাদি। *a.* **infor°mative, infor°matory**—তথ্যদায়ক ; তথ্যপূর্ণ ; তথ্যমূলক ; শিক্ষামূলক (an *informative* book, talk, etc.)। *a.* **infor°med**—ওয়াকিবহাল ; তথ্যাভিজ্ঞ (well-*informed*, ill-*informed*) *n.* **infor°mer**—সংবাদদাতা ; গুপ্তসংবাদদাতা, গুপ্তচর ; প্রেরণাদাতা। [OF. *enformer*<L. *informare*]

informal [in-faw(r)°ml, ইন্‌ফ্য(র্)°ম্‌ল্] *a.* not formal, যথানিয়মের ধারাবর্জিত ; বিধিবহির্ভূত ; irregular, রীতিবিরুদ্ধ ; unceremonious, লৌকিকতাবর্জিত। *n.* **informa°lity** । *adv.* **infor°mally** । [*in-*, see *form*]

informant, information, informative, informatory, informer—see **inform.**

infra- [in°-fra, ইন্°ফ্র্যা] *in comp.* below, নিম্ন-, নিম্নস্থ। *a.* **infracos°tal**—পাঁজরাসমূহের নিচে বা নিম্নাংশে স্থিত। **infra dig**—(কথ্য.) মর্যাদাহানিকর ; অশোভন, বেমানান। *a.* **in°fra-red**—দৃশ্যমান বর্ণালীর রক্তবর্ণ প্রান্তের বহির্ভূত, অবলোহিত, (পরি.) রঙ্গপূর্ব। *a.* **infrare°nal**—মূত্রগ্রন্থি বা বৃক্কের নিচে স্থিত। *n.* **infrastruc°ture**—প্রতিরক্ষা ব্যবস্থার ভিত্তিস্বরূপ বিমান অবতরণের জন্য অবতরণ-ক্ষেত্র এবং দূরপাল্লার সংবাদ আদানপ্রদানের জন্য ও অন্যান্য আনুষঙ্গিক ব্যাপারে সুসংহত বন্দোবস্ত ; সামরিক উদ্দেশ্যে সুবিন্যস্ত ও সুসংহত স্থায়ী ভিত্তি ; দ্রুত উন্নতি ও অগ্রগতির জন্য শিল্পে অনুরূপ ব্যবস্থা। [L.]

infract [in-frakt°, ইন্‌ফ্র্যাক্ট্°] *v.t.* to infringe, (আইন নিয়ম প্রভৃতি) লঙ্ঘন করা। *p.* & *p. pt.* **infrac°ted** । *n.* **infrac°tion** । [F. *infringere*]

infra dig, infra-red—see **infra-.**

infrequent [in-frē°-kwant, ইন্‌ফ্রী°ক্যোআ্যান্ট্] *a.* seldom occurring, বড় একটা ঘটে না এমন, দুর্ঘট ; rare, বিরল। *n.* **infre°quency** । [*in-*, see *frequent*]

infringe [in-frinj°, ইন্‌ফ্রিন্‌জ্°] *v.t.* to violate, (আইন শর্ত নিয়ম প্রভৃতি) লঙ্ঘন করা (to *infringe* upon the rights of others)। *n.* **infringe°ment** । [L. *infringere*]

infructuous [in-frŭc°-tū-as, ইন্‌ফ্রাক্°টিউঅ্যাস্] *a.* not fruitful. নিষ্ফল। [*in-*, L. *frutuosus*]

infundibular [in-fun-di°-bū-la(r), ইনফান্‌ডি°-বিউল্যা(র্)] *a.* funnel-shaped, কুপির আকারবিশিষ্ট। [*in-*, L. *fudibulum*]

infuriate [in-fūr°i-āt, ইন্‌ফিউয়্যার্°ইএইট্] *v.t.* to enrage, ক্রুদ্ধ করান ; to madden, ক্ষিপ্ত করা। *p.* & *p. pt.* **infur°iātėd** । [F. *infuriare*]

infuse [in-fūz°, ইন্‌ফিউজ়্°] (1) *v.t.* to pour in, তরল পদার্থাদি ভিতরে ঢালিয়া দেওয়া ; to instil, ফোঁটায় ফোঁটায় ভিতরে ঢালা ; to imbue, পরিপূর্ণ বা পরিপৃক্ত করা। (2) *v.i.* to undergo infusion, তরল পদার্থাদিতে (একটু-একটু করিয়া) পূর্ণ বা সিক্ত হওয়া। *a.* **infu°sible$_2$** । *n.* **infu°sion**—infuse-এর সকল অর্থে, এবং—ঢালিয়া দেওয়া ; যাহা ভিতরে ঢালিয়া দেওয়া হইয়াছে ; প্রেরণা। [L. *infundere*]

infusible$_1$ [in-fū°-zabl, ইন্‌ফিউ°জ়্যাব্‌ল্] *a.* that cannot be fused, গলান যায় না এমন, অদ্রাব্য। *in-*, see *fuse$_1$*]

infusible$_2$, infusion—see **infuse.**

infusoria [in-fū-saw°-ri-a, ইন্‌ফিউস্য°রিঅ্যা] *n. pl.* a class of protozoa found in infusions of decaying animal or vegetable matter, এক শ্রেণীর প্রোটোজোআ বা আদিপ্রাণী : মৃত প্রাণিদেহ বা উদ্ভিদাদি জলমধ্যে রাখিয়া বিগলিত করিলে এইগুলি উৎপন্ন হয়, ক্রিমি-কীট। [Mod. L. —cp. *infuse*]

ingathering [in°-ga-dha-ring, ইন্°গ্যাদ্যারিং] *n.* collection, সংগ্রহ ; harvest, (শস্য বা ফলের) ফসল-সংগ্রহ। [*in-*, see *gather*]

ingeminate [in-je°-mi-nāt, ইন্‌জে°মিনেইট্] *v.t.* to reiterate, পুনরাবৃত্তি করা ; to double, জোড়া যোগাড় করা। *p.* & *p. pt.* **inge°minātėd** । *n.* **ingeminā°tion** । [*in-*, *geminate*]

ingenious [in-jē°-ni-as, ইন্‌জী°নিঅ্যাস্] *a.* skilful in contriving, উদ্ভাবনে দক্ষ ; skilfully contrived, দক্ষতার সহিত উদ্ভাবিত। *adv.* **inge°niously** । *n.* **inge°niousnėss** । [L. *ingenium*=mother-wit]

ingénue [un-zā-nū°, আঁজ়েইনিউ°] *n.* an artless girl, ছলাকলাহীনা বিশেষতঃ নাটকীয় ভাবভঙ্গিহীনা নারী। [F.]

ingenuity [in-ji-nū°-i-ti, ইন্‌জিনিউ°ইটি] *n.* (ori.) ingenuousness, (মূলতঃ) অকপটতা ; (by confusion) ingeniousness, উদ্ভাবনী দক্ষতা। [L. *ingenuitas*]

ingenuous [in-je°-nū-as, ইন্‌জে°নিউঅ্যাস্] *a.* frank, মনখোলা, অকপট ; artless, ছলাকলাহীন। *adv.* **inge°nuously** । *n.* **inge°nuousnėss** । [L. *ingenuus*]

ingest [in-jest°, ইন্‌জেস্ট্‌°] *v.t.* to take (food) into stomach, পাকস্থলীতে (খাদ্য) গ্রহণ করা। *n.* **inges°tion** । *a.* **inges°tive** । [*in-*, L. *gerere* = to carry]

ingle [ing°gl, ইংগ্‌ল্‌] *n.* a fire, (উনানাদির) আগুন ; fireplace, গৃহমধ্যস্থ পাকা চুল্লি। *n.* **in°gle-nook**—উক্ত চুল্লির পার্শ্বস্থ কোকর। [Sc.<?]

inglorious [in-glaw°-ri-as, ইন্‌গ্ল্যরিঅ্যাস্] *a.* not glorious, গৌরবহীন ; ignominious, কলঙ্ককর ; shameful, লজ্জাকর। *adv.* **inglo°riously** । [*in-*, *glorious*]

ingoing [in°-gō-ing, ইন্‌গোইং] (**1**) *n.* a going in, প্রবেশ। (**2**) *a.* going in, প্রবেশক (the *ingoing* tenant) । [*in*, *going*]

ingot [ing°-gat, ইংগ্যাট্‌] *n.* a mass of unwrought metal, (প্রধানতঃ স্বর্ণ ও রৌপ্যের) বাট, ধাতুপিণ্ড। [OF. *in* = in, *got* = poured ?]

ingraft—alt. spell. of **engraft.**

ingrain—alt. spell. of **engrain.**

ingrate [in-grāt°, ইন্‌গ্রেইট্‌°] (**1**) *a.* ungrateful, অকৃতজ্ঞ। (**2**) *n.* an ungrateful person, অকৃতজ্ঞ ব্যক্তি। [L. *ingratus*]

ingratiate [in-grā°shi-āt, ইন্‌গ্রেই°শিএইট্‌] *v.t.* to commend to grace, অনুগ্রহভাজন করান। *p.* & *p. pt.* **ingrā°tiātėd** । *a.* **ingra°tiating** । **ingratiating smile**—অনুগ্রহপ্রার্থীর ন্যায় হাসি। *adv.* **ingra°tiatingly** । [L. *in*, *gratia* = favour]

ingratitude [in-gra°-ti-tūd, ইন্‌গ্র্যা°টিটিউড্‌] *n.* unthankfulness, অকৃতজ্ঞতা। [*in-*, *gratitude*]

ingravescent [in-gra-ve°-sent, ইন্‌গ্র্যাভে°সেন্ট্‌] *a.* (path. of disease) growing worse, (চিকি. রোগ সম্বন্ধে) ক্রমশঃ খারাপ হইতেছে এমন। **ingrave°scence** । [*in-*, L. *gravescere* = to grow heavy]

ingredient [in-grē°-diant, ইন্‌গ্রী°ডিঅ্যান্ট্‌] *n.* a component part, মিশ্র বস্তুর উপাদান (the *ingredients* of a thing or of one's character) । [L. *ingrediens*]

ingress [in°-gres, ইন্‌গ্রেস্] *n.* entrance, প্রবেশ ; power or right or means of entrance, প্রবেশ-ক্ষমতা, প্রবেশাধিকার, প্রবেশোপায়। [L. *ingressus*]

in-group [in°-groop, ইন্‌গ্রুপ্] *n.* persons sharing common interests, সাধারণ স্বার্থদ্বারা যুক্ত ব্যক্তিগণ। [*in-*, see *group*]

ingrowing [in°-grō-ing, ইন্‌গ্রোইং] *a.* growing inwards, ভিতরের দিকে বর্ধমান বা জায়মান (*ingrowing* nail) । *n.* **ingrowth** [in°-grōth, ইন্‌গ্রোথ্‌] ভিতরের দিকে বৃদ্ধি। [*in-*, see *grow*]

inguinal [ing°-gwi-nal, ইংগুইন্যাল্‌] *a.* of or relating to the groin, কুঁচকি-সংক্রান্ত। [L. *inguinalis*]

ingulf—var. of **engulf.**

ingurgitate [in-gu(r)°-ji-tāt, ইন্‌গা(র্)°জিটেইট্‌] *v.t.* to swallow up greedily, লোভীর ন্যায় বা সাগ্রহে গিলিয়া ফেলা। *p.* & *p. pt.* **ingur°gitātėd** । [L. *ingurgitare*]

inhabit [in-ha°-bit, ইন্‌হ্যা°বিট্‌] *v.t.* to dwell in, (কোথাও) বসবাস বা অধিষ্ঠান করা ; to occupy, অধিকার করা। *a.* **inha°bitable**—বসবাসের যোগ্য। *n.* **inha°bitancy**—কোন স্থানে নির্দিষ্ট কাল ব্যাপিয়া বসবাস। *n.* **inha°bitant**—অধিবাসী। *n.* **inhabitā°tion**—বসবাস ; বাসা। [L. *inhabitare*]

inhale [in-hāl°, ইন্‌হেইল্‌°] *v.t.i.* to breathe in, নিঃশ্বাসের সহিত গ্রহণ করা বা নিঃশ্বাস লওয়া, শ্বসন করা ; to take or draw in, ভিতরে গ্রহণ করা, টানিয়া লওয়া। *n.* **inhā°lant**—শ্বসনযন্ত্র, শ্বাসযন্ত্র ; যে ঔষধ নিঃশ্বাসের সহিত গ্রহণ করিতে বা শুঁকিতে হয়। *n.* **inhalation** [in-a-lā°-sh(a)n, ইন্‌অ্যালেই°শ্‌ন্‌] শ্বাসগ্রহণ, শ্বসন ; শ্বাসের সহিত গ্রহণীয় বস্তু। *n.* **inhā°ler**—শ্বাসগ্রহণকারী ; শ্বসনকারী ; অভ্যস্ত তামাকসেবী ; শ্বাসগ্রহণের সহায়ক যন্ত্র ; (বিষাক্ত) গ্যাসপ্রতিরোধী মুখোশ। [L. *inhalare*]

inharmonious [in-hŭ(r)-mō°-ni-as, ইন্‌হা(র্)মৌ°নিঅ্যাস্] *a.* not harmonious, মিলহীন, সঙ্গতিহীন, বেসুরো, বেতালা। *adv.* **inharmō°niously** । [*in-*, see *harmonic*]

inhere [in-hē(r)°, ইন্‌হিয়্যা(র্)°] *v.i.* to stick, আঁটিয়া থাকা, দৃঢ়সংলগ্ন থাকা ; to be innate, সহজাত বা জন্মগত হওয়া। *n.* **inhēr°ence**—দৃঢ়সংলগ্নতা ; জন্মগত অবস্থা ; (পরি.) অধিষ্ঠান। *a.* **inhēr°ent**—দৃঢ়সংলগ্ন ; সহজাত, জন্মগত। *adv.* **inhēr°ently** । [L. *inhaerere*]

inherit [in-he°-rit, ইন্‌হে°রিট্‌] *v.t.* (arch.) to be the heir of, (আর্ষ.) উত্তরাধিকারী হওয়া ; to get or possess as heir, উত্তরাধিকারসূত্রে পাওয়া বা ভূষিত হওয়া, (পরি.) বংশানুসরণ করা। *p.* & *p. pt.* **inhe°ritėd** । *a.* **inheri°table**—same as **heritable** । *n.* **inhe°ritance**—উত্তরাধিকারসূত্রে প্রাপ্ত বস্তু ; উত্তরাধিকারপ্রাপ্তি ; উত্তরাধিকার ; (পরি.) বংশগতি। *n.* **inhe°ritor**—উত্তরাধিকারী। *fem.* **inhe°ritrėss, inhe°ritrix** । [OF. *enheriter* = to put in possession as heir <LL. *inhereditare* = to inherit]

inhibit [in-hi°-bit, ইন্‌হি°বিট্‌] *v.t.* to prohibit, নিষিদ্ধ করা ; to check, বাধা দেওয়া, দমন করা। *p.* & *p. pt.* **inhi°bitėd** । *n.* **inhibi°tion**—নিষিদ্ধ করা ; বাধাদান ; (মনোবি.) নিষিদ্ধ বিবেচনায় প্রবৃত্তি বা কার্য হইতে অভ্যাসগত বিরতি ; (পরি.) বাধ। *n.* **inhibitor** । *a.* **inhi°bitory**—নিষেধাত্মক ; বাধাদায়ক, দমনমূলক। [L. *inhibere*]

inhospitable [in-hos°-pi-tabl, ইন্‌হস্‌পিট্যাবল্‌] *a.* not hospitable, আতিথেয়তাশূন্য। *n.* **inhos°pitablenėss, inhospita°lity** । *adv.* **inhos°pitably** । [*in-*, *hospitable*]

inhuman [in-hū°-man, ইন্‌হিউ°ম্যান্‌] *a.* not in conformity with human qualities or not within human power, অমানুষিক ; barbarous, বর্বরোচিত ; cruel, নিষ্ঠুর (*inhuman* treatment) ; unfeeling, নির্মম । *n.* **inhūma°nity** । [*in-*, *human*]

inhumane [in-hū-mān°, ইনহিউমেইন্°] *a.* not humane or kind, দয়ালু বা করুণাপরবশ নয় এমন ; cruel, নিষ্ঠুর । [*in-*, see *human*]

inhume [in-hūm°, ইন্হিউম্°] *v.t.* to bury, সমাহিত করা, কবর দেওয়া । *n.* **inhūmā°tion** । [L. *inhumare*]

inimical [i-ni°-mik(a)l, ইনি°মিক্ল্] *a.* hostile, শত্রুভাবাপন্ন ; opposed, বিরোধী, প্রতিকূল ; harmful, ক্ষতিকর । *adv.* **ini°mically** । [L. *inimicalis*]

inimitable [in-i°-mi-tabl, ইন্ই°মিট্যাব্ল্] *a.* that cannot be imitated, অননুকরণীয় ; peerless, অতুলন । *n.* **ini°mitableness** । *adv.* **ini°mitably** । [*in-*, *imitable*]

iniquitous—see **iniquity.**

iniquity [in-i°-kwi-ti, ইন্ই°কুাইটি] *n.* injustice, অবিচার, অন্যায়পরতা ; wickedness, দুর্বৃত্তি, বদমাশি ; a crime, অপরাধ । *a.* **ini°quitous**—অবিচারপূর্ণ, অন্যায় (an *iniquitous* system of distribution) ; দুর্বৃত্তিপূর্ণ । [F. *iniquite*<L. *iniquitas*]

initial [i-ni°sh(a)l, ইনি°শ্ল্] (**1**) *a.* beginning, আরম্ভ হইতেছে এমন, আরভমাণ ; of or at the beginning, প্রারম্ভিক, প্রাথমিক । (**2**) *n.* the letter beginning a word, শব্দের আদ্যক্ষর, (in *pl.*) নামের আদ্যক্ষরসমূহ । (**3**) *v.t.* to put the initials of one's name to, স্বীয় নামের আদ্যক্ষর দিয়া সই করা । *pr. pt.* **ini°tialling ;** *p. & p. pt.* **ini°tialled** । *adv.* **ini°tially** । [L. *initialis*]

initiate [i-ni°-shi-āt, ইনি°শিএইট্] (**1**) *v.t.* to begin, আরম্ভ করা, প্রবর্তন করা ; to introduce, অবগত বা পরিচিত করান (to *initiate* to knowledge) ; to admit, ভরতি করা, ব্রতী করা । *p. & p. pt.* **ini°tiāted** । (**2**) *n.* one who is initiated, সদ্য ব্রতী ব্যক্তি । *n.* **ini°tiā°tion** । **ini°tiātive**—(**1**) *a.* প্রবর্তক ; ব্রতী করান হইয়াছে এমন ; ভূমিকাস্বরূপ ; সূচক । (**2**) *n.* আরম্ভ, প্রবর্তন ; আরম্ভ করার ক্ষমতা বা অধিকার ; অন্যের সাহায্য বিনা নিজেই কাজ করার উদ্যম (to take the *initiative*) । **on one's own initiative**—নিজ উদ্যমে বা চাড়ে । [see *initial*]

inject [in-jekt°, ইন্জেক্ট্°] *v.t.* to force in as by a syringe, সূচিপ্রয়োগ করা, ইনজেকশন করা ; to inspire, অনুপ্রাণিত বা উদ্বুদ্ধ করা (his inclusion may *inject* a new life into the party) । *p. & p. pt.* **injec°ted** । *n.* **injec°tion**—সূচিপ্রয়োগ ; সূচিপ্রয়োগের ঔষধ । [L. *injicere*]

injudicious [in-joo-di°-shas, ইন্জুডি°শ্যাস্] *a.* not judicious, অবিচক্ষণ ; rash, হঠকারী (*injudicious* act, comment, remark, etc.) । *adv.* **injudi°ciously** । *n.* **injudi°ciousness** । [*in-*, *judicious*]

injunction [in-jung°sh(a)n, ইন্জাং°শ্ন্] *n.* a command or order, আদেশ, হুকুম ; an inhibitory writ of a superior court, কোন কার্যে বাধাদানার্থ উচ্চতর আদালতের হুকুম । [L. *injunctio*]

injure [in°-za(r), ইন্°জ্যা(র্)] *v.t.i.* to wrong, (কাহারও প্রতি) অন্যায় করা ; to harm or damage, ক্ষতি করা ; to hurt, আঘাত করা, ক্ষত করা । *a.* **in°jured**—আঘাতপ্রাপ্ত, আহত ; ক্ষুব্ধ (in an *injured* voice) । *n.* **in°jurer** । *a.* **injurious** [in-jooar°-i-as, ইন°জুয়্যার্°ইঅ্যাস্] অন্যায়সাধক ; ক্ষতিকর (*injurious* to health) ; আঘাতকর । *adv.* **inju°riously** । *n.* **inju°riousness** । *n.* **injury** [in°z(a)-ri, ইন্°জ্রি] অন্যায়সাধন ; ক্ষতি ; আঘাত । [L. *injuria*=injury]

injustice [in-jus°-tis, ইন্জাস্°টিস্] *n.* want or violation of justice, অবিচার । [*in-*, *justice*]

ink [ingk, ইংক্] (**1**) *n.* a black or coloured fluid, কালি, মসী । (**2**) *v.t.* to smear or mark with ink, কালি লেপন করা বা বোলান, মসীচিহ্নিত করা । *p. & p. pt.* **in°ked** । **China ink, Indian ink**—প্রদীপাদির ঝুলে প্রস্তুত কালির বড়ি । *n.* **ink°-bottle**—কালির বোতল । *n.* **in°ker**—যে ব্যক্তি (প্রধানতঃ ছাপাখানার মেশিনে) কালি লাগায়, কালিওয়ালা ; (মুদ্রাক্ষরাদিতে) কালি লাগানর যন্ত্র বা প্যাড্ । *n.* **ink°-erā°ser**—কালির দাগ তোলার রবার । *n.* **ink°-hōlder**—কালির আধার ; ঝরনাকলমের যে অংশে কালি থাকে । *n.* **ink°-horn**—বহনসাধ্য মস্যাধার (পূর্বে ইহা পশুশৃঙ্গে নির্মিত হইত) । *n.* **ink°-pad**—(ছাপ দিবার জন্য) স্ট্যাম্প্ সীল্ প্রভৃতিতে মাখানর জন্য কালি যে প্যাডে ঢালিয়া রাখা হয় । *n.* **ink°-pot**—দোয়াত । *n.* **ink°-stand**—দোয়াতদান । *n.* **ink°-well**—টেবিলাদিতে কালি রাখার গর্ত । *a.* **in°ky**—কালিময় ; কালিমাখা ; কালিতুল্য (কাল) ; মসীকৃষ্ণ (*inky* darkness) । [OF. *enque*<LL. *encaustum*—purple-red ink]

inkling [ingk°-ling, ইংক্°লিং] *n.* a hint, আভাস ; a whisper, ফিস্‌ফিসানি ; slight knowledge, সামান্য জ্ঞান বা ধারণা (to get or to have an *inkling* of something) । [ME. *inclen*=to hint at]

inky—see **ink.**

inlaid—see **inlay.**

inland [in°-land, ইন্°ল্যান্ড্] (**1**) *n.* the interior part of a country, কোন দেশের মধ্যভাগ, অন্তর্দেশ । (**2**) *a.* remote from the sea, সমুদ্রোপকূল হইতে দূরবর্তী ; carried on, produced within or confined to a country, দেশমধ্যে চালু উৎপন্ন বা সীমাবদ্ধ, অন্তর্দেশীয়, দেশজাত । *adv.* **inland°**—স্থলাভিমুখে ; সমুদ্র হইতে দূরে ; দেশের মধ্যভাগে । *n.* **in°lander**—মধ্যদেশবাসী । [*in-*, *land*]

in-law [in-law°, ইন্ল্য°] *a. & n.* (a relative) by marriage, কুটুম্ব (sister-*in-law*) । [*in-*, *law*]

inlay [in°-lā°, ইন্‌লেই°] **(1)** *v.t.* to insert or embed, ভিতরে স্থাপন করা ; to ornament by inlaying, (মণিরত্নাদিদ্বারা) খচিত করা। *p.* & *p. pt.* **in°laid°** । **(2)** *n.* inlaying, ভিতরে স্থাপন, খচিত করা ; inlaid work, অভ্যন্তরে স্থাপিত বা খচিত বস্তু। [*in, lay*]

inlet [in°-let, ইন্‌°লেট্] *n.* a passage, পথ বা নালী ; a small bay, ক্ষুদ্র উপসাগর, খাঁড়ি। [*in, let*]

inly [in°-li, ইন্‌°লি] **(1)** *a.* inward, অন্তর্মুখ ; secret, গুপ্ত। **(2)** *adv.* inwardly, অন্তর্মুখে ; in the heart, অন্তরে ; thoroughly, সম্পূর্ণভাবে। [see *in*]

inlying [in°-lī-ing, ইন্‌°লাইইং] *a.* lying inside, অভ্যন্তরে অবস্থিত। [*in.* see *lie*$_2$]

inmate [in°-māt, ইন্‌°মেইট্] *n.* an occupant of a house, বাড়ির বাসিন্দা। [*in* or *inn, mate*]

inmost—see **inner.**

inn [in, ইন্‌] *n.* a public house for lodging etc. of travellers, পান্থশালা, সরাই, চটী। **Inns of Court**—গ্রেটব্রিটেনে ব্যবহারজীবীর পেশা-গ্রহণের অধিকারদানের ক্ষমতাসম্পন্ন প্রতিষ্ঠান-চতুষ্টয় (ইহাদের নাম ; Inner Temple, Middle Temple, Lincoln's Inn, Gray's Inn)। **Inns of Chancery**—গ্রেটব্রিটেনে আইনের ছাত্রদের হসটেল। *n.* **inn°-keeper**—পান্থশালার মালিক, সরাইওয়ালা। [AS.]

innards [in-a(r)dz, ইন্‌অ্যা(র্)ড্‌জ্] *n. pl.* (coll.) entrails, (কথ্য.) নাড়িভুঁড়ি, অন্ত্রাদি ; internal parts of a mechanism, যন্ত্রাদির ভিতরের অংশসমূহ। [from *inwards*]

innate [i°-nāt, in-nāt°, ই°নেইট্°] *a.* inborn, জন্মগত, সহজাত ; natural, স্বাভাবিক। *adv.* **i°nnāte°ly** । *n.* **i°nnāte°nėss** । [L. *in, nasci* = to be born]

innavigable [i-na°-vi-gabl, ইন্যা°ভিগ্যাব্‌ল্] *a.* not navigable, (নদ্যাদিসম্বন্ধে) নৌ-চালনার পক্ষে অনুপযোগী, অনাব্য। [*in-*, see *navigate*]

inner [i°-na(r), ই°ন্যা(র্)] *a.* (*compar.*) farther in, অধিকতর অন্তর্বর্তী, অন্তরতর। *super.* **i°nnermōst, in°mōst** । **the inner man**—মানুষের মন ও আত্মা, অন্তরাত্মা (অর্থাৎ, দেহ নহে) ; (কৌতু.) পাকস্থলী ও নাড়িভুঁড়ি। [OE. *in* = in, (*compar.*) *innera,* (*super.*) *innemest*—a double superlative]

innervate [i°-na(r)-vāt, ই°ন্যা(র্)ভেইট্] *v.t.* to supply with nerve or nervous stimulus, (দেহযন্ত্রাদিতে) নার্ভ বসান বা নার্ভীয় অর্থাৎ স্নায়বিক শক্তি সঞ্চারিত করা। *p.* & *p. pt.* **i°nnervātėd** । *n.* **innervā°tion** । [*in-*, see *nerve*]

innings [i°-ningz, ই°নিংজ্] *n. pl.* a team's turn of batting in cricket, ক্রিকেটখেলায় প্রতিদ্বন্দ্বী দলদ্বয়ের একটির ব্যাট করার পালা ; (fig.) tenure of office, (আল.) কার্যকাল। [*in* or *inn*]

innocent [i°-nŏsnt, ই°নোস্‌ন্‌ট্] **(1)** *a.* harmless, নিরীহ (*innocent* amusement) ; blameless, নির্দোষ ; not guilty, নিরপরাধ ; sinless, নিষ্পাপ (as *innocent* as a babe in arms) ; guileless, ছলাকলাহীন ; simple, সরল ; imbecile, হাবাগবা, বোকা। **(2)** *n.* an innocent person, নিরীহ বা নিরপরাধ বা নিষ্পাপ ব্যক্তি ; a child, শিশু ; a simpleton, হাবাগবা লোক। *n.* **i°nnŏcence**—নিরীহতা, দোষশূন্যতা ; অপরাধশূন্যতা ; পাপশূন্যতা ; ছলাকলাশূন্যতা ; সরলতা ; হাবাগবা ভাব। *adv.* **i°nnŏcently** । [OF. < L. *innocens*]

innocuous [i-no°-kū-as, ইন°কিউঅ্যাস্] *a.* harmless, ক্ষতি করে না এমন, অনপকারী। *n.* **innocū°ity, inno°cūousnėss** । *adv.* **inno°cūously** । [L. *innocuus*]

innovate [i°-nŏ-vāt, ই°নোভেইট্] *v.i.t.* to introduce novelties, নূতন কিছুর প্রবর্তন করা ; to make changes, পরিবর্তন করা। *p.* & *p. pt.* **innŏvā°tėd** । *n.* **innovā°tion**—নূতনের প্রবর্তন ; নবপ্রবর্তিত বস্তু ; পরিবর্তন। *a.* **innovā°tive, innovā°tory** । *n.* **i°nnŏvātor** । [L. *innovare*]

innoxious [i-noks°-shas, ইনক্‌স্‌°শ্যাস্] *a.* harmless, ক্ষতি করে না এমন, নির্দোষ। *adv.* **inno°xiously** । *n.* **inno°xiousnėss** [*in-, noxious*]

innuendo [i-nū-en°-dō, ইনিউএন্‌°ডৌ] *n.* (rhet.) insinuation, (অল.) শ্লেষ, কটাক্ষ, বক্রোক্তি, বক্রভাষণ। [L.]

innumerable [i-nū°-m(a)rabl, ইনিউ°ম্র্যাব্‌ল্] *a.* countless, অসংখ্য ; অগণ্য। *n.* **innūmerabi°lity, innū°merablenėss** । *adv.* **innū°merably** । [L. *innumerabilis*—cp. *number*]

innutrition [in-nū-tri°sh(a)n, ইন্‌নিউট্রি°শ্‌ন্] *n.* lack of nutrition, পুষ্টির অভাব, অপুষ্টি। *a.* **innutritious** [in-nū-tri°-shas, ইন্‌নিউট্রি°শ্যাস্] পুষ্টিসাধন করে না এমন, অপুষ্টিকর। [*in-*, see *nutrient*]

inobservant [in-ab-za(r)°v(a)nt, ইন্‌অ্যাব্‌জ্যা(র্)°ভ্‌ন্‌ট্] *a.* unobservant, মানিয়া চলে না এমন ; heedless, অসতর্ক, অমনোযোগী। *n.* **inobser°vance**—মানিয়া না চলা ; অসতর্কতা, অমনোযোগ। [F.—cp. *observe*]

inoccupation [in°-o-kū-pā°sh(a)n, ইন্‌°অকিউপেই°শ্‌ন্] *n.* lack of occupation, কর্মহীনতা, নৈষ্কর্ম্য। [*in-*, see *occupy*]

inoculate [i-no°-kū-lāt, ইন°কিউলেইট্] *v.t.* to impregnate with milder virus or germs of disease to safeguard against the disease, টিকা দেওয়া ; to graft, কলম লাগান। *p.* & *p. pt.* **ino°cūlātėd** । *n.* **inoculā°tion**—টিকা ; কলম। *n.* **ino°cūlātor**—টিকাদার। [L. *inoculare*]

inodorous [in-ō°-da-ras, ইন্‌ঔ°ড্যার্যাস্] *a.* without smell, গন্ধহীন, নির্গন্ধ। [*in-, odorous*]

inoffensive [i-na-fen°siv, ইন্যাফেন্‌°সিভ্] *a.* giving no offence, বিরক্তি উৎপাদন করে না এমন

(*inoffensive* smell); not objectionable, আপত্তিকর নহে এমন; harmless. অনপকারী, নিরীহ। [*in-*, see *offend*]

inofficious [i-na-fi°shas, ইন্যাফি°শ্যাস্] *a.* regardless of duty, কর্তব্যে অবহেলাকর; inoperative, অকার্যকর, অপ্রচলিত। [*in-*, *officious*]

inoperable [in-o°-p(a)rabl, ইন্অ°প্র্যাব্‌ল্] *a.* (*surg.*) not to be operated on, (শল্যচি.) অপারেশন্ করার অনুপযোগী (*inoperable* cancer)। [*in-*, see *operate*]

inoperative [in-o°p(a)-ra-tiv, ইন্অ°প্র্যাটিভ্] *a.* not in action, অক্রিয়, অপ্রচলিত; producing no effect, নিষ্ফল। [*in-*, see *operate*]

inopportune [in-o°-pa(r)-tūn, ইন্অ°প্যা(র্)-টিউন্] *a.* unseasonable in time, সময়োপযোগী নহে এমন। *adv.* **ino°pportunely** । *n.* **ino°pportuneness** [*in-*, *opportune*]

inordinate [i-naw(r)°di-nit, ইন্অ(র্)°ডিনিট্] *a.* unrestrained, অবাধ; excessive, অত্যধিক (*inordinate* demand, request, etc.)। *adv.* **inor°dinately** । [*in-*, *ordinate*]

inorganic [i-naw(r)-ga°-nik, ইন্অ(র্)গ্যা°নিক্] *a.* not organic, দেহযন্ত্রগত নহে এমন; not organized, অসংগঠিত; not belonging to an organism, অজৈব (*inorganic* chemistry)। *adv.* **inorga°nically** । [*in-*, see *organ*]

inornate [in-aw(r)°-nit, ইন্অ্যা(র্)°নিট্] *a.* not ornate, অলঙ্কারহীন; simple, সাদা-মাটা। [*in-*, *ornate*]

in-patient [in°-pāsh(a)nt, ইন্°পেইশ্‌ন্ট্] *n.* a patient lodged in a hospital for treatment, যে রোগীকে চিকিৎসার্থ হাসপাতালে ভরতি করা হয়। [*in-*, *patient*]

inpouring [in°pō-ring, ইন্°পৌরিং] *n.* a pouring in, ভিতরে ঢালিয়া দেওয়া; addition, সংযোজন। [*in-*, see *pour*]

input [in°-poot. ইন্°পুট্] *n.* what is put in or supplied, যাহা ভিতরে দেওয়া বা জোগান হইয়াছে। [*in-*, *put*$_2$]

inquest [in°-kwest, ইন্°ক্যোএস্ট্] *n.* a legal or judicial inquiry, আইনগত বা বিচারার্থ অনুসন্ধান (যেমন, করোনারের বিচার)। [OF. *enqueste*<LL. *inquesta*]

inquietude [in-kwī°-i-tūd, ইন্ক্যোআই°ইটিউড্] *n.* disturbance, গোলমাল, অশান্তি; unrest, অস্থিরতা, বিক্ষোভ। [*in-*, see *quiet*]

inquiline [in°-kwi-līn, ইন্°ক্যুইলাইন্] (**1**) *a.* living in the abode of another, অপরের বাসস্থানে বাস করে এমন। (**2**) *n.* animals so living, অপরের বাসস্থানে বা সাহচর্যে বাসকারী প্রাণী। [L. *inquilinus*]

inquire [in-kwī(r)°, ইন্ক্যোআইয়্যা(র্)°] *v.i.t.* to ask, জিজ্ঞাসা করা; to seek, অনুসন্ধান করা; to investigate, তদন্ত করা। **(to) inquire about** or **concerning** or **upon**—(কিছুর বা কাহারও সম্পর্কে) যাবতীয় তথ্য বা সংবাদ জানিতে চাওয়া। **(to) inquire after**—(স্বাস্থ্য কুশল প্রভৃতি সম্বন্ধে) জিজ্ঞাসা করা। **(to) inquire for**—(দোকানাদিতে কোন বিশেষ মাল) আছে কিনা তাহা জানিতে চাওয়া; (কাহারও . সহিত) দেখা করিতে চাওয়া। **(to) inquire into**—(কোন বিষয়ে) অনুসন্ধান করা বা তদন্ত করা বা গবেষণা করা। *n.* **inquīr°er** । *a.* **inquīr°ing**—অনুসন্ধানী, জিজ্ঞাসু (*inquiring* looks, mind, etc.)। *adv.* **inquīr°ingly** । *n.* **inquīr°y**—জিজ্ঞাসা; অনুসন্ধান (to make *inquiries* about); তদন্ত (to hold an official *inquiry* into)। [OF. *enquerre*<L. *inquirere*]

inquisition [in-kwi-zi°sh(a)n, ইন্ক্যুইজি°শ্‌ন্] *n.* searching examination, জেরা; investigation, তদন্ত; judicial inquiry, বিচার। *n.* (the) **Inquiṡi°tion**—ধর্মগত অপরাধ তদন্তের জন্য রোমান ক্যাথলিক যাজকগণ কর্তৃক গঠিত বিচারসভা। *a.* **inquiṡi°tional**—জেরা বা তদন্তমূলক। *a.* **inqui°ṡitive**—জ্ঞানলিপ্সু; অনুসন্ধিৎসু; কৌতূহলী; জিজ্ঞাসু। *adv.* **inqui°ṡitively** । *n.* **inqui°ṡitiveness** । *n.* **inqui°ṡitor**—জেরাকারী; তদন্তকারী; তদন্তকারী বিচারক; অহেতুক বা অত্যধিক কৌতূহলী ব্যক্তি। **Grand Inquisitor**—রোমান ক্যাথলিক ধর্মবিচারসভার প্রধান বিচারক। *a.* **inquisitorial** [in-kwi-zi-taw°-ri-al, ইন্ক্যুইজিট্য°রিঅ্যাল্] জেরা বা তদন্ত বা বিচার সম্বন্ধীয়। [L. *inquisitio*—cp. *inquire*]

inroad [in°-rōd, ইন্°রৌড্] *n.* a raid, পরদেশ-আক্রমণ, বহিরাক্রমণ; encroachment, পরের সম্পত্তি অধিকার প্রভৃতিতে অনধিকার-প্রবেশ বা হস্তক্ষেপ (to make *inroads* on one's time)। [*in-*, *road*—cp. *raid*]

inrush [in°-rush, ইন্°রাশ্] *n.* an inward rush, অভ্যন্তর-অভিমুখে ধাবন, বেগে প্রবেশ। [*in-*, *rush*]

insalivate [in-sa°-li-vāt, ইন্স্যা°লিভেইট্] *v.t.* to mix (food) with saliva, (খাদ্যাদি) লালার সহিত মিশ্রিত করা। *p.* & *p. pt.* **insalivā°tėd** । *n.* **insalivā°tion** । [*in-*, see *saliva*]

insalubrious [in-sa-lōō°-bri-as, ইন্স্যালু°ব্রিঅ্যাস্] *a.* unhealthy, অস্বাস্থ্যকর। *n.* **insalu°brity**—অস্বাস্থ্যকরতা। [*in-*, *salubrious*]

insane [in-sān°, ইন্সেইন্°] *a.* mad, উন্মত্ত, পাগল, বাতুল; senseless, চেতনাহীন, কাণ্ডজ্ঞানহীন। *adv.* **insāne°ly** । *n.* **insa°nity** । [*in-*, *sane*]

insanitary [in-sa°-ni-t(a)ri, ইন্স্যা°নিট্‌রি] *a.* contrary to sanitary principles, স্বাস্থ্যবিধি-বিরোধী, অস্বাস্থ্যকর (*insanitary* conditions)। [*in-*, *sanitary*]

insanity—see **insane.**

insatiable [in-sā°-shi-able, ইন্সেই°শিঅ্যাব্‌ল্] *a.* that cannot be satiated, কিছুতেই তৃপ্ত হয় না এমন, তৃপ্তিহীন। *n.* **insā°tiability** । *adv.* **in-**

sā°tiably । *a.* **insā°tiate**—অতৃপ্ত । *n.* **insatiety** [in-sa-tī°-i-ti, ইনস্যাটাই°ইটি] তৃপ্তিহীনতা ; অতৃপ্তি । [*in-*, see *satiate*]

inscribe [in-skrīb°, ইন্‌স্ক্রাইব্°] *v.t.* to engrave or otherwise mark, খোদাই করা, খচিত করা ; to enter in a book or roll, গ্রন্থভুক্ত বা তালিকাভুক্ত করা ; to dedicate, উৎসর্গ করা ; (geom.) to describe within another figure, (জ্যামি.) কোন চিত্রাভ্যন্তরে অঙ্কিত করা, অন্তর্লিখিত করা । *n.* **inscrī°ber** । *n.* **inscrip°tion**—খোদাই বা খচিত করা ; গ্রন্থভুক্ত বা তালিকাভুক্ত করা ; উৎসর্জন ; অন্তর্লিখন ; অন্তর্লেখ ; শিলালিপি মুদ্রালিপি তাম্রলিপি প্রভৃতি । [L. *inscribere*]

inscrutable [in-skroo°-tabl, ইন্‌স্ক্রু°ট্যাব্‌ল্] *a.* not scrutable, পরীক্ষার বা সন্ধানের অসাধ্য, দুর্জ্ঞেয় (the *inscrutable* ways of God) ; inexplicable, অবর্ণনীয় । *n.* **inscrutabi°lity** । *adv.* **inscru°tably** । [LL. *in-*, *scrutari*=to search into]

insect [in°-sekt, ইন্°সেক্‌ট্] *n.* any small invertebrate creature, কীট, পতঙ্গ । *n.* **insec°ticide**—কীটহত্যা ; কীটনাশক বস্তু ; কীট-হত্যাকারী । *a.* **insectivorous** [in-sek-ti°-v(a)ras, ইন্‌সেক্‌টি°ভ্‌র্যাস্] কীটভোজী । *n.* **insectŏ°logist**—কীটবিজ্ঞানী । **insectology** [in-sek-tŏ°-la-ji, ইন্‌সেক্‌টো°ল্যাজি] কীটবিজ্ঞান । *n.* **in°sect-powder**—কীটনাশক চূর্ণবিশেষ । [L. *insectum* <*insecare*=to cut in]

insecure [in-si-kū(r)°, ইন্‌সিকিউয়্যা(র্)°] *a.* unsafe, নিরাপত্তাহীন ; dangerous, বিপজ্জনক ; unguarded, অরক্ষিত ; uncertain, অনিশ্চিত ; not fix or firm, অদৃঢ় । *n.* **insė°cūrity** । [*in-*, *secure*]

inseminate [in-se°-mi-nāt, ইন্‌সে°মিনেইট্] *v.t.* to sow, বপন করা ; to implant, রোপণ করা ; to introduce, প্রবর্তন করা, চালু করা ; to introduce semen into (especially artificially), (বিশেষতঃ কৃত্রিম উপায়ে) শুক্র অভ্যন্তরে স্থাপন করা ; to impregnate, গর্ভসঞ্চার করা । *p.* & *p. pt.* **inse°minātėd** । *n.* **insemina°tion** । [L. *inseminare*—cp. *semen*]

insensate [in-sen°-sāt, ইন্‌সেন্°সেইট্] *a.* without sensibility, অচেতন, চেতনাশূন্য ; unfeeling, অনুভূতিহীন ; stupid, নির্বোধ, কাণ্ডজ্ঞানহীন (*insensate* rage) । [L. *insensatus*]

insensible [in-sen°-sabl, ইন্‌সেন্°স্যাব্‌ল্] *a.* not having feeling, অনুভূতিশূন্য ; callous, নিরাবেগ, নিরাসক্ত, উদাস ; dull, নীরস ; unconscious, অচেতন ; imperceptible by the senses, ইন্দ্রিয়াতীত । *n.* **insensibi°lity** । *adv.* **insen°sibly** । [*in-*, *sensible*]

insensitive [in-sen°-s(i)tiv, ইন্‌সেন্°স্‌টিভ্] *a.* not sensitive, অসংবেদী । *adv.* **insen°sitively** । *n.* **insen°sitivenėss, insensiti°vity** । [*in-*, *sensitive*]

insentient [in-sen°-shant, ইন্‌সেন্°শ্যান্ট্] *a.* inanimate, অচেতন, জড় । [*in-*, *sentient*]

inseparable [in-se°-p(a)rabl, ইন্‌সে°প্‌র্যাব্‌ল্] *a.* not separable, পৃথক্ করার অসাধ্য, অবিচ্ছেদ্য । *n.* **inseparabi°lity**—অবিচ্ছেদ্যতা । *adv.* **inse°parably** । [*in-*, see *separate*]

insert [in-sa(r)t°, ইন্‌স্যা(র্)ট্°] *v.t.* to put in, ভিতরে স্থাপন করা, সন্নিবেশিত করা, ঢোকান । *p.* & *p. pt.* **inser°tėd** । *n.* **inser°tion**—সন্নিবেশ ; সন্নিবিষ্ট বস্তু (যেমন, জামাকাপড়ে বসান লেস, খবরের কাগজে ছাপান বিজ্ঞাপন) । [L. *inserere*]

inset [in°set, ইন্°সেট্] *n.* something set in, অন্য কিছুর অভ্যন্তরে স্থাপিত বস্তু । *v.t.* **inset°**—অন্য কিছুর অভ্যন্তরে স্থাপন করা । *p.* & *p. pt.* **insėt°** । [*in*, *set*]

inshallah [in-shŭ°-lŭ, ইন্‌শা°লা] *int.* (Mus.) if God will, ঈশ্বরের যদি মরজি হয়, ইন্‌শাল্লা । [Ar. *in sha'llah*]

inshore [in°-shaw(r)°, ইন্°শ্(র্)°] (**1**) *adv.* near or towards the shore, সমুদ্রোপকূলের নিকটে বা অভিমুখে । (**2**) *a.* situated near the shore, উপকূলবর্তী । [*in*, *shore*]

inside [in°-sīd°, ইন্°সাইড্°] (**1**) *n.* the side or space or part within, ভিতরের পার্শ্ব বা অংশ, অভ্যন্তর, অন্তর ; the entrails, নাড়িভুঁড়ি ; inner nature, অন্তরের প্রকৃতি । (**2**) *a.* being within, অভ্যন্তরস্থ ; interior, অন্তরস্থ ; indoor, গৃহমধ্যস্থ, গৃহগত । (**3**) *adv.* in or to the interior, ভিতরে, অভ্যন্তরাভিমুখে । (**4**) *prep.* within, ভিতরে । **inside information**—ভিতরের খবর । **an inside job**—ভিতরের লোকের যোগসাজসে গৃহাভ্যন্তরে চুরি । **inside left, inside right**—ফুটবল প্রভৃতি খেলায় সেন্ট্যার ফরওয়ার্ডের দুই পার্শ্ববর্তী খেলোয়াড়দ্বয় । *n.* **in°si°der**—অভ্যন্তরস্থ ব্যক্তি ; সমিতি প্রতিষ্ঠান প্রভৃতির অন্তর্ভুক্ত ব্যক্তি ; বিশেষ সুবিধাভোগী ব্যক্তি । [*in*, *side*]

insidious [in-si°-di-as, ইন্‌সি°ডিঅ্যাস্] *a.* intended to entrap, ফাঁদে আটকানর উদ্দেশ্যপূর্ণ ; proceeding secretly or subtly, গুপ্তভাবে বা সূক্ষ্মভাবে অগ্রসর ; deceptive, প্রতারণাপূর্ণ, ছলনাপূর্ণ ; treacherous, বিশ্বাসঘাতকতাপূর্ণ । *adv.* **insi°diously** । *n.* **insi°diousnėss** । [L. *insidiosus*]

insight [in°-sīt, ইন্°সাইট্] *n.* power of seeing into and understanding things, কিছুর মর্ম নিরীক্ষণ ও উপলব্ধি করার শক্তি, অন্তর্দৃষ্টি । [*in*, *sight*]

insignia [in-sig°-ni-a, ইন্‌সিগ্°নিঅ্যা] *n. pl.* badges of office, honour, membership, occupation, etc., পদমর্যাদা সদস্যপদ পেশা প্রভৃতির পরিচায়ক তকমা বা চিহ্ন (*insignia* of honour) । [L.]

insignificant [in-sig-ni°fi-kant, ইন্‌সিগ্‌নি°ফিক্যান্ট্] *a.* meaningless, অর্থহীন ; without effect, নিষ্ফল ; trifling, অকিঞ্চিৎকর, তুচ্ছ। *n.* **insigni°ficance** । *adv.* **insigni°ficantly** । [*in-*, *significant*]

insincere [in-sin-sē(r)°, ইন্‌সিন্‌সিয়া়া(র্)°] *a.* not sincere, অনান্তরিক, কপট। *adv.* **insincēre°ly** । *n.* **insincerity** [in-sin-se°-ri-ti, ইন্‌সিন্‌সে°-রিটি] । [*in-*, *sincere*]

insinuate [in-si°nū-āt, ইন্‌সি°নিউএইট্] *v.t.* to hint at artfully and indirectly, কৌশলে ও পরোক্ষভাবে (প্রধানতঃ দোষাদির) ইঙ্গিত দেওয়া, কটাক্ষ করা, ঠেস দিয়া মন্তব্য করা ; to introduce into favour or office, (কৌশলে) অনুগ্রহ লাভ করান বা পদাধিষ্ঠিত করান। *p. & p. pt.* **insi°nūātėd** । *adv.* **insi°nūātingly** । *n.* **insinūā°tion**—(দোষাদির) পরোক্ষ ইঙ্গিত বা বক্রোক্তি, ঠেস। *a.* **insi°nūātive**—কৌশলী ও পরোক্ষ ইঙ্গিতপূর্ণ। *n.* **insi°nūātor** । [L. *insinuare*]

insipid [in-si°-pid, ইন্‌সি°পিড্] *a.* tasteless, স্বাদহীন (*insipid* food) ; dull, নীরস। *n.* **insipi°dity, insi°pidnėss** । *adv.* **insi°pidly** । [LL. *insipidus*]

insipience [in-si°-pi-ans, ইন্‌সি°পিঅ্যান্‌স্] *n.* lack of wisdom, বিজ্ঞতার অভাব। *a.* **insi°pient**—অবিজ্ঞ। [L. *insipientia*]

insist [in-sist°, ইন্‌সিস্‌ট্°] (**1**) *v.i.* to dwell emphatically in discourse, দৃঢ়তাসহকারে বলিতে থাকা ; to persist in pressing, নাছোড়-বান্দা হইয়া অনুরোধাদি করিতে থাকা। (**2**) *v.t.* to maintain persistently, জিদ্ ধরা, গোঁ ধরা। *p. & p. pt.* **insis°tėd** । *n.* **insis°tence**—দৃঢ় উক্তি ; সনির্বন্ধ অনুরোধ ; জিদ্, গোঁ। *a.* **insis°tent**—দৃঢ়ভাবে উক্ত ; সনির্বন্ধ ; জিদ্‌পূর্ণ। *adv.* **insis°tently** । [L. *insistere*]

insobriety [in-sŏ-brī°a-ti, ইন্‌সোব্রাই°অ্যাটি] *n.* want of sobriety, অসংযতভাবে সুরাপান, সুরাসক্তি। [*in-*, *sobriety*]

insolation [in-sŏ-lā°-sh(a)n, ইন্‌সৌলেই°শ্‌ন্] *n.* exposure to rays of the sun, সূর্যালোকে উন্মুক্তকরণ ; sunstroke, সর্দিগর্মি। [L. *insolatio*]

insole [in-°sōl, ইন্°সৌল্] *n.* the interior sole of a shoe or boot, জুতার সুক্‌তলা। [*in*, *sole*$_1$]

insolent [in°-s(a)lant, ইন্°স্‌ল্যান্‌ট্] *a.* overbearing, উদ্ধত ; insulting, অপমানকর ; rude ; দুর্বিনীত। *n.* **in°solence**—ঔদ্ধত্য ; অপমানপূর্ণতা ; বিনয়ের অভাব। *adv.* **in°solently** । [L. *insolens*]

insoluble [in-so°-lūbl, ইন্‌স°লিউব্‌ল্] *a.* that cannot be dissolved, গলাইয়া মেশান যায় না এমন ; that cannot be solved, সমাধানের অসাধ্য। *n.* **insolūbi°lity** । [*in-*, *soluble*]

insolvent [in-sol°v(a)nt, ইন্‌সল্°ভ্‌ন্‌ট্] (**1**) *a.* bankrupt, দেউলিয়া, (পরি.) শোধাক্ষম। (**2**) *n.* an insolvent person, দেউলিয়া ব্যক্তি। *n.* **insol°vency**—শোধাক্ষমতা। [*in-*, *solvent*]

insomnia [in-som°-ni-a, ইন্‌সম্°নিঅ্যা] *n.* sleeplessness, নিদ্রাহীনতা, অনিদ্রা। *n.* **insom°niac**—যে লোকের ঘুম হয় না, যে ব্যক্তি নিদ্রাহীনতা রোগে ভোগে। [L. *in-*, *somnis*=sleepless]

insomuch—see **in.**

insooth [in-sōōth°, ইন্‌সূথ্°] *adv.* (arch.) indeed, (আর্থ.) বাস্তবিকই, প্রকৃতপক্ষে। [*in*, *sooth*]

insouciant [in-sōō°-si-ant, ইন্‌সূ°সিঅ্যান্‌ট্] *a.* indifferent, উদাসীন ; unconcerned, অনাসক্ত। *n.* **insou°ciance**—ঔদাসীন্য ; অনাসক্তি। [F.]

inspan [in-span°, ইন্‌স্প্যান্°] *v.t.* to yoke to a vehicle, (বলদ ঘোড়া প্রভৃতিকে) গাড়িতে জোতা ; to harness, (মালগাড়িকে) সাজসরঞ্জাম পরান। *p. & p. pt.* **inspann°ed** । [*in*, *span*]

inspect [in-spekt°, ইন্‌স্পেক্‌ট্°] *v.t.* to examine, বিচার করিয়া বা পরীক্ষা করিয়া দেখা ; to examine officially, পরিদর্শন করা। *n.* **inspec°tion** । *n.* **inspec°tor**—পরীক্ষক ; পরিদর্শক ; পুলিসের দারোগা। *fem.* **inspec°trėss** । *n.* **Inspectorate** [in-spek°-t(a)rit, ইন্‌স্পেক্°ট্‌রিট্] পরীক্ষক বা পরিদর্শক বা দারোগার এলাকা অথবা দফতর ; পরীক্ষকবর্গ, পরিদর্শকগণ, দারোগাগণ। *n.* **inspec°torship** । [L. *inspectare*]

inspiration—see **inspire.**

inspire [in-spī(r)°, ইন্‌স্পায়্যা(র্)°] *v.t.* to breathe in, শ্বাসগ্রহণ করা ; to infuse into the mind (প্রধানতঃ দৈব বা অতিপ্রাকৃত শক্তিবলে) মনে সঞ্চারিত করা ; to animate, উদ্বুদ্ধ বা অনুপ্রাণিত করা। *n.* **inspiration** [in-spa-rā°sh(a)n, ইন্‌স্প্যারেই°শ্‌ন্] শ্বাসগ্রহণ ; মনে সঞ্চার ; প্রত্যাদেশ ; প্রেরণা। *a.* **inspirā°tional**—শ্বাসগ্রহণ বা প্রত্যাদেশ বা প্রেরণা সংক্রান্ত ; মনে সঞ্চারক। *n.* **inspirator** [in°-spa-rā-ta(r), ইন্‌স্প্যারেই°ট্যা(র্)] বাষ্পাদি ঢোকানর যন্ত্রবিশেষ। *a.* **inspīred°**—প্রত্যাদিষ্ট ; উদ্বুদ্ধ, অনুপ্রাণিত। *n.* **inspīr°er**—প্রত্যাদেশ বা প্রেরণা দানকারী। *a.* **inspīr°ing**—প্রেরণাদায়ক (*inspiring* example, message, etc.)। [L. *inspirare*]

inspirit [in-spi°-rit, ইন্‌স্পি°রিট্] *v.t.* to infuse spirit into, তেজ সঞ্চারিত করা ; to animate, জীবনসঞ্চার করা ; to encourage, উৎসাহিত করা (to *inspirit* a person to action or to do something)। [*in-*, *spirit*]

inspissate [ins°-spi-sāt, ইন্‌স্°পিসেইট্] *v.t.* to condense, to make thick, ঘন করা। *n.* **inspissā°tion** । [L. *in-*, *spissus*=thick]

instability [in-sta-bi°-li-ti, ইন্‌স্ট্যাবি°লিটি] *n.* want of stability or steadiness, স্থায়িত্বের বা স্থৈর্যের অভাব। [F. *instabilite*—cp. *stable*]

install [in-stawl°, ইন্‌স্ট্যল্°] *v.t.* to place (esp. ceremoniously) in an office, (প্রধানতঃ আনুষ্ঠানিকভাবে) পদাদিতে অধিষ্ঠিত করান ; to set up or establish, স্থাপন করা। *n.* **installation** [in-sta-lā°sh(a)n, ইন্‌স্ট্যালেই°শ্‌ন্] অধিষ্ঠিত করা ; স্থাপন ; স্থাপিত বস্তু। [LL. *installare*]

instalment [in-stawl°-ment, ইন্‌স্টল্‌°ম্যান্‌ট্‌] *n.* one of a series of partial payments, (ঋণ-পরিশোধাদির) কিশতি ; each of several parts supplied at different times, বিভিন্ন সময়ে প্রদত্ত অংশসমূহের যে-কোনটি, স্কন্ধ, দফা (an *instalment* of writing) । **instalment plan**—কিশতি-বন্দীতে মূল্যপ্রদানপূর্বক জিনিসপত্র ক্রয়ের ব্যবস্থা । [see *install*]

instance [in°-stans, ইন্‌°স্ট্যান্‌স্‌] **(1)** *n.* urgency, ত্বরা, জরুরি অবস্থা ; solicitation, অনুরোধ, মিনতি, occurrence, সঙ্ঘটন, ঘটনা ; occasion, উপলক্ষ ; example, উদাহরণ, নজির ; stage, অবস্থা । **(2)** *v.t.* to cite as an example, উদাহরণস্বরূপ বা নজিরস্বরূপ উল্লেখ করা । *p.* & *p. pt.* **in°stanced** । **at the instance of**—অনুরোধে । **for instance**—উদাহরণস্বরূপ । **in the first instance**—প্রথমতঃ ; প্রথম অবস্থায় । **in°stant**—**(1)** *a.* ত্বরিত, জরুরি ; তাৎক্ষণিক, অবিলম্বিত ; বর্তমান, সাম্প্রতিক ; বর্তমান মাসের (3rd *instant*) । **(2)** *n.* the present moment of time, বর্তমান মুহূর্ত ; any point of time, সময় বা ক্ষণ । *n.* **instantanē°ity**—ত্বরিত বা জরুরি অবস্থা ; মুহূর্তমধ্যে সাধন বা সঙ্ঘটন ; ক্ষণিকতা, ক্ষণস্থায়িত্ব । *a.* **instantaneous** [inst(a)n-tā°-ni-as, ইন্‌স্ট্‌ন্‌টেই°নিঅ্যাস্‌] মুহূর্তমধ্যে কৃত বা সঙ্ঘটিত, সঙ্গে সঙ্গে বা অবিলম্বে কৃত অথবা সঙ্ঘটিত ; ক্ষণস্থায়ী ; ক্ষণিক । *adv.* **instantā°neously, in°stantly**—মুহূর্তমধ্যে ; সঙ্গে-সঙ্গে ; অবিলম্বে । [L. *instans*]

instate [in-stāt°, ইন্‌স্টেইট্‌°] *v.t.* to install, (পদাদিতে) অধিষ্ঠিত করান । *p.* & *p. pt.* **instā°ted** । [*in, state*]

instead [ins-ted°, ইন্‌স্‌টেড্‌°] *adv.* in the place, স্থানে ; as an alternative or substitute, পরিবর্তে বা বদলে । [*in, stead*]

instep [in°-step, ইন্‌ স্টেপ্‌] *n.* the upper part of the foot between toes and ankle, পদাঙ্গুলি ও গোড়ালির মধ্যবর্তী পায়ের পাতার উপরিভাগ, (পরি.) পদপৃষ্ঠ ; the corresponding part of a shoe, etc., জুতা মোজা প্রভৃতির উক্ত অংশ । [*in, step* ?]

instigate [in°-sti-gat, ইন্‌°স্টিগেইট্‌] *v.t.* to urge on or incite, (প্রধানতঃ মন্দ কার্য করিতে) উত্তেজিত বা প্ররোচিত করা । *p.* & *p. pt.* **in°stigā°ted** । *n.* **instigā°tion**—প্ররোচনা । *n.* **in°stigātor**—প্ররোচক । [L. *instigare*]

instil(l) [in-stil°, ইন্‌স্টিল্‌°] *v.t.* to drop in, ফোঁটায় ফোঁটায় প্রবিষ্ট করান ; to infuse slowly into the mind, ধীরে ধীরে মনে সঞ্চারিত করা (to *instil* ideas, etc. into person, mind, etc.) । *pr. pt.* **insti°lling** । *p.* & *p. pt.* **insti°lled** । *n.* **instillā°tion** । [L. *instillare*]

instinct [in°stingt, ইন্‌°স্টিংট্‌] *n.* impulse, প্রেরণা ; intuition, সহজাত ধারণা বা প্রবৃত্তি, সহজ-প্রবৃত্তি । *a.* **instinct°**—অনুপ্রাণিত ; উদ্‌বুদ্ধ ; (প্রেরণাদিতে) পূর্ণ (*instinct* with beauty, life, etc.) । *a.* **instinc°tive**—প্রেরণা-প্রসূত ; সহজ-প্রবৃত্তিজাত ; সহজ-প্রবৃত্তি-অনুযায়ী । *adv.* **instinc°tively** । [L. *instinctus*]

institute [in°-sti-tūt, ইন্‌°স্টিটিউট্‌] **(1)** *v.t.* to set up, স্থাপন বা প্রবর্তন করা ; to appoint, নিযুক্ত করা ; to educate, শিক্ষা দেওয়া । *p.* & *p. pt.* **in°stitūted** । **(2)** *n.* an institution or its building, প্রতিষ্ঠান বা শিক্ষালয় অথবা উহার ভবন ; (in *pl.*) a book of precepts or principles, or rules, উপদেশ বা নীতি বা নিয়মের গ্রন্থ । *n.* **institū°tion**—স্থাপন বা প্রবর্তন ; ভিত্তি ; প্রতিষ্ঠা ; প্রতিষ্ঠান ; প্রতিষ্ঠানের ভবন ; প্রতিষ্ঠিত নিয়ম আইন প্রভৃতি ; আইন প্রভৃতি বিধিবদ্ধ করা, বিধান । *a.* **institū°tional**—প্রতিষ্ঠানগত । **institutional church**—সমাজসেবাই যে গির্জার প্রধান উদ্দেশ্য । *v.t.* **institū°tionaliz(s)e** । *n.* **in°stitūtor**—প্রতিষ্ঠাতা, প্রবর্তক । [L. *instituere*]

instruct [in-strukt°, ইন্‌স্ট্রাক্‌ট্‌°] *v.t.* to inform, জ্ঞাপন করা ; to teach, শিক্ষা দেওয়া ; to direct, নির্দেশ দেওয়া ; to command, আদেশ দেওয়া । *p.* & *p. pt.* **instruc°ted** । *n.* **instruc°tion**—জ্ঞাপন ; শিক্ষাদান ; শিক্ষা ; নির্দেশ ; আদেশ । *a.* **instruc°tional**—শিক্ষা বা নির্দেশ বা আদেশ সংক্রান্ত । *a.* **instruc°tive**—শিক্ষাপূর্ণ ; শিক্ষামূলক ; নির্দেশপূর্ণ । *adv.* **instruc°tively** । *n.* **instruc°tiveness** । *n.* **instruc°tor** । *fem.* **instruc°tress** । [L. *instruere*]

instrument [in°-stroo-mant, ইন্‌°স্ট্রুম্যান্‌ট্‌] *n.* a tool, যন্ত্র, অস্ত্র, সাধিত্র ; a contrivance producing musical sounds, বাদ্যযন্ত্র ; a legal document, দলিল । *a.* **instrumental** [in-stroo-men°t(a)l, ইন্‌স্ট্রুমেন্‌°ট্‌ল্‌] যন্ত্রগত ; যন্ত্রতুল্য ; যন্ত্রকৃত ; যান্ত্রিক (*instrumental* error) ; সহায়ক (he was *instrumental* in finding a job for me) ; বাদ্যযন্ত্রগত (*instrumental* music) ; (ব্যাক.) করণ-কারকীয় । *n.* **instrumen°talist**—বাদ্যযন্ত্রী, (প্রধানতঃ তার-যন্ত্রের) বাদক । *n.* **instrumenta°lity**—কার্যাদিসাধনে যন্ত্রতুল্য সাহায্য ; উপায়ভূত হওয়া (by the *instrumentality* of) । [L. *instrumentum*]

insubordinate [in-sa-baw(r)°d-nit, ইন্‌স্যাবা-(র্‌)°ড্‌নিট্‌] *a.* not subordinate or submissive, অনধীন, বশ মানে না এমন, অবাধ্য । *n.* **insubordinā°tion**—অনধীনতা, অবাধ্যতা । [*in-, subordinate*]

insubstantial [in-sab-stan°sh(a)l, ইন্‌স্যাব্‌-স্ট্যান্‌°শ্‌ল্‌] *a.* not real, অবাস্তব, অলীক ; lacking solidity or substance, অস্থূল বা অসার । [*in-*, see *substance*]

insufferable [in-su°-f(a)rabl, ইন্‌সা°ফ্‌র্যাব্‌ল্‌] *a.* that cannot be endured, অসহ্য (*insufferable* arrogance) ; detestable, জঘন্য । *adv.* **insu°fferably** । [*in-*, see *suffer*]

insufficient [in-s(a)fi°sh(a)nt, ইন্স্ফি°শ্ন্ট্] *a.* inadequate, অপর্যাপ্ত ; অপ্রতুল। *n.* **insuffi°ciency**—কমতি, অপ্রতুলতা ; দেহের যে কোন অঙ্গের বা অবয়বের নিজ কর্মে অক্ষমতা (coronary *insufficiency*)। [OF. cp.—*suffice*]

insular [in°-sū-la(r), ইন্°সিউল্যা(র্)] *a.* of an island, দ্বৈপ, দ্বীপগত ; surrounded by water, জলবেষ্টিত ; situated alone, একান্তে অবস্থিত ; narrow, সঙ্কীর্ণচিত্ত (*insular* habits, outlook, prejudices, etc.)। *n.* **insūla°rity** I *adv.* **in°sūlarly** I [L. *insula*=island]

insulate [in°sū-lāt, ইন্°সিউলেইট্] *v.t.* to isolate or detach, আলাদা বা পৃথক্ করিয়া রাখা, একান্তে রাখা ; (elec.) to separate, by a non-conductor, (বিদ্যু.) অপরিবাহী যন্ত্রদ্বারা (প্রধানতঃ ভূমি হইতে) বিযুক্ত করা। *p.* & *p. pt.* **in°sūlātėd** I *n.* **insulā°tion** I *n.* **in°sulātor**—যে একান্তে রাখে ; যে যন্ত্রদ্বারা পৃথক্ করা হয়, (বিদ্যু.) অপরিবাহী। [see *insular*]

insulin [in°-sū-lin, ইন্°সিউলিন্] *n.* an extract got from the islands of Langerhans in the pancreas of sheep and other animals, ল্যাঙ্গারহ্যানজ দ্বীপপুঞ্জের ভেড়া ও অন্যান্য জন্তুর অগ্ন্যাশয়ে প্রাপ্ত নির্যাসবিশেষ : ইহার দ্বারা বহুমূত্র ও মানসিক ব্যাধিসমূহের চিকিৎসা করা হয়, ইন্সুলিন। [L. *insula*=an island]

insult [in-sult°, ইন্সাল্ট্°] *v.t.* to treat with indignity or contempt, অমর্যাদা বা অপমান করা। *p.* & *p. pt.* **insul°tėd** I *n.* **in°sult**—অমর্যাদা ; অপমান। *a.* **insul°ting**—অমর্যাদাপূর্ণ ; অপমানকর। [L. *insultare*]

insuperable [in-sū°-p(a)rabl, ইন্সিউ°প্র্যাব্ল্] *a.* that cannot be overcome or surmounted, দমন করা বা কাটাইয়া ওঠা যায় না এমন, অদম্য, অনতিক্রম্য (*insuperable* barrier)। *n.* **insūperabi°lity** I *adv.* **insū°perably** I [*in-*, *superable*]

insupportable [in-sa-paw(r)°-tabl, ইন্স্যাপ্য(র্)°ট্যাব্ল্] *a.* unbearable, অসহ। *adv.* **insuppor°tably** I [*in-*, see *support*]

insure [in-shooa(r)°, ইন্শুয়্যা(র্)°] (1) *v.t.* to make sure or secure, নিশ্চিত বা নিরাপদ্ করা ; to guarantee, অবশ্যম্ভাবিতা সম্বন্ধে নিশ্চয় করিয়া বলা। (2) *v.t.i.* to arrange for monetary payment in the event of loss or damage or after the expiry of a fixed period of time, বিমা করা। *a.* **insur°able** I *n.* **insur°ance**—বিমা ; বিমা-পত্র ; বিমার টাকা ; বিমার কিশতি। **insurance policy**—বিমা-পত্র। *n.* **insur°ant**—যে বিমা করে। **the insured**—বিমাকারী ব্যক্তি। *n.* **insur°er**—যে বিমা করে বা করায়, বিমা-চুক্তির পক্ষদ্বয়ের যে-কোনটি (অধুনা কেবলমাত্র বিমা-প্রতিষ্ঠান)। [OE. *enseurer*—cp. *enseure*]

insurgent [in-sa(r)°j(a)nt, ইন্স্যা(র্)°জ্ন্ট্] (1) *a.* rising, ফুলিয়া উঠিতেছে এমন ; rising in revolt, বিদ্রোহ করিতেছে এমন। (2) *n.* a rebel, বিদ্রোহী। *n.* **insur°gence, insur°gency**—স্ফীতি ; বিদ্রোহ। [*in-*, see *surge*]

insurmountable [in-sa(r)-mown°-tabl, ইন্স্যা(র্)মাউন্°ট্যাব্ল্] *a.* not surmountable, ডিঙ্গান যায় না এমন, অলঙ্ঘ্য ; indomitable, অদম্য। *n.* **insurmountabi°lity** I *adv.* **insurmoun°tably** I [*in-*, see *surmount*]

insurrection [in-sa-rek°sh(a)n, ইন্স্যারেক্°শ্ন্] *n.* a rising in revolt, বিদ্রোহ। *a.* **insurrec°tional, insurrec°tionary**—বিদ্রোহসংক্রান্ত। *n.* **insurrec°tionary, insurrec°tionist**—বিদ্রোহী। [L. *insurrectio*]

insusceptible [in-sa-sep°-tabl, ইন্স্যাসেপ্°ট্যাব্ল্] *a.* not susceptible, গ্রহণ করে না এমন, অগ্রাহী। *n.* **in°susceptibi°lity** I *adv.* **insuscep°tibly** I [*in-*, *susceptible*]

inswing [in°-swing, ইন্°সুইং] *n.* an inward swing, ভিতরের দিকে আন্দোলন। *n.* **in°swinger**—(ক্রিকেটে) ব্যাটসম্যানের পায়ের কাছে গিয়া উক্তরূপে আন্দোলিত হয় এমনভাবে নিক্ষিপ্ত বল। [*in*, *swing*]

intact [in-takt°, ইন্ট্যাক্ট্°] *a.* untouched, অস্পৃষ্ট ; unimpaired, অক্ষত ; whole, সম্পূর্ণ (to maintain one's capital *intact*)। [L. *intactus*]

intaglio [in-tŭ°li-ō, ইন্টা°লিও] (1) *n.* an engraved figure or design, ক্ষোদিত মূর্তি বা নকশা ; a stone or gem with such a design, ক্ষোদিত মূর্তি বা নকশা সংবলিত প্রস্তর অথবা রত্ন (cp. **cameo**)। (2) *v.t.* to engrave with a figure or design, (প্রস্তরে বা মণিতে) মূর্তি বা নকশা খোদাই করা। [It.]

intake [in°-tāk, ইন্°টেইক্] *n.* that which is taken in, যাহা ভিতরে লওয়া বা ঢোকান হইয়াছে ; a tract of land enclosed, ঘেরা জমি ; an air-way in a mine, খনিমধ্যে বায়ুপ্রবেশের পথ ; a place where water is taken in, জল ভরার স্থান ; a narrowing in a pipe, নলের সঙ্কুচিত বা সঙ্কীর্ণ অংশ। [*in*, *take*]

intangible [in-tan°-jabl, ইন্ট্যান্°জ্যাব্ল্] *a.* imperceptible to touch, স্পর্শনাতীত, অননুভবনীয়, ধরা-ছোঁয়ার বাইরে ; insubstantial, অসার, অবাস্তব, অলীক। *n.* **intangibi°lity** I *adv.* **intan°gibly** I [*in-*, *tangible*]

integer [in°-ti-ja(r), ইন্°টিজ্যা(র্)] *n.* a whole, গোটা, সম্পূর্ণ বস্তু ; (arith.) a whole number, (পাটী.) পূর্ণসংখ্যা। **integral** [in°-tigr(a)l, ইন্°টিগ্রল্] (1) *a.* গোটা, সম্পূর্ণ, পূর্ণ, অভঙ্গ, অখণ্ড ; বিভিন্ন উপাদানে গঠিত বা পূর্ণ। (2) *n.* ঐরূপ বস্তু। **integral calculus**—(পরি.) সমাকলন। **integrate** [in°-ti-grāt, ইন্°টিগ্রেইট্] (1) *v.t.* উপাদানাদির সাহায্যে পূর্ণাকারে গঠন করা বা পূর্ণরূপ

দান করা ; (পাটী.) পূর্ণসংখ্যা নির্ণয় করা ; মোট মূল্য নির্ধারণ করা। *p.* & *p. pt.* **in°tėgrātėd** I (2) *a.* বিভিন্ন অংশে বা উপাদানে গঠিত ; সম্পূর্ণ ; অখণ্ড, গোটা। *n.* **intėgrā°tion**—বিভিন্ন উপাদানের মিলন বা একীকরণ বা একীভবন (the question of national *integration* constantly exercises the minds of the leaders) I *n.* **integrā°tionist**—বিভিন্ন জাতিগোষ্ঠীর একীভবন-নীতির সমর্থক I *n.* **integrity** [in-te°-gri-ti, ইন্‌টে°গ্রিটি] সম্পূর্ণতা ; অখণ্ডতা ; ন্যায়পরায়ণতা ; সততা ; সাধুতা ; বিশুদ্ধতা। [L.]

integument [in-te°-gū-mant, ইন্‌টে°গিউম্যান্ট্] *n.* an external covering, বহিরাবরণ, ত্বক্ ; (bot.) either of the two coats of an ovule, (উদ্ভি.) ডিম্বকত্বক্। [L. *integumentum*]

intellect [in°-ti-lekt, ইন্‌°টিলেক্ট্] *n.* the rational mind, বোধশক্তি, বুদ্ধি। *n.* **intellėc°tion**—উপলব্ধি, বোধ। **inte°llėctūal**—(I) *a.* বুদ্ধিগত ; বুদ্ধিমান্। (2) *n.* উন্নততর বুদ্ধিশালী বা মেধাপ্রধান ব্যক্তি (a play for the *intellectuals*) I *n.* **intė°llectūalism**—কেবল বিশুদ্ধ যুক্তিই জ্ঞানার্জনের উপায় : এই মতবাদ, বুদ্ধিবাদ। *n.* **intė°llec°tūalist**—বুদ্ধিবাদী। *n.* **in°tėllectūa°lity**—বোধশক্তি। *adv.* **intė°llectūally** I [L. *intellectus*]

intelligent [in-te°-lij(a)nt, ইন্‌টে°লিজ্‌ন্ট্] *a.* having (a high degree of) intellect, (প্রগাঢ়) বোধশক্তিসম্পন্ন, বুদ্ধিমান্। *n.* **in°telligence**—বোধশক্তি, বুদ্ধিমত্তা ; সংবাদ, তথ্য। **Intelligence Branch**—পুলিস বা সৈন্যবাহিনীর গোয়েন্দা-বিভাগ। **Intelligence Officer**—সৈন্যবাহিনীর গোয়েন্দা-সেনানী। **intelligence quotient,** (abbr.) **I.Q.**—বোধশক্তির মাপবিশেষ। **intelligence test**—বোধশক্তির পরীক্ষা। *n.* **in°telligencer**—গোয়েন্দা ; সংবাদ-বিক্রেতা ; সংবাদপত্র। *adv.* **inte°lligently** I [L. *intelligens*]

intelligentsia, intelligentzia [in-te-li-jent°-si-a, ইন্‌টেলিজেন্‌ট্°সিঅ্যা] *n.* the intellectual classes, সমাজের বুদ্ধিশালী সম্প্রদায়। [Russ.]

intelligible [in-te°-li-jabl, ইন্‌টে°লিজ্যাব্‌ল্] *a.* that may be understood, বোধগম্য ; clear, স্পষ্ট ; (phil.) that may be apprehended by the understanding only, (দর্শ.) কেবল বোধশক্তিদ্বারা বা বুদ্ধিদ্বারা উপলব্ধি করা যায় এমন। *n.* **intelligibi°lity** I *adv.* **inte°lligibly** I [L. *intelligibils*—cp. *intelligence*]

intemperance [in-tem°p(a)r(a)ns, ইন্‌টেম্°প্‌র্‌ন্‌স্] *n.* want of restraint, অসংযম ; excess, আধিক্য, মাত্রাধিক্য, অমিতাচার ; habitual over-indulgence in liquor, অত্যধিক সুরাসক্তি। *a.* **intem°perȧte**—অসংযমী ; অমিতাচারী (*intemperate* habits) ; অত্যধিক সুরাপায়ী ; অত্যধিক, মাত্রাধিক। *adv.* **intem°perȧtely** I [*in-*, see *temper*]

intend [in-tend°, ইন্‌টেন্‌ড্°] *v.t.* to fix the mind upon, মনস্থ করা ; to purpose, উদ্দেশ্য বা অভিপ্রায় করা (we *intend* to go or *intend* going) ; to design, পরিকল্পনা করা ; to mean, অর্থ বোঝান। *a.* **inten°dėd**—অভিপ্রেত, অভীপ্সিত, উদ্দিষ্ট। *n.* **in°tendant**—(বিদেশী সম্ভ্রান্ত ব্যক্তিদের তত্ত্বাবধানকারী) সরকারি কর্মচারিবিশেষ। *n.* **intend°ment**—same as **intention ;** আইন-নির্ধারিত প্রকৃত অর্থ। *n.* see **intention** I [OF. *entendre* < L. *intendere*]

intense [in-tens°, ইন্‌টেন্‌স্°] *a.* strained, তীব্র ; violent, প্রচণ্ড ; concentrated, প্রগাঢ় ; extreme, চরম ; profuse, প্রচুর ; earnest, ঐকান্তিক, সনির্বন্ধ ; deeply emotional, গভীর আবেগপূর্ণ। *adv.* **intense°ly** I *n.* **intense°nėss, intensity** [in-ten°-s(i)ti, ইন্‌টেন্°স্‌টি] I *n.* **intensificā°tion** I *n.* **intensi°fier** I *v.t.* **intensi°fy**—তীব্রতা প্রচণ্ডতা প্রগাঢ়তা প্রভৃতি বৃদ্ধি করা। *a.* **inten°sive**—তীব্র, প্রচণ্ড, প্রগাঢ় (*intensive* bombardment, study, etc.) ; তীব্রতা প্রচণ্ডতা প্রভৃতি বৃদ্ধিকর ; নির্দিষ্ট আয়তনের জমির উৎপাদন বৃদ্ধি করে এমন (*intensive* agriculture or cultivation) ; (ব্যাক.) জোর বা ঝোঁক প্রদায়ক (a terribly hot day—এখানে terribly একটি *intensive* শব্দ) I *a.* **capital-inten°sive**—উৎপাদন-ব্যবস্থায় মূলধনের অনুপাত বেশি এমন। *a.* **labour-inten°sive**—উৎপাদন-ব্যবস্থায় শ্রম বা শ্রমিকের অনুপাত বেশি এমন। *adv.* **inten°sively** I [see *intend*]

intent [in-tent°, ইন্‌টেন্ট্°] (I) *a.* resolved, দৃঢ়সঙ্কল্পিত (*intent* on doing a thing) ; fixed with close attention, গভীর মনোযোগের সহিত নিবদ্ধ (an *intent* look) ; diligently applied, অধ্যবসায়ের সহিত নিরত। (2) *n.* purpose, উদ্দেশ্য, লক্ষ্য, অভিপ্রায় ; design, পরিকল্পনা। **to all intents and purposes**—কার্যতঃ। *adv.* **intent°ly** I [see *intend*]

intention [in-ten°sh(a)n, ইন্‌টেন্°শ্‌ন্] *n.* act of intending, উদ্দেশ্য বা অভিপ্রায় করা ; purpose, উদ্দেশ্য, লক্ষ্য, অভিপ্রায় ; design, পরিকল্পনা। *a.* **inten°tional**—অভিপ্রেত ; ইচ্ছাকৃত। *adv.* **inten°tionally** I [see *intent*]

inter₁ [in°-ta(r), ইন্°ট্যা(র্)] *prep.* between, amongst, মধ্যে। **inter alia** [...ā°-lia,...এই°লিঅ্যা] অন্যান্য সবকিছুর মধ্যে। [L.]

inter₂ [in-ta(r)°, ইন্‌ট্যা(র্)°] *v.t.* to bury, কবর দেওয়া, সমাহিত করা। *pr. pt.* **inte°rring** I *p.* & *p. pt.* **inte°rred** I *n.* **inter°ment** I [F. *enterrer* < LL. *interrare*]

interact₁ [in°-ta-rakt, ইন্°ট্যার্যাক্ট্] *n.* an interlude, নাটকের দুই অঙ্কের মধ্যে অভিনেয় উপনাটিকা, গর্ভনাটিকা ; the interval between acts, নাটকের দুই অঙ্কের মধ্যবর্তী বিরাম-কাল। [*inter-, act*—after F. *entr'acte*]

interact₂ [in-ta-rakt°, ইন্‌ট্যার্যাক্ট্°] *v.i.* to act reciprocally on each other, পরস্পরের উপর

ক্রিয়া করা। *p.* & *p. pt.* **interac°tėd** । *n.* **interac°tion**—(পরি.) মিথষ্ক্রিয়া। *a.* **interact°ive**—মিথষ্ক্রিয়। [*inter-, act*]

interbreed [in°-ta(r)-brēd°, ইন্‌ট্যা(র্)ব্রীড়্°] (**1**) *v.t.* to crossbreed, বিভিন্ন গোত্রের বা বর্গের প্রাণীদের মধ্যে মিলন-সঙ্ঘটনপূর্বক বর্ণসঙ্কর প্রাণী উৎপাদন করা। (**2**) *v.i.* to breed with each other, (প্রাণীসম্বন্ধে) ভিন্ন জাতির প্রাণীর সঙ্গে যৌন-সঙ্গম করান। *p.* & *p. pt.* **in°terbred°**। [*inter-, breed*]

intercalary—see **intercalate.**

intercalate [in-ta(r)°-ka-lāt, ইন্‌ট্যা(র্)°ক্যালেইট্] *v.t.* to insert between others, অন্যদের মধ্যে (যেমন, পঞ্জিকার দিনগুলির মধ্যে একটি অতিরিক্ত দিন—যথা, অধিবর্ষে ফেব্রুআরি মাসের বাড়তি দিনটি) স্থাপন করা। *p.* & *p. pt.* **inter°calātėd** । *a.* **inter°calary**—অন্যদের মধ্যে স্থাপিত, (পরি.) নিবেশিত। *n.* **inter°calā°tion** । [L. *intercalare*]

intercede [in-ta(r)-sēd°, ইন্‌ট্যা(র্)সীড়্°] *v.i.* to mediate, প্রতিদ্বন্দ্বী পক্ষদ্বয়ের মধ্যে শান্তিস্থাপনের চেষ্টা করা, মধ্যস্থতা করা; to plead for one, প্রতিদ্বন্দ্বীদের একজনের পক্ষে ওকালতি করা। *p.* & *p. pt.* **intercē°dėd** । *n.* **intercē°der** । [L. *inter-, cedere*=to go]

intercept [in-ta(r)-sept°, ইন্‌ট্যা(র্)সেপ্‌ট্°] *v.t.* to stop or seize in passage, পথিমধ্যে রোধ বা আটক বা গ্রেপ্তার করা; to cut off, বিচ্ছিন্ন করা। *p.* & *p. pt.* **intercep°tėd** । *n.* **in°tercept**—(গণি.) দুই ছেদবিন্দুর মধ্যবর্তী রেখাংশ। *n.* **intercep°ter, intercep°tor** । *n.* **intercep°tion** । *a.* **intercep°tive**—পথিমধ্যে রোধ বা আটক বা গ্রেপ্তার করে এমন। [L. *intercipere*]

intercession [in-ta(r)-se°-sh(a)n, ইন্‌ট্যা(র্)সে°-শ্‌ন্] *n.* act of interceding, মধ্যস্থতা, ওকালতি। *a.* **interce°ssional**—মধ্যস্থতামূলক; ওকালতি-মূলক। *n.* **interce°ssor**—মধ্যস্থ, উকিল। [see *intercede*]

interchange [in-ta(r)-chānz°, ইন্‌ট্যা(র্)চেইন্‌জ্°] *v.t.i.* to exchange, বিনিময় করা। *n.* **in°terchānge**—বিনিময়। *a.* **interchānge°able**—বিনিমেয়। *n.* **interchāngeabi°lity** । *adv.* **interchānge°ably** । [OF. *entrechangier*]

intercollegiate [in°ta(r)-ka-lē°-ji-at, ইন°-ট্যা(র্)ক্যালী°জিঅ্যাট্] *a.* amongst colleges, আন্তঃকলেজীয়। [*inter-,* see *college*]

intercolonial [in-ta(r)-ka-lō°-ni-al, ইন্‌ট্যা(র্)-ক্যালৌ°নিয়াল্] *a.* amongst colonies, বিভিন্ন উপনিবেশসংশ্লিষ্ট, আন্তঃ-ঔপনিবেশিক। [*inter-,* see *colony*]

intercom [in°-ta(r)-kom, ইন্°ট্যা(র্)কম্] contr. of **intercommunication.**

inter-communal [in-ta(r)-ko°-mūnl, ইন্‌-ট্যা(র্)ক°মিউন্‌ল্] *a.* amongst communities, আন্তঃসাম্প্রদায়িক। [*inter-, communal*]

intercommunicate [in-ta(r)-ka-mū°-ni-kāt, ইন্‌ট্যা(র্)ক্যামিউ নিকেইট্] *v.t.i.* to communicate mutually or together, পরস্পর বা একত্র সংবাদাদি আদান-প্রদান করা। *p.* & *p. pt.* **intercommū°nicātėd** । **in°tercommūnicā°tion** । [*inter-, communicate*]

intercommunion [in-ta(r)-ka-mū°-ni-an, ইন্‌-ট্যা(র্)ক্যামিউ°নিঅ্যান্] *n.* intimate intercourse, অন্তরঙ্গভাবে আলাপ বা তথ্যাদি-বিনিময়; mutual action or relation, পরস্পর ক্রিয়া বা সম্পর্ক। [*inter-, cammunion*]

interconnect [in°-ta(r)-ka-nekt°, ইন্°ট্যা(র্)-ক্যানেক্‌ট্°] *v.t.* to connect mutually and intimately or in various ways, পরস্পর অন্তরঙ্গভাবে বা নানা দিক্ দিয়া সংযুক্ত করা। *p.* & *p. pt.* **interconnec°tėd** । *n.* **in°terconnec°tion** । [*inter-, connect*]

inter-continental [in°-ta(r)-kon-ti-nen°tl, ইন্°ট্যা(র্)কন্‌টিনেন্°ট্‌ল্] *a.* amongst continents, আন্তঃ-মহাদেশীয় (*inter-continental* ballistic missiles)। [*inter-,* see $continent_2$]

inter-costal [inta(r)-kos°-tl, ইন্‌ট্যা(র্)কস্°ট্‌ল্] *a.* between the ribs, পাঁজরার মধ্যবর্তী। [L. *inter-, costalis*]

intercourse [in°-ta(r)-kaw(r)s, ইন্°ট্যা(র্)-কা(র্)স্] *n.* social communication, সামাজিক মেলামেশা বা আদান-প্রদান; communion, ঈশ্বরের সঙ্গে ভাব বিনিময়; coition, যৌনসহবাস। [OF. *entrecours*—cp. *course*]

interdependent [in-ta(r)-di-pen°-dant, ইন্‌-ট্যা(র্)ডিপেন্°ড্যান্ট্] *a.* mutually dependent, পরস্পর অধীন বা মুখাপেক্ষী। *n.* **interdepen°dence**—পারস্পরিক অধীনতা। [*inter-,* see *depend*]

interdict [in-ta(r)-dikt°, ইন্‌ট্যা(র্)ডিক্‌ট্°] *v.t.* to prohibit, নিষিদ্ধ করা; to forbid communion; সামাজিক মেলামেশা নিষিদ্ধ করা; সমাজচ্যুত করা। *p.* & *p. pt.* **interdic°tėd** । *n.* **in°terdict**—নিষেধ; সমাজচ্যুতি; পোপ কর্তৃক খ্রিস্টীয় যাজকের ধর্মকার্যপালনের ক্ষমতাহরণমূলক নিষেধাজ্ঞা। *n.* **interdic°tion** । *a.* **interdic°tory**—নিষেধ-মূলক; সমাজচ্যুতিমূলক; পোপ কর্তৃক খ্রিস্টীয় যাজকের প্রতি ধর্মকার্যপালনসম্পর্কে নিষেধাজ্ঞামূলক। [L. *interdicere*]

interest [in°-trist, ইন্°ট্রিস্‌ট্] (**1**) *n.* advantage, সুবিধা; premium paid for the use of money, সুদ, কুসীদ; any increase, বৃদ্ধি, বর্ধিত আয়; concern, সম্পর্ক; right, অধিকার; personal influence, ব্যক্তিগত প্রভাব; stake, বাজি; share, অংশ; behalf, পক্ষ, তরফ; welfare, স্বার্থ, মঙ্গল; curiosity, কৌতূহল। (**2**) *v.t.* to concern deeply, গভীরভাবে জড়িত করা; to engage attention of, মনোযোগ আকর্ষণ করা; to excite interest of, কৌতূহলী করান। **compound**

interest—চক্রবৃদ্ধি (সুদ)। **simple interest**—সরল কুসীদ। **with interest**—সুদসহ; (আল.) অধিকতর জোরের সঙ্গে। **(to) lose interest**—কৌতূহল বা আগ্রহ হারান; কৌতূহলাক্রান্ত বা আগ্রহান্বিত করার শক্তি হারান, আকর্ষণ হারান। *a.* **in°terėstėd**—কৌতূহলী; স্বার্থসম্পন্ন; পক্ষপাতপূর্ণ; অনুরাগী। *a.* **in°terėsting**—কৌতূহল-উদ্দীপক; আকর্ষণপূর্ণ (an *interesting* discussion)। *adv.* **in°terestingly** । [L.=it concerns]

interfere [in-ta(r)-fē(r)°, ইন্ট্যা(র্)ফিয়্যা(র্)°] *v.i.* to intervene, হস্তক্ষেপ করা, (পরি.) ব্যতিচার করা; to come in the way, পথিমধ্যে বাধা হওয়া; to collide, (প্রধানতঃ পরস্পর) সজ্ঘৃষ্ট হওয়া। *n.* **interfēr°ence**—হস্তক্ষেপ, ব্যতিচার; পথিমধ্যে বাধাদান; প্রতিবন্ধক; (পরস্পর) সজ্ঘর্ষ। *n.* **interfēr°er** । *adv.* **interfēr°ingly** । [OF. *entreferir* < L. *inter-, ferire*=to strike]

interfuse [in-ta(r)-fūz°, ইন্ট্যা(র্)ফিউজ্°] *v.t.* to pour between or through, (দুইয়ের) মধ্যে বা (কিছুর) মধ্য দিয়া ঢালা অথবা যাওয়া; to permeate, অন্তঃপ্রবিষ্ট করান বা হওয়া। *n.* **interfū°ṡion** । [*inter, fuse*]

interim [in°-ta-rim, ইন্°ট্যারিম্] **(1)** *n.* the intervening time, মধ্যবর্তী কাল, মধ্যকাল। **(2)** *a.* of the interim, মধ্যকালীন (an *interim* dividend, report, etc.); temporary, অস্থায়ী; provisional, সাময়িক। **(3)** *adv.* meanwhile, ইতোমধ্যে; provisionally, অস্থায়িভাবে, সাময়িকভাবে। [L.]

interior [in-tēr°-i-a(r), ইন্টিয়্যার্°ইঅ্যা(র্)] **(1)** *a.* inner, অভ্যন্তরস্থ, অভ্যন্তরীণ, অন্তঃ- ; inland, মধ্যাঞ্চলীয়; remote from the frontier or coast, সীমান্ত বা উপকূল হইতে দূরবর্তী; situated within or further in, অন্তরস্থ, অন্তর্বর্তী। **(2)** *n.* the inside of anything, ভিতরের অংশ, ভিতর; the inland part of a country, দেশের মধ্যাংশ। **interior angle**—(জ্যামি.) অন্তঃকোণ। *adv.* **intēr°iorly** । [L.]

interject [in-ta(r)-ject°, ইন্ট্যা(র্)জেক্ট্°] *v.t.* to throw between, মধ্যে নিক্ষেপ করা; to exclaim in interruption or parenthesis, (অপরের) কথাবার্তাদির মধ্যে বাধাদানপূর্বক বা সংযোজক উক্তিরূপে বিস্ময়-আবেগাদিভরে বলিয়া ওঠা। *p.* & *p. pt.* **interjec°tėd** । *n.* **interjec°tion**—মধ্যে নিক্ষেপ; (ব্যাক.) হর্ষ বিষাদ বিস্ময় প্রভৃতি মনোভাব-বাচক বা অন্তর্ভাবার্থক অব্যয়। *a.* **interjec°tional**—(ব্যাক.) মনোভাববাচক বা অন্তর্ভাবার্থক অব্যয়মূলক। [L. *inter(j)icere*]

interlace [in-ta(r)-lās°, ইন্ট্যা(র্)লেইস্°] **(1)** *v.t.* to lace or weave, or entangle together, একত্র জড়াইয়া গাঁথা বা বোনা বা বিজড়িত করা। **(2)** *v.i.* to mix together, একত্র মেশা। *p.* & *p. pt.* **interlā°ceḋ** । *n.* **interlāce°ment** । [F. *entrelacer*—cp. *lace*]

interlard [in-ta(r)-lŭ-(r)d°, ইন্ট্যা(র্)লা(র্)ড্°] *v.t.* to mix in, (বিজাতীয় শব্দ গুণ প্রভৃতি) মেশান (an essay *interlarded* with French words and phrases)। *p.* & *p. pt.* **interlar°dėd** । [F. *entrelarder*]

interleaf—see **interleave.**

interleave [in-ta(r)-lēv°, ইন্ট্যা(র্)লীভ্°] *v.t.* to put a leaf within, (পুস্তকাদির) ভিতরে (সচ. সাদা) পাতা স্থাপন করা। *n.* **in°terleaf**—উক্তরূপে স্থাপিত পাতা। *pl.* **in°terleaveṡ** । [*inter-*, see *leaf*]

interline [in-ta(r)-līn°, ইন্ট্যা(র্)লাইন্°] *v.t.* to insert or write or print between lines, (দুই) পঙ্ক্তির মধ্যে স্থাপন করা বা লেখা বা ছাপান। *a.* **interli°nėar**—(দুই) পঙ্ক্তির মধ্যে স্থাপিত বা লিখিত বা মুদ্রিত। *n.* **in°terlinėā°tion** । [*inter-, line*]

interlink [in-ta(r)-lingk°, ইন্ট্যা(র্)লিংক্°] *v.t.i.* to link together, একত্র সংযুক্ত করা বা হওয়া। *p.* & *p. pt.* **interlin°keḋ** । [*inter-, link*]

interlock [in-ta(r)-lok°, ইন্ট্যা(র্)লক্°] *v.t.i.* to lock together, একত্র সংবদ্ধ করা বা হওয়া, পরস্পর আলিঙ্গনাবদ্ধ করা বা হওয়া। *p.* & *p. pt.* **interlo°ckeḋ** । [*inter-, lock*]

interlocution [in-ta(r)-lŏ-kū°sh(a)n, ইন্ট্যা(র্)লোকিউ°শ্ন্] *n.* conference, আলাপ-আলোচনা, পরামর্শ, মন্ত্রণা। *n.* **interlocutor** [in-ta(r)-lo°-kū-ta(r), ইন্ট্যা(র্)ল°কিউট্যা(র্)] আলাপ-আলোচনায় বা কথোপকথনে যোগদানকারী; নিগ্রো চারণ বা ভ্রাম্যমাণ গায়কদলের মূল গায়েন। *a.* **interlo°cūtory**—আলাপ-আলোচনামূলক। [L. *interlocutio*]

interlope [in-ta(r)lōp°, ইন্ট্যা(র্)লৌপ্°] *v.t.i.* to intrude into any matter, (প্রধানতঃ স্বার্থের জন্য) কোন ব্যাপারে অনধিকার হস্তক্ষেপ করা। *p.* & *p. pt.* **interlō°peḋ** । *n.* **interlō°per**—যে ব্যক্তি বিনা লাইসেন্সে ব্যবসায় করে; অনধিকার হস্তক্ষেপকারী। [*inter-, lope*]

interlude [in°-ta(r)-lūd, ইন্°ট্যা(র্)লিউড্] *n.* a short piece introduced between the acts of a play, নাটকের দুই অঙ্কের মধ্যবর্তী কালে অভিনেয় ক্ষুদ্র নাটিকা সঙ্গীতানুষ্ঠান প্রভৃতি, গর্ভনাটিকা, বিষ্কম্ভক; amusing incident interposed, মধ্যস্থলে অনুপ্রবিষ্ট কৌতুককর ব্যাপারাদি। [LL. *inter-, ludium*]

intermarry [in°ta(r)-ma°-ri, ইন্°ট্যা(র্)ম্যা°রি] *v.i.* to become connected matrimonially with other tribes etc., ভিন্ন জাতি বংশ প্রভৃতির সঙ্গে পরিণয়সূত্রে আবদ্ধ হওয়া। *n.* **interma°rriage**—অন্তর্বিবাহ, আন্তর্জাতিক বিবাহ। [*inter-, marry*]

intermeddle [in-ta(r)-me°dl, ইন্ট্যা(র্)মে°ড্ল্] *v.i.* to concern oneself, সংশ্লিষ্ট বা বিজড়িত হওয়া; to interfere, অনধিকার হস্তক্ষেপ করা। [*inter-, meddle*]

intermediary—see **intermediate.**

intermediate [in-ta(r)-mē°-di-at, ইন্ট্যা(র্)মী°-ডিয়্যাট্] (1) *a.* coming between two objects, (দুইয়ের) মধ্যবর্তী। (2) *n.* anything intermediate, মধ্যবর্তী বস্তু। **intermē°diary**—(1) *a.* মধ্যস্থতাকর; মধ্যবর্তী। (2) *n.* মধ্যস্থ, দালাল। *n.* **intermēdiā°tion**—মধ্যস্থতা, দালালি। *n.* **intermē°diātor**। *n.* **intermē°dium**—মধ্যস্থ বা মধ্যবর্তী বস্তু। [*inter-, mediate*]

interment—see **inter**$_2$.

interminable [in-ta(r)°-m(i)nabl, ইন্ট্যা(র্)°-মন্যাব্ল্] *a.* endless, অশেষ, অক্ষয়; boundless, সীমাহীন। *adv.* **inter°minably**। [*in-*, see *terminus*]

intermingle [in-ta(r)-ming°gl, ইন্ট্যা(র্)মিং°-গ্ল্] *v.t.i.* to mix together, একত্র মেশান বা মেশা। [*inter-, mingle*]

intermission—see **intermit.**

intermit [in-ta(r)-mit°, ইন্ট্যা(র্)মিট্°] *v.t.i.* to stop for a time, (জ্বর, নাড়ির স্পন্দন, প্রভৃতি সম্বন্ধে) সাময়িকভাবে থামান বা থামা। *pr. pt.* **intermi°tting**। *p. & p. pt.* **intermi°ttėd**। *n.* **intermission** [in-ta(r)-mi°sh(a)n, ইন্ট্যা(র্)মি°শ্ন্] সাময়িক বিরতি (to work without *intermission*)। *a.* **intermi°ttent**—মাঝে মাঝে থামান হয় বা থামে এমন; (পরি.) সবিরাম। *adv.* **intermi°ttently, intermi°ttingly**। [L. *intermittere*]

intermix [in-ta(r)-miks°, ইন্ট্যা(র্)মিক্স্°] *v.t.i.* to mix together, একত্র মেশান বা মেশা। *p. & p. pt.* **intermix°ed**। *n.* **intermixture** [in-ta(r)-miks°-cha(r), ইন্ট্যা(র্)মিক্স্°চ্যা(র্)] পরস্পর মিশ্রণ; বিভিন্ন উপাদানে মিশ্রিত বস্তু, মিশ্র; যাহা (অন্য কিছুর সহিত) মেশান হইয়াছে। [*inter-, mix*]

intern(e) [in-ta(r)n°, ইন্ট্যা(র্)ন্°] (1) *v.t.* to oblige to reside within specified limits of a country etc., দেশ প্রভৃতির নির্দিষ্ট সীমার মধ্যে বাস করিতে বাধ্য করান, অন্তরীণ করা। (2) *n.* an advanced student or recent graduate residing in hospital and acting as assistant physician or surgeon, যে উচ্চশ্রেণীর ছাত্র বা নূতন স্নাতকোপাধিক ছাত্র হাসপাতালে থাকিয়া সহকারী চিকিৎসকের বা শল্যচিকিৎসকের কাজ করে। *n.* **internee** [in-ta(r)-nē°, ইন্ট্যা(র্)নী°] অন্তরিত ব্যক্তি, অন্তরীণ। *n.* **intern°ment**—অন্তরণ। [F. *interne* <L. *internus*]

internal [in-ta(r)°nl, ইন্ট্যা(র্)°ন্ল্] *a.* in the interior, অন্তঃস্থ, অভ্যন্তরীণ; domestic as opposed to foreign, দেশীয়, নিজস্ব, গৃহগত, গৃহ-, (*internal* strife); of the inner nature, অন্তরের প্রকৃতিগত, (পরি.) আন্তর। **internal combustion**—মোটর-গাড়ি প্রভৃতির সিলিনডারের মধ্যে গ্যাস বা বাষ্পের বিস্ফোরণদ্বারা সৃষ্ট চালক-শক্তি, অন্তরিন্ধন। *n.* **interna°lity**। *adv.* **inter°nally**। [L. *internus*]

international [in-ta(r)-na°sh(a)nl, ইন্ট্যা(র্)-ন্যা°শ্ন্ল্] *a.* between different nations, আন্তর্জাতিক। *n.* **Interna°tional**—দুনিয়ার মজুরদের ঐক্যবদ্ধ করার জন্য কমিউনিস্টদের সভা। *n.* **interna°tionalism**—আন্তর্জাতিকতাবাদ। *n.* **interna°tionalist**। *v.t.* **interna°tionalize**—আন্তর্জাতিক করা; বিভিন্ন জাতির মিলিত শাসন ও রক্ষণের অধীন করা। *n.* **in°ternationalizā°tion**। *adv.* **interna°tionally**। [*inter-, national*]

internationale [in-ta(r)-na°-shanŭl, ইন্ট্যা(র্)-ন্যা°শ্যানাল্, an-tar-na-si-ŏ-nŭl°, অ্যাঁতা(র্)ন্যা-সিওনাল্°] *n.* an international communist song, কমিউনিস্টদের আন্তর্জাতিক সঙ্গীত; an International, দুনিয়ার মজদুরদের ঐক্যবদ্ধ করার জন্য (কমিউনিস্টদের) সভা। [F.]

internecine [in-ta(r)-nē°-sīn, ইন্ট্যা(র্)নী°-সাইন্] *a.* deadly, মারাত্মক; (loos.) mutually destructive, (শিথি.) পরস্পর ধ্বংসকর। [L. *internecinus*<*internecio*=massacre]

internuncio [in-ta(r)-nun°-shi-ō, ইন্ট্যা(র্)-নান্°শিও] *n.* the Pope's ambassador, পোপ কর্তৃক প্রেরিত রাষ্ট্রদূত। [It. *internunzio*<Sp. *internuncio*]

interpellate [in-ta(r)°-pe-lāt, ইন্ট্যা(র্)°পেলে-ইট্] *v.t.* to interrupt by raising a question or demanding an explanation, প্রশ্ন উত্থাপন করিয়া বা কৈফিয়ত দাবি করিয়া (বিতর্কে) বাধা দেওয়া। *p. & p. pt.* **inter°pellātėd**। *n.* **interpellā°tion**। [L. *interpellare*]

interpenetrate [in-ta(r)-pe°-ni-trāt, ইন্ট্যা(র্)পে°নিট্রেইট্] *v.t.* to penetrate thoroughly, সম্পূর্ণরূপে ভেদ করা; to pervade, পরিব্যাপ্ত করা। *p. & p. pt.* **interpe°nėtrātėd**। *n.* **in°terpenėtrā°tion**। *a.* **interpe°nėtrātive**। [*inter-, penetrate*]

interplanetary [in-ta(r)-pla°-nit(a)-ri, ইন্ট্যা(র্)প্ল্যা°নিট্রি] *n.* between planets, বিভিন্ন গ্রহগত, আন্তর্গ্রহ। [*inter-*, see *planet*]

interplay [in°-ta(r)-plā°, ইন্°ট্যা(র্)প্লেই°] *n.* mutual action, পরস্পরের উপরে ক্রিয়া ও প্রতিক্রিয়া। [*inter-, play*]

interpol [in°-ta(r)-pol, ইন্°ট্যা(র্)পল্] *n.* International Criminal Police Commission, অপরাধীদের অনুসন্ধানের জন্য আন্তর্জাতিক পুলিশ সংস্থা (এই সংস্থার প্রধান কার্যালয় প্যারিসে)। [abbr.]

interpolar [in-ta(r)-pō°-la(r), ইন্ট্যা(র্)পৌ°ল্যা-(র্)] *a.* between or connecting the poles, উভয় মেরুর মধ্যবর্তী বা সংযোজক, অন্তর্মেরু। [*inter-* see *pole*]

interpolate [in-ta(r)°-pō-lāt, ইন্ট্যা(র্)°পোলে-ইট্] *v.t.* to insert unfairly, (রচনাদির মধ্যে প্রক্ষিপ্ত অংশাদি) অন্যায়ভাবে সন্নিবেশিত করা। *p. & p. pt.* **inter°pōlātėd**। *n.* **interpolā°tion**—

উক্ত সন্নিবেশ ; সন্নিবিষ্ট প্রক্ষিপ্ত অংশ, প্রক্ষেপ। *n.* **inter°polātor** । [L. *interpolare*]

interpose [in-ta(r)-pōz°, ইন্‌ট্যা(র্)পৌজ্°] **(I)** *v.t.* to place between, মধ্যস্থলে স্থাপন করা ; to put in by way of interruption, বাধাদানার্থ স্থাপন করা বা উত্থাপন করা। **(2)** *v.i.* to come between, মধ্যস্থলে উপস্থিত হওয়া ; to mediate, মধ্যস্থতা করা ; to interfere, হস্তক্ষেপ করা। *n.* **interpŏsi°tion** । [F. *interposer*—cp. *pose*]

interpret [in-ta(r)°-prit, ইন্‌ট্যা(র্)°প্রিট্] *v.t.i.* to explain, ব্যাখ্যা করা ; to elucidate, বিশদ করা ; to translate, অনুবাদ করা, ভাষান্তরিত করা। *p. & p. pt.* **inter°prĕted** । *a.* **inter°prĕta-ble, inter°prĕtātive** । *n.* **interprĕtā°tion** । *n.* **inter°prĕter**—ব্যাখ্যাতা ; অনুবাদক, দোভাষী। *n.* **inter°pretership**—দোভাষীর কাজ। [L. *interpretari*]

interprovincial [in-ta(r)-pra-vin°sh(a)l, ইন্‌ট্যা(র্)প্র্যাভিন্‌°শ্‌ল্] *a.* between provinces, আন্তঃপ্রাদেশিক। [*inter-*, see *province*]

interracial [in-ta(r)-rā°-shi-al, ইন্‌ট্যা(র্)রেই°-শিঅ্যাল্] *a.* involving different races, বিভিন্ন জাতিগত। [*inter-*, see *race*]

interred—see **inter**$_2$.

interregnum [in-ta(r)-reg°-nam, ইন্‌ট্যা(র্)রেগ্°-ন্যাম্] *n.* the time between the end of a reign or government and commencement of another, এক রাজশাসন বা সরকারের অবসান এবং অন্য রাজশাসন বা সরকারের আরম্ভ : এই দুইয়ের মধ্যবর্তী কাল। [*inter-*, L. *regnum*=rule]

interrelation [in°-ta(r)-ri-lā°-sh(a)n, ইন্°-ট্যা(র্)রিলেই°শ্‌ন্] *n.* reciprocal relation, পরস্পর সম্পর্ক। *n.* **interrelā°tionship** । [*inter-*, see *relate*]

interring—see **inter**$_2$.

interrogate [in-te-rŏ-gāt, ইন্‌টে°রোগেইট্] *v.t.* to question, প্রশ্ন করা, জিজ্ঞাসা করা ; to examine by questioning, জেরা করা। *p. & p. pt.* **inte°rrŏgātĕd** । *n.* **interrŏgā°tion** । **interrogative** [in-ta-ro°-ga-tiv, ইন্‌ট্যার°গ্যাটিভ্], **interrogatory** [in-ta-ro°-ga-t(a)ri, ইন্‌ট্যার°-গ্যাট্‌রি] **(I)** *a.* প্রশ্নাত্মক। **(2)** *n.* প্রশ্নাত্মক শব্দ ; প্রশ্ন ; জেরা। *n.* **inte°rrŏgātor** । [L. *interrogare*]

interrupt [in-ta-rupt°, ইন্‌ট্যারাপ্‌ট্°] *v.i.* to break in between, মধ্যপথে বাধা দেওয়া ; to divide, ছিন্ন বা বিভক্ত করা ; to break continuity in, ধারাবাহিকতা ভঙ্গ করা। *p. & p. pt.* **interrup°tĕd** । *n.* **interrup°ter** । *n.* **in-terrup°tion** । [L. *interrumpere*]

intersect [in-ta(r)-sekt°, ইন্‌ট্যা(র্)সেক্‌ট্°] *v.t.i.* to cut across or mutually, আড়াআড়িভাবে বা পরস্পর ছেদ করা ; to divide into parts, নানা অংশে ভাগ করা। *p. & p. pt.* **intersec°ted** । *n.* **intersec°tion**—ছেদ, প্রতিচ্ছেদ [L. *inter-*, *secare*=to cut]

intersperse [in-ta(r)-spa(r)s°, ইন্‌ট্যা(র্)স্প্যা-(র্)স্°] *v.t.* to scatter, ইতস্ততঃ ছড়ান, বিক্ষিপ্ত করা। *p. & p. pt.* **intersper°sed** । *n.* **intersperṡion** [in-ta(r)-spa(r)°sh(a)n, ইন্‌ট্যা(র্)-স্প্যা(র্)°শ্‌ন্] । [L. *interspergere*]

interstate [in°-ta(r)-stāt°, ইন্°ট্যা(র্)স্টেইট্°] *a.* between states, বিভিন্ন রাষ্ট্রগত। [*inter-*, *state*]

interstellar [in-ta(r)-ste°-la(r), ইন্‌ট্যা(র্)স্টে°-ল্যা(র্)] *a.* beyond the solar system or amongst the stars, সৌরজগৎ-বহির্ভূত বা নক্ষত্র-মণ্ডলগত। [*inter-*, L. *stella*=a star]

interstice [in-ta(r)°-stis, ইন্‌ট্যা(র্)°স্টিস্] *n.* a small space between things closely set, ঘনসন্নিবিষ্ট বস্তুসমূহের মধ্যবর্তী সামান্য ফাঁক। *a.* **interstitial** । [L. *interstitium*]

intertribal [in-ta(r)-trī°bl, ইন্‌ট্যা(র্)ট্রাই°ব্‌ল্] *a.* between tribes, আন্তঃ-উপজাতীয়। [*inter-*, see *tribe*]

intertwine [in-ta(r)-twīn°, ইন্‌ট্যা(র্)টোয়াইন্°] *v.t.i.* to twine together, একত্র পাকান বা পাকাইয়া যাওয়া। [*inter-*, *twine*]

interurban [in-ta(r)-a(r)°-ban, ইন্‌ট্যা(র্)-অ্যা(র্)°ব্যান্] *a.* between cities or towns, বিভিন্ন নগর বা শহরের সংশ্লিষ্ট, আন্তঃ-নগর (*inter-urban* railways)। [*inter-*, *urban*]

interval [in°-ta(r)v(a)l, ইন্°ট্যা(র্)ভ্‌ল্] *n.* time or space between, মধ্যবর্তী সময় বা স্থান, বিরাম-কাল, (পরি.) অন্তর। **at intervals**—কিছুক্ষণ বাদে বাদে ; ফাঁকে ফাঁকে। [L. *intervallum*]

intervene [in-ta(r)-vēn°, ইন্‌ট্যা(র্)ভীন্°] *v.t.* to come between, মধ্যস্থলে আসা, মধ্যবর্তী হওয়া ; to interrupt, মধ্যপথে বাধা হওয়া ; to interfere, মধ্যস্থ হওয়া, হস্তক্ষেপ করা। *n.* **intervention** [in-ta(r)-ven°-sh(a)n, ইন্‌ট্যা(র্)ভেন্°শ্‌ন্]। [*inter-*, L. *venire*=to come]

interview [in°-ta(r)-vū, ইন্°ট্যা(র্)ভিউ] **(I)** *n.* a mutual meeting, পরস্পর সাক্ষাৎ ; a meeting, esp. to ascertain suitability before employment, প্রধানতঃ চাকরি প্রভৃতিতে নিয়োগার্থ যোগ্যতা বিচারের জন্য (নিয়োগকর্তা ও কর্মপ্রার্থীর) পরস্পর সাক্ষাৎকার ; a meeting (of a reporter, etc.) with a person whose views are sought for publication or as a part of radio or television programme, সংবাদপত্র রেডিও টেলি-ভিসনের মাধ্যমে মতাদি প্রকাশের বা প্রচারের জন্য (সাংবাদিক বা অনুরূপ প্রতিনিধির) কোন খ্যাতনামা ব্যক্তির সহিত সাক্ষাৎকার। **(2)** *v.t.* to have an interview, পরস্পর সাক্ষাৎ করা। *n.* **inter-viewee°**—যে ব্যক্তির সহিত সাক্ষাৎ করা হয়। *n.* **in°terviewer**—যে (সাংবাদিক উমেদার প্রভৃতি) সাক্ষাৎ করিতে আসে। [OF. *entrevue*]

interweave [in-ta(r)-wēv°, ইন্‌ট্যা(র্)উঈভ্°] *v.t.i.* to weave together, একত্র বোনা বা বিজড়িত হওয়া ; to intermingle, বিজড়িত করা বা হওয়া। *p.* **interwove** [in-ta(r)-wōv°, ইন্‌ট্যা(র্)ঔভ্°] *p. pt.* **interwō°ven** I [*inter-, weave*]

intestate [in-tes°-tit, ইন্‌টেস্°টিট্] (**1**) *a.* dying without having made a will, উইল না করিয়া মারা গিয়াছে এমন। (**2**) *n.* a person dying intestate, উক্তভাবে মৃত ব্যক্তি। *n.* **intes°tacy**—উইল সম্পাদন না করিয়া মৃত্যু। [L. *intestatus*]

intestine [in-tes°-tin, ইন্‌টেস্°টিন্] (**1**) *a.* internal, অভ্যন্তরীণ ; civil, (যুদ্ধাদি-সম্পর্কে) ঘরোয়া। (**2**) *n.* (usu. in *pl.*) a part of the digestive system, অন্ত্র। **large intestine**—(পরি.) বৃহদন্ত্র। **small intestine**—(পরি.) ক্ষুদ্রান্ত্র। *a.* **intes°tinal**—আন্ত্রিক, আন্ত্র। [L. *intestinus*]

intimate [in°-ti-mit, ইন্°টিমিট্] (**1**) *a.* innermost, অন্তরতম; internal, অভ্যন্তরীণ ; deep-seated, বদ্ধমূল, প্রগাঢ় ; close, ঘনিষ্ঠ ; অন্তরঙ্গ (to be on *intimate* terms with a person) ; closely acquainted, ঘনিষ্ঠ বা অন্তরঙ্গ বন্ধুত্বপূর্ণ; private, গুপ্ত ; personal, ব্যক্তিগত ; familiar, সুপরিচিত, সুবিদিত ; in illicit sexual connexion, অবৈধ যৌন-সম্পর্কযুক্ত। (**2**) *n.* intimate friend, অন্তরঙ্গ বন্ধু। *v.t.* **in°timāte**—জ্ঞাপন করা, জানান ; আভাস দেওয়া ; ঘোষণা করা। *p.* & *p. pt.* **in°timātėd** I *n.* **in°timacy**—অন্তরঙ্গতা ; ঘনিষ্ঠ পরিচয় ; অবৈধ যৌন-সম্পর্ক। *adv.* **in°timātely** I *n.* **intimā°tion**—জ্ঞাপন ; সংবাদ ; ইঙ্গিত। [L. *intimare*]

intimidate [in-ti°-mi-dāt, ইন্‌টি°মিডেইট্] *v.t.* to strike with fear, আতঙ্কিত করা, ভয় দেখান ; to cow, ভয় দেখাইয়া বশে আনা বা বাধ্য করান। *p.* & *p. pt.* **inti°midātėd** I *n.* **intimidā°tion**—ভীতি-প্রদর্শন (to yield to *intimidation*) I [*in-,* see *timid*]

into [in°-too, ইন্°টু] *prep.* to a position within, অভ্যন্তরে, ভিতরে ; to a state of, অবস্থায় ; (math.) multiplied by, (গণি.) গুণিত (ইহার সঙ্কেত-চিহ্ন হইল : ×)। [*in, to*]

intolerable [in-to°-l(a)rabl, ইন্‌ট°ল্‌র্যাব্‌ল্] *a.* not to be tolerated, অসহ্য, বরদাস্ত করা অসাধ্য। *n.* **into°lerableness** I *adv.* **into°lerably** I *n.* **into°lerance**—সহগুণের অভাব; পরমত-অসহিষ্ণুতা। *a.* **into°lerant**—সহগুণহীন ; পরমত-অসহিষ্ণু। *adv.* **into°lerantly** I [*in-,* see *tolerate*]

intonate [in°tŏ-nāt, ইন্°টোনেইট্] *v.t.i.* to intone, সুর করিয়া স্তব করা বা পাঠ করা, গির্জায় গেয় ভজনের ধরতা গাওয়া ; to speak with a particular tone, বিশিষ্ট স্বরভঙ্গিতে বা টানের সহিত বলা। *p.* & *p. pt.* **in°tŏnātėd** I *n.* **intonā°tion**—গির্জায় গেয় ভজনের প্রথম কয়েকটি শব্দ বা ধরতা ; সুর করিয়া স্তব বা পাঠ ; কণ্ঠস্বরের উত্থান-পতন, স্বরভঙ্গি। *v.t.* **intōne°**—same as **intonate** (*v.t.*)। *n.* **intō°ner** I [LL. *intonare*]

in toto [in tō-tō°, ইন্ টৌ°টৌ] *ph.* entirely, সম্পূর্ণরূপে, (পরি.) সাকল্যে। [L.]

intoxicant—see **intoxicate.**

intoxicate [in-toks°-i-kāt, ইন্‌টক্‌স্°ইকেইট্] *v.t.* to make drunk, প্রমত্ত করা, মাতাল করা ; to excite to enthusiasm, উদ্বেলিত বা উত্তেজিত বা উৎসাহিত করা। *p.* & *p. pt.* **intox°icātėd** I **intox°icant**—মাদকদ্রব্য ; যাহা উদ্বেলিত বা উৎসাহিত করে। *a.* **intox°icā°ting**—প্রমত্ততা-দায়ক। *n.* **intoxicā°tion**—প্রমত্ততা। [LL. *intoxicare*]

intractable [in-trak°-tabl, ইন্‌ট্র্যাক্°ট্যাব্‌ল্] *a.* unmanageable, বাগ মানান যায় না এমন, অবাধ্য ; obstinate, একগুঁয়ে (an *intractable* temper, nature, etc.) I *n.* **intractabi°lity** I *adv.* **intrac°tably** I [*in-, tractable*]

intramural [in°-tra-mūr°(a)l, ইন্°ট্র্যামিউয়্যার্°ল্] *a.* within walls, চার দেয়ালের মধ্যস্থিত, বাহিরের কোন ব্যাপার নহে এমন। [*intra-, mural*]

intransigent [in-trŭn°-sij(a)nt, ইন্‌ট্রান্°সিজ্‌ন্ট্] *a.* irreconcilable, কিছুতেই আপস করিতে রাজি করান যায় না এমন। *n.* **intran°sigence, intran°sigency**—সম্পূর্ণ আপসবিরোধী মনোভাব বা অবস্থা। [F. *intransigeant* < Sp. *intransigente*]

intransitive [in-trŭn°-s(i)tiv, ইন্‌ট্রান্°সটিভ্] *a.* (gr.) having no object, (ব্যাক.) অকর্মক। *adv.* **intran°sitively** I [*in-, transitive*]

intrant [in°-trant, ইন্°ট্র্যান্ট্] (**1**) *a.* entering, প্রবেশক। (**2**) *n.* one who is entering, প্রবেশকারী। [L. *intrantis*]

intra-uterine [in-tra-ū°-tar-rīn, ইন্‌ট্র্যাইউ°ট্যারাইন্] *a.* within the uterus, জরায়ু-মধ্যস্থ। **intra-uterinė device**—জরায়ুর অভ্যন্তরে স্থাপনের জন্মনিয়ন্ত্রক জালিবিশেষ (abbr. **IUD**)। [L. *intra* = inside, *uterus*]

intravenous [in-tra-vē°-nas, ইন্‌ট্র্যাভী°ন্যাস্] *a.* introduced into a vein or veins, শিরা বা শিরাসমূহের মধ্য দিয়া চালিত। [L. *intra* = inside, *vein*]

intrench—alt. spell. of **entrench.**

intrepid [in-tre°-pid, ইন্‌ট্রে°পিড্] *a.* fearless, নির্ভয়, শঙ্কাহীন ; brave, সাহসী। *n.* **intrėpi°dity**—নির্ভীকতা ; অটল সাহস। *adv.* **intre°pidly** I [L. *intrepidus*]

intricate [in°-tri-kit, ইন্°ট্রিকিট্] *a.* involved, entangled, বিজড়িত, জটিল (a play with an *intricate* plot) I *n.* **in°tricacy, in°tricātenėss** I *adv.* **in°tricately** I [L. *intricatus*]

intrigue [in-trēg°, ইন্‌ট্রীগ্°] (**1**) *n.* an underhand plot, ষড়যন্ত্র, গুপ্ত চক্রান্ত ; the plot of a play, novel, etc., নাটক উপন্যাস প্রভৃতির কাহিনী-ধারা ; a secret illicit love affair,

অবৈধ গুপ্তপ্রণয়। (2) *v.i.* to engage in an intrigue, ষড়্‌যন্ত্রে বা অবৈধ গুপ্তপ্রণয়ে লিপ্ত হওয়া। (3) *v.t.* to puzzle or fascinate, বিহ্বল বা মুগ্ধ করা; to rouse the interest or curiosity of, কৌতূহল বা ঔৎসুক্য জাগান। *n.* **intri°guer**। *adv.* **intri°guingly**। [F.—cp. *intricate*]

intrinsic [in-trin°-sik, ইন্‌ট্রিন্‌°সিক্] *a.* inward, অন্তর্মুখ; genuine, খাঁটি; inherent, সহজাত, স্বকীয় (the *intrinsic* value of a coin); essential, অপরিহার্য। *adv.* **intrin°sically**। [F. *intrinseque* < L. *intrinsecus*]

introduce [in-tra-dūs°, ইন্‌ট্র্যাডিউস্°] *v.t.* to bring in, হাজির করান, উপস্থিত করান; to raise, উপস্থাপিত করা; to make one acquainted formally, বিধিমতে পরিচিত বা বিদিত করান (I *introduced* my friend to my parents); to bring into practice, প্রবর্তন করা; to start, সূত্রপাত করা; to preface, (কিছুর) ভূমিকা হওয়া। *p.* & *p. pt.* **intro°dūced**। *n.* **introdū°cer**। *n.* **introduction** [in-tra-duk°sh(a)n, ইন্‌ট্র্যাডাক্‌°শ্‌ন্] হাজিরি; উপস্থাপন; পরিচয়দান, জ্ঞাপন; প্রবর্তন; সূত্রপাত; ভূমিকা; প্রাথমিক পরিচয়দায়ক পুস্তক (an *introduction* to chemistry)। **letter of introduction**—পরিচয়পত্র। *a.* **introductory** [in-tra-duk°-t(a)ri, ইন্‌ট্র্যাডাক্‌°টরি] উপস্থিত করায় এমন; উপস্থাপক; পরিচায়ক; জ্ঞাপক; প্রবর্তনকর; সূত্রপাতকর; ভূমিকাস্বরূপ (*introductory* remarks)। [L. *introducere*]

intromission—see **intromit.**

intromit [in-trŏ-mit°, ইন্‌ট্রোমিট্°] *v.t.* to send within, প্রবিষ্ট করান, ভিতরে পাঠান; to admit, ভর্তি করা; to insert, ঢোকান। *pr. pt.* **intromi°tting**। *p.* & *p. pt.* **intrŏm°ittėd**। *n.* **intromission** [in-trŏ-mi°sh(a)n, ইন্‌ট্রোমি°শ্‌ন্] ঢোকান, ভিতরে প্রেরণ; ভর্তি করা। [L. *intro* = inward, *mittere* = to send]

introspect [in-trŏ-spekt°, ইন্‌ট্রোস্পেক্‌ট্°] *v.t.i.* to look into (one's own mind), অন্তর্দর্শন করা। *p.* & *p. pt.* **intrŏspec°tėd**। *n.* **intrŏspec°tion**—অন্তর্দর্শন; অন্তর্দৃষ্টি। *a.* **intrŏspec°tive**—অন্তর্দর্শী। [L. *intro* = within, *specere* = to look at]

introversion—see **introvert.**

introvert [in-trŏ-va(r)t°, ইন্‌ট্রোভ্যা(র্)ট্°] *v.t.* to turn inwards, অন্তর্মুখ করা; to turn in upon itself, স্বীয় অন্তরাভিমুখ করা; to turn inside out, অন্তর্বৃত করা। *p.* & *p. pt.* **intrŏver°tėd**। *n.* **in°trovert**—অন্তর্মুখ ব্যক্তি বা বস্তু; অন্তর্বৃত বস্তু। *n.* **introversion** [in-trŏ-va(r)°-sh(a)n, ইন্‌ট্রোভ্যা(র্)°শ্‌ন্] অন্তর্মুখতা; অন্তর্বৃতি। *a.* **introversive, introver°tive**। [L. *intro* = inwards, *vertere* = to turn]

intrude [in-trood°, ইন্‌ট্রুড্°] *v.i.t.* to thrust (oneself) in, অনধিকার প্রবেশ করা বা করান, জোর করিয়া ঢোকা বা ঢোকান। *p.* & *p. pt.* **intru°dėd**। *n.* **intru°der**—অনধিকারপ্রবেশকারী। *n.* **intru°śion**—অনধিকারপ্রবেশ, (পরি.) উদ্বেধ। *a.* **intru°sive**—অনধিকারপ্রবেশমূলক, উদ্বেধী। [*in*-, L. *trudere* = to thrust]

intrust—alt. spell. of **entrust.**

intuit [in-tū°-it, ইন্‌টিউ°ইট্] *v.t.i.* to perceive immediatly without the help of reasoning or analysis, বিচার-বিশ্লেষণ ব্যতিরেকে কেবল অনুভূতিবলেই জানা, স্বজ্ঞাত হওয়া। *p.* & *p. pt.* **intui°tėd**। *n.* **intūi°tion**—স্বতঃলব্ধ জ্ঞান, (পরি.) স্বজ্ঞা, স্বজ্ঞাত হওয়ার শক্তি। *a.* **intūi°tional, intūi°tive**—স্বজ্ঞামূলক; স্বজ্ঞালব্ধ, স্বজ্ঞাত (*intuitive* knowledge)। [*in*-, L. *tueri* = to look]

intumescence [in-tū-me°-sns, ইন্‌টিউমে°স্‌ন্‌স্] *n.* (med.) condition of swelling, (চিকি.) ফুলিয়া ওঠা অবস্থা বা স্ফীতি। *a.* **intūme°scent**। [*in*-, L. *tumescere*]

intussusception [in-ta-sa-sep°-sh(a)n, ইন্‌ট্যাস্যাসেপ্‌°শ্‌ন্] *n.* the passing of one part of a tube (especially of intestine) within another, নলাদির (বিশেষতঃ অন্ত্রের) অংশবিশেষের সন্নিহিত অংশে প্রবেশন। [L. *intussusceptio* < L. *intus* = within + *suscipere* = to take up]

inundate [i°-nun-dāt, ই°নান্‌ডেইট্] *v.t.* to flood, প্লাবিত করা; to overflow, উপছাইয়া ওঠা; (fig.) to overwhelm, (আল.) অভিভূত করা; (fig.) to overflow with abundance, (আল.) উচ্ছ্বসিতভাবে সমৃদ্ধ করা। *p.* & *p. pt.* **i°nundātėd**। **inundā°tion**—প্লাবন। [L. *inundare*]

inure [i-nū(r)°, ইনিউয়্যা(র্)°] (1) *v.t.* to accustom, অভ্যস্ত করান। (2) *v.t.i.* to bring or come into operation, কার্যকর বা চালু করা অথবা হওয়া। *n.* **inure°ment**। [*in*-, obs. OE. *ure* = work]

inurn [in-a(r)n°, ইন্‌অ্যা(র্)ন্°] *v.t.* to place in an urn, দেহভস্মাদি পাত্রমধ্যে রাখা। [*in*-, *urn*]

inutile [in-ū°-til, ইন্‌ইউ°টিল্] *a.* useless, অকেজো। *n.* **inutility**—অপ্রয়োজনীয়তা, উপযোগিতার অভাব। [L. *in*-, *utilis* = useful]

invade [in-vād°, ইন্‌ভেইড্°] *v.t.* to make hostile inroad into, (দখল করার উদ্দেশ্যে) বাহির হইতে (দেশাদি) আক্রমণ করা, হানা দেওয়া; to attack, আক্রমণ করা; to encroach on, অনধিকারপ্রবেশ বা হস্তক্ষেপ করা। *p.* & *p. pt.* **invā°dėd**। *n.* **invā°der**। *n.* **invā°śion**—বহিরাক্রমণ; আক্রমণ; অনধিকারপ্রবেশ বা হস্তক্ষেপ। *a.* **invā°sive**—আক্রমণকর; আক্রমণমূলক। [L. *invadere*]

invalid [in-va°-lid, ইন্‌ভ্যা°লিড্] *a.* not valid., অসিদ্ধ; not effective, অকার্যকর, ব্যর্থ; null, বাতিল। **invalid** [in°-va-lēd, ইন্°ভ্যালীড্] (1) *a.* স্বাস্থ্যহীন; রুগ্ণ; দুর্বল; অশক্ত; পঙ্গু; (2) *n.* ঐরূপ ব্যক্তি। *v.t.i.* **invalid** [in-va-lēd°, ইন্-

ভ্যালীড্°] স্বাস্থ্যহীন রুগ্ণ দুর্বল অশক্ত বা পঙ্গু করা অথবা হওয়া। *p.* & *p. pt.* **invali°ded** । *v.t.* **inva°lidāte**—অসিদ্ধ বা ব্যর্থ বা বাতিল করা। *p.* & *p. pt.* **inva°lidāted** । *n.* **invalidā°tion** । [*in-*, *valid*]

invaluable [in-va°-lū(a)bl, ইন্‌ভ্যা°লিউব্‌ল্] *a.* priceless, অমূল্য, মূল্যাতীত (*invaluable* services) । *adv.* **inva°lūably** । [*in-*, see *value*]

invariable [in-vār°-i-able, ইন্‌ভেয়্যার্°ইঅ্যাব্‌ল্] *a.* unalterable, অপরিবর্তনীয় ; always the same, নিয়ত একরূপ ; fixed, স্থির । *n.* **invāriabi°lity** । *adv.* **invār°iably** । [*in-*, *variable*]

invasion, invasive—see **invade.**

invective [in-vek°-tiv, ইন্‌ভেক্°টিভ্] *n.* a severe accusation, তীব্র অভিযোগ ; a violent utterance of censure, তীব্র নিন্দাপূর্ণ ভাষা। [see *inveigh*]

inveigh [in-vā°, ইন্‌ভেই°] *v.i.* to make an attack with words, নিন্দাপূর্ণ বা অভিযোগপূর্ণ ভাষাদ্বারা আক্রমণ করা, বাক্যবাণ হানা ; to rail loudly, উচ্চরবে নিন্দা করা। [L. *invehere*]

inveigle [in-vēg°l, ইন্‌ভীগ্°ল্] *v.t.* to entice, মুগ্ধ করা ; to ensnare by cajolery, মিষ্ট কথায় ভুলাইয়া ফাঁদে ফেলা। *n.* **inveig°lement** । *n.* **inveig°ler** । [AF. *enveogler* < F. *aveugler* ?]

invent [in-vent°, ইন্‌ভেন্ট্°] *v.t.* to devise or originate, উদ্ভাবন করা ; to frame by imagination, কল্পনাবলে রচনা করা, কল্পনা করা ; to fabricate, (মিথ্যা কিছু) বানান (to *invent* an excuse, a story, etc.) । *p.* & *p. pt.* **inven°ted** । *n.* **inven°tion**—উদ্ভাবন ; উদ্ভাবিত বস্তু ; (মিথ্যা বা কল্পিত) রচনা ; কৌশল ; ছলনা ; উদ্ভাবনী-শক্তি । *a.* **inven°tive**—উদ্ভাবনী-শক্তিসম্পন্ন (*inventive* mind, powers, etc.) । *n.* **inven°tiveness** । *n.* **inven°tor**—উদ্ভাবক । [L. *invenire*]

inventory [in°-van-tri, ইন্°ভ্যান্‌ট্রি] (**1**) *n.* a detailed catalogue, বর্ণনামূলক তালিকা ; stock of articles shown in an inventory, উক্ত তালিকানুযায়ী জিনিসপত্র । (**2**) *v.t.* to make an inventory of, (কোন জিনিসপত্রের) উক্ত তালিকা প্রস্তুত করা ; to enter in an inventory, উক্ত তালিকাভুক্ত করা । [LL. *inventorium*]

inverse [in°-va(r)s, ইন্°ভ্যা(র্)স্] (**1**) *a.* upside down, উলটা, উপরে পা ও নিচে মাথা দিয়া অবস্থিত ; reverse or contrary, বিপরীত বা বিরুদ্ধ । (**2**) *n.* an inverted state, উলটাভাবে অবস্থান ; an inverse thing or proposition, বিপরীত বস্তু যুক্তি উপপাদ্য প্রভৃতি । **inverse ratio** or **proportion**—বিপরীত বা ব্যস্ত অনুপাত । **inverse variation**—বিপরীত ভেদ । *adv.* **inverse°ly** । *n.* **inversion** [in-va(r)°sh(a)n, ইন্‌ভ্যা(র্)°শ্‌ন্] উলটাইয়া ফেলা, (পরি.) বিলোমক্রিয়া ; ওলটান অবস্থা, (পরি.) বিপর্যয় ; ক্রমিকতা বা অবস্থানের পরিবর্তন, (পরি.) উৎক্রম (lateral *inversion*, *inversion* of matrices etc.) । [see *invert*]

invert [in-va(r)t°, ইন্‌ভ্যা(র্)ট্°] *v.t.* to turn upside down, ওলটান, উপরদিকে পা ও নিচের দিকে মাথা করান ; to reverse, বিপরীত অবস্থায় আনা ; to alter the customary order or position of, প্রচলিত ক্রমিকতা বা অবস্থান পরিবর্তিত করা ; to form the inverse of, বিপরীত বস্তু যুক্তি উপপাদ্য প্রভৃতি গঠন করা । *p.* & *p. pt.* **inver°ted** । [L. *invertere*]

invertebrate [in-va(r)°-ti-brit, ইন্‌ভ্যা(র্)°টিব্রিট্] (**1**) *a.* without a backbone, অমেরুদণ্ডী । (**2**) *n.* an invertebrate animal, অমেরুদণ্ডী প্রাণী । [*in-*, *vertebrate*]

invest [in-vest°, ইন্‌ভেস্ট্°] (**1**) *v.t.* to clothe, পোশাক পরান ; to clothe with insignia of office, পদোচিত পোশাকাদি পরান ; to place in office or authority, পদাদিতে অধিষ্ঠিত করান, কর্তৃত্বাদি প্রদান করা (to *invest* with authority) ; to adorn, বিভূষিত করা ; to surround, পরিবেষ্টিত করা ; to lay siege to, অবরোধ করা । (**2**) *v.t.i.* to lay out for profit, (ব্যবসায়াদিতে টাকাকড়ি) বিনিয়োগ করা । *p.* & *p. pt.* **inves°ted** । *n.* **investiture** [in-ves°-ti-cha(r), ইন্‌ভেস্°টিচ্যা(র্)] সজ্জিত করা ; বিভূষণ ; পদাদিতে অধিষ্ঠিত করা বা তাহার উৎসব, অভিষেক । *n.* **invest°ment**—বিনিয়োগ । *n.* **inves°tor**—বিনিয়োজক । [L. *investire*]

investigate [in-ves°-ti-gāt, ইন্‌ভেস্°টিগেইট্] *v.t.i.* to examine or search into carefully, সযত্নে পরীক্ষা বা অনুসন্ধান করা, তদন্ত করা । *p.* & *p. pt.* **inves°tigā°ted** । *n.* **investigā°tion** । *n.* **inves°tigātor** । [L. *investigare*]

investiture, investment—see **invest.**

inveterate [in-ve°t(a)-rit, ইন্‌ভে°ট্‌রিট্] *a.* firmly established by long continuance, দীর্ঘকালব্যাপী প্রচলনের ফলে দৃঢ়প্রতিষ্ঠিত ; deep-rooted, বদ্ধমূল ; obstinately confirmed in any habit, সংশোধনাতীতভাবে অভ্যস্ত (an *inveterate* rogue) । *adv.* **inve°terately** । *n.* **inve°terateness, inve°teracy** । [L. *inveteratus*]

invidious [in-vi°-di-as, ইন্‌ভি°ডিঅ্যাস্] *a.* likely to provoke ill-feeling, বিরাগ বা মন-কষাকষি বা ঈর্ষা উদ্রেকের সম্ভাবনাপূর্ণ ; giving offence, অসন্তুষ্ট বা ক্ষুণ্ণ করে এমন । *adv.* **invi°diously** । *n.* **invi°diousness** । [L. *invidiosus*]

invigilate [in-vi°-ji-lāt, ইন্‌ভি°জিলেইট্] *v.t.i.* to supervise or watch over, (পরীক্ষাদানকালে) তত্ত্বাবধান করা বা পাহারা দেওয়া । *p.* & *p. pt.* **invi°gilāted** । *n.* **invigilā°tion** । *n.* **invi°gilātor** । [L. *invigilare*]

invigorate [in-vi°-ga-rāt, ইন্‌ভি°গ্যারেইট্] *v.t.* to give vigour or strength, তেজ বা বল প্রদান করা ; to animate, প্রাণবন্ত করা, সজীব করা ।

p. & *p. pt.* **invi°gorātėd** । **invigorating climate**—তেজোবর্ধক জলবায়ু । *n.* **invigorā°tion** । *n.* **invi°gorātor** । [*in-*, see *vigour*]

invincible [in-vin°-sabl, ইন্‌ভিন্‌°স্যাব্‌ল্] *a.* unconquerable, অজেয় । *n.* **invincibility** [in-vin-si-bi°-li-ti, ইন্‌ভিন্‌সিবি°লিটি] । *adv.* **invin°cibly** । [F.<L. *invincibilis*]

inviolable [in-vī°-a-labl, ইন্‌ভাই°অ্যাল্যাব্‌ল্] *a.* not to be violated or profaned, লঙ্ঘন করা বা অপবিত্র করা যায় না এমন । *n.* **inviolabi°lity** । *adv.* **invi°olably** । [*in-*, see *violate*]

inviolate [in-vī°-a-lit, ইন্‌ভাই°অ্যালিট্] *a.* not violated, লঙ্ঘন করা হয় নাই এমন ; unprofaned, অপবিত্র করা হয় নাই এমন । *adv.* **invi°olately** । *n.* **invi°olateness** । [*in-*, *violate*]

invisible [in-vi°-zabl, ইন্‌ভি°জ্যাব্‌ল্] *a.* not capable of being seen, দৃষ্টির অগোচর, অদৃশ্য । *n.* **invisibi°lity** । *adv.* **invi°sibly** । [*in-*, *visible*]

invite [in-vīt°, ইন্‌ভাইট্°] *v.t.* to ask hospitably or graciously to come, আমন্ত্রণ বা নিমন্ত্রণ করা ; to attract, আকর্ষণ করা (to *invite* attention) । *p.* & *p. pt.* **invi°ted** । *n.* **invitā°tion** । *n.* **invitee** [in-vī-tē°, ইন্‌ভাইটী°] আমন্ত্রিত ব্যক্তি । *a.* **invi°ting**—আকর্ষণপূর্ণ ; মনোরম । [L. *invitare*]

invocate [in°-vŏ-kāt, ইন্°ভোকেইট্] *v.t.* to invoke, মন্ত্রাদি উচ্চারণপূর্বক মিনতিপূর্ণভাবে আহ্বান করা বা সাহায্য প্রার্থনা করা । *p.* & *p. pt.* **in°vŏcātėd** । *n.* **invŏcā°tion** । [see *invoke*]

invoice [in°-voys, ইন্°ভয়স্] (**1**) *n.* a letter of advice of the despatch of goods, চালান, জায় । (**2**) *v.t.* to make an invoice of, চালান প্রস্তুত করা । *p.* & *p. pt.* **in°voiced** । [F. *envoi* ?]

invoke [in-vōk°, ইন্‌ভৌক্°] *v.t.* to call upon earnestly and solemnly, মন্ত্রাদি উচ্চারণপূর্বক মিনতিপূর্ণভাবে আহ্বান করা ; to implore assistance of, সাহায্য করার জন্য মিনতি করা । *p.* & *p. pt.* **invō°ked** । [F. *invoquer*<L. *invocare*]

involuntary [in-vo°-lan-t(a)ri, ইন্‌ভ°ল্যান্‌টরি] *a.* not voluntary, অনৈচ্ছিক ; unintentional, অনিচ্ছাকৃত । *adv.* **invo°luntarily** । *n.* **invo°luntariness** । [*in-*, *voluntary*]

involute [in°-va-lōōt, ইন্°ভ্যালূট্] *a.* involved, বিজড়িত ; intricate, জট-পাকান, জটিল ; (bot.) rolled inward at the edges, (উদ্ভি.) কিনারাগুলি ভিতর-দিকে পাকান এমন, (পরি.) অঙ্কাবর্তী । *n.* **involu°tion**—বিজড়িত বা জট-পাকান অবস্থা ; অঙ্কাবর্তিতা ; (গণি.) উদ্ঘাতন । [see *involve*]

involve [in-volv°, ইন্‌ভল্‌ভ্°] *v.t.* to coil, গোটান, গুলি পাকান ; to entangle, বিজড়িত করা ; to complicate, জটিল করা, জট পাকান ; to include, অন্তর্ভুক্ত করা ; to imply, অর্থাদি নির্দেশ করা ; to concern, সম্পর্ক ঘটান ; (math.) to raise to a power, (গণি.) উদ্ঘাতনযুক্ত করা । *n.* **involve°ment** । [L. *involvere*]

invulnerable [in-vul°n(a)rabl, ইন্‌ভাল্°ন্‌র‍্যাব্‌ল্] *a.* not vulnerable, আহত করার অসাধ্য, অভেদ্য (*invulnerable* position) ; (তাসের কন্‌ট্র্যাক্ট্ ব্রীজ খেলায়) বাজি জিতিলে রবারের জন্য অতিরিক্ত পয়েন্ট পাওয়া যায় না এমন । *n.* **invulnerabi°lity** । *adv.* **invul°nerably** । [*in-*, *vulnerable*]

inward [in°-wa(r)d, ইন্°ওয়্যা(র্)ড্] (**1**) *a.* situated within, অভ্যন্তরস্থিত ; internal, অভ্যন্তরীণ ; mental or spiritual, মানসিক, আধ্যাত্মিক, আত্মিক ; directed towards within, অন্তর্মুখ ; (arch.) secret, গুপ্ত । (**2**) *n.* interior, অভ্যন্তর ; (in *pl.*) entrails, অন্ত্রসমূহ, নাড়িভুঁড়ি । *adv.* **in°wardly**—ভিতরে, অভ্যন্তরে ; হৃদয়ে, অন্তরে ; গোপনে ; কেন্দ্রাভিমুখে । *n.* **in°wardness**—অভ্যন্তরীণ অবস্থা ; অন্তর্মুখতা ; গূঢ় অর্থ ; অন্তরঙ্গতা । *adv.* **in°ward(s)**—ভিতরের দিকে ; অন্তরে বা চিন্তায় । [OF. *inneweard(adv.)*]

inweave [in°-wēv°, ইন্°উঈভ্°] *v.t.* to weave in, (অন্য-কিছুর) ভিতরে বোনা ; to complicate, বিজড়িত করা । *p.* **inwove** [in°-wōv°, ইন্°ঔভ্°] । *p. pt.* **in°wō°ven** । [*in-*, *weave*]

inwrought [in°-rawt°, ইন্°র‍্যট্°] *a.* wrought in (with figures), (মূর্তি নকশা প্রভৃতির দ্বারা) খচিত । [*in-*, *wrought*]

inwrap—alt. spell. of **enwrap.**

iodine [ī°-a-dēn, আই°অ্যাডীন্] *n.* a non-metallic element, অধাতব মৌলিক পদার্থবিশেষ, আইওডীন । *a.* **io°dic** । [Gk. *ioeides*=violet-coloured]

ion [ī°-an, আই°অ্যান্] *n.* one of the electrically charged particles, বিদ্যুৎ-প্রয়োগে চূর্ণীকৃত পদার্থের কণিকা (ইহা হইতে অণু ও পরমাণু বাহির করিয়া লওয়া হয়), স্থূলাণু । *v.t.* **ī°onize**—স্থূলাণুতে পরিণত করা । *n.* **ionizā°tion** । *n.* **ī°onosphere** (also called **Heavyside Layer)**—বায়ুমণ্ডলের ঊর্ধ্বাংশে অবস্থিত আয়নিত স্থান বা আয়ন-মণ্ডল : ইহা প্রতিফলনের সাহায্যে রেডিও-তরঙ্গ পৃথিবীর সমোন্নতি-রেখার সর্বত্র প্রেরণ করিতে পারে । [Gk.]

ionian—see **Ionic.**

Ionic [ī-o°-nik, আইঅ°নিক্] *a.* of Ionia, গ্রীসের আইঅনিআ-প্রদেশের । **Io°nian**—(**1**) *a.* আইঅনিআ-প্রদেশের । (**2**) *n.* আইঅনিআ-বাসী গ্রীক । [Gk. *Ionikos*]

ionize—see **ion.**

iota [ī-ō°-ta, আইঔ°ট্যা] *n.* the Greek letter : I, গ্রীক বর্ণমালার I ; a jot, ফোঁটা, বিন্দু, অত্যল্প পরিমাণ । [Gk.]

I O U [ī°-ō-ū°, আই°ঔইউ°] *n.* a memorandum acknowledging a debt, ঋণস্বীকারের হাতচিঠা (ইহাতে সচ. স্ট্যাম্প লাগে না), হ্যানডনোট । [*I Owe You*]

ipse dixit [ip°-si diks°-it, ইপ্°সি ডিক্‌স্°ইট্]

ph. a dogmatic statement resting on bare authority, (প্রকৃত যুক্তিতর্ক ব্যতিরেকে) কেবল প্রামাণিক উক্তি বা গ্রন্থের উপর নির্ভর করিয়া দৃঢ়বিশ্বাস-সহকারে কৃত উক্তি। [L.=he (the master) himself said it]

ipso facto [ip°-sō fak°-tō, ইপ্°সৌ ফ্যাক্°টৌ] *ph.* by that very fact, ঠিক ঐ জন্যই, অতএব স্বতঃই। [L.]

Iranian [ī-ra°-ni-an, আইরেই°নিঅ্যান্] **(1)** *a.* Persian, পারস্যের। **(2)** *n.* a Persian, পারস্যবাসী; the Persian dialect, পারস্যের ভাষা, ফারসি। [Pers. *Iran*=Persia]

irascible [i-ra°-sibl, ইর্যা°সিব্‌ল্] *a.* irritable, খিট্‌খিটে; hot-tempered, কোপনস্বভাব। *n.* **irascibi°lity** I *adv.* **ira°scibly** I [F.<L. *irascibilis*]

irate [īr-āt°, আয়্যার্‌এইট্°] *a.* angry, ক্রুদ্ধ। *adv.* **īrā°tely** I [L. *iratus*]

ire [ī(r), আয়্যা(র্)] *n.* anger, ক্রোধ। *a.* **īre°ful** —ক্রোধপূর্ণ; ক্রুদ্ধ। [L. *ira*]

iridescent [i-ri-de°snt, ইরিডে°স্‌ন্ট্] *a.* rainbow-coloured, রামধনুর বর্ণের ন্যায় বর্ণবিশিষ্ট; glittering with changing colours, পরিবর্তনশীল বর্ণসমূহে ঝক্‌মক্ করিতেছে এমন; (পরি.) চিত্রাভ। *n.* **iride°scence**—রামধনুর বর্ণসমূহের ঝল্‌মলানি, (পরি.) চিত্রাভা। [see *Iris*]

iridium [ī-ri°-di-am, আইরি°ডিঅ্যাম্] *n.* a metallic element, শ্বেতাভ ধাতব পদার্থবিশেষ। [see *Iris*]

Iris [īr°-is, আয়্যার্°ইস্] *n.* the Greek rainbow goddess, রামধনুর অধিষ্ঠাত্রী গ্রীক দেবী: ইনি দেবতাদের বার্তা বহন করেন। *n.* **īr°is**—রামধনু; চক্ষুর কনীনিকা; পুষ্পবৃক্ষবিশেষ বা তাহার পুষ্প। *n.* **īrī°tis** —চক্ষুর কনীনিকা প্রদাহ। [Gk.]

Irish [īr°-ish, আয়্যার্°ইশ্] **(1)** *a.* of Ireland, আয়ারল্যান্ড-দেশীয়। **(2)** *n.* the language of Ireland, আয়ারল্যান্ডের ভাষা; (*pl.*) the people of Ireland, আয়ারল্যান্ডের অধিবাসিবৃন্দ, আইরিশ্-জাতি। *n.* **Ir°ishman**—আয়ারল্যান্ডের পুরুষ। *fem.* **Ir°ishwoman** I [OF. *Iras*]

irk [a(r)k, অ্যা(র্)ক্] *v.t.* to weary, ক্লান্ত করান; to disgust, বিরক্ত করান। *p.* & *p. pt.* **ir°ked** I *a.* **irk°some**—ক্লান্তিকর; বিরক্তিকর; গুরুভার। [ME. *irken*]

iron [īr°n, আয়্যার্°ন্] **(1)** *n.* a metal, লৌহ, লোহা; a weapon, instrument, or utensil made of iron, লৌহনির্মিত অস্ত্র বা যন্ত্র বা বাসন (যেমন, ইস্ত্রি); strength, শক্তি; (in *pl.*) fetters, লৌহশৃঙ্খল, নিগড় (to put a person in *irons*)। **(2)** *a.* formed or made of iron, লৌহজাত, লৌহনির্মিত; like iron, লৌহতুল্য; very hard or robust, অতি কঠিন বা বলিষ্ঠ; unbreakable, ভাঙ্গা যায় না এমন; fast-binding, দৃঢ়বন্ধনকর; stern, কঠোর। **(3)** *v.t.* to smooth with a flat-iron, ইস্ত্রি করা; to arm with iron weapons, লৌহাস্ত্রে সজ্জিত করান; to fetter, শৃঙ্খলিত করা। **Iron Age**—যে প্রাগৈতিহাসিক যুগে মানুষ প্রথম লৌহ ব্যবহার করিতে শেখে, লৌহযুগ। **Iron Cross**—প্রাশিয়ার সামরিক পদক-বিশেষ। **iron curtain**—দুর্ভেদ্য যবনিকা বা আড়াল; গোপনতার দুর্ভেদ্য আবরণ। **iron lung**—কৃত্রিম উপায়ে শ্বাসক্রিয়া উৎপাদনার্থ রোগীর বক্ষে বাঁধিয়া দিবার জন্য বাতাভেদ্য যন্ত্রবিশেষ। **iron ration**—সঙ্কটকালে খাদ্যাদির অত্যন্ত কাট-ছাঁট-করা রেশন বা বরাদ্দ। **(to) iron out**—(আল.) অসুবিধা মনোমালিন্য প্রভৃতি দূর করা (to *iron out* misunderstandings)। **too many irons in the fire**—হাতে এক সাথে নেওয়া অনেক কাজ। **(to) strike while the iron is hot**—(আল.) সময় থাকিতে সুযোগের সদ্ব্যবহার করা, গরমাগরম কাজ হাসিল করা। *a.* **īr°onclad**—লৌহবর্মভূষিত। *a.* **īr°on-grey°, īron°-gray**—সদ্য ঢালাই-করা লোহার ন্যায় ধূসরবর্ণ। *n.* **īr°oner**—যে ইস্ত্রি করে। *n.* **īr°on-founder** —লৌহ-ঢালাইকর, লৌহ-ঢালাইয়ের কারখানার মালিক। *n.* **īr°on-foundry**—লৌহ-ঢালাইয়ের কারখানা। *a.* **īr°on-han°dėd**—কঠোর (*iron-handed* rule)। *a.* **īr°on-hear°tėd**—নির্মম। *n.* **īr°oning**—ইস্ত্রি করা। *n.* **īr°oning-board**—যে টেবিলের (বা তক্তার) উপরে রাখিয়া বস্ত্রাদি ইস্ত্রি করা হয়। *n.* **īr°onmonger**—লৌহ-নির্মিত জিনিস-পত্রবিক্রেতা, কালোয়ার। *n.* **īr°on-mongery**—কালোয়ারের ব্যবসায় বা পণ্য। *n.* **īr°on-mould, īr°on-mōle**—লৌহস্পর্শে ভিজা কাপড়-চোপড়ে যে জং ধরে। *n.* **īr°onside(s)**—অটলসঙ্কল্প ব্যক্তি যাহার ধাক্কায় শত্রু চুরমার হয়। *n.* **īr°onwāre**—লৌহনির্মিত বাসন বা অন্য জিনিস। *n.* **īron-work** —অট্টালিকার লৌহনির্মিত অংশ; (চারুকলাসম্মত) লৌহনির্মিত বস্তু; (in *pl.* usually with *sing v.*) লৌহ-ঢালাইয়ের কারখানা। *a.* **īr°ony$_1$**—লৌহ-নির্মিত; লৌহপূর্ণ; লৌহতুল্য; লৌহসংক্রান্ত; অতি কঠিন। [OE. *iren, ise(r)n*—cp. G. *eisen*]

ironic(al)—see **irony$_2$**.

irony$_1$—see **iron.**

irony$_2$ [īr°-a-ni, আয়্যার্°অ্যানি] *n.* a figure of speech containing conveyance of meaning (usu. satirical) by words whose literal meaning is the opposite, (অল.) নিন্দাচ্ছলে স্তুতি বা স্তুতিচ্ছলে নিন্দা, ব্যাজস্তুতি; use of language with an inner meaning for some and an outer meaning for persons addressed, শ্লেষ। **irony of fate**—অদৃষ্টের পরিহাস। *a.* **ironic** [ī-ro°-nik, আইর°নিক্], **iro°nical**—ব্যাজস্তুতিপূর্ণ; বিদ্রূপাত্মক। [L. *ironia*<Gk. *eironea*=dissimulation]

irradiance, irradiant—see **irradiate.**

irradiate [i-ra°-di-āt, ইরেই°ডিএইট্] *v.t.* to shine upon, (কিছুর উপরে) কিরণবর্ষণ করা; to light up, আলোকিত করা; to brighten, উজ্জ্বল

বা উদ্ভাসিত করা। *p. & p. pt.* **irrā°diatėd** । *n.* **irradiance** [i-rā°-di-ans, ইরেই°ডিঅ্যান্স্] উজ্জ্বল দীপ্তি। *a.* **irrā°diant**—উজ্জ্বল দীপ্তিশীল, দেদীপ্যমান। *n.* **irrādiātion** । [L. *irradiare*]

irrational [i-ra°shnl, ইর্যা°শ্‌ন্‌ল্] *a.* not rational, বিচারশক্তিহীন; illogical, অযৌক্তিক; unreasonable, যুক্তিহীন, অসঙ্গত (*irrational* behaviour, fears, etc.); (math.) not commensurable with natural numbers, (গণি.—পরি.) অমূলদ। *n.* **irrationa°lity** । [*ir-*, *rational*]

irreclaimable [i-ri-klā°mabl, ইরিক্লেই°ম্যাব্‌ল্] *a.* not to be reclaimed or reformed, পুনরুদ্ধারের বা সংশোধনের অসাধ্য। *adv.* **irreclai°mably** । [*ir-*, see *reclaim*]

irrecognizable [i-re°kag-nī-zabl, ইরে°ক্যাগ্‌নাইজ্যাব্‌ল্] *a.* unrecognizable, চেনা যায় না এমন। [*ir-*, see *recognize*]

irreconcilable [i-re°kan-sī-labl, ইরে°ক্যান্‌সাইল্যাব্‌ল্] *a.* not reconcilable, মিটমাট বা আপস-মীমাংসা করানর অসাধ্য; incompatible, খাপ খাওয়ান যায় না এমন। *n.* **irreconcilabi°lity** । *adv.* **irre°concilably** । [*ir-*, see *reconcile*]

irrecoverable [i-ri-ku°-v(a)rabl, ইরিকা°ভ্‌র্যাব্‌ল্] *a.* beyond recovery, পুনরুদ্ধারের অসাধ্য। *adv.* **irreco°verably** । [*ir-*, see *recover*]

irredeemable [i-ri-dē°-mabl, ইরিডী°ম্যাব্‌ল্] *a.* not redeemable, পুনরুদ্ধারের অসাধ্য (an *irredeemable* loss); (of government annuities or loans) not convertible into cash, (সরকারি ঋণ সম্বন্ধে) নগদ বা রোক টাকায় রূপান্তরিত করা যায় না এমন। *adv.* **irredee°mably** । [*ir-*, see *redeem*]

irreducible [i-ri-dū°-sabl, ইরিডিউ°স্যাব্‌ল্] *a.* not reducible, ভিন্ন অবস্থায় পরিণত করার বা হ্রাস করার অসাধ্য। *adv.* **irredū°cibly** । [*ir-*, see *reduce*]

irrefragable [i-re°-fra-gabl, ইরে°ফ্র্যাগ্যাব্‌ল্] *a.* irrefutable, অকাট্য, অখণ্ডনীয়। *adv.* **irre°fragably** । [L. *irrefragabilis*]

irrefrangible [i-ri-fran°-jibl, ইরিফ্র্যান্°জিব্‌ল্] *a.* incapable of refraction, বিচ্ছুরিত বা বিকীর্ণ হয় না অথবা করা যায় না এমন (*irrefrangible* ray or glass); inviolable, অলঙ্ঘনীয়। [*ir-*, *refrangible*]

irrefutable [i-ri-fū°-tabl, ইরিফিউ°ট্যাব্‌ল্] *a.* that cannot be refuted, অকাট্য, অখণ্ডনীয় (an *irrefutable* argument)। *adv.* **irrefū°tably** । [*ir-*, see *refute*]

irregular [i-re°-gū-la(r), ইরে°গিউল্যা(র্)] (1) *a.* not regular, নিয়মবহির্ভূত, অনিয়মিত; uneven, unsymmetrical, অসমতল, বিষমাঙ্গ, অসমাঙ্গ (an *irregular* coastline); variable, পরিবর্তনশীল; not officially trained, (সৈনিক-সম্বন্ধে) সরকারি তত্ত্বাবধানে শিক্ষাপ্রাপ্ত নহে এমন; (gr.) not normally inflected, (ব্যাক.) নিপাতনে সিদ্ধ ('be', 'do', 'go' are *irregular* verbs)। (2) *n.* an irregular soldier, যে সৈনিক সরকারি তত্ত্বাবধানে শিক্ষাপ্রাপ্ত নহে। *n.* **irregūla°rity**—irregular-এর সকল অর্থে, এবং—নিয়মবহির্ভূত কিছু; নিয়মলঙ্ঘন। *adv.* **irre°gūlarly** । [OF. *irreguler*—cp. *regular*]

irrelevant [i-re°-li-vant, ইরে°লিভ্যান্ট্] *a.* not relevant, অবান্তর, অপ্রাসঙ্গিক। *n.* **irre°levance, irre°levancy** । *adv.* **irre°levantly** । [*ir-*, *relevant*]

irreligion [i-ri-li°j(a)n, ইরিলি°জ্‌ন্] *n.* want of or hostility to religion, ধর্মহীনতা বা ধর্মবিরোধিতা; ungodliness, ঈশ্বরে অবিশ্বাস, নাস্তিক্য। *a.* **irrėli°gious**—ধর্মহীন বা ধর্মবিরোধী; নাস্তিক। *n.* **irrėli°giousnėss** । [*ir-*, *religion*]

irremediable [i-ri-mē°-di-abl, ইরিমী°ডিঅ্যাব্‌ল্] *a.* beyond remedy or redress, অচিকিৎস্য, অপ্রতিকার্য (*irremediable* disease, defects, faults, etc.)। *adv.* **irrėmē°diably** । [*ir-*, see *remedy*]

irremissible [i-ri-mi°-sabl, ইরিমি°স্যাব্‌ল্] *a.* unpardonable, ক্ষমার অযোগ্য। [*ir-*, see *remit*]

irremovable [i-ri-mōō°-vabl, ইরিমূ°ভ্যাব্‌ল্] *a.* not removable, অনপসারণীয়। *n.* **irrėmovability** । *adv.* **irrėmo°vably** । [*ir-*, see *remove*]

irreparable [i-re°-p(a)rabl, ইরে°প্‌র্যাব্‌ল্] *a.* beyond repairing, মেরামতের বা সংস্কারসাধনের অসাধ্য; beyond compensation, (ক্ষতিসম্বন্ধে) অপূরণীয় (*irreparable* damage)। *n.* **irre°parabi°lity** । *adv.* **irre°parably** । [F.—cp. $repair_2$]

irreplaceable [i-ri-plā°-sabl, ইরিপ্লেই°স্যাব্‌ল্] *a.* whose loss cannot be made good, (অভাব বা ক্ষতি সম্বন্ধে) অপূরণীয়; that cannot be substituted, বদলি মেলে না এমন। [*ir-*, see *replace*]

irrepressible [i-ri-pre°-sabl, ইরিপ্রে°স্যাব্‌ল্] *a.* that cannot be repressed, অদম্য (*irrepressible* spirits)। *adv.* **irrepre°ssibly** । [*ir-*, see *repress*]

irreproachable [i-ri-prō°-chabl, ইরিপ্রৌ°চ্যাব্‌ল্] *a.* beyond reproach, blameless, অনিন্দনীয়, নিখুঁত, নির্দোষ (*irreproachable* conduct, ways, etc.)। *n.* **i'rreproachabi°lity** । *adv.* **irreproachably** । [F. *irreprochable*—cp. *reproach*]

irresistible (i-ri-zis°tabl, ইরিজ়িস্°ট্যাব্‌ল্] *a.* not to be resisted, দুর্নিবার, দুর্দম (*irresistible* desires)। *n.* **i°rrėsistibi°lity** । *adv.* **irrėsis°tibly** । [*ir-*, *resist*]

irresolute [i-re°-za-loot, ইরে°জ়্যালূট্] *a.* undecided, অস্থিরসঙ্কল্প। *n.* **irre°ṡolutenėss, irreṡolu°tion** । [*ir-*, *resolute*]

irrespective [i-ris-pek°-tiv, ইরিস্‌পেক্‌°টিভ্‌] *a.* not taking into account, গ্রাহ্য করে না এমন, নিরপেক্ষ (*irrespective* of caste or creed)। [*ir-*, see *respect*]

irresponsible [i-ris-pon°-sabl, ইরিস্‌পন্‌°স্যাব্‌ল্‌] *a.* not responsible, দায়িত্বহীন; destitute of the sense of responsibility, দায়িত্বজ্ঞানশূন্য; carefree, নির্দায়, বেপরোয়া। *n.* **i°rresponsibi°lity**। *adv.* **irrespon°sibly**। [*ir-*, see *responsible*]

irresponsive [i-ris-pon°-siv, ইরিস্‌পন্‌°সিভ্‌] *a.* not responding, সাড়া দেয় না এমন; not reacting, প্রতিক্রিয়াহীন। [*ir-*, see *respond*]

irretrievable [i-ri-trē°-vabl, ইরিট্রী°ভ্যাব্‌ল্‌] *a.* irrecoverable, পুনরুদ্ধারের অসাধ্য; irreparable, সংশোধনাতীত। *n.* **i°rretrievabi°lity**। *adv.* **irretrie°vably**। [*ir-*, see *retrieve*]

irreverent [i-re°v(a)r(a)nt, ইরে°ভ্‌র্‌ন্‌ট্‌] *a.* not reverent, শ্রদ্ধাহীন, অশ্রদ্ধ। *n.* **irre°verence**—অশ্রদ্ধা। *adv.* **irre°verently**। [*ir-*, see *revere*]

irreversible [i-ri-va(r)°-sabl, ইরিভ্যা(র্‌)°স্যাব্‌ল্‌] *a.* not reversible, ওলটান যায় না এমন; unalterable, অপরিবর্তনীয়। *n.* **i°rreversibi°lity**। *adv.* **irrever°sibly**। [*ir-*, see *reverse*]

irrevocable [i-re°-va-kabl, ইরে°ভ্যাক্যাব্‌ল্‌] *a.* not to be revoked, প্রত্যাহার করার অসাধ্য। *n.* **irrevocabi°lity**। *adv.* **irre°vocably**। [*ir-*, *revocable*]

irrigable—see **irrigate.**

irrigate [i°-ri-gāt, ই°রিগেইট্‌] *v.t.* to supply with water, (নদ্যাদি-সম্বন্ধে) জল-সরবরাহ বা জলসেচন করা; to water by means of canals etc., খাল নদী প্রভৃতি খননপূর্বক জলসেচন করা; (med.) to keep wet with constant flow of liquid, (চিকি.) তরল পদার্থাদি প্রয়োগে (ক্ষতস্থানাদি) নিরন্তর সিক্ত রাখা। *p.* & *p. pt.* **i°rrigātėd**। *a.* **i°rrigable**। *n.* **irrigā°tion**—জলসেচন, জলসেক: পূর্তকার্য। *n.* **i°rrigātor**—জলসেচক; পূর্তকর্মী; (চিকি.) ক্ষতাদিতে তরল পদার্থ প্রয়োগের যন্ত্র। [L. *irrigare*]

irritable, irritant—see **irritate.**

irritate [i°-ri-tāt, ই°রিটেইট্‌] *v.t.* to excite, উত্তেজিত করা; to make angry, রাগান বা খেপান; to annoy, জ্বালাতন করা; to excite a painful or uncomfortable condition, (ফোড়া ক্ষত প্রভৃতি সম্বন্ধে) যন্ত্রণাদায়ক বা অস্বস্তিকর করিয়া তোলা। *p.* & *p. pt.* **i°rritātėd**। *a.* **i°rritable**—irritate-এর সকল অর্থে, এবং—খিট্‌খিটে। *n.* **irritabi°lity**। *adv.* **i°rritably**। **i°rritant**—(1) *a.* উত্তেজক বা যন্ত্রণাদায়ক। (2) *n.* উত্তেজক বা যন্ত্রণাদায়ক পদার্থ। *n.* **irritā°tion**। *a.* **i°rritātive**—উত্তেজক; রাগাইয়া তোলে এমন; জ্বালাতনকর; যন্ত্রণাদায়ক, অস্বস্তিকর। [L. *irritare*]

irrupt [i-rupt°, ইরাপ্‌ট্‌°] *v.t.* to break in, বলপূর্বক ঢোকা বা হঠাৎ ভাঙ্গিয়া ফেলিয়া ঢোকা। *p.* & *p. pt.* **irrup°tėd**। *n.* **irrup°tion**—বলপূর্বক প্রবেশ; আকস্মিকভাবে (সবেগে) আক্রমণ। *a.* **irrup°tive**—আকস্মিকভাবে সবেগে আক্রমণ করে বা প্রবেশ করে এমন। [L. *irrumpere*]

is—see **be.**

isch(a)emia [is-kē°-mia, ইস্‌কী°মিঅ্যা] *n.* (med.) reduction or deficiency of blood in a part of the body, (চিকি.) দেহের অংশবিশেষে রক্তাল্পতা। *a.* **isch(a)ēmic**। [Gk. *ischein*=to restrain, *haima*=blood]

isinglass [ī°-zing-glŭs, আই°জ়িংগ্লাস্‌] *n* a material, mainly gelatine, got from sturgeon's air-bladders etc., সামুদ্রিক মৎস্যবিশেষের বায়ুস্থলী প্রভৃতি হইতে প্রাপ্ত আঠাল পদার্থবিশেষ: ইহার দ্বারা আঠা তৈয়ারি এবং ডিম্ব-সংরক্ষণ ও অন্যান্য কার্য করা হয়। [obs. Du. *huizenblas*]

Isis [ī°-sis, আই°সিস্‌] *n.* an Egyptian goddess, মিশরদেশীয় দেবীবিশেষ। [Gk.]

Islam [iz°-lŭm, ইজ়্‌°লাম্‌] *n.* Mohammedanism, মুসলমান-ধর্ম, ইসলাম; the Mohammedan world, মুসলিম-জগৎ। *a.* **Islamic** [iz°-la-mik, ইজ়্‌°ল্যামিক্‌] ইসলামধর্মীয়। *n.* **Islamite** [iz°-la-mīt, ইজ়্‌°ল্যামাইট্‌] ইসলামধর্মাবলম্বী ব্যক্তি। [Ar.]

island [ī°-land, আই°ল্যান্‌ড্‌] *n.* a piece of land surrounded by water, দ্বীপ। *n.* **is°lander**—দ্বীপবাসী। [ME. *iland*<OE. *i(e)gland, egland*—'s' from confusion with *isle*]

isle [īl, আইল্‌] *n.* an island, দ্বীপ। **Green** or **Emerald Isle**—আয়ারল্যান্ড। *n.* **is°lėt**—ক্ষুদ্র দ্বীপ। [ME. *ile, yle*<OE. *isle*]

ism [i°zm, ই°জ়্‌ম্‌] *n.* a doctrine, মত, বাদ, ধর্ম। [F. *-isme*]

isn't [iz°nt, ইজ়্‌°ন্‌ট্‌] *n.* contr. of **is not.**

isobar [ī°-sŏ-bŭ(r), আইসো°বা(র্‌)] *n.* a curve running through the places of equal pressure, (মানচিত্রাদিতে) সমপ্রেষরেখা। [*iso-*, Gk. *baros*=weight]

isochromatic [ī-sŏ-krŏ-ma°-tik, আইসোক্রোম্যা°টিক্‌] *a.* having the same colour, একই বর্ণবিশিষ্ট। [Gk. *iso, khroma*=colour]

isocracy [ī-so°-kra-si, আইস°ক্র্যাসি] *n.* a system of government in which all have equal political power, যে শাসন-ব্যবস্থায় সকলের সমান রাজনৈতিক ক্ষমতা থাকে। *a.* **isocra°tic**। [Gk. *isokratia*]

isolate [ī°-sa-lāt, আই°স্যালেইট্‌] *v.t.* to place apart or alone, পৃথক্‌ বা স্বতন্ত্র বা নিঃসঙ্গ করিয়া রাখা; to detach, বিচ্ছিন্ন করা; to insulate, দ্বৈপ বা দ্বীপতুল্য করা। *p.* & *p. pt.* **ī°solātėd**। *n.* **īsolā°tion**—(পরি.) অন্তরণ। *n.* **īsolā°tionism**—পররাষ্ট্রের সঙ্গে রাজনীতিক সম্পর্ক পরিহার করিয়া চলার মত, স্বাতন্ত্র্যবাদ। *n.* **isolā°-**

tionist । [It. *isolare* < L. *insula* = an island]

isometric [ɪ-so-me°-trik, আইসমে°ট্রিক্] *a.* having the same measure, সমমাপবিশিষ্ট। [Gk. *isometria*]

isosceles [ɪ-so°-si-lēz, আইস°সিলীজ্] (**1**) *a.* (geom.) having two equal sides, (জ্যামি.) সমদ্বিবাহু। (**2**) *n.* an isosceles triangle, সমদ্বিবাহু ত্রিভুজ। [*iso-*, Gk. *skelos* = a leg]

isotherm [ɪ°-sŏ-tha(r)m, আই°সোথ্যা(র্)ম্] *n.* a contour line of equal temperature, (মানচিত্রাদিতে) সমতাপরেখা। [*iso-*, *therm*]

isotope [ɪ°-sŏ-tōp, আই°সোটৌপ্] *n.* one of two or more forms of an element differing from each other in weight of atoms, (বিজ্ঞা.) কোন মৌল পদার্থের বিভিন্ন পারমাণবিক ওজনবিশিষ্ট দুই বা ততোধিক পরমাণুর যে-কোনটি, আইসোটোপ। *a.* **īsoto°pic** । [*iso-*, Gk. *topos* = place]

isotype [ɪ°-sŏ-tīp, আই°সোটাইপ্] *n.* a statistical chart using small drawings or shapes each representing a unit, পরিসাংখ্যিক চিত্রবিশেষ : ইহাতে হ্রস্বীকৃত একক ব্যবহার করা হয়। [*iso-*, *type*]

Israelite [iz°-ri-a-līt, ইজ্°রিঅ্যালাইট্] *n.* a descendant of Israel or Jacob, ইস্রাইলের বা জেকবের বংশধর ; a Jew, ইহুদি। [Gk. *Israelites*]

issue [i°-sū, ই°সিউ] (**1**) *n.* a going or flowing out, নির্গমন, প্রবহণ ; an outlet, নির্গমনপথ ; act of sending out, প্রেরণ ; children, সন্তানসন্ততি (he has no *issue*) ; produce, ফসল ; profit, লাভ ; circulation, প্রচলন, প্রচার (*issue* of currency notes) ; publication, (পুস্তকপত্রিকাদির) প্রকাশ বা সংস্করণ ; result, outcome, পরিণতি, ফল ; point in dispute, বিতর্কের বিষয় (to raise an *issue*) ; an argument or deciding factor, যুক্তি ; a question awaiting decision, বিচার্য বিষয় ; (mil.) supply, (সাম.) সরবরাহ। (**2**) *v.i.* to go or come or flow out, নির্গত বা নিঃসৃত হওয়া ; to originate, উদ্ভূত হওয়া ; to proceed, as from a source, উত্থিত বা উৎসারিত হওয়া ; to be produced, উৎপন্ন হওয়া ; to be born, জন্মগ্রহণ করা ; to result, ফলস্বরূপ পরিণত হওয়া ; to come to a point, বিতর্কের বা বিচারের যোগ্য হওয়া। (**3**) *v.t.* to send out, প্রেরণ করা ; to put forth, নির্গত করা ; to circulate, প্রচলন বা প্রচার করা ; to publish, প্রকাশ করা ; (mil.) to supply, (সাম.) সরবরাহ করা। **at issue**—বিতর্কের বা বিচারের বিষয়ীভূত। **general issue**—(আইনে) অভিযোগ সরাসরি সম্পূর্ণ অস্বীকার। **side issue**—(প্রধানতঃ মুখ্য বিচার্য বিষয় হইতে উদ্ভূত) গৌণ বিচার্য বিষয়। **special issue**—অভিযোগের অংশবিশেষ অস্বীকার। **(to) join** or **take issue** (with)—বিতর্কে বিরুদ্ধপক্ষে যোগ দেওয়া ; বিতর্কে যোগ দেওয়া। *a.* **i°ssueless**—নিষ্ফল ; নিঃসন্তান। *n.* **i°ssūer** । [OF.]

isthmus [is°-mas, ইস্°ম্যাস্] *n.* (geog.) a narrow neck of land joining two larger portions, (ভূগো.) যোজক। [L. < Gk. *isthmos*]

it [it, ইট্] *pro. neut.* of **he, him,** ইহা, ইহাকে। *pl.* see **they, them** । *pro. poss.* **its**—ইহার। *pro.* (*refl.*) **it°self**—ইহা স্বয়ং বা নিজেই। **in itself**—স্বীয় প্রকৃতিগত ; সম্পূর্ণরূপে ; অনন্যসাপেক্ষভাবে বিচারে। [OE. *hit*]

Italian [i-ta°-li-an, ইট্যা°লিয়্যান্] (**1**) *a.* of Italy, ইট্যালির। (**2**) *n.* a native or the language of Italy, ইট্যালির লোক বা ভাষা। [L. *Italianus*]

Italic [i-ta°-lik, ইট্যা°লিক্] *a.* of (ancient) Italy, (প্রাচীন) ইট্যালির। **ita°lic**—(**1**) *n.* (usu. in *pl.*) বাঁকা ছাঁদের অক্ষর ; (**2**) *a.* উক্ত ছাঁদে গঠিত। *v.t.* **italicize** [i-ta°-li-sīz, ইট্যা°লিসাইজ্] (শব্দাদি) বাঁকা ছাঁদের অক্ষরে ছাপান। [G. *Italikos*]

itch [ich, ইচ্] (**1**) *n.* an irritating skin disease, খোস, পাঁচড়া, চুলকনা ; an irritation, জ্বালাতন, উৎপাত ; restless desire, অস্থির কামনা (*itch* for money) । (**2**) *v.t.* to have an irritating sensation in the skin, গা চুলকানর বিরক্তিকর ইচ্ছা হওয়া ; to have an irritating feeling, জ্বালাতন বোধ করা। *p.* & *p. pt.* **i°tched** । **(to) have an itching palm**—টাকা পাইবার জন্য নিরতিশয় আগ্রহশীল হওয়া। **(to) itch for**—প্রবলভাবে আকাঙ্ক্ষা করা। *a.* **i°tchy**—খোসপাঁচড়ায় পূর্ণ ; খোস-পাঁচড়ার মত চুলকায় এমন। *n.* **i°tchiness** । [OE. *giccan* = to itch]

item [ɪ°-tam, আই°ট্যাম্] (**1**) *adv.* likewise, একইভাবে ; also, ও, অধিকন্তু। (**2**) *n.* a separate article or particular in an enumeration, স্বতন্ত্র বস্তু, দফা ; a piece of news in a newspaper, সংবাদপত্রে প্রকাশিত যে কোন সংবাদ। *v.t.* **ī°temīze**—(কোন বিষয়ের) প্রতিটি দফা সুস্পষ্টভাবে বা দফাওয়ারিভাবে লেখা। [L. (*adv.*)]

iterate [i°-ta-rāt, ই°ট্যারেইট্] *v.t.* to repeat, পুনরাবৃত্তি করা, পুনরায় করা বা বলা। *p.* & *p. pt.* **i°terāted** । *n.* **itera°tion** । *a.* **i°terātive**—পুনরাবৃত্তিকর। [L. *iterare*]

itinerant [i-ti°n(a)r(a)nt, ইটি°ন্‌র্‌ন্ট্] (**1**) *a.* journeying from place to place, স্থান হইতে স্থানান্তরে ভ্রমণশীল। (**2**) *n.* an itinerant person, উক্তভাবে ভ্রমণশীল ব্যক্তি। *n.* **iti°nerancy**—স্থান হইতে স্থানান্তরে ভ্রমণ। **itinerary** [ɪ-ti°-n(a)rari, আইটিন্°র‍্যারি] (**1**) *a.* ভ্রমণশীল ; পথ বা ভ্রমণ সংক্রান্ত। (**2**) *n.* ভ্রমণের পরিকল্পনা বা বিবরণ ; পথপঞ্জি ; ভ্রমণ-পথ ; স্থান হইতে স্থানান্তরে ভ্রমণকারী ব্যক্তি। *v.i.* **itinerate** [i-ti°-na-rāt, ইটি°ন্যারেইট্] স্থান হইতে স্থানান্তরে ভ্রমণ করা। *p.* & *p. pt.* **iti°nerāted** । [L. *itineris* = a journey]

it's [its, ইট্স্] contr. of **it is.**

its, itself—see **it.**

itsy-bitsy [it-si-brit°-si, ইটসিবিট্°সি], **itty-**

bitty [iti-bi°-ti, ইটবি°টি] *a.* (coll. usu. derog.) tiny, (কথ্য. সচ. তুচ্ছার্থে) অতি ক্ষুদ্র, ছোট্ট। [childish redupl. of *little* inflated by bil_2< OE. *bitan*]

I've [īv, আইভ্] contr. of **I have.**

ivory [ī°-v(a)ri, আই°ভ্‌রি] *n.* a hard white substance composing the tusks of the elephant, hippopotamus, etc., যে পদার্থদ্বারা হস্তী জলহস্তী প্রভৃতির দন্ত গঠিত, গজদন্ত, আইভরি। *n.* **ī°vory-black°**—কৃষ্ণবর্ণ চূর্ণবিশেষ (পূর্বে ইহা গজদন্ত ভস্ম করিয়া প্রস্তুত হইত, বর্তমানে অস্থিভস্ম হইতে প্রস্তুত হয়)। **ivory tower**—(আল.) সংসার ও আত্মীয়স্বজন হইতে দূরবর্তী আশ্রয়, নির্জনবাস, একান্তবাস। [GF. *ivurie*<L. *ebur. eboris*]

ivy [ī°-vi, আই°ভি] *n.* an evergreen plant, চিরহরিৎ লতাবিশেষ। *a.* **ivy-mantled**—চিরহরিৎ আইভিলতাদ্বারা আবৃত। [OE. *ifig*]

iwis [i-wis°, ইউ্যাইস্°] *adv.* certainly, অবশ্যই। [OE. *gewis*=certain—cp. G. *gewiss*]

izard [i°-za(r)d, ই°জ্যা(র্)ড্] *n.* ibex or goatlike antelope of Pyrenees, পিরেনীজ পর্বতের বন্য ছাগবিশেষ। [F. *isard*]

J

J, j [jā, জেই] *n.* the tenth letter of the English alphabet, ইংরেজি বর্ণমালার দশম বর্ণ।

jab [jab, জ্যাব্] (**1**) *v.t.i.* to poke, খোঁচা মারা। *pr. pt.* **jabbing** । *p* & *p. pt.* **ja°bbed** । (**2**) *n.* a sudden thrust, আকস্মিক খোঁচা। [?]

jabber [ja°-ba(r), জ্যা°ব্যা(র্)] (**1**) *v.i.t.* to talk rapidly and indistinctly, বিড়্‌বিড়্ করা বা বিড়্‌বিড়্ করিয়া বলা। (**2**) *n.* rapid indistinct talk, বিড়্‌বিড়্ করিয়া কথন। *n.* **ja°bberer** । [imi.]

jabot [ja°-bō, জ্যা°বৌ] *n.* an ornamental frill on the front of a woman's dress and (formerly) a man's shirt, স্ত্রীলোকের পোশাকের সম্মুখে এবং (পূর্বতঃ) পুরুষের শার্টের সম্মুখে কুঁচি-দেওয়া লেস। [F.]

jacinth [ja°-sinth, জ্যা°সিন্থ্] *n.* (orig.) a blue gem-stone, (মূলতঃ) নীলকান্তমণি; a red-dish-orange gem, রক্তাভ কমলাবর্ণ মণিবিশেষ; a reddish orange-colour, রক্তাভ বা লালচে কমলাবর্ণ। [<*hyacinth*]

Jack$_1$ [jak, জ্যাক্] *n.* diminutive of 'John', 'জন্'-নামের সংক্ষেপ; a saucy or paltry fellow, ধৃষ্ট বা তুচ্ছ ব্যক্তি; a sailor, নাবিক, মাল্লা; an attendant, পরিচারক। *n.* **jack**—পা হইতে জুতা খোলার যন্ত্র; অনুরূপ যে কোন যন্ত্র; ভারী বোঝা উত্তোলনার্থ যন্ত্রবিশেষ; ঘড়ির মধ্যে যে মূর্তি ঘণ্টা বাজায়; কোন কোন পুরুষ-জন্তু; পুরুষ-গর্দভ; দাঁড়কাক; পোনা-মাছবিশেষ; বৃহদাকার প্রাণী (*jack*daw); রাষ্ট্রীয় পরিচয়ের নিদর্শনস্বরূপ পতাকা (Union *Jack*); তাসের গোলাম; (অশি.) গোয়েন্দা; (অশি.) টাকা-কড়ি। **poor jack**—বেচারা লোক। **Jack is as good as his master**—শ্রমিক বা কর্মচারী মনিবের সমান কর্মদক্ষ। **before one can say Jack Robinson**—অত্যন্ত দ্রুত বা আকস্মিকভাবে। *n.* **jack°ass**—পুরুষ-গর্দভ; স্থূলবুদ্ধি ব্যক্তি। **laughing jackass**—অস্ট্রেলিআর প্রকাণ্ড মাছরাঙা-বিশেষ। *n.* **jack°-bōot**—যে বুটজুতায় হাঁটুর উপরও ঢাকা পড়ে। *n.* **jack°daw**—দাঁড়কাক; বোকা লোক। **Jack Frost**—ব্যক্তিরূপে কল্পিত তুষার। *n.* **Jack°-in-office**—যে খুদে বা অনুচ্চপদস্থ উপরওআলা অধীন কর্মচারীদের জ্বালাইয়া মারে। *n.* **Jack°-in-the-box**—বাক্সবন্দী খেলনাবিশেষ: বাক্স খুলিলেই ভিতর হইতে একটি স্প্রিংয়ের পুতুল লাফাইয়া ওঠে। **Jack Ketch**—সরকারি জল্লাদ। *n.* **jack°-knīfe**—মুড়িয়া রাখা চলে এমন বড় ছুরিবিশেষ। **Jack-of-all-trades but master of none**—সকল কাজেরই কিছু কিছু জানে কিন্তু কোন কাজেই দক্ষ নহে এমন ব্যক্তি। *n.* **Jack°-o'-lan°tern**—আলেয়ার আলো। *n.* **jack°-plāne**—মোটা কাজের জন্য রেঁদা। *n.* **jack°-pot**—পুঞ্জীভূত বাজির টাকা: ইহা poker নামক তাসের জুয়ায় যে খেলোয়াড়ের হাতে দুইখানি গোলাম থাকে, তাহারই প্রাপ্য; লটারি প্রভৃতিতে সব চেয়ে বড় পুরস্কার। **(to) hit the jackpot**—অতি সৌভাগ্যবান হওয়া, বিরাট সাফল্যলাভ করা। *n.* **jack°-rabbit**—উত্তর আমেরিকার বৃহদাকার খরগোশবিশেষ। *n.* **jack°-staff**—জাহাজাদিতে যে দণ্ডের উপর রাষ্ট্রীয় পরিচয়ের নিদর্শনস্বরূপ পতাকা টাঙান থাকে। *n.* **jack-straw**—কুশপুত্তল; শোলায় গঠিত মানবমূর্তি। *n.* **jack°-tār**—নাবিক; মাল্লা। [F. *Jacques*, the commonest name in France]

jack$_2$ [jak, জ্যাক্] *n.* a fruit-tree, কাঁঠাল গাছ। (also **jack°-tree**)। *n.* **jack°fruit**—কাঁঠাল। [Port. *jaca*<Malayalam *chakka*]

jackal [ja°-kawl, জ্যা°ক্যল্] *n.* a wild animal, শিয়াল; (fig.) a drudge, (আল.) যে ব্যক্তি পরের ক্লান্তিকর কাজ করিয়া দেয়। [Pers. *shaghal*]

jackanapes [ja°-ka-nāps, জ্যা°ক্যানেইপ্স্] *n.* an ape or monkey, মর্কট বা বানর; a saucy fellow, ধৃষ্ট ব্যক্তি; a coxcomb, পোশাক-পরিচ্ছদে ফুলবাবু; a forward child, ফাজিল বা পাকা ছেলে। [?]

jackaroo [jak°-aroo, জ্যাক্°-অ্যারূ] *n.* novice, নবিস, আনাড়ী লোক; an inexperienced settler, অনভিজ্ঞ নবাগত বাসিন্দা। [Portmanteau word: *jack*+kang*aroo*]

jacket [ja°-kit, জ্যা°কিট্] *n.* a short coat, কোট, খাট জামা; an animal's coat, পশুচর্ম, কঞ্চুক; skin, খোসা; a loose paper cover, পুস্তকাদির মলাটের আবরণ; an outer casing,

For words in *jack-* and *Jack-*, not given separately, see **Jack$_1$**, and **jack$_2$**.

বহিরাবরণ। **(to) dust one's jacket**—প্রহার করা। *a.* **ja°ckėted**—উক্ত জামা কঞ্চুক প্রভৃতি পরিহিত। [OF. *jaquet*]

Jacob [jā°-kab, জেই°ক্যাব্] *n.* an ancestor of the Israelites, ইজ়াইলীয়দের বা ইহুদিদের অন্যতম পূর্বপুরুষ। **Jacob's ladder**—অনেকগুলি বালতি দিয়া নির্মিত সিঁড়িবিশেষ; নাবিকগণ কর্তৃক ব্যবহৃত দুই মাথায় কাষ্ঠদণ্ড-বাঁধা দড়ির সিঁড়িবিশেষ; সিঁড়ির আকারের পত্রযুক্ত লতাবিশেষ। **Jacob's staff**—তীর্থযাত্রীর ক্রুশযুক্ত মস্তকবিশিষ্ট লাঠি। [B.]

Jacobean [ja-kŏ-bi°-an, জ্যাকোবি°অ্যান্] *a.* of the reign of James I, ইংল্যানড-রাজ প্রথম জেইম্‌জের শাসনকালীন। [L. *Jacobus*= James]

Jacobin [ja°-kŏ-bin, জ্যা°কোবিন্] *n.* a member of a French revolutionary society, ফ্রান্সের বিপ্লবী সঙ্ঘবিশেষের সভ্য; a demagogue, উগ্র রাজনীতিক বক্তা; a hooded pigeon, নোটন পায়রা। [F.]

Jacobite [ja°-kŏ-bīt, জ্যা°কোবাইট্] *n.* an adherent of James II, ইংল্যানড-রাজ দ্বিতীয় জেইম্‌জের সমর্থক। [L. *Jacobus*=James]

jactation [jak-tā°-sh(a)n জ্যাক্‌টেইশ্‌ন্] *n.* extreme restlessness in illness, রোগযন্ত্রণায় অস্থিরতা; act of throwing, ক্ষেপণ; boasting, দম্ভ। [L. *jactatio*]

jactitation [jak-ti-tā°sh(a)n, জ্যাক্‌টিটেই°শ্‌ন্] *n.* restless tossing in illness, রোগযন্ত্রণায় অস্থিরভাবে এপাশ-ওপাশ করা; bragging, বড়াই। **jactitation of marriage**—অপরের সহিত বিবাহিত বলিয়া ভান। [LL. *jactitatio*]

jaculate [ja°-kū-lāt, জ্যা°কিউলেইট্] *v.t.* to dart, (তীরাদি) নিক্ষেপ করা। *p.* & *p. pt.* **ja°-cūlātėd**। *n.* **jacūlā°tion**। *a.* **ja°cūlatory**—তীরবৎ ধাবন্ত বা নিক্ষিপ্ত। [L. *jaculari*]

jade₁ [jād, জেইড্] *n.* an ornamental stone, সবুজবর্ণ মণিবিশেষ, যসম, পীলু। [F. < Sp. *ijada*= flank]

jade₂ [jād, জেইড্]। **(1)** *n.* a sorry horse, রোগা ঘোড়া, বেতো ঘোড়া; (contem.) a woman, (অবজ্ঞায়) মেয়ে-মানুষ, মাগী। **(2)** *v.t.* to wear out with hard labour, কঠিনভাবে খাটাইয়া শ্রান্ত করিয়া ফেলা। *p.* & *p. pt.* **jā°dėd**। [?]

jaeger—alt. spell. of **jager.**

jaffa [ja°fa, জ্যা°ফ্যা] *n.* a variety of large oval-shaped orange, ডিম্বাকৃতি বৃহদাকার কমলা-বিশেষ। [*Jaffa* in Israel]

jag₁ [jag, জ্যাগ্] **(1)** *n.* a notch in a garment etc., পোশাকাদির খাঁজবিশেষ; a sharp projection, পর্বতাদির সূচিমুখ অভিক্ষিপ্ত অংশ; (bot.) a division or cleft, (উদ্ভি.) ভাগ, চিড়, ফাট; **(2)** *v.t.* to cut into notches, খাঁজ কাটা; to prick or pierce, খোঁচা দেওয়া বা বিদ্ধ করা। *pr. pt.* **jagg°ing**। *p.* & *p. pt.* **ja°gged**। *a.* **ja°ggėd**—খাঁজ-কাটা; বন্ধুর কিনারাযুক্ত (*jagged* rocks); অমসৃণ; অসমতল। [?]

jag₂ [jag, জ্যাগ্] *n.* intoxicated state, পানোন্মত্ত অবস্থা; (coll.) drinking bout, spree, মদ্যপানের প্রতিযোগিতা, পানোন্মত্ত অবস্থায় হৈ-হল্লা। [?]

Jagannath [ju°-gu-nat, জা°গান্যাট্] correct form of **Juggernaut.**

jager [jā°-ga(r), জেই°গ্যা(র্)] *n.* a German rifleman, রাইফেলধারী জার্মান সৈনিক। [G.]

jaggery [ja°-ga-ri, জ্যা°গ্যারি] *n.* coarse sugar made from palm-sap, তাল-মিছরি। [Hin. *shakkar* < Sans. *'sharkara*]

jaghir(e), jagir [ja-gē(r)°, জ্যাগী(র্)°] *n.* assignment by the state of a tract of land and its revenue to an individual or body with power to administer, জায়গির-প্রদান; a tract of land so assigned, জায়গির। *n.* **jaghir°dar**—জায়গিরদার। [Pers.]

jaguar [ja°-gū-a(r), জ্যা°গিউঅ্যা(র্)] *n.* a wild beast, আমেরিকার চিতাবাঘ-জাতীয় পশুবিশেষ, জাগুয়ার। [Tupi *jaguara*]

jail [jāl, জেইল্] *n.* a prison, কারাগার, জেলখানা। **(to) break jail**—জেল হইতে পলায়ন করা। *n.* **jail°-bird**—যে ব্যক্তি প্রায়ই জেল খাটে, জেলঘুঘু। *n.* **jail°er, jail°or**—কারাপাল। [OF. *gaole* < LL. *gabiola*=a cage]

Jain [jain, জৈন্, jān, জেইন্] **Jaina** [jā°-na, জেই°ন্যা] *n.* an adherent of Jainism, জৈন-ধর্মাবলম্বী ব্যক্তি, জৈন। *n.* **Jai°nism**—জৈনধর্ম। [Sans. *jaina*]

jake [jāk, জেইক্] *a.* (sl.) all right, satisfactory, ঠিক, সন্তোষজনক; honest, সৎ। [from *Jacab* (?)]

jakes [jāks, জেইক্‌স্] *n. pl.* (with *sing. v.*) latrine, privy, পায়খানা। [?]

jalap [ja°-lap, জ্যা°ল্যাপ্] *n.* a purgative drug, জোলাপ। [F. < Sp. *jalapa*]

jalopy [ja-lo°-pi, জ্যাল°পি] *n.* an old rickety motor-car or aircraft, পুরান নড়বড়ে মোটরগাড়ি বা এরোপ্লেন। [?]

jam₁ [jam, জ্যাম্] **(1)** *v.t.* to press or squeeze tight, দৃঢ়ভাবে পেষণ করা বা ঠাসা; to crowd full, গাদাগাদি করিয়া ভিড় করান বা ভরা; to block by crowding, ভিড় করিয়া পথরোধ করা; (wireless) to interfere with by operating elsewhere, (বেতার-সম্বন্ধে) অন্যত্র সক্রিয় হইয়া বার্তাদি-প্রেরণে বাধা জন্মান। *conjug.* same as **jam₂**। **(2)** *n.* a tight squeeze, দৃঢ় পেষণ; a jammed mass, একত্র পিষ্ট তাল বা পিণ্ড; a blockade due to crowding, ভিড় করার ফলে পথরোধ; a jamming of wireless messages, (বেতারে) অন্যত্র সক্রিয় হওয়ার ফলে বার্তাদি প্রেরণে বাধা। *n.* **tra°ffic-jam**—যানবাহন জমিয়া যাওয়ার ফলে পথরোধ। [cp. *champ.*]

jam$_2$ [jam, জ্যাম্] (**1**) *n.* a conserve of fruit, ফলের আচার, জ্যাম্। (**2**) *v.t.* to smear with jam, জ্যাম্ মাখান। *pr. pt.* **ja°mming** । *p.* & *p. pt.* **ja°mmed** । *n.* **jam°-jar, jam°-pot**—জ্যাম্ বা আচার রাখার বয়ম বা পাত্র। *a.* **ja°mmy**—জ্যাম্-মাখান ; জ্যাম্-মাখানর দরুন চট্‌চটে ; জ্যাম্-সদৃশ। [< *jam$_1$* ?]

jamadar [ja°-ma-da(r), জ্যা°ম্যাড্যা(র্)] var. of **jemadar.**

jamb [jam, জ্যাম্] *n.* the sidepiece or post of a door, দরজার চৌকাঠের বাজু। [F. *jambe*=leg]

jamboree [jam-ba-re°, জ্যাম্‌ব্যারী°] *n.* (sl.) merry-making, আনন্দ-সম্মেলন ; a large rally of boy scouts, বয়স্কাউট্‌দের বিশাল সম্মেলন। [?]

jamdani [jam-da°-ne, জ্যাম্‌ড্যা°নী] *n.* a variety of Dacca muslin woven in design of flowers, ঢাকার বুটিদার মসলিন কাপড়, জামদানি। [Pers.]

jammed, jamming, jammy—see **jam$_{1,2}$.**

jangle [jangg°l, জ্যাংগ°ল্] (**1**) *v.t.i.* to sound with harsh noise, শ্রুতিকটু শব্দে বাজান বা বাজা। (**2**) *v.i.* to wrangle, উচ্চৈঃস্বরে ঝগড়া করা। (**3**) *n.* a dissonant clanging, শ্রুতিকটু শব্দে বাদন বা উক্ত শব্দ ; a wrangling, উচ্চৈঃস্বরে ঝগড়া। *n.* **jang°ler** । [OF. *jangler*]

janitor [ja°-ni-ta(r), জ্যা°নিট্যা(র্)] *n.* a door-keeper, দৌবারিক, দরওয়ান ; an attendant or caretaker, পরিচারক বা তত্ত্বাবধায়ক। *fem.* **ja°-nitress** । [F.]

janissary [ja°-ni-sa-ri, জ্যা°নিস্যারি] *n.* Turkish infantry soldier, তুরস্কের পদাতিক সৈন্য ; member (until 1826), of Sultan's body-guard, (১৮২৬ খ্রীষ্টাব্দ পর্যন্ত) সুলতানের দেহরক্ষী বাহিনীর সৈন্য। [Turk *yeni*=new, *tsheri*=soldiery]

janizary [ja°-ni-za-ri, জ্যা°নিজ্যারি] alt. spelling of **janissary.**

January [ja°-nū(a)-ri, জ্যা°নিউরি] *n.* the first month of the English year, ইংরেজি বৎসরের প্রথম মাস (পউষের মাঝামাঝি হইতে মাঘের মাঝামাঝি পর্যন্ত)। [L. *Januarius*]

Janus [jā°-nas, জেই°ন্যাস্] *n.* an Italian god, প্রাচীন ইটালির দ্বাররক্ষাকারী দ্বিমুখ দেবতাবিশেষ। [L.]

Jap [jap, জ্যাপ্] coll. contr. of **Japanese.**

Japan [ja-pan°, জ্যাপান্°] *a.* of Japan, জাপানের, জাপানি। **japan°**—(**1**) *a.* জাপানি কায়দায় চক্‌চকে কাল বার্নিশ-করা। (**2**) *n.* জাপানি বাসন-কোসন প্রভৃতি ; জাপানি কারুকার্য, জাপানি (কাল) বার্নিশ ; জাপানি কায়দায় চক্‌চকে কাল বার্নিশ-করা জিনিস-পত্র। (**3**) *v.t.* জাপানি কায়দায় কাল চক্‌চকে বার্নিশ করা। *pr. pt.* **japa°nning** । *p.* & *p. pt.* **japa°-nned** । **Japanēse°**—(**1**) *a.* জাপানি। (**2**) *n.* জাপানের অধিবাসী বা ভাষা, জাপানি। [Mal. *Japung* < *Jih-pun*=sunrise]

jape [jāp, জেইপ্] (**1**) *v.t.i.* to mock, ঠাট্টা করা। *p.* & *p. pt.* **jā°ped** । (**2**) *n.* jest, ঠাট্টা। [OF. *japer*=to yelp]

japonica [ja-po°-ni-ka, জ্যাপ°নিক্যা] *n.* the Japanese quince, জাপানের অম্লস্বাদযুক্ত নাশপাতি-জাতীয় ফলবিশেষ বা তাহার গাছ। [F. *Japon*=Japan]

jar$_1$ [jŭ(r), জা(র্)] *n.* a wide-mouthed vessel, বড় মুখওয়ালা বোতলবিশেষ, বয়ম। *n.* **jar°ful**—এক বয়মে যত ধরে তত পরিমাণ। [OF. *jarre* or Sp. *jarra*]

jar$_2$ [jŭ(r), জা(র্)] (**1**) *v.i.t.* to make or cause to make a harsh discordant sound, কর্কশ বেসুরো শব্দ করা বা করান ; to grate, কর্কশ শব্দ করা বা শব্দদ্বারা পীড়া দেওয়া (the sound *jars* on my ears, nerves, etc.) ; to be out of harmony (with), মিল না থাকা, বিসদৃশ হওয়া (your opinions *jar* with mine)। *pr. pt.* **ja°rring** । *p.* & *p. pt.* **ja°rred** । (**2**) *n.* a sudden harsh discordant sound, আকস্মিক কর্কশ বেসুরো শব্দ ; a grating sound or feeling, পীড়াদায়ক কর্কশ শব্দ বা উক্ত শব্দ শুনিয়া পীড়াবোধ ; a clash or conflict, সঙ্ঘর্ষ, বিরোধ। **jarring note**—বেসুরা আওয়াজ। *adv.* **ja°rringly** । [imi.]

jardinière [ju(r)-di-ni°-ā(r), জা(র্)ডিনি°এয়্যা(র্)] *n.* an ornamental flower pot or stand, কারুকার্যময় ফুলদান। [F.]

jarful—see **jar$_1$.**

jargon [ju(r)°-gan, জা(র্)°গ্যান্] *n.* twittering, কিচ্‌মিচ্ শব্দ ; confused talk, gibberish, দুর্বোধ্য কথাবার্তা ও ভাষা ; language full of technical or special words, পারিভাষিক বা বিশেষার্থক শব্দ-পূর্ণ ভাষা। [F.]

jarl [a(r)l, আ(র্)ল্] *n.* a noble or chief or earl, অমাত্য, সর্দার, সামন্ত। [ON.—cp. *earl*]

jarool, jarul [ja-rool°, জ্যারূল্°] *n.* a kind of tree or its timber, জারুল-গাছ বা জারুল-কাঠ। [Beng. *jarool*]

jarred, jarring—see **jar$_2$.**

jarvey [ju(r)°-vi, জা(র্)°ভি] *n.* (sl.) an Irish hackney-coach driver, (অশি.) আয়ারল্যান্ডের ভাড়াটে গাড়ির গাড়োয়ান। [earlier *Jarvis* < *St. Gervase*, whose emblem is a whip]

jasmin(e) [jas°-min, জ্যাস্°মিন্] *n.* a kind of flower or its plant, যুঁই(?)-জাতীয় পুষ্পবিশেষ বা তাহার গাছ। [Ar. *yas(a)min*]

jasper [jas°-pa(r), জ্যাস্°প্যা(র্)] *n.* a precious stone, মূল্যবান্ মণিবিশেষ। [OF. *jaspre*]

jaundice [jawn°-dis, জান্°ডিস্] (**1**) *n.* a biliary disease, পাণ্ডুরোগ, ন্যাবা, কামলা ; a prejudice, বিরাগ ; jealousy, ঈর্ষা। (**2**) *v.t.* to affect with jaundice, পাণ্ডুরোগাক্রান্ত করা ; to make prejudiced or jealous, বিরাগপূর্ণ বা ঈর্ষান্বিত করা। *p.* & *p. pt.* **jaun°diced** । [F. *jaunisse*<*jaune* =yellow]

jaunt [jawnt, জান্ট্] (**1**) *v.t.* to go from place to place, (প্রধানতঃ প্রমোদার্থ) স্থান হইতে স্থানান্তরে যাওয়া, দেশভ্রমণ করা। *p.* & *p. pt.* **jaun°ted** । (**2**) *n.* an excursion, প্রমোদ-ভ্রমণ ; a ramble, স্থান হইতে স্থানান্তরে ভ্রমণ। [?]

jaunty [jawn°-ti, জ্যান্°টি] *a.* having an airy or sprightly manner, সব-কিছু হাসিয়া উড়াইয়া দেওয়ার স্বভাববিশিষ্ট বা প্রাণবন্ত প্রকৃতিবিশিষ্ট। *adv.* **jaun°tily** । *n.* **jaun°tiness** । [F. *gentil*]

Javan [ju°-van, জা°ভ্যান্], **Javanēse°**—(**1**) *a.* of Java, জাভাদেশীয়, যবদ্বীপীয়। (**2**) *n.* a native or the language of Java, যবদ্বীপের লোক বা ভাষা।

javelin [ja°-vlin, জ্যা°ভ্‌লিন্] *n.* a spear, বরশা, বল্লম। [F. *javeline*<Celt. ?]

jaw [jaw, জ্য] (**1**) *n.* the mouth-structure for biting or chewing, চোয়াল, হনু ; the jawbone, চোয়ালের হাড়, হন্বস্থি ; one of a pair of parts for gripping, cutting, etc., সাঁড়াশি কাঁচি প্রভৃতির দুইখানি পাতের যে-কোনখানি ; (in *pl.*) a narrow entrance, সঙ্কীর্ণ প্রবেশ-পথ ('into the *jaws* of death'); (sl.) talkativeness or sermonizing, (অশি.) বাচালতা বা বিজ্ঞ বক্তৃতা। (**2**) *v.i.* to talk too much, বেশি কথা বলা। (**3**) *v.t.* (sl.) to lecture (some one) tediously, (কাহাকেও) একঘেয়ে বক্তৃতা শোনান। **hold your jaw**—চোপরাও। *n.* **jaw°-bōne**—চোয়ালের হাড়, হন্বস্থি। *n.* **jaw°-brea°ker**—(অশি.) চোয়াল-ভাঙ্গা বা দাঁত-ভাঙ্গা অর্থাৎ দুরুচ্চার্য শব্দ। *a.* **jaw°fallen**—চোয়াল বসিয়া গিয়াছে এমন ; মন-মরা ; হতাশ। [<*chaw* ?]

jay [jā, জেই] *n.* a kind of bird, সুন্দর পালক-ওয়ালা পক্ষিবিশেষ ; a silly chattering fellow, স্থূলবুদ্ধি বাচাল ব্যক্তি। *n.* **jay°-walker**—যে ব্যক্তি গাড়িঘোড়া এবং পথ-চলার আইনকানুন সম্বন্ধে খেয়াল না রাখিয়া এলোমেলোভাবে রাস্তা দিয়া চলে। [OE.]

jazz [jaz, জ্যাজ্] *n.* a type of dancing or music, এক ধরনের নৃত্য বা বাদন ; (sl.) deceptive talk, (অশি.) প্রতারণাপূর্ণ উক্তি ; nonsense, অর্থহীন উক্তি, বাজে কথা (all that *jazz*)। *a.* **jazzy**—জমকাল, লোক-দেখান। [Negro jargon ?]

jealous [je°-las, জে°ল্যাস্] *a.* watchfully tenacious, (স্বার্থাদি) সংরক্ষণে সতর্কভাবে যত্নশীল ; suspicious or resentful of rivalry, (প্রেমস্নেহাদি-ঘটিত) প্রতিদ্বন্দ্বিতার ব্যাপারে সন্দিগ্ধচেতা বা প্রতিহিংসা-পরায়ণ ; envious of, ঈর্ষাপরায়ণ, (পরি.) ঈর্ষী ; anxiously or mistrustfully watchful, উৎকণ্ঠিতভাবে বা সন্দিগ্ধভাবে সতর্ক ; brooking no treachery, বিশ্বাসঘাতকতা সহ্য করে না এমন। *adv.* **jea°lously** । *a.* **jea°lousy**—(স্বার্থাদি) সংরক্ষণে সতর্ক যত্নশীলতা ; প্রতিদ্বন্দ্বিতার ব্যাপারে সংশয়িতা বা প্রতিহিংসাপরায়ণতা ; ঈর্ষা ; উৎকণ্ঠিত বা সন্দেহপূর্ণ সতর্কতা ; বিশ্বাসঘাতকতা সহ্য না করার স্বভাব। [OF. *jalous*<L. *zelus*<Gk. *zelos*= emulation]

jean [jān, জেইন্] *n.* a cotton fabric, মোটা সুতি কাপড়বিশেষ, জীন্ কাপড়। [OF. *Janne*< L. *Genua*=Genoa]

jeep [jēp, জীপ্] (**1**) *n.* a fast-running vehicle, লঘুভার দ্রুতগামী মোটরগাড়িবিশেষ, জীপ্। (**2**) *v.t.* to convey in a jeep, জীপে চড়াইয়া লইয়া যাওয়া। *p.* & *p. pt.* **jee°ped** । [<G.P.=for 'general purpose']

jeer [jē(r), জিয়্যা(র্)] (**1**) *v.t.i.* to deride, বিদ্রূপ বা ব্যঙ্গ করা। (**2**) *n.* derision, বিদ্রূপ, ব্যঙ্গ। *adv.* **jēer°ingly** । [?]

jehad—alt. spell. of **jihad.**

Jehovah [ji-hō°-va, জিহৌ°ভ্যা] *n.* (B.) God, পরমেশ্বর। [Heb. *yahweh*]

jejune [ji-joon°, জিজুন্°] *a.* empty, শূন্যগর্ভ, ফাঁকা, খালি ; void of interest, নীরস ; barren, ঊষর, বন্ধ্যা : spiritless, নিস্তেজ। *adv.* **jejune°ly** । *n.* **jejune°ness** । [L. *jejunus*=hungry]

Jekyll and Hyde [je°-kil and hīd, জে°কিল অ্যাণ্ড হাইড্] *n.* good and bad side of a human being alternating in a single person, একই লোকের চরিত্রে ভাল এবং মন্দ বিপরীত লক্ষণ-দ্বয়ের পালাক্রমে আবির্ভাব ও তিরোভাব। [from R.L. Stevenson's *The Strange Case of Dr. Jekyll and Mr. Hyde* (1886)]

jelly [je°-li, জে°লি] *n.* anything gelatinous, যে কোন আঠাল পদার্থ ; semi-transparent food made of fruit-juice, ফলের রসের মোরব্বা ; a jelly-fish, জেলি-মাছ। *a.* **jellied**—মোরব্বায় বা সিরায় পরিণত ; জমাট-বাঁধা ; মোরব্বা-মাখান। *n.* **je°lly-fish**—স্বচ্ছদেহ সামুদ্রিক মৎস্যবিশেষ। [F. *gelee*<*geler*<L. *gelare*=to freeze]

jemadar [je°-ma-dŭ(r), জে°ম্যাডা(র্)] *n.* a junior ranking officer in the Indian army and police, ভারতীয় সৈন্যবিভাগের ও পুলিশ-বাহিনীর জমাদার। [Urdu<Pers.]

jemmy [je°-mi, জে°মি] *n.* a burglar's crowbar, চোরের সিঁদকাঠি। [<*James*]

jennet [je°-nit, জে°নিট্] *n.* a small horse, স্পেইন্-দেশীয় ক্ষুদ্র অশ্ববিশেষ। [OF. *genet*<Sp. *jinete*=a light horseman]

Jenny [je°-ni, জে°নি] *n.* a country lass, পল্লী-বালিকা। *n.* **je°nny**—গাড়ির ন্যায় চালনযোগ্য কপিকল ; চরখা (cp. **spinning-jenny**) ; বহন-যোগ্য বিদ্যুৎ-উৎপাদক যন্ত্রবিশেষ ; গর্দভী, মাদী গাধা। [a girl's name]

jeopardy [je°-pa(r)-di, জে°প্যা(র্)ডি] *n.* hazard, বিপদ্, ঝুঁকি। *v.t.* **jeo°pardize**—বিপন্ন করা। [F. *jeu parti*=an even game<LL. *jocus partitus*]

jeremiad—see **Jeremiah.**

Jeremiah [je-ri-mī°-a, জেরিমাই°অ্যা] *n.* a doleful prophet or denouncer of times, দুঃখিতচিত্ত ভাববাদী বা যে ব্যক্তি নিজের যুগের বিরুদ্ধে নালিশ জানায়। *n.* **jerēmi°ad**—শোক, পরিতাপ; করুণ কাহিনী। [B.]

Jericho [je°-ri-kō, জে°রিকৌ] *n.* a town in Palestine, প্যালেস্টাইনের নগরবিশেষ। **go to Jericho**—শয়তান তোকে নিক। [B.]

jerk [ja(r)k, জ্যা(র্)ক্] (**1**) *n.* a sudden short movement, ঝাঁকি, হেঁচকা, ঝিঁকা (the bus stopped with a sudden *jerk*); a twitch, মোচড়। (**2**) *v.t.* to throw or move with a jerk, ঝাঁকি মারিয়া ছোড়া বা নাড়ান। (**3**) *v.i.* to move or utter with a jerk, ঝাঁকি মারিয়া চলা বা কথা বলা। *p.* & *p. pt.* **jer°ked** | *adv.* **jer°kily** | *n.* **jer°kinėss** | *a.* **jer°ky**—ঝাঁকি-পূর্ণ; ঝাঁকি মারিয়া চলে বা বলে এমন। [imi.]

jerkin [ja(r)°-kin, জ্যা(র্)°কিন্] *n.* a short close-fitting coat or waistcoat for man, পুরুষের ছোট আঁটো জামাবিশেষ। [?]

Jerry$_1$ [je°-ri, জে°রি] *n.* a German, (সাম.—অশি.) জার্মান। [<*Jeremiah* ?]

jerry$_2$ [je°-ri, জে°রি] *n.* one who builds flimsy houses cheaply and hastily, যে ব্যক্তি অল্প সময়ের মধ্যে শস্তায় পলকা বাড়ি তৈয়ারি করে (also **je°rry-builder**); (sl.) a chamber-pot, (অশি.) শয়নকক্ষে ব্যবহার্য মূত্রধানী। *n.* **je°rry-building**—উক্ত বাড়ি-নির্মাণ। *a.* **je°rry-built**—উক্তভাবে নির্মিত। *n.* **je°rry-can**—মোটরে দূর-পাল্লার ভ্রমণকালে অতিরিক্ত পেট্রল লইবার জন্য কেনেস্তারা। *n.* **je°rry-shop**—নোংরা ও ছোট বিয়ারের দোকান। [a personal name ?]

jerrymander—alt. spelling of **gerrymander**.

jersey [ja(r)°-zi, জ্যা(র্)°জ়ি] *n.* a woollen upper garment, পশমি গেঞ্জিবিশেষ (বিশেষতঃ দলগত চিহ্নরূপে খেলোয়াড়দের পরিধেয়)। [<island of *Jersey*]

jess [jes, জেস্] *n.* a short strap round the leg of a trained hawk, শিক্ষিত বা পোষা বাজের পায়ে যে ফিতা বাঁধিয়া দেওয়া হয়। [OF. *ges*<L. *jactus*=a cast]

jessamin(e) [je°-sa-min, জে°স্যামিন্] var. of **jasmine.**

jest [jest, জেস্ট্] (**1**) *n.* joke, ঠাট্টা; fun, মজা; an object of laughter or fun, হাসির বা মজার মানুষ প্রাণী বস্তু অথবা বিষয়। (**2**) *v.i.* to make a jest, ঠাট্টা বা মজা করা। *p.* & *p. pt.* **jes°tėd** | **in jest**—ঠাট্টার ছলে; মজা করার উদ্দেশ্যে। *n.* **jes°ter**—যে ব্যক্তি ঠাট্টা বা মজা করে; রাজসভাদির ভাঁড়। *n.* **jes°ting**—ঠাট্টা; মজা; ভাঁড়ামি। [ME. *geste*<OF.<L. *gesta*=a deed]

Jesuit [je°-zū-it, জে°জ়িউইট্] *n.* a member of the Society of Jesus, খ্রিস্টীয় সঙ্ঘবিশেষের সভ্য; a dissembling person, ভণ্ড ব্যক্তি। [Mod. L. *Jesuita*]

jet$_1$ [jet, জেট্] *n.* a hard black lignite, শক্ত ও কাল খনিজ পদার্থবিশেষ: ইহাকে পালিশ করিলে খুব চক্‌চকে হয়। *a.* & *n.* **jet°-black**—উক্ত পদার্থবৎ ঘোর কৃষ্ণবর্ণ। *a.* **je°tty**$_1$—উক্ত পদার্থবৎ ঘোর কৃষ্ণবর্ণ। [OF. *jaiet*<L. & Gk. *gagates*]

jet$_2$ [jet, জেট্] (**1**) *n.* a narrow spouting stream, সঙ্কীর্ণমুখ ঝরনা বা উৎস; an artificial fountain. নকল ফোয়ারা; a spray of fluid, পিচ্‌কারি, পাশ; a kind of aeroplane, জেট-এনজিন দ্বারা চালিত বিমানপোতবিশেষ (also **jet°-plane**)। (**2**) *v.t.i.* to spout, উৎসারিত করা বা হওয়া। *pr. pt.* **je°tting** | *p.* & *p. pt.* **jettėd** | *n.* **jet°-engine**—বিমানপোতের যে ইনজিন সম্মুখ-দিক্ হইতে বায়ু আহরণপূর্বক পশ্চাদ্দিক্ হইতে ধোঁয়া ছাড়ে। *n.* **jet°-fighter**—জেট-এনজিন দ্বারা চালিত জঙ্গি বিমানপোতবিশেষ। *a.* **jet°-propelled**—জেট-এনজিন দ্বারা চালিত। *n.* **jet°propulsion**—জেট-এনজিন দ্বারা চালনা। **jet set**—বিমানে প্রমোদভ্রমণকারী বিত্তবান গোষ্ঠী। [OF. *jetter*<L. *jactare*=to throw]

jetsam [jet°-sam, জেট্°স্যাম্] *n.* goods thrown out of ship to lighten it and washed ashore, জাহাজের ভারহ্রাসার্থ উহা হইতে সমুদ্রে নিক্ষিপ্ত মালপত্রের যে অংশ তীরে ভাসিয়া আসে। **flotsam and jetsam**—মালিকহীন টুকিটাকি জিনিস; (আল.) যাহারা জীবনে সর্বস্ব হারাইয়াছে। [AF. *jetteson*<L. *jactatio*=a casting]

jettison [jɛ°-tisn, জে°টিস্ন্] (**1**) *n.* act of throwing goods overboard, (বিপৎকালে) জাহাজের মাল সমুদ্রে নিক্ষেপ। (**2**) *v.t.* to throw overboard, জাহাজ হইতে জলে ফেলিয়া দেওয়া (to *jettison* a ship); (fig.) to abandon or reject, (আল.) পরিত্যাগ করা বা বর্জন করা। [see *jetsam*]

jetted, jetting—see **jet**$_2$.

jetty$_1$—see **jet**$_1$.

jetty$_2$ [je°-ti, জে°টি] *n.* a projecting pier, জাহাজঘাটা, জেটি। [OF. *jettee*=thrown out]

Jew [jōō, জু] *n.* an Israelite, ইহুদি; (contem.) a usurer or miser, (অবজ্ঞায়) কুসীদজীবী বা কৃপণ। *fem.* **Jew°ėss** | *a.* **Jew°ish**—ইহুদি জাতি বা ধর্ম সংক্রান্ত; ইহুদিতুল্য। *n.* **Jewry** [jooar°-i, জুয়্যার°ই] জুডিয়া-নগর; শহরাদিতে ইহুদি-পাড়া; ইহুদি জাতি বা সম্প্রদায়। [OF. *Jueu*<L. *Judaeus*<Heb. *Yehudah*=Judah]

jewel [jōō°-al, জু°অ্যাল] (**1**) *n.* a precious stone, মণি, রত্ন, জহরত; an ornament of jewels, gold, etc., মণি সোনা প্রভৃতিতে নির্মিত গহনা; a hard stone used for pivot bearings in a watch, ঘড়ির কলকবজা নির্মাণে ব্যবহৃত কঠিন প্রস্তরবিশেষ; anything or anyone highly valued, রত্নবৎ মূল্যবান্ বস্তু বা ব্যক্তি। (**2**) *v.t.*

to adorn with jewels, মণিভূষিত করা। *pr. pt.* **jew°elling** । *p.* & *p. pt.* **jew°elled** । *n.* **jew°el-cāse**—মণি বা গহনা রাখার বাক্স, রত্নাধার। *n.* **jew°eller**—মণিকার, রত্নব্যবসায়ী, জহুরি। **jeweller's rouge**—পালিশের কাজে ব্যবহৃত মিহিপাউডার বিশেষ। *n.* **jew°ellery, jew°elry**—(সমগ্র) রত্নমণি, জহরত। [OF. *jouel*]

Jewess, Jewish, Jewry—see **Jew.**

Jezebel [je°-zabl, জে°জ়্যাব্‌ল্] *n.* a shameless woman, বেহায়া স্ত্রীলোক। [B.]

jib [jib, জিব্] **(1)** *n.* a triangular sail borne in front of the foremast, জাহাজের সম্মুখাংশের মাস্তুলের অগ্রস্থ তেকোনা পাল; appearance or face, চেহারা বা মুখাকৃতি (the cut of one's *jib*)। **(2)** *v.t.i.* to gybe, (খাটান পালের) স্ফীতি বা কুব্জতা উলটাইয়া দেওয়া বা উলটাইয়া যাওয়া। **(3)** *v.i.* to stop and refuse to go on, or to move backwards or sideways, (ঘোড়া-সম্বন্ধে) থামিয়া পড়া ও আর অগ্রসর হইতে অসম্মত হওয়া, পিছনের দিকে বা পাশের দিকে চলা; (fig.) to refuse or object, (আল.) অসম্মত হওয়া বা আপত্তি করা (to *jib* at working overtime)। *pr. pt.* **ji°bbing** । *p.* & *p. pt.* **ji°bbed** । *n.* **ji°bber**—যে ঘোড়া চলিতে চলিতে থামিয়া পড়ে এবং অগ্রসর হইতে অসম্মত হয়, যে ঘোড়া পিছনের দিকে বা পাশের দিকে চলিতে চাহে। [?]

jibbah [ji°-ba, জি°ব্যা] var. of **jubbah.**

jibe—alt. spell. of **gibe.**

jiffy [ji°-fi, জি°ফি], **jiff**—*n.* (coll.) an instant, (কথ্য.) মুহূর্ত, ক্ষণ। **in a jiffy**—মুহূর্তের বা ক্ষণেকের মধ্যে। [?]

jig [jig, জিগ্] **(1)** *n.* a jerky movement, ঝিঁকা বা ঝাঁকি মারিয়া চলন; a lively dance, দ্রুত তালে নৃত্যবিশেষ; a doggerel, ছন্দের সমতাহীন কবিতা; a contrivance to hold a piece of work and guide the tools operating upon it, কোন বস্তুকে আঁটিয়া ধরিয়া উহার উপরে যন্ত্রপাতি চালানর যন্ত্রবিশেষ, পাক-সাঁড়াশি; (sl.) joke, (অশি.) ঠাট্টা, মস্করা। **(2)** *v.t.i.* to jerk, ঝিঁকা বা ঝাঁকি মারা; to dance a jig, জিগ্-নৃত্য নাচা। **(3)** *v.t.* to work upon with a jig, জিগ্-যন্ত্র প্রয়োগ করা। *pr. pt.* **ji°gging** । *p.* & *p. pt.* **ji°gged** । *v.t.* **jigg°le**—মৃদুভাবে আন্দোলিত করা বা ঝাঁকি মারা। **the jig is up** (sl.)—(অশি.) খেল খতম, সাফল্য অসম্ভব, আর কোন আশা নাই। *n.* **jig°saw**—কলের করাতবিশেষ। **jigsaw puzzle**—কলের করাত দিয়া টুকরা টুকরা করা ছবিবিশেষ (ইহা একত্র জোড়া লাগান হয়)। [?]

jigger [ji°-gar, জি°গ্যা(র্)] *n.* a common name for several parasites burrowing under the skin, গাত্রচর্মের নিচে জন্মায় এমন বিভিন্ন পরজীবীয় পোকার সাধারণ নাম, চাম-উকুন; harvest mite, ফসলের ক্ষতিসাধক পোকাবিশেষ। [corrup. of *chigoe*]

jiggered [ji°-ga(r)d, জি°গ্যা(র্)ড্] *a.* condemned, (শপথাদিতে ব্যবহৃত) গোল্লায় গেছে এমন। [?]

jiggery-pokery [ji°-ga-ri-pō°-ka-ri, জি°গ্যারি-পৌ°ক্যারি] *n.* trickery, ছলচাতুরি; hocus-pocus, ভোজবাজি; humbug, ভাঁওতা, ধাপ্পা। [?]

jigging, jiggle, jigsaw—see **jig.**

jihad [jē-had°, জীহাড্°] *n.* holy war, জেহাদ, ধর্মযুদ্ধ। [Ar.]

jill—alt. spell. of **gill.**

jilt [jilt, জিল্ট্] **(1)** *n.* one who encourages a lover and then rejects him, যে স্ত্রী বা পুরুষ (প্রধানতঃ স্ত্রীলোক) প্রণয়প্রার্থীকে প্রথমে উৎসাহ দিয়া পরে প্রত্যাখ্যান করে। **(2)** *v.t.* to reject thus, উক্তভাবে প্রত্যাখ্যান করা। *p.* & *p. pt.* **jil°ted** । [< *gillet* ?]

Jimcrack—alt. spell. of **gimcrack.**

Jim Crow [jim krō, জিম্ ক্রৌ] *n.* (derog.) a Negro, (তুচ্ছার্থে) নিগ্রো। **jim crow**—লৌহদণ্ডাদি বাঁকানর বা সিধা করার যন্ত্রবিশেষ। ['*Wheel about and turn about and jump Jim Crow*', the refrain of a negro minstrel song]

jimjams [jim°-jamz°, জিম্°জ্যাম্জ়্°] *n.* delirium tremens, অতিমাত্রায় মদ্যপানজনিত প্রলাপ ও কম্প; creeps, গাত্রশিহরণ (to have the *jimjams*)। [?]

jingle [jingg°l, জিংগ্°ল্] **(1)** *n.* a succession of clinking sound, রুনুরুনু বা ঝুনুঝুনু শব্দ। **(2)** *v.t.i.* to sound with a jingle, উক্ত শব্দে বাজান অথবা বাজা। [imi.]

Jingo [jing°-gō, জিং°গৌ] *n.* a name used in mild oaths, হালকা শপথে ব্যবহৃত নামবিশেষ (by *Jingo*); (in *pl.*) a bellicose patriot, সংগ্রামপ্রিয় দেশপ্রেমিক। *a.* **Jin°gō, jin°gŏish**—সংগ্রামপ্রিয় দেশপ্রেমবিশিষ্ট। *n.* **Jin°gŏism**—সংগ্রামপ্রিয় দেশপ্রেম। (cp. **Chauvinism**)। *n.* **jin°goist** । *a.* **jin°goistic** । [a conjurer's gibberish]

jinn [jin, জিন্] *n. pl.* a class of spirits in Mohammedan mythology, (মুস.) অপদেবতাবর্গ-বিশেষ, জিন। [Ar.]

jinks [jingks, জিংক্স্] *n.* merry-making, স্ফূর্তি করা; uncontrolled fun, অবাধ মজা বা আমোদ-প্রমোদ। **high jinks**—হইচই-পূর্ণ স্ফূর্তি। [?]

jinricksha [jin-rik°-sha, জিন্‌রিক্°শ্যা], **jinrikisha** [jin-ri°-ki°-sha, জিন্‌রি°কি°শ্যা] *n.* a light vehicle drawn by man, রিকশা-গাড়ি। [Jap. *jin*=man, *riki*=power, *sha*=carriage]

jinx [jingks, জিংক্স্] *n.* a person or thing bringing bad luck, দুর্ভাগ্যদায়ক ব্যক্তি বা বস্তু। [?]

jitney [jit°-ni, জিট্°নি] *n.* (Am.) a five-cent piece, (আমে.) পাঁচ সেন্ট মূল্যের মুদ্রা; a bus etc. carrying passengers at low fares, যে বাস প্রভৃতি কম ভাড়ায় যাত্রী বহন করে। [F. *jeton* =counter ?]

jitter [ji°-ta(r), জি°ট্যা(র্)] (**1**) *v.t.* to be nervous, স্নায়বিক দৌর্বল্যযুক্ত হওয়া, নার্ভাস হওয়া ; to act nervously, নার্ভাস-ভাবে কাজ করা। (**2**) *n.* (in *pl.*) extreme nervousness, নিরতিশয় স্নায়বিক দৌর্বল্য বা নার্ভাস-ভাব। *n.* **ji°tterbug**—নিরতিশয় নার্ভাস ব্যক্তি। *a.* **ji°ttery**—স্নায়বিক দৌর্বল্যগ্রস্ত, নার্ভাস ; ভীতিগ্রস্ত। [?]

jiu-jitsu—alt, spell. of **ju-jitsu.**

jive [jīv, জাইভ্] (**1**) *n.* a style of jazz music, জাজ-বাদ্যের রীতিবিশেষ; dancing to this ; উক্ত বাদ্যের সহিত নৃত্য ; jargon, আবোলতাবোল বা অর্থহীন বকবকানি। (**2**) *v.i.* to play or dance jive, উক্ত রীতি-অনুযায়ী জাজ-বাজনা বাজান বা বাজনার তালে তাল মিলাইয়া নাচা ; to talk jargon, আবোলতাবোল বকা বা অর্থহীনভাবে বক্‌বক্ করা। [?]

Job₁ [jōb, জৌব্] *n.* a man of great patience, পরম ধৈর্যশীল পুরুষ। **Job's comforter**—যে ব্যক্তি কাটা ঘায়ে নুনের ছিটা দেয়। **Job's news**—দুঃসংবাদ। **Job's tears**—রুদ্রাক্ষ। *n.* **jōbā°tion**—বিরক্তিকর তিরস্কার। [B.]

job₂ [job, জব্] (**1**) *n.* a sudden thrust, (পাখির ঠোঁট প্রভৃতি তীক্ষ্ণ কিছুর দ্বারা) আকস্মিক খোঁচা বা ঠোকর। (**2**) *v.t.i.* to peak or thrust suddenly, হঠাৎ ঠোকর বা খোঁচা মারা। *pr. pt.* **jo°bbing**। *p. & p. pt.* **jo°bbed**। [imi.]

job₃ [job, জব্] (**1**) *n.* a piece of work, (প্রধানতঃ ঠিকা বা তুচ্ছ) কাজ ; an undertaking, কাজের ভার ; an appointment or post, চাকরি বা পদ ; (coll.) a transaction .for private gain under pretence of public service, (কথ্য.) সরকারি প্রয়োজনের নামে স্বীয় স্বার্থসাধনার্থ লেনদেন। (**2**) *v.i.t.* to work at jobs, ঠিকা বা তুচ্ছ কাজ করা ; to buy and sell as broker, কেনা-বেচার দালালি করা। *pr. pt.* **jobbing**। *p. & p, pt.* **jo°bbed**। **a job lot**—অনিশ্চিত লাভের আশায় ক্রীত এক লট মাল। **odd jobs**—টুকিটাকি কাজ ; ঠিকা কাজ। **an odd-job man**—যে লোক টুকিটাকি কাজ করিয়া রুজি-রোজগার করে। **jobs for the boys**—রাজনৈতিক দলের বা বন্ধুবান্ধবদের জন্য চাকুরি। **on the job**—কর্মরত, সক্রিয়। **out of a job**—বেকার। **(to) be paid by the job**—প্রত্যেক কাজের জন্য পৃথক্ পৃথক্ ভাবে পারিশ্রমিক পাওয়া। *n.* **jo°bber**—শেয়ার-মার্কেটের দালাল অর্থাৎ যে ব্যক্তি পেশাহিসাবে শেয়ার-মার্কেটের শেয়ার কেনা-বেচা করে। *n.* **jo°bbery**—ঠিকা বা তুচ্ছ কাজ করা ; শেয়ার-মার্কেটের দালালি ; দালালি ; স্বার্থসিদ্ধির জন্য অসাধু উপায় অবলম্বন। [?]

Jock [jok, জক্] *n.* a Scottish soldier, স্কটল্যান্ডীয় সৈনিক। [< *Jack*]

Jockey [jo°-ki, জ°কি] (**1**) *n.* a professional rider in horse-race, ঘোড়দৌড়ের পেশাদার ঘোড়সওয়ার ; a dishonest trader, অসাধু ব্যবসায়ী। (**2**) *v.t.* to jostle by riding against, অশ্বপৃষ্ঠে ধাবিত হইয়া ধাক্কা লাগান ; to cheat, ঠকান। **Jockey Club**—ঘোড়দৌড়ের অশ্বসমূহকে শ্রেণীবিভক্ত করার সমিতিবিশেষ। **(to) jockey for position**—(ঘোড়দৌড়ে) নিজে সুবিধাজনক স্থানলাভার্থ অন্য অশ্বারোহীদের সঙ্গে ধাক্কাধাক্কি করা ; (আল.) কলে-কৌশলে সুবিধা করিয়া লওয়া। [dim. of *Jock*]

jocose [ja-kōs°, জ্যাকৌস্°] *a.* full of jokes, তামাশাপূর্ণ, রসিকতাপূর্ণ ; merry, হাসিখুশি। *adv.* **jocōse°ly**। *n.* **jocōse°ness, jocosity** [jŏ-ko°-si-ti, জোক°সিটি]। [L. *jocosus* < *jocus* = a joke]

jocular [jo°-kū-la(r), জ°কিউল্যা(র্)] *a.* given to jokes, রসিকতাপ্রিয়, রসিক ; of the nature of a joke, রসিকতাপূর্ণ। *n.* **jocūla°rity**। *adv.* **jo°cūlarly**। [L. *jocularis* < *jocus* = a joke]

jocund [jo°-kand, জ°ক্যান্ড্] *a.* mirthful, হাসিখুশি ; cheerful, প্রফুল্ল ; pleasant, মনোরম। *n.* **jocundity** [jŏ-kun°-di-ti, জোকান্°ডিটি], **jo°cundness**। *adv.* **jo°cundly**। [OF. < LL. *jocundus* = pleasant]

jodhpurs [jod°-pu(r)z, জড্°পা(র্)জ্] *n. pl.* close-fitting breeches, অশ্বারোহীর আঁটো পা-জামাবিশেষ। [*Jodhpur* in India]

jog [jog, জগ্] (**1**) *v.t.* to shake, নাড়ান, ঝাঁকান ; to push with the elbow or hand, কনুই বা হাত দিয়া গুঁতা মারা ; to stir up, (স্মৃতি) জাগাইয়া তোলা। (**2**) *v.i.* to move joggingly, কনুই বা হাত দিয়া গুঁতা মারিয়া অথবা ঝাঁকি দিয়া চলা ; to trudge, শ্লথভাবে পা টানিয়া টানিয়া চলা। *pr. pt.* **jo°gging**। *p. & p. pt.* **jo°gged**। (**3**) *n.* a slight shake, মৃদু ঝাঁকানি ; a push, গুঁতা, ধাক্কা। **(to) jog one's memory**—(কাহাকেও) কিছু স্মরণ করিতে চেষ্টা করান, স্মৃতির দুয়ারে নাড়া দেওয়া। *n.* **jog°-trot°**—ঝাঁকি মারিয়া মারিয়া শ্লথভাবে গমন বা গতি ; বৈচিত্র্যহীন দৈনন্দিন কর্মসূচি, বাঁধা রুটিন। [?]

Joggle [jog°l, জগ্°ল্] *v.t.i.* to shake slightly, মৃদুভাবে ঝাঁকান ; to jostle, কনুই দিয়া গুঁতান, ধাক্কা দেওয়া। [< *jog* ?]

John Bull [jon bool, জন্ বুল্] *n.* the English, ইংরেজজাতি ; a typical Englishman, পাকা ইংরেজ (he is a *John Bull*, I see)। **John Bullism**—পাকা ইংরেজপনা। [*John, bull*].

Johnny, Johnnie [jo°-ni, জ°নি] *n.* a nickname for a simpleton or a fellow generally, স্থূলবুদ্ধি বা সাধারণ লোকের আখ্যাবিশেষ। [*John*]

Johnsonian [jon-sō°-ni-an, জন্সৌ°নিয়্যান্] *a.* of or like Dr. Samuel Johnson, প্রসিদ্ধ ইংরেজ আভিধানিক ডক্টর স্যামুএল্ জন্সন্ সংক্রান্ত বা তাঁহার ন্যায়।

join [joyn, জয়ন্] (**1**) *v.t.i.* to connect, সংযুক্ত করা বা হওয়া ; to unite, মিলিত বা একত্র করান অথবা হওয়া। (**2**) *v.t.* to add, যোগ দেওয়া ; to associate, দলে যোগ দেওয়া, মেলামেশা করা, সঙ্গী

হওয়া ; to become a member of, সদস্য হওয়া। **(to) join battle**—সংগ্রাম বা প্রতিযোগিতা আরম্ভ করা। **(to) join hands**—পরস্পরের হাত জড়াইয়া ধরা ; (আল.) কর্মসাধনার্থ মিলিত হওয়া। **(to) join up**—(গণ-আন্দোলনাদিতে) যোগদানার্থ তালিকাভুক্ত করা। *n.* **join°der**—সংযোগ, যোগ। *n.* **joi°ner**—join-এর সকল অর্থে এবং—কাঠের মিস্ত্রি (ইহারা সাধারণতঃ ছুতারের অপেক্ষা ছোটখাট কাজ করে)। *n.* **joi°nery**—কাঠের মিস্ত্রির কাজ। **joint**—(**1**) *n.* সংযোগ ; সংযোগস্থল, সন্ধি ; গ্রন্থি ; গাঁট ; ভক্ষ্য মাংসাদির টুকরা ; সংযোগ-প্রণালী। (**2**) *a.* সংযুক্ত, মিলিত (*joint* efforts) ; একত্র ; যৌথ, এজমালি (*joint* ownership) ; অংশীদাররূপে ভোগকারী (*joint*-heir) ; সহযোগী (a *joint* magistrate)। (**3**) *v.t.i.* সংযোগস্থলে মেশান বা মেশা, খাঁজে খাঁজে মেশান বা মেশা ; মিলিত করান বা হওয়া। **out of joint**—জোড় খুলিয়া গিয়াছে এমন, গ্রন্থিচ্যুত, সন্ধিচ্যুত ; (আল.) বিশৃঙ্খল ; স্থানচ্যুত। *a.* **join°tėd** গ্রন্থিযুক্ত, গ্রন্থিল, সন্ধিল। *a.* **joint°lėss**—গ্রন্থিহীন। *adv.* **joint°ly**। *n.* **joint°-stock**—যৌথসঙ্ঘ। *n.* **jointure** [joyn°-cha(r), জয়্ন্°চ্যা(র্)] পতির মৃত্যুর পর ভোগ করার জন্য পাত্রীকে যে সম্পত্তি যৌতুক দেওয়া হয় (তু. দেনমোহর)। *n.* **join°turėss, joint°rėss**—উক্ত যৌতুক ভোগকারিণী। [OF. *joindre* < L. *jungere*]

joist [joyst, জয়্স্ট্] *n.* a beam supporting floor boards or ceiling laths, কড়ি, জয়েস্ট্। [OF. *giste*]

joke [jōk, জৌক্] (**1**) *n.* a jest, ঠাট্টা, তামাশা ; a witticism, রসিকতা ; a fun, মজা ; a laughing-stock, সর্বসাধারণের উপহাসের পাত্র (the *joke* of a village)। (**2**) *v.t.* to make jokes (at), ঠাট্টা বা রসিকতা করা। *p.* & *p. pt.* **jō°ked**। **in joke**—ঠাট্টার ছলে ; মজা করার জন্য। **no joke**—হাসি-ঠাট্টার ব্যাপার নহে অর্থাৎ গুরুতর ব্যাপার। **a blue joke**—অশোভন ঠাট্টা। **a practical joke**—কার্যদ্বারা কৃত (অর্থাৎ কথায় নহে) পরিহাস। *n.* **jō°ker**—যে ঠাট্টা বা রসিকতা করে ; ভাঁড়, সঙ্ ; তাসের জোকার। *adv.* **jō°kingly**। [L. *jocus*]

jolly [jo°-li, জ°লি] (**1**) *a.* merry, হাসিখুশি, প্রফুল্ল ; comely, সুন্দর ; robust, বলিষ্ঠ। (**2**) *adv.* very, really, অত্যন্ত, প্রকৃতই (*jolly* good)। *v.t.i.* **jo°llify**—প্রফুল্ল করা বা আনন্দ করা। *n.* **jollifica°tion**। *adv.* **jo°llily**। *n.* **jo°llinėss, jo°llity**। [OF. *joli*]

jollyboat [jo°-li-bōt, জ°লিবৌট্] *n.* a ship's boat, জাহাজে যে নৌকা থাকে, জালি-নৌকা। [?]

jolt [jōlt, জৌল্ট্] *v.i.t.* to shake or move with sudden jerks, আকস্মিক ঝাঁকি মারিয়া নড়া বা চলা অথবা নাড়ান বা চালান। *p.* & *p. pt.* **jōl°tėd**। (**2**) *n.* a sudden jerk, আকস্মিক ঝাঁকি বা ঝিঁকা। *adv.* **jōl°tingly**। *a.* **jōl°ty**—আকস্মিক ঝাঁকি মারিয়া নড়ে চলে নাড়ায় বা চালায় এমন ; আকস্মিক ঝাঁকি-যুক্ত। *adv.* **jōl°tily**। *n.* **jōl°tinėss**। [?]

Jonah [jō°-na, জৌ°ন্যা] *n.* a bringer of ill-luck, (জাহাজে বা অন্যত্র) দুর্ভাগ্য-আনয়নকারী। [a prophet's name]

jongleur [jong°-gla(r), জং°গ্ল্যা(র্)] *n.* a wandering minstrel, ভ্রমন্ত কবি ও গায়ক। [F.]

jonquil [jong°-kwil, জং°কুইল্] *n.* a kind of narcissus, পুষ্পবিশেষ বা উহার গাছ। [dim. of L. *juncus*=rush]

josh [josh, জশ্] (**1**) *v.t.* (sl.) to ridicule, (অশি.) তামাশা করা ; to hoax, (রহস্যচ্ছলে) ফাঁকি দেওয়া। *p.* & *p. pt.* **jo°shed**। (**2**) *n.* banter, তামাশা, ইয়ারকি ; a hoax, রহস্যচ্ছলে প্রদত্ত ফাঁকি। [?]

joss [jos, জস্] *n.* stone idol, (প্রধানতঃ চীনের) প্রস্তরে গঠিত দেবমূর্তি, পাষাণ-প্রতিমা। *n.* **joss°-house**—মন্দির। *n.* **joss°-stick**—ধূপকাঠি। [Port. *deos*=god < L. *deus*]

jostle [jos°l, জস্°ল্] (**1**) *v.t.i.* to push, ধাক্কা দেওয়া ; to elbow, কনুই দিয়া গুঁতা মারা। (**2**) *n.* an act of jostling, ধাক্কা, কনুইর গুঁতা। *n.* **jost°ling**। [< *joust*]

jot [jot, জট্] (**1**) *n.* an iota, a whit, অত্যল্প পরিমাণ, একফোঁটা। (**2**) *v.t.* to write down briefly, সংক্ষেপে লিখিয়া লওয়া। *pr. pt.* **jo°tting**। *p.* & *p. pt.* **jo°ttėd**। **not a jot of**—মোটেই না। *n.* **jo°tter**—সংক্ষেপে লিখিয়া লইবার জন্য খাতা বা প্যাড। *n.* **jo°tting**—সংক্ষেপে লিখন ; (usu. in *pl.*) সংক্ষিপ্ত লিপি বা যাহা সংক্ষেপে লিখিয়া রাখা হইয়াছে। [L. *iota* < Gk.]

jounce [jowns, জাউন্স্] *v.i.t.* to bounce, to bump, to jolt, আঘাত লাগিয়া ঠিকরাইয়া ফিরিয়া আসা, সহসা লাফাইয়া উঠা, আকস্মিক ঝাঁকি মারিয়া নড়া বা নড়ান। [?]

journal [ja(r)°nl, জ্যা(র্)°ন্ল্] *n.* a daily register, দিনপত্রিকা ; a register of daily transactions, দৈনন্দিন জমাখরচের খাতা ; a daily newspaper, দৈনিক সংবাদপত্র ; a magazine, সাময়িক পত্রিকা। *n.* **journalese** [ja(r)-na-lēz°, জ্যা(র্)ন্যালীজ্°] নিকৃষ্ট সাংবাদিকতার দুর্বোধ্য বা অর্থহীন ভাষা। *n.* **journalism** [ja(r)°-nal-izm, জ্যা(র্)°ন্যালিজ্ম্] সাংবাদিকতা। *n.* **jour°nalist**—সাংবাদিক। *a.* **journalis°tic**—সাংবাদিক বা সাংবাদিকতা সংক্রান্ত। **journalize** [ja(r)°-na-līz, জ্যা(র্)°ন্যালাইজ্] (**1**) *v.i.* সাংবাদিকতা করা। (**2**) *v.t.* দিনপত্রিকায় বা দৈনন্দিন জমাখরচের খাতায় লেখা। [F. < L. *diurnalis*]

journey [ja(r)°-ni, জ্যা(র্)°নি] (**1**) *n.* travel, ভ্রমণ। (**2**) *v.i.* to travel, ভ্রমণ করা। *n.* **jour°neyman**—দিনমজুর ; ঠিকা মজুর ; যে শিক্ষানবিসের শিক্ষা শেষ হইয়াছে। [F. *journee* < *jour*=a day]

joust [jowst, জাউস্ট্] (**1**) *n.* encounter of two knights on horseback, প্রতিযোগিতাদিতে দুই অশ্বারোহী 'নাইট্' বা বীরব্রতীর দ্বন্দ্ব। (**2**) *v.i.* to engage in a joust, উক্ত দ্বন্দ্বে অবতীর্ণ হওয়া।

p. & *p. pt.* **jous°tėd** । [OF. *j(o)uste*<L. *juxta*=nigh to]

Jove [Jōv, জৌভ্] *n.* Jupiter, দেবরাজ, (তু.) ইন্দ্র। **by Jove**—দেবরাজের দিব্যি। *a.* **Jō°vian**। [L. *Jovem*]

jovial [jō°-vi-al, জৌ°ভিয়্যাল্] *a.* joyous, আনন্দপূর্ণ, প্রফুল্ল ; merry, হাসিখুশি, আমুদে। *n.* **jōvia°lity, jō°vialnėss**। *adv.* **jō°vially**। [L. *jovialis*]

jowar [jow-ar°, জাউআ্যা(র্)°], **jowari** [jow-a°-rē, জাউআ্যা°রী] *n.* Indian millet, জওয়ার। [Hind.]

jowl [jowl, জাউল্] *n.* the jaw, চোয়াল, হনু; the cheek, গাল, গণ্ড, কপোল; the jawbone, হন্বস্থি, চোয়ালের হাড়। [?]

joy [joy, জয়্] (**1**) *n.* intense gladness, পরমানন্দ ; mirth, উল্লাস ; a cause or object of joy, আনন্দের হেতু বা উপলক্ষ ; a beloved person, প্রিয় পাত্র বা পাত্রী। (**2**) *v.i.t.* to rejoice, আনন্দ করা বা দেওয়া। *n. pl.* **joy°-bells**—আনন্দোৎসবের লগ্নকালে ধ্বনিত ঘণ্টাধ্বনি। *a.* **joy°ful**—আনন্দপূর্ণ, সানন্দ ; আনন্দদায়ক। *adv.* **joy°fully**। *n.* **joy°fulnėss**। *a.* **joy°lėss**—নিরানন্দ। *adv.* **joy°lėssly**। *n.* **joy°lessnėss**। *a.* **joy°ous**—আনন্দপূর্ণ ; আনন্দদায়ক। *adv.* **joy°ously**। *n.* **joy°ousnėss**। *n.* **joy°-rīde, joy°-rīding**—(অশি.—প্রধানতঃ চুরি-করা মোটরগাড়িতে) প্রমোদ-ভ্রমণ বা বেপরোয়া ধাবন। *n.* **joy°-stick**—বিমানপোতের নিয়ন্ত্রক lever বা চালন-যন্ত্র। [F. *joie*<L. *gaudium*]

jubbah [joo°-ba, জু°ব্যা] *n.* a long loose outer garment worn by the Mohammedans, মুসলমানদের আলখিল্লাবিশেষ, জোব্বা। [Ar.]

jubilant [joo°-bi-lant, জ্°বিল্যান্ট্] *a.* shouting for joy, আনন্দে চিৎকাররত ; singing in triumph, বিজয়ানন্দে গীতরত ; rejoicing, উল্লসিত, আনন্দোৎসব-রত। *adv.* **ju°bilantly**। *v.i.* **ju°bilāte**—বিজয়ানন্দে মত্ত হওয়া ; আনন্দোৎসব করা। *p.* & *p. pt.* **ju°bilātėd**। *n.* **jubilā°tion**। [L. *jubilare*=to shout for joy]

jubilee [joo°-bi-lē, জ্°বিলী] *n.* the Jewish celebration of a fiftieth anniversary, পঞ্চাশ বৎসর কাল পূর্ণ হওয়ার উপলক্ষে ইহুদিগণ কর্তৃক পালনীয় উৎসববিশেষ (এই সময়ে ক্রীতদাসদিগকে মুক্তিদান, দেনা মাফ, প্রভৃতি পুণ্যকর্ম করা হয়) ; Roman Catholic Church celebration of a twenty-fifth anniversary, পঁচিশ বৎসরকাল পূর্ণ হওয়া উপলক্ষে রোমান ক্যাথলিকদের উৎসববিশেষ ; any season of joy and festivity, (কোন কাল পূর্ণ হওয়ার উপলক্ষে) জয়ন্তী। **diamond jubilee**—ষাট বৎসরকাল পূর্ণ হওয়ার উপলক্ষে আনন্দানুষ্ঠান, হীরক-জয়ন্তী। **golden jubilee**—পঞ্চাশ বৎসরকাল পূর্ণ হওয়ার উপলক্ষে আনন্দোৎসব, স্বর্ণ-জয়ন্তী। **silver jubilee**—পঁচিশ বৎসরকাল পূর্ণ হওয়ার উপলক্ষে আনন্দোৎসব, রজত-জয়ন্তী। [F. *jubile*<L. *jubilaeus*]

Judaic [joo-dā°-ik, জুডেই°ইক্] *a.* Jewish, ইহুদিসংক্রান্ত, ইহুদীয়। *adv.* **Judā°ically**। *n.* **Judaism** [joo°-dā-izm, জ্°ডেইইজ্‌ম্] ইহুদি ধর্ম ও আচার-অনুষ্ঠানাদি। *n.* **Ju°dāist**—ইহুদি ধর্ম ও আচার অনুষ্ঠানের সমর্থক। [L. *Judaicus*<*Juda*, a son of Israel]

judas [joo°-das, জ্°ড্যাস্] *n.* a traitor, বিশ্বাসঘাতক ব্যক্তি। **Judas kiss**—বিশ্বাসঘাতকতা। [B. *Judas Iscariot*]

judder [jŭ°-da(r), জা°ড্যা(র্)] (**1**) *n.* (of singer's voice) vibratory effect produced by alternations of greater or less intensity, (গায়কের কণ্ঠ সম্বন্ধে) তীব্রতার তারতম্য-জনিত স্বর-স্পন্দন ; of mechanism) noisy shaking, (যন্ত্রাদি সম্পর্কে) সশব্দ কম্পন। (**2**) *v.i.* to shake or vibrate noisily, সশব্দে কম্পিত হওয়া, (স্বরাদি) স্পন্দিত হওয়া। [imi. *jar* & *shudder* (?)]

judge [juj, জাজ্] (**1**) *v.i.t.* to try and decide, বিচারপূর্বক মীমাংসা করা ; to pass sentence, রায় দেওয়া ; to consider or count, বিবেচনা করা, গণ্য করা। (**2**) *v.t.* to pronounce, সাব্যস্ত করা বা নির্ধারণ করা ; to punish, দণ্ড দেওয়া ; to form an opinion on, (কিছুর সম্বন্ধে) ধারণা করা। (**3**) *n.* one who judges, বিচারক ; ন্যায়াধীশ ; an arbitrator, সালিস। *n.* **judge°-ad°vocāte**—সামরিক আদালতের সরকারপক্ষীয় উকিল। *n.* **judg(e)ment**—বিচার ; মীমাংসা ; সিদ্ধান্ত ; রায় ; সংনির্ণয় ; বিবেচনা ; নির্ধারণ ; ধারণা ; অভিমত (in my *judg(e)ment*) ; দণ্ড, শাস্তি। *n.* **judg(e)°ment-day, Day of judg(e)ment**—বাইবেল-অনুসারে ঈশ্বর কর্তৃক মানবজাতির শেষবিচারের দিন, রোজ কেয়ামত। *n.* **judg(e)°ment-debtor**—আদালতে সংনির্ণীত ঋণী। *n.* **judge°ship**। [AF. *juger*<L. *judicare*]

judicature [joo°-di-ka-cha(r), জ্°ডিক্যাচ্যা(র্)] *n.* power of acting as a judge, বিচারাধিকার ; jurisdiction, এলাকা ; judgeship, বিচারপতির পদ, জজিয়তি ; the body of judges, বিচারকবর্গ ; a court, আদালত, ধর্মাধিকরণ। [L. *judicare*=to judge]

judicial [joo-di°sh(a)l, জুডি°শ্‌ল্] *a.* of a judge or court of justice, বিচারকসংক্রান্ত বা বিচারালয়সংক্রান্ত ; statutory, বিধানতান্ত্রিক, বৈধ ; of the nature of judgment, বিচারগত ; critical, সমালোচনামূলক। **judicial separation**—আদালত কর্তৃক স্বামী-স্ত্রীর পৃথক্ থাকার নির্দেশ। **judicial trustee**—কাহারও সম্পত্তি তত্ত্বাবধানের জন্য আদালত কর্তৃক নিযুক্ত অছি। *adv.* **judi°cially**। [L. *judicialis*]

judiciary [joo-di°-shi-a-ri, জুডি°শিঅ্যারি] (**1**) *a.* of the judgment, judges, or courts of law, বিচার বা বিচারক বা বিচারালয় সংক্রান্ত। (**2**) *n.*

a body of judges, বিচারকবর্গ। [L. *judiciarius*]

judicious [joo-di°-shas, জুডি°শ্যাস্] *a.* according to sound judgment, সুবিচারপূর্ণ; possessing sound judgment, উত্তম বিচারবুদ্ধি-সম্পন্ন, বিচক্ষণ। *adv.* **judi°ciously** । *n.* **judi°ciousness** । [F. *judicieux* < L. *judicium*]

judo [jōō°-dō, জূ°ডৌ] *n.* a variety of Japanese wrestling, জাপানি কুশতির প্রণালী-বিশেষ (অনেক বেশি দেহভার-ও-শক্তিসম্পন্ন প্রতি-যোগীর বিরুদ্ধে আত্মরক্ষার জন্য এই প্রণালী অতীব কার্যকর)। [Jap.]

Judy [jōō°-di, জূ°ডি] *n.* (sl.) a girl, a woman, (অশি.) তরুণী, স্ত্রীলোক; a ridiculous person (especially a woman), উপহাসাস্পদ ব্যক্তি (বিশে. নারী)। **(to) make a judy of oneself**—(কথ্য.) নির্বোধের ন্যায় আচরণ করা। [pet-form of *Judith*]

jug₁ [jug, জাগ্] *n.* a note of the nightingale, নাইটিংগলের বা পাপিয়ার ধ্বনি। [imi.]

jug₂ [jug, জাগ্] (**1**) *n.* a vessel with a handle and a spout, যে গাড়ুর হাতল ও নল থাকে। (**2**) *v.t.* to stew in a jug, গাড়ুর মধ্যে ভরিয়া (খরগোশাদিকে) সিদ্ধ করা; (coll.) to imprison, (কথ্য.) কারারুদ্ধ করা। *pr. pt.* **ju°gging** । *p.* & *p. pt.* **ju°gged** । [?]

jugal [jōō°g(al), জূ°গ্‌ল্] *a.* of a yoke, (প্রধানতঃ বিবাহের) যোয়াল-সম্বন্ধীয়। [L. *jugalis*]

Juggernaut [ju°-ga(r)-nawt, জা°গ্যা(র্)ন্যট্] *n.* a Hindu god, জগন্নাথদেব; a cause or belief to which a great number of persons are sacrificed or to which they sacrifice themselves, যে কর্মসাধনের উদ্দেশ্যে বা যে বিশ্বাসের বশে বহুসংখ্যক ব্যক্তির জীবননাশ করা হয় বা বহুসংখ্যক ব্যক্তি জীবনদান করে। **the car of Juggernaut**—বহুজনের অবাধ জীবননাশের নিমিত্ত। [Oriya *Jagarnath* < Sans. *Jagannath*]

juggins [ju°-ginz, জা°গিন্‌জ্] *n.* (sl.) a simpleton, স্থূলবুদ্ধি বা বোকা লোক। [?]

juggle [jug°l, জাগ্°ল্] (**1**) *v.i.t.* to play conjuring tricks (with), ভোজবাজি বা ম্যাজিক দেখান অথবা ভোজবাজির দ্বারা ঠকান। (**2**) *n.* a conjuring trick, ভোজবাজির কৌশল। *n.* **jugg°ler**—ভোজবাজিকর। *n.* **jugg°lery**—ভোজবাজি। [OF. *jogler* < L. *joculari* = to jest]

Jugoslav—alt. spell. of **Yugoslav.**

jugular [ju°-gū-la(r), জা°গিউল্যা(র্)] (**1**) *a.* of the neck or throat, ঘাড়ের বা গলার। (**2**) *n.* a jugular vein, ঘাড়ের বা গলার ধমনী। *v.t.* **ju°gūlāte**—কণ্ঠচ্ছেদ করা, গলা কাটিয়া ফেলা। *p.* & *p. pt.* **ju°gūlāted** । [L. *jugulum* = the collar-bone]

juice [jōōs, জূস্] *n.* the sap of vegetables and plants, তরিতরকারি ফলমূল প্রভৃতি উদ্ভিদের দেহজাত রস; the fluid part of the animal body, জীবদেহস্থ তরল পদার্থ (যেমন রক্ত); interesting quality, আকর্ষক গুণ; broth, সুরুয়া, ঝোল; piquancy, স্বাদ। *a.* **juice°less** । *adv.* **jui°cily** । *n.* **jui°ciness** । *a.* **jui°cy**—রসাল, রসপূর্ণ (*juicy* fruits)। [F. *jus* < L. = broth]

j(i)u-jitsu [jōō-jit°-sōō, জূজিট্°সূ] *n.* the Japanese system of wrestling and athletic exercise, কুশতি ও মল্লক্রীড়ার জাপানি প্রণালী-বিশেষ। [Jap. *ju-jutsu*]

ju-ju [jōō°-jōō, জূ°জূ] *n.* a fetish, (আফ্রিকার) জুজু-দেবতা। [F. *joujou* = a toy]

jujube [jōō°-joob, জূ°জুব্] *n.* a fruit or its spiny shrub, বদরী ফল বা উহার কাঁটাওয়ালা গুল্ম; a jujube-like lozenge, উক্ত ফলের অনুকরণে তৈয়ারি লেবেনচুষ। [F.]

julep [jōō°-lep, জূ°লেপ্] *n.* a sweet medicated drink, সুমিষ্ট ভেষজ পানীয়বিশেষ। [F. < Sp. *julepe* < Ar. *julab*]

Julian [jōō°-li-an, জূ°লিয়্যান্] *a.* of Julius Caesar, জুলিআস্ সীজ্যার্ সংক্রান্ত।

July [joo-lī°, জুলাই°] *n.* the seventh month of the English Year, ইংরেজি বৎসরের সপ্তম মাস (আষাঢ়ের মাঝামাঝি হইতে শ্রাবণের মাঝামাঝি পর্যন্ত)। [the month in which *Julius Caesar* was born]

jumble [jumb°l, জাম্‌ব্°ল্] (**1**) *v.t.i.* to mix or move together confusedly, তালগোল পাকাইয়া একত্র মেশান বা মেশা অথবা একত্র চালান বা চলা। (**2**) *n.* a confused mixture, তালগোল-পাকান অবস্থা; confusion, বিশৃঙ্খলা। [?]

jumbo [jum°-bō°, জাম্°বৌ°] *n.* an elephant, হাতি, হস্তী; anything very big, (স্বশ্রেণীর মধ্যে) অতি প্রকাণ্ডকায় কিছু। **jumbo jets**—অতিকায় বিমানবিশেষ। [name of a huge elephant]

jump [jump, জাম্প্] (**1**) *v.i.* to spring or leap, লাফান, ঝাঁপ দেওয়া; to bounce, ঠিকরাইয়া বা ছিটকাইয়া ওঠা; to go jumpingly, লাফাইয়া লাফাইয়া চলা; to rise suddenly, সহসা উঁচু বা স্ফীত হওয়া; to throb violently, প্রবলভাবে স্পন্দিত হওয়া; to agree, একমত হওয়া। (**2**) *v.t.* to cause to spring or leap, লাফ বা ঝাঁপ দেওয়ান; to cause to bounce, ঠিকরাইয়া বা ছিটকাইয়া তোলা; to leap,. or skip over, লাফাইয়া বা ডিঙ্গাইয়া পার হওয়া। *p.* & *p. pt.* **jum°ped** । (**3**) *n.* a leap, লম্ফ, লাফ, ঝম্প, ঝাঁপ; a skipping, ডিঙ্গিলাফ; a sudden rise, আকস্মিক উন্নতি বা স্ফীতি; a sudden movement, আকস্মিক গতি; a start, চমকাইয়া ওঠা; (in *pl.*) nervous excitement with bodily movements, শারীরিক অস্থিরতাসহ স্নায়বিক উত্তেজনা। **(to) jump a claim**—পরের হকের জমি বা খনি খননের অধিকার জবরদখল করা। **(to) jump at**—সাগ্রহে গ্রহণ করা। **(to) jump the gun**—(ক্রীড়া-প্রতিযোগিতাদিতে) বন্দুকের আও-

য়াজের পূর্বেই ছুট দেওয়া বা যথাসময়ের আগেই রওনা হওয়া। **(to) jump a train**—অবৈধভাবে মালবাহী রেলগাড়িতে ভ্রমণ করা। **(to) jump on** or **upon**—(কাহারও বা কিছুর) উপরে ঝাঁপাইয়া পড়া; তীব্র তিরস্কার করা। **(to) jump one's bail**—জামিনের সর্ত ভঙ্গ করিয়া (আদালতাদিতে) অনুপস্থিত হওয়া, আত্মগোপন করা বা ফেরার হওয়া। **(to) jump the queue**—নিজের পালা আসিবার পূর্বেই কিউ বা লাইন ভাঙ্গিয়া দ্রব্যাদি বা সুযোগাদি গ্রহণ করা। **(to) jump the rails** or **track**—(ট্রেন ট্রাম প্রভৃতি সম্পর্কে) লাইন-চ্যুত হওয়া। **(to) jump to it**—তৎপরতার সহিত কাজ করা। **(to) jump to conclusion**—তাড়াহুড়া করিয়া সিদ্ধান্তে উপনীত হওয়া। *n.* **jum°per**। *adv.* **jum°pily**। *n.* **jum°piness**। *a.* **jum°py**—লাফানে; ছটফটে; উত্তেজিত ও স্নায়বিক দৌর্বল্যগ্রস্ত। [imi?]

jumper$_1$ [jum°pa(r), জাম্°প্যা(র্)] *n.* a knitted blouse, (প্রধানতঃ উলে বোনা) জামাবিশেষ। [F. *juppe*=a petticoat?]

jumper$_2$, **jumping, jumpy**—see **jump.**

junction [jung(k)°sh(a)n, জাং°শ্‌ন্] *n.* a joining, সংযোগ, সন্ধি; a place or point of union, সংযোগ-স্থল, সঙ্গম, রেল স্টিমার প্রভৃতির যে স্টেশনে বিভিন্ন দিকের লাইনসমূহ মিলিত হইয়াছে, জংশন্। [L. *junctio*—cp. *join*]

juncture [jung(k)°-cha(r), জাং°চ্যা(র্)] *n.* a joining, সংযোগ; a critical or important point of time, সঙ্কটমুহূর্ত, সন্ধিক্ষণ (at this *juncture*)। [L. *junctura*—cp. *join*]

June [joon, জুন্] *n.* the sixth month of the English Year, ইংরেজি বৎসরের ষষ্ঠ মাস (জ্যৈষ্ঠের মাঝামাঝি হইতে আষাঢ়ের মাঝামাঝি পর্যন্ত)। [L. *Junius*]

jungle [jungg°l, জাংগ্‌ল্] *n.* a dense tropical forest, গভীর বন, অরণ্য, জঙ্গল। **law of the jungle**—পরস্পর হানাহানি, বিশৃঙ্খল বা অরাজক অবস্থা, মাৎস্যন্যায়। *n.* **jung°le-fēver**—প্রবল ম্যালেরিয়া-জ্বর। *n.* **jung°le-fowl**—বনকুক্কুট। **jung°li**—(1) *a.* বনবাসী বা বুনো। (2) *n.* বনবাসী বা বুনো লোক। *a.* **jung°ly**—জঙ্গলময়; জঙ্গলা; জঙ্গলবাসিসুলভ, জঙ্গলি। [Sans. *jangala*]

junior [joo°-ne(r), জু°নিয়া(র্)] (1) *a.* younger, less advanced or of lower standing, (অপেক্ষাকৃত) বয়ঃকনিষ্ঠ, অনগ্রসর, নিম্নপদস্থ, অবর। (2) *n.* junior person, ঐরূপ ব্যক্তি। *n.* **juniority** [joo-ni-aw°-ri-ti, জুনিঅ°রিটি]। [L. (*a.*)]

juniper [joo°-ni-pa(r), জু°নিপ্যা(র্)] *n.* an evergreen shrub, চিরহরিৎ গুল্মবিশেষ (ইহার ফল হইতে মদ্য ও একপ্রকার তেল তৈয়ারি হয়)। [L. *juniperus*]

junk$_1$ [jungk, জাংক্] *n.* a Chinese vessel, চীনা তরণীবিশেষ। [Port. *junco*]

junk$_1$ [junk, জাংক] *n.* a piece of old cordage, পুরান দড়ির টুকরা; rubbish, আবর্জনা; salt meat, লবণে জারিত শুঁটকি মাংস; a thick piece, মোটা খণ্ড; (sl.) narcotic drug (especially heroin), (বিশে. মরফিন হইতে প্রস্তুত) চেতনানাশক মাদকবিশেষ। *n.* **jun°kie, jun°ky**—মাদকাসক্ত ব্যক্তি, নেশাখোর। [?]

junket [jung°-kit, জাং°কিট্] (1) *n.* any sweetmeat or delicacy, মিঠাই বা সুস্বাদু খাবার; curds mixed with cream, sweetened and flavoured, ননীমিশ্রিত দধির পায়সবিশেষ; a feast or merry-making, ভোজ বা আনন্দোৎসব; a picnic, বনভোজন, চড়ুইভাতি। (2) *v.i.t.* to feast, আনন্দ-ভোজ খাওয়া বা দেওয়া। (3) *v.i.* to take part in a junket, বনভোজন বা চড়ুইভাতি করা। *p.* & *p. pt.* **jun°kėtėd**। *n.* **jun°kėting**—আনন্দোৎসব করা; আমোদ-প্রমোদ করা; বনভোজন বা চড়ুইভাতি। [AF. *jonquette*=rush-basket <L. *juncus*=a rush]

Juno [joo°-no, জু°নৌ] *n.* Jupiter's wife, রোমানদের দেবরাজ জুপিটারের পত্নী; a graceful or queenly woman, মহিমময়ী বা রানীতুল্যা রমণী। *a.* **Junoesque°**—(নারী সম্বন্ধে) জুনোর ন্যায় মহিমময়ী সৌন্দর্যসম্পন্না। [L.]

junta [jun°-ta, জান্°ট্যা] *n.* a meeting, council, সভা; a Spanish grand council of state, স্পেনের রাষ্ট্র-পরিষৎ; a clique or faction forming government after a coup d'état, বলপূর্বক শাসনযন্ত্র-দখলকারী চক্রিদল। [Sp.]

junto [jun°-to, জান্°টৌ] *n.* a clique or faction, গুপ্ত চক্রিদল; a confederacy, মৈত্রীবদ্ধ রাষ্ট্রপুঞ্জ। [Sp. *junta*]

Jupiter [joo°-pi-ta(r), জু°পিট্যা(র্)] *n.* the Roman king of gods, রোমানদের দেবরাজ; a planet, বৃহস্পতিগ্রহ। [L.]

juridical [jooar-i°-dik(a)l, জুয়্যার্ই°ডিক্‌ল্] *a.* of judicial proceedings, মকদ্দমার শুনানি বা বিচার সম্বন্ধীয়; of a judge, বিচারক-সংক্রান্ত; legal, আইনগত। *adv.* **juri°dically**। [L. *juridicus*]

jurisconsult [jooar°-is-kan-sult, জুয়্যার্°ইস্‌ক্যান্‌সাল্ট্] *n.* one learned in law, আইনজ্ঞ ব্যক্তি। [L. *juris consultus*]

jurisdiction [jooar-is-dik°sh(a)n, জুয়্যারইস্‌ডিক্°শ্‌ন্] *n.* administration of justice, বিচারব্যবস্থা; legal authority, আইনগত অধিকার; extent of authority, অধিকারের ব্যাপ্তি বা সীমা; district over which any authority extends, অধিকারের এলাকা, এক্তিয়ার, (পরি.) অধিকারক্ষেত্র। **original jurisdiction**—(আদালতের) আদিম অধিকার। *a.* **jurisdic°tional**—বিচারব্যবস্থা বা আইনগত অধিকার বা অধিকারক্ষেত্র প্রভৃতি সংক্রান্ত। [L. *jurisdictio*]

jurisprudence [jooar°-is-proo-dans, জুয়্যার্°ইস্‌প্রুড্যান্স্] *n.* the science of law, ব্যবহারশাস্ত্র। [L. *jurisprudentia*]

jurist [jooar°-ist, জুয়্যার্°ইস্ট্] *n.* one versed in law, ব্যবহারশাস্ত্রজ্ঞ ; a student of law, আইনের ছাত্র; a graduate in law, আইন-পরীক্ষায় উত্তীর্ণ ব্যক্তি। [F. *juriste*]

juror—see **jury.**

jury [jooar°-i, জুয়্যার্°ই] *n.* a body of persons sworn to declare the truth in a court of justice, জুরিবর্গ, (পরি.) নির্ণায়ক-সভা। **coroner's jury**—যে জুরি করোনারকে অস্বাভাবিক মৃত্যুর (অর্থাৎ খুন, আত্মহত্যা, দুর্ঘটনাজনিত মৃত্যু, প্রভৃতির) কারণ নির্ধারণ করিতে সাহায্য করে। **grand jury**—১২ হইতে ২৩ জনে গঠিত যে জুরি বিচার করিয়া দেখে যে (সচ. ফৌজদারি) মামলা চালাইবার পক্ষে যথেষ্ট সাক্ষ্য-প্রমাণ আছে কিনা। *n.* **jur°or, jur°yman**—জুরি, নির্ণায়ক-সভ্য। *fem.* **jury°woman** । *n.* **jur°y-box**—আদালতে জুরিদের বসার স্থান। [AF. *juree* <L. *jurare*=to swear]

jury-mast [jooar°-i-mŭst, জুয়্যার্°ইমাস্ট্] *n.* a temporary mast, বিনষ্ট মাস্তুলের পরিবর্তে নির্মিত অস্থায়ী মাস্তুল। [?]

just [just, জাস্ট্] **(1)** *a.* righteous, ধার্মিক ; up-right, স্যায়পরায়ণ, (পরি.) ন্যায়ী ; impartial, পক্ষপাতশূন্য, সমদর্শী ; according to justice, সুবিচারপূর্ণ, ন্যায্য ; well-grounded, সুযুক্তিপূর্ণ ; exact, যথাযথ। **(2)** *adv.* exactly, precisely, যথাযথভাবে, ঠিকভাবে ; so much and no more, এইটুকুই এবং ইহার একটুও অধিক নহে ; only, মাত্র, কেবল। **just now**—ঠিক এই সময়ে। *adv.* **just°ly** । *n.* **just°ness** । [F. *juste* or L. *justus* < *jus*=law]

justice [jus°-tis, জাস্°টিস্] *n.* justness, ন্যায়পরতা ; impartiality, অপক্ষপাতিত্ব ; rightness, ন্যায্যতা ; the awarding of what is due, ন্যায়বিচার ; a judge, বিচারক। **Justice of the Peace**—শান্তিরক্ষার্থ নিযুক্ত স্থানীয় নিম্নপদস্থ শাসকবিশেষ। **in justice to**—ন্যায্য বিচার করিবার জন্য বা করিতে হইলে। **(to) do justice to**—(কাহারও প্রতি) ন্যায্য বা যথোচিত আচরণ করা ; ন্যায্য বা যথোচিত মূল্য দেওয়া (the Government did not *do justice to* his selfless service)। **(to) do oneself justice**—স্বীয় কর্মশক্তির পক্ষে উপযুক্তভাবে কাজ করা। *a.* **justiciable** [jus-ti°-shi-able, জাস্টি°শিঅ্যাব্‌ল্] আদালতের বিচারের সম্মুখীন হওয়ার যোগ্য। *n.* **justiciar** [jus-ti°-shi-u(r), জাস্টি°শিআ(র্)] বিচারপতি ; প্রধান বিচারপতি। *n.* **justi°ciary**—বিচারক বা প্রধান বিচারপতি অথবা তাঁহার এলাকা। [F.<L. *justitia*]

justify [jus°ti-fī, জাস্টি°ফাই] *v.t.* to vindicate, ন্যায্যতা বা সততা প্রতিপাদন করা ; to support, সমর্থন করা; (print.) to adjust by spacing, (মুদ্রণ.) যথাযথ ফাঁক দিয়া সাজান। *a.* **jus°tifiable**—justify-এর প্রথম দুইটি অর্থে। *adv.* **justi°fiably** । *n.* **justi°ficā°tion** । *a.* **justificātory**—ন্যায্যতা বা সততা প্রতিপাদনে সক্ষম। *n.* **jus°tifier** । [F. *justifier*<L. *justificare*]

jut [jut, জাট্] **(1)** *n.* a projection, অভিক্ষেপ। **(2)** *v.i.* to project, অভিক্ষিপ্ত হওয়া। *pr. pt.* **ju°tting** । *p.* & *p. pt.* **ju°ttėd** । *a.* **ju°tting**—অভিক্ষিপ্ত, অভিক্ষেপযুক্ত। [see *jet*$_2$]

jute [jōōt, জুট্] *n.* a plant or its fibre, পাট। [Beng. *jhhuto*]

jutted, jutting—see **jut.**

juvenal [jōō°-vinl, জু°ভিন্‌ল্] *n.* a youth, যুবক। [L. *juvenalis*=of youth]

Juvenalian [jōō-vi-na°-li-an, জুভিনেই°লিঅ্যান্] *a.* of Juvenal, প্রাচীন রোমের ব্যঙ্গ-কবি জুভিন্‌ল্-সংক্রান্ত।

juvenescent [jōō-vi-ne°snt, জুভিনে°স্‌ন্ট্] *a.* becoming youthful, কৈশোর লাভ করিতেছে এমন, উদ্ভিন্নকৈশোর। *n.* **juvėne°scence**—কৈশোর লাভ করিতেছে এমন অবস্থা। [L. *juvenescere*= to grow young]

juvenile [jōō°-vi-nīl, জু°ভিনাইল্] **(1)** *a.* young, তরুণ, অল্পবয়স্ক ; of or suited to the young people, তরুণদের সংক্রান্ত বা তাহাদের উপযোগী। **(2)** *n.* a young person, তরুণ বা তরুণী, কিশোর বা কিশোরী ; a book for the young, কিশোরদের পাঠোপযোগী পুস্তক। *n. pl.* **juvenilia**—শিল্পীর তরুণ বয়সের রচনা বা শিল্পকর্ম। *n.* **juvėni°lity**—তারুণ্য ; কৈশোর। [L. *juvenilis*]

juxtaposition [juks-ta-pa-zi°sh(a)n, জাক্‌স্‌ট্যাপ্যাজ়ি°শ্‌ন্] *n.* a placing or being placed together, পাশাপাশি স্থাপন বা অবস্থান, (পরি.) সন্নিধি। *v.t.* **jux°tapōse**—পাশাপাশি স্থাপন করা। [L. *juxta*=near, *position*]

K

K, k [kā, কেই] *n.* the eleventh letter of the English alphabet, ইরেজি বর্ণমালার একাদশ বর্ণ।

kaaba [kŭ-ba, কা°ব্যা] *n.* the holy building at Mecca, মক্কার পবিত্র উপাসনাগৃহ। [Arab. k'bah]

kabala—alt. spell. of **cabbala.**

kabob—alt. spell. of **cabob.**

kabuki [kŭ-bōō°-kē, কাবু°কী] *n.* traditional popular Japanese drama with music and acted by males only, জাপানের প্রথাগত জনপ্রিয় নাটকবিশেষ : ইহা নৃত্যগীত সহকারে কেবল পুরুষ অভিনেতাদ্বারা অভিনীত হয়। [Jap. *ka*=song, *bu* =dance, ki=art]

kachahri, kacheri [ku°-cha-ri, কা°চ্যারি] *n.* a landowner's office, জমিদারের কাছারি ; a magistrate's office or courthouse, ম্যাজিস্ট্রেটের কাছারি বা আদালত। [Hind. *kachhari*]

Kaf(f)ir [ka°-fa(r), ক্যা°ফ্যা(র্)] *n.* a South African Bantu, দক্ষিণ আফ্রিকার বান্টু-জাতীয়

লোক ; a native of Kafiristan, কাফিরিস্তানের অধিবাসী, কাফ্রি ; (in *pl.*—sl.) South African mining shares, (অশি.) দক্ষিণ আফ্রিকার খনির শেয়ার। [Ar.=an unbeliever]

kafila [ku°-fi-la, কা°ফিল্যা] *n.* a camel train, চলন্ত উষ্ট্রদল ; a caravan, (সচ. উষ্ট্রারোহী) যাত্রিদল, কাফেলা। [Ar.]

kaiser [kī°-za(r), কাই°জ্যা(র্)] *n.* an emperor (প্রধানতঃ জর্মানীর) সম্রাট। [G.<L. *Cæsar*]

kakistocracy [ka-kis-to°-kra-si, ক্যাকিস্‌ট°-ক্র্যাসি] *n.* government by the worst, নিকৃষ্ট ব্যক্তিগণ কর্তৃক পরিচালিত সরকার। [Gk. *kakistos* <*kakos*=bad, *kratos*=power]

kalamdan [ka°-lam-dan, ক্যা°ল্যামড্যান্] *n.* a Persian writing-case, কলমদান। [Pers.]

kala-azar [kŭ-lŭ-ŭ-zŭr°, কালাআজ্বার°] *n.* a virulent tropical fever, কালাজ্বর। [Assam.=black fever]

kaleidoscope [ka-lī°-das-kōp, ক্যালাই°ড্যাস্-কৌপ্] *n.* an optical toy, খেলনা দূরবিনবিশেষ : ইহার মধ্যে চাহিলে ক্রমাগত পরিবর্তনশীল সুন্দর বর্ণ ও মূর্তি দেখা যায়, (পরি.) বিচিত্রদৃক্। [Gk. *kalos*=beautiful, *eidos*=form, *skopeein*=to look]

kalends—alt. spell. of **calends.**

Kali [ku°-lē, কা°লী] *n.* the Hindu Goddess of destruction, কালিকাদেবী, কালী। [Sans. *kūlē*]

kalif—alt. spell. of **calif.**

Kaliyuga [ka-li-yōō°-ga, ক্যালিয়ু°গ্যা] *n.* the fourth, i.e., the present age of the world, কলিযুগ। [Sans.]

Kalki [kal°-ki, ক্যাল্°কি] *n.* the tenth incarnation of Vishnu, কল্কি-অবতার। [Sans.]

Kalmuck [kal°-muk, ক্যাল্°মাক্] *n.* one of a Mangolian race, চীন ও রুশিয়ার মঙ্গোলজাতি-বিশেষের লোক ; their language, তাহাদের ভাষা। [Turk. and Russ.]

kalpa [kal°-pa, ক্যাল্°প্যা] *n.* a day of Brahma (=8640 million years), ব্রহ্মার এক অহোরাত্র (=৮৬৪ কোটি বৎসর), কল্প। [Sans.]

Kama [ku°-ma, কা°ম্যা] *n.* the Hindu god of love, কামদেব, মদন (also **Ka°madeva**)। [Sans.]

kamala [ka°-ma-la, ক্যা°ম্যাল্যা], **kamela, kamila** [kā-mē°-la, ক্যামী°ল্যা] *n.* an East Indian tree, কমলাগুঁড়ি-গাছ ; an orange dye-stuff got from the fruit-hairs of this tree, কমলাবর্ণ রঞ্জক। [Sans. *kamala*]

Kanarese [ka-na-rēz°, ক্যান্যারীজ্°] (1) *a.* of Kanada in India, কানড়দেশীয়, কানড়ার লোক বা ভাষা সম্বন্ধীয়। (2) *n.* a native or the language of Kanada, কানড়ার লোক বা ভাষা।

kangaroo [kang-ga-rōō°, ক্যাংগ্যারূ°] *n.* an Australian animal, ক্যাঙ্গারু। **kangaroo court**—শ্রমিক ধর্মঘটী কয়েদী প্রভৃতিদের দ্বারা অবৈধভাবে স্থাপিত আদালত। [Austr. ?]

Kantian [kan°-ti-an, ক্যান্°টিঅ্যান্] *a.* of Immanuel Kant, জর্মান দার্শনিক ইম্যানিউঅ্যাল্ ক্যান্ট্-সংক্রান্ত।

kaolin [kā°-ō-lin, কেই°ওলিন্] *n.* Chinese clay, চীনামাটি। [*Kao-ling*, a mountain in China]

kapok [kā°-pok, কেই°পক্] *n.* a soft fibre used for filling cushions, life-belts, etc., গদি লাইফবেলট প্রভৃতির মধ্যে যে নরম উদ্ভিজ্জ আঁশ ভরা হয়। [Mal.]

kaput [ka-pōōt°, ক্যাপুট্°] *pred. a.* (sl.) done for, (অশি.) বিনষ্ট, সাবাড় বা খতম করা হইয়াছে এমন ; ruined, ধ্বংসপ্রাপ্ত ; smashed, বিচূর্ণিত। [G.]

karakul [kŭ°-ra-kōōl, কা°র‍্যাকুল্] *n.* an Asiatic breed of sheep, এশিয়ার এক শ্রেণীর ভেড়া। [Russ.<*Karakul* near Bokhara]

Karat—alt. spell. of **Carat.**

karma [ku(r)°-ma, কা(র্)°ম্যা] *n.* the sum of a person's actions in one of his successive states of existence, determining his fate in the next, কর্মফল ; destiny, নিয়তি, বরাত। [Sans.=action, fate]

katabolism [ka-ta°-ba-lizm, ক্যাট্যা°ব্যালিজ্‌ম্] *n.* (bio.) destructive metabolism, (জীব.) অপচিতি। [Gk. *katabole*]

katharsis, kathode, keddah—alt. spell.'s of **catharsis, cathode** and **kheda** respectively.

katydid [kā°-ti-did, কেই°টিডিড্] *n.* a large green grasshopper of America, আমেরিকার বৃহদাকার সবুজ ফড়িংবিশেষ। [imi. of sound it makes]

kayak [kī°-ak, কাই°অ্যাক্] *n.* a sealskin-covered canoe used by Eskimos, এস্কিমোদের সীলমাছের চর্মাবৃত নৌকাবিশেষ। [Eskimo]

keck [kek, কেক্] *v.i.* to retch, ওয়াক্ তোলা : to make sound as if about to vomit, বমনোদ্রেকে বিকৃত আওয়াজ করা ; to feel loathing, ঘৃণা বোধ করা। **(to) keck at**—ঘৃণাভরে (খাদ্যাদি) পরিহার করা। [imi.]

kedgeree [ke-ja-rē°, কেজ্যারী°] *n.* a hotch-potch cooked with rice, dal, etc., খিচুড়ি। [Hind. *khichri*]

keel$_1$ [kēl, কীল্] (1) *n.* the bottom part of a ship supporting the whole frame, জাহাজের তলি। (2) *v.t.i.* to turn keel upwards, (জাহাজ) উলটাইয়া ফেলা বা (জাহাজের) উলটাইয়া যাওয়া (the ship *keeled* over)। **on an even keel**—(জাহাজ-সম্বন্ধে) এপাশে বা ওপাশে হেলে না এমন বা বা এমন-ভাবে ; (মানুষ-সম্বন্ধে) অটল বা অটলভাবে, অবিচলিত বা অবিচলিতভাবে। *n.* **kee°lage**—জাহাজ কর্তৃক বন্দরে দেয় মাসুল। *v.t.* **keel°haul**—(কাহাকেও) জাহাজের তলা দিয়া সবলে টানিয়া সাজা দেওয়া ; (আল.) কঠোরভাবে তিরস্কার করা। [ON. *kjolr*]

keel$_2$ [kēl, কীল্] *n.* a flat-bottomed boat, চেপটা-তলিযুক্ত নৌকা ; a ship, জাহাজ। [Du. *kiel*=ship]

keen [kēn, কীন্] *a.* eager, ব্যগ্র, সাগ্রহ (a *keen* footballer) ; sharp, তীক্ষ্ণ, ধারাল (a sword with a *keen* edge) ; acute, সূক্ষ্ম ; intense, প্রগাঢ় (*keen* interest) । **keen on**—(কোন বিষয় বা ব্যক্তি সম্বন্ধে) কুতূহলী বা অনুরাগী বা ব্যগ্র । **keen prices**—অতি কম দাম । *adv.* **keen°ly** । *n.* **keen°nėss** । *a.* **keen-si°ghtėd**—তীক্ষ্ণদৃষ্টিসম্পন্ন । [OE. *cene*—cp. G. *kuhn*=bold]

keep [kēp, কীপ্] (**1**) *v.t.* to tend, (পশু.) পালন করা, চরান ; to have the care of, তত্ত্বাবধান করা ; to guard, পাহারা দেওয়া, রক্ষা করা (to *keep* the gate) ; to maintain, প্রতিপালন করা (to *keep* a dog) ; to manage or run, পরিচালনা করা (to *keep* a shop) ; to retain, (নিজের জন্য বা সংরক্ষিত করিয়া) রাখিয়া দেওয়া (to *keep* the counterpart of a ticket) ; to have in one's custody, নিজের কাছে জমা রাখা ; to have habitually in stock for sale, বিক্রয়ার্থ সচরাচর মজুত রাখা ; to have in one's service, স্বীয় কার্যে নিযুক্ত রাখা (to *keep* a servant) ; to adhere to, লাগিয়া থাকা ; to prevent, বাধা দেওয়া ; to reserve, সংরক্ষিত করিয়া রাখা (to *keep* for future) ; to observe, (ধর্মানুষ্ঠানাদি) পালন করা ; to fulfil, (প্রতিশ্রুতি প্রভৃতি) পূর্ণ করা । (**2**) *v.i.* to remain, থাকা ; to continue to, লিপ্ত থাকা ; to last, to remain fresh, টাটকা থাকা ; to lodge, বাস করা ; to refrain, বিরত হওয়া । *p.* ও *p. pt.* **kept** [kept, কেপ্ট্] । (**3**) *n.* a charge, তত্ত্বাবধানে রক্ষিত ব্যক্তি বা বস্তু ; subsistence, ভরণপোষণের জন্য প্রয়োজনীয় সামগ্রী (do you earn your *keep*) ; food, খাদ্য ; a stronghold, দুর্গ ; a dungeon, অন্ধ কারাগার । **for keeps**—(অশি.) চিরতরে, পাকাপাকিভাবে, একেবারে (this is yours *for keeps*) । **(to) keep at it**—কিছুর পিছনে অধ্যবসায়সহকারে বা নাছোড়বান্দার মত লাগিয়া থাকা । **(to) keep at one**—same as **keep on at** । **(to) keep away**—দূরে সরিয়া থাকা বা সরাইয়া রাখা । **(to) keep back**—না দেওয়া ; দাবাইয়া রাখা ; চাপিয়া বা লুকাইয়া রাখা ; ঠেকাইয়া বা আটকাইয়া রাখা ; অগ্রসর হইতে না দেওয়া । **(to) keep down**—সংযত বা দমিত রাখা (to *keep down* anger, subject, races, etc.) ; নিচু বা হীন হইয়া থাকা ; মাথা নিচু করিয়া থাকা ; সীমাবদ্ধ বা সীমিত করা (to *keep down* the expenses) ; (মুদ্রণ.) capital অক্ষর বর্জন করিয়া কম্পোজ করা । **(to) keep from**—বিরত থাকা ; এড়াইয়া চলা ; দূরে থাকা । **(to) keep in**—পলাইতে বা এড়াইতে না দেওয়া ; ধরিয়া আটকাইয়া বা লুকাইয়া রাখা ; দমাইয়া বা চাপিয়া রাখা (to *keep in* one's indignation) ; সংযত করা ; বাহিরে না আসা, ভিতরে থাকা ; লুকাইয়া থাকা ; (বাতি আগুন প্রভৃতি সম্বন্ধে) জ্বলিতে থাকা, নিভিয়া না যাওয়া । **(to) keep in with**—বিশ্বস্ততা বা বন্ধুত্ব বজায় রাখিয়া চলা, মানাইয়া লইয়া চলা । **(to) keep off**—কাছে না আসা, সরিয়া থাকা, এড়াইয়া চলা ; কাছে আসিতে বা আক্রমণ করিতে না দেওয়া, ঠেকাইয়া রাখা । **(to) keep on**—(কার্যাদি) চালাইয়া যাওয়া, করিতে থাকা ; কর্মাদিতে বহাল রাখা (to *keep* an old servant *on*) । **(to) keep on at**—বারংবার অনুরোধ নালিশ প্রভৃতির দ্বারা উত্ত্যক্ত করা ; হয়রান করা । **(to) keep one at it**—কার্যাদিতে নিরত রাখা । **(to) keep out**—বাহিরে থাকা, প্রবেশ না করা ; তফাতে থাকা (to *keep out* of harm's way) ; যোগ না দিয়া সরিয়া থাকা (to *keep out* of the quarrel) ; প্রবেশ করিতে না দেওয়া ; তফাতে রাখা । **(to) keep to**—দৃঢ়ভাবে আঁটিয়া থাকা ; নিজেকে আবদ্ধ রাখা । **(to) keep under**—সংযত রাখা ; দমাইয়া রাখা । **(to) keep up**—(স্বীয় শক্তি বা তেজ) বজায় রাখা (to *keep up* one's courage, spirits, etc.) ; ধরিয়া বা ঠেকাইয়া রাখা, পড়িতে না দেওয়া ; চালু রাখা ; চালাইয়া যাওয়া ; সমান তেজে চালাইয়া যাওয়া (to *keep up* the attack) ; ভাল অবস্থা বজায় রাখা ; পালন করা, বজায় রাখা (to *keep up* national customs) । **(to) keep up with**—(অন্যের সঙ্গে) সমান বেগে অগ্রসর হওয়া ; সমতালে চলা । **(to) keep up with the Joneses**—সামাজিক মর্যাদা বা ঠাট বজায় রাখিয়া চলা । *n.* **kee°per**—keep (*v.*)-এর সকল অর্থে, এবং—পরিচারক ; ন্যাসরক্ষক ; শিকারের মৃগপালক ; রাজপুরুষবিশেষের পদসূচক উপাধি (Lord *Keeper* of the Great seal) ; ক্রিকেটখেলায় উইকিট্-রক্ষক । *n.* **kee°ping**—keep (*v.*)-এর সকল অর্থে, এবং—ন্যাস, গচ্ছিতের দায়িত্ব ; (the valuables are in safe *keeping*) ; যথাযথ অনুপাত ; (কথায় ও কাজে বা দুইয়ের মধ্যে) মিল, সাদৃশ্য, সঙ্গতি । **in keeping with**—কিছুর সহিত সঙ্গতিরক্ষাপূর্বক (his words are *in keeping with* his deeds) । **out of keeping with**—কিছুর সহিত সঙ্গতিশূন্যভাবে । *n.* **keep°sāke**—দাতার স্মৃতিরূপে সংরক্ষণার্থ প্রদত্ত বস্তু । [OE. *cepan*]

kef [kef, কেফ্] *n.* drowsy state produced by bhang, etc., ভাং প্রভৃতি মাদক দ্রব্য সেবনের ফলে বিবশ ভাব । [Arab. *Kayf*=enjoyment]

keg [keg, কেগ্] *n.* a small cask, ছোট পিপা । [ME. *cag*<OF. *kaggi*]

kelp [kelp, কেল্প্] *n.* a see-weed, সামুদ্রিক গুল্মবিশেষ : ইহার ভস্ম হইতে আইওডীন পাওয়া যায় । [ME. *culp*<?]

Kelt—alt. spell. of **Celt.**

kemp [kemp, কেম্প্] *n.* the coarse hairs of wool, অমসৃণ পশুলোম । *a.* **kemp°y** । [ON. *kampr*]

ken [ken, কেন্] (**1**) *v.t.* জানা । *pr. pt.* **ke°nning** । *p.* ও *p. pt.* **ke°nned** । (**2**) *n.* range of knowledge, জ্ঞানের সীমা । **beyond** or **outside one's ken**—(কথ্য.) জ্ঞানসীমার বাহিরে । [OE. *cennan*—cp. ON. *kenna*, E. *con*]

kennel₁ [ke°nl, কে°ন্ল্] *n.* a street gutter,

রাস্তার পয়োনালী, খানা। [ONF. < L. *canalis*—cp. *canal*]

kennel₂ [ke°nl, কে°ন্‌ল্] (**1**) *n.* a house for dogs, কুকুর রাখার ঘর বা বাসা ; a foxhole, খেঁক-শিয়ালের গর্ত ; miserable or vicious haunt, অতি দুর্দশাগ্রস্ত বা দুর্নীতিপূর্ণ বাসা। (**2**) *v.t.i.* to keep or live in kennel, কুকুরের বাসায় খেঁক-শিয়ালের গর্তে বা অতি দুর্দশাগ্রস্ত কিংবা দুর্নীতিপূর্ণ বাসায় রাখা অথবা থাকা। *pr. pt.* **ke°nnelling**। *p. & p. pt.* **ke°nnelled**। [NF. < F. *chenil* < L. *canile* < *canis* = a dog]

Kentish [ken°-tish, কেন্‌°টিশ্] (**1**) *a.* of Kent, ইংল্যান্ডের কেন্‌ট্‌-প্রদেশীয়। (**2**) *n.* the dialect of Kent, কেন্‌টে প্রচলিত ইংরেজিভাষা।

kept—see **keep.**

keratin [ke°-ra-tin, কে°র‍্যাটিন্] *n.* a nitrogenous substance forming the basis of horns, claws, nails, etc., যবক্ষারজানীয় পদার্থ-বিশেষ : ইহা শৃঙ্গ নখর নখ প্রভৃতির মূল উপাদান। [Gk. *keras, -atos* = horn]

keratitis [ke-ra-tī°-tis, কেরাটাই°টিস্] *n.* (path.) inflammation of cornea, (চিকি.) চক্ষুরোগ বিশেষ, অচ্ছোদপটলের স্ফীতি বা প্রদাহ। [see *keratin*]

kerb [ka(r)b, ক্যা(র্)ব্] *n.* the stone edging to pavement, শান-বাঁধান পথের কিনারার পাথর (also **kerb°stōne**) I **kerb market**—ফুটপাতের উপরে বা রাস্তায় (নির্দিষ্ট স্থানে) শেয়ার বাজার (তু. ফটকা বাজার)। [< *curb*]

kerchief [ka(r)°-chif, ক্যা(র্)°চিফ্] *n.* a square piece of cloth used to cover the head, neck, etc., মাথা ঘাড় প্রভৃতির জন্য চতুষ্কোণ বস্ত্রাবরণবিশেষ ; a handkerchief, রুমাল। [OF. *cuevrechief*]

kerf [ka(r)f, ক্যা(র্)ফ্] *n.* a slit or notch made by cutting (esp. with a saw), (বিশে. করাত দিয়া) কাটা খাঁজ ; the cut end of a felled tree, কর্তিত বৃক্ষের কর্তিত পিঠ বা ধার। [OE. *cyrf* = a cut]

kern(e) [ka(r)n, ক্যা(র্)ন্] *n.* an Irish foot-soldier, আয়ারল্যাণ্ডের পদাতিক সৈন্য ; a boor, চাষা, বর্বর ব্যক্তি। [ME. < Ir. *ceithern*]

kernel [ka(r)°nl, ক্যা(র্)°ন্‌ল্] *n.* a seed within a hard shell, (সচ. ভক্ষণীয়) শস্য, শাঁস ; a nucleus, কেন্দ্রস্থল, মর্মস্থল। [OE. *cyrnel* = dim. of *corn*]

kerosene [ke°-rŏ-sēn, কে°রোসীন্] *n.* a lamp-oil, কেরোসিন-তৈল। [Gk. *keros* = wax]

kestrel [kes°tr(a)l, কেস্‌°ট্রল্] *n.* a kind of small hawk, ক্ষুদ্রজাতীয় বাজবিশেষ, চিল (?)। [OF. *quercerelle*]

ketch [kech, কেচ্] *n.* a small two-masted vessel, দুই মাস্তুলওয়ালা ক্ষুদ্র জাহাজবিশেষ। [ME. *catch*]

ketchup [ke°-chap, কে°চ্যাপ্] *n.* a sauce made from mushrooms, ভুঁইফোড়ের আচার বা চাটনি। [Mal. *kechap*]

kettle [ket°l, কেট্‌°ল্] *n.* a vessel for heating or boiling liquids, কেটলি। *n.* **kett°le-drum**—বাদ্যযন্ত্রবিশেষ, নাকাড়া ; (কথ্য.) চায়ের পার্টি বা আনন্দ-আসর। [OE. *cetel*—cp. Goth. *katils*]

kewpie [kū°-pi, কিউ°পি] *n.* a small plump doll with a top-knot of hair, ঝুঁটি-বাঁধা মোটা-সোটা ছোট পুতুলবিশেষ (also **kewpie doll**)। [see *cupid*]

key [kē, কী] (**1**) *n.* an instrument for locking and unlocking, winding, tuning, etc., তালা ঘড়ি বাদ্যযন্ত্র প্রভৃতির চাবি বা ঘাট; (mus.) a set of notes related to one another in a scale, (সঙ্গীতে) স্বরগ্রাম ; that which gives command of anything or upon which success turns, যাহার সাহায্যে কোন বিষয় আয়ত্তে আনা যায় বা কোন বিষয়ে সফল হওয়া যায় ; a help or help-book, সহায় বা সহায়ক গ্রন্থ (a *key* to Higher Secondary English) ; a solution, সমাধান ; a set of answers to problems, প্রশ্নোত্তরমালা, প্রশ্নোত্তরে লিখিত গ্রন্থ ; a crib translation, ছাত্রেরা যে অনুবাদ-পুস্তক মুখস্থ করে ; a leading principle, প্রধান নীতি। (**2**) *v.t.* to lock or fasten with a key, চাবি দিয়া আটকান, চাবি দেওয়া ; to furnish with a key, চাবি লাগান বা পরান ; to tune (বাদ্যযন্ত্রাদিতে) সুর বাঁধা ; to stimulate, বলবৃদ্ধি করা, জোরাল করা (to *key up* a person to a condition or to do a thing) ; to raise, উঁচু করা ; to increase, বৃদ্ধি সাধন করা, বাড়ান। **(to) get** or **have the key of the street**—রাস্তায় রাত কাটাইতে বাধ্য করা ; গৃহহীন করা। **keyed up**—ধ্বনি উচ্চে তোলা হইয়াছে এমন ; উৎকণ্ঠিত ও উত্তেজিত। *n.* **key°board**—বাদ্যযন্ত্র টাইপরাইটার টেলিফোন-যন্ত্র প্রভৃতির যে ফলকের উপরে চাবিগুলি বা ঘাটগুলি থাকে। *n.* **key°hōle**—দরজাদির চাবি ঢোকানর গর্ত। **key industry**—জাতির অর্থনীতিক মঙ্গলের পক্ষে অপরিহার্য শিল্প। *a.* **key°léss**—চাবি নাই এমন ; (ঘড়ি প্রভৃতি সম্বন্ধে) চাবি বা দম দিতে হয় না এমন। *n.* **key°man**—অপরিহার্য কর্মী। **key money**—বাড়ি ফ্ল্যাট প্রভৃতি ভাড়া করিয়া দিবার পূর্বে দালালরা যে অতিরিক্ত অর্থ আদায় করে। *n.* **key°nōte**—মূল বা প্রধান সুর ; মর্ম। *n.* **key°-ring**—চাবির রিং। *n.* **key°-stōne**—(স্থাপ.) খিলানের ঠিক মধ্যস্থলে স্থাপিত প্রস্তর-খণ্ড ; (আল.) যে মূল নীতির উপর সব-কিছু নির্ভর করে। [OE. *caeg*]

Keynesian [kān°-zi-an, কেইন্‌°জ়িঅ্যান্] (**1**) *a.* relating to the economic theories of John Maynard Keynes (1883-1946) regarding public control of the economy through money and taxes, রাষ্ট্রকর্তৃক টাকা-পয়সা এবং কর-ব্যবস্থার মাধ্যমে অর্থনৈতিক কাঠামো নিয়ন্ত্রণ

সম্পর্কিত কেইন্‌সের মতবাদ বিষয়ক। (**2**) *n.* adherent of those economic theories, উক্ত মতবাদের সমর্থক বা পক্ষপাতী। [Proper name]

khadi [ka°-di, ক্যা°ডি], **khaddar** [ka°-da(r), ক্যা°ড্যা(র্)] *n.* a coarse fabric woven with hand-spun yarn, খদ্দর। [Hind.]

khaki [kŭ°-ki, কা°কি] (**1**) *a.* dull-yellow, খাকি রঙের। (**2**) *n.* a light drab cloth, খাকি কাপড়; military uniform made of this, খাকি কাপড়ে তৈয়ারি সামরিক পোশাক (a man in *khaki*)। [Hind.]

khalif—alt. spell. of **calif.**

khan [kŭn, কান্] *n.* a prince or chief or governor, (উত্তর-এশিয়ায়) নৃপতি বা সরদার, (পারস্যে) শাসক বা রাজপ্রতিনিধি, খান। [Turk.]

kheda [ke°-da, কে°ড্যা] *n.* an enclosure for catching wild elephants, হাতি ধরার খেদা। [Hind.]

khedive [ki-dēv°, কিডীভ্°] *n.* the title of the viceroy of Egypt, মিশরের রাজপ্রতিনিধির খেতাব। [F.<Turk. *khidiv*]

khidmutgar [kid°-mut-gŭ(r), কিড্°মাট্‌গা(র্)], **khitmatgar** [kit°-mut-gŭ(r), কিট্°ম্যাট্‌গা(র্)] *n.* a table-servant, খিদমদগার। [Hind.<Pers.]

khilafat [ki-la°-fat, কিল্যা°ফ্যাট্] *n.* caliphate, খলিফার শাসন; an anti-British agitation in India, খিলাফৎ-আন্দোলন। [Ar.]

khotbah, khotbeh—var.'s of **khutbah.**

khud [kud, কাড্] *n.* a pit or ravine, খাদ। [Hind.]

khuskhus—alt. spell. of **cuscus.**

khutba(h) [koot°-ba, কুট্°ব্যা] *n.* a prayer and sermon delivered in the mosques on Fridays, খুতবা, খোতবা। [Ar.]

kibe [kīb, কাইব্] *n.* a chilblain, (প্রধানতঃ গোড়ালির) হাজা বা ঠাণ্ডাজনিত ফোস্কা। [Welsh *cibi*<?]

kibble$_1$ [ki°bl, কি°ব্‌ল্] *n.* bucket of a draw-well, গভীর পাতকুয়ার বালতি; iron-hoisting bucket used in mines, খনিতে ব্যবহৃত লোহা তোলার বালতি। *n.* **ki°bble-chain**—উক্ত বালতি টানিয়া তোলার রশি। [G. *kübel*]

kibble$_2$ [ki°bl, কি°ব্‌ল্] *v.t.* to grind cereals, etc. coarsely, খাদ্যশস্যাদি মোটা দানায় চূর্ণিত করা। [?]

kibosh [kī°-bosh, কাই°বশ্] *n.* nonsense, কোন অর্থহীন বা বাজে বস্তু বা ব্যাপার। **(to) put the kibosh on**—খতম করা; মাথায় আঘাত করা। [?]

kick [kick, কিক্] (**1**) *v.t.* to strike with the foot, লাথি মারা, পদাঘাত করা; to drive with the foot, পা দিয়া চালান; to achieve by kicking, পদাঘাতদ্বারা অর্জন করা। (**2**) *v.i.* to thrust out the foot violently, পা ছোড়া: to show opposition or resistance, বিরোধিতা প্রতিরোধেচ্ছা বা আপত্তি প্রদর্শন করা; to jerk or move violently and suddenly, সহসা সবেগে নড়িয়া ওঠা বা চলিতে আরম্ভ করা। *p.* & *p. pt.* **ki°cked**। (**3**) *n.* a blow with the foot, লাথি, পদাঘাত; kicking power, পা দিয়া মারার ক্ষমতা; (coll.) resilience, (কথ্য.) স্থিতিস্থাপকতা, মনমরা বা বিমর্ষ ভাব কাটাইয়া ওঠার শক্তি বা ক্ষমতা (he has no *kick* left); sharp stimulant effect, চাঙ্গা করার গুণ বা শক্তি; the recoil of a gun when discharged, বন্দুকের গুলি ছোড়ার পরে পশ্চাদ্দিকে ধাক্কা। **alive and kicking**—(কথ্য.) সতেজ ও সক্রিয়। **(to) kick a person upstairs**—ঊর্ধ্বতন পদে অধিষ্ঠিত করিয়া বা উন্নতি ঘটাইয়া কাহারও হাত হইতে নিস্তার বা রেহাই পাওয়া। **(to) get the kick**—(অশি.) বরখাস্ত হওয়া। **(to) kick off**—ফুটবলে লাথি মারিয়া খেলা আরম্ভ করা বা পুনরারম্ভ করা। **more kicks than halfpence**—সদয় অপেক্ষা রূঢ় আচরণ বেশি, আদরের চেয়ে ধমকানি বা কড়কান বেশি (তু. **more brickbats than bouquet**)। *n.* **ki°cker**—পদাঘাতকারী; যে ঘোড়া অত্যন্ত পা ছোড়ে বা লাথি মারে। *n.* **kick°-off°**—ফুটবল-খেলায় পা দিয়া প্রথম বলে আঘাত অর্থাৎ ক্রীড়ারম্ভ। *n.* **kick°-starter**—মোটর-সাইকেল প্রভৃতি চালু করিতে হইলে উহার যে খোবনায় লাথি মারিতে হয়। *n.* **kick°-up°**—গোলমাল, হাঙ্গামা; নাচ। [ME. *kiken*<?]

kickshaws [kik°-shawz, কিক্°শ্‌জ্], **kick°-shaw**—*n.* anything fantastical, অলীক ও মন-গড়া কিছু (বিশেষতঃ খাবার)। [F. *quelque chose* =something]

kid$_1$ [kid, কিড্] (**1**) *v.t.i.* (sl.) to hoax, (অশি.) ধাপ্পা বা ভাঁওতা দেওয়া। *conjug.* same as **kid$_2$**। (**2**) *n.* a hoax, ধাপ্পা, ভাঁওতা। [?]

kid$_2$ [kid, কিড্] (**1**) *n.* a young goat, ছাগলছানা; (sl.) a child or young person, (অশি.) শিশু বা তরুণ। (**2**) *v.t.i.* to bring forth (a kid), (ছাগশিশু) প্রসব করা। *pr. pt.* **ki°dding**; *p.* & *p. pt.* **ki°dded**। *n.* **ki°ddy**—ক্ষুদ্র ছাগলছানা; (অশি.) সন্তান। *n.* **kid°-glove**—ছাগশিশুর চর্মনির্মিত দস্তানা। **kid-glove method**—মৃদু প্রণালী (*kid-glove methods* are futile to stop black-marketing)। *n.* **kid°skin**—ছাগশিশুর চর্ম। **kids' stuff**—(অশি.) খুব সহজ বিষয় বা ব্যাপার। [ON. *kith*]

kidnap [kid°-nap, কিড্°ন্যাপ্] *v.t.* to steal (as a human being), (মনুষ্যাদিকে) হরণ করিয়া লইয়া যাওয়া। *pr. pt.* **kid°napping**। *p.* & *p. pt.* **kid°napped**। *n.* **kid°napper**। [*kid$_2$*=a child, obs. E. *nap*=to seize]

kidney [kid°ni, কিড্°নি] *n.* either of two glands that secrete urine, মূত্রগ্রন্থি, বৃক্ক; temperament, মেজাজ (a man of the right *kidney*); nature, স্বভাব। *n.* **kid°ney-bean°**—ক্ষুদ্র সীমবিশেষ। [?]

Kilkenny cats –see **cat.**

kill [kil, কিল্] **(1)** *v.t.* to slay, হত্যা করা ; to destroy, ধ্বংস করা, বিনষ্ট করা ; to neutralize, ব্যর্থ করা ; to render inactive, অক্রিয় বা অক্ষম করা ; to weaken, দুর্বল করা। **(2)** *n.* act of killing, হত্যাসাধন, বধ, ধ্বংসকরণ, বিনাশসাধন, ব্যর্থতাসাধন, অক্রিয় বা দুর্বল করা ; prey or game killed, শিকারি কর্তৃক নিহত মৃগ বা পশু (a plentiful *kill*)। **(to) kill two birds with one stone**—এক ঢিলে দুই পাখি মারা, একসঙ্গে রথ দেখা ও কলা বেচা। *n.* **ki°ller** । **humane killer**—পশুদের যন্ত্রণা না দিয়া বধ করিবার যন্ত্রবিশেষ। *n.* **ki°lling** । **killing time**—আনন্দময় কাল। *n.* **kill°joy**—যে সঙ্গী বা ব্যক্তি আনন্দ-সম্মেলনের উপরে দুঃখের ছায়া ফেলে। [?]

killadar [ki°-la-da(r), কি°ল্যাড্যা(র্)] *n.* the commandant of a fort or garrison, কেল্লাদার। [Hind.<Pers. *kiladar*]

kiln [kiln, কিল্ন্] *n.* a large oven for drying or baking or calcining pottery, bricks, etc., মৃৎপাত্র ইট চুনাপাথর প্রভৃতি শুকান পোড়ান বা ভস্মীভূত করার জন্য বড় উনান বা ভাঁটি। [OE. *cyl(e)n*<L. *culina*=a kitchen]

kilo$_1$ [ke°-lō, কী°লৌ] contr. of **kilogram, kilometre,** etc.

kilo-$_2$ [ke°-lō, কি°লৌ] *in comp.* one thousand times, সহস্র-, সহস্রগুণ। *n.* **ki°lŏgram(me)**—কিলোগ্রাম। *n.* **ki°lŏlitre**—কিলোলিটার। *n.* **kilometre** [ki°-la-mē-ta(r), কি°ল্যামীট্যা(র্)] কিলোমিটার। *n.* **ki°lŏwatt**—শক্তির মাপবিশেষ (=প্রায় $1\frac{1}{3}$ অশ্বশক্তি), কিলোওয়াট। [F.<Gk. *khilioi*=a thousand]

kilt [kilt, কিল্ট্] *n.* a Highlander's skirt, স্কট্ল্যান্ডের পার্বত্যাঞ্চলের পুরুষদের ঝালরওআলা ঘাগরাবিশেষ। *a.* **kil°tėd**—উক্ত ঘাঘরা-পরিহিত। [Scand.]

kimono [ki-mō°-nō, কিমৌ°নৌ] *n.* a Japanese loose robe, জাপানিদের আলখিল্লাজাতীয় প্রধান বহির্বাস। [Jap.]

kin [kin, কিন্] *n.* relatives, জ্ঞাতিবর্গ। **next of kin**—নিকটতম জ্ঞাতি। *n.* **kinṡ°fōlk**—জ্ঞাতিবর্গ। *n.* **kinṡ°man**—জ্ঞাতি, আত্মীয়। *fem.* **kinṡ°woman** । *n.* **kin°ship**—জ্ঞাতিত্ব। [OE. *cynn*<ON. *kyn*]

kinchin [kin°-chin, কিন্°চিন্] *n.* (thieves' sl.) a child, (চোরদের অপভাষায়) শিশু, বাচ্চা। *n.* **kin°chin-cōve**—বালক ছোঁড়া। [G. *kindchen* =little child ?]

kind [kīnd, কাইন্ড্] **(1)** *n.* those of kin, জ্ঞাতিবর্গ ; a race, বংশ ; species, সগোত্র প্রাণিসমূহ বা বস্তুসমূহ, প্রজাতি ; sort, type, রকম, প্রকার, মৌলিক গুণ (to differ in *kind*, not in degree)। **(2)** *a.* benevolent, পরোপকারী, সদাশয় ; loving, স্নেহশীল। **a kind of**—যেন একটা বা একরকম অর্থাৎ যাথার্থ্য সম্বন্ধে সন্দেহ আছে (I have *a kind of* suspicion about success)। **in kind**—টাকার বদলে বস্তু দিয়া বা লইয়া ; (আল.) ঠিক অনুরূপভাবে (to repay rudeness *in kind*)। **kind of**—(অশি.) কিছু পরিমাণে (I *kind of* anticipated it)। **nothing of the kind**—মোটেই এইরূপ নহে। **of a kind**—একরূপ, সমরূপ (birds *of a kind*) ; (অবজ্ঞায়) নামে মাত্র বা নামেরও অযোগ্য (it is tea *of a kind*)। **out of kindness**—দয়াবশতঃ। **something of the kind**—একরূপ বা সমরূপ কিছু। **(to) kill with kindness**—অত্যধিক দয়া প্রদর্শনের দ্বারা অভিভূত করা। *a.* **kīnd°-hear°tėd**—সহৃদয়। **kindly**—**(1)** *adv.* পরোপকারের চেষ্টায় ; অনুগ্রহপূর্বক। **(2)** *a.* (মূলতঃ) জাতিগত ; স্বাভাবিক, সহজাত ; পরোপকারেচ্ছু ; দয়ালু ; সদাশয় ; আরামদায়ক। *n.* **kīnd°nėss**—পরোপকারিতা, সদাশয়তা ; পরোপকার। [OE. *(ge)cynde*<*cynn*=kin]

kindergarten [kin°-da(r)-gŭ(r)tn, কিন্°ড্যা(র্)-গা(র্)ট্ন্] *n.* a school for developing minds of children on Froebel's principle, জর্মান শিক্ষাবিদ্ ফ্রোএব্ল্-এর নীতি-অনুসারে শিশুমনের বিকাশ-সাধক বিদ্যালয়। [G. *kinder*=children, *garten*=garden].

kind-hearted—see **kind.**

kindle [kind°l, কিন°ড্ল্] *v.t.i.* to set fire to or take fire, আগুন ধরান বা ধরা ; to inflame or become inflamed, প্রজ্বালিত করা বা প্রজ্বলিত হওয়া ; to provoke or incite, or be roused or excited, উদ্দীপ্ত বা উত্তেজিত করা অথবা হওয়া। *n.* **kind°ling**—আগুন জ্বালিবার উপকরণ, ইন্ধন। [ON. *kyndill*=a torch ?]

kindly, kindness—see **kind.**

kindred [kind°-rid, কিন্ড্°রিড্] **(1)** *n.* blood relationship, জ্ঞাতিত্ব ; relatives, জ্ঞাতিবর্গ। **(2)** *a.* akin, স্বজাতীয়, স্বগোত্র ; allied, মৈত্রীযুক্ত ; connected, সম্বন্ধযুক্ত (*kindred* languages) ; similar, সদৃশ (*kindred* natures)। [ME. *kinrede*<OE. *cynn*=kin]

kine—see **cow.**

kinema [kī°-ni-ma, কাই°নিম্যা], **kinematograph** [kī-ni-ma°-ta-grŭf, কাইনিম্যা°ট্যাগ্রাফ্] var.'s of **cinema, cinematograph.**

kinematics [kī-ni-ma°-tiks, কাইনিম্যা°টিক্স্] *n.* the science of motion without reference to force, স্থিতিবিদ্যা। [Gk. *kinema*=motion]

kinetics [kī-ne°-tiks, কাইনে°টিক্স্] *n.* the science of motion with reference to force, গতিবিদ্যা। *a.* **kīne°tic**—গতি-সম্পর্কিত ; গতি-সঞ্জাত (*kinetic* energy)। [Gk. *kinetikos*]

king [king, কিং] **(1)** *n.* a monarch, রাজা, নৃপতি, ভূপতি ; a playing-card with the picture of a king, তাসের সাহেব ; a piece in chess, দাবার রাজা ; the most distinguished person, বিশিষ্টতম ব্যক্তি। *fem.* see **queen**। (2) *v.t.* to convert into a king, রাজা বানান; to govern, শাসন করা। **king of beasts** or **jungle**—পশুরাজ সিংহ। **king of birds**—পক্ষিরাজ ঈগল। **king of the forest**—বনস্পতি ওক্‌বৃক্ষ। **king of terrors**—মৃত্যু। **King's** (or **queen's**) **Bench**—(মূলতঃ) রাজার (বা রানীর) বিচার-সভা; (বর্ত.) প্রধান বিচারালয়ের অংশবিশেষ। **king's evidence**—রাজসাক্ষী। **(to) turn king's evidence**—রাজসাক্ষী হওয়া। **king's evil**—যে ব্যাধি নৃপতির স্পর্শে নিরাময় হইত বলিয়া পূর্বে বিশ্বাস করা হইত। *n.* **king-cō°ra**—বৃহৎ গোখুরা সাপবিশেষ, কালকেউটে। *n.* **king°dom**—রাজ্য; (পরি.) সর্গ (animal *kingdom* = প্রাণিসর্গ)। **gone to kingdom come**—(কথ্য.) পরলোকগত, মৃত। *n.* **king°cup**—বুনো ঝুমকা-ফুলবিশেষ। *n.* **king°fisher**—মাছরাঙ্গা। *a.* **king°lėss**—রাজা-হীন, অরাজক। *a.* **king°like, king°ly**—রাজকীয়; রাজোচিত। *n.* **king°linėss**। *n.* **king°-maker**—অপরকে রাজপদে বসানর ক্ষমতাবিশিষ্ট ব্যক্তি। *n.* **king°pin**—(আল.) কোন পরিকল্পনা কার্যকর করিতে হইলে যে বিশিষ্ট ব্যক্তির সহায়তা অপরিহার্য। *n.* **king°ship**। *n.* **king's°-man**—রাজপক্ষীয় লোক। [OE. *cyning* < *cynn* = a tribe—cp. *kin*]

kink [kingk, কিংক্] (1) *n.* twisted loop in a string, rope, etc., ফিতা দড়ি প্রভৃতিতে মোচড় দিয়া সৃষ্ট ফাঁস: a mental twist, মনের খিঁচ, মানসিক যন্ত্রণা। (2) *v.i.t.* to form a kink, উক্ত ফাঁস পড়া বা দেওয়া, মনে খিঁচ ধরা বা ধরান। *p.* & *p. pt.* **kin°ked**। *a.* **kin°ky**—(দড়ি প্রভৃতিতে) ফাঁসযুক্ত; (কথ্য.) বাতিকগ্রস্ত, অদ্ভুত। [Du. ?]

kinkajou [king°-ka-jōō°, কিং°ক্যাজূ°] *n.* a nocturnal animal, আমেরিকার নিশাচর জন্তু-বিশেষ। [F. *quincajou* < Am.]

kinsfolk, kinship, kinsman, kinswoman—see **kin**.

kiosk [kē°-osk, কী°অস্ক্] *n.* a garden pavilion, শামিয়ানা; a stall for sale of newspapers, sweets, etc., সংবাদপত্র মিঠাই প্রভৃতি বিক্রয়ার্থ শামিয়ানা-ঢাকা ক্ষুদ্র দোকান; a bandstand, ব্যান্ড্ বা সামরিক বাদ্য বাজানর স্থান। [Turk. *kiushk*]

kip [kip, কিপ্] (1) *n.* common lodging house where beds may be rented, যে বাসাবাড়িতে ঘুমাইবার জন্য বিছানা ভাড়া দেওয়া হয়। (2) *v.i.* to sleep, ঘুমান। [cf. Dan. *kippe* = mean hut]

kipper [ki°-pa(r), কি°প্যা(র্)] *n.* salted dried herring, লবণে জারিত শুঁটকি হেরিং-মাছ। [OE. *cypera* = a spawning salmon ?]

kirk [ka(r)k, ক্যা(র্)ক্] *n.* a church, গির্জা। [Northern E. form of *church*]

kirtle [ka(r)t°l, ক্যা(র্)ট্°ল্] *n.* a woman's gown or outer petticoat, স্ত্রীলোকের পরিধেয় একপ্রকার গাউন বা ঘাঘরা; a man's mantle, পুরুষের পোশাকের উপর পরিধেয় আলখিল্লা-বিশেষ। [OE. *cyrtel*—cp. Du. *kyortel*, ON. *kyrtill*]

kismet [kis°-met, কিস্°মেট, kiz°-met, কিজ্°-মেট্] *n.* fate, destiny, ভাগ্য, নিয়তি; (ori.) will of Allah, (মূলতঃ) আল্লাহ্‌র মরজি। [Turk. *qısmet* < Ar. *qisma*]

kiss [kis, কিস্] (1) *v.t.i.* to salute or caress with lips, চুম্বন করা; to touch or collide gently, আলতোভাবে স্পর্শ করা বা সজ্ঘৃষ্ট হওয়া। *p.* & *p. pt.* **ki°ssed**। (2) *n.* a caress or salute with the lips, চুম্বন। **(to) kiss the book**—শপথগ্রহণকালে বাইবেল চুম্বন করা। **(to) kiss the dust** or **ground**—বিজয়ীর কাছে দীনভাবে আত্মসমর্পণ করা; নিহত হওয়া। **(to) kiss hands** or **the Queen's hand**—সরকারি কর্মে নিযুক্ত হওয়ায় রাজা বা রানীর হস্তচুম্বন করা। *n.* **ki°sser**—চুম্বনকারী; (কৌতু.) মুখ। **ki°ssing**—(1) *n.* চুম্বন। (2) *a.* চুম্বনকর; সস্নেহ; সাদর। *n.* **kiss°-mē-quick**—বন্য পুষ্পলতাবিশেষ। [OE. *cyssan*(*v.*), *coss*(*n.*)]

kit$_1$ [kit, কিট্] *n.* a small fiddle, ক্ষুদ্র বেহালা-বিশেষ। [?]

kit$_2$ [kit, কিট্] *n.* a wooden tub, কাঠের জালা-বিশেষ; outfit, (প্রধানতঃ সাম.) ব্যক্তিগত জিনিস-পত্র (যেমন, জামাকাপড় বিছানা)। *n.* **kit°-bag**—ব্যক্তিগত জিনিসপত্র রাখার জন্য বড় ঝোলা। [MDu. *kitte* = a beer-can]

kit$_3$ [kit, কিট্] contr. of **kitten**। **kit°-cat**—var. of **tip-cat.**

kitchen [ki°-chin, কি°চিন্] *n.* a place for cooking, রন্ধনশালা, রান্নাঘর। *n.* **ki°tchėner**—রন্ধনশালার তত্ত্বাবধায়ক বা পরিচারক; রন্ধনচুল্লি। *n.* **kitchenette** [ki-chi-net°, কিচিনেট্°] রন্ধনশালারূপে ব্যবহৃত চিলে-কোঠা বা চিলতে ঘর। *n.* **ki°tchėn-gar°den**—বাসগৃহসংলগ্ন তরিতরকারির খেত। *n.* **ki°tchėn-maid**—রান্নাঘরের ঝি। [OE. *cycene* < L. *coquina*]

kite [kīt, কাইট্] *n.* a bird of prey, চিল; a greedy person, লোভী ব্যক্তি; a frame of paper or cloth for flying in the air, ঘুড়ি; a light sail, নৌকাদির লঘুভার পাল; a rumour given out to test public opinion, জনমতের গতিবিচারার্থ প্রচারিত গুজব; an accommodation bill, অন্য লোক কর্তৃক গৃহীত ঋণের জন্য প্রদত্ত জামিননামা। *n.* **kīte°-balloon**—সামরিক পর্যবেক্ষণকার্যে ব্যবহৃত বেলুন-বিশেষ। **(to) fly a kite**—(আল.) জনমত নির্ণয়ার্থ নানারূপ পরীক্ষা-নিরীক্ষা করা। [OE. *cyta*]

kith [kith, কিথ্] *n.* acquaintance, পরিচিত ব্যক্তি। **kith and kin**—জ্ঞাতি-কুটুম্ব, আত্মীয়স্বজন। [OE. *cyth* < *cunnan* = to know]

kitten [ki°tn, কিট্°ন্] (1) *n.* a young of cat বিড়ালছানা; (fig.) skittish or fickle young girl, (আল.) লঘুচিত্ত ও চপল তরুণী। (2) *v.t.i.* (of a cat) to bring forth, (বিড়ালের ছানা) প্রসব করা। *a.* **ki°ttenish**—বিড়ালছানাতুল্য; ক্রীড়নশীল। *n.* **ki°tty**—বিড়ালছানার আদরের নাম। **(to) have kittens**—(কথ্য.) ভীত বা উত্তেজিত হওয়া, ঘাবড়াইয়া যাওয়া। [ME. *kitoun*=a kitten]

kittle [ki°-tl, কি°ট্‌ল্] *a.* difficult to deal with, ticklish, সামলান কঠিন এমন, সঙ্কটপূর্ণ। [ME.]

kiwi [kē°-wi, কী°উ্যই] *n.* a New Zealand bird, নিউজীল্যান্ড্-দেশীয় পক্ষিবিশেষ : ইহাদের ডানা নাই বলিলেই চলে; (sl.) a New Zealander, (অশি.) নিউজীল্যান্ডের অধিবাসী। [Maori]

klaxon [klaks°(a)n, ক্ল্যাকস্°ন্] *n.* a powerful electric motor-horn, মোটরের বিদ্যুৎ-চালিত শক্তিশালী ভেঁপু বা হর্ণ। [trade-name<Gk. *klazo*=to shriek]

kleptomania [klep-tŏ-mā°-ni-a, ক্লেপ্‌টোমেই°-নিঅ্যা] *n.* a mania for stealing, চৌর্যোন্মাদ। *n.* **kleptŏmā°niac**—চৌর্যোন্মাদগ্রস্ত ব্যক্তি। [Gk. *kleptein*=to steal, *mania*]

klinker [kling°-ka(r), ক্লিং°ক্যা(র্)] *n.* a very hard paving-brick, ঝামা। [Du.]

knack [nak, ন্যাক্] *n.* dexterity, দক্ষতা; a trick, কৌশল। *a.* **kna°cky**—দক্ষ, কৌশলী। [?]

knacker [na°-ka(r), ন্যা°ক্যা(র্)] *n.* a horse-slaughterer, যে কসাই ঘোড়া কাটে; one who buys and breaks up old houses, ships, etc., পুরাতন বাড়ি জাহাজ প্রভৃতি ভাঙ্গা যাহার পেশা; a worn-out horse, জীর্ণ ঘোড়া। [?]

knacky—see **knack**.

knag [nag, ন্যাগ্] *n.* a knot in wood, কাঠের গাঁট; a peg, খোঁটা, গোঁজ, কীলক। *a.* **kna°ggy**—গ্রন্থিল। [cp. D. *knag*]

knap [nap, ন্যাপ্] *v.t.* to snap noisily, মট্ করিয়া ভাঙ্গিয়া ফেলা; to break stones etc. with a hammer, হাতুড়ি দিয়া খোয়া ইত্যাদি ভাঙ্গা। *pr. pt.* **kna°pping**। *p.* & *p. pt.* **kna°pped**। [Du. *knappen*]

knapsack [nap°-sak, ন্যাপ্°স্যাক্] *n.* a bag for necessaries on the back, প্রয়োজনীয় জিনিস-পত্র বহনার্থ যে থলি পিঠে বাঁধিয়া লইয়া যাওয়া হয়। [*knap, sack*]

knar$_1$—alt. spell. of **gnar**.

knar$_2$ [nŭ(r), না(র্)] *n.* a knot in wood, কাঠের গাঁট। *a.* **kna°rred**—গ্রন্থিল। [cp. Du. *knar*]

knave [nāv, নেইভ্] *n.* a rogue, দুর্বৃত্ত, পাজি লোক; a cheat, জুয়াচোর, প্রতারক; a playing card bearing the picture of a servant or soldier, তাসের গোলাম। *n.* **knā°very**—প্রতারণা, শঠতা; পেজোমি। *a.* **knā°vish**—প্রতারণাপূর্ণ, শঠ। *adv.* **knā°vishly**। [OE. *cnafa, cnapa*=a boy—cp. G. *knabe, knappe*]

knead [nēd, নীড্] *v.t.* to press together into a mass, (ময়দাদি) পিষিয়া বা ঠাসিয়া তাল পাকান; to operate upon in massage, দলাই-মলাই করা, অঙ্গসংবাহন করা। *p.* & *p. pt.* **knea°ded**। [OE. *cnedan*—cp. G. *kneten*]

knee [nē, নী] *n.* the joint between the thigh and the lower leg, হাঁটু। **on the knees of the gods**—(ভবিষ্যৎ-ঘটনা-সম্পর্কে) এখন পর্যন্ত অনিশ্চিত। **on bended knees**—নতজানু অবস্থায়; প্রার্থনারত বা মিনতিরত অবস্থায়। **(to) bend the knee (to)**—নতজানু হইয়া অভিবাদন করা বা প্রার্থনা করা। **(to) bring one to one's knees**—বশ্যতাস্বীকার করিতে বাধ্য করান। *n.* **knee°cap**—মালাইচাকি; পতন হইতে রক্ষার্থ (সচ. ঘোড়ার) হাঁটুতে পরিধেয় আবরণ। *n. pl.* **knee°-breeches**—হাঁটু অবধি লম্বা ব্রীচীজ অর্থাৎ অশ্বারোহণকালে পরিধেয় পাজামা। *a.* & *adv.* **knee°-deep°**—একহাঁটু পরিমাণ গভীর বা গভীর হইয়া। *a.* & *adv.* **knee°-high°**—হাঁটু অবধি উঁচু বা উঁচু হইয়া। *n.* **knee°-pan**—মালাইচাকি। [OE. *cneo(w)*—cp. G. *knie*]

kneel [nēl, নীল্] *v.i.* to fall or rest on the knees, নতজানু হওয়া, হাঁটু গাড়িয়া বসা। *p.* & *p. pt.* **knelt** [nelt, নেল্ট্]। [OE. *cneowlian*]

knell [nel, নেল্] (1) *n.* the sound of a bell, (প্রধানতঃ মৃত্যু বা অন্ত্যেষ্টিক্রিয়া উপলক্ষে ধ্বনিত) ঘণ্টাধ্বনি। (2) *v.i.* to sound, বাজা, ধ্বনিত হওয়া। (3) *v.t.* to announce or summon as by a tolling bell, ধ্বনিত হইয়া প্রচার করা বা আহ্বান করা। [OE. *cnyllan*=to beat noisily]

knelt—see **kneel**.

knew—see **know**.

knickerbocker [ni°-ka(r)-bo-ka(r), নি°ক্যা(র্)-বক্যা(র্)], **kni°ckers**—*n. pl.* loose breeches gathered at knee, একত্র সংলগ্ন জামা ও হাঁটু পর্যন্ত ইজের, নিকার্‌বোকার্। [From the wide-breeched Dutchmen in Knickerbocker's humorous 'History of New York']

(k)nick-(k)nack [nik°-nak, নিক্°ন্যাক্] *n.* a small trifling ornament, furniture, etc., ক্ষুদ্র ও তুচ্ছ গহনা আসবাব প্রভৃতি। [obs. E. *knack* =a trinket]

knife [nīf, নাইফ্] (1) *n.* a blade for cutting, ছোরা, ছুরি, চাকু। *pl.* **knī°ves**। (2) *v.t.* to cut or stab with a knife, ছুরি বা ছোরা দিয়া কাটা, ছুরিকাঘাত করা। *p.* & *p. pt.* **knī°fed**। **war to the knife**—নির্মম সংগ্রাম; যৎপরোনাস্তি কঠোর শত্রুতা। **(to) get one's knife into** (one)—(কাহারও) ক্ষতি করার কামনা করা। **(to) have one's knife in** (one)—(কাহারও সহিত) নাছোড়-বান্দার মত শত্রুতা করা। *n.* **knife°-grinder**—ছুরি কাঁচি প্রভৃতির শানওয়ালা। [OE. *cnif*—cp. G. *kneif*]

knight [nīt, নাইট্] (1) *n.* a soldier of gentle birth holding an honourable military rank in feudal times, সামন্ততান্ত্রিক যুগের ভদ্রবংশীয় ও সম্মানজনক সামরিক পদে অধিষ্ঠিত সৈনিক ; one of the rank next below baronets, ব্যারনিট্‌দের অব্যবহিত নিম্নবর্তী খেতাবধারী ব্যক্তি (ইঁহাদিগকে Sir বলিয়া সম্বোধন করা হয়) ; a man-at-arms devoted to the service of a lady, who fights for the cause of the weak and the oppressed, মধ্যযুগীয় ইউরোপে প্রিয়তমার সেবায় এবং দুর্বল ও নিপীড়িতদের রক্ষণকার্যে ব্রতী যোদ্ধা, বীরব্রতী ; a chess-man, দাবাখেলার ঘোড়া। (2) *v.t.* to dub (one) knight, কাহাকেও 'নাইট'ত্ব দান করা। *p.* ও *p. pt.* **knigh°tėd** । **knight of the pestle**—ঔষধ প্রস্তুতকারী ও বিক্রেতা। **knight of the road**—রাহাজান, পথদস্যু। **Knights Templars**—see **Templar** । *n.* **knigh°tage**—নাইট্‌-সম্প্রদায় ; নাইট্‌বৃন্দ। *n.* **knight°-e°rrant**—দুঃসাহসিক কার্যের সন্ধানে ভ্রমণরত বীরব্রতী ; (আল.) পরহিতের বাতিকগ্রস্ত ব্যক্তি। *n.* **knight°-e°rrantry**—ভ্রমণরত বীরব্রতীর কাজ। *a.* **knight°hood**—'নাইট্‌'ত্ব। *a.* **knight°ly**—বীরধর্মিসুলভ ; বীরধর্মোচিত। *n.* **knight°linėss** । [OE. *cniht*=a youth, servant, warrior—cp. G. & Du. *knecht*]

knit [nit, নিট্‌] (1) *v.t.i.* to interweave, বয়ন করা, বোনা। (2) *v.t.* to intertwine, একত্র বিজড়িত করা ; to unite closely, দৃঢ়ভাবে মিলিত করা ; to contract, সঙ্কুচিত করা, কোঁচকান (to *knit* one's brows) । *pr. pt.* **kni°tting** । *p.* ও *p. pt.* **knit, kni°ttėd** । *n.* **kni°tter**—knit (*v.*)-এর সকল অর্থে, এবং—বয়নকারী ; বয়নযন্ত্র। **kni°tting**—(1) *n.* বয়নকার্য ; বোনা পোশাকাদি। (2) *a.* বয়নকার্যে ব্যবহৃত। *n.* **kni°tting-needle**—বয়নকার্যে ব্যবহৃত সুঁচ বা কাঠি। *n.* **knitting-wōōl**—বয়নকার্যে ব্যবহার্য পশম। [OE. *cnyttan* < *cnotta*=a knot]

knivės—see **knife.**

knob [nob, নব্‌] *n.* a hard protuberance, কঠিন স্ফীতি বা উদ্গম, শক্ত গাঁট বা আব ; a handle, দরজাদির (সচ. গোলাকার) হাতল। *a.* **kno°bbed, knobb°ly, kno°bby**—উক্ত গ্রন্থিযুক্ত। *n.* **kno°bbinėss** । *n.* **knobkerrie** [nob°-ke-ri, নব্‌°কেরি] খোবনাওয়ালা লাঠিবিশেষ (দক্ষিণ আফ্রিকার আদিবাসিগণ কর্তৃক অস্ত্ররূপে ব্যবহৃত)। [cp. G. *knobbe*]

knock [nok, নক্‌] (1) *v.i.t.* to strike, আঘাত করা ; to drive or be driven against, ধাক্কা খাওয়া বা দেওয়া ; to rap, ধাক্কা দিয়া বা (দরজার) কড়া প্রভৃতি নাড়িয়া শব্দ করা। (2) *v.t.* to vanquish, পরাজিত করা। *p.* ও *p. pt.* **kno°ckėd** । (3) *n.* a sudden stroke, আকস্মিক আঘাত ; a rap, ধাক্কা দিয়া বা কড়া নাড়িয়া শব্দ করা অথবা ঐ শব্দ (I hear a *knock* at the door) ; (sl.) an innings at cricket, (অশি.) ক্রিকেটখেলায় একদফা ব্যাটিং (they had a fine *knock*) । **(to) knock about**—ইতস্ততঃ ভ্রমণ করা। **(to) knock back**—(অশি.—মদ্যাদি) পান করা। **(to) knock (up) against**—অপ্রত্যাশিতভাবে বা হঠাৎ (কাহারও) সাক্ষাৎ পাওয়া। **(to) knock down**—আঘাতদ্বারা ভূপাতিত করা। **(to) knock in**—ঘা মারিয়া ঢোকান। **(to) knock off**—তাড়াহুড়া করিয়া সম্পাদন করা বা শেষ করিয়া ফেলা ; বাতিল করা ; বাদ দেওয়া, কমান। **(to) knock out**—আঘাতদ্বারা স্থানচ্যুত করা বা অচেতন করা ; পরাস্ত করা। **(to) knock together**—মিলিত হওয়া ; তাড়াহুড়া করিয়া নির্মাণ করা। *a.* **knock°-about**—(থিএটারের কৌতুক-নাট্যাভিনয় সম্বন্ধে) স্থূল ও হইচই-ভরা। *a.* **knock°-down°**—(দ্রব্যমূল্যাদি সম্বন্ধে) নিম্নতম। *n.* **kno°cker**—knock (*v.*)-এর সকল অর্থে, এবং—দরজার কড়া। *a.* **knock°-kneed**—হাঁটিবার সময়ে হাঁটুতে হাঁটুতে ঠোকাঠুকি হয় এমন বক্রপদবিশিষ্ট। **knock°-out°**—(1) *n.* আঘাতদ্বারা স্থানচ্যুতি ; স্থানচ্যুতিকর আঘাত। (2) *a.* প্রতি পর্বে পরাজিত প্রতিযোগীদের বাদ দেওয়া হয় এমন (a *knock-out* tournament) । [OE. *cnocian*]

knoll [nōl, নৌল্‌] *n.* a round hillock, গোলাকার টিলা। [OE. *cnoll*—cp. G. *knollen*=a knob]

knot [not, নট্‌] (1) *n.* an interlacement of parts of a cord, tape, etc., দড়ি ফিতা সুতা প্রভৃতির গিঁট বা গ্রন্থি ; a bond of union, মৈত্রী-বন্ধন ; a tangle, জট ; a difficulty, মুশকিল ; a lump, দলা, ডেলা ; a swelling, স্ফীতি, আব ; hard lump in wood, কাঠের বা তক্তার গাঁট ; a nautical mile per hour, জাহাজাদির ঘণ্টাপ্রতি গতিবেগের মাইল। (2) *v.t.i.* to tie in or form a knot, গিঁট দেওয়া বা গিঁট পড়া ; to unite, মিলিত করা বা হওয়া। *pr. pt.* **kno°tting** । *p.* ও *p. pt.* **kno°ttėd** । **(to) tie in knots**—(কাহাকেও) সম্পূর্ণ বিভ্রান্ত বা হতবুদ্ধি বা ব্যর্থকাম করা। *n.* **knot°-grass**—বাণতৃণ। *a.* **kno°ttėd, kno°tty**—বহু গিঁটযুক্ত, গ্রন্থিল ; ঝামেলা-পূর্ণ ; বিভ্রান্তিকর। **a knotty problem**—যে সমস্যার সমাধান কঠিন। *n.* **kno°ttinėss** । [OE. *cnotta*]

knout [nowt, নাউট্‌] (1) *n.* a scourge, (প্রাচীন রুশিয়ার শাস্তিদানের) চাবুকবিশেষ। (2) *v.t.* to flog with this, উক্ত চাবুক-দ্বারা চাবকান। *p.* ও *p. pt.* **knou°tėd** । [F. < Russ. *knut*]

know [nō, নৌ] (1) *v.t.* to be informed of, অবগত হওয়া, জানা ; to be assured of, নিশ্চিত হওয়া ; to be acquainted with, পরিচিত থাকা ; to know sexually, যৌনসম্পর্কে আবদ্ধ থাকা ; to recognize, চিনিতে পারা ; to distinguish, পার্থক্যনির্ণয় করা (to *know* one *from* another) । (2) *v.i.* to possess knowledge, অবগত থাকা। *p.* **knew** [nū, নিউ] । *p. pt.* **known** । (3) *n.* knowledge, জ্ঞান, অবগতি ; possession of the relevant facts, প্রাসঙ্গিক তথ্যাদি-সম্বন্ধে জ্ঞান। **for all** or **aught I know**—আমি যতদূর জানি। **God** or **heaven (only) knows**—

(কেবল) ঈশ্বর জানেন। **in the know**—গুপ্ত তথ্যাদি অবগত আছে এমন। **(to) know a thing or two, (to) know the ropes**—ব্যবহারিক অভিজ্ঞতাসম্পন্ন হওয়া। **(to) know one from**—দলের ভিতর হইতে (কাহাকেও) চিনিয়া লওয়া বা চিনিয়া লইতে পারা। **(to) know better** (than)—যথেষ্ট জ্ঞানসম্পন্ন বা বিচক্ষণ হওয়া; উক্তি তথ্য প্রভৃতি মানিয়া লইতে অস্বীকার করা। **(to) know one's business**—কাণ্ডজ্ঞানসম্পন্ন হওয়া; বিচক্ষণতা থাকা। **(to) know what's what**—কিছুর সম্বন্ধে পূর্ণ সচেতন বা সতর্ক থাকা। **(to) let one know**—জানান। *a.* **know°able**—জ্ঞেয়। *n.* **know°-all**—সর্বজ্ঞ বা সবজান্তা ব্যক্তি। *n.* **know°-how**—কর্মাদি-সাধনে উপায়চিন্তা করিবার শক্তি; ব্যবহারিক জ্ঞান। *a.* **know°ing**—(1) *a.* বুদ্ধিমান; দক্ষ; চতুর। (2) *n.* অবগতি, জ্ঞান (there is no *knowing*)। *adv.* **know°ingly**—জানিয়া শুনিয়া; জ্ঞাতসারে; ইচ্ছাপূর্বক; বুদ্ধি দক্ষতা বা চাতুর্য সহকারে। *a.* **known**—পরিচিত; বিদিত। **known as**—অভিহিত, আখ্যাত। **(to) make oneself known (to)**—(কাহারও নিকট) নিজের পরিচয় দেওয়া। *n.* **know°-no°thing**—সম্পূর্ণ অজ্ঞান বা মূর্খ; অজ্ঞাবাদী। [OE. *cnawan*—cg. ON. *kna*, L. *g(noscere)*, Sans. *gna*]

knowledge [no°-lij, ন°লিজ্] *n.* act of knowing, জ্ঞান, অবগতি; what is known or is to be known, জ্ঞাত বা জ্ঞেয় বিষয়; information, সংবাদ; তথ্য; instruction, শিক্ষা, বিদ্যা; practical skill, ব্যবহারিক জ্ঞান বা দক্ষতা; experience, অভিজ্ঞতা; acquaintance, পরিচিতি। **common knowledge**—(সচ. দল বা সম্প্রদায়ের) প্রায় সর্বজনে যে তথ্য জানে, সর্বজনবিদিত তথ্য। **general knowledge**—বিভিন্ন বিষয়ে জ্ঞান (যাহা সকলেরই থাকা উচিত), সাধারণ জ্ঞান। **to one's knowledge**—কাহারও জ্ঞানে অর্থাৎ যতদূর জানিতে পারে ততদূরের মধ্যে। *a.* **know°ledgeable**—জ্ঞানসম্পন্ন; বুদ্ধিমান; (কথ্য.) ওয়াকিবহাল (according to *knowledgeable* circles)। [ME. *knowleche*—cp. *know*]

known—see **know.**

knuckle [nuk°l, নাক্°ল্] (1) *n.* a projecting joint of finger, আঙ্গুলের গাঁট। (2) *v.t.i.* to touch, strike, or rub with a knuckle, আঙ্গুলের গাঁট দিয়া ছোঁয়া বা ঠোক্কর মারা ঘষা প্রভৃতি। (3) *v.i.* to yield, পরাজয় বা বশ্যতা স্বীকার করা। **(to) knuckle under**—পরাজয় বা বশ্যতা স্বীকার করা। **near the knuckle**—(কথ্য.) ইতরতা বা অশোভনতার প্রান্তে উপনীত (অর্থাৎ আচরণাদিতে শোভনতার সীমা লঙ্ঘিত)। [ME. *knokel*—cp. Du. *knokkel*, O. *knochel*]

knur(r) [na(r), ন্যা(র্)] *n.* a hard excrescence on a tree, বৃক্ষগাত্রে কঠিন উদ্গম বা গাঁট। [ME. *knurre*—cp. Du. *knor*]

Kodak [ko°-dak, কৌ°ড্যাক্] *n.* a kind of camera, একপ্রকার ক্যামেরা বা আলোকচিত্র-গ্রহণের যন্ত্র। [*Eastman Kodak* Company's trademark]

kohl [kōl, কৌল্] *n.* a fine powder of antimony, সুর্মা। [Ar. *koh'l*]

kohlrabi [kōl°-rŭ°-bi, কৌল্°রা°বি] *n.* a cabbage with a turnip-shaped stem, ওলকপি। [G.<It. *cavolo rapa*=cole-turnip]

kolkhoz [kol-koz°, কল্‌কজ্°] *n.* a collective farm in the U.S.S.R, রুশদেশের যৌথ খামার। [Russ]

Kominform—alt. spell. of **Cominform.**

Komintern—alt. spell. of **Comintern.**

Komsomol [kom°-sō-mol, কম্°সৌমল্] *n.* the youth organization of the U.S.S.R, রুশদেশের যুবসঙ্ঘ। [abbr. of *Kommunisticheskii Soyuz Molodezhi*]

konimeter [koni°-mi-t(a)r, কনি°মিট্যা(র্)] *n.* an instrument for measuring dust in air, বায়ুতে ধুলার পরিমাণ মাপিবার যন্ত্রবিশেষ। [Gk. *konis*=dust, *metron*=measure]

kook [ko͞ok, কুক্] (1) *a.* (sl.) crazy or eccentric, (অশি.) খেপা বা খামখেয়ালী। (2) *n.* খেপা বা খামখেয়ালী লোক। [prob. from *cuckoo*]

kopeck [kō°-pek, কৌ°পেক্] *n.* a Russian coin, রুশদেশীয় মুদ্রাবিশেষ ($\frac{1}{100}$ রুব্‌ল্)। [Russ. *kopeika*]

kopje [ko°-pi, ক°পি] *n.* a low hill, নিচু পাহাড়। [Du.<*kop*=head]

kosher [kō°-sha(r), কৌ°শ্যা(র্)] (1) *a.* fulfilling the requirements of Jewish ritualistic law, ইহুদিদের শাস্ত্রীয় বিধানসম্মত। (2) *n.* such food, ঐরূপ খাদ্য। [Heb. *kasher*=right]

kotow, kowtow [kow°-tow°, কাউ°টাউ°] (1) *n.* the Chinese manner of prostration, চীনা প্রথায় ভূমিতে লোটাইয়া প্রণাম। (2) *v.i.* to perform the kowtow, উক্ত প্রথায় প্রণাম করা; to abase oneself, নিজেকে হীন করা। [C. *k'o t'ou*]

kotwal [kot°-wal, কৌট্°ওঅ্যাল্] *n.* the police chief of an area, কোতোয়াল। [Hind.]

kraft [krŭft, ক্রাফ্‌ট্] *n.* (also **kraft paper**) strong smooth brown wrapping paper, শক্ত মসৃণ বাদামী রংয়ের মোড়কের কাগজ। [G.]

kremlin [krem°-lin, ক্রেম্°লিন্] *n.* a citadel, (প্রধানতঃ মসকো-র) নগরদুর্গ; the Russian government, রুশ-সরকার। [Russ. *kreml*]

kris [krēs°, ক্রীস্°] *n.* a Malay dagger, মালয়-দেশীয় ছোরাবিশেষ, কিরিচ। [Mal.]

Krishna [krish°-na, কৃশ্°ন্যা] *n.* a Hindu deity, শ্রীকৃষ্ণ। *n.* **Krish°naism**—কৃষ্ণোপাসনা। [Sans.]

krone [krō°-na, ক্রৌ°ন্যা] *n.* a silver coin of some European countries, ইউরোপের কোন কোন দেশের রৌপ্যমুদ্রাবিশেষ; German gold coin, জর্মানির স্বর্ণমুদ্রাবিশেষ; monitary unit of

Denmark and Norway, ডেনমার্ক ও নরওয়ের মুদ্রা। [cp. *crown*]

Kshatriya [ksha°-tri-a, (শ্)ক্যা°ট্রিঅ্যা] *n.* a member of the second or military Hindu caste, ক্ষত্রিয়। [Sans.]

kudos [kū°-dos, কিউ°ডস্] *n.* honour and glory, সম্মান ও মহিমা; credit, সুনাম। [Gk. *kydos*=glory]

Ku-Klux(-Klan) [kū°-kluks°-klan°, কিউ°-ক্লাক্স্°ক্ল্যান্°] *n.* a secret society hostile to negros in U. S. A., আমেরিকার নিগ্রো-বিরোধী গুপ্তসমিতি-বিশেষ; any similar organization to combat aliens, বিজাতীয় বাসিন্দাদের (অর্থাৎ ইহুদি ক্যাথলিক প্রভৃতির) সঙ্গে সংগ্রামার্থ অনুরূপ যে-কোন সমিতি। [Gk. *Kyklos*=a circle and *clan*]

kultur [kool-tooa(r)°, কুল্টুয়্যা(র্)°] *n.* culture, সংস্কৃতি; civilization, সভ্যতা। [G.]

Kuomintang [kōō°-ō-min-tang°, কু°ওমিন্-ট্যাং°] *n.* the Chinese nationalist people's party, চীনের জাতীয়তাবাদী গণতান্ত্রিক দল (বর্তমানে তাইওয়ান এই দলের দ্বারা শাসিত)। [C.]

kutcha—alt. spell. of **cutcha.**

kyphosis [kī-fō°sis, কাইফৌ°সিস্] *n.* a hunch-backed condition, কুব্জপৃষ্ঠ অবস্থা। *a.* **ky-pho°tic**। [Gk.]

kyte [kīt, কাইট্] *n.* a paunch, belly, উদর, পেট। [?]

L

L, l [el, এল্] *n.* the twelfth letter of English alphabet, ইংরেজি বর্ণমালার দ্বাদশ বর্ণ।

la₁ [lŭ, লা] *n.* the sixth note of the musical scale, স্বরগ্রামের 'ধা'। [L. *labii*]

la₂ [law, ল্য] *int.* lo, দেখ; ah, হায়; indeed, অ্যাঁ। [cp. *lo*]

lab [lab, ল্যাব্] contr. of **laboratory.**

labefaction [la-bi-fac°-sh(a)n, ল্যাবিফ্যাক্°শ্ন্] *n.* fall, পতন বা অধঃপতন; weakening decay, দৌর্বল্যকারক ক্ষয়। [L. *labefacere*=to weaken]

label [lā°bl, লেই°ব্ল্] **(1)** *n.* a slip of paper attached to an object to denote its nature, contents, ownership, etc., জিনিসের গায়ে উহার বিবরণ মালিকানার পরিচয় প্রভৃতি সংবলিত যে কাগজ আঁটা থাকে, লেবেল (to put *labels* on a person's luggage)। **(2)** *v.t.* to affix a label to, লেবেল আঁটিয়া দেওয়া, আখ্যা দেওয়া। *pr. pt.* **lā°belling**। *p. & p. pt.* **lā°belled**। [OF.]

labellum [la-be°-lam, ল্যাবে°ল্যাম্] *n.* the lower petal, পুষ্পাদির নিচের পাপড়ি, (পরি.) অধরদল। [L. =a small lip]

labial [lā°-bi-al, লেই°বিঅ্যাল্] **(1)** *a.* of or formed or uttered by lips, ওষ্ঠসংক্রান্ত, ওষ্ঠদ্বারা গঠিত বা উচ্চার্য, ওষ্ঠ্য (*labial* sounds)। **(2)** *n.* a labial sound or letter, (ব্যাক.) ওষ্ঠ্য ধ্বনি বা বর্ণ। *v.t.* **lā°bialize**—ওষ্ঠদ্বারা উচ্চারণ করা। *n.* **lābializā°tion** । *adv.* **lā°bially** । **lā°biate**—**(1)** *a.* ওষ্ঠযুক্ত; ওষ্ঠাকার দলমণ্ডলযুক্ত; **(2)** *n.* ওষ্ঠযুক্ত বস্তু; ওষ্ঠাকার দলমণ্ডলযুক্ত পুষ্পাদি। [L. *labium*=a lip]

labile [lā°-bīl, লেই°বাইল্] *a.* unstable, অস্থির, চঞ্চল; apt or liable to change, পরিবর্তনশীল। *n.* **labi°lity** । [L. *labilis*<*labi*=to slip]

laboratory [la-bo°-ra-t(a)ri, ল্যাব°র‍্যাট্রি] *n.* a chemist's workroom, রসায়নাগার, (পরি.) রসশালা; a place for experiments, পরীক্ষাগার, গবেষণাগার। **laboratory of the mind**—মনের পরীক্ষাগার। [L. *laborare*<*labor*=work]

labor, laborious—see **labour.**

labour, (Am.) **labor** [lā°-ba(r), লেই°ব্যা(র্)] **(1)** *n.* toil, পরিশ্রম; work, কাজ; bodily work, কায়িক শ্রমের কাজ; pains, বেদনা, ব্যথা; duties, কর্তব্য; a toilsome task or effort, শ্রমসাধ্য কাজ বা প্রচেষ্টা; workers collectively, শ্রমিক-গণ; (arch.) the outcome of toil, (আর্ষ.) শ্রমের ফল; the pangs of childbirth, প্রসব-বেদনা। **(2)** *v.i.t.* to toil (for), পরিশ্রম করা; to work (on) খাটা; to strain (for), কষ্ট করা, কষ্ট-কল্পনা করা। **(3)** *v.i.* to move slowly and strenuously, ধীরে ধীরে ও কষ্ট করিয়া চলা (wheels *labour* in the sand)। **(4)** *v.t.* to elaborate, সম্প্রসারিত করা, বিশদ করা, পুঙ্খানুপুঙ্খ-রূপে বর্ণনা করা বা নির্মাণ করা (to *labour* a point)। **cheap labour**—খুব অল্প মজুরিতে নিযুক্ত শ্রমিক। **division of labour**—(অর্থ.) শ্রমবণ্টন অর্থাৎ এক-এক ধরনের কাজ এক-এক শ্রেণীর শ্রমিকের উপর অর্পণ। **free labour**—যে শ্রমিক কোন ট্রেড ইউনিআনের সভ্য নহে। **hard labour**—সশ্রম কারা-দণ্ডে দণ্ডিত অপরাধীকে যে কায়িক শ্রমের কাজ করিতে হয়; সশ্রম কারাদণ্ড। **Labour Day**—শ্রমিকদের বাৎসরিক মিলন ও উৎসবের দিন (১লা মে), শ্রমিক-দিবস। **labour force**—কর্মে নিরত বা নিযুক্ত শ্রমিক-গোষ্ঠী। **labour of Hercules**—যে কার্যে প্রচণ্ড শক্তি প্রচেষ্টা প্রভৃতি প্রয়োজন। **labour of love**—নিঃস্বার্থ পরিশ্রম, শখের খাটুনি। **Labour Party**—শ্রমিকহিতৈষী রাজনীতিক দল। **labour trouble**—শ্রমিক-গণ্ডগোল; শ্রমিক-অশান্তি। **labour union**—শ্রমিকসঙ্ঘ। **labour unrest**—শ্রমিক-বিক্ষোভ। **lost labour**—ব্যর্থ শ্রম, নিষ্ফল শ্রম। **(to) labour under**—(কিছুতে) কষ্ট পাওয়া। **(to) labour with**—প্রত্যয়-উৎপাদনার্থ পরিশ্রম করা। *a.* **labo°rious** [la-baw°-ri-as, ল্যাব্য°-রিঅ্যাস্] শ্রমপূর্ণ; শ্রমসাধ্য; শ্রমশীল। *a.* **lā°boured**—শ্রমদ্বারা কৃত; কষ্টকৃত; কষ্টকল্পিত; প্রয়োজনাতি-রিক্তভাবে বিশদ। *n.* **lā°bourer**—শ্রমিক, শ্রমজীবী, মজুর। *n.* **lā°bourīte**—Labour Party-র সদস্য বা সমর্থক। *n.* **lā°bour-pain**—প্রসব-বেদনা। *n.* **lā°bour-room**—প্রসব করানর ঘর, সূতিকাগার।

a. **lā°bour-sāving**—পরিশ্রম কমায় এমন। [OF. <L. *labor*]

labrum [lā°-bram, লেই°ব্র্যাম্] *n.* the upper lip of an insect, কীট পতঙ্গাদির উপরের ঠোঁট বা ওষ্ঠ। *pl.* **lā°bra** । [L.]

laburnum [la-ba(r)°-nam, ল্যাব্যা(র্)°ন্যাম্] *n.* a poisonous tree or its flower, ক্ষুদ্র বিষবৃক্ষ-বিশেষ বা উহার সোনালি ফুল (*laburnum* grove)। [L.]

labyrinth [la°-ba-rinth, ল্যা°ব্যারিন্থ্] *n.* (ori.) a building with intricate passages, (মূলতঃ) জটিল পথাকীর্ণ অট্টালিকা ; a maze, জটিল ও সর্পিল পথসমষ্টি, গোলকধাঁধা; (fig.) a perplexity, (আল.) বিভ্রান্তিকর অবস্থা, জটিল সমস্যা। *a.* **labyrinthi°an, labyrin°thīne**—গোলকধাঁধাতুল্য। [Gk. *labyrinthos*]

lac$_1$—alt. spell. of **lakh.**

lac$_2$ [lak, ল্যাক্] *n.* a dark red resin, লাক্ষা। [Hind. *lukh*<Sans. *laksha*]

lace [lās, লেইস্] (**1**) *n.* a string for passing through holes, ছিদ্রপথে গলানর জন্য দড়ি বা ফিতা (boot-*lace*) ; an ornamental fabric, কারুকার্যময় বস্ত্রবিশেষ, লেস্। (**2**) *v.t.* to tie with a lace, ফিতা দিয়া বাঁধা ; to adorn with a lace, লেস্-লাগান বা লেস্-দ্বারা শোভিত করা। *p. & p. pt.* **lā°ced** । **gold** or **silver lace**—উচ্চপদস্থ কূটনৈতিক সামরিক প্রভৃতি কর্মচারীর পোশাকে যে সোনালি বা রুপালি ফিতা পরান থাকে। **(to) lace into** (a person)—(কাহাকেও) প্রহার করা। **(to) lace with**—(দুধ কফি প্রভৃতি) পানীয়ের সহিত কিঞ্চিৎ মদ্য মিশ্রিত করা (milk *laced with* dash of spirits)। *n.* **lā°cét**—বিনুনিবিশেষ। *a.* **lā°cy** লেইসের ন্যায়। [OF. *las*=a noose<F. *laqueus*]

lacerate [la°-sa-rāt, ল্যা°স্যারেইট্] (**1**) *v.t.* to tear, ছিন্ন করা, to wound, ক্ষত করা ; to afflict, যন্ত্রণা দেওয়া। *p. & p. pt.* **la°cerātėd** । (**2**) *a.* torn, ছিন্ন। *n.* **lacerā°tion** । [L. *lacerare*]

lacertian [lu-sa(r)°-shi-an, লাস্যা(র্)°শিঅ্যান্] **lacertine** [lu-sa(r)°-tīn, লাস্যা(র্)°টাইন্] *a,* of or like lizards, সরীসৃপসংক্রান্ত বা সরীসৃপতুল্য। [L.]

lacet—see **lace.**

laches [la°-chiz, ল্যা°চিজ্] *n.* negligence or undue delay, অবহেলা বা অযথা বিলম্ব। [AF. *lachesse*]

Lachesis [la°-ki-sis, ল্যা°কিসিস] *n.* one of the three Fates, গ্রীক ভাগ্যদেবীত্রয়ের অন্যতমা। *n.* **la°chėsis**—বৃহদাকার সর্পবিশেষ বা তাহার বিষ। [Gk.]

lachrymal [la°-kriml, ল্যা°ক্রিম্ল্] *a.* of tears, অশ্রু-সংক্রান্ত, অশ্রুজাত, অশ্রুপূর্ণ (*lachrymal* duct, gland, etc.)। *a.* **lach°rymatory**—অশ্রুসংক্রান্ত ; অশ্রু-উদ্রেককর। **lachrymatory bomb**—কাঁদানে গ্যাসবোমা। *a.* **la°chrymōse**—অশ্রুপাতপূর্ণ, ক্রন্দনরত ; ক্রন্দনশীল, ছিচকাঁদুনে। [*lachryma,* a mediaeval spell. of L. *lacrima*=tear]

lack [lak, ল্যাক্] (**1**) *n.* want, deficiency, অভাব, ঊনতা। (**2**) *v.t.* to need, (কিছুর) প্রয়োজন বা অভাব বোধ করা, (কিছুর) অভাবে থাকা। (**3**) *v.i.* to be wanting, অভাব ঘটা ; to be in want, অভাবগ্রস্ত হওয়া। *p. & p. pt.* **la°cked** । **(to) be lacking**—অভাব ঘটা। *n.* **lack°land**—ভূমিহীন ব্যক্তি। *a.* **lack°-lustre**—দ্যুতিহীন ; নিষ্প্রভ। [cp. Mod. LG. & Du. *lak*=blemish]

lackadaisical [la-ka-dā°-zik(a)l, ল্যাক্যাডেই°-জ়িক্ল্] *a.* languishing, অবসাদগ্রস্ত ; affected, ভান করে এমন ; feebly sentimental, দুর্বলতাপূর্ণ ও ভাবপ্রবণ। *adv.* **lackadai°sically** । [<*alacka-day*]

lacker—alt. spell. of **lacquer.**

lackey [la°-ki, ল্যা°কি] (**1**) *n.* a footman or valet, যে ভৃত্যকে মনিবের সঙ্গে সঙ্গে ফিরিতে হয়। (**2**) *v.t.i.* to serve as a lackey, উক্ত ভৃত্যস্বরূপ পরিচর্যা করা। [OF. *laquay*<Sp. *lacayo* (*n.*)]

Laconic [la-ko°-nik, ল্যাক°নিক্], **Laconian** [la-kō°-ni-an, ল্যাকৌ°নিয়্যান্] *a.* of Laconia, Spartan, ল্যাকোনিআ-প্রদেশের বা স্পার্টাদেশীয়। *a.* **laco°nic(al)**—স্পার্টাবাসীদের ন্যায় অল্পকথায় প্রকাশিত বা জবাব-দেওয়া ; অতি সংক্ষিপ্ত (a *laconic* reply)। *adv.* **laco°nically** । [Gk. *lakonikos*]

lacquer [la°-ka(r), ল্যা°ক্যা(র্)] (**1**) *n.* a golden varnish, (প্রধানতঃ লাক্ষা ও অ্যালকোহলে প্রস্তুত) সোনালি কলাই বা বার্নিশ (সচ. পিত্তল কলাই করিতে ব্যবহৃত হয়)। (**2**) *v.t.* to varnish with lacquer, উহা দিয়া কলাই করা। [F. *lacre*<Port]

lacquey—alt. spell. of **lackey.**

lactation—see **lacteal.**

lacteal [lak°-ti-al, ল্যাক্°টিঅ্যাল্] *a.* of milk, দুগ্ধজাত ; conveying chyle or other milky fluid, অন্নরস বা দুগ্ধবৎ তরলপদার্থ নিঃসারক, (পরি.) পয়স্বিনী। *n.* **lactā°tion**—স্তন্যপান ; দুগ্ধদান ; স্তন্যপায়ী বা দুগ্ধবতী অবস্থা। *a.* **lac°tic**—দুগ্ধসংক্রান্ত। দুগ্ধজ (*lactic* acid)। *n.* **lac°tŏ-mėter**—দুগ্ধের বিশুদ্ধতা পরীক্ষার যন্ত্রবিশেষ। *n.* **lac°tōse**—দুগ্ধশর্করা। [L. *lac*(*tis*)=milk]

lacuna [la-kū°-na, ল্যাকিউ°ন্যা] *n.* a gap, ফাঁক ; a cavity, গর্ত, গহ্বর। *pl.* **lacū°nas, lacū°nae** । [L.]

lacustrine [la-kus°-trīn, ল্যাকাস্°ট্রাইন্] *a.* of dwelling in or on lakes, হ্রদসংক্রান্ত, হ্রদবাসী ; formed in lakes, হ্রদে সৃষ্ট। [L. *lacus*=a lake]

lacy—see **lace.**

lad [lad, ল্যাড্] *n.* a boy, বালক ; a youth, কিশোর, তরুণ, ছোকরা ; a stableman, অশ্বশালার পরিচারক ; a fellow, লোক। *fem.* see **lass** । *n.* **laddie** [la°di, ল্যা°ডি] বাচ্চা ছেলে, খোকা। [ME. *ladde*=youth, servant<?]

ladanum [la°-da-nam, ল্যা°ড্যান্যাম্] *n.* a resin

exuded from the rock-rose, (ভূমধ্যসাগরীয় অঞ্চলের) পাহাড়ি গোলাপের নির্যাস। [L.<Gk. *ladanon*]

ladder [la°-da(r), ল্যা°ড্যা(র্)] *n.* a contrivance with a set of steps for going up and down, মই ; (fig.) a means of rising, (আল.) উন্নতিলাভের উপায়। **(to) kick down the ladder**—যে সকল শুভানুধ্যায়ী বা উপায়ের সাহায্যে উন্নতি ঘটিয়াছে সেই-সকল পরিত্যাগ করা। [OE. *hlaedar*—cp. G. *leiter*]

laddie—see **lad.**

lade [lād, লেইড্] *v.t.* to put (cargo) on board, জাহাজাদিতে (মাল) বোঝাই করা ; to load, বোঝাই করা। *p.* **lā°dėd** । *p. pt.* **lā°den** । *a.* **lā°den**—বোঝাই-করা ; ভারাক্রান্ত। *n.* **lā°ding**—জাহাজাদিতে মাল-বোঝাই বা বোঝাই-করা মাল ; জাহাজাদিতে মালপ্রেরণের মাশুল। [OE. *hladan*]

la-di-da, lah-di-dah [lŭ°-di-dŭ°, লা°ডিডা°] *a. & n.* (sl.) affectedly fine (person), (অশি.) চালচলনে বা কথাবার্তায় উন্নত রুচিসম্পন্নতার ভানকারী (ব্যক্তি)। [?]

lading—see **lade.**

ladle [lād°l, লেইড্°ল্] **(1)** *n.* a large spoon, হাতা। **(2)** *v.t.* to transfer or distribute with a ladle, হাতা দিয়া তুলিয়া আলাদা করা বা ভাগ করিয়া দেওয়া ; to distribute, বণ্টন করা বা বিতরণ করা। **(to) ladle out**—same as **ladle** (*v.*)। [OE. *hlaedel* < *hladan* = to lade]

lady [lā°-di, লেই°ডি] *n.* the mistress of a house, গৃহকর্ত্রী ; a woman of refined manners and of gentle birth, সংস্কৃতিসম্পন্না ভদ্রবংশীয়া স্ত্রীলোক, সম্ভ্রান্তা মহিলা ; (arch.) wife, পত্নী ; a mistress of a knight, মধ্যযুগীয় নাইট্ বা বীরব্রত পুরুষের প্রণয়িনী। *n.* **Lā°dy**—লর্ড ব্যারন্ নাইট্ প্রভৃতির পত্নীদের আখ্যা ; সম্ভ্রান্তা মহিলা বা দেবী বা শ্রদ্ধেয়া স্ত্রীলোক প্রভৃতিকে সম্বোধনের আখ্যা, দেবী। *in comp.* **lā°dy**—স্ত্রীজাতীয়, স্ত্রী- (*lady*-doctor)। **lady's man, ladies' man**—যে পুরুষ নারীসমাজে বেশি মেলামেশা করে। **Lady Day**—২৫শে মার্চ তারিখে অনুষ্ঠেয় খ্রিষ্টীয় পর্ববিশেষ (এইদিন দেবদূত কুমারী মেরিকে যিশুর আসন্ন জন্মবার্তা জানাইয়াছিলেন)। **my lady**—'lady' উপাধিধারিণীকে সম্বোধনের আখ্যাবিশেষ। **our Lady**—যিশু-জননী কুমারী মেরি। *n.* **lā°dy-bird**—রঙ্গীন পক্ষযুক্ত পতঙ্গবিশেষ, গয়াল। *n.* **Lā°dy-chapel**—কুমারী মেরির উদ্দেশ্যে উৎসর্গীকৃত (বৃহৎ গির্জার) ভজনালয়। *v.t.* **lā°dyfy, lā°dify**—lady-তে পরিণত করা ; lady বলিয়া সম্বোধন করা। *a.* **lā°dyfied, lā°di°fied**—(সচ. মন্দার্থে) lady বা সম্ভ্রান্ত মহিলার ন্যায় চালচলনবিশিষ্ট। *n.* **lā°dy-in-wai°ting**—রানীর সহচরী। *n.* **lā°dy-killer**—যে পুরুষ রমণীর মন জয় করিতে আত্মনিয়োগ করে। *a.* **lā°dy-lïke**—সম্ভ্রান্তা বা সংস্কৃতিসম্পন্না মহিলাতুল্য ; সংস্কৃতিসম্পন্না, মার্জিতরুচি ; (পুরুষসম্পর্কে) স্ত্রীসুলভ ; কোমল। *n.* **lā°dy-love**—প্রণয়িনী। *n.* **lā°dy's-finger**—ঢেঁড়স। *n.* **lā°dyship**—লর্ড ব্যারন্ নাইট্ প্রভৃতির পত্নীদের অথবা সম্ভ্রান্তা মহিলার পদ বা মর্যাদা। *n.* **lā°dy's-maid**—সম্ভ্রান্তা নারীর খাস-দাসী। [OE. *hlaefdige* = the bread-kneader]

lag$_1$ [lag, ল্যাগ্] *n.* a convict, ফৌজদারি দণ্ডপ্রাপ্ত ব্যক্তি, কয়েদি ; an old convict, পুরাতন বা ঘাগি কয়েদি। **an old lag**—যে ব্যক্তি অনেকবার জেল খাটিয়াছে। [?]

lag$_2$ [lag, ল্যাগ্] **(1)** *n.* a stave, যে সব খোঁটা দিয়া পিপার ঘের নির্মিত হয় তাহাদের যে কোনখানি ; a lath, সরু দণ্ড ; a non-conducting covering, এনজিনের বয়লার হইতে আগুন তাপ বা বাষ্প বাহির হইতে না দিবার জন্য যে ঢাকনা দেওয়া হয়। **(2)** *v.t.* to furnish with a lag, উক্ত খোঁটা পরান বা ঢাকনা দেওয়া। *conjug.* same as **lag**$_3$। *n.* **la°gging**—উক্ত খোঁটা বা ঢাকনার উপাদান। [ON. *logg* = barrel-rim ?]

lag$_3$ [lag, ল্যাগ্] **(1)** *n.* a person or thing that comes behind, পশ্চাতে আগমনকারী ব্যক্তি বা বস্তু ; the fag-end, কিছুর ক্লান্তিকর শেষাংশ ; a retardation or falling behind, হটিয়া যাওয়া বা পিছাইয়া পড়া ; delay, বিলম্ব ; amount of delay or retardation, বিলম্বের বা পিছাইয়া পড়ার পরিমাণ। **time lag**—বিলম্বের পরিমাণ ; বিলম্বজনিত অন্তর্বর্তী কাল। **(2)** *v.i.* to move slowly, ধীরে ধীরে চলা ; to loiter, ইতস্ততঃ ঘোরাফেরা করা ; to fall behind, পিছাইয়া পড়া। *pr. pt.* **la°gging** । *p. & p. pt.* **la°gged** । *n.* **la°ggard, la°gger**—lag (*v.*)-এর সকল অর্থে, এবং—যে ব্যক্তি পিছাইয়া পড়ে ; উদ্যমহীন ধীরুজ ব্যক্তি। [?]

lager [lŭ°-ga(r), লা°গ্যা(র্)] *n.* a light beer, অনুগ্র বিয়ার-মদ্যবিশেষ ; a bottle or glass of this, উক্ত মদ্যপূর্ণ বোতল বা গেলাস। [G. *lager-bier* < *lager* = store-house]

laggard, lagged, lagger, lagging—see **lag**$_{2,3}$.

lagniappe [la°-nyap, ল্যা°নিঅ্যাপ্] *n.* bonus, gratuity, কর্মচারীকে বেতনের অতিরিক্ত যে লভ্যাংশ দেওয়া হয়, অনুতোষিক। [Sp. *la napa*]

lagoon [la-gōōn°, ল্যাগূন্°] *n.* a shallow lake, (প্রধানতঃ সমুদ্র বা নদীর সহিত সংযুক্ত) অগভীর হ্রদবিশেষ, উপহ্রদ। [It. *laguna* < L. *lacuna*]

lah-di-dah, laid, lain—see **la-di-da, lay** and **līe**$_2$. respectively.

lair [lā(r), লেয়্যা(র্)] *n.* the den or retreat or an enclosure for beasts, পশুর গুহা বা আশ্রয়স্থান বা খোঁয়াড়। [OE. *leger* = a couch—cp. Du. *leger*, G. *lager*]

laird [lā(r)d, লেয়্যা(র্)ড্] *n.* a Scottish landlord, স্কটল্যাণ্ডের ভূম্যধিকারী। [Scottish form of *lord*]

laissez-faire [lā°-se-fā(r)°, লেই°সেফেয়্যা(র্)°] *n.* the government principle of non-interference, (প্রধানতঃ বাণিজ্যিক ব্যাপারে) সরকারের হস্তক্ষেপ না করার নীতি, অবাধ-নীতি। [F.=let go]

laity—see **lay₄**.

lake₁ [lāk, লেইক্] *n.* a large body of water within land, হ্রদ। **Lake District**—ইংল্যানডের কাম্‌বার্‌ল্যানড্ এস্‌ট্‌ম্যার্‌ল্যানড্ ল্যাংক্যাশায়ার প্রভৃতি প্রদেশের মনোরম দৃশ্যপূর্ণ ও হ্রদবহুল পার্বত্যাঞ্চল। **Lake poets, Lake school**—উক্ত অঞ্চলবাসী ইংরেজ কবিত্রয় : Wordsworth, Coleridge, Southey। *a.* **lā°ky**—হ্রদবহুল। [OE. *lacu*=stream<L. *lacus*=lake]

lake₂ [lāk, লেইক্] *n.* a pigment, (মূলতঃ লাক্ষা-জাত) লাল রঞ্জনবিশেষ (also **crimson lake**)। *a.* **lā°ky**—উক্ত রঞ্জনদ্বারা রঞ্জিত ; রক্তবর্ণ। [see *lac*]

lakh [lak, ল্যাক্] *n.* a hundred thousand, লক্ষ। [Hind.<Sans. *laksha*]

Lakshmi [luksh°-mē, লাক্‌শ্‌°মী] *n.* Vishnu's consort, লক্ষ্মীদেবী। [Sans.]

laky—see **lake₁,₂**.

lam₁ [lam, ল্যাম্] *v.t.i.* to thrash, প্রহার করা। *pr. pt.* **la°mming** । *p. & p. pt.* **la°mmed** । **(to) lam into one**—(কাহাকেও) প্রহার করা। [ON. *lemja*]

lam₂ [lam, ল্যাম্] *n.* (sl.) act of running away, (অশি.) পলায়ন। **on the lam**—পলায়নপর। [?]

lama [lŭ°-ma, লা°ম্যা] *n.* a Buddhist priest in Tibet, তিব্বতের লামা। *n.* **lamasery** [lŭ°-ma-sa-ri, লা°ম্যাস্যারি, [la-ma°-sa-ri, ল্যাম্যা°-স্যারি] তিব্বতের লামার মঠ। [Tibet. *blama*]

lamb [lam, ল্যাম্] (1) *n.* a young sheep, মেষ-শাবক, ভেড়ার বাচ্চা ; one simple or innocent or gentle as a lamb, মেষশাবকতুল্য বোকাটে বা নিরীহ বা শান্তপ্রকৃতি ব্যক্তি অথবা প্রাণী। (2) *v.t.i.* to bring forth, (ভেড়া-সম্বন্ধে) প্রসব করা, বাচ্চা দেওয়া। **the Lamb (of God)**—যিশুখ্রিস্ট। *n.* **lamb°ing**—মেষশাবকের জন্মসময় ; মেষশাবকের জন্ম বা মেষের শাবকপ্রসব। *n.* **lamb°kin**—বাচ্চা মেষশাবক। *n.* **lamb°skin**—মেষশাবকের চর্ম বা তত্তুল্য পশমি বস্ত্র। *n.* **lamb's°-wool**—মিহি বা উৎকৃষ্ট পশম। [AS.—cp. G. *lamm*, Du. *lam*]

lambaste [lam-bāst°, ল্যাম্‌বেইস্‌ট্°] *v.t.* (sl.) to thrash or scold violently, (অশি.) আচ্ছা-রকম মারা বা বকা। [see *lam*]

lambent [lam°-bant, ল্যাম্‌°ব্যান্‌ট্] *a.* licking, লেহনকর ; touching lightly, আলতোভাবে স্পর্শ-কর ; gliding over, আলতোভাবে স্পর্শ করিয়া চলিয়া ফিরিতেছে এমন ; flickering, (আলোকশিখা-সম্বন্ধে) পতপত্ করিয়া জ্বলিতেছে এমন। *n.* **lam°-bency**—লেহন ; আলতো স্পর্শ ; আলতোভাবে স্পর্শ করিয়া ভ্রমণ ; পত্‌পত্ করিয়া জ্বলন। *adv.* **lam°-bently** । [L. *lambere*=to lick]

lambkin, lambskin, lamb's-wool—see **lamb.**

lame₁ [lām, লেইম্] var. of **lamina.**

lame₂ [lām, লেইম্] (1) *a.* disabled esp. in the use of a leg, পঙ্গু, খঞ্জ, খোঁড়া ; unsatisfactory, অসন্তোষজনক (a *lame* excuse) ; imperfect, অসম্পূর্ণ, খুঁত-যুক্ত, খুঁতেল। (2) *v.t.* to cripple, পঙ্গু বা খঞ্জ করা ; to make imperfect, অসম্পূর্ণ বা খুঁত-যুক্ত করা। *adv.* **lāme°ly** । *n.* **lāme°ness** । [OE. *lama*—cp. Du. *lam*]

lamé [lŭ-mā°, লামেই°] *a. & n.* (things) with gold and silver thread inlaid, সোনারুপার জরির কাজ-করা (বস্ত্র)। [F.]

lamella [la-me°-la, ল্যামে°ল্যা] *n.* a thin plate or layer, পাতলা পাত বা স্তর, পট্ট। *pl.* **lamellæ** [la-me°-lē, ল্যামে°লী]। *a.* **lame°llar**—পট্টল। [L.]

lament [la-ment°, ল্যামেন্‌ট্°] (1) *v.i.t.* to mourn or wail (for), (কিছুর জন্য) শোক করা বা আর্তনাদ করা, বিলাপ করা। *p. & p. pt.* **lamen°tėd** । (2) *n.* sorrow expressed in grief, শোকার্ত চিৎকার, বিলাপ, আর্তনাদ ; an elegy or dirge, শোকসঙ্গীত বা মৃত্যুসঙ্গীত। *a.* **la°mentable**—শোকার্হ ; শোচনীয় ; দুঃখদায়ক। *adv.* **la°mentably** । *n.* **lamentā°tion** । *a.* **lamen°tėd**—(যাহার জন্য) শোক করা হইয়াছে এমন, অনুশোচিত (your late *lamented* father)। *adv.* **lamen°tingly** । [L. *lamentari*]

lamia [lā°-mi-a, লেই°মিঅ্যা] *n.* a serpent-witch, (গ্রীক ও রোমান পুরাণ) রক্তচোষা সর্পদানবী-বিশেষ। [Gk. & L.]

lamina [la°-mi-na, ল্যা°মিন্যা] *n.* a lamella, পাতলা পাত বা স্তর, পত্র, পট্ট, ত্বক্ ; a leaf-blade, বৃক্ষপত্রের ফলক। *pl.* **la°minæ** । *a.* **la°minar(y), la°minate**—স্তরিত ; ত্বচিত ; ফলকিত। *n.* **laminā°tion**—স্তরায়ণ ; ত্বচন ; ফলকায়ন। [L.]

lamp [lamp, ল্যাম্প্] *n.* a vessel with a wick and oil for giving a light, তেল ও সলিতার দ্বারা যে বাতি জ্বালান হয়, প্রদীপ, দীপ ; any structure for giving light, যে কোন বাতি (electric *lamp*) ; a source of light, আলোর উৎস। *n.* **lamp°black**—ভুসা ; ভুসাজাত কালি বা কাজল। *n.* **lamp°-burner**—প্রদীপের যে অংশ হইতে শিখা বা আলো নির্গত হয়। *n.* **lamp°light**—দীপালোক। *n.* **lamp°lighter**—রাস্তার বাতি জ্বালানর জন্য নিযুক্ত ব্যক্তি। *n.* **lamp°-oil**—বাতি জ্বালানর জন্য (সচ. খনিজ) তেল। *n.* **lamp°-pōst**—রাস্তার বাতিস্তম্ভ, ল্যাম্পপোস্ট। *n.* **lamp°-shāde**—বাতির ঢাকনা। [F. *lampe*<Gk. *lampas*]

lampion [lam°-pi-an, ল্যাম্‌°পিঅ্যান্] *n.* an oil-lamp usually of coloured glass, রঙীন কাচের প্রদীপবিশেষ। [It. *lampione*]

lampoon [lampōōn°, ল্যাম্‌পূন্°] (1) *n.* a personal satire, ব্যক্তিগত ব্যঙ্গ-কবিতা। (2) *v.t.* to write a lampoon against, satire, ব্যক্তিগত ব্যঙ্গ-কবিতা লিখিয়া আক্রমণ করা। *n.* **lampōō°-**

ner—উক্ত ব্যঙ্গ কবিতার রচয়িতা। *n.* **lampoo°nery**—উক্ত ব্যঙ্গ-কবিতা রচনা। [OF. *lampon*]

lamprey [lam°-pri, ল্যাম্°প্রি] *n.* an eel-like fish, বান-জাতীয় মৎস্যবিশেষ (ইহা পাথরে মুখ দিয়া তৎসংলগ্ন হইয়া থাকে)। [OF. *lamproie*<LL. *lampetra*]

Lancastrian [lang-kas°-trian, ল্যাংক্যাস্°ট্রিঅ্যান্] (**1**) *a.* of Lancaster or Lancashire, ল্যাংক্যাস্টারের বা ল্যাংক্যাশায়ারের ; of the house of Lancaster, ল্যাংক্যাস্টারের ডিউকবংশীয়। (**2**) *n.* a native of Lancaster or Lancashire, ল্যাংক্যাস্টারের বা ল্যাংকাশায়ারের লোক ; an adherent of the house of Lancaster, ল্যাংক্যাস্টারের ডিউক-বংশের অনুগামী ব্যক্তি।

lance [lŭns, লান্স্] *n.* a kind of weapon, বরশা, বল্লম, ভল্ল। *n.* **lance°-corporal**—(সাম.) কর্পোর‍্যালের পদাধিষ্ঠিত কিন্তু কর্পোর‍্যালের সমান বেতন পায় না এমন সৈনিক। *n.* **lance°lėt**—ক্ষুদ্র মৎস্যবিশেষ, থুরকিনা-মাছ। *a.* **lanceolate** [lŭn°-si-a-lāt, লান্°সিঅ্যালেইট্] বল্লমের ডগার ন্যায় আকারযুক্ত, (পরি.) ভল্লাকার। *n.* **lan°cer**—বল্লমধারী অশ্বারোহী সৈনিক। [F.<L. *lancea*]

lancet [lŭn°sit, লান্°সিট্] *n.* a surgical knife, শল্যচিকিৎসকের ছুরিবিশেষ। **lancet arch** or **window**—ধনুকাকৃতি অপ্রশস্ত তীক্ষ্ণাগ্র খিলান বা জানালা। [OF. *lancette*=a small lance]

lancinate [lŭn°-si-nāt, লান্°সিনেইট্] *v.t.* to pierce, বেঁধা। *p.* & *p. pt.* **lan°cinātėd**। *a.* **lan°cināting**—(বেদনাদি-সম্বন্ধে) সুচের মত বেঁধে এমন, তীব্র। [L. *lancinare*]

land [land, ল্যান্ড্] (**1**) *n.* the solid part of the earth's surface, পৃথিবীর স্থলভাগ ; a country, দেশ ; a state, রাষ্ট্র ; real estate, ভূসম্পত্তি, জমিদারি, জমি ; ground, ভূমি, স্থল, খেত, ডাঙ্গা ; soil, মৃত্তিকা, মাটি। (**2**) *v.t.i.* to set or be set on land or on shore, স্থলে বা উপকূলে স্থাপন করা অথবা স্থাপিত হওয়া ; to set or come down, (স্থলে) নামান বা নামা, অবতরণ করান বা করা ; to bring or come to land or shore, স্থলে বা উপকূলে আনা অথবা আসা ; to cause to arrive, or arrive, পৌছান বা পৌছা। (**3**) *v.t.* to capture, দখল করা ; *p.* & *p. pt.* **lan°dėd**। **common land**—সর্বসাধারণের ব্যবহার্য পতিত জমি (যেমন, গোচর জমি)। **(to) find out how the land lies**—(আল.) কোনো ব্যাপারের বর্তমান হালচালের হদিস করা। *a.* **lan°dėd**—ভূসম্পত্তির অধিকারী (*landed* gentry) ; স্থাবর (*landed* property)। **landed interest**—(দেশের) জমিদারবর্গের স্বার্থ। **land of the leal**—স্বর্গ। **(to) land** (a person) **one in the eye**—(কাহাকেও) চোখে ঘুসি মারা। **(to) land on (one's) feet**—কপাল জোরে বিপদ কাটাইয়া ওঠা। *n.* **land°-āgent**—ভূসম্পত্তির তত্ত্বাবধায়ক, (তু.) নায়েব ; যে ব্যক্তি জমি কেনা-বেচার ব্যবসায় করে। *n.* **land°-army**—স্থলবাহিনী। *n.* **land°-bank**—ভূসম্পত্তি বা জমি বন্ধক রাখিয়া ঋণদানকারী ব্যাঙ্ক। *n.* **land°-breeze**—স্থল হইতে সমুদ্রাভিমুখে প্রবাহিত বাতাস। *n.* **lan°der**—(প্রধানতঃ জাহাজ বা বিমানপোত হইতে) স্থলে অবতরণকারী। *n.* **land°fall**—জাহাজে বা বিমানে চড়িয়া স্থলের নিকটবর্তী হইলে স্থলভাগের যে অংশ প্রথম নজরে আসে, তটরেখা, স্থলরেখা। *n. pl.* **land°-forces**—স্থলবাহিনী। *n.* **land°-grabber**—কলে-কৌশলে বা অত্যাচারপূর্বক পরের জমি দখলকারী। *n.* **land°hōlder**—জমির প্রজা বা মালিক। *n.* **land-hunger**—ভূমি আহরণের প্রবল স্পৃহা। *n.* **lan°ding**—(জাহাজ এরোপ্লেন বা অন্য গাড়ি হইতে স্থলে) অবতরণ : স্থলে অবতরণ ; অবরোহ ; উপকূলে স্থাপন আনয়ন বা আগমন ; অবতরণস্থল। **forced landing**—(যান্ত্রিক গোলযোগাদির ফলে) বিমানপোতের বাধ্যতামূলকভাবে স্থলে অবতরণ। *n.* **lan°ding-field**—বিমানপোতের অবতরণ ও উড্ডয়নের জন্য বিস্তৃত ভূমি। *n.* **lan°ding-gear**—বিমানপোতকে স্থলে অবতরণ করানর যন্ত্রবিশেষ। *n.* **lan°ding-ground**—বিমানপোতের অবতরণস্থল। *n.* **lan°ding-net**—বঁড়শিতে গাঁথা মাছ ডাঙ্গায় তুলিবার জাল। *n.* **lan°ding-plāce**—(সচ. জাহাজের) অবতরণস্থল। *n.* **lan°ding-stāge**—জাহাজাদিতে যাত্রী ও মাল নামা-ওঠার জন্য ভাসমান বা ভূমিতে স্থাপিত মঞ্চবিশেষ। *n.* **lan°ding-strip**—বিমানপোতের অবতরণ ও উড্ডয়নের জন্য স্বল্পায়তন কঠিন ভূমি। *a.* **land°lādy**—যে নারী স্বগৃহে ভাড়াটে বা বোর্ডার অর্থাৎ অর্থবিনিময়ে ভোজনকারী রাখে, বাড়িওয়ালি ; সরাইখানার স্ত্রী-মালিক, হোটেলওয়ালি। *n.* **land°-law**—ভূসম্পত্তিসংক্রান্ত আইন। *a.* **land°lėss**—চাষের জমিহীন। *a.* **land°locked**—(উপসাগর হ্রদ প্রভৃতি সম্বন্ধে) স্থলদ্বারা (প্রায়) বেষ্টিত। *n.* **land°-lord**—জমিদার ; বাড়িওয়ালা ; সরাইখানার মালিক, হোটেলওয়ালা। *n.* **land°lordism**—জমিদারি নীতি বা চালচলন বা কর্তৃত্ব ; জমিদারের যৌথ চেষ্টা ; জমিদারগিরি ; জমিদার-তন্ত্র। *n.* **land°-lubber**—(সামুদ্র নাবিকদের ভাষায়) সামুদ্র নাবিক-জীবনে অনভ্যস্ত ব্যক্তি। *n.* **land°mark**—জমির চৌহদ্দি-নির্দেশক চিহ্ন ; স্থলোপরি যে চিহ্ন নাবিক বা অন্য ভ্রমণকারীদিগকে পথের নির্দেশ দেয় ; বৈশিষ্টা, বৈশিষ্ট্যের লক্ষণ ; (আল.) যুগের সন্ধিক্ষণ বা পরিবর্তনাদি সূচক ঘটনাদি (*landmarks* in the history of mankind)। *n.* **land°-measure**—জমির আয়তনাদি মাপার প্রণালীবিশেষ, কাঠাকালি। *n.* **land°-mīne**—যে মাইন্ অর্থাৎ বিস্ফোরক বোমা ভূমিতে স্থাপন করা হয়। *n.* **land°-owner**—জমির বা ভূসম্পত্তির মালিক, জমিদার তালুকদার প্রভৃতি। *a.* **land°-owning**—ভূসম্পত্তির অধিকারী। *n.* **land°-slīde**—ধস্, ভূপাত, ভূমিস্খলন ; বহুসংখ্যক ভোট পাত্রান্তরে দান। *n.* **land°slip**—ধস্, ভূপাত, ভূমিস্খলন। *n.* **lands°man**—স্থলকর্মী ; স্থলবাসী, ডাঙ্গার লোক ; সমুদ্রযাত্রাদিতে অনভ্যস্ত ব্যক্তি। *n.* **land°-survey°ing**—স্থলভাগের মাপ-নির্ধারণ ও মানচিত্রাঙ্কন। *n.* **land°-survey°or**—স্থলভাগের মাপ-

নির্ধারণ ও মানচিত্রাঙ্কন যাহার কাজ। *n.* **land°-tax** —জমির খাজনা। *n.* **land-swell**—সমুদ্রোপকূলে স্থলপ্লাবী তরঙ্গ। [AS.—cp. G. *land*]

landau [lan°-daw, ল্যান্ড্যা] *n.* a carriage with a folded top, গুটাইয়া রাখা যায় এমন ঢাকনাযুক্ত গাড়ি, ল্যান্‌ডো। *n.* **landaulet(te)°**—ঐ ধরনের মোটরগাড়ি। [*Landau* in Germany]

landgrave [lan(d)°-grāv, ল্যান্‌°গ্রেইভ্‌] *n.* a German count, জর্মানির জমিদারবিশেষ। *fem.* **landgravine** [lan(d)°-gra-vēn, ল্যান্‌°গ্র্যাভীন্‌]। [G. *landgraf*]

land-louper [land°-low-pa(r), ল্যান্ড্‌°লাউপ্যা(র্‌)] *n.* a vagabond or vagrant, নিষ্কর্মা ভবঘুরে লোক (alt. spell. **land°lōper**)। [Du. *landlooper*]

landocracy [lando°cra-si, ল্যাণ্ড°ক্র্যাসি] *n.* the landed class, ভূস্বামীশ্রেণী, জমিদারবর্গ। *n.* **lan°docrat**। [see *land*, Gk. *kratos*=power]

landscape [lan°-skāp, ল্যান্‌°স্কেইপ্‌] *n.* an inland scenery or its picture, প্রাকৃতিক ভূদৃশ্য বা ভূচিত্র। **landscape gardening**—প্রাকৃতিক ভূদৃশ্যানুযায়ী রচিত উদ্যান। *n.* **land°scāpe-pain°ter**—প্রাকৃতিক দৃশ্যাদির চিত্রশিল্পী। [Du. *landschap*]

lane [lān, লেইন্‌] *n.* a narrow passage or street, সঙ্কীর্ণ পথ বা রাস্তা, গলি; a passage through a multitude, ভিড়ের মধ্য দিয়া চলার পথ; a prescribed course, নির্দেশিত বা অনুমোদিত পথ। [OE. *lone, lane*]

lang-syne [lang°-sīn°, ল্যাং°সাইন্‌°] (**1**) *adv.* in the old days, প্রাচীনকালে, সেকালে। (**2**) *n.* the old days, সেকাল। [Scot.=long since]

language [lang°-gwij, ল্যাং°গুইজ্‌] *n.* speech, (মানুষ বা অন্য কিছুর) ভাষা, বুলি; diction, বাগ্বিধি, বাক্‌প্রণালী। **bad language**—পবিত্র কিছুর নামে দোহাই; দিব্বি। **dead language**—বর্তমানে অপ্রচলিত ভাষা, যে ভাষায় এখন আর কথোপকথন হয় না। **living language**—প্রচলিত ভাষা। **(to) speak the same language**—(আল.) অনুরূপ দৃষ্টিভঙ্গি বা বাচনভঙ্গি অনুসরণ করা। [F. *langage* < L. *lingua*=the tongue]

Langue d'oc [lungg°-dok, লাংগ্‌°ডক্‌] *n.* Roman dialects of southern France, দক্ষিণ ফ্রান্সে ব্যবহৃত রোমান (উপ-) ভাষাসমূহের নাম। [OF. *langue*=language, *de*=of, Provençal *oc*=yes]

languid [lang°-gwid, ল্যাং°গুইড্‌] *a.* slack, ধীরুজ, ঢিলে-ঢালা; inert, অসাড়, জড়তাগ্রস্ত; faint, ক্ষীণ; relaxed, অবসন্ন; spiritless, নিস্তেজ, নির্জীব। *adv.* **lan°guidly**। *n.* **lan°guidness**। [L. *languidus* < *languere*=to be weak]

languish [lang°-gwish, ল্যাং°গুইশ্‌] *v.i.* to be languid, ধীরুজ ঢিলে-ঢালা অসাড় জড়তাগ্রস্ত ক্ষীণ অবসন্ন বা নিস্তেজ হওয়া; to pine, শোকাদিতে ক্রমশঃ ক্ষয় হইয়া যাওয়া; to droop, হতাশায় মন-মরা হইয়া পড়া। *p. & p. pt.* **lan°guished**। *n.* **lan°guishment**। [F. *languiss-* < L. *languere*=to be weak]

languor [lang°-ga(r), ল্যাং°গ্যা(র্‌)] *n.* languidness, ধীরুজ বা ঢিলে-ঢালা ভাব, অসাড়তা, জড়তা, ক্ষীণতা, অবসন্নতা, তেজোহীনতা, নির্জীবতা (the *languor* of a summerday)। *a.* **lan°guorous**—ঢিলে-ঢালা, অসাড়তাপূর্ণ, জড়তাগ্রস্ত, ক্ষীণতাগ্রস্ত, অবসন্নতাপূর্ণ, নিস্তেজ, নির্জীব। *adv.* **lan°guorously**। [L.]

langur [lŭn-gōō(r)°, লাংগূ(র্‌)°] *n.* a long-tailed monkey, দীর্ঘলেজবিশিষ্ট বানরবিশেষ। [Hind.]

lank [langk, ল্যাংক্‌] *a.* thin and tall, রোগা ও লম্বা; long and limp, দীর্ঘ ও পাতলা বা বিরল। *adv.* **lank°ly**। *a.* **lan°ky**—লম্বা কৃশ ও অশোভন। *adv.* **lan°kily**। *n.* **lan°kiness**। [OF. *hlanc*]

lanolin(e) [la°-na-lēn, ল্যা°ন্যালীন্‌] *n.* fat from sheep's wool used in preparing ointments for the skin, ভেড়ার লোমজাত চর্বি: ইহা গাত্রচর্মে লেপনীয় মলমের প্রধান উপাদান। [L. *lana*=wool, *oleum*=oil]

lantern, (obs.) **lanthorn** [lan°-ta(r)n, ল্যান্‌°ট্যা(র্‌)ন্‌] *n.* a case for a light, লণ্ঠন। *a.* **lantern-jawed**—তোবড়ান গালযুক্ত। [F. *lanterne* < L. *lanterna*]

lanyard [la°nē(r)d, ল্যা°নিয়্যা(র্‌)ড্‌] *n.* a short rope, নাবিকদের ছোট দড়িবিশেষ। [F. *laniere*—confused with *yard*]

Laodicean [le-ŏ-di-si°-an, লেওডিসি°অ্যান্‌] *a.* lukewarm in religion or politics, ধর্মগত বা রাজনীতিগত ব্যাপারে ঐকান্তিকতাহীন বা নিরুদ্যম। [From the Christians of *Laodicea*]

lap₁ [lap, ল্যাপ্‌] (**1**) *v.t.i.* to drink by licking up, জিহ্বা দিয়া লেহন করিয়া বা চুক্‌চুক্‌ শব্দে পান করা (the cat *lapped* up the milk)। (**2**) *v.t.* (fig.) to take in greedily or readily, (আল.) সলোভে বা সাগ্রহে আত্মসাৎ করা। (**3**) *v.i.* to make a lapping sound, জিহ্বাদ্বারা পান করার মত চুক্‌চুক্‌ শব্দ করা। *pr. pt.* **la°pping**। *p. & p. pt.* **la°pped**। (**4**) *n.* the sound of lapping, লেহনের শব্দ; sound of wavelets on the beach, সমুদ্রসৈকতে ছোট ছোট ঢেউয়ের আঘাতের শব্দ, তরঙ্গ-স্তনন; that which may be lapped, লেহ্য বস্তু; thin liquid food, পাতলা তরল খাদ্য। [OE. *lapian*]

lap₂ [lap, ল্যাপ্‌] (**1**) *n.* a flap or fold, লেফাফা পোশাক প্রভৃতির ভাঁজ-করা অংশ, পাট; a lobe, (কান প্রভৃতির) লতি; the tail or skirt of a garment, পোশাকের প্রান্ত বা খুট; the fold of

For words in land-, not given separately, see **land.**

the body of a person sitting, কোল, ক্রোড় (the baby is lying on its mother's *lap*) : a round or coil, ঘোরান বা পেঁচান বস্তুর পাক বা পেঁচ ; an overlap, এক বস্তুকে ঢাকিয়া ভিন্ন বস্তুর অবস্থান, অধিস্থাপন ; favour, আনুকূল্য (in Fortune's *lap*) ; abundance, প্রাচুর্য (in the *lap* of luxury) । (2) *v.t.* to wrap or enfold, কিছু দিয়া জড়ান বা কিছুর মধ্যে রাখা ; to surround, পরিবেষ্টন করা ; to lay overlappingly, অধিস্থাপন করা ; to hold in the lap, কোলে লওয়া । (3) *v.i.* to overlap, অধিস্থাপিত হওয়া ; to extend beyond limits, সীমা ছাড়ান, উপছাইয়া পড়া বা ছাপাইয়া যাওয়া । *conjug.* same as **lap_1** । **(to) live in the lap of luxury**—বিলাসবহুল জীবন যাপন করা, প্রাচুর্য ও সমৃদ্ধির মধ্যে কাল কাটান । *n.* **lap°-dog**—ক্ষুদ্র পোষা কুকুরবিশেষ : ইহাকে মালিক প্রায়ই কোলে তুলিয়া আদর করে । [OE. *laeppa*= a loosely hanging part]

lapel [la-pel°, ল্যাপেল্°] *n.* part of a coat-collar folded back, কোটের কলারের ভাঁজ-করা অংশ । [dim. of *lap_2*]

lapicide [la°-pi-sīd, ল্যা°পিসাইড্] *n.* a cutter of inscriptions on stone, যে ব্যক্তি পাথরে লিপি উৎকীর্ণ করে । [L. *lapicida*]

lapidary—see **lapis.**

lapis [la°-pis, ল্যা°পিস্] *n.* a stone, পাথর । **la°pidary**—(1) *n.* পাথর বা মণি কাটা (বা খোদাই করা) যাহার বৃত্তি ; মণিকার ; রত্নবিশেষজ্ঞ, জহুরি । (2) *a.* পাথর বা মণি সংক্রান্ত ; (ভ্রমরসম্বন্ধে) প্রস্তর-স্তূপের উপর বাসকারী ; প্রস্তরে ক্ষোদিত ; প্রস্তরাদিতে উৎকীর্ণ করার যোগ্য । *n.* **lapis-la°zūlī**—সুন্দর নীলবর্ণ প্রস্তরবিশেষ, নীলা, নীলকান্তমণি । [L. *lapidarius*]

Laplander [lap°-lan-da(r), ল্যাপ্°ল্যান্ড্যা(র্)], **Lapp**—*n.* a native of Lapland, ল্যাপ্‌ল্যান্ডের অধিবাসী ।

lapped—see **$lap_{1,2}$**.

lappet [la°-pit, ল্যা°পিট্] *n.* a little flap, (পোশাকের) প্রান্ত বা খুঁট্ । [dim. of *lap*]

lapping—see **$lap_{1,2}$**.

lapse [laps, ল্যাপ্স্] (1) *v.i.* to pass by degrees, একটু একটু করিয়া অতিবাহিত হওয়া ; to fall from faith, স্বধর্মভ্রষ্ট হওয়া ; to fall in virtue or duty, ধর্ম বা কর্তব্য পালনে অক্ষম হওয়া ; to pass into disuse, অপ্রচলিত হওয়া ; to become void due to some omission or non-fulfilment, তামাদি হওয়া, (পরি.) অতিপন্ন হওয়া । *p.* & *p. pt.* **lap°sed** । (2) *n.* a slip, ত্রুটিবিচ্যুতি ; gradual passage, ধীরে ধীরে অতিবাহন ; a falling away, ভ্রষ্টতা ; a failure, অক্ষমতা ; state of becoming void owing to some omission or non-fulfilment, তামাদি, (পরি.) অতিপত্তি । **Doctrine of Lapse**—অপুত্রক ভারতীয় রাজার দত্তকপুত্র সিংহাসন পাইবে না : এই নীতি (বড়লাট লর্ড ড্যালহাউসি ইহার প্রবর্তক), স্বত্বলোপ-নীতি । *n.* **lapse°-rāte**—(আবহবিদ্যা) উচ্চতা অনুপাতে তাপের পরিবর্তন বা হ্রাস । [L. *lapsare* (*v.*), *lapsus* (*n.*)]

lapsus [lap°-sas, ল্যাপ্°স্যাস্] *n.* slip, ত্রুটিবিচ্যুতি বা ভুল । **lapsus calami**—লেখার সময় অনবধানতাবশতঃ ভুল । **lapsus linguae**—বলার সময় অনবধানতাবশতঃ ভুল । [L. see *lapse*]

lapwing [lap°-wing, ল্যাপ্°উইং] *n.* the peewit, টিট্টিভজাতীয় পক্ষিবিশেষ । [OE. (*h*)*laepe-wince*, *hleapewince*]

lar [lŭ(r), লা(র্)] *n.* the god of a house, গৃহদেবতা । *pl.* **lār°ēs** । [L.]

larboard [lŭ(r)°-ba(r)d, লা(র্)°ব্যা(র্)ড্] (1) *n.* (obs.) port or left, (অপ্র.) বন্দর বা (জাহাজের) বামপার্শ্ব । (2) *a.* towards the port or left, বন্দরের বা (জাহাজের) বামপার্শ্বের অভিমুখ । [ME. *laddeborde* <?—influenced by *starboard*]

larceny [lŭ(r)°-sni, লা(র্)°স্‌নি] *n.* theft, চৌর্য । **petty larceny**—এক শিলিংয়েরও কম মূল্যের বস্তু চুরি । *n.* **lar°cener, lar°cenist**—চোর, চৌর্যবিশারদ । *a.* **lar°cėnous**—চৌর্যসংক্রান্ত ; চুরি করে এমন । [OF. *larrecin*<L. *latrociniun*]

larch [lŭ(r)ch, লা(র্)চ] *n.* a coniferous tree, শাঙ্কবাকার বৃক্ষবিশেষ । [G. *larche*]

lard [lŭ(r)d, লা(র্)ড্] (1) *n.* the rendered fat of the hog, রন্ধনাদিতে ব্যবহারের জন্য উপযোগী করা শূকরচর্বি । (2) *v.t.* to smear with lard, উক্ত শূকরচর্বি মাখান ; to fatten, চর্বি মাখান ; to mix with anything, কিছুর সহিত মেশান ; to garnish, মসলা-যুক্ত করা । *p.* & *p. pt.* **lar°dėd** । **(to) lard with**—(উক্তি রচনা প্রভৃতি) উপমা বিদেশী শব্দ প্রভৃতি যোগে সমৃদ্ধ বা সুশোভিত করা (a speech in Bengali *larded with* English words) । *a.* **lar°dy** । [OF. *lardum*]

larder [lŭ(r)°-da(r), লা(র্)°ড্যা(র্)] *n.* a place where food is kept, ভাঁড়ারঘর, খাদ্যভাণ্ডার । [OF. *lardier*]

lardy-dardy [lā(r)di-dā(r)°di, লেয়্যা(র্)ডি-ডেয়্যা(র্)°ডি] *a.* (sl.) affected in manners and speech, (অশি.) আচরণে ও কথাবার্তায় মাত্রাধিক সুরুচি ও শোভনতার ভানকারী । [cf, la-di-da]

lares—see **lar.**

large [lŭ(r)j, লা(র্)জ্] *a.* great in size, বৃহৎ, বৃহদায়তন ; extensive, বিস্তৃত ; bulky, বিশাল, বিপুল ; broad, প্রশস্ত, চওড়া ; abundant, প্রচুর ; generous, সদাশয় ; liberal, উদার । **at large**—স্বাধীন, মুক্ত ; অবাধে ; সাধারণতঃ ; অনির্দিষ্টভাবে ; (বিবরণ প্রভৃতি সম্পর্কে) সম্পূর্ণরকম, বিশদভাবে (to talk or write *at large*) । **gentleman at large**—যে ব্যক্তির কোন বৃত্তি বা পেশা নাই । *a.* **large°-hear°tėd, large°-min°dėd**—উদারহৃদয় ; সদাশয় ; বদান্য ; উদার । *adv.* **large°ly** ।

n. **large°ness** I *a.* **lar°gish**—বড়সড় I [F.<I.. *largus*=abounding]

largess(e) [lŭ(r)°-jes, লা(র্)°জেস্] *n.* a bestowal of gifts, (সচ. বিশিষ্ট ব্যক্তি কর্তৃক) উপহার-প্রদান, দান ; gifts bestowed, প্রদত্ত উপহার I [F. *largesse*<L. *largitio*<*largus*—cp. *large*]

largish—see **large.**

lariat [la°-ri-at, ল্যা°রিঅ্যাট্] *n.* a picketing rope, অশ্বাদি পশুর বন্ধনরজ্জু I [Sp. *la*=the, *reata*=picketing rope]

lark$_1$ [lŭ(r)k, লা(র্)ক্] **(1)** *n.* a frolic, মজা, দুষ্টুমি, ক্রীড়াকৌতুক I **(2)** *v.i.* to frolic, মজা বা ক্রীড়াকৌতুক করা ; দুষ্টুমিতে যোগ দেওয়া I *p.* & *p. pt.* **lar°ked** I **what a lark**—কি মজা ! [?]

lark$_2$ [lŭ(r)k, লা(র্)ক্] *n.* a kind of bird, ভরতপক্ষী I *n.* **lark°spur**—নানা বর্ণের পুষ্পপ্রসূ উদ্যানলতাবিশেষ I [ME. *laverock*<OE. *la(e)werce*—cp. G. *lerche*]

larrikin [la°-ri-kin, ল্যা°রিকিন্] *n.* a hooligan, a rowdy, রাস্তার গুণ্ডা, রাহাজান I [from *larry* (pet-form of Lawrence)]

larrup [la°-rap, ল্যা°র‍্যাপ্] *v.t.* (coll.) to whip, to thrash, (কথ্য.) বেতান, পেটান I *pr. pt.* **la°rrupping** I *p.* & *p. pt.* **la°rrupped** I [dial ; cf Du. *larpen*=thresh with flails]

larva [lŭ(r)°-va, লা(র্)°ভ্যা] *n.* an animal in an immature but active state, শুঁয়াপোকা, শূক I *pl.* **larvæ** [lŭ(r)°-vē, লা(র্)°ভী] I *a.* **lar°val**—শূকরসংক্রান্ত I [L.=a spectre]

laryngeal, laryngitis—see **larynx.**

larynx [la°-ringks, ল্যা°রিংক্স্] *n.* the upper part of the wind-pipe, বাগ্‌যন্ত্র, স্বরযন্ত্র I **laryngeal** [la-rin-ji°-al, ল্যারিন্‌জি°অ্যাল্] স্বরযন্ত্র-সম্বন্ধীয় I *n.* **laryngitis** [la-rin-jī°-tis, ল্যারিন্‌জাই°টিস্] স্বরযন্ত্রের প্রদাহমূলক ব্যাধি I *n.* **laryn°goscope**—স্বরযন্ত্র পরীক্ষার জন্য আয়নাযুক্ত যন্ত্রবিশেষ I [G.]

lascar [las°-ka(r), ল্যাস্°ক্যা(র্)] *n.* an oriental (esp. Indian) sailor or camp-follower, প্রাচ্যদেশীয় (বিশেষতঃ ভারতীয়) সমুদ্রনাবিক বা সৈন্যবাহিনীর তল্পিদার, লস্কর I [Hind. & Pers. *laskhar*]

lascivious [la-si°-vi°as, ল্যাসি°ভিঅ্যাস্] *a.* wanton, কামুক ; inciting to lust, কামোদ্দীপক I *adv.* **lasci°viously** I *n.* **lasci°viousness** I [LL. *lasciviosus*]

laser [lā°-za(r), লেই°জ্‌্যা(র্)] *n.* a device which amplifies an input of light producing an extremely narrow and intense beam, আলো-বিবর্ধনযন্ত্রবিশেষ : ইহার সাহায্যে প্রযুক্ত আলো হইতে একটি অতি সূক্ষ্ম ও তীব্র রশ্মি বিকীর্ণ করান যায় I [*l*ight *maser*]

lash [lash, ল্যাশ্] **(1)** *n.* the flexible part of a whip, চাবুকের ফিতা বা দড়ি ; a scourge, কশা, চাবুক ; an eyelash, চোখের পাতার লোম, অক্ষিপক্ষ্ম ; a stroke with a whip, কশাঘাত ; punishment by flogging, দণ্ডরূপে প্রদত্ত কশাঘাত I **(2)** *v.t.i.* to strike with a lash, কশাঘাত করা ; to secure with a rope or cord, দড়ি দিয়া আঁটিয়া বাঁধা ; to castigate in words, বাক্যবাণ বর্ষণ করা ; to urge or drive by striking with a lash, চাবুক মারিয়া গতি বাড়ান বা বা চালান ; to dash, প্রচণ্ডভাবে আছড়ান বা আছড়াইয়া পড়া (the tiger *lashed* its tail) I *p.* & *p. pt.* **la°shed** I **(to) lash out**—বেগে নিক্ষেপ করা ; প্রবলভাবে আঘাত বা আক্রমণ করা (the speaker *lashed out* against the opposition) I **la°shing**—**(1)** *n.* কশাঘাত ; আঁট করিয়া বাঁধিবার দড়িবিশেষ ; (pl.) পর্যাপ্ত পরিমাণ (bread with *lashings* of butter) I **(2)** *a.* কশাঘাতকর ; কশাঘাতের ন্যায় যন্ত্রণাদায়ক I *n.* **lash°-up**—যেমন-তেমন ভাবে তৈয়ারি যন্ত্র I [?]

lashkar [lash°-ka(r), ল্যাশ্°ক্যা(র্)] *n.* (ori.) a camp of Indian soldiers, (মূলতঃ) ভারতীয় সৈন্যদের শিবির ; a body of Indian armed tribesmen or soldiers, ভারতীয় উপজাতিবাহিনী বা সৈনিকদল, লস্কর I [Hind. cp. *lascar*]

lass [las, ল্যাস্] *n. fem.* a girl, মেয়ে, বালিকা, ছুঁড়ী ; a sweetheart, প্রণয়িনী I *masc.* see **lad** I *n.* **lassie** [la°-si, ল্যাসি] খুকি I [?]

lassitude [la°-si-tūd, ল্যা°সিটিউড্] *n.* faintness, ক্ষীণতা ; weakness, দৌর্বল্য ; languor, অবসন্নতা, নিস্তেজ ভাব I [L. *lassitudo*]

lasso [la°-sō, ল্যা°সৌ] **(1)** *n.* a long rope with a running noose, দড়ির ফাঁসবিশেষ (ইহা ছুড়িয়া মারিয়া বন্য অশ্বাদি ধরা হয়) I *pl.* **la°ssō(e)s** I **(2)** *v.t.* to catch with the lasso, উক্ত ফাঁস ছুড়িয়া ধরা I [Am. pronun. of Sp. *lazo*]

last$_1$ [lŭst, লাস্‌ট্] *n.* load, বোঝা ; a cargo, জাহাজের বোঝা ; a weight, ওজনবিশেষ (প্রায় ৪০০০ পাউন্‌ড্) I [OE. *hlaest*—cp. G. *last*]

last$_2$ [lŭst, লাস্‌ট্] *n.* a shoemaker's model of the foot, মুচি কর্তৃক ব্যবহৃত পায়ের ছাঁচ, মুচির ফর্মা বা লাস্ (ইহার উপরে রাখিয়া জুতা তৈয়ারী করা বা মেরামত করা হয়) I **(to) stick to one's last**—যে কাজ ভালভাবে করিতে সামর্থ্যে কুলাইবে না তাহা করিতে চেষ্টা না করা I [OE. *laeste*]

last$_3$ [lŭst, লাস্‌ট্] **(1)** *a.* & *adv. super.* of **late** I **(2)** *a.* latest, সর্বশেষ ; final, চূড়ান্ত, চরম, শেষ, অন্তিম (*last* day of one's life) ; immediately before the present, বর্তমানের অব্যবহিত পূর্ববর্তী, বিগত, গত (*last* Friday) ; utmost, যথাসাধ্য, সর্বাধিক ; most unlikely, সর্বাধিক অসম্ভব I **(3)** *adv.* in the last place or position, সর্বশেষে (he spoke *last* at the meeting) ; immediately before the present, বর্তমানের অব্যবহিত পূর্বে, ইতঃপূর্বে I **at last, at long last**—অবশেষে, শেষ পর্যন্ত I **first and last**

—আদ্যন্ত, সর্বতোভাবে। **last but not least**—পর্যায়ক্রমে সর্বশেষ বটে কিন্তু গুরুত্বে নহে। **the Last Day**—ঈশ্বর কর্তৃক মৃতদের আত্মাসমূহের শেষবিচারের দিন, রোজ-কেয়ামত। **last offices**—অন্ত্যেষ্টি, শেষকৃত্য। **last sleep**—মৃত্যু, শেষনিদ্রা। **last word**—যুক্তি প্রভৃতি প্রদর্শনকালীন শেষ মন্তব্য; উপসংহার; চরম কর্তৃত্ব বা কর্তৃত্বসম্পন্ন ব্যক্তি; সর্বাধুনিক বা সুন্দরতম উদাহরণ। **to** or **till the last**—শেষ পর্যন্ত; মৃত্যু পর্যন্ত। **(to) breathe one's last**—শেষনিঃশ্বাস ত্যাগ করা, মারা যাওয়া। **(to) put the last hand to**—(শিল্পকার্য ও অন্যান্য কার্যে) শেষ কারিগরিটুকু করা, শেষ পোঁচ বোলান। *adv.* **last°ly**—সর্বশেষে। [OE. *latost*, sup. of *laet*= slow, late]

last$_4$ [lŭst, লাস্ট্] *v.i.* to continue, চালু থাকা, স্থায়ী হওয়া (how long will this foul weather *last*); to endure, টিকিয়া থাকা, টেকসই হওয়া; to remain fresh or unimpaired, তাজা বা অক্ষত থাকা। *p. & p. pt.* **last°ed**। *a.* **las°ting**—স্থায়ী; টেকসই; দীর্ঘস্থায়ী (a *lasting* peace)। [OE. *laestan*]

latch [lach, ল্যাচ্] **(1)** *n.* a lock or catch for the door, দরজার তালা বা ছিটকিনি বা হুড়কা (ইহা বাহির হইতে চাবি বা দড়ির সাহায্যে খোলা যায়)। **(2)** *v.t.i.* to fasten with a latch, উক্ত তালা ছিটকিনি বা হুড়কা দিয়া আটকান। *p. & p. pt.* **la°tched**। **(to) latch on to**—সংযুক্ত হওয়া বা যোগদান করা; হৃদয়ঙ্গম বা উপলব্ধি করা। **on the latch**—হুড়কা দিয়া আবদ্ধ (কিন্তু তালাবদ্ধ নয়)। *n.* **latch°key, latch°string**—উক্ত তালার বা হুড়কার চাবি অথবা দড়ি। [OE. *laeccan*=to catch]

latchet [la°chit, ল্যা°চিট্] *n.* a thong or lace. (জুতা প্রভৃতির) দড়ি বা ফিতা। [OF.<*laz*—cp. *lace*]

latchkey, latchstring—see **latch**.

late [lāt, লেইট্] **(1)** *a.* after the right time, delaying or delayed, যথাসময়ের পরবর্তী, বিলম্বকর বা বিলম্বিত; behindhand, পিছাইয়া পড়িয়াছে এমন, পশ্চাদ্বর্তী; far advanced towards the close or death, অবসানের বা মৃত্যুর দিকে অতিশয় অগ্রসর, অবসানের বা মৃত্যুর নিকটবর্তী (*late* hours or years); deceased, মৃত; departed, প্রস্থিত; out of office, কর্ম বা পদ হইতে বিদায়প্রাপ্ত; not long past, অনতিকাল পূর্ববর্তী। **(2)** *adv.* after the right time, যথাসময়ের পরে, বিলম্বে; far on in time, অবসানের বা মৃত্যুর নিকটবর্তী হইয়া। *compar.* **lā°ter** (also see **latter**); *super.* **lā°test** (also see **last**$_3$)। **of late**—সম্প্রতি, ইদানীং; অনতিকাল পূর্বে কিছু সময় ধরিয়া। **later on**—পরবর্তী কালে। *adv.* **lāte°ly**—সম্প্রতি, ইদানীং (we have not been there *lately*); অল্প কিছুকাল পূর্বে। *n.* **lāte°ness**। [OE. *laet*=slow—cp. Du. *laat*]

latent [lā°t(a)nt, লেই°টন্ট্] *n.* hidden, লুক্কায়িত, গুপ্ত, প্রচ্ছন্ন; not visible or apparent, অদৃশ্য, অপ্রতীয়মান, অস্ফুট; dormant, গুপ্ত, অন্তর্নিহিত, (পরি.) লীন; yet undeveloped, এখনও অবর্ধিত (*latent* abilities)। *n.* **lā°tency**—গুপ্ত অদৃশ্য সুপ্ত অন্তর্নিহিত বা অবিকশিত অবস্থা। *adv.* **lā°tently**। *n.* **latescence** [lā-te°-sens, লেইটে°সেন্‌স্] প্রচ্ছন্ন বা অদৃশ্য বা লীন হইতেছে এমন অবস্থা। *a.* **lāte°scent**—প্রচ্ছন্ন বা অদৃশ্য বা লীন হইতেছে এমন। [L. *latere*=to be hidden]

later—see **late**.

lateral [la°t(a)r(a)l, ল্যা°ট্রল্] *a.* belonging to the side, পার্শ্বগত, পার্শ্বীয়, পার্শ্বিক। *adv.* **la°terally**। [L. *lateralis*]

laterite [la°-ta-rīt, ল্যা°ট্যারাইট্] *n.* a red clay used for road-making, (প্রধানতঃ গ্রীষ্মপ্রধান দেশে) রাস্তা তৈয়ারির কার্যে ব্যবহৃত লাল মাটিবিশেষ। [L. *later*=brick]

latest—see **late**। **at (the) latest**—বড় বেশি দেরি হইলে। **latest word**—সর্বাধুনিক বা সুন্দরতম উদাহরণ।

latex [lā°-teks, লেই°টেক্‌স্] *n.* the milky juice of plants, বৃক্ষগাত্রনিঃসৃত দুগ্ধশুভ্র নির্যাস, (পরি.) তরুক্ষীর। [L.]

lath [lŭth, লাথ্] *n.* a thin strip of wood, কাঠের ছিলকা বা ছড়ি। **dagger of lath**—প্রাচীন ইংরেজি রূপকনাটকে পাপের হস্তধৃত কাঠের ছড়ি বা মূর্খের ভূমিকাভিনেতার হাতের কাষ্ঠ-তরবারি। **as thin as a lath**—অতিশয় কৃশ (তু. তালপাতার সেপাই)। *n.* **la°thing**—কাঠের ছিলকা দিয়া আচ্ছাদন। *a.* **la°thy**—কাঠের ছিলকাতুল্য। [OE. *laett*]

lathe [lādh, লেইদ্] *n.* a shaping machine, কুঁদকলবিশেষ, লেদমেশিন; potter's wheel, কুমারের চাক। [?]

lather [lŭ°-dha(r), লা°দ্যা(র্)] **(1)** *n.* a froth made with water and soap, সাবানের ফেনা। **(2)** *v.t.* to smear with lather, সাবানের ফেনা মাখান (to *lather* one's chin before shaving)। **(3)** *v.i.* to form a lather, সাবান-ফেনা তৈয়ারি করা (soap does not *lather* well in hard water)। *a.* **la°thery**—(সাবান-সম্বন্ধে) সহজেই ফেনা হয় এমন। [OE. *leathor*>ON. *lauthr*]

lathing, lathy—see **lath**.

lathi [lŭ°ti, লা°টি] *n.* a heavy stick used as a weapon, লাঠি। [Hind.]

Latin [la°-tin, ল্যা°টিন্] **(1)** *a.* of Latium or its language, ল্যাটিআম্ অর্থাৎ প্রাচীন রোমের বা ল্যাটিন ভাষার। **(2)** *n.* the language of Latium, প্রাচীন রোমের ভাষা, ল্যাটিন-ভাষা। **Latin America**—আমেরিকার যে অংশের অধিবাসীরা স্প্যানিশ্ পর্টুগীজ্ ও ফ্রেঞ্চ্ ভাষাভাষী। **Latin Church**—রোম্যান ক্যাথলিক্ গির্জা। **classical Latin**—প্রাচীন ল্যাটিন ভাষা (খ্রিঃ পূঃ ৭৫—খ্রিঃ অঃ ২০০)।

Late Latin—২০০ খ্রিস্টাব্দের পরবর্তী প্রাচীন ল্যাটিন ভাষা। **Law Latin**—বিচার দলিলপত্র-রচনা প্রভৃতি আইনগত ব্যাপারে ব্যবহৃত ল্যাটিন ভাষা। **Low Latin**—মধ্যযুগীয় ল্যাটিন ভাষা (খ্রিস্টাব্দ ৬০০-১৫০০)। *n.* **La°tinism**—ল্যাটিন বাগ্বিধি বা উহা প্রয়োগের ঝোঁক। *n.* **La°tinist**—ল্যাটিন-ভাষা-বিশারদ। **Lati°nity**—(কাহারও) ল্যাটিন-ভাষায় জ্ঞানের মান। **La°tinize**—(1) *v.t.* ল্যাটিন-ভাষায় অনূদিত করা : ল্যাটিন (বাগ্বিধি) অনুযায়ী করা। (2) *v.i.* ল্যাটিন-বাগ্বিধি ব্যবহার করা। [L. *Latinus*=of Latium, i.e. the district round Rome]

latitude [la°-ti-tūd, ল্যা°টিটিউড্] *n.* width, প্রসার; a wide extent, মহাবিস্তার; range, ব্যাপ্তি, এলাকা; scope, অধিকার; freedom from restraint, বাধাহীনতা, অবাধ স্বাধীনতা; (geog.) angular distance from the equator, (ভূগো.) নিরক্ষরেখা হইতে কৌণিক দূরত্ব বা নির্দিষ্ট কৌণিক দূরত্বসম্পন্ন স্থান, (পরি.) অক্ষাংশ; (astr.) angular distance from the ecliptic, (জ্যোতি.) ক্রান্তিবৃত্ত হইতে কৌণিক দূরত্ব। *a.* **latitu°dinal**—অক্ষাংশ-সংক্রান্ত; অক্ষাংশাভিমুখ। *a.* & *n.* **la°titūdinār°ian**—(প্রধানতঃ ধর্মসম্বন্ধে) উদারপন্থী। *n.* **la°titūdinārianism**—উদারতা। [L. *latitudo*]

latrine [la-trēn°, ল্যাট্রীন্°] *n.* a privy, (প্রধানতঃ সেনানিবাস কারখানা প্রভৃতির) মলমূত্রত্যাগের স্থান, পায়খানা, শৌচাগার। [L. *latrina*<*lavatrina*—cp. *lavatory*]

latten [la°t(a)n, ল্যা°ট্ন্] *n.* brass or similar alloy in former use, পুরাকালে ব্যবহৃত পিতল বা অনুরূপ ধাতুমিশ্র; tin-plate, টিনের পাত। [OF. *laton*]

latter [la°-ta(r), ল্যা°ট্যা(র্)] *a.* later, অপেক্ষাকৃত পরবর্তী বা বিলম্বিত; second-mentioned of two, উভয়ের মধ্যে পরে উল্লিখিত; modern, আধুনিক; recent, সাম্প্রতিক। *a.* **la°tter-day**—আধুনিক; সাম্প্রতিক (*latter-day* critics)। *adv.* **la°tterly**—সাম্প্রতিককালে, ইদানীং। [[OE. *laetra*, compar. of *laet*—see *late*]

lattermost [la°-ta(r)-mōst, ল্যা°ট্যা(র্)মৌস্ট্] *a.* last, সর্বশেষ। [OE. *laetemest*—super. of compar. degree—see *latter*, *most*]

lattice [la°-tis, ল্যা°টিস্] *n.* a network of crossed laths or bars, জাফরি (also **la°ttice-work**)। *a.* **la°tticed**—জাফরি-কাটা (a *latticed* window)। [F. *lattis*<*latte*=a lath]

Latvian [lat°-vi-an, ল্যাট্°ভিঅ্যান্] (1) *a.* of Latvia, ল্যাট্ভিআ-দেশের। (2) *n.* a native of Latvia, ল্যাট্ভিআর লোক। [Lettish *Latvija* =Latvia]

laud [lawd, লাড্] (1) *v.i.* to praise, প্রশংসা করা, গুণকীর্তন করা। *p.* & *p. pt.* **lau°ded**। (2) *n.* praise, (প্রধানতঃ ভগবানের) প্রশংসা বা গুণকীর্তন। *a.* **lau°dable**। *adv.* **lau°dably**। *n.* **laudā°tion**—প্রশংসা; প্রদত্ত সম্মান। **lau°datory**—(1) *a.* প্রশংসাপূর্ণ; সপ্রশংস। (2) *n.* প্রশংসা। [L. *laudare*(*v.*)]

laudanum [lod°-nam, লড্°ন্যাম্] *n.* tincture of opium, অহিফেনের আরক। [coined by Paracelsus]

laugh [lŭf, লাফ্] (1) *v.t.* to emit noisy inarticulate vocal sounds attended with a smile, উচ্চহাস্য করা, সশব্দে হাসা; to flout, উপহাস করা; (fig.) to look cheerful, (আল.) হাসিখুশি বা আনন্দময় বলিয়া প্রতীয়মান হওয়া। (2) *v.t.* to utter with a laugh, উচ্চহাস্যে বলা। *p.* & *p. pt.* **laugh°ed**। (3) *n.* act or sound of laughing, উচ্চহাসি বা তাহার শব্দ। **(to) laugh at**—উপহাস করা। **(to) laugh away**—হাসিয়া উড়াইয়া দেওয়া। **(to) laugh down**—বিদ্রূপের হাসি হাসিয়া থামান। **(to) laugh in one's face**—প্রকাশ্যে অগ্রাহ্য করা বা অবজ্ঞা করা। **to laugh on the wrong side** or **on the other side of (one's) mouth** or **face**—(প্রধানতঃ বড়াই করার পরে) হতাশা বা দুঃখ অনুভব করা; হতাশায় বা দুঃখে দেঁতো হাসি হাসা। **(to) laugh off**—হাসিয়া এড়ান (to *laugh off* an embarrassing situation)। **(to) laugh over**—(কোন কিছুকে) পঠনকালে বা পরীক্ষাকালে উপহাস করা। **(to) laugh to scorn**—উপহাস করা; ঘৃণার হাসি হাসা। **(to) break into a laugh**—সহসা হাসিতে আরম্ভ করা। **(to) burst into a laughter**—সহসা অট্টহাসিতে ফাটিয়া পড়া। **(to) have** or **get the laugh of one**—অবস্থার পরিবর্তন ঘটাইয়া কাহাকেও আয়ত্তে আনা অর্থাৎ যে উপহাস করিত তাহাকে উপহাসের পাত্রে পরিণত করা। **(to) raise a laugh**—হাসির ব্যাপার ঘটান। **he laughs best who laughs last**—(আল.) শেষ পর্যন্ত যে জেতে, সে-ই প্রকৃত জয়ী (পূর্বাহ্নে অতিরিক্ত আনন্দপ্রকাশ সম্পর্কে সাবধানবাণী)। *a.* **laugh°able**—হাস্যকর। **laugh°ing**—(1) *a.* হাস্যময়; হাস্যোদ্রেককর; (2) *n.* হাস্য। *adv.* **laugh°ingly**। *n.* **laugh°ing-gas**—নাইট্রাস্ অক্সাইড্ নামক গ্যাস: ইহা নিঃশ্বাসের সহিত গ্রহণ করিলে প্রবল হাসির বেগ আসে। *n.* **laugh°ing-stock**—হাস্যোদ্রেককর ব্যক্তি বা বস্তু। *n.* **laugh°ter**—উচ্চহাস্য, অট্টহাস্য। [OE. *hlaehhan*—cp. G. *lachen*]

launce [lŭns, লান্স্; lans, ল্যান্স্] *n.* a sand-ell, বানমাছবিশেষ। [L. *laucea*]

launch$_1$ [lawnsh, লান্শ্] *n.* the largest boat on a man-of-war, রণতরীতে বাহিত বৃহত্তম নৌকা; a power-driven pleasure-boat, বিদ্যুতে বা বাষ্পে চালিত বৃহৎ প্রমোদতরী অথবা বজরা, লনচ্। [Sp. *lancha*—cp. Mal. *lanchar*=swift]

launch$_2$ [lawnsh, লান্শ্] (1) *v.t.* to hurl, সবেগে নিক্ষেপ করা; to dart or discharge, ছোড়া, দাগা; to send off, প্রেরণ করা; to set going, চালু করা; to initiate, প্রবৃত্ত করান, আরম্ভ

করান ; to set afloat, জলে ভাসান বা নামান (to *launch* a new liner) । (2) *v.i.* to rush, বেগে ছুটিয়া যাওয়া, ধাবিত হওয়া ; to fling oneself, নিজেকে নিক্ষিপ্ত করা, ঝাঁপাইয়া পড়া ; to start, চালু করা বা আরম্ভ হওয়া ; to venture into some activity, কোন কাজের ঝুঁকি লওয়া । *p.* & *p. pt.* **laun°ched** । (3) *n.* launching, নিক্ষেপ, ধাবন, চালু করা বা প্রবৃত্ত হওয়া, আরম্ভ, জলে ভাসান, ঝম্পপ্রদান, কাজের ঝুঁকি গ্রহণ । **(to) launch out into**—নূতন কার্যাদিতে প্রবৃত্ত হওয়া (to *launch out into* a new argument or effort) । *n.* **laun°ching-pad**—যে মঞ্চ হইতে ক্ষেপণাস্ত্র নিক্ষেপ করা হয় । [OF. *lanc(h)ier*—see *lance*]

launder [lawn°-da(r), ল্যান্‌ড্যা(র্)] (1) *v.t.* to wash and iron, কাচা ও ইস্ত্রি করা । (2) *v.i.* to admit of laundering, ধৌত ও ইস্ত্রি হওয়া । *a.* **laun°dered**—ধৌত ও ইস্ত্রি-করা । *n.* **laund°erer**—ধোলাই ও ইস্ত্রি করা যাহার পেশা, ধোপা । *fem.* **laun°dress** । *n.* **laun°dry**—ধোলাইখানা, লন্‌ড্রি ; যে কাপড়চোপড় লন্‌ড্রিতে দিতে হইবে বা লন্‌ড্রি হইতে আনা হইয়াছে । *n.* **laun°dry-man**—লন্‌ড্রির কর্মচারী বা মালিক । *fem.* **laun°dry-maid** । [ME. *lavander*<OE. *lavandier*<L. *lavandarius*]

laureate [law°-ri-it, ল্য°রিইট্] (1) *a.* crowned with laurel, বিজয়সম্মানসূচক জলপাই-পাতার মাল্যভূষিত । (2) *n.* one crowned with laurel উক্ত মাল্যভূষিত ব্যক্তি, বিজয়ী, কোন বিশেষ সম্মানে সম্মানিত ব্যক্তি ; a poet-laureate, রাজকবি, কবিশ্রেষ্ঠ (also **poet-laureate**) । *n.* **lau°reateship** । [L. *laureatus*=laurelled<*laurus*=laurel]

laurel [lo°r(a)l, ল°র্‌ল্] *n.* the evergreen foliage of a bay-tree, জলপাইজাতীয় বৃক্ষবিশেষের চিরসবুজ পাতা ; a wreath made of this, (প্রধানতঃ প্রাচীন গ্রীস ও রোমে জয়চিহ্নরূপে ব্যবহৃত) উক্ত পত্রনির্মিত শিরোমাল্য ; (usu. in *pl.*) honours gained, অর্জিত (জয়-)সম্মান (to win or gain one's *laurels*) । *a.* **lau°relled**—উক্ত শিরোমাল্যভূষিত ; সম্মানভূষিত । **(to) look to one's laurels**—যাহাতে সুনাম নষ্ট না হয় সেদিকে নজর রাখা ; উঠতি প্রতিদ্বন্দ্বী সম্বন্ধে সজাগ থাকা । [F. *laurier*<L. *laurus*]

lava [lŭ°-va. লা°ভ্যা] *a.* molten matter emitted from a volcano, আগ্নেয়গিরি হইতে নিঃসৃত গলিত ধাতব পদার্থবিশেষ, লাভা । [It.<L. *lavare*=to wash]

lavation, lavatory—see **lave.**

lave [lāv, লেইভ্] *v.t.i.* to wash, (হাতমুখ) ধোয়ান বা ধোয়া ; to bathe, স্নান করান বা করা ; (of stream, etc.) to flow along, (নদ্যাদি সম্বন্ধে) বহিয়া যাওয়া । *n.* **lavā°tion** । *n.* **la°vatory**—(হাতমুখ) প্রক্ষালনের পাত্র বা কক্ষ, স্নানপাত্র বা স্নানকক্ষ ; ধোলাইখানা, ডাইংক্লিনিং ; প্রস্রাবের জায়গা, শৌচাগার । *n.* **lāve°ment**—প্রক্ষালন ; স্নান ; (চিকি.) সূচিপ্রয়োগ বা ডুশের সাহায্যে রেচন । *n.* **lā°ver**—(B.) ইহুদি পুরোহিতদের বৃহৎ প্রক্ষালন-পাত্র ; ফোয়ারার নিম্নদেশে স্থাপিত প্রক্ষালন-পাত্র ; (আর্ষ.) প্রক্ষালন । [L. *lavare*]

lavender [la°-vin-da(r), ল্যা°ভিন্‌ড্যা(র্)] *n.* an aromatic plant or the perfume obtained from it, সুগন্ধ বৃক্ষবিশেষ বা তজ্জাত সুগন্ধি ; the colour of lavender flowers, উক্ত বৃক্ষের ফুলসমূহের ফিকে নীল রঙ । **(to) lay up in lavender**—উক্ত বৃক্ষের কচি সুগন্ধি ডালপালার মধ্যে রাখিয়া (জামাকাপড় ইত্যাদি) ভবিষ্যতে ব্যবহারের জন্য সযত্নে রক্ষা করা । *n.* **la°vender-wa°ter**—উক্ত বৃক্ষনির্যাসে প্রস্তুত সুগন্ধিবিশেষ । [AF. *lavendre*<LL. *lavendula*]

laver—see **lave.**

laverock [la°-va-rak. ল্যা°ভ্যার্যাক্] *n.* a lark, ভরতপক্ষী । [see *lark*]

lavish [la°-vish, ল্যা°ভিশ্] (1) *v.t.* to expend or bestow profusely, প্রচুর পরিমাণে ব্যয় করা বা অর্পণ করা (to *lavish* admiration, money, etc.) ; to waste, অপব্যয় করা । *p.* & *p. pt.* **la°vished** । (2) *a.* bestowing profusely, প্রচুরপরিমাণে অর্পণ করে এমন (*lavish* in giving money, etc.) ; extravagant, অমিতব্যয়ী ; unrestrained, অবাধ । *adv.* **la°vishly** । *n.* **la°vishness** । [OF. *lavasse*=deluge of rain<L. *lavare*=to wash]

law [law, ল্য] *n.* a body of enacted or customary rules, বিধিবদ্ধ বা প্রচলিত নিয়মাবলী ; one of these rules, বিধি, নিয়ম, আইন ; jurisprudence, বিধানতন্ত্র ; established usage, প্রথা ; any rule or code or process, বিধান, অনুশাসন, সূত্র, প্রণালী ; the whole body of persons connected professionally with the law, পেশার দিক্ দিয়া আইন ও আদালতের সহিত সংশ্লিষ্ট ব্যক্তিবর্গ, আইনজীবী বা আইনজ্ঞ বা বিচারক সম্প্রদায় ; litigation, মামলা, মকদ্দমা । **a bad law**—যে আইন বলবৎ রাখা যায় না, অকার্যকর আইন । **common law**—ইংল্যানডের জমি-সংক্রান্ত আইন । **(to) be a law unto oneself**—চলিত আইন-কানুন রীতিনীতি উপেক্ষা করিয়া নিজের কাছে যাহা সঙ্গত বলিয়া মনে হয় তাহাই করা । **(to) go to law with**—(কাহারও) বিরুদ্ধে মামলা রুজু করা । **(to) have the law of**—(কথ্য.—কাহারও বা কিছুর) বিরুদ্ধে আইন বলবৎ করা । **(to) lay down the law**—নিজে যাহা বলিতেছে তাহা ঠিকই বলিতেছে এমনি প্রত্যয়ের সহিত কর্তৃত্বভরে কিছু বলা, (তু.) যেন দৈববাণী করা । **(to) take the law in one's own hand**—আইনের সাহায্য না লইয়া নিজেই (বেআইনিভাবে) অপরাধীকে শাস্তি দেওয়া । *a.* **law°-abiding**—আইন মানিয়া চলে এমন, আইনানুগ । *n.* **law°āgent**—মামলা-মকদ্দমা ও অন্যান্য আইনগত ব্যাপারের পেশাদার তদবিরকারী ; সলিসিটর ; আইন-

গত পরামর্শদাতা। *n.* **law°book**—আইন মামলা-মকদ্দমা ও বিচার সংক্রান্ত গ্রন্থ। *n.* **law°-breaker**—আইনভঙ্গকারী। *n.* **law°-court**—আদালত, বিচারালয়। *a.* **law°ful**—আইনসম্মত, বিধিসঙ্গত, বৈধ, ন্যায্য। *adv.* **law°fully** । *n.* **law°-giver**—বিধানকর্তা, আইনকর্তা। *a.* **law°lėss**—আইনবর্জিত; অরাজক; আইন মানে না এমন: অসংযত যথেচ্ছাচারী। *n.* **law°lessnėss** । *n.* **law°list**—আইনজীবী আদালত প্রভৃতি সম্বন্ধে জ্ঞাতব্য তথ্যপূর্ণ বার্ষিক গ্রন্থবিশেষ। *n.* **law°-māker**—বিধানকর্তা। *n.* **law°-officer**—আইনগত বিষয়ে উপদেষ্টা। *n.* **law°-suit**—মামলা, মকদ্দমা। *n.* **law°-term**—আইনে ব্যবহৃত শব্দ সংজ্ঞাদি, আইনের পরিভাষা। *n.* **lawyer** [law°-ė(r), ল্য'ইয়্যা(র্)] ব্যবহারজীবী; আইনজ্ঞ ব্যক্তি। [ME. *law(e)*<OE. *lagu*<ON.]

lawn₁ [lawn, ল্যান্] *n.* a fine linen, সূক্ষ্ম বস্ত্রবিশেষ। [*Laon*, near Rheims ?]

lawn₂ [lawn, ল্যান্] *n.* an open space between woods, বনমধ্যস্থ উন্মুক্ত স্থান, বনভূমি; a smooth grassy plot, (প্রধানতঃ গৃহসংলগ্ন) তৃণাবৃত মসৃণ জমি, লন্। *n.* **lawn°-mower**—বাগানের বা লনের ঘাস কাটার যন্ত্র। *n.* **lawn-te°nnis**—তৃণাচ্ছাদিত মাঠে টেনিস-খেলা। [OF. *launde*>Celt.]

lax [laks, ল্যাক্স্] *a.* slack, loose, ঢিলা, আলগা, শিথিল; soft, flabby, কোমল, তুলতুলে; loose in discipline or morals, নিয়ম-শৃঙ্খলা বা নৈতিক ন্যায়-অন্যায়ের দিক্ দিয়া শিথিল (*lax* in morals); loose in bowels, পেট খারাপ করিয়াছে এমন। *a.* & *n.* **lax°ative**—রেচক (ঔষধ)। **lax°ity, lax°nėss** । *adv.* **lax°ly** । [L. *laxus*=loose]

lay₁—see **lie₂**.

lay₂ [lā, লেই] *n.* a short narrative poem, কাহিনীমূলক ক্ষুদ্র কবিতাবিশেষ, গাথা; a lyric, গীতি-কবিতা; a song, গান। [OF. *lai* ?]

lay₃ [lā, লেই] *a.* of the people, জনসাধারণের; not clerical, অযাজকীয়; unprofessional, অপেশাদার। *n.* **lai°ty**—পেশাবহির্ভূত (বিশেষতঃ অযাজকীয়) জনসাধারণ; অবিশেষজ্ঞ জনসাধারণ। **lay brother, lay sister**—যে সন্ন্যাসী বা সন্ন্যাসিনীকে মঠের সমস্ত বিধিনিয়ম মানিয়া চলিতে হয় না। *n.* **lay°man**—পেশাবহির্ভূত সাধারণ লোক; অপেশাদার লোক; অদক্ষ বা অবিশেষজ্ঞ লোক। [OF. *lai*<L. *laicus*<Gk. *loikos*]

lay₄ [lā, লেই] (**1**) *v.t.* to cause to lie, শোয়ান; to place or set down, স্থাপন করা বা নামাইয়া রাখা; to beat down, শোয়াইয়া ফেলা; to spread on, আস্তৃত করা; to cover, ঢাকা; to apply, প্রয়োগ করা; to cause to subside, প্রশমিত করা; to exorcise, মন্ত্রাদির দ্বারা ঝাড়ান (to *lay* a ghost or spirit); to deposit, জমা রাখা বা দেওয়া; to place on the table, (ভোজের বা খেলার) টেবিলের উপরে রাখা; to wager, বাজি রাখা; to put forward, উপস্থাপিত করা, পেশ করা; to produce, (ডিম্বাদি) প্রসব করা; to deposit, রাখা; to set or prepare, পাতা (to *lay* a snare or trap or an ambush); to set in position, যথাস্থানে স্থাপন করা; to impose, আরোপ করা; to enjoin, আদেশাদি প্রদান করা, ভার দেওয়া; to design, পরিকল্পনা করা, উদ্ভাবন করা। (**2**) *v.i.* to produce egg, ডিম্বপ্রসব করা, ডিম দেওয়া; to bet, বাজি ধরা; to deal blows, আঘাত হানা। *p.* & *p. pt.* **laid** [lād, লেইড্]। **(to) lay about one**—প্রচণ্ডভাবে সর্বদিক দিয়া আঘাত হানা। **(to) lay aside** or **away** or **by**—বাতিল করা, অগ্রাহ্য করা; পৃথক্ করিয়া রাখা, সরাইয়া রাখা। **(to) lay at**—আঘাত হানিতে চেষ্টা করা। **(to) lay bare**—নগ্ন করা, প্রকাশ করা, খুলিয়া বলা। **(to) lay before**—পেশ করা। **(to) lay down**—পরিত্যাগ করা, ছাড়িয়া দেওয়া; বাজি ধরা, বাজির টাকা জমা দেওয়া; বিধিনিয়ম প্রভৃতি রচনা করা; জমান; ঘাস প্রভৃতি জন্মান। **(to) lay hold of** or **on**—আঁকড়াইয়া ধরা, পাকড়াও করা। **(to) lay in**—(ভবিষ্যৎ প্রয়োজনাদির জন্য) জমাইয়া রাখা। **(to) lay off**—চিহ্নিত করিয়া আলাদা করা; খুলিয়া ফেলা; কাজে ক্ষান্ত হওয়া। **(to) lay one low**—ভূপাতিত করা। **(to) lay oneself open to**—নিজেকে (সমালোচনা নিন্দা প্রভৃতির) বিষয়ীভূত করা। **(to) lay open**—নগ্ন করা; দেখান; কাটিয়া বা চিরিয়া খোলা। **(to) lay out**—বিন্যস্ত করা; ব্যয় করা, বিনিয়োগ করা; পরিকল্পনা করা, নকশা আঁকা; সমাহিত করার জন্য বন্দোবস্ত করা। **(to) lay the blame on** (a person)—(কাহাকেও) অপবাদ দেওয়া বা অন্যায় আচরণের জন্য দায়ী করা। **(to) lay into**—জোরে (কয়েক ঘা) লাগান। **(to) lay to**—(জাহাজকে) থামান। **(to) lay it to one's charge**—কাহাকেও কিছুর জন্য দায়ী করা বা দোষ দেওয়া। **(to) lay under**—অধীন করা। **(to) lay up**—জমাইয়া রাখা, সঞ্চিত করা; শয্যাশায়ী করিয়া বা গৃহে আবদ্ধ করিয়া রাখা, (জাহাজাদি) যন্ত্রপাতি খুলিয়া লইয়া (মেরামতের জন্য) ডকে রাখা। **(to) lay upon**—(কিছুর) উপরে বাজি ধরা। *n.* **lay°about**—(অশি.) যে ব্যক্তি কাজকর্ম না করিয়া ইতস্ততঃ ঘুরিয়া বেড়ায়। *n.* **lay°-day**—(জাহাজ রেল প্রভৃতির) মাল বোঝাই বা খালাস করার জন্য নির্ধারিত সময়ের অতিরিক্ত যে-কয়টি দিন দেওয়া হয় তাহার যে-কোন দিন। **lay°er**—(**1**) *n.* স্থাপনকর্তা (brick-*layer*); ডিম্বপ্রসবকারিণী (যেমন, হাঁস), স্তর, পলি; প্রলেপ; শিকড় গজানর জন্য যে কচি বৃক্ষশাখাকে মৃত্তিকাভিমুখ করিয়া দেওয়া হয়, (পরি.) দাবা-কলম; (**2**) *v.t.i.* (উদ্ভি.) দাবা-কলমের দ্বারা সংখ্যাবৃদ্ধি করা বা হওয়া; স্তরে স্তরে স্থাপন করা বা স্থাপিত হওয়া, স্তরীভূত করা বা হওয়া। *n.* **lay°ing**—প্রলেপের প্রথম স্তর; ডিম্বপ্রসব; (একবারে) প্রসূত ডিম্বসকল। *n.* **lay°-off**—যে সময়ের জন্য শ্রমিক প্রভৃতিকে কাজ হইতে বাদ দিয়া বসাইয়া দেওয়া হয়। *n.* **lay°-out**—স্থাপিত বস্তু; স্থাপনকৌশল; বিন্যাস; পোশাক-পরিচ্ছদ,

সাজসজ্জা ; পরিকল্পনা, নকশা, গঠনপ্রণালী ; (মুদ্রণ.) পৃষ্ঠাদি সাজাইবার ধরন। *n.* **laystall**—জঞ্জাল বা আবর্জনার স্তূপ। [OE. *lecgan* = to lay < *licgan* = to lie—cp. G. *legen*]

layette [la-et°, লেইএট্°] *n.* a newly born baby's complete outfit, নবজাত শিশুর প্রয়োজনীয় কাপড়-চোপড় প্রভৃতি। [F.]

lay-figure [la°-fi°-ga(r), লেই°ফি°গ্যা(র্)], (formerly) **lay°man** [la°-man, লেই°ম্যান্] *n.* a jointed model used by painters, চিত্রকরগণ কর্তৃক মডেল-রূপে ব্যবহৃত (সচ. দারুনির্মিত) মনুষ্য-মূর্তি ; ইহার বিভিন্ন অঙ্গপ্রত্যঙ্গ ইচ্ছামত খোলা ও আটকান যায় ; a person or fictitious character devoid of individuality, ব্যক্তিত্বহীন ব্যক্তি বা কল্পিত চরিত্র। [Du. *leeman*]

laying, lay-out—see **lay**$_4$.

layman—see **lay**$_3$ and **lay-figure.**

lazar [la°-za(r), ল্যা°জ়্যা(র্)] *n.* one afflicted with a loathsome disease, কুষ্ঠাদি জঘন্য রোগাক্রান্ত ব্যক্তি। *n.* **la°zar-house**—জঘন্য সংক্রামক রোগের হাসপাতাল। [B. *Lazaraus*, the leper]

lazaretto [la-za-re°-to, ল্যাজ়ারে°টৌ], **lazaret°** —*n.* a lazar-house, কুষ্ঠাদি জঘন্য সংক্রামক রোগের হাসপাতাল। [It. *lazzeretto*]

Lazarus [la°z(a)-ras, ল্যা°জ়র্যাস্] *n.* a beggar, ভিখারি ; a poor man, দরিদ্র লোক। [see *lazar*]

laze [laz, লেইজ়্] *v.i.* & *t.* to spend one's time doing nothing, অলসভাবে বা কোন কিছু না করিয়া সময় কাটান (to *laze* all day, to *laze* one's time away)। [back formation from *lazy*]

lazy [la°-zi, লেই°জ়ি] *a.* averse to labour, শ্রমবিমুখ ; sluggish, অলস, কুঁড়ে, ধীরুজ। *adv.* **la°zily**। *n.* **la°ziness**। *n.* **la°zy-bones**—(কথ্য.) কুঁড়ে লোক। [?]

lea [le, লী] *n.* open country, (সচ.) তৃণাচ্ছাদিত পল্লী-অঞ্চলের মাঠ। [OE. *leah*—cp. G. *loh(e)*]

leach [lech, লীচ্] *v.t.* to allow (liquid) to percolate through, (তরল দ্রব্যাদি) কিছুর ভিতর দিয়া চোয়াইয়া পড়িতে দেওয়া ; to drain away by percolation, চোয়াইয়া পড়িবার ব্যবস্থার দ্বারা নিষ্কাশিত করিয়া লওয়া (to *leach away* or *out* soluble matter)। **The leaching of the soil**—(প্রবল বারিপাত ইত্যাদি হেতু) মাটি সার রস প্রভৃতি নিষ্কাষণ। *p.* & *p. pt.* **lea°ched**। [OE. *leccan* = to water or irrigate]

lead$_1$ [led, লীড্] (1) *v.t.* to show the way by going first, প্রথমে অগ্রসর হইয়া পথ দেখান ; to precede, পূর্বগামী বা পূর্ববর্তী হওয়া ; to direct, পরিচালনা করা ; to guide, পথপ্রদর্শন করান ; to conduct, পথ দেখাইয়া লইয়া যাওয়া, চালান ; to convey, যানবাহনাদিতে করিয়া লইয়া যাওয়া ; to act as a leader of, (দল প্রভৃতির) নেতৃত্ব করা ; to induce or initiate, প্ররোচিত বা প্রণোদিত করান ; to live, জীবনযাপন করা ; to cause to do, করান ; to play as the first card of the round, বাজির প্রথম তাস খেলা। (2) *v.i.* to be first or amongst the first, প্রথম হওয়া বা প্রথম দলভুক্ত হওয়া ; to be guide or chief, নেতা বা সর্দার হওয়া ; to act first, প্রথমে করা; to cause to come, to result, (সিদ্ধান্তাদিতে) উপস্থিত করান (to *lead* to a conclusion) ; to tend (towards), (কিছুর প্রতি) ঝোঁকা। *p.* & *p. pt.* **led** [led, লেড্]। (3) *n.* first place, প্রথম স্থান ; precedence, পূর্বগামিতা ; amount by which one is ahead, অন্যের অপেক্ষা যতটা পরিমাণ অগ্রসর হওয়া গিয়াছে ; direction, পরিচালনা ; guidance, পথপ্রদর্শন ; precedent or example, নজির, উদাহরণ ; chief role, প্রধান ভূমিকা ; leadership, নেতৃত্ব (he is in the *lead*) ; initiative, স্বতঃপ্রণোদিত প্রথম উদ্যম। **(to) lead astray**—অসৎ কর্ম করিতে প্ররোচিত করা, বিপথে বা অসৎ পথে লইয়া যাওয়া। **(to) lead off**—আরম্ভ করা। **(to) lead on**—অগ্রগমন অব্যাহত রাখিতে বাধ্য বা প্রলুব্ধ করান ; টানিয়া লইয়া যাওয়া। **(to) lead out**—ফাঁসি দিবার জন্য বা নাচানর জন্য লইয়া যাওয়া ; (তাসখেলায়) প্রথম কোন রঙের তাস খেলা। **(to) lead up to**—ক্রমে ক্রমে পৌঁছান (these are only some of the events that *led* up to the war)। **(to) lose the lead**—(প্রতিযোগিতাদিতে) অগ্রগমন অব্যাহত রাখিতে না পারা বা পিছাইয়া পড়া। **(to) take the lead**—নেতৃত্ব গ্রহণ করা ; আদর্শ স্থাপন করা। *n.* **lea°der**—যে ব্যক্তি প্রথম অগ্রসর হইয়া পথ দেখায় ; নায়ক, নেতা, সর্দার ; সংবাদপত্রের প্রধান সম্পাদকীয় প্রবন্ধ ; (মুদ্রণ.) চিহ্নবিশেষ (···)। *n.* **leaderette** [le-da-ret°, লীড্যারেট্°] সংবাদপত্রের সংক্ষিপ্ত সম্পাদকীয় প্রবন্ধ। *n.* **lea°dership**। *n.* **lead°-in**—রেডিয়ো বা টেলিভিশনের গ্রাহকযন্ত্রের সঙ্গে যে তার দিয়া আকাশ-তার অর্থাৎ এরিয়েল সংযোজিত হয়। **lea°ding**—(1) *n.* পথপ্রদর্শন ; আধ্যাত্মিক উপদেশ ; নেতৃত্ব ; (2) *a.* নেতৃত্বকর ; পথপ্রদর্শক ; পরিচালক ; অগ্রগামী ; পূর্ববর্তী ; মুখ্য, প্রধান। **leading article**—সংবাদপত্রের প্রধান সম্পাদকীয়। **leading business**—নাটকের প্রধান ভূমিকায় অভিনয়। **leading case**—নজির স্থাপন করে এমন মামলা। **leading light**—(কথ্য.) খ্যাতনামা বা নামজাদা লোক। **lead story**—সংবাদপত্রে যে-সকল সংবাদে সর্বাধিক গুরুত্ব দেওয়া হয়। *n.* **lea°ding-strings**—সবে হাঁটিতে শিখিয়াছে এমন শিশুকে যে দড়িতে বাঁধিয়া হাঁটান হয় ; বিরক্তিকর দায়িত্ব। [OE. *laedan* = to lead, *lad* = a way—cp. G. *leiten* = to lead]

lead$_2$ [led, লেড্] (1) *n.* metal, সীসা, সীসক ; (print.) a thin plate of lead separating lines, (মুদ্রণ.) দুই পঙ্ক্তির মধ্যে ফাঁক রাখার জন্য যে সীসার পাত বসান হয়, লেড্ ; blacklead, কৃষ্ণসীস (ইহা দিয়া পেনসিলের সীস তৈয়ারি হয়)। (2)

v.t. to cover or weight with lead, সীসার দ্বারা আবৃত করা বা ভার দেওয়া ; (print.) to separate (lines) with lead, (মুদ্রণ.) লেড্ বসাইয়া (পঙক্তিসমূহ) পৃথক্ করা। *p.* & *p. pt.* **lea°ded**। **black lead**—কৃষ্ণসীস (ইহা দিয়া পেনসিলের সীস তৈয়ারি হয়)। **red lead**—অঙ্কনকার্যে ব্যবহৃত লাল রঙ্‌বিশেষ, রক্তসীস। **white lead**—সীস-শ্বেত, সফেদা। **(to) swing the lead**—অসুখের ভান করিয়া বা অন্য কলকৌশলের দ্বারা কার্যাদিতে নিজের করণীয় অংশ এড়ান। *a.* **lea°den**—সীসকনির্মিত ; সীসকবর্ণ (*leaden* skies) ; অসাড় ; নিরানন্দ ; ভারী (*leaden* limbs) ; নীরস। *n.* **lead°pencil** কৃষ্ণসীসে নির্মিত পেনসিল। *n.* **lead°poi°soning** দেহাভ্যন্তরে সীসক-প্রবেশজনিত বিষক্রিয়া। [AS.—cp. G. *lot*]

leaded, leaden—see **lead₂**.

leader, leaderette, leading—see **lead₁**.

leaf [lef, লীফ্] *n.* an organ of a tree, বৃক্ষপত্র, গাছের পাতা, পর্ণ ; anything leaflike, পাত, পাতা, পত্র ; two pages of a book on opposite sides of the same page, খাতা পুস্তক প্রভৃতির পাতা (=দুই পৃষ্ঠা) ; a hinged flap of a door, table, etc., দরজা জানালা টেবিল প্রভৃতির বাতা। *pl.* **lea°ves**। **in leaf**—পাতা ধরিয়াছে এমন, পত্রশোভিত। **(to) come into leaf**—(বৃক্ষাদি-সম্বন্ধে) পাতা ধরা, পাতা গজান। **(to) take a leaf out of one's book**—কাহারও উদাহরণে বা অনুসরণে লাভবান্ হওয়া। **(to) turn over a new leaf**—নূতন ও উন্নততরভাবে জীবনযাপন করিতে আরম্ভ করা। *n.* **lea°fage**—পর্ণরাজি, বৃক্ষপত্রাবলী। *n.* **leaf°-bud**—পত্রমুকুল, পত্রমঞ্জরী। *a.* **lea°fed, leaved** [left, লীফ্‌ট্], পত্রযুক্ত, সপত্র। *n.* **leaf°iness**। *a.* **leaf°less**—নিষ্পত্র। *n.* **leaf°let**—ছোট পাতা ; (উদ্ভি.) যুগ্ম বৃক্ষপত্রের যে-কোন একটি অংশ ; যে-কোন একখানি মুদ্রিত কাগজ, পত্রিকা। *n.* **leaf°-mould**—পচা বৃক্ষপত্রের সার-দেওয়া মাটি বা জমি। *a.* **lea°fy**—পত্রাচ্ছাদিত ; পত্রবহুল। [AS.—cp. Du. *loof*]

league₁ [leg, লীগ্] *n.* a measure of distance, দূরত্বের মাপবিশেষ (প্রায় $3\frac{1}{2}$ মাইল)। [LL. *leuga*]

league₂ [leg, লীগ্] **(1)** *n.* an alliance, মৈত্রী, সন্ধি ; an association or confederacy, সঙ্ঘ বা সঙ্ঘবদ্ধ রাষ্ট্রসমূহ ; an association of sporting clubs, ক্রীড়াসমিতিসমূহের সঙ্ঘ। **(2)** *v.t.i.* to join a league, মৈত্রীবদ্ধ বা সঙ্ঘবদ্ধ করা অথবা হওয়া। **league match**—ক্রীড়াসমিতিসমূহের সঙ্ঘ কর্তৃক পরিচালিত ক্রীড়া-প্রতিযোগিতা। **League of Nations**—পৃথিবীতে শান্তি বজায় রাখার উদ্দেশ্যে ১৯১৯ খ্রিস্টাব্দে স্থাপিত জাতিসঙ্ঘ (১৯৪৫ খ্রিস্টাব্দে ইহার অস্তিত্বলোপ হয়)। **in league with**—মৈত্রীবদ্ধ ; মৈত্রীবদ্ধ হইয়া ; যোগ-সাজসে। *n.* **lea°guer₂**—সঙ্ঘের সদস্য। [F. *ligue*<LL. *liga*<*ligare* =to bind]

leaguer₁ [le°-ga(r), লী°গ্যা(র্)] *n.* a camp, (প্রধানতঃ অবরোধকারী বাহিনীর) শিবির ; a siege, অবরোধ। [Du. *leger*=a lair]

leaguer₂—see **league₂**.

leak [lek, লীক্] **(1)** *n.* a hole in a vessel, caused by injury or wear, পাত্রাদিতে আঘাতজনিত বা ক্ষয়জনিত ফুটা অথবা ছিদ্র ; a means of undesirable entrance or escape, অবাঞ্ছিত প্রবেশের বা বহির্গমনের পথ। **(2)** *v.i.t.* to have or cause a leak, ফুটা হওয়া বা করা। **(3)** *v.i.* to pass through a leak, ফুটার মধ্য দিয়া ঢোকা বা বাহির হওয়া ; (of secrets) to transpire, to come out, ফাঁস হইয়া যাওয়া। *p.* & *p. pt.* **lea°ked**। **(to) leak out**—(গোপন তথ্যাদি) ফাঁস হওয়া। **(to) spring a leak**—ফুটা হওয়া। *n.* **lea°kage**—ফুটা হওয়া ; ছিদ্রপথে প্রবিষ্ট বা নির্গত তরল পদার্থ অথবা তজ্জন্য বাদ ; অবৈধভাবে গুপ্ত কথা ফাঁস করা (*leakage* of secrets)। *n.* **leakiness**। *a.* **lea°ky**—তরল পদার্থের নির্গমন বা প্রবেশের উপযুক্ত ছিদ্রময় (a *leaky* boat)। [OF. *hlec*= leaky, or Du. & low G. *lek*=leak]

leal [lel, লীল্] *a.* true-hearted, faithful, আন্তরিকতাপূর্ণ, বিশ্বস্ত। [OF. *leel*—doub. of *loyal*]

lean₁ [len, লীন্] **(1)** *v.i.* to incline, ঝোঁকা ; to become inclined to the vertical, হেলিয়া যাওয়া, হেলা ; to rest sideways (against something), ঠেস বা হেলান দেওয়া ; to be in a sloping position, ঢালু হওয়া ; to rely, নির্ভর করা (to *lean* on a friend's advice or guidance)। **(2)** *v.t.* to cause to lean, ঝোঁকান, হেলান বা ঠেস দেওয়ান, ঢালু করা। *p.* & *p. pt.* **lea°ned, leant** [lent, লেন্ট্]। *n.* **lean°ing**—ঝোঁক। *n.* **lean°-to**—যে-চালাঘরের ছাদ অন্য বাড়ি বা দেওয়ালের গায়ে হেলান থাকে। [OE. *hleonian*, *hlinian*—cp. Du. *leunen*]

lean₂ [len, লীন্] *a.* thin, কৃশ, রোগা ; without fat, (মাংসসম্বন্ধে) চর্বিহীন ; unproductive, নিষ্ফলা, বন্ধ্যা (*lean* years) ; unprofitable, লাভহীন (*lean* job) ; (print.) taking extra time, (মুদ্রণ.) অতিরিক্ত সময়সাপেক্ষ। *a.* **lean°faced**—কৃশ মুখাবয়ববিশিষ্ট ; (মুদ্রাক্ষরসম্বন্ধে) সরু। *adv.* **lean°ly**। *n.* **lean°ness**। *a.* **lean°-wi°tted**—অল্পবুদ্ধি, বোকা। [OE. *hlaene*—cp. low G. *leen*]

leap [lep, লীপ্] **(1)** *v.i.* to move with bounds, লাফাইয়া লাফাইয়া চলা ; to spring or jump, লাফান, লম্ফ দেওয়া, লাফাইয়া উঠা (to *leap* at an offer, opportunity, etc.) ; to rush vehemently, প্রচণ্ড বেগে ধাবিত হওয়া ; to pass abruptly or over a wide interval, হঠাৎ বা বেশ খানিকটা বাদ দিয়া চলিয়া যাওয়া। **(2)** *v.t.* to bound over, লাফাইয়া পার হওয়া, ডিঙ্গান ; to cause to leap, লাফ দেওয়ান ; to cover, (পুরুষ-জন্তু সম্বন্ধে) লাফাইয়া বা দৌড়াইয়া বা হাঁটিয়া অতিক্রম করা। *p.* &

p. pt. **leaped, leapt** [lept, লেপ্‌ট্] । (**3**) *n.* bound, লম্ফ, লাফ, ঝম্প ; space covered by leaping, লম্ফদ্বারা অতিক্রান্ত ব্যবধান ; abrupt transition, আকস্মিক পরিবর্তন । a wide gap, বিরাট্ ফাঁক । **leap in the dark**—অনিশ্চিত ভবিষ্যৎ ফলাফলপূর্ণ কাজে হস্তক্ষেপ, অনিশ্চয় বা অন্ধকারের মধ্যে ঝম্পপ্রদান । **a great leap forward**—প্রচুর অগ্রগতি । **by leaps and bounds**—অত্যন্ত দ্রুততার সঙ্গে । *n.* **leap°-frog**—খেলাবিশেষ (ইহাতে এক খেলোয়াড় আরেকজনের পিঠে হাত রাখিয়া তাহাকে ডিঙ্গাইয়া যায়) । *n.* **leap°-year**—ইংরেজি পঞ্জিকার প্রতি চতুর্বৎসরান্তরিক সন (এই বৎসরগুলিতে ফেব্রুআরি মাস ২৮ দিনের বদলে ২৯ দিনে হয়), (পরি.) অধিবর্ষ । [OE. *hleapan*—cp. G. *laufen*=to run, Sans. *lampha(n)*]

learn [la(r)n, ল্যা(র্)ন্] *v.t.i.* to gain knowledge (of) or skill (in), (কোন বিষয়ে) জ্ঞান বা দক্ষতা অর্জন করা, শেখা, জানা । *p. & p. pt.* **lear°ned, learnt** । *a.* **lear°nėd**—পাণ্ডিত্যপূর্ণ শিক্ষিত, পণ্ডিত, বিদ্বান্ ; সাহিত্যবিশারদ ; বিশেষজ্ঞ (*learned* opinion) ; দক্ষ । *adv.* **lear°nėdly**—পাণ্ডিত্যপূর্ণভাবে । *n.* **learn°er**—শিক্ষার্থী, ছাত্র ; মাত্র প্রাথমিক জ্ঞানবিশিষ্ট ব্যক্তি । *n.* **lear°ning**—শিক্ষণীয় বিষয় ; শিক্ষা ; বিদ্যা ; পাণ্ডিত্য ; জ্ঞান ; ভাষা বা বিজ্ঞানে পাণ্ডিত্য । **New Learning**—খ্রিস্টীয় ষোড়শ শতাব্দীতে গ্রীক ও ল্যাটিন ভাষা শিক্ষার জন্য নবসঞ্চারিত আগ্রহ । [OE. *leornian*—cp. G. *lernen*]

lease [lēs, লীস্] (**1**) *n.* a contract letting a house, farm, etc., পাট্টা, ইজারা, খাজনা-বিলি, লীজ ; duration of such tenure, পাট্টা বা ইজারার মেয়াদ ; an additional duration or continuity, অতিরিক্ত মেয়াদ (*lease* of life) । (**2**) *v.t.* to grant or take under lease, পাট্টা বা ইজারা দেওয়া অথবা লওয়া । *p. & p. pt.* **lea°sed** । **a new lease of life**—দীর্ঘতর কাল বাঁচার অথবা অধিকতর সুখী বা কর্মক্ষম হইবার সুযোগ, নবজীবন । **by** or **on lease**—পাট্টার দ্বারা । *n.* **lease°hōld**—পাট্টার বা ইজারার মেয়াদ ; ইজারা-বলে বা পাট্টা-বলে অধিকৃত জমি বাড়ি প্রভৃতি । *n.* **lease°-hōlder**—পাট্টাদার, ইজারাদার (also see **lessee**) । *n. & a.* **lease°-lend°**—same as **lend-lease** । [F. *laisser*=to leave<L. *laxare*=to loose]

leash [lēsh, লীশ্] (**1**) *n.* a thong for holding a hawk or hound, বাজপাখি বা শিকারি কুকুরকে বন্ধনার্থ চর্মরজ্জু । (**2**) *v.t.* to hold by or bind with a leash, উক্ত চর্মরজ্জুদ্বারা ধরিয়া রাখা বা বাঁধা । *p. & p. pt.* **lea°shed** । **(to) hold in leash**—(আল.) নিয়ন্ত্রণ বা সংযত করা । **(to) strain at the leash**—(আল.) বাধাবন্ধনাদি-মুক্ত হওয়ার জন্য আগ্রহ প্রকাশ করা বা ছটফট করা ; কার্যাদির সুযোগের জন্য আগ্রহ বা ব্যস্ততা প্রকাশ করা । [OF. *lesse*<L. *laxus*=loose]

leasing [lē°-sing, লী°সিং] *n.* (B.) lying, মিথ্যাভাষণ ; a lie, মিথ্যাকথা । [OE. *leasung*]

least [lēst, লীস্‌ট্] (**1**) *a.* smallest, ক্ষুদ্রতম বা সামান্যতম । (**2**) *n.* the least amount or degree, ক্ষুদ্রতম বা সামান্যতম পরিমাণ অথবা মাত্রা । (**3**) *adv.* in the smallest or lowest degree, ক্ষুদ্রতম বা ন্যূনতম পরিমাণে ।—also see **little, less** । **at (the) least**—অন্ততঃ । **(not) in the least**—মোটেও(না) । **least of all**—সবচেয়ে কম ; একেবারেই না । **least said soonest mended**—কম কথায় উপকার বেশী হয় ; বেশি বললে পরিণামে ক্ষতি হয় । **(to) say the least of it**—বেশি না বলিয়া ; অতিরঞ্জিত না করিয়া । *adv.* **least°ways, least°wīse**—(বিরল) অন্ততঃ, যাহা হউক । [OE. (super.) *laest*, (compar.) *laessa(a.)*—*laes* (*adv.*) no *pos. deg.*]

leat, leet [lēt, লীট্] *n.* an open watercourse for bringing water to a mill, মিলে জল সরবরাহের খোলা নালাবিশেষ । [OE. *gelœt*]

leather [le°-dha(r), লে°দ্যা(র্)] (**1**) *n.* a tanned or otherwise dressed skin, জিনিসপত্রাদি নির্মাণার্থ শুষ্কীকৃত পশুচর্ম, (পরি.) পাকা চামড়া । (**2**) *v.t.* to cover with leather, চামড়া দিয়া মোড়া, চর্মাবৃত করা ; to flog, চাবকান । *n.* **leatherette** [le-dha-ret°, লেদ্যারেট্°] চর্মসদৃশ বস্ত্র বা কাগজ । *n.* **lea°thering**—চাবকানি । *a.* **lea°thern**—চর্মনির্মিত ; চর্মবৎ । *n.* **lea°ther-head**—(অশি.) বোকা লোক । *n.* **lea°ther-jacket**—দীর্ঘপদ পতঙ্গবিশেষের শূক । *a.* **lea°thery**—চর্মসদৃশ ; শক্ত, দৃঢ়, অটল । [OE. *lether(n.)*—cp. Du. & G. *leder*]

leave$_1$ [lēv, লীভ্] *n.* permission, অনুমতি ; parting, বিদায় ; permission for absence from duty, কার্যে অনুপস্থিত থাকার অনুমতি, সাময়িক ছুটির অনুমতি ; such absence, সাময়িক ছুটি ; holidays, কার্য হইতে বাঁধা ছুটি, অবকাশ । **by** or **with your leave**—আপনার অনুমতিক্রমে, আপনার অনুমতি প্রার্থনাপূর্বক বা অনুমতি পাইব আশা করিয়া । **(to) take leave**—অনুমতি দিবার পূর্বেই গ্রহণ করা (to *take leave* to say) ; বিদায় লওয়া, প্রস্থান করা । **(to) take leave of one's senses**—বুদ্ধিভ্রষ্টের বা উন্মাদের ন্যায় আচরণ করা । [OE. *leaf*=permission]

leave$_2$ [lēv, লীভ্] (**1**) *v.t.* to allow to remain, থাকিতে দেওয়া ; abandon, পরিত্যাগ করা, ফেলিয়া যাওয়া ; to quit, (স্থানাদি) ত্যাগ করিয়া যাওয়া ; to give up, (কার্যাদি) ত্যাগ করা, বিরত হওয়া ; to have remaining at death, মৃত্যুকালে রাখিয়া যাওয়া (to *leave* a wife, a daughter and two sons) ; to bequeath, উইল করিয়া দিয়া যাওয়া ; to refer for decision, (কিছুর) মীমাংসার ভার দেওয়া । (**2**) *v.i.* to desist বিরত হওয়া ; to cease, থামা ; to depart, বিদায় লওয়া, চলিয়া যাওয়া । *p. & p. pt.* **left** [left, লেফ্‌ট্] । **(to)**

leave alone—না ঘাঁটান ; শান্তিতে বা স্বেচ্ছামত থাকিতে দেওয়া ; বিরক্ত না করা ; হস্তক্ষেপ না করা। **(to) leave behind**—সঙ্গে না লইয়া ফেলিয়া যাওয়া বা রাখিয়া যাওয়া। **(to) leave off**—নিবৃত্ত হওয়া, শেষ করা ; ব্যবহার বর্জন করা। **(to) leave a person to himself, (to) leave one to one's own devices**—স্বাধীনভাবে কাজ করিতে দেওয়া। **(to) leave out**—বাদ দেওয়া। **(to) leave over**—পরে করা হইবে বলিয়া ফেলিয়া রাখা। **(to) leave to chance**—দৈবের উপর ছাড়িয়া দেওয়া। **(to) leave word with** (a person for a person)—(একজনকে জানাইবার জন্য অন্যকে) সংবাদাদি দেওয়া। *n. pl.* **lea°vings**—পরিত্যক্ত জিনিসপত্র ; স্মৃতিচিহ্ন ; আবর্জনা। [OE. *laefan*]

leaved—see **leaf.**

leaven [le°vn, লে°ভ্‌ন্] **(1)** *n.* the ferment that makes dough rise, যে খমির মিশাইলে ময়দার তাল ফুলিয়া ওঠে, কিণ্ব ; anything that effects a general change, ব্যাপক পরিবর্তনসাধক বস্তু। **(2)** *v.t.* to raise with leaven, খমির মিশাইয়া ফোলান ; to influence extensively, ব্যাপকভাবে প্রভাবিত করা। [F. *levain*<L. *levamen*]

leaves—see **leaf.**

leavings—see **leave$_2$.**

lecher [le°-cha(r), লে°চ্যা(র্)] *n.* a lewd person, লম্পটব্যক্তি। *a.* **lecherous** [le°ch-ras, লেচ্‌°র‍্যাস্] লম্পট। *n.* **le°chery**—লাম্পট্য। [OF. *lecheor*—cp. *lick*]

lecithin [le°-si-thin, লে°সিথিন্] *n.* a complex substance, ডিমের কুসুমে প্রাপ্ত ফস্‌ফরাসপূর্ণ যৌগিক পদার্থবিশেষ। [Gk. *lekithos*=egg-yolk]

lectern [lek°-ta(r)n, লেক্‌°ট্যা(র্)ন্] *n.* a church reading-desk, গির্জার যে টেবিলের সামনে দাঁড়াইয়া বক্তৃতাদি প্রদান করা হয়। [LL. *lectrinum*<*lectrum*=a pulpit]

lection [lek°sh(a)n, লেক্‌°শ্‌ন্] *n.* a reading, পাঠ ; a lesson read in church, গির্জায় যে ধর্মগ্রন্থাদি হইতে উপদেশাদি পঠিত হয়। [L. *lectio*]

lecture [lek°-cha(r), লেক্‌°চ্যা(র্)] **(1)** *n.* a lesson or period of instruction, শিক্ষা বা শিক্ষাদানকাল ; a discourse, বক্তৃতা ; a reproof, তিরস্কার (curtain *lecture*)। **(2)** *v.t.* to deliver a lecture, বক্তৃতা দেওয়া। **(to) read (one) a lecture**—ভর্ৎসনা করা। *n.* **lec°turer**—(সচ. কলেজের) অধ্যাপকবিশেষ, (পরি.) উপাধ্যায়। *n.* **lec°tureship**। [L. *lectura*<*legere*=to read]

led—see **lead$_1$.**

ledge [lej, লেজ্] *n.* a narrow shelf projecting from a wall, দেওয়াল হইতে প্রসারিত সঙ্কীর্ণ তাক (a window *ledge*); a narrow ridge of rocks, সঙ্কীর্ণ শৈলশিরা। [ME. *legge*—cp. *lay$_3$*]

ledger [le°-ja(r), লে°জ্যা(র্)] *n.* a principal book of account, জমাখরচের প্রধান খাতা, খতিয়ান। [see *lie$_2$*, *lay$_2$*.]

lee [lē, লী] *n.* shelter, আচ্ছাদন, ঢাকনা ; the sheltered side, আচ্ছাদিত দিক্ ; the quarter towards which the wind blows, যে দিকের অভিমুখে বাতাস বহে। *n.* **lee°-side**—(পোতাদির) আচ্ছাদিত দিক্। *a.* & *adv.* **lee°ward**—যে দিকের অভিমুখে বাতাস বহে সেই দিকের অভিমুখ বা অভিমুখে, (পরি.) অনুবাত বা অনুবাতে। *n.* **lee°way**—(পোতাদির) অনুবাতের দিকে ভাসিয়া যাওয়া। **(to) make up leeway**—সময় অপচয় হওয়ার ফলে কার্যাদি সম্পাদনে যে বিলম্ব ঘটিয়াছে তাহা পূরণ করা। [OE. *hleo(w)*—cp. ON. *hle*, low, G. *lee*]

leech$_1$ [lēch, লীচ্] *n.* the perpendicular side edge of a sail, পালের লম্বালম্বি ধারের প্রান্ত। [cp. ON. *lik*]

leech$_2$ [lēch, লীচ্] *n.* a worm, জোঁক ; (obs.) a physician, (অপ্র.) চিকিৎসক, বৈদ্য ; (fig.) a person who sucks profits from others, (আল.) যে ব্যক্তি অপরকে শোষণ করিয়া লাভ আদায় করে। *n.* **leech°craft**—(আর্ষ.) চিকিৎসাবিদ্যা। **(to) stick like a leech**—জোঁকের মত লাগিয়া থাকা। [OE. *laece*]

leechee—alt. spell. of **litchi.**

leek [lēk, লীক্] *n.* a vegetable, পেঁয়াজজাতীয় কন্দবিশেষ ; the national emblem of Wales, ওএল্‌স্-প্রদেশের উক্ত কন্দাঙ্কিত জাতীয় প্রতীক। **(to) eat the leek**—অপমান হজম করা। [OE. *leac*]

leer [lē(r), লিয়্যা(র্)] **(1)** *n.* a sly sidelong look, (প্রধানতঃ কামলালসাপূর্ণ) বঙ্কিম কটাক্ষ। **(2)** *v.i.* to look askance, বঙ্কিম কটাক্ষ করা। *a.* **lēery**—ধূর্ত, চতুর ; অতিশয় সজাগ। [OE. *hleor*=face, cheek]

lees [lēz, লীজ্] *n. pl.* dregs of liquor, মদের শিটা বা তলানি। **(to) drain** or **drink to the lees**—(যন্ত্রণা আবেগ প্রভৃতি সম্বন্ধে) চরমাবস্থা পর্যন্ত ভোগ বা উপভোগ করা। [F. *lie*<LL. *lia*]

left$_1$—see **leave$_2$**। **(to) be** or **get (nicely) left**—ছলিত হওয়া ; প্রতারিত হওয়া ; পরিত্যক্ত হওয়া। *a.* **left°-off**—সরাইয়া রাখা হইয়াছে এমন, বাতিল। **left°-ō°ver**—**(1)** *a.* আগের বাকি ; **(2)** *n.* আগের বাকি অংশ।

left$_2$ [left, লেফ্‌ট্] **(1)** *a.* of or on the side opposite to the right, বামদিকস্থ, বাঁয়ের, বামপার্শ্বের, বাঁ-হাতি ; (pol.) democratic and progressive, (রাজ.) সাম্য-ও-প্রগতিবাদী, বামপন্থী। **(2)** *adv.* on or towards the left, বাঁ-দিকে, বাঁ-পাশে, বামে। **(3)** *n.* the left side, বামপার্শ্ব, বাঁ ; the left hand, বামহস্ত ; a political party with democratic and progressive views, বামপন্থী রাজনীতিক দল (কোন কোন রাষ্ট্রের আইন-পরিষদে এই দলের সভ্যগণ সভাপতির বামপার্শ্বে বসিত বলিয়া এইরূপ নামকরণ হইয়াছে)। *a.* **left°-hand**—বামদিক্‌স্থ ; বামহস্তে কৃত (*left-hand* stroke)। *a.* **left°-han°dėd**—দক্ষিণহস্তের অপেক্ষা অধিকতর

শক্তিশালী ও কর্মতৎপর বামহস্তবিশিষ্ট, ন্যাটা, বামাবর্ত ; জবুথবু ; ভাগ্যহীন, দুর্ভাগা ; অনিশ্চিত, সন্দেহজনক (*left-handed* compliment, *left-handed* marriage)। *n.* **left-han°der**—বাঁ-হাতের আঘাত ; ন্যাটা লোক। *n.* **lef°tism**—(রাজ.) বামপন্থী মতবাদ। *n.* **lef°tist** । *n.* **lef°ty**—(কথ্য.) ন্যাটা লোক ; বামপন্থী লোক। [ME. *lift, left*<OE. *left*=weak]

leg [leg, লেগ্] *n.* a walking limb, পা, পদ ; an artificial leg, কৃত্রিম পা, নকল পা ; part of a garment that covers a leg, পাজামা প্রভৃতির যে অংশে পা ঢাকা থাকে ; a branch or limb of anything forked or jointed, কম্‌পাস্ প্রভৃতি বিভক্ত বস্তুর যে-কোন একটি অংশ বা অঙ্গ ; a support of chair etc., চেয়ার বা অন্যান্য আসবাবের পায়া। **fine** or **long** or **short** or **square leg** —ক্রিকেটে ফিলড্জ্‌ম্যানদের বিভিন্ন অবস্থান। **leg before (wicket)**—ক্রিকেটে ব্যাটসম্যান কর্তৃক পা দিয়া বল আটকানর ফলে আউট হওয়া। **not a leg to stand on**—নিতান্ত অবাস্তব বা বাজে ব্যাপার। **on one's last legs**—ব্যর্থতা অক্ষমতা বা অবসাদের চরম সীমায়, আর পারে না এমন অবস্থায়। **on one's legs,** (facet.) **on one's hind legs**—(প্রধানতঃ কথা বলার জন্য বা বক্তৃতাদানার্থ) দণ্ডায়মান ; ব্যাধি-নিরাময়ের পর পুনরায় হাঁটিতে সমর্থ। **upon one's (own) legs**—স্বাবলম্বী। **(to) be all legs**—রোগা ডিঙডিঙে চেহারাওয়ালা এবং লম্বা সরু সরু পা-ওয়ালা হওয়া। **(to) feel one's legs**—নিজের পায়ে ভর দিয়া দাঁড়াইতে আরম্ভ করা। **(to) find one's legs**—দণ্ডায়মান হইতে পারা ; আরাম লাভ করা। **(to) get one on one's legs**—পুনরায় স্বাস্থ্যবান্ করিয়া তোলা, শয্যাশায়ী অবস্থা হইতে খাড়া করা ; আর্থিক দিক্ দিয়া স্বাবলম্বী হইতে সাহায্য করা। **(to) give one a leg up**—আরোহণ করিতে সাহায্য করা ; (আল.) প্রয়োজনের সময় সাহায্য করা। **not (to) have a leg to stand on**—(স্বীয় মত যুক্তি দাবি প্রভৃতি) বজায় রাখিবার মত ভিত্তিসম্পন্ন না হওয়া। **(to) keep one's legs**—দাঁড়াইয়া থাকিতে সমর্থ হওয়া অর্থাৎ পড়িয়া না যাওয়া। **(to) pull one's leg** —অপরের সারল্যের সুবিধা লইয়া তাহাকে বঞ্চনা করা। **(to) run one off one's legs**—নিরন্তর খাটাইয়া খাটাইয়া অবসন্ন করা। **(to) shake a leg**—(কথ্য.) নাচা। **(to) show a leg**—উপস্থিত হওয়া বা আবির্ভূত হওয়া ; উঠিয়া দাঁড়ান ; (কথ্য.) শয্যাত্যাগ করা। **(to) stand on one's (own) legs**—স্বাবলম্বী হওয়া, নিজের পায়ে ভর দিয়া দাঁড়ান। **(to) stretch one's legs**—(প্রধানতঃ দীর্ঘকালব্যাপী উপবেশন বা শয়নের পরে ব্যায়ামের জন্য) পায়চারি করা। **(to) take to one's legs**—(ছুটিয়া) পলায়ন করা। **(to) walk one off one's legs** —নিরন্তর হাঁটাইয়া হাঁটাইয়া অবসন্ন করা। *n.* **leg°-ball**—ক্রিকেটে যে বল পায়ের কাছ হইতে বাঁকিয়া ভিতরদিকে আসে। *n.* **leg°-bye**—ক্রিকেটে যে বল ব্যাটসম্যানের হাত ছাড়া অন্য কোন অঙ্গ স্পর্শ করার ফলে একখানা ফালতু রান হয়। *a.* **le°gged**—পদযুক্ত ; পায়াযুক্ত। *n.* **le°gging**—পায়ের নিম্নাংশের গারটারবিশেষ। *n.* **leg°-guard**—ক্রিকেট-খেলোয়াড়ের পাদত্রাণ। *a.* **le°ggy**—লম্বা লম্বা ও লেঙ্‌লেঙে পা-ওয়ালা। *n.* **le°gginess** । *n.* **leg°-pull(ing)** —অপরের সারল্যের সুবিধা লইয়া তাহাকে বঞ্চনা। *n.* **leg°-puller**—ঐরূপ বঞ্চনাকারী ব্যক্তি। [ON. *leggr*—cp. D. *laeg*, Sw. *lagg*]

legacy [le°-ga-si, লে°গ্যাসি] *n.* that which is left to one by will, উইল্-বলে প্রাপ্ত সম্পত্তি ; anything derived from the ancestors, উত্তরাধিকারসূত্রে লব্ধ বস্তু। *n.* **le°gacy-hun°ter** —যে ব্যক্তি কেবল সম্পত্তির লোভে বিবাহ করে। *n.* **legatee** [lega-tē°, লেগ্যাটী°] যাহাকে উইল করিয়া সম্পত্তি দেওয়া হয়। [L. *legare*=to bequeath by will]

legal [lē°g(a)l, লী°গ্‌ল্] *a.* of law, আইন-সংক্রান্ত ; lawful, আইনসম্মত, বৈধ, বিধিসম্মত ; created by law, আইনবলে সৃষ্ট। *n.* **lėga°lity**—বৈধতা। *v.t.* **legalize** [lē°-ga-līz, লী°গ্যালাইজ্] আইনসম্মত বা বৈধ করা। *n.* **lēgalizā°tion** । *adv.* **le°gally** । [L. *legalis*<*legis*=law]

legate [le°-git, লে°গিট্] *n.* a papal ambassador, পোপের দূত। *n.* **lėgā°tion**—দূত বা প্রতিনিধি প্রেরণ ; প্রেরিত দূত বা প্রতিনিধি ; কূটনীতিক দূত বা দৌত্য বা দূতাবাস ; দৌত্য, প্রতিনিধিত্ব। [L. *legatus*]

legatee—see **legacy.**

legation—see **legate.**

legato [li-gŭ°-to, লিগা°টৌ] *adv.* (musical direction) in smooth connected manner, without breaks, (সঙ্গীত পরিচালনা বিষয়ক) একটানা, কোনরূপ ছেদ না ঘটাইয়া। [It. <L. *legare*=to tie]

legend [le°j(a)nd, লে°জ্‌ন্ড্] *n.* a story of a saint's life, সাধু-জীবনী ; a traditional story, লোককাহিনী, উপকথা, রূপকথা ; a tale, কাহিনী, গল্প ; a motto or inscription, নীতিবাক্য বা উৎকীর্ণ বাণী। **le°gendary**—(1) *n.* সাধু-জীবনী লোককাহিনী নীতিবাক্য প্রভৃতি বিষয়ক গ্রন্থ বা গ্রন্থকার ; (2) *a.* সাধু-জীবনী লোককাহিনী নীতিবাক্য প্রভৃতি সংক্রান্ত বা তৎসদৃশ অথবা উহাতে বর্ণিত রোমাঞ্চকর অভিযানপূর্ণ ; অলীক। *n.* **le°gendry** —সাধু-জীবনীসমূহ ; লোককাহিনীসমূহ বা রূপকথাসমূহ। [F. *legende*<LL. *legenda*=a book of saints]

legerdemain [le°-ja(r)-da-mān°, লে°জ্যা(র্)ড্যামেইন্°] *n.* sleight of hand, হস্তকৌশল ; jugglery, ভোজবাজি ; (fig.) sophistry, deceitful argument, বিভ্রান্তকারী বাক্যজাল বা কুতর্ক। [F. *leger de main*=light of hand]

leghorn [leg°-haw(r)n, লেগ্°হ(র্)ন্] *n.* a fine straw plait, (টাস্কানিতে প্রস্তুত) উৎকৃষ্ট সোলা-বিশেষ; a hat made of it, উক্ত সোলা-নির্মিত টুপি। *n.* **leghorn** [le-gaw(r)n°, লেগ্য(র্)ন্°] গৃহপালিত কুক্কুটবিশেষ। [*Leghorn* in Italy]

legible [le°-jabl, লে°জ্যাব্‌ল্] *a.* clear, easily read, (হস্তাক্ষরসম্বন্ধে) স্পষ্ট, সহজপাঠ্য। *n.* **legibility** [le-ji°bi°-li-ti, লেজিবি°লিটি], **le°gibleness** । *adv.* **le°gibly** । [L. *legibilis*]

legion [lē°j(a)n, লী°জ্‌ন্] *n.* in ancient Rome an army of six thousand soldiers, (তিন হইতে) ছয় সহস্র সৈনিকবিশিষ্ট প্রাচীন রোমের বাহিনী; a military force, সৈন্যবাহিনী; a great number, বিরাট্ সংখ্যা। **British Legion**—ব্রিটেনের প্রাক্তন সৈনিকগণের জাতীয় সঙ্ঘ। **Foreign Legion**—ফরাসি বাহিনীর প্রাক্তন বিদেশী সৈনিকদের সঙ্ঘ। **their name is legion, they are legion**—অগণনীয়, অসংখ্য। **legionary** [lē°-ja-na-ri, লী°জ্যান্যারি] (1) *a.* সৈন্যবাহিনীসংক্রান্ত। (2) *n.* বাহিনীর সৈনিক। [L. *legio(nis)*]

legislate [le°-jis-lāt, লে°জিস্‌লেইট্] *v.i.* to make laws, আইন প্রণয়ন করা। *p.* & *p. pt.* **le°gislātėd** । *n.* **legislā°tion** । **le°gislātive**—(1) *a.* আইনপ্রণয়নসংক্রান্ত, আইনপ্রণয়নকর, আইন-প্রণয়নের ক্ষমতাবিশিষ্ট, (পরি.) বিধানিক। (2) *n.* আইনপ্রণয়নের ক্ষমতা; আইনপ্রণয়নকারী পরিষদ্ বা ব্যক্তিবর্গ, বিধানমণ্ডল। **legislative assembly**—বিধানসভা। **legislative council**—বিধান-পরিষদ্। *n.* **le°gislātor**—আইনপ্রণেতা; বিধানমণ্ডলের সভ্য। *n.* **legislature** [le°jis-lā-cha(r), লে°জিস্‌লেইচ্যা(র্)] আইনপ্রণয়নকর পরিষদ্, (পরি.) বিধান-মণ্ডল। [L. *legislatio*<*legis*=law]

legist [lē°-jist, লী°জিস্ট্] *n.* a person versed in law, আইনজ্ঞ ব্যক্তি, আইনবিশারদ। [F. *légiste*]

legitimacy—see **legitimate.**

legitimate [li-ji°-ti-mit, লিজি°টিমিট্] *a.* lawful, আইনসম্মত, বৈধ; lawfully begotten, আইনসম্মতভাবে জাত (অর্থাৎ জারজ নহে এমন); regular, নিয়মসম্মত, স্বাভাবিক: proper, উপযুক্ত, ন্যায়সঙ্গত; genuine, অকৃত্রিম, খাঁটি। *v.t.* **legi°timāte, légi°timatīze, légi°timīze**—আইন-সম্মত বা বৈধ করা; (জারজকে) বৈধ জাত্যধিকারী করা। *p.* & *p. pt.* **legi°timātėd** । *n.* **légi°timacy, légi°timáteness** । *adv.* **légi°timātely** । *n.* **légitimā°tion** । *n.* **légi°timist**—উত্তরাধিকারসূত্রে জ্যেষ্ঠ রাজপুত্র সিংহাসনের অধিকারী: এই মতবাদী ব্যক্তি। [LL. *legitimare*<*legis, lex*=law]

legume [le°-gūm, লে°গিউম্] *n.* a pod of one carpel, শিম্ব, শুঁটী। *a.* **legū°minous**—শিম্ব-সংক্রান্ত; শিম্বোৎপাদী; শিম্বাকার; শিম্বিগোত্র। [L. *legumen*=pulse]

leisure [le°-za(r), লে°(শ্)জ্যা(র্)] *n.* spare time, অবকাশ, অবসর; freedom from occupation, কর্মমুক্তি, ছুটি; convenient opportunity, সুবিধা-জনক সময়। **at (one's) leisure**—অবসরভোগী; নিজের সুবিধাসুযোগমত। *a.* **lei°sured**—প্রচুর অবকাশপূর্ণ (the *leisured* classes)। *a.* **lei°sureless**—অবকাশহীন। **lei°surely**—(1) *a.* ব্যস্ততাহীন। (2) *adv.* । ব্যস্ততাহীনভাবে। *n.* **lei°surliness** । [OE. *leisir*<L. *licere*=to be permitted]

leit-motiv, leit-motif [līt°-mō-tēf°, লাইট্°-মৌটীফ্°] *n.* (mus.) a theme associated throughout a piece with some person, situation or sentiment, (সঙ্গীতে) কোন ব্যক্তি বা অবস্থা বা ভাবের সঙ্গে সংশ্লিষ্ট যে রাগ বা রাগিণী গানের আগাগোড়া ধ্বনিত হয়। [G.]

leman [le°-man, লে°ম্যান্] *n.* (arch.) a lover or sweetheart, (আর্ষ.) প্রণয়ী বা প্রণয়িনী; a paramour or mistress, নাগর বা নাগরী। [OE. *leof*=lief, *mann*=man]

lemming [le-ming, লে°মিং] *n.* an arctic rodent, সুমেরু অঞ্চলের মূষিকজাতীয় প্রাণিবিশেষ। [Norw.]

lemon [le°-man, লে°ম্যান্] *n.* an acid fruit or its tree, পাতি কাগজি প্রভৃতি লেবু বা লেবুগাছ; the pale blue colour of the lemon, লেবুর ন্যায় ফিকা নীলাভ বর্ণ; (sl.) an unattractive or plain-looking girl, আকর্ষণহীন বা লাবণ্যহীন তরুণী, সাদাসিধা মেয়ে; a failure, ব্যর্থ-মনোরথ ব্যক্তি। *n.* **lemonāde°**—লেবুর রসে মিষ্ট ও সুগন্ধি মিশাইয়া প্রস্তুত পানীয়বিশেষ (ইহা বাতান্বিত হইতেও পারে নাও হইতে পারে), লেমনেড। *n.* **le°mon-drop**—লেবুর রসে সিদ্ধ করা চিনির ডেলা, লেবু-লেবেনচুষ। *n.* **lemon-sole**—চেপটা বা চেটাল মৎস্যবিশেষ। *n.* **le°mon-squash°**—লেবুর রসের সহিত সোডা ও সুগন্ধিমিশ্রিত বাতান্বিত পানীয়বিশেষ। *n.* **le°mon-squeezer**—লেবু হইতে রস নিঙড়াইবার যন্ত্রবিশেষ। [F. *limon*—cp. *lime*, Pers. *limun*]

lemur [lē°-ma(r), লী°ম্যা(র্)] *n.* a nocturnal animal, নিশাচর বানরবিশেষ, লেমুর, ভামবিড়াল (?)। [L. *lemures*=ghosts]

lend [lend, লেন্‌ড্] *v.t.* to give as a loan, ধার দেওয়া; to grant temporary use of, সাময়িক-ভাবে ব্যবহার করিতে দেওয়া। *p.* & *p. pt.* **lent$_1$** । *n.* **len°der** । *n.* **len°ding**—ঋণদান। *n.* **len°ding-library**—যে লাইব্রেরি বা পাঠাগার হইতে বাড়িতে পড়ার জন্য বই নেওয়া যায়। **lend°-lease°**—(1) *n.* আমেরিকার যুক্তরাষ্ট্রের নিরাপত্তার উদ্দেশ্যে পররাষ্ট্রকে যুদ্ধোপকরণ সরবরাহ করার জন্য যুক্তরাষ্ট্রের সভাপতিকে ১৯৪১ খ্রিস্টাব্দে বিশেষ ক্ষমতাদান। (2) *a.* উক্ত ক্ষমতানুযায়ী। [OE. *laenan*<*la(e)n*=a loan]

length [length, লেংথ্] *n.* extent from end to end, দৈর্ঘ্য; extent of duration, স্থায়িত্বের পরি-

মাণ ; extent, ব্যাপ্তি ; a full stretch of anything, পূর্ণদৈর্ঘ্য (to win by a *length* in horse-race) । **at length**—পূর্ণপ্রসারিতভাবে ; পূর্ণাকারে ; বিস্তৃতভাবে (to deal with a subject *at length*) ; অবশেষে । **at full length**—চিৎপাত হইয়া, সটান লম্বা হইয়া (to lie *at full length* on the grass) । **length of days**—দীর্ঘীকৃত বা সুদীর্ঘ আয়ু । **(to) go great lengths**—চরমে যাওয়া বা উঠা । **(to) measure one's length**—সটান লম্বা হইয়া পড়িয়া যাওয়া বা নিক্ষিপ্ত হওয়া । *v.t.i.* **leng°then**—দীর্ঘ করা বা হওয়া ; দৈর্ঘ্য বা স্থায়িত্ব বাড়ান বা বাড়া ; প্রসারিত বা প্রলম্বিত করা অথবা হওয়া । *adv.* **leng°thily** । *n.* **leng°thiness** । *adv.* **length°ways, length°wise**—দৈর্ঘ্য-বরাবর, অনুদৈর্ঘ্যভাবে । *a.* **leng°thy**—সুদীর্ঘ ; দীর্ঘায়ত ; প্রসারিত ; ক্লান্তিজনকভাবে সুদীর্ঘ বা প্রসারিত । [OF. *lengthu*<*lang*=long]

lenient [lē°-ni-ant, লী°নিঅ্যান্ট্] *a.* emollient (যন্ত্রণাদি) উপশমকর, শান্ত বা কোমল করে এমন ; soothing, শান্তিদায়ক, আরামপ্রদ ; mild, কোমল ; merciful, ক্ষমাশীল । *n.* **lē°nience, lē°niency**—(যন্ত্রণাদি) উপশমকারিতা ; আরামপ্রদতা ; ক্ষমাশীলতা । *adv.* **lē°niently** । **le°nitive**—(1) *a.* যন্ত্রণাদি উপশমকর । (2) *n.* যন্ত্রণাদি উপশমকর ঔষধ । *n.* **le°nity**—সদয় ভাব, করুণা । [L. *lenire*=to soothe]

Leninism [le°ni-nizm, লে°নিনিজ্‌ম্] *n.* Marxism, as interpreted and modified by Lenin, লেনিন কর্তৃক ব্যাখ্যাত ও সংশোধিত মার্কসীয় দর্শন, লেনিনবাদ ।

lenitive, lenity—see **lenient.**

lens [lenz, লেন্‌জ্] *n.* a piece of glass used as spectacles, etc., চশমা ক্যামেরা দূরবীন প্রভৃতির কাচ । [L.=lentil]

lent₁—see **lend.**

Lent₂ [lent, লেন্ট্] *n.* a Christian festival, ঈসটারের অব্যবহিত পূর্ববর্তী চল্লিশ দিনব্যাপী খ্রিষ্টীয় পর্ববিশেষ । **lent lily**—daffodil-ফুল । **Lent term**—বিশ্ববিদ্যালয়ের যে বাৎসরিক অধ্যয়নপর্বে লেন্ট্-পর্ব পড়ে । *a.* **Len°ten**—লেন্ট্-পর্বসংক্রান্ত বা উক্ত পর্বকালীন । [OE. *lencten*=the spring]

lenticular—see **lentil.**

lentil [len°-til, লেন্°টিল্] *n.* a lens-shaped seed, মসুর । *a.* **lenti°cūlar**—মসুরাকার । [OF. *lentille*<L. *lens*]

lento [len°-tō, লেন্°টৌ] *adv.* (musical direction) slowly, (সঙ্গীত পরিচালনা) আস্তে আস্তে, ঢিমা লয়ে । [It.]

Leo [li°ō, লি°ঔ] *n.* the fifth sign of the zodiac, the Lion, (জ্যোতি.) সিংহরাশি । *a.* **leonine** [li°-a-nīn, লি°অ্যানাইন্] সিংহসদৃশ । [L. *leo*]

leopard [le°-pa(r)d, লে°প্যা(র্)ড্] *n.* a ferocious animal, চিতাবাঘ । *fem.* (rare) **leo°pardess** । **can the leopard change his spots**—স্বভাব কি কখনও পালটায় ? [OF.<L. *leopardas*<Gk. *leopardos*]

leotard [lē°-o-tŭ(r)d, লি°অটা(র্)ড্] *n.* close-fitting one-piece garment worn by acrobats and dancers, ব্যায়ামবিদ্ দড়াবাজিকর ও নর্তক-নর্তকীদের একত্র-সংলগ্ন আঁটসাঁট পোশাক । [>Jules *Leotard*, French trapeze artist (died 1870)]

leper [le°-pa(r), লে°প্যা(র্)] *n.* (obs.) leprosy, (অপ.) কুষ্ঠব্যাধি ; one affected with leprosy, কুষ্ঠরোগী, কুষ্ঠী, কুঠো । *n.* **leprosy** [le°pra-si, লে°প্র্যাসি] কুষ্ঠব্যাধি । *a.* **le°prous**—কুষ্ঠরোগসংক্রান্ত ; কুষ্ঠব্যাধিগ্রস্ত । [OF. *lepre*; Gk. *lepra*,<*lepros*=scaly]

Lesbian [lez°-bi-an, লেজ্°বিঅ্যান্] *a.* of Lesbos, (Alcaeus ও Sappho-র জন্মভূমি) লেজ্‌বস্-দ্বীপের ; amatory, প্রেমাত্মক ; homosexual, (স্ত্রীলোকসম্বন্ধে) স্বকামী । *n.* **Les°bianism** । [Gk. *Lesbios*<*Lesbos*]

lese-majesty [lēz°-ma°-jis-ti, লীজ্°ম্যা°জিস্‌টি] *n.* treason, রাজদ্রোহ । [F. *lese majeste*]

lesion [lē°z(a)n, লী°জ্‌ন্] *n.* harmful change in any part of the body caused by injury or disease, আঘাত বা ব্যাধির ফলে অঙ্গবিকৃতি । [F.<L. *laesio*<*laedere*=to hurt]

less [les, লেস্] (1) *a.* smaller, ক্ষুদ্রতর, হ্রস্বতর ; smaller in quantity, অপেক্ষাকৃত অল্পপরিমাণ ; lower in rank or dignity, পদমর্যাদায় বা সম্মানে হীনতর ; inferior, হীনতর ; minor, গৌণ ; younger, বয়ঃকনিষ্ঠ ; fewer, সংখ্যায় অপেক্ষাকৃত কম ।—see **little** । (2) *adv.* not so much, তত নহে ; in a lower degree, কম পরিমাণে । (3) *n.* a smaller portion or quantity, ক্ষুদ্রতর অংশ বা পরিমাণ । (4) *pre.* without, ব্যতীত ; minus, বাদে । **any the less**—অপেক্ষাকৃত অল্প বা হীন । **no less**—মোটেও না । **none the less**—তৎসত্ত্বেও । **nothing less than**—সম্পূর্ণ ততটা... যতটা । **the less**—যতটা কম (*the less* you talk the better will it be) । *v.t.i.* **less°en**—ক্ষুদ্রতর বা অপেক্ষাকৃত অল্পপরিমাণ বা অল্পসংখ্যক বা হীনতর বা গৌণ করা অথবা হওয়া । *a.* (*double compar.*) **le°sser**—ক্ষুদ্রতর ; ন্যূনতর ; হীনতর ; গৌণ (the *lesser* evils of life) । [OE. *laessa*(*a.*) *laes* (*adv.*)—not connected with *little*]

lessee [le-sē°, লেসী°] *n.* one to whom a lease is granted, ইজারাদার, পাট্টাদার । [see *lease*]

lessen, lesser—see **less.**

lesson [le°sn, লে°স্‌ন্] (1) *n.* a portion of Scripture read in divine service, গির্জায় প্রার্থনাকালে বাইবেল হইতে পঠিত অংশ ; a spell of instruction, উপদেশ, শিক্ষা, পাঠ ; an exercise, অনুশীলনী ; an instructive warning, experience or example, শিক্ষামূলক সতর্কীকরণ বা অভিজ্ঞতা বা উদাহরণ ; a severe reproof, কঠিন

তিরস্কার। (2) *v.t.* to instruct, শিক্ষা দেওয়া; to train, অভ্যাস করান; to rebuke, তিরস্কার করা। [F. *lecon*<L. *lectio*—cp. *lecture*]

lessor [le-saw(r)°, লেস্তর্(র্)°] *n.* one who grants a lease, পাট্টাদাতা। [see *lease*]

lest [lest, লেস্‌ট্] *con.* not that, যাহাতে না ঘটে এইজন্য; for fear that, পাছে ঘটে তাই, পাছে। [ME. *les te*<OE. *thy laes the*]

let₁ [let, লেট্] (1) *v.t.* to prevent,, বাধা দেওয়া। *pr. pt.* **le°tting** । *p.* & *p. pt.* **let, le°ttėd** । (2) *n.* (arch.) hindrance, (আর্ষ.) বাধা, প্রতিবন্ধক (without *let* or hindrance)। [OE. *lettan*]

let₂ [let, লেট্] *v.t.* (arch.) to allow to escape, (আর্ষ.) পলাইতে দেওয়া; to allow to go or come, যাইতে বা আসিতে দেওয়া; to permit, অনুমতি দেওয়া; to allow, হইতে বা করিতে দেওয়া; to suffer, সহ্য করা; to grant to a tenant or hirer, ভাড়া দেওয়া। *pr. pt.* **le°tting** । *p.* & *p. pt.* **let** । **(to) let alone**—উল্লেখ না করা; হস্তক্ষেপ না করা; স্বেচ্ছানুযায়ী চলিতে বা করিতে দেওয়া; না ঘাঁটান; (অনুজ্ঞায়) বিশ্বাস কর বা ও কথা আর তুল না। **(to) let (one or it) be**—শান্তিতে বা স্বস্তিতে থাকিতে দেওয়া (to *let* the poor animal *be*); আপন খেয়ালে থাকিতে দেওয়া; না ঘাঁটান; হস্তক্ষেপ না করা; ঘটিতে দেওয়া; বাধা না দেওয়া। **(to) let down**—নিচে ফেলিয়া বা নামাইয়া দেওয়া; টাঙান অবস্থা হইতে খুলিয়া লওয়া; প্রয়োজনকালে সাহায্যদানে বিরত থাকিয়া বিপন্ন করা, (তু.) পথে বসান; হতাশ করা। **(to) let in**—ঢুকিতে দেওয়া; ঠকান; ঢোকান। **(to) let** (one) **in for**—বিপদ্ ঝামেলা প্রভৃতিতে জড়ান। **(to) let into**—ঢুকিতে দেওয়া; গুপ্ত তথ্যাদি জানিতে দেওয়া; ভিন্ন কিছুর মধ্যে স্থাপন করা, বসান (to *let* a new door *into* a wall)। **(to) let off**—যাইতে দেওয়া; ছাড়িয়া দেওয়া; (বিনা শাস্তিতে) মুক্তি দেওয়া (he was *let off* with a warning); গুলি (প্রভৃতি) ছোড়া বা ছুটিয়া যাইতে দেওয়া। **(to) let on** (that)—(কথ্য.—গুপ্ত তথ্যাদি) ফাঁস করা। **(to) let out**—মুক্ত করিয়া দেওয়া; প্রচার বা জানাজানি হইতে দেওয়া, ফাঁস করিয়া দেওয়া; মারিয়া বা লাথি মারিয়া বাহির করিয়া দেওয়া; প্রসারিত করা; ঢিলা করা; বাহির হইতে দেওয়া; ভাড়া খাটান। **(to) let out at**—আঘাতাদি হানা। **(to) let through**—(কিছুর) ভিতর দিয়া যাইতে দেওয়া। **(to) let up**—তেজ খোয়ান (the storm will not *let up* soon)। **let°-alōne**—(1) *a.* (স্বাধীনতায়) হস্তক্ষেপ করে না এমন। (2) *n.* শাসন-বাঁধন হইতে মুক্তি। **let well alone**—ইহার মধ্যেই (অবস্থা কার্য প্রভৃতি) যখন সন্তোষজনক হইয়াছে তখন আর অগ্রসর হইও না। *n.* **let°-down**—পতন; অধঃপতন; হতাশা। *n.* **let°-off**—উৎসব; নির্গমন-পথ। *n.* **let-up**—বিরাম, তীব্রতা হ্রাস (no *let-up* in the rain as yet)। [OE. *letan* (*pr.*), *let* (*p.*), *leaten* (*p. pt.*)]

lethal [lē°th(a)l, লী°থ্‌ল্] *a.* deadly, মারাত্মক, প্রাণনাশক। **lethal chamber**—(মৃত্যুযন্ত্রণা বিনা) পশুহত্যার নিমিত্ত কক্ষ। [L. *let(h)alis*]

lethargy [le°-tha(r)-ji, লে°থ্যা(র্)জি] *n.* torpor, অস্বাভাবিক তন্দ্রাচ্ছন্ন অবস্থা, (পরি.) জড়িমা। *a.* **lethargic** [le-thŭ(r)°-jik, লেথা(র্)°জিক্] জড়িমা-সংক্রান্ত; জড়িমাগ্রস্ত। *adv.* **lethar°gically** । [Gk. *lethargia* = drowsy forgetfulness]

Lethe [lē°-thē, লী°থী] *n.* a river in Hades, পাতালের নদীবিশেষ: ইহার জল পান করিলে অতীতকে ভুলিতে হয়; oblivion, বিস্মৃতি। [Gk. *lethe* = oblivion]

Lett [let, লেট্] *n.* a native of Lettland or Latvia, লেট্‌ল্যান্ড্ বা ল্যাট্‌ভিআর অধিবাসী; Lettish language, লেট্‌ল্যান্ডের ভাষা। [G. *Lette*]

letted—see **let₁**.

letter [le°-ta(r), লে°ট্যা(র্)] *n.* a character representing a sound of speech, অক্ষর, বর্ণ; a written or printed message, চিঠি, পত্র, লিপি; literal meaning, আক্ষরিক অর্থ; printing-type, মুদ্রাক্ষর; (in *pl.*) learning, শিক্ষা, বিদ্যা, পাণ্ডিত্য; (in *pl.*) literary culture, সাহিত্যানুশীলন, সাহিত্য বা সাহিত্যরচনায় পাণ্ডিত্য (the profession of *letters*)। **an open letter**—যে চিঠি কোন ব্যক্তিকে লিখিয়া পাঠান হয় এবং তৎসঙ্গে সংবাদপত্রেও প্রকাশ করা হয়, খোলা চিঠি। **letter of credit**—হুণ্ডি, (পরি.) আকলপত্র। **to the letter**—প্রত্যেকটি খুঁটিনাটি ব্যাপারের প্রতি পূর্ণমনোযোগ দিয়া, অক্ষরে অক্ষরে (to carry out an order *to the letter*)। **(to) keep the letter of the law** or **of an agreement**—আইন বা শর্তের প্রকৃত উদ্দেশ্য বা মর্ম উপেক্ষা করিয়া আক্ষরিক-ভাবে উহা মানিয়া চলা। *n.* **le°tter-box**—চিঠির বাক্স, ডাক-বাক্স। *n.* **le°tter-card**—চিঠি লেখার জন্য একপ্রকার কার্ড: ইহা ভাঁজ করিয়া আটকান যায়। *n.* **le°tter-cāse**—চিঠি রাখার জন্য পকেট-বই। *a.* **le°ttered**—অক্ষরদ্বারা অঙ্কিত বা চিহ্নিত; শিক্ষিত, বিদ্বান্, পণ্ডিত; সাহিত্যে পণ্ডিত; সাহিত্য-গত। *a.* **letter-per°fect**—অভিনয়াদিতে নিজের পাট নিখুঁতভাবে আয়ত্ত করিয়াছে এমন। *n.* **le°tter-head**—লেখকের নাম-ঠিকানা ছাপান চিঠির কাগজ। **le°ttering**—অক্ষর চিত্রণ বা গঠন। *n.* **le°tter-press**—মুদ্রিত পাঠবিষয়, রচনাদি মুদ্রণের ছাপা-খানা; সচিত্র পুস্তকাদির সাহিত্যাংশ। *n. pl.* **le°tters-pā°tent**—একচেটিয়া বাণিজ্যিক অধিকার বা অন্য সুবিধাভোগের (সরকারি) অনুমতি-পত্র। *n.* **le°tter-writer**—(প্রধানতঃ পেশাদার) পত্রলেখক, পত্রনবিস; পত্ররচনা শিক্ষার গ্রন্থ। [E. *lit(t)era*]

letting—see **let₁,₂**.

lettuce [le°-tis, লে°টিস্] *n.* a vegetable plant, দুগ্ধবৎ রসস্রাবী শাকবিশেষ, লেটুস্। [AF. *letue*< L. *lactuca*<*loc* = milk]

leuco [lū°-kŏ,. লিউ°কো] *in comp.* white, শ্বেত, সাদা। *n.* **leucaemia, leuchaemia, leukaemia, leukemia** [lū-kē°-mi-a, লিউকী°মিঅ্যা], **leucocythaemia** [lū-kō-sī-thē°-mi-a, লিউকৌসাইথী°মিঅ্যা] শ্বেতকণিকাধিক্যঘটিত রক্তাল্পতা। *n.* **leucocyte** [lū°-kŏ-sīt, লিউ°কোসাইট্] শ্বেত রক্তকণিকা। *n.* **leucŏder°ma**—শ্বেতীরোগ, ধবল। *n.* **leucō°ma**—অচ্ছোদপটলের ছানিরোগ বা অস্বচ্ছতা। *n.* **leucorrhœa** [lū-kŏ-rē°-ŭ, লিউকোরী°আ] শ্বেতপ্রদর। [Gk. *leukos*]

levant₁ [li-vant°, লিভ্যান্ট্°] *v.t.* to decamp, পলায়ন করা। *p.* & *p. pt.* **lėvan°tėd** । [Sp. *levanter*=to move]

Levant₂ [li-vant°, লিভ্যান্ট্°] *n.* the East Mediterranean region, পূর্ব-ভূমধ্যসাগরীয় অঞ্চল। *n.* **lėvant°**—মরক্কোদেশীয় পাকা চামড়া। *a.* **levant** [le°-vant, লে°ভ্যান্ট্] পূর্বদিক্‌স্থ, পূর্বদেশীয়। *n.* **Lėvan°ter**—পূর্বভূমধ্যসাগরীয় অঞ্চলবাসী ; পুবাল বাত্যা। *n.* **lėvan°ter**—পূর্বভূমধ্যসাগরীয় অঞ্চলের পুবাল বাত্যা। *a.* **Lė°vantine**—পূর্বভূমধ্যসাগরীয় অঞ্চলের। [F. *levant*=east]

levee₁ [le°-vi, লে°ভি] *n.* an assembly held by a personage at which men alone are received, রাজা বা রানী বা রাজপ্রতিনিধি বা কোন বিশিষ্ট ব্যক্তি কর্তৃক আহূত কেবল পুরুষদের সম্মেলন। [F.]

levee₂ [le°-vi, লে°ভি] *n.* a riverside embankment, নদীতীরের বাঁধ (the *levees* along the Damodar)। [F.]

level [le°vl, লেভ°ল্] (1) *n.* an instrument for testing horizontality, অনুভূমিকত্ব পরীক্ষার যন্ত্র (a surveyor's *level*) ; horizontality, অনুভূমিকত্ব, সমতলত্ব ; anything horizontal, অনুভূমিক বা সমতল রেখা তল উপরিভাগ অঞ্চল অথবা অন্য কিছু ; height, উচ্চতা ; an ascertainment of relative height, তুলনামূলক উচ্চতা-নির্ধারণ ; a levelling survey, লক্ষ্যসন্ধান, তাগ্ ; equality, সমত্ব। (2) *a.* horizontal, অনুভূমিক, জলসম ; even, smooth, সমতল, মসৃণ ; uniform, সম, সমান ; in the same line or plane, একই রেখায় বা তলে অবস্থিত ; well-balanced, সঙ্গতিপূর্ণ ; sound in judgment, বিচক্ষণ (*level*-headed) ; equal in rank or dignity, সমপদস্থ, সমকক্ষ। (3) *adv.* in a level manner, অনুভূমিকভাবে ; point-blank, খোলাখুলিভাবে বা স্পষ্টাস্পষ্টিভাবে। (4) *v.t.* to make horizontal, অনুভূমিক করা ; to make flat or smooth, সমতল বা মসৃণ করা ; to lay low, নিচু করিয়া স্থাপন করা ; to raze, সমভূমি করা ; to aim, লক্ষ্যসন্ধান করা ; to equalize, সমান করা ; to direct, নির্দেশ দেওয়া। *pr. pt.* **le°velling** । *p.* & *p. pt.* **le°velled** । **on a level with**—একই উচ্চতায় বা অনুভূমিক রেখায় অবস্থিত ; (আল.) সমান বা সমপদস্থ। **one's level best**—(কথ্য.) যথাসাধ্য। **on the level**—ন্যায়পরায়ণ বা ন্যায়পরায়ণভাবে ; নিরপেক্ষ বা নিরপেক্ষভাবে ; স্পষ্টাস্পষ্টি বা স্পষ্টাস্পষ্টিভাবে। **(to) find one's level**—চিত্তের সমতা লাভ করা, স্বাভাবিক অবস্থায় আসা। **(to) have a level head**—স্থিরমস্তিষ্ক বা অবিচল থাকা ; যথাযথভাবে বিচার করিতে সমর্থ হওয়া ; কাণ্ডজ্ঞানসম্পন্ন হওয়া। **(to) level down** or **up**—সমভূমি বা সমান করার জন্য উঁচু অথবা নিচু করা ; সমভূমি বা সমান করা। **(to) level off**—সমতল বা মসৃণ করা। **(to) level out**—সমভূমি করা ; পার্থক্য দূর করিয়া সমান করা। *n.* **le°vel-cro°ssing**—যে স্থানে লোক-চলাচলের রাস্তা ও রেলপথ সমভূমিতে পরস্পর ছেদ করিয়াছে। *a.* **le°vel-hea°dėd**—স্থিরমস্তিষ্ক ; কাণ্ডজ্ঞানবিশিষ্ট। *n.* **le°veller**—level (*v.*)-এর সকল অর্থে, এবং—সাম্যবাদী। [OF. *livel*<L. *libella*=plummet]

lever [lē°-va(r), লী°ভ্যা(র্)] (1) *n.* a bar for imparting pressure or motion, চাপ দিবার জন্য বা চালনার জন্য যন্ত্রাংশ, লিভার। (2) *v.t.* to move with a lever, লিভার-দ্বারা চালান। *n.* **le°verage**—লিভারের ক্রিয়া; লিভার-ব্যবহারের প্রণালী ; লিভার ব্যবহারের ফলে লব্ধ সুবিধা বা তাহার পরিমাণ ; উদ্দেশ্যসাধনের উপায় বা শক্তি বা সুবিধা। *n.* **lē°ver-watch**—লিভার-চালিত ঘড়ি। [OF. *leveor*]

leveret [le°v(a)-rit, লেভ্°রিট্] *n.* a hare in its first year, এক বৎসরের অনধিকবয়স্ক খরগোশ। [OF. *levrette*<L. *lepus*=a hare]

leviable—see **levy.**

leviathan [li-vī°-ath(a)n, লিভাই°অ্যাথ্ন্] *n.* (B.) a sea-monster, সামুদ্রিক দানববিশেষ (কুম্ভীর বা হাঙ্গর) ; anything of a huge size, অতি প্রকাণ্ডকায় কিছু (বিশেষতঃ মানুষ বা জাহাজ)। [Heb. *livyathan*]

levied—see **levy.**

levigate [le°-vi-gāt, লে°ভিগেইট্] *v.t.* to grind to fine powder, মিহি গুঁড়া করা ; to make a paste of, লেই বানান। *p.* & *p. pt.* **le°vigātėd** । *n.* **levigā°tion** । [L. *levigare*]

levirate [lē°-vi-rit, লী°ভিরিট্] *n.* the custom of compulsory marriage with a childless brother's widow, (প্রধানতঃ প্রাচীন ইহুদিদের) নিঃসন্তান ভ্রাতৃজায়াকে বাধ্যতামূলকভাবে বিবাহ করার প্রথা। [L. *levir*=a brother-in-law]

levitate [le°-vi-tāt, লে°ভিটেইট্] *v.t.* to cause to float, ভাসাইয়া তোলা। *p.* & *p. pt.* **le°vitātėd** । *n.* **levitā°tion**—লঘুত্বের ফলে উত্থিত হওয়া বা ভাসিয়া ওঠা ; হালকা করা ; গুরুভার বস্তুর শূন্যে ভ্রমণ। [L. *levis*=light—on the model of *gravitate*]

Levite [lē°-vīt, লী°ভাইট্] *n.* a descendant of Levi, লেভির বংশধর ; an inferior Jewish priest, নিম্নপদস্থ ইহুদি পুরোহিত। *a.* **Levi°tic(al)**—লেভিবংশীয়। [L.<Gk. *leuites*<Heb. *Levi*]

levity [le°-vi-ti, লে°ভিটি] *n.* lightness of weight, ওজনের লঘুত্ব ; lightness of temper or conduct, frivolity, মেজাজের বা স্বভাবের লঘুত্ব, চপলতা। [L. *levitas*]

levy [le°-vi, লে°ভি] **(1)** *v.t.* to raise or collect, (সৈন্য বা কর) সংগ্রহ করা ; to impose, (কর) ধার্য করা, আরোপ করা ; to extort, (উৎকোচাদি) জোরপূর্বক আদায় করা। *p.* & *p. pt.* **le°vied** । **(2)** *n.* levying, (সৈন্য বা কর) সংগ্রহ, (কর) আরোপ, (উৎকোচাদি) জোরপূর্বক আদায় ; contribution called for from members of an association, সঙ্ঘের সভ্যদের নিকট প্রার্থিত (অতিরিক্ত) চাঁদা ; a tax, কর, খাজনা, শুল্ক ; the amount collected, আদায়ীকৃত কর প্রভৃতির পরিমাণ ; troops levied, সংগৃহীত সৈন্যগণ। **levy in mass,** [F.] **levee en masse**—সমস্ত সক্ষম ব্যক্তিকে যুদ্ধের কাজে ভরতি করা। **capital levy**—রাষ্ট্র কর্তৃক সমস্ত প্রজাপুঞ্জের ধনসম্পত্তির অংশ অতিরিক্ত কররূপে গ্রহণ। **(to) levy war**—যুদ্ধে প্রবৃত্ত হওয়া। *a.* **le°viable** । [F. *levee*<L. *levare*=to raise]

lewd [lood, লূড্, lūd, লিউড্] *a.* (B.) base, worthless, নীচ, ইতর, বাজে ; lustful, কামুক ; unchaste, অসচ্চরিত্র। *adv.* **lewd°ly** । *n.* **lewd°ness** । [OF. *laewede*=ignorant]

Lewis gun [loo°-is gun, লু°ইস্ গান্] *n.* a light machine-gun, লঘুভার মেশিন-গান। [*Col. Isaac Newton Lewis*, its inventor (died 1931)]

lexical, lexicography—see **lexicon.**

lexicon [leks°-i-kan, লেক্স্°ইক্যান্] *n.* a word-book or dictionary, শব্দার্থ-পুস্তক বা অভিধান। *a.* **lex°ical**—শব্দার্থ-পুস্তক বা অভিধান সংক্রান্ত। *n.* **lexicography** [lek-si-ko°-gra-fi, লেক্সি-ক°গ্রাফি] অভিধান-রচনা। *n.* **lexico°grapher**—অভিধান-রচয়িতা, আভিধানিক। *a.* **lexico-gra°phic(al)**—অভিধান-রচনা-সংক্রান্ত। [Gk. *lexikon*]

ley [lā, লেই] *n.* land temporarily under grass, যে জমি সাময়িকভাবে ঘাসে ঢাকিয়া গিয়াছে। **ley farming**—এক মরসুমে শস্য এবং পরের মরসুমে ঘাসের চাষ। [var. of *lea*]

Leyden jar [lā°dn jŭ(r), লেই°ড্ন্ জা(র্)] *n.* a condenser for electricity, বিদ্যুৎ-সঞ্চয়ী আধার-বিশেষ। [*Leyden* in Holland]

liable [lī°-abl, লাই°অ্যাব্ল্] *a.* subject to an obligation, বাধ্যবাধকতাবিশিষ্ট (*liable* to penalty, tax etc.) ; legally bound, আইনতঃ বাধ্য (is a father *liable* for his son's debts) ; exposed to a possibility, সম্ভাবনাযুক্ত (difficulties are *liable* to crop up) ; responsible, দায়ী। *n.* **liabi°lity**—বাধ্যবাধকতা ; দায়িত্ব ; সম্ভাব্যতা ; দায়, ঋণ, দেনা। **limited liability**—(যৌথ বাণিজ্যিক প্রতিষ্ঠানের অংশীদারগণের) সীমাবদ্ধ দায়, (পরি.) সসীম দায়। **unlimited liability**—(পরি.) নিঃসীম দায়। [F. *lier*<L. *ligare*=to bind]

liaison [li-ā°-zawng, লিএই°জ্যং] *n.* union, মৈত্রী ; connection, সংযোগ, যোগাযোগ ; illicit sexual union, অবৈধ যৌন মিলন। *v.i.* **liaise** [lē°-āz°, লী°এইজ্°] যোগাযোগ করা। **liaison officer**—(পরি.) সংযোগাধিকারিক। [F.]

liar—see **lie**$_1$.

lib [lib, লিব্] *n.* (coll. abbr. for) liberation, (কথ্য.) মুক্তি। **women's lib**—সামাজিক ও অর্থনৈতিক অসমতা হইতে নারীমুক্তির আন্দোলন।

libate [lī°bat, লাই°বেইট্] *v.t.* to pour forth wine or other liquid, (দেবোদ্দেশে বা ব্যঙ্গভরে অন্ত্যোদ্দেশে) মদ বা অন্য তরল পদার্থ ঢালা। *p.* & *p. pt.* **li°bāted** । *n.* **libā°tion** । [L. *libare*=to pour]

libel [lī°b(a)l, লাই°ব্‌ল্] **(1)** *n.* a written accusation, লিখিত কুৎসা ; any malicious defamatory publication or statement, আক্রোশ-পূর্ণ ও মানহানিকর পুস্তক বা বিবৃতি (to sue a person for *libel*)। **(2)** *v.t.* to defame by libel, উক্ত পুস্তক প্রকাশ করিয়া বা বিবৃতি দিয়া মানহানি করা ; to satirize unfairly, অন্যায়ভাবে ব্যঙ্গ-কবিতাদি লিখিয়া উপহাস করা। *pr. pt.* **li°belling** । *p.* & *p. pt.* **li°belled** । *n.* **li°beller** । *a.* **li°bellous**—কুৎসামূলক রচনাদিপূর্ণ ; মানহানিকর। [L. *libellus*=a booklet]

liberal [li°b(a)r(a)l, লি°ব্‌র্‌ল্] **(1)** *a.* generous, open-handed, charitable, সদাশয়, মুক্তহস্ত, বদান্য ; abundant, প্রচুর ; open-minded, unprejudiced, মন-খোলা, সংস্কারমুক্ত, উদার ; (pol.) of the party advocating democratic reforms and liberty, (রাজ.) উদারনীতিক দলগত। **(2)** *n.* (pol.) a member of the Liberal Party, (রাজ.) উদারনীতিক দলের সভ্য ; one whose views in theology are liberal, ধর্মসম্পর্কে উদারমতসম্পন্ন ব্যক্তি। **liberal arts**—মনের ঔদার্যবর্ধক বিদ্যাসমূহ অর্থাৎ সাহিত্য ইতিহাস প্রভৃতি। **Liberal Party**—(ইংল্যানডের) উদারপন্থী রাজনীতিক দল (এই দল সাম্যবাদী সংস্কার ও স্বাধীনতার সমর্থক)। *n.* **liberalism** [li°-b(a)ra-lizm, লি°ব্র্যালিজ়্ম্] উদারপন্থী রাজনীতিক দলের মতবাদ, উদারনীতি। *n.* **li°beralist** । *n.* **liberality** [li-ba-ra°-li-ti, লিব্যার্যা°-লিটি] 'liberal' (*a.*)-এর সকল অর্থে, বিশেষতঃ—বদান্যতা, বহুদান। *v.t.* **liberalize** [li°-b(a)ra-līz, লি°ব্র্যালাইজ়্] উদার বা উদারনীতিক করা। *n.* **liberalizā°tion** । *adv.* **li°berally** । [L. *liberalis*=befitting a freeman]

liberate [li°-ba-rāt, লি°ব্যারেইট্] *v.t.* to set free, মুক্ত করিয়া দেওয়া, মুক্ত করা (to *liberate* a bondsman ; to *liberate* the mind from superstitions and prejudices)। *p.* & *p. pt.* **li°berāted** । *n.* **liberā°tion** । *n.* **liberā°tionism**—গির্জাকে সরকারি কর্তৃত্ব হইতে মুক্ত রাখার মত। *n.* **liberā°tionist** । *n.* **li°berā°tor** । [L. *liberare*]

libertarian—see **liberty.**

libertine [li°-ba(r)-tīn, লি'ব্যা(র্)টাইন্] *n.* (formerly) one who professes free opinions, (পূর্বে—প্রধানতঃ ধর্মগত বিষয়ে) স্বাধীন মত প্রকাশকারী: (now) a licentious person, (বর্ত.) অসচ্চরিত্র বা লম্পট লোক। **chartered libertine**—যে ব্যক্তির অস্বাভাবিক চালচলন ও উদ্ভট খোশখেয়াল সমাজে সহ্য করা হয়। *n.* **li°bertinage, li°bertinism**—অসচ্চরিত্রভাবে জীবনযাপন; লাম্পট্য। [L. *libertinus*=a freedman]

liberty [li°-ba(r)-ti, লি'ব্যা(র্)টি] *n.* freedom, (বন্ধনাদি হইতে) মুক্তি, (স্বেচ্ছামত চলাফেরার বা কাজকর্ম করার) স্বাধীনতা; privilege or permission, সুবিধা বা অনুমতি (to take *liberty*); (usu. in *pl.*) undue freedom, অন্যায় বা অত্যধিক স্বাধীনতা, speech or action violating ordinary civility, ভদ্রতার সীমা ছাড়াইয়া কথাবার্তা বা কাজ; (in *pl.*) privileges enjoyed by grant, সনদ-বলে ভুক্তিত সুবিধাসমূহ। **at liberty**—মুক্ত; স্বাধীন; অবকাশযুক্ত। **Liberty Hall**—যে ভবনে যে-কেহ আপন খেয়াল-খুশিমত কাজ করিতে পারে। **liberty of conscience**—(প্রধানতঃ ধর্মগত ব্যাপারে) স্বীয় বিবেকানুযায়ী মত পোষণ ও ক্রিয়াকলাপের অধিকার। **liberty of the press**—(পূর্বাহ্ণে সরকারি অনুমতি না লইয়াই খোলাখুলিভাবে লেখা বা ছাপানর জন্য) সংবাদপত্রের স্বাধীনতা। **liberty of speech**—অসঙ্কোচে মনের কথা বলার অধিকার, বাক্‌স্বাধীনতা। **cap of liberty**—দাসত্ব-মুক্ত প্রাচীন রোমান ক্রীতদাসদিগকে প্রদত্ত মোচাকার টুপিবিশেষ; (বর্ত.) সাধারণতন্ত্রবাদের প্রতীক। **(to) set at liberty**—মুক্ত করিয়া দেওয়া। **(to) take the liberty**—ঝুঁকি লওয়া বা পূর্বানুমান করিয়া লওয়া। **(to) take liberties with**—(প্রধানতঃ) ভদ্রতার সীমা ছাড়াইয়া অত্যধিক স্বাধীনতা গ্রহণ করা; সম্পূর্ণ বদলাইয়া দেওয়া। *n.* **libertār°ian**—(দর্শ.) মানুষ তাহার স্বাধীন ইচ্ছাবশেই সকল কষ্ট করে: এই মতবাদী। *a.* & *n.* **liber°ticīde**—স্বাধীনতানাশক বা স্বাধীনতা-ধ্বংসকারী ব্যক্তি; স্বাধীনতা নাশ করে এমন বা স্বাধীনতানাশ। *n.* **li°berty-man**—কূলে যাইবার অনুমতিপ্রাপ্ত নাবিক। [F. *liberte*<L. *libertatis*]

libidinal, libidinous—see **libido.**

libido [li-bē°-dō, লিবী'ডৌ] *n.* (psych.) vital urge or sexual impulse, (মনস্তত্ত্ব) কর্মপ্রেরণা বা কামশক্তি। *a.* **libi°dinal**—কামপ্রেরণাসংক্রান্ত; কামজ। *a.* **libi°dinous**—কামুক; কামলালসাপূর্ণ। [L. *libido*=desire]

libra [lī°bra, লাই'ব্রা] *n.* a Roman pound, রোমানদের পাউন্‌ড্‌-ওজন (ইহা হইতেই ইংরেজিতে পাউন্‌ড্‌-ওজনের lb.-চিহ্ন ও পাউন্‌ড্‌-মুদ্রার £.-চিহ্ন আসিয়াছে)। *n.* **Lī°bra**—(জ্যোতি.) তুলারাশি। [L.]

library [lī°-bra-ri, লাই'ব্র্যারি] *n.* a collection of books, পুস্তকসংগ্রহ; a building or room containing it, গ্রন্থাগার, লাইব্রেরি; a publisher's series, পুস্তকব্যবসায়ী কর্তৃক প্রকাশিত একজাতীয় পুস্তকসমূহ (Everyman's *library*)। **circulating library**—বাড়িতে বা অন্যত্র বসিয়া পড়িবার জন্য যে গ্রন্থাগার হইতে পুস্তক নেওয়া যায়। *n.* **lībrār°ian**—গ্রন্থাগারিক, লাইব্রেরিঅ্যান্। *n.* **lībrār°ianship**। [L. *librarium*=a bookcase <*liber*=a book]

librate [lī°-brāt, লাই'ব্রেইট্] **(1)** *v.t.i.* to balance, to be poised, দাঁড়িপাল্লার উভয় দিকের ওজন সমান করা বা হওয়া। **(2)** *v.i.* to oscillate like the balance-beam, দাঁড়িপাল্লার দাঁড়ির বা দণ্ডের ন্যায় আন্দোলিত হওয়া। *n.* **lībrā°tion**। **libration of the moon**—চন্দ্রগোলকের ঘূর্ণনের ফলে পালাক্রমে চন্দ্রপৃষ্ঠের একাংশের দৃষ্টিপথে আগমন এবং দৃষ্টিপথ হইতে অপসরণ। *a.* **li°bratory**। [L. *librare*]

libretto [li-bre°tō, লিব্রে'টৌ] *n.* the text of an opera, যাত্রাগানের বাচনাংশ বা বই। *pl.* **libre°ttōs, libre°tti**। *n.* **librettist**। [It.]

Libyan [li°-bi-an, লি'বিঅ্যান্] **(1)** *a.* of Libya, লিবিআ-প্রদেশের। **(2)** *n.* a native of Libya, লিবিআর লোক। [Gk. *Libye*=Libya]

lice—see **louse.**

licence [lī°-s(a)ns, লাই'সন্‌স্] *n.* permission, অনুমতি; permission for manufacturing or selling, (সচ. নিয়ন্ত্রিত বস্তু) উৎপাদনের বা বিক্রয়ের অনুমতি, লাইসেনস; permission for taking up certain trades, কোন কোন বৃত্তি গ্রহণের লাইসেনস (driver's *licence*); the document by which permission is given, অনুমতিপত্র, (পরি.) অনুজ্ঞাপত্র; excessive freedom, অতিরিক্ত স্বাধীনতা; abuse or excess of freedom, স্বাধীনতার অপব্যবহার বা অত্যন্ত প্রশ্রয়, উচ্ছৃঙ্খলতা; licentiousness, লাম্পট্য; a departure from a rule (for effect), নিয়মলঙ্ঘন (poetic *licence*)। *v.t.* **lī°cence, lī°cense**—অনুমতি বা অনুজ্ঞাপত্র দেওয়া; লঙ্ঘন করার অনুমতি দেওয়া। *a.* **lī°censed**—অনুমতিপ্রাপ্ত, অনুজ্ঞাপ্রাপ্ত। *n.* **licensee** [lī-s(a)nsē°, লাইস্‌ন্‌সী'] অনুমতিপ্রাপ্ত বা অনুজ্ঞাপ্রাপ্ত ব্যক্তি। *n.* **lī°censer**—অনুমতিদাতা, অনুজ্ঞাদাতা। [F.<L. *licentia*]

licentiate [lī-sen°-shi-it, লাইসেন্'শিইট্] *n.* a holder of an academic diploma, বিশ্ববিদ্যালয়াদি হইতে (প্রধানতঃ পেশা-সংক্রান্ত) উপাধিপ্রাপ্ত ব্যক্তি। [see *licence*]

licentious [lī-sen°-shas, লাইসেন্'শ্যাস্] *a.* disregarding accepted rules, (ব্যাকরণাদির) স্বীকৃত নিয়ম অগ্রাহ্য করে এমন; indulging in animal passions, কামলালসাদি চরিতার্থ করিতে উন্মুখ; dissolute, অসচ্চরিত্র, লম্পট। *adv.* **līcen°tiously**। *n.* **līcen°tiousness**। [see *licence*]

lich [lich, লিচ্] *n.* (obs.) a corpse, (অপ্র.) শবদেহ। *n.* **lich°gāte**—শবাধার রক্ষণার্থ গির্জার আচ্ছাদিত তোরণ। *n.* **lich°-house**—সাময়িকভাবে শবদেহ

রাথার স্থান। *n.* **lich°-owl**—হুতোম পেঁচা (ইহার ডাক আসন্ন মৃত্যুসূচক বলিয়া পরিগণিত)। *n.* **lich°-wāke**—var. of **lykewake** । *n.* **lich°way**—সমাধিস্থানে মৃতদেহ লইয়া যাইবার পথ। [OE. *lic*—cp. G. *leiche*]

lichen [lī°-ken, লাইকেন্] *n.* a compound plant, শৈবালতুল্য পুষ্পল ছত্রাকবিশেষ, ভুঁইফোড়। *a.* **li°chened**—ভুঁইফোড়-দ্বারা আবৃত। [L.<Gk. *leichen*]

lichgate, lich-house, lich-owl, lichwake, lichway—see **lich.**

licit [li°-sit, লিসিট্] *a.* lawful, বৈধ (cp. **illicit**)। *adv.* **li°citly** । [L. *licitus*]

lick [lik, লিক্] **(1)** *v.t.* to pass the tongue over, চাটা, লেহন করা ; to take in by the tongue, চাটিয়া খাওয়া ; to smear, লেপন করা ; (sl.) to beat, (অশি.) প্রহার করা। **(2)** *v.i.* (sl.) to go at full speed, পূর্ণবেগে যাওয়া। *p. & p. pt.* **li°cked** । **(3)** *n.* licking, লেহন ; a quantity licked up, যে পরিমাণ লেহন করা হইয়াছে ; a slight smearing, পাতলা প্রলেপ ; a blow, আঘাত; মার ; full speed, পূর্ণবেগ। **at a great lick, at full lick**—ত্বরিত গতিতে, ভীষণ দ্রুতবেগে। **(to) lick into shape**—তালিম প্রভৃতির দ্বারা যোগ্য করিয়া তোলা। **(to) lick off**—চাটিয়া তুলিয়া ফেলা অর্থাৎ সাফ করা। **(to) lick one's boots**—হীনভাবে তোষামোদ বা মোসাহেবি করা, (কাহারও) জুতা চাটা। **(to) lick one's wounds**—পরাজয়ের গ্লানি কাটাইয়া ওঠার চেষ্টা করা। **(to) lick up**—চাটিয়া ওঠান অর্থাৎ মুখে পোরা। *n.* **li°cking**—প্রহার, মার ; পরাজয়। *n.* **lick-spittle**—হীন বা ঘৃণ্য মোসাহেব, থুতু-চাটা। [OE. *liccian*< G. *lecken*<Gk. *leichein*]

lickerish, liquorish [li°-ka-rish, লিক্যারিশ্] *a.* dainty, সুস্বাদু ; tempting, লোভনীয় ; eager to taste or enjoy, স্বাদগ্রহণ বা উপভোগের জন্য লালায়িত ; lecherous, লম্পট, কামুক। *adv.* **li°ckerishly** । *n.* **li°ckerishness** । [var. of *lecherous*]

licorice—alt. spell. of **liquorice.**

lictor [lik°-ta(r), লিক্ট্যা(র্)] *n.* a Roman official, প্রাচীন রোমে ম্যাজিস্ট্রেটের আগে আগে যে কর্মচারী দণ্ডের আঁটি বহিয়া চলিত। [L.]

lid [lid, লিড্] *n.* a cover of receptacle, পাত্রাদির ঢাকনা ; an eyelid, অক্ষিপল্লব, চোখের পাতা। [OE. *hlid*]

lido [lē°-dō, লীডৌ] *n.* bathing beach, সমুদ্রতীরে স্নানের স্থান ; উন্মুক্ত স্থানে সাঁতারের পুকুর। [*Lido* at Venice]

lie$_1$ [lī, লাই] **(1)** *n.* an intentional false statement, ইচ্ছাকৃত মিথ্যাভাষণ (to tell a *lie*)। **(2)** *v.i.* to utter a lie, ইচ্ছাপূর্বক মিথ্যা বলা। *pr. pt.* **lying** [lī°-ing, লাইইং]। **a white lie**—সদুদ্দেশে উচ্চারিত মিথ্যা কথা। **the lie**—ইচ্ছাকৃত মিথ্যাভাষণের অভিযোগ। **(to) give one the lie (in one's throat)**—মুখের উপর (কাহাকেও) মিথ্যাবাদী বলা। **(to) give the lie to**—মিথ্যাভাষণের জন্য অভিযুক্ত করা, মিথ্যাবাদী বলা, মিথ্যা বলিয়া প্রতিপন্ন করা। **(to) lie in one's throat**—নির্লজ্জের মত মিথ্যা বলা। *n.* **lī°ar**—মিথ্যাবাদী। *n.* **lie-detector**—মিথ্যাভাষণহেতু শারীরিক প্রতিক্রিয়া-মাপক যন্ত্রবিশেষ। [OE. *lyge* (*n.*) *leogan* (*v.*)—cp. Du. *liegen*]

lie$_2$ [lī, লাই] **(1)** *v.i.* to be in or assume a horizontal position, শোয়া, শয়ন করা ; to lean or rest, হেলান বা ঠেস বা ভর দেওয়া ; to be situated, অবস্থান করা ; to remain, থাকা ; to depend, নির্ভর করা ; to consist, অন্তর্ভুক্ত থাকা ; to lodge, to pass the night, বাসা লওয়া, রাত্রিযাপন করা ; (in law) to be sustainable, (আইনে) সহনযোগ্য হওয়া। *pr. pt.* **lying** [lī°-ing, লাইইং] ; *p.* **lay** [lā, লেই]। *p. pt.* **lain,** (inc.) **laid** । **(2)** *n.* manner of lying, শয়ন-প্রণালী ; অবস্থান-প্রণালী ; direction, গতিমুখ, গতিপথ ; situation, অবস্থা, হালচাল। **(to) lie along**—পূর্ণপ্রসারিত হইয়া পড়িয়া থাকা বা অবস্থান করা। **(to) lie back**—আরাম করিয়া হেলান দেওয়া। **(to) lie by**—নিষ্ক্রিয় থাকা ; পথ হইতে সরিয়া থাকা ; (নাবিকদের ভাষায়) বায়ুপ্রবাহের অভিমুখ হইয়া স্থির থাকা। **(to) lie down**—শোয়া। **(to) lie down under**—(অপমানাদির) প্রতিবাদ করিতে বা প্রতিরোধ করিতে অসমর্থ হওয়া। **(to) lie hard** (or **heavy**) **on** or **upon** or **to**—পীড়া দেওয়া ; বোঝা চাপান। **(to) lie in**—শয্যাত্যাগের নিয়মিত সময়ের পরেও বিছানায় শুইয়া থাকা, সন্তানপ্রসবার্থ শয্যাশায়িনী হওয়া বা থাকা। **(to) lie in one**—(কাহারও) ক্ষমতায় বা আয়ত্তে থাকা, ক্ষমতায় কুলান। **(to) lie low**—শান্ত বা নীরব বা লুক্কায়িত থাকা ; নিজের কার্যকলাপ বা উদ্দেশ্য গোপন রাখা। **(to) lie out of**—(কিছু হইতে) গুণ শক্তি প্রভৃতি অপ্রাপ্তাবস্থায় থাকা, সদ্ব্যবহার করিতে না পারা ; পাওনাদি বাকি থাকা। **(to) lie over**—ভবিষ্যতের জন্য মুলতবি বা স্থগিত থাকা। **(to) lie to**—বায়ুপ্রবাহের অভিমুখ হইয়া স্থির থাকা। **(to) lie under**—(কিছুর) অধীন থাকা (to *lie under* consideration) ; (কিছুর দ্বারা) নিপীড়িত হওয়া। **(to) lie up**—কর্মবিরত থাকা ; বিশ্রাম করা ; শয্যাশায়ী হওয়া বা শয্যাশায়ী থাকা ; ফৌজদারি মামলার আসামি হওয়া। **(to) lie with**—একত্র বাস করা বা ঘুমান ; সহবাস বা যৌনসঙ্গম করা। **as far as in one lies**—যথাশক্তি। **(to) take it lying down**—মুখ বুজিয়া বা নীরবে সহ্য করা। **lying-in hospital**—প্রসূতি হাসপাতাল। *n.* **lie°-abed**—যে ব্যক্তি যথাসময়ের পরেও শয্যাত্যাগ না করিয়া শুইয়া থাকে। *n.* **lie°-down**—বিশ্রাম। *n.* **lie°-in**—যথাসময়ের পরেও শয্যাত্যাগ না করিয়া শুইয়া থাকা ; সন্তান প্রসবার্থ শায়িতাবস্থা। [OF. *licgan*—cp. G. *liegen*]

lied [lēd, লীড্] *n.* a German lyric or song, জারমান গীতিকবিতা বা গান। *pl.* **lie°der** । *n.* **lie°der-singer**—যে ব্যক্তি উক্ত গান গায়।

lief [lēf, লীফ্] (1) *a.* (arch.) beloved, (আর্ষ.) প্রিয়। (2) *n.* a beloved person, প্রিয়পাত্র। (3) *adv.* willingly, স্বেচ্ছায়; gladly, সানন্দে। **had as lief**—সমপরিমাণে মনোরম বলিয়া মনে করা। [OE. *leof*—cp. G. *lieb*]

liege [lēj, লীজ্] (1) *a.* free (except as within the relations of vassal and feudal lord), (সামন্ততন্ত্রানুযায়ী জমিদার ও প্রজার সম্বন্ধ ছাড়া অন্য সর্বভাবে) স্বাধীন; under a feudal tenure, প্রজাস্বত্বাধীন। (2) *n.* a vassal, সামন্ততন্ত্রানুযায়ী অধীন ব্যক্তি বা প্রজা: ইহারা যুদ্ধকালে সপক্ষে লড়াই করার শর্তে জমি ভোগ করিত (also **liege°man**); a feudal lord, সামন্ততান্ত্রিক জমিদার বা প্রভু (also **liege°lord**)। [OF. *lige*]

lien [li°-an, লি°অ্যান্] *n.* (in law) a right to keep possession of another's property till the owner pays a debt, (আইনে) সম্পত্তির মালিক ঋণপরিশোধ না করা পর্যন্ত তাহার সম্পত্তি দখলে রাখার অধিকার। [E.<L. *ligamen*=a tie]

lieu [lū, লিউ] *n.* place, stead, স্থান। **in lieu of**—স্থানে, পরিবর্তে, বদলে। [F.<L. *locus*=place]

lieutenant [lef-te°-nant, লেফ্‌টে°ন্যান্ট্] (1) *n.* a deputy or substitute, প্রতিনিধি বা বদলি; a military officer, স্থলবাহিনীর ও নৌ-বাহিনীর নিম্নপদস্থ সেনাপতিবিশেষ। (2) *a. in comp.* substituting, উপ-, অবর (*lieutenant*-general)। *n.* **lieute°nancy, lieute°nantship**। [F.]

life [līf, লাইফ্] *n.* living state, জীবন বা জীবিতাবস্থা; existence, অস্তিত্ব; animation, চেতনা; a force that keeps a person or thing alive, vitality, প্রাণ, জীবনীশক্তি; continued existence, অস্তিত্ব: duration of life, আয়ু, পরমায়ু; career, জীবনের ধারা বা গতি; manner of living, জীবনযাত্রা-প্রণালী; liveliness, প্রাণবন্ততা, প্রাণচাঞ্চল্য; a living being, প্রাণী; living or animated things, জীবন্ত বা চেতন বস্তুসমূহ; social state, সামাজিক অবস্থা; human affairs, মানবজাতিসম্বন্ধীয় ঘটনাবলী; narrative of a life, জীবনকাহিনী, জীবনী; one who or that which imparts life or animation to anything, জীবনসঞ্চারক ব্যক্তি বা বস্তু, সঞ্জীবনী; worldly business and pleasures, পার্থিব ক্রিয়াকলাপ ও ভোগসুখ, ইহজীবন; interest, charm, আকর্ষণ; an insured man, যে ব্যক্তির জীবন-বিমা করা হইয়াছে। *pl.* **li°ves**। **a bad life**—(জীবন-বিমা সম্পর্কে) যে ব্যক্তি গড় আয়ুষ্কালের অপেক্ষা অল্পকাল বাঁচে। **a good life**—যে ব্যক্তি গড় আয়ুষ্কালের অপেক্ষা অধিককাল বাঁচে। **as large as life**—পূর্ণাবয়ব; নিঃসন্দেহে বা অভ্রান্তভাবে। **cat has nine lives**—বিড়ালের প্রাণ সহজে যায় না, বিড়াল সহজে মরে না। **expectation of life**—(জীবনবিমার বিচারে) মানুষের আয়ুষ্কালের প্রত্যাশিত গড়। **for life**—সারা জীবনের জন্য; জীবনরক্ষার্থ। **for the life of him**—তা যদি তাহার জীবনরক্ষার জন্য হয়ও; সে যাহা পারে তাহা করিলেও। **high life**—কেতাদোরস্ত সমাজের জীবনযাত্রা বা নরনারী। **the other life, eternal** or **everlasting life**—মরণোত্তর জীবন; পরলোকে মৃতের অস্তিত্ব বা জীবন, অনন্ত জীবন। **this life**—ইহজীবন। **to the life**—আসল বস্তুর অতি নিকটবর্তী অর্থাৎ অনুরূপ; যথাযথভাবে অঙ্কিত বা বর্ণিত (to draw or portray *to the life*)। **(to) bring to life**—জীবনসঞ্চার করা; পুনরুজ্জীবিত করা। **(to) come to life**—জীবনলাভ করা; পুনরুজ্জীবিত হওয়া। **(to) have the time of one's life**—(কথ্য.) আরাম-আনন্দ উপভোগের দিক্ দিয়া জীবনের সেরা সময় যাপন করা। **(to) take one's life**—কাহাকেও বধ করা। **(to) take one's own life**—আত্মহত্যা করা। *a.* **life°-and-death°**—সঙ্কটজনক, জীবনমরণ (*life-and-death* problem)। *n.* **life°-annūity**—কাহাকেও জীবিতাবস্থায় প্রদত্ত বার্ষিক বৃত্তি। *n.* **life°-assur°ance**—জীবন-বিমা। *n.* **life°-belt**—জলমধ্যে ভাসিয়া থাকার জন্য চর্মাদি নির্মিত চাকাবিশেষ, লাইফ্‌বেল্ট্। *n.* **life°-blood**—(জীবনধারণের পক্ষে অপরিহার্য) প্রাণরক্ত; যাহা জীবন বা শক্তি সঞ্চার করে। *n.* **life°-boat**—জাহাজ ধ্বংস হইলে বিপন্ন আরোহীদের জীবনরক্ষার্থ নৌকাবিশেষ। *n.* **life°-buoy**—জাহাজাদি ধ্বংস হইলে বিপন্ন আরোহীদের জীবনরক্ষার্থ ভেলাবিশেষ, লাইফ্‌বয়্। *n.* **life°-cycle**—কোন প্রাণিবর্গের জীবনধারার ইতিহাস। *n.* **li°fer**—জীবনযাপনকারী (a simple-*lifer*); (অশি.) যে ব্যক্তি যাবজ্জীবন কারাদণ্ড ভোগ করে; যাবজ্জীবন কারাদণ্ড। *n.* **life°-estāte°**—যে সম্পত্তি যাবজ্জীবন ভোগ করা যায় কিন্তু বিক্রয়দ্বারা বা অন্যভাবে হস্তান্তর করা যায় না, জীবনস্বত্বরূপে ভুক্তিত সম্পত্তি। *n.* **life°-force**—সকল জীবের মধ্যে বিদ্যমান বলিয়া কল্পিত সহজাত চালকশক্তিবিশেষ, জৈব প্রাণশক্তি। *a.* **life°-giving**—দৈহিক বা আধ্যাত্মিক শক্তিবর্ধক বা স্বাস্থ্যউদ্ধারক, জীবনদায়ক, সঞ্জীবনী। *n.* **life°-guard**—নদ্যাদির বিপজ্জনক স্থানে ব্যক্তিবর্গকে জলে নিমজ্জন হইতে রক্ষা করার জন্য যে দক্ষ সাঁতারু থাকে; দেহরক্ষী। **Life Guards**—ইংল্যান্ডের অশ্বারোহী বাহিনীদ্বয়। *n.* **life°-his°tory**—জীবনেতিহাস; জীবনী। *n.* **life°-insur°ance**—জীবন-বিমা। *n.* **life°-in°terest**—(সম্পত্তি প্রভৃতি) যাবজ্জীবন ভোগ করিবার অধিকার (ইহা বিক্রয়দ্বারা বা অন্যভাবে হস্তান্তরের অধিকার থাকে না), জীবনস্বত্ব। *n.* **life°-jacket**—যে জামা পরা থাকিলে জলে ভাসা যায়। *a.* **life°-less**—মৃত; অচেতন; নির্জীব; নিস্তেজ; নীরস; ধীরুজ, অলস। *adv.* **life°lessly**। *n.* **life°lessness**। *a.* **life°-like**—জীবন্ত বলিয়া প্রতীয়মান। *n.* **life°-line**—সহসা জলে পতিত ব্যক্তির জীবনরক্ষার্থ জাহাজাদিতে যে দড়ি থাকে। *a.* **life°-long°**—

জীবনব্যাপী। *n.* **līfe°-office**—জীবন-বিমার অফিস। *a.* **līfe°-sā̆v°ing**—জীবনরক্ষক। *a.* **līfe°-sīze(d)**—আসল বস্তুর বা আকারের সমান, পূর্ণাকার। *n.* **life-span**—(জীববিজ্ঞান) জীবনের দীর্ঘতম মেয়াদ। *n.* **līfe°tīme**—আয়ুষ্কাল, জীবনকাল। *n.* **līfe°-work**—জীবনের (প্রধান) কাজ। [OE. *lif*—cp. ON. & Sw. *lif*]

lift [lift, লিফ্‌ট্] **(1)** *v.t.* to bring to a higher position, ঊর্ধ্বে তোলা; to elevate, উঁচু করা; to hoist, ঊর্ধ্বে টাঙান, উত্তোলন করা; to take up, উঠাইয়া লওয়া; to elate, পরমোল্লসিত করান; to take up and carry away, তুলিয়া লইয়া যাওয়া; to hold up, তুলিয়া ধরা; to support, ভাররক্ষা করা; (sl.) to arrest, (অশি.) গ্রেফতার করা; (sl.) to steal, [অশি.) চুরি করা। **(2)** *v.i.* to rise, ঊর্ধ্বে ওঠা। *p.* & *p. pt.* **lif°tėd**। **(3)** *n.* lifting, উত্তোলন; that which is to be raised, উত্তোলনীয় বস্তু; an apparatus for carrying up and down persons and goods, লোকজনের ও মালপত্রের ওঠা-নামার যন্ত্রবিশেষ, লিফ্‌ট্ (to take the *lift* to the fifth floor); a step in advancement or promotion, অগ্রগতির বা উন্নতির ধাপ; help on one's way by taking upon a vehicle, পরের পথ-চলতি গাড়িতে পথিকের স্থানলাভ (to get a *lift* to the station)। **lift-boy(-man)**—উত্তোলক বালক বা ব্যক্তি *a.* **lif°ter**—উত্তোলক ব্যক্তি বা বস্তু; চোর। [OE. *lypta*<*lopt*=the air]

ligament [li°-ga-mant, লি°গ্যাম্যান্ট্] *n.* anything that binds, বন্ধনী; the bundle of fibrous tissues joining bones or cartilages, অস্থি বা তরুণাস্থিসমূহের মধ্যে সংযোগস্থাপক অংশুল শিরাগুচ্ছ, সন্ধি-বন্ধনী; a bond of union, মৈত্রী-বন্ধনী। [L. *ligare*=to bind]

ligate [li-gat°, লিগেইট্°] *v.t.* to tie up, (প্রধানতঃ রক্তস্রাবী শিরাদি) বন্ধন করা। *n.* **ligā°tion**। [see *ligament*]

ligature [li°-ga-chooa(r), লি°গ্যাচুয়্যা(র্)] **(1)** *n.* a tie, বন্ধনী; a bandage, পটীবন্ধনী; (in print.) a type of two or more letters joined together (মুদ্রণ.) দুই বা ততোধিক মিশ্রিত বা যুক্ত অক্ষরের টাইপ্ (যেমন, ff, ffi)। **(2)** *v.t.* to bind with a ligature, বন্ধনী বা পটীবন্ধনী দিয়া বাঁধা। [see *ligament*]

light$_1$ [līt, লাইট্] *v.i.* to alight, অবতরণ করা। নামা। *p.* & *p. pt.* **ligh°tėd, lit** [lit, লিট্]। **(to) light upon**—অপ্রত্যাশিতভাবে বা দৈবক্রমে পাওয়া। [OE. *lihtan*]

light$_2$ [līt, লাইট্] **(1)** *n.* the agency by which objects are made visible, আলোক, আলো; any illuminating agent, সূর্য চন্দ্র প্রদীপ প্রভৃতি আলোদায়ক যে'কোন বস্তু; day, দিন, দিবস; daylight, দিবালোক; a glow or gleam, দ্যুতি, দীপ্তি, কিরণ; brightness, ঔজ্জ্বল্য; the power of vision, দৃষ্টিশক্তি; a lighthouse, সমুদ্রমধ্যস্থ বাতিঘর; (arch.) an eye, (আর্ষ.) চক্ষু, নেত্র; (fig.) knowledge, enlightenment, (আল.) জ্ঞান, জ্ঞানালোক; a help towards understanding, উপলব্ধি করার পক্ষে সহায়; (pl.) mental powers, মানসিক শক্তি বা ক্ষমতা (according to one's *lights*); a famous or ideal person, প্রখ্যাত বা আদর্শস্থানীয় ব্যক্তি। **(2)** *a.* bright, উজ্জ্বল; whitish, শ্বেতাভ, সাদাটে; pale, ফিকে; well-lighted, উত্তমরূপে আলোকিত। **(3)** *v.t.* to give light to, আলোকদান করা; to enkindle, প্রজ্বালিত করা। *p.* & *p. pt.* **ligh°tėd, lit**। **in a good light**—উত্তমরূপে দৃষ্টিগোচর হয় এমনভাবে; (আল.) সৎ বা উত্তম দৃষ্টিতে, ভাল চোখে। **inner light**—আধ্যাত্মিক বা আত্মিক জ্ঞান। **in the light of**—সহায়তায়, আলোকপাতের ফলে। **light of nature**—বুদ্ধিবৃত্তি বা সহজাত ধারণা। **light of one's countenance**—অনুগ্রহ; আনুকূল্য; সমর্থন। **lights out**—(সাম.) দীপনির্বাণের আদেশ-সূচক তূর্যধ্বনি। **out like a light**—গভীরভাবে নিদ্রিত বা সংজ্ঞাহীন। **red light**—বিপদ্-সঙ্কেত-দানার্থ লাল আলো। **(to) light up**—প্রজ্বালিত করা; উজ্জ্বল করা বা হওয়া। **(to) be** or **stand in one's light**—কাহারও আলোর পথরোধ করিয়া থাকা বা দাঁড়ান; কাহারও সাফল্য উন্নতি প্রভৃতির অন্তরায় হওয়া। **(to) be** or **stand in one's own light**—নিজের আলোর পথরোধ করিয়া থাকা বা দাঁড়ান; স্বীয় সাফল্য উন্নতি প্রভৃতির অন্তরায় হওয়া। **(to) bring to light**—প্রকাশ করা। **(to) come to light**—প্রকাশ পাওয়া। **(to) place in a good light**—অনুকূলভাবে বিবৃত বা বর্ণনা করা। **(to) see the light**—দৃষ্টিগোচর হওয়া; জন্মগ্রহণ করা। *a.* **līght°coloured**—ফিকে রঙের। **līgh°ten**—**(1)** *v.t.i.* উজ্জ্বল বা উজ্জ্বলতর করা অথবা হওয়া। **(2)** *v.t.* আলোকিত করা। **(3)** *v.i.* (বিদ্যুতাদি-সম্পর্কে) চমক দেওয়া। *n.* **līgh°ter**—আলোকদায়ক বা প্রজ্বালক ব্যক্তি অথবা বস্তু; সিগারেট প্রভৃতি ধরাইবার স্বয়ংক্রিয় যন্ত্রবিশেষ। *n.* **līght°house**—সমুদ্রমধ্যে নাবিকগণকে পথ-নির্দেশের বা বিপদসঙ্কেতদানের জন্য বাতিঘর, লাইট্-হাউস। *n.* **līght°house-keeper**—বাতিঘরের তত্ত্বাবধায়ক বা দীপপ্রজ্বালক। **līgh°ting**—**(1)** *n.* আলোকন; প্রজ্বালন। **(2)** *a.* আলোকিত বা প্রজ্বালিত করে এমন। *a.* **light°-proof, light°-tight**—আলো প্রবেশ করিতে পারে না এমন। **lighting-up time**—রাস্তা দিয়া চলার সময়ে গাড়িতে বাতি জ্বালানর সময়। **līght°ship**—সমুদ্রবক্ষে রক্ষিত যে জাহাজ হইতে আলো দেখাইয়া নাবিকদের পথনির্দেশ করা হয় বা বিপদ্‌সঙ্কেত জানান হয়। *n.* **līght°-year**—এক বৎসরে আলোক যতখানি পথ অতিক্রম করে, আলোক-বর্ষ (ইহা দূরত্বের মাপ—সময়ের মাপ নহে)। [OE. *leht*—cp. G. *licht*]

light$_3$ [līt, লাইট্] **(1)** *a.* not heavy, লঘুভার, হালকা; easily suffered or borne or performed, easy, সহজে সহনীয় (*light* punishment), সুবহ, সুসাধ্য (*light* work), সহজ ; easily digested, সহজপাচ্য; not strong, (চা মদ প্রভৃতি মাদক সম্বন্ধে) কড়া নহে এমন, অনুগ্র ; not heavily armed, লঘুভার অস্ত্রশস্ত্রে সজ্জিত (*light* brigade) ; not heavily loaded, লঘুভারে বোঝাই ; nimble, ক্ষিপ্র (*light* of foot, *light* movement, etc.) ; active, চটপটে ; gentle, মৃদু ; imperceptible, টের পাওয়া যায় না এমন, আল্‌তো (*light* touch) ; not dense or copious or intense, গাঢ় বা প্রচুর বা তীব্র নহে এমন ; slight, সামান্য, ঈষৎ ; frivolous, merry, চপল, হাসিখুশি ; not profound, গভীর ভাবপূর্ণ নহে এমন, অগভীর (*light* verse) ; unimportant, গুরুত্বপূর্ণ নহে এমন। **(2)** *adv.* same as **lightly** । **(3)** *n.* (in *pl.*) lungs of sheep, pigs, bullocks, etc., (প্রধানতঃ বিড়াল-কুকুরের খাদ্যরূপে ব্যবহৃত) ভেড়া শূকর বলদ প্রভৃতির ফুসফুস। **light come light go**—বিনা আয়াসে লাভ ; অনায়াসে জলাঞ্জলি। **(to) make light of**—হালকা করিয়া দেখা অর্থাৎ গুরুত্ব না দেওয়া। *a.* **light°armed**—দ্রুত চলা-ফেরার জন্য লঘুভার অস্ত্রশস্ত্রে সজ্জিত। *v.t.i.* **ligh°ten**—হালকা বা অধিকতর হালকা করা অথবা হওয়া। *n.* **ligh°ter**—জাহাজে মাল বোঝাই এবং জাহাজ হইতে মাল খালাস করিবার বড় নৌকা। *n.* **ligh°terage**—উক্ত নৌকার দ্বারা মাল খালাস ; মাল খালাসের ভাড়া বা মাশুল। *a.* **light°-fin°gered**—দ্রুত অঙ্গুলিচালনায় সমর্থ ; চুরি করিতে বা পকেট মারিতে দক্ষ। *a.* **light°-foot(ėd)**—ক্ষিপ্র ; ক্ষিপ্রগতি, লঘুচরণ ; চটপটে। *a.* **light-°han°dėd**—আল্‌তো বা সূক্ষ্ম হস্তস্পর্শবিশিষ্ট, শূন্যহস্ত। *a.* **light°-hea°dėd**—মাথা ঝিম্‌ঝিম্ করিতেছে এমন ; হঠকারী, অব্যবস্থিতচিত্ত। *n.* **light°-headedness** । *a.* **light°-hear°tėd**—চিন্তা-ভাবনাশূন্য ; হাসিখুশি ; দুশ্চিন্তামুক্ত। *adv.* **light°-hear°tedly** । *n.* **light°-hear°tedness** । *a.* **light°-heeled**—দ্রুতগতিসম্পন্ন । *n.* **light-° horse°, light°-in°fan°try**—লঘুভার অস্ত্রশস্ত্রে সজ্জিত অশ্বারোহী বা পদাতিক সৈন্যদল। *adv.* **light°-ly**—light(*a.*)-এর সকল অর্থে, এবং—ক্ষিপ্রভাবে, দ্রুত ; না-ভাবিয়া-চিন্তিয়া। *a.* **light°-mindėd**—হাসিখুশি। *n.* **light°-mindedness** । **light music**—লঘু সঙ্গীত। *n.* **light°nėss** । *n.* **light°-o-love**—চপলপ্রকৃতি স্ত্রীলোক ; বেশ্যা। *a.* **light°-some**—চপল, হাসিখুশি। *adv.* **light°somely** । *n.* **light°-somenėss** । *a.* **light°-spiritėd**—হাসিখুশি, চিন্তাভাবনাশূন্য। *n.* **light°-weight**—নির্দিষ্ট হালকা ওজনের মানুষ বা প্রাণী (= ৯ স্টোন ৯ পাউন্‌ড্‌)। *a.* **light°-win°ged**—লঘুভার, বা ক্ষিপ্র-গতি পক্ষযুক্ত ; দ্রুত উড়িতে সমর্থ। [OE. *liht*—cp. G. *leicht*]

lightning [līt°-ning, লাইট্‌°নিং] *n.* the electric flash, usu. followed by thunder, বিদ্যুৎ, বিজলি, বজ্র, বাজ, সৌদামিনী। **forked lightning**—শাখার ন্যায় দিকে দিকে প্রসারিত বিদ্যুৎ-রেখা, বিদ্যুল্লতা, সর্পজিহ্ব ক্ষণপ্রভা। *n.* **light°ning-arres°ter**—বজ্রবারক। *n.* **light°ning-bug**—জোনাকি। *n.* **light°ning-conduc°tor, light°-ning-rod**—বজ্রবহ। **sheet lightning**—চতুর্দিকে বিস্তৃত বিদ্যুদ্দীপ্তি। [see *light*$_2$]

ligneous, lignite—see **lignum.**

lignum [lig°-nam, লিগ্‌°ন্যাম্‌] *n.* wood, কাষ্ঠ। *a.* **lig°nėous**—কাষ্ঠময়। *n.* **lig°nīte**—পিঙ্গল অঙ্গার (উদ্ভিদাদির অঙ্গারীভূত হইবার পূর্ববর্তী অবস্থা-বিশেষ)। [L.]

likable—see **like**$_2$.

like$_1$ [līk, লাইক্‌] **(1)** *a.* identical, equal, সদৃশ, সমান, সম- ; nearly equal, প্রায় সমান ; similar, অনুরূপ, একরূপ (*like* father *like* son, *like* master *like* man) ; suiting, উপযুক্ত, মানানসই। **(2)** *n.* one of the same or similar kind, একই বা সদৃশ জাতীয় বস্তু বা প্রাণী ; the same thing, একই বস্তু। **(3)** *adv.* (tending to become a *prep.*) in the same manner, একই-ভাবে, সমভাবে, মত, ন্যায় ; probably, সম্ভবতঃ। **(4)** *con.* as if, যেন। **nothing like**—সমকক্ষ বা তুলনীয় কিছু নাই। **something like**—প্রায় ; মোটামুটিভাবে। **something like a**—(সন্তোষ-সূচনার্থ) বেশ, খাসা। **such like**—অনুরূপ, এই-প্রকার। **(to) feel like**—ঝোঁকা, প্রবণ বা ইচ্ছুক হওয়া (I do not *feel like* going out now)। **had like (to)**—প্রায় ঘটিয়াছিল বা ঘটিত। **(to) look like**—অনুরূপ বা সদৃশ হওয়া ; কিছুর মত বলিয়া প্রতিভাত হওয়া (it *looks like* being a sultry day)। **like°ly—(1)** *a.* সদৃশ ; সম্ভাব্য ; বিশ্বাসযোগ্য ; মনোরম ; সুন্দর। **(2)** *adv.* সম্ভবতঃ। **as likely as not**—অধিকতর সম্ভব। *n.* **like°-lihood, like°linėss** । **in all likelihood**—খুব সম্ভবতঃ। *a.* **like°-min°dėd**—একরূপ মেজাজ-ওয়ালা বা উদ্দেশ্যবিশিষ্ট, সদৃশমনাঃ। *v.t.* **li°ken**—সমান বা অনুরূপ করা, তুলনা করা। *n.* **lik°enėss**—সাদৃশ্য, মিল ; চেহারা ; প্রতিমূর্তি। **in the likeness of**—নির্দিষ্ট কোন মূর্তিতে বা বাহ্যিক চেহারায়. কোন রূপধারণপূর্বক। *adv.* **like°wīse**—অনুরূপ-ভাবে, সমভাবে ; ও ; অপিচ; অধিকন্তু। [OF. *lic*< *gelic*—cp. Du. *gelijk*]

like$_2$ [līk, লাইক্‌] *v.t.* to be pleased with (কিছুর দ্বারা) খুশি হওয়া ; to approve, পছন্দ করা। *p.* & *p. pt.* **li°ked** । **(2)** *n.* a liking, পছন্দ (*likes* and dislikes)। **if one likes**—যদি মত থাকে, যদি রাজি হয়। *a.* **lik(e)°able**—পছন্দের বা স্নেহের যোগ্য, মনোরম। *n.* **li°ker** । *n.* **li°king**—পছন্দ (this is very much to my *liking*) ; রুচি ; আসক্তি (to have a *liking* for a person)। [OE. *lician*=to please]

For words in *light-*, not given separately see **light**$_2$ and **light**$_3$.

lilac [lī°-lak, লাইঁল্যাক্] (1) *n.* a flower plant, জলপাইজাতীয় ফুলগাছবিশেষ ; its flower or the colour of its flower, উক্ত বৃক্ষজাত ফুল বা ঐ ফুলের ঈষৎ নীল রক্তিমাভ বর্ণ। (2) *a.* of that colour, উক্ত পুষ্পবর্ণবিশিষ্ট। [F.<Pers. *lilak*]

liliaceous—see **lily.**

Lilliputian [li-li-pū°-shi-an, লিলিপিউ°শিঅ্যান্] (1) *n.* a native of Lilliput, কল্পিত বামনের দেশ 'লিলিপাট্'-এর লোক; a pigmy, বামন। (2) *a.* diminutive, খর্বকায়, বামন। [from *Gulliver's Travels*]

lilt [lilt, লিল্ট্] (1) *v.t.i.* to sing merrily or melodiously and rhythmically, পুলকভরে বা বা মধুর সুরে এবং লয়ে গান গাওয়া ; to hum, গুঞ্জন করা। *p.* & *p. pt.* **lil°ted**। (2) *n.* a cheerful song or melody, আনন্দপূর্ণ গান বা সুর। [ME. *lulte*<?]

lily [li°-li, লি°লি] *n.* a flower plant or its flower, পদ্মফুলের গাছ বা পদ্মফুল, কমল, নলিনী। *a.* **liliaceous** [li-li-ā°-shas, লিলিএই°শ্যাস্] লিলি-গোত্রীয়। *a.* **li°ly-li°vered**—ভীরু। *a.* **li°ly-white°**—লিলি-ফুলের ন্যায় সাদা, পূর্ণশুভ্র। [OE. *lilie*<L. *lilium*]

Limax, limax [lī°-maks, লাই°ম্যাক্স্] *n.* the common slug, শামুক। *pl.* **limaces** [lī°-mā-sēz, লাই°মেইসীজ্]। [L.]

limb [lim, লিম্] (1) *n.* (ori.) an organ of the body, (মূলতঃ) দেহের অঙ্গ বা প্রত্যঙ্গ, অবয়ব, পদ ; (now) an arm, leg or wing, (বর্ত.) হাত বা পা বা ডানা; a projecting part, অভিক্ষিপ্ত অংশ ; a main branch, (গাছের বা অন্য-কিছুর) প্রধান শাখা ; a member of a body of people, দল পরিষদ্ সঙ্ঘ প্রভৃতির অন্তর্ভুক্ত ব্যক্তি বা সদস্য (a *limb* of the law)। (2) *v.t.* to dismember, অঙ্গচ্ছেদ করা। *a.* **lim°bed**—অঙ্গযুক্ত (a strong-*limbed* man)। **(to) escape with life and limb**—গুরুতর দৈহিক ক্ষতি ছাড়া রক্ষা পাওয়া। [OE. *lim*—cp. ON. *limr*]

limber₁ [lim°-ba(r), লিম্°ব্যা(র্)] (1) *n.* the detachable front of the gun-carriage, কামানের সম্মুখভাগের যে অংশ খুলিয়া লওয়া যায়। (2) *v.t.* to attach limber to, (কামানে) উক্ত অংশ পরান। [F. *limoniere*]

limber₂ [lim°-ba(r), লিম্°ব্যা(র্)] *a.* flexible, নমনীয় ; agile, চট্পটে। *n.* **lim°berneck**—হাঁসমুরগিদের রোগবিশেষ। [?]

Limbo, limbo [lim°-bō, লিম্°বৌ] *n.* the borderland of Hell, নরকের সীমান্ত-অঞ্চল (ইহা খ্রিষ্টপূর্ব যুগে ধার্মিক ব্যক্তিদের ও ব্যাপ্‌টিজ্‌ম্ না হওয়া শিশুদের মৃত আত্মাসমূহের বাসস্থান ছিল) ; (fig.) place for forgotten or unwanted people and things, (আল.) বিস্মৃত বা অপ্রার্থিত ব্যক্তি বা বস্তুর আগার ; condition of neglect or oblivion, অবহেলিত বা বিস্মৃত অবস্থা। [L. *in limbo*<*limbus*=border]

lime₁ [līm, লাইম্] *n.* a variety of lemon tree, জামির বা বাতাপি লেবুর গাছ ; its fruit, জামির বা লেবু। *n.* **lime°-juice**—জামির বা লেবুর রস; ঐ রসে প্রস্তুত পানীয়। *n.* **limey**—(অশি. আমে.) ইংরাজ নাবিক। [F.<Sp. *lima*—cp. *lemon*]

lime₂ [līm, লাইম্] (1) *n.* any sticky substance, আঠাল পদার্থ, আঠা ; bird-lime, পাখি ধরার আঠা ; the white caustic earth got by calcining calcium carbonate, চুন, কলিচুন। (2) *v.i.* to cover or treat with lime, চুন বা আঠা লাগান ; to ensnare, ফাঁদে আটকান। *n.* **lime°kiln**—চুনের ভাটি। *n.* **lime°light**—চুনের উপর প্রতিফলনদ্বারা সৃষ্ট অত্যুজ্জ্বল আলোকচ্ছটা ; প্রচারের বা খ্যাতির ছটা (he is in the *limelight*)। *n.* **lime°stōne**—চুনাপাথর। *n.* **lime°wash**—চুনকামের জন্য জল ও কলিচুনের পাতলা মিশ্র ; চুনকাম। *n.* **lime°wa°ter**—চুনের জল। *a.* **li°my**—আঠাল ; চুনপূর্ণ ; চুনা ; চুনের লেপযুক্ত। *n.* **li°miness**। [OE. *lim* <G. *leim*=glue]

limen [lī°-men, লাই°মেন্] *n.* (psycho.) the threshold of consciousness, (মনস্তত্ত্ব) সচেতন মনের সীমান্ত। *a.* **li°minal**। [L. *limen*<*liminis*]

limerick [li°-ma-rik, লি°ম্যারিক্] *n.* nonsense verse in a five-line stanza, পঞ্চপদী অর্থহীন ছড়াবিশেষ। [from the refrain of an Irish song]

limit [li°-mit, লি°মিট্] (1) *n.* boundary, সীমা, চৌহদ্দি, সীমারেখা ; termination, অবধি, শেষ ; restriction, বাধা, নিয়ন্ত্রণ, নিষেধ ; a region or division, অঞ্চল, বিভাগ ; (coll.) extreme of endurability, (কথ্য.) সহ্যশক্তির চরম সীমা। (2) *v.t.* to confine within limit, সীমাবদ্ধ করা ; to restrict, নিয়ন্ত্রিত করা ; to serve as limit to, সীমানাস্বরূপ হওয়া। **that's the limit**—(কথ্য.) ইহার পর সহ্যের সীমা ছাড়াইয়া যাইবে ; আর সহ্য করা চলে না। **within limits**—সীমা বজায় রাখিয়া ; যতটা রয় সয়। **without limit**—সীমা ছাড়াইয়া ; অবাধে। *a.* **li°mitative**—সীমানির্ধারক ; সীমিত করে এমন। *a.* **li°mited**—সীমাবদ্ধ বা নিয়ন্ত্রিত, (পরি.) সীমিত ; সসীম। **limited company**—নিয়ন্ত্রিত যৌথ ব্যবসায়-প্রতিষ্ঠান, (পরি.) সীমিত সঙ্ঘ। **limited monarchy**—নিয়ন্ত্রিত রাজতন্ত্র, (পরি.) নিয়ত রাজতন্ত্র। *a.* **li°mitable**। *n.* **limitā°tion**—সীমাবদ্ধ করা ; নিয়ন্ত্রণ ; সীমানা ; সীমা ; সামর্থ্যের পরিমাণ, অসামর্থ্য বা ত্রুটি (he knows his *limitations*)। *a.* **li°mitless**—সীমাহীন, অসীম ; অনন্ত ; প্রচুর ; বিশাল। [L. *limes*=boundary]

limn [lim, লিম্] *v.t.i.* to paint, চিত্রাঙ্কন করা ; (fig.) to describe, (আল.) বর্ণনা করা। *n.* **limner** [lim°-na(r), লিম্‌ন্যা(র্)] মূর্তিঅঙ্কয়িতা, পটুয়া ; চিত্রকর। [OF. *(en)luminer*<L. *(il)luminare*]

limnology [lim-no°-la-ji, লিম্‌ন°ল্যাজি] *n.*

study of physical phenomena of lakes and other fresh waters, হ্রদ এবং অন্যান্য মিঠা জলাশয়ের প্রাকৃতিক বৈশিষ্ট্য-সংক্রান্ত বিদ্যা। [Gk. *limnē* = lake]

limousine [li°-moo-zēn, লি°মুজ়ীন্] *n.* a closed motor-car, প্রায় ল্যান্ডোর আকারের আচ্ছাদিত মোটরগাড়িবিশেষ। [*Limousin* in France]

limp₁ [limp, লিম্প্] *a.* not stiff, (নেকড়ার মত) নরম, শক্ত নহে এমন ; without energy, নিস্তেজ (to look *limp* in the heat)। *adv.* **limp°ly**। *n.* **limp°nėss**। [?]

limp₂ [limp, লিম্প্] **(1)** *v.i.* to go with a lame gait, খোঁড়ান ; to halt, (পথিমধ্যে) থামিয়া পড়া। *p.* & *p. pt.* **lim°ped**। **(2)** *n.* lame gait, খোঁড়াইয়া খোঁড়াইয়া চলা ; a halt, থামিয়া পড়া। *adv.* **lim°pingly**। [OE. *lempheallt* = halting ?]

limpet [lim°-pit, লিম্°পিট্] *n.* a kind of gasteropod, শম্বুকবিশেষ (ইহারা পর্বতাদির গাত্রে আঁটিয়া থাকে) ; one not easily ousted, যে ব্যক্তিকে সহজে স্থানচ্যুত বা পদচ্যুত করা যায় না। [OF. *lempedu* = lamprey]

limpid [lim°-pid, লিম্°পিড্] *a.* clear, নির্মল, পরিষ্কার ; transparent, স্বচ্ছ। *n.* **limpi°dity**। *adv.* **lim°pidly**। [L. *limpidus*]

limy—see **lime₂**.

linchpin [linch°-pin, লিন্চ্°পিন্] *n.* an iron pin passed through the axle-end to keep the wheel in position, চাকা অক্ষধুরার সহিত আবদ্ধ রাখিবার জন্য লৌহনির্মিত খিল ; (fig.) a vital part or element, (আল.) অপরিহার্য অংশ বা উপাদান। [OE. *lynis* = axle, pin]

Lincoln green [ling°-kan grēn, লিং°ক্যান্ গ্রীন্] *n.* a bright green cloth, উজ্জ্বল সবুজবর্ণ বস্ত্রবিশেষ ; its colour, উহার বর্ণ। [*Lincoln* in Great Britain]

lincrusta [lin-krŭs°-ta, লিন্‌ক্রাস্°ট্যা] *n.* wall-paper covered with embossed linoleum. মসিনার তেলের আস্তরণে বুটিতোলা দেওয়াল ঢাকার কাগজবিশেষ। [L. *linum* = flax, *crusta* = rind]

linctus [lingk-tas, লিঙ্ক্°ট্যাস্] *n.* syrupy medicine for cough, সিরাপের মত মিষ্ট কাশির ঔষধ। [L. = licking]

linden [lin°-dan, লিন্°ড্যান্] *n.* the lime-tree, বাতাপিলেবুর গাছ। [OE. *lind*—cp. ON. *lind*]

line₁ [līn, লাইন্] **(1)** *n.* heckled flax, আঁচড়াইয়া পাট-করা শণ ; yarn spun from flax, শণ পাকাইয়া তৈয়ারি-করা সুতা বা দড়ি। **(2)** *v.t.* to cover on the inside (occasionally on the outside), ভিতরের অংশ (কখনও কখনও বহির্ভাগও —বস্ত্রাদিদ্বারা) আস্তৃত করা ; to pad or stuff, ভিতরে নরম কিছু ভরিয়া দেওয়া ; to reinforce or strengthen, শক্তি বাড়ান, শক্তিশালী করা ; to be placed along the side of, (কিছুর) পাশাপাশি স্থাপিত হওয়া। *n.* **li°ning**—বস্ত্রাদি-দ্বারা আস্তরণ ; আস্তরণের উপাদান বা কাপড়। [OE. *lin* = flax < L. *linum*]

line₂ [līn, লাইন্] **(1)** *n.* a thread, string, cord, rope, etc., সুতা ফিতা দড়ি রজ্জু প্রভৃতি (a fishing *line*) ; (math.) that which has length without breadth or thickness, (গণি.) রেখা ; a narrow streak or stripe, সরু লম্বা দাগ বা ডোরা ; a row, সারি, শ্রেণী ; a row of writing, soldiers, ships, etc., লেখার পঙ্ক্তি বা ছত্র, সৈন্যশ্রেণী, জাহাজের সারি, প্রভৃতি ; a line of a verse, কবিতার পঙ্ক্তি বা চরণ ; a series of succession, বংশাদির পরম্পরা, a transport service or company, জনসাধারণের পরিবহণার্থ বাস ট্রাম জাহাজ প্রভৃতির নিয়মিত বন্দোবস্ত বা উক্ত বন্দোবস্তকারী ব্যবসায়-প্রতিষ্ঠান ; a course, route or system, পথ বা পদ্ধতি ; a railway or tram-way route, রেলের বা ট্রামের লাইন অর্থাৎ চলাচলের পথ ; a stretch or route of telegraph, telephone, টেলিগ্রাফ টেলিফোন প্রভৃতির তার বা পথ ; an order for goods, মাল-প্রেরণের জন্য ফরমাশ বা অর্ডার ; such goods received, ফরমাশমত প্রাপ্ত মাল ; a lineament, অঙ্গরেখা, চেহারা, দেহের (বিশেষতঃ মুখের) বৈশিষ্ট্যসূচক রেখা ; a rank, পদের শ্রেণী বা বিভাগ ; a short letter, ছোট চিঠি ; a wrinkle, চর্মাদির কুঞ্চন ; limit, সীমা ; method, প্রণালী ; a rule, নিয়ম ; the equator, নিরক্ষরেখা বা নিরক্ষবৃত্ত ; lineage, বংশ, কুল ; direction, গতিপথ ; occupation or trade, পেশা, বৃত্তি ; any sphere of life, জীবনের যে কোন ক্ষেত্র বা দিক্ ; the army, সৈন্যবাহিনী ; line of battle, সৈন্যব্যূহ ; (in *pl.*) a marriage certificate, বিবাহের (সরকারি) প্রমাণপত্র বা সার্টিফিকেট ; lot, ভাগ্য ; outlines, মোটামুটি রেখাচিত্র, নকশা, পরিলেখ। **(2)** *v.t.* to mark out with lines, রেখাদ্বারা চিহ্নিত করা ; to put in line, সারিতে স্থাপন করা ; to form a line along, (কিছুর) পাশে রেখা টানা ; to measure, (দৈর্ঘ্যাদি) মাপা। **(3)** *v.i.* to take a place in a line, সারিতে দাঁড়ান (the soldiers *lined* up)। **line engaged**—টেলিফোনের লাইনে অন্যেরা কথাবার্তা বলিতেছে। **line of battle**—সৈন্যব্যূহ। **line of life**—(জ্যোতিষ.) করতলস্থ আয়ুরেখা। **curved line**—বক্ররেখা। **hard lines**—কঠিন ভাগ্য। **in line (with)**—একই সরলরেখায় ; সঙ্গতিপূর্ণভাবে বা সদৃশভাবে। **in line ahead**—(রণতরীর বহর সম্বন্ধে) সারিবদ্ধভাবে অগ্রসরণরত বা নঙ্গরাবদ্ধ। **party line**—একাধিক ব্যক্তি কর্তৃক ভাগে-নেওয়া টেলিফোন (also **shared line**) ; রাজনীতিক দলের গৃহীত নীতি ও কর্মসূচি। **straight line**—সরলরেখা। **(to) bring into line**—সম্মত বা একমত করান। **(to) come** or **fall into line (with)**—(কাহারও) মত মানিয়া লওয়া, একমত হওয়া। **(to) draw the line (at)**—

সীমানির্দেশ করা, অনতিক্রম্য গণ্ডি কাটিয়া দেওয়া। **(to) drop a line**—পত্রাদি লেখা। **(to) go up the line**—মূল ঘাঁটি ছাড়িয়া যুদ্ধাঙ্গনে যাওয়া। *n.* **li°nage**—পাতায় মুদ্রিত পঙ্‌ক্তিসংখ্যা; মুদ্রিত পঙ্‌ক্তি-হারে মূল্য প্রদান। *n.* **li°neage**—বংশ, কুল। *a.* **li°neal**—রেখাসংক্রান্ত; রেখাভুক্ত; রৈখিক; রেখাভিমুখ; বংশানুক্রমিক, বংশগত (a *lineal* heir)। *adv.* **li°neally**। *n.* **li°neament**—অঙ্গ-রেখা, চেহারা, দেহের (বিশেষতঃ মুখের) বৈশিষ্ট্যসূচক রেখা। (*lineaments* of an aryan face)। *a.* **linear** [li°-ne(r), লি°নিয়্যা(র্)] রেখাগত, রৈখিক; রেখাঙ্কিত; রেখাকার; দীর্ঘ সঙ্কীর্ণ ও সমান্তরাল প্রান্তবিশিষ্ট। *n.* **linea°rity**। *n.* **linea°tion**—রেখাদ্বারা চিহ্নিত-করণ; রেখাঙ্কন; লেখার পঙ্‌ক্তিবিন্যাস। *a.* **li°ned**—রেখাদ্বারা চিহ্নিত; রেখাযুক্ত; সরেখ; ডোরা-কাটা। *n.* **li°ner**—রেখাঙ্কনকারী; কবিতার চরণ রচয়িতা; চিত্রাঙ্কনের তুলি; (বঁড়শিতে) মাছ ধরার নৌকা; যাত্রি-বাহী জাহাজ বা বিমানপোত। *n.* **line°shooter**—বড়াইকারী, দম্ভী। *n.* **line°shooting**—বড়াই, দম্ভ। *n.* **li°nesman**—সাধারণ পদাতিক সৈনিক; ফুটবল প্রভৃতি খেলায় রেফারির সাহায্যকারীবিশেষ, লাইনজ্‌ম্যান। *n.* **line°-up**—পঙ্‌ক্তিবিন্যাস; পঙ্‌ক্তিমধ্যে স্থানগ্রহণ। *a.* **li°ny**—রেখাদ্বারা চিহ্নিত, রেখাঙ্কিত; বলিচিহ্নিত, কুঞ্চিত, ভাঁজ-পড়া। [OF. *line*=cord, F. *ligne*, L. *linea*]

linen [li°-nin, লি°নিন] **(1)** *n.* cloth made of flax, ক্ষৌমবস্ত্র; underclothing, (প্রধানতঃ ক্ষৌমবস্ত্রে প্রস্তুত) অন্তর্বাস; articles of linen, ক্ষৌমবস্ত্রে তৈয়ারি পোশাক-পরিচ্ছদ ও অন্যান্য জিনিস-পত্র। (2) *a.* of or like linen, ক্ষৌমবস্ত্রে তৈরারি বা ক্ষৌমবস্ত্রসদৃশ, ক্ষৌম। **(to) wash one's dirty linen at home**—(কাহারও) জঘন্য পারি-বারিক ব্যাপার প্রচার না করা। **(to) wash one's dirty linen in public**—(কাহারও) জঘন্য পারিবারিক ব্যাপার প্রকাশ করা। *n.* **li°nen-drāper**—ক্ষৌমবস্ত্র এবং তদ্দ্বারা তৈয়ারি পোশাক-পরিচ্ছদ ও অন্যান্য জিনিসপত্রের বিক্রেতা। [OE. *linen*(*a.*)= <*lin*=flax—see *line*]

ling₁ [ling, লিং] *n.* a fish of the cod family, কড্-গোত্রীয় সামুদ্র মৎস্যবিশেষ। [?]

ling₂ [ling লিং] *n.* heather, গুল্মবিশেষ। [ON. *lyng*]

lingam [ling°-gam, লিং°গ্যাম্], **lin°ga**—*n.* the Hindu phallus—a symbol of Siva, শিবলিঙ্গ। [Sans.]

linger [ling°-ga(r), লিং°গ্যা(র্)] *v.i.* to remain long, দীর্ঘকাল থাকা; to tarry, যাইতে দেরি করা, দেরিতে যাওয়া; to loiter, ইতস্ততঃ ঘোরা-ফেরা করা; to be protracted, বিলম্ব করা, গড়ি-মসি করা। *adv.* **lin°geringly**। [OE. *lengan*—to protract <*lang*=long]

lingerie [lan°-zha-re, ল্যাং°(শ্)জ্যারী] *n.* linen goods, ক্ষৌমবস্ত্রে নির্মিত পোশাকাদি; a woman's underclothing, স্ত্রীলোকের অন্তর্বাস। [F.]

lingo [lin°-go, লিং°গৌ] *n.* language, (সচ. অবজ্ঞায়—দুর্বোধ্য) ভাষা। [corrup. of *lingua* ?]

lingua [ling°-gwa, লিং°গ্যুআ] *n.* the tongue, জিহ্বা। **lingua franca** [...frang°-ka...ফ্র্যাংক্যা] (লেভ্যান্টের বণিক্‌গণ কর্তৃক ব্যবহৃত) ইটালির ভাষার সহিত বিদেশী ভাষাসমূহ মিশাইয়া সৃষ্ট কথ্য ভাষাবিশেষ; আন্তর্জাতিক মিশ্রিত ভাষা। *a.* **lingual** [ling°-gw(a)l, লিং°গ্যল্] জিহ্বাগত; জিহ্বাদ্বারা সৃষ্ট বা উচ্চারিত; ভাষাগত। *n.* **lin°gūist**—(বিভিন্ন) ভাষাবিৎ। *a.* **lingūis°tic(al)**—ভাষাবিদ্যাগত। *n.* **lingūis°tics**—ভাষাবিদ্যা। [L.]

liniment [li°-ni-mant,, লি°নিম্যান্ট্] *n.* a thin ointment, পাতলা মলম বা মালিস। [L. *linimentum*]

lining—see **line₁**.

link₁ [lingk, লিংক্] **(1)** *n.* a ring of a chain, শিকলের আঙ্‌টা বা কড়া; *a* segment in a connected series, ধারাবাহিকভাবে সংযুক্ত বস্তুর যে-কোন অংশ। **(2)** *v.t.i.* to connect or be connected, সংযুক্ত করা বা হওয়া। *p.* & *p. pt.* **lin°ked**। **missing link**—ধারাবাহিকভাবে সংযুক্ত বস্তুর কোন নিখোঁজ অংশ; যুক্তিধারার যে-কোন একটি হাতড়াইয়া-মরা যুক্তি; মানবজাতির বিবর্তনধারার অন্তর্ভুক্ত একটি লুপ্ত রূপ। [ON ?]

link₂ [lingk, লিংক্] *n.* a torch of pitch and tow, শণ পটি প্রভৃতিতে আলকাতরা মাখাইয়া তৈয়ারি মশালবিশেষ। *n.* **link°boy, link°man**—রাস্তায় উক্ত মশালবাহী বা মশালচী। [?]

links [lingks, লিংক্‌স্] *n.* a piece of undulating ground along a seashore, সমুদ্রতীরস্থ তরঙ্গিত ভূখণ্ড; a golf-course, গল্‌ফ্‌-খেলার মাঠ। [OE. *hlinc*=a ridge of land]

linnet [li°-nit, লি°নিট্] *n.* a song-bird, শ্যামা-জাতীয় গায়ক পক্ষিবিশেষ। **green linnet**—সোনালি ও সবুজবর্ণ পালকযুক্ত পক্ষিবিশেষ। [OE. *linette*]

linoleum [li-nō°-li-am, লিনৌ°লিয়্যাম্], (coll. contr.) **lino** [lī°-nō, লাই°নৌ] *n.* a floor-cloth coated with a preparation of linseed-oil, গৃহতল-আচ্ছাদনার্থ মসিনার তেলের প্রলেপযুক্ত কাপড়-বিশেষ। *n.* **li°nōcut**—উক্ত বস্ত্রে খোদাই-করা নকশা; উক্ত নকশা-কাটা বস্ত্র হইতে মুদ্রণ বা ছাপ। [L. *linum*=flax, *oleum*=oil]

linotype [lī°-nō-tīp, লাই°নোটাইপ্] *n.* a machine for producing stereotyped lines, মুদ্রণের জন্য অক্ষরপঙ্‌ক্তি তৈয়ারির যন্ত্রবিশেষ, লাইনোটাইপ মেশিন্। [*line o' type*, its trade-mark]

linseed [lin°-sēd, লিন্°সীড্] *n.* flax seed, মসিনা, তিসি। *n.* **lin°seed-cāke**—মসিনার খইল। **lin-**

Fot words in *line-*, not given separately, see **line₂**.

seed meal—মসিনাচূর্ণ। *n.* **lin°seed-oil**—মসিনার তেল। [OE. *lin*=flax. *saed*=seed]

linsey [lin°-zi, লিন্°জ়ি] (**I**) *a.* made of linen and wool, ক্ষৌমবস্ত্র ও পশম মিশাইয়া তৈয়ারি। (**2**) *n.* cloth so made, উক্তভাবে তৈয়ারি কাপড়। *n.* **lin°sey-wool°sey**—পশম ও সুতা মিশাইয়া প্রস্তুত নিকৃষ্ট শ্রেণীর খস্‌খসে কাপড়বিশেষ ; (আল.) অদ্ভুত জগাখিচুড়ি ; নিরর্থক উক্তি। [?]

linstock [lin°-stok, লিন্°স্টক্] *n.* a staff to hold a lighted torch for firing a gun, পূর্বে বন্দুক দাগার জন্য যে দণ্ডের উপর প্রজ্বালিত অগ্নি রাখা হইত। [Du. *lontstok*]

lint [lint, লিন্ট্] *n.* (ori.) flax, (মূলতঃ) মসিনা, তিসি, শণ ; scraped linen or a cotton substitute for dressing wounds, ক্ষতাদিতে ব্যান্‌ডেজ্ বাঁধার জন্য কাপড়বিশেষ। *n.* **lin°ter**—পেঁজা তুলার বীজ-সংলগ্ন খাট আঁশ ধুনিয়া ছাড়াইবার যন্ত্রবিশেষ ; (*pl.*) উক্ত আঁশসমূহ। [L. *linteus*=of linen ?]

lintel [lin°tl, লিন্°ট্‌ল্] *n.* a timber or stone over a doorway or window, দরজার বা জানালার নিম্নাংশে স্থাপিত তক্তা বা প্রস্তরখণ্ড, সরদল, চৌকাট। [OF.]

lion [lī°-an, লাই°অ্যান্] *n.* a wild beast, সিংহ ; (fig.) a man of great courage and heroism, (আল.) অতি সাহসী ও শৌর্যশালী পুরুষ, সিংহবিক্রম পুরুষ ; a man of celebrity, সাহিত্যিকরূপে বা অন্য কারণে গণ্যমান্য পুরুষ। *n.* **Līon**—(জ্যোতি.) সিংহরাশি। *fem.* **lī°onėss**—সিংহী। **lion in the way** or **path**—(বিশেষতঃ কাল্পনিক) বাধা বা অন্তরায়। **lion's mouth**—বিপজ্জনক অবস্থা। **lion's provider**—শৃগাল ; মোসাহেব। **lion's share**—বৃহত্তম অংশ বা প্রায় সমস্তটা, (অধুনা ব্যবহৃত) সিংহভাগ। **(to) twist the lion's tail**—গ্রেট-ব্রিটেনকে জ্বালাতন করা (গ্রেটব্রিটেনের পতাকায় সিংহ-মূর্তি আছে বলিয়া)। *n.* **lī°onel**—ক্ষুদ্র সিংহমূর্তি। *n.* **lī°onėt**—সিংহশাবক ; ক্ষুদ্র সিংহ। *n.* **lī°on-heart**—অতি সাহসী ও শৌর্যশালী পুরুষ ; সিংহহৃদয় পুরুষ। *a.* **lī°on-hear°tėd**—অতি সাহসী ও শৌর্যশালী, সিংহহৃদয়। *n.* **līon°-hunter**—যে ব্যক্তি ভোজসভার আয়োজনপূর্বক গণ্যমান্য ব্যক্তিদের আমন্ত্রণ করিয়া আনিতে সচেষ্ট। *v.t.* **lī°onīze**—সিংহবিক্রম পুরুষ বা গণ্যমান্য লোকরূপে জ্ঞান করা বা বর্ণনা করা। [AF. *liun*<L. *leonis*<Gk. *leon*]

lip [lip, লিপ্] (**I**) *n.* either edge of the opening into the mouth, ওষ্ঠ বা অধর, ঠোঁট ; any lip-shaped organ, ওষ্ঠাকার অঙ্গ ; the brim of a vessel, পাত্রাদির কানা ; (sl.) saucy talk, ধৃষ্ট বা উদ্ধত উক্তি ; impudence, ঔদ্ধত্য (none of your *lips*)। (**2**) *v.t.* to touch with the lips, ঠোঁট দিয়া স্পর্শ করা ; to kiss, চুম্বন করা ; to lave, ঠোঁট বোলান ; to form a lip on, (কিছুর উপরে) ঠোঁটের ন্যায় শোভা পাওয়া। *pr. pt.* **li°pping**। *p.* & *p. pt.* **li°pped**। **(to) bite one's lips**—(বিরক্তিপ্রকাশের জন্য অথবা ক্রোধ বা বিরক্তি ঢাকিয়া রাখিবার চেষ্টায়) ঠোঁট কামড়ান। **(to) curl one's lips**—(ঘৃণাপ্রকাশের জন্য) ঠোঁট কোঁচ-কান বা বাঁকান। **(to) escape one's lips**—অসতর্কভাবে কিছু বলিয়া ফেলা। **(to) hang on one's lips**—(অন্য কেহ) যাহা বলিতেছে তাহার প্রতিটি কথা সাগ্রহে শোনা। **(to) lick one's lips**—ব্যগ্রতা বা সন্তোষ প্রকাশার্থ নিজের ঠোঁট লেহন করা। **(to) pout one's lips**—(অসন্তোষ প্রকাশের জন্য) ঠোঁট ফোলান। *a.* **lip°deep**—আন্তরিকতাহীন। *a.* **li°ppėd**—ওষ্ঠযুক্ত ; ওষ্ঠাকার ; ওষ্ঠদ্বারা স্পৃষ্ট বা উচ্চারিত। *n.* **lip°-rea°ding**—বক্তার ঠোঁট নাড়া মাত্র দেখিয়াই তাহার বক্তব্য উপলব্ধি করা। *n.* **lip°salve**—ঠোঁটের ক্ষতের মলমবিশেষ। *n.* **lip°-service**—আন্তরিকতাশূন্য সেবা বা উপাসনা। *n.* **lip°-stick**—ঠোঁট রাঙানর রঞ্জনদ্রব্য, লিপস্টিক। [OE. *lippa*—cp. Du. *lip*, G. *lippe*, L. *labium*]

lipase [lip°-ās, লিপ্°এইস্] *n.* an enzyme that decomposes fats, চর্বি বা তজ্জাতীয় স্নেহপদার্থ বিশ্লিষ্টকারী উৎসেচকবিশেষ। [Gk. *lipos*=fat]

lipid [li°-pid, লি°পিড্], **lipide** [li°-pīd, লি°পাইড্] *n.* fat or fatlike substance, চর্বি বা তজ্জাতীয় পদার্থ। [Gk. *lipos*]

lipography [lipo°-gra-fi, লিপ°গ্রাফি] *n.* omission of letters or words in writing, লেখায় অক্ষর বা শব্দ বাদ। [Gk. *Reipein*=to leave, *graphein*=to write]

liquate [li°-kwāt, লি°ক্যোএইট্] *v.t.* to separate or purify (metals) by melting, (ধাতু) গলাইয়া পৃথক্ করা বা বিশোধন করা। *p.* & *p. pt.* **liquā°-tėd**। *n.* **liquā°tion**। [L. *liquare*=to liquefy]

liquefy [li°-kwi-fī, লি°ক্যুইফাই] *v.t.i.* to make or become liquid, তরল করা বা হওয়া। *n.* **liquefac°tion**। *a.* **li°quefīable**। *n.* **li°que-fīer**—যে তরল করে ; যে পদার্থদ্বারা তরল করা হয়। *a.* **liquescent** [li-kwe°-sant, লিক্যোএ°-স্যান্ট্] তরল হইতেছে বা সহজে তরলীভূত হয় এমন। [L. *liquefacere*]

liqueur [li-kū(r)°, লিকিউয়্যা(র্)°] *n.* a strong alcoholic drink sweetened and flavoured, মিষ্ট ও গন্ধমিশ্রিত উগ্র সুরাবিশেষ। *n.* **liqueur°-glass**—অতি ক্ষুদ্র সুরাপানপাত্রবিশেষ। [F.<L. *liquor*]

liquid [li°-kwid, লি°ক্যুইড্] (**I**) *a.* fluid, তরল ; watery, জলবৎ, জলীয় ; neither solid nor gaseous, কঠিন পদার্থ ও বাষ্পের মধ্যবর্তী অবস্থাযুক্ত ; clear, স্পষ্ট ; indisputable, তর্কাতীত ; unsteady, অস্থির ; unfixed, অনির্ধারিত ; readily convertible into cash, সহজেই নগদ টাকায় পরিণত করা যায় বা ভাঙ্গান যায় এমন (*liquid* asset or cheque)। (**2**) *n.* a liquid substance, তরল বস্তু। **liquid air**—তীব্র শৈত্যের ফলে দ্রবীভূত বায়ু। **liquid assets**—(পরি.) চলতি সম্পত্তি। **li°qui-dāte**—(**I**) *v.t.* (দেনাদি) পরিশোধ করা বা মিটাইয়া

দেওয়া ; শেষ করিয়া দেওয়া ; (কারবারাদি) বন্ধ করা বা গুটাইয়া ফেলা ; দেউলিয়া করা ; (2) *v.i.* বন্ধ হইয়া যাওয়া বা দেউলিয়া হওয়া। *p. & p. pt.* **li°quidāt-ėd** । **liquid eyes**—উজ্জ্বল বা চক্চকে চোখ। *n.* **liquidā°tion** । *n.* **li°quidātor** । *n.* **liqui°-dity**—তরল অবস্থা; সহজেই নগদ টাকায় পরিণত করা যায় এমন অবস্থা (preference for *liquidity*)। *adv.* **li°quidly** । *n.* **li°quidness** । [L. *liquidus(a)*]

liquor [li°-ka(r), লি°ক্যা(র্)] *n.* anything liquid, তরল বস্তু; a liquid secretion, তরল স্রাব বা রস; a strong drink, esp. alcoholic, উগ্র পানীয়, বিশেষতঃ সুরা; a strong liquid solution, উগ্র আরক। **hard liquor**—কড়া মদ (যেমন, হুইসকি)। **in liquor**—মদোন্মত্ত, মদ্যপান করিয়াছে এমন। **liquor laws**—সুরাবিক্রয়-নিয়ন্ত্রক আইন। [OF. *lic(o)ur* (<*liqueur*) < L. *liquor*]

liquorice [li°-ka-ris, লি°ক্যারিস্] *n.* a kind of plant, যষ্টিমধু। [AF. *lycorys* < LL. *liquiritia*]

liquorish—alt. spell. of **lickerish**.

lira [ler°-a, লিয়্যার্‌°অ্যা] *n.* an Italian coin, ইট্যালির মুদ্রাবিশেষ। *pl.* **lir°ė** । [It. < L. *libra*]

lisle [lɪl, লাইল্], **lisle thread**—*n.* a fine hard-twisted thread, (মোজা ও অনুরূপ বস্তুতে ব্যবহৃত) মিহি ও শক্ত করিয়া পাকান সুতাবিশেষ। [*Lille* (ori. *Lisle*) in France]

lisp [lisp, লিস্প্] (1) *v.i.t.* to speak with the tongue against the upper teeth or gums, উপরের পাটীর দাঁতে বা মাড়ীতে জিহ্বা ঠেকাইয়া কথা বলা, তো-তো করিয়া কথা বলা ; to articulate as a child, শিশুর ন্যায় আধো-আধোভাবে বা অস্ফুট-ভাবে কথা বলা। *p. & p. pt.* **lis°ped** । (2) *n.* lisping, আধো-আধোভাবে কথন। *n.* **lis°per** । *adv.* **lis°pingly** । [OE. *wlisp* (*a.*) = stammering—cp. Du. *lispen*]

lissom(e) [li°-sam, লি°স্যাম্] *a.* nimble, ক্ষিপ্র, চটপটে ; flexible, নমনীয়, কোমল। *n.* **li°s-som(e)nėss** । [<*lithesome*]

list$_1$ [list, লিস্ট্] (1) *n.* a catalogue or roll, তালিকা, ফর্দ। (2) *v.t.i.* to enlist, তালিকাভুক্ত করা; (vul.) to enroll as soldiers, (অমা.) সৈন্যবাহিনীতে ভরতি করা। *p. & p. pt.* **lis°tėd** । [OF. *liste*]

list$_2$ [list, লিস্ট্] (1) *n.* the selvage or edge on woven cloth, কাপড়ের আঁচলা বা পাড় ; a border, কিনারা, কানা, প্রান্ত ; a stripe, ডোরা ; a strip, ফালি ; a boundary, সীমানা ; a destination, গন্তব্যস্থল ; (in *pl.*) the boundary of a tilting ground, মল্লভূমির চৌহদ্দি বা চতুঃসীমা ; a tilting ground, মল্লভূমি ; combat, প্রতিযোগিতা। (2) *v.t.* to border, আঁচলা বা পাড় লাগান। *p. & p. pt.* **lis°tėd** । **(to) enter the lists**—প্রতিযোগিতায় অবতীর্ণ হওয়া। *a.* **lis°tėd**—(জমি বা স্থান সম্বন্ধে) প্রতিযোগিতার জন্য পরিবেষ্টিত ; রঙ্গভূমির মধ্যে প্রতিদ্বন্দ্বিতা করা হইয়াছে এমন। [OE. *liste* < G. *leiste*]

list$_3$ [list, লিস্ট্] (1) *v.t.* to be pleasing to, নিজের মনোমত হওয়া (to do as he *lists*) ; to desire, কামনা করা ; to choose, পছন্দ করা ; (naut.) to cause to heel over, (নাবিকদের ভাষায়) কাত্ করিয়া বা উলটাইয়া ফেলা। *p.* **list°**, **lis°tėd** । *p. pt.* **lis°tėd** । (2) *n.* pleasure, অভিরুচি ; desire, কামনা ; আকাঙ্ক্ষা ; inclination, ঝোঁক ; choice, পছন্দ ; heeling over, (জাহাজাদিকে কাত্ করিয়া বা উলটাইয়া ফেলা। *a.* **list°lėss**—কামনাহীন ; কৌতূহলশূন্য, উদাস ; অবসন্ন। *adv.* **list°lessly** । *n.* **list°lessnėss** । [OE. *lystan* = to please]

list$_4$ [list, লিস্ট্] *v.i.t.* (arch.) to listen (to), কর্ণপাত করা, শোনা। *p. & p. pt.* **lis°tėd** । *a.* **list°ful**—মনোযোগী। [OE. *hlystan*]

listen [li°sn, লি°স্ন্] *v.t.* to give ear or hearken, কর্ণপাত করা, শোনা ; to obey advice, পরামর্শ উপদেশ প্রভৃতি মানিয়া চলা, কথা শোনা। **(to) listen in to**—বেতারবার্তা শ্রবণ করা ; অনিচ্ছাকৃতভাবে পরের জন্য প্রেরিত বার্তা শুনিতে পাওয়া। *n.* **li°stener**—শ্রোতা। [OE. *hlysnan*]

listerine—see **listerize**.

listerize [lis°-ta-rīz, লিস্°ট্যারাইজ্] *v.t.* to treat (wound) on the antiseptic methods introduced by Lord Lister, লর্ড লিস্টার্ কর্তৃক প্রবর্তিত বীজবারক প্রণালীতে (ক্ষত) চিকিৎসা করা। *n.* **listerine** [lis°-t(a)rēn, লিস্°ট্রীন্] ক্ষতাদির বীজবারক প্রতিষেধকবিশেষ। [Lord *Lister*]

listful—see **list$_4$**.

listless—see **list$_3$**.

lit$_1$—see **light$_1$**.

lit$_2$—see **light$_2$** । **lit up**—(অশি.) পানোন্মত্ত।

litany [li°-ta-ni, লি°ট্যানি] *n.* a prayer in supplication, (শ্রেণীবদ্ধভাবে মন্দির প্রদক্ষিণ করিতে করিতে কৃত) প্রার্থনা-সঙ্গীত। [LL. *litania* < Gk. *litaneia*]

litchi [lē°-chē°, লী°চী°] *n.* a fruit or its tree, লিচু বা লিচুগাছ। [C. *li-chi*]

literacy—see **literate**.

literal [li°t(a)r(a)l, লি°ট্রল্] *a.* of letters of the alphabet, বর্ণ বা অক্ষর সংক্রান্ত ; exactly corresponding to the original, following word for word, সর্বতোভাবে মূল রচনাদির অনুরূপ, আক্ষরিক (*literal* translation) ; not figurative or metaphorical, ordinary, অলংকারবর্জিত বা রূপকবর্জিত, সোজাসুজি (*literal* sense)। *n.* **li°-teralism**—সর্বতোভাবে মূল রচনাদির অনুসরণ, আক্ষরিকতা। *n.* **li°teralist** । *n.* **literality** [li-ta-ra°-li-ti, লিট্যারা°লিটি], **li°teralnėss** । *adv.* **li°terally** । [L. *litteralis* < *littera* = a letter]

literary [li°-t(a)ra-ri, লি°ট্র্যারি] *a.* of or according to or practising literature or the writing of books, সাহিত্য বা পুস্তকরচনা সংক্রান্ত, সাহিত্যানুগ, সাহিত্যসেবী, সাহিত্যিক; bookish, পুঁথিগত। *adv.* **li°terarily** । *n.* **li°terariness** । [L. *literarius*<*lit(t)era*=a letter]

literate [li°-ta-rit, লি°ট্যারিট্] **(1)** *a.* learned, বিদ্বান্; able to read and write, লিখিতে ও পড়িতে সক্ষম, অক্ষরজ্ঞানসম্পন্ন, সাক্ষর। **(2)** *n.* a literate person, অক্ষরজ্ঞানসম্পন্ন ব্যক্তি; an educated person, (সচ. বিশ্ববিদ্যালয়ের উপাধিহীন) শিক্ষিত ব্যক্তি। *n.* **literacy** [li°-t(a)ra-si, লি°ট্র্যাসি] অক্ষরজ্ঞানসম্পন্নতা, (অধুনা প্রচলিত) সাক্ষরতা; অক্ষরজ্ঞানসম্পন্ন নাগরিকদের সংখ্যা; শিক্ষিতের সংখ্যা। *n.* **li°terātor**—যে অল্পশিক্ষিত ব্যক্তি শিক্ষা সম্বন্ধে বড় বড় কথা বলে; বিদ্বান্ ব্যক্তি; সাহিত্যিক। [L. *literatus*<*lit(t)era*=a letter]

literati [li-ta-rŭ°-tē, লিট্যারা°টী] *n. pl.* men of letters, the learned class, পণ্ডিতবর্গ, শিক্ষিত-সমাজ। [L.]

literatim [li-ta-rā°-tim, লিট্যারেই°টিম্] *adv.* letter for letter, textually, আক্ষরিকভাবে, সর্বতোভাবে মূলের অনুসরণপূর্বক। [L.]

literator—see **literate.**

literature [li°-t(a)ri-cha(r), লি°টুরিচ্যা(র্)] *n.* literary composition, সাহিত্যরচনা বা রচিত সাহিত্য; printed matter, মুদ্রিত রচনাদি (*literature* of a business firm); learning, শিক্ষা, বিদ্যা; literary culture or knowledge, সাহিত্যানুশীলন বা সাহিত্যে জ্ঞান। **light literature**—লঘুভাবসমন্বিত সাহিত্য। **polite literature**—কাব্য উপন্যাস নাটক প্রভৃতি রসসাহিত্য। [L. *literatura*<*lit(t)era*=a letter]

litharge [li°-thŭ(r)j, লি°থা(র্)জ্] *n.* lead monoxide, মুদ্রাশঙ্খ। [F.<Gk. *lithargyros*]

lithe [līdh, লাইদ্] *a.* supple, নমনীয়, কোমল, শক্ত হইয়া যায় নাই এমন। *adv.* **lithe°ly** । *n.* **lithe°ness** । *a.* **lithe°some**—সহজে নমনীয়; সহজে নাড়াচাড়া করা যায় এমন; চট্‌পটে। [AS.]

lithic₁—see **lithium.**

lithic₂ [li°-thik, লি°থিক্] *a.* of stone, প্রস্তর-সংক্রান্ত, পাথুরে (neo*lithic* age)। [Gk. *lithikos*]

lithium [li°-thi-am, লি°থিঅ্যাম্] *n.* a metallic element, সোডিআম্-সদৃশ মৌলিক ধাতব পদার্থ-বিশেষ। *a.* **li°thic**—উক্ত পদার্থ-সংক্রান্ত বা পদার্থ-ঘটিত। [L.<Gk. *lithos*=stone]

litho- [li°-thō, লি°থৌ] in *comp.* stone, প্রস্তর, শিলা। **lithograph** [li°-tha-grŭf, লি°থ্যাগ্রাফ্] **(1)** *n.* (খোদাই-করা) প্রস্তরাদি হইতে মুদ্রিত লিপি, লিথোগ্রাফ্-করা লিপি। **(2)** *v.t.i.* (খোদাই-করা) প্রস্তর হইতে ছাপান; পাথরের উপরে খোদাই করা বা ছাপান। *p. & p. pt.* **li°thographed** । *n.* **lithographer** [li-tho°-gra-fa(r), লিথ°গ্র্যাফ্যা(র্)]। *a.* **lithographic** [li-tha-gra°-fik, লিথ্যাগ্র্যা°ফিক্], **lithogra°phical**—প্রস্তর হইতে মুদ্রণসংক্রান্ত। *n.* **lithography** [li-tho°-gra-fi, লিথ°গ্র্যাফি] (খোদাই-করা) প্রস্তরাদি হইতে মুদ্রণ বা মুদ্রণশিল্প। [Gk. *lithos*]

litigant—see **litigate.**

litigate [li°-ti-gāt, লি°টিগেইট্] *v.t.i.* to dispute by a lawsuit, মকদ্দমা করা, মামলা করা। *p. & p. pt.* **li°tigātėd** । **litigant** [li°-ti-gant, লি°টিগ্যান্ট্] **(1)** *a.* মকদ্দমাকারী বা মামলারত। **(2)** *n.* ঐরূপ ব্যক্তি। *n.* **litigā°tion**—মকদ্দমা, মামলা। *a.* **litigious** [li-ti°-jas, লিটি°জ্যাস্] মামলাসংক্রান্ত, মামলাবাজ; তর্কযোগ্য; তর্কাধীন; মকদ্দমাধীন। [L. *litigare*]

litmus [lit°-mas, লিট্°ম্যাস্] *n.* a blue colouring matter, নীলবর্ণ রঞ্জকবিশেষ। **litmus paper**—উক্ত রঞ্জকের আরকে নিষিক্ত কাগজবিশেষ। [M. Du. *leecmos* or ON. *litr*=colour, *mosi*=moss]

litotes [lī°-tŏ-tēz, লাই°টোটীজ্] *n.* a figure of speech occurring on emphatic affirmation by negation of the contrary, অর্থালঙ্কারবিশেষ: ইহার দ্বারা বৈপরীত্যকে খণ্ডনপূর্বক আসল বক্তব্যকে জোর দেওয়া হয়। [Gk.=simplicity]

litre, (Am.) **liter** [lē°-ta(r), লী°ট্যা(র্)] *n.* the metric system of capacity, পাত্রাদিতে তরল পদার্থ কত ধরে তাহার মাপবিশেষ (=প্রায় ৫ পোয়া), লিটার। [F.<Gk. *litra*=a pound]

litter [li°-ta(r), লি°ট্যা(র্)] **(1)** *n.* a heap of straw, rushes, etc. for animals to lie upon, জীবজন্তুর শয্যারূপে ব্যবহৃত তৃণাদির গাদা; materials for a bed, শয্যার উপাদান; odds and ends lying about, ইতস্ততঃ বিক্ষিপ্ত টুকিটাকি জিনিসপত্র; wastage, rubbish, পরিত্যক্ত আবর্জনাদি; a portable couch, বহনযোগ্য শয্যাবিশেষ (তু. ডুলি, পালকি); a stretcher, রুগ্ণ ও আহতদের বহনার্থ খাটুলিবিশেষ, স্ট্রেচার; a brood of animals, একবারে প্রসূত জানোয়ারের ঝাঁক (a *litter* of puppies)। **(2)** *v.t.* to supply with litter, (জীবজন্তুকে) তৃণশয্যা জোগান; to scatter about untidily, অগোছালভাবে ইতস্ততঃ ছড়ান। **(3)** *v.t.i.* to give birth to (জীবজন্তুর) বাচ্চা প্রসব করা। *n.* **li°tter-bin, litter-basket**—জঞ্জাল ফেলিবার পাত্র। *n.* **li°tter-lout**—যে ব্যক্তি রাস্তাঘাটে আবর্জনা ফেলে। [OF. *litiere*<LL. *lectaria*<L. *lectus*=a bed]

litterateur [lē-tā-rŭ-ta(r)°, লীটেইরাট্যা(র্)°] *n.* a literary man, সাহিত্যিক। *pl.* **litterati°** । [F.]

little [lit°l, লিট্°ল্] **(1)** *a.* small in size, quantity, extent or significance, ক্ষুদ্র, হ্রস্বকায়; অল্প, অল্পপরিমাণ, অপ্রশস্ত, অনতিবিস্তার, সামান্য (*little* advantage); petty, নগণ্য; mean, ইতর, নীচ, হীনচেতা (*little* cunning of *little* minds)। **(2)** *adv.* in a small quantity or degree, অল্প-সংখ্যায় বা অল্পপরিমাণে। *compar. deg.* **less** [les, লেস্] **le°sser**; *super. deg.* **least** [lēst,

লীস্‌ট্‌] । **a little**—অল্প কয়েকটি বা কিছু (*a little* money) ; একটু, কিঞ্চিৎ (*a little* over a mile) ; অল্প সময় বা ব্যবধান (after *a little*, for *a little*) । **by little and little, little by little**—একটু-একটু করিয়া, ক্রমে-ক্রমে । **little or nothing**—বড় একটা নয়, 'না' বলিলেই হয় এমন । **the little**—সামান্য যাহা-কিছু (give me *the little* money you have) । **(to) make little of**—গুরুত্বহীন বলিয়া গণ্য করা, তুচ্ছ করা । *n.* **litt°le-gō**—Oxford বা Cambridge বিশ্ববিদ্যালয়ের বি. এ. ডিগ্রির প্রাথমিক পরীক্ষা । **little magazine**—ক্ষুদ্রাকার সাময়িক পত্রিকা । **the little people**—পরীগণ । *n.* **litt°leness** । [OE. *lytel*]

littoral [li°-tar(a)l, লি°ট্যার্‌ল্‌] **(1)** *a.* belonging to the sea-shore, উপকূলবর্তী ; living on the sea-shore, উপকূলবাসী, বেলাবাসী । **(2)** *n.* a strip of land along the sea-shore, উপকূলবর্তী স্থলভাগ, উপকূল, বেলা । [L. *littoralis*<*litoris* =shore]

liturgy [li°-ta(r)-ji, লি°ট্যা(র্‌)জি] *n.* the communion office of a church, গির্জার জনসাধারণের জন্য প্রার্থনাদির অনুষ্ঠান বা বিধি । *a.* **litur°gic(al)**—উক্ত অনুষ্ঠান বা পদ্ধতি সংক্রান্ত । *n.* **li°turgist**—উক্ত অনুষ্ঠানের পুরোহিত বা হোতা । [Gk. *leitourgia*]

livable—see **live$_1$**.

live$_1$ [liv, লিভ্‌] **(1)** *v.i.* to be alive, জীবনধারণ করা, জীবনযাপন করা, বাঁচা, বাঁচিয়া থাকা ; to last, স্থায়ী হওয়া, টিকিয়া থাকা ; to enjoy life, জীবন উপভোগ করা ; to subsist, জীবনধারণের অবলম্বন পাওয়া ; to escape destruction, death or oblivion, ধ্বংস বা মৃত্যু বা বিস্মৃতির হাত এড়ান ; to dwell, বাস করা । **(2)** *v.t.* to spend or pass, যাপন বা অতিবাহন করা, কাটান । **live and learn**—বেঁচে থাকলে কতই না শিখতে (বা দেখতে) হবে । **(to) live and let live**—সহ্য বা ক্ষমা করা এবং বিনিময়ে সহিষ্ণুতা বা ক্ষমা প্রত্যাশা করা । **(to) live down**—লোকে যাহাতে (গত কলঙ্কাদি) ভুলিয়া যায় এইভাবে জীবনযাপন করা (to *live down* one's disrepute) । **(to) live in**—(গৃহভৃত্য দোকান-কর্মচারী প্রভৃতি সম্বন্ধে) কর্মস্থলে বাস করা । **(to) live on**—কিছু খাইয়া বা অবলম্বন করিয়া জীবনযাপন করা ; জীবনধারণ করিতে থাকা । **(to) live out**—(গৃহভৃত্যাদি-সম্বন্ধে) কর্মস্থলে বাস না করা । **(to) live through**—কোন অবস্থাদি ভোগ করিয়াও টিকিয়া থাকা (he has *lived through* two wars) । **(to) live under**—(কাহারও) প্রজা বা ভাড়াটে রূপে বাস করা । **(to) live up to**—(মত ধর্ম প্রভৃতি) জীবনে মানিয়া চলা ; (কোন নির্দিষ্ট মানের) যোগ্যরূপে জীবনযাপন করা (to *live up to* one's reputation) । *a.* **li°vable, liveable**—বাঁচিয়া থাকিয়া ভোগ করার যোগ্য (*livable* life) ; প্রাণধারণে সমর্থ ; বাসযোগ্য । *n.* **li°ver$_1$**—নির্দিষ্ট কোন ভাবে জীবনযাপনকারী (a pious *liver*) । **li°ving**—**(1)** *a.* জীবন্ত ; জীবিত ; প্রাণশক্তিপূর্ণ ; প্রাণবন্ত ; তাজা ; সমকালীন, সাম্প্রতিক ; চালু ; **(2)** *n.* জীবনধারণের উপায় ; জীবিকা ; জীবনধারণের প্রণালী ; জীবনযাত্রা ; সম্পত্তি ; যাজকীয় সম্পত্তি বা বৃত্তি । **cost of living**—জীবিকানির্বাহের ব্যয় । **living death**—জীবন্মৃত অবস্থা, চরম দুরবস্থা । *n.* **li°ving-room**—সর্বপ্রকার কাজে ব্যবহারের জন্য বৈঠকখানা । **high living**—প্রত্যহ চর্ব্যচোষ্যলেহ্যপেয় সহকারে ভোজন । **living wage**—শ্রমিকের সপরিবারে জীবনধারণের উপযুক্ত বেতন বা মজুরি । **the living**—জীবিত ব্যক্তিগণ (he is still in the land of *the living*) । [OE. *lifian*]

live$_2$ [līv, লাইভ্‌] *a.* alive, জীবন্ত, জীবিত ; active, সক্রিয় ; energetic, কর্মতৎপর ; lively, প্রাণবন্ত, তাজা ; charged with energy, (বিদ্যুতাদির) শক্তি সঞ্চারিত করা হইয়াছে এমন ; burning, জ্বলন্ত (*live* coals) ; vivid, স্পষ্ট । *n.* **līve°-car°tridge**—অব্যবহৃত তাজা কার্তুজ বা গুলি । *v.t.i.* **li°ven**—প্রাণবন্ত বা তাজা করিয়া তোলা অথবা হইয়া ওঠা । *n.* **līve°oak**—চিরশ্যামল ওক-বৃক্ষবিশেষ । **live wire**—বিদ্যুদ্বাহী তার ; (আল.) অত্যুদ্যমী ব্যক্তি । *n.* **līve°-stock**—গোরু ভেড়া শূকর ঘোড়া প্রভৃতি গৃহপালিত পশুসমূহ, পশুসম্পত্তি । [see *alive*]

livelihood [līv°-li-hood, লাইভ্‌°লিহুড্‌] *n.* means of living, জীবিকা, জীবিকানির্বাহের উপায় (to earn one's *livelihood* by teaching, writing, etc.) । [OE. *la liflad*<*lif*=life, *lad* =course]

livelong [liv°-long, লিভ্‌°লং] *a.* very long, সুদীর্ঘ ; the whole length of, সমগ্র, সারা (*livelong* day) । [*live-, long*]

lively [līv°-li, লাইভ্‌°লি] *a.* life-like, জীবনসদৃশ, জীবন্ত ; brisk, চট্‌পটে ; active, কর্মতৎপর, সক্রিয় ; sprightly, হাসিখুশি ; spirited, তেজী, তেজস্বী ; vivid, স্পষ্ট । **(to) make things lively (for)**—(কাহারও পক্ষে) ব্যাপারাদি উত্তেজনাপূর্ণ বা বিপজ্জনক করিয়া তোলা । *adv.* **līve°lily** । *n.* **līve°-liness** । [OE. *liflic*—cp. *life, like$_1$*]

liven, live-oak—see **live$_2$**.

liver$_1$—see **live$_1$**.

liver$_2$ [li°-va(r), লি°ভ্যা(র্‌)] *n.* a large gland that secretes bile, যকৃৎ ; (coll.) the diseased state of liver, (কথ্য.) যকৃতের পীড়া । *a.* **li°ver-co°lour(ed)**—খয়েরি বর্ণযুক্ত । *a.* **li°vered**—যকৃৎযুক্ত (white *livered*) ; ভীরু । *a.* **li°verish, li°very**—যকৃৎবৃদ্ধিরোগে বা যকৃতের পীড়ায় আক্রান্ত । *n.* **li°verwort**—যকৃতের পীড়ায় উপকারী হেলেঞ্চা-জাতীয় গুল্মসমূহ । [OE. *lifer*—cp. G. *leber*, ON. *lifr*]

livery$_1$ [li°-va-ri, লি°ভ্যারি] *n.* provision of food or clothes to retainers, etc., ভৃত্যাদি অনুচরদের খাদ্য বা পোশাক বাবদ ভাতা ; the allowance for the feeding, care, and stabling of a horse, অশ্বপালনের (মালিক কর্তৃক পালক

বা পরিচারককে প্রদত্ত) ব্যয়নির্বাহার্থ ভাতা: the distinctive garb of a person's servants or of a body, কোন ব্যক্তির ভৃত্যবর্গের বা কোন দলের বৈশিষ্ট্যসূচক পোশাক, চাপরাস; any distinctive garb, বৈশিষ্ট্যসূচক পোশাক; a body of liverymen or livery-servants, চাপরাস-আঁটা সভ্যগণ বা ভৃত্যবর্গ, চাপরাসীবর্গ; (fig.) dress, covering, (আল. কাব্যে) পোশাক, আবরণ (trees in the *liveries* of spring)। **livery company**—লনডনের ব্যবসায়ী-সঙ্ঘবিশেষ: ইহার সভ্যেরা বিশেষ ধরনের পোশাক পরে। **in livery**—চাপরাসধারী। **out of livery**—চাপরাস পরে না এমন। *a.* **li°veried**—চাপরাস-আঁটা। *n.* **li°veryman**—livery company-র সভ্য; ভাতাপ্রাপ্ত অশ্বপালন-প্রতিষ্ঠানের পরিচালক বা কর্মী। *n.* **livery-servant**—চাপরাসী। [AF. *livere*=handed over<L. *liberare*=to free]

livery$_2$, lives, live-stock—see **liver$_2$, life** and **live$_2$** respectively.

livid [li°-vid, লি°ভিড্] *a.* black and blue, কৃষ্ণনীলবর্ণ; of a lead colour, সীসকবর্ণ; discoloured, বিবর্ণ; (coll.) furiously angry, প্রচণ্ড ক্রুদ্ধ (*livid* with rage)। *n.* **livi°dity, li°vidness**। [L. *lividus*]

living—see **live$_1$**.

lixiviate [liks-i°-vi-at, লিক্‌স্‌ই°ভিএইট্] *v.t.* to separate into soluble and insoluble constituents by percolation of water, জলের সাহায্যে অনুস্রাবিত করিয়া (পদার্থের) দ্রবণসাধ্য ও অদ্রবণীয় উপাদানসমূহ পৃথক্ করা, (পরি.) দ্রাবিত করা। *p. & p. pt.* **lixi°viated**। *a.* **lixivia°tion**—দ্রাবণ। [L. *lixivium*=lye]

lizard [li°-za(r)d. লি°জ্যা(র্)ড্] *n.* any four-legged reptile, টিক্‌টিকি গিরগিটি প্রভৃতি চতুষ্পদ সরীসৃপ। [OF. *lesard* (>F. *lezard*)<L. *lacerta*]

'll [l, ল্] contr. of **will**.

llama [lŭ°-ma, লা°ম্যা] *n.* a transport animal, দক্ষিণ আমেরিকার উষ্ট্রজাতীয় পশুবিশেষ, লামা। [Sp.]

lo [lō, লৌ] *int.* look, behold, তাকাও, তাকাইয়া দেখ। [OE. *la*]

loach [lōch, লৌচ্] *n.* a small river-fish, carp-জাতীয় নদীর ক্ষুদ্র মৎস্যবিশেষ। [F. *loche*]

load [lōd, লৌড্] **(1)** *n.* a burden, বোঝা; a charge. বন্দুকাদির বারুদ বা গুলিগোলা, বৈদ্যুতিক যন্ত্রপাতির ভরণ; a freight or cargo, রেলগাড়ি জাহাজ প্রভৃতিতে বাহিত মাল; weight carried, বাহিত ভার; a heavy burden, ভারী বোঝা; work imposed, অর্পিত কর্মভার; an encumbrance, গুরুদায়িত্ব; (coll.—usu. in *pl.*) abundance, (কথ্য.) প্রচুর পরিমাণ, রাশি। **(2)** *v.t.* to burden, বোঝা চাপান, বোঝাই করা (to *load* a a lorry with coal); to charge, (বন্দুকাদিতে) বারুদ বা গুলিগোলা ভরা; (বৈদ্যুতিক যন্ত্রপাতিতে) শক্তি সঞ্চার করা বা ভরণ করা; to weigh down, (দাঁড়িপাল্লা-দিতে) পাষাণ বা ভার চাপান; to overburden, অত্যধিক বোঝাই করা বা বোঝা চাপান। **(3)** *v.i.* to put or take on a load, মালবোঝাই করা বা হওয়া; to charge a gun, বন্দুকাদিতে বারুদ বা গুলিগোলা ভরা। *p. & p. pt.* **loa°ded**। **(to) load up**—বোঝাই করিয়া ফেলা। *n.* **loa°der**। *n.* **loa°ding**—বোঝাই; বোঝাই-করা মাল বারুদ ভরণ প্রভৃতি; বোঝা। *n.* **load°-shedding**—বিদ্যুতের চাহিদা সরবরাহের অপেক্ষা বেশি হইলে কোন কোন অংশে বিদ্যুৎ সরবরাহ সাময়িকভাবে বন্ধ রাখা বা হ্রাস করা [OE. *lad*=course—meaning influenced by *lade*]

loadstar, loadstone—see **lode.**

loaf$_1$ [lōf, লৌফ্] *n.* a whole piece of bread baked alone, গোটা পাউরুটি; a lump, ডেলা, পিণ্ড। *pl.* **loa°ves**। **loaves and fishes**—পার্থিব লাভ বা সুখসম্পদ্; প্রধান সুযোগ বা স্বার্থ-সাধন। **(to) use one's loaf**—কাণ্ডজ্ঞান প্রয়োগ করা, বুদ্ধিমানের ন্যায় চিন্তাশক্তি প্রয়োগ করা। [OE. *hlaf*]

loaf$_2$ [lōf, লৌফ্] *v.i.* to hang about, এখানে-সেখানে (অবাঞ্ছিতভাবে) দাঁড়াইয়া থাকা বা ঘোরাঘুরি করা; to spend time idly, অলসভাবে সময় কাটান (to *loaf* away one's time)। *p. & p. pt.* **loa°fed**। *n.* **loa°fer**। [?]

loam [lōm, লৌম্] *n.* a soil of clay sand and animal and vegetable matter, দো-আঁশ মাটি। *a.* **loa°my**—দো-আঁশ মাটি-পূর্ণ; দো-আঁশ (*loamy* soil)। [OE. *lam*—cp. G. *lehm*]

loan [lōn, লৌন্] **(1)** *n.* that which is lent, ঋণ, ধার, দেনা; an arrangement for lending, ঋণের বন্দোবস্ত; permission for temporary use, অস্থায়িভাবে ব্যবহার করার অনুমতি (to have a book on *loan* from the library)। **(2)** *v.t.* to lend, ধার দেওয়া। *n.* **loan°-collection**—মালিকদের নিকট হইতে ধার-করা চিত্রাদি লইয়া আয়োজিত প্রদর্শনী। *n.* **loan°-office**—জনসাধারণকে ঋণ দেওয়ার জন্য প্রতিষ্ঠান; বন্ধকী দোকান। *n.* **loan°-word**—বিদেশী ভাষা হইতে গৃহীত শব্দ। [ON. *lan*—cp. *lend*]

loath—alt. spell. of **loth.**

loathe [lōdh. লৌদ্] *v.t.* to dislike intensely, অতিশয় অপছন্দ করা; to detest, ঘৃণা করা। *a.* **loa°thed**—অতিশয় অপছন্দ করা হয় এমন; জঘন্য। *n. & a.* **loa°thing**—loathe-এর সকল অর্থে এবং ঘৃণাসহকারে পরিহার বা পরিহারকর। *a.* **loath°ly, loath°some**—বিরাগ বা বিরক্তি উৎপাদক; জঘন্য। [OE. *lathian*—cp. *loth*]

loaves—see **loaf$_1$**.

lob [lob, লব্] **(1)** *n.* a lump, দলা, ডেলা; a clumsy person, জবুথবু লোক; (in cricket) a slow high underhand ball, (ক্রিকেটে) নিচ হইতে হাত ধীরে উঁচু করিয়া নিক্ষিপ্ত বল। **(2)** *v.t.*

to bowl as a lob, (ক্রিকেটে) নিচ হইতে হাত উঁচু করিয়া (বল) ছোড়া ; to drop as a lump, দলা বা ডেলা ফেলিয়া দেওয়া। *pr. pt.* **lo°bbing ;** *p. & p. pt.* **lo°bbed** । [Du. *lob* ?]

lobate—see **lobe.**

lobby [lo°-bi, ল°বি] *n.* a small waiting-room, ক্ষুদ্র বৈঠকখানাবিশেষ ; a common passage to several rooms, বিভিন্ন কক্ষে প্রবেশার্থ গলি বা বারান্দা ; the antechamber of a legislative hall, আইনসভাগৃহের পার্শ্বকক্ষ, (পরি.) উপশালা ; a corridor into which members pass as they vote, ভোটদানকালে সদস্যরা আইনসভাগৃহের সংলগ্ন যে বারান্দায় বা গলিতে যায়। *n.* **lo°bbying** —গোপনে ভোট চাহিয়া ফেরা ; ভোট-লাভার্থ গোপন প্রভাব বিস্তার করা। [LL. *lobia*]

lobe [lōb, লৌব্] *n.* the soft lower part of the ear, কানের লতি ; any similar organ of natural objects, প্রাকৃতিক বস্তুর অনুরূপ অঙ্গ ; a division of the lungs, brain, etc., ফুস্ফুস্ মস্তিষ্ক প্রভৃতির ভাগ বা অংশ ; a division of a leaf, পাতার স্বাভাবিক ভাগ। *a.* **lō°bate, lō°bed**—লতিযুক্ত। *n.* **lobec°tomy**—(চিকি.) ফুসফুস লালাগ্রন্থি প্রভৃতির দোলনরত বা ঝুলিয়া-থাকা অংশ কাটিয়া বাদ দেওয়া। *n.* **lobule** [lo°-būl, ল°বিউল্] ক্ষুদ্র লতি। *a.* **lo°būlar**—(ক্ষুদ্র) লতির ন্যায় আকার-বিশিষ্ট। **lobular pneumonia**—যে নিউমোনিআ-রোগে ফুস্ফুস্ স্থানে স্থানে আক্রান্ত হয়। [Gk. *lobos*]

lobelia [lŏ-bē°-li-a, লোবী°লিয়া়] *n.* a species of garden flower or its tree, উদ্যানপুষ্পবিশেষ বা উহার বৃক্ষ। [*Lobel*, a French botanist]

lobster [lob°-sta(r), লব্‌°স্ট্যা(র্)] *n.* an edible crustacean, গলদা-চিংড়ি। *n.* **lob°ster-pot**—গলদা-চিংড়ি ধরার ঝুড়ি। [OE. *loppestre* < L. *locusta*]

lobular, lobule—see **lobe.**

local [lō°k(a)l, লৌ°ক্ল্] **(1)** *a.* of a place, স্থানসংক্রান্ত, স্থানীয়, স্থানিক ; belonging to or peculiar to a place, অঞ্চলবাসী, অঞ্চলগত, আঞ্চলিক। **(2)** *n.* a local person or thing, স্থানীয় বা আঞ্চলিক ব্যক্তি অথবা বস্তু (যেমন, অধিবাসী রেলগাড়ি প্রভৃতি)। *n.* **lō°cal,** (inc. < F. *local*) **locale** [lŏ-kŭl°, লোকাল্°] স্থান ; ঘটনাস্থল, অকুস্থল। **local anaesthesia**—(ঔষধাদি প্রয়োগে) দেহের অঙ্গবিশেষের অনুভূতি নাশ। **local authorities**—স্থানবিশেষের শাসনকার্যের জন্য নির্বাচিত ব্যক্তিবর্গ, স্থানীয় কর্তৃপক্ষ। **local colour**—চিত্রাঙ্কিত বিভিন্ন বস্তুর নিজস্ব পৃথক্ রঙ ; (বস্তুসমূহের শ্রেণীগত বৈশিষ্ট্যের অতিরিক্ত) নিজস্ব বৈশিষ্ট্য ; বর্ণনাকে বাস্তবানুগ করিয়া তোলার উদ্দেশ্যে বিশদভাবে বিবরণাদি প্রদান বা ঐরূপভাবে প্রদত্ত বিবরণাদি। **local government**—প্রাদেশিক সরকার (কেন্দ্রীয় সরকার নহে)। **local habitation**—বস্তুর অস্তিত্ব নির্ণায়ক অবস্থান (a thing should have a *local habitation* and a name)। **local sign**—দেশাভিজ্ঞান। *n.* **localism** [lō°-ka-lizm, লৌ°ক্যালিজ্‌ম্] স্থানিকতা ; আঞ্চলিকতা ; প্রাদেশিকতা ; স্থানবিশেষের প্রতি আসক্তি। *n.* **lŏca°lity**—স্থান ; অঞ্চল ; অবস্থান। *v.t.* **localize** [lō°-ka-līz, লৌ°ক্যালাইজ্] স্থান বা অবস্থান নির্দেশ করা উল্লেখ করা অথবা সীমাবদ্ধ করিয়া দেওয়া। *n.* **lōcalizā°tion** । *adv.* **lō°cally** । *v.t.* **lŏcāte°**—(নির্দিষ্ট স্থানে) স্থাপন করা ; স্থান বা অবস্থান নির্দেশ করা (to *locate* the camp of the enemy)। *p. & p. pt.* **lŏcā°tėd** । *n.* **lŏcā°tion** —locate-এর সকল অর্থে এবং—স্থান বা অবস্থান।

locative [lo°-ka-tiv, ল°ক্যাটিভ্] **(1)** *a.* (নির্দিষ্ট স্থানে) স্থাপন-মূলক ; স্থান বা অবস্থান (নির্দেশ-)সূচক ; (ব্যাক.) অধিকরণ-কারক-সম্পর্কিত ; **(2)** *n.* (ব্যাক.) অধিকরণ-কারক (৭মী বিভক্তি)। [L. *localis* < *locus* = a place]

loc. cit. [lok°-sit°, লক্‌°সিট্°] *ph.* at the place quoted, উক্ত স্থানে। [contr. of L. *loco citato*]

loch [lok, লক্] *n.* a lake, হ্রদ ; an arm of the sea, সমুদ্রের শাখা, উপসাগর। [OE. *luh* < Gæl. *loch*]

lochia [lo°-ki-a, ল°কিয়া ; lō°-ki-a, লৌ°কিয়া] *n.* discharge after childbirth, সন্তান প্রসবের পর স্রাব। [Gk. *lokhia*]

loci—see **locus.**

lock$_1$ [lok, লক্] *n.* a tuft of hair, wool, etc., চুল লোম পশম প্রভৃতির গুচ্ছ বা থোকা ; a small quantity, (খড় প্রভৃতির) সামান্য পরিমাণ। [OE. *locc*—cp. G. *locke*]

lock$_2$ [lok, লক্] **(1)** *n.* a fastening device, তালা ; a lockgate, জলকপাট ; the part of a firearm by which it is fired, আগ্নেয়াস্ত্রের যে অংশের সাহায্যে উহা দাগা হয়, ঘোড়া ; a grapple, (সচ. কুশতিতে) আঁকড়াইয়া ধরা, জাপ্টাজাপ্টি ; a jammed state, পরস্পর জড়াজড়ি অবস্থা ; a narrow enclosure, ঘেরাও-করা সঙ্কীর্ণ স্থান ; locking up, তালাবদ্ধ করা বা তালাবদ্ধ অবস্থা ; a close embrace, গাঢ় আলিঙ্গন। **(2)** *v.t.i.* to fasten with a lock, তালাবদ্ধ করা বা হওয়া, তালা দেওয়া বা লাগা ; to fasten or be fastened, আবদ্ধ করা বা হওয়া ; to bring or come into rigidly fixed position, নিশ্চল অবস্থায় আনা বা আসা ; to jam, দৃঢ়ভাবে আটকাইয়া দেওয়া বা আটকাইয়া যাওয়া। **(3)** *v.t.* to catch or make catch rigidly, দৃঢ়ভাবে আঁটিয়া ধরা বা ধরান ; to embrace closely, গাঢ় আলিঙ্গন করা। *p. & p. pt.* **lo°cked** । **lock hospital**—যৌনব্যাধির চিকিৎসালয় বা হাসপাতাল। **lock, stock and barrel**—সমস্তটা ; সর্বতোভাবে। **(to) lock away** —বাক্স দেরাজ প্রভৃতির মধ্যে তালাবদ্ধ করিয়া রাখিয়া দেওয়া। **(to) lock in**—দরজায় তালাচাবি দিয়া ঘরের মধ্যে আটকাইয়া রাখা। **(to) lock oneself in**—দরজায় তালা দিয়া ঘরের মধ্যে থাকা। **(to) lock out**—(কারখানাদির দরজায়) তালা দিয়া (কর্মী প্রভৃতিকে) ঢুকিতে না দেওয়া। **(to) lock the**

stable door after the horse has bolted or **been stolen**—যথাসময়ের পরে সতর্কতা অবলম্বন করা (তু. চোর পালালে বুদ্ধি বাড়ে)। **(to) lock up**—(গৃহ হাজত প্রভৃতির মধ্যে তালাচাবি দিয়া) আটকাইয়া রাখা ; (দৃঢ়ভাবে) তালাবদ্ধ করা। *n.* **lo°ckage**—নৌকা জাহাজ প্রভৃতি উঁচু বা নিচু করার জন্য নদ্যাদিতে ঘেরাও-করা স্থান, জলকপাট : জলকপাট স্থাপনের ফলে অপচিত জল ; জলকপাট অতিক্রমকালে প্রদেয় কর। *n.* **lo°cker**—(তালা দিয়া আটকান যায় এমন) বাক্স আলমারি প্রভৃতি। **in Davy Jones's locker**—সমুদ্রে নিমজ্জিত। *n.* **lo°ckėt**—কণ্ঠালঙ্কাররূপে ব্যবহৃত ক্ষুদ্র সম্পুটবিশেষ, লকেট। *n.* **lock°-gāte**—নৌকা জাহাজ প্রভৃতি উঁচু বা নিচু করার জন্য নদ্যাদিতে ঘেরাও-করা স্থান, জলকপাট। *n.* **lock°jaw**—ধনুষ্টঙ্কার রোগ ; দাঁতকপাটি। *n.* **lock°-out°**—(সচ. কর্মীদের প্রবেশরোধার্থ মালিক কর্তৃক কারখানাদির দরজা) তালাবদ্ধ করা, (পরি.) বহিষ্কার। *n.* **lock°-smith**—তালাওয়ালা। *n.* **lock°-up**—হাজত খোয়াড় প্রভৃতি। [OE. *loc*]

Lockian [lo°-ki-an, ল°কিঅ্যান্] **(1)** *a.* of John Locke, ইংরেজ দার্শনিক জন্ লকের মতানুগামী। **(2)** *n.* a follower of Locke, লকের মতানুগামী ব্যক্তি।

loco₁ [lō°-kō, লৌ°কৌ] *n.* (sl.) crazy, mad, (অশি.) বিকৃতমস্তিষ্ক, পাগল। [Sp.=insane]

loco₂, locomote, locomotion—see **locomotive.**

locomotive [lō°-ka-mō-tiv, লৌ°ক্যামৌটিভ্] **(1)** *a.* moving from place to place, স্থান হইতে স্থানান্তরে ভ্রমণশীল ; capable of or assisting in locomotion, ভ্রমণে সক্ষম বা ভ্রমণ-সহায়ক। **(2)** *n.* a locomotive engine, ভ্রমণে সক্ষম বা ভ্রমণ-সহায়ক যন্ত্র ; a railway engine, রেলগাড়ির এনজিন। *n.* **lō°cō**—contr. of **locomotive** (*n.*)। *v.i.* **lō°comōte**—স্থান হইতে স্থানান্তরে ভ্রমণ করা। *p.* & *p. pt.* **lō°comōtėd**। *n.* **lōcomō°tion**। *n.* **lō°comōtor**—ভ্রমণশীল বা ভ্রমণসহায়ক ব্যক্তি অথবা যন্ত্র ; চালক বা চালক-যন্ত্র। *a.* **lōcomō°tor**—ভ্রমণশীল ; ভ্রমণসহায়ক ; চালক। [L. *locus*=a place, *movere*=to move]

locular, loculi—see **loculus.**

loculus [lo°kū-las, ল°কিউল্যাস্] *n.* a small compartment or cavity, ক্ষুদ্র কোষ্ঠ বা গর্ত। *pl.* **lo°cūlī**। *a.* **lo°cūlar**—কোষ্ঠীয়। [L. *loculus*=dim. of *locus*]

locum-tenens [lō°-kam-tē°-nenz, লৌ°ক্যাম্টী°নেন্‌জ্] *n.* a deputy or substitute, প্রতিনিধি বা বদলি। [L.=holding a place]

locus [lō°-kas, লৌ°ক্যাস্] *n.* a place or locality, স্থান বা অঞ্চল ; location, অবস্থান ; (math.) the line or surface constituted by all positions of a point, (গণি.) সঞ্চার-পথ। *pl.* **loci** [lō°-sī, লৌ°সাই]। **locus in quo**—ঘটনাস্থল, অকুস্থান। **locus standi**—দাঁড়ানর জায়গা ; মধ্যস্থতা করার বা হস্তক্ষেপের অধিকার। [L.]

locust [lō°-kast, লৌ°ক্যাস্ট্] *n.* a mischievous winged insect, পঙ্গপাল ; (fig.) a devourer or devastator, গ্রাসকারী বা ধ্বংসকারী। [L. *locusta*]

locution [lŏ-kū°sh(a)n, লোকিউ°শ্‌ন্] *n.* act or mode of speaking, বাচন বা বাচনভঙ্গি ; a phrase or idiom, বাগ্‌বৈশিষ্ট্য। *n.* **locutory** [lo°-kū-t(a)ri, ল°কিউট্‌রি] (সচ. মঠাদিতে) কথাবার্তা বলার ঘর। [L. *loqui*=to speak]

lode [lōd, লৌড্] *n.* vein of metallic ore, ধাতুখনির ক্ষুদ্র শাখা, ধাতুনালী ; a small watercourse, ক্ষুদ্র খাল ; পরিখা, খানা। *n.* **lō°desman**—প্রধান নাবিক। *n.* **lō°destar, load°star**—ধ্রুবতারা। *n.* **lō°destōne, load°stone**—চুম্বক লৌহের আকর, (আল.) চুম্বক। [OE. *lad*=a course—cp. *load*]

lodge [loj, লজ্] **(1)** *n.* an abode, বাসা ; a gatekeeper's cottage, দরওয়ানের কুটীর ; a porter's room, কুলির ঘর ; the residence of a college head, কলেজের অধ্যক্ষের বাসা ; the meeting-place of a branch of some societies or the branch itself, কোন কোন সম্প্রদায়ের বা সঙ্ঘের শাখার সভাকক্ষ অথবা উক্ত শাখা ; a retreat, আশ্রয়স্থান ; the lair of a beaver, otter, etc., বীবর, ভোঁদড় প্রভৃতির গুহা বা বাসস্থান। **(2)** *v.t.* to furnish with a lodge, (সচ. অস্থায়ী) বাসা দেওয়া ; to place, স্থাপন করা ; to deposit, জমা দেওয়া (to *lodge* money in the bank) ; to infix or implant, নিবেশিত করা, বদ্ধমূল করান, রোপণ করা ; to vest, বিভূষিত করান ; to bring to rest, নিশ্চল করা ; to settle, বসবাস করান, বসতি স্থাপন করিয়া দেওয়া। **(3)** *v.i.* to dwell, (সচ. অস্থায়িভাবে) বাস করা, বাসা লওয়া ; to pass the night, রাত্রিযাপন করা ; to come to rest, নিশ্চল হওয়া। *n.* **lo°dger**—বাসিন্দা ; বাসাড়ে ; ভাড়াটে। *n.* **lo°dging**—অস্থায়ী বাস (to find a *lodging* for the night) ; (usu. in *pl.*) ভাড়াটে বাসা। *n.* **lo°dging-house**—বাসাবাড়ি, (হোটেল ছাড়া) যে বাড়িতে বাসের জন্য ঘর ভাড়া মেলে। **common lodging-house**—যে বাসাবাড়ি প্রভৃতিতে এক ঘরে একাধিক লোকের কেবল রাত্রিবাসের জন্য অল্প ভাড়ায় শয্যা পাওয়া যায়। *n.* **lodg(e)°ment**—(অস্থায়ী) বাস বা অবস্থান ; (অস্থায়ী) বাসা দান বা গ্রহণ। [OF. *loge*]

loess [lō°-es, লৌ°এস্] *n.* a loamy deposit of fine soil, (আমেরিকা ও ইউরোপের মধ্যাঞ্চল ও উত্তর চীনে প্রাপ্য) উৎকৃষ্ট দো-আঁশ মাটি-বিশেষ। [G. *loss*]

loft [loft, লফ্‌ট্] **(1)** *n.* a room immediately under a roof, ছাদের ঘর, চিলে-কোঠা ; a gallery in a church or hall, গির্জার বা হলের ক্রমোন্নত আসনশ্রেণী ; an upper room, উপরতলার ঘর ; a room or box for pigeons, পায়রা রাখার খোপ বা বাক্স ; a stroke that raises a golfball,

গল্‌ফ্‌-খেলায় বলকে উর্ধ্বে তোলার জন্য আঘাত। (2) *v.t.* to furnish with a loft, চিলেকোঠা বানান; (in golf, cricket, etc.) to strike up, (গল্‌ফ, ক্রিকেট প্রভৃতি খেলায়) আঘাত করিয়া উর্ধ্বে তোলা (to *loft* a ball over the heads of fielders)। *p. & p. pt.* **lof°tĕd**। *n.* **lof°ter**—উঁচু করিয়া বল মারার জন্য গল্‌ফ্‌খেলার লাঠি। *a.* **lof°ty**—অত্যুচ্চ (a *lofty* mountain); অতি উন্নত বা মহিমান্বিত (*lofty* sentiments); অহঙ্কারী, দাম্ভিক (in a *lofty* manner); (পশমাদি-সম্পর্কে) রাশিকৃত কোমল ও স্থিতিস্থাপক। *adv.* **lof°tily**। *n.* **lōf°tinĕss**। [ON. *lopt*=sky, an upper house]

log$_1$—see **logarithm.**

log$_2$ [log, লগ্‌] (1) *n.* a bulky piece of wood, কাঠের বা গাছের গুঁড়ি; an impediment, (পদসংলগ্ন) বাধা, প্রতিবন্ধক; (fig.) an inert or insensitive person, অনুভূতিহীন বা অসাড় ব্যক্তি, জড়ভরত; an apparatus for gauging a ship's speed, জাহাজের বেগমাপক যন্ত্র। (2) *v.t.* to cut into logs, (কাষ্ঠাদি) মোটা মোটা খণ্ডে কাটা; to enter into a log-book, জাহাজের বেগসংক্রান্ত হিসাবের খাতায় লেখা; to impede or punish, (পায়ে বোঝা বাঁধিয়া) বাধা দেওয়া বা শাস্তি দেওয়া। *pr. pt.* **lo°gging**। *p. & p. pt.* **lo°gged**। **like a log**—(গাছের গুঁড়ির মত) অচৈতন্য, অসাড়; অনড়, নিশ্চল। *n.* **log°-book**—যাত্রাপথে জাহাজের দৈনন্দিন ঘটনা বা তাহার অগ্রগতির হিসাব লিখিবার খাতা; অন্য যানের বা প্রতিষ্ঠানের ঐ জাতীয় খাতা। *n.* **log°-ca°bin**—গাছের গুঁড়ি পুঁতিয়া পুঁতিয়া নির্মিত ঘর। *n.* **log-jam**—নদীতে ঘেঁষাঘেঁষি অবস্থায় ভাসমান গুঁড়িসমূহ; (আল.) অচলাবস্থা। **(to) sail by the log**—বেগমাপক যন্ত্রের সাহায্যে জাহাজের অবস্থান নির্ণয় করা। *a.* **lo°ggerhead**—স্থূলবুদ্ধি বা হাবা-গবা ব্যক্তি; তিমি শিকারের নৌকায় দড়ি ঢোকানর জন্য কাষ্ঠনির্মিত আঙ্‌টা। **at loggerheads**—বিবদমান। *n.* **log°line**—জাহাজের বেগমাপক রজ্জু। *n.* **log°-rōlling**—পৃষ্ঠপোষকতার বিনিময়ে পৃষ্ঠপোষকতা, পরস্পর পৃষ্ঠপোষকতা। *n.* **log°wood**—আমেরিকার বড় গাছবিশেষ। [?]

logan [lo°-gan, ল°গ্যান্‌] *n.* a rocking stone, স্পর্শমাত্রেই আন্দোলিত হয় এমনভাবে ঝুলাইয়া-রাখা প্রস্তরখণ্ড। [?]

loganberry [lō°-gan-b(a)ri, লৌ°গ্যান্‌বরি] *n.* a hybrid between raspberry and blackberry, বঁইচি বা জামজাতীয় দো-আঁশলা ফলবিশেষ। [J. H. *Logan*]

logarithm [lo°-ga-rith(a)m, ল°গ্যারিথ্‌ম্‌], (contr.) **log**—*n.* (math.) one of a series of reckoning numbers tabulated for simplifying computation, (গণি.) গণনার সুবিধার্থ হিসাব করিয়া রাখা সংখ্যাসমূহের যে-কোনটি, সংবর্গমান, লগ্যারিদম্‌। *a.* **logari°thmic(al)**—উক্ত সংখ্যাগত, সংবর্গমানীয়। [Gk. *logos*=ratio, reckoning, *arithmos*=number]

loggia [lo°-ja, ল°জ্যা] *n.* a covered open-sided arcade, চতুর্দিক্‌ খোলা আচ্ছাদিত ভ্রমণস্থান। [It.]

logic [lo°-gik, ল°জিক্‌] *n.* the science and art of reasoning, ন্যায়শাস্ত্র, (পরি.) যুক্তিবিদ্যা। **formal logic**—ন্যায়শাস্ত্রের নিয়মনীতিসংক্রান্ত (বিষয়বস্তু-সংক্রান্ত নহে) অংশ। **logic of events, war,** etc. —ঘটনা যুদ্ধাদির ন্যায়ানুসারী অপ্রতিরোধনীয় পরিণাম। *a* **lo°gical**—ন্যায়শাস্ত্রসম্মত; যুক্তিসম্মত, যৌক্তিক। *n.* **logica°lity**। *n.* **logician** [lŏ-ji°sh(a)n, লোজি°শ্‌ন্‌] নৈয়ায়িক, যুক্তিবিৎ। [Gk. *logike*= logical<*logos*=reason]

logistics [lŏ-jis°-tiks, লোজিস্‌°টিক্‌স্‌] *n.* art of movement and supply of troops, সৈন্য চলাচলের ও সরবরাহের বিদ্যা। [Gk. *logistikos*]

logogram [lo°-gŏ-gram, ল°গোগ্র্যাম্‌], **logograph** [lo°-gŏ-grŭf, ল°গোগ্রাফ্‌] *n.* a single sign representing a word, এক-একটি মাত্র চিহ্নদ্বারা এক-একটি শব্দ-লিখন (যেমন, শর্টহ্যানডে)। [*logos, gram, graph*]

Logos [lo°-gos, ল°গস্‌] *n.* (phil.) the active principle living in and determining the world, (দর্শ.) নিখিল বিশ্বে বিদ্যমান এবং বিশ্বনিয়ন্ত্রক সক্রিয় শক্তি; the Word of God incarnate, (খ্রিস্টধর্মে) মূর্ত অবস্থায় ভগবান্‌ কর্তৃক উচ্চারিত বাণী। [Gk. *logos*=word]

logy [lō°-gi, লৌ°গি] *a.* sluggish, মন্থর, আলস্যপরায়ণ, স্বভাবতঃ কুঁড়ে। *adv.* **lo°gily**। *n.* **lo°ginĕss**। [?]

loin [loyn, লয়্‌ন্‌] *n.* the back of a beast cut for food, আহারার্থ পশুর পাছা হইতে কর্তিত মাংস; (usu. in *pl.*) the back part between the hipbone and the rib, কোমরের পশ্চাদ্ভাগ, কটি। **child** or **fruit of one's loins**—আত্মজ। **(to) gird up the loins**—কঠিন কার্যাদিসম্পাদনার্থ কোমরের কাপড় কষিয়া বাঁধা। *n.* **loin°cloth**—কটিবস্ত্র; (অশু.) লেঙটি। [OF. *loigne*<L. *lumbus*]

loiter [loy°-ta(r), লয়্‌°ট্যা(র্‌)] *v.i.* to proceed lingeringly, দেরি করিতে করিতে চলা; to hang about, ইতস্ততঃ ঘোরাফেরা করা; to be dilatory, দীর্ঘসূত্র হওয়া (to *loiter* over a job); to linger, বিলম্ব করা। *n.* **loi°terer**। *adv.* **loi°teringly**। [Du. *leuteren*=to dawdle]

loll [lol, লল্‌] *v.i.t.* to lie or lay lazily about, অলসভাবে শুইয়া থাকা বা (অঙ্গপ্রত্যঙ্গাদি) রাখা; to hang or cause to hang out, (জিহ্বাসম্পর্কে) বাহির করিয়া ঝোলা বা বাহির করিয়া ঝোলান, লক্‌লক্‌ করা বা করান (the dog's tongue was *lolling* out; the dog *lolled* its tongue out)। *n.* **lo°ller**। *v.i.* **lollop** [lo°-lap, ল°ল্যাপ্‌] (কথ্য.)

For words in *log-*, not given separately, see **log**$_2$.

অলসভাবে চলাফেলা করা ; লক্‌লক্ করা। *p.* & *p. pt.* **lo°lloped** । [imi.?]

Lollard [lo°-la(r)d, ল°ল্যা(র্)ড্] *n.* a follower of Wycliffe, ইংল্যানডের ধর্মসংস্কারক উইক্লিফের অনুগামী ব্যক্তি ; an idler, অলসভাবে কালযাপনকারী ব্যক্তি। [M. Du. *lollaerd* = mutterer]

lollipop [lo°-li-pop, ল°লিপপ্] *n.* a variety of sweetmeat, (প্রধানতঃ কাঠিতে আটকান) মিঠাইবিশেষ। **lollipop man**—যে কর্মচারী লাঠির ডগায় গোলাকার চাকতিতে 'থাম, শিশুরা পার হইতেছে' নিশানার দ্বারা শিশুদের রাস্তা পারাপার করায়। [<*loll* ?]

lollop—see **loll.**

lolly [lo°-li, ল°লি] *n.* (coll.) lollipop, (কথ্য. প্রধানতঃ কাঠিতে আটকান) মিঠাইবিশেষ ; (sl.) money, (অশি.) টাকাকড়ি। [cp. *lollipop*]

Lombard [lom°-ba(r)d, লম্°ব্যা(র্)ড্] **(1)** *a.* of Lombardy, লম্বার্ডি-প্রদেশের। **(2)** *n.* a native of Lombardy, লম্বার্ডির লোক ; a banker or money-lender, ব্যাঙ্ক-মালিক বা মহাজন। **Lombard Street**—লনডনে ব্যাঙ্কিং-কাজকর্মের কেন্দ্রস্থল। **Lombard Street to a China orange**—বিশাল সম্পদের পাশে নগণ্য বস্তু। [OF. < L. *Langobardus*]

Londoner [lun°-da-na(r), লান্°ড্যান্যা(র্)] *n.* a citizen of London, লনডনবাসী।

lone [lōn, লৌন্], **lōnely**—*a.* alone, একাকী, নিঃসঙ্গ ; solitary, নির্জন ; retired, নির্জনবাসী, স্বতন্ত্র ; একান্ত। *n.* **lōne°liness** । *a.* **lōne°some**—নির্জন ; নিঃসঙ্গ বোধ হয় এমন। **(to) play a lone hand**—(আল.) (বিশে. যে কাজে সুনামের আশা নাই তাহা) অন্যের সাহায্য ছাড়া সম্পন্ন করা। [< *alone*]

long$_1$ [long, লং] *v.i.* to yearn, সাগ্রহে আকাঙ্ক্ষা করা। **lon°ging**—**(1)** *n.* আকুল আকাঙ্ক্ষা। **(2)** *a.* আকুল আকাঙ্ক্ষী ; আকুল আকাঙ্ক্ষাপূর্ণ। *adv.* **lon°gingly** । [see *long*$_2$]

long$_2$ [long, লং] **(1)** *a.* not short, লম্বা, দীর্ঘ ; of a specified length, দৈর্ঘ্যবিশিষ্ট (five feet *long*) ; far extended in space or time, বিস্তীর্ণ বা দীর্ঘকালব্যাপী, সুদীর্ঘ ; distant in time, সুদূর অতীতের বা ভবিষ্যতের ; requiring much time, দীর্ঘকালসাপেক্ষ ; of a large number, বহুসংখ্যক ; (loos.) accented, (শিথি.) স্বরাঘাতসম্পন্ন ; tedious, ক্লান্তিকর। **(2)** *n.* a long time, দীর্ঘকাল ; (pros.) a long syllable, (ছন্দ.) স্বরাঘাতসম্পন্ন বা দীর্ঘমাত্রিক শব্দাংশ ; (in *pl.*) long trousers, পা সম্পূর্ণ ঢাকা পড়ে এমন পাজামা, লং-প্যান্ট্, ফুল্-প্যান্ট্। **(3)** *adv.* covering a long time, দীর্ঘকাল ব্যাপিয়া ; throughout the whole time, সারাক্ষণ ব্যাপিয়া ; (rare) far in space, (বিরল) বহুদূর ব্যাপিয়া। **as** or **so long as**—ততক্ষণ...যতক্ষণ ; যদি কেবল। **as broad as it is long**—একই অবস্থা বা ব্যাপার। **at (the) longest**—খুব বেশি দিন হয় ত (he will return by Sunday *at the longest*)। **before** or **ere long**—অনতিকালমধ্যে, শীঘ্রই। **no longer**—পূর্বে ছিল কিন্তু এখন নাই, আর নহে। **not long for this world**—আর বেশি দিন বাঁচিবে না এমন, মরণোন্মুখ। **the long and short (of it)**—অল্প কথায় মোটামুটি ব্যাপার ; মোটামুটি ফলাফল। **(to) make a long arm**—(নিমন্ত্রণাদিতে) লজ্জাশরমের বালাই না রাখিয়া খাওয়া, বড় বড় গ্রাসে খাওয়া। *n.* **long°boat**—জাহাজের দীর্ঘতম ও দৃঢ়তম নৌকা। *n.* **long°bow**—দীর্ঘ ধনু, সাধারণ ধনুক (cp. **cross-bow**)। **(to) draw the long bow**—অত্যন্ত অতিরঞ্জিত করা। *n.* **long°-cloth**—একপ্রকার কাপড়। *a.* **long°-drawn(-out)°**—অযথা প্রলম্বিত বা দীর্ঘীকৃত। *a.* **long°-eared**—লম্বকর্ণ। *n.* **long°-field**—ক্রিকেট-খেলায় যে ফীল্ডার বাউনডারি-রেখার কাছে থাকে বা তাহার অবস্থানস্থল। **long finger**—মধ্যমাঙ্গুলি। *a.* **long°-hea°dėd**—লম্বাটে মাথাওয়ালা ; ধূর্ত ও বুদ্ধিমান্। *a.* **lon°gish**—লম্বাটে, ঈষৎ দীর্ঘ। **long jump**—ডিঙ্গিলাফ, অভিলম্ফন। *a.* **long°-le°gged**—দীর্ঘপদ। *a.* **long°-li°ved**—দীর্ঘায়ু। **long primer**—স্মল্ পাইকা ও বর্জাইসের মধ্যবর্তী মাপের ছাপার হরফবিশেষ। *a.* **long°-si°ghtėd**—দূরের বস্তু দেখিতে পায় কিন্তু কাছের বস্তু (ভাল) দেখিতে পায় না এমন, দূরবদ্ধদৃষ্টি ; দূরদর্শী ; বিচক্ষণ। *a.* **long°-spun**—খুব লম্বা করিয়া বোনা ; ক্লান্তিকর। *n.* & *a.* **long°-suffering**—দীর্ঘকাল ব্যাপিয়া ধৈর্যসহকারে সহন বা সহনশীল। *a.* **long°tongued**—দীর্ঘজিহ্ব ; বাচাল। *a.* **long°win°dėd**—(রচনা বক্তৃতা প্রভৃতি সম্বন্ধে) দীর্ঘতাবশতঃ ক্লান্তিকর বা বিরক্তিকর। [OE. *lang, long* (*a.*), *lange, longe* (*adv.*)—cp. G. *lang*, L. *longus*]

longevity [lon-je°-vi-ti, লন্জে°ভিটি] *n.* long life, দীর্ঘ আয়ু। [L. *longevitas*]

longing—see **long**$_1$.

longitude [lon°-ji-tūd, লন্°জিটিউড্] *n.* length, দৈর্ঘ্য ; (geog.) the equatorial arc between the meridian of a place and the standard (Greenwich) meridian, (ভূগো.) দ্রাঘিমা, দেশান্তর। *a.* **longitū°dinal**—দৈর্ঘ্য-বরাবর, অনুদৈর্ঘ্য ; (ভূগো.) দ্রাঘিমাগত বা দ্রাঘিমা-বরাবর। [L. *longitudinis*]

long-shore [long°-shaw(r), লং°শ্য(র্)] *a.* existing or employed along the shore, উপকূলবরাবর বিদ্যমান বা কর্মরত। *n.* **long°-shore°-man**—জাহাজে মাল বোঝাই ও খালাস করার কাজে জেটি বন্দর প্রভৃতিতে নিযুক্ত ব্যক্তি। [*along-shore*]

loo$_1$ [lōō, লূ] *n.* a card game, তাসখেলাবিশেষ। [obs. *lanterloo* < F. *lanturlu*]

loo$_2$ [lōō, লূ] *n.* (coll.) lavatory, (কথ্য.) পায়খানা। [?]

For words in *long-*, not given separately, see **long**$_2$.

looby [lōōº-bi, লূ°বি] *n.* a silly fellow, হাবা-গবা লোক। [cp. *lubber*, *lob*]

look [look, লুক্] (**1**) *v.i.* to direct one's sight, তাকান ; to give attention, মনোযোগী হওয়া ; to face, মুখোমুখি বা অভিমুখ হওয়া ; to seem to appear, (বিশেষ চেহারা আকার প্রভৃতি সমন্বিত বলিয়া) মনে হওয়া বা প্রতীয়মান হওয়া ; to tend, পালন করা বা পরিচর্যা করা বা তত্ত্বাবধান করা। (**2**) *v.t.* to make sure, নিশ্চিত করা ; to see to it, নজর দেওয়া ; to ascertain by a look, চাহিয়া দেখিয়া স্থির করা ; to look at, দৃষ্টিপাত করা ; to expect, প্রত্যাশা করা ; to seem likely, সম্ভব বলিয়া মনে হওয়া ; to express by a look, চাহনি-দ্বারা প্রকাশ করা ; to refer to, উল্লেখ করা। *p.* & *p. pt.* **looºked**। (**3**) *n.* act of looking, দৃষ্টিপাত ; glance, দৃষ্টি, চাহনি (to have a *look* at) ; view, দৃশ্য ; appearance, চেহারা ; air, চাল, ভঙ্গি ; (in *pl.*) beauty, সৌন্দর্য। (**4**) *int.* see, দেখ। **new look**—নূতন ফ্যাশন। **(to) look about**—(কিছুর) প্রতীক্ষায় বা সন্ধানে থাকা ; পারি-পার্শ্বিক অবস্থা পরীক্ষা করা। **(to) look about one**—নিজের পারিপার্শ্বিক অবস্থা বিচার করা। **(to) look after**—তত্ত্বাবধান করা ; সন্ধান করা ; (B.) প্রত্যাশা করা। **(to) look ahead**—ভবিষ্যৎসম্বন্ধে ভাবা ও তৎসম্বন্ধে ব্যবস্থা করা। **look alive**—কাজ আরম্ভ কর ; চটপট কর। **(to) look at (him, her, it,** etc.)—বাহ্য চেহারা দেখিলে, বাহ্য চেহারায় (*to look at him*, you cannot guess that he is so learned)। **(to) look at**—(কাহারও বা কিছুর দিকে) তাকান ; পরীক্ষা করা ; (ভদ্র অনুরোধে) পঠনাদির জন্য দৃষ্টিপাত করা (please *look at* this application) ; প্রতিভাত হওয়া, দেখান (not much to *look at*=তেমন দর্শনীয় কিছু নয়)। **not (to) look at**—প্রত্যাখ্যান করা ; অগ্রাহ্য করা ; উপেক্ষা করা। **(to) look away**—অন্য দিকে দৃষ্টি ফিরাইয়া দেওয়া। **(to) look back**—পিছনে তাকান ; পশ্চাতের আকর্ষণের ফলে ফিরিয়া তাকান ; গত ব্যাপারাদি সম্বন্ধে চিন্তা করা। **look before you leap**—কাজে হাত দিবার পূর্বে চারিদিকের অবস্থা বিচার করিয়া দেখিয়ো, ভাবিয়া করিয়ো কাজ। **(to) look black at, (to) give one a black look**—সক্রোধে তাকান। **(to) look blue**—অসন্তুষ্ট বা বিষণ্ণ বলিয়া প্রতিভাত হওয়া। **(to) look down on** or **upon**—ঘৃণা করা। **(to) look for**—সন্ধান করা ; প্রত্যাশা করা। **(to) look forward to**—সানন্দে প্রত্যাশা করা বা প্রতীক্ষা করা (I am *looking forward to* seeing you soon)। **look here**—শোন, দেখ ; এদিকে মন দাও। **(to) look in**—অল্পক্ষণের জন্য (দেখা করিতে) আসা। **(to) look into**—গভীরভাবে অনুসন্ধান বা বিচার করা (to *look into* a question, proposal, etc.) ; তদন্ত করা। **(to) look on**—গণ্য করা ; বিবেচনা করা ; মনে করা ; ভাবা ; (কিছুর) দর্শক হওয়া ; নিরীক্ষণ করা ; দৃষ্টিগোচর করান (the window *looks on* to the sea) ; (when followed by *with*) একই পুস্তকাদি একত্র পড়া। **(to) look out**—(কিছু দেখিবার জন্য) বাহিরের দিকে দৃষ্টি প্রসারিত করা ; দৃষ্টিগোচর করান (the balcony *looks out* on the sea) ; (কিছুর জন্য) প্রস্তুত থাকা বা চক্ষু মেলিয়া রাখা ; সতর্ক হওয়া ; খুঁজিয়া বাছিয়া লওয়া। **(to) look over**—অমনোযোগভরে বা হেলাফেলার সহিত পরীক্ষা করা বা পরিদর্শন করা ; দেখিয়াও না দেখা, উপেক্ষা করা। **(to) look round**—দেখার জন্য মাথা ফেরান ; (কিছু স্থির করিবার পূর্বে) সম্ভাবনা-সমূহ বিচার করিয়া দেখা ; দ্রষ্টব্য স্থানাদি দেখিয়া বেড়ান। **look sharp**—(কথ্য.) তাড়াতাড়ি কর, ত্বরান্বিত হও। **(to) look small**—হীন বা তুচ্ছ বলিয়া প্রতীয়মান হওয়া। **(to) look through**—(পাঠাদি) পুনরনুশীলন করা, ঝালাইয়া লওয়া ; পাঠ-পরীক্ষা করা ; কিছুর অভ্যন্তরে দৃষ্টিক্ষেপ করা (to *look through* a hole) ; দৃষ্টিগোচর বা প্রতীয়মান হওয়া (his anger *looked through* his eyes)। **(to) look to**—(কিছুর সম্বন্ধে) সতর্ক হওয়া ; তত্ত্বাবধান করা, যত্ন লওয়া ; নির্ভর বা প্রত্যাশা করা। **(to) look towards**—মুখোমুখি অবস্থায় বা বিপরীতে অবস্থান করা। **(to) look up**—চক্ষু তুলিয়া (উপর দিকে) তাকান ; গণ্য করা (we *look up* to him as our saviour) ; (নজির তথ্য শব্দ প্রভৃতি) সন্ধান করা বা খোঁজা (to *look up* a word in a dictionary) ; সাহস সংগ্রহ করা ; উন্নতিলাভ করা, ভালর দিকে যাওয়া (business is *looking up*) ; (কথ্য.) খুঁজিয়া বাহির করা ও ডাকা ; (কথ্য.) দর্শনার্থ আসা (*look* me *up* next time you are in the town)। **(to) look up and down**—অবজ্ঞাভরে বা পুঙ্খানুপুঙ্খরূপে আগাপাছতলা দেখা। **(to) look well**—স্বাস্থ্যবান্ বা সুন্দর দেখান, ভাল দেখান। **look you**—(আর্ষ.) দেখ, লক্ষ্য কর। **never (to) look back**—ক্রমাগত অগ্রসর হওয়া ; একটানা উন্নতি করা। *n.* **looºker**—দৃষ্টিপাতকারী ; দর্শক ; সুন্দর চেহারাবিশিষ্ট ব্যক্তি। *n.* **looºker-onº**—(ঘটনাদির সহিত সম্পর্কহীন বা কৌতূহলশূন্য) দর্শক, দর্শকমাত্র। **looking blue**—বিষণ্ণ বা মনমরা বলিয়া প্রতীয়মান। *n.* **lookºing-glass**—আরশি, আয়না, মুকুর। *n.* **lookº-outº**—সতর্ক পর্যবেক্ষণ বা সন্ধান বা পাহারা ; যে স্থান হইতে সতর্কভাবে লক্ষ্য রাখা হয় ; সতর্ক পর্যবেক্ষক বা সন্ধানী বা প্রহরী ; উন্নতির সম্ভাবনা ; উদ্দেশ্য। [OE. *locian*=to look]

loom$_1$ [lōōm, লূম্] *n.* a weaving machine, তাঁত। [OE. *geloma*=a tool]

loom$_2$ [lōōm, লূম্] *v.i.* to appear indistinctly or in a mirage, অস্পষ্টভাবে বা মরীচিকা-বৎ প্রতিভাত হওয়া ; (fig.) to appear important and menacing, (আল.) গুরুত্বপূর্ণ ও ভয়াবহ মনে হওয়া (to *loom* large in one's mind)। [?]

loon$_1$ [lōōn, লূন্] *n.* a rascal, ইতর নীচবংশীয় লোক ; a good-for-nothing person, অকর্মণ্য লোক। [?]

loon$_2$ [lŏŏn, লূন্] *n.* a diving bird, ডুবুরি

পাখিবিশেষ। *n.* **loo°ning**—উক্ত পাখির ডাক। [ON. *lomr*]

loony [loo°-ni, লূ°নি] *a.* & *n.* (sl.) lunatic (person), (অশি.) উন্মাদগ্রস্ত (ব্যক্তি)। *n.* **loo°ny-bin**—(অশি.) মানসিক রোগের হাসপাতাল। [see *lunatic*]

loop₁ [loop, লূপ্] **(1)** *n.* a doubling of a chord, chain, etc., দড়ি শিকল প্রভৃতির ফাঁস; an ornamental doubling in fringes, ঝালরাদির কারুকার্যময় ফাঁস; a branch returning to main part, যে শাখা ঘুরিয়া ফিরিয়া প্রধান অংশের সহিত মিলিয়াছে; (med.) a contraceptive net, (চিকি.) গর্ভনিরোধক জালিবিশেষ। **(2)** *v.t.* to form a loop of, ফাঁস তৈয়ারী করা; to fasten in a loop, ফাঁসে আটকান। **(3)** *v.i.* to move in loops, শাখারূপে নির্গত হইয়া ঘুরিয়া ফিরিয়া পুনরায় প্রধান অংশের সহিত মেশা। *p.* & *p. pt.* **loo°ped**। *n.* **loo°per**—একপ্রকার শুঁয়াপোকা। *n.* **loop°-line**—প্রধান রেলপথের সহিত পুনর্মিলিত শাখা-রেলপথ। *a.* **loo°py**—ফাঁসযুক্ত; পাগলাটে, বিকৃতমস্তিষ্ক। [?]

loop₂ [loop, লূপ্], **loop°hole**—*n.* a slit in a wall, প্রাচীরগাত্রের ছিদ্র; a means of escape or evasion, পলায়নের বা পরিহারের পথ অথবা উপায়। *v.t.* **loop°-hole**—প্রাচীরগাত্রে ছিদ্র করা; পলায়নের বা পরিহারের উপায় করা। [M. Du. *lupen*=to peer ?]

loose [loos, লূস্] **(1)** *a.* slack, ঢিলা, আলগা, শিথিল, এলো, শ্লথ, মন্থর; free, মুক্ত, স্বাধীন; unbound, বন্ধনহীন, অবাধ; not compact, ঠাসবুনান নহে এমন (*loose* fabric); unattached, অসংসক্ত; inexact অযথাযথ (*loose* argument); indefinite, অনির্দিষ্ট; vague, অস্পষ্ট; not strict, (শাসনাদি-সম্পর্কে) কঠোর নহে এমন; unrestrained, সংযমহীন, উচ্ছৃঙ্খল (*loose* conduct); licentious, অসচ্চরিত্র; careless, অসতর্ক; inattentive, অনবহিত, অমনোযোগী; negligent, অবহেলাকারী। **(2)** *adv.* same as **loosely**। **(3)** *n.* an act of loosing, ঢিলা করা, (ধনুক হইতে তীর প্রভৃতি) ক্ষেপণ; freedom from restraint, বন্ধনমুক্তি; freedom, মুক্তি, স্বাধীনতা; abandon, বেপরোয়াভাবে হাল-ছাড়িয়া-দেওয়া ভাব; an outbreak of laxness, (চরিত্রাদি-সম্পর্কে) উচ্ছৃঙ্খলতার সূত্রপাত। **(4)** *v.t.* to make loose, ঢিলা করা; to set free, মুক্ত করা; to untie, বাঁধন খুলিয়া দেওয়া; to disconnect, সংযোগমুক্ত করা, to slacken, শ্লথ করা; to discharge, (তীর প্রভৃতি) নিক্ষেপ করা। *p.* & *p. pt* **loo°sed**। **on the loose**—উচ্ছৃঙ্খল হইয়া উঠিয়াছে এমন। **(to) break loose**—বন্ধন খসাইয়া ফেলা বা বন্দিত্ব হইতে মুক্ত হওয়া। **(to) come loose**—(বন্ধনাদি সম্বন্ধে) ঢিলা হইয়া যাওয়া বা খুলিয়া যাওয়া। **(to) give a loose to**—রাশ ঢিলা করিয়া দেওয়া। **(to) let loose**—মুক্ত করিয়া দেওয়া (to *let loose* one's imagination)। **(to) let oneself loose**—সংযম হারান; উচ্ছৃঙ্খল হওয়া। **(to) work loose**—(বল্টু প্রভৃতি সম্বন্ধে) ঢিলা হইয়া যাওয়া, আঁটিতে না চাওয়া। *adv.* **loose°ly**। *v.t.i.* **loo°sen**—ঢিলা বা আলগা বা বন্ধনমুক্ত করা অথবা হওয়া; রেচন করান বা হওয়া, পেট নামান; শ্লেষ্মাদি শুষ্ক অবস্থা হইতে তরল বা আলগা করিয়া উপশম করা। *n.* **loose°ness**—loose (*a.*)-এর সকল অর্থে, এবং—পেট নামাইতেছে এমন অবস্থা, পেটের অসুখ। [OE. *leas*<ON. *lauss*]

loot [loot, লূট্] **(1)** *n.* plunder, লুণ্ঠন, লুঠ; (sl.) money, (অশি.) অর্থ, টাকাপয়সা। **(2)** *v.t.i.* to plunder, লুণ্ঠন করা। *p.* & *p. pt.* **loo°ted**। [Hin.]

lop₁ [lop, লপ্] *v.t.* to cut off the top or ends of, (প্রধানতঃ বৃক্ষাদির) মাথা বা প্রান্ত কাটিয়া অথবা ছাঁটিয়া ফেলা; to cut away, (অনাবশ্যক অংশসমূহ) ছাঁটিয়া বাদ দেওয়া। *conjug.* same as **lop₂**। **lop and crop, lop and top**—ছাঁটিয়াফেলা ডাল-পালা। *n.* **lo°pper**। *n.* **lo°pping**—lop-এর সকল অর্থে, এবং—যাহা ছাঁটিয়া ফেলা হইয়াছে; বৃক্ষাদির ছাঁটিয়া-ফেলা ডাল-পালা। [OE. *loppian*]

lop₂ [lop, লপ্] *v.i.* to hang down loosely, আলগাভাবে ঝোলা। *pr. pt.* **lo°pping**; *p.* & *p. pt.* **lo°pped**। *a.* **lop°-eared**—আলগাভাবে ঝুলিতেছে এমন কর্ণবিশিষ্ট। *n. pl.* **lop°-ears**—আলগাভাবে-ঝোলা কর্ণদ্বয়। *a.* **lop°-sided**—ভারসাম্যহীন; এক দিক্ অন্য দিকের অপেক্ষা বড় ও বেশি ভারী এমন (তু. কোলকুঁজো)। *adv.* **lop°-sidedly**। *a.* **lop°-sidedness**। [?—cp. *lob*]

lope [lop, লৌপ্] **(1)** *v.i.* to leap, লাফান; to run with long bounding strides, লম্বা লম্বা লাফ দিয়া দৌড়ান। *p.* & *p. pt.* **lo°ped**। **(2)** *n.* act of loping, with long bounding steps or strides, লম্বা লম্বা লাফ দিয়া ধাবন (the hare went off at an easy *lope*)। [ON. *hlaupa* —cp. *leap*]

loquacious [lŏ-kwa°-shas, লোক্যোএই°শ্যাস্] *a.* talkative, বহুভাষী, বাক্‌পটু। *adv.* **loquā°ciously**। *n.* **loquā°ciousness, loquacity** [lŏ-kwa°-si-ti, লোক্যোঅ্যা°সিটি]। [L. *loquacis* <*loqui*=to speak]

loquat [lō°-kwat, লৌ°ক্যোঅ্যাট্] *n.* a kind of fruit or its tree, কটুস্বাদ হরিদ্রাভ ফলবিশেষ বা তাহার গাছ, লকট। [Chin. *lu kwat*]

lor [law(r), ল্য(র্)] *int.* vul. form of **Lord**। [abbr.]

lord [law(r)d, ল্য(র্)ড্] **(1)** *n.* a master, প্রভু, মনিব; a feudal superior, সামন্ততন্ত্রানুযায়ী মনিব বা জমির উপরিস্থ মালিক, জমিদার; a ruler, শাসক, নৃপতি; the owner of a manor, জোতদার,

For words in *lop-*, not given separately, see **lop₁,₂**.

ভূস্বামী ; an owner, মালিক ; a husband, স্বামী ; a titled nobleman, লর্ড-খেতাবধারী সম্ভ্রান্ত বা অভিজাত ব্যক্তি ; a title of courtesy, (বিশপের বা উচ্চ আদালতের বিচারকের) সম্মানসূচক আখ্যা। *fem.* see **lady** I (2) *v.t.* to make a lord, লর্ডের পদ দেওয়া ; to play the lord over, to rule, কর্তৃত্ব করা, শাসন করা (to *lord* it over one's dependants) I **Lord**—(I) *n.* ঈশ্বর ; যিশু খ্রিষ্ট ; (2) *int.* হা ভগবান, হে যিশু I **Lord's Day**—রবিবার I **Lord's supper**—যিশু খ্রিস্টের নৈশভোজোপলক্ষে খ্রিষ্টীয় পর্ব I **Lord knows**—ঈশ্বর জানেন অর্থাৎ আমি জানি না এবং জিজ্ঞাসা করি কে জানে I **lords spiritual**—আর্চ্‌বিশপ্‌ ও বিশপ-গণ I **My Lord**—রাজা বিশপ উচ্চ আদালতের বিচারক লর্ড-খেতাবধারী বা সম্ভ্রান্ত ব্যক্তি প্রভৃতিকে সম্বোধনের আখ্যাবিশেষ I *n.* **lord°ling**—ভাবী বা হবু লর্ড, খুদে লর্ড I *a.* **lordly**—লর্ড-তুল্য ; লর্ডের যোগ্য ; লর্ড-সংক্রান্ত, জাঁকাল ; প্রচুর ; উচ্চ ; মহিমান্বিত ; অহঙ্কারী ; কর্তৃত্বপূর্ণ I *n.* **lord°liness** I *n.* **lordship**—লর্ডের পদ বা জমিদারি ; লর্ডগিরি ; রাজ্য ; কর্তৃত্ব ; (লর্ডকে সম্বোধনকালে বা তাহার নামোল্লেখ-কালে) হুজুর (Your *lordship*, His *lordship*) I [OE. *hlaford* < *hlaf* = bread, *ward* = guardian]

lore [law(r), ল্য(র্)] *n.* that which is learned, শিক্ষণীয় বিষয়, বিদ্যা ; doctrine, মতবাদ ; learning, পাণ্ডিত্য ; the body of facts and tradition, যাবতীয় তথ্য ও লোককাহিনী (folk *lore*) I [OE. *lar*]

lorn [law(r)n, ল্য(র্)ন্] *a.* forsaken, পরিত্যক্ত ; forlorn, নির্জন, নিঃসঙ্গ I [OE. *loren*]

lorry [lo°-ri, ল°রি] *n.* a sideless wagon, খোলা মালগাড়িবিশেষ, লরি I *n.* **lo°rryload**—লরিতে বহনসাধ্য মালের পরিমাণ, লরি-পরিমিত বোঝা I [?]

lory [law°-ri, ল্য°রি] *n.* a kind of parrot, তোতাপাখিবিশেষ, লুরি I [Mal. *luri*]

lose [lōōz, লূজ়্] (I) *v.t.* to fail to keep or get possession of, হারান বা খোয়ান, (কিছু হইতে) বঞ্চিত হওয়া ; to cease to have, (কিছুর) অধিকার হারান ; to mislay and fail to find out, অস্থানে রাখিয়া দেওয়ার ফলে খুঁজিয়া না পাওয়া ; to waste, (সময়াদি) অপচয় করা, নষ্ট করা ; to miss, লক্ষ্যভ্রষ্ট হওয়া, ধরিতে না পারা ; to be defeated in, পরাজিত হওয়া (to *lose* a game) ; to forfeit, ক্ষতি বা হানি ঘটান, খোয়ান, হারান (to *lose* life) I (2) *v.i.* to fail, ব্যর্থ বা অক্ষম হওয়া ; to suffer waste or loss, অপচয় বা ক্ষতি ভোগ করা, খোয়ান I *pr. pt.* **losing** I *p.* & *p. pt.* **lost** [lost, লস্ট্] I **(to) lose oneself**—পথ হারান ; আত্মহারা বা দিশাহারা হওয়া ; অভিভূত হওয়া I **(to) lose one's reason** or **senses**—উন্মত্ত বা উত্তেজিত হওয়া I *n.* **lo°ser** I *adv.* **lo°singly** I *a.* **lost**—খোয়া গিয়াছে এমন, নিখোঁজ, নিরুদ্দিষ্ট ; অপব্যয়িত ; সর্বনাশগ্রস্ত I **lost cause**—যে উদ্দেশ্যসাধনের সকল চেষ্টা ব্যর্থ হইয়াছে বা নিশ্চয়ই ব্যর্থ হইবে। **lost in**—(চিন্তাদিতে) গভীরভাবে আবিষ্ট বা আচ্ছন্ন I **lost to**—(কোন কিছু) অনুভবের শক্তি হারাইয়া ফেলিয়াছে এমন (to be *lost to* sense of decency, duty, honour, shame, etc.) I **lost upon**—প্রভাব বিস্তার করিতে বা (মনোযোগ) আকর্ষণ করিতে ব্যর্থ হইয়াছে এমন (my advice was *lost upon* him.) I [OE. *losian* = to be at a loss]

loss [los, লস্] *n.* losing, হারাইয়া-যাওয়া অবস্থা ; diminution, হ্রাস ; bereavement, মৃত্যুজনিত ক্ষয় বা বিচ্ছেদ (*loss* of one's child) ; destruction, ধ্বংস, বিনাশ ; defeat, পরাজয় ; deprivement, বঞ্চিত অবস্থা ; detriment, ক্ষতি, হানি, লোকসান I **at a loss**—বিভ্রান্ত ; বিহ্বল ; কিংকর্তব্য-বিমূঢ়, খেই বা অনুসরণসূত্র হারাইয়া ফেলিয়াছে এমন, দোষী I **(to) cut a loss, (to) cut one's losses**—যে পরিকল্পনায় ইতোমধ্যেই লোকসান ঘটিয়াছে তাহা আরও লোকসান ঘটিবার পূর্বে ত্যাগ করা I *n.* **loss°-leader**—অন্যান্য পণ্যের বিক্রয়বৃদ্ধির উদ্দেশ্যে যে দ্রব্য লোকসান দিয়া বেচা হয় I [OE. *los*—influenced by *lost*]

lost—see **lose.**

lot [lot, লট্] (I) *n.* one of a set of objects used in securing a chance selection, সুরতি-খেলায় বা লটারিতে বাছাই করার কাজে ব্যবহৃত বস্তু (যেমন, কাঠি কাগজ কুটা প্রভৃতি) ; decision or selection by lottery, সুরতি বা লটারির দ্বারা কৃত সিদ্ধান্ত অথবা বাছাই ; lottery, সুরতি, লটারি ; a prize to be won by or in a lottery, লটারি করিয়া বা লটারি-খেলায় প্রাপ্য পুরস্কার ; destiny, ভাগ্য, নিয়তি, অদৃষ্ট ; share, অংশ, ভাগ ; a set, গুচ্ছ, গোছা (this *lot* of things) ; a set of things put up for sale, (প্রধানতঃ নিলাম-) বিক্রয়ার্থ উপস্থাপিত এক দফা জিনিস ; the whole, সমস্তটা ; a large number or quantity, প্রচুর সংখ্যা বা পরিমাণ (a *lot* of men or milk) I (2) *v.t.* to divide into lots, অংশে অংশে ভাগ করা ; to cast lots for, ভাগ্যপরীক্ষা করা I *pr. pt.* **lo°tting** I *p.* & *p. pt.* **lo°tted** I **a bad lot**—(কথ্য.) অসচ্চরিত্র ব্যক্তি I **a lot of**—এক গাদা, অনেকটা, বহুত I **lots of, lots and lots (of)**—গাদা গাদা, রাশি রাশি I **(to) cast** or **throw in one's lot with**—সুখদুঃখ ভালমন্দ লাভলোক-সান প্রভৃতি ব্যাপারে (অন্যের সহিত) ভাগ্য মিলান বা (অন্যের) অংশীদার হওয়া I **(to) cast** or **draw lots**—লটারির দ্বারা ভাগ্যপরীক্ষা করা I [OE. *hlot* (*n.*) < *hleotan* = to cast lots]

lo(a)th [lōth, লৌথ্] *a.* unwilling, অনিচ্ছুক, অরাজি I **nothing loth**—মোটেই অরাজি বা অনিচ্ছুক নহে এমন I [OE. *lath* = hateful—cp. *loathe*]

lota(h) [lō°-ta, লৌ°ট্যা] *n.* a brass or copper pot, ঘটি, লোটা I [Hind.]

Lotharío [lŏ-thŭ°-ri-ō, লোথা°রিঔ] *n.* a gay seducer, যে ব্যক্তি মিষ্ট কথায় ভুলাইয়া রমণীদের সতীত্বহানি করে, লম্পট। [a character in Rowe's play, *The Fair Penitent*]

lotion [lō°sh(a)n, লৌ°শ্‌ন্] *n.* a wash, medicinal or cosmetic, চিকিৎসা বা প্রসাধনের জন্য প্রক্ষালনের আরক, লোশন, (পরি.) সেচ্য, সেচনীয়। [L. *lotio*]

lottery [lo°-ta-ri, ল°ট্যারি] *n.* an arrangement for distribution of prizes by lot, সুরতি-খেলা, লটারি ; a matter of chance, দৈবাধীন ব্যাপার (life is a *lottery*) । [It. *lotteria* —cp. *lot*]

lotus [lō°-tas, লৌ°ট্যাস্] *n.* a water-lily or its plants, জলপদ্ম বা তাহার ঝাড়। *n.* **lō°tus-ea°ter**—পদ্মভোজী ; অলস বিলাসে মগ্ন বা আত্মহারা ব্যক্তি। **lotus position**—পদ্মাসন। [L.< Gk. *lotos*]

louche [loosh, লূশ্] *a.* disreputable, shady, কুখ্যাত, সততা সম্বন্ধে সন্দেহ হয় এমন। [F.]

loud [lowd, লাউড্] **(1)** *a.* making a great sound, উচ্চ আওয়াজ-যুক্ত, উচ্চরব ; noisy, কোলাহলপূর্ণ ; obtrusive, জোরপূর্বক ঢোকে বা বাধা দেয় এমন ; forceful, প্রবল ; vulgar, অমার্জিত (*loud* in make-up) ; showy, জাঁকাল। **(2)** *adv.* in a loud manner, loudly, জোরে (to laugh *loud* and long) । *n.* **loud°-hai°ler**—বিদ্যুতিন্ (electron) দ্বারা চালিত ধ্বনিবিবর্ধন-যন্ত্রবিশেষ : এই যন্ত্রের সাহায্যে ধ্বনি বা কণ্ঠস্বর বহুদূরে প্রেরণ করা যায়। *adv.* **loud°ly** । *n.* **loud°ness** । *n.* **loud°-spea°ker**—আওয়াজ জোরাল করার যন্ত্রবিশেষ, ধ্বনিবিবর্ধন-যন্ত্র, লাউড্‌স্পীকার। [OE. *hlud*<G. *laut*]

lough—the Irish spell. of **loch.**

lounge [lownj, লাউন্‌জ্] **(1)** *v.i.t.* to loll, অলসভাবে শুইয়া থাকা বা স্থাপন করা ; to idle away, আলস্য করা বা আলস্যে (কাল) কাটান। **(2)** *n.* an act or state of lounging, আলস্যভরে শয়ন বা স্থাপন বা (কাল-) যাপন ; an idle stroll, উদ্দেশ্যহীনভাবে ঘোরাঘুরি ; a resort or room for lounging, অলসভাবে শয়নের বা কালযাপনের স্থান অথবা কক্ষ, আরাম-কক্ষ ; a sofa or easy-chair for lolling, অলসভাবে শয়নার্থ সোফা বা আরাম-কেদারা। *n.* **lounge°-chāir°**—এক প্রকার আরাম-কেদারা। *n.* **loun°ger** । *n.* **lounge°-suit**—দিবাভাগে পরিধেয় জ্যাকেট ওয়েসকোট ও ট্রাউজার সংবলিত পুরুষের পোশাক (এ পোশাক নিখুঁত বিধিসম্মত নহে)। *adv.* **loun°gingly** । [?]

lour, lower [low°-a(r), লাউ°অ্যা(র্)] **(1)** *v.i.* to scowl, ভ্রূকুটি করা ; to look sullen, চোখ পাকান ; (of the sky, clouds) to look dark and threatening, (আকাশ মেঘ প্রভৃতি সম্বন্ধে) কাল হইয়া আসা, ভীতিপ্রদ রূপ প্রতিভাত হওয়া। **(2)** *n.* a scowl, ভ্রূকুটি ; an angry look, ক্রুদ্ধ চাহনি। [ME. *louren*=cp. Du. *loeren*]

louse [lows, লাউস্] *n.* a parasitic insect, উকুন ; any similar creature, এঁটেল-পোকা প্রভৃতি উকুনসদৃশ অন্যান্য কীট। *pl.* **lice** [līs, লাইস্] । *a.* **lou°sy**—উকুনপূর্ণ ; (অশি.) পরিপূর্ণ ; (অশি.) অপকৃষ্ট, মন্দ, ইতর (a *lousy* meal) । *adv.* **lou°sily** । *n.* **lou°siness** । [OE. *lus* (*sing.*) *lys* (*pl.*)]

lout [lowt, লাউট্] *n.* a bumpkin, অমার্জিত গেঁয়ো লোক ; an awkward boor, অভব্য বর্বর ব্যক্তি। *a.* **lou°tish**—অমার্জিত গেঁয়োমিপূর্ণ ; অভব্য : বর্বর (*loutish* manners) । [?]

louver, louvre [lōō°-va(r), লূ°ভ্যা(র্)] *n.* a turret-like structure on a room, ধূম্রনির্গমনের বা বায়ু-চলাচলের জন্য ছাদের উপরে মিনারতুল্য কক্ষবিশেষ। [OE. *lov(i)er*]

love [luv, লাভ্] **(1)** *n.* fondness, ভালবাসা ; affection, স্নেহ, প্রীতি, আসক্তি ; strong liking, অনুরাগ বা প্রবল পছন্দ ; devotion, ভক্তি ; sexual attachment, প্রণয়, প্রেম ; greed, লোভ, লালসা, লিপ্সা (*love* of money) ; a love-affair, প্রণয়ঘটিত ব্যাপার, প্রণয়লীলা ; the object of affection, স্নেহ প্রীতি আসক্তি বা প্রণয়ের পাত্র অথবা বস্তু ; the love-god, Cupid, Eros, প্রণয়দেবতা, কামদেব ; a kindness or favour, দয়া, করুণা, অনুগ্রহ ; the mere pleasure without stakes or gain, বাজিহীন বা লাভহীন ক্রীড়ার অথবা কাজের আনন্দমাত্র (labour of *love*) ; (in some games) no score, (টেনিস ব্যাডমিনটন প্রভৃতি খেলায়) কোন পয়েনট অর্জিত হয় নাই এমন অবস্থা। **(2)** *v.t.* to bear love to, ভালবাসা, স্নেহ করা, প্রীতিপূর্ণ হওয়া, আসক্ত বা অনুরাগী হওয়া, প্রবলভাবে পছন্দ করা, প্রণয়াকাঙ্ক্ষী হওয়া, লুব্ধ বা লিপ্সু হওয়া ; to be kind to, to favour, করুণা বা অনুগ্রহ করা। **(3)** *v.i.* to have the feeling of love, স্নেহ প্রীতি আসক্তি অনুরাগ প্রণয় প্রেম বা লোভ অনুভব করা। **for love or money**—যে কোন পথে বা উপায়েই হউক। **for the love of**—(আবেদনাদি সম্বন্ধে) দরুন বা নামে (*for the love of* God) । **in love** (with) —প্রণয়রত, প্রণয়াসক্ত। **love's labour**—নিঃস্বার্থ পরিশ্রম, শখের খাটুনি। **of all loves**—যাহা-কিছুর জন্যই হউক না কেন ; সর্বদিক্ দিয়াই ; যে কোন উপায়েই হউক। **(to) fall in love (with)**—(কাহারও) প্রেমে পড়া। **(to) make love to**—প্রেমনিবেদন করা, প্রণয়জ্ঞাপন করা। **(to) play for love**—বিনা বাজিতে খেলা। **there's no love lost between them**—তাহারা মোটেই পরস্পরকে পছন্দ করে না। *a.* **lo°vable**—ভালবাসার যোগ্য ; মনোরম। *n.* **lo°vableness** । *n.* **love°-affāir°**—প্রণয়ঘটিত ব্যাপার, প্রণয়লীলা। *n.* **love°-bird**—ক্ষুদ্র টিয়াপাখিবিশেষ (কথিত আছে, ইহাদের জোড়ার একটির মৃত্যু হইলে অপরটিও শোকে দিনে দিনে জীর্ণ হইয়া মারা যায়)। *n.* **love°-charm**—বশীকরণমন্ত্রপূত পানীয়। *n.* **love°-child**—অবিবাহিত স্ত্রী পুরুষের সন্তান, জারজ সন্তান। *n.* **love-°feast**

—প্রথম যুগের খ্রিষ্টানদের মধ্যে প্রচলিত সৌভ্রাত্রের নিদর্শনস্বরূপ খাদ্যগ্রহণ ; Methodist খ্রিষ্টান-সম্প্রদায়ের অনুরূপ ধর্মানুষ্ঠান। *n.* **love°-game**—(টেনিস প্রভৃতি খেলায়) বিজিত কোন পয়েনট অর্জন করিতে পারে নাই এমন অবস্থা। *n.* **love°-knot**—প্রণয়-নিদর্শনরূপে গণ্য জটিল গিঁটবিশেষ। *a.* **love°-less**—অপ্রেমিক ; স্নেহহীন ; প্রেমবঞ্চিত ; স্নেহ-বঞ্চিত ; অনাদৃত ; প্রেমশূন্য। *n.* **love°letter**—প্রেমপত্র। *n.* **love°-lock**—ঝুলপি। *a.* **love°-lorn**—প্রেমপাত্র বা প্রেমপাত্রী কর্তৃক পরিত্যক্ত ; বিরহপীড়িত। *a.* **love°ly**—প্রণয়োদ্দীপক ; ভালবাসা প্রীতি বা অনুরাগ জাগায় এমন ; ভালবাসার যোগ্য ; মনোরম ; আনন্দদায়ক ; অতীব সুন্দর ; অতীব কৌতুককর। *n.* **love°liness** । *n.* **love°-māking**—প্রণয়জ্ঞাপন, প্রেমনিবেদন। *n.* **love°-match**—কেবল প্রণয়ের জন্য (ধনলোভে নহে) পরিণয়। *n.* **love°-philtre, love°-pōtion**—মায়া-শরবত-বিশেষ : ইহা যে পান করে সে পরিবেশক বা পরি-বেশিকার প্রেমে পড়ে। *n.* **lo°ver** (usu. *masc.*)। *a.* **lo°verless**—(স্ত্রীলোকসম্বন্ধে) প্রণয়িহীন। *a.* **lo°-verlike**—প্রণয়িসুলভ। *a.* **love°sick**—প্রণয়-পীড়িত। *n.* **love°-song**—প্রেমসঙ্গীত। *n.* **love°-story**—প্রেমোপাখ্যান, প্রেমের গল্প। *n.* **love°-tōken**—প্রেমোপহার, প্রণয়নিদর্শন। **lo°ving**—(1) *a.* ভালবাসে এমন ; স্নেহশীল, প্রীতিপূর্ণ ; অনুরাগী ; প্রণয়পূর্ণ ; সদয় ; সাদর। (2) *n.* ভালবাসা ; স্নেহ ; প্রীতি ; অনুরাগ ; প্রণয় ; দয়া ; প্রেমনিবেদন। *n.* **lo°ving-cup**—বৃহৎ সুরাপাত্র : ইহা পূর্ণ করিয়া উপস্থিত ব্যক্তিবর্গের মধ্যে একে একে ঘোরান হয় এবং তাহারা উহা হইতে পান করে। **loving kindness**—সদয় বিবেচনা, অনুরাগসঞ্জাত ক্ষমা ও দয়া। *adv.* **lo°vingly**। [OE. *lufu*—cp. G. *liebe*, L. *lubet*]

low₁ [লৌ, লৌ] (1) *v.i.t.* to moo, হাম্বারব করা বা হাম্বারব করিয়া বলা। (2) *n.* sound of lowing, হাম্বাধ্বনি। *n.* **low°ing**—হাম্বারব করা ; হাম্বাধ্বনি ; [OE. *hlowan*—cp. Du. *loeien*]

low₂ [লৌ, লৌ] (1) *a.* situated downwards or not reaching far up, নিম্নস্থ, নিচু ; depressed, অনুন্নত, অবনত ; not high, অনুচ্চ, হ্রস্ব, খর্ব ; humble in rank, হীনপদস্থ ; not full or abundant, অপূর্ণ, অপ্রচুর ; lacking in vigour, নিস্তেজ (*low* state of health, spirits, etc.) ; shallow, অগভীর ; low-necked, (পোশাক-সম্বন্ধে) গলা ঢাকা পড়ে না এমনভাবে তৈয়ারি (to wear a dress *low* in the neck) ; quiet, soft, not loud ; শান্ত, কোমল ; মৃদু, নিম্নস্বর (*low* notes, voice, etc.) ; small, (সংখ্যাদি-সম্বন্ধে) কম, অল্প (*low* prices, wages, etc.) ; small in number, অল্পসংখ্যক ; dejected, মনমরা, হতাশ ; base, mean, vulgar, হীন, নীচ, ইতর (*low* company, manners, tastes, etc.) ; humble, বিনত ; socially depressed, সামাজিকভাবে পতিত বা অনুন্নত (*low* forms of life) ; almost doubling oneself, আনত, (*low* bow) ; late, আধুনিক, অর্বাচীন (*Low* Latin)। (2) *adv.* in or to a position, state or manner, নিচু অথবা হীন স্থানে বা অবস্থায় বা ভাবে ; humbly, বিনতভাবে (to bow *low*) ; with a low voice, মৃদুস্বরে ; at low pitch, নিম্নধ্বনিতে ; at a low price, কম দামে (to buy *low* and sell high) ; being decreased in number, quantity, etc., কমিয়া, হ্রাস পাইয়া। (3) *n.* low level, নিম্ন স্তর (the price has touched the all-time *low*)। *a.* **low°-born**—হীনজাত, অন্ত্যজ। *a.* **low°-bred**—ভাল শিক্ষাদীক্ষা পায় নাই বা ভালভাবে লালিতপালিত হয় নাই এমন ; অভদ্র। **low°-brow**—(1) *a.* সাহিত্য-শিল্প-সঙ্গীতাদি বুদ্ধিগত বিষয়ে রুচিহীন বা আকর্ষণহীন। (2) *n.* ঐরূপ ব্যক্তি। **at lowest**—কমপক্ষে, নিদেন-পক্ষে। **(to) be brought low**—অন্যের দ্বারা হীনতাপ্রাপ্ত হওয়া, খর্ব হওয়া। **(to) bring low**—(স্বাস্থ্য অর্থ মর্যাদা প্রভৃতিতে) হীন করা, টানিয়া নামান। **(to) lay low**—পরাস্ত করা, পাতিত বা ভূপাতিত করা। **(to) lie low**—শান্ত বা নীরব থাকা ; লুক্কায়িত থাকা ; স্বীয় কার্যকলাপ বা উদ্দেশ্য গুপ্ত রাখা। *a.* **low°-brow°ed**—(বাড়িঘর সম্বন্ধে) নিচু দ্বারযুক্ত ; অন্ধকার ; নিরানন্দ। **Low Church**—ইংল্যানডের গির্জার যে দল পুরোহিত সম্প্রদায়কে প্রাধান্য দেয় না। **Low Churchman**—উক্ত দলের লোক বা সমর্থক। **low comedian**—low comedy-র অভিনেতা। **low comedy**—হাস্যকর ঘটনা ও মজাদার সংলাপা-দিতে পূর্ণ প্রায় প্রহসনতুল্য মিলনান্তক নাটকবিশেষ। *n.* **low°-country**—same as **lowland** । **the Low Countries**—নেদারল্যান্ড্‌স্ ; হল্যানড ও বেলজিআম। **low°-down**—(1) *a.* হীন, নীচ, ইতর ; অপমানকর, অসম্মানজনক। (2) *n.* হীন, নীচ বা ইতর আচরণ ; (সচ. কলঙ্ককর) ভিতরের খবর। **lower** [লৌ°-a(r)), লৌ°অ্যা(র্)] (1) *compar. deg.* of **low** (*a.* & *adv.*)। (2) *v.t.i.* (অধিকতর) নিচু হীন খর্ব হ্রাস প্রভৃতি করা বা হওয়া (to *lower* oneself in the estimation of other people) ; নামান বা নামা (to *lower* one's voice) ; কমান বা কমা (to *lower* the price of a commodity)। (3) *v.t.* পদাবনত করা ; (4) *a.* অধস্তন, অবর ; নিম্নতর, নিম্ন। *a.* **low°er-cāse**—(মুদ্রণ.) ছোট হাতের অক্ষর (small letter) রাখার খোপে রক্ষিত। **Lower Chamber, Lower House**—ব্যবস্থাপক সভার নিম্ন বা প্রথম পরিষৎ, বিধানসভা। **low°er-deck**—জাহাজের খোলের অব্যবহিত উর্ধ্বস্থ পাটাতন ; জাহাজের একতলা। **lower division**—(পরি.) অবরবর্গ। *a.* **low°ermōst**—নিম্নতম হীনতম হ্রস্বতম প্রভৃতি। *n.* **low°land**—দেশের অপেক্ষাকৃত নিচু অঞ্চল, নিম্নভূমি, নিম্নপ্রদেশ। *n.* **low°lander**—নিম্নপ্রদেশবাসী। *n.* **Low°lander**—স্কট্‌ল্যান্ডের নিম্নপ্রদেশবাসী। *n.* **Low°lands**—স্কট্‌ল্যান্ডের নিম্নপ্রদেশ। **low life**—হীন বা জঘন্য জীবনযাত্রা বা সামাজিক অবস্থা ; উক্ত অবস্থাগ্রস্ত ব্যক্তিবর্গ, অন্ত্যজগণ। *a.* **low°-lived**—হীন জীবনযাপনকারী ; নীচ, ইতর। *a.* **low°ly**—

বিনত, বিনয়ী ; হীনাবস্থ। *adv.* **low°lily** । *n.* **low°liness** । *a.* **low°-minded**—হীনচেতা ; নীচ । *a.* **low°-necked**—(পোশাকসম্বন্ধে) গলা ঢাকা পড়ে না এমনভাবে তৈয়ারি । *n.* **low°ness** । *a.* **low°-pitched**—মৃদুস্বর, নিম্নধ্বনিবিশিষ্ট ; (বাড়ির ছাদ সম্পর্কে) নিচু বা ঢালু । **low pressure**—নিম্ন বা অল্প চাপদায়ক ; নিম্নপ্রেষ : (চিকি.) দেহের রক্তের অস্বাভাবিক নিম্ন-চাপ । *a.* **low°spi°rited**—নিস্তেজ ; মনমরা । *n.* **low°-tide, low°-wa°ter**—ভাটার সময়ে জল যতদুর পর্যন্ত নিচে নামে, নিম্নতম ভাটারেখা । **in low water**—টাকাকড়ির অভাবগ্রস্ত, অর্থকৃচ্ছ্রতাযুক্ত । **low wines**—অনুগ্র সুরা । [ON. *lagr*—cp. Du. *laag*, OE. *licgan*=to lie]

lower—see **lour** and **low**$_2$.

loyal [loy°(a)l, লয়্°ল্] *a.* faithful, বিশ্বস্ত ; true to love or obligation, প্রেমনিষ্ঠ বা কর্তব্যনিষ্ঠ ; firm in allegiance, অটল আনুগত্যসম্পন্ন ; devoted to a sovereign, রাজভক্ত । *n.* **loy°alist**—রাজভক্ত ব্যক্তি । *adv.* **loy°ally** । *n.* **loy°alty** । [F. < L. *legalis* < *legis*=law]

lozenge [lo°-zinj, ল°জিন্জ্] *n.* a diamond-shaped parallelogram or rhombus, হীরকাকার সামন্তরিক বা বিষমকোণী সমচতুর্ভুজ ; a sweetmeat, (মূলতঃ হীরকাকার) লজেনচুস্ । [F. *losange*]

L.s.d. [el°-es-dē°, এল্°এস্‌ডী°] *n.* pound, shilling and pence, পাউন্ড্ শিলিং ও পেন্স্ (তু. টাকা-আনা-পাই) ; money, টাকাকড়ি ; riches, ধনদৌলত । [see *pound, shilling, penny*]

lubber [lu°-ba(r), লা°ব্যা(র্)] *n.* an awkward clumsy fellow, জবুথবু ও অগোছাল ব্যক্তি ; a lazy sturdy fellow, অলস বলিষ্ঠ ব্যক্তি । **lu°bberly**—(1) *a.* জবুথবু ও অগোছাল । (2) *adv.* ঐরূপভাবে । [?]

lubricant—see **lubricate.**

lubricate [lōō°-bri-kāt, লূ°ব্রিকেইট্] *v.t.* to make smooth or slippery, (তৈলাদি লেপনদ্বারা) মসৃণ বা পিচ্ছিল করা ; to oil or grease, (গাড়ি মেশিন প্রভৃতিতে) সংঘর্ষ-হ্রাসকল্পে তেল বা চর্বি দেওয়া । *p.* & *p. pt.* **lu°bricāted** । **lu°bricant**—(1) *a.* মসৃণ বা পিচ্ছিল করে এমন ; সজ্ঘর্ষ-হ্রাসকর । (2) *n.* ঐরূপ তৈলাদি । *n.* **lubricā°tion** । *n.* **lubricātor** । *a.* **lubri°cious, lu°bricous**—তৈলাক্ত, পিচ্ছিল, মসৃণ ; লম্পট । *n.* **lubricity** [lū-bri°-si-ti, লিউব্রি°সিটি] মসৃণতা ; পিচ্ছিলতা ; অস্থায়িত্ব ; লাম্পট্য । **lubrito°rium**—যে স্থানে মোটরগাড়িতে তেল চর্বি প্রভৃতি মাখান হয় । [L. *lubricus*=slippery]

luce [lōōs, লূস্] *n.* the pike fish (esp. when grown up) (পূর্ণবর্ধিত) বানমাছ । [OF. *lus* < LL. *lucius*]

lucent [lū°-snt, লিউ°স্‌ন্ট্] *a.* shining, দীপ্তিমান্ ; bright, উজ্জ্বল । *n.* **lū°cency**—দীপ্তি ; দীপ্তিমত্তা ; ঔজ্জ্বল্য । [L. *lucere*=to shine]

lucerne [lōō-sa(r)n°, লূস্যা(র্)ন্°] *n.* a clover-like forage-plant, লবঙ্গাকার বৃক্ষবিশেষ : ইহা গবাদি পশুর খাদ্য । [F. *luzerne*]

lucid [lōō°-sid, লূ°সিড্] *a.* shining, দীপ্তিমান্ : transparent, স্বচ্ছ ; clear, নির্মল, পরিষ্কার, স্পষ্ট ; easily understood, সহজবোধ্য, প্রাঞ্জল । **lucid interval**—উন্মাদরোগগ্রস্ত ব্যক্তির মাঝে মাঝে সুস্থাবস্থা বা সুস্থ সময় । *n.* **luci°dity, lu°cidness** । *adv.* **lu°cidly** । [L. *lucidus*]

Lucifer [lōō°-shi-fa(r), লূ°সিফ্যা(র্)] *n.* the planet Venus as morning-star, শুকতারারূপী শুক্রগ্রহ ; Satan, বাইবেলে বর্ণিত শয়তান । *n.* **lu°cifer**—চকমকি দিয়াশলাই-বিশেষ (also **lucifer match**) । *a.* **lu°ciferous**—আলোকদায়ক । [L. *lucifer*=light-bringer]

luck [luk, লাক্] *n.* fortune, ভাগ্য, অদৃষ্ট ; good fortune, সৌভাগ্য । **down on one's luck**—ভাগ্যহত, দুর্ভাগ্যপীড়িত । **for luck**—সৌভাগ্য-আনয়নার্থ । **hard luck**—কঠিন ভাগ্য । **in luck**—সৌভাগ্যপূর্ণ । **out of luck**—ভাগ্যহীন । **(to) try one's luck**—অদৃষ্ট পরীক্ষা করা ; ঝুঁকি নেওয়া । **with luck**—অদৃষ্ট প্রসন্ন হইলে । **worse luck**—আরও দুঃখের কথা ; দুর্ভাগ্যবশতঃ । *a.* **luck°less**—ভাগ্যহীন ; দুর্ভাগ্য ; মন্দভাগ্য ; অশুভদায়ক । *adv.* **lu°ckily** । *n.* **lu°ckiness** । *a.* **luck°less** । *a.* **lu°cky**$_1$—ভাগ্যবান্ ; জোরকপালে ; সৌভাগ্যপূর্ণ, সৌভাগ্যদায়ক ; সৌভাগ্যসূচক ; শুভ । *n.* **lu°cky-bag, lu°ckydip**—ভিতরে কি আছে তাহা না জানিয়াই যে থলি ভাগ্যপরীক্ষামূলকভাবে কেনা হয় ; যে থলির ভিতরের বহু জিনিসপত্রের মধ্য হইতে একটি ভাগ্যপরীক্ষামূলকভাবে উঠাইয়া লওয়া হয় । [Du. *luk* ?]

lucky$_1$—see **luck.**

lucky$_2$ [lu°-ki, লা°কি] *n.* (sl.) departure, (অশি.) প্রস্থান । **(to) cut** or **make one's lucky**—বেগে পলাইয়া যাওয়া । [?]

lucrative—see **lucre.**

lucre [lōō°-ka(r), লূ°ক্যা(র্)] *n.* sordid gain, নীচ লাভ (filthy *lucre*) ; riches, ধনদৌলত । *a.* **lu°crative**—লাভজনক । [L. *lucrum*]

Lucretia [lōō-krē°-shi-a, লূক্রী°শিঅ্যা] *n.* a model of chastity, আদর্শ সতী । [the Roman matron, who took her own life to preserve her chastity]

lucubrate [lōō°-kū-brāt, লূ°কিউব্রেইট্] *v.i.* to study by lamplight, দীপালোকে অর্থাৎ রাত্রি জাগিয়া অধ্যয়ন করা, to discourse learnedly or pedantically, পাণ্ডিত্যসহকারে বা পণ্ডিতীভাবে আলোচনা করা । *p.* & *p. pt.* **lu°cūbrāted** । *n.*

lucubrā°tion—lucubrate-এর সকল অর্থে, এবং—গভীর রাত্রি অবধি জাগিয়া রচনা ; দীপালোকের গন্ধ-মাখান রচনা। *n.* **lu°cubrātor** । [L. *lucubrare*]

luculent [loo°-kū-lant, লূ°কিউল্যান্ট্] *a.* bright, উজ্জ্বল ; clear, পরিষ্কার (*luculent* explanation) ; transparent, স্বচ্ছ ; evident, স্পষ্ট (*luculent* proof) । *adv.* **lu°cūlently** । [L. *luculentis* < *lux* = light]

ludicrous [loo°-di-kras, লূ°ডিক্র্যাস্] *a.* contemptibly laughable, উপহাসাস্পদ, হাস্যকর। *adv.* **lu°dicrously** । *n.* **lu°dicrousness** । [L. *ludicrus* < *ludere* = to play]

ludo [loo°-do, লূ°ডো] *n.* an indoor game, লূডো-খেলা। [L. = I play]

lues [loo°-ez, লূ°ঈজ্] *n.* a pestilence, মহামারী, মড়ক ; syphilis, উপদংশ-রোগ। *a.* **luė°stic** [L.]

luff [luf, লাফ্] (**I**) *n.* the windward side of a ship, জাহাজের প্রতিবাত অংশ। (2) *v.i.t.* to turn a ship towards the wind, প্রতিবাত দিকে জাহাজ ফেরান। *p.* & *p. pt.* **lu°ffed** । [?]

Luftwaffe [looft°-vŭf, লূফ্‌ট্°ভাফ্] *n.* the German Air Force, জারমানির বিমান-বাহিনী। [G.]

lug₁ [lug, লাগ্] *n.* the lappet of a cap, নরম টুপির কিনারা ; the ear, কর্ণ, কান ; an earlike projection or appendage, কর্ণতুল্য প্রলম্বিত অংশ বা অতিরিক্ত প্রত্যঙ্গ ; a handle ; হাতল ; a loop, ফাঁস ; (sl.) a stupid person, (অশি.) বোকা লোক। [?—cp. *lug₂*]

lug₂ [lug, লাগ্] *v.t.i.* to pull, টানা ; to drag heavily, হেঁচড়াইয়া টানিয়া লইয়া যাওয়া। *pr. pt.* **lu°gging** । *p.* & *p. pt.* **lu°gged** । **(to) lug in**—সুনির্দিষ্ট বা স্পষ্ট সম্বন্ধ ছাড়াই অবতারণা করা। [cp. Sw. *lugga* = to pull by the hair]

lug₃ [lug, লাগ্] *n.* a square sail that hangs obliquely to the mast, যে চতুষ্কোণ পাল মাস্তুলের দিকে তির্যগ্‌ভাবে ঝোলান হয় (also **lug°sail**) । *n.* **lu°gger**—উক্ত পালওয়ালা ক্ষুদ্র জাহাজ। [?]

luggage [lu°-gij, লা°গিজ্] *n.* traveller's baggage, ভ্রমণকারীর লটবহর বা মালপত্র। *n.* **lu°ggage-carrier**—বাইসিকেলে চালকের আসনের পিছনে মালপত্র-বহনার্থ যে ধাতুনির্মিত ফ্রেম থাকে, সাইকেলের ক্যারিয়ার। *n.* **lu°ggage-rack**—রেলগাড়ির কামরায় যাত্রীদের আসনের উপরে মালপত্র রাখার জন্য তাক বা খাঁচা। *n.* **lu°ggage-van**—যাত্রীদের লটবহর বহনার্থ রেলের কামরা বা বগি। [see *lug₂*]

lugged, lugging—see **lug₂**.

lugger, lugsail—see **lug₃**.

lugubrious [loo-gū°-bri-as, লুগিউ°ব্রিঅ্যাস্] *a.* mournful, শোকার্ত ; dismal, বিষণ্ণ, নিরানন্দ। *adv.* **lugū°briously** । [L. *lugere* = to mourn]

lukewarm [look°-waw(r)m, লুক°ওঅ্যা(র্)ম্] *a.* moderately warm, ঈষদুষ্ণ ; half-hearted, ঐকান্তিকতাহীন। *adv.* **luke°warmly** । *n.* **luke°warmness** । [ME. *luck, luke,* and *warm*]

lull [lull, লাল্] (**I**) *v.t.* to soothe, শান্ত বা স্থির করা ; to sleep, ঘুম পাড়ান। (2) *v.i.* to become quiet, শান্ত বা স্থির হওয়া ; to subside, প্রশমিত হওয়া। (3) *n.* a state or period of calm, শান্ত বা স্থির অবস্থা অথবা ঐ অবস্থাপূর্ণ কাল (a *lull* before the storm) ; a lulling influence, যাহা শান্ত বা স্থির করে। **lullaby** [lu°-la-bī, লা°ল্যাবাই] (**I**) *n.* ঘুমপাড়ানি গান। (2) *v.t.* উক্ত গান গাহিয়া ঘুম পাড়ান। [cp. Sw. *lulla*]

lulu [loo°-loo, লূ°লূ] *n.* an excellent or remarkable person or thing, চমৎকার বা অসাধারণ ব্যক্তি বা বস্তু। [pet form of *Louise*]

lumbago [lum-bā°-go, লাম্‌বেই°গৌ] *n.* rheumatism in loins, কটিবাত। *a.* **lum°bar**—কটি-সংক্রান্ত বা কটির নিকটবর্তী, কটিদেশীয়। (the *lumbar* regions) । **lumbar puncture**—(শল্য চিকি.) কোমর-সংলগ্ন মেরুদণ্ড ছিদ্রকরণ। [L. < *lumbus* = loin]

lumber₁ [lum°ba(r), লাম্‌ব্যা(র্)] *v.i.* to move heavily and clumsily, ক্লান্তভাবে টানিয়া হেঁচড়াইয়া চলা। *n.* **lum°berer** । *a.* **lum°berly**—ঐরূপভাবে চলে এমন। [ME. *lomeren*]

lumber₂ [lum°ba(r), লাম্‌ব্যা(র্)] (**I**) *n.* wood roughly sawn into planks, boards, etc., যেমন-তেমনভাবে কাঠ চেরাই করিয়া বানান তক্তা ; disused furniture etc. stored away, পৃথক্‌ভাবে গাদা করিয়া রাখা অকেজো আসবাবপত্রাদি ; anything cumbersome or useless, (অনাবশ্যক) বোঝা-তুল্য বা অকেজো বস্তু। (2) *v.t.* to fill with lumber, অকেজো আসবাবপত্রাদিতে পূর্ণ করা ; to heap together in confusion, এলোমেলোভাবে একত্র গাদা করিয়া রাখা ; to cumber, (অনাবশ্যক) ভার চাপাইয়া পীড়িত করা। (3) *v.i.* to work as a lumber-man, কাঠ-চেরাই করা। *n.* **lum°berman, lum°ber-jack**—যে ব্যক্তি কাঠ চেরাই করে বা গাছ কাটে, করাতি। *n.* **lum°ber-mill**—করাত-কল। *n.* **lum°ber-room**—অকেজো জিনিস-পত্রাদি রাখার ঘর। [see *Lombard* (*Street*)]

luminary [loo°-mi-na-ri, লূ°মিন্যারি] *n.* a source of light, আলোর উৎস, বিশেষতঃ সূর্য চন্দ্র বা অন্য জ্যোতিষ্ক ; a person of light and leading, নেতৃত্বের ক্ষমতাসম্পন্ন জ্ঞানী ব্যক্তি। [L. *luminis* = light]

luminosity—see **luminous.**

luminous [loo°-mi-nas, লূ°মিন্যাস্] *a.* giving light, আলোকদায়ক ; shining, দীপ্তিমান্, উজ্জ্বল ; clear, পরিষ্কার, স্পষ্ট ; lucid, সহজবোধ্য, প্রাঞ্জল। *n.* **luminance** [loo°-mi-nance, লূ°মিন্যান্স্] *n.* amount of light emitted from a surface in a given direction, যে-কোন তল হইতে নির্দিষ্ট দিকে উৎসারিত আলোর পরিমাণ। *n.* **luminosity** [loo-mi-no°-si-ti, লুমিন°সিটি], **lu°minous-**

ness । *adv.* **lu°minously** । [L. *luminis*= light]

lump [lump, লাম্প্] (**1**) *n.* a shapeless mass, পিণ্ড, দলা, ডেলা ; a swelling, স্ফীতি ; a protuberance, স্ফীতি বা আব ; a considerable quantity, প্রচুর পরিমাণ ; the whole together, একত্র সমস্তটা, গোটা ; a feeling as if of a lump in the throat, গলায় ডেলা আটকাইয়া গিয়াছে এমন অনুভূতি ; (coll.) a dull person of ungainly size, (কথ্য.) মোটাসোটা ও হাবাগবা লোক । (**2**) *v.t.i.* to throw into or gather in a lump, ডেলা পাকান ; to be inert and dull, (কিছুর সম্বন্ধে) অসাড় ও নীরস হওয়া । (**3**) *v.t.* to take in the gross, মোট ধরা (to *lump* a few items of expenditure together under one heading) ; to put up with ungraciously, অপ্রসন্নভাবে সহ্য করা । *p.* & *p. pt.* **lum°ped** । **a lump sum**—বিভিন্ন কিশতির বদলে এককালে প্রদত্ত বা প্রাপ্ত মোট টাকাকড়ি বা থোক টাকা । **in the lump**—মোটের মাথায় ; সর্বসাকল্যে । **if you don't like it you may lump it**—ভাল না লাগিলেও তোমাকে ইহা মানিয়া লইতে হইবে, তেতো মিঠে যাই লাগুক, গিলতে তোমাকে হবেই । **(to) have a lump in the throat**—গলায় ডেলা আটকান ; অত্যন্ত অবাচ্য অস্বস্তি বোধ করা । *a.* **lum°pish**—পিণ্ডবৎ ; ডেলা-পাকান ; ভারী ; নীরস । *n.* **lump°-su°gar**—ডেলা-পাকান চিনি, শর্করা-পিণ্ড । *a.* **lum°py**—ডেলা-পূর্ণ ; ডেলা-সদৃশ । *adv.* **lum°pily** । *n.* **lum°piness** । [?]

lunacy, lunar, lunate, lunatic, lunation—see **lune.**

lunch [lunsh, লান্শ্], **luncheon** [lun°sh(a)n, লান্°শ্ন্] (**1**) *n.* a light repast between breakfast and dinner, প্রাতরাশ ও দিনের প্রধান ভোজের (অর্থাৎ সান্ধ্যভোজের) মধ্যকালীন হালকা ভোজ ; midday meal, মধ্যাহ্নভোজ । (**2**) *v.i.* to take lunch, মধ্যাহ্নভোজন করা । *n.* **lunch°-hour, lunch°-tīme**—মধ্যাহ্নভোজের সময় । [?]

lune [lōōn, লূন্] *n.* anything crescent-shaped, অর্ধচন্দ্রাকার বস্তু । *n.* **lu°nacy**—পাগলামি, উন্মাদ (পূর্বে বিশ্বাস ছিল যে উন্মত্ততার উৎপত্তি চান্দ্র প্রভাব হইতে) ; চরম বোকামি (it is sheer *lunacy*) । **lu°nar**—(**1**) *a.* চন্দ্রসংক্রান্ত ; চন্দ্রের গতিবেগদ্বারা নিরূপিত ; চন্দ্রঘটিত ; চন্দ্রতুল্য ; চান্দ্র (a *lunar* month) ; (**2**) *n.* চন্দ্রের গতিবেগদ্বারা নিরূপিত দূরত্ব ; চান্দ্র ব্যবধান । *n.* **lunār°ian**—চন্দ্রগ্রহের অধিবাসী ; চন্দ্রগ্রহণসম্বন্ধে গবেষণারত বা চন্দ্রগ্রহের পর্যবেক্ষক, জ্যোতির্বিৎ, চান্দ্র জ্যোতির্বিৎ । *n.* **lu°narnaut**—চন্দ্রগ্রহে অভিযাত্রী (মানুষ) । [*lunar*, Gk. *nautes*= a sailor] । *a.* **lu°nāte**—অর্ধচন্দ্রাকার । *a.* & *n.* **lu°natic**—উন্মাদগ্রস্ত বা চন্দ্রাহত (ব্যক্তি), পাগল । **lunatic asylum**—উন্মাদাগার, পাগলা গারদ । *n.* **lunā°tion**—এক অমাবস্যার পর হইতে পরবর্তী অমাবস্যা পর্যন্ত গণিত মাস, চান্দ্রমাস । *n.* **lunette** [lōō-net°, লুনেট্°] অর্ধচন্দ্রাকার গহনাবিশেষ ; (in *pl.*) জলের নিচে সন্তরণকালে চোখে যে গগল্ বা চশমা পরা হয় । [L. *luna*=the moon]

lung [lung, লাং] *n.* one of a pair of respiratory organs in animals, ফুসফুস । [OE. *lungen*]

lunge [lunj, লান্জ্] (**1**) *n.* a sudden thrust, (অসিক্রীড়াদিতে) আকস্মিক খোঁচা ; a forward plunge, সম্মুখদিকে ঝাঁপ । (**2**) *v.i.t.* to make a thrust (at), আকস্মিকভাবে খোঁচা দেওয়া (to *lunge* at one's opponent) । (**3**) *v.i.* to plunge forward, সম্মুখদিকে ঝাঁপ দেওয়া । *pr. pt.* **lung(e)°ing** । [F. *allonger*=to lengthen<L. *ad-*, *longus*=long]

lungi [lōōn°-gē, লুন্°গী] *n.* a kind of loincloth, লুঙ্গি । [Hind.<Pers.]

lunik [lōō°-nik, লূ°নিক্] *n.* lunar sputnik, চন্দ্রাভিমুখে গমনকারী মহাকাশযান । [*lu*na+*sputnik* (a portmanteau word)]

lupin(e) [lōō°-pin, লূ°পিন্] *n.* a fodder plant or its seed or flower, গবাদি পশুর ভোজ্য শিম্ব-জাতীয় লতাবিশেষ অথবা উহার বীজ বা ফুল । [L. *lupinus*]

lupine [lōō°-pīn, লূ°পাইন্] *a.* wolfish, নেকড়ে-সংক্রান্ত বা নেকড়ে-তুল্য । [L. *lupinus*<*lupus*= a wolf]

lurch$_1$ [la(r)ch, ল্যা(র্)চ্] (**1**) *v.i.* to roll suddenly forward or to one side, হঠাৎ সামনের দিকে বা একপাশে গড়াইয়া পড়া । *p.* & *p. pt.* **lur°ched** । (**2**) *n.* a sudden roll, হঠাৎ গড়াইয়া পড়া । [?]

lurch$_2$ [la(r)ch, ল্যা(র্)চ্] (**1**) *n.* an old game, অপ্রচলিত পৌরক্রীড়াবিশেষ ; heavy defeat, নিদারুণ পরাজয় । (**2**) *v.t.* to defeat heavily, নিদারুণ-ভাবে পরাজিত করা ; to leave in a difficult situation without help, অসহায়ভাবে বিপজ্জনক অবস্থায় পরিত্যাগ করিয়া যাওয়া (also **to leave in the lurch**) । *p.* & *p. pt.* **lur°ched** । [OF. *lourche*]

lurch$_3$ [la(r)ch, ল্যা(র্)চ্] (**1**) *n.* wait, অপেক্ষা, প্রতীক্ষা ; ambush, ওঁত পাতিয়া অবস্থান । (**2**) *v.i.* to lurk or prowl about, ইতস্ততঃ ঘোরাফেরা করা বা উকিঝুঁকি মারা । *p.* & *p. pt.* **lur°ched** । *n.* **lur°cher**—lurch (*v.*)-এর অর্থে, এবং গ্রেহাউন্ড্-জাতীয় বর্ণসঙ্কর কুকুরবিশেষ । [cp. *lurk, lurch*]

lure [lū(r), লিউয়্যা(র্)] (**1**) *n.* an enticement, প্রলোভন ; bait, টোপ ; a bunch of feathers used to recall a hawk, পোষা বাজপাখিকে ঘরে ফিরাইয়া আনার জন্য ব্যবহৃত পালকগুচ্ছ । (**2**) *v.t.* to entice, প্রলুব্ধ করা । [OF. *loerre*]

lurid [lūr°-id, লিউয়্যার্°ইড্] *a.* ghastly or glaring or terrible in colour, মৃতবৎ বীভৎস ভয়ঙ্কর বা ভীষণবর্ণ ; sensational, উত্তেজনাপূর্ণ বা রোমাঞ্চ-কর ; violent and shocking, প্রচণ্ড এবং বেদনা-

দায়ক (*lurid* details of an accident)। *adv.* **lūr°idly** । *n.* **lūr°idnėss** । [L. *luridus*]

lurk [la(r)k, ল্যা(র্)ক্] *v.i.* to lie in wait, প্রতীক্ষায় থাকা ; ওত পাতিয়া থাকা ; to be concealed, গুপ্ত থাকা ; to keep out of sight, অদৃশ্য থাকা ; to be elusive, ধরা-ছোঁয়ার বাহিরে থাকা ; to move stealthily, গুপ্তভাবে চলাফেরা করা বা উঁকিঝুঁকি মারা। *p. & p. pt.* **lur°kėd** । *n. & a.* **lur°king**—lurk-এর সকল অর্থে। *n.* **lur°king-plāce**—গুপ্তভাবে অবস্থানের বা চলাফেরার স্থান। [<*lour* ?]

luscious [lu°-shas, লা°শ্যাস্] *a.* extremely sweet, অতীব সুমিষ্ট ; delightful, আনন্দদায়ক, মনোরম ; cloying, আধিক্যের দরুন ক্লান্তিকর বা বিরক্তিকর ; voluptuous, কামুকতাপূর্ণ। *adv.* **lu°sciously** । *n.* **lu°sciousnėss** । [?—cp. *delicious, lush*]

lush₁ [lush, লাশ্] *n.* (sl.) liquor, মদ ; drunkard, মদ্যপ, মাতাল। [?]

lush₂ [lush, লাশ্] *a.* rich and juicy, শাঁসাল ও রসাল ; luxuriant, পরিপূর্ণ বৃদ্ধিযুক্ত (a *lush* growth of green grass)। [?]

lust [lust, লাস্ট্] **(1)** *n.* sensual appetite, (সচ. মন্দার্থে) কামলালসা, কাম, যৌনসঙ্গকামনা ; longing, আকুল আকাঙ্ক্ষা (a *lust* for gold, power, etc.)। **(2)** *v.i.* to long, আকুলভাবে আকাঙ্ক্ষা করা ; to have carnal desire, কামলালসাসম্পন্ন বা যৌনসঙ্গকামী হওয়া। *p. & p. pt.* **lus°tėd** । *a.* **lust°ful**—কামলালসাসম্পন্ন, যৌনসঙ্গকামী ; কামুক ; যৌন। *a.* **lus°ty**—তেজী ; প্রাণবন্ত ; বলিষ্ঠ ; মোটা-সোটা, গোলগাল। *adv.* **lus°tily** । *n.* **lus°tinėss** । [AS.=pleasure]

lustra, lustral, lustrate—see **lustre₂**.

lustre₁ [lus°-ta(r), লাস্°ট্যা(র্)] **(1)** *n.* sheen, gloss, brightness, (প্রধানতঃ বহির্ভাগের বা ত্বকের) চাকচিক্য, পালিশ, ঔজ্জ্বল্য, দীপ্তি, দ্যুতি ; splendour, জাঁকজমক ; (fig.) renown, (আল.) যশ (his achievements added *lustre* to his name) ; a candlestick, vase, etc., with ornamental pendants of cut-glass ; খাসগেলাসের ঝাড়ওয়ালা বাতিদান ফুলদান প্রভৃতি ; a glossy thin dress material, পোশাক প্রস্তুতের জন্য মসলিনজাতীয় চকচকে পাতলা কাপড়বিশেষ (cp. **lustrine**)। **(2)** *v.t.* to impart a lustre to, চাকচিক্য বা ঔজ্জ্বল্য দান করা, চকচকে বা উজ্জ্বল করা। *pr. pt.* **lus°tring** । *a.* **lus°trous**—উজ্জ্বল ; চকচকে ; দ্যুতিময়। [F.<L. *lustrare*=to shine on]

lustre₂ [lus°-ta(r), লাস্°ট্যা(র্)], **lustrum** [lus°-tram, লাস্°ট্র্যাম্] *n.* a purification of the Roman people, প্রতি পঞ্চবার্ষিক আদমশুমারের পর প্রাচীন রোমকজাতির শুদ্ধি-প্রথা ; a period of five years, পঞ্চবর্ষব্যাপী সময়। *pl.* **lus°tra, lus°trės, lus°trums** । *a.* **lus°tral**—উক্ত শুদ্ধিসংক্রান্ত ; পঞ্চবর্ষব্যাপী, পঞ্চবর্ষান্তর, পঞ্চবার্ষিক, পাঁচসালা। *v.t.* **lus°trāte**—দেবোদ্দেশে উৎসর্গ করিয়া শুদ্ধ করা। *p. & p. pt.* **lus°trātėd** । *n.* **lustrā°tion** । [L. *lustrum*]

lustrine [lus°-trin, লাস্°ট্রিন্], **lustring₁** [lus°-tring, লাস্°ট্রিং], **lutestring** [lo͞ot°-string, লূট্°স্ট্রিং] *n.* a glossy silk fabric, চকচকে রেশমি কাপড়বিশেষ। [F. *lnstrine*<It. *lustrino*]

lustring, lustrous—see **lustre₁**.

lustrum—see **lustre₂**.

lusty—see **lust**.

lutanist—see **lute**.

lute [lo͞ot, লূট, lūt, লিউট্] *n.* a stringed instrument, বীণাজাতীয় তারের বাদ্যযন্ত্রবিশেষ। *n.* **lū°tanist**—বীণাবাদক। *n.* **lūte°string**—বীণার তার। [OF. *lut*]

luteous [lū°-ti-as, লিউ°টিঅ্যাস্] *a.* golden-yellow, সোনালী হলুদ বর্ণের। [L. *luteus*=yellow]

lutestring—see **lustrine** and **lute**.

Lutheran [lo͞o°th(a)r(a)n, লূ°থ্র্ন্] **(1)** *a.* of Martin Luther, খ্রিস্টধর্ম-সংস্কারক মার্টিন্ লুথারের অনুগামী। **(2)** *n.* a follower of Luther, মার্টিন্ লুথারের অনুগামী ব্যক্তি।

lux [luks, লাক্স্] *n.* unit of illumination, দীপন-মাত্রা। [L.=light]

luxate [lux°-āt, লাক্স্°এইট্] *v.t.* to put out of joint, সন্ধিচ্যুত বা গ্রন্থিচ্যুত করা ; to dislocate, স্থানচ্যুত করা। *p. & p. pt.* **lux°ātėd** । *n.* **lux°ātion** । [F. *luxare*]

luxury [luksh°(a)-ri, লাক্শ্°রি] *n.* free indulgence in costly pleasures, বিলাস ; an article of luxury, বিলাসদ্রব্য ; anything delightful but unnecessary, মনোরম কিন্তু অনাবশ্যক বস্তু। *n.* **luxuriance** [lug-zūr°-i-ans, লাগ্‌জ়িউয়্যার্°ইঅ্যান্স্] প্রচুর বৃদ্ধি বা জন্ম ; সমৃদ্ধি ; প্রাচুর্য ; অতিবৃদ্ধি। *a.* **luxūr°iant**—প্রচুর বৃদ্ধিপ্রাপ্ত বা উৎপন্ন ; সমৃদ্ধ ; (অত্যধিক) প্রাচুর্যপূর্ণ। *v.i.* **luxuriate** [lug-zūr°-i-āt, লাগ্‌জ়িউয়্যার্°ইএইট্] ভোগ-বিলাসে কালযাপন করা ; বিলাসী হওয়া ; অবাধে উপভোগ করা (to *luxuriate* in sunshine)। *p. & p. pt.* **luxūr°iātėd** । *a.* **luxurious** [lugz-ūr°-i-as, লাগ্‌জ়িউয়্যার্°ইঅ্যাস্] বিলাসসংক্রান্ত ; বিলাসপ্রিয় ; বিলাসমগ্ন ; বিলাসপূর্ণ। *adv.* **luxur°iously** । **luxur°iousnėss** । [OE. *luxurie*< *luxuria*]

Lyceum [lī-si°-am, লাইসি°অ্যাম্] *n.* the garden in which Aristotle taught, অ্যাথেন্স্-নগরের যে উদ্যানে অ্যারিস্টটল্ শিক্ষা দিতেন। *n.* **lycė°um**—কলেজ, মহাবিদ্যালয় ; সাহিত্যচর্চা ও বক্তৃতাদির জন্য স্থান বা অট্টালিকা। [L.<Gk. *Lykeion*]

lych—same as **lich**.

Lycopodium [lī-ka-pō°-di-am, লাইক্যাপৌ°ডিঅ্যাম্] *n.* a plant, লতাবিশেষ, হাতিশুঁড় (?)। [Gk. *lykos*=a wolf, *podos*=a foot]

lyddite [li°-dīt, লি°ডাইট্] *n.* high explosive made in Kent, কেন্টে প্রস্তুত শক্তিশালী বিস্ফোরক পদার্থ। [*Lydd* in kent]

Lydian [li°-di-an, লি°ডিঅ্যান্] **(1)** *a.* of Lydia, লিডিআ-দেশীয় ; (mus.) soft and slow, (সঙ্গীতে) কোমল ও ঢিমে সুরবিশিষ্ট। **(2)** *n.* a native or the language of (ancient) Lydia, (প্রাচীন) লিডিআর লোক বা ভাষা। **Lydian mode**—লিডিআর কোমল ও ঢিমে সুরের সঙ্গীতপ্রণালী। **Lydian stone**—কষ্টিপাথর।

lye [lī, লাই] *n.* a strong alkaline solution, (বস্ত্রাদি ধাবনকার্যে ব্যবহৃত) উগ্র-ক্ষারীয় তরল দ্রব্যবিশেষ। [OE. *leah, leag*—cp. G. *lauge*]

lying$_1$—**(1)** *a.* addicted to telling lies, মিথ্যাবাদী। **(2)** *n.* the habit of telling lies, মিথ্যাবাদিতা। [see *lie$_1$*]

lying$_2$—see **lie$_2$** । **lying-in hospital**—প্রসূতি-হাসপাতাল। **lying-in room**—সূতিকাগার, আঁতুড়-ঘর। **(to) take it lying down**—মুখ বুজিয়া বা নীরবে সহ্য করা।

lyke-wake [līk°-wāk, লাইক্°ওাএইক্] *n.* (arch.) a watch over the dead, মৃতদেহকে পাহারা। [North. form of *lich, wake*]

lymph [limf, লিম্ফ্] *n.* pure water, বিশুদ্ধ জল ; a colourless fluid in animal body, জীবদেহগত বর্ণহীন রসবিশেষ, (পরি.) লসিকা। **lym°-phatic**—**(1)** *a.* লসিকা-সংক্রান্ত ; লসিকার আধিক্য-পূর্ণ মেজাজ বা শারীরিক অবস্থা সংক্রান্ত ; **(2)** *n.* লসিকা-নালী, (পরি.) লসিকাবহ, লসিকায়নী। [L. *lympha*=water]

lynch [linsh, লিন্শ্] *v.t.* to put to death without regular trial, যথাযথ বিচার ছাড়াই মৃত্যুদণ্ড দেওয়া। *p. & p. pt.* **lyn°ched** । *n.* **lynch°-law**—যথাযথ বিচার ছাড়াই মৃত্যুদণ্ডদানের আইন। [*Capt. W. Lynch* of Virginia]

lynx [lingks, লিংক্স্] *n.* an animal of the cat family, বনবিড়ালজাতীয় হিংস্র প্রাণিবিশেষ। *a.* **lynx°-eyed**—হিংস্র ও পিঙ্গল নেত্রবিশিষ্ট। [L. <Gk.]

Lyon [lī°-an, লাই°অ্যান্] *n.* the chief herald of Scotland, স্কট্ল্যান্ডের প্রধান সরকারি ঘোষক। [from the heraldic *lion* of Scotland]

Lyra [līr°-a, লাইয়্যার্°অ্যা] *n.* a northern constellation, উত্তরাকাশের তারকাপুঞ্জবিশেষ। [see *lyre*]

lyrate—see **lyre.**

lyre [lī(r), লায়্যা(র্)] *n.* a harp-like musical instrument, বীণাজাতীয় তারের বাদ্যযন্ত্রবিশেষ। *a.* **lyr°āte**—উক্ত বাদ্যযন্ত্রাকার। *n.* **lyre°-bird**—উক্ত বাদ্যযন্ত্রাকার পুচ্ছযুক্ত অস্ট্রেলিআর পাখিবিশেষ। *n.* **lyre-flower**—শোণিতক্ষরণশীল হৃদ্‌পিণ্ড। *n.* **ly°ric**—গীতিকবিতা ; গান। *a.* **ly°ric(al)**—বীণা বা lyre সংক্রান্ত ; বীণা বাজাইয়া গাওয়ার যোগ্য ; গীতধর্মী ; ব্যক্তিগত আবেগ-প্রকাশক (a *lyric* poem) ; গীতিকবিতা রচনাকারী (a *lyric* poet)। *n.* **lyricism** [li°-ri-sizm, লি°রিসিজ়্ম্] গীতধর্মিতা ; গীতি-কাব্যসুলভ বৈশিষ্ট্য। *n.* **ly°rist**—বীণা বা lyre বাদক ; গীতিকবি। [L. *Lyra*<Gk.]

lysol [lī°-sol, লাই°সল্] *n.* a disinfective solution, বীজঘ্ন আরকবিশেষ। [Gk. *lysis*= dissolution]

M

M, m [em, এম্] *n.* the thirteenth letter of the English alphabet, ইংরেজি বর্ণমালার ত্রয়োদশ অক্ষর।

ma [mŭ, মা] childish contr. of **mamma.**

ma'am [mam, ম্যাম্] coll. contr. of **madam.**

maar [mŭ(r), মা(র্)] *n.* a volcanic crater formed by explosion, বিস্ফোরণ বা অগ্ন্যুৎপাতের ফলে আগ্নেয়গিরির মুখে সৃষ্ট বাটির আকারের গর্ত। [Gk.]

Mab [mab, ম্যাব্] *n.* the queen of the fairies, who brings dreams, স্বপ্নদায়িনী পরীরানী।

mac [mak, ম্যাক্] see **mack.**

macabre [ma-kŭ°b(r), ম্যাকা°ব্(র্)] *a.* grim, ভীতিপূর্ণ, করাল ; like the Dance of Death, প্রলয়নৃত্যসম। [F. Heb. *meqaber*=grave-digger]

macadam [ma-ka°-dam, ম্যাক্যা°ড্যাম্] **(1)** *a.* covered with small broken stones, খোয়া বাঁধান। **(2)** *n.* a macadamized road, খোয়া-বাঁধান রাস্তা ; materials for macadamizing, খোয়া। *v.t.* **maca°damīze**—খোয়া দিয়া বাঁধান। *n.* **macadamizā°tion** । [*J. L. Macadam*]

macaroni [ma-ka-rō°-ni, ম্যাক্যারৌ°নি] *n.* a food of wheat paste formed into long tubes, গুলাবি রাবড়িজাতীয় বা সেমাইজাতীয় খাবার-বিশেষ ; a dandy affecting continental tastes, (অষ্টাদশ শতাব্দীর ইউরোপে) বিশ্বজনীন রুচিসম্পন্নতার ভানকারী (সজ্জা-) বিলাসী ব্যক্তি ; a medley, বিভিন্ন বস্তুর সংমিশ্রণ, জগাখিচুড়ি ; (sl.) an Italian, (অশি.) ইটালীদেশের লোক। *pl.* **maca°rōni(e)s** । **macaronic** [ma-ka-ro°-nik, ম্যাক্যার°নিক্] **(1)** *a.* পাঁচমিশালি ভাষায় রচিত ; **(2)** *n.* ঐরূপ ভাষায় রচিত কবিতা। [It. *maccaroni*]

macaroon [ma-ka-rōōn°, ম্যাক্যারূন্°] *n.* a biscuit or cake made chiefly of almonds and sugar, প্রধানতঃ বাদাম ও চিনি সহযোগে প্রস্তুত কেক বা সুমিষ্ট বিস্কুটবিশেষ। [F. *macaron*>It. *maccarone*]

macassar-oil [ma-ka°-sar-oyl, ম্যাক্যা°স্যার্-অয়্ল্] *n.* a hair-oil, উদ্ভিজ্জ কেশতৈলবিশেষ, রেড়ির তেল (?)। [*Macassar* or *Mangkasara* in Celebes]

macaw [ma-kaw°, ম্যাক্য°] *n.* a long-tailed parrot, আমেরিকার লম্বা লেজওয়ালা টিয়াবিশেষ। [Port. *macao*]

mace$_1$ [mās, মেইস্] *n.* the aril of the nutmeg, জৈত্রী। [F. *macis*]

mace$_2$ [mās, মেইস্] *n.* a heavy metal-headed spiked club, ধাতু দিয়া মুখ-বাঁধান এবং অগ্রভাগে সূক্ষ্ম দণ্ডযুক্ত ভারী গদাবিশেষ; a similar staff used as a mark of authority, কর্তৃত্বের চিহ্নরূপে বাহিত অনুরূপ আকারের দণ্ড, আসাসোঁটা; a stick used in some game, বিলিআর্ড ব্যাগ্যাটেল্ প্রভৃতি খেলার লাঠি। *n.* **māce°-bearer, ma°cer**—কর্তৃত্বসম্পন্ন ব্যক্তির সামনে সামনে তাঁহার কর্তৃত্বের নিদর্শন-দণ্ড বহন করিয়া যে ব্যক্তি চলে, আসাসোঁটাবাহী, কারপরদাজ। [OF.]

Macedonian [ma-si-dō°-ni-an, ম্যাসিডৌ°নিঅ্যান্] **(1)** *a.* of Macedon in Greece, গ্রীসের মাসিডন-প্রদেশের। **(2)** *n.* a native of Macedon, মাসিডনের লোক।

macerate [ma°-sa-rāt, ম্যা°স্যারেইট্] *v.t.i.* to soften by soaking, ভিজাইয়া নরম করা বা ভিজিয়া নরম হওয়া; to waste away by fasting, উপবাসে ক্ষয় করা বা ক্ষয় হওয়া। *p.* ও *p. pt.* **ma°cerātėd**। *n.* **macerā°tion, macerā°tor**। [L. *macerare*]

Mach [mŭk, মাক্] *n.* the ratio of the air speed of an object (e. g. an aircraft) to the speed of the sound, চলন্ত বস্তুর (যথা বিমানপোতের) শব্দের গতিবেগের তুলনায় উহার (বা বিমানপোতের) ধাবনবেগের আনুপাতিক অঙ্ক [usu, **Mach number**: আনুপাতিক অঙ্ক এক (**Mach I**) হইলে উভয় গতিবেগ সমান, একের কম হইলে বস্তুর গতিবেগ শব্দের গতিবেগ অপেক্ষা কম এবং একাধিক হইলে বস্তুর গতিবেগ শব্দর গতিবেগ অপেক্ষা অধিক]। *n.* **machmeter**—ম্যাকসংখ্যা নির্দেশক যন্ত্র। [Ernst *Mach*, an Austrian physicist (1838-1916]

machan [mu-chŭn°, মাচান্°] *n.* a shooting-platform, (সচ. বৃক্ষোপরি নির্মিত) শিকারের মাচা। [Hin.]

machete [ma-che°-ti, ম্যাচে°টি; mache-tā ম্যাচে°টেই] *n.* heavy knife used by West Indians Cubans, etc., পশ্চিম ভারতীয় দ্বীপপুঞ্জ কিউবা প্রভৃতি দেশের অধিবাসী কর্তৃক ব্যবহৃত ভারী ছুরি। [Sp. *macho* =hammer]

Machiavellian [ma-ki-a-ve°-li-an, ম্যাকিঅ্যাভে°লিঅ্যান্] **(1)** *a.* destitute of political morality, রাজনীতিতে ন্যায়-অন্যায়-বিচারশূন্য; crafty, কৌশলী, ধূর্ত। **(2)** *n.* an imitator of Machiavelli, ফ্লরেন্সের রাষ্ট্রনীতিবিৎ ম্যাকিঅ্যাভেলির অনুকরণকারী।

machinate [ma°-ki-nāt, ম্যা°কিনেইট্] *v.i.* to lay plots, ষড়্যন্ত্র করা। *p.* ও *p. pt.* **ma°chinātėd**। *n.* **machinā°tion**। *n.* **ma°chinātor**। [L. *machinari* < *machina* = machine]

machine [ma-shēn°, ম্যাশীন্°] **(1)** *n.* any artificial means or contrivance, কৃত্রিম উপায় বা কৌশল; an apparatus for applying mechanical power, যন্ত্র, কল, মেশিন; an engine, এনজিন, চালক-যন্ত্র; a mechanical vehicle, যন্ত্রচালিত গাড়ি; one who can do only what he is told, যন্ত্রস্বরূপ পরবুদ্ধিচালিত নির্বোধ কর্মী; an organized system, সুসংগঠিত ব্যবস্থা বা তন্ত্র। **(2)** *v.t.* to make or operate on with machine, মেশিন দিয়া তৈয়ারি করা বা চালান। *n.* **machine tool**—যন্ত্রচালিত ছেদকাদি। **machine°-gun**—**(1)** *n.* কামানবিশেষ। **(2)** *v.t.* (কাহারও বা কিছুর প্রতি) উক্ত কামান হইতে গুলিবর্ষণ করা। *a.* **machine-māde**—মেশিনে তৈয়ারি। *n.* **machine°-man**—যন্ত্রচালক। *n.* **machi°nery**—মেশিনসমূহ; মেশিনের কলকব্জা; কিছু কার্যকর করার বা চালু রাখার ব্যবস্থা (administrative *machinery*, প্রশাসন ব্যবস্থা)। *n.* **machi°nist**—মেশিন-নির্মাতা; মেশিন ও যন্ত্রপাতি সম্বন্ধে পারদর্শী ব্যক্তি, যন্ত্রবিৎ; যে ব্যক্তি মেশিনে কাজ করে, যন্ত্রচালক। [F. < L. *machina* < Gk. *mekhane* = contrivance]

mack$_1$ [mak, ম্যাক্] *n.* coll. abbr. for **mackintosh**।

mack$_2$ [mak, ম্যাক্] *n.* a pimp, procurer, অবৈধ প্রণয়ের দালাল, কোটনা। [OF. *makerel*]

mackerel [ma°kr(a)l, ম্যা°ক্‌র্‌ল্] *n.* a seafish, সামুদ্রিক মৎস্যবিশেষ। **mackerel sky**—পেঁজাতুলার ন্যায় খণ্ড খণ্ড সাদা মেঘে চিত্র-বিচিত্রিত আকাশ। [OF. *makerel*]

mac(k)intosh [ma°-kin-tosh, ম্যা°কিন্‌টশ্] *n.* a waterproof cloth or overcoat, জলাভেদ্য বস্ত্র বা জামা, ওআটারপ্রূফ, বর্ষাতি। [patentee's surname]

mackle [mak°l, ম্যাক্‌ল্] *n.* spot or blurred impression in printing, ছাপার দাগ বা অস্পষ্ট ছাপ। [F. *macule*]

macle [ma°kl, ম্যা°ক্‌ল্] *n.* a dark spot in a crystal, স্ফটিকে কাল দাগ; a twin crystal, জোড়া স্ফটিক। *a.* **ma°cled**—দাগযুক্ত। [F. < L. *macula* = spot]

macrame [ma-krŭ°-mi, ম্যাক্রা°মি] *n.* fringe or trimming of knotted thread, গিঁটের ধারের বা কিনারার সুতা বা ছাঁটিয়া দেওয়া অংশ। [Turk. *makrama* = bedspread]

macrobiotic [ma-kro-bī-o°-tik, ম্যাক্রবাইঅ°টিক্] *a.* (of vegetable diet) prolonging life, (নিরামিষ খাদ্যাদি সম্বন্ধে) আয়ু-বর্ধক। [Gk. *makros. bios*]

macrocephalic [ma-kro-se-fa°-lik, ম্যাক্রসেফ্যা°লিক্], **macrocephalous** [ma-kro-se-fa°-las, ম্যাক্রসেফ্যা°ল্যাস্] *a.* having a large head, বৃহৎ মস্তকযুক্ত। [Gk. *makros, kephale*]

macrocosm [ma°-krŏ-kozm, ম্যা°ক্রোকজ্‌ম্] *n.* the great world, বিশাল বিশ্ব; the whole universe, নিখিল জগৎ। *a.* **macrocos°mic**। [Gk. *makros* = great, see *cosmos*]

macro-economics [ma°-kro-i-ka-no°-miks, ম্যা°ক্রইক্যানমিক্‌স্] *n.* study of general economics of larger units, বৃহত্তর একক সংক্রান্ত অর্থবিদ্যা বা ধনবিজ্ঞান। [Gk. *makros*=large, see *economy*]

macrometer [ma-kro°-mi-ta(r), ম্যাক্র°মিট্যা(র্)] *n.* an instrument for measuring distant objects, দূরবর্তী বস্তুসমূহ পরিমাপনের যন্ত্রবিশেষ। [Gk. *makros*=long, see *meter*]

macron [ma°-kron, ম্যা°ক্রন্] *n.* a straight line placed over a vowel to show that it is long, স্বরবর্ণের দীর্ঘতা-নির্দেশার্থ মাত্রা (e.g. bē)। [Gk.]

macula [ma°-kū-la, ম্যা°কিউল্যা] *n.* a spot, (চর্ম সূর্য ধাতু প্রভৃতির) দাগ। *pl.* **maculæ** [ma°-kū-lē, ম্যা°কিউলী]। [L.]

mad [mad, ম্যাড্] *a.* insane, উন্মাদগ্রস্ত, বিকৃতমস্তিষ্ক, পাগল; proceeding from madness, উন্মত্ততাপ্রসূত; frantic, ক্ষিপ্ত, পাগলের ন্যায় অস্থির; extremely foolish and rash, যৎপরোনাস্তি মূর্খ ও হঠকারী; extravagantly playful, অত্যধিক রঙ্গপ্রিয় বা হাসিখুশি, পাগলাটে। **like mad**—পাগলের মত; প্রচণ্ডভাবে। **(to) go mad**—পাগল হইয়া যাওয়া। *n.* **mad°cap**—পাগল, বিকৃতমস্তিষ্ক ব্যক্তি, খেপা, অতি মূর্খ ও হঠকারী ব্যক্তি; অতি রঙ্গপ্রিয় বা হাসিখুশি ব্যক্তি, পাগলাটে লোক। *v.t.i.* **ma°dden**—পাগল করা বা হওয়া; অতিশয় ক্রুদ্ধ করা বা হওয়া। *a.* **ma°dding**—বিকৃতমস্তিষ্ক; ক্ষিপ্ত; পাগলের ন্যায় আচরণকারী। *n.* **mad°-doctor**—উন্মাদরোগের চিকিৎসক। *n.* **mad°-house**—উন্মাদাগার, পাগলাগারদ, পাগলের হাসপাতাল। *adv.* **mad°ly**। *n.* **mad°man**—পাগল, উন্মাদগ্রস্ত ব্যক্তি; ক্ষিপ্ত ব্যক্তি। *fem.* **mad°woman**। *n.* **mad°ness**। [OE. *gemaed(e)d*<O. Sax. *gimed*=foolish]

madam [ma°-dam, ম্যা°ড্যাম্] (**1**) *n.* a courteous form of address to a lady, (প্রধানতঃ বর্ষীয়সী বা বিবাহিতা) মহিলাকে সম্বোধনের ভদ্রতাসূচক আখ্যাবিশেষ, ঠাকরুন। (**2**) *v.t.* to address as madam, 'ম্যাড্যাম্' বলিয়া ডাকা (don't *madam* me)। *n.* **madame** [ma°-dam, ম্যা°ড্যাম্] ইংরেজ ভিন্ন অন্য মহিলার বিশেষতঃ ফরাসি মহিলার নামের পূর্বে প্রযোজ্য আখ্যাবিশেষ, শ্রীযুক্তা। *pl.* **mesdames** [mā°-dam, মেই°ড্যাম্] [F. *ma*=my, *dame*=lady]

madder [ma°-da(r), ম্যা°ড্যা(র্)] *n.* a creeper with yellowish flowers, পীতাভ পুষ্পপ্রসূ লতাবিশেষ; a red dye prepared from its root, ঐ লতার মূল হইতে তৈয়ারি লাল রঞ্জকবিশেষ। [OE. *mæd(d)re*—cp. ON. *mathra*, Sw. *madra*]

made—see **make**.

Madeira [ma-dēr°-a, ম্যাডিয়্যা(র্)°অ্যা] *n.* a rich wine, ম্যাডিয়্যার্যা দ্বীপের উৎকৃষ্ট মদ্যবিশেষ। [the island of *Madeira*]

mademoiselle [ma-dam-zel°, ম্যাড্যাম্‌জ়েল্°, mud-mŏ-ŭ-zel°, মাদ্‌মোআজেল্°] *n.* a form of address to an unmarried woman, ইংল্যানড ছাড়া অন্যান্য দেশের বিশেষতঃ ফ্রান্সের কুমারীদিগকে সম্বোধনের আখ্যাবিশেষ। *pl.* **mesdemoiselles** [me-dam-zel°, মেড্যাম্‌জ়েল্°]। [F. *ma*=my, *demoiselle*=damsel]

Madonna [ma-do°-na, ম্যাড°ন্যা] *n.* Virgin Mary, যিশু-জননী কুমারী মেরি, বিশেষতঃ চিত্রাদিতে অঙ্কিত তাঁহার মাতৃমূর্তি। *n.* **Mado°nna-lily**—শুভ্র লিলি-ফুলবিশেষ। [It.=my lady<L. *mea*=*domina*]

madrasa(h), madrassah [ma-dra°-sa, ম্যাড্র্যা°স্যা] *n.* a Mohammedan college or mosque school, মাদ্রাসা। [Ar.]

madrigal [ma°-drig(a)l, ম্যা°ড্রিগ্‌ল্] *n.* a short amatory lyric, প্রেমমূলক ক্ষুদ্র গীতি-কবিতা বা গান। [It. *madrigale*]

Maelstrom [māl°-strōm, মেইল্‌°স্ট্রৌম্] *n.* a famous whirlpool of the Norwegian coast, নরওয়ের উপকূলের নিকটস্থ বিখ্যাত জলাবর্ত বা ঘূর্ণিজল। *n.* **mael°strōm**—বিশাল জলাবর্ত; অদম্য বিনাশশক্তিসম্পন্ন কিছু (the *maelstrom* of revolution)। [Du.=a whirlpool]

maenad [mē°-nad, মী°ন্যাড্] *n.* a female follower of Bacchus, গ্রীক আসব-দেবতা ব্যাক্যাসের উপাসিকা; a woman beside herself with frenzy, উত্তেজনায় আত্মহারা স্ত্রীলোক। [Gk. *mainados*=raving]

maestro [mās°-trō, মেইস্‌°ট্রৌ] *n.* a great musical composer or teacher or conductor, সঙ্গীতের বিশিষ্ট রচয়িতা বা শিক্ষক বা মূল-গায়েন বা অধিকারী। [It.]

maffick [ma°-fik, ম্যা°ফিক্] *v.i.* to exult riotously, প্রচণ্ড হইচইসহকারে আনন্দ করা। *p.* & *p. pt.* **ma°fficked**। [back formation from *Mafeking*, treated jocularly as a gerund, from the scenes in the streets of London on the news of the relief of the town (1900)]

mag [mag, ম্যাগ্] *n.* (coll.) a periodical publication, সাময়িক পত্রিকা। [abbr. of *magazine*]

magazine [ma-ga-zēn°, ম্যাগ্যাজ়ীন্°] *n.* a storehouse, ভাণ্ডার; a military store-room, (প্রধানতঃ অস্ত্রশস্ত্রের) সামরিক ভাণ্ডার, অস্ত্রাগার, সেলাখানা; a chamber in a rifle for extra cartridges, রাইফেলে অতিরিক্ত কার্তুজ্ রাখার খোপ; a periodical publication, সাময়িক পত্রিকা। [F. *magasin*<It. *magazzino*<Ar. *makhazin*]

For words in *mad-*, not given separately, see **mad**.

magdalen(e) [mag°-da-lēn, , ম্যাগ্‌ড্যালীন্‌, mawd°-lēn, ম্যড্‌°লীন] *n.* a repentant prostitute, অনুতপ্ত বারাঙ্গনা। [B.]

mage—see **Magus.**

magenta [ma-jen°-ta, ম্যাজেন্‌°ট্যা] *n.* a brilliant crimson dye, টক্‌টকে লাল রঞ্জকবিশেষ খুনখারাবি, ম্যাজেন্‌টা রঙ্। [the battle of *Magenta*, during which this dye was discovered]

maggot [ma°-gat, ম্যা°গ্যাট্‌] *n.* a larva, কোনকোন কীটপতঙ্গের শূক; a fad, খেয়াল। **(to) have a maggot in one's head**—অদ্ভুত খেয়াল বা কল্পনার বশবর্তী হওয়া। *a.* **ma°ggoty**—উক্ত শূকপূর্ণ (*maggoty* cheese); খেয়ালি। [ME. *maddok* ?]

Magi—see **Magus.**

magic [ma°-jik, ম্যা°জিক্‌] *n.* the art of producing results by pretended control of nature or spirits, ভেল্‌কি, ভোজবাজি, ইন্দ্রজাল; enchantment, sorcery, মোহিনীবিদ্যা, মায়াবিদ্যা, কুহক, জাদু; mysterious agency or power, গুপ্ত প্রভাব বা শক্তি। **black magic**—জাদুবিদ্যা, ডাইনি-বিদ্যা। **magic lantern**—পরদাদির উপরে চিত্র অভিক্ষেপণের যন্ত্র, ম্যাজিক লণ্ঠন। **magic square**—ক্ষুদ্র ক্ষুদ্র বর্গক্ষেত্রে বিভক্ত বৃহত্তর বর্গক্ষেত্র: ক্ষুদ্র বর্গগুলির মধ্যে লিখিত সংখ্যাসমূহ এমনভাবে সাজান হয় যে উপর-নিচ, পাশাপাশি এবং কোনাকুনি যোগফল একই হয়। *a.* **ma°gic(al)**—ঐন্দ্রজালিক; মোহিনী; গুপ্ত প্রভাবপূর্ণ বা শক্তিপূর্ণ; বিস্ময়কর ব্যাপার ঘটায় এমন। *adv.* **ma°gically** । *n.* **magician** [maji°sh(a)n, ম্যাজি(শ্‌)ন্‌] (ভোজ-) বাজিকর, ঐন্দ্রজালিক; মায়াবী, কুহকী, জাদুকর; বিস্ময়কর ব্যাপারাদি ঘটাইতে সক্ষম ব্যক্তি। [Gk. *magike*—cp. *Magus*]

magistrate [ma°-jis-trit, ম্যা°জিস্‌ট্রিট্‌] *n.* a civil officer administering law, শাসক ম্যাজিস্‌ট্রেট্‌; a justice of the peace, বিচারক। *a.* **magistē°ial**—শাসকসংক্রান্ত; শাসকোচিত কর্তৃত্বপূর্ণ (a *magisterial* manner); (মতাদি-সম্পর্কে) প্রামাণিক (a *magisterial* opinion)। *adv.* **magiste°rially** । *n.* **ma°gistracy**—শাসকের পদ কর্তব্য বা মর্যাদা; শাসকবর্গ। *a.* **magistral**—শিক্ষক বা শিক্ষকবর্গসংক্রান্ত (*magistral* staff of a school); কর্তৃত্বপূর্ণ; প্রামাণিক; (ঔষধ-সম্বন্ধে) ভেষজশাস্ত্রবহির্ভূত হইলেও ক্ষেত্রবিশেষে চিকিৎসক কর্তৃক প্রযুক্ত। *n.* **ma°gistrateship** । *n.* **ma°gistratūre**—same as **magistracy** । [L. *magister*=master]

magnanimity [mag-na-ni°-mi-ti, ম্যাগ্‌ন্যানি°-মিটি] *n.* greatness of soul, মহত্ত্ব, মহানুভবতা, উচ্চাশয়তা; generosity, সদাশয়তা, উদারতা। *a.* **magna°nimous**—মহৎ, মহানুভব, উচ্চাশয়; সদাশয়, উদার। *adv.* **magna°nimously** । [L. *magnanimitas*<*magnus*=great, *animus*=the mind]

magnate [mag°-nāt, ম্যাগ্‌নেইট্‌] *n.* a great man, মহৎ ব্যক্তি, বিরাট্‌ ব্যক্তি; a man of rank, wealth or power, সম্ভ্রান্ত বা ধনশালী বা ক্ষমতাবান্‌ ব্যক্তি। [L. *magnas*<*magnus*=great]

magnesia—see **magnesium.**

magnesium [mag-nē-zi-am, ম্যাগ্‌নী°জ়িঅ্যাম্‌] *n.* a metallic element, মৌলিক ধাতব পদার্থবিশেষ। **magnesium flare** or **light**—প্রজ্বলিত ম্যাগনেসিআমের উজ্জ্বল আলো বা দীপ্তি। *n.* **magnesia** [mag-nē°-sha, ম্যাগ্‌নী°স্যা] (ঔষধরূপে ব্যবহৃত) ম্যাগ্নেজিঅ্যাম্‌-ভস্ম। [see *magnet*]

magnet [mag°-nit, ম্যাগ°নিট্‌] *n.* the lodestone, চুম্বক-পাথর; a piece of magnetic steel, চৌম্বকশক্তিসম্পন্ন লৌহখণ্ড। *a.* **magne°tic**—চুম্বকীয়, চৌম্বক; প্রবল আকর্ষণশক্তিসম্পন্ন; সম্মোহনী (a *magnetic* personality)। **magnetic field**—চৌম্বক ক্ষেত্র। **magnetic needle**—কম্পাসের কাঁটা, সূচি-চুম্বক। **magnetic tape**—(সঙ্গীত বক্তৃতা প্রভৃতির) শব্দ রেকর্ড করার জন্য চৌম্বকশক্তিসম্পন্ন ফিতা। *adv.* **magne°tically** । *n. pl.* **magnetics**—চুম্বকতত্ত্ব, চুম্বক-বিজ্ঞান। *n.* **mag°nėtism**—চুম্বকত্ব। *a.* **magnėti°zable** । *n.* **magnėtizā°tion** । *v.t.* **mag°nėtize**—চৌম্বকশক্তিসম্পন্ন বা চুম্বকিত করা; চুম্বকবৎ আকর্ষণ করা; সম্মোহিত করা। *n.* **mag°nėtizer** । *n.* **magnē°tō**—চুম্বকচালিত বিদ্যুৎ-উৎপাদী যন্ত্রবিশেষ। *n.* **magneto°meter**—চুম্বকত্ব বা চৌম্বকশক্তির পরিমাণমাপক যন্ত্র। [Gk. *magnetis*=the stone of *Magnesia* in Lydia or Thessaly]

magnifiable, magnification—see **magnify.**

magnificence [mag-ni°-fisns. ম্যাগ্‌নি°ফিস্‌ন্‌স্‌] *n.* (arch.) liberality, (আর্ষ.) ঔদার্য; greatness, মহত্ত্ব; grandeur, জাঁকজমক, চমৎকারিত্ব; (coll.) greatness in size or extent, (কথ্য.) বিশালতা, বিস্তীর্ণতা। *a.* **magni°ficent**—মহৎ, জাঁকাল, চমৎকার; বিশাল, বিস্তীর্ণ। *adv.* **magni°ficently** । [L. *magnificens*=doing great things]

magnify [mag°-ni-fī, ম্যাগ্‌নিফাই] *v.t.* to enlarge, বড় করা, আয়তনাদি বাড়ান, বিবর্ধিত করা; to exaggerate, অতিরঞ্জিত করা (to *magnify* one's importance)। *a.* **mag°nifīable** । *n.* **magnificā°tion** । *n.* **mag°nifīer**—বিবর্ধক বা অতিরঞ্জক ব্যক্তি অথবা বস্তু; যে কাচের মধ্য দিয়া দেখিলে দ্রষ্টব্য পদার্থাদিকে বড় দেখায়, বিবর্ধক কাচ (usu. **magnifying glass**)। [L. *magnificare*]

magniloquent [mag-ni°-lŏ-kwant, ম্যাগ্‌নি°-লোক্যোঅ্যান্‌ট্‌] *a.* speaking in a pompous style, জাঁকাল ভঙ্গিতে. কথাবার্তা বলে এমন। *n.* **magni°lŏquence**—জাঁকাল কথাবার্তা। *adv.* **magni°lŏquently** । [L. *magnus*=great, *loqui*=to speak]

magnitude [mag°-ni-tūd, ম্যাগ°নিটিউড্‌] *n.* greatness, বিশালতা, বিরাটত্ব; size, বিস্তার, প্রসার; importance, গুরুত্ব; (astr.) a scale of brightness, (জ্যোতি.) ঔজ্জ্বল্যের পরিমাণ বা মাত্রা (stars of the first *magnitude*)। [L. *magnitudo*]

magnolia [mag-nō°-li-a, ম্যাগনৌ°লিয়্যা] *n.* a flower plant, চম্পকগোত্রীয় পুষ্পবৃক্ষবিশেষ। [*P. Magnol*, a botanist]

magnum [mag°-nam, ম্যাগ্°ন্যাম্] **(1)** *n.* a two-quart vessel, প্রায় দেড়-সেরি বোতল বা পাত্র; two quarts of liquor, সের দেড়েক মদ। **(2)** *a.* big, large, বড় (*magnum* size)। **magnum opus** [...ō°-pas,...ঔ°প্যাস্] বিরাট্ সাহিত্যকর্মের ভার; সাহিত্যিকের প্রধান রচনা। [L.=big]

magot [ma°-gat, ম্যা°গ্যাট্, ma-gō°, ম্যাগৌ°] *n.* the Barbary ape, উত্তর আফ্রিকা ও জিব্রালটারের উল্লুকবিশেষ; a small grotesque figure in Chinese or Japanese workmanship, চীনা ও জাপানি কারিগর কর্তৃক গঠিত ক্ষুদ্র অদ্ভুতদর্শন মূর্তি-বিশেষ। [F.]

magpie [mag°-pī, ম্যাগ্°পাই] *n.* a chattering bird, অতিশয় কিচ্‌মিচ্‌কারী ছাতার-জাতীয় পক্ষি-বিশেষ। a chatterer, যে ব্যক্তি অনর্থক বক্‌বক্ করে, বাচাল; (fig.) one who collects trifles, (আল.) টুকিটাকি জিনিস-সংগ্রহকারী; (fig.) a petty thief, (আল.) ছিঁচকে চোর। [*mag*<*Margaret*, a chattering woman, pie_1]

Magus [mā°-gas, মেই°গ্যাস্] *n.* an ancient Persian priest, প্রাচীন পারস্যের (অগ্নি-উপাসক) পুরোহিত, পার্শী পুরোহিত; an Eastern magician, পূর্বজগদ্বাসী জাদুকর; a wise man of the East, পূর্বজগদ্বাসী জ্ঞানী ব্যক্তি। *pl.* **Magi** [mā°-jī, মেই°জাই]। *n.* **mage** [māj, মেইজ্] পূর্বজগদ্বাসী জাদুকর বা জ্ঞানী ব্যক্তি। *n.* **mā°gus**—জাদুকর, ভোজবাজিকর। *pl.* **mā°gī** । **Mā°gian**—**(1)** *n.* প্রাচীন পারস্যের পুরোহিত; জাদুকর বা সম্মোহক। **(2)** *a.* উক্ত পুরোহিত অথবা জাদুকর বা সম্মোহক সংক্রান্ত। [L.<Gk. *magos*<O. Pers. *magus*]

Magyar [ma°-gi-ŭ(r), ম্যা°গিআ(র্)] *n.* a member of the Mongoloid race of Hungary, হাংগ্যারির মোঙ্গলগোষ্ঠীয় জাতিবিশেষের লোক। *n.* **ma°gyar (blouse)**—('ম্যাগিয়া' হাতাওয়ালা) একপ্রকার ব্লাউজ। [Magyar]

Mahadeva [mu-ha-dā°-va, মাহাডেইভ্যা] *n.* Siva, শিব, মহাদেব। [Sans.]

Maharaja(h) [mŭ-(h)a-rŭ°-ja, মা(হ্)আ্যারা°-জ্যা] *n.* a title of some Indian princes and landowners, (মুখ্যতঃ ব্রিটিশ আমলের) কোন কোন ভারতীয় সামন্ত নৃপতি ও ভূস্বামীর খেতাব। *fem.* **Maharanee** [mŭ-(h)a-rŭ°-nē, মা(হ্)আ্যারা°-নী]। [corrup. of Hind. *maharaj*=a great king]

Mahatmah [ma-hat°-ma, ম্যাহাট্°ম্যা] *n.* a wise and holy man with supernatural powers, অতিপ্রাকৃত শক্তিসম্পন্ন জ্ঞানী ও পূতচরিত্র ব্যক্তি (Now it is the world-wide appellation of Gandhiji)। [Sans.=a great soul]

mah-jong(g) [mŭ°-jong°, মা°জং°] *n.* a Chinese indoor game for four played with 144 pieces, চীনা পৌরক্রীড়াবিশেষ: ১৪৪টি ঘুঁটি লইয়া চারজনে ইহা খেলে। [C.]

mahogany [ma-ho°-ga-ni ম্যাহ°গ্যানি] *n.* a costly timber-tree, মেহগনি-বৃক্ষ; its timber, মেহগনি-কাঠ; the colour of its timber, মেহ-গনি-বর্ণ, গাঢ় পিঙ্গলবর্ণ। **(to) have one's knees under a person's mahogany**—কাহারও সহিত একত্র ভোজন করা, কাহারও বাড়িতে নিমন্ত্রণ খাওয়া। [?]

Mahommedan [ma-ho°-mid(a)n, ম্যাহ°মিড্‌ন্], **Maho°mètan**—var.'s of **Mohammedan.**

mahout [ma-howt°, ম্যাহাউট্°] *n.* an elephant-driver, মাহুত। [Hin.]

Mahratta [ma-ra°-ta, ম্যার্যা°ট্যা] *n.* & *a.* a warlike Indian race or relating to it, মারাঠা, মহারাষ্ট্রীয়। [Hin. *Marhatta*]

mahwa, mahua [ma°-wa, ম্যা°ওঅ্যা] *n.* a kind of butter-tree, মহুয়া-গাছ। **mahwa butter**—মহুয়ার মউ। [Hind. *mahwa*, Beng. *mahua*]

maid [mād, মেইড্] *n.* an unmarried woman, (সচ. তরুণবয়স্কা) অবিবাহিতা স্ত্রীলোক, কুমারী; a girl, বালিকা, তরুণী; a female servant, ঝি, দাসী, পরিচারিকা (also **maid°servant**)। **maid of all work**—গৃহস্থালীর সর্বকর্মের জন্য নিযুক্তা ঝি। **maid of honour**—রানীর বা রাজকুমারীর সহ-চরী। [contr. of *maiden*]

maidan [mī-dŭn°, মাইডান্°] *n.* an open plain or esplanade or parade-ground, ময়দান। [Pers.]

maiden [mā°dn, মেই°ড্‌ন্] **(1)** *n.* a maid, (প্রধানতঃ তরুণবয়স্কা) অবিবাহিতা স্ত্রীলোক, কুমারী; a girl, বালিকা, তরুণী; a kind of guillotine, এডিন্‌বরার অপরাধীদের প্রাচীন শিরশ্ছেদ-যন্ত্রবিশেষ। **(2)** *a.* unmarried, অবিবাহিতা, কুমারী; female, স্ত্রী-জাতীয়, স্ত্রী-; of a virgin or a young woman, কুমারী বা তরুণী সংক্রান্ত; (fig.) unpolluted, (আল.) অকলুষিত; fresh, তাজা; new, নূতন; unused, অব্যবহৃত; first, প্রথম (*maiden* speech); (of a horse) that has yet to win a prize, (ঘোড়া-সম্বন্ধে) এখন পর্যন্ত কোন বাজিতে পুরস্কার পায় নাই এমন; open to such horses, (ঘোড়দৌড়-সম্বন্ধে) কেবল ঐরূপ ঘোড়াই প্রতিযোগিতা করিবে এমন; grown from a seed, (বৃক্ষাদি-সম্বন্ধে) বীজোৎপন্ন, অঙ্কুরিত; untried, (সৈনিক তরবারি প্রভৃতি সম্বন্ধে) কাজে লাগান হয় নাই এমন, অপরীক্ষিত; (in cricket) in which no runs are scored, (ক্রিকেটে) কোন রান হয় নাই এমন (*maiden* over)। *n.* **mai°denhāir**—পর্ণবিশেষ। *n.* **mai°denhead, mai°denhood**—কুমারীত্ব; কুমারীকাল। *a.* **mai°denlike, mai°denly**—কুমারীসুলভ; নম্র; ধীর-স্থির। **maiden name**—স্ত্রীলোকের বিবাহ-পূর্বকালীন পিতৃবংশীয় নাম;

কুমারী-নাম। **maiden speech**—(প্রধানতঃ ব্যবস্থাপক সভায় কাহারও) প্রথম বক্তৃতা। [OE. *maegden*]

maieutic [mā-ū°-tik, মেইইউ°টিক্] *a.* helping birth, (সচ. চিন্তাশক্তির বা ভাবের) জন্মসহায়ক। *n. sing.* **maieu°tics**—চিন্তাশক্তি বা ভাবের উৎপাদনকল্পে সক্র্যাটিস্ কর্তৃক অবলম্বিত প্রশ্নমূলক পন্থা। [Gk. *maieutikos* < *maia* = a midwife]

mail, [māl, মেইল্] *n.* defensive armour, বর্ম। *a.* **mail°-clad, mai°led**—বর্মসজ্জিত ; বর্মাবৃত ; বর্মরক্ষিত। **the mailed fist**—সশস্ত্র বাহিনী, সশস্ত্র বাহিনী বা তৎকর্তৃক আক্রমণের আশঙ্কা। [F. *maille* < L. *macula* = a spot]

mail, [māl, মেইল্] (**1**) *n.* a bag for the conveyance of letters etc., ডাকবহনের থলি ; the contents of such a bag, উক্ত থলির ভিতরের চিঠিপত্রাদি ; post, ডাক ; correspondence, চিঠিপত্র ; the mail-carrying person or carriage, ডাকবাহক বা ডাকগাড়ি। (**2**) *v.t.* to send by post, ডাকযোগে পাঠান ; to post, ডাকে দেওয়া। *n.* **mail°-bag**—ডাকবহনের থলি। *n.* **mail-box**—(আমে.) ডাকবাক্স। *n.* **mail°-carrier,**—ডাকপিয়ন। *n.* **mail°-coach**—ডাকবাহী (ঘোড়ার) গাড়ি, ডাকগাড়ি। *n.* **mai°ling-list**—যাহাদের নিকট নিয়মিতভাবে ডাকযোগে কিছু (যেমন, নবপ্রকাশিত পুস্তকাদি) পাঠান হয় তাহাদের নামের তালিকা। *n.* **mail°-man**—(আমে.) ডাকহরকরা। *n.* **mail°-plāne**—ডাকবাহী বিমানপোত ; *n.* **mail°-train**—ডাকবাহী রেলগাড়ি। [OF. *male* < OHG. *mal(a)ha* = a sack]

maillot [mī°-yō, মাই°য়ৌ] *n.* one-piece swimming costume, সাঁতারের পোশাকবিশেষ ; a close-fitting garment of athletes, dancers, etc., খেলোয়াড় নর্তকনর্তকী প্রভৃতির আঁটসাঁট পোশাক। [F.]

maim [mām, মেইম্] *v.t.* to mutilate, অঙ্গচ্ছেদ করা ; to lame or cripple, খঞ্জ বা পঙ্গু করা ; to disable, অক্ষম করা ; to render defective, ত্রুটিযুক্ত করা। *a.* **mai°med**—বিকলাঙ্গ ; খঞ্জ, পঙ্গু ; অক্ষম ; ত্রুটিযুক্ত। [OF. *mahaing*]

main [mān, মেইন্] (**1**) *n.* physical strength, শারীরিক শক্তি (might and *main*) ; the high sea, উত্তাল সমুদ্র, মাঝ-দরিয়া ; the chief or essential part, প্রধান বা অপরিহার্য অংশ ; anything from which different branches issue forth, বিভিন্ন শাখাপ্রশাখাযুক্ত বস্তু, মূল ; the principal pipe bringing water or gas or the principal wire transmitting electric current from the source of supply, উৎস হইতে জল বা গ্যাস বহনকারী প্রধান পাইপ বা বিদ্যুদ্‌বাহী প্রধান তার ; the principal sewer to which pipes from a building are connected, যে প্রধান ড্রেইন-পাইপের সঙ্গে অট্টালিকার বিভিন্ন ময়লাবাহী পাইপ সংযুক্ত থাকে ; the mainland, দেশের প্রধান বা মূল অংশ (অর্থাৎ পার্শ্ববর্তী দ্বীপাদি নহে)। (**2**) *a.* (poet.) strong, (কাব্যে) শক্তিশালী ; sheer, কেবলমাত্র ; great, মস্ত, বড়, বিশাল ; extensive, বিস্তীর্ণ ; important, গুরুত্বপূর্ণ, জরুরি ; chief, প্রধান, মুখ্য ; first or principal, প্রথম, মৌলিক ; leading, সর্বাগ্রবর্তী ; general, সাধারণ। **a mains set**—যে রেডিয়োযন্ত্রকে চালাইবার জন্য ইলেকট্রিকের প্রধান তারের সঙ্গে সংযোজিত করিতে হয় (অর্থাৎ, ব্যাটারি-দ্বারা চালিত নহে)। **in the main**—অধিকাংশ ক্ষেত্রেই ; মোটের উপর। **Spanish Main**—ক্যারিবিআন্-সমুদ্রের উপকূল ; (শিথি.) ক্যারিবিআন্-সমুদ্র। **(to) have an eye to the main chance**—স্বীয় স্বার্থের প্রতি লক্ষ্য রাখা। **main deck**—জাহাজের মুখ্য ডেক্। *n.* **main°land**—দেশের প্রধান বা মূল অংশ (অর্থাৎ পার্শ্ববর্তী দ্বীপাদি নহে), মূল ভূখণ্ড। *adv.* **main°ly**—প্রধানতঃ, মুখ্যতঃ। *n.* **main°mast**—পোতাদির প্রধান মাস্তুল। *n.* **main°sail**—পোতাদির প্রধান পাল। *n.* **main°spring**—ঘড়ি প্রভৃতি যন্ত্রের চালক-স্প্রিং ; (আল.) মুখ্য উদ্দেশ্য। *n.* **main°stay**—পোতাদির প্রধান মাস্তুল-সংলগ্ন রজ্জুবিশেষ ; (আল.) প্রধান অবলম্বন। *n.* **main°stream**—প্রধান ধারা বা প্রবাহ (the *mainstream* of thought)। *n.* **main°top**—পোতাদির নিম্নতর প্রধান মাস্তুলোপরি মঞ্চবিশেষ। **main yard**—যে পাটাতনের উপরে পোতাদির প্রধান পাল থাকে ; [OE. *maegen* = strength, ON. *meginn* = strong]

maintain [men-tān°, মেন্টেইন্°] *v.t.* to observe, (নিয়মাদি) মানিয়া চলা, পালন করা ; to carry on, চালাইয়া যাওয়া ; to keep in existence, to keep up, বাঁচাইয়া রাখা ; বজায় রাখা (to *maintain* a speed of 40 km. per hour) ; to defend, রক্ষা করা (to *maintain* a position) ; to support, ভরণপোষণ করা, প্রতিপালন করা (to *maintain* a large family) ; to hold or support by argument, (মতাদি) পোষণ করা বা যুক্তিদ্বারা সমর্থন করা ; to keep in good repair or working order, মেরামতাদি দ্বারা কার্যোপযোগী রাখা (to *maintain* the roads)। *a.* **maintai°nable**। *n.* **maintai°ner**। *n.* **main°tėnance**—পালন ; চালু রাখা ; বাঁচাইয়া রাখা ; বজায় রাখা ; রক্ষণ, রক্ষা ; ভরণপোষণ, প্রতিপালন ; পোষণ বা প্রকাশ ; সমর্থন ; চালু ব্যবস্থা ; ভরণপোষণের উপায় বা খরচ। [F. *maintenir* < L. *manu tenere* = to hold in the hand]

maison(n)ette [me-zo-net°, মেজ়নেট্°] *n.* a small house, ছোট বাড়ি ; a part of a house let separately, বাড়ির পৃথগ্‌ভাবে ভাড়া-দেওয়া অংশ। [F. *maisonnette*]

maitre d'hotel [mātr-dō-tel°, মেইট্র্ডৌটেল্°] *n.* major-domo, বাজার-সরকার ; hotel manager, হোটেলের পরিচালক। [F. = housemaster]

maize [māz, মেইজ়্] *n.* a cereal, জনার, ভুট্টা। [Sp. *maiz* < Haitian]

majdoor [maj°-doo(r), ম্যাজ্°ডু(র্)] *n.* a labourer, শ্রমিক, মজুর। [Hind.]

majesty [ma°-jis-ti, ম্যা°জিস্‌টি] *n.* greatness and glory of God, ঈশ্বরের মহত্ত্ব ও মহিমা ; grandeur, জাঁকজমক ; dignity, মর্যাদা ; elevation, (আচরণের বা ভঙ্গির) উন্নত ভাব ; expression of authority, কর্তৃত্বব্যঞ্জক ছাপ ; royal state, রাজপদ, রাজাগিরি ; a title of monarchs, নৃপতিগণের আখ্যাবিশেষ (His or Her *Majesty*) । *a.* **majes°tic(al)**—(ঈশ্বর-সম্বন্ধে) মহৎ ও মহিমময় ; জাঁকাল ; মর্যাদাপূর্ণ ; উন্নত ; কর্তৃত্বব্যঞ্জক ছাপপূর্ণ ; রাজকীয়, রাজোচিত ; সুন্দর, সমুন্নত, মহৎ । *adv.* **majes°tically** । [F *majeste*<L. *majestatis*]

Majlis [maj-lis°, ম্যাজ্‌লিস্‌°] *n.* the Persian parliament, পারস্যের বিধানসভা, মজলিস । *n.* **majlis°**—সভা, মজলিস । [Pers.]

majolica [ma-jo°-li-ka, ম্যাজ°লিক্যা] *n.* glazed or enamelled earthenware, উজ্জ্বলীকৃত বা কলাই-করা মৃন্ময় পাত্র । [It.]

major [mā°-ja(r), মেই°জ্যা(র্‌)] (1) *a.* greater, সংখ্যা পরিমাণ আয়তন মূল্য গুরুত্ব বা মর্যাদায় অধিকতর ; (in boy's school) senior, (ছেলেদের বিদ্যালয়ে) স্কুলে অগ্রে ভর্তি হইয়াছে এমন । (2) *n.* a person of full age, সাবালক বা সাবালিকা, প্রাপ্তব্যবহার, পূর্ণবয়স্ক বা পূর্ণবয়স্কা ; a military rank, স্থলবাহিনীর সেনাপতিবিশেষ বা তাহার খেতাব । (3) *v.i.* to specialize in a subject at college or university, কোন বিষয়ে কলেজ বা বিশ্ববিদ্যালয়ে বিশেষ পারদর্শিতা অর্জন করা (he has *majored* in philosophy) । **major axis**—(গণি.) পরাক্ষ । *n.* **mā°jor-dō°mō**—পরিবারের বাজার-সরকার । [Sp.] । *n.* **mājor-general**—স্থলবাহিনীর সেনাপতিবিশেষ বা তাহার খেতাব । **major scale**—(সঙ্গীতে) স্বরগ্রামের অপরিহার্য গম্ভীর ধ্বনিবিশেষ । *n.* **majority** [ma-jo°-ri-ty, ম্যাজ°রিটি] প্রাধান্য ; সংখ্যাধিক অংশ ; সংখ্যাগুরু সম্প্রদায়, (পরি.) অধিজন ; সংখ্যাধিক্য (he was elected by a large *majority*) ; সাবালকত্ব, পূর্ণবয়স্কতা (he has not yet attained or reached his *majority*) । **(to) be in the majority**—সংখ্যাগুরু হওয়া । [L.]

make [māk, মেইক্‌] (1) *v.t.* to fashion, construct, compose or form, তৈয়ারি করা, উদ্ভাবন করা, গঠন করা, নির্মাণ করা ; রচনা করা (you can *make* almost anything out of bamboo) ; to create, সৃজন করা ; to produce, উৎপাদন করা ; to bring into being, প্রবর্তন করা ; to establish, স্থাপন করা ; to contract, চুক্তি করা ; to conclude, সিদ্ধান্ত করা ; to perform, সম্পাদন করা ; to bring about, ঘটান ; to force, বাধ্য করান ; to render, পরিণত করান ; to appoint, নিযুক্ত করা ; to reckon, গণনা করিয়া পাওয়া ; to prepare, প্রস্তুত করা ; to obtain or earn, পাওয়া বা অর্জন করা (to *make* a living, money, a profit, etc.) ; to score or win (ক্রীড়াদিতে পয়েন্ট প্রভৃতি) লাভ করা (to *make* a run) ; to fulfil or accomplish, পূর্ণ করা (to *make* a rubber in contract bridge) ; to do, করা । (2) *v.i.* to behave, আচরণ করা ; to go, যাওয়া, গমন করা ; to proceed, যাত্রা করা, অগ্রসর হওয়া । *p.* & *p. pt.* **māde** । (3) *n.* form or shape, আকার ; গঠন ; type, শ্রেণী, প্রকার ; making, নির্মাণ, তৈয়ারি (a shirt of first-class *make*) ; brand, পণ্যদ্রব্যাদির বৈশিষ্ট্যসূচক সংজ্ঞা ; quantity made, উৎপাদনাদির পরিমাণ । **on the make**—(অশি.) লাভ-করা সংক্রান্ত ; অর্জনরত । **(to) make after**—অনুসরণ করা । **(to) make against**—(কাহারও) বিরুদ্ধে বিদ্রোহ করা বা বলা । **(to) make at**—(কাহারও) বিরুদ্ধে অগ্রসর হওয়া । **(to) make away (with)**—পথ হইতে সরাইয়া ফেলা ; পরিহার করা ; নিকাশ করা, বিনাশ করা, বধ করা । **(to) make-believe**—ভান করা (also see **believe**) । **(to) make do and mend**—নূতন দ্রব্যাদি (যেমন, জামাকাপড় বাসনকোসন আসবাবপত্র) ক্রয় করার পরিবর্তে পুরাতন দ্রব্য সারাই করিয়া বা নূতন করিয়া গড়াইয়া কাজ চালান । **(to) make do with, (to) make (it) do**—(দ্রব্যাদি) পর্যাপ্তপরিমাণ বা সন্তোষজনক না হওয়া সত্ত্বেও কাজ চালাইয়া লওয়া । **(to) make for**—কিছুর লক্ষ্যে যাত্রা করা ; খোঁজা ; ধরার বা পাওয়ার জন্য যাওয়া । **(to) make of**—উপাদানাদি দ্বারা গঠন করা বা তৈয়ারি করা ; অর্থ গ্রহণ করা (can you *make* anything *of* it) । **(to) make off**—ছুটিয়া চলিয়া যাওয়া বা পলাইয়া যাওয়া ; (সচ. কুকর্মসাধনের পর) অকস্মাৎ চলিয়া যাওয়া, চম্পট দেওয়া । **(to) make off with**—(কিছু) অপহরণপূর্বক পলাইয়া যাওয়া । **(to) make or break, (to) make or mar**—সফল করা বা নষ্ট করা, সংসাধন করা বা পণ্ড করা । **(to) make out**—দেখিতে পাওয়া ; খুঁজিয়া পাওয়া, প্রতিপাদন করা । **(to) make over**—নূতন করিয়া তৈয়ারি করা ; পুনর্গঠন করা ; হস্তান্তর করিয়া দেওয়া । **(to) make the best of**—সর্বোত্তমভাবে কাজে লাগান ; নিজেকে পারিপার্শ্বিক অবস্থার সঙ্গে খাপ খাওয়াইয়া লওয়া । **(to) make up**—মিথ্যা রচনা করা, সাজান (the whole account is *made up*) ; ভান করা ; সংগ্রহ করা ; একত্রিত করা ; গঠন করা, রচনা করা ; বিন্যাস করা ; মেরামত করা ; মীমাংসা বা মিটমাট করা অথবা করান ; সম্পূর্ণ করা ; অভাবপূরণ করা, পরিপূরণ করা (to *make up* lost ground) ; খেসারত দেওয়া, ক্ষতিপূরণ করা ; (অভিনেতা বা অভিনেত্রী কর্তৃক) সাজসজ্জা করা ; (মুদ্রণ.) পৃষ্ঠানুযায়ী সাজান । **(to) make up to**—বন্ধুত্ব তোষামোদ বা প্রণয়ের সহিত সমীপস্থ হওয়া । **māke°-believe**—(1) *n.* ভান । (2) *a.* ভান-করা । *n.* **mā°ker** । **the Maker**—সৃষ্টিকর্তা, ঈশ্বর । **māke-shift**—(1) *n.* অস্থায়ী ব্যবস্থা বা বদলি । (2) *a.* অস্থায়ী ব্যবস্থারূপে বা বদলিরূপে কৃত নিযুক্ত প্রভৃতি । *n.* **māke°-up**—গঠনপ্রণালী, বিন্যাস ; মেজাজ, স্বভাব ; অভিনেতা বা অভিনেত্রীর সাজসজ্জা ; ছদ্মবেশ ; (মুদ্রণ.) পৃষ্ঠানুযায়ী বিন্যাস । *n.* **māke°weight**—(দাঁড়িপাল্লা প্রভৃতির)

ওজন ঠিক করার যে পাষাণ চাপান হয়। *n.* **mā°king**—গঠন, নির্মাণ, রচনা, উদ্ভাবন ; আকৃতি, গঠন ; (in *pl.*) লাভসমূহ, সৃষ্ট বা অর্জিত বস্তুসমূহ। **(to) be the making of**—উপকারসাধন করা ; উত্তমরূপে বর্ধিত করা বা উন্নতিসাধন করা। **(to) have the makings of**—কিছু হইবার পক্ষে প্রয়োজনীয় গুণ-সম্পন্ন হওয়া (he *has the makings of* a great scholar)। [OE. *macian*—cp. G. *machen*]

mal- [mal, ম্যাল্] *pfx.* bad, opposing, মন্দ, বিরুদ্ধ। *a.* **ma°ladjus°tėd**—সমন্বয়হীন। *n.* **ma°ladjust°ment**—ত্রুটিপূর্ণ সমন্বয়, সুসমন্বয়ের অভাব। *n.* **ma°ladministrā°tion**—কু-শাসন। *a.* **maladroit°**—অনিপুণ, অদক্ষ ; অচারু, জবুথবু। **ma°la°propos**—(**1**) *a.* অপ্রাসঙ্গিক ; অনুপযোগী ; বেমানান ; অসঙ্গত। (**2**) *adv.* অপ্রাসঙ্গিকভাবে ; অনুপযোগী বা বেমানানভাবে ; অসঙ্গতভাবে ; অযৌক্তিকভাবে। *a.* **malfor°med**—কুগঠিত ; বিকলাঙ্গ। *n.* **mal°formā°tion**—ত্রুটিপূর্ণ গঠন ; কুগঠন ; বিকলাঙ্গতা। **malfunc°tion**—(**1**) *n.* সন্তোষজনকভাবে কাজের অক্ষমতা। (**2**) *v.i.* যথাযথ কাজ করিতে না পারা। *n.* **mal°nūtri°tion**—অসম্পূর্ণ বা ত্রুটিপূর্ণ পুষ্টি, পুষ্টির অভাব, অপুষ্টি। *a.* **ma°lō°dorous**—দুর্গন্ধ। *n.* **mal°prac°tice**—অসৎ বৃত্তি বা আচরণ ; দুষ্কর্ম, অপকর্ম ; চিকিৎসক কর্তৃক রোগীর অবৈধ বা হেলাফেলাপূর্ণ চিকিৎসা, অপচিকিৎসা। *v.t.* **maltreat°**—(কাহারও প্রতি) দুর্ব্যবহার করা ; পীড়ন বা অত্যাচার করা। *p.* & *p. pt.* **maltrea°tėd**। [F.]

Malacca cane [ma-la°-ka kān, ম্যাল্যা°ক্যা কেইন্], **mala°cca**—*n.* a walking-cane made of rattan, সর্বাপেক্ষা মোটা বেতের তৈয়ারী ছড়ি। [*Malacca* in Malay]

malachite [ma°-la-kīt, ম্যা°ল্যাকাইট্] *n.* a green mineral, এক প্রকার সবুজ মণিক বা খনিজ পদার্থ। [Gk. *malache*=mallow]

maladjusted, maladjustment, maladministration, maladroit—see **mal-**.

malady [ma°-la-di, ম্যা°ল্যাডি] *n.* illness, disease, পীড়া, ব্যাধি। [F. *maladie*<*malade*=sick<L. *male habitus*=in ill condition]

mala fide [mā°-la fī°-di, মেই°ল্যা ফাই°ডি] *adv.* & *a.* in bad faith, বিশ্বাসঘাতকতাসহকারে বা বিশ্বাসঘাতকতাপূর্ণ। [L.]

malaise [ma°-lāz°, ম্যা°লেইজ্°] *n.* a feeling of illness or uneasiness, অসুস্থতাবোধ বা অস্থিরতাবোধ। [F.]

malapert [ma°la-pa(r)t, ম্যা°ল্যাপ্যা(র্)ট্] (**1**) *a.* (arch.) bold or saucy, (আর্ব.) স্পর্ধিত বা ধৃষ্ট। (**2**) *n.* such a person, স্পর্ধিত বা ধৃষ্ট ব্যক্তি। [*mal-*, OF. *appert*<*espert*—see *expert*]

malapropism [ma°la-pro-pizm, ম্যা°ল্যাপ্র-পিজ্ম্], **ma°laprop**—*n.* ludicrous misuse of words, শব্দের হাস্যকর অপব্যবহার (e.g. *derangement* of *epitaphs* for *arrangement* of *epithets*)। [*Mrs. Malaprop*, a character in Sheridan's play, 'The Rivals']

malapropos—see **mal-**.

malar [mā°-la-(r), মেই°ল্যা(র্)] (**1**) *n.* the cheek-bone, চোয়ালের হাড়, হন্বস্থি। (**2**) *a.* of the malar, হন্বস্থি-সংক্রান্ত। [L. *mala*=the cheek]

malaria [ma-lār°-i-a, ম্যালেয়্যার্°ইঅ্যা] *n.* a fever, ম্যালেরিয়া। *a.* **malār°ial**—ম্যালেরিয়া-সংক্রান্ত ; ম্যালেরিয়া-ঘটিত ; ম্যালেরিয়া বীজবাহী (*malarial* parasite)। *a.* **malār°ious**—সহজে ম্যালেরিয়ায় আক্রান্ত হয় এমন। [It. *mal'aria*=bad air]

malark(e)y [ma-lŭ(r)°-ki, ম্যালা(র্)°কি] *n.* nonsense, unfounded story, বাজে কথা, অর্থহীন উক্তি, ভিত্তিহীন কাহিনী। [?]

Malay [ma-lā°, ম্যালেই°], **Malay°an**—(**1**) *a.* of Malay, মালয়-দ্বীপপুঞ্জের। (**2**) *n.* a native or the language of Malay, মালয়ের লোক বা ভাষা। [Mal. *malayu*]

malcontent [mal°-kan-tent, ম্যাল্°ক্যান্টেন্ট্] (**1**) *a.* discontented, (প্রধানতঃ রাজনীতিক ব্যাপারে) অসন্তুষ্ট। (**2**) *n.* a discontented person, অসন্তুষ্ট ব্যক্তি। [OF.]

mal de mer [mal°-da-mā(r)°, ম্যাল্দ্যামে-য়্যা(র্)°] *n.* sea-sickness, সমুদ্রযাত্রীদের বমনাদি-মূলক পীড়াবিশেষ, সমুদ্রপীড়া। [F.]

male₁ [māl, মেইল্] (**1**) *a.* of the impregnating sex, পুংজাতীয় (*male* sex) ; having stamens but no pistil, পুংকেশরযুক্ত কিন্তু গর্ভ-কেশরহীন। (**2**) *n.* a male person or creature, পুরুষমানুষ বা পুরুষপ্রাণী ; a male plant, পুংকেশর-যুক্ত কিন্তু গর্ভকেশরহীন উদ্ভিদ্। [OF.<*masculus*]

male₂ [ma-li, ম্যালি] var. of **mal-**। *n.* **malėdic°tion**—অভিশাপপ্রদান ; অভিশাপ। *a.* **malėdictory**—অভিশাপপূর্ণ ; শাপমূলক। *n.* **malėfac°tion**—অমঙ্গলসাধন ; ক্ষতিসাধন। *n.* **malėfactor**—অমঙ্গলসাধক, ক্ষতিসাধক ; দণ্ডার্হ অপ-রাধী। *a.* **malefic** [ma-le°-fik, ম্যালে°ফিক্], **maleficent** [ma-le°-fisnt, ম্যালে°ফিস্ন্ট্] ক্ষতি-কর ; (সচ. যাদুবিদ্যা-সম্বন্ধে) অমঙ্গলকর ; অপরাধপূর্ণ। *n.* **male°ficence**—ক্ষতিকারিতা ; অপরাধপূর্ণতা। *a.* **malevolent** [ma-le°-va-lant, ম্যালে°ভ্যাল্যা-ন্ট্] (পরের) অমঙ্গলকারী ; পরশ্রীকাতর। *n.* **male°-volence**—(পরের) অমঙ্গল-কামনা ; পরশ্রীকাতরতা। *n.* **malfeasance** [mal°-fē°z(a)ns, ম্যাল্ফী°-জ্ন্স্] কুকর্মসাধন ; (সচ. সরকারি কর্মচারিকৃত) বে-আইনি কাজ। *a.* **mal°fea°sant**—কুকাজ বা বে-আইনি কাজ করে এমন। [L. *mal*=ill]

malformation, malformed—see **mal-**.

malic [mā°-lik, মেই°লিক্] *a.* obtained from apple juice, আপেলের রসজাত। [L. *malum*=an apple]

malice [ma°-lis, ম্যালিস্] *n.* ill-will, spite, (পরের) অশুভ কামনা বা অপকারের ইচ্ছা,

বিদ্বেষ (with *malice* towards nobody)। *a.* **malicious** [ma-li°-shas, ম্যালি°শ্যাস্] বিদ্বেষ-পরায়ণ। *adv.* **mali°ciously**। [F.<L. *malitia* <*malus*=bad]

malign [ma-līn°, ম্যালেইন্°] (**1**) *a.* harmful, ক্ষতিকর, অপকারী (a *malign* influence); tending to cause death, very virulent or infectious (রোগ-সম্বন্ধে) মারাত্মক, অতি প্রবল বা সংক্রামক। (**2**) *v.t.* to slander, to defame, কুৎসা বা কলঙ্ক রটনা করা, মানহানি করা; to grudge, ঈর্ষা বা বিদ্বেষ করা। *n.* **malign°er**। *n.* **malignity** [ma-lig°-ni-ti, ম্যালিগ্°নিটি]। *adv.* **malign°ly**। [F. *malin* (*fem. maligne*) <L. *malignus*]

malignant [ma-lig°-nant, ম্যালিগ্°ন্যান্ট্] *a.* very harmful, অতি অপকারী বা ক্ষতিকর; extremely malicious, যৎপরোনাস্তি বিদ্বেষপূর্ণ; tending to cause death, very virulent or infectious, (রোগ-সম্বন্ধে) মারাত্মক, অতি প্রবল বা সংক্রামক। *n.* **malig°nance, malig°nancy**—চরম অপকারিতা; চরম বিদ্বেষ; মারাত্মকতা; প্রাবল্য বা সংক্রামকতা। *adv.* **malig°nantly**। [L. *malignare*=to act maliciously]

maligner, malignity, malignly—see **malign.**

malinger [ma-ling°-ga(r), ম্যালিং°গ্যা(র্)] *v.i.* to feign sickness in order to avoid duty, কর্তব্য এড়ানর জন্য রোগের ভান করা; to make delay wilfully, ইচ্ছাপূর্বক দেরি করা। *n.* **malin°-gerer**। [F. *malingre*=sickly]

malism [mā°-lizm, মেই°লিজ্‌ম্] *n.* the doctrine that the world is bad, বিশ্ব অপকৃষ্ট বা খারাপ: এই মতবাদ। [L. *malus*=bad]

malison [ma°-lizn, ম্যা°লিজ্‌ন্] *n.* a curse, অভিশাপ। [OF. *maleison*]

mall [mawl, ম্যল্] *n.* a sheltered walk, আচ্ছাদিত ভ্রমণ-স্থান। [see *pall-mall*]

mallard [ma°-la(r)d, ম্যা°ল্যা(র্)ড়্] *n.* the wild drake (also duck), বন্যহংস (হংসীও)। [OF. *mal(l)art*]

malleable—see **malleate.**

malleate [ma°-li-āt, ম্যা°লিএইট্] *v.t.* to hammer, হাতুড়ি দিয়া পিটান; to beat thin, পিটাইয়া পাতলা করা। *p.* & *p. pt.* **ma°llĕātĕd**। *a.* **ma°lleable**—পিটাইয়া বা পাত করিয়া নূতন আকার দেওয়া যায় এমন; (আল. মানুষের প্রকৃতি সম্বন্ধে) যে কোন অবস্থার সঙ্গে নিজেকে মানাইয়া লইবার যোগ্য, নমনীয়। *n.* **malleabi°lity**। *n.* **mallea°tion**। [L. *malleus*=a hammer]

mallet [ma°-lit, ম্যা°লিট্] *n.* a small wooden hammer, কাঠের ছোট হাতুড়ি; a hammerlike stick for playing croquet or polo, ক্রোকে বা পোলো খেলার জন্য হাতুড়িবৎ লম্বা লাঠি। [F. *maillet*]

mallow [ma°-lō, ম্যা°লৌ] *n.* a plant with soft downy leaves, কোমল ও লোমশ পাতা-ওয়ালা গাছবিশেষ। [OE. *m(e)alwe*<*malva*]

malm [mŭm, মাম্] *n.* a calcareous loam, চুনা পাথরবিশেষ (ইহা ইষ্টক তৈয়ারির উত্তম উপাদান)। [OE. *m(e)alm-stan*=a soft stone]

malmsey [mŭm°-zi, মাম্°জ়ি] *n.* a sort of grape, আঙ্গুরবিশেষ; a wine, সুমিষ্ট উগ্র সুরা-বিশেষ। [LL. *malmasia*]

malnutrition, malodorous, malpractice—see **mal-.**

malt [mawlt, ম্যল্ট্] (**1**) *n.* barley etc. prepared for brewing or distilling, মদ্যাদি চোলাইয়ের জন্য যবাদি শস্যের মণ্ড, (পরি.) সীরা; malt liquor, সীরাজাত সুরা। (**2**) *v.t.i.* to make into or become malt, সীরান্বিত করা বা হওয়া; **malt liquor**—সীরাজাত সুরা। *a.* **mal°tĕd**—সীরান্বিত। *n.* **mal°tōse**—সীরাজাত স্ফটিকতুল্য সাদা চিনি। *n.* **malt°ster**—যে ব্যক্তি সীরা তৈয়ারি করে। [OE. *m(e)alt*—cp. G. *malz*]

Maltese [mawl°-tēz°, ম্যল্°টীজ়্°] (**1**) *a.* of Malta, মালটা-দ্বীপের। (**2**) *n.* a native or the language of Malta, মালটার লোক বা ভাষা। [L. *Melita*]

Malthusian [mal-thū°-zi-an, ম্যাল্থিউ°জ়ি-অ্যান্] (**1**) *a.* of Malthus, জন্মনিয়ন্ত্রণ-নীতির উদ্গাতা ম্যাল্থ্যাসের মতানুগামী। (**2**) *n.* a follower of Malthus, ম্যাল্থ্যাসের মতানুগামী ব্যক্তি। [T. R. *Malthus*, English economist (1766-1834]

maltose, maltster—see **malt.**

maltreat—see **mal-.**

malversation [mal-va(r)sā°sh(a)n, ম্যাল্‌ভ্যা(র্)-সেই°শ্‌ন্] *n.* evil conduct, অসাধু আচরণ; misbehaviour in office, কোন (সরকারী) পদা-দিতে অধিষ্ঠিত থাকাকালে অসাধু আচরণ; corrupt administration, কু-শাসন; corruption, অসাধুতা। [F.<L. *male-*$_1$, *versari*=to occupy oneself]

mamba [mum°-bŭ, মাম্°বা] *n.* a deadly snake, আফ্রিকার কৃষ্ণবর্ণ বা সবুজবর্ণ বৃহৎকায় বিষধর সর্পবিশেষ। [Afri. *im mamba*]

mamelon [ma°-ma-lan, ম্যা°ম্যাল্যান্] *n.* a small rounded hillock, ছোট গোলাকার টিলা। [F.=nipple]

Mameluke [ma°-mi-lo͞ok, ম্যা°মিলূক্] *n.* a soldier of a military force formed of Circassian slaves, স্যারকেশিআ-দেশের ক্রীতদাসদের লইয়া গঠিত বাহিনীর সৈনিক; a slave, (প্রধানতঃ শ্বেতাঙ্গ) ক্রীতদাস। [Ar. *mamluk*=a slave]

mamilla [ma-mi°-lŭ, ম্যামি°লা] *n.* the nipple of the mammary gland, স্তনের বোঁটা, চুচুক। *pl.* **mamillæ** [ma-mi°-lē, ম্যামি°লী]। *a.* **mami°llary**—স্তনসংক্রান্ত; চুচুকাকার। [L. *mam(m)illa*]

mam(m)a$_1$ [ma-mŭ°, ম্যামা°] *n.* mother,

(প্রধানতঃ শিশুগণের সম্বোধনে) মা। **ma°mmy**—মা, মাগো। [*ma*, a child's instinctive utterance]

mamma₂ [ma°-ma, ম্যা°ম্যা] *n.* the milk gland, স্তনগ্রন্থি ; the breast, স্তন। *n. pl.* **mammæ** [ma°-mē, ম্যা°মী]। *a.* **mammary**—স্তনসুলভ ; স্তনসংক্রান্ত (*mammary* gland)। [L.]

mammal [ma°m(a)l, ম্যা°ম্‌ল্] *n.* an animal who sucks its mother's breast in infancy, স্তন্যপায়ী প্রাণী। *n.* **mammā°lia**—স্তন্যপায়ী প্রাণিবর্গ। *a.* & *n.* **mammā°lian**। [L. *mammalis*=of the breast]

mammary—see **mamma₂**.

mammon [ma°-man, ম্যা°ম্যান্] *n.* riches, ধনদৌলত। *n.* **Ma°mmon**—ধনদৌলতের অধিদেবতা। **the mammon of unrighteousness** অপব্যবহৃত বা অসদুপায়ে প্রাপ্ত ধনদৌলত। [LL. *mam(m)ona*<Gk. *mam(m)onas*<Aram. *mamon*]

mammoth [ma°-math, ম্যা°ম্যাথ্] (**1**) *n.* an extinct species of gigantic elephant, অধুনালুপ্ত অতিকায় হস্তিবিশেষ। (**2**) *a.* gigantic, অতিকায়। [Rus. *mammot*]

mammy—see **mam(m)a₁**.

man [man, ম্যান্] (**1**) *n.* a human being, মানুষ, মনুষ্য, নর ; mankind, মানবজাতি (*man* is mortal) ; a grown-up human male, individually or collectively, পুরুষমানুষ বা পুরুষজাতি ; a male servant or companion or follower, চাকর, সঙ্গী, দলের লোক, অনুচর ; a workman or employee, শ্রমিক বা কর্মচারী ; a vassal, অনুগামী লোক, প্রজা ; a common soldier, সাধারণ সৈনিক ; a husband, স্বামী, পতি (*man* and wife) ; a virile person, পৌরুষপূর্ণ ব্যক্তি ; a ship, জাহাজ (*man*-of-war) ; a piece in chess etc., দাবা বা অনুরূপ খেলার ঘুঁটি ; a word of familiar address, সম্বোধনবিশেষ, বাপু, ভায়া। *pl.* **men** [men, মেন্]। *fem.* see **woman**। (**2**) *a.* & *in comp.* male, পুরুষজাতীয়, পুং- (*man*-servant)। (**3**) *v.t.* to furnish with men for service or defence, কাজের জন্য বা প্রতিরক্ষার জন্য জনপূর্ণ করা ; to put manhood into, যৌবন বা পৌরুষ বা মানবত্ব সঞ্চার করা ; to strengthen, শক্তিশালী করা ; to manage, পরিচালনা করা। *pr. pt.* **ma°nning**। *p.* & *p. pt.* **ma°nned**। **man about town**—যে নিষ্কর্মা শহরবাসী থিএটার-বায়স্কোপ দেখিয়া ও আড্ডা দিয়া বেড়ায়, শহুরে বাবু। **man and boy**—বাল্যাবধি, আবাল্য। **Man Friday**—সর্বকাজের জন্য নিযুক্ত ভৃত্য (*Friday*, a character in *Robinson Crusoe*)। **man in the moon**—চাঁদের মধ্যে দৃষ্ট কল্পিত মানবমূর্তি, চাঁদের বুড়ি। **man in the street**—সাধারণ লোক। **(one's) man of business**—অ্যাটারনি। **man of his hands**—বীরপুরুষ। **man of letters**—বিদ্বান্ বা পণ্ডিত ব্যক্তি ; লেখক, সাহিত্যিক। **man of straw**—সঙ্গতিশূন্য বা নির্ধন ব্যক্তি ; খড়ে মোড়া প্রতিমূর্তি ; কল্পিত বিপক্ষ ; খেলো বা ফালতু লোক। **man of the world**—সংসারী বা বিষয়ী লোক। **man to man**—(লড়াই বা কথাবার্তা সম্বন্ধে) জনে-জনে, দুইজনে-দুইজনে, হাতাহাতি, মুখোমুখি, নিভৃত ও অকপট। **(a) coming man**—শীঘ্রই গুরুত্বলাভের বা প্রসিদ্ধিলাভের সম্ভাবনাপূর্ণ মানুষ। **son of man**—মানুষ। **Son of Man**—যিশুর আখ্যাবিশেষ ; মানবপুত্র। **strong man**—দৃঢ়চেতা বা কড়া লোক। **to a man, to the last man**—বিনা ব্যতিক্রমে। **(to) be one's own man**—ইচ্ছামত কাজ করিতে পারা ; পূর্ণজ্ঞানবুদ্ধিসম্পন্ন হওয়া। *n.* **man°-at-arms**—(সচ. গুরুভার বর্মাবৃত অশ্বারোহী) সৈনিক। *n.* **man°-child**—পুত্র-সন্তান, ছেলে। *n.* **man°-eater**—নরভুক ; রাক্ষস ; সিংহ-ব্যাঘ্রাদি নরভুক পশু। *a.* **man°ful**—পৌরুষপূর্ণ ; সাহসী ; তেজস্বী। *v.t.* **man°handle**—মনুষ্যদ্বারা (অন্য কোন শক্তিদ্বারা নহে) চালনা করা ; (অশি.) অনিপুণভাবে বা হেলাফেলা করিয়া ব্যবহার করা ; উগ্র বা রুক্ষ আচরণ করা। *a.* **man°hōle**—নর্দমাদির মনুষ্য-প্রবেশোপযোগী আয়তনবিশিষ্ট মুখ বা দ্বার, ম্যানহোল। *n.* **man°hood**—পূর্ণবয়স, যৌবন ; নরত্ব ; পুরুষত্ব। **manhood suffrage**—প্রত্যেক বয়ঃপ্রাপ্ত নাগরিকের ভোটাধিকার। *n.* **man°-hour**—একজন লোক এক ঘণ্টায় যতটা কাজ করিতে পারে। *n.* **man°-hunt**—বধার্থ কোন ব্যক্তির অনুসন্ধান, মনুষ্যশিকার। *n.* **man°kīnd**—মানবজাতি ; পুরুষবর্গ। *a.* **man°-like**—পুরুষালি চেহারাযুক্ত বা গুণসম্পন্ন ; তেজী ; (মেয়েদের সম্বন্ধে) মর্দানি। *n.* **man°linėss**। *a.* **man°ly**—মনুষ্যোচিত ; সাহসী ; মর্যাদাপূর্ণ ; মহৎ ; পুরুষসংক্রান্ত ; পুরুষালি। *a.* **man°-māde**—মনুষ্যসৃষ্ট। *a.* **ma°nnish**—পুরুষতুল্য ; প্রাপ্তবয়স্ক পুরুষতুল্য ; পুরুষালি। *n.* **man°-of-war°**—রণতরী, মানোয়ার। *n.* **man°-power**—মনুষ্য-শক্তি, লোকবল ; এক-একজন মানুষের বা শ্রমিকের কর্মক্ষমতার পরিমাণ ; কর্মাদিতে নিযুক্ত বা নিয়োগসাধ্য লোকগণ। *n.* **man°-servant**—পুরুষ-ভৃত্য, পরিচারক। *n.* **man°-slaughter**—নরহত্যা। *n.* **man°trap**—অনধিকার প্রবেশকারীকে গ্রেপ্তার করার ফাঁদ ; পথিকদের অপ্রত্যাশিত বিপদ্। [OE. *mann*—cp. G. *mann*, *Du. man*, Sans. *manaba*]

manacle [ma°-nakl, ম্যা°ন্যাক্‌ল্] (**1**) *n.* a handcuff, হাতকড়ি। (**2**) *v.t.* to handcuff, হাতকড়ি পরান। [OF. *manicle*<L. *manicula*<*manus* =hand]

manage [ma°-nij, ম্যা°নিজ্] (**1**) *n.* (arch.) a manège, (আর্য.) অশ্বশাসনবিদ্যা বা অশ্বারোহণবিদ্যা। (**2**) *v.t.* to train, (অশ্বাদিকে) শিক্ষা দেওয়া ; to handle, ব্যবহার করা ; to wield, ব্যবহারার্থ নাড়াচাড়া করা ; to conduct, পরিচালনা করা (to *manage* a business well) ; to control, নিয়ন্ত্রণ করা (the police had a great difficulty in *managing* the turbulent mob) ; to rule,

শাসন করা; কর্তৃত্ব করা; to deal tactfully with, কৌশলে ব্যবহার করা বা আচরণ করা; to be able to cope with, সামলাইতে বা বাগ মানাইতে পারা; to manipulate, সুযোগাদির সদ্ব্যবহার করা; to contrive, উদ্ভাবন করা। (3) *v.i.* to conduct affairs, কার্যনির্বাহ করা (I cannot *manage* with inadequate materials)। *a.* **ma°nageable**—পরিচালনসাধ্য; শাসনসাধ্য; বাগ মানান যায় এমন। *n.* **manageabi°lity** । *adv.* **ma°nageably** । *n.* **ma°nagement**—পরিচালনা (the business is now under new *management*); শাসন; (গৃহস্থালীর) ব্যবস্থাপন; পরিচালকবর্গ (both workers and *management* accepted the new agreement); শাসকবর্গ। *n.* **ma°nager**—পরিচালক; শাসক; বাণিজ্য-প্রতিষ্ঠানাদির অধ্যক্ষ; (গৃহস্থালীর) ব্যবস্থাপক। *fem.* **ma°nageress** । *n.* **ma°nagership** । *n.* **managēr°ial**—পরিচালনা বা পরিচালক সংক্রান্ত, শাসন বা শাসক সংক্রান্ত। [It. *maneggio* < L. *manus* = hand]

man-at-arms—see **man.**

manatee, manati [ma-na-tē°, ম্যান্যাটী°] *n.* a large aquatic mammal, বৃহদাকার শুশুকবিশেষ। [Sp. *manati*]

manchild—see **man.**

Manchu, Manchoo [man-chōō°, ম্যান্চু°] (1) *n.* a Manchurian race or their language, মান্চুরিআর জাতিবিশেষ বা তাহাদের ভাষা। (2) *a.* of Manchuria or the Manchus, মান্চুরিআ-দেশ বা মানচু-জাতি সংক্রান্ত। *a.* **Manchurian**—মান্চুরিআ-দেশের। [Manchu = pure]

manciple [man°-sipl, ম্যান্°সিপ্‌ল্] *n.* a steward or purveyor, (বিদ্যালয়াদির) খাদ্যভাণ্ডারী, খাদ্য-বরাদ্দকারী বা বাজার-সরকার। [OE. < L. *mancipis* = a purchaser]

mandamus [man-dā°-mas, ম্যানডেই°ম্যাস্] *n.* a writ issued by a higher court to a lower, উচ্চ আদালত কর্তৃক নিম্ন আদালতের উপর জারি-করা হুকুম-নামা। [L. = we command]

mandarin(e) [man°-da-rin, ম্যান্°ড্যারিন্] *n.* a European name for a Chinese official, ইউরোপীয়দের দেওয়া চীনা সরকারি কর্মচারীর আখ্যা; the standard spoken Chinese, সর্বজনীন কথ্য চীনা-ভাষা; an important official, বিশিষ্ট সরকারি কর্মচারী; a small orange or its colour, ক্ষুদ্র কমলালেবুবিশেষ বা উহার বর্ণ। **mandarin duck**—খাসি-করা হাঁসবিশেষ। [Port. *mandarim* < Mal. *mantri* = counsellor < Sans.]

mandate [man°-dāt, ম্যান্°ডেইট্] *n.* a judicial or legal command from the superior, কর্তৃপক্ষের নিকট হইতে বিচারগত বা আইনগত আদেশ; a rescript of the Pope, পোপের অনুশাসন বা হুকুম; a command, হুকুম; the sanction of electors enabling the parliament to deal with a national question, জাতীয় সমস্যাবিশেষ আলোচনার্থ ব্যবস্থাপক-সভাকে প্রদত্ত জনসাধারণের অনুমতি; power conferred upon a state by the League of Nations or any other similar organization to govern a foreign country, জাতিসঙ্ঘ বা অনুরূপ কোন প্রতিষ্ঠান কর্তৃক কোন রাষ্ট্রকে প্রদত্ত পরদেশ-শাসনের অধিকার। *a.* **man°dāted**—জাতিসঙ্ঘাদির নির্দেশবলে পররাষ্ট্রদ্বারা শাসিত (*mandated* state)। **mandatory** [man°-da-t(a)ri, ম্যান্°ড্যাট্রি] (1) *n.* কার্যভারপ্রাপ্ত বা আদেশপ্রাপ্ত ব্যক্তি; কার্যভার বা আদেশ। (2) *a.* কার্যভারার্পণ বা আদেশদান সংক্রান্ত; জাতি-প্রতিষ্ঠান কর্তৃক পরদেশ-শাসনের অধিকারপ্রাপ্ত বা পররাষ্ট্রদ্বারা শাসিত হইবার জন্য আদিষ্ট; আদেশ-ব্যঞ্জক (*mandatory* power); কর্তৃত্বব্যঞ্জক। [L. *mandatum* < *mandare* = to command]

mandible [man°-dibl, ম্যান্°ডিব্‌ল্] *n.* a jawbone, (প্রধানতঃ অধোভাগের) চোয়াল বা চোয়ালের হাড়; either part of a bird's beak, or any other creature's jaw, পাখির ঠোঁট, অন্যান্য প্রাণীর উপরের বা নিচের চোয়াল। *a.* **mandi°bular**—চোয়াল-সংক্রান্ত। [L. *mandibula*]

mandolin [man°-da-lin, ম্যান্°ড্যালিন্], **mandoline** [man-da-lēn°, ম্যানড্যালীন্°] *n.* a guitar-like instrument, গীটার-সদৃশ তারের বাদ্যযন্ত্রবিশেষ, ম্যান্ডোলীন। [It. *mandolino*]

mandragora [man-dra°-ga-rŭ, ম্যান্‌ড্র্যা°গ্যারা], **mandrake** [man°-drāk, ম্যান্°ড্রেইক্] *n.* a poisonous plant, আলুজাতীয় নিদ্রাকর্ষক বিষাক্ত উদ্ভিদবিশেষ। [L. *mandragora* < Gk. *mandragoras*]

mandrel [man°dr(a)l, ম্যা°ন্‌ড্র্‌ল্], **man°dril** *n.* a variety of steel axle, লৌহনির্মিত চক্রনাভিবিশেষ। [F. *mandrin*]

mandrill [man°-dril, ম্যান্°ড্রিল্] *n.* a baboon, হিংস্র বেবুনবিশেষ। [*man*, West Afr. *drill* = baboon ?]

manducate [man°-dū-kāt, ম্যান্°ডিউকেইট্] *v.t.* to chew, চিবান; to eat, খাওয়া। *a.* **man°dūcable** । *n.* **mandūcā°tion** । *a.* **man°dūcatory** । [L. *manducare* = to chew]

mane [mān, মেইন্] *n.* long hair on the neck of the horse or lion, অশ্ব সিংহ প্রভৃতির কেশর। [OE. *manu*—cp. G. *mahne*]

man-eater—see **man.**

manège [ma-nāz°, ম্যানেইজ্°] *n.* the managing of horses, অশ্বশাসনবিদ্যা; horsemanship, অশ্বারোহণবিদ্যা; a riding-school, অশ্বারোহণ-বিদ্যালয়।]F.]

manes [mā°-nēz, মেই°নীজ্] *n. pl.* (Roman myth.) deified souls of dead ancestors, মৃত পূর্বপুরুষগণের দেবতারূপে পূজিত আত্মা; shade of a dead man as an object of reverence, অর্হণযোগ্য প্রেতাত্মা। [L.]

maneuver—Am. spell. of **manœuvre.**

manful—see **man.**

manganese [mang-ga-nez°, ম্যাংগ্যানীজ়্°] *n.* a metallic element, ধাতুপদার্থবিশেষ, ম্যাঙ্গানীজ্। *a.* **manga°nic**—ম্যাঙ্গানীজ্-ঘটিত : ম্যাঙ্গানীজ্-পূর্ণ। [F.<It.<L. *magnesia*]

mange—see **mangy.**

manger [mān°-ja(r), মেইন্°জ্যা(র্)] *n.* an eating trough for horses and cattle, অশ্ব ও গবাদি পশুর জাবনা-পাত্র। [OF. *mangeoire*<L. *manducare*=to chew]

mangle₁ [mang°gl, ম্যাং°গ্‌ল্] *v.t.* to hack or tear to raggedness, খণ্ডবিখণ্ড করিয়া বা টানা-হেঁচড়া করিয়া কাটা অথবা ছেঁড়া ; to mutilate, অঙ্গচ্ছেদ করা। [AF. *mangler*]

mangle₂ [mang°gl, ম্যাং°গ্‌ল্] (**1**) *n.* a rolling-press for smoothing linen, বস্ত্রাদি ইস্ত্রি করার যন্ত্রবিশেষ। (**2**) *v.t.* to smooth with a mangle, উক্ত যন্ত্রদ্বারা ইস্ত্রি করা। [Du. *mangel*]

mango [mang°-gō, ম্যাং°গৌ] *n.* an East Indian fruit or its tree, আম বা আমগাছ। [Port. *manga*<Mal. *mangga*<Tam. *man-kay*= mango-fruit]

mango-fish [mang°-gŏ-fish, ম্যাং°গোফিশ্] *n.* a fresh-water fish, তপসে-মাছ। [?]

mangosteen [mang°-gŏ-stēn, ম্যাং°গোস্টীন্] *n.* an East Indian fruit or its tree, পূর্বভারতীয় ফলবিশেষ বা তাহার গাছ। [Mal. *mangustan*]

mangrove [mang°-grōv, ম্যাং°গ্রৌভ্] *n.* a tropical tree, গরান গাছ। [?]

mangy [mān°-ji, মেইন্°জি] *a.* scabby, খোস-পাঁচড়াজাতীয় রোগগ্রস্ত ; (fig.) shabby, mean, চেহারায় বা আচরণে ইতর, নীচ। *n.* **mange** [mānj, মেইন্‌জ্] খোসপাঁচড়াজাতীয় চর্মরোগবিশেষ। *n.* **mān°giness**। [F. *mange*=eaten<L. *manducare*=to chew]

manhandle—see **man.**

Manhattan [man-ha°t(a)n, ম্যান্‌হ্যা°ট্‌ন্] *n.* an American cocktail, আমেরিকার প্রথায় বিভিন্ন মদ্যের মিশ্রিত পানীয়বিশেষ। [*Manhattan* in New York]

manhole, manhood, man-hour, man-hunt—see **man.**

mania [mā°-ni-a, মেই°নিঅ্যা] *n.* violent madness, প্রচণ্ড ক্ষিপ্ততা ; insanity, উন্মাদ ; a crazy desire, প্রবল বাতিক, (পরি.) বায়ু (*mania* for a thing or for doing something)। *n.* **mā°niac**—ক্ষিপ্ত ব্যক্তি ; উন্মাদগ্রস্ত বা বায়ুগ্রস্ত ব্যক্তি। *a.* **mā°niac(al)**—প্রচণ্ডভাবে ক্ষিপ্ত। [L.<Gk.]

manicure [ma°-ni-kū(r), ম্যা°নিকিউয়্যা(র্)] (**1**) *n.* the care of hands and nails, হাত ও নখের চিকিৎসা বা প্রসাধন ; one who practises this professionally, হাত ও নখের পেশাদার চিকিৎসক বা প্রসাধক। (**2**) *v.t.* to apply manicure treatment to, হাত ও নখের চিকিৎসা বা প্রসাধন করা। *n.* **ma°nicurist**। [L. *manus*=hand, *cura*= care]

manifest [ma°-ni-fest, ম্যা°নিফেস্‌ট্] (**1**) *a.* easily perceptible, obvious, স্পষ্টতঃ প্রতীয়মান, স্পষ্ট (a *manifest* truth)। (**2**) *v.t.* to make clear, স্পষ্ট করা ; to show clearly, স্পষ্টভাবে দেখান ; to put beyond doubt, সন্দেহাতীত করা ; to reveal or declare, প্রকাশ করা বা ঘোষণা করা। *p.* & *p. pt.* **ma°nifestėd**। (**3**) *n.* an invoice of cargo to be exhibited at custom-house, বহিঃশুল্কের অফিসে প্রদর্শনার্থ জাহাজি মালের চালান। *n.* **manifestā°tion**—গুপ্ত বিষয়াদির প্রকাশ ; যদ্দ্বারা কিছু প্রকাশিত হয় ; বিন্যাসপূর্বক প্রদর্শন ; প্রকাশ ; জনসভা, শোভাযাত্রা ; সমবেতভাবে বিক্ষোভ প্রদর্শন। *adv.* **ma°nifestly**। [L. *manifestus*]

manifesto [ma-ni-fes°-tō, ম্যানিফেস্°টৌ] *n.* a public written declaration, (নৃপতি জননেতা দল প্রভৃতি কর্তৃক উদ্দেশ্য কর্মসূচি মতামত প্রভৃতি সম্বন্ধে) প্রকাশ্য লিখিত ঘোষণা (the election *manifesto*)। *pl.* **manifes°tō(e)ṡ**। [It.]

manifold—see **many.**

manikin [ma°-ni-kin, ম্যা°নিকিন্] *n.* a dwarf, বামন, মানবক ; an anatomical or an artist's model, শারীরস্থান আলোচনায় বা শিল্পকার্যে ব্যবহৃত মানবমূর্তির নমুনা। [Du. *manneken*, dim. of man]

manil(l)a [ma-ni°-la, ম্যানি°ল্যা] *n.* a cheroot made in Manila, ম্যানিলা-নগরে তৈয়ারি চুরুটবিশেষ ; a sort of fibre for ropes, matting, etc., দড়ি মাদুর প্রভৃতি নির্মাণার্থ (প্রধানতঃ শণের) আঁশবিশেষ ; a variety of paper, শণ প্রভৃতি হইতে প্রস্তুত বাদামি কাগজবিশেষ। [*Manila*]

manipulate [ma-ni°-pū-lāt, ম্যানি°পিউলেইট্] *v.t.* to handle or manage, or use skilfully, নিপুণভাবে পরিচালনা করা বা ব্যবহার করা ; to turn to one's purpose or advantage, স্বীয় উদ্দেশ্যসাধনে লাগান বা নিজের পক্ষে সুবিধাজনক করা, স্বকার্যে লাগান। *p.* & *p. pt.* **mani°pūlātėd**। *n.* **manipūlā°tion**। *a.* **manipūlā°tive**। *n.* **mani°pūlātor**। *a.* **manipūlā°tory**। [L. *manipulare*]

mankind, man-like, manly, man-made—see **man.**

manna [ma°-na, ম্যা°ন্যা] *n.* (B.) the food of the Israelites in the wilderness, প্রান্তরমধ্যে ইজ্রাইলবাসিগণ কর্তৃক লব্ধ খাদ্য ; delicious food, (দেহের বা মনের) উৎকৃষ্ট খাদ্য। *n.* **ma°nna-dew**—ঘনীভূত শিশির হইতে প্রস্তুত কল্পিত খাদ্য। [Heb. *man hu*=what is it ?]

mannequin [ma°-ni-kin, ম্যা°নিকিন্] *n.* a person employed to wear and display clothes, (পোশাকের দোকানাদিতে) পোশাক পরিয়া প্রদর্শনার্থ নিযুক্ত ব্যক্তি (প্রধানতঃ স্ত্রীলোক) ; dummy for display of clothes in shop windows, পোশাকাদি প্রদর্শনের উদ্দেশ্যে যে মূর্তি দোকানের জানালায় রক্ষিত হয়। [F.]

manned—see **man.**

manner [ma°-na(r), ম্যা°ন্যা(র্)] *n.* method, প্রণালী ; fashion, ঢঙ্ ; personal style or bearing ; আচার-আচরণ, আদবকায়দা ; habit, অভ্যাস ; custom, প্রথা, রীতিনীতি ; style of writing or of thought, রচনাশৈলী বা চিন্তাশৈলী ; sort, রকম ; (in *pl.*) morals, নৈতিক আচরণ ; good behaviour, ভদ্র আচরণ, ভদ্রতা ; polite deportment, বিনয়। **all manner of**—সর্বপ্রকার। **by no manner of means**—কোন অবস্থাতেই নহে। **in a manner**—এক অর্থে ; খানিকটা। **in a manner of speaking**—(আর্ষ.) বলতে পারা যায়। **to the manner born**—(অভ্যাসাদি সম্বন্ধে) জন্মগতভাবে ; (পদ অবস্থা প্রভৃতির সঙ্গে) স্বাভাবিকভাবে খাপ খাইয়া। *a.* **ma°nnered**—আচরণবিশিষ্ট বা স্বভাববিশিষ্ট (ill-*mannered*, well-*mannered*) ; ভদ্রতার বা লৌকিকতার বাতিকগ্রস্ত ; কৃত্রিম ; কোন বিশেষ ঢং-যুক্ত। *n.* **ma°nnerism**—একই ধরনের আচরণের বা আদবকায়দার ক্রমাগত পুনরাবৃত্তি ; (প্রধানতঃ সাহিত্যিক) রীতিনীতির লক্ষণীয় বৈশিষ্ট্য ; একই ধরনের ক্লান্তিকর আচরণ বা ভদ্রতা ; মুদ্রাদোষ। *a.* **ma°nnerly**—ভদ্র, নম্র, বিনয়ী ; অমায়িক। *n.* **ma°nnerliness** । [F. *maniere* < L. *manus* = hand]

manning, mannish—see **man.**

manœuvre [ma-noo°-va(r), ম্যানূ°ভ্যা(র্)] (**1**) *n.* skilful management, কৌশলী পরিচালনা ; a stratagem, কৌশল ; (mil.) a skilful movement, (সাম.—সৈন্যবাহিনীর) কৌশলী অভিযান। (**2**) *v.i.t.* to perform a manœuvre, কৌশলে (কোন) অভিযান করা ; to manipulate, নিপুণভাবে বা কৌশলে কাজে লাগান। *a.* **manœu°vrable** । *n.* **manœuvrabi°lity, manœu°vrer** । [F. < LL. *manuopera* = work by hand]

man-of-war—see **man.**

manometer [ma-no°-mi-ta(r), ম্যান°মিট্যা(র্)] *n.* an instrument for measuring the pressure of gases, গ্যাসের চাপ-পরিমাপক যন্ত্রবিশেষ। *a.* **manome°tric** । [Gk. *manos* = thin, *metron* = measure]

manor [ma°na(r), ম্যা°ন্যা(র্)] *n.* the land belonging directly to a nobleman, সম্রান্ত ইংরেজের খাস জমিদারি ; an English territorial unit, ইংল্যান্ডের মৌজা বা তালুক। *n.* **ma°nor-court**—জমিদারের আদালত বা কাছারি ; মৌজার আদালত। *n.* **ma°nor-house, ma°nor-seat**—খাস-জমিদারিতে জমিদারের বাসভবন। *n.* **manorial** [ma-naw°-ri-al, ম্যান°রিঅ্যাল্] জমিদারি বা মৌজা সংক্রান্ত। [OF. *manoir* < L. *manere* = to stay]

man-power—see **man.**

manqué [mŭn°-kā, মাঁ°কেই] *a.* (placed after the noun) not having realized hope or promise, unsuccessful, আশা বা প্রতিশ্রুতি পূরণ করিতে পারে নাই এমন, অকৃতকার্য (he, a statesman, *manqué*…)। [F.]

mansard [man°-sŭ(r)d, ম্যান্°সা(র্)ড্] *n.* a roof having the lower part steeper than the upper, যে ছাদের নিম্নাংশ উপরের অংশ অপেক্ষা অধিকতর দুরারোহ। [the designer's name]

manse [mans, ম্যান্স্] *n.* an ecclesiastical residence, ধর্মযাজকের (বিশেষতঃ স্কট্ল্যান্ডের পল্লীযাজকের) বাসভবন। [LL. *miansus* = a dwelling]

man-servant—see **man.**

mansion [man°-sh(a)n, ম্যান্°শ্ন্] *n.* a large residence, বৃহৎ বাসভবন ; the dwelling-house of a nobleman or a landholder, সম্রান্ত ব্যক্তির বা জমিদারের বাসভবন ; a manor-house, খাস-জমিদারিতে জমিদারবাড়ি। [OF. < L. *mansio*]

manslaughter—see **man.**

mansuetude [man°-swi-tūd, ম্যান্°সুইটিউড্] *n.* meekness, নম্রতা ; docility, শান্ত স্বভাব, কথা শোনে এমন স্বভাব। [L. *mansuetus*]

mantel [man°tl, ম্যান°ট্ল্] *n.* a mantelpiece, উনান বা অগ্নিকুণ্ডের উপরিস্থ বা নিকটস্থ তাকবিশেষ (also **man°telpiece, man°telshelf**)। [< *mantle*]

mantic [man°tic, ম্যান্°টিক্] *a.* of divination, ভবিষ্যদ্গণনামূলক ; prophetic, ভবিষ্যদ্বাণীমূলক। [Gk. *mantikos*]

mantilla [man-ti°-la, ম্যান্টি°ল্যা] *n.* a large veil or wrap used by Spanish women to cover their hair and shoulders, স্পেইনদেশীয় স্ত্রীলোকগণ কর্তৃক তাহাদের কেশরাশি ও স্কন্ধদ্বয় ঢাকিবার জন্য ব্যবহৃত একপ্রকার বোরখা বা ওড়না। [Sp.]

mantis [man°-tis, ম্যান্°টিস্] *n.* a kind of long-legged insect, দীর্ঘপদ পতঙ্গ বা কীটবিশেষ। [Gk. = prophet]

mantissa [man-ti°-sŭ, ম্যান্টি°সা] *n.* (math.) the fractional part of a logarithm, (গণি.—পরি.) অংশক। [L.]

mantle [mant°l, ম্যান্ট্°ল্] (**1**) *n.* a cloak, লম্বা ঢিলা কোটবিশেষ, আঙরাখা ; a covering, আবরণ ; (B.) spirit, আত্মা, প্রেত ; the outer fold of the skin of a mollusc's viscera, শম্বুকাদির আন্ত্রযন্ত্রোপরি চর্ম ; a scum on a liquid, তরল পদার্থের সর ; a refractory hood to give incandescent light, ভাস্বর আলোক বিচ্ছুরণার্থ অগ্নিশিখাদির আবরণবিশেষ। (**2**) *v.t.* to cover, আবৃত বা আচ্ছাদিত করা ; to conceal, গোপন করা, লুকান ; to disguise, ছদ্মবেশ পরান। (**3**) *v.t.i.* to form upon or develop a scum, সর ফেলা বা পড়া ; to suffuse or be suffused, বিচ্ছুরিত বা বিকীর্ণ করা অথবা হওয়া। *n.* **man°-**

tlet, man°telet—স্ত্রীলোকের ছোট ঢিলা জামা বা আংরাখা। [OE. *mantel* < L. *mantellum* = a cloak]

mantra [man°-tra, ম্যান্°ট্রা] *n.* a Vedic hymn, বৈদিক মন্ত্র; a sacred text used as an incantation, মন্ত্র। [Sans.]

mantrap—see **man.**

manual [ma°-nū(a)l, ম্যা°নিউল্] (**1**) *a.* of the hand, হস্তসংক্রান্ত; done with the hand, হস্তদ্বারা কৃত; working with the hands, হাত দিয়া কাজ করে এমন। (**2**) *n.* drill in the use of weapons etc., অস্ত্রাদির ব্যবহার-শিক্ষার্থ ব্যায়াম; a handbook, (প্রধানতঃ রোম্যান্ ক্যাথলিক) ধর্মানুষ্ঠানাদি পালনের বিধিপূর্ণ পুরাতন গ্রন্থবিশেষ। **manual alphabet**—মূকবধিরদের শিক্ষার জন্য বর্ণমালা। **manual exercise**—অস্ত্রাদির ব্যবহার-শিক্ষার্থ ব্যায়াম। **manual labour**—(মজদুরাদির) কায়িক শ্রম। *adv.* **ma°nūally**। [L. *manualis* < *manus* = the hand]

manufactory—see **manufacture.**

manufacture [ma-nū-fak°-cha(r), ম্যানিউফ্যাক্°চ্যা(র্)] (**1**) *v.t.* to produce by machinery and on a large scale, যন্ত্রযোগে ও বহুলপরিমাণে উৎপাদন করা; to fabricate, উদ্ভাবন করা, বানান; to produce overabundantly, অত্যধিক-পরিমাণে উৎপাদন করা। (**2**) *n.* act or method of manufacturing, উৎপাদন বা উৎপাদন-প্রণালী; anything manufactured, উৎপাদিত বস্তু। *n.* **manufactory** [ma-nū-fak°-t(a)ri, ম্যানিউফ্যাক্°ট্রি] কারখানা। *n.* **manūfac°turer**। [F. = (ori.) to make by hand < L. *manu factura* = a making by hand]

manumission—see **manumit.**

manumit [ma-nū-mit°, ম্যানিউমিট্°] *v.t.* to release from slavery, ক্রীতদাসত্ব হইতে মুক্তি দেওয়া; to set free, মুক্ত করা। *pr. pt.* **manūmi°tting**। *p.* & *p. pt.* **manūmi°ttėd**। *n.* **manumission** [ma-nū-mi°sh(a)n, ম্যানিউমি°শন্] ক্রীতদাসত্বমোচন; মুক্তিদান। [L. *manumittere* = to send from one's hand]

manure [ma-nū(r)°, ম্যানিউয়্যা(র্)°] (**1**) *v.t.* to apply fertilizing substance, (জমিতে) সার দেওয়া। (**2**) *n.* any fertilizing substance, জমির সার। [AF. *maynoverer* < F. *manoeuvrer*]

manuscript [ma°-nū-skript, ম্যা°নিউস্ক্রিপ্ট্] (**1**) *a.* handwritten, হস্তলিখিত। (**2**) *n.* a handwritten book or document, or a copy for a printer handwritten or typed, হস্তলিখিত গ্রন্থ বা দলিল অথবা ছাপানর জন্য হস্তলিখিত বা টাইপ্-করা লিপি, পাণ্ডুলিপি। **in manuscript**—হস্তলিখিতাবস্থায়, অমুদ্রিতাবস্থায় (poems *in manuscript*)। [L. *manu* = by hand, *scribere* = to write]

Manx [mangks, ম্যাংক্স্] (**1**) *n.* the language of the Isle of Man, 'আইল্ অব্ ম্যান্' দ্বীপের ভাষা। (**2**) *a.* of the Isle of Man or its inhabitants, উক্ত দ্বীপসংক্রান্ত বা তত্রত্য অধিবাসী সংক্রান্ত। **Manx cat**—অতি ক্ষুদ্র লেজওয়ালা ইঁদুরবিশেষ। *n.* **Manx°man**—উক্ত দ্বীপের অধিবাসী। *fem.* **Manx°woman**। [ON. *manskr* = of man]

many [me°-ni, মে°নি] (**1**) *a.* numerous, বহুসংখ্যক, বহু, অনেক। *compar.* see **more**; *super.* see **most**। (**2**) *n.* many persons, বহু লোক, অনেকে; a great number, বহু সংখ্যা, অনেক। **a great** or **good many**—বহুসংখ্যক। **many a**—বহু, অনেক (*many a* man)। **one too many**—সঠিক বা প্রয়োজনীয় সংখ্যা অপেক্ষা একটি বেশি। **the many**—ভিড়, দল। **(to) be one too many for**—কাহারও অপেক্ষা অধিকতর চতুর হওয়া। **manifold** [ma°-ni-fōld, ম্যা°নিফৌল্ড্] (**1**) *a.* নানাবিধ, বিবিধ; বহুধা; বহুসংখ্যক। (**2**) *v.t.* (একাধিক) প্রতিলিপি গ্রহণ করা। *p.* & *p. pt.* **ma°nifōldėd**। *n.* **ma°nifōld-pāper**—প্রতিলিপি-গ্রহণার্থ পাতলা কাগজবিশেষ। *a.* **ma°ny-sī°dėd**—বহুমুখ। [OE. *manig*]

Maoism [mow°-izm, মাউ°ইজ্ম্] *n.* the Marxian doctrine as expounded by Mao Tse Tung, মাও-সে-তুং-এর ব্যাখ্যানুযায়ী মার্কস্-বাদ, মাও-বাদ। **Maoist**—মাও-বাদী।

Maori [mŭ°ri, মা°রি] *n.* a race of New Zealand or their language, নিউজীল্যান্ডের জাতিবিশেষ বা তাহাদের ভাষা। [Maori]

map [map, ম্যাপ্] (**1**) *n.* a representation in outline of the surface features of the earth, the moon etc., or of a part thereof, মানচিত্র, ভূচিত্র। (**2**) *v.t.* to draw a map of, (কিছুর) মানচিত্র অঙ্কন করা। *pr. pt.* **ma°pping**। *p.* & *p. pt.* **ma°ppėd**। **(to) map out**—পরিকল্পনা করা; ভাগ করিয়া বা বণ্টন করিয়া দেওয়া, ছকিয়া লওয়া। **off the map**—অস্তিত্বহীন; তুচ্ছ, উপেক্ষণীয়। **on the map**—বিচার্য। **(to) put on the map**—গুরুত্বপূর্ণ বলিয়া বিবেচিত হইবার যোগ্য করা; বিচারবিবেচনার বিষয়ীভূত করা। *n.* **map°-drawing**—মানচিত্রাঙ্কনবিদ্যা। *n.* **map°-reading**—মানচিত্র দেখিয়া অঙ্কিত স্থানের অবস্থা বৈশিষ্ট্য প্রভৃতি নিরূপণ। [L. *mappa* = a painted napkin]

maple [māp°l, মেইপ্°ল্] *n.* a kind of tree, বৃক্ষবিশেষ (ইহার নির্যাস হইতে চিনি ও সিরাপ তৈয়ারি হয়)। [OE. *mapul*]

maquette [ma-ket°, ম্যাকেট্°] *n.* a small-sized figure in clay as a model for a full-sized sculpture, বৃহদাকার মূর্তি গড়িবার জন্য ক্ষুদ্রাকার মাটির নমুনা-মূর্তি বা মডেল। [F.]

mar [mŭr, মা(র্)] *v.t.* to spoil, নষ্ট করা; to damage, ক্ষতিসাধন করা; to disfigure, বিকৃতমূর্তি করা, চেহারা খারাপ করিয়া দেওয়া। *pr. pt.* **mar°ring**। *p.* & *p. pt.* **ma°rred**। [OE. *merran*]

marabou [ma°-ra-boo, ম্যা°র‍্যাবু] *n.* a large West African stork or its feather, পুর্ব-আফ্রিকার সারসবিশেষ বা উহার পালক। [F.]

maraschino [ma-ra-ski°-nō, ম্যার‍্যাস্কি°নৌ] *n.* sweet liquor made from a kind of black cherry, একপ্রকার কাল চেরি ফল হইতে প্রস্তুত মদ্য। [L. *amarus*]

Marathon [ma°-rath(a)n, ম্যা°র‍্যাথ্‌ন্] *n.* the scene of the Greek victory over the Persian, যে রণক্ষেত্রে গ্রীকগণ পারশীকদের পরাস্ত করিয়াছিল; a test of endurance, সহ্যশক্তির পরীক্ষা। **Marathon race**—ম্যারাথন্ হইতে গ্রীক-বিজয়বার্তা বহনপূর্বক জনৈক গ্রীক সৈনিক কর্তৃক প্রায় ২৬ মাইল ব্যবধানে অ্যাথেন্‌স্ পর্যন্ত ধাবন (সৈনিকটি সংবাদ জ্ঞাপন করিয়াই মারা যায়); প্রায় ২৬ মাইল-ব্যাপী অবিরাম ধাবন। [Gk.]

maraud [ma-rawd°, ম্যার‍্যাড্°] (**1**) *v.i.* to rove in quest of plunder, লুণ্ঠনোদ্দেশ্যে ঘুরিয়া বেড়ান। (**2**) *v.t.* to plunder, লুণ্ঠন করা। *p.* & *p. pt.* **marau°dėd**। *n.* **marau°der**। [F.=rogue]

marble [mŭ(r)b°l, মা(র্)ব্‌°ল্] (**1**) *n.* a kind of limestone, মর্মরপ্রস্তর, মার্বেল; a slab, work of art or anything, made of marble, মর্মর-প্রস্তরখণ্ড, মর্মরপ্রস্তরে তৈয়ারি শিল্পকলা বা যে কোন বস্তু (Tajmahal, a dream in *marble*……); a little hard ball used in boys' game, ছেলেদের খেলার মার্বেল, গুলি; (fig.) anything hard, cold, polished, white or heartless, like marble, মর্মরতুল্য কঠিন শীতল মসৃণ শুভ্র বা হৃদয়হীন বস্তু; (in *pl.*) a game with marble, গুলিখেলা, মার্বেলখেলা। (**2**) *a.* of marble, মর্মরে গঠিত; shining or polished, উজ্জ্বল বা মসৃণ; hard, কঠিন; heartless, হৃদয়হীন, নির্মম (a *marble* heart)। (**3**) *v.t.* to stain or polish like marble, মর্মরের ন্যায় রঙ করা বা মসৃণ করা। *a.* **marb°led**—মর্মরপ্রস্তরের ন্যায় রঙ-করা বা ছাপান। *a.* **marb°le-hear°tėd**—হৃদয়হীন; নির্মম। *n.* **mar°ble-pāper**—মর্মরতুল্য মসৃণ কাগজবিশেষ। [OF. *marbre*<L. *marmor*]

marc [mŭ(r)k, মা(র্)ক্] *n.* refuse of pressed grapes, আঙ্গুরের ছিবড়া; brandy made from this, ইহা হইতে প্রস্তুত ব্র্যাণ্ডী বা মদ। [F. *marcher* =tread]

marcel [mŭ(r)-sel°, মা(র্)সেল্°] (**1**) *n.* an artificial wave in hair, তপ্ত লৌহাদির চাপ দিয়া সৃষ্ট মাথার চুলে কৃত্রিম-তরঙ্গ। (**2**) *v.t.* to impart this wave, উক্ত তরঙ্গ তোলা। *pr. pt.* **marce°lling**। *p.* & *p. pt.* **marce°lled**। [*Marcel*, a French hairdresser]

March$_1$ [mŭ(r)ch, মা(র্)চ্] *n.* the third month of the English year, ইংরেজি বৎসরের তৃতীয় মাস (ফাল্গুনের মাঝামাঝি হইতে চৈত্রের মাঝামাঝি পর্যন্ত)। [L. *Martius*=of Mars]

march$_2$ [mŭ(r)ch, মা(র্)চ্] *n.* (usu. in *pl.*) a boundary, border, or border district, সীমানা, সীমান্ত, সীমান্ত-অঞ্চল। [F. *marche*]

march$_3$ [mŭ(r)ch, মা(র্)চ্] (**1**) *v.i.t.* to walk or cause to walk with regular and measured tread, কুচকাওয়াজ করিয়া যাওয়া বা কুচ-কাওয়াজ করাইয়া লইয়া যাওয়া; to advance or cause to advance steadily or irresistibly, দৃঢ়ভাবে বা দুর্বারভাবে অগ্রসর হওয়া অথবা অগ্রসর করান। (**2**) *v.t.* to force to go, যাইতে বাধ্য করান। *p.* & *p. pt.* **mar°chėd**। (**3**) *n.* marching, কুচকাওয়াজ করিয়া গমন, দৃঢ়ভাবে বা দুর্বারভাবে অগ্রগমন (the *march* of time and river is the same)। **forced march**—(সচ. সৈন্যবাহিনী কর্তৃক) অত্যয়কালে বিশেষ কষ্টসহকারে দলবদ্ধভাবে গমন। **marching orders**—(সচ. সৈনিকদের প্রতি) অগ্রগমনের আদেশ। **march past**—দর্শক-বিশেষের প্রতি সম্মানপ্রদর্শনার্থ তাহার সম্মুখ দিয়া কুচ-কাওয়াজসহকারে গমন। **on the march**—পদব্রজে ভ্রমণরত। **line of march**—সৈন্যদলের অগ্রগমন-পথ। **(to) steal a march on**—(কাহারও উপর) গোপনে টেক্কা দিয়া সুবিধালাভ করা। [F. *marcher* =to walk]

marchioness—see **marquis.**

marchpane [mŭ(r)°ch-pān, মা(র্)°চ্‌পেইন্] *n.* var. of **marzipan.**

marconi [mŭ(r)-kō°-ni, মা(র্)কৌ°নি] *v.t.i.* to communicate by wireless telegraphy, বেতারে (সংবাদাদি) প্রেরণ করা। *n.* **marcō°nigram**—বেতারযোগে প্রেরিত সংবাদ। [G. *Marconi*, the inventor of wireless telegraphy 1874-1937]

mare$_1$ [mā(r), মেয়্যা(র্)] *n.* the female of the horse, ঘোটকী, অশ্বা। *n.* **mā̆re's°-nest**—পরীর বাসা; প্রথমে নব আবিষ্কার বলিয়া মনে হইলেও পরে যাহা বাজে বলিয়া প্রতিপন্ন হয়, (তু.) ঘোড়ার ডিম। [OE. *merh*, (*mas.*) *mearh*—cp. G. *mahre*]

mare$_2$ [mŭ°-ri, মা°রি] *n.* dark level area on the moon once thought to be sea, চন্দ্রপৃষ্ঠে অন্ধকার সমতল অঞ্চল: পূর্বে ধারণা ছিল ইহা সমুদ্র; similar area on Mars, মঙ্গলগ্রহে অনুরূপ অঞ্চল। **mare clausum**—যে কোন দেশের এলাকাভুক্ত সমুদ্র। **mare liberum**—সমুদ্রের যে অঞ্চলে সকল দেশের অবাধ গতিবিধি। [L.=sea]

margarine [mŭ(r)-ja-rēn°, মা(র্)জ্যারীন্°], (coll. contr.) **marge**$_1$—*n.* imitation butter, কৃত্রিম মাখন। [Gk. *margarites*=a pearl]

marge$_1$—see **margarine.**

marge$_2$ [mŭ(r)j, মা(র্)জ্] *n.* margin, brink, ধার, কিনারা, কানা। [F.<L. *margo*]

margin [mŭ(r)°-jin, মা(র্)°জিন্] (**1**) *n.* an edge, border, কিনারা, প্রান্ত, কানা, (পরি.) উপান্ত, পর্যন্ত; the blank edge on the page of a book, বইয়ের বা খাতার অলিখিত প্রান্তিক অংশ; মার্জিন; an extra allowance or its amount, প্রাপ্যের অতিরিক্ত অর্থ সুবিধা প্রভৃতি বা তাহার পরিমাণ।

(2) *v.t.* to furnish with margin, মার্জিন দেওয়া বা রাখা; to write on the margin, মার্জিনে লেখা। *a.* **mar°ginal**—প্রান্তীয়, পার্যন্তিক। *n. pl.* **marginā°lia**—পৃষ্ঠার প্রান্তে লিপিবদ্ধ মন্তব্য টীকা প্রভৃতি। *adv.* **mar°ginally**। [L. *margo*]

margosa [mŭ(r)-gō°-sŭ, মা(র্)গৌ°সা] *n.* a kind of tree, নিমগাছ। [Port. *amargosa*=bitter]

margrave [mŭ(r)°-grāv, মা(র্)°গ্রেইভ্] *n.* a German nobleman, (ইংরেজ marquis-এর সমমর্যাদাযুক্ত) খেতাবধারী সম্ভ্রান্ত জর্মান। *fem.* **margravine** [mŭ(r)°-gra-vēn, মা(র্)°গ্র্যাভীন্]। [MDu. *markgrave*]

marigold [ma°-ri-gōld, ম্যা°রিগৌল্ড্] *n.* a kind of flower-plant or its flower, পুষ্পবৃক্ষবিশেষ বা উহার পীতবর্ণ পুষ্প। [*Virgin Mary, gold*]

marguerite [mŭ(r)-ga-rēt°, মা(র্)গ্যারীট্°] *n.* the ox-eye daisy, গবাক্ষাকার ডেইজিফুলবিশেষ। [F.—cp. G. *margarites*>pearl]

marihuana, marijuana [mŭ-ri-wŭ°-na, মারিওয়্আ°ন্যা] *n.* hemp or its dried flowers smoked as an intoxicant, গাঁজা। [Am. Sp.]

marine [ma-rēn°, ম্যারীন্°] (1) *a.* of sea, done or used at sea, সমুদ্রসংক্রান্ত, সমুদ্রবাসী, সমুদ্রজ, সমুদ্রে কৃত, সামুদ্র, সামুদ্রিক। (2) *n.* a soldier serving in the navy, নৌ-সৈনিক; nautical service, সমুদ্রে নাবিকবৃত্তি; naval fleet, সমুদ্রগামী পোতবহর (mercantile or merchant *marine*); naval affairs, নৌবাহিনী বা সমুদ্রগামী পোতবহর সংক্রান্ত ব্যাপার, সামুদ্র ব্যাপার। **marine insurance**—(সমুদ্রগামী) জাহাজের জন্য বা তাহাতে বাহিত মালপত্রের জন্য বিমা, জাহাজি বিমা। **tell that to the marines**—অসম্ভব কাহিনীতে অবিশ্বাসসূচক উক্তিবিশেষ; গেঁজেলদের ও কথা বলো। *n.* **mariner** [ma°-ri-na(r), ম্যা°রিন্যা(র্)] সমুদ্রগামী নাবিক। [F.<L. *marinus*<*mare*=sea]

marionette [ma-ri-a-net°, ম্যারিঅ্যানেট্°] *n.* a puppet moved by strings, পুতুলনাচের পুতুল (ইহাকে দড়িতে বাঁধিয়া নাচান হয়)। [F.]

marital [ma-rī°tl, ম্যারাই°ট্‌ল্] *a.* of a husband, স্বামীসংক্রান্ত; of or between husband and wife, পতিপত্নীসংক্রান্ত; of marriage, বিবাহসংক্রান্ত, বৈবাহিক (*marital* obligations)। *adv.* **mari°tally**। [L. *maritalis*<*maritus*=a husband]

maritime [ma°-ri-tīm, ম্যা°রিটাইম্] *a.* of the sea, সামুদ্র, সামুদ্রিক; of sea-going or sea-trade, সমুদ্রযাত্রা বা সামুদ্রিক বাণিজ্য সংক্রান্ত; situated on or near the shore, উপকূলবর্তী; littoral, বেলাবাসী, উপকূলবাসী; having a navy and sea-trade, নৌবাহিনী ও সামুদ্রিক বাণিজ্য আছে এমন (*maritime* race)। [L. *maritimus*<*mare*=sea]

marjoram [mu(r)°-z(a)ram, মা(র্)°জ্‌র‍্যাম্] *n.* an aromatic herb used in cooking and medicine, রন্ধনে ও ঔষধে ব্যবহৃত গুল্মবিশেষ। [F. *majorane*<?]

mark₁ [mŭ(r)k, মা(র্)ক্] *n.* a German coin, জার্মানির মুদ্রাবিশেষ (প্রায় ০·৬৯ প.)। [OE. *marc*<?]

mark₂ [mŭ(r)k, মা(র্)ক্] (1) *n.* a boundary, সীমানা; a limit, সীমা, অবধি; normal standard, সাধারণ মান; a boundary stone, post, etc., সীমানানির্দেশক প্রস্তর খুঁটি প্রভৃতি; an object indicating position or serving as a guide, অবস্থানসূচক বা পথনির্দেশক বস্তু; a target, নিশানা; a goal, লক্ষ্য; a visible indication or sign, দৃষ্টিগোচর লক্ষণ বা চিহ্ন; a symbol, প্রতীক; a distinctive sign, বৈশিষ্ট্যসূচক চিহ্ন; distinction, বৈশিষ্ট্য; a brand, মার্কা; a group or class having the same brand, একই মার্কা-যুক্ত বস্তুসমূহ; a stamp, ছাপ; a token, নিদর্শন; a cross etc., as a substitute for signature, ঢেরা সই; a discoloured spot, streak, etc., বিবর্ণ দাগ ছাপ প্রভৃতি (a red *mark* on the coat); note, স্বর; noteworthiness, লক্ষণীয়তা, বৈশিষ্ট্য; a footprint, পদচিহ্ন। (2) *v.t.* to make a mark on, চিহ্ন দাগ বা ছাপ দেওয়া; to indicate or show by a mark, লক্ষণ চিহ্ন প্রভৃতির দ্বারা সূচিত করা বা দেখান; to record, লিপিবদ্ধ করা; to make emphatic or distinct or prominent, জোরাল বা স্পষ্ট বা বিশিষ্ট করা; to note, লক্ষ্য করা; to regard, গণ্য করা। **an easy mark**—(কথ্য.) যে ব্যক্তি সহজেই প্রতারিত হয়। **beside the mark**—(আল.) অপ্রাসঙ্গিক বা ভ্রমাত্মক। **off the mark**—ধাবন-প্রতিযোগিতাদিতে আরম্ভ-স্থল হইতে বেশ দূরে; অপ্রাসঙ্গিক। **up to the mark**—(সাধারণ) মানউপযোগী; সন্তোষজনক; সুস্থ ও কর্মক্ষম। **wide of the mark**—(আল.) অপ্রাসঙ্গিক বা ভ্রমাত্মক। **(to) make one's mark**—স্বীয় বৈশিষ্ট্য প্রকাশ করা; বৈশিষ্ট্য বা প্রভাব অর্জন করা। **(to) mark down**—লিখিয়া লওয়া; মূল্যহ্রাস করা; অবস্থান লক্ষ্য করা বা চিহ্নিত করা; নিজের বলিয়া বা নিজের জন্য চিহ্নিত করা। **(to) mark off**—(সীমানাদির) রেখাঙ্কন করা; দাগ টানিয়া দেওয়া; অংশাঙ্কিত করা; (হাজিরা-খাতাদিতে) চিহ্ন দেওয়া। **(to) mark out**—নক্শা বা পরিলেখ অঙ্কন করা; (পূর্বাহ্ণে) নির্দিষ্ট করা (to *mark out* one's destiny)। **(to) mark out for**—কোন কিছুর জন্য পূর্বাহ্ণে মনোনীত করিয়া রাখা (he was *marked out for* transfer)। **(to) mark up**—দাম বাড়ান। *a.* **mar°ked**—চিহ্নিত; সূচিত; লক্ষণীয় (a *marked* difference); বিশিষ্ট; লক্ষ্যের বিষয়ীভূত ও সন্দেহভাজন। **a marked man**—যে লোকের উপর সন্দেহবশতঃ বা শত্রুতাবশতঃ নজর রাখা হইয়াছে। *adv.* **mark°-ėdly**—লক্ষণীয়ভাবে। *n.* **mar°ker**—চিহ্নিতকারী ব্যক্তি; চিহ্নিত করার যন্ত্র; (বিলিয়ার্ড প্রভৃতি খেলায়)

পয়েন্ট অর্জনকারী ; নিশানার কেন্দ্রস্থিত গোলবিন্দু ; (হাজিরা-খাতায় চিহ্ন দেয় বলিয়া) হাজিরাবাবু ; সর্দার-পড়ুয়াবিশেষ, মনিটার। *n.* **mar°king**—চিহ্নাদি-প্রদান ; (in. *pl.*) চিহ্নাদির অবস্থা। *n.* **mar°king-ink**—দুরপনেয় চিহ্নদায়ক কালি। *n.* **marks°man**—কুশলী লক্ষ্যবেধী ; যে ব্যক্তি তীর গুলি প্রভৃতি ভাল ছুড়িতে পারে। *n.* **marks°manship**—লক্ষ্যবেধে কুশলতা। [OE. *merc*=a boundary—cp. G. *mark*]

marked, marker—see **mark$_2$**.

market [mŭ(r)°-kit, মা(র্)°কিট্] (**1**) *n.* a periodical gathering of people for buying and selling, হাট ; a building, place, etc., for such gathering, যে বাড়িতে বা স্থানে হাট বসে, হাটখোলা ; a region in which there is a demand for goods, যে অঞ্চলে পণ্যদ্রব্যের চাহিদা আছে, বাজার (India is a good *market* for glasswares) ; buying and selling, কেনাবেচা, ক্রয়বিক্রয় ; demand, চাহিদা (hand-made paper has no *market* now) ; bargain, দরাদরি ; sale, নিলাম ; price, দর, দাম। (**2**) *v.i.* to deal at a market, হাটে বেচা বা কারবার করা ; কেনাবেচা করা। (**3**) *v.t.* to put on the market, বিক্রয়ার্থ হাটে নেওয়া বা নিলামে চড়ান, বাজারে ছাড়া। **on the market**—বিক্রয়ের জন্য (বাজারে) ছাড়া হইয়াছে এমন ; নিলামে চড়ান হইয়াছে এমন। **(to) bring one's eggs** or **hogs to a bad market** or **to the wrong market**—বাজে লোকের বা অনুচিত লোকের সাহায্য প্রার্থনা করার ফলে স্বীয় পরিকল্পনা পণ্ড করা। **(to) come into the market**—বিক্রয়ার্থ বাজারে আনীত হওয়া বা আসা। **(to) raise the market**—পণ্যদ্রব্যের দাম বাড়ান, বাজার গরম করা। *a.* **mar°kėtable**—বিক্রয়যোগ্য, বিক্রয়সাধ্য (*marketable* products) ; কেনাবেচা চালু আছে বা চালু করা যাইতে পারে এমন ; বাজার-চল। *n.* **markėtabi°lity** | *adv.* **markėtably** | *n.* **mar°kėt-day**—হাটবার। *n.* **mar°kėt-gar°-den**—বিক্রয়ার্থ ফল ও তরিতরকারি উৎপাদনের বাগান। *n.* **mar°kėting**—হাটে ক্রয়বিক্রয় ; কেনা বা বেচার জন্য বাজারে গমন। *n.* **mar°kėt-plāce**—যে উন্মুক্ত স্থানে হাট বসে (প্রাচীন ইউরোপে ও মধ্য এশিয়ায় এই স্থানেই সরকারি বিচারসভা বসিত)। *n.* **mar°kėt-price, mar°kėt-value**—বর্তমান দর, বাজার-দর, (পরি.) বিপণমূল্য। *n.* **mar°kėt-research**—ক্রেতার পছন্দ-অপছন্দ এবং ক্রয়ক্ষমতা নির্ধারণের নিমিত্ত গবেষণা। *n.* **mar°kėt-town**—গঞ্জ-শহর (বিশেষতঃ যেখানে গবাদি পশুর হাট বসে)। [ONF. < L. *mercatus*]

marking, marksman—see **mark$_2$**.

marl [mŭ(r)l, মা(র্)ল্] *n.* a fertilizing clay, সারমাটিবিশেষ ; (poet.) the ground, (কাব্যে) ভূমি। *n.* **marl°-pit**—যে স্থান খুঁড়িয়া উক্ত সারমাটি তোলা হয়। *a.* **mar°ly**—উক্ত সারমাটি-তুল্য বা উক্ত সারমাটিতে পূর্ণ। [OF. *margila*]

marline-spike [mŭ(r)°-lin-spīk, মা(র্)°লিন্-স্পাইক্] *n.* a spike for separating the strands of a rope, দড়ির বিভিন্ন ফেঁসো পৃথক্ করার জন্য লোহার কাঁটা-বিশেষ। [Du. *marlijn*= rope, see *spike*]

marmalade [mŭ(r)°-ma-lād, মা(র্)°ম্যালেইড্] *n.* a preserve of oranges, কমলালেবুর আচার বা মোরব্বা। [F. *marmelade* < Port. *marmelada* < Gk. *melimelon*=a sweet apple]

marmoreal [mŭ(r)-maw°-ri-al, মা(র্)ম্য°-রিঅ্যাল্] *n.* of or like marble, মর্মরে গঠিত বা মর্মরতুল্য। [L. *marmor*=marble]

marmoset [mu(r)°-ma-zet, মা(র্)°ম্যাজেট্] *n.* a small American monkey with a bushy tail, আমেরিকার ঝুপো লেজওয়ালা ক্ষুদ্রকায় বানর-বিশেষ। [F. *marmouset*=a grotesque figure]

marmot [mu(r)°-mat, মা(র্)°ম্যাট্] *n.* a burrowing rodent of America, আমেরিকার কাঠ-বিড়ালি-জাতীয় প্রাণীবিশেষ। [F. *marmotte* < Romansch *murmont* < L. *mus*=mouse, *mons* =mountain]

marocain [ma°-ra-kān, ম্যা°র্যাকেইন্] *n.* a dress material of silk and wool, পোশাক তৈয়ারির জন্য রেশম ও পশমে তৈয়ারি কাপড়বিশেষ। [F. *maroquin*=morocco-leather]

maroon$_1$ [ma-rōōn°, ম্যারূন্°] (**1**) *n.* & *a.* (of) brownish crimson colour, গাঢ় তাম্রবর্ণ। (**2**) *n.* a detonating firework, বিস্ফোরক আতশ-বাজিবিশেষ, তুবড়ি। [F. *marron*=a chestnut < It. *marrone*]

maroon$_2$ [ma-rōōn°, ম্যারূন্°] (**1**) *n.* a fugitive slave, পলাতক ক্রীতদাস ; marooned person, নির্জন দ্বীপে পরিত্যক্ত বা নিঃসঙ্গ ব্যক্তি। (**2**) *v.t.* to put and leave ashore on a desolate island, নির্জন দ্বীপে নামাইয়া দিয়া ফেলিয়া আসা ; to isolate uncomfortably, অস্বস্তিকরভাবে পৃথক্ বা নিঃসঙ্গ করিয়া রাখা ; (of floods etc.) make (a person) unable to leave place, (বন্যাদি প্রসঙ্গে) জলবন্দী করা। [F. *marron* < Sp. *cimarron*= wild]

marque [mu(r)k, মা(র্)ক্] *n.* a privateer, শত্রু-দলনের অনুমতিপ্রাপ্ত বে-সরকারি জাহাজ বা বাণিজ্য-পোত। **letter(s) of marque**—উক্ত অনুমতি-পত্র। [F.]

marquee [mu(r)-kē°, মা(র্)কী°] *n.* a large tent, বৃহৎ তাঁবু। [< *marquise*=see *marquis*]

marquetry, marqueterie [ma(r)°-ki-tri, মা(র্)°কিট্রি] *n.* work inlaid with pieces of various-coloured wood, ivory etc., রঙ্গিন কাঠের টুকরা হাতির দাঁত প্রভৃতির দ্বারা খচিত শিল্প-কর্ম। [F.]

marquis, marquess [mŭ(r)°-kwis, মা(র্)°-কুইস্] *n.* a title of nobility, (ডিউকের অব্যবহিত পরবর্তী) সম্ভ্রান্ততার খেতাববিশেষ ; a person holding this title, উক্ত খেতাবধারী ব্যক্তি। *fem.* **marchioness** [mŭ(r)°-she-nis, মা(র্)°শেনিস্] উক্ত খেতাবধারিণী মহিলা ; মার্ক্ইস্-পত্নী। *n.* **marquise** [mŭ(r)-kēz°, মা(র্)কীজ়্°] ফরাসি মার্শনিস্ ; উনবিংশ শতাব্দীর ছাতাবিশেষ ; তোরণ-দ্বারে স্থাপিত চন্দ্রাতপ ; বৃহৎ তাঁবু। *n.* **marquise°tte**—(মশারির) কার্পাস বা রেশমের সূক্ষ্ম কাপড়বিশেষ। [OF. *marchis,* and F. *marquis*<LL. *marchenis*=a prefect of the marches]

marram [ma°-ram, ম্যা°র্যাম্] *n.* seaside grass that binds sand, সমুদ্রতীরবর্তী তৃণবিশেষ : ইহা ভূমিক্ষয় রোধ করে। [ON. *marr*=sea, *halmr*= haulm, stem]

marriage [ma°-rij, ম্যা°রিজ্] *n.* the ceremony or act of marrying, বিবাহ, পরিণয়, উদ্বাহ, বিবাহ-অনুষ্ঠান। **marriage articles**—বিবাহের পূর্বে সম্পত্তি প্রভৃতির অধিকার সম্বন্ধে লিখিত চুক্তি। **marriage bureau**—বিবাহের সম্বন্ধস্থাপনকারী প্রতিষ্ঠান। **marriage contract**—বিবাহের চুক্তি ; পাঁতিপত্র, পাকা দেখা। **marriage licence**—গির্জা কর্তৃক পূর্বাহ্ণে ঘোষণা ব্যতীতই বিবাহের অনুমতি। **marriage lines**—(রেজিস্ট্রি-দ্বারা সম্পাদিত) বিবাহের সার্টিফিকেট্। **marriage portion**—যৌতুক। **marriage ring**—বিয়ের আঙটি। **civil marriage**—বিনা শাস্ত্রীয় অনুষ্ঠানে কেবল আইনগত-ভাবে রেজিস্ট্রি করিয়া বিবাহ। **mixed marriage**—ভিন্ন ধর্ম বা জাতির পাত্রপাত্রীর মধ্যে বিবাহ, মিশ্র-বিবাহ, অসবর্ণ বিবাহ। **(to) consummate marriage**—সহবাসের দ্বারা বিবাহ সম্পূর্ণ করা। **(to) give in marriage**—বিবাহ দেওয়া। **(to) steal a marriage**—গোপনে বিবাহ করা। **(to) take in marriage**—বিবাহ করা। *a.* **ma°rriageable**—বিবাহযোগ্য। *n.* **ma°rriage-bed**—দম্পতির শয্যা, মিলনশয্যা ; (যৌন) সহবাস ; দাম্পত্য অধিকার ও দায়িত্ব। [OF. *mariage*—see **marry₂**]

married—see **marry₂**.

marrow₁ [ma°-rō, ম্যা°রৌ] *n.* (arch.) a companion, (আর্থ.) সঙ্গী ('winsome *marrow*') ; an equal or like, সমকক্ষ বা সদৃশ ব্যক্তি অথবা প্রাণী, প্রতিমূর্তি, প্রতিরূপ ; one of a pair, যুগলের বা জোড়ার একটি। [?]

marrow₂ [ma°-rō, ম্যা°রৌ] *n.* the soft substance in cavities of bones, মজ্জা ; a vegetable pulp, তরিতরকারির শাঁস ; the essence, সারাংশ ; the inner meaning or purpose, গূঢ় অর্থ বা অভিপ্রায়, মর্ম (the pith and *marrow* of a statement)। **chilled to the marrow**—মজ্জা অবধি শীতে কম্পমান। *n.* **ma°rrow-bōne**—মজ্জাযুক্ত অস্থি ; (in *pl.*) হাঁটুদ্বয় বা মালাইচাকি-দ্বয়। *n.* **ma°rrow-fat**—শাঁসাল কলাইবিশেষ। *a.* **ma°rrowless**—মজ্জাহীন ; (আল.) অসার, দৃঢ়তা-হীন বা দুর্বল। *a.* **ma°rrowy**—মজ্জাপূর্ণ ; শক্তি-মান্, সবল, দৃঢ়। [OE. *mearg, maerh*—cp. G. *mark*]

marry₁ [ma°-ri, ম্যা°রি] *int.* (arch.) indeed, forsooth, 'তাই নাকি' 'সত্যি' 'বটে' প্রভৃতি অর্থসূচক ও বিস্ময়-ক্রোধাদি প্রকাশক অব্যয়বিশেষ। **marry come up**—বটে এগিয়ে এস না দেখি : প্রতিদ্বন্দ্বিতায় আহ্বানমূলক এইরূপ উক্তি। [*by Mary*]

marry₂ [ma°-ri, ম্যা°রি] **(1)** *v.t.* to take in marriage, বিবাহ করা ; to give in marriage, বিবাহ দেওয়া। **(2)** *v.i.* to take a husband or wife, বিবাহ করা, বিবাহিত হওয়া। *a.* **ma°rried**—বিবাহিত (*married* life)। [F. *marier*<L. *maritare*]

Mars [mŭ(r)z, মা(র্)জ়্] *n.* the Roman god of war, রোমানদের রণদেবতা ; a planet, মঙ্গলগ্রহ। [L.]

Marseillaise [mu(r)-sa-lāz°, মা(র্)স্যালেইজ়্°] *n.* the hymn of the French revolutionists, ফরাসি বিপ্লবীদের সঙ্গীত ; the national anthem of France, ফরাসী জাতীয় সঙ্গীত। [the volunteers of *Marseilles* first sang this song]

marsh [mŭ(r)sh. মা(র্)শ্] *n.* a tract of wet land, জলা, বিল, (পরি.) অনূপ। *n.* **marsh°land**—বিলপূর্ণ দেশ বিলের দেশ। *n.* **marsh°-mallow**-লোনা জলে ভরা বিলের ধারে জাত গুল্মবিশেষ ; এক-প্রকার তুলতুলে লেবেনচুষ বা মিঠাই। *a.* **mar°shy**—বিলের ন্যায় বা বিলপূর্ণ, বিলুয়া। [OE. *mer(i)sc*]

marshal [mŭ(r)°sh(a)l, মা(র্)°শ্‌ল্] **(1)** *n.* royal officer, রাজকর্মচারিবিশেষ (পূর্বে রাজকীয় অশ্বসমূহের চিকিৎসার ভার ইহার উপরে ছিল, পরে ইহার উপরে সামরিক ব্যবস্থা, অনুষ্ঠানাদির বিধিনিয়ম প্রণয়ন, শান্তি-রক্ষা, আদবকায়দার সংরক্ষণ, প্রভৃতির ভার পড়ে) ; an army officer of the highest rank, স্থলবাহিনীর উচ্চতম পদমর্যাদাবিশিষ্ট সেনাপতি (cp. **air-marshal, field-marshal**) ; a law-court officer with charge of prisoners, আসামিদের প্রহরার ভারপ্রাপ্ত আধিকারিকবিশেষ ; an officer in charge of maintaining peace in a legislative assembly, ব্যবস্থাপক-সভায় শান্তিরক্ষার ভার-প্রাপ্ত আধিকারিকবিশেষ ; a prison-keeper, কারারক্ষী ; at Oxford university, a proctor's attendant or bulldog, অক্স্ফড্ বিশ্ববিদ্যালয়ের তত্ত্বাবধায়কের সহচর বা কুকুর ; a police or fire-brigade head, কোন কোন দেশে পুলিসবাহিনীর বা দমকল-বাহিনীর অধ্যক্ষ। **(2)** *v.t.* to arrange in order, বিন্যাসসহকারে সাজান (to *marshal* facts, forces etc.) ; to usher, (রাজসভা আদালত প্রভৃতিতে) প্রবেশ করান (to *marshal* a foreign diplomat into the presence of the President)। **(3)** *v.i.* to come or enter together in order, একত্র শৃঙ্খলাবদ্ধভাবে আসা বা ঢোকা। *pr. pt.* **mar°shalling**। *p.* & *p. pt.* **mar°shalled**। **marshalling yard**—যে স্থানে রেলের বগিগুলিকে বাছাই করিয়া ট্রেনে জোড়া হয়। [OF. *maresschal*]

marshland, marshy—see **marsh.**
marsupial—see **marsupium.**
marsupium [mŭ(r)-sū°-pi-am, মা(র্)সিউ°পি-অ্যাম্] *n.* (zoo.) a pouch, (জীবদেহস্থ) থলি। **marsū°pial**—(**1**) *a.* থলি-তুল্য বা থলি-সংক্রান্ত; থলিতে বাহিত প্রাণিসংক্রান্ত। (**2**) *n.* যে প্রাণী অসম্পূর্ণাঙ্গভাবে জন্মগ্রহণ করে ও জননী কর্তৃক থলি-মধ্যে বাহিত হয়। [L.]
mart [mu(r)t, মা(র্)ট্] *n.* a trade-centre, বাণিজ্য-স্থান, বাজার, গঞ্জ; auction room, নিলাম-কক্ষ। [Du. *markt*]
martello [mu(r)-te°-lō, মা(র্)টে°লৌ] *n.* a circular fort for coast defence, উপকূলরক্ষার্থ বৃত্তাকার দুর্গ। [Cape of *Mortella* in Corsica]
marten [mu(r)°-tin, মা(র্)°টিন্] *n.* a weasel-like animal, মূল্যবান্ সলোম চর্মযুক্ত নেউলজাতীয় প্রাণিবিশেষ। [OF. *martrine*=of the marten]
martensite [mŭ(r)°-ten-zīt, মা(র্)°টেন্‌জ়াইট্] *n.* chief constituent of hardened steel, কঠিন ইস্পাতের প্রধান উপাদান। [German metallurgist A. *Martens* (died 1914)]
martial [mŭ(r)°sh(a)l, মা(র্)°শ্‌ল্] *a.* of war, or of the army navy and air force, military, সামরিক (*martial* spirit)। **martial law**—যুদ্ধাদির সময়ে সাধারণ আইন ও বিচার-ব্যবস্থার পরিবর্তে সামরিক কর্মচারিগণ কর্তৃক যে আইন ও বিচার-ব্যবস্থা প্রবর্তিত করা হয়, সামরিক দণ্ডবিধি বা আইন। *adv.* **mar°tially** । [E.<L. *martialis* <*Mars*]
Martian [mŭ(r)°-shi-an, মা(র্)°শিঅ্যান্] (**1**) *a.* of Mars, রোমানদের রণদেবতা মার্স্ বা মঙ্গলগ্রহ সংক্রান্ত। (**2**) *n.* an inhabitant of Mars, মঙ্গল-গ্রহের অধিবাসী। [L. *Martius*<*Mars*]
martin [mŭ(r)°-tin, মা(র্)°টিন্] *n.* a bird of the swallow-kind, সোআলো-জাতীয় পক্ষিবিশেষ। [*St. Martin*]
martinet [mŭ(r)-ti-net°, মা(র্)টিনেট্°] *n.* a strict disciplinarian, কঠোর নিয়মনিষ্ঠ ব্যক্তি। [an officer of Louis XIV]
martini, Martini [mŭ(r)-ti°-ni, মা(র্)টি°নি] *n.* a cocktail, বিভিন্ন মদ্যাদির মিশ্রিত পানীয়বিশেষ; a kind of rifle, রাইফেলবিশেষ। [the inventor's name]
martyr [mŭ(r)°-ta(r), মা(র্)°টা্যা(র্)] (**1**) *n.* one who dies or suffers for his faith or any great cause, যে ব্যক্তি ধর্মার্থ বা মহৎ কার্যের জন্য মৃত্যুবরণ অথবা যন্ত্রণাভোগ করে, শহীদ। (**2**) *v.t.* to kill or torture for one's belief, (কাহাকেও তাহার) বিশ্বাসের জন্য হত্যা বা পীড়ন করা। **(to) make a martyr of oneself**—নিজের কামনা-বাসনা সুযোগ-সুবিধা বলি দেওয়া। **martyr to**—যে ব্যক্তি প্রতিনিয়ত কষ্ট পায় বা ভোগে (a *martyr to* rheumatism)। *n.* **mar°tyrdom**—শহীদত্ব, শহীদের অবস্থা বা মৃত্যু বা যন্ত্রণা। *v.t.* **mar°tyrize**—শহীদে পরিণত করা। *n.* **martyrology** [mŭ(r)-ta-ro°-la-ji, মা(র্)টা্যার°ল্যাজি] শহীদকাহিনী। *n.* **mar°tyry**—শহীদবেদি। [L.<Gk.=a witness]
marvel [mu(r)°v(a)l, মা(র্)°ভ্‌ল্] (**1**) *n.* wonder, বিস্ময়; anything marvellous, বিস্ময়কর কিছু (*marvels* of modern science)। (**2**) *v.i.t.* to wonder, বিস্মিত হওয়া (to *marvel* at a person's perseverance; to *marvel* that, how, why, etc.)। *pr. pt.* **mar°velling** । *p.* & *p. pt.* **mar°velled** । *a.* **mar°vellous**—বিস্ময়কর; অবিশ্বাস্য। *adv.* **mar°vellously** । [F. *merveille*<L. *mirabilis*=wonderful]
Marxian [mŭ(r)ks°-i-an, মা(র্)ক্স্°ইঅ্যান্], **Marx°ist**—(**1**) *a.* according to the doctrines of Karl Marx, জর্মান দার্শনিক কার্ল মার্কস্-এর মতানুযায়ী। (**2**) *n.* a follower of Marx, মার্কস্-এর মতানুগামী ব্যক্তি। *n.* **Marx°ianism, Marx°ism**—কার্ল মার্কস-এর মতবাদ।
Mary [ma°-ri, ম্যা°রি] *n.* Virgin Mary, যিশু-জননীর নাম। **by Mary**—জননী মেরির দিব্য, মাইরি। **little Mary**—(কথ্য.) পাকস্থলী। [Heb. *Maria*]
marzipan [mŭ(r)°-zi-pan, মা(র্)°জ়িপ্যান্] *n.* cakes made from powdered almonds, sugar, eggs, etc., বাদামের গুঁড়া চিনি ডিম প্রভৃতির মিশ্রণদ্বারা প্রস্তুত পিঠাবিশেষ। [?]
mascara [mas-kŭ°-ra, ম্যাস্কা°র‍্যা] *n.* a cosmetic for dyeing eyelashes, চক্ষুর লোম রঞ্জিত করার জন্য অঙ্গরাগবিশেষ। [?]
mascot [mas°-cat, ম্যাস্°ক্যাট্] *n.* a luck-bringer, সৌভাগ্য-আনয়নকারী কল্পিত বস্তু বা প্রাণী। [F. *mascotte*]
masculine [mŭs°-kū-lin, মাস্°কিউলিন্] (**1**) *a.* of the male sex, পুরুষজাতীয়; manly, পুরুষোচিত, পুরুষালি; vigorous, তেজস্বী, বলিষ্ঠ; (gr.) of the gender to which words denoting males normally belong, (ব্যাক.) পুংলিঙ্গবাচক। (**2**) *n.* the male sex or nature, পুরুষ জাতি বা প্রকৃতি; a male, পুরুষজাতীয় প্রাণী; a word of masculine gender, পুংলিঙ্গবাচক শব্দ; the gender itself, পুংলিঙ্গ। *n.* **mas°cūlineness, masculinity** [mas-kū-li°-ni-ti, ম্যাস্কিউলি°নিটি] masculine (*a.*)-এর সকল অর্থে, এবং—পুরুষালি ভাব বা পৌরুষ। [F.<L. *masculinus*]
maser [mā°-za(r), মেই°জ়্যা(র্)] *n.* a device used to amplify or generate highly monochromatic electro-magnetic radiation, especially microwaves, রশ্মি-বিবর্ধন যন্ত্রবিশেষ: ইহা তীব্র একরঙা আলোর বিকিরণ ঘটায় বা বৃদ্ধি করে, বিশেষতঃ তাড়িতচুম্বকীয় ক্ষুদ্রাতিক্ষুদ্র তরঙ্গমালা সৃষ্টি বা বিবর্ধিত করে। [*m*icrowave *a*mplification by *s*timulated *e*mission of *r*adiation]
mash₁ [mash, ম্যাশ্] (**1**) *n.* a mixture of crushed malt and hot water, যবাদির চূর্ণ ও

গরম জলের মিশ্র ; anything made into a pulp, কিছুর মণ্ড ; crushed condition, চূর্ণিত বা নিষ্পিষ্ট অবস্থা ; a muddle or confused mixture, বিশৃঙ্খলা, তালগোল-পাকান অবস্থা। (2) *v.t.* to make into a mash, উক্ত মিশ্র বা মণ্ডে পরিণত করা ; to crush, চূর্ণ করা, গুঁড়ান। *p.* & *p. pt.* **ma°shed**। [OE. *masc*]

mash₂ [mash, ম্যাশ্] (1) *v.t.* to treat as a sweetheart, প্রণয়িনীর বা প্রণয়ীর ন্যায় গণ্য করা। (2) *v.i.* to flirt, প্রেমের ভান করা, ছিনালি করা। *p.* & *p. pt.* **ma°shed**। (3) *n.* one who mashes or is mashed, যাহাকে প্রণয়ী বা প্রণয়িনীর ন্যায় জ্ঞান করা হয় অথবা যে উহা করে ; mashing, প্রণয়িনী বা প্রণয়ীর ন্যায় গণ্যকরণ, ছিনালি। *n.* **ma°sher**—যে ব্যক্তি স্ত্রীলোকের মনোহরণার্থ জাঁকাল পোশাক পরে। [?]

mashie, mashy [ma°-shi, ম্যা°শি] *n.* an iron golf-club, গল্ফ্-খেলার জন্য লৌহনির্মিত লাঠি। [F. *massue*=club ?]

masjid [mus°-jid, মাস্°জিড্] *n.* a mosque, মসজেদ। [Ar.]

mask [mŭsk, মাস্ক্] (1) *n.* a covering for the face, for concealment, or protection, মুখোশ ; a false-face, নকল মুখ ; a masque, মুখোশ পরিয়া বল্-নাচ বা অভিনয় বা শোভাযাত্রা (তু. সঙ্) ; (fig.) a disguise or pretence, (আল.) ছদ্মবেশ বা ভান বা ছলনা (to *mask* one's sinister motive)। (2) *v.t.* to cover with a mask, মুখোশে (মুখ) ঢাকা ; to hide or disguise, গোপন করা বা ছদ্মবেশ পরান। **death mask**—মৃত ব্যক্তির মুখের ছাঁচ তুলিয়া লইয়া তৈয়ারি মুখোশ। *a.* **mas°-ked**—মুখোশ-পরিহিত ; গুপ্ত ; ছদ্মবেশী। **masked ball**—মুখোশ-পরা অবস্থায় বল্-নাচ। **(to) throw off one's mask**—মুখোশ খুলিয়া ফেলা, আসল চেহারা বা মতলব প্রকট করা। *n.* **mas°ker**—মুখোশধারী ; মুখোশধারী অভিনেতা নর্তক বা সঙ। [F. *masque*<Sp. *mascara* or It. *maschera*—cp. LL. *masca*=a ghost, Ar. *maskharah*=a jester or masker]

masochism [ma°-za-kizm, ম্যা°জ্যাকিজ্‌ম্] *n.* a form of sexual perversion, যৌনবিকৃতি-বিশেষ ; এই বিকৃতি ঘটিলে প্রণয়ী বা প্রণয়িনী কর্তৃক নিপীড়িত হইলে আনন্দ হয় ; (পরি.) মর্ষকাম (cp. **sadism**)। *n.* **ma°sochist**—মর্ষকামী। *a.* **ma-sochis°tic**। [*Sacher-Masoch*, the Australian novelist who described it]

mason [mā°sn, মেই°স্‌ন্] (1) *n.* a stonelayer, রাজমিস্ত্রি, স্থপতি। (2) *v.t.* to build, (অট্টালিকাদি) নির্মাণ করা। **master mason**—অতি দক্ষ স্থপতি ; গুপ্ত ভ্রাতৃসঙ্ঘ-বিশেষের যে সভ্য পুলিসের হাতে তিন ডিগ্রি সেলে নির্যাতন লাভ করিয়াছে। *a.* **masonic** [ma-so°-nik, ম্যাস°নিক্] রাজমিস্ত্রির কর্মসংক্রান্ত, স্থাপত্যসংক্রান্ত। *n.* **mā°sonry**—রাজমিস্ত্রির কাজ, স্থাপত্য। [OF. *masson*<LL. *macionis*]

masque [mŭsk, মাস্ক্] *n.* a show by masked players, মুখোশধারী অভিনেতা-অভিনেত্রীবর্গ কর্তৃক অভিনয় (প্রথমে এই অভিনয় মূক ছিল, পরে ইহাতে ছন্দোবদ্ধ ভাষা ব্যবহৃত হইত) ; a literary composition for masked acting, মুখোশধারণপূর্বক অভিনয়ার্থ নাটকাদি ; a masquerade, মুখোশধারণ-পূর্বক বল্-নাচ সঙ্ প্রভৃতি ; a masked person or company, মুখোশধারী ব্যক্তি বা দল। *n.* **mas°-quer**—মুখোশধারী অভিনেতা বা নর্তক বা সঙ্। [see *mask*]

masquerade [mas-ka-rād°, ম্যাস্ক্যারেইড্°] (1) *n.* a troop of masked persons, (প্রধানতঃ বল্-নাচে যোগদানকারী) মুখোশধারী ব্যক্তিবর্গ ; disguise, ছদ্মবেশ। (2) *v.i.* to wear a mask, মুখোশ পরা ; to join in a masquerade, মুখোশধারী নর্তক-দলে বা সঙের দলে যোগ দেওয়া, মুখোশ পরিয়া অভিনয় করা বা নাচ বা সঙ্ দেখান ; to go in disguise, ছদ্মবেশ ধারণ করা। *p.* & *p. pt.* **masquerā°ded**। *n.* **masquerā°der**। [F. *mascarade*]

mass₁, Mass [mass, ম্যাস্] *n.* the celebration of the Lord's Supper, খ্রিস্টের নৈশ-ভোজোৎসব-পর্ব উদ্‌যাপন ; liturgy used in this celebration, উক্ত পর্বোপলক্ষে গির্জায় গেয় ভজন-বিশেষ ; a church festival, গির্জায় অনুষ্ঠেয় উৎসব বা পর্ব (Christ*mas*)। [OE. *maesse*<LL. *missa*<L. *mittere*=to send away]

mass₂ [mas, ম্যাস্] (1) *n.* a lump, পিণ্ড, দলা ; a quantity, পরিমাণ, বেশ-খানিকটা ; a collected body, দল, পুঞ্জ, স্তূপ ; an unbroken expanse, একটানা বিস্তার ; the aggregate, মোটামুটি পরিমাণ ; the main or greater part, প্রধান বা অধিকাংশ অংশ ; (phys.) quantity of matter a body contains; (পদার্থ.—পরি.) ভর ; (in *pl.*) the general body of the people, জনসাধারণ ; (pol.) the people, (রাজ.) বিশিষ্ট ব্যক্তিগণ বাদে জনসাধারণ। (2) *v.t.i.* to collect into a mass, পিণ্ডীভূত বা পুঞ্জীভূত করা অথবা হওয়া, দল বাঁধান বা বাঁধা। (3) *v.t.* (mil.) to concentrate, (সাম.) সংহত করা, একত্রিত করা বা জড় করা। *p.* & *p. pt.* **ma°ssed**। **in mass**—দলবদ্ধভাবে, সকলে একত্রে। **in the mass**—দলের বা ভিড়ের মধ্যে ; মোটা-মুটিভাবে ; বিচার-বিবেচনা না করিয়া। **mass communications, mass media**—জনসাধারণের নিকট প্রচারের মাধ্যম (যেমন, রেডিয়ো, টেলিভিশন, সিনেমা)। **the masses**—জনগণ। *a.* **ma°ssive**—বৃহদায়তন, প্রকাণ্ড, গুরুভার ; (পদার্থ.) বিভিন্ন অংশ বা উপাদান পৃথক্ নহে এমন ; (পরি.) সংহত। *adv.* **ma°ssively**। *n.* **ma°ssiveness**। *n.* **mass°-mee°ting**—জনসভা। *v.t.* **mass°-produce**——যন্ত্রাদির সাহায্যে বিপুলপরিমাণে উৎপাদন করা। *n.* **mass°produc°tion**। *n.* **ma°ssiness**। *a.* **ma°ssy**—বৃহদায়তন, প্রকাণ্ড, গুরুভার। [F. *masse*<L. *massa*(*n.*)]

massa [ma°-sa, ম্যা°স্যা] negro corrup. of **master.**

massacre [ma°-sa-ka(r), ম্যা°স্যাক্যা(র্)] (**1**) *n.* indiscriminate killing, বাছবিচার না করিয়া (বিশেষতঃ নির্দয়ভাবে ও দলে দলে) হত্যা। (**2**) *v.t.* to kill indiscriminately, উক্তভাবে হত্যা করা। [F.]

massage [ma-sŭj°, ম্যাসাজ্°] (**1**) *n.* a system of treatment by rubbing, kneading, etc., অঙ্গসংবাহন। (**2**) *v.t.* to subject to massage, অঙ্গসংবাহন করা। *n.* **masseur** [ma-sa(r)°, ম্যাস্যা(র্)°] অঙ্গসংবাহক। *fem.* **masseuse** [ma-saz°, ম্যাস্যাজ্°]। [F.<Gk. *massein*=to knead]

massif [mu-sēf°, মাসীফ্°] *n.* a central mountain-mass, একস্থানে সংহত পর্বত-স্তূপ, স্তূপ-পর্বত। [F.]

massive, massy—see **mass$_2$.**

mast$_1$ [mŭst, মাস্ট্] *n.* the fruit of the oak and similar trees, ওক্ ও অনুরূপ বৃক্ষসমূহের ফল। [OE. *maest*]

mast$_2$ [mŭst, মাস্ট্] *n.* a long upright pole on a ship's keel, (পোতাদির) মাস্তুল; an upright pole for decorations, wireless telegraphy, etc., শোভাবর্ধনার্থ বা বেতার প্রভৃতির তার খাটানর জন্য খুঁটি। *a.* **mas°tėd**—মাস্তুলওয়ালা। *n.* **mast°-head**—মাস্তুলশীর্ষ। *a.* **mast°-hīgh**—মাস্তুলের মাথা-সমান উঁচু। [OE. *maest*—cp. G. *mast*]

mastectomy [mas-tec°-tami, ম্যাস্টেক্°ট্যামি] *n.* (surg.) amputation or removal of a breast, (শল্য.) স্তন ব্যবচ্ছেদ বা কর্তন। [Gk. *mastos*=breast]

master [mŭs°-ta(r), মাস্°ট্যা(র্)] (**1**) *n.* one who commands or controls, হুকুম-দাতা বা নিয়ন্ত্রণ-কারী, পরিচালক; a lord or owner, প্রভু বা মালিক; a leader or ruler, নায়ক, সর্দার, কর্তা, শাসক, রাজা; a teacher, শিক্ষক, গুরু; an employer, মনিব; a ship's commander, পোতাধ্যক্ষ; one who has thorough knowledge or skill in anything, পূর্ণ জ্ঞানসম্পন্ন বা দক্ষতা-সম্পন্ন ব্যক্তি, ওস্তাদ বা পণ্ডিত বা বিশারদ ব্যক্তি; a designation prefixed to a name, নামের পূর্বে প্রযোজ্য ভদ্রতাসূচক উপনামবিশেষ (পূর্বে ইহা Mr.-এর পরিবর্তে সকল পুরুষের নামের আগে ব্যবহৃত হইত, এখন কেবল বালকদের নামের পূর্বে ব্যবহৃত হয়); a university degree, বিশ্ববিদ্যালয়ের উচ্চতম উপাধি (*Master* of Arts); a husband, স্বামী, পতি। (**2**) *a.* principal, chief, প্রধান, মুখ্য; controlling, নিয়ন্ত্রক; predominant, কর্তৃত্বকর, অধি-; eminent, বিশিষ্ট। (**3**) *v.t.* to become master of, (কিছুর বা কাহারও) প্রভু মালিক নায়ক রাজা বা কর্তা হওয়া; to command or control, কর্তৃত্ব করা বা পরিচালনা করা; to gain control over, আয়ত্তে আনা; to overcome or defeat, জয় করা বা পরাস্ত করা; to acquire a thorough knowledge of or skill in, পূর্ণ জ্ঞান বা দক্ষতা অর্জন করা। **like master like man**—যেমন প্রভু তেমন ভৃত্য, যেমন গুরু তেমন শিষ্য। **past master**—same as **pastmaster**। **(to) be master in one's house**—পরহস্তক্ষেপ ব্যতীত নিজের ব্যাপার নিজেই সামলান বা নিজের কাজ নিজেই করা। **(to) be one's own master**—স্বাধীন ও স্বাবলম্বী হওয়া। **(to) serve two masters**—(আল.) দুই নৌকায় পা দেওয়া। *n.* **mas°ter-builder**—নিজ অধীনে শ্রমিক-নিয়োগকারী পেশাদার গৃহনির্মাতা। *a.* **mas°terful**—কর্তৃত্বকর; কর্তৃত্ব-সম্পন্ন; কর্তৃত্বব্যঞ্জক। *n.* **mas°ter-hand**—দক্ষ কারিগর বা শিল্পী। *n.* **mas°ter-key**—যে চাবি দিয়া বহু তালা খোলা যায়, সব-খোল চাবি। *a.* **mas°terless**—প্রভুহীন। *a.* **mas°terly**—প্রভু বা মনিবের ন্যায় কর্তৃত্বপূর্ণ; দক্ষতাপূর্ণ; পাণ্ডিত্যপূর্ণ। *n.* **master°linėss**। **master-mind**—(**1**) *n.* শ্রেষ্ঠ চিন্তাশীল ব্যক্তি। (**2**) *v.t.* পরিকল্পনা করা (to *master-mind* a plan)। *n.* **mas°ter-pa°ssion**—পরম ভাবাবেগ। *n.* **mas°terpiece, mas°ter-work**—সেরা কাজ, শ্রেষ্ঠ অবদান; সেরা গ্রন্থ বা শিল্পকর্ম। *n.* **mas°tership**—কর্তৃত্ব; প্রভুত্ব; পূর্ণ জ্ঞান বা দক্ষতা, ওস্তাদি; শিক্ষকতা; শিক্ষকের পদ। *n.* **mas°ter-strōke**—পরম দক্ষতাপূর্ণ আঘাত বা অনুষ্ঠান। *n.* **mas°ter-wheel**—যন্ত্রের যে চাকাদ্বারা অপরাপর অংশ চালিত হয়। *n.* **mas°tery**—কর্তৃত্ব; আয়ত্ত করা; নিয়ন্ত্রণক্ষমতা: পরম দক্ষতা বা পাণ্ডিত্য, ওস্তাদি। [OE. *maegester*, OF. *maistre*<L. *magister*]

mastic [mas°-tik, ম্যাস্°টিক্] *n.* a gum-resin, একপ্রকার বৃক্ষজাত গঁদ বা আঠা। [F.<LL. *mastichum*<Gk. *mastiche*]

masticate [mas°-ti-kāt, ম্যাস্°টিকেইট্] *v.t.* to chew, চর্বণ করা। *p. & p. pt.* **mas°ticātėd**। *n.* **masticā°tion**। *n.* **mas°ticātor**। [L. *masticare*]

mastiff [mas°-tif, ম্যাস্°টিফ্] *n.* a variety of dog, প্রহরা-কার্যে দক্ষ হৃষ্টপুষ্ট কুকুরবিশেষ। [OF. *mastin*=tame—confused with OF. *mestif*=mongrel]

mastitis [mas-tī°-tis, ম্যাস্টাই°-টিস্] *n.* inflammation of the mammary gland, স্তনপ্রদাহ। [Gk. *mastos*=a nipple]

mastodon [mas°-ta-don, ম্যাস্°ট্যাডন্] *n.* an extinct species of elephant, অধুনালুপ্ত অতি-কায় হস্তিবিশেষ। [Gk. *mastos*=breast, *odontos*=a tooth]

mastoid [mas°-toyd, ম্যাস্°টয়ড্] (**1**) *n.* the bone at the back of the ear, কর্ণের পশ্চাৎস্থিত অস্থি। (**2**) *a.* shaped like a woman's breast, স্তনের আকারবিশিষ্ট। [Gk. *mastos*=breast]

masturbate [mas°-ta(r)-bāt, ম্যাস্°ট্যা(র্)বেইট্] *v.i.* to commit self-abuse, স্বমেহন করা, পাণি-মেহন বা হস্তমৈথুন করা। *p. & p. pt.* **mas°tur-**

bātėd । *n.* **masturbā°tion** । [L. *masturbari*]

mat$_1$ [mat, ম্যাট্] (**1**) *n.* a fabric of plaited rushes, straw, etc., মাদুর । (**2**) *v.t.* to cover with mats, মাদুর দিয়া ঢাকা । (**3**) *v.t.i.* to interweave or be interwoven closely, প্রগাঢ়ভাবে জড়াইয়া বোনা বা জড়াইয়া যাওয়া, জটা বাঁধান বা বাঁধা । *pr. pt.* **ma°tting** । *p.* & *p. pt.* **ma°ttėd** । *n.* **ma°tting**—মাদুর তৈয়ারির উপাদান ; মাদুর দিয়া আবৃতকরণ । **matted hair**—জটা । **on the mat**—অসুবিধাজনক অবস্থায়, ঝঞ্ঝাটে, বেকায়দায় । [OE. *matt(e)*, *meatte*<L. *matta*]

mat(t)$_2$ [mat, ম্যাট্] (**1**) *a.* dull, lustreless, বিবর্ণ, ঔজ্জ্বল্যহীন । (**2**) *n.* a border of dull gold round a framed picture, ফ্রেমে-পরান ছবির চতুষ্পার্শ্বের পাকা সোনার বর্ডার। [F. *mat*<G.*matt* (*a.*)]

matador [ma°-ta-daw(r), ম্যা°ট্যাডা(র্)] *n.* the man who kills the bull in bull-fights, ষাঁড়ের সঙ্গে লড়াই করিয়া উহাকে যে ব্যক্তি হত্যা করে (ইহা স্পেইনের জাতীয় ক্রীড়া) । [Sp.]

match$_1$ [mach, ম্যাচ্] *n.* a piece of inflammable material that ignites when rubbed, দিয়াশলাই ; a fuse, কামানাদি দাগার জন্য অগ্নিসংযোগের পলিতা । **(to) strike a match**—দিয়াশলাইর বাক্সের বারুদে ঘষিয়া কাঠি জ্বালান । *n.* **match°box**—দিয়াশলাইর বাক্স । *n.* **match°-lock**—বন্দুকাদির যে অংশে পলিতায় অগ্নিসংযোগ করা হয় ; গাদাবন্দুকবিশেষ । *n.* **match°wood**—সজ্বর্ষণমাত্র যে কাষ্ঠ জ্বলিয়া ওঠে, অরণিকাষ্ঠ ; দিয়াশলাই তৈয়ারির উপযোগী কাষ্ঠ । [OF. *mesche*]

match$_2$ [mach, ম্যাচ্] (**1**) *n.* a person or thing resembling or corresponding to another, সদৃশ বা অনুরূপ ব্যক্তি অথবা বস্তু ; an equal, সমকক্ষ ব্যক্তি ; equality in contest, সমপ্রতিদ্বন্দ্বিতা, সমকক্ষতা ; a formal contest or game, প্রতিযোগিতা বা ক্রীড়া-প্রতিযোগিতা (a football *match*) ; a pairing, জোড়া খুঁজিয়া বাহির করা, জোড়ার সহিত মিলনসাধন ; a marriage, বিবাহ ; one to be gained in marriage, বিবাহের পাত্র বা পাত্রী (a good *match* in every way) । (**2**) *v.i.t.* to be alike (with) or corresponding (to), সদৃশ বা অনুরূপ হওয়া ; to compete (with), প্রতিযোগিতা করা (to *match* one's strength with or against another person) ; to be equal (to), সমকক্ষ হওয়া বা সমকক্ষতা করা (none can *match* him in athletics) । (**3**) *v.t.* to suit, মানানসই হওয়া, মানান ; to join in marriage, (পাত্রপাত্রীকে) বিবাহ দেওয়া । (**4**) *v.i.* to unite together, একত্র মিলিত হওয়া । *p.* & *p. pt.* **ma°tched** । *a.* **match°lėss**—প্রতিদ্বন্দ্বিহীন ; তুলনাহীন, অনুপম ; শ্রেষ্ঠ । *n.* **match°-māker**—ঘটক । *n.* **match°-māking**—ঘটকালি । [OE. *gemaecca*]

mate$_1$ [māt, মেইট্] (**1**) *v.t.* to checkmate, (দাবাখেলায়) মাত করা । *p.* & *p. pt.* **mā°tėd** । (**2**) *n.* & *int.* checkmate, কিশতি মাত । [OF. *mat*=checkmated]

mate$_2$ [māt, মেইট্] (**1**) *n.* a companion, সহচর, সঙ্গী ; an equal, সমকক্ষ ব্যক্তি ; a fellow-worker, সহকর্মী ; a form of address amongst workmen, শ্রমিকগণ কর্তৃক পরস্পর সম্বোধনের আখ্যাবিশেষ, দোস্ত ; a husband or wife, পতি বা পত্নী ; anyone of a pair, (পশু পাখি প্রভৃতির) জোড়ার একটি ; a ship's junior officer, জাহাজের নিম্নপদস্থ আধিকারিকবিশেষ ; an assistant, সহকারী ব্যক্তি (a cook's or gunner's *mate*) ; (in India) a prisoner appointed as the task-master of his fellow-prisoners, (ভারতে) জেলে সহকয়েদিদের খাটানর জন্য নিযুক্ত কয়েদি, মেট । (**2**) *v.t.i.* to be equal to, সমকক্ষ হওয়া ; to rival, প্রতিদ্বন্দ্বিতা করা ; to marry, বিবাহ করা বা দেওয়া ; to couple, জোড়া খুঁজিয়া দেওয়া বা জোড়া হওয়া ; to consort, স্বামী বা স্ত্রী হওয়া । *p.* & *p. pt.* **mā°ted** । *a.* **matey** [mā°-ti, মেই°টি] মিশুক ; পরিচিত ; অন্তরঙ্গ ; বন্ধুত্বপূর্ণ । [MLG. *mate* ?]

mater [mā°-ta(r), মেই°ট্যা(র্)] *n.* (sl.) a mother, (অশি.) মা । *n.* **materfami°lias**—সংসারের সর্বময় কর্ত্রী (তু. **paterfamilias**) [L.]

material [ma-ter°-i-al, ম্যাটিয়্যার্°ইঅ্যাল্] (**1**) *a.* of matter, বস্তুগত, পদার্থগত ; consisting of matter, বস্তুপূর্ণ, পদার্থপূর্ণ, বাস্তব (*material* world) ; corporeal, আধিভৌতিক ; physical, দৈহিক (*material* comforts, needs, etc.) ; gross, স্থূল ; of subject-matter, বিষয়বস্তুগত ; relevant, প্রাসঙ্গিক ; seriously important, (প্রধানতঃ আইনে) অতীব গুরুত্বপূর্ণ (*material* evidence) ; (phil.) of matter as opposed to form, (দর্শ.) জড় ; (gr.) indicative of matter, (ব্যাক.) বস্তুবাচক (*material* noun) । (**2**) *n.* that from which something is or may be made, উপাদান ; a fabric, (প্রধানতঃ পশমি) কাপড় । **material distinction**—সগোত্র প্রাণীদের মধ্যে পরস্পর-পার্থক্য । **material evidence**—বিচার্য বিষয়ের মীমাংসাসাধক সাক্ষ্য বা প্রমাণ । **raw material**—কারখানাজাত দ্রব্যাদির উপাদান, কাঁচামাল ; (আল.) যাহা হইতে কিছু তৈয়ারি হইতে বা গড়িয়া উঠিতে পারে । *n.* **mater°ialism**—(দর্শ.) জড়বাদ । **dialectic materialism**—দ্বন্দ্বমূলক জড়বাদ । *n.* **mater°ialist** । *a.* **materialis°tic**—জড়বাদী । *v.t.i.* **mater°ialize**—বাস্তবে বা সত্যে পরিণত করা অথবা হওয়া (such plans may never *materialize*) ; মূর্ত করা বা হওয়া । *n.* **materializā°tion** । *adv.* **mater°ially**—মূলতঃ, আসলে, আদতে । [L. *materialis*<*materia*=matter]

materia medica [ma-ter°-i-ŭ me°-di-kŭ, ম্যাটিয়্যার্°ইআ মে°ডিকা] *n.* the science of medicinal substances, ঔষধের গুণাগুণ ও প্রয়োগ সংক্রান্ত বিজ্ঞান, ভৈষজ্যবিদ্যা। [LL.]

matériel [mater-i-el°, ম্যাটিয়্যার্‌ইএল্°] *n.* material, উপাদান; equipment, সাজসরঞ্জাম, (সৈন্যদলের) লটবহর ও অস্ত্রশস্ত্র। [F.]

maternal [ma-ta(r)°nl, ম্যাট্যা(র্)°ন্‌ল্] *a.* of a mother, জননীসংক্রান্ত; motherly, জননীসুলভ, মাতৃবৎ; on the mother's side, মাতার বা মাতৃকুলের দিক্ দিয়া সম্বন্ধযুক্ত, মামাত, মাসতুত। *adv.* **mater°nally**। [F. *maternel*<L. *maternus* <*mater*=mother]

maternity [ma-ta(r)°-ni-ti, ম্যাট্যা(র্)°নিটি] *n.* motherhood, মাতৃত্ব; motherliness, মাতৃসুলভ ভাব; maternal nature, মাতৃপ্রকৃতি। **maternity (hospital)**—প্রসূতি-হাসপাতাল। [F. *maternite*<L. *maternus*<*mater*=mother]

matey—see **mate₂**.

mathematics [ma-thi-ma°-tiks, ম্যাথিম্যা°টিক্‌স্], (coll. contr.) **maths.**—*n.* (treated as *sing*) the science of magnitude and number, গণিতশাস্ত্র। *a.* **mathema°tic(al)**—গণিতসংক্রান্ত; গণিতশাস্ত্রদ্বারা কৃত; অত্যন্ত যথাযথ। *adv.* **mathemati°cally** | *n.* **mathematician** [ma-thi-ma-ti°sh(a)n, ম্যাথিম্যাটি°শ্‌ন্] গণিতবেত্তা। [Gk. *mathematike*=relating to learning]

matin [ma°-tin, ম্যা°টিন্] *n.* (poet.) morning song, প্রভাত-সঙ্গীত; (in *pl.*) a regular church-song, গির্জায় নিয়মিতভাবে গেয় সঙ্গীত-বিশেষ; (in *pl.*) the daily morning church service, গির্জার দৈনিক প্রভাতী উপাসনা। [F. *matines*<L. *matutinus*=of the morning]

matinée [ma°-ti-nā, ম্যা°টিনেই] *n.* a public entertainment held in the day-time, esp. in the afternoon, দিবাভাগে, বিশেষতঃ অপরাহ্ণে, অনুষ্ঠিত রঙ্গাভিনয়াদি, ম্যাটিনি-শো। [F.<*matines* —see *matin*]

matrass [mat°-ras, ম্যাট্°র‍্যাস্] *n.* a long-necked chemical flask, রাসায়নিক কার্যে ব্যবহৃত লম্বা গলাওয়ালা বোতল। [F. *matras*]

matriarchy [mā°-tri-ŭ(r)-ki, মেই°ট্রিআ(র্)কি] *n.* the social system in which the mother is the head of the family, মাতৃশাসিত সমাজ; a society in which descent is reckoned in the female line, যে সমাজে স্ত্রীলোকের দিক্ দিয়া বংশপরম্পরা নির্ণীত হয়। *n.* **mā°triarch**—(মাতৃশাসিত) সমাজের অধিনায়িকা; (ব্যঙ্গে) পরিবারে কর্তৃত্বকারিণী স্ত্রীলোক। *a.* **mā°tri°archal**—মাতৃশাসিত। [L. *mater*=mother, Gk. *arche*= government—on analogy of *patriarchy*]

matric—see **matriculate.**

matrices—see **matrix.**

matricide [mā°-tri-sīd, মেই°ট্রিসাইড্] *n.* one who murders one's own mother, মাতৃহন্তা বা মাতৃহন্ত্রী; the murder of one's own mother, মাতৃহত্যা। *a.* **mātrici°dal**—মাতৃহত্যা-সংক্রান্ত; মাতৃঘাতী। [L. *matricida*]

matriculate [ma-tri°-kū-lāt, ম্যাট্রি°কিউলেইট্] *v.t.i.* to admit or be admitted to privileges of a university, বিশ্ববিদ্যালয়ের সুযোগ-সুবিধা গ্রহণের অধিকার দেওয়া বা পাওয়া (অর্থাৎ প্রবেশিকা পরীক্ষায় উত্তীর্ণ করান বা হওয়া)। *n.* **matriculā°tion,** (contr.) **matric°**—উক্ত অধিকারদান বা লাভ; উক্ত অধিকারপ্রাপ্ত অবস্থা; উক্ত অধিকারদায়ক প্রবেশিকা পরীক্ষা। [LL. *matricula*=a register, dim. of L. *matrix*]

matrilineal [mat-ri-li°-ni-al, ম্যাট্রিলি°নিঅ্যাল্] *a.* of or based on the mother or the female line, মাতা বা মাতৃকুলের সহিত সম্পর্কান্বিত। [L. *mater*=mother, *linea*=a line]

matrilocal [mat-ri-lō°-kl, ম্যাট্রিলৌ°ক্‌ল্] *a.* of a system of marriage where the husband goes to live with his wife's group, যে প্রথা অনুসারে বিবাহের পর স্বামী স্ত্রীর পরিবারে বসবাস করে সেই প্রথা সংক্রান্ত। [*mater*=mother, *localis*<*locus*=place]

matrimony [ma°-tri-m(a)ni, ম্যাট্রি°ম্‌নি] *n.* wedlock, বিবাহ, পরিণয়। *a.* **matrimō°nial**—বিবাহসংক্রান্ত, বিবাহঘটিত, বৈবাহিক (*matrimonial* alliance)। [L. *matrimonium*]

matrix [mā°-triks, মেই°ট্রিক্‌স্] *n.* (anat.) the womb, (শারীর.) জরায়ু, গর্ভ; that in which anything is developed or embedded, যাহার মধ্যে কিছু বর্ধিত হয় বা অবস্থান করে, (পরি.) ধাত্র; a mould, ছাঁচ, মৌল; (math.) rectangular array of quantities in rows and columns that is treated as a single quantity, (গণি.) আয়তক্ষেত্রাকারে উপরে-নিচে ও পাশাপাশি সাজান সংখ্যাসমূহ: ইহাকে একটি সংখ্যা গণ্য করা হয়। *pl.* **matrices** [mā°tri-sēz, মেই°ট্রিসীজ্], **mā°trixes**। [L.]

matron [māt°r(a)n, মেইট্°র্‌ন্] *n.* a married woman, বিবাহিতা স্ত্রীলোক; an elderly lady of sober habits, সংযতচরিত্রা বা রাশভারী প্রবীণা স্ত্রীলোক; a woman in charge of nursing and domestic arrangements in a hospital, school etc., হাসপাতাল বিদ্যালয় প্রভৃতিতে শুশ্রূষার বা গৃহস্থালীর তত্ত্বাবধায়িকা, (পরি.) মাতৃকা। *a.* **mātronly**—মাতৃকাসুলভ; প্রবীণা, রাশভারী, সংযতচরিত্রা (*matronly* appearance, manner, etc.)। [F. *matrone*<L. *matrona*<*mater*= mother]

matt—**mat₂**.

mattamore [ma°-ta-mōr, ম্যা°ট্যামৌর্] *n.* a subterranean chamber, ভূগর্ভস্থ কক্ষ, মাটির তলার ঘর। [F. *matamore*<Arab. *matamura* (*tamara*=to bury)]

matted—see **mat₁**.

matte [mat, ম্যাট্] *n.* an impure product of

the smelting of sulphide ores, গন্ধকমিশ্র আকরিক হইতে প্রাপ্ত অপদ্রব্য। [F.]

matter [ma°-ta(r), ম্যা°ট্যা(র্)] (**1**) *n.* physical substance, পদার্থ, জড়; material, উপাদান; thing, বস্তু; a purulent discharge, ক্ষতাদি হইতে নিঃসৃত পুঁষ রস প্রভৃতি; subject of thought, speech, writing, etc., বিষয়বস্তু; affair, ব্যাপার; a problem, সমস্যা; cause or ground, কারণ, নিমিত্ত, হেতু; an object of attention, মনোযোগের লক্ষ্য; material for printing, যাহা ছাপিতে হইবে, মুদ্রিতব্য রচনাদি। (**2**) *v.i.* to be of importance, গুরুত্বপূর্ণ হওয়া; to signify, অর্থাদি নির্দেশ করা; to make a difference (to), প্রভেদ করা বা পরিবর্তনসাধন করা। **a hanging matter**—যে অপরাধে ফাঁসি হয়। **as a matter of fact**—বাস্তবিকপক্ষে, বস্তুতঃ। **a matter of course**—যে ঘটনা কাহারও প্রচেষ্টাদি ছাড়া আপনা-আপনি ঘটিবে বলিয়া প্রত্যাশা করা যায়, স্বাভাবিক ঘটনা। **for that matter, for the matter of that**—ঐ ব্যাপার সম্পর্কে। **in the matter of**—সম্পর্কে, বিষয়ে, ব্যাপারে। **no laughing matter**—হাসিতামাশার ব্যাপার নয় অর্থাৎ গুরুতর ব্যাপার। **no matter**—ইহাতে কোন প্রভেদ বা পরিবর্তন ঘটে না বা ঘটিবে না; যাহাই ঘটুক না কেন। **(to) be the matter with**—(কাহারও বা কিছুর সম্পর্কে) কোন ভুল বা অঘটন ঘটা। *a.* **matter-of-fact** [ma°t(a)-ra(v)-fakt°, ম্যা°ট্র্যাফ্যাক্ট্°] কেবল প্রকৃত ব্যাপার বা অবস্থাই বিচার করে এমন; কল্পনাপ্রবণ নহে এমন; গদ্যবৎ। *a.* **mattery**—পুঁষপূর্ণ। [OF. *matiere* < *materia* (*n.*)]

matting—see **mat₁**.

mattins—same as **matins,** plural of *matin.*

mattock [ma°-tak, ম্যা°ট্যাক্] *n.* a kind of pickaxe, কোদালবিশেষ। [OE. *mattuc*]

mattoid [ma°-toyd, ম্যা°টয়্ড্] *n.* a person of erratic mind, compound of genius and fool, যে অস্থিরচিত্ত ব্যক্তি একাধারে প্রতিভাধর ও মূর্খ। [It. *mattoide*]

mattress [ma°-tris, ম্যা°ট্রিস্] *n.* a bed made of stuffed bag, জাজিম, গদি, তোশক। **spring mattress**—স্প্রিং-আঁটা গদি। [OF. *materas* < Ar. *matrah* = a place where anything is thrown]

mature [ma-tū(r)°, ম্যাটিউয়্যা(র্)°] (**1**) *a.* fully developed, পূর্ণবর্ধিত; perfected, সম্পূর্ণীকৃত, পূর্ণতাপ্রাপ্ত; ripe, পরিপক্ব, পাকা; well thought out, সুচিন্তিত; due, অর্থাদি প্রদানের সময় হইয়াছে এমন, পূর্ণকালপ্রাপ্ত; suppurating, সপুঁষ, পুঁষ-পূর্ণ। (**2**) *v.t.i.* to ripen, পাকান বা পাকা; to develop fully, পূর্ণবর্ধিত করান বা হওয়া; to make or become perfect, সম্পূর্ণাঙ্গ করা বা হওয়া। (**3**) *v.t.* to suppurate, পুঁষপূর্ণ করান। (**4**) *v.i.* to become due, অর্থাদি প্রদানের সময় হওয়া। *v.t.i.* **ma°tūrāte** (ফোঁড়া প্রভৃতির সম্বন্ধে) সম্পূর্ণ পাকান বা পাকা। *p. & p. pt.* **ma°tūrāted** । *n.* **matūrā°tion** । *adv.* **matūre°ly** । *n.* **matūre°ness, matūr°ity** । [L. *maturus* = ripe]

matutinal [ma-tū-tī°nl, ম্যাটিউটাই°ন্ল্] *a.* of or happening in the morning, প্রভাত-সংক্রান্ত বা প্রভাতে ঘটে এমন, প্রভাতী। [L. *matutinalis*—cp. *matin*]

maud [mawd, ম্যড্] *n.* a Scottish shepherd's woollen plaid, স্কট্ল্যান্ডের রাখালের ডোরা-কাটা শাল বা শীতবস্ত্র। [?]

maudlin [mawd°-lin, ম্যড্°লিন্] *a.* sickly sentimental, বিরক্তিকররকম ভাবপ্রবণ, অল্পেই বিচলিত হয় এমন; half-drunk, অর্ধপানোন্মত্ত, আধ-মাতাল। [ME. *maudelein* < OF. < L. Gk. *Magdalene* —see *Magdalene*]

maugre [maw°-ga(r), ম্য°গ্যা(র্)] *prep.* (*arch.*) in spite of (আর্ষ.) সত্ত্বেও। [OF. *malgre* < L. *male gratum* = badly agreeable]

maul [mawl, ম্যল্] (**1**) *n.* (obs.) a war-club, (অপ্র.) গদা; a heavy wooden hammer, কাষ্ঠ-নির্মিত গুরুভার মুগুরবিশেষ। (**2**) *v.t.* to beat with a maul, মুগুর-পেটা করা; to beat and bruise, প্রহার করিয়া ক্ষতবিক্ষত করা; to maltreat, দুর্ব্যবহার বা অত্যাচার করা; to handle roughly, হেলাফেলা করিয়া হাত লাগান বা ব্যবহার করা; to damage by criticism, সমালোচনাদ্বারা ক্ষতিসাধন করা। [F. *mail* < L. *malleus* = hammer]

maulstick [mawl° stik, ম্যল্°স্টিক্] *n.* a stick used by painters as a rest for the hand, চিত্রকরগণ যে ছড়ির উপর হস্তের ভর রাখে। [Du. *maalstok*]

maund [mawnd, ম্যন্ড্] *n.* an Indian measure of weight, মণ, ৪০ সের। [Hind. *man* < Pers.]

maunder [mawn°-da(r), ম্যন্°ড্যা(র্)] *v.i.* to grumble, বিড়বিড় করিয়া নালিশ জানান; to talk foolishly, বোকার ন্যায় বক্‌বক্ করা। [?]

maundy, Maundy [mawn°di, ম্যন্°ডি] *n.* the Christian ceremony of washing the feet of the poor, খ্রিস্টধর্মানুসারে গরিবদের চরণ-প্রক্ষালন-পর্ব। **maundy money**—উক্ত পর্বদিনে রাজ-রাজড়াগণ কর্তৃক দরিদ্রদিগকে প্রদত্ত অর্থভিক্ষা। **Maundy Thursday**—উক্ত পর্বদিন অর্থাৎ গুড্ ফ্রাইডের অব্যবহিত পূর্ববর্তী বৃহস্পতিবার। [F. *mande* < L. *mandatum* = command]

mauser [mow°-za(r), মাউ°জ্যা(র্)] *n.* a kind of magazine rifle, অতিরিক্ত গুলি রাখার খোপযুক্ত বন্দুকবিশেষ। [W. *Mauser* (inventor)]

mausoleum [maw-sa-li°-am, ম্যস্যালি°অ্যাম্] *n,* magnificent tomb, জাঁকাল সমাধি। [L. < Gk. *Mausoleion*, the tomb of King Mausolos of Caria]

mauve [mōv, মৌভ্] (1) *n.* a purple aniline dye, রক্তিমাভ নীল রঞ্জকবিশেষ, বেগনি রঞ্জকবিশেষ ; its colour, বেগনি বর্ণ। (2) *a.* of this colour, বেগনি বর্ণবিশিষ্ট। [F. <L. *malva* = mallow]

maverick [ma°-va-rik, ম্যা°ভ্যারিক্] *n.* an unbranded stray animal, esp. a calf, মালিকানার ছাপ-হীন পথে পথে ঘুরিয়া বেড়ান গবাদি পশু, বিশেষতঃ গোবৎস ; (fig.) a rover, (আল.) পথে-পথে-ঘোরা লোক ; an undisciplined or unorthodox person, নিয়মের বশবর্তী নয় বা প্রচলিত মতাদি পোষণ করে না এমন লোক (a *maverick* politician) । [*Maverick*, a cattle-raiser of Texas]

mavis [mā°-vis, মেই°ভিস্] *n.* a song-thrush, গায়ক পক্ষিবিশেষ। [F. *mauvis*]

maw [maw, ম্য] *n.* the stomach, (প্রধানতঃ পশুপক্ষী প্রভৃতির) পাকস্থলী ; (fig.) any insatiate cavity, (আল.) অপূরণীয় গর্ত। [OE. *maga*—cp. G. *magen*]

mawkish [maw°-kish, ম্য°কিশ্] *a.* sickly sentimental, বিরক্তিকররকম ভাবপ্রবণ; of faint sickly flavour, সোঁদা গন্ধপূর্ণ। *adv.* **maw°kishly** । *n.* **maw°kishness** । [ON. *mathkr* = maggot]

mawseed [maw°-sēd, ম্য°সীড্] *n.* poppy seed, আফিম-ফল বা পোস্তদানা। [G. *mahsaat* < *mah* = poppy]

maxi [mak°-si, ম্যাক্°সি] *n.* (coll.) a woman's ankle-length skirt, cloak, coat, etc., স্ত্রীলোকের গোড়ালি অবধি ঝুলওয়ালা গাউন আংরাখা কোট ইত্যাদি। [abbr. of *maximum*]

maxilla [maks-i°-la, ম্যাক্স্ই°ল্যা] *n.* a jawbone, চোয়ালের হাড়, হম্বস্থি। *pl.* **maxillæ** [mak-si°-lē, ম্যাক্সি°লী] । *a.* **maxi°llary**—চোয়াল বা হম্বস্থি সংক্রান্ত। [L.]

maxim$_1$ [maks°-im, ম্যাক্স্°ইম্] *n.* a general principle, সাধারণ নীতি বা নিয়ম ; a pithy saying, সুন্দর উক্তি, বাণী ; a proverb, প্রবচন। [F. *maxime* < L. *maxima* = greatest]

Maxim$_2$—see **Maxim-gun.**

Maxim-gun [maks°-im gŭn°, ম্যাক্স্°ইম্ গান্°], **Max°im**—*n.* an automatic machine-gun, স্বয়ংক্রিয় মেশিনগান-বিশেষ। [*Sir H. Maxim*, its inventor (1840-1916)]

maximum [maks°-i-mam, ম্যাক্স্°ইম্যাম্] (1) *a.* greatest, সর্বাধিক, বৃহত্তম। (2) *n.* the greatest number, quantity, or degree, সর্বাধিক সংখ্যা পরিমাণ বা মাত্রা ; the highest point reached, চরম বা পরম অবস্থা। *a.* **maxi°mal**—সর্বাধিক স্থিতি আকার ইত্যাদি বিষয়ক। **max°imize**—(1) *v.t.* চরমে তোলা ; (2) *v.i.t.* মতাদির অতিরঞ্জিত ব্যাখ্যা বা বর্ণনা করা। **maximum and minimum thermometer**—একত্রে সর্বাধিক ও সর্বনিম্ন তাপমাপক-যন্ত্র। [L. *super. deg.* of *magnus* = great]

may$_1$ [mā, মেই] *v.t.* (*aux.*) expressing ability, permission, possibility, wish, etc., সক্ষমতা অনুমতি সম্ভাব্যতা ইচ্ছা প্রভৃতি অর্থসূচক উপক্রিয়াপদ-বিশেষ, পারা। *2nd per. sing.* **may°(e)st** । *2nd per. pl. & 3rd. per. sing. & pl.* **may** । *p.* **might** [mīt, মাইট্] ; (when agreeing with 'thou') **might°(e)st**—no *pt.* । **as soon as may-be**—যত সত্বর সম্ভব। *adv. & n.* **may°-bē**—সম্ভবতঃ বা সম্ভাবনা। *adv.* **may°-hap**—সম্ভবতঃ, হয়ত। **mayn't**—contr. of **may not** । [OE. *maeg(pr.) mihte (p.)*—cp. Goth. *magan*, G. *mogen*]

May$_2$ [mā, মেই] *n.* the fifth month of the English year, ইংরেজি সনের পঞ্চম মাস (বৈশাখের মাঝামাঝি হইতে জ্যৈষ্ঠের মাঝামাঝি পর্যন্ত। *n.* **May°-day**—পয়লা মে তারিখে ইউরোপে ও পাশ্চাত্ত্যে অনুষ্ঠিত সামাজিক উৎসব ও খেলাধুলা বা শ্রমিকদের শোভাযাত্রা ও সভানুষ্ঠান, মে-দিবস। *n.* **May°-fair**—লনডন-শহরের পশ্চিম প্রান্তস্থ অভিজাত পল্লী (পূর্বে এখানে মে-মাসে মেলা বসিত)। *n.* **may°-flower**—hawthorn ও অন্যান্য যে-সব ফুল মে-মাসে ফোটে। *n.* **may°fly**—মে-মাসে দৃষ্ট অল্পজীবী পতঙ্গবিশেষ। *n.* **may°ing**—মে-দিবসোপলক্ষে সামাজিক উৎসবাদির অনুষ্ঠান। *n.* **may°-pōle**—মে-দিবসে যে পুষ্পশোভিত দণ্ডকে বেষ্টন করিয়া নাচা হয়। *n.* **May°-queen°**—মে-দিবসে যে তরুণীকে পুষ্পমুকুট পরাইয়া উৎসবের রানী সাজান হয়। [OF. *mai* < L. *Maius* < *Maia*, mother of Mercury]

Maya$_1$ [mŭy°-ŭ, মায়্°আ] *n.* illusion, মায়া। [Sans.]

Maya$_2$ [mŭy°-ŭ, মায়্°আ] *n.* one of an Indian race of America, আমেরিকার মায়াজাতীর লোক। *a.* **May°a(n)**—মায়া-জাতীয়।

mayhem [mā°-hem, মেই°হেম্] *n.* (law) maiming or injuring a limb as a ground for damages, (আইন.) ক্ষতিপূরণের দাবির উদ্দেশ্যে জখম বা অঙ্গহানি ; (fig.) state of violent disorder, শান্তিভঙ্গের বা দাঙ্গাহাঙ্গামার অবস্থা (to create *mayhem*) । [OF. *mayhem* (as *maim*)]

mayor [mā(r), মেয়্যা(র্)] *n.* (*mas. & fem.*) the chief magistrate of a city or borough, নগরাদির প্রধান শাসক, নগরপাল ; the head of a municipal corporation of a city, পৌরপ্রতিষ্ঠানের কর্তা, মেয়র, (পরি.) মহানাগরিক। *fem.* **mayō°ress**—মেয়র-পত্নী ; মহিলা-মেয়র। *a.* **mayo°ral**—মেয়র-সংক্রান্ত ; মেয়র-সুলভ। *n.* **mayor°alty, mayor°ship** । **Mayor Lord**—ইংল্যানড আয়ারল্যানড ও অসট্রেলিয়ার কোন কোন নগরের প্রধান শাসকের আখ্যা। [F. *maire* < L. *major*]

mazarine [ma-za-rēn°, ম্যাজ্যারীন্°] *n. & a.* (of) rich blue colour, চমৎকার নীলবর্ণ, সুনীলবর্ণ। [?]

For words in *may-*, and *May-*, not given separately, see **may**$_1$ and **May**$_2$.

mazdoor—alt. spell. of **majdoor.**

maze [māz, মেইজ্] (**1**) *n.* bewilderment, বিহ্বলতা ; a labyrinth, গোলকধাঁধা ; a confused mass, দুর্বোধ্যভাবে বিজড়িত বস্তুসমূহ। (**2**) *v.t.* to bewilder, বিহ্বল বা কিংকর্তব্যবিমূঢ় করা ; to confuse, দুর্বোধ্যভাবে বিজড়িত করা। *a.* **mā°zed**—কিংকর্তব্যবিমূঢ়, হতবুদ্ধি। *a.* **mā°zy**—গোলকধাঁধাবৎ ; দুর্বোধ্যভাবে বিজড়িত, জটিল ; বিহ্বল বা বিভ্রান্ত করে এমন, গোলমেলে। *adv.* **mā°zily** । *n.* **mā°zinėss** । [?]

mazurka [ma-za(r)°-ka, ম্যাজ্যা(র্)°ক্যা] *n.* a Polish dance, পোল্যানডের উদ্দাম নৃত্যবিশেষ। [Pol. a woman of *Mazovia*]

mazy—see **maze.**

mcCarthyism [mak-ŭ(r)thi-izm, ম্যাক্আ(র্)থি-ইজ্‌ম্] *n.* a policy of hunting and removing suspected communists from public employment, সন্দেহভাজন কম্যুনিস্টদিগকে খুঁজিয়া বাহির করিয়া সরকারী চাকুরি হইতে অপসারণ। [Joseph *McCarthy* (1909-1957), U. S. senator]

McCoy [ma-koy°, ম্যাকয়্°) *n.* (coll.) the genuine article, the real thing, something which is not counterfeit, খাঁটি বা আসল জিনিস, কৃত্রিম বা মেকি নয় এমন বস্তু। (usually in the phrase **the real McCay**) [?]

me [mē, মী] *pro. accus.* and *dat.* of **I,** আমাকে। *pl.* **us** [as, অ্যাস্]। *v.i.* **mē°seemṡ**—আমার মনে হয়। *p.* **mē°seemed** । [AS.]

mead$_1$ [mēd, মীড্] *n.* alcoholic liquor of fermented honey and water, জলের সহিত মধু গাজাইয়া প্রস্তুত সুরাবিশেষ। [OE. *meodu*<W. *medd*]

mead$_2$—see **meadow.**

meadow [me°-dō, মে°ডৌ], (poet.) **mead**$_2$ [mēd, মীড্] *n.* a piece of grassland, তৃণভূমি ; a rich pasture-ground (প্রধানতঃ নদীতীরস্থ) উৎকৃষ্ট পশুচারণভূমি। *n.* **mea°dow-grass**—দূর্বাঘাস। *n.* **mea°dow-sweet**—তৃণভূমিতে উপজাত গোলাপি পুষ্পবৃক্ষবিশেষ। *a.* **mea°dowy**—তৃণভূমিপূর্ণ ; তৃণভূমিতুল্য। [OE. *maed(we)*< *mawan*=to mow—cp. G. *matie*]

meagre [mē°-ga(r), মী°গ্যা(র্)] *a.* lean, কৃশ, রোগা ; not rich or fertile, অসমৃদ্ধ, অনুর্বর ; scanty, অল্প, অপ্রচুর ; weak, দুর্বল। *adv.* **mea°grely** । *n.* **mea°grenėss** । [F. *maigre*<L *macer*]

meal$_1$ [mēl, মীল্] *n.* the food taken at one time, একবারের খাবার ; act or occasion of taking meal, ভোজন বা ভোজনকাল বা ভোজ (যেমন প্রাতরাশ মধ্যাহ্নভোজ প্রভৃতি)। *n.* **mea°ler**—যে ব্যক্তি বোর্ডিংয়ে আহার করে কিন্তু বাস করে না। *n.* **meal°tīme**—ভোজনের নির্দিষ্ট সময়। [OE. *mael*=time—cp. Du. *maal*, G, *mahl*]

meal$_2$ [mēl, মীল্] *n.* grain ground to powder, শস্যচূর্ণ, ময়দা। *a.* **mea°ly**—ময়দাতুল্য ; ময়দা বা ময়দাতুল্য কোন বস্তুর দ্বারা আবৃত ; দাগওয়ালা ; সাদাটে। *n.* **mea°linėss** । *n.* **mea°ly-bug**—আঙুরলতায় যে পোকা লাগে। *a.* **mea°ly-mouthėd**—মধুরভাষী, মিঠে কথা বলায় দক্ষ। [OE. *melu, melo*—cp. G. *mehl*, Du. *meel*]

mealie [mē°-li, মী°লি] *n.* (usu. in *pl.*) maize, জনার, ভুট্টা। [S. Af. Du. *milie*=millet]

mealy—see **meal**$_2$.

mean$_1$ [mēn, মীন্] *a.* low in rank or birth, হীনমর্যাদাসম্পন্ন বা হীনজাত ; low, base, নীচ, ইতর ; sordid, ঘৃণ্য, জঘন্য (a *mean* trick) ; of little value, unimportant, অল্পমূল্য বা গুরুত্বহীন (he is no *mean* statesman) ; shabby, বিশ্রী, আলুথালু ; poor, humble, দরিদ্র, সামান্য ; paltry, তুচ্ছ, নগণ্য ; small-minded, হীনচেতা। *adv.* **mean°ly** । *n.* **mean°nėss** । *a.* **mean°-spiritėd**—নিস্তেজ। [OE. *gemaene*—cp. G. *gemein*]

mean$_2$ [mēn, মীন্] (**1**) *a.* intermediate, মধ্যবর্তী, মধ্য- (*mean*time) ; averge, গড়-অনুযায়ী (*mean* result)। (**2**) *n.* that which is intermediate, মধ্য ; an average amount or value, গড় ; a middle state or position, মধ্যবর্তী অবস্থা বা অবস্থান ; (math.) an intermediate term in progression, (গণি.) ধারাবাহিক রাশিসমূহের মধ্যবর্তী রাশি, (পরি.) মধ্যক, সমক ; (usu. in *pl.*) an instrument or medium, যন্ত্র বা মাধ্যম। *n.* **meanṡ**—(*sing.*) যন্ত্রবৎ ব্যবহৃত বস্তু ব্যক্তি বা প্রাণী, নিমিত্ত ; (*sing. & pl.*) কার্যাদিসাধনের উপায় (a *means* to an end) ; (*pl.*) আর্থিক সংস্থান (a man of *means*, to live beyond *means*)। **arithmetic(al) mean**—(পরি.) মধ্যক, সমক। **by all means**—অবশ্যই। **means test**—কোন লোকের আর্থিক সঙ্গতি-সম্বন্ধে অনুসন্ধান। **by any means**—যে কোন উপায়েই হউক। **by fair means or foul**—সৎ বা অসৎ যে কোন উপায়েই হউক। **by means of**—উপায়ে। **by no means**—অবশ্যই নহে। **by some means or other**—কোন না কোন উপায়ে। **geometric mean**—(গণি.) গুণোত্তর শ্রেণীর উৎপাদক বা মধ্যক। **golden mean**—দুই চরম প্রতিকূলতার মধ্যবর্তী অবস্থা, মধ্যপন্থা, শ্রেষ্ঠ বা নিরাপদ্ পন্থা। **mean°time, mean°while**—(**1**) *n.* অন্তর্বর্তী কাল, মধ্যকাল। (**2**) *adv.* অন্তর্বর্তীকালে, ইতোমধ্যে। [OF. *meien*<L. *medianus*]

mean$_3$ [mēn, মীন্] (**1**) *v.t.i.* to intend or purpose, উদ্দেশ্য করা বা অভিপ্রায় করা (he *means* no harm) ; to signify, অর্থ প্রকাশ করা। (**2**) *v.t.* to indicate, নির্দেশ করা বা সূচনা করা (I *mean* you) ; to destine or design, নির্দিষ্ট করা বা পরিকল্পনা করা (he was *meant* to be a lawyer)। *p. & p. pt.* **meant** [ment, মেন্ট্]। **(to) mean well**—সদভিপ্রায় করা। **(to) mean**

well by one—কাহারও প্রতি সদভিপ্রায় থাকা, কাহারও ভাল করার অভিপ্রায় করা। *n.* **mea°ning**—অর্থ ; উদ্দেশ্য। *a.* **mea°ningful**—(গূঢ়) অর্থপূর্ণ। *adv.* **mea°ningfully** । *a.* **mea°ningless**—অর্থহীন, নিরর্থক। *adv.* **mea°ninglessly** । *adv.* **mea°ningly**—(গূঢ়) অর্থপূর্ণভাবে ; স্বেচ্ছাক্রমে। [OE. *maenan* < G. *meinen* = to think]

meander [mi-an°-da(r), মিঅ্যান্°ড্যা(র্)] **(1)** *n.* sinuosity, বহুবক্রতা, সর্পিলতা, (পরি.) বিসর্প ; a winding course, আঁকা-বাঁকা বা সর্পিল গতি অথবা পথ ; a maze, গোলকধাঁধা ; an intricate fret pattern, জড়াইয়া জড়াইয়া বোনার প্যাটার্ন বা নকশা। **(2)** *v.i.* to wind about, আঁকিয়া-বাঁকিয়া চলা, সর্পিলগতিতে চলা ; to be intricate, বিজড়িত বা জটিল হওয়া ; to deviate, বিপথগামী হওয়া। *a.* **mean°dered**—সর্পিল পথযুক্ত ; বিজড়িত-নকশাওয়ালা। *n.* **mean°dering**—সর্পিল গতি। *adv.* **mean°deringly** । [L. *Maeander* < Gk. *Maiandros* = a winding river]

meaning, meant—see **meen$_3$**.

means, meantime, meanwhile—see **mean$_2$**.

measles [mēz°lz, মীজ়্°ল্জ়্] *n. pl.* (treated as *sing.*) an infectious fever marked by red pustules, হাম ; a disease of swine and cattle, শূকর ও গবাদি পশুর সংক্রামক রোগবিশেষ। *a.* **meas°led, meas°ly**—হাম-রোগাক্রান্ত ; গুটিকাপূর্ণ ; দাগযুক্ত ; নগণ্য ; দুর্দশাগ্রস্ত। [ME. *maseles*—cp. Du. *mazelen*]

measure [me°-za(r), মে°(শ্)জ্যা(র্)] **(1)** *n.* ascertainment of extent, পরিমাপন, মাপন ; a system or the result of such ascertainment, মাপন-প্রণালী বা পরিমাপ ; size, আয়তন মাপ পরিমাণ ওজন প্রভৃতি ; a standard or unit, মান, মাত্রা ; an instrument for ascertainment of extent, মানদণ্ড, মাপকাঠি, তৌলদণ্ড, দাঁড়িপাল্লা ; (math.) a number by which another can be divided without remainder, (গণি.) গুণনীয়ক, (পরি.) সংখ্যামান ; adequacy or due amount, পর্যাপ্ততা বা যথাযথ পরিমাণ ; some amount or degree, কিছু পরিমাণ : a portion, অংশ ; moderation, আপস-মীমাংসা, সামঞ্জস্যবিধান ; restraint, সংযম, নিয়ন্ত্রণ ; limit, অবধি, সীমা ; extent, প্রসার, ব্যাপ্তি ; treatment (কাহারও প্রতি) আচরণ , means to an end, কার্যাদিসাধনের উপায় ; an enactment or bill, আইন, বিধান, প্রস্তাবিত আইন বা আইনের খসড়া ; metre, rhythm or strain, ছন্দ, সুর ; a unit of verse, কবিতার চরণ ; a dance, নাচ ; (print.) the width of a page or column, (মুদ্রণ.) পৃষ্ঠার বা কলমের প্রসার। **(2)** *v.t.* to ascertain the measure of, মাপা, ওজন করা : to mete out, (কাহারও প্রতি) আচরণাদি করা ; to proportion, মাপ বা ওজন অনুযায়ী কাটছাট করা ; to traverse, পরিভ্রমণ করা। **(3)** *v.i.* to be of the stated size, মাপে হওয়া (it *measures* three feet and a half) ; to take measurement, মাপ লওয়া। **above** or **beyond** or (arch.) **out of measure**—যৎপরোনাস্তি পরিমাণে, সীমাহীন পরিমাণে। **Greatest Common Measure**—(গণি.) গরিষ্ঠ সাধারণ গুণনীয়ক, গ.সা.গু.। **(to) get the measure of** (a person)—(কাহারও) চরিত্র যোগ্যতাদির মূল্যায়ন করা। **hard measures**—কঠিন আচরণ। **in a measure, in some measure**—কিছু পরিমাণে বা মাত্রায়। **in any measure**—যে-কোন পরিমাণে বা মাত্রায়। **in a great** or **large measure**—প্রচুরপরিমাণে ; গুরু মাত্রায়। **made to measure**—(পোশাকাদি সম্বন্ধে) গায়ের মাপ লইয়া প্রস্তুত। **measure for measure**—সমুচিত প্রতিবিধান ; যেমন কুকুর তেমন মুগুর। **short measure**—প্রাপ্য ও প্রতিশ্রুত পরিমাণের অপেক্ষা কম। **within measure**—পরিমিতভাবে। **without measure**—অপরিমিতভাবে। **(to) set measures to**—সীমিত করা। **(to) take measure**—উপায় অবলম্বন করা। **(to) take one's measure**—কাহারও চরিত্র ও ক্ষমতাবলী নির্ণয় করা। **(to) tread a measure**—নাচা। *a.* **mea°surable**—পরিমাপনসাধ্য, পরিমেয় ; পরিমিত ; অল্পপরিমাণ। *adv.* **mea°surably** । *a.* **mea°sured**—পরিমিত, মাপা ; পরিমেয় ; ছন্দপূর্ণ (*measured* tread) ; ধীর স্থির ও ছন্দপূর্ণ ; সুবিবেচিত (*measured* words) ; সংযত। *a.* **mea°sureless**—সীমাহীন, অসীম ; অবাধ। *n.* **mea°surement**—মাপন, পরিমাপন ; মাপ, ওজন, পরিমাণ। *n.* **mea°surer** । [F. *mesure* < L. *mensura(n.)*]

meat [mēt, মীট্] *n.* animal flesh as food, ভক্ষণযোগ্য মৃগমাংস (পক্ষিমাংস বা মৎস্য নহে) ; (arch.) food, (আর্ষ.) খাদ্য ; (fig.) food for thought, substance, pith, (আল.) ভাবের খোরাক, সারপদার্থ, শাঁস (not much *meat* in his speech)। *a.* **meat°less**—খাদ্যহীন ; আহারার্থ মৃগমাংস পায় নাই এমন, মাংসবর্জিত, মাংস-ছাড়া (a *meatless* day in a week)। *n.* **meat°-o°ffering**—ইহুদিগণ কর্তৃক ঈশ্বরোদ্দেশে উৎসর্গীকৃত নৈবেদ্য ; ইহাতে উৎকৃষ্ট ময়দা ক্ষেত্রের প্রথম ফসল তৈল ও ধুপ-ধুনা থাকে। *n.* **meat°-pie°**—মাংসের কিমার পুর দেওয়া পিষ্টকবিশেষ। *n.* **meat°-sāfe**—ভক্ষ্য মৃগমাংস রাখার আলমারি। *a.* **mea°ty**—ভক্ষণযোগ্য মৃগমাংসপূর্ণ ; মাংসল ; মাংসবৎ স্বাদু বা গন্ধযুক্ত ; শাঁসাল। *adv.* **mea°tily** । [OE. *mete*]

Mecca [me°-ka, মে°ক্যা] *n.* any place one is anxious to visit, যে স্থান দর্শনার্থ কেহ উদ্গ্রীব (Jorasanko is the *Mecca* of the poets)। [a city in Arabia, the birth-place of Mohammad]

meccano [me-kǎ°-nō, মেকা°নৌ] *n.* a set of small parts for building engineering models, ইন্জিনিয়ারিং মডেল প্রস্তুতের নিমিত্ত ক্ষুদ্র ক্ষুদ্র অংশ। [Proprietary name]

mechanic [mi-ka°-nik, মিক্যা°নিক্] *n.* a handicraftsman, কারিগর, মিস্ত্রি, (পরি.) যন্ত্রী, শিল্পী, যে স্বহস্তে কাজ করে। *a.* **mécha°nic(al)**—যন্ত্রসংক্রান্ত, যন্ত্রদ্বারা তৈয়ারি, যন্ত্রবৎ, যন্ত্রচালিত, যান্ত্রিক, নির্বোধ, স্বাধীন ইচ্ছাশূন্য ; কেবল অভ্যাসবলে কৃত ; যন্ত্রপাতি সম্বন্ধে পারদর্শী ; দৈহিক শ্রমকার্যে নিযুক্ত। *adv.* **mecha°nically**—যান্ত্রিক উপায়ে (*mechanically* operated)। **mechanical powers**—যন্ত্রের মুখ্য কল-কবজাসমূহ। *n.* **mechanician** [me-ka-ni°-sh(a)n, মেক্যানি°শ্‌ন্] যন্ত্রনির্মাতা ; যন্ত্রের কল-কবজা সম্বন্ধে জ্ঞানসম্পন্ন ব্যক্তি, মিস্ত্রি। *n. pl.* (treated as *sing.*) **mécha°nics**—বলবিদ্যা ; যন্ত্রনির্মাণবিদ্যা। *n.* **me°chanism**—যন্ত্রের গঠন ; কার্যসাধনের বন্দোবস্ত ; (দর্শ.) সৃষ্টি ও জীবন যন্ত্রবৎ : এই মতবাদ, (পরি.) অধিযন্ত্রবাদ। *n.* **me°chanist**—যন্ত্রনির্মাতা ; (দর্শ.) অধিযন্ত্রবাদী। *a.* **mechanis°tic**—(দর্শ.) অধিযন্ত্রবাদী। *v.t.* **me°chanize**—যান্ত্রিক করা, যন্ত্রচালিত করান ; যান্ত্রিক কাজের উপযুক্ত করান। *n.* **mechaniza̅°tion**। [Gk. *mekhanikos*=mechanical<*mekhane*=a machine]

medal [me°dl, মে°ড্‌ল্] *n.* a piece of coin-shaped metal with device etc., in commemoration of an event or as a reward of merit, পদক, মেডেল। **the reverse of the medal**—প্রশ্ন সমস্যাদির আর এক বা বিপরীত দিক্। *a.* **me°dalled**—পদকভূষিত ; পদকপ্রাপ্ত। *n.* **méda°llion**—বৃহদাকার মেডেল ; গালিচা প্রভৃতিতে বড় গোলাকার নকশাবিশেষ। *n.* **me°dallist**—পদকপ্রাপ্ত ব্যক্তি। [F. *medaille*<It. *medaglia*]

meddle [med°l, মেড্‌°ল্] *v.i.* to have to do, (কোন ব্যক্তি বা বিষয় লইয়া) মাথা ঘামান (to *meddle* with a person) ; to interfere undesirably, অবাঞ্ছিত হস্তক্ষেপ করা, অনধিকারচর্চা করা ; (poet.) to engage in fight, (কাব্যে) সংগ্রাম বা দ্বন্দ্বে লিপ্ত হওয়া। *n.* **medd°ler**। **medd°ling**—(1) *n.* অনধিকারচর্চা, অবাঞ্ছিত হস্তক্ষেপ। (2) *a.* অনধিকারচর্চী, অবাঞ্ছিত হস্তক্ষেপকর। *a.* **medd°lesome**—অবাঞ্ছিত হস্তক্ষেপকর, অনধিকারচর্চী ; দ্বন্দ্বশীল। *n.* **medd°lesomeness**। [OF. *medler*<*mesler*<LL. *misoulare*<L. *miscere*=to mix]

media₁—see **medium.**

media₂ [me°-di-a, মে°ডিঅ্যা] *n.* a voiced stop consonant, অল্পপ্রাণ ঘোষ ব্যঞ্জনবর্ণ (যেমন, b, d, g)। [L.—middle]

mediacy—see **mediate.**

mediæval [me-di-e̅°v(a)l, মেডিঈ°ভ্‌ল্] *a.* of the Middle Ages, মধ্যযুগীয় (অর্থাৎ খ্রিস্টীয় ৫ম-১৫শ শতাব্দীর)। *n.* **mediæ°valism**—মধ্যযুগীয় রীতিনীতি বা তাহার অনুসরণ। *n.* **mediæ°valist**—মধ্যযুগের ইতিহাস সাহিত্য চারুকলা প্রভৃতিতে পণ্ডিত ব্যক্তি ; মধ্যযুগীয় রীতিনীতির অনুসরণকারী। *adv.* **mediæ°vally**। [L. *medius*=middle, *aevum*=age]

medial [me̅°-di-al, মী°ডিঅ্যাল্] *a.* intermediate, মধ্যবর্তী, মধ্যকালীন ; of average size, সাধারণ আয়তনবিশিষ্ট। *adv.* **me°dially**। [LL. *medialis*]

median₁ [me̅°-di-an, মী°ডিঅ্যান্] (1) *a.* situated in the middle, মধ্যবর্তী ; (math.) situated in the straight line or plane that divides anything into halves, (গণি.) লম্বালম্বিভাবে দ্বিভাজনকর সরলরেখায় বা তলোপরি অবস্থিত, (পরি.) মধ্যগ। (2) *n.* (math.) a straight line joining an angular point of a triangle with the middle point of the opposite side, (গণি.) ত্রিকোণের যে কোন কোণের সহিত বিপরীত পার্শ্বের মধ্যবিন্দুর সংযোগস্থাপক সরলরেখা, (পরি.) মধ্যমা ; (statistics) in a series of values, the value middle in position but not necessarily in magnitude, (পরিসংখ্যান) পরপর সজ্জিত ভিন্ন ভিন্ন মানের মধ্যস্থিত সংখ্যা। এই মান-সমষ্টির অর্ধাংশ অপেক্ষা মানসূচক মধ্যস্থিত সংখ্যা কম। (L. *medianus* <*medius*=middle]

Median₂ [me̅°-di-an, মী°ডিঅ্যান্] (1) *a.* of Media, মীডিআ-দেশীয়। (2) *n.* a native or the language of Media, মীডিআর লোক বা ভাষা। [Gk. *Medos*=a native of Media]

mediate [me̅°-di-it, মী°ডিইট্] *a.* middle, মধ্যবর্তী ; intervening, মধ্যস্থতাকর ; indirect, পরোক্ষ। *v.i.t.* **me̅°dia̅te**—মধ্যস্থতা বা সালিসি করা (to *mediate* between employers and workers) ; দালালি করা ; মধ্যবর্তী হওয়া। *p.* & *p. pt.* **me̅°dia̅téd**। *n.* **me̅°diacy**—মধ্যস্থতা, সালিসি। *adv.* **me°diately**। *n.* **me̅°diatenéss**। *n.* **me̅dia̅°tion**। *n.* **me̅°dia̅tor**—মধ্যস্থ, সালিস। *a.* **me̅°diatory, mediatorial** [me̅-di-a-taw°-ri-al, মীডিঅ্যাটা°রিঅ্যাল্] সালিস-সংক্রান্ত বা সালিসি-সংক্রান্ত। [LL. *mediare*=to be in the middle]

medicable—see **medicate.**

medical [me°-dik(a)l, মে°ডিক্‌ল্] *a.* of the art of healing, চিকিৎসা-শাস্ত্রগত ; of the art of the physician, as distinguished from surgery, ভেষজ চিকিৎসামূলক অর্থাৎ শল্য-চিকিৎসামূলক নহে। **medical certificate**—চিকিৎসা-প্রমাণ-পত্র। **medical jurisprudence**—চিকিৎসা-শাস্ত্রানুযায়ী ন্যায়-অন্যায় বিচারের আইন। **medical officer**—(প্রতিষ্ঠানাদি কর্তৃক পাকাভাবে নিযুক্ত) চিকিৎসক। *adv.* **me°dically**। [LL. *medicalis* <L. *medicus*=a physician]

medicament [me-di°-ka-mant, মেডি°ক্যা-ম্যান্ট্] *n.* a substance used in curative treatment, (সচ. দেহের বহির্ভাগে প্রযোজ্য) ঔষধে ব্যবহৃত পদার্থ, ভেষজ-পদার্থ। [L. *medicamentum*]

medicare [me°-di-ka(r), মে°ডিকেয়্যা(র্)] *n.* the providing of medical care by the government for old people, বৃদ্ধদের জন্য সরকারি চিকিৎসা-ব্যবস্থা। [*medical*+*care*]

medicate [me°-di-kat, মে°ডিকেইট্] *v.t.* to treat with medicine, ঔষধপ্রয়োগদ্বারা চিকিৎসা করা; to impregnate with anything medicinal, ভেষজ-পদার্থাদিতে পূর্ণ করা, ঔষধ মেশান। *a.* **me°dicātėd**—ঔষধপূর্ণ; ঔষধমিশ্রিত। *a.* **medicable**—চিকিৎসাসাধ্য, চিকিৎসনীয়। *n.* **me°dicā°tion** | **mass medication**—জনসাধারণকে খাদ্যপ্রাণঘটিত বটিকা সরবরাহ, জলে ঔষধপ্রয়োগ প্রভৃতি। *a.* **me°dicātive**—চিকিৎসামূলক; ঔষধমিশ্রণমূলক। [L. *medicare*]

medicine [med°-sin, মেড্°সিন্] (**1**) *n.* any substance used to cure or prevent disease, ঔষধ, ভেষজ; art and science of prevention and cure of disease, ভেষজবিদ্যা, চিকিৎসাবিদ্যা; a drug, মাদকদ্রব্য; a charm, কবচ, তাবিজ; (fig.) deserved punishment, (আল.) প্রাপ্য সাজা। (**2**) *v.t.* to treat or cure by medicine, ঔষধপ্রয়োগদ্বারা চিকিৎসা করা বা আরোগ্য করা। *a.* **medicinal** [me°-di-sinl, মে°ডিসিন্‌ল্] ঔষধে ব্যবহার্য; ভেষজ; আরোগ্যকর; রোগহর; ঔষধসংক্রান্ত। *n.* **me°dicine-chest**—ঔষধের বাক্স। *n.* **me°dicine-man**—ওঝা। [L. *medicina*]

medico [me°-di-kō, মে°ডিকৌ] *n.* (joc. sl.) a doctor, (কৌতু.—অশি.) চিকিৎসক। [It. or Sp.<L. *medicus*]

medieval—alt. spell. of **mediæval.**

mediocre [mē°-di-ō-ka(r), মী°ডিঔক্যা(র্)] *a.* of middling quality, মাঝামাঝি শ্রেণীর, ভালও নহে মন্দও নহে এমন, মাঝারি, সাধারণ। *n.* **mediocrity** [mē-di-o°-kri-ti, মীডিঅ°ক্রিটি] মাঝামাঝি অবস্থা, সাধারণত্ব; মাঝামাঝি শ্রেণীর লোক, সাধারণ লোক। [F.<L. *mediocris*]

meditate [me°-di-tāt, মে°ডিটেইট্] *v.t.* to consider deeply, গভীরভাবে বিবেচনা করা, (he *meditated* revenge)। (**2**) *v.i.* to contemplate deeply (with *on* or *upon*), ধ্যান করা। *p.* & *p. pt.* **me°ditātėd** | *n.* **meditā°tion** | *a.* **me°ditātive**—গভীরভাবে বিবেচনাশীল বা বিবেচনামূলক, ধ্যানশীল বা ধ্যানমূলক। *adv.* **me°ditātively** | *n.* **me°ditātor** | [L. *meditari*]

mediterranean [me-di-ta-rā°-ni-an, মেডিট্যারেই°নিয়্যান্] *a.* situated in the middle of earth or land, ভূমধ্যবর্তী, মধ্যদেশবর্তী (অর্থাৎ উপকূলবর্তী নহে এমন); land-locked, স্থলবেষ্টিত। *a.* **Mediterrā°nėan**—ভূমধ্যসাগরীয়। **Mediterranean (Sea)**—ভূমধ্যসাগর। [L. *medius* =middle, *terra*=earth]

medium [mē°-di-am, মী°ডিঅ্যাম্] (**1**) *n.* the middle, মধ্য; the middle place, degree or course, মধ্যস্থান, মাঝামাঝি পরিমাণ, মধ্যপন্থা; an intervening means, instrument or agency, মাধ্যম বা মধ্যস্থ; instrumentality, মাধ্যমতা, মধ্যস্থতা; a means of communication, যোগাযোগরক্ষার উপায় বা মাধ্যম; a newspaper, (সংবাদলাভের মাধ্যম বলিয়া) সংবাদপত্র; a person through whom spirits are said to communicate with the material world, যোগক্রিয়াবলে যে ব্যক্তির উপরে প্রেতাত্মার ভর করান যায়, মিডিআম্। *pl.* **mē°dia₁**, **mē°diumṡ** | (**2**) *a.* intermediate, মধ্যবর্তী, মাঝামাঝি (*medium* quality); (of paper) having a size of 18″×23″, (কাগজ-সম্বন্ধে) ১৮″×২৩″ মাপবিশিষ্ট। **circulating medium**—মুদ্রা, টাকাকড়ি। **the happy medium**—মধ্যপন্থা (অর্থাৎ অত্যাধিক্য বা অত্যল্পতা বর্জিত পন্থা)। [L.]

medlar [med°-la(r), মেড্°ল্যা(র্)] *n.* a small fruit-tree, আপেলজাতীয় ক্ষুদ্র ফলবৃক্ষবিশেষ; its fruit, উহার ফল। [OF. *medler*<L. *mespilum* Gk. *mespilon*]

medley [med°-li, মেড্°লি] *n.* a heterogeneous mixture, বিভিন্ন প্রকৃতির বস্তুর মিশ্র, খিচুড়ি; a mixed company, বিভিন্ন প্রকৃতির লোক বা প্রাণীর মিশ্রিত দল (the *medley* of races)। [OF. *medler*=to mix]

medulla [me-du°-la, মেডা°ল্যা] *n.* the inner portion of an organ, hair or tissue, কোন অঙ্গ চুল লোম বা কলার অন্তরংশ; bone-marrow, মজ্জা; pith, সারবস্তু, শাঁস। *n.* **medulla oblongata** [...ob-long-gā°-ta,...অব্‌লংগেই°ট্যা] মেরুদণ্ডের সহিত সংযুক্ত মস্তিষ্কাংশ; (পরি.) সুষুম্নাশীর্ষক। *a.* **medu°llar(y)**—মজ্জাপূর্ণ; মজ্জাসদৃশ; সারাল, শাঁসাল। **medullary rays**—(উদ্ভি.—পরি.) মজ্জাংশু। [L.=marrow]

Medusa [mi-dū°-za, মিডিউ°জ়্যা] *n.* (Gk. myth.) one of the three Gorgons, (গ্রী. পু.) তিন দানবীর অন্যতমা যাহার মাথা পার্‌সিউস্ কাটিয়াছিলেন (see **Gorgon**)। *n.* **mėdū°ṡa**—জেলিমাছবিশেষ। *pl.* **medusæ** [me-dū°-zē, মেডিউ°জ়ী]। **medū°ṡan**—(**1**) *a.* জেলি-মাছ-সংক্রান্ত। (**2**) *n.* জেলিমাছ। [L.<Gk. *Medousa*]

meed [mēd, মীড্] *n.* (poet.) wages or reward, (কাব্যে) পারিশ্রমিক বা পারিতোষিক। [OF. *med*—cp. G. *miete*]

meek [mēk, মীক্] *a.* mild and gentle, নম্র ও ভদ্র (*meek* as a lamb)। *adv.* **meek°ly** | *n.* **meek°nėss** | [ON. *mjukr*]

meerschaum [mē(r)°-sham, মিয়্যা(র্)°শ্যাম্] *n.* a whitish clay, sepiolite, শ্বেতমৃত্তিকাবিশেষ; a tobacco-pipe made of it, উক্ত মৃত্তিকানির্মিত ধূমপানের পাইপ। [G.=sea-foam]

meet₁ [mēt, মীট্] *a.* fitting, মানানসই, শোভন; proper, উপযুক্ত। *adv.* **meet°ly** | *n.* **meet°nėss** | [ON. *gemaete*<*metan*=to measure ?]

meet₂ [mēt, মীট্] (**1**) *v.t.* to come face to face with, সম্মুখীন হওয়া; to come into the company of, সঙ্গলাভ করা; to become acquainted with, পরিচয়লাভ করা ; to be introduced to, পরিচিত হওয়া ; to oppose in conflict or contest, যুদ্ধ বা প্রতিযোগিতার জন্য সম্মুখীন হওয়া ; to reach, পৌঁছান, যাইয়া মেশা ; to join, মিলিত হওয়া ; to find or experience, দর্শন বা সাক্ষাৎ পাওয়া, অভিজ্ঞতা লাভ করা ; to satisfy, পূরণ করা (to *meet* one's demands) ; to be sufficient for, কুলান, পর্যাপ্ত হওয়া ; to receive, অভ্যর্থনাদি-সহকারে গ্রহণ করা। **(2)** *v.i.* to come together from different points, বিভিন্ন দিক্ হইতে আসিয়া মিলিত হওয়া ; to assemble, একত্র বা মিলিত হওয়া, জড় হওয়া ; to have an encounter, দ্বন্দ্বে লিপ্ত হওয়া ; to prove correct or suitable, সত্য বা উপযুক্ত বলিয়া প্রতিপন্ন হওয়া। *p. & p. pt.* **met** [met, মেট্‌]। **(3)** *n.* a meeting, (শিকারি রেসুড়ে প্রভৃতির) মিলন বা সমাবেশ (an athletic *meet*)। **(to) meat half-way**—দাবির কিছু অংশ আপসে ছাড়িয়া দেওয়া। **(to) meet in with**—(পথিমধ্যেই) সম্মুখীন হওয়া বা সাক্ষাৎ পাওয়া। **(to) meet the ear**—শ্রুত হওয়া ; কানে আসা। **(to) meet the eye**—দৃষ্ট হওয়া ; চোখে পড়া। **to meet with**—অপ্রত্যাশিতভাবে সম্মুখীন হওয়া বা সাক্ষাৎ পাওয়া ; ভোগ করা ; সহ্য করা ; অভিজ্ঞতা লাভ করা। *n.* **mee°ting**—বন্ধুভাবে বা প্রতিদ্বন্দ্বিরূপে সম্মুখীন হওয়া ; সাক্ষাৎকার ; সাক্ষাৎ ; সমাবেশ ; সভা ; সভাস্থল; (রাস্তাদির) সংযোগস্থল, মোড়। *n.* **mee°ting-house**—কোএকার্‌সম্প্রদায়ের উপাসনাভবন। *n.* **mee°ting-plāce**—(পূর্ব-)নির্দিষ্ট মিলনস্থল। [OE. *metan* < *(ge)mot* = a meeting]

mega- [me°-ga, মে°গ্যা], **me°galo-** [me°-ga-lŏ, মে°গ্যালো] *in comp.* big, বৃহৎ ; million, দশলক্ষ, নিযুত। *n.* **me°gacycle**—(রেডিয়ো-প্রবাহের পরিবর্তনের) দশলক্ষ আবর্ত। *n.* **me°galith**—(প্রাগৈতিহাসিক যুগের স্মৃতিস্তম্ভাদিতে ব্যবহৃত) প্রকাণ্ড প্রস্তরখণ্ড। *a.* **megali°thic**—উক্ত প্রস্তরখণ্ডে গঠিত ; যে যুগে উক্ত প্রস্তর ব্যবহৃত হইত, সেই যুগীয়। *n.* **me°galŏmānia**—নিজেকে বড় বা শক্তিশালী বলিয়া ভাবার বাতিক। *n.* **me°gaphōne**—দূরের লোককে শোনানর জন্য যে চোঙ্‌ মুখে লাগাইয়া কথা বলা হয়, মেগাফোন। *n.* **megaton**—দশলক্ষ টন। **megaton bomb**—দশলক্ষ টন বিস্ফোরকশক্তি-সম্পন্ন বোমা। [Gk. *megas* = big]

megger [me°-ga(r), মে°গ্যা(র্‌)] *n.* (phys.) an apparatus for measuring insulation resistance, (পদার্থবি.) অপরিবাহী মাধ্যমের রোধিতা-মাপক যন্ত্রবিশেষ। [Proprietary name]

megrim [mē°-grim, মী°গ্রিম্‌] *n.* a pain affecting one half of the head, আধ-কপালে মাথাব্যথা ; lowness of spirits, মন-মরা ভাব ; a caprice, খোশখেয়াল। [F. *migraine* < Gk. *hemikrania* < *hemi-*, *kranion* = skull]

meiosis [mī-ō°-sis, মাইঔ°সিস্‌] *n.* (rhet.) an understatement, অর্থালঙ্কারবিশেষ : ইহাতে গুণাদিকে ছোট করিয়া বর্ণনা করা হয়। *a.* **meiō°tic**—উক্ত অলঙ্কারযুক্ত। [Gk. = diminution]

meistersinger [mīs°-ta(r)-sing-ga(r), মাইস্‌°-ট্যা(র্‌)সিংগ্যা(র্‌)] *n.* a burgher poet and musician of Germany, ১৪শ-১৬শ শতাব্দীতে জর্মানির পল্লীকবি-ও গায়কবিশেষ। *pl.* **meis°tersinger(ṡ)**। [G. = master-singer]

mejlis—alt. spell. of **majlis.**

melancholy [me°-lan-kali, মে°ল্যান্‌ক্যালি] **(1)** *n.* habitual or temperamental sadness and depression, অভ্যাসগত বা স্বভাবগত বিষণ্ণতা এবং মনমরা ভাব, (পরি.) দৌর্মনস্য, বিষাদ; continued depression of spirits, নিরবচ্ছিন্ন মনমরা ভাব ; dejection, হতাশা ; morbid sadness and pensiveness, বিষাদপূর্ণ চিন্তারোগ। **(2)** *a.* (morbidly) sad and pensive, সবিষাদ চিন্তা-(রোগ-) গ্রস্ত ; causing melancholy, বিষাদিত ও চিন্তিত করায় এমন। *n.* **melanchō°lia**—উন্মাদ-রোগবিশেষ : সবিষাদ চিন্তা ইহার লক্ষণ, (পরি.) বিষাদবায়ু। *n.* **melanchō°liac**—বিষাদ-বায়ুগ্রস্ত ব্যক্তি। **melancholic** [me-lan-ko°-lik, মেল্যান্‌ক°লিক্‌] **(1)** *a.* বিষাদ-বায়ুগ্রস্ত ; **(2)** *n.* বিষাদ-বায়ুগ্রস্ত ব্যক্তি। [Gk. *melancholia (n.)*]

mélange [mā-lŭnz°, মেইলাঁজ্‌°] *n.* a mixture, মিশ্র ; a medley, বিভিন্নধর্মী লোকের বা বস্তুর মিশ্র, (তু.) খিচুড়ি। [F.]

melanin [me°-la-nin, মে°ল্যানিন্‌] *n.* dark pigment of hair, skin, etc. of coloured races, কৃষ্ণকায় জাতির চুলের ও ত্বকের কৃষ্ণবর্ণ। *n.* **me°lanism**—রোগবিশেষ : ইহাতে দেহের চর্মাদি কাল হইয়া যায়। [Gk. *melas melanos* = black]

meld [meld, মেল্‌ড্‌] *v.t.i.* to combine, to blend, সংযুক্ত বা মিলিত করা বা হওয়া, মেশান বা মেশা। [*melt* + *weld* (a portmanteau word)]

mêlée [me°-lā, মে°লেই] *n.* a confused fight, a skirmish, যে লড়াইতে উভয় পক্ষীয় সৈনিকগণ এমনভাবে একত্র মিশিয়া যায় যে উহাদিগকে চিনিতে পারা যায় না, হাতাহাতি লড়াই। [F.]

melic [me°-lik, মে°লিক্‌] *a.* meant to be sung, (কবিতাদি সম্বন্ধে) গাহিবার উদ্দেশ্যে রচিত, গেয়। [Gk. *melikos* < *melos* = song]

meliorate [mē°-li-a-rāt, মী°লিঅ্যারেইট্‌] *v.t.i.* to improve, উন্নতিসাধন বা উন্নতিলাভ করা, ভাল করিয়া তোলা বা ভাল হইয়া ওঠা। *p. & p. pt.* **me°liorātėd**। *n.* **mēliorā°tion**। *a.* **meliorā°tive**। [[LL. *meliorare*]

mellifluous [me-li-°floo-as, মেলি°ফ্লুঅ্যাস্‌] *a.* sweet as honey, (কণ্ঠস্বর কথা প্রভৃতি সম্বন্ধে) মধুর ন্যায় মিষ্ট, মধুর। [L. *mellifluus* < *mel* = honey, *fluere* = to flow]

mellow [me°-lō, মে°লৌ] **(1)** *a.* ripe, soft and juicy, পাকা নরম ও রসাল ; well matured, পরিণত, সুপক্ব ; fertile, (মৃত্তিকাসম্বন্ধে) উর্বর ; genial, হাসিখুশি, প্রফুল্ল ; half-tipsy, অর্ধ-প্রমত্ত, আধ-মাতাল। **(2)** *v.t.i.* to soften with ripeness or age, পরিপক্বতা বা বার্ধক্যের দ্বারা কোমল করা অথবা হওয়া ; to mature or be matured, পাকান বা পাকা। *adv.* **me°llowly** । *n.* **me°llowness** । [OE. *melu*=meal, influenced by *mearu*=soft ?]

melodic, melodious, melodist—see **melody.**

melodrama [me°-la-drŭ-ma, মে°ল্যাড্রাম্যা] *n.* a romantic and sensational and sentimental drama, with violent appeals to emotion and happy endings, রোমাঞ্চকর ভাবপ্রবণতাপূর্ণ মিলনান্তক নাটকবিশেষ : ইহাতে শেষ পর্যন্ত পুণ্যবানের জয় ও পাপীর ক্ষয় হয় ; any piece of literature containing melodramatic characteristics, উক্ত নাটকের বৈশিষ্ট্যপূর্ণ রচনা। *a.* **melodramatic** [me-lŏ-dra-ma°-tik, মেলোড্র্যাম্যা°টিক্] উক্ত নাটকতুল্য বা উক্ত নাটকের বৈশিষ্ট্যপূর্ণ ; অতি রোমাঞ্চকর। *adv.* **melodrama°tically** । *n.* **melodramatist** [me-lŏ-dra°-ma-tist, মেলোড্র্যা°ম্যাটিস্ট্] উক্ত নাটকপ্রণেতা। [Gk. *melos*=a song, *drama*]

melody [me°-la-di, মে°ল্যাডি] *n.* an air, সুর ; music, সঙ্গীত ; a single musical sound, একটানা একটি সুরেলা ধ্বনি, (পরি.) সুস্বর, সুতান। *a.* **melodic** [me-lo°-dik, মেল°ডিক্] সুস্বর বা সুতান সংক্রান্ত। *a.* **melō°dious**—সুস্বরপূর্ণ ; সুতানপূর্ণ ; সুশ্রাব্য। *adv.* **melō°diously** । *n.* **melō°diousness** । *n.* **me°lodist**—গায়ক ; সুরকার। [F.<Gk. *meloidia*]

melomania [me-lo°-mā°-ni-ŭ, মেলৌ°মেই°-নিআ] *n.* a craze for music, গান গাওয়ার বা শোনার বাতিক। [Gk. *melos*=a song, *mania*]

melon [me°-lan, মে°ল্যান্] *n.* a sweet gourd or its tree, ফুটি খরমুজ তরমুজ বা উহাদের গাছ। [F.<Gk.=an apple]

melt [melt, মেল্ট্] *v.i.t.* to become or make liquid from the solid state, দ্রবীভূত হওয়া বা করা, গলা বা গলান ; to fuse or blend, একত্র মেশা বা মেশান ; to become or make imperceptible, অদৃশ্য হওয়া বা করান ; to dissipate, ক্ষীণ হইয়া যাওয়া বা ক্ষীণ করা ; to soften, কোমল হওয়া বা করা। *p.* & *p. pt.* **mel°ted** ; *p. pt.* (used as) *a.* **mōl°ten**—গলিত (*molten* gold, silver, lava, etc.) । **(to) melt away**—গলিয়া অদৃশ্য হওয়া বা কমিয়া যাওয়া। **(to) melt down**—(সোনারুপার গহনাদি) গলাইয়া ফেলা। *adv.* **mel°tingly** । *n.* **mel°ting-point**—গলনাঙ্ক। *n.* **mel°ting-pot**—দ্রব্যাদি গলানর জন্য পাত্র ; (আল.) নূতন করিয়া পুনর্গঠনের উপযোগী বা পুনর্গঠনের সূচনাকর জীর্ণাবস্থা। [OE. *meltan*—cp. ON. *melta*=to digest]

member [mem°-ba(r), মেম্°ব্যা(র্)] *n.* a distinct part of a whole, কিছুর একটা গোটা অংশ ; a limb, অঙ্গ বা প্রত্যঙ্গ ; a clause, (চুক্তি আইন প্রভৃতির) ধারা ; one of a society, (সঙ্ঘ সমিতি প্রভৃতির) সভ্য ; a representative in a legislative body, ব্যবস্থা-পরিষদের সদস্য। *n.* **mem°bership**—সভ্যপদ ; সদস্যতা ; সভ্যবর্গ ; সদস্যবর্গ। [F. *membre*<L. *membrum*]

membrane [mem°-brān, মেম্°ব্রেইন্] *n.* a thin flexible solid film in animal or vegetable body, জীবদেহের বা উদ্ভিদ্দেহের ঝিল্লি। *a.* **membrā°neous, mem°brānous**—ঝিল্লিময়। [L. *membrana*]

membrum virile [mem°-bram vi-rī-lė, মেম্°ব্র্যাম্-ভিরাইলি] *n.* penis, জননেন্দ্রিয়, উপস্থ। [L.]

memento [me-men°-tō, মেমেন্°টৌ] *n.* anything kept or given as a reminder, স্মারকচিহ্ন, অভিজ্ঞান। *pl.* **memen°tō(e)s** । **memento mori**—মনে রাখিও মৃত্যু অবশ্যম্ভাবী ; অনিবার্য মৃত্যুর সঙ্কেত বা ইঙ্গিত (যেমন আড়াআড়ি হাড়ের উপরে রাখা মড়ার মাথা)। [L.]

memo [me°-mō, মে°মৌ] contr. of **memorandum**—(পরি.) স্মার।

memoir [me°-mwŭ(r), মে°ম্যোআ(র্)] *n.* (usu. in *pl.*) a record written from personal knowledge or special sources of information, স্বীয় অভিজ্ঞতাবলে বা বিশেষ সুবিধাবলে জ্ঞাত ঘটনাদির লিখিত বিবর। (ইহা ইতিহাসের বা জীবনীর উপাদানরূপে ব্যবহৃত হইবার যোগ্য) ; স্মৃতিকথা ; a biography or autobiography, জীবনী বা আত্মজীবনী ; a record of a study of some subject investigated by the writer, কোন বিষয়ে স্বীয় পর্যবেক্ষণাদির ফলাফলের বিবরণ। [F. *memoire*<L. *memoria*=memory]

memorabilia [me°-mo-ra-bi°-li-a, মে°মর্যাবি°লিঅ্যা] *n. pl.* memorable things, স্মরণীয় ঘটনাসমূহ বা বস্তুসমূহ। [L.]

memorable—see **memory.**

memoranda—see **memorandum.**

memorandum [me-ma-ran°dam, মেম্যার্যান্°ড্যাম্] *n.* something to be remembered, মনে রাখিতে হইবে এমন বিষয় বা বস্তু ; a note to help the memory, স্মারকলিপি। *pl.* **memoran°da, memoran°dums** । [L.]

memorial, memorize—see **memory.**

memory [me°-ma-ri, মে°ম্যারি] *n.* the faculty of remembering, স্মরণশক্তি, স্মৃতি ; things reproduced from memory, স্মৃতিকথা ; time within which past things can be remembered, স্মরণসাধ্য কাল, স্মরণকাল ; remembrance, স্মরণ ; commemoration, স্মৃতিরক্ষা ; posthumous repute, মৃত্যুর পরে লব্ধ খ্যাতি। **(to) commit to memory**—মুখস্থ করা। **(to) draw on one's memory**—মনে করিতে চেষ্টা করা। *a.* **memorable** [me°-m(a)rabl, মে°ম্র্যাব্ল্] স্মরণযোগ্য, স্মরণীয়। *adv.* **me°morably** । **memorial** [mi-maw°-ri-al, মিম্য°রিঅ্যাল্] (I) *a.* স্মৃতিরক্ষাকর ; স্মৃতি-সংক্রান্ত। (2) *n.* স্মৃতিরক্ষাকর বস্তু অর্থাৎ স্মৃতিমন্দির স্মৃতিচিহ্ন প্রভৃতি, (পরি.) স্মরণিক ; স্মারকলিপি ; ঘটনাদির লিখিত বিবরণ ; (in *pl.*) ঐতিহাসিক ঘটনাবলী-সংক্রান্ত চিঠি বা আবেদন, (পরি.) প্রার্থনাপত্র। *n.* **memo°rialist**—যে ব্যক্তি স্মারকলিপি অথবা প্রার্থনাপত্র লেখে বা সই করে বা পেশ করে। *v.t.* **mėmo°rialīze**—স্মারকলিপি বা প্রার্থনা-পত্র পেশ করা অথবা উহা পেশ করিয়া আবেদন করা। *v.t.* **me°morīze**—মুখস্থ করা, লিপিবদ্ধ করা। [L. *memoria*]

mem-sahib [mem°-su-ib, মেম্°সাইব্] *n.* (in India) a married European lady, (ভারতে) বিবাহিতা ইউরোপীয় মহিলা, মেমসাহেব। [*ma'am, sahib*]

men—see **man** । *n. pl.* **men°fōlk**—পুরুষগণ।

menace [me°-nes, মে°নেস্] (**1**) *n.* a threat, ভীতি বা ভীতি-প্রদর্শন ; threatening danger, ভয়াবহ বিপদ (a *menace* to world peace)। (2) *v.t.* to threaten, ভীতি-প্রদর্শন করা। *p.* & *p. pt.* **me°nacėd** । *adv.* **me°nacingly** [F.<L. *minaciae* (*n. pl.*)]

ménage [me-nŭz°, মেনাজ্°] *n.* a household or its management, গৃহস্থালি বা তাহার পরিচালনা, ঘরকরনা। [F.]

menagerie [mi-na°-ja-ri, মিন্যা°জ্যারি] *n.* a place for keeping, or a collection of, wild animals, (প্রধানতঃ প্রদর্শনীর জন্য) বন্য প্রাণী রাখার স্থান বা সংগৃহীত প্রাণিসমূহ। [F. <*menage*]

menarche [ma-nŭ(r)°ki, ম্যানা(র্)°কি] *n.* the first menstruation, রজোদর্শন, প্রথম ঋতুস্রাব [Gk. *mēn*=month, *arkhe*=beginning]

mend [mend, মেন্ড্] (**1**) *v.t.* to correct, ভুল বা ত্রুটি সংশোধন করা ; to repair, মেরামত করা (to *mend* one's shoes, clothes, etc.) ; to improve, উন্নতিসাধন করা (it won't *mend* matters) ; to supplement, অভাবপূরণ করা ; পরিপূরণ করা। (2) *v.i.* to improve, উন্নতিলাভ করা ; to reform, দোষমুক্ত হওয়া। *p.* & *p. pt.* **men°dėd** । **(to) mend or end**—হয় সংশোধন না হয় শেষ বা খতম করা। *a.* **mend°able** । **on the mend**—স্বাস্থ্য বা অবস্থা উন্নতিলাভ করিতেছে এমন। *n.* **men°der** । *n.* **men°ding**—mend-এর সকল অর্থে, এবং—যাহা সংশোধন করিতে বা মেরামত করিতে হইবে। [see *amend*]

mendacious [men-dā°-shas, মেন্ডেই°শ্যাস্] *a.* lying, মিথ্যাবাদী, মিথ্যা। *adv.* **mendā°ciously** । *n.* **mendacity** [men-da°-si-ti, মেন্ড্যা°সিটি] মিথ্যাভাষণ ; মিথ্যা কথা। [L. *mendacis*]

Mendelism [men°-da-lizm, মেন্ড্যালিজ্‌ম্] *n.* Mendel's theory of heredity, বংশানুক্রমে দৈহিক ও মানসিক বৈশিষ্ট্যের সংক্রমণ-বিষয়ক মেণ্ডেলের মতবাদ বা তত্ত্ব। *a.* & *n.* **Mendē°lian** । [G. J. Mendel, Austrian botanist (1822-1884)]

mendicant [men°-di-kant, মেন্°ডিক্যান্ট্] (**1**) *a.* begging, ভিক্ষারত, ভিখারিসুলভ। (2) *n.* a beggar, ভিক্ষুক, ভিখারি। *n.* **men°dicancy, mendicity** [men-di°-siti, মেন্‌ডি°সিটি] ভিক্ষুক-জীবন ; ভিক্ষুকাবস্থা ; ভিক্ষা। [L. *mendicare*=to beg]

menfolk—see **men.**

menhir [men°-hē(r), মেন্°হিয়্যা(র্)] *n.* an ancient monumental upright stone, প্রাচীন স্মৃতিস্তম্ভবিশেষ। [Breton *men*=stone, *hir*=long]

menial [mē°-ni-al, মী°নিঅ্যাল] (**1**) *a.* of a train of servants or work of a servile nature, চাকরবাকর-সংক্রান্ত, চাকরবাকরের কাজ বা অনুরূপ কাজ সম্বন্ধীয় ; servile, দাস্যপূর্ণ। (2) *n.* a domestic servant, গৃহকর্মের জন্য চাকর বা ঝি, বাড়ির চাকর বা ঝি ; one who does servile work, দাসসুলভ কার্যরত ব্যক্তি ; a person of servile disposition, দাসসুলভ মনোবৃত্তিসম্পন্ন ব্যক্তি। *adv.* **mē°nially** । [AF.]

meningitis [me-nin-jī°tis, মেনিন্‌জাই°টিস্] *n.* inflammation of the membrane enclosing the brain, (প্রধানতঃ তীব্র জ্বরে পরিলক্ষিত) মস্তিষ্কের আবরক-ঝিল্লীর প্রদাহমূলক রোগবিশেষ। [Gk. *meningos*=a membrane]

menology [mē-no°-la-ji, মীন°ল্যাজি] *n.* a calendar of Saints' days, সাধুদের জন্মমৃত্যুর তারিখ-ও-জীবনীপূর্ণ পঞ্জিকা। [L. Gk. *menologion* <*men*=month, *logos*=account]

menopause [me°-nō-pawz, মে°নৌপ্যজ্] *n.* the ending of menstruation (colloquially called 'change of life'), রজোনিবৃত্তি। [Gk. *men*=month, *pausis*=cessation]

mensal [men°sl মেন্°স্‌ল্] *a.* of the table, (ভোজ-) টেবিলের। [L. *mensa*=table]

menses [men°-sēz, মেন্°সীজ্] *n. pl.* the monthly discharge from the uterus, রজঃস্রাব, মাসিক। [L.=months]

Menshevik [men°-sha-vik, মেন্°শ্যাভিক্] *n.* a moderate socialist in Russia, রাশিআর নরমপন্থী সমাজতন্ত্রী ব্যক্তি (cp. **Bolshevik**)। [Russ. =smaller]

menstrual—see **menstruate.**

menstruate [men°-stroo-āt, মেন্°স্ট্রুএইট্] *v.i.* to discharge the menses, রজঃস্রাব হওয়া। *p.* & *p. pt.* **men°struātėd** । *a.* **men°strual, men°struous**—মাসসংক্রান্ত, মাসিক ; রজঃস্রাব-সংক্রান্ত। *n.* **menstruā°tion** । [L. *menstruum* =monthly<*mensis*=month]

mensurable [men°-shoo-rabl, মেন্°শুর্যাব্‌ল্] *a.* measurable, পরিমেয় ; having limits, সসীম। *n.* **mensurabi°lity** । *a.* **men°sural**—পরিমাপ-সংক্রান্ত। *n.* **mensurā°tion**—পরিমাপ বা আয়তন নির্ণয়, পরিমাপন, কালি, পরিমিতি। [L. *mensurare*=to measure]

mental$_1$—see **mentum.**

mental$_2$ [men°tl, মেন্°ট্‌ল্] *a.* of the mind or done in the mind, মনঃ-সংক্রান্ত ; মনোমধ্যে কৃত, মনোগত, মানস, মানসিক ; (sl.) mentally deranged, (অশি.) মানসিক বিকারগ্রস্ত, বিকৃতমস্তিষ্ক। *n.* **men°talism**—(দর্শ.) মনই অস্তিমান্ বা সৎ, জড়জগত নহে : এই মত্‌বাদ ; (মনোবি.) মনের স্বরূপ অন্তর্দর্শন বা অন্তর্দৃষ্টি দ্বারা উপলব্ধি করা যায় : এই মতবাদ। *n.* **men°tality**—মন ; মানসিক শক্তি বা মনোবৃত্তি, (পরি.) মানসতা (a war *mentality*) ; (ব্যক্তিগত) চিন্তা-প্রণালী। *adv.* **men°tally**—'mental'-এর সকল অর্থে, এবং—মনে-মনে। *n.* **menta°tion**—মানস-ক্রিয়া। [F. <L. *mentis*= the mind]

menthol [men°-thol, মেন্°থল্] *n.* a camphor-like substance got from peppermint, পিপারমেনটের তৈলজাত কর্পূরবৎ পদার্থবিশেষ, মেন্থল্। [L. *mentha*=mint]

mention [men°sh(a)n, মেন্°শ্‌ন্] (**1**) *n.* occurrence or introduction of name or reference, নামোল্লেখ বা নজিরাদির উল্লেখ, উল্লেখ। (**2**) *v.t.* to remark, মন্তব্য করা ; to name, উল্লেখ করা। **not to mention, without mentioning**—উল্লেখ না করা সত্ত্বেও, উল্লেখ নাই-বা করা গেল। **don't mention it**—(ধন্যবাদ ক্ষমাপ্রার্থনা প্রভৃতিতে বাধাদানার্থ) থাক্ থাক্—ঠিক আছে। *a.* **men°tionable**—উল্লেখযোগ্য। *in comp.* **-men°tioned**—উল্লিখিত (above-*mentioned*)। [L. *mentio*]

mentor [men°-taw(r), মেন্°ট্য(র্)] *n.* a wise counsellor, বিজ্ঞ পরামর্শদাতা বা মন্ত্রী। [*Mentor*, Telemachus's tutor]

mentum [men°-tam, মেন্°ট্যাম্] *n.* the chin, থুতনি, চিবুক। *a.* **men°tal**$_1$—চিবুকসংক্রান্ত। [L.]

menu [me°-nū, মে°নিউ] *n.* a bill of fare, তৈয়ারি খাদ্যের তালিকা। [F.]

mepacrine [me°-pa-krēn, মে°প্যাক্রীন্] *n.* an anti-malarial compound, ম্যালেরিয়া-প্রতিরোধী মিশ্র-পদার্থবিশেষ। [?]

Mephistopheles [me-fis-to°-fi-lēz, মেফিস্‌ট°-ফিলীজ্] *n.* the devil in the Faust story, জর্মানিতে 'ফাউস্ট'-সম্বন্ধীয় কাহিনীর দানব বা শয়তান ; a fiendish person, দানবীয় শয়তানিপূর্ণ ব্যক্তি। *a.* **Mephistophelean** [me-fis-ta-fē°-li-an, মেফিস্‌ট্যাফী°লিঅ্যান্] দুনিয়ার সব-কিছুকেই ঘৃণা বা বিদ্বেষ করে এমন, অসূয়াপূর্ণ, শয়তানতুল্য বা দানবতুল্য।

mephitis [me-fī°-tis, মেফাই°টিস্] *n.* a poisonous exhalation, বিষাক্ত নির্যাস ; a foul stink, পূতিগন্ধ। *a.* **mephi°tic**। [L.]

mercantile [ma(r)°-k(a)n-tīl, ম্যা(র্)°কন্‌টাইল্] *a.* of merchants or trade, বণিগ্‌গোষ্ঠীগত বা বাণিজ্যগত, বাণিজ্যিক, বাণিজ্য-; mercenary, ব্যবসাদারী মনোবৃত্তিসম্পন্ন। **mercantile law**—ব্যবসায়ীদের পরস্পর লেনদেন-সংক্রান্ত নিয়ম। **mercantile marine**—রাষ্ট্রের বাণিজ্য-তরীসমূহ ও তাহাদের নাবিকগণ। **mercantile system**—(অর্থ.) রপ্তানি-বৃদ্ধি ও আমদানি-হ্রাসের নীতি। *n.* **mer°cantilism**—বণিগ্‌বৃত্তি, ব্যবসাদারি ; (অর্থ.) প্রাচীন অর্থনৈতিক মতবাদবিশেষ : এই মতবাদ অনুসারে অর্থ বা টাকাকড়ি একমাত্র সম্পদ্। *n.* **mer°cantilist**—ব্যবসাদারি মনোবৃত্তিসম্পন্ন ব্যক্তি ; অর্থই একমাত্র সম্পদ্ : এই মতবাদের সমর্থক। [F. <It. <L. *mercari*]

mercenary [ma(r)°-si-n(a)ri, ম্যা(র্)°সিন্‌রি] (**1**) *a.* hired or working merely for money or other reward, ভাড়াটে অথবা কেবল অর্থ বা পুরস্কারের জন্য কাজ করে এমন। (**2**) *n.* a mercenary person or soldier, ভাড়াটে কর্মী বা সৈনিক। [L. *mercenarius*]

mercer [ma(r)°-sa(r), ম্যা(র্)°স্যা(র্)] *n.* a dealer in (costly) textiles, (রেশমাদি মূল্যবান্) বস্ত্র-ব্যবসায়ী। **mer°cery**—(মূল্যবান্) বস্ত্রের কারবার। [F. *mercier*]

mercerize [ma(r)°-sa-rīz, ম্যা(র্)°স্যারাইজ্] *v.t.* to treat (cotton fabrics etc.) so as to make it stronger and lustrous (সুতি বস্ত্রাদিকে রাসায়নিক প্রক্রিয়ায়) দৃঢ়তর ও উজ্জ্বল করা। [*John Mercer* (1791-1866), the inventor of the process]

merchandise—see **merchant.**

merchant [ma(r)°ch(a)nt, ম্যা(র্)°চ্‌ন্‌ট্] *n.* a wholesale trader, (প্রধানতঃ বিদেশের সহিত বাণিজ্যকারী) সওদাগর, বণিক্ ; a trader or shopkeeper, ব্যবসায়ী বা দোকানদার। *n.* **mer°chandise**—পণ্যদ্রব্য : (কাব্যে) ব্যবসায়। *a.* **mer°chantable**—বিক্রয়যোগ্য, বিক্রয়ার্থ প্রস্তুত, বিক্রেয়। *n.* **mer°chantman**—বাণিজ্যতরী ; (B.) বণিক্। *n.* **mer°chantry**—বাণিজ্য; বণিগ্‌গোষ্ঠী। **merchant prince**—অতি ধনী ও ক্ষমতাবান্ বণিক্, শ্রেষ্ঠী, শেঠ। **merchant service**—রাষ্ট্রের বাণিজ্য-তরীসমূহ ও তাহাদের নাবিকগণ। **speed merchant**—(কথ্য.) যে মোটরচালক অতি দ্রুত গতিতে গাড়ি চালায়। [F. *merchand*]

merciful, merciless—see **mercy.**

Mercury [ma(r)°-kūri, ম্যা(র্)°কিউরি] *n.* a Roman God, রোমানদের দেবতাবিশেষ : ইনি পণ্যদ্রব্য চৌর্য ও বাক্‌চাতুর্যের অধিদেবতা এবং দেবগণের বার্তাবহ ; a planet, বুধগ্রহ। *n.* **mer°cūry**—পারদ, পারা। **the mercury is rising**—আবহাওয়া ভালর দিকে। *a.* **Mercūr°ial**—মার্কিউরি-দেবতা বা বুধগ্রহ সংক্রান্ত। **Mercūr°ial, mercūr°ial**—(**1**) *n.* বুধগ্রহের প্রভাবাধীনে জাত ব্যক্তি। (**2**) *a.* উক্ত ব্যক্তিতুল্য। **mercūr°ial**—(**1**) *a.* পারদঘটিত ; উপস্থিতবুদ্ধিসম্পন্ন ; চটপটে ; প্রাণবন্ত। (**2**) *n.* পারদঘটিত ঔষধ। *a.* **mercūr°ic**—দ্বিযোজী পারদপূর্ণ। *a.* **mer°cūrous**—একযোজী পারদপূর্ণ। [L. *Mercurius*]

mercy [ma(r)°-si, ম্যা(র্)°সি] (**1**) *n.* forbearance towards one who is in one's power, আয়ত্তির অধীন ব্যক্তিকে ক্ষমা ; compassion or clemency, অনুকম্পা, করুণা, ক্ষমাশীলতা ; a good thing regarded as derived from God, দৈবানুগ্রহ, ঐশ্বরিক করুণা। (2) *int.* expressing thanks or surprise, ধন্যবাদসূচক বা বিস্ময়সূচক উক্তি। **at the mercy of**—সম্পূর্ণ আয়ত্তে। **for mercy, for mercy's sake**—দয়া করুন, দোহাই আপনার। **(to) be left to the tender mercy** or **mercies of**—(কাহারও) প্রতিকূলতা বা নিষ্ঠুরতা বা হিংস্রতা সহ্য করা। **(to) have mercy on** or **upon**—দয়া বা দাক্ষিণ্য প্রদর্শন করা। **mercy killing**—(চিকিৎসাতীত রোগীর) বিনা যন্ত্রণায় মৃত্যু সজ্ঘটন। *a.* **mer°ciful**—ক্ষমাপূর্ণ ; করুণাময় ; ক্ষমাশীল। *adv.* **mer°cifully**। *a.* **mer°ciless**—ক্ষমাহীন ; অকরুণ ; নির্মম ; নিষ্ঠুর। *adv.* **mer°cilessly**। [F. *merci*=grace<L. *merces* =pay, favour]

mere$_1$ [mē(r), মিয়্যা(র্)] *n.* a pool or lake, পুকুর, দীঘি ; হ্রদ। [AS.—cp. G. & Du. *meer*]

mere$_2$ [mē(r), মিয়্যা(র্)] *a.* unmixed, অবিমিশ্র ; pure, বিশুদ্ধ, খাঁটি ; only what is stated and nothing else, যাহা বর্ণিত হইয়াছে তাহাই মাত্র—আর-কিছু নহে ; sheer, bare, কেবল, মাত্র। *adv.* **mēre°ly**। [L. *merus*=unmixed]

meretricious [me-ri-tri°-shas, মেরিট্রি°শ্যাস্] *a.* harlot-like, বেশ্যাসুলভ, বেশ্যাবৎ ; gaudy, জাঁকাল (সাজসজ্জাপূর্ণ), চটকদার (*meretricious* style) ; flashy, চাক্‌চিক্যপূর্ণ। *adv.* **meretri°ciously**। *n.* **meretri°ciousness**। [L. *meretricis*=a harlot]

merganser [ma(r)-gan°-sa(r), ম্যা(র্)গ্যান্°স্যা(র্)] *n.* a diving bird, ডুবুরি পাখিবিশেষ, পানকৌড়ি। [L. *mergus*=a diving bird, *anser*=a goose]

merge [ma(r)j, ম্যা(র্)জ্] (1) *v.t.* to plunge, ডোবান। (2) *v.t.i.* to absorb in or amalgamate with something greater or superior, বৃহত্তর অথবা উচ্চতর কিছুতে সম্পূর্ণ নিমজ্জিত বা অন্তর্ভুক্ত বা মিশ্রিত করা অথবা হওয়া। *n.* **mer°ger**—উক্তভাবে নিমজ্জন বা অন্তর্ভুক্তি বা মিশ্রণ ; বিভিন্ন ব্যবসায় প্রতিষ্ঠানাদির একত্রীকরণ। [L. *mergere*]

meridian [ma-ri°-di-an, ম্যারি°ডিঅ্যান্] (1) *a.* of or at midday, মধ্যাহ্নকালীন ; on or of the great circle of the earth or heavens, পৃথিবীর বা আকাশের মধ্যরেখাগত ; of the sun or other body on the great circle of the heavens, সূর্যসংক্রান্ত, সৌর, আকাশের মধ্যরেখাস্থ অন্য গ্রহাদি সংক্রান্ত ; at the highest point, সর্বোচ্চ সীমাস্থ। (2) *n.* midday, মধ্যাহ্ন : a great circle through the poles of the earth, the heavens, or any spherical body, পৃথিবী আকাশ বা অন্য কোন বৃত্তের মধ্যরেখা ; the sun's highest position at noon, মধ্যাহ্নে সূর্য যে সর্বোচ্চ স্থানে পৌঁছায় ; highest point, সর্বোচ্চ স্থান. চূড়া ; culmination, (সাফল্য খ্যাতি প্রভৃতির) চরম অবস্থা। *a.* **meridional** [me-ri°-di-anl, মেরি°ডিঅ্যান্‌ল্] মধ্যাহ্নসংক্রান্ত ; মধ্যাহ্নকালীন ; মধ্যরেখাসংক্রান্ত ; মধ্যরেখাবস্থিত ; সর্বোচ্চ ; চূড়ান্ত ; দক্ষিণদেশীয়। **meridian altitude**—(পরি.) মধ্যোন্নতি। [L. *meridianus*,<*meridies*=midday]

meringue [ma-rang°, ম্যার‍্যাং°] *n.* a confection of white of egg and sugar, ডিমের শ্বেতাংশের সঙ্গে চিনি মিশাইয়া প্রস্তুত মিষ্টান্নবিশেষ। [F.]

merino [ma-rē°-nō, ম্যারী°নৌ] (1) *n.* a fine-woolled sheep, উৎকৃষ্ট পশমযুক্ত ভেড়াবিশেষ ; a fine fabric or yarn completely or partially woollen, একপ্রকার সম্পূর্ণ বা আংশিক পশমি কাপড় অথবা সুতা (পূর্বে ইহা মেরিনো-ভেড়ার পশমে তৈয়ারি হইত) ; knitted goods made of this yarn, উক্ত সুতায় বোনা গেঞ্জি মোজা প্রভৃতি। (2) *a.* of the merino or its wool, মেরিনো-ভেড়া-সংক্রান্ত বা উহার পশম-সংক্রান্ত ; made of merino, মেরিনো কাপড়ে ও সুতায় তৈয়ারী। [Sp.]

merit [me°-rit, মে°রিট্] (1) *n.* rewardable or praiseworthy excellence or quality, পুরস্কারযোগ্য বা প্রশংসনীয় উৎকর্ষ অথবা গুণ ; worth, যোগ্যতা ; value, মূল্য ; (in *pl.*) intrinsic right or wrong, (আইনে) অন্তর্নিহিত ন্যায়-অন্যায় বা দোষগুণ। (2) *v.t.* to earn, অর্জন করা ; to deserve, (কিছু) দাবি করার যোগ্য হওয়া (to *merit* consideration, punishment, reward, etc.)। *p.* & *p. pt.* **me°rited**। **in order of merit**—গুণের ক্রমানুসারে ; গুণানুসারে বিন্যস্ত হইয়া। **Order of Merit**—ব্রিটিশ সরকার কর্তৃক বিশেষ যোগ্যতার দরুন প্রদত্ত সম্মানসূচক খেতাববিশেষ। **(to) make a merit of**—কিছুকে গুণ বা যোগ্যতা বলিয়া জাহির করা (he *makes a merit of* his punctuality)। *n.* **merito°cracy**—গুণান্বিত ব্যক্তিগণ কর্তৃক পরিচালিত শাসনব্যবস্থা। *a.* **meritorious** [me-ri-taw°-ri-as, মেরিট্য°রিঅ্যাস্] পুরস্কারযোগ্য বা প্রশংসনীয় উৎকর্ষসম্পন্ন অথবা গুণসম্পন্ন। *adv.* **merito°riously**। [L. *meritum*=earned, deserved]

merle [ma(r)l, ম্যা(র্)ল্] *n.* the blackbird, কৃষ্ণবর্ণ গায়কপক্ষিবিশেষ, (তু.) শ্যামা। [F.<L. *merula*]

merlin [ma(r)°-lin, ম্যা(র্)°লিন্] *n.* a kind of falcon, ক্ষুদ্র শ্যেনবিশেষ, বাজপাখি। [AF. *merilun*<OF. *esmerillon*]

mermaid [ma(r)°-mād, ম্যা(র্)°মেইড্] *n.* a woman to the waist with fish's tail, উত্তমাঙ্গ স্ত্রীলোকের ন্যায় নিম্নাঙ্গ মাছের লেজ-সদৃশ : এইরূপ আকারবিশিষ্ট প্রাণী, মৎস্যকুমারী, মৎস্যনারী। *n. masc.* **mer°man**। [*mere$_1$*, *maid*]

merry [me°-ri, মে°রি] *a.* (obs.) pleasant, (অপ্র.) মনোরম ; sportive, ক্রীড়োচ্ছল, রঙ্গপ্রিয়, হাসিখুশি ; cheerful, প্রফুল্ল ; mirthful, উল্লসিত, কলহাস্যময় ; funny, মজাদার। **(to) make merry**—উৎসব করা ; আনন্দ করা ; হাসিঠাটা করিয়া

অপদস্থ করা। *adv.* **me°rrily** । *n.* **me°rriment**—উল্লাস, কলহাস্যময় পুলকোচ্ছ্বাস। *n.* **me°rriness** । *n.* **merry-andrew** [me°-ri-an°-droo, মে°রিঅ্যান্‌ড্রু] হাতুড়ে বৈদ্যের বা কারিগরের সহকারী ; ভাঁড়। *n.* **me°rry-gŏ-round**—ঘোড়ার নাগরদোলা। *n.* **me°rrymāker**—আনন্দোৎসবকারী। *n.* **me°rrymāking**—আনন্দোৎসব। *n.* **me°rrythought**—কুক্কুটাদির ঘাড় ও বুকের মধ্যবর্তী হাড়বিশেষ। [OE. *myr(i)ge*]

mesalliance [mā-za°-li-uns, মেইজ্যা°লিআঁস্] *n.* marriage with a person of inferior social position, হীনতর সামাজিক মর্যাদাসম্পন্ন ব্যক্তির সহিত বিবাহ। [F.]

mesdames—see **madam.**

meseemed, meseems—see **me.**

mesh [mesh, মেশ্] (**1**) *n.* the opening between the threads of a net, জালের বুনানির ঘর বা ফাঁক ; network, জালের বুনানি ; (fig.) a net, (আল.) জাল (caught in the tangled *meshes* of intrigue) । (**2**) *v.t.i.* to catch or be caught in a net, জালে ধরা বা ধরা পড়া ; (of toothed wheels) to interlock, to become engaged, (খাঁজওয়ালা চাকা সম্বন্ধে) খাঁজে খাঁজে আটকাইয়া যাওয়া ; (fig.) to harmonize, (আল.) সমন্বয়যুক্ত হওয়া (our approaches to planning do not *mesh*) । *p.* & *p. pt.* **me°shed** । *n.* **mesh°-work**—জালের বুনানি ; মাকড়সার জাল। *a.* **mesh°y**—জালের ন্যায় তৈয়ারি। [MDu. *maesche* ?—cp. OE. *max*]

mesmeric, mesmerism—see **mesmerize.**

mesmerize [mez°-m(a)rīz, মেজ্‌°ম্রাইজ্] *v.t.* to hypnotize, সম্মোহিত করা ; to fascinate, মোহিত করা। *a.* **mesmeric** [mez-me°-rik, মেজ্‌°মেরিক্]; **meśme°rical**—সম্মোহনসংক্রান্ত ; সম্মোহক, জাদুপূর্ণ, বিমুগ্ধ করে এমন, বিমোহন। *n.* **meś°meriśm**—সম্মোহন-বিদ্যা। *n.* **meśmerist, meś°merīzer** । *n.* **meśmerīzā°tion** । [*Mesmer*, a German physician (1734-1815)]

mesne [mēn, মীন্] *a.* (in law) intermediate, (আইনে) মধ্যবর্তী বা মধ্যকালীন। [F.=middle]

meso- [me°sō, মে°সৌ] *in comp.* middle, মধ্য-, মধ্যবর্তী, মধ্যকালীন। *a.* **mesoli°thic**—পুরাতন এবং নূতন প্রস্তর যুগের অন্তর্বর্তী যুগ-সম্বন্ধীয়। *n.* **me°so-carp**—ফলের মধ্যত্বক্। *n.* **me°sozoic**—মধ্যজীবীয় অর্থাৎ দ্বিতীয় ভূতাত্ত্বিক যুগীয়। [Gk. *mesos*]

meson [mē°-zon, মী°জ়ন্ ; me°-son, মে°সন্] *n.* a short-lived particle intermediate in mass between proton and electron, হাঁ-ধর্মী বিদ্যুতের একক এবং বিদ্যুতিনের মাঝামাঝি ভরের ক্ষণস্থায়ী বিদ্যুৎকণা। *a.* **me°sic, me°sonic** । [Gk.]

mess [mes, মেস্] (**1**) *n.* a dish of food, একপাত্র খাবার ; a meal, একবারের খাবার ; (arch.) a set of four persons eating at a common table at a banquet, (আর্ষ.) নিমন্ত্রণাদিতে একই টেবিলে ভোজনকারী ব্যক্তিচতুষ্টয় ; a number of persons eating out of a common kitchen, নিয়মিতভাবে একত্র আহারকারী ব্যক্তিগণ ; their eating establishment, উহাদের ভোজনশালা, মেস্ ; mixed food, soft or liquid, বিভিন্ন উপাদানে প্রস্তুত নরম বা তরল খাদ্য (savoury *mess*) ; a medley, বিভিন্ন বস্তুর সংমিশ্রণ, জগাখিচুড়ি ; dirty or untidy state of things, নোংরা বা অগোছাল অবস্থা ; disorder, বিশৃঙ্খলা ; muddle, তালগোল। (**2**) *v.t.* to supply with a mess, খাবার জোগান বা মেসে খাওয়ার ব্যবস্থা করিয়া দেওয়া ; to make a mess of, তালগোল পাকাইয়া ফেলা ; to befoul, নোংরা করা। (**3**) *v.i.* to eat of a mess, মেসে খাওয়া ; to eat at a common table or mess, একত্র বা একই মেসে আহার করা ; to make a mess, নোংরা করা, বিশৃঙ্খলার সৃষ্টি করা। *p.* & *p. pt.* **me°ssed** । **(to) make a mess of**—তালগোল পাকান। **messing allowance**—মেসখরচ চালাইবার জন্য প্রদত্ত ভাতা। **(to) mess about**—এলোমেলোভাবে কাজকর্ম করা ; মূর্খের ন্যায় আচরণ করা ; বিশৃঙ্খল করা, তালগোল পাকান। *a.* **me°ssily** । *n.* **me°ssiness** । *n.* **mess°-kit**—সৈন্যের রান্নাখাওয়ার বাসনপত্র। *n.* **mess°māte**—একই মেসে আহারকারী, মেসের সঙ্গী। *n.* **mess°-room**—মেসের ভোজনকক্ষ। *n.* **mess°tin**—সৈনিকদের ভোজনপাত্র। *n.* **mess°up**—বিশৃঙ্খলা ; তালগোল পাকান অবস্থা। *a.* **me°ssy**—বিশৃঙ্খল ; তালগোল-পাকান ; নোংরা। [OF. *mes*=a dish]

message [me°-sij, মে°সিজ্] (**1**) *n.* communication sent from one person to another, (মৌখিক বা লিখিত) প্রেরিত বার্তা ; the teaching that a poet or sage or prophet communicates to the world, কবি বা জ্ঞানী বা ভাববাদী কর্তৃক জগদ্বাসীকে প্রদত্ত শিক্ষা, বাণী। (**2**) *v.t.* to send as a message, বার্তারূপে প্রেরণ করা ; to transmit, (বার্তা) প্রেরণ করা। **(to) get the message**—(কথ্য.) বক্তব্য বুঝিতে পারা। **(to) go on a message**—কাহারও কোন কার্যসাধনার্থ যাওয়া ; বার্তা বহন করিয়া যাওয়া। **(to) run messages**—বার্তাবাহকের কাজ করা। *n.* **me°ssāge-boy**—বার্তাবহনার্থ বা ফাইফরমাস খাটানর জন্য বালকভৃত্য। *fem.* **me°ssāge-girl** । [F.<LL. *missaticum*<*mittere*=to send]

messenger [me°-sin-ja(r), মে°সিন্‌জ্যা(র্), *n.* a bearer of a message, বার্তাবহ ; a forerunner, অগ্রদূত। [see *message*]

Messiah [mi-sī°-a, মিসাই°অ্যা] *n.* the expected deliverer of the Jews, মানবজাতির ত্রাণার্থ যাহার আবির্ভাব হইবে বলিয়া ইহুদিরা আশা করে ; Jesus, (খ্রিস্টানদের মতে) যিশু খ্রিস্ট ; an expected deliverer or saviour, প্রত্যাশিত ত্রাতা বা রক্ষাকর্তা। *a.* **messia°nic**—মানবজাতির ত্রাণকর্তা-

সংক্রান্ত বা তৎপ্রতি আস্থাসম্পন্ন। [Gk. *messias*< Heb. *meshiah*=anointed]

messieurs, Messrs.—**monsieur.**

mess-kit, messmate, mess-room, mess-tin—see **mess.**

messuage [me°-swij, মে°স্যুইজ্] *n.* a dwelling house with outbuildings and land, পূজা-মণ্ডপ বহির্বাটি গোয়াল বাগান প্রভৃতি সহ বসতবাড়ি, ভদ্রাসন। [AF.]

mess-up, messy—see **mess.**

met—see **meet**$_2$ । **well met**—(সচ. আকস্মিক) সাক্ষাৎকালে সংবর্ধনামূলক উক্তিবিশেষ।

metabolism [me-ta°-ba-lizm, মেট্যা°ব্যালিজ্‌ম্] *n.* chemical changes of living matter, জীবন্ত পদার্থের বা জীবদেহের রাসায়নিক রূপান্তর, (পরি.) বিপাক। *a.* **metabolic** [me-ta-bo°-lik, মেট্যা-ব°লিক্] বিপাকীয়। [Gk. *metabole*=change]

metacarpus [me-ta-kŭ(r)°-pas, মেট্যাকা(র্)°-প্যাস্] *n.* the part of the hand (or its bones) between the wrist and the fingers, or the corresponding part of a beast's leg, মণিবন্ধ ও অঙ্গুলির মধ্যবর্তী হস্তাংশ বা হাড় অথবা পশুর পায়ের অনুরূপ অংশ, (পরি.) করকুর্চাস্থি। *a.* **metacar°pal**—করকুর্চাস্থি-সংক্রান্ত। [*meta-*, Gk, *karpos*=wrist]

metal [me°tl, মে°ট্‌ল্] **(1)** *n.* an opaque elementary substance, (স্বর্ণরৌপ্যাদি) ধাতু; courage or spirit, সাহস বা তেজ (now spelt as **mettle**); intrinsic quality, অন্তর্নিহিত বা চরিত্রগত গুণ; molten material for glass-making, কাচ তৈয়ারির জন্য গলিত উপাদান; (in *pl.*) the rails of a railway, রেলের লাইন (the train jumps or leaves the *metals*)। **(2)** *a.* made of metal, ধাতুনির্মিত। **(3)** *v.t.* to furnish or cover with metal, ধাতু জোগান বা ধাতুদ্বারা (প্রধানতঃ লোহদ্বারা) আচ্ছাদিত করা। *pr. pt.* **me°talling** । *p. & p. pt.* **me°talled** । *a.* **meta°llic**—ধাতুসংক্রান্ত, ধাতুতুল্য, ধাতুপূর্ণ, ধাতব (*metallic* compounds)। **metalled road**—খোয়া বা পাথরের কুচি দ্বারা বাঁধান রাস্তা, পাকা-রাস্তা। *n. & a.* **metalloid** [me°-ta-loyd, মে°ট্যালয়্‌ড্] ধাতুবৎ অধাতব পদার্থ বা তত্তুল্য, (পরি.) ধাতুকল্প। [OF.<L *metallum*<Gk. *metallon*=a mine]

metallurgy [me°-ta-la(r)-ji, মে°ট্যাল্যা(র্)জি] *n.* the art and science applied to (extraction of metals), ধাতুবিদ্যা (অর্থাৎ ধাতুসংগ্রহ ধাতুদ্রাবণ প্রভৃতি)। *a.* **metallur°gic(al)**—ধাতুবিদ্যাগত। *n.* **me°tallurgist**—ধাতুবিৎ। [Gk. *metallourgeein*=to mine]

metamorphosis [me-ta-maw(r)°-fa-sis, মেট্যা-ম্য(র্)°ফ্যাসিস্] *n.* change of form, transformation, আকৃতির পরিবর্তন, রূপান্তর; a changed form, রূপান্তরিত আকৃতি। *pl.* **metamor°phosēs** । *a.* **metamor°phic**—রূপান্তরসংক্রান্ত; রূপান্তরশীল; রূপান্তরিত; (ভূবি.) ভূপৃষ্ঠের তাপ চাপ প্রভৃতির ফলে পর্বতসমূহের রূপান্তরদ্বারা গঠিত। *n.* **metamor°phism**—পর্বতাদির রূপান্তর। *n.* **metamor°phist**—কবর হইতে পুনরুত্থানের পর খ্রিস্টের দেহ দিব্যত্ব লাভ করিয়াছে: এই মতবাদী ব্যক্তি, রূপান্তরবাদী ব্যক্তি। *v.t.* **metamor°phōse**—রূপান্তরিত করা। [Gk.]

metaphor [me°-ta-fa(r), মে°ট্যাফ্যা(র্)] *n.* a figure of speech by which an object is spoken of as being that which it resembles, (ব্যাক.) রূপকালঙ্কার। **mixed metaphor**—একাধিক রূপকের সংমিশ্রণ, পরম্পরিত রূপক। *a.* **metaphoric** [me-ta-fo°-rik, মেট্যাফ°রিক্], **metapho°rical**—রূপকশোভিত। *adv.* **metapho°rically** । *n.* **me°taphorist**—রূপক ব্যবহারে দক্ষ বা অভ্যস্ত ব্যক্তি। [Gk. *metaphora*]

metaphrase [me°-ta-frāz, মে°ট্যাফ্রেইজ্] **(1)** *n.* translation (esp. word-for-word), (বিশেষতঃ আক্ষরিক) অনুবাদ। **(2)** *v.t.* to translate, to put into other words, অনুবাদ বা শব্দান্তরিত করা। *opp.* **paraphrase** । *a.* **metaphras°tic** । [Gk. *meta*, see *phrase*]

metaphysics [me-ta-fi°-ziks, মেট্যাফি°জ়িক্‌স্] *n. pl.* (treated as *sing.*) the theoretical philosophy of being and knowing, সৃষ্টি ও জ্ঞান সংক্রান্ত দর্শনশাস্ত্র, (পরি.) অধিবিদ্যা। *a.* **metaphy°sical**—অধিবিদ্যামূলক, (পরি.) আধিবিদ্যক। *n.* **metaphysician** [me-ta-fi-zi°sh(a)n, মেট্যা-ফিজ়ি°শ্‌ন্] অধিবিদ্যাবিৎ। [Gk. *ta me ta phusika*, the works (of Aristotle) placed after the *physics*]

metaplasia [me-ta-plā°-sia, মেট্যাপ্লেই°সিঅ্যা] *n.* (bio.) transformation of tissue (as of cartilage into bone), (জীব.) গ্রথিত কোষ বা কলার পরিবর্তন বা রূপান্তর (যথা তরুণাস্থির হাড়ে রূপান্তর)। *a.* **metaplas°tic** । [Gk. *metaplasis* <*plassein*=to form]

metastasis [me-ta°-sta-sis, মেট্যা°স্ট্যাসিস্] *n.* removal from one place to another, স্থানান্তরণ। *pl.* **meta°stasēs** । *a.* **metasta°tic**—স্থানান্তরণকর। [Gk.]

metatarsus [me-ta-tŭ(r)°-sas, মেট্যাটা(র্)°স্যাস্] *n.* the part of the foot, or its bones, between the tarsus and the toes, গোড়ালি হইতে পদাঙ্গুলি পর্যন্ত পায়ের অংশ বা ঐ অংশের হাড়-সমূহ, (পরি.) পদকুর্চাস্থি। *a.* **metatar°sal**—পদ-কুর্চাস্থিসংক্রান্ত। [Gk. *meta-*, *tarsos*]

metathesis [me-ta°-tha-sis, মেট্যা°থ্যাসিস্] *n.* (phon.) transposition of a word, (ধ্বনি.) শব্দের বর্ণসমূহের পরস্পর স্থানপরিবর্তন। *pl.* **meta°-thesēs** । *a.* **metathetic** [me-ta-the°-tik, মেট্যাথে°টিক], **metathe°tical**—উক্ত স্থানপরিবর্তন-মূলক। [Gk.]

mete$_1$ [mēt, মীট্] *n.* a boundary or limit, সীমানা বা সীমা। [L. *meta*]

mete$_2$ [mēt, মীট্] (**1**) *v.t.* to measure, পরিমাপ করা; to apportion, অংশ ভাগ করিয়া দেওয়া (to *mete* out justice, punishment, reward, etc.)। *p.* & *p. pt.* **mē°ted**। (**2**) *n.* measure, পরিমাপ, পরিমাণ। [OF. *metan*]

metempsychosis [me-tem-si-kō°-sis, মেটেম্‌সিকৌ°সিস্] *n.* transmigration of the soul after death into a new body, মৃত্যুর পর জীবাত্মার দেহান্তরপ্রাপ্তি। *pl.* **metempsychō°sēs**। [Gk.]

meteor [mē°-tē(r), মী°টিয়্যা(র্)] *n.* any of the small bodies travelling through the celestial space, rendered luminous by collision with earth's atmosphere, উল্কা। *a.* **meteoric** [mē-ti-o°-rik, মীটিঅ°রিক্] গগনমণ্ডলসংক্রান্ত, গাগনিক; আবহাওয়া দ্বারা প্রভাবিত; উল্কাসংক্রান্ত; উল্কাবৎ: ক্ষণকালের জন্য ঝলকাইয়া ওঠে এমন, ক্ষণদ্যুতিময়, ক্ষণপ্রভ, দ্রুত এবং চোখ-ধাঁধান (*meteoric* rise to power)। *n.* **mē°teorīte**—পতিত উল্কা, (পরি.) উল্কাপিণ্ড; উল্কা। *n.* **meteorolite** [mē°-tēr-a-lit, মী°টিয়্যার্‌অ্যালিট্] উল্কাপিণ্ড, উল্কা, (পরি.) নভোজ্যোতির্ময়। *n.* **meteorology** [mē-tēr-o°-la-ji, মীটিয়্যার°ল্যাজি] জলবায়ু ও আবহাওয়া সম্বন্ধীয় বিজ্ঞান, আবহবিদ্যা। *n.* **mētērō°logist**—আবহবিৎ। *n.* **meteorological** [mē-tēr-a-lo°-jik(a)l, মীটিয়্যার‍্যাল°জিক্‌ল্] আবহগত, আবহবিদ্যাগত। [Gk. *ta meteora*=things on high]

meter [mē°-ta(r), মী°ট্যা(র্)] *n.* a measurer, পরিমাপক; a measuring apparatus, পরিমাপনযন্ত্র। [see *mete*$_2$]

methinks—see **me**.

method [me°-thad, মে°থ্যাড্] *n.* the mode or rule of accomplishing an end, কার্যাদি সাধনের প্রণালী বা নিয়ম; orderliness, সুশৃঙ্খলা; regular habits, নিয়মপালন; manner, প্রণালী, ধরন; rule, নিয়ম। *a.* **methodic** [mi-tho°-dik, মিথ°ডিক্], **mėtho°dical**—নিয়মানুযায়ী; সুশৃঙ্খল; নিয়মনিষ্ঠ। *n.* **Me°thodism**—ইংল্যানডের কঠোর নিয়মনিষ্ঠ খ্রিস্টীয় সম্প্রদায়বিশেষের মতবাদ বা আচরণ। *n.* **Me°thodist**—উক্ত সম্প্রদায়ভুক্ত ব্যক্তি। *n.* **me°thodist**—নিয়মনিষ্ঠ ব্যক্তি; সুশৃঙ্খল আচার-আচরণবিশিষ্ট ব্যক্তি। *v.t.* **me°thodize**—নিয়মাবদ্ধ বা নিয়মনিষ্ঠ করা। *n.* **methodo°logy**—(বৈজ্ঞানিক গবেষণাদিতে অনুসৃত) প্রণালী বা নিয়মবিষয়ক বিজ্ঞান বা বিদ্যা। *a.* **methodolo°gical**। [Gk. *methodos*]

methought—see **me**.

Methuselah [mi-thū°z(a)-la, মিথিউ°জ্‌ল্যা] *n.* a person having ideal longevity, অতি দীর্ঘায়ুঃ ব্যক্তি। [B. a patriarch said to have lived 969 years]

methyl [me°-thil, মে°থিল্] *n.* the radical of wood alcohol, মৌলিক রাসায়নিক পদার্থবিশেষ, কাষ্ঠজাত সুরাসার, মেথিল্। *v.t.* **me°thylāte**—মেথিল-যুক্ত করা। [*meta*-, Gk. *hyle*=wood]

meticulous [mi-ti°-kū-las, মিটি°কিউল্যাস্] *a.* over-scrupulous in minute details, খুঁটিনাটি ব্যাপারেও অতি সতর্ক। *adv.* **meti°cūlously**। *n.* **meti°cūlousness**। [L. *meticulosus*=frightened]

métier [me°-ti-ā, মে°টিএই] *n.* one's trade, profession or line, ব্যক্তিগত বৃত্তি বা পেশা বা ব্যবসায়; one's forte, লোকের বৈশিষ্ট্যসূচক গুণ। [F.]

metonym [me°-ta-nim, মে°ট্যানিম্] *n.* (gr.) a word used in a transferred sense, (ব্যাক.) লক্ষণালঙ্কারযুক্ত শব্দ, লক্ষ্যার্থক শব্দ। *a.* **metony°mic(al)**—লক্ষণাত্মক, লক্ষ্যার্থক। *n.* **metonymy** [mi-to°-ni-mi, মিট°নিমি] (অল.) লক্ষণা। [Gk. *metonymia*]

metre$_1$ [mē°-ta(r), মী°ট্যা(র্)] *n.* any form of verse rhythm, ছন্দঃ। *a.* **mē°tred**—ছন্দোবদ্ধ। *a.* **met°ric(al)**—ছন্দঃসংক্রান্ত; ছন্দোবদ্ধ; ছন্দানুযায়ী। *n.* **metrician** [mē°-tri°sh(a)n, মীট্রি°শ্‌ন্] ছান্দসিক। *n.* **met°ric(s)**—ছন্দঃশাস্ত্র; ছন্দোবিজ্ঞান। [OE. *meter*, OF. *metre*<L. *metrum* <Gk. *metron*]

metre$_2$ [mē°-ta(r), মী°ট্যা(র্)] *n.* a unit of length, দৈর্ঘ্যের মাপমাত্রাবিশেষ (১ মিটার= কিঞ্চিদধিক ৩৯·৩৭ ইঞ্চি)। *a.* **met°ric**—উক্ত পরিমাপ অনুযায়ী। **metric system**—দশমিকের সাহায্যে দৈর্ঘ্যাদি মাপার (ফরাসি) প্রণালীবিশেষ। [F.<Gk. *metron*=measure]

metric$_1$—see **metre**$_{1, 2}$.

metric$_2$ [met°-rik, মেট্°রিক্] *a.* quantitative, পরিমাণমূলক, মাত্রামূলক। *a.* **met°rical**—পরিমাপ-মূলক, মাপ-সংক্রান্ত। *n.* **metrology** [mē-tro°-la-ji, মীট্র°ল্যাজি] পরিমাপনবিদ্যা, মাত্রাবিজ্ঞান। [Gk. *metron*=measure]

metrician, metrics—see **metre**$_1$.

metrology—see **metric**$_2$.

metronome [me°-tra-nōm, মে°ট্র্যানৌম্] *n.* an instrument for marking time in music by means of a pendulum etc., সঙ্গীতে তাল রাখিবার জন্য যন্ত্রবিশেষ: ইহাতে একটি পেনডিউলাম থাকে এবং উহা মিনিটে নির্দিষ্টসংখ্যক বার দোলে। *a.* **metrono°mic**। [Gk. *metron*=measure, *nomos*=law]

metronymic [met-ra-ni°-mik, মেট্র্যানি°মিক] (**1**) *a.* derived from the name of one's mother or female ancestor, (নাম সম্পর্কে) মাতা বা তাঁহার পূর্ববর্তিনী হইতে আগত বা উদ্ভূত। (**2**) *n.* name derived from the above source, উক্ত উৎস হইতে আগত নাম। [Gk. *mētēr, mētros* =mother]

metropolis [mi-tro°-pa-lis, মিট্র°প্যালিস্] *n.*

the capital or the chief city of a country, রাজধানী, প্রধান নগর, মহানগরী। **metropolitan** [me-tra-po°-lit(a)n, মেট্র্যাপ°লিট্‌ন্] (1) *a.* রাজধানীর ; প্রধান গির্জার। (2) *n.* রাজধানীর গির্জার বিশপ ; আর্চবিশপ। [Gk.=the mother-city (of a Gk. colony)]

mettle [met°l, মেট্‌°ল্] *n.* temperament, মেজাজ ; natural disposition or ardour, স্বাভাবিক প্রবণতা বা আগ্রহ ; spirit, তেজ ; courage, সাহস। **(to) put on one's mettle**—যথাসাধ্য চেষ্টা করার জন্য অনুপ্রাণিত করা। *a.* **mett°led, mett°lesome**—তেজস্বী ; আগ্রহান্বিত। [see *metal*]

meum [mē°-ŭm, মী°আম্] *n.* what is mine, আমার অর্থাৎ নিজের সম্পত্তি। **meum and tuum** [......tū°-ŭm.......টিউ°আম্] আমার ও তোমার অর্থাৎ নিজের ও পরের সম্পত্তির মধ্যে ভেদাভেদজ্ঞান, আত্মপরভেদজ্ঞান। [L.]

mew$_1$ [mū, মিউ] *n.* a sea-gull, সামুদ্রিক চিল, শঙ্খচিল। [OE. *maew*=cp. Du. *meeuw*]

mew$_2$ [mū, মিউ], **miaow** [mi-a°-oo, মিঅ্যা°উ] (1) *v.i.* to cry as a cat, (বিড়াল কর্তৃক) মিউ-মিউ বা মেও-মেও করা। (2) *n.* & *int.* the cry of a cat, বিড়ালের মিউ-মিউ বা মেও-মেও ধ্বনি। [imi.]

mew$_3$ [mū, মিউ] (1) *v.i.t.* to cast or moult, পালক শৃঙ্গ খোলস প্রভৃতি ঝরান খসান বা বদলান। (2) *v.t.* to confine, আটকাইয়া রাখা, পিঞ্জরাবদ্ধ করা। (3) *n.* act or process of moulting, পালক শৃঙ্গ খোলস প্রভৃতি ত্যাগ বা পরিবর্তন অথবা ঐগুলি ত্যাগ বা পরিবর্তন করার প্রণালী ; a cage for hawks, বাজপাখির খাঁচা ; a coop, খোঁয়াড় ; a place of confinement or hiding, আটকাইয়া রাখার বা লুকাইয়া রাখার স্থান। *n.* (ori. *pl.* but now used as a *sing.*) **mews**—উঠান রাস্তা প্রভৃতি ফাঁকা জায়গার চতুর্দিকস্থ আস্তাবল-শ্রেণী (বর্তমানে এই আস্তাবলগুলি মোটর-গ্যারেজে বা ফ্ল্যাট-বাড়িতে পরিবর্তিত হইতেছে)। [OF. *muer*<L. *mutare*=to change]

Mexican [meks°-i-kan, মেক্‌স্°ইক্যান্] (1) *a.* of Mexico, মেক্‌সিকো প্রদেশের বা নগরের। (2) *n.* a native or the language of Mexico, মেকসিকোর লোক বা ভাষা। [Sp. *Mexicano*]

mezzanine [me°-za-nēn, মে°জ্যানিন্] *n.* an intermediate storey (usu. between ground and first floors), (সচ. একতলা ও দোতলার) মধ্যবর্তী তলা। [It. *mezzanino*]

mezzotint [me°-jŏ-tint, মে°জোটিন্‌ট্], **me°zzotintŏ**—*n.* a method of printing picture from uniformly roughened and scraped metal plate, খোদাই করা বা চাঁছা ধাতুপাত হইতে ছবি মুদ্রণের প্রণালীবিশেষ। [It. *mezzotinto*=half tint]

miaow—see **mew$_2$**.

miasma [mi-az°-ma, মিঅ্যাজ্‌°ম্যা] *n.* a noxious exhalation from marshes, putrid matter, etc., জলাভূমি পচা জিনিস প্রভৃতি হইতে নির্গত বাষ্প বা দুর্গন্ধ। *a.* **mias°mal, miasma°tic**। [Gk.]

mica [mī°-ka, মাইক্যা]] *n.* a rock-forming mineral, অভ্র। *a.* **micaceous** [mī-kā°-shas, মাইকেই°শ্যাস্] অভ্রপূর্ণ, (পরি.) অভ্রাল। [L.=a crumb]

Micawber [mi-kaw°-ba(r), মিক্য°ব্যা(র্)] *n.* an over-hopeful idler trusting that something good will turn up, যে অতি-আশাবাদী নিষ্কর্মা লোক বিশ্বাস করে যে ভবিষ্যতে ভাল একটা-কিছু ঘটিবেই। *a.* **Micaw°berish**—ঐরূপ নিষ্কর্মাতুল্য। *n.* **Micaw°berism**—ঐরূপ নিষ্কর্মার ন্যায় আচার-আচরণ বা বিশ্বাস। [a character in *David Copperfield*]

mice—see **mouse.**

Michaelmas [mi°kl-mas, মি°ক্‌ল্‌ম্যাস্] *n.* the festival of St. Michael, সাধু মাইকেলের জন্মতিথি উপলক্ষে ২৯শে সেপ্টেম্বর তারিখে অনুষ্ঠেয় খ্রিস্টীয় পর্ববিশেষ। [*St. Michael, mass$_1$*]

mickey, micky [mi°-ki, মি°কি] *n.* (sl. in) **(to) take the mickey (out of)**—(অশি.) হাস্যাস্পদ করা ; উত্ত্যক্ত করা। [?]

Mickey Mouse [mi°-ki mows, মি°কি মাউস্] *n.* (sl.) an electrical distributor which releases bombs from an aircraft, (অশি.) বিমানপোত হইতে বোমা নিক্ষেপের জন্য বৈদ্যুতিক যন্ত্রবিশেষ। [a character in film cartoons]

mickle [mik°l, মিক্‌°ল্] *n.* a large quantity, প্রচুর পরিমাণ। **many a little** (or **pickle**) **makes a mickle**—অনেকগুলি ক্ষুদ্র বস্তু মিলিয়া একটা বিরাট্ বস্তু গড়িয়া তোলে। [OE. *micel, mycel*]

micro- [mī°kro, মাই°ক্রৌ] *in comp.* very small, অতিক্ষুদ্র : minute, অণু-পরিমাণ, সূক্ষ্ম, কণ- ; a millionth part, দশলক্ষ ভাগের একভাগ। **mī°cro-bio°logy**—জীবাণু-বিজ্ঞান। *n.* **microcosm** [mī°-krŏ-kozm, মাই°ক্রোকজ়্‌ম্] ক্ষুদ্র সৃষ্টি বা বিশ্ব ; (সৃষ্টির সংক্ষিপ্তসাররূপে পরিগণিত) মানুষ (see **cosmos**)। **mi°crŏfilm**—(1) *n.* ক্ষুদ্রাকারে ছবি তোলার জন্য ফিলম-বিশেষ। (2) *v.t.* উক্ত ফিলম-দ্বারা ক্ষুদ্রাকারে ছবি তোলা। *n.* **micrometer** [mī-kro°-mi-ta(r), মাইক্র°মিট্যা(র্)] অতি ক্ষুদ্র বস্তু মাপিবার যন্ত্রবিশেষ। *n.* **microphone** [mī°-kra-fōn, মাই°ক্র্যাফৌন্] ধ্বনিবিবর্ধক বা ধ্বনিতরঙ্গগ্রাহী যন্ত্রবিশেষ, মাইক। *n.* **microscope** [mī°-kras-kōp, মাই°ক্র্যাস্‌কৌপ্] অণুবীক্ষণ। *a.* **microscopic** [mī-kras-ko°-pik, মাইক্র্যাস্‌ক°পিক্] আণুবীক্ষণিক ; সূক্ষ্মাতিসূক্ষ্ম। *n.* **mīcro°scopy**—অণুবীক্ষণ যন্ত্রের ব্যবহার। *n.* **mi°crŏwāve**—বেতারের অতি ক্ষুদ্র অঙ্গবিশেষ। [Gk. *micros*=little]

microbe [mī°-krōb, মাই°ক্রৌব্] *n.* a microscopic organism, (প্রধানতঃ রোগবীজবাহী) জীবাণু।

a. **micrō°bic**—জীবাণুতুল্য (ক্ষুদ্রকায়); জীবাণু-সংক্রান্ত। [F. < Gk. *micro-*, *bios*=life]

microcosm, microfilm, micrometer—see **micro-.**

micron [mī°-kron, মাই°ক্রন্] *n.* one millionth of a metre, $\frac{1}{1000000}$ মিটার (ইহার চিহ্ন হইল : μ)। [Gk. *mikron*]

microphone, microscope, microwave—see **micro-.**

micturition [mik-tū-ri°sh(a)n, মিক্‌টিউরি°শ্‌ন্] *n.* the frequent desire of passing urine, বারংবার প্রস্রাব করার ইচ্ছা; (loos.) act of urinating, (শিথি.) প্রস্রাব করা। [L. *micturire*=to desire to pass urine]

'mid$_1$, mid$_2$ [mid, মিড্] contr. of **amid.**

mid$_3$ [mid, মিড্] **(1)** *a.* middle, মধ্যবর্তী, মধ্যস্থিত। **(2)** *in comp.* the middle, মধ্যাংশ, মধ্য-; in the middle, মধ্যস্থিত। **mid°day**—**(1)** *n.* মধ্যাহ্ন। **(2)** *a.* মধ্যাহ্নকালীন, মাধ্যাহ্নিক। **mid°land**—**(1)** *a.* স্থলের মধ্যাংশস্থিত, স্থলবেষ্টিত; উপকূল হইতে দূরবর্তী। দেশের মধ্যাঞ্চলীয়; **(2)** *n.* দেশের অভ্যন্তর-ভাগ; (in *pl.*) মধ্যপ্রদেশ। **(the) Mid°lands**—মধ্য-ইংল্যানড। *n.* **mid°night**—মধ্যরাত্রি, নিশীথ, রাত দুপুর; রাত ১২টা। **midnight blue**—ঘন নীল। **mid°night sun**—নিশীথ-সূর্য। *n.* **mid°-off°**—(ক্রিকেটে) অফের দিকে ব্যাটস্‌ম্যানের মুখামুখি এবং বল-দাতার নিকটবর্তী হইয়া অবস্থিত ফীল্‌ড্‌জ্‌ম্যান; উক্ত ফীল্‌ড্‌জ্‌ম্যানের অবস্থানস্থল। *n.* **mid°-on**—(ক্রিকেটে) অন্‌সাইডে ব্যাটস্‌ম্যানের মুখামুখি এবং বল-দাতার নিকটবর্তী হইয়া অবস্থিত ফীল্‌ড্‌জ্‌ম্যান; উক্ত ফীল্‌ড্‌জ্‌ম্যানের অবস্থান-স্থল। *n.* **mid°riff**—প্লীহা যকৃৎ প্রভৃতির অংশবিশেষ, মধ্যচ্ছদা। *a.* **mid°ship**—জাহাজের মধ্যভাগস্থ। *n.* **mid°shipman**—নৌবাহিনীর নিম্নপদস্থ কর্মচারি-বিশেষ। *adv.* **mid°ships**—জাহাজের মধ্যভাগে। *n.* **mid°summer**—উত্তরায়ণান্ত বা কর্কটক্রান্তি (অর্থাৎ ২৪শে জুন)। **mid°way**—**(1)** *n.* মাঝপথ, আধা-আধি পথ, পথিমধ্য; মধ্যপন্থা। **(2)** *a.* পথের মধ্যস্থলে অবস্থিত। **(3)** *adv.* & *prep.* অর্ধপথে। *n.* **mid°win°ter**—দক্ষিণায়নান্ত বা মকরক্রান্তি (অর্থাৎ ২১শে বা ২২শে ডিসেম্বর)। [OE. *midd*—cp. L. *medius*, Sans. *madhya*]

Midas [mī°-das, মাই°ড্যাস্] *n.* (Gk. myth.) a Phrygian king whose touch turned all to gold and on whom Apollo bestowed ass's ears, (গ্রী. পু.) ফ্রিজিআর জনৈক নৃপতি: ইহার স্পর্শে সমস্ত-কিছু স্বর্ণে পরিণত হইত এবং অ্যাপোলো ইহাকে গাধার কান প্রদান করেন; (rhet.) a foolishly greedy person, (আল.) মূর্খের ন্যায় অর্থলোভী।

midday—see **mid$_3$.**

midden [mi°dn, মি°ড্‌ন্] *n.* a dung-hill, গোবরগাদা; a refuse-heap, আবর্জনা স্তূপ। *n.* **midden-stead**—আঁস্তাকুড়। [Sc.]

middle [mid°l. মিড্°ল্] **(1)** *a.* equidistant from the extremes, ঠিক মধ্যবর্তী, কেন্দ্রস্থিত, মাঝামাঝি, মধ্য-; intermediate, মধ্যবর্তী, মধ্যকালীন; intervening, মধ্যগামী; in between the old and modern age, মধ্যযুগীয় (*Middle* English)। **(2)** *n.* the middle or central point or position, মধ্যবর্তী স্থান, কেন্দ্র, মধ্য; midst, মধ্য। *a.* **midd°le-ā°ged**—প্রৌঢ়, মধ্যবয়স্ক। **Middle Ages**—রোমসাম্রাজ্যের পতনের পর হইতে পুরাতন শিক্ষাসংস্কৃতির পুনরুদ্ধারকাল পর্যন্ত সময় (অর্থাৎ ৫ম হইতে ১৫শ খ্রিস্টীয় শতাব্দী), মধ্যযুগ। **middle age**—মধ্যবয়স, প্রৌঢ়ত্ব। *a.* **middle-bracket**—সমবৈশিষ্ট্যযুক্ত শ্রেণীসমূহের মাঝামাঝি অবস্থিত (*middle-bracket* candidates)। *a.* **midd°le-class°**—মধ্যবিত্ত শ্রেণীর। **(the) middle class**—মধ্যবিত্ত শ্রেণী। **middle course**—মধ্যপন্থা। **the middle distance**—ভূদৃশ্যাদির চিত্রে পুরোভূমি ও পশ্চাদ্‌ভূমির মধ্যবর্তী অংশ। **(the) Middle East**—চীনের পশ্চিমে অবস্থিত এশিয়ার দেশসকল, মধ্যপ্রাচ্য। **the Middle Kingdom**—চীনের প্রাচীন নাম। **middle finger**—মধ্যমাঙ্গুলি। *n.* **midd°leman**—(ক্রয়-বিক্রয়াদির) দালাল, (পরি.) মধ্যগ। **middle name**—নামের প্রথম অংশ ও পদবির মধ্যবর্তী অংশ; (আল.) চরিত্রের বিশেষ লক্ষণ বা বৈশিষ্ট্য বা গুণ (honesty is his *middle name*)। *a.* **midd°le-of-the-road**—(পন্থাদি সম্বন্ধে) মধ্যপন্থানুগ। *n.* **midd°le-weight**—১১ স্টোন ৬ পাউনড (=প্রায় ২ মণ) দৈহিক ওজনবিশিষ্ট মুষ্টিযোদ্ধা বা মল্ল। [OE. *middel*—cp. Du. *middel*, G. *mittel*]

middling [mid°-ling, মিড্°লিং] **(1)** *a.* (coll.) moderate, (কথ্য.) বেশিও নহে কমও নহে, মাঝামাঝি; mediocre, মধ্যম শ্রেণীর, মাঝারি, সাধারণ; fairly good, মন্দ নহে। **(2)** *adv.* fairly well or moderately, একরকম ভালভাবেই বা মোটামুটি (*middling* fast, tall, etc.)। [*mid$_1$-*, *ling*]

middy [mi°-di, মি°ডি] coll. contr. of **midship**। **middy blouse**—সামরিক নাবিকগণের পরিধেয় ব্লাউজ্‌-বিশেষ।

midge [mij, মিজ্] *n.* a small fly, ক্ষুদ্র ডাঁশের আকারের পতঙ্গবিশেষ; a very small person, অতি ক্ষুদ্রকায় ব্যক্তি। *n.* **mi°dget**—স্বীয় বর্গের মধ্যে অতি ক্ষুদ্রকায় জীব বা বস্তু; অতি ক্ষুদ্রকায় ব্যক্তি। [OE. *mycg(e)*]

midi [mi°-di, মি°ডি] *n.* garment of medium length, মাঝামাঝি ঝুলের পোশাক। [see *mid$_2$* (after *mini*)]

midinette [mi-di-net°, মিডিনেট্°] *n.* a Parisian shop-girl, প্যারিসের দোকানের (বিশেষতঃ টুপির দোকানের) বিক্রেত্রী। [F.]

midland, midnight, mid-off, mid-on, midriff, midship—see **mid$_3$.**

midst$_1$ [midst, মিড্‌স্ট্] **(1)** *n.* middle, মধ্য, কেন্দ্র (in the *midst* of)। **(2)** *adv.* & *prep.* in the middle, মধ্যে। [ME. *middes*=*sup.* of *mid*$_2$?]

'midst, midst$_2$ [midst, মিড্‌স্‌ট্] contr. of **amidst.**

midsummer, midway—see **mid$_3$.**

midwife [mid°-wīf, মিড্°ওাআইফ্] *n.* a woman who assists other women in childbirth, দাই, ধাত্রী। *n.* **mid°wifery**—ধাত্রীবিদ্যা, প্রসূতি-তন্ত্র। [OE. *mid*=with, *wif*=woman]

midwinter—see **mid$_3$.**

mien [mēn, মীন্] *n.* air or look, ভাবভঙ্গি বা চেহারা; bearing, আচার-আচরণ; facial expression, মুখের চেহারা, মুখভাব। [<*demean* ?—cp. F. *mine*=expression]

miff [mif, মিফ্] (1) *n.* (coll.) huff, (কথ্য.) রোষাবেশ; bad temper, বদ মেজাজ। (2) *v.t.i.* to annoy, বিরক্ত করা; to put out of humour, মেজাজ বিগড়াইয়া দেওয়া; to take offence, অপরাধ লওয়া; to express annoyance, বিরক্তি প্রকাশ করা (to *miff* at or with)। [imi.]

might$_1$—see **may$_1$**। *a.* **might°-have-been**—হইলেও হইতে পারিত, ঘটিলেও ঘটিতে পারিত। *n.* **might-have-beens°**—যাহা হইলেও হইতে পারিত বা ঘটিলেও ঘটিতে পারিত, অতীত সম্ভাবনা।

might$_2$ [mīt, মাইট্] *n.* great power or strength, প্রবল (শারীরিক বা মানসিক) ক্ষমতা বা শক্তি (with all one's *might*)। **by might and main**—শারীরিক শক্তিপ্রয়োগে। **(with) might and main**—যথাসাধ্য ক্ষমতা (সহকারে)। **migh°ty**—(1) *a.* প্রবল ক্ষমতাবান্ বা শক্তিমান্; অতি বৃহৎ; গুরুত্বপূর্ণ; বিস্ময়কর; গভীর অর্থপূর্ণ (*mighty* words)। (2) *adv.* অতিশয় (*mighty* bold)। **high and mighty**—অতিশয় গর্বিত। *adv.* **migh°tily**। *n.* **migh°tiness**। [OE. *miht*, *meaht*—cp. G. *macht*—cp. *may*]

migraine [mē°-grān, মী°গ্রেইন্] *n.* headache affecting only one side of the head or face, আধ-কপালে মাথাধরা। [Gk. *hemicrania*]

migrant—see **migrate.**

migrate [mī-grāt°, মাইগ্রেইট্°] *v.i.* to pass from one place to another, এক স্থান (চিরতরে) পরিত্যাগ করিয়া অন্য স্থানে যাওয়া, (পরি.) পরিযান করা বা প্রচরণ করা; to change one's abode to another country, university, etc., স্বদেশ পরিত্যাগ করিয়া বিদেশে বসবাস করিতে যাওয়া, এক বিশ্ববিদ্যালয় পরিত্যাগ করিয়া ভিন্ন বিশ্ববিদ্যালয়ে ভরতি হওয়া, (পরি.) অভিপ্রয়াণ করা; to change habitat periodically, (প্রায়ই) মাঝে-মাঝে বাসা বদলান। *p.* & *p. pt.* **migrā°ted**। **migrant** [mī°-gr(a)nt, মাই°গ্রন্ট্] (1) *a.* পরিযায়ী বা প্রচরণশীল; অভিপ্রয়াণকর। (2) *n.* পরিযায়ী ব্যক্তি প্রাণী বা পাখি; অভিপ্রয়াণকর ব্যক্তি বা ছাত্র। *n.* **migrā°tion**। *a.* **migratory** [mī°-gra-t(a)ri, মাই°গ্র্যাট্রি] পরিযায়ী, প্রচরণশীল; ভ্রমণশীল। [L. *migrare*]

mikado [mi-kŭ°-dō, মিকা°ডৌ] *n.* a title of the emperor of Japan, বিদেশীদের দেওয়া জাপান-সম্রাটের আখ্যা। [Jap.=exalted gate]

mike [mīk, মাইক্] coll. contr. of **microphone.**

milady, miladi [mi-lā°-di, মিলেই°ডি] French modification of **my lady.**

milage—see **mīle.**

Milanese [mi-la-nēz°, মিল্যানীজ়্°] (1) *a.* of Milan, ইট্যালির মিলান-প্রদেশের। (2) *n.* a native of Milan, মিলানের অধিবাসী। [It.]

milch [milch, মিল্চ্] *a.* giving milk, দুগ্ধদাত্রী, দুগ্ধবতী, দুধেল। *n.* **milch°-cow**—দুগ্ধবতী গাভী, দুধেল গাই; (আল.) যাহার নিকট হইতে বা যেখান হইতে সহজে অর্থাদি আদায় হয়, কামধেনু। [OE. *milce*—cp. *milk*]

mild [mīld, মাইল্ড্] *a.* gentle, শান্তপ্রকৃতি; not sharp or strong, অনুগ্র (*mild* pain or ale); soft, কোমল; calm, শান্ত, ধীর, স্থির। **(to) draw it mild**—(আল.) মাত্রা বা সীমা মানিয়া চলা অথবা অতিরঞ্জন না করা। **(to) put it mildly**—অতিরঞ্জিত না করিয়া বলা বা বলিলে। *v.t.i.* **mīl°den**—শান্তস্বভাববিশিষ্ট বা অনুগ্র বা কোমল বা শান্ত বা ধীর করা অথবা হওয়া। *adv.* **mild°ly**। *n.* **mīld°ness**। *a.* **mīld°-spō°ken**—কোমলভাষী। [OE. *milde*—cp. G. *mildr*]

mildew [mil°-dū, মিল্°ডিউ] (1) *n.* a destructive growth of minute fungi on plants, paper, leather, etc., গাছপালা কাগজ চামড়া প্রভৃতির গায়ে যে ক্ষয়কর ছাতা ধরে; a fungus causing this, যে ছত্রাক ঐ ছাতা ফেলে। (2) *v.t.* to affect with mildew, উক্ত ছাতা ফেলা। [OE. *meledeaw*, *mildeaw*]

mile [mīl, মাইল] *n.* a unit of lineal measure, দৈর্ঘ্যের মাপবিশেষ, মাইল (=১৭৬০ গজ)। **geographical** or **nautical mile**—নিরক্ষরেখা বরাবর দ্রাঘিমার ১ মিনিট (=৬০৮২·৬৬ ফুট)। *n.* **mīl(e)°āge**—মাইল-হিসাবে দৈর্ঘ্যের পরিমাণ বা পথ-খরচ। *n.* **mi°ler**—এক মাইল পথ দৌড়াইতে শিক্ষাপ্রাপ্ত বা অভ্যস্ত ব্যক্তি অশ্ব প্রভৃতি। **mīle°-post**—মাইল-নির্দেশক স্তম্ভ। **miles apart**—অনেক ফারাক। **miles better**—(গুণ যোগ্যতাদির তুলনা বুঝাইতে) অনেক ভাল। *n.* **mīle°stōne**—মাইল-হিসাবে পথের দূরত্বনির্দেশক প্রস্তরখণ্ড; মাইলস্টোন্; (আল.) ধারাবাহিকতার ধাপ বা ক্রম। **not a hundred** or **a million miles from**—(রসি.) অসম্ভব রকম দূরে নয় (অর্থাৎ কাছে)। [OE *mil*<L. *milia*=*pl.* of *mille*=a thousand (paces)]

milieu [mē°-li-a, মী°লিয়্যা] *n.* environment, পারিপার্শ্বিক অবস্থা; social surroundings, সামাজিক পরিবেশ। [F.]

militant [mi°-lit(a)nt, মি°লিট্‌ন্ট্] *a.* engaged

in warfare, সংগ্রামরত ; combative, সংগ্রামশীল, সংগ্রামপ্রবণ ; (esp. in spiritual warfare) actively contending, (প্রধানতঃ ধর্মযুদ্ধে) সোৎসাহে সংগ্রামশীল। **Church militant**—ধরাতলে অসতের সঙ্গে সংগ্রামরত গির্জা। *n.* **mi°litancy** । *adv.* **mi°litantly** । [L. *militis*=a soldier]

military [mi°-li-t(a)ri, মি°লিট্‌রি] (**I**) *a.* of soldier or armies or warfare, সৈনিক সৈন্যবাহিনী বা সংগ্রাম সংক্রান্ত, সামরিক, জঙ্গী ; warlike, যুদ্ধপ্রিয়, সৈনিকসুলভ, সামরিক মেজাজবিশিষ্ট। (**2**) *n.* soldiery, সৈনিকবৃত্তি ; the army, সৈন্যবাহিনী। **military cross**—রণক্ষেত্রে বিশেষ কৃতিত্বের জন্য সৈনিকগণকে প্রদেয় সম্মানচিহ্নবিশেষ। *adv.* **mi°litarily** । *n.* **militarism** [mi°-li-ta-rizm, মি°লিট্যারিজ্‌ম্] সামরিক মনোবৃত্তির প্রাবল্য ; সামরিক শাসন বা উক্ত শাসনে আস্থা ; সামরিক শক্তিকে অত্যধিক মূল্যদান ; সামরিক দৃষ্টিতে সব-কিছু বিচার। *n.* **mi°litarist**—সমরবিদ্যার ছাত্র বা উক্ত বিদ্যাবিশারদ ; প্রবল সামরিক মনোবৃত্তিসম্পন্ন ব্যক্তি। *a.* **militaris°tic** । *v.t.* **militarize** [mi°-li-ta-rīz, মি°লিট্যারাইজ্‌] সামরিক আদর্শে রূপদান করা বা গঠন করা ; সামরিক মনোবৃত্তিসম্পন্ন করা ; সামরিক শাসনাধীন করা। *n.* **militarizā°tion** । [L. *militaris*]

militate [mi°-li-tāt, মি°লিটেইট্‌] *v.t.* to serve as a soldier, সৈনিকগিরি করা ; to contend, বিবাদ করা, বিদ্রোহী হওয়া ; to have weight, (প্রতিকূল বা অনুকূল) শক্তিসম্পন্ন হওয়া। *p.* & *p. pt.* **mi°litā°ted** । [L. *militare*]

militia [mi-li°-sha, মিলি°শ্যা] *n.* military force, সামরিক শক্তি, সৈন্যবাহিনী ; a territorial army, দেশের স্থানিক বাহিনী (এই বাহিনী দেশের বাহিরে যাইয়া যুদ্ধ করে না)। *n.* **mi°litiaman**—দেশের স্থানিক বাহিনীর সৈনিক [L.]

milk [milk, মিল্‌ক] (**I**) *n.* a white liquid secreted by female mammals to feed their young, দুধ, দুগ্ধ ; any milk-like juice or preparation, দুগ্ধবৎ (শুভ্র ও তরল) রস পানীয় ঔষধ প্রভৃতি। (**2**) *v.t.* to draw milk from, দুগ্ধ দোহন করা ; to supply with milk, দুগ্ধ সরবরাহ করা ; to extract (esp. money), (প্রধানতঃ অর্থাদি) আদায় করা, শুষিয়া বা চুষিয়া লওয়া। *p.* & *p. pt.* **mil°ked** । **(the) milk of human kindness**—মানবোচিত স্বাভাবিক দয়া। **milk of lime**—চুনগোলা। **milk of magnesia**—রেচক ঔষধবিশেষ। **milk of sulphur**—গন্ধকক্ষীর, গন্ধকদুগ্ধ। **spilt milk**—অপ্রতিকার্য ক্ষতি বা ভ্রম। **milk and honey**—প্রাচুর্য ; বিলাস। *a.* **milk°-and-wa°ter**—নীরস ; দুর্বল ও নিরেস। **milk and water**—(আল.) নীরস আলোচনা বা দুর্বল চিত্তবৃত্তি। *n.* **milk°-bar**—গরম দুধের বা দুগ্ধজ শরবতের দোকান (এখানে বসিয়া পান করা যায়)। *n.* **milk°-bread°**—same as **milk°-loaf°** । *n.* **milk°-churn**—দুগ্ধবহনার্থ ঢাকনা-দেওয়া বড় পাত্রবিশেষ। *n.* **milk°-cow**—দুগ্ধবতী গাভী, দুধেল গাই। *n.* **milk°-denti°tion**—দুধ-দাঁতের পাটি (অর্থাৎ ছেলেপিলেদের যে-সব দাঁত পড়িয়া আবার নূতন দাঁত ওঠে)। *n.* **mil°ker**—দোহনকারী ; দোহনযন্ত্র : দুগ্ধবতী গাভী। *n.* **milk°-gland**—স্তনের বা পশুর বাঁটের গ্রন্থি। *n.* **milk°-house**—দুগ্ধশালা। *adv.* **mil°kily** । *n.* **mil°kiness** । *n.* **mil°king-machine**—দুগ্ধদোহনের যন্ত্রবিশেষ। **mil°kingtime**—দোহনকাল। *a.* **milk°less**—দুগ্ধহীন ; দুধ দেয় না এমন। *n.* **milk°-loaf°**—মিষ্ট রুটিবিশেষ। *n.* **milk°maid**—দুগ্ধদোহনকারিণী, গয়লা-মেয়ে। *n.* **milk°man**—দুগ্ধবিক্রেতা বা দুগ্ধসরবরাহকারী ; গোয়ালা। *fem.* **milk°woman**—গোয়ালিনী। *n.* **milk°-nurse**—শিশুর জননী ভিন্ন অন্য যে স্ত্রীলোক তাহাকে দুগ্ধদানার্থ নিযুক্ত হয়, দুধ-মা। *n.* **milk°-powder**—গুঁড়া দুধ। *n. pl.* **milk°-products**—দুগ্ধজাত দ্রব্যসমূহ। *n.* **milk°-shāke**—দুধের শরবত, লস্যি। *n.* **milk°sop**—দুধে ভেজান রুটি ; ঝুঁকিগ্রহণে অনিচ্ছুক কোমলপ্রকৃতি মেয়েলি পুরুষ। *n.* **milk°-tōōth**—দুধ-দাঁত। *a.* **milk°-white**—দুধের ন্যায় সাদা। *a.* **milky**—দুধে তৈয়ারি ; দুগ্ধপূর্ণ ; দুগ্ধবৎ ; দুগ্ধদাত্রী ; মেঘাচ্ছন্ন ; নরম, কোমল ; শান্ত। **Milky Way**—ছায়াপথ, স্বর্গগঙ্গা। [OE. *milc(n.)* cp. G. *milch*]

mill [mil, মিল্] (**I**) *n.* a machine for grinding corn or for similar operations, শস্যচূর্ণনের কল, জাঁতা, ঘানি ; a factory where corn is ground, শস্যচূর্ণনের কারখানা ; a factory, কারখানা, মিল। (**2**) *v.t.* to grind, (শস্যাদি) চূর্ণ করা, ভাঙ্গা ; to treat in a mill, (জিনিসপত্র তৈয়ারির জন্য শস্য বা উপাদানাদি) কলে বা জাঁতায় বা ঘানিতে দেওয়া ; to furrow the edges of, (মুদ্রাদির) প্রান্তে বা ধারে খাঁজ কাটা। **(to) go through the mill**—শিক্ষানবিসরূপে বা অন্যভাবে কষ্ট বা যন্ত্রণা ভোগ করা। **(to) put one through the mill**—শিক্ষার্থিরূপে অথবা অন্যভাবে কষ্ট বা যন্ত্রণা ভোগ করান। *n* **mill°-board**—বই বাঁধানর জন্য শক্ত পিজবোর্ড-বিশেষ। *n.* **mi°ller**—শস্যচূর্ণনের কলওআলা, জাঁতাওআলা, ঘানিওআলা ; শস্যপেষাইকারী ; মিলের শ্রমিক বা মালিক। *a.* **mi°lled**—চূর্ণীকৃত ; কারখানায় তৈয়ারি। *n.* **mill°-hand°**—মিলশ্রমিক। *n.* **mill°-horse**—যে ঘোড়া জাঁতা বা ঘানি ঘোরায়। *n.* **mi°lling**—শস্যপেষাই-কলে বা জাঁতায় বা ঘানিতে প্রদান। *n.* **mill°owner**—মিল-মালিক। *n.* **mill°-stōne**—জাঁতার প্রস্তরদ্বয়ের যে কোনখানি, পেষণপ্রস্তর। *n.* **mill°-wheel**—জাঁতা বা ঘানি ঘোরানর জন্য জলস্রোতচালিত চাকা। *n.* **mill-wright**—কারখানা নির্মাতা বা মেরামতকারী। [OE. *myln.*<LL. *molina*<L. *mola*]

millenarian—see **millenary.**

millenary [mi-le°-na-ri, মিলে°ন্যারি] (1) *n.* a thousand, সহস্র; a thousand years, সহস্র বৎসর; a thousandth anniversary, সহস্রতম বার্ষিকী; a believer in the millennium, ভবিষ্যতে স্বর্ণযুগের আগমনে বিশ্বাসী ব্যক্তি। (2) *a.* consisting of a thousand or thousand years, সহস্রসংখ্যক; সহস্রবর্ষীয়। **millenā̆r°ian**—(1) *a.* আসন্ন স্বর্ণযুগসংক্রান্ত। (2) *n.* ভবিষ্যতে স্বর্ণযুগের আগমনে বিশ্বাসী ব্যক্তি। [L. *millenarius*=of a thousand]

millennium [mi-le°-ni-am, মিলে°নিঅ্যাম্] *n.* a thousand years, সহস্র বৎসর; the expected reign of Christ in person on the earth for a period of thousand years, খ্রিস্ট পুনরায় পৃথিবীতে আবির্ভূত হইয়া সহস্র বৎসর সশরীরে রাজত্ব করিবেন: এই প্রত্যাশা; a coming golden age, প্রত্যাশিত আগামী স্বর্ণযুগ। *a.* **mille°nnial**। [L. *mille*=a thousand, *annus*=a year]

millepede—alt. spell. of **millipede**.

miller—see **mill**.

millet [mi°-lit, মি°লিট্] *n.* a foodgrain, জোয়ার, ভুট্টা। [F.<L. *milium*]

milli- [mi°-li, মি°লি] *in comp.* a thousandth part, সহস্রতম অংশ। *n.* **mi°lligram(me)**—এক গ্রামের এক-সহস্রাংশ (=প্রায় ১ রতি)। *n.* **mi°llilitre**—এক লিটারের এক-সহস্রাংশ (=প্রায় $\frac{1}{24}$ কাঁচ্চা)। *n.* **mi°llimétre**—এক মিটারের এক সহস্রাংশ (=প্রায় $\frac{1}{25}$ ইঞ্চি)। *n.* **mi°llipēde**—সহস্রপদ কীটবিশেষ, কেন্নো। [L. *mille*=a thousand]

milliard [mi°-li-ŭ(r)d, মি°লিয়া(র্)ড্] *n.* a thousand millions, শতকোটি। [F.<L. *mille* =a thousand]

milligram(me), millilitre, millimetre—see **milli-**.

milliner [mi°-li-na(r), মি°লিন্যা(র্)] *n.* one who makes or sells women's headgear etc, স্ত্রীলোকের টুপি, চুলের ফিতা, প্রভৃতি নির্মাতা বা বিক্রেতা। *n.* **mi°llinery**—উক্ত নির্মাতার বা বিক্রেতার পণ্যদ্রব্য। [*Milaner*, a trader in fancy goods made in Milan]

million [mi°-li-an, মি°লিঅ্যান্] (1) *n.* a thousand thousands, দশলক্ষ; a very great number, প্রচুর সংখ্যা: a million pounds, rupees, etc., দশলক্ষ মুদ্রা। (2) *a.* thousand times thousand of, দশলক্ষ গুণ, নিযুত; innumerable, অসংখ্য; a great number of, বহুসংখ্যক। **(to) make a million**—প্রভূত অর্থ উপার্জন করা, লক্ষ লক্ষ টাকা রোজগার করা। **the million**—মোট জনসংখ্যার বেশির ভাগ। *n.* **millionāire°**—দশলক্ষ মুদ্রার মালিক; লক্ষপতি; কোটিপতি; অতি ধনবান্ ব্যক্তি। *fem.* **millionāir°ess**। *a.* **mi°llionth**—দশলক্ষ ভাগের এক ভাগ। [F.<LL. *millio*<L. *mille*=a thousand]

millipede—see **milli-**.

milometer [mī-lo°mi-ta(r), মাইল°মিট্যা(র্)] *n.* an instrument for measuring the total distance travelled by a motor-vehicle, মোটরগাড়ির পথ-চলাচলের মোট দূরত্বমাপক যন্ত্রবিশেষ। [*mile, meter*]

milor(d) [mi-law(r)°, মিল(র্)°] French modification of **My Lord.**

milt [milt, মিল্ট্] *n.* (soft) roe of small fish, কুচো মাছের (নরম) ডিম। *n.* **mil°ter**—পুরুষ মাছ। [OE. *milte*=spleen]

Miltonic [mil-to°nik, মিল্ট°নিক্], **Miltō°nian**—*a.* of Milton or his poetry or his style of writing, ইংরেজ কবি মিলটন-সংক্রান্ত, তাঁহার কাব্য বা রচনারীতি সম্বন্ধীয়।

mime [mīm, মাইম্] *n.* an ancient farcical play of real life, প্রকৃত ঘটনাবলম্বনে প্রাচীন (প্রধানতঃ ল্যাটিন) প্রহসনবিশেষ; an actor in a mime, উক্ত প্রহসনের অভিনেতা; theatrical performance solely by use of gestures and without words, মূকাভিনয়; an actor thus performing, মূক অভিনেতা; a mimic, অপরের হাস্যকর অনুকরণকারী; a buffoon, ভাঁড়, সঙ্। *n.* **mī-mē-sis**—(ব্যঙ্গের উদ্দেশ্যে) অনুকরণ। *a.* **mimetic** [mi-me°-tik, মিমে°টিক্] অনুকরণ-সংক্রান্ত; অনুকরণপ্রিয়; অনুকরণে দক্ষ; উক্ত প্রহসনমূলক বা ভাঁড়ামিমূলক। [Gk. *mimos*=a mime]

mimeograph [mi°-mi-a-grŭf, মি°মিঅ্যাগ্রাফ্] (1) *n.* a duplicating machine, স্টেন্‌সিল্ অর্থাৎ মোম-মাখান কাগজে লেখা বা টাইপ-করা বিষয়ের প্রতিলিপি গ্রহণ করার যন্ত্রবিশেষ। (2) *v.t.* to reproduce by means of a mimeograph, উক্ত যন্ত্রসাহায্যে প্রতিলিপি গ্রহণ করা। [irreg.<Gk. *mimeomia*=to imitate, *graph*]

mimic [mi°-mik, মি°মিক্] (1) *n.* a mimeactor, প্রকৃত ঘটনামূলক প্রহসনের অভিনেতা; one who imitates others ludicrously, যে ব্যক্তি অপরকে ব্যঙ্গ করার জন্য নকল করে, নকুলে লোক; an unsuccessful imitator or imitation, অক্ষম অনুকরণকারী বা অনুকরণ। (2) *a.* imitative, অনুকরণমূলক, অনুকরণপূর্ণ; mock or sham, কৃত্রিম, নকল। (3) *v.t.* to ridicule by imitating, অনুকরণপূর্বক ব্যঙ্গ করা। *pr. pt.* **mimicking** [mi°-mi-king, মি°মিকিং]। *p. & p. pt.* **mimicked** [mi°-mikt, মি°মিক্ট্]। *n.* **mi°micry**—ব্যঙ্গের উদ্দেশ্যে অনুকরণ, (পরি.) অনুকৃতি। [see *mime*]

miminy-piminy [mi°-mi-ni-pi°-mi-ni, মি°মিনিপি°মিনি] *a.* over-nice, fastidious, অতিশয় রুচিরাগীশ, খুঁতখুঁতে। [imi.]

mimosa [mi-mō°-za, মিমৌ°জ়্যা] *n.* a sensitive plant, লজ্জাবতী লতা। [Gk. *mimos*=a mimic]

minacious [mi-nā°-shas, মিনেই°শ্যাস্] *a.* threatening, ভীতিপ্রদ। *n.* **mina°city** । [L. *minax minacis* < *minari* = to threaten]

minar [mi°-na(r), মি°ন্যা(র্)] *n.* a tower, বুরুজ, মিনার। *n.* **mi°naret**—মসজেদের যে মিনার থেকে আজান দেওয়া হয়। [Ar. *manar*]

minatory [mi°-na°t(a)ri, মি°ন্যাট্রি] *a.* threatening, ভীতিপ্রদ, ভয়ঙ্কর। [L. *minaratus* = to threaten]

minauderie [me-no°-da-re, মীনৌ°ড্যারী] *n.* a display of affectation, কৃত্রিম ঢঙ্ প্রদর্শন, ভানপ্রদর্শন। [F.]

mince [mins, মিন্স্] (**1**) *v.t.* to chop fine, কুচি-কুচি করিয়া কাটা; to suppress a part of in speaking, সবটা না বলা বা মোলায়েম করিয়া বলা; to pronounce affectedly, কায়দা করিয়া উচ্চারণ করা। (**2**) *v.i.* to walk with affected nicety, ঢঙ্ বা কায়দা করিয়া হাঁটা; to speak affectedly, কৃত্রিম কায়দা করিয়া কথা বলা। *p.* & *p. pt.* **min°ced** । (**3**) *n.* minced meat, কুচি-কুচি-করা মাংস, মাংসের কিমা। **(to) mince matters** or **words**—অতিরিক্ত ভদ্রতাসহকারে কথা বলা বা উহা করিতে গিয়া বক্তব্য কোমল করিয়া ফেলা। *n.* **mince°meat**—মাংসের কিমা; কুচি-কুচি-করা বস্তু। **(to) make mincemeat of**—(কথ্য.—লোক, যুক্তি, প্রভৃতিকে) ধ্বংস করা, টুকরা-টুকরা করা। *n.* **min°cer**—কিমা করার যন্ত্রবিশেষ। *n.* **mince°pie**—মাংসের কিমার চপ্‌বিশেষ। *a.* **min°cing**—সবটা বলে না বা মোলায়েম করিয়া বলে এরূপ; কৃত্রিম কায়দা করিয়া কথা বলে বা হাঁটে এমন (to take *mincing* steps)। *adv.* **min°cingly** । [OF. *minc(h)ier* < L. *minutus*]

mind [mind, মাইন্ড্] (**1**) *n.* memory, স্মৃতি; commemoration, স্মৃতিরক্ষা; thought, চিন্তা, ভাব; judgment, বিচারশক্তি, বিবেচনা; opinion, মত; purpose, উদ্দেশ্য, অভিপ্রায়; inclination, ঝোঁক; determination, স্থিরসঙ্কল্প; attention, মনোযোগ; direction of the will, মনোভাব; temperament, মেজাজ, প্রকৃতি; wisdom, বিজ্ঞতা, বিচক্ষণতা; consciousness, চেতনা; intellect, মেধা; wit, বুদ্ধি; seat of consciousness, thought, volition and feeling, মন, মানস; personality, ব্যক্তিত্ব; a thinking person, চিন্তাশীল ব্যক্তি (a great *mind*)। (**2**) *v.t.* (arch.) to remind, (আর্ষ.) স্মরণ করাইয়া দেওয়া, মনে করাইয়া দেওয়া; to remember, মনে রাখা বা স্মরণ করা; to attend to, to take care of, মনোযোগ দেওয়া, মনে লাগান, সামলান বা আগলান (who is *minding* the shop counter); to be careful about, (কিছুর সম্বন্ধে) যত্নবান্ বা সতর্ক হওয়া; to intend, (কোন) উদ্দেশ্য বা অভিপ্রায় করা; to have a mind to, (কোন) ইচ্ছা করা; to value, মূল্যবান্ বলিয়া গণনা করা: to apply to, (কিছুতে) নিরত হওয়া; to dislike, অপছন্দ করা; to object to, আপত্তি করা বা কিছু মনে করা (would you *mind* shutting the door)। (**3**) *v.i.* to attend, মনোযোগী হওয়া; to care, যত্নবান্ বা সতর্ক হওয়া; to value, মূল্যবান্ বলিয়া মনে করা। **absence of mind**—আনমনা ভাব; অমনোযোগ। **frame of mind**—সাময়িক মেজাজ। **in two minds**—দ্বিধাগ্রস্ত; ইতস্ততঃ করিতেছে এমন। **not in one's right mind**—বিকৃতমস্তিষ্ক। **of one** (or **a**) **mind**—একমত। **of the same mind**—(একাধিক ব্যক্তি-সম্বন্ধে) একমত; (একজন-সম্বন্ধে) মত বা ধারণা বদলায় নাই এমন। **of two minds**—দোমনা। **out of mind**—বিস্মৃত। **out of one's mind**—বিকৃতমস্তিষ্ক। **presence of mind**—উপস্থিতবুদ্ধি, প্রত্যুৎপন্নমতিত্ব, স্থির প্রজ্ঞা। **to one's mind**—কাহারও ধারণানুসারে বা পছন্দানুসারে। **a piece of one's mind**—স্পষ্ট অভিমত (to give *a piece of one's mind* = কাহারও মনের কথা জানান)। **(to) bear in mind**—মনে রাখা। **(to) break one's mind**—নিজের মনের কথা জানান। **(to) bring** or **call to mind**—স্মরণ করা। **(to) change one's mind**—সঙ্কল্প পরিবর্তন করা। **(to) cross one's mind**—(কাহারও) মনে উদিত হওয়া। **(to) give one's mind (to)**—মনোযোগ দেওয়া। **(to) have a good** or **great mind to**—কিছু করিতে স্থিরসঙ্কল্প করা বা অত্যন্ত ঝোঁকা। **(to) have a mind (to)**—কিছু করিতে ইচ্ছুক হওয়া, ঝোঁকা (*to have a mind* to go)। **(to) have half a mind (to)**—কিছু করিতে একটু যেন ইচ্ছুক হওয়া বা ঝোঁকা। **(to) have on one's mind**—(কোন বিষয়ে) দুশ্চিন্তা করা বা উদ্বিগ্ন হওয়া। **(to) keep in mind**—মনে রাখা। **(to) keep one's mind on**—কিছুর প্রতি মনোযোগদানে রত থাকা অর্থাৎ মনোযোগ না হারান। **(to) lose one's mind**—বিকৃতমস্তিষ্ক হওয়া। **(to) make up one's mind**—মনঃস্থির করা; সঙ্কল্প বা সিদ্ধান্ত করা। **(to) mind one's p's and q's**—(সর্ববিষয়েই) পুঙ্খানুপুঙ্খভাবে যথাযথ ও সতর্ক হওয়া। **(to) put in mind**—স্মরণ করাইয়া দেওয়া। **(to) set one's mind on**—(কিছু) পাইবার জন্য একাগ্রভাবে কামনা বা চেষ্টা করা, মনোনিবেশ করা, মন দেওয়া। **(to) speak one's mind**—মনের কথা খুলিয়া বলা। **never mind**—ইহা লইয়া মাথা ঘামাইও না; ইহাতে কিছু আসিয়া যায় না; তোমাকে জানানর মত ব্যাপার ইহা নহে। *a.* **min°ded**—ইচ্ছুক; প্রবণ; দৃঢ়সঙ্কল্প; মনোবিশিষ্ট, -মনাঃ (high*minded*)। *n.* **min°der**—(প্রধানতঃ মেশিনপত্রের) তত্ত্বাবধায়ক। *a.* **mind°full**—মনে রাখে এমন; মনোযোগী; লক্ষ্য করে এমন; সতর্ক; স্মৃতিশক্তিবিশিষ্ট। *a.* **mind°less**—নির্বোধ, বোকা। [OE. *gemynd* < *munan* = to think—cp. D. *minde* = memorial, L. *mens* = the mind, Sans. *manas*]

mine$_1$ [min, মাইন্] *pro. gene.* of I, আমার। [OE. *min*]

mine$_2$ [min, মাইন্] *n.* a place from which

minerals are dug, খনি ; explosive charge placed to blow up fortification, ship, etc., শত্রুর দুর্গ জাহাজ প্রভৃতি উড়াইয়া দেওয়ার জন্য গর্ত-মধ্যে সমুদ্রবক্ষে বা অনুরূপ স্থানে রক্ষিত বিস্ফোরক দ্রব্য-বিশেষ, মাইন ; a rich source or store, মূল্যবান্ বা প্রাচুর্যপূর্ণ উৎস অথবা ভাণ্ডার (he is a *mine* of information) ; (arch.) a cavity, (আর্ষ.) গর্ত। (2) *v.t.i.* to excavate or tunnel, (খনি) খনন করা বা সুড়ঙ্গ তৈয়ারি করা ; to make passages in or under, (কিছুর) ভিতরে বা নিচে পথ তৈয়ারি করা ; to lay mines, মাইন পাতা (to *mine* the passage to a harbour)। (3) *v.t.* to obtain by excavating, খুঁড়িয়া পাওয়া বা তোলা ; to blow up by a mine, মাইন-দ্বারা উড়াইয়া দেওয়া (the ship was *mined* and sank almost immediately) ; (fig.) to undermine, (আল.) গোপনে ধ্বংসসাধনের ব্যবস্থা করা। (4) *v.i.* to dig in earth, মাটির ভিতর খুঁড়িয়া যাওয়া। **(to) spring a mine**—মাইন বা বোমা ফাটান। *n.* **mine°-detector**—মাইন সন্ধানী বা আবিষ্কারক তড়িৎ-চুম্বকীয় যন্ত্রবিশেষ। *n.* **mine°-field**—খনি-অঞ্চল ; জল ও স্থলের যে অঞ্চলে মাইন পাতা হইয়াছে। *n.* **mine°-layer**—সমুদ্রাদিতে মাইন পাতার কাজে ব্যবহৃত জাহাজ। *a.* **mine°-laying**—সমুদ্রাদিতে মাইন পাতার কাজে ব্যবহৃত (a *mine-laying* vessel)। *n.* **mine°owner**—খনি-মালিক। *n.* **mi°ner**—খনি-শ্রমিক, (পরি.) খনিজীবী ; যে সৈনিক মাইন পাতে ; যে কীট মাটিতে গর্ত খোঁড়ে বা তথায় বাস করে। **miner's lamp**—শ্রমিকগণ (সচ. তাহাদের টুপির উপরে রাখিয়া) যে প্রদীপ লইয়া খনি মধ্যে প্রবেশ করে। *n.* **mine°-sweeper**—সমুদ্রাদি হইতে মাইন অপসারণের কাজে ব্যবহৃত জাহাজ। *a.* **mine°-sweeping**—সমুদ্রাদি হইতে মাইন অপসারণে ব্যবহৃত (a *mine-sweeping* vessel)। **mi°ning**—(1) *n.* খনি-খনন ; খনন ; খনিবিদ্যা। (2) *a.* খনি-খনন-সংক্রান্ত, (পরি.) খনিক ; খননকারী। [F. *mine* (*n.*), *miner* (*v.*)]

mineral [mi°n(a)r(a)l, মি°নর‌্‌ল্] (1) *n.* a substance produced by processes of inorganic nature, অজৈব প্রাকৃতিক পদার্থবিশেষ ; a substance got by mining, ore, খনিজ বা আকরিক পদার্থ, (পরি.) মণিক ; a substance neither animal nor vegetable, প্রাণিজও নহে উদ্ভিজ্জও নহে এমন পদার্থবিশেষ, উপল, ঔপল পদার্থ ; a mineral water, বাতান্বিত পানীয় অর্থাৎ লিমনেড সোডা প্রভৃতি। (2) *a.* of, like, or full of minerals, খনিজ বা অজৈব বা ঔপল বা বাতান্বিত পদার্থাদি সংক্রান্ত বা তত্তুল্য বা তাহাতে পূর্ণ ; খনিজ, অজৈব, ঔপল, বাতান্বিত। **mineral coal**—পাথুরে কয়লা। **mineral kingdom**—অজৈব সর্গ, ঔপল সর্গ। **mineral oil**—খনিজ তৈল। **mineral salt**—অজৈব লবণ। **mineral water**—বাতান্বিত পানীয় অর্থাৎ লিমনেড সোডা প্রভৃতি। *n.* **mineralīzā°tion**—(পরি.) মণিকীভবন, ধাতব পরিণতি। *v.t.* **mineralize** [mi°-n(a)ra-līz, মি°ন্‌র‌্যালাইজ়্] খনিজ বা অজৈব বা ঔপল পদার্থে পরিণত করা ; বাতান্বিত পানীয়াদিতে পূর্ণ করা। *n.* **mi°neralizer**—(পরি.) মণিককারী। *a.* **mineralogical** [mi-n(a)ra-lo°-jik(a)l, মিন্‌র‌্যাল°জিক্‌ল্] মণিক-বিদ্যাগত। *n.* **minera°logist**—মণিকবিৎ। *n.* **mineralogy** [mi-na-ra°-la-ji, মিন্যার‌্যা°ল্যাজি] (পরি.) মণিকবিদ্যা। [F.<*mine*—cp. *mine*$_2$]

mine-field, mine-layer, mine-owner, miner, mines-weeper—see **mine**$_2$.

Minerva [mi-na(r)°-va, মিন্যা(র্)°ভ্যা] *n.* the Roman goddess of wisdom and war, রোমানদের জ্ঞানের ও যুদ্ধের অধিষ্ঠাত্রী দেবী। [L.]

mingle [ming°gl, মিং°গ্‌ল্] *v.t.* to mix, মিশ্রিত করা বা হওয়া। [obs. E. *ming*<OE. *mengan*]

mingy [min°-zi, মিন্°জ়ি] *a.* mean or stingy, নীচ বা কৃপণ। [a portmanteau of *mangy* বা *mean* and *stingy* ?]

mini- [mi°-ni, মি°নি] *pfx.* very small, অতি ক্ষুদ্র। *n.* **mi°nibus**—ক্ষুদ্রাকার বাস, মিনিবাস। *n.* **mi°nicab**—ছোট ট্যাক্‌সি। **mi°niskirt**—অশোভন রকম খাট ঝুলের ঘাগরাবিশেষ। [abbr.]

miniate—see **minium.**

miniature [mi°-ni-a-cha(r), মি°নিয়্যাচ্যা(র্)] (1) *n.* a painting on a very small scale, অতি ক্ষুদ্রাকার চিত্র (a portrait in *miniature*) ; the art of painting in this manner, উক্ত চিত্রাঙ্কন-বিদ্যা ; a very small copy of anything, অতি ক্ষুদ্র প্রতিরূপ বা প্রতিলিপি। (2) *a.* on a small scale, ক্ষুদ্রকায় ; minute, সূক্ষ্ম। *n.* **mi°niaturist**—উক্ত ক্ষুদ্রাকার চিত্রাঙ্কনকারী। [It. *miniatura* <L. *minium*=red lead, confused with L. *minor, minimus*]

minify [mi°-ni-fī, মি°নিফাই] *v.t.* to represent as smaller or less important than it is, ছোট করিয়া বা গুরুত্ব কমাইয়া বর্ণনা করা ; to lessen in size or importance, আকার বা গুরুত্ব হ্রাস করা। [irreg.<L. *minor* on the model of *magnify*]

minikin [mi°-ni-kin, মি°নিকিন্] (1) *n.* a diminutive person or thing, ক্ষুদ্রাকার ব্যক্তি বা বস্তু। (2) *a.* undersized, ক্ষুদ্রাকার ; affected, mincing, কৃত্রিম ভাবাপন্ন, কৃত্রিম কায়দায় কথা বলে এমন। [Du. *minneken*]

minim [mi°-nim, মি°নিম্] *n.* a least part, সামান্যতম বা যৎসামান্য অংশ, এক ফোঁটা বা ছিটে ; (mus.) a very short note, (সঙ্গীতে) অতি হ্রস্ব ধ্বনিবিশেষ ; $\frac{1}{60}$th of a fluid drachm, এক ড্রামের $\frac{1}{60}$ ভাগ ; a diminutive creature, অতি ক্ষুদ্রকায় প্রাণী। *a.* **mi°nimal**—অতি ক্ষুদ্র ; যৎ-সামান্য ; অতি সূক্ষ্ম ; (পরি.) লঘিষ্ঠ, অবম, অল্পতম। *n.* **minimīzā°tion**। *v.t.* **mi°nimīze**—যথাসম্ভব হ্রস্বীকৃত বা লঘুভারকরা ; লঘু করিয়া বলা ; (অশু.) কমান, হ্রাস করা। **mi°nimum**—(1) *a.* সামান্যতম

বা ক্ষুদ্রতম বা ন্যূনকল্প বা লঘিষ্ঠ, অবম বা অধম। (2) *n.* সামান্যতম বা ক্ষুদ্রতম বা ন্যূনকল্প বা লঘিষ্ঠ অংশ অথবা পরিমাণ ; অবম বা অধম অবস্থা ; *pl.* **mi°nima**। **minimum wages**—আইনানুসারে নির্দিষ্ট ন্যূনতম বেতন। [L. *minimus, minimum*=smallest]

mining—see **mine$_2$**.

minion [mi°-ni-an, মি°নিয়্যান্] *n.* a favourite, (প্রধানতঃ রাজার) প্রিয়পাত্র ; a spoilt darling, যে প্রিয়পাত্র অত্যধিক প্রশ্রয়ে বিগড়াইয়া গিয়াছে ; a servile dependent, গোলামের ন্যায় মুখাপেক্ষী ব্যক্তি ; (print.) a small kind of type, (মুদ্রণ.) ক্ষুদ্র অক্ষরবিশেষ। [F. *mignon(ne)*]

minister [mi°nis-ta(r), মি°নিস্ট্যা(র্)] (**1**) *n.* (arch.) a servant, (আর্ষ.) ভৃত্য ; an executive officer, কার্যাদি নির্বাহক কর্মচারী, নির্বাহী আধিকারিক ; one in charge of a department of the State, যে কোন সরকারি বিভাগের ভারপ্রাপ্ত কর্মচারি বা আধিকারিক ; a political agent at a foreign court, বিদেশী রাজসভায় প্রেরিত রাষ্ট্রদূত ; a political and administrative counsellor of a sovereign or state, মন্ত্রী ; a clergyman, যাজক ; one who renders aid, consolation, etc., সাহায্যকারী সান্ত্বনাদাতা আরামদাতা প্রভৃতি (*ministers* of the soul)। (2) *v.i.* to render aid or service, সাহায্য করা বা সেবা করা (to *minister* to a person's needs) ; to supply or do things needful, প্রয়োজন মেটান ; to conduce, সহায়ক হওয়া। (**3**) *v.t.* to supply, সরবরাহ করা। *a.* **ministēr°ial**—নির্বাহী আধিকারিক বা সরকারের বিভাগীয় আধিকারিক বা রাষ্ট্রদূত মন্ত্রী যাজক প্রভৃতি সংক্রান্ত ; তাহাদের কাজ-সংক্রান্ত ; সরকারপক্ষীয়, সরকারি ; শাসন বা পরিচালন সংক্রান্ত ; শাসনিক ; কার্যনির্বাহী ; যন্ত্রস্বরূপ কার্যসাধক ; সহায়ক, সান্ত্বনাদায়ক, আরামদায়ক। **mi°nistrant**—(**1**) *a.* সহায়ক। (**2**) *n.* সহায়ক ব্যক্তি। *n.* **ministrā°tion**—minister (*v.*)-এর সকল অর্থে, এবং বিশেষতঃ—যাজকত্ব, যাজন। *n.* **mi°nistry**—নির্বাহী আধিকারিক মন্ত্রী যাজক প্রভৃতির পদ কাজ কার্যকাল বা বর্গ, (পরি.) বর্গ। [L. < *minor*=less]

minium [mi°-ni-am, মি°নিঅ্যাম্] *n.* vermilion, সিন্দুর ; red lead, সীস-সিন্দুর, মেটে সিন্দুর ; its colour, সীস-সিন্দুরের গাঢ় লাল রঙ্। *v.t.* **mi°niāte**—সিন্দুর লেপন করা ; আলোকিত করা। *p.* & *p. pt.* **mi°niātėd**। [L.]

mink [mingk, মিংক্] *n.* a kind of animal or its fur, নেউলজাতীয় প্রাণিবিশেষ বা উহার সলোম চর্ম। [cp. Sw. *mank*]

miniver [mi-°ni-va(r), মি°নিভ্যা(র্)] *n.* white fur used in ceremonial robes, উৎসবাদির পোশাকে ব্যবহৃত সাদা পশম। [L. *minūtus* and *vair*]

Minnesinger [mi°-ni-sing-a(r), মি°নিসিংঅ্যা(র্)] *n.* a German lyrical poet and singer, খ্রিস্টীয় ১২শ-১৩শ শতাব্দীর জর্মানিতে অভ্যুদিত এক শ্রেণীর প্রেমমূলক গীতিকবিতার রচয়িতা ও গায়ক। [G.]

minnow [mi°-nō, মি°নৌ] *n.* a small freshwater fish, মিঠে জলের (বিভিন্ন শ্রেণীর) ক্ষুদ্র মৎস্যবিশেষ। [OE. *myne* < OHG. *munewa* ?]

Minoan [mi-nō°-an, মিনৌ°অ্যান্] *a.* of prehistoric Crete and its culture, প্রাগৈতিহাসিক ক্রীট্-দেশ ও উহার সংস্কৃতি সংক্রান্ত ; of the reign of King Minos, পৌরাণিক মিনস্-রাজার যুগসংক্রান্ত। [King *Minos* of Crete]

minor [mī°-na(r), মাই°ন্যা(র্)] (**1**) *a.* lesser, হ্রস্বতর, লঘুতর ; less important, গৌণ, অপ্রধান (minor *poets*) ; negligible, তুচ্ছ, উপেক্ষণীয় ; lower, নিম্নতর ; jun or, অপেক্ষাকৃত অল্পবয়স্ক। (**2**) *n.* a person under age, নাবালক, (পরি.) অপ্রাপ্তব্যবহার, ঊনবয়স্ক। **in a minor key**—(আল.) মনমরা বা বিমর্ষ অবস্থায়। **minor axis**—(পরি.) উপাক্ষ। *n.* **minority** [mī-no°-ri-ti, মাইন°রিটি] হ্রস্বতা, লঘুত্ব ; নিম্নতা ; নাবালকত্ব ; লঘুতর সংখ্যা ; সংখ্যালঘু ঊনজন বা সংখ্যাল্প সম্প্রদায়। **(to) be in a minority of one**—কাহারও সমর্থন লাভ না করা। [L.=less]

Minotaur [mī°-na-taw(r), মাই°ন্যাট্য(র্)] *n.* a mythological monster, (গ্রী. পু.) ক্রীট্-দেশের গোলকধাঁধার প্রহরায় নিযুক্ত বৃষতুল্য মস্তকযুক্ত দানববিশেষ, (তু.) বৃষাসুর। [Gk. *Minotauros*=the bull of King Minos]

minster [min°-sta(r), মিন্°স্ট্যা(র্)] *n.* an abbey church, মঠের গির্জা ; any large church, বৃহৎ গির্জা। [OF. *mynster* < L. *monasterium*=a monastery]

minstrel [min°str(a)l, মিন্°স্ট্রল্] *n.* (ori.) a professional entertainer, (মূলতঃ) চিত্তবিনোদনার্থ পেশাদার আমোদপ্রমোদ-প্রদর্শক ; a mediaeval singer or reciter of his own or other's poems, মধ্যযুগীয় ইউরোপে যে বীণাবাদক নিজের বা পরের কবিতা গাহিয়া বা আবৃত্তি করিয়া বেড়াইত, (তু.) চারণ ; (poet.) a poet, (কাব্যে) কবি ; a singer of nigger songs with blacked face, যে ব্যক্তি মুখে কালি মাখিয়া নিগ্রো-গান গাহিয়া বেড়ায়। *n.* **min°strelsy**—মধ্যযুগীয় বীণাবাদকের বৃত্তি ; উক্ত বীণাবাদকবর্গ ; উক্ত বীণাবাদকের সহকারী ; সঙ্গীত ; সঙ্গীত-সংগ্রহ। [OF. *menestrel* < LL. *ministerialis* < L. *minister*]

mint$_1$ [mint, মিন্ট্] *n.* a kind of plant, পুদিনা। **mint sauce**—পুদিনার আচার বা চাটনি। [OE. *minte* < L. *mentha* < Gk. *mintha*]

mint$_2$ [mint, মিন্ট্] (**1**) *n.* a place where money is coined, টাঁকশাল, তঙ্কশালা ; a place for fabrication, কৃত্রিম রচনার স্থান ; a vast sum of money, প্রচুর পরিমাণ টাকা। (**2**) *v.t.* to coin, (মুদ্রা) তৈয়ারি করা ; to invent, (শব্দাদি)

আবিষ্কার করা ; to stamp, ছাপ দেওয়া। **in mint condition** or **state**—(পুস্তকাদি) নিখুঁত বা ঝক্‌ঝকে অবস্থায়। *n.* **min°tage**—মুদ্রাঙ্কন ; ছাপ। [OE. *mynet* = money < L. *moneta*—cp. *money*]

minuet [mi-nū-et°, মিনিউএট্°] *n.* a slow stately dance, ধীরগতি নৃত্যবিশেষ। [F.]

minus [mī°-nas, মাই°ন্যাস্] (**1**) *prep.* (math), diminished by, (গণি.) বাদে ; (coll.) deficient in, without, (কথ্য.) অভাবে, বিনা, ব্যতিরেকে (he returned from the hospital *minus* a leg)। (**2**) *a.* negative, না-সূচক, ঋণাত্মক, (পরি.) বিযুক্ত। (**3**) *n.* the sign of subtraction or negativity, (গণি.) বিয়োগ-চিহ্ন (–)। [L. < *minor* = *less*]

minute₁ [mī-nūt°, মাইনিউট্] *a.* very small, যৎপরোনাস্তি ক্ষুদ্র (*minute* particles of dust) ; going into smallest details, পুঙ্খানুপুঙ্খ (*minute* details) ; precise, যথাযথ। *adv.* **minūte°ly**। *n.* **minūte°ness**। [L. *minutus* = lessened]

minute₂ [mi°-nit, মি°নিট্] (**1**) *n.* the sixtieth part of an hour or degree, এক ঘণ্টার বা ডিগ্রীর $\frac{1}{৬০}$ অংশ, মিনিট, কলা ; an instant, ক্ষণকাল ; a particular moment, নির্দিষ্ট মুহূর্ত ; a minute's walk, এক মিনিটের হাঁটা-পথ (a *minute* from here) ; (in *pl.*) a brief summary of the proceedings of a meeting, সভার সংক্ষিপ্ত কার্যবিবরণ (to confirm the *minutes* of the last meeting)। (**2**) *v.t.* to jot down, সংক্ষেপে লিখিয়া লওয়া ; to record in the minute, সভার কার্যবিবরণ-গ্রন্থে লিপিবদ্ধ করা। *p.* & *p. pt.* **mi°nuted**। **in a minute**—মুহূর্তমধ্যে, অতি সত্বর। **the minute (that)**—যেই মাত্র, যে মুহূর্তে। **to the minute**—একেবারে ঠিক ঠিক সময়ে। *n.* **mi°nute-book**—সভার কার্যবিবরণ-গ্রন্থ। *n.* **mi°nute-gun**—যে কামান মিনিটে মিনিটে দাগা যায়। *n.* **mi°nute-hand**—ঘড়িতে মিনিটের কাঁটা। *n.* **mi°nute-man**—মিনিটের মধ্যে প্রস্তুত হইয়া কর্মক্ষেত্রে বা রণক্ষেত্রে হাজিরা দিবার জন্য আদেশপ্রাপ্ত বৈপ্লবিক যুগীয় আমেরিকার গণবাহিনীর সৈনিক। [see *minute₁*]

minutia [mi-nū°-shi-ŭ, মিনিউ শিআ] *n.* small detail, ক্ষুদ্র অংশ বা বিবরণ। *pl.* **minutiæ** [mi-nū°-shi-ē, মিনিউ°শিঈ]। [L. = smallness]

minx [mingks, মিংক্‌স্] *n.* a pert young girl, ধৃষ্টা তরুণী ; flirt, ছিনাল। [?]

mir [mē(r̄), মিয়্যা(র্)] *n.* a Russian village community, রুশীয় পল্লীসমাজ। [Russ.]

miracle [mi°-rakl, মি°র‍্যাক্‌ল্] *n.* a super-natural event, অলৌকিক ঘটনা ; a marvel, বিস্ময়কর ব্যাপার ; a type of ancient play, বাইবেলের ও সাধু-জীবনের অলৌকিক ঘটনাবলম্বনে রচিত প্রাচীন (ইংরেজি) নাটক (also **mi°racle-play**)। *a.* **mi°racūlous**—অলৌকিক ; অতি বিস্ময়কর ; অলৌকিক ঘটনাদি সঙ্ঘটনে সক্ষম, সিদ্ধাই-সম্পন্ন। *adv.* **mira°cūlously**। *n.* **mira°cūlousness**। [F. < L. *miraculum* < *mirari* = to wonder]

mirage [mi°rŭz, মি°রাজ্] *n.* an illusion produced by atmospheric conditions, মরীচিকা। [F. *mirer* = to look at < L. *mirari* = to wonder at]

mire [mī(r̄), মায়্যা(র্)] (**1**) *n.* deep mud, পাঁক। (**2**) *v.t.* to plunge in mire, পাঁকে ডোবান বা আটকান ; to soil with mud, পঙ্কলেপন করা। **(to) drag a person's name through the mire**—কাহারও সুনাম কলঙ্কিত করা, অখ্যাতি করা। **in the mire**—(আল.) কঠিন অবস্থায় বা ঝামেলায়। *a.* **mīr°y**—পঙ্কপূর্ণ ; পঙ্কলিপ্ত ; পঙ্কিল। [ON. *myrr* = bog]

mirror [mi°-ra(r), মি°র‍্যা(র্)] (**1**) *n.* a looking-glass, আয়না, আরশি, মুকুর, দর্পণ ; a reflecting surface, যে উপরিতলের উপর প্রতিবিম্ব পড়ে (in the *mirror* of water) ; (fig.) an exact representation, (আল.) অবিকল প্রতিরূপ ; an example, উদাহরণ, আদর্শ (*mirror* of virtue)। (**2**) *v.t.* to reflect an image of, প্রতিবিম্বিত করা ; to furnish with a mirror, আয়না-যুক্ত করা। [F. *mireor*, *mirour* < L. *mirari* = to wonder at]

mirth [ma(r)th, ম্যা(র্)থ্] *n.* merriness, উল্লাস, আনন্দ, হাসিখুশি ভাব ; laughter, উচ্চহাসি। *a.* **mirth°ful**—আনন্দপূর্ণ, হাসিখুশি ; আনন্দদায়ক ; হাস্যোদ্রেককর। *adv.* **mirth°fully**। *a.* **mirth°less**। [OE. *myrgth* < *myrige* = merry]

miry—see **mire.**

mis-[mis, মিস্] *pfx.* amiss, লক্ষ্যভ্রষ্ট, ব্যর্থ ; bad, মন্দ, কু-, দুঃ- ; wrong, অন্যায় বা ভুল ; unfavourable, প্রতিকূল। *n.* **mis°adventure**—দুর্ভাগ্য ; দুর্ঘটনা ; দুর্ঘটনাজনিত নরহত্যা। *n.* **mis°-alli°ance**—অযোগ্য বা অবাঞ্ছিত মিলন অথবা বিবাহ। *n.* **misanthrope** [mi°z(a)n-thrōp, মি°জ্‌ন্‌থৌপ্], **misanthropist** [mi-zan°-thrŏ-pist, মিজ্যান্°থ্রোপিস্‌ট্]—মনুষ্যদ্বেষী। [Gk. *misanthropos*]। *a.* **misanthropic** [miz(a)n-thro°-pik, মিজ্‌ন্‌থ্র°পিক্], **misanthro°pical**—মনুষ্যদ্বেষী। *adv.* **misanthro°pically**। *n.* **misan°-thrŏpy**—মনুষ্যদ্বেষিতা। *n.* **misapplicā°tion**। *v.t.* **misapply°**—ভুলভাবে প্রয়োগ করা। *v.t.* **misapprehend°**—to take or understand in a wrong sense, ভুল অর্থে গ্রহণ করা, ভুল বোঝা। *p.* & *p. pt.* **misapprehen°ded**। *n.* **misapprehension** [mis-apri-hen°-sh(a)n, মিস্‌অ্যাপ্রিহেন্°শ্‌ন্] ভুল অর্থে গ্রহণ (to do a thing under a *misapprehension*)। *a.* **misapprehensive** [mis-apri-hen°-siv, মিসঅ্যাপ্রিহেন্°সিভ্] ভুল অর্থে গ্রহণমূলক। **misapprehen°sively**। *v.t.* **misapprō°priāte**—অবৈধভাবে ব্যবহার করা বা কাজে লাগান ; (পরের অর্থাদি) অন্যায়ভাবে আত্মসাৎ করা। *p.* & *p. pt.* **misapprō°priāted**।

n. **misappropriā°tion** । *v.t.* **misbecome°**—অশোভন বা অনুপযুক্ত হওয়া। *p.* **misbecāme°**; *p. pt.* **misbecome°**। *a.* **misbecom°ing**—অশোভন, অনুপযুক্ত। *a.* **misbego°tten**—জারজ; বিকটাকৃতি। *v.t.i.* **misbehāve°**—(নিজেকে) অন্যায় বা অশোভন আচরণ করান বা করা। *a.* **misbehā°ved**—অন্যায় বা অশোভন-আচরণ-পূর্ণ। *n.* **misbehā°viour**—অন্যায় বা অশোভন আচরণ। *n.* **misbelief°**—ভ্রান্ত বিশ্বাস বা ধারণা। *v.t.* **misbelieve°**—ভুল করিয়া বিশ্বাস করা। *n.* **misbelie°ver**—ভ্রান্ত ধর্মমতবিশিষ্ট ব্যক্তি; নাস্তিক; (প্রধানতঃ ঈশ্বরে) অবিশ্বাসী। *n.* **miscalcūlā°tion** । *v.t.i.* **miscal°cūlate**—ভুল হিসাব করা। *p.* & *p. pt.* **miscal°cūlāted** । *v.t.* **miscall°**—ভুল নাম ধরিয়া ডাকা, ভুল আখ্যা দেওয়া; (প্রাদে.) গালি দেওয়া। *n.* **misca°rriage**—ব্যর্থতা; উদ্দেশ্যহানি (*miscarriage* of justice); গর্ভস্রাব। *v.i.* **misca°rry**—ব্যর্থ হওয়া; গর্ভস্রাব করা বা হওয়া। *n.* **miscast°**—(হিসাব-সম্বন্ধে) যোগে ভুল করা; (অভিনেতা-অভিনেত্রী সম্বন্ধে) বেমানান ভূমিকা দেওয়া। *n.* **mischance°**—দুর্ভাগ্য; দুর্ঘটনা। [OF. *mesch(e)ance*] । *v.t.i.* **misconceive°**—ভুল বোঝা, ভুল ধারণা করা। *n.* **misconception** [mis-kan-sep°sh(a)n, মিস্‌ক্যান্‌সেপ্‌°শ্‌ন্‌] ভুল ধারণা। *n.* **misconduct** [mis-kon°-dakt, মিস্‌কন্‌°ড্যাক্‌ট্‌] মন্দ স্বভাব, অসৎ বা অশোভন আচরণ; ব্যভিচার; কুপরিচালনা। *v.t.* **misconduct** [mis-kan-dukt°, মিসক্যান্‌ডাক্‌ট্‌°] কুপরিচালনা করা; (নিজেকে) অসৎ বা অশোভন আচরণ করান, ব্যভিচার করান। *p.* & *p. pt.* **misconduc°ted** । *n.* **misconstruc°tion**—ভুল ব্যাখ্যা (the statement is open to *misconstruction*)। *v.t.* **misconstrue** [mis-kan-stroo°, মিস্‌ক্যান্‌স্ট্রূ°] ভ্রমাত্মকভাবে গঠন করা বা ব্যাখ্যা করা। **miscount°**—(1) *v.t.* ভুল গণনা করা বা বিচার করা। (2) *n.* ভুল গণনা বা বিচার। *a.* **miscreā°ted**—বিকৃতাঙ্গ; বিকটাকার। *v.t.* **misdāte°**—ভুল তারিখ দেওয়া। *p.* & *p. pt.* **misdā°ted** । *v.t.* **misdeal°**—ভুলভাবে (তাস) বাঁটা। *p.* & *p. pt.* **misdealt°** । *n.* **misdeed°**—অসৎকর্ম, অপকর্ম। *n.* **misdemea°nant**—মন্দ-স্বভাব ব্যক্তি; অপকর্মকারী; যে ব্যক্তি বে-আইনি কাজ করে। *n.* **misdemea°nour**—মন্দ স্বভাব বা আচরণ; অসৎকর্ম, অপকর্ম; বে-আইনী কাজ। *v.t.* **misdirect°**—ভুল নির্দেশ দেওয়া, ভুল পথে চালিত করা। *p.* & *p. pt.* **misdirec°ted** । *n.* **misdirec°tion** । *n.* **misdo°ing**—অসৎকর্ম; অপকর্ম। *v.t.* **misdoubt°**—(আর্ষ.—কিছুর সম্বন্ধে) সন্দেহ বা আশঙ্কা করা। *p.* & *p. pt.* **misdoub°ted** । **misfire°**—(1) *v.i.* (ঘোড়া টেপা সত্ত্বেও বন্দুক হইতে) গুলি না ছোটা, (বিস্ফোরকাদির) বিস্ফোরিত না হওয়া, (এনজিনে) আগুন না জ্বলা। (2) *n.* ঐরূপ অবস্থা। *n.* **mis°fit**—বেমানান বস্তু (বিশেষতঃ পোশাক); (আল.) যে ব্যক্তি তাহার পরিবেশের সহিত নিজেকে খাপ খাওয়াইতে পারে না। *n.* **misfor°tune**—দুর্ভাগ্য; দুর্ঘটনা; নিদারুণ দুর্দশা। *v.t.* **misgive°**—(অমঙ্গলাদি-সম্বন্ধে) আশঙ্কা বা সন্দেহ জাগান (his mind *misgives* him)। *p.* **misgāve°** । *p. pt.* **misgi°ven** । *n.* **misgi°ving**—(ভবিষ্যৎ অমঙ্গলাদির) আশঙ্কা বা সন্দেহ। *v.t.* **misgo°vern**—কু-শাসন করা বা ন্যায়ের মর্যাদা না দিয়া শাসন করা। *n.* **misgo°vernment** । *n.* **misguidance** । *v.t.* **misguide°**—ভুলভাবে বা ভুলপথে চালিত করা; ভুল করান। *a.* **misgui°ded**—ভুলভাবে বা ভুলপথে চালিত; বিপথে চালিত। *v.t.* **mishan°dle**—অসাবধানে বা অনিপুণভাবে ব্যবহার করা; (কাহারও প্রতি) রূঢ় আচরণ বা অসদ্ব্যবহার করা। *n.* **mishap°**—আকস্মিক দুর্ঘটনা। *v.t.* **mishear°**—ভুল শোনা। *p.* & *p. pt.* **misheard°** । **mishit°**—(1) *v.t.* ত্রুটিপূর্ণভাবে আঘাত করা। *p.* & *p. pt.* **mishit°** । (2) *n.* ত্রুটিপূর্ণ আঘাত। *v.t.* **misinform°**—ভুল সংবাদ দেওয়া। *n.* **misinformā°tion** । *v.t.* **misinter°pret**—ভুল অর্থ করা বা ব্যাখ্যা করা। *n.* **misinterpretā°tion** । *v.t.i.* **misjudge°**—ভুল বিচার করা; (কাহারও বা কিছুর সম্বন্ধে) ভুল ধারণা করা। *n.* **misjudg(e)°ment** । *v.t.* **mislay°**—অস্থানে বা ভুল স্থানে রাখা; হারাইয়া ফেলা। *p.* & *p. pt.* **mislaid°** । *v.t.* **mislead°**—বিপথে চালিত করা; ভুল করান। *p.* & *p. pt.* **misled°** । *a.* **mislead°ing** । *v.t.* **mislike°**—(আর্ষ.) অপছন্দ করা। *p.* & *p. pt.* **misli°ked** । *v.t.* **misma°nage**—বিশৃঙ্খলভাবে বা ভুলভাবে পরিচালনা করা, কু-পরিচালনা করা। *n.* **misma°nagement** । *v.t.* **misnāme°**—ভুল নামে ডাকা। *v.t.* **misplāce°**—ভুল স্থানে বা অস্থানে রাখা; ভুল বস্তুর উপরে বা অপাত্রে স্থাপন করা। *p.* & *p. pt.* **misplā°ced** । *n.* **misplāce°ment** । **misprint°**—(1) *v.t.* ভুল ছাপান; *p.* & *p. pt.* **mis°prin°ted** । (2) *n.* **mis°print, mis°print°**—ছাপার ভুল। *v.t.* **mispronounce°**—ভুল উচ্চারণ করা। *p.* & *p. pt.* **mispronoun°ced** । *n.* **mispronunciā°tion** । *n.* **misquotā°tion** । *v.t.* **misquōte°**—ভুলভাবে বা ভুল অর্থে উদ্ধৃত করা। *p.* & *p. pt.* **misquo°ted** । *v.t.* **misread°**—ভুল পাঠ করা বা পড়িয়া ভুল অর্থ গ্রহণ করা। *p.* & *p. pt.* **misread** [mis-red°, মিস্‌রেড্‌°]। *n.* **mis°rea°ding**—অশুদ্ধ পাঠ বা ব্যাখ্যা। *v.t.* **misreport°**—ভুল বা ভ্রান্তিজনক প্রতিবেদন বা রিপোর্ট দেওয়া। *v.t.* **misrepresent°**—মিথ্যা পরিচয় দেওয়া; মিথ্যা বা ভুল বর্ণনা করা। *p.* & *p. pt.* **misrepre°sented** । *n.* **misrepresentā°tion** । *n.* **misrule°**—কুশাসন। *a.* **mishā°pen**—বিকৃত, কদাকার, বিকলাঙ্গ। **misspell°**—*v.t.i.* ভুল বানান করা। *p.* & *p. pt.* **misspelt°, misspe°lled** । *n.* **mis°spe°lling**—ভুল বানান। *v.t.* **misspend°**—অপব্যবহার করা। *p.* & *p. pt.* **misspent°** । *v.t.* **misstāte°**—ভুল বা মিথ্যা বর্ণনা করা। *p.* & *p. pt.* **misstāted** । *n.* **mis-**

stāte°mėnt । **mistāke**—(1) *v.t.* ভুল বোঝা, ভুল ধারণা করা, ভুল করিয়া মনে করা (to *mistake* a rope for a snake) ; ভুল বিচার বা বিবেচনা করা । (2) *v.i.* ভুল করা । *p.* **mistook°** । *p. pt.* **mistā°ken** । (3) *n.* ভুল, ভ্রম । **and no mistake**—(কথ্য.) সুনিশ্চিতভাবে । **by mistake**—ভ্রমক্রমে ; ভ্রান্তিবশতঃ । **there's no mistaking**—ভুল করিবার সম্ভাবনা নাই । **(to) mistake one's man**—সংশ্লিষ্ট ব্যক্তি সম্বন্ধে ভ্রান্ত ধারণা করা । *a.* **mistā°kable**—(সহজেই) ভুল হয় এমন, ভ্রমোৎপাদক । *a.* **mistā°ken**—ভুল করিয়াছে এমন, ভ্রান্ত ; ভ্রমপূর্ণ । *v.t.* **mistime°**—ভুল সময় নির্ণয় করা বা ধার্য করা । *a.* **mistī°med**—সময়মত নহে এমন, আকালিক । **mistook**—see **mistake** । *v.t.* **mistranslāte°**—ভুল অনুবাদ করা । *p.* & *p. pt.* **mistranslā°tėd** । *n.* **mistranslā°tion** । *n.* **mistrīal**—ভ্রমপ্রমাদপূর্ণ বিচার । **mistrust°**—(1) *n.* অনাস্থা, অবিশ্বাস ; সন্দেহ । (2) *v.t.* আস্থাস্থাপন না করা ; অবিশ্বাস করা ; সন্দেহ করা । *p.* & *p. pt.* **mistrus°tėd** । *a.* **mistrust°ful**—আস্থাহীন; বিশ্বাসহীন ; সন্দিগ্ধ । *v.t.* **misunderstand°**—(অর্থ, উদ্দেশ্য, পরের মন, প্রভৃতি) ভুল বোঝা । *p.* & *p. pt.* **misunderstood°** । *n.* **misunderstan°ding**—ভুল বোঝা ; পরস্পর ভুল বোঝাবুঝি, ঈষৎ মতানৈক্য । *n.* **misū°sage**—(শব্দাদির) অপপ্রয়োগ ; অসদাচরণ । *n.* **misūse°**—অপব্যবহার (the *misuse* of power) ; অসদুদ্দেশ্যে নিয়োগ ; অসদাচরণ । *v.t.* **misuse°**—অপব্যবহার করা, অপকর্মে নিয়োগ করা ; অসদাচরণ করা । [AS. & F.]

miscegenation [mi-si-ji-nā°sh(a)n, মিসিজিনেই°শ্‌ন্] *n.* mixture of races, বিভিন্ন জাতির মিশ্রণ ; sexual union between different races, বিভিন্ন জাতির বিশেষতঃ শ্বেতাঙ্গ ও কৃষ্ণাঙ্গদের মধ্যে যৌনমিলন । [L. *miscere*=to mix, *genus*=race]

miscellanea [mi-se-lā°-ni-ŭ, মিসেলেই°নিআ] *n.* a literary miscellany, বিবিধ সাহিত্যিক রচনা-সংগ্রহ । [L.]

miscellaneous [mi-si-lā°-ni-as, মিসিলেই°নিঅ্যাস্] *a.* mixed, মিশ্রিত ; of various kinds, বিবিধ । *adv.* **miscėllā°nėously** । *n.* **miscėllā°nėousnėss** । *n.* **miscellany** [mi-se°-la-ni, মিসে°ল্যানি] বিবিধ দ্রব্যাদির মিশ্র ; বিবিধ রচনা-সংগ্রহ । [L. *miscellaneus*<*miscere*=to mix]

mischief [mis°-chif, মিস্‌°চিফ্] *n.* an ill consequence, কুফল ; evil, অমঙ্গল ; injury, damage, ক্ষত, আঘাত, ক্ষতি ; a trouble, ঝামেলা, ঝঞ্ঝাট ; a source of harm, ক্ষতিকর বস্তু বা ব্যক্তি ; annoyance, জ্বালাতন ; pestering playfulness, দুষ্টুমি । **(to) make mischief (between)**—অনৈক্য বা বিবাদ ঘটান । *n.* **mis°chief-māker**—যে ব্যক্তি বিবাদ বাধায় । **mis°chief-māking**—(1) *n.* বিবাদ-সজ্ঘটন । (2) *a.* বিবাদ-সজ্ঘটক । *a.* **mis°chievous**—কুফলদায়ক ; অমঙ্গলকর ; ক্ষতিকর; জ্বালাতন ; হাসিঠাট্টাপূর্ণ । *adv.* **mis°chievously** । *n.* **mis°chievousnėss** । [OF. *meschef*]

miscible [mi°-sibl, মি°সিব্‌ল্] *a.* that may be mixed, মিশ্রণসাধ্য, মিশ্রণীয় । *n.* **miscibi°lity** । [L. *miscere*=to mix]

miscreant [mis°-kri-ant, মিস্‌°ক্রিঅ্যান্ট্] *n.* an extremely wicked person, অতি দুর্বৃত্ত ব্যক্তি । [OF. *mescreant*<L. *mis-*, *credere*=to believe]

mise en scène [mē°-zŭn--sen°, মী°-জ়াঁসেন্°] *n.* the scenery of a play, নাটকের দৃশ্যপট ; (fig.) surroundings of an event, (আল.) ঘটনাস্থলের পরিবেশ । [F.]

miser$_1$ [mī°-za(r), মাই°জ়্যা(র্)] *n.* a well-boring instrument, পাতকুয়া খননের যন্ত্রবিশেষ । [?]

miser$_2$ [mī°-za(r), মাই°জ়্যা(র্)] *n.* an avaricious person, অর্থগৃধ্নু ব্যক্তি ; a hoarder of money, অর্থসঞ্চয়কারী ; a niggard, কৃপণ । *n.* **mī°serlinėss** । *a.* **mī°serly**—কৃপণবৎ, কিপটে । [L.=wretch]

miserable [mi°z(a)r(a)bl, মি°জ়্‌র্‌ব্‌ল্] *a.* wretched, দুর্দশাগ্রস্ত ; exceedingly unhappy, যৎপরোনাস্তি দুঃখী ; causing misery, দুঃখদায়ক ; extremely poor or mean, যৎপরোনাস্তি দরিদ্র বা হীন ; contemptible, অবজ্ঞেয় । *n.* **mi°serablenėss** । *adv.* **mi°serably** । [F.<L. *miserabilis*<*miser*=wretched]

miserly—see **miser**$_2$.

misery [mi°-za-ri, মি°জ়্যারি] *n.* wretchedness, দুর্দশা ; miserable conditions, যৎপরোনাস্তি দুঃখপূর্ণ দরিদ্র হীন বা অবজ্ঞাত অবস্থা ; extreme pain, যৎপরোনাস্তি যন্ত্রণা । [OF.<L. *miseria*]

misfeasance [mis°-fē°z(a)ns, মিস্‌°ফী°জ়্‌ন্‌স্] *n.* (law) the doing of a lawful act in a wrongful manner, (আইনে) অন্যায়ভাবে বা অবৈধভাবে বৈধ কর্ম সম্পাদন । [OF. *mesfaisance*<*mesfaire*=to misdo]

mishmash [mish°-mash, মিশ্‌°ম্যাশ্] *n.* confused mixture, medley, বিসদৃশ সংমিশ্রণ, জগাখিচুড়ি । [redupl. of *mish*]

misnomer [mis°-nō°-ma(r), মিস্‌°নৌ°ম্যা(র্)] *n.* use of a wrong name, ভুল নাম প্রয়োগ বা ব্যবহার ; wrong use of a word, ভুল অর্থে শব্দপ্রয়োগ । [OF. *mesnommer*—see *mis-*, F. *nommer*=to name<L. *nominare*]

miso- [mi-sō°, মিসৌ°] *in comp.* hate, ঘৃণা ; hater, ঘৃণাকারী । *n.* **misogamist** [mi-so°-gamist, মিস°গ্যামিস্‌ট্] বিবাহবিরোধী বা বিবাহে বিতৃষ্ণ ব্যক্তি । *n.* **miso°gamy**—বিবাহবিরোধিতা ; বিবাহে

বিতৃষ্ণা। *n.* **misogynist** [mī-so°-ji-nist, মাইস°জিনিস্‌ট্‌] স্ত্রীদ্বেষী। [Gk.]

Miss₁ [mis, মিস্‌] *n.* a title prefixed to the name of an unmarried woman, কুমারীর নামের পূর্বে প্রযোজ্য আখ্যাবিশেষ (*Miss* Reba Kar or *Miss* Kar)। *n.* **miss**—স্কুলের মেয়ে; চপল বা (স্কুলের মেয়েদের মত ছেবলা) স্ত্রীলোক; তরুণী। *n.* **mi°ssy**—(সচ. দাসদাসী কর্তৃক) ছোট মেয়েকে সম্বোধনসূচক আখ্যাবিশেষ (তু. দিদিমণি)। [contr. of *mistress*]

miss₂ [mis₂, মিস্‌] (**1**) *v.t.i.* to fail to hit, meet, find, catch, or perceive, আঘাত করিতে বা পৌঁছিতে বা নাগাল পাইতে বা দর্শনলাভ করিতে বা খুঁজিয়া পাইতে বা ধরিতে বা দেখিতে বা বুঝিতে অক্ষম হওয়া; to omit, বাদ দিয়া যাওয়া; to detect or regret the absence of, অনুপস্থিতি বা অভাব টের পাওয়া অথবা তজ্জন্য দুঃখবোধ করা। (**2**) *v.i.* to fail to hit the mark, লক্ষ্যভেদে অক্ষম হওয়া; to fail, অক্ষম বা ব্যর্থ হওয়া। *p.* & *p. pt.* **mi°ssed**। (**3**) *n.* an act of missing, আঘাত করা পৌঁছান নাগাল পাওয়া প্রভৃতিতে অক্ষমতা; a failure to hit the mark, লক্ষ্যভেদে অক্ষমতা; a failure, অক্ষমতা, ব্যর্থতা। **(to) miss fire**—(ঘোড়া টেপা সত্ত্বেও বন্দুকাদি হইতে) গুলি না ছোটা; (বিস্ফোরকাদির) বিস্ফোরিত না হওয়া। **(to) miss the bus** or **boat**—(আল.) সুযোগ হারান। *a.* **mi°ssing**—নিরুদ্দিষ্ট; অভাব বোধ করা হইতেছে এমন। যথাস্থানে নাই এমন। **missing link**—see **link**। [OE. *missan*—cp. Du. *missen*=to miss]

missal [mi°s(a)l, মি°স্‌ল্‌] *n.* a book containing complete service for the whole year, গির্জার সারা বৎসরের নিত্যকর্মপদ্ধতিসংক্রান্ত পুস্তকবিশেষ। [LL. *missale*<*missa*=mass]

missel [mi°s(a)l, মি°স্‌ল্‌] *n.* a variety of large thrush, বৃহৎ থ্রাশ্‌-পক্ষিবিশেষ। [OE. *mistel, mistil*—see *mistletoe*]

missile [mi°-sīl, মি°সাইল্‌] (**1**) *a.* suitable for throwing, নিক্ষেপযোগ্য বা নিক্ষেপণীয়। (**2**) *n.* a missile weapon or object, (তীর, ভল্ল, বরশা, গুলি প্রভৃতি) ক্ষেপণাস্ত্র, ক্ষেপণীয় বস্তু। [L. *missilis* <*mittere*=to throw]

missing—see **miss₂**.

mission [mi°sh(a)n, মি°শ্‌ন্‌] *n.* an act of sending to perform some task, কার্যাদিসাধনার্থ প্রেরণ; the purpose for which one is sent, প্রেরণের উদ্দেশ্য; a person's divinely appointed work in life, যে-কোন লোকের জীবনে ঈশ্বর-কর্তৃক নির্দিষ্ট কাজ; vocation, বৃত্তি, পেশা; the body of persons sent on religious purpose, ধর্মোদ্দেশে প্রেরিত দল, প্রচারক দল; an embassy, দৌত্যকার্যে প্রেরিত দল, দূতবৃন্দ; a religious or philanthropic institution, ধর্মার্থ বা জনহিতার্থ স্থাপিত প্রতিষ্ঠান। **mission in life**—জীবনের ব্রত বা উদ্দেশ্য। **missionary** [mi°sh(a)n-ri, মি°শ্‌ন্‌রি] (**1**) *a.* ধর্মোদ্দেশে প্রেরিত, ধর্মার্থ বা জনহিতার্থ স্থাপিত প্রতিষ্ঠানের অন্তর্ভুক্ত। (**2**) *n.* ঐরূপ ব্যক্তি; প্রচারক। [L. *missio*<*mittere* =to send]

missis, missus [mi°-siz, মি°সিজ়্‌] *n.* (vul.) mistress of the house, (অমা.) গৃহকর্ত্রী, গিন্নী-মা; wife, পত্নী। [corrup. of *mistress*]

missive [mi°-siv, মি°সিভ্‌] (**1**) *a.* sent, প্রেরিত। (**2**) *n.* that which is sent, প্রেরিত বস্তু বা পত্রাদি। [LL. *missivus*<*mittere*=to send]

missy—see **Miss.**

mist [mist, মিস্‌ট্‌] (**1**) *n.* a watery vapour in the atmosphere, কুয়াশা, কুহেলী। (**2**) *v.t.* to obscure or veil with mist, কুয়াশাচ্ছন্ন বা কুয়াশাবৃত করা। (**3**) *v.i.* to become misty, কুয়াশাচ্ছন্ন হওয়া। *p.* & *p. pt.* **mis°ted**। *adv.* **mis°tily**। *n.* **mis°tiness**। *a.* **mis°ty**—কুয়াশাচ্ছন্ন; কুয়াশাবৃত; কুয়াশাবৎ; ক্ষীণ; অস্পষ্ট; আবছায়া। [OE. *mistian*]

Mister, (abbr. in writing) **Mr.** [mis°-ta(r), মিস্‌°টাা(র্‌)] *n.* a title prefixed to a man's name and to certain designations, পুরুষের নামের এবং কোন কোন পদমর্যাদাসূচক খেতাবাদির পূর্বে প্রযোজ্য আখ্যাবিশেষ (*Mr.* Sen, *Mr.* Justice, *Mr.* President). মিস্টার্‌, মিঃ; (vul.) sir, (অমা.) মশাই। *fem.* see **mistress**। *v.t.* **mister°**—মিস্টার্‌ বলিয়া সম্বোধন করা। [<*master*]

mistletoe [mis°l-tō, মিস্‌°ল্‌টৌ] *n.* an evergreen parasitic shrub, চিরহরিৎ পরাশ্রয়ী গুল্মবিশেষ। [OE. *misteltan*]

mistral [mis°-tr(a)l, মিস্‌°ট্রল্‌] *n.* a violent north-wester in South France, দক্ষিণ-ফ্রান্সের প্রচণ্ড ঈশানী ঝড়। [F.<L. *magistralis*=masterly]

mistress [mis°-tris, মিস্‌°ট্রিস্‌] *n.* a woman employer of servants or head of a family or house, ভৃত্যদের নিয়োগকর্ত্রী; পরিবারের বা বাড়ির কর্ত্রী; a woman having power or ownership, মনিবানী বা স্বত্বাধিকারিণী; a woman teacher, শিক্ষিকা; a woman skilled in anything, কোন বিষয়ে পারদর্শিনী স্ত্রীলোক; a woman loved and courted, প্রণয়িনী; a concubine, রক্ষিতা, নাগরী। *mas.* see **master**। *n.* **Mis°tress,** (abbr. in writing) **Mrs.** [mi°-siz, মি°সীজ়্‌] বিবাহিতা স্ত্রীলোকের নামের পূর্বে প্রযোজ্য আখ্যাবিশেষ; (তু.) শ্রীযুক্তা। *mas.* see **Mister**। [OF. *maistresse*<LL.*magistrissa*]

misty—see **mist.**

mite [mīt, মাইট্‌] *n.* an old Flemish coin, ফ্ল্যান্ডার্স-এর অধুনালুপ্ত অত্যল্প মূল্যের মুদ্রাবিশেষ; a very small amount, অত্যল্প পরিমাণ; a jot, এক বিন্দু বা ফোঁটা; a small contribution proportionate to one's means, সাধ্যমত দান (to offer one's *mite*)। **not a mite**—মোটেই

না, একটুও না। **a mite of a child**—একরত্তি ছেলে। [M. Du. *mite*]

mithridatize [mi-thri°-da-tīz, মিথ্রি°ড্যাটাইজ্] *v.t.* to immunize against poison by gradually increasing doses of it, উত্তরোত্তর অধিকতর মাত্রায় বিষপ্রয়োগদ্বারা বিষক্রিয়ার পক্ষে অনাক্রম্য করিয়া তোলা। [King *Mithridates* VI of Pontus]

mitigate [mi°-ti-gāt, মি°টিগেইট্] *v.t.* to appease, (ক্রোধাদি) শান্ত করা; to alleviate: (যন্ত্রণাদির) উপশম করা; to reduce severity of, (শাস্তি প্রভৃতির) তীব্রতা হ্রাস করা; to moderate, (তাপ শৈত্য প্রভৃতি) সহনীয় করা। *p. & p. pt.* **mi°tigā°tėd** I *a.* **mi°tigable** I *n.* **mitigā°tion** I *n.* **mi°tigātor** I [L. *mitigare*]

mitosis [mi-tō°-sis, মিটৌ°সিস্] *n.* (bio.) an elaborate process of cell-division, (জীব.) বিশদ সেল-বিভাজন। *pl.* **mitō°sēs** I [Gk. *mitos* = fibre]

mitre [mī°-ta(r), মাই°ট্যা(র্)] (**1**) *n.* a woman's head-fillet, (প্রধানতঃ গ্রীসের) স্ত্রীলোকদের চুল-বাঁধার ফিতা; an eastern hat or turban, প্রাচ্য জগদ্বাসীর টুপি বা পাগড়ি; a tall cap worn by a bishop, বিশপের পদমর্যাদাসূচক টুপিবিশেষ। (**2**) *v.i.* to adorn with a mitre, উক্ত টুপি পরান। *a.* **mī°tral**—উক্ত টুপি-সংক্রান্ত; উক্ত টুপির ন্যায় আকারের। **mitral valve**—উক্ত টুপির ন্যায় আকারযুক্ত হৃৎপিণ্ডবিশেষ। [F. < Gk. *mitra* = girdle, turban]

mitt [mit, মিট্] *n.* mitten, অঙ্গুলির থাপ-বিহীন দস্তানাবিশেষ; (sl.) hand, (অশি.) হাত। **frozen mitt**—আন্তরিকতাহীন অভ্যর্থনা বা আপ্যায়ন। [abbr.]

mitten [mi°tn, মি°ট্ন্], *n.* a kind of glove, দস্তানাবিশেষ (ইহাতে অঙ্গুলির থাপ থাকে না); a boxing-glove, মুষ্টিযুদ্ধে পরিধেয় দস্তানা; (sl.) dismissal, (অশি.) কর্মচ্যুতি (to get or give the *mitten* or frozen *mitten*)। *a.* **mi°ttėned**—দস্তানাবৃত; (অশি.) বরখাস্ত, কর্মচ্যুত। [OF. *mitaine*]

mittimus [mi°-ti-mas, মি°টিম্যাস্] *n.* (in law) a warrant committing an accused person to prison, (আইনে) ফৌজদারি আসামীকে জেলে রাখার হুকুমনামা; (coll.) dismissal from office, (কথ্য.) কর্মচ্যুতি, পদচ্যুতি। [L. = we send]

mix miks, মিক্স্] *v.t.i.* to blend, (একাধিক পদার্থ) একত্র মেশান বা মেশা; to mingle, একত্র করা বা হওয়া; to join, সংযুক্ত করা বা হওয়া, জোড় মেশান বা মেশা; to associate, সংসর্গে মেশান বা মেশা; to confuse, তালগোল পাকাইয়া ফেলা বা পাকাইয়া যাওয়া; to interbreed. বর্ণসঙ্কর সৃষ্টি করা বা হওয়া; to confound, হতবুদ্ধি করা বা হওয়া। *a.* **mix°ed**—মিশ্রিত, পাঁচমিশালি, বিবিধ, স্ত্রী-পুরুষ উভয়ের জন্যই বা উভয়েই আছে এমন (a *mixed* company, school, etc.); তালগোল-পাকান; বাছাই-করা নহে এমন; ভেজালমিশ্রিত; নানা শ্রেণীর। **mixed doubles**—যে টেনিস ব্যাডমিনটন প্রভৃতি খেলায় প্রতি দলে একজন করিয়া পুরুষ ও স্ত্রীলোক খেলোয়াড় থাকে। **mixed farming**—একই সঙ্গে পশুপালন ও শস্যোৎপাদন। **(to) get** or **be mixed up**—জড়িয়ে পড়া। *n.* **mix°er**—যে বস্তু (উত্তমরূপে) মেশে; মিশুক ব্যক্তি। *n.* **mixture** [miks°-cha(r), মিক্স্°চ্যা(র্)] মিশ্রণ; মিশ্রিতাবস্থা; মিশ্রিত বস্তু, মিশ্র। *n.* **mix°-up**—তালগোল। [L. *miscere*]

miz(z)en [mi°zn, মি°জ্ন্] *n.* the mast nearest the stern of a three-masted vessel, তিন-মাস্তুলওয়ালা জাহাজের সর্বপশ্চাদ্বর্তী মাস্তুল (also **mi°zzen-mast**); the lowest square sail on this mast, উক্ত মাস্তুলে খাটান চৌকা পালগুলির মধ্যে যেখানি সর্বনিম্নবর্তী (also **mizzen-sail**)। [F. *misaine* = foresail, foremast < LL. *medianus* = middle < L. *medius*—cp. It. *mezzana* = mizzen-sail]

mizzle [mīzl, মিজ্ল্] (**1**) *v.i.* to rain in fine drops, গুঁড়িগুঁড়ি বৃষ্টি হওয়া; to confuse, বিভ্রান্ত করা; (sl.) to decamp, (অশি.) গোপনে চম্পট দেওয়া। (**2**) *n.* fine rain, গুঁড়িগুঁড়ি বৃষ্টি, ইলসেগুঁড়ি। *a.* **mizz°ly** I [?]

mnemonic [ni-mo°-nik, নিম°নিক] (**1**) *a.* of or aiding the memory, স্মৃতিসংক্রান্ত, স্মৃতিসহায়ক বা স্মৃতিবর্ধক। (**2**) *n.* a verse or other device aiding the memory, স্মৃতিসহায়ক কবিতা বা অন্য কিছু; (in *pl.*) the art of aiding the memory, স্মৃতিবর্ধনবিদ্যা। [Gk. *mnemonikos* < *mnemon* = mindful < *mneme* = memory]

moan [mōn, মৌন্] (**1**) *n.* lamentation or a lament, বিলাপ; a low murmur of pain, যন্ত্রণার চাপা গোঙানি বা কাতরানি। (**2**) *v.t.i.* to utter with or make a moan, বিলাপ করিয়া বা গোঙাইতে গোঙাইতে বলা অথবা বিলাপ করা বা গোঙান। (**3**) *v.t.* to bemoan, (কাহারও বা কিছুর জন্য) বিলাপ করা। *a.* **moan°ful**—বিলাপপূর্ণ: গোঙানি-ভরা। [OE. *man(n)*, *maenan* (*v.*)]

moat [mōt, মৌট্] *n.* a deep ditch round a castle, town, etc., দুর্গ নগর প্রভৃতি পরিবেষ্টক গভীর (কখনও কখনও জলপূর্ণ) পরিখা। *a.* **moa°tėd**—উক্ত পরিখাবেষ্টিত। [OE. *mote* = mound]

mob [mob, মব্] (**1**) *n.* the excitable or fickle common people, উত্তেজনসাধ্য বা হুজুগে জনসাধারণ; the vulgar, ইতর জনসাধারণ; a disorderly or riotous crowd, উচ্ছৃঙ্খল বা দাঙ্গা-হাঙ্গামাকারী জনতা; a gang, (সচ. মন্দার্থে) দল। (**2**) *v.t.* to attack in a crowd, উচ্ছৃঙ্খলভাবে দল বাঁধিয়া আক্রমণ করা; to crowd around, ভিড় করিয়া ঘিরিয়া ধরা; to drive in a crowd, দল বাঁধিয়া খেদাইয়া লইয়া যাওয়া। (**3**) *v.t.i.* to collect into a mob, উচ্ছৃঙ্খলভাবে দল বাঁধান বা বাঁধা। *pr. pt.* **mo°bbing** I *p. & p. pt.* **mo-**

bbed । *n.* **mob°-law**—উচ্ছৃঙ্খল জনতার মরজি। *n.* **mobo°cracy, mob°-rule**—উচ্ছৃঙ্খল জনতার মরজি-মাফিক শাসন বা উচ্ছৃঙ্খল জনতা কর্তৃক রাজ্য-শাসন বা উচ্ছৃঙ্খল জনতার প্রাধান্য, গুণ্ডারাজ। *n.* **mob°ster**—দাঙ্গা-হাঙ্গামাকারী দলভুক্ত ব্যক্তি, মস্তান। [L. *mobile* (*vulgus*) = the fickle multitude]

mobile [mō°-bīl, মৌ°বাইল্] *a.* movable, সচল, গতিময়; easily or speedily moved, সহজে বা দ্রুত চলে অথবা চালান যায় এমন; not fixed, অস্থির, অস্থাবর; changing rapidly, দ্রুত পরিবর্তনশীল (*mobile* features); very fluid, অতি তরল, (পরি.) পরিপ্লব। *n.* **mŏbi°lity** । *n.* **mōbilīzā°tion** । *v.t.* **mō°bilīze**—সচল বা সহজলভ্য করা; যুদ্ধার্থ প্রস্তুত করা। [F. < L *mobilis* < *movere* = to move]

moccas(s)in [mŏ-ka°-sin, মোক্যা°সিন্] *n.* a deerskin shoe, উত্তর আমেরিকার আদিবাসীদের হরিণের চামড়ার জুতা। [Powhatan *mockasin*]

mocha [mō°-ka, মৌ°ক্যা] *n.* a fine coffee, উৎকৃষ্ট কফি-বিশেষ। [*Mocha*, a port at the entrance of the Red Sea]

mock [mok, মক্] (**1**) *v.t.i.* to deride, বিদ্রূপ করা (to *mock* at a person); to make sport (of), উপহাস করা, ঠাট্টা করা; to simulate, ভান করা। (**2**) *v.t.* to mimic in ridicule, নকল করিয়া বিদ্রূপ করা। (**3**) *v.i.* to speak or behave without earnestness, আগ্রহশূন্যভাবে কথা বলা বা আচরণ করা। *p.* & *p. pt.* **mo°cked** । (**4**) *a.* sham, কৃত্রিম (a *mock* fight); false, অসত্য। *n.* **mo°cker** । *n.* **mo°ckery**—বিদ্রূপ; উপহাস; ঠাট্টা; ভান; ছলনা; বিদ্রূপাত্মক অনুকরণ; আগ্রহহীন কথাবার্তা বা আচরণ; বিদ্রূপের বা উপহাসের লক্ষ্য; মিথ্যা অভিনয়। **mock°hero°ic**—(**1**) *a.* বীরত্বগাথার ব্যঙ্গাত্মক অনুকরণে রচিত (*mock-heroic* style)। (**2**) *n.* অনুরূপ ব্যঙ্গাত্মক রচনা। *n.* **mo°cking-bird**—অন্য অন্য পাখির গান বা ডাক নকলকারী আমেরিকার পক্ষিবিশেষ। *adv.* **mo°ckingly** । *n.* **mock°-mo°desty**—কৃত্রিম বিনয় বা লজ্জা। *n.* **mock°-up**—ক্ষুদ্রাকারে গঠিত যন্ত্রাদির নমুনা বা আদরা। [OF. *mocquer*]

mod [mod, মড্] (**1**) *a.* smart and up-to-date, চট্‌পটে ও ফিট্‌ফাট্, হাল-ফ্যাশনের। (**2**) *n.* a young person wearing typically neat and distinctive modern clothes and having affection for motor-scooters, পোশাক কেতা ইত্যাদিতে দোরস্ত হাল-ফ্যাশনের তরুণ (মোটর সাইকেলের প্রতি এই সম্প্রদায়ের প্রবল আকর্ষণ দেখা যায়)। **mod cons**—আধুনিক সুযোগসুবিধা। [abbr. *mod* < *modern*, *con* < convenience]

modal—see **mode.**

mode [mod, মৌড্] *n.* way or manner, প্রণালী, ধরন, পন্থা; the prevailing fashion or custom, প্রচলিত ঢঙ্ রীতি বা প্রথা; (mus.) the ancient Greek scale system, or either of the two chief scales of modern times, (সঙ্গীতে) প্রাচীন গ্রীক স্বরগ্রাম (the Dorian *mode*), বর্তমান যুগের কড়ি (**major mode**) বা কোমল (**minor mode**)। *a.* **mō°dal**—প্রণালী ধরন রীতি প্রভৃতি সংক্রান্ত। *a.* **mō°dish**—কেতাদোরস্ত। [L. *modus*—cp. F. *mode*]

model [mo°dl, ম°ড্‌ল্] (**1**) *n.* a small-scale representation of the proposed structure, or anything, কিছুর ক্ষুদ্রাকার নকল, আদরা (a clay *model*); a pattern, নকশা, ছাঁচ, প্যাটার্ন; a thing or person to be copied, an exemplary thing or person, অনুকরণীয় বস্তু বা ব্যক্তি, আদর্শ (a *model* of industry); a person or thing resembling another, সদৃশ ব্যক্তি বা বস্তু (he is every inch a *model* of his father); one who poses for an artist or displays clothes for a shop by wearing them, যে ব্যক্তির চেহারা দেখিয়া শিল্পী মূর্তি আঁকে বা যে ব্যক্তি পোশাকের দোকানে জামাকাপড় পরিয়া উক্ত পোশাকের প্রচার করে, মডেল (বর্ত. স্ত্রীলোকেরাই মডেল হয়)। (**2**) *v.t.* to form after a model, আদরা-অনুযায়ী গঠন করা; to form or shape, গঠন করা; to make a model of, (কিছুর) আদরা গঠন করা। *pr. pt.* **mo°delling** । *p.* & *p. pt.* **mo°delled** । *n.* **mo°deller** । *n.* **mo°delling**—model (*v.*)-এর সকল অর্থে, এবং—মূর্তিনির্মাণ, (পরি.) প্রতিমালেপ। [OF. *modelle* < It. *modello* < L. *modus* = a measure]

modena [mo°-di-na, ম°ডিন্যা] *n.* a shade of crimson, গোলাপি আভা, রক্তরাগ। [*Modena* in Italy]

moderate [mo°-da-rāt, ম°ড্যারেইট্] (**1**) *v.t.* to keep within measure, মাত্রাবদ্ধ বা সীমাবদ্ধ রাখা, মাত্রা বজায় রাখা; to regulate, নিয়ন্ত্রিত করা; to reduce in intensity, তীব্রতা হ্রাস করা; to make reasonable, সহনীয় বা যুক্তিসহ করা। (**2**) *v.i.* to act as a moderator (over or at), (কিছুর) নিয়ন্ত্রক বা মধ্যস্থ বা সালিশ হওয়া। (**3**) *v.t.i.* to make or become temperate, (তীব্রতাদির দিক্ দিয়া) সহনীয় করান বা হওয়া। *p.* & *p. pt.* **mo°derātėd** । **moderate** [mo°-d(a)rit, ম°ড্‌রিট্] (**1**) *a.* মাত্রাবদ্ধ, সীমাবদ্ধ, পরিমিত; অত্যধিক বা চরম নহে এমন; সহনীয়; মাঝামাঝি ধরনের বা মাত্রার; (রাজ.) নরমপন্থী, মধ্যপন্থী (a *moderate* political party)। (**2**) *n.* (রাজ ও ধর্ম.) নরমপন্থী বা মধ্যপন্থী ব্যক্তি। *adv.* **mo°derately** । *n.* **mo°derateness** । *n.* **moderā°tion**—moderate (*v.*)-এর সকল অর্থে, এবং—নরমপন্থী বা মধ্যপন্থী অবস্থা; আধিক্যহীনতা; আত্মসংযম। **in moderation**—পরিমিত মাত্রায়; পরিমিতভাবে। *n.* **mo-deratism**—(রাজ. ও ধর্ম.) নরমপন্থা, মধ্যপন্থা। *n.* **mo°derātor**—moderate (*v.*)-এর সকল অর্থে, এবং—বিশ্ববিদ্যালয়ের পরীক্ষাদির নিয়ন্ত্রক; মধ্যস্থ, সালিশ। *fem.* **mo°derātrix** । *n.* **mo°derā-**

torship । [L. *moderatus* < *modus* = a measure]

modern [mo°-da(r)n, ম°ড্যা(র্)ন্] (**1**) *a.* of present or recent time, আধুনিক, সাম্প্রতিক (*modern* ideas) ; still current, (ভাষাসম্বন্ধে) অদ্যাপি প্রচলিত, চালু, জীবন্ত (অর্থাৎ গ্রীক লাটিন সংস্কৃত বা তত্তুল্য ভাষা ছাড়া অন্য কোন ভাষা) । (**2**) *n.* one living in modern times, আধুনিক কালের লোক ; a modernist, আধুনিক ভাবধারা রীতিনীতি প্রভৃতির সমর্থক । *n.* **mo°dernism**—আধুনিক রীতি প্রকাশভঙ্গি বৈশিষ্ট্য মনোভাব বা চরিত্র, আধুনিকতা । *n.* **mo°dernist**—আধুনিকতাবাদী । *a.* **modernis°tic**—আধুনিকতাপন্থী । *n.* **mo-dern°ity, mo°dernness** । *n.* **moderniza°-tion** । **mo°dernize**—(**1**) *v.t.* আধুনিক সময় অবস্থা প্রয়োজন ভাষা বা বানানের উপযোগী করা । (**2**) *v.i.* আধুনিক রীতিনীতি অবলম্বন করা । *n.* **mo°-dernizer** । *adv.* **mo°dernly** । [LL. *modernus* < *modo* = just now]

modest [mo°-dist, ম°ডিস্ট্] *a.* having a humble estimate of one's merits, বিনয়ী, নম্র (*modest* in behaviour and speech) ; bashful, লাজুক ; decorous in manner and conduct, chaste, (স্ত্রীলোকসম্বন্ধে) সুশীলা, সচ্চরিত্রা ; moderate, not excessive, পরিমিত, আধিক্য-হীন (*modest* about one's attainments) ; pure and delicate, (ভাব ভাষা প্রভৃতি সম্বন্ধে) বিশুদ্ধ ও সুন্দর । *adv.* **mo°destly** । *n.* **mo°desty**—বিনয়, নম্রতা ; লাজুকতা ; সুশীলতা, শালীনতা, সচ্চরিত্রতা ; পরিমিত মাত্রা ; বিশুদ্ধতা ও চারুতা ; (প্রধানতঃ স্ত্রীলোকের ঘাড়ের উপরে পরিধেয়) উত্তরীয়-বিশেষ (also **modesty vest**), নিচোল । **in all modesty**—কোনরূপ গর্বোদ্ধত ভাব না দেখাইয়া । [L. *modestus* < *modus* = a measure] ।

modicum [mo°-di-kam, ম°ডিক্যাম্] *n.* a small quantity, অল্প পরিমাণ (a *modicum* of effort, truth, etc.) । [L. *modicus* = moderate]

modify [mo°-di-fy, ম°ডিফাই] *v.t.* to moderate, পরিমিত করা ; (phil.) to determine the mode of, (দর্শ.) প্রণালী বা ধরন নির্ণয় করা ; to change the form or quality, আকার বা গুণা-গুণ পরিবর্তিত করা ; to alter slightly, ঈষৎ পরি-বর্তন করা (to *modify* one's demand) ; (gr.) to qualify the sense of, (ব্যাক.) বিশেষণের ক্রিয়া-পদের গুণপ্রকাশ করা ; (philo.) to subject to umlaut, (ভাষা.) অভিশ্রুত করা । *n.* **modifica°-tion** । *n.* **mo°difier** । [F. *modifier* < L. *modificare* < *modus* = a measure, *facere* = to make]

modish—see **mode**.

modiste [mŏ-dest°, মোডীস্ট্°] *n.* a milliner, স্ত্রীলোকের টুপি প্রভৃতি নির্মাতা বা বিক্রেতা ; a dressmaker, পোশাক-বিক্রেতা । [F.]

modulate [mo°-dū-lāt, ম°ডিউলেইট্] (**1**) *v.t.* to regulate or adjust, নিয়ন্ত্রিত করা বা সামঞ্জস্য-বিধান করা ; to vary or regulate the pitch of, (ধ্বনির) পরদা বা উচ্চতা বাড়ান-কমান অথবা নিয়ন্ত্রিত করা ; to attune, সুর বাঁধা । (**2**) *v.i.* (mus.) to pass from one key into another, (সঙ্গীতে) সুরের এক পরদা হইতে ভিন্ন পরদায় যাওয়া । *p.* & *p. pt.* **mo°dūlātėd** । *n.* **modūlā°tion** । *n.* **mo°dūlātor**—নিয়ন্ত্রক বা সামঞ্জস্যবিধায়ক ব্যক্তি অথবা বস্তু ; যে ব্যক্তি সুর বাঁধে বা যদ্দ্বারা সুর বাঁধা হয় ; স্বরলিপি । [L. *modulari*]

module [mo°-dūl, ম°ডিউল্] *n.* a small measure or quantity, অত্যল্পপরিমাণ, একটুখানি ; a self-contained unit forming part of a spacecraft, মহাকাশযানের সঙ্গে যুক্ত একটি স্বয়ং-সম্পূর্ণ অংশ । **lunar module**—চন্দ্রপৃষ্ঠে অবতরণের জন্য মহাকাশযান হইতে বিচ্ছিন্ন করা যায় এমন একটি স্বয়ং-সম্পূর্ণ যান । [see *modulate*]

modus [mō°-das, মৌ°ড্যাস্] *n.* method, manner, প্রণালী, ধরন । **modus operandi** [...o-pa-ran°-dī,...অপ্যার্যান্°ডাই] কার্যপ্রণালী । **modus vivendi** [...vi-ven°-dī,...ভি-ভেন্°ডাই] জীবনধারণের প্রণালী ; বিবাদাদি মিটমাটের পূর্বে বিবদ-মান দলের বা পক্ষের মধ্যে সাময়িক চুক্তি । [L.]

mofette [mō-fet°, মৌফেট্°] *n.* an opening in the earth giving out volcanic gas such as carbon dioxide, nitrogen, etc., ভূপৃষ্ঠের যে ফাটল দিয়া অগ্ন্যুদ্গারের পর কার্বন ডাইঅক্সাইড নাই-ট্রোজেন প্রভৃতি গ্যাস নির্গত হয় । [It. *mofetta*]

mofussil [mŏ-fu°-sil, মোফা°সিল্] *n.* rural localities as opposed to chief station, মফস্বল । [Hind.]

mog [mog, মগ্], **moggie, moggy** [mo°-gi, ম°গি] *n.* (sl.) cat, (অশি.) বিড়াল । [Port. *maggie*]

Mogul [mŏ-gul°, মোগাল্°] *n.* & *a.* Mongolian, মুঘল । **the (Great** or **Grand) Mogul**—দিল্লীর মুঘল-সম্রাট্ । [Pers. *mugul*]

mohair [mo°ha(r), মৌ°হেয়্যা(র্)] *n.* hair of Angora goat, অ্যাঙ্গোরা-দেশের ছাগলোম ; cloth made of it, উক্ত লোমজাত বস্ত্র । [Arab. *mukhayyar*]

Mohammedan [mō-ha°-mid(a)n, মোহ্যা°মিড্ন্] (**1**) *a.* of Mohammed or his religion, মোহাম্মদ-সংক্রান্ত বা তৎপ্রবর্তিত ইসলাম-ধর্মসংক্রান্ত, মোহাম্মদীয় । (**2**) *n.* a follower of Mohammed or his religion, মোহাম্মদের ভক্ত বা ইসলামধর্মা-বলম্বী ব্যক্তি, মুসলমান । *n.* **Moha°mmėdanism**—ইসলাম-ধর্ম । *v.t.i.* **Moha°mmėdanize**—ইসলাম-ধর্মাবলম্বন করান বা করা । [Ar. *Muhammed*, the Prophet]

Mohican [mŏ°-i-kan, মো°ইক্যান্] *n.* an Indian of a tribe in Connecticut, কনেক্টি-কাট্-এর আদিবাসিবিশেষ । [Connecticut]

Mohock [mō°-hok, মৌ°হক্] *n.* an aristocratic street-ruffian of 18th century London, অষ্টাদশ শতাব্দীতে লনডনের রাজপথে

গুণ্ডামি-রত সম্ভ্রান্তবংশীয় ব্যক্তি। [Alogonquian *Mohawk*]

mohur [mō°-ha(r), মৌ°হ্যা(র্)] *n.* a former Persian and Indian gold coin, মোহর। [Pers. *mohr*]

moidore [moy°-daw(r), ময়্°ড্য(র্)] *n.* an old gold coin of Portugal, পোর্তুগালের প্রাচীন স্বর্ণমুদ্রাবিশেষ। [Port. *moeda d'auro*=money of gold]

moiety [moy°-a-ti, ময়্°অ্যাটি] *n.* half, অর্ধ; one of two divisions, দুই ভাগের একভাগ; (arch.) a small share, (আর্ষ.) ক্ষুদ্র হিস্যা বা অংশ। [OF. *moite*<L. *medietas*]

moil [moyl, ময়্ল্] (1) *v.t.* to defile, নোংরা করা। (2) *v.i.* to drudge, ক্লান্তিকর ও একঘেঁয়ে খাটুনি খাটা। (3) *n.* a defilement, নোংরা করা; drudgery, ক্লান্তিকর ও একঘেঁয়ে খাটুনি (toil and *moil*); turmoil, হৈচৈ। [OF. *moillier*=to wet<L. *mollis*=soft]

moire [mwŭ(r), ম্যোআ(র্)] *n.* watered fabric, (প্রধানতঃ রেশমি) বস্ত্রবিশেষ: ইহা প্রায়ই জলসিক্ত করা হয়। [F.<E. *mohair*]

moist [moyst, ময়্স্ট্] *a.* slightly wet; ঈষৎ ভিজা, ভিজা-ভিজা; damp, সেঁতসেঁতে; humid, আর্দ্র; rainy, বৃষ্টিপূর্ণ, বাদলা। *v.t.* **moisten** [moys°n, ময়্°স্ন্] ভিজা-ভিজা বা সেঁতসেঁতে বা আর্দ্র করা, ভিজাইয়া নেওয়া (to *moisten* one's lips by licking)। *n.* **moist°ness**। *n.* **moisture** [moys°-cha(r), ময়্স্°চ্যা(র্)] ভিজা-ভিজা বা সেঁতসেঁতে অবস্থা, আর্দ্রতা; ঈষৎ সিক্ত বস্তু; (অত্যল্প পরিমাণ) তরল পদার্থ। *a.* **mois°tureless** আর্দ্রতাহীন, অনার্দ্র, শুষ্ক। [OF. *moiste*]

moke [mōk, মৌক্] *n.* (sl.) a donkey, (অশি.) গাধা; (sl.) a negro, (অশি.) নিগ্রো। [?]

molar₁ [mō°-lar, মৌ°ল্যা(র্)] (1) *a.* used for grinding, পেষণকার্যে ব্যবহৃত, পেষক; of a grinding tooth, পেষকদন্ত-সম্বন্ধীয়। (2) *n.* a molar tooth, পেষকদন্ত, মাঢ়ীর দাঁত। [L. *molaris*<*mola*=mill-stone]

molar₂ [mō°-la(r), মৌ°ল্যা(র্)] *a.* of mass, দল বা দল সম্বন্ধীয়। [L. *moles*=mass]

molasses [ma-la°-siz, ম্যাল্যা°সিজ্] *n. pl.* (treated as *sing.*) a treacle drained from sugar, গুড়। [Port. *melaco*<LL. *mellaceum* <*mel*=honey]

mold—Am. spell. of **mould₁**.

mole₁ [mōl, মৌল্] *n.* a spot on the skin, আঁচিল, তিল, জট, যতুক। [OE. *mal*]

mole₂ [mōl, মৌল্] *n.* a massive breakwater, প্রকাণ্ড বাঁধ; an ancient Roman mausoleum, প্রাচীন রোমের প্রকাণ্ড সমাধি। [F. <L. *moles*=mass]

mole₃ [mōl, মৌল্] *n.* a burrowing animal, ছুঁচা, গন্ধমূষিক। **blind as a mole**—চোখে ভাল দেখিতে পায় না এমন, ক্ষীণদৃষ্টি। **(to) mole out**—একটু একটু করিয়া খুঁড়িয়া সন্ধান করা বা প্রকাশ করা। *a.* **mōle°-eyed**—ছুঁচো-চোখো অর্থাৎ দেখিতে পায় না এমন। *n.* **mōle°-hill**—ছুঁচোতে যে মাটি খুঁড়িয়া ঢিবি করে, ছুঁচোর মাটি। *n.* **mōle°-skin**—গন্ধমূষিকের চর্ম (ইহার দ্বারা পোশাক তৈয়ারি হয়)। [ME. *molle, mulle*—cp. Du. *mol*]

molecule [mo°-li-kūl, ম°লিকিউল্] *n.* the smallest particle of any substance that retains the properties of that substance, অণু। *a.* **mŏle°cūlar**—আণবিক, আণব। *n.* **mŏlecūla°rity**। [F.<*moles*=mass]

mole-eyed, mole-hill—see **mole₃**.

molest [mŏ-lest°, মোলেস্ট্°] *v.t.* to interfere with troublesomely or hostilely, উত্যক্ত করা বা উৎপীড়ন করা। *n.* **mōlestā°tion**। *n.* **mŏles°ter**। [F. *molester*<L. *molestare*]

moll [mol, মল্] *n.* (sl.) a woman companion of a gangster, vagrant, etc., (অশি.) যে স্ত্রীলোক দুর্বৃত্তদল ভবঘুরে-দল প্রভৃতির সঙ্গে সঙ্গে ফেরে; a prostitute, বেশ্যা। [a familiar form of *Mary*]

molla(h) [mō°-la, মৌ°ল্যা] var's of **mullah.**

mollify [mo°-li-fī, ম°লিফাই] *v.t.* to soften or appease, নরম বা কোমল করা, শান্ত বা প্রশমিত করা (to *mollify* a person's anger)। *n.* **mollificā°tion**। [F. *mollifier* <L. *mollificare*]

mollusc [mo°-lask, ম°ল্যাস্ক্] *n.* a soft-bodied shelled animal, শম্বুকজাতীয় কোমলাঙ্গ প্রাণিবিশেষ, কম্বোজ। *a.* **molluscan** [mo-lus°-kan, মলাস্°ক্যান্] কম্বোজসংক্রান্ত। [L. *molluscus*=softish]

mollycoddle [mo°-li-kodl, ম°লিকড্‌ল্] (1) *n.* an effeminate man or boy, a milksop, মেয়েলি পুরুষ বা বালক; a person taking too much care of his health, স্বীয় স্বাস্থ্যসম্বন্ধে অত্যধিক যত্নবান্ ব্যক্তি। (2) *v.t.* to coddle, অত্যধিক যত্ন করা। [*Molly*, a pet form of *Mary*, and see *coddle*]

Moloch [mō°-lok, মৌ°লক্] *n.* a god to whom children were sacrificed; বাইবেলে বর্ণিত দেবতাবিশেষ: ইহার নিকট বালকবালিকাদের বলি দেওয়া হইত; a hideous but harmless Australian lizard, অস্ট্রেলিয়ার বিকটদর্শন কিন্তু নিরীহ সরীসৃপবিশেষ। [L.<Gk.<Heb. *molek*]

Molotov [mo°-lo-tof, ম°লটফ্] *n.* **Molotov bread-basket**—আগুনে-বোমা ভরতি বিস্ফোরক পাত্র। **Molotov cocktail**—ট্যাঙ্কবিধ্বংসী আগুনে হাতবোমা। [V. M. *Molotov*=Russian Statesman]

molt—Am. spell. of **moult.**

molten—see **melt.**

molto [mol°-tō, মল্°টৌ] *adv.* (mus.) very or much, (সঙ্গীতে) খুব, অত্যন্ত। [It.]

molybdenum [mo-lib--di-nam, মলিব্°ডিন্যাম্]

n. a silvery white metal, রৌপ্যশুভ্র ধাতুবিশেষ। [Gk. *molybdaina* = a lead-like substance]

moment [mō°-mant, মৌ°ম্যান্ট্] *n.* a point of time, মুহূর্ত, ক্ষণ ; a very short time, ক্ষণকাল ; a turning point, সন্ধিক্ষণ ; importance, গুরুত্ব (a matter of great *moment*) ; (mech.) the product of a force and the perpendicular on its line of action from the point, (বলবি.—পরি.) ভ্রামক। **not for a moment**—মুহূর্তের জন্যও নহে ; কখনও নহে। **the moment**—তৎক্ষণাৎ, সঙ্গে সঙ্গে (I came *the moment* I heard of it)। **the man of the moment**—বর্তমান সময়ের গুরুত্বপূর্ণ ব্যক্তি।*adv.* **mō°mentarily**। *n.* **mō°mentariness**। *a.* **momentary** [mō°-man-t(a)ri, মৌ°ম্যান্ট্রি] ক্ষণস্থায়ী ; অল্পকালস্থায়ী। **mō°mently**—(1) *adv.* প্রতিমুহূর্তে ; ক্ষণতরে। (2) *a.* মুহূর্তে মুহূর্তে ঘটে এমন ; মুহূর্তসংক্রান্ত। *a.* **momentous** [mō-men°-tas, মৌমেন্°ট্যাস্] অতি গুরুত্বপূর্ণ। *adv.* **mōmen°tously**। *n.* **mōmen°tousness**। *n.* **momentum** [mŏ-men°-tam, মোমেন্°ট্যাম্] (বলবি.) পদার্থাদির নিজস্ব গতিবেগ ; ভরবেগ ; (সচ.) গতিবেগ, প্রেরণা। *pl.* **momen°ta**। **moment of momentum**—(বলবি.—পরি.) কৌণিক ভরবেগ। [L. *momentum* for *movimentum* < *movere* = to move]

monad [mo°-nad, ম°ন্যাড্] *n.* the number one, এক, ১ ; a unit, এক মাত্রা বা সংখ্যা ; an ultimate unit of being, জীব-বিবর্তন-ধারার প্রথমটি ; God, ঈশ্বর। *a.* **mona°dic(al)**—ঐকিক ; একমাত্রিক ; আদিজীব-সংক্রান্ত। [Gk. *monados*]

monandrous [mo-nan°-dras, মন্যান্°ড্র্যাস্] *a.* having a single stamen, (উদ্ভি.) এককেশর। [Gk. *monandros* < *monos* = one, *andros* = male]

monarch [mo°-na(r)k, ম°ন্যা(র্)ক্] *n.* a sovereign of a state, রাষ্ট্রের (বংশানুক্রমিক) শাসক বা শাসনকর্ত্রী, রাজা বা রানী। *a.* **monarchal** [mo-nŭ(r)°k(a)l, মনা(র্)°ক্ল্], **monarchic** [mo-nŭ(r)°-kik, মনা(র্)°কিক্], **monar°chical**—রাজকীয় ; রাজতান্ত্রিক। *n.* **mo°narchism**—রাজা বা রানীর দ্বারা রাষ্ট্রশাসন-নীতি, রাজতন্ত্র। *n.* **mo°narchist**—রাজতন্ত্রবাদী। **mo°narchize**—(1) *v.t.* রাজার ন্যায় শাসন করা ; রাজাগিরি করা। (2) *v.t.i.* রাজতন্ত্রাধীন করান। *n.* **mo°narchy**—রাজা বা রানীর দ্বারা রাষ্ট্রশাসন-নীতি, রাজতন্ত্র ; রাজার বা রাজতন্ত্রের অধীন রাজ্য। [Gk. *monarches*]

monastery [mo°nas-tri, ম°ন্যাস্ট্রি] *n.* a house for monks, or (rarely) nuns, সন্ন্যাসী বা (বিরল) সন্ন্যাসিনীদের মঠ। *a.* **monastic** [ma-nas°-tik, ম্যান্যাস্°টিক্], **monas°tical**—মঠ বা সন্ন্যাসী বা সন্ন্যাসিনী সম্বন্ধীয় ; নির্জন ; নিঃসঙ্গ। *n.* **monas°tic**—সন্ন্যাসী। **monastic vow**—সন্ন্যাসব্রত। *n.* **monasticism** [ma-nas°-ti-sizm, ম্যান্যাস্°টিসিজ্‌ম্] সন্ন্যাস(-জীবন)। [LGK. *monasterion* < *monastes* = a monk]

mondaine [mawn-dān°, মঁড়েইন্°] *n.* a woman of the fashionable society, কেতাদোরস্ত সমাজের নারী ; a worldly woman, বিষয়ী নারী। [F.]

Monday [mun°-di, মান্°ডি] *n.* the second day of the week, সোমবার। *a.* **Mon°dayish**—(শারীরিক ও মানসিক অবস্থা সম্পর্কে) আলস্যজড়িত (হয় রবিবার ছুটির দিন থাকায় আর না হয়—যাজকদের ক্ষেত্রে—রবিবার অতিশয় পরিশ্রম করায়)। [OE. *monandaeg* = the moon's day]

monde [mawnd, মঁড্] *n.* the fashionable society, কেতাদোরস্ত সমাজ। [F.]

mondial [mon°-di-al, মন°ডিঅ্যাল্] *a.* worldwide, বিশ্ববিস্তৃত। [L. *mundus* = world]

monetary [mu°-ni-t(a)ri, মা°নিট্রি] *a.* of money, টাকাকড়ি-সংক্রান্ত, মুদ্রাবিষয়ক, অর্থবিষয়ক, আর্থিক। [L. *moneta*—see *money*]

monetize [mu°-ni-tīz, মানিটাইজ্] *v.t.* to put into circulation as money, (ধাতুকে) মুদ্রারূপে চালু করা। *n.* **monetīzā°tion**। [L. *moneta*—see *money*]

money [mu°-ni, মা°নি] *n.* coin, মুদ্রা ; wealth, ধনসম্পদ্, অর্থ, টাকাকড়ি। *pl.* **mo°neys, mo°nies**। **dear money**—যে টাকা ধার করিলে চড়া সুদ দিতে হয়। **easy money**—অনায়াসলব্ধ টাকাকড়ি, পড়ে-পাওয়া টাকাকড়ি। **hot money**—যে টাকা অল্প দিনের জন্য অতি চড়া সুদে লগ্নী করা হয় (যেমন, চোটা)। **money down**—নগদ টাকায়। **pot(s) of money**—প্রচুর টাকা। **ready money**—নগদ টাকা। **(to) blue one's money**—বেপরোয়াভাবে টাকা ওড়ান। **(to) coin money**—অতি দ্রুত ধনবান্ হওয়া। **(to) get one's money's worth**—প্রদত্ত বা ব্যয়িত টাকার সার্থক মূল্য পাওয়া। **(to) make money**—ধনলাভ করা ; ধনী হওয়া। **(to) make money fly**—দ্রুত টাকা খরচ করা, টাকা ওড়ান। **(to) marry money**—ধনী পুরুষ বা স্ত্রীলোককে বিবাহ করা। **(to) put money into**—অর্থ লগ্নী করা, টাকা খাটান। **(to) raise money on**—(কিছু) বাঁধা দিয়া টাকা জোগাড় করা। *n.* **money°-bag**—টাকার থলি, মানিব্যাগ ; (in *pl.*) ধনী ব্যক্তি। *n.* **mo°ney-bill**—ব্যবস্থা-পরিষদে উত্থাপিত রাজস্ব বা অর্থ-সংক্রান্ত আইনের প্রস্তাব, (পরি.) ধন-বিধেয়ক। *n.* **mo°ney-box**—যে টাকার বাক্সে ধাতুমুদ্রা ঢুকাইবার জন্য খাঁজ কাটা থাকে। *n.* **mo°ney-chānger**—যে ব্যক্তি বাট্টা লইয়া টাকাকড়ি ভাঙ্গাইয়া দেয়, পোদ্দার। *a.* **mo°neyed**—ধনবান্ ; মুদ্রাপূর্ণ ; ধনসংক্রান্ত। *n.* **mo°ney-grubber**—অর্থগৃধ্নু ব্যক্তি। *n.* **mo°ney-lender**—সুদে টাকা ধার দেওয়া যাহার পেশা, কুসীদজীবী। *n.* **mo°ney-lending**—কুসীদবৃত্তি। *a.* **mo°neyless**—অর্থহীন, টাকাকড়িশূন্য। *n.* **mo°ney-māker**—ধন-আহরণ-

কারী; যাহাতে টাকা আনে। *n.* **mo°ney-māking**—ধনসংগ্রহ। *n.* **mo°ney-mar°kėt**—টাকার বাজার অর্থাৎ ধন-বিনিয়োগের স্থান। *n.* **mo°ney-or°der**—ডাকযোগে টাকা প্রেরণ, মনি-অর্ডার। *n.* **mo°ney-spinner**—যে গ্রন্থ নাটক প্রভৃতির বাবদ প্রচুর অর্থ আয় হয়। [OF. *moneie* <L. *moneta*]

'mong [mung, মাং], **'mongst**—contr. of **among, amongst.**

monger [mung°-ga(r), মাং°গ্যা(র্)] *n.* (usu. in *comp.*) a dealer, ব্যবসায়ী, বিক্রেতা (iron-*monger*); (fig.) a trafficker, (আল.) অযথা সজ্বটক (scandal-*monger*, war-*monger*, etc.)। [OE. *mangere* <L. *mango*=a furbisher]

Mongol [mong°-gol, মঙ্°গল্], **Mongō°lian**—(**1**) *a.* of Mongolia, মঙ্গোলিআ-প্রদেশের; of the Asiatic race now inhabiting Mongolia, মঙ্গোলজাতীয়। (**2**) *n.* a native or the language of Mongolia, মঙ্গোলিআর লোক বা ভাষা; one of the Asiatic race now inhabiting Mongolia, মঙ্গোলজাতীয় লোক। **Mongo°loid**—(**1**) *a.* মঙ্গোল-সদৃশ চেহারাবিশিষ্ট। (**2**) *n.* মঙ্গোলজাতির সাদৃশ্যবিশিষ্ট লোক। [Mongolian]

mongoose [mung°-goos, মাং°গূস্] *n.* a variety of civet, নকুল, বেজি। [Marathi *mangūs*]

mongrel [mung°gr(a)l, মাং°গ্র্ল্] (**1**) *n.* an animal, esp. a dog, or a person or thing of a mixed breed, বর্ণসঙ্কর প্রাণী (বিশেষতঃ কুকুর) অথবা ব্যক্তি বা বস্তু। (**2**) *a.* mixed in breed or origin, বর্ণসঙ্কর। [root of OE. *mengan*=to mix ?]

monicker, moniker [mo°-ni-ka(r), ম°নিক্যা(র্)] *n.* name or nickname, নাম অথবা কৌতুকচ্ছলে প্রদত্ত উপনাম। [?]

monism [mo°-nizm, ম°নিজ্ম্] *n.* (phil.) the doctrine that all being may ultimately be referred to one category, (দর্শ.) অদ্বৈতবাদ। *n.* **mo°nist**—অদ্বৈতবাদী ব্যক্তি। *a.* **monis°tic**—অদ্বৈতবাদী। [Gk. *monos*=alone]

monition [mŏ-ni°sh(a)n, মোনি°শ্ন্] *n.* a reminding or admonishing, পুনরায় স্মরণ করাইয়া দেওয়া বা সতর্কীকরণ; notice, বিজ্ঞপ্তি; (law) a summons to appear and answer, (আইনে) হাজির হইয়া কৈফিয়ৎ দিবার জন্য (আদালতের) পরওয়ানা। [L. *monere*=to remind]

monitor [mo°-ni-ta(r), ম°নিট্যা(র্)] (**1**) *n.* one who admonishes, যে ব্যক্তি সতর্ক করাইয়া দেয়; an adviser, উপদেষ্টা; an instructor, শিক্ষক; a senior pupil who assists in school discipline, সর্দার পড়ুয়া, মনিটর, (পরি.) ছাত্র-নায়ক; one who listens to and reports on foreign broadcasts, বিদেশী বেতারবার্তা শ্রবণপূর্বক খবরাখবর জ্ঞাপনার্থ নিযুক্ত ব্যক্তি। *fem.* **mo°nitrėss**। (**2**) *v.t.i.* to act as a monitor, ছাত্র-নায়ক হিসাবে কাজ করা; to listen to and report on foreign broadcasts, বিদেশী বেতারবার্তা শ্রবণ করা এবং খবরাখবর জ্ঞাপন করা; to check the accuracy of wavelength, বেতারতরঙ্গের শুদ্ধতা পরীক্ষা করা; to watch or maintain regular surveillance, সদাজাগ্রত দৃষ্টি রাখা। *a.* **monitorial** [mo-ni-taw°-ri-al, মনিট্য°রিঅ্যাল্] সতর্কীকারী বা উপদেষ্টা বা শিক্ষক বা ছাত্র-নায়ক বা বিদেশী বেতারবার্তার শ্রোতা সম্বন্ধীয়। *n.* **mo°nitorship**। *a.* **monitory** [mo°-ni-t(a)ri, ম°নিট্রি] সতর্ক করে এমন, উপদেশপ্রদ। (**2**) *n.* যাজকের (বিশপের বা পোপের উপদেশপূর্ণ লিপি বা পত্র। [see *monition*]

monk [mungk, মাংক্] *n.* a hermit, সন্ন্যাসী; one of a male community living apart under religious vows, ধর্মার্থ মঠবাসী ব্যক্তি, ভিক্ষু। *fem.* see **nun**। *n.* **monkfish**—হাঙ্গরবিশেষ। *n.* **monk°hood**। *a.* **monkish**—(অবজ্ঞায়) মঠবাসিসংক্রান্ত, মঠবাসিতুল্য, মঠসংক্রান্ত। *n.* **monks°-hood**—কুঁচিলা-বর্গীয় গুল্মসমূহ। [OE. *munuc* <L. *monachus*]

monkey [mung°-ki, মাং°কি] (**1**) *n.* a variety of mammals, বানর, বাঁদর; a large hammar for driving bolts, পেরেক মারার জন্য বড় হাতুড়িবিশেষ। (**2**) *v.t.i.* to fool, বোকা বানান; to play the monkey-trick (on), (কাহারও সহিত) বাঁদরামি করা। **(to) get one's monkey up**—(অশি.) ক্রুদ্ধ হওয়া। **(to) have a monkey on one's back**—মাদকাসক্ত হওয়া। **(to) make a monkey of**—বোকা বানান। **(to) put one's monkey up**—(অশি.) ক্রুদ্ধ করা। *n.* **mon°key-board**—গাড়ির পিছনের পা-দান। **monkey business**—same as **monkey-trick**। *a.* **mon°keyish**—বানরসুলভ, বানুরে; বাঁদরামিপূর্ণ। *n.* **mon°key-nut**—চিনেবাদাম। *n.* **mon°key-trick**—বাঁদরের কৌশল, বাঁদরামি। *n.* **mon°key-wrench**—বলটু স্ক্রু প্রভৃতির খোলার যে রেনচের মুখ ইচ্ছামত বাড়ান-কমান যায়। [?]

monkhood, monkish—see **monk.**

mono- [mo°-nō, ম°নৌ] *pfx.* alone, sole, single, একাকী, একমাত্র, এক। *n.* **mo°nŏ-chord**—সঙ্গীতাদির তাল ঠিক রাখার জন্য একতারাবিশেষ। **monochrome** [mo°-na-krōm, ম°ন্যাক্রৌম্] (**1**) *n.* একই রঙের বিভিন্ন আভা ফুটাইয়া অঙ্কন। (**2**) *a.* একবর্ণ। *a.* **monōchrōma°tic**—একই রঙের বিভিন্ন আভা ফুটাইয়া অঙ্কিত; (আলোকসম্বন্ধে) একটি মাত্র রঙ বিচ্ছুরিত করে এমন। *n.* **mo°nŏcotylē°don**—একবীজপত্রী বৃক্ষ (also **mo°nocot**)। *n.* **mono°gamist**—একগামী বা একগামিতার সমর্থক ব্যক্তি (পুরুষ বা স্ত্রী)। *a.* **mono°gamous**—একগামী। **monogamy** [mo-no°-ga-mi, মনগ্যামি] *n.* এককালে মাত্র একজনের সহিত দাম্পত্যজীবন-যাপন, একবিবাহ, (পরি.) একগামিতা। [*mono-*, Gk. *gamos*=marriage]। *n.*

mo°noglot—যে ব্যক্তি কেবল একটি ভাষা জানে। *n.* **monogram** [mo°-na-gram, ম°ন্যাগ্র্যাম্]—একাধিক অক্ষর (বিশেষতঃ নামের আদ্যক্ষর) একত্র জড়াইয়া লিখন। **monograph** [mo°-na-grŭf, ম°ন্যাগ্রাফ্] (1) *n.* নির্দিষ্ট কোন এক বিষয় বা তাহার কোন এক বিভাগ সম্বন্ধে প্রবন্ধ। (2) *v.t.* কিছুর উপরে উক্ত প্রবন্ধ লেখা। *p. & p. pt.* **mo°nographed**। *n.* **mo°nographer**। *n.* **mo°nographist**। *n.* **mo°nŏlith**—একখানি মাত্র পাথরে তৈয়ারি স্তম্ভ, একশিলা স্তম্ভ। [*mono-*, Gk. *lithos*=a stone]। *a.* **monŏli°thic**—উক্ত স্তম্ভ বা স্তম্ভ-নির্মাণ সংক্রান্ত। *n.* **monologue** [mo°-na-log, ম°ন্যালগ্] (প্রধানতঃ নাটকে) কেবল একজনের ভাষণ (তু. স্বগতোক্তি)। [*mono-*, Gk. *logos*=speech]। *n.* **monŏmā°nia**—নির্দিষ্ট কোন এক বিষয়ে উন্মত্ততা। *n.* **mo°nŏmā°niac**—উক্ত উন্মত্ততা-গ্রস্ত ব্যক্তি। *n.* **monŏme°tallism**—মুদ্রাদিতে কেবল এক ধাতুর ব্যবহার, (পরি.) একধাতুমান। **monometer** [mo-no°-mi-ta(r), মন°মিট্যা(র্)] (1) *a.* (ছন্দ.) একমাত্রিক। (2) *n.* একমাত্রিক কবিতা-চরণ। *n.* **monoplane** [mo°-na-plān, ম°ন্যা-প্লেইন্] মাত্র এক দফা পক্ষযুক্ত বিমানপোতবিশেষ। *a.* **monosylla°bic**—একস্বরা। *n.* **monosyllable** [mo°-na-si-labl, ম°ন্যাসিল্যাব্ল্] একস্বরা শব্দ। *n.* **mo°nŏthēism**—একেশ্বরবাদ। *n.* **mo°nŏthēist**। *a.* **monŏthēis°tic**—একেশ্বরবাদী। *n.* **mo°notint**—same as **monochrome**। *n.* **monotype** [mo°-na-tīp, ম°ন্যাটাইপ্] (মুদ্রণ.) ছিদ্রময় কাগজ হইতে বিভিন্ন অক্ষর পৃথক্ পৃথক্ ভাবে ঢালাই করিয়া কম্পোজ করার যন্ত্র, মনোটাইপ। [Gk. *monos*]

monocle [mo°-nokl, ম°নক্ল্] *n.* a single eyeglass, এক চোখে পরার চশমা। [F.<*mono-*, L. *oculus*=eye]

monody [mo°-na-di, ম°ন্যাডি] *n.* a mournful ode for a single person, (প্রধানতঃ গ্রীক বিয়োগান্ত নাটকে) একজন কর্তৃক গেয় শোকসঙ্গীত-বিশেষ। [Gk. *monoidia*—see *mono-*, *ode*]

monopoly [ma-no°-pa-li, ম্যান°প্যালি] *n.* sole power or privilege of dealing in anything, (নির্দিষ্ট কোন বস্তুর) ব্যবসায়ে একচেটিয়া অধিকার বা সুবিধা; exclusive command or possession, একচেটিয়া ক্ষমতা বা অধিকার; that of which one has monopoly, একচেটিয়া অধিকারভুক্ত বস্তু। *n.* **mono°polist**—ব্যবসায়ে একচেটিয়া অধি-কারের বা সুবিধার সমর্থক; একচেটিয়া অধিকারপ্রাপ্ত বা সুবিধাভোগী ব্যক্তি। *a.* **monopolis°tic**—একচেটিয়া। *v.t.* **mono°polize**—(কিছুর) ব্যবসায়ে একচেটিয়া অধিকার বা সুবিধা ভোগ করা; একচেটিয়া-ভাবে ভোগ করা। *n.* **mōno°polizer**। [L. *monopolium*<Gk. *monopolion*]

monotone [mo°-na-tōn, ম°ন্যাটৌন্] (1) *n.* a single unvaried tone or utterance, বৈচিত্র্য-হীন একটানা একটি সুর বা উক্তি; tediously continued sameness, একঘেয়েমি; tedious sameness in colour, রঙের বিরক্তিকর একঘেয়েমি। (2) *v.t.i.* to sing or speak or utter in monotone, একঘেয়ে সুরে গান গাওয়া বা কথা বলা বা উচ্চারণ করা। *a.* **monotonous** [ma-no°-tnas, ম্যান°ট্ন্যাস্] একঘেয়ে সুরে গীত বা কথিত বা উচ্চারিত; একঘেয়েমিপূর্ণ; একঘেয়ে। *adv.* **mono°tonously**। *n.* **mono°tonousness**। *n.* **mo°notony** [ma-no°tni, ম্যান°ট্নি] একঘেয়ে সুরে গান করা বা কথন বা উচ্চারণ; একঘেয়েমি; (আল.) বৈচিত্র্যের অভাব। [*mono-*, *tone*]

monoxide [mo-noks°-īd, মনক্স্°আইড্] *n.* an oxide containing one oxygen atom in the molecule, যে অম্লজান-মিশ্রে একাণুক অক্সিজেন পরমাণু থাকে (carbon *monoxide*)। [*mono-*, *oxide*]

monseigneur [mon-sen-i°-a(r), মঁসেঁই°য়্যা(র্)] *n.* a French title given to a person of high birth or rank, my lord, ফ্রান্সের অভিজাত বা উচ্চপদস্থ ব্যক্তিগণকে সম্বোধনের আখ্যাবিশেষ, হুজুর, কর্তা। *pl.* **messeigneurs** [me-sen-i°-a(r), মেসেঁই°য়্যা(র্)]। *n.* **monsieur** [ma-si°-a(r), ম্যা-সি°য়্যা(র্)] মহাশয়, শ্রীযুক্ত, বাবু। *pl.* **messieurs,** (abbr.) **Messrs.** [me°-sa(r)z, মে°স্যা(র্)জ্]। [F. *mon seigneur*, *sieur*=my lord<L. *meum seniorem*=my elder]

monsoon [mon-soon°, মন্সূন্°] *n.* a periodical wind of the Indian Ocean, মৌসুমি বায়ু। **break of the monsoon**—বর্ষাকালের আরম্ভ। [Port. *moncao*<Mal. *musim*<Ar. *mausim* =a time, a season]

monster [mon°-star, মন্°স্ট্যা(র্)] *n.* anything unnatural, অস্বাভাবিক বস্তু; a prodigy, বিস্ময়কর প্রাণী বা বস্তু; a gigantic creature, অতিকায় প্রাণী, দানব, দৈত্য; any misshapen plant or creature, বিকৃতাঙ্গ উদ্ভিদ্ বা প্রাণী; anything terribly gigantic, বিকটাকার প্রাণী উদ্ভিদ্ বা বস্তু; a remarkably cruel or wicked person, অত্যন্ত নিষ্ঠুর বা দুষ্টপ্রকৃতির লোক। *n.* **monstrosity** [mon-stro°-si-ti, মনস্ট্র°সিটি] অস্বাভাবিকতা; বিস্ময়কর প্রকাণ্ডতা; বিপুল বা বিকৃত বা বিকট মূর্তি অথবা আয়তন; (in *pl.*) অঙ্গবিকৃতি। *a.* **monstrous** [mon°-stras, মন্°-স্ট্র্যাস্] অস্বাভাবিক; বিস্ময়কর; প্রকাণ্ড; বিপুল; বিকট; বিকৃত; ভয়ঙ্কর; অবিশ্বাস্য। *adv* **mon°strously**। *n.* **mon°strousness**। [F. *monstre*<L. *monstrum*]

montage [mon-tŭz°, মন্টাজ্°] *n.* selection, cutting and piecing together of a cinematograph film with a view to effect, পূর্ণাঙ্গ ছায়াচিত্র নির্মাণার্থ বিভিন্ন শুটিংয়ে গৃহীত ফিলমসমূহের বাছাই কর্তন ও সংযোজন। [F.<*monter*=to mount]

montane [mon°-tān, মন্°টেইন্] *a.* mountainous, পার্বত্য, পর্বতময়; of or inhabiting a mountainous country, পার্বত্য অঞ্চল-সংক্রান্ত বা উক্ত অঞ্চলে বসবাস করে এমন। [L. *montanus*]

month [munth, মান্থ্] *n.* any of the twelve conventional divisions of the year, মাস। **lunar month**—চান্দ্রমাস। **sidereal** or **stellar month**—নাক্ষত্রিক মাস। **Solar month**—সৌরমাস। **month°ly**—(**1**) *a.* মাসিক। (**2**) *n.* মাসিক পত্রিকা; (in *pl.*) স্ত্রীরজঃস্রাব। (**3**) *adv.* প্রতিমাসে; মাসে একবার করিয়া। [OE. *monath* < *mona* = moon]

monument [mo°-nū-mant, ম°নিউম্যান্ট্] *n.* anything that preserves the memory of a person or an event, কোন ব্যক্তির বা ঘটনার স্মৃতিরক্ষক বস্তু (যেমন, স্মৃতিস্তম্ভ, স্মৃতিসৌধ); historic document, ঐতিহাসিক দলিল; a notable example, উল্লেখযোগ্য উদাহরণ। **Ancient Monuments**—পুরাতাত্ত্বিক নিদর্শনাবলী (যেমন, মহেন-জোদরোর ধ্বংসস্তূপ)। *a.* **monumental** [mo-nū°ment°l, মনিউমেন্ট্°ল্] স্মৃতিরক্ষাকর; স্মৃতিরক্ষক বস্তু বা ঐতিহাসিক দলিল বা উল্লেখযোগ্য উদাহরণ সংক্রান্ত অথবা তৎসদৃশ; প্রকাণ্ড ও দীর্ঘস্থায়ী (*monumental* achievement); আকর্ষক; বিস্ময়কর। [L. *monumentum*]

moo [mōō, মূ] (**1**) *v.i.* to low, হাম্বারবে ডাকা। (**2**) *n.* a low, গোরুর হাম্বারব। [imi.]

mooch [mōōch, মূচ্] (**1**) *v.i.* to play truant, স্কুল পালান, কাজে ফাঁকি দিয়া পালান; to loiter, ইতস্ততঃ ঘোরাফেরা করা, টো-টো করিয়া বেড়ান। (**2**) *v.t.* to pilfer, ছিচকে চুরি করা। *p.* & *p. pt.* **mōō°ched**। [OF. *muchier* = to hide ?]

mood$_1$ [mōōd, মূড্] *n.* (gr.) a form of the verb expressing the mode or manner of an action, (ব্যাক) ক্রিয়ার কার্যের প্রণালী বা ধরন; ক্রিয়ার প্রকার, ক্রিয়াভাব। **imperative mood**—অনুজ্ঞা-সূচক ক্রিয়াভাব। **indicative mood**—অবধারক বা নির্দেশক ক্রিয়াভাব। **subjunctive mood**—ঘটনান্তরাপেক্ষিত বা সংযোজক ক্রিয়াভাব। [see *mode*]

mood$_2$ [mōōd, মূড্] *n.* temporary state of the mind, সাময়িক মানসিক অবস্থা, মেজাজ (in a merry or melancholy *mood*)। **a man of moods**—যে ব্যক্তির মানসিক অবস্থা দ্রুত পরিবর্তিত হয়। *adv.* **mōō°dily**। *n.* **mōō°diness**। *a.* **mōō°dy**—বিষণ্ণ, খেয়ালি। [OE. *mod* = mind]

mooktar—alt. spell. of **mukhtar**.

moola(h)$_1$ [mōō°-la, মূ°ল্যা] var. of **mollah**.

moola(h)$_2$ [mōō°lŭ, মূ°লা] *n.* (sl.) money, (অশি.) টাকাকড়ি। [?]

moon [mōōn, মূন্] (**1**) *n.* a satellite, চন্দ্রগ্রহ, চন্দ্র, চাঁদ; a month, মাস; anything shaped like the moon or crescent, চন্দ্রাকার বা অর্ধ-চন্দ্রাকার বস্তু। (**2**) *v.i.* to wander about or gaze vacantly, ইতস্ততঃ ঘুরিয়া বেড়ান বা শূন্য-দৃষ্টিতে হাঁ করিয়া তাকাইয়া থাকা। **full moon**—পূর্ণিমা। **horns of the moon**—চন্দ্রকলাশৃঙ্গ। **hunter's moon**—পূর্ণিমার চাঁদ; কার্তিকমাসের পূর্ণচন্দ্র। **new moon**—অমাবস্যা। **(to) cry for the moon**—অসম্ভব কিছু দাবি করা, অসম্ভব কিছুর জন্য বায়না ধরা, (তু.) চাঁদ পাড়িয়া দিবার জন্য বায়না ধরা। *n.* **mōōn°-beam, mōōn°light**—চাঁদের আলো, চন্দ্রকিরণ, জ্যোৎস্না। **moonlight flitting**—বাকি ভাড়া প্রভৃতি না দিয়া রাত্রিযোগে পলায়ন। *n.* **moon°calf**—আজন্ম নির্বোধ। *n.* **mōōn°-car**—চন্দ্রপৃষ্ঠে চলাফেরার জন্য বৈজ্ঞানিক যান। *a.* **mōōn°lėss**—চন্দ্রালোকহীন। *a.* **mōōn°lit**—চন্দ্রালোকিত, জ্যোৎস্নাপূর্ণ, চাঁদিনী। *n.* **mōōn°man**—চন্দ্রলোকবাসী; চন্দ্রপৃষ্ঠে ভ্রমণকারী মানুষ; (শিথি.) চন্দ্রাভিযাত্রী। *n.* **mōōn°rīse**—চন্দ্রোদয়। *n.* **mōōn°set**—চন্দ্রাস্ত। *n.* **mōōn°shīne**—চাঁদের দীপ্তি; (আল.) অসার বা অলীক আড়ম্বর, ফাঁকি। *n.* **mōōn°stōne**—চন্দ্রকান্তমণি। *a.* **mōōn°struck**—চন্দ্রাহত, উন্মত্ত, খেপা। *a.* **mōō°ny**—চন্দ্রসংক্রান্ত; চন্দ্রবৎ; অর্ধচন্দ্রাকার; চন্দ্রাকার; গোল ও উজ্জ্বল; চন্দ্রালোকিত; ইতস্ততঃ ঘুরিয়া বেড়ানর বা শূন্যদৃষ্টিতে হাঁ করিয়া তাকাইয়া থাকার স্বভাববিশিষ্ট; স্বপ্নালু; নির্বোধ। [OE. *mona*—cp. G. *mond*, Gk. *men*]

moonshee—alt. spell. of **munshi**.

moor$_1$ [mooa(r), মুয়্যা(র্)] *n.* a wide tract of waste land, বিস্তীর্ণ পতিত জমি, প্রান্তর, মাঠ। *n.* **moor°-cock**—মেঠো মোরগ; জলমোরগ। *fem.* **moor°-hen**। *n.* **moor°-fowl, moor°-gāme**—জঙ্গলী হাঁসবিশেষ। *a.* **moor°ish, moor°y**—প্রান্তরতুল্য; নিষ্ফলা; জলাপূর্ণ। *n.* **moor°land**—পতিত জমি, মাঠ; প্রান্তরপূর্ণ দেশ। [OE. *mor*]

moor$_2$ [mooar(r), মুয়্যা(র্)] *v.t.i.* to fasten by cable or anchor, (জাহাজ নৌকা প্রভৃতিকে) নঙ্গর বা কাছি দিয়া বাঁধা। *n.* **moor°āge**—নঙ্গরাবদ্ধ অবস্থা; নঙ্গরাবদ্ধ করা; নঙ্গর করার জন্য দেয় মাসুল; নঙ্গর করার স্থান। *n.* **moor°ing**—নঙ্গরাবদ্ধ করা; নঙ্গর; নঙ্গর বাঁধার কাছি; (in *pl.*) নঙ্গর করার স্থান; [OE. *maerels* = mooring-rope ?—cp. M. Du. *maren*]

Moor$_3$ [mooa(r), মুয়্যা(র্)] *n.* a member of a race of North-West Africa, উত্তর-পশ্চিম আফ্রিকার জাতিবিশেষের অন্তর্ভুক্ত ব্যক্তি; মুর; a dark-coloured person, কৃষ্ণবর্ণ ব্যক্তি, a negro, নিগ্রো। *fem.* **Moor°ėss**। *a.* **Moor°ish**—মুর-সংক্রান্ত; মুর-তুল্য; কৃষ্ণবর্ণ। [F. *More* < L. *Maurus* < Gk. *Maurof* = black]

moose [mōōs, মূস্] *n.* the American elk, আমেরিকার চমরী গাই। [Algonquian *moos*]

moot [mōōt, মূট্] (**1**) *n.* (ori.) a meeting, (মূলতঃ) সভা; a legislative assembly or court, ব্যবস্থাপরিষৎ বা বিচারালয়; discussion, আলোচনা; a law student's discussion of a hypothetical case, আইনশাস্ত্রের ছাত্রগণ কর্তৃক কল্পিত মকদ্দমাসম্বন্ধে আলোচনা। (**2**) *v.t.i.* to argue or plead, তর্কবিতর্ক করা, সওয়াল করা। (**3**) *v.t.* to propose for discussion, আলোচনার বিষয়ীভূত করার জন্য উত্থাপন করা বা প্রস্তাব করা। (4) *a.* debatable, তর্কযোগ্য। **moot case**—আইনের ছাত্রগণ কর্তৃক আলোচনার জন্য কল্পিত মকদ্দমা। *n.* **mōōt-court**—আইনের ছাত্রগণ কর্তৃক কল্পিত মকদ্দমাসম্বন্ধে আলোচনা করার জন্য নির্দিষ্ট স্থান। **moot point**—অমীমাংসিত প্রশ্ন বা সমস্যা। [OE. *(ge)mot(n.)*, *motian (v.)*—cp. OE. *metan*=to meet]

mop₁ [mop, মপ্] (**1**) *n.* a bunch of rags etc., on the end of a stick for cleaning, লাঠির মাথায় নেকড়া প্রভৃতি বাঁধিয়া তৈয়ারি ঝাড়ু বা ঝাড়ন; a thick head of hair, ঘন চুলে ভরা মাথা; an act of cleaning with a mop, উক্ত ঝাড়ন দিয়া পরিষ্কারকরণ। (**2**) *v.t.* to clean with a mop, উক্ত ঝাড়ন দিয়া পরিষ্কার করা। *pr. pt.* **mo°pping** । *p.* & *p. pt.* **mo°pped** । **mops and brooms**—অর্ধ-মাতাল; অপ্রকৃতিস্থ। **(to) mop the floor with one**—সম্পূর্ণ পরাভূত বা পর্যুদস্ত করা। **(to) mop up**—ঝাঁটাইয়া দূর করা; পরাজিত শত্রুবাহিনীর অবশিষ্ট সৈনিকদিগকে খুঁজিয়া বাহির করিয়া গ্রেপ্তার করা বা শাস্তি দেওয়া বা বধ করা। *a.* **mop°-hea°ded**—ঘন আলুথালু চুলে ভরা মাথাওয়ালা। *n.* **mop°-stick**—ঝাড়নের লাঠি বা হাতল। *n.* **mop°-up°**—ঝাঁটাইয়া দূরীকরণ; পরাজিত শত্রুবাহিনীর অবশিষ্ট সৈনিকগণকে খুঁজিয়া বাহির করিয়া গ্রেপ্তার বা শাস্তিদান বা হত্যা। [OE. *mappe* ?<L. *mappa*=a napkin]

mop₂ [mop, মপ্] (**1**) *n.* grimace, মুখবিকৃতি, ভেংচি। (**2**) *v.i.* to grimace, মুখবিকৃতি করা। (*also* **to mop and mow**) । [Du. *moppen* (?)]

mope [mōp, মৌপ্] (**1**) *v.i.* to go aimlessly and listlessly, উদ্দেশ্যহীন ও অবসন্নভাবে চলা। (**2**) *v.t.i.* to make or become spiritless, নিস্তেজ করা বা হওয়া। *p.* & *p. pt.* **mō°ped** । (**3**) *n.* a listless person, অবসন্ন ব্যক্তি; (esp. in *pl.*) moping, নিস্তেজ অবস্থা (to suffer from the *mopes*) । *adv.* **mō°pingly** । *a.* **mō°pish**—নীরস; নিস্তেজ। [?]

moraine [mŏ-rān°, মোরেইন্°] *n.* a continuous marginal line of debris borne by a glacier, হিমবাহের পলিদ্বারা সৃষ্ট প্রান্তিক রেখা, (পরি.) গ্রাবরেখা। [F.]

moral [mo°r(a)l, ম°র্‌ল্] (**1**) *a.* of character or conduct considered as good or evil, নৈতিক চরিত্রের বা স্বভাবের ভালমন্দ বিচারসংক্রান্ত; ethical, ন্যায়-অন্যায়ের বিচারসংক্রান্ত, নৈতিক; righteous, virtuous, chaste, ন্যায়পরায়ণ, ধার্মিক, সৎ, সচ্চরিত্র (to live a *moral* life) । (**2**) *n.* the teaching of a book, lesson or incident, গ্রন্থাদিতে প্রদত্ত উপদেশ বা নীতি; (in *pl.*) moral conduct, (প্রধানতঃ যৌন ব্যাপারে) কোন ব্যক্তির বা জাতির নৈতিক চরিত্র, জিতেন্দ্রিয়তা (a man of high or loose *morals*); ethics, নীতিশাস্ত্র। **moral agent**—নীতিবিজ্ঞানদ্বারা চালিত ব্যক্তি। **a moral certainty**—যে সম্ভাবনা এত প্রবল যে নিশ্চিত সত্য বলিয়া মনে করা যাইতে পারে। **moral courage**—নিন্দা ও উপহাসের সম্মুখীন হইবার সৎ-সাহস। **moral defeat**—যে জয় বস্তুতঃ পরাজয়েরই শামিল। **moral faculty**—নৈতিক শক্তি, ন্যায়-অন্যায় বিচারের শক্তি। **moral law**—নৈতিক নিয়ম বা অনুশাসন। **moral philosophy**—নীতিশাস্ত্র। **moral sense**—নৈতিক ন্যায়-অন্যায় বিচারের শক্তি। **moral support**—নৈতিক সমর্থন। **moral victory**—যে পরাজয় বস্তুতঃ জয় রূপে গণ্য হইবার যোগ্য। *n.* **morale** [mo-rŭl°] (সৈনিকাদির) শৃঙ্খলা ও আত্মবিশ্বাসের নৈতিক অবস্থা বা শক্তি [F. *moral*] *n.* **moralism** [mo°-ra-lizm, ম°র‍্যা-লিজ়্‌ম্] উপদেশ-বাণী, নীতিবাণী, নীতি, নৈতিক উপদেশ; নৈতিকতা। *n.* **mo°ralist**—নৈতিক উপদেষ্টা; নৈতিক চরিত্রবান্ ব্যক্তি; নীতিবাদী (কিন্তু ধর্মপালনকারী নহে) ব্যক্তি। *a.* **mora°listic**—নীতিবাদী। *n.* **morality** [ma-ra-°li-ti, ম্যার‍্যা°-লিটি] নৈতিকতা; ন্যায়পরায়ণতা; ধার্মিকতা; সততা; জিতেন্দ্রিয়তা; কর্তব্যপালন; নীতি; নীতি-শাস্ত্র; মধ্যযুগের নীতিপূর্ণ ইংরেজি নাটকবিশেষ (also **mora°lity-play**) । *n.* **moralizā°tion** । **moralize** [mo°ra-līz, ম°র‍্যালাইজ়্] (**1**) *v.t.* নৈতিক উদ্দেশ্য প্রয়োগ করা; নৈতিক দিক্ দিয়া ব্যাখ্যা করা বা বিচার করা; নীতিসম্মত বা নীতিবাদী করা। (**2**) *v.i.* নৈতিক বিষয়ে বলা বক্তৃতা করা লেখা বা চিন্তা করা। *adv.* **mo°rally**—নীতিসম্মতভাবে, নৈতিকভাবে; সর্বতোভাবে, বস্তুতঃ। [L. *moralis*]

morass [ma-răs°, ম্যার‍্যাস্°] *n.* marsh, জলাভূমি। [Du. *moeras*<OF. *maresc*]

moratorium [mo-ra-taw°ri-am, মর‍্যাটা°রি-অ্যাম্] *n.* legal authorization to suspend payments, প্রাপ্য অর্থাদির প্রদান স্থগিত রাখার জন্য আইনবলে প্রাপ্ত (আপৎকালিক) অধিকার (the bank declared *moratorium*) । [L.<*mora*=delay]

Moravian [ma-rā°-vi-an, ম্যারেই°ভিঅ্যান্] (**1**) *a.* of Moravia, মরেইভিআ-দেশীয়। (**2**) *n.* native of Moravia, মরেইভিআর লোক।

morbid [maw(r)°-bid, ম্য(র্)°বিড্] *a.* sickly, রোগগ্রস্ত, রুগ্ণ; unwholesome, অস্বাস্থ্যকর (a *morbid* imagination); melancholy, মন-মরা, বিষাদগ্রস্ত; of, or indicative of, disease, রোগসংক্রান্ত, রোগলক্ষণপূর্ণ। *n.* **morbi°dity** । *n.* **mor°bidness** । *adv.* **mor°bidly** । [L. *morbidus*]

mordant [maw(r)°d(a)nt, ম্য(র্)°ড্‌ন্ট্] (**1**) *a.* biting, (বেদনা ব্যঙ্গ প্রভৃতি সম্বন্ধে) তীক্ষ্ণ, তীব্র (*mordant* criticism); corrosive or cleansing, (অ্যাসিড-সম্বন্ধে) ক্ষয়কর বা পরিষ্কারক; serving to fix dyes, paints, gold-leaf, etc., রঙ্ সোনার পাত প্রভৃতি আটকাইয়া রাখে এমন। (**2**) *n.* a mordant substance, ক্ষয়কর বা পরিষ্কারক পদার্থ, রঙ সোনার পাত প্রভৃতি আটকাইয়া রাখার জন্য আঠা-বিশেষ। [L. *mordere*=to bite]

more [maw(r), ম্য(র্)] (**1**) *a.* in greater number or quantity, অধিকতর সংখ্যাবিশিষ্ট বা পরিমাণবিশিষ্ট ; (rare) greater in size or importance, (বিরল) বৃহত্তর, অধিকতর গুরুত্বপূর্ণ, গুরুতর ; additional, অতিরিক্ত ; other besides, এতদতিরিক্ত। (**2**) *adv.* to a greater degree, অধিকতর মাত্রায় ; rather, বরং ; again, পুনরায় ; longer, দীর্ঘতর কাল ব্যাপিয়া, দীর্ঘতরভাবে ; further, besides, আরও, অধিকন্তু। (**3**) *n.* a greater thing, বৃহত্তর বস্তু ; something further or additional, আরও বা অতিরিক্ত বস্তু।—cp. **many, much, most**। **and what is more**—এবং ইহার অপেক্ষাও যাহা গুরুতর (তাহা হইল)। **any more**—আরও কিছু, অতিরিক্ত কিছু ; আরও। **more and more**—ক্রমেই অধিকতর, ক্রমেই বর্ধমান। **more or less**—প্রায় ; মোটামুটি। **no more**—আর কিছু নহে, আর নহে ; আর কখনও নহে ; আর বিদ্যমান নাই ; মৃত। [OE. *mara*=greater]

moreen [mo-ren°, মরীন্°] *n.* a stout stuff, often watered, পরদার কাপড়বিশেষ : ইহা প্রায়ই জলে ভেজান হয়। [?]

morel [mo-rel°, মরেল্°] *n.* an edible fungus, ভক্ষ্য ছত্রাকবিশেষ। [F. *morille*]

moreover [maw-ro°-va(r) ম্যরৌ°ভ্যা(র্)] *adv.* further, besides, আরও, অধিকন্তু। [*more, over*]

mores (mo°-rez, মৌ°রীজ্] *n. pl.* customs, রীতিনীতি, প্রথা ; manners, চালচলন, আচার-আচরণ। [L.]

Moresque [mo-resk°, মরেস্ক্°] *a.* Moorish in style, মুরজাতির রীতি-অনুযায়ী। [F.<It. *Moresco*=Moorish]

morganatic [maw(r)-ga-na°-tik, ম্য(র্)গ্যাস্ট্যা°টিক্] *a.* (of marriage) performed between a man of high rank and a woman of lower rank, (বিবাহসম্বন্ধে) উচ্চ সামাজিক মর্যাদাসম্পন্ন পুরুষ এবং নিম্নতর সামাজিক মর্যাদাসম্পন্ন নারীর মধ্যে অনুষ্ঠিত (এরূপ বিবাহে পত্নী স্বামীর মর্যাদার অধিকারিণী হয় না এবং সন্তানগণ পিতার সম্পত্তি খেতাব প্রভৃতি ভোগ করিতে পারে না), (তু.) অনুলোম। [LL. *morganatica*=a bridegroom's gift to his bride]

morgue [maw(r)g, ম্য(র্)গ্] *n.* a place where dead bodies are laid out for identification, হাসপাতালাদির যে কক্ষে মৃতদেহসমূহ শনাক্তকরণের জন্য রাখা হয়, (পরি.) শবাগার। [F.]

moribund [mo°-ri-bund, ম°রিবান্ড্] *a.* about to die or perish, মৃতপ্রায়, মরণোন্মুখ, ধ্বংসোন্মুখ (the firm is in a *moribund* condition)। [L. *moribundus*]

Morisco [mo-ris°-ko, মরিস্°কৌ] *n.* a Moor, (প্রধানতঃ স্পেইনদেশীয়) মুর। [Sp.]

morn [maw(r)n, ম্য(র্)ন্] *n.* (poet.) morning, (কাব্য.) সকালবেলা, প্রভাত। [ME. *morwen*< OE. *morgen*]

morning [maw(r)°-ning, ম্য(র্)°নিং] *n.* the early part of the day, সকালবেলা, প্রভাত ; the early part of anything, প্রারম্ভিক অংশ, শৈশব। **morning dress**—প্রভাতে পরিধেয় পোশাক, প্রভাতী পোশাক। **morning gift**—বিবাহের পরদিন প্রভাতে স্বামী কর্তৃক স্ত্রীকে প্রদত্ত উপহার। **morning glory**—পুষ্পবৃক্ষবিশেষ। **morning prayer**—প্রভাতকালীন প্রার্থনা। **morning sickness**—গর্ভিণী নারীর প্রাথমিক অবস্থায় প্রভাতকালীন বমি-বমি ভাব। **morning star**—শুকতারা ; শুক্রগ্রহ। [contr. of ME. *morwening*—cp. *morn*]

morocco [ma-ro°-ko, ম্যার°কৌ] *n.* a fine goat-skin leather, (মূলতঃ মরক্কোদেশীয়) উৎকৃষ্ট ছাগচর্মবিশেষ (also **morocco leather**)।

moron [maw°-ron, ম্য°রন্] *n.* a feeble-minded person, অপরিণত বা ক্ষীণ চিত্তবৃত্তিসম্পন্ন ব্যক্তি ; (loos.) an idiot, (শিথি.) জড়বুদ্ধি ব্যক্তি। *a.* **moronic** [ma-ro°-nik, ম্যার°নিক্] অপরিণত বা ক্ষীণ চিত্তবৃত্তিসম্পন্ন ; (শিথি.) জড়বুদ্ধি। [neut. of Gk. *moros*=dull]

morose [ma-ros°, ম্যারৌস্°] *a.* sour-tempered, খিট্‌খিটে মেজাজবিশিষ্ট ; sullen, বিষণ্ণ। *adv.* **morose°ly**। *n.* **morose°ness**। [L. *morosus*]

Morpheus [maw(r)°fus, ম্য(র্)°ফিউস্] *n.* the Greek god of dreams or sleep, গ্রীকদের স্বপ্নের বা নিদ্রার অধিদেবতা। [Gk.]

morphia [maw(r)°-fi-a, ম্য(র্)°ফিয়্যা], **morphine** [maw(r)°-fen, ম্য(র্)ফীন্] *n.* a narcotic principle of opium, আফিমজাত নিদ্রা-উদ্রেককর পদার্থবিশেষ। [see *Morpheus*]

morphology [maw(r)-fo°-la-ji, ম্য(র্)ফ°ল্যাজি] *n.* the science of form, (পরি.) অঙ্গসংস্থানবিদ্যা। *a.* **morphologic** [maw(r)-fa-lo°-jik, ম্য(র্)ফ্যাল°জিক্], **morpholo°gical**—অঙ্গসংস্থানসংক্রান্ত। *n.* **morpho°logist**—অঙ্গসংস্থানবিৎ। [Gk. *morphe*=form, *logos*=science]

morris [mo°-ris, ম°রিস্] *n* a dance with bells, cudgels, etc., (প্রধানতঃ Robin Hood-গল্পের চরিত্রাদির ভূমিকাগ্রহণপূর্বক) ঘণ্টা লাঠিসোটা প্রভৃতি লইয়া নৃত্যবিশেষ (also **morris dance**)। [see *Moorish*]

morrow [mo°ro, ম°রৌ] *n.* to-morrow ; আগামীকল্য ; the next day, পরদিন। [ME. *morwe*< *morwen*—cp. *morn*]

morse$_1$ [maw(r)s, ম্য(র্)স্] *n.* the walrus, জলহস্তী। [Lapp *morsa*]

Morse$_2$ [maw(r)s, ম্য(র্)স্] (**1**) *n.* a system of signalling by code, টেলিগ্রাফ প্রভৃতিতে ব্যবহৃত সাঙ্কেতিক জ্ঞাপনপ্রণালীবিশেষ। (**2**) *a.* of this system, উক্ত প্রণালীগত (also **Morse Code**)। [inventor's name]

morsel [maw(r)°s(a)l, ম্য(র্)°স্‌ল্] *n.* a bite or mouthful, এক কামড় বা গ্রাস ; a small piece of food, এক টুকরা খাবার, যৎকিঞ্চিৎ খাদ্য। [OF. <L. *morsus*<*mordere*=to bite]

mortal [maw(r)°tl, ম্য(র্)°ট্‌ল্] (**1**) *a.* liable to death, মরণশীল, মর; causing death, deadly, মারাত্মক, সাঙ্ঘাতিক; fatal, প্রাণঘাতী (a *mortal* injury); human, মানবীয়; (coll.) very great, (কথ্য.) প্রকাণ্ড। (**2**) *n.* a human being, মানুষ, মরমানব (fallible *mortals*)। *n.* **morta°lity**—মরণশীলতা, নশ্বরতা; মৃত্যু; মৃত্যুর হার; মানবজাতি। *adv.* **mor°tally**। [L.*mortalis*<*mori*=to die]

mortar [maw(r)°-ta(r), ম্য(র্)°টা্য(র্)] (**1**) *n.* a vessel in which things are pounded with a pestle, হামানদিস্তার হামান, খল; a contrivance for throwing a heavy shell, bomb, etc., গোলা বোমা প্রভৃতি নিক্ষেপের যন্ত্রবিশেষ; mixture of lime, sand and water, আস্তর করার জন্য চুন বালি ও জলের মিশ্র। (**2**) *v.t.* to plaster with mortar, চুন বালি ও জলের মিশ্র-দ্বারা আস্তর করা। **bricks and mortar**—ইট ও চুনসুরকি-দ্বারা তৈয়ারী বাড়ি, পাকাবাড়ি। [OE. *mortere*<L. *mortarium*=a mortar]

mortgage [maw(r)°-gij, ম্য(র্)°গিজ্] (**1**) *n.* a conveyance of property as a security for debt until money is repaid, বন্ধক, মর্টগেজ্। (**2**) *v.t.* to pledge as security for a debt, বন্ধক বা মর্টগেজ দেওয়া। **(to) be mortgaged up to the hilt**—সব-কিছু বা সম্পত্তি বন্ধকরূপে গচ্ছিত হওয়া (তু. দেনার দায়ে মাথা বাঁধা)। *n.* **mortgagee** [maw(r)-ga-zē°, ম্য(র্)গ্যাজ়ী°] যাহার কাছে বন্ধক দেওয়া হয়। *n.* **mort°gāgor**—বন্ধকদাতা। [OF.<*mort*=dead, *gage*=a pledge]

mortice—alt. spell. of **mortise.**

mortician [maw(r)-ti°-sh(a)n, ম্য(র্)টি°শ্‌ন্] *n.* undertaker, অন্ত্যেষ্টিক্রিয়াসম্পাদক। [L. *mors, mortis*=death]

mortify [maw(r)°ti-fī, ম্য(র্)°টিফাই] (**1**) *v.t.* to deaden, বিবশ বা বিকল করা; to subdue by severities and penance, কৃচ্ছ্রসাধন ও অনুতাপের দ্বারা দমন করা; to vex in a humiliating way, অপমানজনকভাবে উৎপীড়ন করা বা যন্ত্রণা দেওয়া। (**2**) *v.i.* to gangrene, পচনশীল হওয়া; to be subdued, দমিত হওয়া; to practise asceticism, কৃচ্ছ্রসাধন করা। *n.* **mor°tificā°tion**—mortify-এর সকল অর্থে, এবং—মনস্তাপ; যন্ত্রণা, বিরাগ, বিরক্তি; দেহের কোন অঙ্গের পচন। *n.* **mor°tifier**। *a.* **mor°tifying**—বিবশ করে এমন; কৃচ্ছ্রসাধন ও অনুতাপের দ্বারা দমন করে এমন; উৎপীড়ক, যন্ত্রণাদায়ক। [F. *mortifier*<LL. *mortificare*=to cause death]

mortise, [maw(r)°-tis, ম্য(র্)°টিস্] (**1**) *n.* a hole made to receive a tenon, কাঠের ফ্রেম প্রভৃতির খিলেন বা ঘাট বা খাঁজ। (**2**) *v.t.* to cut a mortise in, উক্ত খিলেন বা ঘাট কাটা; to join by a mortise, ঘাটে আটকাইয়া দেওয়া (to *mortise* one beam to another)। *p.* & *p. pt.* **mor°-tised**। [F. *mortaise*]

mortmain [maw(r)t°-mān, ম্য(র্)ট্°মেইন্] *n.* inalienable transfer of property to a corporation, পুনরায় হস্তান্তরিত করা যাইবে না এমনভাবে কোন সঙ্ঘকে সম্পত্তি হস্তান্তরণ। **statutes of mortmain**—ধর্মসঙ্ঘাদিতে সম্পত্তিদানবিরোধী আইন, দেবত্রবিরোধী আইন। [F. *morte*=dead, *main*<L. *manus*=hand]

mortuary [maw(r)°tū(a)ri, ম্য(র্)°টিউরি] (**1**) *a.* of death or burial, মৃত্যু বা সমাধি-সংক্রান্ত। (**2**) *n.* a place for the temporary reception of the dead, সাময়িকভাবে শবদেহ রাখার স্থান বা শবাগার। [L. *mortuarius*<*mortuus*=dead]

mosaic$_1$ [ma-zā°-ik, ম্যাজ়েই°ইক্] *n.* the fitting together in a design of small pieces of coloured marble, glass, etc., রঙীন মর্মরপ্রস্তর কাচ প্রভৃতির টুকরা জোড়া দিয়া আস্তরণ; anything of similar appearance, অনুরূপ চেহারার বস্তু। **mosaic gold**—তামা ও দস্তার মিশ্র। [F. *mosaique*<LL. *mosaicum*<Gk. *mousa*=a muse]

Mosaic$_2$ [ma-zā°-ik, ম্যাজ়েই°ইক্] *a.* of Moses, ইহুদিদের অন্যতম ধর্মগুরু মোজেজ্-সংক্রান্ত। **Mosaic Law**—সিনাই-পর্বতে মোজেজ্ কর্তৃক প্রণীত অনুশাসন।

Mosasauru(o)s [mō-sa-saw°-ras, মৌস্যাস°-র‍্যাস্] *n.* a gigantic marine reptile (now extinct), (অধুনালুপ্ত) বিরাটাকার সামুদ্রিক সরীসৃপ। [L. *Mosa* (river Meuse near which it was first found)]

mosey [mō°-zi, মৌ°জ়ি] *v.i.* to move or walk along gently or aimlessly, ধীরে বা উদ্দেশ্যহীনভাবে পথ চলা। [?]

Moslem [moz°-lem, মজ়্°লেম্] *n.* same as **Muslim.**

mosque [mosk, মস্ক্] *n.* a Mohammedan place of worship, মসজেদ। [F. *mosquée*<It. *moschea*<Ar. *masjid*]

mosquito [mas-kē-tō, ম্যাস্কী°টৌ] *n.* a gnat, মশা। *pl.* **mosqui°tō(e)s**। **mosquito curtain** or **net**—মশারি। *n.* **mos°quito-craft**—সহজে চালনীয় ক্ষুদ্র রণতরিবিশেষ। *n.* **mos°quito-plāne**—সহজে চালনীয় ক্ষুদ্র যুদ্ধবিমানবিশেষ। [Sp. <*mosca*=a fly<L. *musca*]

moss [mos, মস্] *n.* boggy ground, জলাভূমি; kinds of small plant growing on moist surfaces, শেওলা, পানা। *a.* **moss°-grown**—শেওলা-ঢাকা; শেওলা-পড়া। *n.* **mo°ssinėss**। *a.* **mo°ssy**—শেওলাভরা। [OE. *mos*—cp. Du. *mos*, G. *moos*]

most [mōst, মৌস্ট্] (**1**) *a.* greatest in number, quantity, size, etc., সর্বাধিক, বৃহত্তম। (**2**) *adv.* in the highest degree, সর্বাধিক মাত্রায়, সবচেয়ে বেশি (a *most* useful book); almost,

প্রায় ।—cp. **many, much** । (3) *n.* the greatest number or quantity, সর্বাধিক সংখ্যা বা পরিমাণ (his performance is better than *most*) । **at (the) most, at the very most**—খুব বেশি হইলে, বড় জোর । **for the most part**—অধিকাংশ ক্ষেত্রে ; প্রধানতঃ । **(to) make the most of**—(সুযোগাদির) পূর্ণ সদ্ব্যবহার করা । *adv.* **mōst°ly**—অধিকাংশ ক্ষেত্রে ; প্রায়শঃ । [OE. *maest*—cp. G. *meist*]

mot [mot, মট্, mō, মৌ] *n.* a hunter's horn-call, শিকারির শিঙা-ধ্বনি ; a pithy or witty saying, ক্ষুদ্র সরস উক্তি । [F.<L. *muttum*=a murmur]

mote [mōt, মৌট্] *n.* a particle of dust, ধুলি-কণা । [OE. *mot*—cp. Du. *mot*]

motel [mō-tel°, মৌটেল্°] *n.* a hotel having accommodation for people and also their motor-cars, যে হোটেলে লোকদের এবং তাহাদের মোটরসমূহের থাকার ব্যবস্থা আছে । [coined by combining *motor* and *hotel*]

moth [moth, মথ্] *n.* a cloth-eating insect, কাপড়-কাটা পোকা ; a nocturnal insect, প্রজাপতিবৎ রাত্রিচর পতঙ্গবিশেষ, দেয়ালি পোকা, আলো-পতঙ্গ । *n.* **moth°-ball**—জামাকাপড় পোকা হইতে বাঁচাইবার জন্য তাহাতে কর্পূর ন্যাপথ্যালীন প্রভৃতির যে গুলি দিয়া রাখা হয় । **in moth balls**—(জাহাজ বিমানপোত প্রভৃতি সম্বন্ধে) ব্যবহার না করিয়া ফেলিয়া রাখা হইয়াছে এমন । *a.* **moth°-eaten**—(বস্ত্রাদি-সম্পর্কে) পোকায়-খাওয়া । [OF. *mo(th)the*—cp. G. *motte*]

mother [mu°-dh(a)r, মা°দ্যা(র্) (1) *n.* female parent, মা, মাতা, জননী ; a matron, প্রাচীনা স্ত্রীলোক ; that which has produced anything, জন্মদাত্রী, প্রসূতি, উৎপাদিকা ; the female head of an establishment, কোন প্রতিষ্ঠানের (বিশেষতঃ ধর্ম-প্রতিষ্ঠানের) কর্ত্রী, আশ্রমপালিকা ; an ancestress, পূর্বপুরুষের পত্নী, মা ঠাকুরমা প্রভৃতি ; step-mother, বিমাতা ; mother-in-law, শাশুড়ি, foster-mother, ধাত্রী, পালয়িত্রী । (2) *v.t.* to give birth to, জন্মদান করা ; to adopt or treat as a son or daughter, (কাহারও) মা হওয়া বা (কাহারও প্রতি) মাতৃবৎ আচরণ করা ; to foster, পালন করা ; to attribute maternity, মাতৃত্ব আরোপ করা । **every mother's son**—ব্যতিক্রম বিনা সকলেই । **Mother Hubbard**—স্ত্রীলোকের ঢিলা গাউন বা আঙরাখাবিশেষ । *n.* **mo°ther-cell°**—(জীব.) যে কোষ হইতে অন্যান্য কোষ উৎপন্ন হয়, মূলকোষ । *n.* **mo°ther-church**—মূল বা প্রধান গির্জা । *n.* **mo°ther-ci°ty**—ঔপনিবেশিকদের স্বদেশ । *n.* **mo°ther-coun°try**—same as **mother-city** and **motherland** । *n.* **mo°thercraft**—সন্তানপালনবিদ্যা । *n.* **mo°therhood**—মাতৃত্ব । *n.* **mo°ther-in-law**—শাশুড়ি । *n.* **mo°therland**—জন্মভূমি, মাতৃভূমি, স্বদেশ । *a.* **mo°therless**—মাতৃহীন । *a.* **mo°therlike**—মাতৃসদৃশ । *n.* **mo°therliness** । *a.* **mo°therly**—মাতৃবৎ ; মাতৃসুলভ স্নেহাদিতে পূর্ণ । *n.* **mother-of-pearl** [mu°-dhra(v)pa(r)l°, মা°দ্র্যা(ভ্)প্যা-(র্)ল্°] শুক্তিমধ্যস্থ যে অংশ মুক্তায় পরিণত হয়, মৌক্তিক । *n.* **mo°ther-ship**—যে জাহাজ হইতে অন্য জাহাজসমূহকে খালপত্র ও খাদ্যাদি সরবরাহ করা হয় । *n.* **mo°ther-tongue**—মাতৃভাষা । *n.* **mo°ther-wit**—স্বাভাবিক বুদ্ধি । [OE. *modor*—cp. Du. *moeder*, G. *mutter*, L. *mater*, Sans. *matri*]

motif [mō-tēf°, মৌটীফ্°] *n.* a theme, বিষয়বস্তু ; an element in a composition, (সাহিত্য সঙ্গীত প্রভৃতি) রচনাদির উপাদান ; an ornament on a woman's dress, স্ত্রীলোকের পোশাকে আঁটিবার জন্য লেস প্রভৃতি অলঙ্কার । [F.—cp. *motive*]

motile [mō°tīl, মৌ°টাইল্] *a.* capable of moving spontaneously, আপনা-আপনি চলিতে সক্ষম, স্বয়ংচল । *n.* **mōti°lity** । [L. *motus*=movement]

motion [mō°sh(a)n, মৌশ্ন্] (1) *n.* the act, state or manner of moving, চলন, গতি, গতিশীল অবস্থা, চলার ধরন ; a gesture, ইশারা, ভঙ্গি ; a natural impulse, স্বাভাবিক প্রেরণা ; a feeling, অনুভূতি ; an emotion, আবেগ ; a prompting or urging, প্রণোদন ; an application to a judge or court for a rule, বিচারকের বা আদালতের নির্দেশের জন্য আবেদন, ছানির আবেদন ; a formal proposal put before a legislative assembly or a meeting, ব্যবস্থাপক-সভায় বা অন্য কোন সভায় উত্থাপিত প্রস্তাব (the *motion* was carried by a majority of ten votes) ; evacuation of bowels, মলত্যাগ, কোষ্ঠশুদ্ধি । (2) *v.t.* to direct or indicate by a gesture, ইশারা করা বা ইশারা করিয়া দেখান (he *motioned* me to sit down) । (3) *v.t.i.* to move or propose, প্রস্তাব উত্থাপন করা । **motion study**—কারখানাদির কাজকর্মের সহজতর ও দ্রুততর পন্থা-নিরূপণার্থ বিশেষজ্ঞ কর্তৃক কর্মরত শ্রমিকদের চলাফেরা পর্যবেক্ষণ । **(to) go through the motion**—অঙ্গভঙ্গির দ্বারা অনুকরণ বা নকল করা ; ভান করা ; ঢিলা-ঢালাভাবে বা গা না ঘামাইয়া কোন কার্যাদি সম্পাদন করা । **(to) put** or **set in motion**—চালু করা ; সক্রিয় করা । *a.* **mō°tionless**—গতিহীন, নিশ্চল ; স্থির, নিথর । *n.* **mō°tion-pic°ture**—চলচ্চিত্র, ছায়াছবি । [F.<L. *motionem*]

motive [mō°-tiv, মৌ°টিভ্] (1) *n.* an incitement of the will, উদ্দেশ্য, প্রেরণা ; a motif, বিষয়বস্তু, (সাহিত্য সঙ্গীত প্রভৃতি) রচনার উপাদান । (2) *a.* causing motion, গতিদায়ক, বেগদায়ক ; having the quality of initiating action, উদ্দেশ্যমূলক, প্রেরণাদায়ক । (3) *v.t.* to motivate, প্রেরণা জোগান । **motive power**—ক্রিয়াশক্তি ; চালকশক্তি । *v.t.* **mō°tivāte**—প্রেরণা জোগান ;

অনুপ্রাণিত বা প্ররোচিত করা। *p.* & *p. pt.* **mō°tivātėd**। *n.* **motivā°tion**—(পরি.) প্রেষণা। *a.* **mō°tivelėss**—উদ্দেশ্যহীন। [LL. *motivus*]

motley [mot°-li, মট্‌°লি] (1) *a.* particoloured, বহুবর্ণ; heterogeneous, বিবিধ। (2) *n.* particoloured garb, (প্রধানতঃ ভাঁড়ের) বহুবর্ণ পোশাক। **(to) wear (the) motley**—ভাঁড়ের অভিনয় করা। [?]

motor [mō°-ta(r), মৌ°ট্যা(র্)] (1) *n.* that which gives motion, গতিদায়ক বস্তু; a machine supplying energy, চালকযন্ত্র, মোটর; a motor-car, মোটরগাড়ি; a muscle or a nerve, concerned in bodily movement, অঙ্গপ্রত্যঙ্গের সঞ্চালন-সহায়ক মাংসপেশী বা স্নায়ু। (2) *a.* giving motion, গতিদায়ক; motor-driven, চালকযন্ত্র-দ্বারা চালিত, মোটর-দ্বারা চালিত; of motor vehicles, মোটরগাড়ি-সংক্রান্ত; of the transmission of impulses, প্রেরণাদানসংক্রান্ত; initiating bodily movement, অঙ্গসঞ্চালক; of muscular movement, পেশীসঞ্চালনসংক্রান্ত। (3) *v.t.i.* to convey or travel by a motor vehicle, মোটরে করিয়া লইয়া যাওয়া বা বেড়ান। *a.* **mō°tor-assistėd**—(বাইসিকল প্রভৃতি সম্বন্ধে) চালনার সুবিধার জন্য মোটর-যুক্ত। *n.* **mō°tor-bi°cycle, mō°tor-boat, mō°tor-bus, mō°tor-car, mō°tor-cy°cle, mō°tor-launch, mō°tor-lo°rry**—যথাক্রমে মোটর-সাইকেল, মোটর-বোট, বাস-গাড়ি, মোটর-গাড়ি, মোটর-সাইকেল, মোটর-লঞ্চ, লরি। *n.* **motorcade** [mō°ta(r)-kād, মৌ°ট্যা(র্)-কেইড্‌] মোটরগাড়ির শোভাযাত্রা। *n.* **mō°torist**—মোটর-চালক; মোটর-যাত্রী। *v.t.* **mō°torize**—(সৈন্যদলাদিকে) মোটর-গাড়ি লরি প্রভৃতিতে সজ্জিত করা। *n.* **mō°tor-man**—বৈদ্যুতিক ট্রাম ট্রেন প্রভৃতির মোটর অর্থাৎ চালকযন্ত্রের নিয়ন্ত্রক। *n.* **mō°torway**—মোটর চলাচলের উপযোগী অথবা তজ্জন্য নির্দিষ্ট রাজপথ। [L.]

mottle [mot°l, মট্‌°ল্‌] (1) *v.t.* to show various colours, বহুবর্ণে চিত্রবিচিত্র করা। (2) *n.* বহুবর্ণে চিত্রবিচিত্র চেহারা; two-coloured yarn or cloth, দোরোখা সুতা বা কাপড়। *a.* **mott°led**—বহুবর্ণে চিত্রবিচিত্র, কর্বুর। [<*motley* ?]

motto [mo°-tō, ম°টৌ] *n.* a short sentence or phrase adopted as a rule or principle, আদর্শ-বাণী, নীতিবাক্য। [It.<L. *muttio*=a murmur]

moujik—alt. spell. of **muzhik.**

mould₁ [mōld, মৌল্‌ড্‌] (1) *n.* a hollow receptacle for the casting of metals, ধাতু ঢালাই করার জন্য ছাঁচ বা কাঠাম; a formed surface for casting or shaping, ছাঁচ, চিতি; a thing formed in a mould, ছাঁচে তৈয়ারি বস্তু (যেমন, আসকে পিঠা, মোরব্বা প্রভৃতি); nature, প্রকৃতি (cast in heroic *mould*); form, গঠন, কাঠাম; a pattern, নমুনা, আদরা। (2) *v.t.* to knead, (ময়দা মাটি প্রভৃতি) মাখা বা চটকান; to shape, গঠন করা; to model, নমুনা বা আদরা তৈয়ারি করা। to form in a mould, ছাঁচে তৈয়ারি করা। *p.* & *p. pt.* **moul°dėd**। *n.* **moul°der**—ছাঁচকার, সঞ্চকী। *n.* **moul°ding**—ছাঁচ-নির্মাণ; ছাঁচে গঠন; ছাঁচে প্রস্তুত বস্তু; অট্টালিকাদির প্রাচীরগাত্রের কারুকার্যবিশেষ। [OE. *modle, molle*<L. *modulus*=a measure]

mould₂ [mōld, মৌল্‌ড্‌] *n.* loose earth, ঝুরো বা গুড়ো মাটি; earth of which the body is formed, জীবদেহ-গঠক মৃত্তিকা, ক্ষিতি; the earth of the grave, কবরের মাটি; soil rich in decayed matter; ধ্বংসপ্রাপ্ত জীবদেহাদিতে পূর্ণ মৃত্তিকা। *a.* **moul°dy**—উক্ত মৃত্তিকাতুল্য। [OE. *molde*—cp. Goth. *mulda*]

mould₃ [mōld, মৌল্‌ড্‌] *n.* a woolly fungous growth on moist surfaces, রুটি প্রভৃতিতে যে ছাতা পড়ে। *a.* **moul°dy**—ছাতা-ধরা; ছাতার ন্যায় পচা; (আল.) অচল, সেকেলে, বাসী; ক্লান্তিকর। [ME. *mowle*—cp. ON. *mygla*]

moult [mōlt, মৌল্‌ট্‌] (1) *v.i.t.* to cast feathers or other covering, পালক খোলস প্রভৃতি ত্যাগ করা। *p.* & *p. pt.* **moul°tėd**। (2) *n.* act or time of moulting, পালকাদি ত্যাগ বা ত্যাগ করার সময়। *a.* **moul°ten**—পালকাদি ত্যাগ করিয়াছে এমন। *n.* **moul°ting**—পালকাদি ত্যাগ, (পরি.) নির্মোচন। [OE. (*bi*) *mutian*=to exchange<*mutare*—'*l*' from a freak of spelling]

mound [mownd, মাউন্‌ড্‌] *n.* a bank of earth or stone raised as a protection, প্রতিরক্ষার জন্য নির্মিত মাটির বা পাথরের ঢিবি অথবা বাঁধ; a hillock, টিলা; a heap, ঢিবি; স্তূপ। [?]

mount₁ [mownt, মাউন্‌ট্‌] *n.* (arch.) a mountain, (আর্ষ.) পর্বত; a hillock, টিলা। [OE. *munt*<L. *montis*]

mount₂ [mownt, মাউন্‌ট্‌] (1) *v.i.t.* to climb, (পর্বত, অশ্বাদি বাহন, প্রভৃতিতে) আরোহণ করা, চড়া, ওঠা। (2) *v.i.* to go up, উপরদিকে যাওয়া, ঊর্ধ্বগামী হওয়া; to rise in level or amount, উঁচু হইয়া ওঠা, উন্নত হওয়া, বৃদ্ধি পাওয়া। (3) *v.t.* to cover with, (কিছুর দ্বারা) আবৃত করা; to raise (guns) into position, (কামান প্রভৃতিকে) স্থাপিত করা; to raise, উঁচু করা, তোলা, ওঠান; to place upon anything high, উঁচু কিছুর উপরে স্থাপন করা; to put on horseback, etc., অশ্ব-পৃষ্ঠাদির উপর স্থাপন করা বা আরূঢ় করান; to furnish with an animal, bicycle, etc., বাহনাদি জোগান; to fix in a setting, on a support, stand, or microscope slide, etc., ফ্রেম প্রভৃতিতে স্থাপন করা; to stage, মঞ্চস্থ করা; to be armed with, অস্ত্রাদিতে সজ্জিত হওয়া। (4) *n.* a raise, উন্নতি, স্ফীতি; act or manner of mounting, আরোহণ বা আরোহণ-প্রণালী; a step,

সিঁড়ি, ধাপ; a riding animal or bicycle, অশ্ব সাইকেল প্রভৃতি বাহন; that upon which a thing is placed or in which it is fixed, যাহার উপরে বা ভিতরে কিছু রাখা হয় (যেমন ছবির ফ্রেমের উঁচু করা চতুষ্পার্শ্ব)। **(to) mount the throne**—সিংহাসনে আরোহণ করা। *a.* **moun°téd**—আরূঢ়; অশ্বারূঢ়; উচ্চে স্থাপিত। [F. *monter*=to go up<L. *mons*=mountain]

mountain [mown°-tin, মাউন্°টিন্] *n.* a high hill, উঁচু পাহাড়, পর্বত, গিরি; (fig.) immensity, অপরিমেয়তা, বিশালতা (a *mountain* of debts=অপরিমেয় ঋণ)। **(to) make a mountain out of a mole-hill**—তুচ্ছ ব্যাপারকে বড় করা, তিলকে তাল করা। *n.* **moun°tain-chain°**—গিরিশ্রেণী। **mountaineēr**—(1) *n.* পার্বত্যাঞ্চলবাসী, পাহাড়িয়া লোক; পর্বতারোহী; পর্বতবাসী। (2) *v.i.* পর্বতারোহণ করা। *n.* **mountaineēr°ing**—পর্বতারোহণ। **moun°tain-high°**—(1) *a.* পর্বতপ্রমাণ উঁচু। (2) *adv.* পর্বতপ্রমাণ উঁচু হইয়া। *a.* **moun°tainous**—পর্বতময়, পার্বত্য (*mountainous* country)। **mountain range**—পর্বতশ্রেণী। *n.* **moun°tain-sick°ness**—উচ্চ পর্বতোপরি লঘু বাতাসের মধ্যে অবস্থানের ফলে যে শারীরিক অস্বস্তি বা অবসাদ ঘটে। *n.* **moun°tain-side**—পর্বতের উতরাই। *n.* **moun°tain-top**—গিরিশীর্ষ। **(to) move mountains**—যথাসম্ভব চেষ্টা করা, কোন চেষ্টা হইতে বিরত না হওয়া, সর্বশক্তি প্রয়োগ করিয়া চেষ্টা করা। [OF. *montaigne*<L. *mons*]

mountebank [mown°-ti-bangk, মাউন্°টিব্যাংক্] *n.* a quack haranguing and dispensing on a platform in a street, etc., যে হাতুড়ে চিকিৎসক রাস্তাদির পার্শ্বে মঞ্চে আরোহণ করিয়া ঔষধের গুণ সম্বন্ধে বক্তৃতা দেয় ও ঔষধ বিক্রয় করে; a buffoon, ভাঁড়, সঙ্; a charlatan, বিদ্যার ভানকারী মূর্খ ব্যক্তি, ভণ্ড। [It. *montimbanco*]

mourn [maw(r)n, ম্য(র্)ন্] *v.i.t.* to grieve (for), শোক করা। *n.* **mour°ner**—শোককারী, শবানুগমনকারী; যে ভাড়াটে শোককারী শবানুগমন করে। *a.* **mour°nful**—শোকজনক, শোচনীয়; শোকসূচক; শোকপূর্ণ; শোকার্ত। *adv.* **mour°nfully**। *n.* **mour°ning**—শোক করা বা বিলাপ করা; শোকসূচক (কৃষ্ণবর্ণ) পোশাকাদি (in *mourning*)। *n.* **mour°ning-band**—মৃতের জন্য শোকপ্রকাশার্থ পরিহিত জামার হাতায় যে কাল ফিতা বাঁধা হয়। *n.* **mour°ning-ring**—মৃতের স্মৃতিচিহ্নরূপে পরিহিত আঙটি। [OE. *murnan*<OHG. *mornen*]

mouse [mows, মাউস্] *n.* a small rodent, নেংটি ইঁদুর; a term of endearment, (প্রধানতঃ পত্নী বা প্রণয়িনীর প্রতি প্রযোজ্য) আদরের সম্বোধনবিশেষ। *pl.* **mice** [mɪs, মাইস্]। **mouse**—(1) *v.i.* ইঁদুর ধরিয়া বেড়ান; নিঃশব্দে বিচরণ করা। (2) *v.t.* বিড়াল যেমন ইঁদুরকে ধরে তেমনভাবে আঁকড়াইয়া ধরা; ছিন্নভিন্ন করা বা বধ করা; প্রণয়ভরে ধরা; তন্নতন্ন করিয়া খোঁজা। *a.* **mouse°-colour(ed)**—মেটে রঙের, ধুসরবর্ণ। *n.* **mouse°-hōle**—ইঁদুরের গর্ত; অতি ক্ষুদ্র গর্ত বা ছিদ্র। *n.* **mou°ṡer**—ইঁদুর-শিকারে দক্ষ বিড়াল; পরের গোপন তথ্যাদি জানার জন্য ঘুরঘুর্ করার স্বভাববিশিষ্ট লোক। *n.* **mouse°-trap**—ইঁদুর-ধরা ফাঁদ বা কল। **mouse-trap cheese**—বিস্বাদ পনির (কেবল ইঁদুর আকৃষ্ট করার যোগ্য)। *a.* **mou°sy**—ইঁদুরের ন্যায় মেটে রঙের বা বোটকা গন্ধযুক্ত; ইঁদুরে পূর্ণ। [OF. *mus*, (*pl.*) *mys*—cp. G. *maus*, L. *mus*, Gk. *mys*, Sans, *mooshik*]

mousseline [moos-len°, মুসলীন্°] *n.* French muslin, ফরাসী মসলিন। [F.]

moustache [mas-tŭsh°, ম্যাস্টাশ্°] *n.* the hair on the upper lip, গোঁফ, গুম্ফ। *a.* **mousta°ched**—গুম্ফশোভিত; গুঁফো। [Gk. *mustax*]

mouth [mowth, মাউথ্] *n.* the cavity in the head of an animal used in eating and speaking, মুখগহ্বর, মুখ; an opening or entrance, বোতল নদী প্রভৃতির মুখ মোহনা ছিদ্র প্রবেশ-পথ ইত্যাদি; a consumer of food, খাদক, ভোক্তা (many *mouths* to feed); a speaker, বক্তা; a spokesman, মুখপাত্র; cry, voice, utterance, চিৎকার, কণ্ঠস্বর, উচ্চারণ; a grimace, ভেঙচি, মুখভঙ্গি। *v.t.i.* **mouth** [mow-dh, মাউদ্] সাড়ম্বরে উচ্চারণ করা বা বলা; ভেঙচান; মুখ দিয়া খাওয়া; মুখ লাগান। **by word of mouth**—মৌখিকভাবে। **down in the mouth**—নিস্তেজ হতাশ। **(to) keep one's mouth shut**—গোপনীয় বিষয় প্রকাশ না করা, মুখ বন্ধ রাখা। **(to) put words into one's mouth**—কি বলিতে হইবে তাহা শেখান বা বলা। **(to) stop the mouth of**—নির্বাক্ করান, মুখ বন্ধ করান। **(to) take the words out of one's mouth**—অপরের মুখের কথা কাড়িয়া লইয়া বলা; অপরের বক্তব্য পূর্বেই বুঝিতে পারা। *n.* **mouther** [mow°-dha(r), মাউ°দ্যা(র্)]। *n.* **mouth°-friend**—কেবল মুখের বা কথার বন্ধু (অর্থাৎ প্রকৃত বন্ধু নহে)। *n.* **mouth°ful**—এক গ্রাস (a *mouthful* of food); সামান্য পরিমাণ, একটু; গাল-ভরা শব্দ। *n.* **mouth°-organ**—মুখ দিয়া বাজাইতে হয় এমন হারমোনিয়ামবিশেষ, মাউথ্ অর্গান। *n.* **mouth°piece**—বাঁশি যন্ত্র প্রভৃতির মুখ; অপরের প্রতিনিধি। *a.* **mouthy** [mow°-dhi, মাউ°দি] গাল-ভরা বা বড় বড় কথা বলে এমন; অকারণে অত্যধিক ঝোঁক দেয় এমন। [OE. *muth*—cp. G. *mund*, Du. *mond*, Sans. *mookh*]

move [mōōv মূভ্] (1) *v.t.i.* to change position, posture, place or abode, অবস্থান ভঙ্গি স্থান বা বাসস্থান পরিবর্তন করান বা করা, চালান বা চলা; to stir, আন্দোলিত করা বা হওয়া, নড়ান বা নড়া; to rouse, জাগান বা জাগা; propose formally before assembly, সভাসমিতিতে উত্থাপন করা বা প্রস্তাব করা (to *move* a proposal)। (2) *v.t.* to persuade, রাজি করান; to instigate,

প্ররোচিত করা; to touch the feelings of, অনুভূতিতে নাড়া দেওয়া, হৃদয়স্পর্শ করা। (3) *n.* act of moving. অবস্থানাদির পরিবর্তন, চালনা, চলন, আন্দোলন, জাগরণ, উত্থাপন; a proceeding or step, অগ্রগমন, ধাপ, পদক্ষেপ; play in turn, or turn to play, as at chess, খেলার দান বা চাল। **on the move**—স্থানত্যাগোদ্যত; চলিষ্ণু। **(to) move along** or **down** or **up**—সামনে আগান; অগ্রসর হওয়া। **(to) move heaven and earth**—(কিছু সম্পাদনার্থ) সর্বশক্তিপ্রয়োগে সর্বপন্থা অবলম্বন করা। **(to) move in**—নূতন বাসগৃহে বসবাসার্থে প্রবেশ করা। **(to) move on**—স্থানান্তরে যাওয়া; সরিয়া যাওয়া। **(to) move one on**—স্থানান্তরে যাইতে বাধ্য করা; সরান। **(to) move out**—বাসগৃহ পরিত্যাগ করা। **(to) get a move on**—ত্বরান্বিত হওয়া, তাড়াতাড়ি করা; অগ্রসর হওয়া। **(to) know a move or two**—তীক্ষ্ণধী বা জ্ঞানসম্পন্ন হওয়া। **(to) make a move**—স্থানান্তরে যাওয়া; কার্যাদি আরম্ভ করা; দাবা প্রভৃতি খেলায় চাল দেওয়া। **mo°vable**—(1) *a.* পরিবর্তনশীল; অস্থির; অস্থাবর। (2) *n.* (esp. in *pl.*) অস্থাবর আসবাবপত্র বা সম্পত্তি। *n.* **mo°vableness, movabi°lity** । *adv.* **mo°vably** । *n.* **move°ment**—বিচলন, চলন; চালনা; গতি; (প্রধানতঃ রাজ.) আন্দোলন। *n.* **mo°ver**—move (*v.*)-এর সকল অর্থে এবং বিশেষতঃ—প্রস্তাবক, (প্রস্তাবাদির) উত্থাপক। **prime mover**—প্রাথমিক বা প্রারম্ভিক চালকশক্তির উৎস; (আল.) সার্থক ভাবধারা ধারণাদির প্রবর্তক বা স্রষ্টা। *n.* **movie** [moo°-vi, মূ°ভি] (usu. in *pl.*) চলচ্চিত্র। *a.* **mo°ving**—গতিদায়ক; চালক; পরিবর্তনশীল; মর্মস্পর্শী; দুঃখদায়ক, মর্মন্তুদ। **moving pictures**—চলচ্চিত্র। **moving staircase**—চলমান সিঁড়ি। [AF. *mover* < OF. *movoir* < L. *movere* (*v.*)]

mow$_1$ [mō, মৌ] *n.* a pile of hay, corn. etc., খড় শস্য প্রভৃতির গাদা, মরাই। [OE. *muga*—cp. ON. *mugi* = crowd]

mow$_2$ [mō, মৌ] *v.t.* to cut (grass, corn, etc.) with a scythe or machine, কাস্তে বা যন্ত্র দিয়া (ঘাস শস্য প্রভৃতি) ছেদন করা। *p.* **mow°ed** । *p. pt.* **mow°ed, mown** । *n.* **mow°er**—ছেদনকারী ব্যক্তি বা যন্ত্র, ছেদক। **(to) mow down**—প্রচুর সংখ্যায় নিহত বা ধ্বংস করা। *n.* **mow°ing**—ছেদন। *n.* **mow°ing-machine°**—ছেদকযন্ত্র। [OE. *mawan*—cp. G. *mahen*]

moya [moy°-a, ময়্°অ্যা] *n.* volcanic mud, আগ্নেয় মৃত্তিকা। [?]

Mr., Mrs., Ms., Mss.—see **Appx. II.**

much [much, মাচ্] (1) *a.* in great quantity, প্রচুর, অনেক। (2) *adv.* in a great degree or extent, প্রচুর পরিমাণে বা মাত্রায়; in nearly the same way, প্রায় সমভাবে; by far, ঢের বেশি। *compar.* see **more ;** *super.* see **most** ।—cp. **many** । (3) *n.* a great deal, প্রচুর পরিমাণ; anything of importance or worth, গুরুত্বপূর্ণ বা মূল্যবান্ কিছু। **as much**—ঠিক ততটা। **as much as**—ততটা...যতটা। **much about it**—এতদ্সম্পর্কে বহু কিছু। **much as**—যদিও। **much the same**—প্রায় একই। **much to**—প্রচুরপরিমাণে বা প্রবলভাবে ঘটাইয়া (*much to* one's surprise)। **how much**—কতটা; দাম কত। **not much of a**—ততটা ভাল নয় (*not much of a* critic)। **not** or **without so much as**—এক আধটুকুও বাদ দিয়া (*without so much as* giving thanks)। **so much**—ততটা। **so much as**—ততটা...যতটা। **that much**—ততটা, ততখানি; ততদূর। **this much**—এতটা, এতখানি; এতদূর। **too much**—অত্যন্ত বেশি; অত্যধিক। **too much for**—কাহারও পক্ষে প্রতিযোগিতাদির দিক্ দিয়া ঢের বেশি শক্তিমান্। **(to) make much of**—প্রশ্রয় দেওয়া; বাড়াইয়া তোলা; অতিরঞ্জিত করা; বড় করিয়া তোলা; বুঝিতে পারা; গুরুত্ব দেওয়া। **not (to) think much of**—(কাহারও বা কিছুর সম্বন্ধে) ভাল ধারণা না করা। *n.* **much°ness**—প্রাচুর্য; বৃহৎ আয়তন। **much of a muchness**—একই বা প্রায় একই। [ME. *muche(l)* < OE. *micel, mycel*]

mucilage—see **mucus.**

muck [muk, মাক্] (1) *n.* dung, পশুবিষ্ঠা, গোবর; manure, সার; dirt, ময়লা; dirty state, নোংরা অবস্থা; anything contemptible, or worthless, তুচ্ছ বা বাজে বস্তু। (2) *v.t.* to manure with muck, পশুবিষ্ঠাদ্বারা সার দেওয়া; to befoul, নোংরা করা; to make a mess of, বিশৃঙ্খল বা এলোমেলো করা। (3) *v.i.* to potter, এলোমেলোভাবে ফর্‌ফর্ করিয়া বেড়ান। *p.* & *p. pt.* **mu°cked** । **(to) muck about**—অকাজ করা; উদ্দেশ্যহীনভাবে ঘুরিয়া বেড়ান বা সময় কাটান। **(to) muck up**—(কথ্য.) তালগোল পাকান; পণ্ড করা। **(to) make a muck of**—নোংরা কবা; নষ্ট করা; (কার্যাদি) পণ্ড করা। *n.* **mu°cker**—muck (*v.*)এর সকল অর্থে, এবং—ধপ্ করিয়া পতন। *n.* **muck°-heap**—গোবর-গাদা। *n.* **mu°ckiness** । *n.* **muck-raker**—কুৎসাপ্রবণ বা দুর্নীতিপ্রবণ ব্যক্তি। *a.* **mu°cky**—জঘন্য; নোংরা; গোবরের মত। [Scand ?]

muckle [muk°l, মাক্°ল্] Scott. form of **mickle.**

mucky—see **muck.**

mucous—see **mucus.**

mucus [mū°-kas, মিউ°ক্যাস্] *n.* the slimy fluid secreted by the nose or other parts, শ্লেষ্মা। *n.* **mucilage** [mū°-si-lij, মিউ°সিলিজ্] বৃক্ষজ আঠাবিশেষ; আঠা। *a.* **mucous** [mū°-kas, মিউ°ক্যাস্] শ্লৈষ্মিক (the *mucous* membrane)। [L.]

mud [mud, মাড্] *n.* wet soft earth, কাদা, কর্দম। **(to) fling** or **throw mud at**—অপবাদ

দেওয়া, সুনামহানি করা। *n.* **mud°-bath**—(বাত-ব্যাধি নিরাময়ের জন্য) খনিজ-প্রস্রবণের কাদার প্রলেপ গায়ে দিয়া স্নান। *adv.* **mu°ddily** । *n.* **mu°ddiness** । *a.* **mu°ddy**—কর্দমাক্ত ; কর্দমপূর্ণ (*muddy* roads) ; কাদাটে ; কর্দমতুল্য ; কাদার মত বর্ণবিশিষ্ট ; বিশৃঙ্খল (*muddy* ideas)। *n.* **mud°guard**—কাদা ঠেকানর জন্য গাড়ির চাকার উপরের আবরণ। *n.* **mud°-slinger** । *n.* **mud°-slinging**—কলঙ্কারোপ ; মানহানি করা। [cp. OLG. *mudde*]

muddle [mud°l, মাড্‌°ল্] (**I**) *v.t.i.* to render muddy, কর্দমাক্ত করা ; to confuse or bungle, বিশৃঙ্খল করা বা তালগোল পাকান ; to mix, মিশাইয়া ফেলা ; to bewilder, বিহ্বল ও হতবুদ্ধি করা অথবা হওয়া। (**2**) *n.* confusion, mess, বিশৃঙ্খলা, তালগোল-পাকান অবস্থা ; bewilderment, বিহ্বলতা, হতবুদ্ধি অবস্থা। **(to) muddle on** or **along**—(কার্যাদিতে) এলোমেলোভাবে বা নির্বোধের ন্যায় অগ্রসর হওয়া। **(to) muddle away**—বিশৃঙ্খলভাবে ছড়ান বা অপব্যয় করা। **(to) muddle through**—নানা ভুলভ্রান্তি করিয়া কোন মতে বিপদ্ হইতে উত্তীর্ণ হওয়া। *n.* **mudd°lehead**—জড়বুদ্ধি ব্যক্তি। *a.* **muddle°-hea°ded**—জড়বুদ্ধি। [< *mud*]

muezzin [moo-e°-zin, মু°এজিন্] *n.* a Mohammedan official who calls to prayer, মোয়েজ্জিন। [Ar. *mu'adhdhin*]

muff$_1$ [muf, মাফ্] *n.* a cover of fur, etc., for the hands, পশুচর্মাদিদ্বারা প্রস্তুত দস্তানাবিশেষ। [Du. *mof* ?]

muff$_2$ [muf, মাফ্] (**I**) *n.* an awkward or unskilled person, (প্রধানতঃ খেলাধুলায়) জবুথবু বা অপটু লোক ; a bungler, যে ব্যক্তি তালগোল পাকাইয়া ফেলে ; an unpractical person, বাস্তবজ্ঞানশূন্য ব্যক্তি ; a failure, (প্রধানতঃ বল ধরিতে) অক্ষমতা বা ব্যর্থতা। (**2**) *v.t.i.* to bungle, তালগোল. পাকাইয়া ফেলা ; to miss or fail, (প্রধানতঃ বল ধরিতে) লক্ষ্যভ্রষ্ট বা অক্ষম হওয়া (to *muff* an easy catch)। *p.* & *p. pt.* **mu°ffed** । [?]

muffin [mu°-fin, মা°ফিন্] *n.* a spongy cake, একপ্রকার নরম ঝাঁঝরা কেক বা পিষ্টক। [?]

muffle$_1$ [muf°l, মাফ্‌°ল্] *n.* the thick upper lip and nose, as of a ruminant, রোমন্থক প্রাণী প্রভৃতির পুরু উপর-ঠোঁট ও নাক। [F. *mufle*]

muffle$_2$ [muf°l, মাফ্‌°ল্] (**I**) *v.t.* to envelop for warmth, concealment, stifling of sound, etc., শীত হইতে রক্ষা বা গোপনতা বা শব্দরোধ প্রভৃতির জন্য আবৃত করা ; to deaden or dull the sound of, আওয়াজ প্রভৃতি চাপা দিয়া থামান বা কমান। (**2**) *n.* (obs.) a boxing glove, (অপ্র.) মুষ্টিযোদ্ধার দস্তানা ; a receptacle for heating things in a furnace, উনানাদিতে জিনিস-পত্র গরম করার জন্য কৌটাবিশেষ। **muffled voices**—চাপা গলা বা কণ্ঠস্বর। *n.* **muff°ler**—গলায় জড়ানর কাপড়বিশেষ, গলবন্ধ, মাফলার ; মুষ্টিযোদ্ধার দস্তানা ; পুরু দস্তানা ; আবরণ ; শব্দাদি নিরোধের উপায় ; মোটরগাড়ির শব্দ-নিরোধক যন্ত্র। [F. *mouffle*=mitten]

mufti [muf°ti, মাফ্‌°টি] *n.* an expounder of Mohammedan law, মুসলমান ধর্মশাস্ত্রের ব্যাখ্যাতা, মুফতি ; the civilian dress worn by one who has right to wear uniform, সৈনিক পুলিস প্রভৃতির সাধারণ বা অসামরিক বেশ, সাদা পোশাক (usu. **in mufti**)। [Ar.]

mug$_1$ [mug, মাগ্] *n.* a kind of drinking-vessel, পেয়ালাবিশেষ, মগ। [?]

mug$_2$ [mug, মাগ্] *n.* (sl.) the face, (অশি.) মুখমণ্ডল ; (what an ugly *mug*) ; the mouth, মুখগহ্বর। [?]

mug$_3$ [mug, মাগ্] *n.* (coll.) a simpleton, (কথ্য.) বোকা লোক ; an easy dupe, যে ব্যক্তি সহজে ফাঁদে পড়ে। **a mug's game**—যে কার্যাদিতে কিছু লাভ হয় না বা পুরস্কার মেলে না। [?]

mug$_4$ [mug, মাগ্] (**I**) *v.t.i.* to study hard, কঠোর শ্রমসহকারে পড়াশুনা করা ; to get up, (পরীক্ষাদির বিষয়) পড়িয়া শুনিয়া প্রস্তুত করা। *pr. pt.* **mu°gging** । *p.* & *p. pt.* **mu°gged** । (**2**) *n.* a hard working student, অত্যন্ত পরিশ্রমী ছাত্র ; an examination, পরীক্ষা। [?]

mug$_5$ [mug, মাগ্] *v.t.* strangle, টুঁটি টিপিয়া ধরা বা মারা ; to rob (esp. in a public place), (বিশে. পথে-ঘাটে) কাড়িয়া লওয়া বা লুণ্ঠন করা। [?]

mugger [mu°-ga(r), মা°গ্যা(র্)] *n.* the Indian crocodile, ভারতবর্ষীয় কুমির, মকর। [Hin. *magar*]

muggins [mu°-ginz, মা°গিন্‌জ্] *n.* a simpleton, বোকা ; a children's game of cards, শিশুদের তাসখেলাবিশেষ। [?]

muggy [mu°-gi, মা°গি] *a.* foggy, কুয়াশাচ্ছন্ন ; close and damp, গুমোটপূর্ণ ও ভেপসা। *n.* **mu°gginess** । [ON. *mugga*=mist]

mugwump [mug°-wump, মাগ্‌°ওয়াম্প্] *n.* a man of great importance, বিশেষ মর্যাদাসম্পন্ন ব্যক্তি ; one who keeps himself aloof from political parties, যে ব্যক্তি কোন রাজনৈতিক দলের সহিত সংস্রবহীন। [Algonquin (a red Indian tribe) *mugquomp*=a great chief]

Muhammedan [mōō°-ha-mud(a)n, মু°হামাড্‌ন্] var. of **Mohammedan.**

muj(e)ik—alt. spell. of **muzhik.**

mukhtar [mōōk°-ta(r), মুক্‌°ট্যা(র্)], **muktear** [mōōk°-tē(r), মুক্‌°টিয়্যা(র্)] *n.* an Indian lawyer, মোক্তার। [Ar.=chosen]

mulatto [mū-la°-tō, মিউল্যা°টৌ] *n.* the offspring of a black and a white, অশ্বেতকায় ও শ্বেতকায় স্ত্রীপুরুষের মিলনজাত ব্যক্তি। *fem.* **mūla°tta, mūla°ttress** । [Sp. *mulato*=a young mule]

mulberry [mul°b(a)-ri, মাল্‌°বরি] *n.* a kind of edible fruit or its tree, তুঁতফল বা তুঁতগাছ। [OHG. *mulberi* ?]

mulct [mulkt, মাল্‌ক্‌ট্‌] **(1)** *n.* a fine, জরিমানা ; a penalty, খেসারত। **(2)** *v.i.* to fine, জরিমানা করা ; to deprive of, (শাস্তিস্বরূপ) বঞ্চিত করা। *p.* & *p. pt.* **mulc°tėd** । [L. *mulcta(n.)*]

mule [mūl, মিউল্‌] *n.* the offspring of the ass and horse, খচ্চর, অশ্বতর ; a hybrid, বর্ণসঙ্কর ; a kind of spinning-machine, সুতা-কাটার কলবিশেষ ; an obstinate person, গোঁয়ার বা জেদী লোক। *n.* **mūlėtēēr°**—খচ্চর-চালক। *a.* **mū°lish**—খচ্চরতুল্য ; জেদি। *adv.* **mū°lishly** । *n.* **mū°lishnėss** । [OE. *mul*, OF. *mul(e)*< L. *mulus*]

mull₁ [mul, মাল্‌] **(1)** *n.* a muddle, বিশৃঙ্খলা, তালগোল-পাকান অবস্থা (to make a *mull* of)। **(2)** *v.t.* to bungle, তালগোল পাকাইয়া ফেলা, বিশৃঙ্খল করিয়া ফেলা। [?]

mull₂ [mull, মাল্‌] *v.t.* to warm, spice, and sweeten, (মদ্যাদি) গরম করা, মসলা মেশান ও মিষ্ট করা। *n.* **mu°ller** । [?]

mull₃ [mul, মাল্‌] *v.t.* to cogitate or ponder, মনে মনে বিচার করা বা ভাবিয়া দেখা (to *mull* over)। [?]

mullah [mu°-la, মা°ল্যা] *n.* a Mohammedan learned in theology and law, মোল্লা। [Pers. Turk. Hind.< Ar. *maula*]

mullein [mu°-lin, মা°লিন্‌] *n.* a kind of woolly-leaved herb, লোমশ পত্রযুক্ত লতাবিশেষ। [AF. *moleine*]

muller—see **mull₂**.

mullet [mu°-lit, মা°লিট্‌] *n.* a kind of sea-fish, প্রায় নলাকার সামুদ্রিক মৎস্যবিশেষ। [OF. *mulet*<L. *mullus*=red mullet]

mulligatawny [mu-li-ga-taw°-ni, মালিগ্যাটা°নি] *n.* a thick highly seasoned soup, কড়া মসলা-দেওয়া ঘন মাদ্রাজি ঝোল (also **mulligatawny soup**)। [Tam. *milagu-tannir*=pepper-water]

mulligrubs [mu°-li-grubz, মা°লিগ্রাব্‌জ্‌] *n. pl.* colic, stomach-ache, পেটের শূল বেদনা ; depression of spirits, মনমরা ভাব, বিষণ্ণতা। [?]

mullion [mu°-li-an, মা°লিঅ্যান্‌] *n.* a vertical bar dividing lights in windows, জানালা দিয়া যে আলো আসে তাহা বিভক্ত করার জন্য খাড়া গরাদ-বিশেষ। [<*monial* ?]

multangular—see **mult(i)-**.

mult(i)- [mul°-ti, মাল্‌°টি] *in. comp.* much, many, প্রচুর, অনেক। *a.* **multan°gūlar**—বহু-কোণবিশিষ্ট। *a.* **mul°ticoloured**—বহুবর্ণ। *a.* **mul°tiform**—বহু বা বিভিন্ন আকারবিশিষ্ট। *a.* **mul°tilateral**—একাধিক পক্ষ জড়িত আছে এমন। *a.* **multili°neal, multili°near**—বহুরৈখিক। *a.* **multilin°gual**—বহুভাষায় বা বহুভাষা ব্যবহৃত হয় এমন ; বহুভাষা বলা হয় বা প্রচলিত আছে এমন। *n.* **mul°timillionāīre°**—কোটি কোটি মুদ্রার মালিক। *n.* **mul°tiped**—বহুপদ প্রাণী। *a.* **mul°ti-pur°pose**—বহু উদ্দেশ্যপূর্ণ, (পরি.) সর্বার্থসাধক। *a.* **mul°ti-storied, mul°ti-storeyed**—বহুতলবিশিষ্ট। [L. *multus*]

multicoloured—see **multi-**.

multifarious [mul-ti-fār°-i-as, মাল্‌টিফেয়্যার্‌°ই-অ্যাস্‌] *a.* manifold, বহুবিধ, বহুরকম। *adv.* **multifār°iously** । *n.* **multifār°iousnėss** । [L. *multifarius*]

multiform, multilateral, multilineal, multilinear, multilingual, multimillionaire, multiped, multistoried, multistoreyed—see **mult(i)-**.

multiple [mul°-tipl, মাল্‌°টিপ্‌ল্‌] **(1)** *a.* consisting of many components, (প্রধানতঃ একই প্রকার) বহু উপাদানে গঠিত ; manifold, বহুবিধ, নানা ; compound, যৌগিক। **(2)** *n.* a quantity exactly divisible by another, (গণি.) গুণিতক। **least** or **lowest common multiple**—(গণি.) লঘিষ্ঠ সাধারণ গুণিতক, ল. সা. গু.। [F.<LL. *multiplus*]

multiplex [mul°-ti-pleks, মাল্‌°টিপ্লেক্‌স্‌] *a.* manifold, বহুবিধ, নানা, বহু। [L.]

multiplicable, multiplicand, multiplication, multiplicator, multiplicity, multiplier—see **multiply**.

multiply [mul°-ti-plī, মাল্‌°টিপ্লাই] *v.t.i.* to increase the number of or to increase in number, সংখ্যা বৃদ্ধি করা বা হওয়া ; to accumulate, জমান বা জমিয়া ওঠা ; to reproduce, বংশ-বৃদ্ধি করা বা হওয়া ; (math.) to obtain the product of, (গণি.) গুণ করা, পূরণ করা। **(to) multiply words**—কথা বাড়ান ; শব্দবহুল হওয়া। *a.* **mul°tiplīable, mul°tiplicable**—(গণি.) গুণনীয়। *n.* **mul°tiplicand**—(গণি.) গুণ্য। *n.* **multiplicā°tion**—সংখ্যাবৃদ্ধি ; (গণি.) গুণন, গুণ, পূরণ। **multiplication table**—নামতা। *n.* **mul°tiplicātor**—(গণি.) গুণক, পূরক। *n.* **multiplicity** [mul-ti-pli°-si-ti, মাল্‌টিপ্লি°সিটি] বহুতা ; বৃহৎ সংখ্যা, সংখ্যাধিক্য। *n.* **mul°tiplīer**—বহুগুণ-কারী ; (গণি.) গুণক ; সংখ্যা তীব্রতা প্রভৃতি বৃদ্ধিকর যন্ত্রবিশেষ। [F. *multiplier*<L. *multi-*, *plicare*= to fold]

multi-purpose—see **multi-**.

multitude [mul°-ti-tūd, মাল্‌°টিটিউড্‌] *n.* a great number, বহু জন, বহু সংখ্যা ; a crowd, ভিড় ; the mob, জনতা। *a.* **multitū°dinous**—বহুসংখ্যক। [L. *multitudo*]

multum in parvo [mul°-tam in pŭ(r)°-vō, মাল্‌°ট্যাম্‌ ইন্‌ পা(র্‌)°ভৌ] *ph.* much in small space, অল্প পরিসরে অনেকটা, (তু.) তেঁতুলপাতায় ন'জন। [L.]

mum₁ [mum, মাম্‌] contr. of **mummy**.

mum₂ [mum, মাম্‌], **(1)** *a.* silent, নীরব, নির্বাক্‌ (to keep *mum*)। **(2)** *n.* silence, নীরবতা। **(3)**

int. not a word, ব্যস্ আর একটি কথাও নহে, একদম চুপ্। (4) *v.i.* to act in dumb show, মূক নাটকে অভিনয় করা। *pr. pt.* **mu°mming** । *p.* & *p. pt.* **mu°mmed** । *n.* **mu°mmer** । *n.* **mu°mmery**—মূক নাটকে অভিনয়; (প্রধানতঃ ধর্মবিষয়ে) হাস্যকর অনুষ্ঠান। [imi.]

mumble [mumb°l, মাম্ব্°ল্] *v.t.i.* to speak or utter indistinctly, অস্পষ্টভাবে বলা। *n.* **mumb°ler** । *adv.* **mumb°lingly** । [see *mum*$_2$]

Mumbo-jumbo [mum°-bō-jum°-bō, মাম্°-বৌজাম্°বৌ] *n.* a supposed African idol, আফ্রিকার কল্পিত দেবতাবিশেষ। *n.* **mum°bō-jum°bō**—অর্থহীন শ্রদ্ধার বস্তু; বিভ্রান্তিকর উক্তি বা কার্য; অর্থহীন অনুষ্ঠান। [?]

mummed, mummer, mummery—see **mum**$_2$.

mummify—see **mummy**$_2$.

mumming—see **mum**$_2$.

mummy$_1$ [mu°mi, মা°মি] *n.* childish word for 'mother', শিশুসুলভ আধো-আধো মা-বোল। [cp. *mamma*]

mummy$_2$ [mu°-mi, মা°মি] *n.* an embalmed or otherwise preserved dead body, গন্ধদ্রব্যাদি-লেপনদ্বারা বা অন্য কোন ভাবে সংরক্ষিত মৃতদেহ, মমি; dead flesh, মৃত জীবের মাংস; pulpy substance or mass, মণ্ড, পিণ্ড; a rich brown pigment, উজ্জ্বল বাদামি রঞ্জকবিশেষ। *n.* **mummificā°tion** । *v.t.* **m°ummify**—মমিতে পরিণত করা; মণ্ডে বা পিণ্ডে পরিণত করা। *n.* **mu°mmy-cāse**—মমি রাখার বাক্স। [OF. *mumie* < LL. *mumia* < Ar. & Pers. *mumiya* < Pers. *mum* = wax]

mump [mump, মাম্প্] *v.i.* to be silent and sullen, অভিমানভরে চুপ করিয়া থাকা; to beg, ভিক্ষা করা। *p.* & *p. pt.* **mum°ped** । [cp. *mum*$_2$]

mumpish—see **mumps.**

mumps [mumps, মাম্প্স্] *n. pl.* (treated as *sing.*) an infectious inflammation of the parotid gland, কর্ণগ্রন্থির প্রদাহপূর্ণ ছোঁয়াচে রোগবিশেষ; gloomy silence, বিষণ্ণ নীরবতা। *a.* **mum°pish**—উক্ত রোগাক্রান্ত; নিরানন্দ, বিষণ্ণ। [cp. *mump*]

munch [munsh, মান্শ্] *v.t.i.* to chew noisily, কড়্মড়্ করিয়া চিবান। *p.* & *p. pt.* **munch°ed** । [imi. ?]

mundane [mun°-dān, মান্°ডেইন্] *a.* worldly, জাগতিক, পার্থিব (*mundane* affairs)। *adv.* **mun°dānely** । *n.* **munda°nity**—পার্থিবতা। [L. *mundanus* < *mundus* = the world]

mungoose—alt. spell. of **mongoose.**

municipal [mū-ni°-sip(a)l, মিউনি°সিপ্ল্] *a.* pertaining to affairs of government, of borough, city or town, পৌরশাসনসংক্রান্ত, পৌর, পৌরসঙ্ঘশাসিত, (পরি.) সঙ্ঘাধীন। *n.* **mūnicipa°lity**—পৌরপ্রতিষ্ঠান, পৌরসঙ্ঘ; পৌরসঙ্ঘশাসিত নগর বা জেলা। [L. *municipalis*]

munificence [mu-ni°-fisns, মিউনি°ফিস্ন্স্] *n.* great bountifulness, অতিশয় দানশীলতা। *a.* **mūni°ficent**—মহাদানশীল, অতিদানশীল। *adv.* **mūnificently** । [L. *munificentia*]

muniment [mū°-ni-mant, মিউ°নিম্যান্ট্] *n.* (usu. in *pl.*) a document of rights or privileges, স্বত্ব অধিকার প্রভৃতি সংক্রান্ত দলিল। [L. *munimentum*]

munition [mū-°ni°sh(a)n, মিউ°নি°শ্ন্] (1) *n.* (usu. in *pl.*) war-materials, যুদ্ধোপকরণ; military stores, সামরিক ভাণ্ডার। (2) *v.t.* to provide with munitions, যুদ্ধোপকরণে পূর্ণ করা (to *munition* a fort)। [L. *munimentum* = fortification]

munshi [mōōn°-shē, মুন্°শী] *n.* a secretary or interpreter or language teacher, কেরানি বা দোভাষী বা ভাষা-শিক্ষক, মুনশি। [Hin. < Ar.]

mural [mūr°(a)l, মিউয়্যার্°ল্] *a.* of, on, or in a wall, দেওয়াল-সংক্রান্ত, দেওয়ালের উপরে বা দেওয়ালে অবস্থিত অথবা অঙ্কিত। **mural circle**—মধ্যাহ্নরেখার চাপ পরিমাপের জন্য দেওয়ালে অঙ্কিত বৃত্তবিশেষ, ভিত্তিযন্ত্র, মুরাল-চক্র। **mural painting**—দেওয়ালের গায়ে অঙ্কিত রঙীন চিত্র। [L. *muralis* < *murus* = a wall]

murder [ma(r)°-da(r), ম্যা(র্)°ড্যা(র্)] (1) *n.* deliberate and unlawful killing of a human being, খুন, নরহত্যা। (2) *v.t.* to kill deliberately and unlawfully, খুন করা; to spoil by bad execution, দক্ষতার অভাবে (অভিনয় খেলা কাজ প্রভৃতি) নষ্ট করা। **murder will out**—খুন গোপন থাকে না; সত্য প্রকাশ পাইবেই। **(to) cry blue murder**—আতঙ্কে চিৎকার করা। *n.* **mur°derer**—খুনী। *fem.* **mur°derėss** । *a.* **mur°derous**—খুন করে এমন, খুনে; খুনীসুলভ; অতি কষ্টদায়ক (*murderous* heat)। *adv.* **mur°derously** । [OE. *morth(or)* = death—cp. Goth. *maurthr*, L. *mortis*, Sans. *mrityoo*]

murine [mū°-rin, মিউ°রিন] (1) *a.* mouselike মূষিকসদৃশ। (2) *n.* a mouselike animal, মূষিকসদৃশ প্রাণী। [L. *murinus*]

murk [ma(r)k, ম্যা(র্)ক্] (1) *n.* darkness, অন্ধকার। (2) *a.* dark, gloomy, obscure, অন্ধকার, ঝাপসা, অস্পষ্ট। *adv.* **mur°kily** । *n.* **mur°kinėss** । *a.* **mur°ky**—অন্ধকার; ঝাপসা, অস্পষ্ট। [OE. *mirce*—cp. Sp. & Sw. *mork*]

murmur [ma(r)°-ma(r), ম্যা(র্)°ম্যা(র্)] (1) *n.* an indistinct sound, as of running water, স্রোতাদির অস্পষ্ট ঝির্ঝির্ শব্দ; a rustling sound from the heart, lungs, etc., হৃদয় ফুসফুস প্রভৃতি হইতে নির্গত ঘর্ঘর শব্দ; a muttered grumble or complaint, বিড়্বিড়্ করিয়া জ্ঞাপিত অসন্তোষ বা

নালিস, বিড়বিড়ানি। (2) *v.i.* to utter a murmur, বিড়্বিড়্ করা ; to grumble, অসন্তোষ জানান। (3) *v.t.* to say in a murmur, বিড়্বিড়্ করিয়া বলা (to *murmur* a prayer) । *adv.* **mur°muringly** । [F. *murmure*<L. *murmur*—cp. Sans. *marmar*]

murphy [ma(r)°-fi, ম্যা(র্)°ফি] *n.* (sl.) potato, (অশি.) আলু। [an Irish surname]

murrain [mu°-rin, মা°রিন্] *n.* (obs,) a plague, (অপ্র.) মহামারী-রোগ ; (now) a cattle-plague, (বর্ত.) গবাদি পশুর মহামারী-রোগবিশেষ। [OF. *morine*]

muscle [mus°l, মা°স্ল্] *n.* a contractile structure effecting bodily movement, পেশী ; flesh, দেহের মাংস, মাংসপেশী ; bodily strength, দৈহিক শক্তি। *a.* **musc°le-bound**—(দেহসম্বন্ধে) অত্যধিক পরিশ্রম বা ব্যায়ামের ফলে দড়ি-পাকান। [F.<L. *musculus*]

Muscovite [mus°-ka-vīt, মাস্°ক্যাভাইট্] (1) *a.* Russian, রুশীয়। (2) *n.* a Russian, রাশিয়ার লোক। *n.* **mus°covīte**—অভ্র। *n.* **Mus°covy**—রাশিয়ার প্রাচীন নাম। [L. *Moscovia*<Russ. *Moskva*=Moscow]

muscular [mus°-kū-la(r), মাস্°কিউল্যা(র্)] *a.* of a muscle, পেশীসংক্রান্ত, পেশীয় ; consisting of muscles, পেশীগঠিত ; having strong muscles, দৃঢ় মাংসপেশীযুক্ত, পেশল, হৃষ্টপুষ্ট ; strong, বলিষ্ঠ। *n.* **muscūla°rity** । *adv.* **mus°cūlarly** । [L. *musculus*—see *muscle*]

muse [mūz, মিউজ্] (1) *v.i.t.* to study in silence, to meditate, মনে মনে আলোচনা করা, গভীরভাবে চিন্তা করা, ধ্যান করা। (2) *v.i.* to be absent-minded, আনমনা হওয়া। (3) *n.* a fit of abstraction, আবেশ, আনমনা ভাব। *adv.* **mū°şingly** । [F. *muser*=to loiter]

Muse [mūz, মিউজ্] *n.* any of the nine goddesses of liberal arts, কাব্যাদির অধিষ্ঠাত্রী নয়জন গ্রীক দেবীর যে-কোনজন (ইঁহারা হইলেন : মহাকাব্যের দেবী Calliope, গীতিকবিতার দেবী Euterpe, ইতিহাসের দেবী Clio, প্রেমের কবিতার দেবী Erato, বিয়োগান্ত নাটকের দেবী Melpomene, গীতি-কাব্য ও আবৃত্তি বা বাক্‌পটুতার দেবী Polyhymnia, নাচের দেবী Terpsichore, মিলনান্তক নাট্যকাব্যের দেবী Thalia, জ্যোতির্বিদ্যার দেবী Urania) ; a goddess of inspiration, অনুপ্রেরণার অধিষ্ঠাত্রী দেবী ; poetry or fine arts, কাব্য বা শিল্পকলা। [F.<L. *Musa*<Gk. *Mousa*]

museum [mū-zi°-am, মিউজ়ি°অ্যাম্] *n.* a place of study, অধ্যয়নের স্থান ; a resort of the learned, শিক্ষিতদের আড্ডা ; a repository for collection, exhibition, and study of artistic, historic or scientific objects, শিল্প ইতিহাস বা বিজ্ঞান সংক্রান্ত বস্তুর সংগ্রহ প্রদর্শন ও আলোচনার্থ ভবন,, মিউজিআম্, (পরি.) প্রদর্শশালা (পুরাতত্ত্বের museum=জাদুঘর)। **a museum piece**—সংগ্রহশালায় প্রদর্শনার্থ রক্ষিত শিল্পদ্রব্যাদি ; (তুচ্ছার্থে) সেকেলে বা অদ্ভুত ধরনের লোক বা জিনিস। **mūseo°logy**—প্রদর্শশালা-সংক্রান্ত বিদ্যা। [L.=a temple of the Muses]

mush [mush, মাশ্] *n.* meal boiled in water, জাউ, মণ্ড ; anything pulpy, মণ্ডবৎ বস্তু। *a.* **mu°shy**—মণ্ডবৎ ; নরম ; (কথ্য.) ভাবপ্রবণ, আবেগপ্রবণ। [<*mash* ?]

mushroom [mush°-room, মাশ্°রুম্] *n.* an edible fungus, ছত্রাক, ভুঁইফোড় ; (fig.) anything of rapid growth and decay, যাহা ভুঁইফোড়ের মত দ্রুত গজাইয়া উঠিয়া দ্রুত মারা যায়। **mushroom growth**—আকস্মিক দ্রুত বৃদ্ধি বা বৃদ্ধিপ্রাপ্ত বস্তু। [OF. *mousseron*]

music [mū°-zik, মিউ°(শ্)জ়িক্] *n.* the art of expression in sound, in melody, and in harmony, সঙ্গীত, গীতবাদ্য ; instrumental performance, বাদ্য, সঙ্গত ; melody or harmony, সুরেলা ধ্বনি, সুর ; (arch.) a band of musicians, (আর্ষ.) গায়ক ও বাদকের দল। **rough music**—হট্টগোল, হৈচৈ। **(to) face the music**—নিতান্ত অবাঞ্ছিত বা প্রতিকূল অবস্থার সঙ্গে সাহসভরে লড়াই করা। *a.* **mū°şical**—সঙ্গীত-সংক্রান্ত ; সঙ্গীতপূর্ণ ; সঙ্গীতধর্মী ; সঙ্গীতসৃষ্টিকর ; সুশ্রাব্য ; সুরেলা। **musical comedy**—মিলনান্তক গীতিনাট্য। **musical director**—ঐকতানবাদনের পরিচালক। *n.* **mū°şical-box,** (Am.) **mū°şic-box**—যে বাক্সের মধ্যে এমন কল থাকে যে বাক্স খুলিলেই বাজনা বাজে। *n.* **mū°şic-cāse**—সঙ্গীতের স্বরলিপি রাখার বাক্স। *n.* **musicale** [mū-zi-kŭl°, মিউ(শ্)জ়িকাল্°] সঙ্গীতশিল্পীদের দল, গানবাজনার দল, জলসা [F.]। *n.* **mū°şic-hall**—সঙ্গীত ও অনুরূপ কলাবিদ্যার অনুষ্ঠানার্থ ভবন বা কক্ষ। *n.* **musician** [mū-zi°-sh(a)n, মিউজ়ি°শন্] সঙ্গীতবিৎ ; গায়ক, বাদক, সুরকার। *n.* **mū°şic-master**—সঙ্গীতশিক্ষক। *fem.* **mū°şic-mistrėss** । *n.* **mū°şic-room**—যে কক্ষে গীতবাদ্যের অনুষ্ঠান হয়। *n.* **mū°şic-stōōl**—যে টুলের উপরে বসিয়া পিআনো বাজান হয়। [F. *musique*<L. *musica*<Gk. *mousike*<*Mousa*=a Muse]

musk [musk, মাস্‌ক্] *n.* odoriferus substance got from a kind of deer, কস্তুরী ; the deer yielding this, কস্তুরী-মৃগ (also **musk°-dēēr**)। *a.* **mus°kėd**—কস্তুরীবৎ গন্ধযুক্ত বা স্বাদযুক্ত। *n.* **musk°-me°lon**—খরমুজা। *n.* **musk°-rat**—গন্ধগোকুলা। *n.* **musk°-rōse**—অতি সুগন্ধ গোলাপবিশেষ। *a.* **mus°ky**—কস্তুরীবৎ সুগন্ধ। [F. *musc*<L. *muscus*<Gk. *moschos*—cp. Pers. *mushk*, Sans. *mushka*]

musket [mus°-kit, মাস্°কিট্] *n.* an old-fashioned gun, সেকেলে গাদা বন্দুকবিশেষ। *n.* **muskėtēēr°**—উক্ত বন্দুকধারী সৈনিক। *n.* **mus°kėtry**—উক্ত বন্দুকসমূহ ; রাইফেল প্রভৃতি ক্ষুদ্র

আগ্নেয়াস্ত্র ছোড়ার অভ্যাস বা কৌশল ; উক্ত বন্দুকাদি হইতে নিক্ষিপ্ত আগুন ; উক্ত বন্দুকধারী সৈন্যদল। *n.* **mus°kėt-shot**—উক্ত বন্দুক হইতে নিক্ষিপ্ত গুলি বা তাহার পাল্লা ; উক্ত বন্দুকের ব্যবহার্য গুলি বা বারুদ। [OF. *mousquet*]

muslim [mus°-lim, muz°-lim, মাস্°লিম্, মাজ়্°-লিম্] (**1**) *n.* a Mussalman, মুসলমান। (**2**) *a.* Mohammedan, মুসলমানি, মুসলিম। [Ar.]

muslin [muz°-lin, মাজ়্°লিন্] *n.* a delicately woven cotton fabric, মসলিন-কাপড়। [F. *mousseline* < It. *mussolino* < *Mussolo* = the town of Mosul]

musquash [mus°-kwosh, মাস্°কোঅশ্] *n.* the musk-rat or its fur, গন্ধগোকুলা বা উহার সলোম চর্ম। [Am.]

muss(e) [mus, মাস্] (**1**) *n.* disorder, বিশৃঙ্খলা ; (Am.) a confused conflict, (আমে.) উচ্ছৃঙ্খল দাঙ্গা। (**2**) *v.t.* (coll.) to throw into disorder, to disarrange, বিশৃঙ্খলা সৃষ্টি করা, এলোমেলো করা (to *muss* up a person's hair)। *a.* **muss°y**। [?—cp. *mess*]

mussel [mus°l, মাস্°ল্] *n.* a shellfish, ঝিনুক-বিশেষ। [OE. *mus(c)le*—cp. G. *muschel*]

Mussulman [mu°sl-man, মা°স্‌ল্‌ম্যান্] *n.* a Mohammedan, মুসলমান। [Pers. < Ar. *muslim*]

must$_1$ [must, মাস্ট্] (**1**) *aux. v.* (used only in *pr.*) to be obliged to, বাধ্য হওয়া ; অবশ্য করা বা হওয়া। (**2**) *n.* (coll.) অবশ্য করণীয় দর্শনীয় ইত্যাদি কাজ বস্তু প্রভৃতি (vaccination against smallpox is a *must* for all)। [OE. *moste, p.* of *mote*]

must$_2$ [must, মাস্ট্] *n.* new wine, তাজা মদ ; grape-juice before fermentation, গাঁজানর পূর্বকালীন আঙ্গুর-রস। [L. *mustum vinum*]

must$_3$ [must, মাস্ট্] *n.* mustiness, ছাতা-ধরা অবস্থা ; mould, ছাতা। *n.* **mus°tinėss**। *a.* **mus°ty**—ছাতা-ধরা ; (আল.) বাসী, অতি পুরাতন (*musty* ideas)। [back formation of *musty*]

must$_4$ [must, মাস্ট্] (**1**) *n.* frenzy in some male animals, পুরুষজাতীয় পশুবিশেষের (বিশেষতঃ হাতি ও উটের) ক্ষিপ্ততা। (**2**) *a.* in such a state, ক্ষিপ্ত। *a.* **mus°ty**—সাজ্ঘাতিকভাবে ক্ষিপ্ত। [Hin. & Per. *mast* > intoxicated]

mustache—alt. spell. of **moustache.**

mustachio [mas-tu°-shō, ম্যাস্টা°শৌ] var. of **moustache.**

mustang [mus°-tang, মাস্°ট্যাং] *n.* a Mexican wild horse, মেক্সিকো-দেশের বন্য অশ্ব। [Sp. *mestengo*]

mustard [mus°-ta(r)d, মাস্°ট্যা(র্)ড্] *n.* a kind of plant or its seeds, রাই-সরিষা ; condiment, etc. made from it, রাই-সরিষার গোলা। *n.* **mus°tard-gas**—মারাত্মক বিষাক্ত গ্যাসবিশেষ (also **blister-gas, skin-gas**)। *n.* **mus°tard-oil**—সরিষার তৈল। **(to) cut the mustard**—(অশি.) যথাযথ বা নির্দিষ্ট মানে পৌছান। **mustard plaster**—সরিষার পুলটিস্। **grain of mustard seed**—যে অতি ক্ষুদ্র বস্তু প্রকাণ্ড কিছুতে পরিণত হইতে সক্ষম। [OF. *mo(u)starde* < L. *mustum* (because the condiment was prepared with must$_2$)]

muster [mus°-ta(r), মাস্°ট্যা(র্)] (**1**) *n.* an assembling together, (প্রধানতঃ সৈন্যদের পরিদর্শনাদির জন্য) সমাবেশ ; a register, তালিকা। (**2**) *v.t.i.* to assemble, জড় করা বা হওয়া ; to enroll, তালিকাভুক্ত করা। (**3**) *v.i.* to pass muster, পরিদর্শন বা পরীক্ষায় উতরাইয়া যাওয়া। **(to) muster in**—সৈন্যবাহিনীভুক্ত করা। **(to) muster out**—সৈন্যবাহিনী হইতে বিদায় দেওয়া। **(to) muster up**—(সাহস শক্তি প্রভৃতি) জাগাইয়া তোলা (to *muster up* one's courage)। **(to) pass muster**—পরিদর্শনে বা পরীক্ষায় উতরাইয়া যাওয়া। *n.* **mus°ter-roll**—(প্রধানতঃ সৈন্যবাহিনীর সৈনিকাদির) তালিকা। [OF. *mo(u)stre* < L. *monstrum* < *monere* = to warn]

musn't [mus°nt, মাস্°ন্ট্] contr. of **must not.**

musty—see **must**$_{3, 4}$.

Musulman—alt. spell. of **Mussulman.**

mutable [mū°-tabl, মিউ°ট্যাব্ল্] *a.* variable, পরিবর্তনীয় ; fickle, অস্থির, চপল। *n.* **mū°table-nėss, mūtabi°lity**। *adv.* **mū°tably**। *v.t.i.* **mūtāte°**—পরিবর্তন ঘটান বা ঘটা। *n.* **mūtā°tion**—পরিবর্তন ; (ব্যাক.) পূর্ববর্তী শব্দের প্রভাবে আদ্য ব্যঞ্জনবর্ণের পরিবর্তন ; (জীব.) পূর্বপুরুষের চেহারা হইতে ভিন্নাবস্থা, (পরি.) পরিব্যক্তি ; (আইনে) নামজারি, নামান্তরণ। [L. *mutare* = to change]

mutatis mutandis [mū-tā°-tis mū-tan-dis, মিউটেই°টিস্‌মিউট্যান্‌ডিস্] *adv.* with necessary alteration of details, (মকদ্দমা ঘটনা প্রভৃতি তুলনা করিবার সময়ে) বিবরণের প্রয়োজনীয় পরিবর্তন-সাধনপূর্বক। [L.]

mute [mūt, মিউট্] (**1**) *a.* dumb, বোবা, মূক ; silent, নীরব ; (in law) refusing to plead, (আইনে) সওয়াল করিতে বা আত্মপক্ষ সমর্থনে অসম্মত (to stand *mute* of malice) ; unpronounced or faintly pronounced, অনুচ্চারিত বা ক্ষীণভাবে উচ্চারিত (*mute* adoration) ; (gr.) pronounced by stoppage of breath-passage, (ব্যাক.) অবরুদ্ধকণ্ঠে উচ্চারিত, অঘোষ। (**2**) *n.* a dumb or silent person, বোবা বা নীরব লোক। (in law) one refusing to plead, (আইনে) সওয়াল করিতে বা আত্মপক্ষসমর্থনে অসম্মত ব্যক্তি ; a funeral attendant, শবানুগমনকারী ; a dumb servant, বোবা চাকর ; an actor with no word to speak, মূক অভিনেতা ; (gr.) a stop consonant, (ব্যাক.) অঘোষ ব্যঞ্জনবর্ণ ; a device for subduing the sound, বাদ্যযন্ত্রাদির ধ্বনির

তীব্রতা হ্রাসের জন্য চাবি বা কল। (3) *v.t.* to deaden or muffle the sound of, (প্রধানতঃ বাদ্য-যন্ত্রের) শব্দরোধ করা। *p.* & *p. pt.* **mū̆tėd**। *adv.* **mūte°ly** । *n.* **mūte°nėss** । [L. *mutus*]

mutilate [mū°ti-lāt, মিউ°টিলেইট্] *v t.* to maim, অঙ্গচ্ছেদ করা ; to render imperfect by removing a part, কাটা-ছেঁড়া করিয়া বা বাদ-সাদ দিয়া অসম্পূর্ণাঙ্গ করা, অঙ্গহানি করা (to *mutilate* a book) । *p.* & *p. pt.* **mū°tilātėd** । *n.* **mūtilā°tion** । *n.* **mū°tilātor** । [L. *mutilare*]

mutiny [mū°-ti-ni, মিউ°টিনি] (**1**) *n.* open revolt, (প্রধানতঃ সৈনিকদের ও নাবিকদের) প্রকাশ্য বিদ্রোহ। (**2**) *v.t.* to revolt, বিদ্রোহী হওয়া, বিদ্রোহ করা। *n.* **mutineer°**—বিদ্রোহী। *a.* **mū°tinous**—বিদ্রোহ-প্রবণ ; বিদ্রোহপূর্ণ, বিদ্রোহমূলক। *adv.* **mūtinously** । [F. *mutin*=rebellious< L. *movere*=ro move]

mutt [mut, মাট্] *n.* a blockhead, স্থূলবুদ্ধি ব্যক্তি, গাড়ল (a silly *mutt*) ; a mongrel dog, বর্ণসঙ্কর বা দো-আঁশলা কুকুর। [contr. of *mutton-head* ?]

mutter [mu°ta(r), মা°ট্যা(র্)] (**1**) *v.t.i.* to speak in a low indistinct voice, বিড়্‌বিড়্ করিয়া বলা ; (fig.) to say in secret, (আল.) গোপনে বলা। (**2**) *n.* low indistinct utterance, বিড়্‌বিড়্ করিয়া কথন বা কথিত উক্তি। *n.* **mu°tterer** । **mu°ttering**—(**1**) *a.* বিড়্‌বিড়্ করিয়া কথিত বা কথনশীল। (**2**) *n.* বিড়্‌বিড়ানি। *adv.* **mu°tteringly** । [imi.]

mutton [mu°tn, মা°ট্‌ন্] *n.* sheep's flesh, মেষমাংস, ভেড়ার মাংস ; (joc.) a sheep, (ব্যঙ্গে) ভেড়া। **mutton dressed as lamb**—তরুণীর ন্যায় সাজ-পোশাক করা বয়স্কা স্ত্রীলোক। **mu°tton-chop**—(**1**) *n.* মেষমাংসের বড়াবিশেষ ; উক্ত বড়ার ন্যায় আকারের গোঁফ। (**2**) *a.* উক্ত বড়ার ন্যায় আকারযুক্ত। *n.* **mu°tton-head**—(কথ্য.) স্থূলবুদ্ধি ব্যক্তি, গাড়ল। *a.* **mu°ttony**—মেষমাংসবৎ। [OF. *moton*=a sheep]

mutual [mū°-tū(a)l, মিউ°টিউল্] *a.* reciprocal, পারস্পরিক, পরস্পর। **mutual admiration society**—পারস্পরিক সুখ্যাতির সঙ্ঘবিশেষ, পরস্পর পিঠ চুলকানর সমিতিবিশেষ (সংক্ষিপ্ত রূপ পপিচুস)। *n.* **mūtūa°lity** । *adv.* **mū°tūally** । [F. *mutuel* <*mutare*=to change]

muzhik [mōō-zhik°, মূ(শ্)ঝিক্°] *n.* a Russian peasant, রুশ কৃষক। [Russ.]

muzzle [muz°l, মাজ্°ল্] (**1**) *n.* the projecting jaws and nose of an animal, জন্তুর প্রলম্বিত চোয়াল ও নাক ; a strap or wire for the mouth to prevent its biting, জন্তু যাহাতে কামড়াইতে না পারে সে জন্য উহার মুখে যে সাজ পরান হয় ; the open end of a gun, কামান বন্দুক প্রভৃতির মুখ। (**2**) *v.t.* to put a muzzle on, (জন্তুর) মুখসাজ পরান ; to keep from hurting, আঘাত করিতে না দেওয়া ; to gag, মুখের মধ্যে কিছু পুরিয়া দিয়া কণ্ঠরোধ করান ; to silence, চুপ করান। *n.* **muzz°le-loader**—যে আগ্নেয়াস্ত্রের মুখের ভিতর দিয়া বারুদ ভরিতে হয়। [OF. *musel* <LL. *musellum*]

muzzy [mu°-zi, মা°জ়ি] *a.* dazed, ধাঁধা খাইয়াছে এমন, বিহ্বল, হতবুদ্ধি ; stupid from drinking, মদ্যপানের ফলে বুদ্ধি আচ্ছন্ন হইয়াছে এমন, পানবিহ্বল। *adv.* **mu°zzily** । *n.* **mu°zzinėss** । [?]

my [mī, মাই] (**1**) *poss. a.* or *gen.* of **I**, আমার। (**2**) *int.* expressing surprise, বিস্ময়সূচক ধ্বনি-বিশেষ, হায়রে, আরে (*my* goodness) । [see *mine*]

myasthenia [mī-as-thē°-nia, মাইঅ্যাস্থী°-নিঅ্যা] *n.* weakness of muscles, পেশী-দৌর্বল্য। [Gk. *mus*=muscle]

mycelium [mī-sē°-li-am, মাইসী°লিঅ্যাম্] *n.* the spawn of fungi, ছত্রাকদেহ। [Gk. *mykes* =a mushroom]

Mycenæan [mī-se-nē°-an, মাইসীনী°অ্যান্] *a.* of Mycenae, গ্রীক রাজা আগামেম্‌ননের রাজধানী মাইকীনি নগরের বা তত্রত্য তাম্রযুগীয় সভ্যতার। [Gk. *Mykenai*]

mycetes [mī-sē°-tēz, মাইসী°টীজ়্] *n. pl.* fungi, ছত্রাক। *n.* **mycetology** [mī-sē-to°-la-ji, মাইসীট°ল্যাজি], **mycology** [mī-ko°-la-ji, মাই-ক°ল্যাজি] ছত্রাকবিজ্ঞান। *n.* **mycēto°logist, myco°logist** । *n.* **mycosis** [mī-kō°-sis, মাই-কৌ°সিস্] ছত্রাকঘটিত ব্যাধি। [Gk. *myke(to)s*, *(pl.) myketes*]

mydriasis [mi-drī°-a-sis, মিড্রাই°অ্যাসিস্] *n.* excessive dilatation of the pupil of the eye, চোখের মণির অতিরিক্ত বৃদ্ধি বা বিস্তৃতি। [Gk. *mudriasis*]

myelitis [mī-a-lī°-tis, মাইঅ্যালাই°টিস্] *n.* inflammation of the spinal cord, সুষুম্নাকাণ্ডের স্ফীতি ও প্রদাহ। [Gk. *muelos*=marrow]

myna(h) [mī°-nā, মাই°না] *n.* a bird of the sterling family, ময়না। [Hin.]

myope—see **myopia.**

myopia [mī-ō°-pi-a, মাইঔ°পিঅ্যা] *n.* short-sightedness, দৃষ্টিক্ষীণতা। *a.* **myopic** [mī-a°-pik, মাইঅ্যা°পিক্] ক্ষীণদৃষ্টি। *n.* **my°ōpe**—ক্ষীণ-দৃষ্টি ব্যক্তি। [Gk. *myops*=short-sighted]

myosis [mī-ō°-sis, মাইঔ°সিস্] *n.* contraction of the pupil of the eye, চোখের মণির সঙ্কোচন রোগ। **my°otic** [mī-o°-tik, মাইঅ°টিক্] (**1**) *a.* উক্ত রোগমূলক বা রোগগ্রস্ত। (**2**) *n.* উক্ত রোগগ্রস্ত ব্যক্তি। [Gk. *myein*=to close, blink]

myriad [mi°-ri-ad, মি°রিঅ্যাড্] (**1**) *a.* & *n.* ten thousand, দশসহস্র, অযুত। (**2**) *n.* countless number, অগণ্য সংখ্যা। (**3**) *a.* countless, অসংখ্য। [Gk. *myriados*]

Myrmidon [ma(r)°-mi-dan, ম্যা(র্)°মিড্যান্] *n.* one of a race of warriors who followed

Achilles to Troy, অ্যাকিলিসের সঙ্গে ট্রয়-যুদ্ধে গমনকারী জাতিবিশেষের লোক। *n.* **myr°midon**—দুঃসাহসী নেতার অধীন দুর্বৃত্তদলের লোক, নির্ভয়ে ও নির্মমভাবে অপরের আদেশ পালনকারী। **myrmidons of the law**—পুলিস-বাহিনী বা আরক্ষি-দল, আদালতের পেয়াদাবর্গ প্রভৃতি। [Gk. *Murmidones* (*pl.*)]

myrobalan [mī-ro°-ba-lan, মাইর°ব্যাল্যান্] *n.* an Indian fruit, হরীতকী। [Gk. *myrobalanos*]

myrrh [ma(r), ম্যা(র্)] *n.* a kind of gum, বৃক্ষজ আঠাবিশেষ, মস্তকি। [OE. *myrra*<L. *myrrha*<Gk. *myrra*]

myrtle [ma(r)°tl, ম্যা(র্)°ট্ল্] *n.* an ever-green shrub, সুন্দর সুগন্ধ পত্রযুক্ত চিরহরিৎ গুল্মবিশেষ। (OF. *myrtille*<*myrtus*<Gk. *murtos*]

myself [mī-self°, মাইসেলফ্°] *refl. pron.* I or me, in person, স্বয়ং আমি বা নিজেনিজে, স্বয়ং আমাকে বা নিজেকে। [*me, self*]

mysophobia [mī-sō-fō°-bi-a, মাইসৌফৌ°বিঅ্যা] *n.* morbid fear of contamination, (রোগাদি) সংক্রমণের আতঙ্ক। [Gk. *mysos, phobos*=fear]

mysterious—see **mystery₂**.

mystery₁ [mis°-t(a)ri, মিস্°ট্রি] *n.* (arch.) handicraft, কারিগরি কাজ; trade, বৃত্তি। [LL. *misterium*<L, *ministerium*]

mystery₂ [mis°-t(a)ri, মিস্°ট্রি] *n.* a secret doctrine, গুপ্ত মতবাদ; (usu in *pl.*) religious rites known only to the initiated, কেবল দীক্ষিতগণের জ্ঞাত ধর্মের রহস্য; anything very obscure, অতি অস্পষ্ট কিছু; that which is beyond human knowledge or reason, যাহা মানুষের জ্ঞান বা যুক্তির অতীত, রহস্যময় বস্তু; anything artfully made difficult, যাহা কৌশলে কঠিন করা হইয়াছে; a miracle play, খ্রিস্টের জীবনের অলৌকিক কাহিনীমূলক নাটকবিশেষ। *a.* **mystēr°ious**—গুপ্ত রহস্যপূর্ণ; অস্পষ্ট; গুপ্ত; বোধাতীত, দুর্বোধ্য। *n.* **mys°tery-man**—জাদুকর; বৈদ্য; ঔষধ-বিশারদ। [L. *mysterium*<Gk. *musterion*]

mystic [mis°-tik, মিস্°টিক্], **mys°tical**—*a.* of mystery, the mysteries, or mysticism, গুপ্তরহস্যমূলক, অলৌকিক কাহিনীমূলক নাটকসংক্রান্ত, অতীন্দ্রিয়বাদসংক্রান্ত; mysterious, গুপ্তরহস্যপূর্ণ; secret, গুপ্ত; obscure, অস্পষ্ট; containing a hidden meaning, গূঢ় অর্থপূর্ণ; beyond sense-perception, অতীন্দ্রিয়। *n.* **mys°tic**—সমাধিস্থ অবস্থায় ঈশ্বরের সহিত প্রত্যক্ষ সংযোগস্থাপনে অভিলাষী বা সমর্থ ব্যক্তি; অতীন্দ্রিয়বাদে বিশ্বাসী ব্যক্তি। *adv.* **mys°tically**। *n.* **mysticism** [mis°-ti-sizm, মিস্°টিসিজ্‌ম্] সমাধিস্থ অবস্থায় ঈশ্বরের সহিত প্রত্যক্ষ সংযোগ-স্থাপন সম্ভব: এই মতবাদ; চিন্তার বা ভাবের অস্পষ্টতা; অতীন্দ্রিয়বাদ। *v.t.* **mys°tify**—রহস্যপূর্ণ করা; অস্পষ্ট গুপ্ত বা দুর্বোধ্য করা: হতবুদ্ধি বা বিহ্বল করা, ধাঁধা লাগান; ধোঁকা দেওয়া। *n.* **mystificā°tion**। *n.* **mys°tifier**। [L. *mysticus*<Gk. *mustikos*]

mystique [mis-tēk°, মিস্টীক্°] *n.* incommunicable spirit or gift or quality, গূঢ় শক্তি বা গুণ; secret known to only inspired persons, যে রহস্য কেবল প্রত্যাদিষ্ট ব্যক্তিরা অবগত। [F.]

myth [mith, মিথ্] *n.* an ancient traditional story of gods or heroes, (প্রধানতঃ) কোন গূঢ় রহস্যের ব্যাখ্যাপূর্ণ পৌরাণিক কাহিনী, (পরি.) অতিকথা; a story with a veiled meaning, গূঢ় অর্থপূর্ণ কাহিনী। *a.* **my°thic(al)**—পৌরাণিক; অতিকথামূলক; অবাস্তব। [Gk. *muthos*]

mythology [mi°-tho°-la-ji, মি°থ°ল্যাজি] *n.* a body of myths, পৌরাণিক কাহিনীসমূহ, পুরাণশাস্ত্র। *a.* **mythologic** [mi-tha-lo°-jik, মিথ্যাল°জিক্], **mytholo°gical**—পৌরাণিক কাহিনীসংক্রান্ত; পৌরাণিক। *n.* **mytho°logist**—পুরাণবেত্তা। [see *myth*]

N

N, n [en, এন্] *n.* the fourteenth letter of the English alphabet, ইংরেজি বর্ণমালার চতুর্দশ বর্ণ।

Naafi [Nŭ°-fi, না°ফি] *n.* an organization for running canteens for service personnel, (সচ. সামরিক) কর্মচারীদের জন্য রেস্তরাঁ চালাইবার সংস্থা। [*N*avy, *A*rmy, *A*ir *F*orce *I*nstitute]

nab [nab, ন্যাব্] *v.t.* to arrest, গ্রেফতার করা; to arrest red-handed, হাতে-নাতে গ্রেফতার করা। *pr. pt.* **na°bbing**। *p.* & *p. pt.* **na°bbed**। [?]

nabob [nā°-bob, নেই°বব্] *n.* (rare) a nawab, (বিরল) নবাব; a European returned home from India with fortune, ভারতবর্ষ হইতে প্রচুর ধনসম্পদ্ আহরণপূর্বক স্বদেশে প্রত্যাগত ইউরোপীয়; a man of great wealth, অত্যন্ত ধনশালী ব্যক্তি। [Hin. *nawab*]

nacarat [na°-ka-rat, ন্যা°ক্যার্যাট্] *n.* bright orange-red colour, উজ্জ্বল কমলা রং; a fabric so coloured, কমলা রং-এ ছোপান বস্ত্রবিশেষ। [Sp. & port. *nacardo*]

nacelle [na-sel°, ন্যাসেল্°] *n.* the outer casing for an aircraft's engine, বিমানপোতের এনজিনের বহিরাবরণ। [F.<LL. *navicella*<L. *navis*=ship]

nacre [nā°-ka(r), নেই°ক্যা(র্)] *n.* mother-of-pearl or a shellfish yielding it, মৌক্তিক বা শুক্তি। *a.* **nā°crėous, nā°crous**—মৌক্তিকপূর্ণ। [F.]

nadir [nā°-de(r), নেই°ডিয়্যা(র্)] *n.* the point of the heavens diametrically opposite to the zenith, (পরি.) কুবিন্দু; the lowest point, কিছুর নিম্নতম বিন্দু (the *nadir* of depression)। [F.<Ar.=opposite to]

nae [nā, নেই] Scot. form of **no.**

nag$_1$ [nag, ন্যাগ্] *n.* a horse, (প্রধানতঃ ক্ষুদ্র বা নিকৃষ্ট) ঘোড়া। [MF. *nagge*<?]

nag$_2$ [nag, ন্যাগ্] *v.t.i.* to annoy continually, ক্রমাগত জ্বালাতন করা (to *nag* at a person) ; to find fault with constantly, ক্রমাগত দোষারোপ করা বা খুঁত ধরা। *pr. pt.* **na°gging** । *p. & p. pt.* **na°gged** । *n.* **na°gger** । [cp. Norw. *nage*=to rankle, Sw. *nagga*=to gnaw]

naga [na°-ga, ন্যা°গ্যা] *n.* a snake, সর্প, নাগ, (বিশেষতঃ কেউটে সাপ) ; a divine snake, দিব্য-সর্প। [Sans.]

naiad [nī°-ad, নাই°অ্যাড়্] *n.* a water-nymph, জলপরী। [Gk. *naiados*]

naif [nā-ēf°, নেইঈফ্°] var. of **naive.**

naik [nīk, নাইক্] *n.* a rank in the Indian army equivalent to that of a corporal, (সাম.) নায়েক। [Hind.]

nail [nāl, নেইল্] **(1)** *n.* a horny plate at the end of a finger or toe, নখ ; claw, পশুপক্ষীর নখর ; a metal spike, পেরেক গজাল প্রভৃতি। **(2)** *v.t.* to fasten, pierce, or stud with nails, নখ নখর অথবা পেরেক দিয়া আটকান বা বিদ্ধ করা বা মণ্ডিত করা ; (fig.) to fix, pin down, or hold fast, (আল.) আটকাইয়া রাখা, ঠাসিয়া ধরা, দৃঢ়ভাবে ধরা। **as hard as nails**—অত্যুৎকৃষ্ট বা অটুট স্বাস্থ্যসম্পন্ন ; (আল.) নির্মম বা বেদরদি। **on the nail**—তৎক্ষণাৎ সঙ্গে সঙ্গে। **right as nail**—একেবারে ঠিক। **(to) fight tooth and nail**—প্রাণপণ শক্তিতে লড়াই করা, জয়ের জন্য আপ্রাণ চেষ্টা করা। **(to) nail a lie to the counter**—(উক্তি প্রভৃতি) মিথ্যা বলিয়া প্রতিপন্ন করা, খণ্ডন করা। **(to) nail down**—উদ্দেশ্যাদি স্পষ্টভাবে খুলিয়া বলিতে বাধ্য করান। **(to) nail one's colours to the mast**—সিদ্ধান্ত গ্রহণপূর্বক তাহা প্রকাশ করা এবং তদনুযায়ী কার্য করিতে দৃঢ়সঙ্কল্প হওয়া। **(to) hit the (right) nail on the head**—যথাস্থান স্পর্শ করা, ঠিক কাজ করা বা ঠিক কথা বলা। *n.* **nail°-brush**—নখ পরিষ্কার করার জন্য বুরুশ। *a.* **nai°led**—নখযুক্ত, নখরযুক্ত ; পেরেকমণ্ডিত ; নখ বা পেরেক দিয়া আবদ্ধ। *n.* **nai°ler**—পেরেক-নির্মাতা ; (অশি.) চমৎকার নিদর্শন। *n.* **nai°lery**—পেরেকের কারখানা। *n.* **nail°-file**—ঘষিয়া নখের নির্দিষ্ট আকার দেওয়ার উকোবিশেষ। *n.* **nail°-head**—পেরেকের মাথা। *n.* **nai°ling**—পেরেক বা নখ দিয়া আবদ্ধ করা ; পেরেক-নির্মাণ। *n.* **nail°-polish, nail°-varnish**—নখ পালিশ ও রঞ্জিত করার জন্য রঙ্বিশেষ, নখরঞ্জনী, নেইলপালিশ। *n.* **nail°-scissors**—নখকাটা কাঁচি। [OE. *naegel*—cp. G. *nagel*]

nainsook [nān°-sook, নেইন্°সুক্] *n.* a kind of muslin, মসলিন কাপড়বিশেষ, নয়নসুখ। [Beng. *nayansookh*]

naive [nā-ēv°, নেইঈভ্°] *a.* full of unaffected simplicity, সাদাসিধা ; unaffected, ভড়ংশূন্য ; artless, কলাকৌশলবর্জিত ; ingenuous, সরল ; amusingly simple, হাস্যকর সারল্যে বা সাদাসিধা ভাবে পূর্ণ (*naive* remarks) । *adv.* **naïve°ly** । *n.* **naïveté** [nā-ēv°-te, নেইঈভ্°টে], **naïve°ty**—স্বাভাবিক সাদাসিধা ভাব। [F. *naif*, (*fem.*) *naive* <L. *nativus*=native]

naked [nā°-kid, নেই°কিড্] *a.* unclothed, বিবস্ত্র, উলঙ্গ ; uncovered, উন্মুক্ত, নিরাবরণ (*naked* sword) ; bare, সাজসজ্জাহীন, নিরাভরণ ; exposed, দৃষ্টিগোচর, প্রকাশিত, উন্মুক্ত ; unconcealed, অগুপ্ত ; undisguised, ছদ্মবেশহীন ; evident, স্পষ্ট ; unarmed, অস্ত্রহীন, বর্মহীন, নিরস্ত্র ; defenceless, অরক্ষিত ; without ornament, নিরলঙ্কার ; simple, সাদাসিধা ; artless, ছলা-কলাহীন। **naked tree**—নিষ্পত্র বৃক্ষ। **the naked truth**—নিরলঙ্কার নগ্ন সত্য। *adv.* **nā°kėdly** । *n.* **nā°kėdnėss** । [OE. *nacod*<G. *nackt*]

naker [nā°-ka(r), নেই°ক্যা(র্)] *n.* kettledrum, জয়ঢাক, নাকাড়া। [OF. *nacre*<Ar. *naqara*]

namby-pamby [nam°-bi-pam°-bi, ন্যাম্°বি-প্যাম্°বি] **(1)** *a.* prettily or sentimentally childish, ঠুনকো বা অভিমানভরা ছেলেমানুষি-পূর্ণ। **(2)** *n.* such writing, talk or person, ঐরূপ রচনা বা কথাবার্তা বা লোক। [nickname of Ambrose Philips, the poet]

name [nām, নেইম্] **(1)** *n.* that by which a person or thing is known or called, নাম, অভিধা ; a designation, আখ্যা ; reputation, fame, সুনাম, খ্যাতি, যশঃ ; a famous person, খ্যাতনামা ব্যক্তি (great *names* of history) ; authority, কর্তৃত্ব, অধিকার, অনুমতি (in the king's *name*) ; behalf, তরফ, পক্ষ। **(2)** *v.t.* to give a name to, নাম বা আখ্যা দেওয়া ; to mention the name of, নামোল্লেখ করা ; to designate, অভিহিত করা ; to nominate, মনোনীত করা ; to specify, নির্দিষ্ট করা (to *name* the day) ; (of the Speaker) to mention as disobedient, (আইনসভায় অধ্যক্ষ কর্তৃক কোন সদস্যের) আদেশ অবমাননা করিয়াছে বলিয়া নাম করা। **in name**—মাত্র নামে অর্থাৎ প্রকৃতপক্ষে নহে (a king *in name*) । **in the name of**—তরফে, পক্ষে ; কর্তৃত্ববলে, অধিকারবলে, অনুমতিবলে। **(to) name after**—(কাহারও বা কিছুর) নামানুযায়ী (অন্য কাহাকেও বা কিছুকে) নাম দেওয়া। **(to) call one names**—গালি দেওয়া। **(to) call one bad names**—অপমানকর নামে ডাকা ; অপমানকর গালি দেওয়া। **(to) lend one's name to**—(কর্মপ্রচেষ্টাদিতে) পৃষ্ঠপোষকরূপে স্বীয় নাম ব্যবহৃত হইতে দেওয়া। **not (to) have a penny to one's name**—কপর্দকশূন্য হওয়া বা থাকা। **(to) take one's name in vain**—অশ্রদ্ধাভরে (কাহারও, বিশেষতঃ ঈশ্বরের) নাম লওয়া বা নামোচ্চারণ

করা। *n.* **nāme°-dropping**—আত্ম-গরিমা জাহির করার উদ্দেশ্যে বা অপরকে তাক লাগাইবার জন্য খ্যাতিমান ব্যক্তিদের নামোল্লেখ। *a.* **nā°m(e)able**—নামোল্লেখের যোগ্য। *a.* **nā°med**—নামক; আখ্যাত, অভিহিত। *a.* **nāmeless**—নামহীন; নাম-না-জানা; অনামা; অখ্যাত; অবর্ণনীয়, অকথ্য (*nameless* vices); নাম অনুল্লেখিত (a prominent person who shall be *nameless*)। *adv.* **nāme°ly**—যথা, যেমন। *n.* **nāme°-part**—যে চরিত্রের নামানুযায়ী নাটকের নামকরণ হইয়াছে, নামভূমিকা। *n.* **nāme°plāte**—বাড়ির দরজাদিতে বাসিন্দার নাম লেখা যে ফলক থাকে। *n.* **nāme°-sāke**—একই নামধারী লোক, সমনাম ব্যক্তি। *n.* **nā°ming**—নামকরণ; আখ্যাদান; নামোল্লেখ। [OE. *nama*—Gk. *name*, L. *nomen*, Sans. *naman*]

Nancy, nancy [nan°-si, ন্যান্°সি] *n.* an effeminate youngman, মেয়েলি যুবা। [a girl's name]

nankeen [nan-kēn°, ন্যান্কীন্°] *n.* buff-coloured cotton cloth, পীতাভ সুতি বস্ত্রবিশেষ। [*Nankin(g)* in China]

nanny [na°-ni, ন্যা°নি] *n.* a she-goat, ছাগী; (usu. **na°nny-goat**); a children's nurse, শিশুপালনকারিণী, আয়া। [a woman's name]

nap₁ [nap, ন্যাপ্] *n.* a woolly surface on cloth, কাপড়ের উপরে পশমের ন্যায় আঁশ; a downy covering, লোমশ আবরণ। [MDu. *noppe*]

nap₂ [nap, ন্যাপ্] (1) *v.t.* to take a short or light sleep, একটু ঘুমাইয়া লওয়া। *pr. pt.* **na°pping**; *p.* & *p. pt.* **na°pped** | (2) *n.* a short or light sleep, ঈষৎ নিদ্রা, তন্দ্রা (to have or to take a *nap*)। **(to) catch napping**—কেহ তুচ্ছ ভুল করার ফলে তাহাকে ধরিয়া ফেলা; অসতর্ক অবস্থায় ধরিয়া ফেলা বা আক্রমণ করা। [OE. *knappian*]

nap₃ [nap, ন্যাপ্] *n.* the name of a kind of card-game, একপ্রকার তাস খেলার নাম; betting of all one's money on one chance, এক বাজিতে সব অর্থ পণ রাখা। [abbr. of Napoleon =original name of the game]

napalm [nā°-pum, নেইº৽পাম্] *n.* a petroleum jelly used in bombs, বোমায় ব্যবহৃত জমাট-বাঁধা বা থক্থকে পেট্রল। [?]

nape [nāp, নেইপ্] *n.* the back of the neck, ঘাড়, গ্রীবার পশ্চাদ্ভাগ। [?]

napery [nā°-pa-ri, নেই°প্যারি] *n.* table-linen, টেবিল প্রভৃতির ঢাকনা তৈয়ারির কাপড়। [OF. *naperie* < LL. *naparia*]

naphtha [naf°-tha, ন্যাফ্°থ্যা] *n.* a kind of inflammable oil, কয়লা আলকাতরা প্রভৃতি হইতে প্রাপ্ত দাহ্য তৈলবিশেষ, ন্যাপ্থা। *n.* **naph°thalēne**—আলকাতরা হইতে প্রস্তুত কীটঘ্ন পদার্থবিশেষ, ন্যাপ্থ্যালীন। [Gk.]

napkin [nap°-kin, ন্যাপ্°কিন্] *n.* a piece of linen or paper for wiping lips etc., ভোজ-টেবিলের মুখ-হাত মোছার জন্য কাগজে বা কাপড়ে তৈয়ারি গামছাবিশেষ। [dim. of F. *nappe* < L. *mappa*]

napoleon [na-pō°-li-an, ন্যাপৌ°লিয়্যান্] *n.* a French gold coin, ফ্রান্সের স্বর্ণমুদ্রাবিশেষ (=২০ ফ্র্যাংক্); a card-game, একপ্রকার তাসখেলা। *a.* **Napoleonic** [na-pō-li-o°-nik, ন্যাপৌলিঅ°-নিক্] ফরাসিসম্রাট্ নেপোলিঅন-সংক্রান্ত।

napoo [nŭ-pōō°, নাপূ°] *a.* & *int.* good for nothing, বাজে; finished, একদম খতম। [F.]

nappy₁ [na°-pi, ন্যাপি] *n.* a napkin worn by baby, শিশুর পরিধেয় তোয়ালেবিশেষ। [abbr.]

nappy₂ [na°-pi, ন্যা°পি] *a.* (of ale, etc.) strong, (মদ্যাদি-সম্পর্কে) কড়া; heady, মত্ততাদায়ক, মস্তিষ্ক-পীড়নকর। [see *nap*]

narcissi, narcissism—see **narcissus.**

Narcissus [nŭ(r)-si°-sas, না(র্)সি°স্যাস্] *n.* a Greek youth who pined away for love of his own image, পৌরাণিক গ্রীক যুবকবিশেষ: সে স্বীয় প্রতিমূর্তির প্রেমে পড়িয়া মারা যায় এবং তৎপরে একটি ফুলে রূপান্তরিত হয়। *n.* **narcissus**—ড্যাফোডিলজাতীয় পুষ্পবিশেষ। *pl.* **narci°ssusės, narci°ssī** | *n.* **narci°ssism**—স্বীয় দেহের সহিত যৌন-সম্ভোগের ইচ্ছা, (পরি.) আত্মরতি, স্বকাম। [L. < Gk. *Narkissos*]

narcolepsy [nŭ(r)°-ko-lep-si, না(র্)°কলেপ্সি] *n.* sleeping sickness, নিদ্রালুতাজনিত রোগবিশেষ, ঘুমরোগ। [Gk. *narke*=numbness, *lepsy*]

narcosis—see **narcotic.**

narcotic [nŭ(r)-ko°-tik, না(র্)ক°টিক্] (1) *a.* producing drowsiness, sleep, stupor or insensibility, নিদ্রালুতা নিদ্রা আচ্ছন্নতা বা অসাড়তা উদ্রেককর, চেতনানাশক। (2) *n.* a narcotic medicine or drug, ঐরূপ গুণসম্পন্ন ঔষধ বা মাদক। *n.* **narcō°sis**—উক্ত ঔষধ প্রয়োগের ফলে হতচেতন অবস্থা। *adv.* **narco°tically** | *n.* **narcotism** [nŭ(r)°-ka-tizm, না(র্)°ক্যাটিজ়্ম্] মাদকপ্রভাব। *n.* **narcotīzā°tion** | *v.t.* **narcotize** [nŭ(r)°-ka-tīz, না(র্)°ক্যাটাইজ়্] মাদকাদি প্রয়োগে নিদ্রালু নিদ্রিত বা আচ্ছন্ন করা। [Gk. *narkotikos*]

narcotism, narcotize—see **narcotic.**

nard [nŭ(r)d, না(র্)ড্] *n.* an aromatic balsam or the plant yielding it, সুগন্ধ নির্যাসবিশেষ বা উক্ত নির্যাসস্রাবী বৃক্ষ। [L. *nardus* < Gk. *nardos*]

nare [nā(r), নেয়্যা(র্)] *n.* (arch.) a nostril (আর্ষ. —প্রধানতঃ বাজপাখির) নাসারন্ধ্র। *pl.* **nā°rės** | [L. *naris*, (*pl.*) *nares*]

nark [nŭ(r)k, না(র্)ক্] (1) *n.* (sl.) a police decoy or spy, (অশি.) প্রলোভন দেখাইয়া ফাঁদে ফেলিবার জন্য পুলিশের লোক বা গোয়েন্দা। (2) *v.t.* to annoy, উত্যক্ত করা। **nark it** (imper.)—

থাম, বন্ধ কর। *p.* ও *p. pt.* **nar°ked** । [Romany *nak*=nose]

narrate [na-rat°, ন্যারেইট্°] *v.t.i.* to recount (events), (ঘটনাদি) বর্ণনা করা। *p.* ও *p. pt.* **narrā°ted** । *n.* **narrā°tion** । **na°rrative**—(**1**) *a* বর্ণনাকর; বর্ণনামূলক (*narrative* poems); গল্প বলার স্বভাববিশিষ্ট, গল্পে। (**2**) *n.* বর্ণিত বিষয় বা বস্তু; ধারাবাহিক বর্ণনা; গল্প, কাহিনী, আখ্যান। *n.* **narrā°tor** । [L. *narrare*]

narrow [na°-rō, ন্যা°রৌ] (**1**) *a.* of little breadth, অপ্রশস্ত, সঙ্কীর্ণ, সরু; closely confining, পর্যাপ্ত স্থানাভাবসম্পন্ন; limited, সীমাবদ্ধ, সীমিত (in the *narrowest* sense of the term); contracted in mind, সঙ্কীর্ণচেতা; bigoted, গোঁড়া, ধর্মান্ধ; illiberal, অনুদার; close, সঙ্কুচিত; precise, যথাযথ, একটুও বেশি নহে এমন; keen, তীক্ষ্ণ। (**2**) *n.* a narrow part or place, সঙ্কীর্ণ অংশ বা স্থান; (usu. in *pl.*) a narrow passage, channel or strait, সঙ্কীর্ণ পথ খাল বা প্রণালী। (**3**) *v.t.i.* to make or become narrow, সঙ্কীর্ণ সরু অপ্রশস্ত সীমাবদ্ধ বা সঙ্কুচিত করা অথবা হওয়া; to diminish or lessen, হ্রাস করা বা হওয়া। **narrow circumstances**—দারিদ্র্য। **narrow escape**—কোন-ক্রমে উদ্ধার, অল্পের জন্য পরিত্রাণ। **narrow margin**—অত্যল্প ব্যবধান। *n.* **na°rrowing**—সঙ্কীর্ণ করা; সঙ্কুচিত অবস্থা; কিছুর সঙ্কুচিত অংশ। *adv.* **na°rrowly** । *a.* **na°rrow-minded**—সঙ্কীর্ণচেতা, অনুদার। *adv.* **narrow-min°dedly** । *n.* **narrow-min°dedness** । *n.* **na°rrowness** । [OE. *nearu*]

narwhal [nŭ(r)°w(a)l, না(র্)°ওল্] *n.* a kind of whale, বৃহৎ দন্তযুক্ত তিমিবিশেষ। [D. *narhval*]

nasal [nā°z(a)l, নেই°জ়্ল্] (**1**) *a.* of the nose, নাসিকাসংক্রান্ত; sounded through the nose, অনুনাসিক। (**2**) *n.* (gr.) a nasal sound or letter, (ব্যাক.) অনুনাসিক ধ্বনি বা বর্ণ, নাসিক্য। *n.* **nāsa°lity**—অনুনাসিকতা; নাকি সুরে কথা বলার স্বভাব, খোনা স্বভাব। *n.* **nāsalizā°tion** । *v.i.t.* **nasalize**—[nā°-za-līz, নেই°জ়্যালাইজ়্] (ধ্বনি স্বর প্রভৃতিকে) অনুনাসিক করা। [L. *nasus* =the nose]

nascent [na°snt, ন্যা°স্নট্] *a.* coming into being, জন্মলাভ করিতেছে এমন; just being formed and as such unusually reactive, সদ্য-গঠিত এবং তন্নিমিত্ত অতিশয় সক্রিয় (*nascent* hydrogen), (পরি.) জায়মান। *n.* **na°scency**—জায়মানতা। [L. *nasci*=to be born]

nasturtium [nas-ta(r)°-sham, ন্যাস্ট্যা(র্)°শ্যাম্] *n.* the Indian cress, হেলেঞ্চা বা কলমি শাক। [L. *nasus*=the nose, *torquere*=to twist]

nasty [nŭs°-ti, নাস্°টি] *a.* disgustingly foul, জঘন্যরকম নোংরা, কদর্য; nauseous, ঘৃণ্যকারজনক; obscene, অশ্লীল; dangerous, বিপজ্জনক (*nasty* situation); ill-natured, বদমেজাজি (*nasty* person); disagreeable, অবাঞ্ছিত। *adv.* **nas°tily** । *n.* **nas°tiness** । [?—cp. Du. *nestig*=dirty]

natal [nā°tl, নেইট্ল্] *a.* of birth, জন্মসংক্রান্ত; native, জন্মগত। *n.* **nāta°lity**—জন্ম; জন্মের হার। [L. *natalis*]

natant [nā°tnt, নেই°ট্ন্ট্] *a.* floating, ভাসন্ত; swimming, সন্তরণরত। *n.* **natā°tion**—সন্তরণ। *a.* **natatorial** [nā-ta-taw°-ri-al, নেইট্যাটা°-রিঅ্যাল্] সন্তরণসংক্রান্ত; সন্তরণশীল, (পরি.) সন্তরক; সন্তরণোপযোগী। *n.* **nātato°rium**—সাঁতারের জন্য পুকুর। [L. *natare*=to swim]

natch [nach, ন্যাচ] *adv.* (coll.) same as **naturally** । [abbr.]

nath(e)less [nāth°-lis, নেইথ্°লিস্] *adv.* ও *prep.* (arch.) nevertheless, notwithstanding, (আর্ষ.—তৎ-) সত্ত্বেও। [OE. *na* =not, *a*´=ever, *the, less*]

nation [nā°sh(a)n, নেই°শ্ন্] *n.* a race or, people, জাতি; the people of a state, রাষ্ট্রের প্রজাপুঞ্জ; a set of people, animals etc., মানুষের বা অন্য প্রাণীর গোষ্ঠী। **United Nations**—সম্মিলিত জাতিপুঞ্জ। **national** [na°-shnl, ন্যা°শ্ন্ল্] (**1**) *a.* জাতিগত, জাতীয়; রাষ্ট্রগত, রাষ্ট্রীয়; জনসাধারণের (*national* debt); স্বদেশী (*national* product); স্বদেশভক্ত। (**2**) *n.* (usu. in *pl.*) স্বজাতীয় বা স্বদেশবাসী ব্যক্তি। **national anthem**—জাতীয় সঙ্গীত। **national income**—জাতীয় আয়। **nationalism** [na°-shna-lizm, ন্যা°শ্ন্যালিজ্ম্] স্বাদেশিকতা। *n.* **na°tionalist**—স্বদেশভক্ত ব্যক্তি। *a.* **nationalis°tic** । *n.* **nationality** [na-sha-na°-li-ti, ন্যাশ্যান্যা°লিটি] জাতিত্ব; জাতিগত বৈশিষ্ট্য। *n.* **nationalizā°tion** । *v.t.* **nationalize** [na°-shna-līz, ন্যা°শ্ন্যালাইজ়্] স্বাদেশিক বা স্বদেশভক্ত করা; জাতীয় সম্পত্তিতে পরিণত করা; রাষ্ট্রীয় তত্ত্বাবধানে আনা, রাষ্ট্রীয় করা (to *nationalize* banks)। [L. *nationem*]

native [nā°-tiv, নেই°টিভ্] (**1**) *a.* belonging naturally, স্বভাবতঃ প্রাপ্ত বা বিদ্যমান; innate, সহজাত, জন্মগত (*native* aptitude); inherent, প্রকৃতিগত; natural, স্বাভাবিক; simple, artless, সাদাসিধা, ছলাকলাশূন্য; born or originating in the place, indigenous, দেশজ, স্থানীয় (the tiger is *native* to India); of the natives, স্থানীয় অধিবাসিসংক্রান্ত। (**2**) *n.* one born in any place, স্থানীয় অধিবাসী; a member of a non-European or uncivilized race, অ-ইউরোপীয় বা অসভ্য জাতির লোক। **(to) go native**—স্থানীয় অধিবাসীদের সঙ্গে মেলামেশা করা ও তাহাদের রীতিনীতি গ্রহণ করা। *adv.* **nā°tively** । *n.* **nā°tivism**—মানুষের কতকগুলি ধারণা সহজাত: এই দার্শনিক মত। *n.* **nā°tivist** । *n.* **nati°vity**—জন্ম; জন্মের স্থান সময় ও ধরন; জন্মানুসারে জাতিত্ব; কোষ্ঠী। *n.* **Nāti°vity**—যিশুর জন্ম; যিশুর জন্মতিথি-উপলক্ষে উৎসব। [L. *nativus*]

natter [na°-ta(r), ন্যা°ট্যা(র্)] (**1**) *v.i.* (coll.) to chatter, (কথ্য.) অনর্থক বকবক করা ; to grumble, অসন্তোষভরে বিড়বিড় করা। (**2**) *n.* chatter, বকবকানি ; grumble, বিড়বিড়ানি। *a.* **natt°ery**। [imi.]

natty [na°-ti, ন্যা°টি] *a.* dapper, spruce, ফিট্‌ফাট্‌, ছিমছাম ; quick and skilful, চট্‌পটে ও পটু। *adv.* **na°ttily**। *n.* **nattiness**। [?]

natural [na°chr(a)l, ন্যা°চ্‌র্‌ল্‌] *a.* of, according to, or produced by nature, প্রকৃতিসংক্রান্ত, প্রকৃতি-অনুযায়ী, প্রকৃতিদ্বারা সৃষ্ট বা প্রকৃতিদত্ত, প্রাকৃতিক ; not miraculous, normal, অদ্ভুত নহে এমন, অনলৌকিক, স্বাভাবিক ; not the work of man, মানুষের তৈয়ারি নহে এমন, স্বভাবজ ; inborn, সহজাত, জন্মগত ; spontaneous, স্বতঃস্ফূর্ত ; without affectation, ভান-করা নহে এমন, অকৃত্রিম ; physical, নৈসর্গিক ; related by birth, জন্মগত সম্পর্কযুক্ত। **natural death**—স্বাভাবিক মৃত্যু (অর্থাৎ রোগে বা আকস্মিকভাবে নহে)। **natural gas**—ভূগর্ভ-নিঃসৃত গ্যাস্‌ বা বাষ্প। **natural history**—পৃথিবী জীব ও উদ্ভিদ্‌ সম্বন্ধীয় বিজ্ঞান, (পরি.) জীবতত্ত্ব। **natural law**—প্রাকৃতিক নিয়ম ; যাহা কল্পিত বা আধ্যাত্মিক নহে। **natural numbers**—(গণি.) অখণ্ড বা পূর্ণ সংখ্যা (অর্থাৎ ০, ১, ২, প্রভৃতি)। **natural phenomena**—বজ্র বিদ্যুৎ ঝড় প্রভৃতি প্রাকৃতিক শক্তি বা তাহার বাহ্যমূর্তিসমূহ। **natural philosophy**—প্রকৃতিবিজ্ঞান, পদার্থবিদ্যা। **natural science**—প্রকৃতিবিজ্ঞান। **natural selection**—যোগ্যতম প্রাণীরা বংশানুক্রমে বাঁচিয়া থাকে ও বিবর্তনের ধারা বজায় রাখে : প্রকৃতির এই নিয়ম, (পরি.) প্রাকৃতিক নির্বাচন। **natural son** or **daughter**—জারজ বা উপপত্নীর গর্ভজাত পুত্র বা কন্যা। **natural system**—জীব ও উদ্ভিদের শ্রেণীভাগের প্রণালীবিশেষ। **natural theology** or **religion**—প্রত্যাদেশ-নিরপেক্ষ যুক্তিবাদী ধর্মতত্ত্ব বা ধর্ম। **natural uranium**—ইউরেনিয়াম নামক তেজস্ক্রিয় ধাতুর আকরিক (বিশেষ উপায়ে প্রস্তুত উন্নত ধরনের বা enriched ইউরেনিয়াম নহে)। *n.* **naturalism** [na°-chra-lizm, ন্যা°চ্‌র্যালিজ্‌ম্‌] (দর্শ.) প্রকৃতিকে অনুসরণ, প্রকৃতিবাদ; স্বভাববাদ, স্বাভাবিকতা। *n.* **na°turalist**—প্রকৃতিবিজ্ঞানী, প্রাণিবিজ্ঞানী, উদ্ভিদ্‌-বিজ্ঞানী, নিসর্গী, নিসর্গবেদী ; (দর্শ.) প্রকৃতিবাদী। *a.* **naturalis°tic**—প্রাকৃতিক ; স্বাভাবিক ; পৃথিবী প্রাণী উদ্ভিদ্‌ খনি প্রভৃতি সংক্রান্ত, বিজ্ঞানসম্বন্ধীয় বা বিজ্ঞানানুযায়ী ; (দর্শ.) প্রকৃতিবাদী। *n.* **naturali-zā°tion**। **naturalize** [na°-chra-līz, ন্যা°চ্‌র্যালাইজ্‌] (**1**) *v.t.* স্বাভাবিক বা সহজ করা ; ভিন্ন আবহাওয়া,বা জীবনের ভিন্ন পরিবেশের উপযোগী করা ; ভাষামধ্যে গ্রহণ করা ; প্রচলিত রীতিনীতির অন্তর্ভুক্ত করা ; প্রকৃতিবিজ্ঞানানুযায়ী ব্যাখ্যা করা। (**2**) *v.t.i.* (বিদেশিসম্বন্ধে) রাষ্ট্রের নাগরিক অধিকার দেওয়া বা পাওয়া। (**3**) *v.i.* উন্মুক্ত স্থানে (যেমন, মাঠে বা অরণ্যে) প্রকৃতিবিজ্ঞান সম্বন্ধে গবেষণা করা। *adv.* **na°tural-ly**—প্রকৃতিগতভাবে ; স্বাভাবিকভাবে ; স্বভাবতঃ ; অবশ্যই। *n.* **na°turalness**। [L. *naturalis* < *natura* = nature]

nature [nā°-cha(r), নেই°চ্যা(র্)] *n.* the power that creates and regulates the world, যে শক্তি পৃথিবীকে সৃজন ও নিয়ন্ত্রণ করে, বিশ্বপ্রকৃতি (*Nature* is the best doctor) ; the cosmos, সৃষ্টি, বিশ্বজগৎ ; the external world as beyond human control, নিসর্গ ; the power of growth, বর্ধনশক্তি ; the established order or things, স্বাভাবিক অবস্থা, স্বভাব ; essential or constituent qualities, স্বাভাবিক বৈশিষ্ট্য (from the *nature* of things) ; essence, সারাংশ ; being, সত্তা ; constitution, গঠনতন্ত্র, ধাত ; kind or class, শ্রেণী, বর্গ ; naturalness, স্বাভাবিকতা ; normal feeling, স্বাভাবিক অনুভূতি ; conformity to truth or reality, সত্যতা, অকৃত্রিমতা, বিশুদ্ধতা ; inborn characteristics, জন্মগত বৈশিষ্ট্য, স্বভাব ; vital power, মৌলিক শক্তি ; course of life, জীবনযাত্রা বা তাহার প্রণালী ; nakedness, নগ্নতা ; primitiveness, আদিমতা। **good nature**—নিঃস্বার্থপরতা ; পরোপকারের ইচ্ছা ; সহৃদয়তা। **human nature**—মনুষ্যোচিত সদ্‌গুণাবলী। **(to) be in a state of nature**—সম্পূর্ণ নগ্ন বা বিবস্ত্র অবস্থায় থাকা। **(to) ease** or **relieve nature**—মলত্যাগ করা। **(to) pay the debt of nature, (to) pay one's debt to nature**—মারা যাওয়া। *n.* **nā°ture°-cūre**—নিসর্গের বা প্রকৃতির সাহায্যে চিকিৎসা, প্রাকৃতিক চিকিৎসা। *a.* **nā°tured**—স্বভাববিশিষ্ট (good-*natured*)। *n.* **nā°ture-study**—উদ্ভিদ্‌ জীববর্গ প্রভৃতি প্রাকৃতিক বস্তুর পর্যবেক্ষণ, প্রকৃতি-পর্যবেক্ষণ। *n.* **nā°ture-worship**—প্রকৃতি-উপাসনা, জড়োপাসনা। [L. *natura*]

naught [nawt, ন্যট্] (**1**) *n.* nothing, কিছুই না ; (arith.) cipher, (পাটী.) শূন্য, 0। (**2**) *a.* worthless, বাজে ; foiled, ব্যর্থ। **(to) bring to naught**—ব্যর্থ বা ধ্বংস করা। **(to) come to naught**—সম্পূর্ণ বাজে বা ব্যর্থ হওয়া। **(to) care naught for**—গ্রাহ্য বা গণ্য না করা ; মূল্যহীন বিবেচনা করা। **(to) set at naught**—একেবারে গণ্য না করা, অবজ্ঞা করা। [OE. *na(wi)ht* < *na* = never, *wiht* = whit]

naughty [naw°-ti, ন্য°টি] *a.* (used of or by children) wayward, bad, দুরন্ত, দুষ্টু ; blameworthy, নিন্দনীয় ; indecent, অশ্লীল। *adv.* **naugh°tily**। *n.* **naugh°tiness**। [see *naught*]

nausea [naw°-si-a, ন্য°সিঅ্যা] *n.* inclination to vomit, বমনেচ্ছা, বমি-বমি ভাব ; sickening disgust or loathing, বিরক্তি বা ঘৃণা। **nau°-sēate**—(**1**) *v.i.* বমনেচ্ছা বা বিরক্তি বোধ করা। (**2**) *v.t.* (খাদ্যাদিকে) ঘৃণা করা ; বিরক্তি বা ঘৃণা উৎপাদন করা। *p.* & *p. pt.* **nau°sēated**। *a.* **nau°sēating, nau°sēous**—বমনেচ্ছা বিরক্তি বা ঘৃণা উদ্রেক-

কর (*nauseating* experience, food, sight, etc.)। [L.<Gk. *nausia*=sea-sickness]

nautch [nawch, ন্যচ্] *n.* a performance by professional dancing girls, বাইজির নাচ, বাই-নাচ। *n.* **nautch°-girl**—বাইজি, বাই. খেমটা-ওয়ালি। [Hin. *nach*]

nautical [naw°-tik(a)l, ন্য°টিক্ল্] *a.* of ships, sailors or navigation, জাহাজ নাবিক বা নৌচালনা সংক্রান্ত, নৌ-। **nautical almanac**—নাবিকদের প্রয়োজনীয় নৈসর্গিক ও স্রোতাদির তথ্যসংবলিত পঞ্জিকা, (পরি.) নৌসারণী। **nautical mile**—নাবিকদের দূরত্ব নির্ণায়ক মাপবিশেষ, নৌ-মাইল (=১৮৫২ মিটার=৬০৮০ ফুট)। [L. *nauticus*<Gk. *nautikos*<*nautes*=sailor, *naus*=ship]

nautilus [naw°-ti-las, ন্য°টিল্যাস্] *n.* an imaginary sea-mollusc, কল্পিত সামুদ্রিক শম্বুকবিশেষ। *pl.* **nau°tilusės, nau°tilī** । [L.<Gk. *nautilos*=a sailor]

naval [nā°v(a)l, নেই°ভ্ল্] *a.* of warships or a navy, রণতরী বা নৌবাহিনী সংক্রান্ত। **naval base**—নৌঘাঁটি। **naval battle**—নৌযুদ্ধ, জলযুদ্ধ। **naval officer**—নৌসেনাপতি, নৌসেনানী। [L. *navalis*<*navis*=a ship]

nave₁ [nāv, নেইভ্] *n.* the main part of a church between the chancel and the aisles, বারান্দা প্রভৃতি বাদে গির্জার মূল অংশ। [L. *navis*=a ship]

nave₂ [nāv, নেইভ্] *n.* the central part of a wheel, চক্রনাভি, ডিম্বকনাভি; (poet.) the navel, (কাব্যে) নাভি। [OE. *nafu*—cp. G. *nabe*, Sans. *naavi*]

navel [nā°v(a)l, নেই°ভ্ল্] *n.* the umbilical depression in the front of the belly, নাভি; a central point, কেন্দ্রবিন্দু। **navel orange**—বড় কমলালেবুবিশেষ: ইহার এক প্রান্তে নাভির ন্যায় গর্ত থাকে (যেমন, দার্জিলিঙ্গের কমলালেবু)। *n.* **nā°vel-string**—নাভির সহিত সংযুক্ত অন্ত্র। *n.* **nā°velwort**—বীজপত্রী গাছবিশেষ। [OE. *nafela*=dim. of *nafu*=nave]

navicert [na°-vi-sa(r)t, ন্যা°ভিস্যা(র্)ট্] *n.* a certificate testifying that a ship carries no contraband of war, যুদ্ধকালীন নিষিদ্ধ মাল-বহন করিতেছে না: এই মর্মে জাহাজকে প্রদত্ত সার্টি-ফিকেট্ বা শংসাপত্র। [*navigational certificate*]

navigable—see **navigate**.

navigate [na°-vi-gāt, ন্যা°ভিগেইট্] *v.i.t.* to voyage, to go in a ship or aircraft, নৌযাত্রা বা বিমানযাত্রা করা; to manage (a ship or aircraft), (জাহাজ বা বিমানপোত) চালনা করা। *p.* & *p. pt.* **na°vigātėd** । *a.* **na°vigable**—পোত-চালনার পক্ষে উপযুক্ত, নাব্য (not in a *navigable* condition); পরিচালনসাধ্য। *n.* **navigabi°lity** । *n.* **navigā°tion**—নৌচালন; বিমানপোতচালন; নৌচালনবিদ্যা; নৌচালনের পক্ষে প্রয়োজনীয় আবহাওয়া ও স্রোতাদি সংক্রান্ত বিজ্ঞান; নাবিকবিদ্যা; (আর্য.) নৌযাত্রা; নৌবাহ; নাব্য পথ; (মানুষের তৈয়ারি) খাল। *n.* **na°vigātor**—নাবিক; সমুদ্রপথে সন্ধান-কারী; নৌচালনের সহায়ক যন্ত্র। [L. *navigare*]

navvy [na°-vy, ন্যা°ভি] *n.* a labourer, (মূলতঃ নৌচালনার বা খাল খননের কার্যে নিযুক্ত) মজুর; an excavating machine, মাটি খুঁড়িয়া তোলার যন্ত্র (also **French navvy**)। [<*navigator*]

navy [nā°-vi, নেই°ভি] *n.* fleet, পোতবহর; the whole of a state's warships with their crew and organization, রাষ্ট্রের নৌবাহিনী বা নৌবল; the officers and men of a state's navy, রাষ্ট্রীয় নৌবাহিনীর সেনাপতিগণ ও কর্মচারি-বৃন্দ। **navy blue**—নৌবাহিনীর কর্মচারীদের পোশাকের রঙের ন্যায় নীল রঙ্। [OF. *navie*<L. *navis*=a ship]

nawab [na-wŭb°, ন্যাওআব্°] *n.* a Muslim governor or ruler, নবাব। [Hin.<Ar.=deputies]

nay [nā, নেই] (**1**) *adv.* no, না; not only so, শুধু এমনই নহে বা ইহাই নহে; yet more, আরও, অধিকন্তু; in point of fact, বস্তুতঃ। (**2**) *n.* a denial, অস্বীকৃতি (I cannot say *nay*); a vote against, বিরুদ্ধ ভোট। [ON. *nei*]

Nazarene [na-za-rēn°, ন্যাজ্যারীন্°], **Na°zarite₁**—*n.* a native of Nazareth, ন্যাজারেথের লোক; a follower of Jesus, ন্যাজারেথের যিশু-ভক্ত; a Jewish Christian, খ্রিস্টান ইহুদি।

Nazarite₂ [na°-za-rīt, ন্যা°জ্যারাইট্] *n.* a Jewish ascetic under a vow, ব্রতাবলম্বী ইহুদি সন্ন্যাসী। [Heb. *nazar*=to separate oneself]

naze [nāz, নেইজ্] *n.* a headland, অন্তরীপ। [OE. *naes*=nose]

Nazi [nŭ°-tsi, না°ত্সি] *n.* & *a.* German National Socialist, (হিটলারের অনুগামী) জর্মানীর জাতীয় সমাজতন্ত্রী, নাৎসি। *n.* **Na°zism**—নাৎসি-বাদ। [G.<*National-sozialist*]

nazir [nŭ°-zi(r), না°জি(র্)] *n.* an Indian court official serving summonses etc., নাজির। [Ar.]

Neanderthal man [ni-an°-da(r)-tal man, নিঅ্যান্°ড্যা(র্)টাল্ ম্যান্] *n.* a Paleolithic species of man, পুরোপলীয় যুগবিশেষের মানুষ (১৮৫৭ খ্রিস্টাব্দে নিআনডারটাল-উপত্যকায় ইহাদের কঙ্কাল আবিষ্কৃত হয়)।

neap [nēp, নীপ্] (**1**) *a.* (of tides) in which high-water level is at its lowest, স্রোতসম্বন্ধে লঘুস্ফীতিসম্পন্ন, মরা-কটালযুক্ত। (**2**) *v.i.* to tend towards the neap, মরা-কটাল বা লঘুস্ফীত হওয়া। *p.* & *p. pt.* **nea°ped** । *n.* **neap-tīde, neap**—মরা কটাল, লঘুস্ফীতি। [OE. *nepflod*=neap-tide]

Neapolitan [ni-a-po°-lit(a)n, নিঅ্যাপ°লিট্ন্] (**1**)

a. of Naples, নেপলসের। (**2**) *n.* a native of Naples, নেপলসের লোক। [L. *Neapolitanus* <Gk. *Neapolis*=new town]

near [ne(r̄), নিয়্যা(র্)] (**1**) *adv.* & *pre.* close, নিকটে ; closely, কাছাকাছি ; almost, প্রায়। (**2**) *a.* nigh, নিকটবর্তী ; closely related, ঘনিষ্ঠ (a *near* relation)। *compar.* **nēār°er** ; *super.* **nēār°est** (also see **next**)। (**3**) *v.t.i.* to approach, সমীপবর্তী বা নিকটবর্তী হওয়া (the building is *nearing* completion) ; to come nearer, নিকটতর হওয়া। **near at hand**—হাতের নাগালে ; আসন্ন। **Near East**—দক্ষিণ-পূর্ব ইউরোপের দেশগুলি (যেমন, গ্রীস)। **near miss**—অতি অল্পের জন্য ব্যর্থ লক্ষ্যসন্ধান। **near up, near upon**—সময়ের দিক্ দিয়া কাছাকাছি বা প্রায়। **not near, nowhere near**—মোটেই কাছে নহে ; কাছাকাছি কোথাও নহে ; দূরে। *a.* **nēār°-by**—খুব নিকটবর্তী ; পার্শ্ববর্তী। *adv.* **nēār°-by°**—খুব কাছে ; হাতের কাছে। *adv.* **nēār°ly**—কাছে ; কাছাকাছি (*nearly* ten o'clock) ; ঘনিষ্ঠভাবে (*nearly* related) ; প্রায় (*nearly* ready to start) ; ঈষৎ কম। *n.* **nēār°nėss**। *n.* **nēār°-sīde**—বাঁ-দিক। *a.* **nēār°-sīgh°tėd**—দূরের বস্তু ভাল দেখিতে পায় না এমন, অদূরবদ্ধদৃষ্টি। [OE. *near*, *comp.* of *néah*—nigh, ON. *naer*, *comp.* of *na*=nigh]

neat₁ [nēt, নীট্] *n.* an ox, cow etc., ষাঁড় বলদ গোরু প্রভৃতি। *pl.* **neat**। [AS.]

neat₂ [nēt, নীট্] *a.* unmixed, (মদ্যাদি সম্বন্ধে) অবিমিশ্র, খাঁটি ; elegant, সুরুচিসম্পন্ন, সুন্দর (a *neat* dress) ; trim, ফিট্‌ফাট্ ; tidy, পরিষ্কার-পরিচ্ছন্ন ; adroitly finished, সুচারুভাবে নিষ্পন্ন বা নির্মিত (*neat* work) ; deft, কুশলী, দক্ষ ; apt and excellent, যথাযথ ও চমৎকার। *a.* **neat°-han°dėd**—কুশলী, দক্ষ। *adv.* **neat°ly**। *n.* **neat°nėss**। [F. *net*<L. *nitidus*=shining]

neath, 'neath [nēth, নীথ্] contr. of **beneath.**

nebula [ne°-bū-la, নে°বিউল্যা] *n.* a slight opacity of the cornea, অচ্ছোদপটলের ঈষৎ ঘোলাটে ভাব ; misty appearance in the sky made by a group of stars or gaseous matter, নীহারিকা। *pl.* **ne°bulæ**। *n.* **ne°būlar**—নীহারিকাসংক্রান্ত ; নীহারিকাসদৃশ। **nebular hypothesis**—পরিক্রমণরত নীহারিকাবিশেষের চূর্ণন ও সঙ্কোচনের ফলে সৌরজগৎ সৃষ্ট হইয়াছে : ল্যাপ্‌ল্যাসের এই মত। *a.* **ne°būlous**—কুয়াশাচ্ছন্ন ; মেঘাচ্ছন্ন ; অস্পষ্ট, আবছায়া ; মেঘবৎ ; নীহারিকাবৎ ; নীহারিকা-বেষ্টিত। *n.* **ne°būlousnėss, nebulosity** [ne-bū-lo°-si-ti, নেবিউল°সিটি]। [L.=mist—cp. Gk. *nephele*]

necessary [ne°-si-s(a)ri, নে°সিস্‌রি] (**1**) *a.* inevitable, অবশ্যম্ভাবী ; that cannot be otherwise, অন্যথা হয় না এমন ; indispensable, অপরিহার্য (a *necessary* condition for success) ; that which is required, আবশ্যক, প্রয়োজনীয় ; under compulsion, বাধ্যতামূলক। (**2**) *n.* a thing without which life cannot be maintained, জীবনধারণের পক্ষে অপরিহার্য বস্তু, (পরি.) জীবনীয়। **necessary truths**—অকাট্য বা পরম সত্যসমূহ। *adv.* **ne°cėssarily**। [L. *necessarius*]

necessitarian, necessitate, necessitous—see **necessity.**

necessity [ni-se°-s(i)ti, নিসে°স্‌টি] *n.* the state or quality of being necessary, অবশ্যম্ভাবিতা, অপরিহার্যতা, বাধ্যবাধকতা ; great need, মস্ত অভাব বা প্রয়োজন ; poverty, দারিদ্র্য। **of necessity**—অবশ্যম্ভাবিভাবে, অপরিহার্যভাবে ; বাধ্যতা-মূলকভাবে। **under the necessity of**—প্রয়োজন-বশে, প্রয়োজনবোধে। **(to) bow to necessity**—বাধ্য হইয়া করা, প্রয়োজনের কাছে নতিস্বীকার করা। **(to) lay one under a necessity**—কাহারও পক্ষে কোন কার্যাদি অবশ্যকরণীয় করিয়া তোলা। **necessity knows no law**—অভাব বড় বালাই, "আতুরে নিয়মো নাস্তি"। *a.* & *n.* **necessitarian** [ni-se-si-tār°-i-an, নিসেসিটেয়্যার্°-ইঅ্যান্] মানুষের ইচ্ছার স্বাধীনতা নাই এবং তাহার সকল ক্রিয়াকলাপই পূর্বের কোন কারণদ্বারা নিয়ন্ত্রিত : এই মতবাদী (ব্যক্তি), পূর্বকারণবাদী। *n.* **nėcessitār°ianism**—পূর্বকারণবাদ। *v.t.* **necessitate** [ni-se°-si-tāt, নিসে°সিটেইট্] অবশ্যম্ভাবী বা অপরিহার্য করা ; বাধ্য করান। *p.* & *p. pt.* **nėce°ssitātėd**। *a.* **necessitous** [ni-se°-si-tas, নিসে°-সিট্যাস্] অভাবী ; অতি দরিদ্র ; সর্বহারা। [L. *necessitus*]

neck [nek, নেক্] (**1**) *n.* the part of the body connecting the head with shoulders, গ্রীবা, ঘাড়, গলা ; the contracted part of anything between wider parts, যে-কোন বস্তুর গ্রীবাসদৃশ অংশ (*neck* of a shirt or bottle)। (**2**) *v.i.* (sl.) to clasp each other lovingly round the neck, (অশি.—তরুণ-তরুণীসম্বন্ধে) প্রণয়ভরে পরস্পর গলা জড়ান। *p.* & *p. pt.* **ne°cked**। **by a neck** (ঘোড়দৌড়ে) অশ্বের স্কন্ধসহ মস্তকসমান দৈর্ঘ্যের ব্যবধানে (to win *by a neck*)। **dead from the neck up**—বোধশূন্য, বুদ্ধিরহিত, বুদ্ধিহীন। **neck and crop**—সম্পূর্ণভাবে ; আপাদমস্তক ; স্তূপাকারভাবে ; অতি দ্রুতভাবে ও রীতিনীতি গ্রাহ্য না করিয়া। **neck and neck**—ঠিক সমান-সমান বা পাশাপাশি। **neck or nothing**—বিষম বিপজ্জনক ঝুঁকি গ্রহণ করিয়া ; সব কিছু পণ করিয়া ; মরিয়া হইয়া। **pain in the neck**—(কথ্য.) বিরক্তিকর ব্যক্তি বা বস্তু। **(to) break one's neck**—ঘাড়ের হাড় ভেঙ্গে যাওয়ার ফলে মরা। **(to) break the neck of**—কোন কাজের দুরূহ অংশ অতিক্রম করা। **(to) get it in the neck**—(অশি.) অতি কঠোর শাস্তি বা আঘাত পাওয়া। **(to) harden the neck**—আরও অবাধ্য বা একগুঁয়ে হওয়া। **(to) have the neck to do**

—ধৃষ্ট বা উদ্ধত আচরণ করা। **(to) save one's neck**—ফাঁসি হইতে রেহাই পাওয়া। **(to) stick one's neck out**—(অশি.) কঠোর সমালোচনার বিষয়ীভূত হইতে পারে অথবা নিদারুণ কষ্টের কারণ হইতে পারে এমন কিছু করা বা বলা। **(to) tread on the neck of**—অত্যাচার করা, উৎপীড়ন করা। *n.* **neck°band**—জামার যে অংশ খাড়াভাবে গ্রীবা-বেষ্টন করিয়া থাকে। *n.* **neck°-cloth**—নেকটাইর মত গলায় বাঁধার কাপড়বিশেষ। *a.* **ne°ckėd**—গ্রীবাযুক্ত। *n.* **neckerchief** [ne-ka(r)°-chif, নেক্যা(র্)°চিফ্] গলায় বাঁধার রুমাল। *n.* **ne°cking**—স্তম্ভের শীর্ষসন্নিহিত সরু অংশ, স্তম্ভগ্রীবা। *n.* **neck°-lȧce**—কণ্ঠহার। *n.* **neck°lėt**—গলার টুকিটাকি অলঙ্কার (যেমন, পুঁতির মালা, জপমালা)। *n.* **neck-tie**—নেক্‌টাই। *n.* **neck°wear**—(দোকানদারদের ভাষায়) নেকটাই কলার প্রভৃতি গ্রীবায় পরিধেয় সজ্জা। [OE. *hnecca*—cp. G. *nacken*]

necro- [nec°-rō, নেক্‌রৌ] *in comp.* dead, dead body, মৃত, শব। *n.* **nec°rŏmancer**—জাদুকর; ডান, ডাইন্; জান। *n.* **nec°rŏmancy**—প্রেতাত্মাদের সঙ্গে যোগাযোগস্থাপনপূর্বক ভবিষ্যদ্বাণী করা; জাদুবিদ্যা। *n.* **necropolis** [nek-ro°-pa-lis, নেক্‌র°-প্যালিস্] (সচ. বড় নগরের) গোরস্থান। *n.* **ne°crop-sy, necros°copy**—ময়না তদন্ত। *n.* **necrōsis**—দেহাংশের পচনরূপ ব্যাধি। *a.* **necrō°tic**—উক্ত ব্যাধিগ্রস্ত বা পচনযুক্ত। [Gk. *nekros*]

nectar [neck°-ta(r), নেক্°ট্যা(র্)] *n.* drink of the gods, অমৃত, সুধা; a delicious beverage, অতি সুস্বাদু বা সুধাতুল্য পানীয়; the honey produced by plants, উদ্ভিদের লালাগ্রন্থিনিঃসৃত মধু মকরন্দ। *a.* **nectarine** [nek°t(a)rin, নেক্°ট্‌রিন্] সুধাতুল্য মিষ্ট। [Gk. *nektar*]

neddy [ne°-di, নে°ডি] *n.* donkey, গাধা। [<*ned*<*Edward*]

née [ne, নে] *a. fem.* born, (বিবাহিতা নারীর পিতৃকুলের পদবি উল্লেখে ব্যবহৃত) জাত (Mrs. Shelley *née* Godwin) [F.]

need [nēd, নীড্] **(1)** *n.* want, অভাব; necessity, প্রয়োজন; emergency, সঙ্কটাবস্থা, আপৎকাল (to help a person in his hour of *need*); want of the means of living, জীবনধারণের পক্ষে প্রয়োজনীয় বস্তুর অভাব; poverty, দারিদ্র্য। **(2)** *v.t.* to stand in need of, (কিছুর) অভাব বা প্রয়োজন বোধ করা। **(3)** *v.i.* to be necessary, অভাব বা প্রয়োজন হওয়া। *p. & p. pt.* **nee°dėd**। **if need be**—যদি প্রয়োজন হয়। *a.* **need°ful**—যথাকর্তব্য; প্রয়োজনীয়। *adv.* **need°fully**। **the need°ful**—(অশি.) নগদ টাকা; প্রয়োজনীয় কর্ম। *a.* **need°lėss**—অপ্রয়োজনীয়; অনাবশ্যক। *adv.* **need°lėssly**। **needn't**—contr. of **need not**। *adv.* **needs**—প্রয়োজনবশতঃ বা অপরিহার্যভাবে (he *needs* must go)। *a.* **nee°dy**—অতি দরিদ্র বা অভাবগ্রস্ত (a *needy* family or person)। [OE. *n(i)ed, nyd*—cp. Du. *nood*]

needle [ned°l, নীড্°ল্] **(1)** *n.* a thin long piece of steel etc. with a pointed end and an eye for thread used in sewing, সুচ, সুচি; any almost similar instrument, গ্রামোফোনের সুচ, বোনার কুরুশকাঠি, ঘড়ি প্রভৃতির কাঁটা, খোদাই শল্যচিকিৎসা প্রভৃতির সুচ; peak, চূড়া; slender crystal, সুচিমুখ স্ফটিক; leaf of fir or pine, ফারগাছের বা পাইনগাছের পাতা; (fig.) irritation, (আল.) জ্বালাতন। **(2)** *v.t.* to sew, সেলাই করা; to goad, irritate, উত্তেজিত করা, উত্ত্যক্ত করা। **needle's eye**—অতিক্ষুদ্র ছিদ্র। **(to) look for a needle in a haystack**—খড়ের গাদা হইতে একটি সুচ খুঁজিয়া বাহির করার মত পণ্ডশ্রম করা। *n.* **need°le-cāse**—সুচ রাখার বাক্স বা থলি। *n.* **need°le-pāper**—সুচ মুড়িয়া রাখার জন্য কাল কাগজ। *n.* **need°le-point**—সুচের ডগা; অতি তীক্ষ্ণ ডগা। *n.* **need°le-woman**—যে স্ত্রীলোক সুচিকর্ম করে; মেয়েদরজি। *n.* **need°lework**—সুচিকর্ম; মেয়ে-দরজির কাজ। [OE. *naedl*—cp. G. *nodel*]

needless, needn't, needs, needy—see **need.**

neem—alt. spell. of **nim.**

ne'er [nā(r), নেয়্যা(র্)] contr. of **never**। **ne'er°-do-well**—**(1)** *a.* অপদার্থ, অকর্মণ্য। **(2)** *n.* অপদার্থ ব্যক্তি।

nefarious [ni-fār°-i-as, নিফেয়্যার্°ইঅ্যাস্] *a.* extremely wicked, যৎপরোনাস্তি দুরভিসন্ধিপূর্ণ, অতি মন্দ। *adv.* **nefār°iously**। *n.* **nefār°ious-nėss**। [L. *nefarius*<*nefas*=wrong, crime]

negate [ni-gāt°, নিগেইট্°] *v.t.* to deny, অস্বীকার করা; to imply the nonexistence of, অনস্তিত্ব প্রকাশ করা; to nullify, বাতিল বা অকার্যকর করা। *p. & p. pt.* **nėgā°tėd**। *n.* **nėgā°tion**—না বলা; অস্বীকার; অস্বীকৃতি; (ন্যায়.) নঞর্থক প্রস্তাব; গুণবিশেষের অভাব। *n.* **nėgā°tionist**—(দর্শ.) যে ব্যক্তি প্রচলিত মতকে অস্বীকার করে কিন্তু তৎপরিবর্তে অন্য কোন মত উপস্থাপিত করে না। **negative** [ne°-ga-tiv, নে°গ্যাটিভ্] **(1)** *a.* অস্বীকারমূলক; অস্বীকৃতিপূর্ণ; (ন্যায়.) সম্পর্কশূন্যতাসূচক; নঞর্থক; সত্যতা বা সারবত্তা প্রতিপাদনে অক্ষম; বিরুদ্ধ; (গণি.) শূন্য অপেক্ষাও কম, ঋণাত্মক; (পদার্থ.) না-ধর্মী, অপর; (আলোকচিত্রে) অন্ধকারের স্থানে আলোতে এবং আলোর স্থানে অন্ধকারে পূর্ণ; (ব্যাক.) নাস্তিবাচক। **(2)** *n.* অস্বীকৃতিপূর্ণ বিবৃতি বা শব্দ (his reply was in the *negative*); (ব্যাক.) নাস্তিবাচক শব্দ বাক্য বা গঠনপ্রণালী; (গণি.) ঋণরাশি; (আলোকচিত্রে) অন্ধকারের স্থানে আলোতে এবং আলোর স্থানে অন্ধকারে পূর্ণ পট। **(3)** *v.t.* মিথ্যা বা ভুল বলিয়া প্রতিপাদন করা, খণ্ডন করা; ভোটের দ্বারা বা বিশেষ ক্ষমতাবলে বাতিল করা; অস্বীকার করা; ক্ষমতা বা বলবত্তা লোপ করা। **negative sign**—(গণি.) বিয়োগ-চিহ্ন। **negative virtue**—যে ধার্মিকতা শুধু পাপ হইতে

বিরতিতে পর্যবসিত। *adv.* **ne°gatively** । *n.* **ne°gativism**—(দর্শ.) যুক্তিহীন অস্বীকার বা নাস্তিক্য; যাহা করিতে বলা হইয়াছে তদ্বিপরীত করার স্বভাব। *n.* **negati°vity** ।[L. *negare*]

negation, negative—see **negate.**

neglect [ni-glekt°, নিগ্লেক্ট্°] **(1)** *v.t.* to treat carelessly, অবহেলা বা অযত্ন করা; to pass by without notice, উপেক্ষা করা; to disregard, অবজ্ঞা করা; to omit by carelessness, অবহেলাভরে বাদ দেওয়া। *p.* & *p. pt.* **neglec°ted** । **(2)** *n.* disregard, অবহেলা, অযত্ন, উপেক্ষা; slight, অবজ্ঞা; omission, বাদ, বিচ্যুতি। *a.* **neglect°ful**—অবহেলাপূর্ণ; উপেক্ষাপূর্ণ। *adv.* **neglec°tingly** । [L. *neglegere*]

négligé [ne°-glē-ze, নে°গ্লীজ়ে] *n.* easy undress, আটপৌরে বা ঘরে পরার পোশাক। [F.]

negligence [ne°-glij(a)ns, নে°গ্লিজ্‌ন্স্] *n.* want of proper care, অবহেলা, অযত্ন; heedlessness, অমনোযোগ। *a.* **ne°gligent**—অবহেলাকারী; অমনোযোগী। *adv.* **ne°gligently** । *a.* **ne°gligible**—উপেক্ষণীয়, তুচ্ছ (a *negligible* quantity)। *n.* **negligibi°lity** । *adv.* **ne°gligibly** । [L. *neglegentia*<*neglegere*=to neglect]

negotiable—see **negotiate.**

negotiate [ni-gō°-shi-āt, নিগৌ°শিএইট্] **(1)** *v.i.* to confer with a view to compromise or agreement, আপস-মীমাংসা বা ঐকমত্য বিধানার্থ আলাপ-আলোচনা করা; মধ্যস্থতা করা; to carry on business, কারবার করা; to bargain, দরদস্তুর ঠিক করা, দরাদরি করা। **(2)** *v.t.* to arrange for by agreement, আপসে ঠিক করা; to manage, বন্দোবস্ত করা; to exchange for value, মূল্যপ্রদানপূর্বক বিনিময় করা; to get over, অতিক্রম করা। *p.* & *p. pt.* **negō°tiāted** । *a.* **negō°tiable**—আলাপ-আলোচনাদ্বারা মীমাংসা বা ঐকমত্যবিধান করা যায় এমন; আপসে ঠিক করা যায় এমন; বন্দোবস্ত করা যায় এমন; বিনিময়ে। *n.* **negōtiabi°lity** । *n.* **negōtiā°tion** । *n.* **negō°tiātor** । *fem.* **negō°tiātress, negō°tiātrix** । [L. *negotiari*]

negress—see **negro.**

negro [nē°-grō, নী°গ্রৌ] *n.* one of the black-skinned woolly-haired African race, আফ্রিকার নিগ্রো। *fem.* **nē°gress** । *a.* **negroid** [nē°-groyd, নী°গ্রয়্‌ড্] আফ্রিকার নিগ্রো-গোত্রীয়। [Sp.<L. *niger*=black]

Negus [nē°-gas, নী°গ্যাস্] *n.* the title of the king of Abyssinia, আবিসিনিয়ার রাজার খেতাব। [Amharic]

neigh [nā, নেই] **(1)** *v.i.* to utter the cry of a horse, হ্রেষাধ্বনি করা, চিঁ-হিঁ-হিঁ করা। **(2)** *n.* the cry of a horse, হ্রেষাধ্বনি। [OE. *hnaegan*]

neighbour [nā°-ba(r), নেই°ব্যা(র্)] *n.* a next-door dweller, প্রতিবেশী (nextdoor *neighbours*); a nearby person or thing, নিকটবর্তী ব্যক্তি বা বস্তু। *n.* **neigh°bourhood**—প্রতিবেশিত্ব; প্রতিবেশিগণ; সন্নিহিত পার্শ্ববর্তী বা নিকটবর্তী অঞ্চল (he lives in the *neighbourhood* of Delhi); পাড়া; নৈকট্য। *a.* **neigh°bouring**—নিকটবর্তী; পার্শ্ববর্তী; সন্নিহিত; সংলগ্ন। *n.* **neigh°bourliness** । *a.* **neigh°bourly**—প্রতিবেশিসুলভ; বন্ধুত্বপূর্ণ; মিশুক, সামাজিক। [OE. *neah gebur*=a near farmer]

neither [nī°-dha(r), নাই°দ্যা(র্)] *a., pron., con.,* & *adv.* not either, ইহাও নহে (*neither* this nor that)। [OE. *na(w)ther*, contr. of *nahwaether*<*na*=never, *hwaether*=whether]

nelly [ne°-li, নে°লি] *n.* a large petrel, বৃহদাকার সামুদ্রিক পক্ষিবিশেষ। **not on your nelly**—কোনক্রমেই নয়, নিশ্চয়ই নয়। [Woman's name]

nem. con. [nem°-kon°, নেম্°কন্°] *ph.* unanimously, সর্বসম্মতিক্রমে; without any objection, বিনা আপত্তিতে। [contr. of L. *nemine contradicente*]

Nemesis [ne°-mi-sis, নে°মিসিস্] *n.* the Greek goddess of retribution, অন্যায়ের প্রতিশোধের অধিষ্ঠাত্রী গ্রীক দেবী। *n.* **ne°mesis**—অন্যায়ের প্রতিশোধ। [Gk. *nemesis*=retribution]

neo- [nē°-ō, নী°ঔ] *in comp.* new, modern, নূতন, আধুনিক। *a.* **nēo-cla°ssic**—(প্রধানতঃ অষ্টাদশ শতাব্দীর ইউরোপে) প্রাচীন গ্রীক ও ল্যাটিন সাহিত্যের ভাবধারার পুনরভ্যুদয়সংক্রান্ত। *n.* **nēo-cla°ssicism**—উক্ত পুনরভ্যুদয়। *n.* **nēo-cla°ssicist**—উক্ত পুনরভ্যুদয়বাদী। *n.* **nēo-colo°nialism**—ঔপনিবেশিক আধিপত্য বজায় রাখার জন্য ভূতপূর্ব উপনিবেশসমূহের উপর অর্থনৈতিক চাপ-সৃষ্টি। *n.* **nēo-Mathū°sianism**—জন্মনিয়ন্ত্রণার্থ জন্ম-নিরোধক দ্রব্যাদি ব্যবহার। *n.* **Nēo-He°llenism**—প্রধানতঃ ১৫শ-১৬শ-শতাব্দীর ইউরোপে) প্রাচীন গ্রীক সাহিত্য-শিল্পাদির অনুকরণ। **Nēo-La°tin**—**(1)** *n.* ইট্যালিয় ফরাসি স্পানিশ পর্টুগীজ প্রভৃতি ভাষা। **(2)** *a.* ঐ সমস্ত ভাষাসংক্রান্ত। [Gk. *neos*]

neolithic [ni-ŏ-li°-thik, নিওলি°থিক্] *a.* of the later Stone Age, নবপ্রস্তরযুগীয়। [*neo-, lithic*]

neology [ni-o°-la-ji, নিঅ°ল্যাজি] *n.* the introduction of new words, or new senses of old words, নূতন শব্দপ্রবর্তন বা নূতন অর্থে পুরাতন শব্দপ্রয়োগ; a neologism, নূতন শব্দ বা মত, নূতন অর্থে প্রযুক্ত পুরাতন শব্দ। (theol. & phil.) adoption of novel doctrines, (ধর্ম. ও দর্শ.) নূতন মতসমূহ বিশেষতঃ জর্মান্ যুক্তিবাদ। *n.* **neo°logism**—নূতন শব্দ বা মত; নূতন অর্থে পুরাতন শব্দ-প্রয়োগ; নূতন অর্থে প্রযুক্ত পুরাতন শব্দ। *n.* **neo°logist** । *v.t.* **neo°logize**—নূতন শব্দ বা মত প্রবর্তন করা। [*neo-, -logy*]

neon [nē°-on, নী°অন্] *n.* a gas, নিঅন্-গ্যাস্। **neon light**—উক্ত গ্যাসে জ্বালান বাতি, নিঅন্-

আলো। **neon sign**—নিঅন্‌-আলোর দ্বারা আলোকিত বিজ্ঞাপন। [Gk. *neos*=new]

neophyte [ni°-ŏ-fīt, নি°ওফাইট্‌] *n.* a new convert or one newly baptized, নবদীক্ষিত ব্যক্তি। [Gk. *neophutos*=newly planted]

neoplasm [nē°-ō-plazm, নী°ঔপ্ল্যাজ়্‌ম্‌] *n.* (path.) abnormal growth of tissues, (চিকি.) কোষসমূহের অস্বাভাবিক বৃদ্ধি। [Gk. *neo-*, L. *plasma*]

neoteric [nē-ō-te°-rik, নিঔটে°রিক্‌] *a.* recent, modern, আধুনিক ; new-fangled, অযথা নূতনের পক্ষপাতী। [Gk. *neoterikos*]

Nepalese [ne-pa°-lēz, নেপ্যা°লীজ়্‌] (**1**) *a.* of Nepal, নেপালী। (**2**) *n.* a native of Nepal, নেপালের লোক।

nepenthe [ne-pen°thi, নেপেন্‌°থি] *n.* a plant or drug that removes sorrow, care, etc., দুঃখদুশ্চিন্তাদি-নাশক উদ্ভিদ্‌ বা মাদক। [Gk. *nepenthes*=griefless]

nephew [ne°-vū, নে°ভিউ] *n.* a brother's or sister's son, ভ্রাতুষ্পুত্র বা ভাগিনেয়, ভাইপো বা বোনপো। *fem.* see **niece**। [OF. *neveu*<L. *nepos*=grandson—cp. OE. *nefa*, G. *neffe* =nephew]

nephology [ne-fo°-la-ji, নেফ°ল্যাজি] *n.* the study of clouds, মেঘবিজ্ঞান। *n.* **nepho°logist**। [Gk. *nephos*=cloud, *-logy*]

nephritis [ne-frī°-tis, নেফ্রাই°টিস্‌] *n.* inflammation of the kidneys, মূত্রগ্রন্থির প্রদাহ, বৃক্ক-প্রদাহ। [Gk. *nephros*=kidney]

nepotism [ne°-pŏ-tizm, নে°পোটিজ়্‌ম্‌] *n.* undue patronage to one's relations, নিজের আত্মীয়গণের প্রতি অন্যায় অনুগ্রহপ্রদর্শন, আত্মীয়-পোষণ। [It. *nepotismo*, *nepote*=nephew]

Neptune [nep°-chōōn, নেপ্‌°চূন্‌] *n.* the Roman sea-god, রোম্যান্‌দের সমুদ্র-দেবতা (তু. বরুণদেব)। [L. *Naptunus*]

Nereid [nēr°-i-id, নিয়্যার্‌°ইইড্‌] *n.* (Gk. myth.) a sea-nymph, (গ্রী. পু.) সমুদ্রপরীবিশেষ। [Gk. *Nereis*]

nerve [na(r)v, ন্যা(র্‌)ভ্‌] *n.* sinew, মাংসপেশী ; a bowstring, ধনুকের ছিলা ; vigour, bodily strength, courage, কর্মশক্তি, তেজ, দৈহিকশক্তি, সাহস (this task needs plenty of *nerve*) ; (anat.) a cord conveying impulses between the brain and other parts, (শারীর.) মস্তিষ্ক ও অন্যান্য দেহাংশের মধ্যে আবেগাদি-পরিবাহী শিরা, স্নায়ু, নার্ভ ; (bot.) a leaf-vein, (উদ্ভি.) পত্রশিরা ; (in *pl.*) nervousness, স্নায়বিক দৌর্বল্য, অল্পেই ঘাবড়াইয়া যায় এমন অবস্থা (to suffer from *nerves*)। (**2**) *v.t.* to give vigour, strength, or courage, কর্মশক্তি তেজ দৈহিক-শক্তি বা সাহস প্রদান করা। **a fit of nerves**—স্নায়ু-বৈক্লব্যের অবস্থা, হতচকিত বা বিকম্পিত অবস্থা। **(to) get on one's nerves**—কাহারও পক্ষে অত্যন্ত উত্ত্যক্তিকর হওয়া। **(to) have a nerve**—(কথ্য.) ভুয়া আত্মপ্রত্যয়সম্পন্ন বা স্পর্ধিত হওয়া। **(to) have the nerve (to do)**—(করিবার মত) সাহস বা আত্মবিশ্বাস থাকা ; (কথ্য.) অত্যন্ত ধৃষ্ট হওয়া। **(to) lose one's nerve**—ভীত হওয়া, সাহস হারান। **(to) regain one's nerve**—সাহস ও আত্মবিশ্বাস ফিরিয়া পাওয়া। **(to) strain every nerve**—যথাসাধ্য বা আপ্রাণ চেষ্টা করা। *n.* **nerve°-cell**—নার্ভ-কোষ। *n.* **nerve°-cen°tre**—বিভিন্ন নার্ভের সংযোগস্থল, স্নায়ু-কেন্দ্র। *n.* **ner°ved**—নার্ভ-বিশিষ্ট। *a.* **nerve°lèss**—নার্ভবিহীন বা পত্রশিরাবিহীন ; কর্মশক্তিহীন, নিস্তেজ, শক্তিহীন, সাহসশূন্য। *adv.* **nerve°lessly**। *a.* **nerve°-racking**—স্নায়ুর উপর চাপ দেয় এমন। *a.* **nerv°ine**—স্নায়ু-বৈকল্য প্রশমিত করে এমন (ঔষধাদি)। *a.* **nerv°ous**—নার্ভযুক্ত ; পেশল ; কর্মঠ, তেজস্বী, বলিষ্ঠ, সাহসী ; স্নায়বিক দৌর্বল্যযুক্ত ; একটুতে ঘাবড়াইয়া যায় এমন। *adv.* **nerv°ously**। **nervous breakdown**—স্নায়বিক দৌর্বল্য বা অবসাদ। **nervous impulse**—ধমনীর বা মাংসপেশীর কম্পনরোগ। **nervous system**—মস্তিষ্ক সুষুম্নাকাণ্ড ও নার্ভসমূহ, (পরি.) নার্ভতন্ত্র। *a.* **nerv°y**—পেশল ; বলিষ্ঠ ; (অশি.) স্থিরমস্তিষ্ক, আত্মবিশ্বাসী, ধৃষ্ট ; কর্মশক্তি তেজ বল বা সাহসের প্রয়োজন ঘটায় এমন ; স্নায়ুর উপর চাপ দেয় এমন ; স্নায়বিক দৌর্বল্যযুক্ত ; একটুতে ঘাবড়াইয়া যায় এমন। [L. *nervus* (*n.*)]

nescience [ne°-si-ans, নে°সিঅ্যান্‌স্‌] *n.* want of knowledge, অনবগতি, অজ্ঞানতা। *a.* **ne°scient**—অনবগত, অজ্ঞান। [L. *nescientia*]

ness [nes, নেস্‌] *n.* headland, অন্তরীপ। [OE. *naes(s)*]

nest [nest, নেস্‌ট্‌] (**1**) *n.* a structure built by a bird to live in, পাখির বাসা, কুলায়, নীড় ; a retreat or residence, (প্রধানতঃ আরামপ্রদ) আশ্রয় বা আবাস ; a haunt, বিচরণ-স্থান ; a brood or swarm or gang, ঝাঁক, (ডাকাত প্রভৃতির) দল ; a set of similar things, একজাতীয় বস্তুসমূহ। (**2**) *v.t.i.* to build or live in a nest, বাসা নির্মাণ করা বা বাসায় বাস করা ; to lodge, বাসা বাঁধা বা বাস করা। *p.* & *p. pt.* **nes°tėd**। **(to) go nesting**—পাখির বাসা খুঁজিয়া বেড়ান এবং তথা হইতে ডিম সংগ্রহ করা। [AS.]

nestle [nes°l, নেস্‌°ল্‌] (**1**) *v.i.* to nest, (পাখি কর্তৃক) বাসা নির্মাণ করা, বাসা বাঁধা ; to dwell, বাস করা ; to dwell snugly, আরামে বা গোপনে বাস করা। (**2**) *v.t.* to cherish affectionately, সাদরে কাছে টানা ; to provide a nesting place, বাসা-নির্মাণের স্থান জোগান। *n.* **nest°ling**—পাখির যে ছানা এখনও বাসা ছাড়িয়া উড়িতে অসমর্থ। [OE. *nestlian*<*nest*]

Nestor [nes°-taw(r), নেস্‌°ট্য(র্‌)] *n.* a wise old man, বিজ্ঞ বৃদ্ধ পরামর্শদাতা বা লোক। [a Homeric king]

net$_1$ [net, নেট্‌, net, নীট্‌] (**1**) *a.* remaining

after necessary deduction, free from deduction, বাদসাদ দিয়া যাহা থাকে (*net* profit, weight, etc.)। (2) *v.t.* to yield as net profit, বাদসাদ দিয়া লাভ দেওয়া। *conjug.* same as **net₂**। [cp. *neat*]

net₂ [net, নেট্] (**I**) *n.* a meshed contrivance, (মাছ বা পাখি ধরা, খেলা, মাথা বা মুখ ঢাকা, প্রভৃতি কার্যে ব্যবহৃত) জাল; a network, জালের ন্যায় বোনা জিনিস। (**2**) *v.t.* to cover or capture with net, জাল দিয়া ঢাকা, জালে আটকান বা ধরা; to form into network, জালের মত বোনা; to send into the netted enclosure, (খেলার বল সম্বন্ধে) জালের ঘেরের মধ্যে পাঠান (অর্থাৎ গোল দেওয়া)। (**3**) *v.i.* to form a network, জালের মত হওয়া; to make a net, জাল বোনা বা তৈয়ারি করা। *pr. pt.* **ne°tting**। *p.* ও *p. pt.* **ne°ttėd**। *n.* **net°-prac°tice**—জাল টাঙ্গাইয়া ক্রিকেট খেলার অনুশীলন। *n.* **ne°tting**—জাল বয়ন; জালের ন্যায় বোনা জিনিস (বিশেষতঃ দড়ি বা তার)। *n.* **net°-work**—জালের ন্যায় গঠিত বস্তু (বিশেষতঃ নদী খাল রেল-লাইন)। [OE. *net(t)*—cp. Du. *net*]

nether [ne°-dha(r), নে°দ্যা(র্)] (**I**) *a.* lower, নিম্নতর। *n.* **Ne°therlander**—নেদ্যারল্যান্ড্সের (বর্ত. হল্যান্ডের) অধিবাসী। *a.* **ne°thermōst**—নিম্নতম। *adv.* **ne°therward(ṡ)**—নিম্নাভিমুখে। *n.* **nether-world**—(বিরল) পৃথিবী; (সচ.) মৃতের জগৎ বা আগার; নরক। [OE. *neothera(a.)* *nither (adv.)*]

net-practice—see **net₂**.

netted, netting—see **net₁, ₂**.

nettle [net°l, নেট্°ল্] (**I**) *n.* a weed with stinging hairs, বিছুটি। (**2**) *v.t.* to sting, কাঁটার মত বেঁধা; to irritate, উত্ত্যক্ত করা। *n.* **nett°le-rash**—আমবাত। [OE. *netele*—cp. *nessel*]

network—see **net₂**.

neural [nūr°(a)l, নিউঅ্যার্°ল্] *a.* of nerves, নার্ভ-সংক্রান্ত, (পরি.) নার্ভীয়। [Gk. *neuron*=nerve]

neuralgia [nū-ral°-ji-a, নিউর্যাল্°জিঅ্যা] *n.* a neural pain, স্নায়ুশূল, (পরি.) বাতশূল। *a.* **neural°gic**—স্নায়ুমূলঘটিত; স্নায়ুশূলগ্রস্ত। [*neur-*, Gk. *algos*=pain]

neurasthenia [nūr-as-thē°-ni-a, নিউয়্যার্অ্যাস্থী°নিঅ্যা] *n.* nervous debility, স্নায়বিক দৌর্বল্য বা অবসাদ। **neurasthenic** [nūr-as-the°-nik, নিউঅ্যার্অ্যাস্থে°নিক্] (**I**) *a.* স্নায়বিক দৌর্বল্যগত; উক্ত দৌর্বল্যগ্রস্ত। (**2**) *n.* উক্ত দৌর্বল্যগ্রস্ত ব্যক্তি। [*neur-*, Gk. *astheneia*=weakness]

neuritis [nū-rī°-tis, নিউরাই°টিস্] *n.* inflammation of a nerve, স্নায়ু-প্রদাহ। *a.* **neuri°tic**। [Gk. *neuron*=nerve]

neurology [nū-ro°-la-ji, নিউর°ল্যাজি] *n.* the study of the nerves, স্নায়ু-বিজ্ঞান, স্নায়ু-তত্ত্ব, (পরি.) নার্ভরোগবিদ্যা। *n.* **neuro°logist**। [*neuro-*, Gk. *logos*=discourse]

neuron [nū°-ran, নিউ°র‍্যান্] *n.* a nerve-cell, স্নায়ুকোষ। [Gk.]

neuropath [nū°-rō-path, নিউ°রৌপ্যাথ্] *n.* a person suffering from nervous disease, স্নায়ু-রোগাক্রান্ত ব্যক্তি। *n.* **neū°rōpatho°logy**—স্নায়ুরোগবিদ্যা। [Gk. *neuron*, *pathos*=suffering]

neurosis [nū-rō°-sis, নিউরৌ°সিস্] *n.* nervous activity or disease, স্নায়বিক ক্রিয়া বা পীড়া, (পরি.) উদ্বায়ু। *pl.* **neurō°ṡēṡ**। **neurotic** [nū-ro°-tik, নিউর°টিক্] (**I**) *a.* স্নায়বিক পীড়াঘটিত; স্নায়বিক পীড়াগ্রস্ত; ঈষৎ খেপাটে। (**2**) *n.* স্নায়বিক পীড়াগ্রস্ত বা ঈষৎ খেপাটে ব্যক্তি। [Gk. *neuron*> nerve]

neuter [nū°-ta(r), নিউ°ট্যা(র্)] (**I**) *a.* neutral, নিরপেক্ষ; (gr.) neither masculine nor feminine, (ব্যাক.) ক্লীবলিঙ্গবাচক; (gr.) neither active nor passive, neither transitive nor intransitive, (ব্যাক.) সকর্মকও নহে অকর্মকও নহে এমন ভাববাচক; sexless, ক্লীব; castrated, খোজা বা খাসি। (**2**) *n.* a neutral person, opinion etc., নিরপেক্ষ ব্যক্তি মত প্রভৃতি; (gr.) a neuter word or gender, (ব্যাক.) ক্লীবলিঙ্গ-বাচক শব্দ বা ক্লীবলিঙ্গ; a sexless animal or plant, ক্লীব প্রাণী বা উদ্ভিদ্; a castrated person or animal, খোজা লোক বা খাসি করা প্রাণী। **(to) stand neuter**—নিরপেক্ষ থাকা; নিরপেক্ষতা ঘোষণা করা। [L.=neither]

neutral [nū°tr(a)l, নিউ°ট্রল্] (**I**) *a.* not involved in a war or dispute, যুদ্ধে বা বিবাদে নিরপেক্ষ; disinterested, উদাসীন, আগ্রহশূন্য; impartial, পক্ষপাতশূন্য; নিরপেক্ষ; indeterminate, (চরিত্রসম্বন্ধে) অনির্ণেয়, দুর্বোধ্য; indistinct, (শব্দসম্বন্ধে) অস্পষ্ট; (elec.) uncharged, inactive or powerless, (বিদ্যুতে) অক্রিয় বা অক্ষম, প্রশমিত। (**2**) *n.* a neutral person, nation, ship or state, নিরপেক্ষ (বিশেষতঃ যুদ্ধে নিরপেক্ষ) ব্যক্তি জাতি জাহাজ বা দেশ; (elec.) inactive or powerless state, (বিদ্যুৎসম্বন্ধে) অক্রিয় বা অক্ষম অবস্থা, প্রশমিত অবস্থা। *n.* **neutra°lity**। *n.* **neutralizā°tion**। *v.t.* **neutralize** [nū°-tra-līz, নিউ°ট্র্যালাইজ্] অসাড়করা, ব্যর্থ করা (to *neutralize* the effect of poison); প্রতিরোধ করা (অঞ্চলাদি) নিরপেক্ষ বলিয়া ঘোষণা করা। *n.* **neu°-tralizer**। *adv.* **neu°trally**। [L. *neutralis*< *neuter*=neither]

neutron [nū°-tron, নিউ°ট্রন্] *n.* (elec.) an uncharged particle, (বিদ্যুতে) অক্রিয় বা প্রশমিত কণা, নিউট্রন্। [see *neuter*]

névé [ne°-vā, নে°ভেই] *n.* firn, হিমবাহের শীর্ষস্থ কণতুষার। [F.<L. *nivis*=snow]

never [ne°-va(r), নে°ভ্যা(র্)] *adv.* at no time, কখনও নহে; in no degree, কোনক্রমে নহে; not, না। **never so**—যত বেশিই হউক না কেন। *a.* **ne°ver-en°ding**—অনন্ত, অশেষ। *a.* **ne°ver-**

fā-ding—চির-অম্লান। *a.* **ne°ver-fail°ing**—(সাহায্যাদি করিতে) কখনও পশ্চাদ্‌পদ বা বিচ্যুত হয় না এমন। *adv.* **ne°vermore**—ভবিষ্যতে আর কখনও নহে। *adv.* **neverṫheless** [ne-va(r)th(a)les°, নেভ্যা(র্)দ্‌লেস্°] তৎসত্ত্বেও। [OE. *naefre*<*ne*= not, *aefre*=ever]

new [nū, নিউ] (**1**) *a.* made, introduced, obtained, or discovered, lately or for the first time, নূতন, নব, অভূতপূর্ব, নবলব্ধ, নবাবিষ্কৃত, প্রথম; young, তরুণ, নবীন; fresh, তাজা, টাটকা; recent, modern, হালফিল, সাম্প্রতিক, আধুনিক; different, ভিন্ন; additional, অতিরিক্ত; strange, অপরিচিত (a *new* man); unaccustomed, অনভ্যস্ত (a *new* practice); renewed, পুনরায় নূতন করিয়া আরম্ভ করা হইয়াছে এমন; recently restored, অল্পকাল পূর্বে পুনরুদ্ধার করা হইয়াছে এমন। (**2**) *adv.* newly, নূতন করিয়া; recently, সম্প্রতি, সদ্যঃ। **new from**—নবাগত; সদ্য আগত। **new to**—অপরিচিত; অনভ্যস্ত। *a.* **new°-blown**—সদ্যঃপ্রস্ফুটিত। *a.* **new°-born**—সদ্যোজাত; নবজাত। *a.* **new°-come**—সদ্যঃ আগত; নবাগত। *n.* **new°-comer**—নবাগত ব্যক্তি। *a.* **new-fangled** [nū°-fanggld, নিউ°ফ্যাংগ্‌ল্‌ড্] **new°-fangle**—অযথা নূতনের পক্ষপাতী; নবোদ্ভাবিত কিন্তু অপ্রয়োজনীয় [ME. *fangel*=ready to catch]। *a.* **new°-fa°shioned**—নূতনের ধরনের বা ঢঙের। *a.* **new°-found**—নবাবিষ্কৃত; নবোদ্ভাবিত। *a.* **new°-laid**—(ডিম-সম্বন্ধে) সদ্যঃ পাড়া। **new look**—পোশাকের নূতন বা আধুনিক ফ্যাশন বা ঢঙ; নূতন বা আধুনিক স্টাইল বা চেহারা। *adv.* **new°ly**—সবে, সদ্যঃ। *n. pl.* **new°ly-weds°**—নবপরিণীত দম্পতি। *n.* **new°ness**। [OF. *niwe*—cp. G. *neu*]

newel [nū°-al, নিউ°অ্যাল্] *n.* the centre pillar of a winding stair, পেঁচান সিঁড়ির মধ্যস্থলের স্তম্ভ: ইহাকে বেষ্টন করিয়া সিঁড়ি নির্মিত হয়; a post at the end or turn of a stair hand-rail, সিঁড়ির হাতলের উপরের বা নিচের প্রান্তে অথবা বাঁকে যে থাম থাকে। [OF. *nual*=fruit-stone]

Newgate [nū°-git, নিউ°গিট্] *n.* a famous prison of London, লনডনের প্রসিদ্ধ কারাগার। **Newgate Calendar**—উক্ত কারাগারের অপরাধীদের এবং তাহাদের অপরাধের বিবরণসংবলিত তালিকা।

Newmarket [nū-mŭ(r)°-kit, নিউমা(র্)°কিট্] *n.* a racing town in England, ঘোড়দৌড়ের জন্য বিখ্যাত ইংল্যানডের শহরবিশেষ; a card-game, তাসের জুয়াখেলাবিশেষ; a close-fitting coat, (মূলতঃ অশ্বারোহণকালে পরিধেয়) আঁটো জামাবিশেষ।

news [nūz, নিউজ্] *n.* (ori. *pl.*) tidings, খবরাখবর; (now as *sing.*) a report of a fresh event, নূতন ঘটনার সংবাদ, খবরের কাগজের সংবাদ; newspaper, সংবাদপত্র; newsprint, সংবাদপত্র ছাপার কাগজ। **hot news**—তাজা খবর, টাটকা খবর। **no news is good news**—কোন খবর নাই মানে খবর ভাল (অর্থাৎ দুঃসংবাদ থাকিলে পাওয়া যাইত)। **no news to me**—আমার বিবেচনায় কোন খবরই নয় (অর্থাৎ ইহা পূর্বেই জানি)। *n.* **newṡ°-āgent**—সংবাদপত্রবিক্রেতা। *n.* **newṡ°boy**—যে বালক সংবাদপত্র বিলি বা ফেরি করে। *n.* **newṡ°cast**—বেতারে সংবাদপ্রচার। **news cinema**—যে সিনেমায় সংবাদচিত্র দেখান হয়। **news editor**—বার্তা সম্পাদক। *n.* **newṡ°iness**। *n.* **newṡ°le°tter**—ঘটনাদির সংবাদপূর্ণ হস্তলিখিত বা মুদ্রিত পত্র (ইউরোপে ইহাই সংবাদপত্রের আদিঃরূপ)। *n.* **newṡ°man**—সংবাদবাহক; সংবাদসংগ্রাহক; সংবাদদাতা; সংবাদপত্রবিক্রেতা। *n.* **newṡ°monger**—সংবাদবিক্রেতা; সংবাদ-রটনাকারী। *n.* **newṡ°pāper**—সংবাদপত্র, খবরের কাগজ। *n.* **newṡ°pāper-man°**—সাংবাদিক। *n.* **newṡ°-print**—সংবাদপত্র ছাপানর কাগজ। *n.* **newṡ°-reel**—সংবাদজ্ঞাপনার্থ চলচ্চিত্র, সংবাদচিত্র। *n.* **newṡ°-sheet**—সংবাদপূর্ণ পত্রিকা। *n.* **newṡ°-stand**—সংবাদপত্রাদি বিক্রয়ার্থ স্টল। **news theatre**—যে থিয়েটারে সংবাদচিত্র দেখান হয়। *n.* **newṡ-value**—সাংবাদিকের দৃষ্টিতে সংবাদের মূল্য অর্থাৎ সংবাদপত্রে প্রকাশের যোগ্যতা। *n.* **newṡ°-vendor**—সংবাদপত্রবিক্রেতা। *a.* **newṡ-worthy**—সংবাদপত্রে প্রকাশের উপযোগী। *n.* **newṡ-writer**—যে ব্যক্তি লিখিয়া সংবাদ সরবরাহ করে, সংবাদদাতা। *a.* **new°ṡy**—খোশগল্পে; খোশখবর রটায় এমন। [ME. *newes* in imi. of F. *nouvelles*]

newt [nūt, নিউট্] *n.* an amphibian, গোধিকা, গোসাপ। [*an, ewt*<OE. *efeta, efete*]

Newtonian [nū-tō°-ni-an, নিউটৌ°নিয়ান্] *a.* of, discovered by, or according to Newton, ইংরেজ বিজ্ঞানী নিউটন্-সংক্রান্ত, তৎকর্তৃক আবিষ্কৃত বা তাঁহার মতানুযায়ী।

next [nekst, নেক্স্ট্] (**1**) *a.* (*super.* of **nigh**) nearest, নিকটতম; nearest following, অব্যবহিত পরবর্তী (*next* boy, *next* day)। (**2**) *adv.* then, after this or that, তৎপর, অনন্তর (what will you do *next*)। (**3**) *prep.* in the next place, পরবর্তী স্থানে (I sat *next* him)। **next best**—শ্রেষ্ঠটির পরই যাহার স্থান অর্থাৎ উৎকর্ষে দ্বিতীয়। **the next best (thing)**—ইহা সম্ভব না হইলে যাহা সর্বোত্তম হইবে (*the next best thing* to do) **next day**—পরদিন। **next door**—পাশের বাড়ি; পাশের বাড়িতে। **next door to**—(বাড়ি প্রভৃতি সম্বন্ধে) পাশাপাশি; (বাসিন্দা প্রভৃতি সম্বন্ধে) পাশাপাশি বাড়িতে। **in the next place**—দ্বিতীয়তঃ। **(to) come next**—ইহার পরে কি? (what *comes next*)। **next°-door**—(**1**) *a.* পাশের বাড়ির; পাশের বাড়িতে বাসকারী। (**2**) *adv.* পাশের বাড়িতে। *n.* **next-of-kin°**—নিকটতম (সগোত্র) আত্মীয়। [OE. *neheat*]

nexus [nek°-sas, নেক্°স্যাস্] *n.* a bond or connection, সম্পর্ক আত্মীয়তা প্রভৃতির বন্ধন। **the cash nexus**—টাকাপয়সা লেনদেনের ভিত্তিতে সম্পর্ক, অর্থভিত্তিক বন্ধন (যথা নিয়োগকর্তা ও কর্মচারীর সম্পর্ক)। [L.]

nib [nib, নিব্] *n.* pen-point, কলমের নিব। **G-nib, J-nib, red ink nib, relief nib**—সাধারণ কলমে (অর্থাৎ ফাউনটিনপেনে নহে) ব্যবহার্য বিভিন্ন প্রকারের নিব। [OE. *nebb*=beak]

nibble [nib°l, নিব্°ল্] (**1**) *v.t.i.* to bite gently or take small bites, আস্তে আস্তে বা একটু একটু করিয়া কামড়ান, মুখ দিয়া খোঁটা (the fish is *nibbling* (at) the bait); to eat by little bits at a time, একটু একটু করিয়া বা খুঁটিয়া খুঁটিয়া খাওয়া। (**2**) *v.i.* to find fault with, খুঁত ধরা। (**3**) *n.* act of nibbling, মৃদু কামড়, খুঁটিয়া খুঁটিয়া আহার; a small bite, সামান্য পরিমাণ, এক খোঁট। [?]

Nibelung [nē°-ba-loong, নী°ব্যালুং] *n.* (G. myth.) one of a supernatural race, জর্মানীর পৌরাণিক জাতিবিশেষের লোক (ইহারা একটি সম্পদ-রক্ষায় নিযুক্ত ছিল, Siegfried, এই সম্পদ্ কাড়িয়া লয়)। [G.]

niblick [nib°-lik, নিব্°লিক্] *n.* a heavy-headed wide-faced golf-club, গল্‌ফ্-খেলায় ব্যবহৃত মোটা মাথাওয়ালা এবং চেপটা মুখওয়ালা লাঠিবিশেষ। [?]

nice [nīs, নাইস্] *a.* fastidious, খুঁটিনাটি ব্যাপারেও খুঁতখুঁতে; punctilious, যথাযথ; subtle, সূক্ষ্ম; fine, মিহি; pleasant, মনোরম; kind, সদাশয়; cordial, সাদর; considerate, সুবিবেচক, সহানুভূতিসম্পন্ন। *adv.* **nīce°ly**। *n.* **nīce°nėss**। *n.* **nī°cėty**—nice-এর সকল অর্থে, বিশেষতঃ—(সমালোচনায় ও চারুকলায়) সূক্ষ্মতা। **to a nicety**—অত্যন্ত যথাযথভাবে। [L. *nescius*=ignorant]

niche [nich, নিচ্] (**1**) *n.* a recess in a wall, কুলুঙ্গি; (fig.) a suitable position, (আল.) যথাযোগ্য স্থান (to find the right *niche* for oneself)। **niche in the temple of fame**—যশোমন্দিরে যথাযোগ্য স্থান (অর্থাৎ স্বীয় কীর্তির দ্বারা স্মরণীয় হইবার অধিকার)। [F.<It. *nicchia*]

nick [nik, নিক্] (**1**) *n.* a notch, খাজ; a critical or opportune moment, সঙ্কটমুহূর্ত বা শুভক্ষণ। (**2**) *v.t.* to indent, খাঁজ কাটা; to catch just in time, ঠিক সময়মত বা শেষ-মুহূর্তে ধরা। *p.* & *p. pt.* **ni°cked**। **in good nick**—ভাল বা সুস্থ অবস্থায়। **in the nick (of time)**—ঠিক সময়মত। [?]

nickel [ni°kl, নি°ক্‌ল্] (**1**) *n.* a metal, ধাতুবিশেষ, নিকেল্। (**2**) *a.* of nickel, নিকেলের, নিকেলে তৈয়ারি। (**3**) *v.t.* to plate with nickel, নিকেলের প্রলেপ দেওয়া, নিকেল করা। *pr. pt.* **ni°ckelling**। *p.* & *p. pt.* **ni°ckelled**। *n.* **ni°ckel-plāting**—নিকেলের প্রলেপ। [G. *kupfer*=copper, *nickel*=a goblin]

nicknack—alt. spell. of **knick-knack.**

nickname [nik°-nām, নিক্°নেইম্] (**1**) *n.* a name given in contempt or sportive familiarity, অবজ্ঞায় বা কৌতুকচ্ছলে প্রদত্ত উপনাম। (**2**) *v.t.* to give a nickname to, উক্ত উপনাম দেওয়া। [ME. *neke-name*<*an, eke, name*]

nicotian [ni-kō°-shan, নিকৌ°শ্যান্] (**1**) *a.* of tobacco, তামাক-সংক্রান্ত। (**2**) *n.* a tobacco smoker, তামাকসেবী। *n.* **nicotine** [ni°-ka-tēn, নিক্যাটীন্] তামাক-পাতা হইতে প্রাপ্ত বিষ-বিশেষ, নিকোটীন্। *n.* **ni°cotinism**—অত্যধিক তামাক-সেবনের ফলে দেহের নিকোটীনের বিষক্রিয়া। [*Nicot*, who introduced tobacco into France]

nictate [nik°-tāt, নিক্°টেইট্], **nic°titāte**—*v.i.* to wink, চক্ষু টেপা। *p.* & *p. pt.* **nic°tā°tėd, nic°titātėd**। *n.* **nictā°tion, nictitā-tion**। [L. *nictare*]

nidi—see **nidus.**

nidificate [ni°di-fi-kāt, নি°ডিফিকেইট্], **ni°dify**—*v.i.* to build a nest, (পাখির) বাসা বা নীড় তৈয়ারী করা। *n.* **nidificā°tion**। [L. *nidus*=nest, *facere*=to make]

nid-nod [nid°-nod, নিড়্°নড়্] *v.i.t.* to keep nodding, মাথা নাড়িতে থাকা। [redupl. from *nod*]

nidus [nī°-das, নাই°ড্যাস্] *n.* a place where insects etc. deposit eggs, place of origin, পোকা প্রভৃতির ডিম পাড়িবার অথবা কিছুর জন্মের বা বংশবৃদ্ধির স্থান। *pl.* **nī°dī, nīdusės**। [L.]

niece [nēs, নীস্] *n.* a brother's or sister's daughter, ভ্রাতুষ্পুত্রী বা ভাগিনেয়ী, ভাইঝি বা বোনঝি। *masc.* see **nephew**। [OF.<L. *neptis*]

niff [nif, নিফ্] *n.* (sl.) stink, (অশি.) দুর্গন্ধ। *a.* **niff°y**। [from dialect]

nifty [nif°-ti, নিফ্°টি] *a.* (sl.) smart, spruce, (অশি.) চট্‌পটে, ছিমছাম, ফিটফাট; smelly, দুর্গন্ধযুক্ত। [?]

niggard [ni°-ga(r)d, নি°গ্যা(র্)ড্] *n.* one who grudges to spend or give away, ব্যয়কুণ্ঠ বা দানকুণ্ঠ ব্যক্তি। *n.* **ni°ggardlinėss**। **ni°ggardly**—(**1**) *a.* ব্যয়কুণ্ঠ; দানকুণ্ঠ; কৃপণস্বভাব। (**2**) *adv.* কৃপণতার সহিত; কৃপণের ন্যায়। [?]

nigger [ni°ga(r), নিগ্যা(র্)] *n.* (dero.) a negro or a dark-skinned person, (অবজ্ঞায়) নিগ্রো বা কৃষ্ণাঙ্গ ব্যক্তি। [F. *negre*<Sp. *negro*]

niggle [nig°l, নিগ্°ল্] *v.i.* to potter, তুচ্ছ ব্যাপারে রত থাকা; to spend time on petty details, তুচ্ছ খুঁটিনাটি ব্যাপারে কালহরণ করা। *n.* **nigg°ler**। *n.* **nigg°ling**—তুচ্ছ খুঁটিনাটি ব্যাপারে কালহরণ। [cp. Norw. *nigle*]

nigh [nī, নাই] (**1**) *a.* near, নিকটবর্তী। (**2**) *adv.* nearly, নিকটে, কাছাকাছি। *compar.* see

nearer ; *super.* see **nearest, next** । (3) *prep.* near to, নিকটে । [OE. *ne(a)h*—cp. G. *nahe*]

night [nīt, নাইট্] *n.* the time from sunset to sunrise, রাত্রি, নিশা, যামিনী : darkness, অন্ধকার ; (fig.) obscurity, ignorance, distress, (আল.) অস্পষ্টতা, অজ্ঞান, দুর্দশা । **at night** —রাত্রি সমাগমে ; রাতের বেলায় । **night after night**—পর পর বহু রাত্রি ধরিয়া । **night and day**—ক্রমাগত, রাত্রিদিন । **night off** or **out**—মনিব-বাড়ির বাহিরে নিশাযাপনার্থ ঝি-চাকরকে প্রদত্ত ছুটি (to have a *night out*) । **all night (long)** —সারারাত্রি ব্যাপিয়া, রাত-ভর । **at dead of night**—নিশুতি রাত্রে যখন চারিদিক্ নীরব ও নিস্পন্দ হইয়া যায় । **o' nights**—(কথ্য.) রাত্রে । **(to) make a night of it**—(সচ. পার্টিতে) ফূর্তি করিয়া কোন রাত্রি যাপন করা । **(to) turn night into day**—যে-সব কাজ সচরাচর দিবসে করণীয় তাহা রাত্রে করা । *n.* **night°-bell**—রাত্রে গৃহস্থকে ডাকিবার জন্য তাহার বাড়ির দরজায় যে কলিং-বেল বা ঘণ্টা থাকে । *n.* **night°-bird**—যে পাখি রাত্রে ওড়ে বা গান গাহে (বিশেষতঃ পেঁচা বা পাপিয়া) ; যে সন্দেহজনক চরিত্রের লোক রাত্রিতে ঘুরিয়া বেড়ায় । *n.* **night°-blind°-ness**—নিশাকালীন দৃষ্টিক্ষীণতা, রাত-কানা অবস্থা । *n.* **night°-braw°ler**—যে ব্যক্তি রাত্রিতে (বিশেষতঃ অপরের ঘুমের ব্যাঘাত করিয়া) হৈচৈ করে । *n.* **night°cap**—রাত্রিতে নিদ্রাকালে মাথায় পরার টুপি ; ঘুমের আগে অল্পমাত্রায় যে মদ বা মাদকজাতীয় পানীয় সেবন করা হয় । *n. pl.* **night°-clothes**—রাত্রিতে নিদ্রাকালে পরিধেয় পোশাক । *n.* **night°-club**—সন্ধ্যা হইতে প্রভাত পর্যন্ত আমোদপ্রমোদ ও মদ্যাদি পানের জন্য ক্লাব, নাইট-ক্লাব । *n.* **night°-dress**—রাত্রের পোশাক, নৈশ-পোশাক । *n.* **night°fall**—নিশাগম, দিবাবসান, সন্ধ্যা । *a.* **night°faring**—রাত্রিচর, নিশাচর । *n.* **night-flower**—যে ফুল রাত্রে বা সন্ধ্যায় ফোটে (হাস্নুহানা কামিনী রজনীগন্ধা প্রভৃতি), নিশাকুসুম । **night°-fly°ing**—(1) *a.* রাত্রে শূন্যধাবন করে এমন । (2) *n.* রাত্রে শূন্যধাবন । *n.* **night°-gown**—রাত্রে ঘুমের সময়ে পরিধেয় আলখিল্লাবিশেষ । *n.* **nigh°tie, nighty**—(কথ্য.) same as **night-dress** । *n.* **night°jar**—পতঙ্গভুক্ দীর্ঘপক্ষ ক্ষুদ্র রাত্রিচর পক্ষিবিশেষ । *n.* **night°-light**—(সচ. শিশুর বা রোগীর) শয়নকক্ষে যে মৃদু বাতি রাত্রে জ্বালাইয়া রাখা হয় । *n.* **night°-line** —নদী প্রভৃতিতে মাছ ধরার জন্য রাত্রে যে বঁড়শি পাতিয়া রাখা হয় । **night°-long**—(1) *a.* সারারাত্রিব্যাপী । (2) *adv.* সারারাত্রি ব্যাপিয়া । **night°ly**—(1) *a.* রাত্রিকালীন ; রাত্রে বা প্রতিরাত্রে কৃত অথবা সজ্ঘটিত । (2) *adv.* রাত্রে ; প্রতি রাত্রে । *n.* **night°-man**—রাতের প্রহরী কর্মী বা ঝাড়ুদার । *n.* **night°-mare**—বিকট নিশাস্বপ্নবিশেষ (ইহাতে বুকচাপা ভাব আসে ও বাক্শক্তি লুপ্ত হয়) । [OE. *mara*=night-mare] । *a.* **night°marish** । *n.* **night°-piece** —রাত্রির বর্ণনাপূর্ণ চিত্র রচনা নাটকাদির দৃশ্য বা সঙ্গীত ; যে চিত্র কৃত্রিম আলোতে সর্বাপেক্ষা সুন্দর দেখায় । *n.* **night°-por°ter**—নৈশদ্বাররক্ষী । *n.* **night°-ra°ven**—রাত্রিবেলায় যে কাক ডাকে (ইহার ডাক অমঙ্গলসূচক বলিয়া পরিগণিত) । *n.* **night°-school**—(যাহারা দিনের বেলায় কাজ করে সচ. তাহাদের জন্য) নৈশ-বিদ্যালয় । *n.* **night°-shift** —রাত্রে যে কর্মিদলের কাজের পালা থাকে ; উক্ত কাজের জন্য নির্ধারিত সময় । *n.* **night°-shirt**—রাত্রিতে নিদ্রাকালে পুরুষের পরিধেয় জামাবিশেষ । *n.* **night°-soil**—পায়খানা নর্দমা প্রভৃতিতে রাত্রিবেলায় যে ময়লা জমে । **night°-stop**—(1) *n.* দীর্ঘভ্রমণকালে বিমানযাত্রীদের বিমানবন্দরে রাত্রিযাপন । (2) *v.i.* (বিমানযাত্রিগণ কর্তৃক) দীর্ঘভ্রমণকালে বিমান-বন্দরে রাত্রিযাপন করা ; *pr. pt.* **night°-stopping** । *p. & p. pt.* **night°-stopped** । *n.* **night°-tide**—রাত্রিবেলা ; রাত্রিকালীন জোয়ার । *n.* **night°-time**—রাত্রিকাল । *a.* **night°-wa°king** —রাত্রিতে প্রহরারত । *n.* **night°-walk**—রাত্রিতে (বিশেষতঃ ঘুমন্তাবস্থায়) ভ্রমণ । *n.* **night°-walker**—রাত্রিতে (বিশেষতঃ ঘুমন্তাবস্থায়) ভ্রমণকারী ; রাত্রিতে অসদুদ্দেশ্যে ভ্রমণকারী (বিশেষতঃ বেশ্যা) । *n.* **night°-watch°**—রাত্রিকালীন প্রহরা বা প্রহরী । *n.* **night°-watch°man**—রাত্রিবেলায় প্রহরী ; (ক্রিকেট) অপেক্ষাকৃত কম দক্ষ যে ব্যাটস্‌ম্যানকে প্রায় দিনান্তে ব্যাট করিতে পাঠান হয় । *n.* **night°-work**—যে কাজ রাত্রিতে করা হয় । *n.* **night°-wor°ker**—রাত্রিবেলার কর্মী । [OE. *niht*—cp. G *nacht*]

nightingale [nī°-ting-gal, নাই°টিংগেইল্] *n.* a small song-bird, গায়ক পাখিবিশেষ, পাপিয়া ; (fig.) an excellent singer, (আল.) উত্তম গায়ক । [OE. *nihtegale* < *niht*=night, *galan*=to sing —cp. G. *nachtigall*]

nightshade [nīt°-shad, নাইট্°শেইড্] *n.* kinds of poisonous or narcotic plants, বিভিন্ন বিষাক্ত বা নিদ্রা-উদ্রেককর লতার নাম । **deadly nightshade**—বিষকাঁটালি । [OE. *nihtscada*]

nigrescence [nī-gre°sns, নাইগ্রে°স্‌ন্‌স্] *n.* blackness, কৃষ্ণতা ; blackening, কৃষ্ণবর্ণে রঞ্জিত করা । *a.* **nigre°scent**—কাল বা অন্ধকার হইয়া উঠিতেছে এমন ; ঈষৎ কাল । *n.* **ni°gritude**—কৃষ্ণবর্ণ, কৃষ্ণতা । [L. *niger*=black]

nihilism [nī°-i-lizm, নাই°ইলিজ্‌ম্] *n.* belief in nothing, সব-কিছুতেই অবিশ্বাস ; doctrines of a terrorist movement in Tsarist Russia, জারের আমলে রাশিআয় সর্বাত্মক ধ্বংসকামী এবং পুনর্গঠনপ্রয়াসী বিদ্রোহীদের মতবাদ । *n.* **ni°hilist** —উক্ত মতবাদী । *a.* **nihilis°tic**—উক্ত মতবাদানুযায়ী । [L. *nihil*=nothing]

nil [nil, নিল্] *n.* nothing, কিছুই না ; zero, শূন্য, 0 । [L.]

nilgai [nēl°-gī, নীল্‌°গাই] *n.* a large Indian antelope, নীলগাই। [Hin.]

Nilotic [nī-lo°-tik, নাইল°টিক্‌] *a.* of the Nile, নীলনদের ; of the Nile region or its inhabitants, নীলনদ-অঞ্চলের বা তত্রত্য অধিবাসীদের। [L. < Gk. *Neilotikos* < *Neilos* = the Nile]

nim [nēm, নীম্‌] *n.* margosa, নিমগাছ। [Hin.]

nimble [nimb°l, নিম্‌ব্‌°ল্‌] *a.* swift, দ্রুতগামী, ক্ষিপ্রগতি ; active, কর্মতৎপর, চট্‌পটে। *n.* **nimb°leness** । *adv.* **nimb°ly** । [OE. *numol* < *niman* = to take]

nimbus [nim°-bas, নিম্‌°ব্যাস্‌] *n.* a cloudy halo, স্বর্গীয় পুরুষ ও সিদ্ধ ব্যক্তিদের মস্তকের পশ্চাৎস্থিত মেঘময় জ্যোতিশ্চক্র ; a rain-cloud, বর্ষণ-মেঘ, জলদ মেঘ। [L.]

niminy-piminy [ni°-mi-ni-pi°-mi-ny, নি°মিনি-পি°মিনি] *a.* affectedly fine or delicate, চারুতার বা সুরুচির ভানে ভরা। [imi.]

Nimrod [nim°-rod, নিম্‌°রড্‌] *n.* a great hunter, বড় শিকারি। [B.]

nincompoop [nin°-kam-poop, নিন্‌°ক্যাম্‌পুপ্‌] *n.* a simpleton, জড়বুদ্ধি ব্যক্তি, বোকা। [?]

nine [nīn, নাইন্‌] *a.* & *n.* one more than eight, নয়, ৯। **a nine-days' wonder**—যাহা কিছুকাল লোকের মনোযোগ আকর্ষণ করিবার পর মন হইতে সম্পূর্ণরূপে মুছিয়া যায়। **dressed up to the nines**—(কথ্য.) অতি অধিক বা ব্যয়বহুল পোশাক-পরিচ্ছদে সজ্জিত। **nine times out of ten**—প্রায় সর্বদা, প্রায়ই। *a.* & *adv.* **nīne°fōld**—নবধা ; নয়গুণ বা নয়গুণে। *n.* **nīne°-pins**—ইংল্যানডের পৌরক্রীড়াবিশেষ। **(to) go down like a ninepin**—ধপ্‌ বা ধপাস্‌ করিয়া পড়া। *a.* & *n.* **nīnth**—নবম। [OE. *nigon*—cp. Du. *negen*, L. *novem*, Sans. *navan*]

nineteen [nīn°-tēn°, নাইন্‌°টীন্‌°] *a.* & *n.* nine and ten, উনিশ, ১৯। **(to) talk nineteen to the dozen**—এক নাগাড়ে কথা বলা। *a.* **nīne°teenth°**—উনবিংশতিতম। [OE. *nigontene*—see *nine*, *ten*]

ninety [nīn°-ti, নাইন্‌°টি] *a.* & *n.* nine times ten, নব্বুই ৯০। **the nīneties**—৯০ হইতে আরম্ভ করিয়া ৯৯ পর্যন্ত সংখ্যা বা সাল বা বয়স। *a.* **nīne°tieth**—নবতিতম। **ninety-nine out of a hundred**—প্রায় সব। [OE *nigontig*]

ninny [ni°-ni, নি°-নি] *n.* a simpleton, হাবাগবা লোক। [cp. *innocent*, It. *ninno* = child]

ninth—see **nine.**

Niobe [nī°-o-be, নাই°অবি] *n.* an inconsolably bereaved woman, সান্ত্বনাতীত সন্তানবিয়োগ-বিধুরা নারী। [Gk. a mythological woman turned to stone whilst weeping for her slain childen]

nip$_1$ [nip, নিপ্‌], *n.* a small drink, অনুগ্র সুরা (a *nip* of whiskey)। [?]

nip$_2$ [nip নিপ্‌] **(1)** *v.t.i.* to pinch, চিমটি কাটা, টিপিয়া ধরা। **(2)** *v.t.* to check the growth or vigour of, বৃদ্ধি বা তেজ ব্যাহত করা। **(3)** *v.i.* to go nimbly, তাড়াতাড়ি যাওয়া। *pr. pt.* **ni°pping** । *p.* & *p. pt.* **ni°pped** । **(4)** *n.* a pinch, চিমটি ; the pinch of cold, শীতের প্রকোপ (a cold *nip* in the air)। *n.* **ni°pper**—যে চিমটি কাটে ; কাঁকড়া প্রভৃতির দাঁড়া ; গাড়োয়ান প্রভৃতির ছোকরা ভৃত্য ; বাচ্চা ছেলে ; (অশি.) পকেটমার ; (in *pl.*) ছোট চিমটা, নাক-টেপা চশমা, হাতকড়া প্রভৃতি। *adv.* **ni°ppily** । *adv.* **ni°ppingly** । *a.* **ni°ppy**—তিক্ত ; তীব্র ; তীব্র ঠাণ্ডা ; (কথ্য.) চট্‌পটে। [cp. Du. *nijpen*]

nipple [nip°l, নিপ্‌°ল্‌] *n.* the pap of woman's breast, স্তনের বোঁটা ; a teat, চুষিকাঠি, মাইপোষ প্রভৃতির মুখ, চুচুক।

Nippon [ni-pon°, নিপন্‌°] *n.* Japan, জাপান। **Nipponēse°**—**(1)** *a.* জাপান-দেশীয়, জাপানি। **(2)** *n.* জাপানের লোক। [Jap.]

nippy—see **nip.**

nirvana [nē(r)-vŭ°-na, নিয়্যা(র্‌)°ভান] *n.* Buddhist beatitude, বৌদ্ধধর্মানুযায়ী নির্বাণ বা মোক্ষ। [Sans.]

nisi [nī°-sī, নাই°সাই] *con.* unless, যদি না। **decree nisi**—see **decree** । [L]

nit [nit, নিট্‌] *n.* the egg of a louse etc., উকুন প্রভৃতির ডিম, নিকি। *a.* & *n.* **nit°-picking**—(কথ্য.) খুঁটিনাটি ব্যাপারে দোষ বা ত্রুটি ধরে এমন (ব্যক্তি)। [OE. *hnitu*—cp. Du. *neet*]

nitid [ni°-tid, নি°টিড্‌] *a.* shining, bright, দীপ্তিমান্‌, উজ্জ্বল, চকচকে ; gay, প্রফুল্ল। [L. *nitidus* < *nitēre* = to shine]

nitrate– see **nitre.**

nitre [nī°-ta(r), নাই°ট্যা(র্‌)] *n.* saltpetre, শোরা। *n.* **ni°trāte**—নাইট্রিক অ্যাসিড হইতে প্রাপ্ত ক্ষার। *v.t.* **nī°trāte**—নাইট্রিক অ্যাসিড বা উহা হইতে প্রাপ্ত ক্ষার প্রয়োগ করা ; উক্ত ক্ষারে পরিণত করা। *p.* & *p. pt.* **nī°trātėd** । *n.* **nītrā°tion** । *a.* **nī°tric, nī°trous**—শোরাঘটিত। **nitric acid** শোরাঘটিত অম্ল, নাইট্রিক অ্যাসিড। [F. < L. *nitrum* < Gk. *nitron* = sodium carbonate]

nitrogen [nī°-tri-jan নাই°ট্রিজ্যান্‌] *n.* an atmospheric gas, মৌলিক গ্যাস-বিশেষ, নাইট্রোজেন্‌, যবক্ষারজান। *a.* **nitrogenous** [nī-tro°-ji-nas, নাইট্র°জিন্যাস্‌] উক্ত গ্যাস-ঘটিত। [Gk. *nitron*—see *nitre*]

nitro-glycerine [nī-trŏ-gli°-sa-rēn, নাইট্রো-গ্লি°স্যারীন্‌] *n.* a powerful explosive made by adding glycerine to a mixture of nitric and sulphuric acid, নাইট্রিক অ্যাসিড ও সালফিউরিক অ্যাসিডের মিশ্রের সঙ্গে গ্লিসারিন মিশাইয়া তৈয়ারি শক্তিশালী বিস্ফোরকবিশেষ। [Gk. *nitron* = nitre, see *glycerine*]

nitrous—see **nitre.**

nitty-gritty [ni-ti-gri°-ti, নিটিগ্রি°টি] *n.* basic facts of a matter, realities, কোন বিষয়ের মূল তথ্য, বাস্তব ব্যাপার। [?]

nitwit [nit°-wit, নিট্°উইট্] *n.* (sl.) a blockhead, (অশি.) জড়বুদ্ধি ব্যক্তি। [?]

nix$_1$ [niks, নিক্স্] *n.* a water elf, (প্রধানতঃ ক্ষতিসাধক) জলের ভূত। *fem.* **nixie, nixy** [nik°-si, নিক্°সি]। [G.]

nix$_2$ [niks, নিক্স্] *n.* (sl.) nothing, (অশি.) কিছু না। [G. *nichts*=nothing]

nix$_3$ [niks, নিক্স্] *int.* (sl.) a cry giving warning of an approaching master, policeman, etc. মালিক পুলিস প্রভৃতির আগমন সম্পর্কে সতর্কীকরণের ধ্বনি বা আওয়াজ। [same as *nix*$_2$]

no$_1$ [nō, নৌ] **(1)** *adv.* not so, এইরূপ নহে, এমন নহে ; not, না ; not at all, মোটেই নহে। **(2)** *n.* a denial, অস্বীকার ; a refusal, অসম্মতি, প্রত্যাখ্যান ; a vote or voter against a motion, প্রস্তাবের বিরুদ্ধে ভোট বা ভোটদাতা। **no more**—আর নহে ; ধ্বংসপ্রাপ্ত, বিনষ্ট ; মৃত। **the noes have it**—প্রস্তাবের বিরুদ্ধে ভোটদাতাগণই সংখ্যাগরিষ্ঠ। **will not take no for an answer**—প্রত্যাখ্যান সত্ত্বেও নাছোড়বান্দার ন্যায় আচরণ করা, প্রত্যাখ্যান মানিয়া লইতে অস্বীকার করা। [OE. *na* <*ne*=not, *a*=ever]

no$_2$ [nō, নৌ] *a.* not any, কেহ নহে, একটিও নহে ; by no means, কোনক্রমে নহে। **of no account**—তুচ্ছ। *n.* **nō°-ball°**—(ক্রিকেটে) নিয়মবিরুদ্ধভাবে নিক্ষিপ্ত বল, নো-বল। *n.* **nobody** [nō°-b(a)di, নৌ°ব্‌ডি] কেহ নহে ; তুচ্ছ ব্যক্তি। *n.* **no°-con°fidence**—অনাস্থা ; ব্যবস্থাপক সভার সদস্যাদির বিরুদ্ধে অনাস্থা-প্রস্তাব। **no doubt**—অবশ্যই। **no end**—(কথ্য.) অত্যধিক। *n.* **nō°-man**—'না' বলিতে তৎপর ব্যক্তি। *n.* **nō°-man's land**—যে পতিত অঞ্চলের উপর কাহারও ন্যায্য দাবি নাই ; যে স্থানের অধিকার-সম্বন্ধে বিবাদ আছে ; যুদ্ধে বিরোধী দুই দলের মধ্যবর্তী স্থান। **no trump(s)**—(তাসের ব্রিজখেলায়) যে ডাকে কোন রঙ্‌ থাকে না। *adv.* **nō°way(s), nō°wise**—কোনভাবেই নহে ; কোন উপায়েই নহে ; কোনক্রমেই নহে। *adv.* **nōwhere**—কোথাও নহে। [OE. *nan*=none]

Noah's ark [nŏ°-az ŭ(r)k, নৌ°অ্যাজ্‌ আ(র্)ক্] *n.* the ark of the Flood, বাইবেলে বর্ণিত মহাপ্লাবনের সময়ে নোয়ার পোত ; a children's toy, শিশুদের খেলনাবিশেষ। [B.]

nob$_1$ [nob, নব্] **(1)** *n.* the head, মাথা, শীর্ষ ; (in cribbage) the knave, (তাসখেলাবিশেষে) গোলাম। **(2)** *v.t.* (in boxing) to hit on the head, (মুষ্টিযুদ্ধে) মাথায় আঘাত করা। [<*knob* ?]

nob$_2$ [nob, নব্] *n.* a member of the upper classes, অভিজাত বংশের লোক। *a.* **no°bby**—অভিজাতবংশোচিত ; ফিট্‌ফাট্। *adv.* **no°bbily**। *n.* **no°bbinėss**। [<*noble* ?]

no-ball—see **no**$_2$

nobble [no°-bl, ন°বল্] *v.t.* (sl.) to drug horse to prevent its winning, (অশি.) ঔষধাদি প্রয়োগের দ্বারা ঘোড়ার জয়ের অন্তরায় সৃষ্টি করা ; to acquire (money, etc.,) by dishonest means, অসদুপায়ে (অর্থাদি) হস্তগত করা ; to cheat, to swindle, প্রতারণা করা ; to win the support of a person by bribery, etc. ঘুষ প্রভৃতির দ্বারা কাহারও সমর্থন লাভ করা। [?]

nobby—see **nob**$_2$.

nobility—[nŏ-bi°-li-ti, নোবি°লিটি] *n.* nobleness, মহত্ত্ব ; high rank, উচ্চ পদমর্যাদা ; dignity, মর্যাদা ; high birth, উচ্চবংশে জন্ম ; আভিজাত্য ; excellence, চমৎকারিত্ব, শ্রেষ্ঠত্ব ; nobles as a class, অভিজাত বা সম্ভ্রান্ত সম্প্রদায়। *a.* **nobi°liary**। [see *noble*]

noble [nōb°l, নৌব্°ল্] **(1)** *a.* illustrious by rank or title, উচ্চপদস্থ বা উচ্চ খেতাবধারী ; of high birth, উচ্চবংশজাত, অভিজাত, সম্ভ্রান্ত ; of lofty character, উন্নতচরিত্র ; মহান্‌ চরিত্র ; magnanimous, সদাশয়, উদার ; of imposing appearance, ব্যক্তিত্বসম্পন্ন বা আকর্ষণীয় চেহারাবিশিষ্ট। **(2)** *n.* a member of the nobility, অভিজাত বা সম্ভ্রান্ত বংশের লোক, উচ্চপদস্থ বা উচ্চ খেতাবধারী ব্যক্তি ; an obsolete coin, অপ্রচলিত মুদ্রা। **most noble**—duke-এর আখ্যাবিশেষ। **noble art**—মুষ্টিযুদ্ধ। **noble gas**—যে গ্যাসীয় উপাদান অন্য উপাদানের সঙ্গে কখন মিশ্রিত হয় না। *n.* **nōb°leman**—অভিজাতবংশীয় ব্যক্তি ; উচ্চপদস্থ বা উচ্চ খেতাবধারী ব্যক্তি। **noble metal**—প্ল্যাটিনাম স্বর্ণ রৌপ্য প্রভৃতি মূল্যবান ধাতু। **noble savage**—আদর্শস্বরূপ আদিম মানব। **noble science**—মুষ্টিযুদ্ধ। *a.* **nōb°le-min°dėd**—উচ্চমনাঃ। *n.* **nob°le-min°dėdnėss**। *n.* **nōb°lenėss**। *adv.* **nōb°ly**—উচ্চ বা অভিজাত বংশে (*nobly* born) ; মহত্ত্বের সহিত। [F.<L. (*g*)*nobilis*]

noblesse [nŏ-bles°, নোব্লেস্°] *n.* nobility, অভিজাত সম্প্রদায়, উচ্চপদস্থ বা উচ্চ খেতাব্‌ধারী সম্প্রদায় ; nobleness, মহত্ত্ব। **noblesse oblige**—অধিকার ও দায়িত্ব অচ্ছেদ্যভাবে সম্পর্কান্বিত। [F.]

nobly—see **noble**.

nobody—see **no**$_2$.

nock [nok, নক্] **(1)** *n.* a notch on a bow to hold the string, ছিলা আঁটার জন্য ধনুকের প্রান্তস্থিত খাঁজ ; the notched bottom of an arrow, (ধনুকে ছিলার উপরে স্থাপনার্থ) তীরের খাঁজ-কাটা গোড়া। **(2)** *v.t.* to fit or set (an arrow) on the string, ধনুকের ছিলায় (শর) স্থাপন করা, শরসন্ধান করা। [?]

noctambulist [nok-tam°-bū-list, নক্‌ট্যাম্°বিউলিস্ট্] *n.* a sleep-walker, যে ব্যক্তি নিদ্রিতাবস্থায় হাঁটিয়া বেড়ায়, স্বপ্নচর। [*nox, noctis*=night, *ambulāre*=to walk]

no-confidence—see **no**$_2$.

nocturnal [nawk-ta(r)°nl, ন্যক্‌ট্যা(র্)°ন্‌ল্] *a.* of

night, রাত্রিসংক্রান্ত, নৈশ; happening or done by night, রাত্রে ঘটে বা করা হয় এমন; active by night, নিশাচর। **nocturnal emission**—স্বপ্নদোষ। *adv.* **noctur°nally**। [L. *nocturnus*]

nocuous [no°-kū-as, ন°কিউঅ্যাস্] *a.* hurtful, আঘাতদায়ক। [L. *nocere*=to hurt]

nod [nod, নড্] (1) *v.i.t.* to incline head quickly and slightly (in salutation, assent, etc.), (নমস্কার সম্মতি প্রভৃতি জ্ঞাপনার্থ) দ্রুত ঈষৎ মাথা হেলান বা নাড়ান; to let the head droop in weariness or drowsiness, ক্লান্তিতে বা নিদ্রালুতায় মাথা ঝোঁকান। (2) *v.i.* to make a mistake, ভুল করা; (of plumes) to dance, (ময়ূরাদির পুচ্ছ সম্বন্ধে) নড়া। *pr. pt.* **no°dding**। *p. & p. pt.* **no°dded**। (3) *n.* act of nodding the head, মাথা ঝাঁকানি; a sign of assent by nodding the head, মাথা ঝাঁকাইয়া সম্মতি-জ্ঞাপন। **Homer sometimes nods**—খুব উঁচুদরের লোকেরও ত্রুটি ঘটে, দেবতাদেরও ভুল হয়। **nodd°le**—(1) *v.t.i.* ঈষৎ মাথা ঝাঁকান; মাথা ঝাঁকাইতে থাকা। (2) *n.* (কথ্য.) মাথা। [?]

nodal—see **node.**

noddle—see **nod.**

noddy [no°-di, ন°ডি] *n.* a simpleton, হাবা-গবা লোক; a sea-bird, সামুদ্রিক পক্ষিবিশেষ। [?]

node [nōd, নৌড্] *n.* a knob on the root or branch, গাছের শিকড়ের বা ডালের গ্রন্থি অথবা পাব, পর্ব; a tumour on the joint, অস্থিসন্ধিগত আব; an intersecting point on planet's orbit and ecliptic, গ্রহের কক্ষ ও ক্রান্তিবৃত্তের সংযোগস্থল, (পরি.) পাত; a central point, কেন্দ্রবিন্দু; a meeting-place, সংযোগস্থল। **ascending node** উচ্চপাত, রাহু। **descending node**—নিম্নপাত, কেতু। *a.* **nō°dal**—পর্ব আব পাত কেন্দ্রবিন্দু বা সংযোগ-স্থল সংক্রান্ত। *a.* **nodōse°**—গ্রন্থিযুক্ত, গাঁট-ওয়ালা। [L. *nodus*]

nodule [no°-dūl, ন°ডিউল্] *n.* a little node or swelling, ক্ষুদ্র পাব বা আব বা স্ফীতি। *a.* **no°dūlar**—উক্ত পাব বা আব বা স্ফীতি সংক্রান্ত। [L. *nodulus*]

nodus [nō°-das, নৌ°ড্যাস্] *n.* a knotty point, complication, কূটপ্রশ্ন, জটিলতা; complication in plots of stories, plays, etc., গল্পনাটকাদির আখ্যায়িকায় জটিল বা সঙ্কট-মুহূর্ত। *pl.* **nō°di**। [L. =knot]

Noel—alt. spell. of **Nowel.**

nog₁ [nog, নগ্] *n.* a peg or small block of wood for fixing joinery, জুড়িবার জন্য ব্যবহৃত কীলক বা গোঁজ। [?]

nog₂ [nog, নগ্] *n.* a strong liquor or ale, উগ্র সুরা, কড়া মদ। [?]

noggin [no°-gin, ন°গিন্] *n.* a small mug or cup, ছোট মগ বা পেয়ালাবিশেষ; bucket, বালতি-বিশেষ; small measure of liquor (usually $\frac{1}{4}$ pint), মদের পরিমাপবিশেষ (সচ. $\frac{1}{4}$ পাইন্ট্)। [?]

nohow [nō°-how, নৌ°হাউ] *adv.* in no way, কোন প্রকারেই নয়; not at all, মোটেই নয়; out of order, বিশৃঙ্খলভাবে; out of sorts, বিক্ষিপ্ত-ভাবে (to look *nohow*=বিক্ষিপ্তচিত্ত বলিয়া প্রতি-ভাত হওয়া)। [*no. how*]

noise [noyz, নয়্জ্] (1) *n.* clamour, din, হৈচৈ, গোলমাল, হুম্দাম্-শব্দ; any sound, (প্রধানতঃ শ্রুতিকটু বা বিরক্তিকর) আওয়াজ; rumour, গুজব। (2) *v.t.* to make public, রটান (it was *noised* abroad)। **a big noise**—(অশি.) বিশিষ্ট ব্যক্তি। **(to) make a noise about**—কোন বিষয়ের প্রতি মনোযোগ-আকর্ষণার্থ এ বিষয়ে আলোচনা করা বা নালিশ করা। **(to) make a noise in the world**—নাম করা; (সাধারণতঃ) অখ্যাতির দিক্ দিয়া খুব নামজাদা হওয়া। *a.* **noise°less**—নিঃশব্দ, নীরব; হৈচৈশূন্য। *a.* **noise°lessly**। *n.* **noise°-lessness**। *adv.* **noi°sily**। *n.* **noi°siness**। *a.* **noi°sy**—উচ্চরবকর; কোলাহলপূর্ণ, হৈচৈপূর্ণ; দুর্দান্ত। [F.=quarrel]

noisette₁ [nwŭ-zet°, নোআজ়েট্°] *n.* a hybrid rose, দো-আঁশলা গোলাপবিশেষ। [*Noisette*, its first grower]

noisette₂ [nwŭ-zet°, নোআজ়েট্°] *n.* (usu. in *pl.*) small pieces of cooked meat, রাঁধা মাংসের ছোট ছোট টুকরা। [F.]

noisome [noy°-sam, নয়্°স্যাম্] *a.* harmful, ক্ষতিকর; disgusting to sight or smell, কুদর্শন বা দুর্গন্ধপূর্ণ। *adv.* **noi°somely**। *n.* **noi°-someness**। [obs. E. *noy*=annoy]

noisy—see **noise.**

nolens volens [nō-lans vō°-lans, নৌ°ল্যান্স্ ভৌ°ল্যান্স্] *adv.* willy-nilly, ভাল লাগুক আর নাই লাগুক। [L.]

nolition [nō-li°sh(a)n, নৌলি°শ্ন্] *n.* unwillingness, অনিচ্ছা। [L. *nolle*=to be unwilling]

nomad(e) [no°-mad, ন°ম্যাড্, nō°-mad, নৌ°-ম্যাড্] *n.* one of a wandering pastoral community, যাযাবর রাখালজাতীয় লোক; a rover যাযাবর, নিরন্তর ভ্রমণশীল ব্যক্তি। *a.* **noma°dic**—যাযাবর রাখালজাতীয়; নিরন্তর ভ্রমণরত। *adv.* **noma°dically**। *n.* **no°madism**—যাযাবর রাখালি; নিরন্তর-ভ্রমণ। [Gk. *nomados*]

no-man, no-man's land—see **no₂.**

nom-de-plume [nawng°-da-ploom, নাং°ড্যা-প্লুম্] *n.* a pen-name, লেখকের ছদ্মনাম; a pseudonym, ছদ্মনাম। [F.]

nomenclature [nō-men°-kla-cha(r), নৌমেন্°-ক্ল্যাচ্যা(র্)] *n.* a system of names, নামের বা নামকরণের পদ্ধতি; a terminology, পরিভাষা; a list of names, নামের তালিকা, (পরি.) নামমালা। [F. *nomenclatura*]

nominal [no°-minl, ন°মিন্‌ল্] *a.* of a name or names, নামসংক্রান্ত ; of a noun, নামপদ বা বিশেষ্য সংক্রান্ত ; by name, নামানুযায়ী, (পরি.) নামিক ; only in name, নামেমাত্র ; so-called, তথাকথিত (অর্থাৎ প্রকৃতপক্ষে নহে এমন) ; inconsiderable, অতি অল্প, নামমাত্র (at a *nominal* rent, price, etc.) । *n.* **nominalism** [no°-mi-na-lizm, ন°মিন্যালিজ্‌ম্] (দর্শ.) সামান্য ধারণাগুলি নাম-বা-শব্দমাত্র : এই মত, সংজ্ঞাবাদ । *n.* **no°minalist** । *a.* **no°minalis°tic** । *adv.* **no°minally** । [L. *nominalis* < *nomen* = a name]

nominate [no°-mi-nāt, ন°মিনেইট্] *v.t.* to name, নামোল্লেখ করা ; to propose formally for election, নির্বাচনার্থ নাম প্রস্তাব করা ; to appoint or select, নিযুক্ত বা মনোনীত করা । *p.* & *p. pt.* **no°minātėd** । *n.* **nominā°tion** । **nominative** [no°-m(i)na-tiv, ন°ম্‌ন্যাটিভ্] (1) *a.* (ব্যাক.) কর্তৃকারকীয় । (2) *n.* (ব্যাক.) কর্তৃকারক বা কর্তৃপদ । *n.* **no°minātor** । *n* **nominee°**—যাহার নামোল্লেখ করা বা নাম প্রস্তাব করা হইয়াছে ; নিযুক্ত বা মনোনীত ব্যক্তি । [L. *nominare*]

non [non, নন্] *in comp.* not, নঞ্ । *n.* **non°-accep°tance**—মানিয়া লইতে অস্বীকৃতি, প্রত্যাখ্যান । *n.* **non°-aggre°ssion**—আক্রমণে বিরতি, অনাক্রমণ, (খবরের কাগুজে ভাষায়) অনাগ্রাসন । *n.* **non°align°ment**—(রাজ.) পৃথিবীর বৃহত্তম ধনতান্ত্রিক বা গণতান্ত্রিক শক্তিদ্বয়ের কোনটির সঙ্গেই জোট না বাঁধা, জোট-নিরপেক্ষতা । *n.* **non°-appear°ance**—অনুপস্থিতি, গরহাজিরি । *n.* **non°-atten°dance**—অনুপস্থিতি, গরহাজিরি । **non°-collē°giate**—(1) *a,* কলেজের অন্তর্ভুক্ত নহে এমন । (2) *n.* ঐরূপ ছাত্র বা পরীক্ষার্থী । *n.* **non°-com°batant**—লড়াই ব্যতীত অন্য কার্যের জন্য নিযুক্ত সৈন্যবাহিনীর কর্মচারী । *a.* **non°-commi°ssioned**—(সেনাপতিদের সম্বন্ধে) সরকারী সনন্দ পায় নাই এমন অর্থাৎ অতি নিম্নপদস্থ । **non°-commi°ttal**—(1) *a.* (কিছুর) সপক্ষে বা বিপক্ষে মত দেয় না অর্থাৎ 'হাঁ' কি 'না' স্পষ্ট করিয়া বলে না এমন । (2) *n.* ঐরূপ বিবৃতি বা উক্তি । *a.* **non°-commū°nal**—সাম্প্রদায়িক সঙ্কীর্ণতাবর্জিত, অসাম্প্রদায়িক । *n.* **non°-compli°ance**—(অনুরোধাদি) রক্ষা না করা, লঙ্ঘন । *a.* **non°-conduc°ting**—(সচ. তাপ বা বিদ্যুৎ) পরিবহন করে না এমন, অপরিবাহী । *n.* **non°-conduc°tor**—যাহা তাপ বা বিদ্যুৎ পরিবহন করে না । *n.* **non°-confor°mist**—যে ব্যক্তি (ইংল্যানডের) সরকার-অনুমোদিত গির্জাকে মানে না । *n.* **non°-confor°mity**—(ইংল্যানডের) সরকার-অনুমোদিত গির্জা-বিরোধী সম্প্রদায় অথবা তাহাদের মতবাদ বা আচার-আচরণ, অননুযায়িতা, বিরোধিতা । *a.* **non°-conten°tious**—সম্ভবতঃ বিরোধ সৃষ্টি করিবে না এমন । *n.* **non°-cŏoperā°tion**—অসহযোগ । **Non-cooperation Movement**—(রাজ.) ভারতবর্ষে মহাত্মা গান্ধী কর্তৃক প্রবর্তিত অসহযোগ-আন্দোলন । *n.* **non°-dėli°very**—বিলি না হওয়া । *a.* **non°-essen°tial**—অপরিহার্য বা মুখ্য নহে এমন, গৌণ । *n.* **non°-ėxis°tence**—অনস্তিত্ব, অবিদ্যমানতা । *a.* **non°-ėxis°tent**—অস্তিত্বহীন, অবিদ্যমান । *n.* **non°-fulfil°ment**—(প্রতিশ্রুতি প্রভৃতি) প্রতিপালিত না হওয়া, অপূরণ । *n.* **non°-interfer°ence, non°-interven°tion**—(পরের ব্যাপারে) হস্তক্ষেপে বিরতি । *n.* **non°-mem°ber**—যে ব্যক্তি (প্রতিষ্ঠানাদির) সদস্য নহে । *n.* **non°-obṡer°vance**—(কর্তব্যাদি) প্রতিপালনে চ্যুতি বা অবহেলা, লঙ্ঘন । *a.* **non°-par°ty**—কোন দলভুক্ত নহে এমন, নির্দলীয় । *n.* **non°-pay°ment**—অর্থাদি প্রদান করা বা মিটান হয় নাই এমন অবস্থা । *n.* **non°-perfor°mance**—সম্পাদনে চ্যুতি বা অবহেলা, অসম্পাদন । *a.* **non°-play°ing**—দলভুক্ত কিন্তু ক্রীড়াদিতে অংশ গ্রহণ করে না এমন (*non-playing* captain) । *a.* **non°-re°ṡident**—অনাবাসিক (a *non-resident* surgeon) । *n.* **non°-reṡis°tance**—অত্যাচারাদি-প্রতিরোধে বলপ্রয়োগ না করার নীতি । *n.* **non°-smō°ker**—যে ব্যক্তি ধূমপান করে না । *n* **non-star°ter**—যে ঘোড়া দৌড়-প্রতিযোগিতার তালিকাভুক্ত কিন্তু দৌড়ে অংশগ্রহণ করে না, (আল.) যে ব্যক্তির সাফল্যের সম্ভাবনা নাই । *a.* **non°-stop**—বিরামহীন, একটানা । *a.* **non°-ūnion**—কোন ট্রেড-ইউনিআনের অন্তর্ভুক্ত নহে এমন ; ট্রেড-ইউনিআনের নিয়মকানুন মানে না এমন । *n.* **non°-viọlence**—অহিংসা । [L.]

nonage [nō°-nij, নৌ°নিজ্] *n.* minority, (আইনতঃ) নাবালকত্ব । [OF.—see *non-*, *age*]

nonagenarian [nō°-na-ji-nār°-i-an, নৌন্যাজিনেয়্যার্°ইঅ্যান্] (1) *n.* a person of any age from 90 to 99, ৯০ হইতে ৯৯ বৎসর বয়স্ক ব্যক্তি । (2) *a.* of that age, উক্ত বয়স্ক । [F. *nonagenarius* = of ninety]

nonce [nons, নন্‌স্] *n.* the present moment, বর্তমান ক্ষণ ; the time being, আপাতকাল । **for the nonce**—আপাততঃ, বর্তমান মুহূর্তের জন্য । *n.* **nonce°-word**—বর্তমান মুহূর্তের ব্যবহারের জন্য সৃষ্ট শব্দ । [*for the nones* = for then once, for the once]

nonchalant [non°-shalant, নন্°শ্যাল্যান্ট্] *a.* indifferent, উদাসীন ; cool, প্রশান্ত, অনুদ্বিগ্ন । *n.* **non°chalance**—ঔদাস্য, গ্রাহ্য না করার ভাব ; প্রশান্তি, উদ্বেগহীনতা । *adv.* **non°chalantly** । [F.]

nondescript [non°-dis-kript, নন্°ডিস্‌ক্রিপ্ট্] (1) *a.* hard to describe or classify, সহজে বর্ণনা করা বা শ্রেণীনির্ণয় করা যায় না এমন ; strange, সৃষ্টিছাড়া বা অদ্ভুত ; hybrid, সঙ্কর । (2) *n.* a nondescript person or thing, ঐরূপ ব্যক্তি বা বস্তু । [*non-*, L. *descriptus*]

none [nun, নান্] **(1)** *pro.* (*sing.* or *pl.*) not one or any, কেহ না, কোনটি না ; no portion or amount, কোন অংশ বা পরিমাণ না। **(2)** *a.* no, না ; not any, কোনটি না। **(3)** *adv.* in no degree, কোন মাত্রায় বা পরিমাণে নহে ; by no means, কোন মতেই নহে ; not at all, মোটেই নহে। **none but**—কেবল। **none other than**—নির্দিষ্ট ব্যক্তি ছাড়া অন্য কেহ নহে ; নির্দিষ্ট ব্যক্তিই। **none the less**—তৎসত্ত্বেও। **none too high**—খুব বা মোটেই বেশি নয় (the salary he earns is *none too high*)। [OE. *nan*<*ne*=not, *an*=one]

nonentity [no-nen°-ti-ti, ননেন্°টিটি] *n.* non-existence, অনস্তিত্ব ; a non-existent person or thing, অস্তিত্বহীন ব্যক্তি বা বস্তু ; a person or thing of no importance, তুচ্ছ ব্যক্তি বা বস্তু। [*non-, entity*]

nones [nōnz, নৌন্জ়্] *n.* a church office for the ninth hour, দিনের নবম ঘণ্টায় অর্থাৎ বেলা তিনটার সময়ে গির্জার ভজন-কার্য। [L. *nonae*<*nonus*=ninth]

non(e)such [nun°-such, নান্°সাচ্] *n.* a unique person or thing, অতুলনীয় ব্যক্তি বা বস্তু। [*none, such*]

non-feasance [non°-fē°z(a)ns, নন্°ফী°জ়ন্স্] *n.* omission of an obligatory act, কর্তব্যচ্যুতি বা দায়িত্বলঙ্ঘন। [*non-*, OF. *faisance*=doing <L. *facere*=to do]

nonpareil [non-pa-rel°, নন্প্যারেল্°] **(1)** *a.* matchless, অনুপম বা অতুলনীয়। **(2)** *n.* a matchless person or thing, অনুপম ব্যক্তি বা বস্তু। [*non-*, F. *pareil*<L. *par*=equal]

nonplus [non°-plus°, নন্°প্লাস্°] **(1)** *n.* perplexity, হতবুদ্ধি অবস্থা, কিংকর্তব্যবিমূঢ়তা। **(2)** *v.t.* to perplex, হতবুদ্ধি বা কিংকর্তব্যবিমূঢ় করা। *pr. pt.* **non°plu°ssing** । *p. & p. pt.* **non°plu°ssed** । [*non-, plus*]

nonsense [non°s(a)ns, নন্°সন্স্] **(1)** *n.* that which is meaningless, অর্থহীন কিছু ; absurdity, অসম্ভব বিষয় কথা প্রভৃতি ; a trifle, তুচ্ছ বা বাজে বস্তু ; foolery, বোকামি। **(2)** *int.* meaningless or trifling, অর্থহীন বা বাজে। *a.* **nonsensical** [non-sen°-sik(a)l, ননসেন্°সিক্ল্] অর্থহীন ; অসম্ভব। [*non-, sense*]

non-sequitur [non-se°-kwi-ta(r), ননসে°ক্যুইট্যা(র্)] *n.* a conclusion not following logically from the premises, যে সিদ্ধান্ত উপাত্ত-সমূহ হইতে যুক্তিসম্মতভাবে গঠিত নহে, অযৌক্তিক সিদ্ধান্ত ; the drawing of such a conclusion, ঐরূপভাবে সিদ্ধান্তগঠন। [L.]

nonsuch—see **non(e)such.**

non-suit [non°-sūt, নন্°সিউট্] **(1)** *n.* the withdrawal of a suit, (বিচারকের আদেশে বা আপনা হইতে) বাদী কর্তৃক মামলা প্রত্যাহার। **(2)** *v.t.* to subject to a non-suit, (বিচারক কর্তৃক বাদীকে) মামলা প্রত্যাহার করান। [AF. *no(u)n-sute*=does not pursue]

noodle$_1$ [nōōd°l, নূড্°ল্] *n.* macaroni, প্রধানতঃ ডিমে তৈয়ারি গোলাপি রাবড়িজাতীয় খাদ্যবিশেষ। [G. *nudel*]

noodle$_2$ [nōōd°l, নূড্°ল্] *n.* a simpleton, হাবা-গবা লোক, বোকা *n.* **nood°ledom**—বোকার রাজ্য। [?]

nook [nook, নুক] *n.* a corner, কোণ ; a recess, ফাটল, তাক, কুলুঙ্গি ; a secluded retreat, নির্জন আশ্রয়। [?]

noon [nōōn, নূন্] *n.* midday, মধ্যাহ্ন, দ্বিপ্রহর, বেলা ১২টা। *n.* **nōōn°day, nōōn°tide**—মধ্যাহ্ন, দ্বিপ্রহর ; পরম সমৃদ্ধির সময়। [OE. *non*<L. *nona-(hora)*=the ninth (hour)]

noose [nōōs, নূস্] **(1)** *n.* a loop with running knot, দড়ির ফাঁসবিশেষ : ইহা টানিলে আরও আঁটিয়া বসে ; a snare or band, (সচ. ফাঁসির বা বিবাহের) ফাঁস বা ফাঁদ বা বন্ধন। **(2)** *v.t.* to tie or catch in a noose, উক্ত ফাঁসে আটকান। *p. & p. pt.* **nōō°sed** । **(to) put (one's) head in a noose**—(আল.) নিজের সর্বনাশ ডাকিয়া আনা। [cp. OF. *nous*<*nodus*=knot]

nope [nōp, নৌপ্] an emphatic form of **no.**

nor [naw(r), ন্য(র্)] *con.* and not (correlative of **neither**), এবং নহে (neither this *nor* that) ; or not, অথবা না। [OE. *nother*, a form of *neither*]

Nordic [naw(r)°-dik, ন্য(র্)°ডিক্] *n.* a race of mankind, (প্রধানতঃ স্ক্যান্ডিনেভিআ ও উত্তর ইংল্যানডের) দীর্ঘদেহ ও গৌরবর্ণ মানবজাতিবিশেষ। [F. *nord*=north]

norm [naw(r)m, ন্য(র্)ম্] *n.* a rule, নিয়ম ; a pattern, আদর্শ, নমুনা ; a standard, মান। **nor°mal**—**(1)** *a.* নিয়মমাফিক ; মানানুযায়ী ; সাধারণ, সচরাচর হয় বা ঘটে এমন ; স্বাভাবিক কাজ করে বা কাজ দেয় এমন ; (জ্যামি.) লম্বের ন্যায় অবস্থিত। **(2)** *n.* নিয়মমাফিক বা স্বাভাবিক বস্তু অথবা নমুনা ; (জ্যামি.) লম্ব। **normal school**—শিক্ষকদিগকে শিক্ষণকার্য শেখানর বিদ্যালয়। *n.* **norma°lity** । *v t.i.* **normalize** [naw(r)°-ma-līz, ন্য(র্)°ম্যালাইজ্] নিয়মমাফিক করা বা হওয়া। *n.* **normalizā°tion** । *a.* **nor°mative**—মান বা আদর্শ স্থাপন করে এমন (a *normative* grammar=আদর্শ ব্যাকরণ)। [L. *norma*]

Norman [naw(r)°-man, ন্য(র্)°ম্যান্] **(1)** *n.* a native of Normandy, নর্ম্যান্ডির অধিবাসী। **(2)** *a.* of the Normans or Normandy, নর্ম্যান্-জাতীয় বা নর্ম্যান্ডীয়। **Norman Conquest**—১০৬৬ খ্রিস্টাব্দে নর্ম্যান্ডির ডিউক্ উইলিআম্ কর্তৃক ইংল্যানড-বিজয়। **Norman French**—নর্ম্যান-জাতি কর্তৃক ব্যবহৃত ফরাসি ভাষা বা উক্ত ভাষাগত [OF. *Normans*]

normative—see **norm.**

Norse [naw(r)s, ন্য(র্)স্] (**1**) *a.* Norwegian, নরওএ-দেশীয় । (**2**) *n.* the language of Norway, নরওএর ভাষা । *n.* **Norse°man**—নরওএর লোক । [Du. *noor(d)sch* ?]

north [naw(r)th, ন্য(র্)থ্] (**1**) *n.* the point or direction to the left of a person facing the rising sun, উত্তরদিক্ ; the northern part of anything, উত্তরাংশ । (**2**) *adv.* in or towards the north, উত্তরদিকে । (**3**) *a.* of or lying in the north, উত্তরাংশস্থ, উত্তরদিক্স্থ । *a.* **north°-bound**—উত্তরদিক্গামী । **north°-east°**—(**1**) *n.* উত্তরপূর্বকোণ, ঈশানকোণ । (**2**) *adv.* ঈশানকোণাভিমুখে । *n.* **north-eas°ter**—ঈশানের ঝড় । **north-eas°terly**—(**1**) *a.* ঈশানকোণাগত ; ঈশানকোণাভিমুখ । (**2**) *adv.* ঈশানকোণ হইতে, ঈশানকোণাভিমুখে । *a.* **north-eas°tern**—ঈশাণকোণে অবস্থিত। **north-east°ward(ly)**—(**1**) *a.* ঈশানকোণাভিমুখ । (**2**) *adv.* ঈশানকোণাভিমুখে । *adv.* **north-east°wards**—ঈশানকোণাভিমুখে । *n.* **nor°therliness** । **northerly** [naw(r)°-dha(r)-li, ন্য(র্)°-দ্যা(র্)লি] (**1**) *a.* উত্তরাভিমুখ ; উত্তরদিক্ হইতে আগত । (**2**) *adv.* উত্তরাভিমুখে ; উত্তর হইতে । **northern** [naw(r)°-dha(r)n, ন্য(র্)°দ্যা(র্)ন্] (**1**) *a.* উত্তরদিক্সংক্রান্ত ; উত্তরদিক্স্থ ; উত্তরদিকে গমনকারী বা উত্তরদিক্ হইতে আগত ; উত্তুরে । (**2**) *n.* উত্তরাঞ্চলের অধিবাসী ; উত্তুরে বাতাস । *n.* **nor°therner**—উত্তরাঞ্চলবাসী । **northern lights**—উদীচী উষা, সুমেরু প্রভা । *n.* **nor°thing**—(জাহাজাদির) উত্তরাভিমুখে গমন । *n.* **North°man**—স্ক্যান্‌ডিনেভিআর প্রাচীন অধিবাসী । **north°ward(ly)**—(**1**) *a.* উত্তরাভিমুখ । (**2**) *adv.* উত্তরাভিমুখে । *adv.* **north°wards**—উত্তরাভিমুখে । **North-west°**—(**1**) *n.* বায়ুকোণ । (**2**) *a.* বায়ুকোণস্থ ; বায়ুকোণাভিমুখ । (**3**) *adv.* বায়ুকোণে । *n.* **northwes°ter, nor'-wes°ter**—বায়ুকোণাগত ঝড়, কালবৈশাখী । [AS.—cp. G. *nord*]

Northumbrian [naw(r)-thum°-bri-an, ন্য(র্)-থাম্°ব্রিঅ্যান্] (**1**) *a.* of Northumbria, ইংল্যান্ডের নর্থাম্‌ব্রিআ-প্রদেশের । (**2**) *n.* a native of Northumbria, নর্থাম্‌ব্রিআর লোক ; the Northumbrian dialect, নর্থাম্‌ব্রিআয় কথিত ইংরেজি ভাষা । [*north* of the river *Humber*]

northward(s), north-west—see **north.**

Norwegian [naw(r)-wē°j(a)n, ন্য(র্)উঈ°জ্‌ন্] (**1**) *a.* of Norway, নরওএর । (**2**) *n.* a native or the language of Norway, নরওএর লোক বা ভাষা । [LL. *Norvegia* < ON. *Norvegr*]

nose [nōz, নৌজ্] (**1**) *n.* a member of the face, serving as organ of smell, নাক, নাসা, নাসিকা ; the power of smelling, ঘ্রাণশক্তি ; a projecting forepart of anything, কিছুর প্রলম্বিত সম্মুখভাগ (the *nose* of a pipe) ; a beak, পক্ষীর চঞ্চু ; a nozzle, ক্যানেস্ত্রা প্রভৃতির মুখটি ; the bridge of a pair of spectacles, চশমার যে অংশ নাকের উপরে থাকে । (**2**) *v.t.* to smell, ঘ্রাণ লওয়া, শোঁকা ; to examine or track out or detect or recognize by smelling, গন্ধ শুঁকিয়া পরীক্ষা করা বা পশ্চাদ্ধাবন করা বা ধরা বা চেনা ; to touch or press or rub with the nose, নাক দিয়া স্পর্শ করা বা চাপ দেওয়া বা ঘষা ; to thrust the nose into, নাক ঢোকান বা গলান । (**3**) *v.i.* to sniff, (শুঁকিয়া) নাসিকা কুঞ্চিত করা ; to pry, উঁকিঝুঁকি মারা (to *nose* into other people's affairs) । **as plain as the nose on one's face**—সুস্পষ্ট । **by a nose**—(দৌড়প্রতিযোগিতাদিতে জয়লাভ) নাক-পরিমাণে বা অতি অল্প ব্যবধানে । **(right) under one's very nose**—(কাহারও বিরাগ বা অনুমোদন গ্রাহ্য না করিয়া) একেবারে সামনা-সামনি, চোখের উপর ; অতি নিকটে । **(to) bite one's nose off**—সক্রোধে তিক্ত জবাব দেওয়া । **(to) count noses**—সমর্থকাদির সংখ্যা গণনা করা । **(to) cut off one's nose to spite one's face**—নিজের ক্ষতি করিয়াও ঝাল মেটান, নিজের নাক কাটিয়া পরের যাত্রাভঙ্গ করা । **(to) follow one's nose**—বরাবর সামনে যাওয়া । **(to) keep one's nose to the grindstone**—নিরন্তর কঠোর পরিশ্রম করান বা শাস্তি দেওয়া । **(to) lead by the nose**—হীনভাবে অনুসরণ করিতে বাধ্য করান, নাকে দড়ি দিয়া ঘোরান । **(to) pay through the nose**—অত্যধিক মূল্য দিতে বাধ্য হওয়া । **(to) poke** or **push** or **thrust one's nose**—(পরের ব্যাপারে) অযথা হস্তক্ষেপ করা, নাক গলান । **(to) put one's nose out of joint**—(কাহাকেও ডিঙ্গাইয়া) প্রণয়ভাজন বা আস্থাভাজন হওয়া ; হতবুদ্ধি করা ; সমুচিত বাধা দেওয়া বা জবাব দেওয়া । **(to) snap one's nose off**—সক্রোধে তিক্ত জবাব দেওয়া । **(to) tell noses**—সমর্থকাদির সংখ্যা গণনা করা । **(to) turn up one's nose at**—প্রত্যাখ্যান করা বা অবজ্ঞা করা, নাক বাঁকান । **with one's nose in the air**—উদ্ধতভাবে । *n.* **nōse°bag**—ঘোড়ার আহারের জন্য উহার মুখে যে দানা-ভরা থলি বাঁধিয়া দেওয়া হয় । *n.* **nōse°-bleeding**—নাসিকা হইতে রক্তস্রাব, নাসাভঙ্গ । *a.* **nō°sed**—নাসাযুক্ত । *n.* **nōse°-dive**—বিমানপোতের বিষম খাড়াভাবে অবতরণ : এইরূপ অবতরণ অতি বিপজ্জনক । *n.* **nōse°-flute**—যে বাঁশি নাক দিয়া বাজাইতে হয় । *n.* **nōse°gay**—(সুগন্ধ) পুষ্পস্তবক, নাসানন্দ । *n.* **nōse°-ring**—নথ ; গবাদি পশুর নাকে যে আংটা আটকাইয়া দেওয়া হয় । *a.* & *n.* **nōs(e)°y**—দীর্ঘনাসা (ব্যক্তি) । **nosey Parker**—(কথ্য.) অনুসন্ধিৎসু বা কৌতূহলী ব্যক্তি । [OE. *nosu*—cp. G. *nase*, L. *nasus*, Sans. *nasa*]

nosology [no-so°-la-ji, নস°ল্যাজি] *n.* the branch of medicine treating of the classification of diseases, রোগের শ্রেণীভাগসংক্রান্ত বিজ্ঞান । [Gk. *nosos*=disease, *logos*=science]

nostalgia [nos-tal°-ji-a, নস্ট্যাল্°জিঅ্যা] *n.* home-sickness, স্বদেশের জন্য মনপোড়ানি, স্বদেশে ফেরার জন্য আকুলতা। *a.* **nostal°gic**। [Gk. *nostos*=return home, *algos*=pain]

Nostradamus [nos-tra-dā°-mas, নস্ট্র্যাডেই°-ম্যাস্] *n.* one who professes to foretell the future, গণৎকার। [M. de *Nostredame*, French astrologer (1503-1566)]

nostril [nos°-tr(i)l, নস্°ট্রল্] *n.* one of the openings of the nose, নাসারন্ধ্র। [OE. *nosthyr(e)l*<*nosu*=nose, *thyrel*=opening]

nostrum [nos°-tram, নস্°ট্র্যাম্] *n.* quack or patent medicine, হাতুড়ে বা পেটেন্ট্ ঔষধ ; a pet scheme, প্রিয় পরিকল্পনা। [L.=our own]

nosy—see **nose.**

not [not, নট্] *adv.* a word expressing denial, negation, or refusal, না। **as likely as not**—সম্ভবতঃ। **not at all**—মোটেই না ; দরকার নাই (ধন্যবাদাদি জ্ঞাপনের বিনয়সূচক উত্তর)। **not but what**—(তৎ-) সত্ত্বেও। **not out**—(ক্রিকেটে) আউট হয় নাই এমন বা আউট না হইয়া। **not that**—ইহা নহে যে। *n.* **not°-bēing**—অনস্তিত্ব। *n.* **not°-I**—আমি না, নাহং। [same as *naught, nought*]

nota bene [nō°-ta be°-ni, নৌ°ট্যা বী°নি] *v. imp.* observe (well), note what follows, (ভাল করিয়া) দেখ, পরে যাহা আছে লক্ষ্য কর। [L.]

notable [nō°-table, নৌ°ট্যাব্‌ল্] (**1**) *a.* worthy of being known, জানার যোগ্য ; remarkable, লক্ষণীয় (a *notable* event); memorable, স্মরণীয় ; distinguished, বিশিষ্ট; considerable, প্রচুর। (**2**) *n.* a notable person or thing, বিশিষ্ট বা স্মরণীয় বা লক্ষণীয় ব্যক্তি অথবা বস্তু। *n. pl.* **nōtabl°-lia**—লক্ষণীয় বস্তুসমূহ। *n.* **nōtabi°lity**—notable-এর সকল অর্থে এবং—বিশিষ্ট লোক (no historical *notability*)। *adv.* **nō°tably**। [L. *notabilis*< *notare*=to mark]

notary [nō°-ta-ri, নৌ°ট্যারি] *n.* an officer authorized to draw up deeds and perform other formalities, দলিলপত্রাদি সম্পাদন ও আনুষঙ্গিক কাজের অধিকারপ্রাপ্ত (সরকারি) কর্মচারী, (পরি.) লেখ্যপ্রমাণক (usu. **notary public**)। *a.* **nōtār°ial**—দলিলপত্রাদি সম্পাদনসংক্রান্ত। [L. *notarius*]

notation [nō-tā°sh(a)n, নোটেই°শ্‌ন্] *n.* a system of signs and symbols, চিহ্ন ও প্রতীক ব্যবহারের প্রণালী, (পরি.) অঙ্কপাতন, সঙ্গীতের স্বরলিপি বা তাহাতে ব্যবহৃত চিহ্নাদি। [L. *notatio*< *notare*=to mark]

notch [noch, নচ্] (**1**) *n.* an indentation, (প্রধানতঃ V-আকারের) খাঁজ। (**2**) *v.t.* to make a notch in, খাঁজ কাটা। *p. & p. pt.* **no°tched**। **(to) notch up**—লক্ষণীয় সাফল্য অর্জন করা। [*an*, F. *hoche* ?]

note [nōt, নৌট্] (**1**) *n.* a distinguishing mark, বৈশিষ্ট্যসূচক চিহ্ন ; a characteristic, বৈশিষ্ট্য; a sign or symbol, চিহ্ন বা প্রতীক, সঙ্গীতের চিহ্নাদি ; (usu. in *pl.*) a brief record of impressions for speech or article, সংক্ষিপ্ত মন্তব্যসংবলিত কাগজ, মন্তব্য ; a commentary, টীকা ; a jotting set down provisionally, উপস্থিতমত টুকিয়া রাখা লেখা, টোকা ; (obs.) a bill, (অপ্র.) পাওনা টাকার বিল অর্থাৎ হিসাবসংবলিত দাবিপত্র ; a memorandum, স্মারকলিপি ; a short letter, ক্ষুদ্র চিঠি, চিঠা ; the song or cry of a bird or beast, পশুপক্ষীর গান বা ধ্বনি ; (obs.) a tune, (অপ্র.) সুর ; (poet.) music, (কাব্যে.) সঙ্গীত ; a paper acknowledging a debt and promising payment, খত হ্যানডনোট পত্রমুদ্রা প্রভৃতি ; notice, নজর বা লক্ষ্য ; attention, মনোযোগ ; cognizance, গ্রাহ্য করা, পরিচয়-স্বীকার, চিনিতে পারা ; distinction, বৈশিষ্ট্য ; reputation, খ্যাতি ; eminence, প্রাধান্য ; importance, গুরুত্ব। (**2**) *v.t.* to make a note of, জানিয়া বা টুকিয়া রাখা ; to notice, লক্ষ্য করা ; to attend to, মনোযোগ দেওয়া ; to indicate, সূচিত করা ; to mention, উল্লেখ করা ; to record in musical notation, সঙ্গীতের চিহ্নাদি দেওয়া অর্থাৎ স্বরলিপি রচনা করা। **note of hand**—খত, হ্যানডনোট। **(to) change one's note**—অধিকতর বিনয়াবনত বা দুঃখপীড়িত প্রভৃতি হওয়া। **(to) strike a note**—কোন ধারণার সঞ্চার করা। **(to) strike** or **sound a false note**—যে কথায় শ্রোতৃমণ্ডলীর বিরাগ ঘটায় বা সমর্থন নষ্ট হয়, (অসতর্কতাবশতঃ) তাহা বলা। **(to) strike the right note**—যে কথায় শ্রোতৃমণ্ডলীর প্রসন্নতা জন্মে এবং সমর্থনলাভ হয়, তাহা বলা। *n.* **nōte°-book**—জ্ঞাতব্যাদি উপস্থিতমত টুকিয়া রাখিবার জন্য ছোট খাতা, নোটবই। *n.* **nōte°-cāse**—পত্রমুদ্রা অর্থাৎ টাকার নোট রাখার পকেট-বই। *a.* **nō°tėd**—চিহ্নিত ; সুপরিচিত ; প্রসিদ্ধ ; বিশিষ্ট ; কুখ্যাত। *n.* **nōte-pāper**—চিঠি লেখার কাগজ। *n.* **nōte°worthinėss**। *a.* **nōte°worthy**—উল্লেখযোগ্য ; লক্ষণীয়। [F.<L. *nata*=a mark]

nothing [nu°-thing, না°থিং] (**1**) *n.* not anything, কিছু-না ; nought, একটুও না ; the non-existent, অস্তিত্বহীন ব্যক্তি বা বস্তু ; zero, শূন্য, 0 ; a trifling thing or person, তুচ্ছ বস্তু বা ব্যক্তি ; an empty utterance, বাজে কথা। (**2**) *adv.* not at all, মোটেই নহে। **for nothing**—বিনা মূল্যে ; বিনা পারিশ্রমিকে বা বেতনে ; বিনা কারণে বা উদ্দেশ্যে, মিছামিছি। **next to nothing**—প্রায় কিছুই না। **(to) be nothing to**—মনের দিক্ দিয়া কিছু আসিয়া না যাওয়া, বাজে বা উপেক্ষণীয় বলিয়া বোধ হওয়া ; তুলনায় অকিঞ্চিৎকর বলিয়া প্রতিপন্ন হওয়া। **(to) come to nothing**—নিষ্ফল ব্যর্থ বা বাজে হওয়া। **(to) go for nothing**—কোন ফল বা মূল্য বা পুরস্কার না পাওয়া। **(to) have nothing to do with**—পরিহার বা বর্জন

করা ; সম্পর্ক না রাখা, সংশ্লিষ্ট না থাকা। **(to) make nothing of**—বাধাবিপদ্‌কে অগ্রাহ্য করিয়া অক্লেশে সম্পাদন করা ; বড় ব্যাপার বলিয়া না ভাবা ; দ্বিধা না করা ; মুশকিল বোধ না করা ; অর্থাদি বুঝিতে সম্পূর্ণ অক্ষম হওয়া। **(to) say nothing of**—উল্লেখ না করা। **(to) think nothing of**—অতি সাধারণ বা মামুলি বা অনুল্লেখযোগ্য বলিয়া মনে করা। **with nothing on**—বিবস্ত্র বা প্রায় বিবস্ত্র অবস্থায়। *n.* **no°thingness**—অনস্তিত্ব ; তুচ্ছতা ; অসারতা ; শূন্যগর্ভতা ; তুচ্ছ বস্তু। [*no, thing*]

notice [nō°-tis, নৌ°টিস্] (**1**) *n.* intimation, সংবাদ-জ্ঞাপন ; announcement, ঘোষণা ; information, সংবাদ ; warning, সতর্কীকরণ ; a placard etc. conveying an intimation or warning, বিজ্ঞপ্তি ; time allowed for preparation, প্রস্তুতির জন্য প্রদত্ত সময় (three days' *notice*) ; cognizance, গ্রাহ্য করা, পরিচয়-স্বীকার ; observation, পর্যবেক্ষণ, লক্ষ্য ; heed, মনোযোগ, সতর্কতা ; mention, উল্লেখ ; a short book-review, সংক্ষিপ্ত পুস্তক-সমালোচনা ; civility, নমস্কারাদি সৌজন্যপ্রদর্শন। (**2**) *v.t.* to mark or observe, লক্ষ্য করা বা পর্যবেক্ষণ করা ; to regard or attend to, গণ্য করা বা মনোযোগ দেওয়া ; to mention, উল্লেখ করা ; to comment upon, (কিছুর সম্বন্ধে) মন্তব্য করা ; to recognize, পরিচয় স্বীকার করা, গ্রাহ্য করা ; to write or publish a notice of, (কিছুর) বিজ্ঞপ্তি লেখা বা প্রচার করা; to treat with civility, সৌজন্যপ্রদর্শন করা। *p. & p. pt.* **nō°ticed** । **beneath one's notice**—মনোযোগের অযোগ্য, অগ্রাহ্য করার যোগ্য। **(to) give notice**—পূর্বাহ্ণে সতর্ক করা ; জ্ঞাপন করা, জানান ; চুক্তি প্রভৃতির অবসান জ্ঞাপন করা। **(to) take notice**—লক্ষ্য করা। **(to) take no notice of**—মনোযোগ না দেওয়া, গ্রাহ্য না করা। *a.* **nō°ticeable**—লক্ষণীয়। *adv.* **nō°ticeably** । *n.* **nō°tice-board**—লিখিত বিজ্ঞপ্তি টাঙ্গানর জন্য তক্তা। [F. *notifier* < L. *notitia* < *notare* = to mark]

notify [nō°-ti-fī, নৌ°টিফাই] *v.t.* to make known, বিদিত করান, জ্ঞাপন করা, প্রচার করা ; to declare, ঘোষণা করা ; to give notice or information of, বিজ্ঞপ্তি বা সংবাদ দেওয়া, বিজ্ঞাপন দেওয়া। *a.* **nō°tifiable**—অবশ্য জ্ঞাপনীয়। *n.* **nōtifica°tion**—notify-এর সকল অর্থে, এবং—বিজ্ঞপ্তিপত্র, ইশতিহার ; (পরি.) অধিসূচনা, প্রজ্ঞাপন। [F. *notifier* < L. *notificare*—cp. *notice*]

notion [nō°sh(a)n, নৌ°শ্‌ন্] *n.* concept or idea, ধারণা ; an opinion, (প্রধানতঃ যুক্তির উপরে স্থাপিত নহে এমন) মত ; a whim, খেয়াল ; a liking, প্রবণতা, আসক্তি ; a fancy, কল্পনা। *a.* **nō°tional**—ধারণাগত ; প্রমাণের বা পরীক্ষার উপর নির্ভরশীল নহে এমন ; খেয়ালি। [F. < L. *notio* < *notare* = to mark]

notoriety—see **notorious.**

notorious [nŏ-taw°-ri-as, নোটা°রিঅ্যাস্] *a.* publicly known, (বর্ত. কেবল মন্দার্থে) জনসাধারণের নিকট বিদিত ; infamous, কুখ্যাত। *n.* **notoriety** [nō-ta-rī°-a-ti, নৌট্যারাই°অ্যাটি], **nŏto°riousness** । *adv.* **nŏto°riously** । [LL. *notorius* < *notus* = known]

notwithstanding [not-with-stan°-ding, নট্‌উইথ্‌স্ট্যান্°ডিং] (**1**) *prep.* in spite of, সত্ত্বেও (**2**) *con.* in spite of, তৎসত্ত্বেও ; although, যদিও। (**3**) *adv.* nevertheless, তথাচ ; however, যাহা হউক ; yet, তবুও। [*not*, see *withstand*]

nougat [nōō°-gŭ, নূ°গা] *n.* a sort of hard sweet made of sugar, nuts, etc., চিনি বাদাম প্রভৃতি মিশাইয়া তৈয়ারি মিঠাইবিশেষ, বাদামের তক্তি। [F. < L. *nux* = a nut]

nought [nawt, ন্যট্] *n.* nothing, কিছুই না ; the figure 0, শূন্য, 0 । **(to) come to nought**—ব্যর্থ হওয়া। **(to) set at nought**—ঘৃণা অবজ্ঞা বা তুচ্ছ-তাচ্ছল্য করা। [see *naught*]

noumenon [nōō°-mi-non, নূ°মিনন্] *n.* an object of intellectual intuition devoid of phenomenal attributes, বস্তুজগতের গুণাগুণশূন্য এবং শুধু বুদ্ধিদ্বারা অধিগম্য বিষয়। *pl.* **nou°mena** । [Gk.]

noun [nown, নাউন্] *n.* (gr.) a word used as a name, (ব্যাক.) বিশেষ্য, নামপদ। **noun clause**—বিশেষ্যের ন্যায় ক্রিয়াসম্পন্ন বাক্যাংশ বা উপবাক্য। [AF. < L. *nomen* = name]

nourish [nu°-rish, না°রিশ্] *v.t.* to feed, খাওয়ান ; to sustain with food, খাদ্য জোগাইয়া বাঁচাইয়া রাখা, ভরণপোষণ করা ; to help forward the growth of, পুষ্টিবিধান করা ; to allow to grow, বাড়িতে দেওয়া ; to bring up, লালনপালন করা ; (fig.) to cherish, (আল.) পোষণ করা (to *nourish* a hope)। *a.* **nou°rishing**—পুষ্টিকর। *n.* **nou°rishment**—nourish-এর সকল অর্থে, এবং—পুষ্টিকর পদার্থ খাদ্য প্রভৃতি। [OF. *nouriss* < L. *nutrire* = to feed]

nous [nows, নাউস্] *n.* intellect, বুদ্ধি, মেধা ; (sl.) commonsense, (অশি.) সহজবুদ্ধি, কাণ্ডজ্ঞান। [Gk.]

nouveau riche [noo°-vŏ rēsh°, নু°ভো রীশ্] *n.* a person who has recently become rich esp. one who is ostentatious, যে ব্যক্তি হঠাৎ ধনী হইয়াছে এবং বিশেষতঃ যে জাঁকজমকের দ্বারা ধনগর্ব প্রকাশ করে, হঠাৎ বাদশা। *pl.* **nouveaux riches** [noo°-vŏ-rēsh°, নু°ভোরীশ্°] [F.]

nova [nō°-va, নৌ°ভ্যা] *n.* a star whose brightness suddenly increases for a while, নক্ষত্রবিশেষ : ইহার ঔজ্জ্বল্য সহসা কিছুক্ষণের জন্য বৃদ্ধি পায়। *pl.* **nō°vae, nō°vas** । [L. = new]

novel [no°v(a)l, ন°ভ্‌ল্] (**1**) *a.* new and strange, নূতন ও অদ্ভুত, অভিনব। (**2**) *n.* a work of fiction, উপন্যাস। *n.* **nove°lla**—ছোটগল্প ; ক্ষুদ্রায়তন

উপন্যাস। *n.* **novelette** [no-va-let°, নভ্যালেট্°] ক্ষুদ্র উপন্যাস। *n.* **novelist** [no°-va-list, ন°ভ্যালিস্ট্] উপন্যাস-রচয়িতা, ঔপন্যাসিক। *v.t.* **novelize** [no°-va-līze, ন°ভ্যালাইজ্] (নাটক কাব্য প্রভৃতিকে) উপন্যাসে রূপান্তরিত করা। *n.* **no°velty**—নূতনত্ব; নূতন বা অভিনব বস্তু। [OF. *novelle*, It. *novella*, L. *novellus* < *novus* = new]

November [no-vem°ba(r), নভেম্°ব্যা(র্)] *n.* the eleventh month of the English year, ইংরেজি বৎসরের একাদশ মাস (কার্তিকের মাঝামাঝি হইতে অগ্রহায়ণের মাঝামাঝি পর্যন্ত)। [L. *novem* = nine]

novice [no°-vis, ন°ভিস্] *n.* probationary member of a religious order, ধর্মসম্প্রদায়ের শিক্ষানবিস সভ্য, ব্রতী; a new convert, নূতন ধর্মান্তরিত বা নবদীক্ষিত ব্যক্তি; a beginner or tiro, কোন কার্যাদি সবে আরম্ভ করিয়াছে এমন ব্যক্তি, নবশিক্ষার্থী। *n.* **noviciate, novitiate** [nŏ-vi°-shi-it, নোভি°শিইট্] ব্রতী বা নবদীক্ষিত বা নবশিক্ষার্থীর অবস্থা অথবা উক্ত অবস্থার কাল; ব্রতী বা নবদীক্ষিত বা নবশিক্ষার্থী ব্যক্তি। [F. < L. *novicius* < *novus* = new]

novocaine [nō°-vo-kān, নৌ°ভকেইন্] *n.* a local or regional anaesthetic, অঙ্গপ্রত্যঙ্গের স্থানবিশেষের অনুভূতিনাশক ঔষধবিশেষ, অবেদনিক-বিশেষ। [L. *novus* = new, see *cocaine*]

now [now, নাউ] (**1**) *adv.* at the present time, or the time in question, এখন, বর্তমানে, (কাহিনী-বর্ণনায়) তখন; a little before or after, সামান্য কিছু আগে বা পরে, ইদানীং, সম্প্রতি (you must do it *now*)। (**2**) *n.* the present time, or the time in question, বর্তমান সময়, এখন, তখন। (**3**) *con.* since at this time, যেহেতু এখন বা তখন (*now* that he is rich, he will help me)। (**4**) *int.* giving various tones, soothing, reproving, explanatory etc., সান্ত্বনা তিরস্কার ব্যাখ্যাসূচক ক্রিয়াবিশেষণ; often as an interjection, আরে আরে (*now, now*, patience!)। **as now and then**—ঠিক এই বা সেই সময়ে। **(every) now and then, (every) now and again**—কখনও-কখনও, মধ্যে-মধ্যে। **now…now, now…then**—একবার … আরেকবার, এই … এই (*now* rain *now* sun)। **now or never**—এখনই নতুবা কোনকালে নয়, এখনই কাজের প্রকৃষ্ট সময়। **now then**—(বাক্যাদির প্রারম্ভে) এবার, তারপর। [OE. *nu*—cp. G. *nun*, Gk. *nyn*]

nowadays [now°-a-dāz, নাউ°অ্যাডেইজ্] *adv.* in these times, অধুনা, বর্তমানে, আজকাল। [*now*, OE. *on* (> *a*) = in, see *day*]

noway(s)—see **no.**

Nowel [nŏ-el°, নোএল্°] *n.* Christmas, ক্রিস্ট্‌মাস। [OF. < L. *natalis* = of a birthday]

nowhere, nowise—see **no₂**.

noxious [nok°-shas, নক্°শ্যাস্] *a.* harmful, ক্ষতিকর। *adv.* **no°xiously** । *n.* **no°xiousness** । [L. *noxius* < *noxa* = hurt]

nozzle [noz°l, নজ্°ল্] *n.* a spout or mouthpiece, ফোয়ারা হোজপাইপ প্রভৃতির মুখ বা মুখ-নল। [dim. of *nose*]

n't [nt, ন্ট্] contr. of **not.**

nuance [nū°ŭns°, নিউ°আঁস্°] *n.* a very delicate difference, (অর্থ বর্ণ প্রভৃতিতে) অতি সূক্ষ্ম তারতম্য। [F. < L. *nubes* = a cloud]

nub [nub, নাব্] *n.* a small lump or knob, (কয়লা প্রভৃতির) ক্ষুদ্র দলা বা ঢেলা; the gist or point, (গল্পাদির) মর্ম বা সারকথা। [?]

nubile [nū°-bil, নিউ°বিল্] *a.* marriageable, (প্রধানতঃ স্ত্রীলোক-সম্বন্ধে) বিবাহযোগ্যা। *n.* **nubi°lity** । [L. *nubilis*]

nucleal, nuclear, nuclei—see **nucleus.**

nucleus [nū°-kli-as, নিউ°ক্লিঅ্যাস্] *n.* a central mass or kernel, কেন্দ্রী অংশ, মূল অংশ, শাঁস; the densest part of a comet's head or a nebula, ধূমকেতু-শীর্ষের বা নীহারিকার সর্বাপেক্ষা ঘনীভূত অংশ; the central part of the medulla, সুষুম্না-কেন্দ্র; the centre of life, প্রাণ-কেন্দ্র; the massive part of an atom, পরমাণুর পিণ্ডীভূত অংশ (চতুষ্পার্শ্বস্থ ইলেক্‌ট্রন্ বা বিদ্যুতিন্ নহে)। *pl.* **nū°clei** । *a.* **nucleal** [nū°-kli-al, নিউ°ক্লিঅ্যাল্], **nū°clear(y)**—কেন্দ্রী অংশ বা শাঁস বা ধূমকেতু-শীর্ষ বা নীহারিকার সর্বাপেক্ষা ঘনীভূত অংশ বা সুষুম্নাকেন্দ্র প্রভৃতি সংক্রান্ত। **nuclear energy**—পারমাণবিক শক্তি। **nuclear fuel**—পারমাণবিক শক্তির উৎস, পারমাণবিক জ্বালানি। **nuclear physics**—পারমাণবিক পদার্থ-বিজ্ঞান। **nuclear power**—পারমাণবিক শক্তি; পারমাণবিক অস্ত্রাদির অধিকারী দেশ। [L.]

nude [nūd, নিউড্] (**1**) *a.* naked, বিবস্ত্র, উলঙ্গ, নগ্ন; bare, অনাবৃত, নিরাবরণ; unclothed, পোশাক-পরিচ্ছদ পরা নাই এমন। (**2**) *n.* a nude figure, নগ্নমূর্তি; nude condition, নগ্নাবস্থা, নগ্নতা। **in the nude**—বিবস্ত্র; নগ্ন। *adv.* **nūde°ly** । *n.* **nūde°ness** । *n.* **nū°dism**—নগ্নদেহে চলাফেরার সমর্থক মত, নগ্নতাবাদ। *n.* **nū°dist** । *n.* **nū°dity**—নগ্নতা; নগ্নমূর্তি; (in *pl.*) সচরাচর আবৃত রাখা হয় এমন যে-সব দেহাংশ নগ্ন করা হইয়াছে। [L. *nudus* (*a.*)]

nudge [nuj, নাজ্] *n.* a gentle push with the elbow, কনুইদ্বারা মৃদু গুঁতা। [?]

nudism, nudity—see **nude.**

nugatory [nū°-ga-t(a)ri, নিউ°গ্যাটরি] *a.* trifling, তুচ্ছ; worthless, বাজে, মূল্যহীন; futile, ব্যর্থ; inoperative, অকার্যকর। [L. *nugatorius*]

nugget [nu°-git, না°গিট্] *n.* a lump, (প্রধানতঃ স্বর্ণের) দলা বা পিণ্ড। [?]

nuisance [nū°sns, নিউ°স্‌ন্‌স্] *n.* anything annoying, or hurtful, বিরক্তিকর বা ক্ষতিকর বস্তু, উপদ্রব; an obnoxious act, circumstance, person or thing, জঘন্য কর্ম বা অবস্থা বা ব্যক্তি বা বস্তু। **a common nuisance**—সমাজের ক্ষতিসাধক ও আইনতঃ শাস্তিযোগ্য অপরাধী। **commit no nuisance** (*imp.*)—(সরকারী বিজ্ঞপ্তি প্রভৃতিতে ব্যবহৃত) এখানে প্রস্রাব করিও না, এখানে আবর্জনাদি ফেলিও না। [F.<L. *nocere*=to hurt]

null [null, নাল্] *a.* devoid of legal force, আইনগত শক্তিহীন; void, বাতিল; invalid, অকার্যকর; amounting to nothing, কিছুই নহে এমন। **null and void**—আইনতঃ অকার্যকর বা বাতিল। *n.* **nullificā°tion, nu°llity** । *v.t.* **nu°°llify**—রদ বা বাতিল বা অকার্যকর করা। [L. *nullus*]

nullah [nu°-la, না°ল্যা] *n.* a watercourse, জলস্রোত, স্রোতস্বিনী, নালা, নহর; a ravine, গিরিদরি। [Hin.]

nullify, nullity—see **null.**

numb [num, নাম্] (**1**) *a.* deprived of sensation or motion, অসাড় বা অনড় (my hands are *numb* with cold); stupefied, হতবুদ্ধি। (**2**) *v.t.* to make numb, অসাড় বা অনড় করা; to stupefy, হতবুদ্ধি করা। *adv.* **numbly** । *n.* **numb°nėss** । [OE. *numen, p.* of *niman*=to take]

number [num°-ba(r), নাম্‌ব্যা(র্)] (**1**) *n.* aggregate of units, সংখ্যা; sum, company, সমষ্টি, দল (a *number* of boys); a word or symbol stating how many, সংখ্যানিরূপক শব্দ বা প্রতীক, অঙ্ক; a numbered issue of periodicals, etc., সাময়িক পত্রিকাদির সংখ্যা; (gr.) the property in words expressing singular, dual and plural, (ব্যাক.) বচন; (in *pl.*) groups of musical notes, গানের সুর (তু. রাগ-রাগিণী); verses, কবিতার স্তবকাবলী বা শ্লোকসমূহ। (**2**) *v.t.* to count, (কিছুর) সংখ্যাগণনা করা; to have lived through, বাঁচিয়া থাকিয়া অতিবাহন করা; (in *pass.*) to restrict, নিয়ন্ত্রিত বা সীমাবদ্ধ করা অর্থাৎ সংখ্যাবৃদ্ধি হইতে না দেওয়া (his days are *numbered*); to mark with a number, সংখ্যাপ্রদানপূর্বক চিহ্নিত করা; to assign a number to, সংখ্যা দেওয়া; to amount to, সংখ্যায় হওয়া (his children *numbered* six)। **number one**—পয়লা নম্বরের লোক বা বস্তু; স্বয়ং আমি। **in number**—সংখ্যায় (মোট)। **to the number of**—সংখ্যায় মোট এত পর্যন্ত। **without number**—অসংখ্য। **times without number**—অসংখ্যবার; ঘন ঘন। **his number goes up**—তাহার আয়ু ফুরাইয়াছে। **(to) look after** or **take care of number one**—নিজের স্বার্থের প্রতি নজর রাখা। *n.* **Num°bers**—বাইবেলের চতুর্থ পুস্তকের নাম। *a.* **num°berlėss**—সংখ্যাহীন; অসংখ্য। *n.* **num°ber-plate**—মোটরগাড়ি প্রভৃতির নম্বরের ফলক। [F. *nombre*<L. *numerus*]

numerable [nū°-m(a)rabl, নিউ°ম্র্যাব্‌ল্] *a.* countable, সংখ্যাগণনা করা যায় এমন। [L. *numerus*=number]

numeracy [nū°-ma-ra-si, নিউ°ম্যার‍্যাসি] *n.* knowledge or understanding of basic scientific concepts, বিজ্ঞানসংক্রান্ত মৌলিক জ্ঞান বা ধারণা। [L. *numerus*]

numeral [nū°m(a)r(a)l, নিউ°ম্‌র্‌ল্] (**1**) *a.* of or expressing number, সংখ্যা বা অঙ্ক সংক্রান্ত, সংখ্যাগত, সংখ্যাসূচক। (**2**) *n.* a figure or mark expressing a number, সংখ্যা, অঙ্ক, সংখ্যাসূচক অঙ্কসূচক প্রতীক (যেমন ১, ২, ৯, II, X প্রভৃতি)। [see *numerable*]

numerary [nū°-m(a)ra-ri, নিউ°ম্র্যারি] *a.* belonging to a certain number, বিশেষ কোন সংখ্যাভুক্ত (cp. **super-numerary**)। [see *numerable*]

numerate [nū°-ma-rāt, নিউ°ম্যারেইট্] *v.t.* to read off as numbers, (কিছুর) সংখ্যাপাঠ করা বা ১ ২ করিয়া গণনা করা। *p.* & *p. pt.* **nū°merāted** । *n.* **nūmerā°tion** । [see *numerable*]

numerator [nū°-ma-rā-ta(r), নিউ°ম্যারেইট্যা(র্)] *n.* one who numbers, সংখ্যাগণনাকারী; the upper number of a vulgar fraction, (গণি.) ভগ্নাঙ্কের লব (cp. **denominator**)। [see *numerable*]

numeric [nū-me°-rik, নিউমে°রিক্], **nūme°rical**—*a.* of, in, or denoting number, সংখ্যাসংক্রান্ত, সংখ্যাভুক্ত, সংখ্যাসূচক। *adv.* **nūme°rically** । [see *numerable*]

numerous [nū°m(a)ras, নিউ°ম্র্যাস্] *a.* great in number or quantity, বহুসংখ্যক বা প্রচুরপরিমাণ; many, অনেক, বহু। *adv.* **nū°merously** । *n.* **nū°merousnėss** । [see *numerable*]

numinous [nū°-mi-nas, নিউ°মিন্যাস্] *a.* divine, ঐশ্বরিক; indicating divine presence, ঈশ্বরের উপস্থিতিসূচক; awe-inspiring, শ্রদ্ধামিশ্রিত ভীতি-বা বিস্ময়সূচক। [L. *numen*=divinity]

numismatic [nū-miz-ma°-tik, নিউমিজ্‌ম্যা°টিক্] *a.* of coins or money or medal, মুদ্রা বা টাকাকড়ি বা পদক সংক্রান্ত। *n. sing.* **nūmismą°tics**—(প্রধানতঃ প্রাচীন) মুদ্রা ও পদক সংক্রান্ত বিদ্যা। *n.* **nūmis°matist**—মুদ্রা ও পদক সংক্রান্ত বিদ্যায় পণ্ডিত। [L. *numisme*<Gk. *nomisma*=current coin]

nummary [nu°-ma-ri, না°ম্যারি] *a.* of coins or money, মুদ্রা বা টাকাকড়ি সংক্রান্ত। [L. *nummus*=a coin]

numskull [num°-skul, নাম্‌স্কাল্] *n.* a blockhead, জড়বুদ্ধি লোক বা মস্তিষ্ক। [*numb, skull*]

nun [nun, নান্] *n. fem.* a woman living in a convent under a religious vow, মঠবাসিনী, সন্ন্যাসিনী। *mas.* see **monk** । *n.* **nu°nnery**—মেয়েদের মঠ, নারী-মঠ। [OE. *nonne*<LL. *nunna*]

nuncio [nun°-shi-ō, নান্‌শিওঁ] *n.* a messenger, বার্তাবহ, দূত ; the Pope's ambassador to a monarch, নৃপসমীপে প্রেরিত পোপের দূত। [It. <L. *nuncius*]

nuncupate [nung°-kū-pat, নাংকিউপেইট্‌] *v.t.* to utter as a vow, প্রতিজ্ঞাদি উচ্চারণ করা ; to declare orally, মৌখিক ঘোষণা করা। *p.* & *p. pt.* **nun°cūpātėd** । *n.* **nuncūpā°tion** । [L. *nuncupare*=to call by name]

nunnery—see **nun.**

nuptial [nup°sh(a)l, নাপ্‌শ্‌ল্‌] **(1)** *a.* of marriage, বিবাহসংক্রান্ত ; (zoo.) of mating, পশুপক্ষীর জোড় মেলান বা পাল দেওয়া সংক্রান্ত। **(2)** *n.* (usu. in *pl.*) wedding, বিবাহ, পরিণয়। [L. *nuptialis* <*nuptiae*=marriage]

nur(r)—alt. spell. of **knur(r).**

nurl—alt. spell. of **knurl.**

nurse [na(r)s, ন্যা(র্)স্‌] **(1)** *n. fem.* one who suckles or tends a child, শিশুকে যে স্তন্যদান করে বা পালন করে, স্তন্যদাত্রী ধাত্রী ; (also *masc.*) one who has the care of the sick or decrepit or who is trained for the purpose, শুশ্রূষাকারিণী বা শুশ্রূষাকারী, (পরি.) পরিষেবিকা বা পরিষেবক। **(2)** *v.t.* to suckle or tend, (শিশুকে) স্তন্যদান করা বা পালন করা ; to take care of the sick etc., শুশ্রূষা করা, পরিষেবা করা ; to bring up, লালনপালন করা ; to cherish, পোষণ করা (to *nurse* a hope)। *p.* & *p. pt.* **nūr°sed** । **(to) nurse a cold**—সরদি আরাম করার জন্য ঘরের মধ্যে জামাকাপড় পরিয়া গরম থাকা। *n.* **nurse°-maid**—শিশুপালনকারিণী ধাত্রী। *n.* **nur°sery**—শিশুপালনের প্রতিষ্ঠান, শিশুশালা ; শিশুদের থাকার ঘর ; বাচ্চা প্রাণীদের পালনশালা ; গাছপালার বা অন্য কিছুর বর্ধনের স্থান বা প্রতিষ্ঠান। *n.* **nur°sery-maid**—শিশুশালার তত্ত্বাবধায়িকা ; শিশুপালনকারিণী ধাত্রী। *n.* **nur°sery-man**—গাছপালা বা অন্য কিছু বর্ধনের জন্য প্রতিষ্ঠানের মালিক। **nursery rhyme**—শিশু-ভোলান ছড়া। **nursery school**—শিশুদের জন্য বিদ্যালয়, শিশু-বিদ্যালয়। **day nursery**—(ধনবান্‌দের) গৃহের যে কক্ষে শিশুরা (সচ. দিবাভাগে) খেলাধুলা ও আহার করে ; চাকরিজীবিনী মায়েরা দিবাভাগে কর্মস্থলে যাইবার সময়ে তাহাদের শিশুদিগকে যে প্রতিষ্ঠানে ধাত্রীর তত্ত্বাবধানে রাখিয়া যাইতে পারে। *n.* **nur°s(e)ling**—যাহাকে বা যাহা পালন করা অথবা পোষণ করা হয় ; শিশু। **nursing**—**(1)** *n.* শুশ্রূষা, পরিষেবা, নার্সিং ; লালনপালন। **(2)** *a.* শুশ্রূষাসংক্রান্ত, নার্সিং-সংক্রান্ত। **nursing home**—(সাধারণ ব্যক্তিবিশেষের সেবায় পরিচালিত) অস্ত্রচিকিৎসার বা রোগীর শুশ্রূষার জন্য প্রতিষ্ঠান। [OF. *norice*<L. *nutricia*]

nurture [na(r)°-cha(r), ন্যা(র্)°চ্যা(র্)] **(1)** *n.* upbringing, প্রতিপালন ; training, শিক্ষাদান ; food, খাদ্য, খোরাক। **(2)** *v.t.* to nourish, পুষ্টিসাধন করা ; to bring up, প্রতিপালন করা, বড় করিয়া তোলা ; to educate, শিক্ষাদান করা। [OF. *nutritura*<*nutrire* (*v.*)]

nut [nut, নাট্‌] **(1)** *n.* a hard-shelled fruit, বাদাম ; (sl.) the head, (অশি.) মাথা ; (sl.) a blockhead or a person difficult to deal with, (অশি.) জড়বুদ্ধি বা মাথামোটা লোক অথবা যে লোককে সহজে বাগ মানান যায় না ; (sl.) a dandified young man, (অশি.) জামাকাপড়ে ফুলবাবু যুবা ; a small block for screwing on the end of a bolt, বলটুর মাথায় আটকানর জন্য আঙ্‌টাবিশেষ, নাট্‌। **(2)** *v.t.* to seek and gather nuts, বাদাম খোঁজা বা কুড়ান। *pr. pt.* **nu°tting** । *p.* & *p. pt.* **nu°ttėd** । **a (hard) nut to crack**—কঠিন সমস্যা ; যে লোকের সঙ্গে সহজে আঁটিয়া ওঠা যায় না। **in a nutshell**—সংক্ষেপে। **off one's nuts**—(অশি.) বিকৃতমস্তিষ্ক বা খেপাটে। **not for nuts**—কোন কারণেই নহে। **(to) be nuts**—(অশি.) পাগল হওয়া, খেপিয়া যাওয়া। *a.* **nut°-brown**—পাকা বাদামের ন্যায় বর্ণবিশিষ্ট। *n.* **nut°-bu°tter**—বাদাম হইতে প্রস্তুত মাখন। *n.* **nut-cāse°**—(অশি.) উন্মাদ ব্যক্তি, পাগল। **nut°-cracker**—**(1)** *n.* পক্ষিবিশেষ ; (usu. in *pl*). বাদাম ভাঙ্গার বা কাটার যন্ত্র (তু. জাঁতি)। **(2)** *a.* উক্ত যন্ত্রাকার (তু. দন্তহীন চোয়াল)। *n.* **nut°gall**—বৃক্ষাদির গাত্রে বাদামাকার স্ফীতি। *n.* **nut°-oil**—বাদাম-তৈল। *n.* **nut-house°**—(অশি.) পাগলাগারদ ; পাগলের হাসপাতাল। *a.* **nuts**—(অশি.) খেপাটে, খেপা। **(to) be nuts about** or **over** (a person)—(কাহারও প্রতি) প্রণয়াসক্ত হওয়া বা মোহগ্রস্ত হওয়া। *n.* **nut°shell**—বাদামের খোলা। *n.* **nutt°iness** । *a.* **nu°tty**—বাদামে পূর্ণ ; বাদামি ঘ্রাণযুক্ত ; বোকার মত প্রণয়বিহ্বল ; খেপাটে, পাগলাটে। [OE. *hnutu*—cp. ON. *hnot*]

nutate [nū-tāt°, নিউটেইট্‌°] *v.i.* to nod, সামনের দিকে মাথা ঝোঁকান ; to droop, ঝুঁকিয়া পড়া। *p.* & *p. pt.* **nūtā°tėd** । *n.* **nūtā°tion**—সামনের দিকে মস্তক আন্দোলন ; (জ্যোতি.) অক্ষবিচলন। [L. *nutare*]

nutmeg [nut°-meg, নাট্‌°মেগ্‌] *n.* aromatic seed of an Indian tree, জায়ফল। [*nut*. OF. *mugue*=musk]

nutrient [nū°-tri-ant, নিউ°ট্রিঅ্যান্ট্‌] *a.* nourishing, খাদ্যরূপে পুষ্টিবিধায়ক, পরিপোষক। *n.* **nū°triment**—পুষ্টিকর পদার্থ ; খাদ্য। *n.* **nūtri°tion**—পুষ্টিবিধান ; খাদ্য। *a.* **nutritious** [nū-tri°-shas, নিউট্রি°শ্যাস্‌] পুষ্টিসাধক, পুষ্টিকর। *a.* **nū°tritive**—পুষ্টিসাধক ; পুষ্টিসংক্রান্ত। [L. *nutrire*=to nourish]

nutshell, nutty—see **nut.**

nux vomica [nūks° vo°-mi-ka, নাক্‌স্‌° ভ°মিক্যা] *n.* a seed yielding strychnine, or its tree, কুচিলা ফল বা গাছ। [L. *nux*=a nut, *vomere*=to vomit]

nuzzle [nuz°l, নাজ্‌°ল্‌] *v.t.i.* to poke, press, burrow, caress, etc., with the nose, নাক

দিয়া খোঁচা দেওয়া বা চাপ দেওয়া বা গর্ত খোঁড়া বা আদর করা প্রভৃতি। **(to) nuzzle up against** or **into**—নাক দিয়া খোঁচা বা চাপ দেওয়া। [< *nose*]

nyctalopia [nik-ta-lo°-pi-a, নিক্‌ট্যালৌ°পিঅ্যা] *n.* inability to see at night, night-blindness, নৈশ দৃষ্টিহীনতা, রাত্র্যন্ধত্ব। [Gk. *nyktalōps*= night-blind]

nylon [nī°-lan, নাই°ল্যান্] *n.* a plastic material, প্লাস্টিকে তৈয়ারি পদার্থবিশেষ, নাইলন, the fabric or dress made of nylon, নাইলনকাপড় বা ঐ কাপড়ে প্রস্তুত পোশাক (বিশেষতঃ মোজা)। [?]

nymph [nimf, নিম্ফ্] *n.* (Gk. myth.) a semi-divine maiden of sea, mountain, wood, etc., (গ্রী. পু.) সমুদ্র পর্বত বন প্রভৃতিতে অধিষ্ঠানকারিণী উপদেবীবিশেষ, পরী; (poet.) a beautiful young maiden, (কাব্যে) সুন্দরী কুমারী তরুণী। *n.* **nym°phet**—যৌনাকাঙ্ক্ষা জাগ্রত করে এরূপ তরুণী। *n.* **nym°pho**—coll. abbr. of **nymphomaniac** (*n.*)। *n.* **nymphomā°nia**—নারীর সংযমহীন ও অত্যধিক যৌনাকাঙ্ক্ষা। *a.* & *n.* **nymphoma°niac**। [L. *nympha* < Gk. *nymphe*]

O

O₁, o [ō, ঔ] *n.* the fifteenth letter of the English alphabet, ইংরেজি বর্ণমালার পঞ্চদশ বর্ণ।

O₂, oh [ō, ঔ] *int.* expressing surprise, pain, disgust etc., বিস্ময় ব্যথা বিরক্তি প্রভৃতি সূচক ধ্বনিবিশেষ।

O'₃ [ō, ঔ] *contr.* of **of** (*o*'clock) and **on** (man-*o*'-war)

oaf [ōf, ঔফ্] *n.* a changeling, যে সন্তান অন্যের সহিত বদল হইয়া গিয়াছে; an elf's child, ভূতের সন্তান; a dolt, a lout, জড়বুদ্ধি ব্যক্তি, জবুথবু হাবাগবা লোক। *pl.* **oafs**, **oaves**। *a.* **oa°fish**—জড়বুদ্ধি; জবুথবু ও হাবাগবা। [ON. *alfr*]

oak [ōk, ঔক্] *n.* a forest tree, বনবৃক্ষবিশেষ, ওক্-বৃক্ষ। *a.* **ōa°ken**—ওক্-কাষ্ঠে নির্মিত। *n.* **oak°ling**—ওকের চারা। [OE. *ac*—cp. ON. *eik*, G. *eiche*]

oakum [ō°-kam, ঔ°ক্যাম্] *n.* loose fibre used for caulking the seams of ships, নৌকা জাহাজ প্রভৃতির ছিদ্র বন্ধ করার জন্য দড়ির যে ফেঁসো গুঁজিয়া দেওয়া হয়। [OE. *acumba* < *a*-, *cemban* =to comb]

oar [ō(r), ঔ(র্)] **(1)** *n.* a bladed pole for propelling a boat, দাঁড়, বৈঠা; an oarsman, দাঁড়ি, মাঝি (a good, bad or practised *oar*); (fig.) fin, arm etc. used in swimming, (আল.) সন্তরণে ব্যবহৃত ডানা বাহু ইত্যাদি। **(2)** *v.t.i.* to row, দাঁড় টানিয়া (নৌকাদি) চালান বা দাঁড় টানা। **chained to the oar**—দীর্ঘ সময় এবং কঠোর শ্রম করিতে বাধ্য। **(to) pull a good oar**—ভাল দাঁড় টানিতে পারা, ভাল দাঁড়ি হওয়া। **(to) put** or **shove in one's oar**—(কথ্য.) হস্তক্ষেপ করা বা মাথা গলান। **(to) rest on one's oar**—কিছুকালের জন্য কাজ বন্ধ রাখা। *a.* **oa°red**—দাঁড়ওআলা, দাঁড়যুক্ত। *n.* **oars°man**—দাঁড়ি, মাঝি। *fem.* **oars°woman**। *n.* **oars°manship**। [OE. *ar*—cp. Beng. *dnar*]

oasis [ŏ-ā°-sis, ওএই°সিস্] *n.* a fertile spot in a desert, মরূদ্যান; a resort of rest or pleasure in the midst of toil and gloom, পরিশ্রম ও বিষাদের মধ্যে বিশ্রামের বা আরামের স্থান। *pt.* **ŏā°sēs**। [Gk. < Egy.]

oast [ōst, ঔস্ট্] *n.* a kiln to dry hops, হপ্-লতা শুকানর জন্য উনানবিশেষ। [OE. *ast*]

oat [ōt, ঔট্] *n.* (usu. in *pl.*) a variety of grain, জই। **(to) feel one's oats**—(কথ্য.) প্রফুল্ল বোধ করা, প্রাণবন্ত বোধ করা বা হওয়া। **(to) sow one's wild oats**—যৌবনসুলভ আমোদ-প্রমোদে রত থাকা। *n.* **oat°cāke°**—জইদ্বারা প্রস্তুত কেইক। *n.* **oat°meal°**—জইয়ে তৈয়ারি খাবার। [OE. *ate*, (*pl.*) *atan*]

oath [ōth, ঔথ্] *n.* a solemn appeal to a god or something holy, as witness or sanction of the truth of a statement, দেবতার বা পবিত্র কিছুর নাম লইয়া শপথ, হলফ-বাক্য (*oath* of allegiance, office, etc.); a curse, অভিশাপ। **on** or **under** or **upon oath**—শপথপূর্বক, হলফ করিয়া। **(to) take an oath**—(আনুষ্ঠানিকভাবে) শপথ গ্রহণ করা। [OE. *oth*—cp. G. *eid*, ON. *eithr*, Sans. *shapath*]

obduracy—see **obdurate.**

obdurate [ob°-dū-rit, অব্°ডিউরিট্] *a.* hardened, কঠিনীভূত; stubborn, দুর্দম, অদম্য। *n.* **ob°dūracy, ob°dūrateness, obdūrā°tion**। *adv.* **ob°dūrātely**। [L. *obdurare*=to harden intensely]

obeah [ō°-bi-a, ঔ°বিঅ্যা] var. of **obi.**

obedience [ŏ-bē°-di-ans, ওবী°ডিঅ্যান্স্] *n.* complying, আজ্ঞানুবর্তিতা, আদেশ অনুরোধ প্রভৃতি প্রতিপালন; the state of being obedient, বাধ্যতা, বশ্যতা; dutifulness, কর্তব্যপালন, কর্তব্যপরায়ণতা। *a.* **obē°dient**—আজ্ঞানুবর্তী; বাধ্য। **your obedient servant**—আপনার আজ্ঞানুবর্তী সেবক: সরকারী চিঠি শেষ করিয়া এই পাঠ লিখিতে হয় (বর্তমানে সচ. **yours faithfully**)। *adv.* **obē°diently**। [L. *obedientia*—see *obey*]

obeisance [ŏ-bā°s(a)ns, ওবেই°স্‌ন্স্] *n.* a bow or act of reverence, নমস্কার, অভিবাদন; a gesture of respect; সম্মানপ্রদর্শন (to do, make, pay, etc. *obeisance*)। [F. *obeissance*]

obelisk [o°-bi-lisk, অ°বিলিস্ক্] *n.* a tall four-sided tapering pillar, উপরের দিকে ক্রমশঃ সরু হইয়া উঠিয়াছে এমন লম্বা চতুষ্কোণ স্তম্ভ (ইহা প্রায়ই একখানি প্রস্তরে গঠিত হয়)। [see *obelus*]

obelize—see **obelus.**

obelus [o°-bi-las, অ°বিল্যাস্] *n.* a mark placed against suspected or spurious words and passages, (প্রাচীন পুঁথি প্রভৃতির) সন্দেহজনক বা প্রক্ষিপ্ত শব্দ বা অংশ দাগানর চিহ্নবিশেষ (—বা ÷); (print.) a dagger-sign, (মুদ্রণে.) পাদটীকাদিতে ব্যবহৃত চিহ্নবিশেষ (†)। *v.t.* **o°bĕlīze**—উক্ত চিহ্নদ্বারা চিহ্নিত করা; (রচনাদিকে) সন্দেহজনক বা প্রক্ষিপ্ত বলা। [L.<Gk. *obelos*=a spit]

Oberon [ō°-ba(r)n, ঔ°ব্যা(র্)ন্] *n.* king of the fairies, পরীদের রাজা (ইনি Titania-র স্বামী)। [OF. *Auberon*]

obese [ŏ-bēs°, ওবীস্°] *a.* abnormally fat, অস্বাভাবিকরকম মোটা। *n.* **ŏbēse°nėss, ŏbē°sity** । [L. *obesus*=having eaten completely]

obey [ŏ-bā°, ওবেই°] *v.t.i.* to be obedient to, আজ্ঞানুবর্তী হওয়া, মানিয়া চলা; to perform bidding of, আজ্ঞাপালন করা। *n.* see **obedience**। [F. *obeir*<L. *oboedire*—to hear towards]

obfuscate [ob°-fus-kāt, অব্°ফাস্কেইট্] *v.t.* to darken, অন্ধকার করা; to obscure, অস্পষ্ট করা। *p. & p. pt.* **ob°fuscā°tėd** । *n.* **obfuscā°tion** । [L. *obfuscare*]

obi [ō°-bi, ঔ°বি] *n.* witchcraft practised by negroes, নিগ্রোদের মধ্যে প্রচলিত ডাকিনীবিদ্যাবিশেষ। [W. Afr.]

obiit—see **obit.**

obit [o°-bit, অ°বিট্] *n.* a death anniversary, মৃত্যুতিথি-উপলক্ষে অনুষ্ঠান; মৃত্যুবার্ষিকী। *v.i.* (3rd *per.*) **obiit** [o°-bi-it, অ°বিইট্] মারা গিয়াছিল। *n.* **ŏbi°tūarist**—মৃত্যুসংবাদের লেখক। **ŏbi°tūary**—(1) *n.* মৃত্যুসংবাদ। (2) *a.* মৃত্যুসংবাদসংক্রান্ত (*obituary* notices)। [LL. *obitus*=death]

obiter [o°-bi-ta(r), অ°বিট্যা(র্)] *adv.* by the way, প্রসঙ্গতঃ। [L. *ob iter*]

obituary—see **obit.**

object [ob°-jikt, অব্°জিক্ট্] *n.* a material thing, ইন্দ্রিয়গোচর বস্তু বা পদার্থ, বিষয়, সামগ্রী, লক্ষিত বস্তু; end, purpose, লক্ষ্য, উদ্দেশ্য, অভিপ্রায়, লক্ষ্যবস্তু; (gr.) a word governed by a transitive verb or a preposition, (ব্যাক.) কর্ম। *v.t.i.* **object** [ob-jekt°, অব্জেক্ট্°] বিরুদ্ধে যুক্তি দেখান, প্রতিবাদ করা; মানিয়া লইতে অসম্মত হওয়া, আপত্তি করা। *p. & p. pt.* **objec°tėd** । *n.* **objec°tion**—প্রতিবাদ, আপত্তি। *a.* **objec°tionable**—প্রতিবাদের বা আপত্তির যোগ্য, আপত্তিকর; রুচিবিরুদ্ধ (*objectionable* remarks)। *adv.* **objec°tionably** । **objec°tive**—(1) *a.* বিষয়গত, বৈষয়িক; বস্তুগত, (পরি.) বাস্তব; লক্ষ্যবস্তু বা উদ্দেশ্য সম্পর্কিত; (দর্শ.) বিষয়মুখ (cp. **subjective**); (ব্যাক.) কর্মকারকীয়; (চশমাদির কাচ-সম্পর্কে) লক্ষ্যবস্তুর নিকটতম। (2) *n.* (ব্যাক.) কর্মকারক, কর্মকারকীয় পদ; (প্রধানতঃ সামরিক আক্রমণের) লক্ষ্যবস্তু। *n.* **objec°tivism**—(দর্শ.) বিষয়মুখতা। *n.* **objec°tivist**—বিষয়মুখ দার্শনিক। *n.* **objecti°vity**—objective(*a.*)-এর সকল অর্থে। *a.* **ob°jectlėss**—উদ্দেশ্যহীন; (ব্যাক.) কর্মপদহীন। **object-le°sson**—শিক্ষার বিষয়ীভূত বস্তু প্রাণী বা তাহাদের চিত্রাদি দেখাইয়া শিক্ষাদান। *n.* **objec°tor**—প্রতিবাদকারী, আপত্তিকারী। [L. *objectus*]

objurgate [ob°-ja(r)-gāt, অব্°জ্যা(র্)গেইট্] *v.t.* to chide, তিরস্কার করা। *p. & p. pt.* **ob°jurgātėd** । *n.* **objurgā°tion** । *a.* **objurgatory** [ob-ja(r)°-ga-t(a)ri, অব্জ্যা(র্)°গ্যাট্রি] তিরস্কারমূলক; তিরস্কারপূর্ণ। [L. *objurgare*]

oblate$_1$ [ob°-lāt, অব্°লেইট্] *a.* shaped like an orange, কমলালেবুর ন্যায় গোলাকার ও দুইপ্রান্তে ঈষৎ চাপা, কমলাকার। [on the analogy of *prolate*]

oblate$_2$ [ob°-lāt, অব্°লেইট্] *n.* a dedicated person, (প্রধানতঃ ধর্মোদ্দেশ্যে) উৎসর্গীকৃত ব্যক্তি। *n.* **ŏblā°tion**—উৎসর্গ; উৎসর্গীকৃত বস্তু, নৈবেদ্য। [L. *oblatus*=offered up]

obligate, obligation, obligatory—see **oblige.**

oblige [a-blīj°, অ্যাব্লাইজ্°] *v.t.* to bind morally or legally, নীতিগত বা আইনগত ভাবে বাধ্য করান, বাধিত বা বাধ্য করা। *v.t.* **obligate** [ob°-li-gāt, অব্°লিগেইট্] আইনগতভাবে করিতে বাধ্য রাখা; কৃতজ্ঞতাপাশে আবদ্ধ রাখা। *p. & p. pt.* **ob°ligātėd** । *n.* **obligā°tion**—নৈতিক বা আইনগত বাধ্যবাধকতা, (পরি.) বশ্যতা, কৃতজ্ঞতাজনিত ঋণ; অনুগ্রহ। **(to) lay one under an obligation (to)**—কাহাকেও কোন কার্যাদি করিতে বাধ্য করান। *adv.* **obli°gatorily** । *n.* **obli°gatorinėss** । *a.* **obligatory** [o-bli°-ga-t(a)ri, অব্লি°গ্যাট্রি] বাধ্যতামূলক (is it *obligatory* or optional); বাধ্যবাধকতাপূর্ণ; অবশ্যকরণীয়; কৃতজ্ঞতাজনিত। *n.* **obligee** [o-bli-jē°, অব্লিজী°] যাহার নিকট অন্য ব্যক্তি আইনগতভাবে বা কৃতজ্ঞতাপাশে আবদ্ধ। *a.* **obli°ging**—পরোপচিকীর্ষু; ভদ্র। *n.* **obligor** [o-bli-gaw(r), অব্লিগা(র্)] যে ব্যক্তি অন্যের নিকট আইনগতভাবে আবদ্ধ। [F. *obliger*<L. *obligare*]

oblique [ŏ-blēk°, ওব্লীক্°] (1) *a.* slanting, তির্যক্, বক্র; neither perpendicular nor parallel, লম্বও নহে সমান্তরালও নহে এমন; not at right angles, সমকোণে স্থিত নহে এমন; অসমকোণী, বিষম; not straightforward, সোজাসুজি বা খোলাখুলি নহে এমন, অসরল, কুটিল; indirect, পরোক্ষ; underhand, গুপ্ত, চোরাগোপ্তা। (2) *n.* an oblique line, figure, etc., বক্র রেখা মূর্তি প্রভৃতি। *adv.* **oblique°ly** । *n.* **ŏblique°nėss, obliquity** [ŏ-bli°-kwi-ti, ওব্লি°ক্যুইটি] বক্রতা; তির্যক্ গতি; ভ্রম বা অন্যায়; নৈতিক বিকৃতি; অনিয়ম; [L. *obliquus*]

obliterate [ŏ-bli°-ta-rāt, ওব্লি°ট্যারেইট্] *v.t.* to blot out, পড়া যায় না এমনভাবে মুছিয়া ফেলা বা ঘষিয়া তুলিয়া ফেলা; to efface নিশ্চিহ্ন বা বিলোপ

করা। *p.* & *p. pt.* **ŏbli°terātėd** । *n.* **ŏbliterā°tion** । [L. *obliterare*<*ob-* =over, *littera*=a letter]

oblivion [ŏ-bli°-vi-an, ওব্লি°ভিঅ্যান্] *n.* forgetfulness, বিস্মরণ, বিস্মৃতি (to fall or sink into *oblivion*)। *a.* **ŏbli°vious**—বিস্মরণশীল। [L. *oblivio*]

oblong [ob°-long, অব্°লং] (**1**) *a.* longer than broad, প্রস্থের অপেক্ষা অধিকতর দৈর্ঘ্যবিশিষ্ট, আয়ত। (**2**) *n.* an oblong rectangle or object, আয়ত চতুষ্কোণ বা বস্তু। [L. *oblongus*<*longus*=long]

obloquy [ob°-la-kwi, অব্°ল্যাকুই] *n.* abuse, detraction, নিন্দা; disgrace, অপমান। [L. *obloquium*]

obmutescence [ob-mū-te°-sans, অব্মিউটে°-স্যান্স্] *n.* obstinate silence, অটল বা দৃঢ় নীরবতা। *a.* **obmūte°scent** । [L. *obmūtescens*]

obnoxious [ab-nok°-shas, অ্যাব্নক্°শ্যাস্] *a.* objectionable, আপত্তিকর; offensive, বিরক্তিকর, দূষণীয়, জঘন্য। *adv.* **obnox°iously** । *n.* **obnox°iousnėss** । [L. *obnoxius*]

oboe [ō°-bō, ঔ°বৌ] *n.* a wind-instrument, শানাই-জাতীয় বাদ্যযন্ত্রবিশেষ। *n.* **ō°bŏist**—উক্ত যন্ত্রবাদক। [It.<F. *hautbois*]

obscene [ob-sēn°, অব্সীন্°] *a.* foul, নোংরা; indecent, অশ্লীল। *adv.* **obsce°nely** । *n.* **obscē°nity** । [L. *obsenus*]

obscure [ab-skū(r)°, অ্যাব্স্কিউয়্যা(র্)°] (**1**) *a.* dark, অন্ধকারময়; indistinct, অস্পষ্ট; not easily understood, দুর্বোধ্য (*obscure* meaning); not legible, দুষ্পাঠ্য; unknown, অজানা, অজ্ঞাত (an *obscure* village); hidden, গুপ্ত; inconspicuous, বৈশিষ্ট্যহীন; lowly, হীন; unknown to fame, অখ্যাত (an *obscure* poet or author)। (**2**) *v.t.* to make obscure, অন্ধকার বা অস্পষ্ট করা; to dim, ক্ষীণ বা ম্লান করা; to hide, গোপন করা। *n.* **obscūr°ant(ist)**—জ্ঞান ও সংস্কারের প্রসারে বাধাদানকারী ব্যক্তি। *n.* **obscūr°antism**—জ্ঞান ও সংস্কারের প্রসারে বাধাদান। *n.* **obscūrā°tion** । *adv.* **obscūrė°ly** । *n.* **obscūrė°nėss, obscūr°ity** । *n.* **obscūr°er** । [F. *obscur*<L. *obscurus*]

obsecrate [ob°-si-krāt, অব্°সিক্রেইট্] *v.t.*. to beseech, সনির্বন্ধ অনুরোধ করা, মিনতি করা। *p.* & *p. pt.* **ob°sėcrātėd** । *n.* **obsėcrā°tion** । [L. *obsecrare*]

obsequies [ob°-si-kwiz, অব্°সিকুইজ্] *n. pl.* funeral rites, অন্ত্যেষ্টিক্রিয়া। *a.* **obsē°quial**—অন্ত্যেষ্টিক্রিয়াসংক্রান্ত। [LL. *obsequiae*, mixture of L. *exsequiae*=funeral rites, and *obsequium* =dutiful service]

obsequious [ab-sē°kwi-as, অ্যাব্সী°কুইঅ্যাস্] *a.* (ori.) compliant, (মূলতঃ) আজ্ঞানুবর্তী; compliant to excess, (পোষা কুকুরের মত) অত্যধিক আজ্ঞানুবর্তী। *adv.* **obsē°quiously** । *n.* **obsē°quiousnėss** । [L. *obsequiosus*]

observe [ab-za(r)v°, অ্যাব্জ়্যা(র্)ভ্°] (**1**) *v.t.* to keep in view, নজরে রাখা; to watch, পাহারা দেওয়া; to watch systematically, নিয়মিতভাবে পর্যবেক্ষণ করা (to *observe* the movement of heavenly bodies); to attend to, মনোযোগ দেওয়া; to notice, লক্ষ্য করা; to remark in speech or writing, মন্তব্য করা (to *observe* that things are not as they seem); to comply with, পালন করা, মানিয়া চলা (to *observe* rites); to celebrate, অনুষ্ঠানাদি পালন করা, ব্রতাদি উদ্‌যাপন করা; to maintain, রক্ষা করা (to *observe* silence)। (**2**) *v.i.* to take observations, পর্যবেক্ষণ করা; to make remarks, মন্তব্য করা। *a.* **obṡer°vable**—দৃষ্টিগোচর; লক্ষণীয়; পর্যবেক্ষণীয়। *adv.* **obṡer°vably** । *n.* **obṡer°vance, obṡerv°ancy**—আইন নিয়ম পর্ব রীতিনীতি প্রভৃতি পালন, উদ্‌যাপন। *a.* **obṡer°vant**—লক্ষ্য করে বা পর্যবেক্ষণ করে এমন: পালন করে এমন; মনোযোগী; লক্ষ্য করার বা পর্যবেক্ষণ করার শক্তিসম্পন্ন। *n.* **obṡervā°tion** । **observation balloon**—শত্রু-বিমানের চলাচল লক্ষ্য করার জন্য যে বেলুন একস্থানে আটকাইয়া উড়াইয়া রাখা হয়। **observation car**—রেলগাড়ির যে কামরা হইতে যাত্রিগণ প্রাকৃতিক দৃশ্যাদি নিরীক্ষণ করে। **observation post**—শত্রুসৈন্যের চলাচল সম্বন্ধে সংবাদসংগ্রহার্থ তাহাদের এলাকার যথাসম্ভব সন্নিকটে স্থাপিত ঘাঁটি। *n.* **obṡer°vatory**—মানমন্দির; যে নির্দিষ্ট স্থান হইতে কিছু লক্ষ্য করা হয়। *n.* **obṡer°ver** । **the observed of all observers**—যাহার উপরে সকল পর্যবেক্ষকের দৃষ্টিনিবদ্ধ। [F. *observer*<L. *ob-*, *servare*=to watch]

obsess [ab-ses°, অ্যাব্সেস্°] *v.t.* to beset, (মন্দার্থে) মন বোধ প্রভৃতি আচ্ছন্ন বা আবিষ্ট করা (to be *obsessed* by fear of persecution)। *p.* & *p. pt.* **obse°ssed** । *n.* **obsession** [ab-se°-sh(a)n, অ্যাব্সে°শ্ন্] বদ্ধ-সংস্কার, আবেশ। *a.* **obse°ssive** । [L. *obsidere*=to besiege]

obsidian [ob-si°-di-an, অব্সি°ডিঅ্যান্] *n.* a dark volcanic vitreous rock, কৃষ্ণবর্ণ কাচতুল্য আগ্নেয় শিলাবিশেষ (ইহার দ্বারা কিছু কিছু বোতল তৈয়ারি হয়)। [L. *obsidianus*, a false reading of *obsianus* (*lapis*), a stone found by *Obsius*]

obsolescence—see **obsolete.**

obsolete [ob°-sŏ-lēt, অব্°সোলীট্] *a.* gone out of use, অপ্রচলিত; antiquated, সেকেলে। *adv.* **ob°sŏlētely** । *n.* **ob°sŏlētenėss** । *n.* **obsolescence** [ob-sŏ-le°sns, অব্সোলে°স্ন্স্] অপ্রচলিত হইয়া যাইতেছে এমন অবস্থা। *a.* **obso°lescent**—অপ্রচলিত হইয়া যাইতেছে এমন। [L. *obsolescere*]

obstacle [ob°-stakl, অব্°স্ট্যাক্ল্] *n.* hindrance,

impediment, obstruction, বাধা, প্রতিবন্ধক (*obstacles* to progress) । **obstacle race**—বেড়া-ডিঙ্গান দৌড়বিশেষ । [F. < L. *obstaculum*]

obstetric [ob-ste°-trik, অব্‌স্টে°ট্রিক্], **obste°trical**—*a.* of midwifery, ধাত্রীবিদ্যাসংক্রান্ত । *n.* **obstetrician** [ob-ste-tri°sh(a)n, অব্‌স্টেট্রি°শ্‌ন্] ধাত্রীবিদ্যা-বিশারদ । *n. pl.* **obstetrics**—ধাত্রীবিদ্যা । [L. *obstetricius* < *obstetrix* = a midwife]

obstinacy—see **obstinate.**

obstinate [ob°-sti-nit অব্‌°স্টিনিট্] *a.* excessively firm, জেদী, একগুঁয়ে ; unyielding, অ-বশ্য, অবাধ্য ; stubborn, দুর্দমনীয় । *n.* **ob°stinacy, ob°stinateness** । *adv.* **ob°stinately** । [L. *obstinare* = to stand in the way of]

obstreperous [ab-stre°-p(a)ras, অ্যাব্‌স্ট্রে°প্‌র্যাস্] *a.* very noisy, অতিশয় হৈচৈকারী ; wild, দুর্দান্ত । *adv.* **obstre°perously** । *n.* **obstre°perousness** । [L. *obstreperus*]

obstruct [ab-strukt° অ্যাব্‌স্ট্রাক্‌ট্°] (**1**) *v.t.* to block, পথরোধ করা ; to hamper, ব্যাহত করা, বাধা দেওয়া । (**2**) *v.i.* to be an obstruction, প্রতিবন্ধক হওয়া । *p.* & *p. pt.* **obstruc°ted** । *n.* **obstruc°tion** । *n.* **obstruc°tionist**—প্রতিপক্ষকে বাধাদানের কৌশলাবলম্বী রাজনীতিবিদ্ । **obstruc°tive**—(**1**) *a.* বাধাদায়ক ; প্রতিবন্ধক-সৃষ্টিকর । (**2**) *n.* বাধা, প্রতিবন্ধক ; বাধাদায়ক রাজনীতিবিদ্ । *adv.* **obstruc°tively** । *n.* **obstruc°tor** । [L. *obstruere*]

obtain [ab-tān°, অ্যাব্‌টেইন্°] (**1**) *v.t.* to get, পাওয়া ; to earn or gain, অর্জন করা বা লাভ করা । (**2**) *v.i.* to be established, প্রতিষ্ঠিত হওয়া ; to continue in use, ব্যবহৃত হইতে থাকা, চালু থাকা ; to hold good, বলবৎ থাকা । *a.* **obtai°nable**—প্রাপ্তিসাধ্য ; অর্জনসাধ্য । *n.* **obtai°ner** । [F. *obtenir* < L. *obtinere* = to occupy]

obtrude [ab-trōōd°, অ্যাব্‌ট্রূড্°] *v.t.* to thrust forward importunately, অন্যায়ভাবে বা বিনা আমন্ত্রণে ঢুকাইয়া দেওয়া । *p.* & *p. pt.* **obtru°dėd** । *n.* **obtru°der** । *n.* **obtru°ṡion**—অন্যায়ভাবে বা বিনা নিমন্ত্রণে প্রবেশ, অবাঞ্ছিত অভ্যাগম । *a.* **obtru°sive**—অন্যায়ভাবে জোর করিয়া ঢোকান হইতেছে এমন । *adv.* **obtru°sively** । [L. *obtrudere* = to thrust against]

obtund [ob-tŭnd°, অব্‌টান্‌ড্°] *v.t.* (med.) to deaden sense, faculty, etc., (চিকি.) অনুভূতি বোধশক্তি প্রভৃতি বিলোপ করা । *a.* & *n.* **obtun°dent** । [L. *obtundere* = to beat against, to blunt]

obturate [ob°-tū-rāt, অব্‌°টিউরেইট্] *v.t.* to stop up, (ছিদ্রাদির মধ্যে কিছু গুঁজিয়া দিয়া) বন্ধ করিয়া দেওয়া । *p.* & *p. pt.* **ob°tūrātėd** । *n.* **obtūrā°tion** । *n.* **ob°tūrātor** । [L. *obturare*]

obtuse [ab-tūs°, অ্যাব্‌টিউস্°] *a.* blunt, ভোঁতা ; not pointed, অসূক্ষ্মাগ্র ; স্থূলাগ্র । (geom.) greater than a right angle, (জ্যামি.) এক সমকোণ অপেক্ষা বৃহত্তর, dull-witted, স্থূলবুদ্ধি, ভোঁতাবুদ্ধি ; insensitive, অনুভূতিশক্তিহীন, অসাড় । *adv.* **obtūse°ly** । *n.* **obtūse°nėss** । [L. *obtusus*]

obverse [ob°-va(r)s, অব্‌°ভ্যা(র্)স্] (**1**) *a.* turned towards one, অভিমুখ ; constituting the opposite aspect of, বিপরীত ; (bot.) having the base narrower than the apex, (উদ্ভি.) ডগার অপেক্ষা সরু মূলদেশবিশিষ্ট ; (log.) got by obversion, (ন্যায়.) বিপরীত যুক্তিবলে লব্ধ । (**2**) *n.* the side of a coin or medal bearing the head or principal design, মুদ্রার বা পদকের যে পৃষ্ঠে নৃপতি প্রভৃতির মুখাকৃতি বা প্রধান নকশা থাকে, মুখ ; the front or the top side of a thing, সম্মুখভাগ বা শীর্ষ ; a counterpart or opposite aspect, প্রতিরূপ, উলটা দিক্ বা প্রতিমুখ ; (log.) an obverse proposition, (ন্যায়.) বিপরীত প্রতিজ্ঞা । *adv.* **ob°versely** । *n.* **obver°sion** । *v.t.* **obvert°**—মুখামুখিভাবে বা বিপরীত দিকে স্থাপন করা ; (ন্যায়.) বিপরীত যুক্তিবলে সিদ্ধান্ত করা । [L. *obvertere* = to turn towards]

obviate [ob°-vi-āt, অব্‌°ভিএইট্] *v.t.* to prevent or dispose of in advance, পূর্বাহ্ণেই বাধা দেওয়া অথবা শেষ বা সাফ করিয়া ফেলা । *p.* & *p. pt.* **ob°viātėd** । [L. *obviare* = to go in the way of]

obvious [ob°-vi-as, অব্‌°ভিঅ্যাস্] *a.* clearly perceptible, স্পষ্টভাবে প্রতীয়মান বা দৃষ্টিগোচর বা বোধগম্য ; palpable, evident, সুস্পষ্ট । *adv.* **ob°viously** । *n.* **ob°viousnėss** । [L. *obvius*]

occasion [a-kā°z(a)n, অ্যাকেই°জ্‌ন্] (**1**) a suitable juncture, an opportunity, কার্যাদির উপযুক্ত সময়, সুযোগ ; reason, ground, কারণ, হেতু, উপলক্ষ ; need, প্রয়োজন ; a special time or season, (অনুষ্ঠানাদি পালনের) বিশেষ কাল বা নির্দিষ্ট সময় ; a subsidiary or immediate cause ; আনুষঙ্গিক বা প্রত্যক্ষ হেতু ; a pretext or excuse, ওজর । (**2**) *v.t.* to be the occasion of, উপলক্ষ হওয়া ; to cause, ঘটান । **on occasion**—মাঝে মাঝে । **as occasion offers**—সুযোগ ঘটিলে । **as occasion serves**—উপযুক্ত বা সুবিধাজনক সময় অথবা সুযোগ মিলিলে । **(to) rise to the occasion**—সময়োপযোগী প্রয়োজনীয় কাজ করা । **(to) take occasion**—(বলিবার বা করিবার) সুযোগ গ্রহণ করা । *a.* **occā°ṡional**—আকস্মিক ; আপতিক ; সাময়িক ; কোন উপলক্ষদ্বারা বা উপলক্ষকে কেন্দ্র করিয়া সঙ্ঘটিত । *n.* **occāṡiona°lity** । *adv.* **occā°ṡionally** । [L. *occasio*]

Occident, occident [ok°-sid(a)nt, অক্‌°সিড্‌ন্ট্] *n.* the quarter of the sky where heavenly bodies set, পশ্চিমাকাশ ; the west, পশ্চিমদিক্ ; the western world, পশ্চিম পৃথিবী বা পাশ্চাত্ত্য জগৎ (অর্থাৎ ইউরোপ বা ইউরোপ ও

আমেরিকা)। **Occidental, occidental** [ok-si-den°tl, অক্‌সিডেন্‌°ট্‌ল্‌] (1) *a.* পশ্চিমদিকস্থ; পশ্চিমজাগতিক; পাশ্চাত্ত্য; (মণিমুক্তাসম্বন্ধে) অপেক্ষাকৃত কম দামি। (2) *n.* পাশ্চাত্ত্য জগতের (অর্থাৎ ইউরোপ বা আমেরিকার) লোক। **Occiden°talism**—পাশ্চাত্ত্য জগদ্বাসীর সংস্কৃতি ও চালচলন। *n.* **Occiden°talist**—পাশ্চাত্ত্য জগতের ভাষাসমূহে পণ্ডিত। [L. *occidens*=setting]

occipital—see **occiput.**

occiput [ok°-si-put, অক্‌°সিপাট্‌] *n.* the back of the head or skull, মাথা বা মাথার খুলির পশ্চাদ্ভাগ। **occi°pital**—(1) *a.* মাথার বা মাথার খুলির পশ্চাদ্ভাগসংক্রান্ত। (2) *n.* মাথার খুলির পিছন দিকের হাড়, (পরি.) পশ্চাৎ-কপাল। [L.]

occlude [o-klo͞od°, অক্লুড্‌°] *v.t.* to stop up, (রন্ধ্রাদি) বন্ধ করিয়া দেওয়া; (chem.) to absorb or retain, (রসা.) শুষিয়া লইয়া আত্মসাৎ করা, (পরি.) অন্তর্ধারণ করা। *a.* **occlu°dėd**—অবরুদ্ধ, (রসা.) অন্তর্ধৃত। *n.* **occlu°ṡion**—অবরোধ; (রসা.) অন্তর্ধৃতি। *a.* **occlu°sive**—অবরোধক; (রসা.) অন্তর্ধারক। [L. *occludere*]

occult [o-kult°, অকাল্‌ট্‌°] (1) *a.* hidden, লুক্কায়িত, গুপ্ত; secret, esoteric, গূঢ়, বিশেষ অধিকারপ্রাপ্ত ব্যক্তি ছাড়া অন্য কাহাকেও জানিতে দেওয়া হয় না এমন; unknown, অজ্ঞাত; imperceptible by the senses, ইন্দ্রিয়ের অগোচর, ইন্দ্রিয়াতীত; faint, ক্ষীণ, অস্পষ্ট (an *occult* line); mysterious, রহস্যপূর্ণ; magical, জাদুময়; supernatural, অতিপ্রাকৃত। (2) *v.t.* to hide, লুকান, গোপন করা। (3) *v.i.* to become temporarily invisible, সাময়িকভাবে অদৃশ্য হওয়া। *p.* & *p. pt.* **occul°tėd** । **occult sciences**—অপরসায়ন জ্যোতিষশাস্ত্র জাদুবিদ্যা হস্তরেখা-বিচার প্রভৃতি। *n.* **occultā°tion** । *n.* **occul°tiṡm**—গূঢ় রহস্যাদি (যেমন, ভূতপ্রেতাদি) সম্বন্ধে অনুশীলন, ব্রহ্মবিদ্যা। *n.* **occul°tist**—গূঢ় রহস্যাদিতে বিশ্বাসী ব্যক্তি। *adv.* **occult°ly** । *n.* **occult°nėss** । [L. *occulere*=to hide]

occupy [o°-kū-pī, অ°কিউপাই] *v.t.* to capture, অধিকার করা, দখল করা; to hold in possession of, অধিকারে বা দখলে রাখা; to take up or fill, (সময় স্থান প্রভৃতি) পরিব্যাপ্ত বা পূর্ণ করা; to reside in, (কোথাও) বাস করা। *n.* **o°ccūpancy**—অধিকার, দখল; ভোগদখল; পরিব্যাপন, পূর্ণ করণ; বাস। *n.* **o°ccūpant**—দখলকারী, ভোগদখলকারী; পরিব্যাপনকারী; পূর্ণকারী; বাসিন্দা। *n.* **occūpā°tion**—occupy-এর সকল অর্থে, এবং বৃত্তি, পেশা, কাজ। *a.* **occūpā°tional**—স্বাভাবিক বৃত্তিমূলক, (পরি.) বৃত্তীয় (*occupational* hazards, diseases, etc.)। *n.* **o°ccūpīer** । [F. *occuper*<L. *occupare*]

occur [a-ka(r)°, অ্যাক্যা(র্‌)°] *v.i.* to come into mind, স্মরণ হওয়া, মনে পড়া বা উদিত হওয়া; to be, হওয়া; to be found, দৃষ্ট হওয়া; to happen, ঘটা। *pr. pt.* **occu°rring** । *p.* & *p. pt.* **occu°rred** । **occur to**—(মনে) উদিত হওয়া। *n.* **occu°rrence**—স্মরণপথে উদয়; দৃষ্টিপথে উদয়; (সচ. আকস্মিক বা অপ্রত্যাশিত) ঘটনা। *a.* **occu°rrent**—স্মরণ হইতেছে এমন; ঘটিতেছে এমন, ঘটমান; দৃষ্টিগোচর হইতেছে এমন; আনুষঙ্গিক। [L. *occurrere*]

ocean [ō°sh(a)n, ঔ°শ্‌ন্‌] *n.* the vast expanse of water covering the greater part of the world, or any of its divisions, মহাসমুদ্র; (coll.) vast or immense quantity or number, বিরাট পরিমাণ বা সংখ্যা (*oceans* of money, time, etc.)। *n.* **Ocėā°nia**—প্রশান্তমহাসাগরীয় দ্বীপসমূহ ও তৎসন্নিহিত সমুদ্র, ওশেনিআ। **Ocėā°nian**—(1) *a.* ওশেনিআর। (2) *n.* ওশেনিআর লোক। *a.* **ōcėa°nic**—মহাসাগরীয়; মহাসমুদ্রবৎ বিশাল। *n.* **oceanographer** [ō-shi-a-no°-gra-fa(r), ঔশিঅ্যান°গ্র্যাফ্যা(র্‌)] বৈজ্ঞানিকভাবে সমুদ্রবর্ণনাকারী। *n.* **ōceano°graphy**—বিজ্ঞানসম্মতভাবে সমুদ্রবর্ণনা। *n.* **ōceano°logist**—সমুদ্র-বিজ্ঞানী। *n.* **ōceano°logy**—সমুদ্রবিজ্ঞান, সমুদ্রতত্ত্ব। [OF. *occean*<L. *Oceanus*<Gk. *Okeanos*=the river, or its god]

ocelot [ō°-si-lot, ঔ°সিলট্‌] *n.* an American cat like a small leopard, ক্ষুদ্র চিতাবাঘের সদৃশ আমেরিকার বনবিড়ালবিশেষ। [Mexican *ocelotl*=jaguar]

ochlocracy [ok-lo°-kra-si, অক্‌ল°ক্র্যাসি] *n.* mob-rule, উচ্ছৃঙ্খল জনতাকর্তৃক শাসনকার্য পরিচালনা, গুণ্ডারাজ। *n.* **och°locrat** । *a.* **och°locratic** । [Gk. *okhlocratia*]

ochre [ō°-ka(r), ঔ°ক্যা(র্‌)] *n.* kinds of earth used as pigments, রঞ্জনকার্যে ব্যবহৃত মৃত্তিকাবিশেষ, (তু.) গিরিমাটি। *a.* **ō°chrēous**—গিরিমাটিতে রঞ্জিত; গৈরিক। [F. *ocre*<L. *ochra*<Gk. *okhra*]

o'clock [a-klok°, অ্যাক্লক্‌°] contr. of. **of the clock,** ঘড়িতে বাজে।

oct(a)-—see **octo-** । *n.* **octa°chord**—আট তারের বাদ্যযন্ত্র। *n.* **oc°tagon**—অষ্টভুজ বা অষ্টকোণ সমতল ক্ষেত্র। *a.* **octa°gonal**—অষ্টকোণী, অষ্টকোণ। *a.* **oc°tahe°dral**—অষ্টতলকীয়। *n.* **oc°tahe°dron**—অষ্টতলক। *a.* **oc°tavalent**—(রসা.) আটটি পরমাণু যুক্ত করার ক্ষমতাবিশিষ্ট।

octad [ok°-tad, অক্‌°ট্যাড্‌] *n.* a set of eight, অষ্টক। [Gk. *oktas*]

octagon, octahedral, octahedron—see **oct(a)-.**

octane [ok°-tān, অক্‌°টেইন্‌] *n.* paraffin hydro-carbon, মোমজাত উদঙ্গারবিশেষ। [Gk. *octo* =eight]

octant [ok°-tant, অক্‌°ট্যান্‌ট্‌] *n.* an arc of one-eighth of the circumference of a circle, বৃত্তের পরিধির এক-অষ্টমাংশ, পরিমিত চাপ,

a half quadrant, বৃত্তের একঅষ্টমাংশ, অর্ধ-পাদ ; (astr.) a position 45° distant from another position, (জ্যোতি.) অষ্টকোষ অবস্থা। [L. *octantis*—eighth]

octave [ok°-tāv, অক্‌°টেইভ্‌] *n.* a set of eight, আটটি, অষ্ট গোটা, অষ্টক ; the last day of eight or the eight days beginning with a church-festival, গির্জার পর্বারম্ভের পর অষ্টম দিবস বা অষ্ট দিবস। *n.* **oc°tāve**—সঙ্গীতে ধ্বনিবিশেষ, অষ্টক ; বাদ্যযন্ত্রাদির অষ্টক-ধ্বনির চাবি। [F.<L. *octavus*=eighth]

octavo [ok-tā°-vō, অক্‌টেই°ভৌ] (**1**) *a.* having eight leaves to the sheet, (কাগজ-সম্বন্ধে) আট পাতায় বা ষোল পৃষ্ঠায় ভাঁজ-করা, ষোল-পেজি। (**2**) *n.* a book printed on a sheet so folded, ষোল-পেজি কাগজে মুদ্রিত পুস্তক (অর্থাৎ সচ. $5\frac{3}{4}'' \times 9''$ মাপের বই)। [L. *in octavo*=in the eighth]

octennial [ok-te°-ni-al, অক্‌টে°নিঅ্যাল] *a.* happening every eighth year, প্রতি আট বৎসরে ঘটে এমন ; lasting for eight years, আট বৎসর কাল স্থায়ী। [L. *octennium*=eight years]

octet(te) [ok-tet°, অক্‌টেট্‌°] *n.* a group of eight lines of verse, অষ্টপদী কবিতা ; a musical composition for eight players, আটজন বাদকের বা গায়কের জন্য রচিত সঙ্গীত। [L. *octo*=eight—in imitation of *duet*]

octillion [ok-ti°-li-an, অক্‌টি°লিঅ্যান্‌] *n.* a million raised to the eighth power, এক নিযুতের অষ্টম ঘাত (একের পরে আটচল্লিশটি শূন্য)। [L. *octo*=eight (modelled on *million*)]

octo- [ok°-tō, অক্‌°টৌ] *in comp.* eight, অষ্ট। **oc°tōde°cimō**—(**1**) *a.* (কাগজ-সম্বন্ধে) আঠার পাতায় বা ছত্রিশ পৃষ্ঠায় ভাঁজ-করা, ছত্রিশ-পেজি। (**2**) *n.* ছত্রিশ-পেজি কাগজে মুদ্রিত পুস্তক। **oc°tōgenār°ian**—(**1**) *a.* অশীতিবৎসরবয়স্ক। (**2**) *n.* অশীতিবৎসরবয়স্ক ব্যক্তি। **oc°tōpod**—(**1**) *a.* অষ্টপদ বা অষ্টভুজ। (**2**) *n.* ঐরূপ প্রাণী। **oc°tōsylla°bic**—(**1**) *a.* আট সিল্যাবল (syllable)-যুক্ত বা অষ্টস্বরা। (**2**) *n.* অষ্টস্বরা পঙ্‌ক্তি। *n.* **oc°tōsyllable**—আট সিল্যাবল-যুক্ত শব্দ, অষ্টস্বর শব্দ। [Gk. *okto*, L. *octo*]

October [ok-tō°-ba(r), অক্‌টৌ°ব্যা(র্‌)] *n.* the tenth month of English year, ইংরেজি বৎসরের দশম মাস (আশ্বিনের মাঝামাঝি হইতে কার্তিকের মাঝামাঝি পর্যন্ত)। [L.<*octo*]

octodecimo, octogenarian, octopod—see **octo-**.

octopus [ok°-ta-pas, অক্‌°ট্যাপ্যাস্‌] *n.* an eight-armed mollusc, অষ্টভুজ হিংস্র সামুদ্রিক শম্বুক-বিশেষ, অক্টোপাস্‌। [Gk. *octo-*, *pous*=foot]

octosyllabic, octosyllable—see **octo-**.

octroi [ok°-trwŭ, অ°ক্‌ট্রোআ] *n.* a toll or tax levied at the gates of a town, নগর-প্রবেশকালে দ্বারদেশে প্রদেয় শুল্ক, (পরি.) দ্বারাদেয় শুল্ক। [F.]

octuple [ok°-tūpl, অক্‌°টিউপ্‌ল্‌] (**1**) *n.* eight-fold, অষ্টবিধ, অষ্টগুণ। (**2**) *v.t.i.* to multiply by eight, অষ্টগুণ করা বা হওয়া। [L. *octuplus*]

ocular [o°-kū-la(r), অ°কিউল্যা(র্‌)] *a.* of the eye or sight, চক্ষু বা দৃষ্টিসংক্রান্ত ; known or received by sight, চাক্ষুষ, দৃষ্ট, প্রত্যক্ষ (*ocular proof*)। *adv.* **o°cūlarly**। *n.* **o°cūlist**—চক্ষুরোগ-বিশেষজ্ঞ, চোখের ডাক্তার। [L. *oculus*=the eye]

odalisque [ō°-da-lisk, ঔ°ড্যালিস্‌ক্‌] *n.* a female slave, দাসী, বাঁদী ; a concubine, উপপত্নী। [F.]

odd [od, অড্‌] (**1**) *a.* unpaired, অযুগ্ম, একক ; left over, অবশিষ্ট, বাকি ; left over when the rest have been divided into two equal sets, দ্বিভাজনের পর অবশিষ্ট বা অতিরিক্ত ; extra, বাড়তি ; not exactly divisible by two, বিজোড় ; queer, অদ্ভুত (an *odd* fellow) ; out-of-the-way, অস্বাভাবিক ; casual, আকস্মিক (an *odd* job)। (**2**) *n.* (in *pl.*—sometimes treated as *sing.*) inequality, অসমতা (to make *odds* even) ; difference, বৈষম্য, প্রভেদ ; more than an even wager, বাজির অসম পরিমাণ ; advantage, সুবিধা (*odds* are in your favour) ; dispute, বিবাদ, বিতর্ক, কলহ ; the chances or probabilities, সম্ভাবনাসমূহ ; scraps, ছাঁটসমূহ, টুকরা-টাকরা ; miscellaneous pieces, বিবিধ টুকরা বা খণ্ড, টুকিটাকি। **odd man out**—একদল নরনারীকে জোড়ায় জোড়ায় বাছিয়া লইবার পর যে পুরুষটি একক পড়িয়া থাকে ; যে ব্যক্তি স্বীয় ক্লাব সমিতি প্রভৃতিতে ঠিকভাবে মিশিতে পারে না, অমিশুক লোক। **at odds**—পরস্পর ভিন্ন বা বিরোধী। **odds and ends**—টুকরা-টাকরাগুলি, টুকিটাকিগুলি। **(to) be at odds (with)**—বিরোধী বা ভিন্নমত হওয়া অথবা বিবাদ করা (she is *at odds with* him on this question)। **(to) make no odds**—তেমন কোন পার্থক্য না ঘটান। *n.* **odd°fellow**—Oddfellows নামক পরহিতব্রতী সমিতিবিশেষের সভ্য। *a.* **o°ddish**—ঈষৎ অদ্ভুত অস্বাভাবিক বা আকস্মিক। *n.* **o°ddity**—অদ্ভুত অস্বাভাবিক আকস্মিক অথবা একক অবস্থা বা ব্যক্তি বা বস্তু। *a.* **odd°-loo°king**—অদ্ভুতদর্শন। *adv.* **odd°ly**। *n.* **odd°-man**—টুকিটাকি কাজের জন্য নিযুক্ত ব্যক্তি। *n.* **odd°ment**—অবশিষ্টাংশ ; (usu. in *pl.*) টুকরা-টাকরাগুলি, টুকিটাকিগুলি। *n.* **odd°nėss**। [ON. *odda*=an odd number]

ode [ōd, ঔড্‌] *n.* (ori.) a poem intended to be sung, (মূলতঃ) গীত হওয়ার জন্য রচিত কবিতা, গাথা-কবিতা ; an elaborate lyric, বড় গীতিকবিতা-বিশেষ। [F.<Gk. *oide*<*aeidein*=to sing]

Odin [ō°-din, ঔ°ডিন্‌] *n.* Woden, প্রাচীন ব্রিটন্‌দের দেবতাবিশেষ। [ON. *Othenn*]

odious—see **odium**.

odium [ō°-di-am, ঔ°ডিঅ্যাম্] *n.* hatred, ঘৃণা ; offensiveness, জঘন্যতা ; blame, নিন্দা, দোষ (to incur an *odium*) । *a* **o°dious**—ঘৃণ্য ; জঘন্য ; নিন্দার্হ, দূষণীয় ; বিরক্তিকর । *adv.* **ō°diously** । [L.]

odoriferous, odorous—see **odour.**

odour [ō°-da(r), ঔ°ড্যা(র্)] *n.* smell, গন্ধ ; (fig.) flavour, স্বাদুগন্ধ ; reputation for holiness, পূতচরিত্রতার জন্য খ্যাতি । **in bad odour**—কুখ্যাত । *a.* **odoriferous** [ō-da-ri°-fa-ras, ঔড্যারি°-ফ্যার‍্যাস্], **odorous** [ō°-da-ras, ঔ°ড্যার‍্যাস্] গন্ধ বা স্বাদুগন্ধ নিঃসারক ; গন্ধযুক্ত ; সুগন্ধ । *a.* **ō°dourless**—গন্ধহীন । [OF. *odor*]

œdema [i-dē°-ma, ইডী°ম্যা] *n.* dropsy, শোথ-রোগ । [Gk. *oidema*]

Oedipus complex [ē°-di-pas kom°-pleks, ঈ°ডিপ্যাস্ কম্‌প্লেক্স্] (psy.) a boy's unconscious rivalry and hostility towards his father, (মনস্তত্ত্বে) পিতার সহিত (প্রধানতঃ যৌন ব্যাপারে) পুত্রের অবচেতন প্রতিদ্বন্দ্বিতা ও শত্রুতা (পরি.) ইডিপস্-গূঢ়ৈষা । [*Oedipus*, a king of Thebes who unwittingly killed his father and married his mother]

œnology [ē-no°-la-ji, ঈন°ল্যাজি] *n.* the science of wines, সুরাবিজ্ঞান । *n.* **oe°nophile** সুরা-বিশেষজ্ঞ, সুরাসক্তি । [Gk. *oinos*=wine]

o'er [oa(r) ওয়্যা(র্)] contr. of **over.**

œsophagus [ē-so°fa-gas, ঈস°ফ্যাগ্যাস্] *n.* the gullet, অন্ননালী । [Gk. *oisophagos*]

œs°trum [ēs°-tram, ঈস্‌ট্র্যাম্] *n.* same as **oestrus.**

œstrus [ēs°-trus, ঈস্‌ট্র্যাস্] *n.* sexual excitement or heat in female animals, মাদী জন্তু-জানোয়ারের কামোত্তেজনা । [Gk. oistros=frenzy]

of [ov, অভ্] *prep.* from, out of, হইতে (to come *of* a high family) ; belonging to, সম্পর্কান্বিত (the son *of* a king) ; amongst, মধ্যে (one *of* them) ; relating to, সম্পর্কিত, বিষয়ে, এর, -র (history *of* India) ; made from, কিছুর দ্বারা তৈয়ারি (a nib *of* gold) ; being attacked with, আক্রান্ত হইয়া (died *of* cholera) ; constituted by, কিছুর দ্বারা গঠিত (a team *of* six players) ; containing, পূর্ণ (a mine of gold) ; giving description or condition, বর্ণনামূলক (a boy *of* six) । [AS.—cp. Du. *of*, G & L. *ab*]

off [awf, আফ্] (**1**) *adv.* away, দূরে, সরিয়া ; out of continuity, ধারাবাহিকতা হইতে বিচ্ছিন্ন হইয়া ; out of position, connection, activity, operation, validity or supply, স্থানচ্যুত হইয়া, বিযুক্ত হইয়া, অক্রিয় হইয়া, ছুটি লইয়া, বাতিল হইয়া, সরবরাহ বন্ধ হইয়া ; no longer available, আর পাওয়া যায় না এমনভাবে ; gone, বিগত ; just started or about to start, সবে যাত্রারম্ভ করিয়াছে বা যাইতে উদ্যত হইয়াছে এমন (we are *off*) ; so circumstanced or supplied with money, নির্দিষ্ট অবস্থাগ্রস্ত বা অর্থসম্বলসম্পন্ন (badly *off*, comfortably *off*=সচ্ছল ; ill *off*, well *off*) । (**2**) *a.* most distant, সর্বাধিক দূরবর্তী, দূরতম ; on the opposite or further side, বিপরীত বা দূরবর্তী দিক্‌স্থ অথবা প্রান্তস্থ (on the *off* side of the fence) ; (in cricket) on the side opposite to that on which the batsman stands, (ক্রিকেটে) ব্যাটসম্যানের অবস্থানের বিপরীত অংশে বা প্রান্তে অবস্থিত ; on the right, (ঘোড়া বা গাড়ি সম্পর্কে) ডানদিকের ; out of condition or form, জীর্ণ হইয়া গিয়াছে বা কর্মশক্তি কমিয়া গিয়াছে এমন ; not devoted to usual activity, কর্মমুক্ত (*off* day) । (**3**) *prep.* from, হইতে (to fall *off* a ladder) ; away from, কিছু হইতে দূরে, দূরে সরিয়া ; in or to off position, (প্রধানতঃ ক্রিকেটে) বিপরীত দিকে বা প্রান্তে । (**4**) *n.* the off side, (প্রধানতঃ ক্রিকেটে) বিপরীত দিক্ বা প্রান্ত । (**5**) *int.* away, depart, যাও, ভাগ । **off and on**—মধ্যে মধ্যে ; থামিয়া থামিয়া, রহিয়া রহিয়া । **off colour**—সুস্থ নহে এমন, পাণ্ডুর, ফেকাসে । **off the point**—অবান্তর । *a.* **off°-beat°**—(কথ্য.) প্রচলিত রীতিনীতিবহির্ভূত । *n.* **off°-break**—(ক্রিকেটে) যে নিক্ষিপ্ত বল ব্যাটসম্যানের বামপার্শ্বাভিমুখে ধাবিত হয় । *n.* **off-chance**—যে সুযোগ বড় একটা আশা করা যায় না । *n.* **off-drive**—ব্যাটসম্যান কর্তৃক বল আঘাত করিয়া বিপরীত দিকে প্রেরণ । *a.* **off°-hand(ėd)**—পূর্বাহ্নে প্রস্তুত হয় নাই বা অধ্যয়ন করে নাই এমন ; উপস্থিতমত রচিত বা উক্ত ; স্বচ্ছন্দ ও সাবলীল ; ভদ্রতাশূন্যভাবে সংক্ষিপ্ত, কাঠখোট্টা । *adv.* **off°-hand°(ėdly)**—পূর্বাহ্নে প্রস্তুত না হইয়া ; অবিলম্বে, তৎক্ষণাৎ ; উপস্থিতমত ; ইতস্ততঃ না করিয়া । *n.* **o°ffing**—সমুদ্রতীর হইতে কিছু দূরবর্তী অঞ্চল ; কিছু দূরবর্তী অঞ্চল স্থান বা কাল । **in the offing**—ঘটনোন্মুখ (a skirmish is *in the offing*) । *a.* **off°ish**—ছাড়ছাড়-ভাবে মেলামেশা করে এমন । *v.t.* **off°-load°**—(স্থানাভাবাদি-বশতঃ কিছু যাত্রী মালপত্র প্রভৃতি) বিমানপোত বা অন্য যান হইতে নামাইয়া দেওয়া । *n.* **off°-print**—সাময়িক পত্রিকাদি হইতে পুনর্মুদ্রিত রচনা । *n. pl.* **off°-scourings**—আবর্জনা বা তলানি বা ছিবড়া ; (আল.) আবর্জনার ন্যায় উপেক্ষিত জনগণ (the *off-scourings* of humanity) । **off°set**—(**1**) *n.* বৃক্ষাদির অতিরিক্ত উপাঙ্গস্বরূপ প্রশাখা বা পার্শ্বশাখা ; শৈলপার্শ্বস্থ ঢালু অংশ ; ভিন্ন বস্তুর সহিত সমতা-রক্ষার্থ বা উহার ক্ষতিপূরণার্থ স্থাপিত বস্তু ; রবারের উপর মুদ্রিতবা বিষয়ের ছাপ তুলিয়া মুদ্রণপ্রণালীবিশেষ (also **offsėt printing**) । (**2**) *v.t.* সমতা রক্ষা করা, অভাব বা ঘাটতি পূরণ করা । *n.* **off°shoot**—বৃক্ষাদির অতিরিক্ত উপাঙ্গস্বরূপ প্রশাখা বা পার্শ্বশাখা ; কোন-কিছুর অতিরিক্ত উপাঙ্গ । *adv.* **offshore°**—সমুদ্রতীর হইতে দূরে ; সমুদ্রতীর ছাড়াইয়া । *a.* **off°-**

shore—সমুদ্রতীর হইতে দূরবর্তী, সমুদ্রতীরাতিক্রান্ত। off°side°—(1) n. দূরবর্তী পার্শ্ব দিক্ বা অংশ; ঘোড়ার দক্ষিণপার্শ্ব; (ক্রিকেটে—মাঠ-সম্বন্ধে) ব্যাটসম্যানের অবস্থানের বিপরীত অংশ বা প্রান্ত; (ফুটবল প্রভৃতিতে) বল ও প্রতিপক্ষের গোলপোস্টের মধ্যবর্তী মাঠের অংশ, অফ্‌সাইড্। (2) a. & adv. অফ্‌সাইডে অবস্থিত বা অফ্‌সাইডে। off°-stāge°—(1) a. রঙ্গমঞ্চোপরি নহে এমন অর্থাৎ দর্শকের দৃষ্টির অন্তরালস্থিত। (2) adv. উক্তভাবে। a. off°-street°—প্রধান বা বড় রাস্তা হইতে সরিয়া। off stump—(ক্রিকেটে) স্ট্যাম্পের যে কাঠি ব্যাটসম্যান হইতে দূরবর্তী, অফস্ট্যাম্প। n. off°take—গ্রহণ; গ্রহণ করিয়া লইয়া যাওয়া; যাহা গ্রহণ করিয়া লইয়া যাওয়া হইয়াছে; জল ও অন্যান্য তরল পদার্থ নিষ্কাশনের খাল পথ বা নল। n. off°-tīme—ছুটির সময়, অবসর, অবকাশ। [see of]

offal [o°f(a)l, অ°ফ্‌ল্] n. waste or rejected parts, বাজে বা বর্জিত অংশ (বিশেষতঃ মৃত জীবজন্তুর নাড়িভুঁড়ি প্রভৃতি); refuse, আবর্জনা; anything worthless, বাজে জিনিস। [see off, fall]

off-breák, off-chance, off-drive—see **off.**

offence—see **offend.**

offend [a-fend°, অ্যাফেন্ড্°] (1) v.t. to displease, অসন্তুষ্ট করা; to make angry, রাগান, চটান; to harm, ক্ষতি করা; to hurt the feelings of, মর্মাহত করা; to affront, মুখের উপর অপমান করা; to transgress (আইন ন্যায় নীতি প্রভৃতি) লঙ্ঘন করা। (2) v.i. to sin, পাপ করা; to cause anger, ক্রোধোৎপাদন করা। p. & p. pt. **offen°dėd** । n. **offence°**, (USA.) **offense°**—(আইন ন্যায় নীতি প্রভৃতি) লঙ্ঘন; পাপ; (আইনগত) অপরাধ (he was charged with a serious *offence*); ক্রোধ বা অসন্তোষের হেতু; ক্ষতি; (মুখের উপর) অপমান। a. **offence°less** । n. **offen°der** । **offen°sive**—(1) a. পাপমূলক; অপরাধমূলক; ক্ষতিসাধক; অসন্তোষ বা ক্রোধ উৎপাদক; অপমানকর; প্রথম আক্রমণ করে এমন; আক্রমণাত্মক। (2) n. আক্রমণ; আক্রমণের প্রণালী বা ভঙ্গি (to go into or take the *offensive*)। adv. **offen°sively** । n. **offen°sivenėss** । **(to) give offence**—অসন্তুষ্ট করা। **(to) take offence**—অসন্তুষ্ট হওয়া। [L. *offendere*= to strike against]

offer [o°-fa(r), অ°ফ্যা(র্)] (1) v.t. to present (to deity etc.), (দেবোদ্দেশে নৈবেদ্য অর্ঘ্য বলি প্রভৃতি) অর্পণ করা, উৎসর্গ করা; to pay, (দান আনুগত্য প্রভৃতি) প্রদান করা বা প্রদর্শন করা; to express willingness, (কোন ব্যাপারে) সম্মতি প্রকাশ করা; to propose to give, দিবার প্রস্তাব করা; দিতে চাওয়া; to propose to sell or perform, বিক্রয় করিতে বা সম্পাদন করিতে চাওয়া; to lay before, পেশ করা, দাখিল করা, উপস্থাপিত করা; to make proposal of marriage, বিবাহের প্রস্তাব করা; to attempt, চেষ্টা করা; to make a show of attempting, চেষ্টার ভাব প্রকাশ করা। (2) v.i. to present itself, উপস্থাপিত হওয়া; to be at hand, হাতের কাছে থাকা; to be willing, ইচ্ছুক হওয়া; to incline, ঝোঁকা; to make an offer, দিবার প্রস্তাব করা। (3) n. act of offering, অর্পণ, উৎসর্গ, আনুগত্যাদি প্রদান বা প্রদর্শন, সম্মতি, দিবার প্রস্তাব, বিক্রয় বা সম্পাদনের প্রস্তাব, পেশ, উপস্থাপন, মনোমধ্যে উদয়, চেষ্টা, চেষ্টার ভান, সান্নিধ্য, প্রবণতা, ঝোঁক; that which is offered, উৎসর্গীকৃত বা অর্পিত বস্তু (যেমন, বলি নৈবেদ্য প্রভৃতি), যাহা দিবার প্রস্তাব করা হইয়াছে। **on offer**—নির্দিষ্ট দামে বিক্রীত হইবে বলিয়া ঘোষিত (goods *on offer*)। **(to) offer battle**—যুদ্ধার্থ শত্রুর সম্মুখীন হওয়া, রণদান করা। **(to) offer one's hand**—করমর্দনের জন্য হাত বাড়াইয়া দেওয়া; (পুরুষের পক্ষ হইতে) বিবাহের প্রস্তাব করা। **open to an offer**—ক্রেতার দামের প্রস্তাব বিবেচনা করিতে ইচ্ছুক এমন। n. **o°fferer** । n. **o°ffering**—অর্পণ, উৎসর্গ; দান; উৎসর্গীকৃত বস্তু (যেমন, বলি নৈবেদ্য অর্ঘ্য)। n. **offertory** [o°-fa(r)-t(a)ri, অ°ফ্যা(র্)টৃরি] (প্রধানতঃ দেবোদ্দেশে) উৎসর্গ, উৎসর্গীকৃত বস্তু অর্থাৎ বলি নৈবেদ্য প্রভৃতি; উৎসর্গ প্রদানকালীন স্তোত্র বা গান। [L. *offerre*= to bring towards]

off-hand—see **off.**

office [o°-fis, অ°ফিস্] n. an act of kindness or attention, দয়া, অনুগ্রহ, মনোযোগ, পরিচর্যা; a service, উপকার, সেবা (by or through the good *offices* of); a disservice, অপকার, ক্ষতি; a function or duty, (স্বাভাবিক) ক্রিয়া বা কর্তব্য; employment, কাজ, বৃত্তি; a (government) position with duties attached to it, (সরকারি) পদ, (পরি.) করণ; possession of such a post, পদাধিকার; business, কাজকর্ম; act of worship, উপাসনা, পূজা; a place or building for transacting business, দফতর, অফিস; (in *pl.*) the parts of a house where the domestics discharge their duties, বাড়ির যে অংশে পরিবারবর্গ গৃহকর্ম সম্পাদন করে। **Divine Office**—রোমান ক্যাথলিক গির্জার কোন কোন পূজাবিধি। **office hours**—অফিসের কর্মানুষ্ঠানের নির্দিষ্ট সময়। **the last offices**—শেষ কৃত্য, শ্রাদ্ধাদি অনুষ্ঠান। n. **o°ffice-block**—গায়ে-গায়ে লাগান যে ভবনসমূহে ব্যবসাদারি অফিসগুলি থাকে। n. **o°ffice-beārer**—(প্রধানতঃ সভা-সমিতির) পদাধিকারী ব্যক্তি বা কর্মকর্তা। n. **o°ffice-boy**—অফিসে টুকিটাকি কাজের জন্য নিযুক্ত বালকভৃত্য। *fem.* **office-girl**—(কেবল ভারতে) যে স্ত্রীলোক অফিসে কাজ করে। n. **o°ffice-worker**—অফিসের কর্মী। n. **o°fficer**—(প্রধানতঃ উচ্চ) পদাধিকারী ব্যক্তি, সামরিক বাহিনীতে উচ্চপদস্থ কর্মচারী, কর্মকর্তা বা কর্মকর্ত্রী, (পরি.) আধিকারিক বা আধিকারিকী; পুলিস-কর্মচারী। **duty officer**—(সচ. সাম.) দৈনিক অফিস-চলার বাঁধা সময়ের পরে যে আধিকারিকের উপর অফিসের দায়িত্ব থাকে। **general**

officer—কর্নেল অপেক্ষা উচ্চতর পদাধিকারী সেনাপতি। **petty officer**—নৌবাহিনীর অতি নিম্নপদস্থ নায়কবিশেষ। **special officer**—(পুং) প্রাধিকারিক, (স্ত্রী.) প্রাধিকারিকী। **official** [o-fi°sh(a)l, অফি°শ্‌ল্] (**1**) *a.* (সরকারি) পদসংক্রান্ত বা আধিকারিকের কর্তব্যসংক্রান্ত; আমলাতান্ত্রিক; আধিকারিকদ্বারা কৃত। (**2**) *n.* আধিকারিক বা আধিকারিকী, কর্মকর্তা বা কর্মকর্ত্রী; আমলা। *n.* **o°fficer-in-charge**—ভারপ্রাপ্ত আধিকারিক। *n.* **o°fficialdom**—আধিকারিকবর্গ, আমলাবর্গ, আমলাতন্ত্র; আধিকারিকের পদ, অফিসের বিধিনিয়মের প্রতি অত্যধিক নিষ্ঠা। *n.* **officialese°**—অফিসের নথিপত্রাদিতে ব্যবহৃত বিশেষ ধরণের ভাষা। *n.* **offi°cialism**—আধিকারিকতা; অফিসের বিধিনিয়মের প্রতি অত্যধিক নিষ্ঠা; অফিসের সব কাজই কিছু জানে অথচ কোন কাজই ভাল জানে না এমন লোকের ফর্‌ফরানি। *adv.* **offi°cially**। *v.i.* **officiate** [a-fi°-shiat, অ্যাফি°শিএইট্] গির্জা প্রভৃতিতে পুরোহিতদের কাজ করা, আধিকারিকের কাজ করা; (ভারতে) কোন আধিকারিকের অস্থায়ী বদলি হিসাবে কাজ করা। *p & p. p.t.* **offi°ciated**। *a.* **offi°ciating**—আধিকারিকের কর্মরত; (ভারতে) কোন আধিকারিকের বদলি হিসাবে কর্মরত; (পরি.) স্থানাপন্ন। [F. < L. *officium*]

officinal [o-fi°-sī°nl, অফি°সাই°ন্‌ল্] *a.* used in medicine, (লতাপাতা-সম্বন্ধে) ঔষধে ব্যবহৃত। [LL. *officinalis*]

officious [a-fi°-shas, অ্যাফি°শ্যাস্] *a.* dutiful, কর্তব্যপরায়ণ; too forward on offering unwanted services, অত্যন্ত উপর-পড়া হইয়া সাহায্যাদি করিতে যায় এমন; meddlesome, বিনা আমন্ত্রণে হস্তক্ষেপ করে বা মাথা গলায় এমন, অনধিকারচর্চী; informal, not official, (কূটনীতিতে) বেসরকারি। *adv.* **offi°ciously**। *n.* **offi°ciousness**। [L. *officiosus* < *officium*—cp. *office*]

offing, offish, off-load, off-print, off°-scourings, offset, offshoot, offshore, offside—see **off**.

offspring [awf°-spring, অ্যফ্‌°স্প্রিং] *n.* a child or children, শিশু বা শিশুগণ, কাচ্চাবাচ্চা; progeny, সন্তান (গণ), বংশধর(গণ)। [OE. *of spring* < *off, spring*]

off-stage, off-street, offtake, off-time—see **off**.

oft [awft, অ্যফ্‌ট্], **often** [awf°n, অ্যফ্‌°ন্] *adv.* frequently, ঘনঘন, প্রায়ই; many times, বহুবার। **as often as**—যতবার...ততবার। **as often as not, more often than not**—অতি ঘনঘন। **every so often**—থাকিয়া থাকিয়া, রহিয়া রহিয়া। **how often**—কতবার। **once too often**—বড় বেশি বার। *adv.* **oft°times, of°tentimes**—same as **oft** and **often**। [OE. *oft*—cp. G. *oft*]

og(h)am [o°-gam, অ°গ্যাম্] *n.* an ancient Celtic alphabet, বিংশতিবর্ণ-সংবলিত প্রাচীন কেল্টদের বর্ণমালাবিশেষ। *a.* **o°g(h)amic**—উক্ত বর্ণমালাসংক্রান্ত। [O Ir. *ogam* > Mod. Ir. *ogham*]

ogee [ō°-je, ঔ°জী] *n.* an S-shaped curve, S-এর ন্যায় আকারবিশিষ্ট বক্ররেখা। [see *ogive*]

ogive [ō°-jīv, ঔ°জাইভ্] *n.* a diagonal rib of a vault, (স্থাপ.) খিলানের দুই কোণের মধ্যে সংযোজক অংশ; a pointed arch, সূক্ষ্মাগ্র ধনুকাকৃতি খিলান; (stat.) a graph each of whose ordinates represents the sum of all frequencies up to and including a corresponding frequency in a frequency distribution, (পরিসংখ্যান) বিশেষ প্রকারের চিত্রলেখ বা গ্রাফ: ইহার উল্লম্ব ও আনুভূমিক বাহুদ্বয়ের সাহায্যে বিশেষ ধরনের শ্রেণীবিন্যাস সূচিত হয়। *a.* **ō°gival**। [F.]

ogle [ōg°l, ঔগ্‌°ল্] (**1**) *v.i.t.* to make eyes (at), প্রণয়ভরে কটাক্ষ করা বা অপাঙ্গে দৃষ্টিপাত করা, চোখ মারা। (**2**) *n.* an amorous glance, প্রণয়-কটাক্ষ। *n.* **ōg°ler**। [cp. LG. *oegeln*]

ogre [ō°-ga(r), ঔ°গ্যা(র্)] *n.* a man-eating monster, রাক্ষস। *fem.* **ogress** [ō°-gris, ঔ°গ্রিস্]। *a.* **ō°gr(e)ish**—রাক্ষসসুলভ; রাক্ষসসংক্রান্ত। [F.]

oh—see **O_2**.

ohm [ōm, ঔম্] *n.* the unit of electrical resistance, বিদ্যুতের প্রতিরোধী শক্তির মাত্রা বা একক। [*Ohm*, a German physicist]

oho [ŏ-hō°, ওহৌ°] *int.* expressing surprise or gratification, বিস্ময়সূচক বা তৃপ্তিসূচক ধ্বনিবিশেষ। [imi.]

oil [oyl, অয়্‌ল্] (**1**) *n.* olive juice, জলপাই-তৈল; any greasy liquid, তৈল; (in *pl.*) oil-paints or painting, তৈল-চিত্রাঙ্কনে ব্যবহৃত রঙ, তৈলচিত্র। (**2**) *v.t.* to smear with oil, তেল মাখান; to apply oil to, তেল দেওয়া। **(to) oil one's own machine**—অযথা পরের ব্যাপারে মাথা না গলাইয়া নিজের কাজ করা, নিজের চরকায় তেল দেওয়া। **(to) paint in oils**—অয়েল-কলারে অঙ্কন করা, তৈলচিত্র অঙ্কন করা। **(to) smell of oil**—(আল.) রাত্রি জাগিয়া অধ্যয়নাদির চিহ্ন বহন করা। **(to) strike oil**—তৈলখনির সন্ধান পাওয়া; সমৃদ্ধ বা ধনশালী হওয়া অথবা সাফল্য লাভ করা। *n.* **oil°-beetle**—তেলাপোকা, আরসলা। *n.* **oil°-burner**—যে জাহাজ তেলে চলে; যে বাতি তেলে জ্বলে। *n.* **oil°-cāke**—খইল। *n.* **oil°-can**—নললাগান তেলের টিন। *n.* **oil°-cloth**—মসিনা-তৈলজাত রঞ্জকের প্রলেপযুক্ত বস্ত্রবিশেষ, অয়েল্‌-ক্লথ। **oil°-colour**—(usu. in *pl.*) তৈলচিত্রাঙ্কনে ব্যবহৃত তৈলমিশ্রিত রঞ্জকবিশেষ। *n.* **oi°ler**—যে ব্যক্তি তেল মাখায় বা তেল দেয়; তৈল-প্রয়োগের যন্ত্র; তৈলবাহী জাহাজ। *n.* **oil°-engine**—তৈলচালিত এনজিন। *n.* **oil°-field**—তৈলখনিপূর্ণ অঞ্চল। *n.* **oil°-man**—তৈলব্যবসায়ী, কলু। *n.* **oil°-pain-

ting—তৈলচিত্র। *n.* **oil°-pāper**—তৈলজাত রঞ্জকলেপনে জলাভেদ্য-করা কাগজবিশেষ, অয়েল-পেপার। *n.* **oil°-press**—তেলের ঘানি। *n.* **oil°-seed**—তৈলবীজ। *n.* **oil°-silk**—তৈলজাত রঞ্জকলেপনে জলাভেদ্য-করা রেশমি কাপড়। *n.* **oil°-skin**—তৈলজাত রঞ্জকলেপনে জলাভেদ্য করা হইয়াছে এমন বস্ত্র; উক্ত বস্ত্রে তৈয়ারি জামা। *n.* **oil°-tanker**—তৈলবাহী বৃহৎ আধারবিশেষ; তৈলবাহী জাহাজ। *n.* **oil°-well**—পেট্রল-খনিতে যে গর্ত খুঁড়িয়া পেট্রল তোলা হয়। *adv.* **oi°lily**। *n.* **oi°liness**। *a.* **oi°ly**—তৈলপূর্ণ; তৈলাক্ত; তৈলবৎ; তেলা। [OF. *oile*<L. *oleum*<Gk. *elaion*<*elaia*=olive]

ointment [oynt°-mant, অয়্‌ন্ট্‌°ম্যান্ট্‌] *n.* anything used in anointing, মলম। [OF. *oignement*<L. *unguent*]

okapi [ō-kŭ°-pi, ওকা°পি] *n.* a bright-coloured African ruminant, জিরাফ ও গাধার সঙ্গে সাদৃশ্যযুক্ত আফ্রিকার তৃণভোজী মুখর জীববিশেষ। [AF.]

okay [ō°-kā°, ঔ°কেই°] **(1)** *a.* (sl.) all correct, (অশি.) সব ঠিক, সম্পূর্ণ নির্ভুল। **(2)** *v.t.* to mark or pass as right, সম্পূর্ণ নির্ভুল বলিয়া চিহ্নিত করা বা মতপ্রকাশ করা। *abbr.* **O.K.** [?]

old [ōld, ঔল্‌ড্‌] *a.* advanced in years, বৃদ্ধ, প্রবীণ; relatively long in existence, পুরাতন; of age, বয়স্ক (six years *old*); of long standing, প্রাচীন; worn out, জীর্ণ; out-of-date, obsolete, সেকেলে, অপ্রচলিত; former, প্রাক্তন; ancient, প্রাচীনকালের; belonging to later life, বৃদ্ধবয়সের, বার্ধক্যের; familiar, সুপরিচিত; accustomed, অভ্যস্ত। *compar.* **ol°der,** see **elder**; *super.* **ol°dest,** see **eldest**। **any old thing**—যে-কোন জিনিস (*any old thing* will do)। **of old**—দীর্ঘকাল আগে, পুরাকালে; পূর্বে, আগে। **old and young**—আবালবৃদ্ধ সকলে। **the old**—বৃদ্ধগণ। **old age**—বার্ধক্য। **old bachelor**—অবিবাহিত প্রবীণ পুরুষ, (তু.) চিরকুমার। **old boy**—(কথ্য.) প্রাক্তন ছাত্র। *fem.* **old girl**। **old bird**—সদাসতর্ক ব্যক্তি। *n.* **ōld°-clō°thes-man**—যে ব্যক্তি পুরাতন জামাকাপড় বেচাকেনা করে। *a.* **ōld°en**—পুরাতন; সেকেলে। *a.* **ōld°-fa°shioned**—সেকেলে ঢঙের; অপ্রচলিত; সেকেলে রীতিনীতিপ্রিয়, প্রাচীনপন্থী; সেকেলে। *a.* **ōld°-fo°g(e)yish**—(লোকসম্বন্ধে) সেকেলে। **old hat**—(কথ্য.) অধুনা অচল, সেকেলে। *n.* **ōl°die**—প্রাচীন ব্যক্তি বা বস্তু। *a.* **ōl°dish**—বুড়োটে। **old maid**—অবিবাহিতা বিগতযৌবনা স্ত্রীলোক, (তু.) চিরকুমারী; তাসখেলাবিশেষ। *a.* **old°-mai°dish**—(বিদ্রূপে—পুরুষসম্বন্ধে) বিগতযৌবনা কুমারীর ন্যায় অত্যধিক যথাযথ পরিষ্কার-পরিচ্ছন্ন ও খুঁতখুঁতে। **old man**—(কথ্য.) স্বামী। *n.* **ōld°ness**। **old offender**—পূর্বে দণ্ডপ্রাপ্ত বা দাগী বা ঘাগী অপরাধী। *n.* **ōld°-ster**—বিগতযৌবন ব্যক্তি। *a.* **ōld°-time**—প্রাচীনকালীন। *n.* **ōld-timer**—(স্থানাদির) পুরাতন বাসিন্দা; (ক্লাব সমিতি প্রভৃতির) পুরাতন সদস্য। **old wife**—বৃদ্ধা স্ত্রীলোক। **old woman**—(কথ্য.) পত্নী। *a.* **ōld°-wo°manish**—(কথ্য.—পুরুষসম্বন্ধে) অত্যন্ত হৈচৈ করে ও ভীরু। *a.* **ōld°-world**—প্রাচীনকালীন। [OE. *ald*—Du. *oud*, G. *alt*]

oleaginous [ō°-li-a°-ji-nas, ঔ°লিঅ্যা°জিন্যাস্‌] *a.* oily, তৈলযুক্ত, তেলা; producing oil, তৈলোৎপাদী। [L. *oleaginus*]

oleander [ō-li-an°-da(r), ঔলিঅ্যান্‌°ড্যা(র্‌)] *n.* an evergreen shrub, করবীজাতীয় চিরহরিৎ পুষ্পবৃক্ষবিশেষ। [LL.]

oleaster [ō-li-as°-ta(r) ঔলিঅ্যাস্‌°ট্যা(র্‌)] *n.* wild olive, বন্য জলপাই। [L.<*olea*=olive]

oleograph [ō°-li-ō-grŭf, ঔ°লিওগ্রাফ্‌] *n.* a print in oil-colours, তৈলচিত্রের অনুকরণে তৈলবর্ণে রঞ্জিত ছবি, নকল তৈলচিত্র। *n.* **oleography** [ō°-li-o°-gra-fi, ঔ°লিঅ°গ্র্যাফি] নকল তৈলচিত্রাঙ্কনের বিদ্যা বা প্রণালী। [L. *oleum*=oil, *graph*]

oleomargarine [ō°-li-ō-mŭ(r)ja-rēn, ঔ°লিওমা(র্‌)জ্যারীন্‌] *n.* fatty substance extracted from beef fat, গরুর চর্বি হইতে নিষ্কাষিত তৈলাক্ত বস্তু বিশেষ। [L. *oleum*=oil, see *margarine*]

olfactory [ol-fak°-ta-ri, অল্‌ফ্যাক্‌°ট্যারি] *a.* of smelling, ঘ্রাণসংক্রান্ত, ঘ্রাণজ, ঘ্রাণ- (*olfactory* nerves)। *n.* **olfac°tion**। [L. *olfacere*=to smell]

olid [o°-lid, অ°লিড্‌] *a.* fetid, rank-smelling, পূতিগন্ধময়, দুর্গন্ধপূর্ণ। [L. *olidus*<*olere*=to smell]

oligarchy [o°-li-gu(r)-ki, অ°লিগা(র্‌)কি] *n.* government by a small exclusive class, নির্দিষ্ট অল্পসংখ্যক ব্যক্তিদ্বারা রাজ্যশাসন্‌; a state so governed, উক্তভাবে শাসিত রাষ্ট্র। *n.* **o°ligarch**—উক্ত শাসকগণের যে-কোনজন। *a.* **o°ligarchal, oligar°chic**—উক্ত শাসনতন্ত্রমূলক; উক্তভাবে শাসিত। [Gk. *oligos*=few, *arkhe*=rule]

olio [ō°-li-ō, ঔ°লিঔ] *n.* a dish of different sorts of meat and vegetables, বিভিন্ন মাংসের ও সবজির মিশ্রিত ব্যঞ্জন; a medley, বিভিন্ন দ্রব্যের মিশ্রণ; hotchpotch, খিচুড়ি। [Sp. *olla*<L.=a pot]

olive [o°-liv, অ°লিভ্‌] **(1)** *n.* an evergreen tree, or its fruit, branch or leaf, জলপাইয়ের গাছ ফল শাখা বা পাতা; a wreath of olive leaves, জলপাইপাতার মালা (ইহা জয়ের প্রতীক); peace, শান্তি (কারণ জলপাই শান্তির প্রতীক); a colour like the green olive, কাঁচা জলপাইবৎ ধূসর সবুজ বর্ণ। **(2)** *a.* having the colour of the olive, কাঁচা জলপাইবৎ ধূসর সবুজবর্ণ। *a.* **oli-vaceous** [o-li-vā°-shas, অলিভেই°শ্যাস্‌] কাঁচা জলপাইবৎ ধূসর সবুজবর্ণ। *a.* **o°livary**—জলপাইবৎ আকারবিশিষ্ট, ডিম্বকাকার। *n.* **o°live-branch**—জলপাই-গাছের শাখা (ইহা শান্তির প্রতীক)। **olive crown**—বিজয়মুকুট, বিজয়মাল্য। *n.* **o°live-oil**—জলপাই-তৈল। *n.* **olivet** [o°-li-vet, অ°লিভেট্‌]

জলপাইবৎ ডিম্বকাকার বোতাম। *n.* **olivine** [o-li-vēn°, অলিভীন্°] জলপাইবৎ ধূসর সবুজবর্ণ গোমেদমণি। [F.<L. *oliva*]

Olympia, Olympic—see **Olympus.**

Olympus [ŏ-lim°-pas, ওলিম্°প্যাস্] *n.* the name of several mountains in Greece, (প্রধান প্রধান গ্রীক দেবতার আবাসরূপে পরিগণিত) গ্রীসের কতিপয় পর্বতের নাম; heaven, স্বর্গ, দেবলোক। *n.* **Ŏlym°pia**—গ্রীসের অন্যতম প্রদেশ (এখানে প্রাচীন Olympic ক্রীড়ানুষ্ঠান হইত)। *n.* **Ŏlym°piad**—প্রাচীন গ্রীসে পরপর দুই Olympic-ক্রীড়ানুষ্ঠানের মধ্যবর্তী চারি বৎসরকাল সময়; Olympic ক্রীড়ানুষ্ঠান। **Ŏlym°pian**—(**1**) *n.* Olympus-পর্বতবাসী প্রাচীন গ্রীকদের প্রধান প্রধান দেবতার যে-কোনজন, বিশেষতঃ দেবরাজ Zeus; দেবতুল্য ব্যক্তি; Olympic ক্রীড়ানুষ্ঠানের প্রতিযোগী। (**2**) *a.* Olympus-এর; দেবতুল্য; দেবতুল্য চালচলনসম্পন্ন (*Olympian* calm, composure, etc.); (বর্ত. বিরল) Olympia-প্রদেশের। *a.* **Ŏlym°pic**—Olympia-প্রদেশের; (বর্ত. বিরল) Olympia-পর্বতের। *n. pl.* **Ŏlym°pics, Olympic games**—প্রাচীন গ্রীসে প্রতি চার বৎসর অন্তর অনুষ্ঠিত আন্তর্জাতিক ক্রীড়াপ্রতিযোগিতা; (বর্ত.) ১৮৯৬ খ্রিষ্টাব্দ হইতে আরব্ধ প্রতি চার বৎসরান্তরিক বিশ্বক্রীড়াপ্রতিযোগিতা। [Gk. *Olympos*]

omadhaun [o°-ma-dawn, অ°ম্যাডান্] *n.* a foolish person, বোকা লোক। [Ir. *amadan*]

ombrometer [om-bro°-mi-ta(r), অম্ব্র°মিট্যা(র্)] *n.* a rain-gauge, বৃষ্টিমাপক যন্ত্র। [Gk. *ombros*= a rain-storm, *metron*=measure]

Ombudsman [om°-boodz-man, অম্°বুড্জ্-ম্যান্] *n.* an official appointed to investigate complaints against public authorities, সরকারের বিরুদ্ধে অভিযোগাদির তদন্তকারী কর্মচারী। [Swed.]

omega [ō°-mi-ga, ঔ°মিগ্যা] *n.* the last letter of the Greek alphabet, গ্রীক বর্ণমালার শেষ অক্ষর; conclusion, উপসংহার, সমাপ্তি, অন্ত। [Gk.=great O]

omelet(te) [om°-lit, অম্°লিট্] *n.* a pancake of fried eggs, ডিমের বড়াবিশেষ, মামলেট। [F. *omelette*]

omen [ō°-men, ঔ°মেন্] *n.* a presage, (শুভ বা অশুভ কিছুর) পূর্বলক্ষণ, পূর্বাভাস। *a.* **ō°mened**—পূর্বলক্ষণসূচক (ill-*omened*)। *a.* **ominous** [o°-mi-nas, অ°মিন্যাস্] পূর্বলক্ষণমূলক; পূর্বলক্ষণসূচক; (সচ.) অশুভ লক্ষণপূর্ণ; অশুভ। *adv.* **o°minously**। [L.]

omission—see **omit.**

omit [ŏ-mit°, ওমিট্°] *v.t.* to leave out, বাদ দেওয়া; to fail to perform, সম্পাদন করিতে অপারগ হওয়া। *pr. pt.* **omi°tting**। *p. & p. pt.* **omi°ttėd**। *n.* **omission** [ŏ-mi°sh(a)n, ওমি°শ্‌ন্] বাদ দেওয়া; যাহা বাদ দেওয়া হইয়াছে; ত্রুটি-বিচ্যুতি (*omission* and commission)। [L. *omittere*]

omlah [om°-lŭ, অম্°লা] *n.* a staff of officials in India, আমলা (বর্গ)। [Ar.]

omni- [om°-ni, অম্°নি] *in comp.* all, সর্ব। *n.* **omni°pŏtence, omni°pŏtency**—অসীম শক্তি, সর্বশক্তিমত্তা। *a.* **omni°pŏtent**—সর্বশক্তিমান্। *n.* **(the) Omnipotent**—সর্বশক্তিমান্ ঈশ্বর। *adv.* **omni°pŏtently**। *n.* **om°nipre°sence**—সর্বত্র বিদ্যমানতা। *a.* **om°nipre°sent**—সর্বত্র বিরাজমান। *n.* **omni°science**—সর্বজ্ঞতা। *a.* **omni°scient**—সর্বজ্ঞ। *n.* **(the) Omni°scient**—ঈশ্বর। *adv.* **omni°sciently**। *a.* **omni°vorous**—সর্বগ্রাসী, সর্বভুক্, সর্বাশী। [L. *omnis*]

omnibus [om°-ni-bus, অম্°নিবাস্] (**1**) *n.* a kind of road-vehicle, মোটর-বাস (cp. **bus**)। (**2**) *a.* widely comprehensive, or of miscellaneous contents, অতি ব্যাপক বা পাঁচমিশালি বিষয়-সংবলিত। **omnibus book**—ব্যাপক বিষয়বস্তু-সংবলিত বড় ও সস্তা বই। [L.=for all (*pl.* of *omnis*—see *omni-*)]

omnipotent, omnipresent—see **omni-.**

omnium gatherum [om°-ni-am ga°-dh(a)-ram, অম্°নিঅ্যাম্ গ্যা°দ্র্যাম্] a miscellaneous collection, বিবিধ ব্যক্তির বা বস্তুর সমাবেশ। [*sham L.*]

omnivorous—see **omni-.**

omrah [om°-rŭ, অম্°রা] *n.* a Mohammedan lord, ওমরাহ্। [Urdu]

on [on, অন্] (**1**) *prep. & adv.* upon, উপরে; above, ঊর্ধ্বে; close to, নিকটে; in the direction of, প্রতি, দিকে, অভিমুখে; concerning, বিষয়ে, সম্পর্কে (a treatise *on* medicine); added to, যুক্ত হইয়া; based upon, ভিত্তি করিয়া; indicating continuity, চালাইয়া যাওয়ার বা অগ্রসর হইতে থাকার ভাবসূচক (to work *on*, go *on*)। (**2**) *n.* (in cricket) the on side, (ক্রিকেটে) বলদাতার দক্ষিণ পার্শ্ব। **and so on**—ইত্যাদি। **on and off**—মধ্যে মধ্যে; থামিয়া থামিয়া, রহিয়া রহিয়া। **on and on**—ক্রমশঃ ঊর্ধ্বে বা সম্মুখে। **on to**—প্রতি, দিকে; সম্মুখদিকে। **on°coming**—(**1**) *a.* সম্মুখবর্তী বা নিকটবর্তী হইতেছে এমন, অগ্রসরণরত; আসন্ন। (**2**) *n.* সম্মুখবর্তী বা নিকটবর্তী হওয়া, অগ্রসরণ। *n.* **on°fall**—(প্রধানতঃ ব্যাধির) আক্রমণ। *n.* **on°flow**—সম্মুখদিকে প্রবহণ; সম্মুখ-প্রবাহ। *n.* **on°gŏing**—চলিতে থাকা, অগ্রসরণ; (in *pl.*) ঘটনা-প্রবাহ (সচ. মন্দ) আচরণ। *n.* **on°looker**—(সচ. শুধু) দর্শক। *a.* **on°looking**—দর্শন করে এমন। *n.* **on°rush**—বেগে সম্মুখে ধাবন। *n.* **on°set**—প্রচণ্ড আক্রমণ; আরম্ভ, সূত্রপাত। *prep.* **on°to, on to**—সম্মুখের দিকে। *a.* **on°ward**—চলনরত, অগ্রসরণরত, সম্মুখগামী; অগ্রসর হইয়াছে এমন। *adv.* **on°ward(ṡ)**—সম্মুখে; সম্মুখদিকে; সম্মুখদিকে চলিতে চলিতে। [AS.—cp. Du. *aan.* G. *an*]

onager [o°-na-ja(r), অ°ন্যাজ্যা(র্)] *n.* a kind of wild ass, বন্য গর্দভবিশেষ ; an ancient military engine for throwing rocks, প্রাচীন যুগে ব্যবহৃত পাথর ছুড়িবার যুদ্ধাস্ত্রবিশেষ। [Gk. *onagros*]

onanism [o°-na-nizm, ঔ°ন্যানিজ্‌ম্] *n.* self-pollution, স্বমেহন ; coitus interruptus, রেতঃস্খলনের পূর্বে রতিক্রিয়ার ক্ষান্তি। *a.* **onanis°tic**। [B.]

once [wuns, ওাঁঅ্যান্‌স্] (**1**) *adv.* for one time only, একবার মাত্র ; at some period in the past, আগে কোন এক সময়ে, একদা ; formerly, পূর্বে, আগে। (**2**) *con.* when once, একবার যখন ; as soon as, সেইমাত্র···যেইমাত্র। (**3**) *n.* one time, একবার (*once* is enough for me)। **all at once**—সহসা। **at once**—অবিলম্বে, তৎক্ষণাৎ। **(just) for once, (for) this once**—কেবল একবারের জন্য। **once and again**—একাধিকবার ; প্রায়ই, ঘনঘন। **once (and) for all**—মাত্র একবার। **once in a while** or **way**—কখন-সখন ; বড় একটা নহে। **once more**—আরেকবার ; পুনরায়। **once or twice**—দুই-একবার, সামান্য কয়েকবার। **once upon a time**—পূর্বে কোন এক সময়ে, একদা। *n.* **on°cer**—(অশি.) যে ব্যক্তি কেবল রবিবারে গির্জায় যায় ; (অশি.) এক পাউণ্ড মূল্যের নোট। [OE. *anes, gen.* of *an*=one]

oncoming—see **on.**

oncost [on°-kost, অন্‌°কস্‌ট্] *n.* overhead expenses, গড় (পরিচালন) ব্যয়। **oncost man**—ফুরন বা ঠিকা চুক্তিতে নিযুক্ত নহে এরূপ (খনির) শ্রমিক। [see *on, cost*]

one [wun, ওাঁআন্] (**1**) *a.* single, of unit number, এক, একজন, একটি ; undivided, অবিভক্ত, গোটা ; the same, একই ; a certain, কোন-এক, অনির্দিষ্ট একটি বা একজন ; first, প্রথম। (**2**) *n.* the number or figure 1, এক, ১ ; an individual person or thing, একটি লোক বা বস্তু। (**3**) *pron.* somebody, কোন-একজন ; anybody, যে-কেহ। **one by one**—একে একে। **one day**—কোন এক দিনে, একদা, কোন এক অনির্দিষ্ট সময়ে। **all one**—একই ; নিষ্ফল। **at one**—একমত ; সমমতাবলম্বী। **in one**—একাধারে। **no one**—কেহ নহে ; একজনও না। **one and all**—সকলে একযোগে এবং পৃথক্ পৃথক্ ভাবে। **one and the same**—একই। **one another**—(দুইয়ের অধিক ব্যক্তি প্রাণী বা বস্তু সম্বন্ধে) পরস্পর। **one after another, one by one**—একে একে। **one day**—একদা ; একদিন। **one or two**—অল্প কয়েকটি, দু-একটি। **by ones and twos**—দু-একটি করিয়া। **(to) become one, (to) be made one**—মিলিত হওয়া ; পরিণয়সূত্রে আবদ্ধ হওয়া। *a.* **one°-ar°med**—একহস্তবিশিষ্ট ; একহাত-কাটা। *a.* **one°-eyed**—একচক্ষুবিশিষ্ট ; একচক্ষু কানা। *a* **one°-horse°**—একঘোড়ায় টানা ; (অশি.) দীনহীনভাবে সজ্জিত (a *one-horse* city)। *a.* **one°-ide°ad**—একটিমাত্র ধারণাসম্পন্ন। *a.* **one°-legged**—একপদবিশিষ্ট ; একপায়ে কৃত। *a.* **one°-man**—একব্যক্তি-সংক্রান্ত ; একব্যক্তিদ্বারা কৃত। **one-man show**—কেবল একজনের ব্যাপার ; যে কাজে কেবল একজনই যেন কর্মী। *n.* **one°ness**—এককত্ব ; সমত্ব, একত্ব, সাদৃশ্য ; একতা ; অতুলনীয়তা। *pro.* **one°self, one's self**—(একজন-সম্বন্ধে) স্বয়ং বা নিজে-নিজে। **(to) be oneself again**—(মনের বা দেহের) স্বাভাবিক অবস্থা ফিরিয়া পাওয়া। **(to) keep to oneself**—নিজের কাছে গোপন করিয়া রাখা অর্থাৎ অন্যকে না জানান। **(to) keep oneself to oneself**—লোকের সঙ্গে দেখা-সাক্ষাৎ ও মেলামেশা এড়াইয়া চলা, শুধু নিজেকে লইয়া থাকা। *a.* **one°-si°ded**—এক-তরফা (*one-sided* game) ; একদেশদর্শী, পক্ষপাতমূলক। *a.* **one°-time**—কোন-এক সময়কার ; একটিবারের ; প্রাক্তন। *a.* **one°-track°**—একটি মাত্র চলার পথ বা ধাবনপথ আছে এমন ; (আল.) একটি মাত্র বিষয়ে বা উদ্দেশ্যে মগ্ন (*one-track* mind)। *a.* **one°-way**—একমুখো (*one-way* street)। [OE. *an*—cp. ON. *einn*, G. *ein*]

oner [wan°-a(r), ওাঁআন্‌°অ্যা(র্)] *n.* a remarkable person or thing, লক্ষণীয় ব্যক্তি বা বস্তু ; an expert, দক্ষ বা অভিজ্ঞ ব্যক্তি (a *oner* at) ; a hard blow, সজোরে আঘাত বা ঘুষি (to give somebody a *oner*) ; a thumping lie, ডাহা মিথ্যাকথা। [see *one*]

onerous [o°-na-ras, অ°ন্যার‍্যাস্] *a.* burdensome, গুরুভার ; oppressive, কষ্টদায়ক। *adv.* **o°nerously**। *n.* **o°nerousness**। [L. *onerosus*>*onus*]

onfall, onflow, ongoing—see **on.**

onion [u°-ni-an, আ°নিয়্যান্] *n.* an edible bulb, পেঁয়াজ। **(to) know one's onions**—(অশি.) নিজের কাজে দক্ষ বা কুশলী হওয়া। **off one's onions**—(অশি.) খেপা, বিকৃতমস্তিষ্ক। *a.* **o°nion-eyed**—সাশ্রুনয়ন। [F. *oignon*<L. *unionis*]

onlooker, onlooking—see **on.**

only [on°-li, ঔন্‌°লি] (**1**) *a.* single, sole, একমাত্র, কেবল। (**2**) *adv.* solely, merely, কেবল মাত্র ; alone, একেলা ; just, মাত্র ঐটুকু পরিমাণে। (**3**) *con.* but, কিন্তু, তবে ; except that, তাহা ছাড়া। **only that**—কেবল ইহা ব্যতীত, কেবল এইমাত্র ব্যতিক্রম ; যদি না হইত। **only too**—খুব বেশি, অত্যন্ত। [OE. *anlic*<*an*=one, *lic*, =like]

onomatopœia [o-nŏ-ma-tŏ-pi°-a, অনোম্যাটোপি°অ্যা] *n.* a word in imitation of the sound of the thing meant, বস্তুর ধ্বনির অনুকরণে গঠিত শব্দ বা শব্দগঠন, ধ্বন্যাত্মক শব্দ বা শব্দগঠন (যেমন, ঝিম্‌ঝিম্, কল্‌কল্)। *a.* **onomatopœic** [o-nŏ-ma-tŏ-pē°-ik, অনোম্যাটোপী°ইক্] ধ্বন্যাত্মক। [Gk. *onomatopoiia*]

onrush, onset—see **on.**

onslaught [on°-slawt, অন্°স্লাট্] *n.* an attack, (বিশেষতঃ প্রচণ্ড) আক্রমণ। [cp. Du. *aanslag,* G. *anschlag*]

onto—see **on.**

ontology [on-to°-la-ji, অন্‌ট°ল্যাজি] *n.* the branch of metaphysics treating of the nature and essence of things, (পরি.—দর্শ.) তত্ত্ববিদ্যা। *a.* **ontologic** [on-tŏ-lo°-jik, অন্টোল°জিক্], **ontŏlo°gical**—তত্ত্ববিদ্যাগত ; তাত্ত্বিক। *n.* **onto°logist**—তত্ত্ববিৎ। [Gk. *ontos*=being, *logos*=discourse]

onus [ō°-nas, ঔ°ন্যাস্] *n.* burden, বোঝা ; responsibility, দায়িত্ব (the *onus* of proof rests with the complainant)। [L.]

onward—see **on.**

onyx [o°-niks, অ°নিক্‌স্] *n.* a kind of quartz allied to agate, অকীক-জাতীয় মণিবিশেষ ; (med.) opacity of the lower part of the cornea, (চিকি.) অচ্ছোদপটলের নিম্নাংশের ছানি। [L.<Gk. *onux*]

oodles [ōōd°lz, উড্°ল্‌জ্] *n. pl.* (sl.) superabundance, (অশি.) অতিপ্রাচুর্য (*oodles* of money)। [?]

oof [ōōf, উফ্] *n.* (sl.) money or cash, (অশি.) অর্থ বা নগদ টাকা, (তু.) মালকড়ি। *n.* **ōōf°-bird**—যে ধনীর নিকট হইতে অর্থ আদায় করা হয়, (তু.) মালদার কাপ্তান। [Yiddish<G. *auf* (*dem*) *tische*=on the table]

oolong [ōō°-long, উ°লং] *n.* a kind of Chinese tea, চীনদেশীয় চা-বিশেষ। [C. *wulung* =black dragon]

oomph [ōōmf, উম্ফ্] *n.* sex-appeal, যৌন আকর্ষণ বা আবেদন ; energy, উৎসাহ বা তেজ। [?]

ooze [ōōz, উজ্] (**1**) *n.* sluggish flow, মৃদু প্রবাহ, ধীরে ধীরে বা ফোঁটায় ফোঁটায় ঝরন অথবা ক্ষরণ ; slimy mud, পিচ্ছিল কর্দম। (**2**) *v.i.* to flow gently, ধীরে প্রবাহিত হওয়া, ধীরে ধীরে বা ফোঁটায় ফোঁটায় ঝরা (blood *oozed* out of the wound) ; to percolate, চোয়াইয়া পড়া, to leak, ছেঁদা হইয়া যাওয়ার ফলে ঝরা। (**3**) *v.t.* to exude, ঝরান বা ক্ষরান। *adv.* **ōō°zily** । *n.* **ōō°zinėss** । *a.* **ōō°zy**—পিচ্ছিল, কর্দমতুল্য ; মৃদুভাবে প্রবাহিত বা ক্ষরিত। [OE. *wos*=juice, *wase*=mud]

opacity—see **opaque.**

opal [ō°p(a)l, ঔ°প্‌ল্] *n.* a precious stone, দুগ্ধবৎ শুভ্র জোতির্ময় মণিবিশেষ, উপল (?)। *n.* **opalescence** [ō-pa-le°-sns, ঔপ্যালে°সন্‌স্] দুগ্ধবৎ শুভ্র জ্যোতি। *a.* **ōpale°scent**—দুগ্ধবৎ শুভ্র জ্যোতির্ময়। *a.* **ō°paline** । [L. *opalus*—cp. Sans. *upal*]

opaque [ŏ-pāk°, ওপেইক্°] *a.* shady, ছায়াময় ; dark, অন্ধকারাচ্ছন্ন ; impervious to light, আলোকের পক্ষে অভেদ্য ; not transparent, অনচ্ছ ; (fig.) obscure, অস্পষ্ট ; hard to understand, দুর্বোধ্য ; doltish, হাবাগবা, জড়বুদ্ধি। *n.* **opacity** [ŏ-pa°-si-ti, ওপ্যা°সিটি], **ŏpāque°nėss** । *adv.* **ŏpāque°ly** । [L. *opacus*]

ope [ōp, ঔপ্] *v.t.i.* poet. contr. of **open.**

open [ō°p(a)n, ঔ°প্‌ন্] (**1**) *a.* not shut or closed, খোলা, উন্মুক্ত ; unobstructed, unrestricted, অবাধ, অনিয়ন্ত্রিত ; free, মুক্ত (*open* air) ; exposed, প্রকট ; uncovered, অনাবৃত ; liable, দায়ী, বিষয়ীভূত (*open* to censure) ; accessible, প্রবেশসাধ্য, অধিগম্য ; available, পাওয়া যায় এমন ; ready, রাজি, সম্মত, প্রস্তুত (*open* to negotiation) ; obvious, সুস্পষ্ট ; not concealed, undisguised, গুপ্ত বা ছদ্মবেশধারী নহে এমন ; frank, public, মন-খোলা, খোলাখুলি, প্রকাশ্য ; unfolded, ভাঁজ করা নহে এমন, বিস্তৃত, বিকশিত ; not finally decided, চূড়ান্ত মীমাংসা হয় নাই এমন ; not dense in texture, ঠাসবুনান নহে এমন, ফাঁক-ফাঁক, বিরল ; wide, spacious, প্রশস্ত। (**2**) *v.t.i.* to make or become open or more open, খোলা বা বেশি করিয়া খোলা (he *opens* his mouth, his mouth *opens*) ; to expose to views, দৃষ্টিগোচর করান ; to begin the working of, কার্যারম্ভ করান বা হওয়া ; to begin, আরম্ভ করান বা হওয়া। (**3**) *v.t.* to reveal or communicate, প্রকাশ করা। (**4**) *v.i.* to commence speaking, বলিতে আরম্ভ করা। (**5**) *n.* an open space, মুক্ত স্থান, খোলা বা ফাঁকা জায়গা (he offered his bed to the guest and himself slept in the *open*)। **(an) open book**—সহজপাঠ্য বা সহজবোধ্য কিছু। **(an) open cheque**—ক্রস-না-করা চেক অর্থাৎ যে চেক সরাসরি ব্যাঙ্ক হইতে ভাঙ্গান যায়। **open weather, (an) open winter**—যে আবহাওয়া বা শীতকাল তুষারপাতাদি হইতে মুক্ত থাকার ফলে ঘরের বাইরে ঘোরা-ফেরা করা সম্ভব। **(to) open the bidding**—(নিলাম তাসখেলা প্রভৃতিতে) ডাক শুরু করা। **(to) open one's eyes**—বিস্ময়ে চক্ষু বিস্ফারিত করা। **(to) open a person's eyes to**—(কোন ব্যক্তিকে) অবস্থাদি উপলব্ধি করান, (কাহারও) জ্ঞানচক্ষু খুলিয়া দেওয়া। **(to) open one's lips** or **mouth**—মুখ খোলা, বলিতে শুরু করা। **(to) open one's shoulders**—(ক্রিকেটে) স্বাচ্ছন্দ্যের সহিত বা অবলীলাক্রমে ব্যাট করা। **(to) open out**—অধিকতর উন্মুক্ত করা বা হওয়া, আরও খোলা ; বিস্তৃত করা বা হওয়া ; প্রকাশ করা ; মোড়ক খুলিয়া ফেলা বা খুলিয়া যাওয়া ; বিবর্ধিত করা বা হওয়া ; দৃষ্টিগোচর করা বা হওয়া। **(to) open up**—সম্পূর্ণরূপে খুলিয়া ফেলা বা খুলিয়া যাওয়া ; পূর্ণপ্রকাশিত করা বা হওয়া। **(to) break open**—বাক্স প্রভৃতি তালা ভাঙ্গিয়া খোলা ; সবলে ভাঙ্গিয়া খোলা। **(to) come out into the open**—(আল.) জনসমক্ষে আবির্ভূত হওয়া ; নিজের ধ্যানধারণা কর্মপন্থা প্রভৃতি প্রকাশ করা। *a.* **ō°pen-āir**—মুক্তস্থানে অনুষ্ঠিত, বহিরঙ্গন। *a.* **ō°pen-ar°med**—দুইহাত বাড়াইয়া অভ্যর্থনা করে

এমন, সাদর অভ্যর্থনাপূর্ণ। *a.* **ō°pen-cast**—উপরের স্তর হইতে গৃহীত। *n.* **ō°pener**—যে খোলে; যদ্দ্বারা খোলা হয়। *a.* **ō°pen-eyed**—বিস্ময়-বিস্ফারিতনেত্র; ঘটনাদিসম্বন্ধে সচেতন; (কাব্যে.) সতর্কচক্ষু। *a.* **ō°pen-han°déd**—মুক্তহস্তে কৃত; মুক্তহস্ত, বদান্য, উদার। *a.* **ō°pen-hear°téd**—মুক্তহৃদয়, সরলহৃদয়, দিলখোলা। **ō°pening**—(1) *n.* মুক্ত স্থান, ফাঁকা জায়গা; ফাঁক, ফাটল, ছিদ্র; আরম্ভ, সূত্রপাত; কার্যারম্ভ; গোড়ার অংশ; সুযোগ; কর্মখালি (he got an *opening* in this office)। (2) *a.* প্রারম্ভিক (the *opening* song)। *adv.* **ō°penly**। *a.* **ō-pen-mīn°déd**—সংস্কারমুক্ত; নূতন ভাবগ্রহণে সমর্থ। *a.* **ō°pen-mou°thed**—বিস্ময়-বিস্ফারিতবদন; মুখ হাঁ করিয়া আছে এমন; প্রত্যাশী; লোভী। *n.* **ō°pen-néss**। [AS.—cp. Du. *open*, ON. *opinn*, G. *offen*]

opera [o°p(a)-ra, অ°প্র্যা] *n.* musical drama, সঙ্গীতপ্রধান নাটক বা নাট্যাভিনয়, অপেরা, (তু.) যাত্রা; an opera-house, উক্ত নাট্যাভিনয়গৃহ। **comic opera**—মজাদার বা প্রহসনমূলক অপেরা। **grand opera**—নির্বাক অপেরা। **light opera**—মজাদার বিষয়বস্তু লইয়া রচিত অপেরা। *n.* **opera-bouffe** [o°p(a)-ra-bōōf°, অ°প্র্যা-বূফ্°] মজাদার বা প্রহসনমূলক অপেরা। *n.* **o°pera-cloak**—(প্রধানতঃ থিয়েটার প্রভৃতিতে যাওয়ার সময়ে পরিধেয়) স্ত্রীলোকদের সান্ধ্য কোট-বিশেষ। *n.* **o°pera-glass** (usu. in *pl.*) অপেরা-অভিনয়-দর্শনার্থ ক্ষুদ্র দূরবীন, (পরি.) নাট্য-দূরবীন। *n.* **o°pera-hat**—পুরুষের উঁচু টুপি-বিশেষ। *n.* **o°pera-house**—অপেরা অভিনয়ের গৃহ। *a.* **operatic** [o-pa-ra°-tik, অপ্যার্যা°টিক্] অপেরা-সংক্রান্ত; অপেরা-তুল্য। *n.* **operetta** [o-pa-re°-ta, অপ্যারে°ট্যা] ক্ষুদ্র অপেরা-নাটকবিশেষ। *n.* **opere°ttist**—উক্ত নাটক-রচয়িতা। [It. < L.]

operate [o°-pa-rāt, অ°প্যারেইট্] (1) *v.i.t.* to work, কাজ করা বা করান, সক্রিয় হওয়া বা করান, চালু হওয়া বা করান; to exert strength, or cause to do so, শক্তিপ্রয়োগ করা বা করান; to produce or cause to produce effect, ফলপ্রসূ হওয়া বা করা; to perform or cause to perform an act, কার্যসম্পাদন করা বা করান; to perform a surgical operation, অস্ত্রোপচারদ্বারা চিকিৎসা করা, অস্ত্রোপচার বা অপারেশন করা (the doctor made up his mind to *operate* immediately)। (2) *v.t.* to conduct, পরিচালনা করা। *p.* & *p. pt.* **o°perāted**। *a.* **o°perable**। *n.* **operātion**—সক্রিয়তা; শক্তিপ্রয়োগ; ফলপ্রসব; ক্রিয়াপ্রণালী; ক্রিয়া, কৃতকর্ম; প্রভাব; (প্রধানতঃ সৈন্যবাহিনীর) ক্রিয়াকলাপ বা চলাচল; (শলাচিকি.) অস্ত্রোপচার। **operating** or **operation table**—যে টেবিলের উপর রোগীকে শোয়াইয়া তাহার দেহে অস্ত্রোপচার করা হয়। **operating** or **operation theatre**—রোগীর দেহে অস্ত্রোপচারের জন্য সুসজ্জিত কক্ষ, (পরি.) উপচারশালা। **in operation**—কার্যকর বা চালু। **(to) come into operation**—কার্যকর হইতে আরম্ভ করা, চালু হওয়া। *a.* **operā°tional**—সক্রিয়তা শক্তিপ্রয়োগ ক্রিয়াকলাপ চলাচল বা অস্ত্রোপচার সংক্রান্ত। *a.* **o°perā°tive**—ক্রিয়াশক্তিসম্পন্ন; সক্রিয়, কার্যরত; কার্যকর, ফলপ্রসূ; কর্মক্ষম। *n.* **operative** [o°-p(a)ra-tiv, অ°প্র্যাটিভ্] কারখানার মজুর, শ্রমজীবী। *n.* **o°perātor**—যে বা যাহা সক্রিয় অথবা চালু করে, চালক; কারখানাদির যন্ত্রচালক; মিস্ত্রি। [ON. L. *operari*]

operatic—see **opera.**

operation, operative—see **operate.**

opercula—see **operculum.**

operculum [ō-pa(r)°-kū-lam, ঔপ্যা(র্)°কিউল্যাম্] *n.* fish's gill-cover, মাছের কানকো; a valve closing mouth of a shell, শম্বুকাদির খোলায় মুখাবরণ। *pl.* **ōper°cūla**। [L.]

operetta—see **opera.**

ophthalmia [of-thal°-mi-a, অফ্থ্যাল্°মিঅ্যা] *n.* inflammation of the eye, অক্ষিপ্রদাহ, চোখ-ওঠা। *a.* **ophthal°mic**—চক্ষুসংক্রান্ত। **ophthalmic surgery**—চক্ষুতে অস্ত্রোপচার, (পরি.) অক্ষিশলাক্য। *n.* **ophthal°mist, ophthalmologist** [of-thal-mo°-la-jist, অফ্থ্যালম°ল্যাজিস্ট্] চক্ষুরোগের চিকিৎসক। *n.* **ophthalmo°logy**—চক্ষুরোগের চিকিৎসা। [Gk. *ophthalmos* = eye]

opiate [ō°-pi-it, ঔ°পিইট্] (1) *n.* a soporific drug containing opium, আফিমযুক্ত নিদ্রাকর্ষক মাদকবিশেষ; anything that dulls sensation, চেতনাহর বস্তু। (2) *a.* soporific, নিদ্রাকর্ষক। *v.t.* **o°piāte**—আফিম প্রয়োগ করা; চেতনানাশ করা। *p.* & *p. pt.* **ō°piātéd**। [see *opium*]

opine [ŏ-pīn°, ওপাইন্°] *v.t.* to form or express an opinion, মত পোষণ করা বা প্রকাশ করা। [F. *opiner* < L. *opinari*]

opinion [a-pi°-ni-an, অ্যাপি°নিয়্যান্] *n.* belief or judgment based on grounds short of proof, যে বিশ্বাস বা ধারণা বা মত ঠিক প্রমাণের উপরে প্রতিষ্ঠিত নহে; professional advice, বিশেষজ্ঞের অভিমত বা উপদেশ; favourable estimate, অনুকূল ধারণা। **opinion poll**—জনসাধারণের মতামত জানার উদ্দেশ্যে ভোট-গ্রহণ, গণ-ভোট। **public opinion**—জনমত। **(to) act up to one's opinions**—স্বীয় ধ্যানধারণানুযায়ী কাজ করা। **a matter of opinion**—বিতর্কের বিষয়। **(to) have the courage of one's opinions**—স্বীয় ধ্যানধারণা নির্ভয়ে প্রকাশ করা ও তদনুযায়ী কাজ করা। *a.* **opi°nionātéd**—অযৌক্তিকভাবে স্বীয় মতে বিশ্বাসী, একগুঁয়ে, জেদি। *a.* **opi°nionative**—জেদের সহিত নিজের মত জাহির করে এমন। *n.* **opi°nionist**—(নির্দিষ্ট) মতপোষণকারী বা মতদাতা। [L. *opinio*]

opisometer [ōpi-so°-mi-ta(r), ঔপিস°মিট্যা(র্)] *n.* an instrument for measuring distance on a map, মানচিত্রে দূরত্বমাপক যন্ত্র। [Gk. *opisō* =backwards, see *meter*]

opium [ō°-pi-am, ঔ°পিয়্যাম্] *n.* a drug made from the juice of the poppy, আফিম। *n.* **ō°pium-den**—আফিমখোরদের আড্ডা। *n.* **ō-pium-ea°ter**—আফিমখোর, আফিমসেবী। *n.* **ō°pium-smōker**—চণ্ডুখোর। [L.<Gk. *opion*= poppy-juice]

opossum [a-po°-sam, অ্যাপ°স্যাম্] *n.* a kind of American animal living in trees, আমেরিকার বৃক্ষবাসী প্রাণিবর্গবিশেষের যে কোনটি। [Am. Ind.]

oppo [o°-pō, অ°পৌ] *n.* (sl.) a colleague, সহকর্মী ; friend, বন্ধু। [>*opposite number*]

opponent [a-pō°nant, অ্যাপৌ°ন্যান্ট্] (**1**) *a.* opposing, প্রতিদ্বন্দ্বিতারত, প্রতিপক্ষীয় ; opposite, বিপরীত। (**2**) *n.* an opposer, প্রতিদ্বন্দ্বী, প্রতিপক্ষ। *n.* **oppōnency**। [L. *opponere*=to place in the way of]

opportune [o°-pa(r)-tūn, অ°প্যা(র্)টিউন্] *a.* timely, যথাসময়ে সজ্ঘটিত, সময়োচিত ; convenient, সুবিধাজনক ; suitable, উপযুক্ত। *adv.* **o°pportūnely**। *n.* **o°pportūnism**—সময়মত কাজ করা, ঝোপ বুঝিয়া কোপ মারার স্বভাব, সময়ের সুযোগগ্রহণ ; সুযোগসন্ধান। *n.* **o°pportūnist**—সময়ের সুযোগগ্রহণকারী ; সুযোগসন্ধানী। *n.* **opportū°nity**—সুযোগ। **golden opportunity**—শ্রেষ্ঠ সুযোগ, সুবর্ণ-সুযোগ। [F. *opportun*<L. *opportunus*]

oppose [a-pōz°, অ্যাপৌজ্°] *v.t.* to place in front or in the way of, (কিছুর) সম্মুখে বিপরীতে বা পথিমধ্যে স্থাপন করা ; to set in contrast or balance, তুলনামূলকভাবে বা ভারসাম্যরক্ষার্থ পাশাপাশি অথবা মুখোমুখি স্থাপন করা ; to set in contention, প্রতিপক্ষতার বা প্রতিবাদের জন্য স্থাপন করা অথবা উত্থাপন করা ; to place as an obstacle, প্রতিবন্ধকরূপে স্থাপন করা ; to face, সম্মুখীন হওয়া ; to resist, বাধা দেওয়া ; to contend against or object to, বিরোধিতা প্রতিদ্বন্দ্বিতা বা প্রতিবাদ করা। *a.* **oppōse°less**—অদম্য। *n.* **oppō°ser**। [F. *opposer*<L. *ob-* =against, *pausare*=to stop]

opposite [o°-pa-zit, অ°প্যাজ়িট্] (**1**) *a.* diametrically opposing or directly contrary, উলটা, বিপরীত, প্রতিমুখ; face to face, মুখোমুখি ; opposed, বিরুদ্ধ, বিরোধী ; corresponding, অনুরূপ (*opposite* number)। (**2**) *adv.* & *prep.* in or to an opposite position or direction, বিপরীতে, উলটা-দিকে, প্রতিমুখে। (**3**) *n.* that which is opposed or contrary, বিরুদ্ধ বা বিপরীত বস্তু; an opponent, প্রতিদ্বন্দ্বী। **opposite number**—ভিন্ন দলে সমস্থানাধিকারী ব্যক্তি বা বস্তু। *adv.* **o°ppositely**। *n.* **o°ppositeness**। [F.<L. *oppositus*]

opposition [o-pa-zi°sh(a)n, অপ্যাজি°শ্ন্] (**1**) *n.* the act of opposing, সম্মুখে বিপরীতে বা পথিমধ্যে স্থাপন, তুলনামূলকভাবে বা ভারসাম্যরক্ষার্থ স্থাপন, প্রতিপক্ষতার বা প্রতিবাদের জন্য স্থাপন অথবা উত্থাপন, সম্মুখীনতা, বাধাদান, প্রতিদ্বন্দ্বিতা, প্রতিবাদ ; the state of being opposed, বৈপরীত্য, বিরোধ, প্রতিযোগ ; that which is opposing, বিপক্ষ, প্রতিপক্ষ ; a body of opposers, (প্রধানতঃ আইনসভায়) বিরোধী দল (the Leader of the *Opposition*)। (**2**) *a.* of the parliamentary opposition, আইনসভার বিরোধী দলীয় [L. *oppositio*]

oppress [a-pres°, অ্যাপ্রেস্°] *v.i.* to press against or upon, চাপ দেওয়া, to overwhelm, আচ্ছন্ন করা, অভিভূত করা ; to subject to continual cruelty, ক্রমাগত নিষ্ঠুরতা ভোগ করান, দুর্দশাগ্রস্ত করা, দুঃখ দেওয়া ; to burden, ভারাক্রান্ত করা ; to treat tyrannically, অত্যাচার করা, পীড়ন করা। *p.* & *p. pt.* **oppre°ssed**। *n.* **oppression** [a-pre°sh(a)n, অ্যাপ্রে°শ্ন্]। *a.* **oppre°ssive**—পীড়নকর ; আচ্ছন্ন করে এমন ; দুর্দশাদায়ক, দুঃখদায়ক ; অত্যাচারপূর্ণ ; গুরুভার ; ভারী। *adv.* **oppre°ssively**। *n.* **oppre°ssiveness**। *n.* **oppre°ssor**। [F. *oppresser* <LL. *oppressare*<L. *premere*=to press]

opprobrious—see **opprobrium.**

opprobrium [a-prō°-briam, অ্যাপ্রৌ°ব্রিঅ্যাম্] *n.* disgrace, অপমান ; reproach, নিন্দা ; infamy, কলঙ্ক। *a.* **opprō°brious**—অপমানকর ; নিন্দাপূর্ণ ; কলঙ্ককর। *adv.* **opprō°briously**। [L]

oppugn [o-pūn°, অপিউন্°] *v.t.* to assail, (প্রধানতঃ যুক্তিপ্রদর্শনপূর্বক) আক্রমণ করা ; to oppose, বিরোধিতা করা। *n.* **oppugnancy** [o-pug°-nan-si, অপাগ্°ন্যান্সি] (যুক্তিপ্রদর্শনপূর্বক) আক্রমণ ; বিরোধিতা। **oppug°nant**—(**1**) *a.* (যুক্তিবলে) আক্রমণকর ; বিরোধী। (**2**) *n.* প্রতিপক্ষ। *n.* **oppū°gner**। [L. *oppugnare*]

opsimath [op°-si-math, অপ্°সিম্যাথ] *n.* one who learns late in life, যে ব্যক্তি অধিক বয়সে শিক্ষালাভ করে। *n.* **opsi°mathy**—অধিক বয়সে শিক্ষালাভ। [Ok. opsimathēs<*opse*=late, mathē=learning]

opt [opt, অপ্ট্] *v.i.* to make choice, পরস্পর-বিরোধী পন্থার মধ্যে একটি অবলম্বন করা। *p.* & *p. pt.* **op°ted**। *n.* **op°tant**—পরস্পর-বিরুদ্ধ পন্থাদ্বয়ের মধ্যে একটি অবলম্বনকারী বা গ্রহণকারী। **(to) opt for**—(বিকল্প বা পরিবর্ত বিষয়ে) সিদ্ধান্ত গ্রহণ করা। **(to) opt out of**—অংশগ্রহণ না করার সিদ্ধান্ত লওয়া। [L. *optare*=to choose]

optative [op°-ta-tive, অপ্°ট্যাটিভ্] (**1**) *a.* expressing desire or wish, ইচ্ছাসূচক, কামনাসূচক। (**2**) *n.* (gr.) the optative mood of the verb ; (ব্যাক.) ক্রিয়ার ইচ্ছাসূচক বা কামনা-

সূচক প্রকার। *adv.* **op°tatively** । [see *opt*]

optic [op°-tik, অপ্‌°টিক্], **op°tical**—*a.* of the eye or sight, চক্ষু বা দৃষ্টিসংক্রান্ত, নেত্র-, দৃক্-। *n.* **op°tic**—(বর্ত. কেবল ব্যঙ্গে) চক্ষু। **optic axis**—নেত্রমণির মধ্যস্থল এবং চক্ষুর কেন্দ্রভেদক সরলরেখা, (পরি.) সরলাক্ষ। *adv.* **op°tically** । *n.* **optician** [op-ti°sh(a)n, অপ্‌টি°শ্‌ন্] (পূর্বে) চক্ষুরোগ-চিকিৎসক; (বর্ত.) চশমা ও সংশ্লিষ্ট দ্রব্যাদির নির্মাতা বা বিক্রেতা। *n.* (treated as *sing.*) **op°tics**—দৃষ্টি ও আলোক সংক্রান্ত বিজ্ঞান, (পরি.) আলোকবিদ্যা। [Gk. *optikos*]

optimism [op°-ti-mizm, অপ্‌°টিমিজ্‌ম্] *n.* Leibnitz's doctrine that the actual world is the best of all possible worlds, সম্ভাব্য সৃষ্টির মধ্যে বর্তমান জগৎই শ্রেষ্ঠ : লীব্‌নীজের এই মতবাদ; a belief that good must ultimately prevail, শেষ পর্যন্ত সব-কিছুই ভাল হইবে : এই মত; আশাবাদ; (loos.) a disposition to take a bright hopeful view of things, (শিথি.) আশাবাদী স্বভাব। *n.* **op°timist**—আশাবাদী ব্যক্তি বা দার্শনিক। *a.* **optimis°tic(al)**—আশাবাদী। *adv.* **optimis°tically** । [L. *optimus*=best]

optimum [op°-ti-mam, অপ্‌°টিম্যাম্] (**1**) *n.* the most favourable condition, সর্বাপেক্ষা অনুকূল অবস্থা। *pl.* **op°tima** । (**2**) *a.* best, সেরা; most favourable, সর্বাপেক্ষা অনুকূল (*optimum* temperature, population, etc.)। *a.* **op°timal** । *v.* **op°timiz(s)e**—সর্বাধিক অনুকূল অবস্থা সৃষ্টি করা। [L.]

option [op°sh(a)n, অপ্‌°শ্‌ন্] *n.* act of choosing, বাছাই, পছন্দ করিয়া লওয়া; power or right of choosing, বাছিয়া লইবার ক্ষমতা বা অধিকার; an alternative for choice, যে-সব বস্তু বা বিষয়ের মধ্য হইতে একটিকে বাছিয়া লওয়া হইবে সেগুলির যে-কোনটি; wish, ইচ্ছা। *a.* **op°tional**—ঐচ্ছিক; বাধ্যতামূলক নহে এমন। **(to) leave one's options open**—বাছিয়া লইবার অধিকার অক্ষুণ্ণ রাখা। [L. *optio*<*opt*=to choose]

opulent [o°-pū-lant, অ°পিউল্যান্ট্] *a.* wealthy, ধনবান্; full of wealth, ধনপূর্ণ; luxuriant, সমৃদ্ধ। *n.* **o°pūlence**—ধনসম্পদ্; ধনশালিতা, ধনাঢ্যতা; সমৃদ্ধি। *adv.* **o°pūlently**। [L. *opulens*]

opus [ō°-pus, ঔ°পাস্] *n.* a work or composition (especially of a musician), (বিশেষতঃ সঙ্গীতজ্ঞ বা সুরকারের) রচনা। **magnum opus**—শিল্প সাহিত্য বা সঙ্গীতে সুবৃহৎ প্রধান বা প্রখ্যাত রচনা। [L.]

or$_1$ [aw(r), অ্য(র্)] *n.* the tincture of gold or yellow in heraldry, কুলচিহ্নাদিতে সোনালি বা পীত আভা। [F.<L. *aurum*=gold]

or$_2$ [aw(r), অ্য(র্)] *con. adv. & prep.* (obs.) before, (অপ্র.) পূর্বে, আগে। **or ever**—আগে কখনও। [OE. *ar*=early<ON.]

or$_3$ [aw(r), অ্য(র্)] *con.* making an alternative, অথবা, কিংবা, বা। **or else**—অন্যথায়, আর না হয়; যদি না। **or so**—বা প্রায় ঐরূপ (কিছু)। [ME. *other*]

oracle [o°-rakl, অ°র্যাক্‌ল্] *n.* a medium of, or place for divine revelation, দৈববাণী বা প্রত্যাদেশ প্রকাশের মাধ্যম অথবা স্থান; divine revelation, দৈববাণী; a person of great wisdom, মহাজ্ঞানী ব্যক্তি (যাহার বাক্য দৈববাণীতুল্য অমোঘ); an infallible indication, অমোঘ আভাস; a wise or infallible or mysterious saying, জ্ঞানগর্ভ বা অমোঘ বা রহস্যপূর্ণ উক্তি। *a.* **or°acūlar**—দৈববাণীতুল্য (অমোঘ); দৈববাণীজ্ঞাপক; প্রত্যাদেশমূলক; রহস্যপূর্ণ (*oracular* utterances)। **(to) work the oracle**—(আল.) গোপনে প্রভাব বিস্তার করিয়া বা কৌশলে নিজের উদ্দেশ্য সিদ্ধ বা মতলব হাসিল করা। [L. *oraculum*<*orare*=to speak]

oral [aw°r(a)l, অ্য°র্‌ল্] (**1**) *a.* of, or uttered by the mouth, মুখসংক্রান্ত, মুখদ্বারা উচ্চারিত, মৌখিক; spoken, বাচনিক (অর্থাৎ অলিখিত)। (**2**) *n.* an oral examination, মৌখিক পরীক্ষা। *n.* **o°racy**—বলনে দক্ষতা। *adv.* **o°rally** । [L. *oris*=the mouth]

orang—see **orang-utan.**

orange [o°-rinz, অ°রিন্‌জ্] (**1**) *n.* a variety of fruit, কমলালেবু, নারাঙ্গ; its tree, কমলালেবুর গাছ; its colour, কমলাবর্ণ। (**2**) *a.* of the orange, কমলা-সংক্রান্ত; orange-coloured, কমলাবর্ণ। *n.* **o°rangeāde**—কমলালেবুর রসে প্রস্তুত পানীয়বিশেষ। *n.* **o°ránge-blo°ssom, o°ránge-flower**—কমলাগাছের শ্বেতবর্ণ পুষ্প (বিবাহের কনের পরিধেয়)। *a.* **o°ránge-coloured**—কমলাবর্ণ। *n.* **o°ránge-peel**—কমলালেবুর খোসা। *n.* **orangery** [o°-rin-ja-ri, অ°রিন্‌জ্যারি] কমলালেবুর খেত। *n.* **o°ránge-wife**—কমলালেবু-বিক্রেত্রী। [F.<Ar. *naranj*]

orang-(o)utan(g) [aw°-rang-ōō°-tan, অ্য°র্যাংউ°ট্যান্], **o°rang**—*n.* an anthropoid ape, নরাকার উল্লুকবিশেষ, ওরাং-ওটাং। [Mal. *orang utan*]

orate—see **oration.**

oration [ŏ-rā°sh(a)n, ওরেই°শ্‌ন্] *n.* a (formal) speech, (আনুষ্ঠানিক) বক্তৃতা, ভাষণ; a harangue, বাজে বক্তৃতা, বক্তিমা। *v.i.* **orate** [aw-rāt°, অ্যরেইট্°] (ব্যঙ্গে) বক্তিমা করা। *p. & p. pt.* **orā°ted** । [L. *oratio*<*orare*=to speak]

orator [o°-ra-ta(r), অ°র্যাট্যা(র্)] *n.* a public speaker, জনসভার বক্তা; a man of eloquence, বাগ্মী। *fem.* **o°ratress** । *a.* **oratorical** [o-ra-to°-rik(a)l, অর্যাট°রিক্‌ল্] জনবক্তাসুলভ; বক্তৃতা করিতে ভালবাসে এমন; বক্তৃতামূলক; বক্তৃতাতুল্য। *n.* **oratory** [o°-ra-t(a)ri, অ°র্যাট্‌রি] জনসভায় বক্তৃতা; বাগ্মিতা; অলঙ্কারপূর্ণ উক্তি; ব্যক্তিগত উপা-

সনার স্থান ; ক্ষুদ্র ভজনালয়। [L. <*orare*=to pray]

oratorio [ora-taw°-ri-ō, অর‌্যাটা°রিঔ] *n.* a musical composition (usually on a sacred theme) for solo voices, chorus and orchestra, একক ও সমবেত কণ্ঠ এবং যৌথ নৃত্যবাদ্যাদির জন্য (সচ. ধর্মবিষয়ে) রচিত সঙ্গীত। [It.]

orb [aw(r)b, অ্যা(র্)ব্] (**1**) *n.* a circle, বৃত্ত ; a sphere, গোলক ; anything round, গোলাকার বস্তু ; a celestial body, গ্রহনক্ষত্রাদির যে-কোনটি ; an eyeball, অক্ষিগোলক ; the mound of a king's regalia, রাজদণ্ডের মাথা ; an orbit, গ্রহাদির কক্ষ ; a world, জগৎ। (**2**) *v.t.i.* to surround, পরিবেষ্টন করা ; to form into an orb, গোলকাকার করা বা হওয়া। *a.* **or°bed,** (poet.) **or°bėd**—বৃত্তাকার। *a.* **orbi°cūlar**—প্রায় গোলাকার, (পরি.) মণ্ডলাকার। [L. *orbis*=ring]

orbit [aw(r)°-bit, অ্যা(র্)°বিট্] (**1**) *n.* the curved course of a heavenly body, গ্রহনক্ষত্রাদির পরিক্রমণপথ বা কক্ষ ; the eye-socket, অক্ষিকোটর। (**2**) *v.i.* to move in the orbit, কক্ষপথ পরিক্রমণ করা (to *orbit* the moon)। *p.* & *p. pt.* **or°bitėd**। *a.* **or°bital**—কাক্ষিক (*orbital* distance, velocity, etc.) ; অক্ষিকোটর-সংক্রান্ত। **(to) put in orbit**—কক্ষপথে স্থাপন করা। [L. *orbita*=track of a wheel or the moon < *orbis*=ring]

Orcadian [aw(r)-kā°-di-an, অ্যা(র্)কেই°ডিঅ্যান্] (**1**) *a.* of Orkney, অরকনি-দ্বীপপুঞ্জের। (**2**) *n.* a native of Orkney, অরকনির অধিবাসী। [L. *Orcades*=Orkney < Gk.]

orchard [aw(r)°-cha(r)d, অ্যা(র্)°চ্যা(র্)ড্] *n.* an enclosed fruit-garden, বেড়া-দেওয়া ফলবাগান। *n.* **or°chardman**—ফল-উৎপাদক। [OE. *ortgeard* <? L. *hortus*=garden, OE. *geard*—see *yard*]

orchestra [aw(r)°-kis-tra, অ্যা(র্)°কিস্‌ট্র্যা] *n.* space in front of the ancient Greek theatre-stage where the chorus sang and danced, গ্রীক নাট্যমঞ্চে যে যৌথনৃত্যগীত হইত ; the part of the theatre or concert-room occupied by instrumental musicians, নাট্যমঞ্চের বা ঐকতানবাদন-কক্ষের যে অংশে যন্ত্রবাদকেরা বসে ; a large band of musicians playing together, বৃহৎ ঐকতান-বাদকদল, অর্কেস্ট্রা। *a.* **orchestral** [aw(r)-kes°-tr(a)l, অ্যা(র্)কেস্°ট্র্‌ল্] অর্কেস্ট্রা-সংক্রান্ত ; অর্কেস্ট্রার জন্য। *v.t.* **or°chėstrāte**—অর্কেস্ট্রার জন্য রচনা করা বা সাজান বা সুরসংযোজিত করা। *p.* & *p. pt.* **or°chėstrātėd**। *n.* **orchėstrā°tion**। [Gk.]

orchid [aw(r)°-kid, অ্যা(র্)°কিড্], **or°chis**—*n.* a plant with tuberous root, রাস্নাগোত্রীয় গাছবিশেষ বা তাহার ফুল। [Gk. *orchis*]

orchitis [aw(r)-kī°-tis, অ্যা(র্)কাই°টিস্] *n.* inflammation of the testicles, অণ্ডকোষপ্রদাহমূলক ব্যাধি। [Gk. *orchis*=testicles]

ord [aw(r), অ্যা(র্)] *abbr.* **ordinary.**

ordain [aw(r)-dān°, অ্যা(র্)ডেইন্°] *v.t.* to arrange, বিন্যস্ত করা, সাজাইয়া রাখা ; to establish, স্থাপন করা, প্রতিষ্ঠিত করা ; to decree or order, রায় দেওয়া বা আদেশ দেওয়া ; to destine, ভাগ্যে লেখা, ভাগ্য স্থির করিয়া দেওয়া ; to assign, কর্মাদির ভারার্পণ করা ; to appoint, নিযুক্ত করা ; to set apart, (বিশেষ কর্মাদির জন্য) আলাদা করিয়া রাখা ; to admit to holy orders, সন্ন্যাসিসম্প্রদায়ে ভর্তি করা। *n.* **ordain°ment**—আদেশদান, আদেশ। [OF. *ordener* < L. *ordinare* < *ordo*=order]

ordeal [aw(r)-dēl°, অ্যা(র্)ডীল্°] *n.* an ancient form of trial by lot, fire, water, etc., ভাগ্যপরীক্ষা ; অগ্নি জল প্রভৃতির সাহায্যে প্রাচীন বিচার-প্রণালীবিশেষ (তু. অগ্নিপরীক্ষা) ; any severe trial, কঠোর পরীক্ষা। [OE. *ordel, ordal*—cp. Du. *oordeel*]

order [aw(r)°-da(r), অ্যা(র্)°ড্যা(র্)] (**1**) *n.* arrangement, বিন্যাস ; sequence, ক্রম, অনুযায়িতা (alphabetical, chronological, natural *order*, etc.) ; due or normal condition, যথাযথ বা স্বাভাবিক অবস্থা ; method, প্রণালী ; system, তন্ত্র ; tidiness, পরিষ্কার-পরিচ্ছন্নতা, ফিট্‌ফাট্ ভাব ; a form of procedure, (সভাদির) অনুষ্ঠানের সূচি বা ধারা ; discipline, শৃঙ্খলা (law and *order*) ; a practice, অভ্যাস, প্রথা, রীতি ('the old *order* changeth') ; grade or rank, ক্রমপর্যায় বা পর্যায়ান্বিত পদমর্যাদা ; command, আদেশ, হুকুম ; a written instruction to pay money, অর্থপ্রদানার্থ লিখিত ফরমাশ, হুণ্ডি ; a customer's instruction to supply goods or perform work, মাল-সরবরাহার্থ বা কর্মসম্পাদনার্থ ফরমাশ ; a class of society, সামাজিক শ্রেণী ; a body of persons of the same class, একশ্রেণীভুক্ত ব্যক্তিগণ, (পরি.) বর্গ ; a fraternity, (ধর্মসেবীদের বা বীরদের) সম্প্রদায়। (**2**) *v.t.* to arrange, বিন্যস্ত করা, সাজান ; to put in order, ক্রমপর্যায়ানুসারে সাজান ; to regulate, নিয়ন্ত্রিত করা ; to command, আদেশ দেওয়া, হুকুম করা ; to give an order for, ফরমাশ দেওয়া। (**3**) *int.* calling for order or to order, শৃঙ্খলা মানিয়া চলার জন্য বা আদেশদানের জন্য ধ্বনি। **a large** or **tall order**—মাল-সরবরাহ প্রভৃতির যে ফরমাশ পূরণ করা কঠিন। **by order of**—অধিকর্তা বা কর্তৃপক্ষের নির্দেশানুসারে। **full orders**—পৌরোহিত্য। **holy orders**—রোমান ও গ্রীক খ্রিস্টীয় সন্ন্যাসী-সম্প্রদায়। **in order**—সুবিন্যস্ত, যথাযথ। **in order to, in order that**—উদ্দেশ্যে। **in order of**—সভার নিয়মানুযায়ী ; ক্রমানুসারে (*in order of* merit)। **of the order of**—(পরিমাণ পরিমাপ প্রভৃতি বুঝাইতে) কাছাকাছি, প্রায় (errors *of the order of* 2%)। **order of the day**—(সাধারণতঃ যুদ্ধাদিতে) নির্দিষ্ট দিনের

কর্মসূচি ; সমসাময়িক হালচাল। **on order**—ফরমাশ দেওয়া হইয়াছে কিন্তু এখনও পূরণ করা হয় নাই এমন। **out of order**—বিকল। **point of order**—সভাদির আইন-কানুন-সম্বন্ধে বৈধতার প্রশ্ন। **to order**—ফরমাশমত ; আদেশানুযায়ী। **under the orders of**—নির্দিষ্ট কাহারও আজ্ঞাধীন বা কাহারও দ্বারা আদিষ্ট। **(to) order one about**—(কাহাকেও) ক্রমাগত হুকুম করিতে বা ফরমাশ দিতে থাকা। **(to) call to order**—সংযত আচরণ করিতে বলা (*to call* the students or the class *to order*)। **(to) take orders**—সন্ন্যাসি-সম্প্রদায়ে ভরতি হওয়া। *n.* **or°der-book**—মাল-সরবরাহ প্রভৃতির ফরমাশ টুকিয়া লইবার খাতা। *n.* **or°der-form**—মাল-সরবরাহ প্রভৃতির ফরমাশ লিখিবার জন্য নির্দিষ্ট (ছাপান) কাগজ। *a.* **or°der-less**—অগোছাল ; বিশৃঙ্খল ; অপরিচ্ছন্ন ; অস্বাভাবিক অবস্থাযুক্ত ; নিয়ন্ত্রিত প্রণালীহীন ; ক্রমপর্যায়বিহীন ; আদেশহীন ; ফরমাশহীন। *n.* **or°der-pāper**—নির্দিষ্ট দিনের কর্মসূচিসংবলিত কাগজ। **or°derly**—(**I**) *a.* সুবিন্যস্ত ; পরিষ্কার-পরিচ্ছন্ন ; সুনিয়ন্ত্রিত ; নিয়মিত ; সু-স্বভাবযুক্ত ; শান্ত ; (কর্মচারীসম্বন্ধে) কর্তব্যরত। (2) *n.* (প্রধানতঃ বার্তাবাহী বা পরিচর্যাকারী) নিম্নপদস্থ সৈনিকবিশেষ ; হাসপাতালের পরিচারক ; (ভারতে) আর্দালি, দ্বারী। **orderly officer**—নির্দিষ্ট দিনের কর্মভারপ্রাপ্ত পদস্থ (প্রধানতঃ সামরিক) কর্মচারী। **orderly room**—সামরিক orderly officer-এর অফিস-ঘর। *n.* **or°derliness**। [F. *ordre*<L. *ordo*]

ordinal [aw(r)°-dinl, অ্য(র্)°ডিন্‌ল্] (**I**) *a.* indicating position in series, ক্রমপর্যায়সূচক, (গণি.) পূরণবাচক ; of an order, সন্ন্যাসিসম্প্রদায়সংক্রান্ত। (2) *n.* an ordinal number, (গণি.) পূরণবাচক সংখ্যা ; a service book, খ্রিস্টীয় উপাসনা-গ্রন্থ-বিশেষ। [LL. *ordinalis*<*ordo*<order]

ordinance [aw(r)°-di-nans, অ্য(র্)°ডিন্যান্‌স্] *n.* authoritative direction, বিশেষ ক্ষমতাবলে প্রদত্ত নির্দেশ, (পরি.) অধ্যাদেশ ; decree, রায় ; আদেশ ; a religious rite, ধর্মানুষ্ঠান। [L. *ordinare*<*ordo*=order]

ordinand [aw(r)-di-nand°, অ্য(র্)ডিন্যান্ড্°] *n.* a candidate for ordination, সন্ন্যাসিসম্প্রদায়ে বা খ্রিস্টীয় যাজকসম্প্রদায়ে ভরতি হইবার প্রার্থী। [L. *ordinandus*]

ordinary [aw(r)°-dnri, অ্য(র্)°ড্‌ন্‌রি] (**I**) *a.* normal, স্বাভাবিক ; general, সামান্য, সাধারণ ; usual, প্রচলিত ; commonplace, গতানুগতিক। (2) *n.* authority having immediate jurisdiction, যাহার ক্ষমতা পদাধিকারবলে আসিয়াছে। *adv.* **or°dinarily**। *n.* **or°dinariness**। *n.* **Ordinary**—এলাকার আর্চবিশপ বা বিশপ। **in an ordinary way**—সাধারণ অবস্থায়। **in ordinary**—স্থায়ী নিয়োগদ্বারা। **out of the ordinary**—অ-সাধারণ। [L. *ordinarius*<*ordo*=order]

ordinate [aw(r)°d-nit, অ্য(র্)°ড্‌নিট্] *n.* a straight line parallel to an axis cutting off an abscissa, (পরি.) কোটি। [see *ordinance*]

ordination [aw(r)-di-nā°sh(a)n, অ্য(র্)ডিনেই°-শ্‌ন্] *n.* act of ordaining, বিন্যাস, স্থাপন, রায় বা আদেশ দান, ভাগ্যনির্ধারণ, কর্মাদির দায়িত্ব অর্পণ, নিয়োজন, পৃথক্ করিয়া রাখা, সন্ন্যাসিসম্প্রদায়ে বা খ্রিস্টীয় যাজকসম্প্রদায়ে ভরতি করা। [see *ordinance*, *ordain*]

ordnance [aw(r)d°-nans, অ্য(র্)ড্°ন্যান্‌স্] *n.* munition, কামান বন্দুক গোলাগুলি প্রভৃতি ; great guns, বৃহৎ কামানসমূহ ; a department for military stores, সামরিক সাজসরঞ্জাম ও অস্ত্রশস্ত্রের ভারপ্রাপ্ত বিভাগ। **ordnance map**—গ্রেটব্রিটেন ও আয়ারল্যানডের সরকারি মানচিত্র ; উক্ত মানচিত্র-রচনা। [see *ordinance*]

ordure [aw(r)°-dū(r), অ্য(র্)°ডিউয়্যা(র্)] *n.* dirt, ময়লা ; dung, পশুবিষ্ঠা ; obscenity, অশ্লীলতা ; foul language, কদর্য ভাষা, গালিগালাজ। [F.<L. *horridus*=rough]

ore [aw(r), অ্য(র্)] *n.* a mineral from which a metal can be extracted, আকরিক ; (poet.) precious metal, মূল্যবান্ ধাতু। [OE. *ar*=brass, influenced by *ora*=unwrought metal]

oread [aw°-ri-ad, অ্য°রিঅ্যাড্] *n.* (myth.) a mountain nymph, (পুরা.) পর্বত-পরী। [L. *oreadis*<Gk. *oreiados*]

orectic [ŏ-rec°-tic, ওরেক্°টিক] *a.* (phil. & med.) of desire or appetite, আকাঙ্ক্ষা বা ক্ষুধা-সংক্রান্ত। [Gk. *orektikos*<oregō=to stretch out]

organ [aw(r)°-gan, অ্য(র্)°গ্যান্] *n.* an instrument or means by which anything is done, কার্যসাধনের যন্ত্র বা উপায় ; a part of the body serving some vital function, ইন্দ্রিয়, অঙ্গ, অবয়ব ; a medium of opinion, মতপ্রকাশের মাধ্যম (যেমন, সংবাদপত্র) ; a musical instrument, বাদ্যযন্ত্রবিশেষ, অর্গান্। **reed organ**—পাইপের বদলে রীডে তৈয়ারি হারমোনিআম অর্থাৎ সাধারণ হারমোনিআম। *n.* **or°gan-blower**—যে ব্যক্তির বা যন্ত্রের দ্বারা অর্গান্ হারমোনিআম প্রভৃতি বেলো (bellows) করা হয়। *a.* **orga°nic-(al)**—যন্ত্র উপায় ইন্দ্রিয় অঙ্গ মতপ্রকাশের মাধ্যম বা অর্গান্‌বাদ্য সংক্রান্ত অথবা তত্তুল্য ; যান্ত্রিক, জৈব, আঙ্গিক, অঙ্গীয় ; সংগঠনসংক্রান্ত, সাংগঠনিক ; সংগঠিত। **organic chemistry**—জৈব রসায়ন। **organic disease**—শরীরের অভ্যন্তরীণ বিকার-জনিত ব্যাধি। *n.* **or°ganism**—গঠন, দেহ, অবয়ব, অঙ্গ ; দেহী, জীব, অবয়বী, অঙ্গী, সর্ব অঙ্গ লইয়া কর্মশীল কিছু (যেমন, প্রতিষ্ঠান বা সৃষ্টি) ; জীবন্ত প্রাণী বা উদ্ভিদ্। *n.* **or°ganist**—অর্গান্-বাদক। *n.* **organizā°tion**—organize-এর সকল অর্থে, এবং—সংগঠিত দল বা প্রতিষ্ঠান বা তন্ত্র। *v.t.* **or°ganize**—বিভিন্ন অঙ্গসমূহ তৈয়ারী করিয়া দেওয়া ; পূর্ণাঙ্গ করিয়া গঠন করা ; সংগঠিত করা ; বিন্যস্ত করা, সাজান। *a.* **or°ganized**

—সংগঠিত ; পূর্ণাঙ্গ ; সুপরিচালিত। *n.* **or°ganizer**। *n.* **or°gan-loft**—গির্জা প্রভৃতিতে অর্গান্ বাজাইবার জন্ম গ্যালারি। [*organum*<Gk. *organon*<*ergon*=work]

organa—see **organon** and **organum.**

organdie, organdy [aw(r)°-gan-di, অ্যা(র্)°-গ্যান্‌ডি] *n.* a fine muslin, সূক্ষ্ম মসলিন-বস্ত্রবিশেষ, অর্গাণ্ডি। [F. *organdi*]

organic, organism, organist, organize—see **organ.**

organon [aw(r)°-ga-non, অ্যা(র্)°গ্যানন্], **organum** [aw(r)°-ga-nam, অ্যা(র্)°গ্যান্যাম্] *n.* a method of investigation, অনুসন্ধানের বা গবেষণার প্রণালীবিশেষ ; means of reasoning, a system of rules, যুক্তি-বিষয়ক সূত্রাবলী। *pl.* **or°gana**। [Gk. *organon*<*organum*]

orgasm [aw(r)°-gazm, অ্যা(র্)°গ্যাজ্‌ম্] *n.* immoderate excitement, অত্যধিক উত্তেজনা ; a paroxysm of desire, rage, sexual hunger, etc., লালসা ক্রোধ যৌনক্ষুধা প্রভৃতির প্রবল অভিব্যক্তি, (পরি.) রাগমোচন। [Gk. *orgasmos*=swelling]

orgy [aw(r)°-ji, অ্যা(র্)°জি] *n.* (usu. in *pl.*) a secret rite, গুপ্ত ধর্মানুষ্ঠান বা উপাসনা ; a drunken or licentious revel, পানোন্মত্ত বা উচ্ছৃঙ্খল হৈচৈপূর্ণ উৎসব। *a.* **orgias°tic**—উক্ত উৎসবসুলভ অর্থাৎ পানোন্মত্ত বা উচ্ছৃঙ্খল হৈচৈপূর্ণ ; প্রমত্ত বা উন্মত্ত। [F. *orgies*<L.<Gk. *orgia*]

oriel [aw°-ri-al, অ্যা°রিঅ্যাল্] *n.* the projecting part of an upper room containing a window, উপরতলার ঘরের জানালাবিশিষ্ট অভিক্ষিপ্ত অংশ (তু. অলিন্দ) ; such a window, উক্ত জানালা। [OF. *oriol*=porch]

orient [aw°-ri-ant, অ্যা°রিঅ্যান্ট্] (**1**) *a.* rising, উদীয়মান (the *orient* sun) ; eastern, প্রাচ্য ; bright or pure in colour, উজ্জ্বল বা বিশুদ্ধ বর্ণযুক্ত। (**2**) *n.* the part where the sun rises, সূর্যের উদয়মণ্ডল বা পূর্বাচল ; sunrise, সূর্যোদয় ; purity of lustre in a pearl, মুক্তার নিখুঁত বা বিশুদ্ধ ঔজ্জ্বল্য ; an orient pearl, নিখুঁত ঔজ্জ্বল্যপূর্ণ মুক্তা। (**3**) *v.i.* to set so as to face the east, পূর্বমুখ করিয়া স্থাপন করা ; to build east and west, পূর্ব-পশ্চিমে লম্বালম্বি করিয়া নির্মাণ করা ; to place, or determine the position of, with regard to the points of a compass, কম্পাসের কাঁটা-অনুযায়ী স্থাপন করা বা তদনুসারে অবস্থান নির্ণয় করা ; (fig.) to bring into clearly understood relation, (আল.) অন্যান্য বস্তুর সহিত কিছুর সম্পর্ক স্পষ্টভাবে জানা। *p.* & *p. pt.* **o°riented**। *n.* **O°rient**—প্রাচ্যজগৎ, পৃথিবীর পূর্বাংশের দেশসমূহ। **(to) orient oneself**—পারিপার্শ্বিকের সহিত নিজেকে পরিচিত বা সম্পর্কান্বিত করা। *a.* **oriental** [aw-ri-en°tl, অ্যারিএন্°ট্‌ল্] প্রাচ্য। **Orien°tal**—(**1**) *a.* প্রাচ্যজগতের বা এশিয়ার। (**2**) *n.* প্রাচ্যজগতের বা এশিয়ার লোক। *n.* **Orien°talism**—প্রাচ্যজাগতিক বাগ্বিধি রীতি প্রভৃতি ; প্রাচ্যজাগতিক ভাষাসমূহে পাণ্ডিত্য। *n.* **Orien°talist**—প্রাচ্যজাগতিক ভাষাসমূহে পণ্ডিত। *v.t.* **orientate** [aw°-ri-en-tāt, অ্যা°রিএন্‌টেইট্] usual form of **orient** (*v.*)। *p.* & *p. pt.* **o°rientātėd**। *n.* **orientā°tion**। [L. *orii*> to rise]

orifice [o°-ri-fis, অ°রিফিস্] *n.* a small mouth-like opening, ক্ষুদ্র মুখাকার ফাঁক বা রন্ধ্র। [F.< L. *orificium*]

Oriflamme, oriflamme [o°-ri-flam, অ°রিফ্ল্যাম্] *n.* the ancient—red and sacred—royal standard of France, প্রাচীন ফ্রান্সের লালবর্ণ পবিত্র রাজকীয় পতাকা। [F.<L. *aurum* =gold, *flamma*=a flame]

origin [o°-ri-jin, অ°রিজিন্] *n.* rising or beginning, উৎপত্তি, উদ্ভব, আরম্ভ ; first cause, আদিকারণ ; source, উৎস ; derivation, ব্যুৎপত্তি ; (math.) the fixed starting-point, (গণি.) স্থির-উৎসবিন্দু, (পরি.) মূলবিন্দু। **original** [a-ri°-janl, অ্যারি°জ্যান্‌ল্] (**1**) *a.* উৎপত্তি আরম্ভ বা উৎস সম্বন্ধীয় ; আদিম (*original* inhabitant) ; মূল, প্রারম্ভিক (*original* plan) ; সহজাত ; মূলগত ; মৌলিক (an *original* thinker) ; সৃজনীশক্তিসম্পন্ন (an *original* design) ; অদ্ভুতপ্রকৃতি। (**2**) *n.* উৎপত্তি, আরম্ভ, উৎস ; মৌলিক বস্তু বা সৃষ্টি (বিশেষতঃ গ্রন্থ ছবি প্রভৃতি) ; আদিরূপ ; চারিত্রিক গুণে বা রচনাভঙ্গিতে বৈশিষ্ট্যপূর্ণ ব্যক্তি বস্তু রচনা প্রভৃতি ; অদ্ভুতপ্রকৃতি ব্যক্তি ; (in *pl.*—কাব্যে) মৌলিক উপাদানসমূহ। *n.* **originality** [o-ri-ji-na°-li-ti, অরিজিন্যা°লিটি]। *v.t.i.* **ori°ginate**—উৎপন্ন করা বা হওয়া ; আরম্ভ করা বা হওয়া (the custom of embalming the dead *originated* in ancient Egypt)। *p.* & *p. pt.* **ori°ginātėd**। *n.* **originā°tion**। *a.* **ori°ginātive**—উৎপাদনের, মৌলিক উদ্ভাবনের বা সৃজনের শক্তিসম্পন্ন ; উৎপাদনী, সৃজনী। *n.* **ori°ginātor**। [L. *origio*<*oriri*=to rise]

oriole [aw°-ri-ōl, অ্যা°রিঔল্] *n.* a golden bird with black wings, কৃষ্ণবর্ণ পক্ষযুক্ত সোনালি পাখিবিশেষ। [F. *oriol*<L. *aureolus*<*aureus* =golden]

Orion [ŏ-rī°-an, ওরাই°অ্যান্] *n.* a constellation, (জ্যোতি.) কালপুরুষ। **Orion's hound**—লুব্ধক। [Gk.]

orison [o°-riz(a)n, অ°রিজ্‌ন্] *n.* a prayer, প্রার্থনা, উপাসনা। [OF.<L. *oritio*<*orare*=to speak]

Oriya [ō-rē°-ŭ, ঔড়ী°আ] *n.* a native or the language of Orissa, ওড়িশার লোক বা ভাষা, ওড়িয়া।

orlop [aw(r)°-lop, অ্যা(র্)°লপ্] *n.* the lowest deck of a ship with three or more decks, তিন বা তদূর্ধ্ব তলযুক্ত জাহাজের সর্বনিম্ন তল। [Du. *overloop*]

ormolu [aw(r)°-mŏ-lo͞o, অ্যা(র্)°মোলু] *n.* gilded bronze or an article decorated with this, (আসবাবপত্রের শোভাবর্ধনের জন্য ব্যবহৃত) গিলটি-করা ব্রোঞ্জ বা ব্রোঞ্জের পাত অথবা তদ্দ্বারা পরিশোভিত বস্তু; an alloy of copper, zinc and tin or an article made of this, তাম্র দস্তা ও রাংয়ের মিশ্র-বিশেষ অথবা ঐ মিশ্রে তৈয়ারি জিনিস। [F. *or moulu*=ground gold]

ornament [aw(r)°-na-mant, অ্যা(র্)°ন্যাম্যান্‌ট্] *n.* anything that adorns, অলঙ্কার, গহনা; a mark of honour, সম্মানচিহ্ন; a person bringing grace to a country, institution, etc., দেশ প্রতিষ্ঠান প্রভৃতির গৌরববর্ধক ব্যক্তি (he is an *ornament* to his country, race, age, etc.)। *v.t.* **ornament** [aw(r)°-na-ment, অ্যা(র্)°ন্যামেন্‌ট্] অলঙ্কৃত করা; গহনা পরান; সৌন্দর্য বা শোভাবৃদ্ধি করা। *a.* **ornamental** [aw(r)-na-men°tl, অ্যা(র্)-ন্যামেন্‌°ট্‌ল্] শোভাময় বা সুন্দর করে এমন; অলঙ্কারস্বরূপ (wives are largely *ornamental* in the higher echelon of society)। *n.* **ornamentā°tion**। *a.* **or°namented**—অলঙ্কৃত। [F.<L. *ornamentum*<*ornare*=to adorn]

ornate [aw(r)-nāt°, অ্যা(র্)নেইট্°] *a.* decorated, সুসজ্জিত; excessively ornamented, মাত্রাতিরিক্তভাবে অলঙ্কৃত বা সজ্জিত (to write in *ornate* style)। *adv.* **ornāte°ly**। *n.* **ornāte°ness**। [L. *ornatus*]

ornithology [aw(r)-ni-tho°-la-ji, অ্যা(র্)নিথ°-ল্যাজি] *n.* the study of birds, পক্ষিবিজ্ঞান। *a.* **ornithological** [aw(r)-ni-tha-lo°-jik(a)l, অ্যার্‌নিথ্যাল°জিক্‌ল্] পক্ষিবিজ্ঞানসম্বন্ধীয়। *n.* **ornitho°logist**—পক্ষিবিজ্ঞানী। [Gk. *ornithos*=bird, *logos*=discourse]

orography [o-ro°-gra-fi, অর°গ্র্যাফি] *n.* the branch of physical geography dealing with mountains, পর্বত-বর্ণনা। *a.* **orŏgra°phic(al)**—পর্বত-বর্ণনামূলক। [Gk. *oros*=mountain, *graphein*=to write]

orology [o-ro°-la-ji, অর°ল্যাজি] *n.* the study of mountains, পর্বত-বিজ্ঞান। *a.* **orological** [o-ra-lo°-jik(a)l, অর্যাল°জিক্‌ল্] পর্বত-বিজ্ঞান-সংক্রান্ত। *n.* **oro°logist**—পর্বত-বিজ্ঞানী। [Gk. *oros*=mountain, *logos*=discourse]

orotund [o°-rŏ-tund, অ°রোটান্‌ড্] *a.* mouth-filling, (কথা শব্দ প্রভৃতি সম্বন্ধে) গালভরা, লম্বা-চওড়া। [L. *ore rotundo*=with round mouth]

orphan [aw(r)°f(a)n, অ্যা(র্)°ফ্‌ন্] **(1)** *a.* bereft of father or mother or (usu.) of both, পিতৃহীন বা মাতৃহীন বা (সচ.) মাতাপিতৃহীন। **(2)** *n.* one who is orphan, উক্তরূপ ব্যক্তি (বিশেষতঃ বালক বা বালিকা)। **(3)** *v.t.* to make an orphan, পিতৃহীন বা মাতৃহীন বা মাতাপিতৃহীন করা (he was *orphaned* by war)। *n.* **orphanage** [aw(r)°-fa-nij, অ্যা(র্)°ফ্যানিজ্] পিতৃহীন বা মাতৃহীন বা মাতাপিতৃহীন অবস্থা; উক্ত অবস্থাপ্রাপ্ত অনাথ শিশুদের লালন-পালনের জন্য প্রতিষ্ঠান। [Gk. *orphanos*]

Orphean [aw(r)-fi°-an, অ্যা(র্)ফি°অ্যান্] **Or°-phic**—*a.* of or like Orpheus, গ্রীসের পৌরাণিক সঙ্গীতবিদ্ ও কবি অর্‌ফিউস্-সংক্রান্ত বা তত্তুল্য (কথিত আছে যে অর্‌ফিউসের সঙ্গীতে বনের পশুরা পর্যন্ত আত্মহারা হইয়া যাইত)।

orpiment [aw(r)°-pi-mant, অ্যা(র্)°পিম্যান্‌ট্] *n.* a mineral pigment, হরিতাল। [OF.<L. *aurum*=gold, *pigmentum*=paint]

orris$_1$ [o°-ris, অ°রিস্] *n.* a kind of iris, পুষ্প-বৃক্ষবিশেষ; its dried root-stock, গন্ধদ্রব্য প্রস্তুতের জন্য ব্যবহৃত উক্ত বৃক্ষের শুষ্ক মূল। [<*iris* ?]

orris$_2$ [o°-ris, অ°রিস্] *n.* gold or silver lace or embroidery, সোনারুপার লেস্ বা সূচিশিল্প। [OF. *orfreis*]

ort [aw(r)t, অ্যা(র্)ট্] *n.* (usu. in *pl.*) a fragment, esp. one left from a meal, বর্জিতাংশ, বিশেষতঃ যাহা ভোজনান্তে পাতে পড়িয়া থাকে, ভক্ষ্যা-বশেষ। [cp. LG.=refuse of fodder]

orthodox [aw(r)°-tha-doks, অ্যা(র্)°থ্যাডক্‌স্] *a.* sound in doctrine, অবলম্বিত (ধর্ম-)মতে দৃঢ়-বিশ্বাসী, নিষ্ঠাবান্, গোঁড়া। **the Orthodox church**—গ্রীক গির্জা। *n.* **ortho°doxy**—(ধর্ম-)মতে দৃঢ়বিশ্বাস, প্রগাঢ় নিষ্ঠা, গোঁড়ামি। [Gk. *orthos*=straight, *doxa*=opinion]

orthoepy [aw(r)-thō°-i-pi, অ্যা(র্)থৌ°ইপি] *n.* the science of (correct) pronunciation, (শুদ্ধ) উচ্চারণ-বিজ্ঞান। *n.* **orthō°peist**। [Gk. *orthos*=right, *epeia*<*epos*=word]

orthography [aw(r)-tho°-gra-fi, অ্যা(র্)থ°গ্র্যা-ফি] *n.* correct spelling, বিশুদ্ধ বানান (his *orthography* is dismal)। *n.* **ortho°grapher, ortho°graphist**—বিশুদ্ধ বানানকারী; বিশুদ্ধ বানানবিদ্। *a.* **orthŏgra°phic(al)**—বিশুদ্ধ বানানসংক্রান্ত। *adv.* **orthŏgra°phically** [Gk. *orthos*=right, *graphein*=to write]

orthopaedia [aw(r)-thŏ-pē-dī°-ŭ, অ্যা(র্)-থোপীডাই°আ], **or°thŏpaedy, or°thŏpēdy**—*n.* the art or process of curing deformities arising out of bone injuries (esp. in childhood), (প্রধানতঃ শৈশবে) অস্থিতে আঘাত লাগিবার ফলে সৃষ্ট বিকলাঙ্গতার চিকিৎসা। *a.* **orthopaedic** [aw(r)-thŏ-pē°-dik, অ্যা(র্)থোপী°ডিক্], **orthŏpae°dical**—উক্ত চিকিৎসা-সংক্রান্ত (*orthopaedic* surgery)। *n.* **orthŏpae°dics**—উক্ত বিকলাঙ্গতা নিরাময়কল্পে শল্যচিকিৎসা। [*ortho-*, Gk. *pais paidos*=a child]

ortolan [aw(r)°-ta-lan, অ্যা(র্)°ট্যাল্যান্] *n.* the garden bunting, পক্ষিবিশেষ (ইহার মাংস ইউরোপীয়দের প্রিয় খাদ্য)। [F.<It. *ortolano*<L. *hortulanus*=belonging to the garden]

Oscar [os°-kŭ(r), অস্°কা(র্)] *n.* a prize for excellence in cinema acting, directing, etc., চলচ্চিত্রে উচ্চমানের অভিনয় পরিচালনা প্রভৃতির জন্য পুরস্কার। [Name]

oscillate [o°-si-lāt, অ°সিলেইট্] *v.i.t.* to swing or cause to swing to and fro, ইতস্ততঃ বা ঘড়ির দোলকের মত আন্দোলিত হওয়া অথবা করান; to vibrate, স্পন্দিত হওয়া বা করা; to vacillate, দোনা-মনা হওয়া বা করান। *p.* & *p. pt.* **o°scillāted**। *a.* **o°scillāting**—oscillate-এর সকল অর্থে। **oscillating current**—যে বিদ্যুৎপ্রবাহ নির্দিষ্ট সময়ের ব্যবধানে বারংবার বিপরীতমুখী হয়, দোলায়মান বিদ্যুৎপ্রবাহ। *n.* **oscillā°tion**। *n.* **o°scillātor**। *a.* **o°scillātory**—দোলায়মান; স্পন্দনশীল; দোনামনা। *n.* **oscillograph** [o-si°-la-grŭf, অসি°ল্যাগ্রাফ্] যে যন্ত্রদ্বারা বিদ্যুৎপ্রবাহের তরঙ্গ ফিল্মে তোলা হয় বা পরদায় অভিক্ষিপ্ত হয়, (পরি.) দোলনলিখ্। **oscilloscōpe**—যে যন্ত্রের সাহায্যে ক্যাথোড্-রশ্মি-নলের পরদায় (টিভি পরদাসদৃশ) বিদ্যুৎপ্রবাহের তারতম্য ঢেউ-খেলান চিত্রে দেখান হয়। [L. *oscillare*]

oscitation [osi-tā°-sh(a)n, অসিটেই°শ্ন্] *n.* yawning, হাই; sleepiness, নিদালুতা, ঘুম-ঘুম ভাব। [L. *oscitatio* < *oscitare*=to gape]

osculant [os°-kū-lant, অস্°কিউল্যান্ট্] *a.* kissing, চুম্বনরত; adhering closely, দৃঢ়সংসক্ত; (bio.) intermediate between two genera, species, etc., linking, দুই বর্গ জাতি প্রভৃতির মধ্যবর্তী, সংযোজক। *a.* **os°cūlar**—*a.* (কৌতু.) মুখগত বা চুম্বনসংক্রান্ত; (গণি.) তিন বা ততোধিক বিন্দুতে মিলিত। **os°cūlāte**—(1) *v.t.* (কৌতু.) চুম্বন করা; (গণি.) তিন বা ততোধিক বিন্দুতে স্পর্শ করা। (2) *v.t.* ঘনিষ্ঠ সংযোগপূর্ণ হওয়া; সংযোগস্বরূপ হওয়া। *p.* & *p. pt.* **os°cūlātėd**। *n.* **osculā°tion**। *a.* **osculatory** [os°-kū-lat(a)-ri, অস্°কিউল্যাট্‌রি] চুম্বনসংক্রান্ত; চুম্বনকর; তিন বা ততোধিক বিন্দুতে স্পর্শসংক্রান্ত বা স্পর্শকর; ঘনিষ্ঠ সংযোগপূর্ণ; সংযোগস্বরূপ; সংযোগস্থাপক। [L. *osculari* < *osculum*=a kiss]

osier [ō°-za(r), ঔ°জ্যা(র্)] *n.* willow whose twigs are used in basket-work, যে উইলো-গাছের ডাল দিয়া ঝুড়ি তৈয়ারি হয়; its twig, ঐ গাছের ডাল। [F.]

Osmanli [oz-man°-li, অজ্ম্যান্°লি] (1) *a.* of the dynasty of Osman, এশিয়ায় তুর্কী সাম্রাজ্যের প্রতিষ্ঠাতা ওসমান-বংশীয়। (2) *n.* a member of this dynasty, উক্ত বংশের লোক। [cp. *Ottoman*]

osmium [oz°-mi-am, অজ্°মিঅ্যাম্] *n.* a metal, প্ল্যাটিনাম্-জাতীয় ধাতুবিশেষ। [Gk. *osme*=smell]

osmose [oz°-mōs, অজ্°মৌস্], **os°mōsis**—*n.* diffusion of liquids through a porous septum, সচ্ছিদ্র পরদা ভেদ করিয়া তরল পদার্থের ক্ষরণ, (পরি.) আস্রবণ। *a.* **osmotic** [oz°-motik, অজ্°মটিক্] আস্রবণসংক্রান্ত; আস্রবণশীল। [Gk. *osmos*=push]

osprey [os°-pri, অস্°প্রি] *n.* a large bird preying on fish, মৎস্য-শিকারি বৃহদাকার পক্ষিবিশেষ; a sea-eagle, সামুদ্র ঈগল; an egret, বকপাখি; an egret-plume on a hat or bonnet, টুপিতে বা শিরাবরণে পরান বকের পালক। [L. *ossifraga* ?]

osseous [o°-si-as, অ°সিঅ্যাস্] *a.* of or like bone, bony, অস্থিসংক্রান্ত, অস্থিগঠিত, অস্থিতুল্য। [L. *ossis*=bone]

Ossianic [o-si-a°-nik, অসিঅ্যা°নিক] *a.* of Ossian, or his works, আয়র্ল্যানডের পৌরাণিক কবি অসিআন্-সংক্রান্ত বা তাঁহার কাব্যসংক্রান্ত। [Gael. *Oisin*=Ossian]

ossify [o°-si-fi, অ°সিফাই] *v.t.i.* to turn into bone, হাড়ে পরিণত করা বা হওয়া; to harden, শক্ত করা বা হওয়া। *n.* **ossificā°tion**। [L. *ossis*=bone, *facere*=to make]

ossuary [o°-sū-a-ri, অ°সিউঅ্যারি] *n.* a charnel house, মৃতদের অস্থিসংরক্ষণার্থ সমাধিস্থান; a bone-urn, উক্ত অস্থি রাখার পাত্র। [L. *ossuarium* < *os*=bone]

ostensible [os-ten°-sabl, অস্টেন্°স্যাব্‌ল্] *a.* outwardly showing or professed, লোক-দেখান বা ভান-করা। *n.* **ostensibility** [os-ten-si-bi°-li-ti, অস্টেন্‌সিবি°লিটি]। *adv.* **osten°sibly**। *n.* **ostentā°tion**—পরের মনোযোগ-আকর্ষণার্থ বা প্রশংসালাভার্থ কৃত্রিম আচরণ, ভান; জাঁক; বড়াই। *a.* **ostentatious** [os-ten-tā°-shas, অস্টেন্টেই°শ্যাস্] উক্ত কৃত্রিম আচরণপূর্ণ; ভান-পূর্ণ; জাঁক করে এমন; জাঁকাল; বড়াই-পূর্ণ। *adv.* **ostentātiously**। [L. *ostendere*]

osteology [os-ti-o°-la-ji, অস্টিঅ°ল্যাজি] *n.* the study of bones, অস্থিবিদ্যা *a.* **osteological** [os-ti-a-lo°-jik(a)l, অস্টিঅ্যাল°জিকল্] অস্থিবিদ্যাসংক্রান্ত। *n.* **ostėo°logist**—অস্থিতত্ত্ববিদ্। [Gk. *osteon*=bone, *logos*=discourse]

osteopathy [os-ti-o°-pa-thi, অস্টিঅ°প্যাথি] *n.* treatment of certain diseases by massage and manipulation of bones and muscles, অস্থি ও মাংসপেশীর সংবাহন ও অস্ত্রোপচার দ্বারা কোন কোন রোগের চিকিৎসা। *n.* **osteopath** [os°-ti-a-path, অস্°টিঅ্যাপ্যাথ্] উক্ত প্রণালী-অনুসারী চিকিৎসক। [Gk. *osteon*=bone, *pathos*=suffering]

ostler [os°-la(r), অস্°ল্যা(র্)] *n.* one who attends to horses at an inn, সরাইখানার (মালিক ও অতিথিদের) অশ্বরক্ষক। [<hosteler]

ostracize [os°-tra-sīz, অস্°ট্র্যাসাইজ্] *v.t.* to banish by the vote of the people, (প্রাচীন গ্রীসে) গণভোট-বলে নির্বাসিত করা; to exclude from the society, সমাজ হইতে বহিষ্কৃত করা। *n.* **os°tracism**—গণভোট-বলে নির্বাসন; সমাজ হইতে

বহিষ্কার। [Gk. *ostrakon*=a potsherd on which the name of the person for or against ostracism was written]

ostrich [os°-trich, অস্°ট্রিচ্] *n.* a variety of birds, মূল্যবান্ পক্ষযুক্ত বৃহদাকার পক্ষিবিশেষ। [OF. *ostruce*<L. *avis*=bird, Gk. *strouthion*=an ostrich]

other [u°-dha(r), আ°দ্যা(র্)] (**1**) *a.* (ori.) one of two, (মূলতঃ) দুইয়ের মধ্যে একটি বা একজন, অন্যতর ; second, দ্বিতীয়, অপর ; different, অন্য, ভিন্ন ; different from one in question, উল্লিখিতটি ছাড়া অন্য (*other* than) : remaining, অবশিষ্ট, বাকি ; additional, অতিরিক্ত, বাড়তি। (**2**) *pron.* (or *n.*) other person, thing, specimen, etc., অপরজন, অপরটি ; another, আরেকজন, আরেকটি। **every other**—বাকি প্রত্যেকে (*every other* man)। **one after the other**—পরপর, একে একে। **some…or other**—যে কোন এক। **the others**—অন্যগুলি, অপর সকল। *n.* **o°therness**—অন্যতা, ভিন্নতা ; বৈসাদৃশ্য। **o°therwise**—(**1**) *adv.* অন্যভাবে, ভিন্নভাবে, পক্ষান্তরে ; অন্য বিষয়ে বা অবস্থায়। (**2**) *con.* else, অথবা, নতুবা। *n.* **o°ther-world°**—পরলোক। *a.* **o°ther-world°ly**—পরলোকের চিন্তায় মগ্ন ; পারলৌকিক। [AS.—cp. G. *ander*, L. *alter*, Sans. *antara*, *apara*]

otiose [ō°-shi-ōs, ঔ°শিঔস্] *a.* unoccupied, অবকাশপূর্ণ, হাতে কাজ নাই এমন ; functionless, কর্মহীন, অক্রিয় ; not required, অনাবশ্যক। *adv.* **ō°tiōsely**। *n.* **ō°tiōseness**। *n.* **otiosity** [ō-shi-o°-si-ti, ঔশিঅ°সিটি] আরাম ; আলস্য। [L. *otiosus*<*otium*=leisure]

otitis [o-tī°-tis, অটাই°টিস্] *n.* inflammation of the ear, কর্ণের স্ফীতি ও প্রদাহ। [Gk.]

otology [ō-to°-la-ji, ঔট°ল্যাজি] *n.* knowledge of the ear, কর্ণবিজ্ঞান। *n.* **ōto°logist**—কর্ণবিজ্ঞানী। [Gk. *otos*=ear, *logos*=discourse]

otoscope [ō°-ta-skōp, ঔ°ট্যাস্কৌপ্] *n.* an instrument for inspecting the ear, কর্ণপরীক্ষার যন্ত্রবিশেষ। [Gk. *otos*=ear, *scope*]

ottava [o-tŭ°-vŭ, অটা°ভা] *n.* an octave, অষ্টক। **ottava rima** [···re°mŭ,···রী°মা] ইটালির একাদশমাত্রিক ও অষ্টচরণযুক্ত কবিতা-স্তবকবিশেষ। [It.—cp. *octave*]

otter [o°-ta(r), অ°ট্যা(র্)] *n.* an aquatic carnivore, উদ্বিড়াল, ভোঁদড়। *n.* **o°tter-dog, o°tter-hound**—ভোঁদড়-শিকারের কুকুর। [OE. *otor*—cp. *water*]

otto [o°-tō, অ°টৌ] var. of **attar.**

Ottoman [o°-ta-man, অ°ট্যাম্যান্] (**1**) *a.* of the Turkish Empire, founded by Osman, ওসমান কর্তৃক প্রতিষ্ঠিত তুর্কি সাম্রাজ্যসংক্রান্ত। (**2**) *n.* a Turk of Turkey, তুরস্কবাসী তুর্কী ; a cushioned seat, কতিপয় ব্যক্তির একত্র বসার পক্ষে উপযোগী হেলান-বিহীন গদি-আঁটা আসনবিশেষ। [F.<Ar. *Othman*, Osman]

oubliette [ōōb-li-et°, উব্‌লিএট্°] *n.* a secret dungeon with entrance by a trapdoor, কেবল একটি চোরা-দরজার সাহায্যে প্রবেশসাধ্য (সচ. ভূগর্ভস্থ) গুপ্ত কারাগারবিশেষ। [F.]

ought$_1$ [awt, আট্] *n.* var. of **aught** and also (vul.) correl. of **naught.**

ought$_2$ [awt, আট্] *aux. v.* (usu. only in *pr.*) should, উচিত হওয়া, ঠিক হওয়া (he *ought* to go there)। [see *owe*]

ounce [owns, আউন্স্] *n.* in troy weight, $\frac{1}{12}$ of a pound, ইংল্যানডের মণিকারের ওজনবিশেষ ($=2\frac{2}{3}$ তোলা) ; $\frac{1}{16}$ of a pound avoirdupois, ইংল্যানডের বাজার-ওজনবিশেষ (=প্রায় $\frac{1}{2}$ ছটাক)। [OF. *unce*<L. *uncia*=the twelfth part—cp. *inch*]

our [owa(r), আউয়্যা(র্)] *pron. gen.* or *poss. a.* of **us,** আমাদের। *pron.* or *poss. a.* **ours**—আমাদের(ই) (this house is *ours*)। *pron. refl.* **ourself°**—আমিই ; আমি স্বয়ং বা নিজে নিজে। *pl.* **oursel°ves**। **all by ourselves**—আমরা নিজেরাই অর্থাৎ অন্য কারও সাহায্য বা সঙ্গ ছাড়া। [OE. *ure*. gen. of *we*]

ourang-outang—alt. spell. of **orang-utan.**

ousel—alt. spell. of **ouzel.**

oust [owst, আউস্ট্] *v.t.* to eject or expel, উচ্ছেদ করা বা বহিষ্কার করা (to *oust* a person *from* office)। *p.* & *p. pt.* **ous°ted**। *n.* **ous°ter**—(আইনে) উচ্ছেদ করা বা দখলচ্যুতি। [F. *oster*]

out$_1$ [owt, আউট্] (**1**) *adv.* (also *prep.*) away, দূরে ; not inside, বাহিরে ; no longer in possession, অধিকারের বা নাগালের বাহিরে ; in the open, উন্মুক্ত স্থানে ; at the end, শেষে ; (in football etc.) beyond the limits of the playing-field, (ফুটবল প্রভৃতি ক্রীড়ায়) খেলার মাঠের বাহিরে। (**2**) *a.* outlying, দূরস্থিত ; external, বাহিরের, বহিঃস্থ ; outward, বাহ্যিক ; (in cricket—of a batsman) defeated, (ক্রিকেটে—ব্যাট্‌স্‌ম্যান্ সম্পর্কে) 'আউট' বা পরাস্ত হইয়াছে এমন। (**3**) *int.* begone, যাও, ভাগ ; gone out of the playing-field, or (as in cricket etc.) defeated, (ক্রীড়াদিতে) 'আউট' হইয়াছে এমন। (**4**) *in comp.* out-এর সকল অর্থে, এবং—ছাপাইয়া ; পরাস্ত করিয়া। **out and about**—(সদ্য রোগমুক্তির পর স্বাস্থ্যোদ্ধারকারী-সম্বন্ধে) বাহিরে যাইতে বা চলাফেরা করিতে সক্ষম। **out and away**—অতিমাত্রায় (he is *out and away* the toughest player of the team)। **out and out**—সম্পূর্ণ, ডাহা, পুরাদস্তুর। **out for**—সন্ধানে বহির্গত বা বিদেশে উপনীত ; স্পষ্টভাবে লক্ষ্য বা উদ্দেশ করিয়া ; (ক্রিকেটে) অত রান্ করার পরে 'আউট্' (*out for* six runs)। **out of**—ভিতর হইতে ; কয়েকজনের বা

কয়েকটির মধ্য হইতে ; বাহিরে ; বাদ পড়িয়া ; হইতে; (কিছু বা কাহারও) হইতে উৎপন্ন, জাত : অতিক্রম করিয়া, সীমা ছাড়াইয়া ; দূরে ; ব্যতিরেকে, বাদে ; বিহীন হইয়া। **out of it**—(কার্যাদিতে) অংশগ্রহণ করিতেছে না এমন ; কোন সুযোগ না পাইয়া। **out to (do something)**—কিছু করিতে আশা করে এমন বা কিছু করিতে সচেষ্ট (he is *out to* help me)। **out upon**—ধিক্, ছিঃ। **out with**—লইয়া চলিয়া যাও; বন্ধুভাবাপন্ন নহে এমন। **(to) be out with**—বলিয়া ফেলা ; ফাঁস করিয়া দেওয়া ; বাহির করিয়া আনা। **from out**—বাহির হইতে। [OE. *ut(e)*—cp. Goth. *ut*, Sans. *ud*]

out-$_2$ [owt, আউট্] *in comp.* **out** (*adv.* & *a.*)-এর সকল অর্থে, কেবল ক্রিকেট-খেলার 'আউট' অর্থ ছাড়া। **out°back**—(1) *a.* প্রত্যন্ত ও জনবিরল। (2) *n.* প্রত্যন্ত ও জনবিরল স্থান। *v.t.* **outba°lance**—ওজনে ছাপাইয়া ওঠা। *p.* & *p. pt.* **outba°lanced**। *v.t.* **outbid°**—(নিলাম তাসখেলা প্রভৃতিতে) উচ্চতর ডাক দেওয়া, ডাকে ছাপাইয়া যাওয়া। *pr. pt.* **out-bi°dding**। *p.* **outbāde°**, **outbid°**। *p. pt.* **outbid°**, **outbi°dden**। *n.* **outbi°dder**। *a.* **out°board**—জাহাজ বা নৌকার প্রান্তে বা ধারে স্থাপিত অথবা অবস্থিত। *a.* **out°bound**—(জাহাজ-সম্বন্ধে) বহির্গামী ; বিদেশগামী। *v.t.* **outbrāve°**—সাহসভরে দ্বন্দ্বে আহ্বান করা বা দ্বন্দ্বার্থ সম্মুখীন করা বা তুচ্ছ করা। *n.* **out°break**—(রোগ যুদ্ধ প্রভৃতি মন্দ বস্তুর) আরম্ভ বা প্রকাশ বা সঙ্ঘটন, প্রাদুর্ভাব। *n.* **out°building**—same as **outhouse**। *n.* **out°-burst**—আকস্মিক আবেগপূর্ণ উক্তি ; বিস্ফোরণ। **out°cast**—(1) *a.* স্বীয় সমাজ বা গৃহ হইতে বহিষ্কৃত, পতিত। (2) *n.* ঐরূপ ব্যক্তি বা প্রাণী। **out°caste**—(1) *a.* জাতিচ্যুত। (2) *n.* জাতিচ্যুত ব্যক্তি। *v.t.* **out-class°**—উৎকর্ষে এমন ছাপাইয়া যাওয়া যে ভিন্ন (অর্থাৎ উচ্চতর) শ্রেণীভুক্ত বলিয়া মনে হওয়া। *a.* **outcla°ssed**—(যাহাকে) উৎকর্ষে বহুদূর ছাপাইয়া যাওয়া হইয়াছে এমন। *n.* **out°come**—উদ্ভূত বস্তু বা বিষয় বা ব্যক্তি ; পরিণতি ; ফলাফল। *n.* **out°crop**—পর্বতাদি হইতে উদ্ভিন্ন অতিরিক্ত অঙ্গ। *n.* **out°cry**—উচ্চ চিৎকার ; হৈচৈ, কোলাহল ; জনসাধারণের কোলাহলপূর্ণ আপত্তি। *a.* **outdā°tėd**—সেকেলে (ও অপ্রচলিত)। *v.t.* **outdis°tance**—বেগের পাল্লায় পিছনে ফেলিয়া যাওয়া। *p.* & *p. pt.* **outdis°tanced**। *v.t.* **outdo°**—ছাপাইয়া যাওয়া, অতিক্রম করিয়া যাওয়া। *p.* **outdid°**। *p. pt.* **outdone°**। *a.* **out°door**—গৃহের বহিঃস্থ ; অনাবাসিক (an *outdoor* patient of a hospital) ; উন্মুক্ত স্থানে অবস্থিত বা ঐ স্থানের জন্য, বহিরঙ্গন। *adv.* **out°doors°**—বাড়ির বাহিরে ; উন্মুক্ত স্থানে ; বিদেশে। **ou°ter**—(1) *a.* অধিকতর দূরস্থ বা বহিঃস্থ ; বহিঃস্থ, বাহ্যিক, বাহ্য। (2) *n.* নিশানার বহির্বৃত্ত-ভেদ। *a.* **ou°termōst**—erron. but usual form of **outmost** [an example of a *superlative* formed from a *comparative*]। *v.t.* **outfāce°**—সাহসভরে সম্মুখীন হওয়া ; অন্যের চোখের পলক যতক্ষণ পর্যন্ত না পড়ে বা যতক্ষণ পর্যন্ত না সে দৃষ্টি ফিরাইয়া লয় ততক্ষণ তাহার চোখে চোখ রাখিয়া তাকান ; লজ্জা দেওয়া, অপ্রতিভ করা। *p.* & *p. pt.* **outfā°ced**। *n.* **out°fall**—নদীর মোহনা, নরদমার মুখ, প্রভৃতি। *n.* **outfield°**—খেত-খামার হইতে দূরবর্তী ফাঁকা মাঠ ; যে কোন দূরবর্তী অঞ্চল, প্রত্যন্ত প্রদেশ ; (ক্রিকেট প্রভৃতিতে) খেলার মাঠের প্রান্তিক অংশ বা ঐ অংশের খেলোয়াড়। *n.* **out°-fielder**—(ক্রিকেটে) খেলার মাঠের প্রান্তিক অংশে ফীলডিং-রত খেলোয়াড়। *n.* **out°fit**—সজ্জিতকরণ ; পূর্ণ সাজসজ্জা ; সাজসজ্জার খরচ ; (কথ্য.) দল। *n.* **out°fitter**—সাজসজ্জা-সরবরাহকারী। *v.t.* **out-flank°**—(প্রধানতঃ শত্রুবাহিনীর) পার্শ্বভাগ অতিক্রম করিয়া বা পরিবেষ্টন করিয়া প্রসারিত হওয়া বা যাওয়া। *p.* & *p. pt.* **outflan°ked**। *n.* **out°flow**—বহির্দিকে প্রবহণ, নির্গমন ; বহির্মুখ প্রবাহ ; নদীর মোহনা, নরদমার মুখ, প্রভৃতি ; নির্গত প্রবাহের পরিমাণ। *v.t.* **outge°neral**—সেনাপতিত্বে ছাপাইয়া ওঠা অর্থাৎ অধিকতর কৃতিত্ব দেখান। *n.* **out°gō**—ব্যয়, খরচ। **outgō°ing**—(1) *n.* বহির্দেশে গমন, প্রস্থান ; শেষ সীমা, প্রান্ত ; (usu. in *pl.*) খরচ, ব্যয়। (2) *a.* নির্গমরত ; প্রস্থানোদ্যত ; বিদায়ী। *v.t.* **outgrow°**—বৃদ্ধিতে ছাপাইয়া যাওয়া অর্থাৎ অধিকতর বৃদ্ধিলাভ করা ; (কিছু হইতে) উদ্ভূত হওয়া ; (কিছুর পক্ষে) অত্যধিক বৃদ্ধি পাওয়া ; বৃদ্ধিলাভের ফলে পরিত্যাগ করিতে বা মুক্ত হইতে পারা। *p.* **out-grew°**। *p. pt.* **outgrown°**। *n.* **out°growth**—দেহ হইতে উদ্গত অতিরিক্ত অঙ্গ, (পরি.) উপবৃদ্ধি। *v.t.* **out-He°rod**—অত্যাচারে বা চেঁচামেচিতে বা মন্দ কাজে ছাপাইয়া যাওয়া। [*out-*, King *Herod* of Judea (B.)]। *n.* **out°house**—মূল বাড়ির চৌহদ্দির মধ্যে নির্মিত (অপেক্ষাকৃত ক্ষুদ্র) উপগৃহ (যেমন, আস্তাবল গোয়াল নাটমন্দির চণ্ডীমণ্ডপ বহির্বাটী কাছারি-ঘর প্রভৃতি)। *n.* **ou°ting**—প্রমোদ-ভ্রমণ। *a.* **out-lan°dish**—(আর্ষ.) বিদেশী ; (আর্ষ.) নিজস্ব নহে এমন ; অস্বাভাবিক ; অদ্ভুত। *v.t.* **outlast°**—স্থায়িত্বে ছাপাইয়া যাওয়া, অধিকতর স্থায়ী হওয়া। *p.* & *p. pt.* **outlas°tėd**। **out°law**—(1) *n.* আইনের বা সরকারের রক্ষণাবেক্ষণ হইতে বঞ্চিত ব্যক্তি ; স্বীয় সমাজ বা গৃহ হইতে বহিষ্কৃত ব্যক্তি ; (শিথি.) দস্যু। (2) *v.t.* আইন-বহির্ভূত লোক বলিয়া ঘোষণা করা ; সমাজ বা গৃহ হইতে বহিষ্কৃত করা। *n.* **out°lawry**—আইন-বহির্ভূত ব্যক্তি বলিয়া ঘোষণা বা ঘোষিত অবস্থা ; সমাজ বা গৃহ হইতে বহিষ্কার বা বহিষ্কৃত অবস্থা ; দস্যু-জীবন। *n.* **out°lay**—খরচ ব্যয়। *n.* **outl°et**—নির্গমপথ, নির্গমদ্বার। **out°line**—(1) *n.* বহির্ভাগস্থ বা বাহ্যিক সীমারেখা, (পরি.) দেহরেখা ; কেবল প্রধান রেখাগুলি দেখাইয়া অঙ্কিত নকশা, (পরি.) পরিলেখ ; বর্ণালী নকশা-চিত্র ; সংক্ষিপ্ত ও মোটামুটি খসড়া, আদরা। (2) *v.t.* দেহরেখা বা পরিলেখ বা বর্ণালী নকশা-চিত্র অঙ্কন করা ; মোটামুটি আদরা রচনা করা। *v.t.* **outlive°**—(কাহারও বা কিছুর পরেও) বাঁচিয়া থাকা ; (বিপদাদি) কাটাইয়া উঠিয়া বাঁচিয়া থাকা। *n.* **out°look**—দৃশ্য ; চেহারা ; ভবিষ্যৎ-সম্বন্ধে আভাস, ভবিষ্যতের আশা ; দৃষ্টিকোণ, দৃষ্টিভঙ্গি। *a.* **out°lying**

—বহিঃস্থ বা দূরবর্তী ; বিচ্ছিন্ন ; সীমান্তস্থিত, প্রত্যন্ত, প্রান্তিক, বহুদূরবর্তী। *v.t.* **outmanoeu°vre**—উন্নততর সৈন্যপরিচালনাবলে পরাভূত করা। *v.t.* **out°march°**—(সচ. সাম.) দ্রুততর বেগে যাওয়া বা দ্রুততর বেগে চলিয়া ছাড়াইয়া যাওয়া। *p.* & *p. pt.* **out°mar°cheḋ** । *v.t.* **outmatch°**—তুলনা প্রতিযোগিতা প্রভৃতিতে ছাপাইয়া যাওয়া। *p.* & *p. pt.* **outma°tcheḋ** । *a.* **outmō°dėd**—ফ্যাশন বা চল উঠিয়া গিয়াছে এমন, সেকেলে হইয়া গিয়াছে এমন। *a.* **out°mōst**—সর্বাধিক দূরবর্তী। *v.t.* **outnum°ber**—সংখ্যায় ছাপাইয়া যাওয়া অধিকতর সংখ্যক হওয়া। *a.* **out°-of-dāte°**—see **date**$_2$ । *adv.* & *a.* **out°-of-doorṡ°**—see **door** । *a.* **out°-of-the-way**—see **way** । *v.t.* **outpāce°**—হাঁটিয়া ছাড়াইয়া যাওয়া, (কাহারও অপেক্ষা) দ্রুততর বেগে হাঁটা। *p.* & *p. pt.* **outpā°ceḋ** । *n.* **out°pātient**—যে রোগী হাসপাতালে ভরতি না হইয়া সেখানে চিকিৎসিত হয়, হাসপাতালের বহির্বিভাগীয় রোগী। *v.t.* **outplay°**—খেলার উৎকর্ষে (অনেকখানি) ছাপাইয়া যাওয়া। *v.t.* **outpoint°**—(মুষ্টিযুদ্ধাদিতে—প্রতিদ্বন্দ্বীকে) পয়েনট-এ ছাপাইয়া যাওয়া অর্থাৎ (প্রতিপক্ষ অপেক্ষা) অধিকতর পয়েনট পাওয়া। *p.* & *p. pt.* **outpoin°tėd** । *n.* **out°port**—কেন্দ্রী শুল্কভবন বা বাণিজ্যকেন্দ্র হইতে দূরবর্তী বন্দর। *n.* **out°pōst**—অতর্কিত আক্রমণাদি প্রতিরোধার্থ (সৈন্যবাহিনী পুলিস প্রভৃতির) প্রধান ঘাঁটি বা থানা হইতে দূরবর্তী অবস্থানস্থল, ছাউনি বা ফাঁড়ি ; ছাউনি বা ফাঁড়িতে অবস্থিত বাহিনী ; দূরবর্তী উপনিবেশ অফিস প্রভৃতি। *v.t.i.* **outpour°**—ঢালিয়া ফেলা বা পড়া ; প্রবাহিত করা বা হওয়া। *n.* **out°pour**—ঢালিয়া ফেলা বা পড়া ; প্রবহণ ; ঢালিয়া-পড়া বা প্রবাহিত তরল বস্তু অথবা তাহার পরিমাণ। *n.* **out°-pouring**—same as **outpour** (*n.*) এবং—আবেগপূর্ণ বা প্রগল্ভ উক্তি। *n.* **out°put**—শিল্পোৎপন্ন দ্রব্যের পরিমাণ, (পরি.) উৎপাদ। *v.t.* **outrange°**—অধিকতর দূর-পাল্লা-বিশিষ্ট হওয়া, দূর-পাল্লায় ছাপাইয়া যাওয়া (our guns were *outranged* by theirs)। *v.t.* **outrank°**—পদমর্যাদায় উচ্চতর হওয়া বা ছাপাইয়া যাওয়া। *p.* & *p. pt.* **outran°keḋ** । *n.* **out°rėlief**—দাতব্য-প্রতিষ্ঠানাদিতে বাস করেন এমন লোককে সাহায্যকল্পে প্রদত্ত অর্থ খাদ্য বস্ত্র প্রভৃতি (কিন্তু বাসস্থান নহে)। *v.t.* **outrīde°**—অশ্বাদিতে আরোহণপূর্বক (কাহারও অপেক্ষা) দ্রুততর বেগে যাওয়া বা (কাহাকেও) ছাড়াইয়া যাওয়া ; অশ্বাদি-আরোহণে নিরাপদে অতিক্রম করা (to *outride* a storm)। *p.* **outrōde°** । *p. pt.* **outri°dden** । *n.* **out°rīder**—যে ব্যক্তি অশ্বাদি-আরোহণে দেশে দেশে ঘুরিয়া বেড়ায় ; গাড়ির সঙ্গে সঙ্গে গমনকারী অশ্বারোহী ভৃত্যবিশেষ ; মোটর-সাইকেলে আরূঢ় রক্ষী পুলিশ ; যে পশুপালক বা রাখাল চরাইবার সময়ে গোমহিষাদি নির্দিষ্ট সীমানার মধ্যে আটক রাখে। *n.* **out°rigger**—(নৌকাদির) পাল-খাটানর দণ্ডবিশেষ ; উক্ত দণ্ডযুক্ত বাচের নৌকাবিশেষ। *a.* **out°right**—একটু একটু করিয়া নহে এমন, সম্পূর্ণ, পুরাদস্তুর ; ডাহা ; সরাসরি, সোজা ; খোলাখুলি ; স্পষ্ট (an *outright* victory)। *adv.* **outright°**—সরাসরি ; সোজাসুজি ; বরাবর সম্মুখে ; খোলাখুলিভাবে ; পুরাদস্তুরভাবে ; স্পষ্টভাবে। *v.t* **outrī°val**—প্রতিযোগিতাদিতে ছাপাইয়া যাওয়া। *pr. pt.* **outrī°valling** । *p.* & *p. pt.* **outrī°valled** । *v.t.* **outrun°**—(কাহাকেও) দৌড়ে ছাড়াইয়া যাওয়া। *pr. pt.* **outru°nning** । *p.* **outran°** । *p. pt.* **outrun°** । *n.* **out°runner** । **(to) outrun the constable**—ঋণগ্রস্ত হওয়া; নিজের ক্ষমতার বাহিরে খরচ করিয়া জীবনযাপন করা। *n.* **out°set**—আরম্ভ, সূত্রপাত। *v.t.* **outshīne°**—দীপ্তিতে বা ঔজ্জ্বল্যে ছাপাইয়া যাওয়া। *p.* & *p. pt.* **outshī°ned, outshōne°** । *a.* **out°sīze**—স্বাভাবিক বা প্রমাণ মাপের চেয়ে বড়। *n.* **out°skirt**—(usu. in *pl.*) সীমান্ত, প্রান্ত, উপান্ত। *v.t.* **outsmart°**—(কথ্য.) তৎপরতায় ও বুদ্ধিতে (অপরকে) ছাপাইয়া যাওয়া। *p.* & *p. pt.* **outsmar°tėd** । *a.* **outspōken**—স্পষ্টভাষী ; স্পষ্টভাষিত। *adv.* **outspō°kenly** । *n.* **outspō°kenness** । *a.* **outspread°**—প্রসারিত, বিস্তৃত। *a.* **outstan°ding**—বিশিষ্ট (*outstanding* features, merit, etc.) ; অমীমাংসিত (*outstanding* cases) ; অনাদায়ী (*outstanding* bills) ; এখন হাত দেওয়া হয় নাই বা করা হয় নাই এমন, বাকি (*outstanding* work)। *v.t.* **outstay°**—যথাসময়েরও পরে থাকা ; (কাহারও অপেক্ষা) অধিকতর সময় থাকা ; (ঘটনাদির) পূর্ণকাল ব্যাপিয়া থাকা। *a.* **outstre°tcheḋ**—প্রসারিত, বিস্তৃত। *v.t.* **outstrip°**—দৌড়াইয়া (কাহাকেও) ছাড়াইয়া যাওয়া ; পিছনে ফেলিয়া যাওয়া ; ছাপাইয়া যাওয়া। *pr. pt.* **outstri°pping** । *p.* & *p. pt.* **outstri°ppeḋ** । *n.* **out°swinger**—(ক্রিকেটে) ব্যাটসম্যানের নাগালের বাহিরে ঝাঁকি খাইয়া পড়ে এমনভাবে নিক্ষিপ্ত বল। *n.* **out°-turn**—উৎপন্ন শিল্পদ্রব্যের পরিমাণ ; (পরি.) উৎপাদ। *v.t.* **out°vie°**—প্রতিযোগিতায় বা প্রতিদ্বন্দ্বিতায় (কাহাকেও) ছাপাইয়া যাওয়া। *v.t.* **outvōte°**—ভোটে পরাজিত করা। *p.* & *p. pt.* **out°vō°tėd** । *v.t.* **outwear°**—স্থায়িত্বে ছাপাইয়া যাওয়া, (অন্যের অপেক্ষা) অধিকতর টেকসই হওয়া ; ব্যবহার করিয়া জীর্ণ করিয়া ফেলা বা ফুরাইয়া ফেলা। *p.* **outwōre°** । *p. pt.* **outworn°** । *a.* **outworn°**—ব্যবহারের দ্বারা জীর্ণীভূত বা নিঃশেষিত ; নূতনত্ববর্জিত, গতানুগতিক (*outworn* quotations) ; সেকেলে (*outworn* practices)। *v.t.* **outweigh°**—ওজনে বা মূল্যে বা গুরুত্বে (কিছুকে বা কাহাকে) ছাপাইয়া যাওয়া। *v.t.* **outwit°**—বুদ্ধিতে বা রসিকতায় বা উদ্ভাবনশক্তিতে বা কৌশলে ছাপাইয়া যাওয়া ; উন্নততর উদ্ভাবনশক্তিবলে বা কৌশলদ্বারা পরাস্ত করা বা ঠকান। *pr. pt.* **outwi°tting** । *p.* & *p. pt.* **outwi°ttėd** । *n.* **out°work**—প্রধান প্রাচীর বা দুর্গসীমার বহির্ভাগে নির্মিত অংশ ; ঘর অফিস প্রভৃতির বাহিরে থাকিয়া করণীয় কাজ ; উন্মুক্ত স্থানাদিতে কৃত পর্যবেক্ষণ বা গবেষণা। *n.* **out°worker**—ঘর অফিস প্রভৃতির বাহিরে থাকিয়া করণীয় কাজের কর্মী ; যে ব্যক্তি অফিস প্রভৃতির কাজ

নিজের বাড়িতে লইয়া গিয়া করে। [see *out*$_1$]

outrage [owt°-raj, আউট্‌°রেইজ্] (**1**) *n.* gross or violent injury, সাজ্ঘাতিক বা প্রচণ্ড ক্ষতি; an atrocious act, ঘোর দৌরাত্ম্য; a gross immoral act, ঘোর নীতিবিরুদ্ধ কাজ; rape, বলপূর্বক স্ত্রীলোককে ধর্ষণ বা বলাৎকার। (**2**) *v.t.* to insult excessively, দারুণ অপমান করা; to shock or injure grossly, কঠিন আঘাত দেওয়া বা দারুণ ক্ষতি করা; to rape, (স্ত্রীলোককে) বলপূর্বক ধর্ষণ করা, বলাৎকার করা। *a.* **outrā°geous**—প্রচণ্ড; দারুণ; ঘোর দৌরাত্ম্যপূর্ণ; সাজ্ঘাতিক; অসংযত; (মন্দার্থে) প্রচুর। [OF. *ultrage*<L. *ultra*=beyond—influenced by *out* and *rage*]

outré [ōōt°-rā, উট্‌°রেই] *a.* outside the bounds of propriety, ঔচিত্যের সীমাবহির্ভূত; outraging decorum, শোভনতা-বিরোধী, অশোভন; eccentric, বদখেয়ালি। [F.]

outside [owt°-sīd°, আউট্‌°সাইড্‌°] (**1**) *n.* the outer side, surface, or part, বাহির, বহিঃ, বহিঃপার্শ্ব, বহির্ভাগ, বহিরংশ; the furthest limit, সীমান্ত, প্রান্ত। (**2**) *a.* exterior or external, বহিঃস্থ, বাহিরের, বহির্ভাগীয়, বাহ্যিক; superficial, উপর-উপর, ভাসা-ভাসা, অগভীর; extreme, চরম, পরম, যৎপরোনাস্তি; beyond the limit, সীমাতিক্রান্ত; not enjoying membership, সদস্য নহে এমন। **outside left** or **right**—ফুটবলাদি খেলায় সম্মুখভাগের দুই প্রান্তিক খেলোয়াড় (also **left** or **right out**)। **outside of**—বাহিরে; ব্যতীত, ছাড়া, বাদে। *adv.* & *prep.* **outsīde°**—বাহিরে; বাহির হইতে; ব্যতীত, ছাড়া, বাদে। *n.* **out°sīder**—বিদেশী বা বহিরাগত লোক; সজ্ঘাদির সদস্য নহে এমন লোক; সন্ন্যাসী যাজক বা অন্য যে কোন সম্প্রদায়ের বহির্ভূত লোক; সভাসমাজে মিশিবার অযোগ্য লোক। [*out, side*]

outward [owt°-wa(r)d, আউট্‌°ওআ্যা(র্)ড্] (**1**) *a.* directed towards the outside, বহির্মুখ; bodily, শারীরিক, দৈহিক; বাহ্যিক; চেহারাগত; external, বাহ্যিক; superficial, উপর-উপর, ভাসা-ভাসা, অগভীর। (**2**) *n.* the outside, বহির্ভাগ, বহিঃ, বাহির। *adv.* **out°ward(s)**—বাহিরের দিকে; বাহিরের বস্তুর দিকে; ভাসা-ভাসা-ভাবে। *adv.* **out°wardly**—outward (*a.*)-এর সকল অর্থে। *n.* **out°wardness**। [*out, ward*]

ouzel [ōō°z(a)l, উ°জ্‌ল্] *n.* (arch.) a blackbird, (আর্ষ.) কৃষ্ণবর্ণ গায়ক পক্ষিবিশেষ। [OE. *osle*—cp. G. *amsel*]

ova—see **ovum.**

oval [ō°v(a)l, ঔ°ভ্‌ল্] (**1**) *a.* egg-shaped or (loos.) elliptical, ডিম্বাকার বা (শিথি.) উপবৃত্তাকার। (**2**) *n.* an oval figure or thing, বৃত্তাকার বা (শিথি.) উপবৃত্তাকার মূর্তি অথবা বস্তু। *adv.* **ō°vally**। [Mod. L. *ovalis*<L. *ovum*=egg]

ovary [ō°-va-ri, ঔ°ভ্যারি] *n.* the reproductive organ in which ova are produced in female animals, ভ্রূণকোষ, ডিম্বাশয়, অণ্ডাশয়; (bot.) the seed-vessel in plant, (উদ্ভি.) বীজকোষ। [LL. *ovaria*<L. *ovum*=egg]

ovate [ō°-vāt, ঔ°ভেইট্] *a.* egg-shaped, ডিম্বাকার। [L. *ovatus*<*ovum*=egg]

ovation [ŏ-vā°sh(a)n, ওভেই°শ্‌ন্] *n.* a lesser triumph, (প্রাচীন রোমে) ছোটখাট জয়োৎসব; a general applause, জনসাধারণ কর্তৃক জয়ধ্বনি; rejoicing, আনন্দোৎসব। [L. *ovatio*]

oven [u°vn, আ°ভ্‌ন্] *n.* a receptacle for baking in, রুটি প্রভৃতি সেঁকার চুল্লি, তন্দুর (to bake bread in an *oven*)। [OE. *ofen*—cp. G. *ofen*]

over$_1$ [ō°-va(r), ঔ°ভ্যা(র্)] (**1**) *prep.* & *adv.* above, উপরে, ঊর্ধ্বে; across, একধার হইতে অন্য ধার পর্যন্ত, আড়াআড়িভাবে; on or to the other side, অপর পাশে বা ধারে; in excess of, পরিমাণ সংখ্যা প্রভৃতিতে ছাড়াইয়া (*over* ten rupees); concerning, বিষয়ে, সম্পর্কে। (**2**) *n.* (in cricket) the number of deliveries constituting a bowling unit, (ক্রিকেটে) এক-এক দফায় বোলিংয়ে বোলারকে যে কয়বার বল ছুড়িতে দেওয়া হয়। **over again**—নূতন করিয়া; পুনরায়। **over against**—বিপরীত; বিপরীতে স্থিত। **over and above**—অধিকন্তু, আরও। **over and again, over and over (again)**—বহুবার; বারংবার। **(to) be over**—শেষ হওয়া; ছুটি হওয়া বা বন্ধ হওয়া। [OE. *ofer*—cp. G. *uber*]

over-$_2$ [ō°-va(r), ঔ°ভ্যা(র্)] *a.* (used as a *pfx.*) upper, ঊর্ধ্বস্থ; superior, ঊর্ধ্বতন, অধি-; surplus, উদ্বৃত্ত, উপ-; excessive, অত্যধিক, অতি-। *n.* **ōver-abun°dance**—প্রাচুর্যের বাড়াবাড়ি, অতি-প্রাচুর্য। *a.* **ōver-abun°dant**—অতি-প্রাচুর্যপূর্ণ। *v.t.i.* **ōveract°**—বাড়াবাড়ি করিয়া অভিনয় করা বা অভিনয়ে বাড়াবাড়ি করা। *p.* & *p. pt.* **ōverac°ted**। *a.* **ōverac°tive**—অতিমাত্রায় কর্মতৎপর বা কর্মতৎপরতাপূর্ণ বা কর্মতৎপরতার ভানে পূর্ণ। *a.* **ō°verāge**—নির্দিষ্ট বয়সের অপেক্ষা অধিকতর বয়স্ক; অতিবৃদ্ধ। **ō°verall**—(**1**) *n.* মূল পোশাককে ময়লা হইতে রক্ষার্থ তদুপরি পরিধেয় আঙরাখা-বিশেষ; (in *pl.*) উক্ত উদ্দেশ্যে পরিধেয় ট্রাউজার বা একত্র সংযুক্ত শার্ট ও ট্রাউজার। (**2**) *a.* সর্বসমেত বা সর্বাঙ্গীণ বা পূর্ণাঙ্গ (an *overall* picture)। *a.* **ōverambi°tious**—অতিমাত্রায় উচ্চাকাঙ্ক্ষী। *n.* **ō°veranxī°ety**—অতিমাত্রায় উদ্বেগ। *a.* **ō°veran°xious**—অতিমাত্রায় উদ্বিগ্ন। *v.t.i.* **ōverarch°**—(কিছুর উপরে) ধনুকাকৃতি খিলানরূপে থাকা বা ধনুকাকৃতি খিলানের ন্যায় থাকা (trees *overarch* the road)। *p.* & *p. pt.* **ōverar°ched**। *a.* & *adv.* **ō°verarm**—same as **overhand**। *v.t.*

ōverawe°—ভয়ে অভিভূত করা বা ভয় দেখাইয়া বাগে আনা। ōverba°lance—(1) *v.t.* ওজনে মূল্যে বা গুরুত্বে ছাপাইয়া যাওয়া। (2) *v.i.t.* ভারসাম্য হারান বা হারাইতে বাধ্য করা। *p.* & *p. pt.* **ōverba°lanced**। (3) *n.* ওজন বা মূল্য বা গুরুত্বের আধিক্য। *v.t.* **ōverbear°**—বলপ্রয়োগে অভিভূত করা বা দমিত করা; অভিভূত করা; পরাভূত করা; (আপত্তি প্রভৃতি) খণ্ডন করা (his objections were *overborne*)। *p.* **ōverbore°**। *p. pt.* **ōverborne°**। *a.* **ōverbear°ing**—বলপ্রয়োগে অভিভূত বা দমিত করার প্রয়াসী; উদ্ধত ও স্বেচ্ছাচারী; কর্তৃত্বপ্রয়াসী। **ōverbid°**—(1) *v.t.i.* (নিলামে—অনেক অপেক্ষা) উচ্চতর ডাক দেওয়া অর্থাৎ মূল্য হাঁকা; (তাসের ব্রিজ-খেলায়—জুটির অপেক্ষা বা নিজের হাতের তাস অপেক্ষা) উচ্চতর ডাক দেওয়া। (2) *v.i.* (নিলামে—জিনিসের প্রকৃত মূল্য অপেক্ষা) অধিকতর দর হাঁকা। *pr. pt.* (& *n.*) **ōverbi°dding**। *p.* **ōverbāde°**। *p. pt.* **ōverbi°dden, ōverbid°**। *a.* **ōverblown°**—(পুষ্পাদি-সম্বন্ধে) অতিমাত্রায় ফুটিয়া-যাওয়া। *adv.* **ōverboard°**—মঞ্চের বা জাহাজের উপরে; মঞ্চ বা জাহাজের উপর হইতে; জাহাজের ভিতর হইতে। **(to) throw overboard**—জাহাজের উপর হইতে জলে বা মঞ্চের উপর হইতে নিম্নে নিক্ষেপ করা; (আল.) চিরতরে পরিত্যাগ করা, বিসর্জন দেওয়া। *a.* **ōverbōld°**—অতিসাহসী; দুঃসাহসী। *n.* **ō°verbridge**—রাস্তা রেলপথ প্রভৃতির উপরে (সচ. লোকচলাচলের জন্য) উঁচু করিয়া নির্মিত সেতু (তু. অধিসেতু)। *v.t.* **ōverbur°den**—অত্যধিক বোঝাই করা। **ōverbu°sy**—(1) *a.* অতিব্যস্ত; ব্যস্ততার ভানে পূর্ণ; উপর-পড়া। (2) *v.t.* অত্যধিক ব্যস্ত করা বা ব্যস্ত রাখা। *v.t.i.* **ōvercall°**—same as **overbid**। *v.t.* **ōverca°pitalīze**—(বাণিজ্যপ্রতিষ্ঠানাদির) মূলধন অতিমাত্রায় নির্ধারিত করা বা নির্ণয় করা। *n.* **ōver-capitalizā°tion**। *a.* **ōvercāre°ful**—অতি সতর্ক। *v.t.* **ōverca°rry**—অত্যধিক দূরে বা গন্তব্যস্থল ছাড়াইয়া লইয়া যাওয়া। *v.t.* **ōvercast°**—(মেঘ অন্ধকার প্রভৃতির দ্বারা) ছাইয়া ফেলা, ঢাকিয়া ফেলা। *p.* & *p. pt.* **ōvercast°**। *a.* **ōvercau°tious**—অতি-সতর্ক, অতিসাবধানী। **ōvercharge°**—(1) *v.t.* (বন্দুকাদিতে) অতিমাত্রায় গুলিবারুদ ভরা; অতিরঞ্জিত করা; অত্যধিক মূল্য দাবি করা। (2) *n.* অতিমাত্রায় বোঝাই-করা গুলিবারুদ; (বিরল) অতিরঞ্জন; দাবি-কৃত অত্যধিক মূল্য; অতিমাত্রায় বোঝাই; অত্যধিক মূল্য দাবি। *v.t.i.* **ōvercloud°**—মেঘাবৃত বা মেঘাচ্ছন্ন করা। *p.* & *p. pt.* **ōverclou°dėd**। *n.* **ō°vercoat**—খুব লম্বা ও ঢিলা কোটবিশেষ, ওভারকোট। *v.t.* **ōverco°lour**—অতিমাত্রায় রঙ্ দেওয়া; অতিরঞ্জিত করা। *v.t.* **ōvercome°**—(আর্ষ.) আবৃত করা; পরাস্ত করা; জয় করা, দমন করা, বশে আনা; (বিপদাদি) কাটাইয়া ওঠা, অতিক্রম করা। *p.* **ōvercāme°**। *p. pt.* **ōvercome°**। *a.* **ōvercome°**—অভিভূত (*overcome* with difficulties)। *n.* **ōver-con°fidence**—অত্যধিক আস্থা বা বিশ্বাস। *a.* **ōver-con°fident**—অত্যধিক আস্থাবান্ বা আস্থাপূর্ণ। *v.t.* **ōver-cook°**—(ব্যঞ্জনাদি) অত্যধিক জ্বাল দেওয়া বা সিদ্ধ করা বা ভাজা। *p.* & *p. pt.* **ōver-coo°ked**। *n.* **ōvercredū°lity**—অত্যধিক বিশ্বাসপ্রবণতা বা সহজ বিশ্বাস। *a.* **ōvercredū°lous**—অতিমাত্রায় বিশ্বাসপ্রবণ বা সহজবিশ্বাসী। *a.* **ōver-cri°tical**—অত্যন্ত বাছ-বিচার করে এমন; অতিমাত্রায় ছিদ্রান্বেষী বা দোষদর্শী বা খুঁতখুঁতে। *v.t.* **ō°vercrop**—(জমিতে) বড় বেশি ঘন ঘন ফসল উৎপাদন করা (ইহার ফলে জমির উর্বরতা নষ্ট হয়)। *pr. pt.* **ōvercro°pping**। *p.* & *p. pt.* **ōvercro°pped**। *v.t.i.* **ōvercrowd°**—অতিমাত্রায় ভরা বা ভিড় করা। *p.* & *p. pt.* **ōvercrow°dėd**। *a.* **ōver-cūr°ious**—অতিমাত্রায় কৌতূহলী। *a.* **ōver-de°licate**—অতিমাত্রায় রুচিবাগীশ। *v.t.* **overdo** [ō-va(r)-dōō°, ঔভ্যা(র্)-ডু°] (কার্যাদি) বাড়াবাড়ি করিয়া সম্পাদন করা; বাড়াবাড়ি করিয়া (ভূমিকাদি) অভিনয় করা; অতি-রঞ্জিত করা; (ব্যঞ্জনাদি) অত্যধিক জ্বাল দেওয়া বা সিদ্ধ করা বা ভাজা (the mutton has been *overdone*); উৎকর্ষে ছাপাইয়া যাওয়া। *p.* **ōverdid°**; *p. pt.* **overdone** [ō-va(r)dun°, ঔভ্যা(র্)ডান্°]। *n.* **ō°verdōse**—(প্রধানতঃ ঔষধের) অত্যধিক বা অপরিমিত মাত্রা। *v.t.* **ōverdōse°**—(কাহাকেও) ঔষধাদি অতিমাত্রায় প্রয়োগ করা। *p.* & *p. pt.* **ōverdō°sed**। *n.* **ō°verdraft**—ব্যাঙ্ক প্রভৃতি হইতে গচ্ছিত টাকার অতিরিক্ত গ্রহণ; উক্তভাবে গৃহীত অতিরিক্ত টাকা বা তাহার পরিমাণ, ওভারড্রাফট। *v.t.i.* **ōverdraw°**—অঙ্কনে বাড়াবাড়ি করা; অতিরঞ্জিত করা (to *overdraw* a character in a novel); ব্যাঙ্ক প্রভৃতি হইতে গচ্ছিত টাকার অতিরিক্ত গ্রহণ করা, ওভারড্রাফট লওয়া। *p.* **ōverdrew°**। *p. pt.* **ōverdrawn°**। *v.t.i.* **ō°verdress°**—অতি জাঁকালভাবে বা অত্যধিক পরিমাণে জামাকাপড় পরান বা পরা, অত্যধিক বেশভূষা করান বা করা। *p.* & *p. pt.* **ōverdre°ssed**। *a.* **ōverdue°**—(ব্যক্তি গাড়ি প্রভৃতি সম্বন্ধে) পৌঁছানর সময় উত্তীর্ণ হওয়া সত্ত্বেও আসিয়া পৌঁছায় নাই এমন (the train is *overdue*); (ঋণ কিশতি বিল প্রভৃতি সম্বন্ধে) পরিশোধের মেয়াদ উত্তীর্ণ হওয়া সত্ত্বেও অপরিশোধিত (the bills are *overdue*)। *a.* **ōver-ea°ger**—অতিব্যগ্র। *v.t.i.* **ōvereat°**—অতিভোজন করান বা করা। *p.* **ōverāte°**। *p. pt.* **ōverea°ten**। *n.* **ōverea°ting**—অতিভোজন। *v.t.* **ōverem°phasīze**—(উক্তি শব্দ প্রভৃতিতে) অত্যধিক জোর দেওয়া। *a.* **ōverenthūsias°tic**—অতিমাত্রায় আগ্রহী বা উদ্যমী। *v.t.* **ō°veres°timāte**—আয়ব্যয় মূল্য গুণাগুণ প্রভৃতি হিসাবে বেশি ধরা। *p.* & *p. pt.* **ōveres°timātėd**। *n.* **ōveres°timāte**—উক্তভাবে কৃত হিসাব। *n.* **ōverestimā°tion**—(পরি.) অতিমান। *a.* **ōverexcī°tėd**—অত্যুত্তেজিত। *v.t.* **ōver-exert°**—অতিমাত্রায় খাটান বা পরিশ্রান্ত করা। *p.* & *p. pt.* **ōver-exer°ted**। *n.* **ōver-exer°tion**—মাত্রাধিক খাটুনি বা শ্রান্তি। *v.t.*

ōverėxpōśe°—অতিমাত্রায় প্রকট করা বা (আলোকচিত্রে) আলোকসম্পাত করা। *n.* **ōver-ėxpo°śure**—মাত্রাধিক প্রকটন বা আলোকসম্পাত। *a.* **ōver-fa°miliar**—অতিমাত্রায় ঘনিষ্ঠ। **ōver-fatigue°**—(**1**) *v.t.* অতিমাত্রায় অবসন্ন করা। (**2**) *n.* মাত্রাধিক অবসাদ। *v.t.i.* **ō°verfeed°**—অতিভোজন করান। *p.* & *p. pt.* **ōverfed°**। *a.* **ōverfīne°**—অতিমাত্রায় সূক্ষ্ম। *v.t.* **ōverfly°**—কোন দেশের উপর দিয়া বা আকাশ-সীমা অতিক্রম করিয়া উড়িয়া যাওয়া। *p.* **ōverflew°**। *p. pt.* **ōverflown°**। *n.* **ō°verflight**। **ōverflow°**—(**1**) *v.t.* উপছাইয়া তোলা; ঢালিয়া ফেলা; (কিছুর) উপর দিয়া প্রবাহিত হওয়া, অধিপ্রবাহিত হওয়া; প্লাবিত করা। (**2**) *v.i.* উপছাইয়া ওঠা; ঢালিয়া পড়া; প্রাচুর্যপূর্ণ হওয়া; প্রচুরপরিমাণে নির্গত হওয়া। *n.* **ō°verflow**—কিছুর উপর দিয়া প্রবহণ বা প্রবাহিত বস্তু; অতিপ্রাচুর্য। *p.* & *p. pt.* **overflowed°**। *a.* & *n.* **ōverflow°ing**—overflow (*v.*)-এর সকল অর্থে, এবং—উচ্ছ্বসিত বা উচ্ছ্বাস। *a.* **ō°ver-fond°**—অতিমাত্রায় অনুরাগী বা আসক্ত। *v.t.* **ōver-fulfil°**—(পরিকল্পনাদি) নির্দিষ্ট সময়ের পূর্বে সমাপ্ত করা। *a.* **ōverfull°**—অত্যধিক পূর্ণ বা বোঝাই; উপছাইয়া পড়ার মত পরিপূর্ণ। *a.* **ōverge°nerous**—অতিবদান্য; অতি-উদার। *a.* **ōvergree°dy**—অতিলোভী। **ōvergrow°**—(**1**) *v.t.i.* বৃদ্ধিতে ছাপাইয়া যাওয়া; (কিছু বা কাহারও পক্ষে) অত্যধিক বাড়িয়া ওঠা; উচ্চতায় ছাপাইয়া ওঠা; বাড়িয়া উঠিয়া ঢাকিয়া ফেলা। (**2**) *v.i.* স্বাভাবিক আকারকে ছাপাইয়া বাড়িয়া ওঠা। *p.* **ōvergrew°**। *p. pt.* **ōver-grown°**। *a.* **ōvergrown°**—অত্যধিক বৃদ্ধিপ্রাপ্ত; অত্যধিক বৃদ্ধিপ্রাপ্ত কিছুর দ্বারা আবৃত। *n.* **ō°ver-growth**—অতিবৃদ্ধি; (পরি.) অধিবর্ধন। **ō°ver-hand**—(**1**) *a.* (ক্রিকেট-প্রভৃতিতে) কাঁধের উপর দিয়া হাত ঘুরাইয়া আনিয়া নিক্ষিপ্ত (*overhand* bowling, an *overhand* ball) বা ঐরূপভাবে বল্ নিক্ষেপ করে এমন (an *overhand* bowler)। (**2**) *adv.* কাঁধের উপর দিয়া হাত ঘুরাইয়া আনিয়া (to bowl *overhand*)। *v.t.i.* **ōverhang°**—(কিছুর) উপরে ঝোলান বা ঝোলা; (কিছুর) উপর দিয়া বহির্দিকে প্রসারিত করা বা প্রসারিত হওয়া। *p.* & *p. pt.* **ō°verhung°**। *n.* **ō°verhang**—যাহা ঊর্ধ্বে ঝুলিতেছে; উপর দিয়া বহির্দিকে প্রক্ষিপ্ত বস্তু। *a.* **ōver-ha°ppy**—অতিসুখী, মাত্রাধিক সুখী বা খুশি। *a.* **ōver-hās°ty**—অতিমাত্রায় ত্বরান্বিত। *v.t.* **ōverhaul°**—পরীক্ষার্থ (কিছুর) অংশসমূহকে ভাগ করিয়া উলটাইয়া-পালটাইয়া দেখা; পরীক্ষা করা; (জাহাজ-সম্বন্ধে) নাগাল ধরা। *n.* **ō°verhaul**—(প্রধানতঃ মেরামতের জন্য) উলটাইয়া-পালটাইয়া অংশ-সমূহ ভাগ করিয়া পরীক্ষা। *adv.* **ō°verhead°**—মাথার উপরে বা ঊর্ধ্বে; ঊর্ধ্বে; আকাশের মধ্যস্থলে, মধ্যগগনে; উপরতলায়। *a.* **o°verhead**—মস্তকোর্ধ্বে অবস্থিত; ঊর্ধ্বস্থিত; ভূতল হইতে বেশ ঊর্ধ্বস্থ: সর্বদিগ্-ব্যাপী; সাধারণ বা মোটামুটি; গড়-অনুযায়ী। *n.* **o°verhead**—ব্যবসায়-প্রতিষ্ঠানাদির সাধারণ খরচ (অর্থাৎ পণ্যোৎপাদনের খরচ নহে), (পরি.) উপরি ব্যয় (also **overhead charges** or **costs**)। *v.t.* **ōverhear°**—আড়ি পাতিয়া শোনা; আকস্মিকভাবে শুনিয়া ফেলা; (কাব্যে) পুনরায় শোনা। *p.* & *p. pt.* **ōverheard°**। *v.t.* **ōverheat°**—অতিমাত্রায় তপ্ত করা। *p.* & *p. pt.* **ōverhea°tėd**। **overin-dulge** [ō°v(a)r-in-dulj°, ঔ°ভ্র্ইন্‌ডাল্জ্°] (**1**) *v.t.* অতি-মাত্রায় নাই দেওয়া বা প্রশ্রয় দেওয়া। (**2**) *v.i.* (মন্দার্থে) অতিমাত্রায় আসক্ত হওয়া বা রত থাকা (to *overindulge* in tobacco)। *n.* **overindul°gence**—মাত্রাধিক প্রশ্রয়। *a.* **ōverindul°gent**। *n.* **ōver-in°voicing**—প্রেরিত দ্রব্যের প্রকৃত মূল্য অপেক্ষা অধিকতর মূল্য দেখাইয়া চালান তৈয়ারি করা। *v.t.* **ōver-i°ssue**—(কাগজী মুদ্রা শেয়ার প্রভৃতি) নিয়মাতিরিক্ত পরিমাণে বাজারে ছাড়া। *n.* **o°ver-issue**—সীমাতিরিক্ত পরিমাণে প্রচলন। *a.* **ōver-jea°lous**—অতিমাত্রায় ঈর্ষাকাতর। *a.* **ōver-joy°ed**—অত্যধিক আনন্দিত; আনন্দে আত্মহারা। *a.* **ōverkīnd°**—মাত্রাধিক দয়ালু। *a.* **ōverlā°den**—(জাহাজাদি সম্বন্ধে) অত্যধিক বোঝাই-করা। **overlaid**—see **overlay**। **over-lain**—see **overlie**। *a.* **ō°verland**—সম্পূর্ণ-ভাবে বা প্রধানতঃ স্থলের উপর দিয়া চলে এমন, স্থল-গামী; স্থলের উপর সম্পাদিত। *adv.* **ōverland°**—স্থলের উপর দিয়া। *v.t.* **ōverlap°**—অংশতঃ আবৃত করা; (কিছুকে) আচ্ছাদিত করিয়াও প্রসারিত হওয়া, (পরি.) অধিক্রমণ করা। *pr. pt.* **ōverla°pping**। *p.* & *p. pt.* **ōverla°ppėd**। *n.* **ō°verlap**—আংশিক আবরণ; (পরি.) প্রাবরণ। **overlay₁**—see **overlie**। *v.t.* **ōverlay₂°**—উপরে কিছু লেপিয়া বা বিছাইয়া দিয়া আচ্ছাদিত করা; (মুদ্রণে) চিপি দেওয়া। *n.* **ō°verlay₃**—(মুদ্রণে) ছাপার জন্য ফরমা মেশিনে তোলার পরে কোন স্থানের ছাপ স্পষ্ট না হইয়া উঠিলে সেখানে যে কাগজ আঁটিয়া দেওয়া হয়, চিপি। *adv.* **ōverleaf°**—(গ্রন্থাদির) উলটা পৃষ্ঠায়। *v.t.* **ōverleap₁°**—ডিঙ্গান। *p.* & *p. pt.* **ōver-leapt°**। *v.t.* **ōverleap₂°** (usu. **to over-leap oneself**)—অত্যধিক পরিমাণে ডিঙ্গান; (আল.—কোন ব্যাপারে) অত্যধিক অগ্রসর হওয়া বা চেষ্টা করা। *v.t.* **ōverlie°**—(কিছুর) ঊর্ধ্বে বা উপরে থাকা; (কিছুর) উপরে শুইয়া পড়িয়া (উহাকে) চাপা দেওয়া। *pr. pt.* (& *a.*) **ōverly°ing**। *p.* **ōverlay°**। *p. pt.* **ōverlain°**। *v.t.* **ōver-load°**—অত্যধিক বোঝাই করা। *p.* & *p pt.* **ōverloa°dėd**। *n.* **ō°verload**—অত্যধিক বোঝা। *v.t.* **ōverlook°**—উপর হইতে দেখা বা তাকান; দেখিয়াও না দেখা, উপেক্ষা করা; ক্ষমা করা; তত্ত্বাবধান করা, দেখাশোনা করা। *p.* & *p. pt.* **ōverloo°kėd**। *n.* **ō°verlord**—অধিরাজ; জমির ঊর্ধ্বতন মালিক, জমিদার। *n.* **overlying**—see **overlie**। *v.t.* **ōvermas°ter**—জয় করা, পরাভূত করা; দমন করা। *v.t.* **ōvermatch°**—(কাহারও পক্ষে) প্রতিযোগিতায় বা প্রতিদ্বন্দ্বিতায় অসাধ্যরকম শক্তিমান হওয়া। *p.* & *p. pt.* **ōverma°tchėd**।

a. **ōvermoˈdėst**—অতি-বিনয়ী ; অতি-লাজুক ; অতি-সুশীল। **ōvermuchˈ**—(**1**) *a.* অত্যধিক। (**2**) *adv.* অতিমাত্রায়। *a.* **ōvernerˈvous**—অতিমাত্রায় ঘাবড়াইয়া যায় এমন। *a.* **ōvernīceˈ**—(রুচি সৌন্দর্য প্রভৃতি সম্বন্ধে) অতিশয় খুঁতখুঁতে। **ōˈvernight**—(**1**) *adv.* সারারাত্রি ব্যাপিয়া ; গতরাত্রে ; রাতারাতি (one cannot change one's habits *overnight*)। (**2**) *a.* রাত্রে বা গতরাত্রে কৃত বা সঙ্ঘটিত, (ব্যবহারাদি সম্পর্কে) রাত্রিকালীন (an *overnight* bag or case)। **ōverpassˈ**—(**1**) *v.t.i.* (কিছুর) উপর দিয়া যাওয়া বা অতিক্রম করা। (**2**) *v.t.* না দেখিয়া বা উপেক্ষা করিয়া যাওয়া অথবা অতিক্রম করা ; ছাপাইয়া যাওয়া। *p.* & *p. pt.* **ōverpaˈssėd**। *a.* **ōverpastˈ**—সমাপ্ত ; অতিবাহিত। *n.* **ōverpayˈment**—পাওনার অধিক প্রদান। *n.* **ōˈverplus**—বাড়তি অংশ ; উদ্বৃত্ত। *v.t.* **ōverpoˈpūlate**—(সচ. বংশবৃদ্ধির দ্বারা) অত্যধিক জনাকীর্ণ করা বা জনসংখ্যা বাড়ান। *p.* & *p. pt.* **ōverpoˈpūlātėd**। *n.* **ōverpopūlāˈtion**—(পরি.) অতিপ্রজতা। *v.t.* **ōverpowˈer**—প্রবলতর শক্তিদ্বারা পরাজিত করা বা অভিভূত করা। *a.* **ōverpowˈering**—অতীব শক্তিমান্‌ ; মাত্রাধিক ; অত্যধিকসংখ্যক ; অদম্য। *v.t.* **ōverpraiseˈ**—মাত্রাধিক প্রশংসা করা। *n.* **ōverpreˈssure**—অত্যধিক চাপ। *v.t.* **ōverprintˈ**—অত্যন্ত কড়া চাপ দিয়া বা গাঢ় ছাপ দিয়া ছাপান ; প্রয়োজনাতিরিক্ত কপি বা প্রতিলিপি ছাপান ; মুদ্রিত কাগজ ছবি প্রভৃতির উপরে অন্য লেখা বা ছবি ছাপান। *p.* & *p. pt.* **ōverprinˈtėd**। *v.t.i.* **ōverprodūceˈ**—প্রয়োজনাতিরিক্ত উৎপাদন করা, অত্যুৎপাদন করা। *p.* & *p. pt.* **ōverprodūˈced**। *n.* **ōverproducˈtion**। *a.* **ōverproudˈ**—অতিমাত্রায় গর্বিত। *v.t.* **ōverrāteˈ**—মূল্য গুরুত্ব গুণাগুণ প্রভৃতি হিসাবে বেশি ধরা, অত্যধিক দাম ধরা। *p.* & *p. pt.* **ōverrāˈtėd**। **ōverreachˈ**—(**1**) *v.t.* উচ্চতায় বা প্রসারে ছাপাইয়া যাওয়া ; নাগাল ধরা ; বুদ্ধির খেলায় বা উন্নততর কৌশলদ্বারা পরাজিত করা ; (refl.) স্বীয় অতিবুদ্ধি বা অতিচেষ্টা দ্বারা (নিজেকে) পরাজিত করা, নিজ সাধ্যাতিরিক্ত আয়াস স্বীকার করিয়া ব্যর্থতা বরণ করা। (**2**) *v.i.* (অশ্বসম্বন্ধে) সামনের পায়ে পিছনের পা ঠোকা। *p.* & *p. pt.* **ōverreaˈchėd**। *n.* **ōˈverreach**—(অশ্বের) সামনের পায়ে পিছনের পা ঠোকা বা উহা করার ফলে আঘাত। *v.t.* **ōverrīdeˈ**—অত্যধিক আরোহণের ফলে (অশ্বাদিকে) অসুস্থ বা অবসন্ন করিয়া ফেলা ; (কিছুর) উপর দিয়া অশ্বাদি-আরোহণে যাওয়া ; অশ্বারোহণপূর্বক (কিছুকে) দলিয়া যাওয়া ; বাতিল করা ; অগ্রাহ্য করা। *p.* **ōverrōdeˈ**। *p. pt.* **ōverriˈdden**। *a.* **ōˈverripeˈ**—বেশি পাকিয়া গিয়াছে এমন। *v.t.* **ōverruleˈ**—উচ্চতর ক্ষমতাবলে পরিবর্তিত করা বা বাতিল করা ; (আইনে) খারিজ করা বা বাতিল করা। *v.t.* **ōverrunˈ**—(কিছুর) উপর দিয়া বা এক ধার হইতে অন্য ধার পর্যন্ত বা সর্বত্র ব্যাপিয়া দৌড়াইয়া যাওয়া ; (শত্রুর দেশ) বিধ্বস্ত করা ; (কিছুর) উপর দিয়া দৌড়াইয়া (উহাকে) দলিত মথিত বা বিধ্বস্ত করা ; পদদলিত করিয়া যাওয়া ; (গাড়ি-সম্বন্ধে) চাপা দিয়া যাওয়া ; ছাইয়া ফেলা ; (কিছুর) উপর দিয়া প্রবাহিত হওয়া ; (কিছুকে) ছাপাইয়া বাড়িয়া ওঠা ; (কীটপতঙ্গ-সম্বন্ধে) কিল্‌বিল্‌ করিয়া ছাইয়া ফেলা ; ছুটিয়া (কিছুকে) ছাড়াইয়া যাওয়া ; মাত্রা ছাড়াইয়া যাওয়া। *p.* **ōverranˈ**। *p. pt.* **ōverrunˈ**। *a.* **ōverscruˈpūlous**—(রুচি সৌন্দর্য প্রভৃতি সম্বন্ধে) অত্যধিক খুঁতখুঁতে। *a.* **ōversea(s)ˈ**—(**1**) *adv.* সমুদ্রের এপার হইতে অন্য পারে, অন্য পারে, অন্য পার হইতে, সমুদ্র ছাড়াইয়া ; (সমুদ্রের অন্য পারস্থিত) বিদেশে (to live *overseas*)। (**2**) *a.* সমুদ্রের অপর পারের বা অপর তীরবর্তী দেশের (*overseas* trade)। (**3**) *n.* সমুদ্রের অপর তীরবর্তী দেশসমূহ, (তু.) বিলাত। *v.t.* **ōverseeˈ**—তত্ত্বাবধান করা, দেখাশোনা করা। *p.* **ōversawˈ**। *p. pt.* **ōverseenˈ**। *n.* **ōˈverseer**—তত্ত্বাবধায়ক, (পরি.) উপদর্শক। *a.* **ōversenˈsitive**—অতিমাত্রায় সূক্ষ্মানুভূতিসম্পন্ন বা সংবেদনশীল। *n.* **over-senˈsitivenėss**। *a.* **ōversērˈious**—সর্ব ব্যাপারে অতিমাত্রায় গুরুত্ব দেয় এমন ; অতিমাত্রায় গুরুগম্ভীর। *v.t.* **ōversetˈ**—উলটাইয়া ফেলা ; বিশৃঙ্খল করা, তালগোল পাকান। *p.* & *p. pt.* **ōversetˈ**। *v.t.* **ōvershaˈdow**—(কিছুর) উপরে (নিজের) ছায়া ফেলা, (নিজের) ছায়া দিয়া ঢাকিয়া ফেলা ; ছায়াচ্ছন্ন করা ; ঔজ্জ্বল্যে ছাপাইয়া যাওয়া ; অন্ধকার করা ; ম্লান করা ; আশ্রয় দেওয়া ; রক্ষা করা। *n.* **ōˈvershoe**—অন্য জুতার উপরে পরিধেয় (সচ. রবারে নির্মিত বা জলাভেদ্য) জুতা। *v.t.* **ōvershōōtˈ**—(তীর গুলি প্রভৃতি) লক্ষ্য ছাড়াইয়া নিক্ষেপ করা ; (প্রধানতঃ স্বীয় ক্ষমতাদি) অতিমাত্রায় জাহির করা। *p.* & *p. pt.* **ōvershotˈ**। **(to) overshoot oneself**—স্বীয় ক্ষমতাবহির্ভূত ঝুঁকি লওয়া বা কিছু করিতে চেষ্টা করা ; অতিমাত্রায় নিজেকে জাহির করা। *a.* **ōˈverside**—(জাহাজাদির) পার্শ্বদেশ দিয়া কৃত (*overside* unloading)। *adv.* **oversideˈ**—পার্শ্বদেশ দিয়া। *n.* **ōˈversīght**—(অনবধানতাবশতঃ) লক্ষ্য করিতে অক্ষমতা ; ভুল ; ত্রুটি। *v.t.* **ōˈversimˈplify**—অতিমাত্রায় সহজ করিয়া দেওয়া। *n.* **ōˈversimplificāˈtion**। *n.* **ōˈversīze**—প্রয়োজনীয় মাপের অপেক্ষা বড় মাপ। *v.i.* & *refl.* **ōversleepˈ**—মাত্রাতিরিক্ত সময় ব্যাপিয়া ঘুমান বা শয্যাত্যাগের জন্য নির্দিষ্ট সময়ের পরেও ঘুমান (reflexively as in **to oversleep oneself**)। *adv.* **ōversōōnˈ**—অতিমাত্রায় শীঘ্র বা দ্রুত। *v.t.* **ōver-spendˈ**—মাত্রাতিরিক্তভাবে ব্যয় করা। *p.* & *p. pt.* **ōverspentˈ**। *n.* **ōˈverspill**—যাহা অতিমাত্রায় উপছাইয়া পড়িতেছে, বিশেষতঃ মাত্রাধিক বাসিন্দা (to build new towns for Calcutta's *overspill*)। *v.t.* **ōverspreadˈ**—(কিছুর) উপর দিয়া বিছাইয়া বা ছড়াইয়া দেওয়া অথবা প্রসারিত করা। *p.* & *p. pt.* **ōverspreadˈ**। *v.t.* **ōverstaffˈ**—প্রয়োজনাতিরিক্ত কর্মী নিয়োগ করা। *v.t.* **ōverstāteˈ**—অত্যধিক দৃঢ়ভাবে বলা ; বাড়াইয়া বলা, অতিরঞ্জিত করা। *p.* &

p. pt. **ōverstā°tėd** । *n.* **ōverstāte°ment** । *v.t.* **ōverstay°**—(কিছুর) কালোত্তীর্ণ হওয়ার পরেও থাকা। *v.t.* **ōverstep°**—সীমা ছাড়াইয়া যাওয়া, লঙ্ঘন করা (to *oversetp* one's authority)। *p. & p. pt.* **ōverste°pped** । *v.t.* **ōver-stock°**—মাত্রাধিক পরিমাণে বা সংখ্যায় গুদামজাত করা। *p. & p. pt.* **ōversto°cked** । **ōver-strain°**—(**1**) *v.t.* মাত্রাধিকভাবে খাটান। (**2**) *n.* মাত্রাধিক খাটুনি। *a.* **ōverstrung°**—অত্যন্ত মর্মাহত বা উত্তেজিত ; অতিমাত্রায় উত্তেজনশীল বা সংবেদনশীল। *a.* **ō°verstuffed**—(গদি প্রভৃতি সম্বন্ধে) ভিতরে তুলা ভরিয়া নরম ও আরামপ্রদ করা হইয়াছে এমন। *n.* **ō°versu°pply**—প্রয়োজনাধিক বা মাত্রাধিক সরবরাহ। *a.* **ōver-suspi°cious**—অতিমাত্রায় সন্দিগ্ধ। *v.t.* **ōvertāke°**—নাগাল ধরা ; অতর্কিতে পাকড়াও করা ; (ঝড় বিপদ্ প্রভৃতি কর্তৃক) অতর্কিতে অভিভূত করা। *p.* **ōvertook°** । *p. pt.* **ōvertā°ken** । *a.* **ōvertā°ken (in drink)**—প্রমত্ত। *v.t.* **ōvertax°**—অত্যধিক করারোপণ করা, করপীড়িত করা ; মাত্রাতিরিক্তভাবে আদায় করা বা শোষণ করা ; অত্যধিক ভার চাপান। *p. & p. pt.* **ōvertax°ed** । *n.* **ō°verthrow**—ওলটান অবস্থা, বিপর্যয় ; ভূপাতিত অবস্থা ; সর্বনাশ ; পূর্ণ-পরাজয়। *v.t.* **ōverthrow°**—উলটাইয়া ফেলা ; ভূপাতিত করা, ফেলিয়া দেওয়া ; সর্বনাশ করা ; সম্পূর্ণ পরাস্ত করা (to *overthrow* the government)। *p.* **ōverthrew°** । *p. pt.* **ōverthrown°** । **ō°ver-time**—(**1**) *n.* নিয়মিত কর্মকালের বহির্ভূত যে সময়ে কাজ করা হয়, (পরি.) অধিকাল ; অধিকালে কৃত কাজ, (তু.) অধিকর্ম ; অধিকালীন কাজের জন্য পারিশ্রমিক। (**2**) *a.* অধিকালীন। (**3**) *adv.* অধিকালে। *v.t.* **ōvertop°**—উচ্চতায় ছাড়াইয়া যাওয়া ; ছাপাইয়া ওঠা। *p. & p. pt.* **ōverto°pped** । *v.t.* **ōver-trump°**—(তাসখেলায়, তুরুপের উপর উচ্চতর তুরুপ করা, বড় তুরুপ করা। *p. & p. pt.* **ōver-trum°-ped** । *v.t.i.* **overturn°**—উলটাইয়া ফেলা, উলটাইয়া যাওয়া (the boat *overturned*) ; সর্বনাশ করা। *n.* **ō°verturn**—ওলটান অবস্থা, বিপর্যয় ; সর্বনাশ। *v.t.* **ōverva°lue**—প্রকৃত মূল্য অপেক্ষা অধিকতর মূল্য নির্ধারণ করা। *n.* **ōvervaluā°tion** । *a.* **ōver-wee°ning**—অতিমাত্রায় আত্মবিশ্বাসী বা দাম্ভিক। **ō°verweight**—(**1**) *n.* মাত্রাধিক বা প্রয়োজনাতিরিক্ত ওজন। (**2**) *a.* ঐরূপ ওজনবিশিষ্ট। *v.t.* **ōver-whelm°**—চাপা দেওয়া, ঢাকিয়া ফেলা, আচ্ছন্ন করা ; সম্পূর্ণরূপে নিমজ্জিত করা ; অসহায় করা ; ভাবে অভিভূত করা। *a.* **ōverwhel°ming**—সংখ্যা পরিমাণ ওজন প্রভৃতিতে অত্যধিক হওয়ার ফলে অদম্য। *adv.* **overwhel°mingly** । *a.* **ōverwise°**—(ব্যঙ্গে) অতিবিজ্ঞ, অতিচালাক। *n.* **ō°verwork**—বাড়তি কাজ বা খাটুনি। **ōverwork°**—(**1**) *n.* অত্যধিক খাটুনি। (**2**) *v.t.i.* অত্যধিক খাটান বা খাটা। *p. & p. pt.* **ōverwor ked** । *a.* **ōverwrought°**—অতিমাত্রায় উত্তেজিত, অত্যুত্তেজিত ; শিরার বা মনের উপর অত্যন্ত চাপ পড়িয়াছে এমন ; সর্বাঙ্গ অলঙ্কৃত এমন ; অতিমাত্রায় বিস্তারিত ; (কার্যাদি-সম্পর্কে) বাড়াবাড়ি করিয়া ফেলা হইয়াছে এমন। *a.* **ōver-zea°lous**—অতিমাত্রায় আগ্রহী বা উৎসাহী।

overt [ō°-va(r)t, ঔ°ভ্যা(র্)ট্] *a.* open to view, public, দৃষ্টিগোচর, প্রত্যক্ষ, প্রকাশ্য ; patent, স্পষ্টতঃ প্রতীয়মান। **market overt**—সাধারণ বাজার, খোলা বাজার। **overt act**—বিশেষ উদ্দেশ্যে কৃত কর্ম। *adv.* **ō°vertly** । [F. *ouvert*=opened]

overture [ō°-va(r)-tū(r), ঔ°ভ্যা(র্)টিউয়্যা(র্)] *n.* an opening of negotiations, লেনদেন-সম্পর্কে আলাপের আরম্ভ ; a proposal or offer, প্রস্তাব বা দিবার প্রস্তাব ; an opening or opportunity, পথ বা সুযোগ ; a beginning, আরম্ভ ; (mus.) an orchestral prelude, (সঙ্গীতে) অভিনয়াদির প্রারম্ভে বিভিন্ন বাদ্যযন্ত্রের ঐকতান বা অর্কেষ্ট্রা বাদন। [OF.=opening]

ovi- [ō°-vi, ঔ°ভি] *in comp.* ovum, ডিম্ব-। *n.* **ō°viduct**—(প্রাণি.) ডিম্বাশয় হইতে বহির্গত হইবার নালী, (পরি.) ডিম্বনালী। *a.* **ō°viform**—ডিম্বাকার। *a.* **ōvi°parous**—অণ্ডজ। [L. *ovum*]

Ovidian [ŏ-vi°-di-an, ওভি°ডিঅ্যান্] *a.* of or like Ovid, ল্যাটিন কবি অভিড্-সংক্রান্ত বা তত্তুল্য।

oviduct, oviform—see **ovi-**.

ovine [ō°-vīn, ঔ°ভাইন্] *a.* of or like sheep, মেষসংক্রান্ত, মেষতুল্য। [L. *ovinus*<*ovis*=sheep]

oviparous—see **ovi-**.

ovoid [ō°-voyd, ঔ°ভয়্‌ড্], **ovoi°dal**—*a.* egg-shaped, ডিম্বাকার (ও ঘন)। [L. *ovum*=egg, Gk. *eidos*=form]

ovule [ō°-vūl, ঔ°ভিউল্] *n.* in flowering plants, the body which on fertilization becomes the seed, (উদ্ভি.—পরি.) ডিম্বক। [L. dim. of *ovum*]

ovum [ō°-vam, ঔ°ভ্যাম্] *n.* an egg, ডিম্ব, অণ্ড ; (bio.) an egg-cell, or female gamete, (জীব.) ডিম্বকোষ বা ভ্রূণকোষ, (পরি.) ডিম্বাণু। *pl.* **ō°va** । [L.]

owe [ō, ঔ] *v.t.i.* to be in debt (to), (কাহারও কাছে) ঋণী থাকা (he *owes* me Rs. 100, he *owes* Rs. 100 to me) ; to be under an obligation, (কিছু করিতে বা দিতে) বাধ্য থাকা। [OE. *agan*=to own—cp. OHG. *eigan*=to possess]

owing [ō°-ing, ঔ°ইং] *a.* due, দিতে বা করিতে হইবে এমন, বাকি, বকেয়া। **owing to**—কারণে, দরুন (crops failed *owing to* drought) ; ফল-স্বরূপ। [see *owe*]

owl [owl, আউল্] *n.* a variety of bird, পেঁচা, পেচক ; a solemn person, (ব্যঙ্গে) গম্ভীর প্রকৃতির লোক ; a wise-looking dullard, বিজ্ঞবৎ হাব-ভাবপূর্ণ মূর্খ। **owls to Athens**—same as **coals to Newcastle** (see **coal**)। *n.* **ow°lery**

—পেঁচার বাসা। *n.* **ow°let**—পেচক-শিশু। *a.* **owl°-eyed**—পেচকতুল্য মিট্‌মিটে চক্ষুবিশিষ্ট। *a.* **ow°lish**—পেচকতুল্য; মিট্‌মিটে; মূর্খ; বোকাটে। *n.* **owl°-light**—সন্ধ্যাগোধুলি। *n.* **owl°-train**—রাতের রেলগাড়ি, রাতের ট্রেন। [OE. *ule*—cp. G. *eule.* L. *ulula*-(imi.)]

own₁ [ōn, ঔন্] *a.* belonging to oneself, নিজস্ব, স্বীয়। **own brother** or **sister**—সহোদর ভ্রাতা বা ভগিনী। **my own, his own,** etc.—স্বয়ং আমার, তাহার প্রভৃতি। **one's own man** or **master**—স্বাধীন; স্বাবলম্বী। **on one's own**—নিজের জন্য; স্বীয় চেষ্টায়; স্বাধীনভাবে (he works *on his own* account); স্বীয় দায়িত্বে। **(to) come into one's own**—প্রাপ্য বা যোগ্য (যশ প্রভৃতি) পাওয়া। **(to) get one's own back to**—প্রতিশোধ লওয়া। **(to) hold one's own**—নিজের কোট বজায় রাখা; স্বস্থানে থাকিতে পারা; পরাস্ত না হওয়া। [OE. *agen, p. pt.* of *agan*—cp. *owe*]

own₂ [ōn, ঔন্] (1) *v.t.* to possess, (কিছুর) অধিকারী বা মালিক হওয়া (to *own* a property); to acknowledge, মানিয়া লওয়া (to *own* one as the leader); to admit, স্বীকার করা (to *own* one's fault); to recognize, চেনা। (2) *v.t.i.* to confess, (দোষাদি) স্বীকার করা। *n.* **ow°ner**—মালিক, স্বত্বাধিকারী; অধিকারী। *a.* **ow°ner-o°ccūpied**—(বাড়ি সম্বন্ধে) মালিক স্বয়ং বাস করে এমন অর্থাৎ ভাড়াটে বসান হয় নাই এমন। *a.* **ow°nerless**—মালিকহীন। *n.* **ow°nership**—মালিকানা, স্বত্ব। **(to) own up**—(দোষাদি) কিছুমাত্র গোপন না রাখিয়া স্বীকার করা। [OE. *agnian*<*agen*=one's own—cp. *own₁*]

ox [oks, অক্‌স্] *n.* a domestic animal, ষণ্ড বা ষাঁড় (গাভী অর্থেও ব্যবহৃত হয়), গোরু; a castrated male ox, বলিবর্দ, বলদ। *pl.* **ox°en** । *n.* **ox°-bow**—হালের বলদের গলায় পরানর জন্য U-আকারের হাঁসুলিবিশেষ; উক্ত আকারের নদীর বাঁক। *n.* **ox°-cart**—গোরুর গাড়ি। *n.* **ox°eye**—বৃহদাকার পুষ্পবিশেষ; গবাক্ষ। *a.* **ox°-eyed**—বিশালনেত্র, আয়তাক্ষ। *n.* **ox°head**—ষাঁড়ের মাথা; স্থূলবুদ্ধি ব্যক্তি। [OE. *oxa,* (*pl.*) *oxan*—cp. G. *ochs,* Sans. *ukshan*]

Oxford [oks°-fa(r)d, অক্‌স্‌°ফ্যা(র্)ড্] *n.* an English city or country, ইংল্যানডের অক্‌স্‌ফর্ড্‌ নগর বা জেলা; the Oxford University, অক্‌স্‌ফর্ড্‌-বিশ্ববিদ্যালয়। **Oxford bags**—অতি ঢিলা পা-জামা। **Oxford blue**—গাঢ় নীলবর্ণ; ক্রীড়াদিতে কৃতিত্ব-প্রদর্শনকারী অক্‌স্‌ফর্ড্‌-বিশ্ববিদ্যালয়ের ছাত্র। **Oxford English**—অক্‌স্‌ফর্ড্‌-বিশ্ববিদ্যালয়ে প্রচলিত ইংরেজিভাষার বিশেষ উচ্চারণ ও বাগ্‌বিধি। **Oxford group**—Dr. Buchman-এর ধর্মসভার সদস্যবৃন্দ। **Oxford movement**—ক্যাথলিক্ উপাসনা-বিধির পুনরুত্থানের জন্য উনবিংশ-শতাব্দীতে যে আন্দোলন অক্‌স্‌ফর্ড্‌ বিশ্ববিদ্যালয়ে প্রথম প্রবর্তিত হয়। [OE. *Oxnaford*=oxen's ford]

oxide [oks°-īd, অক্‌স্‌°আইড্] *n.* a compound of oxygen and some other element or radical, অন্য উপাদানের বা মৌলিক পদার্থের সহিত অক্সিজেনের যৌগিক। *v.t.i.* **ox°idize**—অক্সিজেন যোগ করা বা অক্সিজেনের সহিত যুক্ত হওয়া; বিদ্যুতিন্ হইতে বিযুক্ত করা বা হওয়া। *n.* **oxidā°tion, oxidīzā°tion**। *n.* **ox°idizer**—যে পদার্থদ্বারা অক্সিজেন যোগ করা হয়। [F.<*oxygene*=oxygen]

oxlip [oks°-lip, অক্‌স্‌°লিপ্] *n.* a kind of flower, প্রিম্‌রোজ্‌ বা কাউস্লিপ্ জাতীয় পুষ্পবিশেষ। [OE. *oxanslyppe*=a slimy dropping of an ox—cp. *cowslip*]

Oxonian [oks-ō°-ni-an, অক্‌স্‌ঔ°নিয়্যান্] *a.* of Oxford, অক্‌স্‌ফর্ড্‌ নগরের বা জেলার; of the Oxford University, অক্‌স্‌ফর্ড্‌-বিশ্ববিদ্যালয়ের। (2) *n.* an inhabitant of Oxford, অক্‌স্‌ফর্ড্ নগরের বা জেলার লোক; a student or graduate of the Oxford University, অক্‌স্‌ফর্ড্‌-বিশ্ববিদ্যালয়ের ছাত্র বা স্নাতক। [L. *Oxonia*=Oxford<*Oxnaford*—cp. *Oxford*]

oxy- [oks°-i, অক্‌স্‌°ই] *in comp.* sharp, তীক্ষ্ণ; pointed, সূচ্যগ্র; acid, অম্ল-, oxygen, অক্সিজেন (*oxy-acid*)। *n.* **ox°y-ace°tylēne**—অক্সিজেন-যুক্ত অ্যাসেটিলীন্-গ্যাস। [Gk. *oxys*=sharp]

oxygen [oks°-ij(a)n, অক্‌স্‌°ইজ্‌ন্] *n.* a gas, গ্যাসবিশেষ, অম্লজান, অক্সিজেন। *v.t.* **oxy°genate**—অক্সিজেন যোগ বা প্রয়োগ করা (also **ox°ygenize**)। *p.* & *p. pt.* **ox°ygenātėd**। *n.* **oxygenā°tion**। *a.* **oxy°genous**—অক্সিজেনঘটিত; অক্সিজেন-সংক্রান্ত; অক্সিজেনযুক্ত। [F. *oxygene*< *oxy-*, Gk. *gennaein*=to generate]

oxymoron [oks-i-maw°-ron, অক্‌স্‌ইম্য°রন্] *n.* (rhet.) a figure of speech, (অল.) বিরোধাভাস (যেমন, idly busy)। [Gk. *oxymoros*=sharply foolish]

oxytone [oks°-i-tōn, অক্‌স্‌°ইটৌন্] (1) *a.* acutely accented on the last syllable, শেষ সিলাব্‌লে বা শব্দ-পাপড়িতে তীক্ষ্ণ শ্বাসাঘাতবিশিষ্ট। (2) *n.* a word so accented, ঐরূপ শ্বাসাঘাতবিশিষ্ট শব্দ। [*oxy-*, *tone*]

oyster [oys°-ta(r), অয়্‌স্‌°ট্যা(র্)] *n.* a bivalve shellfish, ঝিনুক, শুক্তি। *n.* **oys°ter-bed, oys°ter-bank, oys°ter-farm, oys°ter-park**—সমুদ্রতলে যে স্থানে ঝিনুকেরা নিজেদের বংশবৃদ্ধি করে। *n.* **oys°ter-catcher**—সামুদ্র পক্ষিবিশেষ; ইহারা সমুদ্রের জলে হাঁটিয়া হাঁটিয়া আহারার্থ শুক্তি সংগ্রহ করে। *n.* **oys°ter-knife**—ঝিনুক খোলার ছুরি। *n.* **oys°ter-shell**—ঝিনুকের খোলা। [OF. *oistre*<L. *ostrea*<Gk. *ostreon*]

ozone [ō°-zōn, ঔ°জৌন্] *n.* the condensed form of oxygen, অক্সিজেনের স্নিগ্ধ বর্ণযুক্ত ঘনীভূত রূপ; (fig.) an exhilarating influence, (আল.) আনন্দদায়ক প্রভাব। *a.* **ōzo°nic**। [Gk. *ozon*=smelling]

P

P, p [pē, পী] *n.* the sixteenth letter of the English alphabet, ইংরেজি বর্ণমালার ষোড়শ বর্ণ।

pa [pŭ, পা] childish or vul. form of **papa.**

pabulum [pa°-bū-lam, প্যা°বিউল্যাম্] *n.* food, (প্রধানতঃ ইতর প্রাণী ও উদ্ভিদের) খাদ্য ; (fig.) mental food, (আল.) মনের খোরাক। [L.]

pace [pās, পেইস্] (**1**) *n.* the stride or step, পদক্ষেপ ; the space between the feet in walking, পদক্ষেপকালে দুই পদতলের মধ্যবর্তী ব্যবধান ; mode of walking, হাঁটার ভঙ্গি, চলন-ভঙ্গি ; speed in walking, হাঁটার বা চলার বেগ। (**2**) *v.t.i.* to traverse with slow measured steps, ধীর ও মাপা পদক্ষেপে (কিছুর উপর দিয়া) হাঁটা, পায়চারি করা (to *pace* up and down)। (**3**) *v.t.* to measure by steps, পদক্ষেপদ্বারা মাপা। (**4**) *v.i.* to walk, হাঁটা, চলা। *p.* & *p. pt.* **pa°ced** । **(to) force the pace**—দৌড়-প্রতিযোগিতাদিতে জয়লাভের উদ্দেশ্যে প্রবল চেষ্টায় নিজের বেগ বাড়ান ও বজায় রাখা। **(to) go the pace**—বিষম বেগে যাওয়া ; (আল.—প্রধানতঃ অসৎ আমোদ-প্রমোদে) টাকা ওড়ান। **(to) keep** or **hold pace with**—(অন্যের সহিত) সমান দ্রুতবেগে চলা বা পাশাপাশি চলা ; ছাড়াইয়া যাইতে না দেওয়া। **(to) mend one's pace**— (স্বীয়) গতি দ্রুততর করা। **(to) put one through one's paces**—(কাহারও) শক্তিসামর্থ্য পরীক্ষা করা। **(to) set the pace**—(ধাবন-প্রতিযোগিতাদিতে) স্বয়ং অগ্রসর হইয়া অন্য প্রতিযোগীদের সম্মুখে বেগের দৃষ্টান্ত স্থাপন করা ; (আল.) ক্রিয়াকলাপ জীবনযাত্রা প্রভৃতির মানের দৃষ্টান্ত স্থাপন করা। *n.* **pāce°-maker**—ধাবন-প্রতিযোগিতায় যে দৌড়বাজ অশ্বারোহী ঘোড়া প্রভৃতি দৌড়াইয়া অন্যের জন্য ধাবন-বেগের মান স্থির করিয়া দেয় ; মেরুদণ্ডীপ্রাণীর হৃদ্‌যন্ত্রের যে অংশ উহার সঙ্কোচন ও প্রসারণ ক্রিয়া চালু রাখে ; হৃদ্‌যন্ত্র ক্রিয়াশীল রাখিবার জন্য বা হৃৎস্পন্দন নিয়মিত রাখিবার জন্য কৃত্রিম বৈদ্যুতিন যন্ত্রবিশেষ। *n.* **pā°cer**—pace (*v.*)-এর সকল অর্থে, এবং—স্বভাবতঃ ধীরগামী ঘোড়া। *n.* **pace°-setter**—same as **pace-maker** (কেবল প্রথম অর্থে)। [F. *pas.* < L. *passus* = step]

pachyderm [pa°-ki-da(r)m, প্যা°কিড্যা(র্)ম্] *n.* any thick-skinned quadruped, যে কোন স্থূলচর্ম জন্তু (যেমন, হস্তী, গণ্ডার) ; (fig.) an insensitive person, (আল.) অনুভূতিহীন ব্যক্তি। [Gk. *pachys* = thick, *derma* = skin]

Pacific—see **pacify.**

pacify [pa°-si-fī, প্যা°সিফাই] *v.t.* to appease, শান্ত করা, ঠাণ্ডা করা ; to bring peace to, সান্ত্বনা বা শান্তি দেওয়া। *a.* **paci°fic**—শান্তিস্থাপক ; শান্ত করে এমন ; সান্ত্বনাদায়ক ; শান্তিপ্রয়াসী ; শান্তিপূর্ণ ; শান্ত। *n.* **Paci°fic**—প্রশান্ত মহাসাগর (কারণ, আবিষ্কারক Magellan ইহার উপর দিয়া জাহাজযোগে শান্তিপূর্ণভাবে গিয়াছিলেন)। **pacification** [pas(i)fikā°sh(a)n, প্যাসফিকেই°শ্‌ন্] । *a.* **pacificatory** [pa-si°-fi-kā-ta-ri, প্যাসি°ফিকেইট্যারি] শান্তিস্থাপনাভিলাষী, শান্তিপ্রয়াসী। *n.* **pa°cifism**—যুদ্ধমাত্রই অন্যায় : এই মতবাদ, শান্তিবাদ। *n.* **pa°cifist** । [F. *pacifier* < L. *pacificus* = pacific, L. *pacificare* = to make peace]

pack [pak, প্যাক্] (**1**) *n.* a bundle (esp. one to be carried by man or beast), (প্রধানতঃ মানুষ বা পশু কর্তৃক পৃষ্ঠে বহনীয়) বোঁচকা, গাঁটরি ; a bundle or bale, গাঁট, ফেটি, প্রভৃতি ; a collection, রাশি, গুচ্ছ, পুঞ্জ ; a gang or company, দল (a *pack* of thieves or hounds) ; a set (তাস প্রভৃতির) কেতা, প্যাক্ ; hunting hounds kept together, একত্র রক্ষিত শিকারি কুকুরের দল (a *pack* of hounds) ; forwards in a Rugby-football team, রাগ্‌বিফুটবল দলের সম্মুখভাগের খেলোয়াড়গণ ; a group of wolf-cubs in the Boy Scout organization, বয়স্কাউট্‌-সংগঠনের উল্‌ফ্-কাব্‌-বাহিনীর দল ; act or mode of packing, প্যাক্ করা, বস্তা-বন্দীকরণ, বাক্সাদির মধ্যে ভরা, ঐ সমস্ত করার ধরন ; the state of being packed, প্যাক্-করা অবস্থা, বাক্স-বন্দী বা বস্তা-বন্দী অবস্থা। (**2**) *v.t.i.* to form into a pack, বোঁচকা বাঁধা বা বোঁচকা-বাঁধাই হওয়া ; to dispose in a bag or other receptacle, বাক্স প্রভৃতির মধ্যে (কাপড়-চোপড় বা অন্য বস্তু) ভরা ; to fill or crowd, (সভা জুরি প্রভৃতি) পূর্ণ করা বা জনপূর্ণ করা। *p.* & *p. pt.* **pa°cked** । **(to) pack it in**—কোন কাজ করা বন্ধ করা বা শেষ করা। **(to) pack one off, (to) send one packing**—হঠাৎ বরখাস্ত করা বা খেদাইয়া দেওয়া। **(to) pack up**—যন্ত্রপাতি প্রভৃতি কার্যান্তে গুছাইয়া লওয়া ; কাজ বন্ধ করা (it is time to *pack up*)। *n.* **pa°ckage**—বোঁচকাদি বাঁধা বা বাঁধার ধরন ; বোঁচকা, পুঁটুলি, মোড়ক ; ডাকে প্রেরিত পার্শেল। *a.* **pa°ckaged**—বোঁচকা মোড়ক বা পুঁটুলি করিয়া বাঁধা আছে এমন। **package deal** or **offer**—(ভালমন্দ নির্বিশেষে) প্রস্তাব বা পারস্পরিক আদানপ্রদান-সংক্রান্ত সামগ্রিক চুক্তি। **package tour**—যে প্রমোদভ্রমণের প্রয়োজনীয় সমস্ত ব্যবস্থা ভ্রমণ-সহায়ক কম্পানি পূর্বাহ্ণেই করিয়া রাখে এবং ভ্রমণকালে যাত্রীদের নিকট আবশ্যকমত জিনিসপত্র বিক্রয় করে। *n.* **pack°-animal**—মালবাহী পশু। *n.* **pack°-cloth**—বোঁচকা প্রভৃতি বাঁধার কাপড় বা চট। *n.* **pa°cker**—যে ব্যক্তি বোঁচকা মোড়ক প্রভৃতি বাঁধে, (পরি.) ভরক। *n.* **pa°cket**—ক্ষুদ্র মোড়ক, পুলিন্দা ; (অশি.) প্রচুর পরিমাণ অর্থ (it may cost a *packet*)। *n.* **pa°cket-boat**—ডাকবাহী ইস্টিমার। *n.* **pack°-horse**—মালবাহী ঘোড়া ; ক্লান্তিকর উঞ্ছবৃত্তিধারী ব্যক্তি। *n.* **pa°cking**—বোঁচকা বা মোড়ক বাঁধাই ; বোঁচকাদি মোড়ার কাপড় কাগজ প্রভৃতি। *n.* **pa°cking-box, pa°cking-cāse**—প্যাক্-বাক্স। *n.* **pa°cking-needle**—বোঁচকা মোড়ক প্রভৃতি

সেলাই করিবার জন্য বড় সূচবিশেষ, গুনসুচ, বারসুচ। *n.* **pa°cking-sheet**—same as **pack-cloth**। *n.* **pack°-load**—যে পরিমাণ বোঝা মালবাহী জন্তু বহনে সমর্থ। *n.* **pack°-saddle**—পশুপৃষ্ঠে মাল-স্থাপনার্থ জিনবিশেষ, পালান। *n.* **pack°-thread**—বোঁচকা মোড়ক প্রভৃতি বাঁধার দড়ি। *n.* **pack°-twine**—মোড়কাদি বাঁধার জন্য টোন্-সুতা। [ME. *packe*]

pact [pakt, প্যাক্ট্] *n.* an agreement, a compact, চুক্তি, সন্ধি। [L. *pactum*]

pad [pad, প্যাড্] (**1**) *n.* anything stuffed with a soft material, সঙ্ঘর্ষ চাপ বা আঘাত এড়ানর জন্য অথবা কালি প্রভৃতি তরল বস্তু শোষণার্থ কোমল পদার্থে ভরা যে-কোন বস্তু (যেমন, গদি, ক্রিকেট-খেলোয়াড়ের পায়ের প্যাড্, নরম জিন, কালির প্যাড্ প্রভৃতি), প্যাড্; a number of sheets of paper etc., bound together in a block, একত্র বাঁধাই কাগজ, চোষ-কাগজ প্রভৃতির কতিপয় খণ্ড (যেমন, চিঠির প্যাড্); the fleshy under-surface of the foot of some animals, প্রাণিবিশেষের পদতলের মাংসল অংশ; its footprint, উক্ত পশুর পায়ের ছাপ; (sl.) bed, (অশি.) বিছানা; room to sleep in, শয়নকক্ষ। (**2**) *v.t.* to stuff with anything soft, তুলা এবং অন্য নরম বস্তুতে পূর্ণ করা; to protect with pads, নরম গদি প্রভৃতির সাহায্যে আঘাতাদি হইতে রক্ষা করা; to fill out with superfluous words, অনাবশ্যক শব্দদ্বারা (বাক্যকে) ভারাক্রান্ত করা। (**3**) *v.i.* to travel on foot, পদব্রজে ভ্রমণ করা (he *padded* along)। *pr. pt.* **pa°dding**। *p. & p. pt.* **pa°dded**। *n.* **pa°dding**—প্যাড্ তৈয়ারি করার উপাদান; যে অনাবশ্যক শব্দদ্বারা বাক্যাদি ভারাক্রান্ত করা হইয়াছে। [?]

paddle [pad°l, প্যাড্°ল্] (**1**) *n.* a spoon-shaped oar, ক্যানু-নৌকা চালনায় ব্যবহৃত চামচতুল্য আকারের দাঁড়, বৈঠা; an aquatic animal's flipper, জলচর প্রাণীর ডানা; a paddle-like instrument for moving, beating, etc., উক্ত দাঁড়ের ন্যায় (সাইকেল প্রভৃতির) চালক-দণ্ড প্রহার-দণ্ড প্রভৃতি। (**2**) *v.i.* to use a paddle, বৈঠা বাওয়া; to row gently, (দাঁড় টানিয়া) ধীরে ধীরে নৌকা চালান; to swim about, (পাতিহাঁসের ন্যায়) সাঁতার কাটিয়া বেড়ান। (**3**) *v.t.* to propel by paddle, উক্ত বৈঠা দিয়া চালান; to slap, চড় মারা। **(to) paddle one's own canoe**—কেবলমাত্র নিজের উপর নির্ভর করা। *n.* **padd°ler**। [?]

paddock₁ [pa°-dak, প্যা°ড্যাক্] *n.* (arch.) a toad or frog, (আর্ষ.) দাদুর, বেঙ। [dim. of OE. *pad(d)e* = toad]

paddock₂ [pa°-dak, প্যা°ড্যাক্] *n.* a small field under pasture, (সচ. বাড়ি বা আস্তাবলের নিকট-বর্তী) ক্ষুদ্র চারণভূমি; a small field for keeping horses before a race, ঘোড়দৌড়ের পূর্বে ঘোড়াগুলিকে যে ক্ষুদ্র মাঠে রাখা হয়। [OE. *pearroc* = park]

Paddy₁ [pa°-di, প্যা°ডি] *n.* a nickname of an Irishman, (সচ. কৌতু.) আয়ারল্যানডের পুরুষের আখ্যা বা উপনাম। [*St. Patrick*]

paddy₂ [pa°-di, প্যা°ডি] *n.* rice growing or in the husk, ধান। *n.* **pa°ddy-field**—ধান্য-ক্ষেত্র। [Mal. *padi*]

paddy₃ [pa°-di, প্যা°ডি] *n.* rage, দুর্বার ক্রোধ, রোষ (he is in one of his *paddies*)। *n.* **paddywhack** [pa°-di-wak, প্যা°ডি ওয়্যাক্] সহসা প্রচণ্ড ক্রোধপ্রকাশ। [*paddy₁*]

padishah [pu°-di-shu, পা°ডিশা] *n.* a great king, পাতশাহ্, বাদশাহ। [Pers. *pad* = master, *shah* = king]

padlock [pad°-lok, প্যাড্°লক্] *n.* a movable lock, তালা, কুলুপ। [*pad* < ?, *lock*]

Padma [pad°-ma, প্যাড°ম্যা] *n.* lotus, পদ্ম। [Sans.]

padre [pŭ°-dri, পা°দ্রি] *n.* a Christian priest, খ্রিস্টান পুরোহিত বা যাজক, পাদ্রি। [Port. < It. *padrone* < L. *pater* = a father]

paduasoy [pa°-dū-a-soi, প্যা°ডিউঅ্যাসয়্] *n.* a strong corded silk fabric, শক্ত মোটা সুতার সিল্কের কাপড়। [?]

pæan [pē°-an, পী°অ্যান্] *n.* a song of triumph or thanksgiving, জয়সঙ্গীত বা বন্দনা-গান। [L. *Pæan*, hymn to Apollo under the name of Gk. *Paian*, the physician of the gods]

pædagogue—alt. spell. of **pedagogue.**

Pæderasty [pē°-da-ras-ti, পী°ড্যার্যাস্‌টি] *n.* sodomy, পুরুষের সঙ্গে পুরুষের (বিশেষতঃ বালকের) যৌনসংসর্গ, পায়ুকাম। [Gk. *pais, paidos* = boy, *erastes* = lover]

paediatric [pē-di-a°-trik, পীডিঅ্যা°ট্রিক্] *a.* relating to the medical treatment of children, শিশুরোগের চিকিৎসাসংক্রান্ত। *n.* **paedia°tric(s)**—শিশুরোগ-চিকিৎসা, বালরোগ-চিকিৎসা। *n.* **paediatrician** [pē-di-a-tri°sh(a)n, পীডিঅ্যাট্রি°শ্‌ন্], **paedi°atrist**—শিশুরোগ-চিকিৎসক। [Gk. *pais, paidos* = boy, child, *iatrikos* = medical]

pagan [pā°-gan, পেই°গ্যান্] (**1**) *n.* a heathen, খ্রিস্টান ইহুদি বা মুসলমান নহে এমন ব্যক্তি অর্থাৎ পৌত্তলিক বা নিকৃষ্ট ধর্মাবলম্বী; (coll.) a person with no religious beliefs, (কথ্য.) যে ব্যক্তি কোন ধর্মে বিশ্বাসী নহে। (**2**) *a.* of heathens or heathenism, ঐরূপ ব্যক্তিসংক্রান্ত বা ধর্মসংক্রান্ত। *n.* **pā°ganism**—নিকৃষ্ট ধর্ম বা ধর্মাচরণ; অ-দার্শনিক প্রকৃতি উপাসনা। *v.t.* **pā°ganize**—নিকৃষ্ট ধর্মসম্মত করান বা নিকৃষ্ট ধর্ম গ্রহণ করান। [L. *paganus* = rustic, peasant]

page₁ [pāj, পেইজ্] (**1**) *n.* a boy attendant, (সচ. উর্দি-পরা) বালক-ভৃত্য, ছোকরা-চাকর; a youth in training for knighthood, "নাইট্" বা বীর-ব্রতীর পদের জন্য শিক্ষানবিস যুবা। (**2**) *v.t.* to attend as a page, (কাহারও) বালকভৃত্য হওয়া। [F.]

page$_2$ [pāj, পেইজ্] (**1**) *n.* one side of a leaf of a book, গ্রন্থাদির পৃষ্ঠা। (**2**) *v.t.* same as **paginate**। *a.* **pa°ginal**—পৃষ্ঠাসংক্রান্ত। *v.t.* **pa°gināte**—পৃষ্ঠায় নম্বর দেওয়া। *p.* & *p. pt.* **pa°ginātėd**। *n.* **paginā°tion**। [F.<L. *pagina*]

pageant [pa°j(a)nt, প্যা°জ্‌ন্ট্] *n.* (arch.) a dramatic performance or scene, (আর্ষ.) নাট্যাভিনয় বা নাটকের দৃশ্য ; (obs.) a movable stage or carriage for acting on, (অপ্র.) অভিনয়ার্থ সচল মঞ্চ বা গাড়ি ; a spectacle, (প্রধানতঃ শোভাযাত্রাপূর্ণ) প্রদর্শনী দৃশ্য বা দৃশ্যাভিনয় ; a spectacular performance, (ঐতিহাসিক ঘটনাদির) চমৎকার অভিনয় ; a brilliant show, জাঁকজমকপূর্ণ দৃশ্য। *n.* **pa°geantry**—সাড়ম্বর দৃশ্য ; অন্তঃসারহীন দৃশ্য। [?]

paginal, paginate—see **page**$_2$.

pagoda [pa-gō°-da, প্যাগৌ°ড্যা] *n.* a Buddhist temple, বুদ্ধ-মন্দির, প্যাগোদা। [Port. *pagode*< some Eastern word]

pagri [pug°-rē, পাগ্‌°রী] *n.* a turban, পাগড়ি। [Hin.]

Pahlavi—alt. spell. of **Pehlevi.**

paid—see **pay.**

pail [pāl, পেইল্] *n.* a conical or cylindrical vessel, হাতলওয়ালা বালতি বা কেঁড়ে (a *pail* of milk, water, etc.)। *n.* **pail°ful**—এক কেঁড়েতে যত ধরে তত পরিমাণ। [OE. *pægel*=a gill measure—influenced by F. *pæle*=a pan< L. *patella*]

paillasse—alt. spell. of **palliasse.**

pain [pān, পেইন্] (**1**) *n.* penalty, শাস্তি ; mental or bodily suffering, মানসিক বা শারীরিক যন্ত্রণা, মর্মযন্ত্রণা বা দৈহিক বেদনা ; (in *pl.*) trouble taken, প্রযত্ন ; the throes of childbirth, প্রসব-বেদনা। (**2**) *v.t.* to cause pain to, যন্ত্রণা বা বেদনা দেওয়া। **for one's pains**—কষ্টের বা শ্রমের পুরস্কারস্বরূপ অথবা ফলস্বরূপ। **under** or **on pain of**—(ব্যর্থ বা অক্ষম হইলে) শাস্তি পাইতে হইবে এই ভয়ে বা এই ভয় দেখাইয়া, শাস্তির ভয়ে বা ভয় দেখাইয়া। **(to) be at pains**—ঝামেলা ঘাড়ে লওয়া। **(to) take pains**—শ্রমসহকারে যত্নশীল হওয়া। *a.* **pai°ned**—বেদনাপূর্ণ বা যন্ত্রণাপূর্ণ ; বেদনাগ্রস্ত বা যন্ত্রণাগ্রস্ত ; দুঃখগ্রস্ত। *a.* **pain°ful**—বেদনাপূর্ণ বা যন্ত্রণাপূর্ণ ; বেদনাদায়ক বা যন্ত্রণাদায়ক ; কষ্টসাধ্য ; (আর্ষ.) কষ্টসহিষ্ণু ; পরিশ্রমী। *adv.* **pain°fully**। *n.* **pain°-killer**—বেদনাহর পদার্থ। *a.* **pain°lėss**—বেদনা বা যন্ত্রণা দেয় না এমন। *adv.* **pain°lėssly**। *a.* **pains°tāking**—কষ্টসহিষ্ণু ; যত্নশীল। [F. *peine*<L. *poena*=penalty]

paint [pānt, পেইন্ট্] (**1**) *v.t.i.* to colour, রঞ্জিত করা, রঙ মাখান ; to draw coloured pictures (of), (কিছুর) রঙিন চিত্রাঙ্কন করা ; to colour with cosmetic paints, (মুখাদিতে) রঙ মাখান। (**2**) *v.t.* to apply with a brush, বুরুশে বা তুলিতে করিয়া লেপন করা ; (fig.) to describe as if in paint, (আল.) রঙিন ছবির ন্যায় বর্ণনা করা ; to adorn, সাজান, ভূষিত করা। *p.* & *p. pt.* **pain°tėd**। (**3**) *n.* a colouring substance, রঞ্জক পদার্থ, রঙ। **(to) paint** (something) **in**—অঙ্কিত চিত্রমধ্যে (আরও কিছু) আঁকা। **(to) paint** (something) **out**—রঙ বুলাইয়া (অঙ্কিত চিত্রের) কিছু ঢাকিয়া দেওয়া। **(to) paint the lily**—(অনিন্দ্য) সুন্দরকে সুন্দরতর করিতে চেষ্টা করা। **(to) paint the town red**—হৈচৈপূর্ণ কৌতুকে মাতিয়া গোলমালের সৃষ্টি করা। *a.* **pain°tėd**—রঞ্জিত, রঙ-মাখা ; রঙিন মূর্তিদ্বারা পরিশোভিত ; কৃত্রিম, ভান-করা। *n.* **pain°tėd-lā°dy**—রঙিন প্রজাপতিবিশেষ। *n.* **paint°-box**—চিত্রাঙ্কনের রঙের বাক্স। *n.* **paint°-brush**—চিত্রাঙ্কনের রঙের তুলি বা বুরুশ। *n.* **pain°ter**$_2$—(রঙিন) চিত্রকর ; যে ব্যক্তি অট্টালিকাদিতে রঙ করে ; স্পষ্ট বর্ণনকারী। *fem.* **pain°trėss**। *a.* **pain°terly**—চিত্রশিল্পীর বা চিত্রের বৈশিষ্ট্যসূচক। *n.* **pain°ting**—বর্ণলেপন ; রঙিন চিত্রাঙ্কন বা চিত্র ; স্পষ্ট বর্ণনা। *a.* **pain°ty**—রঙ-সংক্রান্ত ; (চিত্রাদি সম্পর্কে) অধিক রঙ চাপান হইয়াছে এমন। [OF. *peint*=painted <L. *pingere*=to paint]

painter$_1$ [pān°-ta(r), পেইন্°ট্যা(র্)] *n.* a rope for fastening a boat, নৌকা বাঁধার কাছি। **(to) cut the painter**—বন্ধনমোচন করা ; গিঁট খোলা ; (উপনিবেশ-সম্পর্কে) সম্পর্কচ্ছেদ করা, স্বাধীন হওয়া। [?]

painter$_2$**, painting**—see **paint.**

pair [pā(r), পেয়্যা(র্)] (**1**) *n.* a set of two things, equal, similar, or associated with each other, পরস্পর সমান বা সদৃশ বা সম্বন্ধবিশিষ্ট দুইটি প্রাণী বস্তু অথবা বিষয়, জোড়া ; an engaged or married couple, পরস্পর বাগ্‌দত্ত বা বিবাহিত বা যৌনজীবনে মিলিত দুইটি স্ত্রী-পুরুষ (মানুষ বা অন্য প্রাণী), যুগল, দম্পতি ; two interrelated playing-cards, তাসের পেয়ার। (**2**) *v.t.i.* to couple, জুড়ি মেলান বা জুড়ি হওয়া ; to unite, (দুজনের সম্পর্কে) মিলিত করান বা মিলিত হওয়া। (**3**) *v.t.* to arrange in pairs, জোড়ায়-জোড়ায় সাজান। **in pairs**—দুজন-দুজন করিয়া ; জোড়ায়-জোড়ায়। **paired comparison**—(পরি.) যুগ্মতুলন। **(to) pair off**—জোড়ায়-জোড়ায় সাজান বা বাছিয়া লইয়া পৃথক্ করিয়া রাখা ; জোড়ায়-জোড়ায় মিলিত হওয়া। [F. *paire*=a couple<L. *paria*=equals]

pais [pā, পেই] *n.* the people from whom a jury is drawn, যে সব লোকের মধ্য হইতে জুরি মনোনীত হয়। [OF.]

paisa [poy°-sa, পয়্°স্যা] *n.* the smallest Indian coin, পয়সা। *pl.* **paise** [poy°-se, পয়্°সে]। [Hind.]

paisley [pāz°-li, পেইজ্°লি] *a.* (of soft wool fabric or garment) having curved patterns in bright colours, (নরম পশমের বস্ত্র বা পোশাক সম্বন্ধে) উজ্জ্বল রঙে আঁকাবাঁকা নকশা-কাটা এমন (a *paisley* shawl)। [*Paisley* in Scotland]

pajamas—alt. spell. of **pyjamas.**

Pakistani [pŭ-kis-tŭ°-ni, পাকিস্টা°নি] *n.* a citizen of Pakistan, পাকিস্তানের নাগরিক।

pakka—alt. spell. of **pucka.**

pal [pal, প্যাল্] **(1)** *n.* (sl.) a partner, mate, (অশি.) অংশীদার বা সাথী ; chum, অন্তরঙ্গ বন্ধু, দোস্ত। **(2)** *v.i.* to associate as a pal, সাথী বা ঘনিষ্ঠ বন্ধু হওয়া, দোস্তি করা (to *pal* up with a person)। *pr. pt.* **pa°lling** । *p. & p. pt.* **pa°lled** । *a.* **pa°lly**—অন্তরঙ্গ বন্ধুত্বপূর্ণ, দোস্তি-পূর্ণ। [Gypsy]

palace [pa°-lis, প্যা°লিস্] *n.* the residence of a sovereign, archbishop or bishop, নৃপতি আর্চবিশপ্ বা বিশপের প্রাসাদ ; a very large and splendid house, অতি বৃহৎ ও চমৎকার অট্টালিকা। **palace revolution**—(সচ. পার্শ্বচরদের দ্বারা বা গৃহযুদ্ধ ব্যতিরেকে) সার্বভৌম ক্ষমতাধিকারী ব্যক্তিকে গদি হইতে অপসারণ। [F. *palais*<L. *Palatium*, the Roman emperor's residence on the *Palatine* Hill]

paladin [pa°-la-din, প্যা°ল্যাডিন্] *n.* any of the twelve peers of Charlemagne's household, শার্ল্যামেইনের রাজসংসারভুক্ত দ্বাদশ "নাইট্" বা বীরব্রতীর যে-কোনজন ; a knight-errant, "নাইট্" বা বীরব্রতী। [F.<L. *palatinus*—see *palatine*]

palæ- [pa°-li, প্যা°লি], **pa°læō-**—*in comp.* ancient, পুরাতন, প্রত্ন-। *n.* **palæographer** [pa-li-o°-gra-fa(r), প্যালিঅ°গ্রাফ্যা(র্)] প্রাচীন হস্তলিপিবিৎ। *n.* **palæo°graphy**—প্রাচীন হস্তলিপিসংক্রান্ত বিজ্ঞান। *a.* **palœŏli°thic**—পুরাতন প্রস্তর-যুগের, প্রত্নপ্রস্তরযুগীয়, পুরোপলীয়। *n.* **palæŏntŏ°logy**—পৃথিবীতে জীবনসৃষ্টি ও জীবসৃষ্টির ইতিহাসের উপাদান সরবরাহকর জীবাশ্মসংক্রান্ত বিজ্ঞান। *a.* **palæŏtolo°gical** । *n.* **palæŏto°logist** । [Gk. *palaios*]

palæstra [pa-lēs°-tra, প্যালীস্°ট্র্যা] *n.* a wrestling-school, মল্লক্রীড়ার বিদ্যালয়। [L.<Gk. *palaistra*]

palanquin, palankeen [pa-lan-kēn°, প্যাল্যান্‌কীন্°] *n.* a covered litter borne on men's shoulders, পালকি, ডুলি। [Port. *palanquin*—cp. Hin. *palki*<Sans. *palyanka* =a bed]

palas [pa-las°, প্যাল্যাস্°] *n.* the dhak tree or its flower, পলাশগাছ বা পলাশ-ফুল। [Hind.]

palate [pa°-lit, প্যা°লিট্] *n.* the roof of the mouth, তালু, টাকরা ; the sense of taste or appetite, স্বাদবোধ বা ক্ষুধাবোধ। *a.* **pa°latable**—স্বাদু ; রুচিকর। *adv.* **pa°latably** । **pa°latal**—**(1)** *a.* তালুসংক্রান্ত ; (ব্যাক.) জিহ্বাদ্বারা তালু স্পর্শ করিয়া উচ্চারিত, তালব্য। **(2)** *n.* (ব্যাক.) তালব্য বর্ণ। *v.i.* **pa°latalize**—(ব্যাক.—উচ্চারণসম্বন্ধে) তালব্য করা (যেমন, nation=নেইশ্যান্<নেইশ্‌ন্)। *n.* **palataliză°tion** । *a.* **pa°latine₂**—তালুবিষয়ক (*palatine* bone)। [L. *palatum*]

palatial [pa-lā°sh(a)l, প্যালেই°শ্‌ল্] *a.* of or like a palace, প্রাসাদসংক্রান্ত, প্রাসাদতুল্য। [see *palace*]

palatine₁ [pa°-la-tīn, প্যা°ল্যাটাইন্] *a.* of the *Palatine* Hill or the imperial palaces there, রোমের 'প্যাল্যাটাইন্' পাহাড় বা তত্রত্য রাজপ্রাসাদসংক্রান্ত ; of a palace, প্রাসাদসংক্রান্ত ; having royal privileges and jurisdiction, রাজকীয় অধিকার-ও-এক্তিয়ারবিশিষ্ট ; of a count or earl palatine, শাসনবিষয়ে পূর্ণস্বাধীন সামন্ত নৃপতি বা ভূস্বামী সংক্রান্ত। *n.* **Pa°latine**—রোমের সপ্তশৈলের যে-কোনটি। *n.* **pala°tināte**—শাসনবিষয়ে পূর্ণস্বাধীন সামন্ত নৃপতির বা ভূস্বামীর এলাকা অথবা ভূসম্পত্তি। **Count Palatine, Earl Palatine,** etc.—শাসনবিষয়ে পূর্ণ স্বাধীন ভূস্বামী বা সামন্ত নৃপতি। [L. *palatinus*—cp. *palace*]

Palatine₂—see **palate.**

palaver [pa-lŭ°-va(r), প্যালা°ভ্যা(র্)] **(1)** *n.* a conference, আলোচনা-সভা ; a talk or discussion, আলাপ-আলোচনা ; idle talk, বাজে বক্‌বকানি ; cajolery, মন-ভোলান মিষ্ট কথা। **(2)** *v.i.* to hold a palaver, আলোচনা-সভার অনুষ্ঠান করা ; to prate, বাজে বক্‌বক্ করা। **(3)** *v.t.* to cajole, মিষ্ট কথায় ভোলান। *n.* **pala°verer** । [Port. *palavra*=a word<L. *parabola*<Gk. *parabole*—cp. *parable*]

pale₁ [pāl, পেইল্] *n.* a stake driven into the ground for fencing, বেড়ার খোঁটা ; a fence, বেড়া ; an enclosure, পরিবেষ্টিত স্থান ; a limit or area, সীমা, সীমানা, এলাকা, চৌহদ্দি ; (fig.) decent and tolerable limit, (আল.) শোভন ও সহনীয় মাত্রা বা পরিমাণ (beyond or outside the *pale* of)। **English Pale**—দ্বাদশ শতাব্দীর আক্রমণের পরে আয়র্ল্যানডের যে জেলায় কয়েক শতাব্দী ধরিয়া ইংরেজ-শক্তি প্রতিষ্ঠিত ছিল। **Jewish Pale**—দক্ষিণ-পশ্চিম রাশিয়ার যে অংশটিতে পূর্বে ইহুদিদিগকে বসবাসের অধিকার দেওয়া হইয়াছিল । *n.* **pā°ling**—বেড়া দেওয়া ; বেড়ার খোঁটা বা কাঠ ; খাড়া-খাড়া খোঁটা পুঁতিয়া নির্মিত বেড়া। [F. *pal* <L. *palus*=a stake]

pale₂ [pāl, পেইল্] **(1)** *a.* not ruddy, ফেকাশে, পাণ্ডুর ; wan, বিগতদ্যুতি, মলিনদ্যুতি, ম্লান ; dim, ক্ষীণ ; wanting in colour, বিবর্ণ। **(2)** *v.t.i.* to make or turn pale, ফেকাশে ম্লান ক্ষীণ বা বিবর্ণ করা অথবা হওয়া। **(to) pale before** or **beside** —(প্রতিযোগিতাদিতে) অপরের সহিত তুলনায় হীনপ্রভ বা দুর্বল প্রতীয়মান হওয়া। *n.* **pāle°nėss** । *a.* **pā°lish,** (poet.) **pā°ly**—ঈষৎ ফেকাশে ম্লান ক্ষীণ বা বিবর্ণ। [OF. *palle*<L. *pallidus*]

paleo- —alt. spell. of **palæo-.**

Palestinian [pa-lis-ti°-ni-an, প্যালিস্টি°নিঅ্যান্] **(1)** *a.* of Palestine, প্যালেসটিনীয়, প্যালেস্টাইন

সম্পর্কিত। (2) *n.* inhabitant or native of Palestine, প্যালেস্টাইনের অধিবাসী। [*Palestine* in South West Asia]

palestra—alt. spell. of **palæstra.**

paletot [pal°-tō, প্যাল্‌°টৌ] *n.* a loose overcoat, একপ্রকার ঢিলা ওভারকোট বা আঙরাখা। [F.]

palette [pa°-lit, প্যা°লিট্] *n.* a little board on which a painter mixes his colours, চিত্রকরের রঙ গোলার ও মেশানর জন্য ক্ষুদ্র তক্তা-বিশেষ। *n.* **pa°lette-knife**—চিত্রকর কর্তৃক রঙ মিশাইবার জন্য ইস্পাতনির্মিত ছুরিকাবিশেষ। [F. <It. *paletta*<*pala*=spada<L.]

palfrey [pawl°-fri, প্যল্‌°ফ্রি] *n.* a saddle-horse, (প্রধানতঃ মহিলাদের আরোহণার্থ) টাট্টু ঘোড়া। *a.* **pal°freyed**—উক্ত ঘোড়ার আরোহী বা অধিকারী। [OF. *palefrei*<LL. *paraveredus*]

Pali [pŭ°-li, পা°লি] *n.* the sacred language of Buddhists, পালিভাষা। [Sans.=canon]

palimpsest [pa°-limp-sest, প্যা°লিম্‌প্‌সেস্‌ট্] *n.* a manuscript in which original writing has been rubbed out to make room for new, যে পাণ্ডুলিপিতে নূতন লেখা ঢুকাইবার জন্য মূল লেখা ঘষিয়া তুলিয়া ফেলা হইয়াছে। [L. <Gk. *palimsestos*<*palin*=again, *psao*=to rub smooth]

palindrome [pa°-lin-drōm, প্যা°লিন্‌ড্রৌম্] *n.* a word, verse, etc., that reads alike backwards and forwards, যে শব্দ কবিতা প্রভৃতি উলটা করিয়া পড়িলেও একই থাকে (যেমন madam, কনক)। [Gk. *palin*=back, *dromos*=a running]

paling—see **pale₁**.

palingenesis [pa-lin-je°-ni-sis, প্যালিন্‌জে°নি-সিস্] *n.* new birth, নবজন্ম; regeneration, পুনর্জন্ম, (পরি.) উজ্জীবন; revival, পুনরভ্যুদয়। [Gk. *palin*=again, *genesis*=birth]

palinode [pa°-li-nōd, প্যা°লিনৌড্] *n.* a poem of recantation, পূর্বমত-পরিত্যাগমূলক কবিতা; recantation, পূর্বমত-বর্জন। [Gk. *palinoidia*]

palisade [pa-li-sād°, প্যালিসেইড্°] (1) *n.* a fence of stakes, খোঁটা পুঁতিয়া পুঁতিয়া নির্মিত বেড়া; a stake so used, উক্ত বেড়ার খোঁটা। (2) *v.t.* to enclose or defend with a palisade, উক্ত বেড়া নির্মাণপূর্বক ঘেরাও করা বা আক্রমণাদি হইতে রক্ষা করা। *p.* & *p. pt.* **palisā°ded**। [F. *palissade*, Sp. *palizada*<L. *palus*=a stake]

palish—see **pale₂**.

palki, palkee [pal°-kē, প্যাল্‌°কী] *n.* a palanquin, পালকি। [Hind.]

pall₁ [pawl, প্যল্] *v.t.i.* to become wearisome (on), (কাহারও বা কিছুর পক্ষে) ক্লান্তিকর হওয়া, নীরস বলিয়া মনে হওয়া (the long speech *palled* on or upon the listeners)। [<*appal* ?]

pall₂ [pawl, প্যল্] *n.* a covering of rich cloth, মূল্যবান্ আচ্ছাদন-বস্ত্র; a cloth spread over a coffin or tomb, শবযানের বা কবরের আচ্ছাদন-বস্ত্র; an ecclesiastical vestment, খ্রিস্টান যাজকদের আলখিল্লাবিশেষ; (fig.) a curtain, covering, or cloak, (আল.) পরদা (a *pall* of darkness)। *n.* **pall°-bearer**—যে ব্যক্তি অন্ত্যেষ্টিক্রিয়াকালে শবযানের বা কবরের আচ্ছাদন-বস্ত্রের কোনা তুলিয়া ধরিয়া শোক করে। [OE. *pael*=a rich robe]

Palladian, Palladium₁—see **Pallas.**

palladium₂ [pa-lā°-di-am, প্যালেই°ডিঅ্যাম্] *n.* a metallic element, মৌলিক ধাতব পদার্থবিশেষ। [*Pallas*]

Pallas [pa°-las, প্যা°ল্যাস্] *n.* Pallas Athene, জ্ঞান ও বিদ্যার অধিষ্ঠাত্রী গ্রীক্ দেবী "প্যাল্যাস্ অ্যাথিনী"; a minor planet, অপ্রধান গ্রহবিশেষ। *a.* **Pallā°dian**—গ্রীক্ দেবী প্যাল্যাস্-সংক্রান্ত; জ্ঞান বা বিদ্যা সংক্রান্ত। *n.* **Pallā°dium**—ট্রয়নগরে প্যালাসের মূর্তি (ইহা নিরাপদ্ থাকিলে ট্রয়ও নিরাপদ্ থাকিবে বলিয়া বিশ্বাস করা হইত); অনুরূপ রক্ষাকর বস্তু; রক্ষাকবচ।

pallet [pa°-lit, প্যা°লিট্] *n.* a mattress of straw, খড়ে ভরা জাজিম; a straw-bed, তৃণশয্যা। [F. *paillet*, dim. of *paille*=straw>L. *palea* =chaff]

palliasse [pa-li-as°, প্যালিআস্°] *n.* a straw mattress, খড়ে ভরা জাজিম বা গদি। [F. *paillasse*<*paille*—cp. *pallet*]

palliate [pa°-li-āt, প্যা°লিএইট্] *v.t.* to excuse or extenuate, ক্ষমা করা, আংশিক ক্ষমা করা বা লাঘব করা; to soften by pleading something in favour, (দোষাদির) সপক্ষে বক্তৃতাদি করিয়া তীব্রতা কমান বা হালকা করা; to mitigate, প্রশমিত করা; to alleviate, উপশম করা। *p.* & *p. pt.* **pa°lliāted**। *n.* **palliā°tion**। *a.* **pa°lliative**—(আংশিক) মার্জনাকর, লাঘবকর; প্রশমনকর; উপশমকর। [L. *palliare*=to cloak]

pallid [pa°-lid, প্যা°লিড্] *a.* pale, ফেকাশে, বিগতদ্যুতি, ম্লান, বিবর্ণ। *adv.* **pa°llidly**। *n.* **pa°llidness**। [L. *pallidus*]

pallium [pa°-li-am, প্যা°লিঅ্যাম্] *n.* a large mantle worn by the learned Romans, গ্রীকদের অনুকরণে রোমান পণ্ডিতগণ যে বড় আলখিল্লা পরিতেন; an archbishop's pall, আর্চবিশপের দেহাচ্ছাদনবস্ত্রবিশেষ; the mantle in molluscs, birds, etc., শম্বুক পাখি প্রভৃতির খোলা বা খোলস। [L.]

pall-mall [pel°-mel, পেল্‌°মেল্] *n.* an old game, প্রাচীন ক্রীড়াবিশেষ: ইহাতে মুগুরের আঘাতে একটি বলকে একটি আঙ্‌টার মধ্যে ঢুকাইতে হইত; an alley for the game, উক্ত ক্রীড়ানুষ্ঠানার্থ রাস্তা। *n.* **Pall°mall**—লনডনের রাস্তাবিশেষ (পূর্বে এখানে pall-mall খেলা হইত)। [obs. F. *palemaille*<

It. *pallamaglio*<*palla*=ball, *maglio*<L. *malleus*=a hammer]

pallor [pa°-la(r), প্যা°ল্যা(র্)] *n.* paleness, ফেকাশে ভাব, বিবর্ণতা, ম্লানতা, ক্ষীণতা। [L. *pallere* =to be pale]

pally—see **pal.**

palm₁ [pŭm, পাম্] (**1**) *n.* the inner surface of the hand between wrist and fingers, the corresponding part in the forefoot of other creatures, হাতের চেটো, করতল, (প্রাণীদের) সম্মুখপদের থাবা, (পরি.) প্রপাণি। (**2**) *v.t.* to touch or strike with the palm, করতলদ্বারা স্পর্শ করা বা আঘাত করা ; to hold or hide in the palm, করতলমধ্যে ধারণ করা বা গোপন করা ; to impose or pass off, হস্তকৌশলদ্বারা গুঁজিয়া বা সরাইয়া ফেলা ; to bribe, ঘুস দেওয়া। **(to) palm** (something) **off upon** (a person)—কৌশল প্রতারণা প্রভৃতি দ্বারা (কাহাকেও কিছু) গ্রহণ করান। **(to) grease** or **oil one's palm**—ঘুস খাওয়ান। *a.* **palmar** [pal°ma(r), পাল্°ম্যা(র্)] করতলসংক্রান্ত। *a.* **palmate** [pal°mit, প্যাল্°মিট্] করতলাকার ; লিপ্তপাদ। *n.* **palmā°tion**—করতলাকার করিয়া গঠন। *a.* **pa°lmed**—করতলযুক্ত ; করতলে গুপ্ত। *n.* **palmiped** [pal°-mi-ped, প্যাল্°মিপেড্], **palmipede** [pal°-mip-ēd, প্যাল°মিপীড্] লিপ্তপাদ পক্ষী। *n.* **pa°lmist**—হস্তরেখাবিচারক, গণক। *n.* **pa°lmistry**—হস্তরেখা-বিচারবিদ্যা। [OE. *folm*<L. *palma*—cp. Gk. *palame*]

palm₂ [pŭm, পাম্] *n.* a kind of tree, তালগাছ বা তৎসদৃশ বৃক্ষ ; a leaf of this tree borne in token of rejoicing or victory, আনন্দের বা জয়ের চিহ্নরূপে বাহিত তালপত্র। **(to) carry off** or **bear the palm**—(প্রতিযোগিতাদিতে) জয়লাভ করা। **(to) yield the palm (to)**—(প্রতিদ্বন্দ্বীর নিকটে) হার মানা। *a.* **palmaceous** [pal-mā°-shas, পাল্‌মেই°শ্যাস্] তাল-গোত্রীয়। *a.* **palmary** [pal°-ma-ri, পাল্°ম্যারি] আনন্দের বা জয়ের প্রতীক তালপত্রলাভের যোগ্য ; অতিবিশিষ্ট। *n.* **palm° branch**—তালপত্র। *n.* **palm°-cabbāge**—তাল। *n.* **pa°lmer**—জেরুসলেমে তীর্থ করিয়া ফেরার নিদর্শনস্বরূপ তালপত্রবাহী খ্রিস্টান তীর্থযাত্রী। *n.* **palmetto** [pal-me°-tō, প্যালমে°টৌ] হাতপাখার ন্যায় পত্রযুক্ত ক্ষুদ্রাকার তালবৃক্ষবিশেষ। **Palm Sunday**—Easter-এর অব্যবহিত পূর্ববর্তী রবিবার (এই দিন যিশুর জেরুসলেমে প্রবেশোপলক্ষে পথসমূহে তালপত্র বিছাইয়া দেওয়া হইয়াছিল)। *n.* **palm-sugar**—তালের গুড় ; তালমিছরি। *n.* **palm°-tree**—তালগাছ। *n.* **palm°-wine°**—তালের রসে প্রস্তুত তাড়ি। *a.* **pa°lmy**—তালবৃক্ষসংক্রান্ত ; তাল-বৃক্ষবৎ ; তালবৃক্ষে পূর্ণ ; বিজয়পূর্ণ বা উন্নতিশীল বা সমৃদ্ধিশীল (*palmy* days)। [OE. *palm(a)*, *palme* <L. *palma*]

Palmerin [pal°-ma-rin, প্যাল্°ম্যারিন্] *n* a knight of Spanish romance, স্পেইন্‌দেশীয় কাহিনীতে বর্ণিত জনৈক "নাইট্" বা বীরব্রতী : ইহাকে শিশু-অবস্থায় তালীবৃক্ষসমূহের মধ্যে পাওয়া গিয়াছিল।

palmyra [pal-mīr°-a, প্যালমায়্যা(র্)°অ্যা] *n.* a kind of palm, সিংহল ও ভারতে জাত তাল। [Port. *palmeira*=a palm tree]

palolo [pu-lō°-lō, পালৌ°লৌ] *n.* an edible sea-worm of Samoa, সামোয়া দ্বীপের সামুদ্রিক কীটবিশেষ : ইহারা বৎসরে নির্দিষ্ট দিনে ঝাঁকে ঝাঁকে বংশবৃদ্ধি করে এবং সামোয়ার অধিবাসী ও মাছের প্রিয় খাদ্য। [Samoan]

palooka [pa-lōō°-ka, প্যালূ°ক্যা] *n.* (sl.) a poor performer at sport, অপটু খেলোয়াড় বা ক্রীড়াবিদ ; a lout, অমার্জিত বা বর্বর ব্যক্তি। [?]

palp [palp, প্যাল্‌প্] *v.t.* feel or touch gently, আলতোভাবে স্পর্শ করা। *v.t.* **palpāte°**—(বিশে. রোগ নির্ণয়ার্থে) স্পর্শ করিয়া পরীক্ষা করা। *n.* **palpā°tion**। [L. *palpare*]

palpable [pal°-pabl, প্যাল্°প্যাব্‌ল্] *a.* that can be touched or felt, স্পর্শ করা বা অনুভব করা যায় এমন ; easily understood, সহজবোধ্য, স্পষ্টতঃ প্রতীয়মান (a *palpable* mistake)। *n.* **palpabi°lity, pal°pablenėss**। *adv.* **pal°pably**। [L. *palpare*=to touch softly]

palpebral [pal°-pi-bral, প্যাল্°পিব্র্যাল্] *a.* pertaining to the eyelid, চোখের পাতা সংক্রান্ত। [L. *palpebra*=eyelid]

palpitate [pal°-pi-tāt, প্যাল্°পিটেইট্] *v.i.* to throb or pulsate, (হৃদয় ধমনী নাড়ি প্রভৃতি) স্পন্দিত হওয়া ; to tremble, (হৃদয়-সম্পর্কে—ভয়াদিতে) কম্পিত হওয়া, ধড়্‌ফড়্ করা। *p.* & *p. pt.* **pal°pitātėd**। *n.* **palpitā°tion**। [L. *palpitare*]

palsgrave [palz°-grāv, প্যাল্‌জ্°গ্রেইভ্] *n.* a count palatine, বিচার-বিষয়ে পূর্ণস্বাধীনতাসম্পন্ন নৃপতি বা ভূস্বামী। *fem.* **palsgravine** [palz°-gra-vēn, প্যাল্‌জ্°গ্র্যাভীন্]। [Du. *paltsgrave*]

palstave [pawl°-stāv, পাল্°স্টেইভ্] *n.* a Bronze Age axe, তাম্রযুগীয় কুঠার। [Du. *paalstav*< ON. *palstafr*]

palsy [pawl°-zi, পাল্°জ়ি] (**1**) *n.* paralysis, বাতব্যাধি, পক্ষাঘাতবিশেষ (cerebral *palsy*)। (**2**) *v.t.* to affect with palsy, বাতব্যাধিগ্রস্ত করা ; to paralyse, অসাড় বা চলচ্ছক্তিহীন বা অক্রিয় করা। *a.* **pal°sied**—বাতব্যাধিগ্রস্ত ; অসাড় বা চলচ্ছক্তিহীন বা অক্রিয় হইয়া পড়িয়াছে এমন। [<*paralysis*]

palter [pawl°-ta(r), পাল্°ট্যা(র্)] *v.i.* to equivocate, দ্ব্যর্থপূর্ণ কথাবার্তা বলা, বাক্‌চাতুরি খেলা ; to haggle, দর কষাকষি করা (to *palter* with a person about a thing)। *n.* **pal°terer**। [?]

paltry [pawl°-tri, পাল্°ট্রি] *a.* mean, নগণ্য ; trifling, তুচ্ছ। *n.* **pal°trinėss**। [?]

For words in *palm-*, not given separately, see **palm₁,₂**.

paludal [pa-lū°-dal (dl), প্যালিউ°ড্যাল্(ড্‌ল্)] *a.* pertaining to marshes, জলাসংক্রান্ত ; malarial, ম্যালেরিয়াঘটিত। [L. *palus*]

paly—see **pale₂**.

pampas [pam°-paz, প্যাম্‌°প্যাজ্] *n. pl.* vast treeless plains of S. America, দক্ষিণ আমেরিকার নিষ্পাদপ বিস্তীর্ণ প্রান্তরসমূহ। *sing.* **pam°pa**। *n.* **pam°pas-grass**—উক্ত প্রান্তরজাত অতিদীর্ঘ ঘাসবিশেষ। *n.* **pampe°rō**—অ্যাণ্ডিস পর্বত হইতে অ্যাটলান্টিক মহাসাগরের অভিমুখে প্রবহমান প্রবল দক্ষিণ-পশ্চিম বায়ু। [Sp. *pampa* < Peru. *bamba* = steppe, flat]

pamper [pam°-pa(r), প্যাম্‌°প্যা(র্)] *v.t.* to over-indulge, অত্যধিক প্রশ্রয় বা নাই দেওয়া। *n.* **pam°perer**। [OE. freq. of *pamp* = cram]

pamphlet [pam°-flit, প্যাম্‌°ফ্লিট্] *n.* a small unbound book, (প্রধানতঃ সাম্প্রতিক বিতর্কমূলক সমস্যা-সম্বন্ধে) আবাঁধা পুস্তিকা। **pamphletēer°**—(1) *n.* উক্ত পুস্তিকা-রচয়িতা। (2) *v.i.* উক্ত পুস্তিকা রচনা করা। [Anglo-Latin *Panfletus* <? *Pamphilus*, the title of a Latin erotic poem]

Pan₁ [pan, প্যান্] *n.* a Greek god, আর্কেডিয়াবাসীদের উপাস্য সঙ্গীতপ্রিয় ও ছাগসদৃশ পদবিশিষ্ট পশুপাল চারণভূমি ও বনভূমির গ্রীক অধিদেবতা। [Gk.]

pan₂ [pan, প্যান্] (1) *n.* a shallow vessel, চাটু স্ট্যপ্যান্ প্রভৃতি ; any shallow receptacle, যে কোন চেটাল পাত্র ; anything pan-shaped, চাটুর ন্যায় আকারের বস্তু (knee-*pan*) ; a hollow in the ground, ভূতলের গর্ত (salt-*pan*)। (2) *v.t.i.* to screen or wash earth etc. in a pan for gold, স্বর্ণ বাহির করিয়া লইবার জন্য ধুলাবালি প্রভৃতি সচ্ছিদ্র পাত্রে করিয়া ছাঁকা বা ধোয়া (usu. **to pan out** or **off**) ; (coll.) to criticize severely, (কথ্য.) কঠোরভাবে সমালোচনা করা। (3) *v.i.* to yield gold, (মৃত্তিকাদি কর্তৃক) স্বর্ণ দেওয়া (usu. **to pan out**)। **(to) pan out** or **off**—(আল.) নিষ্পন্ন হওয়া (to *pan out* well)। *n.* **pan°cāke**—ডিম ময়দা চিনি ও দুধ মিশাইয়া প্রস্তুত আসকে-জাতীয় পিঠাবিশেষ। **pancake landing**—জরুরি অবস্থায় বিমানের খাড়াভাবে অবতরণের পদ্ধতিবিশেষ। *n.* **pan°ful**—এক চাটুতে যত ধরে তত পরিমাণ। [OE. *panne*]

pan₃ [pan, প্যান্] (1) *v.t.* to turn or swing camera to give a panoramic effect, পূর্ণ দৃশ্যের ছবি তুলিবার জন্য ক্যামেরা ঘোরান। [*panorama*]

pan-₄ [pan, প্যান্] *in comp.* relating to the whole universe, সমগ্র বিশ্ব-সম্পর্কে ; relating to the whole of a continent, religion, etc., সমগ্র মহাদেশ ধর্মাদি-সম্পর্কে (*pan*-American, *pan*-Islam, etc.)। [Gk. *pan*, neut. of *pas* = all]

panacea [pa-na-si°-a, প্যান্যাসি°আ] *n.* a universal medicine, সর্বরোগহর ঔষধ। [Gk. *panakeia*]

panchayat [pan°-chay-at, প্যান্°চায়্অ্যাট্] *n.* a non-official representative body (ori. consisting of five members) dealing with local affairs, পঞ্চায়েৎ। [Hind.]

panache [pa-nash°, প্যান্যাশ্°] *n.* a tuft or plume of feathers, esp. as head-dress or on helmet, শিরোভূষণরূপে বা শিরস্ত্রাণের উপরে ব্যবহৃত পাখির পালক ; (fig.) display or swagger, জাঁক বা বড়াই (an air of *panache* about a thing one does)। [F. < It. *pennachio* < *penna* = feather]

panama [pa-na-mŭ°, প্যান্যামা°] *n.* a hat made of strawlike material, খড় জাতীয় দ্রব্য হইতে প্রস্তুত টুপিবিশেষ (*panama* hat)। [place]

panatella [pa-na-te°-la, প্যান্যাটে°ল্যা] *n.* long thin cigar, লম্বা সরু চুরুট। [It.]

pancake—see **pan₂**.

panchromatic [pan°-krō-ma°-tik, প্যান্°-ক্রোম্যা°টিক্] *a.* (photo.) equally sensitive to all colours of the spectrum, (আলোকচিত্রে) বর্ণালীর প্রতিটি বর্ণের প্রতি সম-সুবেদী। [*pan-*, see *chromatics*]

pancreas [pang°-kri-as, প্যাং°ক্রিঅ্যাস্] *n.* a gland near the stomach supplying a digestive fluid, অগ্ন্যাশয়। *a.* **pancreă°tic**—অগ্ন্যাশয়-সংক্রান্ত ; অগ্ন্যাশয় হইতে নিঃসৃত (*pancreatic* juice)। *n.* **pan°creatin**—অগ্ন্যাশয় হইতে নিঃসৃত রস-বিশেষ। [*pan-*, Gk. *krea(to)s*—flesh]

panda [pan°-da, প্যান্°ড্যা] *n.* a racoon-like animal of the Himalayas, হিমালয় অঞ্চলের ভল্লুকতুল্য প্রাণিবিশেষ। [Nepalese ?]

pandar—alt. spell. of **pander**.

pandemic [pan-de°-mik, প্যান্ডে°মিক্] (1) *a.* prevalent over the whole of a country or over the world, দেশব্যাপী বা পৃথিবীব্যাপী। (2) *n.* a pandemic disease, দেশব্যাপী বা পৃথিবীব্যাপী ব্যাধি। [Gk. *pandemios* < *pan-*, *demos* = people]

Pandemonium [pan-di-mō°-ni-am, প্যান্ডি-মৌ°নিঅ্যাম্] *n.* the great hall of evil spirits, ইংরেজ কবি Milton-এর "Paradise Lost" নামক কাব্যে বর্ণিত স্বর্গচ্যুত দানবদের বৃহৎ সভাকক্ষ। *n.* **pandĕmō°nium**—অত্যন্ত উচ্ছৃঙ্খলতা-ও-হল্লাপূর্ণ স্থান বা জনতা ; হল্লা। [*pan-*, Gk. *daimon* = a spirit]

pander [pan°-da(r), প্যান্°ড্যা(র্)] (1) *n.* a go-between in illicit amours, অবৈধ প্রণয়ের দালাল বা দূত, কোট্‌না ; a procurer, মেয়েমানুষের দালাল। (2) *v.t.i.* to play the pander (for), (কাহারও জন্য) কোট্‌নাগিরি করা ; to minister to base passion, হীন প্রবৃত্তির চরিতার্থতায় সহায়তা করা (to *pander* to low tastes)। *fem.* **pan°derĕss**—কুট্‌নী। [*Pandarus*, in Boccaccio's "Troilus and Cressida"]

pandit—alt. spell. of **pundit.**

Pandora [pan-daw°-ra, প্যান্ড্য°র‍্যা] *n.* the woman made for Zeus in order to punish man for the theft of heavenly fire by Prometheus, প্র্যামিথিউস্ কর্তৃক দিব্যাগ্নি চুরির অপরাধে মানবজাতিকে শাস্তিদানার্থ দেবরাজ জিউসের আদেশে সৃষ্ট নারী (দৈব ছলনায় প্রলুব্ধা হইয়া এই নারী একটি বাক্স খুলিলে তাহা হইতে রোগ শোক দুঃখ প্রভৃতি বাহির হইয়া পড়িয়া মানুষের অমঙ্গল করিতে আরম্ভ করে—কেবল আশাই শেষ পর্যন্ত ঐ বাক্সে বন্দী থাকে)। **Pandora's box**—(আল.) আশার ভাণ্ডার। [*pan*-Gk. *doron*=a gift]

pandy [pan°-di, প্যান্°ডি] (**1**) *n.* the stroke of a cane etc. on the palm as a school punishment, বিদ্যালয়ে শাস্তিস্বরূপ চেটোয় বেত্রাদির দ্বারা আঘাত। (**2**) *v.t.* to slap, চড় মারা। *p.* & *p. pt.* **pan°died** । [L. *pande*=to hold out]

pane [pān, পেইন্] *n.* a slab of window glass, জানালার শার্সির কাচ। [F. *pan*<L. *pannus*=a cloth, a rag]

panegyric [pa-ni-ji°-rik, প্যানিজি°রিক্], *n.* a eulogy, স্তুতি, প্রশংসাবাদ। *a.* **panégy°ric(al)**—প্রশংসামূলক ; প্রশংসাপূর্ণ। *n.* **panegy°rist**—প্রশংসাকারী ; প্রশংসাপূর্ণ কবিতা প্রবন্ধ প্রভৃতির রচয়িতা। [Gk. *panegyrikos*=fit for an assembly]

panel [pa°nl, প্যা°ন্‌ল্] (**1**) *n.* (obs.) a cloth under a saddle, (অপ্র.) অশ্বাদির জিনের নিচের কাপড় ; a crude saddle, কোন রকমে তৈয়ারি অশ্বাদির জিন ; a rectangular piece of anything, কিছুর চতুষ্কোণ অংশ (বিশেষতঃ দরজা জানালা প্রভৃতির কপাটের মধ্যে স্থাপিত চতুষ্কোণ তক্তা), প্যানেল ; a compartment, কক্ষ, কামরা ; a list of names, (প্রধানতঃ জুরি ও চিকিৎসকদের) নামের তালিকা, (পরি.) নামসূচি (to be on the *panel* of doctors) ; a thin board to paint a picture on, চিত্রাঙ্কনার্থ পাতলা তক্তাবিশেষ ; a vertical piece inserted in a dress, পোশাকাদির ঊর্ধ্বাধঃ পটীবিশেষ ; a large long photograph, বৃহৎ ও লম্বা আলোকচিত্র। (**2**) *v.t.* to furnish with a panel, জানালা দরজা প্রভৃতির কপাটে প্যানেল বসান। **panel game**—বেতারে প্রচারিত ক্রীড়াচ্ছলে সাধারণজ্ঞানের পরীক্ষা। *n.* **pa°nel-saw**—দরজা জানালা প্রভৃতির মধ্যে স্থাপিত চতুষ্কোণ তক্তা কাটিবার ছোট সরু দাঁতের করাত। *pr. pt.* **pa°nelling** । *p.* & *p. pt.* **pa°nelled** । *n.* **pa°nelling**—দেওয়াল প্রভৃতির প্যানেলসমূহ। [OF.<LL. *pannellus*<L. *pannus*=a cloth]

pang [pang, প্যাং] *n.* a sudden sharp pain, আকস্মিক তীব্র বেদনা বা যন্ত্রণা। [?]

panga [pang°-ga, প্যাং°গা] *n.* a large chopping knife, (আফ্রিকার শ্রমিকদের) বড় ছোরাবিশেষ। [Afr.]

panhandle [pan°-handl, প্যান্°হ্যান্ড্‌ল্] (**1**) *n.* a narrow strip of land, সঙ্কীর্ণ ভূভাগ। (**2**) *v.t.i.* (coll.) to beg, (কথ্য.) ভিক্ষা করা। [see, pan_2]

panic [pa°-nik, প্যা°নিক্] (**1**) *n.* sudden and infectious fright, (সচ. অকারণ) আকস্মিক ও সংক্রামক ব্যাপক আতঙ্ক, (পরি.) উদ্বেগ। (**2**) *v.t.i.* to strike or be struck with panic, আতঙ্কিত বা উদ্বিগ্ন করা অথবা হওয়া। *pr. pt.* **panicking** (pa°-ni-king, প্যা°নিকিং] । *p.* & *p. pt.* **pa°nicked** । *a.* **panicky** [pa°-ni-ki, প্যা°নিকি] সহজে আতঙ্কিত হয় এমন ; আতঙ্কগ্রস্ত ; আতঙ্কপ্রসূত। *a.* **panic-stri°cken**—আতঙ্কপীড়িত, আতঙ্কিত। [Gk. *panikos*=of Pan_2, who used to cause panic]

panjandrum [pan-jan°-dram, প্যান্‌জ্যান্°ড্র্যাম্] *n.* a mock title of exalted personage, অত্যুচ্চ-পদস্থ ব্যক্তিকে প্রদত্ত কৌতুককর আখ্যা ; a pompous official or pretender, জাঁকজমকপ্রিয় উচ্চপদস্থ সরকারী কর্মচারী বা ভণ্ড। [arbi.]

pannikin [pa°-ni-kin, প্যা°নিকিন্] *n.* a small drinking-cup or its contents, ক্ষুদ্র পানপাত্র-বিশেষ বা তন্মধ্যস্থ বস্তু। [see pan_1]

panoply [pa°-na-pli, প্যা°ন্যাপ্লি] *n.* full armour, পুরা বর্ম। *a.* **pa°noplied**—পুরা বর্মাবৃত। [Gk. *panoplia*]

panoptic [pan-op°-tik, প্যান্‌অপ্°টিক্] *a.* giving a complete view, সম্পূর্ণ দৃশ্যপট মেলিয়া ধরে এমন। [Gk. *panoptos*=seen by all]

panopticon [pan-op°-ti-kon, প্যান্‌অপ্°টিকন্] *n.* a circular prison in which all prisoners can be watched from a point, যে বৃত্তাকার কারাকক্ষের কয়েদিদিগকে নির্দিষ্ট স্থান হইতে পাহারা বা চৌকি দেওয়া যায়। [see *panoptic*]

panorama [pa-na-rŭ°-ma, প্যান্যারা°ম্যা] *n.* a wide or complete view, বিস্তৃত বা পূর্ণ দৃশ্য ; a picture disposed around the interior of a room, viewed from within in all directions, সর্বকোণ হইতে সম্পূর্ণ দর্শনসাধ্যভাবে কক্ষমধ্যে স্থাপিত চিত্র ; a cylindrical surface painted with scenery and unrolled before the spectators, নলাকার কোন বস্তুতে পাকাইয়া রাখা প্রাকৃতির দৃশ্যাদির ছবি—পাক খুলিয়া ইহা দেখান হয় ; continuous passing scene, ক্রমাগত চলমান প্রাকৃতিক দৃশ্যাদি বা তাহার ছবি। *a.* **panoramic** [pa-na-ra°-mik, প্যান্যার‍্যা°মিক্] উক্ত দৃশ্য বা চিত্র-সংক্রান্ত অথবা তত্তুল্য। [*pan*-, Gk. *horama*=a view]

pansy [pan°-zi, প্যান্°জ়ি] *n.* a name for various species of violet, ভাঅলেট্‌জাতীয় বিভিন্ন পুষ্পের নাম ; a soft bluish-purple, অনুগ্র বেগনি বর্ণ, an effeminate male, মেয়েলি পুরুষ ; a male homosexual, স্বকামী পুরুষ-প্রাণী। [F. *pensee*<*penser*=to think]

pant [pant, প্যান্ট্] (**1**) *v.i.* to gasp for breath, দম ফুরাইয়া হাঁফান ; to run gasping, হাঁফাইতে হাঁফাইতে ছোটা ; to throb, স্পন্দিত হওয়া ; to yearn, আকুলভাবে আকাঙ্ক্ষা করা। (2) *v.t.* to gasp out, হাঁফাইতে হাঁফাইতে বলা (he *panted* the message out) । *p.* & *p. pt.* **pan°tėd** । (3) *n.* a panting breath, হাঁফ ; a throb, স্পন্দন। *adv.* **pan°tingly** । [OF. *pantoisier* (*v.*)]

pantagruelism [pan-ta-groo°-al-izm, প্যান্ট্যাগ্রূ°অ্যাল্-ইজ়্ম্] *n.* coarse satirical humour, স্থূল বিদ্রূপাত্মক রসিকতা। [<*Pantagruel*=character in Rabelais (d. 1553)]

Pantaloon [pan-ta-loon°, প্যান্ট্যালূন্°] *n.* a character in Italian comedy, ইটালির মিলনান্তক নাটকের প্যান্ট্যালুন-পরা (হাস্যোদ্রেককর) চরিত্রবিশেষ। *n.* **pantaloon°**—(কাব্যে.) অথর্ব বৃদ্ধ ব্যক্তি ; (in *sing.* or *pl.*) পাজামাবিশেষ ; ট্রাউজার। [F. *pantalon*<It. *pantalone*<St. *Pantaleone* of Venice]

pantechnicon [pan-tek°-ni-kon, প্যান্টেক্°নিকন্] *n.* a warehouse for storing furniture, আসবাবপত্রের গুদাম। **pantechnicon van**—আসবাবপত্র পরিবহনের গাড়ি। [Gk. *Pan*+*technicon*]

pantheism [pan°-thi°-izm, প্যান্°থি°জ়্ম্] *n.* the doctrine that identifies God with the universe, ঈশ্বর ও সৃষ্টি অভেদ : এই দার্শনিক মত, (পরি.) সর্বেশ্বরবাদ ; (rare) the worship of all gods, (বিরল) সর্বদেবতার উপাসনা। *n.* **pan°theist** । *a.* **pantheis°tic(al)**—সর্বেশ্বরবাদী। *n.* **Pantheon** [pan-the°-an, প্যান্থী°অ্যান্] সর্বদেবতার মন্দির (বিশেষতঃ রোমে হ্যাড্রিআ্যান্ কর্তৃক নির্মিত) ; যে-কোন জাতির বা ধর্মাবলম্বীর দেবতানিচয় ; (প্রধানতঃ ইটালির) মহান্ ব্যক্তিদের সমাধিস্থান। [*pan_1*, Gk. *theos*=a god]

panther [pan°-tha(r), প্যান্°থ্যা(র্)] *n.* a (large) leopard, (বৃহদাকার) চিতাবাঘ। *fem.* **pan°theress** । [Gk.]

panties [pan°-tiz, প্যান্°টিজ়্] *n. pl.* (coll.) pants worn by children or close-fitting knickers worn by women, (কথ্য.) শিশুদের প্যানট বা স্ত্রীলোকের আঁটো নিকার-বোকার। [dim. of *pants*]

pantile [pan°-til, প্যান্°টাইল] *n.* a curved roof tile, ছাদ ছাওয়ার জন্য বক্র টালি, খোলা। [*pan_2*, *tile*]

pantisocracy [pan-ti-so°-kra-si, প্যান্টিস°ক্র্যাসি] *n.* a community in which all have equal power, সমক্ষমতাসম্পন্ন লোকের সমাজ। [Gk. *pas*, *pantos*=all, *isos*=equal, *krateein* =to rule]

panto [pan°-to, প্যান্°টৌ] contr. of **pantomime.**

pantograph [pan°-ta-gruf, প্যান্°ট্যাগ্রাফ্] *n.* an instrument for copying drawings, etc., নকশাদি নকল করার যন্ত্রবিশেষ। [*panto-*, *graph*]

pantomime [pan°-ta-mim, প্যান্°ট্যামাইম্] *n.* a Roman actor in a dumb show, নির্বাক্ অভিনয়ে ভূমিকা গ্রহণকারী রোমান অভিনেতা ; a dumb play or show, নির্বাক্ নাটক বা অভিনয়, a kind of theatrical entertainment, নাট্যাভিনয়বিশেষ (বর্তমানে সর্বদা নির্বাক্ নহে)। *a.* **pantomi°mic(al)**—উক্ত নাটক বা অভিনয়-সংক্রান্ত। *n.* **pan°tomimist**—উক্ত নাটকের অভিনেতা বা রচয়িতা। [L. *pantomimus*<Gk. *pantomimos* =imitator of all]

pantry [pan°-tri, প্যান্°ট্রি] *n.* a room in which provisions etc. are kept, (খাদ্যদ্রব্য বাসনকোসন প্রভৃতি রাখার জন্য) ভাঁড়ার-ঘর। [F. *paneterie*<LL. *panitaria*<L. *panis*=bread]

pants [pants, প্যান্ট্স্] *n. pl.* trousers, প্যান্ট্, ট্রাউজার্ ; (vul.) drawers, (অমা.) আন্ডারওয়ার। [see *pantaloons*]

panzer [pant°-sa(r), প্যান্ট্°স্যা(র্)] *n.* a German armoured division, জার্মান সাঁজোয়া-বাহিনী। [G.=armour]

pap_1 [pap, প্যাপ্] *n.* soft food for infants, শিশুদের জন্য নরম খাদ্য ; pulp, জাউ, মণ্ড। [imi.]

pap_2 [pap, প্যাপ্] *n.* a nipple, স্তনের বোঁটা, চুচুক ; (*pl.*) conical hilltops side by side, পাশাপাশি স্থিত পাহাড়ের শাঙ্কবাকার চূড়া। [imitation of the sound made by infants in feeding]

papa [pa-pŭ°, প্যাপা°] *n.* (coll.) father, (কথ্য.) বাবা। [F. & LL.]

papacy [pā°-pa-si, পেই°প্যাসি] *n.* the office of the Pope, পোপের পদ ; a Pope's tenure of office, কোন পোপের শাসনকাল ; papal government, পোপের শাসন। [LL. *papatia*<*papa*= pope]

papal [pā°p(a)l, পেই°প্ল্] *a.* of the Pope or papacy, পোপসংক্রান্ত বা পোপের শাসনসংক্রান্ত। **papal cross**—ত্রিদণ্ডী ক্রুশবিশেষ। *n.* **pā°palism**—পোপের শাসন ; পোপের শাসনের সমর্থন। *n.* **pā°palist**—পোপের শাসনের সমর্থক। [LL. *papalis* <*papa*=pope]

papain [pa-pān°, প্যাপেইন্°] *n.* digestive enzyme got from unripe papaw, পেঁপে হইতে প্রাপ্ত পরিপাককারক উৎসেচক বিশেষ। [see *papaw*]

papaw [pa-paw°, প্যাপ্য°], **papaya** [pa-pī°-a, প্যাপাই°অ্যা] *n.* a tropical fruit or its tree, পেঁপে বা পেঁপে-গাছ। [Sp. *papayo* (tree), *papaya* (fruit)]

paper [pā°-pa(r), পেই°প্যা(র্)] (**1**) *n.* a material used for writing, printing, wrapping, etc., কাগজ ; a written or printed document or instrument, note, receipt, bill, deed, etc., পত্রমুদ্রা বা টাকার নোট রসিদ বিল দলিল শংসাপত্র প্রভৃতি লিখিত বা মুদ্রিত কাগজ ; a newspaper, (সচ. দৈনিক) সংবাদপত্র ; an essay, thesis, or literary composition, প্রবন্ধ, গবেষণামূলক রচনা, সাহিত্যিক রচনা, a set of examination questions, পরীক্ষার প্রশ্নপত্র। (2) *v.t.* to cover or wrap with paper, কাগজ দিয়া ঢাকা বা মোড়া। **on paper**—কেবল কাগজপত্রে বিদ্যমান অর্থাৎ অব্যবহারিক বা অপ্রযুক্ত। **(to) commit to paper**—লেখা। **(to) put pen to paper**—লিখিতে আরম্ভ করা। *n.* **pā°per-back**—কাগজের (অর্থাৎ পিজবোর্ড চামড়া প্রভৃতির নহে) মলাটওয়ালা বই। *a.* **pā°per°backed**—কাগজের মলাটওয়ালা। *n.* **pā°per-chāse**—খেলাবিশেষ : ইহাতে এক দল ছেলে খরগোশ সাজিয়া পলাইতে থাকে এবং আরেক দল শিকারি কুকুর সাজিয়া তাহাদিগকে ধরিতে চেষ্টা করে। *n.* **pā°per-clip**—কাগজ আটকানর ক্লিপবিশেষ। *n.* **pā°per-cloth**—বৃক্ষ-বল্কলজাত অতি পাতলা কাপড়বিশেষ। **paper currency, paper money**—পত্রমুদ্রাদি, কাগজী মুদ্রা। *n.* **pā°per-cutter, pā°per-knīfe**—কাগজ-কাটা ছুরি। *n.* **pā°per-hanger**—গৃহাদির দেওয়াল কাগজ দিয়া মোড়া যে ব্যক্তির পেশা। *n.* **pā°-permāker**—কাগজ-প্রস্তুতকারক। *n.* **pā°per-māking**—কাগজ প্রস্তুত করা। *n.* **pā°per-mill**—কাগজের কল বা কারখানা। *n.* **pā°per-mo°-ney**—(টাকার) নোট, (পরি.) পত্রমুদ্রা। *n.* **pā°per-mul°berry**—বৃক্ষবিশেষ (ইহার বল্কলদ্বারা কাগজ তৈয়ারি হয়)। *n.* **pā°per-pulp**—কাগজ তৈয়ারির জন্য বিভিন্ন দ্রব্যে প্রস্তুত মণ্ড। *n.* **pā°per-weight**—যদ্দ্বারা আলগা কাগজসমূহ চাপা দিয়া রাখা হয় ; কাগজ-চাপা। *a.* **pā°pery**—কাগজ-তুল্য। [AF. *papir* < OF. *papier*]

Paphian [pō°-fi-an, পেইº ফিঅ্যান্] *a.* of sexual love (esp. illicit), lascivious, (বিশে. অবৈধ) কামজ প্রেম, কামপরবশ, কামুক। [*Paphos*, a city in Cyprus sacred to Aphrodite or Venus]

papier-mâché [pa°-pi-ā-mŭ°-shā, প্যাºপিয়েই-মাºশেই] *n.* paper-pulp used for boxes, trays, etc., সুটকেস বাক্স ট্রে প্রভৃতি তৈয়ারির কার্যে ব্যবহৃত কাগজের মণ্ড। [F. = chewed paper]

papilio [pa-pi°-liō, প্যাপিºলিউ] *n.* a butterfly genus, প্রজাপতির গোত্রবিশেষ। *a.* **papilion-aceous** [pa-pi°-li-a-nā°-shas, প্যাপিºলিঅ্যানেইº শ্যাস্] প্রজাপতিসংক্রান্ত ; প্রজাপতিতুল্য। [L. = butterfly]

papilla [pa-pi°-la, প্যাপিºল্যা] *n.* a small nipple-like protuberance, স্তনের বোঁটার ন্যায় ক্ষুদ্র উদ্গম, (পরি) পিড়কা। *a.* **papi°llar(y)**—পিড়কাকার ; পিড়কাতুল্য। [L. dim of *papula*]

papist [pā°-pist, পেইºপিস্ট্] *n.* an adherent of the Pope, পোপের সমর্থক ; (contem.) a Roman Catholic, (অবজ্ঞায়) রোমান্ ক্যাথলিক সম্প্রদায়ের লোক। *a.* **papis°tical**—(অবজ্ঞায়) পোপ বা রোমান ক্যাথলিক ধর্মমত সংক্রান্ত বা তদনুগামী। *n.* **pā°pistry**—(অবজ্ঞায়) রোমান ক্যাথলিক ধর্মমত। [LL. *papa* = pope]

paprika [pap°-ri-ka, প্যাপ্ºরিক্যা] *n.* red pepper used in cooking, যে লঙ্কা বাটিয়া বা গুঁড়া করিয়া রান্নায় দেওয়া হয়। [Hung.]

papyri—see **papyrus.**

papyrus [pa-pīr°-as, প্যাপায়্যার্ºঅ্যাস্] *n.* paper-reed, মিশরদেশীয় নলখাগড়াবিশেষ (প্রাচীনকালে কাগজের পরিবর্তে ইহার পাতায় লেখা হইত) ; a manuscript on papyrus, উক্ত পাতায় লেখা লিপি। *pl.* **papyr°ī**। *n.* **papyro°logy**—প্রাচীন মিশরের লিপি ও পুঁথি-সংক্রান্ত বিদ্যা। [L. < Gk. *papyros* <? Egyp.]

par [pŭ(r), পা(র্)] *n.* state of equality, সমাবস্থা, সমতা ; equal value, সমান মূল্য ; norm or standard, মান ; state or value of bills, shares, etc., when they sell at exactly the price marked on them, যে-সমস্ত বিল্ অংশীদারিপত্র প্রভৃতি ঠিক তাহাদের মূল দামে বিক্রীত হয় তাহাদের অবস্থা বা দাম : সমহার অবস্থা বা মূল্য। **above par**—মূল দাম হইতে বেশি দামে, (পরি.) অধিকহারে। **at par**—ঠিক মূল দামে, (পরি.) সমহারে। **below par**—মূল দাম হইতে কমে, (পরি.) ঊনহারে। **par of exchange**—বিদেশী মুদ্রা-বিনিময়ের হার। **par value**—সমহার মূল্য। [L.]

$para_1$ [pa°-ra, প্যাºর‍্যা] *n.* (coll.) parachutist, প্যার‍্যাশূটের সাহায্যে ভূতলে অবতরণকারী ; paragraph, অনুচ্ছেদ। [abbr.]

$para_2$ [pa-ra, প্যার‍্যা] *pre.* beside, পার্শ্বে (*para*military) ; beyond, ছাড়াইয়া অতিক্রম করিয়া *para*normal) ; relating to diametrically opposite carbon in a benzene ring, বেন্‌জিন্-চক্রের পুরাপুরি বিপরীত দিকে অবস্থিত কার্বন-সংক্রান্ত। (*para*dichlorobenzene)। [Gk.]

parable [pa°-rabl, প্যাºর‍্যাব্‌ল্] *n.* an allegorical narrative illustrating some doctrine or imparting a moral advice, মতাদির ব্যাখ্যাপূর্ণ বা নীতিগর্ভ রূপক-কাহিনী। [Gk. *parabole* = a placing alongside, paprabola]

parabola [pa-ra°-ba-lo, প্যার‍্যাºব্যাল্যা] *n.* (math.) a plane curve formed by intersection of a cone with a plane parallel to its side, (গণি.) অধিবৃত্ত। *a.* **parabo°lic(al)**—অধিবৃত্ত-সদৃশ। [see *parable*]

parabole [pe-ra°-ba-lē, প্যার‍্যাºব্যালী] *n.* (rhet.) a similitude, simile or metaphor, (অল.) সাদৃশ্য, উপমা, রূপক। [see *parable*]

parabolic [pa-ra-bo°-lik, প্যার‍্যাবºলিক্], **parabo°lical**—*a.* of or like a parable, parabola, or parabole, রূপক-কাহিনী, অধিবৃত্ত বা সাদৃশ্যালঙ্কার-সংক্রান্ত অথবা তত্তুল্য। *adv.* **parabo°lically**। [see *parable*]

parachute [pa°-ra-shōōt, প্যাºর‍্যাশূট্] *n.* an umbrella-like apparatus for descending safely from a great height, (সচ. বৈমানিকগণ কর্তৃক ব্যবহৃত) অত্যুচ্চ স্থান হইতে নিরাপদে ভূতলে অবতরণের সহায়ক ছত্রাকার যন্ত্রবিশেষ, অবতরণছত্র,

প্যারাশূট্। *n. pl.* **pa°rachute-troops°**—প্যারাশূটের সাহায্যে শত্রু-এলাকায় অবতরণকারী সৈন্য-বাহিনী, প্যারাশূট-বাহিনী। *n.* **pa°rachutist**—প্যারাশূটের সাহায্যে ভূতলে অবতরণে দক্ষ ব্যক্তি। [F.]

paraclete [pa°-ra-klēt, প্যা°র‌্যাক্লীট্] *n.* an advocate, (Holy Ghost বা ঐশ্বরিক পবিত্র আত্মার প্রতি প্রযোজ্য) স্বপক্ষীয় উকিল। [B.<Gk. *parakletos*]

parade [pa-rād°, প্যারেইড্°] **(1)** *n.* show, প্রদর্শনী, দৃশ্য (a mannequin *parade*—হাল-ফ্যাসানের পোশাকাদির প্রদর্শনী); display, প্রদর্শন, জাহির; ostentation, জাঁক, বড়াই; an orderly assembling for exercise, inspection, etc., ব্যায়াম পরীক্ষা প্রভৃতির জন্য সুবিন্যস্ত সমাবেশ, প্যারেড; ground for parade of troops, সৈন্যদের প্যারেড করার মাঠ (also **pa°rāde-ground**); a public promenade, জনসাধারণের ভ্রমণ মোটরাদি-চালনা প্যারেড প্রভৃতির জন্য ময়দান; (in fencing) a parry, (অসিক্রীড়ায়) কৌশলে আঘাত পরিহার। **(2)** *v.t.i.* to display ostentatiously, সাড়ম্বরে প্রদর্শন করান, জাহির করা বা জাঁক করা; to assemble for (military) parade, (সামরিক) প্যারেডের জন্য সমাবিষ্ট করান বা হওয়া, প্যারেড করান বা করা; to promenade, জনসাধারণের প্রমোদ-ময়দানে (সাড়ম্বরে) ভ্রমণাদি করান বা করা। *p.* & *p. pt.* **parā°ded**। **(to) make a parade of one's abilities** or **virtues**—স্বীয় ক্ষমতা বা গুণাবলী প্রদর্শন বা জাহির করা। **programme parade**—বেতারের অনুষ্ঠানসূচি-ঘোষণা। [F.<Sp. *parada*<L. *parare*=to prepare]

paradigm [pa°-ra-dīm, প্যা°র‌্যাডাইম্] *n.* an example, উদাহরণ, দৃষ্টান্ত; (gr.) a pattern of the inflections of a word, (ব্যাক.) শব্দের প্রকৃতি-প্রত্যয়ের উদাহরণমালা। [F. *paradigme*< Gk. *paradeigma*]

paradise [pa°-ra-dīs, প্যা°র‌্যাডাইস্] *n.* the garden of Eden, স্বর্গোদ্যান (তু. নন্দনকানন); the abode of the blessed dead, স্বর্গে মৃত পুণ্যাত্মাদের বাসস্থান, পুণ্যলোক; any place of bliss, পরম সুখের স্থান; any pleasant place, মনোরম স্থান; a blissful state, পরম সুখপূর্ণ অবস্থা। *a.* **paradi°siac, paradisī°acal**—স্বর্গীয় উদ্যান বা পুণ্যলোক-সংক্রান্ত অথবা তত্তুল্য; পরম সুখপূর্ণ; অতি মনোরম। [Gk. *paradeisos*=a park<O Pers. *pairidaeza*]

parados [pa°-ra-dos, প্যা°র‌্যাডস্] *n.* earthwork to protect against attack from rear, পশ্চাৎ হইতে আক্রমণরোধের নিমিত্ত মাটির বাঁধ বা প্রাচীর। [It. *para*, L. *dorsum*]

paradox [pa°-ra-doks, পা°র‌্যাডক্স্] *n.* (rhet.) a statement, which is apparently self-contradictory, but is at bottom true, (অল.) যে উক্তি আপাতদৃষ্টিতে আত্মবিরোধী বলিয়া মনে হইলেও সত্যবিরোধী নহে (যেমন, India, the richest country of the world, is inhabited by the poorest people); a person or thing conflicting with preconceived notions of what is possible, সম্ভাব্যতা-বিরোধী ব্যক্তি বা বস্তু। *a.* **paradox°ical**—প্রচলিত মতবিরোধী বা আত্মবিরোধী অথচ সত্য। *adv.* **paradox°ically**। [Gk. *paradoxon*=contrary to opinion]

paraffin [pa°-ra-fin, প্যা°র‌্যাফিন্] *n.* a waxy substance distilled from shale, wood, etc., খনিজ মোম, প্যারাফিন্; oil of similar origin, খনিজ তৈল, প্যারাফিন্-তেল (also **pa°raffin-oil°**)। [L. *parum*=little, *affinis*>having affinity]

paragon [pa°-ra-gan, প্যা°র‌্যাগ্যান্] *n.* a model of perfection or supreme excellence, সম্পূর্ণতার বা পরমোৎকর্ষের আদর্শ (a *paragon* of virtue)। [OF.<It. *paragone*]

paragraph [pa°-ra-grŭf, প্যা°র‌্যাগ্র্যাফ] **(1)** *n.* a sign to mark off a section of a book, etc., (প্রাচীন পাণ্ডুলিপিতে) গ্রন্থাদির অধ্যায় বা অনুচ্ছেদ-নির্দেশক চিহ্নবিশেষ (¶, **IP**); a distinct part of a discourse now marked by indenting, অনুচ্ছেদ, প্যারাগ্রাফ; a separate item of comment or news in a newspaper, সংবাদপত্রের খণ্ড মন্তব্য বা খবর। **(2)** *v.t.* to separate into paragraphs, বিভিন্ন প্যারাগ্র্যাফে ভাগ করা। *p.* & *p. pt.* **pa°ragraphed**। [Gk. *paragraphos*= written alongside]

parakeet [pa°-ra-kēt, প্যা°র‌্যাকীট্] *n.* a small long-tailed parrot, দীর্ঘপুচ্ছ ক্ষুদ্র টিয়াপাখিবিশেষ। [It. *parrocchetto*, OF. *paroquet*]

paraldehyde [pa-ral°-di-hīd, প্যার‌্যাল°ডিহাইড্] *n.* a polymer of aldehyde used to induce sleep, নিদ্রাকর্ষক ভেষজবিশেষ। [Gk. *para*, *aldehyde*]

parallax [pa°-ra-laks, প্যা°র‌্যাল্যাক্স্] *n.* (astr.) the apparent change (measured angularly) in the position of a heavenly body when viewed from different points, (জ্যোতি.) বিভিন্ন কোণ হইতে দেখিলে গ্রহ-নক্ষত্রাদির অবস্থানে যে পরিবর্তন ঘটে বলিয়া মনে হয়, (পরি.) লম্বন। **secular parallax**—নাক্ষত্র লম্বন। [Gk. *parallaxis*]

parallel [pa°-ra-lel, প্যা°র‌্যালেল্] **(1)** *a.* (of lines etc.) continuously equidistant (রেখাদি-সম্বন্ধে) সমান্তরাল; precisely analogous or corresponding, সম্পূর্ণ তুল্য বা সদৃশ। **(2)** *n.* a parallel line, সমান্তরাল রেখা; (geog.) a line of latitude, (ভূগো.) সমাক্ষরেখা (also **parallel of latitude**); an analogue, like or equal, অনুরূপ সমরূপ সদৃশ অথবা সমকক্ষ বস্তু বা ব্যক্তি বা প্রাণী; an analogy, সাদৃশ্য, উপমা, তুলনা (to draw a *parallel* between two things; he is without a *parallel*); a printer's mark of reference,

মুদ্রণকার্যে ব্যবহৃত চিহ্নবিশেষ (‖)। (3) *v.t.* to place so as to be parallel, সমান্তরালভাবে স্থাপন করা; to represent as parallel, সদৃশ বস্তুরূপে বা প্রাণিরূপে স্থাপন করা, উপমা দেওয়া; to compare, বিশদভাবে তুলনা করা; to find a parallel to, তুলনা বা উপমা খুঁজিয়া বাহির করা; to be or run parallel to, (কিছুর) সমান্তরাল হওয়া। *n.* **parallel bars**—ব্যায়ামের জন্য প্যারালেল্‌ বার্‌। *n.* **parallelism**—সমান্তরালতা, সমান্তরতা; সাদৃশ্য, তুলনা, উপমা; (মনস্তত্ত্বে—পরি.) সহচার, সহচারবাদ। [Gk. *parallelos*]

parallelogram [pa-ra-le°-la-gram, প্যার্যালে°-ল্যাগ্রাম্‌] *n.* a four-sided plane figure whose opposite sides are parallel and equal, যে চতুর্ভুজ সমতল ক্ষেত্রের বিপরীত বাহুগুলি পরস্পর সমান্তরাল ও সমান, সামন্তরিক ক্ষেত্র। **parallelogram of forces**—(পরি.) বলসামন্তরিক। [Gk. *parallelogrammon* <*parallelos* = parallel, *gramme* = a line]

paralogism [pa-ra°la-gizm, প্যারা°ল্যাজিজ়্‌ম্‌] *n.* false reasoning, ভুল যুক্তি বা প্রমাদ (বিশেষতঃ যে ভ্রান্তি সম্পর্কে বক্তা সচেতন নহে)—cp. **sophism**। [Gk. *paralogismos* <*logos* = reason]

paralyse—see **paralysis.**

paralysis [pa-ra°-li-sis, প্যার্যা°লিসিস্‌] *n.* palsy, পক্ষাঘাত; deprivation of power to feel, move or work, বোধশক্তি বা চলচ্ছক্তি বা কর্মশক্তির লোপ, অসাড়তা। *v.t.* **paralyse** [pa°-ra-līz, প্যা°-র‍্যালাইজ়্‌] বাতব্যাধিগ্রস্ত করা; বোধশক্তি বা চলচ্ছক্তি বা কর্মশক্তির লোপ করা, অসাড় করা। **paraly°tic** —(1) *a.* বাতব্যাধিসংক্রান্ত; বাতব্যাধিগ্রস্ত। (2) *n.* বাতব্যাধিগ্রস্ত ব্যক্তি। [Gk.]

par(r)amatta [pa-ra-ma°-ta, প্যার্যাম্যা°ট্যা] *n.* a fabric of wool and silk or cotton, পশম এবং রেশম অথবা কার্পাসের বস্ত্রবিশেষ। [*Paramatta* in New South Wales]

paramedical [pa-ra-me°-di-cal, প্যার্যামে°ডি-ক্যাল্‌] *a.* (of services etc.) supplementing and supporting medical work, (সেবাদি সম্পর্কে) চিকিৎসাকার্যের পরিপূরক এবং সহায়ক। [Gk. *para*, see *medical*]

parameter [pa-ra-mi°-ta(r), প্যার্যামি°ট্যা(র্‌)] *n.* (math.) a constant quantity in the case considered, (গণি.) বিচার্য ক্ষেত্রের ধ্রুবকবিশেষ, (পরি.) স্থিতিমাপ। *a.* **parame°tric**। [Gk. *para*, *metron* = measure]

paramhansa [pa-ram-hang°-sa, প্যার্যাম্‌হ্যাং°স্যা] *n.* a great saint having communion with God, পরমহংস। [Sans.]

paramilitary [pa-ra-mi°-lit(a)-ri, প্যার্যা-মি°লিট্‌রি] *a.* on military lines and intended to supplement the strictly military, সামরিক কায়দায় গঠিত এবং পাকা সামরিক বাহিনীকে সাহায্য করার জন্য উদ্দিষ্ট, আধা-সামরিক। [*para-*, *military*]

paramo [pŭ°-rŭ-mō, পা°রামৌ] *n.* treeless plateau in South America, দক্ষিণ আমেরিকার বৃক্ষহীন মালভূমি। *pl.* **pa°ramos**। [Sp. *pa'ramo*]

paramount [pa°-ra-mount, প্যা°র‍্যামাউন্‌ট্‌] *a.* supreme, সর্বোচ্চ, সর্বশ্রেষ্ঠ, প্রধানতম (of *paramount* importance)। *n.* **pa°ramountcy**। [OF. *paramont*]

paramour [pa°-ra-mooa(r), প্যা°র‍্যামুয়্যা(র্‌)] *n.* (ori.) a lover, (মূলতঃ) প্রণয়ী বা প্রণয়িনী; (now) an illicit lover (of a married person), (বর্ত.) অবৈধ প্রণয়ী বা প্রণয়িনী, উপপতি বা উপপত্নী। [F. *paramour* = by or with love]

paranoia [pa-ra-noy°-a, প্যার্যানয়্‌°অ্যা] *n.* mental disorder (usu. incurable) characterized by fixed delusions, বদ্ধমূল ভ্রান্তিজনিত (সচ. অনারোগ্য) মস্তিষ্কবিকৃতিবিশেষ। *a.* **paranoi°ac**। [Gk.]

paranormal [pa-ra-no(r)°-mal, প্যার্যান(র্‌)°-ম্যাল্‌] *a.* abnormal (esp. psychologically), (বিশে. মনস্তত্ত্ববিজ্ঞানে) অস্বাভাবিক, অস্বভাবী। [Gk. *para*, see *normal*]

parapet [pa°-ra-pit, প্যা°র‍্যাপিট্‌] *n.* a wall to protect soldiers from enemy fire in front, রণক্ষেত্রে শত্রুর গোলাবর্ষণ হইতে আত্মরক্ষার্থ সৈন্য-বাহিনীর সম্মুখে স্থাপিত (অস্থায়ী) প্রাচীর; a low wall along the side of a bridge, edge of a roof etc., সেতুর পার্শ্ব বা ছাদের কিনারা বা অন্য কিছুর বরাবর নিচু পাঁচিল। *a.* **pa°rapeted**—উক্ত প্রাচীরযুক্ত। [It. *parapetto* <L. *pectus* = breast

paraphernalia [pa-ra-fa(r)-nā°-lia, প্যার্যা-ফ্যা(র্‌)নেই°লিয়্যা] *n. pl.* (formerly) articles that a married woman was legally entitled to keep, (পূর্বে) যে সব বস্তু বিবাহিতা স্ত্রীলোকের আইনতঃ সম্পত্তি (যেমন, গহনা); personal belongings, ব্যক্তিগত অস্থাবর সম্পত্তি বা জিনিসপত্র; ornaments, গহনাপত্র, equipment, সাজসরঞ্জাম; mechanical accessories, নির্দিষ্ট কার্যের জন্য প্রয়োজনীয় যন্ত্রপাতি। [LL. <Gk. *para* = beyond, *pherne* = a dowry]

paraphrase [pa°-ra-frāz, প্যা°র‍্যাফ্রেইজ়্‌] (1) *n.* expression of the same thing in other words, একই বক্তব্যের (প্রধানতঃ সহজতর) শব্দান্তরে প্রকাশ। (2) *v.t.* to make a paraphrase of, (সহজতর) শব্দান্তরে প্রকাশ করা, শব্দান্তরিত করা। *a.* **paraphras°tic(al)**—উক্ত শব্দান্তরণমূলক। [Gk. *paraphrasis*—see *phrase*]

paraplegia [pa-ra-ple°-ji-a, প্যার্যাপ্লী°জিঅ্যা] *n.* (med.) paralysis of the lower part of the body and of both of the legs, (চিকি.) নিম্নাঙ্গ এবং উভয় পদের অসাড়তা। [Gk. *paraplēgie*]

parapsychology [pa-ra-sī-ko°-la-ji, প্যার্যা-সাইক°ল্যাজি] *n.* study of mental phenomena outside the sphere of ordinary psychology (e.g. telepathy, precognition, extrasensory perception, etc.), সাধারণ মনস্তাত্ত্বিক ক্রিয়া-বহির্ভূত ব্যাপার বা অবস্থাদি (যথা ইন্দ্রিয়াতীত প্রক্রিয়ায় মন জানাজানি, পূর্বাহ্ণে লব্ধ জ্ঞান, জ্ঞানেন্দ্রিয়ের সাহায্য ব্যতিরেকে প্রত্যক্ষকরণ) সংক্রান্ত বিদ্যা বা বিজ্ঞান। [Gk. *para*, see *psychology*]

parasang [pa°-ra-sang, প্যা°র‍্যাস্যাং] *n.* an ancient Persian measure of length, প্রাচীন পারস্যের দৈর্ঘ্যের মাপবিশেষ (=$3\frac{1}{4}$ মাইল)। [Gk. *parasagges*<OPers. *farsang*]

parasite [pa°-ra-sīt, প্যা°র‍্যাসাইট্] *n.* a hanger-on or sycophant who frequents another's table or lives at the expense of society, যে ব্যক্তি পরের বা সমাজের খাইয়া জীবনধারণ করে; পরজীবী বা পরাশ্রয়ী ব্যক্তি; a plant or animal living on another, পরগাছা, পরভুক্ প্রাণী বা জীবাণু (malarial *parasite*)। *a.* **parasi°tic(al)**—পরজীবী ব্যক্তি বা পরগাছা বা পরভুক্ প্রাণী সংক্রান্ত অথবা তত্তুল্য কিংবা তজ্জনিত, (পরি.) পরজীবীয়। *n.* **parasi°ticide**—পরভুক্ জীবাণুনাশক। *v.t.* **pa°rasi°tize**—পরভুক্ জীবাণুদ্বারা অধ্যুষিত করা। [Gk. *parasitos*]

parasol [pa-ra-sol°, প্যার‍্যাসল্°] *n.* a sunshade, রৌদ্রের তাপ এড়ানর জন্য ক্ষুদ্র ছাতাবিশেষ, আতপত্র। [F <It.<L. *sol*=the sun]

parataxis [pa-ra-tak°-sis, প্যার‍্যাট্যাক্°সিস্] *n.*, (gr.) the arrangement of clauses without connectives, (ব্যাক.) সংযোজক অব্যয় ছাড়াই সংশ্লিষ্ট উপবাক্যসমূহ স্থাপন। [Gk.]

parathion [pa-ra-thī°-an, প্যার‍্যাথাই°অ্যান্] *n.* agricultural insecticide, কৃষিকার্যে ব্যবহৃত কীটনাশক ঔষধবিশেষ। [Gk. *para*, *theion*=sulphur]

paratroops [pa°-ra-troops, প্যা°র‍্যাট্রুপ্স্] *n. pl.* air-borne troops to be dropped by parachute, যে সৈন্যবাহিনীকে বিমানপোতে করিয়া লইয়া গিয়া প্যারাশূটের সাহায্যে ভূতলে (প্রধানতঃ শত্রু-এলাকায়) নামাইয়া দেওয়া হয়। *n.* **pa°ratrooper**—উক্ত বাহিনীভুক্ত সৈনিক। [*parachute*, *troops*]

paratyphoid [pa°-ra-tī°-foyd, প্যা°র‍্যাটাই°-ফয়্ড্] *n.* disease resembling typhoid, টাইফয়েড-সদৃশ ব্যাধিবিশেষ। [Gk. *para*=nearly, *typhoid*]

par avion [par-av-i-awn°, প্যার্অ্যাভিঅ্যান্°] *phr.* by airmail, বিমান ডাকযোগে। [L. *por* F. *avion*]

parboil [pŭ(r)°-boyl, পা(র্)°বয়্ল্] *v.t.* (ori.) to boil thoroughly, (মূলতঃ) সম্পূর্ণরূপে সিদ্ধ করা; (now) to boil slightly, (বর্ত.) ঈষৎ সিদ্ধ করা। **parboiled rice**—সিদ্ধ চাউল। [F. *parboillir*<LL. *perbullire*—influenced by confusion with *part*]

parbuckle [pŭ(r)°-bukl, পা(র্)°বাক্ল্] (**1**) *n.* a rope tied round a cask, barrel, etc. to raise it up or lower it down, পিপাদি উত্তোলনের বা অবনমনের দড়িবিশেষ। (**2**) *v.t.* উক্ত উপায়ে টানিয়া তোলা বা নামাইয়া দেওয়া। [?]

parcel [pŭ(r)°sl, পা(র্)°স্ল্] (**1**) *n.* a part or portion, অংশ; a group or set, দল, কেতা; a package, মোড়ক, পুলিন্দা। (**2**) *v.t.* to divide into portions, অংশে অংশে ভাগ করা, অংশবিভাজন করা; to make up into a parcel, মোড়ক করা। *pr. pt.* **par°celling**। *p. & p. pt.* **par°celled**। **a parcel of land**—একখণ্ড জমি। *a.* **par°cel-gilt°**—আংশিকভাবে সোনালি বা রুপালি রঙ-করা। **parcel(s) post**—পুলিন্দাদি প্রেরণের ও বিলি করার ভারপ্রাপ্ত ডাক বিভাগ। [F. *parcelle* <L. *particula*, dim. of *partis*=a part]

parcener [pŭ(r)°sa-na(r), পা(র্)°স্যান্যা(র্)] *n.* a co-heir, সহ-উত্তরাধিকারী, শরিক। *n.* **par°cenary**—সহ-উত্তরাধিকার, শরিকানা। [AF.<LL. *partionarius*<*pars*=a part]

parch [pu(r)ch, পা(র্)চ্] (**1**) *v.t.i.* to make or become hot and very dry, তপ্ত ও অত্যন্ত শুষ্ক করা বা হওয়া; to scorch or be scorched, রৌদ্রদগ্ধ করা বা হওয়া। (**2**) *v.t.* to roast slightly, ঈষৎ ভাজা। *a.* **parch°ed**—তপ্ত ও অত্যন্ত শুষ্ক; রৌদ্রদগ্ধ; ঈষৎ ভর্জিত। [?]

parchment [pu(r)ch°-mant, পা(র্)চ্°ম্যান্ট্] *n.* animal skin prepared for writing on etc., লেখা বা অনুরূপ কাজের জন্য উপযোগীকৃত পশুচর্ম; a manuscript written on it, উক্ত পশুচর্মোপরি লিখিত লিপি। **parchment paper**—মোটা ও টেকসই কাগজবিশেষ। [F. *parchemin*<L. *pergamena charta*=paper of Pergamum, a city in Asia Minor]

pard₁ [pŭ(r)d, পা(র্)ড্] (Am. sl.) corrup. of **partner.**

pard₂ [pu(r)d, পা(র্)ড্] *n.* the leopard, চিতাবাঘ। [L. *pardus*<Gk. *pardos*]

pardon [pu(r)°dn, পা(র্)°ড্ন্] (**1**) *v.t.* to forgive, ক্ষমা করা, মার্জনা করা; to let go unpunished, বিনা শাস্তিতে ছাড়িয়া দেওয়া; to excuse, মাফ করা, অব্যাহতি দেওয়া। (**2**) *n.* forgiveness, ক্ষমা, মার্জনা; remission of a punishment or penalty, শাস্তি-মকুব বা জরিমানা-মকুব; a warrant declaring a pardon, ক্ষমাপত্র। **par°don** or **I beg your pardon**—কি বললেন? **pardon me**—আমাকে মাফ করবেন। *a.* **par°donable**। *adv.* **par°donably**। *n.* **par°doner**—pardon (*v.*)-এর সকল অর্থে, এবং—যে ব্যক্তি গির্জার অনুমতি বলে পোপ-প্রদত্ত ক্ষমা বিক্রয় করে। *a.* **par°donless**—ক্ষমা করার বা মকুব করার অযোগ্য। [F. *pardoner*<LL. *perdonare*=to give, concede]

pare [pā(r), পেয়্যা(র্)] *v.t.* to trim, ছাঁটা; to peel, খোসা ছাড়ান (to *pare* an apple), to diminish by littles, অল্প অল্প করিয়া হ্রাস করা বা লোপ করা (to *pare* down one's expenses)। *n.* **pār°er**। *n.* **pār°ing**—ছাঁটাই; (usu in *pl.*) ছাঁটিয়া-ফেলা অংশ, ছাঁট। [F. *parer*<*parare*=to prepare]

paregoric [pa-re-go°-rik, প্যারেগ°রিক্] (1) *a.* soothing pain, বেদনাহর। (2) *n.* such a medicine, বেদনাহর ঔষধ। [Gk. *paregorikos*]

parent [par°(a)nt, পেয়্যার্‌ন্ট্] *n.* a father or mother, জনক বা জননী, পিতা বা মাতা ; forefather, পূর্বপুরুষ ; a creator, স্রষ্টা বা সৃজনকারিণী ; a cause, উদ্ভবের কারণ, নিমিত্ত। **parent company**—যে ব্যবসায় প্রতিষ্ঠান অন্যান্য অনুরূপ প্রতিষ্ঠান নিয়ন্ত্রণ ও পরিচালনা করে। *n.* **pār°entage**—মাতাপিতার পরিচয় ; বংশপরিচয় ; পিতৃত্ব বা মাতৃত্ব। *a.* **parental** [pa-ren°tl, প্যারেন্‌°ট্‌ল্], পিতা ও মাতা সংক্রান্ত। *n.* **pār°enthood**—পিতৃত্ব বা মাতৃত্ব ; পিতার বা মাতার কর্তব্য। *a.* **pār°entless**—মাতাপিতৃহীন। [F. = kinsman < L. *parens* < *parenre* = to beget]

parenthesis [pa-ren°-thi-sis, প্যারেন্‌°থিসিস্] *n.* a word or passage inserted in a sentence independently of grammatical sequence, বাক্যমধ্যে প্রবিষ্ট কিন্তু ব্যাকরণগত সম্পর্কহীন শব্দ বা অংশ ; (usu. in *pl.*) a round bracket, লঘুবন্ধনী [( )]। *pl.* **paren°thesēs**। *a.* **parenthetic** [pa-r(a)nthe°-tik, প্যার্‌ন্‌থে°টিক্], **parenthe°tical**—উক্ত শব্দ বা অংশ সংক্রান্ত অথবা তত্তুল্য। *adv.* **parenthe°tically**। [Gk. = put in beside]

paresis [pa°-ri-sis, প্যা°রিসিস্] *n.* partial paralysis, আংশিক পক্ষাঘাত। *a.* **pare°tic**। [Gk. *paresis*]

par excellence [pu(r)-ek°-sa-lāns, পা(র্)এক্‌°স্যালেইন্‌স্] *adv.* by virtue of special excellence, বিশেষ উৎকর্ষবলে ; eminently, বিশিষ্টভাবে। [F.]

pargana [pa(r)-gu°-na, প্যা(র্)গা°ন্যা *n.* an administrative unit consisting of a collection of villages, পরগনা। [Hind. < Pers.]

parget [pŭ(r)°-jit, পা(র্)°জিট্] (1) *v.t.* to plaster over, পলেস্তারা লেপন করা ; to cover with ornamental plaster-work, পলেস্তারা লেপনপূর্বক কারুকার্য করা। *p. & p. pt.* **par°gėtėd**। (2) *n.* plaster spread over a surface, কিছুর উপরিভাগে প্রলিপ্ত পলেস্তারা ; ornamental work in plaster, পলেস্তারা লেপনপূর্বক কারুকার্য। [OF. *parjeter* = to throw all over]

parhelion [pu(r)-hē°-li-an, পা(র্)হী°লিয়্যান্] *n.* a mock-sun, মায়া-সূর্য, অপসূর। *pl.* **parhē°lia**। [Gk. *parelion*]

pariah [pa°-ri-a, প্যা°রিঅ্যা] *n.* a low-caste person of South India, দক্ষিণ ভারতের অন্ত্যজ লোক (ইহারা অস্পৃশ্য) ; (fig.) a social outcast (আল.) সমাজচ্যুত বা সমাজে পতিত ব্যক্তি। *n.* **pa°riah-dog**—রাস্তায় ঘোরা মালিকহীন নেড়ি কুকুর। [Tam. *paraiyar* = drummers]

parietal [pa-rī°-itl, প্যারাই°ইট্‌ল্] *n.* a bone forming the sides and top of the skull, (পরি.) মধ্যকপাল। [L. *parietalis*]

pari mutuel [pu-rē-mū°-tū-el, পারীমিউ°টিউ-এল্] *n.* form of betting in which the winners divide the losers' stakes after deducting the management expenses, যে জুয়াখেলায় জয়ী জুয়াড়ীগণ বিজিত জুয়াড়ীগণের বাজির টাকা থেকে পরিচালনব্যয় বাদ দিয়া অবশিষ্ট অর্থ নিজেদের মধ্যে ভাগ করিয়া নেয়। [F. = mutual stake]

paring—see **pare.**

pari passu [pār°-ī pa°-sŭ, পেয়্যা(র্)°আইপ্যা°সিউ] *adv.* with equal pace, সমপদক্ষেপে ; together, একত্র। [L.]

paripinnate [pŭ-ri-pi°-nāt, পারিপি°নেইট্] *a.* (bot.) pinnate without a terminal leaflet, (পরি.) অচূড়পক্ষল। [*par, pinnate*]

parish [pa°-rish, প্যা°রিশ্] *n.* a district having its own church and clergyman, নিজস্ব গির্জা ও যাজক সংবলিত দেশের যাজনিক বিভাগবিশেষ, যাজক-পল্লী ; a country division for administrative purposes, শাসনকার্যার্থ জেলার বিভাগ। **parish clerk**—যাজক-পল্লীর অধিবাসীদের জন্ম মৃত্যু বিবাহ প্রভৃতির তারিখ ও বিবরণ লিপিবদ্ধ করার ভারপ্রাপ্ত করণিক। **parish minister**—যাজক-পল্লীর যাজক। **parish register**—যাজক-পল্লীর অধিবাসীদের জন্ম মৃত্যু বিবাহ প্রভৃতি সম্বন্ধীয় বিবরণী। **(to) go on the parish**—যাজক-পল্লীর দরিদ্রদের প্রদত্ত সরকারি ভাতা গ্রহণ করা বা তাহার উপরে নির্ভর করা। *n.* **parishioner** [pa-ri°-sha-na(r), প্যারি°শ্যান্যা(র্)] যাজক-পল্লীর অধিবাসী ; যাজক-পল্লীর গির্জার অন্তর্ভুক্ত ব্যক্তি। [AF. *paroche* < L. *parochia* < Gk. *paroikia*]

Parisian [pa-ri°-zi-an, প্যারি°জ়িয়্যান্] (1) *a.* of Paris, ফ্রান্সের রাজধানী প্যারিসের। (2) *n.* an inhabitant of Paris, প্যারিসের অধিবাসী। *n. fem.* **Parisienne** [pā-rē-zē-en°, পেইরীজ়ীএন্°] প্যারিস্‌বাসিনী। [F. *Paris* < L. *parisii*, the Gallic tribe of Paris]

parity [pa°-ri-ti, প্যা°রিটি] *n.* equality in status or value, সমমর্যাদা, সমমূল্যতা, equivalence, (প্রধানতঃ মুদ্রার মূল্যসম্বন্ধে) সমতা। **parity of exchange**—বিভিন্ন সরকার কর্তৃক নির্দিষ্ট মুদ্রা-বিনিময় হার। [F. *parite* < F. *paritas* < *par* = equal]

park [pŭ(r)k, পা(র্)ক্] (1) *n.* an enclosed piece of land for beasts of the chase, মৃগয়ার পশুদের রাখার জন্য ঘেরাও-করা সংরক্ষিত ভূমি ; a pleasure-ground surrounding a mansion, বৃহৎ অট্টালিকার চতুষ্পার্শ্বস্থ প্রমোদোদ্যান ; part of the name of a house, street, or district, অট্টালিকা রাস্তা বা অঞ্চলের নামাংশ (Sunny *park*, *Park* Street) ; a piece of ground for public recreation, জনসাধারণের ব্যবহারার্থ প্রমোদোদ্যান, বাগ, পার্ক ; a piece of a country kept in its natural condition, প্রাকৃতিক দৃশ্যাদির নিদর্শনরূপে স্বাভাবিক অবস্থায় রক্ষিত পল্লী-অঞ্চলের ভূখণ্ড ; a piece of ground where motor-cars etc. may be left untended, মোটরগাড়ি বা অন্যান্য গাড়ি সাময়িকভাবে থামাইয়া বিনা পাহারায় রাখিয়া যাওয়ার স্থান, গাড়ির সাময়িক বিশ্রাম স্থান (car-*park*) ; (mil.) a place occupied by artillery, wagon, etc., (সাম.) কামান মালগাড়ি প্রভৃতি যেখানে (দলবদ্ধভাবে) রাখা হইয়াছে। (2) *v.t.* to enclose in or as a park, পার্ক-দ্বারা বা পার্কের ন্যায় পরিবেষ্টিত করা ; to make a park of, পার্কে পরিণত করা, পার্ক তৈয়ারি করা ; to bring together (artillery etc.) in a body, (কামান মালগাড়ি প্রভৃতি) জড় করা ; to place and leave in a parking place, (মোটরগাড়ি বা অন্যান্য গাড়ি) সাময়িকভাবে থামাইয়া বিশ্রাম-স্থানে রাখিয়া যাওয়া। *p. & p. pt.* **par°ked** । **parking lot**—চালক কর্তৃক সাময়িকভাবে মোটরগাড়িসমূহ থামাইয়া রাখিয়া যাওয়ার জন্য নির্দিষ্ট স্থান, মোটর গাড়ির সাময়িক নির্দিষ্ট স্থান। **parking meter**—মোটরগাড়ি কতক্ষণ সাময়িক বিশ্রাম-স্থানে আছে তাহা নির্ধারণের জন্য যন্ত্রবিশেষ : এই যন্ত্রে মুদ্রা ঢুকাইয়া দিয়া ইহা চালু করিতে হয়। *n.* **park°way**—বৃক্ষসমূহে ও তৃণভূমিদ্বারা পরিশোভিত প্রশস্ত রাস্তা। [OF. *parc*]

parka [pŭ(r)°-ka, পা(র্)°ক্যা] *n.* a waterproof jacket with a hood attached, পর্বতারোহণাদিতে ব্যবহৃত) মাথার ঢাকনাওয়ালা জলাভেদ্য জামাবিশেষ। [Aleutian Eskimo]

Parkinson's disease [pŭ(r)°-kin-sanz di-zēz, পা(র্)°কিন্‌স্যান্‌জ্‌ ডিজ়ীজ়্] *n.* a progressive disease of the nervous system characterized by muscular rigidity tremor, etc., পেশীসমূহের কাঠিন্য দৈহিক কম্পন প্রভৃতি লক্ষণযুক্ত নার্ভতন্ত্রের ক্রমবর্ধমান ব্যাধিবিশেষ। [J. Parkinson, British Surgeon (died 1824)]

Parkinson's law [pŭ(r)°-kin-sanz law, পা(র্)°-কিন্‌স্যান্‌জ়্‌ ল্য] *n.* the law that work will expand to fill the time available for its completion (আফিসের কাজ সম্পর্কে) সূত্রবিশেষ : এই সূত্র অনুসারে সকল কার্যই নিজ কলেবর বৃদ্ধি করিয়া নির্দিষ্ট সময় পূরণ করে। [C.N. Parkinson, British writer (born 1909)]

parky [pŭ(r)°-ki, পা(র্)°কি] *a.* (sl.) chilly, (অশি.) শৈত্যপূর্ণ, ঠাণ্ডা (*parky* morning)। [?]

parlance—see **parley.**

parley [pŭ(r)°-li, পা(র্)°লি] (**1**) *v.i.* to speak with another, বাক্যালাপ করা ; to confer, পরামর্শ বা আলোচনা করা ; to treat (with an enemy), (শত্রুর সহিত) শর্তাদি আলোচনা করা। (**2**) *n.* talk, বাক্যালাপ ; a conference, argument or engagement with an enemy, শত্রুর সঙ্গে আলোচনা তর্ক বা দ্বন্দ্ব ; a conference, আলোচনা বা আলোচনা-সভা। *n.* **parlance** [pu(r)°-lans, পা(র্)°ল্যান্‌স্] কথন ; বাক্যালাপ ; কথোপকথন ; বাচনভঙ্গি (in common *parlance*)। [F. *parler* =to speak<LL. *parlare*<*parabolare*<Gk. *parabole*=a word]

parliament [pŭ(r)°-la-mant, পা(র্)°ল্যাম্যান্‌ট্] *n.* a meeting for deliberation, মন্ত্রণা-সভা, (পরি.) সংসদ্ ; a legislative body, (প্রধানতঃ গ্রেটব্রিটেনের) আইনসভা, ব্যবস্থাপক সভা। **parliament house**—আইন-সভাগৃহ, সংসদ্‌ভবন। **parliamenterian** [pŭ(r)-la-men-tār°-i-an, পা(র্)-ল্যামেন্‌টেয়্যার্°ইঅ্যান্] (**1**) *n.* ইংল্যানড-রাজ প্রথম চার্লসের বিরোধী লোকসভার সমর্থক ; আইনসভার নিয়মকানুন-সম্বন্ধে ওয়াকিবহাল ব্যক্তি। (**2**) *a.* প্রথম চার্লস্-বিরোধী লোকসভার সমর্থনপূর্ণ ; আইনসভার নিয়মকানুন-সম্মত। *n.* **parliamentār°ism**—আইনসভার গণনির্বাচিত সদস্যবৃন্দদ্বারা দেশশাসনের নীতি ; আইনসভার নিয়মকানুন মানিয়া চলা। *a.* **parliamentary** [pŭ(r)-la-men°t(a)-ri, পা(র্)-ল্যামেন্‌°ট্রি] আইনসভাসংক্রান্ত ; আইনসভাদ্বারা কৃত বা বিধিবদ্ধ, আইনসভায় অনুষ্ঠিত ; (ভাষাসম্বন্ধে) ভদ্র, মার্জিত ; ইংল্যানড-রাজ প্রথম চার্লসের বিরোধী লোকসভার সমর্থনপূর্ণ। *adv.* **parliamen°tarily**। [F. *parlement*<*parler*—cp. *parley*]

parlour [pŭ(r)°-la(r), পা(র্)°ল্যা(র্)] *n.* a sitting-room in a house, বৈঠকখানা ; a private room in an inn, সরাই প্রভৃতির একান্ত কক্ষ। *n.* **par°lour-maid**—ভোজ-টেবিলের পরিচারিকা। [AF. *parlur*<F. *parler*—cp. *parlance*]

parlous [pŭ(r)-las, পা(র্)°ল্যাস্] poet. form of **perilous.**

parmesan [pŭ(r)-mi-zan°, পা(র্)মিজ়্যান্°] (**1**) *a.* of Parma in Italy, ইট্যালির পারমা-অঞ্চলের। (**2**) *n.* Parmesan cheese, পারমায় তৈয়ারি পনির।

Parnassus [pŭ(r)-na°-sas, পা(র্)ন্যা°স্যাস্] *n.* a mountain in Greece, সূর্যদেব অ্যাপোলো ও কাব্যদেবীর অধিষ্ঠিত গ্রীসের পর্বতবিশেষ ; a collection of poems, কবিতা-সংগ্রহ ; the realm of poetry, কাব্যজগৎ। **grass of Parnassus**—শ্বেতপুষ্পপ্রসূ মেঠো তৃণবিশেষ। **Parna°ssian**—(**1**) *a.* পারন্যাসাস্-পর্বতসংক্রান্ত ; কাব্যদেবীগণ-সংক্রান্ত ; আর্টই আর্টের লক্ষ্য : এই মতবাদী (বিশেষতঃ ফরাসি) কবি-গোষ্ঠীগত। (**2**) *n.* কবি ; আর্টই আর্টের লক্ষ্য : এই মতবাদী (ফরাসি) কবি। [L.<Gk. *parnas(s)os*]

Parnellism [pŭ(r)°-ne-lizm, পা(র্)°নেলিজ়্‌ম্] *n.* the principle of promoting Home Rule for Ireland, আয়র্ল্যান্ডে হোম রুল্ বা স্বায়ত্তশাসন প্রবর্তনের মত। *a.* **Par°nellite**—উক্ত মতের প্রচারক Parnell-এর অনুগামী ব্যক্তি।

parochial [pa-rō°-ki-al, প্যারৌ°কিয়্যাল্] *a.* of a parish, যাজক-পল্লীসংক্রান্ত, যাজক-পল্লীর ; confined within narrow limits, (মনোবৃত্তি রুচি প্রভৃতি সম্বন্ধে) সঙ্কীর্ণ সীমাবদ্ধ। *n.* **parō°chialism, parōchia°lity**—যাজক-পল্লীগুলিকে স্বায়ত্ত-

শাসনাধিকার দানের নীতি ; সঙ্কীর্ণতা, অনুদারতা। *adv.* **paro°chially** । [L. *parochialis*]

parody [pa°-ra-di, প্যা°র‌্যাডি] (**1**) *n.* a burlesque imitation, সাহিত্য-রচনাদিকে ব্যঙ্গ করার জন্য (মুখ্যতঃ উক্ত রচনার ভাষা বা ভঙ্গি লইয়া রচিত) নূতন রচনা, লালিকা, প্যারডি। (**2**) *v.t.* to make a parody of, (কিছুর) লালিকা রচনা করা। *a.* **paro°dic** । *n.* **pa°rodist**—লালিকা-রচয়িতা। [Gk. *paroidia* < *para*=beside, *oide*=an ode]

parole [pa-rōl°, প্যারৌল্°] *n.* word of mouth, মুখের কথা, (পরি.) বচন ; (mil.) word of honour, (সাম.—প্রধানতঃ পলাইবার চেষ্টা করিবে না বলিয়া যুদ্ধবন্দী কর্তৃক প্রদত্ত) প্রতিশ্রুতি ; conditional release of a prisoner, বন্দীর শর্তাধীন মুক্তি (released on *parole*) ; (mil.) password, (সাম.) সঙ্কেত-শব্দ। **(to) break one's parole**—প্রদত্ত প্রতিশ্রুতি ভঙ্গ করিয়া পলায়ন করা। [F.=word< L. *parabola*=a saying<Gk. *parabole*]

paronomasia [pa-ro-no-mā°-zi-a, প্যারনমেইʼ°-জ়িয়া, pa-ro-no-mā°-si-a, প্যারনমেইʼ°সিয়া] *n.* a play on words, a pun, একই শব্দের বিভিন্ন ব্যঞ্জনায় প্রয়োগদ্বারা বা ভিন্নার্থবোধক সমধ্বনি শব্দাবলীর প্রয়োগদ্বারা কৃত কৌতুক, শব্দের খেলা। [L. <Gk.]

paronym [pa°-ro-nim, প্যা°রনিম্] *n.* word cognate with another, সমগোত্রীয় শব্দ। [Gk. *para, onoma*=name]

paroquet—alt. spell. of **parakeet.**

parotid [pa-ro°-tid, প্যার°টিড্] (**1**) *a.* near the ear, কর্ণের নিকটবর্তী। (**2**) *n.* the parotid gland, কর্ণের নিকটবর্তী গ্রন্থিবিশেষ। *n.* **paroti°tis**—কর্ণগ্রন্থির প্রদাহপূর্ণ ছোঁয়াচে রোগবিশেষ। [Gk. *parotis, paroidos*]

paroxysm [pa°-rak-sizm, প্যা°র‌্যাক্‌সিজ়্ম্] *n.* a fit of acute pain, তীব্র বেদনার আক্রমণ ; a fit of rage, laughter, etc., ক্রোধ হাসি কাশি প্রভৃতির প্রবল বেগ ; any sudden violent action, আকস্মিক প্রচণ্ড ক্রিয়া। *a.* **paroxyś°mal**—উক্ত আক্রমণ বেগ বা ক্রিয়া সংক্রান্ত অথবা তত্তুল্য। [Gk. *paroxysmos*]

parquet [pŭ(r)°-kā, পা(র্)°কেই] *n.* a flooring of wooden blocks fitted in a pattern, নক্‌শা-কাটা কাঠের পাটাতন ; the stalls of a theatre, রঙ্গালয়ের সম্মুখভাগের আসনসমূহ, স্টলসমূহ। [F.]

parr [pu(r), পা(র্)] *n.* a young salmon, বাচ্চা স্যামন-মৎস্য। [?]

parricide [pa°-ri-sīd, প্যা°রিসাইড্] *n.* the murder or murderer of a parent, near relative, or person entitled to veneration, স্বীয় পিতা মাতা ঘনিষ্ঠ আত্মীয় বা শ্রদ্ধাভাজন পাত্রকে হত্যা অথবা ঐরূপ হত্যাকারী। *a.* **parrici°dal**—উক্ত হত্যাসংক্রান্ত ; উক্ত হত্যা করে এমন। [F.<L. *par(r)icidium* (the offence), *par(r)icida* (the) offender]

parrot [pa°-rat, প্যা°র‌্যাট্] *n.* a kind of bird, শুকজাতীয় পক্ষিবিশেষ, তোতাপাখি ; an unthinking repeater of the words of others, যে ব্যক্তি না ভাবিয়া-চিন্তিয়া পরের কথা আবৃত্তি করে। *a.* & *adv.* **pa°rrot-fashion**—তোতাপাখির ন্যায় পুনরাবৃত্তি বা অনুকরণ। [?]

parry [pa°-ri, প্যা°রি] (**1**) *v.t.* to ward or keep off, ব্যাহত করা, ঠেকান ; to avert, এড়ান। (**2**) *n.* act of parrying, ব্যাহত করা, ঠেকাইয়া রাখা, পরিহার। [? F. *parer*<L. *parare* (*v.*)]

parse [pŭ(r)z, পা(র্)জ়্] *v.t.* (gr.) to describe (a word) fully from the point of view of classification, inflexion and syntax, (ব্যাক.—বাক্যমধ্যস্থ শব্দের) প্রকারভেদ এবং বচন লিঙ্গ পুরুষ কারক ও অন্যান্য শব্দের সহিত সম্বন্ধ নির্ণয় করা ; to analyse (a sentence), (বাক্য) বিশ্লেষণ করা অর্থাৎ বিভিন্ন অংশের পারস্পরিক সম্পর্ক নির্ণয় করা। *n.* **par°sing**—শব্দবিশ্লেষণ ; পদপরিচয়। [F. *pars* (*oratio*)=a part (of speech)]

Parsee, Parsi [pŭ(r)sē°, পা(র্)সী°] *n.* a descendant of the Zoroastrians who emigrated from Persia to India in the 8th century, ভারতের পার্সি-জাতির লোক ; পার্সি। [Pers. *Parsi*]

parsimony [pŭ(r)°si-ma-ni, পা(র্)°সিম্যানি] *n.* carefulness in the use of money, অর্থব্যয়ে সতর্কতা, বিচক্ষণ বিবেচনাপূর্বক ব্যয় ; frugality, মিতব্যয়িতা ; niggardliness, ব্যয়কুণ্ঠতা, কার্পণ্য। *a.* **parsimō°nious**—অর্থব্যয়ে সতর্ক, হিসাবি ; মিতব্যয়ী ; ব্যয়কুণ্ঠ ; কৃপণতাপূর্ণ। [L. *parsimonia*]

parsley [pŭ(r)s°-li, পা(র্)স্°লি] *n.* a pot-herb, ব্যঞ্জনাদি-সুগন্ধকর লতাবিশেষ। [OE. *petersilie*, modified by F. *persil*<L. *petroselinum*< Gk. *petroselinon*]

parsnip [pu(r)s°-nip, পা(র্)স্°নিপ্] *n.* a plant with yellow flowers and yellow roots, হরিদ্রাবর্ণ পুষ্পপ্রসূ উদ্ভিদ্‌বিশেষ বা উহার হরিদ্রাবর্ণ গাজরবৎ মূল। [L. *pastinaca*<*pastinum*=a dibble]

parson [pu(r)°sn, পা(র্)°স্‌ন্] *n.* a parish priest, যাজক-পল্লীর ভারপ্রাপ্ত যাজক ; (coll.) a clergyman, (কথ্য.) যাজক। *n.* **par°sonage**—যাজকের বাসভবন। [OF. *persone*<L. *persona*=a person]

part [pu(r)t, পা(র্)ট্] (**1**) *n.* some but not all, a portion, কিছু অংশ ; a constituent, অন্যতম উপাদান ; a member, organ or branch, অঙ্গ, প্রত্যঙ্গ, শাখা, বিভাগ ; an equal quantity, সমান পরিমাণ ; a share, ভাগ, অংশ ; region, অঞ্চল, এলাকা ; direction or side, দিক্, পার্শ্ব ; participation, (কার্যাদিতে) অংশগ্রহণ বা গৃহীত অংশ ; interest, (ব্যাপারাদিতে) স্বার্থ বা কৌতূহল ; side or party, তরফ, পক্ষ, দল; a role in a play, নাটকাদির ভূমিকা; words and actions of a character in a play, নাটকাভিনেতার উক্তি বা ক্রিয়াকলাপ, পার্ট (he acted his *part* ably); activity, ক্রিয়াকলাপ; a separately published portion, (গ্রন্থাদির) খণ্ড; a chapter, (গ্রন্থাদির) অধ্যায়, পর্ব, কাণ্ড; (in *pl.*) abilities, বুদ্ধিগত গুণাবলী, বুদ্ধিবৃত্তি, মেধা (a man of *parts*)। (2) *a.* & *adv.* in part, আংশিক বা আংশিকভাবে। (3) *v.t.i.* to divide or be divided, বিভক্ত বা দ্বিধা-বিভক্ত করা অথবা হওয়া; to separate or be separated, পৃথক বা বিচ্ছিন্ন করা অথবা হওয়া; to set or go in different directions, বিভিন্ন দিকে পাঠান বা যাওয়া। (4) *v.t.* to distribute or share out, বণ্টন বা বিভাজন করিয়া দেওয়া; (poet.) to quit, (কাব্যে) পরিত্যাগ করিয়া যাওয়া। (5) *v.i.* to depart, প্রস্থান করা; relinquish, (পদ কার্যভার প্রভৃতি) ত্যাগ করা (to *part* with)। *p.* & *p. pt.* **par°tėd** । **part and parcel**—অপরিহার্য অংশ। **part of speech**—বাক্যান্তর্গত বিশেষ্য বিশেষণ প্রভৃতি শব্দ, পদ। **for my part**—আমার ব্যাপারে বা সম্পর্কে, আমার দিক্ দিয়া। **for the most part**—সাধারণতঃ, সচরাচর; অধিকাংশ ক্ষেত্রে। **in great part**—বহুলাংশে। **in part**—অংশতঃ; আংশিকভাবে; কিছু পরিমাণে বা মাত্রায়। **on one's part**—(কাহারও) পক্ষে বা তরফে বা দিক্ দিয়া। **on the part of**—(কিছুর বেলায়) যতদূর প্রযোজ্য; (কাহারও দ্বারা) যেভাবে বা যতদূর করা হইয়াছে সেইভাবে বা ততদূর; (কোন) কার্যকালে; পক্ষে, দিকে, তরফে। **the best part (of)**—কিছুর অধিকাংশ বা বেশির ভাগ, প্রায় সমস্ত (for *the best part of* the day=প্রায় সমস্তটা দিন ব্যাপিয়া)। **the better part (of)**—(দুই ভাগের মধ্যে) অপেক্ষাকৃত বৃহত্তর অংশ (the *better part of* one's reign)। **(to) create a part**—নাটকাদির যে ভূমিকায় পূর্বে কেহ অভিনয় করে নাই সেই ভূমিকায় অভিনয় করা। **(to) part one's hair**—চুলে সিঁথি বা টেড়ি কাটা। **(to) part with**—হাত-ছাড়া করা (to *part with* one's money or books)। **(to) play a part**—(আল.) ছলনা করা, প্রতারণা করা। **(to) take (it) in good part**—(কোন ব্যাপারে) ক্ষুণ্ণ বা ক্ষুব্ধ না হওয়া। **(to) take part in**—(কার্যাদিতে) অংশগ্রহণ করা বা সহযোগিতা করা। **(to) take part with**—পক্ষগ্রহণ করা; পক্ষসমর্থন করা। *a.* **par°tėd**—part (*v.*)-এর সকল অর্থে। **par°ting**—(1) *n.* part (*v.*)-এর সকল অর্থে, এবং —বিচ্ছেদ; বিচ্ছিন্ন বা পৃথক্ হওয়ার স্থান; বিভাজক-রেখা; বিদায়; বিদায়গ্রহণ। (2) *a.* part (*v.*)-এর সকল অর্থে, এবং—প্রস্থানোদ্যত; বিদায়ী; প্রস্থান-কালীন, বিদায়কালীন; প্রস্থান বা বিদায় সংক্রান্ত। **at the parting of the ways**—দুই পথের সংযোগস্থলে; দুই পন্থার যে কোন একটিকে অবশ্য বাছিয়া লইতে হইবে, এমন অবস্থায়। *adv.* **part°ly**—আংশিকভাবে; কিছু পরিমাণে বা মাত্রায়। *n.* **part°-singing**—তিন বা ততোধিক কণ্ঠে গীত সঙ্গীত। *n.* **part°-song**—তিন বা ততোধিক কণ্ঠে গেয় গান। *n.* **part°-ow°ner**—সহ-মালিক, শরিক, অংশীদার। *n.* **part°-pay°ment**—(প্রাপ্য-অর্থাদি) আংশিক প্রদান বা কিশতিতে প্রদান। *a.* **part°-time**—নির্দিষ্ট দৈনিক কর্মকালের অংশব্যাপী, (পরি.) খণ্ড-কাল। *n.* **part°-tī°mer**—খণ্ডকালীন কর্মী। [OE.<L. *pars*]

partake [pu(r)-tāk°, পা(র্)টেইক্°] *v.i.t.* to take or have a part or share (of, in), অংশী হওয়া বা অংশগ্রহণ করা; to eat or drink some (of), কিছুর অংশ ভোজন করা বা পান করা; to have some (of), কিছুর অংশের অধিকারী হওয়া বা কিছু অংশ লওয়া। *p.* **partook°** । *p. pt.* **partā°ken** । *n.* **partā°ker** । [back form. from *partaker*<*part*, see *take*]

parterre [pu(r)-tā(r)°, পা(র্)টেয়্যা(র্)°] *n.* level space in a garden for flower beds, বাগানের যে সমতল অংশে ফুলের চাষ হয়; the part of a theatre under the galleries and other similar parts, রঙ্গালয়ের গ্যালারির নিম্নদেশ বা অনুরূপ অংশ। [F.]

parthenogenesis [pŭ(r)°-thi-nŏ-je°-ni-sis, পা(র্)°থিনোজে°নিসিস্] *n.* (bio.) reproduction without sexual union, (জীব.) যৌনসংসর্গ ব্যতীত সন্তানজন্ম। [Gk. *parthenos*=virgin, *genesis*=production]

Parthenon [pu(r)°-thi-nan, পা(র্)°থিন্যান্] *n.* the temple of Athene at Athens, অ্যাথেন্স্-নগরের অ্যাথিনী-দেবীর মন্দির। [Gk.]

Parthian [pŭ(r)°-thi-an, পা(র্)°থিঅ্যান্] (1) *a.* of Parthia, পার্থিআ প্রদেশের। (2) *n.* a native of Parthia, পার্থিআর লোক।

parti [pŭ(r)°-tē, পা(র্)°টী] *n.* a person regarded as eligible in the marriage market, বিবাহের লোভনীয় পাত্র বা পাত্রী (he or she is quite a *parti*)। [F.]

partial [pu(r)°sh(a)l, পা(র্)°শ্‌ল্] *a.* not total, entire or complete, আংশিক, অপূর্ণ, অসম্পূর্ণ; inclined to favour one side or party, পক্ষপাতিত্বপূর্ণ; having fondness for, আসক্ত। *n.* **partiality** [pu(r)-shi-a°-li-ti, পা(র্)শিঅ্যা°লিটি]। *adv.* **par°tially** । [F.<LL. *partialis*-<L. *pars*=a part]

participant—see **participate.**

participate [pŭ(r)-ti°-si-pāt, পা(র্)টি°সিপেইট্] *v.i.t.* to have or receive a part or share of, (কার্যাদির) অংশগ্রহণ করা (to *participate* in a thing); to have some of the qualities, গুণাদি থাকা (this poem *participates* of the nature satire)। *p.* & *p. pt.* **parti°cipātėd** । *a.* & *n.* **parti°cipant**—কার্যাদিতে অংশগ্রাহী। *n.* **participā°tion** । *n.* **parti°cipātor** । [L. *participare*]

participial—see **participle.**

participle [pŭ(r)°-ti-sipl, পা(র্)°টিসিপ্‌ল্] *n.* (gr.) a verbal adjective qualifying noun but retaining some properties of verb and adjective, (ব্যাক.) ইংরেজি ক্রিয়াপদের সহিত '-ing', '-ed', '-d', '-t', যোগ করিলে উহার যে রূপ গঠিত হয়, কালবোধক কৃদন্ত। *a.* **partici°pial**—উক্ত ক্রিয়ারূপমূলক। **present participle**—ইংরেজি ক্রিয়াপদের '-ing'-যুক্ত রূপ। **past participle**—'-e', '-ed', '-t' প্রভৃতি যোগে বা 'ing' যোগ না করিয়া অন্যভাবে গঠিত ইংরেজি ক্রিয়ারূপবিশেষ : ইহা ক্রিয়াপদাংশ ও বিশেষণরূপে ব্যবহৃত হয় (যেমন, lived, borrowed, seen, come, burnt, sunk)। [OE. <L. *participum*]

particle [pu(r)°-tikl, পা(র্)°টিক্‌ল্] *n.* a very small part or portion, অতি ক্ষুদ্র অংশ বা ভাগ ; a clause of a document, দলিলের ধারা বা শর্ত ; a minute piece of matter, অতি ক্ষুদ্র পদার্থ, কণা, কণিকা ; smallest possible amount, ন্যূনতম পরিমাণ (not a *particle* of commonsense) ; (gr.) a short indeclinable word, (ব্যাক.) যে শব্দ বিভক্তি প্রভৃতি যোগে রূপান্তরিত হয় না, অব্যয় ; (gr.) a prefix or suffix, (ব্যাক.) উপসর্গ বা প্রত্যয়। [L. *particula<pars* =a part]

parti-coloured—pop. spell. of **party-coloured** (see **party**).

particular [pa(r)-ti°-kū-la(r), প্যা(র্)টি°কিউল্যা(র্)] (**1**) *a.* of a part, অংশগত ; (log.) predicating of some, not all, of a class, ব্যক্তিগত (সমষ্টিগতের বিপরীত) ; special, বিশেষ (সামান্যের বিপরীত) ; definite, নির্দিষ্ট ; minutely attentive and careful, পুঙ্খানুপুঙ্খরূপে মনোযোগী ও সতর্ক ; fastidious in taste, রুচির ব্যাপারে খুঁতখুঁতে, রুচিবাগীশ (he is very *particular* about his dress)। (**2**) *n.* a distinct or minute part, নির্দিষ্ট বা ক্ষুদ্রতম অংশ ; a single point or instance, নির্দিষ্ট স্বতন্ত্র অংশ ব্যাপার বা উদাহরণ ; a detail, স্বতন্ত্র অঙ্গ (to go into *particulars*) ; an item, একটি দফা বা বিষয়। **in particular**—বিশেষতঃ ; বিশদভাবে, বিস্তৃতভাবে ; পৃথক্‌ভাবে, আলাদা আলাদা ভাবে। **(to) descend to particulars**—(মোটামুটি বর্ণনার পর) বিস্তারিত বর্ণনায় প্রবৃত্ত হওয়া। *n.* **particūla°rity**—particular (*a.*)-এর সকল অর্থে, এবং—বর্ণনার পুঙ্খানুপুঙ্খতা ; নির্দিষ্ট স্বতন্ত্র অংশ অঙ্গ ব্যাপার বা উদাহরণ ; বৈশিষ্ট্য ; স্বাতন্ত্র্য, অসাধারণত্ব। **parti°cūlarize**—(**1**) *v.t.* বিশেষে পরিণত করা ; (কিছুর) বৈশিষ্ট্য (-সমূহ) উল্লেখ করা ; বিশদ বর্ণনা করা ; বিশেষ উদাহরণরূপে বা ব্যাপাররূপে উল্লেখ করা। (**2**) *v.i.* পুঙ্খানুপুঙ্খরূপে বর্ণনা করা ; খুঁটিনাটি ব্যাপারেও মনোযোগ দেওয়া। *n.* **particūlariza°tion**। *adv.* **parti°cūlarly**। [see *particle*]

parting—see **part.**

partisan$_1$ [pŭ(r)°-ti-zan, পা(র্)°টিজ্যান্] *n.* a halberd of the Middle Ages, ইউরোপের মধ্যযুগীয় তরবারিবিশেষ ; a man armed with this, উক্ত তরবারিধারী ব্যক্তি। [F.<It. *partesana*]

partisan$_2$ [pŭ(r)-ti-zan°, পা(র্)টিজ্যান্°] *n.* an adherent (esp. a blind one) of a party or faction, দলের বা চক্রিদলের (গোঁড়া) অনুগামী ব্যক্তি ; a member of a resistance group in an enemy-occupied country, শত্রু-অধিকৃত দেশে প্রতিরক্ষাদলভুক্ত ব্যক্তি। *n.* **partisan°ship**। [F. <It. *partigiano<parte*=part]

partite [pŭ(r)°-tīt, পা(র্)°টাইট্] *a.* divided, বিভক্ত, বিচ্ছিন্ন ; (bot.) cut nearly to the base, (উদ্ভি.) গোড়ার কাছে বিভক্ত বা বিচ্ছিন্ন। [L. *partius<pars*=part]

partition [pa(r)-ti°sh(a)n, প্যা(র্)টি°শ্‌ন্] (**1**) *n.* act of dividing, বিভাজন ; divided state, বিভক্ত অবস্থা ; a separate part, পৃথক্ বা পৃথকীকৃত অংশ ; that which divides, বিভাজক, পার্টিশন ; a light wall dividing rooms, দুই বা ততোধিক ঘরের মধ্যবর্তী হালকা দেওয়াল। (**2**) *v.t.* to divide into shares, (সম্পত্তি প্রভৃতির) অংশ ভাগ করা, অংশে অংশে ভাগ করা ; to divide into parts by walls, septa, etc., প্রাচীরাদিদ্বারা ভাগ করা বা পৃথক্ করা, পার্টিশন করা। *n.* **parti°tioner**—সম্পত্তি বিভাজক। *n.* **parti°tionist**—বিভাজনের পক্ষপাতী ব্যক্তি। *n.* **parti°tion-wall°**—বিভাজক-প্রাচীর। **par°titive**—(**1**) *a.* বিভাজক ; পৃথক্ করে এমন, বিয়োজক। (**2**) *n.* অংশবিভাজক ; (ব্যাক.) বিয়োজক শব্দ (যেমন, *some* boys)। **(to) partition off**—পার্টিশন বসাইয়া আলাদা করা। [see *partite*]

partizan—alt. spell. of **partisan**$_2$.

partly—see **part.**

partner [pŭ(r)t°-na(r), পা(র্)ট্°ন্যা(র্)] (**1**) *n.* a sharer, অংশীদার, অংশী (an active *partner*) ; an associate, সহযোগী, সহকর্মী ; either of a pair in a game, টেনিস প্রভৃতি খেলায় খেলোয়াড়ের জুড়ি ; one who dances or goes in to dine with another, কাহারও নাচের বা ভোজনের সঙ্গী ; a husband or wife, পতি বা পত্নী। (**2**) *v.t.i.* to make or become a partner of, (কাহারও) অংশীদার সহযোগী জুড়ি-খেলোয়াড় সঙ্গী পতি বা পত্নী করা অথবা হওয়া। *n.* **part°nership**—partner (*n.*)-এর সকল অর্থে এবং—অংশীদারিত্বের দলিল। *n.* **sleeping partner**—ব্যবসায়াদির অক্রিয় অংশী। [var. of *parcener* ?]

partook—see **partake.**

partridge [pŭ(r)°-trij, পা(র্)°ট্রিজ্] *n.* a game-bird, তিত্তিরজাতীয় পক্ষিবিশেষ। [F. *perdrix<* L. *perdix<*Gk.]

parturient [pu(r)-tū°-ri-ant, পা(র্)টিউ°রিঅ্যান্ট্] *a.* about to bring forth, প্রসবোদ্যত, প্রসবোদ্যতা,

আসন্নপ্রসবা। *n.* **partūri°tion**—প্রসব। [L. *parturire*=to be in labour]

party [pu(r)°-ti, পা(র্)°টি] *n.* a side in battle, game, contest, etc., পক্ষ, তরফ; a body of persons united for a cause, রাজনীতিক বা অন্য কারণে গঠিত দল, পার্টি; a company, দল; a detachment, দলের বা বাহিনীর অংশ; a meeting or entertainment of guests, or the persons invited at an entertainment, ভোজসভা, ভোজ, নিমন্ত্রিত ব্যক্তিবর্গ; one concerned in any affair, কোন ব্যাপারে (বিশেষতঃ চুক্তিতে) সংশ্লিষ্ট পক্ষ; an interested person or associate, সংশ্লিষ্ট বা সহযোগী ব্যক্তি (I am no *party* to it); (joc.) a person, (রসি.) লোক (who is that old *party* in baggy trousers)। *a.* **par°ty-co°loured**—নানাবর্ণে রঞ্জিত, বহুবর্ণ। *n.* **par°ty-go°vernment**—বিশেষ কোন (রাজনীতিক) দলদ্বারা শাসন, দলগত শাসন। **the party line**—রাজনীতিক দলের গৃহীত রীতিনীতি। *n.* **par°ty-man°**—(প্রধানতঃ রাজনীতিক) দলের লোক। *n.* **par°ty-po°litics**—দলগত স্বার্থসাধনার্থ রাজনীতিক আন্দোলন, দলগত রাজনীতি। *n.* **par°ty-spi°rit**—অন্ধ দলানুগত্য। *a.* **par°ty-spi°rited**—অন্ধ দলানুগত্যসম্পন্ন। **the party system**—দলগত শাসনের রীতি বা পদ্ধতি। [F. *partie*]

parvenu [pu(r)°-ve-nū, পা(র্)°ভেনিউ] *n.* an upstart, ভুঁইফোড় ব্যক্তি। [F.]

parvis(e) [pu(r)°-vis, পা(র্)°ভিস্] *n.* an enclosed space before a church, গির্জার সম্মুখস্থ ঘেরাও-করা স্থান। [OF. *parevis*]

pas [pŭ, পা] *n.* a step, পদক্ষেপ; a dance, নৃত্য। *pl.* **pas**। **(to) have the pas of one**—কাহারও পূর্ববর্তী হওয়া। [F.<L. *passus*]

paschal [pus°k(a)l, পাস্°ক্‌ল্] *a.* of the Passover, খ্রিস্টের শেষ ভোজন বা ভোজপর্ব সংক্রান্ত। [L. *pascha*<Gk. *paskha*<Heb. *pesakh*=the Passover]

pass [pŭs, পাস্] **(1)** *v.i.* to proceed, অগ্রসর হওয়া; to go from one place to another, স্থানান্তরে যাওয়া; to make one's way, নিজের পথ করিয়া লওয়া; to change from one state or ownership to another, অবস্থান্তরিত বা রূপান্তরিত হওয়া অথবা মালিকানা বদল হওয়া; to change, পরিবর্তিত হওয়া (water *passes* to a solid state when it freezes); to be transmitted or communicated or transacted, জ্ঞাপিত বা চালিত হওয়া; to be astir, চলাচল করা; to be current, চালু হওয়া; to be accepted or reputed or known, গৃহীত বা স্বীকৃত বা খ্যাত বা আখ্যাত অথবা পরিচিত হওয়া; to go by, অতিক্রান্ত হওয়া; to elapse, অতিবাহিত হওয়া; to disappear, end or fade out, অদৃশ্য হওয়া; শেষ হওয়া, মিলাইয়া যাওয়া; to die, মারা যাওয়া; to get through an obstacle, difficulty, examination, etc., বাধা বিপদ্ পরীক্ষা প্রভৃতিতে উত্তীর্ণ হওয়া; to get through an examination without honours, বিশেষ কৃতিত্বনির্দেশক পাঠক্রম ব্যতীত পরীক্ষায় উত্তীর্ণ হওয়া, পাস-কোর্সে পাস করা; to be approved or sanctioned, অনুমোদিত হওয়া, মঞ্জুর হওয়া; to happen, ঘটা; to adjudicate, বিচার করা; to be pronounced, রায়রূপে উচ্চারিত বা প্রদত্ত হওয়া; (in cards) to abstain from making a call, (তাসখেলায়) ডাক না দেওয়া, পাস দেওয়া। **(2)** *v.t.i.* to go or get by, over, through, beyond, etc., অতিক্রম করা বা অতিক্রান্ত হওয়া, উত্তীর্ণ হইয়া যাওয়া, উতরাইয়া বা পার হইয়া যাওয়া; to elapse or spend, (সময়াদি) অতিবাহিত করা বা হওয়া, যাপন করা বা যাপিত হওয়া (time *passes* rapidly; we *passed* the evening pleasantly); to disregard or be disregarded, উপেক্ষা করা বা উপেক্ষিত হওয়া; to come through, or cause or allow to do so, ভিতর দিয়া আসা অথবা নেওয়া বা আসিতে দেওয়া, ঢোকা অথবা ঢোকান বা ঢুকিতে দেওয়া; to circulate or be circulated, (রক্তাদি) চলাচল করান বা করা; to enact or be enacted, বিধিবদ্ধ করা বা হওয়া; to transfer (the ball) to another player of the team, (ফুটবল প্রভৃতি ক্রীড়ায়) প্রতিপক্ষীয় খেলোয়াড়দের কাটাইয়া স্বদলীয় খেলোয়াড়কে (বল) দেওয়া। **(3)** *v.t.* to undergo successfully, ভোগ করা বা সহ্য করা; to omit, বাদ দেওয়া; to exceed or surpass, (উৎকর্ষাদিতে) ছাড়াইয়া বা ছাপাইয়া যাওয়া; to hand, হাতে তুলিয়া দেওয়া (read this letter and *pass* it round); to utter, (প্রতিশ্রুতি প্রভৃতি) উচ্চারণ করা; to emit, নির্গত করা; to accept, approve, or sanction, স্বীকার করা, অনুমোদন করা, মঞ্জুর করা। *p. & p. pt.* **pa°ssed**। **(4)** *n.* a narrow passage, সঙ্কীর্ণ-পথ; a mountain-passage, গিরিপথ, (পরি.) গিরিদ্বার; the passing of an examination, (প্রধানতঃ পাস-কোর্সে) পরীক্ষায় উত্তীর্ণ হওয়া; a critical position, সঙ্কটাবস্থা (things have come to a pretty *pass*); a passport; ছাড়পত্র; a written permission to go, যাওয়ার জন্য লিখিত অনুমতি; a free ticket, বিনামূল্যের টিকিট, পাস; (in fencing) a thrust, (অসিক্রীড়ায়) খোঁচা; transference of the ball to another player of the team, (ফুটবল প্রভৃতি খেলায়) প্রতিপক্ষীয় খেলোয়াড়দের এড়াইয়া স্বদলীয় খেলোয়াড়কে বল প্রদান। **(to) bring to pass**—ঘটান। **(to) come to pass**—ঘটা। **(to) let it pass**—উপেক্ষা করা (it is not a serious defect; so, we may *let it pass*)। **(to) make a pass at**—(অশি.) ক্ষুদ্র (বিশেষতঃ অকেজো) আঘাত হানা; (অশি.) অবাঞ্ছিত প্রণয় জ্ঞাপন করা। **(to) pass away**—অবসান হওয়া; চলিয়া যাওয়া; মারা যাওয়া; অতিবাহিত হওয়া; কাটিয়া যাওয়া। **(to) pass** (a thing or person) **by**—লক্ষ্য না করা; উপেক্ষা

করা। **(to) pass for**—কিছু বলিয়া পরিগণিত হওয়া (he *passes for* an honest man)। **(to) pass off**—প্রতারণাপূর্বক (জাল মুদ্রাদি) চাপাইয়া বা গছাইয়া দেওয়া; হস্ত-কৌশলে চালান করিয়া দেওয়া বা সরাইয়া ফেলা; সন্তোষজনকভাবে অগ্রসর হওয়া; ধীরে ধীরে বা ক্রমশঃ অদৃশ্য হইয়া অথবা মিশাইয়া যাওয়া; (ঘটনাদি) সঙ্ঘটিত হওয়া; অতিবাহিত হওয়া, কাটিয়া যাওয়া। **(to) pass off as**—কোন কিছু বলিয়া চালান (he *passed off* the boy *as* a prince)। **(to) pass on**—অগ্রসর হওয়া; (কিছুর মধ্যে) ঢোকান বা সঞ্চারিত করা; হস্তান্তরিত করিয়া দেওয়া, হাতে আগাইয়া দেওয়া; কিছুর উপরে রায় দেওয়া; দণ্ড দেওয়া। **(to) pass one's word** or **pledge** or **oath**—প্রতিশ্রুতি দেওয়া, কথা দেওয়া। **(to) pass out**—বণ্টন করিয়া দেওয়া; মারা যাওয়া; (অশি.) অচেতন বা যৎপরোনাস্তি মাতাল হওয়া; চলিয়া যাওয়া। **(to) pass over**—উপেক্ষা করা। **(to) pass through**—ভোগ করা, সহ্য করা। **(to) sell the pass**—স্বীয় দেশ বা দলের শক্তিহানিকর কিছু করা; বিশ্বাসঘাতক বা দেশদ্রোহী হওয়া। *a.* **pa°ssable**—অতিক্রমণসাধ্য; উপর বা মধ্য দিয়া যাওয়া যায় এমন (are the roads *passable*); পরীক্ষায় উত্তীর্ণ হওয়া বা উপযুক্ত বলিয়া গণ্য হওয়ার যোগ্য; স্বীকৃত হওয়ার বা মানিয়া লওয়ার যোগ্য (a *passable* knowledge of English); সহনীয়। *adv.* **pa°ssably**। *n.* **pass°-book**—কাহারও ব্যাঙ্কে গচ্ছিত টাকার হিসাবের খাতা। *n.* **pa°sser**। *n.* **pa°sser-by**—যে ব্যক্তি নিকট দিয়া চলিয়া যায়। **pa°ssing**—(1) *a.* চলিয়া যাইতেছে এমন, অতিক্রান্ত উত্তরিত বা অতিবাহিত হইতেছে এমন; ক্ষণস্থায়ী; দ্রুত অপসরণরত বা বিলীয়মান; বর্তমানে ঘটিতেছে এমন, সাম্প্রতিক। (2) *n.* pass (*v.*)-এর সমস্ত অর্থে। **in passing**—আলোচনা বা কথা প্রসঙ্গে। *n.* **pa°ssing-bell**—কাহারও মৃত্যুর অব্যবহিত পরে (মৃতের আত্মার সদ্‌গতির জন্য সকলকে প্রার্থনায় আহ্বান জানাইয়া গির্জার) ঘণ্টাধ্বনি। *n.* **pa°ssing-nōte**—গানের মূল সুরের সহিত সংযোগহীন বেসুরো কিন্তু সুরেলা ধ্বনি। **passing-out ceremony**—(ছাত্র শিক্ষার্থী প্রভৃতির শিক্ষা প্রতিষ্ঠানাদি হইতে) বিদায়গ্রহণ উপলক্ষে উৎসব। **passing-out parade**—সামরিক শিক্ষার্থী প্রভৃতি কর্তৃক শিক্ষান্তে বিদ্যালয় হইতে বিদায়গ্রহণোপলক্ষে প্যারেড বা কুচকাওয়াজ। *n.* **pass°-key**—গুপ্ত চাবি; সব-খোল চাবি। *n.* **pass°man**—বিশেষ সম্মানসূচক পাঠক্রম না লইয়া বিশ্ববিদ্যালয়ের উপাধি-পরীক্ষায় উত্তীর্ণ ব্যক্তি, সাধারণ স্নাতকোপাধিক। *n.* **pass°word**—(সাম.) সঙ্কেতশব্দ (এই শব্দোচ্চারণকারীকে স্বপক্ষীয় বলিয়া মনে করা হয় এবং তাহার গমনাগমনে বাধা দেওয়া হয় না)। [F. *pas*=step, *passer*=to pass<L. *passus*=a step]

passable—see **pass.**

passade [pŭ-sād°, পাসেইড্°] *n.* a horse's motion to and fro over the same ground, একই স্থানে অশ্বের ইতস্ততঃ ছুটাছুটি। *n.* **passado** [pŭ-sŭ°-dō, পাসা°ডৌ] (অসিক্রীড়ায়) এক পা বাড়াইয়া দিয়া খোঁচা দেওয়া। [F.<Sp. *pasada*]

passage [pa°-sij, প্যা°সিজ্] *n.* act of passing, গমন, প্রস্থান, অতিক্রমণ, উত্তরণ, অতিবাহন, (পরি.) পারণ; migration দেশান্তরণ, (পরি.) অভিপ্রয়াণ; transition, পরিবর্তন; a journey, ভ্রমণ; right of conveyance, ভ্রমণার্থ যানবাহনে স্থানলাভের অধিকার; a course, পথ; an alley or corridor, যাতায়াতের জন্য সরু গলি বা বারান্দা; an occurrence, ঘটনা; transaction, আদান-প্রদান; a portion of a book or writing, or of a piece of music, গ্রন্থ বা রচনা বা সঙ্গীতের অংশ। **angry passages**—(বিতর্কাদিতে) কথা কাটাকাটি। **back passage**—(কথ্য.) মলদ্বার। **bird of passage**—যে পাখি ঋতুপরিবর্তনের সঙ্গে সঙ্গে দেশান্তরে যায়, ঋতুবিহারী পাখি, যাযাবর পাখি; (আল.) ক্ষণিকের অতিথি। **front passage**—(কথ্য.) স্ত্রী যোনি। **passage of** (or **at**) **arms**—অস্ত্রচালনা; অস্ত্রবিনিময়; যুদ্ধ; তর্কবিতর্ক। *n.* **pa°ssage-money**—গাড়িভাড়া। [F.<L. *passage* =a step]

passant [pa°s(a)nt, প্যা°স্‌ন্‌ট্] *a.* walking to the dexter side with the dexter fore-paw raised, (জন্তুসম্বন্ধে) সম্মুখের দক্ষিণ থাবা তুলিয়া অপর তিনটি থাবা দিয়া দক্ষিণদিকে হাঁটিতেছে এমন। [F.]

pass-book—see **pass.**

passé [pa°-sā, প্যা°সেই] *a.* past the prime, শ্রেষ্ঠ সময় অতিক্রম করিয়াছে এমন; past youth or the period of greatest beauty, বিগতযৌবনা। [F.]

passenger [pa°s(i)n-ja(r), প্যা°স্‌ন্‌জ্যা(র্)] *n.* a traveller in a public conveyance, জনসাধারণের পরিবাহী যানবাহনের যাত্রী। **passenger train**—যাত্রীবাহী রেলগাড়ি। [OF. *passagier*—'n' from association with *messenger*]

passe-partout [pŭs-pār-tōō°, পাস্‌পেঅ্যা(র্)টূ°] *n.* a master-key, a key that opens all the doors in a house, যে চাবির দ্বারা গৃহের সকল দরজা খোলা যায়, সব-খোল চাবি। [F.]

passer—see **pass.**

passerine [pa°-sa-rīn, প্যা°স্যারাইন্] (1) *n.* a perching bird, চড়াই-জাতীয় পক্ষিবিশেষ। (2) *a.* of this bird, উক্ত পক্ষিসংক্রান্ত; small as a passerine, উক্ত পক্ষিবৎ ক্ষুদ্রকায়। [L. *passer*= a sparrow]

passim [pa°-sim, প্যা°সিম্] *adv.* (of allusions, phrases, etc., to be found in specified author or book) throughout, (উক্তি, বিশেষভাবে রচিত বাক্য, প্রভৃতি সম্বন্ধে—গ্রন্থে বা গ্রন্থকার দ্বারা) প্রায় সর্বত্র বা ঘন ঘন ব্যবহৃত (this occurs in Shelley or the 'Tempest' *passim*)। [L.= scatteredly]

passing—see **pass.**

passion [pa°sh(a)n, প্যা°শ্‌ন্] *n.* strong emotion, প্রচণ্ড আবেগ rage, রোষ, ক্রোধ (to fly into a *passion*) ; sorrow, দুঃখ ; ardent love or attachment, গভীর প্রণয় বা আসক্তি ; sexual desire, কামেচ্ছা, কামোচ্ছ্বাস। *n.* **pa°ssion,** (usu.) **Pa°ssion**—যিশুর (প্রধানতঃ ক্রুশবিদ্ধাবস্থায়) যন্ত্রণাভোগ ও মৃত্যু। *a.* **passionate** [pa°-shanit, প্যা°শ্যানিট্] আবেগচালিত; প্রবল আবেগপূর্ণ : আবেগপ্রবণ। *adv.* **pa°ssionately** । *a.* **pa°ssioned**—আবেগচালিত ; আবেগপূর্ণ। *n.* **pa°ssion-flower**—যিশুকে যে ক্রুশে বিদ্ধ করা হইয়াছিল তাহার সহিত কল্পিত সাদৃশ্যযুক্ত আমেরিকার পুষ্পবৃক্ষবিশেষ বা তাহার পুষ্প। *a.* **pa°ssionless**—আবেগশূন্য, নিরাবেগ। *n.* **Pa°ssion-play**—যিশুর (ক্রুশবিদ্ধাবস্থায়) যন্ত্রণাভোগ ও মৃত্যু বিষয়ক-নাটক। *n.* **Pa°ssion-week**—Easter-এর অব্যবহিত-পূর্ব সপ্তাহ। [OF. *passium*<L. *passio*< *passus*=to suffer]

passive [pa°-siv, প্যা°সিভ্] (**1**) *a.* acted upon, যাহার উপরে কিছু করা হয় ; not acting, অক্রিয় ; inert, অসাড়, জড় ; owing to outside causes, বাহ্যিক কারণদ্বারা সজ্ঘটিত ; submissive, বশ বা হার মানিয়াছে অথবা হাল ছাড়িয়া দিয়াছে এমন ; not resisting, অপ্রতিরোধী ; bearing no interest, কৌতূহলশূন্য, উদাস ; (gr.) expressing the suffering of an action by the person or thing represented by the subject of the verb, (ব্যাক.) কর্মবাচ্যমূলক। (**2**) *n.* (gr.) the passive voice or a passive verb, (ব্যাক.) কর্মবাচ্যমূলক বাচ্য বা ক্রিয়া। **passive obedience**—শাসকশক্তির নিকট পূর্ণবশ্যতাস্বীকার ; নৃপতিদের অধিকার ঐশ্বরিক বলিয়া মানিয়া লওয়া। **passive resistance**—ইচ্ছাকৃতভাবে আইন অমান্য করিয়া শাস্তিগ্রহণ, নিষ্ক্রিয় প্রতিরোধ। *v.t.* **pa°ssivate** । *adv.* **pa°ssively** । *n.* **pa°ssiveness, passi°vity** । [L. *passivus*<*passus*=to suffer]

passman—see **pass.**

Passover [pus°-ō-va(r), পাস্°ঔভ্যা(র্)] *n.* a Jewish feast, (মিসরীয়দিগের দাসত্ব বন্ধন হইতে ইস্রাইলীয়দের অব্যাহতিলাভ উপলক্ষে) ইহুদিদের বাৎসরিক পর্ববিশেষ। [*pass, over*]

passport [pus°-paw(r)t, পাস্°প্যা(র্)ট্] *n.* a permit to leave a port or to enter a country, কোন বন্দর ত্যাগের বা কোন দেশে প্রবেশের অনুমতিপত্র, নিষ্ক্রমপত্র, ছাড়-পত্র ; (fig.) the privilege of entry, (আল.) প্রবেশাধিকার (flattery is often a *passport* to favour or success) । [F. *passeport*—cp. *pass, port*]

password—see **pass.**

past [pust, পাস্ট্] (**1**) *a.* bygone, বিগত, গত ; elapsed, অতিবাহিত ; ended, সমাপিত, অবসিত ; in time that has already passed, অতীতকালীন ; former, প্রাক্তন ; (gr.) preterite, (ব্যাক.) অতীতকালসূচক। (**2**) *n.* time that has passed, অতীত কাল, অতীত (we cannot undo or change the *past*) ; things that happened or were done in the past, অতীত ঘটনাবলী বা ক্রিয়াকলাপ ; past life (esp. one that is not creditable), (বিশেষতঃ অকলঙ্ক নহে এমন) অতীত জীবন (a woman with a *past*) ; (gr.) the past tense or a verb in the past tense, (ব্যাক.) অতীত কাল বা অতীত কালসূচক ক্রিয়াপদ। (**3**) *prep.* after, পরে ; after the time of, অতঃপর, তারপর ; beyond, ছাড়াইয়া, অতিক্রম করিয়া (to walk or run or hurry *past* a building ; he is *past* eighty ; *past* bearing, caring, endurance, etc.) । (**4**) *adv.* by, away, ছাড়াইয়া দূরে (to go or hasten or hurry or march *past*) । *n.* **past°master**—(রাজমিস্ত্রিগিরি প্রভৃতিতে) যে ব্যক্তি মুখ্যকর্মী বা সর্দারের কাজ করিয়াছে ; সম্পূর্ণ দক্ষ ব্যক্তি। [obs. *p. pt.* of *pass*]

paste [pāst, পেইস্ট্] (**1**) *n.* a soft plastic mass, নরম আঠাল পিণ্ড, লেই ; flour moistened and kneaded, মাখা ময়দার তাল ; material for making pottery, মৃৎপাত্রাদি নির্মাণার্থ মাটির তাল ; a kind of glass for making artificial gems, কৃত্রিম মণিমুক্তা তৈয়ারির জন্য কাচ। (**2**) *v.t.* to fasten or smear with paste, লেই দিয়া জোড়া দেওয়া বা লেই মাখান ; to thrash, প্রচণ্ড প্রহার করা ; to bomb heavily, প্রবলভাবে বোমাবর্ষণ করা। *p. & p. pt.* **pās°ted** । **pāste°-board**—(**1**) *n.* পিজ্‌বোর্ড ; (অশি.) আগন্তুকের নাম-লেখা কার্ড বা চিরকুট। (**2**) *n.* পিজবোর্ডে তৈয়ারি ; কৃত্রিম ; বাজে। *a.* **pās°ter** । *a.* **pās°ty**—লেইয়ের ন্যায় ; আঠাল। *a.* **pas°ty-faced**—পাণ্ডুর-বদন। *n.* **pās°tiness** । [OF.<LL. *pasta*<Gk.=barley porridge]

pastel [pas°-tal, প্যাস্°ট্যাল্] *n.* coloured chalk for crayons, চিত্রাঙ্কণার্থ রঙিন খড়ি ; a drawing in, or the art of drawing with pastel, রঙিন খড়ি দিয়া অঙ্কিত চিত্র বা ঐরূপ চিত্রাঙ্কনবিদ্যা। *n.* **pas°tellist**—যে চিত্রকর রঙিন খড়ি দিয়া ছবি আঁকে। [F.<It. *pastello*<L. *pasta*=paste]

pastern [pas°-ta(r)n, প্যাস্°ট্যা(র্)ন্] *n.* the part of a horse's foot between fetlock and hoof, ঘোড়ার খুর ও উহার ঊর্ধ্বে লোমযুক্ত স্থানের মধ্যবর্তী অংশ। [ME. *pastron*]

pasteurize [pas°-ta-rīz, প্যাস্°ট্যারাইজ্] *v.t.* to sterilize by heating after the method of Pasteur, (দীর্ঘকাল অবিকৃত রাখার জন্য) লুই প্যাস্টারের প্রণালী-অনুযায়ী তাপপ্রয়োগে (দুগ্ধাদি) নির্বীজিত করা। *n.* **pasteurizā°tion** । *n.* **pas°teurizer**—উক্তভাবে নির্বীজিত করার যন্ত্র। *n.* **pas°teurism**—প্যাস্ট্যারের প্রণালী-অনুযায়ী জলাতঙ্ক-রোগাদির প্রতিষেধক ইনজেকশন প্রদান। [*Pasteur*, a French scientist (1822-1895)]

pastiche [pas-tēsh°, প্যাস্টীশ্°] *n.* a literary

or other work of art composed in the style of another author etc., অন্য গ্রন্থকার বা শিল্পীর অনুকরণে রচিত সাহিত্য বা শিল্প। [F. <It.]

pastille [pas°-tel°, প্যাস্°টীল্°] *n.* a small aromatic confection, ক্ষুদ্রাকার সুগন্ধ লেবেনচুষ-বিশেষ। [F.<L. *pastillus*=a little loaf]

pastime [pus°-tīm, পাস্°টাইম্] *n.* that which serves to pass away the time, অবসর-বিনোদন; recreation, আমোদপ্রমোদ। [*pass, time*]

pastor [pŭs°ta(r), পাস্°ট্যা(র্)] *n.* a shepherd, মেষপালক; a clergyman, যাজক; a spiritual adviser, আধ্যাত্মিক উপদেষ্টা, ধর্মোপদেশক। **pastoral** [pŭs°t(a)r(a)l, পাস্°ট্র্ল্] (**1**) *a.* মেষপালক-সংক্রান্ত; মেষপালকের জীবনসংক্রান্ত; চারণভূমিতুল্য; যাজকসংক্রান্ত। (**2**) *n.* মেষপালক-জীবনসম্বন্ধীয় সাহিত্য বা ছবি; অধস্তন যাজকদের নিকট বিশপের চিঠি। *n.* **pastoralism** [pŭs°-ta-ra-lizm, পাস্°-ট্যার্যালিজ্‌ম্] মেষপালকের চরিত্র বা ধরন; মেষপালকের জীবনসংক্রান্ত সাহিত্যশিল্প। *n.* **pastorale** [pas-ta-rŭ°-li, প্যাস্ট্যারা°লি] মেষপালক-জীবনসম্বন্ধীয় সঙ্গীত বা যাত্রাভিনয়। *n.* **pas°toralist**—মেষপালকের চরিত্র বা ধরনের অনুরাগী ব্যক্তি; মেষপালকের জীবনসংক্রান্ত সাহিত্যশিল্পী। *n.* **pas°torate**—যাজকগিরি; যাজকের কর্মকাল; যাজকবর্গ। *n.* **pas°torship**। [L. *pastorale*<It.]

pastry [pās°-tri, পেইস্°ট্রি] *n.* articles made of paste collectively, লেই দিয়া প্রস্তুত জিনিসপত্র (বিশেষতঃ খাবার); a small cake, ক্ষুদ্র কেকবিশেষ। *n.* **pās°trycook**—উক্ত লেইয়ের জিনিসপত্রের প্রস্তুতকারক বা বিক্রেতা। [see *paste*]

pasture [pūs°-cha(r), পাস্°চ্যা(র্)] (**1**) *n.* herbage for grazing, গবাদি পশুর চারণের উপযোগী তৃণ ও লতাপাতা; grazing land, পশুচারণভূমি। (**2**) *v.i.* to graze, (গবাদি পশু কর্তৃক) চরিয়া বেড়ান। (**3**) *v.t.* to put to graze, (গবাদি পশুকে) চরান; to graze on, চরিয়া খাওয়া। *n.* **pasturage** [pŭs°-tū-rij, পাস্°টিউরিজ্] পশুচারণ; চারণভূমি; চারণের উপযোগী তৃণ; পশুচারণের অধিকার। *n.* **pas°ture-land**—চারণোপযোগী ভূমি। [OF.<L. *pastura*<*pascere*=to feed]

pasty₁—see **paste.**

pasty₂ [pās°-ti, পেইস্°টি] *n.* a kind of meat-pie, মাংসের বড়াবিশেষ। [<*paste*]

Pat₁ [pat, প্যাট্] *n.* a nickname for an Irishman, আয়র্ল্যানডবাসীকে প্রদত্ত আখ্যা বা উপনাম। [<*Patrick*, a personal name]

pat₂ [pat, প্যাট্] (**1**) *n.* a gentle stroke with a flat surface, করতল পদতল বা ঐরূপ চেটাল পদার্থ-দ্বারা (সচ. সাদরে বা প্রশংসাভরে) মৃদু আঘাত; a sound of a pat, ঐরূপ আঘাতের শব্দ; a small lump, মাখনাদি চাপড়াইয়া-রাখা ক্ষুদ্র দলা। (**2**) *v.t.* to strike (gently) with a flat surface, করতলাদি-দ্বারা (মৃদু) আঘাত করা (to *pat* a dog)। (**3**) *v.i.* to make the sound of pats, পদতলাদি-দ্বারা ঐরূপ আঘাতের শব্দ করা। *pr. pt.* **pa°tting**। *p. & p. pt.* **pa°tted**। (**4**) *a. & adv.* hitting the mark to a nicety, ঠিক লক্ষ্যে আঘাতকর বা ঠিক লক্ষ্যে আঘাত করিয়া; at the right time and place, যথাকাল ও যথাস্থান অনুযায়ী বা যথাকালে ও যথাস্থানে (*pat* came the answer); exactly to the purpose, ঠিক উদ্দেশ্যানুযায়ী। **a pat on the back**—পৃষ্ঠে উৎসাহসূচক বা সমর্থনসূচক মৃদু চাপড়। **(to) stand pat**—স্বীয় সঙ্কল্পে অটল থাকা; (মতাদি) পরিবর্তনে অসম্মত হওয়া। *n.* **pat°-ball**—(ব্যাট ও বল লইয়া) ক্রীড়াবিশেষ (ইহার অপর নাম: **rounders**); (অন্যান্য ক্রীড়ায়) ব্যাট দিয়া মৃদু আঘাত। *n.* **pat°-a-cake**—ছেলে-ভোলান ছড়াবিশেষের প্রথম শব্দাবলী; হাতে হাতে মৃদু চাপড় দিয়া শিশুদের খেলাবিশেষ। [imi. ?]

patch [pach, প্যাচ্] (**1**) *n.* a piece put on in mending, তালি, তাপ্পি (a shirt with *patches*); a piece of plaster over a wound, ক্ষতাদির উপরে প্রদত্ত প্রলেপ; a pad for a hurt eye, আহত চোখের উপরে বাঁধার জন্য পটি; stain on the part or whole of the surface, কিছুর উপরিভাগের কিয়দংশে বা সর্বত্র দাগ (যেমন, কালশিটে); a plot of ground, একটুকরা জমি; a plot, চাপড়া; a fragment, টুকরা। (**2**) *v.t.* to mend with a patch, তালি দিয়া (ছিদ্রাদির) সংস্কার করা; to put a patch on, ক্ষতাদিতে প্রলেপ দেওয়া বা পটি লাগান; to stain with a patch, (কিছুর উপরে) দাগ ফেলা; to piece together, (বিভিন্ন টুকরা) একত্র জোড়া দেওয়া; to make by joining different pieces, বিভিন্ন টুকরা জোড়া দিয়া (কিছু) তৈয়ারী করা; to mend or make hastily, clumsily and temporarily, তাড়াতাড়ি কোনমতে জোড়াতালি দিয়া সাময়িকভাবে সংস্কারসাধন করা বা তৈয়ারি করা; to make up temporarily, (কলহাদি) সাময়িকভাবে মেটান। *p. & p. pt.* **pa°tched**। **not a patch on**—তুলনায় অকিঞ্চিৎকর। **(to) patch up**—সাময়িকভাবে মিটাইয়া ফেলা (to *patch up* a quarrel)। **(to) strike a bad patch**—দুর্ভাগ্যপূর্ণ বা বিপন্ন দশায় পড়া। *n.* **patch°-pocket**—কাপড়ের টুকরা জোড়া দিয়া জামায় যে পকেট বানান হয় (যেমন, শার্টের বুক-পকেট)। **patch°-work**—বিভিন্ন টুকরা জুড়িয়া বা বিভিন্ন তালি সেলাই করিয়া তৈয়ারি জিনিস, জোড়াতালি; বিভিন্ন (বেমানান) রূপ ও রঙের মিশ্রণে সৃষ্ট উপরিতল-বিশিষ্ট বস্তু। *a.* **pa°tchy**—জোড়াতালি দিয়া তৈয়ারী; তালি-দেওয়া; সামঞ্জস্যহীন, বেমানান। *adv.* **pa°tchily**। *n.* **pa°tchiness**। [ME. *pacche*<?]

patchouli, patchouly [pa°-choo-le, প্যা°চুলী] *n.* an Indian shrub, ভারতীয় গুল্মবিশেষ; perfume derived from it, উহা হইতে তৈয়ারি সুগন্ধ। [Tamil *patch*=green, *ilai*=leaf]

pâté [pa°-te, প্যা°টে] *n.* pie, বড়া বা পিঠা; patty, পুলি, প্যাটি(স্); paste, লেইয়ের মত করিয়া

তৈয়ারী খাদ্য (তু. পায়স বা ক্ষীর) (liver *paté*)। [F.]

pate [pāt, পেইট্] *n.* (arch.—joc.) the head or its crown, (আর্ষ.—কৌতু.) মাথা বা মাথার চাঁদি (a bald *pate*)। *sfx.*—**pā°tėd**—মস্তকযুক্ত। [?]

patella [pa-te°-la, প্যাটে°ল্যা] *n.* kneecap, মালাইচাকি, (পরি.) জানুকাপালিক ; a small pan, ক্ষুদ্র চাটুবিশেষ। *pl.* **pate°llæ**। [L. dim. of *patina*=a pan]

paten [pa°-t(a)n, প্যা°ট্ন্] *n.* a shallow dish used for bread at Eucharist, খ্রিস্টের নৈশ-ভোজ-পর্বে ব্যবহৃত রুটি রাখার থালা। [OF. *patene* <L. *patena*]

patent [pā°-t(a)nt, পেই°ট্ন্ট্, pa°-tent, প্যা°-ট্ন্ট্] (**1**) *a.* open, উন্মুক্ত, প্রকাশ্য ; obvious, স্পষ্টতঃ প্রতীয়মান ; protected or authorized by an official letter, সরকারি সনদবলে সংরক্ষিত বা (প্রধানতঃ একচেটিয়া) অধিকারপ্রাপ্ত ; (bot.) spreading, (উদ্ভি.) ছড়াইয়া পড়িতেছে এমন ; (sl.) ingenious, (অশি.) সুকৌশলে উদ্ভাবিত। (**2**) *n.* an open official letter conferring an exclusive right or privilege, যে প্রকাশ্য সরকারি সনদে একচেটিয়া অধিকার বা সুবিধা দেওয়া হয়, পেটেন্ট্ (also **letters patent**) ; something protected by a patent, পেটেনট-দ্বারা সংরক্ষিত বস্তু ; a privilege, বিশেষ সুবিধা বা অধিকার। (**3**) *v.t.* to obtain a patent for, (কিছুর জন্য) পেটেনট লাভ করা। *p.* & *p. pt.* **pā°tentėd, pa°tentėd**। *n.* **patentee** [pā°t(a)n-tē°, পেই°ট্ন্টি°] পেটেনট-প্রাপ্ত ব্যক্তি। *n.* **pā°tent-lea°ther**—উত্তমরূপে বার্নিশ-করা চামড়া। *adv.* **pa°tently**। **patent medicine**—পেটেনট-দ্বারা যে ঔষধ বিক্রয়ার্থ প্রস্তুতের জন্য নির্দিষ্ট কাহাকেও একচেটিয়া অধিকার দেওয়া হইয়াছে, পেটেনট ঔষধ। **Patent Office**—যে সরকারী দফ্তর হইতে পেটেনট দেওয়া হয়। *n.* **pā°tentor**—পেটেনট-দাতা। **patent right**—পেটেনট-বলে লব্ধ একচেটিয়া অধিকার। [L. *patere*=to lie open]

pater [pā°-ta(r), পেই°ট্যা(র্)] *n.* (sl.) father, (অশি.) বাবা। [L.]

pater familias [pā°-ta(r)-fa-mi°-li-as, পেই°-ট্যা(র্)ফ্যামি°লিঅ্যাস্] *n.* the father or head of a family, পরিবারের পিতা বা কর্তা। [L.]

paternal [pa-ta(r)°nl, প্যাট্যা(র্)°ন্ল্] *a.* of or like a father, পিতৃসংক্রান্ত বা পিতৃবৎ, পৈতৃক ; on the father's side, পিতার দিক্ দিয়া সম্পর্কযুক্ত (*paternal* uncle) ; derived or inherited from the father, পিতার নিকট হইতে লব্ধ বা উত্তরাধিকারসূত্রে প্রাপ্ত। *n.* **pater°nalism**—সদাশয় স্বৈরশাসন। *adv.* **pater°nally**। *n.* **pater°nity**—পিতৃত্ব ; পিতৃবংশ ; উদ্ভব। [L. *pater*=a father]

Paternoster [pa°-ta(r)-nos°-ta(r), প্যা°ট্যা(র্)-নস্°ট্যা(র্)] *n.* the Lord's Prayer, খ্রিস্ট-কৃত ঈশ্বরের প্রার্থনা ; a muttered spell, বিড়্বিড়্ করিয়া উচ্চারিত জাদুমন্ত্র ; a large bead in a rosary, (খ্রিস্ট-কৃত ঈশ্বরের প্রার্থনার আবৃত্তিকালে ব্যবহৃত) জপমালার বড় অক্ষটি ; a rosary, জপমালা ; anything strung like a rosary, জপমালাবৎ গ্রথিত বস্তু (যেমন, মাছধরা ছিপ)। [L. *Pater Noster*=Our Father (the first words of the Lord's Prayer]

path [pŭth, পাথ্] *n.* a footway, পায়ে-পায়ে সৃষ্ট পথ ; a way for pedestrians, পায়ে-চলা পথ ; course or route, পথ, গতিপথ। *pl.* **paths** [pŭdhz, পাদ্জ়্]। **(to) cross one's path**—পথিমধ্যে অন্য কোন পথিকের সম্মুখীন হওয়া ; কাহারও পথে বাধা জন্মান। *n.* **path°-finder**—পথ-আবিষ্কারক ; পথিকৃৎ ; প্রবর্তক। *a.* **path°-lėss**—পথহীন। *n.* **path°way**—পথ। [OE. *paeth*—cp. G. *pfad*]

pathetic—see **pathos**.

path-finder, pathless—see **path**.

pathogen [pa°-tho-jen, প্যা°থজেন] *n.* an agent that causes disease, রোগজনক শক্তি। *a.* **pathoge°nic**। [see *pathos*, Gk. *genes*=born]

pathognomy [pa-thog°-no-mi, প্যাথগ্°নমি] *n.* study of the emotions, আবেগ বা অনুভূতি সংক্রান্ত বিদ্যা। *a.* **pathognomic**—রোগবিশেষের বৈশিষ্ট্যসূচক। [see *pathos* ; Gk. *gnomon*]

pathology [pa-tho°-la-ji, প্যাথ°ল্যাজি] *n.* the study of disease, রোগবিদ্যা ; the study of emotions or passions, বিকারতত্ত্ব। *a.* **pathological** [pa-tha-lo°-jik(a)l, প্যাথ্যাল°জিক্ল্] রোগবিদ্যাগত ; বিকারতত্ত্বীয় ; অস্বাভাবিক, অস্বভাবী (a *pathological* dislike of dogs)। *adv.* **patho°logically**। *n.* **patho°logist**—রোগবিদ্যাবিৎ। [see *pathos*]

pathos [pā°-thos, পেই°থস্] *n.* quality that arouses pity, করুণ রস। **pathetic** [pa-the°-tik, প্যাথে°টিক্] (**1**) *a.* মর্মন্তুদ বা করুণা-উদ্রেককর। (**2**) *n.* ঐরূপ বস্তু ভঙ্গি বা রচনাশৈলী। **pathetic fallacy**—বাক্যালঙ্কারবিশেষ, গুণপরিবৃত্তি (also called **transferred epithet**)। *adv.* **pathe°tically**। [Gk.]

pathway—see **path**.

patience [pā°sh(a)ns, পেই°শ্ন্স্] *n.* quality of calm, endurance, সহিষ্ণুতা, ধৈর্য ; a kind of card-game, একজনের উপযোগী তাসখেলাবিশেষ। **(to) have no patience with**—(কাহারও আচরণাদিতে) অসন্তুষ্ট বা ক্রুদ্ধ হওয়া, ধৈর্য সহকারে সহ্য করিতে না পারা। **the patience of Job**—অসীম ধৈর্য। **(to) be out of patience (with)**—(কাহাকেও বা কিছুকে) আর বরদাস্ত করার মত ধৈর্য না থাকা। **pā°tient**—(**1**) *a.* সহিষ্ণু, ধৈর্যশীল ; দীর্ঘকাল ধরিয়া ভুগিতেছে বা সহ্য করিতেছে এমন ; কোন কিছুর সহিত সঙ্গতিপূর্ণ (the facts are *patient* of two interpretations)। (**2**) *n.*

(চিকিৎসাধীন) রোগী। *adv.* **pā°tiently**। [F. <L. *patientia*]

patois [pu-twŭ°, পাট্যোআ°] *n.* a vulgar or provincial dialect, অমার্জিত বা প্রাদেশিক ভাষা। *pl.* **patois°**। [F.]

patriarch [pā°-tri-u(r)k, পেই°ট্রিআ(র্)ক্] *n.* one who governs one's family by paternal right, পিতৃত্বের অধিকারে যে পুরুষ পরিবারের কর্তা হয়, গৃহপতি, কুলপতি, গোষ্ঠীপতি; a high-ranking bishop, উচ্চশ্রেণীর বিশপবিশেষ; the head of certain Eastern churches, প্রাচ্যের কোন কোন গির্জার কর্তা; a founder, প্রতিষ্ঠাতা; a venerable old man, শ্রদ্ধেয় বৃদ্ধ ব্যক্তি; the oldest inhabitant, প্রবীণতম বাসিন্দা। *a.* **pātriar°chal**—পিতৃশাসিত, গোষ্ঠীপতি-শাসিত; গোষ্ঠীপতি-তুল্য; সার্বভৌম কর্তৃত্বপূর্ণ। *n.* **pā°triarchāte**—উচ্চশ্রেণীর বিশপের পদ এলাকা বা বাসভবন; গোষ্ঠীপতি-শাসিত সমাজ। *n.* **pā°triarchy**—গোষ্ঠীপতি-শাসিত সমাজ। [Gk. *Partriarkhes* < *patria* = family < *pater* = father, *arkhe* = rule]

patrician [pa-tri°sh(a)n, প্যাট্রি°শ্‌ন্] (**1**) *n.* a member of the original families forming the Roman people, আদিতে যে-সব পরিবার মিলিয়া রোমান জাতি গঠন করিয়াছিল সেইগুলির যে-কোনটির অন্তর্ভুক্ত ব্যক্তি; a nobleman in the Roman Empire, রোমসাম্রাজ্যের সম্ভ্রান্ত ব্যক্তি; a hereditary noble, বংশানুক্রমিক সম্ভ্রান্ত ব্যক্তি; an aristocrat, অভিজাত ব্যক্তি। (**2**) *a.* of the nobility, অভিজাত বা সম্ভ্রান্ত সম্প্রদায়গত। *n.* **patri°ciāte**—আভিজাত্য, সাম্ভ্রান্ত্য; অভিজাত বা সম্ভ্রান্ত সম্প্রদায়। [L. *patricius* < *patris* = a father]

patricide [pa°-tri-sīd, প্যা°ট্রিসাইড্] *n.* the murder or the murderer of one's own father, স্বীয় পিতৃহত্যা বা পিতৃহন্তা। *a.* **patrici°dal**—স্বীয় পিতৃহত্যাসংক্রান্ত। [doubtful L. *patricida* < *patris* = father, *caedere* = to kill]

patrilineal [pa-tri-li°-ni-al, প্যাট্রিলি°নিঅ্যাল্] *a.* of or based on father or reckoned through male line, পিতা বা পিতৃগোষ্ঠী সম্ভূত বা পিতৃপুরুষের সহিত সম্বন্ধযুক্ত, পিতৃগোত্রজ। [L. *pater*, patris = father, linea = line]

patrilocal [pa-tri-lō°-kl, প্যাট্রিলৌ°ক্‌ল্] *a.* of a system of marriage in which the wife goes to live with her husband's group, বিশেষ বৈবাহিক প্রথা-সম্পর্কিত: এই প্রথা অনুসারে বিবাহের পরে স্ত্রী স্বামীর পরিবারভুক্ত সকলের সঙ্গে বসবাস করিতে যায়। [L. *pater*, patris = father, *localis* = place]

patrimony [pa°-tri-ma-ni, প্যা°ট্রিম্যানি] *n.* an inheritance from one's father or ancestors, পিতার বা পূর্বপুরুষের নিকট হইতে উত্তরাধিকারসূত্রে প্রাপ্ত সম্পত্তি, পৈতৃক সম্পত্তি। *a.* **patrimō°nial**—পৈতৃক সম্পত্তিসংক্রান্ত। [L. *patrimonium*]

patriot [pa°-tri-at, প্যা°ট্রিঅ্যাট্] *n.* one who loves and serves one's country, দেশভক্ত। *a.* **patriotic** [pa-tri-o°-tik, প্যাট্রিঅ°টিক্] স্বদেশভক্তের ন্যায়; স্বদেশভক্তিপূর্ণ; স্বদেশবাসীর হিতসাধক। *adv* **patriŏ°tically**। *n.* **pa°triotism**—স্বদেশভক্তি। [Gk. *patriotes* = of one's fathers]

patristic [pa-tris°-tik, প্যাট্রিস্°টিক্] *a.* of the fathers of the Christian church, খ্রিস্টীয় গির্জার ধর্মাধ্যক্ষগণ-সংক্রান্ত। [Gk. *pater* = a father]

patrol [pa-trōl°, প্যাট্রৌল্°] (**1**) *v.i.t.* to go the rounds of garrison, camp, etc. for the purpose of watching, protecting, etc., পর্যবেক্ষণ দমন রক্ষণ প্রভৃতির জন্য (নির্দিষ্ট এলাকায়) ঘুরিয়া বেড়ান। *pr. pt.* **patrō°lling**। *p.* & *p. pt.* **patrō°lled**। (**2**) *n.* act of patrolling, উক্ত পরিভ্রমণ; a person or party or ship(s) charged with patrolling, উক্ত পরিভ্রমণের ভারপ্রাপ্ত ব্যক্তি দল বা জাহাজ(সমূহ); a small group of boy scouts or girl guides, বয়স্কাউট বা গার্লগাইড্দের ক্ষুদ্র দল। *n.* **patrōl°-leader**—উক্ত পরিক্রমণকারী দলের নেতা বা নেত্রী। *n.* **patrōl°man**—(বীটের) পাহারাদার, কনেস্টবল। [OF. *patrouille* (*n.*), *patrouiller* (*v.*)]

patron [pā°tr(a)n, পেই°ট্রন্] *n.* (formerly) one who accepts a dedication and gives the author a present, (পূর্বে) যাঁহাকে গ্রন্থাদি উৎসর্গ করা হইত এবং যিনি বিনিময়ে গ্রন্থকারকে অর্থাদি উপহার দিতেন; a protector, রক্ষাকর্তা, রক্ষক; one who countenances or encourages, সমর্থক বা উৎসাহদাতা, পৃষ্ঠপোষক: a regular customer, (নিয়মিত) খরিদদার; one who has right to appoint to any office, কার্যাদিতে নিযুক্ত করার অধিকারসম্পন্ন ব্যক্তি, নিয়োগকর্তা; a guardian saint, বংশ নগর যাত্রিদল ব্যক্তি প্রভৃতির রক্ষক সাধুপুরুষ (তু. কুলদেবতা, নগরলক্ষ্মী, প্রভৃতি—usu. **patron saint**)। *fem.* **pā°tronėss**। *n.* **patronage** [pa°-tra-nij, প্যা°ট্র্যানিজ্] উৎসর্গপ্রাপ্ত ব্যক্তি কর্তৃক গ্রন্থকারকে প্রদত্ত উপহার; রক্ষণ; সমর্থন বা উৎসাহদান, পৃষ্ঠপোষকতা; (নির্দিষ্ট দোকানাদি হইতে নিয়মিতভাবে) দ্রব্যাদি ক্রয়; নিয়োগাধিকার; নিয়োগ; সাধুপুরুষ কর্তৃক (বংশের) সংরক্ষণ। *v.t.* **patronize** [pa°-tra-nīz, প্যা°ট্র্যানাইজ্] গ্রন্থকারের কাছ হইতে উৎসর্গ গ্রহণ করিয়া (তাঁহাকে) উপহার দেওয়া; রক্ষা করা; সমর্থন করা বা উৎসাহ দেওয়া, পৃষ্ঠপোষকতা করা; (নির্দিষ্ট দোকানাদি হইতে নিয়মিতভাবে) জিনিসপত্র কেনা; পৃষ্ঠপোষকতার ভান করা, পিঠ চাপড়ান। *n.* **patronīzā°tion**। *n.* **pa°tronīzer**। *adv.* **pa°tronīzingly**। [L. *patronus* < *pater* = a father]

patronymic [pa-tra-ni°-mik, প্যাট্র্যানি°মিক্] (**1**) *a.* derived from the name of a father or an ancestor, পিতার বা পূর্বপুরুষের নামানুযায়ী। (**2**) *n.* a name so derived, বংশনাম, গোত্রনাম,

পদবি। [Gk. *patronumikos* < *pater* = a father, *onoma* = a name]

patsy [pat°-si, প্যাট্°সি] *n.* (sl.) a person who is deceived, ridiculed or victimized, প্রতারিত উপহসিত বা নিপীড়িত ব্যক্তি। [?]

patten [pa°tn, প্যা°ট্ন্] *n.* an overshoe with wooden sole on iron ring etc., for raising wearer's shoes out of mud, কাদা হইতে জুতা উঁচু করিয়া রাখার জন্য লোহার নাল-পরান কাষ্ঠনির্মিত জুতার তলি। [OF. *patin*]

patter₁ [pa°-ta(r), প্যা°টাা(র্)] (**1**) *v.i.* to part, (শিলা বৃষ্টি প্রভৃতি সম্বন্ধে) টুপ্‌টুপ্ করিয়া পড়া; to run with quick short steps, (শিশু প্রভৃতি সম্বন্ধে) ছোট ছোট পা ফেলিয়া দ্রুতবেগে ছোটা, তুর্‌তুর্ করিয়া ছোটা। (**2**) *n.* the sound of pattering, টুপ্‌টুপ্ করিয়া পড়ার বা তুর্‌তুর্ করিয়া ছোটার শব্দ। [freq. of *pat*]

patter₂ [pa°-ta(r), প্যা°ট্যা(র্)] (**1**) *v.i.t.* to repeat (the Lord's Prayer etc.) in a rapid mechanical way, (খ্রিস্টকৃত ঈশ্বরের নিকট প্রার্থনাদি) দ্রুত যন্ত্রবৎ আওড়ান। (**2**) *v.t.* to gabble, বিড়বিড় বা বক্‌বক্ করা। (**3**) *n.* rapid talk, দ্রুত বক্‌বকানি; the lingo of a class, দলীয় অপভাষা (thieves' *patter*); words of comic song, হাসির গানের কথা। **pa°tterer**—যে ফেরিওয়ালা বক্তৃতাদ্বারা খরিদদারদের আকৃষ্ট করে। *n.* **pa°tter-song**—যে হাসির গানে প্রচুর কথা অতি দ্রুত বলিয়া যাওয়া হয়। [< *paternoster*]

pattern [pa°-ta(r)n, প্যা°ট্যা(র্)ন্] (**1**) *n.* an excellent example, উৎকৃষ্ট উদাহরণ বা নিদর্শন (a *pattern* of all the virtues); a model, আদর্শ; a (typical) sample, (বিশিষ্ট) নমুনা; a decorative design, কারুকার্যের নকশা, প্যাটার্ন। (**2**) *v.t.* to model, আদর্শরূপে গঠন করা; to fashion after a pattern, আদর্শানুযায়ী গঠন করা (to *pattern* oneself upon or after)। [F. *patron* —cp. *patron*]

patty [pa°-ti, প্যা°টি] *n.* a pie, মাংসাদির পুর্-দেওয়া বড়াবিশেষ, প্যাটি(স্)। *n.* **pa°tty-pan**—প্যাটি-ভাজার চাটু। [F. *pate*]

patulous [pa-tū°-las, প্যাটিউ°ল্যাস্] *a.* (of boughs, etc.) spreading, (ডালপালা সম্বন্ধে) বিস্তৃত বা প্রসারিত। [L. *patulus* < *patere* = to lie open]

paucity [paw°-si-ti, প্য°সিটি] *n.* smallness in number or amount, সংখ্যায় বা পরিমাণে স্বল্পতা। [L. *paucitas* < *paucus* = few]

Pauline [paw°-līn, প্য°লাইন্] (**1**) *a.* of St. Paul, খ্রিস্টধর্মপ্রচারক সাধু পল-সংক্রান্ত। (**2**) *n.* a member of St. Paul's order, পলের নামানুসারে গঠিত ধর্মসম্প্রদায়ের সভ্য; a scholar of St. Paul's School, London, লনডনের সেইন্‌ট্ পল্ স্কুলের ছাত্র।

paunch [pawnsh, প্যন্শ্] *n.* the belly, পেট, উদর। *a.* **paunch°y**। [OF. *panche* < L. *panticis*]

pauper [paw°-pa(r), প্য°প্যা(র্)] *n.* a destitute person, নিঃস্ব বা কপর্দকশূন্য ব্যক্তি; one supported by charity, ভিক্ষোপজীবী; a poor person, exempted from paying costs in a lawsuit, দারিদ্র্যের জন্য মামলা-খরচ প্রদানের দায় হইতে অব্যাহতিপ্রাপ্ত ব্যক্তি। *fem.* **pau°peress**। *n.* **pau°perism**—চরম নিঃস্বতা বা কপর্দকশূন্যতা; ভিক্ষোপজীবী অবস্থা। *v.t.* **pau°perize**—চরম অভাবগ্রস্ত করা, নিঃস্ব করা; ভিক্ষোপজীবী করা। *n.* **pauperizā°tion**। [L. = poor]

pause [pawz, প্যজ্] (**1**) *n.* intermission, মধ্যবর্তী বিরতি বা বিরাম; a temporary stop, সাময়িক (এবং প্রায়ই আকস্মিক) বিরতি; hesitation, দ্বিধা; a mark for suspending the voice, সাময়িক নীরবতা-অবলম্বনের নির্দেশচিহ্ন। (**2**) *v.i.* to make a pause, সাময়িকভাবে বিরত হওয়া বা থামা; to wait, অপেক্ষা করা। **(to) give pause to**—ইতস্ততঃ করান; কার্যাদি হইতে সাময়িক বিরতিপূর্বক বিবেচনা করান। [F. < L. *pausa* < Gk. *pausis*]

pave [pāv, পেইভ্] *v.t.* to cover with slabs or anything close-set, প্রস্তরফলক ইষ্টক প্রভৃতি দ্বারা আস্তৃত করা, শান-বাঁধান; to cover, আস্তৃত করা (marble slabs *paved* the floor)। **on the pavement**—নিরাশ্রয়। **(to) pave the way**—(কিছুর বা কাহারও জন্য) পথ প্রস্তুত করা; সুগম বা সহজ করিয়া তোলা; সঙ্ঘটনে সাহায্য করা। *n.* **pā°ver**—যে ব্যক্তি শান বাঁধায়; শান-বাঁধানর জন্য প্রস্তরফলকাদি। *n.* **pāve°ment**—কিছুর শান-বাঁধান উপরিভাগ; রাস্তার পাশে পদচারীদের চলাচলের জন্য (প্রধানতঃ শান-বাঁধান) পথ, ফুটপাত। **pavement artist**—যে চিত্রকর ফুটপাতের উপর রঙিন খড়ি দিয়া ছবি আঁকিয়া পথিকদের কাছ হইতে অর্থোপার্জন করে। *n.* **pā°ving-stōne**—শান-বাঁধানর জন্য প্রস্তরফলক। [F. *paver*]

pavilion [pa-vi°-li-an, প্যাভি°লিয়্যান্] *n.* a large and luxurious tent, বৃহৎ ও আরামপ্রদ তাঁবু; a light building for the players and spectators of an outdoor game, বহিরঙ্গন ক্রীড়ার খেলোয়াড় ও দর্শকদের জন্য হালকা কুটির বা তাঁবু; a projecting ornamental part of a building, অট্টালিকার বহির্ভাগে প্রসারিত কারুকার্যময় অংশ, চত্বর, চাতাল। **Chinese pavilion**—দণ্ডোপরি স্থাপিত ফ্রেমে ঝোলান ঘণ্টা-শ্রেণী। [F. *pavillon* < L. *papilio* = a tent]

pavis(e) [pa°-vis, প্যা°ভিস্] *n.* convex shield covering whole body, সর্বাঙ্গ আচ্ছাদনকারী ঢালবিশেষ। [It. *pavese* < *Pavia*(?) in Italy]

pavonine [pa°-va-nīn, প্যা°ভ্যানাইন্] *a.* of or like a peacock, ময়ূরসংক্রান্ত বা ময়ূরতুল্য। [L. *pavo* = peacock]

paw [paw, প্য] (**1**) *n.* a clawed foot, থাবা;

(joc. or contem.) a hand or handwriting, (কৌতুকে বা অবজ্ঞায়) হাত বা হাতের লেখা। (2) *v.t.i.* to touch or strike with the paw, থাবা দিয়া স্পর্শ করা বা আঘাত করা ; to handle clumsily, এলোমোলোভাবে হাত লাগান ; (of a horse) to strike the ground with hoof, (ঘোড়া-সম্বন্ধে) খুর দিয়া ভূমিতে আঘাত করা। [OE. *po(w)e* —cp. Du. *poot*]

pawky [paw°-ki, প্য°কি] *a.* sly, ধূর্ত ; arch, নষ্টামিপূর্ণ (*pawky* humour)। *adv.* **paw°kily**। [Sc. < *pawk* = a trick < ?]

pawl [paul, প্যল্] *n.* a catch engaging with the teeth of a ratchet wheel to prevent backward movement, খাঁজ-কাটা চাকা যাহাতে পিছনের দিকে গড়াইয়া যাইতে না পারে, তজ্জন্য আঙটাবিশেষ। [?]

pawn₁ [pawn, প্যন্] *n.* a piece of least value in chess, দাবার বড়ে ; (fig.) a humble agent, (আল.) নগণ্য সহকারী। [AF. *poun*]

pawn₂ [pawn, প্যন্] (1) *n.* something deposited as pledge or security, বন্ধকী জিনিস ; state of being pledged, বন্ধকী অবস্থা। (2) *v.t.* to give in pledge, বন্ধক দেওয়া, বাঁধা দেওয়া। *n.* **pawn°brōker**—যে ব্যক্তি বন্ধকী কারবার বা তেজারতি করে। *n.* **pawn°brōking**—তেজারতি। *n.* **pawnee°**—যে ব্যক্তি বন্ধক রাখিয়া টাকা ধার দেয়। *n.* **paw°ner**—যে ব্যক্তি বন্ধক রাখিয়া টাকা ধার করে। *n.* **pawn°shop**—বন্ধক রাখিয়া টাকা ধার করার দোকান। *n.* **pawn°-ticket**—বন্ধকী কারবারওয়ালা জিনিসপত্র বাঁধা রাখিয়া যে রসিদ দেয়। [OF. *pan*—cp. Du. *pand*]

pawpaw—alt. spell. of **papaw.**

pax [paks, প্যাক্স্] *n.* & *int.* the tablet of crucifixion kissed by priests etc., ক্রুশবিদ্ধ যিশুর মূর্তি-অঙ্কিত ফলক যাহা বিশেষ উৎসবের দিনে পুরোহিত প্রভৃতি চুম্বন করেন ; the kiss of peace, শান্তিসূচক চুম্বন। **Pax Britannica, Pax Romana**—গ্রেটব্রিটেনের বা রোমের সকল অধিবাসীদের যুদ্ধবিরতির আদেশ প্রদান।

pay [pā, পেই] (1) *v.t.* to give what is due, পাওনা বেতন খেসারত প্রভৃতি দেওয়া বা মেটান ; to render, ধন্যবাদাদি প্রদান করা। (2) *v.t.i.* to hand over money etc., অর্থাদি প্রদান করা বা অর্পণ করা। (3) *v.i.* to be profitable (to), লাভজনক হওয়া ; to suffer or be punished, কষ্ট বা দণ্ড পাওয়া (to *pay* for ignorance)। (4) *n.* salary, wages, বেতন, পারিশ্রমিক। **in the pay of**—(সচ. অসৌজন্যসূচক) কাহারও দ্বারা নিযুক্ত (*in the pay of* the enemy)। **(to) pay away**—(দড়ি প্রভৃতি) হস্ত হইতে স্খলিত হইতে দেওয়া। **(to) pay back**—(ঋণাদি) পরিশোধ করা ; সমুচিত প্রতিশোধ গ্রহণ করা। **(to) pay one back in one's own coin**—কাহারও দ্বারা কৃত ক্ষতি প্রভৃতি ফিরাইয়া দেওয়া অর্থাৎ সমুচিত প্রতিশোধ লওয়া। **(to) pay down**—অকুস্থলেই নগদ টাকায় পাওনা মেটান। **(to) pay for**—ক্ষতিপূরণ করা ; (ভুল-ত্রুটি প্রভৃতির জন্য) কষ্টাদি ভোগ করা ; ব্যয়বহন করা। **(to) pay in**—তহবিলে চাঁদা দেওয়া ; (ব্যাংকের অ্যাকাউনট প্রভৃতিতে) জমা দেওয়া। **(to) pay its way**—লাভজনক হওয়া। **(to) pay one's way**—ঋণগ্রস্ত না হওয়া (I *paid my way* as I earned)। **(to) pay off**—প্রতিহিংসা গ্রহণ করা ; পুরা পাওনাদি মিটাইয়া দেওয়া। **(to) pay out**—পুরা পাওনাদি মিটাইয়া দেওয়া ; শাস্তি দেওয়া ; প্রতিশোধ লওয়া ; হস্ত হইতে স্খলিত হইতে দেওয়া। **(to) pay up**—বেতনাদি পুরা দিয়া দেওয়া ; বাকি পাওনা সম্পূর্ণ মিটাইয়া দেওয়া। *a.* **pay°able**—প্রদানযোগ্য ; প্রদেয় ; দিতে হইবে এমন, বাকি। *n.* **pay°-as-you-earn°**—আয়কর-আদায়ের প্রণালীবিশেষ : এই প্রণালী-অনুসারে কর্মচারীদের দেয় আয়কর তাহাদের বেতন হইতে নিয়োগ-কর্তা কাটিয়া রাখেন। *n.* **pay°-bill**—কর্মচারীদিগকে প্রদেয় বেতনের বিবরণপূর্ণ তালিকা, (পরি.) বেতন-দেয়ক। *n.* **pay°-day**—কর্মচারীদিগকে বেতনদানের নির্দিষ্ট দিন। *n.* **payee** [pe-ē°, পেঈ°] যাহাকে অর্থাদি প্রদান করা হয়, (পরি.) প্রাপ্তা। *n.* **pay°er**। *n.* **pay°ing**—লাভজনক। **pay°-list**—বেতনাদির প্রাপকদের তালিকা। *n.* **pay°-load**—(জাহাজ বিমান কর্তৃক পরিবাহিত) যে মালের জন্য ভাড়া পাওয়া যায়। *n.* **pay°master**—বেতনপ্রদানকারী মনিব ; সৈন্য শ্রমিক প্রভৃতিকে বেতনাদি দিবার ভারপ্রাপ্ত কর্মচারী, বক্‌শি। *n.* **pay°ment**। *n.* **pay°-office**—বেতনাদি-প্রদানের ভারপ্রাপ্ত দফতর। *n.* **pay°-packet**—খামে ভরতি বেতন (কোন কোন অফিস প্রভৃতিতে কর্মচারীদের খামের মধ্যে ভরিয়া বেতনের টাকা দেওয়া হয়)। *n.* **pay°-rōll**—var. of **pay-list**। *n.* **pay°-sheet**—var. of **pay-bill**। [F. *payer* < L. *pacare* = to appease]

paynim [pā°-nim, পেই°নিম্] *n.* a non-Christian, অখ্রিস্টীয় ব্যক্তি (বিশেষতঃ মুসলমান)। [OF. *paienime* < L. *paganismus*]

payola [pā°ō°-la, পেই°ঔ°ল্যা] *n.* secret payment or bribe to secure a favour, অনুগ্রহ বা সুবিধালাভের জন্য গোপনে অর্থ বা ঘুস দেওয়া। [see *pay*]

pea [pē, পী] *n.* a leguminous plant or its seed, মটর-গাছ বা মটর অথবা ঐরূপ কোন গাছ বা তাহার শস্য (যেমন, কলাই মসুর মুগ প্রভৃতি)। **as like as two peas**—সম্পূর্ণ সদৃশ, একেবারে একরকম। **split peas**—ভাঙা দাল। *n.* **peacod** —see **pease**। *n.* **pea°-flour**—বেসন। *n.* & *a.* **pea°-green°**—মটরের ন্যায় সবুজবর্ণ। *n.* **pea°-nut**—চিনাবাদাম ; (sl. *pl.*) অকিঞ্চিৎকর বস্তু (বিশে. স্বল্প অর্থ)। *n.* **pea°-pod°**—মটরশুঁটি। *n.* **pea°-soup**—see **pease**। [a new *sing.* from *pease*]

peace [pēs, পীস্] (1) *n.* quiet, শান্তি (to live in *peace* with one's neighbours) ; freedom from disturbance, war, contention, etc.,

উৎপাত যুদ্ধ বিবাদ প্রভৃতির নিবৃত্তি : stillness, নিশ্চলতা ; silence, নীরবতা। (2) *int.* silent, চুপ ; be silent, চুপ কর। **at peace**—শান্তিপূর্ণ অবস্থায় : যুদ্ধবিগ্রহহীন অবস্থায়। **peace establishment**—শান্তির সময়ে স্বীকৃত সামরিক শক্তি ও যুদ্ধোপকরণ। **(to) disturb the peace**—শান্তিভঙ্গ করা ; (আইনে) দাঙ্গাহাঙ্গামা করা। **(to) hold one's peace**—চুপ করা; কথা বলা বা তর্ক করা বন্ধ করা। **(to) keep the peace**—জনসাধারণের শান্তিভঙ্গ না করা অর্থাৎ দাঙ্গাহাঙ্গামাদি না করা। **(to) make one's peace with**—(আপসে) বিবাদ মেটান। **(to) make peace**—যুদ্ধাবসান করা ; সন্ধি করা। *a.* **pea°ceable**—শান্তিপ্রবণ ; শান্তিপূর্ণ। *n.* **peace°-breaker**—শান্তি বা সন্ধি ভঙ্গকারী। *a.* **peace°ful**—শান্তি উপভোগকারী ; শান্তিপ্রবণ, শান্তিপ্রিয় ; শান্ত (অর্থাৎ যুদ্ধবিগ্রহহীন) ; শান্তিপূর্ণ ; স্থির। *adv.* **peace°fully**। *n.* **peace°fulness**। *a.* **peace°less**—অশান্ত ; অস্থির ; অশান্তিপূর্ণ। *n.* **peace°māker**—শান্তিসংস্থাপক ; বিবাদের আপস-মীমাংসাকারী। *n.* **peace°māking**—শান্তিস্থাপন ; বিবাদের আপস-মীমাংসা-সাধন। *n.* **peace°-monger**—শান্তিস্থাপনে অত্যধিক আগ্রহশীল ব্যক্তি। *n.* **peace°-o°ffering**—শান্তি স্থাপিত হওয়ায় বা শান্তিকামনায় ভগবানের উদ্দেশে প্রদত্ত অর্ঘ্যাদি (এই প্রথা ইহুদিদের মধ্যে প্রচলিত)। *n.* **peace°-party**—পৃথিবীকে যুদ্ধমুক্ত করিয়া শান্তি বজায় রাখার উদ্দেশ্যে গঠিত রাজনীতিক দল। **peacetime**—(1) *n.* যুদ্ধবিগ্রহহীন কাল ; শান্তির সময়। (2) *a.* শান্তিকালীন। [OF. *pais* < L. *pacis*]

peach₁ [pēch, পীচ্] *v.i.* to turn informer, গুপ্তচরগিরি করা। *p.* & *p. pt.* **pea°ched**। *n.* **pea°cher**। [ME. *appeach* < OF. *empechier* = to impeach]

peach₂ [pēch, পীচ্] *n.* a sweet juicy stone-fruit or its tree, জামজাতীয় ফলবিশেষ বা তাহার গাছ ; (sl.) a person or thing greatly admired, উচ্চ-প্রশংসিত ব্যক্তি বা বস্তু ; attractive young woman, আকর্ষণীয় তরুণী। *a.* **peach°-coloured**—পাকা পীচ-ফলের ন্যায় রক্তিম আভাযুক্ত ঈষৎ হরিদ্রাবর্ণ ; পীচ্-ফুলের ন্যায় গোলাপি। *a.* **pea°chy**—পীচ্-ফলের ন্যায় (রসাল)। [OF. *pesche* < L. *Persicum* (*malum* = the Persian (apple)]

pea-chick—see **peacock**.

peach-coloured, **peachy**—see **peach₂**.

peacock [pē°-kok, পী°কক্] *n.* a kind of bird, ময়ূর ; a vainglorious person, মিথ্যা আত্মশ্লাঘাকারী ব্যক্তি (proud as a *peacock*)। *n.* **pea°chick** [pē°-chik, পী°চিক্] ময়ূরশাবক। *n.* & *a.* **pea°cock-blue°**—ময়ূরকণ্ঠী বর্ণ। *n.* **pea°cock-thrōne°**—সম্রাট্ শাহ্জাহানের "ময়ূর-সিংহাসন"। *n.* **pea°-fowl**—ময়ূর বা ময়ূরী। *n.* **pea°hen**—ময়ূরী। [OE. *pea*, see *cock*]

peacod—see **pease**.

pea-fowl, peahen—see **peacock**.

pea-green—see **pea**.

pea-jacket [pē°-ja-kit, পী°জ্যাকিট্] *n.* a sailor's thick overcoat, নাবিকের মোটা খস্খসে ওভারকোট্‌বিশেষ। [Du. *pie* = a coarse coat, *jacket*]

peak₁ [pēk, পীক্] (1) *n.* a pointed top, (প্রধানতঃ পর্বতাদির) সরু চূড়া বা উপরিভাগ ; a summit, শীর্ষ, শিখর : the highest point, সর্বোচ্চ চূড়া ; a pointed end, (দাড়ি প্রভৃতির) সরু ডগা বা প্রান্ত; (fig.) the highest or maximum limit, (আল.) সর্বোচ্চ বা সর্বাধিক সীমা। (2) *a.* highest or maximum, সর্বোচ্চ বা সর্বাধিক (*peak* hours of traffic)। *a.* **pea°ked**—চূড়াযুক্ত। **peak hour**—দিনের যে সময়ে যানবাহনাদির চলাচল সর্বাধিক। *n.* **peak°load**—বৈদ্যুতিক শক্তির সর্বাধিক চাহিদা ; যানবাহনাদির সর্বাধিক চলাচল। [var. of *pike* ?]

peak₂ [pēk, পীক্] *v.i.* to waste away, (দুঃখ-শোকাদিতে) শুকাইয়া যাওয়া, জীর্ণ হওয়া ('to *peak* and pine')। *a.* **pea°ked, pea°ky**—তীক্ষ্ণ মুখাবয়বসম্পন্ন ; ফেকাশে কৃশ ও দুর্বল চেহারাবিশিষ্ট। রোগাটে। [?]

peal [pēl, পীল্] (1) *n.* a loud sound, উচ্চ শব্দ, নিনাদ ; a number of sounds, one after another, পরপর উচ্চনাদ (*peals* of laughter) ; a set of bells tuned to each other, পরস্পর সুর-বাঁধা ঘণ্টাশ্রেণী ; the ringing sound of these bells, উক্ত ঘণ্টাসমূহের ধ্বনি। (2) *v.i.* to resound in peals, উচ্চশব্দে নিনাদিত হওয়া। (3) *v.t.* to give forth in peals, উচ্চপদে ধ্বনিত করা। **a peal of sound**—পরপর উচ্চনাদ বা রোল। [short from *appeal* ?]

peanut—see **pea**.

pear [pā(r), পেয়্যা(র্)] *n.* a kind of fruit or its trees, নাশপাতি বা তাহার গাছ। *n.* **pear°-monger**—নাশপাতি-বিক্রেতা। [OE. *pere*, *peru* < LL. *pira* < L. *pirum*]

pearl [pa(r)l, প্যা(র্)ল্] (1) *n.* a concretion of nacre found in oyster etc., মুক্তা ; the finest example, সুন্দরতম নিদর্শন। (2) *v.t.* to adorn with pearls or pearly drops, মুক্তাদ্বারা বা মুক্তাবৎ বিন্দুদ্বারা পরিশোভিত করা। (3) *v.i.* to become like pearls, মুক্তাবৎ হওয়া ; to fish for pearls, মুক্তা আহরণের জন্য ডুবুরির কাজ করা। *n.* **pear°liness**। **(to) cast pearls before swine**—বেনাবনে মুক্তা ছড়ান, বাঁদরের গলায় মুক্তোর মালা পরান। *n.* **pearl°-barley**—একপ্রকার মিহি দানার বার্লি, পার্লবার্লি। *n.* **pearl°-diver, pearl°-fisher**—মুক্তা-ডুবুরি। *a.* **pear°led**—মুক্তাদ্বারা শোভিত। *n.* **pear°ler**—মুক্তা-ডুবুরি বা তাহার নৌকা। *n.* **pearl°-eye**—(অপ্র.) চক্ষুর ছানি। *n.* **pearl°-fishery**—যেস্থানে ডুব দিয়া মুক্তাশুক্তি তোলা হয়। *n.* **pearl°-oys°ter, pearl°-shell**—মুক্তাশুক্তি। *n.* **pearl°-powder**—অঙ্গরাগের

পাউডারবিশেষ। *n.* **pearl°-sāgo**—দানাদার সাগু-বিশেষ। *n.* **pearl°-white**—মাছের আঁশ হইতে তৈয়ারি নকল মুক্তা প্রস্তুত করার উপাদানবিশেষ। *a.* **pear°ly**—মুক্তাবৎ; মুক্তাপূর্ণ; মুক্তাময়; (পরি.) মৌক্তিক। [F. *perle*<? ML. *perla*]

peasant [pe°z(a)nt, পে°(শ্)জ্‌ন্ট্] *n.* a small farmer, ছোট কৃষক, চাষী; a tiller of the soil, হালচাষী; হালী; a rustic, গেঁয়ো লোক। *n.* **pea°-santry**—কৃষকগোষ্ঠী বা চাষীসম্প্রদায়। [OF. *pai-sant*<*pays*<L. *pagensis*<*pagus*=a district]

pease [pēz, পীজ়্] *n.* (obs.) a pea, (অপ্র.) মটর; *pl.* **peason** [pē°z(a)n, পী°জ়্‌ন্]। *n.* **peas(e)°-cod, pea°cod**—মটরশুঁটি। *n.* **pease-soup, pea°-soup**—মটরশুঁটির ঝোল; রাঁধা ডাল। [ME. *pese*, (*pl.*) *pesen*<OE. *pisa*, (*pl.*) *pisan*<L. *pisum*<Gk. *pison*]

peat [pēt, পীট্] *n.* vegetable matter decomposed by water and carbonized for use as fuel, জলসিক্ত হওয়ায় বিকৃতাকারপ্রাপ্ত এবং আংশিক অঙ্গারীভূত জলাভূমির উদ্ভিজ্জ পদার্থ: ইহাকেই শুকাইয়া জ্বালানিতে পরিণত করা হয়। *a.* **pea°ty**—উক্ত মাটির চাপড়া বা উদ্ভিজ্জ পদার্থসংক্রান্ত অথবা তত্তুল্য কিংবা উহাতে পরিপূর্ণ। [?]

pebble [peb°l, পেব্‌°ল্] *n.* a small roundish stone, নুড়ি, (পরি.) শিলাগুটি; a variety of rock-crystal or a lens made of it, শিলা-স্ফটিক বা তন্নির্মিত চশমার কাচ; a kind of agate, নিকৃষ্ট শ্রেণীর অকীকমণিবিশেষ। **not the only pebble on the beach**—(আল.) একক প্রতিযোগী নয়, প্রতিযোগিতা-ক্ষেত্রে একক বা প্রতিযোগিহীন নয়। *a.* **pebb°led**—নুড়ি শিলা-স্ফটিক চশমার কাচ বা নিকৃষ্ট অকীকমণি সংবলিত। *n.* **pebb°le-stōne**—নুড়ি; শিলা-স্ফটিক। *a.* **pebb°ly**—নুড়িপূর্ণ (a *pebbly* beach); শিলা-স্ফটিকপূর্ণ; নিকৃষ্ট অকীকমণিপূর্ণ। [OE. *papol* (*-stan*)=a pebble (-stone)]

pébrine [pā-brēn°, পেইব্রীন্°] *n.* epidemic disease of silk-worms, রেশমকীটের মহামারী রোগ। [F.]

peccable [pe°-kabl, পে°ক্যাব্‌ল্] *a.* liable to sin, পাপপ্রবণ। *n.* **peccabi°lity, peccancy** [pe°-kan-si, পে°ক্যান্‌সি] পাপিষ্ঠতা; পাপাচরণ; শাস্ত্র বা আইন লঙ্ঘন। *a.* **pe°ccant**—পাপাচারী; অপরাধী; রোগবাহ; অসুস্থ। [L. *peccare*=to sin]

peccadillo [pe-ka-di°-lō, পেক্যাডি°লৌ] *n.* a trifling fault, তুচ্ছ দোষ বা ত্রুটি। *pl.* **pecca-di°lō(e)s**। [Sp. *pecadillo*<L. *peccatum*=a sin]

peccant—see **peccable.**

peccary [pe°-ka-ri, পে°ক্যারি] *n.* a hog-like animal, দক্ষিণ আমেরিকার শূকরসদৃশ প্রাণিবিশেষ। [Carib, *pakira*]

peccavi [pe-kŭ°-vē, পেকা°ভী] *ph.* I have sinned, আমি পাপ করিয়াছি (to cry *peccavi*)। [L.]

peck₁ [pek, পেক্] *n.* a dry measure, শুষ্ক দ্রব্যাদির মাপবিশেষ (=$\frac{1}{4}$ bushel=2 gallons=প্রায় ১০ সের); (fig.) a lot, (আল.) প্রচুর পরিমাণ (a *peck* of troubles)। [ME. *pek*(*ke*)<OF. *pek*=a horse's feed of oats]

peck₂ [pek, পেক্] (**1**) to strike with beak or any sharp instrument, চঞ্চুর ডগা বা তীক্ষ্ণাগ্র অস্ত্র দিয়া আঘাত করা, ঠোকরান; to eat sparingly, খুঁটিয়া খুঁটিয়া খাওয়া। (**2**) *v.i.* to strike or feed with the beak or anything similar, চঞ্চু বা অনুরূপ কিছু দিয়া আঘাত করা বা খাওয়ান; to cavil, তুচ্ছ আপত্তি তোলা বা অন্যায় যুক্তি দেখাইয়া তর্ক করা। *p.* & *p. pt.* **pe°cked**। (**3**) *n.* an act of pecking, চঞ্চু বা অনুরূপ কিছু দিয়া আঘাত ঠোকর খনন অথবা খুঁটিয়া তোলন, খুঁটিয়া খুঁটিয়া আহার; a hole made by pecking, চঞ্চু বা অনুরূপ কিছুর ঠোকরে অথবা আঘাতে সৃষ্ট গর্ত; (sl.) food, (অশি.) খাদ্য। **pecking order**—(হাঁসমুরগি প্রভৃতির আচরণজনিত আলঙ্কারিক অর্থ) ক্রমোচ্চ শ্রেণীবিন্যাস: এইরূপ সমাজে দুর্বল ব্যক্তি শক্তিমানের প্রভুত্ব মানিয়া লয় এবং দুর্বলতর ব্যক্তির উপরে নিজ প্রভুত্ব বিস্তারের প্রয়াস পায়। *n.* **pe°cker**—যে প্রাণী ঠোকরায়; কাঠঠোক্‌রা; নিড়ানিবিশেষ; টেলিগ্রাফ-যন্ত্রের অংশবিশেষ; (অশি.) তেজ, মনোবল (to keep one's *pecker* up); (অশি.) পুং জননেন্দ্রিয়। *a.* **pe°ckish**—(অশি.) ঈষৎ ক্ষুধার্ত; (অশি.) খিট্‌খিটে। [var. of *pick*]

Pecksniff [pek°-snif, পেক্°স্নিফ্] *n.* a hypocrite, কপটাচারী, ভণ্ড। *a.* **Pecksniffian**। [character in Dickens' *Martin Chuzzlewit*]

pectin [pek°-tin, পেক্°টিন্] *n.* a mixture of carbohydrates found in the cell-walls of fruits, important for the setting of jellies, ফলমধ্যে প্রাপ্ত শালিজাতীয় পদার্থবিশেষ: জেলি অর্থাৎ মোরব্বা তৈয়ারি করিতে ইহার বিশেষ প্রয়োজন। [Gk. *pecticos*=congealing]

pectoral [pek°-tar(a)l, পেক্°ট্যার্‌ল্] (**1**) *a.* of, for, on or near the chest, বক্ষঃসংক্রান্ত, বক্ষের জন্য, বক্ষোবর্তী, বক্ষোপরি, বক্ষঃ-, উরঃ-; (fig.) coming from the heart or inward feeling, (আল.) হৃদয়জাত বা অনুভূতিজাত। (**2**) *n.* breast-plate, মানুষ বা ঘোড়ার বুকের বর্ম; বক্ষস্ত্রাণ; an ornamental breastplate, বুকের অলঙ্কারবিশেষ (বিশেষতঃ ইহুদি যাজকদের বক্ষে ধারণীয় স্বর্ণনির্মিত ক্রুশচিহ্ন); a medicine for disease of the chest, বুকের ঔষধ বা মালিস। *adv.* **pec°toral-ly**। [L. *pectoralis*<*pectoris*=the breast]

peculate [pe°-kū-lāt, পে°কিউলেইট্] *v.t.i.* to embezzle, অন্যায়ভাবে আত্মসাৎ করা, তহবিল তস্রূপ করা। *p.* & *p. pt.* **pe°cūlātėd**। *n.* **peculā°tion**। *n.* **pe°culātor**। [L. *peculari*<*peculium*=private property]

peculiar [pi-kū°-li-a(r), পিকিউ°লিয়্যা(র্)] *a.* own, নিজস্ব; belonging exclusively to an individual, thing, or class, নির্দিষ্ট কোন ব্যক্তি বস্তু বা বর্গের একমাত্র অধিকারভুক্ত ; characteristic, বৈশিষ্ট্যসূচক, স্বাতন্ত্র্যসূচক (customs *peculiar* to a race) ; particular, বিশেষ (a matter or point of *peculiar* interest) ; odd, strange, অদ্ভুত (a *peculiar* flavour or smell)। *n.* **pecūlia°rity**—বৈশিষ্ট্য, বিশেষত্ব ; অদ্ভুত ভাব আচরণ রূপ প্রভৃতি। *adv.* **pecū°liarly**। *n.* **pecū°lium**—(প্রধানতঃ পিতার নিকট হইতে প্রাপ্ত) ব্যক্তিগত সম্পত্তি। [L. *peculium*=private property]

pecuniary [pi-kū°-ni-a-ri, পিকিউ°নিঅ্যারি] *a.* consisting of money, টাকাকড়ি-সংক্রান্ত, অর্থ-ঘটিত, আর্থিক (*pecuniary* help, considerations, etc.)। *adv.* **pecū°niarily**। [L. *pecunia*=money]

pedagogue [pe°-da-gog, পে°ড্যাগগ্] *n.* a teacher, শিক্ষক ; a schoolmaster, বিদ্যালয়ের শিক্ষক ; a pedant, যে ব্যক্তি পুঁথিগত বিদ্যার উপরে অত্যধিক মূল্য আরোপ করে। *a.* **pedagogic** [pe-da-go°-jik, পেড্যাগ°জিক্], **pedago°gical**—শিক্ষকসংক্রান্ত ; পণ্ডিতিপনামূলক ; পুঁথিগত বিদ্যার উপরে অত্যধিক মূল্য-আরোপকর ; শিক্ষাবিজ্ঞানগত ; শিক্ষাসংক্রান্ত। *n.* (treated as *sing.*) **pedago°gics**—শিক্ষাবিজ্ঞান ও শিক্ষানীতি। *n.* **pe°dagog(u)ism**—পণ্ডিতিপনা। *n.* **pe°dagogy**—শিক্ষাবিজ্ঞান ; শিক্ষাদান। [F. & L.<Gk. *paidagogos*=a slave who led a boy to school]

pedal [pe°dl, পে°ড্‌ল্] (**1**) *a.* of the foot, পদ-সংক্রান্ত, পদগত, পদমূলগত ; of or with the lever operated by the foot, পদচালিত যন্ত্র বা যন্ত্রাংশ সংক্রান্ত অথবা তদ্দ্বারা চালিত। (**2**) *n.* a lever pressed by the foot, (সাইকেল অর্গ্যান্ পিআনো প্রভৃতির) পায়ের চাপে চালাইতে বা বাজাইতে হয় এমন যন্ত্র বা যন্ত্রাংশ, প্যাডেল। (**3**) *v.t.* to use a pedal, প্যাডেল চালান, প্যাডেল করা ; to go by using pedals, প্যাডেল চালাইয়া চলা। (**4**) *v.i.* to drive by the pedals, প্যাডেল ঘুরাইয়া চালান। *pr. pt.* **pe°dalling**। *p. & p. pt.* **pe°dalled**। *n.* **pe°daller**। [L. *pedalis*<*pes*=foot]

pedant [pe°d(a)nt, পে°ড্‌ন্ট্] *n.* (poet.) a schoolmaster, (কাব্যে) স্কুল-শিক্ষক ; a learned person who is not judicious or whose learning is ill-digested, বিচারবুদ্ধিহীন পণ্ডিত বা যে পণ্ডিতের শিক্ষা বদহজম হইয়াছে ; one who attaches too much importance to formal scholarship, পুঁথিগত বিদ্যার উপরে অত্যধিক মূল্য-আরোপকারী। *a.* **pedan°tic(al)**—স্কুল-শিক্ষক-সুলভ ; বিচারবুদ্ধিহীন পণ্ডিতসুলভ ; পুঁথিগত বিদ্যার উপরে অত্যধিক মূল্য-আরোপকর। *adv.* **pedan°tically**। *n.* **pe°dantry**—পণ্ডিতিপনা ; পণ্ডিতি উক্তি। [It. *pedante*]

peddle [ped°l, পেড্°ল্] *v.i.t.* to go about or sell as a pedlar, জিনিসপত্র ফেরি করা ; (fig.) to deal out in small quantities, (আল.) একটু একটু করিয়া বিতরণ করা। [backformation<*pedlar*]

pederasty—alt. spell. of **paederasty.**

pedestal [pe°-distl, পে°ডিস্‌ট্‌ল্] *n.* the base of a column, বেদীর ন্যায় আকারযুক্ত স্তম্ভমূল। **(to) knock a person off his pedestal**—কাহাকেও মর্যাদাহীন করা বা মর্যাদার আসনচ্যুত করা। **(to) put** or **set a person on a pedestal**—কাহাকেও মর্যাদার আসনে স্থাপন করা। [F. *piedestal*<L. *pes*=foot, *de*=of, F. *stallo*=stall]

pedestrian [pi-des°-tri-an, পিডেস্°ট্রিঅ্যান্] (**1**) *a.* on foot, পদযাত্রী ; of walking, পদব্রজে গমন-সংক্রান্ত ; prosaic, গদ্যময় বা গদ্যতুল্য অর্থাৎ কবিত্বহীন বা নীরস। (**2**) *n.* a walker, traveller on foot, পদব্রজে গমনকারী, পদযাত্রী। *n.* **pedes°trianism**—ব্যায়ামচর্চার জন্য ভ্রমণ। [L. *pedester*<*pes*=the foot]

pediatrics, pediatrician—alt. spell.'s of **pædiatrics, pædiatrician** respectively.

pedicab [pe°-di-kab, পে°ডিক্যাব্] *n.* a rickshaw pulled by a cyclist, সাইকেল রিক্সা। [L. *pes, pedis*=foot, see *cab*]

pedicel [pe°-di-sel, পে°ডিসেল্], **pedicle** [pe°-dikl, পে°ডিক্‌ল্] *n.* the stalk of a single flower, পুষ্পবৃন্তিকা। [L. *pediculus*, dim. of *pes*=the foot]

pedicure [pe°-di-kū(r), পে°ডিকিউয়্যা(র্)] *n.* treatment of corns, bunions, etc., পায়ের কড়া জামড়া প্রভৃতি চিকিৎসা। *n.* **pedicūr°ist**—পায়ের কড়া জামড়া প্রভৃতির চিকিৎসক। [L. *pes, pedis*=foot, *cura*=cure]

pedigree [pe°-di-grē, পে°ডিগ্রী] *n.* genealogical table, বংশতালিকা ; genealogy, কুলুজি ; lineage, বংশপরিচয়। *a.* **pe°digreed**—(উত্তম) বংশপরিচয়সম্পন্ন। [F. *pied de grue*=crane's foot]

pediment [pe°-di-mant, পে°ডিম্যান্ট্] *n.* (Gk. archi.) a triangular structure crowning the front of a building, (গ্রী. স্থাপ.) অট্টালিকার সম্মুখভাগের উপরিদেশে ত্রিকোণ গঠনবিশেষ। *a.* **pedimental** [pe-di-men°tl, পেডিমেন্°ট্‌ল্] উক্ত ত্রিকোণসংক্রান্ত বা তত্তুল্য। *a.* **pedimented** [pe°-di°men-tid, পে°ডিমেন্টিড্] উক্ত ত্রিকোণযুক্ত ; উক্ত ত্রিকোণতুল্য। [earlier *periment*<corrup. of *pyramid*]

pedlar [ped°-la(r), পেড্°ল্যা(র্)] *n.* one who goes about with a pack of goods for sale, ফেরিওআলা। *n.* **ped°lary**—ফেরিওআলাগিরি ; ফেরিওআলার মালপত্র। [Sc. *pedder* ?—for *l*, cp. *tinkler*<*tinker*]

pedology [pe-do°-la-ji, পেড°ল্যাজি] *n.* science of soils, মৃত্তিকা-বিজ্ঞান। *a.* **pedolo°gical**। *n.* **pedo°logist**।

pedometer [pi-do°-mi-ta(r), পিড°মিট্যা(র্)] *n.* an instrument for measuring distance walked by recording the number of steps taken, পদব্রজে অতিক্রান্ত দূরত্বমাপক যন্ত্রবিশেষ। [F. *pédometre*]

peduncle [pi-dungk°l, পিডাংক্°ল্] *n.* the stalk bearing a solitary flower, পুষ্পদণ্ড। [L. *pedunculus*]

pee [pē, পী] (**1**) *v.i.* to urinate, প্রস্রাব করা। (**2**) *n.* urination, মূত্রত্যাগ; urine, প্রস্রাব। [see *piss*]

peek [pēk, পীক্] *v.i.* to peep, উঁকি মারা। [?]

peel$_1$ [pēl, পীল্] (**1**) *v.t.* to strip off the skin, bark, or other covering from, খোসা ছাল বা আবরণ ছাড়ান; to strip off, নিরাবরণ বা নগ্ন করা। (**2**) *v.i.* to come off as the skin, খোসা প্রভৃতি খুলিয়া ছড়িয়া বা উঠিয়া যাওয়া (the poster on the wall is *peeling* off)। (**3**) *n.* rind, খোসা। **(to) keep one's eyes peeled** (for) —সতর্ক দৃষ্টি রাখা, বিশেষ সতর্কতার সঙ্গে লক্ষ্য করা। *n.* **pee°ler**—যে ব্যক্তি খোসা ছাড়ায়; খোসা ছাড়ানর যন্ত্র; লুণ্ঠনকারী; জমির উৎকর্ষহানিকর গাছপালা। *n.* **pee°ling**—খোসা ছাড়ানর কাজ; ছাড়ান খোসা। [OE. *pilian*<*pilare*=to divest of hair]

peel$_2$ [pēl, পীল্] *n.* palisaded enclosure, খোঁটা পুতিয়া ঘেরাও-করা স্থান; a kind of fortified dwelling-house, দুর্গদ্বারা সংরক্ষিত যে বাসভবনের দ্বিতলে মই বাহিয়া উঠিতে হয় (also **peel°-house, peel°-tower**)। [AF. *pel*<L. *palus*=stake]

peeler$_1$ [pē°-la(r), পী°ল্যা(র্)] *n.* a policeman, পুলিস, আরক্ষী। [*Sir* R. *Peel*, who established the Irish Constabulary]

peeler$_2$, peel-house, peeling, peel-tower —see **peel$_{1,2}$**.

peen [pēn, পীন্] *n.* the wedge-shaped thin end of a hammer-head, পেরেক প্রভৃতি তোলার জন্য হাতুড়ির মাথার অপেক্ষাকৃত পাতলা বা খাঁজ-কাটা প্রান্ত। [?]

peep$_1$ [pēp পীপ্] (**1**) *v.i.* to make a sound like a chicken or a mouse, মুরগির বা ইঁদুরের ছানার ন্যায় কিচ্‌কিচ্ শব্দ করা। *p.* & *p. pt.* **pee°pėd**। (**2**) *n.* this sound, উক্ত শব্দ। [imi.]

peep$_2$ [pēp, পীপ্] (**1**) *v.i.* to look through a narrow opening, সঙ্কীর্ণ ছিদ্রের ভিতর দিয়া দেখা; to look out from concealment, গুপ্তস্থান হইতে উঁকি মারা; to look slyly or cautiously, চতুরভাবে বা সতর্কভাবে দৃষ্টিপাত করা; to be just showing, সবে দৃষ্টিগোচর হওয়া; to begin to appear, উদিত হইতে আরম্ভ করা। *p.* & *p. pt.* **pee°pėd**। (**2**) *n.* a sly look, চতুর বা সতর্ক চাহনি, উঁকি; first appearance, উদয়ারম্ভ (at *peep* of day); a speck of light or flame, আলোর বা আগুনের ঈষৎ ঝলক; a glimpse, এক পলক চাহনি। **peeping Tom**—যে ব্যক্তি পরের গুপ্ত ব্যাপার দেখিবার জন্য বা গুপ্ত কথা শুনিবার জন্য ঘুরঘুর করিয়া বেড়ায়, বিশেষতঃ জানালা দিয়া উঁকি মারে। *n.* **pee°per**—যে ব্যক্তি বা প্রাণী উঁকি মারে; আড়াল হইতে উঁকি মারিয়া পরের কার্যকলাপ দেখার স্বভাববিশিষ্ট ব্যক্তি; (অশি.) চোখ। *n.* **peep°-hōle** —যে ছিদ্রপথে নিজে আড়ালে থাকিয়া পরের কার্যকলাপ লক্ষ্য করা যায়। *n.* **peep°-of-day°**—প্রভাতের প্রথম আলোকচ্ছটা। *n.* **peep°-show**—বিবর্ধক কাচ-লাগান ক্ষুদ্র ঘুলঘুলির ভিতর দিয়া যে চলচ্চিত্র দেখিতে হয়। [?]

peepul—alt. spell. of **pipul.**

peer$_1$ [pē(r), পিয়্যা(র্)] *v.i.* to look narrowly (at, into, etc.), আধ-বোজা চোখে তাকান; to peep, উঁকি মারা; to appear, উদিত হওয়া (the sun *peers*)। [?]

peer$_2$ [pē(r), পিয়্যা(র্)] *n.* an equal, সমকক্ষ ব্যক্তি (not easy to find his *peer*); a fellow, সঙ্গী, সহকর্মী; a nobleman of the rank of baron or upwards, ইংল্যানডের ব্যারন বা তদূর্ধ্ব শ্রেণীর খেতাবধারী সম্ভ্রান্ত ব্যক্তি (প্রধানতঃ ভূম্যধিকারী); a member of the House of Lords, ইংল্যানডের উর্ধ্বতন ব্যবস্থাপকসভার সভ্য; any of Charlemagne's paladins, শার্ল্যামেইনের রাজসংসারভুক্ত ও রাজসভার সভ্য; বীরপুরুষ বা "নাইট্"। *fem.* **pēer°ėss** (প্রধানতঃ ইংল্যানডের খেতাবধারী সম্ভ্রান্ত ব্যক্তির স্ত্রীলিঙ্গে)। *n.* **pēer°age**—ইংল্যানডের সম্ভ্রান্ত ব্যক্তির পদমর্যাদা; উক্ত ব্যক্তিবর্গ; উহাদের কুলজি। *a.* **pēer°lėss**—তুলনাহীন, অতুলনীয়, নিরুপম। [OF. <L. *par*=equal]

peeved [pēv°d, পীভ্°ড্] *a.* (coll.) vexed, annoyed, বিরক্ত, কুপিত। [backward formation from *peevish* on a supposed verb stem *peeve*=annoy]

peevish [pē°-vish, পী°ভিশ্] *a.* (poet.) perverse, (কাব্যে) বিকৃতবুদ্ধি; wayward, স্বেচ্ছাচারী, অবাধ্য; fretful, খিট্‌খিটে। *adv.* **pee°vishly**। *n.* **pee°vishnėss**। [?]

peewit [pē°-wit, পী°উইট্] *n.* the lapwing, or its cry, তিতির-জাতীয় পক্ষিবিশেষ বা উহার পিঁ-পিঁ ডাক। [imi.]

peg [peg, পেগ্] (**1**) *n.* a bolt or pin for holding together parts of a framework or for making a boundary or for hanging things on, কাঠামর বিভিন্ন অংশ একত্র আঁটিবার জন্য বা সীমানির্দেশ করার জন্য বা জামাকাপড় টুপি প্রভৃতি ঝুলাইয়া রাখার জন্য বড় পেরেকবিশেষ, গোঁজ, খোঁটা, কীলক; a pin for scoring as in cribbage, ক্রিবিজ্ প্রভৃতি খেলায় পয়েনট হিসাব করার জন্য পেরেক বা পিন্; a pin in a cup to show how far down one may drink, পানকারী কত দূর পর্যন্ত পান করিতে পারে তাহার সীমা-নির্দেশার্থ পেয়ালার মধ্যস্থিত পিন্; a drink, (প্রধানতঃ সোডা-মিশ্রিত ব্র্যাণ্ডির) পানীয় মদ্য; a pin used in shoemaking, জুতা তৈয়ারির কাজে ব্যবহৃত (সচ কাঠের)

খোঁটাবিশেষ ; a poke or thrust, গুঁতা বা খোঁচা। (2) *v.t.* to fasten, mark, score, pierce or strike with a peg, গোঁজ দিয়া আটকান বা চিহ্নিত করা বা পয়েনট পাওয়া বা হিসাব করা বা বেঁধা বা আঘাত করা ; to furnish with a peg, গোঁজ পরান ; (comm.) to keep from rising or falling by buying at a fixed price, (বাণি.—পণ্যদ্রব্য) নির্দিষ্ট দরে কিনিয়া দামের উঠ্‌তি পড়ুতি থামান ; to stabilize, স্থির রাখা ; (sl.) to drive, (অশি.) চালান। *pr. pt.* **pe°gging** । *p. & p. pt.* **pe°gged** । **a peg too low**—ঈষৎ মাতাল ; মন-মরা। **a square peg in a round hole**—যে ব্যক্তি তদধিকৃত পদের পক্ষে অনুপযুক্ত। **level pegging**—একই হারে অগ্রগতি। **off the peg**—তৈয়ারী অবস্থায়, রেডিমেড (to buy trousers *off the peg*)। **(to) peg away** (at)—অধ্যবসায়-সহকারে কাজ করা। **(to) peg out**—গোঁজ পুঁতিয়া (সীমানাদি) চিহ্নিত করা ; (অশি.) নিঃশেষিত হওয়া, সর্বনাশগ্রস্ত হওয়া, মারা যাওয়া। **(to) take one down a peg or two**—অবনমিত বা হৃতমান করা। *n.* **peg°-top**—তলায় পেরেক-আঁটা লাটিম। **peg-top trousers**—পাছার কাছে ফোলান এবং গোড়ালির কাছে আঁট ট্রাউজার বা প্যানট, (তু.) চোস্ত পাজামা। [cp. LG. *pigge*, Du. *peg*]

Pegasus [pe°-ga-sas, পে°গ্যাস্যাস] *n.* a mythological winged horse, দানবী মেডুসার রক্তজাত পক্ষিরাজ ঘোড়াবিশেষ : ইহার খুরের আঘাতে হেলিক্যান্ পর্বতে হিপ্যাক্রীন্-ঝরনা প্রবাহিত হয় ; (fig.) poetic genius, (আল.) কাব্যপ্রতিভা। *a.* **pegasē°an** । [L. < Gk. *Pegasos*]

Pehlevi [pā°-le-vē, পেই°লেভী] *n.* an ancient West Iranian idiom or character, পশ্চিম ইরানের প্রাচীন ভাষাবিশেষ বা উহার বর্ণলিপি। [Pers. *Pahlavi* = Parthian]

pejorative [pē°-ja-ra-tiv, পী°জ্যার্যাটিভ্] *a.* depreciatory, মূল্যহানিকর বা মর্যাদাহানিকর ; disparaging, নিন্দাকর, নিন্দাসূচক (a *pejorative* word)। *adv.* **pēj°oratively** । **a pejorative suffix**—(ব্যাক.) শব্দের অন্তে যোজনীয় নিন্দাসূচক প্রত্যয়াদি (e.g. poet = কবি, poet*aster* = বাজে কবি)। [L. *pejorare* = to worsen]

peke [pēk, পীক্] contr. of **Pekinese.**

Pekinese [pē-ki-nēz°, পীকিনীজ্°] **Pekingese** [pē-king-ēz°, পীকিংঈজ্°] (**1**) *a.* of Peking, চীনের রাজধানী পীকিং বা পীকিং-এর। (**2**) *n.* an inhabitant of Peking, পীকিংয়ের লোক ; a small Chinese dog with long silky hair, রেশমতুল্য নরম ও মসৃণ লম্বা লোমওয়ালা ক্ষুদ্র চীনা কুকুরবিশেষ। **Peking man**—প্রাগৈতিহাসিক মানবগোষ্ঠীবিশেষ (পিকিংয়ে ইহাদের দেহাবশেষ পাওয়া গিয়াছে)।

pekoe [pē°-kō, পী°কৌ] *n.* a scented black tea, সুগন্ধ কৃষ্ণবর্ণ চা-বিশেষ। [Chin. *pek-ho* = white down]

pelage [pel°-ij, পেল্°ইজ্] *n.* hair, wool, etc. of quadruped animals, চতুষ্পদ জন্তুর লোম পশম ইত্যাদি। [F. *poil* = hair, *-age*]

pelagian [pi-lā°ji-an, পিলেই°জিঅ্যান্], **pelagic** [pe-la°-jik, পেল্যা°জিক্] *a.* oceanic, সামুদ্রিক, সৈন্ধব, সমুদ্রবাসী। [Gk. *pelagos* = sea]

Pelasgian [pe-laz°-gi-an, পেল্যাজ্°গিঅ্যান্], **Pelas°gic**—*a.* of Pelasgi, গ্রীসের প্রাগৈতিহাসিক জাতি পেল্যাজ্‌গি-সংক্রান্ত।

pelerine [pe°-la-rēn, পে°ল্যারীন্] *n.* a woman's tippet, স্ত্রীলোকের বোরখাবিশেষ। [F.—cp. *pilgrim*]

pelf [pelf, পেল্ফ্] *n.* riches, (মন্দার্থে) ধনসম্পদ্ ; money, টাকাকড়ি। [OF. *pelfre* = booty—cp. *pilfer*]

pelican [pe°-li-kan, পে°লিক্যান্] *n.* a large water-fowl, বৃহদাকার জলচর পক্ষিবিশেষ (মধ্যযুগে ধারণা ছিল যে এই পাখি স্বীয় বক্ষোরক্ত পান করাইয়া শাবকদিগকে প্রতিপালন করিত), পেলিক্যান্। [LL. *pelicanus* < Gk. *pelekan*]

pelisse [pe-lēs°, পেলীস্°] *n.* a woman's long mantle, স্ত্রীলোকের লম্বা আলখিল্লা বা জামা, বোরখা ; a child's out-of-door coat, বাড়ির বাহিরে পরিয়া যাওয়ার জন্য শিশুর জামা। [F. < L. *pellicia* (*vestis*) = a fur (garment)]

pellagra [pel-ag°-ra, পেল্যাগ্°র্যা] *n.* a deadly deficiency disease marked by cracking of skin and insanity, মারাত্মক অপুষ্টিরোগ : এই রোগে চামড়ায় চিড় এবং মস্তিষ্ক-বিকৃতি দেখা দেয়। *a.* **pellag°rous** । [Gk. *pella* = skin, *agrā* = seizure]

pellet [pe°-lit, পে°লিট্] *n.* a small ball, (প্রধানতঃ কাগজের) ক্ষুদ্র দলা ; a small pill, ক্ষুদ্র বড়ি ; a ball of small shot, বন্দুকের ছোট গুলি। [OF. *pelote* < L. *pila* = a ball]

pellicle [pe°-likl, পে°লিক্‌ল্] *n.* a thin skin or membrane or film, পাতলা চামড়া ঝিল্লী বা সর। [L. *pellicula*, dim. of *pellis* = skin]

pell-mell [pel°-mel°, পেল্°মেল্°] (**1**) *adv.* confusedly, বিশৃঙ্খলভাবে, ছত্রভঙ্গ হইয়া। (**2**) *a.* confusedly mingled, তালগোল-পাকান, বিশৃঙ্খল, ছত্রভঙ্গ। (**3**) *n.* a pell-mell state, বিশৃঙ্খলা, তালগোল-পাকান অবস্থা ; a hand-to-hand fight, হাতাহাতি লড়াই। [F. *pelè mele*]

pellucid [pe-lū°-sid, পেলিউ°সিড্] *a.* perfectly clear, সম্পূর্ণ নির্মল ; transparent, স্বচ্ছ। *n.* **pelluci°dity, pellu°cidness** । *adv.* **pellu°cidly** । [L. *pellucidus*]

pelmanism [pel°-ma-nizm, পেল্°ম্যানিজ্‌ম্] *n.* a memory-training system, স্মরণশক্তি-বৃদ্ধির প্রণালীবিশেষ। [?]

peloponnesian [pe-la-pa-nē°sh(a)n, পেল্যাপ্যানী°শ্‌ন্] (**1**) *a.* of Peloponnesus, গ্রীসের পেল্যাপ্যানীস্যাস্ উপদ্বীপের। (**2**) *n.* a native of

Peloponnesus, পেলোপ্যানীস্যাসের লোক। [Gk. *Peloponnesos*, the southern peninsula of Greece]

pelt$_1$ [pelt, পেল্ট্] (**1**) *v.t.* to assail with showers of missiles, or of words, reproaches, etc., (কাহারও উপরে) অস্ত্র বাক্যবাণ তিরস্কার প্রভৃতি বর্ষণ করা বা উহা বর্ষণপূর্বক খেদান; to shower, বর্ষণ করা। (**2**) *v.i.* to beat vigorously (as rain), (বৃষ্টি শিলা প্রভৃতি সম্বন্ধে) প্রবলভাবে বর্ষিত হওয়া। *p.* & *p. pt.* **pel°ted**। (**3**) *n.* a blow, আঘাত; a pelting, অস্ত্রাদি বর্ষণ; a downpour, এক পশলা বৃষ্টি। **at full pelt**—যথাসাধ্য দ্রুতবেগে। *n.* & *a.* **pel°ter**—বর্ষণকারী; বর্ষিত অস্ত্রাদি; প্রবল বর্ষণ। [?]

pelt$_2$ [pelt, পেল্ট্] *n.* a raw hide, পশুর গোটা কাঁচা ছাল বা চামড়া; the quarry of a hawk, বাজপাখির দ্বারা নিহত (বিশেষতঃ ছিন্নভিন্ন) শিকার। *n.* **pelt°monger**—(কাঁচা) পশুচর্ম-বিক্রেতা। *n.* **pelt°ry**=সলোম পশুচর্ম। [back-formation from *peltry*<OF, *pelleterie*<L. *pellis*=a skin]

pelvis [pel°-vis, পেল্°ভিস্] *n.* the lower abdominal cavity, শ্রোণী। *a.* **pel°vic**—শ্রোণী-সংক্রান্ত, শ্রোণী-। **pelvic fin**—মাছের যে পাখনা স্তন্যপায়ী প্রাণীর পশ্চাতের পায়ের ন্যায় কাজ করে, (পরি.) শ্রোণী-পাখনা। [L.=a basin]

pen$_1$ [pen, পেন্] *n.* a female swan, রাজহংসী। [?]

pen$_2$ [pen, পেন্] (**1**) *n.* a small enclosure (esp. for animals), (প্রধানতঃ পশু রাখার জন্য) ঘেরাও করা ক্ষুদ্র স্থান, খোঁয়াড়। (**2**) *v.t.* to put in a pen, খোঁয়াড়ে রাখা বা আবদ্ধ করা। *pr. pt.* **pe°nning**। *p.* & *p. pt.* **pe°nned**। *n.* **pen°fold**—গবাদি পশু ও ভেড়া রাখার খোঁয়াড়। *p. pt.* **pent** (with *in* or *up*)—সম্পূর্ণ আবদ্ধ। *a.* **pent°-up**—দমিত (*pent-up* feelings)। [OE. *penn(n)*.]

pen$_3$ [pen, পেন্] (**1**) *n.* a large feather, (রাজহাঁস ময়ূর প্রভৃতির) বড় পালক; an instrument for writing, লেখনী, কলম; a fountain-pen, ঝরনা-কলম, ফাউনটেনপেন; writing, রচনা (to make a living with one's *pen*); literary style, সাহিত্যরচনার ভঙ্গি। (**2**) *v.t.* to write, লেখা। *conjug.* same as **pen**$_2$। **steel pen**—ইস্পাতনির্মিত নিবওয়ালা সাধারণ কলম (ইহা কালিতে ডুবাইয়া লিখিতে হয়)। **pen-and-ink**—(**1**) *n.* লেখার উপকরণসমূহ অর্থাৎ কালি কলম দোয়াত প্রভৃতি; কালিকলম দিয়া অঙ্কিত ছবি। (**2**) *a.* লিখনার্থ; লিখিত; কালিকলম দিয়া অঙ্কিত বা রচিত। *n.* **pen°-friend**—যে অদেখা লোকের সঙ্গে কেবল পত্রযোগে বন্ধুত্ব স্থাপন করা হইয়াছে। *n.* **pen°-hōlder**—কলমের হ্যাণ্ডেল। *n.* **pen°knīfe**—পাখির পালক কাটিয়া কলম বানানর জন্য ছুরি; ক্ষুদ্র পকেট ছুরি। *n.* **pen°-man**—লিপিকুশল ব্যক্তি; লেখক, গ্রন্থকর্তা। *n.* **pen°manship**। *n.* **pen°-nāme**—লেখকের ছদ্মনাম। *n.* **pen°-pusher**—(কৌতু.) কেরানি। *n.* **pen°-wiper**—নিবের কালি মোছার জন্য বস্ত্র চর্ম প্রভৃতির টুকরা। [OF. *penne*<L. *penna*=a feather]

penal [pē°nl, পী°ন্‌ল্] *a.* of or involving punishment, দণ্ডসংক্রান্ত; দণ্ডনীয়, দণ্ডদায়ক, দণ্ডকার্যে ব্যবহৃত, ফৌজদারি, দণ্ড-। *v.t.* **penalize** [pe°-na-līz, পী°ন্যালাইজ্] দণ্ডনীয় করা, দণ্ডিত করা, দণ্ড দেওয়া; খেলাধুলায় নিয়মভঙ্গের জন্য শাস্তিমূলক অসুবিধা আরোপ করা। **penal laws**—ফৌজদারি আইনসমূহ। **penal servitude**—সশ্রম কারাদণ্ড। *n.* **penalizā°tion**। *adv.* **pe°nally**। [L. *poenalis* <*poena*=penalty < Gk. *poine* = punishment]

penalty [pe°nl-ti, পে°ন্‌ল্‌টি] *n.* punishment, শাস্তি, দণ্ড; a fine, অর্থদণ্ড, জরিমানা; a disadvantage or handicap imposed upon a competitor for breach of a rule of the game, খেলাধুলায় নিয়মভঙ্গের জন্য খেলোয়াড়ের উপরে আরোপিত শাস্তিমূলক অসুবিধা। **penalty goal**—প্রতিপক্ষীয় খেলোয়াড় কর্তৃক নিয়মভঙ্গের ফলে প্রাপ্ত সুবিধার সদ্ব্যবহারপূর্বক কৃত গোল। **penalty kick**—প্রতিপক্ষীয় খেলোয়াড় কর্তৃক নিয়মভঙ্গের ফলে প্রাপ্ত বিশেষ সুবিধাজনকভাবে বল মারার অধিকার। **under** or **on penalty of**—(কোন বিধিনিয়ম) লঙ্ঘনের শাস্তিস্বরূপ। [see *penal*]

penance [pe°-nans, পে°ন্যান্স্] *n.* act of self-mortification suffered voluntarily or imposed by a priest to express sorrow for sin, কৃত পাপের অনুতাপ প্রকাশের জন্য যে শাস্তি স্বেচ্ছায় ভোগ করা হয় বা পুরোহিত কর্তৃক আরোপিত হয়, প্রায়শ্চিত্ত। **(to) do penance** (for)—(অপরাধাদির নিমিত্ত) প্রায়শ্চিত্ত করা। [OF. *peneance*]

pen-and-ink—see **pen**$_3$.

pence—see **penny**.

penchant [pŭn°-shŭn, পাঁ°শাঁ] *n.* inclination, ঝোঁক; liking (for), পছন্দ, রুচি। [F.<*pencher* =to incline<assumed LL. *pendicare*<L. *pen-dere*=to hang]

pencil [pen°sl, পেন্°স্‌ল্] (**1**) *n.* a fine paint-brush, চিত্রকরের সূক্ষ্ম তুলি; an instrument for writing or drawing, লিখিবার বা আঁকিবার তুলি, পেনসিল; a stick of cosmetic material, প্রসাধন-তুলি (an eyebrow *pencil*) the art of writing or drawing, লিখনবিদ্যা বা অঙ্কনবিদ্যা; (geom.) a set of straight lines meeting in a point, (জ্যামি.) কোন বিন্দুতে মিলিত সরলরেখাবলী; a set of rays of light diverging from or converging to a point, কোন বিন্দু হইতে বিচ্ছুরিত বা কোন বিন্দুতে মিলিত রশ্মিসমূহ; a narrow beam of light, সরু রশ্মি। (**2**) *v.t.* to paint, draw, write or mark with a pencil, পেনসিল দিয়া আঁকা লেখা বা চিহ্নিত করা। *pr. pt.*

pen°cilling ; *p.* & *p. pt.* **pen°cilled** । **pencilled eyebrows**—আঁকা ভুরু। [OE. *pincel* <L. *penicillum* (*n.*), dim. of *penis*]

pendant, pendent [pen°-dant, পেন্‌°ড্যান্ট্] (**1**) *n.* anything hanging, ঝোলান বস্তু ; hanging ornament worn on the neck, গলার হার প্রভৃতিতে সংলগ্ন লকেট ইত্যাদি, পেনডেন্ট্ ; an ear-ring, দুল। (**2**) *a.* hanging, ঝুলিতেছে এমন, ঝোলান ; dangling, দোলায়মান ; drooping, ঝুঁকিয়া পড়িয়াছে এমন ; overhanging, উপর হইতে ঝুঁকিয়া আছে এমন। *n.* **pen°dency**—অনিশ্চিত বা অস্থির অবস্থা, সংশয়িত বা দ্বিধাগ্রস্ত অবস্থা (during the *pendency* of the war) ; আনতি। [F. *pendant*<L. *pendere*=to hang]

pending [pen°-ding, পেন্‌°ডিং] (**1**) *a.* undecided, awaiting settlement, অমীমাংসিত, মুলতবী (a suit or a treaty is *pending*)। (**2**) *prep.* during, সময় ব্যাপিয়া (*pending* his arrival, departure, return etc.)। [after F. *pendant*]

pendulum [pen°-dū-lam, পেন্‌°ডিউল্যাম্] *n.* a suspended body swinging to and fro by force of gravity, (প্রধানতঃ ঘড়ির) দোলক। **the swing of the pendulum**—গণমত একেবারে উলটাইয়া যাওয়া। *v.i.* **pen°dūlate**—(ঘড়ির) দোলকের ন্যায় দোলা। *a.* **pen°dūlous**—আলগাভাবে বা স্বচ্ছন্দভাবে দোলনরত ; ঝুঁকিয়া পড়িতেছে বা উপরে ঝুঁকিয়া পড়িয়াছে এমন। [L.]

Penelope [pi-ne°-lapi, পিনে°ল্যাপি] *n.* a chaste wife, সতী বা পতিব্রতা পত্নী। [Gk.=the wife of Odysseus]

peneplain [pē°-ni-plān, পী°নিপ্লেইন্] *n.* (geol.) a region so worn down by erosion as to be almost a plain, (ভূতত্ত্ব) ভূমিক্ষয়ের দ্বারা প্রায় সমভূমিতে পরিণত অঞ্চল। [L. *paene*=almost, see *plain*]

penetrate [pe°-ni-trāt, পে°নিট্রেইট্] *v.t.i.* to thrust or force a way into the inside of, (কিছুর ভিতরে) বলপূর্বক ঢোকান বা ঢোকা ; to pierce into or through, বিদ্ধ করা বা ভেদ করা ; to pervade, পরিব্যাপ্ত করা ; to reach the mind or feelings of, (কাহারও) অন্তর বা অনুভূতি স্পর্শ করা (my suggestions failed to *penetrate*) ; (fig.) to see into or through, to understand, (আল.) অন্তর্নিহিত অর্থোপলব্ধি করা, বুঝিতে পারা। *p.* & *p. pt.* **pe°netrāted** । *a.* **pe°netrable** । *n.* **penetrabi°lity** । *adv.* **pe°netrably** । *n. pl.* **penetrālia**—অট্টালিকার অভ্যন্তরস্থ অংশসমূহ, মন্দিরের অভ্যন্তরস্থ পবিত্রতম অংশসমূহ। *a.* **pe°netrāting**—penetrate-এর সকল অর্থে, এবং—তীক্ষ্ণ ও গভীর অন্তর্দৃষ্টিসম্পন্ন ; তীক্ষ্ণ ; মর্মভেদী। *n.* **penetrā°tion**—penetrate-এর সকল অর্থে, এবং—তীক্ষ্ণতা। *a.* **pe°netrātive**—ঢুকাইতে বা ঢুকিতে চাহে এমন ; ঢুকিতে সক্ষম ; ভেদকর ; তীক্ষ্ণ ও গভীর অন্তর্দৃষ্টিসম্পন্ন ; অন্তরস্পর্শী। *n.* **pe°netrātor** । [L. *penetrare*]

penfold—see **pen**$_2$.

pen-friend—see **pen**$_3$.

penguin [peng°-gwin, পেংগুইন্] *n.* flightless sea-bird, উড্ডয়নে অক্ষম সামুদ্রিক পক্ষিবিশেষ, পেংগুইন্। [?]

pen-holder—see **pen**$_3$.

penicillin [pe-ni-si°-lin, পেনিসি°লিন্] *n.* a therapeutic drug preventing the growth of bacteria, বীজবারক পদার্থবিশেষ, বীজঘ্ন, পেনিসিলিন্। [LL. *penicillium*=a mould]

peninsula [pi-nin°-sūla, পিনিন্‌°সিউল্যা] *n.* a piece of land that is almost surrounded by water, উপদ্বীপ। (the) **Peninsula**—স্পেইন্ ও পর্টুগাল। *a.* **penin°sūlar**—উপদ্বীপসংক্রান্ত, ঔপদ্বীপ। [L. *paeninsula*]

penis [pē°-nis, পী°নিস্] *n.* the external male organ, পুংজননেন্দ্রিয়, শিশ্ন, লিঙ্গ। **penis envy**—(মনোবি.) রমণীর অবচেতন মনে পুরুষ হইবার বাসনা। *a.* **pē°nial, pē°nile** । [L.=(ori.) a tail]

penitent [pe°-nit(a)nt, পে°নিট্‌ন্ট্] (**1**) *a.* repentant for sin or undergoing penance, কৃত পাপের জন্য অনুতপ্ত বা প্রায়শ্চিত্তরত। (**2**) *n.* a penitent person, কৃত পাপের জন্য অনুতপ্ত বা প্রায়শ্চিত্তরত ব্যক্তি। *n.* **pe°nitence**—কৃত পাপের জন্য অনুতাপ বা প্রায়শ্চিত্ত। **penitential** [pe-ni-ten°-sh(a)l, পেনিটেন্‌°শ্‌ল্] (**1**) *a.* অনুতাপ বা প্রায়শ্চিত্ত সংক্রান্ত। (**2**) *n.* প্রায়শ্চিত্তের বিধানগ্রন্থ ; অনুতাপী বা প্রায়শ্চিত্তকারী ব্যক্তি ; (in *pl.*) অনুতাপীর বা প্রায়শ্চিত্তকারীর পোশাক। **penitentiary** [pe-ni-ten°-sha-ri, পেনিটেন্‌°শ্যারি] (**1**) *a.* অনুতাপ বা প্রায়শ্চিত্ত সংক্রান্ত ; দণ্ডদায়ক ও চরিত্র-সংশোধক। (**2**) *n.* অনুতাপ ও প্রায়শ্চিত্তের ব্যাপারে ভারপ্রাপ্ত (রোমান্) আধিকারিক ; চরিত্র-সংশোধক কারাগারবিশেষ। *adv.* **pe°nitently** । [L. *paenitere*=to repent]

penknife, penman, pen-name—see **pen**$_3$.

pennant [pe°-nant, পে°ন্যান্ট্] *n.* a long narrow flag, (সচ. জাহাজের) লম্বা ও সরু পতাকাবিশেষ ; a signalling flag, সঙ্কেত করার জন্য নিশান। [combination of *pendant* and *pennon*]

penned—see **pen**$_{2,3}$.

pennies, penniless—see **penny**.

pennon [pe°-nan, পে°ন্যান্] *n.* a long narrow flag, (প্রধানতঃ বর্শায় বা জাহাজে বাঁধা) লম্বা ও সরু পতাকাবিশেষ। *a.* **pe°nnoned**—পতাকাযুক্ত। [OF. *penon*]

penning—see **pen**$_{2,3}$.

penny [pe°-ni, পে°নি] *n.* an English coin, ইংল্যান্ডের মুদ্রাবিশেষ (1 penny=$\frac{1}{12}$ shilling)। *pl.* **pence** [pens, পেন্‌স্] মোট এত পেনি মূল্য ; **pe°nnies**—পেনিসমূহ। **a pretty penny**—মোটা টাকা। **in for a penny, in for a pound**

—কাজ যখন আরম্ভ করা হইয়াছে, তখন খরচ যতই পড়ুক তাহা শেষ করিতে হইবে। **not a penny the worse**—কিছুমাত্র ক্ষতি হয় নাই এমন। **the penny drops**—বোধোদয় হয়, উপলব্ধি করে। **pennies from heaven**—অপ্রত্যাশিত লাভ। **penny dreadful**—সস্তা জনপ্রিয় সাহিত্য (তু. বটতলার সাহিত্য)। **penny pincher**—(কথ্য.) কৃপণ। **penny wise and pound foolish**—তুচ্ছ সম্পদ্ বাঁচানর জন্য মূল্যবান্ সম্পদ্ নষ্ট করে এমন, পিছন দিয়া হাতি যায় যাক কিন্তু সমুখ দিয়া সুচও গলিতে দেয় না এমন। **to earn** or **turn an honest penny**—সৎ-পন্থায় অল্প কিছু রোজগার করা। **(to) spend a penny**—(কথ্য.) শৌচাগার বা পায়খানায় যাওয়া। *a.* **pe°nni°less**—কপর্দকশূন্য; অতিদরিদ্র। *n.* **penny-piece**—একটি পেনি মুদ্রা। *n.* **pe°nny-pōst°**—এক পেনি মাশুলের বদলে ডাক-যোগে পত্রপ্রেরণের ব্যবস্থা। *n.* **pe°nnyweight**—মণিকারের ওজনবিশেষ ($=\frac{1}{20}$ oz. Troy$=\frac{2}{15}$ তোলা বা প্রায় ১৩ রতি)। *n.* **pe°nny-wisdom**—তুচ্ছ ব্যাপারে বিজ্ঞতা। *a.* **pe°nny°-wise**—ছোট-খাট খরচের ব্যাপারে অতি সতর্ক। *n.* **pe°nnyworth** (also **penn°orth**)—এক পেনি দামের জিনিস। [OE. *pening*=cp. Du. *penning*, G. *pfennig*]

penology [pē-no°-la-ji, পীন°ল্যাজি] *n.* the study of punishment, দণ্ডবিজ্ঞান; the management of prisons, কারাব্যবস্থা, কারাপালন। *a.* **pēnolo°gical**। *n.* **pēnolo°gist**। [Gk. *poine*=punishment, *logos*=science]

pen-pusher—see **pen₃**.

pensile [pen°-sīl, পেন্°সাইল্, pen°-sil, পেন্°সিল্] *a.* hanging, ঝুলিতেছে এমন; that builds a hanging nest, (পাখি-সম্বন্ধে) শূন্যে ঝোলান বাসা-নির্মাণশীল। [L. *pensilis*<*pendere*=to hang]

pension₁ [pung°-shion, পাং°শিঅঁ] *n.* continental boarding-house, দেশভ্রমণকারীদের জন্য (ইউরোপের) বোর্ডিংহাউস বা পান্থশালা। [see *pension₂*.]

pension₂ [pen°sh(a)n, পেন্°শ্ন্] (1) *n.* an allowance of money for future services, as a mark of favour, or in reward of one's merit, ভবিষ্যতে কাজ পাইবার জন্য বা অনুগ্রহের চিহ্নস্বরূপ বা গুণপনার পুরস্কারস্বরূপ প্রদত্ত ভাতা, (পরি.) বৃত্তি; an allowance to one in consideration of his or her past service etc., চাকরি প্রভৃতি হইতে বিদায়গ্রহণের পর নিয়মিতভাবে প্রদত্ত বেতন বা বেতনাংশ, পেনশন, (পরি.) উত্তরবেতন। (2) *v.t.* to grant a pension to, উত্তরবেতন প্রদান করিতে রাজি হওয়া। **(to) pension off**—পেনশন দিয়া চাকরি প্রভৃতি হইতে বিদায় দেওয়া। *a.* **pen°sionable**—উত্তর-বেতনদানের ব্যবস্থাপূর্ণ। **pen-sionary** [pen°- sha-nār-i, পেন্°শ্যানেয়্যারি] (1) *a.* বৃত্তি বা পেনশন পায় এমন; বৃত্তিতুল্য বা পেনশন-তুল্য। (2) *n.* বৃত্তির বা পেনশনের প্রাপক; বৃত্তির বা পেনশনের বিনিময়ে যে ব্যক্তির মালিকানা বা অংশী-দারিত্ব কিনিয়া লওয়া হইয়াছে; ওলন্দাজ নগরীর বৃত্তি-ভোগী আইন-উপদেষ্টা। *n.* **pen°sioner**—যে ব্যক্তি বৃত্তি বা পেনশন পায়; পোষ্য বা প্রতিপাল্য ব্যক্তি। [F.<L. *pensionem*=payment]

pensive [pen°-siv, পেন্°সিভ্] *a.* meditative, চিন্তানিমগ্ন; thoughtful and melancholy, চিন্তা-শীল ও বিষণ্ণ (*pensive* looks)। *adv.* **pen°sively**। *n.* **pen°siveness**। [F.<L. *pensare*=to weigh]

penstock [pen°stock, পেন্°স্টক্] *n.* a sluice, নদ্যাদির জলকপাট। [*pen₁*, *stock*]

pent₁ [pent, পেন্ট্] contr. of **penthouse.**

pent-₂ [pent, পেন্ট্], **pen°ta-** *in comp.* five, পঞ্চ। *n.* **pen°tachord**—পঞ্চতারযুক্ত বাদ্যযন্ত্র-বিশেষ, পাঁচতারা। *n.* **pen°tacle**—(সচ. জাদুমন্ত্র-পূত) পঞ্চভুজাকার কবচাদি। *n.* **pen°tad**—পঞ্চক; পঞ্চবৎসর বা পঞ্চসাল; পঞ্চদিবস। *n.* **pen°tagon**—(জ্যামি.) পঞ্চভুজ, পঞ্চকোণ। **the Pentagon**—আমেরিকার যুক্তরাষ্ট্রের সশস্ত্র বাহিনীর সর্বোচ্চ দপ্তর (ভার্জিনিয়ার আরলিংটন শহরে অবস্থিত)। *a.* **penta°gonal**—পঞ্চভুজযুক্ত পঞ্চকোণী। *n.* **pen°tagram**—same as **pentacle**। *n.* **Penta°meron**—ন্যাপল্‌স্-দেশের লোককাহিনীসমূহের সঙ্কলনগ্রন্থবিশেষ (ইহা পঞ্চদিনে কথিত হওয়ার নির্দেশ ছিল) [It. *pentamerone*]। *a.* **penta°merous**—পঞ্চ-অংশ-যুক্ত [*penta-*, Gk. *meros*=part]। *n.* **penta°mēter**—দশমাত্রিক বা পঞ্চস্বরাঘাতযুক্ত চরণবিশিষ্ট কবিতা। *n.* **pen°tangle**—(জ্যামি.) পঞ্চকোণী ক্ষেত্র, পঞ্চভুজ। *a.* **pentan°gūlar**—পঞ্চকোণী, পঞ্চভুজ। *n.* **pentateuch** [pen°-ta-tūk, পেন্°-ট্যাটিউক্] বাইবেলের অন্তর্গত Old Testament বা 'পুরাতন নিয়ম' নামক গ্রন্থের প্রথম পাঁচখানি পুস্তক [Gk. *pentateukhos*=five-volumed]। *n.* **pentathlon** [pen-tath°-lan, পেন্ট্যাথ্°ল্যান্] (ওলিমপিক-ক্রীড়াদির) প্রতিযোগিতাবিশেষ: ইহাতে প্রত্যেক প্রতিযোগীকে পাঁচটি বিষয়ে (সচ. কুশতি লোহার থালা নিক্ষেপ বর্শানিক্ষেপ উল্লম্ফন ও ধাবন) প্রতিযোগিতা করিতে হয় [*pent-*, Gk. *athlon*=contest]। *a.* **pentava°lent**—(পরমাণু সম্বন্ধে) পঞ্চ-যোজ্যতাযুক্ত। [Gk. *pente*]

pentecost [pen°-ti-kost, পেন্°টিকস্ট্] *n.* a Jewish festival, ইহুদিদের পর্ববিশেষ (Passover-এর পর পঞ্চাশৎ দিবসে অনুষ্ঠেয়); the Whitsuntide, ঈষ্টারের সাত সপ্তাহ পরবর্তী খ্রিষ্টীয় পর্ববিশেষ। **pentēcos°tal**—(1) *a.* উক্ত পর্বসংক্রান্ত। (2) *n. pl.* উক্ত খ্রিস্টীয় পর্বোপলক্ষে গ্রাম্য যাজককে প্রদত্ত অর্ঘ্য। [Gk. *pentecoste* (*hemera*)=fiftieth (day)]

penthouse [pent°-hows, পেন্ট্°হাউস্] *a.* sloping roof or shed supported against the wall of a building, (প্রধানতঃ জানালা দরজাদি হইতে বৃষ্টির ছাট আসা নিবারণার্থ) অট্টালিকার দেওয়ালে ঠেস-দেওয়ান একপাশে ঢালু ছাদ বা আচ্ছাদন। *n.* **pent°-roof**—একদিকে ঢালু ছাদ। [ME. *pentice*, *pentise* < F. *appentis*. LL. *appendicium* = an appendage]

penult [pi-nult°, পিনাল্‌ট্°] **penul°tima**—*n.* the last syllable but one of a word, শব্দের উনশেষ সিল্যাব্‌ল্। **pėnul°timȧte**—(**1**) *a.* উনশেষ। (**2**) *n.* উনশেষ বস্তু সিল্যাব্‌ল্ প্রভৃতি। [L. *paenultima* < *paene* = almost, *ultimus* = last]

penumbra [pi-num°-bra, পিনাম্‌°ব্র্যা] *n.* a partial or lighter shadow round the perfect or darker shadow of an eclipse, (জ্যোতি.) গ্রহণের পূর্ণ বা কাল ছায়ার চারিধারে আংশিক বা ঈষদন্ধকার ছায়া, (পরি.) উপচ্ছায়া। *a.* **penum°bral**—উপচ্ছায়া-সংক্রান্ত। [L. *paene* = almost, *umbra* = shade]

penury [pe°-nū-ri, পে°নিউরি] *n.* want, অভাব; great poverty, নিদারুণ দারিদ্র্য। *a.* **pėnūr°ious**—(অপ্র.) অভাবগ্রস্ত; (অপ্র.) অত্যল্প; কৃপণস্বভাব। *adv.* **penūr°iously**। [L. *paenuria*]

pen-wiper—see **pen**$_3$.

peon [pe°-an, পী°অ্যান্] *n.* a day-labourer, esp. one working off a debt by bondage, প্রধানতঃ দেনা শোধের জন্য কর্মনিযুক্ত খেতিমজুর বা দিনমজুর। *n.* **peon** [pūn, পিউন] (ভারতে) পেয়াদা; ডাকপিয়ন; সংবাদবাহী ভৃত্য। *n.* **pē°onȧge**—ঋণশোধার্থ খেতিমজুর বা দিনমজুর রূপে কর্মে নিয়োগের রীতি। [Sp. < LL. *pedo* < L. *pes* = a foot]

people [pēp°l, পীপ্‌°ল্] (**1**) *n. sing.* (usu. no *pl.*) a nation, জাতি (a warlike *people*); a community, সম্প্রদায়। (**2**) *n. sing.* (*pl.* **peop°leṡ**) a set of persons, লোকদের নির্দিষ্ট দল; a body of persons under common leadership, একই নেতৃত্বাধীন দল। (**3**) *n. pl.* (no *sing.*) subjects, প্রজাপুঞ্জ; retainers, অনুচরবর্গ; followers, অনুগামিগণ, শিষ্যবৃন্দ; employees, কর্মচারিগণ; servants, ভৃত্যবর্গ; congregation, উপাসকমণ্ডলী; near kindred, আত্মীয়-কুটুম্ব; members of a household, পরিজনবর্গ; inhabitants of a place, অধিবাসিবৃন্দ; the commonalty, laity, জনসাধারণ। (**4**) *v.t.* to fill with people, জনপূর্ণ করা (esp. in *p. pt.* a thickly *peopled* country); to inhabit, (কোথাও) বসবাস করা। [OF. < L. *populus*]

pep [pep, পেপ্] *n.* (sl.) vigour, spirit, (অশি.) বীর্য, তেজ। [see *pepper*]

pepper [pe°-pa(r), পে°প্যা(র্)] (**1**) *n.* condiment prepared from dried berries of certain plants, গোলমরিচ, পিপুল, its plants or their berries, গোলমরিচের গাছ বা বীজ। (**2**) *v.t.* to put pepper on or to mix pepper with, (খাদ্যাদিতে) গোলমরিচের গুঁড়া ছড়াইয়া দেওয়া বা মেশান। (**3**) *v.t.i.* to pelt with, (তীর ঢিল গুলি প্রভৃতি) প্রচুরপরিমাণে ছুড়িয়া মারা বা বর্ষণ করা। **black pepper**—খোসাসহ বা চূর্ণীকৃত গোলমরিচ। **long pepper**—লঙ্কা। **red pepper**—যে লঙ্কা শুকাইয়া রন্ধনাদিতে মশলারূপে ব্যবহৃত হয়, শুকনো লঙ্কা। **white pepper**—খোসা-ছাড়ান গোলমরিচ। *n.* **pe°pper-and-salt°**—গাঢ় ও ফিকে রঙের পশমে বোনা এবং ছোট ছোট ফুটকিওয়ালা কাপড়; উক্ত কাপড়ের রঙ। *n.* **pe°pper-box, pe°pper-pot, pe°pper-caster, pe°pper-castor**—খাবারের উপর গোলমরিচের গুঁড়া ছড়াইয়া দিবার জন্য ছোট ছোট ছেঁদাওয়ালা ঢাকনাযুক্ত শিশি। *n.* **pe°pper-corn**—শুষ্কীকৃত গোলমরিচের বীজ। *n.* **pe°pper-mill**—শুষ্কীকৃত গোলমরিচের বীজ গুঁড়াইয়া খাবারের উপর ছড়াইবার জন্য আধার। *n.* **pe°ppermint**—সুগন্ধ পদার্থবিশেষ, মেনথল; উহার দ্বারা প্রস্তুত তরল পানীয় বা লজেন্চুস্। *a.* **pe°ppery**—গোলমরিচতুল্য গুণবিশিষ্ট; ঝাল; রাগী, ক্রুদ্ধ (a *peppery* old man)। [OE. *pipor* < L. *piper* < Gk. *peperi* > Sans. *pippali*]

pepsin [pep°-sin, পেপ্‌°সিন্] *n.* a constituent of the gastric juice, পাচকরসের উপাদানবিশেষ, পেপ্‌সিন্। *a.* **pep°tic**—হজম-সংক্রান্ত; হজম-শক্তিবর্ধক, হজমি; উত্তম হজম-শক্তিসম্পন্ন; পেপ্‌সিন্-সংক্রান্ত বা পাচকরস-সংক্রান্ত। *n. pl.* **pep°tics**—(ঠাট্টায়) পরিপাক-যন্ত্র। **peptic ulcer**—পাকস্থলীর ক্ষত বা ঘা। [Gk. *pepsis* = digestion]

per [pa(r), প্যা(র্)] *prep.* so much for each, a, প্রত্যেকটির জন্য, প্রতিটিতে, ফি (*per* diem); by, দ্বারা, মারফত (*per* bearer); in the manner or direction of, ধরন-অনুযায়ী বা নির্দেশানুযায়ী (as *per* rule)। **as per usual**—(অমা.) চলিত নিয়মানুযায়ী, সচরাচর। **per annum** [···a°-nam, ···অ্যা°ন্যাম্] প্রতি বৎসরে, ফি বছর। **per capita**—মাথা-পিছু। **per cent**—প্রতি শতে, শতকরা। *n.* **percent°age**—শতকরা হার বা হিসাব; শতকরা কমিশন্ মুনাফা প্রভৃতি; আপাতিক বা সমানুপাতিক অংশ। **per diem** [···dī°-am, ···ডাই°অ্যাম্] দিনপ্রতি, রোজ-হিসাবে। **per mensem** [···men°-sem, ···মেন্°-সেম্] প্রতিমাসে। **per prŏ**—প্রক্সি-র (proxy) দ্বারা, বদলির দ্বারা। **per sē**—স্বয়ং; জন্মগতভাবে, সহজাতভাবে; অপরিহার্যভাবে। [L. & OF.]

peradventure [p(a)rad-ven°cha(r), প্র্যাড্‌ভেন্°চ্যা(র্)] *adv.* by chance, ঘটনাচক্রে, দৈবাৎ; perhaps, সম্ভবতঃ। [*per, adventure*]

perambulate [pa-ram°-bū°-lāt, প্যার‍্যাম্‌°বিউলেইট্] *v.t.i.* to go up and down, ইতস্ততঃ ভ্রমণ করা বা পরিক্রমণ করা; to go from place to place, স্থান হইতে স্থানান্তরে ঘুরিয়া বেড়ান; to go in a perambulator, হাতে-ঠেলা গাড়িতে চড়িয়া বেড়ান। *p.* & *p. pt.* **peram°būlātėd**। *n.* **perambūlā°tion**। *n.* **peram°būlator**—ভ্রমণকারী; (প্রধানতঃ শিশুদের বহনার্থ) হাতে-ঠেলা গাড়িবিশেষ। [*per, ambulare*]

percale [pa(r)-kāl°, প্যা(র্)কেইল্°] *n.* a closely woven fabric, ঠাস-বুনান কাপড়বিশেষ। [F.]

perceive [pa(r)-sēv°, প্যা(র্)সীভ্°] *v.t.* to

become aware through one of the senses, ইন্দ্রিয়দ্বারা প্রত্যক্ষ করা ; to apprehend with the mind, মনে-মনে উপলব্ধি করা ; to see, দেখা ; to understand, বোঝা, উপলব্ধি করা। *a.* **percei°vable** I *adv.* **percei°vably** I *n.* **percei°ver** I [OF. *percever* < L. *percipere*]

percentage—see **per.**

percept [pa(r)°-sept, প্যা(র্)°সেপ্‌ট্] *n.* an object perceived by the senses, ইন্দ্রিয়দ্বারা প্রত্যক্ষ-করা বস্তু, (পরি.) প্রত্যক্ষ ; the result of mental perception, কল্পমূর্তি, কল্পনা। *a.* **percep°tible**—প্রত্যক্ষ করা বা উপলব্ধি করা যায় এমন, প্রত্যক্ষ। *n.* **perceptibi°lity** I *adv.* **percep°tibly** I *n.* **percep°tion**—প্রত্যক্ষকরণ ; উপলব্ধি ; প্রত্যক্ষ রূপ ; কল্পমূর্তি। *a.* **percep°tional** I *a.* **percep°tive**—প্রত্যক্ষ করিতে বা বা উপলব্ধি করিতে সক্ষম ; সহজে প্রত্যক্ষ করে বা উপলব্ধি করে এমন। *adv.* **percep°tively** I *n.* **percepti°vity** I *a.* **percep°tūal**—প্রত্যক্ষজ। [see *perceive*]

perch₁ [pa(r)ch, প্যা(র্)চ্] *n.* a kind of fish, মৎস্যবিশেষ। [L. *perche* < Gk. *perke*]

perch₂ [pa(r)ch, প্যা(র্)চ্] (**1**) *n.* a rod for a bird to rest upon, পাখির দাঁড় ; an elevated seat, উচ্চাসন ; a length-measuring rod, দৈর্ঘ্যের মাপকাঠিবিশেষ। (1 perch = $5\frac{1}{2}$ yards)। (**2**) *v.i.t.* to settle or place on a perch, দাঁড়ে বসা বা দাঁড়ের উপর স্থাপন করা ; to be placed, or place on high, উচ্চাসনে স্থাপিত হওয়া বা স্থাপন করা। (**3**) *v.i.* to settle, স্থির হইয়া বসা। *p.* & *p. pt.* **per°ched** I *n.* **per°cher**—যে পাখি বৃক্ষশাখার উপরে বসে, তরুবিহঙ্গ, শাখাবিহঙ্গ। **(to) knock a person off his perch**—(কাহাকেও) পরাভূত করা। [F. *perche* < L. *pertica* = a pole]

perchance [pa(r)-chŭns°, প্যা(র্)চান্‌স্°] *adv.* by chance, দৈবাৎ ; perhaps, সম্ভবতঃ। [AF. *par chance*]

percipient [pa(r)-si°-pi-ant, প্যা(র্)সি°পিঅ্যান্ট্] (**1**) *a.* perceiving, প্রত্যক্ষ করে বা উপলব্ধি করে এমন ; having perception, প্রত্যক্ষ করার বা উপলব্ধি করার শক্তিসম্পন্ন ; receiving impressions telepathically or supersensibly, মানসিক বা অতীন্দ্রিয় উপায়ে ধারণা করার শক্তিসম্পন্ন। (**2**) *n.* a percipient person, ঐরূপ ব্যক্তি। *n.* **perci°pience**—প্রত্যক্ষ করা ; উপলব্ধি ; মানসিক বা অতীন্দ্রিয় উপায়ে অবধারণ। [L. *percipiens*—cp. *perceive*]

percolate [pa(r)°-ka-lāt, প্যা(র্)°ক্যালেইট্] *v.t.i.* to pass through small pores, ছোট ছোট ছিদ্রের মধ্য দিয়া ঝরান বা ঝরা, চোয়ান বা চোয়াইয়া পড়া। *p.* & *p. pt.* **per°colātėd** I *n.* **percolā°tion**—(পরি.) অনুস্রাবণ। *n.* **per°colātor**—অনুস্রাবণযন্ত্র। [F. *percolare*]

percuss [pa(r)-kus°, প্যা(র্)কাস্°] *v.t.* to strike gently, মৃদু আঘাত করা ; to tap for purposes of diagnosis, রোগনির্ণয়ার্থ রোগীর দেহে আঙ্গুল বা যন্ত্র দিয়া মৃদু আঘাত করা, টোকা মারা। *p.* & *p. pt.* **percu°ssed** I *n.* **percussion** [pa(r)-ku°sh-(a)n, প্যা(র্)কা°শ্‌ন্] সজ্ঘর্ষ ; আঘাত ; রোগনির্ণয়ার্থ রোগীর দেহে মৃদু আঘাত বা টোকা ; টোকার শব্দ ; ঢাক ঢোল প্রভৃতি বাদ্যযন্ত্র যাহা পিটাইয়া বাজাইতে হয়। *a.* **percu°ssive**—আঘাত করিয়া নাড়ায় বা কাঁপায় এমন ; টোকা মারে এমন ; পিটাইয়া বাজায় বা বাজাইতে হয় এমন। [L. *percussio*]

perdition [pa(r)-di°sh(a)n, প্যা(র্)ডি°শ্‌ন্] *n.* ruin, সর্বনাশ ; damnation, নরকবাস। [L. *perditionem*]

perdu(e) [pa(r)-dū°, প্যা(র্)ডিউ°] *a.* lost to view, দৃষ্টির অগোচর, অদৃশ্য ; concealed, গুপ্ত ; in ambush, ওত পাতিয়া আছে এমন (to lie *perdue*)। [F.]

perdurable [pa(r)-dūr°-abl, প্যা(র্)ডিউঅ্যার্°-অ্যাব্‌ল্] *a.* everlasting, permanent, চিরস্থায়ী। [L. *per-*, *durabilis*] I [F.]

peregrin(e) [pe°-ri-grin, পে°রিগ্রিন্] (**1**) *a.* foreign, বিদেশী ; making a pilgrimage or journey, তীর্থভ্রমণরত বা ভ্রমণরত। (**2**) *n.* an alien resident, বিদেশী বাসিন্দা ; a foreign pilgrim or traveller, বিদেশাগত তীর্থযাত্রী বা ভ্রমণকারী ; a kind of falcon, বাজপাখিবিশেষ। **pe°regrināte**—(**1**) *v.i.* ঘুরিয়া বেড়ান ; বিদেশে বাস করা ; তীর্থভ্রমণ করা। (**2**) *v.t.* (কোন দেশে বা স্থানে) ভ্রমণ করা। *p.* & *p. pt.* **pe°regrinātėd** I *n.* **peregrinā°tion** I *n.* **pe°regrinātor** I [L. *peregrinus(a.)*]

peremptory [pa-rem(p)°t(a)-ri, প্যারেম্‌°ট্‌রি] *a.* final, (আদেশাদি-সম্বন্ধে) অসম্মতির বা অস্বীকারের উপায়হীন, মানিতেই হইবে এমন, চরম ; imperious, উদ্ধত কর্তৃত্বপূর্ণ ; dogmatic, যুক্তিতর্ক মানে না এমন। **a peremptory writ**—(আইনে) যে আদেশ প্রতিবাদীকে আদালতে হাজির হইতে বাধ্য করে। *adv.* **peremp°torily** I *n.* **peremp°toriness** I [L. *peremptorius*]

perennial [pa-re°-ni-al, প্যারে°নিয়াল্] (**1**) *a.* lasting through the year, বর্ষজীবী, বারমেসে ; perpetual, চিরজীবী (the *perennial* philosophy) ; (bot.) lasting more than two years, (উদ্ভি.) দুই বৎসরেরও অধিক বাঁচে এমন ; (of insects) living more than one year, (কীটপতঙ্গাদি-সম্বন্ধে) একবৎসরেরও অধিক বাঁচে এমন। (**2**) *n.* a perennial plant, দ্বিবর্ষাধিকজীবী উদ্ভিদ্ (hardy *perennials*)। *adv.* **pere°nnially** I [L. *perennis*]

perfect [pa(r)°-fikt, প্যা(র্)°ফিক্‌ট্] *a.* complete, সম্পূর্ণ ; fully mature, পূর্ণতাপ্রাপ্ত, পূর্ণাঙ্গ ; thoroughly skilled or versed, সম্পূর্ণ দক্ষ বা শিক্ষাপ্রাপ্ত ; exact, যথাযথ ; flawless, নিখুঁত

(*perfect* circle, square, etc.) ; morally excellent, নৈতিক দিক্ দিয়া উৎকৃষ্ট বা নিখুঁত ; (gr.) expressing an act completed, (ব্যাক.—ক্রিয়ার কালসম্বন্ধে) পুরাঘটিত। *v.t.* **perfect** [pa(r)-fekt°, প্যা(র্)ফেক্ট্°] পূর্ণসংসাধিত সম্পূর্ণ বা পূর্ণাঙ্গ করা ; সম্পূর্ণ শিক্ষিত বা দক্ষ করা। *p.* & *p. pt.* **perfec°tėd** । *a.* **perfec°tible**—পূর্ণতা অর্জনে বা পূর্ণাঙ্গ হইতে সক্ষম। *n.* **perfec°tibi°lity**—perfectible-এর সকল অর্থে, এবং—মানুষ পূর্ণতা-অর্জনে সক্ষম : এই মত। *n.* **perfection**—perfect (*v.*)-এর সকল অর্থে, এবং—পূর্ণাঙ্গ রূপ বা মূর্তি। *n.* **perfec°tionist**—যে ব্যক্তি বিশ্বাস করে যে পূর্ণ নৈতিক বিশুদ্ধতা অর্জন করা সম্ভব অর্থাৎ পাপ না করিয়া জীবনযাপন করা সম্ভব। *adv.* **per°fėctly** । *n.* **per°fėctnėss** । [OF. *parfit*]

perfecto [pa(r)-fek°-tō, প্যা(র্)ফেক্°টৌ] *n.* large thick cigar pointed at each end, দুই প্রান্ত ছুঁচাল বড় ও মোটা চুরুট। [Sp.]

perfervid [pa(r)-fa(r)°-vid, প্যা(র্)ফ্যা(র্)°ভিড্] *a.* very fervid, অতি তপ্ত বা প্রদীপ্ত ; very ardent, অতিশয় আগ্রহপূর্ণ। [*Perfervidus*, a misreading or misquotation for L. *Praefervidus* < *prae* = before, *fervidus* = fervid]

perfidious [pa(r)-fi°-di-as প্যা(র্)ফি°ডিঅ্যাস্] *a.* faithless, বিশ্বাসহীন, অবিশ্বাসী ; unfaithful, অবিশ্বস্ত ; treacherous, বিশ্বাসঘাতক। *adv.* **perfi°diously** । *n.* **perfi°diousnėss, per°fidy** । [L. *perfidiosus*]

perforate [pa(r)°-fa-rāt, প্যা(র্)°ফ্যারেইট্] *v.t.* to pierce or make a hole through, বিদ্ধ করা বা ছিদ্র করা। *p.* & *p. pt.* **per°forātėd** । *n.* **perforā°tion**—বিদ্ধ করা বা ছিদ্র করা ; বিঁধ, ছিদ্র ; ছিদ্রাবলী। *n.* **per°forātor**—ছিদ্রকারী ; বিদ্ধ করার বা ছিদ্র করার যন্ত্র। [L. *perforare*]

perforce [pa(r)-faw(r)s°, প্যা(র্)ফ্য(র্)স্°] *adv.* of necessity, প্রয়োজনবশতঃ, অবশ্যই। [OF. *par force* = by force]

perform [pa(r)-faw(r)m°, প্যা(র্)ফ্য(র্)ম্°] *v.t.i.* to carry into effect, কার্যে পরিণত করা, কার্যকর করা ; to execute, সম্পাদন করা ; to act, (নাটকের ভূমিকাদি) অভিনয় করা ; to display or exhibit, (ক্রীড়া-কৌশলাদি) প্রদর্শন করা। *n.* **performance** [pa(r)-faw(r)° mans, প্যা(র্)ফ্য(র্)°ম্যান্স্] কার্যে পরিণত করা ; পূর্ণসংসাধন ; সম্পাদন ; সম্পাদিত কার্য, (পরি.) কৃতি ; অভিনয় (three *performances* a day) ; ক্রীড়া-কৌশলাদি প্রদর্শন (a fine *performance*) ; প্রদর্শিত ক্রীড়াকৌশলাদি ; প্রমোদানুষ্ঠান ; অনুষ্ঠান। **command performance**—রাজাদেশে অনুষ্ঠিত নাট্যাভিনয়। *n.* **performer** । [AF. < *parfourmer* < OF. *parfournir* < L. *per* = through, *fournir* = furnish]

perfume [pa(r)°-fūm, প্যা(র্)°ফিউম্] *n.* sweet smell, মধুর গন্ধ, সৌরভ ; any fragrant substance, সুগন্ধ দ্রব্য ; সুগন্ধি। *v.t.* **perfūme°**—সুরভিত করা। *n.* **perfū°mer**—যে ব্যক্তি সুরভিত করে ; সুগন্ধ দ্রব্যাদির প্রস্তুতকারক বা বিক্রেতা। *n.* **perfū°mery**—সুগন্ধ দ্রব্যসমূহ ; উহা প্রস্তুতের বিদ্যা বা কারখানা। [F. *parfum* < L. *per* = through, *fumus* = smoke]

perfunctory [pa(r)-fung(k)°-t(a)ri, প্যা(র্)ফাং°-ট্রি] *a.* done merely as a duty to be got through, নেহাত কর্তব্য হিসাবেই অর্থাৎ তাচ্ছিল্যভরে বা যেমন-তেমন ভাবে কৃত ; mechanical, যন্ত্রবৎ অর্থাৎ আন্তরিকতাশূন্য ; hasty and superficial, তাড়াহুড়াপূর্ণ এবং উপর-উপর। *adv.* **perfunc°torily** । *n.* **perfunc°torinėss** । [L. *perfunctorius*]

perfuse [pa(r)-fūz, প্যা(র্)ফিউজ্] *v.t.* to pour or besprinkle (with water, etc.), (জল বা জলীয় দ্রব্যাদি) ঢালিয়া বা ছিটাইয়া দেওয়া ; (med.) to cause a liquid pass through an organ, etc., (চিকি.) শরীরের অবয়বের মধ্য দিয়া তরল দ্রব্যাদি প্রবাহিত করান। [L. *perfūsus* = poured over]

pergola [pa(r)°-ga-la, প্যা(র্)°গ্যাল্যা] *a.* a structure with climbing plants, বীথি কুঞ্জ দ্বার প্রভৃতিতে লতায় ছাওয়া আচ্ছাদনবিশেষ। [It. < L. *pergula* = a shed]

pergunnah—alt. spell. of **pargana.**

perhaps [pa(r)-haps°, প্যা(র্)হ্যাপ্স্°] *adv.* it may be, possible, হয়ত হইতে পারে, সম্ভবতঃ, বোধহয়। [*pl.* of *hap*, after *peradventure, perchance*]

peri [pē(r)°-i, পিয়্যার্°ই] *n.* a Persian fairy, পারস্যের পরীবিশেষ ; a beautiful woman, সুন্দরী স্ত্রীলোক, পিয়ারী। [Pers.]

perianth [pe°-ri-anth, পে°রিঅ্যান্থ্] *n.* (bot.) calyx and corolla, (উদ্ভি.) বৃতি ও দলমণ্ডল, (পরি.) পুষ্পপুট ; [*peri-*, Gk. *anthos* = flower]

periapt [pe°-ri-apt, পে°রিঅ্যাপ্ট্] *n.* an amulet, কবচ, মাদুলি। [Gk. *periapton* = something fastened round]

pericardium [pe-ri-kŭ(r)°-di-am, পেরিকা(র্)°-ডিঅ্যাম্] *n.* the sac round the heart, হৃদয়ের চতুষ্পার্শ্বস্থ থলিবিশেষ, (পরি.) হৃদ্ধরা ঝিল্লি। *a.* **pericar°diac, pericar°dial**—হৃদ্ধরা ঝিল্লিগত। *n.* **pericardi°tis**—হৃদ্ধরা ঝিল্লির প্রদাহ। [L. < Gk. *perikardion*]

pericarp [pe°-ri-kŭ(r)p, পে°রিকা(র্)প্] *n.* the wall of a fruit, ফলত্বক্। [Gk. *perikarpion*]

pericranium [pe-ri-krā°-ni-am, পেরিক্রেই°নি-অ্যাম্] *n.* the membrane surrounding the skull, করোটির আবরক-ঝিল্লি ; (joc.) the skull ; intellect, (ব্যঙ্গে) মাথার খুলি, করোটি ; বুদ্ধি। [L. < Gk. *perikraion*]

perigee [pe°-ri-jē, পে°রিজী] *n.* (astr.) the point in the moon's orbit nearest the earth, (জ্যোতি.) চন্দ্রের কক্ষস্থ যে বিন্দুটি পৃথিবীর

নিকটতম, (পরি.) অনুভূ। *a.* **perigē°an** । [Gk. *perigeion*]

perihelion [pe-ri-hē°-li-an, পেরিহী°লিঅ্যান্] *n.* the point in the orbit of a planet or comet nearest the sun, গ্রহের বা ধূমকেতুর কক্ষের যে বিন্দু সূর্যের নিকটতম, (পরি.) অনুসূর ; (fig.) culmination, (আল.) তুঙ্গী অবস্থা। *pl.* **perihē°lia** । [*peri-*, Gk. *helios*=the sun]

peril [pe°-ril, পে°রিল্] (**1**) *n.* danger, বিপদ্। (**2**) *v.t.* to expose to danger, বিপদাপন্ন করা। *pr. pt.* **pe°rilling** । *p.* & *p. pt.* **pe°rilled** । **at one's peril**—নিজে ঝুঁকি লইয়া। *a.* **pe°rilous** —বিপজ্জনক, বিপদপূর্ণ। *adv.* **pe°rilously** । [F. <L. *periculum*]

perimeter [pa-ri°-mi-ta(r), প্যারি°মিট্যা(র্)] *n.* (geom.) the circuit of any plane figure, (জ্যামি.) সমতল ক্ষেত্রের পরিসীমা ; an instrument for measuring the field of vision, (পরি.) পরিমাপক। [Gk. *perimetros*]

period [pēr°-i-ad, পিয়্যার°ইঅ্যাড়্] *n.* round of time marked by astronomical coincidences, জ্যোতিষ্কমণ্ডলের মধ্যে কোন সংঘটনার পুনরাবর্তন-কাল ; time during which something runs its course, কিছুর পরিব্যাপ্তি-কাল ; an interval of time at the end of which events recur, পর্যায়কাল, পর্যায় ; the time required for a complete oscillation, দোলনকাল ; a particular time, নির্দিষ্ট সময় বা কাল ; occurrence of menstruation, স্ত্রীরজঃ, মাসিক ; an age, যুগ বা কল্প ; a division of time, কালবিভাগ ; a division of the school day, the time of one lesson, বিদ্যালয়ের এক-এক ঘণ্টা, পিরিঅড্ ; a complete sentence, পূর্ণাঙ্গ বাক্য ; a full stop, দাঁড়ির অনুরূপ ইংরেজি যতিচিহ্ন, ফুলস্টপ্। *a.* **periodic** [pēr-i-o°-dik, পিয়্যার্ইঅ°ডিক্] নির্দিষ্ট সময় অন্তর-অন্তর ঘটে এমন, পর্যাবৃত্ত। **pērio°dical**—(**1**) *a.* পর্যাবৃত্ত, পুনরাবৃত্ত। (**2**) *n.* পর্যাবৃত্ত পত্রিকা, সাময়িক পত্রিকা। *adv.* **pērio°dically** । *n.* **periodicity** [pēr-i-a-di°-si-ti, পিয়্যার্ইঅ্যাডি°সিটি] পর্যাবৃত্তি। [F. *periode*<L. *periodus*<Gk. *periodos*]

peripatetic [pe-ri-pa-te°-tik, পেরিপ্যাটে°টিক্] (**1**) *a.* itinerant, ইতস্ততঃ ভ্রমণরত ; Aristotlian, অ্যারিস্‌টট্‌লের অনুগামী। (**2**) *n.* an itinerant person, ইতস্ততঃ ভ্রমণরত ব্যক্তি ; a follower of Aristotle, অ্যারিস্‌টট্‌লের অনুগামী ব্যক্তি। *adv.* **peripate°tically** । *n.* **peripateticism** [peri-pa-te°-ti-sizm, পেরিপ্যাটে°টিসিজ্‌ম্] অ্যারিস্‌টট্‌ল্-এর দার্শনিক মত। [Gk. *peripatetikos*<*pateein* =to walk]

peripeteia [pe-ri-pi-tia°, পেরিপিটাই°অ্যা°] *n.* (in drama or in life) sudden change of fortune, (নাটকে বা জীবনে) আকস্মিক ভাগ্য-পরিবর্তন বা ভাগ্যোদয়। [Gk.]

periphery [pa-ri°-fa-ri, প্যারি°ফ্যারি] *n.* bounding line or surface, চৌহদ্দি বা পরিধি। *a.* **peri°pheral**—সীমান্তবর্তী, (পরি.) প্রান্তস্থ। [Gk. *periphereia*]

periphrasis [pa-ri°-fra-sis, প্যারি°ফ্র্যাসিস্] *n.* roundabout expression, ঘোরান উক্তি। *pl.* **peri°phrasēs** । *a.* **periphras°tic**—পরোক্ষ উক্তিমূলক। [Gk.]

periscope [pe°-ris-kōp, পে°রিস্‌কৌপ্] *n.* a mirrored apparatus for seeing from a submarine, trench, etc., what is going on above, ডুবো-জাহাজ পরিখা প্রভৃতি হইতে উপরের বস্তু দেখার জন্য আয়নাযুক্ত যন্ত্রবিশেষ। *a.* **perisco°pic** । [*peri-*, *scope*]

perish [pe°-rish, পে°রিশ্] (**1**) *v.i.* to decay, ক্ষয় পাওয়া ; to lose life, প্রাণ হারান। (**2**) *v.t.i.* to destroy or be destroyed, ধ্বংস করা বা হওয়া, বিনষ্ট করা বা হওয়া ; to ruin or be ruined, সর্বনাশ করা বা হওয়া। (**3**) *v.t.* to cause to decay, ক্ষয় করা। *p.* & *p. pt.* **pe°rished** । **pe°rishable**—(**1**) *a.* নশ্বর, বিনাশশীল ; সহজে নষ্ট হয় বা ক্ষয় হয় বা পচিয়া যায় এমন। (**2**) *n.* নশ্বর বস্তু ; (in *pl.*) সহজে পচনশীল খাদ্যদ্রব্য বা অন্যান্য পদার্থ। *n.* **perishabi°lity** । *adv.* **pe°rishably** । *n.* **pe°risher**—(অশি.) যে ব্যক্তিকে কেহ পছন্দ করে না ; দুষ্টু শিশু। *adv.* **pe°rishingly** । [OF. *perir*< L. *perire*]

peristyle [pe°-ri-stīl, পে°রিস্টাইল্] *n.* a row of columns round a building, temple, etc., অট্টালিকা মন্দির প্রভৃতির চতুষ্পার্শ্বস্থ স্তম্ভশ্রেণী। [L. *peristy(i)um*<Gk. *peristylon*]

periton(a)eum [pe-ri-tŏ-nē-am, পেরিটৌনী°-অ্যাম্] *n.* a membrane enclosing the abdomen, উদরের আবরক-ঝিল্লী। *n.* **peritonitis** [pe-ri-ta-nī°-tis, পেরিট্যানাই°টিস্] উক্ত ঝিল্লীর প্রদাহ। [Gk. *peritonaion*]

periwig [pe°-ri-wig, পে°রিউ্যইগ্] *n.* a wig, পরচুলা। *a.* **pe°riwigged**—পরচুলা-পরিহিত। [ME. *perwyke*<F. *perruque*]

periwinkle$_1$ [pe°-ri-wingkl, পে°রিউ্যইংক্‌ল্] *n.* an evergreen creeper, চির-শ্যামল লতা-বিশেষ। [ME. *peruenke*<OE. *peruince*<L. *pervinca*]

periwinkle$_2$ [pe°-ri-winkl, পে°রিউ্যইংক্‌ল্] *n.* an edible gasteropod, গেঁড়ি শামুক। [OE. (*pl.*) *pinewinclan*]

perjure [pa(r)°-ja(r), প্যা(র্)°জ্যা(র্)] (**1**) *v.t.* to forswear (oneself), (নিজেকে) মিথ্যা হলফ করান ; to cause to swear falsely, অপরকে মিথ্যা হলফ করান। (**2**) *v.i.* to swear falsely, মিথ্যা হলফ করা। *a.* **per°jured**—মিথ্যা হলফ করিয়াছে এমন ; মিথ্যাহলফপূর্ণ। *n.* **per°jurer** । *n.* **perjury** [pa(r)°-j(a)ri, প্যা(র্)°জ্‌রি] মিথ্যা হলফ ; শপথভঙ্গ। [OF. *parjurer*<L. *perjurare*]

perk₁ [pa(r)k, প্যা(র্)ক্] coll. contr. of **percolate** and **perquisite.**

perk₂ [park, প্যা(র্)ক্] *v.i.t.* to lift one's head confidently or impudently, আত্মবিশ্বাস লইয়া চলা বা (নিজেকে) চালান, আত্ম-জাহির করা বা করান। *p.* & *p. pt.* **per°ked** । *a.* **per°ky**—আত্ম-জাহির করে এমন ; উঁচু হইয়া ওঠে এমন ; প্রফুল্ল, হাসিখুশি। *adv.* **perkily** । *n.* **per°kinėss** । [?]

perm [pa(r)m, প্যা(র্)ম্] (1) *n.* coll. contr. of **permanent wave** (of hair) and **permutation** (in football pool) । (2) *v.t.* to give a permanent wave to, (চুলে) স্থায়ী ঢেউ তোলা।

permafrost [pŭ(r)°-ma-frost, পা(র্)°ম্যাফ্রস্ট্] *n.* permanently frozen subsoil, ভূগর্ভস্থ চিরহিমায়িত অঞ্চল। [*permanent, frost*]

permanent [pa(r)°-ma-nant, প্যা(র্)°ম্যান্যান্ট্] *a.* lasting, স্থায়ী। *n.* **per°manence**—স্থায়িত্ব। *n.* **per°manency**—স্থায়িত্ব ; স্থায়ী বস্তু। *adv.* **permanently** । [L. *permanere*=to continue]

permanganate [pa(r)-mang-ga°-nit, প্যা(র্)ম্যাংগ্যা°নিট্] *n.* an acid salt, আম্লিক পদার্থবিশেষ। [L. *per-*=indicating excess (of oxygen), see *manganese*]

permeable—see **permeate.**

permeate [pa(r)°-mi-āt, প্যা(র্)°মিএইট্] (1) *v.t.* to pass through the pores of, ছিদ্রসমূহের ভিতর দিয়া প্রবিষ্ট করান ; to pervade, পরিব্যাপ্ত করা। (2) *v.i.* to diffuse (itself) through, ছড়াইয়া পড়া। *p.* & *p. pt.* **per°mėātėd** । *a.* **per°mėable**—(পরি.) প্রবেশ্য, ভেদ্য। *n.* **per°meabi°lity** । *adv.* **per°mėably** । *n.* **Permėātion** । [L. *permeare*]

permissible, permissive—see **permit.**

permit [pa(r)-mit°, প্যা(র্)মিট্°] (1) *v.t.i.* to allow, অনুমতি দেওয়া। (2) *v.t.* to concede, মঞ্জুর করা ; to admit of, মানিয়া লওয়া। *pr. pt.* **permi°tting** । *p.* & *p. pt.* **permi°ttėd** । *n.* **per°mit**—(প্রধানতঃ লিখিত) অনুমতি ; অনুমতিপত্র, (পরি.) আজ্ঞাপত্র। *n.* **permittee°**—অনুমতিপ্রাপ্ত ব্যক্তি। *n.* **permi°tter** । *a.* **permi°ssible**—অনুমতিদানের বা মঞ্জুরের যোগ্য ; মানিয়া লওয়ার যোগ্য। *n.* **permissibi°lity** । *adv.* **permi°ssibly** । *n.* **permission**—consent, leave, অনুমতি। *a.* **permissive**—অনুমতিদায়ক ; অনুমতিপূর্ণ ; মঞ্জুর করে এমন ; (বিশে. যৌন সম্বন্ধাদি সম্পর্কে) সহনশীল (the *permissive* society) । [L. *permittere*—to let pass through]

permute [pa(r)-mūt°, প্যা(র্)মিউট্°] *v.t.* to interchange, পরস্পর বিনিময় করা ; (math.) to arrange in every possible order, (গণি.) প্রত্যেক সম্ভাব্য উপায়ে বিন্যস্ত করা। *p.* & *p. pt.* **permū°tėd** । *n.* **permutā°tion**—বিনিময় ; (গণি.) বিন্যাস। [L. *permutare*=to change thoroughly]

pernicious [pa(r)-ni°-shas, প্যা(র্)নি°শ্যাস্] *a.* destructive, ধ্বংসকর ; highly injurious, অতীব ক্ষতিকর (*pernicious* habits) । **pernicious anaemia**—মারাত্মক রক্তাল্পতা। *adv.* **perni°ciously** । *n.* **perni°ciousnėss** । [L. *perniciosus*]

pernickety [pa(r)-ni°-ki-ti, প্যা(র্)নি°কিটি] *a.* fastidious, খুঁতখুঁতে ; ticklish, গোলমেলে। *n.* **perni°ckėtinėss** । [?]

perorate—see **peroration.**

peroration [pe-rō-rā°sh(a)n, পেরোরেই°শ্‌ন্] *n.* the conclusion of a speech, বক্তৃতার উপসংহার ; speaking at length, সবিস্তার ভাষণ। *v.i.* **pe°rōrāte**—অলঙ্কার-প্রয়োগপূর্বক বক্তৃতার উপসংহার করা। *p.* & *p. pt.* **pe°rōrātėd** । [L. *peroratio*]

peroxide [pa-rok°-side, প্যারক্°সাইড্] *n.* an oxide with the highest proportion of oxygen, অম্লজানের সর্বাধিক অনুপাতপূর্ণ জারকবিশেষ। [L. *per-*=indicating excess (of oxygen), *oxide*]

perpend [pa(r)-pend°, প্যা(র্)পেন্ড্°] *v.t.* to ponder, to consider carefully, সতর্কভাবে বিচার করিয়া দেখা। *p.* & *p. pt.* **perpen°dėd** । [L. *perpendere*]

perpendicular [pa(r)-p(a)ndi°-kū-la(r), প্যা(র্)প্‌ন্ডি°কিউল্যা(র্)] (1) *a.* erect, vertical, খাড়া, ঋজু, উল্লম্ব ; (geom.) at the right angle, (জ্যামি.) সমকোণে বা ৯০ ডিগ্রীতে স্থাপিত। (2) *n.* (geom.) a straight line or plane at right angles to another, (জ্যামি.) ভিন্ন সরলরেখার বা সমতলের সমকোণে অবস্থিত সরলরেখা বা সমতল, লম্ব। *n.* **perpendicūla°rity** । *adv.* **perpendi°cūlarly** । [L. *perpendicularis* < *perpendiculum*=a plumb-line]

perpetrate [pa(r)°-pi-trāt, প্যা(র্)°পিট্রেইট্] *v.t.* to perform or commit, (অপরাধাদি) সাধন করা (to *perpetrate* a crime), (ব্যঙ্গকবিতাদি) রচনা করা, রুচিবিগর্হিত কিছু করা। *p.* & *p. pt.* **per°pėtrātėd** । *n.* **perpėtrā°tion** । *n.* **per°pėtrātor** । [L. *perpetrare*]

perpetual [pa(r)-pe°-tū(a)l, প্যা(র্)পে°টিউল্] *a.* everlasting, চিরস্থায়ী ; incessant, অনন্ত, অবিরাম ; permanent, স্থায়ী। *adv.* **perpe°tūally** । [L. *perpetualis*]

perpetuate [pa(r)pe°-tū-āt, প্যা(র্)পে°টিউএইট্] *v.t.* to make perpetual, চিরস্থায়ী করা ; অনন্ত বা অবিরাম স্থায়িত্ব দেওয়া ; to preserve from extinction or oblivion, বিলোপ বা বিস্মৃতি হইতে রক্ষা করা, বাঁচাইয়া রাখা। *p.* & *p. pt.* **perpe°tūātėd** । *n.* **perpetūā°tion** । *n.* **perpe°tūātor** । [L. *perpetuare*]

perpetuity [pa(r)-pi-tū°-i-ti, প্যার্‌পিটিউ°ইটি] *n.* state of being perpetual, চিরস্থায়িত্ব, আনন্তর্য, বিরামহীনতা ; endless time, অনন্ত কাল ;

perpetual possession, অনন্তকালব্যাপী অধিকার। **in perpetuity**—চিরকালের জন্য। [L. *perpetuitas*<*perpetuus*=perpetual]

perplex [pa(r)-pleks°, প্যা(র্)প্লেক্স্°] *v.t.* to embarrass or puzzle with difficulties or intricacies, মুশকিল বা জটিলতার দ্বারা বিহ্বল করা অথবা কিংকর্তব্যবিমূঢ় করা; to bewilder, হতবুদ্ধি করা; to complicate, জটিল করা (to *perplex* an issue); to tangle, জট পাকান। *p. & p. pt.* **perplex°ed**। *adv.* **perplex°edly**। *n.* **perplex°edness, perplex°ity**—বিহ্বলতা। *a.* **perplex°ing**—হতবুদ্ধিকর। *adv.* **perplex°ingly** [L. *perplexus*=entangled]

perquisite [pa(r)°kwi-zit, প্যা(র্)°কুইজ়িট্] *n.* (in law—obs.) casual profit coming to a lord of manor beyond regular revenue, (আইনে—অপ্র.) নিয়মিত খাজনার অতিরিক্ত জমিদারের পাওনা (তু. নজর); a casual emolument or allowance beyond the regular salary or wages, (চাকরি প্রভৃতিতে) বাঁধা বেতনের বহির্ভূত উপরি-পাওনা বা ভাতা, দস্তুরি। [L. *perquisitum*]

perry [pe°-ri, পে°রি] *n.* a drink made from the fermented pear juice, নাশপাতির রস গাঁজাইয়া প্রস্তুত মদ্যবিশেষ। [OF. *pere*<LL. *pera*=pear]

per se [pa(r)-se°, প্যা(র্)সী°] *adv.* by or in itself. নিজ বৈশিষ্ট্যে। [L.]

persecute [pa(r)°-si-kūt, প্যা(র্)°সিকিউট্] *v.t.* to subject to extreme ill-treatment, (ধর্মগত বা রাজনীতিক কারণে হয়রান করিয়া, যন্ত্রণা দিয়া, ক্রমাগত তাড়া করিয়া বা হত্যা করিয়া) নির্যাতন করা। **persecution complex** or **mania**—বিকৃত-মস্তিষ্ক অবস্থায় লাঞ্ছিত বা নির্যাতিত হওয়ার মানসিকতা বা মনোভাব। *p. & p. pt.* **per°secūted**। *n.* **persecū°tion**। *n.* **per°secutor**। [L. *persequi*=to follow thorougly]

persevere [pa(r)-si-ve(r)°, প্যা(র্)সিভিয়্যা(র্)°] *v.i.* to continue or strive steadfastly, অটলভাবে বা দৃঢ়ভাবে চালাইয়া যাওয়া অথবা চেষ্টা করিতে থাকা, অধ্যবসায়ী হওয়া (to *persevere at* or *with* a task or *in* doing a thing)। *n.* **persever°ance**—অধ্যবসায়। *a.* **persever°ing**—অধ্যবসায়ী। [F. *perseverer*<L. *perseverare*]

Persian [pa(r)°sh(a)n, প্যা(র্)°শ্‌ন্] (1) *a.* of Persia, পারস্যের। (2) *n.* a native or the language of Persia, পারস্যের লোক বা ভাষা, পারসিক বা ফারসী।

persiflage [pā(r)-si-flüz°, পেয়্যা(র্)সিফ্লাজ়্°] *n.* a light banter, লঘু শ্লেষ, ঠাট্টা। [F.]

persimmon [pa(r)-si°-man, প্যা(র্)সি°ম্যান্] *n.* a date-plum, or its tree, খেজুরবিশেষ বা উহার গাছ। [native Am.]

persist [pa(r)-sist°, প্যা(র্)সিস্ট্°] *v.i.* to continue steadfastly, (প্রধানতঃ প্রতিকূল অবস্থাতেও) অটলভাবে বা নাছোড়বান্দাভাবে চালাইয়া যাওয়া; to persevere, অধ্যবসায় করা। *p. & p. pt.* **per°sisted**। *n.* **persis°tence, persis°tency**—অটলভাবে বা নাছোড়বান্দাভাবে চালাইয়া যাওয়া; অধ্যবসায়, নির্বন্ধ, জিদ্; বিদ্যমানতা, চালু থাকা, অস্তিত্ব। *a.* **persis°tent**—অটলভাবে বা নাছোড়বান্দাভাবে রত; অধ্যবসায়ী; স্থির; অটল। *adv.* **persis°tently**। [L. *persistere*=to stand through]

person [pa(r)°sn, প্যা(র্)°সন্] *n.* character in a play, নাটকের চরিত্র বা ভূমিকা; an individual human or divine being, ব্যক্তি, লোক, স্বর্গীয় প্রাণী; one's body or bodily appearance or presence, কাহারও দেহ বা চেহারা বা উপস্থিতি; a personality, কাহারও ব্যক্তিত্ব; (gr.) a system of classification appropriate to the person speaking, spoken to, or spoken of, (ব্যাক.) পুরুষ (**first person**=উত্তম পুরুষ; **second person**=মধ্যম পুরুষ; **third person**=প্রথম পুরুষ)। *n.* **persō°na**—(মনস্তত্ত্বে) চেতনার বহিরংশ: ইহাই ব্যক্তিত্বের অভিব্যক্তি। *a.* **per°sonable**—সুদেহী; সুদর্শন। *n.* **per°sonage**—ব্যক্তি, লোক; মহিমময় বা বিশিষ্ট ব্যক্তি; নাটকের বা কাহিনীর চরিত্র। **per°sōna grā°ta**—যাহাদের নিকট প্রেরিত হইয়াছে তাহাদের আস্থাভাজন দূত। **per°sōna non-grā°ta**—যাহাদের নিকট প্রেরিত হইয়াছে তাহাদের অনাস্থাভাজন দূত। *a.* **per°sonal**—ব্যক্তিগত; নির্দিষ্ট ব্যক্তি বা ব্যক্তিবর্গ সম্পর্কিত; (পরি.) প্রাতিজনিক; (পরি.) প্রাতিস্বিক; স্বকীয়, নিজস্ব; দৈহিক; (ব্যবসায়াদি-সম্বন্ধে) সার্বজনীন যৌথ বা সরকারী নহে এমন, নির্দিষ্ট ব্যক্তি বা ব্যক্তিবর্গের দ্বারা পরিচালিত; (সম্পত্তিসম্বন্ধে) ব্যক্তিগত ও অস্থাবর (*personal* property); (gr.) ব্যক্তিবাচক বা পুরুষবাচক (*personal* pronoun)। **personal equation**—(পরি.) প্রাতিস্বিক ভ্রমাঙ্ক, জ্ঞাতিভ্রম (also see **equation**)। **personal ledger account**—প্রাতিজনিক খতিয়ান। **personal security**—ব্যক্তিগত জামিন (অর্থাৎ ধন-সম্পত্তি টাকাপয়সা জামিন নহে), (পরি.) প্রত্যয়-প্রতিভূতি। *n. pl.* **personalia** [pa(r)s-nā°-li-ū, প্যা(র্)স্‌নেই°লিআ] (সচ. সংবাদপত্রে প্রকাশিত) ব্যক্তিগত টিকা-টিপ্পনী কাহিনী সংবাদ প্রভৃতি। *n.* **personality** [pa(r)-sa-na°-li-ti, প্যা(র্)স্যান্যা°লিটি] ব্যক্তিত্ব; ব্যক্তিগত অবস্থা বা ভাব; (পরি.) অস্মিতা; ব্যক্তিরূপে অস্তিত্ব; বৈশিষ্ট্য; ব্যক্তি, লোক; বিশিষ্ট পুরুষ; (usu. in *pl.*) ব্যক্তিবিশেষ সম্বন্ধে মন্তব্য। **personality cult**—ব্যক্তিপূজা। **multiple personality**—একই লোকের চরিত্রে একাধিক ব্যক্তিত্ব বা বৈশিষ্ট্যের বিদ্যমানতা বা আবির্ভাব (যেমন **Jekyll and Hyde**)। *adv.* **per°sonally**—ব্যক্তিগতভাবে। *n.* **per°sonalty**—ব্যক্তিগত অস্থাবর সম্পত্তি। *v.t.* **personate** [pa(r)°-sa-nāt, প্যা(র্)°স্যানেইট্] (অন্য কাহারও) আকৃতি বা চরিত্র ধারণ করা, ছদ্মবেশ ধারণ করা, ভান করা; (নাটকাদির চরিত্র) অভিনয় করা; মূর্ত করা, মূর্তিদান করা; প্রতীকরূপে গ্রহণ করা বা প্রতীক দ্বারা প্রকাশিত করা।

a. **personā°ted**—ভান-করা ; কৃত্রিম । *n.* **personā°tion** । *n.* **per°sonātor** । *v.t.* **personify** [pa(r)-so°-ni-fī, প্যা(র্)স°নিফাই] ব্যক্তিরূপে প্রকাশ করা, মূর্ত করা, রূপায়িত করা ; ব্যক্তিত্ব বা নরত্ব আরোপ করা ; (কিছুর) মূর্তিস্বরূপ হওয়া । *n.* **personifica°tion** । *n.* **perso°nifier** । [L. *persona*=a player's mask]

personnel [pa(r)-sa-nel°, প্যা(র্)স্যানেল্°] *n.* the body of persons employed in any service, নির্দিষ্ট অফিস কারখানা প্রভৃতির কর্মচারিবর্গ, কর্মিবৃন্দ । **personnel officer**—উক্ত কর্মিবৃন্দের নিয়োগ শিক্ষণ প্রভৃতি বিষয় সংক্রান্ত কার্য-সম্পাদনকারী কর্মচারী । [F. < L. *persona*=a person]

perspective [pa(r)-spek°-tive, প্যা(র্)স্পেক্°টিভ্] *n.* the art of drawing so as to give the picture the same appearance as to relative position, magnitude, etc., as the objects themselves, বিষয়বস্তুর অবস্থান ও আকৃতি অনুযায়ী চিত্রাঙ্কনবিদ্যা, চিত্রানুপাত, দর্শনানুপাত ; a picture in perspective, দর্শনানুপাত-অনুযায়ী অঙ্কিত চিত্র ; apparent relation between visible objects, আপাত দৃষ্টিগোচর চেহারা, দৃষ্ট রূপ বা আকৃতি ; just proportion in all parts, সর্বাংশে যথানুপাত ; a vista, দৃশ্য ; a prospect of future, ভবিষ্যতের আশা । **in perspective**—চিত্রানুপাত-অনুযায়ী ; যথানুপাতিক । *a.* **perspecti°val** । [L. *perspectiva*]

Perspex [pa(r)s°-peks, প্যা(র্)স্°পেক্স্] *n.* an exceptionally transparent plastic material used for windscreen etc., জানালাদিতে ব্যবহৃত কাচের ন্যায় স্বচ্ছ প্লাসটিক দ্রব্যবিশেষ । [Proprietary]

perspicacious [pa(r)-spi-kā°-shas, প্যা(র্)স্পিকেই°শ্যাস্] *a.* clear-sighted, সব-কিছু ভাল দেখিতে পায় এমন, স্বচ্ছদৃষ্টিসম্পন্ন । *adv.* **perspicā°ciously** । *n.* **perspicacity** [pa(r)-spi-ka°-si-ti, প্যা(র্)স্পিক্যা°সিটি] স্বচ্ছ দৃষ্টি ; স্বচ্ছদৃষ্টি-সম্পন্নতা । [L. *perspicax*]

perspicuous [pa(r)-spi°-kū-as, প্যা(র)স্পি°কিউঅ্যাস্] *a.* lucid, প্রাঞ্জল । *n.* **perspicū°ity, perspi°cūousness** । *adv.* **perspi°cūously** । [L. *perspicuus*]

perspire [pa(r)-spī(r)°, প্যা(র্)স্পাইয়্যা(র্)°] (1) *v.i.t.* to sweat, ঘামা বা ঘামান, ঘর্মাক্ত হওয়া বা করা । *n.* **perspiration** [pa(r)-spa-rā°sh(a)n, প্যা(র্)স্প্যারেই°শ্ন্] । [L. *perspirare*=to breathe through]

persuade [pa(r)-swād°, প্যা(র্)সোাএইড্°] *v.t.* to induce by argument, advice, etc., যুক্তি পরামর্শ প্রভৃতি দ্বারা কিছু করিতে বা হইতে রাজি করান, প্ররোচিত করা ; to win over to any particular opinion, নির্দিষ্ট কোন মত মানান ; to cause to believe, বিশ্বাস করান ; to convince, প্রত্যয় জন্মান । *p. & p. pt.* **persuā°dėd** । *n.* **persuā°der** । *n.* **persuā°sion**—যুক্তি পরামর্শ প্রভৃতি দ্বারা করিতে বা হইতে রাজি করা ; নির্দিষ্ট মতে আনয়ন ; বিশ্বাস বা প্রত্যয় উৎপাদন ; প্ররোচনা ; ধর্মমত (men of different religious *persuations*) ; দৃঢ় প্রত্যয় বা বিশ্বাস । *a.* **persuā°dable**—বিশ্বাস বা প্রত্যয় উৎপাদন করা যায় এমন, নির্দিষ্ট মতে আনয়ন করা যায় এমন । *a.* **persuā°sive**—প্ররোচিত করার বা নির্দিষ্ট মতে আনার অথবা বিশ্বাস বা প্রত্যয় উৎপাদনের ক্ষমতাসম্পন্ন । *adv.* **persuā°sively** । *n.* **persuā°sivenėss** । [L. *persuadere*=to advise]

pert [pa(r)t, প্যা(র্)ট্] *a.* forward, অশিষ্ট, আগবাড়া ; saucy, ধৃষ্ট । *adv.* **pert°ly** । *n.* **pert°nėss** । [short. from obs. *apert*]

pertain [pa(r)-tān°, প্যা(র্)টেইন্°] *v.i.* to belong (*to*), অধিকারভুক্ত হওয়া ; to relate (*to*), সম্পর্কযুক্ত হওয়া । *n.* **pertinence** [pa(r)°-ti-nans, প্যা(র্)°টিন্যান্স্] অধিকারভুক্তি ; সম্পর্কযুক্ত অবস্থা । *a.* **per°tinent**—অধিকারভুক্ত ; সম্পর্কযুক্ত ; প্রাসঙ্গিক (অর্থাৎ অবান্তর নহে এমন) ; যথাযথ, উপযুক্ত । *adv.* **per°tinently** । [OF. *partenir* < L. *pertinere*=to hold thoroughly]

pertinacious [pa(r)-ti°-nā°shas, প্যা(র্)টি°নেই°শ্যাস্] *a.* stubborn, নিরতিশয় নাছোড়বান্দা ; obstinate, একগুঁয়ে ; unyielding, অদম্য, দুর্দম । *adv.* **pertinā°ciously** । *n.* **pertinā°ciousnėss, pertinacity** [pa(r)-ti-na°-ci-ti, প্যা(র্)টিন্যা°সিটি] । [L. *pertinere*=to hold thoroughly]

pertinence, pertinent—see **pertain.**

perturb [par-ta(r)b°, প্যা(র্)ট্যা(র্)ব্°] *v.t.* to disturb or agitate greatly, অত্যন্ত অস্থির, উদ্বিগ্ন বা উত্তেজিত করা । *a.* **pertur°bable** । *n.* **perturbā°tion** । *a.* **pertur°bed**—অস্থির, উদ্বিগ্ন, উত্তেজিত । [L. *perturbare*]

pertussis [pa(r)-tu°-sis, প্যা(র্)টা°সিস্] *n.* whooping cough, ঘুংড়ি কাশি । [L. *per-*, *tussis*=cough]

peruke [pa-rōōk°, প্যারূক্°] *n.* a wig, পরচুলা । [F. *perruque*—It. *parrucca*]

peruse [pa-rōōz°, প্যারূজ্°] *v.t.* to examine in detail, পুঙ্খানুপুঙ্খরূপে পরীক্ষা করা বা পর্যবেক্ষণ করা ; to read attentively, মনোযোগের সঙ্গে পাঠ করা ; (loos.) to read, (শিথি.) পাঠ করা । *n.* **peru°sal**—পুঙ্খানুপুঙ্খরূপে পরীক্ষা বা পর্যবেক্ষণ ; মনোযোগের সঙ্গে পঠন ; পঠন । *n.* **peru°ser** । [L. *per*=thoroughly, *uti*=to use]

Peruvian [pa-rōō°-vi-an, প্যারূ°ভিঅ্যান্] (1) *a.* of Peru, পেরু-দেশীয় । (2) *n.* a native of Peru পেরুর লোক । **marvel of Peru**—সুগন্ধি উদ্যান পুষ্পবিশেষ : ইহা সন্ধ্যাবেলায় ফোটে, (তু.) সন্ধ্যামণি **Peruvian bark**—সিঙ্কোনা গাছের বাকল বা ছাল [Sp. *Peru*]

pervade [pa(r)-vād°, প্যা(র্)ভেইড্°] *v.t.* t

extend through the whole of, (কিছুকে) পরিব্যাপ্ত করা। *p. & p. pt.* **pervā°dėd** । *n.* **pervā°ṡion**—পরিব্যাপন। *a.* **pervā°sive**—পরিব্যাপক। *adv.* **pervā°sively** । *n.* **pervā°sivenėss** । [L. *pervadere*]

perverse [pa(r)-va(r)s°, প্যা(র্)ভ্যা(র্)স্°] *a.* turned away from right or truth, বিপথগামী, ন্যায়ভ্রষ্ট, সত্যপথভ্রষ্ট, বিকৃত ; wayward, স্বেচ্ছাচারী, উচ্ছৃঙ্খল ; wicked, দুর্বৃত্ত । *adv.* **perverse°ly** । *n.* **perverse°nėss, perver°sity** । *n.* **perversion** [pa(r)-va(r)°sh(a)n , প্যা(র্)ভ্যা(র্)°শ্‌ন্] বিপথগমন, ন্যায়ভ্রষ্টতা, সত্যপথচ্যুতি, বিকৃতি ; স্বেচ্ছাচারিতা, উচ্ছৃঙ্খলতা ; দুর্বৃত্তি ; কামবিকৃতি । *a.* **perver°sive** । *v.t.* **pervert°**—বিপথগামী করা, (কিছুর) অর্থ বিকৃত করা ; বিকৃত করা ; সত্যের বা ধর্মের বা ন্যায়ের পথ হইতে ভ্রষ্ট করা । *p. & p. pt.* **perver°tėd** । *n.* **per°vert**—বিপথগামী বা বিকৃতবুদ্ধি ব্যক্তি ; বিকৃত কামলালসাপূর্ণ ব্যক্তি, (পরি.) বৈকৃতকাম । *n.* **perver°ter** । [F. *pervertir*<L. *pervertere*=to turn wrongly]

pervious [pa(r)°-vi-as, প্যা(র্)°ভিঅ্যাস্] *a.* permeable, প্রবেশ্য ; penetrable, ভেদ্য । *adv.* **per°viously** । *n.* **per°viousnėss** । [L. *pervius*]

peseta [pase°-ta, প্যাসে°ট্যা] *n.* a Spanish franc, স্পেইন-দেশীয় রৌপ্যমুদ্রাবিশেষ (=প্রায় ১০ পেন্‌স্) । [Sp.]

peshwa [pā°-shwa, পেই°শ্যোআ্যা] *n.* the title of the chief minister of the Mahrattas, পেশোয়া । [Pers.=chief]

pesky [pes°-ki, পেস্°কি] *a.* (coll.) troublesome, ঝঞ্ঝাটে, উপদ্রবকর ; annoying, (কথ্য.) বিরক্তিকর, জ্বালাতন করে এমন । [?]

pessary [pe°-sa-ri, পে°স্যারি] *n.* a surgical plug, (প্রধানতঃ স্ত্রীযোনিপথে স্থাপনার্থ) ডাক্তারি পটীবিশেষ [F. *pessaire*<LL. *pessarium*<Gk. *pessos*]

pessimism [pe°-si-mizm, পে°সিমিজ্‌ম্] *n.* (phil.) the doctrine that this world is the worst of possible worlds or that all things tend to evil, (দর্শ.) সম্ভাব্য সৃষ্টির মধ্যে বর্তমান জগৎই সর্বনিকৃষ্ট বা জগৎ সুখের বদলে দুঃখেই পূর্ণ : এই মত, দুঃখবাদ ; a tendency to look at the worst aspect of things, সব কিছুরই খারাপ দিকটা দেখার স্বভাব, মন্দগ্রাহিতা ; (loos) despondency, (শিথি.) হতাশা । *n.* **pe°ssimist**—দুঃখবাদী ; মন্দগ্রাহী ব্যক্তি ; হতাশাপীড়িত ব্যক্তি । *a.* **pessimis°tic(al)**—দুঃখবাদী ; মন্দগ্রাহী ; হতাশাপূর্ণ । *adv.* **pessimis°tically** । [L. *pessimus*=worst]

pest [pest, পেস্‌ট্] *n.* plague, মহামারী ; a destructive or noxious person, animal, insect, plant, or thing, ধ্বংসসাধক বা বিরক্তিকর ব্যক্তি প্রাণী কীটপতঙ্গ উদ্ভিদ্ অথবা বস্তু । *n.* **pest°-house**—প্লেগ ও অন্যান্য সংক্রামক মহামারী ব্যাধির হাসপাতাল । *n.* **pes°ticide**—ক্ষতিকর কীটপতঙ্গাদিনাশক পদার্থ । *a.* **pestiferous** [pes-ti°f(a)-ras, পেস্‌টি°ফ্‌র্যাস্] রোগ-সৃষ্টিকর, ব্যাধিদায়ক ; নৈতিক দিক্ দিয়া বিপজ্জনক । *n.* **pestilence** [pes°-ti-lans, পেস্°টিল্যান্‌স্] মহামারী রোগ ; প্লেগ-মহামারী ; নৈতিক ক্ষতিসাধক বস্তু। *a.* **pes°tilence-stricken**—মহামারীতে বা প্লেগে আক্রান্ত ; নৈতিক ক্ষতিসাধক বস্তুদ্বারা আক্রান্ত । *a.* **pes°tilent**—মারাত্মক ; মহামারী-সৃজনকর ; স্বাস্থ্য ও নীতির পক্ষে ক্ষতিসাধক ; ক্ষতিকর ; বিরক্তিকর । *a.* **pestilential** [pes-ti-len°sh(a)l, পেস্‌টিলেন্°শ্‌ল্] মহামারীতুল্য ; ক্ষতিকর কীটপতঙ্গাদির তুল্য ; মহামারী বা ক্ষতিকর কীটপতঙ্গাদি সৃষ্টিকর অথবা তদ্দ্বারা পূর্ণ ; ধ্বংসসাধক ; ক্ষতিকর ; জঘন্য ; বিরক্তিকর । *n.* **pestology** [pes-to°-la-ji, পেস্‌ট°ল্যাজি] কৃষির ক্ষতিসাধক কীটপতঙ্গ-সম্বন্ধীয় বিজ্ঞান । *a.* **pestolo°gical** । *n.* **pesto°logist** । [F. *peste*, *pestilence*<L. *pestis*, *pestilentia*]

pester [pes°-ta(r), পেস°ট্যা(র্)] *v.t.* to infest, বিরক্তিকরভাবে বা ক্ষতিকরভাবে ছাইয়া ফেলা ; to annoy persistently, একটানাভাবে জ্বালাতন করা (to *pester* a person with requests for some favour, help, etc.) । *n.* **pes°terer** । *adv.* **pes°teringly** । [OF. *empestrer*=to entangle<L. *in-*$_2$, LL. *pastorium*=a foot-shackle]

pest-house, pesticide, pestiferous, pestilence, pestilent—see **pest.**

pestle [pes°l, পেস্°ল্] (**1**) *n.* a pounding instrument, মুষল, নোড়া, নুড়ি । (**2**) *v.t.* to pound, (মুষলদ্বারা) গুঁড়া করা । (**3**) *v.i.* to use a pestle, মুষল ব্যবহার করা । [OF. *pestel*<L. *pistillum*(*n.*)]

pestology—see **pest.**

pet$_1$ [pet, পেট্] *n.* an offended feeling at being slighted, অবজ্ঞালাভের দরুন ক্ষোভ, ill-humour, ক্ষুব্ধ মনোভাব (to be in a *pet*) । [?]

pet$_2$ [pet, পেট্] (**1**) *n.* an animal tamed and kept as favourite, সাদরে পোষা প্রাণী ; an indulged favourite, অতিশয় প্রশ্রয়প্রাপ্ত প্রিয়পাত্র ; আদরের ধন । (**2**) *a.* kept as a pet, সাদরে-পোষা ; indulged, প্রশ্রয়প্রাপ্ত ; favourite, প্রিয় ; cherished, সযত্নে লালিত (a *pet* notion) । (**3**) *v.t.* to treat as a pet, পোষা প্রাণীর বা প্রিয়পাত্রের ন্যায় পালন করা অথবা আদর দেওয়া । *pr. pt.* **pe°tting** । *p. & p. pt.* **pe°ttėd** । **pet aversion**—সর্বাধিক অপ্রিয় ব্যক্তি বা বস্তু (ghost stories are his *pet aversion*) । **pet name**—স্নেহভরে প্রিয়জনকে যে নামে ডাকা হয়, প্রিয়নাম । (?)

petal [pe°tl, পে°ট্‌ল্] *n.* a corolla leaf, পাপড়ি, দল । *a.* **petaline** [pe°-ta-līn, পে°ট্যালাইন্] পাপড়িবৎ । *a.* **pe°talled**—পাপড়িবিশিষ্ট, দলযুক্ত । [Gk. *petalon*=a leaf]

petard [pe-tŭ(r)d°, পেটা(র্)ড্°] *n.* a small

bomb used for blowing in doors etc., দরজাদি উড়াইয়া দিবার জন্য ক্ষুদ্র বোমাবিশেষ। **hoist with one's own petard**—নিজের অপকৌশলে নিজেই বিনষ্ট. আপন ফাঁদে আপনি পতিত। [OF. <*peter*=to explode<L. *pedere*=to break wind]

peter[1] [pē°-ta(r), পী°ট্যা(র্)] *v.t.* to be exhausted, সম্পূর্ণরূপে নিঃশেষিত হওয়া (his strength *petered* out)। [?—Am. sl.]

peter[2] [pē°-ta(r), পী°ট্যা(র্)] *n.* (sl.) safe, (অশি.) সিন্দুক। *n.* **pe°terman**—যে ব্যক্তি সিন্দুক প্রভৃতি ভাঙ্গিয়া চুরি করে। [?]

petiole [pe°-ti-ōl, পে°টিঔল্] *n.* (bot.) a leaf-stalk, (উদ্ভি.) বৃন্ত; (zoo.) a stalk-like structure, (প্রাণি.—প্রধানতঃ বোলতার উদরাভ্যন্তরে) বৃন্তাকার অঙ্গ। *a.* **pe°tiolar**—বৃন্তসংক্রান্ত; বৃন্তবৎ; বৃন্তাকার। [L. *petiolus*=stalk]

petit [pe°-ti, পে°টি] *a.* petty, small, নগণ্য, তুচ্ছ, ক্ষুদ্র, মৃদু। *a. fem.* **petite** [pa-tet°, প্যাটিট্°] (স্ত্রীলোক সম্বন্ধে) ছোটখাট ছিমছাম ও ফিটফাট। [F.]

petition [pi-ti°sh(a)n, পিটি°শ্ন্] (**1**) *n.* a supplication, আবেদন; a prayer, প্রার্থনা, যাচ্ঞা; a request, অনুরোধ; a written supplication, আবেদন-পত্র, (পরি.) যাচনপত্র। (**2**) *v.t.* to address a petition to, (কাহারও নিকট) আবেদন করা বা আবেদন-পত্র পেশ করা; to ask for, যাচ্ঞা করা। **petition of Right**—ইংল্যানডের আইনসভায় গৃহীত এবং রাজা প্রথম চার্ল্স্ কর্তৃক অনুমোদিত জনসাধারণের অধিকারসম্বন্ধীয় আবেদনপত্র। *n.* **peti°tioner**—আবেদক, (পরি.) যাচক। [L. *petitionem*<*petere*=to ask]

petitio principii [pe-ti°shi-ō prin-si°-pi-ī, পেটি°শিঔ প্রিন্সি°পিআই] *ph.* (log.) a begging of the question, (ন্যায়.) যাহা প্রমাণ করিতে হইবে তাহাকেই সত্য বলিয়া ধরিয়া লওয়া। [L.]

petrel [pet°r(a)l, পেট্°র্ল্] *n.* a sea-bird, প্রধানতঃ ঝড়ের সময়ে দৃষ্ট ক্ষুদ্র সামুদ্রিক পক্ষিবিশেষ। **stormy petrel**—(আল.) যে ব্যক্তির আবির্ভাবে সমাজে ও শিল্পে অস্থিরতার উদ্ভব হয়। [F.<L. *Petrus*, Peter, who walked on the water]

petrify [pe°-tri-fī, পে°ট্রিফাই] (**1**) *v.t.* to turn into stone, প্রস্তরীভূত বা শিলীভূত করা; (geol.) to fossilize by molecular replacement, (ভূবি.) আণবিক রদবদলের দ্বারা অশ্মীভূত করা; to harden as a stone, প্রস্তরবৎ কঠিন করা; to paralyse with terror, ভয়ে অসাড় করা (*petrified* with fear, etc.)। (**2**) *v.i.* to become stone-like, প্রস্তরীভূত বা প্রস্তরবৎ হওয়া। *n.* **petrifac°tion**—শিলীভবন; শিলীভূত বস্তু; অশ্ম। [L. *petra*<Gk. =rock, L. *facere*=to make]

petrochemical [pe-tro-ke°-mi-kal, পেট্রকে°মিক্যাল্] *n.* any chemical obtained from petroleum, পেট্রলজাত রাসায়নিক পদার্থ। [L. *petra*=stone, see *chemical*]

petro-dollar [pe°-tro-do-la(r), পে°ট্রডল্যা(র্) *n.* dollar available.

petrol [pet°r(a)l, পেট্°রল্], **petroleum** [pi-trō°-li-am, পিট্রৌ°লিঅ্যাম্] *n.* a mineral oil, খনিজ তৈলবিশেষ, পেট্রল। *a.* **petro°lic**। [L. *petra*=rock, *oleum*=oil]

petrology [pi-tro°-la-ji, পিট্র°ল্যাজি] *n.* the science about rocks, শিলাতত্ত্ব। *a.* **petrolo°gical**। *n.* **petro°logist**। [Gk. *petra*=rock, *logos*=science]

petrous [pe°-tras, পে°ট্র্যাস্] *a.* of or like rock, শিলা-সংক্রান্ত বা শিলাসদৃশ। [L.<Gk. *petra*=rock]

petted—see **pet**$_2$.

petticoat [pe°-ti-kōt, পে°টিকৌট্] (**1**) *n.* a woman's under-skirt, সায়া; (*pl.*) the female sex, নারীজাতি। (**2**) *a.* feminine, মেয়েলি (*petticoat* sentiment); of or by women, স্ত্রীলোকদের সংক্রান্ত বা তাহাদের দ্বারা পরিচালিত। **a Cromwell in petticoats**—ক্রমওয়েলের ন্যায় তেজস্বী ও ক্ষমতাবান নারী। **petticoat government**—(কোন ব্যাপারে) স্ত্রীজাতির কর্তৃত্ব। [*petty*, *coat*]

pettifog [pe°-ti-fog, পে°টিফগ্] *v.i.* to practise legal chicanery, বাজে উকিলের মত ধাপ্পাবাজি করা। *n.* **pē°ttifogger**—বাজে উকিল, বটতলার উকিল। **pe°ttifogging**—(**1**) *n.* বাজে উকিলগিরি; তুচ্ছ ব্যাপারে কষাকষি। (**2**) *a.* (উকিল-সম্পর্কে) বাজে; তুচ্ছ ব্যাপারে কষাকষি করে এমন। [*petty*, *fog*<?]

petting—see **pet**$_2$.

pettish [pe°tish, পে°টিশ্] *a.* peevish, খিট্খিটে, একটুতেই চটিয়া ওঠে এমন, বদমেজাজি। *adv.* **pe°ttishly**। *n.* **pe°ttishness**। [see *pet*]

pettitoes [pe°-ti-tōz, পে°টিটৌজ্] *n. pl.* pig's feet as food, শূকরের পায়ের পাতা (ইহা উত্তম খাদ্যরূপে পরিগণিত)। [?]

petto [pe°-tō, পে°টৌ] *n.* own breast, নিজের বক্ষ বা অন্তর। **in petto**—স্বীয় বক্ষমধ্যে বা অন্তরে; গোপনে। [It.<L. *pectus*]

petty [pe°-ti, পে°টি] *a.* small, ক্ষুদ্র; of less importance, তেমন গুরুত্বপূর্ণ নহে, গৌণ; minor, ছোটখাট; trivial, তুচ্ছ, নগণ্য, সামান্য; lower in rank, power, etc., হীনপদস্থ হীনশক্তি প্রভৃতি; small-minded, ক্ষুদ্রমনাঃ, হীনচেতা। **petty bourgeois**—নিম্ন মধ্যবিত্ত শ্রেণীর লোক। **petty cash**—বিবিধ ব্যাপারে প্রাপ্ত বা প্রদেয় সামান্য টাকাকড়ি। *adv.* **pe°ttily**। *n.* **pettiness**। [F. *petit*]

petulant [pe°tū-lant, পে°টিউল্যান্ট্] *a.* peevishly impatient, খিট্খিটে ও ধৈর্যহীন। *n.* **pe°tūlance, pe°tūlancy**—খিট্খিটে ও ধৈর্যহীন অবস্থা; বদমেজাজ। *adv.* **pe°tulantly**। [L. *petulantem*]

petunia [pi-tū°-ni-a, পিটিউ°নিয়্যা] *n.* a garden-plant with funnel-shaped flowers, অপরাজিতা গোত্রীয় বা কলকের আকারের ফুলগাছবিশেষ বা উহার ফুল। [Tupi *petun*=tobacco]

pew [pū, পিউ] *n.* an enclosed compartment or fixed bench in a church, নির্দিষ্ট উপাসকের বা উপাসক-পরিবারের জন্য গির্জায় পরিবেষ্টিত কক্ষ বা সংরক্ষিত বেঞ্চি ; (sl.) a seat, (অশি.—প্রধানতঃ সংরক্ষিত) আসন। *n.* **pew°-hōlder**—যে ব্যক্তি উক্ত সংরক্ষিত আসন ভাড়া লইয়াছে। *n.* **pew°-rent**—উক্ত সংরক্ষিত আসনের ভাড়া। [OF. *puye* =raised place, balcony<L. *podia*<Gk. *podion*=pedestal]

pewit—alt. spell. of **peewit.**

pewter [pū°-ta(r), পিউ°ট্যা(র্)] *n.* an alloy, টিন ও অন্য ধাতু মিশাইয়া প্রস্তুত দস্তাবিশেষ ; a vessel of pewter, (প্রধানতঃ বিয়ার রাখার জন্য) উক্ত দস্তা-নির্মিত পাত্রবিশেষ। *n.* **pew°terer**—উক্ত পাত্র-নির্মাতা। [OF. *peuter*]

peyote [pā-yō°-ti, পেইয়ৌটি] *n.* a kind of Mexican cactus, মেক্সিকোদেশের ফণীমনসা জাতীয় গাছ ; a drug which causes hallucination prepared from this plant, এই গাছ হইতে প্রস্তুত ভ্রম উৎপাদনকারী মাদক দ্রব্যবিশেষ। [Nahuatl *peyotl*]

phaeton [fa°-tn, ফেই°ট্ন্] *n.* an open four-wheeled horse-drawn carriage, অনাবৃত চার-চাকার ঘোড়ার গাড়িবিশেষ। [Gk. *Phaethon*, the son of the Greek sun-god (Helios) who came to grief in driving his father's chariot]

phagocyte [fag°-ō-sīt, ফ্যাগ্°ঔসাইট্] *n.* a white blood-corpuscle capable of destroying harmful bacteria, রোগবীজাণুনাশক রক্তের শ্বেতকণিকা। *n.* **phagocytō°sis**—রোগজীবাণু-বিনাশ। [Gk. *phag*=to eat, *kytos*=a vessel]

phalange [fa°-lanz, ফ্যা°ল্যান্জ্] see **phalanx.**

phalanx [fa°-langks, ফ্যা°ল্যাংক্স্] *n.* a solid formation of ancient Greek infantry, প্রাচীন গ্রীক্ পদাতিকদের ঘনবিন্যস্ত ব্যূহবিশেষ ; a united or organized body, সঙ্ঘবদ্ধ বা সংগঠিত দল, (anat.) each bone of a finger or toe (শারীর.) হাতের বা পায়ের আঙ্গুলের যে-কোন অস্থি (also **phalange**) ; (bot.) a bundle of stamens. (উদ্ভি.) পুংকেশরগুচ্ছ। *a.* **phalan°gèal**। [Gk.]

phallus [fa°-las, ফ্যা°ল্যাস্] *n.* the image of the penis, venerated in some religions, কোন কোন ধর্মে উপাসিত লিঙ্গমূর্তি। *pl.* **pha°llī, pha°lluses**। *a.* **pha°llic**—লিঙ্গমূর্তিসংক্রান্ত। [L. =*penis*<Gk. *phallos*]

phantasm [fan°-tazm, ফ্যান্°ট্যাজ্ম্] *n.* an apparition, অলীক ছায়ামূর্তি ; an illusion, মায়ামূর্তি ; a spectre, ভূত। *a.* **phantas°mal**—ছায়ামূর্তি বা মায়ামূর্তি সংক্রান্ত অথবা তত্তুল্য ; ভূতুড়ে। [Gk. *phantasma*]

phantasmagoria [fan-taz-ma-go°-ri-a, ফ্যান্-ট্যাজ্ম্যাগ°রিঅ্যা] *n.* a fantastic series of illusive images or real forms, মোহাবিষ্টনেত্রে দৃষ্ট অলীক ছায়ামূর্তির বা প্রকৃত মূর্তির মিথ্যা ধারাবাহিক প্রবাহ। *a.* **phantasmago°ric**—উক্ত মূর্তি-সংক্রান্ত বা তত্তুল্য। [*phantasm*, Gk. *agora*=assembly]

phantasy—alt. spell. of **fantasy.**

phantom [fan°-tam, ফ্যান্°ট্যাম্] *n.* a deceitful or visionary appearance, অলীক মূর্তি, মায়ামূর্তি ; a spectre, ভূত। [OF. *fantosme*< Gk. *phantasma*]

pharaoh [fār°-ō, ফেয়্যার্°ঔ] *n.* title of the kings of ancient Egypt, প্রাচীন মিশরের রাজাদের উপাধি। [L. & Gk. *pharao*<Heb. *par oh*<Egyp. *pr-'o*=great house]

Pharisee [fa°-ri-sē, ফ্যা°রিসী] *n.* a member of an ancient Jewish sect known for piety and strict observance of traditional religious forms, প্রাচীন ইহুদিজাতির অন্তর্ভুক্ত ধার্মিক ও আচারনিষ্ঠ বলিয়া খ্যাত সম্প্রদায়বিশেষ ; a hypocrite, ভণ্ড ব্যক্তি। *a.* **pharisā°ic(al)**—উক্ত আচারনিষ্ঠ সম্প্রদায়সংক্রান্ত ; ভণ্ড, ভণ্ডামিপূর্ণ। *n.* **pha°risāism**—ধর্মাচার্যগিরি ; ভণ্ডামি। [OE. *phariseus*<LL. *pharisaeus*<Gk. *pharisaios* <Heb. *parush*=separated]

pharmaceutic [fŭ(r)-ma-sū°-tik, ফ্যা(র্)ম্যা-সিউ°টিক্], **pharmaceu°tical**—*a.* of the art of preparing medicine, ঔষধপ্রস্তুতের বিদ্যা-সংক্রান্ত। *adv.* **pharmaceu°tically**। *n.* **pharmaceu°tics**—ঔষধ-প্রস্তুতকরণ-বিষয়ক বিদ্যা। *n.* **pharmaceu°tist**—ঔষধ-প্রস্তুতিবিদ্যাবিৎ। [Gk. *pharmakeutikos*]

pharmacopoeia [fŭ(r)-ma-ka-pē°-a, ফা(র্)-ম্যাক্যাপী°অ্যা] *n.* a book or list of drugs with directions for their preparation, ঔষধ প্রস্তুত করার প্রণালীসম্বন্ধে নির্দেশসংবলিত পুস্তক বা তালিকা। [Gk. *pharmakopoiia*]

pharmacy [fŭ(r)°-ma-si, ফা(র্)°ম্যাসি] *n.* the art of collecting, preparing, preserving, and dispensing medicines, ঔষধ-সংগ্রহ প্রস্তুত-করণ সংরক্ষণ ও মিশ্রণের বিদ্যা ; a druggist's shop, ঔষধের দোকান, ঔষধালয় ; a dispensary, যেখানে রোগীকে পরীক্ষা করিয়া ঔষধ দেওয়া হয়, ডাক্তারখানা। *n.* **phar°macist**—ঔষধসংগ্রহ প্রস্তুত-করণ সংরক্ষণ ও মিশ্রণের কৌশলবিৎ। *n.* **pharmacology** [fŭ(r)-ma-ko°-la-ji, ফ্যা(র্)ম্যাক°ল্যাজি] ঔষধসংক্রান্ত বিজ্ঞান। *a.* **pharmacolo°gical**। *n.* **pharmaco°logist**। [Gk. *pharmakeia*= use of drugs]

pharos [fār°-os, ফেয়্যার্°অস্] *n.* a lighthouse or beacon, বাতিঘর বা আলোকসঙ্কেত। [lighthouse on the island of *Pharos*]

pharyngal, pharyngeal, pharyngitis—see **pharynx.**

pharynx [fa°-ringks, ফ্যা°রিংক্‌স্] *n* the cavity forming the upper part of the gullet, অন্ননালীর ঊর্ধ্বাংশস্থিত গহ্বর, (পরি.) গলবিল। *a.* **pharyngal** [fa-ring°g(a)l, ফ্যারিং°গ্‌ল্], **pharyngeal** [fa-rin-ji°-al, ফ্যারিন্‌জি°অ্যাল্] গলবিল-সংক্রান্ত ; গলবিলঘটিত। *n.* **pharyngitis** [fa-rin-jī°-tis, ফ্যারিন্‌জাই°টিস্] গলবিলপ্রদাহমূলক ব্যাধিবিশেষ। [Gk.]

phase [fāz, ফেইজ়্] (**1**) *n.* the aspect of the moon or any planet at a certain time, চন্দ্রের বা গ্রহের কলা অথবা দশা ; stage of development or advancement, উন্নতির বা অগ্রগতির ধাপ অথবা পর্ব। (**2**) *v.t.* to carry out (plans, programmes, etc.) in phases or stages, (পরিকল্পনা কর্মাদি) পর্যায়ক্রমে সমাধা করা। *a.* **phā°sic**। [Gk. *phasis*]

pheasant [fe°znt, ফে°জ়্‌ন্‌ট্] *n.* a richly-coloured bird, রঙ্গীন পক্ষিবিশেষ। [AF. *fesant* <L. *phasianus* <Gk. *phasianos* (*ornis*)=(a bird) from the river Phasis]

phenol [fē°-nol, ফী°নল্] *n.* (chem.) carbolic acid as used in disinfectants, কীটনাশক ঔষধে ব্যবহৃত কার্বলিক অ্যাসিড্। [F. *phénole* < *phène*=benzene]

phenology [fē-no-la-ji, ফীনল্যাজি] *n.* the study of the times of recurring natural phenomena (eg. opening of flowers, arrival of migrants, etc.) as affected by climate, জলবায়ু-প্রভাবিত প্রাকৃতিক ব্যাপারের পরিবর্তন সম্পর্কিত তত্ত্ব (যেমন পুষ্পোদগম, পরিযায়ী প্রাণীর আগমন প্রভৃতি)। *n.* **pheno°logist**। [Gk. *phainein*=to show, *logos*=discourse]

phenomenon [fi-no°-mi-nan, ফিন°মিন্যান্] *n.* anything directly apprehended by the senses, সরাসরি ইন্দ্রিয়গোচর বস্তু বা ব্যাপার, (পরি.) ব্যাপার ; the appearance as distinguished from reality, বাহ্যমূর্তি বা চেহারা (অর্থাৎ সত্তা বা প্রকৃত রূপ নহে), প্রপঞ্চ ; (loos.) a remarkable person or thing or appearance, (শিথি.) অনন্যসাধারণ ব্যক্তি বা বস্তু বা আকৃতি। *pl.* **phéno°ména**। *a.* **phéno°ménal**—বাহ্যব্যাপার-সংক্রান্ত ; বিস্ময়কর। *n.* **pheno°ménalism**—প্রপঞ্চ ও সত্তায় প্রভেদ নাই বা প্রপঞ্চই সত্তা : এই দার্শনিক মত। *n.* **pheno°ménalist**। *adv.* **pheno°ménally**। *n.* **phenomenology** [fi-no-mi-no°-la-ji, ফিনমিন°ল্যাজি] প্রপঞ্চবিজ্ঞান ; (দর্শ.) প্রপঞ্চবাদ। [Gk. *phainomenon*=showing itself]

phew [fōō, ফ্‌উ] *int.* expressing petty vexation, impatience, relief, etc., সামান্য জ্বালাতন, অস্থিরতা বা অব্যাহতি প্রভৃতি সূচক অব্যয়বিশেষ, ফুঃ। [imi.]

phial [fī°(a)l, ফাই°(অ্যা)ল্] *n.* a small bottle, শিশি। *a.* **phi°alled**—শিশিতে রক্ষিত। *n.* **phialling**—শিশির মধ্যে ভরা। [L. *phiala* < Gk. *phiale*=a broad flat bowl]

philander [fi-lan°-da(r), ফিল্যান্‌°ডা(র্)] (**1**) *n.* a conventional name for a lover, প্রেমিকের লৌকিক নাম (তু. কলির কৃষ্ণ)। (**2**) *v.i.* প্রেম নিবেদন করা ; প্রেমের অভিনয় করা, ছিনালি করা। *n.* **philan°derer**—প্রেমিক ; নাগর ; যে ব্যক্তি স্ত্রীলোকদের সহিত প্রেমের অভিনয় করিয়া বেড়ায়, পুরুষ-ছিনাল। [Gk. *philandros*=fond of men—wrongly taken in the sense of 'lover']

philanthropy [fi-lan°-thra-pi, ফিল্যান্°থ্র্যাপি] *n.* love of mankind, লোকহিতৈষণা। *n.* **phi°lanthrōpe, philan°thropist**—লোকহিতৈষী ব্যক্তি। *a.* **philanthropic** [fi-lan-thro°-pik, ফিল্যানথ্র°পিক্], **philanthro°pical**—লোকহিতৈষণাপূর্ণ ; লোকহিতকর ; সদাশয়, বদান্য। *adv.* **philanthro°pically**। [*phil-*, Gk. *anthropos*=man]

philately [fi-la°-te-li, ফিল্যা°টেলি] *n.* the collection of stamps, ডাকটিকেট-সংগ্রহ। *a.* **philate°lic**—ডাকটিকেট-সংগ্রহ-সংক্রান্ত। *n.* **phila°telist**—ডাকটিকেট-সংগ্রহকারী। [F. *philatelie* < Gk. *phil-*, *ateles*=tax-free]

philharmonic [fil-ŭ(r)-mo°-nik, ফিল্‌আ(র্)-ম°নিক্] *a.* fond of music, সঙ্গীতপ্রিয় (*philharmonic* society)। [*phil-*, see *harmony*]

philhellenic [fil-he-lē°-nik, ফিল্‌হেলী°নিক্] *a.* loving Greece, গ্রীসকে ভালবাসে এমন, গ্রীস-প্রেমিক ; favouring the Greeks, গ্রীকদের পক্ষপাতী। *n.* **phil°hellēne, phil°hellénist**—গ্রীসের সমর্থক। [*phil-*, Gk. *Hellen*=a Greek]

philippic [fi-li°-pik, ফিলি°পিক্] *n.* (usu in *pl.*) orations of Demosthenes against Philip, মাসিডন-নৃপতি ফিলিপের বিরুদ্ধে ডিমস্থ্যানীসের বক্তৃতাসমূহ ; bitter invective, তীব্র শ্লেষাত্মক ও অভিযোগপূর্ণ বক্তৃতা। [Gk. *philippikos*]

Philistine [fi°lis-tīn, ফি°লিস্‌টাইন্] *n.* one of an alien warlike people in south-west Palestine (who were enemies of the Israelites), দক্ষিণ-পশ্চিম প্যালেস্টাইনের বহিরাগত প্রাচীন অধিবাসী (ইহারা ইস্রাইলীদের শত্রু ছিল) ; (in Germany) a person not connected with the university, (জার্মানিতে) বিশ্ববিদ্যালয়ের সহিত সম্বন্ধশূন্য ব্যক্তি। **phi°listine**—(**1**) *n.* সংস্কৃতিসম্বন্ধে উদাসীন ও একান্ত বিষয়ী ব্যক্তি। (**2**) *a.* সংস্কৃতিসম্বন্ধে উদাসীন ও একান্ত বিষয়ী। [Gk. *philistinos* < Heb. *p'lishtim*]

phillumenist [fi-lōō°me-nist, ফিলু°মেনিস্ট্] *n.* collector of matchbox level, দিয়াশলাইয়ের বাক্সের লেবেল সংগ্রহকারী। [*phil-*, *lumen*=light]

philogyny [fi-lo°-ji-ni, ফিল°জিনি] *n.* love of woman, স্ত্রীজাতির প্রতি অনুরাগ। *n.* **philo°gynist**—নারী-প্রেমিক। [*philo-*, Gk. *gyne*=a woman]

philology [fi-lo-la°-ji, ফিল°ল্যাজি] *n.* the science of language, ভাষাবিজ্ঞান., ভাষাবিদ্যা। *a.* **philologic** [fi-la-lo°-jik, ফিল্যাল°জিক্], **philolo°gical**—ভাষাবিদ্যাগত, ভাষাবিদ্যানুযায়ী। *n.* **philo°logist**—ভাষাবিজ্ঞানী। [*philo-*, Gk. *logos*=word]

philomel [fi°-lŏ-mel, ফি°লোমেল্], **phi°lŏmē°la** —*n.* the nightingale, নাইটিংগল্ বা পাপিয়া। [Gk. *Philomela,* Pandion's daughter, changed into a nightingale or swallow]

philoprogenitive [fi-lō-prō-je°-ni-tiv, ফিলৌপ্রৌজে°নিটিভ্] *a.* having, or of, instinctive love of offspring, স্বাভাবিক অপত্যস্নেহপূর্ণ বা অপত্যস্নেহসংক্রান্ত; inclined to produce offspring, সন্তানোৎপাদনে উৎসুক। *n.* **philŏprōge°nitiveness** । [*philo-*, L. *progenies*=progeny]

philosopher [fi-lo°-sa-fa(r), ফিল°স্যাফ্যা(র্)] *n.* a lover of wisdom, জ্ঞানপ্রেমিক; one versed in or devoted to philosophy, দার্শনিক; a natural scientist, প্রকৃতিবিজ্ঞানী; a metaphysician, তত্ত্ববিৎ; one who faces trying circumstances calmly, যে ব্যক্তি বিপদ্-আপদের মধ্যেও শান্ত বা অবিচলিত থাকে। **philosopher's stone**—যে প্রস্তরের স্পর্শে ইতর ধাতু স্বর্ণে পরিণত হইত বলিয়া প্রাচীনকালে বিশ্বাস করা হইত, পরশপাথর, স্পর্শমণি। *a.* **philosophic** [fi-la-so°-fik, ফিল্যাস°ফিক্], **philoso°phical**—দর্শনশাস্ত্রগত, দর্শনশাস্ত্রানুযায়ী; দার্শনিক। *adv.* **philoso°phically** । *v.i.* **philo°sophīze**—দার্শনিক দৃষ্টিতে বিচার করা; দার্শনিক মত গঠন করা; দার্শনিকবৎ আচরণ বা ভাবভঙ্গি করা। **philo°sophy**—(মূলতঃ) জ্ঞানানুসন্ধান; দর্শনশাস্ত্র; তত্ত্ববিদ্যা। [*philo-*, Gk. *sophia*=wisdom]

philtre, (Am.) **philter** [fil°-ta(r), ফিল্°ট্যা(র্)] *n.* a love-potion, প্রণয়োদ্দীপক পানীয়। [F. *philtre*<L. *philtrum*<Gk. *philtron*]

phimosis [fī-mō°-sis, ফাইমৌ°সিস্] *n.* non-retractability or constriction of prepuce or foreskin, পুংজননেন্দ্রিয়ের আবরণ ত্বকের সঙ্কোচনহীনতা। *pl.* **phimōsēs** । *a.* **phimo°tic** । [Gk.]

phiz [fiz, ফিজ্] *n.* (sl.) the look of the face, (অশি.) মুখাকৃতি। [short. from *physiognomy*]

phlebitis [fli-bī°-tis, ফ্লিবাই°টিস্] *n.* inflammation of a vein, ধমনীপ্রদাহ। [Gk. *phleps*=a vein]

phlebotomy [fli-bo°-ta-mi, ফ্লিব°ট্যামি] *n.* treatment by blood-letting, শিরাদি হইতে রক্তমোক্ষণপূর্বক চিকিৎসা। *n.* **phlebo°tomist**—রক্তমোক্ষণবিৎ চিকিৎসক। [OF. *flebothomie*< Gk. *phlebotomia*<*phlebos*=a vein, *tomos*=cutter]

phlegm [flem, ফ্লেম্] *n.* bronchial mucus ejected by coughing, কাশির সহিত নির্গত শ্লেষ্মা, গয়ের; temperamental indifference, (শ্লেষ্মার ধাতজনিত) প্রকৃতিগত ঔদাসীন্য; calmness, শান্তস্বভাব, ধীরতা। *a.* **phlegmatic** [fleg-ma°-tik, ফ্লেগ্‌ম্যা°টিক্], **phlegma°tical**—শ্লেষ্মাপূর্ণ; শ্লেষ্মাবৃদ্ধিকর; উৎসাহশূন্য ও ধীরুজ; সহজে উত্তেজিত হয় না এমন। *adv.* **phlegma°tically** । [OF. *fleume* <Gk. *phlegma*]

phlogistic [flo°jis°-tik, ফ্ল°জিস্°টিক্] *a.* inflammatory, প্রদাহমূলক বা প্রদাহকর, প্রদাহী। [Gk. *phlogizein*=to set on fire]

phlox [floks, ফ্লক্স্] *n.* a garden plant with clusters of flowers or its flower, থোকায় থোকায় পুষ্পপ্রসূ উদ্যানতরুবিশেষ বা উক্ত পুষ্প, (তু.) পুটুস। [L. Gk. *phlox*=a plant]

phobia [fō°-bi-ŭ, ফৌ°বিআ] *n.* fear, aversion or hatred, (প্রধানতঃ অকারণ ও রোগমূলক) আতঙ্ক বা বিতৃষ্ণা বা ঘৃণা। [Gk. *phobos*]

Phoebus [fe°-bas, ফী°ব্যাস্] *n.* Apollo, গ্রীক্‌ সূর্যদেবতা অ্যাপলো; the sun, সূর্য। *n.* **Phœ°bē** —অ্যাপলোর ভগিনী চন্দ্রদেবী আর্টিমিস্; চন্দ্র। [L.<Gk. *Phoibos*]

Phœnician [fi-ni°-shi-an, ফিনি°শিঅ্যান্] (1) *a.* of Phœnicia, ফিনিশিআ-দেশীয়, ফিনিশীয়। (2) *n.* a native or the language of Phœnicia, ফিনিশিআর ভাষা বা লোক। [Gk. *Phoinike*]

phoenix [fe°niks, ফী°নিক্স্] *n.* a fabulous bird that burned itself and rose rejuvenated from its ashes, রূপকথার পক্ষিবিশেষ: ইহা নিজে-নিজে পুড়িয়া মরিয়া ভস্ম হইতে নবদেহ ধরিয়া পুনরুজ্জীবিত হইত; anything that rises from its own or its predecessor's ashes, নিজের বা পূর্বপুরুষের ভস্ম হইতে (নব-) জন্মলাভকারী প্রাণী বা বস্তু; a paragon, (প্রধানতঃ সৌন্দর্যের) আদর্শ প্রাণী বা বস্তু। [OF. *fenix*<Gk. *phoinix*]

phonautograph [fō-no°-ta-grăf, ফৌন°ট্যাগ্রাফ্] *n.* an instrument for recording sound vibrations, ধ্বনি-কম্পন লিপিবদ্ধ করিবার যন্ত্রবিশেষ। [F. *phonautographe*]

phone, 'phone [fōn, ফৌন্] contrs. of **telephone** [*n.* & *v.*]

phoneme [fō°-nēm, ফৌ°নীম্] *n.* a group of speech-sounds felt in a particular language to be merely variants of one sound, নির্দিষ্ট কোন ভাষার যে ধ্বনিগুচ্ছকে একই ধ্বনির বিভিন্ন রূপ বলিয়া মনে হয়। [Gk. *phonema*=a sound <phone]

phonetic [fŏ-ne°tik, ফোনে°টিক্], **phone°tical** —*a.* of, according to, or representing the sounds of spoken language, ভাষার ধ্বনিসংক্রান্ত বা ধ্বনি-অনুযায়ী বা ধ্বনি-নির্দেশক। **phonetic spelling**—বিভিন্ন উচ্চারণনির্দেশক প্রতীকদ্বারা শব্দের বানান প্রণালী। *adv.* **phŏne°tically**—phonetic-এর সকল অর্থে, এবং—উচ্চারণানুযায়ী। *n.* **phonetician** [fō-ni-ti°-sh(a)n, ফৌনিটি°শ্‌ন্]

ভাষার ধ্বনিবিজ্ঞানী, শব্দবিৎ। *n.* **phone°tics**—ভাষার ধ্বনিবিজ্ঞান, (পরি.) শব্দবিদ্যা। [Gk. *phonetikos* < *phone* = voice]

phoney [fō°-ni, ফৌ°নি] *a.* (sl.) counterfeit, unreal, (অশি.) জাল, নকল, অপ্রকৃত। [?]

phonic [fō°-nic, ফৌ°নিক্] *a.* of sound, ধ্বনি-সংক্রান্ত, বিশেষতঃ ভাষার ধ্বনিসংক্রান্ত বা উচ্চারণ-সংক্রান্ত। *n.* **pho°nics**—ধ্বনিবিজ্ঞান ; ভাষার ধ্বনিবিজ্ঞান। [Gk. *phone* = voice, sound]

phonogram [fō°-na-gram, ফৌ°ন্যাগ্রাম্] *n.* a character representing a sound, ধ্বনিনির্দেশক চিহ্ন বা বর্ণ ; a phonographic record, ধ্বনিগ্রাহী-যন্ত্রে গৃহীত রেকর্ড, গ্রামোফোন-রেকর্ড। [Gk. *phone* = voice, *gramma* = a letter]

phonograph [fō°na-grŭf, ফৌ°ন্যাগ্রাফ্] *n.* a character representing a sound, ধ্বনিনির্দেশক চিহ্ন বা বর্ণ ; a sound-recorder, এডিসন কর্তৃক উদ্ভাবিত ধ্বনিগ্রাহী-যন্ত্র; a gramophone, গ্রামোফোন্, কলের গান। *n.* **phonographer** [fŏ-no°-gra-fa(r), ফোন°গ্র্যাফ্যা(র্)], **phonographist** [fŏ-no°-gra-fist, ফোন°গ্র্যাফিস্ট্] ধ্বনি-অনুযায়ী সঙ্কেত-লিপি-লেখক, (পিট্‌ম্যানের) শর্টহ্যান্ড্-লেখক। *a.* **phonographic** [fō-na-gra°fik, ফৌন্যাগ্র্যা°ফিক্] ভাষার ধ্বনিগত, ধ্বনি-অনুযায়ী, ধ্বনি-নির্দেশক ; ধ্বনি-অনুযায়ী সঙ্কেতলিপিলিখনসংক্রান্ত, শর্টহ্যান্ড্‌সংক্রান্ত ; ধ্বনি-নির্দেশক চিহ্নগত ; এডিসনের ধ্বনিগ্রাহী-যন্ত্র-সংক্রান্ত। *n.* **phonography** [fŏ-no°-gra-fi, ফোন°গ্র্যাফি] বিভিন্ন চিহ্নদ্বারা ভাষার ধ্বনিসমূহ বা উচ্চারণসমূহ নির্দেশের বিদ্যা ; ঐ বিদ্যার প্রয়োগ, ধ্বনি-অনুযায়ী সঙ্কেতলিপি-লিখন, শর্টহ্যান্ড্। [Gk. *phone* = voice, *graph*]

phonology [fŏ-no°-la-ji, ফোন°ল্যাজি] *n.* phonetics, ভাষার ধ্বনিবিজ্ঞান, শব্দবিদ্যা। *a.* **phonological** [fŏ-na-lo°-jik(a)l, ফোন্যাল°-জিক্‌ল্] শব্দ-বিদ্যাগত। *n.* **phono°logist**—শব্দ-বিদ্যাবিৎ। [Gk. *phone* = voice, *-logy*]

phonometer [fō°-no-mi-ta(r), ফৌ°নমিট্যা(র্)] *n.* an instrument for recording number or force of sound-waves, ধ্বনিতরঙ্গের সংখ্যা বা শক্তি লিপিবদ্ধ করার যন্ত্রবিশেষ। [Gk. *phone* = voice, *metron* = measure]

phony—alt. spell. of **phoney.**

phooey [fōō°-i, ফূ°ই] *int.* exclamation of disgust, বিরক্তি-প্রকাশক ধ্বনি। [imi.]

phosgene [fos°-jēn, ফস্°জীন্] *n.* a poisonous gas, বিষাক্ত গ্যাস-বিশেষ। [Gk. *phos* = light, and the root of *gignesthai* = to be produced]

phosphate, phosphite—see **Phosphorus.**

Phosphorus [fos°-f(a)ras, ফস্°ফ্‌র‍্যাস্] *n.* the morning-star, ভোরের তারা, শুকতারা। *n.* **phos°phorus**—অধাতব মৌলপদার্থবিশেষ, ফস্‌ফর‍্যাস্। *n.* **phos°phāte**—ফস্‌ফর‍্যাস্-ঘটিত আম্লিক লবণবিশেষ। *n.* **phos°phīte**—ফস্‌ফর‍্যাসের আম্লিক লবণ। *v.i.* **phosphoresce** [fos-fa-res°, ফস্‌ফ্যারেস্°] অন্ধকারে ফসফর‍্যাসের মত দীপ্তি পাওয়া, (পরি.) অনুপ্রভান্বিত হওয়া। *n.* **phosphore°scence**—অনুপ্রভা। *a.* **phosphore°scent**—অনুপ্রভ। *a.* **phosphoric** [fos-fo°-rik, ফস্‌ফ°রিক্] ফস্‌ফর‍্যাস্-সংক্রান্ত ; ফস্‌ফর‍্যাসতুল্য ; অনুপ্রভান্বিত ; ফস্‌ফর‍্যাস্‌পূর্ণ। *n.* **pho°ssy-jaw**—চোয়ালের হাড়ে ফস্‌ফর‍্যাস্-বিষজাত পচা ঘা (সচরাচর দিয়াশলাই কারখানার কর্মীদের হয়)। [L. *phosphorus* < Gk. *phosphoros* = light bearer]

photics [fō°-tiks, ফৌ°টিক্‌স্] *n.* optics, দৃষ্টি ও আলোক সংক্রান্ত বিদ্যা, (পরি.) আলোকবিদ্যা। [see *photo-*$_2$]

photo$_1$ [fō°-tō, ফৌ°টৌ] coll. contr. of **photograph** and **photographic.**

photō-$_2$ [fō°-tō, ফৌ°টৌ] *in comp.* light, আলোক-, আলোকজ, ভা- ; photographic আলোকচিত্র-। *a.* **phōtō-ėlec°tric**—আলোক-তাড়িত। *n.* **phōtō-ėlectri°city**—আলোক-তড়িৎ। **phōtō-fi°nish**—যে তুল্যমূল্য ধাবন-প্রতিযোগিতায় বিজয়িনির্ণয়ার্থ আলোকচিত্র-যন্ত্র ব্যবহার করিতে হয়; যে প্রতিযোগিতায় অতি অল্পের জন্য বিজয়ী জয়লাভ করে। *a.* **photogenic** [fō-to-je°-nik, ফৌটৌজে°নিক্] আলো উৎপাদন করে বা বিচ্ছুরিত করে এমন ; ফটো তোলার যোগ্য (a *photogenic* face)। *n.* **phōtōgravūre°**—ছাপিবার জন্য ধাতুপট্টে ফটোগ্রাফের নিগেটিভ খোদাই করার প্রণালী ; উক্ত ধাতুপট হইতে মুদ্রিত ছবি। [*photo-*, F. *gravure* = engraving]। *n.* **phōto°lysis**—(রসা.) আলো-বিকিরণের প্রভাবে পচন বা পৃথগীভবন। *n.* **photŏ°mėter**—আলোর তীব্রতা বা গাঢ়তা মাপার যন্ত্র, আলোকমান। *a.* **photŏme°tric**—আলোক-মিতি-সংক্রান্ত। *n.* **photŏ°mėtry**—আলোকমিতি। *n.* **phōto-off°set**—ফটো হইতে (ধাতব টাইপ বা ব্লক হইতে নহে) মুদ্রণের পদ্ধতিবিশেষ। *n.* **phō°tŏsphēre**—সূর্যের আলোকময় বহিরাবরণ : ইহা হইতেই আলোক বিচ্ছুরিত হয়। *n.* **phō°tŏstat**—পাণ্ডুলিপি চিত্র প্রভৃতির অবিকল প্রতিরূপ, গ্রহণের যন্ত্র ; উক্ত যন্ত্রদ্বারা গৃহীত প্রতিলিপি (also **photostat copy**) [trade-mark < *photo-*, Gk. *statos* = stated, placed]। *n.* **phōtosyn°thesis**—সালোক সংশ্লেষ। [Gk. *photos* = light]

photography [fato°-gra-fi, ফ্যাট°গ্র্যাফি] *n.* the process of producing images by the action of light, আলোকের ক্রিয়ার সাহায্যে প্রতিকৃতি-প্রস্তুতের প্রণালী, আলোকচিত্রবিদ্যা। **photograph** [fō°-ta-grŭf, ফৌ°ট্যাগ্রাফ্] (1) *n.* আলোকচিত্র, ফটোগ্রাফ্, ফটো। (2) *v.t.i.* ফটো তোলা। (3) *v.i.* (*quasi-passive*) ফটো তোলার যোগ্য হওয়া (it *photographs* well)। *p.* & *p. pt.* **phō°tographed**। *n.* **photo°grapher**

For words in *photo-*, not given separately, see **photo-**$_2$.

—আলোকচিত্রকর। *a.* **photographic** [fō-ta-gra°-fik, ফৌট্যাগ্র্যা°ফিক্], **photogra°phical**—আলোকচিত্রসংক্রান্ত; আলোকচিত্রতুল্য। [*photo-*, Gk. *graphein*=to draw]

photon [fō°-ton, ফৌ°টন্] *n.* a quantum of light, আলোকের একক, আলোককণা। [Gk. *photos*=light]

phrase [frāz, ফ্রেইজ্] (**1**) *n.* mode of expression in language, ভাষার প্রকাশভঙ্গি বা বাগ্‌বৈশিষ্ট্য; an expression, (প্রধানতঃ বৈশিষ্ট্যপূর্ণ) উক্তি; a group of words not forming a clause but expressing a single idea, সম্পূর্ণ বাক্য না হওয়া সত্ত্বেও একটি নির্দিষ্ট ভাবপ্রকাশক শব্দসমষ্টি; small group of notes forming subsection of a melody, একটানা সুরেলা ধ্বনির অন্তর্গত ক্ষুদ্র ধ্বনিসমষ্টি (সচ. চারি মাত্রার অনধিক)। (**2**) *v.t.* to express in words, ভাষায় প্রকাশ করা। *a.* **phrā°ṡal**—বিশিষ্টার্থক শব্দসমষ্টির আকারে ব্যবহৃত (e.g., pick up, talk round)। *n.* **phrāṡe°-book**—বিশিষ্টার্থক শব্দসমষ্টির তালিকা-গ্রন্থ, যে গ্রন্থে এক ভাষার বিশিষ্টার্থক শব্দসমষ্টির অন্য ভাষার অনুরূপ শব্দসমষ্টি বা অর্থ দেওয়া থাকে। *n.* **phrā°ṡėōgram**—সাঙ্কেতিক দ্রুতলিখন-পদ্ধতিতে শব্দসমষ্টির জন্য ব্যবহৃত চিহ্ন। *n.* **phraseology** [frā-zi-o°-la-zi, ফ্রেইজ়িঅ°ল্যাজি] ভাষাগত রচনা-শৈলী বা বাগ্‌বৈশিষ্ট্য; ভাষার বিশিষ্টার্থক শব্দসমষ্টির তালিকা। *n.* **phrāṡėo°logist**—উক্ত রচনাশৈলী বাগ্‌বৈশিষ্ট্য বা শব্দসমষ্টি ব্যবহারকারী অথবা তাহার সংগ্রাহক। *a.* **phraseological** [frā-zi-a-lo°-jik(a)l, ফ্রেইজ়িঅ্যাল°জিক্‌ল্] উক্ত রচনাশৈলী বাগ্‌বৈশিষ্ট্য বা শব্দসমষ্টি সংক্রান্ত। *n.* **phrā°ṡing**—ভাষণে বা রচনায় ব্যবহৃত শব্দাবলী অথবা শব্দ-ব্যবহারের প্রণালী। [Gk. *phrasis*<*phrazo*=to speak]

phrenetic [fri-ne°-tik, ফ্রিনে°টিক্] (**1**) *a.* delirious, প্রলাপ বকে এমন; mad, উন্মত্ত, ক্ষিপ্ত। (**2**) *n.* a mad man, উন্মাদগ্রস্ত ব্যক্তি। *adv.* **phrėne°tically**। [Gk. *phren*=midriff]

phrenic [fri°-nik, ফ্রি°নিক্] *a.* of the diaphragm, মধ্যচ্ছদার, মধ্যচ্ছদীয়। [Gk. *phren*=diaphragm]

phrenology [fri-no°-la-ji, ফ্রিন°ল্যাজি] *a.* the study of the external cranium as indicative of the mental faculties, চিত্তবৃত্তি বা মানসিক শক্তিনির্ণয়ার্থ করোটির বহির্ভাগের গঠনাদির বিচার। *n.* **phrėno°logist**—উক্ত বিচারবিৎ। [Gk. *phrenos*=midriff, *-logy*]

Phrygian [fri°-ji-an, ফ্রি°জিঅ্যান্] (**1**) *a.* of Phrygia, ফ্রিজিআ-দেশীয়। (**2**) *n.* a native or the ancient language of Phrygia, ফ্রিজিআর লোক বা প্রাচীন ভাষা। **Phrygian mode**—প্রাচীন গ্রীক সঙ্গীতের সুরবিশেষ।

phthisis [thī°-sis, থাই°সিস্] *n.* pulmonary consumption, যক্ষ্মারোগ। **galloping phthisis**—দুরারোগ্য যক্ষ্মাবিশেষ: ইহাতে ঘনঘন প্রচুর পরিমাণে রক্তবমন হয়, রাজযক্ষ্মা। *a.* **phthi°sical**—যক্ষ্মারোগ-সংক্রান্ত। [Gk.<*phthi(n)ein*=to waste away]

phut [fut, ফাট্] (**1**) *n.* the sound of a bladder bursting, a bullet passing etc., ফট্-আওয়াজ। (**2**) *adv.* to grief or ruin or collapse, দুর্দশা-গ্রস্ত, বিনষ্ট, ধ্বংসীভূত, সর্বনাশগ্রস্ত। **(to) go phut**—দুর্দশাগ্রস্ত হওয়া, বিনষ্ট হওয়া, ধ্বংস হওয়া, সর্বনাশ-গ্রস্ত হওয়া। [Hin. *phatna*=to burst]

phyllode [fi°-lōd, ফি°লৌড্] *n.* a petiole appearing like a leaf-blade, (পরি.) পর্ণবৃন্ত। *a.* **phy°lloid**—পর্ণসদৃশ। [Gk. *phyllon*=leaf, *eidos*=form]

phyllomania [fi-lō-mā°-nia, ফিলৌমেই°নিআ্যা] *n.* excessive production of leaves at the cost of flower or fruit production, অতিরিক্ত পত্রোদ্গম: ইহার ফলে ফুল বা ফল কম হয়। [Gk. *phyllon*=leaf, *mania*=madness]

phyllotaxis [fi-lō-tak°-sis, ফিলৌট্যাক্°সিস্] *n.* the disposition of leaves on the stem, কাণ্ডোপরি পত্রবিন্যাস। [Gk. *phyllon*=a leaf, *taxis*=arrangement]

phyla—see **phylum.**

phylum [fi°-lam, ফি°ল্যাম্] *n.* a main division of the animal or vegetable kingdom, প্রাণি-বর্গের বা উদ্ভিদ্‌বর্গের প্রধান বিভাগ, বর্গ, গোত্র। *pl.* **phy°la**। [Gk. *phylon*=race]

physic [fi°-zik, ফি°জ়িক্] (**1**) *n.* the medical science or profession, চিকিৎসাবিজ্ঞান বা চিকিৎসকের পেশা; (coll.) medicine, ঔষধ; anything healing or wholesome, আরোগ্যকর বা স্বাস্থ্যকর বস্তু অথবা বিষয়; (in *pl.* **phy°ṡics**) science treating of properties of matter, পদার্থবিদ্যা। (**2**) *v.t.* to give medicine to, ঔষধ প্রয়োগ করা; to heal, আরোগ্য করা। *pr. pt.* **physicking** [fi°-zi-king, ফি°জ়িকিং]। *p. & p. pt.* **phy°ṡicked**। **physic garden**—উদ্ভিজ্জ ভেষজ উৎপাদনের বাগিচা। *a.* **phy°ṡicky**। [Gk. *physikos*=natural<*phusis*=nature]

physical [fi°-zik(a)l, ফি°জ়িক্‌ল্] *a.* natural, প্রাকৃতিক (*physical* geography); of physics, পদার্থবিদ্যাগত; material, বাস্তব, (পরি.) ভৌত; bodily, শারীর, শারীরিক (*physical* beauty, education, exercise, strength, etc.)। **physical instructor**—দেহচর্যা-শিক্ষক। **physical science**—প্রকৃতি বা পদার্থবিজ্ঞান। *adv.* **phy°ṡically**। [see *physic*]

physician [fi-zi°sh(a)n, ফিজ়ি°শ্‌ন্] *n.* one skilled in the art of healing, চিকিৎসক, ডাক্তার। [see *physic*]

physicist [fi°-zi-sist, ফি°জ়িসিস্ট্] *n.* one versed in physics, প্রকৃতিবিজ্ঞানী; পদার্থবিদ্যাবিৎ। [see *physic*]

physicked, physicking, physics—see **physic.**

physio- [fi-zi-o°, ফিজ়িঅ°] *in comp.* nature, প্রকৃতি। *n.* **physiognomy** [fi-zi-o°-na-mi, ফিজ়িঅ°ন্যামি] চেহারা বিশেষতঃ মুখাকৃতি বিচারপূর্বক চরিত্রনির্ণয়বিদ্যা ; চেহারা, বাহ্যিক গঠন [*physio-*, Gk. *gnomon*=judge]। *a.* **physiognomic** [fi°-zi-a-no°-mik, ফিজ়িঅ্যান°মিক্], **physiogno°mical**—উক্ত চরিত্রনির্ণয়বিদ্যাগত ; চেহারা বা বাহ্যিক গঠন সংক্রান্ত। *n.* **physiognomist** [fi-zi-o°-na-mist, ফিজ়িঅ°ন্যামিস্ট্] উক্ত চরিত্রনির্ণয়বিদ্যাবিৎ। *n.* **physio°graphy**—প্রাকৃতিক ভূগোল। *a.* **phy°siographic(al)**। *n.* **physio°logy**—প্রাণী ও উদ্ভিদবর্গের জীবনধারা-সংক্রান্ত বিজ্ঞান, (পরি.) শারীরবৃত্ত, শারীরবৃত্তি। *a.* **physiolo°gic(al)**—শারীরবৃত্তীয়। *n.* **physio°logist**—শারীরবৃত্তবিৎ। *n.* **phy°siŏthe°rapy**—অঙ্গসংবাহন তাপন প্রভৃতির দ্বারা রোগচিকিৎসা। **phy°siŏthe°rapist**—যে চিকিৎসক অঙ্গসংবাহন তাপন প্রভৃতির দ্বারা চিকিৎসা করে। [Gk. *phusis*]

physique [fi-zēk°, ফিজ়ীক°] *n.* bodily build or constitution, দৈহিক গঠন বা ধাত। [F.]

phytography [fī-to°-gra-fi, ফাইট°গ্রাফি] *n.* descriptive botany, বর্ণনামূলক উদ্ভিদ্‌বিজ্ঞান। *n.* **phyto°grapher**। *a.* **phytogra°phic**। [Gk. *phyton*=plant, *graphe*=writing]

pia mater [pī°-ŭ mā°-ta(r), পাইʼআ মেইʼট্যা(র্)] *n.* the inner membrane enveloping the brain and the spinal cord, মস্তিষ্ক ও মেরুকাণ্ডের আবরক ঝিল্লী ; brain or wits, মগজ বা বুদ্ধি। [L.=tender mother < Ar. *umm raqiqah*=thin mother]

pianist—see **pianoforte.**

pianoforte [pi-a-nŏ-faw(r)°-ti, পিয়্যানোফা(র্)°টি], (contr. which is generally used) **pi°anō**—*n.* a musical instrument, বাদ্যযন্ত্রবিশেষ, পিয়ানো। *n.* **pi°anist**—পিয়ানোবাদক। *n.* **pi°anō°-schōōl°**—পিয়ানো-বাদন-শিক্ষালয় ; পিয়ানোবাদনের প্রণালী যা ঘরওআনা। *n.* **pi°anō-stōōl**—যে টুলের উপর বসিয়া পিয়ানো বাজান হয়। [It. < *piano*=soft, *forte*=loud]

piastre [pi-as°-ta(r), পিঅ্যাস্°ট্যা(র্)] *n.* a silver coin (esp. of Turkey and Spain), (প্রধানতঃ তুরস্ক ও স্পেইনের) রৌপ্যমুদ্রাবিশেষ। [F. < It. *piastra*=a leaf of metal]

piazza [pi-at°-sa, পিঅ্যাট্°স্যা] *n.* a place or square surrounded by buildings, (প্রধানতঃ ইটালিদেশের) অট্টালিকাসমূহদ্বারা পরিবেষ্টিত স্থান বা ভ্রমণোদ্যান। [It. < Turk. *plateia*=a street]

pibroch [pē°-brok, পী°ব্রক্] *n.* a bagpipe music, ব্যাগ্‌পাইপ্-বাজনাবিশেষ। [Gael. *piobaireachd*=pipe music]

pica [pī°-ka, পাই°ক্যা] *n.* the 12 point printing type, ছাপার কার্যে ব্যবহৃত ১২ পয়েন্ট আকারের অক্ষর। **small pica**—ছাপার কার্যে ব্যবহৃত ১১ পয়েন্ট আকারের অক্ষর। [?—cp. pie_2]

picador [pi-ka°-daw(r), পিক্যা°ড্য(র্)] *n.* a mounted bull-fighter with a lance, যে বল্লমধারী অশ্বারোহী ষাঁড়ের সঙ্গে লড়াই করে। [Sp. < *pica*=pike]

picaresque—see **picaroon.**

picaroon [pi-ka-rōōn°, পিক্যারূন্°] (**1**) *n.* one who lives by his wits, (দুষ্ট-)বুদ্ধিকৌশলদ্বারা জীবিকার্জনকারী, টঁ্যাটন ; a cheat, জুয়াচোর, ঠক ; a pirate, জলদস্যু। (**2**) *v.i.* to play the pirate, জলদস্যুতা করা। *a.* **picaresque** [pi-ka-resk°, পিক্যারেস্ক্°] টঁ্যাটানিপূর্ণ ; প্রতারণামূলক, জুয়াচুরিপূর্ণ ; জলদস্যুতামূলক। **picaresque novels**—স্পেইনের ঠক জুয়াচোর ভবঘুরে প্রভৃতিদের জীবনকাহিনী বা অনুরূপ উপন্যাসসমূহ। [Sp. *picaron*]

piccaninny, pickaninny [pi°-ka-ni-ni, পি°ক্যানিনি] *n.* a child, especially a negro child, শিশু, বিশেষতঃ নিগ্রো শিশু। [Port. *pequenino*=very small, or Sp. *pequeno nino*=little child]

piccolo [pi°-ka-lō, পি°ক্যালৌ] *n.* a small flute, ক্ষুদ্র বাঁশিবিশেষ, পিকলু। [It. little]

pice [pīs, পাইস্] *n.* an Indian copper-coin, পয়সা। *pl.* **pice**। [Hin. *paisa*]

pick [pik, পিক্] (**1**) *n.* a tool for breaking ground, rock, etc., গাঁইতি বা অনুরূপ যন্ত্র : selection, বাছাই ; a portion picked, একখোঁট পরিমাণ ; the best or choicest, শ্রেষ্ঠ বা বাছাইকরা ব্যক্তি অথবা বস্তু (the *pick* of the bunch)। (**2**) *v.t.i.* to break up with a pick, গাঁইতি দিয়া ভাঙ্গা ; to eat by small quantities, to nibble, একটু-একটু করিয়া খাওয়া, খুঁটিয়া খুঁটিয়া খাওয়া। (**3**) *v.t.* to cull, (পুষ্পাদি) চয়ন করা ; to pluck or uproot, উৎপাটন করা ; to peck, bite or nibble, ঠোকরান, কামড়ান, খোঁটা ; to open by a sharp instrument, etc., তীক্ষ্ণধার অস্ত্রাদিদ্বারা (তালা প্রভৃতি) খোলা ; to select, বাছিয়া লওয়া। (**4**) *v.i.* to pilfer, ছিঁচকে চুরি করা। *p.* & *p. pt.* **pi°cked**। **(to) pick and choose**—সযত্নে বা ধীরেসুস্থে বাছিয়া লওয়া। **(to) pick and steal**—ছিঁচকে চুরি করা। **(to) pick at**—কিছুর দোষ খুঁজিয়া বাহির করা বা খুঁত ধরা ; নেহাত অনিচ্ছায় খাদ্য খুঁটিয়া খুঁটিয়া খাওয়া (he only *picked at* his food)। **(to) pick off**—তুলিয়া লওয়া ; (পুষ্পাদি) চয়ন করা ; স্থিরলক্ষ্যসন্ধান করিয়া গুলি তীর প্রভৃতির দ্বারা একজনের পর একজনকে বিদ্ধ করা। **(to) pick on**—অপ্রীতিকর কার্যাদির জন্য বাছিয়া লওয়া (to *pick on* a person to do the monotonous job)। **(to) pick one's brains**—কাহারও নিকট হইতে ধ্যানধারণা বা তথ্যাদি সংগ্রহ করা। **(to) pick one's pocket**—(কাহারও) পকেট মারা। **(to) pick out**—নির্ণয় করা ; বাছিয়া লওয়া ; পৃথক্ করা ; উৎপাটন করা বা চয়ন করা ; কুড়াইয়া তোলা। **(to) pick over**—পরীক্ষাপূর্বক ভালগুলি রাখিয়া বাজেগুলি বাদ দেওয়া (*to pick over* a basket of mangoes)। **(to) pick up**—কুড়াইয়া তোলা ; ক্রমশঃ আরোগ্য হওয়া (to *pick up* health) ; একটু-একটু করিয়া শক্তি লাভ করা ; (প্রধানতঃ চলন্ত) গাড়িতে তুলিয়া লওয়া ; দলে ঢুকাইয়া লওয়া ; হঠাৎ স্থাপন করা বা অর্জন করা (*to pick up* acquaintance) ; হঠাৎ সম্মুখীন হওয়া বা খুঁজিয়া পাওয়া। **(to) pick up with**—পরিচিত হওয়া। *a.* **pi°cked**—বাছাই-করা ; শ্রেষ্ঠ ; তীক্ষাগ্র ; সূঁচাল। *n.* **pi°cker**। *n.* **pi°ckery**—ছিঁচকে চুরি। *n.* **pi°cking**—pick(*v.*)-এর সকল অর্থে, এবং—খুঁটিয়া লওয়া অংশ, এক খোঁট ; (in *pl.*) টুকিটাকি লাভ বা ফেলিয়া-যাওয়া বস্তু। *n.* **pick°lock**—তালা খোলার যন্ত্রবিশেষ। *n.* **pick°-me-up**—তেজস্কর পানীয়-বিশেষ, যে বস্তু নূতন শক্তিসঞ্চার করে (it is a temporary *pick-me-up* but not a permanent cure)। *n.* **pick°-pocket**—পকেটমার, গাঁটকাটা। *n.* **pick°-purse**—যে ব্যক্তি পরের মানিব্যাগ বা তাহা হইতে অর্থাদি চুরি করে। *n.* **pick°-up**—রেকর্ড বাজাইবার সময়ে গ্রামোফোনাদির যে অংশে পিন পরাইতে হয় ; নানা কর্মে নিয়োজিত ক্ষুদ্র ভ্যান্-গাড়ি (van) ; বেগবর্ধনের শক্তি, ত্বরণ (a car on engine with a good *pick-up*) ; (অশি.) তৃতীয় কোন ব্যক্তির মধ্যস্থতা ছাড়াই হঠাৎ যাহার সঙ্গে আলাপ হইয়াছে। *a.* **picky**—(অশি.) অত্যধিক খুঁতখুঁতে। [?]

pickaback [pi°-ka-bak, পি°ক্যাব্যাক] *adv.* on the back like a pack, (প্রধানতঃ শিশুদের বহন করা সম্বন্ধে) বস্তার মত পিঠে করিয়া। [?—cp. *pick* and *back*]

pickaxe [pic°-aks, পিক্°অ্যাকস্] *n.* a picking tool, গাঁইতি খন্তা বা অনুরূপ কোন যন্ত্র। [<OF. *picois*=a mattock]

picked, picker—see **pick.**

pickerel [pi°-kar(a)l], পি°ক্যার্‌ল্] *n.* a small pick, ক্ষুদ্র বানমাছবিশেষ। [see *pike*]

pickery—see **pick.**

picket [pi°-kit, পি°কিট্] (**1**) *n.* a pointed stake or peg driven into the ground, মাটিতে প্রোথিত সূচ্যগ্র খোঁটা বা গোঁজ ; a surveyor's mark, জমি-জরিপের চিহ্ন বা জমির সীমানা নির্দেশক চিহ্ন ; a small outpost, patrol, or body of men on some special duty, ক্ষুদ্র ফাঁড়ি বা চৌকি বা প্রহরিদল বা বিশেষ কার্যে নিযুক্ত দল ; picket-duty, প্রহরা, চৌকি ; a person or persons sent to dissuade those who go to work during a strike, ধর্মঘটকালে ধর্মঘটবিরোধীদের বুঝাইয়া কর্মে যোগদান হইতে নিরস্ত করার জন্য প্রেরিত ব্যক্তি বা দল, পিকেটিংকারী। (**2**) *v.t.* to tether to a stake, খোঁটায় বাঁধা ; to surround with stakes, খোঁটা দিয়া ঘেরা ; to post as a picket, প্রহরীতে প্রহরীতে ছাইয়া ফেলা ; to place pickets at, (কোথাও) প্রহরীদল বা ফাঁড়ি স্থাপন করা। (**3**) *v.i.* to act as a picker, প্রহরীর কাজ করা, পাহারা দেওয়া। *p.* & *p. pt.* **pi°ckėtėd**। *n.* **pi°ckėter**—(শ্রমিক-)ধর্মঘটকালে যে ব্যক্তি ধর্মঘটকারীদের পক্ষে পিকেটিং করে অর্থাৎ ধর্মঘটবিরোধীদের কার্যকলাপে বাধাদানের চেষ্টা করে। *n.* **pi°ckėt-guard**—আকস্মিক আপৎকালে নিয়োগার্থ সংরক্ষিত রক্ষী। *n.* **pi°ckėting**—(শ্রমিক-)ধর্মঘটকালে ধর্মঘটবিরোধী-দিগকে বাধাদান, পিকেটিং। [F. *piquet*=a small pickaxe]

picking—see **pick.**

pickle [pik°l, পিক্°ল্] (**1**) *n.* a liquid in which food is preserved, যে তরল বস্তুর মধ্যে ভিজাইয়া রাখিয়া খাদ্যসামগ্রী সংরক্ষিত করা হয় (যেমন, আচারের তেল, পুলিপিঠার জন্য চিনির শিরা) ; an article of food so preserved, উক্তভাবে সংরক্ষিত খাদ্যবস্তু (যেমন, শুঁটকি মাছ) ; (in *pl.*) preserved onions, cucumber, etc., as a condiment, আচার কাসন্দ প্রভৃতি ; acid etc., for cleansing, পরিষ্কার করার জন্য অ্যাসিড বা অনুরূপ বস্তু ; (fig.) plight, (আল.) দুরবস্থা বা অবস্থা (sorry *pickle*, nice *pickle*) ; (coll.) a troublesome child, (কথ্য.) হাড়-জ্বালানে শিশু। (**2**) *v.t.* to preserve in pickle, লবণাদিতে জরাইয়া (খাদ্যবস্তু) সংরক্ষিত করা ; to clean with acid, অ্যাসিড-প্রয়োগে পরিষ্কার করা। *a.* **pick°led**—লবণাদিতে জরাইয়া সংরক্ষিত (*pickled* onions) ; জারিত ; অ্যাসিড-দ্বারা পরিষ্কৃত ; (অশি.) পানোন্মত্ত। *n.* **pick°le-herring**—শুঁটকি হেরিংমাছ। *n.* **pick°ler**—লবণাদিতে জরাইয়া খাদ্যদ্রব্য সংরক্ষণ-কারী ; উক্ত সংরক্ষণকার্যে ব্যবহৃত পাত্র ; উক্তভাবে সংরক্ষণযোগ্য খাদ্যবস্তু। [?]

picklock, pick-me-up, pick-pocket, pick-purse, pick-up—see **pick.**

picnic [pik°-nik, পিক্°নিক্] (**1**) *n.* (ori) an entertainment towards which each person contributes a share of the food, (মূলতঃ) আনন্দভোজবিশেষ : ইহাতে অংশগ্রাহী প্রত্যেক ব্যক্তি খাদ্যসামগ্রী জোগায় ; a pleasure-party including meal out of doors, চড়ুইভাতি, বনভোজন ; (coll.) something easy or enjoyable, (কথ্য.) সহজ বা উপভোগ্য কোন কিছু (it is no *picnic*)। (**2**) *v.i.* to have or take part in a picnic, বনভোজনের আয়োজন করা বা বনভোজনে যোগ দেওয়া, বনভোজন করা। *pr. pt.* **picnicking** [pik°-ni-king, পিক্°নিকিং]। *p.* & *p. pt.* **pic°-nicked**। *n.* **pic°nicker**। *a.* **pic°nicky**—সহজ বা উপভোগ্য। [F. *piquenique*]

picquet—alt. spell. of **picket.**

picric acid [pik°-rik a°-sid, পিক্°রিক্ অ্যা°সিড্] *n.* a bitter yellow substance, রঞ্জনকার্যে ও বিস্ফোরকে ব্যবহৃত তিক্ত এবং পীতবর্ণ পদার্থবিশেষ। [Gk. *pikros*=bitter, *acid*]

Pict [pikt, পিক্ট্] *n.* one of an ancient race in Britain, ব্রিটেনের প্রাচীন জাতিবিশেষের লোক। [L. *Picti*]

pictograph [pik°-ta-grŭf, পিক্°ট্যাগ্রাফ্] *n.* a picture used as a symbol in picture-writing. চিত্রদ্বারা লিখনপদ্ধতিতে বর্ণস্বরূপ ব্যবহৃত চিত্র। *a.* **pictogra°phic** । *n.* **pictography** [pik-to°-gra-fi, পিক্‌ট°গ্র্যাফি] চিত্রদ্বারা লিখনপদ্ধতি। [L. *pictus*=painted, Gk. *graphein*=to write]

pictorial [pik-taw°-ri-al, পিক্‌ট্য°রিঅ্যাল্] (**1**) *a.* of or expressed in pictures, চিত্রসংক্রান্ত, চিত্রদ্বারা প্রকাশিত ; illustrated or decorated with pictures, চিত্রদ্বারা পরিশোভিত। (**2**) *n.* a periodical in which pictures are prominent, চিত্রপ্রধান সাময়িক পত্রিকা। *adv.* **picto°rially** । [L. *pictor*=painter]

picture [pik°-cha(r), পিক্‌°চ্যা(র্)] (**1**) *n.* painting, চিত্রাঙ্কন ; a painting or portrait, চিত্র বা প্রতিকৃতি : a person closely resembling another, অন্যের সহিত ঘনিষ্ঠ সাদৃশ্যযুক্ত ব্যক্তি ; a cinematograph film, চলচ্চিত্রে নির্মিত ছবি বা বই ; a beautiful object, সুন্দর ছবি বা দৃশ্য ; a picturesque description, চিত্রানুগ অর্থাৎ ছবির মত স্পষ্ট বর্ণনা ; a cinema-show or a cinema-house, চলচ্চিত্রে নির্মিত ছবির প্রদর্শনী বা প্রদর্শন-গৃহ। (**2**) *v.t.* to depict in a picture, চিত্রে বর্ণনা করা ; to describe picturesquely, চিত্রানুগভাবে বর্ণনা করা। **in the picture**—যথাযথরূপে অবগত বা বিদিত। **picture postcard**—(প্রধানতঃ স্থানীয় দৃশ্যের) চিত্রযুক্ত পোসটকার্ড। **the picture of health**—নিটোল স্বাস্থ্যের অধিকারী ব্যক্তি। *n.* **pic°ture-book**—ছবির বই। *n.* **pic°ture-card**—তাসের সাহেব বিবি বা গোলাম। *n.* **pic°ture-frāme**—ছবি বাঁধানর ফ্রেম। *n.* **pic°ture-gallery**—(অঙ্কিত) চিত্রপ্রদর্শনার্থ মঞ্চ কক্ষ বা অট্টালিকা। *n.* **pic°ture-gōer**—যে ব্যক্তি ঘন ঘন সিনেমা দেখে। *n.* **picture-house, pic°ture-pa°lace**—সিনেমাগৃহ। *n.* **pic°ture-writing**—অক্ষরের বদলে চিত্রের দ্বারা লিখনপদ্ধতি ; ধারাবাহিক চিত্রাঙ্কনদ্বারা ঘটনাদির বর্ণনা। [L. *pictura* < *pingere* =to paint]

picturesque [pik-cha-resk°, পিক্‌চ্যারেস্‌ক্°] *a.* like a picture, চিত্রবৎ ; (of language) graphic, চিত্রের ন্যায় স্পষ্ট, চিত্রানুগ (*picturesque* description, language, etc.) । *adv.* **picturesque°ly** । *n.* **picturesque°ness** । [It. *pittoresco* < *pittura* =a picture < L. *pictura*]

piddle [pi°-dl, পি°ড্‌ল্] *v.i.* (coll.) to urinate, (কথ্য.) মূত্রত্যাগ করা। [?]

piddock [pi°-dok, পি°ডক্] *n.* a bi-valve mollusc, দ্বিপুটক কোমলাঙ্গ শামুকবিশেষ। [?]

piddling [pid°-ling, পিড্°লিং] *a.* trifling, paltry, তুচ্ছ, অকিঞ্চিৎকর। [?]

pidgin [pi°jin, পি°জিন্] Chinese corrup. of **business** । **pidgin English**—ইংরেজদের সঙ্গে কাজ-কারবার চালানর মত চীনাগণ কর্তৃক ব্যবহৃত ইংরেজি ও চৈনিকমিশ্রিত অশুদ্ধ ভাষা, চীনেবাজারি ইংরেজি ; অনুরূপ কোন মিশ্রিত অশুদ্ধ ভাষা।

pie$_1$ [pī, পাই] *n.* an Indian coin, পাই। [Marathi *pa'i*=a fourth]

pie$_2$ [pī, পাই] *n.* a magpie, কাঠঠোকরাজাতীয় পাখিবিশেষ, ম্যাগ্‌পাই পাখি ; a chatterer, বক্‌বক্‌কারী। [F. < L. *pica*]

pie$_3$ [pī, পাই] (**1**) *n.* printing type confusedly mixed, বিশৃঙ্খলভাবে মিশ্রিত মুদ্রাক্ষর ; (fig) confusion, (আল.) তালগোল-পাকান অবস্থা, বিশৃঙ্খলা। (**2**) *v.t.* to reduce to pie, (মুদ্রাক্ষরসম্বন্ধে) বিশৃঙ্খলভাবে মিশাইয়া ফেলা। [?]

pie$_4$ [pī, পাই] *n.* a dish of pasted meat, fruit, etc., মাংস ফল প্রভৃতির পুর-দেওয়া বড়া বা পিঠাবিশেষ। **as easy as pie**—(অশি.) অতি সহজ। **(to) have a finger in the pie**—(সচ. উপর-পড়াভাবে বা অবাঞ্ছিতভাবে) ব্যাপারাদিতে জড়িত হওয়া বা হস্তক্ষেপ করা। **pie in the sky**—পরলোকে কল্পিত সুখ ; অলীক বা অসার কল্পনা, (তু.) বকাণ্ডপ্রত্যাশা। *n.* **pie°-crust**—মাংস ফল প্রভৃতির পুর-দেওয়া বড়া বা পিঠার উপরে আবরণ দিবার জন্য কাঁই। **promises are like pie-crust**—যে প্রতিশ্রুতি রক্ষিত হয় না (ভাঙ্গার জন্যই যেন করা এমন প্রতিশ্রুতি)। *a.* **pie°-eyed**—(কথ্য.) পানোন্মত্ত, মাতাল। *n.* **pie°man**—উক্ত বড়ার বা পিঠার ফেরিওয়ালা অথবা বিক্রেতা। [?]

piebald [pi°bawld, পাই°ব্যল্‌ড্] *a.* black and white in patches, স্থানে স্থানে সাদা ও কাল বর্ণযুক্ত ; motley, নানা বর্ণযুক্ত, চিত্রবিচিত্র (*piebald* decorations) । [*pie*$_1$, *bald*]

piece [pēs, পীস্] (**1**) *n.* a part or portion, অংশ, খণ্ড, টুকরা (a *piece* of paper) ; a single article, যে-কোন গোটা বস্তু (a *piece* of work) ; a specimen, নমুনা (a fine *piece* of workmanship) ; an example, উদাহরণ ; a picture, drama, or literary, or musical composition, ছবি, নাটক, সাহিত্যরচনা, স্বরলিপি ; a man in chess, draughts, etc., দাবা প্রভৃতি খেলার ঘুঁটি। (**2**) *v.t.* to add a piece to, টুকরা জোড়া দেওয়া ; to patch, তালি দেওয়া ; to make up by putting together different pieces, বিভিন্ন টুকরা জোড়া দিয়া তৈয়ারি করা (to *piece* together snippets of cloth) । *p.* & *p. pt.* **pie°ced** । **all to pieces**—সম্পূর্ণ ছিন্নবিচ্ছিন্ন বা টুকরা-টুকরা হইয়া ; সম্পূর্ণ ধ্বংস হইয়া (he has gone *all to pieces*) । **a piece**—প্রতিটিতে। **to give a person a piece of one's mind**—কোন ব্যক্তির সম্বন্ধে মতামত খোলাখুলিভাবে বলা। **of a piece (with)**—সমচরিত্রের ; (অন্য কিছুর সহিত) সঙ্গতিপূর্ণ ; অনুযায়ী। **piece by piece**—এক-একবারে এক-একটি টুকরা বা অংশ লইয়া। **piece of eight**—স্পেইন-দেশের (উচ্চমূল্য) মুদ্রাবিশেষ। **in** or **into** or **to pieces**—ছিন্নবিচ্ছিন্ন বা টুকরা-টুকরা হইয়া। **(to) break in** or **into** or **to pieces**—চূর্ণবিচূর্ণ হইয়া ভাঙ্গিয়া যাওয়া বা চূর্ণবিচূর্ণ করিয়া ভাঙ্গিয়া ফেলা (the bowl fell and was *broken to pieces*) । **(to) go to pieces**

টুকরা-টুকরা হইয়া যাওয়া; সম্পূর্ণ চূর্ণ বা অক্ষম হওয়া। **(to) pull to pieces**—সবলে অংশসমূহ বিচ্ছিন্ন করা; (আল.) কঠোরভাবে বিরুদ্ধ-সমালোচনা করা; দোষ দেখান। **(to) piece out**—বাছিয়া বা পৃথক করিয়া লওয়া; (গল্পাদি) বিভিন্ন অংশ জোড়া দিয়া রচনা করা বা পূর্ণাঙ্গ করা। **(to) piece together**—একটু-একটু করিয়া একত্র করা বা জড় করা। **(to) piece up**—বিভিন্ন টুকরা জোড়া দেওয়া; তালি দেওয়া। *n. pl.* **piece°goods**—বিভিন্ন বস্ত্রের থানসমূহ। **piece°meal**—(1) *adv.* টুকরা-টুকরা করিয়া বা হইয়া; টুকরা-টুকরাভাবে; একটু-একটু করিয়া। (2) *a.* একটু-একটু করিয়া কৃত; টুকরা-টুকরা। *n.* **piece°-work**—কাজ করিতে যতটা সময় লাগিয়াছে তাহা বিচার না করিয়া কতখানি কাজ করা হইয়াছে তাহা বিচারপূর্বক পারিশ্রমিক দেওয়া হয় এমন কাজ, ফুরন। [OF. <LL. *pecia* (*n.*)]

pie-crust—see **pie$_4$**.

pièce de résistance [pē-as-da-rāzēs°-tūns, পীএইস্ দ্য রেইজ়ীস্°টাঁস্] *n.* the most substantial dish or the best item at meal, ভোজনাদিতে আহার্য বস্তু বা পদ সমূহের মধ্যে প্রচুরতম বা সর্বোৎকৃষ্ট পদ। [F.]

pied [pīd, পাইড্] *a.* variegated like a magpie, স্থানে স্থানে সাদা ও কাল বর্ণবিশিষ্ট; of various colours, বিভিন্ন বর্ণযুক্ত, চিত্রবিচিত্র। *n.* **pied°ness**। **Pied Piper**—(আল.) যে ব্যক্তি বিভ্রান্তি সৃষ্টি করিয়া বিপথে চালিত করে। [see *pie$_2$*]

pied à terre [pi-ā-dŭ-tā(r)°, পিএইডাটেয়্যা(র্)°] *n.* somewhere to stay, থাকবার জায়গা, মাথা গোঁজবার মত জায়গা (can I have a *pied à terre* in your room ?)। [F.]

pieman—see **pie$_4$**.

pier [pī(r), পায়্যা(র্)] *n.* the support of an arch, bridge, etc., খিলান সেতু প্রভৃতির ভাররক্ষক স্তম্ভাদি; a pillar, স্তম্ভ; the solid part of a wall between windows etc., দুই জানালা দরজা প্রভৃতির মধ্যবর্তী দেওয়ালের গাঁথনি; the part of a structure running out into the sea, সমুদ্রমধ্যে অভিলম্বিত অট্টালিকাদির অংশ; a breakwater, স্রোতাদি-নিয়ন্ত্রণার্থ বাঁধ; a wharf or jetty, জাহাজাদি ভিড়ানর স্থান, জেটী। *n.* **pier°-glass**—লম্বা বা বড় আয়না। [ME. *per* <LL. *pera*]

pierce [pē(r)s, পিয়্যা(র্)স্] *v.t.i.* to thrust into like a spear or needle, বর্শার অথবা সুঁচের মত বিদ্ধ করান বা করা কিংবা ভেদ করান বা করা; to enter, ঢোকান বা ঢোকা; to force a way into, (কিছুর মধ্যে) সবলে পথ করিয়া লওয়া; to penetrate, প্রবেশ করান বা করা; to bore or perforate, ছিদ্র করা (to have one's ears *pierced*)। *p.* & *p. pt.* **pier°ced**। *n.* **pier°cer**—বিদ্ধ করে এমন, ভেদক; তীক্ষ্ণ ভেদক যন্ত্র; হুল। *a.* **pier°cing**—বিদারক, ভেদক; ভিতরে প্রবেশ করে এমন (a *piercing* wind); তীক্ষ্ণ (*piercing* voices); তীব্র। *adv.* **pier°cingly**। [OF. *percer*]

Pierian [pī-e°-ri-an, পাইএ°রিঅ্যান্] *a.* of Pieria, কাব্যাদির অধিষ্ঠাত্রী নয়জন গ্রীক দেবীর পীঠস্থান পাইএরিআ-নগরীর; of the Muses, উক্ত নয়জন গ্রীক দেবীসংক্রান্ত। **Pierian spring**—(কাব্যে) জ্ঞান; ভাবাবেগ। [Gk. *Pieria*]

Pierrette—see **Pierrot.**

Pierrot [pi°-a-rō, পি°অ্যারৌ] *n.* a white-faced buffoon, ঢিলা আলখিল্লা-পরিহিত শ্বেতমুখ ভাঁড়-বিশেষ। *n.* **pi°errot**—সমুদ্রতীরস্থ বিশ্রামস্থানাদিতে বিচরণকারী ভাঁড় বা হাসির গানের গায়ক। *fem.* **pierrette** [pi-a-ret°, পিঅ্যারেট্°]। [F. dim. of *Pierre*=Peter]

pietà [pi-e-tŭ°, পিয়েটা°] *n.* a representation of the Virgin Mary with the dead body of Jesus on her lap, মৃত যিশু-ক্রোড়ে কুমারী মেরির মূর্তি। **pi°etas**—পূর্বপুরুষদিগের প্রতি শ্রদ্ধা। [It. <L. *pietas*=piety]

piety [pī°-a-ti, পাই°অ্যাটি] *n.* the quality of being pious, ধার্মিকতা; dutifulness, কর্তব্যনিষ্ঠা; devoutness, ভক্তি, ধর্মানুরাগ। **filial piety**—মাতাপিতার প্রতি সন্তানের যোগ্য আচরণ, মাতাপিতার সেবা। *n.* **pi°etism**—ধার্মিকতা; অত্যধিক ধার্মিকপনা। *n.* **pi°etist**। [OF. *piete* <L. *pietas*]

piffle [pif°l, পিফ্°ল্] (1) *n.* twaddle, বাজে আলাপ। (2) *v.i.* to talk or act feebly, ক্ষীণভাবে কথা বলা বা কাজ করা। [?]

pig [pig, পিগ্] (1) *n.* a swine, শূকর, শূকরী; a young swine, শূকরছানা; swine's flesh as food, শূকরমাংস; one who is like a pig, dirty, greedy, gluttonous, or cantankerous, শূকরের ন্যায় নোংরা লোভী পেটুক বা খিট্‌খিটে লোক; an oblong mass of unforged metal, ঢালাই-না-করা ধাতুপিণ্ড। (2) *v.i.* to bring forth pigs, (শূকরীসম্বন্ধে) বাচ্ছা প্রসব করা; to live, herd, sleep, or feed like pigs, শূকরপালের ন্যায় বাস করা বা যুথবদ্ধ থাকা বা ঘুমান বা খাওয়া। *pr. pt.* **pi°gging**। *p.* & *p. pt.* **pi°gged**। **pigs might fly**—বিস্ময়কর ব্যাপারসমূহ ঘটিতে পারে। **(to) bring one's pigs to the wrong market**—কোন প্রচেষ্টায় অসফল হওয়া। **(to) buy a pig in a poke**—না দেখিয়া বা যথার্থ মূল্য না জানিয়া কোন দ্রব্য ক্রয় করা। **(to) make a pig of oneself**—অত্যধিক পানাহার করা। *a.* **pig°eyed**—বড় ও ভারী চোখের পাতার নিচে নিষ্প্রভ ছোট ছোট চক্ষুযুক্ত। *n.* **pi°ggery**—শূকরপালনের স্থান; শূকরতুল্য আচরণ। *a.* **pi°ggish**—শূকরতুল্য; লোভী; নোংরা; খিট্‌খিটে। **pi°ggy**—(1) *n.* বাচ্ছা শূকর; ক্ষুদ্র বা পুঁচকে শূকর। (2) *a.* (কথ্য.) লোভী। *a.* **pig°headed**—শূকরের ন্যায় মস্তকযুক্ত; বোকার মত একগুঁয়ে। *adv.* **pig°headedly**। *n.* **pig°-headedness**। *n.* **pig°iron**—ঢালাই-না-করা লৌহপিণ্ড। *n.* **pig°skin**—শূকরচর্ম; (অশি.) ঘোড়া প্রভৃতির জিন। *n.* **pig°sticking**—বরশার দ্বারা

বন্যবরাহশিকার। *n.* **pig°sty**—শূকরের খোঁয়াড়। *n.* **pig°tail**—দড়ির মত পাকান তামাক; শূকরের লেজ; চুলের বেণী। [ME. *pigge*—cp. Du. *big(ge)*]

pigeon₁—alt. spell. of **pidgin.**

pigeon₂ [pi°-jin, পি°জিন্] *n.* (ori.) a young dove, (মূলতঃ) ঘুঘুর বাচ্ছা; a dove, ঘুঘু; any bird of the dove family, কপোত, পায়রা। *a.* **pi°geon-breas°tėd**—সরু বুকে বক্ষাস্থি ঠেলিয়া উঁচু হইয়া উঠিয়াছে এমন। *a.* **pi°geon-hear°tėd**—ভীরু। **pi°geon°-hōle**—(**1**) *n.* পায়রার খোপ; কাগজপত্রাদি বাছিয়া আলাদা করিয়া রাখার খোপ; মনের বা স্মৃতির কক্ষ। (**2**) *v.t.* পায়রা বা কাগজ পত্রাদি রাখার খোপ নির্মাণ করিয়া দেওয়া; উক্ত খোপে রাখা। *n.* **pi°geon-house**—ঘুঘু বা পায়রা রাখার বাক্স অথবা বাসা। *a.* **pi°geon-toe°d**—পায়রার মত ভিতরের দিকে বাঁকান পদাঙ্গুলিবিশিষ্ট। [OF. *pijon* < L. *pipio*]

pigment [pig°-mant, পিগ্‌°ম্যান্ট্] *n.* any colouring substance, রঞ্জক পদার্থ; that which gives colour to animal and vegetable tissues, প্রাণী ও উদ্ভিদের তন্তুরঞ্জক পদার্থবিশেষ। *n.* **pigmentā°tion**—রঞ্জক পদার্থের দ্বারা রং করা (বিশে.) জীবদেহের কোষসমূহের স্বাভাবিক রঞ্জন, চর্মাদির স্বাভাবিক রং। [L. *pigmentum*]

pigmy—alt. spell. of **pygmy.**

pijaw [pī-jaw, পাইজ্য] *n.* speech on religion or morals, ধর্মশাস্ত্র বা নীতিশাস্ত্র বিষয়ক বক্তৃতা। [> *pious* and *jaw*]

pike₁ [pīk, পাইক্] *n.* a turnpike, শুল্ক বা কুঁত আদায়ের জন্য প্রহরীদ্বারা রক্ষিত পথিমধ্যস্থ দ্বার; a toll, শুল্ক, কুঁত। *n.* **pīke°man**—শুল্ক আদায়ের জন্য নিযুক্ত উক্ত দ্বারের রক্ষী। [short. from *turnpike*]

pike₂ [pīk, পাইক্] *n.* a kind of spear, বর্শাবিশেষ; a pike-like fish, বানমাছ, অনুরূপ যে-কোন মাছ। **plain as a pikestaff**—সম্পূর্ণ সরল বা স্পষ্ট। *n.* **pīke°man**—বর্শাধারী ব্যক্তি। *n.* **pīke°staff**—বর্শার ডগা, বল্লমদণ্ড। [OE. *pi(i)c* = pick, spike—cp. F. *pic*]

pilaster [pi-las°-ta(r), পিল্যাস্‌°ট্যা(র্)] *n.* a rectangular pillar partly built into and partly projecting from a wall, প্রাচীরগাত্র হইতে আংশিক প্রলম্বিত চতুষ্কোণ স্তম্ভবিশেষ। [F. *pilastre* < It. *pilastro* < L. *pila* = a pillar]

pilchard [pil°-cha(r)d, পিল্‌°চ্যা(র্)ড্] *n.* a sea-fish, হেরিং-জাতীয় সামুদ্রিক মৎস্যবিশেষ। [?]

pilau [pi-low°, পিলাউ°], **pilaf** [pi°-laf, পি°ল্যাফ্] *n.* a highly-spiced dish of rice (often with meat, fish, etc.) cooked in clarified butter, পোলাও। [Pers. < Turk.]

pile₁ [pīl, পাইল্] *n.* (usu. in *pl.*) haemorrhoids, অর্শ। [L. *pila* = a ball]

pile₂ [pīl, পাইল্] (**1**) *n.* a heap or stack, (কোন বস্তু একটির পর একটি করিয়া স্থাপনপূর্বক সৃষ্ট) স্তূপ, গাদা; a heap of combustibles for cremating a dead body, etc., চিতা, পাঁজা (also **funeral pile**); (sl.) a large amount of money, (অশি.) অগাধ টাকাকড়ি, রাশীকৃত টাকাকড়ি (to make a or one's *pile*); (coll.) a great accumulation or number, (কথ্য.) রাশি, পুঞ্জ, প্রচুর সঞ্চয় বা সংখ্যা; a tall building, উচ্চ অট্টালিকা; a dry battery for producing electric current, বিদ্যুৎপ্রবাহ উৎপাদনার্থ শুষ্ক ব্যাটারি; an apparatus for the utilization of the atomic energy, পারমাণবিক শক্তিকে কাজে লাগাইবার জন্য যন্ত্রবিশেষ (usu. **atomic pile**)। (**2**) *v.t.i.* to lay or come in a pile, স্তূপীকৃত করা বা হওয়া, গাদা করা বা হওয়া; to crowd, ভিড় করান বা করা; to accumulate, সঞ্চিত করান বা করা। *n.* **pīle°-up**—(মোটরগাড়ি লরি বাস বিমানপোত ইত্যাদি সম্বন্ধে) পতন সজ্ঘর্ষ প্রভৃতির ফলে চূর্ণীভবন। **(to) pile arms**—রাইফলসমূহের (সচ. চারটি) কুঁদা মাটিতে রাখিয়া খাড়া করিয়া মুখগুলি পরস্পর ঠেকাইয়া রাখা। **(to) pile it on**—অতিরঞ্জিত বর্ণনা করা। **(to) pile on the agony**—মর্মদাহী ব্যাপারকে বর্ণনাদ্বারা অধিকতর মর্মদাহী করিয়া তোলা (তু. কাটা ঘায়ে নুনের ছিটা দেওয়া)। **(to) pile up**—(মোটরগাড়ি লরি বাস বিমানপোত ইত্যাদি সম্বন্ধে) পতন সজ্ঘর্ষ প্রভৃতির ফলে চূর্ণ হইয়া স্তূপীকৃত হওয়া; জমিয়া যাওয়া (work is *piling up*)। [F. < L. *pila* = a pillar]

pile₃ [pīl, পাইল্] (**1**) *n.* arrow-head, তীরের ডগা; a Roman javelin, রোমানদের বর্শাবিশেষ; a large stake driven into earth to support foundations, ভিত্তিরক্ষাকল্পে ভূগর্ভে প্রোথিত বৃহৎ দণ্ড; an inverted pyramidal figure, উল্‌টা-করা পিরামিড্‌তুল্য মূর্তি। (**2**) *v.t.* to drive piles into, (কিছুর মধ্যে) তীরের ডগা বা বর্শা বা ভিত্তিদণ্ড ঢোকান। *n.* **pīle°-driver**—উক্ত ভিত্তিদণ্ড ঢোকানর জন্য এন্‌জিন। *n.* **pīle°-dwelling**—উক্ত ভিত্তিদণ্ডের উপর স্থাপিত (প্রধানতঃ হ্রদমধ্যস্থ) বাসভবন। *n.* **pīle°-work**—উক্ত ভিত্তিদণ্ডোপরি স্থাপিত অট্টালিকাদি। [OE. *pil* < L. *pilum* = a javelin]

pile₄ [pīl, পাইল্] *n.* a covering of hair, (সচ. কোমল সূক্ষ্ম বা ক্ষুদ্র) লোমের আবরণ; wool of sheep, ভেড়ার লোম বা লোমাবরণ; down, পালক; a raised hairy substance on cloth, velvet, etc., বস্ত্র ভেলভেট প্রভৃতির উপরে উঁচু করিয়া বোনা লোমশ পদার্থ। *a.* **pilīferous** [pī-li°-fa-ras, পাইলি°ফ্যার‍্যাস্] রোমবহ। [L. *pilus* = a hair]

pilfer [pil°fa(r), পিল্‌°ফ্যা(র্)] *v.i.t.* to steal in a petty way, ছিঁচকে চুরি করা। *n.* **pil°ferāge**

For words in *pig-*, not given separately, see **pig**.

—ছিঁচকে চুরি। *n.* **pil°ferer** । [?—cp. *pelf*]

pilgrim [pil°-grim, পিল্‌°গ্রিম্] *n.* (arch.) a wanderer, a wayfarer, (আর্ষ.) ভ্রমণকারী, পথিক ; one who travels to visit a holy place, তীর্থযাত্রী ; a newcomer, আগন্তুক, নবাগত ব্যক্তি বা প্রাণী। **(to) go on a pilgrimage**—তীর্থযাত্রা করা; তীর্থ করা। **Pilgrim Fathers**—যে সকল Puritan খ্রিস্টান Mayflower নামক জাহাজে চড়িয়া আমেরিকায় গিয়া ১৬২০ খ্রিস্টাব্দে প্লিম্যাথ্-নগর স্থাপন করেন। *n.* **pil°grimage**—তীর্থযাত্রা। [OF. *pelegrin*<L. *peregrinus*= stranger]

piliferous—see **pile₄**.

pill₁ [pil, পিল্] *v.t.i.* (arch.) to plunder, (আর্ষ.) লুটতরাজ করা । [OE. *pylian*<L. *pilare*=to divest of hair]

pill₂ [pil, পিল্] (**1**) *n.* a small ball of medicine, ঔষধের বড়ি বা বটিকা ; (facet.) a cannon-ball or tennis-ball, (কৌতু.) কামান-গোলা বা টেনিস-খেলায় নিক্ষিপ্ত বল ; a disagreeable thing that must be accepted, অবশ্যগ্রহণীয় অনভিপ্রেত বস্তু ; (**2**) *v.t.* to administer pill to, ঔষধের বড়ি খাওয়ান বা প্রয়োগ করা। **(to) be** or **go on the pill**—নিয়মিত ঔষধের বড়ি সেবন করা। **(to swallow) a bitter pill**—হীনতা বা অপমান (স্বীকার করা)। **(to) gild the pill, to sugar** or **sweeten the pill**—অপ্রীতিকর প্রয়োজনকে মনোরম করিয়া তোলা। *n.* **pill°-box**—ঔষধের বড়ির বাক্স ; এক-ঘোড়ার গাড়িবিশেষ (তু. এক্কাগাড়ি) ; (সচ. অংশতঃ ভূগর্ভে প্রোথিত) কংক্রীট-করা ক্ষুদ্র কেল্লা। [L. *pila*]

pillage [pi°-lij, পিলিজ্] (**1**) *n.* an act of plundering, লুঠতরাজ ; things obtained by plundering, লুণ্ঠিত বস্তুসমূহ, লুঠের মাল। (**2**) *v.t.i.* to plunder, লুঠতরাজ করা। *n.* **pi°llager** । [see *pill₂*]

pillar [pi°-la(r), পি°ল্যা(র্)] an upright structure used as support, স্তম্ভ, থাম ; one who or anything that sustains, স্তম্ভবৎ ভাররক্ষক ব্যক্তি বা বস্তু; a strong supporter, দৃঢ় সমর্থক (a *pillar* of the faith) । **from pillar to post**—এক আশ্রয় হইতে অন্য আশ্রয়ে ; এদিক্-ওদিক্। *n.* **pi°llar-box**—ক্ষুদ্র স্তম্ভাকার ডাকবাক্স। [OF. *pilare*<L. *pila*]

pillau—alt. spell of **pilau.**

pill-box—see **pill₂**.

pillion [pi°-li-an, পি°লিয়্যান্] *n.* a light saddle for a woman, স্ত্রীলোকদের জন্য ঘোড়ার হালকা জিন ; a cushion behind a horseman for a second rider or a bag, দ্বিতীয় আরোহী (সচ. স্ত্রীলোক) বা মালপত্র বহনার্থ অশ্বারোহীর পশ্চাৎস্থিত অতিরিক্ত গদি ; the baggage-carrier of a motor-cycle, bicycle, etc., মোটর-সাইকেল বাইসিকল প্রভৃতিতে মালপত্র রাখার বা আরোহী বহনের জায়গা, ক্যারিআর্ (to ride *pillion*)। [It. *pillin*, Gael. *pillin*, *pillean*=a pad, a pack-saddle]

pillory [pi°-la-ri, পি°ল্যারি] (**1**) *n.* a pillar-like wooden frame for punishing offenders, কাষ্ঠনির্মিত শাস্তিস্তম্ভবিশেষ : ইহার মধ্যে দণ্ডিত ব্যক্তির মাথা ও হাত ঢুকাইয়া আটকানর জন্য গর্ত থাকিত। (**2**) *v.t.* to put in the pillory, উক্ত শাস্তিস্তম্ভে আবদ্ধ করা; (fig) to expose to ridicule, (আল.) উপহাসের পাত্র করা। [OF. *pellori*]

pillow [pi°-lō, পি°লৌ] (**1**) *n.* cushion for a sleeper's head, মাথার বালিশ, উপাধান ; any similar object, অনুরূপ কোন বস্তু। (**2**) *v.t.* to serve as a pillow for, (কাহারও পক্ষে) বালিশের কাজ করা ; to prop with pillows, (কাহারও মাথা প্রভৃতির নিচে) বালিশ দেওয়া। (**3**) *v.t.* to rest the head, উপাধানাদির উপর মাথা রাখা। *n.* **pi°llow-cāse, pi°llow-slip**—বালিশের ওয়াড়। *a.* **pi°llowed**—উপাধানে রক্ষিত। *n.* **pi°llow-fight**—গদার বদলে বালিশ লইয়া শিশুদের কৃত্রিম দ্বন্দ্বযুদ্ধ। *a.* **pi°llowy**—বালিশের ন্যায় আকারবিশিষ্ট, গোল ও স্ফীত। [OE. *pyle*, *pyln*<L. *pulvinus*]

pilose [pī°-lōs, পাই°লৌস্], **pilous** [pī°-las, পাই°ল্যাস্] *a.* covered with hair, লোমে ঢাকা, লোমশ। **pīlo°sity** । [L. *pilosus*<*pilus*=hair]

pilot [pī°-lat, পাই°ল্যাট্] (**1**) *n.* (arch.) a steersman, (আর্ষ.) কর্ণধার, কাণ্ডারী ; one who conducts ships in and out of a harbour, যে ব্যক্তি জাহাজ চালাইয়া মোহানা হইতে পোতাশ্রয়ের মধ্যে লইয়া যায় এবং পোতাশ্রয় হইতে মোহানায় বাহির করিয়া দেয় ; the navigator of an aircraft, বিমানপোতের চালক ; a guide, পথপ্রদর্শক, চালক। (**2**) *v.t.* to act as a pilot to, (জাহাজ বিমানপোত প্রভৃতি) চালনা করা। *p.* & *p. pt.* **pi°lotėd** । (**3**) *a.* experimental, পরীক্ষামূলক (*pilot* scheme, survey, etc.) । **pilot officer**—বিমানপোতবাহিনীর সর্বনিম্নপদস্থ সেনাপতি। **test pilot**—যে বৈমানিক নবনির্মিত বিমানপোত চালাইয়া উহার যোগ্যতাদি পরীক্ষা করে। **(to) drop the pilot**—(আল.) বিশ্বস্ত উপদেষ্টাকে বরখাস্ত করা। *n.* **pi°lotage**—চালনা; চালকের পারিশ্রমিক। *n.* **pi°lot-boat**—সমুদ্র ও পোতাশ্রয়ের মধ্যে যে নৌকায় চড়িয়া পাইলটেরা জাহাজে যায় বা জাহাজ পরিত্যাগ করে। *n.* **pi°lot-cloth**—নীল পশমি কাপড়বিশেষ : ইহা দিয়া ওভারকোট প্রভৃতি তৈয়ারী হয়। *n.* **pi°lot-en°gine**—রেলগাড়ির পথ পরিষ্কার রাখার জন্য উহার আগে আগে যে এন্‌জিন চলে। *a.* **pi°lotless**—চালকহীন ; (বিমানপোত-সম্বন্ধে) চালকের দরকার হয় না এমন। *n.* **pi°lot-light**—যে ক্ষুদ্র ইলেকট্রিক বাতি জ্বালা থাকিলে বোঝা যায় যে, গ্যাস-প্রবাহ চালু আছে। [F. *pil(l)-at(t)e*<It. *pilota*]

piltdown man [pilt°-down man, পিলট্°-ডাউন্-ম্যান্] *n.* a prehistoric type of man, প্রাগৈতি-

হাসিক মানুষের গোষ্ঠীবিশেষ (ইংল্যান্ডের পিলটডাউন-গ্রামে ইহাদের দেহাবশেষ পাওয়া গিয়াছে)।

pilule [pi°-lūl, পি°লিউল্] *n.* a small pill, (প্রধানতঃ ঔষধের) অতি ক্ষুদ্র বড়ি বা দানা। [L. *pilula*, dim. of *pila*=ball]

pimp [pimp, পিম্প্] (**1**) *n.* a procurer, পরের কামলালসা চরিতার্থ করার জন্য স্ত্রীলোকসংগ্রহকারী, কোটনা; a pander, অবৈধ প্রণয়ের দালাল। (**2**) *v.i.* to pander, কোটনাগিরি বা উক্ত দালালি করা। *p.* & *p. pt.* **pim°ped**। [?]

pimpernel [pim°-pa(r)-nel, পিম্°প্যা(র্)নেল্] *n.* a plant of the primrose family or its flower, প্রিম্‌রোজ-জাতীয় পুষ্পবৃক্ষবিশেষ বা তাহার ফুল। [OF. *pimprenele*, It. *pimpinella*=burnet]

pimping [pim°-ping, পিম্°পিং] *a.* small, puny, ক্ষুদ্র, ছোট; petty, paltry, সঙ্কীর্ণ, তুচ্ছ; sickly, রোগাটে, পাণ্ডুর। [?]

pimple [pimp°l, পিম্প্°ল্] *n.* a pustule, ফুস্‌কুড়ি। *a.* **pimp°ly**—ফুস্‌কুড়িযুক্ত। [?]

pin [pin, পিন্] (**1**) *n.* a piece of metal or wood used for fastening things together, পিন্, আলপিন্, কাঁটা; anything resembling or serving as a pin, অনুরূপ কোন বস্তু (যেমন, সেফ্‌টিপিন্, হেয়ার্‌পিন্ প্রভৃতি); a peg or a nail, গজাল বা পেরেক। (**2**) *v.t.* to fasten with a pin, পিন্ দিয়া আটকান বা গাঁথা; (fig.) to fix, to fasten, to enclose, to hold down, (আল.) আটকাইয়া রাখা, বাঁধা, ঘেরাও করা, চাপিয়া রাখা। *pr. pt.* **pi°nning**। *p.* & *p. pt.* **pi°nned**। **in a merry pin**—খোশমেজাজে। **neat as a pin**—অতিশয় ফিটফাট বা ছিমছাম। **pins and needles**—সাময়িক রক্ত চলাচল বন্ধ হওয়ার পরে পুনরায় রক্ত চলিতে আরম্ভ হইলে দেহে যে কাঁটার খোঁচার ন্যায় চিন্‌চিনানি অনুভূত হয়। **not (to) care a pin**—একেবারে গ্রাহ্য না করা। **(to) pin one (down) to**—কাহাকেও কিছুর সঙ্গে বা কোথাও আটকাইয়া অথবা চাপিয়া রাখা; প্রতিজ্ঞাদি হইতে বিচ্যুত হইতে না দেওয়া। **(to) pin one's hopes on** (a person)—(কাহারও উপরে) নিশ্চিত-রূপে ভরসা করা। *n.* **pin°-cushion**—আল্‌পিন্-সমূহ বিঁধাইয়া রাখার জন্য নরম প্যাড্‌বিশেষ। *n.* **pin°-head**—অত্যন্ত বোকা লোক। *n.* **pin°.money**—পত্নীকে প্রদত্ত হাতখরচের টাকা। *n.* **pi°-nner**। **pin°-point**—(**1**) *n.* আল্‌পিন্ প্রভৃতির ছুঁচাল ডগা; অতি তীক্ষ্ণ বা সূক্ষ্ম কিছু। (**2**) *v.t.* (বোমাবর্ষণে) নিভুঁলভাবে তাগ করা; সংজ্ঞা অবস্থানাদি নিখুঁতভাবে নির্ণয় করা। *n.* **pin°-prick**—পিনের খোঁচা; ঈষৎ বিরক্তিকর কাজ। *a.* **pin°-tailed**—দীর্ঘ ও সরু লেজবিশিষ্ট। **pin°-up**—(**1**) *a.* প্রাচীর-গাত্রে ঝুলাইয়া রাখার যোগ্য। (**2**) *n.* যে মেয়ের (বিশেষতঃ তরুণীর) ছবি দেওয়ালে ঝুলাইয়া রাখার যোগ্য; ঐরূপ ছবি। [OE. *pinn*<? L. *pinna*=a point]

pinafore [pi°-na-faw(r), পি°ন্যাফ্য(র্)] *n.* a loose covering over a dress, (প্রধানতঃ শিশু-দের জন্য) পোশাকের উপর পরিধেয় ঢিলা আঙ্‌রাখা-বিশেষ। *a.* **pi°nafored**—উক্ত আঙ্‌রাখা-পরিহিত। [*pin, afore*]

pince-nez [pens°-nā, পেঁস্°নেই] *n.* a pair of eye-glasses with a spring to clip the nose, নাকে আটকাইয়া রাখার জন্য স্প্রিংযুক্ত (এবং ডাণ্ডিহীন) চশমাবিশেষ। *pl.* **pince-nez** [pens°-nāz, পেঁস্°-নেইজ্]। *a.* **pince-nezed** [pens°-nād, পেঁস্°-নেইড্] উক্ত চশমা-পরিহিত। [F.=pinch nose]

pincers [pīn°-sa(r)z, পিন্°স্যা(র্)জ্] *a.* a gripping tool, সাঁড়াশি; (fig.—mil.) a two-fold advance to isolate part of an enemy's force, (আল.—সাম.) শত্রুবাহিনীকে দ্বিধাবিভক্ত করিয়া ফেলার জন্য সাঁড়াশির আকারে অভিযান (usu. **pincer movement**)। [OF. *pincer*=to pinch]

pincette [pan-set°, প্যাঁসেট্°] *n.* small pincers or tweezers, ছোট সাঁড়াশি বা চিমটা। [F.]

pinch [pinsh, পিন্‌শ্] (**1**) *v.t.i.* to nip with a finger and the thumb, চিমটি কাটা, চিমটাইয়া ধরা; to give pain by squeezing, মোচড়াইয়া ধরিয়া ব্যথা দেওয়া; to squeeze, মোচড়ান; to stint or be niggardly, কৃপণতা করা; (sl.) to steal or arrest, (অশি.) চুরি করা বা গ্রেপ্তার করা। (**2**) *n.* a nip, চিমটি; a squeeze, মোচড়; stress of want, অভাবের চাপ বা জ্বালা; a small amount, সামান্য পরিমাণ (a *pinch* of snuff, salt, etc.); emergency, জরুরি অবস্থা। *p.* & *p. pt.* **pin°ched**। **at a pinch** or **if it comes to the pinch**—প্রয়োজন হইলে এবং উপায়ান্তর না থাকিলে। *n.* **pin°cher**—যে ব্যক্তি চিমটি কাটে; যাহা চিমটাইয়া ধরে। *adv.* **pin°chingly**। [OF. *pincer* (*v.*)]

pinchbeck [pinsh°-bek, পিন্‌শ্°বেক্] (**1**) *n.* a yellow alloy used in cheap jewellery, শস্তা গহনাদি নির্মাণে ব্যবহৃত একপ্রকার খাদ বা সঙ্কর ধাতু। (**2**) *a.* sham, ঝুটা, কৃত্রিম। [inventor's name]

pin-cushion—see **pin.**

Pindaric [pin-da°-rik, পিন্‌ড্যা°রিক্] *a.* of or like Pindar, গ্রীক গীতিকবি পিন্‌ড্যারের লেখা বা পিন্‌ড্যারের রীতির অনুকরণে লেখা গাথা-কবিতা (*Pindaric* ode)। [Gk. *Pindarikos*]

pine₁ [pīn, পাইন্] *v.i.* to waste away under pain, mental distress, unsatisfied longing etc., বেদনা মর্মযন্ত্রণা অপূর্ণ আকাঙ্ক্ষা প্রভৃতির ফলে ধীরে ধীরে ক্ষয় হওয়া (to *pine* away); to long eagerly, আকুলভাবে আকাঙ্ক্ষা করা (to *pine* for, to *pine* after)। [OE. *pinian*=to torment<L. *poena*=punishment]

pine₂ [pīn, পাইন্] *n.* an evergreen tree, দেব-দারুজাতীয় চিরশ্যামল গাছবিশেষ, সরলবৃক্ষ, পাইন-গাছ।

a. **pi°néal**—পাইন-গাছের মোচাকার ফলের ন্যায় আকারবিশিষ্ট। *n.* **pine°apple**—আনারস বা উহার গাছ। *n.* **pine°-cōne**—পাইন-গাছের মোচাকার ফল। *n.* **pine°-nee°dle**—পাইন-গাছের সূচের ন্যায় আকারবিশিষ্ট পাতা। *n.* **pi°nery**—পাইন-বন; পাইনের বাগান। *n.* **pine°tree**—পাইন-গাছ। *n.* **pine°tum**—পাইন ও তজ্জাতীয় গাছের বাগিচা বা আবাদ। *n.* **pine°wood**—পাইন-বন। [OE. *pin*<L. *pinus*]

pineapple—see **pine.**

pinfold [pin°-fōld, পিন্‌ফোল্‌ড্‌] *n.* a pound for cattle, গবাদি পশুর খোঁয়াড়। [OE. *pundfold* <see *pound*$_1$ and *fold*$_2$]

ping [ping, পিং] (**1**) *n.* a sharp whistling sound as of bullet, বন্দুকের গুলি প্রভৃতির তীক্ষ্ণ হিস্‌-শব্দ। (**2**) *v.i.* to make this sound, উক্ত শব্দ করা। *n.* **ping°-pong**—টেবিলটেনিস-খেলা। [imi.]

pinguid [ping°-gwid, পিংগ্‌°গুইড্‌] *a.* fat, greasy, oily, মোটা, চর্বিযুক্ত, তৈলাক্ত। [L. *pinguis*=fat]

pinion [pi°-ni-an, পি°নিয়্যান্‌] (**1**) *n.* a wing, পাখির ডানা; the last or outmost joint of a wing, পাখির ডানার সর্বশেষ বা সর্ববহিঃস্থ গ্রন্থি; a small cog-wheel engaging with a larger, বৃহত্তর চাকার সঙ্গে যুক্ত খাঁজকাটা বা দাঁতওয়ালা ছোট চাকাবিশেষ। (**2**) *v.t.* to cut off a pinion of or confine the wings of, (পাখিকে উড়িয়া যাইতে না দিবার জন্য) উক্ত গ্রন্থির একটি কাটিয়া দেওয়া বা ডানা দুইখানি বাঁধিয়া দেওয়া; to confine by binding the arms, বাহু বাঁধিয়া আটকাইয়া রাখা। [OF. *pignon*<L. *pinna*=wing]

pink$_1$ [pingk, পিংক্‌] *v.t.* to stab or pierce (usu. with a sword), (সচ. তরবারিদ্বারা) বিদ্ধ করা; to decorate with perforations, ক্ষুদ্র ক্ষুদ্র ছিদ্রদ্বারা পরিশোভিত করা। *p.* & *p. pt.* **pin°ked**। [M. Du. *pin(c)ke*]

pink$_2$ [pingk, পিংক্‌] (**1**) *n.* a garden plant or its clove-scented flowers, উদ্যানতরুবিশেষ বা উহার লবঙ্গগন্ধী পুষ্প; the pale red colour of its flower, উক্ত ফুলের ফেকাশে লাল রঙ্‌; a fox-hunter's red coat, শৃগাল-শিকারির লাল জামা; the most perfect condition, সর্বতোভাবে পূর্ণাঙ্গ বা নিখুঁত অবস্থা; the highest point of excellence, উৎকর্ষের চরম সীমা, পরমোৎকর্ষ। (**2**) *a.* pink-coloured, ফেকাশে লাল; slightly socialistic, ঈষৎ সমাজতান্ত্রিক ভাবাপন্ন। **in the pink of health**—পূর্ণস্বাস্থ্যবান্‌; নিখুঁত। **pink of perfection**—পরম অবস্থা। *n.* **pink°-eye**—চোখ-ওঠা রোগ। *a.* **pink°-eyed**—উক্ত রোগগ্রস্ত। *a.* **pin°kish, pin°ky**—ঈষৎ ফেকাশে লাল। *n.* **pink°néss**। *n.* **pin°kō**—(অশি.) ঈষৎ সমাজতান্ত্রিক ভাবাপন্ন ব্যক্তি। [?]

pin-money—see **pin.**

pinnace [pi°-nis, পি°নিস্‌] *n.* a warship's boat, রণতরী-সংলগ্ন (সচ. আট দাঁড়ের) ক্ষুদ্র নৌকাবিশেষ। [F. *pinasse*]

pinnacle [pi°-nakl, পি°ন্যাক্‌ল্‌] (**1**) *n.* a pointed turret, অট্টালিকাদির চূড়া; a spiry rock or mountain, চূড়ার ন্যায় সরু শিখরযুক্ত পর্বত; the highest point, সর্বোচ্চ সীমা (at the *pinnacle* of glory and fame)। (**2**) *v.t.* to be the pinnacle of, (কিছুর) চূড়া হওয়া; to set on a pinnacle, চূড়ার উপরে রাখা; to furnish with a pinnacle or pinnacles, চূড়াযুক্ত করা। *a.* **pi°nnacled**—চূড়ার উপরে স্থাপিত; চূড়াযুক্ত। [F. *pinacle*<LL. *pinnaculum*<L. *pinna*=wing]

pinnate [pi°-nit, পি°নিট্‌] *a.* shaped like a feather, পাখির পালকের ন্যায় আকারবিশিষ্ট; furnished with branches on each side of an axis, অক্ষের উভয় দিকে শাখাযুক্ত। [L. *pinna*=wing]

pinned, pinning, pin-point, pie-prick—see **pin.**

pinny [pi°-ni, পি°নি] *n.* (coll.) pinafore, (কথ্য.) শিশুদের ঢিলা আংরাখা বিশেষ। [abbr.]

pint [pīnt, পাইন্‌ট্‌] *n.* a measure of capacity (=$\frac{1}{8}$ gallon), তরল পদার্থের মাপবিশেষ (=১০ আউন্‌স্‌ বা প্রায় ৫ ছটাক, ঔষধের ক্ষেত্রে ২০ আউন্‌স্‌ বা প্রায় ১০ ছটাক), পাঁইট্‌। [F. *pinte*]

pin-tailed, pin-up—see **pin.**

pintle [pin°-tl, পিন্‌°ট্‌ল্‌] *n.* a bolt or pin, especially one used as pivot, পিন বা বলটু বিশেষতঃ যাহার উপরে কিছু ভর দিয়া ঘোরে। [OE. *pintel*]

piolet [pē-ō-lā°, পীঔলেই°] *n.* an ice-axe, বরফ কাটিবার কুঠার বিশেষ। [F.]

pioneer [pī-a-nē(r)°, পাইঅ্যানিয়্যা(র্‌)°] (**1**) *n.* (mil.) one of a body of foot-soldiers employed in preparing the way for the main body and in minor engineering works, (সাম.) পথনির্মাণ পরিখা-খনন সেনানিবাসের সংস্কার-সাধন প্রভৃতি কার্যে নিযুক্ত সৈনিক; an excavator, মৃত্তিকাখনক, মাটি-কাটা মজুর; a labourer, শ্রমিক, মজুর; the originator of an enterprise, কোন কর্মের প্রথম কর্মী, প্রবর্তক। (**2**) *v.t.i.* to act as pioneer to, (কিছুর) প্রবর্তক হওয়া, to open up road etc., পথ খুলিয়া দেওয়া, পথ করিয়া দেওয়া। [OF. *peonier*<*pion*=a foot-soldier<L. *pes, pedis*=a foot]

pious [pī°-as, পাই°অ্যাস্‌] *a.* godly, religious, ধার্মিক; honest, সাধু; actuated by good intention, শুভ-উদ্দেশ্যপ্রণোদিত; sincere, আন্তরিক। **pious fraud**—শুভ-উদ্দেশ্যে প্রতারণা; (কথ্য.) ভণ্ড তপস্বী বা বকধার্মিক। **pious opinion**—নির্দিষ্ট কোন ধর্মের অন্তর্ভুক্ত না হইলেও যে মত ব্যাপকভাবে মানা হয়। *adv.* **pi°ously**। [L. *pius*]

pip$_1$ [pip, পিপ্‌] *n.* disease of poultry, হাঁস-

মুরগির রোগবিশেষ ; (sl.) fit of depression or bad temper, হঠাৎ মনমরা ভাবের প্রকাশ বা ক্রোধের সঞ্চার। **(to) give** (a person) **the pip**—(কাহারও) বিরক্তি উৎপাদন বা ক্রোধের সঞ্চার করা। [M. Du. *pippe* ?]

pip$_2$ [pip, পিপ্] *n.* a small hard body in a fleshy fruit, আপেল নাশপাতি কমলালেবু প্রভৃতির বীচি। [short. from *pippin*]

pip$_3$ [pip, পিপ্] *n.* a spot on dice, cards etc., পাশার ছক তাস প্রভৃতির ফোঁটা-চিহ্ন ; a star as a mark of rank, পদমর্যাদাসূচক তারকাচিহ্ন ; a speck, ফুটকি ; a blossom or corolla in a cluster, স্তবকের একটি ফুল বা দলমণ্ডল। [?]

pip$_4$ [pip, পিপ্] *n.* a time-signalling note on telephone or radio, টেলিফোনে বা রেডিওতে সময়-সঙ্কেতসূচক ধ্বনিবিশেষ। [imi.]

pip$_5$ [pip, পিপ্] *v.t.* to chirp, (পক্ষিশাবক-সম্বন্ধে) কিচিরমিচির করা। *pr. pt.* **pi°pping** । *p. & p. pt.* **pi°pped** । [imi.]

pip$_6$ [pip, পিপ্] **(1)** *v.t.* to hit with a gunshot or the like, বন্দুকের গুলি বা অনুরূপ কিছুর দ্বারা বিদ্ধ করা ; to defeat, পরাস্ত করা ; to wound, আহত করা ; to kill, হত্যা করা। **(2)** *v.i.* to die, মারা যাওয়া (to *pip* out)। [see *pip*$_2$]

pipal [pē°-pal, পী°প্যাল্] var. of **pipul.**

pipe [pīp, পাইপ্] **(1)** *n.* a musical wind instrument, বাঁশি ; a tube or tubular part, নল বা নলাকার অংশ ; a tube with a bowl for smoking, তামাক খাওয়ার পাইপ ; (usu. in *pl.*) the windpipe, মানুষের শ্বাসনালী ; a boatswain's whistle, জাহাজি মাল্লার শিস্ ; a bagpipe, শানাই-জাতীয় বাদ্যযন্ত্রবিশেষ, ব্যাগ্‌পাইপ। **(2)** *v.i.t.* to play on a pipe, বাঁশি বাজান বা বাঁশিতে বাজান। **(3)** *v.i.* to whistle (as the wind or a boatswain), (বাতাস-সম্বন্ধে) শোঁ শোঁ শব্দ করা, (জাহাজের মাল্লা সম্বন্ধে) শিস্ দেওয়া ; to speak or sing, (প্রধানতঃ উচ্চৈস্বরে) কথা বলা বা গান গাওয়া ; to chirp, (পাখিসম্বন্ধে) কিচিরমিচির করা ; to weep, ক্রন্দন করা। **(4)** *v.t.* to lead call or propagate by piping, বাঁশি বাজাইয়া পরিচালনা করা বা ডাকা বা প্রচার করা ; to furnish with pipes, নলযুক্ত করা, নল লাগান ; to convey by pipe, নলের মধ্য দিয়া প্রবাহিত করা। *p. & p. pt.* **pi°ped** । **(to) pipe down**—(স্বকৃত) কোলাহল কমান এবং (স্বীয়) নিশ্চিত ভাব হ্রাস করা। **(to) pipe one's eyes, (to) tune one's pipes**—কাঁদা, চোখের জল ফেলা। **(to) pipe up**—বাজাইতে বা গাহিতে বা বলিতে আরম্ভ করা। *n.* **pipe°clay**—তামাকের পাইপ ও মৃন্ময় পাত্রাদি নির্মাণে ব্যবহৃত উৎকৃষ্ট মৃত্তিকাবিশেষ। *n.* **pipe°dream**—অবাস্তব ও অ-কার্যকর পরিকল্পনাদি। *n.* **pipe°-line**—(সচ. ভূনিম্নে স্থাপিত কতিপয় নল বা পাইপ সংযোজিত করিয়া নির্মিত (তৈলাদি) চলাচলের পথ। **in the pipe-line**—(উৎপাদন চুক্তি প্রভৃতি সম্পর্কে) পরিণতির পথে। *n.* **pi°per**—বংশীবাদক, বাঁশুরিয়া। **drunk as a piper**—অতিশয় পানোন্মত্ত। **(to) pay the piper (and call the tune)**—উদ্যোগাদির সমস্ত ব্যয়ভার বহন করা (ও নিয়ন্ত্রণ করা বা কর্তৃত্ব করা) ; চড়া দাম দিতে বা সমস্ত ব্যয়বহন করিতে বাধ্য হওয়া। **put that in your pipe and smoke it**—বিষয়টি বিবেচনা করিয়া দেখ এবং পারিলে গ্রহণ কর। **pi°ping**—**(1)** *a.* বাঁশি বাজায় বা শিস্ দেয় এমন ; বংশীধ্বনিতুল্য ; তীক্ষ্ণ উচ্চধ্বনিপূর্ণ ; বংশীবাদনের উপযুক্ত অর্থাৎ শান্তিপূর্ণ (*piping* times)। **(2)** *n.* pipe (*v*)-এর সকল অর্থে। **piping hot**—ফুটন্ত গরম। [AS. <L. *pipare*=to cheep]

pipette [pi-pet°, পিপেট্°] *n.* a slender tube for transferring fluids in small quantities, অল্পপরিমাণে তরল পদার্থ পাত্রান্তরিত করিবার জন্য সরু (সচ. কাচের) নলবিশেষ। [F.]

piping—see **pipe.**

pipit [pi°-pit, পি°পিট্] *n.* a small bird, ভরত-পক্ষি-জাতীয় পক্ষিবিশেষ। [imi. ?]

pipkin [pip°-kin, পিপ্°কিন্] *n.* a small earthenware pot। [?]

pipped—see **pip**$_5$.

pippin [pi°-pin, পি°পিন্] *n.* kinds of apple, বিভিন্ন জাতীয় আপেল। [OF. *pepin*]

pipping—see **pip**$_5$.

pip-squeak [pip°-skwēk, পিপ্°স্ক্যুঈক্] *n.* a contemptible or insignificant person or thing, ঘৃণ্য বা তুচ্ছ ব্যক্তি বা বস্তু। [imi.]

pipul [pē°-pool, পী°পুল্] *n.* the bo-tree, পিপ্পলীবৃক্ষ, পিপুল-গাছ। [H.]

piquant [pē°-kant, পী°ক্যান্ট্] *a.* stinging, তীব্র, কটু ; pleasantly pungent, মনোরম তীব্রতাপূর্ণ ; appetizing, রুচিকর ; kindling keen interest, তীব্র কৌতূহল বা আগ্রহ-সঞ্চারক। *n.* **pi°quancy**—তীব্রতা, কটুতা ; মনোরম তীব্রতা ; রুচিকর অবস্থা ; কৌতূহল বা আগ্রহ জাগায় এমন অবস্থা। *adv.* **pi°quantly** । [F.=pricking]

piquė$_1$ [pē°-kā, পী°কেই] *n.* a stiff corded cotton fabric, শক্ত সুতিবস্ত্র-বিশেষ। [F.]

pique$_2$ [pēk, পীক্] **(1)** *n.* ill-feeling, animosity, বিরুদ্ধ মনোভাব, বিদ্বেষ, শত্রুতা (to take a *pique* against a person) ; resentment, বিরূপতা, বিরক্তি (in a fit of *pique*)। **(2)** *v.t.* to wound the pride of, গর্বে আঘাত দেওয়া ; to irritate, জ্বালাতন করা, খেপান, উত্তেজিত করা ; to rouse, (কৌতূহলাদি) উদ্রিক্ত করা ; to plume oneself on, গর্ব অনুভব করা (to *pique* oneself on something)। *p. & p. pt.* **pi°qued** । [F. *pique* (*n.*) *piquer* (*v.*)]

piquet$_1$—alt. spell. of **picket.**

piquet$_2$ [pē-ket°, পীকেট্°] *n.* a card game, দুইজনের উপযোগী তাসখেলাবিশেষ।

piranha [pē-ra°-ni-a, পীর্যা°নিয়্যা] *n.* a ferocious South American river-fish, দক্ষিণ আমেরিকার নদীর হিংস্র মৎস্যবিশেষ। [Port.< Tupi *piranya*]

pirate [pīr°-it, পায়্যা(র্)°ইট্] (**1**) *n.* a sea-robber, সমুদ্রে বিচরণকারী দস্যু; জলদস্যু; a publisher etc. who infringes another's copyright, পরের গ্রন্থস্বত্বাপহারক (বিশেষতঃ) পুস্তক-প্রকাশক; a bus, or its driver, encroaching on the route of others, অন্য বাসের জন্য নির্দিষ্ট পথে অন্যায়ভাবে যাতায়াতকারী বাস বা উহার চালক। (**2**) *v.i.* to rob as a pirate, জলদস্যুতাদ্বারা হরণ করা; to publish without permission, (গ্রন্থাদি সম্বন্ধে) বিনানুমতিতে প্রকাশ করা। *n.* **pīr°acy**—জলদস্যুতা; বিনানুমতিতে গ্রন্থপ্রকাশ; গ্রন্থস্বত্বাপহরণ। *a.* **pīra°tical**—জলদস্যুতাসংক্রান্ত; জলদস্যুতা করে এমন। [L. *pirata*<Gk. *peirates*=*peiraein* =to attempt]

pirouette [piroo-et°, পিরুএট্°] (**1**) *n.* an act of spinning round on one foot or on point of toe in dancing, নাচের সময় একপায়ে বা এক-পায়ের আঙ্গুলে ভর দিয়া ঘুরপাক। (**2**) *v.t.* to spin round on tiptoe or dance thus, আঙ্গুলে ভর রাখিয়া ঘুরপাক খাওয়া বা উক্তভাবে নাচা। *p.* & *p. pt.* **pirouett°ed**। [F.]

pis aller [pēz°-a°-lā, পীজ্°অ্যা°লেই] *n.* a course etc. taken for want of a better, আরও ভাল কিছু না থাকার ফলে যে পন্থাদি গৃহীত হইয়াছে। [F.]

piscatory—see **Pisces**.

Pisces [pi°-sēz, পি°সীজ্] *n.* the species of fishes, মৎস্যকুল; (astr.) the Fishes, the twelfth sign of the zodiac, (জ্যোতি.) মীন-রাশি। *a.* **piscatorial** [pis-ka-taw°-ri-al, পিস্-ক্যাটা°রিঅ্যাল্], **piscatory** [pis°-ka-t(a)ri, পিস°-ক্যাট্‌রি] মৎস্যসংক্রান্ত; মৎস্যশিকার-সংক্রান্ত। *n.* **pisciculture** [pi°-si-kul-cha(r), পি°সিকাল্‌চ্যা(র্)] মৎস্যপালন, মাছের চাষ। *n.* **pi°sciculturist**—মৎস্যপালক। *a.* **piscivorous** [pi°siv(a)ras, পি°সিভ্‌র্যাস্] মৎস্যাশী। [L. *piscis*, (*pl.*) *pisces*]

piscina [pi-sē°na, পিসী°ন্যা] *n.* a fish-pond, মাছের পুকুর; a swimming pool, (প্রধানতঃ প্রাচীন রোমের) সাঁতার-কাটার পুকুর; a basin in old churches for carrying away water used in rinsing chalice etc., পবিত্র পাত্রাদি-ধোয়া জল নিষ্কাশনার্থ পুরাতন গির্জাসমূহে রক্ষিত পাত্রবিশেষ। *pl.* **pisci°nas, piscinae, piscine** [pi°-sēn, পি°সীন্]। [L.<*piscis*=fish]

piscivorous—see **Pisces**.

Pisgah [piz°-gŭ, পিজ্°গা] *n.* distant view of an unattainable object, অপ্রাপ্য বা অনধিগম্য বস্তু দূর হইতে দর্শন, অপ্রাপ্য বস্তুর নয়নপথগামিতা। [the name of the mountain from where Moses saw the Promised Land]

pish [pish, পিশ্] *int.* expressing impatience, অধৈর্যসূচক ধ্বনিবিশেষ, ফুঃ, ইশ্। [imi.]

pismire [pis°-mī(r), পিস্°মায়্যা(র্)] *n.* an ant, পিপীলিকা, উই। [*piss* (from the strong smell of the ant-hill), OE. *mire*=ant]

piss [pis, পিস্] (**1**) (vulg.) *v.i.t.* to discharge urine (on), (অশ্লীল) প্রস্রাব করা; to discharge (blood etc.) with the urine, রক্তপ্রস্রাব করা। *p.* & *p. pt.* **pi°ssed**। (**2**) *n.* urine, প্রস্রাব। *n.* **piss°-pot**—মূত্রাধার। [F. *pisser*]

pistachio [pis-tŭ°-shi-ō, পিস্‌টা°শিঔ] *n.* a nut with green kernel, পেস্তা। [Sp. *pistacho*, It. *pistacchio*<L. *pistaquium*<Gk. *pistakion*< Pers. *pistah*]

pistil [pis°-til, পিস্°টিল্] *n.* the seed-bearing organ in flowers, পুষ্পের গর্ভকেশর। *a.* **pistillate**—গর্ভকেশর আছে এমন (কিন্তু পুংকেশরহীন)। [L. *pistillum*=a pestle]

pistol [pis°tl, পিস্°ট্‌ল্] (**1**) *n.* a small hand-gun, পিস্তল। (**2**) *v.t.* to shoot with a pistol, পিস্তল দিয়া গুলি করা। *pr. pt.* **pis°tolling**। *p.* & *p. pt.* **pis°tolled**। **(to) hold pistol to** (a person's) **head**—(কাহাকেও) ভয় দেখাইয়া বাধ্য করা বা বশে আনা। [OF. *pistole*<It. *pistolese* (dagger) made at *Pistoia* in Italy]

pistole [pis-tōl°, পিস্‌টৌল্°] *n.* an old Spanish coin, স্পেইনের প্রাচীন স্বর্ণমুদ্রাবিশেষ (=প্রায় ১৮ শিলিং)। [see *pistol*]

piston [pis°-tan, পিস্°ট্যান্] *n.* a cylindrical piece moving to and fro in a hollow tube, (এনজিন প্রভৃতির) ফাঁপা নলের মধ্যস্থ যে নলাকার যন্ত্র ওঠা-নামা করিয়া উক্ত এনজিন প্রভৃতিকে চালু করে, চাপদণ্ড, পিস্টন্। *a.* **pis°ton-en°gined**—(বিমান-পোত-সম্বন্ধে) পিস্টন্-যুক্ত এনজিনওয়ালা। *n.* **pis°ton-ring**—গ্যাস ঢোকা বন্ধ করার জন্য পিস্টনে ব্যবহৃত আঙ্‌টা। *n.* **pis°ton-rod**—যে দণ্ডের সহিত পিস্টন্ সংলগ্ন থাকে। [F.<It. *pistone*]

pit_1 [pit, পিট্] *n.* a fruit-stone, ফলের বীচি। [Du.]

pit_2 [pit, পিট্] (**1**) *n.* a hole in the earth, (স্বাভাবিক বা কৃত্রিম) মৃত্তিকা-গহ্বর, গর্ত; a mine shaft, খনির খাদ; a mine, খনি; (arch.) a prison, (আর্ষ.) কারাগার; a cavity in the ground or in a floor, (মোটরগাড়ী গুপ্তধন প্রভৃতি রাখার জন্য) মাটির বা মেঝের তলদেশস্থ ফাঁকা জায়গা; a grave, কবর; the ground-floor of a theatre, রঙ্গালয়াদির প্রেক্ষাগৃহের নিম্নতম তল বা একতলা; any hollow or depression, গর্ত বা ঢালু জায়গা, খোল (the *pit* of the stomach); (fig.) hell, (আল.) নরক; an enclosure for cockfight, etc., মোরগ-লড়াই প্রভৃতির স্থান। (**2**) *v.t.i.* to mark or be marked with pits, ছোট ছোট গর্ত করা বা গর্তযুক্ত হওয়া; to set to fight, (মোরগদিগকে) লড়ান। (**3**) *v.t.* to lay in a pit, গর্ত খাদ প্রভৃতির মধ্যে রাখা। *pr. pt.* **pi°tting** । *p. & p. pt.* **pi°ttėd** । **pit and gallows**—সামন্ততান্ত্রিক ব্যারনদের (অর্থাৎ ইংরেজ জমিদারদের) অপরাধিনীকে ডুবাইয়া মারার এবং অপরাধীকে ফাঁসি দিবার যে অধিকার ছিল। **(to) pit against**—প্রতিদ্বন্দ্বিতায় লাগান। **bottomless pit**—নরক। *n.* **pit°-coal**—খনিজ কয়লা, পাথুরিয়া কয়লা। *n.* **pit°-dwelling**—(আদিম মানুষের) গুহাগৃহ। *n.* **pit°fall**—ফাঁদরূপে ব্যবহৃত পলকা পদার্থাদিতে (যেমন, গাছের পাতা বা ডালপালা) আবৃত গর্ত, চোরা গর্তের ফাঁদ; (আল.) গুপ্ত বিপদ্। *n.* **pit°head**—কয়লা-খনির খাদের উপরিভাগের চতুষ্পার্শ্বস্থ স্থান। *n.* **pit°man**—কয়লা-খনির শ্রমিক। *n.* **pit°-pony**—খাদ হইতে কয়লা তোলার কাজে নিযুক্ত (টাট্টু-) ঘোড়া। *a.* **pi°ttėd**—ছোট ছোট গর্তযুক্ত, (পরি.) মসৃরিত। [OF. *pytt*<L. *putues* =a well]

pitapat [pi°-ta-pat°, পি°ট্যাপ্যাট্°] (**1**) *adv.* with light palpitation, ঈষৎ (হৃৎ-) স্পন্দনসহ (his heart went *pitapat*); with light quick steps, মৃদু অথচ দ্রুত পদসঞ্চারে, লঘুপদে। (**2**) *n.* light sensation, মৃদু স্পন্দন। [imi.]

pitch$_1$ [pitch, পিচ্] (**1**) *v.t.* to thrust or fix in the ground, (ক্রিকেটের স্টাম্প, তাঁবুর খোঁটা, প্রভৃতি) মাটিতে পোঁতা বা ভূমিতে আটকান; to set up, (শিবিরাদি) স্থাপন করা; to pave with stones, (রাস্তাদি) পাথর দিয়া বাঁধান, শান দিয়া বাঁধান; to fix or plant things in definite position, নির্দিষ্ট স্থানে স্থাপন করা; (mus.) to set at a particular degree of acuteness of tone, নির্দিষ্ট (উচ্চ)-স্বরে (অর্থাৎ উদারা মুদারা বা তারায়) বাঁধা; to throw, (ক্রিকেটের বল প্রভৃতি প্রধানতঃ নির্দিষ্ট লক্ষ্যে) নিক্ষেপ করা। (**2**) *v.i.* to settle, স্থির হইয়া বসা দাঁড়ান শোয়া প্রভৃতি; to alight, নামিয়া আসা, পড়া; to fix the choice, পছন্দ স্থির করা; to encamp, শিবিরাদি স্থাপন করা; to drive forward, সম্মুখে ঝাঁপ দেওয়া; to slope down, ঢল বাহিয়া বা ঢালু হইয়া নামিয়া আসা; to descend or fall away abruptly, আকস্মিকভাবে অবতরণ করা বা পড়িয়া যাওয়া বা ঝরিয়া যাওয়া। *p. & p. pt.* **pi°tched** । (**3**) *n.* an act of pitching, ভূগর্ভে প্রোথিত করা; a throw, নিক্ষেপ; the manner of throwing, নিক্ষেপের ধরন; degree, (প্রধানতঃ উচ্চতার বা নিম্নতার) মাত্রা, (পরি.) থাক, গুণান্তর; the top, শীর্ষ, চূড়া; height, উচ্চতা; a descent or slope, অবতরণ, উতরাই; (in cricket) ground between the wickets, (ক্রিকেটে) দুই উইকেটের মধ্যবর্তী স্থান; the degree of acuteness of sound, ধ্বনির তীব্রতার বা উচ্চতার মাত্রা, (পরি.) স্বনতীক্ষ্ণতা বা স্বনকম্পাঙ্ক। **pitched battle**—দুই দলের মধ্যে নির্দিষ্ট রণক্ষেত্রে সুপরিকল্পিতভাবে এবং সুচিন্তিতভাবে অনুষ্ঠিত সংগ্রাম। **(to) pitch and pay**—নগদ টাকা দেওয়া। **(to) pitch in**—তৎপরতার সহিত কাজে লাগা। **(to) pitch into**—প্রচণ্ডভাবে আক্রমণ করা। **(to) pitch on** or **upon**—(কিছু) পছন্দ করা। **(to) queer one's pitch**—পরিকল্পনা ভেস্তে দেওয়া; ব্যাহত করা। *n.* **pi°tcher$_2$** । *n.* **pitchfork**—খড়নিক্ষেপনার্থ কাঁটাওআলা দণ্ডবিশেষ, বাদ্যযন্ত্রাদিতে সুর বাঁধার কাঁটাবিশেষ। [?—cp. *pick*]

pitch$_2$ [pitch, পিচ্] (**1**) *n.* a common name for various substances, obtained from distillation of tar or turpentine, কৃষ্ণবর্ণ আগ্নেয় পদার্থবিশেষ, পিচ্। (**2**) *v.t.* to cover, smear, or caulk with pitch, পিচ্ দিয়া আবৃত করা, পিচ্ মাখান, ছিদ্রমধ্যে পিচের প্রলেপ গুঁজিয়া দেওয়া। *p. & p. pt.* **pi°tched** । *a.* **pitch°-black, as black as pitch**—পিচের মত কাল, যৎপরোনাস্তি কাল। *n.* **pitch°-blende**—কৃষ্ণবর্ণ উজ্জ্বল খনিজপদার্থবিশেষ: ইহাতে ইউরেনিআম ও রেডিআম পাওয়া যায়। *a.* **pitch°-dark, as dark as pitch**—পিচের মত কাল অন্ধকার, সূচিভেদ্য বা গাঢ় অন্ধকার, সম্পূর্ণ অন্ধকার। *n.* **pitch°-pine**—আঠাল নির্যাসস্রাবী সরলবৃক্ষবিশেষ বা তাহার তক্তা। *a.* **pi°tchy**—পিচের ন্যায়; পিচ্ মাখান; পিচে পূর্ণ; কাল। *n.* **pi°tchinėss** । [OE. *pic*<L. *pix, picis*]

pitcher$_1$ [pi°-cha(r), পি°চ্যা(র্)] *n.* a large jug, বড় কলসি। *n.* **pi°tcher-plant**—কলসির আকারের পত্রযুক্ত পতঙ্গভুক্ বৃক্ষবিশেষ, (পরি.) ঘটপত্রী। [OF *pichier*<LL. *picarium*=a goblet<Gk. *bikos*=a wine vessel]

pitcher$_2$, pitchfork—see **pitch$_1$**.

pitchy—see **pitch$_2$**.

pit-coal, pit-dwelling—see **pit$_2$**.

piteous [pi°-ti-as, পি°টিঅ্যাস্] *a.* stirring pity, দুঃখ বা করুণা উদ্রেক করে এমন, করুণ; deplorable, শোচনীয়; (arch.) compassionate, (আর্ষ.) সমব্যথী, দরদি। *adv.* **pi°tėously** । *n.* **pi°tėousnėss** । [OE. *pitos*—cp. *pity*]

pitfall—see **pit$_2$**.

pith [pith, পিথ্] *n.* the soft tissue in the stems of plants, বৃক্ষকাণ্ডমধ্যস্থ কোমল তন্তু বা আঁশ, তরুমজ্জা; spinal marrow, মজ্জা; essence, সারাংশ; chief part, প্রধান অংশ; vigour, energy, তেজ, কর্মশক্তি। *a.* **pith°lėss**—মজ্জাহীন; অসার; নিস্তেজ। *a.* **pi°thy**—মজ্জাপূর্ণ; সারবান্; সতেজ; বলিষ্ঠ; কর্মশক্তিপূর্ণ; সংক্ষিপ্ত কিন্তু সারবান্ (a *pithy* saying)। *n.* **pith°inėss** । [OE. *pitha*—cp. Du. *pit*=marrow]

pithecanthrope [pi-thi-kan°-throp, পিথিক্যান্°থ্রোপ্] *n.* ape-man, গরিলাসদৃশ আদিম বা প্রাগৈতিহাসিক মানব (ইহারা কালক্রমে বিলুপ্ত হয় এবং homo sapiens গোষ্ঠীর সহিত মিশিয়া যায়)। [Gk. *pithēkos*=ape, *anthropos*=man]

pitiable, pitiful, pitiless—see **pity.**

pitman—see **pit$_2$**.

pitōn [pē°-ton, পি°ট্, পি°টন্] *n.* an iron peg

driven into a rock to support a mountain climber or a piece of rope, পর্বতারোহীর পাদান হিসাবে ব্যবহারের জন্য বা দড়ি আটকাইবার জন্য প্রোথিত লৌহ-কীলক। [F.]

pitpat [pit°-pat°, পিট্°প্যাট্°] var. of **pitapat.**

pit-pony—see **pit**$_2$.

pittance [pi°t(a)ns, পি°টন্‌স্] *n.* a special bequest made to religious house for extra allowance of food and drink, ভোজ্য ও পানীয়ের বিশেষ অতিরিক্ত বরাদ্দের জন্য ধর্মপ্রতিষ্ঠান প্রভৃতিতে দান ; dole or remuneration, (নিয়মিতভাবে প্রদত্ত) যৎকিঞ্চিৎ বরাদ্দ বৃত্তি বা ভিক্ষা বা বেতন ; a very small portion or quantity, যৎসামান্য অংশ বা পরিমাণ। [OF. *pitance*<L. *pietas*=pity]

pitted, pitting—see **pit.**

pituitary [pi-tū°-i-ta-ri, পিটিউ°ইট্যারি] *a.* of or secreting phlegm, শ্লেষ্মাঘটিত বা শ্লেষ্মানিঃসারক। **pituitary gland**—মস্তিষ্কের মূলে স্থিত লালাগ্রন্থি-বিশেষ : ইহা হইতে নিঃসৃত রস দেহের বৃদ্ধির সহায়ক। [L. *pituitarius*, *pituita*=phlegm]

pity [pi°-ti, পি°টি] **(1)** *n.* feeling for the suffering of others, পরদুঃখকাতরতা, সমব্যথা, সমবেদনা, দরদ ; a matter for regret, দুঃখের বিষয় (it's a *pity* that he can't walk)। **(2)** *v.t.* to feel pity for, (কাহারও জন্য) সমব্যথা অনুভব করা। **for pity's sake**—দয়া করিয়া, অনুগ্রহপূর্বক। **(to) have** or **take pity on**—(কাহারও প্রতি) করুণা প্রকাশ করা, (কাহাকেও) বিপাকে সাহায্য করা। **in pity (of)**—(কিছুর বা কাহারও জন্য) সমব্যথা বা দরদ অনুভব করিয়া। **out of pity**—সমব্যথা বা দরদের বশীভূত হইয়া : (কাহারও বা কিছুর) শোচনীয় অবস্থার কথা চিন্তা করিয়া। *a.* **pi°tiable**—সমব্যথার যোগ্য ; সমবেদনা-উদ্রেককর ; শোচনীয় ; তুচ্ছ। *n.* **pi°tiableness**। *adv.* **pi°tiably**। *a.* **pi°tiful**—সমব্যথা অনুভব করে এমন ; দরদি ; সমব্যথাপূর্ণ ; সমব্যথা-উদ্রেককর ; দুঃখদায়ক, করুণ ; ঘৃণ্য, জঘন্য। *adv.* **pi°tifully**। *a.* **pi°tiless**—সমব্যথা অনুভব করে না এমন, বে-দরদি ; নির্মম, অকরুণ। *adv.* **pi°tilessly**। [OF. *pitet* <L. *pietas*<*pius*=pious]

pivot [pi°-vat, পি°ভ্যাট্] **(1)** *n.* a pin on which anything turns, যে পিনের উপর ভর দিয়া কিছু ঘোরে, পিভট ; (mil.) a soldier upon whom. or position on which, a body wheels, (সাম.) যে সৈনিককে বা অবস্থানকে কেন্দ্র করিয়া বাহিনী ঘোরে ; a centre-half in football, ফুটবল খেলায় সেনট্যারহাফের খেলোয়াড় ; a man of cardinal importance, (শিল্পোৎপাদনাদিতে) অপরিহার্য গুরুত্বপূর্ণ ব্যক্তি। **(2)** *v.t.i.* to turn as on a pivot, পিভটে ভর দিয়া ঘোরান বা ঘোরা। **(3)** *v.i.* to place on a pivot, পিভটের উপর স্থাপন করা ; to supply with a pivot, (যন্ত্রাদিতে) পিভট পরান। *p.* & *p. pt.* **pi°voted**। *a.* **pi°votal**—উক্ত পিভট প্রভৃতি সংক্রান্ত। [F.]

pix [piks, পিক্‌স্] *n.* (coll.) pictures, (কথ্য.) ছবি। [abbr.]

pixie, pixy [pik°-si, পিক্°সি] *n.* a small fairy, ক্ষুদ্র পরীবিশেষ। *a.* **pix°ilāted**—ঈষৎ বিকৃতমস্তিষ্ক, খেপাটে ; বিভ্রান্ত ; মাতাল। [?]

pizzle [pi°-zl, পি°জ্‌ল্] *n.* (vulg.) the penis of a bull, (অশ্লীল) ষণ্ডাদির জননেন্দ্রিয়। [L G. *pesel*]

placable [plā°-kabl, প্লেই°ক্যাব্‌ল্, pla°-kabl, প্ল্যা°ক্যাব্‌ল্] *a.* appeasable, সহজে শান্ত করা যায় এমন, প্রশম্য ; relenting, নমনীয়, ready to forgive, ক্ষমা করিতে প্রস্তুত। *n.* **plācabi°lity, placabi°lity**। *adv.* **plā°cably, pla°cably**। *v.t.* **placāte°**—শান্ত করা। *p.* & *p. pt.* **placā°ted**। [L. *placare*=to appease]

placard [pla°-ku(r)d, প্ল্যা°কা(র্)ড্] **(1)** *n.* a piece of paper containing an intimation stuck upon a wall or otherwise displayed, প্রাচীরগাত্রে বা অন্যভাবে প্রদর্শিত ঘোষণাপত্র বা বিজ্ঞপ্তি, প্রাচীরপত্র, ইশতিহার, প্ল্যাকার্ড। **(2)** *v.t.* to notify by placards, প্ল্যাকার্ড মারিয়া বিজ্ঞাপিত করা ; to put placards on, (কিছুর উপরে) প্ল্যাকার্ড মারা। *p.* & *p. pt.* **pla°carded**। [OF. *plaquier*=plaster<Du. *plakken*=glue]

placate—see **placable.**

place [plās, প্লেইস্] **(1)** *n.* a (particular) part of space, (নির্দিষ্ট) স্থান ; (in street names) a row of houses, (রাস্তার নামে ব্যবহৃত) গৃহশ্রেণী, কুটিরশ্রেণী (Lake *Place*) ; a city, town, village etc., নগর শহর গ্রাম প্রভৃতি ; a locality or region, এলাকা, অঞ্চল ; a residence or building, বাসভবন বা অট্টালিকা ; a position, অবস্থানস্থল ; an office or employment, পদ, চাকরি, কর্ম ; high rank, উচ্চ পদমর্যাদা ; precedence, পূর্বগামিতা ; position in a series, ক্রমান্বয়ী ধারামধ্যে স্থান (calculated to four *places* of decimals) ; right position, যথাস্থান (to have everything in its *place*) ; position attained in a competition, etc., প্রতিযোগিতাদিতে অর্জিত স্থান ; positions amongst the first three in a horse-race, etc., ঘোড়দৌড় প্রভৃতিতে প্রথম স্থানত্রয়ের যে কোনটি ; kicking of football laid by another player, ভিন্ন খেলোয়াড় কর্তৃক স্থাপিত ফুটবলে যথাযথভাবে পদাঘাত (also **plāce°-kick**)। **(2)** *v.t.* to put in a place, কোন স্থানে রাখা বা স্থাপন করা ; to assign to a place, স্থান নির্দেশ করিয়া দেওয়া ; to find a place for, স্থান খুঁজিয়া দেওয়া ; to locate, স্থান নির্ণয় করা ; to identify, শনাক্ত করা (I know his face but I can't *place* him) ; to induct, পদাদিতে অভিষিক্ত করা ; to put or give, রাখা বা অর্পণ করা (to *place* in one's hand) ; to kick the football laid by another player, ভিন্ন খেলোয়াড় কর্তৃক স্থাপিত ফুটবলে (গোল লক্ষ্য করিয়া) পদাঘাত করা। *p.* & *p. pt.* **plā°ced**। **in place**

—যথাস্থানে স্থিত ; পদাধিষ্ঠিত ; অনুকূল, সুবিধাজনক। **in place of**—(অপরের) স্থানাপন্ন হইয়া, পরিবর্তে। **out of place**—(যথা-) স্থানচ্যুত ; অযথাযথ ; অপ্রাসঙ্গিক, অবান্তর, অযৌক্তিক। **(to) find one's place**—গ্রন্থমধ্যে যে স্থান হইতে পাঠ করা স্থিরীকৃত হইয়াছে, সে স্থানটি খুঁজিয়া পাওয়া। **(to) give place**—জায়গা করিয়া বা জায়গা ছাড়িয়া দেওয়া। **(to) have place**—স্থান পাওয়া। **(to) lose one's place**—গ্রন্থমধ্যে যে স্থান হইতে পাঠ করা স্থিরীকৃত হইয়াছে, সে স্থানটি খুঁজিয়া না পাওয়া। **(to) make a place too hot for one**—(বিরোধিতাদির সৃষ্টি করিয়া) স্থানবিশেষে (কাহাকেও) তিষ্ঠাইতে না দেওয়া। **(to) make place for**—(কাহাকেও) জায়গা করিয়া দেওয়া ; অগ্রাধিকারের দাবি (অন্যকে) ছাড়িয়া দেওয়া। **pride of place**—গৌরবের স্থান। **(to) take place**—সঙ্ঘটিত হওয়া। **(to) take the place of**—(অন্যের) স্থানাপন্ন হওয়া, (অন্যের) স্থানে অধিষ্ঠিত হওয়া। *n.* **plāce°man**—সরকারি (উচ্চ) পদাধিকারী ব্যক্তি। *n.* **plāce°-name**—দেশ নগর প্রভৃতির ভৌগোলিক নাম। [OE. *plaece*=market-place, F. *place* <L. *platea*<Gk. *plateia* (*hodos*) =broad (street)]

placebo [pla-sē°-bō, প্ল্যাসী°বৌ] *n.* medicine given to humour rather than to cure the patient, রোগীর মন রাখার জন্য প্রদত্ত ঔষধ। [L.=I shall be acceptable or pleasing. <*placere*= to please]

placenta [pla-sen°ta, প্ল্যাসেন্°ট্যা] *n.* a nutritive structure that unites foetus to the womb, গর্ভের ফুল, অমরা ; (bot.) the part of the carpel that bears the ovules, (উদ্ভি.) ডিম্বকবাহী গর্ভপত্র। *pl.* **placentæ** [pla-sen°-tē, প্ল্যাসেন্°টী]। *a.* **placen°tal**—অমরা বা ডিম্বকবাহী গর্ভপত্র-সংক্রান্ত। *n.* **placentā°tion**—অমরাবিন্যাস। [L.=a flat cake<Gk. *plakoeis*]

placer [pla°-sa(r), প্ল্যা°স্যা(র্)] *n.* deposit in bed of streams etc., of sand, gravel etc. from which gold or other valuable minerals can be washed, নদ্যাদিতে বালি কাঁকর নুড়ি প্রভৃতির অবক্ষেপ : ইহা ছাঁকিয়া সোনা বা অন্যান্য মূল্যবান্ ধাতু পাওয়া যায়। [Sp. *placer*=sandbank <*plaza*=place]

placet [plā°-set, প্লেই°সেট্] *n.* a vote of assent in a governing body, (প্রধানতঃ বিশ্ববিদ্যালয়ের) পরিচালক-সভায় সম্মতিসূচক ভোট ; permission, (প্রধানতঃ রাজাজ্ঞাদি প্রচারার্থ) নৃপতির অনুমতি। [L.=it pleases]

placid [pla°-sid, প্ল্যা°সিড্] *a.* calm, স্থির, শান্ত। *n.* **placi°dity, pla°cidnėss**। *adv.* **pla°cidly**। [L. *placidus*<*placere*=to please]

placket [pla°kit, প্ল্যা°কিট্] *n.* a slit in a skirt, ঘাগরার পকেটবিশেষ (also **pla°ckėt-hōle**)। [?]

plage [plūz, প্ল্যা(শ্)জ্] *n.* seabeach (esp. at a fashionable resort), সমুদ্রতীর (বিশেষতঃ যেখানে ভ্রমণকারী প্রভৃতির জন্য শৌখিন নিবাস থাকে)। [F.]

plagiary [plā°-ji-a-ri, প্লেই°জিঅ্যারি] *n.* one who steals the thoughts or writings of others and gives them out as one's own, যে ব্যক্তি পরের ভাব বা রচনা চুরি করিয়া নিজের বলিয়া চালায়, কুম্ভীলক ; the crime a plagiary commits, উক্ত চৌর্যাপরাধ, সাহিত্যিক চৌর্য। *n.* **plā°giarism**—উক্ত চৌর্যাপরাধ। *n.* **plā°giarist**—কুম্ভীলক। *v.t.i.* **plā°giarīze**—উক্ত চুরি করা, কুম্ভীলকগিরি করা। [L. *plagiarius*=a kidnapper]

plague [plāg, প্লেইগ্] (1) *n.* an affliction inflicted by God, ঈশ্বরপ্রদত্ত সন্তাপ ; a deadly pestilence, প্লেগ্-রোগ (bubonic *plague*) ; pestilence, সংক্রামক মহামারী ; murrain, গবাদি পশুর সংক্রামক মহামারী রোগ ; troublesome person or thing, উপদ্রবকর ব্যক্তি বস্তু বা বিষয় ; (coll.) trouble, (কথ্য.) উৎপাত। (2) *v.t.* to pester, জ্বালাতন করা। **plague on**—অভিশাপবিশেষ ; নিপাত যাক। *n.* **plāgue°spot**—প্লেগ-রোগাক্রান্ত ব্যক্তিদের গাত্রচর্মে লালাভ স্ফীতি; যে অঞ্চলে প্রায়ই প্লেগের প্রাদুর্ভাব ঘটে। *a.* **plāgue°-stricken**—প্লেগ্-রোগাক্রান্ত। *a.* **plā°guy**—প্লেগ্-সংক্রান্ত ; প্লেগ্-তুল্য ; মহামারী-তুল্য ; উপদ্রবকর ; বিরক্তিকর। *adv.* **plāgu°ily**। [OF. *plage*<L. *plaga*=a blow]

plaice [plās, প্লেইস্] *n.* a kind of flat-fish, বোয়াল-জাতীয় মৎস্যবিশেষ। [OF. *plaiz*<LL. *platessa*]

plaid [plad, প্লেইড্] *n.* a shawl worn over the shoulder by Highlanders, স্কট্ল্যান্ডের পার্বত্যাঞ্চলের অধিবাসিগণ কর্তৃক ব্যবহৃত লম্বা পশমি উত্তরীয়বিশেষ। *a.* **plai°dėd**—উক্ত উত্তরীয়-পরিহিত। [Gael. *plaide*=a blanket ?]

plain [plān, প্লেইন্] (1) *a.* flat, level, সমতল ; clear, evident, স্পষ্ট, সহজবোধ্য (*plain* English, language, words, etc.) ; simple, জটিলতাহীন ; downright, ডাহা, পুরাদস্তুর ; unembellished, রূপসজ্জাহীন, সাজসজ্জাহীন, নিরলঙ্কার কারুকার্যহীন ; without beauty, রূপহীন ; uncoloured, রঙীন নহে এমন ; unruled, লাইন টানা বা রুল করা নহে এমন ; without pattern, striation, gloss, etc., নক্শা-কাটা ডোরা-কাটা পালিশ-করা প্রভৃতি নহে এমন ; uncurled, অকুঞ্চিত ; without elaboration or exaggeration, অতিরঞ্জনশূন্য ; candid, মনখোলা ; outspoken, স্পষ্টভাষী বা স্পষ্টভাষিত ; straightforward, কুটিলতাহীন, সরল ; ordinary, সাধারণ, সাদাসিধা ; undistinguished বৈশিষ্ট্যশূন্য। (2) *n.* a tract of level ground, সমতলভূমি, (পরি.) সমভূমি ; the open country, প্রান্তর। (3) *adv.* clearly, স্পষ্টভাবে (to speak *plain*) । *n.* **plain°-chant**—গির্জায় গেয় যৌথসঙ্গীত-বিশেষ । *a.* **plain°-clōthes**—সাধারণ পোশাকধারী অর্থাৎ উর্দি বা সরকারী পোশাকধারী নহে এমন (*plain-clothes* policeman) । **plain dealer**—মনখোলা ও স্পষ্টবক্তা ব্যক্তি । **plain dealing**—মনখোলা ও স্পষ্টভাষী আচরণ । *a.* **plain°-hear°tėd**—সরল-হৃদয় ; সাধুপ্রকৃতি ; আন্তরিক । *adv.* **plain°ly** । *n.* **plain°nėss** । **plain sailing**—see **plane₄** । *n.* **plains°man**—সমতল অঞ্চলের বা সমভূমির অধিবাসী । *n.* **plain°-song**—গির্জায় গেয় যৌথ-সঙ্গীতবিশেষ । *n.* **plain°-speaking**—স্পষ্টভাষণ । *a.* **plain°-spōken**—খোলাখুলি ও রূঢ়ভাবে অপ্রিয় সত্য কথা বলে এমন, ঠোঁট-কাটা । [F.<L. *planus(a.)*]

plaint [plānt, প্লেইন্‌ট্] *n.* lamentation, বিলাপ ; complaint, নালিশ ; a statement of grievance, esp. in court, নালিশপত্র, আরজি । *n.* **plain°tiff**—মকদ্দমার বাদী বা ফরিয়াদী । *a.* **plain°tive**—শোকপূর্ণ, সবিলাপ । *adv.* **plain°tively** । *n.* **plain°tivenėss** । [OF. *pleinte* <L. *plangere*=to beat the breast]

plait [plat, প্ল্যাট্] (**1**) *n.* a fold, (চুল খড় দড়ি প্রভৃতির) বিনুনি (to wear hair in a *plait*) । (**2**) *v.t.* to form into plait, বিনুনি করা । *a.* **plai°tėd**—বিনুনি-করা । [OF. *pleit, ploit*<L. *plicare*=to fold]

plan [plan, প্ল্যান্] (**1**) *n.* an outline map, a design, রেখাচিত্র, নকশা, (পরি.) পরিলেখ ; a scheme or project, পরিকল্পনা; a purposed method, পরিকল্পিত ফন্দি ; a scheme of arrangement drawn up beforehand, পূর্বাহ্ণে কৃত বন্দোবস্ত । (**2**) *v.t.i.* to make plans of, (কিছুর) নকশা আঁকা বা পরিকল্পনা করা । (**3**) *v.t.* to arrange beforehand, পূর্বাহ্ণে বন্দোবস্ত করা । *pr. pt.* **pla°nning** । *p. & p. pt.* **pla°nned** । **planned economy**—সরকার কর্তৃক পরিকল্পিত অর্থনৈতিক ব্যবস্থা । *a.* **plan°lėss**—পরিকল্পনাহীন । *n.* **pla°nner** । [F.<L. *planus*=flat]

planchette [plan-shet°, প্ল্যান্‌শেট্°] *n.* a board used as a medium for automatic writing and supposed spirit-messages, প্রেতাত্মাকে আহ্বানপূর্বক উহার সহিত কথাবার্তা যে তক্তার উপরে লেখা হয় । *n.* **planchet** [plan°-shit, প্ল্যান্°শিট্] মুদ্রাদি তৈয়ারির জন্য ধাতুর মসৃণ পাত ও চাকতি । [F.=a small plank]

plane₁, 'plane—contr's. of **æroplane.**

plane₂ [plān, প্লেইন্] *n.* a kind of tree, চওড়া পাতাওয়ালা উচ্চ বৃক্ষবিশেষ । [F.<Gk. *platanos, platas*=broad]

plane₃ [plān, প্লেইন্] (**1**) *n.* a carpenter's tool for smoothing a surface, রেঁদা ; a smoothing tool or machine, মসৃণ করার অস্ত্র বা যন্ত্র । (**2**) *v.t.* to smooth or remove with a plane, রেঁদা দিয়া ঘষা বা ঘষিয়া তুলিয়া ফেলা । *n.* **plā°ner**—যে ব্যক্তি মসৃণ করে বা রেঁদা ঘষে ; রেঁদা ; মসৃণ করার অস্ত্র বা যন্ত্র । [F.<L. *plana*<*planare*= to smooth]

plane₄ [plān, প্লেইন্] (**1**) *n.* (geom.) a surface such that a straight line joining any two points in it lies wholly in it, (জ্যামি.) তল ; a level surface, সমতল ভূমি বা ক্ষেত্র ; one of the horizontal structures used as wings and tail to sustain æroplanes in flight, ধাবন্ত বিমানপোতের ভাররক্ষার্থ উহার ডানা বা লেজ ; any grade of life or development or level of thought or existence, জীবনযাত্রা বা সংস্কৃতি বা উন্নতি বা চিন্তা বা অস্তিত্বের স্তর । (**2**) *a.* of or lying in a plane, সমতল-সংক্রান্ত বা সমতলে অবস্থিত; level, সমতল ; smooth, মসৃণ । (**3**) *v. t.* to make plane or smooth, সমতল করা বা মসৃণ করা । (**4**) *v.i.* to travel by æroplane, বিমানপোতে চড়িয়া ভ্রমণ করা ; to soar, ঊর্ধ্বে ওঠা, ওড়া । **plane** (or **plain**) **sailing**—পৃথিবীকে সমতল বলিয়া অনুমান-পূর্বক পোতাদির অবস্থান-নির্ণয় ; সহজ কাজ, জটিলতা-হীন বা নিরুপদ্রব অবস্থা । *n.* **plā°ner**—যে ব্যক্তি সমতল বা মসৃণ করে ; সমতল বা মসৃণ করার যন্ত্র । [L. *planum(n.)*]

planet [pla°-nit, প্ল্যা°নিট্] *n.* (old astr.) a heavenly body distinguished from the fixed stars by having apparent motion of its own, (প্রাচীন জ্যোতি.) চন্দ্রসূর্যসহ আপাতদৃষ্টিতে অস্থির তারাপুঞ্জের যে-কোনটি ; a heavenly body that revolves about the sun or any other fixed star, গ্রহ ; a satellite of a planet, উপ-গ্রহ ; (astrol.) planetary influence, (জ্যোতিষ.) গ্রহপ্রভাব । **inferior planets**—পৃথিবীর কক্ষস্থিত গ্রহদ্বয় অর্থাৎ বুধ ও শুক্র । **major planets**—বুধ, শুক্র, মঙ্গল, বৃহস্পতি, শনি, ইয়ুরেনিয়াস, নেপচুন । **minor planets**—মঙ্গল ও বৃহস্পতির কক্ষদ্বয়ের মধ্যবর্তী অতি ক্ষুদ্র গ্রহসমূহ । **superior planets**—পৃথিবীর কক্ষবহির্ভূত গ্রহসমূহ । *n.* **planėtār°ium**—গ্রহমণ্ডলীর নকশা । *a.* **planetary** [pla°-nit(a)ri, প্ল্যা°নিট্‌রি] গ্রহসংক্রান্ত ; গ্রহজনিত ; গ্রহগত ; গ্রহপ্রভাবজনিত ; অস্থিরগতি ; অস্থিরমতি ; কক্ষপথে আবর্তনশীল । *n.* **pla°nėtoid**—অতি ক্ষুদ্র গ্রহ । [F. *planete*<Gk. *planetes*=wanderer]

plangent [plan°z(a)nt, প্ল্যান্°জ্‌ন্ট্] *a.* resounding, vibrating, অনুরণিত হয় বা রিন্‌রিন্ করে, এমন, অনুনাদশীল । [L. *plangere*=to beat the breast]

plank [plangk, প্ল্যাংক্] (**1**) *n.* a long flat piece of timber, কাঠের তক্তা ; (pol.) an item of party programme, (রাজ.) দলগত কর্মসূচির যে-কোন দফা । (**2**) *v.t.* to cover with planks, তক্তা দিয়া ঢাকা । *p. & p. pt.* **plan°kėd** । **(to) plank down**—(অশি.) সঙ্গে সঙ্গে অর্থাদি প্রদান করা । [L. *planca* (*n.*)]

plankton [plangk°-ton, প্ল্যাংক্°টন্] *n.* the

drifting organisms in oceans, rivers, etc, সমুদ্র নদী প্রভৃতির জলে ভাসন্ত (সচ. আণুবীক্ষণিক) জীবাণুসমূহ। [G.<Gk. *plagtos*=wandering]

plant [plŭnt, প্লান্ট্] (**1**) *n.* a vegetable organism ready for planting or lately planted, চারাগাছ; any member of the vegetable kingdom, উদ্ভিদ্, গুল্ম, গাছ, পাদপ, লতা; one of the smaller kinds of vegetable, ক্ষুদ্র গাছপালা লতা-গুল্ম প্রভৃতি; equipment or machinery for an industrial activity, শিল্পোৎপাদনের সরঞ্জাম বা যন্ত্র, (পরি.) জনিত্র; (sl.) planned swindle or burglary, পরিকল্পিত প্রতারণা বা সিঁধ কাটিয়া চুরি; a hoax, ধোঁকা; a person who joins a gang of criminals to get evidence against them, যে ব্যক্তি দুষ্কৃতকারীদের বিরুদ্ধে সাক্ষ্যপ্রমাণ সংগ্রহের জন্য তাহাদের দলে যোগ দেয়। (**2**) *v.t.* to put into the ground for growth, রোপন করা, বপন করা; to introduce, প্রবর্তন করা; to insert, ঢোকান; to place or establish, স্থাপন করা বা প্রতিষ্ঠিত করা; to deliver or deal, (ঘুসি অস্ত্র প্রভৃতি) হানা (to *plant* a blow on a person); to hide (stolen goods, etc. to cause to seem an innocent person guilty), (দোষী প্রতিপন্ন করার মতলবে চোরাই মাল প্রভৃতি নির্দোষ ব্যক্তির গৃহাদিতে) লুকাইয়া রাখা (to *plant* stolen goods on a person); to settle, স্থায়িভাবে বসবাস করান। *p.* & *p. pt.* **plan°tėd**। *n.* **plantā°tion**—চাষ, আবাদ; আবাদী জমি; খেত, বাগান; উপনিবেশ; প্রবর্তন। *n.* **plan°ter**—আবাদকারী; আবাদী জমির মালিক বা কর্মকর্তা; প্রবর্তক; উপনিবেশ স্থাপনকারী; যে ব্যক্তি স্থায়িভাবে বসবাস করে বা করায়; রোপণযন্ত্র। *n.* **plan°ting**—রোপণ; চাষ, আবাদ। *n.* **plant°-louse**—গাছপালার ক্ষতিসাধক কীটবিশেষ। [OE. *plante* (*n.*)<L. *anta*=shoot, and OE. *plantian* (*v.*)]

Plantagenet [plan-ta°-j(i)-nit, প্ল্যান্ট্যা°জ্ নিট্] (**1**) *a.* of the family founded by Geoffrey of Anjou, প্ল্যান্ট্যাজ্ নিট্‌বংশীয় (অর্থাৎ দ্বিতীয় হেনরি হইতে তৃতীয় রিচার্ড পর্যন্ত ইংল্যানডের যে-কোন রাজা-সংক্রান্ত)। (**2**) *n.* a member of this family, প্ল্যান্ট্যাজ্ নিট্‌-বংশীয় ব্যক্তি বা রাজা। [surname]

plantain₁ [plan°-tin, প্ল্যান্°টিন্] *n.* a roadside-plant, (রাস্তার দুই পাশে রোপণার্থ) লম্বা চেটাল পত্রযুক্ত গাছবিশেষ। [L. *plantago*]

plantain₂ [plan°-tin, প্ল্যান্°টিন্] *n.* a tree akin to banana or its fruit, কদলীবৃক্ষ বা উহার ফল। [?]

plantation, planter, planting—see **plant.**

plantigrade [plan°-ti-grād, প্ল্যান্°টিগ্রেইড্] *a.* & *n.* (an animal) that walks on its soles, পায়ের তলায় ভর দিয়া চলে এমন প্রাণী। [L. *planta*=sole. *gradus*=walking]

plaque [plŭk, প্লাক্] *n.* a plate or a tablet put in a surface as an ornament, অলঙ্করণার্থ কিছুর উপরে স্থাপিত ফলক বা ট্যাব্‌লেট্; a tablet worn as a sign of honour, সম্মানচিহ্নরূপে ধারণীয় তকমা বা ফলক। *n.* **plaquette** [pla-ket°, প্ল্যাকেট্°] উক্ত ফলকের বা তকমার ক্ষুদ্র সংস্করণ। [F.]

plash₁ [plash, প্ল্যাশ্] (**1**) *v.t.* to bend down and interweave hedgegrowth, লতাগুল্মাদিকে নোয়াইয়া উহাদের শাখাসমূহ পরস্পর জড়াইয়া দেওয়া। *p.* & *p. pt.* **pla°shed**। (**2**) *n.* a plashed branch, উক্তভাবে বিজড়িত শাখা। *n.* **pla°shing**—উক্তভাবে বিজড়িত করা। [OF. *plaissier*<L. *plectere*=to twist]

plash₂ [plash, প্ল্যাশ্] (**1**) *n.* a splash of water, জলের বা স্রোতের ঝাপটা অথবা তোড়, জলোচ্ছ্বাস; a splashing sound, জল ছিটানর শব্দ; the sound of plunging into water, জলের মধ্যে ঝাঁপাইয়া পড়ার শব্দ। (**2**) *v.i.t.* to splash (পুকুরাদির মধ্যে) জল-ছিটাছিটি করা বা জল ছিটাইয়া পড়া। (**3**) *v.i.* to make plash, জলের মধ্যে সশব্দে ঝাঁপাইয়া পড়া। *p.* & *p. pt.* **pla°shed**। *a.* **pla°shy**—উক্ত শব্দযুক্ত। [?—cp. *splash*]

plash₃ [plash, প্ল্যাশ্] *n.* puddle, a marshy pool, ডোবা, জলা বা অপরিসর বিল। [OE. *plæsc*]

plasm [plazm, প্ল্যাজ্ ম্] *n.* a mould or matrix, ছাঁচ; protoplasm, plasma, প্রাণী ও উদ্ভিদের দেহস্থ প্রাণরস, (পরি.) রক্তরস, রক্তমস্তু। *n.* **plas°ma**—ছাঁচ; মূল্যবান্ সবুজ মণিবিশেষ; প্রাণরস, (পরি.) রক্তরস; রক্তমস্তু; রক্ত লসিকা ও দুগ্ধের তরল অংশ। *a.* **plas°mic**—রক্তরস-সংক্রান্ত। [Gk. *plasma*=a thing moulded]

plaster [plŭs°-ta(r), প্লাস্°ট্যা(র্)] (**1**) *n.* a fabric coated with a medicinal adhesive, ক্ষতাদিতে বাঁধার জন্য আঠাল প্রলেপ-মাখান ডাক্তারি পটীবিশেষ; a plastic mixture spread on walls etc., প্রাচীরাদিতে লেপনার্থ চুন বালি গঁদ প্রভৃতির মিশ্র, পোঁচড়া; calcium sulphate, চুন ও গন্ধকের রাসায়নিক মিশ্রবিশেষ। (**2**) *v.t.* to apply plaster to, উক্ত পটী লাগান বা উক্ত পোঁচড়া লেপন করা বা উক্ত রাসায়নিক মিশ্র প্রয়োগ করা; to smear, প্রলিপ্ত করা; to cover or load to excess, অতিরিক্ত পরিমাণে চাপান (to *plaster* with praise); to bomb or shell heavily, প্রবলভাবে বোমা বা গোলা বর্ষণ করা। **plaster of Paris**—প্যারী নগরীর নিকটবর্তী স্থানসমূহে প্রাপ্ত শ্বেতবর্ণ চূর্ণবিশেষ, প্যারী প্লাস্টার। *n.* **plas°ter-board**—জিপসাম (gypsum) ও পুরু কাগজ বা পিজবোর্ড দিয়া তৈয়ারি তক্তাবিশেষ: গৃহের দেওয়াল ও ভিতরের ছাদ নির্মাণে প্লাস্টারিংয়ের বদলে ইহা ব্যবহৃত হয়। **plaster cast**—ভগ্ন বা স্থানচ্যুত অস্থি যথাবস্থায় পুনরানয়নের জন্য উহাতে গজ ও প্যারী প্লাস্টার দ্বারা তৈয়ারি যে পটী বাঁধিয়া দেওয়া হয়; প্যারী প্লাস্টারে তৈয়ারি ছাঁচ (যেমন, শিলামূর্তির নমুনা)। *a.* **plas°tered**—plaster (*v.*)-এর সকল অর্থে; (অশি.) মাতাল। *n.* **plas°terer**। *n.* **plas°tering**—

plaster (*v.*)-এর সকল অর্থে। [OE. *plaster* (in medical sense), OF. *plastre* (builder's plaster) < LL. *plastrum* < L. *emplastrum* < Gk. *emplastron*]

plastic [plas°-tik, প্লাস্°টিক্] (**1**) *a.* having power to give form, মূর্তিদানে বা মূর্তিগঠনে সক্ষম ; shaping, আকার বা মূর্তিগঠনকর ; capable of being moulded, ছাঁচ-অনুযায়ী গঠিত হওয়ার উপযোগী ; of moulding or modelling, ছাঁচ-অনুযায়ী গঠনসংক্রান্ত, মৃন্ময়শিল্পসংক্রান্ত বা ভাস্কর্য-সংক্রান্ত ; modifiable, পরিবর্তনসাধ্য, pliable, নমনীয়। (**2**) *n.* a plastic substance, যে পদার্থ-দ্বারা ছাঁচ-অনুযায়ী মূর্তি গড়া যায় (also **plastic clay**) ; a synthetic substance, রাসায়নিক প্রক্রিয়ায় প্রস্তুত উক্ত পদার্থ, প্লাসটিক ; (usu. in *pl.*) the art of modelling or sculpture, ছাঁচে মূর্তি প্রভৃতি গড়ার বিদ্যা, মৃন্ময়শিল্প, ভাস্কর্য (also **plastic arts**) ; (in *pl.*) a branch of surgery, অস্ত্রোপচারবলে বিনষ্ট অঙ্গ পুনঃসংযোজনবিদ্যা (also **plastic surgery** or **operation**)। *n.* **plasticine** [plas°ti-sēn, প্লাস°টিসীন্] বিদ্যালয়াদিতে মৃন্ময়শিল্পকার্যে ব্যবহৃত প্লাসটিক হইতে তৈয়ারি মৃত্তিকা-তুল্য পদার্থবিশেষ। *n.* **plasticity** [plas-ti°-si-ti, প্লাসটি°সিটি] plastic (*a.*)-এর সকল অর্থে। [Gk. *plastikos* < *plassein* = to mould]

plastron [plas°-tron, প্ল্যাস্°ট্রন্] *n.* a kind of breastplate, (অসিযোদ্ধাদির) বক্ষস্ত্রাণবিশেষ ; the under part of the shell of a tortoise or turtle, কচ্ছপাদির নিম্নাংশের বা বক্ষের কঠিন আবরণ ; an ornamental front on a woman's bodice, স্ত্রীলোকের বক্ষাবরণের বা কাচুলির বা বডিসের সম্মুখ-ভাগে সংলগ্ন নকশা-কাটা অংশ। [F. < It. *piastrone*]

plate [plāt, প্লেইট্] (**1**) *n.* a flat thin sheet of metal or other hard material, ধাতু বা অন্য কঠিন উপাদানে নির্মিত চাকতি, ফলক, পট্ট বা পট্টিকা ; an engraved piece of metal or an illustration printed from this, খোদাই-করা ধাতুপট্ট বা তাহা হইতে মুদ্রিত চিত্র, লেখা প্রভৃতি ; a flat piece of armour, চেটাল বর্মবিশেষ ; a shallow food vessel, থালা, প্লেট ; household utensils in gold or silver, সোনারুপার বাসনকোসন। (**2**) *v.t.* to overlay with metal, ধাতুর প্রলেপ দেওয়া ; to armour with a metal plate, ধাতু-পট্টদ্বারা নির্মিত চেটাল বর্মে ভূষিত করা ; to cover with a metal plate, ধাতুপট্টাবৃত করা ; to make a plate of (type) for printing from, (কিছু) মুদ্রণার্থ ধাতুপট্টে (উহার) ছাপ তোলা। **half plate** —আধ প্লেটে যতটা ধরে ততটা পরিমাণ। **on a plate** —(কথ্য.) বিনা আয়াসে লভ্য অবস্থায়। **to put up** (one's) **plate**—ডাক্তারি ওকালতি প্রভৃতি পেশা শুরু করা। *n.* **plāte°baskėt**—কাঁটা চামচ প্রভৃতি রাখার ঝুড়ি। *a.* **plā°ted**—ধাতুপট্টাবৃত ; ভিন্ন ধাতুর (বিশেষতঃ সোনা বা রুপার) প্রলেপযুক্ত ; কঠিন আঁশ-যুক্ত বা হাড়যুক্ত। *n.* **plāte°ful**—একথালায় যতটা ধরে ততটা। *n.* **plate glass**—(সচ. দোকানের জানালা, দর্পণ, প্রভৃতিতে ব্যবহৃত) উৎকৃষ্ট পুরু কাচ-বিশেষ। *n.* **plāte°-layer**—যে কর্মী রেলপথের পাটী পাতে এবং তাহা পরিষ্কার-পরিচ্ছন্ন রাখে। *n.* **plāte°lėt**—রক্তমধ্যস্থ অতি ক্ষুদ্র পরদাবিশেষ. (পরি.) অণুচক্রিকা। *n.* **plāte°-powder**—প্লেট মাজিবার জন্য চূর্ণবিশেষ। *n.* **plā°ter**—যে ব্যক্তি জাহাজাদি ধাতুর পাতদ্বারা আবৃত করে ; দৌড়ের নিকৃষ্ট ঘোড়া। *n.* **plāte°-rack**—প্লেট রাখার তাক, বিশেষতঃ ধুইবার পর জল ঝরাইবার জন্য যে তাকের উপর প্লেট রাখা হয়। *n.* **plā°ting**—ধাতুলেপন ; ধাতুপট্ট-দ্বারা আবৃত করা ; গিলটি, কলাই। [OF. < Gk. *platus* = broad]

plateau [pla°-tō, প্ল্যা°টৌ] *n.* a table-land, মালভূমি, অধিত্যকা। *pl.* **plateaux** [pla°-tōz, প্ল্যা°টৌজ়্], **pla°teaus**। [F.]

platen [pla°tn, প্ল্যা°ট্ন্] *n.* a plate in printing press by which paper is pressed against type, মুদ্রণযন্ত্রের যে ফলকে সাজান টাইপসমূহের উপরে কাগজ চাপিয়া ধরা হয়। [F. *platine*]

platform [plat°-faw(r)m, প্ল্যাট্°ফা(র্)ম্] *n.* (fig.) a party programme, (আল.—প্রধানতঃ রাজ-নীতিক) দলের কর্মপন্থা ; a raised level surface, উন্নীত সমতল স্থান ; a raised floor for speakers, musicians, etc., বক্তা গায়ক প্রভৃতির জন্য মঞ্চ ; public speaking or discussion, জনসভায় বক্তৃতা বা আলোচনা ; medium for discussion or publicity, আলোচনা বা প্রচারের মাধ্যম ; a raised walk in a railway station, রেলওয়ে প্ল্যাটফর্ম (which *platform* does the Bombay mail leave from)। **platform ticket**—প্ল্যাট-ফর্মে প্রবেশের অনুমতিপত্র বা টিকেট। [F. *plate-form* = flat form]

plating—see **plate.**

platinize—see **platinum.**

platinum [pla°-ti-nam, প্ল্যা°টিন্যাম্] *n.* a precious metal, মূল্যবান্ ধাতুবিশেষ, প্ল্যাটিনাম। *a.* **plati°nic**। *v.t.* **pla°tinīze**—প্ল্যাটিনাম দিয়া মণ্ডিত করা। *n.* **platinoid**—তামা দস্তা ও নিকেলের সঙ্কর ধাতু। [Sp. *platina* < *plata* = silver]

platitude [pla°-ti-tūd, প্ল্যা°টিটিউড্] *n.* a dull commonplace, নীরস মামুলি উক্তি বা বক্তব্য ; an empty remark made as if it were important, যেন ভারী গুরুত্বপূর্ণ এইভাবে কৃত মামুলি মন্তব্য। *n.* **platitūdinār°ian**—যে ব্যক্তি ঐরূপ মন্তব্য করিতে অভ্যস্ত। *v.i.* **platitū°dinize**। *a.* **platitū°dinous**। [F. < *plat* = flat]

Platonic [pla-to°-nik, প্ল্যাট°নিক্] *a.* of Plato or his philosophy, গ্রীক দার্শনিক প্লেইটো বা তাঁহার মত সংক্রান্ত ; of love between soul and soul, without sensual desire, আত্মায় আত্মায় নিষ্কাম প্রেমসংক্রান্ত। **Platonic love**—স্বর্গীয় প্রেম, নিষ্কাম ভালবাসা। *adv.* **Plato°nically**। *n.* **Plā°tonism**—প্লেইটোর দার্শনিক মত ; আত্মায়

আত্মায় নিষ্কাম প্রেম। *n.* **Plā°tonist**। *v.i.t.* **plā°tonize**। [Gk. *platonikos*]

platoon [pla-too͞n°, প্ল্যাটুন্°] *n.* a subdivision of an infantry company, পদাতিক সৈন্যবাহিনীর অংশ (সচ. company-র ভাগ); a squad, বৃহৎ দলের ক্ষুদ্র অংশ। [F. *peloton*=knot of men<L. *pila*=ball]

platter [pla°ta(r)], প্ল্যা°ট্যা(র্)] *n.* a large flat dish, বড় থালা। [AF. *plater*<*plot*=a plate]

platypus [pla°-ti-pas, প্ল্যা°টিপ্যাস্] *n.* a small Australian animal having a duck-like bill, পাতিহাঁসের ন্যায় চঞ্চুযুক্ত অস্ট্রেলিয়ার ক্ষুদ্র স্তন্যপায়ী অণ্ডজ জন্তুবিশেষ। [Gk. *platys*=broad, *pous*=foot]

plaudit [plaw°-dit, প্ল্য°ডিট্] *n.* (usu. in *pl.*) an act of applause, সমর্থনসূচক প্রশংসাধ্বনি করা; praise, প্রশংসা। [short. from L. *plaudite*=applaud]

plausible [plaw°-zabl, প্ল্য°জ়্যাব্‌ল্] *a.* seemingly worthy of approval or praise, specious, আপাতদৃষ্টিতে ন্যায়সঙ্গত; ingratiating and fair-spoken, বাক্‌চাতুর্যে মনোহর। *n.* **plausibi°lity**। *adv.* **plau°sibly**। [L. *plaudere*=to clap the hands]

play [plā, প্লেই] (**1**) *v.i.* to move freely, স্বচ্ছন্দভাবে চলাফেরা করা; to sport, খেলাধুলা করা; to amuse oneself, আমোদপ্রমোদ করা; to trifle, হেলাফেলা করা। (**2**) *v.i.t.* to engage in a game or gambling, (কোন খেলা) খেলা বা জুয়া খেলা; to act in a drama, অভিনয় করা; to perform on a musical instrument, (বাদ্যযন্ত্র) বাজান। (**3**) *v.t.* (in cricket) to strike a (ball) defensively, (ক্রিকেটে) আত্মরক্ষামূলকভাবে (বলে) আঘাত করা; (in card-game) to throw (a card) on the table, দানের তাস দেওয়া; (in chess etc.) to move (a piece), (দাবাদিতে—ঘুঁটি) চালা। (**4**) *n.* a fitful or light movement, অস্থির বা লঘু গতি; recreation, আমোদপ্রমোদ, ক্রীড়াকৌতুক; trifling, হেলাফেলা, তুচ্ছতাচ্ছল্য; playing of a game, খেলা, ক্রীড়া; a dramatic piece or performance, নাটক বা অভিনয়; gambling, জুয়াখেলা। **played out**—নিঃশেষিত; ফুরাইয়া বা অকেজো হইয়া গিয়াছে এমন; কর্মশক্তি নিঃশেষে হারাইয়া ফেলিয়াছে এমন। **as good as a play**—মজাদার; আকর্ষণীয়। **boy's** or **child's play**—বালক্রীড়া; (আল.) বালক্রীড়াসুলভ কার্যাদি। **fair play**—ন্যায়বিচার; নিরপেক্ষ বিচার। **foul play**—নিয়মবিরুদ্ধ খেলা, অবৈধভাবে খেলা; (আল.) বিশ্বাসঘাতকতা; হিংস্র আচরণ (যেমন, খুন)। **in play**—নিয়মানুযায়ী খেলায় ব্যবহৃত হওয়ার যোগ্য (the ball is *in play*)। **out of play**—নিয়মানুযায়ী খেলায় ব্যবহৃত হওয়ার অযোগ্য। **(to) bring** or **come into play**—কার্যকর করা বা হওয়া, কাজে লাগান বা লাগা। **(to) play at**—(কোন খেলা) খেলা; ভান করা; (পেশাদিতে) হেলাফেলার সহিত রত থাকা। **(to) play (it) down**—যথাসম্ভব লঘু করা বা করিতে চেষ্টা করা; গুরুত্বহীন বলিয়া প্রতীয়মান করা বা প্রতীয়মান করাইতে চেষ্টা করা। **(to) play fair**—বিধিসম্মতভাবে খেলা; সাধুতাপূর্ণ আচরণ করা। **(to) play foul**—অবৈধভাবে খেলা; অসাধু আচরণ করা। **(to) play into the hands of, (to) play into one's hand**—স্বীয় আচরণের ফলে অপরের সুবিধা বা লাভের কারণ হওয়া। **(to) play on**—(ক্রিকেটে) ব্যাট দিয়া বলে আঘাত করিয়া তাহা উইকেটে ফেলিয়া আউট হওয়া। **(to) play one person off against another**—একজনের বিরুদ্ধে বা পিছনে আর একজনকে লাগাইয়া দেওয়া। **(to) play the game**—বিধিনিয়ম মানিয়া খেলা, বিধিসম্মতভাবে খেলা; (আল.) ন্যায়পরায়ণ ও সাধুতাপূর্ণ আচরণ করা বা মর্যাদা ও সম্মানের বিধিনিয়ম মানিয়া চলা। **(to) play up**—বাদ্যযন্ত্র বাজাইতে আরম্ভ করা; দ্বিগুণ উৎসাহে কাজ করিতে বা খেলিতে বা বাজাইতে থাকা; সঙ্কটকালে স্থিরবুদ্ধিসহকারে আচরণ করা বা কাজ করা। **(to) play upon**—(প্রধানতঃ অপরের ভয় বিশ্বাসপ্রবণতা প্রভৃতি) কাজে লাগান, সদ্ব্যবহার করা। **(to) play up to**—(অপর অভিনেতাকে) সুযোগদানের উপযোগী অভিনয় করা। **(to) play with**—কাহারও সহিত খেলা করা; কাহারও বা কোন দলের সপক্ষে অথবা বিপক্ষে খেলা; কিছুকে লইয়া স্বীয় চিত্তবিনোদন করা বা হেলাফেলা করিয়া কাল কাটান। *a.* **play°able**—(তাস বল মাঠ প্রভৃতি সম্বন্ধে) খেলার যোগ্য; (ঘুঁটি-সম্বন্ধে) চালার যোগ্য। *n.* **play°acting**—নাট্যাভিনয়; (আল.) ভান। *n.* **play°actor**—পেশাদার নাট্যাভিনেতা। *n.* **play°-back**—অভিনয়কালে অভিনেতা-অভিনেত্রীদের গেয় গীতাদি অন্য লোকের দ্বারা পূর্বাহ্ণে কৃত রেকর্ড বাজান। *n.* **play°-bill**—রঙ্গালয়াদিতে অভিনেয় নাটকাদি-সম্বন্ধে ইশ্‌তিহার। *n.* **play°-box**—খেলনা ও অনুরূপ সামগ্রী রাখার বাক্স। *n.* **play°-boy**—আমোদ-প্রমোদের প্রতি আগ্রহশীল যুবক। *n.* **play°-day**—(বিদ্যালয়ের) ছুটির দিন। *n.* **play°-debt**—জুয়া-খেলায় পরাজয়জনিত ঋণ। *n.* **play°er**—খেলোয়াড়; অভিনেতা; বাদক; পেশাদার ক্রিকেট-খেলোয়াড় (gentlemen vs. *players*); বাদ্যযন্ত্র বাজানর কল (record *player*)। *n.* **play°fellow**—খেলার সাথী। *a.* **play°ful**—ক্রীড়নশীল; কৌতুকপূর্ণ; হাসিঠাট্টাপূর্ণ; আমোদপ্রমোদপূর্ণ। *n.* **play°gōer**—যে ব্যক্তি প্রায়ই থিয়েটারাদিতে অভিনয় দেখিতে যায়। *n.* **play°ground**—খেলার মাঠ। *n.* **play°-house**—থিয়েটার, রঙ্গালয়, নাট্যশালা, নাটমন্দির। *n.* **play°ing-card**—তাস। **play°ing-field**—খেলার ময়দান। *n.* **play°lėt**—ক্ষুদ্র নাটক, নাটিকা। *n.* **play°māte**—খেলার সাথী। *n.* **play°-off**—জয়পরাজয় নির্ধারণার্থ অমীমাংসিত ক্রীড়া-প্রতিযোগিতাদির পুনরনুষ্ঠান। *n.* **play°thing**—খেলনা; (আল.) যাহাকে খেলনা বা পুতুলের ন্যায় গণ্য করিয়া আচরণ করা হয়, (কাহারও) খেলনার ন্যায় পরিগণিত ব্যক্তি। *n.* **play°time**—(দৈনন্দিন) খেলাধুলার জন্য

নির্দিষ্ট সময়। *n.* **play°wright, play°writer**—নাট্যকার। [OE. *pleg(i)an (v.), plega (n.)*]

plaza [plŭ°-za, প্লা°জ়্যা] *n.* a market-place, বাজার, চক ; an open square, (প্রধানতঃ স্পেইন্-দেশের শহরের) খোলা ময়দান, (তু.) নগর-চত্বর। [Sp.]

plea [plē, প্লী] *n.* a lawsuit, মামলা ; a pleading or defence, আত্মপক্ষসমর্থনে কৈফিয়ত বা জবাব, সওয়াল ; an excuse, ওজর ; a pretext, ছল। [OF. *plaid*<LL. *placitum*=a decree]

pleach [plēch, প্লীচ্] *v.t.* to interlace, একত্র জড়াইয়া বোনা, পরস্পর জোড়ান বা বিজড়িত করা। *p. & p. pt.* **plea°ched**। [see *plash*$_1$]

plead [plēd, প্লীড্] *v.i.t.* to allege as a plea, ওজর দেখান ; to argue in support of, (কিছুর সমর্থনে) ওকালতি করা ; to argue in court in support of or against a party in lawsuit, (প্রধানতঃ উকিলরূপে) আদালতে সওয়াল করা বা জবাব দেওয়া ; to implore, সনির্বন্ধ মিনতি করা। *p. & p. pt.* **plea°dĕd** । **(to) plead guilty** or **not guilty**—অপরাধ স্বীকার বা অস্বীকার করা। **(to) plead with**—(কাহারও নিকটে) সনির্বন্ধ আবেদন করা *n.* **plea°der**—উকিল। *n.* **plea°ding**—সনির্বন্ধ মিনতি ; ওকালতি ; (in *pl.*) নালিশের আরজি বা তাহার জবাব। *adv.* **plea°dingly**। [OF. *plaidier*—cp. *plea*]

pleasance, pleasant—see **please.**

please [plēz, প্লীজ়্] *v.t.i.* to give delight (to), আনন্দদান করা ; to satisfy, খুশি করা (anxious to *please*) ; to will, ইচ্ছা করা। **if you please**—তুমি যদি পছন্দ কর বা তোমার যদি ইচ্ছা হয় (ভদ্রতাপূর্ণ অনুরোধের রীতিবিশেষ) (I may accompany you, *if you please*)। **may it please you** or **please it (you)** or **please you**—আপনি যদি ইচ্ছা বা অনুগ্রহ করেন। **please** or **please to**—অনুগ্রহপূর্বক, দয়া করিয়া। **please yourself**—তোমার ইচ্ছামত কাজ বা আচরণ কর। *n.* **pleasance** [ple°z(a)ns, প্লে°(শ্)জ়্ন্স্] (আর্ষ.) আনন্দ ; উপভোগ ; মনোরমতা ; মনোরম আচরণ ; মনোরম বিষয় বা বস্তু। *a.* **plea°șant**—আনন্দদায়ক ; মনোরম ; প্রশংসনীয় ; খোশমেজাজি ; হাসিখুশি ; আনন্দপূর্ণ ; কৌতুকপূর্ণ ; মধুর গন্ধপূর্ণ ; ঈষৎ প্রমত্ত। *n.* **plea°șantry**—(অপ্র.) মনোরমতা বা উপভোগ ; হাস্যকৌতুক ; কৌতুকপূর্ণ উক্তি। *a.* **plea°șed**—কৃতজ্ঞ, বাধিত ; আনন্দিত, খুশি। *a.* **plea°șing**—আনন্দদায়ক ; মনোরম। *n.* **pleasure** [ple°-za(r), প্লে°(শ্)জ়্যা(র্)] পুলক, আনন্দ ; সুখানুভব ; ইন্দ্রিয়ের বা মনের পরিতোষ, কামনাতৃপ্তি ; কামলালসার চরিতার্থতাসাধন (a life given up to *pleasure*) ; ভোগসুখ ; তুচ্ছ বা অসার আমোদপ্রমোদ ; অভিলাষ, বাসনা, ইচ্ছা ; পছন্দ ; উদ্দেশ্য ; আদেশ। **at pleasure**—যখন বা যদি বা যেমন ইচ্ছা হয়, ইচ্ছামত। **man of pleasure**—লম্পট। **with pleasure**—সানন্দে। **with all the pleasures in life**—যথাসম্ভব সর্বাধিক ভোগসুখের সহিত। *a.* **plea°șurable**—আনন্দদায়ক ; মনোরম ; তৃপ্তিকর। *n.* **plea°șurableness**। *adv.* **plea°șurably**। *n.* **plea°șure-boat**—প্রমোদতরী। *n.* **plea°șure-ground**—প্রমোদোদ্যান, বিহারভূমি। *n.* **plea°șure-seeker**—যে ব্যক্তি আমোদপ্রমোদ বা ভোগসুখ খুঁজিয়া বেড়ায়, উৎসবকামী বা ভোগসুখসন্ধানী। *n.* **plea°șure-trip**—প্রমোদভ্রমণ। [OF. *plaisir*<L. *placere*]

pleat [plēt, প্লীট্] **(1)** *n.* fold or crease in clothes, etc., পোশাক ইত্যাদির ভাঁজ বা পাট। **(2)** *v.t.* to make pleats, ভাঁজ বা পাট করা। [see *plait*]

pleb [pleb, প্লেব্] coll. contr. of **plebeian** (*n.*)

plebeian [pli-bi°-an, প্লিবি°অ্যান্] **(1)** *a.* of the plebs, প্রাচীন রোমের নাগরিক সুখসুবিধা ও অধিকার হইতে বহুলাংশে বঞ্চিত জনসাধারণের ; of the common people, জনসাধারণের ; low-born, হীনজাত, undistinguished, বৈশিষ্ট্যহীন ; vulgar, ইতর। **(2)** *n.* a plebeian citizen of ancient Rome, প্রাচীন রোমের নাগরিক সুখসুবিধা ও অধিকার হইতে বহুলাংশে বঞ্চিত জনশ্রেণীভুক্ত ব্যক্তি ; a commoner, সাধারণ নাগরিক ; a member of a despised social class, অন্ত্যজ ব্যক্তি, অনুন্নত সম্প্রদায়ের লোক। [L. *plebeius*<*plebs*]

plebiscite [ple°-bi-sit, প্লে°বিসিট্] *n.* a law enacted by the commonalty of ancient Rome, প্রাচীন রোমের নাগরিক সুখসুবিধা ও অধিকার হইতে বহুলাংশে বঞ্চিত জনসাধারণদ্বারা বিধিবদ্ধ আইন ; a direct vote of a whole people to decide a point, কোন বিষয় মীমাংসার্থ সমগ্র জাতি বা নাগরিকবৃন্দকর্তৃক প্রত্যক্ষ ভোটদান, গণভোট। [F.<L. *plebiscitum*]

plebs [plebz, প্লেব্‌জ়্] *n.* the less privileged class of the people of ancient Rome, প্রাচীন রোমের নাগরিক সুখসুবিধা ও অধিকার হইতে বহুলাংশে বঞ্চিত জনসাধারণ। [L.]

plectra—see **plectrum.**

plectrum [plek°-tram, প্লেক্°ট্রাম্] *n.* an instrument for plucking the strings of lyre, etc., (প্রাচীন গ্রীসের) বীণা প্রভৃতির তার তোলার জন্য (হস্তিদন্তাদিতে নির্মিত) যন্ত্রবিশেষ। *pl.* **plec°tra**। [L.<Gk. *plekiron*]

pledge [plej, প্লেজ্] **(1)** *n.* something given as security, জামানত, বন্ধক, তমসুক, খত ; a thing pawned, বন্ধকী দ্রব্য ; a token, চিহ্ন, লক্ষণ ; a proof, প্রমাণ ; a token of something to come, বায়না, দাদন ; a solemn promise, প্রতিশ্রুতি, অঙ্গীকার (under *pledge* of secrecy) ; a toast, শুভকামনাদি করিয়া মদ্যপান। **(2)** *v.t.* to give as security, জামিন রাখা, বন্ধক দেওয়া ; to bind by solemn promise, অঙ্গীকারাবদ্ধ করান ; to vow, (কোন) অঙ্গীকার করা ; to give assurance of, (কিছুর সম্বন্ধে) নিশ্চয়তা দেওয়া ; to drink a toast to or to drink the health of, (কাহারও) শুভকামনায় বা স্বাস্থ্যকামনায় মদ্য পান করা। **(to) sign** or **take the pledge**—মদ্যাদি পান হইতে বিরত থাকার জন্য লিখিত প্রতিশ্রুতি দেওয়া। *n.* **pledgee** [ple-jē°, প্লেজী°] যাহার নিকট বন্ধক রাখা হয়। *n.* **ple°dger**। [OF. *plege*<LL. *plevium*]

Pleiad [plī°-ad, প্লাই°অ্যাড্] *n.* any one of the seven daughters of Atlas and Pleione, (গ্রী. পু.) দৈত্য অ্যাট্‌ল্যাসের ঔরসে ও প্লাইঅ্যানির গর্ভে জাত সপ্তকন্যার যে-কোনটি (ইহারা পরে সপ্ত-তারায় রূপান্তরিত হয়); a brilliant group of seven, অতি বিশিষ্ট সপ্তজন (বিশেষতঃ ফ্রান্সের সপ্তকবি: র‌্সার ডিউবেইলে বেইইফ দৌরাত ঝান্যুঈ ঝোদেল এবং পনথাস্ দৌথিঅ্যারড)। *pl.* **Plei°ads, Plei°adēs**—উক্ত সপ্তকন্যা; বৃষরাশির স্কন্ধোপরি দৃষ্টিগোচর ছয়টি তারা এবং দৃষ্টিবহির্ভূত অসংখ্য তারা, কৃত্তিকা (?)। [Gk. *pleiados*, (*pl.*) *pleiades*]

plenary [plē°-na-ri, প্লী°ন্যারি] *a.* not subject to limitation or exceptions, বিধিনিষেধহীন, বাদসাদহীন, ব্যতিক্রমহীন; entire, সমগ্র, পুরোপুরি; complete, সম্পূর্ণ; (in law) passing through all its stages, (আইনে) আইনগত কোন পর্যায় বাদ না দিয়া (cp. **summary**); having full powers, পূর্ণক্ষমতাসম্পন্ন; (of meetings) attended by all members, (সভাদি সম্পর্কে) সকল সভ্য উপস্থিত থাকে এমন (a *plenary* session)। **plenary powers**—কার্যাদিসাধনের জন্য প্রদত্ত পূর্ণক্ষমতা। [LL. *plenarius*<L. *plenus*=full]

plenipotentiary [ple-ni-pa-ten°-sh(a)ri, প্লেনিপ্যাটেন্°শ্‌রি] (**1**) *a.* invested with full powers, পূর্ণক্ষমতাপ্রাপ্ত। (**2**) *n.* a plenipotentiary person or ambassador, পূর্ণক্ষমতাপ্রাপ্ত ব্যক্তি বা (বিশেষতঃ) রাজদূত। [L. *plenus*=full, *potentia*=power]

plenitude [ple°-ni-tūd, প্লে°নিটিউড্] *n.* fulness, পরিপূর্ণতা; completeness, সাম্পূর্ণ্য, সম্পূর্ণতা; plentifulness, প্রাচুর্য (in the *plenitude* of powers)। [L. *plenttudo*<*plenus*—full]

plenty [plen°-ti, প্লেন্°টি] (**1**) *n.* abundance, প্রাচুর্য; all that can be needed or desired, পর্যাপ্ত, প্রয়োজনের পক্ষে পর্যাপ্ত পরিমাণ বা সংখ্যা। (**2**) *a.* abundant, প্রচুর। (**3**) *adv.* (coll.) adundantly, (কথ্য.) প্রচুর পরিমাণে বা সংখ্যায়। *a.* **plen°tėous**—পর্যাপ্ত; প্রচুর। *adv.* **plen°tėously**। *a.* **plen°tiful**—প্রচুর, যথেষ্ট; প্রচুর দেয় বা উৎপাদন করে এমন। *adv.* **plen°tifully**। [OF. *plente*<L. *plenitas*<*plenus*=full]

plenum [plē°-nam. প্লী°ন্যাম্] *n.* a space completely filled with matter, সম্পূর্ণরূপে পদার্থে পরিপূর্ণ স্থান; a full assembly, পূর্ণাঙ্গ অধিবেশন। **plenum system** or **ventilation**—কক্ষাদিতে উচ্চচাপে বায়ুর প্রবেশন ও নির্গমনের দ্বারা শীতাতপ নিয়ন্ত্রণ। [L.=full]

pleonasm [pli°-a-nazm, প্লি°অ্যান্যাজ্‌ম্] *n.* use of more words than are needed to give the sense, অর্থপ্রকাশের পক্ষে প্রয়োজনাতিরিক্ত শব্দ-ব্যবহার (যেমন to *see* with one's *eyes*)। [Gk. *pleonasmos*]

plethora [ple°tha-ra, প্লে°থ্যার‍্যা] *n.* overfulness of blood, রক্তাধিক্য; excess of red corpuscles in blood, রক্তে লাল কণিকার আধিক্য; excess, আধিক্য। *a.* **plethoric** [ple-tho°-rik, প্লেথ°রিক্] রক্তাধিক্যপূর্ণ; রক্তাধিক্যসংক্রান্ত; রক্তে লাল কণিকার আধিক্যপূর্ণ বা উক্ত আধিক্যসংক্রান্ত; আধিক্যপূর্ণ; আধিক্যসংক্রান্ত। [Gk.=fulness]

pleura [plooar°-a, প্লুয়্যার্°অ্যা] *n.* a membrane covering the lungs and the cavity of the chest, ফুসফুস ও বক্ষোগহ্বরের আবরক-ঝিল্লি, (পরি.) ফুসফুস-ধরা কলা। *pl.* **pleuræ** [plooar°ē, প্লুয়্যার°ঈ]। *a.* **pleur°al**—উক্ত ঝিল্লিসংক্রান্ত। *n.* **pleur°isy**—উক্ত ঝিল্লির প্রদাহ-ঘটিত ব্যাধি, প্লুরিসি। **pleur°itic**—(**1**) *a.* প্লুরিসিগ্রস্ত। (**2**) *n.* প্লুরিসিগ্রস্ত ব্যক্তি। [Gk.=rib]

plexor [pleks°-a(r), প্লেক্‌স্°অ্যা(র্)] *n.* a small medical hammer, ক্ষুদ্র ডাক্তারি হাতুড়িবিশেষ। [Gk. *plexis*=a stroke]

plexus [pleks°-as, প্লেক্‌স্°অ্যাস্] *n.* a network, জাল, (পরি.) জালক (pulmonary *plexus*)। *pl.* **plex°us(ės)**। [L.=a weaving]

pliable [plī°-abl, প্লাই°অ্যাব্‌ল্], **pliant** [plī°-ant, প্লাই°অ্যান্ট্] *a.* easily bent or folded, সহজে নোয়ান বা বাঁকান বা ভাঁজ করা যায় এমন; flexible, নমনীয়; easily persuaded or influenced, সহজে রাজি বা প্ররোচিত বা প্রভাবিত করা যায় এমন। *n.* **pliabi°lity, pli°ablenėss, pli°ancy, pli°antnėss**। *adv.* **pli°ably, pli°antly**। [see *ply*]

plié [plē°-a, প্লী°এই] *n.* (in ballet) bending of knees, (ব্যালে নৃত্যে) হাঁটু বাঁকান। [F.<*plier*=to bend]

plied, plier—see **ply**$_2$.

pliers [plī°-a(r)z, প্লাই°অ্যা(র্)জ্] *n. pl.* pincers for bending or cutting wire etc., তার প্রভৃতি বাঁকান বা কাটার জন্য সাঁড়াশিবিশেষ, প্লাস (a pair of *pliers*)। [see *ply*$_1$]

plight$_1$ [plīt, প্লাইট্] *n.* condition, state, (প্রধানতঃ মন্দ বা দুর্দশাপূর্ণ) অবস্থা (in a sorry or hopeless *plight*)। [ME. *plit*, influenced by *plait*]

plight$_2$ [plīt, প্লাইট্] (**1**) *n.* pledge, প্রতিশ্রুতি, অঙ্গীকার; engagement, কার্যাদিতে নিয়োগ বা যোগদানের প্রতিশ্রুতি। (**2**) *v.t.* to pledge, (কোন বিষয়ে) প্রতিশ্রুতি দেওয়া বা অঙ্গীকার করা; to engage oneself (to a person), to promise to marry, বাগ্‌দান করা, বিবাহের প্রতিশ্রুতি দেওয়া। *p.* & *p. pt.* **pligh°tėd**। [OE. *pliht* =a risk—cp. Du. *pligt*, G. *pflicht*=an obligation]

Plimsolls [plim°-salz°, প্লিম্°স্যাল্জ়্°; plim°-sols, প্লিম্°সল্জ়্] *n. pl.* cheap rubber-soled canvas shoes, রবারের তলাযুক্ত ক্যাম্বিসের জুতা। **Plimsoll line**, or **mark**—জাহাজের খোলের বা কাঠামোর বহির্দেশে (বিভিন্ন অবস্থায় ও গভীরতায়) নিমজ্জন-সীমানির্দেশক দাগ বা দাগসমূহ। [Samuel *Plimsoll*, English politician (1824-98)]

plinth [plinth, প্লিন্থ্] *n.* the square block under the base of a column, স্তম্ভমূলস্থ চতুষ্কোণ পীঠিকাবিশেষ। [L. *plinthus*<Gk. *plinthos*]

plod [plod, প্লড্] *v.i.t.* to walk heavily and laboriously, কষ্টসহকারে থপ্থপ্ করিয়া চলা (to *plod* on one's way); to work or study perseveringly and laboriously, অধ্যবসায়সহকারে কষ্ট করিয়া খাটা বা কাজ করা বা অধ্যয়ন করা (to *plod* away at a monotonous job) । *pr. pt.* **plo°dding** । *p.* & *p. pt.* **plo°dded** । *n.* **plo°dder** । *a.* **plo°dding**—(চলনভঙ্গিসম্বন্ধে) কষ্টসহকারে থপ্থপ্ করিয়া চলে এমন; কষ্টসহকারে থপ্থপ্ করিয়া চলনরত; কষ্ট সত্ত্বেও অধ্যবসায়সহকারে পরিশ্রমরত। [imi. ?]

plop [plop, প্লপ্] (**1**) *n.* & *int.* the sound of small thing falling into water, ক্ষুদ্র বস্তুর জলমধ্যে পতনের শব্দ, টুপ্-শব্দ। (**2**) *v.i.* to make this sound, উক্ত শব্দ করা; to fall into water with a plop, টুপ্-শব্দে জলের মধ্যে পড়া। *pr. pt.* **plo°pping** । *p.* & *p. pt.* **plo°pped** । (**3**) *adv.* with a plop, টুপ্-শব্দ করিয়া। [imi.]

plosive [plō°-siv, প্লৌ°সিভ্] *a.* & *n.* (phon.) stop, স্পর্শবর্ণীয় বা স্পর্শবর্ণ। [?]

plot [plot, প্লট্] (**1**) *n.* a small piece of land, ক্ষুদ্র জমিখণ্ড; a small piece, ফালি, টুকরা, খণ্ড (a *plot* of land); a ground-plan of building etc., অট্টালিকাদির ভিত্তির নকশা; the outline story or scheme of a play, novel, etc., নাটক উপন্যাস প্রভৃতির কাহিনীর মোটামুটি মুসাবিদা বা খসড়া, আখ্যায়িকার ঘটনাপরম্পরায় ধারাবাহিকতা; a secret scheme, (প্রধানতঃ মন্দার্থে) গুপ্ত চক্রান্ত; a conspiracy, ষড়যন্ত্র; a stratagem, (গুপ্ত) কৌশল বা ফাঁদ। (**2**) *v.t.i.* to lay out in plots, জমি টুকরা টুকরা বা খণ্ডে খণ্ডে বিভক্ত করা; to conspire, ষড়যন্ত্র করা, ফন্দি আঁটা। (**3**) *v.t.* to make a rough plan of, মোটামুটি মুসাবিদা করা; to represent by a graph, গ্রাফ্ বা রেখাচিত্র দিয়া অঙ্কন করা (to *plot* an income distribution curve) । *pr. pt.* **plo°tting** । *p.* & *p. pt.* **plo°tted** । **plotting-paper**—রেখাচিত্রাঙ্কনের জন্য চৌখুপি-আঁকা কাগজ, গ্রাফ্-কাগজ। *n.* **plott°er** । [?]

plough [plow, প্লাউ] (**1**) *n.* an implement for furrowing and turning up the soil, হল, লাঙ্গল; (fig.) agriculture, (আল.) কৃষি। (**2**) *v.t.i.* to turn up (land) with the plough, (জমিতে) হাল দেওয়া, লাঙ্গল চষা; (*sl.*) to reject in an examination, (অশি.) পরীক্ষায় ফেল করান। *n.* **plough**—(জ্যোতি.) সপ্তর্ষিমণ্ডল। **(to) plough a lonely furrow**—প্রাক্তন বন্ধুবান্ধব হইতে বিচ্ছিন্ন হইয়া স্বীয় পথে চলা। **(to) plough back**—ঘাস আগাছা প্রভৃতি চষিয়া (উর্বরতা বৃদ্ধির জন্য) মাটির সহিত মিশাইয়া দেওয়া; (আল.) ব্যবসায়ে (মুনাফাদি) পুনরায় বিনিয়োগ করা। **(to) plough in**—হলকর্ষণদ্বারা মাটি তুলিয়া আবৃত করা। **(to) plough the sands**—বৃথা পরিশ্রম করা। **(to) plough through**—বাধাবিপত্তি ঠেলিয়া বা শক্তি প্রয়োগ করিয়া অগ্রসর হওয়া, অতিশয় আয়াসের সহিত আগাইয়া যাওয়া (to *plough through* the mud, a book, snow, etc.) । **(to) put one's hand to the plough**—কার্যারম্ভ করা, কাজে হাত দেওয়া। *a.* **plough°-able** । *n.* **plough°boy**—হলকর্ষণকালে ঘোড়াগুলিকে পরিচালনার জন্য নিযুক্ত বালক। *n.* **plough°er**—হলকর্ষক; কৃষিজীবী। *n.* **plough°-gāte**—শস্যক্ষেত্রের অনিয়ত ইংরেজি মাপবিশেষ। *n.* **plough°ing**—হলকর্ষণ। *n.* **plough°-īron**—লাঙ্গলের লৌহনির্মিত ফলা। *n.* **plough°land**—কর্ষণোপযোগী জমি। **plough°man**—same as **plougher** । [OE. *ploh, plog*=a ploughland—cp. ON. *plogr*, G. *pflug*]

ploughshare [plow°-shā(r), প্লাউ°শেয়্যা(র্)] *n.* the blade of a plough, লাঙ্গলের ফলা। [see *plough*, OE. *scear*=ploughshare]

plover [plu°-va(r), প্লা°ভ্যা(র্)] *n.* a kind of bird, টিট্টিভপক্ষী। **golden plover**—স্বর্ণ-ছাতার। [OF. *plovier*<L. *pluvia*]

plow—Am. spell. of **plough.**

ploy [ploy, প্লয়্] *n.* employment, কর্ম, কাজ চাকরি; frolic, স্ফূর্তি; undertaking, গৃহীত কর্মভার। [Sc.<employ ?]

pluck [pluk, প্লাক্] (**1**) *v.t.* to pull off or out, টানিয়া তুলিয়া ফেলা; to pull away, টানিয়া সরাইয়া ফেলা; to pull forcibly, জোরে টানা; to pull, টানা; to snatch away, ছোঁ মারিয়া কাড়িয়া লইয়া যাওয়া; to plunder, লুঠ করা; to rescue, উদ্ধার করা; to pick or gather, (পুষ্পাদি) চয়ন করা, তোলা, কুড়ান, সংগ্রহ করা; (sl.) to fail (in an examination), (অশি.—পরীক্ষাদিতে) ফেল করান। (**2**) *v.i.* to make a pulling or snatching movement, টান মারা, ছোঁ মারা। *p.* & *p. pt.* **plu°cked** । (**3**) *n.* a single act of plucking, টান, ছোঁ; the heart, liver, and lungs of a beast, জন্তুর হৃদয় যকৃৎ ও ফুসফুস্; heart, courage, spirit, মনের জোর, সাহস, তেজ। **(to) pluck up**—সমূলে উৎপাটন করা; মনে সাহস বা জোর আনা (to *pluck up* courage, heart, spirits, etc.) । *a.* **plu°cky**—সাহসী তেজী ও অধ্যবসায়ী। *adv.* **plu°ckily** । *n.* **plu°ckinėss** । [OE. *pluccian*]

plug [plug, প্লাগ্] (**1**) *n.* a stopper for a hole, ছিপি, ছিপির ন্যায় কার্যসাধক বস্তু; a fitting for a socket to give electric connection, বৈদ্যুতিক সংযোগস্থাপক ছিপি বিশেষ, ইলেকট্রিকের প্লাগ্ ; (sl.) a compressed cake of tobacco, (অশি.) চাপ দিয়া আঁটো-করা তামাকপিণ্ড ; favourable publicity for commercial product, পণ্যাদির অনুকূলে প্রচার। (2) *v.t.* to stop with a plug, ছিপি-দ্বারা (ছিদ্রাদি) বন্ধ করা (to *plug* a hole, leak, etc.) ; to insert a plug in, ছিপি ঢুকাইয়া দেওয়া ; (sl.) to punch with the fist, (অশি.) ঘুসি মারা ; to shoot, গুলি করা ; to popularize by repeated publicity, পুনঃপুনঃ প্রচারের দ্বারা জনপ্রিয় করা (to *plug* a song, policy or theory, etc.)। (3) *v.i.* (sl.) to work on doggedly, (অশি.) নাছোড়বান্দার মত কাজ চালাইয়া যাওয়া। *pr. pt.* **plu°gging** । *p. & p. pt.* **plu°gged** । [MDu. *plugge.* ?]

plum [plum, প্লাম্] *n.* a kind of stone-fruit or its tree, কুল কিশ্‌মিশ্ প্রভৃতি ফল বা উহাদের গাছ ; a good thing, উত্তম বস্তু। *n.* **plum°-cāke**—কিশ্‌মিশ্-দেওয়া কেইক্। *a.* **plu°mmy**—কুল কিশ্‌মিশ্ প্রভৃতিতে পূর্ণ বা তত্তুল্য ; মনোরম। *n.* **plum°-pu°dding**—শুষ্কীকৃত ফল ও মশলা মিশান পুডিংবিশেষ : খ্রিস্টমাস-উপলক্ষে ইহা ইংরেজদের চিরাচরিত জাতীয় খাবার। [OE. *plume*<L. *prunum*]

plumage—see **plume**.

plumb [plum, প্লাম্] (1) *n.* a weight attached to a string for testing perpendicularity, লম্বত্ব-নির্ণয়ার্থ একপ্রান্তে ভার-বাঁধা দড়ি, (পরি.) ওলনদড়ি, লম্বসূত্র ; a sounding line, নদ্যাদির গভীরতামাপক দড়ি। (2) *a.* vertical, খাড়া, উল্লম্ব, উর্ধ্বাধ ; sheer, out-and-out, ডাহা, পুরাদস্তুর, সম্পূর্ণ (*plumb* nonsense)। (3) *adv.* vertically, খাড়াভাবে, উর্ধ্বাধভাবে ; precisely, যথাযথভাবে, সঠিকভাবে ; utterly, সম্পূর্ণরূপে, একেবারে (*plumb* crazy)। (4) *v.t.* to test by a plumb-line, ওলনদড়ি দিয়া লম্বত্ব পরীক্ষা করা ; to make vertical, উল্লম্ব করা ; to sound, নদ্যাদির গভীরতা নির্ণয় করা বা পরীক্ষা করা ; (fig.) to get to the root of (mysteries, etc.), (রহস্যাদির) মূলে পৌঁছান। (5) *v.i.* to hang vertically, লম্বালম্বিভাবে বা উল্লম্বভাবে ঝোলা। (6) *v.i.t.* to work as a plumber, জল গ্যাস প্রভৃতি সরবরাহ ও নিষ্কাশনের জন্য নল ইত্যাদি বসান। **out of plumb**—লম্বভাবে অবস্থিত নহে এমন। *n.* **plumb°er**—(মূলতঃ) সীসার জিনিসপত্র নির্মাতা ; যে ব্যক্তি জল গ্যাস প্রভৃতি সরবরাহের ও নিষ্কাশনের জন্য নল ইত্যাদি বসায়। *n.* **plumb°ery**—উক্ত নল প্রভৃতি বসানর কাজ ; উক্ত নল প্রভৃতি নির্মাণের কারখানা। *n.* **plumbing**—সীসা-দ্বারা জিনিসপত্র নির্মাণ ; জল গ্যাস প্রভৃতি সরবরাহ ও নিষ্কাশনের জন্য নল ইত্যাদি স্থাপন ; ওলনদড়ি দিয়া লম্বত্বনির্ণয় ; নদ্যাদির গভীরতানির্ণয়। *n.* **plumb°line**—ওলনদড়ি, লম্বসূত্র। *n.* **plumb°-rule**—লম্বত্ব-নির্ণায়ক যন্ত্রবিশেষ। [F. *plomb*<L. *plumbum*=lead]

plumbago₁ [plum-bā°gō, প্লাম্‌বেই°গৌ] *n.* a blue-flowered plant, নীল পুষ্পপ্রসূ বৃক্ষবিশেষ। [L.]

plumbago₂ [plum-bā°-gō, প্লাম্‌বেই°গৌ] *n.* graphite, কৃষ্ণসীস। [L.<*plambum*=lead]

plumber, plumbing—see **plumb.**

plum-cake—see **plum.**

plume [ploom, প্লুম্] (1) *n.* a feather, পাখির পালক ; a bunch of feathers, পালকগুচ্ছ ; a feather, or anything similar, used as an ornament, symbol, etc., অলঙ্কার প্রতীক সম্মান-চিহ্ন প্রভৃতি রূপে ব্যবহৃত পাখির পালক বা অনুরূপ বস্তু। (2) *v.t.* to preen, পালক ছাঁটিয়া দেওয়া ; to adorn with feathers, পালকে পরিশোভিত করা ; (fig.) to pride (oneself), (আল.) অহঙ্কার করা ; (fig.) to take credit for, (আল.—কোন বিষয়ে) কৃতিত্ব দাবি করা। **in borrowed plumes**—ধার করা পোশাকে (অর্থাৎ যে গৌরব নিজের নয় তাহাতে)। *n.* **plu°māge**—পাখির পালকসমূহ। **(to) plume oneself on**—ধার-করা জিনিস নিজের বলিয়া জাহির করিয়া গৌরববোধ করা। *a.* **plu°māged**—পাখির পালকে পরিশোভিত। *a.* **plu°mōse**—পালকবিশিষ্ট ; পালকসদৃশ। *a.* **plumy**—পালকাবৃত ; পালকে পরিশোভিত ; পালকবৎ। [OF.<L. *pluma*=a down]

plummet [plu°-mit, প্লা°মিট্] (1) *n.* a weight, esp. on a plumb-line, a sounding-line, or a fishing-line, ওলনদড়ি বা নদ্যাদির গভীরতামাপক দড়ি বা মাছ-ধরা ছিপের প্রান্তে বাঁধা ভার ; a plumb-rule, লম্বত্ব-নির্ণায়ক যন্ত্রবিশেষ। (2) *v.i.* to fall rapidly, দ্রুত নামিয়া আসা বা পড়িয়া যাওয়া (the price of wheat has *plummeted*)। [OF. *plomet*, dim. of *plomb*—cp. *plumb*]

plummy—see **plum.**

plump₁ [plump, প্লাম্প্] *n.* a cluster, গুচ্ছ। [?]

plump₂ [plump, প্লাম্প্] (1) *v.i.t.* to fall or let fall into liquid, (বিশেষতঃ খাড়াভাবে) তরল পদার্থের মধ্যে পড়া অথবা ফেলা ; টুপ্ করিয়া তরল পদার্থের মধ্যে পড়া বা ফেলা ; to flop down, ধপ্ করিয়া পড়া বা ফেলা। (2) *v.i.* to come or go suddenly or with a burst, হঠাৎ বা সশব্দে আসিয়া উপস্থিত হওয়া বা চলিয়া যাওয়া ; to cast all votes for one candidate only, কেবল একজন প্রার্থীকেই সমস্ত ভোট দেওয়া ; to utter suddenly, to blurt out, হঠাৎ বলিয়া ফেলা। *p. & p. pt.* **plum°ped**। (3) *n.* act or sound of plumping, টুপ্ করিয়া পতন বা নিক্ষেপ, টুপ্ করিয়া পড়ার বা ফেলার শব্দ। (4) *a. & adv.* with a plump, টুপ্-শব্দপূর্ণ বা টুপ্-শব্দে ; in a direct line, সরাসরি বা সরাসরিভাবে (I told him *plump*) ; downright, পুরাদস্তুর বা পুরাদস্তুরভাবে ; flatly or bluntly, স্পষ্টভাষাপূর্ণ বা স্পষ্টভাষায় ; without hesitation or reserve, দ্বিধাহীন বা দ্বিধাহীনভাবে, বাদসাদ নাই এমন বা বাদসাদ না দিয়া। *n.* **plum°per**—টুপ্-শব্দে বা ধপ্-শব্দে পতন অথবা

আঘাত ; বিভিন্ন প্রার্থীকে না দিয়া কেবল একজনকে প্রদত্ত ভোটরাজি ; যে ব্যক্তি ঐরূপভাবে ভোট দেয় ; (অশি.) ডাহা মিথ্যা। *adv.* **plump°ly**। [LG. *plumpen* or Du. *plompen* (*v.*)—influenced by *plumb, plump*$_2$]

plump$_3$ [plump, প্লাম্প্] (**1**) *a.* pleasantly fat and rounded, বেশ মোটাসোটা ও গোলগাল (*plump* cheeks) ; well filled out, ভালভাবে পরিপূর্ণ বা ভরাট। (**2**) *v.t.i.* to make or grow plump, বেশ মোটাসোটা ও গোলগাল করিয়া তোলা বা হইয়া উঠা। *p.* & *p. pt.* **plum°ped**। *n.* **plum°per**—গাল গোলগাল দেখানর জন্য মুখমধ্যে যে সোলার ছিপি বা তদ্বৎ বস্তু রাখা হয়। *n.* **plump°ness**। *a.* **plum°py**। [Du. *plompen*]

plum-pudding—see **plum.**

plumy—see **plume.**

plunder [plun°-de(r), প্লান্°ড্যা(র্)] (**1**) *v.t.i.* to carry off as booty, লুঠিয়া লইয়া যাওয়া, লুণ্ঠন করা ; to pillage, জোরপূর্বক পরদ্রব্য হরণ করা। (**2**) *n.* an act of plundering or pillage, লুটতরাজ, লুটপাট (to live by *plunder*) ; booty, লুঠের মাল। *n.* **plunderer** [plun°-d(a)ra(r), প্লান্°ড্র্যা(র্)] দস্যু। *n.* **plunderous** [plun°-d(a)ras, প্লান্°ড্র্যাস্] লুণ্ঠনকর। [F. *plundern* (*v.*)]

plunge [plunj, প্লান্জ্] (**1**) *v.t.i.* to cast or dive suddenly into water, downhill or into danger, discourse, etc., নদ্যাদির গর্ভে বা পাহাড় প্রভৃতির উপর হইতে নিচে বা বিপদ্ আলোচনা প্রভৃতির মধ্যে হঠাৎ ছুড়িয়া ফেলা অথবা ঝাঁপ দেওয়া ; to immerse, ডোবান বা ডোবা ; (fig.) to cause to enter suddenly into difficulties or unpleasant condition, (আল.) সহসা মুশকিলে বা অসুবিধায় বা অস্বস্তিকর অবস্থায় ফেলা (to *plunge* a country into war)। (**2**) *n.* act of plunging, ঝাঁপ, আকস্মিক নিক্ষেপ, নিমজ্জন। **(to) take the plunge**—(আল.) দ্বিধাসঙ্কোচ কাটাইয়া উঠিয়া নিশ্চিতভাবে কিছু করা বা করিতে মনস্থ করা, চরম সিদ্ধান্ত বা কর্মপন্থা গ্রহণ করা। *n.* **plun°ger**—plunge (*v.*)-এর সকল অর্থে ; যন্ত্রাদি চালু করিলে উহার যে অংশ ঝাঁপাইয়া ঝাঁপাইয়া চলে। [OF. *plunjer*=L. *plumbum*=lead]

plunk [plungk, প্লাংক্], **plonk** [plongk, প্লংক্] (**1**) *v.t.i.* to throw or fall noisily, সবেগে নিক্ষেপ করা বা সশব্দে পড়িয়া যাওয়া ; to hit unexpectedly, অপ্রত্যাশিতভাবে আঘাত করা। (**2**) *n.* (coll.) hard or heavy blow, (কথ্য.) সজোরে আঘাত ; (sl.) dollar, (অশি.) ডলার। [imi.]

pluperfect [ploo°-pa(r)°-fikt, প্লু°প্যা(র্)°ফিক্ট্] (**1**) *a.* (gr.) denoting that an action happened before some other past action referred to, (ব্যাক.) পুরাঘটিত অতীত। (**2**) *n.* the pluperfect tense or a verb in this tense, পুরাঘটিত কাল বা উক্ত কালসূচক ক্রিয়া। [L. *plus quam perfectum*=more than perfect]

plural [plooar°(a)l, প্লুয়্যার্°ল্] (**1**) *a.* more than one, একাধিকসংখ্যক ; (gr.) expressing more than one or two, (ব্যাক.) দ্বিবচনাত্মক বা বহুবচনাত্মক (*plural* number)। (**2**) *n.* (gr.) the plural number, a plural word or form, (ব্যাক.) দ্বিবচন বা বহুবচন, দ্বিবচনাত্মক বা বহুবচনাত্মক শব্দ অথবা রূপ। **plural society**—যে সমাজে একাধিক জাতির বা গোষ্ঠীর লোক বাস করে। **plural vote**—একাধিক নির্বাচনকেন্দ্রে বা একই নির্বাচনকেন্দ্রে একই ভোটদাতার একাধিকবার ভোটদানের অধিকার। **plural voter**—ঐরূপ ভোটাধিকারী ব্যক্তি। *n.* **pluralism** [plooar°-a-lizm, প্লুয়্যার°অ্যালিজ্ম্] একাধিকত্ব ; বহুত্ব ; একই লোককে একাধিক চাকরি বা উপস্বত্ব প্রদান ; (দর্শ.) অস্তিত্বে বহুকারণপ্রসূত বিশ্বাস, (পরি.) নানাত্ববাদ। *n.* **plur°alist**—নানাত্ববাদী ; যে ব্যক্তি একাধিক চাকরি করে। *a.* **pluralis°tic**। *n.* **plura°lity**—একাধিকত্ব ; বহুত্ব, নানাত্ব ; বহুবচন ; অধিকতর সংখ্যা, অর্ধেকের বেশি সংখ্যা। *v.t.* **pluralize** [plooar°-a-liz, প্লুয়্যার্°অ্যালাইজ্] একাধিক বা বহুসংখ্যক করা ; দ্বিবচনাত্মক বা বহুবচনাত্মক করা। *adv.* **plur°ally**। [L. *pluralis*<*plus*=more]

plus [plus, প্লাস্] (**1**) *prep.* (math. & coll.) with the addition of, (গণি. ও কথ্য.) যোগে, যোগ দিয়া, (পরি.) যুক্ত। (**2**) *a.* (math.) positive, (গণি.) ধনাত্মক ; to be added, যোগ করিতে হইবে এমন ; additional, অতিরিক্ত, যুক্ত। (**3**) *n.* an addition, যোগ, সংযোজন ; surplus, উদ্বৃত্ত অংশ ; (math.) the symbol of addition, (গণি.) যোগচিহ্ন (+)। *n. pl.* **plus°-fours°**—ঢিলা পা-জামাবিশেষ [from the four additional inches of cloth required] [L.=more]

plush [plush, প্লাশ্] *n.* a velvet-like cloth, (প্রায়) ভেলভেট্-জাতীয় বস্ত্রবিশেষ। [F. *pluche*<L. *pilus*=hair]

plutarchy [ploo°-ta(r)-ki, প্লু°ট্যা(র্)কি] *n.* plutocracy, ধনিক-গোষ্ঠী কর্তৃক শাসন। [*ploutos*=wealth, *-arkhia*=rule]

Pluto [ploo°-to, প্লু°টৌ] *n.* the Greek god of the underworld, প্রাচীন গ্রীকদের পাতালদেবতা (তু. যমরাজ, যম) ; a planet, গ্রহবিশেষ। *n.* **plutocracy** [ploo-to°-kra-si, প্লুট°ক্র্যাসি] ধনিকগোষ্ঠী কর্তৃক দেশশাসন, ধনতন্ত্র, ধনবান্ শাসকগোষ্ঠী। *n.* **plu°tŏcrat**—ধনবলে ক্ষমতাপ্রাপ্ত বা শাসনভারপ্রাপ্ত ব্যক্তি। *a.* **plutŏcra°tic**—ধনতান্ত্রিক। *n.* **pluto°latry**—ধনোপাসনা। *a.* **Plutō°nian, Plutonic** [ploo-to°-nik, প্লুট°নিক্] পাতাল-দেবতা প্লুটো-সংক্রান্ত, পাতালসংক্রান্ত, পাতালিক ; (ভূবি.) আগ্নেয়, আগ্নেয়গিরিসংক্রান্ত। *n.* **plutō°nium**—(পারমাণবিক বোমায় ব্যবহৃত) ইউরেনিআম হইতে গঠিত মৌল পদার্থবিশেষ (symbol **Pu**)। [L.<Gk. *Plouton*]

pluvial [ploo°-vi-al, প্লু°ভিঅ্যাল্] *a.* of or caused by rain, বৃষ্টিসংক্রান্ত বা বৃষ্টিঘটিত। *n.* **pluviometer** [ploo-vi-ami°ta(r), প্লুভিঅ্যামি°-

ট্যা(র্)] বৃষ্টিপরিমাপক যন্ত্র, বৃষ্টিমান্। [L. *pluvia*=rain]

ply₁ [plī, প্লাই] *n.* a fold, ভাঁজ; a layer, স্তর। *n.* **ply°wood**—পাতলা পাতলা কাঠ একখানির উপরে একখানি করিয়া জোড়া দিয়া তৈয়ারি তক্তা। [OF. *pli*<*plier*=to fold<L. *plicare*]

ply₂ [plī, প্লাই] (1) *v.t.i.* to work steadily, অটলভাবে কাজ করা বা খাটা; to use or wield diligently or vigorously, পরিশ্রমসহকারে বা সতেজে ব্যবহার করা অথবা চালনা করা; to row, sail, journey regularly over, (পথাদিতে) নিয়মিতভাবে চলাচল করা (ships *plying* between Calcutta and Port Blair)। (2) *v.t.* to keep supplying, সরবরাহ করিতে থাকা; to importune, সনির্বন্ধ অনুরোধ করা; to attack vigorously with (questions etc.), (প্রশ্নাদির দ্বারা) প্রবলভাবে আক্রমণ করা। (3) *v.i.* to be in attendance on for hire, পরিচর্যাদির জন্য সঙ্গে থাকা বা ভাড়ায় খাটা; to make one's way, নিজের পথ করিয়া লওয়া। *p.* & *p. pt.* **pli°ed**। *n.* **pli°er**। [short. from *apply*]

pneumatic [nū-ma°-tik, নিউম্যা°টিক] *a.* of air or gas, বায়ুসংক্রান্ত বা গ্যাস-সংক্রান্ত; inflated with air, বায়ুপূর্ণ বা বায়ুদ্বারা স্ফীত (*pneumatic* tyre); operated by air, বায়ুদ্বারা চালিত। *adv.* **pneuma°tically**। *n.* (treated as *sing*) **pneuma°tics**—গ্যাস-বিজ্ঞান। [Gk. *pneuma*=wind]

pneumonia [nū-mō°-ni-a, নিউমৌ°নিআ়া] *n.* inflammation of the lung, ফুসফুস-প্রদাহ, নিউমোনিআ। *a.* **pneumonic** [nū-mo°-nik, নিউম°নিক] নিউমোনিআ-ঘটিত; নিউমোনিআগ্রস্ত। *n.* **pneumonec°tomy**—(শল্য চিকি.) ফুসফুসের অংশবিশেষ কর্তন বা কাটিয়া বাদ দেওয়া। [Gk. *pneumon*=lung]

po [pō, পৌ] *n.* (coll.) chamber-pot, (কথ্য.) রাত্রিকালে শয়নকক্ষে ব্যবহৃত মূত্রধানী। *a.* **po-fāced**—গোমড়ামুখো; রসজ্ঞানহীন। *pl.* **pos**। [variant of *pot*]

poa [pō°-ū, পৌ°আ] *n.* a kind of long grass, লম্বা ঘাসবিশেষ। [Gk.]

poach₁ [pōch, পৌচ] *v.t.* to cook (egg) by dropping it without the shell into boiling water, (ডিম্বাদি) খোলা ছড়াইয়া ফুটন্ত জলে সিদ্ধ করা। *p.* & *p. pt.* **poa°ched**। *n.* **poa°cher**—যে ব্যক্তি ডিম্বাদির পোচ্ তৈয়ার করে; ডিম্বাদি পোচ্ করার যন্ত্র। [F. *pochier*]

poach₂ [pōch, পৌচ] *v.i.t.* to intrude on another's preserves or fishing, পরের শিকারভূমিতে বা মাছের পুকুরে অনধিকার প্রবেশ করা; to take game or fish illegally (on), পরের শিকারভূমি বা মাছের পুকুর হইতে গোপনে মৃগ অথবা মৎস্য শিকার করা; to encroach (upon), (পরের অধিকারাদিতে) অন্যায়ভাবে হস্তক্ষেপ করা; to seek an unfair advantage, অন্যায় সুযোগ খোঁজা; to poke or thrust, খোঁচা দেওয়া, বিদ্ধ করা। *p.* & *p. pt.* **poa°ched**। *n.* **poa°cher**। [var. of *poke* or OE. *poche*]

poacher—see **poach** ₁, ₂.

pochard [pō°-cha(r)d, পৌ°চ্যা(র্)ড্] *n.* a red-headed diving bird, ইউরোপের রক্তবর্ণ মস্তকযুক্ত মাছরাঙাজাতীয় পক্ষিবিশেষ। [?]

pochette [po-shet°, পশেট°] *n.* a woman's small handleless handbag, স্ত্রীলোকের হাতলছাড়া ছোট হাতব্যাগ। [F. dim. of *poche*=pocket]

pock [pok, পক্] *n.* an eruptive spot on the skin as in a smallpox, বসন্তাদি রোগের গুটিকা; (sl.) syphilis, (অশি.) উপদংশ-রোগ। *a.* **pock°-marked**—বসন্তাদির গুটিকার চিহ্নপূর্ণ। [OE. *poc*=a pustule—cp. *pox*]

pocket [po°-kit, প°কিট্] (1) *n.* a small pouch, (জামা, বিলিআর্ড-টেবিল, পুস্তকাদির মলাট, প্রভৃতিতে সংলগ্ন) পকেট; a cavity, (ভূমি পর্বত বায়ুস্তর প্রভৃতির মধ্যস্থ) গহ্বর। (2) *v.t.* to put in a pocket, পকেটে রাখা বা ভরা; to appropriate, আত্মসাৎ করা; to take stealthily, গোপনে লওয়া; to conceal, গোপন করা, লুকাইয়া রাখা (to *pocket* one's pride); to brook without protest, বিনা প্রতিবাদে সহ্য করা (to *pocket* an insult)। *p.* & *p. pt.* **po°ckėted**। (3) *a.* & *in comp.* fit to be carried in the pocket of a garment, জামার পকেটে বহনসাধ্য (**po°ckėt-comb, po°ckėt-glass, po°ckėt-handkerchief, pockėt-knife**)। *n.* **po°ckėt-book**—টুকিটাকি তথ্যাদি টুকিয়া রাখার জন্য ক্ষুদ্র খাতাবিশেষ; নোটবই; কাগজপত্র বা টাকাকড়ি রাখার ক্ষুদ্র ব্যাগ বা থলি। **in pocket**—টাকাকড়িসম্পন্ন। **out of pocket**—টাকাকড়িহীন। **out-of-pocket expenses**—ঠিক যাহা খরচ হইয়াছে। **(to) pocket an insult**—বিনা প্রতিবাদে অপমান বরদাস্ত করা, অপমান হজম করা। **(to) pocket one's pride, (to) put one's pride in one's pocket**—অবস্থাগতিকে অনিচ্ছাসত্ত্বেও নিজের গর্ব আত্মাভিমান প্রভৃতি চাপিয়া রাখিয়া কাজ করা। **(to) put one's hand in one's pocket**—অর্থ খরচ করিতে বা দিতে উদ্যত হওয়া অথবা সম্মত হওয়া। *n.* **po°ckėtful**—এক পকেটে যত ধরে তত পরিমাণ। *n.* **po°ckėt-money**—যখন তখন ব্যয় করিবার জন্য টাকা; (প্রধানতঃ বালকবালিকাকে প্রদত্ত) হাতখরচের বা পকেট-খরচের টাকা। *n.* **po°ckėt-picking**—পরের পকেট মারিয়া অপহরণ। *a.* **po°ckėt-sized**—পকেটে রাখা যায় এমন ক্ষুদ্র। [AF. *pokete*, dim. of OE. *poche*=pouch]

pococurante [pō°-kŏ-kū-ran°ti, পৌ°কোকিউর‍্যান্°টি] (1) *a.* uninterested or indifferent, (স্বভাবতঃ) কৌতুহলশূন্য বা উদাসীন। (2) *n.* such a person, উক্তপ্রকার ব্যক্তি। [It.=caring little]

pod [pod, পড্] (1) *n.* the seed-vessel of various leguminous plants, কড়াইশুঁটি মটরশুঁটি সীম প্রভৃতির খোসা, (পরি.) শিম্ব ; a silk cocoon, রেশম-গুটি। (2) *v.t.* to shell, শুঁটি ছাড়ান। (3) *v.i.* to form pods, শুঁটি ধরা, শুঁটি হওয়া (the peas are *podding* up)। *pr. pt.* **po°dding** । *p.* & *p. pt.* **po°dded** । [?]

podgy [po°-ji, প°জি] (1) *a.* fat and short, মোটা ও বেঁটে। (2) *n.* a podgy person or thing, মোটা ও বেঁটে লোক বা জিনিস। [?]

podiatry [po-dī°-a-tri, পডাই°অ্যাট্রি] *n.* chiropody, treatment of disorders of the foot, পায়ের কড়া আঁচিল স্ফীতি প্রভৃতির চিকিৎসা। *n.* **podi°atrist** । [Gk. *pous podos*=foot, *iatros*=physician]

podium [pō°-di-am, পৌ°ডিঅ্যাম্] *n.* a raised platform, মঞ্চ। [Latinized from Gk. *podion*, dim. of *pous*=foot]

poem [pŏ°-im, পো°ইম্] *n.* a composition in verse, কবিতা। [F. *poeme*<L. *poema*<Gk. *poieme*=to make]

poesy [pŏ°-i-zi, পো°ইজ়ি] *n.* art of poetry or poems collectively, কাব্য। [F. *poesie*<L. *poesis*<Gk. *poiesis*]

poet [pŏ°-it, পো°ইট্] *n.* the author of a poem or verse, কবি বা পদ্যলেখক ; (formerly) the author of any literary work, (পূর্বে) সাহিত্যিক। *fem.* **pŏe°tėss** । **minor poet**—প্রকৃত কিন্তু অপ্রধান কবি। *n.* **pŏetas°ter**—নগণ্য কবি ; বাজে কবিতার লেখক। *a.* **poetic** [pŏ-e°-tik, পোএ°টিক্], **pŏe°tical**—কাব্যসংক্রান্ত বা কবিতাসংক্রান্ত, কবিসংক্রান্ত ; কাব্যধর্মী। *adv.* **poe°tically** । *n.* **pŏe°tic,** (usu.) **pŏe°tics** (treated as *sing.*)—কাব্য-সমালোচনাবিদ্যা। **poetic justice**—আদর্শ বিচার (যাহা কবিদেরই সম্ভব)। **poetic licence**—কাব্যের খাতিরে কবি কর্তৃক চলিত নিয়মাদি লঙ্ঘন। **pŏ°ėtīze**—(1) *v.i.* কবিত্ব করা ; কবির ন্যায় লেখা। (2) *v.t.* কাব্যধর্মী বা কাব্যিক করা ; কবিতায় লেখা। *n.* **pŏ°ėtry**—কবিত্ব ; কাব্য। [F. *poete*<L. *poeta*<Gk. *poietes*]

pogo [pō°-gō, পৌ°গৌ] *n.* stiltlike toy with a cross-piece for feet used to jump about on, খেলনা রণপাবিশেষ। [?]

pogonotomy [pō-gō-no°-ta-mi, পৌগৌন°-ট্যামি] *n.* shaving, ক্ষৌরকার্য। [Gk. *pōgōn*, *pogonos*=beard, *tomē*=cutting]

pogrom [po°-gram, প°গ্র্যাম্] *n.* organized killing and plunder (of a community of people), সুসংগঠিতভাবে (সম্প্রদায়বিশেষের) হত্যা-সাধন ও লুণ্ঠন। [Russ.=devastation, destruction]

poignant [poy°-nant, পয়্°ন্যান্ট্] *a.* stinging or pricking, কাঁটার মত বেঁধে বা খোঁচা দেয় এমন ; sharp, তীক্ষ্ণ, তীব্র ; pungent, কটু। *n.* **poig°nancy**—কাঁটার মত বেঁধে বা খোঁচা দেয় এমন অবস্থা ; তীক্ষ্ণতা, তীব্রতা, কটুতা। *adv.* **poig°nantly** । [OF.<L. *pungere*=to sting]

point [poynt, পয়্ন্ট্] (1) *n.* a dot, ফোঁটা, ফুট্‌কি ; (math.) dot separating the integral and fractional part of a decimal, (গণি.) দশমিক বিন্দুচিহ্ন ; (geom.) that which has position but no magnitude, (জ্যামি.) বিন্দু ; a stage in a scale etc., মাপনী-যন্ত্রাদির মাত্রা বা ধাপ (freezing *point*) ; a precise or critical moment, a juncture, যথামুহূর্ত, সঙ্কটমুহূর্ত, সন্ধিক্ষণ ; a unit in scoring, খেলায় অর্জিত পয়েনট ; an item in judging, discussing etc., বিচার আলোচনা প্রভৃতির বিষয়ীভূত অঙ্গগুলির যে-কোনটি ; a distinctive mark or characteristic, বৈশিষ্ট্যসূচক লক্ষণ ; a unit of measurement, মাপের এককবিশেষ (=$\frac{1}{72}$ ইঞ্চি বা $\frac{1}{8}$ সমকোণ) ; a particular object, নির্দিষ্ট বিষয়বস্তু বা লক্ষ্য ; a clearly defined aim or reason, স্পষ্টভাবে বর্ণিত উদ্দেশ্য বা হেতু ; the precise matter or subject-matter, সঠিক বিষয় বা আলোচ্য বিষয় ; the essential matter, আসল বিষয় বা বস্তু (to the *point*) ; a salient feature, (গল্প, আলোচ্য বিষয়, প্রভৃতির) অপরিহার্য অঙ্গগুলির যে-কোনটি ; a particular hint, বিচার্য বিষয়াদি-সম্পর্কে নির্দিষ্ট একটি আভাস ; a head, clause, or item, দফা ; the tip or top of anything, ডগা, চূড়া (*point* of a finger or a hill) ; the sharp end, তীক্ষ্ণ বা সূচাল প্রান্ত (*point* of a blade) ; anything with a sharp end, সূচ্যগ্র বস্তু (যেমন, তরবারি, ছোরা, সূচ, কম্পাসের কাঁটা, কলমের নিব, প্রভৃতি) ; a cape, অন্তরীপ ; a movable rail for passing vehicles from one track to another, রেলগাড়ি প্রভৃতিকে পথান্তরে চালিত করার জন্য রেল-লাইন ; a socket for making connection with electric wiring, বৈদ্যুতিক সংযোগস্থাপক ছিদ্রবিশেষ ; (in cricket) a fieldsman, or his position, placed very close to the batsman, (ক্রিকেটে) ব্যাটস্‌ম্যানের অতি নিকটে অবস্থিত ফীল্ড্‌জ্‌ম্যান্ বা তাহার অবস্থানস্থল ; pointedness, সূচ্যগ্রতা ; sharpness, তীক্ষ্ণতা ; sting, হুলের ন্যায় খোঁচা বা দংশন। (2) *v.t.* to insert points in, (অস্ত্রাদির) সূচ্যগ্র ডগা ঢুকাইয়া দেওয়া ; to mark with points, ফুট্‌কি দিয়া বা অস্ত্রাদির সূচ্যগ্র ডগা দিয়া চিহ্নিত করা ; to sharpen, ধার দেওয়া, শান্ দেওয়া ; to give point to, সূচ্যগ্র ডগা-যুক্ত করা ; to show the position or direction of or draw attention to, অবস্থান বা দিক্ নির্দেশ করা অথবা মনোযোগ আকর্ষণ করা ; to direct, (কিছুর বা কাহারও) অভিমুখে চালনা করা ; to indicate, নির্দেশিত বা সূচিত করা। (3) *v.i.* to indicate a direction or position by extending a finger, stick, etc., অঙ্গুলি লাঠি প্রভৃতি প্রসারিত করিয়া দিক্ পথ বা অবস্থান নির্দেশিত করা ; to hint,

আভাস দেওয়া ; to aim, তাক করা, লক্ষ্য করা। **a point of honour** or **conscience**—আত্মসম্মান বা বিবেকের পক্ষে অপরিহার্য বস্তু বা বিষয়; কর্তব্যের দায় ; বাধ্যবাধকতা। **at the point of death**—মুমুর্ষু বা মরণাপন্ন অবস্থা। **at the point of the sword,** etc.,—অস্ত্রাঘাতাদির ভয় দেখাইয়া; বলপ্রয়োগপূর্বক। **away from the point** or **off the point**—অপ্রাসঙ্গিক। **(to) carry one's point**—নিজ বক্তব্য প্রতিষ্ঠিত করা। **in point**—উপযোগী ; প্রাসঙ্গিক। **in point of**—বিষয়ে। **in point of fact**—বস্তুতঃ। **on the point of**—অতি নিকট, সন্নিকটে (*on the point of* defeat)। **to point**—তুচ্ছতম বা ক্ষুদ্রতম বিষয়ও বাদ না দিয়া। **to the point**—যথাযথ। **(to) carry** or **gain one's point**—তর্কাদিতে স্বমত খাড়া করিতে পারা ; প্রতিযোগিতাদিতে সাফল্যলাভ করা, জয়ী হওয়া। **(to) come to the point**—আসল বক্তব্যের অবতারণা করা। **(to) make or score a point**—স্বীয় প্রস্তাবকে প্রতিষ্ঠিত করিতে পারা ; স্বীয় যুক্তি প্রভৃতির পক্ষে সমর্থন লাভ করা ; **(to) make a point of**—অপরিহার্য বা আসল অঙ্গরূপে গণ্য করা। **(to) stretch** or **strain a point**—কাহারও খাতিরে নির্দিষ্ট সীমা অতিক্রম করা। *n.* **point°-dūty**—নির্দিষ্ট স্থানে যানবাহনের গতিনিয়ন্ত্রণার্থ পুলিস-কর্মচারীর (সচ. ট্রাফিক-কনেস্টবলের) ডিউটি অর্থাৎ দায়িত্ব ও কর্মকাল। *a.* **poin°tėd**—তীক্ষ্ণাগ্র ; সূচাগ্র ; তীক্ষ্ণ; জোরাল ; তীব্র ; বিদ্রূপপূর্ণ ; যথাযথ ; স্পষ্ট। *adv.* **poin°tėdly**। *n.* **poin°ter**—point (*v.*)-এর সকল অর্থে, এবং—নির্দেশক বস্তু কাঁটা সূচি প্রভৃতি (যেমন, দাড়িপাল্লার বা ঘড়ির কাঁটা, পথনির্দেশক স্তম্ভাদিতে অঙ্কিত হাতের ছবি) ; (কথ্য.) ইঙ্গিত, ইশারা। *a.* **point°lėss**—সূচাল ডগাহীন ; ভোঁতা ; (রচনাদি-সম্পর্কে) প্রকৃত কোন বক্তব্য নাই এমন ; খেলায় পয়েন্ট্ নাই বা পায় নাই এমন। *adv.* **point°lėssly**। *n.* **point°lessnėss**। *n.* **points°man**—রেলগাড়ি প্রভৃতিকে পথান্তরে চালিত করার ভারপ্রাপ্ত ব্যক্তি। [F. *point*=a dot, *pointe*=a sharp point, pungency<L. *pungere*=to prick]

point-blank [poynt°-blangk°, পয়ন্ট্°ব্ল্যাংক্°] (**1**) *a.* aimed directly at the mark, সরাসরি লক্ষ্যের দিকে তাক করা হইয়াছে এমন (*point-blank* range) ; direct, সরাসরি ; straightforward, blunt, খোলাখুলি, স্পষ্টাস্পষ্টি। (**2**) *adv.* with point-blank aim, সরাসরি লক্ষ্যের দিকে তাক করিয়া (to fire *point-blank* at an object) ; directly, সরাসরিভাবে ; in a straightforward manner, bluntly, খোলাখুলিভাবে, স্পষ্টাস্পষ্টিভাবে, কিছু গোপন না রাখিয়া। [*point, blank* (of the target)]

pointed, pointer, pointless, pointsman—see **point.**

poise [poyz, পয়জ্] (**1**) *v.t.* to weigh, ওজন করা, তৌল করা ; to ponder, মনে মনে ওজন করা বা তুলনা করা ; to weigh, ভার চাপান ; to steady, সুস্থির করা ; to balance, ভারসাম্য রক্ষা করা ; to counterbalance, সমভার করার জন্য ভার চাপান। (**2**) *v.i.* to hang in suspense, শূন্যে ঝোলা, বিনা অবলম্বনে ঝোলা। (**3**) *n.* weight, ওজন, ভার ; balance, equilibrium, ভারসাম্য ; (*fig.*) self-possession, (আল.) স্থৈর্য। [OF. *poiser*<L. *pensare*<*pendere*=to weigh, and OF. *pois*<L. *pensum*=weight]

poison [poy°zn, পয়্°জ্‌ন্] (**1**) *n.* any substance which, taken into or formed in the body, destroys life or impairs health, বিষ ; any harmful influence, ক্ষতিকর প্রভাব। (**2**) *v.t.* to administer poison to, বিষপ্রয়োগ করা ; to injure or kill with poison, বিষপ্রয়োগদ্বারা ক্ষতি করা বা হত্যা করা ; to mix with poison or make poisonous, বিষাক্ত করা; to embitter or fill with malice, তিক্ত বা বিদ্বিষ্ট করা ; to corrupt, বিকৃত বা দূষিত করা। *n.* **poi°soner**। *n.* **poi°ṡon-fang**—সাপের বিষদাঁত। *n.* **poi°ṡon-gas**—(প্রাণঘাতী) বিষবাষ্প। *n.* **poi°ṡoning**—বিষপ্রয়োগ ; বিষাক্ত হওয়া ; (পরি.) বিষণ। *n.* **poi°ṡon-īvy**—বিছুটি-জাতীয় লতাবিশেষ। *a.* **poi°ṡonous**—সবিষ, বিষময়, বিষাক্ত ; বিষধর্মী ; (কথ্য.) দূষিত, দুর্গন্ধপূর্ণ। *adv.* **poi°sonously**। [OF. *puison* (*n.*)<L. *potio*]

poke$_1$ [pōk, পৌক্] (**1**) *n.* (*chiefly dial.*) a bag or pouch, থলি। **a pig in a poke**—অন্ধের মত কারবার (যেমন, থলিতে ভরা শূকরছানাকে না দেখিয়া কেনা)। [?]

poke$_2$ [pōk, পৌক্] (**1**) *v.t.i.* to thrust or push the end of anything against or into, কিছুর ডগা দিয়া খোঁচা দেওয়া ; to incite, উত্তেজিত বা অনুপ্রাণিত করা। (**2**) *v.i.* to pry about, গুপ্ত ব্যাপারাদি জানার জন্য ঘুরঘুর করা বা উঁকিঝুঁকি মারা। *p.* & *p. pt.* **pō°ked**। *n.* **poking,** খোঁচা। *n.* **pō°ker**$_3$—যে ব্যক্তি খোঁচা মারে ; উনানাদির আগুন খোঁচানর জন্য লোহাদি-নির্মিত দণ্ড ; কঠোর বা অনমনীয় ব্যক্তি। *a.* **pō°ky**—তুচ্ছ বাজে কাজে লিপ্ত ; বাজে ; তুচ্ছ, নগণ্য ; গুমোটপূর্ণ ; অপরিচ্ছন্ন। [ME. *poken* <LG.]

poker$_1$ [pō°ka(r), পৌ°ক্যা(র্)] *n.* a bugbear, জুজু। [cp. D. *pokker*]

poker$_2$ [pō°-ka-(r), পৌ°ক্যা(র্)] *n.* a card game, তাসখেলাবিশেষ। *n.* **pō°ker-fāce**—ভাবলেশহীন মুখ ; ঐরূপ মুখওয়ালা লোক। [?]

poker$_3$, **poky**—see **poke**$_2$.

polar [pō°-la(r), পৌ°ল্যা(র্)] *a.* of or near either pole or both the poles, মেরুসংক্রান্ত, মেরুর নিকটবর্তী ; axial, অক্ষবর্তী ; having polarity, মেরুপ্রবণতাযুক্ত ; magnetic, চৌম্বকশক্তি-সম্পন্ন ; having positive and negative electricity, হাঁ-ধর্মী ও না-ধর্মী বৈদ্যুতিক শক্তিসম্পন্ন ; directly opposed, সম্পূর্ণ বিরোধী বা বিপরীত। **polar axis**—(পরি.) ধ্রুবাক্ষ। **polar bear**—

মেরু-অঞ্চলের বৃহদাকার শ্বেত ভল্লুক। **polar calms**—মেরুশান্তমণ্ডল। **polar circle**—(উত্তর বা দক্ষিণ) মেরুবৃত্ত। **polar distance**—মেরু হইতে কৌণিক দূরত্ব, (পরি.) লম্বাংশ। **polar lights**—(সু=উত্তর বা কু=দক্ষিণ) মেরুপ্রভা, সুমেরুজ্যোতি বা কুমেরুজ্যোতি। *n.* **Polaris** [pō-lŭ°-ris, পৌলা°রিস্] ধ্রুবতারা। *n.* **pŏla°rity**—দুই বিপরীত মেরুযুক্ত; দুই বিপরীত মেরুর প্রতি আকর্ষণ; বিপরীত বা বিরোধী গুণ-বিশিষ্টতা; বিপরীতধর্মিতা, (পরস্পর-) বিপরীত প্রান্তে অবস্থান; (আল.) সরাসরি ভাব; সরাসরি বৈপরীত্য বা বিরোধিতা। **pō°larize**—(1) *v.t.i.* দুই বিপরীত মেরুর বা প্রান্তের প্রতি আকৃষ্ট করান অথবা হওয়া; মেরুপ্রবণ করা বা হওয়া; (পরি.) সমবর্তিত করা বা হওয়া; (আল.) দুই বিরোধী বা বিপরীত মতাবলম্বী দলে বা গোষ্ঠীতে বিভক্ত করা। (2) *v.t.* নূতন গুণসম্পন্ন বা অর্থযুক্ত করা। *n.* **pōlarizātion**। *n.* **pō°larizer**। [L. *polaris*<*polus*—cp. *pole*$_3$]

polatouche [po-la-tōō°sh, পল্যাটূ°শ্] *n.* a flying squirrel, উড়ন্ত কাঠবিড়ালি বিশেষ। [Russ. *poletuchii*]

polder [pōl°-da(r), পৌল্°ড্যা(র্)] *n.* a piece of low-lying land reclaimed from sea or river, সমুদ্র বা নদী হইতে উদ্ধার-করা নিম্নভূমি-অঞ্চল। [Du.]

Pole$_1$ [pōl, পৌল্] *n.* a native of Poland, পোল্যান্ডের অধিবাসী। [G.<Pol. *Poljane*=field-dwellers]

pole$_2$ [pōl, পৌল্] *n.* a long rounded shaft or rod, গোলাকার দীর্ঘ দণ্ড বা খুঁটি; a rod to which a pair of horses may be yoked, এক-জোড়া ঘোড়াকে জুতিবার উপযোগী দণ্ড; a rod for measuring length (=5½ yds.) or area (30¼sq. yds.) or the said measure, দৈর্ঘ্য (=5½ গজ) বা আয়তনের (30¼ বর্গ গজ) মানদণ্ড বা উক্ত মাপ। **under bare poles**—(জাহাজাদি সম্বন্ধে) সমস্ত পাল গুটাইয়া। **up the pole**—(অশি.) মুশকিলে বা ঝঞ্ঝাটে পড়িয়াছে এমন; ঈষৎ উন্মত্ত, খেপাটে। *n.* **pōle°-jump(ing)**—দীর্ঘ দণ্ডে ভর দিয়া উল্লম্ফন। *n.* **pōle°-vault(ing)**—দীর্ঘ দণ্ডে ভর দিয়া বেড়া বা বাধা উল্লজ্ঘন, পোলভল্ট। [OE. *pal*<L. *palus*=a stake]

pole$_3$ [pōl, পৌল্] *n.* each of the two ends of an axis, অক্ষপ্রান্ত; either of the two ends of the earth's axis, মেরু; each of the two points of a body in which the attractive or repulsive energy is concentrated, চুম্বকাদির দেহস্থ আকর্ষণের ও বিকর্ষণের কেন্দ্র; an electrode, বিদ্যুৎবাহ বিজলী-তারের প্রান্ত; (geom.) a fixed point, (জ্যামি.) স্থিরবিন্দু; a point from which a pencil of rays radiates, আলোকরশ্মির বিকিরণকেন্দ্র; (fig.) an opposite extreme, (আল.) বিপরীত প্রান্ত; (poet.) the heavens, (কাব্যে) গগনমণ্ডল। **from pole to pole**—পৃথিবীময়। **poles apart** or **asunder**—বিরাট্ ব্যবধানযুক্ত; অত্যন্ত বিসদৃশ। **North pole**—উত্তরমেরু, সুমেরু। **South pole**—দক্ষিণমেরু, কুমেরু। *n.* **pōle°-star**—ধ্রুবতারা। [L. *polus*<Gk. *polos*=pivot, axis, sky]

pole-ax(e) [pōl°-aks, পৌল্°অ্যাক্স্] *n.* a battle-axe, (মূলতঃ) ক্ষুদ্র হাতলযুক্ত যুদ্ধকুঠারবিশেষ, পরশু; a butcher's axe, কসাইয়ের কুঠারবিশেষ। [ME. *pollax*<*poll*=head (confused with *pole*), *axe*]

polecat [pōl°-kat, পৌল্°ক্যাট্] *n.* a fetid weasel-like animal, খট্টাশ। [ME. *polcat*<? F. *poule*—hen, see *cat*]

pole-jumping—see **pole**$_2$.

polemic [pŏ-le°-mic, পোলে°মিক্] (1) *a.* given to disputing, তর্কপ্রিয়; controversial, বিতর্ক-মূলক, বিতর্ক। (2) *n.* a controversialist, তর্ক-প্রিয় ব্যক্তি, তার্কিক; a controversy, বিতর্ক; a controversial writing or argument, বিতর্ক-মূলক রচনা যুক্তি বা সওয়াল; (in *pl.*) the art of controversy, তর্কশাস্ত্র, তর্কবিদ্যা। *a.* **pole°mical**—same as **polemic** (*a*)। *adv.* **pole°mically**। [Gk. *polemikos*<*polemos*-=war]

pole-star—see **pole**$_3$.

pole-vault—see **pole**$_2$.

police [pa-lēs°, প্যালীস্°] (1) *n.* the system of preservation of order and peace and enforcement of law, শৃঙ্খলা শান্তি ও আইন রক্ষা করার ব্যবস্থা, (পরি.) আরক্ষা; the internal government of a state, রাষ্ট্রের আভ্যন্তরীণ শাসন-ব্যবস্থা; the body of men employed to maintain order, peace and law, পুলিশ-বাহিনী, আরক্ষাবাহিনী (several hundred *police* are on duty)। (2) *v.t.* to control or furnish with police, পুলিস-দ্বারা নিয়ন্ত্রিত করা বা পুলিস জোগান; to act as police in, (কোন ব্যাপারে) পুলিসবৎ আচরণ করা, পুলিসগিরি করা; (mil.) to clean up or put in order, (সাম.—সৈনিকদের বাসভবন শিবির প্রভৃতি) সাফ করা বা গোছগাছ করা। *p.* & *p. pt.* **poli°ced**। **police constable**—পুলিস-কনস্টেবল। *n.* **police°-court°**—ক্ষুদ্র অপরাধসমূহ বিচারের জন্য আদালত, পুলিস-আদালত। *n.* **police°-dog**—অপরাধীকে খুঁজিয়া বাহির করার জন্য পুলিস-বাহিনীর শিক্ষাপ্রাপ্ত কুকুর। *n.* **police°-force°**—আরক্ষাবাহিনী। *n.* **police°-ma°gistrāte**—পুলিস-আদালতের ম্যাজিস্ট্রেট, (পরি.) আরক্ষাশাসক। *n.* **police°man**—পুলিস-কর্মচারী। *n.* **police°-office**—শহর বা নগরের কেন্দ্রী পুলিসদফতর বা পুলিস-হেডকোয়ার্টার্স। *n.* **police°-stāte°**—যে রাষ্ট্রে গুপ্ত পুলিসের সাহায্যে সরকারবিরোধী পক্ষকে দমন করা হয়, পুলিস-শাসিত রাষ্ট্র। *n.* **police°-stātion**—পুলিসের থানা। *n.* **police°-woman**—নারী-পুলিস। [F.<L. *politia*<Gk. *politeia*<*polites*—a citizen]

policy$_1$ [po°-li-si, প°লিসি] *n.* statecraft, রাজ্য-শাসন-প্রণালী, কূটনীতি (the foreign *policy* of a country) ; a course of action, কর্মপন্থা ; dexterity of management, পরিচালনায় দক্ষতা (honesty is the best *policy*) ; prudence, বিচক্ষণতা। [OF. *policie* < L. *politia*—cp. *police*]

policy₂ [po°-li-si, প°লিসি] *n.* a document containing an insurance-contract, বিমাপত্র। *n.* **po°licy-hōlder**—যাহার নামে বিমাপত্র করা হইয়াছে। [F. *police* < LL. < *apodissa* = a receipt < Gk. *apodeixis* = proof]

poliomyelitis [po°-li-ō°mī-a-lī°tis, প°লিওমাই-অ্যালাই°টিস্], (coll. contr.) **po°liō**—*n.* infantile paralysis, শিশু-ব্যাধিবিশেষ : ইহাতে নিম্নাঙ্গ বিকৃত ও পঙ্গু হইয়া যায়। [Gk. *polios* = grey, *myelos*—marrow]

Polish₁ [pō°-lish, পৌ°লিশ] (**1**) *a.* of Poland or its people, পোল্যান্ডের বা তত্রত্য অধিবাসীদের ; (**2**) *n.* the language of Poland, পোল্যান্ডের ভাষা। [see *Pole₁*]

polish₂ [po°-lish, প°লিশ] (**1**) *v.t.* to make smooth and glossy by rubbing, ঘসিয়া-মাজিয়া মসৃণ ও উজ্জ্বল করা, পালিশ করা ; to impart culture and refinement to, সংস্কৃতিসম্পন্ন ও সভ্য-ভব্য করা। (**2**) *v.i.* to take a polish, পালিশ-হওয়া। *p.* & *p. pt.* **po°lished**। (**3**) *n.* act of polishing, পালিশ করা ; gloss, ঔজ্জ্বল্য, চাকচক্য ; a substance applied to produce a polish, পালিশ-করার উপাদান ; culture and refinement, সংস্কৃতি ও সভ্যভব্যতা। *n.* **po°lisher**। [OF. *polissant* < *polire*(*v.*)]

politbureau [po°-lit-būr-ō, প°লিটবিউয়্যার্‌ঔ] *n.* the central executive of a political (esp. communist) party, রাজনীতিক (বিশেষতঃ কমিউনিস্ট) পার্টির কেন্দ্রী কার্যনির্বাহী কমিটি। [see *polity, bureau*]

polite [pa-lit°, প্যালাইট্°] *a.* refined, (আচার-আচরণাদি-সম্বন্ধে) মার্জিত ; of courteous manner, ভদ্র। *adv.* **polite°ly**। *n.* **polite°ness**। [L. *politus* = polished]

politic [po°li-tik, প°লিটিক্] *a.* in accordance with good policy, সুকৌশলী ; prudent, discreet, বিচক্ষণ, সুবিবেচনাপূর্ণ ; astutely contriving or intriguing, কূটকৌশলপূর্ণ। *v.i.* **poli°tick**—(ভোট-প্রার্থনা প্রভৃতি) রাজনৈতিক কার্যে লিপ্ত হওয়া। *a.* **political** [pa-li°-tik(a)l, প্যালি°-টিক্‌ল্] রাজনীতিক। *n. pl.* (treated as *sing.*) **po°litics**—রাজনীতি, রাষ্ট্রনীতি ; রাজনৈতিক মতাদি বা কার্যাদি (party or local *politics*)। **political economy**—অর্থনীতি। **political geography**—পৃথিবীর রাজনীতিক বিভাগাদি-সম্পর্কিত ভূগোল। **political prisoner**—রাজনৈতিক বন্দী। **political science**—রাষ্ট্রশাসন-বিদ্যা, রাষ্ট্রনীতি, রাজনীতি। *n.* **politician** [po-li-ti°sh(a)n, পলিটি°শ্‌ন্] রাজনীতিবিদ্ ; রাজনীতিক কার্যরত ব্যক্তি। *in comp.* **poli°ticō-₁**—রাষ্ট্রনীতিঘটিত, রাষ্ট্রনীতিক (*politico-economic*)। [Gk. *politikos* < *politēs* = citizen]

politico₂ [po-li°-ti-kō, পলি°টিকৌ] *n.* (derog.) one interested or engaged in politic, (নিন্দার্থে) রাজনৈতিক কার্যাদিতে উৎসাহী বা লিপ্ত ব্যক্তি। [Sp.]

polity [po°-li-ti, প°লিটি] *n.* political organization, রাজনীতিক সংগঠন ; form of civil government, প্রশাসনিক ব্যবস্থা ; an organized state, সংগঠিত রাষ্ট্র। [Gk. *politeia*]

polka [pol°-ka, পল্°ক্যা] *n.* a Bohemian dance or its tune, যাযাবর-জাতির নৃত্যবিশেষ বা ঐ নাচের সুর। **polka dot**—বস্ত্রাদিতে অঙ্কিত বৃহদাকার গোল নকশা। [cp. Czech. *pulka*]

Poll, poll₁ [pol, পল্] *n.* a conventional name of the parrot, টিয়াকে প্রদত্ত লৌকিক নাম। [?]

poll₂ [pōl, পৌল্] (**1**) *n.* the head or top, মাথা, শীর্ষ ; the hair of the head, মাথার লোম বা চুল ; an individual, ব্যক্তি, জন ; number of individuals, জনসংখ্যা ; a register, (প্রধানতঃ ভোট-দাতাদের) তালিকা, নিবন্ধ ; a voting, ভোট-দান, ভোট-গ্রহণ, (পরি.) মতগ্রহণ (heavy *poll*) ; an aggregate of votes, মোট ভোট। (**2**) *v.t.* to cut off the hair, horns, top or edge of, (প্রাণীদের) চুল বা শৃঙ্গ বা (গাছের) শীর্ষদেশ বা (কাগজপত্রের) প্রান্ত ছাঁটিয়া অথবা কাটিয়া ফেলা ; to receive or take the votes of, ভোট পাওয়া বা লওয়া (he *polled* the largest number of votes) ; to cast (a vote), (ভোট) দেওয়া। (**3**) *v.t.i.* (arch.) to extort, (আর্ষ.) জোর করিয়া আদায় করা। (**4**) *v.i.* to vote, ভোট দেওয়া। **a grey poll**—পক্বকেশ ব্যক্তি। **polling booth, polling station**—ভোট-দানের দফ্‌তর, (পরি.) ভোট-স্থান। **polling day**—ভোট-দানের জন্য নির্দিষ্ট দিন, ভোটের দিন। **at the head of the poll**—নির্বাচনে সর্বাধিক ভোট-প্রাপ্ত। *a.* **pōlled**—লোমশীর্ষ বা শৃঙ্গ কাটিয়া অথবা ছাঁটিয়া ফেলিয়াছে এমন ; শৃঙ্গহীন। *n.* **pōll°money, pōll°-tax**—মাথাপিছু (সমভাবে) ধার্য কর, মাথট। *n.* **pōll°ster**—জনমতসম্বন্ধে ভোট-গ্রহণাদিতে দক্ষ ব্যক্তি। [cp. obs. Du. & LG. *polle* = top of the head]

pollack [po°-lak, প°ল্যাক্] *n.* a sea-fish of the cod family, কড্-জাতীয় সামুদ্রিক মৎস্যবিশেষ। [?]

pollard [po°-la-(r)d, প°ল্যা(র্)ড্] (**1**) *n.* a tree polled to send out new branches from the top of the stem, কাণ্ডশীর্ষ হইতে নূতন শাখাপল্লব উদ্গমের জন্য যে গাছের মাথা সম্পূর্ণ কাটিয়া ফেলা হইয়াছে ; a hornless animal of the horned kind, স্বভাবতঃ শৃঙ্গী-গোত্রীয় হইয়াও যে প্রাণী শৃঙ্গহীন, শৃঙ্গচ্যুত প্রাণী ; hornless breed, শৃঙ্গহীন শ্রেণী। (**2**) *v.t.* to make a pollard of, (গাছের) মাথা বা প্রাণীর শিঙ্ কাটিয়া ফেলা, বিশীর্ষ বা বিশৃঙ্গ করা। *p.* & *p. pt.* **po°llarded**। [see *poll₂*]

polled—see **poll**$_2$.

pollen [po°-lin, প°লিন্] (**1**) *n.* the fertilizing powder formed in the anthers of flowers, পরাগ। (**2**) *v.t.* to cover with pollen, পরাগ-দ্বারা আবৃত করা। *n.* **po°llen-grain**—পরাগরেণু। *n.* **po°llen-sac**—পরাগস্থলী। *n.* **po°llen-tube**—পরাগনলিকা। *v.t.* **po°llinate**—পরাগ বহিয়া লইয়া দেওয়া, পরাগিত করা। *p.* & *p. pt.* **po°llinated**। *n.* **pollina°tion**—পরাগমিলন, (পরি.) পরাগযোগ। [L.=fine flour]

polling—see **poll**$_2$.

pollock—alt. spell of **pollack.**

pollute [pa-loot°, প্যালূট্°] *v.t.* to befoul, নোংরা করা ; to profane, অপবিত্র করা। *p.* & *p. pt.* **pollu°ted**। *n.* **pollut°er, pollu°tion**। [L. *polluere*]

Pollux [po°-laks, প°ল্যাক্স্] *n.* one of the twin sons of Tyndarus and Leda, গ্রীক পুরাণের যমজ ভ্রাতৃদ্বয়ের অন্যতর (অন্যজন Castor) ; a star in the constellation Gemini, মিথুনরাশিস্থ তারাবিশেষ। [L.<Gk. *Polydeukes*]

polo [po°lo, পৌ°লৌ] *n.* a game like hockey, played on horseback, অশ্বপৃষ্ঠে আরোহণপূর্বক হকির ন্যায় খেলাবিশেষ, পোলো-খেলা। [Balti=polo-ball—cp. Tib. *pulu*]

polonium [po-lo°-ni-am, পলৌ°নিঅ্যাম্] *n.* a highly radioactive element, অতিশয় তেজস্ক্রিয় মৌলিক পদার্থবিশেষ। [ML. *Polonia*=Poland]

poltergeist [pol°-ta(r)-gīst, পল্°ট্যা(র্)গাইস্ট্] *n.* a noisy and troublesome ghost, হইহল্লাবাজ ও উপদ্রবকারী ভূত। [G. *poltern*=to make racket, *geist*=ghost]

poltroon [pol-troon°, পল্ট্রুন্°] (**1**) *a.* dastardly, কাপুরুষ বা ভীরু। (**2**) *n.* a dastard, কাপুরুষ বা ভীরু ব্যক্তি। *n.* **poltroo°nery**—কাপুরুষতা, ভীরুতা। [F. *poltron*<It. *poltrone*<*poltro*=lazy]

poly- [po°-li, প°লি] *in comp.* many, much, বহু, অনেক ; several, কতিপয়। *n.* **po°lyandry**—একই স্ত্রীলোক কর্তৃক একই কালে বহুপতিগ্রহণ, বহুভর্তৃকত্ব [*poly-*, Gk. *andros*=man]। *a.* **polyan°drous**—বহুভর্তৃকা। *n.* **polyan°thus**—বিভিন্ন জাতীয় পুষ্পপ্রসূ বর্ণসঙ্কর পুষ্পবৃক্ষবিশেষ। [*poly-*, Gk, *anthos*=flower]। **po°lyarchy**—বহুজন কর্তৃক রাজ্যশাসনব্যবস্থা, বহুশাসনতন্ত্র। *a.* **polychroma°tic**—বহুবর্ণ। *n.* **polycli°nic**—বিভিন্ন ব্যাধি চিকিৎসার জন্য প্রতিষ্ঠান; সাধারণ হাসপাতাল। *n.* **polyes°ter**—নানা বস্তুর সংমিশ্রণে কৃত্রিম উপায়ে প্রস্তুত (টেরিলিন-জাতীয়) তন্তুবিশেষ। *n.* **poly°gamy**—(পুরুষ বা স্ত্রীলোক কর্তৃক) একই কালে একাধিক বিবাহ, (পরি.) বহুগামিতা। [*poly-*, Gk. *gamos*=marriage]। *n.* **poly°gamist**— বহুগামী পুরুষ বা বহুগামিনী স্ত্রীলোক। *a.* **poly°gamous**—বহুগামী। **po°lyglot**—(**1**) বহুভাষাপূর্ণ, বহুভাষিক। (**2**) *n.* যে ব্যক্তি বহু ভাষায় কথা বলে, বহুভাষিক ব্যক্তি ; বহু ভাষায় লিখিত গ্রন্থ, বহুভাষিক গ্রন্থ। [Gk. *polyglottos*<*poly-*, *glotta*=tongue]। *n.* **polygon** [po°-li-gan, প°লিগ্যান্] (জ্যামি.) বহুভুজ। [*poly-*, Gk. *gonia*=angle]। *a.* **polygonal**—বহুভুজ। *n.* **polygyny** [po-li°-ji-ni, পলি°জিনি ; po-li°-gi-ni, পলি°গিনি] পুরুষের একই কালে একাধিক বিবাহ। *n.* **po°lyhedron**—(জ্যামি.) বহুতলক [*poly-*, Gk. *hedra*=seat]। *a.* **po°lyhedral**—বহুতলবিশিষ্ট, বহুতল। *n.* **po°lymath**—বহুবিদ্যাবিশারদ। [Gk. *polymathes*<*poly-*, *manthano*=to learn]। *n.* **po°lymathy**—বহু বিদ্যায় পাণ্ডিত্য। **polyno°mial**—(বীজগণিত) বহুপদ। *n.* **po°lyp(e)**—অপরিণত দেহযন্ত্রযুক্ত (অকটোপাস বা করাত-মাছ জাতীয়) সামুদ্রিক প্রাণিবিশেষ [L. *polypus*<Gk. *polypous*=manyfooted]। *n.* **po°lypod**—বহুপদবিশিষ্ট প্রাণী। *n.* **po°lypus**—(প্রধানতঃ নাসিকায় উদ্গত) একপ্রকার ব্রণ বা ফোঁড়া [Gk. *polypous*=many-footed]। *pl.* **po°lypuses, po°lypi**। *n.* **po°lysyllable**—বহু, বিশেষতঃ তিনের অধিক syllable-যুক্ত বা স্বতঃউচ্চার্য ধ্বনিযুক্ত শব্দ। *a.* **po°lysyllabic**—বহু syllable-যুক্ত বা স্বতঃউচ্চার্য ধ্বনিযুক্ত। **polytech°nic**—(**1**) *a.* বহু বিদ্যাবিষয়ক বা কারিগরী শিল্পবিষয়ক। (**2**) *n.* যে বিদ্যালয়ে বহু বিদ্যা বা কারিগরী শিল্প শেখান হয়। *n.* **po°lytheism**—বহু বা একাধিক দেবতায় বা ঈশ্বরে বিশ্বাস, বহু-ঈশ্বরবাদ। *n.* **po°lytheist**। *a.* **polytheistic**—বহু-ঈশ্বরবাদী। *n.* **po°lythene**—(প্যাকেট বা মোড়ক বাঁধার কাজে বহুল ব্যবহৃত) প্লাসটিক হইতে তৈয়ারি জলাভেদ্য পদার্থবিশেষ, পলিথীন [*poly-*, see *ethyl*]। [Gk. *polus*—many]

pomace [pu°-mis, পা°মিস্] *n.* crushed apple for cider-making or the residue after pressing, মদ্যাদি প্রস্তুতের জন্য নিষ্পেষিত আপেল বা নিষ্পেষণ-শেষে আপেলের বর্জিত ছিবড়া ; anything crushed to pulp, esp. after oil has been extracted, যে-কোন নিষ্পেষিত বস্তু, ছিবড়া, খইল। [LL. *pomacium*=cider<L. *pomum*=apple, etc,]

pomade [pa-mŭd°, প্যামাড্°] (**1**) *n.* ointment for the hair, কেশপ্রসাধনের জন্য মলমবিশেষ, কেশরাগ। (**2**) *v.t.* to anoint with pomade, কেশরাগ মাখান। *p.* & *p. pt.* **poma°ded**। [F. *pommade*<It. *pomada*, *pomata*=lip-salve<L. *pomum*=an apple]

pomato [po-ma°-to, পমেই°টৌ] *n.* a tomato grafted on a potato, জোড়কলমের প্রণালী-অনুসারে আলুগাছে উৎপাদিত টম্যাটো। [*potato*, *tomato*]

pomatum [pa-ma°-tam, প্যামেই°ট্যাম্] Latinized form of **pomade** (*n.*)

pomegranate [pom°-gra-nit, পম্°গ্র্যানিট্] *n.* a kind of fruit or its tree, দাড়িম্ব ফল বা তাহার

গাছ। [OF. *pome grenate*<L. *pomum*=an apple, *granatum*=many-grained]

pomelo [po°-mi-lō, প°মিলৌ] *n.* the shaddock or the grape-fruit, বাতাপি-লেবু বা মোসম্বি-লেবু বা শরবতি-লেবু। [?]

pomfret [pom°-frit, পম্°ফ্রিট্] *n.* a kind of sea-fish, সামুদ্রিক মৎস্যবিশেষ। [Port. *pampo* ?]

pomiculture [pō°-mi-kul-cha(r), পৌ°মিকাল্‌চ্যা(র্)] *n.* fruit-growing, ফলোৎপাদন বা ফলের চাষ। *n.* **pomo°logy**। [L. *pomum*=fruit, see *culture*]

pommel [pu°ml, পাম্°ল্] (**1**) *n.* the knob of a sword-hilt, তরবারির হাতলের মাথা ; the front of a saddle, ঘোড়ার জিনের অগ্রভাগ। (**2**) *v.t.* to strike with the sword-pommel or with fists, তরবারির হাতলের মাথা দিয়া প্রহার করা বা ঘুষি মারা (cp. **pummel**)। *pr. pt.* **po°mmelling**। *p.* & *p. pt.* **po°mmelled**। [OF. *pomel* <L. *pomum*=an apple]

pommy [po°-mi, প°মি] *n.* (sl.) a British immigrant in Australia or New Zealand, অস্ট্রেলিয়া বা নিউজীল্যাণ্ডে ব্রিটিশ অভিবাসী। [?]

pomp [pomp, পম্প্] *n.* a procession, শোভাযাত্রা ; great show or display, ধুমধাম, ঘটা ; vain show, মিথ্যা জাঁক ; worldly vanity, পার্থিব আত্মম্ভরিতা বা জাঁক। *n.* **pomposity** [pom-po°-si-ti, পম্প°সিটি] নিদারুণ আত্মম্ভরিতা ; হাস্যকর আড়ম্বরপূর্ণ কাজ কথা বা ব্যক্তি। *a.* **pom°pous**—চমৎকার জাঁকাল ; আড়ম্বরপূর্ণ ; আত্মম্ভরী ; (ভাষাসম্বন্ধে) শব্দাড়ম্বরপূর্ণ, গালভরা। *adv.* **pom°pously**। *n.* **pom°pousness**। [F. *pompe*< L. *pompa*<Gk. *pompe*=a procession]

Pompeian [pom°-pē-an, পম্পী°অ্যান্] *a.* of Pompeii, পম্পীআই-নগরীর।

Pompom [pom°-pom, পম্°পম্] *n.* (coll.) a machine-gun, মেশিন্‌গান্-বিশেষ। [imi.]

pompon [pawm°-pawng°, প্যঁম্°প্যং°] *n.* a jewelled hair ornament on a pin, পিনে গাঁথা জড়োয়াযুক্ত কেশালঙ্কারবিশেষ ; a tuft of wool etc. on a shoe, hat, etc., জুতা, টুপি প্রভৃতির উপরে উলে বা অন্য কিছুতে তৈয়ারি ফুল। [F.]

pomposity, pompous—see **pomp**.

'pon [pon, পন্] contr. of **upon**.

ponce [pons, পন্স্] *n.* a man who cohabits with a prostitute and lives on her earnings, যে পুরুষ বেশ্যার সঙ্গে সহবাস করে এবং তাহার রোজগারের টাকায় জীবনধারণ করে, বেশ্যার নাং। [?]

poncho [pon°-chō, পন্°চৌ] *n.* a blanket with a hole for the head used by the South Americans as a cloak, দক্ষিণ আমেরিকার আদিবাসিগণ কর্তৃক আলখিল্লা-রূপে ব্যবহৃত কম্বলবিশেষ : ইহাতে মাথা গলাইবার জন্য ফুটা থাকে ; a similar waterproof garment for cyclists, hikers, etc., সাইকেল-আরোহী ভ্রমণকারী প্রভৃতির অনুরূপ আকারের ওআটারপ্রুফ। [Sp.<Araucanian]

pond [pond, পন্ড্] *n.* a small body of still water artificially formed, বদ্ধ জলাশয়, পুকুর, বাপী। *n.* **pond°age**—জলাশয়ের জলধারণের ক্ষমতা। [cp. *pound*$_1$]

ponder [pon°-da(r), পন্°ড্যা(র্)] (**1**) *v.t.* to weigh, (বর্ত. কেবল মনে-মনে) ওজন করা ; to think over, ভাবিয়া দেখা ; to consider, বিবেচনা করা। (**2**) *v.i.* to think, চিন্তা করা। *a.* **ponderable** [pon°-d(a)rabl, পন্°ড্‌র্যাব্‌ল্] ওজন করিয়া দেখা যায় এমন ; বেশ ভারী, ভারিক্কি। *n.* **ponderabi°lity**। *n.* **pon°derer**। *a.* **ponderous** [pon°-d(a)ras, পন্°ড্‌র্যাস্] ভারী ; ভারিক্কি ; প্রকাণ্ড ; সামলান যায় না এমন ; দুর্বহ ; (প্রধানতঃ রচনাদি-সম্বন্ধে) অতি কষ্টকল্পিত। [L. *ponderare*]

pong [pong, পং] (**1**) *n.* a bad smell, দুর্গন্ধ। (**2**) *v.i.* to smell bad, দুর্গন্ধযুক্ত হওয়া। [?]

pongee [pun-jē°, পান্‌জী°] *n.* soft (usu. unbleached) silk fabric, (সচ. অধৌত বা কোরা) নরম রেশমী কাপড়। [Chin. *pun-chi*=own loom]

pon°gō [pong°-gō, পং°গৌ] *n.* orang-utan, একজাতীয় বনমানুষ, ওরাং-ওটাং। [Congolese *mpongo*]

poniard [po°-ni-ard, প°নিয়্যা(র্)ড্] *n.* a small dagger, ক্ষুদ্র ছোরাবিশেষ। [F. *poignard*<*poing* <F. *pugnus*=fist]

pont [pont, পন্ট্] *n.* ferry-boat moved by rope, গুণের বা দড়ির দ্বারা টানা নৌকাবিশেষ। [Du.]

pontifex [pon°-ti-feks, পন্‌টি°ফেক্‌স্] *n.* a member of the chief college of priests in ancient Rome, প্রাচীন রোমের প্রধান যাজক-বিদ্যালয়ের ছাত্র বা শিক্ষক। *pl.* **pontifices** [pon-ti°-fi-sēz, পন্‌টি°ফিসীজ্]। *n.* **pon°tiff**—প্রাচীন রোমের প্রধান যাজক-বিদ্যালয়ের ছাত্র বা শিক্ষক ; প্রধান যাজক ; (রোমান ক্যাথলিকদের) বিশপ্ বা পোপ। **ponti°fic(al)**—(**1**) *a.* উক্ত যাজক-বিদ্যালয়ের ছাত্র বা শিক্ষক সম্বন্ধীয় অথবা প্রধান যাজক বা বিশপ বা পোপ সম্বন্ধীয় কিংবা উহাদের তুল্য ; চমৎকার ; সমারোহপূর্ণ ; সমারোহপূর্ণভাবে কর্তৃত্বাভিমানসূচক। (**2**) *n.* বিশপদের কর্তব্যাদিসংক্রান্ত পুস্তক ; (in *pl.*) যাজক বিশপ বা পোপের পোশাক। **ponti°ficāte**—(**1**) *n.* pontiff বিশেষতঃ পোপের পদ বা শাসন বা শাসনকাল। (**2**) *v.i.* pontiff-গিরি বা পোপ-গিরি করা ; (আল.) নিজের মতামত কথাবার্তা কাজকর্ম সমস্ত কিছু অভ্রান্ত এইরূপ ভাব দেখান। *p.* & *p. pt.* **ponti°ficātėd**। [L.]

pontoon$_1$ [pon-tōōn°, পন্‌টূন্°] *n.* a card game of chance, তাসের জুয়াখেলাবিশেষ। [F. *vingt-et-un*]

pontoon$_2$ [pon-tōōn°, পন্‌টূন্°] *n.* a flat-bottomed boat or flat, চেটাল তলিবিশিষ্ট নৌকা বা ভেলা ; a ferry-boat, খেয়া-নৌকা ; a bridge of boats or hollow metal cylinders, উপর নৌকা বা ধাতুনির্মিত ফাঁপা নল স্থাপনপূর্বক সৃষ্ট সেতু। *n.* **pontōōn°-bridge**—উক্ত নৌকা-শ্রেণীর উপরে স্থাপিত প্লাটফর্ম বা পথ। [F. *ponton* <L. *ponto*]

pony [pō°ni, পৌ°নি] *n.* a small horse, ক্ষুদ্রকায় ঘোড়া, টাট্টু। **Jerusalem pony**—গাধা বা খচ্চর। *n.* **pō°ny-tail**—চুল-বাঁধার প্রণালীবিশেষ : ইহাতে চুল উলটাইয়া কেবল গোড়ায় ফিতা বাঁধিয়া চুলগুলি ঘোড়ার লেজের মত ঝুলাইয়া দেওয়া হয়, বালামচি-বিনুনি। [Sc. *pown(e)y*—cp. LL. *pullanus*=a foal]

pooch [pōōch, পুচ্] *n.* (sl.) dog, (অশি.) কুকুর। [?]

poodle [pōōd°l, পূড্°ল্] *n.* a small pet dog, কুঞ্চিত লোমযুক্ত ক্ষুদ্র পোষা কুকুরবিশেষ। [G. *pudel*]

poof [pōōf, পুফ্] *n.* effeminate man, মেয়েলি পুরুষ ; a homosexual, সমকামী। [<*puff* ?]

pooh [pōō, পু] *int.* expressing disdain, অবজ্ঞা-সূচক ধ্বনিবিশেষ। *v.t.* **pōōh-pōōh°**—উক্ত ধ্বনি করিয়া অবজ্ঞা করা ; (ধারণাদি) ঘৃণা সহকারে প্রত্যাখ্যান করা। [imi.]

pooja(h)—alt. spell. of **puja.**

pool₁ [pōōl, পূল্] *n.* a small body of still water, জলের ডোবা ; a deep still place in a river, নদ্যাদির গভীর অংশ। [GE. *pol*—cp. Du. *poel*, G. *pfuhl*]

pool₂ [pōōl, পূল্] (**1**) *n.* the collective stakes in betting, বাজির মোট টাকা ; any game or contest in which the winner receives the pool, যে খেলায় বিজয়ী বাজির সমস্ত টাকা পায় ; a game for several players played on a billiard-table with six pockets, ছয় পকেটওয়ালা বিলিয়ার্ড-টেবিলে কতিপয় খেলোয়াড়ের পক্ষে উপযোগী ক্রীড়াবিশেষ ; a group of persons combined for betting, বাজি ধরার জন্য একত্রিত ব্যক্তিবর্গ ; a common stock or fund, সাধারণ (অর্থাৎ সর্ব-সাধারণ কর্তৃক সৃষ্ট বা সর্বসাধারণের জন্য সৃষ্ট) ভাণ্ডার বা তহবিল, নিধি ; a combine, মিলন, একত্রীভবন (a typing and stencilling *pool*)। (**2**) *v.t.* to put into a common fund, সাধারণ তহবিলে প্রদান করা (we *pooled* our resources to buy a car)। (**3**) *v.i.* to share in common, যৌথ-ভাবে অংশভোগ করা। *n.* **pōōl°-room**—ছয় পকেটওয়ালা বিলিয়ার্ড-টেবিলে খেলার জন্য ঘর। [F. *poule*—a hen, (later) stakes—in association with *pool₁*]

poop [pōōp, পূপ্] *n.* the stern of a ship, জাহাজের লেজ বা পশ্চাদ্ভাগ ; a high deck at the stern, জাহাজের পশ্চাদ্প্রান্তস্থিত একপ্রকার উচ্চ পাটাতন বা মঞ্চ। [OF. *pupe*<L. *puppis*]

poor [pooa(r), পুয়্যা(র্)] *a.* possessing little or nothing, দরিদ্র, নিঃস্ব ; without means, নিঃসম্বল ; needy, অভাবী ; deficient, ঘাটতিপূর্ণ, ত্রুটিপূর্ণ ; unproductive, অনুর্বর, বন্ধ্যা ; scanty, সামান্য ; hapless, দুর্ভাগা ; sorry, দীনহীন, জীর্ণ-শীর্ণ ; spiritless, নিস্তেজ ; humble, (বিনয়ে—নিজের সম্বন্ধে) নগণ্য, সামান্য (in my *poor* opinion) ; unfortunate, বেচারী। **(the) poor**—দরিদ্র ব্যক্তিবর্গ। *n.* **poor°-box**—দরিদ্রদের জন্য দানসংগ্রহের বাক্স। *n.* **poor°-house**—অনাথ-আশ্রম। *n.* **poor°-law**—দরিদ্রদের ত্রাণ ও তত্ত্বা-বধানের জন্য আইন। **poor°ly**—(**1**) *adv.* poor-এর সকল অর্থে। (**2**) *a.* same as **poor**। *n.* **poor°-nėss**—ত্রুটিপূর্ণ অবস্থা ; সদ্‌গুণ বা উপযুক্ত উপাদানের অভাব (the *poorness* of the soil)। **poorly off**—দরিদ্র অবস্থাপন্ন। *n.* **poor°-rāte**—দরিদ্রদের প্রতিপালনার্থ কর। *a.* **poor°-spiritėd**—নিস্তেজ ; মনোবলশূন্য। [OF. *poure*<L. *pauper*=poor]

pop₁ [pop, পপ্] (**1**) *n.* a mild explosive sound, সোডার বোতলাদির ছিপি খোলার ফট্-শব্দ ; a shot, বন্দুকাদি হইতে নিক্ষিপ্ত গুলি ; (sl.) ginger-beer or effervescing drink, (আল.) জিঞ্জার্-বিয়ার শাম্পেন্ প্রভৃতি পানীয় (কারণ ইহাদের বোতলের ছিপি খুলিলে ফট্ করিয়া ওঠে)। (**2**) *v.i.t.* to make or cause to make a pop, ফট্-শব্দ করা বা করান ; to burst or cause to burst with a pop, ফট্-শব্দে ফাটা বা ফাটান ; to shoot, বন্দুক ছোড়া ; to pawn, বন্ধক দেওয়া (he *popped* his gold ring to buy a book)। (**3**) *v.i.* to come or go suddenly, হঠাৎ আসা বা যাওয়া। (**4**) *v.t.* to put or thrust suddenly, হঠাৎ রাখা বা ঢোকান। *pr. pt.* **po°pping** । *p.* & *p. pt.* **po°pped** । (**5**) *adv.* with a pop, ফট্-শব্দে (the cork went *pop*)। (**6**) *int.* expressing the pop sound, ফট্। **in pop**—বন্ধক দেওয়া আছে এমন। **pop visit**—হঠাৎ আগমন। **(to) pop off**—প্রস্থান করা ; মারা যাওয়া (he won't *pop off* so soon) ; ঘুমাইয়া পড়া। *n.* **pop°-corn**—ভুট্টা খই প্রভৃতি বা উহার ধান (কারণ আগুনের তাপে উহা ফট্‌ফট্ করে)। *a.* **pop°-eyed**—ডেলা-পাকান বড় বড় চোখওয়ালা। *n.* **pop°-gun**—ঢিল ছোড়ার নলবিশেষ ; তুচ্ছ বন্দুক-বিশেষ। *n.* **po°pper**—যে বা যাহা ফট্ শব্দ করে ; ভুট্টা খই প্রভৃতির ভাজনা-খোলা। *n.* **po°pping-crease**—(ক্রিকেটে) bowling-crease-এর চার ফুট সম্মুখে অবস্থিত মাঠের অংশ। [imi.]

pop₂ [pop, পপ্] (**1**) *a.* popular, জনপ্রিয় (*pop* art, music, etc.)। (**2**) *n.* popular concert, songs, etc., জনপ্রিয় বাজনা গান প্রভৃতি (top *pops* of the season)। [abbr. of *popular*]

pope [pōp, পৌপ্] *n.* the head of the R. C. Church in Rome, রোমান ক্যাথলিক ধর্মসম্প্রদায়ের প্রধান গুরু। **Pope Joan**—রূপকথার কল্পিত নারী-পোপ ; প্রাচীন তাসখেলাবিশেষ। *n.* **pōpe°-dom**—পোপের পদমর্যাদা এলাকা বা শাসনকাল। *n.* **pō°-pery**—রোমান ক্যাথলিক ধর্মের অথবা ক্রিয়াকলাপের বিদ্রূপাত্মক বা অবজ্ঞাপূর্ণ আখ্যা। *a.* **pō°pish**—পোপসংক্রান্ত ; রোমান ক্যাথলিক-সংক্রান্ত। *adv.* **pō°-**

pishly । [OE. *papa* < L. Gk. *pappas* = father]

pop-eyed, pop-gun—see **pop.**

popinjay [po°-pin-jā, প°পিন্‌জেই] *n.* a parrot, শুকপক্ষী ; a figure of a parrot set up for shooting at, তীরাদি-সন্ধানের লক্ষ্যরূপে স্থাপিত শুকমূর্তি ; a fop, সাজপোশাকে অসার বা মূর্খের ন্যায় জাঁক প্রদর্শনকারী ব্যক্তি । [OF. *papingay*]

popish—see **pope.**

poplar [pop°-la(r), পপ্‌°ল্যা(র্)] *n.* a kind of tree, (ঝাউ-জাতীয় ?) উঁচু ও সরু গাছবিশেষ । [OF. *poplier* < L. *populas*]

poplin [pop°-lin, পপ্‌°লিন্‌] *n.* a corded fabric or silk, রেশমি বস্ত্রবিশেষ, পপ্‌লিন্‌ । [F. *popeline* < It. *papalina* = papal (for it was first manufactured at the papal town of Avignon]

popped, popper—see **pop.**

poppet [po°-pit, প°পিট্‌] *n.* a darling, আদরের পাত্র, সোনামণি, ধন । [< *puppet*]

poppied—see **poppy.**

popping—see **pop.**

popple [pop°-l, পপ্‌°ল্‌] (**1**) *v.i.* (of water) to tumble about, to flow tumblingly, (জলরাশি সম্পর্কে) ইতস্ততঃ আন্দোলিত হওয়া বা গড়াইয়া যাওয়া ; to make the sound of rippling, কলধ্বনি বা কুলুকুল ধ্বনি করা । (**2**) *n.* tossing of water, জলের ইতস্ততঃ আন্দোলন ; rippling sound, কলনাদ । [Du. *popelen* = murmur]

poppy [po°-pi, প°পি] *n.* a cornfield plant, পোস্তগাছ, আফিমগাছ ; its flower, আফিম-ফুল । *a.* **po°ppied**—আফিম-ফুলে আবৃত বা পূর্ণ ; নিদ্রাদায়ক ; আফিম খাইয়া ঢুলিতেছে এমন । *n.* **po°ppy-head**—পোস্তদানার খোসা । *n.* **po°ppy-seed**—পোস্তদানা । [OE. *popæg* < L. *papaver*]

poppycock [po°-pi-kok, প°পিকক্‌] *n.* (sl.) balderdash, (অশি.) অর্থহীন বা আজেবাজে কথা । [Du. *pappekak* = soft dung]

populace [po°-pū-las, প°পিউল্যাস্‌] *n.* the common people, জনসাধারণ । [F. < It. *popolaccio*]

popular [po°-pū-la(r), প°পিউল্যা(র্)] *a.* of the people, জনগণসংক্রান্ত (*popular* election) ; liked or admired by the people, জনপ্রিয় (he is *popular* with his colleagues) ; prevailing amongst the people, জনসাধারণ্যে বিদ্যমান বা প্রচলিত (*popular* faith) ; suitable for the common people, জনসাধারণের উপযোগী (*popular* science) ; democratic, সাম্যবাদী, লোকায়ত (*popular* government) । **popular front**—(রাজ.) প্রগতিশীল বা বামপন্থী দলসমূহের মৈত্রী বা জোট । *n.* **popūla°rity**—জনপ্রিয়তা ; জনসাধারণ্যে প্রচলন । *v.t.* **po°pūlarize**—জনপ্রিয় বা লোকায়ত করা ; জনসাধারণ্যে প্রচলিত করা । *n.* **popūlarizā°tion** । *adv.* **po°pūlarly** । [L. *popularis*]

populate [po°-pū-lāt, প°পিউলেইট্‌] *v.t.* to people, জনপূর্ণ করা বা অধিবাসীতে পূর্ণ করা । *p.* & *p. pt.* **po°pūlātėd** । *n.* **po°pūlā°tion**—জনপূর্ণ বা অধিবাসীতে পূর্ণ করার কাজ ; জনসংখ্যা ; নির্দিষ্ট স্থানাদিতে বিদ্যমান মনুষ্যেতর যে কোন প্রাণীর মোট সংখ্যা ; (পরিসংখ্যান) বিবেচনাধীন (ব্যক্তি বা বস্তুর) শ্রেণী বা গোষ্ঠীসমূহের সকল দফা বা মোটসংখ্যা । **population explosion**—আকস্মিক বা অতি দ্রুত জনসংখ্যা বৃদ্ধি, জন-বিস্ফোরণ । *a.* **po°pūlous**—জনপূর্ণ, জনাকীর্ণ, অধিকসংখ্যক অধিবাসীতে পূর্ণ । [see *popular*]

porcelain [paw(r)°-slin, প্য(র্)°স্‌লিন্‌] *n.* chinaware, চীনামাটির বাসন । *n.* **por°celain-clay**—চীনামাটি । [OF. *porcelaine* < It. *porcellana*]

porch [paw(r)ch, প্য(র্)চ্‌] *n.* a covered approach to the entrance of a building, গাড়িবারান্দা ; (Am.) a verandah, (আমে.) বারান্দা । [OF. *porche* < L. *porticus* = a gate]

porcine [paw(r)°-sīn, প্য(র্)°সাইন্‌] *a.* of or like pigs, শূকরসংক্রান্ত বা শূকরতুল্য । [L. *parcinus* < *porcus* = a swine]

porcupine [paw(r)°kū-pīn, প্য(র্)°কিউপাইন্‌] *n.* a spiny rodent, শজারু । [OF. *porc-espin* < L. *porcus* = a pig, *spina* = a spine]

pore$_1$ [paw(r), প্য(র্)] *v.i.* to gaze at or consider intently, একাগ্রভাবে দেখা বা বিবেচনা করা । **(to) pore over books**—একাগ্রভাবে পড়া । [?]

pore$_2$ [paw(r), প্য(র্)] *n.* a minute passage, (প্রধানতঃ গাত্রচর্মের) অতি ক্ষুদ্র রন্ধ্র, লোমকূপ । *a.* **po°rous**—সচ্ছিদ্র ; রন্ধ্রীয় ; রন্ধ্রবহুল, বহুরন্ধ্র । *n.* **porosity** [paw-ro°-si-ti, প্যর°সিটি], **po°rousnėss** । [F. < L. *porus* < Gk. *poros* = a passage]

pork [paw(r)k, প্য(র্)ক্‌] *n.* a swine's flesh as food, শূকরমাংস । *n.* **pork°-butcher**—যে কসাই বিক্রয়ার্থ শূকর মারে । *n.* **por°ker**—শূকরছানা ; খাদ্যরূপে প্রতিপালিত শূকর । *n.* **pork°ling**—শূকরশিশু বা ক্ষুদ্রকায় শূকর । *a.* **por°ky**—শূকরমাংসতুল্য বা সংক্রান্ত । *n.* **pork°-pie**—কিমা-করা শূকরমাংসে তৈয়ারি বড়া বা পিঠা । [F. *porc* < L. *porcus* = a hog]

pornocracy [por-no°-kra-si, প্য(র্)ন°ক্র্যাসি] *n.* dominant influence of harlots, (প্রধানতঃ দশম শতাব্দীতে রোমের শাসনকার্যে) বারাঙ্গনাদের কর্তৃত্বপূর্ণ প্রভাব । [Gk. *porne* = a whore, *kratos* = rule]

pornography [paw(r)-no°-gra-fi, প্য(র্)ন°গ্র্যাফি] *n.* obscene writing, painting, etc., অশ্লীল রচনা চিত্র প্রভৃতি । *n.* **porno°grapher**—অশ্লীল রচনাকার চিত্রকর প্রভৃতি । *a.* **pornŏgra°phic**—অশ্লীল রচনা চিত্র প্রভৃতি সম্বন্ধীয় ; অশ্লীল । [Gk. *porne* = a whore, *graphein* = to write, draw]

porosity, porous, porousness—see **pore**$_2$.

porphyry [paw(r)°-fi-ri, প্য(র্)°ফিরি] *n.* a kind of rock, (মূর্তিনির্মাণে ব্যবহৃত) অতি কঠিন বিবিধবর্ণ

শিলাবিশেষ। [Gk. *porphyrites*<*porphyros*=purple]

porpoise [paw(r)°-pas, প্য(র্)°প্যাস্] *n.* an animal of the dolphin family, শুশুকজাতীয় প্রাণিবিশেষ; (fig.) refuge, (আল.) আশ্রয়। [OF. *porpeis*<L. *porcus*=a hog, *piscis*—a fish]

porridge [po°-rij, প°রিজ্] *n.* a kind of pudding, (সচ. ফুটন্ত জলে জই গুলিয়া তৈয়ারি) পুডিং-বিশেষ, পরিজ্। **(to) save one's breath to cool one's porridge**—স্বীয় বুদ্ধি বিবেচনাদি নিজের কাজে লাগান। [altered form of *pottage*]

porringer [(po°-rin-za(r), প°রিন্জ্যা(র্)] *n.* a small dish for soup, porridge, etc., ঝোল পরিজ্ প্রভৃতি রাখার জন্য ক্ষুদ্র থালাবিশেষ। [see *porridge*—'*n*' from association with *messenger, passenger*]

port₁ [paw(r)t, প্য(র্)ট্] *n.* a kind of wine, মদ্যবিশেষ। [*Oporto* in Portugal]

port₂ [paw(r)t, প্যা(র্)ট্] **(1)** *n.* the left side of a ship, জাহাজের বামপার্শ্ব। **(2)** *v.t.i.* to turn left, বাঁ-দিকে ফেরান বা ফেরা। *p. & p. pt* **por°téd** I **on the port beam**—(জাহাজ-সম্বন্ধে) বামপার্শ্বে। [?]

port₃ [paw(r)t, প্য(র্)ট্] *n.* a harbour, বন্দর; a town with a harbour, যে নগরে বন্দর আছে, বন্দর-নগরী; (fig.) refuge, (আল.) আশ্রয়স্থান। **port of call**—যে বন্দরে অল্প সময়ের জন্য থামিয়া জাহাজ রসদ কয়লা প্রভৃতি সংগ্রহ করিতে পারে। **port of entry**—যে বন্দরে পণ্যদ্রব্যাদি আইনতঃ ঢুকিতে পারে। **any port in a storm**—বিপদের সময় (বাছবিচার না করিয়া) যেখানে সম্ভব সেখানে আশ্রয় বা সাহায্য লওয়া যায়। [L. *portus*=a gate]

port₄ [paw(r)t, প্য(র্)ট্] *n.* (obs.) a gate or gateway, (অপ্র.) দ্বার বা প্রবেশপথ; a town-gate, নগরদ্বার; an opening in the side of a ship, আলো-বাতাস প্রবেশার্থ জাহাজের পার্শ্বদেশস্থ দরজা জানালা বা গর্ত (also **port°hōle**)। [F. *porte*<L. *porta*=a gate]

port₅ [paw(r)t, প্য(র্)ট্] **(1)** *n.* bearing, আচরণ, চালচলন; carriage of the body, চলাফেরার ভঙ্গি, ঠাটঠমক; style of living, জীবনযাত্রার ধরন; the position of a ported weapon, (অস্ত্র) উর্ধ্বে তুলিয়া হেলাইয়া ধারণ। **(2)** *v.t.* to hold (weapon) in a slanting position upward across the body, (অস্ত্র) স্বীয় দেহ-বরাবর হেলাইয়া উর্ধ্বে তুলিয়া ধরা। *p. & p. pt.* **por°téd** I *a.* **por°table**—সহজে বহনীয়, সুবহ (a *portable* typewriter) I *n.* **portabi°lity** I *n.* **por°tāge**—বহন, বহনের ব্যয়। [F.<L. *portare*—to carry]

port₆ [paw(r)t, প্য(র্)ট্] *n.* a town with market privileges, বাণিজ্যের বিশেষ সুবিধাপ্রাপ্ত শহর; a borough, পৌরসঙ্ঘবিশিষ্ট নগরী। *n.* **port°reeve**—নগরীর মেয়র বা প্রধান শাসক। [?]

portable, portage—see **port₅**.

portal [paw(r)°tl, প্য(র্)°ট্‌ল্] *n.* a gate, (প্রধানতঃ জাঁকাল) দ্বার, দরজা, তোরণ; an entrance, প্রবেশ-পথ; the arch over a gate, দ্বারোপরি খিলান। [OF.<LL. *portale*<L. *porta*=a gate]

portamento [paw(r)-ta-men°-tō, প্য(র্)ট্যামেন্°-টৌ] *n.* (mus.) unbroken glide from one note to another, (সঙ্গীতে) এক স্বর হইতে অন্য স্বরে একটানা গড়াইয়া চলন। [It.=carrying]

portcullis [paw(r)t-ku°-lis, প্য(র্)ট্‌কা°লিস্] *n.* a grating raised and lowered to open or close a door, লোহার শিকে তৈয়ারি কপাটবিশেষ: ইহা তুলিয়া ও নামাইয়া দুর্গাদির দ্বার খোলা ও বন্ধ করা হয়। [OF. *porte coleice*=a sliding gate]

Porte [paw(r)t, প্য(র্)ট্] *n.* the Turkish imperial government, তুরকি সাম্রাজ্যের সরকার; the Ottoman court at Constantinople, কনস্ট্যান্টিনোপলে অবস্থিত তুরস্ক-সাম্রাজ্যের কার্যালয় বা দরবার। [F.=a gate (from the High Gate of the Ottoman court)]

porte-bonheur [paw(r)t°-bo-na(r)°, প্য(র্)ট্°-বন্যা(র্)°] *n.* a charm carried for luck, সৌভাগ্যলাভার্থ বাহিত মন্ত্রপূত তাবিজবিশেষ। [F.]

porte-cochere [paw(r)t-ko-sha(r)°, প্য(র্)ট্-কশ্যা(র্)°] *n.* a house entrance admitting a carriage, গাড়ি ঢোকার জন্য বাড়ির দরজা, দেউড়ি, গাড়িবারান্দা। [F.]

portend [paw(r)-tend°, প্য(র্)টেন্‌ড্°] *v.t.* to betoken, ভবিষ্যতের লক্ষণ দেখান (this *portends* a recurrence of the conflict) I *p. & p. pt.* **porten°déd** I *n.* **por°tent**—ভবিষ্যতের পূর্বলক্ষণ; অশুভ পূর্বলক্ষণ; অস্বাভাবিক বা বিস্ময়কর ব্যাপার অথবা বস্তু। *a.* **porten°tous**—পূর্বলক্ষণসূচক; অস্বাভাবিক; আকর্ষণীয়; পরম। *adv.* **porten°tously** I [L. *portendere*]

porter₁ [paw(r)°-ta(r), প্য(র্)°ট্যা(র্)] *n.* a door-keeper, দ্বাররক্ষী, দারোয়ান। *fem.* **por°terėss, port°rėss** I **porter's lodge**—দেউড়ির নিকটস্থ দারোয়ানের ঘর। *n.* **por°terāge**—দারোয়ানি। [OF. *portier*<LL. *portarius*<L. *porta*=a gate]

porter₂ [paw(r)°-ta(r), প্য(র্)°ট্যা(র্)] *n.* one who carries burden for hire, কুলি; মুটে; a dark-brown beer, একপ্রকার গাঢ়-কৃষ্ণ বিয়ার্ বা মদ। *n.* **por°terāge**—(মাল-) বহন; কুলিভাড়া। [OF. *porteour*<L. *portator*<*portare*=to carry]

portfolio [paw(r)t-fō°-li-ō, প্য(র্)ট্‌ফৌ°লিয়ৌ] *n.* a case for keeping loose papers, আলগা কাগজপত্র রাখার জন্য ব্যাগ বা খাতা; the office of a minister of government, মন্ত্রীর কার্যভার। **without a portfolio**—নির্দিষ্ট কার্যভারহীন। [It. *portafogli(o)*<L. *partare*=to carry, *folium*=a leaf]

porthole—see **port**$_4$.

portico [paw(r)°-ti-kō, প্যা(র্)°টিকৌ] *n.* a range of columns along the front or side of a building, অট্টালিকাদির সম্মুখস্থ বা পার্শ্বদেশস্থ স্তম্ভ-শ্রেণী ; a colonnade, সমান-সমান ব্যবধানে স্থাপিত স্তম্ভশ্রেণী বা তরুশ্রেণী। *pl.* **por°ticō(e)s**। [It. < L. *porticus* = a porch]

portière [paw(r)-tē(r)°, প্যা(র্)টিয়্যা(র্)°] *n.* a curtain over a door, ঘরের দরজায় বা প্রবেশ-পথে ঝোলান পরদা। [F.]

portion [paw(r)°sh(a)n, প্যা(র্)°শ্‌ন্] (1) *n. a* part, অংশ ; an allotted part, বণ্টিত অংশ, হিস্যা ; an amount of food served to one person, বরাদ্দ ; destiny, নিয়তি ; the part of an estate descending to an heir, সম্পত্তির যে অংশ উত্তরাধিকারীকে দেওয়া হইয়াছে ; a dowry, যৌতুক (a marriage *portion*)। (2) *v.t.* to divide into portions, অংশে অংশে ভাগ করা ; to allot as a share, অংশ বাটিয়া দেওয়া ; to furnish with a portion, উত্তরাধিকাররূপে সম্পত্তির ভাগ দেওয়া, যৌতুক দেওয়া। *a.* **por°tionless**—উত্তরাধিকারহীন ; যৌতুকহীন ; সম্পত্তিহীন। [OF. < L. *portio*]

Portland cement [paw(r)t°-land si-ment°, প্যা(র্)ট্‌°ল্যান্ড্ সিমেন্ট্°] a kind of excellent cement, একপ্রকার উৎকৃষ্ট সিমেনট বা বিলাতি মাটি। [Isle of *Portland* (this cement contains chalk of the colour of Portland stone)]

portly [paw(r)t°-li, প্যা(র্)ট্‌°লি] *a.* having a dignified mien, মর্যাদাপূর্ণ চালচলনবিশিষ্ট ; corpulent, হৃষ্টপুষ্ট, মোটাসোটা। *n.* **port°liness**। [see—*port*$_5$]

portmanteau [paw(r)t-man°-tō, প্যা(র্)ট্‌ম্যান্°-টৌ] *n.* a large travelling bag, ভ্রমণকালে জিনিসপত্র বহনের জন্য একপ্রকার বড় ব্যাগ বা বাক্স, পোর্টম্যান্টৃ। **portmanteau word**—দুইটি শব্দের ধ্বনি এবং অর্থ সংযুক্ত করিয়া গঠিত কৃত্রিম শব্দ। [F.]

portrait [paw(r)°-trit, প্যা(র্)°ট্রিট্] *n.* the likeness of a real person or animal, মানুষের বা জন্তুর প্রতিকৃতি ; a vivid description, প্রাঞ্জল বা স্পষ্ট বর্ণনা। *n.* **por°traitist**—প্রতিকৃতি-শিল্পী। *n.* **portraiture** [paw(r)°-tri-cha(r), প্যা(র্)°-ট্রিচ্যা(র্)] প্রতিকৃতি ; প্রতিকৃতিঅঙ্কন ; প্রতিকৃতিসমূহ, চিত্রাবলী ; চিত্রানুগ বর্ণনা। *v.t.* **portray** [paw(r)-trā°, প্যা(র্)ট্রেই°] প্রতিকৃতি অঙ্কন করা ; ভাষায় বর্ণনা করা। *n.* **por°trayal**—প্রতিকৃতিঅঙ্কন ; বর্ণনা। *n.* **por°trayer**। [OF. *po(u)rtrait* < *protrahere*]

portreeve—see **port**$_6$.

portress—see **porter**$_1$.

portuguese [paw(r)-tō-gēz°, প্যা(র্)টিউগীজ্°] (1) *n.* of Portugal, পর্টু´গালদেশীয়। (2) *n.* a native or the language of Portugal, পর্টু´-গালের লোক বা ভাষা। [Port. *Portugues*]

pose$_1$ [pōz, পৌজ্] (1) *n.* an attitude, ভঙ্গি। (2) *v.i.* to assume a pose, ভঙ্গি অবলম্বন করা। (3) *v.t.* to put in a suitable attitude, উপযুক্ত ভঙ্গিতে স্থাপন করা, উপযুক্ত ভঙ্গি দান করা ; to posit, যথাস্থানে রাখা ; to assert, জাহির করা ; to set up as, দাবি করা ; to propound, বিচারের বা সমাধানের জন্য উত্থাপন করা (to *pose* a question)। *n.* **pō°ser**। [F. = to place < LL. *pausare* < L. *pausa* = pause < Gk. *pausis*]

pose$_2$ [pōz, পৌজ্] *v.t.* to puzzle, কিংকর্তব্য-বিমূঢ় বা হতবুদ্ধি করা ; to perplex by questions, প্রশ্নের পর প্রশ্ন করিয়া বিহ্বল করা ; প্রশ্নবাণে জর্জরিত করা। *n.* **pō°ser**—যে বা যাহা হতবুদ্ধি করে ; হতবুদ্ধিকর কঠিন প্রশ্ন বা সমস্যা। [short. from *oppose*]

posé [pō-zā°, পৌজেই°] *a.* standing still, স্থির বা অনড় হইয়া আছে এমন। [F.]

Poseidon [po-sī°d(a)n, পসাই°ড্‌ন্] *n.* the Greek sea-god, গ্রীকদের সমুদ্র-দেবতা। [Gk.]

poser—see **Pose**$_{1, 2}$.

poseur [pō-za(r)°, পৌজ্যা(র্)°] *n.* an attitudinizer, যে ব্যক্তি ভঙ্গি করে বা ভঙ্গি করিতে দক্ষ। *fem.* **poseuse** [pō-zas°, পৌজ্যাস্°]। [F.]

posh [posh, পশ্] *a.* (sl.) smart, (অশি.) ফিট-ফাট ও চটপটে ; first-rate, superb, সর্বোৎকৃষ্ট (a *posh* hotel)। [< *polish* ?]

posit [po°-zit, প°জ়িট্] *v.t.* to set in place, যথাস্থানে রাখা (*posited* by natural agency) ; to postulate, (প্রধানতঃ তর্কের খাতিরে) সত্য বলিয়া মানিয়া লওয়া। *p.* & *p. pt.* **po°sited**। [L. *ponere* = to place]

position [pa-zi°sh(a)n, প্যাজ়ি°শ্‌ন্] (1) *n.* situation, অবস্থা, অবস্থান, অবস্থানস্থল ; attitude, disposition, দৃষ্টিভঙ্গি, মেজাজ, ধাত বা হাল ; state of affairs, ব্যাপারাদির হাল-চাল বা অবস্থা ; a proposition, বিচার্য বিষয়, (পরি.) প্রতিজ্ঞা ; social status, সামাজিক মর্যাদা বা প্রতিষ্ঠা ; high standing, উচ্চ পদমর্যাদা বা প্রতিষ্ঠা ; a post or appointment, কর্মচারীর পদ বা চাকরি। (2) *v.t.* to set in place, যথাস্থানে রাখা ; to locate, অবস্থান নির্ণয় করা। **(to) put (one) in a false position**—(কাহাকেও) বিশ্রী অবস্থায় ফেলা। *a.* **posi°tional**—অবস্থা অবস্থান হালচাল প্রভৃতি সম্বন্ধীয়। **positional play**—ফুটবল প্রভৃতি খেলায় খেলোয়াড় কর্তৃক যথাযথ স্থানে থাকিয়া খেলা। [F. < L. *positio* < *ponere* = to place]

positive [po°-z(a)tiv, প°জ়্টিভ্] (1) *a.* definitely or explicitly laid down, নির্দিষ্টরূপে বা স্পষ্টরূপে বর্ণিত ; express, স্পষ্ট ; beyond doubt, সন্দেহাতীত, নিশ্চিত (*positive* knowledge, proof, etc.) ; absolute, পরম (*positive* truth) ; (gr.) stating the quality simply without comparison, (ব্যাক.) তারতম্যহীন বিশেষণাত্মক বা

ক্রিয়াবিশেষণসূচক (*positive* degree) ; downright, পুরাদস্তুর, ডাহা (*positive* crime, nuisance, etc.) ; fully convinced, সম্পূর্ণ প্রত্যয় লাভ করিয়াছে বা নিশ্চিত হইয়াছে এমন ; over-confident, মাত্রাধিক আস্থাবান্ ; dealing with matters of fact, বাস্তব, বাস্তবিক ; concrete, বিমূর্ত ; material, পার্থিব, ভৌত ; actual, যথার্থ, প্রকৃত ; characterized by the presence of some quality, হাঁ-ধর্মী, (পরি.) পরা ; (math.) greater than zero, (গণি.) শূন্য অপেক্ষা অধিক, ধনাত্মক ; increasing, বর্ধমান ; (phot.) having the lights and shades not reversed, (আলোকচিত্রে) যে আলো ও ছায়া মূর্তি রূপায়িত করে তাহা উলটাইয়া দেখান হয় নাই এমন (cp. **negative**) ; of or producing positive electricity, হাঁ-ধর্মী বিদ্যুৎপ্রবাহসংক্রান্ত বা উহা উৎপাদনকর ; (chem.) basic, (রসা.) মৌলিক । (2) *n.* that which is positive, নির্দিষ্টরূপে অথবা স্পষ্টরূপে বর্ণিত বা নিশ্চিত বা পরম বস্তু কিংবা বিষয় ; reality, বাস্তব ; (math.) a positive quality, (গণি.) ধনরাশি ; the positive degree of an adjective or adverb, বিশেষণ বা ক্রিয়াবিশেষণের তারতম্যহীন মান ; a positive photographic plate, আলোছায়া উলটাইয়া প্রতিফলিত হয় না এমন আলোকচিত্রপট । *adv.* **po°ṡitively** । *n.* **po°ṡitiveness** । *n.* **po°ṡitivism**—স্পষ্টদৃষ্ট বস্তুই একমাত্র সত্য : Comte-এর এই মতবাদ ; (দর্শ.) দৃষ্টবাদ । *n.* **po°ṡitivist**—(দর্শ.) দৃষ্টবাদী । *a.* **poṡitivis°tic**—দৃষ্টবাদমূলক । *n.* **poṡiti°vity** । **positive sign**—ধনচিহ্ন (+) । [L. *positivus*=fixed by agreement]

positron [po°-zi-tron, প°জিট্রন্] *n.* a positive electron, হাঁ-ধর্মী বিদ্যুতিন । [*positive electron*]

posology [po-so°-la-ji, পস°ল্যাজি] *n.* study of the quantities in which medicine should be administered, the study of dosages, ঔষধের মাত্রাসংক্রান্ত বিদ্যা । [F. posologie]

posse [po°-si, প°সি] *n.* power, শক্তি, ক্ষমতা ; a force or body, (পুলিশ-কনস্টেবলদের) বাহিনী বা দল । **in posse**—ক্ষমতায় অধিষ্ঠিত । [L.=to be able]

possess [pa-zes°, প্যাজেস্°] *v.t.* to hold as property, ভোগদখল করা ; to own, (কিছুর) অধিকারী বা মালিক হওয়া ; to seize, (বলপ্রয়োগে) অধিকার করা ; to maintain, (মতাদি) পোষণ করা ; to occupy and dominate the mind of, (কাহারও) মনকে অধিকার করা বা শাসন করা ; আচ্ছন্ন বা আবিষ্ট করা ; to put in possession of, অধিকারী করা ; to inform, জ্ঞাপন করা, জানান । *a.* **posse°ssed**—অধিকারী ; অবগত ; আবিষ্ট, আচ্ছন্ন ; ভূতে-পাওয়া, ভূতাবিষ্ট (like one *possessed*) । *n.* **possession** [pa-ze°sh(a)n, প্যাজে°শ্‌ন্] possess-এর সকল অর্থে, এবং—ভূতাবেশ ; দখলীকৃত অধিকৃত বা প্রাপ্ত বস্তু বা বিষয়, সম্পত্তি ; অধিকৃত বিদেশী রাজ্য । **(to) take possession** (of)—মালিকানা প্রতিষ্ঠিত করা, দখল করা । **posse°ssive**—(1) *a.* অধিকারসূচক বা মালিকানা-সূচক ; (ব্যাক.) সম্বন্ধসূচক । (2) *n.* (ব্যাক.) সম্বন্ধপদ বা সম্বন্ধসূচক কারক । *adv.* **posse°ssively** । *n.* **posse°ssiveness** । [OF. *possesser*<L. *possidere*]

posset [po°-sit, প°সিট্] *n.* a hot drink of milk with wine, etc., মদ্য মশলা প্রভৃতির সহিত মিশ্রিত গরম দুগ্ধের পানীয়বিশেষ । [ME. *poschote, possot*<?]

possible [po°-sabl, প°স্যাব্‌ল্] (1) *a.* that may exist or happen, সম্ভাব্য, সম্ভব ; that may be done, সাধ্য, সাধ্যগত ; not contrary to the nature of things, প্রকৃতিবিরুদ্ধ নহে এমন ; practicable, কার্যকর ; tolerable or acceptable, সহনসাধ্য বা গ্রহণযোগ্য (a *possible* way of doing a thing) । (2) *n.* a possibility, সম্ভাবনা ; a possible object, সম্ভব বা সাধ্যগত বা প্রকৃতিগত বা কার্যকর বস্তু অথবা বিষয় ; tolerable person or thing, সহনসাধ্য বা গ্রহণযোগ্য ব্যক্তি অথবা বস্তু ; the highest possible marks or score, যথা-সম্ভব প্রাপ্তিসাধ্য নম্বর পয়েনট্ প্রভৃতি (he scored a *possible* at ten thousand metres) । *n.* **possibi°lity**—সম্ভাবনা ; সম্ভাব্য বস্তু বা বিষয় । *adv.* **po°ssibly** । [L. *possibilis*<*posse*=to be able]

possum, 'possum [po°-sam, প°স্যাম্] contr. of **opossum** । **(to) play possum**—মৃত বলিয়া ভান করা ।

post-$_1$ [pōst, পৌস্ট্] *pfx.* after, behind, পরে, পিছনে । *v.t.* **pōst°-dāte°**—প্রকৃত সময়ের বা সই করার সময়ের পরবর্তী তারিখ দেওয়া (to *post-date* a cheque) । *p.* & *p. pt.* **pōst°-dā°ted** । *a.* **pōst-dilu°vial**—বাইবেলে বর্ণিত মহাপ্লাবনের পরবর্তী । **pōst-dilu°vian**—(1) *a.* মহাপ্লাবনের পরবর্তীযুগীয় । (2) *n.* উক্ত যুগীয় লোক । *a.* **pōst-graduate** [pos(t)-gra°-dū-it, পৌস্‌গ্র্যা°ডিউইট্] বি.এ. বা অনুরূপ উপাধি-লাভের পরবর্তী, স্নাতকোত্তর । *a.* **post-na°tal**—(সন্তান) জন্মোত্তর । *a.* **post-nup°tial**—বিবাহোত্তর । *a.* **pōst-pran°dial**—ভোজনের পরবর্তী, ভোজনোত্তর (a *post-prandial* walk) । *n.* **postscript** [pōs°-(s)-kript, পৌস্°-ক্রিপ্ট্] চিঠিতে লেখকের সইয়ের পরে পুনশ্চ দিয়া সংযোজিত অংশ ; বইয়ের উপসংহারের পরে সংযোজিত অংশ । *a.* **pōst°war°**—যুদ্ধোত্তর । [L.]

post$_2$ [pōst, পৌস্ট্] (1) *n.* a stout, stiff stake or pillar, (সচ. খাড়াভাবে স্থাপিত) খুঁটি বা স্তম্ভ ; the winning-post, ধাবন-প্রতিযোগিতাদিতে জয়লাভার্থ যে খুঁটি সর্বাগ্রে ছুঁইতে হয় ; the starting-post, যাত্রারম্ভস্থলে স্থাপিত খুঁটি । (2) *v.t.* to stick up on a post, board, door, wall, etc., খুঁটি তক্তা দরজা দেওয়াল প্রভৃতিতে লটকান (to *post* a bill) ; to announce or advertise by placard, প্রাচীরপত্র বা ইশতিহার লটকাইয়া দিয়া ঘোষিত অথবা বিজ্ঞাপিত করা ; to affix a bill to, (কিছুতে)

বিজ্ঞাপন মারা। *p.* ও *p. pt.* **pōs°tėd** | **deaf as a post**—বদ্ধকালা। *n.* **pōs°ter**—প্রাচীরপত্র। **poster colours**—প্রাচীরপত্রে ব্যবহৃত রঙসমূহ। [L. *postis*=a door-post]

post$_3$ [pōst, পৌস্‌ট্] (**1**) *n.* a fixed place or station (প্রধানতঃ সৈনিকদের) নির্দিষ্ট অবস্থানস্থল বা থানা; a fixed place of duty, পাহারাদির জন্য নির্দিষ্ট অবস্থানস্থল; a fixed place on a road for forwarding letters and change of horses, চিঠিপত্রের অগ্রানয়নের জন্য ও ভাড়াটে ঘোড়া বদলানর জন্য পথিমধ্যস্থ নির্দিষ্ট স্থান; a body of men stationed at a post, নির্দিষ্ট থানায় অবস্থিত ব্যক্তিবর্গ বা দল; a trading station, বাণিজ্যস্থল, গঞ্জ; an office or employment, কর্মচারীর পদ বা চাকরি; a public letter-carrier, ডাকহরকরা; the postal system or department, ডাকব্যবস্থা বা ডাকবিভাগ; a mail-coach, ডাকগাড়ি; a despatch or delivery of letters, প্রেরিত বা বিলি-করা চিঠিপত্রসমূহ (I had a heavy *post* yesterday); a batch of letters, চিঠিপত্রের তাড়া; a post-office, ডাকঘর; a post-office letter-box, ডাকবাক্স; (poet.) haste, (কাব্যে) ত্বরা; a size of paper, কাগজের আয়তনের মাপবিশেষ; a name given to a newspaper, সংবাদপত্রের নামবিশেষ (Morning *Post*)। (**2**) *v.t.* to station, (থানাদিতে) স্থাপন করা; to entrust to the post-office for transmission, (চিঠিপত্রাদি) ডাকে দেওয়া; (in book-keeping) to enter in a book, or to transfer to another book, জমাখরচের খাতায় বা অন্য খাতায় তোলা; (poet.) to transfer to another, (কাব্যে) অন্যের উপর (দোষাদি) চাপান; to appoint to a post, কোন পদে নিযুক্ত করা; to supply with necessary information, প্রয়োজনীয় তথ্যাদি জ্ঞাপন করা বা সরবরাহ করা। (**3**) *v.i.* to travel with post-horses, ডাকবাহী ঘোড়ার সঙ্গে সঙ্গে যাওয়া; to go speedily, দ্রুত চলা। *p.* ও *p. pt.* **pōs°tėd** | (**4**) *adv.* speedily, দ্রুতবেগে। **by return of post**—ফেরত ডাকে। *n.* **pōs°tåge**—ডাকমাশুল। *n.* **pōs°tåge-stamp**—ডাকটিকিট। *a.* **pōs°tal**—ডাকবিভাগ-সংক্রান্ত বা ডাক-সংক্রান্ত (*postal* charges, a *postal* vote, etc.)। **postal order**—ডাকবিভাগের মারফত টাকা প্রেরণের ব্যবস্থাবিশেষ। **postal union**—ডাকবিভাগের কর্মিসজ্ঘ। *n.* **pōst°-bag**—চিঠিপত্রাদি-বহনার্থ ডাকখানার থলি বা ব্যাগ্; একবারের ডাকে প্রাপ্ত চিঠিসমূহ। *n.* **pōst°-boy**—যে বালক ডাকবাহী ঘোড়ায় চড়িয়া যায় বা ডাক বহন করে। **post box**—নির্দিষ্ট ব্যক্তির নামে আগত চিঠিপত্রাদি রাখার জন্য ডাকঘরে রক্ষিত বাক্স (উক্ত ব্যক্তিকে ঐ বাক্সের জন্য ভাড়া দিতে হয় এবং বাক্সের চাবি তাহার নিকট থাকে)। *n.* **pōst°card**—পোস্টকার্ড। *n.* **pōst°-chaise**—পূর্বে ইউরোপে পথের নির্দিষ্ট স্থানসমূহে যে যাত্রিবাহী অশ্বযান ভাড়া পাওয়া যাইত। **pōst°-free°**—(**1**) *a.* ডাকমাশুল লাগে না এমন বা পূর্বেই ডাকমাশুল প্রদত্ত হইয়াছে এমন। (**2**) *adv.* বিনা ডাকমাশুলে। **pōst°hāste°**—(**1**) *n.* ডাকগাড়িতুল্য বা ডাকবাহী অশ্বতুল্য ভ্রমণ-বেগ। (**2**) *a.* ত্বরান্বিত, দ্রুত, অবিলম্ব। (**3**) *adv.* যৎপরোনাস্তি ত্বরাসহকারে বা বেগে। *n.* **pōst°-horn**—পূর্বে (ইউরোপে) ডাকহরকরারা যে শিঙ্গা বাজাইতে বাজাইতে চিঠিপত্র লইয়া ছুটিত। *n.* **pōst°horse**—ডাকবাহী ঘোড়া। *n.* **pos°ting**—ডাকে দেওয়া। *n.* **pōst°man**—ডাকহরকরা। *fem.* **pōst°woman** | *n.* **pōst°mark**—চিঠিপত্রে (বিশেষতঃ ডাকটিকিটে) প্রদত্ত ডাকখানার ছাপ। *n.* **pōst°master**—ডাকঘরের কর্তা, পোস্টমাস্টার, (পরি.) ডাক-আধিকারিক। *fem.* **pōst°mistrėss** | **Postmaster General**—ডাকবিভাগের ভারপ্রাপ্ত মন্ত্রী; (ভারতে) ডাকবিভাগের অধ্যক্ষ, (পরি.) মহাপ্রৈষাধিকারিক, বড়-ডাককর্তা। *n.* **pōst°-office**—ডাকঘর, পোস্টাফিস। **Post Office**—ডাক-বিভাগ। **General Post Office**—(রাজ্যের) প্রধান ডাকঘর, (পরি.) মহাপ্রৈষাধিকরণ। **pōst°-paid**—(**1**) *a.* পূর্বাহ্নেই ডাকমাশুল প্রদত্ত হইয়াছে এমন। (**2**) *adv.* পূর্বাহ্নেই ডাকমাশুল প্রদান করিয়া। [F. *poste*<It. *posta*, *posto*<L. *ponere*=to place]

poster—see **post**$_2$.

poste restante [pōst°-res-tūnt°, পৌস্‌ট্°রেস্‌টাঁট্°] *n.* a department of a post-office where letters are kept till called for, প্রাপক না আসা পর্যন্ত তাহার নামে প্রেরিত চিঠিপত্রাদি রাখার জন্য ডাকঘরের বিভাগ। [F.]

posterior [pos-tēr°-e(r), পস্‌টিয়্যার্°ইয়্যা(র্)] (**1**) *a.* coming after, পরে আসে এমন; later, পরবর্তী; hinder, পশ্চাদ্বর্তী, পিছনের বা পাছার দিকের। (**2**) *n.* (usu. in *pl.*) descendants, বংশধরগণ; (usu. in *pl.*) buttocks, নিতম্বদ্বয়, পাছা; (poet.—in *pl.*) latter part, পরবর্তী অংশ। *n.* **posteriority** [pos-tēr-i-o°-ri-ti, পস্‌টিয়্যারইঅ°রিটি]। *adv.* **postēr°iorly** | *n.* **posterity** [pos-te°-ri-ti, পস্‌টে°রিটি] পরে আগমনকারী ব্যক্তিবর্গ, বংশধরগণ (for the benefit of *posterity*); উত্তরপুরুষ; [L. (*a.*)]

postern [po°-sta(r)n, পো°স্‌ট্যা(র্)ন্] *n.* a back door, পিছনের দরজা, খিড়কি। [OF. *posterne*<L. *posterula*]

postface [pōst°-fās, পৌস্ট্‌°ফেইস্] *n.* brief comment or note at the end of a book, পুস্তকের শেষে সংক্ষিপ্ত মন্তব্য বা ব্যাখ্যা। [*post*-$_1$, *preface*]

posthumous [pos°-tū-mas, পস্°টিউম্যাস্] *a.* after death, মৃত্যুর পরবর্তী; born after the father's death, পিতার মৃত্যুর পরে জাত; published after the author's death, রচয়িতার

মৃত্যুর পরে প্রকাশিত। *adv.* **pos°thūmously**। [L. *posthumus*]

postiche [pos-tēsh°, পস্‌টীশ্‌°] *n.* coil of false hair worn as adornment, wig, শোভা বর্ধনার্থ কৃত্রিম চুলের বিনুনী, পরচুলা। [F.<It. *posticcio*]

postil [pos°-til, পস্‌°টিল্‌] *n.* a marginal note, (প্রধানতঃ বাইবেলের) পৃষ্ঠার প্রান্তস্থ টীকা বা মন্তব্য : a commentary, টীকাগ্রন্থ। [OF. *postile*<LL. *postilla*]

postil(l)ion [pas-ti°-li-an, প্যাস্‌টি°লিয়্যান্‌] *n.* one who guides the horses of a carriage riding on one of them, যে ব্যক্তি শকটবাহী ঘোড়াগুলির একটিতে চড়িয়া সবগুলিকে চালায়। [F. *postillon*<It. *postiglione*<*posta*=post]

post meridiem [pōst°-me-ri°-di-em, পৌস্‌ট্‌°-মেরি°ডিএম্‌] *ph.* afternoon, অপরাহ্ণ। *a.* **post°-meri°dian**—অপরাহ্ণকালীন। [L.]

post mortem [pōs(t)°-maw(r)°-tem, পৌস্‌(ট্‌)°-ম্য(র্‌)°টেম্‌] (**1**) *a.* after death, মৃত্যুর পরবর্তী মরণোত্তর। (**2**) *n.* an autopsy, শবদেহের পরীক্ষা, ময়নাতদন্ত। [L.]

post-obit [pōst-o°-bit, পৌস্‌টঅ°বিট্‌] *n.* a bond given by an expectant heir for money to be paid on succession to the property, সম্ভাব্য উত্তরাধিকারলাভের পর ঋণ পরিশোধ করা হইবে : এই মর্মে প্রদত্ত তমসুক। [L. *post obitum*=after death]

postpone [pōs(t)-pōn°, পৌস্‌পৌন্‌°] *v.t.* to put off to a future time, ভবিষ্যতের জন্য স্থগিত রাখা, মুলতবি রাখা (to *postpone* a meeting) ; to delay, বিলম্বিত করান। *n.* **pōstpōne°ment**। [L. *postponere*]

postulant—see **postulate.**

postulate [pos°-tū-lāt, পস্‌°টিউলেইট্‌] (**1**) *v.t.i.* to demand, দাবি করা। (**2**) *v.t.* to take for granted, (তর্কাদির খাতিরে) স্বীকার করিয়া বা মানিয়া লওয়া ; to nominate subject to sanction of ecclesiastical authority, যাজকীয় কর্তৃপক্ষের অনুমোদন-সাপেক্ষ মনোনীত করা। *p.* & *p. pt.* **pos°tūlātėd**। *n.* **pos°tūlate**—শর্ত ; তর্কাদির খাতিরে স্বীকৃত বিষয় ; মৌলিক নীতি ; স্বতঃসিদ্ধ বলিয়া স্বীকৃত অবস্থা ; (জ্যামি.) সম্ভাব্য বলিয়া স্বীকৃত বিষয়, (পরি.) স্বীকার্য ; প্রয়োজনীয় শর্ত। *n.* **pos°tūlant**—আবেদক ; প্রার্থী। *n.* **postūlā°tion**। [L. *postulare*]

posture [pos°-cha(r), পস্‌°চ্যা(র্‌)] (**1**) *n.* relative disposition of parts, (প্রধানতঃ দেহের) অঙ্গবিন্যাস ; carriage, attitude, pose, চালচলন, ভঙ্গি, দেহভঙ্গি ; state of affairs, অবস্থা, হালচাল ; mental disposition, মেজাজ। (**2**) *v.t.* to place in a particular way, নির্দিষ্ট বা বিশেষ ভঙ্গিতে বিন্যস্ত করা অথবা স্থাপিত করা। (**3**) *v.i.* to assume a posture, ভঙ্গি করা ; to pose, ভান বা ঢঙ করা। [F.<L. *postura*]

posy [pō°-zi, পৌ°জ়ি] *n.* a motto, অঙ্গুরীয়কাদিতে মীনা-করা নীতিবাণী ; a bunch of flowers, পুষ্পগুচ্ছ (also **po°sy-ring**)। [see *poesy*]

pot$_1$ [pot, পট্‌] (**1**) *n.* a rounded vessel for holding liquids or solids, কিছু রাখার জন্য বা রাঁধার জন্য বা গাছগাছড়া জন্মানর জন্য ঘট ঘটি বাটি টব্‌ অথবা অনুরূপ পাত্র ; earthenware, মৃন্ময় পাত্র ; (in billiards) a pocket, or a stroke that sends the ball into a pocket, (বিলিআর্ড্‌-খেলায়) যে পকেটের বা খোপের মধ্যে বল ফেলিতে হয় অথবা যে আঘাতে উক্ত খোপের মধ্যে বল পড়ে ; a size of paper, কাগজের আয়তনের মাপবিশেষ (also **pott**—ইহার মাপ ১২″×১৫″, পূর্বে ইহাতে ঘটির জলছাপ থাকিত) ; an important person, গণ্যমান্য ব্যক্তি (usu. a **big pot**) ; (coll.) a large sum of money, প্রচুর পরিমাণ অর্থ (to make *pots* of money)। (**2**) *v.t.* & *v.i.* to put in a pot, পাত্রমধ্যে রাখা ; to plant or grow in a pot, টবের মধ্যে রোপণ করা বা জন্মান (to *pot* or *pot up* rose cuttings) ; to shoot for or send into the pot, (বিলিআর্ড্‌-খেলায়) পকেট লক্ষ্য করিয়া (বলকে) আঘাত করা বা আঘাত করিয়া পকেটে ফেলা ; to shoot at, গুলি করা (to *pot at* a rabid dog)। *pr. pt.* **po°tting**। *p.* & *p. pt.* **po°ttėd**। **(to) go to pot**—সর্বনাশগ্রস্ত বা ধ্বংসপ্রাপ্ত হওয়া। **(to) keep the pot (a-)boiling**—জীবনধারণার্থ আবশ্যক দ্রব্যাদি সংগ্রহ করা ; অবিরাম তৎপরতা বজায় রাখা বা চটপট্‌ করিয়া চলিতে থাকা। **the pot calls the kettle black**—চালুনি বলে : সুচ তোর পিছনে কেন ছেঁদা। *n.* **pot°-boiler**—শুধু জীবিকার্জনার্থ রচিত সাহিত্য ; উক্ত সাহিত্য-রচয়িতা। *a.* **pot°-bellied**—স্ফীতোদর, নাদাপেটা, ভুঁড়িওআলা। *n.* **pot°-belly**—ভুঁড়িওয়ালা লোক। *a.* **pot°-bound**—(টবে বর্ধিত গাছ সম্বন্ধে) শিকড়ে সমস্ত টব পূর্ণ হইয়া গিয়াছে এমন। *n.* **pot°-boy**—মদের দোকানে যে পরিচারক ক্রেতাদের শূন্য পাত্র বিয়ার প্রভৃতিতে পূর্ণ করে। *n.* **pot°-ful**—এক পাত্রে যত ধরে তত পরিমাণ। *n.* **pot-hat**—(অশি.) গোলাকার নরম পশমি টুপিবিশেষ। *n.* **pot°-head**—বোকা লোক। *n.* **pot°-herb**—খাদ্যাদি সুগন্ধ করণার্থ লতাপাতা (যেমন, ধনেপাতা)। *n.* **pot°-hōle**—ঘটাকার গর্ত ; জলস্রোতদ্বারা সৃষ্ট পর্বতাদির গাত্রে বা রাস্তার মধ্যে গভীর গর্ত, (পরি.) মন্থকূপ, ভ্রমিচ্ছিদ্র। *n.* **pot°-hōler**—গুহামধ্যে মন্থকূপ সন্ধানকারী। *n.* **pot°-hook**—উনানের উপরে ঘট প্রভৃতি ঝুলাইয়া রাখার জন্য দেওয়ালাদির গাত্রে প্রোথিত আঙ্‌টা পেরেক ইত্যাদি। *n.* **pot°-house**—মদের দোকান ; শৌণ্ডিকালয়। *n.* **pot°-hunter**—যে ব্যক্তি খাদ্যলাভার্থ শিকার করে ; পুরস্কারাদি লাভের জন্য প্রতিযোগিতাকারী। *n.* **pot°-hunting**—খাদ্যলাভার্থ শিকারসন্ধান ; পুরস্কারাদিলাভার্থ প্রতিযোগিতাদিতে যোগদান। *n.* **pot°-luck°**—সহসা আগত অতিথিকে দিবার মত যে (ভুক্তাবশিষ্ট) খাদ্য হাঁড়িতে থাকে, খাওয়ার মত যাহা-কিছু আছে। *n.* **pot°-man**—same as

pot°-boy । *n.* **pot°-plant**—টবে বর্ধিত গাছ । *n.* **pot°-shot**—(বিলিআর্ডে) আঘাত করিলে বল পকেটে পড়িবেই এমন সহজ মার ; খুব সহজ নাগালের মধ্য হইতে অর্থাৎ খুব নিকট হইতে আঘাত বা মার ; আকস্মিক বা এলোপাতাড়ি আঘাত অথবা মার । *a.* **po°ttėd**—(পুস্তকাদি সম্বন্ধে) সংক্ষেপিত ; (বিলিআর্ড খেলায়) বল গর্তে ফেলা হইয়াছে এমন । [late OE. *pott*—cp. G. *pott.* F. *pot.* Sans. *patra*]

pot₂ [pot, পট্] *n.* (sl.) marijuana, (অশি.) গাঁজা । *n.* **pot-head**—গাঁজাখোর । [Mex. Sp. *potiguaya*]

potable [pō°-tabl, পৌ°ট্যাব্‌ল্] *a.* drinkable, পানযোগ্য, পেয় । [L. *potabilis* < *potara* = to drink]

potamic [pot-am°-ik, পট্‌অ্যাম্°ইক্] *a.* of rivers, নদীসংক্রান্ত, নদী-বিষয়ক । *n.* **potamo°logy**—নদী-বিজ্ঞান । [Gk. *potamos* = a river]

potash [po°-tash, প°ট্যাশ্] *n.* a powerful alkali, শক্তিশালী রাসায়নিক ক্ষারবিশেষ । *n.* **potassium** [pa-ta°-si-am, প্যাট্যা°সিয়্যাম্] উক্ত রাসায়নিক ক্ষারজ শ্বেতবর্ণ ধাতুবিশেষ । [*pot, ash*]

potation [pō°-tā°sh(a)n, পৌটেই°শ্‌ন্] *n.* drinking, পান ; a draught, পানীয়ের ঢোক বা চুমুক ; liquor, মদ্য । *a.* **pō°tatory** । [L. *potationis* < *potare* = to drink]

potato [p(a)-tā°-tō, পটেই°টৌ] *n.* a kind of plant in tubers, or its tuber, আলুগাছ বা আলু । **hot potato**—(অশি.) বিতর্কের বা অস্থবিধাজনক বিষয় বা ব্যাপার । **small potatoes**—নগণ্য ব্যক্তি বা বস্তু । **the (clean) potato**—ঠিক বস্তু বা কাজ । **potato beetle**—যে পোকায় আলুগাছের পাতা খাইয়া ফেলে । *n. pl.* **potā°tō-chips°**—পাতলা-পাতলা ফালি করিয়া ভাজা আলু । [Sp. *patata* < Haitian *batata*]

potent [pō°t(a)nt, পৌ°ট্‌ন্ট্] *a.* powerful, ক্ষমতাবান্, শক্তিশালী ; strongly acting upon, (ঔষধাদি-সম্বন্ধে) প্রবলভাবে কার্যকর ; cogent, (যুক্তি প্রভৃতি সম্বন্ধে) অকাট্য, অখণ্ডনীয় । *n.* **pō°tence**—শক্তি ; T-আকারের দণ্ডবিশেষ ; ঘড়ির অংশবিশেষ । *n.* **pō°tency**—শক্তি ; শক্তিশালিতা ; কার্যকরতা । *n.* **pō°tentāte**—ক্ষমতাবান্ ব্যক্তি ; নৃপতি, রাজা । **potential** [pa-ten°sh(a)l, প্যাটেন্°শ্‌ল্] (**1**) *a.* ক্ষমতাবান্, শক্তিশালী ; কার্যকর ; অন্তরে গুপ্ত বা সুপ্ত ; অস্তিত্ব সম্ভব হইলেও বস্তুত: নাই এমন ; (ব্যাক.) সম্ভাবনাসূচক । (**2**) *n.* সম্ভাব্য বস্তু বা বিষয় ; (ব্যাক.) সম্ভাবনাসূচক ক্রিয়াভাব বা ক্রিয়াপদ । **potential energy**—অবস্থানহেতু কোন পদার্থে নিহিত কার্যক্ষমতা । *n.* **potentiality** [pa-ten-shi-a°-li-ti, প্যাটেন্‌শিঅ্যা°লিটি] । *adv.* **pōten°tially** । *v.t.* **potentiate** [pō-ten°-shi-āt, পৌটেন্°শিএইট্] শক্তি ক্ষমতা বা অধিকার দান করা । *p.* & *p. pt.* **pōten°tiātėd** । *adv.* **pō°tently** । [L. *potens* = being able]

pother [po°-dha(r), প°দ্যা(র্)] *n.* choking smoke or dust, শ্বাসরোধী ধোঁয়া বা ধুলা ; noise. চেঁচামেচি ; fuss, অকারণ হৈচৈ ; commotion, বিক্ষোভ । [?]

potion [pō°sh(a)n, পৌ°শ্‌ন্] *n.* a draught, পানীয়ের এক ঢোক বা চুমুক ; a dose of liquid medicine or poison, এক মাত্রা তরল ঔষধ বা বিষ । [F. < L. *potio* < *potare* = to drink]

pot-pourri [pō°-poo°-ri, পৌ°পু°রি] *n.* (ori.) a mixed stew, (মূলতঃ) বিভিন্ন দ্রব্যে প্রস্তুত ঝোল ; a mixture of sweet-scented materials, বিভিন্ন সুগন্ধ দ্রব্যের বিশেষতঃ ফুলের পাপড়ির মিশ্র ; a literary or musical medley, বিভিন্ন সাহিত্যের বা সঙ্গীতের মিশ্রণ । [F. = rotten pot]

potsherd [pot°-sha(r)d, পট্°শ্যা(র্)ড্] *n.* a piece of broken pottery, ভাঙ্গা মৃন্ময় পাত্রাদির টুকরা । [*pot, sherd*]

pottage [po°-tij, প°টিজ্] *n.* (arch.) boiled vegetables, (আর্ষ.) সিদ্ধ-করা তরিতরকারি ; a (thick) soup, (ঘন) ঝোল (তু. ডালনা) । [F. *potage* < *pot* = pot]

potter₁ [po°-ta(r), প°ট্যা(র্)] *v.i.* to work in a feeble manner, ক্ষীণভাবে বা অনিচ্ছাভরে কাজ করা (to *potter* at or in an occupation) ; to dawdle, হেলাফেলায় সময় নষ্ট করা (to *potter* away one's time) । *adv.* **potteringly** । [obs. *pote* = to push ?]

potter₂ [po°-ta(r), প°ট্যা(র্)] *n.* a maker of earthenware, কুমোর, কুম্ভকার । **potter's field**—নিঃস্ব পরিচয়হীন বা তৎশ্রেণীর ব্যক্তিদের সমাধিক্ষেত্র । **potter's wheel**—কুমোরের চাক । *n.* **po°ttery**—মৃন্ময় পাত্রাদি ; মৃন্ময় পাত্রাদি তৈয়ারির কারখানা, কুম্ভকারশালা ; মৃন্ময় পাত্রাদি নির্মাণের বিদ্যা ; মৃৎশিল্প । [see *pot*]

potty [po°-ti, প°টি] *a.* insignificant, তুচ্ছ ; unimportant, গুরুত্বহীন ; foolish or crazy, বোকা বা খেপাটে (a *potty* fellow) । [?]

pouch [powch, পাউচ্] (**1**) *n.* a small bag or pocket, ক্ষুদ্র থলি, বটুয়া ; a pouchlike structure in some animals, কোন কোন জন্তুর দেহস্থ থলি (যেমন, ক্যাঙ্গারুর পেটের থলি) । (**2**) *v.t.* to put into a pouch, থলির মধ্যে রাখা ; to form into a pouch, থলির ন্যায় আকার দান করা । (**3**) *v.i.* to form a pouch, থলির ন্যায় আকার লাভ করা । *p.* & *p. pt.* **pou°ched** । *a.* **pou°chy**—থলির ন্যায় আকারবিশিষ্ট । [ONF. *pouche*]

pouf(fe) [pōōf, পূফ্] *n.* a large hassock, চেয়ার প্রভৃতিতে পাতার জন্য গদি । [F. *pouf*]

poulard [pōō-lŭ(r)d°, পুলা(র্)ড্°] *n.* a spayed or fattened hen, যে মুরগির ডিম্বাশয় অপসারণ করা হইয়াছে বা পরিপুষ্ট মুরগি । [F. *poularde* < *poule* = hen]

poult [pōlt, পৌল্ট্] *n.* a chicken, কুক্কুটশাবক ; the young of any domestic fowl or game bird, গৃহপালিত বা শিকারযোগ্য পাখির ছানা। *n.* **poul°terer,** (poet.) **poul°ter**—কুক্কুটাদি ; কুক্কুটাদির মাংস-বিক্রেতা। *n.* **poul°try**—কুক্কুটাদি গৃহপালিত পক্ষিসমূহ। *n.* **poul°try-farm**—কুক্কুটাদি পালনের প্রতিষ্ঠান। [F. *poulet*, dim. of *poule* < LL. *pulla* = hen]

poultice [pōl°-tis, পৌল্°টিস্] (1) *n.* a soft composition applied in a cloth to sores, নেকড়ায় করিয়া যে নরম প্রলেপ ক্ষতাদিতে বাঁধিয়া দেওয়া হয়, পুলটিস। (2) *v.t.* to put a poultice upon, পুলটিস বাঁধিয়া দেওয়া। *p.* & *p. pt.* **poul°ticed**। [L. *pultes*, *pl.* of *pultis* = porridge < Gk. *poltos*]

poultry—see **poult.**

pounce₁ [powns, পাউন্স্] *n.* a powder for pattern-tracing or absorbing ink, নকশাদি-অঙ্কনার্থ বা কালি শোষণের জন্য চূর্ণবিশেষ। [F. *ponce* = pumice]

pounce₂ [powns, পাউন্স্] (1) *n.* a hawk's claw, বাজপাখির নখর ; a sudden swoop to seize, কিছু লইবার জন্য ছোঁ (to make a *pounce*)। (2) *v.t.* to seize with the claws, নখরদ্বারা আঁকড়াইয়া ধরা। (3) *v.i.* to make a swoop, ছোঁ মারিয়া নামা (to *pounce* upon a prey) ; to dart, তীরবেগে ছুটিয়া যাওয়া। *p.* & *p. pt.* **poun°ced**। [?]

pound₁ [pound, পাউন্ড্] *n.* an enclosure in which strayed animals or distrained goods are kept, বিপদগামী পশু বা ক্রোক-করা মালপত্র রাখার জন্য ঘেরাও-করা স্থান খোঁয়াড় বা গুদাম। *n.* **poun°dage₁**—খোঁয়াড়ে আটকাইয়া রাখার বাবদ মাশুল। [OE. *pund* = enclosure]

pound₂ [pownd, পাউন্ড্] *n.* a unit of weight, বিভিন্ন ওজনের মাপবিশেষ প্রায় 454 গ্রাম। ইহার চিহ্ন (lb.) ; a unit of English money, ইংল্যান্ডের মুদ্রাবিশেষ, ইহার চিহ্ন (£) ; a unit of money, বিভিন্ন দেশীয় মুদ্রাবিশেষ। *n.* **poun°dage₂**—(ওজনের) পাউন্ড্-প্রতি ধার্য শুল্ক বা কর ; পাউণ্ড-প্রতি বাট্টা দালালি লাভ প্রভৃতি ; *n.* **poun°dal**—বলের একক (অর্থাৎ যে বল এক পাউণ্ড ভরের উপরে প্রযুক্ত হইয়া প্রতি সেকেণ্ডে এক ফুট বেগ সঞ্চার করে), বলের ফুট-পাউণ্ড-সেকেণ্ড একক। **poun°der₁**—নির্দিষ্ট পাউন্ড্ ওজনবিশিষ্ট বস্তু ; নির্দিষ্ট ওজনের জিনিসপত্রবাহী বস্তু (three-*pounder* = ৩ পাউন্ড ওজনের গুলি-বারুদ বহনে সক্ষম বন্দুক) ; নির্দিষ্ট পাউন্ড্ মূল্যবিশিষ্ট বস্তু (five-*pounder*—৫ পাউন্ড্ মূল্যের নোট)। [OE. *pund*—cp. Du. *pond* < L. *poudo* = by weight]

pound₃ [pound, পাউন্ড্] (1) *v.t.* to beat to pieces or powder, আঘাত করিয়া টুকরা টুকরা করা বা গুঁড়ান ; to beat with a pestle, মুষলাদি-দ্বারা পিটান, পেষা। (2) *v.i.* to beat, প্রহার করা ; to fire heavy shot, ভারী গোলাবর্ষণ করা to thump, ভূতলে আঘাত করা ; to trudge heavily, ক্লান্তিভরে পা টানিয়া চলা (to *pound* along a road) ; to struggle on, কষ্ট করিয়া অগ্রসর হওয়া ; (of heart) to beat heavily, to thump, (হৃৎপিণ্ড সম্বন্ধে) দ্রুত স্পন্দিত হওয়া বা টিপ্‌টিপ্ করা। *p.* & *p. pt.* **poun°ded**। *n.* **pound°er₂**—যে ব্যক্তি চূর্ণ করে ; যদ্দ্বারা চূর্ণ করা হয় (অর্থাৎ মুষলাদি)। [OE. *punian* = to beat—'*d*' from association with *sound, bound*]

poundage—see **pound₁,₂.**

pounder—see **pound₂,₃.**

pour [paw(r), প্য(র্)] (1) *v.i.t.* to flow, or cause to flow in a stream, স্রোতের ন্যায় প্রবাহিত হওয়া বা করান, বহা বা বহান ; to come or send forth in a stream, স্রোতের ন্যায় নির্গত হওয়া বা নির্গত করান, ঢালিয়া পড়া বা ঢালা (the river *pours* itself into the sea)। (2) *v.t.* to shower, বর্ষণ করা। (3) *v.i.* to rain heavily, প্রবল বৃষ্টিপাত হওয়া। (4) *n.* a pouring, প্রবহণ, স্রোতোধারে নির্গমন, ঢালিয়া ফেলা বা পড়া, (প্রবল) বর্ষণ ; the amount poured, প্রবাহিত নির্গত ঢালিয়া-ফেলা বা বর্ষিত বস্তুর পরিমাণ। **it never rains but pours**—কিছুই (বিশেষতঃ বিপদাপদ্) একা আসে না। **(to) pour cold water on**—(কাহাকেও) হতোৎসাহ বা হতোদ্দম করা। **(to) pour oil on troubled waters**—গোলযোগ হাঙ্গামা বিবাদবিসম্বাদাদি মিষ্ট কথায় প্রশমিত করা। *n.* **pour°er**। [ME. *pouren* < ?]

pourboire [pooa(r)°-bwŭ(r)°, পুঅ্যা(র্)°-ব্যোআ(র্)°] *n.* a tip, বকশিশ্। [F.]

pourparler [pooa(r)-pŭ(r)°-lā, পুয়্যা(র্)পা(র্)°-লেই] *n.* (usu. in *pl.*) an informal preliminary conference, বে-সরকারি প্রারম্ভিক আলোচনা বা বৈঠক। [F.]

pout [powt, পাউট্] (1) *v.i.t.* to thrust out the lips in displeasure etc., অসন্তোষভরে ঠোঁট বাঁকান ফোলান বা ওলটান ; to protrude, ফোলান বা বাঁকান। (2) *n.* a protrusion (প্রধানতঃ ঠোঁট) বাঁকানর বা ফোলানর বা ওলটানর কাজ অথবা উক্ত অবস্থা। *p.* & *p. pt.* **pou°ted**। *n.* **pou°ter**—যে ব্যক্তি (ঠোঁট) বাঁকায় বা ফোলায় ; স্ফীতবক্ষ পারাবত-বিশেষ, নোটন পায়রা। *adv.* **pou°tingly**। [Sw. *puta* = pad]

poverty [po°-va(r)-ti, প°ভ্যা(র্)টি] *n.* the state of being poor, দরিদ্রাবস্থা, দারিদ্র্য ; want, অভাব। deficiency, ঘাটতি, ত্রুটি। **poverty line**—দারিদ্র্য-সীমা, কোন রকমে গ্রাসাচ্ছাদন চলে এমন অবস্থা। *a.* **po°verty-stricken**—দারিদ্র্যপীড়িত। [OF. *poverte* < L. *paupertas* < *pauper* = poor]

powder [pow°-da(r), পাউ°ড্যা(র্)] (1) *n.* a mass of dry particles, চূর্ণ, গুঁড়া ; gunpowder, বারুদ ; cosmetic powder, প্রসাধনে ব্যবহৃত চূর্ণবিশেষ, পাউডার ; a medicine in the form of powder, গুঁড়া ঔষধ। (2) *v.t.i.* to reduce to or crumble into powder, গুঁড়া করা বা হওয়া ; to apply powder (to), পাউডার মাখান বা মাখা। **(to) keep one's powder dry**—স্বীয় প্রস্তুতি অটুট রাখা। *a.* **pow°dered**—চূর্ণীকৃত ; পাউডার-মাখা। *n.* **pow°der-flask, powder°-horn**—বারুদ বহনের জন্য ফ্ল্যাসক বা পশুশৃঙ্গ। *n.* **pow°der-ma°gazine**—বারুদ-ভাণ্ডার। *n.* **pow°der-puff**—পাউডার মাখার জন্য তুলিবিশেষ। *n.* **pow°der-room**—জাহাজে বারুদ রাখার ঘর। *a.* **pow°dery**—চূর্ণিত ; চূর্ণবৎ ; পাউডারের ন্যায় ; বারুদে বা পাউডারে ঢাকা। [OF. *poudre*<L. *pulvis*=dust]

power [pow°a(r), পাউ°আ্যা(র্)] *n.* ability, (দৈহিক মানসিক আইনগত প্রভৃতি) ক্ষমতা ; strength, শক্তি ; energy, কর্মশক্তি ; right, অধিকার ; rule, শাসন ; influence, প্রভাব ; control, নিয়ন্ত্রণ, আয়ত্তি ; authorization, অধিকারদান ; a document giving power, অধিকারদানের দলিল, মোক্তারনামা ; potentiality, কর্মক্ষম অবস্থা, কার্যকরতা ; a wielder of authority or influence, কর্তৃত্বে অধিষ্ঠিত বা প্রভাবশালী ব্যক্তি বা সংস্থা ; a ruler, শাসক ; an internationally influential state, আন্তর্জাতিক ক্ষেত্রে প্রভাবশালী রাষ্ট্র ; (arch.) an armed force, (আর্ষ.) সৈন্যবাহিনী ; (mech.) rate of doing work, energy, (যন্ত্রাদি-সম্পর্কে) কর্মশক্তির হার (two horse-*power*) ; an instrument used to operate a machine by means of electricity, বিদ্যুৎশক্তিদ্বারা মেশিন্-চালানর যন্ত্র ; (math.) the product of a number of equal factors, (গণি.) ঘাত ; (opt.) magnifying strength, (চশমার কাচসম্বন্ধে) পাওয়ার, (পরি.) বর্ধনাঙ্ক। **in one's power**—কাহারও করুণার উপর নির্ভরশীল ; কাহারও ক্ষমতার অধীন। **in power**—পদাধিষ্ঠিত। *v.i.* **pow°er-dive**—(বিমানপোতসম্বন্ধে) এনজিন বন্ধ না করিয়া ঝাঁপ খাওয়া। *a.* **pow°ered**—যান্ত্রিক শক্তিসম্পন্ন। *a.* **pow°erful**—ক্ষমতাবান্ ; প্রবল ; বিশাল ; প্রচণ্ড ; অতীব কার্যকর ; প্রগাঢ়। *adv.* **pow°erfully**। *n.* **pow°er-house, pow°er-station**—বিদ্যুৎশক্তি-উৎপাদনের কারখানা। *a.* **pow°erless**—ক্ষমতাহীন, অক্ষম ; অশক্ত, শক্তিহীন ; অধিকারহীন ; শাসন করার বা মানানর ক্ষমতাহীন ; অসহায়। *adv.* **powerlessly**। *n.* **pow°erlessness**। **pow°er-loom**—বিদ্যুৎশক্তিদ্বারা চালিত তাঁত, যান্ত্রিক তাঁত। *n.* **pow°er-plant**—বিদ্যুৎশক্তি উৎপাদনের যন্ত্র। **power politics**—আন্তর্জাতিক রাজনীতিক-ক্ষেত্রে বিভিন্ন রাষ্ট্র কর্তৃক স্ব স্ব শক্তির উপর ভরসা করিয়া স্বমত খাড়া করার চেষ্টা, শক্তির লড়াই। [OF. *poer*<LL. *potere*=to be able]

pox [poks, পক্স্] *n.* syphilis, উপদংশ ; smallpox, বসন্তরোগ, মসূরিকা (usu. in comp. **chickenpox, cowpox, smallpox**)। [*pl.* of *pock*]

practicable [prak°-ti-kabl, প্রাক্°টিক্যাব্ল্] *a.* that may be done, করা সাধ্য এমন, কার্যকর। *n.* **practicabi°lity, prac°ticableness**। *adv.* **prac°ticably**। [F.<L. *practicus*=see *practical*]

practical [prak°-tik(a)l, প্র্যাক্°টিক্ল্] *a.* of or shown in actual practice, ব্যবহারিক, প্রয়োগীয়, ফলিত ; efficient in action, (চিন্তা বা কল্পনা অপেক্ষা) কর্মে দক্ষ ; workable, কার্যকর ; virtual, কার্যতঃ সম্ভব বা প্রমাণিত। *adv.* **pra°ctically**—practical-এর সকল অর্থে, এবং—কার্যতঃ ; প্রায় (*practically* ruined)। *n.* **prac°ticality, prac°ticalness**। [obs. F. *practique*<L. *practicus*<Gk. *praktikos*=fit for action]

practice [prak°-tis, প্র্যাক্°টিস্] *n.* action as opposed to theory, কর্ম (অর্থাৎ কেবল চিন্তা বা পরিকল্পনা নহে) ; habitual action, অভ্যস্ত কর্ম ; অভ্যাস ; custom, রীতি, প্রথা (the *practice* of closing shops after 8 p.m.) ; exercise to improve or acquire skill, অনুশীলন, চর্চা, অভ্যাস (*practice* makes perfect) ; a professional man's business, উকিল ডাক্তার প্রভৃতির ব্যবসায় (a lawyer or a doctor with a large *practice*) ; (arith.) a way of multiplication by means of aliquot parts, (পাটী.) চলিত নিয়ম। **in practice**—অভ্যাস বা চর্চা বজায় রাখিয়াছে এমন। **out of practice**—অভ্যাস বা চর্চা ছাড়িয়া দিয়াছে এমন। **(to) carry** or **put into practice**—পরিকল্পনাদি অনুযায়ী কাজ করা। *n.* **practician** [prak-ti°sh(a)n, প্র্যাক্‌টি°শ্ন্] চর্চাকারী, উকিল ডাক্তার প্রভৃতি পেশাধারী ব্যক্তি ; (চিন্তা বা পরিকল্পনা অপেক্ষা) কর্মশীল বা কর্মপ্রিয় ব্যক্তি। [see *practical*]

practise, (Am.) practice [prak°-tis, প্র্যাক্°টিস্] (1) *v.t.* to put into practice, কার্যে প্রয়োগ করা, কার্যকর করা, চালু করা ; to perform, সম্পাদন করা ; to train by repeated exercise, অনুশীলন করান, চর্চা করান, অভ্যাস করান। (2) *v.t.i.* to do habitually or customarily, অভ্যাসবশতঃ বা প্রথানুযায়ী করা অথবা পালন করা ; to exercise in order to acquire or improve skill, অনুশীলন করা, চর্চা করা, অভ্যাস করা। (3) *v.i.* to be in practice, (ডাক্তার উকিল প্রভৃতির) ব্যবসায়ে রত থাকা ; to proceed in endeavour, (ক্ষতি প্রভৃতি করার) প্রচেষ্টা চালাইয়া যাওয়া ; to scheme, পরিকল্পনা করা বা চক্রান্ত করা ; to have dealings, (কাহারও সহিত) কাজ-কারবার করা ; to use artifices, কৌশলাদি খাটান। *a.* **prac°tised**—অভ্যাসের বা অনুশীলনের ফলে দক্ষ হইয়াছে এমন। *n.* **prac°tiser**। *a.* **prac°tising**—(উকিল ডাক্তার প্রভৃতি সম্বন্ধে) ব্যবসায়ে রত (*practising* doctors, lawyers, etc.)। [OF. *pra(c)tiser*<L. *practicus*—cp. *practical*]

practitioner [prak-ti°shna(r), প্র্যাক্‌টি°শ্ন্যা(র্)] *n.* one who is in practice, ডাক্তার উকিল প্রভৃতি পেশাধারী ব্যক্তি ; a practiser, যে ব্যক্তি

করে, সম্পাদনকারী, অনুশীলনকারী, যে ব্যক্তি প্রথা-পালন করে, পরিকল্পক, যে ব্যক্তি চক্রান্ত করে বা কাজ-কারবার করে বা কৌশলাদি প্রয়োগ করে। **general practitioner**—যে চিকিৎসক মোটামুটিভাবে সকল রোগেরই চিকিৎসা করে (অর্থাৎ নির্দিষ্ট কোন রোগের চিকিৎসক বা বিশেষজ্ঞ নহে)। [erron. formed from *practician*]

praesidium—Latin spell. of **presidium.**

prætor [prē°-ta(r), প্রী°ট্যা(র্)] *n.* a magistrate in ancient Rome, প্রাচীন রোমের ম্যাজিসট্রেট। **prætorian** [pri-taw°-ri-an, প্রিট্য°রিআ্যান্] (**1**) *a.* উক্ত ম্যাজিসট্রেট-সংক্রান্ত ; উক্ত ম্যাজিসট্রেটের সমপদমর্যাদাসম্পন্ন। (**2**) *n.* উক্ত ম্যাজিসট্রেটের সমপদমর্যাদাসম্পন্ন ব্যক্তি ; রোম-সম্রাটের দেহরক্ষী। [?]

pragmatic [prag-ma°-tik, প্র্যাগ্‌ম্যা°টিক্] (**1**) *a.* of affairs of state, রাষ্ট্রশাসনসংক্রান্ত, রাষ্ট্রীয় ; of or according to pragmatism, বাস্তবধর্মী, বাস্তব অবস্থা বিবেচনা করে এমন, প্রকৃত বা ব্যবহারিক শিক্ষালাভার্থ কার্যকারণের প্রতি দৃষ্টি রাখিয়া ইতিহাস বিচার করে এমন, (দর্শ.) প্রয়োগবাদ-সংক্রান্ত, প্রায়োগিক ; dogmatic, opinionative, অযৌক্তিকভাবে স্বীয় মতে বিশ্বাসী ; meddlesome, পরের ব্যাপারে মাথা গলায় এমন। (**2**) *n.* an edict, সরকারি বা রাজকীয় অনুশাসন ; a man of business, কাজের লোক (অর্থাৎ যে ব্যক্তি চিন্তা বা পরিকল্পনা অপেক্ষা কাজ করিতেই ভালবাসে) ; a busybody, পরের ব্যাপারে মাথা গলানর স্বভাববিশিষ্ট লোক। *a.* **pragma°tical**—কর্মতৎপর ; চিন্তা বা পরিকল্পনা অপেক্ষা কাজ করিতে ভালবাসে এমন ; বাস্তব অবস্থা বিচার করিতে ভালবাসে এমন ; পরের ব্যাপারে অনধিকার চর্চা করে বা মাথা গলায় এমন ; আত্মাভিমানী ; সব কিছুতেই অনাহূতভাবে নিজস্ব মত দেয় এমন ; (দর্শ.) প্রায়োগিক। *n.* **prag°matism**—বাস্তবধর্মিতা ; প্রকৃত বা বাস্তব শিক্ষালাভার্থ কার্যকারণের প্রতি লক্ষ্য রাখিয়া ইতিহাস-বিচার, (দর্শ.) কেবল ফলাফলদ্বারা যুক্তি বা নীতির সত্যতা নির্ণয় বা বিচার, (পরি.) প্রয়োগবাদ ; বিনা আমন্ত্রণে অথবা অযথা হস্তক্ষেপ ; বৃথা পাণ্ডিত্য প্রদর্শন ; স্বীয় মতে অহেতুক বিশ্বাস। [Gk. *pragmatos*=deed]

prairie [prār°-i, প্রেয়্যার্°ই] *n.* a treeless grass-covered plain, বৃক্ষহীন তৃণভূমি। [F.<L.=a meadow]

praise [prāz, প্রেইজ়্] (**1**) *v.t.* to extol, প্রশংসা করা ; to glorify, মহিমাকীর্তন করা। (**2**) *n.* commendation, প্রশংসা ; glorifying, মহিমাকীর্তন। **(to) sing one's praise**—উচ্ছ্বসিত প্রশংসা করা। *n.* **prai°ser** । *a.* **praise°worthy**—প্রশংসনীয়। *adv.* **praiseworthily** । *n.* **praise°-worthiness** । [OF. *preisier*<LL. *preciare* <L. *pretiare*=to prize]

pram [pram, প্র্যাম্] contr. of **perambulator.**

prance [pruns, প্রান্‌স্] (**1**) *v.i.t.* (of horses) to bound or cause to bound from the hind legs, (অশ্ব-সম্পর্কে) পিছনের পা তুলিয়া লাফান বা লাফ দেওয়ান ; to go or cause to go with a capering movement, তিড়িংতিড়িং করিয়া নাচিতে নাচিতে যাওয়া বা নাচাইতে নাচাইতে পাঠান ; to move or cause to move with exaggerated action and ostentation, অত্যধিক ব্যস্তবাগীশতা বা জাঁকজমক-সহকারে চলাফেরা করা অথবা করান। *p.* & *p. pt.* **pran°ced** । (**2**) *n.* an act of prancing, পিছনের পা তুলিয়া লাফ, তিড়িংতিড়িং করিয়া নাচিতে নাচিতে গমন, অত্যধিক ব্যস্তবাগীশতা ও জাঁকজমক-সহকারে গমন। *n.* **pran°cer** । *adv.* **pran°cingly** । [ME. *praunce*<?]

prandial [pran°-di-al, প্র্যান্°ডিআ্যাল্] *a.* of dinner, (মধ্যাহ্ন)-ভোজনসংক্রান্ত। [L. *prandium* =a lunch]

prang [prang, প্র্যাং] (**1**) *n.* (sl.) successful bombing, (অশি.) সাফল্যের সহিত বোমাবর্ষণ ; crash, পতনের ফলে চূর্ণবিচূর্ণ অবস্থা। (**2**) *v.t.* to bomb (target) successfully (নিশানাদিতে) সাফল্যের সহিত বোমাবর্ষণ করা ; crash, (aircraft, vehicle, etc.), (বিমান শটকাদি) ভূপাতিত করিয়া চূর্ণবিচূর্ণ করা ; to damage by impact, সংঘর্ষের দ্বারা ক্ষতিগ্রস্ত করা। [imi.]

prank₁ [prangk, প্র্যাংক্] (**1**) *v.t.* to dress or adorn showily, জাঁকালভাবে পোশাক পরান বা সাজান। (**2**) *v.i.t.* to make a great show, মস্ত আড়ম্বর বা জাঁক করা। *p.* & *p. pt.* **pran°ked** । [cp. Du. *pronken*, G. *prunken*=to show off]

prank₂ [prangk, প্র্যাংক্] (**1**) *n.* a mischievous trick, দুষ্টামিপূর্ণ কৌশল বা ফাঁদ ; a practical joke, কার্যতঃ কৃত (অর্থাৎ কেবল কথায় নহে) পরিহাস ; mad frolic, হৈচৈপূর্ণ রঙ্গকৌতুক। (**2**) *v.i.* to play pranks, দুষ্টামিপূর্ণ কৌশল করা, কার্যতঃ পরিহাস করা, হৈচৈপূর্ণ রঙ্গকৌতুক করা। *p.* & *p. pt.* **pran°ked** । *a.* **pran°kish, pran°ksome, pran°ky**—দুষ্টামিপূর্ণ ফাঁদওয়ালা ; শুধু কথায় নয় কাজেও পরিহাসশীল বা পরিহাসপূর্ণ ; হৈচৈপূর্ণ ; রঙ্গকৌতুকশীল ; রঙ্গকৌতুকপূর্ণ। *n.* **pran°-kster** । [?]

prate [prāt, প্রেইট্] (**1**) *v.i.t.* to talk or utter foolishly, বোকার মত বক্‌বক্ করা বা বক্‌বক্ করিয়া বলা। *p.* & *p. pt.* **prā°ted** । (**2**) *n.* foolish talk, বোকার মত বক্‌বকানি। *n.* **prā°ter** । *adv.* **prā°tingly** । [cp. LG. *praten*, D. *prate*]

pratfall [prat°-fawl, প্র্যাট্°ফ্যল্] *n.* a fall on buttocks, নিতম্বের উপর পতন ; humiliating experience or failure, অপমানকর অভিজ্ঞতা বা ব্যর্থতা। [from *prat*=buttocks, see *fall*]

pratique [pra-tēk°, প্র্যাটীক্°] *n.* licence to hold intercourse with port, granted to a ship after quarantine or on showing clean bill of health, রোগসংক্রমণ প্রতিরোধার্থ সঙ্গরোধের পর বা ব্যাধিহীনতার শংসাপত্র প্রদর্শনের পর জাহাজকে বন্দরের সঙ্গে যোগাযোগ স্থাপনের জন্য অনু-

মতি বা অনুমতিপত্র। [F.=practice, intercourse]

prattle [prat°l, প্র্যাট্°ল্] **(1)** *v.i.t.* to talk much and idly, অনর্থক অত্যধিক কথা বলা; to talk like a child, শিশুর মত আবোল-তাবোল বলা। (2) *n.* idle talk, অনর্থক বক্‌বকানি। *n.* **pratt°le-box, pratt°ler** । [freq. of *prate*]

pravity [pra°-vi-ti, প্র্যা°ভিটি] *n.* wickedness, দুর্বৃত্তি, দুর্বৃত্তাচরণ। [L. *pravitas*]

prawn [prawn, প্র্যন্] *n.* a crustacean, বাগ্‌দা-চিংড়ি। [ME. *pra(y)ne*<?]

praxis [praks°-is, প্র্যাক্‌স্°ইস্] *n.* accepted custom or practice, প্রচলিত প্রথা; practising of an art, etc., শিল্পাদি অভ্যাস বা অনুসরণ; a model or example, শিল্পীর মডেল বা নকশা বা প্যাটার্ন। [Gk.]

pray [prā, প্রেই] **(1)** *v.i.t.* to ask earnestly (for), মিনতিসহকারে যাচ্ঞা করা বা আবেদন করা; to entreat, সনির্বন্ধ মিনতি করা বা অনুরোধ করা। **(2)** *v.i.* to express one's desire to God or a god, ভগবান্‌কে বা দেবতাকে বাসনা জানান, প্রার্থনা করা (to *pray* to god for help)। **pray (=I pray you)**—আমি তোমাকে মিনতি করিতেছি (*pray* don't be so rude)। *n.* **pray°er**—যে ব্যক্তি প্রার্থনা করে; মিনতিপূর্ণ যাচ্ঞা, আবেদন; সনির্বন্ধ মিনতি বা অনুরোধ; ভগবান্‌কে বা দেবতাকে বাসনা নিবেদন, প্রার্থনা (a day of *prayer* and fasting)। *n.* **pray°er-book**—যে গ্রন্থে ভগবানের উদ্দেশে প্রার্থনাসমূহ থাকে বা প্রার্থনা করার রীতিসমূহ থাকে, প্রার্থনাপুস্তক। **the Prayer Book** or **the Book of Common Prayer**—চার্চ অব্ ইংল্যান্ডের (Church of England) উপাসনায় ব্যবহৃত প্রার্থনা-পুস্তক। *a.* **pray°erful**—প্রার্থনাশীল; প্রার্থনাপূর্ণ; আবেদনপূর্ণ। **pray°erless**—প্রার্থনা করে না এমন; প্রার্থনাহীন; আবেদনহীন। *n.* **pray°er-mat, pray°er-rug**—মুসলমানরা যে ক্ষুদ্র গালিচাদির উপর নতজানু হইয়া নমাজ পড়ে। *n.* **pray°er-mee°ting**—প্রার্থনা-সভা। [OE. *preier* (*v.*) *preiere* (*n.*)<L. *precari*]

preach [prēch, প্রীচ্] **(1)** *v.i.t.* to deliver a sermon, ধর্মোপদেশ দেওয়া; to discourse earnestly, সাগ্রহে আলোচনা করা; to give advice tediously or obtrusively, ক্লান্তিকরভাবে বা উপর-পড়া হইয়া উপদেশ দেওয়া; to proclaim or teach publicly, জনসাধারণ্যে (ধর্মকথাদি) ঘোষণা করা বা প্রচার করা, জনসাধারণকে শিক্ষা বা উপদেশ দেওয়া। (2) *v.i.* to proclaim or teach religion publicly, ধর্মপ্রচার করা। *p.* & *p. pt.* **prea°ched**। *n.* **prea°cher**—ধর্মোপদেষ্টা; (ধর্ম-) প্রচারক; যাজক; কিছুর সমর্থনে অত্যুৎসাহী বক্তা বা প্রচারক। **(the) Preacher**—বাইবেলের অন্তর্ভুক্ত 'Ecclesiastes'-নামক গ্রন্থের রচয়িতা বা উক্ত গ্রন্থ। *v.i.* **prea°chify**—উপদেশ বা ধর্মোপদেশ দেওয়া; ক্লান্তিকরভাবে নৈতিক উপদেশ দেওয়া। *a.* **prea°chy**—(কথ্য.) ধর্মোপদেশ বা নীতি উপদেশ দিতে ভালবাসে এমন। *n.* **prea°chiness**। [OF. *prechier*<L. *praedicare*=to proclaim]

preamble [prē°amb°l, প্রী°অ্যাম্‌ব্°ল্] *n.* preface, মুখবন্ধ, ভূমিকা (the *preamble* to the constitution of India); introduction, (প্রধানতঃ ব্যবস্থাপরিষদের আইনের) প্রস্তাবনা। [F. *preambule*<L. *pre-, ambulare*=to go]

prearrange [prē-a-rā°nz, প্রীঅ্যারেই°ন্‌জ্] *v.t.* to arrange beforehand, পূর্বাহ্ণে বন্দোবস্ত করা। *n.* **prearra°ngement** । [*pre-, arrange*]

prebend [pre°-band, প্রে°ব্যান্‌ড্] *n.* the share of the revenues of cathedral or collegiate church allowed to a clergyman, ক্যাথীড্রল্ বা কলেজসংযুক্ত গির্জার আয়ের যে অংশ যাজকের প্রাপ্য। *n.* **pre°bendary**—উক্ত আয়ের প্রাপক। [LL. *praebenda*=an allowance]

precarious [pri-kār°-i-as, প্রিকেয়্যার্°ইঅ্যাস্] *a.* depending upon the will of another, পরের ইচ্ছাধীন; depending on chance, দৈবাধীন; insecure, নিরাপত্তাহীন; uncertain, অনিশ্চিত; (to make a *precarious* living); dangerous, বিপজ্জনক (the *precarious* life of a sailor)। *adv.* **precār°iously**। *n.* **precār°iousness**। [L. *precarius*<*precari*=to pray]

precatory [pre°-ka-t(a)ri, প্রে°ক্যাট্‌রি] *a.* (gr.) expressing entreaty, (ব্যাক.) মিনতিসূচক। **precatory words**—দানপত্রাদিতে বা উইলে নির্দেশসূচক অনুরোধ। *a.* **pre°cative**। [L. *precari* =to pray]

precaution [pri-kaw°sh(a)n, প্রিক্য°শ্‌ন্] *n.* caution taken beforehand, পূর্বাহ্ণিক সতর্কতা; a measure taken beforehand, প্রতিরোধের পূর্বাহ্ণিক ব্যবস্থা (to take *precautions* against burglary, fire, etc.)। *a.* **precau°tionary**—পূর্বাহ্ণিক সতর্কতামূলক (a *precautionary* measure)। [*pre-, caution*]

precede [pri-sēd°, প্রিসীড্°] **(1)** *v.t.* to go or cause to go before in position, time, rank, or importance, অবস্থানে সময়ে পদমর্যাদায় বা গুরুত্বে (কাহারও বা কিছুর) পূর্ববর্তী হওয়া অথবা করান। **(2)** *v.i.* to be before in time or place, সময়ে বা অবস্থানে পূর্ববর্তী হওয়া। *p.* & *p. pt.* **prėcē°dėd**। *n.* **prėcē°dence, prėcē°dency**—পূর্ববর্তিতা; পূর্ববর্তী হওয়ার অধিকার, পূর্বাধিকার, অধিকতর পদমর্যাদা; সম্মানজনক অবস্থানস্থল; উৎসবাদিতে পুরোভাগস্থ স্থান। **(to) take precedence of**—উৎসবাদির সময়ে পদমর্যাদাক্রমে পূর্ববর্তী হওয়া। *n.* **precedent** [pre°-sid(a)nt, প্রে°সিড্‌ন্‌ট্] পূর্ববর্তী বস্তু বা বিষয়; অতীতের উদাহরণ বা নজির। **(to) create** or **establish** or **set a precedent**—নজির সৃষ্টি করা। *a.* **prėcē°dant**—পূর্ববর্তী। *a.* **pre°cėdentėd**—পূর্ববর্তী নজিরবিশিষ্ট। *adv.* **prėcē°dently**—পূর্ববর্তী হইয়া। *a.* **prėcēd°ing**

—পূর্ববর্তী ; অব্যবহিত পূর্ববর্তী। [F. *preceder* < L. *pre-*, *cedere* = to go]

precentor [pri-sen°-ta(r), প্রিসেন্°টা্যা(র্)] *n.* the leader of a choir's or congregation's singing, গির্জার উপাসকমণ্ডলীর গায়কদলের প্রধান গায়ক। [LL. *praecentor* < *prae-*, *canere* = to sing]

precept [prē°-sept, প্রী°সেপ্ট্] *n.* the rule of action, কর্মবিধি ; a commandment, ধর্মানুশাসন, principle, নীতি ; (in law) a writ, (আইনে) ম্যাজিস্ট্রেটের লিখিত হুকুম বা পরওআনা ; divine command, ঈশ্বরের আজ্ঞা। **Example is better than precept**—নীতিবাক্যের চেয়ে অনুষ্ঠান শ্রেয়ঃ। *n.* **precep°tor**—কর্মবিধানদাতা ; শিক্ষক ; গুরু। *fem.* **precep°tress**। [L. *praeceptum* < *prae*, *capere* = to take]

precession [pri-se°sh(a)n, প্রিসে°শ্‌ন্] *n.* the act of going before, পূর্বগামিতা, পূর্ববর্তিতা ; a moving forward, অগ্রগমন, অগ্রগতি ; (astr.) the precession of the equinoxes or analogous phenomenon, (জ্যোতি.—পরি.) অয়নচলন। (also **precession of the equinoxes**)। [LL. *praecessio* < *prae-*, *cedere* = to go]

prechristian [prē-kris°-ti-an, প্রীক্রিস্°টিয়্যান্] *a.* prior to the introduction of Christianity, খ্রিস্টধর্ম-প্রবর্তনের পূর্বকালীন। [*pre-*, see *Christ*]

precinct [prē°-singt, প্রী°সিংট্] *n.* an enclosed space around a building or other object, অট্টালিকাদির চতুষ্পার্শ্বস্থ পরিবেষ্টিত জমি ; a district of jurisdiction, এক্তিয়ার ; (in *pl.*) environs, পরিপার্শ্ব ; a police-district or election-district, পুলিস-থানার বা নির্বাচন-কেন্দ্রের এলাকা বা এক্তিয়ার। **a pedestrian precinct**—যে স্থানে শকটাদির চলাচল নিষিদ্ধ অর্থাৎ কেবল পায়ে চলার স্থান। [LL. *praecinctum* < *prae-*, *cingere* = to gird]

preciosity—see **precious**.

precious [pre°-shas, প্রে°শ্যাস্] (1) *a.* of great value, বহুমূল্য ; (usu. in irony) great, fine (সচ. বিদ্রূপে) মস্ত, চমৎকার (*precious* knave) ; affectedly refined in language, workmanship, ভাষায় বা শিল্পে কারুকার্যের ভান করে এমন। (2) *n.* a term of endearment, প্রিয় সম্বোধন-বিশেষ (my *precious*)। **precious metals**—স্বর্ণ ও রৌপ্য (পারদ প্লাটিনাম্ প্রভৃতি) বহুমূল্য ধাতু। **precious stone**—মণি, রত্ন, জহরত। *n.* **preciosity** [pre-shi-o°-si-ty, প্রেশিঅ°সিটি] ভাষায় বা শিল্পে অতিরিক্ত কারুকার্যের ভান। *adv.* **pre°ciously**। *n.* **pre°ciousness**। [OF. *precios* < L. *pretiosus* < *pretium* = price]

precipice [pre°-si-pis, প্রে°সিপিস্] *n.* a high vertical cliff, খাড়া ও উঁচু গিরিচূড়া। *a.* **pre°cipiced**—উক্ত চূড়াযুক্ত। [F. *praecipitis* = headlong]

precipitant—see **precipitate**.

precipitate [pri-si°-pi-tāt, প্রিসি°পিটেইট্] *v.t.* to hurl headlong, নিচের দিকে মাথা করাইয়া ছুড়িয়া ফেলা ; to force into hasty action, অগ্রপশ্চাৎ বিবেচনা না করিয়া কাজ করান (to *precipitate* a crisis) ; to cause to go hurriedly or violently, ত্বরান্বিতভাবে বা প্রচণ্ডবেগে প্রস্থান করান ; (chem.) to cause to be deposited, (রসা.—ঘন পদার্থকে আরকাদির মধ্যে) থিতান। *p.* & *p. pt.* **preci°pitātėd**। **préci°pitate**—(1) *a.* নিচের দিকে মাথা আছে এমন, ডিগবাজি-খাওয়া অবস্থাযুক্ত, অধঃক্ষিপ্ত ; প্রচণ্ড ত্বরাপূর্ণ। (2) *n.* (রসা.) আরকাদির মধ্যে থিতাইয়া পড়া ঘন পদার্থ, (পরি.) অধঃক্ষেপ। *n.* **préci°pitance, préci°pitancy**—অধঃক্ষিপ্ত অবস্থা ; অধঃক্ষেপণ ; হঠকারিতাপূর্ণ ত্বরা ; হঠকারিতাপূর্ণ দ্রুততার সহিত কৃত কাজ। *a.* **préci°pitant**—অধঃক্ষিপ্তভাবে পতনশীল ; অতি প্রচণ্ডবেগে নিম্নদিকে ধাবমান ; হঠকারীর ন্যায় দ্রুত। *adv.* **préci°pitately**। *n.* **précipitā°tion**—precipitate (*v.*)-এর সকল অর্থে, এবং—অধঃক্ষিপ্তভাবে পতন ; অতিশয় ত্বরা ; হঠকারিতাপূর্ণ ত্বরা ; আবেগোচ্ছল কার্য ; বৃষ্টি, শিলাবর্ষণ ; তুষারপাত, শিশির, বৃষ্টিপাতের পরিমাণ; (রসা.—পরি.) অধঃক্ষেপণ। *a.* **préci°pitous**—খাড়া গিরিচূড়ার ন্যায়। *adv.* **preci°pitously**। *n.* **precipi°tousness**। [see *precipice*]

précis [prā°-sē, প্রেই°সী] (1) *n.* an abstract, সারসংক্ষেপ, সারমর্ম। *pl.* **précis** [prā°-sēz, প্রেই°সীজ্] । (2) *v.t.* to make a précis of, (কিছুর) সারসংক্ষেপ রচনা করা। [F.]

precise [pri-sīs°, প্রিসাইস্°] *a.* definite, স্পষ্টরূপে নির্দিষ্ট ; exact, যথাযথ ; accurate, সম্পূর্ণ নির্ভুল ; particular, বিশেষ ; scrupulous in religion, ধর্ম বা ধর্মানুষ্ঠানের ব্যাপারে খুঁটিনাটি সম্বন্ধেও সতর্ক, অত্যধিক আচারনিষ্ঠ ; over-scrupulous, অত্যধিক খুঁতখুঁতে ; strictly worded, (রচনাদি-সম্বন্ধে) যথাপ্রয়োজন শব্দযুক্ত, শব্দবাহুল্যবর্জিত। *adv.* **précise°ly**। *n.* **précise°nėss**। *n.* **precisian** [pri-si°z(a)n, প্রিসি°জ্‌ন্] অত্যধিক যথাযথতা-প্রিয় ব্যক্তি ; (প্রধানতঃ ধর্মগত ব্যাপারে) অত্যন্ত নিয়মনিষ্ঠ ব্যক্তি। *n.* **préci°śion**—যথাযথতা ; স্পষ্টতা ; স্পষ্টরূপে নির্দেশের স্বভাব ; নির্ভুলতা ; (রচনাদি-সম্বন্ধে) শব্দবাহুল্যহীনতা ; খুঁটিনাটি ব্যাপারেও যথাযথতা ; অত্যন্ত আচারপরায়ণতা বা নিয়মনিষ্ঠা। **precision work**—যে কাজে খুঁটিনাটি ব্যাপারেও অত্যন্ত যথাযথ হইতে হয়। *n.* **préci°śionist**—যথাযথতা প্রভৃতি ভালবাসে এমন ব্যক্তি ; অত্যন্ত আচারপরায়ণ বা নিয়মনিষ্ঠ ব্যক্তি। [F. *precis(e)* < L. *pre-*, *caedere* = to cut]

preclude [pri-klood°, প্রিক্লূড্°] *v.t.* to close or shut out beforehand, পূর্বাহ্ণেই বন্ধ করিয়া দেওয়া বা ঢুকিতে না দেওয়া ; to hinder by anticipation, পূর্বানুমানবলে ব্যাহত করা বা বাধা দেওয়া ; to prevent, নিবারণ করা। *p.* & *p. pt.*

préclu°déd । *n.* **préclu°śion**—পূর্বাহ্নেই বন্ধ করা বা প্রবেশ-নিবারণ ; পূর্বানুমানবলে ব্যাহত করা বা বাধাদান ; নিবারণ । *a.* **préclu°sive**—পূর্বাহ্নেই বন্ধ করিয়া দেয় বা প্রবেশ-নিবারণ করে এমন ; পূর্বানুমানবলে ব্যাহত করে বা বাধা দেয় এমন ; নিবারক । [L. *praecludere*]

precocious [pri-kō°-shas, প্রিকৌ°শ্যাস্] *a.* prematurely developed, যথাসময়ের পূর্বেই বর্ধিত ; flowering before leaves appear, পাতা জন্মানর পূর্বেই ফুল ধরে এমন ; attaining early ripeness or maturity, অকালপক্ক, বালপ্রৌঢ়, ইঁচড়ে পাকা । *adv.* **precō°ciously** । *n.* **precō°ciousnėss, precocity** [pri-ko°-si-ti, প্রিক°সিটি] । [L. *praecocis*]

precognition [prē-kog-ni°sh(a)n, প্রীকগ্নি°শ্‌ন্] *n.* foreknowledge, পূর্বাহ্নে লব্ধ জ্ঞান ; preliminary examination, (প্রধানতঃ আইনে) প্রাথমিক পরীক্ষা বা জেরা । [*pre-, cognition*]

preconceive [prē°-kan-sēv°, প্রী°ক্যান্‌সীভ্°] *v.t.* to conceive beforehand, প্রকৃত জ্ঞানলাভের পূর্বেই বা জানার পূর্বেই ধারণা করা । *n.* **pre°conceit°**—পূর্বাহ্নে কৃত ধারণা । *n.* **preconception** [prē°-kan-sep°sh(a)n, প্রী°ক্যান্‌সেপ্°শ্‌ন্] পূর্বাহ্নেই ধারণা করা ; পূর্বাহ্নে কৃত ধারণা । [*pre-, conceive*]

preconcert [prē°-kan-sa(r)t°, প্রী°ক্যান্‌স্যা(র্)ট্°] *v.t.* to settle beforehand, পূর্বাহ্নেই মীমাংসা বা বন্দোবস্ত করা । *p. & p. pt.* **prē°concertėd** । *adv.* **pre°concer°tėdly** । [*pre-, concert*]

precondition [prē-kan-di°-sh(a)n, প্রীক্যানডি°শ্‌ন্] *n.* a condition that must be fulfilled beforehand, a prerequisite, যে শর্ত পূর্বাহ্নে পূরণ করিতে হয় । [*pre-,* see *condition*]

precursor [pri-ka(r)°-sa(r), প্রীক্যা(র্)°স্যা(র্)] *n.* a forerunner, অগ্রদূত ; predecessor, পূর্বগামী বা পূর্ববর্তী ব্যক্তি ; an indication of a future event, ঘটনাদির পূর্বাভাস । *a.* **précur°sory**—অগ্রদূততুল্য ; পূর্বগামী বা পূর্ববর্তী ; পূর্বাভাসস্বরূপ । [*pre-,* L. *currere*=to run]

predacious [pri-dā°-shas, প্রিডেই°শ্যাস্] *a.* living by prey, শিকারজীবী ; predatory, লুণ্ঠনকর, লুণ্ঠনজীবী । *a.* **predatory** [pre°-dat(a)ri, প্রে°ড্যাট্‌রি] লুণ্ঠনপূর্ণ ; লুণ্ঠনমূলক ; লুণ্ঠনজীবী । *adv.* **pre°datorily** । **pre°datorinėss** । [L. *praeda* =booty]

predecessor [prē°-di-se-sa(r), প্রী°ডিসেস্যা(র্)] *n.* one who has been before another in anything, পূর্ববর্তী বা পূর্বগামী ব্যক্তি ; an ancestor, পূর্বপুরুষ (his immediate *predecessor*) । *v.t.* **prēdėcease**—কাহারও পূর্বে মারা যাওয়া (unfortunately the son *predeceased* his father) । [L. *praedecessor*=a retiring officer]

predestine [pri-des°-tin, প্রিডেস্°টিন্] *v.t.* to foreordain, পূর্বাহ্নেই স্থির করা বা নির্দিষ্ট করা । *n. & a.* **prédestinār°ian**—(ধর্ম.) নিয়তিবাদী । *v.t.* **predes°tināte**—(প্রধানতঃ অপরিবর্তনীয়ভাবে) পূর্বাহ্নেই নির্দিষ্ট করা । *p. & p. pt.* **predes°tinātėd** । *n.* **predestinā°tion**—predestinate-এর অর্থে, এবং—(ধর্ম.) ঈশ্বর কর্তৃক পূর্বাহ্নেই নির্দিষ্ট সৃষ্টির আদি হইতে অন্ত পর্যন্ত ঘটনাস্রোত (বিশেষতঃ মানুষের অনন্ত সুখদুঃখ), নিয়তি । [*pre-, destine*]

predetermine [prē°-di-ta(r)°-min, প্রী°ডিট্যা(র্)°মিন্] *v.t.* to determine beforehand, পূর্বাহ্নেই স্থির করা । *a.* **prėdeter°mināte**—পূর্বাহ্নেই স্থিরীকৃত । *n.* **pre°determinā°tion** । [*pre-, determine*]

predial [prē°-di-al, প্রী°ডিঅ্যাল্] **(1)** *a.* of land, খেত-সম্বন্ধীয়, খেতি ; of farms, খামার-সম্বন্ধীয়, agrarian, কৃষিসম্বন্ধীয় ; কার্ষ ; rural, গ্রাম্য ; attached to the land, (ক্রীতদাস-সম্বন্ধে) খেতের (ও খামারের) কাজে নিযুক্ত । **(2)** *n.* a predial slave, খেত-খামারের কাজে নিযুক্ত ক্রীতদাস । [Med. L. *praedialis*<L. *praedium*=farm]

predicable [pre°-di-kabl, প্রে°ডিক্যাব্‌ল্] **(1)** *a.* that may be predicted of something, কিছুর সম্বন্ধে কথনীয় বা বিধেয়রূপে প্রযোজ্য, attributable, আরোপ্য বা প্রযোজ্য । **(2)** *n.* anything predicable, বিধেয়, আরোপ্য গুণ বিশেষণ প্রভৃতি । *n.* **predicabi°lity** । [see *predicate*]

predicament [pri-di°-ka-mant, প্রিডি°ক্যাম্যান্ট্] *n.* thing predicated, বিধেয় ; (log.) one of the ten categories of the predicables, (ন্যায়.) বিধেয়ের দশটি ভাগের যে-কোনটি, বর্গ ; condition, অবস্থা ; an unfortunate or trying position, দুর্ভাগ্যপূর্ণ বা বিপজ্জনক অবস্থা (in a strange *predicament*) । [LL. *praedicamentum*]

predicate [pre°-di-kāt, প্রে°ডিকেইট্] *v.i.* to affirm or assert, সত্য বলিয়া দৃঢ়রূপে নির্দেশ করা বা বর্ণনা করা ; (log.) to assert as an attribute of the subject, (ন্যায়.) উদ্দেশ্যের গুণ বা ধর্ম (অর্থাৎ বিধেয়) বলিয়া বর্ণনা করা । *p. & p. pt.* **pre°dicā°tėd** । *n.* **pre°dicāte**—(ন্যায়.) উদ্দেশ্যের গুণ বা ধর্ম ; (ব্যাক.) বিধেয় । *n.* **predicā°tion** । *a.* **prėdi°cative**—(ন্যায়.) উদ্দেশ্যের গুণ বা ধর্মস্বরূপ ; অথবা তাহার বর্ণনামূলক ; (ব্যাক.) বিধেয়স্বরূপ ; সত্য বলিয়া নির্দেশিত বা বর্ণিত । **predicative adjective**—বিধেয়ের বিশেষণ (তু. **attributive adjective**) । [*pre-,* L. *dicare*=to proclaim]

predict [pri-dikt°, প্রিডিক্ট্°] *v.t.* to foretell, (কোন) ভবিষ্যদ্বাণী করা । *p. & p. pt.* **prėdic°ted** । *n.* **predictabi°lity** । *a.* **prėdic°table** । *adv.* **predic°tably** । *n.* **prėdic°tion** । *a.* **prėdic°tive**—ভবিষ্যদ্বাণীমূলক ; ভবিষ্যদ্বাণীপূর্ণ । *n.* **prėdic°tor** । [*pre-,* L. *dicere*=to say]

predilection [prē-di-lek°sh(a)n, প্রীডিলেক্°শ্‌ন্] *n.* favourable prepossession of mind, (কাহারও বা কিছুর সম্বন্ধে) পূর্বাহ্নেই কৃত অনুকূল মনোভাব ; preference, পক্ষপাতিত্বপূর্ণ মনোনয়ন

বা অনুরাগ ; partiality, পক্ষপাত। [*pre-*, L. *diligere*=to love]

predispose [prē°-dis-pōz°, প্রী°ডিস্‌পৌজ়্°] *v.t.* to incline beforehand, পূর্বাহ্ণেই অনুরাগী করান। *n.* **predisposition** [prē°-dis-pa-zi°sh(a)n, প্রী°ডিস্‌প্যাজ়ি°শ্‌ন্] । [*pre-*, *dispose*]

predominance—see **predominate.**

predominate [pri-do°-mi-nāt, প্রিড°মিনেইট্] *v.i.* to have the chief power or influence, সর্বাধিক শক্তিমান্ বা প্রভাবসম্পন্ন হওয়া ; to be dominant, প্রাধান্যপূর্ণ বা কর্তৃত্বপূর্ণ হওয়া ; to surpass in strength or authority, শক্তিতে বা কর্তৃত্বে ছাপাইয়া যাওয়া ; to be most numerous or abounding, সংখ্যায় বা পরিমাণে সর্বাধিক হওয়া (a garden in which roses *predominate*)। *p.* & *p. pt.* **prēdo°minātėd** । *n.* **predo°minance**—শক্তিতে বা প্রভাবে শ্রেষ্ঠত্ব অথবা উৎকর্ষ ; প্রাধান্য, কর্তৃত্ব ; সংখ্যায় বা পরিমাণে সর্বাধিকতা। *a.* **predo°minant**—কর্তৃত্বকর ; প্রাধান্যপূর্ণ ; উৎকৃষ্টতর শক্তিপূর্ণ ; উদীয়মান, তুঙ্গী ; শক্তিতে প্রভাবে সংখ্যায় বা পরিমাণে শ্রেষ্ঠ। *adv.* **predo°minantly** । *n.* **predominā°tion** । [*pre-*, *dominate*]

pre-eminent [pri-e°-mi-nant, প্রিএ°মিন্যান্ট্] *a.* eminent above others, বিশিষ্টতম ; excelling all others, সর্বোৎকৃষ্ট, সেরা। *n.* **pre-e°minence**—বিশিষ্টতম বা সর্বোৎকৃষ্ট অবস্থা। *adv.* **pre-e°minently** । [*pre-*, *eminent*]

pre-emption [pri-em(p)°sh(a)n, প্রিএম্°শ্‌ন্] *n.* right or act of purchasing in preference, অগ্রক্রয়াধিকার বা উক্ত অধিকারবলে ক্রয় (the right of *pre-emption*) ; a piece of land so purchased, অগ্রক্রয়াধিকারবলে ক্রীত জমি। *v.t.* **prė-empt°**—অগ্রক্রয়াধিকারবলে কেনা বা পাওয়া; অগ্রক্রয়াধিকার লাভ করার উদ্দেশ্যে (সরকারি ব জনসাধারণের জমি) দখল করা। *p.* & *p. pt.* **pre-emp°tėd** । [back-formation from *pre-emption*] । *a.* **prė-emp°tive**—অগ্রক্রয়াধিকার-সংক্রান্ত। **pre-emptive bid**—(তাসের অক্‌শন্-ব্রিজ খেলায়) আর ডাকাডাকি যাতে না হয় তদুদ্দেশ্যে চড়া ডাক। **pre-emptive strike**—(সাম.) অগ্রে বা পূর্বে আঘাত বা আক্রমণ। [*pre-*, L. *emptio*=a buying]

preen [prēn, প্রীন্] *v.t.* to compose and arrange, গুটাইয়া লইয়া বিন্যস্ত করা (the bird *preens* its feathers) ; to trim, (পালকাদি) ছাঁটিয়া দেওয়া ; to pride (oneself) on, (আত্ম-) গর্ব জাহির করা। [see *prune₂*]

pre-exist [pri°-ig-zist°, প্রি°ইগ্‌জ়িস্ট্°] *v.i.* to exist beforehand, পূর্বাহ্ণে বিদ্যমান থাকা ; to live a life before this one, পূর্বজন্মের জীবন যাপন করা, পূর্বজন্মে বিদ্যমান থাকা। *p.* & *p. pt.* **prė°-ėxis°tėd** । *n.* **prė°-ėxis°tence**—মরদেহ পরিগ্রহের পূর্বে জীবাত্মার জীবন ; পূর্বজন্মের জীবন। *a.* **prė°ėxis°tent**—পূর্বাহ্ণে বিদ্যমান ; পূর্বজন্মের জীবনযাপনরত ; পূর্বজন্মে বিদ্যমান। [*pre-*, *exist*]

prefabricate [prē-fa°-bri-kāt, প্রীফ্যা°ব্রিকেইট্] *v.t.* to make standardized parts beforehand for assembling later, পরে জোড়া দিয়া গোটা বস্তু গঠনার্থ বাঁধা মাপে উহার বিভিন্ন অংশ তৈয়ারি করা। *a.* **prēfa°bricātėd**—উক্তভাবে তৈয়ারি অংশসমূহে গঠিত। *n.* **prēfab°**—(অশি.) উক্তভাবে তৈয়ারি অংশসমূহ জোড়া দিয়া গঠিত বাড়ি। *n.* **prefabricā°tion** । [*pre-*, *fabricate*]

preface [pre°-fis, প্রে°ফিস্] (1) *n.* introductory remarks, (প্রধানতঃ পুস্তকাদির) ভূমিকা। (2) *v.t.* to say or write as with a preface, (কিছুর) ভূমিকাস্বরূপ বলা বা লেখা। (3) *v.i.* to make preliminary remarks, প্রারম্ভিক মন্তব্য করা। *p.* & *p. pt.* **pre°faced** । *a.* **prefatorial** [pre-fa-taw°-ri-al, প্রেফ্যাট্য°রিঅ্যাল্], **prefatory** [pre°-fat(a)ri, প্রে°ফ্যাট্‌রি] ভূমিকা-সংক্রান্ত ; ভূমিকাস্বরূপ ; প্রারম্ভিক। [F.<LL. *prefatia*]

prefect [prē°-fect, প্রী°ফেক্ট্] *n.* one placed in authority over others, কর্তা, অধ্যক্ষ, নায়ক ; a school pupil placed in authority over others, সর্দার-পড়ুয়া, (পরি.) বৈনয়িক ; (in France) the administrative head of a department, (ফ্রান্সে—প্রধানতঃ পুলিসের) বিভাগীয় অধ্যক্ষ। *a.* **prē°fectural** । *n.* **prē°fecture**—নায়ক বা বৈনয়িক বা অধ্যক্ষের পদ বা কার্যকাল বা এলাকা বা দফতর বা বাসভবন। [OF.<L. *praefectus*=set over others]

prefer [pri°-fa(r)°, প্রি°ফ্যা(র্)°] *v.t.* to promote, (কাহারও) পদোন্নতি করা ; to advance or submit, (যুক্তি বক্তব্য প্রভৃতি) উপস্থাপিত করা, পেশ করা ; to hold in higher estimation, মূল্য উৎকর্ষ প্রভৃতির দিক্ দিয়া অধিকতর গুরুত্ব দেওয়া; to choose before others, অন্য সবের ভিতর হইতে বাছিয়া লওয়া বা অধিক পছন্দ করা (to *prefer* death to dishonour)। *pr. pt.* **prėfe°rring** । *p.* & *p. pt.* **prėfe°rred** । *a.* **preferable** [pre°-f(a)rabl, প্রে°ফ্‌র্যাব্‌ল্] অন্য সবের তুলনায় অধিকতর পছন্দের বা মনোনয়নের যোগ্য ; পদোন্নতি বা উপস্থাপনের যোগ্য ; অগ্রাধিকারসম্পন্ন। *adv.* **pre°ferably**—অন্য সবের ভিতর হইতে বাছাই হইয়া ; অন্য সবের তুলনায় অধিকতর পছন্দযোগ্য হইয়া। *n.* **preferabi°lity** । *n.* **preference** [pre°f(a)r(a)ns, প্রে°ফ্‌রন্স্] অন্য সবের ভিতর হইতে বাছিয়া লওয়া বা অধিকতর পছন্দ করা, পছন্দে বা বাছাবাছিতে বা নির্বাচনে অগ্রাধিকার ; মূল্য উৎকর্ষ প্রভৃতির দিক্ দিয়া অধিকতর গুরুত্ব-আরোপ ; উক্ত পছন্দকৃত বা গুরুত্ব-আরোপিত অবস্থা ; উক্তরূপে পছন্দ-করা ব্যক্তি বস্তু প্রভৃতি বা যাহার উপর উক্তভাবে গুরুত্ব আরোপ করা হইয়াছে ; পক্ষপাত। **preference shares** or **stock**—যৌথ ব্যবসায় প্রতিষ্ঠানের যেসব অংশীদারি-পত্রের বাবদ সর্বাগ্রে লভ্যাংশ দেওয়া হয়, (পরি.) অগ্রাংশ। *a.* **preferential** [pre-fa-ren°-sh(a)l, প্রেফ্যারেন্°শ্‌ল্] উক্তরূপে বাছাই বা পছন্দ বা গুরুত্ব-আরোপ সংক্রান্ত ; পক্ষপাতমূলক। **preferen-**

tial tariff—কোন দেশ হইতে আমদানিকরা মালের উপর পক্ষপাতমূলকভাবে অপেক্ষাকৃত কম শুল্ক আরোপ। *n.* **prefer°ment**—পদোন্নতি ; (প্রধানতঃ যাজকদের) উচ্চ বা উচ্চতর পদ। [F. *preferer*<L. *praeferre*]

prefigure [prē-fi°-ga(r), প্রীফি°গ্যা(র্)] *v.t.* to imagine beforehand, পূর্বাহ্ণেই কল্পনা করা ; to foreshadow by a type, পূর্বাহ্ণে অনুরূপ মূর্তি দেখাইয়া আভাস দেওয়া। *n.* **prēfi°gurement**। [*pre-, figure*]

prefix [prē-fiks°, প্রীফিক্স্°] *v.t.* to put before or at the beginning, অগ্রে বা পূর্বে বা প্রারম্ভে বা উপসর্গরূপে স্থাপন করা ; to fix beforehand, পূর্বাহ্ণে স্থির করা। *p.* & *p. pt.* **prefix°ed**। *n.* **prē°fix**—অগ্রে স্থাপিত বস্তু ; শব্দাগ্রে সংযুক্ত শব্দাংশ, উপসর্গ। [*pre-, fix*]

pregnable [preg°-nabl, প্রেগ্°ন্যাব্‌ল্] *a.* not impregnable, অভেদ্য বা অজেয় নহে এমন। [F. *prenable*<*prendre*<L. *praehendere*]

pregnant [preg°-nant, প্রেগ্°ন্যান্ট্] *a.* with child or young, গর্ভবতী ; fruitful, ফলবতী ; fruitful in results, ফলপ্রসূ ; fertile, উর্বর ; momentous, গুরুত্বপূর্ণ ; significant ; অর্থপূর্ণ (words *pregnant* with meaning) ; thoughtful, ভাবপূর্ণ ; promising, আশাপ্রদ ; pithy and accurate, (ভাষাদিসম্বন্ধে) বাগ্‌বাহুল্যবর্জিত ও যথাযথ ; weighty, ভারী ; clear, স্পষ্ট। *n.* **preg°nancy**—গর্ভাবস্থা ; ফলবতী অবস্থা ; ফলপ্রসূতা ; উর্বরতা ; গুরুত্ব ; অর্থপূর্ণতা ; ভাবপূর্ণতা ; আশাপূর্ণতা ; বাগ্‌বাহুল্যহীনতা ও যথাযথতা ; ভার ; স্পষ্টতা। *adv.* **preg°nantly**। [L. *pregnans*]

prehensile [pre-hen°-sīl, প্রিহেন্°সাইল্] *a.* (zoo—of the tail, or a limb) capable of grasping, (প্রাণি.—লেজ বা অঙ্গ সম্বন্ধে) আঁকড়াইয়া ধরিতে সক্ষম, (পরি.) গ্রাহী। [L. *praehendere*=to seize]

prehistoric [prē°-is-to°-rik, প্রী°ইস্ট°রিক্] *a.* before the days recorded by history, প্রাগৈতিহাসিক ; (coll.) wholly out of date, একেবারে সেকেলে। *adv.* **prē°historically**। *n.* **prehistory** [prē°-his°-tri, প্রী°হিস্°ট্রি]—প্রাগৈতিহাসিক কাল বা বিষয় অথবা তাহার বিবরণ। [*pre*, see *history*]

prejudge [prē°-juj°, প্রী°জাজ্°] *v.t.* to make judgment on before hearing the whole case, মামলার বা ঘটনার বিবরণ শোনার আগেই কাহারও বা কিছুর সম্বন্ধে রায় দেওয়া অথবা সিদ্ধান্ত করা ; to condemn unheard, (অভিযুক্ত ব্যক্তির) বক্তব্য না শুনিয়াই (তাহাকে) অপরাধী সাব্যস্ত করা। *n.* **prē°judg°ment**। [*pre-, judge*]

prejudice [pre°-joo-dis, প্রে°জুডিস্] (**1**) *n.* (usu, in a bad sense) bias, পূর্বাহ্ণে কৃত অনুকূল বা (সচ.) প্রতিকূল ধারণা, সংস্কার বা (সচ.) কুসংস্কার, (পরি.) পক্ষপাত (racial *prejudice*, to have a *prejudice* against foreigners, mind full of *prejudice*, etc.) ; injury or hurt, ক্ষতি অনিষ্ট বা আঘাত। (**2**) *v.t.* to fill with prejudice, সংস্কারে বা কুসংস্কারে পূর্ণ করা ; অনুকূল বা (সচ.) প্রতিকূল ধারণাগ্রস্ত করান, পক্ষপাতগ্রস্ত করা (to *prejudice* a person's mind against somebody); to injure or hurt, ক্ষতি অনিষ্ট বা আঘাত করা। **without prejudice**—বর্তমান আলোচনা ব্যর্থ হইলে এই আলোচনায় কথিত কোন উক্তির ফলে বক্তার পূর্বের দাবি ক্ষুণ্ণ হইবে না এমনভাবে। *a.* **pre°judiced**—সংস্কারগ্রস্ত বা (সচ.) কুসংস্কারগ্রস্ত, অনুকূল বা (সচ.) প্রতিকূলধারণাগ্রস্ত, পক্ষপাতপূর্ণ, পক্ষপাতদুষ্ট। *a.* **prejudicial** [pre-joo-di°sh(a)l, প্রেজুডি°শ্‌ল্] ক্ষতিকর, অনিষ্টকর, হানিকর। *a.* **pre-judi°cial**—মামলা আদালতে ওঠার পূর্বে উহার যে-সব বিষয় সম্বন্ধে সিদ্ধান্ত গ্রহণ করিতে হয় তৎসংক্রান্ত। *adv.* **pre-judi°cially**)। [F.=wrong<L. *praejudicium* =prejudgment]

prelacy—see **prelate.**

prelate [pre°-lit, প্রে°লিট্] *n.* a high-ranking ecclesiastic, বিশপ্ বা তদপেক্ষাও উচ্চপদস্থ (খ্রিস্টীয়) যাজক ; a chief priest, প্রধান পুরোহিত। *n.* **pre°lacy**—উক্ত যাজক বা প্রধান পুরোহিতের পদ ; উক্ত যাজকবর্গ বা পুরোহিতবর্গ ; উক্ত যাজকগণ কর্তৃক গির্জা-সংক্রান্ত বিষয়াদি নিয়ন্ত্রণ। **pre°lateship**। [F. *prelat*<L. *praelatus*]

prelect [pri-lekt°, প্রিলেক্ট্°] *v.i.* to lecture, (প্রধানতঃ জনসভায়) বক্তৃতা করা। *p.* & *p. pt.* **prelec°ted**। *n.* **prelec°tion**। *n.* **prelec°tor**। [*pre-*, L. *legere*=to read]

prelim [pri-lim°, প্রিলিম্°] coll. contr. of **preliminary examination.**

preliminary [pri-li°-m(i)na-ri, প্রিলি°ম্ন্যারি] (**1**) *a.* introductory, পূর্বাহ্ণিক পরিচিতিমূলক, ভূমিকাস্বরূপ, প্রারম্ভিক ; preparatory, প্রস্তুতিমূলক, উদ্যোগমূলক। (**2**) *n.* that which precedes, প্রারম্ভিক অংশ ; (usu. in *pl.*) introduction, ভূমিকা ; an entrance examination, প্রবেশিকা পরীক্ষা ; (in *pl.*) preliminary pages, (পুস্তকাদির) প্রারম্ভিক পৃষ্ঠাসমূহ (অর্থাৎ যে পৃষ্ঠাসমূহে গ্রন্থকার, মুদ্রাকর প্রকাশক প্রভৃতির বিবরণ বা ভূমিকা সূচি ইত্যাদি থাকে) ; also **prelims°**। *adv.* **preli°minarily**। [*pre-*, L. *limen*=threshold]

prelude [pre°-lūd, প্রে°লিউড্] (**1**) *n.* that which serves as introduction, ভূমিকাস্বরূপ অংশ, (নাটকাদির) প্রস্তাবনা, (সঙ্গীতে) সুরের প্রাথমিক আলাপ, তেলেনা। (**2**) *v.t.i.* to serve or perform as a prelude to, (কিছুর) ভূমিকা প্রস্তাবনা বা গৌরচন্দ্রিকা হওয়া অথবা উহা করা ; to introduce, প্রস্তাবনা করা। *p.* & *p. pt.* **pre°lūded**। [F.<L. *prae-, ludere*=to play]

premarital [prē-ma°-rī-tl, প্রীম্যা°রাইট্‌ল্] *a.* before marriage, প্রাক্-বৈবাহিক, বিবাহ-প্রাক্।

premature [pre-ma-tū(r)°, প্রেম্যাটিউয়্যা(র্)°] *a.* ripe before time, অকালপক্ব, বালপ্রৌঢ় ; unduly early, যথাকালের পূর্বেই জাত, (পরি.) অকালীয়, অকাল (*premature* birth) I *adv.* **prēmatūre°ly** I *n.* **prematūre°ness** I [*pre-*, *mature*]

premaxilla [prē-mak-si°-la, প্রীম্যাক্‌সি°ল্যা] *n.* a bone in front of the upper jaw, উপরের চোয়ালের সামনের হাড়। *a.* **prēmaxi°llary** I [*pre-*, L. *maxilla*]

premeditate [pri-me°-di-tāt, প্রিমে°ডিটেইট্] *v.t.* to meditate upon beforehand, পূর্বাহ্লেই চিন্তা করা ; to design previously, পূর্বাহ্লেই কল্পনা করা। *a.* **prėme°ditāted**—পূর্বকল্পিত (a *premeditated* crime, move, etc.) I *n.* **premeditā°tion** I *a.* **preme°ditātive**—পূর্বকল্পনাকারী ; পূর্বকল্পনাপূর্ণ। [*pre-*, *meditate*]

premier [pre°-mē(r), প্রে°মিয়্যা(র্)] (**1**) *a.* prime or first, আদ্য, প্রথম ; chief, প্রধান। (**2**) *n.* the first or chief, প্রথম বা প্রধান ব্যক্তি ; the prime minister, প্রধানমন্ত্রী। *n.* **pre°miership**—প্রধানমন্ত্রিত্ব। [F.<L. *primarius*=to the first rank]

première [pre-mē(r)°, প্রেমিয়্যা(র্)°] *n.* a first performance of a play, নাটকের প্রথম অভিনয়। [see *premier*]

premise, premiss [pre°-mis, প্রে°মিস্] *n.* (log.) a proposition from which an inference is drawn, (ন্যায়.) যে সূত্র হইতে সিদ্ধান্ত গৃহীত হয়। *n.* **pre°mise**—(usu. in *pl.*) দলিলের প্রারম্ভিক অংশ বা মুখবন্ধ ; (in *pl.* **pre°mises**) চতুষ্পার্শ্বস্থ অঙ্গনাদিসহ অট্টালিকা (বিশেষতঃ সরাই, মদের দোকান প্রভৃতি) ; (usu. in *pl.*) পূর্বানুমান। *v.t.* **pre°mise**—গোড়ায় উল্লেখ করা ; মুখবন্ধ বা ভূমিকা হিসাবে সংযোজন করা বা উল্লেখ করা ; (ন্যায়.) সিদ্ধান্তের সূত্ররূপে বর্ণনা করা বা ধরিয়া লওয়া। **major premise**—(ন্যায়.) যে-সকল সূত্র হইতে সিদ্ধান্ত গৃহীত হয় তন্মধ্যে যেটি সাধারণ বা ব্যাপকতম, (পরি.) সাধ্য আশ্রয়বাক্য। **minor premise**—(ন্যায়.) সাধ্য আশ্রয়পক্ষ। [F. *premisse*<L. *prae-*, *mittere*=to send]

premium [prē°-mi-am, প্রী°মিঅ্যাম্] *n.* a reward or prize, পুরস্কার বা পারিতোষিক ; a bounty, দান ; an instalment paid in consideration of a contract for an insurance, বিমার জন্য প্রদেয় কিশতির টাকা ; a fee for instruction in a profession, কোন পেশা শিক্ষা বাবদ বেতন ; excess over original price, মূল মূল্যের অতিরিক্ত মূল্য, (পরি.) অধিহার (cp. **discount**) I **at a premium**—মূল মূল্যের অধিক মূল্যে, (পরি.) অধিহারে। **(to) put a premium on** (an act, behaviour, etc.)—(কার্য আচরণ প্রভৃতি কাহারও বা কিছুর পক্ষে) সুবিধাজনক বা সহায়ক করিয়া তোলা। [L. *praemium*=booty, reward]

premolar [prē-mō°-la(r), প্রীমৌ°ল্যা(র্)] (**1**) *a.* in front of the true molars, প্রকৃত পেষকদন্তের সম্মুখস্থ, পুরঃপেষক। (**2**) *n.* a premolar tooth, পুরঃপেষকদন্ত। [*pre-*, *molar*]

premonish [prē-mo°-nish, প্রীম°নিশ্] *v.t.* to forewarn, পূর্বাহ্নে সতর্ক করা। *p.* & *p. pt.* **prēmo°nished** I *n.* **prēmoni°tion**—পূর্বাহ্নে সতর্কীকরণ ; পূর্বাশঙ্কা ; (পরি.) পূর্ববোধ (to have a *premonition* of approaching danger) I *a.* **premonitory** [pri-mo°-ni-t(a)ri, প্রিম°নিটরি] পূর্বাহ্নে সতর্ক করে এমন। [L. *premonere*]

prenatal [prē°-nā°tl, প্রী°নেই°ট্‌ল্] *a.* before birth, জন্মের পূর্ববর্তী, জন্মপূর্ব। [*pre-*, *natal*]

prentice, 'prentice [pren°tis, প্রেন্°টিস্] contr. of **apprentice** I **prentice hand**—কর্মাদিতে অনভিজ্ঞ বা অদক্ষ ব্যক্তি।

preoccupy [pri-o°-kū-pī, প্রিঅ°কিউপাই] *v.t.* to occupy or fill beforehand or before others, পূর্বেই বা সর্বাগ্রে দখল করা বা পূর্ণ করা ; to take or possess exclusively, একমাত্র নিজেই গ্রহণ করা বা দখল করা ; to engross the mind of, (কাহারও) মনকে সম্পূর্ণরূপে আচ্ছন্ন বা পূর্ণ করা। *n.* **prėoccūpā°tion**—preoccupy-র সকল অর্থে এবং—সর্বাগ্রে করণীয় কর্ম ; মনের আবিষ্ট অবস্থা। [*pre-*, *occupy*]

preordain [pri°-aw(r)-dān°, প্রি°অ্য(র্)ডেইন্°] *v.t.* to ordain before, পূর্বাহ্লেই ধার্য করিয়া দেওয়া। [*pre-*, *ordain*]

prepaid—see **prepay.**

prep—see **prepare.**

prepare [pri-pā(r)°, প্রিপেয়্যা(র্)°] (**1**) *v.t.* to make ready, প্রস্তুত করা ; to make suitable, উপযোগী করা ; to train, (পরীক্ষাদির জন্য) শেখান বা তৈয়ারি করা ; to learn, শেখা : (arch.) to provide or equip, (আর্থ.—সাজসরঞ্জামাদিতে) সজ্জিত করা ; to dress and cook, কাটিয়া-কুটিয়া রাঁধা ; to make or produce, তৈয়ারি করা, উৎপাদন করা ; to lead up to, কোন অবস্থাদির উপযোগী করিয়া তোলা। (**2**) *v.i.* to become prepared, প্রস্তুত হওয়া ; to make preparation, তোড়জোড় করা। *n.* **preparation** [pre-pa-rā°sh(a)n, প্রেপেয়্যার্এই°শ্‌ন্], (coll. abbr.) **prep** I **prėpa°rative**—(**1**) *a.* প্রস্তুতিমূলক ; প্রাথমিক, প্রারম্ভিক। (**2**) *n.* পথ-পরিষ্কারক বস্তু বা বিষয় ; প্রস্তুতি। *a.* **preparatory** [pri-pa°-ra-t(a)ri, প্রিপ্যা°র‍্যাটরি] প্রস্তুত করে এমন ; প্রস্তুতিমূলক ; পূর্ববর্তী ; ভূমিকাস্বরূপ। **preparatory school**—যে বিদ্যালয়ে ছাত্রগণকে মাধ্যমিক বা উচ্চতর বিদ্যালয়ে ভর্তি হওয়ার জন্য প্রস্তুত করান হয় (also colloquially **prep school**) I *a.* **prēpārėd°**—প্রস্তুত ; উপযোগীকৃত। [F. *preparer*<L.*praeparare*]

prepay [prē-pā°, প্রীপেই°] *v.t.* to pay in advance, (ব্যয় শুল্ক প্রভৃতি) আগাম বা দাদন দেওয়া। *a.* **prē°paid°**—আগাম প্রদত্ত। *n.* **prē°pay°ment** I [*pre-*, *pay*]

prepense [pri-pens°, প্রিপেন্স্°] *a.* premeditated, পূর্বকল্পিত ; deliberate, ইচ্ছাকৃত। **malice prepense**—অনিষ্টসাধনের অভিপ্রায়। *adv.* **prepėnse°ly** I [OF. *purpense*]

preponderate [pri-pon°-da-rāt, প্রিপন্'ড্যা-রেইট্] *v.i.* to be heavier, অধিকতর ভারী হওয়া ; to be superior in influence, quantity or number, প্রভাবে পরিমাণে বা সংখ্যায় অধিকতর হওয়া। *p. & p. pt.* **prėpon°derātėd** । *n.* **preponderance** [pri-pon°d(a)r(a)ns, প্রিপন্'ড্রন্স্] অধিকতর ভারী অবস্থা ; প্রভাবে পরিমাণে বা সংখ্যায় অধিকতর অবস্থা। *a.* **prepon°derant**—অধিকতর ভারী ; অধিকতর প্রভাবসম্পন্ন বা পরিমাণ-বিশিষ্ট বা সংখ্যাবিশিষ্ট। *adv.* **prepon°derantly** । [*pre-, ponder*]

preposition [pre-pa-zi°sh(a)n, প্রেপ্যাজ়ি°শ্ন্] *n.* (gr.) an indeclinable word placed before a noun or pronoun to mark some relation, (ব্যাক.) পদান্বয়ী অব্যয়। *a.* **preposi°tional**—পদান্বয়ী অব্যয়ঘটিত। [*pre-, position*]

prepossess [prē-pa-zes°, প্রীপ্যাজ়েস্°] *v.t.* to preoccupy, (মন প্রভৃতিকে) সম্পূর্ণরূপে আচ্ছন্ন করা; to prejudice beforehand, পূর্বাহ্লেই (প্রধানতঃ অনুকূলভাবে) পক্ষপাতপূর্ণ করা। *a.* **prėposse°ssed**—পূর্ব হইতেই (প্রধানতঃ অনুকূল) পক্ষপাতপূর্ণ। *a.* **prēposse°ssing**—আকর্ষণীয় ; উত্তম বা অনুকূল ধারণা জন্মায় অথবা পক্ষপাতী করিয়া তোলে এমন। *n.* **prepossession** [prē-pa-ze°-sh(a)n, প্রীপ্যাজ়ে°শ্ন্] পূর্বসংস্কার, পূর্বাহ্লে গঠিত অনুকূল মতাদি ; পক্ষপাত প্রবণতা বা ঝোঁক। [*pre-, possess*]

preposterous [pri-pos°-t(a)ras, প্রিপস্°ট্র্যাস্] *a.* unnatural or unreasonable, অস্বাভাবিক বা অযৌক্তিক ; utterly absurd, একেবারে অসম্ভব। *adv.* **prepos°terously** । *n.* **prepos°terousnėss** । [pre-, L. *posterus*=after]

prepuce [prē°-pūs, প্রী°পিউস্] *n.* the foreskin, পুং-জননেন্দ্রিয়ের আবরক ত্বক্। *a.* **preputial** [pri-pū°-shi-al, প্রিপিউ°শিয়্যাল্] উক্ত ত্বক্সংক্রান্ত। [L. *praeputium*]

Pre-Raphaelite [prē°-ra°-fa-līt, প্রী°র্যা°ফ্যা-লাইট্] *n.* one of a group of painters, poets, etc., who would return to the spirit and manner of the painters before the time of Raphael, র‍্যাফেইঅ্যালের পূর্ববর্তী চিত্রকরদের মনোভাব ও ধরনের সমর্থক চিত্রকর কবি প্রভৃতি। [*pre-, Raphael*]

pre-record [prē°-ri-kaw(r)d°, প্রী°রিক্য(র্)ড্°] *v.t.* to record in advance, পূর্বাহ্লেই রেকর্ড করা (to *prerecord* a broadcast programme on tape)। *p. & p. pt.* **prē°-rėcor°dėd** । [*pre-, record*]

prerequisite [prē°-re°-kwi-zit, প্রী°রে°ক্যুইজ়িট্] (**1**) *n.* a condition or requirement that must previously be satisfied, যে শর্ত বা প্রয়োজন পূর্বাহ্লেই অবশ্য মিটাইতে হয়। (**2**) *a.* required as previous condition, পূর্বাহ্লেই অবশ্য-পূরণীয়। [*pre-, requisite*]

prerogative [pri-ro°-ga-tive, প্রির°গ্যাটিভ্] *n.* a peculiar privilege, ব্যক্তিগত বিশেষ অধিকার বা সুবিধা ; a peculiar right arising out of one's rank or position, পদমর্যাদা হইতে লব্ধ বিশেষাধিকার (the *prerogative* of mercy)। [L. *praerogativus*=asked first for his vote]

presage [pre°-sij, প্রে°সিজ্] *n.* an omen, (ভাবী ঘটনাদির) পূর্বলক্ষণ ; a presentiment, কিছু ঘটিতে পারে বলিয়া পূর্বাহ্লে লব্ধ অনুভূতি। *v.t.* **pre°sāge°, presāge°**—পূর্বলক্ষণ দেখান (the dark clouds *presage* a cyclone) ; পূর্বাহ্লে সতর্ক করিয়া দেওয়া ; ভবিষ্যদ্বাণী করা ; পূর্বাহ্লে অনুভূতি লাভ করা। [F.<L. *praesagium*]

presbyopia [prez-bi-ō°-pi-a, প্রেজ়বিঔ°পিঅ্যা] *n.* a form of long-sightedness incident to old age, বার্ধক্যজনিত অদূরবদ্ধ দৃষ্টি, চালশে। *n.* **prės°byōpe**—চালশে-ধরা লোক। *a.* **presbiopic** [prez-bī-o°-pik, প্রেজ়্বাইঅ°পিক্] চালশে-ধরা। [Gk. *presbys*=old, *ops*=eye]

presbyter [prez°-bi-ta(r), প্রেজ়্°বিট্যা(র্)] *n.* an elder, সমাজবৃদ্ধ ; a priest in rank between a bishop and a deacon, বিশপ ও ডিকনের মধ্যবর্তী পদাধিষ্ঠিত যাজকবিশেষ ; a member of a presbytery, যাজকবর্গদ্বারা গঠিত আদালতের বিচারক। **Prėsbytēr°ian**—(**1**) *a.* উক্ত আদালত-সংক্রান্ত ; উক্ত আদালত কর্তৃক শাসিত গির্জা-সংক্রান্ত। (**2**) *n.* উক্ত গির্জাভুক্ত ব্যক্তি ; গির্জার যাজকীয় শাসনতন্ত্রের সমর্থক। *n.* **prėsbytēr°ianism**—যাজকীয় আদালত কর্তৃক গির্জা-পরিচালনা। *n.* **presbytery** [prez°-bi-t(a)ri, প্রেজ়্°বিট্রি] বিভিন্ন গির্জার যাজক-প্রতিনিধি লইয়া গঠিত বিচারসভা। [Gk. *presbyteros*]

prescience [pre°-si-ans, প্রে°সিঅ্যান্স্] *n.* foreknowledge, ভবিষ্যৎ-সম্বন্ধে জ্ঞান বা ধারণা, পূর্বধারণা ; foresight, দূরদর্শিতা। *a.* **pre°scient**—পূর্বজ্ঞানসম্পন্ন ; দূরদর্শী। *adv.* **pre°sciently** । [L. *praesciens*=knowing beforehand]

prescind [pri-sind°, প্রিসিন্ড্°] *v.t.i.* to cut off, (প্রধানতঃ অকালে বা অকস্মাৎ অঙ্গ অংশ প্রভৃতি) কাটিয়া বা ছাঁটিয়া ফেলা, ছিন্ন করা ; to withdraw the attention (usu. with *from*), (মনোযোগ দৃষ্টি প্রভৃতি) সরাইয়া লওয়া, অপসৃত করা। *p. & p. pt.* **prėscin°dėd** । [*pre-*, L. *scindere*=to cut]

prescribe [prē-skrīb°, প্রীস্ক্রাইব্°] (**1**) *v.t.i.* to lay down (as a rule), (নিয়মাদি) নির্দিষ্ট করিয়া দেওয়া ; to advise use of, (কিছু) ব্যবহার করিতে উপদেশ দেওয়া ; ঔষধাদির ব্যবস্থাপত্র দেওয়া। (**2**) *v.t.* to limit, সীমাবদ্ধ করিয়া দেওয়া। *n.* **prēscrī°ber** । *n.* **prē°script**—অধ্যাদেশ বা নিয়ম ; প্রতিকার, ঔষধ, চিকিৎসা। *n.* **prėscrip°tion**—নির্দেশ ; ব্যবহার করিতে উপদেশ ; ঔষধাদির ব্যবস্থা বা ব্যবস্থাপত্র ; (আইনে) কিছুকাল অব্যাহতভাবে ভোগদখলের ফলে অধিকার, ভোগদখলি স্বত্ব (property is adverse possession ripened by *prescription*)। *a.* **prėscrip°tive**—নির্দেশক ; ভোগদখলি স্বত্বমূলক

(*prescriptive* right) ; প্রচলিত প্রথাগত। [*pre-*, L. *scribere*=to write]

presence [pre°zns, প্রে°(শ্)জ্‌ন্‌স্] *n.* being present, উপস্থিতি, হাজিরি ; immediate neighbourhood, closeness, সন্নিধি, সান্নিধ্য, সকাশ ; a place where a great personage is, দরবার-গৃহ সভাকক্ষ প্রভৃতি (also **pre°sence-chămber**) ; something felt to be present, যাহা অস্তিত্বশীল বা বিদ্যমান বলিয়া অনুভূত হয় ; personal appearance (esp. imposing bearing), (বিশে. লক্ষণীয়) চেহারা বা চালচলন (a man of fine *presence*)। **real presence**—খ্রিস্টের শেষ নৈশভোজোৎসবের রুটি ও পানীয়ে প্রকৃতই যথাক্রমে খ্রিস্টের মাংস ও রক্ত আছে বলিয়া বিশ্বাস। [OF.<L. *praesentia*—cp. *present*$_2$]

present$_1$ [pre°znt, প্রে°(শ্)জ্‌ন্‌ট্] *n.* a gift, উপহার, উপঢৌকন। [OF.=(ori.) presence]

present$_2$ [pre°znt, প্রে°(শ্)জ্‌ন্‌ট্] (**I**) *a.* on the spot, here, উপস্থিত, হাজির ; now existing, occurring, etc., বর্তমান, বিদ্যমান, ঘটমান ; ready at hand, (আর্ষ.) হাতের কাছে এমন ; being dealt with now, বর্তমান আলোচনার বিষয়ীভূত ; immediate, অবিলম্ব ; (gr.) denoting time just now, (ব্যাক.)বর্তমান কালসূচক। (**2**) *n.* that which is present, উপস্থিত বর্তমান অথবা বিদ্যমান বস্তু বা বিষয় বা সময় ; (gr.) the present tense, (ব্যাক.) বর্তমান কাল ; present document or (in *pl.*) writings, বর্তমান দলিল বা লিখনাবলী। **at present**—বর্তমানে, আজকাল, এখন, অধুনা। **for the present**—বর্তমানে ; আপাততঃ, উপস্থিতমত। **the present**—বর্তমান কাল বা সময়। **present company**—উপস্থিত ব্যক্তিবর্গ। *a.* **pre°sent-day°**—বর্তমানকালীন, সমকালীন। *adv.* **pre°sently**—অনতিবিলম্বে ; সরাসরি ; তৎক্ষণাৎ ; বর্তমানে, অধুনা (he is *presently* in the U.S.A.)। [OF. <L.*praesens*]

present$_3$ [pri-zent°, প্রিজ়েন্‌ট্°] (**I**) *v.t.* to set or introduce into presence or to notice, cognizance, or acquaintance, উপস্থিত বা হাজির করান, পেশ করা, উপস্থাপন করা, পরিচয়-প্রদান করা ; to exhibit, প্রদর্শন করান (to *present* a film) ; to proffer or offer, বাড়াইয়া দেওয়া, দিতে চাওয়া ; to give, দেওয়া ; to make a gift of, উপহার দেওয়া ; to hold (rifle etc.) in position, (লক্ষ্যসন্ধান সম্মানপ্রদর্শন প্রভৃতির জন্য অস্ত্রাদি) বাগাইয়া ধরা। (**2**) *n.* the position of a weapon in presenting arms or in aiming, সম্মানপ্রদর্শন লক্ষ্যসন্ধান প্রভৃতির জন্য অস্ত্রাদি বাগাইয়া ধরা। *p.* & *p. pt.* **prėsen°tėd**। **(to) present arms**—(কাহাকেও সম্মানাদি প্রদর্শনার্থ) স্বীয় দেহের সম্মুখে উর্ধ্বাধভাবে অস্ত্রাদি বাগাইয়া ধরা। *a.* **prėsen°table**—present (*v.*)-এর সকল অর্থে, এবং—দর্শনীয় ; সুদর্শন। *n.* **prėsentabi°lity**। *adv.* **prėsen°tably**। *n.* **presentation** [pre-zen-tā°sh(a)n, প্রে(শ্)জ়েন্‌টেই°শ্‌ন্] present (*v.*)-এর সকল অর্থে, এবং—উপস্থাপিত বা প্রদত্ত বস্তু ; উপহার ; বর্ণনা। *n.* **prėsentee°**—যাজকবৃত্তির প্রার্থিরূপে উপস্থাপিত ব্যক্তি ; (সরকারি) পদের জন্য যাহাকে হাজির করা হইয়াছে ; রাজসভায় বা আদালতে বা অন্যত্র যাহাকে হাজির করা হইয়াছে; উপহারের প্রাপক। *n.* **prėsen°ter**। *n.* **prėsent°ment**—present (*v.*)-এর সকল অর্থে এবং—বিবৃতি ; আদালতে জুরির বিবৃতি ; প্রতিমূর্তি, চিত্র ; চেতনা। [OF. *presenter*<L. *praesentare*]

presentable, presentation—see **present**$_3$.

present-day—see **present**$_2$.

presentient [pri-sen°-shi-ant, প্রিসেন্‌°শিঅ্যান্‌ট্] *a.* having a presentiment, (প্রধানতঃ অশুভ) পূর্বলক্ষণপূর্ণ। [L. *praesentiens*]

presentiment [pri-zen°-ti-mant, প্রিজ়েন্‌°টিম্যান্‌ট্] *n.* a foreboding, (প্রধানতঃ অশুভ) পূর্ব-লক্ষণ, পূর্বাভাস। [obs F.]

presently—see **present**$_2$.

presentment—see **present**$_3$.

preserve [pri-za(r)v°, প্রিজ়্যা(র্)ভ্°] (**I**) *v.t.* to keep safe, নিরাপদ্ রাখা ; to keep alive or fresh, বাঁচাইয়া রাখা বা তাজা রাখা ; to maintain, চালু রাখা, বজায় রাখা ; to guard against, (প্রধানতঃ অনধিকার শিকার প্রতিরোধকল্পে) সংরক্ষিত করা ; to keep sound, সুস্থ রাখা ; to guard against decay, অক্ষুণ্ণ রাখা ; to pickle, season, etc., আচারাদি প্রস্তুতপূর্বক সংরক্ষিত করিয়া রাখা। (**2**) *n.* preserved fruit, jam, সংরক্ষিত ফল, আচার ; (*pl.*) goggles for protection from dust, etc., ধুলা প্রভৃতি হইতে চক্ষুরক্ষার্থ রঙিন চশমা ; a preserved hunting-ground or fish-pond, সংরক্ষিত মৃগয়াভূমি বা মাছের পুকুর (এখানে জনসাধারণ বিনানুমতিতে শিকার করিতে পারে না)। *a.* **prėser°vable**—সংরক্ষণসাধ্য। *n.* **preservation** [pre-za(r)-vā°sh(a)n, প্রে(শ্)জ়্যা(র্)ভেই°শ্‌ন্]। **prėser°vative**—(**I**) *a.* সংরক্ষণকর। (**2**) *n.* সংরক্ষণকর বস্তু বা ব্যবস্থা। *n.* **prėser°ver**। [F. *preserver*<L. *prae-*, *servare*=to keep]

preside [pri-zīd°, প্রিজ়াইড্°] *v.i.* to be in the chair, সভাপতিত্ব করা ; to be at the head, কর্তৃত্ব করা ; to superintend, তত্ত্বাবধান করা ; to be guardian or tutelary god, রক্ষাকারী বা বংশানুক্রমিক দেবতা হওয়া বা ঐ প্রকার দেবতারূপে অধিষ্ঠান করা। *p.* & *p. pt.* **prėsi°ded**। *n.* **presidency** [pre°-zid(a)n-si, প্রে°(শ্)জ়িড্‌ন্‌সি] সভাপতির পদমর্যাদা কর্মকাল এলাকা বা বাসভবন ; ইংরেজ আমলে ভারতের প্রধান রাজনৈতিক বিভাগত্রয়ের যে-কোনটি (Bengal *Presidency*, Bombay *Presidency*, Madras *Presidency*)। *n.* **pre°sident**—সভাপতি ; সমাজতান্ত্রিক রাষ্ট্রের কর্তা, রাষ্ট্রপতি ; রাষ্ট্রশাসক ; ব্যবসায় প্রতিষ্ঠানাদির কর্তা। *fem.* **pre°sidentėss**—সভানেত্রী ; সভাপতির পত্নী। *a.* **presidential** [pre-zi-den°sh(a)l, প্রে(শ্)জ়িডেন্°-

শব্দ] সভাপতিত্ব-সংক্রান্ত বা সভাপতি-সংক্রান্ত (*presidential* address) । *n.* **pre°sidentship** । **presiding officer**—ভোটদান-দফতরের কর্তা, (পরি.) অগ্রাধিকারিক । [F. *presider* < L. *praesidere* = to seat before]

presidium [pri-si°-di-am, প্রিসি°ডিঅ্যাম্] *n.* a standing committee in various Communist system and organizations, বিভিন্ন কমিউনিসট শাসনতন্ত্রের ও সংস্থার স্থায়ী (সর্বোচ্চ বা কেন্দ্রী) পরিচালক-সমিতি, সভাপতিমণ্ডলী । [L. *praesidium* < *praesidere* = to preside]

press$_1$ [pres, প্রেস্] **(1)** *v.t.i.* to exert a pushing force (upon), ঠেলা দেওয়া ; to squeeze, মোচড়ান, নিঙড়ান (to *press* the juice out of an orange) ; to compress, চাপ দেওয়া ; to clasp, জড়াইয়া ধরা ; to imprint or print, ছাপ দেওয়া, মুদ্রিত করা, ছাপান ; to condense, সঙ্কুচিত করা ; to smooth, ইস্ত্রি করা (to *press* a coat) ; to apply heavy weights, গুরুভার বোঝা চাপান ; to bear heavily on, ভারী বোঝার ন্যায় চাপিয়া ধরা ; to harass, হয়রান করা ; to beset, ছাইয়া ফেলা ; to urge strongly প্রবলভাবে অনুরোধ করা বা প্রেরণা দেওয়া (we *pressed* for a decision) ; to come urgently upon, জরুরি হইয়া ওঠা ; to crowd, ভিড় করান বা করা (crowds *pressed* round the great leader) ; to send or go violently or with great speed, প্রচণ্ডভাবে অথবা প্রচণ্ডবেগে অগ্রসর করান বা হওয়া । **(2)** *v.t.* to present to the mind earnestly, সাগ্রহে উপলব্ধি করানর চেষ্টা করা । *p.* & *p. pt.* **pre°ssed** । **(3)** *n.* an act of pressing, ঠেলা মোচড় বা চাপ দেওয়া, জড়াইয়া ধরা, আলিঙ্গন, ছাপ দেওয়া, মুদ্রণ, সঙ্কুচন, ভিড় করা ; pressure, চাপ (to give a slight *press*) ; crowd, ভিড় ; thick of a fight, যেখানে ঘোরতর লড়াই চলিতেছে ; urgency, জরুরি অবস্থা ; a cupboard, আলমারি ; a pressing apparatus, ইস্ত্রি ; a printing machine or organization, ছাপার যন্ত্র বা ছাপাখানা ; a publishing house, গ্রন্থপ্রকাশালয় ; newspapers and periodicals, সংবাদপত্র ও সাময়িকপত্রসমূহ (favourably notices by the *press*) ; the journalistic profession, সাংবাদিকতা । **at press** or **in the press**—ছাপা হইতেছে এমন ; (গ্রন্থাদি সম্পর্কে) শীঘ্রই প্রকাশ পাইবে এমন । **freedom** or **liberty of the press**—খোলাখুলিভাবে লেখার জন্য সরকারের অনুমতি না লইয়াই কিছু ছাপিতে বা প্রকাশ করিতে সংবাদপত্রের অধিকার, সংবাদপত্রের স্বাধীনতা । **(to) press for**—ক্রমাগত অনুরোধ করা ; জরুরি তাগাদা দেওয়া । **(to) press the button**—(সচ. বৈদ্যুতিক) যন্ত্রাদি চালু করা ; (আল.) উদ্যোগাদির নিশ্চিত সূচনা করা । **(to) be pressed for**—নিতান্ত অভাবগ্রস্ত হওয়া, বড়-একটা হাতে না থাকা (to *be pressed for* money, time, etc.) । **(to) go to press**—(রচনাদি সম্বন্ধে) মুদ্রণার্থ ছাপাখানায় প্রেরিত হওয়া । *n.* **press°-agency**—(প্রধানতঃ অভিনেতা-অভিনেত্রী বা রঙ্গালয় সম্বন্ধে) সংবাদপত্রাদিতে বিজ্ঞাপন দেবার বা প্রচার করার ভার অথবা চুক্তি । *n.* **press°-agent**—(প্রধানতঃ অভিনেতা-অভিনেত্রী বা রঙ্গালয় সম্বন্ধে) সংবাদপত্রাদিতে বিজ্ঞাপনদাতা বা প্রচারকর্তা । *n.* **press°-box**—ক্রীড়ানুষ্ঠান রঙ্গাভিনয় সভাসমিতি প্রভৃতিতে সাংবাদিকদের বসার স্থান । **press conference**—বিশিষ্ট ব্যক্তি কর্তৃক সাংবাদিকদের সমক্ষে উপস্থিত হইয়া বিভিন্ন বিষয়ের পর্যালোচনা এবং তথ্য ও মতের আদান-প্রদান, বিশিষ্ট ব্যক্তির আহ্বানে সাংবাদিক বৈঠক । *n.* **press°-cu°tting, press°-cli°pping**—সংবাদপত্র বা সাময়িকপত্র হইতে কাটিয়া-রাখা সংবাদ প্রবন্ধ প্রভৃতি । *n.* **pre°sser** । *n.* **press°-ga°llery**—আইনসভাদিতে সাংবাদিকদের জন্য আসন-শ্রেণী । *a.* **pre°ssing**—জরুরি (a *pressing* business) ; সনির্বন্ধ ; ভিড় করে এমন । **press°-lord**—প্রতিপত্তিশালী সংবাদপত্রের মালিক । *n.* **press°man**—ছাপাখানার কর্মী (বিশেষতঃ মেশিনম্যান) ; সাংবাদিক । *n.* **press°-mark**—লাইব্রেরিতে কোথায় রাখিতে হইবে তাহা নির্দেশ করার জন্য বইতে যে চিহ্ন বা নম্বর দেওয়া হয় । *n.* **press°-photo°grapher**—সংবাদপত্র বা সংবাদ-সরবরাহ-প্রতিষ্ঠান কর্তৃক নিযুক্ত ফটোগ্রাফার । *n.* **press°-release°**—সংবাদপত্রে প্রকাশার্থ প্রেরিত সংবাদ বিবৃতি প্রভৃতি । *n.* **pressure** [pre°-sha(r), প্রে°শ্যা(র্)] চাপ, (পরি.) প্রেষ ; গুরুত্ব ; প্রবল দাবি । **pressure cabin**—বিমানপোতাদির যে কুঠুরিতে এমন কল বসান হইয়াছে যাহার ফলে (ভূপৃষ্ঠ হইতে বহু ঊর্ধ্বে উঠিলেও) প্রায় স্বাভাবিক বায়ু-চাপ বজায় থাকে । *n.* **pre°ssure-cooker**—উচ্চ বায়ুচাপে বা ভাপে রন্ধনকার্যের জন্য বায়ুরোধী পাত্রবিশেষ, প্রেশার্-কুকার্ । *n.* **pre°ssure-gauge**—তরল পদার্থের বা গ্যাসের চাপ মাপার যন্ত্রবিশেষ । **pressure group**—(কারখানার মালিক প্রভৃতির) সংগঠিত সঙ্ঘবিশেষ : ইহার উদ্দেশ্য হইল সঙ্ঘের সদস্যদের লাভ সুবিধা প্রভৃতির জন্য সর্বপ্রকারে চেষ্টা করা । *v.t.* **pre°ssurize**—(বিমানপোত প্রভৃতিতে) এমন কল বসান যাহার ফলে (ভূপৃষ্ঠ হইতে ঊর্ধ্বে উঠিলেও) প্রায় স্বাভাবিক বায়ু-চাপ বজায় থাকে । *a.* **pre°ssurized**—উক্ত কলসংবলিত । [F. *presser* < L. *pressare* < *premere* (*v.*)]

press$_2$ [pres, প্রেস্] *v.t.* to carry off and force into service, ভুলাইয়া লইয়া গিয়া (প্রধানতঃ নাবিকের) কর্মে ভরতি করান । *p.* & *p. pt.* **pre°ssed** । *n.* **press°-gang**—উক্তভাবে কর্মি-সংগ্রহার্থ নিযুক্ত নাবিক বা সৈনিকদের দল । [OF. *prester* < L. *praestare* = to offer]

Prester John [pres°-ta(r) jon, প্রেস্°ট্যা(র্) জন্] *n.* a mythical Christian priest-king, রূপকথায় বর্ণিত আবিসিনিয়ার বা মধ্যএশিয়ার খ্রিস্টান্ যাজক-নৃপতি । [OF. *prestre* = priest]

For words in *press-*, not given separately, see **press$_1$** and **press$_2$**.

prestidigitation [pres-ti-di-ji-tā°sh(a)n, প্রেস্‌টিডিজিটেই°শ্‌ন্] *n.* jugglery, ভোজবাজি। *n.* **prestidi°gitātor**—বাজিকর। [F. *prestidigitateur* < *preste* = nimble, L. *digitus* = finger]

prestige [pres-tij°, প্রেস্‌টিজ্°] *n.* influence or reputation, প্রতিপত্তি, খ্যাতি, মর্যাদা। *a.* **presti°gious**—ভোজবাজিপূর্ণ; প্রবঞ্চনাময়। *adv.* **presti°giously**। [F. *praestigium* = delusion]

presto [pres°-tō, প্রেস্°টৌ] *a.* & *adv.* quick or quickly, দ্রুত। **Hey presto**—খেলা দেখাইবার সময় যাদুকরের উক্তিবিশেষ (তু. লাগ ভেলকি চট্‌পট্‌ লাগ)। [It. < L. *praesto* = at hand]

pre-stressed [prē°-strest°, প্রী°স্ট্রেস্‌ট্°] *a.* strengthened with stretched wires, (গৃহাদি নির্মাণে কংক্রীট-সম্বন্ধে) টান-টান-করা লোহার তার বসাইয়া শক্তিশালী বা দৃঢ় করা হইয়াছে এমন। [*pre-*, see *stress*]

presume [pre-zūm°, প্রি(শ্)জ়িউম্°] (**1**) *v.t.* to take for granted without examination or proof, বিনা বিচারে বা বিনা প্রমাণে মানিয়া লওয়া; to assume provisionally, সাময়িকভাবে মানিয়া বা ধরিয়া লওয়া; to take upon oneself, (প্রধানতঃ দুঃসাহসিকভাবে দায়িত্বাদি) স্বীয় স্কন্ধে লওয়া। (**2**) *v.i.* to venture, ঝুঁকি-গ্রহণে সাহসী হওয়া; to act forwardly or without proper right, উপর-পড়া হইয়া বা উপযুক্ত অধিকার ছাড়া কাজ করা; to rely, (প্রধানতঃ অন্যায়ভাবে) আস্থাস্থাপন করা, ভরসা করা। **(to) presume upon**—অন্যায় সুযোগ বা সুবিধা গ্রহণ করা (to *presume upon* a person's goodness)। *a.* **presū°mable**—presume (*v.t.*)-এর প্রথম দুই অর্থে। *adv.* **presū°mably**। *a.* **presū°ming**—উপর-পড়া; ধৃষ্ট; দুঃসাহসী। *n.* **presumption** [pri-zum(p)°sh(a)n, প্রিজ়াম্°শ্‌ন্] বিনা বিচারে বা বিনা প্রমাণে অথবা সাময়িকভাবে মানিয়া লওয়া; উক্তভাবে মানিয়া-লওয়া বিষয়, ঝুঁকিগ্রহণ; উপর-পড়া ভাব; অন্যায় আস্থা; অনুমান; প্রবল সম্ভাবনা; অসঙ্গত আচরণ; (আইনে) জানা ঘটনাদি বিচারপূর্বক সাময়িকভাবে কৃত অনুমান, (পরি.) অর্থাপত্তি। *a.* **presump°tive**—মোটামুটি বিশ্বাস্য সাক্ষ্যপ্রমাণাদির উপর নির্ভর করিয়া অনুমিত বা গৃহীত; বিনা বিচারে বা বিনা প্রমাণে মানিয়া লওয়ার যোগ্য। *adv.* **presump°tively**। *a.* **presump°tūous**—same as **presuming**। *adv.* **presump°tūously**। [L. *praesumere*]

presuppose [prē-sa-pōz°, প্রীস্যাপৌজ়্°] *v.t.* to take for granted, পূর্বাহ্নেই মানিয়া লওয়া। *n.* **presupposition** [prē-su-pa-zi°sh(a)n, প্রীস্যাপ্যাজ়ি°শ্‌ন্]। [*pre-*, *suppose*]

pretence—see **pretend.**

pretend [pri-tend°, প্রিটেন্‌ড্°] *v.t.i.* to profess (now only falsely), (বর্ত. কেবল মিথ্যা) জাহির করা বা প্রচার করা (to *pretend* to be a scholar); to feign, ভান করা (to *pretend* ignorance, illness, etc.); to allege falsely, মিথ্যা বর্ণনা করা বা নালিশ করা; to aspire, উচ্চাকাঙ্ক্ষী হওয়া; to claim, দাবি করা; to venture or attempt, ঝুঁকি লওয়া বা প্রচেষ্টা করা। *p.* & *p. pt.* **prēten°dėd**। **(to) pretend to**—(মিথ্যা বা অন্যায্য) দাবি করা। *n.* **pretence°**—মিথ্যা জাহির বা প্রচার; ভান; মিথ্যা বর্ণনা বা নালিশ; ভণ্ডামি; ছল; মিথ্যা গুজব; ছুতা, ছলনা। *n.* **preten°der**—pretend-এর সকল অর্থে, এবং বিশেষতঃ—(প্রধানতঃ রাজসিংহাসনের) দাবিদার; প্রার্থী, উমেদার। *n.* **pretension** [priten°sh(a)n. প্রিটেন্°শ্‌ন্] pretence-এর অনুরূপ, এবং—দাবি; ন্যায্য দাবি; দুরহঙ্কার; যে গুণ নাই তাহার দাবি (no *pretensions* to greatness)। *a.* **pretentious** [pri-ten°-shas, প্রিটেন্°শ্যাস্] অতিশয় ভানশীল বা ভণ্ডামিপূর্ণ; অত্যধিক দাবি করে বলিয়া মনে হয় এমন; অতি দাম্ভিক। *adv.* **prėten°tiously**। *n.* **prėten°tionsnėss**। [L. *praetendere*]

preterit(e) [pre°t(a)-rit, প্রে°ট্‌রিট্] (**1**) *a.* (gr.) past, (ব্যাক.) অতীত। (**2**) *n.* (gr.) the past tense, (ব্যাক.) অতীতকাল। [L. *praeteritus*]

pretermission—see **pretermit.**

pretermit [prē-ta(r)-mit°, প্রীট্যা(র্)মিট্°] *v.t.* to pass by (without mention), বিনা উল্লেখে ছাড়িয়া যাওয়া; to omit, বাদ দেওয়া। *pr. pt.* **pretermi°tting**। *p.* & *p. pt.* **pretermi°ttėd**। *n.* **pretermission** [prē-ta(r)-mi°-sh(a)n, প্রীট্যা(র্)মি°শ্‌ন্]। [L. *praetermittere*]

preternatural [prē-ta(r)-na°char(a)l, প্রীট্যা(র্)ন্যা°চ্‌র্‌ল্] *a.* outside the course of nature, স্বাভাবিক নিয়মের বহির্ভূত; supernatural, অতিপ্রাকৃত। *adv.* **preterna°turally**। [L. *praeter* = beyond, *natural*]

pretext [prē°-tekst, প্রী°টেক্‌স্‌ট্] *n.* an ostensible excuse, মিথ্যা ওজর, ছুতা (on or under the *pretext* of···)। [L. *praetextus*]

pretor—alt. spell. of **praetor.**

pretty [pri°-ti, প্রি°টি] (**1**) *a.* ingenious, উদ্ভাবনীকৌশলপূর্ণ; fine, (প্রধানতঃ বিদ্রূপে) চমৎকার; commendable, প্রশংসনীয়; neat, পরিষ্কার-পরিচ্ছন্ন; moderately pleasing, বেশ মনোরম; beautiful, সুন্দর। (**2**) *n.* a pretty thing or person, মনোরম বস্তু বা ব্যক্তি; (usu. in *pl.*) knick-knacks, টুকিটাকি শখের আসবাবপত্র বা মুখরোচক খাবার। (**3**) *adv.* fairly, শোভনভাবে; moderately, মোটামুটিভাবে। **a pretty penny**—(অর্থাদি) প্রচুর পরিমাণ (it cost me *a pretty penny*)। **pretty much**—প্রায় কাছাকাছি (*pretty much* the same thing)। **sitting pretty**—(কথ্য.) সচ্ছল, সমৃদ্ধিশালী; ভবিষ্যৎ উন্নতির পক্ষে অনুকূল অবস্থায় স্থিত। *v.t.* **prė°ttify**—(প্রধানতঃ দৃষ্টিকটুভাবে) মনোরম বা সুন্দর করা। *adv.* **prė°ttily**। *n.* **prė°ttinėss**। [OE. *praettig* = tricky < *praett* = trickery]

prevail [pri-vāl°, প্রিভেইল্°] *v.i.* to be victorious, বিজয়লাভ করা (we *prevailed* over our enemies) ; to succeed, সফল হওয়া ; to gain the mastery, আয়ত্ত করিতে বা প্রভাববিস্তারে সক্ষম হওয়া ; to urge successfully, বুঝাইয়া-সুঝাইয়া রাজি করাইতে সক্ষম হওয়া (to *prevail on* or *upon* a person) ; to predominate, প্রবল হওয়া, প্রকোপযুক্ত হওয়া ; to be current, চালু হওয়া, প্রাদুর্ভূত হওয়া। *a.* **pre°vailing**—প্রবলক্ষমতা-সম্পন্ন ; নিয়ন্ত্রক ; কর্তৃত্বকর ; প্রকোপযুক্ত ; ফলপ্রদ ; সচরাচর বিদ্যমান (*prevailing* fashions) ; প্রাদুর্ভূত। *n.* **prevalence** [pre°-va-lans, প্রে°ভ্যাল্যান্‌স্] বিজয়লাভ ; সাফল্য ; আয়ত্তি ; প্রভাববিস্তার ; লক্ষণীয় বিদ্যমানতা ; প্রকোপ ; প্রাদুর্ভাব, ব্যাপকতা ; অধিকতর শক্তি বা প্রভাব ; প্রভাবশালিতা। *a.* **pre°valent**—বিজয়লাভ বা সাফল্যলাভ করিতেছে এমন ; বিজয়ী, প্রভাববিস্তারক, প্রভাবশালী ; বুঝাইয়া-সুঝাইয়া রাজি করাইতে সক্ষম ; লক্ষণীয়ভাবে বিদ্যমান ; প্রকোপযুক্ত ; প্রাদুর্ভূত ; ব্যাপক ; অধিকতর শক্তিমান্ বা প্রভাবশালী। [L. *praevalere*=to be powerful]

prevaricate [pri-va°-ri-kāt, প্রিভ্যা°রিকেইট্‌] *v.i.* to evade the truth, কৌশলে সত্যকে এড়াইয়া যাওয়া, সত্যের অপলাপ করা ; (in law) to betray a client by collusion with his opponent, (আইনে) মক্কেলের বিপক্ষের সহিত ষড়্‌যন্ত্র করিয়া বা হাত মিলাইয়া মক্কেলকে ফাঁসান। *p.* & *p. pt.* **prė-va°ricātėd**। *n.* **prėvaricā°tion**। *n.* **preva°-ricātor**। [L. *prevaricari*=to walk crookedly, to collude]

prevent [prė-vent°, প্রিভেন্‌ট্°] *v.t.* to act earlier than, (কাহারও বা কিছুর) আগে করা ; to meet or provide for in advance, (প্রয়োজনাদি) পূর্বাহ্নেই মেটান বা মিটাইবার ব্যবস্থা করা ; to preclude, (পূর্বাহ্নেই) বাদ দেওয়া বা ঢুকিতে না দেওয়া ; to hinder effectually, সাফল্যের সহিত বাধা দেওয়া বা ব্যাহত করা ; to keep from coming to pass, ঘটিতে না দেওয়া, প্রতিরোধ করা। *p.* & *p. pt.* **prėven°tėd**। *a.* **prėven°-table**—বাদ দিতে প্রবেশ বারণ করিতে বাধা দিতে বা ব্যাহত করিতে পারা যায় এমন, নিবার্য। *n.* **prėventabi°lity, prėven°ter**। *n.* **prėven°-tion**। *n.* **prėven°tive**—(1) *a.* প্রবেশ-নিবারক (*preventive* officer) ; ব্যাহত করে এমন ; বাধাদায়ক ; প্রতিষেধক (*preventive* medicine) ; প্রতিরোধক (*preventive* detention)। (2) *n.* ঐরূপ বস্তু কৌশল ঔষধ প্রভৃতি। [*pre-*, L. *venire*=to come]

pre°view [prē°-viū°, প্রী°ভিউ°] (1) *n.* view of a film, play, book, etc., before it is submitted to the general public, জনসাধারণ্যে প্রচারের পূর্বে চলচ্চিত্র নাট্যাভিনয় গ্রন্থ প্রভৃতি দর্শন বা পাঠ বা বিচার, প্রাক্‌প্রচার পরীক্ষা। (2) *v.t.* to view in advance before presentation to the general public, প্রাক্‌প্রচার নিরীক্ষণ করা। [*pre-view*]

previous [prē°-vi-as, প্রী°ভিঅ্যাস্‌] *a.* going before in time, পূর্বকালীন, পূর্বগামী ; former, প্রাক্তন, আগেকার। *adv.* **pre°viously**। *n* **pre°-viousnėss**। [LL. *praevius*—see *pre-*, *via*]

prevision [pri-vi°z(a)n, প্রিভি°(শ্‌)জ্‌ন্‌] *n.* foresight, দূরদৃষ্টি (to have a *prevision* of shape of things to come) ; foreknowledge, পূর্বজ্ঞান। [*pre-*, *vision*]

pre-war [prē°-waw(r)°, প্রী°ওয়্যা(র্‌)°] *n.* before war, যুদ্ধের পূর্ববর্তী, যুদ্ধপূর্ব। [*pre-*, *war*]

prey [prā, প্রেই] (1) *n.* (B.) that which is preserved from loss in battle, যুদ্ধে যাহা বিনষ্ট হয় নাই (যেমন, মানুষের জীবন) ; an animal that may be hunted and eaten by another, অন্য প্রাণীর বধ্য ও ভক্ষ্য প্রাণী, শিকার ; a victim, শিকারতুল্য ব্যক্তি (a *prey* to anxiety, disease, fear, etc.)। (2) *v.i.* to make depredations, লুণ্ঠন করা ; to take plunder, লুঠের মাল লওয়া ; to hunt and feed or live upon, শিকার করিয়া খাওয়া বা খাইয়া বাঁচিয়া থাকা ; to exert a baneful influence, ক্ষয় করা, পীড়া দেওয়া (fears and anxieties *preyed* upon his mind)। **beast** or **bird of prey**—হিংস্র বা শিকারি পশু অথবা পক্ষী। [OF. *preie* < L. *praeda*=booty]

price [prīs, প্রাইস্‌] (1) *n.* the amount (usu. in money) for which a thing is bought or sold, মূল্য, দাম ; the reward for capture or killing of anything, কাহাকেও গ্রেপ্তার বা বধ করার জন্য পুরস্কার ; (fig.) consideration or sacrifice necessary to obtain a thing, (আল.) কিছু অর্জনার্থ প্রয়োজনীয় প্রচেষ্টা বা ত্যাগস্বীকার ; (arch.) value, (আর্ষ.) মূল দাম, প্রকৃত মূল্য। (2) *v.t.* to fix or state the price of, মূল্য স্থির করা, দাম বলা। *p.* & *p. pt.* **pri°cėd**। **above** or **beyond** or **without price**—অমূল্য, মূল্যাতীত। **at a price**—কিছুটা চড়া দামে। **at any price**—যে কোন শর্তে। **ceiling price**—সরকার কর্তৃক কোন পণ্যের যে সর্বোচ্চ মূল্য বাঁধিয়া দেওয়া হয়। **cut prices**—হ্রস্বীকৃত মূল্য বা উৎপাদক কর্তৃক নির্দেশিত মূল্যের অপেক্ষা কম মূল্য, অবমূল্য। **Every man has his price**—সকল লোককেই টাকা দিয়া কেনা যায়। **floor price**—সরকার কর্তৃক কোন পণ্যের যে নিম্নতম মূল্য বাঁধিয়া দেওয়া হয়। **in great price**—পরম মূল্যবান্ বলিয়া পরিগণিত। **of price**—মহামূল্য। **what price**—(অশি.) কি বা কতটা সম্ভাবনা? (অশি.) ব্যর্থতাদি ঘটিলে টিটকারিসূচক উক্তিবিশেষ : কি দাম পাওয়া গেল? কি লাভ হল? (*what price* this movement?)। **(to) beat down a price**—দরাদরি করিয়া দাম কমাইতে রাজি করান। **(to) set a price on**—(কোন বস্তু) কি দামে বিক্রীত হইবে তাহা ঘোষণা করা। **(to) put** or **set a price on one's head**—কাহারও (কাটা) মাথা আনিয়া দিবার বাবদ অর্থাৎ কাহাকেও হত্যা করিবার বাবদ বা গ্রেপ্তারের জন্য প্রদেয় পুরস্কারের পরিমাণ

ঘোষণা করা। *n.* **prīce°-contrōl**—মূল্যনিয়ন্ত্রণ। *a.* **prīce°cōntrolled**—মূল্যনিয়ন্ত্রিত। *a.* **prī°ced**—মূল্যযুক্ত বা মূল্যনির্ধারণ করা হইয়াছে এমন (high-*priced*, low-*priced*); মূল্য দেখান হইয়াছে এমন (a *priced* catalogue)। *a.* **prīce°lėss**—অমূল্য, মূল্যাতীত। *n.* **prīce°-list**—মূল্যতালিকা। *a.* **prīcey**—(অশি.) ব্যয়বহুল, ব্যয়সাধ্য; দামী। [OF. *pris* < L. *pretium*(*n.*)—cp. *praise, prize*]

prick [prik, প্রিক্] (**1**) *n.* anything sharp and piercing, কণ্টকবৎ তীক্ষ্ণাগ্র বস্তু; act of piercing or puncturing, খোঁচা দেওয়া, বিদ্ধ করা বা ছিদ্র করা; a piercing or puncture, খোঁচা, বিঁধ, ফুটা; a mark or wound made by piercing, খোঁচার দাগ বা ক্ষত; a point of space or time, সামান্য একটু স্থান বা সময়; (vulg.) penis, (অশ্লীল) পুং জননেন্দ্রিয়; (sl. derog.) man, (অশি. নিন্দার্থে) মানুষ। (**2**) *v.t.* to pierce slightly with a fine point, সূঁচাল কিছু দিয়া ঈষৎ বিদ্ধ করা, খোঁচা দেওয়া; to mark off with a prick, ফুটকি দিয়া চিহ্নিত করা; urge with a spur or goad, জুতার নাল বা অঙ্কুশ দিয়া তাড়না করিয়া ছোটান; to make or trace with pricks, ক্ষুদ্র ক্ষুদ্র ছিদ্র করিয়া নির্মাণ করা বা অঙ্কন করা: to make a minute hole in, ক্ষুদ্র ফুটা করা; to erect, সিধা বা খাড়া করা; (fig.) to incite, (আল.) অনুপ্রাণিত বা উত্তেজিত বা প্ররোচিত করা; to pain, বেদনা দেওয়া। (**3**) *v.i.* to pierce or puncture, কাঁটার ন্যায় বেঁধা, ফুটা করা বা খোঁচা দেওয়া; to have a sensation of being pricked, খোঁচা লাগার ন্যায় বোধ হওয়া; to stand erect, খাড়া বা সিধা হইয়া ওঠা; to ride with spurs or quickly, জুতার নাল প্রভৃতি দ্বারা অশ্বাদিকে তাড়না করিতে করিতে যাওয়া অর্থাৎ বাহনাদির পৃষ্ঠে চড়িয়া দ্রুত ধাবিত হওয়া। *p. & p. pt.* **pri°cked**। **(to) kick against the pricks**—(আল.) ব্যর্থ প্রতিরোধের দ্বারা নিজেকে আহত করা। **(to) prick the bladder** or **the bubble**—আপাত-গুরুত্বপূর্ণ ব্যক্তি বা বস্তুর শূন্যতা প্রতিপন্ন করা। **(to) prick out**—(গাছের চারা) রোপণ করা। **(to) prick up one's ears**—(কুকুর ঘোড়া প্রভৃতি সম্বন্ধে সতর্কতার চিহ্নস্বরূপ) কান খাড়া করা; (আল.) সহসা সজাগ বা মনোযোগী হওয়া। *n.* **pri°cker**—খোঁচা দেওয়ার বা বিদ্ধ করার বা ফুটা করার যন্ত্র, বেধনিকা; দ্রুতগামী বা লঘুভার অশ্বারোহী। *n.* **pri°cking**—prick (*v.*)-এর সকল অর্থে, এবং—খোঁচা বেঁধার অনুভূতি। [OE. *prica* = point—cp. Du. *prik*]

prickle₁ [prik°l, প্রিক্‌ল্] (**1**) *n.* a little prick, মৃদু খোঁচা; pointed growth on the skin of a plant or animal, উদ্ভিদ্ বা প্রাণীর গাত্রে উদ্গত সূঁচাল উপাঙ্গ (যেমন, গোলাপের বা শজারুর কাঁটা)। (**2**) *v.t.i.* to prick slightly, মৃদু খোঁচা দেওয়া। (**3**) *v.i.* to have a prickly feeling, খোঁচা লাগার ন্যায় মনে হওয়া। *a.* **prick°ly**—মৃদু মৃদু খোঁচা বা অতি ক্ষুদ্র ক্ষুদ্র ফুটায় পূর্ণ, খোঁচা খোঁচা লাগে এমন, চিড়বিড় করে এমন; (কথ্য.) কোপনস্বভাব। *n.* **prick°linėss**। *n.* **prick°ly-heat**—ঘামাচি। [see *prick*]

prickle₂ [prik°l, প্রিক্‌ল্] *n.* wicker basket for fruit etc., বাঁশ বেত প্রভৃতি দ্বারা তৈয়ারী ফলের ঝুড়ি। [?]

pride [prīd, প্রাইড্] (**1**) *n.* inordinate self-esteem, আত্মাভিমান, অহঙ্কার, গর্ব; feeling of elation and pleasure, সগর্ব পুলক; arrogance, দম্ভ, অহমিকা, ঔদ্ধত্য; splendour or glory, চমৎকারিত্ব বা মহিমা; a peacock's attitude of display, ময়ূরের পেখম-ধরা অবস্থা। (**2**) *v.t.* to make proud, গর্বিত করা; to take pride in, (কিছুতে) গর্ব বোধ করা। *p. & p. pt.* **prī°dėd**। **false pride**—মিথ্যা আত্মাভিমান, ভুয়া গর্ব; দম্ভ। **pride of place**—গৌরবের স্থান। **(to) pride oneself upon**—(কিছু লইয়া) মিথ্যা গর্ব করা বা জাঁক করা। **(to) take a pride in**—(কিছুতে) গর্ব বোধ করা। [OE. *pryde, pryte* < *prud, prut* = proud]

prie-dieu [prē°-di-a°, প্রী°ডিয়্যা°] *n.* a desk or chair for praying, যে টেবিল বা চেয়ারের উপর উঠিয়া প্রার্থনা করা হয়। [F. = *pray-god*]

pried, prier—see **pry**.

priest [prēst, প্রীস্ট্] *n.* a minister of religious worship, যাজক, পুরোহিত; a clergyman above a deacon and below a bishop, ডীকন্ ও বিশপের মধ্যবর্তী পদমর্যাদাসম্পন্ন খ্রিস্টীয় যাজক। *fem.* **pries°tėss**। **high priest**—প্রধান পুরোহিত বা যাজক। *n.* **priest°craft**—যাজকের কাজ; নিজেদের প্রভাববিস্তারার্থ যাজক বা পুরোহিতদের অপকৌশল। *n.* **priest°hood**—যাজকগিরি, পৌরোহিত্য, যাজকবর্গ; পুরোহিতসম্প্রদায়। *a.* **priest°ly**—যাজকসংক্রান্ত বা পুরোহিতসংক্রান্ত অথবা তত্তুল্য। *n.* **priest°linėss**। *a.* **priest°-ridden**—যাজক বা পুরোহিত কর্তৃক শাসিত। [OE. *preost* < L. *presbyter* < Gk. *presbyteros* = an elder]

prig₁ [prig, প্রিগ্] (**1**) *n.* (sl.) a thief, চোর। (**2**) *v.t.* to filch, ছিঁচকে চুরি করা। *pr. pt.* **pri°gging**। *p. & p. pt.* **pri°gged**। *n.* **pri°gger**—চোর। [?]

prig₂ [prig, প্রিগ্] *n.* (obs.) a coxcomb, (অপ্র.) অসার জাঁকজমকপ্রিয় ব্যক্তি; a precisian, অত্যন্ত যথাযথতাপ্রিয় ব্যক্তি; a person of precise morals without a sense of proportion, নৈতিক ব্যাপারে মাত্রাজ্ঞানহীন যথাযথতাপ্রিয় ব্যক্তি; a precisian in speech or manners, বাক্যে ও ব্যবহারে রুচিবাগীশ ব্যক্তি। *n.* **pri°ggery**—অসার জাঁকজমকপ্রিয়তা: অত্যন্ত যাথার্থ্যপ্রিয়তা; নৈতিক ব্যাপারে মাত্রাজ্ঞানহীন যাথার্থ্যপ্রিয়তা। *a.* **pri°ggish**—বাক্যে ও ব্যবহারে রুচিবাগীশ; অত্যন্ত যাথার্থ্যপ্রিয়; নৈতিক ব্যাপারে অতিমাত্রায় যাথার্থ্যপ্রিয়। [?]

prim [prim, প্রিম্] *a.* exact and precise, যথাযথ ও বাহুল্যবর্জিত; stiffly formal, রসকষশূন্য ও আনুষ্ঠানিক। *adv.* **prim°ly**। *n.* **prim°nėss**। [?]

prima [prē°-ma, প্রী°ম্যা] *a. fem.* first or leading, প্রধানা বা মুখ্যা। **prima ballerina**—যৌথ নৃত্যের প্রধানা নর্তকী। **prima donna**—অপেরা প্রভৃতির প্রধানা গায়িকা। [It.<L.]

primacy [prī°-ma-si, প্রাই°ম্যাসি] *n.* the position of the first, প্রথম স্থান, (পরি.) আদ্যতা, প্রাথম্য; the chief place, প্রধান স্থান, (পরি.) মুখ্যতা; the office or dignity of a primate, অত্যুচ্চপদস্থ খ্রিস্টীয় যাজকের পদ বা মর্যাদা। [OF. *primacie*<med. L. *primatia*]

primæval—alt. spell. of **primeval.**

prima facie [prī°-ma fa°-shi-ē, প্রাই°ম্যা ফেই°-শিঈ] *ph.* at first sight, প্রথম দর্শনে; on the first impression, প্রথমলব্ধ ধারণার উপরে; arising at first sight, প্রথমদর্শনে উদ্ভূত; based on the first impression, প্রথমলব্ধ ধারণার উপরে প্রতিষ্ঠিত। [L.]

primal—see **prime.**

primary [prī°-ma-ri, প্রাই°ম্যারি] (**1**) *a.* first, প্রথম; original, মৌলিক; primitive, আদিম; of the first order, প্রথমশ্রেণীভুক্ত; chief, প্রধান, মুখ্য, elementary, fundamental, প্রাথমিক, বুনিয়াদি। (**2**) *n.* a primary thing, প্রধান বা মুখ্য বিষয় অথবা বস্তু; a planet, (উপগ্রহদের প্রসঙ্গে উক্তিকালে) গ্রহ (also **primary planet**); a substance obtained directly from raw material, মূল উপাদান হইতে সরাসরিভাবে প্রাপ্ত পদার্থ; a meeting of the voters of a political party to nominate a candidate or delegate, (আমেরিকায়) নির্বাচনপ্রার্থী বা প্রতিনিধি মনোনয়নার্থ কোন রাজনৈতিক দলের ভোটদাতাদের সভা। **primary colours**—লাল হরিদ্রা বেগুনি বা নীল; এই তিনটি মূল রঙ (এইগুলি হইতে অন্য সমস্ত রঙ তৈয়ারী করা যায়)। **primary education**—প্রাথমিক শিক্ষা। *adv.* **pri°marily**। *n.* **pri°mariness**। [L. *primarius*<*primus*=first]

primate [prī°-mit, প্রাই°মিট্] *n.* an archbishop of a see, গির্জাশাসিত প্রদেশের আর্চবিশপ্; one of the highest order of mammals, শ্রেষ্ঠ বর্গভুক্ত স্তন্যপায়ী প্রাণী। *n. pl.* **primā°tēs**—শ্রেষ্ঠ স্তন্যপায়ী প্রাণিবর্গ (অর্থাৎ, মনুষ্য বনমানুষ উল্লুক লেমুর নর-বানর প্রভৃতি)। [LL. *primatis*<L. *primus*=first]

prime$_1$ [prīm, প্রাইম্] (**1**) *a.* first in order of time, rank or importance, সময়ে বয়সে পদমর্যাদায় বা গুরুত্বে প্রথম; chief, প্রধান, মুখ্য; primary, প্রাথমিক; original, মৌলিক; of the highest quality, শ্রেষ্ঠগুণসম্পন্ন; (poet.) in sexual excitement, (কাব্যে) কামোত্তেজিত; (arith.) divisible by no whole number except unity and itself, (পাটী.—সংখ্যাসম্বন্ধে) ১ এবং বর্ণিত সংখ্যা ব্যতীত অন্য সংখ্যাদ্বারা অবিভাজ্য, মৌলিক। (**2**) *n.* the first of the Roman breviary, রোমান ক্যাথলিকদের প্রার্থনাপুস্তকের প্রথম প্রার্থনা বা স্তব; the time of this breviary, উক্ত প্রার্থনার সময় অর্থাৎ ভোর ছয়টা বা (কখনও কখনও) সূর্যোদয়কাল; the first part of the day, দিনের প্রথম ভাগ (বেলা নয়টা পর্যন্ত); the beginning, প্রারম্ভ; spring, বসন্তকাল; the world's youth, পৃথিবীর প্রথমাবস্থা; the best part, সেরা অংশ; the highest perfection, পূর্ণতা; full health and strength, পূর্ণ স্বাস্থ্য ও শক্তি, (arith.) a prime number, (পাটী.) মৌলিক সংখ্যা। **prime minister**—প্রধানমন্ত্রী। **prime number**—(পাটী.)—মৌলিক সংখ্যা। **in the prime of life**—যৌবনকালে, তরুণ বয়সে। *a.* **pri°mal**—আদ্য; আদিম; প্রধান। [L. *primus*=first]

prime$_2$ [prīm, প্রাইম্] *v.t.* to fill, পূর্ণ করা; to supply (a fire-arm) with gunpowder for firing charge, গুলি ছুড়িবার জন্য (আগ্নেয়াস্ত্রে) বারুদ ভরা; to prepare explosives for detonation, বিস্ফোরক পদার্থাদি বিস্ফোরণের জন্য প্রস্তুত করা; to equip, (তথ্যাদি শিখাইয়া বা মাদকাদি সেবন করাইয়া সাক্ষী খেলোয়াড় প্রভৃতিকে) কর্মোপযোগী করা, সাজ-সজ্জা পরাইয়া বা শিখাইয়া পড়াইয়া তৈয়ারি করা; to get ready for use or action, ব্যবহারের বা কাজের জন্য তৈয়ারি করা; to cover with the first coat of paint, oil, etc., (তক্তাদিতে) রঙ গর্জনতৈল প্রভৃতির প্রথম লেপ দেওয়া। *n.* **pri°ming**—আগ্নেয়াস্ত্র ছুড়িবার জন্য বারুদ; ছবিতে প্রথম লেপ দিবার রঙ বা তেল। [?]

primer [prī°-ma(r), প্রাই°ম্যা(র্)] *n.* a prayer-book for layman, সাধারণ লোকের ব্যবহার্য প্রার্থনা-পুস্তক; a first reading-book, প্রথম পাঠ, অ-আ-ক-খর বই; an elementary book, প্রাথমিক জ্ঞানলাভের বই। *n.* **pri°mer**—মুদ্রাক্ষরের মাপ-বিশেষ। **great primer**—১৮ পয়েনট মাপের মুদ্রাক্ষর। **long primer**—১০ পয়েনট মাপের মুদ্রাক্ষর। [see *primary*]

primero [pri-me°-rō, প্রিমে°রৌ] *n.* an old card-game, প্রাচীন তাসখেলাবিশেষ, প্রেমারা। [Sp. *primera*]

primeur [prē-mē(r)°, প্রীমিয়্যা(র্)°] *n.* first fruits, (বৎসরের) প্রথমজাত ফলসমূহ; fruits etc. before its season, যথাসময়ের পূর্বে জাত ফল ফুল প্রভৃতি; early news, গোড়ার খবর, প্রথম খবর। [F.

primeval, primaeval [prī-mē°v(a)l, প্রাইমী°-ভ্ল্] *a.* of the first age of the world, বিশ্বের আদিযুগীয়। [L. *primaevus*]

primigravida [prī-mi-gra°-vi-da, প্রাইমিগ্র্যা°-ভিড্যা] *n.* a woman pregnant for the first time, প্রথম অন্তঃসত্ত্বা নারী, প্রথম পোয়াতি। *pl.* **primigravidae**। [L. *primus*=first, *gravidus*=gravid]

primiparous [prī-mi-pa°-ras, প্রাইমিপ্যা°র‍্যাস্] *a.* of a woman bearing child for the first time, প্রথম অন্তঃসত্ত্বা নারী সম্পর্কিত, প্রথম পোয়াতি সম্বন্ধীয়। [L. *primipara*]

priming—see **prime**$_2$.

primitive [pri°-mi-tiv, প্রি°মিটিভ্] (**1**) *a.* of the beginning or the first times, প্রারম্ভিক, আদিকালীন, আদিম, প্রাক্‌কালীন; original, মৌলিক; ancient, প্রাচীন; antiquated, old-fashioned, সেকেলে, পুরন ঢংয়ের; fundamental, মৌলিক, বনিয়াদি। (**2**) *n.* that from which other things are derived, যাহা হইতে অন্য বস্তু উদ্ভূত হইয়াছে, মূল বা মৌলিক বস্তু; a root word, বিভক্তি উপসর্গ প্রভৃতি বিহীন মূল শব্দ বা ধাতু; a pre-Renaissance painter or picture, প্রাক্-রেনেসাঁ-যুগীয় বা উক্ত যুগের রীতি-অনুসারী চিত্রকর অথবা চিত্র। *adv.* **pri°mitively** । *n.* **pri°mitiveness** । *n.* **pri°mitivism**—আদিকালীন আচরণ, যাহা কিছু আদিকালীন তাহার শ্রেষ্ঠত্বে বিশ্বাস। [L. *primitivus*<*primus*=first]

primo [prē°-mō, প্রী°মৌ] *n.* the first or principal part in a duet etc., দ্বৈতসঙ্গীতাদির প্রথম বা মুখ্য অংশ। [L.]

primogenitor [prī-mŏ-je°-ni-ta(r), প্রাই-মোজে°নিট্যা(র্)] *n.* earliest ancestor, বংশের আদিপুরুষ; forefather, পূর্বপুরুষ। *fem.* **primŏge°nitrix** । *a.* **primogeniture** [prī-mō-je°-ni-cha(r), প্রাইমোজে°নিচ্যা(র্)] জ্যেষ্ঠত্ব; জ্যেষ্ঠের উত্তরাধিকারলাভের বিধি। [L. *primogenitus*]

primordial [prī-maw(r)°-di-al, প্রাইম্য(র্)°-ডিঅ্যাল্] *a.* existing from the beginning, প্রারম্ভ হইতে বিদ্যমান, আদিম; original, মৌলিক, আদ্য। [L. *primornium*<*primus*=first, *ordiri* =to begin]

primp [primp, প্রিম্প্] *v.i.t.* to dress in a tidy manner, পারিপাট্য সহকারে পোশাক করা; to titivate, ফিটফাট করিয়া তোলা। [var. of *prim*]

primrose [prim°-rōz, প্রিম্°রৌজ্] *n.* a pale-yellow flower or its plant, ফেকাসে হলদে ফুলবিশেষ বা উহার গাছ; (fig.) the pursuit of reckless pleasure, (আল.) হঠকারীর ন্যায় ভোগ-সুখের পন্থানুসরণ। [OF. *primerose*<L. *prima rosa*=first rose]

prince [prins, প্রিন্স্] *n.* one of the highest rank, উচ্চতম পদমর্যাদাসম্পন্ন ব্যক্তি; (obs. or arch.) a king or queen, (অপ্র. বা আর্ষ.) রাজা বা রানী; a sovereign, (ক্ষুদ্র দেশের) সার্বভৌম শাসক, নৃপতি; a male member of a royal or imperial family, রাজবংশীয় বা সম্রাট্‌বংশীয় পুরুষ; রাজকুমার, শাহজাদা; a title of nobility, সম্ভ্রান্ত-বংশীয়দের খেতাববিশেষ; a chief, সর্দার, প্রধান বা মুখ্য ব্যক্তি। *fem.* **prin°cess** । **prince of darkness**—বাইবেলে উক্ত শয়তান। **Prince of Wales**—ইংল্যানডের যুবরাজের আখ্যা। *n.* **Prince°-con°sort**—রাজ্যশাসনকারিণী রানীর স্বামী। *n.* **prince°dom**—(ক্ষুদ্র দেশের) নৃপতির পদ বা শাসন বা শাসনকাল বা রাজ্য। *n.* **prince°ling**—ক্ষুদ্র বা সামান্য নৃপতি, নৃপপুঙ্গব। *a.* **prince°ly**—নৃপতিতুল্য; রাজোচিত; অতি জমকাল বা চমৎকার; অত্যন্ত উপাদেয় ও পেটভরা (a *princely* feast); অত্যন্ত মুক্তহস্ত। *n.* **princess-roy°al**—জ্যেষ্ঠা রাজকুমারী। [F. <L. *princeps*<*primus*=first, *capere*> to take]

principal [prin°-sap(a)l, প্রিন্°সপ্যাল্] (**1**) *a.* taking the first place, প্রথমস্থানীয়; highest in rank, character, or importance, পদমর্যাদায় গুণে বা গুরুত্বে সর্বোচ্চ; chief, প্রধান, মুখ্য; of the original sum invested, আসল টাকা-সংক্রান্ত, মূলধনসংক্রান্ত। (**2**) *n.* a principal person, প্রথম-স্থানীয় বা মুখ্য ব্যক্তি; the head of a college, etc., কলেজ প্রভৃতির অধ্যক্ষ; one who takes a leading part, প্রধান-অংশগ্রহণকারী ব্যক্তি; capital sum, লগ্নীকৃত বা কারবারে বিনিয়োজিত আসল টাকা, মূলধন। *adv.* **prin°cipally** । *n.* **prin°cipalness** । *n.* **prin°cipalship**—অধ্যক্ষের পদ। [L. *principalis*<*princeps*, *principis*=chief]

principality [prin-si-pa°-li-ti, প্রিন্‌সিপ্যা°লিটি] *n.* a prince's government or territory, ক্ষুদ্র নৃপতির শাসন বা তাহার রাজ্য। [see *principal*]

principle [prin°-sapl, প্রিন্°স্যাপ্‌ল্] *n.* a fundamental source, মূল উৎস, (পরি.) তত্ত্ব; a primary element, মূল উপাদান; a fundamental truth, a rule or system, মূল সত্য নীতি নিয়ম বা প্রণালী; (chem.) a constituent of a substance, (রসা.) পদার্থের মূল উপাদান। **first principles**—মূল নিয়ম বা নীতিসমূহ অর্থাৎ যে-সব নীতি অন্য কোন নিয়ম বা নীতি হইতে উদ্ভূত নহে। **general principle**—সর্বক্ষেত্রে প্রযোজ্য অর্থাৎ ব্যতিক্রমহীন নীতিসমূহ, সাধারণ নীতিসমূহ। **in principle**—মূল নিয়ম বা প্রণালীর দিক্ দিয়া। **on principle**—মূল নিয়ম বা নীতি মানিয়া চলার জন্য অথবা তাহা বজায় রাখার জন্য, নীতিগতভাবে। **principle of contradiction**—(ন্যায়.) কোনকিছু একই কালে অস্তিমান্ ও নাস্তিমান্ বা সত্য ও মিথ্যা হইতে পারে না: এই মৌলিক নিয়ম। **principle of excluded middle**—(ন্যায়.) প্রত্যেক বস্তু বা ব্যক্তি-কেই দুইটি পরস্পরবিরোধী শ্রেণীর একটির-না-একটির অঙ্গীভূত হইতে হইবেই: এই মৌলিক নিয়ম। **principle of sufficient reason**—সমস্ত ঘটনাদিই উপযুক্ত কারণ হইতে উদ্ভূত: এই মতবাদ, হেতুবাদ, নিমিত্তবাদ। *a.* **prin°cipled**—নিয়মাবদ্ধ; নিয়ম বা নীতি মানিয়া চলে এমন। [L. *principium*=beginning]

prink [prink, প্রিংক্] *v.t.* to smarten, ফিট্‌ফাট্ ও সপ্রতিভ করিয়া তোলা (to *prink* oneself)। *p.* & *p. pt.* **pri°nked** । [cp. *prank*]

print [print, প্রিন্ট্] (**1**) *n.* an impression, ছাপ; a mould or stamp, ছাঁচ বা সীলমোহর; printed state, ছাপান বা মুদ্রিত অবস্থা; printed characters, ছাপান অক্ষরসমূহ; an edition, (গ্রন্থাদির) সংস্করণ; a printed copy or picture, মুদ্রিত প্রতিলিপি অথবা ছবি; an engraving,

খোদাই ; a newspaper, সংবাদপত্র ; a positive photograph, নেগেটিভ্ বা আলোছায়ার বিপরীত প্রতিফলন হইতে তৈয়ারি আলোকচিত্র ; a printed cloth, ছাপার কাপড়। (2) *v.t.* to impress, ছাপ দেওয়া ; to produce by pressing on types, plates, or blocks, ছাপান, মুদ্রিত করা ; to produce a positive picture (from a negative), (নেগেটিভ্ হইতে) আলোকচিত্র তৈয়ারি করা। (3) *v.i.* to take an impression, ছাপাই হওয়া, মুদ্রিত হওয়া ; to yield an impression, (নেগেটিভ্ হইতে) আলোকচিত্র তৈয়ারি হওয়া। *p. & p. pt.* **prin°tėd** । **in print**—(বিক্রেয় পুস্তকাদি-সম্বন্ধে) মুদ্রিতাবস্থায় বিদ্যমান বা প্রাপ্তিসাধ্য; মুদ্রিত। **out of print**—(বিক্রেয় পুস্তকাদি-সম্বন্ধে) ছাপান নাই এমন। **(to) rush into print**—(লেখককর্তৃক) স্বীয় রচনা তড়িঘড়ি ছাপান বা প্রকাশ করা। *a.* **print°able** । *n.* **print°ter**—মুদ্রাকর; মুদ্রাযন্ত্র। **printer's devil**—ছাপাখানার সর্ব-কনিষ্ঠ শিক্ষানবিস ছোকরা বা সংবাদবাহক। **printer's mark**—মুদ্রাকরের পরিচয়-নির্দেশক চিহ্ন। *n.* **prin°ting**—মুদ্রণ। *n.* **prin°ting-house**—মুদ্রণালয়, ছাপাখানা। *n.* **prin°ting-ink**—ছাপার কালি (also **printer's ink**) । *n.* **prin°ting-machine, prin°ting-press**—মুদ্রণযন্ত্র। **printing-office**—ছাপাখানা। *n.* **prin°ting-pāper**—যে কাগজে ছাপান হয়। *n.* **print°-seller**—খোদাই-করা বা মিনা-করা দ্রব্যের-বিক্রেতা। *n.* **print°-shop**—খোদাই-করা বা মিনা-করা দ্রব্যের দোকান। [ME. *prent*<OF. *priente* <*preindre*<L. *premere*=to press]

prior [prī°-a(r), প্রাই°আ্যা(র্)] (1) *a.* previous, পূর্ববর্তী, পূর্বতন, আগেকার (to have a *prior* claim)। (2) *adv.* previously, পূর্বে, আগে। (3) *n.* an officer next under the abbot, মঠাধ্যক্ষের অব্যবহিত নিম্নপদস্থ সন্ন্যাসী ; the head of a priory of monks, অ্যাবির (abbey) অধীন ক্ষুদ্রতর মঠের অধ্যক্ষ। *fem.* **prī°orėss** । *n.* **prī°ority**—পূর্ববর্তিতা, (পরি.) পূর্বিতা; সর্বাগ্রে সুবিধাদি লাভের অধিকার, অগ্রাধিকার (a top *priority*)। *n.* **prī°orship** । *n.* **prī°ory**—অ্যাবির অধীন ক্ষুদ্রতর খ্রিস্টীয় মঠবিশেষ। **grand priory**—St. John-এর অনুগামী নাইট্ বা বীরব্রতী পুরুষ-সম্প্রদায়ের বাসপ্রদেশ। [L. (*a.*)]

prise—alt. spell. of **prize₁**.

prism [prizm, প্রিজ়্ম্] *n.* (geom.) a solid whose ends are similar equal and parallel polygons, (জ্যামি.) সদৃশ সমান ও সমান্তরাল বহুভুজ প্রান্তযুক্ত বা পার্শ্বযুক্ত ঘন, প্রিজ়্ম্; an object of that shape, উক্ত আকারবিশিষ্ট বস্তু ; a triangular prism of glass, (পরি.) ত্রিপার্শ্ব কাচ। *a.* **prisma°tic(al)**—প্রিজ়্ম্-ঘটিত ; প্রিজ়্ম্-তুল্য ; প্রিজ়্ম্-দ্বারা গঠিত বা পৃথকীকৃত। **prismatic colours**—লাল কমলা হলুদ সবুজ নীল আশমানি ও বেগনী : এই সপ্তবর্ণ। [Gk. *prisma*]

prison [pri°zon, প্রি°জ়্ন্] *n.* a building or place for the confinement of criminals, captives of war, etc., কারাগার, গারদ, (যুদ্ধ-) বন্দিনিবাস। *n. pl.* **pri°ṡon-barṡ°**—কারাগারের বা কারাকক্ষের দরজা-জানালা প্রভৃতির শিক বা গরাদ। *n.* **pri°ṡon-bird**—ঘাগী চোর, জেলঘুঘু। *n.* **pri°ṡon-breaker**—কারাগার হইতে পলায়িত কয়েদি, জেলভাঙ্গা কয়েদি। *n.* **pri°ṡon-breaking**—জেলখানা হইতে পলায়ন। *n.* **pri°ṡon-door°**—কারাদ্বার। *n.* **pri°ṡoner**—কয়েদি ; (যুদ্ধ-) বন্দী। *n.* **pri-ṡon-house**—কারাগার, জেলখানা। [OF. *prisum* <L. *prensio*<*praehensio*=seizure]

prissy [pri°-si, প্রি°সি] *a.* prudish, অতিরিক্ত শালীনতার বা শোভনতার ভান করে এমন। [*prim*+*sissy*]

pristine [pris°-tīn, প্রিস্°টাইন্] *a.* original, আদ্য ; former, পূর্বকালীন ; of the earliest time, প্রথমযুগীয়, আদিম। [L. *pristinus*]

prithee [pri°-dhi, প্রি°দি] *int.* contr. of (I) **pray thee.**

privacy [prī°-va-si, প্রাই°ভ্যাসি] *n.* seclusion, একান্তে বা নির্জনে বাস (to live in *privacy*) ; a place etc., of seclusion, একান্ত বা নির্জন স্থান আশ্রয় অথবা বাসা ; secrecy, গোপনতা (in such matters *privacy* is necessary)। [see *private*]

privado [pri-vŭ°-dō, প্রিভা°ডৌ] *n.* (obs.) a private friend, (অপ্র.—প্রধানতঃ রাজকুমারাদির) অন্তরঙ্গ বন্ধু। [Sp.<L. *privatus*]

private [prī°-vit, প্রাই°ভিট্] (1) *a.* not official, বেসরকারী ; (in one's *private* capacity) ; (of a soldier) not an officer, (সৈনিকসম্বন্ধে) নায়ক বা সেনাপতির পদাধিষ্ঠিত নহে এমন, সাধারণ, সর্বনিম্নপদস্থ ; exclusively of an individual company, বিশেষ কোন দলের বা প্রতিষ্ঠানের, not public, জনসাধারণের জন্য নহে এমন ; own, নিজস্ব ; personal, ব্যক্তিগত, (পরি.) প্রাতিজনিক a (*private* letter) ; confidential, গোপনীয় ; alone, নিঃসঙ্গ, একান্ত। (2) *n.* privacy, একান্ত বাস বা গোপনতা (**in private**=গোপনে) ; a common soldier, সাধারণ অর্থাৎ সর্বনিম্নপদস্থ সৈনিক। **private enterprise**—রাষ্ট্রীয় নিয়ন্ত্রণাধীন নহে এমন ব্যবসায় প্রতিষ্ঠানাদি। **private parts**—মানবদেহের যৌনাঙ্গ বা লজ্জাস্থানসমূহ। **private injury**—কাহারও দ্বারা কৃত ব্যক্তিগত ক্ষতি। *adv.* **prī°vȧtely** । [L. *privatus*=separated]

privateer [prī-va-tē(r)°, প্রাইভ্যাটিয়্যা(র্)°] *n.* a private vessel commissioned to seize and plunder an enemy's ships, শত্রু-জাহাজ আক্রমণ ও লুণ্ঠনের অধিকারপ্রাপ্ত বেসরকারি জাহাজ ; its captain, উক্ত জাহাজের কাপ্তান বা অধ্যক্ষ। [see *private*]

privation [prī-vā°sh(a)n, প্রাইভে°শ্ন্] *n.* state of being deprived of anything, কিছু হইতে (বিশেষতঃ আরামের উপকরণাদি হইতে) বঞ্চিত অবস্থা (to suffer many *privations*) ; (log.) absence of any quality, (ন্যায়.) কোন গুণের

অভাব, (পরি.) অভাব। *a.* **pri°vative**—অভাব-জনিত ; অভাব বা নত্ব প্রকাশক। [L. *privatio* < *privare* = to deprive]

privet [pri°-vit, প্রি°ভিট্] *n.* an evergreen shrub, চিরশ্যামল ইউরোপীয় গুল্মবিশেষ। [?]

privilege [pri°-vi-lij, প্রি°ভিলিজ্] (**1**) *n.* right or especial advantage, বিশেষ সুবিধা বা অধিকার (it was a *privilege* to converse with him) ; immunity or freedom, অব্যাহতি, রেহাই ; prerogative, পদাধিকারবলে ব্যক্তিগত বিশেষ অধিকার বা সুবিধা ; a civil right, নাগরিক অধিকার। (**2**) *v.t.* to grant a privilege to, বিশেষ অধিকার বা সুবিধা দেওয়া ; to exempt, অব্যাহতি দেওয়া ; to authorize or license, অধিকার বা সনদ দেওয়া। **question of privilege**—ব্যবস্থা-পরিষদের বা উহার সভ্যদের বিশেষাধিকার-সম্বন্ধে পরিষদের অধিবেশনে উত্থাপিত প্রশ্ন। **writ of privilege**—বিশেষ সুবিধাভোগী ব্যক্তিকে হাজত হইতে মুক্তিদানের আদেশপত্র। *a.* **pri°vileged**—বিশেষ সুবিধাপ্রাপ্ত বা অধিকারপ্রাপ্ত (the *privileged* classes) ; অব্যাহতিপ্রাপ্ত। [F. < L. *privilegium* < *privus* = private, *legis* = a law]

privity—see **privy**.

privy [pri°-vi, প্রি°ভি] (**1**) *a.* private, একান্ত ; personal, ব্যক্তিগত ; for private uses, ব্যক্তিগত ব্যবহারার্থ ; secret, গুপ্ত ; appropriated to retirement, একান্ত বাসের জন্য নির্দিষ্ট ; sharing the knowledge of something secret, গুপ্ত-বিষয়ে জ্ঞানসম্পন্ন। (**2**) *n.* (in law) a person interested in an action, contract, etc., (আইনে) মামলা চুক্তি প্রভৃতিতে স্বার্থসম্পন্ন ব্যক্তি ; a latrine, পায়খানা বা প্রস্রাবাগার, শৌচাগার। **privy chamber**—(নৃপতিদের) জন্য) রাজপ্রাসাদের একান্ত কক্ষ। **privy council**—নৃপতির (মূলতঃ একান্ত) মন্ত্রিসভা। **privy councillor** or **counsellor**—উক্ত মন্ত্রিসভার সদস্য। **privy purse**—নৃপতির ব্যক্তিগত ব্যয়নির্বাহার্থ ভাতা। **privy seal**—রাজকীয় (বা সরকারি) সীলমোহর। **privy to**—গুপ্ত সংবাদাদি জ্ঞাত আছে এমন (to be *privy to* a plot to overthrow the government)। *adv.* **pri°vily**—একান্তভাবে ; গুপ্তভাবে। *n.* **pri°vity**—(আর্ষ.) একান্ততা ; (আর্ষ.) গোপনতা ; গুপ্ত বিষয় বা বস্তু ; গুপ্ত বিষয় সম্বন্ধে ব্যক্তিগত জ্ঞান ; বিভিন্ন স্বার্থের মধ্যে আইনগত সম্বন্ধ। [F. *prive* < L. *privatus* = private]

prize₁ [prīz, প্রাইজ্] *v.t.* to force with a lever, লিভার্ বিশেষের দ্বারা (বাক্স প্রভৃতি) খোলার জন্য জোরাজুরি করা (to *prize* a box open ; to *prize* a lid out or up)। [F. *prise* = hold, grip—cp. *prize₂*]

prize₂ [prīz, প্রাইজ্] *n.* anything captured, যুদ্ধাদিতে বলপূর্বক অধিকৃত বস্তু (বিশেষতঃ জাহাজ) ; (fig.) windfall, (আল.) অপ্রত্যাশিত প্রাপ্তি বা লাভ। *n.* **prize°-money**—শত্রুর নিকট হইতে লুণ্ঠিত অর্থের বা দ্রব্যের বখরা। [F. *prise* < L. *praehensa* < *praehendere* = to seize]

prize₃ [prīz, প্রাইজ্] (**1**) *n.* a reward or symbol of success, victory, etc., (প্রতিযোগিতা-দিতে) সাফল্য জয়লাভ প্রভৃতির জন্য প্রাপ্ত পুরস্কার বা পারিতোষিক ; anything worth striving for, প্রতিযোগিতা করার যোগ্য বস্তু ; a highly valued acquisition, অতি মূল্যবান্ বলিয়া পরিগণিত অর্জিত বস্তু। (**2**) *v.t.* to value highly, অতি মূল্যবান্ বলিয়া গণ্য করা। *n.* **prize°-list**—পুরস্কারপ্রাপ্ত ব্যক্তিদের তালিকা। *n.* **prize°man**—(প্রধানতঃ বিশ্ববিদ্যালয়াদির) পুরস্কারপ্রাপ্ত ব্যক্তি। *n.* **prize°-winner**—(প্রধানতঃ ক্রীড়া-প্রতিযোগিতাদিতে) পুর-স্কারপ্রাপ্ত ব্যক্তি পশু পক্ষী প্রভৃতি। [a form of *price* and *praise* = OF. *pr(e)isier* < L. *pretium* = price]

prize₄ [prīz, প্রাইজ্] *n.* (obs.) an athletic contest, (অপ্র.) মল্ল-প্রতিযোগিতা ; a match, ক্রীড়া-প্রতিযোগিতা। *n.* **prize°-fight**—পেশাদারি মুষ্টিযুদ্ধ বা অন্য ক্রীড়া-প্রতিযোগিতা। *n.* **prize°-fighter, pri°zer**—পেশাদার মুষ্টিযোদ্ধা বা মল্ল বা অন্যান্য ক্রীড়া-প্রতিযোগী। *n.* **prize°-fighting**—টাকার জন্য মুষ্টিযুদ্ধ বা অন্য ক্রীড়া-প্রতিযোগিতায় অংশগ্রহণ। *n.* **prize°-ring**—মল্লভূমি। [< *prize* ?]

pro [prō, প্রৌ] *n.* one who favours or votes for some proposal, কোন প্রস্তাবের সমর্থক বা উহার সপক্ষে ভোটদাতা ; an argument in favour, কিছুর সপক্ষে যুক্তি। **pro and con**—সপক্ষে ও বিপক্ষে। **pros and cons**—সপক্ষে ও বিপক্ষে যুক্তিসমূহ। [L. *pro* = for]

probable [pro°b(a)bl, প্র°ব্‌ব্‌ল্] (**1**) *a.* (ori.—now rare) provable, (মূলত—বর্ত. বিরল) প্রমাণ-সাধ্য ; giving ground for belief, বিশ্বাস করার হেতুবিশিষ্ট ; likely, সম্ভাব্য ; plausible, বিশ্বাস-যোগ্য, মানিয়া লওয়ার যোগ্য। (**2**) *n.* probable opinion, বিশ্বাসযোগ্য বা মানিয়া লওয়ার যোগ্য মত ; one that has a good chance, যে ব্যক্তির সাফল্যাদির যথেষ্ট সম্ভাবনা আছে। **probable evidence**—আপাতবিচারে বিশ্বাসযোগ্য সাক্ষ্যপ্রমাণাদি। *n.* **probability** [pro-ba°-bi-li-ti, প্রব্যাবি°-লিটি] সম্ভাবনা ; (গণি.) সম্ভাব্যতা-সম্ভাবনার পরিমাপ অর্থাৎ সম্ভাব্যতা ও মোট সম্ভাবনার অনুপাত। **in all probability**—খুব সম্ভবতঃ। *adv.* **probably**—সম্ভবতঃ। [F. < L. *probabilis* < *probare* = to prove]

probate [prō°-bit, প্রৌ°বিট্] *n.* official proving of a will, আদালতে উইল বা শেষ-ইচ্ছাপত্রের সত্যতা প্রমাণীকরণ (to take out the *probate* of a will) ; the official copy of a will thus proved, ঐভাবে প্রমাণীকৃত উইলের সরকারি প্রতিলিপি বা নকল। [L. *probare* = to prove]

probation [pra-bā°sh(a)n, প্র্যাবেই°শ্‌ন্] *n.* testing, সত্যতা-প্রমাণীকরণ ; proof, প্রমাণ ; noviciate, শিক্ষানবিসি, শিক্ষানবিসি-কাল ; time of trial, বিচারকাল ; পরীক্ষাকাল ; moral trial, নৈতিক পরীক্ষা বা বিচার। **probation officer**—বন্ধুত্বপূর্ণ উপদেশদ্বারা প্রথম অপরাধীদের সংশোধনার্থ নিযুক্ত আধিকারিক, (পরি.) পরিদর্শক। *a.* **probationary** [pra-bā°-shn(a)ri, প্র্যাবেই°শ্‌ন্‌রি] পরীক্ষাসংক্রান্ত ; প্রমাণাধীন, শিক্ষানবিসরূপে নিযুক্ত, পরীক্ষাধীন, (পরি.) অবেক্ষাধীন। *n.* **probā°tioner**—পরীক্ষাধীন বা বিচারাধীন ব্যক্তি, শিক্ষানবিস, অবেক্ষাধীন ব্যক্তি। *n.* **probā°tionership**। [see *probate*]

probe [prōb, প্রৌব্] (**1**) *n.* a surgical instrument for exploring a wound, ক্ষতস্থানের মধ্যে ঢুকাইয়া দিয়া উহা পরীক্ষা করার জন্য ডাক্তারী অস্ত্রবিশেষ ; an act of such exploring, উক্তভাবে পরীক্ষা ; an investigation, (ভিতরে প্রবেশপূর্বক) অনুসন্ধান। (**2**) *v.t.* to examine with a probe, উক্ত যন্ত্রদ্বারা পরীক্ষা করা ; to examine searchingly, অনুসন্ধান ও পরীক্ষা করা। (**3**) *v.t.i.* to pierce, বিদ্ধ করিয়া ঢোকান বা ঢোকা। [L. *proba* = proof, examination]

probity [prō°-bi-ti, প্রৌ°বিটি] *n.* uprightness, ন্যায়পরতা ; moral integrity, নৈতিক দৃঢ়তা, সাধুতা, সততা। [L. *probitas* < *probus* = good]

problem [prob°-lam, প্রব্‌°ল্যাম্] *n.* a question or difficulty requiring solution, যে জটিল প্রশ্নের সমাধান করা দরকার, সমস্যা ; (geom.) a proposition requiring something to be constructed, (জ্যামি.) সম্পাদ্য। **problem child**—যে সন্তানের অস্বাভাবিক চরিত্র ও আচার-আচরণের ফলে তাহার মাতাপিতা শিক্ষক প্রভৃতি কঠিন সমস্যায় পড়িয়াছে। **problem novel** or **play**—যে উপন্যাসে বা নাটকে সমস্যামূলক কাহিনীর সমাধানের চেষ্টা করা হয়। *a.* **problema°tic(al)**—সমস্যাপূর্ণ ; সমস্যামূলক ; বিতর্কমূলক ; সন্দেহজনক ; অমীমাংসিত। *n.* **prob°lemist**—(বিশে. দাবাখেলায়) সমস্যাদির সমাধানকারী। [Gk. *problema*]

proboscis [pra-bo°-sis, প্র্যাব্‌°সিস্] *n.* a trunk or long snout, হস্তিশুণ্ড, যে-কোন প্রাণীর লম্বা শুঁড় ; an insect's sucking tube, পতঙ্গাদির হুল বা চোষণাঙ্গ ; (joc.) a nose, (কৌতু.) মানুষের নাক। *a.* & *n.* **probosci°dian**—শুণ্ডযুক্ত (প্রাণী)। [L. < Gk. *proboskis*]

procedure—see **proceed**.

proceed [pra-sēd°, প্র্যাসীড্‌°] *v.i.* to go on ; অগ্রসর হওয়া, চলিতে থাকা (to *proceed* with the investigation) ; to begin or resume, আরম্ভ বা পুনরারম্ভ করা ; to earn a university degree, বিশ্ববিদ্যালয়ের উপাধি লাভ করা (to *procced* M.A.) ; to come forth, বাহির হইয়া আসা ; to result, ফলস্বরূপ উদ্ভূত হওয়া (many evils *proceed* from war) ; to be descended, বংশধররূপে বা সন্তানরূপে জন্মলাভ করা ; to take legal action, প্রতিবিধানার্থ আইন বা আদালতের আশ্রয় লওয়া, আদালতে অভিযুক্ত করা, মামলা রুজু করা (to *proceed* against a person) ; to say in continuation, বলিতে থাকা। *p.* & *p. pt.* **procee°ded**। *n.* **prō°ceed**—(usu. in *pl.*) ফসল বা ফল, আয় বা লাভ (to give the *proceeds* to the local relief fund)। *a.* **procēdural**। *n.* **procedure** [pra-sē°-ja(r), প্র্যাসী°জ্যা(র্)] অগ্রসর হওয়ার প্রণালী বা ধরন ; (মামলা সভা প্রভৃতির) কার্য-পরিচালনার প্রণালী। *n.* **procee°ding**—অগ্রগমন ; উন্নতি ; আচরণ ; প্রতিবিধানাদির ব্যবস্থা ; (in *pl.*) সভাদিতে অনুষ্ঠিত কার্যবিবরণী ; (in *pl.*) আইনের সাহায্যে প্রতিবিধানের ব্যবস্থা (legal *proceedings*)। [F. *proceder* < L. *procedere*]

process [prō°-ses, প্রৌ°সেস্] *n.* state of being in progress or being carried on, ক্রমাগ্রসরণ, চালু ব্যবস্থা (in *process* of construction) ; course, অগ্রগমন, অগ্রগমনের পথ বা প্রণালী ; a series of actions events operations or changes, ধারাবাহিক কার্যাবলী বা ঘটনাবলী বা প্রক্রিয়াসমূহ বা পরিবর্তনসমূহ ; (print.) a photo-process, (মুদ্রণে.) চিত্রাদির প্রতিলিপি গ্রহণার্থ প্রক্রিয়াবিশেষ ; (in law) a writ, পরওয়ানা, (পরি.) আকারণ ; a suit, মামলা ; (bio.) a projecting part, জীবদেহে (প্রধানতঃ অস্থি হইতে) উদ্গত উপাঙ্গ। *v.t.* **process** [pra-ses°, প্র্যাসেস্°] (কাহারও বা কিছুর উপর) পরওয়ানা জারি করা ; আদালতে অভিযুক্ত করা ; বিশেষ প্রণালী বা প্রক্রিয়া প্রয়োগ করা ; বিশেষ প্রক্রিয়াবলে (চিত্রাদির প্রতিলিপি) তৈয়ারি করা বা ছাপান। *p.* & *p. pt.* **proce°ssed**। *n.* **prō°cess-block**—প্রতিলিপি মুদ্রণার্থ বিশেষ প্রক্রিয়াবলে নির্মিত চিত্রাদির ব্লক বা ছাঁচ। *n.* **prō°cess-server**—যে ব্যক্তি পরওয়ানা জারি করে। [F. *proces* < L. *processus* = advance—cp. *proceed*]

procession [pra-se°sh(a)n, প্র্যাসে°শ্‌ন্] *n.* a train of persons vehicles etc., moving in an orderly fashion, মানুষ গাড়ি নৌকা প্রভৃতির শোভাযাত্রা। *a.* **proce°ssional**—শোভাযাত্রা-সংক্রান্ত। [L. *processio*—cp. *proceed*]

prochronism [prō°-kron-ism, প্রৌ°ক্রনিজ্‌ম্] *n.* referring of an event to earlier than the true date, ঘটনাদির পূর্ববর্তী সময়কে সংঘটনের সময় বলিয়া উল্লেখ (the tournaments held in July and called by a *prochronism* the Mays)। [Gk. *pro* = before, *chronos* = time]

proclaim [pra-klām°, প্র্যাক্লেইম্°] *v.t.* to publish abroad, জনসাধারণ্যে বা ব্যাপকভাবে প্রচার করা ; to announce officially, সরকারিভাবে ঘোষণা করা ; ঢোলশোহরত করা ; to denounce, (কাহারও বা কিছুর) বিরুদ্ধে ঘোষণা করা ; to prohibit by proclaiming, প্রকাশ্য ঘোষণাদ্বারা নিষিদ্ধ করা। *n.* **proclai°mer**। *n.* **proclamā°tion**—(পরি.) উদ্‌ঘোষণা। *a.* **procla°matory**। [F. *proclamer* > L. *proclamare* = to cry out]

proclivity [pra-kli°-vi-ty, প্র্যাক্লি°ভিটি] *n.* natural inclination (*to* or *towards*) স্বাভাবিক প্রবণতা বা ঝোঁক। [L. *proclivus* = forward slope]

proconsul [prō-kon°s(a)l, প্রৌকন্°স্‌ল্] *n.* an ancient Roman Magistrate, নগরের বাহিরে অবস্থানকালে প্রায় কন্‌সলের সমান ক্ষমতাপ্রাপ্ত প্রাচীন রোমের শাসকবিশেষ। *a.* **prōcon°sūlar**—উক্ত শাসকসংক্রান্ত; উহার পদসংক্রান্ত। *n.* **prōcon°sūlate**—উক্ত শাসকের পদ বা কার্যকাল। [L.]

procrastinate [prŏ-kras°-ti-nāt, প্রোক্র্যাস্°টিনেইট্] (**1**) *v.t.* (rare) to postpone, (বিরল) মুলতবি রাখা। (**2**) *v.i.t.* to defer (action), (কার্যাদি) সম্পাদনে ইচ্ছাপূর্বক বিলম্ব করা বা গড়িমসি করা, দীর্ঘসূত্রতা করা। *p.* & *p. pt.* **prŏcras°tinātėd**। *n.* **prŏcrastinā°tion**—দীর্ঘসূত্রতা (*procrastination* is the thief of time)। *n.* **prŏcras°tinātor**। [L. *procrastinare*]

procreate [prō°-kri-āt, প্রৌ°ক্রিএইট্] *v.t.* to beget or generate (offspring), সন্তান উৎপাদন করা বা প্রসব করা, জন্মদান করা। *p.* & *p. pt.* **prōcreātėd**। *n.* **prōcreā°tion**। *a.* **prō°creātive**—উৎপাদনে বা জন্মদানে সক্ষম; জন্মদায়ক; উৎপাদক। *n.* **prō°creātor**—জনক বা জননী। [L. *procreare*]

Procrustean [prō-krus°-ti-an, প্রৌক্রাস্°টিঅ্যান্] *a.* producing uniformity by violence, বলপ্রয়োগদ্বারা সমতাসাধক। [Gk. *Prokroustes*, a fabulous robber, who stretched or cut his captives' legs to make them fit to a bed]

proctor [prok°-ta(r), প্রক্°ট্যা(র্)] *n.* a procurator, অপরের আর্থিক বা অন্যবিধ কাজকর্মের নির্বাহক, খাজাঞ্চি, দেওয়ান, আমমোক্তার; an attorney in an ecclesiastical court, ধর্ম-সংক্রান্ত আদালতের আইন-উপদেষ্টা বা উকিল; a university official who enforces university regulations, বিশ্ববিদ্যালয়ের বিধিনিয়ম রক্ষার ভারপ্রাপ্ত কর্মচারী। **King's** or **Queen's Proctor**—ইংল্যান্ডে উইল-সংক্রান্ত বা বিবাহ-বিচ্ছেদের মামলায় জুয়াচুরির আশঙ্কা থাকিলে তাহাতে হস্তক্ষেপের অধিকারপ্রাপ্ত রাজকর্মচারী। *a.* **proctorial** [proktaw°-ri-al, প্রক্‌টা°রিঅ্যাল্] উক্ত কার্যনির্বাহক আইন-উপদেষ্টা বা বিশ্ববিদ্যালয়ের কর্মচারী সম্বন্ধীয়; উহাদের কাজ বা পদ সম্বন্ধীয়। *n.* **proc°torship**। [see *procurator*]

procumbent [prŏ-kum°-bant, প্রোকাম্°ব্যান্ট্] *a.* lying or leaning forward, উপুড় হইয়া শুইয়া বা ঝুঁকিয়া আছে এমন; prone, প্রবণ; prostrate, শায়িত, শয়ান; (bot.) lying on or growing along the ground, (উদ্ভি.) ভূশায়িত, ভূশায়ী। [*pro-*$_1$, L. *cumbere* = to lie down]

procuration—see **procure**.

procurator [pro°-kū-rā-ta(r), প্র°কিউরেইট্যা(র্)] *n.* a financical agent in a Roman imperial province, প্রাচীন রোম-সাম্রাজ্যাধীন প্রদেশের দেওয়ান; an authorised representative, ক্ষমতাপ্রাপ্ত প্রতিনিধি, আমমোক্তার, কাহারও মামলাদি পরিচালনার ভারপ্রাপ্ত প্রতিনিধি, মোক্তার। *n.* **pro°cūrātorship**। [L.]

procure [pra-kū(r)°, প্র্যাকিউয়্যা(র্)°] (**1**) *v.t.* to contrive to obtain or bring about, পাইবার বা ঘটাইবার চেষ্টা করা; to succeed in getting, সংগ্রহ করিতে পারা; to induce, প্ররোচিত করা, রাজী করান; to obtain for another's immoral purposes, অপরের নীতিবিরুদ্ধ উদ্দেশ্যসাধনার্থ (বিশেষতঃ যৌনসঙ্গমার্থ) সংগ্রহ করা। (**2**) *v.i.* to pander, কুটনিগিরি করা। *a.* **procūr°able**—সংগ্রহ করার সাধ্য, প্রাপ্তিসাধ্য। *n.* **procurā°tion**—অপরের কাজকর্মের তত্ত্বাবধান; উক্ত তত্ত্বাবধানের অধিকারদায়ক দলিল, আমমোক্তারনামা; এলাকার ভক্তবৃন্দ কর্তৃক বিশপ্ বা আর্চডীকনকে দেয় প্রণামী; অপরের নীতিবিরুদ্ধ উদ্দেশ্যসাধনার্থ (প্রধানতঃ স্ত্রীলোক) সংগ্রহ, কুটনিগিরি। *n.* **procūrē°ment**—procure-এর সকল অর্থে, (পরি.) আসাদন। *n.* **procūr°er**—সংগ্রহকারী; কোটনা, রমণদূত। *fem.* **procūr°ėss**—কুটনি। [F. *procurer* < L. *procurare* = to manage]

prod [prod, প্রড্] (**1**) *v.t.* to prick or poke, তীক্ষ্ণাগ্র অস্ত্র লাঠি আঙ্গুল প্রভৃতির ডগা দিয়া খোঁচা দেওয়া। *pr. pt.* **pro°dding**। *p.* & *p. pt.* **pro°ddėd**। (**2**) *n.* a prodding touch or instrument, কণ্টক লাঠি প্রভৃতির খোঁচা, অঙ্কুশ চর্মকারের সুচ প্রভৃতি তীক্ষ্ণাগ্র অস্ত্র। [?]

prodigal [pro°-dig(a)l, প্র°ডিগ্‌ল্] (**1**) *a.* wasteful, অপচয়ী, অপব্যয়ী, উড়নচণ্ডে; extravagant, অমিতব্যয়ী; lavish, প্রচুর। (**2**) *n.* a wasteful or extravagant person, অপব্যয়ী বা উড়নচণ্ডে লোক। *n.* **prodiga°lity**। *adv.* **pro°digally**। [obs. F. < L. *prodigus* < *prodigere* = to squander]

prodigy [pro°-di-ji, প্র°ডিজি] *n.* a marvellous person or thing, পরম বিস্ময়কর ব্যক্তি বা বস্তু; a monster, প্রকাণ্ডকায় জীব, দৈত্য, দানব; a child of great genius, পরম প্রতিভাসম্পন্ন বালক বা বালিকা (infant *prodigy*)। *a.* **prodigious** [pra-di°-jas, প্র্যাডি°জ্যাস্] বিস্ময়কর; অস্বাভাবিক-রকম বিশালকায়, মস্ত বড়; দৈত্যাকার। [L. *prodigium* = a portent]

prodrome [prod°-rōm, প্রড্°রৌম্] *n.* preliminary treatise (to a detailed one), (বৃহত্তর বিস্তারিত গ্রন্থের) ক্ষুদ্র প্রাথমিক গ্রন্থ; a premonitory event (to a greater one), (আসন্ন বৃহত্তর ঘটনার লক্ষণস্বরূপ) পূর্বাহ্ণে সতর্কীকরণমূলক ঘটনা; a premonitory symptom, (রোগাদির) সতর্কীকরণমূলক পূর্বলক্ষণ। [Latinized from Gk. *prodromos* = forerunner]

produce [pra-dūs°, প্র্যাডিউস্°] *v.t* to bring forward, সম্মুখে আনা; to bring out, বাহির করিয়া আনা, প্রকাশ করা; to extend, প্রসারিত

করা, বাড়াইয়া দেওয়া ; to bring into being, জন্মদান করা, সৃষ্টি করা ; to yield, উৎপাদন করা (to *produce* food for internal consumption) ; to bring about, ঘটান ; to make, তৈয়ারি করা ; to put on the stage, মঞ্চস্থ করা (to *produce* a new play) ; to prepare for exhibition, জনসাধারণে প্রদর্শনার্থ (চিত্রাদি) তৈয়ার করা। *p.* & *p. pt.* **produ̅°ced** । *n.* **produce** [pro°-dūs, প্র°ডিউস্] উৎপাদিত বা উপজাত বস্তু, (পরি.) উৎপন্ন আয় ; ফসল (agricultural or farm *produce*) । *n.* **produ̅°cer**—produce (*v.*)-এর সকল অর্থে, এবং বিশেষতঃ—পণ্যদ্রব্যাদির উৎপাদক ; চলচ্চিত্রাদির প্রযোজক অর্থাৎ যে ব্যক্তির অর্থে ও উদ্যমে উহা নির্মিত হয় কিন্তু ঐ ব্যক্তি উহা পরিচালনা করে না (cp. **director**) । **producer's goods**—কাঁচামাল ও যন্ত্রপাতি অর্থাৎ যদ্দ্বারা পণ্যদ্রব্য তৈয়ারি হয় (cp. **consumer's goods**) । *a.* **produ̅°cible** । *n.* **product** [pro°-dakt, প্র°ড্যাক্ট্] উৎপাদিত বা সৃষ্ট বস্তু ; ফলাফল ; কাজ ; সন্তান ; (গণি.) গুণফল । *n.* **production** [pra-duk°sh(a)n, প্র্যাডাক্°শ্ন্] produce (*v.*)-এর সকল অর্থে, এবং—প্রসারিত বা সৃষ্ট বা উৎপাদিত বা সজ্ঘটিত বা নির্মিত বস্তু ; মঞ্চস্থ নাটকাদি ; ফল ; ফলাফল । *a.* **productive** [pra-duk°-tiv, প্র্যাডাক্°টিভ্] প্রকাশ প্রসারণ সৃজন জন্মদান উৎপাদন বা সজ্ঘটন করার ক্ষমতাবিশিষ্ট ; উৎপাদনকর, সৃজনকর, তৈয়ারি বা মঞ্চস্থ করিতে সক্ষম ; প্রচুর পরিমাণে উৎপাদনশীল ; উর্বর (*productive* soil) । *adv.* **produc°tively** । *n.* **productivity** [pro-duk-ti°-vi-ti, প্রডাক্টি°ভিটি] । [L. *producere*]

proem [prō°-em, প্রৌ°এম্] *n.* an introduction, ভূমিকা ; a prelude, প্রস্তাবনা । *a.* **proē°mial** । [F. < L. *prooemium* < Gk. *proomion*]

profane [pra-fān°, প্র্যাফেইন্°] (**1**) *a.* not sacred, অপবিত্র ; secular, গির্জা বা যাজকদের জন্য নহে এমন (অর্থাৎ সাধারণ লোকের জন্য) ; showing contempt of sacred things, পবিত্র বস্তুসমূহের প্রতি অবজ্ঞাশীল বা অবজ্ঞাপূর্ণ ; uninitiated, অদীক্ষিত ; unhallowed, দিব্য বা স্বর্গীয় নহে এমন ; ritually unclean or forbidden, শাস্ত্রমতে অপবিত্র বা নিষিদ্ধ । (**2**) *v.t.* to treat with contempt, (পবিত্র বস্তুকে) অবজ্ঞা করা ; to desecrate, অপবিত্র করা ; to violate, (পবিত্র বিধানাদি) লঙ্ঘন করা । *n.* **profanation** [pro-fa-nā°-sh(a)n, প্রফ্যানেই°শ্ন্] । *adv.* **profāne°ly** । *n.* **profāne°ness, profa°nity** । *n.* **profā°ner** । [L. *profanus*=outside the temple]

profess [pra-fes°, প্র্যাফেস্°] *v.t.* to declare openly or strongly, প্রকাশ্যে বা দৃঢ়ভাবে ঘোষণা করা ; to claim to have a feeling of, (কোন বিষয়ে) বোধ বা অনুভূতি আছে বলিয়া (সচ. মিথ্যা) দাবি করা ; to pretend to, (কোন বিষয়ে) ভান করা (he does not *profess* to be a scholar) ; to claim expertness in, (কোন বিষয়ে) দক্ষতার দাবি করা (to *profess* to be an expert) ; to be professor of, (কোন বিষয়ের) অধ্যাপক হওয়া ; to have as one's profession, বৃত্তিরূপে বা পেশারূপে গ্রহণ করা । *a.* **profe°ssed**—profess-এর সকল অর্থে । *adv.* **profe°ssedly** । *n.* **profession** [pra-fe°sh(a)n, প্র্যাফে°শ্ন্] প্রকাশ্য ঘোষণা ; (মিথ্যা) দাবি ; ভান ; ধর্মবিশ্বাস ; বৃত্তি ; পেশা (learned *professions*) ; নির্দিষ্ট কোন বৃত্তিধারী ব্যক্তিবর্গ । **profe°ssional**—(**1**) *a.* বৃত্তিমূলক ; বৃত্তিধারী ; পেশাদারী । (**2**) *n.* পেশাদার ব্যক্তি (cp. **amateur**) । *n.* **profe°ssionalism**—পেশাদারগিরি, পেশাদারি ; খেলাধুলায় পেশাদারদের প্রাধান্য । *n.* **profe°ssor**—profess-এর সকল অর্থে, এবং—কলেজাদির অধ্যাপক ; হাতুড়ে বৈদ্য বা পেশাদার গায়ক নর্তক জাদুকর প্রভৃতি কর্তৃক অবলম্বিত আখ্যা-বিশেষ । *a.* **professorial** [pro-fe-saw°-ri-al, প্রফেস্য°রিঅ্যাল্] কলেজের অধ্যাপকাদি-সংক্রান্ত । *n.* **profe°ssorship** । [L. *profiteri*=to confess publicly]

proffer [pro°-fa(r), প্র°ফ্যা(র্)] (**1**) *v.t.* to offer, দিতে চাওয়া ; to present or submit, উপস্থাপন করা বা পেশ করা ; to offer to undertake, দায়িত্বাদি লইতে চাওয়া । (**2**) *n.* an offer, দিবার বা করিবার প্রস্তাব । *n.* **pro°fferer** । [AF. *proffrir* —cp. *offer*]

proficient [pra-fi°-sh(a)nt, প্র্যাফি°শ্ন্ট্] (**1**) *a.* adept, দক্ষ বা কুশলী (*proficient* in history, mathematics, in doing a thing, etc.) । (**2**) *n.* an adept, দক্ষ ব্যক্তি । *n.* **profi°ciency**—দক্ষতা, কুশলতা (*proficiency* in English) । *adv.* **profi°ciently** । [L. *proficere*=to make progress]

profile [prō°-fēl, প্রৌ°ফীল্] *n.* an outline, মোটামুটি রেখাচিত্র বা নকশা, (পরি.) পরিলেখ ; a head or portrait in a side-view, পার্শ্ব হইতে দৃষ্ট মস্তক বা একপেশেভাবে অঙ্কিত প্রতিকৃতি, (পরি.) পার্শ্বচিত্র (drawn or shown in *profile*) । [It. *profilo* < L. *pro-*, *filum*=a thread]

profit [pro°-fit, প্র°ফিট্] (**1**) *n.* pecuniary gain, আর্থিক লাভ ; income, আয় ; excess of returns over outlay, মুনাফা, লাভ ; advantage, সুবিধা ; benefit, উপকার ; improvement, উন্নতি । (**2**) *v.t.* to benefit, উপকার করা, to be of advantage to, (কাহারও পক্ষে) সুবিধাজনক বা লাভজনক হওয়া (it little *profits* him) । (**3**) *v.i.* to gain advantage, সুবিধা লাভ করা ; to receive profit, মুনাফা অর্জন করা, লাভ করা ; (poet.) to improve, (কাব্যে) উন্নতিলাভ করা ; to be of advantage, সুবিধাজনক বা লাভজনক হওয়া । *p.* & *p. pt.* **pro°fitėd** । *a.* **pro°fitable** —লাভপ্রদ, লাভজনক (a *profitable* speculation) ; লোভনীয় ; ফলদায়ক । *n.* **profitabi°lity, pro°fitableness** । *adv.* **pro°fitably** । **profiteer** [pro-fi-tē(r)° প্রফিটিয়া(র্)°] (**1**) *n.* যে ব্যবসায়ী

আপৎকালের সুযোগে অত্যধিক লাভ করার চেষ্টা করে, মুনাফাখোর। (2) *v.i.* আপৎকালের সুযোগে অত্যধিক মুনাফা অর্জন করা। *n.* **profiteer°ing**—আপৎকালের সুযোগে মুনাফা অর্জন। *n.* **profiteer°-er** । *a.* **pro°fitless**—লাভহীন। **pro°fit-shar°-ing**—কর্মচারীদের মুনাফার ভাগদানের জন্য তাহাদের সঙ্গে মালিকের চুক্তি। [E.<L. *profectus*=progress]

profligacy—see **profligate**.

profligate [pro°fli-git, প্র°ফ্লিগিট্] (1) *a.* licentious or abandoned, অসচ্চরিত্র বা লম্পট বা লক্ষ্মীছাড়া; prodigal, অপব্যয়ী বা উড়নচণ্ডে। (2) *n.* a profligate person, অসচ্চরিত্র বা লম্পট বা লক্ষ্মীছাড়া ব্যক্তি; a prodigal, উড়নচণ্ডে ব্যক্তি। *n.* **pro°fligacy**—লাম্পট্য, অসচ্চরিত্রতা, লক্ষ্মীছাড়া চালচলন; অপব্যয়িতা বা অমিতব্যয়িতা। *adv.* **pro°-fligately** । [L. *profligare*=to dash forward]

pro forma [prō faw(r)°-ma, প্রৌ ফ্য(র্)°ম্যা] *ph.* made out for form's sake, ছক-অনুযায়ী প্রস্তুত বা প্রস্তুত করিয়া, (পরি.) দর্শনার্থ। [L.]

profound [pra-fownd°, প্র্যাফাউন্ড্°] *a.* deep, গভীর; deep-seated, গভীরে নিহিত; অন্তর্নিহিত; intense, প্রগাঢ়; abstruse, নিগূঢ়; intellectually daep, গভীর বুদ্ধিগত; penetrating deeply into knowledge, গভীর জ্ঞানপূর্ণ। *adv.* **profound°ly** । *n.* **profound°ness, profundity** [pra-fun°-di-ti, প্র্যাফান্°ডিটি]। [F. *profond*<L. *profundus*]

profuse [pra-fūs°, প্র্যাফিউস্°] *a.* excessively liberal, অত্যধিক বদান্য; lavish, প্রচুর; extravagant, অমিতব্যয়ী; over-abounding, উচ্ছ্বসিত, প্রাচুর্যপূর্ণ। *adv.* **profūse°ly** । *n.* **profūse°-ness, profū°sion**—প্রাচুর্য। [*pro-*, L. *fundere* =to pour]

prog₁ [prog, প্রগ্] *n.* (sl.) food, (অশি.) (ভ্রমণ প্রমোদবিহার প্রভৃতি উপলক্ষে সঙ্গে বাহিত) খাবার। [?]

prog₂ [prog, প্রগ্] *n.* (sl.) a proctor as a university, বিশ্ববিদ্যালয়ের proctor অর্থাৎ বিধিনিয়মের রক্ষক। [contr.]

progenitor [prŏ-je°-ni-ta(r), প্রোজে°নিট্যা(র্)] *n.* a forefather, পূর্বপুরুষ; a father, জনক; the founder of a family, বংশের আদিপুরুষ। *fem.* **proge°nitress, proge°nitrix** । *n.* **progeniture** [prŏ-je°-ni-cha(r), প্রোজে°নিচ্যা(র্)] জন্মদান। *n.* **progeny** [pro°-ji-ni, প্র°জিনি] সন্তান; বংশধরগণ; বংশ; কুল। [L.]

prognosis [prog-nō°-sis, প্রগ্নৌ°সিস্] *n.* forecast, (প্রধানতঃ রোগের গতিসম্বন্ধে) ভবিষ্যদ্বাণী বা পূর্বাভাস, (পরি.) আরোগ্যসম্ভাবনা। *pl.* **prognō°-sēs** । **prognostic** [prog-nos°-tik, প্রগ্নস্°টিক্] (1) *n.* ভবিষ্যদ্বাণী, পূর্বাভাস; রোগের গতিনির্দেশক লক্ষণ। (2) *a.* ভবিষ্যদ্বাণীমূলক, পূর্বাভাসমূলক; রোগের গতিনির্দেশক লক্ষণমূলক। *v.t.* **prognos°ticāte**—(কিছুর সম্বন্ধে) ভবিষ্যদ্বাণী করা বা পূর্বাভাস দেওয়া বা পূর্বলক্ষণ দেখান (to *prognosticate* event, trouble, etc.)। *p.* & *p. pt.* **prognos°ticā-ted** । *n.* **prognosticā°tion** । *a.* **prognos°-ticātive**—ভবিষ্যদ্বাণীতে বা পূর্বাভাসে বা পূর্বলক্ষণে পূর্ণ; ভবিষ্যদ্বাণীকর; পূর্বাভাসদায়ক, পূর্বলক্ষণপ্রকাশক। *n.* **prognos°ticātor**—(প্রধানতঃ আগামী দিনের আবহাওয়া সম্বন্ধে) ভবিষ্যদ্বক্তা। [Gk.]

program(me) [prō°-gram, প্রৌ°গ্র্যাম্] (1) *n.* a paper, booklet etc., containing a scheme of proceedings, থিএটার সভাসমিতি প্রভৃতির কর্মসূচি-সংবলিত কাগজ বই ইত্যাদি, প্রোগ্রাম, (পরি.) ক্রমপত্র; the items of the scheme collectively, কর্মসূচি; a plan of things to be done, কর্ম-পরিকল্পনা, (পরি.) কার্যক্রম, অনুক্রম; series of coded instructions for sequence of actions to be performed by an electronic computer, বৈদ্যুতিন পরিগণকের কার্য-পরম্পরার নিমিত্ত সাঙ্কেতিক নির্দেশাবলী। (2) *v.t.* to make a definite plan or programme of, নির্দিষ্ট পরিকল্পনা বা প্রোগ্রাম প্রস্তুত করা; to instruct an electronic computer by means of a programme, নির্দিষ্ট কার্যক্রম বা প্রোগ্রাম অনুযায়ী বৈদ্যুতিন পরিগণককে নির্দেশ দান করা। *n.* **prō°grammer**—বৈদ্যুতিন পরিগণকের নির্দিষ্ট কার্যক্রম বা প্রোগ্রাম প্রস্তুতকারক। [Gk. *programma*=proclamation]

progress [prō°-gres, প্রৌ°গ্রেস্] *n.* advance, সম্মুখগতি, অগ্রগতি; continuation, চলন্ত বা চালু অবস্থা; advancement, improvement, উন্নতি, প্রগতি; course, গতিপথ; passage from place to place, স্থান হইতে স্থানান্তরে গমন; increase, বৃদ্ধি; a journey of state, সাড়ম্বরে বা শোভাযাত্রাসহ গমন। *v.i.* **progress** [pra-gres°, প্র্যাগ্রেস্°] অগ্রসর হওয়া; চলিতে থাকা; উন্নতির বা প্রগতির পথে অগ্রসর হওয়া (science *progresses* rapidly); স্থান হইতে স্থানান্তরে যাওয়া; বৃদ্ধি পাওয়া; সাড়ম্বরে বা শোভাযাত্রাসহ যাওয়া। *p.* & *p. pt.* **prōgre°-ssed** । **in progress**—চলমান, ঘটমান; (গ্রন্থাদি সম্বন্ধে) প্রকাশ করার ব্যবস্থা হইতেছে এমন, প্রকাশনার পথে; (প্রতিযোগিতা যুদ্ধ বিতর্ক অভিনয় প্রভৃতি সম্বন্ধে) ক্রমশঃ পরিণতি মীমাংসা বা সমাপ্তির দিকে অগ্রসরণরত। *n.* **progression** [pragre°sh(a)n, প্র্যাগ্রে°শ্ন্] progress (*v.*)-এর সকল অর্থে এবং—সঙ্গীতে সুরের ক্রমান্বয়িক উত্থান বা পতন; (গণি.) সম বা সদৃশ ব্যবধানবিশিষ্ট রাশিসমূহ, শ্রেণী। *a.* **progre°ssional**—অগ্রগতি বা উন্নতি বা প্রগতি বা চলন্তাবস্থা বা স্থান হইতে স্থানান্তরে গমন বা বৃদ্ধি বা সাড়ম্বরে অথবা শোভাযাত্রাসহ গমনসংক্রান্ত; (সঙ্গীতে) সুরের ক্রমান্বয়িক উত্থান-পতনসংক্রান্ত; (গণি.) শ্রেণীসংক্রান্ত। **progre°-ssive**—(1) *a.* অগ্রগতিশীল, অগ্রগতিমূলক; উন্নতিশীল; প্রগতিশীল, উন্নতিমূলক, প্রগতিমূলক; স্থান হইতে স্থানান্তরে গমনশীল বা গমনমূলক; বৃদ্ধিশীল, বৃদ্ধিমূলক; (ব্যাক. ক্রিয়ার কাল সম্বন্ধে) ঘটমান; (সঙ্গীতে) সুরের ক্রমান্বয়িক উত্থান-পতনমূলক; (গণি.)

শ্রেণীমূলক ; (2) *n.* প্রগতিপন্থী বা সংস্কারপন্থী বা বামপন্থী ব্যক্তি অথবা উক্ত পন্থাসমর্থক রাজনৈতিক দলের সভ্য। (cp. **reactionary**) । *adv.* **pro-gre°ssively** । [F. *progresse* < L. *pro-*, *gradi* = to step]

prohibit [pra-hi°-bit, প্র্যাহি°বিট্] *v.t.* to forbid, নিষেধ করা, নিষিদ্ধ করা ; to prevent, বাধা দেওয়া। *p.* & *p. pt.* **prohi°bitėd** । *n.* **prohi°bitor** । *n.* **prohibition** [prŏ-i-bi°-sh(a)n, প্রোইবি°শ্‌ন্] । *n.* **prŏhibi°tionism**—(প্রধানতঃ মদ্যাদি তৈয়ারি ও বিক্রয়) নিষিদ্ধ করার মত। *n.* **prŏhi°bitionist** । *a.* **prohi°bitive, pro-hibitory** [pro-hi°-bi-t(a)ri, প্র্যাহি°বিট্‌রি] বাধাদায়ক (*prohibitive* price, tax, etc.; *prohibitory* laws) ; নিষেধক ; নিষেধাজ্ঞামূলক। [L. *prohibere*]

project [pro°-jekt, প্র°জেক্‌ট্] *n.* the fact of being thrown out, অভিক্ষেপ ; a scheme, কর্ম-পরিকল্পনা ; an undertaking, সম্পাদনার্থ যে কাজ হাতে লওয়া হইয়াছে (to carry out a *project*) । **project** [pra-jekt°, প্র্যাজেক্‌ট্°] (1) *v.t.* নিক্ষেপ করা (to *project* missiles into space) ; বহির্গত করিয়া দেওয়া ; অভিক্ষিপ্ত করা ; প্রসারিত করা ; পরিকল্পনা করা ; উদ্ভাবন করা ; (কাব্যে) মনের সম্মুখে তুলিয়া ধরা ; (আলো ছায়া প্রতিবিম্ব প্রভৃতি) বিচ্ছুরিত বা বিকীর্ণ বা পাতিত করা ; (জ্যামি.) কোন ক্ষেত্রের সর্বসম ক্ষেত্র তৈয়ারি করা। (2) *v.i.* অভিক্ষিপ্ত হওয়া। *p.* & *p. pt.* **projec°tėd** । *n.* **pro°-jėctile**—সবেগে অভিক্ষিপ্ত বস্তু, (পরি.) প্রাস ; (বিশে. কামানাদি হইতে) সবেগে নিক্ষিপ্ত গুলিগোলা। *a.* **projectile**—[pra-jek°-tīl, প্র্যাজেক্°টাইল্] অভিক্ষেপণের ফলে সৃষ্ট বা সজ্ঘটিত ; প্রেরণাপূর্ণ ; ক্ষেপণসাধ্য, অভিক্ষেপণসাধ্য। **projec°ting**—(1) *n.* অভিক্ষেপণ। (2) *a.* অভিক্ষেপক ; অভিক্ষিপ্ত। *n.* **projec°tion**—project (*v.*)-এর সকল অর্থে, এবং—অভিক্ষিপ্ত অঙ্গ, অভিক্ষেপ ; (জ্যামি.) কোন ক্ষেত্রের সর্বসম অনুক্ষেত্র ; (চলচ্চিত্র ম্যাজিক-লণ্ঠন প্রভৃতির) প্রক্ষিপ্ত ছবি। **projection lantern**—ম্যাজিক-লণ্ঠন। *n.* **projec°tor**—project (*v.*)-এর সকল অর্থে, এবং—ব্যবসায়-প্রতিষ্ঠানাদির উন্নতিসাধনার্থ পরিকল্পনাকারী ; (চলচ্চিত্র ম্যাজিক-লণ্ঠন প্রভৃতির) আলো-বিকিরণযন্ত্র। [*pro-*, L. *jacere* = to throw]

prolapse [prō-laps°, প্রৌল্যাপ্‌স্°] (1) *n.* (med.) displacement, (চিকি.—অঙ্গাদির) স্থানচ্যুতি (also **prōlap°sus**) । (2) *v.i.* to slip out of place, স্থানভ্রষ্ট হওয়া। *p.* & *p. pt.* **prolap°sed** । **prol-apse of the anus**—(চিকি.) পায়ুর স্থানচ্যুতি বা নির্গমন। [L. *prolabi*, *prolapsus* = to slip forward]

prolate [prō°-lāt, প্রৌ°লেইট্] *a.* drawn out along the polar diameter, (উপগোলক সম্বন্ধে) মেরু-ব্যাস বরাবর প্রসারিত ; widespread, ব্যাপক। *adv.* **pro°lātely** । [L. *prolatus* = produced]

prolegomenon [prō°le-go°-mi-nan, প্রৌ°লেগ°মিন্যান্] *n.* an introduction, (প্রবন্ধাদির) ভূমিকা। *pl.* **prōlego°mena** । [Gk.]

prolepsis [prō-lep°-sis, প্রৌলেপ্°সিস্] *n.* anticipation, পূর্বানুমান, পূর্বধারণা ; the rhetorical figure of anticipation, পূর্বানুমান-অলঙ্কার। *pl.* **prōlep°sēs** । *a.* **prōlep°tic(al)**—পূর্বানুমানমূলক। [Gk.]

proletarian [prō-le-tār°i°-an, প্রৌলেটেয়্যার্°ইঅ্যান্] (1) *a.* of the poorest class, or having no property, দরিদ্রতম বা বিত্তহীন ; (pol.) of the proletariat, (রাজ.) কারখানাদির বিত্তহীন দক্ষ শ্রমিকসম্প্রদায়গত বা উক্ত সম্প্রদায়ভুক্ত। (2) *n.* one who is proletarian, দরিদ্রতম বা বিত্তহীন ব্যক্তি ; (pol.) a member of the proletariat, (রাজ.) কারখানাদির বিত্তহীন দক্ষ শ্রমিক। coll. abbr. **prōle** । *n.* **prōletar°ianism**—দরিদ্রতম বা বিত্তহীন অবস্থা। *n.* **prōletār°iat(e)**—দরিদ্রতম বা বিত্তহীন শ্রেণী ; শ্রমজীবী শ্রেণী ; (রাজ.) কারখানাদিতে কর্মরত বিত্তহীন দক্ষ শ্রমিক-সম্প্রদায়। **the dictatorship of the prole-tariat**—(রাজ.) কমিউনিসটের আদর্শানুযায়ী ধনতন্ত্র ও সাম্রাজ্যতন্ত্রের উচ্ছেদান্তে কারখানাদিতে কর্মরত বিত্তহীন দক্ষ শ্রমিক-সম্প্রদায়ের নিয়ন্ত্রণাধীন সরকার। [L. *proletarius* = a citizen of the lowest class in ancient Rome]

prolicide [prō°-li-sīd, প্রৌ°লিসাইড্] *n.* the killing of offspring (সচ.) ভ্রূণাবস্থায় বা জন্মের অল্প পরেই সন্তানহত্যা। [L. *proles* = offspring, *caeldere* = killing]

proliferate [pro-li°-fa-rāt, প্র্যালি°ফ্যারেইট্] (1) *v.t.* to reproduce oneself, প্রচুর সংখ্যায় স্বীয় বংশবৃদ্ধি করা ; to grow by multiplication of elementary cells, parts, etc., মৌলিক কোষ অঙ্গপ্রত্যঙ্গ প্রভৃতির সংখ্যাবৃদ্ধিকরতঃ বৃদ্ধি পাওয়া। (2) *v.t.* to produce by proliferation, মৌলিক কোষ অঙ্গপ্রত্যঙ্গ প্রভৃতির সংখ্যাবৃদ্ধির দ্বারা উৎপাদন করা। *p.* & *p. pt.* **proli°ferātėd** । *n.* **proli-ferā°tion** । [back formation from F. *proli-feration* < L. *proles* = progeny, *ferre* = to bear]

prolific [pra-li°-fik, প্র্যালি°ফিক্] *a.* fertile, উর্বর ; producing (much) offspring, বহুসন্তানপ্রসূ ; abundantly productive, প্রচুরপরিমাণে উৎপাদনশীল। *n.* **proli°ficnėss** । [L. *proles* = offspring, *facere* = to make]

prolix [prō°-liks, প্রৌ°লিক্‌স্] *a.* long and wordy, দীর্ঘ ও শব্দবহুল (a *prolix* speech, writer etc.) ; tedious, দৈর্ঘ্যের জন্য ক্লান্তিকর ; dwelling too long on particulars, (খুঁটিনাটি) বিষয়ে সুদীর্ঘ বর্ণনাপূর্ণ বা ব্যাখ্যাপূর্ণ। *n.* **prŏlix°ity** । *adv.* **prō°-lixly** । [L. *prolixus*]

prolocutor [prŏ-lo°-kū-ta(r), প্রোল°কিউট্যা(র্)] *n.* a spokesman, মুখপাত্র ; a chairman, সভাপতি। *fem.* **prŏlo°cūtrix** । [L.]

prologue [prō°-log, প্রৌ°লগ্] (1) *n.* the part before the entry of the chorus, (প্রধানতঃ

গ্রীক নাটকে) ঐকতান-গায়কদলের রঙ্গমঞ্চে প্রবেশের পূর্ববর্তী অংশ, প্রস্তাবনা: an introduction, কবিতাদির ভূমিকা বা মুখবন্ধ ; a speech before a play, মূল অভিনয় আরম্ভের পূর্ববর্তী বক্তৃতা, পূর্বরঙ্গ ; an introductory event or action, মূল ঘটনার বা কাজের মুখবন্ধস্বরূপ ঘটনা অথবা কাজ। (2) *v.t.* to introduce, প্রারম্ভিক পরিচয় দেওয়া ; to preface, (কিছুর) ভূমিকা করা বা লেখা। [F.<L. *prologus*<Gk. *prologos*]

prolong [pra-long°, প্র্যালং°] *v.t.i.* to lengthen out, প্রসারিত করা বা হওয়া, বাড়ান বা বাড়া। *n.* **prōlon°gātion** । [L. *prolongare*]

promenade [pro-mi-nŭd°, প্রমিনাড্°] (1) *n.* a walk ride, or drive for pleasure or gentle exercise, প্রমোদ বা ঈষৎ ব্যায়ামের জন্য ভ্রমণ বা বাহনাদিতে চড়িয়া গমন বা শকটাদি (বিশেষতঃ মোটরগাড়ি) চালনা; a processional dance, শোভাযাত্রাসহ নৃত্য ; a place where people walk to and fro, জনসাধারণের বেড়ানর স্থান ; an esplanade, নগরদুর্গের সন্নিহিত তৃণাচ্ছাদিতে ময়দান, গড়ের মাঠ। (2) *v.i.t.* to go in promenade about or through, প্রমোদ বা ঈষৎ ব্যায়ামের জন্য বেড়ান অথবা বাহনাদি বা শকটাদি চালাইয়া যাওয়া। (2) *v.t.* to lead about and exhibit, (কাহাকেও) পথে পথে ঘুরাইয়া প্রদর্শন করান। *p.* & *p. pt.* **proména°dėd** । *n.* **proména°der** । [F.]

Promethean [pre-mē°thi-an, প্র্যামী°থিঅ্যান্] *a.* of or like Prometheus, প্র্যামীথিউস্-সংক্রান্ত বা তত্তুল্য। [Gk. *Prometheus*, who stole fire from heaven]

prominent [pro°-mi-nant, প্র°মিন্যান্ট্] *a.* jutting out, সম্মুখদিকে প্রলম্বিত, অভিক্ষিপ্ত ; conspicuous, লক্ষণীয় ; distinguished, বিশিষ্ট (to play a *prom nent* part) । *n.* **pro°minence** —অভিক্ষিপ্তাবস্থা ; লক্ষণীয়তা ; বৈশিষ্ট্য। **(to) come into prominence**—প্রসিদ্ধি লাভ করা। *adv.* **pro°minently** । [L. *prominens*]

promiscuous [pra-mis°-kū-as, প্র্যামিস্°কিউঅ্যাস্] *a.* confusedly or indiscriminately mixed, বিশৃঙ্খলভাবে বা বাছবিচারহীনভাবে মিশ্রিত, indiscriminate, বাছবিচারহীন ; haphazard, এলোমেলো (a *promiscuous* heap) । *n.* **promiscuity** [pro-mis-ku°-i-ti, প্রমিস্কিউ°ইটি], **promis°cūousnėss**—promiscuous-এর সকল অর্থে, এবং—বাছবিচারহীন যৌনসম্ভোগ। *adv.* **promis°cūously** । [L. *promiscuus*]

promise [pro°-mis, প্র°মিস্] (1) *n.* an engagement to do or not to do something, অঙ্গীকার, প্রতিশ্রুতি (to break, give, keep, make, etc. a *promise*) ; favourable indication, (সচ. ভবিষ্যৎ উৎকর্ষের) অনুকূল পূর্বলক্ষণ (a book, boy, writer, etc. of great *promise*) । (2) *v.t.* to engage by promise, (মৌখিক বা লিখিত) প্রতিশ্রুতি দেওয়া ; to assure, নিশ্চিত করা; to foretell, পূর্বাভাস দেওয়া ; to engage to give, প্রদানের প্রতিশ্রুতি দেওয়া। (3) *v.i.* to make a promise, অঙ্গীকার করা ; to show promise, অনুকূল পূর্বলক্ষণ দেখান (it *promises* well) । *p.* & *p. pt.* **pro°misėd** । **the Promised Land**—(B.) ইস্রায়েলিদিগকে ঈশ্বর যে উর্বর দেশ দিবার প্রতিশ্রুতি দিয়াছিলেন ; ভবিষ্যৎ সুখশান্তির সম্ভাবনাপূর্ণ যে-কোন দেশ অর্থাৎ যে দেশে গেলে ভবিষ্যতে সুখশান্তি মিলিবে। *n.* **promisee** [pro-mi-sē°, প্রমিসী°] যাহার নিকট অঙ্গীকার করা হয়, যাহাকে প্রতিশ্রুতি দেওয়া হয়। *n.* **pro°miser,** (law) **pro°misor** । *a.* **pro°mising**—অনুকূল পূর্বলক্ষণপূর্ণ ; আশাপ্রদ ; ভবিষ্যতে উন্নতিলাভের সম্ভাবনাপূর্ণ (a *promising* lad, start, etc.) । *a.* **pro°missory**—অঙ্গীকারপূর্ণ। **promissory note**—নির্দিষ্ট সময়ে অর্থ প্রত্যর্পণের অঙ্গীকার পত্র, (পরি.) প্রত্যর্থপত্র। [*pro-*$_1$, L. *mittere*=to send]

promontory [pro°-man-tri, প্র°ম্যান্ট্রি] *n.* a headland or high cape, সমুদ্রোপরি অভিক্ষিপ্ত সৈকতাংশ, (পরি.) শৈলান্তরীপ। [LL. *promontorium*]

promote [pra-mōt°, প্র্যামৌট্°] *v.t.* to further, অগ্রসর করা ; to further progress of, উন্নতিবর্ধন করা ; to raise to a higher grade, উচ্চতর শ্রেণীতে বা পদে উন্নীত করা। *p.* & *p. pt.* **promō°tėd** । *n.* **promō°ter**—promote(*v.*)-এর সকল অর্থে, এবং—শিল্প খেলাধুলা নাটকাদির উদ্যোক্তা (a company *promoter*) । *n.* **promō°tion** । [*pro-*, L. *movere*=to move]

prompt [prom(p)t, প্রম্ট্] (1) *a.* ready in action, তৎপর, চট্‌পটে ; performed or paid at once, অবিলম্বে কৃত বা প্রদত্ত (a *prompt* reply) ; ready for delivery, বিলির ন্যায় সরবরাহের জন্য প্রস্তুত। (2) *v.t.* to incite, প্রণোদিত করা (to *prompt* a person to action or to do something) ; to instigate, উত্তেজিত করা ; to move to action, সক্রিয় করিয়া তোলা ; to supply forgotten words to, বিস্মৃত শব্দ জোগাইয়া দেওয়া ; to help with words or facts when one is at a loss, খেই ধরাইয়া দেওয়া ; to suggest to the mind, মনে উদিত করান, স্মরণ করাইয়া দেওয়া ; to help out by reading the text of the part, ভূমিকা পাঠ করিয়া (অভিনেতাকে) সাহায্য করা, প্রম্ট্ করা। *p.* & *p. pt.* **promp°tėd** । *n.* **prompt°-book, prompt°-copy**—রঙ্গালয়ের প্রম্টার যে পুস্তক দেখিয়া প্রম্ট্ করে। *n.* **prompt°-box**—রঙ্গালয়ে প্রম্টারের অবস্থান-স্থল। *n.* **promp°ter** । *n.* **promp°titūde**—তৎপরতা। *adv.* **prompt°ly** । *n.* **prompt°nėss** । [L. *promere*=to bring forward]

promulgate [pro°-m(a)lgat, প্র°ম্ল্গেইট্] *v.t.* to proclaim, (আইন প্রভৃতি) জনসাধারণ্যে ঘোষণা বা জাহির করা ; to publish abroad, ব্যাপকভাবে প্রচার করা। *p.* & *p. pt.* **pro°mulgātėd** ।

n. **promulgā°tion** । *n.* **pro°mulgātor** । [L. *promulgare*]

prone [prōn, প্রৌন্] *a.* with the face or palm of the hand downward, মুখ বা হাতের চেটো উপুড় করিয়া আছে এমন ; prostrate, শায়িত ; directed downward, নিম্নাভিমুখ ; descending steeply, বন্ধুরভাবে বা খাড়াভাবে নামিয়া আসিয়াছে এমন ; inclined, প্রবণ, আসক্ত, স্বভাবতঃ পক্ষপাতী । *adv.* **prōne°ly** । *n.* **prōne°ness** । [L. *pronus*]

proneur [prō-na(r)°, প্রৌন্যা(র্)°] *n.* an extoller, প্রশংসাকারী, স্তাবক । [F.]

prong [prong, প্রং] **(1)** *n.* a fork, কাঁটা ; the spike of a fork, কাঁটার দণ্ড বা দাঁড়া ; any fork-like object, (কাঁকড়া গলদা-চিংড়ি প্রভৃতির) দাড়া । **(2)** *v.t.* to pierce with a prong, কাঁটা বা দাড়া ফোটান । *a.* **prong°ed**—কাঁটাওয়ালা ; দাড়াওয়ালা । **three-pronged attack**—ত্রিমুখী আক্রমণ । [?]

pronominal—see **pronoun.**

pronoun [prō°-noun, প্রৌ°নাউন্] *n.* a word used instead of a noun, সর্বনাম । *a.* **pronominal** [pra-no°-minal, প্র্যান°মিন্‌ল্] সর্বনাম-সংক্রান্ত ; সর্বনামস্বরূপ । [*pro-, noun*]

pronounce [pra-nowns°, প্র্যানাউন্‌স্°] *v.t.i.* to proclaim, (জনসাধারণ্যে) ঘোষণা বা জারি করা ; to utter formally, যথাবিধি উচ্চারণ করা ('d' in doubt is not *pronounced*) ; to utter, উচ্চারণ করা ; আবৃত্তি করা ; বলা ; to pass judgment (with *against, for, on*, etc.), রায়দান করা । *a.* **pronoun°ced**—pronounce-এর সকল অর্থে, এবং —সুস্পষ্ট, স্থিরনিশ্চিত (*pronounced* opinion, tendency, etc.) । *n.* **pronounce°ment**—দৃঢ়ভাবে বা নিশ্চিতভাবে বা চরমভাবে মতাদি ঘোষণা অথবা রায়দান । *n.* **pronoun°cer** । [F. *prononcer*<L. *pronuntiare*]

pronunciation [pra-nun-si-ā°sh(a)n, প্র্যানান্‌সিএই°শ্‌ন্] *n.* mode of pronouncing, উচ্চারণের ধরন বা বিধি ; articulation, উচ্চারণ, কথন (correct or faulty *pronunciation*) । [L. *pronuntiatio*—cp. *pronounce*]

proof [proōf, প্রূফ্] **(1)** *n.* that which proves a thing, প্রমাণ ; evidence (প্রধানতঃ মামলায় ব্যবহৃত) প্রামাণিক তথ্য বা সাক্ষ্য ; act or process of proving, প্রমাণীকরণ, প্রতিপাদন, প্রমাণ করার ধরন ; demonstration, (সত্যতা-প্রমাণার্থ) ব্যাখ্যামূলক প্রদর্শন ; (arith.) a checking, (পাটী.) শুদ্ধতা-বধারণ ; a test, পরীক্ষা ; ability to stand a test, পরীক্ষায় উত্তীর্ণ হওয়ার ক্ষমতা ; invulnerability, অভেদ্যতা ; (phot.) the first impression from a negative, (আলোকচিত্রে) সংশোধনাদির জন্য নেগেটিভ্ হইতে গৃহীত প্রতিলিপি ; (print.) an impression of the set-up types, (মুদ্রণে) সংশোধনাদির জন্য কম্পোজ্-করা টাইপ্‌সমূহ হইতে গৃহীত প্রতিলিপি, প্রূফ্ । **(2)** *a.* impervious, unconquerable, অভেদ্য, অজেয় (to be *proof* against) । *n.* **proōf°-reader**—প্রূফ্-সংশোধক । *n.* **proōf°-reading**—প্রূফ্-সংশোধন । *n.* **proōf°-sheet**—(মুদ্রণে) একখণ্ড প্রূফ্ । [OF. *prove*<L. *probare*=to prove]

prop₁ [prop, প্রপ্] **(1)** *n.* a support, ঠেকনো, খুঁটি, অবলম্বন ; a supporter or upholder, প্রতিপালক বা সমর্থক (a son is the *prop* of his parents in their old age) । **(2)** *v.t.* to hold up by means of a prop, ঠেকনো দেওয়া : to sustain, ভাররক্ষা বা ভারবহন করা ; to be a prop to, (কিছুর) ঠেকনো হওয়া ; to support, সমর্থন বা প্রতিপালন করা । *pr. pt.* **pro°pping** । *p. & p. pt.* **propped** । [cp. Du. *prope* (*n.*)]

prop₂ [prop, প্রপ্] *n.* coll. abbr. of **propeller.**

propaganda [pro-pa-gan°-da, প্রপ্যাগ্যান্°ড্যা] *n.* (ori.) a congregation of the R. C. Church, (মূলতঃ) ১৬২২ খ্রিস্টাব্দে রোমান ক্যাথলিক গির্জাসমূহের সম্মেলন ; any association, activity, plan, etc., for the spread of opinions and principles, (প্রধানতঃ সংস্কারমূলক) মত ও নীতির প্রচার ও প্রসারের জন্য সজ্ঘ ক্রিয়াকলাপ পরিকল্পনা প্রভৃতি । *n.* **propagan°dism**—মত ও নীতি প্রসারের জন্য প্রচার ; স্বীয় মতপ্রচারে আগ্রহ । *n.* **propagan°dist** । [see *propagate*]

propagate [pro°-pa-gāt, প্র°প্যাগেইট্] *v.t.* to multiply or reproduce, বংশবিস্তার করা ; to pass on, (সচ. উত্তরাধিকারীর নিকট) হস্তান্তরিত করা ; to spread from one to another, জনে জনে প্রচার করা । *p. & p. pt.* **pro°pagāted** । *n.* **propagā°tion** । *n.* **pro°pagātor** । [L. *propagare*]

propel [pra-pel°, প্র্যাপেল্°] *v.t.* to drive forward, সম্মুখে চালান । *pr. pt.* **prope°lling** । *p. & p. pt.* **prope°lled** । *n.* **prope°llant**—চালক-যন্ত্র বা চালক-অংশ ; আগ্নেয়াস্ত্র হইতে সম্মুখে গুলি-চালনাকর বিস্ফোরক । **prope°llent**—**(1)** *a.* সম্মুখে চালনাকর । **(2)** *n.* same as **propellant** । *n.* **prope°ller**—চালক ; চালকযন্ত্র ; পোতাদি-চালনার্থ ইলেক্‌ট্রিক পাখার ন্যায় যন্ত্রবিশেষ, চালক-পাখা । [L. *propellere*]

propensity [pra-pen°-s(i)ti, প্র্যাপেন্°স্টি] *n.* inclination, ঝোঁক, প্রবণতা ; predisposition, অনুকূল মনোভাব বা আসক্তি । [obs. (*a.*) *propense* <L. *propendere*=to hang forward]

proper [pro°-pa(r)] প্র°প্যা(র্)] *a.* own, নিজস্ব, স্বীয় ; appropriate, যথাযথ ; peculiar, ব্যক্তিগত বৈশিষ্ট্যসূচক ; strict, (নিয়মশৃঙ্খলাদি-সম্বন্ধে) দৃঢ় ; suitable, উপযোগী, মানানসই ; right, সঠিক (to do a thing in the *proper* way) ; decent, ভদ্র, শোভন ; decorous, শোভাবর্ধক ; comely, সুন্দর, সুদর্শন ; thorough, পুরাদস্তুর । **proper name** —নির্দিষ্ট কোন ব্যক্তি বা বস্তুর নাম, ব্যক্তিনাম ।

proper noun—(ব্যাক.) নামবাচক বিশেষ্য। *adv.* **pro°perly**—proper-এর সকল অর্থে এবং—(কথ্য.) সম্পূর্ণভাবে, সমগ্রভাবে, যৎপরোনাস্তিভাবে। [F. *propre*<L. *proprius*]

property [pro°-pa(r)-ti, প্র°প্যা(র্)টি] *n.* a characteristic, বৈশিষ্ট্য ; any quality, গুণ বা ধর্ম (the chemical *properties* of gold and silver) ; that which is owned, সম্পত্তি ; ownership, মালিকানা ; a real estate, ভূ-সম্পত্তি (*property* has its obligations) ; a stage appurtenance, রঙ্গমঞ্চের প্রয়োজনীয় দ্রব্য বা সাজ-সজ্জা। **personal property**—কাহারও অস্থাবর সম্পত্তি। **real property**—কাহারও স্থাবর সম্পত্তি। **pro°pertied**—সম্পত্তিওয়ালা (the *propertied* class)। *n.* **pro°perty-man, pro°perty-master**—রঙ্গমঞ্চের প্রয়োজনীয় দ্রব্য বা সাজ-পোশাকের ভারপ্রাপ্ত রক্ষক। [F. *propriete*]

prophecy [pro°-fi-si, প্র°ফিসি] *n.* inspired or prophetic utterance, দিব্যপ্রেরণাজনিত উক্তি, ভাববাণী ; prediction, ভবিষ্যদ্বাণী (the gift of *prophecy*)। [OE. *prophecie*<Gk. *propheteia*]

prophesy [pro°-fi-sɪ, প্র°ফিসাই] *v.i.t.* to speak as a prophet, ভাববাণী বলা, ভাববাদীর ন্যায় বলা ; to foretell, ভবিষ্যদ্বাণী করা। *p.* & *p. pt.* **prophesied**। *n.* **pro°phesier**। [var. of *prophecy*]

prophet [pro°-fit, প্র°ফিট্] *n.* one who proclaims a divine message, দৈববার্তা-ঘোষণাকারী, ভাববাদী ; an inspired teacher, or poet, দিব্য-প্রেরণাপ্রাপ্ত শিক্ষক উপদেষ্টা গুরু প্রচারক বা কবি ; a foreteller, ভবিষ্যদ্বক্তা। *fem.* **pro°phetess**। **(the) Prophet**—ইসলাম-ধর্মের প্রবর্তক মোহাম্মদ। *a.* **prophetic** [pra-fe°-tik, প্র্যাফে°টিক্], **prophe°tical**—ভাববাদীর বা দিব্যপ্রেরণা-প্রাপ্ত শিক্ষকাদির বা ভবিষ্যদ্বক্তার ন্যায় ; ভাববাণীপূর্ণ, ভবিষ্যদ্বাণীপূর্ণ (a *prophetic* utterance)। *adv.* **pro°phetically**। [F. *prophete*<L. *propheta* <Gk. *prophetes*]

prophylactic [pro-fi-lak°-tik, প্রফিল্যাক্°টিক্] (**1**) *a.* guarding against disease, রোগবারক বা রোগ-প্রতিরোধী। (**2**) *n.* a prophylactic medicine, measure, etc., রোগবারক ঔষধ ব্যবস্থা প্রভৃতি। *n.* **prophyla°xis**—ব্যাধির আক্রমণ এড়াইবার জন্য চিকিৎসা। [Gk.]

propinquity [pra-ping°-kwi-ti, প্র্যাপিং°ক্যুইটি] *n.* nearness, নিকটবর্তিতা, নৈকট্য ; similarity, সাদৃশ্য (*propinquity* of ideas)। [L. *propinquitas*]

propitiate [pra-pi°-shi-āt, প্র্যাপি°শিএইট্] to make favourable, অনুকূল বা প্রসন্ন করান (to *propitiate* the gods) ; to appease, শান্ত করা (to *propitiate* an offended person)। *p.* & *p. pt.* **propi°tiāted**। *n.* **propitiā°tion**—propitiate-এর সকল অর্থে, এবং—ক্ষমালাভ ; ক্ষমালাভার্থ প্রদত্ত অর্ঘ্য বলি প্রভৃতি। *n.* **propi°tiātor**। *a.* **propitiatory** [pra-pi°-shi-a-t(a)ri, প্র্যাপি°শিঅ্যাট্‌রি] অনুকূল বা প্রসন্ন বা শান্ত করে এমন অথবা ঐরূপ করার জন্য কৃত উদ্দিষ্ট প্রদত্ত প্রভৃতি ; প্রায়শ্চিত্তমূলক। *a.* **propitious** [pra-pi°-shas, প্র্যাপি°শ্যাস্] অনুকূল, প্রসন্ন শুভলক্ষণপূর্ণ (the occasion was *propitious* for the new enterprise)। *adv.* **propi°tiously**। [L. *propitiare*]

proportion [pra-paw(r)°sh(a)n, প্র্যাপা(র্)°শ্‌ন্] (**1**) *n.* the relation of one thing to another in magnitude, এক বস্তুর সহিত অন্য বস্তুর আয়তনগত সম্পর্ক ; fitness of parts to each other, বিভিন্ন অংশের সুষমতা ; due relation, যথাযথ সম্বন্ধ, সঙ্গতি ; ratio, অনুপাত ; (arith.) the identity or equality of ratios, (পাটি.) সমানুপাত ; (arith.) the rule of three, (পাটী.) ত্রৈরাশিক নিয়ম ; equal or just share, সমান বা ন্যায্য অংশভাগ ; (in *pl.*) dimensions, দৈর্ঘ্য প্রস্থ ও বেধ। (a building of magnificent *proportions*)। (**2**) *v.t.* to make proportionate, অনুপাতসম্মত বা যথানুপাতসম্মত করা ; to arrange proportionately the different parts of, অনুপাত বা সমানুপাত অনুযায়ী বিভিন্ন অংশ বিন্যস্ত করা। **in proportion to**—অনুপাতে। **out of all proportion to**—অনুপাতে অনেক বেশি। *a.* **propor°tionable**—সমানুপাতনসাধ্য। *a.* **propor°tional**—অনুপাত বা সমানুপাত সংক্রান্ত; আনুপাতিক, সমানুপাতিক ; (গণি.) সমানুপাতবিশিষ্ট। **proportional representation**—সমানুপাতিক প্রতিনিধিত্ব। *n.* **propor°tiona°lity**। *adv.* **propor°tionally**। *a.* **propor°tionāte**—যথানুপাতবিশিষ্ট ; সঙ্গতিপূর্ণ। *adv.* **propor°tionately**। *a.* **propor°tionless**—অনুপাতহীন ; সঙ্গতিহীন ; বেথাপ। [L. *proportio*]

propose [pra-pōz°, প্র্যাপৌজ্°] (**1**) *v.t.* to propound, বিবেচনার্থ বা গ্রহণার্থ উপস্থাপন করা ; to offer, দিতে চাওয়া ; to put forward as a plan, (কিছু) করা হউক বলিয়া প্রস্তাব করা বা উপস্থাপন করা ; to intend, অভিপ্রায় করা বা উদ্দেশ্য করা ; to move formally, যথাবিধি উত্থাপন করা ; to nominate, (নির্বাচনাদি জন্য প্রার্থী প্রভৃতিকে) মনোনীত করা ; to invite the company to drink (a health), (কাহারও স্বাস্থ্য-কামনায়) নিমন্ত্রিতবর্গকে মদ্যপানার্থ আহ্বান করা (usu **to propose a toast** or **one's health**)। (**2**) *v.i.* to form an intention or to put forward a design, অভিপ্রায় বা মতলব স্থির করা অথবা পেশ করা (man *proposes*, god disposes) ; to offer, (প্রধানতঃ বিবাহের) প্রস্তাব করা। *n.* **propō°sal**—প্রস্তাব (a *proposal* for reform, peace, etc.) ; বিবাহের প্রস্তাব (she has three *proposals* but accepted none) ; পরিকল্পনা। *n.* **propō°ser**। [F. *proposer*—cp. *pose*]

proposition [pro-pa-zi°sh(a)n, প্রপ্যাজি°শ্‌ন্]

n. an act of proposing or the thing proposed, প্রস্তাব ; a statement, (প্রধানতঃ বিচার বা রায় সম্পর্কিত) বিবৃতি ; (log.) predication, (ন্যায়.) কোন বিষয়ে হাঁ-বাচক বা না-বাচক উক্তি ; (math.) a statement of a problem or theorem, (গণি.) প্রতিজ্ঞা (a *proposition* in Euclid) (sl.) a problem, (অশি.) সমস্যা। **a tough proposition**—যে বস্তু বা ব্যক্তিকে সামলান কঠিন বা কষ্টকর। [L. *propositio*]

propound [pra-pownd°, প্র্যাপাউন্ড্°] *v.t.* to offer for consideration, বিবেচনার্থ পেশ করা বা উপস্থাপন করা (to *propound* a theory) ; (in law) to produce for probate, (আইনে) সত্যতা-প্রমাণার্থ বা প্রবেট্গ্রহণার্থ (শেষ-ইষ্টপত্র আদালতে) দাখিল করা। *p. & p. pt.* **propoun°dėd** । *n.* **propoun°der** । [obs. *propone*<L. *proponere* =to put forward]

propraetor [prō-prē°-ta(r), প্রৌপ্রী°ট্যা(র্)] *n.* a provincial governor of ancient Rome, প্রাচীন রোমের প্রাদেশিক কর্তা। [L.]

proprietary—see **proprietor.**

proprietor [pra-prī°-a-tā(r), প্র্যাপ্রাই°অ্যা-ট্যা(র্)] *n.* an owner, মালিক। *fem.* **propri°etrėss** । **proprietary** [pra-prī°-a-t(a)ri, প্র্যা-প্রাই°অ্যাট্রি] (1) *n.* মালিক, মালিকবর্গ ; মালিকানা। (2) *a.* সম্পত্তিতুল্য ; মালিক-সংক্রান্ত ; সম্পত্তি-যুক্ত ; সম্পত্তির অধিকারী। *a.* **proprietorial** [pro-prī-a-taw°-ri-al, প্র্যাপ্রাইঅ্যাটা°রিঅ্যাল্] মালিক-সংক্রান্ত বা মালিকানা-সংক্রান্ত। *n.* **propri°etorship** । [LL. *proprietarius*<*proprius*= own]

propriety [pra-prī°-a-ti, প্র্যাপ্রাই°অ্যাটি] *n.* (obs.) ownership, (অপ্র.) মালিকানা ; rightness, appropriateness, (শব্দাদির) যথাযথতা, সঙ্গতি ; suitability, উপযুক্ততা ; decency, শোভনতা, ভদ্রতা (to observe the *proprieties*) ; (poet.) individuality, (কাব্যে) ব্যক্তিস্বাতন্ত্র্য। [F. *propriete*<L. *proprietas*]

propulsion [pra-pul°-sh(a)n, প্র্যাপাল্°শন্] *n.* driving forward, সম্মুখদিকে চালনা ; (fig.) strong motive force, (আল.) প্রবল চালকশক্তি। *a.* **propulsive** [pra-pul°-siv, প্র্যাপাল্°সিভ্] সম্মুখদিকে চালনামূলক। [see *propel*]

pro rata [prō rā°-ta, প্রৌ রেই°ট্যা] *ph.* in proportion, অনুপাত-অনুযায়ী, অনুপাতবিশিষ্ট। [L.]

prorogation—see **prorogue.**

prorogue [pra-rōg°, প্র্যারৌগ্°] *v.t.* to discontinue meetings of (Parliaments etc.) without dissolving, (সভাদি) ভাঙ্গিয়া না দিয়া কিছুকালের জন্য অধিবেশন স্থগিত রাখা। *n.* **prorogation** [prō°-ra-gā°sh(a)n, প্রৌর্যাগেই°শ্ন্] (পরি.) ব্যাক্ষেপ। [L. *prorogare*]

prosaic [prŏ-zā°-ik, প্রোজেই°ইক্], **prŏsā°ical** —*a.* like prose, গদ্যতুল্য, গদ্যবৎ ; unpoetical, কবিত্বহীন ; matter-of-fact, একেবারে বাস্তববাদী ; commonplace, সাধারণ, গতানুগতিক (a *prosaic* life) ; dull, নীরস। *adv.* **prŏsā°ically** । *n.* **prŏsā°icnėss** । *n.* **prō°sāist**—গদ্যলেখক ; নীরস লোক। [L. *prosa*=prose]

proscenium [prŏ-sē°-ni-am, প্রোসী°নিঅ্যাম্] *n.* the space between the curtain and the orchestra, রঙ্গমঞ্চের যবনিকা এবং ঐকতানবাদকদের বসিবার স্থানের মধ্যবর্তী স্থান। *pl.* **prŏscē°nia** । [Latinized from Gk. *proskenion*<*pro-*, *skene* =stage]

proscribe [prō-skrīb°, প্রোস্ক্রাইব্°] *v.t.* to declare as outlawed or condemned, (পুস্তক ব্যক্তি কর্ম প্রভৃতিকে) বেআইনি বা আইনের আওতার বহির্ভূত বলিয়া ঘোষণা করা ; to exile, নির্বাসিত করা : to ostracize,, সমাজচ্যুত করা। *n.* **prŏscri°ber** । *n.* **pro°script**—বে-আইনি বলিয়া ঘোষিত ব্যক্তি বা বস্তু ; নির্বাসিত বা সমাজচ্যুত ব্যক্তি। *n.* **prŏscrip°tion**—বেআইনি বা দোষী বলিয়া ঘোষণা ; নির্বাসিত বা সমাজচ্যুত করা ; নির্বাসন ; সমাজচ্যুতি। *a.* **prŏscrip°tive**—বে-আইনি বা দোষী বলিয়া ঘোষণামূলক ; নির্বাসনকর। [*pro-*, L. *scribere*=to write]

prose [prōz, প্রৌজ়্] *n.* ordinary spoken and written language, গদ্য ; a composition in prose, গদ্যরচনা ; prosaic character, গতানুগতিক বা নীরস চরিত্র ; a tedious talk, ক্লান্তিকর কথাবার্তা। *n.* **prō°ser**—যে ব্যক্তি নীরস ও ক্লান্তিকর ভঙ্গিতে লেখে বা কথা বলে। *n.* **prōse°-pōėm** —গদ্যকবিতা। *n.* **prōse°-writer**—গদ্যলেখক। *a.* **prō°sy**—নীরস, ক্লান্তিকর, একঘেয়ে বা গতানুগতিক। *adv.* **prō°ṡily** । (F.<L. *prosa*= straightforward]

prosecute [pro°-si°-kūt, প্র°সি°কিউট্] *v.t.* to pursue or carry on, (কর্মাদি) অবলম্বন করা বা চালাইয়া যাওয়া (to *prosecute* one's studies) ; to institute legal proceedings against, (কাহারও) বিরুদ্ধে মামলা রুজু করা, আদালতে অভিযুক্ত করা (tresspassers will be *prosecuted*) । *p. & p. pt.* **prosėcūtėd** । ,*n.* **prosėcū°tion** । *n.* **pro°sėcūtor**—(পরি.) অভিশংসক। *fem.* **pro°sėcūtrix** । [L. *prosequi*]

proselyte [pro°-si-līt, প্র°সিলাইট্] *n.* a convert, ধর্মান্তরিত বা দলপরিবর্তনকারী ব্যক্তি ; a convert from paganism to Judaism, যে ব্যক্তি প্রকৃতি-উপাসনামূলক ধর্ম পরিত্যাগপূর্বক ইহুদি-ধর্ম গ্রহণ করিয়াছে। *n.* **proselytism** [pro°-si-li-tizm, প্র°সিলিটিজ়্ম্] ধর্মান্তর গ্রহণ বা ধর্মান্তরিত করা। *v.t.i.* **proselytize** [pro°-si-li-tīz, প্র° সিলিটাইজ়্] ধর্মান্তরিত করা। [Gk. *proselytos*=a newcomer]

prosody [pro-sa°di, প্রস্যা°ডি] *n.* the science of versificasion, ছন্দঃশাস্ত্র, ছন্দঃপ্রকরণ। *a.* **pro-**

sodic [pra-so°-dik, প্র্যাস°ডিক্], **proso°dical**—ছন্দঃশাস্ত্রগত; ছন্দোগত; ছান্দস। *n.* **pro°sodist**—ছান্দসিক, ছন্দঃশাস্ত্রজ্ঞ। [L. *prosodia* < Gk. *prosoidia*]

prospect [pro°-spekt, প্র°স্পেক্ট্] *n.* a wide view, বিস্তৃত দৃশ্য; view, দৃষ্টি; field of view, দৃষ্টিগোচর এলাকা বা ক্ষেত্র; a scene, দৃশ্য; a mental view, মানসিক দৃষ্টি বা দর্শন বা দৃশ্য; outlook upon the probable future, সম্ভাব্য ভবিষ্যতের ছবি; expectation, প্রত্যাশা, আশা (little or no *prospect* of recovery); a place likely to yield a valuable mineral, যেস্থানে মূল্যবান্ খনিজ পদার্থ থাকা সম্ভব। **prospect** [pras-pekt°, প্র্যাস্‌পেক্ট্°] (1) *v.i.* চতুর্দিকে চাহিয়া দেখা; মূল্যবান্ খনিজ পদার্থপূর্ণ হওয়া বা হওয়ার সম্ভাবনা থাকা। (2) *v.t.* দেখা; মূল্যবান্ খনিজ পদার্থের সন্ধানে (কোন স্থানে) ঘুরিয়া বেড়ান (to *prospect* for gold)। *p. & p. pt.* **prospec°tėd**। *a.* **prospec°tive**—সম্ভাব্য বা প্রত্যাশিত ভবিষ্যৎসংক্রান্ত; প্রত্যাশিত; ব্যাপকভাবে দৃষ্টিগোচর; ভবিষ্যতের উপর ভরসা করিয়া আছে এমন; ভবিষ্যাপেক্ষ। *n.* **prospec°tor**—মূল্যবান্ খনিজ পদার্থপূর্ণ স্থানের সন্ধানে ভ্রমণকারী। *n.* **prospec°tus**—জনসাধারণের অনুমোদনার্থ প্রচারিত (সচ. যৌথ সঙ্ঘ বা ব্যবসায় প্রতিষ্ঠানের) প্রস্তাবিত কর্মপন্থা; বিদ্যালয়ের প্রধান প্রধান বিষয়ের বিবরণী বা পরিচয়। [L. *prospectus* (*n.*)]

prosper [pros°-pa(r), প্রস্°প্যা(র্)] *v.i.t.* to thrive or cause to thrive, শ্রীবৃদ্ধিলাভ করা বা করান, উন্নতিলাভ করা বা করান (swindlers never *prosper*; may God *prosper* our endeavour)। *n.* **prosper°ity**—উন্নতি; সাফল্য; সৌভাগ্য। *a.* **prosperous** [pros°-p(a)ras, প্রস্°প্র্যাস্] উন্নতিশীল; সাফল্যপূর্ণ; শুভ। *adv.* **pros°perously**। [L.]

prostāte [pros°-tat, প্রস্°টেইট্] *n.* a gland in males at the neck of the bladder, মূত্রস্থলীর গ্রীবা-সংলগ্ন গ্রন্থিবিশেষ (also **prostate gland**)। [L. *prostata*]

prostitute [pros°-ti-tūt, প্রস্°টিটিউট্] (1) *n.* a whore, বেশ্যা; a base hireling, হীন ভাড়াটে লোক। (2) *v.t.* to put to or offer or sell for evil use, অসদুদ্দেশ্যে নিয়োজিত করা বা দিতে চাওয়া বা বিক্রয় করা (to *prostitute* one's honour, intellect, etc.); to hire out for indiscriminate sexual intercourse, বাছবিচারহীন যৌনসঙ্গমার্থ ভাড়া দেওয়া; to make a prostitute of, বেশ্যায় পরিণত করান; to put (abilities etc.) to infamous use, ক্ষমতাদির অপপ্রয়োগ করা। *p. & p. pt.* **pros°titūtėd**। *n.* **prostitū°tion**—prostitute (*v.*)-এর সকল অর্থে, এবং—বেশ্যাবৃত্তি। [F. *prostituere* = to set up for sale]

prostrate [pros°-trāt, প্রস্°ট্রেইট্] *a.* lying or bent with face downwards, (বশ্যতা হীনতা বিনয় ভক্তি প্রভৃতি প্রদর্শনার্থ) উপুড় হইয়া আছে বা নিচের দিকে মুখ করিয়া ঝুঁকিয়া আছে এমন, প্রণত বা অবনত; (loos.) lying at length, (শিথি.) শায়িত; reduced to helplessness, অসহায় হইয়া পড়িয়াছে এমন (*prostrate* with grief, etc.)। *v.t.* **prostrāte°**—মাটির উপরে উপুড় করিয়া ফেলা, প্রণত বা অবনত করান; শোয়ান; অসহায় বা অশক্ত করিয়া ফেলা; হীনভাবে শ্রদ্ধা জানানর জন্য আনত করান। *p. & p. pt.* **pros°trātėd**। *n.* **prostrā°tion**। [*pro-*, L. *sternere* = to spread]

prosy—see **prose.**

protagonist [prŏ-ta°-ga-nist, প্রোট্যা°গ্যানিস্ট্] *n.* the chief actor or character or combatant, প্রধান অভিনেতা বা চরিত্র বা যোদ্ধা, নায়ক; an advocate or champion (of a method, movement, etc.), (পদ্ধতি প্রগতি প্রভৃতির) অধিবক্তা বা সমর্থক। [Gk. *protos* = first, *agonistes* = a combatant, actor]

Protean, protean [prō-te°-an, প্রৌটী°অ্যান্] see **Proteus.**

pro tanto [prō tan°-tō, প্রৌট্যা°ন্টৌ] *ph.* so far, ততদূর বা এতদূর; to that extent, তত পরিমাণে বা মাত্রায়। [L. = for so much]

protect [pra-tekt°, প্র্যাটেক্ট্°, pro-tekt°, প্রটেক্ট্°] *v.t.* to shield from danger, injury, capture, etc., বিপদ্ ক্ষতি আমন্ত্রণ প্রভৃতি হইতে রক্ষা করা; to defend, প্রতিরক্ষা করা; to secure, নিরাপদ্ করা; (econ.) to seek to foster by import duties, (অর্থ.—বিদেশী পণ্যের উপর) আমদানি-শুল্ক ধার্য করিয়া (দেশজ পণ্যের) বিক্রয়বৃদ্ধির চেষ্টা করা; to screen off, সংরক্ষিত করা। *a.* **protec°tėd**—সংরক্ষিত; সুরক্ষিত; নিরাপদ্; (অর্থ.—দেশজ পণ্যসম্বন্ধে) বিদেশী পণ্যের উপর শুল্ক-ধার্যের ফলে সংরক্ষিত। *n.* **protec°tion**। *n.* **protec°tionism**—বিদেশী শিল্পের প্রতিযোগিতা হইতে সংরক্ষণের নীতি। *n.* **protec°tionist**—সংরক্ষণ-নীতির সমর্থক। *a.* **protec°tive**—সংরক্ষণমূলক; সংরক্ষণকর; প্রতিরক্ষামূলক; নিরাপত্তামূলক। **protective coloration**—শত্রুর দৃষ্টি পরিহারের সহায়ক প্রাণিবর্গের স্বাভাবিক দেহবর্ণ, (পরি.) রক্ষাবর্ণ। *n.* **protec°tor**—protect-এর সকল অর্থে, এবং—অভিভাবক, রাজা বা রাজ্যের অভিভাবক; প্রজাতান্ত্রিক রাজ্যের (বিশেষতঃ সপ্তদশ শতাব্দীর ইংল্যানডের) কর্তা (Lord *Protector*)। *n.* **protectorate** [pratek°-t(a)rit, প্র্যাটেক্°ট্‌রিট্] রাজা বা রাজ্যের অভিভাবকদের পদ কার্যকাল অথবা শাসন; সপ্তদশ শতাব্দীর প্রজাতান্ত্রিক ইংল্যানড; অভিভাবকত্ব; সামন্ত রাজ্যের উপর কর্তৃত্ব; আশ্রিত রাজ্য। [L. *protegere*]

protégé [prō°-te-ja, প্রৌ°টেজেই] *n.* one under protection or patronage of another, অভিভাবকত্বাধীন বা আশ্রিত ব্যক্তি। *fem.* **protégée** [prō°-te-ja, প্রৌ°টেজেই]। [F.]

protein [prō°-tēn, প্রৌ°টীন্] *n.* any of the complex nitrogenous substances forming the most essential part of the bodies of animals or plants, দেহসার, প্রোটিন। *a.* **pro-tein°ous** I [Gk. *proteios*=primary]

pro tempore [prō°-tem°-pa-ri, প্রৌ°টেম্‌°-প্যারি], (contr.) **pro tem**— *ph.* for the time being, সাময়িকভাবে, for the present only, কেবল বর্তমানের জন্য, কেবল সাম্প্রতিক কালের জন্য। [L.]

protest [pra-test°, প্র্যাটেস্‌ট্‌°] (**1**) *v.i.* to express or record dissent or objection, মতদ্বৈধ বা আপত্তি প্রকাশ করা অথবা লিপিবদ্ধ করা। (2) *v.i.t.* to declare solemnly, যথাবিধি বা হলফপূর্বক সত্য বলিয়া দৃঢ় ঘোষণা করা। *p.* & *p. pt.* **protes°tėd** I *n.* **prō°test**—যথাবিধি সত্য বলিয়া দৃঢ় ঘোষণা; আপত্তি বা মতদ্বৈত প্রকাশ। **(to) enter** or **lodge** or **make a protest**—প্রতিবাদ লিপিবদ্ধ করান বা উক্ত প্রতিবাদসংক্রান্ত বিতর্কে যোগ দেওয়া। **Protestant** [pro°-tist(a)-nt, প্র°টিস্‌ট্‌ন্‌ট্‌] (**1**) *n.* রোমের পোপের কর্তৃত্ব অস্বীকারকারী খ্রিস্টান (মূলতঃ মার্টিন্‌ লুথারের অনুগামী); উক্ত খ্রিস্টান-সম্প্রদায়। (2) *a.* উক্ত সম্প্রদায়গত; উক্ত সম্প্রদায়ভুক্ত। **pro°tėstant** (**1**) *a.* আপত্তিপূর্ণ; সত্য বলিয়া যথাবিধি দৃঢ়ঘোষণাপূর্ণ। (2) *n.* আপত্তিকারী; সত্য বলিয়া যথাবিধি দৃঢ়ঘোষণাকারী। *n.* **Pro°tėstantism**—প্রটিস্‌ট্যান্‌ট্‌দের মতবাদ বা আচরণ। *v.t.* **pro°tėstantize**—প্রটিস্‌ট্যান্‌ট্‌ সম্প্রদায়ভুক্ত করা। *n.* **prōtestā°tion** I *n.* **protes°ter** I *adv.* **protes°tingly** I [F. *protester*<L. *protestari*=to bear witness in public]

Proteus [prō°-tūs, প্রৌ°টিউস্‌] *n.* a Greek sea-god assuming many shapes, নানা মূর্তি-পরিগ্রহকারী গ্রীক সমুদ্র-দেবতাবিশেষ; a cave-dwelling tailed amphibian, গুহাবাসী লেজওয়ালা ও চারখানি ছোট ছোট পা-ওয়ালা উভচর প্রাণিবিশেষ; ক্রমাগত রূপপরিবর্তনকারী ব্যক্তি বা বস্তু। *a.* **Prōtē°an, prōtē°an**—আকৃতি পরিবর্তনে তৎপর; পরিবর্তনশীল। [Gk.]

protocol [prō°-ta-kol, প্রৌ°ট্যাকল্‌] *n.* a draft agreement or treaty, চুক্তির বা সন্ধির খসড়া; etiquette department of Ministry of Foreign Affairs, পররাষ্ট্র-দফতরের আদব-কায়দা বা চালচলন সম্পর্কিত বিভাগ বা আচরণ-বিধি। [F. *protocole*<LL. *protocollum*]

proton [prō°-ton, প্রৌ°টন্‌] *n.* positively charged particle of an atomic nucleus, পরমাণুর কেন্দ্রস্থিত পিণ্ডীভূত অংশের ধনাত্মক আধানযুক্ত ক্ষুদ্রতম কণিকা। [Gk.]

protoplasm [prō°-ta-plazm, প্রৌ°ট্যাপ্লাজ়্‌ম্‌] *n.* living matter, the physical basis of life, জীবনীশক্তির বা প্রাণকোষের মূল উপাদান, প্রোটোপ্ল্যাজ়্‌ম্‌। *a.* **prōtoplas°mic**—প্রোটোপ্ল্যাজ়্‌ম্‌-ঘটিত। [Gk. *protos*=first, *plasma*=form]

prototype [prō°-ta-tīp, প্রৌ°ট্যাটাইপ্‌] *n.* the first or original type or model from which anything is copied, যে প্রথম বা মূল রূপের অথবা মূর্তির নকল গৃহীত হয়, (পরি.) আদিরূপ। [F.<Gk. *protos*=first, *typos*=a type]

protozoa [prō-ta-zō°-a, প্রৌট্যাজ়ৌ°আ্যা] *n. pl.* the lowest and simplest type of animals, সরলতম অঙ্গসংস্থানসম্পন্ন এককোষী প্রাথমিক প্রাণিবর্গ, আদিপ্রাণী, প্রোটোজোআ। *a.* **prōtozō°ic**—আদিপ্রাণিসংক্রান্ত বা আদিপ্রাণীরা যে যুগে বিদ্যমান ছিল সেই যুগীয়। [Gk. *protos*=first, *zoion*=an animal]

protract [pra-trakt°, প্র্যাট্র্যাক্‌ট্‌°] *v.t.* to lengthen in time, দীর্ঘকাল স্থায়ী করা, সময় লাগান, বিলম্বিত করান; to be dilatory with, (কিছু লইয়া) দীর্ঘসূত্রতা করা; to lengthen out, লম্বা করা, টানিয়া বাড়ান; to protrude, সম্মুখে প্রসারিত করা; বাড়াইয়া দেওয়া; to draw to scale, স্কেল-অনুযায়ী অঙ্কন করা। *p.* & *p. pt.* **protrac°tėd** I *a.* **protrac°tile**—(প্রাণি.—অঙ্গ-প্রত্যঙ্গাদি সম্পর্কে) সঙ্কুচিত ও প্রসারিত করা যায় এমন। *n.* **protrac°tion**—protract-এর সকল অর্থে, এবং—কাগজের উপর কোন বস্তুর দৈর্ঘ্য প্রস্থ ও বেধের মাপনির্দেশক বিন্দু-স্থাপন; স্কেল-অনুযায়ী অঙ্কিত চিত্র। *a.* **protrac°tive**—বিলম্বিত করায় এমন; দীর্ঘসূত্র। *n.* **protrac°tor**—protract-এর সকল অর্থে, এবং —যদ্দ্বারা বিলম্বিত করান হয় বা স্কেল-অনুযায়ী অঙ্কন করা হয়; কোণমাপক যন্ত্র, চাঁদা; যে পেশীর সাহায্যে অঙ্গ সঙ্কুচিত ও প্রসারিত করা যায়। [L. *protrahere*]

protrude [pra-trōōd°, প্র্যাট্রূড্‌°] *v.t.i.* to thrust or stick out or forward, বাহিরের দিকে বা সামনের দিকে প্রসারিত করা বা হওয়া। *p.* & *p. pt.* **protru°dėd** I *n.* **protru°śion**—প্রসারণ; প্রসারিত অবস্থা; প্রসারক। *a.* **protru°sive**—প্রসারণশীল। [L. *protrudere*]

protuberance [pra-tū°b(a)rns, প্র্যাটিউ°ব্‌রন্‌স্‌] *n.* a bulging out, উদ্গম; a swelling, স্ফীতি। *a.* **protū°berant**—উদ্গত, স্ফীত (*protuberant* eyes)। [L. *protuberare*=to bulge out]

protyle [prō°-tīl, প্রৌ°টাইল্‌] *n.* a supposed primitive matter of which the chemical elements have been thought to be formed, যে কল্পিত আদি পদার্থ হইতে রাসায়নিক মৌলসমূহ গঠিত বলিয়া ভাবা হইয়াছিল। [Gk. *protos*=first. *hyle*=matter]

proud [prowd, প্রাউড্‌] *a.* having excessive self-esteem, অহঙ্কারী, অহঙ্কারপূর্ণ; arrogant, উদ্ধত; having a proper sense of self-esteem, আত্মমর্যাদাবোধসম্পন্ন; feeling honoured, সম্মানিত হইয়াছে এইরূপ ধারণাসম্পন্ন; having a glowing feeling of gratification, আত্মপ্রসাদপূর্ণ; boastful, দম্ভী, দম্ভপূর্ণ (he is too *proud* to complain); giving reason for pride, গৌরবজনক; reserved, মিতভাষী, স্বল্পভাষী। *adv.* **proud°ly** I *n.* see **pride** I [OE. *prud, prut*<? OF. *prud*]

prove [prōōv, প্রুভ্‌] (**1**) *v.t.* to test, গুণাগুণ বা

বিশুদ্ধতা বা সত্যতা পরীক্ষা করা; to ascertain, বিনিশ্চিত করা; to establish the truth or validity of, প্রমাণ করা; to demonstrate, (সত্যাসত্য-প্রমাণার্থ) ব্যাখ্যামূলকভাবে প্রদর্শন করান; to check the correctness of, (অঙ্কের ফলের) সঠিকতা পরীক্ষা করা; to obtain probate of, আদালত হইতে উইল বা শেষ-ইচ্ছাপত্রের সত্যতা-প্রমাণপূর্বক (উহার) নকল লওয়া। (2) *v.i.* to make trial, বিচার করা বা পরীক্ষা করা; to turn out, পরিণত হওয়া; (arch.) to become, (আর্ষ.) হইয়া ওঠা। *p. & p. pt.* **pro°ved,** (arch.) **pro°ven** (সচ. কেবল 'পরীক্ষিত' অর্থে)। **not proven**—(ফৌজদারি আসামির বিষয়ে জুরির রায় সম্বন্ধে) প্রমাণাভাবে মুক্ত (কিন্তু আসামি প্রকৃতপক্ষে দোষীও হইতে পারে)। *a.* **pro°v(e)able**। *adv.* **pro°v(e)ably**। *n.* **pro°ver**। *n.* see **proof**। [OF. *prover*<L. *probare*]

provenance [pro°-vi-nans, প্র°ভিন্যান্স্] *n.* (place of) origin, উৎপত্তি (-স্থল), উৎস (of doubtful *provenance*)। [F. *provenir*<L. *pro-*, *venire*=to come]

Provençal [pro-vŭn-sŭl°, প্রভাঁসাল্°] (1) *a.* of Provence, ফ্রান্সে প্রভাঁস্-প্রদেশের। (2) *n.* a native or the language of Provence, প্রভাঁসের লোক বা ভাষা। [L. *provincialis*<*provincia*—province]

provender [pro°-vin-da(r), প্র°ভিন্ড্যা(র্)] *n.* food, খাদ্য; fodder, গবাদি পশুর ভক্ষ্য খড়কুটা, জাবনা; (joc.) food for human beings, (রসি.) মানুষের খাদ্য বা আহার্য। [OF. *provendre*<LL. *provenda*]

proverb [pro°-va(r)b, প্র°ভ্যা(র্)ব্] *n.* a pithy saying expressing a supposed truth or moral lesson, প্রবাদবাক্য বা চলিত নীতিবাক্য; a byword, প্রবাদ (he is a *proverb* for inefficiency)। **Prov°erbs**—বাইবেলের অন্তর্ভুক্ত নীতিবাক্যমূলক গ্রন্থবিশেষ। *a.* **proverbial** [pra-va(r)°-bi-al, প্র্যাভ্যা(র্)°বিঅ্যাল্] প্রবাদতুল্য; প্রবাদগত; কুখ্যাত (his meanness is *proverbial*)। *adv.* **prover°bially**। [F. *proverbe*<L. *proverbium*]

provide [pro-vīd°, প্র্যাভাইড্°] (1) *v.t.* to make or prepare beforehand for future use, ভবিষ্যতে ব্যবহারের জন্য পূর্বাহ্ণেই তৈয়ারি বা প্রস্তুত করা; to supply, যোগান, সরবরাহ করা (to *provide* food and clothes for one's family); to appoint to a benefice, খ্রিস্টিয় যাজকত্বে অর্থাৎ বৃত্তিভোগী পদে নিযুক্ত করা; to stipulate, শর্ত আরোপ করা। (2) *v.i.* to procure supply, means or whatever may be desirable, সরবরাহ বা উপায় বা অভীষ্ট বস্তু লাভ করা অথবা সংগ্রহ করা; to make provision, জীবনধারণার্থ প্রয়োজনীয় বস্তুর ব্যবস্থা করা (he has to *provide* for a large family); to adopt measures, প্রতিবিধানের বা প্রতিরোধের ব্যবস্থা গ্রহণ করা। *p. & p. pt.* **provi°ded**। **provided that** or **provi°ding**—যদি হয় তবে, এই শর্তে যে। *n.* **provi°der**। [L. *providere*=to see before]

providence [pro°-vid(a)ns, প্র°ভিড্ন্স্] *n.* foresight, দূরদর্শিতা; prudent management and thrift, বিচক্ষণ পরিচালনা ও মিতব্যয়িতা; timely care, যথাসময়ে অবলম্বিত সতর্কতা। *n.* **pro°vidence**—(ধর্ম.) ঈশ্বরের দূরদর্শিতা ও সদয় তত্ত্বাবধান। *n.* **Pro°vidence**—ভগবান্। *a.* **provident**—দূরদর্শী ও ভবিষ্যৎ প্রয়োজনসাধক; বিচক্ষণ; মিতব্যয়ী। **provident fund**—কর্মচারীদের ভবিষ্যৎ সুবিধার্থ (কর্মচারী ও নিয়োগকর্তার অর্থে গঠিত) তহবিল, (পরি.) ভবিষ্যনিধি। *a.* **providential** [pro-vi-den°-sh(a)l, প্রভিডেন্°শ্ল্] ঈশ্বরের দূরদর্শিতা ও সদয় তত্ত্বাবধান হইতে প্রাপ্ত বা সঞ্জাত বা তদ্দ্বারা ব্যবস্থাপিত; সৌভাগ্যক্রমে লব্ধ (a *providential* escape)। *adv.* **providen°tially**। [see *provide*]

province [pro°-vins, প্র°ভিন্স্] *n.* a division of an empire or country, সাম্রাজ্যের বা দেশের বিভাগবিশেষ, প্রদেশ; an archbishop's district, আর্চবিশপের এলাকা; an ecclesiastical division, দেশের যাজকীয় বিভাগ; a reign, অঞ্চল; a sphere, কর্তব্যকর্মের বা জ্ঞানের ক্ষেত্র অথবা এলাকা, (পরি.) পরিসর (within or outside the *province* of science); a department, বিভাগ, (in *pl.*) the whole of a country except the capital, রাজধানী বাদে সমগ্র দেশ। **provincial** [prav-in°sh(a)l, প্র্যাভিন্°শ্ল্] (1) *a.* প্রাদেশিক; প্রদেশবাসী; আঞ্চলিক; স্থানীয় গ্রাম্য হাবভাববিশিষ্ট; অমার্জিত; সঙ্কীর্ণতাপূর্ণ। (2) *n.* গ্রামবাসী; প্রদেশবাসী। *n.* **provin°cialism**—প্রাদেশিক, আঞ্চলিক বা গ্রাম্য আচার-আচরণ, বাগ্বিধি উচ্চারণ ভাবধারা প্রভৃতি, প্রাদেশিকতা, গ্রাম্যতা। *n.* **provinciality** [pro-vin-shi-a°-li-ti, প্র্যাভিন্শিঅ্যা°লিটি]। [F. <L. *provincia*]

provision [pra-vi°z(a)n, প্র্যাভি°জ্ন্] (1) *n.* act of providing, ভবিষ্যতে ব্যবহারার্থ পূর্বাহ্ণেই তৈয়ারি বা প্রস্তুত করা, সরবরাহ, উপায়, অভীষ্ট বস্তু সংগ্রহ বা অর্জন, শর্ত-আরোপণ, ব্যবস্থা, প্রতিবিধানের বা প্রতিরোধের ব্যবস্থা (*provision* for old age); that which provided, সরবরাহ-কৃত বস্তু, ভবিষ্যতে ব্যবহারার্থ পূর্বাহ্ণে প্রস্তুত বস্তু, পূর্বাহ্ণে গৃহীত প্রতিরোধের বা প্রতিবিধানের ব্যবস্থা; a stipulation, শর্ত, আইন বা দলিলের ধারা, অনুবিধি (unless there is a *provision* to the contrary); an appointment by the Pope to a benefice, পোপ কর্তৃক যাজকত্বে নিয়োগ; preparation, প্রস্তুতি; previous agreement, পূর্ববর্তী চুক্তি; a store or stock, ভাণ্ডার বা সঞ্চয়; (usu. in *pl.*) store of food, খাদ্যভাণ্ডার, সঞ্চিত খাদ্য; (in *pl.*) food, খাদ্য (a store of *provisions*)। (2) *v.t.* to supply with food, খাদ্য জোগান। *a.* **provi°sional**—সাময়িক উপলক্ষের জন্য উদ্দিষ্ট; সাময়িক; অস্থায়ী,

শর্তপূর্ণ, শর্তাধীন (a *provisional* government)। *adv.* **provi°sionally** I **provisional order** —সাময়িক আদেশ যাহার জন্য পরে উর্ধ্বতন কর্তৃপক্ষের (বিশেষতঃ আইনসভার) অনুমোদন প্রয়োজন। [F.<L. *provisio*—cp. *provide*]

proviso [pra-vi°-zō, প্র্যাভাইজৌ] *n.* a stipulation, (প্রধানতঃ দলিলাদির) শর্ত ; (পরি.) অনুবিধি (subject to this *proviso* ; with the *proviso* that...) I *a.* **provisory** [pra-vī°-z(a)ri, প্র্যাভাইজ়্রি] শর্তপূর্ণ ; শর্তাধীন ; সাময়িক ব্যবস্থাপূর্ণ। *adv.* **provī°sorily** I [Law L.=provided that]

provocation, provocative, provocator—see **provoke.**

provoke [pra-vōk°, প্র্যাভৌক্] *v.t.* to call forth or rouse, আহ্বান করিয়া আনা বা জাগাইয়া তোলা ; to summon, ডাকিয়া পাঠান ; to excite or instigate, উত্তেজিত বা প্ররোচিত করা (to *provoke* a person *to* do or *into* doing something) ; to bring about, ঘটান ; to excite with anger, রাগান ; to annoy, জ্বালাতন করা। *p. & p. pt.* **provō°ked** I *n.* **provocation** [pro-va-kā°sh(a)n, প্রভ্যাকেইশ্‌ন্] উত্তেজন বা প্ররোচন ; ক্রোধোদ্দীপন (to react at or on the slightest *provocation*) ; বিরক্ত বা জ্বালাতন করা। **provocative** [pra-vo°-ka-tiv, প্র্যাভক্যাটিভ্] (**1**) *a.* উত্তেজক (*provocative* comments ; *provocative of* anger, curiosity, interest, etc.)। (**2**) *n.* উত্তেজক বস্তু। *n.* **provocator** [pra°-vo-kā-ta(r), প্র্যাভকেই-ট্যা(র্)] উত্তেজনকারী, প্ররোচনাদাতা ; ক্রোধোদ্দীপনকারী। *a.* **provō°king**—জ্বালাতনকর। [L. *provocare*]

provost [pro°vast, প্রভ্যাস্ট্] *n.* the dignitary set over a cathedral or a collegiate church, ক্যাথিড্রল বা কলেজ-সংবলিত গির্জার অধ্যক্ষ ; the head of certain colleges, কোন-কোন কলেজের অধ্যক্ষ ; (in Scotland) the chief magistrate of a burgh, জেলার প্রধান ম্যাজিস্ট্রেইট্। *n.* **provost-marshal** [pro-vō°-mu(r)°-sh(a)l, প্র্যাভৌমা(র্)শ্‌ল্] সামরিক পুলিসের অধ্যক্ষ। [OE. *Profost*<OF. *Provost*<LL. *Propositus*]

prow [prow, প্রাউ] *n.* the forepart of a ship or aeroplane, জাহাজের বা বিমানপোতের অগ্রভাগ; a projection in front, প্রসারিত অগ্রভাগ। [F. *proue*<L. *prora*<Gk. *proira*]

prowess [prow°-is, প্রাউইস্] *n.* bravery, সাহস ; valour, শৌর্য। [OF. *prou*—cp. L. *prodesse*]

prowl [prowl, প্রাউল্] (**1**) *v.i.* to move about in search of something, কিছুর সন্ধানে ঘুরঘুর্ করা ; to rove in search of prey or plunder, শিকারের বা লুঠের খোঁজে ঘুরিয়া বেড়ান। *n.* moving or roving about cautiously in search of prey or plunder, prowling, চুপিসারে শিকারের বা লুঠের সন্ধান (to be on the *prowl*) I *n.* **prow°ler** I *adv.* **prow°lingly** I [ME. *prollen*<?]

proximate [proks°-i-mit, প্রক্‌সিমিট্] *a.* nearest or next, নিকটতম ; immediate, (প্রধানতঃ কার্য ও কারণের) অব্যবহিত পূর্ববর্তী ও পরবর্তী। *adv.* **prox°imately** I *n.* **proxi°mity** I [L. *proximus*]

proximo [proks°-i-mō প্রক্‌সিমৌ] *adv.* next month, আগামী মাসে, পরের মাসে (abbr. **prox.**)। [L. *proximus*=next]

proxy [proks°-i, প্রক্‌সি] *n.* the agency of one who acts for another, অন্যের পরিবর্তরূপে কাজ করা ; one who acts or votes for another, যে ব্যক্তি অন্যের হইয়া কাজ করে বা ভোট দেয় (to vote by *proxy*) ; a document authorizing one to act or vote for another, অন্যের হইয়া কাজ করার বা ভোটদানের অধিকার-পত্র, আমমোক্তারনামা ; a substitute, বদলি, স্থানাপন্ন ব্যক্তি। [obs. E. *procuracy*<med. L. *procuratia*]

prude [prōōd, প্রূড্] *n.* a woman of affected modesty, শালীনতার ভানে-ভরা স্ত্রীলোক ; one who makes pretence to extreme propriety, (আচার-আচরণ কথাবার্তা প্রভৃতিতে) অত্যধিক ঔচিত্যপ্রিয় বা শোভনতাপ্রিয় বলিয়া ভানকারী। *n.* **pru°dery**—শালীনতার ভান ; অত্যধিক ঔচিত্যপ্রিয়তার বা শোভনতাপ্রিয়তার ভান। *a.* **pru°dish** —শালীনতার ভানে-ভরা ; অত্যধিক ঔচিত্যপ্রিয় বা শোভনতাপ্রিয় বলিয়া ভান করে এমন। [OF. *prode* (*fem.*)=excellent]

prudent [prōō°d(a)nt প্রূড্‌ন্ট্] *a.* discreet, বিচক্ষণ ; foreseeing, দূরদর্শী। *n.* **pru°dence**—বিচক্ষণতা, দূরদর্শিতা। *a.* **prudential** [proo-d(a)n°sh(a)l, প্রূডন্‌শ্‌ল্] বিচক্ষণতা বা দূরদর্শিতা সংক্রান্ত (*prudential* policy) ; বিচক্ষণ, দূরদর্শী। *adv.* **pru°dently** I [L. *prudens*, contr. of *providens*=providence]

prudery—see **prude.**

prud'homme [prū-dam°, প্রিউড্যাম্] *n.* a discreet man, বিচক্ষণ ব্যক্তি ; (in France) a member of the labour board, মালিক ও শ্রমিকের মধ্যে বিবাদাদি মীমাংসার্থ সরকারি বিচার-পরিষদের সভ্য। [OF. *prud*=good, *homme*=man]

prudish—see **prude.**

prune₁ [prōōn, প্রূন্] *n.* a dried plum, শুষ্কীকৃত খেজুর, পিণ্ডী খেজুর ; the colour of its juice, পিণ্ডী-খেজুররসের (ন্যায়) গাঢ় বেগনি বর্ণ। [F.<L. *pruna*]

prune₂ [prōōn, প্রূন্] *v.t.* to trim by lopping off the superfluous parts, ফালতু বা বাড়তি অংশ ছাঁটিয়া দিয়া ফিট্‌ফাট্ করা ; to rid of superfluous parts, (কিছুর) ফালতু অংশ দূর করা (to *prune* a book of unnecessary or superfluous matter) ; to lop off, ছাঁটিয়া বাদ দেওয়া। *n. pl.* **pru°ners, pru°ning-scissors, pru°ning-shears**—গাছ-পালার ডালপালা ছাঁটার কাঁচি

বা কাস্তে ; (also *sing.*) **pru°ning-hook, pru°ning-knife, pru°ning-saw**। [OF. *proignier*]

prunella [proo-ne°-la, প্রুনে°ল্যা] *n.* strong silk of worsted stuff, শক্ত রেশমি বা পশমি কাপড়বিশেষ। [F. *prunelle*]

prurient [proo(a)r°-i-ant, প্রুয়্যার্°ইঅ্যান্ট্] *a.* uneasily or morbidly curious or having morbid craving, অস্থির কৌতুহলী বা বিকৃত কামনা-পীড়িত। *n.* **pru°rience, pru°riency**—অস্থির কৌতূহল বা বিকৃত কামনা। *adv.* **pru°riently**। [L. *prurire*=to itch]

prurigo [proo-rī°-go, প্রুরাই°গৌ] *n.* disease of skin with violent itching, প্রচণ্ড চুলকনা রোগবিশেষ। *n.* **pruritus**—চুলকনা, চুলকান। [L. *prūrīgō*<*prurīre*]

Prussian [pru°sh(a)n, প্রা°শ্‌ন্] **(1)** *a.* of Prussia, প্রাশিআর। **(2)** *n.* a native of Prussia, প্রাশিয়ার লোক। **Prussian** (or **prussian**) **blue**—রাসায়নিক পদার্থবিশেষ বা উহার গাঢ়-নীল বর্ণ। **prussic acid**—মারাত্মক বিষবিশেষ, হাইড্রসাইঅ্যানিক অ্যাসিড্।

pry [prī, প্রাই] *v.i.* to peep into a closed thing, বন্ধ কিছুর মধ্যে উঁকি মারা ; to enquire into or examine things with impertinent curiosity, অন্যায় কৌতূহলভরে কোন কিছুর সম্বন্ধে খোঁজখবর লওয়া বা কিছু পরীক্ষা করা (to *pry* into other people's affairs)। *p.* & *p. pt.* **prī°ed**। **(to) pry out**—উঁকিঝুঁকি মারিয়া সন্ধান বা আবিষ্কার করা। *n.* **prī°er, pry°er**। *adv.* **pry°ingly**। [ME. *prien*<?]

psalm [sŭm, সাম্] *n.* a devotional song or hymn, প্রার্থনাসঙ্গীত, স্তোত্র, স্তব। **(Book of) Psalms**—বাইবেলের অন্তর্গত প্রার্থনাসঙ্গীতের গ্রন্থবিশেষ। *n.* **psalm°ist**—প্রার্থনাসঙ্গীত-রচয়িতা। [OE. *p(se)alm*<LL. *psalums*<Gk. *psalmos*=song sung to a harp.]

psalmody [sal°-ma-di, স্যাল্°ম্যাডি] *n.* the singing of psalms, (সচ. সমবেতভাবে) প্রার্থনাসঙ্গীত গাওয়া ; psalms collectively, প্রার্থনাসঙ্গীতসমূহ। *a.* **psalmodic** [sal-mo°-dik, স্যাল্‌ম°ডিক্] প্রার্থনাসঙ্গীতসংক্রান্ত। *n.* **psal°modist**—প্রার্থনাসঙ্গীত-গায়ক। [Gk. *psalmoidia*=singing to the harp]

Psalter [sawl°-ta(r), স্তল্°ট্যা(র্)] *n.* the book of Psalms, বাইবেলের অন্তর্ভুক্ত প্রার্থনাসঙ্গীতের গ্রন্থ। [OE. *saltere*<L. *psalterium*<Gk. *psalterion*=an ancient stringed instrument]

psephology [se-fo°-la-ji, সীফ°ল্যাজি] *n.* the study of trends in elections and voting, নির্বাচন ভোটদান প্রভৃতির ধারা-নির্ণায়ক বিদ্যা। *n.* **psepho°logist**। [Gk. *psēphos*=a pebble]

pseudo- [sū°-dō, সিউ°ডৌ] *pfx.* sham, নকল, মিথ্যা, জাল, ছদ্ম। *n.* **pseudonym** [sū°-da°nim, সিউ°ড্যানিম্] (লেখকাদির) ছদ্মনাম। *a.* **pseudo°nymous**। [Gk. *pseudes*]

pshaw [shaw, শ্য] *int.* expressing contempt or impatience, অবজ্ঞা বা অধৈর্য প্রকাশক ধ্বনিবিশেষ। [imi.]

psilosis [sī-lō°-sis, সাইলৌ°সিস্] *n.* (path.) loss of hair, (চিকি.) লোম ঝরিয়া যাওয়া বা চুল উঠিয়া যাওয়া। [Gk.<*psilos*=hair]

psittacine [si°-ta-sīn, সি°ট্যাসাইন্] *a.* of parrots, তোতাপাখি সম্পর্কীয় ; parrot-like, তোতাপাখি-সদৃশ। [Gk. *psittakos*=a parrot]

psora [sō°-ra, সৌ°র‍্যা] *n.* scabies, itch, খোসপাঁচড়া, চুলকনা। *n.* **psōri°asis**—পাঁচড়াজাতীয় চর্মরোগবিশেষ। *a.* **psō°tic**—খোসপাঁচড়াঘটিত। [L.<Gk.]

psyche [sī°-ki, সাই°কি] *n.* the soul, spirit, mind, আত্মা, তেজ, মন ; a butterfly, প্রজাপতি। *n.* **Psy°che**—(গ্রী. পু.—প্রজাপতির ডানাওয়ালা ও তরুণীর ন্যায় আকৃতিবিশিষ্ট) মূর্ত আত্মা। *a.* **psychia°tric**। *n.* **psychi°atrist**—মানসিক রোগের চিকিৎসক। *n.* **psychī°atry**—মানসিক রোগের চিকিৎসা, (পরি.) মনোরোগবিদ্যা। *a.* **psy°chic(al)**—আত্মাগত, মনোগত; আধ্যাত্মিক, আধিদৈবিক; প্রেতসংক্রান্ত, ভৌতিক। **psychic force**—আত্মিক বা আধ্যাত্মিক শক্তি। *n. pl.* **psy°chics**—(কথ্য.) মনোবিজ্ঞান, মনোবিদ্যা ; মনোবিদ্যাবিষয়ক গবেষণা। [Gk.]

psycho- [sī-kŏ, সাইকো] *in comp.* soul, আত্মা ; mind, মন। *v.t.* **psychŏ-a°nalyse**—(প্রধানতঃ রোগাদি নির্ণয় ও চিকিৎসার জন্য কাহারও) মনোবিশ্লেষণ করা, (পরি.) মনঃসমীক্ষণ করা। *n.* **psychŏ-ana°lysis**—মনঃসমীক্ষণ। *n.* **psychŏ-a°nalytist**—মনঃসমীক্ষণবিৎ। *a.* **psychŏ-analy°tic(al)**—মনঃসমীক্ষণগত। *n.* **psychome°trics, psycho°metry**—scientific measurement of intelligence or mental processes, মেধা বা মানসিক ক্রিয়াদির বৈজ্ঞানিক পরিমাপ। *n.* **psychomō°tar**—মানসিক ক্রিয়াদির দ্বারা পেশী প্রভৃতিতে গতিসঞ্চার। *n.* **psy°chŏpath**—(জন্মগত) মানসিক অস্থিরতারূপ ব্যাধিগ্রস্ত ব্যক্তি। *a.* **psychŏpa°thic**—মানসিক অস্থিরতারূপ ব্যাধিগত। *n.* **psychŏ°pathist**—মানসিক অস্থিরতারূপ ব্যাধির চিকিৎসক। *n.* **psychŏ°pathy**—(জন্মগত) মানসিক অস্থিরতারূপ ব্যাধি। *a.* **psychosoma°tic**—মানসিক বিকারজাত শারীরিক ব্যাধি সম্বন্ধীয়। *n.* **psy°chŏthe°rapy**—সম্মোহন মনঃসমীক্ষণ প্রভৃতির দ্বারা রোগনিরাময়বিদ্যা। [see *phyche*]

psycho-analyse, psycho-analysis, psycho-analytic—see **psycho-**.

psychology [sī-ko°-la-ji, সাইক°ল্যাজি] *n.* the science of mind, মনস্তত্ত্ব, (পরি.) মনোবিদ্যা। *a.* **psychologic** [sī-ka-lo°-jik, সাইক্যাল°জিক্], **psycholo°gical**—মনোবিদ্যাগত। *n.* **psycho°logist**—মনোবিৎ। [*psycho-*, Gk. *logos*=science]

psychopath, psychopathy—see **psycho-.**

psychosis [sī-kō°-sis, সাইকৌ°সিস্] *n.* grave mental disorder, কঠিন মনোবিকার বা মানসিক পীড়া। *pl.* **psychō°sēs** । [see *psyche*]

psychotherapy—see **psycho-.**

pterodactyl(e) [te-rŏ-dak°-til, টেরোড্যাক্°টিল্] *n.* an extinct winged reptile, উড্ডয়নশক্তি-সম্পন্ন প্রাগৈতিহাসিক হিংস্র সরীসৃপবিশেষ, টেরোডাক-টাইল। [Gk. *pteron*=wing, *daktylos*=finger]

Ptolemaic [to-li-mā°-ik, টলিমেই°ইক্] *a.* of Ptolemy, গ্রীক্ জ্যোতির্বিদ্ টল্যামি-সংক্রান্ত। [Gk. *Ptolemaios*]

ptomaine [tō°-mān, টৌ°মেইন] *n.* a poisonous alkaloid found in putrefying animal tissue, পচা মাংসমধ্যে প্রাপ্ত বিষাক্ত উপক্ষারবিশেষ। [It. *ptomaina*<Gk. *ptoma*=a corpse]

ptosis [tō°-sis, টৌ°সিস্] *n.* drooping of upper eyelid from paralysis of a muscle, পেশীর অসাড়তার বা পক্ষাঘাতের দরুন চোখের উপরের পাতার আনতি বা নিচে ঝুলিয়া পড়া; downward displacement of an organ, কোন দেহাবয়বের নিম্নাভিমুখী স্থানচ্যুতি। [Gk.=fall]

ptyalin [tī°-a-lin, টাই°অ্যালিন্] *n.* enzyme in saliva of man and some animals, মানুষ এবং কোন কোন জন্তুর থুতু বা লালায় বিদ্যমান উৎসেচক বা এনজাইম। [Gk. *ptualon*=spittle]

pub [pup, পাব্] sl. contr. of **public-house.**

puberty [pū°-ba(r)-ti, পিউ°ব্যা(র্)টি] *n.* the beginning of sexual maturity, যৌবনারম্ভ, বয়ঃসন্ধি, রজোদর্শনারম্ভ। *n.* **pubescence** [pūbe°-sns, পিউবে°স্‌ন্‌স্] যৌবনারম্ভ; (উদ্ভি.) রোমশতা। *a.* **pūbe°scent**—সদ্যঃযৌবনপ্রাপ্ত; (উদ্ভি.) রোমশ। [L. *puber*=grown-up]

public [pub°-lik, পাব্°লিক্] (**1**) *a.* of the people, জনসাধারণের (*public* interest, opinion, etc.); of a community or nation, সম্প্রদায়ের বা জাতির; general, সর্বসাধারণের; common to or shared by or open to all, সর্বসাধারণের আছে এমন, সর্বসাধারণের ভোগ্য, সর্বসাধারণের পক্ষে উন্মুক্ত (*public* library, meeting, road, etc.); generally known, সর্বসাধারণের বিদিত; in open view, প্রকাশ্য; devoted to the general good, লোকহিতকর; international, আন্তর্জাতিক। (**2**) *n.* the people, জনসাধারণ। **in public**—প্রকাশ্যে; জনসাধারণ্যে; সমাজে। **public fund**—সরকারি ঋণ ভাণ্ডার। **public holiday**—সর্বসাধারণের ছুটির দিন (এইদিন সরকারি ও বেসরকারি সকল প্রতিষ্ঠান বন্ধ থাকে)। **public house**—সরাই; মদের দোকান, শৌণ্ডিকালয়, পানশালা। *adv.* **pub°licly** । **public nuisance**—সমাজের ক্ষতিকর বেআইনি কার্য; (কথ্য.) সমাজের উপদ্রবস্বরূপ ব্যক্তি। **public prosecutor**—ফৌজদারী আদালতের সরকারি উকিল-বিশেষ, (পরি.) সরকারি অভিশংসক। **public relations**—সরকার কর্তৃক প্রচারাদির দ্বারা জনসাধারণের সহিত যোগাযোগ-স্থাপন, জনসংযোগ, (পরি.) জন-সম্পর্ক। **public school**—গ্রেটব্রিটেনের বেতনগ্রাহী বেসরকারি (মাধ্যমিক) বোর্ডিং-স্কুল। **public utility**—জনগণকে জলবিদ্যুৎ প্রভৃতি সরবরাহের অত্যাবশ্যক প্রতিষ্ঠান। **public spirit**—লোকহিতকর মনোবৃত্তি। *a.* **pub°lic-spi°ritėd**—লোকহিতকর মনোবৃত্তি-সম্পন্ন। **public woman**—বেশ্যা। [L. *publicus*<*pop(u)lus*=the people]

publican [pub°-likan, পাব্°লিক্যান্] *n.* the keeper of a public house, সরাই শৌণ্ডিকালয়ের মালিক, সরাইওয়ালা বা শুঁড়ি; a tax-collector, (প্রাচীন রোমে) কর-সংগ্রাহক। [see *public*]

publication [pub-li-kā°sh(a)n, পাব্‌লিকেই°শ্‌ন্] *n.* act of publishing, (গ্রন্থাদি) প্রকাশ করা; act of making public, জনসাধারণের গোচরীভূত করা, জনসাধারণ্যে প্রচার; announcement, ঘোষণা; that which is published, প্রকাশিত গ্রন্থ ইশতিহার প্রভৃতি। [see *public*—cp. *publish*]

publicist [pub°-li-sist, পাব্°লিসিস্‌ট্] *n.* one who writes on or is skilled in international law or current political affairs, আন্তর্জাতিক আইন বা সাম্প্রতিক রাজনীতিক অবস্থা সম্বন্ধে লেখক অথবা পারদর্শী ব্যক্তি; a publicity agent, বিজ্ঞাপন প্রচারকার্যাদিতে রত ব্যক্তি। [see *public*]

publicity [pub-li°-si-ti পাব্‌লি°সিটি] *n.* openness to public observation or knowledge, জনসাধারণ্যে প্রকাশিত বা গোচরীভূত বা বিদিত অবস্থা; notoriety, কুখ্যাতি; advertising, প্রচার, বিজ্ঞাপন। *v.t.* **pub°licize**—প্রচারিত করা। [see *public*]

publish [pub°-lish, পাব্°লিশ্] *v.t.* to make public, জনসাধারণ্যে প্রকাশ করা বা প্রচার করা বা গোচরীভূত করা; to divulge, (গুপ্ত কথাদি) ফাঁস করিয়া দেওয়া; to announce, ঘোষণা করা; to put forth and offer for sale, (গ্রন্থাদি) বিক্রয়ার্থ প্রকাশ করা। *p.* & *p. pt.* **pub°lishėd** । *n.* **pub°lisher** । *n.* see **publication** । [F. *publier*<L. *publicare*—*ish* on the model of other verbs]

puce [pūs, পিউস্] *n.* & *a.* brownish-purple, তাম্রাভ, বেগনিবর্ণ। [F.<L. *pulicis*=a flea]

puck$_1$ [puk, পাক্] *n.* a mischievous sprite, দুষ্ট ভূতবিশেষ; (fig.) mischievous child, (আল.) দুষ্ট ছেলে। *a.* **puck°ish**—(আল.) দুষ্টামিভরা (a *puckish* smile)। *adv.* **puck°ishly** । [OE. *puca*—cp. Ir. *puca*, ON. *puki*]

puck$_2$ [puk, পাক্] *n.* a rubber disk used in ice-hockey, বরফের উপর হকিখেলায় বল-রূপে ব্যবহৃত রবারের চাকতিবিশেষ। [?]

pucka [pu°-ku, পা°কা] *a.* thoroughly good, সম্পূর্ণ ভাল; downright, পুরাদস্তুর; straightforward, স্পষ্টাস্পষ্টি; solidly built, ইট পাথর প্রভৃতিতে তৈয়ারি, পাকা; genuine, খাঁটি; real, প্রকৃত; substantial, সারপূর্ণ, সারাল। [Hind.]

pucker [pu°-ka(r), পা°ক্যা(র্)] (**1**) *v.t.i.* to

wrinkle, কুঞ্চিত করা বা হওয়া (to *pucker* up one's brows, lips, etc.)। **(2)** *n.* a wrinkle, কুঞ্চন। [?]

pudding [poo°-ding, পু°ডিং] *n.* a soft kind of dessert food, মাংসের পুর বা ছানা ও অন্যান্য উপাদানে প্রস্তুত খাবারবিশেষ (coll. also **pud**); (fig.) material gain, (আল.) বাস্তব লাভ, আর্থিক লাভ। **in the pudding club**—(অশি.) অন্তঃসত্ত্বা। *n.* **pu°dding-fāce**—গোলগাল বড় মুখ। *a.* **pu°dding-fāced**—গোলগাল বড় মুখবিশিষ্ট। *a.* **pu°dding-hea°dėd**—(কথ্য.) বোকা, গোলা-মাথা। [L. *botellus*=sausage]

puddle [pud°l, পা°ড্‌ল্] **(1)** *n.* a small dirty pool, (প্রধানতঃ বৃষ্টিপাতের ফলে রাস্তা মাঠ প্রভৃতিতে সৃষ্ট) কর্দমাক্ত ক্ষুদ্র ডোবা বা গর্ত; a mixture of clay and sand, প্রাচীরাদি গাঁথার জন্য কাদা ও বালির মিশ্র; a muddle, বিশৃঙ্খলা। **(2)** *v.t.* to make muddy, কর্দমাক্ত করা; to work into puddle, গাঁথনির মিশ্র প্রস্তুত করার জন্য (কাদা ও বালি) মেশান; to cover with puddle, কাদা ও বালির মিশ্রের প্রলেপ দেওয়া; to convert (pig-iron) into wrought-iron by stirring in a molten state, (কাঁচা লোহাকে) গলিতাবস্থায় নাড়িতে নাড়িতে পেটা লোহায় পরিবর্তিত করা। **(3)** *v.i.* to move dirtily, নোংরাভাবে নড়াচড়া করা। *n.* **pudd°ler**। [dim. of OE. *pudd*=a ditch]

pudency [pū°-dan-si, পিউ°ড্যান্‌সি] *n.* modesty, লজ্জাশীলতা, নম্রতা। *a.* **pū°dent**—লজ্জাশীল, নম্র। [L. *pudere*=to make or be ashamed]

pudenda [pū-den°-da, পিউডেন্‌°ড্যা] *n. pl.* genitals (esp. of the female), (বিশে. স্ত্রী) জননেন্দ্রিয়। [L.]

pudge [puj, পাজ্] *n.* (coll.) a short and fat person, animal or thing, (কথ্য.) বেঁটে ও মোটা লোক বা প্রাণী বা বস্তু। *a.* **pudg°y**—বেঁটে ও মোটা, গেঁটে। [?]

pudsy [pud°-zi, পাড্‌°জি] *a.* plump, fat, স্থূল, মোটা। [?]

puerile [pūr°-īl, পিউয়্যার্‌°আইল্] *a.* childish, বালসুলভ, শিশুসুলভ; trifling, তুচ্ছ। *n.* **pueri°lity**। *adv.* **puer°īlely**। [L. *puerilis*<*puer*=a boy]

puerperal [pūr°-par(a)l, পিউয়্যার্‌°প্যার্‌ল্] *a.* of childbirth, সন্তানপ্রসবঘটিত (*puerperal* fever)। *adv.* **puer°perally**। [L. *puerperas*]

puff [puf, পাফ্] **(1)** *v.i.* to blow in whiffs, ফুঁ দিয়া মুখ হইতে ধোঁয়া বা বাতাস ছাড়া; to breathe out vehemently, মুখ দিয়া জোরে নিঃশ্বাস ফেলা। **(2)** *v.i.t.* to emit in puffs, (ধূম্রাদি-সম্বন্ধে) ক্ষুদ্র ক্ষুদ্র কুণ্ডলী পাকাইয়া নির্গত হওয়া বা নির্গত করা (the train *puffed* out of the station); to pant or cause to pant, হাঁফান বা হাঁফ ধরান; to swell, স্ফীত হওয়া বা করা। **(3)** *v.i.* to drive with a puff, ফুঁ দিয়া চালান বা নড়ান বা ওড়ান বা সরান; to blow, ওড়ান বা বহান; to play or smoke with puffs, ফুঁ দিয়া (বাঁশি) বাজান বা (সিগারেট পাইপ প্রভৃতি) খাওয়া; to extol (esp. unduly), (প্রধানতঃ প্রচারার্থ অযথা) প্রশংসা করা বা প্রশংসা করিয়া ফুলাইয়া তোলা। *p.* & *p. pt.* **pu°ffed**। **(4)** *n.* a sudden forcible breath, blast, or emission, আকস্মিক জোরাল ফুঁ, দমকা বাতাস, হঠাৎ বেগে নির্গমন; a gust or whiff, দমকা প্রবাহ বা ফুঁ দিয়া বাহির-করা ধোঁয়া; a cloud or portion of vapour, dust, air, etc., খণ্ড মেঘ বাষ্প ধুলা বাতাস প্রভৃতির ঝাপটা; a soft pad for powdering, পাউডার মাখার জন্য তুলি বা পাফ্; a piece of pastry, নরম মিষ্ট দ্রব্যের প্রলেপ দেওয়া বিসকুট বা কেক; laudation, (প্রধানতঃ অযথা) প্রশংসা। *n.* **puff°-adder**—আফ্রিকার বিষধর সর্পবিশেষ: ইহা ক্রুদ্ধ হইলে ঊর্ধ্বাঙ্গ ফুলাইয়া তোলে। *n.* **puff°-ball**—গোলকাকার ছত্রাকবিশেষ: ইহা পাকিলে ধুলিবৎ রেণু ছড়ায়। *n.* **puff°-box**—পাউডার ও পাউডার-মাখার তুলি রাখার কৌটা। *a.* **pu°ffed**—স্ফীত; (জামার হাতা ইত্যাদি সম্বন্ধে) গোটান: হাঁফাইয়া পড়িয়াছে এমন। **out of puff**—দম ফুরাইয়া গিয়াছে এমন। **(to) puff** (something) **out**—(কিছু) ফুঁ দিয়া নিবান (to *puff* a candle *out* or to *puff out* a candle)। **puffed out**—একেবারে হাঁফাইয়া পড়িয়াছে বা দম ফুরাইয়া গিয়াছে এমন। **puffed up**—গর্বস্ফীত। *n.* **pu°ffer**—puff (*v.*)-এর সকল অর্থে এবং—বাষ্পচালিত এনজিন বা জাহাজ; নিলামবিক্রয়কালে ডাক বাড়ানর জন্য অপরকে উত্তেজিত করার উদ্দেশ্যে নিযুক্ত ব্যক্তি। *n.* **pu°ffery**—প্রশংসাচ্ছলে প্রচার। *adv.* **puff°ingly**। *a.* **pu°ffy**—ফুঁ দিয়া বাহির করা হইয়াছে এমন; স্ফীত; (শব্দসম্বন্ধে) গালভরা; ছোট ছোট কুণ্ডলী হইয়া নির্গমনশীল; দমকা। [OE. *pyffan*—cp. G. *puffen*]

puffin [pu°fin, পা°ফিন্] *n.* a sea-bird with a large bill, দীর্ঘচঞ্চু সামুদ্রিক পক্ষিবিশেষ। [?]

puffingly, puffy—see **puff.**

pug₁ [pug, পাগ্] *n.* a breed of snub-nosed dog, খাঁদা নাকওয়ালা ক্ষুদ্র কুকুরবিশেষ (also **pug-°dog**)। *n.* **pug°-nōse**—অগ্রভাগ ওলটান ক্ষুদ্র নাসিকা। *a.* **pug°-nōsed**—অগ্রভাগ ওলটান ক্ষুদ্র খাঁদা নাসিকাবিশিষ্ট। [?]

pug₂ [pug, পাগ্] **(1)** *n.* a beast's foot-print, পশুর পদচিহ্ন। **(2)** *v.t.* to track, পদচিহ্ন ধরিয়া অনুসরণ করা। *pr. pt.* **pu°gging**। *p.* & *p. pt.* **pu°gged**। [Hind. *pag*]

pug₃ [pug, পাগ্] *n.* (sl.) a pugilist, (অশি.) মুষ্টিযোদ্ধা; a prize-fighter, অর্থলাভার্থ প্রতিদ্বন্দ্বিতাকারী। [abbr.]

pugg(a)ree—alt. spell. of **pagri.**

pugilism [pū°-ji-liz(a)m, পিউ°জিলিজ্‌ম্] *n.* boxing, মুষ্টিযুদ্ধ। *n.* **pū°gilist**—মুষ্টিযোদ্ধা; অর্থ-

লাভার্থ প্রতিদ্বন্দ্বিতাকারী। *a.* **pūgilis°tic**—মুষ্টি-যুদ্ধ-সংক্রান্ত। [L. *pugil*=a boxer]

pugnacious [pug-nā°-shas, পাগ্‌নেই°শ্যাস্] *a.* given to fighting, লড়াইপ্রিয়; quarrelsome, ঝগড়াটে, কলহপ্রিয়। *adv.* **pugnā°ciously** । *n.* **pugnacity** [pug-na°-si-ti, পাগ্‌ন্যা°সিটি]। [L. *pugnax*]

puisne [pū°-ni, পিউ°নি] **(1)** *a.* an obsolete form of **puny,** নিম্নতর, অবর। **(2)** *n.* a puisne judge, অবর বিচারপতি, ছোট জজ। [OF.<*puis, ne*<L. *postea*=after, *natus*=born]

puissant [pū°-isnt, পিউ°ইস্‌ন্‌ট্] *a.* powerful, ক্ষমতাশালী; mighty, প্রবল। *n.* **pū°issance** —সক্ষমতা; প্রাবল্য। *adv.* **pū°issantly** । [F.—cp. *potent*]

puja [poo°-ju, পূ°জা] *n.* worship, পূজা; a festival, ধর্মীয় পর্ব। [Sans.]

puke [pūk, পিউক্] **(1)** *v.i.t.* to vomit, বমন করা। **(2)** *v.t.* to cause to vomit, বমন করান। *p.* & *p. pt.* **pū°ked** । **(3)** *n.* vomit, বমন; an emetic, বমনোদ্রেককর ঔষধ। [?]

pukka—alt. spell. of **pucka.**

pule [pūl, পিউল্] *v.i.* to whine, প্যান-প্যান করা, ঘ্যাঙান, নাকে কাঁদা। [?]

pull [pool, পুল] **(1)** *v.t.i.* to pluck or extract, উৎপাটন করা, উন্মূলিত করা, টানিয়া তোলা বা তুলিয়া ফেলা; to pick or cull, চয়ন করা; to draw, টানা; to row, দাঁড় বা বৈঠা টানিয়া চালান অথবা দাঁড় বা বৈঠা টানা; (in cricket and golf) to strike to the left, (ক্রিকেটে ও গল্‌ফ্‌খেলায়—বলকে) আঘাত করিয়া বাঁ-দিকে পাঠান; to take a draught of, চুমুক দিয়া পান করা। **(2)** *v.t.* to strip off feathers, hair, etc., (পশুপক্ষীর) পালক লোম প্রভৃতি উৎপাটন করা; to move towards oneself, নিজের দিকে টানিয়া আনা; to stretch or contract, প্রসারিত বা সঙ্কুচিত করা; to hold back, টানিয়া ধরিয়া থামান; to take an impression, (মূলতঃ হস্তচালিত মেশিনের হাতল টানিয়া—কিছুর) ছাপ লওয়া; to bring down, টানিয়া নামান; (sl.) to arrest, (অশি.) গ্রেপ্তার করা। **(3)** *v.i.* to exert oneself, নিজেকে খাটান; to go with a pulling movement, টানিয়া টানিয়া চলা। **(4)** *n.* an act or spell of pulling, টান, আকর্ষণ; a pulling bout, টানাটানির প্রতি-যোগিতা; a pulling force, আকর্ষণশক্তি, টান; a spell of rowing, বৈঠা-চালনা, নৌ-চালনা; a stiff ascent, দুরারোহ চড়াই; a draught of liquor, একচুমুক পানীয় (বিশেষতঃ মদ); a draught, চুমুক; (print.) a proof or impression, (মুদ্রণ) প্রুফ্ বা ছাপ; advantage, সুবিধা; a pulling apparatus, উৎপাটনযন্ত্র, টানার যন্ত্র, আঁকশি; the quantity pulled at one time, একবারে যতটা পরিমাণ টানা হইয়াছে। **(to) pull a muscle**—পেশীতে খিঁচ্ বা টান ধরা। **(to) pull about**—বিভিন্ন দিকে টানা; (কাহারও প্রতি) দুর্ব্যবহার করা। **(to) pull apart** or **to pieces**—টানিয়া সরাইয়া আনা বা বিচ্ছিন্ন করা। **(to) pull at**—(হেঁচকা) টান মারা। **(to) pull caps**—(হাতাহাতি) লড়াই করা। **(to) pull down**—টানিয়া নামান বা নামাইয়া বিচ্ছিন্ন করা; ধ্বংস করা, চূর্ণ করা, ভাঙ্গিয়া ফেলা; নামাইয়া আনা; স্বাস্থ্যহানি করা, দুর্বল করা। **(to) pull for**—দাঁড় বা বৈঠা টানিয়া কোন স্থানের উদ্দেশে যাওয়া। **(to) pull in**—(খরচ প্রভৃতি) হ্রাস করা, কমান; (রেলগাড়ি-সম্বন্ধে) স্টেশনে ঢোকা; (নৌকা জাহাজ বা গাড়ি সম্বন্ধে) কিছুর অভিমুখে চলা, নিকটবর্তী হওয়া; (পুলিস-সম্বন্ধে) গ্রেফতার করা। **(to) pull off**—সাফল্যের সহিত চালাইয়া যাওয়া বা উত্তীর্ণ হওয়া। **(to) pull out**—(রেলগাড়ি-সম্বন্ধে) স্টেশন পরিত্যাগ করিয়া যাওয়া; নৌকা জাহাজ বা গাড়ি চালাইয়া লইয়া যাওয়া; বিচ্ছিন্ন করিয়া লওয়া। **(to) pull out of the fire**—(ক্রীড়াদি) চরম বিপর্যয়ের হাত হইতে রক্ষা করা। **(to) pull over**—(নৌকা জাহাজ বা গাড়ি) চালাইয়া নেওয়া; চলা। **(to) pull round**—আরোগ্য বা চেতনা লাভ করা অথবা করান। **(to) pull the long bow**—মাত্রা ছাড়াইয়া মিথ্যা কথা বলা বা দম্ভ করা। **(to) pull through**—বিপদাদি কাটাইয়া ওঠা। **(to) pull together**—একযোগে কাজ করা, পরস্পর সহযোগিতা করা; সকলে সমতালে কাজ করা। **(to) pull oneself together**—স্বীয় শক্তি কর্মক্ষমতা প্রভৃতি কেন্দ্রীভূত বা সংহত করা। **(to) pull up**—উন্মূলিত বা উৎপাটিত করা; রাশ বা লাগাম টানিয়া ধরা; থামান; থামা; শাস্তি দেওয়া (he was *pulled up* for his unruly conduct)। **(to) pull up to (with)**—(ধাবন প্রতিযোগিতাদিতে অন্য প্রতিযোগীর) নাগাল ধরা। *n.* **pull°-back**—বাধা; অসুবিধা। *n.* **pu°ller**—আকর্ষণ-কারী; আকর্ষণ-যন্ত্র। *n.* **pull°-in**—same as **pull-up** । *n.* **pull°ōver**—মাথা গলাইয়া পরিতে হয় এমন (প্রধানতঃ পশমি) গেঞ্জিবিশেষ, পুলোভার্। *n.* **pull°-through**—রাইফেলের নল পরিষ্কার করার জন্য টেনা-বাঁধা দড়ি। *n.* **pull°-up**—টানিয়া উত্তোলন; অকস্মাৎ নিবৃত্তি বা থামিয়া পড়া; (প্রধানতঃ গবাদি পশু-বাহিত শকটাদি) থামানর স্থান। [OE. *pullian,* (*v.*)]

pull-back, puller—see **pull.**

pullet [poo°-lit, পু°লিট্] *n.* a young hen, (প্রধানতঃ অনুদ্ভিন্নপক্ষ) বাচ্ছা মুরগি, পিলে মুরগি। [F. *poulette*<*poule*=a hen<LL. *pulla*]

pulley [poo°-li, পু°লি] *n.* a wheel turning about an axis for raising, changing direction of pull, etc., কপিকল হাল প্রভৃতিতে সংলগ্ন চাকা। [ME. *poley, puly*<OF. *polie*<LL. *polegia*]

Pullman [pool°-man, পুল্°ম্যান্] *n.* a railway saloon, ঘুমানর ব্যবস্থাযুক্ত রেলগাড়ির কামরাবিশেষ। [*G. M. Pullman,* its first manufacturer]

pullover, pull-through—see **pull.**

pullulate [pul°ū-lat, পাল্°ইউলেইট্] *v.i.* to

sprout or breed rapidly and abundantly, দ্রুত ও প্রচুর পরিমাণে গজান বা জন্মান। [L. *pullulare* = sprout]

pulmo [pool°-mō, পুল্°মৌ] *n.* lung, ফুসফুস। *pl.* **pulmō°nēs** । *a.* **pulmonary** [pul°-mana-ri, পাল্°ম্যান্যারি] ফুসফুসগত, ফুসফুসের পীড়ায় বা দৌর্বল্যে আক্রান্ত (*pulmonary* arteries, veins, diseases, etc.)। **pulmonic** [pul-mo°-nik, পাল্ম°নিক্] (**1**) *a.* ফুসফুসগত। (**2**) *n.* ফুসফুসের পীড়ার ঔষধ। [L.]

pulp [pulp, পাল্প্] (**1**) *n.* any soft fleshy part of animal, জীবদেহের কোমল মাংসল অংশ, মজ্জা (যেমন, দন্তগহ্বরের কলা) ; the soft part of plants or fruits, গাছপালার কোমল অংশ বা ফলের শাঁস ; any soft shapeless mass (of rags, wood, etc., (নেকড়া কাঠ প্রভৃতি চূর্ণ করিয়া প্রস্তুত) কোমল পিণ্ড বা মণ্ড। (**2**) *v.t.* to reduce to pulp, কোমল পিণ্ডে বা মণ্ডে পরিণত করা ; to rid of pulp, (জীবদেহাদির) কোমল অংশ বা (ফলাদির) শাঁস দূর করা। (**3**) *v.i.* to become pulpy, কোমল পিণ্ড বা মণ্ডতুল্য হওয়া। *p.* & *p. pt.* **pul°ped** । **pulp magazine**—সস্তা ও নিম্নমানের রচনা-সম্বলিত সাময়িক পত্রিকা। *a.* **pul°py**—কোমল পিণ্ডসংক্রান্ত বা মণ্ডসংক্রান্ত ; কোমল মণ্ডসদৃশ বা পিণ্ডসদৃশ অথবা উহাতে পূর্ণ। [L. *pulpa* (*n.*)]

pulpit [pool°-pit, পুল্°পিট্] *n.* a raised structure for preaching from, গির্জাদিতে যে মঞ্চের উপর হইতে ধর্মোপদেশাদি দান করা হয়, প্রচারবেদী ; preachers or preaching collectively, (ধর্ম-) প্রচারকবর্গ বা প্রচারিত (ধর্ম-) উপদেশাবলী। **the pulpit**—যাজকসম্প্রদায়। **pulpiteer°**—(**1**) *n.* পেশাদার (ধর্ম-) প্রচারক (also **pul°piter**)। (**2**) *v.i.* পেশাদাররূপে (ধর্ম-) প্রচার করা। [*pulpitum* = a stage]

pulpy—see **pulp.**

pulsate [pul-sāt°, পাল্সেইট্°] *v.i.* to throb, (নাড়ি প্রভৃতি সম্বন্ধে) স্পন্দিত হওয়া ; to vibrate, (শব্দাদি-সম্বন্ধে) কাঁপিয়া কাঁপিয়া ধ্বনিত বা অনুরণিত হওয়া ; to thrill with life or emotion, জীবনের বেগে বা ভাবাবেগে কম্পিত হওয়া, প্রাণচঞ্চল বা আবেগচঞ্চল হওয়া। *p.* & *p. pt.* **pulsā°tėd** । *a.* **pul°satīle**—স্পন্দনক্ষম ; স্পন্দনশীল। *n.* **pulsati°lla**—ঔষধে ব্যবহৃত পুষ্পবিশেষ। *n.* **pulsā°tion** । *n.* **pulsā°tor**—স্পন্দনশীল বা স্পন্দনকারী যন্ত্র অথবা যন্ত্রাংশ। *a.* **pulsā°tory**—স্পন্দনশীল ; কম্পনশীল। [L. *pulsare*]

pulse₁ [puls, পাল্স্] *n.* seeds of leguminous plants collectively, কলাই, ডাল। [L. *puls* = porridge]

pulse₂ [puls, পাল্স্] (**1**) *n.* (measured) beat, (তালে-তালে) স্পন্দন বা কম্পন, a vibration, অনুরণন, ধ্বনন ; an impulse, প্রেরণা ; the beating of the heart and the arteries, ধমনীর বা নাড়ির স্পন্দন, (পরি.) ধমনী-ঘাত, নাড়ি-ঘাত ; the point where this beating can be felt externally, নাড়ি ; (fig.) a thrill, (আল.) ভাবাবেগাদিতে দেহের কম্পন, রোমাঞ্চ। (**2**) *v.i.* same as **pulsate** । **(to) feel one's pulse**—নাড়ি দেখা। **(to) stir one's pulses**—উত্তেজিত করা ; ভাবাবেগ সৃষ্টি করা। *a.* **pulse°lėss**—নিস্পন্দ ; কম্পনশূন্য ; নাড়ি ছাড়িয়া বা বন্ধ হইয়া গিয়াছে এমন। *n.* **pulse°rāte**—প্রতি মিনিটে নাড়ি-ঘাতের হার। *n.* **pulsi°mėter**—নাড়িঘাতমাপক যন্ত্র। [L. *pulsus*]

pultun, pultan, pulton [pul°tun, পাল্°টান্ pul°-tan, পাল্°ট্যান্] **pultoon** [pul°-toon, পাল্°টুন্] *n.* an infantry regiment, পদাতিকবাহিনী, পলটন। [Hin. *pultan*—cp. *battalion*]

pulverize [pul°-va-rīz, পাল্°ভ্যারাইজ্] *v.t.i.* to reduce to dust or powder, গুঁড়া করা বা হওয়া ; (fig.) to demolish, crush, (আল.) ধ্বংস করা, চূর্ণ করা (to *pulverize* an argument)। *n.* **pulverizā°tion** । [L. *pulvis* = powder]

puma [pū°-ma, পিউ°ম্যা] *n.* the cougar, আমেরিকার বনবিড়ালবিশেষ, পুমা। [Peru.]

pumice [pu°-mis, পা°মিস্] *n.* a kind of porous lava, ঝামাপাথর (also **pu°mice-stōne**)। [OE. *pumic(-stan)* = pumice(-stone), OF. *pomis* < L. *pumex*]

pummel—alt. spell. of **pommel.**

pump₁ [pump, পাম্প্] *n.* a light dancing-shoe, নৃত্যকালে পরিধেয় হালকা জুতাবিশেষ, পাম্প্-শু। [?]

pump₂ [pump, পাম্প্] (**1**) *n.* a machine for raising fluids, transferring gases, etc., পাম্প্ ; act of pumping, পাম্প্ করা। (**2**) *v.t.* to raise, fill, empty, inflate, etc., by means of a pump, পাম্প্ করা ; (fig.) to elicit information from a person by constant questioning, (আল.) ক্রমাগত জেরা করিয়া কাহারও নিকট হইতে সংবাদাদি সংগ্রহ করা। *p.* & *p. pt.* **pum°ped** । *n.* **pum°per**—যে ব্যক্তি পাম্প্ করে ; পাম্প্ করার যন্ত্র। *n.* **pump°-room**—সোডা লিমনেড প্রভৃতির দোকান। [?]

pumpkin [pum(p)°-kin, পাম্°কিন্] *n.* a plant of the gourd family or its fruit, কুমড়াগাছ বা কুমড়া। [OF. *pompon* < L. *pepo* < Gk. *pepon* = ripe]

pun [pun, পান্] (**1**) *v.i.* to make witty use of a word to different meanings or words of same sound with different meanings, একই শব্দের বিভিন্ন অর্থের ব্যঞ্জনা দিয়া বা সমধ্বনিবিশিষ্ট কিন্তু ভিন্ন অর্থবোধক শব্দের প্রয়োগ করিয়া কৌতুক করা। *pr. pt.* **pu°nning** । *p.* & *p. pt.* **pu°nned** । (**2**) *n.* a play upon such words, উক্ত প্রকার শব্দ প্রয়োগে কৃত কৌতুক, শ্লেষালঙ্কারবিশেষ। *n.* **pun°ster**—উক্ত শব্দপ্রয়োগে দক্ষ ব্যক্তি। [?]

Punch₁ [punsh, পান্শ্] *n.* a hook-nosed

hunchback, বক্রনাস কুব্জপৃষ্ঠ ব্যক্তি। [short. from *Punchinello*]

punch$_2$ [punsh, পান্‌শ্] *n.* a drink of spirits, water, sugar, lemon-juice, and, spice, মদ জল চিনি লেবু-রস ও মসলা মিশ্রিত পানীয়। *n.* **punch°-bowl**—যে বাটিতে উক্ত পানীয় মেশান হয়। [Hind. *panch*=five (from its five ingredients]

punch$_3$ [punsh, পান্‌শ্] (**1**) *v.t.i.* to poke, খোঁচা দেওয়া, গুঁতা মারা ; to strike with the fist, ঘুসি মারা ; to stamp, pierce, perforate, indent by the forward thrust of a machine, যন্ত্রাদির চাপে ছাপ দেওয়া বিদ্ধ করা ছিদ্র করা বা খাঁজ কাটা (to *punch* a ticket) ; to press in vigorously, (চাবি বোতাম প্রভৃতি) জোরে চাপিয়া ঢুকান। *p. & p. pt.* **pun°ched** । (**2**) *n.* a vigorous thrust or blow, প্রবল খোঁচা বা গুঁতা ; a stroke with the fist, মুষ্ট্যাঘাত ; effective force, কার্যকর শক্তি (plenty of *punch* in his speech) ; a machine for punching, ছাপ দেওয়ার বিদ্ধ করার ছিদ্র করার বা খাঁজ কাটার জন্য যন্ত্র। **(to) pull one's punches**—যতদূর ক্ষমতা তদপেক্ষা মৃদুতরভাবে আক্রমণ করা। **punch card, punched card**—পরিগণকের নির্দেশের নিমিত্ত বিশেষ সঙ্কেত অনুযায়ী কৃত ছিদ্রযুক্ত কার্ড। *n.* **punch°-ball, pun°ching-ball**—মুষ্টিযুদ্ধের অনুশীলনে ব্যবহৃত (ঝোলান) চর্মগোলকবিশেষ। *a.* **punch°-drunk°**—(মুষ্টিযুদ্ধে) মুষ্টিপ্রহারের ফলে বিহ্বল ; (আল) বিভ্রান্ত ; হতবুদ্ধি। *n.* **puncher**—যে ব্যক্তি গুঁতা বা ঘুসি মারে অথবা (যন্ত্রদ্বারা) ছাপ দেয় বিদ্ধ করে ছিদ্র করে কিংবা খাঁজ কাটে ; ছাপ দেওয়ার বিদ্ধ করার ছিদ্র করার বা খাঁজ কাটার যন্ত্র। [L.<*pounce* or *puncheon$_1$* ?]

punch$_4$ [punsh, পান্‌শ্] *n.* a thick-set short man (as in puppet-show called *Punch and Judy*), মোটা বা বেঁটে লোক ; a short-legged round-bodied horse, হ্রস্বপদ স্থূলকায় অশ্ববিশেষ ; **pleased** or **proud as Punch**—অতিশয় তুষ্ট বা গর্বিত। *a.* **pun°chy**—বেঁটে ও মোটা। [short. from *puncheon$_2$* or *Punchinello* ?]

puncheon$_1$ [pun°sh(a)n, পান্‌শ্‌ন্] *n.* a punching machine, ছাপ দেওয়ার বিদ্ধ করার ছিদ্র করার বা খাঁজ কাটার যন্ত্রবিশেষ ; a short supporting post, ঠেক্‌নো দিবার জন্য ক্ষুদ্র খুঁটিবিশেষ। [OF. *poincon*<L. *pungere*=to prick]

puncheon$_2$ [pun°sh(a)n, পান্‌শ্‌ন্] *n.* a large cask, পিপা ; a liquid, measure, তরল দ্রব্যের মাপবিশেষ (=70 to 120 gallons)। [OF. *poincon*]

puncher—see **punch$_3$**.

Punchinello [pun-shi-ne°-lo, পান্‌শিনে°লৌ] *n.* a hook-nosed character in an Italian puppet-show, ইট্যালির নির্বাক নাটকবিশেষের বক্রনাস চরিত্র ; a buffoon, ভাঁড়, বিদূষক। [It. *Pulcinella*]

punchy—see **punch$_4$**.

punctilio [pung(k)-ti°-li-ō, পাংটি°লিঔ] *n.* a nice point in behaviour or ceremony, শিষ্টাচার, সৌজন্য, আদবকায়দা ; petty formality, ব্যবহারের খুঁটিনাটিতে দৃষ্টি। *a.* **puncti°lious**—শিষ্টাচারপূর্ণ আদবকায়দাদোরস্ত ; যথাযথ ও যত্নবান্। *adv.* **puncti°liously** । *n.* **puncti°liousness** । [It. *puntiglio*, Sp. *puntillo*<L. *punctum*=a point]

punctual [pung(k)°-tū(a)l, পাং°টিউল্] *a.* (geom.) of a point, (জ্যামি.) বিন্দুগত ; (arch.) punctilious, (আর্ব.) শিষ্টাচারপূর্ণ, আদবকায়দাদোরস্ত, যথাযথ ও যত্নবান্ ; exact in keeping time and appointments, যথাসময়ে কাজকর্ম করে ও পূর্বব্যবস্থামত দেখাসাক্ষাৎ করে এমন, সময়নিষ্ঠ ও প্রতিশ্রুতিরক্ষক ; done at the exact time, যথাসময়ে কৃত ; up to time, সময়নিষ্ঠ। *n.* **punctūa°lity** । *adv.* **punc°tūally** । [LL. *punctualis*<*punctum*=a point]

punctuate [pung(k)°-tū-āt, পাং°টিউএইট্] *v.t.* (gr.) to mark off with stops, (ব্যাক.) যতিচিহ্নদ্বারা চিহ্নিত বা বিভক্ত করা ; (fig.) to interrupt, at intervals (speech with exclamations, etc.) (আল.)—বিস্ময়সূচক ধ্বনি করিয়া অন্যের কথার মধ্যে) বাধা দেওয়া ; (loos.) to emphasize or accentuate, (শিথি.—শব্দাদিতে) জোর দেওয়া বা স্বরাঘাত করা। *p. & p. pt.* **punc°tūātėd** । *n.* **punctūā°tion** । *n.* **punc°tūā°tion-mark**—যতিচিহ্ন। *n.* **punc°tūātor** । [LL. *punctuare*=to prick]

puncture [pung(k)°-cha(r), পাং°চ্যা(র্)] (**1**) *n.* a pricking, খোঁচা ; a small hole made with a sharp point, তীক্ষ্ণ ও সূচিমুখ কিছুর দ্বারা কৃত ক্ষুদ্র ছিদ্র। (**2**) *v.t.i.* to make or get a puncture, উক্ত ফুটা করা বা হওয়া ; (fig.) to deflate, to lessen, (আল.—আভিজাত্য অভিমানাদি) হ্রাস করা বা কমান (to *puncture* the ego of a person)। [L. *punctura*<*pungere*=to prick]

pundit [pun°-dit, পান্‌°ডিট্] *n.* a learned Hindu versed in Sanskrit and Hindu scriptures and arts and science, হিন্দু পণ্ডিত ; a learned man or teacher, পণ্ডিত ; (hum.) a pedant, (কৌতু.) বিচারবুদ্ধিহীন পণ্ডিত বা যাহার বিদ্যাশিক্ষা বদহজম হইয়াছে। *n.* **pun°ditry**—পণ্ডিতি। [Hin. *pandit*]

pungent [pun°j(a)nt, পান্‌°জ্‌ন্ট্] *a.* sharp, তীক্ষ্ণ, তীব্র ; acrid to taste or smell, কটুস্বাদ বা কটুগন্ধ (*pungent* gas, smoke, etc.) ; (bot.) sharp-pointed, (উদ্ভি.) তীক্ষ্ণাগ্র, সূচিমুখ ; keenly touching the mind, তীব্রভাবে মর্মস্পর্শী ; painful, বেদনাদায়ক ; sarcastic, বিদ্রূপপূর্ণ (*pungent* remarks, satire, etc.)। *n.* **pun°gency**—তীক্ষ্ণতা, তীব্রতা, কটু স্বাদ বা গন্ধ ; তীব্র মর্মস্পর্শিতা ; বেদনাদায়কতা ; বিদ্রূপপূর্ণতা। *adv.* **pun°gently** । [L. *pungere*=to prick]

Punic [pū°nik, পিউ°নিক্] **(1)** *a.* of ancient Carthage, প্রাচীন কার্থেজ্-নগরীর ; treacherous, বিশ্বাসঘাতী, প্রতারণাপূর্ণ। **(2)** *n.* the Punic language, প্রাচীন কার্থেজের ভাষা। **Punic faith** —বিশ্বাসঘাতকতা। [L. *Punicus*<Gk. *Phoenix* =Phoenician]

punily, puniness—see **puny.**

punish [pu°-nish, পা°নিশ্] *v.t.* to cause to suffer for an offence, শাস্তি বা দণ্ড দেওয়া ; (coll.) to handle or beat severely, (কথ্য.—কাহারও প্রতি) কঠোর আচরণ করা বা (কাহাকেও) কঠোরভাবে প্রহার করা (Ali *punished* his opponent severely) ; (coll.) to consume a large quantity of, (কথ্য.—কিছুর) অনেকখানি নিঃশেষ করিয়া ফেলা। *p.* & *p. pt.* **pu°nished** । *a.* **pu°nishable**—দণ্ডনীয়। *n.* **punishabi°lity** । *adv.* **pu°nishably** । *n.* **pu°nishment** । [F. *punissant*<*punire*<*poena*=fine]

punitive [pū°-ni-tiv, পিউ°নিটিভ্] *a.* retributive, শাস্তিমূলক, দণ্ডমূলক (*punitive* tax)। **punitive police**—(ভারতে) বিক্ষুব্ধ এলাকার শান্তিরক্ষার্থ প্রেরিত পুলিস্‌বাহিনী (এই বাহিনীকে বেতন প্রদানের জন্য উক্ত এলাকার অধিবাসীদের নিকট হইতে শাস্তিমূলক কর আদায় করা হয়), পিটুনি-পুলিস্। [L. *punire*=to punish]

punk₁ [pungk, পাংক্] **(1)** *n.* partly decayed wood, অংশতঃ ক্ষয়প্রাপ্ত কাষ্ঠ বা তক্তা ; rotten wood used as tinder, জ্বালানিরূপে ব্যবহৃত বাজে কাঠ ; worthless stuff, বাজে মাল বা জিনিস ; rubbish, আবর্জনা ; nonsense, বাজে কথা (to talk a lot of *punk*) ; worthless person, অকর্মণ্য বা বাজে লোক। **(2)** *a.* worthless, rotten, বাজে, অকেজো। [?]

punk₂ [pungk, পাংক্] *a.* (arch) prostitute, (আর্ষ) বারবণিতা, বেশ্যা। [?]

punka(h) [pung°-ka, পাং°ক্যা] *n.* a hand-fan or a large fan on a frame worked by means of a cord and pulley, হাত-পাখা বা টানা-পাখা। [Hind. *pankha*]

punned—see **pun.**

punner [pu°-na(r), পা°ন্যা(র্)] *n.* a tool for ramming earth round post, etc. to make it firm, খুঁটি বা স্তম্ভের চতুর্দিকে মাটি ঠাসিয়া আটকাইবার যন্ত্রবিশেষ। [OE. *pūnian*=to heat]

punnet [pu°-nit, পা°নিট্] *n.* a small chip-basket, (প্রধানতঃ ফল ও তরিতরকারি রাখার ও মাপার জন্য) ছোট ডালা। [?]

punning, punster—see **pun.**

punt₁ [punt, পান্ট্] **(1)** *n.* the act of kicking a dropped football before it touches the ground, নিক্ষিপ্ত ফুটবল ভূমিস্পর্শ করার পূর্বেই উহাতে পদাঘাত করা। **(2)** *v.t.* to kick in this manner, উক্তভাবে (ফুটবলে) পদাঘাত করা। *p.* & *p. pt.* **pun°tėd** । [?]

punt₂ [punt, পান্ট্] *v.t.* to stake against a pool of cards, কোন হাতের তাসের উপর নির্ভর করিয়া বাজি ধরা ; to back a horse, ঘোড়দৌড়ের কোন ঘোড়ার উপর বাজি ধরা। *p.* & *p. pt.* **pun°tėd** । *n.* **pun°ter**—যে ব্যক্তি বাজি ধরে ; পেশাদার জুয়াড়ি। [F. *ponter*]

punt₃ [punt, পান্ট্] **(1)** *n.* a flat-bottomed boat, লগি ঠেলিয়া চালাইতে হয় এমন সমতল তলিওয়ালা নৌকাবিশেষ (তু. শালতি, তালের ডোঙা)। **(2)** *v.t.i.* to propel with a pole, লগি ঠেলিয়া চালান ; to carry or go in a punt, উক্ত নৌকায় করিয়া বহন করা বা যাওয়া। *p.* & *p. pt.* **pun°tėd** । *n.* **pun°ter**—উক্ত নৌকার চালক বা যাত্রী। *n.* **punt°-pōle**—উক্ত নৌকার লগি। [L. *ponto*]

puny [pū°-ni, পিউ°নি] *a.* stunted, বৃদ্ধি ব্যাহত হইয়াছে এমন ; undersized, পুঁচকে ; feeble, ক্ষীণ। *adv.* **pū°nily** । *n.* **pū°ninėss** । [see *puisne*]

pup [pup, পাপ্] **(1)** *n.* contr. of **puppy** । **(2)** *v.t.i.* to whelp, বাচ্ছা প্রসব করা। *pr. pt.* **pu°pping** । *p.* & *p. pt.* **pu°ppėd** । **in pup**—(স্ত্রী-কুকুর সম্বন্ধে) গর্ভবতী। **(to) sell (one) a pup**—(ভবিষ্যতে দাম বাড়ার প্রবল সম্ভাবনা দেখাইয়া বাজে জিনিস বিক্রয়পূর্বক কাহারও অর্থাদি) ঠকাইয়া লওয়া। [see *puppy*]

pupa [pū°-pa, পিউ°প্যা] *n.* chrysalis, শূক ও পূর্ণাবয়ব রূপের মধ্যবর্তী কীটের অবস্থা, (পরি.) পুত্তলি। *pl.* **pupæ** [pū°-pē, পিউ°পী]। *a.* **pupal** [pū°p-(a)l, পিউ°প্‌ল্] পুত্তলিসংক্রান্ত। [L.=a girl, a doll]

pupil₁ [pū°pl, পিউ°প্‌ল্] *n.* (in law) a young boy or girl, (আইনে) ১৪ বৎসর বয়স পর্যন্ত বালক বা ১২ বৎসর বয়স পর্যন্ত বালিকা ; a ward, অভিভাবকত্বাধীন বালক বা বালিকা ; one who is being taught, শিক্ষাধীন ছাত্র। **pupil teacher** —যে ছাত্রের দ্বারা কিছু শিক্ষাদানকার্য নিষ্পন্ন করান হয় : ইহাকে পরে শিক্ষকরূপে নিযুক্ত করা হয়। *n.* **pupil(l)age** [pū°-pi-lij, পিউ°পিলিজ্] নাবালকত্ব ; অভিভাবকত্বাধীন অবস্থা ; শিক্ষাধীন অবস্থা, ছাত্রাবস্থা ; শিষ্যত্ব। *a.* **pupil(l)ary** [pū°pi-la-ri, পিউ°পিল্যারি] শিক্ষাধীন ছাত্রসংক্রান্ত ; অভিভাবকত্বাধীন বালক বা বালিকা সম্বন্ধীয়। [F. *pupille*<*pupilla* =ward, minor]

pupil₂ [pū°pl, পিউ°প্‌ল্] *n.* the apple of the eye, চোখের মণি বা তারা, চক্ষুর তারারন্ধ্র। *a.* **pupil(l)ary** [pū°-pi-la-ri, পিউ°পিল্যারি] তারারন্ধ্রসংক্রান্ত। [L. *pupilla*]

puppet [pu°-pit, পা°পিট্] *n.* a doll moved by strings in a show, পুতুলনাচের পুতুল ; one who acts as directed by another, যে ব্যক্তি পুতুলের মত অন্যের কথায় চলে। **puppet government** —সাক্ষিগোপাল বা ক্রীড়নক সরকার। *n.* **pu°ppet-show**—পুতুল নাচ ; পুতুল-দ্বারা অভিনীত নাটক। [ME. *popet(te)*—cp. OF. *poupette*]

puppy [pu°-pi, পা°পি] *n.* a young dog, কুকুর-

ছানা ; a vain young man, অসার দম্ভশীল যুবক। **puppy love**—same as **calf-love** । [F. *poupee* = a puppet < L. *pupa*]

purblind [pa(r)°-blīnd, প্যা(র্)°ব্লাইন্‌ড্] *a.* (ori.) wholly blind, (মূলতঃ) সম্পূর্ণ অন্ধ ; nearly blind, প্রায় অন্ধ ; dim-sighted, (প্রধানতঃ আধ্যাত্মিক দিক্ দিয়া) ক্ষীণদৃষ্টি ; (fig.) stupid, (আল.) বোকা। *n.* **pur°blindness** । [*pure, blind*]

purchase [pa(r)°-chas, প্যা(র্)°চ্যাস্] **(1)** *v.t.* to acquire, (শ্রম বিপদ্‌বরণ প্রভৃতির বিনিময়ে) সংগ্রহ করা ; (in law) to obtain in any way other than by inheritance, (আইনে) উত্তরাধিকার ছাড়া অন্য উপায়ে লাভ করা ; to buy, ক্রয় করা। *p.* & *p. pt.* **pur°chased** । **(2)** *n.* act of purchasing, সংগ্রহ বা ক্রয় ; that which is bought, ক্রীত বস্তু ; acquisition, সংগৃহীত বস্তু। **purchase money**—দাম, ক্রয়মূল্য। *a.* **pur°chasable**—ক্রয়সাধ্য। *n.* **pur°chaser**—ক্রেতা। [OF. *porchacier* = to pursue]

purdah [pa(r)°-dŭ, প্যা(র্)°ডা] *n.* a curtain, পরদা ; the system of screening women from the sight of strangers, পরদা-প্রথা। [Hind. *pardah* < *Pers.*]

pure [pū(r), পিউয়্যা(র্)] *a.* clean, পরিষ্কার, unsoiled, অনাবিল, অকলঙ্ক ; unmixed, অবিমিশ্র ; unadulterated, ভেজালহীন, বিশুদ্ধ, খাঁটি ; free from guilt or sin, নির্দোষ বা নিষ্পাপ ; chaste, পবিত্র ; পূত, সচ্চরিত্র ; mere, মাত্র, কেবল, শুধু (*pure* reason) ; utter, ডাহা ; (in law) unconditional, (আইনে) শর্তহীন ; (bio.) not hybrid, (জীব.) বর্ণসঙ্কর নহে এমন ; abstract or concerning the fundamental principles only, কেবল মৌলিক নীতিগত, অব্যবহারিক (*pure* physics)। *n.* **pūre°-blood(ėd)**—বিশুদ্ধ জাতের, বর্ণসঙ্কর নহে এমন, খাঁটি কুলীন। *adv.* **pūre°ly** । *n.* **pūre°nėss**, see **purity** । [F. *pur* < L. *purus*]

purée [pūr°-ā, পিউয়্যার্°এই] *n.* soup of vegetables etc. boiled to a pulp and passed through a ladle, তরিতরকারি প্রভৃতির ঘাঁট। [F.]

purfle [pa(r)f°l, প্যা(র্)ফ্‌°ল্] **(1)** *v.t.* to ornament the edge of, (সূচিশিল্পদ্বারা ঝালরাদি পরাইয়া জামাকাপড়ের) প্রান্তদেশ পরিশোভিত করা। **(2)** *n.* a purfled edge, উক্তভাবে পরিশোভিত প্রান্ত বা আঁচলা। [OF. *pourfiler* < L. *pro-*, *filum* = a thread]

purgation, purgative, pugatory—see **purge.**

purge [pa(r)j, প্যা(র্)জ্] **(1)** *v.t.* to purify, বিশোধিত করা ; to clear of undesirable elements or persons, অবাঞ্ছিত পদার্থ বা ব্যক্তিবর্গ হইতে বিমুক্ত করা ; to clear from accusation, অভিযোগমুক্ত করা ; to evacuate (the bowel), (কোষ্ঠ) পরিষ্কার করান, রেচন করান। **(2)** *n.* purging, বিশোধন, অবাঞ্ছিত পদার্থ বা ব্যক্তিবর্গ হইতে বিমুক্ত করা, সহজবোধ্য করা, অভিযোগমোচন, প্রায়শ্চিত্ত, কোষ্ঠশোধন ; a purgative, রেচক পদার্থ বা ঔষধ। *n.* **purgation** [pa(r)-gā°sh(a)n, প্যা(র্)গেই°শ্‌ন্] purge (*v.*)-এর সকল অর্থে, এবং—(আইনে) সন্দেহ বা অভিযোগ হইতে মুক্ত করা। **purgative** [pa(r)°-ga-tiv, প্যা(র্)°গ্যাটিভ্] **(1)** *a.* বিশোধক ; রেচক। **(2)** *n.* বিশোধক পদার্থ ; রেচক ঔষধ। **purgatory** [pa(r)°-ga-t(a)ti, প্যা(র্)°-গ্যাট্‌রি] **(1)** *a.* বিশোধক, অবাঞ্ছিত পদার্থ বা ব্যক্তিবর্গ হইতে বিমোচক ; অভিযোগ-মোচনকর ; প্রায়শ্চিত্ত-মূলক। **(2)** *n.* (রোমান্ ক্যাথলিক মতে) মৃত্যুর পর আত্মাসমূহকে ছোটখাট পাপ হইতে মুক্ত করা বা উক্ত পাপমোচনের স্থান ; সাময়িক যন্ত্রণাভোগ। *a.* **purgatorial** [pa(r)-ga-taw°-ri-al, প্যা(র্)গ্যাটা°রি-অ্যাল্] আত্মার পাপমোচনসংক্রান্ত বা পাপমোচনের স্থানসংক্রান্ত ; বিশোধনমূলক বা রেচনমূলক। *n.* **purger** । **pur°ging**—**(1)** *n.* বিশোধন ; রেচন। **(2)** *a.* বিশোধক ; রেচক। [F. *purger* < L. *purgare*]

purify [pūr°-i-fī, পিউয়্যার্°ইফাই] *v.t.* to make pure, বিশুদ্ধ করা বা পবিত্র করা ; to free from foreign or hurtful matter, ভেজাল বা ক্ষতিকর পদার্থ হইতে বিমুক্ত করা, (পরি.) শোধন করা ; to free from guilt, ritual uncleanness, or from improprieties or barbarism in language, দোষ অথবা শাস্ত্রীয় অপবিত্রতা অথবা ভাষার অশোভনতা বা অভদ্রতা হইতে মুক্ত করা। *n.* **pūrificā°tion** । *a.* **pūr°ificātory**—বিশোধক ; শোধক। *n.* **pūr°ifier** । [F. *purifier* < L. *purificare*]

purism [pūr°-izm, পিউয়্যার্°ইজ্‌ম্] *n.* over-fastidious insistence upon purity, (প্রধানতঃ ভাষা বা শব্দাদি সম্বন্ধে) নিতান্ত খুঁটিনাটি ব্যাপারেও বিশুদ্ধতা বজায় রাখার জিদ, রুচিবাগীশতা। *n.* **pūr°ist**—উক্ত রুচিবাগীশ ব্যক্তি। *a.* **pūris°tic**—উক্ত বিশুদ্ধতামূলক। [L. *purus* = pure]

Puritan [pūr°-it(a)n, পিউয়্যার্°ইট্‌ন্] *n.* a member of a Protestant party opposing the Church of England on account of its retention of much of the R. C. ritual and belief, ইংল্যানডের গোঁড়া খ্রিস্টান-সম্প্রদায়ের লোক : ইংল্যানডের প্রটেস্‌ট্যান্ট্ গির্জাগুলিতে বহু রোমান ক্যাথলিক আচার-আচরণ ও মত প্রচলিত থাকায় এই সম্প্রদায়ের লোকেরা ঐ-সব গির্জার বিরোধী ; a person of strict morals, অতীব কঠোর নীতিপরায়ণ ব্যক্তি ; an advocate of purity, বিশুদ্ধতার সমর্থক। **(2)** *a.* of puritans, উক্ত সম্প্রদায়সংক্রান্ত বা তাহাদের মতানুযায়ী। *a.* **pūrita°nic(al)**—আচারনিষ্ঠ ; কঠোর নীতিবাগীশ সম্প্রদায়সংক্রান্ত। *n.* **pūr°itanism**—উক্ত সম্প্রদায়ের মত ; নীতিবাগীশের মতবাদ। [L. *purus* = pure]

purity [pūr°-i-ti, পিউয়্যার্°ইটি] *n.* condition of being pure, পরিষ্কার অবস্থা, অনাবিলতা, ভেজাল-শূন্যতা, বিশুদ্ধতা, শুদ্ধতা, দোষশূন্যতা, পাপশূন্যতা, পবিত্রতা, সচ্চরিত্রতা ; sincerity, আন্তরিকতা ;

freedom from foreign idioms or words, (ভাষা-সম্বন্ধে) বিদেশী বাগ্বিধি বা শব্দ ব্যবহৃত হয় নাই এমন অবস্থা, ভাষার বিশুদ্ধতা। [L. *puritas* < *purus* = pure]

purl₁ [pa(r)l, প্যা(র্)ল্] (**1**) *v.i.* to flow with a murmuring sound, with a whirling motion, (প্রস্তরাদিতে প্রতিহত হইয়া) কুল্‌কুল্ বা ঝর্ঝর শব্দে ছোট ছোট ঘূর্ণি তুলিয়া প্রবাহিত হওয়া। (**2**) *n.* a purling movement or sound, কুল্‌কুল্ বা ঝর্ঝর শব্দে ঘূর্ণি তুলিয়া প্রবহণ অথবা কুল্‌কুল্ বা ঝর্ঝর শব্দ। [cp. Norw. *purla* = to babble]

purl₂ [pa(r)l, প্যা(র্)ল্] (**1**) *v.t.* to embroider or edge with gold or silver thread, (জামা-কাপড়ে) সোনালি বা রুপালি জরি দিয়া কারুকার্য করা অথবা প্রান্তদেশে উহা লাগান : to fringe with a woven edging, (জামাকাপড়ের) প্রান্তদেশে ঢেউ খেলান বা আকুঞ্চিত লেস প্রভৃতি লাগান ; to knit with inverted stitches, উলটা ফোঁড় দিয়া বোনা। (**2**) *n.* twisted gold or silver thread, পাকান সোনালি বা রুপালি জরি ; a loop or twist, (প্রধানতঃ জামাকাপড়ের প্রান্তদেশে) ফাঁস বা পাক ; a fold or frilling, ভাঁজ, কুঞ্চন বা কুঁচি ; knitting with inverted stitches, উল্‌টা ফোঁড়ে বয়ন। [?]

purler [pa(r)-la(r), প্যা(র্)ল্যা(র্)] *n.* (coll.) a heavy fall (especially from horseback), (কথ্য.) (বিশেষতঃ অশ্বাদির পৃষ্ঠ হইতে) সজোরে পতন। **(to) come** or **take a purler**—মাথা সম্মুখবর্তী অবস্থায় পড়িয়া যাওয়া। [Sc. *pirl* = twist ?]

purlieu [pa(r)°-lū, প্যা(র্)°লিউ] *n.* (ori.) a tract wrongly added to a royal forest, but disafforested by perambulation, (মূলতঃ) রাজকীয় বনের সহিত অন্যায়ভাবে অন্তর্ভুক্ত যে জমি হাঁটা-চলার ফলে অ-বনীভূত হইয়াছে ; (usu. in *pl.*) borders or outskirts, (নগরাদির) প্রান্তভাগ। [AF. *purale* = land severed by perambulation]

purloin [pa(r)-loyn°, প্যা(র্)লয়ন্°] *v.t.i.* to filch or steal, (ছিঁচকে) চুরি করা। *n.* **purloi°ner**। [AF. *purloigner*]

purple [pa(r)p°l, প্যা(র্)প্°ল্] (**1**) *n.* & *a.* crimson, রক্তবর্ণ ; (of) a colour between crimson and violet, বেগনি-লাল, ময়ূরপক্ষীবর্ণ, (পরি.) নীল-বেগনি বা রক্ত-বেগনি। (**2**) *n.* a crimson robe of ancient kings and emperors, প্রাচীন নৃপতি ও সম্রাট্‌দের রক্তবর্ণ পোশাক ; the dignity of king or emperor, রাজার বা সম্রাটের মর্যাদা ; cardinalate, কার্ডিনালের পদমর্যাদা বা সম্প্রদায় (কারণ তাঁহাদের পোশাক ও টুপি রক্তবর্ণ)। (**3**) *v.t.i.* to make or become purple, বেগনি-লালবর্ণ করা বা হওয়া। **born in the purple**—রাজকুলে বা অভিজাত বংশে জন্ম। **purple passage**—মাত্রাতিরিক্তভাবে অলঙ্কৃত রচনা। *a.* **purp°lish**—ঈষৎ নীল-বেগনিবর্ণ। [OE. *purpl(e)* (*a.*), *purpur*(*n.*) < L. *purpura* < Gk. *porphyra* = purple-fish]

purport [pa(r)°-pa(r)t, প্যা(র্)°প্যা(র্)ট্] (**1**) *n.* meaning contained in, অন্তর্নিহিত অর্থ ; substance, gist, সারমর্ম ; (rare) purpose, (বিরল) উদ্দেশ্য। (**2**) *v.t.* to convey as its meaning, অর্থ বহন করা ; to convey to the mind, মনে (ধারণাদি) জন্মান ; to seem to mean, কোন নির্দিষ্ট অর্থ বুঝাইতেছে বলিয়া মনে হওয়া ; (rare) to purpose, (বিরল) অভিপ্রায় করা। *p.* & *p. pt.* **pur°ported**। *a.* **pur°portless**—অর্থহীন ; (বিরল) উদ্দেশ্যহীন। [OF. < L. *pro-*, *portare* = to carry]

purpose [pa(r)°-pas, প্যা(র্)°প্যাস্] (**1**) *n.* object intended, অভীষ্ট লক্ষ্য, উদ্দেশ্য ; power of seeking the end desired, অভীষ্টসাধনের ক্ষমতা (man of *purpose*) ; useful function, প্রয়োজনীয় ক্রিয়া ধর্ম বা গুণ ; intention, অভিপ্রায়, মতলব। (**2**) *v.t.* to have as a purpose, লক্ষ্যরূপে রাখা, উদ্দেশ্য করা ; to intend, অভিপ্রায় করা, মতলব করা। **(to) answer** or **serve one's purpose**—(কাহারও) কাজের বা প্রয়োজনের উপযোগী হওয়া, (কাহারও) উদ্দেশ্য সাধন করা বা প্রয়োজন মেটান। **on purpose** or **of set purpose**—উদ্দেশ্যমূলকভাবে, ইচ্ছাপূর্বক। **to good** or **some purpose**—শুভ ফলদায়ক হইয়া। **to little purpose**—অতি সামান্যই ফলপ্রদ হইয়া। **to no purpose**—মোটেই ফলপ্রদ না হইয়া, বৃথায়। **to the purpose**—যথাযথভাবে ; আলোচ্য সমস্যা-সমাধানের সহায়কভাবে। *a.* **pur°poseful**—অভীষ্টসাধনে রত বা নিয়োজিত ; অভীষ্টসাধনার্থ ; অভীষ্ট লক্ষ্যজনিত। *a.* **pur°poseless**—উদ্দেশ্যহীন ; লক্ষ্যহীন ; মতলবহীন। *adv.* **pur°posely**—ইচ্ছাপূর্বক, মতলব আঁটিয়া। [OF. *purpos* < L. *propositum* (*n.*)]

purr [pa(r), প্যা(র্)] (**1**) *v.i.t.* to make a low murmuring sound, (expressing pleasure), (হৃষ্টচিত্ত বিড়াল কর্তৃক) গর্‌গর্ আওয়াজ করা বা ঐরূপ আওয়াজে কিছু বলা, (মনুষ্যাদি-সম্পর্কে) হৃষ্টচিত্তে ঐরূপ শব্দ করা বা ঐরূপ শব্দে বলা। (**2**) *n.* the purring sound, ফ্যাঁসফ্যাঁসানি, মৃদু গর্‌গর্ শব্দ। [imi.]

purse [pa(r)s, প্যা(র্)স্] (**1**) *n.* a small money-bag, টাকার ক্ষুদ্র থলি বা মনিব্যাগ ; a sum of money in a purse, মনিব্যাগে রক্ষিত মোট টাকা ; a sum given as a present or prize, উপহাররূপে বা প্রতিযোগিতাদির বিজয়ীকে পুরস্কাররূপে প্রদত্ত টাকা ; funds, তহবিল ; a purse-like cavity, মনিব্যাগের ন্যায় (জীবদেহের) ক্ষুদ্র গর্ত বা থলি। (**2**) *v.t.* to put into a purse or in one's purse, মনিব্যাগের মধ্যে বা নিজের মনিব্যাগের মধ্যে রাখা ; to pocket, পকেটে পোরা। (**3**) *v.t.i.* to contract, মনিব্যাগের মুখের মত (ঠোঁট ভ্রূ প্রভৃতি) সঙ্কুচিত করা বা হওয়া (to *purse* up the lips। *p.* & *p. pt.* **pur°sed**। **a long purse**—ব্যাঙ্কে রক্ষিত টাকাকড়ি। **light purse**—দারিদ্র্য। **privy purse**—নৃপতির ব্যক্তিগত ব্যয়নির্বাহার্থ ভাতা। **public purse**—জাতীয় বা রাষ্ট্রীয় অর্থভাণ্ডার। **(to) hold the purse-strings**—খরচপত্র সম্বন্ধে কর্তৃত্ব

করা. (তু.) ক্যাশবাক্সের চাবি হাতে রাখা। **(to) loosen the purse-strings**—খরচ বাড়ান; মুক্তহস্ত হওয়া। **(to) tighten the purse-strings**—খরচ কমান; মিতব্যয়ী হওয়া। *n.* **purse°ful**—একটি মনিব্যাগে যতটা ধরে তত পরিমাণ। *n.* **purse°-pride**—ধনগর্ব। *a.* **purse°-proud**—ধনগর্বী। *n.* **pur°ser**—(পূর্বে) জাহাজের নাবিকাদির বেতনপ্রদায়ক কর্মচারী; জাহাজের ক্যাবিন্ খাদ্যভাণ্ডার প্রভৃতির তত্ত্বাবধায়ক কর্মচারী। *n.* **purse°-snatcher**—যে ব্যক্তি পরের মনিব্যাগ ছিন্তাই করে, গাঁটকাটা। [OE. *purs*<LL. *bursa* <Gk.=a hide (formerly a purse was made of hide)]

pursue [pa(r)-sū°, প্যা(র্)সিউ°] (**1**) *v.t.* to persist in opposing or seeking to injure, ক্রমাগত বিরুদ্ধাচরণ বা ক্ষতিসাধনের চেষ্টা করা; to sue, আদালতে অভিযুক্ত করা; to follow in order to capture or kill, গ্রেপ্তারের জন্য বা বধার্থ অনুসরণ করা (to *pursue* a criminal, thief, robber, etc.); to chase, শিকারের জন্য অনুসরণ করা; to follow hastily, দ্রুত অনুসরণ করা; to follow the course of, (কাহারও বা কিছুর) পন্থানুসরণ করা; to be engaged in, (কার্যাদিতে) রত থাকা, (পেশাদি) অবলম্বন করা (to *pursue* the profession of a lawyer); to carry on, চালাইয়া যাওয়া (to *pursue* one's studies); to seek to obtain or attain, পাইতে বা (লক্ষ্যাদিতে) পৌঁছিতে চেষ্টা করা (to *pursue* one's object); to follow as an attendant or supporter, সঙ্গিরূপে বা সমর্থকরূপে অনুসরণ করা। (**2**) *v.i.* to follow, অনুসরণ করা; to proceed continuously, চলিতে থাকা। *n.* **pursū°ance**—অনুসরণ; (অভীষ্ট বস্তু প্রভৃতি) লাভের চেষ্টা; বৃত্তি, পেশা; অনুসৃত বা অভীষ্ট বস্তু, লক্ষ্য; চালাইয়া যাওয়া বা অনুসরণ (in *pursuance* of duties, regulations, etc.)। *a.* **pursū°ant**—অনুসরণরত। **pursuant to**—অনুসারে (*pursuant to* the provisions of the constitution)। *n.* **pursū°er**—অনুসরণকারী, পশ্চাদ্ধাবনকারী। [AF. *pursiwer*<L. *prosequi*=to follow]

pursuit [pa(r)-sūt°, প্যা(র্)সিউট্°] *n.* act of pursuing, অনুসরণ; effort to attain, (অভীষ্ট বস্তু প্রভৃতি) লাভের চেষ্টা (*pursuit* of happiness); occupation, বৃত্তি, পেশা; that which is pursued, অনুসৃত বা অভীষ্ট বস্তু। [AF. *purseute* —cp. *pursue*]

pursuivant [pa(r)°-si-vant, প্যা(র্)°সিভ্যান্ট্] *n.* an attendant or follower, সঙ্গী, পরিচারক; অনুচর; an officer below a herald, সরকারি ঘোষকের অপেক্ষা নিম্নতর পদস্থ কর্মচারিবিশেষ। [F. *poursuivant*=pursuing]

pursy₁ [pa(r)°-si, প্যা(র্)°সি] *a.* puckered, কুঞ্চিত। [see *purse*]

pursy₂ [pa(r)°-si, প্যা(র্)°সি] *a.* puffy, ঈষৎ স্ফীত; fat and short, মোটা ও বেঁটে; short-winded, একটুতেই হাঁপাইয়া পড়ে এমন। *n.* **pur°siness**। [OF. *poulsif*=broken-winded]

purulent [pūr°-oo-lant, পিউয়্যার্°উল্যান্ট্] *a.* of or containing or discharging pus, পুঁযসংক্রান্ত, সপুঁয, পুঁযপূর্ণ, পুঁয-নিঃস্রাবী। *n.* **pūr°ulence, pūr°ulency**—সপুঁযতা, পুঁয-নিঃস্রাবী অবস্থা। *adv.* **pūr°ulently**। [L. *purulentus*< *pus*=pus]

purvey [pa(r)-vā°, প্যা(র্)ভেই°] *v.t.i.* to procure and supply (provisions), (খাদ্যাদি) সংগ্রহ করিয়া সরবরাহ করা। *n.* **purveyance** [pa(r)-ve°-ans, প্যা(র্)ভে°অ্যান্স্] (খাদ্যাদি) সংগ্রহপূর্বক সরবরাহ। *n.* **purvey°or**। [AF. *purveier*<L. *providere*—cp. *provide*]

purview [pa(r)°-vū, প্যা(র্)°ভিউ] *n.* the body of a statute distinguished from the preamble, ভূমিকাবাদে আইন অর্থাৎ আইনের মূল অংশ; range, ব্যাপকতা, এলাকা, আওতা (within the *purview* of the act, enquiry, etc.)। [AF. *purveu*=provided (*p. pt.* of *purveier*)—cp. *purvey*]

pus [pus, পাস্] *n.* a yellowish fluid formed by suppuration, পুঁয। [L.]

push [poosh, পুশ্] (**1**) *v.t.i.* to thrust and press against, ধাক্কা দিয়া ঠেলিয়া দেওয়া; to drive or make one's way by pressure, ধাক্কা বা ঠেলা দিয়া চালান অথবা ধাক্কা দিয়া বা ঠেলাঠেলি করিয়া নিজের পথ করিয়া লওয়া (to *push* one's way through the crowd); to press or drive forward, ঠেলিয়া অথবা ধাক্কা দিয়া অগ্রসর করান বা অগ্রসর হওয়া কিংবা চালান বা চলা; to press hard, জোরে ঠেলা দেওয়া। (**2**) *v.t.* to urge, কর্মপ্রেরণা দেওয়া; to put forth, উপস্থাপিত করা; to promote or seek to promote vigorously and persistently, উন্নতিবিধান করা বা প্রবলভাবে ও নাছোড়বান্দা হইয়া উন্নতিবিধানের চেষ্টা করা; to try to promote the sale of, বিক্রয়বৃদ্ধির চেষ্টা করা (to *push* the sale of goods by skilful advertisement)। (**3**) *v.i.* to play a push-stroke, (বিলিআড্ প্রভৃতি খেলায়) বলকে ঠেলিয়া দেওয়া বা ঠেলা মারিয়া মারিয়া খেলা। *p.* & *p. pt.* **pu°shed**। (**4**) *n.* a thrust, ঠেলা, ধাক্কা; an impulse, প্রেরণা; a help to advancement, অগ্রসর হওয়ার জন্য বা উন্নতিসাধনার্থ সাহায্য; a vigorous effort, প্রবল চেষ্টা; an onset, আক্রমণ; a crisis, সঙ্কট; a pushing stroke, (বিলিআড্ প্রভৃতি খেলায়) ঠেলা মারিয়া বল-চালনা (also **push°-strōke**); (coll.) dismissal, (কথ্য.) বরখাস্ত। **at a push**—সঙ্কটকালে। **(to) get the push**—(চাকুরি হইতে) বরখাস্ত হওয়া, পদচ্যুত হওয়া। **(to) give the push**—(চাকুরি হইতে) বরখাস্ত করা। **(to) push along** or **on** or **onward**—চলিতে

থাকা, অগ্রসর হইতে থাকা; কাজ করিতে থাকা। **(to) push one about**—কাহারও প্রতি তর্জন-গর্জন করা। **(to) push one around**—(কথ্য.—কাহাকেও) তর্জনগর্জন করা বা হুকুম করা। **(to) push off**—(নৌচালক বা নৌকা সম্বন্ধে) তীর-পরিত্যাগ করা। **(to) push one's fortune**—স্বীয় ভাগ্যোন্নতির সন্ধানে ব্যস্ত থাকা। **(to) push out**—দাঁড় বাহিয়া নদী বা সমুদ্রের মধ্যে যাওয়া অথবা নেওয়া। **until it comes to the push**—প্রয়োজনের ফলে বা অবস্থাগতিকে বাধ্য না হওয়া পর্যন্ত। **when it comes to the push**—প্রয়োজনের ফলে বাধ্য হইয়া; অবস্থাগতিকে বাধ্য হইয়া। *n.* **push°-bīcycle, push°-bīke**—সাইকেল (যাহা পেডাল করিয়া চালাইতে হয়)। *n.* **push°-cart**—ঠেলাগাড়ি। *n.* **pu°sher**—যে ধাক্কা দেয় বা ঠেলে; ধাক্কা দিবার বা ঠেলিবার যন্ত্র; বিমানপোতবিশেষ; যে ব্যক্তি নিজেকে জাহির করে; যে ব্যক্তি শ্রমসহকারে স্বীয় সামাজিক মর্যাদাবৃদ্ধির জন্য চেষ্টা করে। *a.* **push°ful**—নিজ ব্যাপারে উৎসাহী: অতিরিক্ত কর্মপরায়ণ। *a.* **pu°shing**—স্বীয় উন্নতিবিধানে উদ্যোগী। *adv.* **pu°shingly** I *n.* **push°off°**—নৌকাদিকে জলমধ্যে ঠেলিয়া (নামাইয়া) দেওয়া; প্রেরণ। *n.* **push°-ōver**—(অশি.) অতি সহজ কাজ; যে ব্যক্তিকে সহজে পরাজিত বা দমিত করা যায়। *a.* **pu°shy**—বিরক্তিকরভাবে আত্মসাম্মুখ্যপূর্ণ বা নিজেকে জাহির করিতে ব্যস্ত। [F. *pousser*<L. *pulsare*=to beat frequently]

pusillanimous [pū-si-la°-ni-mas, পিউসিল্যা°-নিম্যাস্] *a.* faint-hearted, দুর্বলচিত্ত; mean-spirited, নীচমনাঃ; cowardly, ভীরু। *adv.* **pūsilla°nimously** I *n.* **pūsillani°mity** I [L. *pusillanimis*<*pusillus*=petty, *animus*=soul]

puss [poos, পুস্] *n.* a pet name for a cat, বিড়ালের আদুরে নাম, পুসি; a hare, শশক, খরগোশ; a girl or a woman, বালিকা, স্ত্রীলোক (a sly *puss*)। *n.* **pu°ssy**—ছোট পুসি (also **pu°ssy-cat**); কোমল ও লোমশ বস্তু। **puss in the corner**—বালক-বালিকাদের খেলাবিশেষ (ইহাতে কয়েকটি স্থান নিরাপদ্ বলিয়া নির্দিষ্ট থাকে—খেলোয়াড়রা এক-একজন ঐরূপ এক-একটি স্থানে থাকে এবং বারংবার পরস্পর স্থানপরিবর্তন করে; আরেকজন খেলোয়াড়কে পুলিস্ বা কুমির বলিয়া গণ্য করা হয়—সে স্থানপরিবর্তনকালে অন্য খেলোয়াড়দের ছুঁইয়া দিবার চেষ্টা করে বা তাহাদের পরিত্যক্ত স্থান দখল করিতে চেষ্টা করে)। [cp. Ir. & Gael. *pus*=a call name (?)]

Pussy-foot [poo°-si-foot, পু°সিফুট্] *n.* liquor-prohibition or its advocate, মদ্যপান-নিবারণ বা উহার সমর্থক। *pl.* **pussy-foots** I [nickname of W. E. Johnson (from his stealthy ways as a revenue officer)]

pustule [pus°-tūl, পাস্°টিউল্] *n.* a pimple containing pus, সপুঁয ব্রণ বা ফুসকুড়ি; a warty elevation, আঁচিল-তুল্য বা জড়ুল-তুল্য স্ফীতি। *a.* **pus°tūlar**—উক্ত ব্রণসংক্রান্ত বা স্ফীতিসংক্রান্ত অথবা তত্তুল্য। *v.t.i.* **pus°tūlāte**—উক্ত ব্রণ বা স্ফীতি সৃষ্টি করা অথবা হওয়া। *n.* **pustulā°tion** I *a.* **pus°-tulous**—উক্ত ব্রণময় বা স্ফীতিময়। [L. *pustula*]

put₁—see **putt.**

put₂ [poot, পুট্] **(1)** *v.t.* to thrust, (অস্ত্রাদি) সবলে ঢুকাইয়া দেওয়া; to hurl, (প্রধানতঃ কনুই গুটাইয়া হাত কাঁধের কাছে আনিয়া কিছু) ছোড়া নিক্ষেপ করা (to *put* the shot); to push, ঠেলা দেওয়া, ধাক্কা দেওয়া; to drive, চালান; to impel, প্রেরণা দেওয়া; to transport, পরিবহণ করা; to force, বলপ্রয়োগ করা, বলপ্রয়োগদ্বারা করান; to incite, উদ্দীপ্ত করা; to apply, প্রয়োগ করা; to place, স্থাপন করা; to deposit, জমা দেওয়া; to append, নিচে সংযোজিত করা; to affix, আঁটিয়া দেওয়া, সংলগ্ন করা; to connect, সংশ্লিষ্ট বা সম্বদ্ধ করা; to add, সংযোজিত করা; to commit, ভারার্পণ করা বা আবদ্ধ করা (to *put* into prison); to assign, নির্ধারিত করা; to subject, অধীন বা বশবর্তী করান (to *put* to trouble); to render, পরিণত করা; to convert, পরিবর্তিত করা; to express, প্রকাশ করা; to place for, (বিবেচনার্থ) উপস্থাপিত করা; to impose or impute, আরোপ করা; to venture, ঝুঁকি লওয়া; to invest, (ধনাদি) বিনিয়োগ করা। **(2)** *v.i.* (arch.) to thrust, (আর্ষ.) সবলে ঢোকা; (naut.) to proceed or mark one's way, (পোতাদি-সম্বন্ধে) অগ্রসর হওয়া বা আপন পথ করিয়া লওয়া; to set out, (প্রধানতঃ ত্বরান্বিত-ভাবে) যাত্রা করা; to flow, প্রবাহিত হওয়া। *pr. pt.* **pu°tting** I *p.* & *p. pt.* **put** I **(3)** *n.* a thrust, সবলে ঢুকাইয়া দেওয়া; a push, ঠেলা, ধাক্কা; a throw, নিক্ষেপণ, নিক্ষেপ। **(to) put about**—(জাহাজ-সম্বন্ধে) গতিপরিবর্তন করা; (গ্রন্থাদি) প্রকাশ বা প্রচার করা। **(to) put across**—সাফল্যের সহিত সম্পাদন করা বা সঙ্ঘটিত করান; অভিনয় বক্তৃতা প্রভৃতির দ্বারা শ্রোতৃমণ্ডলীকে অভিভূত করা। **(to) put an end** or **stop to**—শেষ করা বা বন্ধ করা। **(to) put an end to one's life**—আত্মহত্যা করা। **(to) put aside**—একপাশে সরাইয়া রাখা। **(to) put away**—(পদ পত্নী প্রভৃতি) পরিত্যাগ করা; বধ করা; দৃঢ়ভাবে বাঁধাছাদা করিয়া সরাইয়া রাখা (to *put away* the papers); পেট পুরিয়া ঢোকান। **(to) put back**—পশ্চাতে ঠেলা; বিলম্বিত করান; ফেরত পাঠান; প্রত্যাবর্তিত করান; প্রতিহত করা; (জাহাজ-সম্বন্ধে) বন্দরে ফেরা। **(to) put by**—সরাইয়া রাখা; প্রতিহত করা; সঞ্চয় করিয়া রাখা। **(to) put down**—দমন করা, প্রশমিত করা; অবনমিত করা; লিখিয়া লওয়া; গণ্য করা; আরোপ করা; অতিক্রম করা। **(to) put forth**—প্রদান করা; বাড়াইয়া দেওয়া; প্রস্তাব করা; বিবেচনাদির জন্য উপস্থাপিত করা; প্রকাশ করা; প্রদর্শিত করান; (বৃক্ষ-সম্বন্ধে) পত্রপুষ্পোদ্গম হওয়া বা করান (to *put forth* new leaves); চালু করা;

(শক্তি প্রভৃতি) প্রয়োগ করা। **(to) put forward**—বিবেচনাদির জন্য উপস্থাপিত করা, পেশ করা; হাজির করান, দাখিল করা (to *put* oneself *forward* as a candidate); সামনে সরাইয়া বা ঠেলিয়া দেওয়া (to *put forward* the hands of a clock)। **(to) put in**—স্থাপন করা; ভিতরে স্থাপন করা; নিবসিত করান, বাসা করিয়া দেওয়া; অর্পণ করা; দাবি করা (to *put in* a claim for loss); আবেদন করা; ঢোকা; বন্দরে ঢোকা (the ship *put in* at Bombay); মধ্যবর্তী হইয়া বাধা দেওয়া; কিছুর অংশরূপে যোগান (to *put in* 100 runs of the huge total of one's team); নিযুক্ত করা। **(to) put** (a job etc.) **in hand**—(কার্যাদি) করিতে আরম্ভ করা। **(to) put off**—সরাইয়া রাখা; (আর্ষ.) খুলিয়া ফেলা; ভোগ ত্যাগ করা; হাতের কৌশলে সরাইয়া দেওয়া; (আর্ষ.) বরখাস্ত করা; কৌশলে এড়ান (to *put off* a person with vague promises); উদ্দেশ্যভ্রষ্ট বা পথচ্যুত করান; মুলতবি করা (to *put off* a meeting); কূল হইতে ঠেলিয়া দেওয়া। **(to) put on**—পোশাক ছদ্মবেশ প্রভৃতি পরা; লোক-দেখানভাব অবলম্বন করা বা ভান করা (to *put on* an air of piety); আরোপ করা; বাড়ান (to *put on* speed or weight); সংযোজিত করা: উপরে আঁটিয়া দেওয়া; প্রয়োগ করা, সক্রিয়-করা, চালু করা; ব্যবস্থা করা বা জোগান (to *put on* a special train); আগাইয়া দেওয়া (to *put* the clock *on* one hour); কিছুর উপরে বাজি ধরা (to *put* a lot of money *on* the favourite horse); প্রদীপ্ত করা; (ক্রীড়াদিতে) রান গোল প্রভৃতি যোগ করা; (নাটকাদি) মঞ্চস্থ করা, অভিনীত করান। **(to) put it on**—(কথ্য.) আবেগের মাত্রাতিরিক্ত প্রাবল্য প্রকাশ করা; অন্যায্য রকম বা প্রয়োজনাধিক গুরুত্বপূর্ণ বলিয়া নিজেকে জাহির করা; ভণ্ডামি করা বা ভণ্ডামি-ভরা আচরণ করা; মাত্রাধিক মূল্য দাবি করা বা আদায় করা (that hotel *puts it on* during festivals)। **(to) put out**—দূরীভূত করা; (ক্রিকেট খেলাদিতে) আউট করা; বিকীর্ণ করা; প্রসারিত করা; নেভান (to *put out* the lights); সুদে খাটান; ব্যয় করা; (গ্রন্থাদি) প্রকাশ বা প্রচার করা; অসুবিধায় ফেলা; অপরকে জব্দ করা; বিপর্যস্ত করা; ক্ষুণ্ণ করা; বন্দর ছাড়িয়া সমুদ্রমধ্যে যাওয়া; স্থানচ্যুত করা; কর্মক্ষমতাদি প্রয়োগ করা; উৎপাদন করা; অপরদের সহিত বা দূরে স্থাপন করা; অঙ্গাদি বিচ্ছিন্ন করা বা উৎপাটন করা, তুলিয়া ফেলা। **(to) put one's tongue out**—(চিকিৎসককে দেখাইবার জন্য) জিভ বাহির করা। **(to) put over**—(নৌকা প্রভৃতি) চালাইয়া নেওয়া; সাফল্যের সহিত সম্পাদন করা বা সঙ্ঘটিত করান। **(to) put through**—শেষ বা সমাপ্ত করা; সম্পাদন করা; টেলিফোনে লাইন দেওয়া অর্থাৎ যোগাযোগ স্থাপন করিয়া দেওয়া (please *put* me *through* the secretary)। **(to) put one through it**—(কাহাকেও) পুরাদস্তুর পরীক্ষা করা বা জেরা করা (যেমন, হাতে-কলমে পরীক্ষা করিয়া বা যন্ত্রণা দিয়া কোন স্বীকারোক্তি আদায় করা)। **(to) put together**—বিভিন্ন অংশ একত্র করিয়া বা জোড়া দিয়া তৈয়ারি করা; সংহত করা (*to put* thoughts *together*); একত্র করা (to *put together* the parts of a machine)। **(to) put to**—প্রয়োগ করা; সংযোজিত করা; যোগ দেওয়া; সম্পর্ক স্থাপন করা; জোয়ালে জোতা; বন্ধ করা; (কিছুতে) ব্যাপৃত বা নিরত করান। **(to) put to it**—ভীষণ চাপ দেওয়া; হয়রান করা; উৎপীড়ন করা; কষ্ট দেওয়া। **(to) put up**—(শশকাদি-সম্বন্ধে) গুপ্তস্থান হইতে বাহির হওয়া; বাঁধা-ছাঁদা করিয়া সরাইয়া রাখা; বাঁধিয়া-ছাঁদিয়া ফেলা; কোষবদ্ধ করা; একত্র মেশান; নিবসিত করান বা হওয়া; বাসা ঠিক করিয়া দেওয়া বা বাসা লওয়া (to *put up* at a hotel for the night); ভোট-প্রার্থি-রূপে মনোনীত করা (to *put up* a candidate for election); নির্বাচনে দাঁড়ান; বিক্রয়ার্থ সাজাইয়া রাখা; (খেলা প্রভৃতি) দেখান; **(to) put up to**—(কিছু করিতে) উদ্দীপ্ত বা অনুপ্রাণিত করা; অবগত করান। **(to) put one up to**—অবগত করান, জানান; বিবরণাদি জানাইয়া প্রস্তুত করা। **(to) put up with**—ধৈর্যসহকারে সহ্য করা। **(to) be hard put to it**—মুশকিলে বা কঠিন অবস্থায় পড়া বা নিজের সর্বশক্তি-প্রয়োগে বাধ্য হওয়া। *n.* **put°-off**—(মিথ্যা) ওজর; (মিথ্যা) ওজর দেখাইয়া পরিহার; সাময়িক স্থগন, মুলতবি-করা। *n.* **pu°tter**—put(*v.*)-এর সকল অর্থে, এবং—কয়লাখনিতে যে ব্যক্তি ট্রাম বা ট্রলি ঠেলিয়া অথবা টানিয়া লইয়া যায়। *a.* **put-up°**—বিশ্বাসযোগ্যভাবে পূর্বাহ্নে আপসে চুক্তি করা হইয়াছে এমন; (প্রবঞ্চনাদির উদ্দেশ্যে) সাজান বা বানান হইয়াছে এমন, সাজস (a *put-up* job)। [OE. *putian*—cp. D. *putte*, Sw. *putta*]

putative [pū°-ta-tiv, পিউ°ট্যাটিভ্] *a.* supposed, অনুমিত; reputed, জনসাধারণ্যে পরিগণিত। *adv.* **pū°tatively**। [L. *putativus*<*putare*=to suppose]

putrefy [pū°-tri-fī, পিউ°ট্রিফাই] *v.t.i.* to make or become putrid, পচান বা পচা; to corrupt, বিকৃত করা বা হওয়া। *n.* **pūtrefac°tion**—শটন, পচন। *a.* **pūtrefac°tive**—পচায় এমন। *n.* **putrescence** [pū-tre°sns, পিউট্রে°স্‌ন্‌স্] পচনারম্ভ। *a.* **pūtre°scent**—পচিয়া উঠিতেছে এমন। *a.* **pū°trid**—পচা। *n.* **pūtri°dity**। [L. *putrefacere*]

putsch [push, পুশ্] *n.* a revolutionary uprising, বৈপ্লবিক অভ্যুত্থান। [G.]

put(t) [put, পাট্] (1) *v.t.i.* (in golf) to strike (the ball) gently to put into the hole, (গল্‌ফ্-খেলায়) গর্তে ফেলার জন্য (বলকে) মৃদুভাবে আঘাত করা। *pr. pt.* **pu°tting**। *p.* & *p. pt.* **pu°ttėd**। (2) *n.* a putting stroke, উক্ত মৃদু আঘাত। *n.* **pu°tter**—গল্‌ফ্-খেলার লাঠিবিশেষ। [Scot. form of put_2]

puttee, puttie [poo°-tē, পু°টী, poo°-ti, পু°টি] *n.* a cloth strip wound round from ankle to knee as a legging, (সৈনিক পুলিস প্রভৃতি কর্তৃক) পাদত্রাণরূপে ব্যবহৃত পটী। [Hin. *pattee*]

putty [pu°-ti, পা°টি] (**1**) *n.* (ori.) a polishing powder, (মূলতঃ) পালিশ করার জন্য চূর্ণবিশেষ; a cement of whiting and linseed-oil, পুটিং। (**2**) *v.t.* to cement with putty, পুটিং লাগান বা পুটিং দিয়া (ছিদ্রাদি) বন্ধ করা। **putty medal**—(রসি.) সামান্য কাজের যোগ্য পুরস্কার। [F. *potee(n.)*]

puzzle [puz°l, পাজ্‌°ল্] (**1**) *v.t.i.* to perplex or be perplexed, হতবুদ্ধি বা বিহ্বল করা অথবা হওয়া; কিংকর্তব্যবিমূঢ় করা বা হওয়া; to set or labour to solve, কঠিন সমস্যা পুরণ করিতে দেওয়া বা সমস্যাপূরণার্থ পরিশ্রম করা। (**2**) *n.* bewilderment, হতবুদ্ধি অবস্থা, বিহ্বলতা; anything that puzzles, হতবুদ্ধিকর সমস্যা প্রশ্ন প্রভৃতি, কঠিন সমস্যা; a riddle, ধাঁধা। **(to) puzzle out**—(সমস্যা ধাঁধা প্রভৃতির) ধৈর্য ও কৌশলের সহিত সমাধান করা। *a.* **puzz°le-hea°ded, puzz°le-pate**—তালগোল-পাকান বিভিন্ন ধারণাদিতে পূর্ণ মগজবিশিষ্ট। *n.* **puzz°lement** । *n.* **puzz°ler** । *a.* **puzz°ling**—হতবুদ্ধিকর। [?]

pyæmia [pI-e°-mi-a, পাইঈ°মিঅ্যা] *n.* a kind of blood-poisoning, একপ্রকার রক্তবিষণ বা রক্তদুষ্টি: এই রোগে দেহের নানা স্থানে ফোড়া বাহির হয়। *a.* **pyæ°mic**—রক্তদুষ্টি সংক্রান্ত (*pyæmic* abscess)। [Gk. *puon*=pus, *haima*=puss]

pye-dog [pI°-dog, পাই°ডগ্] *n.* an ownerless street dog, মালিকহীন খেঁকি কুকুর। [Hind. *pahi*=outsider]

pyelitis [pI-a-lI°-tis, পাইঅ্যালাই°টিস্] *n.* inflammation of renal pelvis, বৃক্ক-শ্রোণী প্রদাহ। [Gk. *puelos*=trough]

pygmy [pig°-mi, পিগ্°মি] (**1**) *n.* a member of an ancient race of dwarfs, (সচ. গর্তমধ্যে বাসকারী) প্রাচীন বামনজাতিবিশেষের লোক; an elf, বেঁটে ভূত বা পরী; a dwarf, বামন; any diminutive or insignificant person, animal or thing, হ্রস্বকায় বা তুচ্ছ ব্যক্তি প্রাণী অথবা বস্তু। (**2**) *a.* dwarfish, বেঁটে, বামনাকৃতি; diminutive, ক্ষুদ্রকায়; insignificant, তুচ্ছ। [Gk. *pugmaios* <*pugme* (=13½″)]

pyjamas [pa-jŭ°-maz, প্যাজা°ম্যাজ্] *n. pl.* a kind of loose trousers, পাজামা। [Hind.< Pers. *paijama*]

pylon [pI°-lan, পাই°ল্যান্] *n.* a gateway, তোরণ; a structure for support of power-cables, ইলেকট্রিকের তারের খুঁটিরূপে (প্রধানতঃ ইস্পাতের) নির্মিত উঁচু থামবিশেষ। [Gk.<*pyle*=a gate]

pylorus [pI-la°-ras, পাইল্যা°র‍্যাস্] *n.* the opening from the stomach to the intestines, পাকস্থলী হইতে অন্ত্রে প্রবেশের দ্বার। *a.* **pylo°ric**—উক্ত দ্বার সংক্রান্ত (*pyloric* stenosis)। [Gk. *pyloros*=gatekeeper]

pyorrhoea [pI-a-ri°-a, পাইঅ্যারি°অ্যা] *n.* purulent discharge, (প্রধানতঃ দন্ত বা দন্তমূল হইতে) পুঁয-নিঃস্রাব। [Gk. *puon*=puss, *rhoia*=a flow]

pyramid [pi°-ra-mid, পি°র‍্যামিড্] *n.* a solid figure with triangular sides meeting at a point, ত্রিপার্শ্ব শঙ্কুবিশেষ; a monumental stone structure of this shape, (প্রাচীন মিশরের) উক্ত আকারের প্রস্তরগঠিত স্মৃতিস্তম্ভ, পিরামিড্; any object of this shape, উক্ত আকারের বস্তু। **pyramid selling**—(বাণিজ্য) বিপণন-পদ্ধতিবিশেষ: এই পদ্ধতি অনুসারে কোন ব্যবসায় প্রতিষ্ঠান অপর প্রতিষ্ঠানের পণ্যাদি বিক্রয়ের অধিকার লাভ করে এবং অনান্য বণ্টনকারী প্রতিষ্ঠান সমূহের নিকট এই অধিকার বিক্রয় করে। *a.* **pyra°midal**—পিরামিডের ন্যায় আকারবিশিষ্ট। [Gk. *puramis*]

pyre [pI(r), পায়্যা(র্)] *n.* a pile of combustibles for burning a dead body, চিতা। [L. *pyra*<G. *pura*<*pur*=fire]

pyretic [pI-re°-tik, পাইরে°টিক্] *a.* of fever, জ্বরসংক্রান্ত; curing or producing fever, জ্বরনাশক বা জ্বরদায়ক। Gk. *puretos*=fever]

pyrexia [pI-rek°-sia, পাইরেক্°সিঅ্যা] *n.* fever, জ্বর। [Gk. *purexis*]

pyrites [pI-rI°-tez, পাইরাই°টীজ্] *n.* either of two sulphides of iron, মাক্ষিক। [L.<Gk. *purites*=of fire]

pyrolatry [pI-ro°-la-tri, পাইর°ল্যাট্রি] *n.* fire-worship, অগ্নি-উপাসনা। *n.* **pyro°later**—অগ্নি-উপাসক। [Gk. *pyr*=fire, *latreia*=worship]

pyromania [pI-rō-mā°-ni-a, পাইরৌমেই°নিঅ্যা] *n.* a kind of mania or insanity with a tendency to incendiarism, গৃহাদিতে অগ্নিসংযোগের মনোবৃত্তিযুক্ত মানসিক বিকার। *a.* & *n.* **pyroma°niac**। [Gk. *pyr*=fire, mania]

pyrometer [pI-ro-mi°-ta(r), পাইরমি°ট্যা(র্)] *n.* an instrument for measuring high temperature, উচ্চতাপমাপক যন্ত্র। [Gk. *pyr*=fire, *metron*=measure]

pyrotechnics [pI-rŏ-tek°-niks, পাইরোটেক্°নিক্স্] *n. pl.* art of making fireworks, আতশবাজি তৈয়ারি করার কৌশল; display of fireworks, আতশবাজি পোড়ান; showy display, (কথাবার্তা গানবাজনা প্রভৃতিতে) আড়ম্বর। *a.* **pyrŏtech°nic(al)**—আতশবাজি তৈয়ারি করার কৌশল-সংক্রান্ত। *n.* **pyrŏtech°nist**—যে ব্যক্তি আতশবাজি তৈয়ারি করার কৌশল জানে; আতশবাজির দক্ষ কারিগর। [Gk. *pyr*=fire, *tekhne*=art]

pyrrhic$_1$ [pi°-rik, পি°রিক্] *n.* an ancient Greek dance, প্রাচীন গ্রীক নৃত্যবিশেষ; (pros.) a foot of two short syllables, (ছন্দ.) দুইটি হ্রস্ব বা শ্বাসাঘাতহীন সিল্যাব্‌ল্-বিশিষ্ট কবিতার চরণ। [Gk. *Purrhikhos*, the inventor]

pyrrhic$_2$ [pi°-rik, পি°রিক] *a.* of or pertaining

to Pyrrhus, king of Epiras (318-272 BC.), এপিরাসের রাজা পিরাস সম্পর্কীয় বা সংক্রান্ত। **pyrrhic victory**—অস্বাভাবিক রকমের বেশি মূল্য দিয়া যে জয়লাভ হয় (রাজা এপিরাস খ্রীষ্টপূর্ব ২৭৯ অব্দে. অ্যাসকুলামের যুদ্ধে বিপুল ক্ষয়ক্ষতি স্বীকার করিয়া রোমানদের পরাজিত করেন)।

Pyrrhonism [pi°-ra-nizm, পি°র‍্যানিজ়্ম্] *n.* (phil.) the complete scepticism, (দর্শ.) পূর্ণ-সন্দেহবাদ। [L.<Gk. *Purrhon*, a philosopher of Greece]

Pythagorean [pī-tha-ga-ri°-an, পাইথ্যাগ্যারি°-অ্যান্] (**1**) *a.* of or according to Pythagoras, গ্রীক দার্শনিক ও গণিতবেত্তা পাইথ্যাগ্যার‍্যাস্-সংক্রান্ত বা তাঁহার মতানুযায়ী। (**2**) *n.* a follower of Pythagoras, পাইথ্যাগ্যারাসের অনুগামী ব্যক্তি। [Gk. *Puthagoreios*]

Pythian [pi°-thi-an, পি°থিঅ্যান্] *a.* of Delphi, the oracle there, the priestess, or the games, গ্রীসের ডেল্‌ফি-নগরের সূর্যমন্দিরসংক্রান্ত, ঐ মন্দিরের দৈববাণীসংক্রান্ত অথবা তত্রত্য পূজারী বা পূজারিণী সম্বন্ধীয়, ডেল্‌ফি-নগরে ক্রীড়াপ্রতিযোগিতা-সংক্রান্ত। [Gk. *Putho*, old name for Delphi]

Python [pī°-th(a)n, পাই°থ্‌ন্] *n.* the great snake killed by Apollo at Delphi, গ্রীক্ সূর্যদেবতা অ্যাপলো কর্তৃক ডেল্‌ফি-নগরের নিহত মহাসর্প। *n.* **py°thon**—পরিচিত ভূত ; দৈববাণী করিতে সক্ষম ব্যক্তি ; বিশালকায় সর্পবিশেষ, অজগর। [G. *Puthon*]

pyuria [pī-ūr°-ia, পাইউর্‌°ইঅ্যা] *n.* presence of pus in urine, মূত্রে পুঁজের উপস্থিতি বা বিদ্যমানতা [Gk. *puon*=pus, *ouron*=urine]

pyx [piks, পিক্‌স্] *n.* a box. বাক্স ; (eccl.) a vessel in which the consecrated bread is kept, খ্রিষ্টীয় গির্জায় যে পাত্রে উৎসর্গীকৃত রুটি রাখা হয়। *n.* **pyx°is**—(জহরত প্রসাধন-দ্রব্য মাদক প্রভৃতি রাখার জন্য) ক্ষুদ্র বাক্স বা কৌটা, সম্পুট। [L. *pyxis* Gk. *puxis*<*puxos*=box-tree]

Q

Q, q [kū, কিউ] *n.* the seventeenth letter of the English alphabet, ইংরেজি বর্ণমালার সপ্তদশ বর্ণ।

qua [kwā, ক্যোএই] *adv.* in the capacity of, ক্ষমতাবলে, পদাধিকারবলে ; as, হিসাবে। [L.]

quack₁ [kwak, ক্যোঅ্যাক্] (**1**) *n.* the cry of a duck, পাতিহাঁসের ডাক। (**2**) *v.i.* (of a duck) to cry, (পাতিহাঁস কর্তৃক) ডাকা, প্যাক্‌প্যাক্ করা। *p.* & *p. pt.* **qua°cked**। [imi.]

quack₂ [kwak, ক্যোঅ্যাক্] (**1**) *n.* a charlatan, হাতুড়ে বৈদ্য বা অন্য পেশাধারী। (**2**) *v.i.* to play the quack, হাতুড়েগিরি বা হাতুড়ে বৈদ্যগিরি করা। *p.* & *p. pt.* **qua°cked**। *n.* **qua°ckery**—হাতুড়েগিরি ; হাতুড়ে বৈদ্যগিরি। [short. from *quacksalver*]

quacksalver [kwak°-sal-va(r), ক্যোঅ্যাক্°স্যাল্‌ভ্যা(র্)] *n.* a charlatan, হাতুড়ে বৈদ্য বা অন্য পেশাধারী। [Du.]

quad [kwod, ক্যোঅড্] coll. contr. of **quadrangle, quadrat, quadruped** (i.e. horse), and **quadruplet.**

quadragenarian [kwod-ra-ji-nār°-ian, ক্যোঅড্‌র‍্যাজিনেয়্যার্‌°ইঅ্যান্] *a.* & *n.* (a person who is) forty years old ; চল্লিশ বৎসর বয়স্ক (ব্যক্তি)। [L. *quadrgenarius*]

quadrangle [kwod-rangg°l, ক্যোঅড্‌র‍্যাংগ্‌°ল্] *n.* a plane figure with four angles, চতুষ্কোণ সমতল ক্ষেত্র ; a four-sided court of building, অট্টালিকার (বিশেষতঃ কলেজ-ভবনের) চতুর্ভুজ অঙ্গন। *a.* **quadran°gūlar**—চতুর্ভুজাকার। [F.<L. *quadrangulum*]

quadrant [kwod°r(a)nt, ক্যোঅড্‌°র্‌ন্ট্] *n.* the fourth part of a circle or circumference, বৃত্তের বা পরিধির একচতুর্থাংশ, পাদ ; an instrument for measuring altitudes, (৯০°-যুক্ত) কৌণিক উচ্চতা-মাপনি। [L. *quadrans*]

quadrat [kwod°-rat, ক্যোঅড্‌°র‍্যাট্] *n.* a piece of type-metal lower than the letters (মুদ্রণে) দুই শব্দের মধ্যে ফাঁক দিবার জন্য এবং ফাঁকা লাইন পূর্ণ করার জন্য মুদ্রাক্ষর অপেক্ষা নিচু সীসকখণ্ড-বিশেষ। **quad°rāte**—(**1**) *a.* চতুষ্কোণ ; চৌকোনা ; (**2**) *n.* সমচতুষ্কোণ বা চৌকোনা ক্ষেত্র অথবা বস্তু ; অস্তন্যপায়ী মেরুদণ্ডী প্রাণীর হন্বস্থি। *v.t.i.* **quad°rāte**—সমচতুষ্কোণ বা সদৃশ করা অথবা হওয়া। *p.* & *p. pt.* **quad°rāted**। **quadratic** [kwod-ra°-tik, ক্যোঅড্‌র‍্যা°টিক্] (**1**) *a.* সমচতুষ্কোণ-সংক্রান্ত; চতুষ্কোণতুল্য ; (বীজগ.) দ্বিঘাত, দ্বিশক্তি। (**2**) *n.* (বীজগ.) দ্বিঘাতের সহ-সমীকরণ (also **quadratic equation**)। *n.* **quadrature** [kwod°-ra-cha(r), ক্যোঅড্‌°র‍্যাচ্যা(র্)] সমচতুষ্কোণতা ; সমচতুষ্কোণ করা ; সদৃশ সমচতুষ্কোণ-গঠন বা সদৃশ সমচতুষ্কোণ খুঁজিয়া বাহির করা ; ৯০°-পরিমিত কৌণিক ব্যবধান ; ৯০°-পরিমিত কৌণিক ব্যবধানে গ্রহনক্ষত্রাদির অবস্থান বা অবস্থানকাল, (পরি.) পাদসংস্থান। [L. *quadratus*=squared]

quadrennial [kwod-re°-ni-al, ক্যোঅড্‌রে°নিঅ্যাল্] *a.* lasting four years, চার বৎসরকাল স্থায়ী ; occurring every four years, প্রতি চার বৎসর অন্তর ঘটে এমন। [L. *quadriennium*]

quadri- [kwod°-ri, ক্যোঅড্‌°রি] *pfx.* four, চতুঃ ; square, চতুষ্কোণ। **quadrila°teral**—(**1**) *a.* চতুর্ভুজ। (**2**) *n.* চতুর্ভুজ ক্ষেত্র, চতুর্ভুজ। [L.]

quadriga [kwod-rī°-ga, ক্যোঅড্‌রাই°গ্যা] *n.* an ancient chariot drawn by four horses abreast, পাশাপাশি চার ঘোড়ায় টানা প্রাচীন রথ-বিশেষ। *pl.* **quadrigae**। [L. *quadri*, *jugum*=yoke]

quadrille [kwod-ril°, ক্যোঅড্‌রিল্] *n* a dance for four or more couples, চার বা ততোধিক

যুগলের নৃত্য ; music for such dance, এইরূপ নৃত্যের আবহ সঙ্গীত ; a game of four persons with forty cards, চল্লিশখানা তাস দিয়া চারজনের খেলাবিশেষ। [Sp. *cuadrilla*=a troop<*cuadra* <L. *quadra*=a square]

quadrillion [kwod-ri°-li-an, ক্যোঅড্‌রি°লিঅ্যান্] *n.* a million raised to the fourth power (10^{24}), দশলক্ষের চতুর্ঘাত (অর্থাৎ ১-এর পর ২৪টি শূন্য) ; (Am.) a thousand raised to the fifth power (10^{15}), (আমে.) এক হাজারের পঞ্চঘাত, (অর্থাৎ ১-এর পর ১৫টি শূন্য)। [comb. quadri and million]

quadroon [kwod-roon°, ক্যোঅড্‌রূন্°] *n.* the offspring of a mulatto and white, নিগ্রো বর্ণসঙ্কর ও শ্বেতকায়ের মিলনজাত সন্তান। [Sp. *cuarteron*]

quadruped [kwod°-roo-ped, ক্যোঅড্°রুপেড্] **(1)** *a.* four-footed, চতুষ্পদ। **(2)** *n.* a four-footed animal, চতুষ্পদ প্রাণী। [*quadri-*, L. *pedis*=a foot]

quadruple [kwod°-roopl, ক্যোঅড্°রুপল্] **(1)** *a.* fourfold, চতুর্বিধ ; having four parts, চতুরঙ্গ ; four times greater than, চতুর্গুণ। **(2)** *n.* four times as much, চার গুণ। **(3)** *v.t.i.* to make or become four times as much, চতুর্গুণ করা বা হওয়া। *n.* **quad°ruplet**—চার বস্তুর সমষ্টি, চতুষ্টয় ; চারজন আরোহীর আরোহণের উপযুক্ত সাইকেল ; সমকালে একগর্ভজাত জাতকচতুষ্টয়ের যে-কোনজন। *adv.* **quad°ruply**। [F.<L. *quadruplus*]

quadruplicate [kwod-roo°-pli-kit, ক্যোঅড্‌রু°প্লিকিট্] **(1)** *a.* fourfold, চতুর্বিধ ; four times as much, চতুর্গুণ। **(2)** *n.* one of four corresponding things, সদৃশ চারিটি বস্তুর বা প্রাণীর যে-কোনটি ; fourfoldness, চতুর্বিধ বা চতুর্গুণ অবস্থা। *v.t.* **quadru°plicate**—চতুর্গুণ করা। *p.* & *p. pt.* **quadru°plicated** । **in quadruplicate**—চারখানি নকলসহ বা চার কপিতে। *n.* **quadruplica°tion** । [L. *quadruplicare*<*quadruplex*=fourfold]

quaestor [kwes°-ta(r), ক্যুঈস্°ট্যা(র্)] *n.* an ancient Roman official, প্রাচীন রোমের বিচারক ম্যাজিস্ট্রেটবিশেষ (পরে ইহাকে সরকারি কোষাধ্যক্ষ করা হয়) ; a treasurer, কোষাধ্যক্ষ। [L.]

quaff [kwŭf, ক্যোআফ্] *v.t.i.* to drink in large draughts, বড় বড় চুমুকে পান করা, ঢকঢক করিয়া পান করা। *p.* & *p. pt.* **qua°ffed** । [?]

quag [kwag, ক্যোঅ্যাগ্], **quagmire** [kwag°-mī(r), ক্যোঅ্যাগ্°মায়্যা(র্)] *n.* a boggy place, জলকাদায়-ভরা জায়গা (বিশেষতঃ যেখানে পা বসিয়া যায়)। *a.* **qua°ggy**—জলকাদায়-ভরা। *n.* **quagg°iness** । [cp. *quake, mire*]

quagga [kwa°-ga, ক্যোঅ্যা°গ্যা] *n.* an African wild ass striped almost like the zebra, প্রায় জেব্রার ন্যায় ডোরা-কাটা আফ্রিকার বন্য গর্দভ-বিশেষ। [Hottentot *quacha* ?]

quaggy, quagmire—see **quag.**

quail₁ [kwāl, ক্যোএইল্] *v.t.* to languish, নিস্তেজ বা ক্ষীণ হওয়া ; to flinch, ভয়ে পিছাইয়া পড়া। [?]

quail₂ [kwāl, ক্যোএইল্] *n.* a bird of the partridge family, তিতিরজাতীয় পক্ষিবিশেষ। [OF. *quaille*]

quaint [kwānt, ক্যোএইন্ট্] *a.* (poet.) skilful, (কাব্যে) দক্ষ ; pleasantly odd, অদ্ভুত অথচ মনোরম ; whimsical, খেয়ালি। *adv.* **quaint°ly** । *n.* **quaint°ness** । [OF. *cointe*<L. *cognitus*=known]

quake [kwāk, ক্যোএইক্] **(1)** *v.i.t.* to tremble or cause to tremble, (ভূমিকম্প ভয় শীত প্রভৃতিতে) কাঁপা বা কাঁপান। *p.* & *p. pt.* **qua°ked** । **(2)** *n.* a tremor, কম্পন ; an earthquake, ভূমিকম্প ; a shudder, (ভয়ে) শিহরণ। *a.* **qua°ky**—একটুতেই কম্পিত হয় এমন, কম্পনশীল ; কম্পমান। *n.* **qua°kiness** । [OE. *cwacian*—cp. *quick*]

Quaker [kwā°-ka(r), ক্যোএই°ক্যা(র্)] *n.* one of the Society of Friends, George Fox কর্তৃক প্রতিষ্ঠিত 'বন্ধু-সভার' সভ্য ; a dummy cannon, (ভীতিপ্রদর্শনার্থ নির্মিত ও স্থাপিত) নকল কামান। [nickname given to the Society by Justice Bennet, because Fox bade him *quake* at the word of the 'Lord']

qualify [kwo°-li-fī, ক্যোঅ°লিফাই] **(1)** *v.t.* to ascribe a quality to, গুণাদি আরোপ করা ; to characterize, বৈশিষ্ট্যযুক্ত করা ; to furnish with legal power, আইনগত ক্ষমতা পরিবর্তনের বা সংস্কারসাধনের দ্বারা দেওয়া ; to limit by modifications, সীমাবদ্ধ বা নিয়ন্ত্রিত করা ; to moderate, পরিমিত করান ; to mitigate, প্রশমিত করা। **(2)** *v.t.i.* to make or become competent, যোগ্য বা সক্ষম করা অথবা হওয়া। *n.* **qualifica°tion**—qualify-এর সকল অর্থে, এবং—বৈশিষ্ট্য ; পরিবর্তন ; বিধিনিষেধ ; গুণ ; যোগ্যতা ; অপরিহার্য শর্ত। *a.* **qua°lified**—গুণসম্পন্ন ; যোগ্য, যোগ্যতা-সম্পন্ন (a *qualified* doctor) ; যোগ্যতাসম্পন্ন করা হইয়াছে এমন ; (প্রয়োজনানুযায়ী) পরিবর্তিত ; সীমাবদ্ধ ; নিয়ন্ত্রিত। *n.* **qua°lifier** । [F. *qualifier* or LL. *qualificare*]

quality [kwo°-li-ti, ক্যোঅ°লিটি] *n.* that which makes a thing what it is, স্বাভাবিক ও সহজাত বৈশিষ্ট্যমূলক গুণ বা ধর্ম (of good, poor, etc. *quality*) ; nature, স্বভাব, প্রকৃতি ; character, চরিত্র ; kind, শ্রেণী, প্রকার (goods of different *qualities*) ; property, চরিত্রগত গুণ ধর্ম প্রকৃতি প্রভৃতি (to have many good *qualities*) ; attribute, আরোপিত গুণ বা বৈশিষ্ট্য ; high social status, উচ্চ সামাজিক মর্যাদা ; excellence,

উৎকর্ষ ; profession, বৃত্তি ; skill, দক্ষতা ; (log.) the character of a proposition as affirmative or negative, (ন্যায়.) প্রতিজ্ঞার হাঁ-বাচক বা না-বাচক প্রকৃতি। **quality control**—(উৎপন্ন দ্রব্যাদির) উৎকর্ষ নিয়ন্ত্রণ বা সংরক্ষণ। *a.* **qua°litātive**—গুণ ধর্ম প্রকৃতি চরিত্র শ্রেণী প্রভৃতি সম্বন্ধীয়, (পরি.) গুণীয়, আঙ্গিক। [OF. *qualite*<L. *qualitas*]

qualm [kwawm, ক্যোঅ্যাম্] *n.* an access of faintness or sickness, সাময়িক দুর্বলতা বা অসুস্থতাবোধ ; uneasiness or scruple of conscience, বিবেকের অস্বস্তিবোধ বা তাড়না। *a.* **qual°mish**—সাময়িক দুর্বলতাগ্রস্ত বা অসুস্থতাগ্রস্ত ; বিবেকের অস্থিরতায় পীড়িত। [?]

quandary [kwon-dār°-i, ক্যোঅন্‌ডেয়্যার্‌°ই] *n.* a state of perplexity, কিংকর্তব্যবিমূঢ়তা (to be in a *quandary*) ; dilemma, উভয়সঙ্কট। [?]

quantify [kwon°-ti-fī, ক্যোঅন্‌°টিফাই] *v.t.* to express a quantity, সংখ্যায় ব্যক্ত করা। *a.* **quan°tifīable** । *n.* **quantifica°tion, quan°tifier** । [L. *quantus*=how great, *facere*=to make]

quantity [kwon°-ti-ti, ক্যোঅন্‌°টিটি] *n.* the amount, পরিমাণ ; bulk, মোট পরিমাণ ; size, আয়তন ; a sum, মোট সংখ্যা ; a mathematical sum, (গণি.) রাশি ; a portion, অংশ ; a large amount or portion, মোটা অংশ বা পরিমাণ ; length or shortness of a vowel-sound, স্বরধ্বনির দৈর্ঘ্য বা হ্রস্বতা, মাত্রা ; (log.) the character of a proposition as universal or particular, (ন্যায়.) সামান্য বা বিশেষ : প্রতিজ্ঞার এই ভেদগত প্রকৃতি। *a.* **quan°titātive**—পরিমাণ আয়তন সংখ্যা রাশি মাত্রা অথবা সামান্যতা বা বিশেষতা সংক্রান্ত, (পরি.) মাত্রিক। [OF. *quantite*<L. *quantitas*]

quantum [kwon°-tam, ক্যোঅন্‌°ট্যাম্] *n.* quantity, পরিমাণ, সংখ্যা ; (phys.) a fixed minimum amount of some entity, (পদার্থ.) পদার্থের হ্রস্বতম অখণ্ড পরিমাণবিশেষ। *pl.* **quan°ta** । **quantum theory**—পদার্থের শক্তির স্ফুরণ ও বিলয় অবিরাম হয় না—উহা নিয়মিত পর্যায়-অনুযায়ী ঘটে : এই মতবাদ। [L.]

quarantine [kwo°r(a)n-tēn, ক্যোঅ°র্‌ন্টীন্] (**1**) *n.* compulsory isolation or detention to prevent contagion or infection, রোগ-সংক্রমণ-প্রতিরোধার্থ (জাহাজ মানুষ বা প্রাণীকে) পৃথক্ বা আটক রাখা, (পরি.) সঙ্গরোধ (to be kept in *quarantine*) ; duration or the place of quarantine, সঙ্গরোধকাল বা সঙ্গরোধকালে যে স্থানে থাকিতে হয়। (**2**) *v.i.* to subject to quarantine, সঙ্গরোধ করিয়া রাখা ; **quarantine flag**—সঙ্গরুদ্ধ জাহাজে উত্তোলিত পীতবর্ণ পতাকা। [It. *quarantina* =forty days (of isolation)<L. *quadraginta* =forty]

quarrel [kwo°r(a)l, ক্যোঅ°র্‌ল্] (**1**) *n.* an objection, আপত্তি ; a cause of contention, বিবাদের হেতু ; an unfriendly dispute, ঝগড়া, বিবাদ, কলহ ; a breach of friendship, বন্ধু-বিচ্ছেদ, প্রণয়ভঙ্গ। (**2**) *v.t.* to cavil, খুঁতখুঁত করা ; to dispute violently, ঝগড়া করা ; to fall out, বিবাদে মগ্ন হওয়া ; to disagree, ভিন্ন মত প্রকাশ করা। *pr. pt.* **qua°rrelling** । *p. & p. pt.* **qua°rrelled** । **(to) quarrel with one's bread and butter**—সামান্য কারণে স্বীয় গ্রাসাচ্ছাদন-সংগ্রহের উপায় পরিত্যাগ করা। **(to) pick a quarrel (with)**—তুচ্ছ কারণে হঠাৎ ঝগড়া বা বিবাদ বাধান। *a.* **qua°rrelsome**—ঝগড়াটে। [OF. *querele*<L. *querela*=to complain]

quarry₁ [kwo°-ri, ক্যোঅ°রি] *n.* an object of pursuit, (শিকারির বা শিকারি পাখি কুকুর প্রভৃতির) বধ্য প্রাণী বা লক্ষ্যবস্তু ; an intended prey, উদ্দিষ্ট শিকার। [OE. *cu(i)ree*<L. *corium*=hide]

quarry₂ [kwo°-ri, ক্যোঅ°রি] (**1**) *n.* an excavation for, or a source of, building-stone, slate, etc., অট্টালিকাদি নির্মাণে ব্যবহৃত প্রস্তর শেলেট-পাথর প্রভৃতির খাত বা খনি ; a source of information, জ্ঞাতব্য খবরাখবর আদায়ের উৎস। (**2**) *v.t.* to dig from a quarry, খাত হইতে খুঁড়িয়া তোলা। *n.* **qua°rrier, qua°rryman**—খাত-খনক, খাত-মজদুর। [LL. *quareia*]

quart [kwaw(r)t, ক্যোঅ্য(র্)ট্] *n.* two pints, ২ পাঁইট (=প্রায় ১০ ছটাক) ; a vessel containing a quart, উক্ত পরিমাণ তরল পদার্থ ধরে এমন আধার, কোয়ার্ট বোতল। **(to) contrive** or **put a quart into a pint pot**—অল্প জায়গায় বেশি পরিমাণ জিনিস ধরানর বা ভরতি করার চেষ্টা করা ; অসম্ভব কিছু সাধনের চেষ্টা করা। [OF. *quarte*<L. *quartus*=fourth]

quarter [kwaw(r)°-ta(r), ক্যোঅ্য(র্)°ট্যা(র্)] (**1**) *n.* a fourth part, একচতুর্থাংশ, সিকি ; the fourth part of a hundredweight, $\frac{1}{4}$ হন্দর (= প্রায় দেড় মণ) ; 8 bushels, ইংল্যানডের শস্যের মাপবিশেষ ; the fourth part of an hour or day, or of the year, সিকি ঘণ্টা বা ১৫ মিনিট, সিকি দিন বা দুই প্রহর, সিকি বৎসর বা তিন মাস, (পরি.) পাদ ; a region, অঞ্চল, এলাকা ; (usu. in *pl.*) lodgings, camp, station, বাসা, (সৈন্যদের) বাসা, শিবির, সন্নিবেশস্থান। (**2**) *v.t.* to divide into four equal parts, সমান চার ভাগ করা। (**3**) *v.t.i.* to station or be stationed, সন্নিবেশিত করান বা হওয়া ; to lodge or be lodged, (অস্থায়িভাবে) বাস করান বা করা। **the quarter**—(কথ্য.) সিকি-মাইলব্যাপী ধাবন-প্রতিযোগিতা। **at close quarters**—অতি নিকটে ; হাতাহাতি করিয়া। **a bad quarter of an hour**—অসুখকর অভিজ্ঞতাপূর্ণ অল্প সময়। *n.* **quar°ter-deck**—জাহাজের লেজের দিকের পাটাতনবিশেষ। *n.* **quar°ter-guard**—সৈন্যশিবিরস্থ হাজতের রক্ষী। **quar°terly**—(**1**) *a.*

তিন তিন মাস অন্তর সঙ্ঘটিত প্রকাশিত ইত্যাদি; ত্রৈমাসিক (a *quarterly* journal)। (2) *adv.* প্রতি তিন মাসে একবার করিয়া; তিন-তিন মাস অন্তর। (3) *n.* ত্রৈমাসিক পত্রিকা। *n.* **quar°termaster**—সৈন্যদের নিবসন ও খাদ্যাদি সরবরাহের ভারপ্রাপ্ত কর্মচারী; হাল সঙ্কেত-পতাকা প্রভৃতির তত্ত্বাবধায়ক নৌ-কর্মচারী। *n.* **quar°termaster-ge°neral**—সৈন্যবাহিনীর নিবসন ও খাদ্যাদি সরবরাহের অধ্যক্ষ-সেনাপতি। **quarter sessions**—ইংল্যানডের জেলায় জেলায় যে ত্রিমাসান্তিক আদালত বসে। *n.* **quar°ter-staff**—লম্বা লাঠি। [OF. <L. *quartarius(n.)*]

quartet(te) [kwaw(r)-tet°, ক্যোআ্য(র্)টেট্°] *n.* a set of four, ব্যক্তিচতুষ্টয় বা বস্তুচতুষ্টয়; a composition for four voices or instruments, চারজন গায়কের উপযোগী যৌথ সঙ্গীত বা চতুর্বিধ যন্ত্রবাদনের উপযোগী যৌথ সুর; a set of four singers or instruments for such compositions, উক্ত যৌথ সঙ্গীতের গায়কচতুষ্টয় বা উক্ত যৌথ সুরের বাদ্যযন্ত্রচতুষ্টয়। [It. *quartetto*<*quarto*<L. *quartus*=fourth]

quartic [kwo(r)°-tik, ক্যোঅ(র্)°টিক্] *a.* & *n.* (equation) of the fourth degree (e.g. $x^4-2x^3+3x^2-5x+1=0$), চতুর্থঘাত সংক্রান্ত (সমীকরণ)। [L. *quartus*=fourth]

quarto [kwaw(r)°-tō, ক্যোআ্য(র্)°টৌ] (1) *a.* having the sheet folded twice, চার পাতায় বা আট পৃষ্ঠায় ভাঁজ-করা কাগজে মুদ্রিত অথবা লিখিত, আটপেজি। (2) *n.* a book of sheets so folded, আটপেজি কাগজে মুদ্রিত বা লিখিত পুস্তক। [L. (*in*)- *quarto*=(in) one-fourth]

quartz [kwaw(r)ts, ক্যোআ্য(র্)ট্স্] *n.* a kind of silicious mineral, স্ফটিক। [G. *quarz*]

quash [kwosh, ক্যোঅশ্] *v.i.* to crush, চূর্ণ করা; to annul, বাতিল করা (to *quash* a decision)। *p.* & *p. pt.* **qua°shed**। [OF. *quasser* <L. *quassare*]

quasi [kwā°-sī, ক্যোএই°সাই] *adv.* as if, যেন মনে হয়। *pfx.* **quā°sī**—কোন প্রকারে; আপাতদৃষ্টিতে; প্রায়। **quasi-passive voice**—(ব্যাক.) কর্মকর্তৃবাচ্য। [L.]

quassia [kwo°-sha, ক্যোঅ°শ্যা] *n.* a kind of tree or its bitter wood and bark, কোয়াশিয়া। [*Quashee*, the West African negro who discovered its value against fever]

quatercentenary [kwā°-ta(r)-sen-tē°-nari, ক্যোএই°ট্যা(র্)সেনটী°ন্যারি] *n.* 400th anniversary, চতুঃশতবার্ষিক উৎসব। [*quarter*, *centenary*]

quaternary [kwa-ta(r)°-na-ri. ক্যোঅ্যাট্যা(র্)°ন্যারি] (1) *a.* having four parts, চতুরংশবিশিষ্ট। (2) *n.* the number four, চার, ৪; a set of four, চার বস্তুর বা প্রাণীর সমষ্টি। **Quater°nary**—(1) *n.* (ভূবি.) ভূ-গঠনের চতুর্থ যুগ; উক্ত যুগীয় স্তরসমূহ। (2) *a.* উক্ত যুগীয়; উক্ত যুগের স্তর-সংক্রান্ত। [L. *quaterni*=four by four]

quaternion [kwa-ta(r)°-ni-an, ক্যোঅ্যাট্যা(র্)-নিঅ্যান্] *n.* a set of four, চার বস্তুর বা প্রাণীর সমষ্টি; (in *pl.*—math.) calculus named as depending on four geometrical elements, (গণি.) জ্যামিতিক সমাকলনবিশেষ। [see *quaternary*]

quatorzain [ka-taw(r)°-zān, ক্যাট্য(র্)°জ়েইন্] *n.* a poem or stanza of fourteen lines, চতুর্দশপদী কবিতা বা উক্ত কবিতার স্তবক। [F.]

quatrain [kwo°-trān, ক্যোঅ°ট্রেইন্] *n.* a four-line stanza, (সচ. ১ম ও ৩য় এবং ২য় ও ৪র্থ চরণে অন্ত্যমিলযুক্ত) চতুষ্পদী কবিতার স্তবকবিশেষ। [F.]

quatrefoil [ka°-tra-foyl, ক্যা°ট্র্যাফয়্ল্] *n.* a four-petalled leaf, চারটি পাপড়ি-যুক্ত পাতা, চতুর্দল পত্র; (archi.) an ornament divided by cusps into four lobes, (স্থাপ.) চতুর্দল-পত্রাকার কারুকার্যবিশেষ। [OF. *quatre*>four, *foil*₂]

quaver [kwā°-va(r), ক্যোএই°ভ্যা(র্)] (1) *v.i.* to tremble, কম্পিত হওয়া। (2) *v.t.i.* to say or sing tremulously, কম্পিতকণ্ঠে বলা বা গাওয়া। (3) *n.* a trembling, (প্রধানতঃ স্বরের) কম্পন। *adv.* **quā°veringly** [obs. *quave(v.)*]

quay [kē, কী] *n.* a landing-place, অবতরণস্থল; a wharf for loading and unloading ships, যে ঘাটে বা জেটিতে জাহাজে মাল বোঝাই করা বা জাহাজ হইতে মাল খালাস করা হয়। *n.* **quay°äge**—উক্ত জাহাজঘাটে প্রদেয় শুল্ক। [OF. *kay*, *cay*]

quean [kwēn, ক্যুঈন্] *n.* a saucy girl, প্রগল্‌ভা বা বেহায়া মেয়ে অথবা যুবতী। [OE. *cwene*=woman—cp. *queen*]

queasy [kwē°-zi, ক্যুঈ°জ়ি] *a.* easily upset, সহজে বিচলিত; (of food) unsettling the stomach, causing nausea, পেট খারাপ করায় এমন, বমনোদ্রেককর; sick, অসুস্থ বোধ করিতেছে এমন; inclined to vomit, বমনেচ্ছু; fastidious, রুচিবাগীশ। *n.* **quea°sinėss**। [OF. *coisier*=to hurt ?]

queen [kwēn, ক্যুঈন্] (1) *n.* a king's wife, রাজমহিষী; a female monarch, রানী; (fig.) a woman or anything of pre-eminent excellence, beauty etc., (আল.) উৎকর্ষ সৌন্দর্য প্রভৃতিতে সেরা স্ত্রীলোক বা বস্তু; a playing-card bearing the figure of a queen, তাসের বিবি; a piece in chess, দাবাখেলার মন্ত্রী। (2) *v.t.* to make queen of, (কাহাকেও) রানী করা; to govern as a queen, রানী হইয়া (রাজ্যাদি) শাসন করা; (in chess) to convert into a queen, (দাবাখেলায়—বড়েকে) মন্ত্রীতে পরিণত করা (to *queen* a pawn)। **queen bee**—স্ত্রী-মৌমাছি, মক্ষিরানী। **queen consort**—গদীয়ান্ রাজার স্ত্রী। **queen dowager**—মৃত রাজার বিধবা পত্নী।

a. **queenly**—রানীর তুল্য ; রানীর উপযুক্ত ; রানী-সুলভ। **queen mother**—গদীয়ান্ রাজার বা রানীর বিধবা মাতা। **queen regent**—(প্রধানতঃ নাবালক) রাজার বা রানীর প্রতিনিধিরূপে রাজ্যশাসনকারিণী। **Queen's Bench** or **Council**—see **King**। [OE. *cwen*]

queer [kwē(r̄) কুাইআ্যা(র্)] *a.* odd, অদ্ভুত, বিচিত্র (a *queer* character) ; dubious, সন্দেহজনক ; out of sorts, অস্বস্তি বোধ করিতেছে এমন। *a.* **queer°ish**—কিছুটা অদ্ভুত বা বিচিত্র। *n.* **queer°ness**। *adv.* **queer°ly**। [G. *quer*=across]

quell [kwel, কো্যএল্] *v.t.* to extinguish, নেভান ; to crush, চূর্ণ করা ; to subdue, দমন করা (to *quell* a rebellion)। *n.* **que°ller**। [OF. *cwellan*=to kill—cp. *quail*]

quench [kwensh, কো্যএন্শ্] *v.t.* to put out, নেভান ; to put out the flame, light or sight of, (কিছুর) শিখা বা আলো নেভান অথবা দৃষ্টিরোধ করা ; to stop, (বৈদ্যুতিক বিচ্ছুরণাদি) থামান বা বন্ধ করা ; to cool, (তরল দ্রব্যাদি প্রয়োগে) শীতল করা (to *quench* steel) ; to slake, (তৃষ্ণাদি) তৃপ্ত বা প্রশমিত করা ; to put an end to, শেষ করা ; to silence, নীরব করান, চুপ করান ; to destroy, ধ্বংস করা। *p. & p. pt.* **quen°ched**। *a.* **quen°chable**। *n.* **quen°cher**—যে বা যাহা নির্বাপণ করে রোধ করে শীতল করে প্রভৃতি ; এক চুমুক বা পশলা (পানীয় বৃষ্টি প্রভৃতি) ; পানীয়। *a.* **quench°less**—অনির্বাণ। [OE. *cwencan*]

quenelle [ka-nel°, ক্যানেল্°] *n.* seasoned ball of pounded fish or meat, কিমা-করা বা থেঁৎলান মাংসের মশলাদার বড়া বিশেষ। [Fr.]

querist—see **query**.

quern [kwa(r)n, কো্যআ্যা(র্)ন্] *n.* a stone handmill, প্রস্তরনির্মিত হস্তচালিত জাঁতাবিশেষ। [OE. *cweorn*<ON. *kvern*]

querulous [kwe°-roo-las, কো্যএ°রুল্যাস্] *a.* complaining, নালিস করার স্বভাববিশিষ্ট ; peevish, কলহপ্রিয়। *adv.* **que°rulously**। *n.* **que°rulousness**। [LL. *querulosus*<*queri*=to complain]

query [kwēr°-i, কুাইআ্যার্°ই] (1) *n.* an inquiry, অনুসন্ধান ; a question, জিজ্ঞাসা, প্রশ্ন ; the mark of interrogation, (ব্যাক.) প্রশ্নচিহ্ন (?)। (2) *v.t.* to inquire into, (কোন বিষয়ে) অনুসন্ধান করা ; to question, প্রশ্ন করা বা জিজ্ঞাসা করা ; to doubt, সন্দেহ করা ; to mark with a query, প্রশ্নচিহ্ন দেওয়া। *n.* **quēr°ist**—অনুসন্ধানকারী ; প্রশ্নকর্তা। [L. *quaere*<*quaerere*=to question]

quest [kwest, কো্যএস্ট্] *n.* search, অনুসন্ধান ; pursuit, অভীষ্ট লক্ষ্য ; purpose, উদ্দেশ্য ; an adventure or expedition, নির্দিষ্ট উদ্দেশ্যে দুঃসাহসিক অভিযান বা আবিষ্কারযাত্রা ; a jury of inquest, হত্যাদি-সংক্রান্ত তদন্ত-আদালতের জুরি ; investigation, তদন্ত। [OF. *queste*<L. (*nes*) *quaestia*=(a thing) sought>*quaerere*=to seek]

question [kwes°ch(a)n, কো্যএস্°চ্ন্] (1) *n.* an inquiry, প্রশ্ন, জিজ্ঞাসা, অনুসন্ধান ; an interrogation, জেরা ; an interrogative sentence, (ব্যাক.) প্রশ্নসূচক বাক্য ; task set in an examination, পরীক্ষার বা জেরার প্রশ্ন ; a problem, সমস্যা ; a subject of doubt, controversy, discussion or voting, সন্দেহের বিতর্কের আলোচনার বা ভোটের বিষয় ; (loos.) relevant matter, (শিথি.) প্রসঙ্গভূত বা প্রাসঙ্গিক বিষয়। (2) *v.t.* to put questions to, প্রশ্ন করা, জিজ্ঞাসা করা। to call to account, কৈফিয়ৎ তলব করা ; to examine by questions, জেরা করা ; to inquire, অনুসন্ধান করা ; তদন্ত করা ; to doubt, (কোন বিষয়ে) সন্দেহ করা (to *question* the accuracy, fitness, honesty, etc. of) ; to challenge or object to, (কিছুর) বৈধতা সত্যতা প্রভৃতি সম্বন্ধে প্রশ্ন বা আপত্তি তোলা। **a question of time**—অদূর বা সুদূর ভবিষ্যতে ঘটিবেই। **in question**—বিচারের অধীন বা বিষয়ীভূত। **beyond question**—সন্দেহাতীত, নিঃসন্দেহ। **burning question**—ব্যাপকভাবে ও প্রচণ্ডভাবে বিতর্কিত সমস্যা। **leading question**—আকাঙ্ক্ষিত উত্তর পাইবার উদ্দেশ্যে কৃত প্রশ্ন। **no question of**—আলোচিত হয় নাই বা সন্দেহ করা হয় নাই এমন ; আলোচনার বা সন্দেহের অতীত। **open question**—অমীমাংসিত বিষয়, বিতর্কিত বিষয়। **out of the question**—চিন্তার বহির্ভূত। **(to) beg the question**—প্রশ্ন বা বিতর্কের সমাধান হইবার পূর্বেই তাহার অধীন বিষয়ের সত্যাসত্যসম্বন্ধে ধারণা করিয়া বসা। **(to) call in question**—(কোন ব্যাপার সম্বন্ধে) আপত্তি তোলা বা সন্দেহ প্রকাশ করা। **(to) come into question**—আলোচিত হওয়া বা প্রকৃত গুরুত্বপূর্ণ হওয়া। **(to) make no question**—ইতস্ততঃ না করা ; আপত্তি না তোলা। **(to) pop the question**—বিবাহের প্রস্তাব করা, পাণিপ্রার্থনা করা। **(to) put the question**—(সভায়) উপস্থিত ব্যক্তিবর্গকে প্রস্তাবের পক্ষে বা বিপক্ষে ভোট দিতে আহ্বান করা। *a.* **ques°tionable**—প্রশ্ন বা আপত্তি তোলা যায় এমন (a *questionable* statement) ; সন্দেহজনক (a *questionable* character)। *adv.* **ques°tionably**। *n.* **ques°tionary** [kwes°cha-na-ri, কো্যএস্°চ্যান্যারি] প্রশ্নকর্তা ; প্রশ্নাবলী। *n.* **ques°tioner**। *adv.* **ques°tioningly**—প্রশ্নাত্মকভাবে। *a.* **ques°tionless**—প্রশ্নশূন্য ; প্রশ্নাতীত ; সন্দেহাতীত। *n.* **ques°tion-mark**—(ব্যাক.)প্রশ্নচিহ্ন (?)। *n.* **questionnaire** [kes-ti-a-nā(r̄)°, কেসটি-অ্যানেয়্যা(র্)°] প্রশ্নাবলী, প্রশ্নমালা। [OF.<L. *quaestio*<*quaerere*=to ask]

queue [kū, কিউ] (1) *n.* a pigtail, চুলের বিনুনি, বেণী ; a file of persons, etc., awaiting their turn, স্ব স্ব পালার জন্য অপেক্ষমাণ মানুষ জন্তু প্রভৃতির

সারি (to stand in a *queue*) । (2) *v.t.i.* to place or take one's place in a queue, সারিমধ্যে স্থাপন করা বা স্থান লওয়া, সারিবদ্ধ করান বা হওয়া (to *queue* up for a bus, weekly quota of ration etc.) । [F.<L. *cauda*=a tail]

quibble [kwib°l, কুাইব্‌ল্] (1) *n.* a play on words, প্রশ্নাদি এড়ানর জন্য বাক্‌ছল বা কথার মারপেঁচ ; a pun, শ্লেষ ; evasion through equivocation, দ্ব্যর্থবোধক শব্দপ্রয়োগ করিয়া এড়াইয়া যাওয়া । (2) *v.t.* to use a quibble, বাক্‌ছলদ্বারা প্রশ্নাদি এড়ান ; to pun, শ্লেষোক্তি করা । *n.* **quibb°ler** । *a.* **quibb°ling** । *adv.* **quibb°lingly** । [?]

quick [kwik, কুাইক্] (1) *a.* living, জীবন্ত ; lively, প্রাণবন্ত ; swift, ত্বরিত, দ্রুতগামী, দ্রুতক্রিয়, বেগবান্ ; ready, চট্‌পটে ; sensitive, সংবেদনশীল ভাবপ্রবণ (*quick* to take offence) ; readily responsive, অল্পেই প্রতিক্রিয়াশীল ; ready-witted, উপস্থিতবুদ্ধিসম্পন্ন, প্রত্যুৎপন্নমতি ; prompt in perception or learning, দ্রুত বুঝিতে বা শিখিতে সক্ষম ; hasty, হঠকারী ; piercing, বেধক, তীক্ষ্ণ । (2) *adv.* without delay, অবিলম্বে ; rapidly, দ্রুতবেগে, ত্বরিতে ; soon, শীঘ্র, সত্বর, তাড়াতাড়ি । (3) *n.* the living, জীববর্গ ; a living plant, জীবন্ত পাদপাদি (বিশেষতঃ hawthorn-গুল্ম) ; the living flesh, জীবন্ত প্রাণীর গায়ের মাংস ; the life, জীবন ; the sensitive parts, সংবেদনশীল দেহাংশসমূহ ; the tenderest feelings, কোমলতম বা সূক্ষ্মতম অনুভূতিসমূহ । **(to) cut** or **sting to the quick**—(বাক্যাদি দ্বারা) মর্মবিদ্ধ বা মর্মপীড়িত করা (the insult *stung* him *to the quick*) *a.* **quick°-eared**—তীক্ষ্ণশ্রবণশক্তিসম্পন্ন । *n.* **qui°ckie**—দ্রুতসম্পন্ন সস্তা চলচ্চিত্র ; অতিদ্রুতসম্পন্ন কাজ । *v.t.i.* **qui°cken**—জীবন্ত বা প্রাণবন্ত করা অথবা হওয়া ; শক্তিবর্ধন করা বা বর্ধিতশক্তি হওয়া ; প্রেরণা বা কর্মশক্তি দেওয়া অথবা পাওয়া ; পুনরুজ্জীবিত করা বা হওয়া : বেগবৃদ্ধি করা বা হওয়া ; ত্বরান্বিত দ্রুততর করান অথবা হওয়া । *a.* **quick°-eyed**—তীক্ষ্ণদৃষ্টিসম্পন্ন, সতর্ক । *a.* **quick°lime**—কলিচুন । *adv.* **quick°ly** । **quick march**—(সাম.) দ্রুত পদক্ষেপে মার্চ অর্থাৎ কুচকাওয়াজ করিয়া গমন ; (আল.) দ্রুত অগ্রসরণ । *n.* **quick°ness** । *n.* **quick°sand**—চোরাবালি । *a.* **quick°-scen°ted**—গন্ধযুক্ত । **quick°-selling**—দ্রুত বিক্রয় হইয়া যায় এমন । **quick°set**—(1) *a.* সজীব গাছপালায় পূর্ণ বা তদ্দ্বারা গঠিত । (2) *n.* সজীব গাছপালা (বিশেষতঃ hawthorn-গুল্ম) । *a.* **quick°-sigh°ted**—তীক্ষ্ণদৃষ্টিসম্পন্ন ; দ্রুত পার্থক্যাদি উপলব্ধি করিতে সক্ষম । **quick°silver**—(1) *n.* পারদ, পারা । (2) *v.t.* পারদের প্রলেপ দেওয়া । *a.* **quick°-tem°pered**—কোপনস্বভাব, উগ্রস্বভাব ; খিট্‌খিটে, বদমেজাজি । *a.* **quick°witted**—উপস্থিতবুদ্ধিসম্পন্ন, প্রত্যুৎপন্নমতি । [OF. *cwic*—cp. ON. *kvikr*]

quid$_1$ [kwid, কুাইড্‌] *n.* a piece of tobacco chewed or kept in the mouth, খইনি । [see *cud*]

quid$_2$ [kwid, কুাইড্‌] *n.* (sl.) a pound, (অশি.) ইংল্যানডের পাউন্‌ড্‌-মুদ্রা (=২০ শিলিং) । *pl.* **quid** । *n.* (obs. sl.) *pl.* **quids**—নগদ টাকাকড়ি । [?]

quiddity [kwi°-di-ti, কুাই°ডিটি] *n.* essence, সারাংশ ; a quibble, বাক্‌ছল, শ্লেষ । [L. *quidditas*]

quidnunc [kwid°-nungk, কুাইড্‌°নাং] *n.* a newsmonger, সংবাদ-রটনাকারী । [L. *quid nunc* =what news]

quid pro quo [kwid°-prō°-kwō°, কুাইড্‌°প্রো°-কোা°] *ph.* something given or returned for something else, কিছুর বিনিময়ে বা পরিবর্তে ভিন্ন কিছু প্রদান অথবা প্রত্যর্পণ । [L.]

quiesce [kwī-es°, কোাআইএস্°] *v.i.* to become quiet, শান্ত হওয়া ; to become silent, (ব্যঞ্জনবর্ণসম্বন্ধে) অনুচ্চারিত বা অনুচ্চার্য হওয়া । *p.* & *p. pt.* **quie°sced** । *n.* **quie°scence**—শান্ত বা অক্রিয় অবস্থা ; অনুচ্চার্যতা । *a.* **quie°scent**—শান্ত, অক্রিয় , অনুচ্চারিত বা অনুচ্চার্য । *adv.* **quie°scently** । [L. *quiescere*=to rest]

quiet [kwī°-at, কোাআই°অ্যাট্] (1) *a.* at rest, বিশ্রামরত ; calm, শান্ত ; without disturbance, নিরুপদ্রব, নির্ঝঞ্ঝাট ; not loud, gaudy, showy, formal, or obtrusive, ধ্বনির উচ্চতা বা বর্ণাধিক্য বা জাঁকজমক বা লৌকিকতা বর্জিত, আগবাড়া নয় এমন, লোক-জানাজানি করার ভাব নাই এমন, সাদাসিধা ; still, স্থির, অচঞ্চল ; peaceful, শান্তিপূর্ণ (a *quiet* Christmas) ; gentle, শান্তপ্রকৃতি ; inoffensive, নিরীহ । (2) *n.* rest, বিশ্রাম ; calm, শান্ত অবস্থা ; stillness, নিথরতা ; peace, শান্তি ; freedom from noise or disturbance, কোলাহলশূন্যতা, উপদ্রবশূন্যতা । **on the quiet,** (sl.) **on the q.t.**—গোপনে, গুপ্তভাবে । *v.t.i.* **qui°eten**—শান্ত করা বা হওয়া । *n.* **qui°etism**—মানসিক শান্তি বা প্রশান্তি ; অনাসক্ত ও প্রশান্ত মনে ভগবদ্ধ্যানের দ্বারাই পৃথিবীতে আধ্যাত্মিক পূর্ণতা লাভ করা যায় : এই মতবাদ । *n.* **qui°etist**—উক্ত মতবাদী । *adv.* **qui°etly, qui°etness, qui°etude** । [L. *quietus*(*a.*), *quies* (*n.*) *quietare* (*v.*)]

quietus [kwī-ē°-tas, কোাআইঈ°ট্যাস্] *n.* an acquittance, ঋণাদি সম্পূর্ণরূপে পরিশোধের রসিদ ; discharge from office, কার্যভার হইতে মুক্তি ; discharge from life, ইহলোক ত্যাগ, মৃত্যু ; extinction, বিলোপ । **(to) give a person his quietus**—কাহারও জীবনান্ত করা । [L. *quietus est*>he is quiet]

qui-hi, qui-hye [kwī°-hī°, কোাআই°হাই°] *int.* is anyone there, (ভৃত্যকে ডাক) কোই হায়, কে আছে ? [Hin. *koi hai*]

quiff [kwif, কুাইফ্] *n.* a tuft of hair over forehead, কপালের উপরের কেশগুচ্ছ । [?]

quill [kwil, কুাইল্] *n.* the hollow stem of a feather, পাখির পালকের মূলদেশস্থ ফাঁপা অংশ ; a large feather, পাখির বড় পালক ; a porcupine's spine, শজারুর কাঁটা ; a goose or other feather used as a pen, কলমরূপে ব্যবহৃত রাজহংসের বা অন্য পাখির পালক ; a pen, কলম ; anything made of a quill, পালকে প্রস্তুত খড়কে বঁড়শির ফাতনা প্রভৃতি ; a weaver's bobbin or a musical pipe from reed, (প্রধানতঃ বেণু-বাঁশে তৈয়ারি) তাঁতির মাকু বা বাঁশি। *n.* **quill°-drīver**—কেরানি ; সাংবাদিক ; লেখক, সাহিত্যিক। [?]

quilt [kwilt, কুাইল্ট্] (**1**) *n.* a padded bed-cover, তোশক ; any similar article, অনুরূপ বস্তু (যেমন, লেপ বালাপোশ বস্ত্রনির্মিত বর্ম প্রভৃতি)। (**2**) *v.t.* to pad or cover with a quilt, গদি আঁটা বা গদিদ্বারা আবৃত করা ; to form into a quilt, (কিছুর দ্বারা) তোশকাদি তৈয়ারি করা ; to thrash, পিটান, আছড়ান। *p.* & *p. pt.* **quil°tėd**। [OF. *cuilte* < L. *culcita* = cushion]

quin [kwin, কুাইন্] see **quintuple.**

quinary [kwi°-na-ri, কুাই°ন্যারি] *a.* of the number five, 'পাঁচ' বিষয়ক। [L. *quinartius*]

quince [kwins, কুাইন্স্] *n.* a tree with pear-shaped fruit, which, when ripe, is used in jams and jellies, আচার ও মোরব্বায় ব্যবহৃত নাসপাতির আকারের ফলোৎপাদী বৃক্ষবিশেষ। [ori. *pl.* of obs. *quine* < OF. *coin* < L. *cotoneum* < Gk. *kydonion*]

quincentenary [kwin-sen-tē°-na-ri, কুাইন্-সেন্টী°ন্যারি] *a.* & *n.* (festival) of the five-hundredth anniversary, পঞ্চশতবার্ষিকী (উৎসব)। [L. *quinque* = five, see *centenary*]

quinine [kwi-nēn°, কুাইনীন্°] *n.* a bitter alkaloid got from cinchona bark, সিনকোনা-গাছের ছালে প্রাপ্ত তিক্তস্বাদ উপক্ষারবিশেষ, কুইনীন্। [Sp. *quina*]

quinquagenarian [kwin-kwa-ji-nār°-ian, কুাইংকোাঅ্যাজিনেঅ্যার্°ইঅ্যান্] *n.* a fifty-year old person, পঞ্চাশ বৎসর বয়স্ক ব্যক্তি। [L. *quinquagenarius* < L. *quinquageni* = fifty each]

quinquennium [kwing-kwe°-ni-am, কুাইংকোাএ°নিঅ্যাম্] *n.* a period of five years, পঞ্চবর্ষকাল। *pl.* **quinque°nnia**। **quinque°nnial**—(**1**) *a.* প্রতি পঞ্চবৎসর অন্তর সংঘটিত বা প্রকাশিত বা জাত ; পঞ্চবর্ষব্যাপী। (**2**) *n.* পঞ্চবার্ষিক উৎসবাদি। [L. *quinque* = five, *annus* = year]

quins [kwinz, কুাইন্জ্] *n. pl.* (coll.) five children at a birth, (কথ্য.) সমকালে একগর্ভজাত পঞ্চ সন্তান। [contr. of *quintuplets*]

quinsy [kwin°zi, কুাইন্°জ়ি] *n.* suppurative tonsillitis, সপূঁয টন্‌সিল্-প্রদাহ। [LL. *quinancia* < Gk. *kynanche*]

quintal [kwin°tl, কুাইন্°ট্ল্] *n.* (formerly) a hundredweight, (পূর্বে) হন্দর ; (now) 100 kilograms, (বর্ত.) ১০০ কিলোগ্রাম, কুইনটাল। [F. & Sp. < Ar. *qintar* < L. *centum*]

quintessence [kwin-te°sns, কুাইন্টে°স্ন্স্] *n.* (ori.) a fifth entity, (মূলতঃ) জীবদেহ-গঠনকর পঞ্চম বা অতিরিক্ত মৌলিক উপাদান ; pure concentrated essence, কেন্দ্রীভূত বিশুদ্ধ সারাংশ ; the most essential part, সর্বাপেক্ষা অপরিহার্য অংশ। *a.* **quintėssen°tial**। [F. *quinta essentia* = fifth essence]

quintet(te) [kwin-tet°, কুাইন্টেট্°] *n.* a composition for five voices or instruments, পঞ্চ গায়কের বা পঞ্চ বাদ্যযন্ত্রের উপযোগী যৌথ-সঙ্গীত ; a set of five, পঞ্চ জনের বা পঞ্চ বস্তুর সমষ্টি, পঞ্চক। [It. *quintetto* < *quinto* < L. *quintus* = fifth]

quintillion [kwin-ti°li-an, কুাইন্টি°লিঅ্যান্] *n.* a million raised to fifh power, ১০ লক্ষের পঞ্চঘাতনিষ্পন্ন সংখ্যা (অর্থাৎ 10^{30}) ; (Am.) a thousand raised to sixth power, হাজারের ষষ্ঠঘাতনিষ্পন্ন সংখ্যা (অর্থাৎ 10^{18})। [L. *quintus* = fifth, and million]

quintuple [kwin°-tūpl, কুাইন্°টিউপ্ল্] (**1**) *a.* fivefold, পঞ্চধা, পঞ্চগুণ। (**2**) *v.t.i.* to increase fivefold, পাঁচগুণ করা বা হওয়া। *n.* **quin°tūplėt** (coll. abbr. **quin**)—সমকালে একগর্ভজাত পঞ্চসন্তানের যে-কোনটি। **quintū°plicate**—(**1**) *a.* পাঁচ ভাঁজযুক্ত ; পাঁচ কপিযুক্ত। (**2**) *n.* পাঁচ ভাঁজ ; পাঁচখানি নকল বা পাঁচ কপি। (**3**) *v.t.* পাঁচ ভাঁজ করা ; পাঁচ কপি করা। *n.* **quintūplicā°tion**। [L. *quintus* = fifth]

quip [kwip, কুাইপ্] (**1**) *n.* a repartee, সরস জবাব ; a quibble, বাক্‌ছল ; a jest, পরিহাস। (**2**) *v.i.* ro make quips, সরস জবাব দেওয়া, বাক্‌ছল করা। *pr. pt.* **quipp°ing**। *p.* & *p. pt.* **quipp°ed**। [?]

quipu [kē°-po͞o, কী°পূ] *n.* a mnemonic contrivance of knotted cords used by the ancient Peruvians, প্রাচীন পেরুভীয়গণ কর্তৃক উদ্ভাবিত বিভিন্ন বর্ণের সুতায় বিভিন্ন ধরণের গিঁট দিয়া রচিত সাঙ্কেতিক লিখনপদ্ধতিবিশেষ। [Peruv. = knot]

quire$_1$—alt. spell. of **choir.**

quire$_2$ [kwī(r), কোাআইয়্যা(র্)] *n.* (formerly) four sheets of paper or parchment folded together in eight leaves, (পূর্বে) চার খণ্ড কাগজ বা পার্চমেন্ট্ একত্র ভাঁজ করিয়া প্রস্তুত আট পাতার খাতা অথবা বই ; (now) the twentieth part of a ream, (বর্ত.) দিস্তা। **in quires**—গোটা কাগজ অবস্থায় অর্থাৎ বাঁধাই না করিয়া। [OE. *quaier* < ? LL. *quaternum* = a set of four sheets]

Quirinal—see **Quirinus.**

Quirinus [kwi-rī°-nas, কুাইরাই°ন্যাস্] *n.* an Italic god, রোম-নগরের প্রতিষ্ঠাতা রমিউল্যাস্-এর সঙ্গে একাত্মভূতরূপে বর্ণিত ইট্যালির দেবতাবিশেষ। *n.* **Qui°rinal**—রোমের পর্বতবিশেষ ; ইট্যালির

(রোমের বা পোপের নহে) সরকার বা রাজপ্রাসাদ (cp. **Vatican**)। [L.]

quirk [kwa(r)k, ক্যোআ্যা(র্)ক্] *n.* a sudden turn, twist, jerk or flourish, আকস্মিক গতি-পরিবর্তন মোচড় ঝাঁকুনি নিনাদ ঝঙ্কার অথবা (রচনা-দিতে) উচ্ছ্বাস বা ব্যঞ্জনা; an artful evasion, কৌশলে পরিহার; a quip, সরস প্রত্যুত্তর। [?]

quisling [kwiz°-ling, ক্যুইজ্°লিং] *n.* a collaborationist, (বিদেশী শত্রুপক্ষের) সহায়ক; a traitor to one's country, স্বদেশদ্রোহী, প্রতারক। [surname of a Norwegian army officer who collaborated with the Germans when they invaded Norway in 1940]

quit [kwit, ক্যুইট্] (**1**) *v.t.* to pay, অর্থাদি প্রদান করা; to repay, পরিশোধ করা; to requite, বিনিময়ে প্রদান করা বা পুরস্কার দেওয়া বা প্রতিশোধ লওয়া; to absolve, পাপাদি হইতে মুক্ত করান; to acquit, অভিযোগাদি হইতে মুক্তি দেওয়া; to depart from, (স্থানাদি) ত্যাগ করিয়া চলিয়া যাওয়া; to cease to occupy, (পররাষ্ট্রাদির) অধিকার ত্যাগ করা; to let go, যাইতে দেওয়া; (refl.) to behave, আচরণ করা। (**2**) *v.i.* to leave off, ছাড়িয়া যাওয়া, পরিত্যাগ করিয়া যাওয়া। *pr. pt.* **qui°tting** । *p.* & *p. pt.* **qui°ttėd** । (**3**) *a.* free, absolved, মুক্ত, অব্যাহতিপ্রাপ্ত (glad to be *quit* of him)। **(to) cry quits**—অপরের সহিত পাওনা-দেনা মিটিয়া গেল বা সমান-সমান হইল বলিয়া সানন্দে চেঁচাইয়া উঠা। *n.* **quit°claim**—মুক্তির দলিল, মুক্তিপত্র। *n.* **quit°rent**—নির্দিষ্ট কর্ম-সম্পাদনের শর্তে জমি-ভোগকারী কর্তৃক উক্ত কর্মের পরিবর্তে জমিদার প্রভৃতিকে প্রদেয় খাজনা। *a.* **quits**—সমান-সমান; পাওনা-দেনা নাই বা মিটিয়া গিয়াছে এমন। *n.* **qui°ttance**—মুক্তি, অব্যাহতি; পাওনাদি পরিশোধ; বিনিময়ে প্রদান অথবা প্রদত্ত পুরস্কার বা গৃহীত প্রতিশোধ। *n.* **qui°tter**—যে ব্যক্তি কর্মভারাদি এড়াইয়া যায় বা সহজে কিছু ছাড়িয়া দেয় বা স্থানাদি পরিত্যাগ করিয়া যায়। [OF. *quit(t)er* < LL. *quetetare*=to pay]

quitch [kwich, ক্যুইচ্] *n.* a kind of grass, একপ্রকার ঘাস (also **quitch°-grass**)। [OE. *cwice*—cp. *couch-grass*]।

quite [kwīt, ক্যোআইট্] *adv.* completely, সম্পূর্ণভাবে; wholly, সমগ্রভাবে; পুরাপুরিভাবে; indeed, বাস্তবিকই, সত্যই; exactly, ঠিকই। **quite so**—সত্যই তাই বা ঐরকম। **quite the thing**—ঠিক উপযুক্ত বা সঠিক বস্তু। [see *quit*].

quits, quittance, quitted, quitter, quitting—see **quit**.

quiver₁ [kwi°-va(r), ক্যুই°ভ্যা(র্)] *n.* a case for arrows, তূণীর। **(to) have an arrow or shaft left in one's quiver**—একেবারে সম্বলহীন না হওয়া। **quiver full of children**—বৃহদাকার পরিবার, একঘর ছেলেমেয়ে। *a.* **qui°verful**। [OF. *cuivre*]

quiver₂ [kwi°-va(r), ক্যুই°ভ্যা(র্)] *v.i.* to shake slightly and tremulously, শিহরিয়া শিহরিয়া ঈষৎ কাঁপা বা নড়া; to tremble or shiver, কম্পিত বা শিহরিত হওয়া। **(to) quiver with emotion**—আবেগকম্পিত হওয়া। *adv.* **qui°veringly**। [?]

qui vive [kē-vēv°, কী-ভীভ্°] *n.* alert, সতর্ক ও তৎপর অবস্থা। **on the qui vive**—সতর্ক, সজাগ। [F.=(long) live who? (=French sentry's challenge)]

quixotic [kwiks-o°tik, ক্যুইক্‌স্‌অ°টিক্] *a.* extravagantly romantic, অতি অসার ও অদ্ভুত কল্পনা-পূর্ণ; pursuer of lofty but impracticable ideas, উচ্চ অথচ অলীক আদর্শের অনুগামী। *adv.* **quixo°tically**। [Cervantes's 'Don Quixote']

quiz [kwiz, ক্যুইজ্] (**1**) *n.* a person given to poking fun at others, লঘুপরিহাসকারী লোক; a sportive general-knowledge test, ক্রীড়াচ্ছলে সাধারণজ্ঞানের পরীক্ষা। (**2**) *v.t.* to poke fun at, (কাহাকেও লইয়া) মজা করা বা লঘু পরিহাস করা; to interrogate sportively, ক্রীড়াচ্ছলে সাধারণজ্ঞান-সম্পর্কে প্রশ্ন করা। *pr. pt.* **qui°zzing**। *p.* & *p. pt.* **qui°zzed**। *a.* **qui°zzical**—লঘু-পরিহাসপূর্ণ (a *quizzical* smile); ক্রীড়াচ্ছলে সাধারণজ্ঞানের পরীক্ষামূলক। *n.* **qui°zzing-glass**—একচক্ষে পরিধেয় চশমা। [?]

quoad [kwō°-ad, ক্যোঔ°অ্যাড্] *prep.* as regards, সম্বন্ধে, বিষয়ে; in this respect, এই দিক্ দিয়া: so far as this goes, এতৎসম্পর্কে যতদূর মনে হয়। [L.]

quod [kwod, ক্যোঅড্] (**1**) *n.* (sl.) prison, কারাগার (in *quod*, out of *quod*)। (**2**) *v.t.* to imprison, কারারুদ্ধ করা। *p.* & *p. pt.* **quo°dėd**। [?]

quoit [koyt, কয়্ট্] *n.* a sharp-edged ring for throwing at a mark, নির্দিষ্ট লক্ষ্যে ছুড়িয়া মারার জন্য তীক্ষ্ণপ্রান্তযুক্ত আঙ্টাবিশেষ; a dolmen, পাথরের টেবিল। *n.* (treated as *sing.*) **quoits**—নির্দিষ্ট লক্ষ্যের প্রতি আঙ্টা-ছোড়াছুড়ি খেলা। [?]

quondam [kwon°-dam, ক্যোঅন্°ড্যাম্] *a.* former, প্রাক্তন, পূর্বতন, আগেকার (a *quondam* friend of mine) । [L.=formerly]

quorum [kwaw°-ram, ক্যোআ্য°র‍্যাম্] *n.* a minimum number of persons that must be present to constitute a valid meeting, সভার সিদ্ধতার জন্য ন্যূনপক্ষে যে-কয়জন ব্যক্তির বা সভ্যের উপস্থিতি প্রয়োজন। [L.=of whom]

quota [kō°-ta, কৌ°ট্যা] *n.* a proportional share, আনুপাতিক অংশ; a share assigned, নির্দিষ্ট নির্ধারিত অংশ। [L.=how manieth]

quotable, quotation—see **quote**.

quote [kwōt, ক্যোঔট্] (**1**) *v.t.* to refer or cite, নজিরাদিরূপে (কিছুর) উল্লেখ করা; to give the actual words of, উক্তি প্রভৃতির আক্ষরিক রূপ বা

মূলরূপ উদ্ধৃত করা ; to give the current price of, (দ্রব্যাদির) বর্তমান মূল্য জানান ; to enclose within quotation-marks, উদ্ধারচিহ্নমধ্যে স্থাপন করা। (2) *v.i.* to make quotations, উদ্ধৃত করা। *p. & p. pt.* **quo°tėd** । (3) *n.* a quotation, উদ্ধৃত অংশ ; a quotation-mark, উদ্ধারচিহ্ন। *a.* **quō°table** । *n.* **quŏtā°tion**—উদ্ধার ; উদ্ধৃত অংশ ; বিজ্ঞাপিত বর্তমান মূল্য। *n.* **quŏtā°tion-marks** (ব্যাক.) উদ্ধারচিহ্ন (" "), কাকপদ। [LL. *quotare*=to mark with numbers]

quoth [kwōth, কোৌথ্] *v.t.* (1st and 3rd per's—in *sing.* only) said, বলিয়াছিলাম বা বলিয়াছিল। *int.* **quō°tha**—সত্য-সত্যই ; বাস্তবিকই। [OE. *cwaeth*]

quotidian [kwo-ti°-di-an, কোআটি°ডিঅ্যান্] (1) *a.* everyday, প্রাত্যহিক, দৈনন্দিন, দৈনিক (*quotidian* fever) । (2) *n.* a fever that recurs everyday, যে জ্বর প্রত্যহ হয়, প্রাত্যহিক জ্বর। [L. *quotidianus*]

quotient [kwō°sh(a)nt, কোৌ°শ্ন্ট্] *n.* (math.) the result given by dividing one quantity by another, (গণি.) ভাগফল। [L. *quotiens*=how often]

R

R,r [ŭ(r), আ(র্)] *n.* the eighteenth letter of the English alphabet, ইংরেজি বর্ণমালার অষ্টাদশ বর্ণ। **the three R's**—পঠন লিখন ও পাটীগণিত (reading, writing and arithmetic) ; ন্যূনতম শিক্ষা।

rabbet [ra°-bit, র্যা°বিট্] (1) *n.* a groove cut to receive an edge, কিছু ঢোকানর জন্য কাটা খাঁজ। (2) *v.t.* to groove, খাঁজ কাটা ; to join by a rabbet, খাঁজের মধ্যে আটকান। [F. *rabat* =a recess]

rabbi [ra°-bī, র্যা°বাই] *n.* a Jewish doctor of the law, ইহুদি শাস্ত্রব্যাখ্যাতা বা আইনজ্ঞ। *a.* **rabbi°nic(al)**—উক্ত পণ্ডিতসংক্রান্ত বা পণ্ডিতসুলভ। [Heb. *rabbi*=my great master]

rabbit [ra°-bit, র্যা°বিট্] *n.* a rodent of the hare family, শশকজাতীয় প্রাণিবিশেষ। **Welsh rabbit**—গরম টোসটের উপর যে গলান পনির ঢালিয়া দেওয়া হয়। *n.* **ra°bbit-burrow, ra°bbit-hole**—শশকের গর্ত। *n.* **ra°bbit-hutch**—গৃহপালিত শশকের কাঠের খাঁচা। *n.* **rabbitpunch** ঘাড়ের পিছনে মুষ্ট্যাঘাত, (তু.) রদ্দা। *n.* **ra°bbit-warren**—শশকের গর্তপূর্ণ অঞ্চল ; সঙ্কীর্ণ পথযুক্ত এবং ক্ষুদ্র কুঠুরিযুক্ত অঞ্চল। [ME. *rabet*<? ON. or F.]

rabble [rab°l, র্যাব্°ল্] *n.* a disorderly crowd, উচ্ছৃঙ্খল জনতা ; the lowest class of people, নিম্নতম জনশ্রেণী, ইতর জনসাধারণ। *a.* **rabb°le-rousing**—জনতাকে খেপাইয়া তোলা। *n.* **rabb°le-rouser**—যে ব্যক্তি সামাজিক বা রাজনৈতিক পরিবর্তনের জন্য জনতাকে খেপায় বা উত্তেজিত করে। [?]

Rabelaisian [ra-ba-lā°-zi-an, র্যাব্যালেই°জ়িঅ্যান্] (1) *n.* a follower or admirer of Rebelais, র্যাব্যালেইর অনুগামী বা ভক্ত ব্যক্তি। (2) *a.* of or like Rebelais, র্যাব্যালেই-সংক্রান্ত বা তৎসদৃশ ; marked by exuberant imagination and coarse humour, উচ্ছসিত কল্পনা ও অশ্লীল রসিকতাপূর্ণ।

rabid [ra°-bid, র্যা°বিড্] *a.* furious, অতিশয় ক্রুদ্ধ ; fanatical, ক্ষিপ্তবৎ (a *rabid* conservative) ; affected with rabies, জলাতঙ্করোগগ্রস্ত। *n.* **rabi°dity, rā°bidness** । *adv.* **ra°bidly** । *n.* (*sing.*) **rā°biės**—কুকুরাদির ক্ষিপ্ততা, জলাতঙ্ক রোগ। [L. *rabere*=to rave]

raccoon, racoon [ra-kōōn°, র্যাকূন্°] *n.* an animal related to the bears, আমেরিকার ভল্লুকজাতীয় প্রাণিবিশেষ। [Am.]

race₁ [rās, রেইস্] *n.* the descendants of a common ancestor, একই পূর্বপুরুষের বংশধরগণ, সগোত্র ব্যক্তিগণ ; a breed, একই বংশজাত পশুবর্গ বা পক্ষিবর্গ ; lineage, stock, বংশ, কুল, জাতি। **the finny race**—(রসি.) মাছ, মৎস্যজাতি। *n.* **rāce°-hā°trėd**—জাতিতে জাতিতে বিদ্বেষ, জাতিবিদ্বেষ। *n.* **race°-ri°ot**—জাতিবৈরিতাজনিত দাঙ্গাহাঙ্গামা। *n.* **race°-su°icide**—(প্রজনন-হ্রাস-হেতু) জাতিবিলোপ বা জাতিবিলয়। *a.* **racial** [rā°sh(a)l, রেই°শ্ল্] জাতিগত। *adv.* **rā°cially** । *n.* **rā°cism**—এক জাতি জন্মগতভাবে অন্য বা অন্যান্য জাতির অপেক্ষা উৎকৃষ্ট এবং উহাদিগের উপর কর্তৃত্ব করার অধিকারী : এই ধারণা ; ঐ ধারণার ফলে অন্য জাতির প্রতি বৈষম্যমূলক আচরণ। *a.* **rā°cy**—(মদ্যাদি-সম্বন্ধে) মৃত্তিকার সংস্পর্শজনিত বিশেষ গন্ধযুক্ত বা স্বাদযুক্ত ; প্রবল বৈশিষ্ট্যপূর্ণ ; ভাবে বা ভাষায় মনকে নাড়া দেয় এমন ; তেজী ; সাবলীল (a *racy* style) ; ঝাঁঝাল ; পরিহাসচঞ্চল। *adv.* **rā°cily** । *n.* **rāci°nėss** । [F.<It. *razza*]

race₂ [rās, রেইস্] (1) *n.* a run or onward rush, ধাবন বা সম্মুখ-ধাবন ; a fixed course for running over, নির্দিষ্ট ধাবন-পথ ; a channel of water, জল-যাতায়াতের পথ খাত খাল বা নালা ; a regular running over a fixed course, (সূর্যাদি-সম্বন্ধে) নির্দিষ্ট পথে নিয়মিত ধাবন ; a rapid or strong current, দ্রুতগামী বা প্রবল স্রোত ; a contest of speed, বেগের প্রতিযোগিতা, ধাবন-প্রতিযোগিতা ; (in *pl.*) meetings for horse-racing, ঘোড়দৌড় ; (fig.) a competition in getting ahead of others, (আল.) অপরকে ছাপাইয়া বা ছাড়াইয়া যাওয়ার জন্য প্রতিযোগিতা। (2) *v.i.t.* to run or cause to run speedily, বেগে ছোটা বা ছোটান ; to contend in speed (with), (কাহারও সহিত) বেগ-প্রতিযোগিতায় বা ধাবন-প্রতিযোগিতায় অবতীর্ণ হওয়া ; to run wildly, (এন্‌জিনাদি-সম্বন্ধে) প্রচণ্ডভাবে চলা বা চালান।

p. & *p. pt.* **rā°ced** ৷ **(to) race against time**—নির্দিষ্ট সময়ের পূর্বে কোন কাজ সমাধা করিতে চেষ্টা করা ৷ *n.* **rāce°-card**—নির্দিষ্ট ঘোড়দৌড়ে কয়বার দৌড় হইবে ও কোন্ কোন্ দৌড়ে কোন্ কোন্ ঘোড়া দৌড়াইবে প্রভৃতি সম্বন্ধে পূর্বাহ্ণে প্রস্তুত কর্মসূচি ৷ *n.* **rāce°-course, rāce°-track**—ঘোড়দৌড়ের নির্দিষ্ট পথ বা মাঠ ৷ *n.* **rāce°-gŏer**—যে ব্যক্তি নিয়মিতভাবে ঘোড়দৌড় দেখিতে বা ঘোড়দৌড়ে বাজি ধরিতে যায়, রেসুড়ে ৷ *n.* **rāce°-horse**—ঘোড়দৌড়ের ঘোড়া ৷ *n.* **rāce°-meeting**—ঘোড়দৌড়ের নির্ধারিত কাল বা সময় ৷ *n.* **rā°cer**—ধাবনকারী ; ধাবনপ্রতিযোগী ৷ *n.* **rāc°ing**—ধাবন ; ধাবনপ্রতিযোগিতা ৷ [OE. *ræs*<ON. *ras*]

raceme [ra°-sēm, র্যা°সীম্] *n.* an inflorescence in which stalked flowers are borne in acropetal succession on an unbranched main stalk, পুষ্পদণ্ডবিশেষে সমদূরবর্তী সবৃন্ত পুষ্পরাজিবিন্যাস ৷ [L. *racemus*=a bunch of grapes]

racial, racially, racily, raciness—see **race₁**.

racing—see **race₂**.

racism—see **race₁**.

rack₁—alt. spell. of **wrack₁** ৷ **rack and ruin**—অবহেলিত ও ধ্বংসপ্রাপ্ত অবস্থা ৷

rack₂ [rak, র্যাক্] *n.* (poet.) flying cloud, (কাব্যে) ভাসন্ত বা ধাবনরত মেঘ ; floating mist, ভাসমান কুয়াশা ৷ [ON. *rek*=drifting wreckage]

rack₃ [rak, র্যাক্] *v.t.* to draw off from the lees, গাদ বা শিটা হইতে নিষ্কাশন করা ৷ *p.* & *p. pt.* **ra°cked** ৷ [Prov. *arracar*<*raca*=dregs]

rack₄ [rak, র্যাক্] (**1**) *n.* an instrument of torture by stretching, শাস্তিদানার্থ দেহ টান-টান করিয়া আটকাইয়া রাখার যন্ত্রবিশেষ ; (fig.) extreme pain, anxiety or doubt, (আল.) চরম বেদনা বা উদ্বিগ্নতা বা সংশয় ; a framework, shelf, etc., on or in which things are kept, জিনিসপত্র রাখার তাক ; a grating from which beasts may pull down fodder, গবাদি পশুরা যে মাচার উপর হইতে স্তূপীকৃত খড়-কুটাদি টানিয়া লইয়া খায় ; a bar with teeth to work into those of a wheel, চাকায় পরাইয়া চালানর জন্য দাঁতাল যন্ত্রবিশেষ ৷ (**2**) *v.t.* to torture by stretching on the rack, দণ্ড-যন্ত্রে টান-টান করিয়া শরীর আটকাইয়া রাখিয়া শাস্তি দেওয়া ; to strain, চাপ দেওয়া ; to overstrain, মাত্রাধিক চাপ দেওয়া ; to practise rapacity upon, ছিনাইয়া লওয়া বা বলপূর্বক আদায় করিয়া লওয়া ; to move by rack, দাঁতাল যন্ত্র-সাহায্যে (চাকাদি) চালান ৷ *p.* & *p. pt.* **ra°cked** ৷ *n.* **rack°-rail°way**—দাঁতওয়ালা চক্রযুক্ত রেলগাড়ি চলার উপযোগী পার্বত্য রেলপথ ৷ *n.* **rack°-rent**—গুরুভার কর ৷ **on the rack**—দুর্দশাগ্রস্ত বা উদ্বিগ্ন অবস্থায়, মাত্রাধিক চাপে ৷ **(to) rack one's brains**—কিছু স্মরণ বা উদ্ভাবন করার জন্য অত্যন্ত মাথা ঘামান ৷ [M. Du. *recke* ?]

racket₁ [ra°-kit, র্যা°কিট্] (**1**) *n.* a cat-gutted bat for playing tennis, badminton, etc., টেনিস ব্যাডমিনটন প্রভৃতি খেলার ব্যাট ; (in *pl.*) a simplified game of tennis, একপ্রকার সহজ টেনিস খেলা ৷ (**2**) *v.t.* to strike with a racket, উক্ত ব্যাট দিয়া আঘাত করা ৷ *p.* & *p. pt.* **ra°ckėtėd** ৷ [F. *raquette*]

racket₂ [ra°-kit, র্যা°কিট্] (**1**) *n.* din, উচ্চ শব্দ ; clamour, হৈচৈ, কোলাহল ; a noisy merry-making, কোলাহলপূর্ণ আনন্দোৎসব ; scheme for obtaining money by illegal (and often violent) means, অবৈধ উপায়ে (এবং বলপূর্বক) অর্থ আদায়ের ফিকির ; excitement, উত্তেজনা ৷ (**2**) *v.i.* to make or engage in racket, উচ্চশব্দ বা কোলাহল করা, হৈচৈপূর্ণ আনন্দোৎসব করা, প্রতারণাদ্বারা অর্থোপার্জনে রত থাকা ৷ *p.* & *p. pt.* **ra°ckėtėd** ৷ **(to) stand the racket**—চাপ সহ্য করা ; (মন্দার্থে) ফলভোগ করা ; দায়ী হওয়া ; ব্যয়বহন করা ৷ *n.* **rackėtēēr°**—যে ব্যক্তি ভয় দেখাইয়া বা অবৈধ উপায়ে টাকাকড়ি অথবা সুবিধাদি আদায় করে ৷ *n.* **rackėtēēr°ing**—উক্তভাবে অর্থাদি আদায় ৷ *n.* **ra°ckėter**—কোলাহলকারী বা হাসিখুশি লোক ৷ *a.* **ra°ckėty**—কোলাহলপূর্ণ ; অত্যন্ত হাসিখুশি ; [imi. ?]

raconteur [ra-kon-ta(r)°, র্যাকন্ট্যা(র্)°] *n.* a teller of anecdotes, গল্প-বলিয়ে (a skilful *raconteur*) ৷ *fem.* **raconteuse** [ra-kon-taz°, র্যাকন্ট্যাজ়্°] [F.]

racoon—see **raccoon.**

racquet—alt. spell. of **racket₁**.

racy—see **race₁**.

radar [rā°-dŭ(r), রেই°ডা(র্)] *n.* the system of ascertaining direction and range of aircraft, ships, etc., by means of electromagnetic waves, তাড়িতচুম্বকীয় তরঙ্গসমূহদ্বারা বিমানপোত জাহাজ প্রভৃতির দিঙ্‌নির্ণয়-প্রণালী ৷ [*ra*dio *d*etection *a*nd *r*anging]

raddle [rad°l, র্যা°ড্‌ল্] (**1**) *v.t.* to colour with red ochre, গিরিমাটি দ্বারা রঞ্জিত করা ৷ (**2**) *n.* red ochre, লাল রঙের গিরিমাটি, রক্তগৈরিক ৷ [see *ruddle*]

radial [rā°-di-al, রেই°ডিঅ্যাল্] *a.* of a ray or radius, রশ্মিসংক্রান্ত অথবা ব্যাসার্ধ বা অর্ সম্বন্ধীয়, রশ্মিগত, অরীয় ; along or towards a radius or radii, অর্ বা ব্যাসার্ধ বরাবর অথবা তদভিমুখ ; having rays, spokes or parts diverging from a centre, কোন কেন্দ্র হইতে রশ্মিসমূহ বিকীর্ণ হইতেছে অথবা চক্রনাভিসমূহ বা অংশসমূহ প্রসারিত হইয়াছে এমন ; arranged like spokes or radii, চক্রনাভির বা ব্যাসার্ধসমূহের ন্যায় বিন্যস্ত ৷ **radial artery**—কনুইয়ের শিরাবিশেষ ৷ **radial axis**—(পরি.) মূলাক্ষ ৷ *adv.* **rā°dially**—অরের বা ব্যাসার্ধের ধরনে, রশ্মির ধরনে ৷ [LL. *radialis*—see *radius*]

radiant—see **radiate.**

radiate [rā°-di-āt, রেই°ডিএইট্] *v.i.t.* to emit

or cause to emit rays, রশ্মি বিকীর্ণ করা বা করান ; to shine or cause to shine, দীপ্তি পাওয়া বা পাওয়ান ; to diverge or cause to diverge from a centre, কেন্দ্র হইতে বিকীর্ণ হওয়া বা করান ; to transmit electro-magnetic waves, তাড়িতচুম্বকীয় তরঙ্গ প্রেরণ করা ; to disseminate joy, etc., আনন্দাদি বিকীর্ণ করা (a person who *radiates* happiness, joy, enthusiasm, etc.) । *p. & p. pt.* **rā°diātėd** । *n.* **radiance** [rā°-di-ans, রেই°ডিঅ্যান্স্] রশ্মিবিকিরণ ; দীপ্তি ; ঔজ্জ্বল্য ; আনন্দাদির দীপ্তি । **rā°diant**—(**1**) *a.* রশ্মিবিকিরণকর ; রশ্মিবৎ বিচ্ছুরিত ; দীপ্তিশীল ; উজ্জ্বল ; আনন্দাদিতে উদ্ভাসিত (a *radiant* face) । (**2**) *n.* রশ্মিবিকিরণকর বা রশ্মিবৎ বিচ্ছুরিত বস্তু ; দীপ্তিশীল বা উজ্জ্বল বস্তু ; রশ্মিবিকিরণ-কেন্দ্র । *adv.* **rā°diantly** । *n.* **rādiā°tion**—radiate-এর সকল অর্থে, এবং—বিচ্ছুরিত বস্তু ; রশ্মিবিচ্ছুরণ ; তাড়িতচুম্বকীয় তরঙ্গদ্বারা সঞ্চারিত শক্তি । *n.* **rā°diātor**—radiate-এর সকল অর্থে, এবং—গৃহাদি উত্তপ্ত বা এন্‌জিনাদি শীতল করার যন্ত্র ; বেতারবাণী প্রেরণের তার, (পরি.) আকাশ-তার । [L. *radiare*=to shine]

radical [ra°-dik(a)l, র‍্যা°ডিক্‌ল্] (**1**) *a.* of, from, or going to the root, মূলগত, মূলাগত ; মূলোৎপন্ন, মূলাভিমুখ, (পরি.) মূলক ; fundamental, ভিত্তিগত : original, মৌলিক ; intrinsic, অন্তর্নিহিত ; inherent, সহজাত ; thorough, সম্পূর্ণ, আমূল (*radical* changes, cure, reforms, etc.) ; primary, প্রাথমিক ; primitive, আদিম implanted by nature, প্রকৃতিজ, প্রকৃতিগত ; not derived, স্বীয়, নিজস্ব ; proceeding from near the root, (উদ্ভি.—পরি.) মৃৎকাণ্ডজ ; favouring thorough but constitutional reform, (রাজ.) নিয়মতান্ত্রিক উপায়ে আমূল সংস্কারের পক্ষপাতী । (**2**) *n.* a root, শব্দমূল ; (chem.) a radicle, (রসা.) অপরিবর্তনীয় পরমাণুবিশেষ ; (pol.) an advocate of radical reform, (রাজ.) নিয়মতান্ত্রিক উপায়ে আমূল সংস্কারের সমর্থক । **radical axis**—মূলাক্ষ । **radical centre**—মূলকেন্দ্র । **radical sign**—করণী-চিহ্ন ( ) । *n.* **ra°dicalism**—(রাজ.) নিয়মতান্ত্রিক উপায়ে আমূল সংস্কারকামী মতবাদ । *adv.* **ra°dically** । [see *radix*]

radices—see **radix.**

radicle [ra°-dikl, র‍্যা°ডিক্‌ল্] *n.* (chem.) a group of unchangeable atoms, (রসা.) অপরিবর্তনীয় পরমাণুগুচ্ছবিশেষ (cp. **radical**) । [see *radical*]

radii—see **radius.**

radio- [rā°-di-ŏ, রেই°ডিও] *in comp.* rays, রশ্মি ; radiation, বিকিরণ ; radium, রেডিআম্ ; radius, ব্যাসার্ধ, অর্ ; a radio-active product, তেজস্ক্রিয় রাসায়নিক পদার্থ । **rā°diō**—(**1**) *n.* বেতারে সংবাদাদি আদান-প্রদান ; বেতারের গ্রাহকযন্ত্র বা প্রেরকযন্ত্র, রেডিও ; বেতারবার্তা ; বেতারে সম্প্রচার ; বেতারযোগে সংবাদাদি আদান-প্রদান করা বা প্রচার করা । *a.* **rā°diŏac°tive**—তেজস্ক্রিয় । *n.* **rā°diŏacti°vity** । *n.* **rā°diŏgram₁**—রঞ্জনরশ্মির সাহায্যে গৃহীত আলোকচিত্র ; বেতারযোগে প্রেরিত বার্তা । *n.* **rā°diŏ-gra°mophone,** (contr.) **rā°diŏgram₂**—যে রেডিওতে গ্রামোফোনের রেকর্ড বাজাইবার ব্যবস্থাও আছে । *n.* **rā°diŏgraph**—রশ্মিবিকিরণের হিসাব রাখার যন্ত্র ; রঞ্জনরশ্মির সাহায্যে গৃহীত আলোকচিত্র ; বেতারে বার্তাপ্রেরণ-ব্যবস্থা । *a.* **radiography** [rā-di-o°-gra-fi, রেইডিঅ°গ্র্যাফি] রঞ্জনরশ্মির সাহায্যে আলোকচিত্রগ্রহণের বিদ্যা ; বেতারে বার্তাপ্রেরণ-প্রণালী ; তেজস্ক্রিয়তা-সম্বন্ধীয় বিজ্ঞান । *n.* **radiology** [rā-di-o°-la-ji, রেইডিঅ°ল্যাজি] তেজস্ক্রিয়তা ও রশ্মিবিকিরণ সংক্রান্ত বিজ্ঞান এবং ঔষধ তথা চিকিৎসায় উহার প্রয়োগবিদ্যা । *n.* **rādio°logist**—উক্ত প্রয়োগবিদ্যাবিৎ । *n.* **rādiŏ-the°rapy**—রশ্মিবিকিরণের (বিশেষতঃ রঞ্জনরশ্মির) দ্বারা চিকিৎসা । *n.* **rādio-the°rapist** । [see *radius*]

radish [ra°-dish, র‍্যা°ডিশ্] *n.* a kind of plant with edible root, মূলা । [F. *radis*<It. *radice* <L. *radix*=a root]

radium [rā°-di-am, রেই°ডিঅ্যাম্] *n.* a radio-active metallic element, তেজস্ক্রিয় মৌলিক ধাতব পদার্থবিশেষ, রেডিআম্ । [see *radius*]

radius [rā°-di-as, রেই°ডিঅ্যাস্] *n.* (geom.) a straight line from the centre to the circumference of a circle or sphere, (জ্যামি.) ব্যাসার্ধ ; a radiating line, রশ্মিবিকিরণকর রেখা ; anything placed like a radius, ব্যাসার্ধবৎ স্থাপিত বস্তু, অর্ ; the thicker and shorter bone of the forearm, বহিঃপ্রকোষ্ঠাস্থি । *pl.* **radii** [rā°-di-ī, রেই°ডিআই] । [L.=a rod, spoke, ray]

radix [rā°-diks, রেই°ডিক্স্] *n.* a source, উৎস ; ভিত্তি ; the number or symbol used as basis of a system of numeration, গণনার ভিত্তিরূপে ব্যবহৃত সংখ্যা ও প্রতীক । *pl.* **radices** [rā°-di-sēz, রেই°ডিসীজ্] । [L. *radix*=a root]

raff [raf, র‍্যাফ্] *n.* riff-raff, ইতর উচ্ছৃঙ্খল বা দুর্বৃত্ত জনসাধারণ ; a black guard, দাগী দুর্বৃত্ত । *a.* **ra°ffish**—নিন্দিতচরিত্র ; কুখ্যাত ; উচ্ছৃঙ্খল ; অসৎ বিলাসব্যসনে লিপ্ত । [see *riff-raff*]

raffle [raf°l, র‍্যাফ্‌ল্] (**1**) *n.* an old dicing game, প্রাচীন পাশাখেলাবিশেষ ; sale of an article by taking fee from a number of people and assigning it to one by lottery, বহুসংখ্যক লোকের নিকট হইতে প্রবেশমূল্য লইয়া এবং লটারির সাহায্যে প্রবেশকদের যে-কোন একজনের নিকট কোন জিনিস বিক্রয় । (**2**) *v.t.* to sell by raffle, লটারি করিয়া বিক্রয় করা (to *raffle* or *raffle off* a motorcar) । (**3**) *v.i.* to engage in a raffle, লটারি খেলা । [F. *rafle*=a pair-royal]

raft [rŭft, রাফ্‌ট্] (**1**) *n.* a flat floating mass of logs or other materials, কাঠ বা অন্য

পদার্থের (যেমন, তুষার শৈবাল প্রভৃতি) ভাসন্ত স্তূপ ; a flat structure of logs, etc., for conveyance on water, ভেলা। (2) *v.t.i.* to carry on a raft, ভেলায় করিয়া লইয়া যাওয়া ; to cross on a raft, ভেলায় চড়িয়া (নদ্যাদি) পার হওয়া। *n.* **raf°ter$_2$, raft(s)°man** । [ON. *raptr*=rafter]

rafter$_1$ [rŭf°-ta(r), রাফ্°টা্যা(র্)] *n.* a sloping beam of a roof, ছাদের ঢালু বরগা, ঘরের চালের আড়া। [OE. *raefter*]

rafter$_2$, raft(s)man—see **raft.**

rag$_1$ [rag, র‍্যাগ্] *n.* a worn, torn or waste scrap of cloth, নেকড়া, টেনা ; a scrap or fragment, ছেঁড়া ফালি বা টুকরা ; a flag, sail, theatre-curtain, newspaper, or paper-money, (অবজ্ঞায় বা কৌতুকে) পতাকা, পাল, রঙ্গমঞ্চের যবনিকা, সংবাদপত্র, পত্রমুদ্রা বা নোট ; a worthless or beggarly person, বাজে বা ভিক্ষুক-তুল্য ব্যক্তি ; (in *pl.*) tattered clothing, ছেঁড়া জামাকাপড়, চীরবাস। **in rags**—ছিন্নবাস-পরিহিত অবস্থায়। **rags to riches**—দারিদ্র্য হইতে সম্পন্ন অবস্থা। *n.* **rag-bā°by**—নেকড়ায় তৈয়ারি পুতুল, কাপড়ের পুতুল। *a.* **ra°ggėd**—(কর্কশ) লোমবহুল ; বন্ধুর বা দাঁতাল প্রান্তবিশিষ্ট (*ragged* wheel) ; জেবড়াভাবে তৈয়ারি ; ছিন্নভিন্ন হইয়া নেকড়ায় পরিণত ; ছেঁড়া জামাকাপড়-পরিহিত। *n.* **ra°ggėdnėss** । **ragged school**—দরিদ্র পরিবারের ছেলেমেয়েদের জন্য বিদ্যালয়। *n.* **rag°man**—ছেঁড়া নেকড়া, কাগজ, হাড়ের টুকরা, প্রভৃতির সংগ্রাহক বা ব্যবসায়ী ; শয়তান। *n.* **rag°-tag (and bobtail)**—ইতর উচ্ছৃঙ্খল বা দুর্বৃত্ত জনসাধারণ। *n.* **rag°time**—আমেরিকার নিগ্রোদের একপ্রকার সঙ্গীত বা নৃত্য। [OE. *ragg*<ON. *rogg*=tuft]

rag$_2$ [rag, র‍্যাগ্] (**1**) *v.t.* to scold, তিরস্কার করা ; to tease, জ্বালাতন করা ; to play rough or practical jokes on, (কাহারও উপরে) রসিকতার বা কৌতুকের নামে অত্যাচার করা। (**2**) *v.i.* to be noisy and riotous, অত্যধিক হৈ-হুল্লোড় করা বা অত্যন্ত উদ্দাম হইয়া উঠা। *pr. pt.* **ra°gging ;** *p. & p. pt.* **ra°gged** । **(to) lose one's rag**—(কথ্য.) মেজাজ খারাপ করা। *n.* **ra°gging**—উৎকট ও কুৎসিত কৌতুক-ক্রীড়া, অসভ্য আচরণাদির দ্বারা পরিহাস বা জ্বালাতন। [?*bul-lyrag* ?]

ragamuffin [ra°-ga-mu-fin, র‍্যা°গ্যামাফিন্] *n.* a ragged disreputable boy or man, ছেঁড়া জামাকাপড়-পরা নিন্দিত বা লোচ্চা ছোঁড়া অথবা লোক। [<*rag* ?]

rage [raj, রেইজ্] (**1**) *n.* madness, ক্ষিপ্ততা ; overmastering passion, দুর্বার ক্রোধ আবেগ প্রভৃতি, (পরি.) রোষ ; inspired frenzy, অলৌকিক প্রেরণাসঞ্জাত উন্মাদনা ; a fit of rage, ক্ষিপ্তাবস্থা, দুর্বার ক্রোধাদিতাড়িত অবস্থা, অলৌকিক প্রেরণাজনিত উন্মত্ত অবস্থা ; a mania or craze, প্রবল বাতিক বা ঝোঁক (a *rage* for stamp-collection) ; a thing in vogue, (সাময়িকভাবে) প্রচলিত বস্তু ; furious activity, প্রচণ্ড কর্মচাঞ্চল্য। (**2**) *v.i.* to act or speak with passion or furious anger, দুর্বার আবেগে বা প্রচণ্ড ক্রোধে কিছু করা বা বলা ; to become furiously angry, ক্রোধোন্মত্ত হওয়া ; to be violent, প্রচণ্ড হওয়া ; to rave, গর্জন বা তর্জন করা। **all the rage**—সাময়িকভাবে প্রবল উদ্দীপনা-সঞ্চারক। **(to) be in a rage**—ক্রোধোন্মত্ত হওয়া। *adv.* **rā°gingly** । [F.<L. *rabie*<*rabere*=to rave]

ragged, ragging, ragman—see **rag.**

ragout [ra°-goo, র‍্যা°গু] *n.* a highly seasoned stew of meat and vegetables, অত্যধিক মসলাদার মাংস ও তরিতরকারি মিশ্রিত ডালনাবিশেষ, অত্যধিক মসলাযোগে ভাপে সিদ্ধ মাংস ও সবজি। [F. *rogouter*=to revive the appetite]

rag-tag, ragtime—see **rag.**

raid [rād, রেইড্] (**1**) *n.* a sudden incursion, আকস্মিক বহিরাক্রমণ ; an air attack, বিমান-আক্রমণ ; a surprise visit by police, পুলিসের অপ্রত্যাশিত হানা (a *raid* on a hideout of criminals) । (**2**) *v.t.i.* to make a raid (on), বাহির হইতে সহসা আক্রমণ করা, বিমানে আক্রমণ করা, হানা দেওয়া। *p. & p. pt.* **rai°dėd** । *n.* **rai°der** । [Scot. form of *road*—cp. OE. *rad*=riding]

rail$_1$ [rāl, রেইল্] *n.* a kind of bird, পক্ষিবিশেষ (ইহাদের কতকগুলি জলচর)। [OF. *rasle*]

rail$_2$ [rāl, রেইল্] *v.i.* to revile, গালিগালাজ করা (to *rail* at or against a person) । *n.* **raill°ery**—গালিগালাজ ; সকৌতুক বিদ্রূপ ; পরিহাস। [F. *railler*]

rail$_3$ [rāl, রেইল্] (**1**) *n.* a bar to form a support, a fence, a track for wheels, ঠেকনো, বেড়া, বেড়ার খুঁটি, ট্রাম রেল প্রভৃতির লাইন, the railway, রেলপথ ; a bar in framing or panelling, জানালাদির গরাদে। (**2**) *v.t.* to enclose, separate, or furnish with rails, রেলিং দিয়া ঘেরা বা পৃথক করা, রেলিং গরাদে বা গাড়ির লাইন বসান। **off the rails**—(রেলগাড়ি সম্বন্ধে) লাইনচ্যুত ; (আল.) বিশৃঙ্খল বা নিয়ন্ত্রণের বহির্ভূত ; (কথ্য.) বাতিকগ্রস্ত, খেপাটে বা পাগলা। *a.* **rail°-borne**—রেলগাড়িতে বাহিত। *n.* **rail°-head**—রেললাইনের শেষপ্রান্ত। *n.* **rai°ling**—বেড়া ; গরাদ ; (usu. in *pl.*) কাঠগড়া। *n.* **rail°road, rail°way**—রেলপথ, লৌহবর্ত্ম। **light railway**—হালকাভাবে অর্থাৎ অল্প মালপত্রে নির্মিত ক্ষুদ্র রেলপথবিশেষ। **railway carriage**—(প্রধানতঃ যাত্রিবাহী) রেলগাড়ি। **railway crossing**—বিভিন্ন রেললাইনের সংযোগস্থল। *n.* **railwayman**—রেলের কর্মচারী। [OE. *reille* <L. *regula*=a ruler]

rail-borne, railhead, railing—see **rail$_3$.**

raillery—see **rail$_2$.**

railroad, railway—see **rail$_3$.**

raiment [rā°-mant, রেই°ম্যান্ট্] *n.* clothing, জামাকাপড়, পোশাক। [<*arrayment*]

rain [rān, রেইন্] (1) *n.* water from the clouds in drops, বৃষ্টি ; a shower, বর্ষণ ; a fall in the manner of rain, বৃষ্টির ন্যায় পতন (*rain* of arrows) ; (in *pl.*) the rainy season, বর্ষাকাল। (2) *v.i.* to fall as or like rain, বৃষ্টিপাত হওয়া বা বৃষ্টিবৎ বর্ষিত হওয়া ; to send down rain, বৃষ্টিপাত করান। (3) *v.t.* to shower, বর্ষণ করা (to *rain* blows on or upon a person)। **rain or shine**—বাদলা বা খরা (যে রকম আবহাওয়াই হউক)। **right as rain**—সর্বতোভাবে যথাবিধি বা সুশৃঙ্খল। *n.* **rain°-bird**—আসন্ন বৃষ্টিপাতের ঘোষকরূপে পরিগণিত সবুজবর্ণ কাঠঠোক্‌রা এবং কয়েকজাতীয় কোকিল। *a.* **rain°bound**—বৃষ্টিপাতের ফলে আটকা পড়িয়াছে বা বাধা পাইয়াছে এমন। *n.* **rain°bow**—ইন্দ্রধনু, রামধনু। *n.* **rain°bow-coloured, rain°bowed**—রামধনুর ন্যায় সাতরঙ্গা। *n.* **rain°cloud**—জলদ, মেঘ, জলধর, (পরি.) ঝঞ্ঝামেঘ। *n.* **rain°coat**—বর্ষাতি। *n.* **rain°drop**—বৃষ্টিবিন্দু। *n.* **rain°fall**—বৃষ্টিপাত, বারিপাত। *n.* **rain°gauge**—বৃষ্টিপাত-পরিমাপক-যন্ত্র, (পরি.) বৃষ্টিমাপক। *a.* **rain°less**—বৃষ্টিহীন। *n.* **rain°-plover**—স্বর্ণছাতার ; চাতক (?)। *a.* **rain°proof**—বৃষ্টিতে ভিজিলে ক্ষতিগ্রস্ত হয় না এমন, বৃষ্টি দ্বারা অভেদ্য। *n.* **rain°water**—বৃষ্টির জল। *a.* **rain°y**—বাদলপূর্ণ ; বর্ষণমুখর ; বর্ষণবহুল, বৃষ্টিবহুল। **a rainy day**—(আল.) ভবিষ্যতের সম্ভাব্য অভাবের দিন (to provide, put away, save, etc. for *a rainy day*)। [OE. *regn*—cp. Du. & G. *regen*, ON. *regn*]

raise [rāz, রেইজ্] *v.t.* to lift, উত্তোলন করা ; to make higher and greater, উচ্চতর ও বৃহত্তর বা মহত্তর করা ; to exalt, মহীয়ান্ করা ; to advance, অগ্রসর করান ; to elevate, উঁচু করা ; to set upright, খাড়া বা সিধা করা ; to rouse, জাগান ; to rear, grow or breed, পালন করা বা উৎপাদন করা বা বংশবৃদ্ধি করা ; to produce, কারখানাদিতে উৎপাদন করা, তৈয়ারি করা ; to give rise to, উদ্ভূত করান, সৃষ্টি করা ; to build, নির্মাণ করা ; to establish, প্রতিষ্ঠিত করা ; to bring into being, সৃজন করা ; to utter, উচ্চারণ করা ; to bring forward for consideration or into notice, বিবেচনার্থ উপস্থাপিত করা বা দৃষ্টিগোচর করান ; to intensify, তীব্র বা তীব্রতর করা ; to call up, ডাকিয়া তোলা ; to levy or collect, সৈন্য কর প্রভৃতি সংগ্রহ করা। **(to) raise one's glass to a person**—কাহারও স্বাস্থ্য কামনায় মদ্যপান করা। **(to) raise the temperature**—উত্তাপ বৃদ্ধি করা ; (আল.) উত্তেজনা বাড়ান। **(to) raise one's voice**—উচ্চকণ্ঠে বলা, গলা চড়ান। **(to) raise a person from the dead**—পুনরুজ্জীবিত করা। **(to) raise hell** or **the devil**—হাঙ্গামা গণ্ডগোল বিশৃঙ্খলা প্রভৃতি নানা অনর্থ ঘটান। **(to) raise an embargo**—বাণিজ্যাদি স্থগিত রাখার নিষেধাজ্ঞা প্রত্যাহার করা। *n.* **rai°ser**। *n.* **rai°sing**—raise-এর সকল অর্থে, এবং—খনি হইতে উত্তোলন বা উত্তোলিত পদার্থের পরিমাণ। [ON. *reisa*—cp. *rise*]

raisin [rāzn, রেইজ্‌ন্] *n.* dried grape, শুষ্কীকৃত আঙ্গুর, মনাক্কা, কিশমিশ। [F. < L. *racemus* = a bunch of grapes]

raison d'etre [rā°-zawnda°tr, রেই°জন্‌ডেই°ট্‌র্] *ph.* the purpose etc. accounting for or justifying or originally causing a thing's existence, কিছুর অস্তিত্বের নিমিত্তস্বরূপ বা প্রয়োজনস্বরূপ বা আদি সজ্ঘটক উদ্দেশ্যাদি। [F.]

raj [rŭj, রাজ্] *n.* sovereignty, রাজাধিকার, রাজশাসন, রাজ। [Hind.]

raja(h) [rŭ°-ja, রা°জ্যা] *n.* an Indian prince, ভারতীয় রাজা। [Hind.]

rake₁ [rāk, রেইক্] (1) *n.* a toothed implement for scraping, smoothing, collecting, etc., দাঁতাল রে'দা বা জমি মসৃণ করার মই বা বিদা প্রভৃতি ; an implement used by a croupier for drawing in money at a gaming-table, জুয়াখেলার টেবিলের টাকাপয়সা-সংগ্রহকারীর আঁকশিবিশেষ। (2) *v.t.i.* to scrape, smooth, clear, collect, ransack, etc. with a rake, উক্ত রে'দা মই আঁকশি প্রভৃতি দিয়া চাঁছা বা মসৃণ করা বা পরিষ্কার করা বা অপসারণ করা বা টানা বা আহরণ করা বা তন্নতন্ন করিয়া খোঁজা ইত্যাদি। (3) *v.t.* to pass over violently and swiftly, (কিছুর) উপর দিয়া প্রচণ্ডভাবে ও দ্রুতবেগে চলিয়া যাওয়া ; to enfilade, (সৈন্যসারির) উপরে আগাগোড়া গোলাগুলি বর্ষণ করা ; to afford or take a view all over, আগাগোড়া দেখান বা দেখা। (4) *v.i.* to search minutely, পুঙ্খানুপুঙ্খরূপে তদন্ত করা (to *rake* over or through)। *p.* & *p. pt.* **rā°ked**। **(to) rake out a fire**—উনানের তলা হইতে ছাই পোড়া কয়লা প্রভৃতি টানিয়া বাহির করা। **(to) rake in**—(প্রচুর অর্থাদি) উপার্জন করা। **(to) rake up**—(সচ. কলঙ্ককর কিছু) বিস্মৃতি হইতে পুনরুদ্ধার করা (it is not pleasant to *rake up* the past)। *n.* **rāke°-off**—(প্রধানতঃ অনুপার্জিত অর্থাৎ বিনা আয়াসে বা অবৈধভাবে লব্ধ) টাকাকড়ির ভাগ। *n.* **rā°ker**—rake (*v.*)-এর সকল অর্থে এবং—ঝাড়ুদার ; যদ্দ্বারা চাঁছা মসৃণ করা পরিষ্কার করা টানা প্রভৃতি হয় ; (বল-খেলায়) দূর হইতে বা দূরগামী জোরাল নিচু শট। [OE. *raca*—cp. G. *rechen* = a rake, ON. *reka* = shovel]

rake₂ [rāk, রেইক্] *n.* a debauched or dissolute person, (আদবকায়দাদোরস্ত) লম্পট বা অসচ্চরিত্র ব্যক্তি। *a.* **rā°kish**—লম্পটস্বভাব বা লাম্পট্যপূর্ণ ; অসচ্চরিত্র। *adv.* **rā°kishly**। *n.* **rā°kishness**। [> *rakehell* ?]

rally₁ [ra°-li, র‍্যা°লি] *v.t.i.* to banter, হাসিঠাট্টা-দ্বারা অস্থির করা। [F. *railler*—cp. *rail₂*]

rally₂ [ra°-li, র‍্যা°লি] (1) *v.t.i.* to reassemble, পুনরায় একত্রিত করা বা হওয়া ; to gather to one's support, কাহারও (বা কিছুর) সমর্থনের জন্য জড় করা বা জড় হওয়া (the party *rallied* round the new leader) ; to assemble for united effort, একযোগে প্রচেষ্টার জন্য জড় করা বা জড় হওয়া ; to revive, (বিনষ্ট শক্তি স্বাস্থ্য মূল্য প্রভৃতির) পুনরুদ্ধার করা বা হওয়া (to *rally* one's strength)। (2) *v.t.* to muster by an effort, প্রবল প্রচেষ্টায় (মানসিক শক্তি প্রভৃতি) সংহত করা। (3) *n.* reunion for fresh effort, নব প্রচেষ্টার জন্য পুনরায় সমাবেশ (a massive *rally* of political workers) ; a gathering for a common purpose, একই উদ্দেশ্যসাধনার্থ সমাবেশ ; a mass-meeting, জনসভা ; a partial or temporary recovery, আংশিক বা অস্থায়ী পুনরুদ্ধার ; a quick exchange of strokes in tennis etc., টেনিস প্রভৃতি খেলায় দ্রুততালে বলের আদান-প্রদান। *n.* **ra°llying-cry**—রাজনীতিক দল প্রভৃতির দাবি ইত্যাদি সূচক ধ্বনি বা জিগির। [F. *rallier* < *re-*, *allier* = cp. *ally*]

ram [ram, র‌্যাম্] (1) *n.* a male sheep, পুং-মেষ, ভেড়া ; a battering-ram, প্রাচীরাদি ভাঙ্গার জন্য ঢেঁকি-আকারের যন্ত্রবিশেষ ; a ship's beak for striking an enemy's ship, শত্রুজাহাজে আঘাত করার জন্য পোতাদির অগ্রভাগে চঞ্চুবৎ অংশ ; a warship with a ram, উক্ত অংশযুক্ত রণতরী ; a hydraulic or pumping machine, জল প্রভৃতি পাম্প্ করিয়া তোলার যন্ত্র। (2) *v.t.* to cram, ঠাসিয়া ভরিয়া পরিপূর্ণ করা বা ঠাসিয়া ভরা (to *ram* one's clothes into a box) ; to block up, ছিদ্রাদি আটকাইয়া দেওয়া ; to beat hard, জোরে ঘা মারা ; to drive hard down, সবলে নিচের দিকে বা গর্তে ঢোকান (to *ram* piles into the ground) ; to strike or pierce with a ram, ঢেঁকি-আকারের যন্ত্রদ্বারা বা (জাহাজাদি-সম্বন্ধে) চঞ্চুবৎ অগ্রভাগদ্বারা আঘাত করা অথবা বিদ্ধ করা। *pr. pt.* **ra°mming**। *p.* & *p. pt.* **ra°mmed**। **(to) ram the argument home**—পুনঃ পুনঃ উল্লেখের দ্বারা হৃদয়ঙ্গম করান। *n.* **Ram**—(জ্যোতি.) মেষরাশি। *n.* **rammer**—যে ব্যক্তি ঠাসিয়া ভরে বা ছিদ্রাদি আটকায় বা জোরে ঘা মারে ; ঐ সমস্ত কাজ করার যন্ত্র। *a.* **ra°mmish**—বোটকা গন্ধযুক্ত বা স্বাদযুক্ত ; অতি কামুক। *n.* **ram°rod**—কামান-বন্দুকাদিতে ঠাসিয়া বারুদ ভরার জন্য বা ঐ সবের নল পরিষ্কার করার জন্য দণ্ডবিশেষ। [OF. *ram*, *rom*—cp. G. *ramm*]

Ramad(h)an [ra-ma-dŭn°, র‌্যামাডান্°] *n.* the Mohammedan month of fasting, মুসলমানি রমজান-মাস। [Ar.]

ramal [rā°m(a)l, রেইম্°ল্] *a.* of or proceeding from a branch, শাখাজ। [L. *ramus* = branch]

ramble [ramb°l, র‌্যাম্ব্°ল্] (1) *v.i.* to travel as fancy leads, খেয়াল-খুশিমত ভ্রমণ করা বা ঘুরিয়া বেড়ান ; to wander, ইতস্ততঃ ঘুরিয়া বেড়ান ; to wander in mind or discourse, উদ্‌ভ্রান্ত বা অসংলগ্ন হওয়া অথবা এলোমেলো আলোচনা করা ; to trail, লতাইয়া যাওয়া। (2) *n.* a roving about, ইতস্ততঃ ভ্রমণ ; a wandering in mind or discourse, উদ্‌ভ্রান্ত চিন্তা বা অসংলগ্নতা, এলোমেলো আলোচনা। *n.* **ramb°ler**—ramble (*v.*)-এর সকল অর্থে, এবং—লতানে গোলাপগাছবিশেষ। *a.* **ramb°ling**—ইতস্ততঃ ভ্রমণরত ; অসংলগ্ন (*rambling* essays, speeches, etc.) ; লতানে ; (রাস্তাবাড়িঘর প্রভৃতি সম্বন্ধে) এলোমেলোভাবে নির্মিত। [?]

rambunctious [ram-bungk°-shas, র‌্যাম্বাংক্°শ্যাস্] *a.* difficult to control, unruly, exuberant, বাগ মানান যায় না এমন, শাসনাতীত, উচ্ছ্বসিত। *adv.* **rambunc°tiously**। *n.* **rambunc°tiousness**। [?]

ramify [ra°-mi-fī, র‌্যা°মিফাই] *v.t.i.* to divide into branches, শাখাবিভক্ত করা বা হওয়া। *n.* **ramificā°tion**—শাখাবিস্তার (*ramifications* of an argument, inquiry, river, railways, etc.)। [L. *ramus* = branch]

rammed, rammer, ramming, rammish—see **ram**.

ramp [ramp, র‌্যাম্প্] (1) *v.i.* to climb, বাহিয়া ওঠা বা নামা (to *ramp* up or down) ; to rear as if climbing, (সিংহাদি সম্বন্ধে) যেন আরোহণার্থ পিছনের পদদ্বয়ে ভর দিয়া দাঁড়ান ; to slope from one level to another, এক স্তর হইতে অন্য স্তরে ঢালু হইয়া নামিয়া আসা ; to rage, অতিশয় ক্ষিপ্ত বা ক্রুদ্ধ হওয়া, তর্জন-গর্জন করা ; (mil.) to range about wildly, (সাম.) এলোমেলোভাবে গোলাগুলি ছোড়া। (2) *v.t.* to provide with an inclined plane, (স্থাপ.—প্রাচীরাদির দুই স্তরের সংযোগস্থাপক) ঢালু স্তর বসান। *p.* & *p. pt.* **ram°ped**। (3) *n.* an act of ramping, আরোহণ বা অবতরণ, পিছনের পদদ্বয়ে ভর দিয়া দণ্ডায়মান হওয়া, স্তর হইতে স্তরান্তরে ঢালু হইয়া অবতরণ, প্রচণ্ড ক্ষিপ্ততা বা রোষ, তর্জন-গর্জন, এলোমেলোভাবে গোলাগুলি নিক্ষেপ ; an inclined plane, (প্রধানতঃ প্রাচীরাদির দুই স্তরমধ্যে সংযোগস্থাপক) ঢালু স্তর ; an upward concave bend, ঊর্ধ্বদিকে অবতল বাঁক ; an exploitation of a special situation for some gain, মূল্যবৃদ্ধি করার জন্য বা অন্য লাভের জন্য অস্বাভাবিক অবস্থার সুযোগগ্রহণ। **rampāge°**—(1) *n.* প্রচণ্ড উত্তেজনাপূর্ণ আচরণ বা ছোটাছুটি (to be on the *rampage*)। (2) *v.i.* তর্জন-গর্জন করা ; উত্তেজিতভাবে ইতস্ততঃ ছুটাছুটি করা। *a.* **rampā°geous**—উত্তেজিত আচরণপূর্ণ ; উত্তেজিতভাবে তর্জন-গর্জন বা ইতস্ততঃ ছুটাছুটি করিতেছে এমন। *n.* **ram°pancy**—পিছনের পদদ্বয়ে ভর দিয়া দণ্ডায়মান অবস্থা ; পশ্চাতের বামপদে ভর দিয়া একপেশেভাবে দণ্ডায়মান অবস্থা ; তেজস্বিতা ; প্রচণ্ডতা ; বাধাহীনতা ; অব্যাহতভাবে জন্মবৃদ্ধি বা প্রসার ; (খিলান বা ধনুকাকার স্থাপত্যাদি-সম্বন্ধে) বিভিন্নস্থানে পিল্লাযুক্ত অবস্থা। *a.* **ram°pant**—পিছনের পদদ্বয়ে ভর দিয়া দণ্ডায়মান (the lion *rampant*) ; পশ্চাতের বামপদে ভর দিয়া একপেশেভাবে দণ্ডায়মান ; তেজস্বী ; প্রচণ্ড (*rampant* violence) ; বাধাহীন, অবাধ, অব্যাহতভাবে জায়মান

বা বৃদ্ধিশীল বা প্রসারণশীল ; (খিলান বা ধনুকাকার স্থাপত্যাদি-সম্বন্ধে) বিভিন্ন স্থানে পিল্লাযুক্ত। *adv.* **ram°pantly** । [?]

rampage, rampant—see **ramp.**

rampart [ram°-pŭ(r)t, র‍্যাম্‌°পা(র্)ট্] *n.* a defensive mound, আত্মরক্ষার্থ (কেল্লাদির উপরে বা চতুষ্পার্শ্বে নির্মিত) সমতল উপরিভাগযুক্ত ঢিবি ; that which defends, আত্মরক্ষার্থ নির্মিত গড় কেল্লা প্রভৃতি। [F. *rempart* < *remparer* = to defend < L. *re* = ante, *parere* = to prepare]

ramrod—**ram.**

ramshackle [ram°-shakl, র‍্যাম্‌°শ্যাক্‌ল্] *a.* tumble-down, ভগ্নপ্রায়, জীর্ণ (a *ramshackle* building, old bus, etc.) । [?]

ran—see **run.**

ranch [ransh, র‍্যান্‌শ্] *n.* a cattle-breeding establishment, গবাদি পশু প্রজননের প্রতিষ্ঠান। *n.* **ran°cher**—উক্ত প্রতিষ্ঠানের কর্মী। *n.* **ran°ching**—উক্ত প্রতিষ্ঠান-পরিচালনা। [Sp. *rancho* = a mess]

rancid [ran°-sid, র‍্যান্‌°সিড্] *a.* rank in smell or taste, (পচিয়া-যাওয়া মাখন তেল বা চর্বির মত অথবা তৎসম্বন্ধে) দুর্গন্ধ বা বিস্বাদ। *n.* **ranci°dity, ran°cidness** । [L. *rancidus* = stinking]

rancorous—see **rancourt.**

rancour, (Am.) **rancor** [rang°-ka(r), র‍্যাং°-ক্যা(র্)] *n.* inveterate bitterness, অন্তরে সঞ্চিত বিদ্বেষ (*rancour* against a person) ; spite, সঘৃণ ঈর্ষা বা হিংসা। *a.* **rancorous** [rang°-ka-ras, র‍্যাং°ক্যার‍্যাস্] অন্তরে সঞ্চিত বিদ্বেষপূর্ণ ; বদ্ধমূল শত্রুতাপূর্ণ ; ঈর্ষাপূর্ণ বা হিংসাপূর্ণ। [OF. < L. *rancor* = an old grudge]

rand [rand, র‍্যান্‌ড্] *n.* highlands on either side of a river-valley, উপত্যকাস্থ নদীর উভয় তীরস্থ উচ্চভূমি। **(the) Rand**—জোহানেসবার্গের স্বর্ণখনিপূর্ণ অঞ্চল। [OE. & Du. = border]

random [ran°-dam, র‍্যান্‌°ড্যাম্] (**1**) *a.* haphazard, এলোমেলো (*random* remarks, sample, etc.) । (**2**) *n.* haphazard state or manner, এলোমেলো অবস্থা বা ধরন। **at random**—এলোমেলোভাবে, এলোপাথারিভাবে। [OF. *randon* full speed (of horse)]

randy [ran°-di, র‍্যান্‌°ডি] *a.* loud-tongued, boisterous, অত্যন্ত চেঁচামেচি করে এমন, তারকণ্ঠ ; eager for sexual gratification, lustful, যৌনাকাঙ্ক্ষা চরিতার্থ করিতে ব্যগ্র বা ব্যাকুল, যৌন-সঙ্গকামী, কামুক। *n.* **ran°diness** । [< *rant* ?]

ranee, rani [rŭ-ne°, রানী°] *n.* an Indian queen, ভারতীয় রানী। [Hind.]

rang—see **ring**$_2$.

range [rānz, রেইন্‌জ্] (**1**) *v.t.i.* to place or have a place, to arrange or be arranged, in a row or in any specified order, সারিতে বা নির্দিষ্ট ক্রমবিন্যাসে স্থান দেওয়া অথবা স্থান নেওয়া, সারিবদ্ধ করিয়া অথবা নির্দিষ্ট ক্রমবিন্যাসানুযায়ী বিন্যস্ত করা বা হওয়া (the general *ranged* his troops ; people *ranged* themselves on each side of the road to see the procession pass ; to *range* against, among, etc.) ; to move freely or in all direction, অবাধে বা সর্বদিকে চালান অথবা চলা। (**2**) *v.t.* to classify, শ্রেণীবিভক্ত করা ; to arrange, বিন্যস্ত করা ; to straighten or level, (বন্দুকাদি) সিধা করিয়া বা বাগাইয়া ধরা, লক্ষ্যসন্ধান করা ; to sail along, (জাহাজাদিকে) বাহিয়া নেওয়া। (**3**) *v.i.* to lie in a direction, অভিমুখে থাকা, দিগ্‌বর্তী হওয়া ; to extend, প্রসারিত বা বিস্তৃত হওয়া ; to move or occur or vary within limits, (নির্দিষ্ট) সীমা অথবা চৌহদ্দির মধ্যে চলাফেরা করা বা ঘটা বা পরিবর্তিত হওয়া ; to beat about as for game, শিকারাদির সন্ধানে বনজঙ্গল মথন করা বা খেদাইয়া ফেরা ; to be inconstant, অটল না থাকা বা অস্থির হওয়া ; to lie evenly, একই সমতলে অবস্থিত থাকা। (**4**) *n.* a row or specified order, সারি বা নির্দিষ্ট ক্রম-বিন্যাস ; a series, ক্রমবিন্যস্ত সমষ্টি ; anything extending in line, শ্রেণীবিন্যস্ত বস্তু (যেমন, পর্বত-শ্রেণী) ; a stretch of open country, (প্রধানতঃ পশুচারণের জন্য) খোলা মাঠ, গোচর, গোচারণ ভূমি ; lie, direction, অবস্থান-রেখা ; act of ranging, সারিতে বা ক্রম বিন্যাসানুযায়ী স্থাপন, সর্বদিকে বা অবাধে চালনা অথবা চলন, শ্রেণী-বিভাজন, বিন্যাস ; বন্দুকাদি বাগাইয়া ধরা, জাহাজাদিকে বাহিয়া নেওয়া, অভিমুখ বা দিগ্‌বর্তী হওয়া, প্রসারিত বা বিস্তৃত হইয়া, (নির্দিষ্ট) সীমার অথবা চৌহদ্দির মধ্যে চলাফেরা বা সজ্ঘটন বা পরিবর্তন, শিকারাদির সন্ধানে বনজঙ্গল মথন, অনটলতা বা অস্থিরতা, একই সমতলে অবস্থান ; scope, compass, প্রসার, ব্যাপ্তি, এলাকা, পাল্লা, (পরি.) আভোগ, অঞ্চল ; space or distance between limits, দুই প্রান্তসীমার মধ্যবর্তী স্থান বা ব্যবধান ; a place for practice in shooting, বন্দুকাদি ছোড়া অভ্যাস করার স্থান (a rifle-*range*) ; firing elevation of a gun, গুলিগোলা নিক্ষেপ কালে কামান-বন্দুকাদি যতখানি উঁচু করা হয় ; an enclosed kitchen fireplace, রান্নাঘরের ঘেরাও-করা উনানবিশেষ। *a.* **long-range**—বহুদূরবর্তী লক্ষ্যভেদী, দূরপাল্লার (*long-range* shot) । **(to) range oneself**—(কাহারও বা কোন) পক্ষে যাওয়া, দলে যোগ দেওয়া ; (প্রধানতঃ বিবাহাদি করিয়া) ভদ্র হওয়া। *n.* **rānge°-finder**—লক্ষ্যবস্তুর দূরত্ব-পরিমাপক যন্ত্রবিশেষ। *n.* **rān°ger**—range (*v.*)-এর সকল অর্থে, এবং—ভ্রমণকারী ; শিকারী বা সন্ধানী কুকুরবিশেষ ; বনরক্ষক ; প্রহরারত (অশ্বারোহী) সৈনিক ; Girl Guide বা ব্রতী বালিকা-সজ্ঘের পুরাতন সভ্যা-বিশেষ ; কোন দেশের উপর দিয়া গমনাগমনরত অশ্বা-রোহী সৈন্যদল। *a.* **rān°gy**—ভ্রমণপ্রিয় ও ভ্রমণে সক্ষম ; প্রশস্ত ; বিস্তৃত ; দীর্ঘপদ ও কৃশ। [F. *ranger* (*v.*)]

ranine [rā°-nin, রেই°নিন্] *a.* pertaining to the frog family, ভেকসংক্রান্ত বা ভেকগোষ্ঠীগত, মাণ্ডুক। [L. *rana* = a frog]

rank₁ [rangk, র‍্যাংক্] (**1**) *n.* a row, সারি ; a row of soldiers, (আড়াআড়িভাবে) সৈন্যসারি (cp. **file**) ; (in *pl.*) soldiers, private soldiers, common people or (pol.) workers, সৈনিকগণ, নিম্নতম পদস্থ সৈনিকবর্গ, সাধারণ স্তরের জনগণ, (রাজ.) নিম্নতম স্তরের কর্মিবৃন্দ ; arrangement in line, সারিবদ্ধভাবে বিন্যাস ; order, grade, or degree, পর্যায়, ক্রম, মাত্রা ; station, পদ, পদমর্যাদা (an officer of high *rank*) ; high standing, উচ্চ প্রতিষ্ঠা। (**2**) *v.t.i.* to place or have a place in a line, rank, grade, scale, or class, সারি মর্যাদাক্রম পদ পর্যায় মাত্রা শ্রেণী প্রভৃতিতে স্থান দেওয়া বা পাওয়া। *p. & p. pt.* **ran°ked**। **(to) close ranks**—সংহতি ঐক্য প্রভৃতি রক্ষা করা। **(the) rank and file**—সাধারণ অর্থাৎ নিম্নতম পদস্থ সৈনিকবর্গ (also **the ranks, other ranks**) ; সাধারণ স্তরের জনগণ বা রাজনীতিক কর্মিবৃন্দ। **(to) rank off**—(সাম.) শ্রেণীবদ্ধভাবে মার্চ করিয়া যাওয়া। **(to) rise from the ranks**—সাধারণ সৈনিকের পদ হইতে ক্রমোন্নতিলাভ করিয়া সেনাপতি হওয়া ; স্বাবলম্বনে ছোট অবস্থা হইতে বড় হওয়া। **(to) reduce to the ranks**—(সাম.) উচ্চতর পদ বা সেনাপতির পদ হইতে নিম্নতম সৈনিকের পদে নামাইয়া দেওয়া। *n.* **ran°ker**—নিম্নতম পদস্থ সৈনিক ; নিম্নতম পদ হইতে সেনাপতির পদে উন্নীত সৈনিক। [OF. *renc*]

rank₂ [rangk, র‍্যাংক্] *a.* growing luxuriantly, প্রচুর জন্মায় এমন (land *rank* with weeds) ; coursely overgrown, দৃষ্টিকটুভাবে অতিবৃদ্ধিপ্রাপ্ত ; out-and-out, (প্রধানতঃ মন্দার্থে) পুরাদস্তুর, ডাহা (a *rank* liar) ; over-productive, অত্যধিক উৎপাদনশীল ; offensive in smell or taste, ন্যক্কারজনক গন্ধপূর্ণ বা স্বাদপূর্ণ (*rank* fish, meat, tobacco, etc.) ; gross, স্থূল (*rank* nonsense) ; foul, নোংরা, জঘন্য। *adv.* **rank°ly**। *n.* **rank°nėss**। [OE. *ranc*=proud, strong]

rankle [rangk°l, র‍্যাংক্°ল্] *v.i.t.* to fester or cause to fester, (ফোড়া প্রভৃতি সম্বন্ধে) যন্ত্রণাদায়কভাবে পাকা বা পাকান ; to go on embittering, (সম্পর্ক শত্রুতা প্রভৃতি সম্বন্ধে) তিক্ত হইতে বা করিতে থাকা। [OF. *ra(o)ncler*<LL. *dra(cu)nculus*=an ulcer<L. *draco*<Gk. *dracon*=dragon]

ransack [ran°-sak, র‍্যান্°স্যাক্] *v.t.* to search minutely, তন্নতন্ন করিয়া অনুসন্ধান করা ; to plunder, বিধ্বস্ত করিয়া লুণ্ঠন করা। *p. & p. pt.* **ran°sacked**। [ON. *rannsaka*]

ransom [ran°-sam, র‍্যান্°স্যাম্] (**1**) *n.* redemption from captivity, বন্দিত্বমোচন ; price of redemption, বন্দিত্বমোচনের মূল্য, মুক্তিপণ ; expiation, প্রায়শ্চিত্ত, খেসারত ; a huge sum, টাকার মোটা অঙ্ক ; an extortionate price, রক্তচোষা দাম। (**2**) *v.t.* to pay, demand, or accept ransom for, (কাহারও জন্য) মুক্তিপণ দেওয়া বা দাবি করা বা নেওয়া ; to redeem, বন্দিত্বমোচন করা, বা মুক্ত করা (to *ransom* a kidnapped person) ; to expiate, (কিছুর) প্রায়শ্চিত্ত করা, খেসারত দেওয়া। **(to) hold to ransom**—মুক্তিপণ না পাওয়া পর্যন্ত আটকাইয়া রাখা। **(to) put to ransom**—মুক্তিপণের বিনিময়ে বন্দিত্বমোচনে রাজি হওয়া। **worth a king's ransom**—অত্যন্ত মূল্যবান বা দামী। [F. *rancon*<L. *redemptio(n.)*]

rant [rant, র‍্যান্‌ট্] (**1**) *v.i.* to declaim bombastically, গালভরা শব্দাদিপ্রয়োগপূর্বক বক্তৃতা করা ; to preach noisily, তারস্বরে প্রচার করা। *p. & p. pt.* **ran°tėd**। (**2**) *n.* noisy but empty declamation, উচ্চকণ্ঠে প্রদত্ত অসার বক্তৃতা। *n.* **ran°ter**। *adv.* **rant°ingly**। [obs. Du. *randten*=to rave, also L. *randen*]

rap₁ [rap, র‍্যাপ্] (**1**) *n.* a sharp blow, তীক্ষ্ণ আঘাত ; the sound of a knock, (দরজাদিতে) আঘাতের শব্দ (a *rap* on the door)। (**2**) *v.t.i.* to strike or knock sharply, (দরজাদিতে) তীক্ষ্ণ আঘাত করা (he *rapped* the table) ; to communicate by raps, উক্ত শব্দদ্বারা জানান। (**3**) *v.t.* to utter sharply, তীক্ষ্ণভাবে বা তীব্রভাবে বলা। (**4**) *v.i.* ro rattle, খট্‌খট্ শব্দ করা। *pr. pt.* **ra°pping**। *p. & p. pt.* **ra°ppėd**। **(to) take the rap**—(বিশেষতঃ, নির্দোষ হইলেও) তিরস্কৃত হওয়া। *n.* **ra°pper**—rap (*v.*)-এর সকল অর্থে, এবং—দরজার কড়া ; চূড়ান্ত মিথ্যা কথা বা শপথ। [imi.]

rap₂ [rap, র‍্যাপ্] *n.* a small amount, সামান্য পরিমাণ। **not to care** or **give a rap**—গ্রাহ্য না করা। [abbr. of Irish *ropaire*]

rapacious [rapā°-shas, র‍্যাপেই°শ্যাস্] *a.* grasping, ছিনাইয়া লইতে বা আত্মসাৎ করিতে ব্যগ্র, লোলুপ ; greedy, লোভাতুর, লোভী ; predatory, (অন্য) প্রাণী শিকারদ্বারা প্রাণধারণকারী, হিংস্র, শিকারী। *adv.* **rapā°ciously**। *n.* **rapā°ciousnėss, rapacity** [ra-pa°-si-ti, র‍্যাপ্যা°সিটি]। [L. *rapax*<*rapere*—see *rape*]

rape₁ [rāp, রেইপ্] (**1**) *n.* the ravishing of a woman, কামলালসা চরিতার্থ করার জন্য স্ত্রীলোকের উপর বলাৎকার, নারীধর্ষণ ; (fig.) act of pillaging, (আল.) বিধ্বস্ত করিয়া লুণ্ঠন (*rape* of Paris)। (**2**) *v.t.* to seize and carry off, ছিনাইয়া লইয়া চলিয়া যাওয়া, লুঠিয়া লইয়া যাওয়া ; to commit rape upon, (স্ত্রীলোককে) ধর্ষণ করা। *p. & p. pt.* **rā°ped**। [L. *rapere*=to seize ?]

rape₂ [rāp, রেইপ্] *n.* a plant, সরিষা-গাছ। *n.* **rāpe°-cāke**—খইল। *n.* **rāpe°-oil**—সর্ষপতৈল। *n.* **rāpe°-seed**—সরিষাদানা, সর্ষপ। [L. *rapum*] =turnip]

rape₃ [rāp, রেইপ্] *n.* refuse of grapes after wine-making (used in making Vinegar), (ভিনেগার প্রস্তুত করিতে ব্যবহৃত) মদ তৈয়ারির পরে আঙ্গুরের ছিবড়া ; vessel for making vinegar, ভিনেগার তৈয়ারির পাত্র। [F.]

rapid [ra°-pid, র‍্যা°পিড্] (1) *a.* swift, দ্রুত, ক্ষিপ্র, বেগবান্; quickly, accomplished, দ্রুত-সম্পাদিত; steeply sloping, দুরূহ-রকম ঢালু, দুরারোহ ঢলবিশিষ্ট। (2) *n.* (usu. in *pl.*) a steep descent in the river-bed causing swift current, স্রোতের বেগবর্ধক নদীগর্ভস্থ দুরারোহ ঢল বা উতরাই, (পরি.) নদীপ্রপাত। *n.* **rapi°dity,** (rare) **ra°pidness** । *adv.* **ra°pidly** । [L. *rapidus*<*rapere* =to seize]

rapier [rā°-pē(r), রেই°পিয়্যা(র্)] *n.* a long slender sword, খোঁচা মারিয়া ভিতরে ঢোকানর পক্ষে উপযোগী লম্বা ও সরু তরবারিবিশেষ। *n.* **rā°pier-thrust**—(আল.) সরস জবাব। [F. *rapiere*]

rapine [ra°-pīn, র‍্যা°পাইন্] *n.* plundering, বিধ্বস্ত করা ও লুণ্ঠন; prey, শিকার (also **beast** etc. **of rapine**)। [L. *rapina*<*rapere*=to seize]

rapport [ra-paw(r)°, র‍্যাপ্য(র্)] *n.* communication, যোগাযোগ; relationship, সম্বন্ধ, সম্পর্ক; connection, সংযোগ (to be in *rapport* with)। [F.]

rapprochement [ra-prosh°-mung, র‍্যাপ্রশ্°মাং] *n.* a drawing together, মিলনার্থ পরস্পরকে নিকটে আনয়ন; establishment or renewal of cordial relations, সৌহার্দ্যের বা প্রীতির সম্পর্কের প্রতিষ্ঠা অথবা পুনঃপ্রতিষ্ঠা। [F.]

rapscallion—see **rascal.**

rapt [rapt, র‍্যাপ্ট্] *a.* snatched away, ছিনাইয়া লইয়া যাওয়া হইয়াছে এমন; enraptured, আনন্দাদিতে আত্মহারা; entranced, মোহিত; absorbed, engrossed, সম্পূর্ণ আচ্ছন্ন বা আবিষ্ট (to listen with *rapt* attention)। [L. *raptus*<*rapere*—see *rape*]

rapture [rap°-cha(r), র‍্যাপ্°চ্যা(র্)] *n.* a seizing and carrying away, ছিনাইয়া লইয়া যাওয়া; extreme delight, পরমানন্দ; ecstasy, ভাবাবেশ, সমাধি। **(to) be in** or **go into raptures**—আনন্দোচ্ছল হওয়া, অতিমাত্রায় উল্লসিত হওয়া। *a.* **rapturous** [rap°ch(a)-ras, র‍্যাপ্°চ্র্যাস্] পরমানন্দময়; ভাবাবিষ্ট; পরামানন্দদায়ক। *adv.* **rap°turously** । [see *rapt*]

rara avis [rar°-a ā°-vis, রেয়্যার্°অ্যা এই°ভিস্] *ph.* a rare person or thing, দুর্লভ ব্যক্তি বা বস্তু। [L.=rare bird]

rare [ra(r), রেয়্যা(র্)] *a.* thin, not dense, অগভীর, ঘন নহে এমন, পাতলা; sparse, ফাঁক-ফাঁক, বিরল; seldom met with, দুর্লভদর্শন, কদাচিৎ দৃষ্ট (a *rare* book, occurrence, etc.); uncommon, অসাধারণ; uncommonly excellent, অসাধারণরকম উৎকৃষ্ট, অত্যুত্তম। **rare earth**—ধাতব মৌল পদার্থবিশেষ (ইহাদের মধ্যে কয়েকটি দুর্লভ), (পরি.) বিরলমৃত্তিকা। *n.* **rāre°bit**—পনির-ভাজা। **Welsh rarebit**—var. of **Welsh rabbit** । *v.t.i.* **rār°efy**—অগভীর বা বিরল করা অথবা হওয়া, (পরি.) তনু করা বা হওয়া। **rarefied air**—তনুভূত বায়ু। *n.* **rārefac°tion**—(পরি.) তনুভবন। *adv.* **rāre°ly**—কদাচিৎ, বড় একটা নহে এমনভাবে; অসাধারণরকম উৎকৃষ্টভাবে; বাছাই করিয়া। *n.* **rāre°ness** । *n.* **rār°ity**—অগভীরতা; বিরলতা; দুষ্প্রাপ্যতার দরুন বহুমূল্য বস্তু; অসাধারণত্ব। [F.<L. *rarus*]

rascal [rŭs°k(a)l, রাস্°ক্ল্] *n.* a rogue or knave, শঠ বা বদমাশ বা পাজি লোক; (playfully) a fellow, (কৌতু.) শিশু সহকর্মী বন্ধু প্রভৃতিকে সম্বোধনমূলক আখ্যাবিশেষ। *n.* **rapscallion** [rap-ska°-li-an, র‍্যাপ্স্ক্যা°লিয়্যান্] শঠ বা বদমাশ বা পাজি লোক; ইতর ও হতভাগা লোক। *n.* **rasca°lity**—শঠতা, বদমাশি, পেজোমি। *a.* **ras°cally**—শঠ বা বদমাশ বা পাজি লোকের ন্যায়; শঠতা বদমাশি বা পেজোমিতে পূর্ণ। [OF. *rascaille*=scum of the people]

rase—alt. spell. of **raze.**

rash₁ [rash, র‍্যাশ্] *n.* an eruption on the skin, গাত্রচর্মে উদ্গত ক্ষুদ্র ফুসকুড়ি বা চুলকনা; (fig.) sudden widespread onset, (আল.) ব্যাপকভাবে আকস্মিক সূত্রপাত (a *rash* of communal disturbances)। [OF. *rache*; It. *raschia*]

rash₂ [rash, র‍্যাশ্] *a.* over-hasty, অসঙ্গত ত্বরাপূর্ণ (a *rash* statement); wanting in precaution, পূর্বাহ্ণে সতর্ক হয় না এমন, হঠকারী; overbold, দুঃসাহসী (a *rash* youngman); reckless, বেপরোয়া (*rash* driving)। *adv.* **rash°ly** । *n.* **rash°ness** । [cp. Du. & G. *rasch*=rapid]

rasher [ra°-sha(r), র‍্যা°শ্যা(র্)] *n.* a thin slice of bacon, লবণে জারিত শূকরমাংসের পাতলা ফালি। [?]

rasp [rŭsp, রাস্প্] (1) *n.* a coarse file, উখা। (2) *v.t.* to scrape with a rasp, উখা দিয়া ঘষা; to grate upon, (কিছুর উপরে) খর্খর্ শব্দ করা বা খর্খর্ শব্দ করিয়া কর্ণপীড়া দেওয়া; to utter gratingly, কর্কশকণ্ঠে বলা। (3) *v.i.* to have a grating effect, খর্খর্ করা। *p.* & *p. pt.* **ras°ped** । *adv.* **ras°pingly** । [OF. *raspe*]

raspberry [rŭz°-b(a)ri, রাজ্°ব্রি] *n.* a kind of fruit or the plant yielding it, ঈষদম্ল ক্ষুদ্র ফলবিশেষ বা তাহার গাছ; (sl.) sound or gesture expressing dislike or disapproval, (অশি.) বিরাগ প্রভৃতি প্রকাশের নিমিত্ত আওয়াজ বা অঙ্গভঙ্গি। [?]

rat [rat, র‍্যাট্] (1) *n.* a kind of rodent, ধেড়ে ইঁদুর; a renegade, স্বদলত্যাগী; a strike-breaker, ধর্মঘট-পণ্ডকারী কর্মী; a worker for less than normal wages, যে কর্মী স্বাভাবিক বেতনের অপেক্ষা কমে কাজ করে; a miserable or ugly sample, দুর্দশাগ্রস্ত বা কুদর্শন নমুনা অথবা নিদর্শন। (2) *v.i.* to hunt or catch rats, ইঁদুর শিকার করা বা ধরা; to desert sides for unworthy motives, হীন বা মন্দ উদ্দেশ্যে দলত্যাগ করা; to work as a rat, ধর্মঘট পণ্ড করিয়া কর্মে যোগ দেওয়া বা স্বাভাবিক অপেক্ষা কম বেতনে কাজ করা। *pr. pt.* **ra°tting** । *p.* & *p. pt.* **ra°tted** । **like a drowned rat**—শোচনীয়ভাবে সিক্ত; সর্বাঙ্গ সিক্ত, (তু.) ভিজে জাব। **like a rat in a hole**—যে স্থান হইতে পরিত্রাণ অসম্ভব তেমন স্থানে অবস্থিত। **(to) smell a rat**—(প্রধানতঃ গুপ্ত অন্যায় বা অনভিপ্রেত) কার্যাদি চলিতেছে বলিয়া সন্দেহ করা। *n.* **rat°-catcher**—পেশাদার ইঁদুর-হত্যাকারী। *n.* **rat°-flea**—ইঁদুরে-মাছি। *n.* **rat°-hōle**—ইঁদুরের গর্ত। *n.* **rat°-poišon**—ইঁদুর-মারা বিষ। *a.* **rat°prōōf**—ইঁদুর দ্বারা আক্রান্ত হয় না বা ইঁদুর আসিতে পারে না এমন। **rat race**—সামাজিক প্রতিষ্ঠা লাভের জন্য বেপরোয়া ও অমর্যাদাকর প্রতিযোগিতা। *int.* **rats**—বাজে অর্থহীন অবিশ্বাস্য প্রভৃতি অর্থসূচক। *n.* **rats°bāne**—ইঁদুর-মারা বিষ বিশেষতঃ সাদা সেঁকো-বিষ বা মিঠেবিষ; বিষাক্ত বৃক্ষবিশেষ। *n.* **rat('s)°-tail**—ইঁদুরের লেজ; ইঁদুরের লেজের ন্যায় বস্তু বিশেষতঃ কেশহীন ঘোড়ার লেজ; টিকি (?); ঘোড়ার পায়ে উদ্গত সুঁচাল সরু আঁববিশেষ। *a.* **ra°ttish**—ইঁদুরতুল্য; দলত্যাগীর ন্যায়; ইঁদুরে পূর্ণ। *n.* **rat°-trap** ইঁদুর-ধরা ফাঁদ বা কল। *a.* **ra°tty**—ইঁদুর-তুল্য; দলত্যাগিবৎ; ইঁদুরপূর্ণ; দুর্দশাগ্রস্ত, হতভাগ্য; (অশি.) ক্রুদ্ধ; খিট্‌খিটে। [OE. *raet*—cp. G. *ratte*]

ratable—see **rate**.

ratan—see **rattan**.

rataplan [ra-ta-plan°, র‍্যাট্যাপ্ল্যান্°] *n.* a drumming sound, ঢাকের শব্দ। [F.]

rat-catcher—see **rat**.

ratchet [ra°-chit, র‍্যা°চিট্] *n.* a toothed wheel provided with a catch, যাহাতে পিছলাইয়া না যায় সেজন্য ছিট্‌কিনি-লাগান দাঁতাল চাকা-বিশেষ। [F. *rocket*=a kind of lancehead]

rate$_1$ [rāt, রেইট্] *v.t.i.* to scold angrily, সক্রোধে তিরস্কার করা। *p.* & *p. pt.* **rāted** । [ME. *raten*<?]

rate$_2$ [rāt, রেইট্] **(1)** *n.* (poet.) estimated amount or value. (কাব্যে) হিসাব-করা পরিমাণ বা মূল্য; price or cost, দাম; ratio, অনুপাত, আনুপাতিক হার (at a *rate* of fifty miles an hour); measure of value, tariff charge, cost, relative speed, etc., দর, হার (price is moving up at a tremendous *rate*); a standard, মানদণ্ড; the station a person holds in a ship's book, জাহাজের অথবা নাবিকদের উৎকর্ষ বা পদমর্যাদানুযায়ী স্থান; manner, mode, ধরন, প্রণালী; extent, degree, প্রসার, মাত্রা; (often in *pl.*) an amount levied by a local authority, সম্পত্তির মূল্যানুযায়ী পৌরসভাদি কর্তৃক ধার্য কর, (পরি.) অভিকর। **(2)** *v.t.* (poet.) to calculate, (কাব্যে) হিসাব করা; to estimate the value or worth of, মূল্যাদি হিসাব করা বা নিরূপণ করা, দর কষা; to settle the relative rank or scale or position of, আনুপাতিক পদ-মর্যাদা বা ওজনমাত্রা বা ক্রমিক অবস্থান স্থির করা, যথা-যোগ্য শ্রেণীভুক্ত করা; to value for purpose of rate-paying, কর-নির্ণয়ার্থ (সম্পত্তির) মূল্য স্থির করা। **(3)** *v.i.* to be placed in a certain class, কোন শ্রেণীভুক্ত হওয়া। *p.* & *p. pt.* **rā°ted** । **at any rate**—যে কোন অবস্থাতেই হউক না কেন; যাহাই ঘটুক না কেন; যাহা হউক। **at this rate**—ইহা যদি সত্য হয়; যদি ইহা হয়, যদি ইহা ধরিয়া লওয়া যায়; যদি এই অবস্থা থাকে। **rate of exchange**—দুই দেশের মুদ্রাবিনিময়ের হার। *a.* **rāt(e)°able** । *n.* **rat(e)abi°lity** । *adv.* **rāt(e)°ably** । *n.* **rāte°-cutting**—বাজারে প্রতিযোগিতা করার জন্য পণ্যদ্রব্যের মূল্যহ্রাস করা। *n.* **rāte°-payer**—অভিকরদাতা। *n.* **rā°ting**—দর বাঁধিয়া দেওয়া, মূল্যনির্ধারণ; জাহাজি মাল্লাদের শ্রেণী বা উক্ত শ্রেণীভুক্ত মাল্লা; (মনোবিদ্যায়) নির্ধারণ। [OF.<LL. *rata-(pars)*=reckoned (part), rate]

rat-flea—see **rat**.

rathe [rādh, রেইদ্] *a.* (arch.) early, (আর্য.) তাড়াতাড়ি আসে জন্মে বা ফোটে এমন। [OE. *hra-(e)the*=quickly<ON. *hrathr*]

rather [rŭ°-dha(r), রা°দ্যা(র্)] **(1)** *adv.* (poet.) more quickly, (কাব্যে) আরও তাড়াতাড়ি; more willingly, অধিকতর ইচ্ছুক হইয়া; by preference, ইহার অপেক্ষা বরং; somewhat, কিছু মাত্রায়। **(2)** *int.* I should rather think so, আমার ঐরূপ ধারণা বটে; yes, indeed, বাস্তবিকই তাই। [compar. of *rathe*]

rat-hole—see **rat**.

ratify [ra°-ti-fī, র‍্যা°টিফাই] *v.t.* to approve and sanction, (কার্যাদি শেষ হওয়ার পর তাহার) সমর্থন করা বা অনুমোদন করা, (পরি.) অনুসমর্থন করা; to give validity to, বলবৎ করা। *n.* **ratificā°tion** । *n.* **ra°tifier** । [F. *ratifier*<L. *ratificare*]

rating—see **rate$_2$**.

ratio [rā°-shi-ō, রেই°শিঔ] *n.* the relation or proportion of one thing to another, অনুপাত। [L.]

ratiocinate [ra-ti-o°-si-nāt, র‍্যাটিঅ°সিনেইট্] *v.i.* to reason, যুক্তিপ্রয়োগ করা, তর্ক করা বা বিচার করা। *p.* & *p. pt.* **ratio°cinātėd** । *n.* **ratiocinā°tion** । [L. *ratiocinari*]

ration [ra°sh(a)n, র‍্যা°শ্‌ন্] **(1)** *n.* a fixed allowance or portion, (খাদ্যাদির) বরাদ্দ পরিমাণ বা অংশ, (পরি.) সংবিভাগ; (in *pl.*—coll.) food, (কথ্য.) খাদ্য। **(2)** *v.t.* to restrict the supply of to so much for each, জনপ্রতি (খাদ্য পোশাক প্রভৃতির) সরবরাহের পরিমাণ বা বরাদ্দ অংশ নির্দিষ্ট করিয়া দেওয়া; to supply with food, খাদ্য জোগান দেওয়া। **(to) be on short rations**—বরাদ্দ অপেক্ষা কম খাদ্য পাওয়া। **given out with**

the rations—গুণাগুণ বিচার না করিয়া প্রদত্ত। **ration book, ration card**—যে খাতা বা কার্ড দেখাইলে বরাদ্দ খাদ্যাদি সরবরাহ করা হয়, (পরি.) সংবিভাগপত্র। **ration money**—খাদ্যের পরিবর্তে প্রদত্ত টাকা। **rationing officer**—সংবিভাগ-আধিকারিক। [F. < L. *ratio*]

rational [ra°shnl, র্যা°শ্‌ন্‌ল্] **(1)** *a.* of the reason, যুক্তিসংক্রান্ত ; endowed with reason, বিচারবুদ্ধিসম্পন্ন ; agreeable to reason, যুক্তিসহ (*rational* explanation) ; sane, wise, বিজ্ঞ, বিজ্ঞতাপূর্ণ ; intelligent, বুদ্ধিমান্ ; (math.) commensurable with natural numbers, (গণি.) মূলদ (বিপ. করণী)। **(2)** *n.* a rational being or (math.) quantity, বিচারবুদ্ধিসম্পন্ন প্রাণী বা (গণি.) মূলদ রাশি। *n.* **rationale** [ra-shi-ŏ-nŭ°-li, র্যাশিওনা°লি] মূল নীতি ; যুক্তিপূর্ণ বর্ণনা ; যুক্তিসহ ব্যাখ্যা বা সমাধান। *n.* **rationalism** [ra°-shna-lizm, র্যা°শ্‌ন্যালিজ্‌ম্] সকল ব্যাপার এমন কি অলৌকিক ধর্মীয় ব্যাপারসমূহও যুক্তিদ্বারা বিচার, (পরি.) যুক্তিবাদ, হৈতুকিতা। *n.* **ra°tionalist** । *a.* **rationalis°tic**—যুক্তিবাদী, হৈতুক। **rationalize** [ra°-shna-līz, র্যা°শ্‌ন্যালাইজ্] **(1)** *v.t.* বিচারবুদ্ধিসম্পন্ন বা যুক্তিবাদী করিয়া তোলা ; (গণি.) করণী-নিরসন করা ; যুক্তিসহ করা (to *rationalize* one's conduct or behaviour) ; বিজ্ঞানসম্মতভাবে পুনর্গঠিত করা ; যুক্তিসহভাবে ব্যাখ্যা বা বিচার করা ; যুক্তিপ্রয়োগ করা। *n.* **rationalizā°tion** । *n.* **rationa°lity** । *adv.* **ra°tionally** । [L. *rationalis* < *ratio*]

rat-poison, ratproof, ratsbane, rat('s)-tail—see—**rat.**

rat(t)an [ra-tan°, র্যাট্যান্°] *n.* a climbing palm, বেত ; a cane made of it, বেতের লাঠি বা ছড়ি। [Mal. *rotan*]

rat-tat [rat°-tat°, র্যাট্°ট্যাট্°] *n.* a knocking sound, দরজাদিতে আঘাত করার বা কড়া নাড়ার শব্দ (also **rat-a-tat-tat°**) । [imi.]

ratted, ratting, rattish—see **rat.**

rattle [rat°l, র্যাট্°ল্] **(1)** *v.i.t.* to make or cause to make a quick succession of short hard sounds, ঘর্ঘর শব্দ করা বা করান ; to move along with a rattle, ঘর্ঘর শব্দে চলা বা চালান ; to chatter briskly and emptily, দ্রুত বক্‌বক্ করিয়া অনর্থক বলা ; (sl.) to fluster or irritate, (অশি.) বিহ্বল করা বা জ্বালাতন করা। **(2)** *n.* a rattling instrument or toy, ঘর্ঘর-শব্দকর যন্ত্র বা খেলনা ; the rings of a rattlesnake's tail, র্যাট্‌ল্-সাপের লেজের বলয়াকার অস্থিসমূহ ; an incessant talker, অবিশ্রান্তভাবে বক্‌বক্‌কারী, বাচাল ; a rattling sound, ঘর্ঘর-শব্দ। **death°-rattle**—মৃত্যুর অব্যবহিত পূর্বে গলায় ঘড়্‌ঘড়্ শব্দ। *n.* **ratt°le-brain, ratt°le-pāte**—অল্পজ্ঞান লঘুচিত্ত বাচাল ব্যক্তি। *n.* **ratt°ler**—ঘর্ঘর-শব্দকর যন্ত্র বা খেলনা ; ঘর্ঘর শব্দ ; (অশি.) ঘর্ঘর-শব্দকর গাড়ি, ছেকড়া গাড়ি ; (কথ্য.) চমৎকার নমুনা বা নিদর্শন। *n.* **ratt°le-snāke**—আমেরিকার মহাবিষধর সর্পবিশেষ (চলার সময়ে ইহার লেজস্থ বলয়াকার অস্থিসমূহের জন্য ঘর্ঘর-শব্দ হয়)। *a.* **ratt°ling**—ঘর্ঘর-শব্দকর ; ঘর্ঘর-শব্দপূর্ণ ; চট্‌পটে, সপ্রতিভ, প্রাণবন্ত ; (কথ্য) অত্যুৎকৃষ্ট (to have a *rattling* time) । [ME. & Du. *ratelen*(*v*,) < imi. ?]

rat-trap, ratty—**rat.**

raucous [raw°-kas, র্য°ক্যাস্] *a.* hoarse, কর্কশ, কর্কশ-শব্দকর। *adv.* **rau°cously** । *n.* **rau°cousness** । [L. *raucus*]

raunchy [rawn°-chi, রান্°চি] *a.* coarsely outspoken, স্থূলভাবে স্পষ্টবাদী ; slovenly, নোংরা-বেশবাস্-পরিহিত, অগোছাল। [?]

ravage [ra°-vij, র্যা°ভিজ্] **(1)** *v.t.i.* to lay waste, বিধ্বস্ত করিয়া সর্বস্ব লুটপাট করিয়া নেওয়া। to destroy, ধ্বংস করা। **(2)** *n.* devastation, বিধ্বস্ত-করণ (the *ravages* of flood) ; ruin, ধ্বংস। *n.* **ra°vager** । [F. *raveger* < *ravir* = to carry off by force < L. *rapere*]

rave [rāv, রেইভ্] **(1)** *v.i.* to rage, ক্রোধোন্মত্ত হওয়া, খেপিয়া ওঠা। **(2)** *v.i.t.* to talk or utter wildly, ক্রোধোন্মত্তভাবে বা ক্ষিপ্তের ন্যায় বলা (to *rave* oneself hoarse) । **(3)** *n.* (*coll.* often, attrib.) enthusiastic praise (as of a book), (কথ্য. প্রায়শঃ বিশেষণরূপে) পুস্তকাদির অত্যুচ্চ প্রশংসা (a *rave* review) ; wild, exciting party, dance, etc., হৈচৈপূর্ণ আমোদ-প্রমোদ নৃত্যাদি। *n.* **rā°ver** । *n.* (usu. *pl.*) **rā°ving,** ক্রোধোন্মত্ত উক্তি। *adv.* **ravingly** । [?]

ravel [rav(a)l, র্যাভ্‌ল্] **(1)** *v.t.* to entangle, or disentangle, বিজড়িত করা বা জট ছাড়ান, পাকান বা পাক খোলা (to *ravel* in or out) । **(2)** *v.i.* to become entangled or disentangled, বিজড়িত হওয়া বা বিজড়িত অবস্থা হইতে মুক্ত হওয়া, পাকাইয়া যাওয়া বা পাক খুলিয়া যাওয়া। *pr. pt.* **ra°velling** । *p.* & *p. pt.* **ra°velled** । **(3)** *n.* a tangle, জট, বিজড়ন, (সুতা প্রভৃতির) গুলি ; a broken thread, গুলি বা জট হইতে ছিন্ন সুতা, নাল-ভাঙ্গা সুতা। *n.* **ra°velling**—নাল-ভাঙ্গা সুতা। [Du. *ravelen* ?]

ravelin [rav°-lin, র্যাভ্°লিন্] *n.* a detached work with two embankments before the counterscarp, দুর্গপরিখার চতুর্দিকস্থ দু-পাল্লা প্রাচীরবিশেষ, গড়খাই (?) । [F.]

ravelled, ravelling—see **ravel.**

raven₁ [ra°vn, রেই°ভ্‌ন্] *n.* a large crow, দাঁড়কাক। [OE. *hraefn* < ON. *hrafn*]

raven₂ [ra°vn, র্যা°ভ্‌ন্] **(1)** *v.t.* to devour hungrily or greedily, অত্যন্ত ক্ষুধার্তভাবে বা লোভার্তভাবে গেলা অথবা খাওয়া, গোগ্রাসে গেলা বা খাওয়া। **(2)** *v.i.* to prey rapaciously, লোলুপভাবে শিকার করিয়া ফেরা। **(3)** *v.t.i.* to be intensely hungry (for), (কোন খাদ্যাদির জন্য) প্রবল ক্ষুধাবোধ করা। *a.* **ra°venous**—সম্পূর্ণ লুণ্ঠন-

কর বা ধ্বংসকর; হিংস্র শিকারি; লোলুপ; গোগ্রাসে গেলে বা খায় এমন; অতিশয় ক্ষুধার্ত, বুভুক্ষিত (*ravenous* hunger) I *adv.* **ra°venously** I [OF. *ravine*=plunder<L. *rapina* (*n.*)]

ravine [ra-vēn°, র‍্যাভীন্°] *n.* a deep narrow gorge, গভীর ও সঙ্কীর্ণ গিরিখাত বা গিরিসঙ্কট, দরি। *a.* **ravi°ned**—গিরিদরিযুক্ত। [F.<L. *rapina* =rapine]

raving—see **rave.**

ravish [ra°-vish, র‍্যা°ভিশ্] *v.t.* to seize and carry off by force, বলপ্রয়োগপূর্বক ধরিয়া হরণ করিয়া লইয়া যাওয়া; to abduct, (প্রধানতঃ স্ত্রী-লোককে) হরণ করা; to snatch away, (দৃষ্টি বা পৃথিবী হইতে) ছিনাইয়া লইয়া আড়াল করা; to rape, (স্ত্রীলোকের উপর) বলাৎকার করা, সতীত্বনাশ করা; to enrapture, আনন্দাদিতে বিহ্বল করা। *p.* & *p. pt.* **ra°vished** I *n.* **ra°visher** I *adv.* **ra°vishingly** I [F. *ravir*<L. *rapere*]

raw [raw, র] (**I**) *a.* not altered from the natural state, স্বাভাবিক রূপ বা অবস্থা অপরিবর্তিত আছে এমন, অরূপান্তরিত; not cooked or dressed, (খাদ্যদ্রব্যসম্বন্ধে) রাঁধা বা কাটা-কোটা হয় নাই এমন (*raw* meat); untanned, (পশু-চর্মসম্বন্ধে) পাকা করা হয় নাই এমন, কাঁচা; unwrought, (লৌহসম্বন্ধে) ঢালাই করা হয় নাই এমন; not manufactured, (উৎপাদনসম্বন্ধে) শিল্প দ্রব্যাদির উৎপাদনে এখনও অব্যবহৃত; কাঁচা; unmixed, অবিমিশ্র, কড়া (*raw* alcohol); crude, স্থূল; untrained, অশিক্ষিত; unrefined, অপরিমার্জিত; inexperienced, অনভিজ্ঞ; stripped of skin, চামড়া উঠিয়া ভিতরের মাংস বাহির হইয়া পড়িয়াছে এমন; (of statistics) not analysed, (পরিসংখ্যান সম্বন্ধে) অবিশ্লেষিত, বিশ্লেষণ করা হয় নাই এমন। (**2**) *n.* a raw place on the skin, ত্বকের স্পর্শকাতর স্থান। **in the raw**—স্বাভাবিক বা অপরিমার্জিত বা অসংস্কৃত অবস্থায় (life *in the raw*); (আল.) নগ্ন। **raw head (and bloody bones)**—জুজু-বুড়িবিশেষ। **(to) touch (one) on the raw**—স্পর্শকাতর জায়গায় আঘাত করা। *a.* **raw°bōned**—হাড়ের উপর বিশেষ মাংস নাই এমন, হাড্ডিসার, কৃশ। *a.* **raw°hīde**—কাঁচা চামড়ায় তৈয়ারি। **raw material**—কাঁচা মাল। *adv.* **raw°ly** I *n.* **raw°ness** I [OE. *hreaw*—cp. Du. *rauw*]

ray$_1$ [rā, রেই] (**I**) *n.* a line of propagation for light or other energy or for a stream of particles, আলোর বা অন্য শক্তির বা কণাস্রোতের বিচ্ছুরণরেখা, রশ্মিরেখা; a narrow beam, রশ্মি; a gleam of intellect, বুদ্ধির দীপ্তি বা ঝলক; the marginal part of some flowers, পুষ্প-বিশেষের প্রান্ত। (**2**) *v.t.i.* to radiate, রশ্মি বিকীর্ণ করান বা করা। [OF. *rais*<L. *radius*=a red]

ray$_2$ [rā, রেই] *n.* a sea-fish, বিভিন্ন শ্রেণীর সামুদ্রিক মৎস্য। [F. *raie*<L. *raia*]

rayon [rā°-on, রেই°অন্] *n.* artificial silk, কৃত্রিম রেশমবিশেষ। [F.=ray]

raze [rāz, রেইজ়্] *v.t.* to graze, আঁচড়াইয়া যাওয়া; to erase, ঘসিয়া তুলিয়া ফেলা, to level with the ground, সমভূমি করা; to destroy completely, সম্পূর্ণ ধ্বংস করা। [F. *raser*<L. *radere*]

razor [rā°za(r), রেই°জ্যা(র্)] *n.* a keen-edged implement for shaving, দাড়ি কামানর খুর। *n.* **rā°zor-blāde**—খুরের ফলা। *n.* **rā°zor-back**—সরু ও তীক্ষ্ণ পৃষ্ঠযুক্ত তিমিবিশেষ। *a.* **rā°zor-backed**—সরু ও তীক্ষ্ণ পৃষ্ঠযুক্ত। *n.* **ra°zor-edge**—খুরের ফলার ধারাল দিকের ন্যায় পাতলা ও তীক্ষ্ণপ্রান্ত; (আল.) একটু এদিক্-ওদিক্ হইলেই মহাবিপদের সম্ভাবনাপূর্ণ সঙ্কটাবস্থা। *n.* **rā°zor-strop**—খুর শান্ দেওয়ার জন্য চামড়া। *a.* **well-rā°zored**—উত্তমরূপে কামান বা মুণ্ডিত। [OF. *rasour*]

razzia [ra°-zia, র‍্যা°জ়িঅ্যা] *n.* a plundering incursion, লুণ্ঠন অভিযান। [Arab. *ghaziah*]

razzle-dazzle [raz°l-dazl, র‍্যাজ়্°ল্ড্যাজ়্ল্] *n.* (*sl.*) a rowdy frolic, bustle, (অশি.) হৈচৈপূর্ণ আমোদ-উল্লাস (also **razzle**)। [redupl. of razzle]

re [rē, রী] *prep.* concerning, বিষয়ে, সম্পর্কে। [comm. jargon<L. *in re*]

reach [rēch, রীচ্] (**I**) *v.t.* to stretch forth, প্রসারিত করা; to hand, হাতে দেওয়া; to deal, (আঘাতাদি) হানা; to succeed in touching, নাগাল পাওয়া; to arrive at, পৌঁছান; to extend to, (কিছু পর্যন্ত) প্রসারিত হওয়া; to attain to, (লক্ষ্যাদিতে) উপনীত হওয়া। (**2**) *v.i.* to stretch out the hand, হাত বাড়াইয়া দেওয়া (he *reached* out his hand); to extend, প্রসারিত হওয়া (the highway *reaches* from Calcutta to Delhi); to amount, পরিমাণে হওয়া; to attain, নাগাল পাওয়া, (সিদ্ধি) লাভ করা; to succeed, সফল হওয়া। *p.* & *p. pt.* **rea°ched** I (**3**) *n.* act or power of reaching, প্রসারণ, প্রসারণের ক্ষমতা, নাগাল ধরা, নাগাল ধরার ক্ষমতা, পৌঁছ, উপনীতি, পৌঁছানর বা উপনীত হওয়ার ক্ষমতা, লাভ, লাভ করার ক্ষমতা; extent of stretch, নাগাল; range, পরিসর, পাল্লা, এলাকা, অধিকার। **as far as the eye can reach**—যতদূর দৃষ্টি চলে অর্থাৎ দিগন্ত অবধি। **beyond** or **out of reach**—নাগালের বাহিরে। **reach°-mē-down**—(**I**) *a.* তৈয়ারি অবস্থাতেই কিনিতে পাওয়া যায় এমন, রেডিমেড়। (**2**) *n.* (usu. in *pl.*) রেডিমেড় বা পুরান বাজারে কেনা (অর্থাৎ সেকেনড্‌হ্যান্‌ড়) পোশাক; পা-জামা। **within reach**—পাল্লার বা নাগালের ভিতরে। [OE. *raecan*—G. *reichen* (*v.*)]

react [ri-akt°, রিঅ্যাক্ট্°] *v.i.* to produce reciprocal or responsive effect, প্রতিক্রিয়াশীল হওয়া; to respond to stimulus, influence, medicine, etc., প্রেরণা প্রভাব ঔষধ প্রভৃতিতে

সাড়া দেওয়া (অর্থাৎ ঐ সমস্ত প্রয়োগে সক্রিয় হওয়া, আরোগ্য হওয়া, ইত্যাদি)। *p.* & *p. p. pt.* **rėac°tėd**। *n.* **rėac°tion**—প্রতিক্রিয়া (*reaction* to proposals for reform) ; বিক্রিয়া (chemical *reaction*)। **reaction product**—বিক্রিয়ালব্ধ দ্রব্য। **rėac°tionary**—(**1**) *a.* প্রতিক্রিয়াশীল বা (রাজ.) প্রগতিবিরোধী। (**2**) *n.* ঐরূপ ব্যক্তি। *a.* **rė°active**—প্রতিক্রিয়াশীল, (পরি.) সক্রিয়। *n.* **rė°ac°tor**—নিয়ন্ত্রিতভাবে পারমাণবিক শক্তি উৎপাদনের যন্ত্রবিশেষ, পারমাণবিক চুল্লী (also **atomic** or **nuclear reactor**)। [*re-*, *act*]

read [rēd, রীড্] (**1**) *v.t.* to find out, খুঁজিয়া পাওয়া, দেখিতে পাওয়া, নির্ণয় করা ; to expound, ব্যাখ্যা করা (silence may not always be *read* as consent) ; to solve, (সমস্যাদির) সমাধান করা ; to understand, অবধারণ করা, উপলব্ধি করা, বুঝিতে পারা, অর্থোদ্ধার করা ; to peruse, (মনে-মনে বা উচ্চকণ্ঠে) পাঠ করা ; to study or learn, অধ্যয়ন করা বা শিক্ষা করা ; to teach or lecture on, (কোন বিষয়ে) শিক্ষা দেওয়া বা বক্তৃতা করা (to *read* a lecture or a lesson to a person) ; to observe and expound the indication of, সাঙ্কেতিক লক্ষণাদি অবধারণপূর্বক উহার অর্থোদ্ধার করা (to *read* one's palm) ; to indicate, সঙ্কেতাদি-দ্বারা সূচিত করা (the clock *reads* time) ; to correct by reading, পড়িয়া সংশোধন করা (to *read* a proof)। (**2**) *v.i.* to perform the act of reading, পাঠ করা ; to practise much reading, প্রচুর পড়াশোনা করা ; to study, অধ্যয়ন করা, পাঠাভ্যাস করা ; to affect person reading, পাঠকের মনে ভাব উৎপাদন করা (it *reads* well or ill)। *p.* & *p. pt.* **read** [red, রেড্]। *a.* **read** [red, রেড্] গ্রন্থাদি পাঠ করিয়াছে এমন, পণ্ডিত (well-*read*)। **(to) read between the lines**—গূঢ়ার্থ অনুধাবন করা। **(to) read off**—(মান-) যন্ত্রাদির সঙ্কেত পাঠ করা। **(to) read the sky**—নক্ষত্রাদি পর্যবেক্ষণ করা। *a.* **rea°dable**—কৌতূহলোদ্দীপক ও মনোরমভাবে লিখিত, সুপাঠ্য (the book is highly *readable*)। *n.* **rea°dability**। *adv.* **rea°dably**। *n.* **rea°der**—read-এর সকল অর্থে, এবং বিশেষতঃ—যে ব্যক্তি প্রচুর পড়াশোনা করে ; গির্জায় প্রার্থনাদি আবৃত্তিকারী (তু. পাঠক) ; বিশ্ববিদ্যালয়ের (প্রধানতঃ উচ্চশ্রেণীর) অধ্যাপক ; প্রুফ্-সংশোধক ; গ্রন্থপ্রকাশক-প্রতিষ্ঠানের পাণ্ডুলিপির পাঠক ও বিচারক ; সাহিত্যের পাঠ্যপুস্তক। *n.* **rea°dership**। *n.* **rea°ding**—read-এর সকল অর্থে, এবং —ব্যবস্থা-পরিষদে প্রস্তাবিত আইনের খসড়া পাঠ (the first, second, and third *reading* of a bill) ; পুস্তকাদির লেখা বা পাঠ ; (মান-) যন্ত্রাদির সঙ্কেত (the *reading* of the barometer)। *n.* **rea°ding-book**—পাঠপ্রণালী অভ্যাসের জন্য বই। *n.* **rea°ding°-desk**—পড়ার টেবিল ; গির্জায় যে টেবিলের সামনে দাঁড়াইয়া প্রার্থনাদি পাঠ করা হয়। *n. pl.* **rea°ding-glasses**—কাছের জিনিস দেখার জন্য এবং পড়াশোনা করার জন্য চশমা, (দূরবদ্ধ দৃষ্টির জন্য চশমা নহে)। *n.* **rea°ding-lamp**—পড়াশোনার সময়ে চোখে যাতে কড়া আলো না লাগে, তজ্জন্য ঢাকনা-দেওয়া বাতিবিশেষ। *n.* **rea°ding-room**—পাঠকক্ষ। [OE. *rædan*]

re-address [rē°-a-dres°, রী°অ্যাড্রেস্°] *v.t.* to change the address of, (প্রেরিত পত্রাদির) ঠিকানা বদলাইয়া লিখিয়া দেওয়া। *p.* & *p. pt.* **rē-addre°ssėd**। [*re-*, *address*]

reader, reading—see **read.**

readily, readiness—see **ready.**

readjust [rē°-a-just°, রী°অ্যাজাস্ট্°] *v.t.* to adjust again, পুনর্বিন্যাস করা। [*re-*, *adjust*]

readmission—see **readmit.**

readmit [rē°-ad-mit°, রী°অ্যাড্‌মিট্°] *v.t.* to admit again, পুনরায় বা নূতন করিয়া ভরতি করা। *pr. pt.* **re°admi°tting**। *p.* & *p. pt.* **re°admi°ttėd**। *n.* **readmission** [rē°-ad-mi°sh(a)n, রী°অ্যাড্‌মি°শ্‌ন্] পুনরায় ভরতি করা। [*re-*, *admit*]

ready [re°-di, রে°ডি] *a.* prepared, প্রস্তুত (meal is *ready*) ; willing, সম্মতি, রাজি (*ready* to help) ; inclined, প্রবণ ; skilful, কুশলী ; prompt, তৎপর, চট্‌পটে (a *ready* answer) ; quick, দ্রুত, ক্ষিপ্র (a *ready* wit) ; handy, সহজে বহন করা যায় বা ব্যবহার করা হয় এমন ; at hand, হাতের কাছে বা নাগালের মধ্যে আছে এমন ; immediately available, সঙ্গে-সঙ্গে প্রাপ্তিসাধ্য (a *ready* source of revenue) ; direct, সরাসরি। *adv.* **rea°dily**। *n.* **rea°dinėss**—দ্রুত সাধনযোগ্যতা ; দ্রুত সম্পাদনের জন্য প্রস্তুতি (everything is in *readiness*)। **rea°dy-māde°**—(**1**) *a.* তৈয়ারি অবস্থাতেই কিনিতে পাওয়া যায় এমন ; (**2**) *n.* ঐরূপ পোশাকাদি। *a.* **rea°dy-wittėd**—উপস্থিতবুদ্ধিসম্পন্ন। [OE. (*ge*)*raede*—cp. G. *bereit*]

reagent [ri-ā°j(a)nt, রিএই°জ্‌ন্ট্] *n.* (chem.) a substance with characteristic reaction, (রসা.) লক্ষণীয়ভাবে প্রতিক্রিয়াশীল পদার্থবিশেষ, (পরি.) বিকারক। *n.* **rea°gency**। [*re-*, *agent*]

real₁ [rē°(a)l, রী°ল] *n.* a Spanish coin, স্পেইন-দেশের অল্পমূল্যের মুদ্রাবিশেষ। [Sp.]

real₂ [ri°-al, রি°অ্যাল্] *a.* actually existing, প্রকৃতই বিদ্যমান, বাস্তব ; genuine, খাঁটি, অকৃত্রিম ; true, সত্য ; sincere, আন্তরিক ; authentic, প্রামাণিক ; (in law) immovable, (আইনে—সম্পত্তিসম্বন্ধে) স্থাবর ; (phil.) having an absolute and necessary existence, (দর্শ.) পরম ও অপরিহার্যরূপে অস্তিমান, (পরি.) সৎ। **a real man**—সার্থকনামা পুরুষ। **real estate** or **property**—স্থাবর সম্পত্তি ; ভূ-সম্পত্তি। **real focus** or **image**—(বিজ্ঞা.) সৎ ফোকাস ; সদ্‌বিম্ব। **real wages**—দ্রব্যাদির ভিত্তিতে নির্ণীত বেতন। *a.* **rė°al-ėstāte°**—ভূসম্পত্তিসংক্রান্ত ; জমি বেচাকেনা করে এমন। *n.* **rė°alism**—বর্ণনাদির যথাযথতা ; স্বাভাবিকতা ;

বাস্তবতা ; (দর্শ.) বাস্তববাদ। *n.* **rè°alist**—বাস্তববাদী লোক। *a.* **rèalis°tic**—বাস্তববাদী, বাস্তবানুগ। *adv.* **rèalis°tically** । *n.* **rèa°lity**—real (*a.*)-এর সকল অর্থে, এবং বাস্তব বস্তু। **in reality**—প্রকৃতপক্ষে। *adv.* **rè°ally**—বাস্তবিকই ; প্রকৃতপক্ষে; সত্যসত্যই। *v.t.* **rè°alize**—বাস্তবে পরিণত করা ; প্রকৃত অস্তিত্ব দান করা, সত্য করিয়া তোলা ; সম্পাদন করা ; (অভীষ্টাদি) লাভ করা ; (প্রচেষ্টাদি) সফল করা ; (স্থাবর সম্পত্তি প্রভৃতি বিক্রয় করিয়া) নগদ টাকায় পরিণত করা ; (দখল) লাভ করা ; গভীরভাবে অনুভব করা ; সম্যগ্‌ভাবে বা স্পষ্টভাবে উপলব্ধি করা ; (কোন) মূল্য পাওয়া বা (কোন) মূল্যে বিক্রীত হওয়া (this picture *realized* a lot of money) ; আদায় করা। *a.* **rè°alizable** । *n.* **rèalizā°tion** । *n.* **rèal°tor**—বাড়ি ও ভূসম্পত্তি কেনা-বেচার দালাল। [LL. *realis* < *res* = a thing]

realgar [ri-al°-gu(r), রিঅ্যাল্‌°গ্যা(র্)] *n.* a bright red mineral, মনঃশিলা, মোমছাল। [ME. < Ar. *rahj-al-ghar* = powder of the mine]

realism, reality, realize, really—see **real₂**.

realm [relm, রেল্‌ম্] *n.* a kingdom, রাজ্য ; a domain or region, অধিকৃত অঞ্চল, এলাকা। [OE. *realme* < LL. *regalimen*]

real-politik [rā-ŭl°-po-li-tēk, রেইআল্‌°পলিটিক্] *n.* the policy of placing the material greatness and success of one's own nation before all other considerations, সব কিছুর উপরে স্বীয় জাতির বাস্তব প্রাধান্য ও সাফল্যকে স্থান দেওয়ার নীতি। [G. = real politics]

realty [ri°-al-ti, রি°অ্যাল্‌টি] *n.* real estate, স্থাবর সম্পত্তি বা ভূ-সম্পত্তি। [see *real₂*]

ream [rēm, রীম্] *n.* twenty quires, কাগজের পরিমাণবিশেষ (= কুড়ি দিস্তা)। [Ar. *rizmah* = a bundle]

reanimate [rē°-a-ni-māt, রীঅ্যা°নিমেইট্] *v.t.* to animate again, পুনরায় জীবিত বা সঞ্জীবিত বা তেজীয়ান করা। *p.* & *p. pt.* **rēa°nimātėd** । *n.* **reanimā°tion** । [*re-, animate*]

reap [rēp, রীপ্] *v.t.i.* to cut down, (ফসল) কাটা ; to clear by reaping, (ক্ষেত্রাদি হইতে) ফসল কাটিয়া লওয়া ; to derive as an advantage, reward, etc., (কিছু হইতে) সুবিধা পুরস্কার প্রভৃতি অর্জন করা (to *reap* the fruits of one's labour) । *p.* & *p. pt.* **rea°pėd** । *n.* **rea°per, rea°ping-hook**—শস্যকর্তক ; ফসল কাটার যন্ত্র। [OE. *ripan*]

reappear [rē°-a-pē(r)°, রী°অ্যাপিয়্যা(র্)°] *v.i.* to appear again, পুনরাবির্ভূত বা পুনরায় দৃষ্টিগোচর হওয়া। *n.* **re°appēar°ance**—পুনরাবির্ভাব, পুনরায় দৃষ্টিগোচর হওয়া। [*re-, appear*]

reappoint [rē°-a-poynt°, রী°অ্যাপয়ন্ট্°] *v.t.* to appoint again, পুনর্নিয়োগ করা। *p.* & *p. pt.* **rē°appoin°tėd** । [*re-, appoint*]

reappraise [ri-a-prāz°, রিঅ্যাপ্রেইজ্°] *v.t.* to examine and judge anew, পুনরায় মূল্যাবধারণ করা। *n.* **rèapprai°sal** । [*re-, appraise*]

rear₁ [rē(r), রিয়্যা(র্)] (**1**) *v.t.* to raise, উঁচু করা ; to set up, প্রতিষ্ঠিত করা ; to build, নির্মাণ করা ; to build up, গড়িয়া তোলা ; to uplift, উন্নয়ন করা ; to hold up, to raise, তুলিয়া ধরা (the snake *reared* its head) ; to bring up, লালন-পালন করিয়া বড় করা ; to breed, (জীবজন্তু উদ্ভিদ্ প্রভৃতির) বংশবৃদ্ধি করা, পালন করা বা চাষ করা। (**2**) *v.i.* to rise on the hind legs, (অশ্বাদি-সম্বন্ধে) পিছনের পায়ে ভর দিয়া দাঁড়ান। [OE. *raeran*]

rear₂ [rē(r), রিয়্যা(র্)] *n.* the hindmost part or position, (প্রধানতঃ সৈন্যবাহিনীর বা পোতবহরের) সর্বপশ্চাতের অংশ বা উক্ত অংশে অবস্থান। **(to) bring up the rear**—সর্বশেষে উপনীত হওয়া। *n.* **rēar°-ad°miral**—নৌ-সেনাপতিবিশেষ (vice-admiral-এর অব্যবহিত নিম্নপদস্থ)। *n.* **rēar°-guard**—সৈন্যবাহিনীর পশ্চাদ্ভাগ ; উক্ত পশ্চাদ্ভাগরক্ষী সৈনিকগণ। **a rear-guard action**—পলায়নপর বাহিনীর সহিত পশ্চাদ্ধাবনরত বাহিনীর সংগ্রাম। *a.* **rēar°most**—সর্বপশ্চাতে বা সর্বশেষে অবস্থিত। **rēar°ward**—(**1**) *a.* পশ্চাদ্ভাগস্থ। (**2**) *adv.* পশ্চাদ্ভাগে। [short. from *arrear*—OF. *rere*]

rearrange [rē-a-rānz°, রী°অ্যারেইন্‌জ্°] *v.t.* to arrange anew, নূতন করিয়া বা নূতনভাবে সাজান অথবা বিন্যস্ত করা। *n.* **re°arrānge°ment** । [*re-, arrange*]

reason [rē°zn, রী°জ্‌ন্] (**1**) *n.* ground or justification, কার্যের বা বিশ্বাসের ভিত্তি অথবা সঙ্গত কারণ, নিমিত্ত, হেতু ; a premise, সিদ্ধান্তের সূত্র, যুক্তি (no opposition between *reason* and commonsense) ; a motive, উদ্দেশ্য ; cause, কারণ ; faculty of judgment, বিচারবুদ্ধি বা বিচারশক্তি ; sanity, শমতা (he has lost his *reason*) ; moderation, পরিমিতি, যুক্তিযুক্ততা ; fair treatment, ন্যায়সম্মত বা পক্ষপাতহীন আচরণ। (**2**) *v.i.* to exercise the faculty of reasoning, বিচারশক্তি প্রয়োগ করা (man has ability to *reason*) ; to infer from premises, সূত্র হইতে সিদ্ধান্তে উপনীত হওয়া ; to argue or debate, যুক্তি দেখান, সওয়াল করা, বিতর্ক করা (to *reason* with a person) । (**3**) *v.t.* to examine or discuss, পরীক্ষা বা আলোচনা করা ; to debate, বিতর্ককালে বলা ; to think out, বিচারবুদ্ধিবলে ভাবিয়া স্থির করা ; to set forth logically, যুক্তিসহভাবে প্রদর্শন করান বা বর্ণনা করা বা ব্যাখ্যা করা (to *reason* a person out of his nervousness) ; to bring or prove by reasoning, যুক্তিবলে (কোন) সিদ্ধান্ত করা বা প্রমাণ করা। **by reason of**—(এই) কারণে ; (ইহার) ফলে। **It stands to reason (that)**—যুক্তিবাদী ব্যক্তিদের কাছে ইহা স্পষ্ট (যে) ; অধিকাংশ ব্যক্তিই স্বীকার করিবে বা মানিবে (যে)। **pure reason**—বাস্তবতা-

বর্জিত বিশুদ্ধ বা পুঁথিগত যুক্তি। **(to) do anything in reason**—সুবুদ্ধিপূর্ণ কিছু করা। **(to) listen to reason**—যুক্তিযুক্ততা মানিয়া লওয়া। **(to) see reason**—যুক্তিযুক্ত বলিয়া উপলব্ধি করা। *a.* **rea°sonable**—সঙ্গত ভিত্তিপূর্ণ বা কারণপূর্ণ; হেতুপূর্ণ; যুক্তিপূর্ণ; (উত্তম) বিচারবুদ্ধি-সম্পন্ন; যুক্তিসহভাবে কাজ করে এমন, যুক্তিবাদী; ন্যায়পরায়ণ; যুক্তিসহ; ন্যায়সম্মত; পরিমিত। *n.* **rea°sonableness** । *adv.* **rea°sonably** । *n.* **rea°soner** । *n.* **rea°soning**—বিচার, যুক্তি। *a.* **rea°sonless**—অযৌক্তিক; অকারণ; ভিত্তিহীন, হেতুশূন্য; যুক্তি মানে না এমন। [F. *raison*<L. *ratio*<*reri*=to think]

reassemble [rē°-a-semb°l, রী°অ্যাসেম্‌ব্‌°ল্] *v.t.i.* to assemble again, (দল ভীড় সংগঠন প্রভৃতি সম্বন্ধে) পুনরায় একত্রিত করা বা হওয়া। [*re-*, *assemble*]

reassure [rē-a-shooa(r)°, রীঅ্যাশুয়্যা(র্)°] *v.t.* to assure anew, পুনরায় নিশ্চিত করান বা নিশ্চিতভাবে বলা; to give confidence to, দৃঢ় আশ্বাস দেওয়া, প্রত্যয় জন্মান। *n.* **reassur°ance**—পুনরায় নিশ্চিত করা বা নিশ্চিতভাবে কথন; দৃঢ় আশ্বাস প্রদান, প্রত্যয়-উৎপাদন। *adv.* **reassur°ingly** । [*re-*, *assure*]

reave [rēv, রীভ্] *v.t.i.* to plunder, বিধ্বস্ত করিয়া লুঠপাট করা। *p.* ও *p. pt.* **reft** [reft, রেফ্‌ট্] । *a.* **rea°ver** । [OE. *reafian*—cp. G. *rauben*]

rebarbative [ri-bŭ(r)°-ba-tiv, রিবা(র্)°ব্যাটিভ্] *a.* repellent, বিতাড়ক, বিরক্তিকর; stern, কঠোর। [F. rebarbatif< barbe=beard]

rebate [rē-bāt°, রীবেইট্°] *v.t.* to reduce (মূল্যাদি) হ্রাস করা; to abate, (প্রকোপাদি) কমান; to dull, (ঔজ্জ্বল্য তেজ প্রভৃতি) নিস্তেজ করান। *p.* ও *p. pt.* **rēbā°tėd** । *n.* **rē°bāte**—বাটা, অবহার। [F. *rabattre*=to beat back]

rebec(k) [rē°-beck, রী°বেক্] *n.* a musical instrument, তারের বাদ্যযন্ত্রবিশেষ, রবাব। [OF. *rebec*<Ar. *rebab*, *rabab*]

rebel [re°bl, রে°ব্‌ল্] *n.* one who rises in arms against the established government or any other authority, সরকার বা অন্য কোন কর্তৃত্বের বিরুদ্ধে সশস্ত্র বিদ্রোহী। *v.i.* **rebel** [ri-bel°, রিবেল্°] আইন ও সরকারের বিরুদ্ধে সশস্ত্র অভ্যুত্থান করা, বিদ্রোহ করা; কাহারও কর্তৃত্বের বিরোধিতা করা (to *rebel* against custom); অসন্তোষ প্রকাশ করা (to *rebel* against rude behaviour)। *pr. pt.* **rebe°lling** । *p.* ও *p. pt.* **rebe°lled** । *n.* **rebe°llion**—বিদ্রোহ। *a.* **rėbe°llious**—বিদ্রোহরত; বিদ্রোহিসুলভ; বিদ্রোহোন্মুখ; অবাধ্য। *adv.* **rebe°lliously** । *n.* **rebe°lliousnėss** । [F. *rebelle*<L. *rebellis*=insurgent]

rebirth [rē°-ba(r)th°, রী°ব্যা(র্)থ্°] *n.* entrance into a new form of life, নূতনভাবে জীবনযাপনারম্ভ, নবজন্ম; reincarnation, জন্মান্তর; renewal of life, পুনর্জন্ম। *a.* **rē°born**—পুনর্জাত, পুনরুদ্ভূত। [*re-*, *birth*]

rebound [re-bownd°, রিবাউন্‌ড্°] **(1)** *v.i.t.* to spring or throw back after impact, আঘাতের ফলে ছিট্‌কাইয়া ফিরিয়া আসা অথবা ছিট্‌কাইয়া দেওয়া বা আনা, প্রতিক্ষিপ্ত হওয়া বা করান (his evil deed will *rebound* upon himself)। **(2)** *n.* act of rebounding, প্রতিক্ষেপণ, প্রতিক্ষেপ। [F. *rebonder*—cp. $bound_2$]

rebuff [ri-buf°, রিবাফ্°] **(1)** *n.* a beating back, পরাজিত করিয়া বিতাড়ন; sudden check, আকস্মিক বাধা বা প্রতিরোধ; unexpected refusal, অপ্রত্যাশিত প্রত্যাখ্যান; snub, ধমক। **(2)** *v.t.* to beat back, পরাজিত করিয়া বিতাড়ন করা, প্রতিহত করা; to check, প্রতিরোধ করা; to repulse, পরাস্ত করা; to reject, প্রত্যাখ্যান করা; to snub, ধমকান। *p.* ও *p. pt.* **rėbu°ffėd** । [OF. *rebuffe*<It. *ribuffo*=a reproof]

rebuild [rē°-bild°, রী°বিল্‌ড্°] *v.t.* to build again or anew, পুনর্নির্মাণ করা; to repair, জীর্ণসংস্কার করা। *p.* ও *p. pt.* **re°built°** । [*re-*, *build*]

rebuke [ri-būk°, রিবিউক্°] **(1)** *v.t.* to reprove sternly, তীব্র তিরস্কার করা। *p.* ও *p. pt.* **rėbū°kėd** । **(2)** *n.* a stern reproach, তীব্র তিরস্কার। [ONF. *rebuker* (*v.*)]

rebus [rē°-bas, রী°ব্যাস্] *n.* an enigmatical representation of a name by pictures, etc., চিত্রাদিদ্বারা হেঁয়ালিপূর্ণভাবে নাম লেখা। [L.=by things]

rebut [ri-but°, রিবাট্°] *v.t.* to drive back, প্রতিহত করা; to refute, (যুক্তি অভিযোগ প্রভৃতি) খণ্ডন করা। *pr. pt.* **rebu°tting** । *p.* ও *p. pt.* **rebu°ttėd** । *n.* **rebu°ttal**—প্রতিহত করা; খণ্ডন। *n.* **rebu°tter** । [OF. *rebo(u)ter*, *rebuter*]

recalcitrant—see **recalcitrate.**

recalcitrate [ri-kal°-si-trāt, রিক্যাল্°সিট্রেইট্] **(1)** *v.t.i.* to kick back, লাথি মারিয়া বিতাড়ন করা বা ফিরাইয়া দেওয়া। **(2)** *v.i.* to refuse compliance, (আদেশাদি) পালন করিতে অস্বীকার করা; to be refractory, অবাধ্য হওয়া। *p.* ও *p. pt.* **rėcal°citrātėd** । *n.* **recal°citrance**—অবাধ্যতা বা বিরূপতা। **recal°citrant**—**(1)** *a.* অসন্তুষ্ট বা বিরূপ। **(2)** *n.* ঐরূপ ব্যক্তি। *n.* **recalcitrā°tion** । [L. *recalcitrare*]

recalesce [rē-ka-les°, রীক্যালেস্°] *v.i.* to grow hot again, পুনরায় তপ্ত হওয়া। *p.* ও *p. pt.* **rēcale°scėd** । *n.* **rēcale°scence**—পুনরায় তপ্ত হওয়া। [*re-*, *calesce*]

recall [ri-kawl°, রিকাল্°] **(1)** *v.t.* to call back, ডাকিয়া ফিরাইয়া আনা; to command to return, ফিরিয়া আসিতে আদেশ করা; to remove from office, পদচ্যুত বা কর্মচ্যুত করা; to revoke,

(অভিশাপ আদেশ প্রভৃতি) প্রত্যাহার করা, বাতিল করা ; to call back to mind, পুনরায় স্মরণ করা (to *recall* a person's face, name etc.)। (2) *n.* act or possibility of recalling, or revoking, ডাকিয়া ফিরাইয়া আনয়ন বা প্রত্যাহার করণ অথবা তাহার সম্ভাবনা (beyond or past *recall*) ; an order or signal to return, প্রত্যাবর্তনের হুকুম বা সঙ্কেত ; dismissal of an (elected) official by a vote of electors, (রাজ.) ভোটদাতাদের ভোটের জোরে (নির্বাচিত) পদাধিকারী ব্যক্তির পদচ্যুতি(the right of referendum and *recall*)। [*re-, call*]

recant [ri-kant°, রিক্যান্ট্°] *v.t.i.* to retract, (পূর্বঘোষিত ধর্মবিশ্বাসাদি) প্রত্যাহার করা বা পরিত্যাগ করা। *p. & p. pt.* **récan°téd** । *n.* **recantā°tion** । [L. *recantare*]

recapitulate [rē-ka-pi°-tū-lāt, রীক্যাপি°টিউলেইট্], (coll.) **recap** [rē°-kap, রী°ক্যাপ্] *v.t.* to go over again, (কিছুর প্রধান-প্রধান অংশ বা বৈশিষ্ট্য) পুনরায় স্মরণ করা বা আলোচনা করা; to sum up, (কিছুর) সারসংক্ষেপ প্রদান করা। *p. & p. pt.* **rēcapi°tūlātéd** । *n.* **rē°capitūlā°tion** —(পরি.) সংক্ষিপ্তবৃত্তি। *a.* **rē°capi°tūlātory**—সংক্ষিপ্তবৃত্তিমূলক ; পুনরাবৃত্তিমূলক। [L. *recapitulare*]

recast [rē°-kŭst°, রী°কাস্ট্°] *v.t.* to mould anew, নূতন করিয়া ছাঁচে ঢালা বা নূতন ছাঁচে ঢালা ; to reconstruct, পুনর্নির্মাণ বা পুনর্গঠন করা ; compute anew, নূতন করিয়া গণনা বা হিসাব করা; to rewrite, পুনরায় বা নূতন করিয়া লেখা (to *recast* a sentence, paragraph, etc.)। *p. & p. pt.* **rē°cast°** । [*re-, cast*]

recede [ri-sēd°, রিসীড্°] *v.i.* to go or fall back, ফিরিয়া যাওয়া বা হটিয়া আসা ; to withdraw, অপসৃত হওয়া ; to retreat, পরাজিত হইয়া পশ্চাদপসরণ করা ; to decline in value, (মূল্যাদি-সম্বন্ধে) কমিয়া যাওয়া। *p. & p. pt.* **récē°ded** । [*re-, cede*]

receipt [ri-sēt°, রিসীট্°] (I) *n.* receiving, প্রাপ্তি (I am in *receipt* of your letter) ; a written acknowledgment of receiving, রসিদ, প্রতিশ্রব ; that which is received, প্রাপ্ত বা অর্জিত বস্তু ; a recipe, (প্রধানতঃ কি রাঁধা হইবে তৎসম্বন্ধে) ফরমাশ, ঔষধের ব্যবস্থাপত্র ; (usu. in *pl.*) earnings or income, আয়, (হিসাবরক্ষণে) জমা। (2) *v.t.* to give a receipt for, (কিছুর) রসিদ দেওয়া (to *receipt* a bill)। [OF. *rece(i)te*<L. *recepta*]

receive [ri°-sēv°, রি°সীভ্°] *v.t.i.* to take, get, catch, লওয়া, পাওয়া, ধরা ; to accept delivery of, গ্রহণ করিতে বা সরবরাহ লইতে স্বীকার করা ; to obtain delivery of, সরবরাহ লওয়া বা পাওয়া ; to admit, ভরতি করিয়া লওয়া ; to include, অন্তর্ভুক্ত করা ; to accept, স্বীকার করিয়া বা মানিয়া লওয়া ; to meet or welcome, অতিথি-অভ্যাগতকে অভ্যর্থনা করা ; to be acted upon by, and to transform, electrical signals, বৈদ্যুতিক সঙ্কেতাদি দ্বারা প্রতিক্রিয়ান্বিত হওয়া এবং উক্ত সঙ্কেতাদি (চিত্র শব্দ প্রভৃতিতে) রূপান্তর করা। *a.* **récei°vable**—receive-এর সকল অর্থে, এবং—অভ্যর্থনার যোগ্য। *a.* **recei°ved**—সাধারণতঃ স্বীকৃত। *n.* **récei°ver**—receive-এর সকল অর্থে, এবং—কর-আদায়কারী সরকারি কর্মচারি ; মামলাধীন সম্পত্তির তত্ত্বাবধানার্থ আদালত কর্তৃক নিযুক্ত কর্মচারী, রিসীভার ; চোরাই মালের জিম্মাদার, চোরের থলিয়াদার ; (রসা.) পাতন-করা পদার্থ বা বাষ্প রাখার আধারবিশেষ; বৈদ্যুতিক সঙ্কেতগ্রহণের যন্ত্রবিশেষ, (পরি.) গ্রাহযন্ত্র। **récei°ving**—(I) *n.* গ্রহণ। (2) *a.* গ্রাহী। **(to) be at** or **on the receiving end**—অপমান অমর্যাদা অস্বস্তিকর অবস্থা প্রভৃতির চাপ ভোগ বা সহ্য করা। *n.* **récei°ving-house**—গুমটি ; প্রাপকের নিকট প্রেরণার্থ চিঠিপত্রাদি জমা দিবার দফ্তর। *n.* **récei°ving-office**—শাখা-ডাকখানা, ব্রাঞ্চ পোস্ট অফিস। *n.* **récei°ving-order**—রিসীভার-নিয়োগের আদেশ। *n.* **récei°ving-room**—(গৃহস্থ-বাড়িতে) অতিথিদের অভ্যর্থনাকক্ষ ; (ডাক্তার উকিল প্রভৃতির বাড়িতে) রোগী মক্কেল প্রভৃতির বসিবার ঘর। *n.* **récei°ving-set**—বেতারের গ্রাহযন্ত্র। [AF. *receivre*<L. *recipere*<*capere*=to take]

recency—see **recent.**

recension [ri-sen°sh(a)n, রিসেন্°শ্ন্] *n.* a critical revision of a text, গ্রন্থাদির সমালোচনামূলক বা সটীক সংশোধন ; a text so revised, উক্তভাবে সংশোধিত গ্রন্থ। [L. *recensio*]

recent [rē°snt, রী°স্ন্ট্] *a.* of late origin or occurrence, সাম্প্রতিক, হাল আমলের ; fresh, টাট্‌কা, নূতন ; modern, আধুনিক। *n.* **rē°cency**—সাম্প্রতিকতা ; টাট্‌কা বা নূতন অবস্থা ; আধুনিকতা। *adv.* **rē°cently** । [L. *recens*]

receptacle [ri-sep°-takl, রিসেপ্°ট্যাক্‌ল্] *n.* a containing vessel, place, or space, কিছু রাখার জন্য পাত্র স্থান বা জায়গা, আধার, পাত্র, স্থালী ; (bot.) an axis of cluster, (উদ্ভি.—পরি.) পুষ্পাধার। [L. *receptaculum*]

reception [ri-sep°sh(a)n, রিসেপ্°শ্‌ন্] *n.* the act of receiving or being received, গ্রহণ বা গৃহীত হওয়া ; taking in, ধারণ, অন্তর্ভুক্তি, ভরতি ; act of receiving electrical signals, বৈদ্যুতিক সঙ্কেতাদি গ্রহণ (radio *reception* is not good in bad weather) ; a formal receiving, অভ্যর্থনা। *n.* **récep°tionist**—হোটেল দোকান ইত্যাদির খরিদ্দার বা গাড়ির যাত্রী বা চিকিৎসকের রোগী প্রভৃতিকে অভ্যর্থনা ও পরিচর্যা করার জন্য নিযুক্ত কর্মচারী। *n.* **récep°tion-room**—অভ্যর্থনাকক্ষ, বৈঠকখানা। *a.* **récep°tive**—গ্রহণ করিতে বা ধরিতে বা ধারণ করিতে বা অন্তর্ভুক্ত করিতে সমর্থ অথবা তৎপর, (পরি.) গ্রাহী ; গ্রহণ বা গ্রাহকযন্ত্র বা গ্রাহী অংশ সম্বন্ধীয় ; (আল.) ভাবাদি-গ্রহণে তৎপর, ভাবগ্রাহী (a *receptive* mind)। *adv.* **recep°-**

tively । *n.* **récep°tivity** । *n.* **récep°tor**—গ্রাহক ; গ্রাহী অংশ বা যন্ত্র। [L. *recipere*=to receive]

recess [ri-ses°, রিসেস্°] *n.* seclusion, নির্জনে বা নিঃসঙ্গ অবস্থায় বাস ; remission of business, কর্মাবকাশ, অবসর ; a niche or alcove, দেওয়ালাদির গাত্রস্থ কুলুঙ্গি কোটর বা ফোঁকর ; an indentation, খাঁজ ; a retired spot, নির্জন বা নিভৃত স্থান (the deep *recesses* of a forest, the inmost *recesses* of the heart) ; a nook, নির্জন কোণ ; a cavity, গর্ত । *n.* **recession** [re-se°-sh(a)n, রিসে°শ্‌ন্] প্রত্যাবর্তন ; পশ্চাদপসরণ ; হঠিয়া-যাওয়া অবস্থা ; পরাভব ; শিল্প ব্যবসাবাণিজ্য প্রভৃতিতে সাময়িক মন্দা বা নিচুভাব, বাজারের ক্রিয়াকর্মে শিথিলভাব (*recession* often causes unemployment) । *a.* **réce°ssional**—প্রত্যাবর্তন বা পশ্চাদপসরণ বা পরাভব সম্বন্ধীয় । *a.* **réce°ssive**—প্রত্যাবর্তনে বা পশ্চাদপসরণে প্রবণ ; (জীব.) বর্ণসঙ্কর প্রাণীর মধ্যে প্রচ্ছন্নভাবে বিদ্যমান কৌলিক বৈশিষ্ট্যমূলক, (পরি.) প্রচ্ছন্ন (বিপ. **dominant**) । **réce°ssed arch**—খিলানের অন্তর্ভুক্ত খিলান, উপখিলান । [see *recede*]

recherché [ra-shā(r)°-shā, র‍্যাশেয়্যা(র্)°শেই] *a.* devised or got with care or difficulty, যত্ন বা কষ্ট করিয়া উদ্ভাবিত অথবা প্রাপ্ত, আয়াসলব্ধ ; choice, (খাদ্য শব্দ প্রভৃতি সম্বন্ধে) বাছাই-করা, সুনির্বাচিত ; rare, দুর্লভ । [F.]

recidivism [ri-si°-di-vizm, রিসি°ডিভিজ্‌ম্] *n.* the habit of relapsing into crime, অপরাধ-প্রবণতা । *n.* **réci°divist**—অপরাধপ্রবণ ব্যক্তি । [F. *recidivisme* < L. *recidivus*=falling back]

recipe [re°-si-pi, রে°সিপি] *n.* directions for making something, (esp. food, drink, etc.), (বিশে. ভোজ্যদ্রব্য পানীয় প্রভৃতির) প্রস্তুত-প্রণালী সম্বন্ধে নির্দেশ ; (rare) a prescription, (বিরল) ঔষধের ব্যবস্থাপত্র । [L.=take]

recipient [ri-si°-pi-ant, রিসি°পিঅ্যান্ট্] (**1**) *a.* receiving, গ্রহণকর, গ্রাহী ; receptive, গ্রহণে তৎপর, গ্রহণশীল । (**2**) *n.* one who receives, গ্রাহক, প্রাপক । *n.* **réci°piency**—গ্রাহিতা ; গ্রহণশীলতা । [L. *recipiens*=réceiving]

reciprocal [ri-ci°-prak(a)l, রিসি°প্র্যাক্‌ল্] (**1**) *a.* acting in return, পরস্পর প্রতিক্রিয়াশীল ; mutual, পারস্পরিক, অন্যোন্য (*reciprocal* affection, help, protection, etc.) ; complementary, পূরক ; inverse, বিপরীত ; alternating, পরিবর্তী ; interchangeable, পরস্পর বিনিময়ে, ব্যতিহার্য ; interchanging or interchanged, পরস্পর বিনিময়কর বা বিনিময়কৃত ; (gr.) expressing mutuality, (ব্যাক.) অন্যোন্যতাসূচক (*reciprocal* pronouns : যেমন *each other, one another*) । (**2**) *n.* that which is reciprocal, পরস্পর প্রতিক্রিয়াশীল বা অন্যোন্য বা পূরক বা বিপরীত বা পরিবর্তী বা ব্যতিহারী বস্তু ; (math.) the multiplier that gives unity, (গণি.) যে গুণকদ্বারা গুণ করিলে গুণফল ১ হয় ($\frac{1}{2}$ is the *reciprocal* of 2) । *n.* **ré°ciproca°lity** । *adv.* **réci°procally** । **réci°procāte**—(**1**) *v.t.* বিনিময় করা ; প্রতিদানে দেওয়া (to *reciprocate* a person's good wishes) ; পরিশোধ করা ; প্রতিশোধ লওয়া ; (অপরের সহিত) পালাক্রমে পরিবর্তন করা বা পরিবর্তিত হওয়া । (**2**) *v.i.* একবার সামনে একবার পিছনে যাওয়া-আসা করা ; (কথ্য.) প্রতিদান বা বিনিময় দেওয়া । *p.* & *p. pt.* **réci°procātéd** । *n.* **réciprocā°tion** । *n.* **reciprocity** [re-si-pro°-si-ti, রেসিপ্র°সিটি] পারস্পরিক সম্বন্ধ, (পরি.) ব্যতিহার ; পারস্পরিক অধিকার ও সুযোগ-সুবিধা (*reciprocity* in trade) । [L. *reciprocus*]

recite [ri-sīt°, রিসাইট্°] *v.t.i.* to repeat aloud from memory, উচ্চকণ্ঠে মুখস্থ বলা বা আবৃত্তি করা ; to declaim, বক্তৃতা করা ; to narrate, বর্ণনা করা । *p.* & *p. pt.* **réci°téd** । *n.* **réci°tal**—আবৃত্তি ; বক্তৃতা ; বর্ণনা ; জনসাধারণের সমক্ষে (প্রধানতঃ এক ব্যক্তি কর্তৃক) সঙ্গীত বা অভিনয় বা আবৃত্তি ; (piano, vocal, etc. *recital*) ; (আইনে) দলিলের যে অংশে অবস্থাদির বর্ণনা থাকে । *n.* **recitation** [re-si-tā°-sh(a)n, রেসিটেই°শ্‌ন্] আবৃত্তি । *n.* **réci°ter** । [L. *recitare*]

reck [rek, রেক্] *v.t.i.* to care, গ্রাহ্য করা ; to concern oneself, পরোয়া করা । *p.* & *p. pt.* **re°cked** । *a.* **reck°léss**—অগ্রাহ্য করে এমন ; বেপরোয়া ; ফলাফল-সম্বন্ধে বেপরোয়া, হঠকারী । *adv.* **reck°léssly** । *n.* **reck°léssnéss** । [OE. *rec(c)an*—cp. OHG. *ruohen*]

reckon [re°k(a)n, রে°ক্‌ন্] (**1**) *v.t.i.* to count or calculate, গণনা করা বা হিসাব করা ; to estimate, মূল্যবিচার করা ; to judge, বিচার করা । (**2**) *v.t.* to place in class, (গণনায়) শ্রেণীভুক্ত করা ; to esteem, গণ্য করা ; to think or suppose, মনে করা, ধারণা করা, অনুমান করা ; to charge to account, হিসাবে ধরা । (**3**) *v.i.* to settle accounts, পাওনা-দেনা মেটান বা হিসাব করা ; to take into account, গণ্য করা (to *reckon* with a person) ; to be prepared for, (কিছুর জন্য) প্রস্তুত থাকা ; to rely, আস্থা স্থাপন করা, ভরসা করা । **(to) reckon on** or **upon**—নির্ভর করা । **(to) reckon with**—কাহারও সঙ্গে দেনা-পাওনা মেটান বা বোঝাপড়া করা ; গ্রাহ্য করা বা গণ্য করা । *n.* **re°ckoner**—reckon-এর সকল অর্থে, এবং—হিসাবের সহায়ক পুস্তক । **ready reckoner**—যে পুস্তকে বিভিন্ন মূল্যের জিনিসের দাম কষা ও টাকা-প্রতি দৈনিক সুদের বা বেতনের হিসাব-তালিকা থাকে । *n.* **re°ckoning**—reckon-এর সকল অর্থে, এবং—চটির বা সরাইখানার পাওনা । **day of reckoning**—হিসাব নিকাশের দিন, (শেষ) বিচারের দিন, পাপপুণ্য বিচারের বা প্রায়শ্চিত্তের দিন, রোজ কেয়ামত । [OE. *gerecenian*=to explain —cp. G. *rechnen*]

reclaim [ri-klām°, রিক্লেইম্°] (**1**) *v.t.* to win

back, (পূর্বপরাজয়ের ফলে বিনষ্ট অধিকার সম্পত্তি প্রভৃতি) পুনরায় জিতিয়া লওয়া ; to win from evil, wildness, waste, or submersion, দুষ্কর্ম দুর্বৃত্তি গুণ্ডামি প্রভৃতি ত্যাগ করান, চরিত্রাদি সংশোধন করা, (জমিসম্বন্ধে) পতিত বা (জাহাজাদি-সম্বন্ধে) জলমগ্ন অবস্থা হইতে পুনরুদ্ধার করা। (2) *n.* act of recalling or state of being recalled to right conduct, (চরিত্রাদি) সংশোধন। *n.* **reclamation** [re-kla-mā°sh(a)n, রেক্ল্যামেই°শ্‌ন্] [OF. *reclamer* <L. *reclamare* = to call back]

réclame [rā°-klŭm, রেই°ক্লাম্] *n.* art or science by which publicity or notoriety is secured, অখ্যাতি বা খ্যাতি অর্জনের কৌশল বা বিদ্যা ; publicity, প্রচার। [F.]

recline [ri-klīn°, রিক্লাইন্°] (1) *v.t.i.* to lay or lie on the back, হেলান দেওয়ান বা দেওয়া ; to incline or bend, (প্রধানতঃ পশ্চাদ্দিকে) ঝোঁকান বাঁকান অথবা ঝোঁকা বা বাঁকা। (2) *v.i.* to rely, ভরসা করা। [L. *reclinare*]

recluse [ri-kloos°, রিক্লুস্°] (1) *a.* enclosed, অবরুদ্ধ স্থানে বাসকারী, (তু. গুহাবাসী) ; secluded, নিভৃত ; retired, নির্জনবাসী, অন্তেবাসী ; solitary, নিঃসঙ্গ। (2) *n.* a recluse or religious devotee, অবরুদ্ধ মঠ কক্ষ প্রভৃতিতে নিঃসঙ্গভাবে বাসকারী ধর্মোপাসক বা সন্ন্যাসী ; a recluse person, নির্জনবাসী ব্যক্তি (to live the life of a *recluse*)। [L. *reclusus* <*recludere* = to shut away]

recognition—see **recognize.**

recognize [re°-kag-nīz, রে°ক্যাগ্‌নাইজ্] *v.t.* to know again, চিনিতে পারা ; to identify or acknowledge as known before, পূর্বপরিচিত বলিয়া শনাক্ত করা বা স্বীকার করা ; to acknowledge, স্বীকার করা, মানিয়া লওয়া ; to realize, (সত্যতা সারবত্তা প্রভৃতি) উপলব্ধি করা। *a.* **re°cognizable** । *adv.* **re°cognizably** । *n.* **recognizance** [ri-kog°-niz(a)ns, রিক্‌গ্°নিজ্‌ন্‌স্] চিনিতে পারা; পরিচয় সত্যতা প্রভৃতি স্বীকার ; (আর্ষ.) নিদর্শন, চিহ্ন, স্মারক। *n.* **rocognizance** [ri-ko°-niz(a)ns, রিক°নিজ্‌ন্‌স্] আদালতে ম্যাজিস্ট্রেটের নিকট প্রদত্ত প্রতিশ্রুতি মুচলেকা বা জমানত। *n.* **re°cognizer** । *n.* **recogni°tion**—recognize-এর সকল অর্থে ; (পরি.) প্রত্যভিজ্ঞা ; (আর্ষ.) নিদর্শন, চিহ্ন, স্মারক। [L. *recognoscere*, OF. *reconoistre*—cp. *cognize*]

recoil [ri-koyl°, রিকয়্‌ল্°] (1) *v.t.* to retreat, পরাজিত হইয়া পশ্চাদপসরণ করা ; to start back, ভয় বিরক্তি প্রভৃতিতে চমকাইয়া পিছাইয়া আসা ; to rebound, ঠিক্‌রাইয়া ফিরিয়া আসা, প্রতিক্ষিপ্ত হওয়া ; to kick (as a gun), (রাইফেলাদির বাঁট-সম্বন্ধে) গুলিনিক্ষেপকালে পশ্চাদ্দিকে ধাক্কা দেওয়া। (2) *n.* act of recoiling, পরাজিত হইয়া পশ্চাদপসরণ, ভয় বিরক্তি প্রভৃতিতে চমকাইয়া পশ্চাদপসরণ, (পরি.) প্রত্যাগতি ; প্রতিক্ষেপ, গুলিনিক্ষেপকালে বন্দুকাদির বাঁটের পশ্চাদ্দিকে ধাক্কা। *n.* **récoi°ler** । [F. *reculer* <L. *culus* = the hinder parts]

recollect [re-ka-lekt°, রেক্যালেক্ট্°] *v.t.* to recall to memory, (প্রধানতঃ চেষ্টাপূর্বক) স্মরণ করা, (পরি.) অনুস্মরণ করান ; to bring (oneself) back to matter in hand or to a state of composure, কর্তব্যাদির প্রতি (প্রধানতঃ নিজেকে) মনোযোগী করান বা প্রশান্ত করান। *p.* & *p. pt.* **recollec°téd** । *n.* **recollec°tion**—অনুস্মরণ (within my *recollection*) ; অনুস্মরণের ক্ষমতা ; অনুস্মৃত বস্তু বা বিষয় ; অনুস্মৃতি ; অতীন্দ্রিয় বিষয়ে ধ্যান। [*re-*, see *collect*]

recommend [re-ka-mend°, রেক্যামেন্ড্°] *v.t.* to commit to the care of, (কাহারও) তত্ত্বাবধানে বা হেফাজতে দেওয়া ; to commend as fit for employment, etc., সুপারিশ করা (my boss *recommended* me to the manager for promotion) ; to advise as suitable or acceptable (কর্মপন্থা ঔষধ প্রভৃতি) উপযুক্ত বা গ্রহণযোগ্য বলিয়া পরামর্শ দেওয়া। *p.* & *p. pt.* **recommen°déd** । *a.* **recommend°able**—সুপারিশের যোগ্য। *n.* **recommendā°tion** । *a.* **recommen°datory**—সুপারিশমূলক। [*re-*, see *commend*]

recompense [re°-kam-pens, রে°ক্যাম্‌পেন্‌স্] (1) *v.t.* to return an equivalent to or for, (কাহাকেও) তুল্যবিনিময় দেওয়া বা (কিছুর) তুল্যবিনিময়রূপে দেওয়া ; to repay, পরিশোধ করা ; to compensate, ক্ষতিপূরণ করা বা খেসারত দেওয়া। *p.* & *p. pt.* **re°compensed** । (2) *n.* return of an equivalent, তুল্যবিনিময়-প্রদান, পরিশোধ, ক্ষতিপূরণ ; (coll.) that which is so returned, (কথ্য.) তুল্যবিনিময়, খেসারত (a poor *recompense* for hard work)। [OF. *recompenser* <L *compensare* = to compensate]

recompose [rē°-kam-pōz°, রী°ক্যাম্‌পৌজ্°] *v.t.* to compose anew, (প্রধানতঃ ছাপাখানার অক্ষর-সংস্থাপন) ভাঙ্গিয়া ফেলিয়া নূতন করিয়া সাজান বা যোজনা করা। *n.* **recomposi°tion**—(পরি.) পুনর্যোজন। [*re-*, see *compose*]

reconcile [re°-kan-sīl, রে°ক্যান্‌সাইল্] *v.t.* to restore to friendship or union, (কাহারও সহিত) পুনরায় বন্ধুত্বস্থাপন বা মিলনসাধন করান ; to bring to agreement, একমত করান, বিরোধ দূর করান ; to harmonize, সমন্বয়সাধন করা ; to make compatible, খাপ খাওয়ান। *n.* **re°concilable** । *adv.* **re°concilably** । *n.* **re°concilement, reconciliā°tion** । *n.* **re°conciler** । [L. *reconciliare*]

recondite [ri°-kon°-dīt, রি°কন্‌ডাইট্] *a.* hidden, গুপ্ত ; obscure, অস্পষ্ট ; abstruse, দুর্বোধ্য ; profound, গভীর, ভাবঘন। [L. *recondere* = to put away]

recondition [rē°-kan-di°sh(a)n, রী°ক্যান্‌ডি°শ্‌ন্] *v.t.* to repair and refit, মেরামত-দ্বারা পুনরায়

কার্যোপযোগী করা ; to restore to original or fit condition, পূর্বাবস্থাপ্রাপ্ত করান বা পুনরায় কার্যোপযোগী করা। [*re-*, *condition*]

reconnaissance [ri-ko°-nis(a)ns, রিক°নিস্‌ন্‌স্] *n.* reconnoitring, (প্রধানতঃ সাম. অভিযানার্থ) পরিদর্শন-পরিক্রমা ; a preliminary survey, প্রাথমিক নিরীক্ষা। [F.]

reconnoitre, (Am.) **reconnoiter** [re-ka-noy°-ta(r), রেক্যানয়্‌°ট্যা(র্)] *v.t.i.* to make a reconnaissance (of), সামরিক অভিযানার্থ বা অন্য উদ্দেশ্যে পরীক্ষা করা বা পরিদর্শন করা অথবা প্রাথমিক পরীক্ষা করা। *n.* **reconnoi°trer** । [F.<L. *recognoscere*=to recognize]

reconquer [rē°-kong°-ka(r), রী°কং°ক্যা(র্)] *v.t.* to conquer back, (পরাজয়ের ফলে হাত-ছাড়া বস্তু) পুনরায় জিতিয়া লওয়া। [*re-*, see *conquer*]

reconsider [re°-kan-si°-da(r), রী°ক্যান্‌সি°-ড্যা(র্)] *v.t.* to consider once more, পুনর্বিবেচনা করা বা পুনর্বিচার করা। **rē°considerā°tion** । [*re-*, see *consider*]

reconstitute [rē°-kon°-sti-tūt, রী°কন্‌°ষ্টিটিউট্] *v.t.* to constitute anew, নূতন করিয়া গঠন করা। *p.* & *p. pt.* **rē°con°stitūtėd** । *n.* **rē°constitū°-tion** । [*re-*, see *constitute*]

reconstruct [rē°-kan-strukt°, রী°ক্যান্‌স্ট্রাক্‌ট্°] *v.t.* to construct again or anew, পুনরায় বা নূতন করিয়া গঠন করা, পুনর্নির্মাণ করা। *p.* & *p. pt.* **rē°construc°tėd** । *n.* **rē°construc°tion** । [*re-*, see *construct*]

record [ri-kaw(r)d°, রিক্য(র্)ড্°] *v.t.* to sing in an undertone, (প্রধানতঃ পাখি কর্তৃক) গুঞ্জন করা ; to set down in writing or other permanent form, লিপিবদ্ধ করা (to *record* one's thoughts) ; to trace a curve or other representation of, (গ্রামাফোন-রেকর্ডাদি নির্মাণার্থ) বক্ররেখাঙ্কিত করা ; to perform before a recording instrument, ধ্বনিধারকযন্ত্র বা গ্রামোফোন্-রেকর্ড তৈয়ারির যন্ত্রের সামনে (কিছু) বলা গাওয়া বা আবৃত্তি করা প্রভৃতি (to *record* one's voice) ; to bear witness to, (কিছুর) সাক্ষ্য দেওয়া বা সাক্ষী হওয়া ; to register (a verdict or vote) (বিচারকের রায় বা ভোট) নথিভুক্ত বা তালিকাভুক্ত করা, নিবন্ধভুক্ত করা (to *record* one's vote in favour of a candidate)। *p* & *p. pt.* **rėcor°dėd** ।

record [re°-kaw(r)d, রে°ক্য(র্)ড্] (**1**) *n.* নথি, দলিল, (পরি.) লেখ্য ; বিবরণী ; বিবরণ ; অতীত কাহিনী, ইতিহাস ; স্মারক ; স্মৃতি ; স্মরণ ; আদালতে বিচারাধীন মামলায় প্রমাণপত্ররূপে দাখিলকরা কাগজ-পত্র, গ্রামাফোন-রেকর্ড বা উহা তৈয়ারি করার জন্য অঙ্কিত বক্ররেখা, ধ্বনিলিপি বা ধ্বনিলিপিরেখা ; (প্রধানতঃ খেলাধুলায়) অনতিক্রান্ত পারদর্শিতা, রেকর্ড। (**2**) *a.* (পারদর্শিতা উৎকর্ষ তীব্রতা প্রভৃতি সম্বন্ধে) অনতিক্রান্ত, সেরা, সর্বাধিক (*record* score, *record* marks, *record* rainfall)। **off the record**—(কথ্য.) সংবাদপত্রাদিতে অপ্রকাশিতব্য বেসরকারি-ভাবে; গোপনে। **on record**—নথিভুক্ত বা লিপিবদ্ধ অবস্থায়। **public records**—সমকালীন ঘটনাদির সরকারি বিবরণী। **Record Office**—সমকালীন ঘটনাদির সরকারি বিবরণীর সংরক্ষণ-দফ্‌তর, মোহাফেজখানা। **(to) beat** or **break the record**—সেরা বা সর্বাধিক পারদর্শিতা উৎকর্ষ অপকর্ষ তীব্রতা প্রভৃতি অতিক্রম করা। **(to) have a record**—(আদালত কর্তৃক) শাস্তিদানের নজির থাকা। **(to) put** or **set the record straight**—দলিল লেখ্য বিবরণ প্রভৃতি সংশোধন করিয়া রাখা। *n.* **rėcor°der**—যে ব্যক্তি বিবরণাদি লিপিবদ্ধ করে (পরি.) নিবেশক ; গ্রামাফোন-রেকর্ডাদি তৈয়ারি করার যন্ত্র, ধ্বনিধারক যন্ত্র। *n.* **recor°ding**—লিপিবদ্ধ করা বা নথিভুক্ত করা, (পরি.) নিবেশন ; গ্রামাফোন-রেকর্ডাদি তৈয়ারি করা, ধ্বনিধারণ। **recording angel**—যে দেবদূত মানুষের সুকর্ম ও দুষ্কর্মের হিসাব রাখে, (তু.) চিত্রগুপ্ত। [OF. *recorder*<L. *recordari*=to remember]

recount₁ [rē°-kownt°, রী°কাউন্‌ট্°] (**1**) *v.t.* to count over again, পুনরায় গণনা করা। *p.* & *p. pt.* **rē°coun°tėd** । (**2**) *n.* a fresh counting, (ভোটাদির) পুনর্গণনা (to demand a *recount* of votes)। [*re-*, *count*]

recount₂ [ri-kownt°, রিকাউন্‌ট্°] *v.t.* to narrate, পুঙ্খানুপুঙ্খরূপে বর্ণনা করা বা বলা (I have no anecdote to *recount*)। *p.* & *p. pt.* **rėcoun°-tėd** । [OF. *reconter*<*conter*=to tell]

recoup [ri-ko͞op°, রিকূপ্°] *v.t.* to make good, ক্ষতিপূরণ করা ; to indemnify, খেসারত দেওয়া, খেসারত বাবদ কাটিয়া রাখা ; to deduct, কাটিয়া রাখা। *p.* & *p. pt.* **rėcou°ped** । *n.* **recoup°-ment** । [F. *recouper*=to cut back]

recourse [ri-kaw(r)s°, রিক্য(র্)স্°] *n.* flow, (কাব্যে) প্রবহণ, প্রবাহ ; resort, আশ্রয় ; resort or resorting for aid or protection, সাহায্য বা রক্ষার জন্য আশ্রয় বা আশ্রয়গ্রহণ। **without recourse**—(হুণ্ডি বিল্ প্রভৃতির বাবদ) টাকা অনাদায়ে স্বাক্ষরকারীর দায়িত্ব নাই এমনভাবে। **(to) have recourse to**—সাহায্য বা রক্ষার জন্য অবলম্বন করা অথবা আশ্রয়গ্রহণ করা। [OE. *recours*<L. *recursus*=to run back]

recover₁ [ri-ku°-va(r), রিকা°ভ্যা(র্)] (**1**) *v.t.* to get or find again, পুনরায় পাওয়া বা খুঁজিয়া পাওয়া ; to regain, পুনরুদ্ধার করা বা পুনরধিকার করা ; to reclaim, পতিত অবস্থাদি হইতে পুনরুন্নীত করা (to *recover* from the effects of war) ; to bring back, ফিরাইয়া আনা ; to rescue, (বিপদ্ ঋণ প্রভৃতি হইতে) উদ্ধার করা বা মুক্ত করা ; to obtain as compensation, (প্রধানতঃ আদালতের সাহায্যে) ক্ষতিপূরণাদি পাওয়া। (**2**) *v.t.i.* to bring or come back to life health or former state, পুনরুজ্জীবিত করা বা হওয়া, আরোগ্য করা বা হওয়া, পূর্বাবস্থায় ফিরাইয়া নেওয়া বা ফিরিয়া যাওয়া। (**3**) *v.i.* to get back into position, যথাস্থানাদিতে ফিরিয়া

যাওয়া ; to obtain a judgment, আদালতের বিচারলাভ করা। *a.* **réco°verable** । *n.* **réco°very**—পুনঃপ্রাপ্তি ; পুনরুদ্ধার (the *recovery* of lost ornaments) ; পুনরুন্নয়ন (economic *recovery* of Europe after the war) ; পুনরধিকার ; আরোগ্য (a quick or slow *recovery* from illness) ; পুনরুজ্জীবন ; পূর্বস্থানে বা পূর্বাবস্থায় প্রত্যাবর্তন ; উদ্ধার ; লক্ষ্যাদিতে উপনীতি বা অভীষ্টাদি লাভ ; ক্ষতিপূরণপ্রাপ্তি। [OF. *recovrer*<L. *recuperare*—cp. *recuperate*]

re-cover₂ [ri-ku°-va(r), রিকা°ভ্যা(র্)] *v.t.* to cover again, পুনরায় আবৃত করা। [*re-*, see *cover*]

recreant [re°-kri-ant, রে°ক্রিঅ্যান্ট্] (**1**) *a.* surrendering or craven, হীনভাবে শত্রুসমীপে আত্মসমর্পণকারী বা কাপুরুষ ; apostate, বিশ্বাসঘাতকতাপূর্বক স্বদলত্যাগী। (**2**) *n.* such a person, ঐরূপ ব্যক্তি। *n.* **re°créancy**—বিশ্বাসঘাতকতাপূর্বক স্বদলত্যাগ। *adv.* **re°créantly** । [OF. *recroire*=to yield in combat<L. *recredere*]

recreate₁ [rē°-kri-āt°, রী°ক্রিএইট্°] *v.t.* to create anew, নূতন করিয়া সৃষ্টি করা, নবরূপ দান করা। *p.* & *p. pt.* **rē°créā°téd** । *n.* **rē°créā°tion** । *a.* **rē°créā°tive**—নূতন করিয়া সৃজন করে এমন। [*re-*, see *create*]

recreate₂ [re°-kri-āt, রে°ক্রিএইট্] (**1**) *v.t.* to refresh, শ্রান্তি ক্লান্তি প্রভৃতি অপনোদন করান ; to indulge, gratify or amuse by sport or pastime, খেলাধুলা বা আমোদপ্রমোদের দ্বারা (চিত্ত) বিনোদন করা। (**2**) *v.i.* to take recreation, আমোদপ্রমোদাদি উপভোগ করা। *p.* & *p. pt.* **re°créātéd** । *n.* **recréā°tion**—recreate-এর সকল অর্থে, এবং অবসরকালীন আমোদপ্রমোদ। **recreation ground**—প্রমোদোদ্যানের বা পার্কের মধ্যে খেলাধুলার জন্য নির্দিষ্ট অংশ। *a.* **recréā°tional**—বিনোদমূলক। [*re-*, see *create*]

recriminate [ri-kri°-mi-nāt, রিক্রি°মিনেইট্] *v.i.* to charge an accuser, অভিযোক্তার বিরুদ্ধে অভিযোগ করা, পালটা নালিশ করা। *p.* & *p. pt.* **récri°minātéd** । *n.* **récriminā°tion**—পালটা অভিযোগ। *a.* **récri°minātive**—পালটা অভিযোগমূলক। *n.* **récri°minātor** । *a.* **récri°minātory**—পালটা অভিযোগকারী বা অভিযোগপূর্ণ। [*re-*, see *criminate*]

recrudesce [rē-kroo-des°, রীক্রুডেস্°] *v.i.* to break out again, (রোগ বিক্ষোভ প্রভৃতি সম্বন্ধে) পুনরায় প্রকাশ পাওয়া বা প্রকোপ আরম্ভ হওয়া। *p.* & *p. pt.* **rēcrude°sced** । *n.* **rēcrude°scence**—পুনঃপ্রকাশ, পুনঃপ্রকোপ। *a.* **rēcrude°scent**—পুনঃপ্রকাশিত, পুনঃপ্রকোপিত। [L. *recrudescere* <*crudus*=raw]

recruit [ri-kroot°, রিক্রুট্°] (**1**) *n.* a soldier or other newly enlisted, (সৈন্যবাহিনী সমিতি প্রভৃতিতে) নূতন ভরতি-করা বা নবপ্রবিষ্ট সৈনিক সভ্য ইত্যাদি, রংরুট্ ; a tiro, নবিস (a raw *recruit*) । (**2**) *v.i.* to recover in health, wealth, etc., আরোগ্যলাভ করা (he has gone to the seaside to *recruit* ; সচ. to recover, to recuperate), ধনাদি পুনরায় লাভ করা বা সংগ্রহ করা ; to enlist new soldiers, নূতন সৈনিক বা রংরুট্ সংগ্রহ করা। (**3**) *v.t.* to reinforce, পুনরায় সৈন্য বা শক্তি সরবরাহ করা ; to replenish, পুনরায় পূর্ণ করা ; to reinvigorate, পুনরায় সতেজ করান ; to enlist or raise, (সৈন্যদলে) ভর্তি করা বা (সৈন্য) সংগ্রহ করা। *p.* & *p. pt.* **récrui°téd** । *n.* **récrui°tal**—নূতন সরবরাহ ; পুনরুদ্ধার। *n.* **récrui°ter** । *n.* **récruit°ment**—(পরি.) প্রবেশন বা সংগ্রহ। [obs. F. *recrute*=reinforcement<L. *recrescetre* =to increase]

recta, rectal—see **rectum.**

rectangle [rek°-tanggl, রেক্°ট্যাংগ্ল্] *n.* a four-sided plane figure with four right angles, সমকোণী চতুর্ভুজ, (পরি.) আয়তক্ষেত্র। *a.* **rectan°gūlar**—আয়তক্ষেত্রাকার, সমায়ত। **rectangular hyperbola**—সমপরাবৃত্ত। [LL. *rect(i)angulum*]

rectify [rek°-ti-fī, রেক্°টিফাই] *v.t.* to put right or correct, (কিছুর) দোষত্রুটি মোচন করা বা (কিছুর) ভ্রমাদি সংশোধন করা (to *rectify* calculation, instrument, mistake, statement, etc.) ; to redress, (অন্যায়াদির) বিহিত বা প্রতিকার করা ; (chem.) to purify by distillation, (রসা.) পাতনদ্বারা শোধন করা। *a.* **rec°tifiable** । *n.* **rectificā°tion** । *n.* **rec°tifier** (ভ্রমাদি) সংশোধনকারী ব্যক্তি বা বস্তু ; দ্রুত দিক্ পরিবর্তনকারী তড়িৎপ্রবাহ একমুখী তড়িৎপ্রবাহে রূপান্তরের যান্ত্রিক উপায়। **rectified spirit**—(পরি.) শোধিত কোহল। [F. *rectifier*<LL. *rec-tificare*]

rectilineal [rek-ti-li°-ni-al, রেক্টিলি°নিয়াল্], **rectili°néar**—*a.* in a straight line or lines, ঋজুরেখ ; bounded by straight lines, সরলরেখাবদ্ধ, ঋজুরেখাবদ্ধ। [L. *rectus*=straight, *linea*=a line]

rectitude [rek°-ti-tūd, রেক্°টিটিউড্] *n.* rightness, সততা ; uprightness, ন্যায়পরায়ণতা ; integrity, সচ্চরিত্রতা। [F.<LL. *rectitudo*<L. *rectus*=right]

recto [rek°-tō, রেক্°টৌ] *n.* the right-hand page of an open book, পুস্তকাদি মেলিয়া ধরিলে উহার যে পৃষ্ঠা ডান হাতের দিকে থাকে (cp. **verso**) । [L. *recto* (*folio*)=on the right (leaf)]

rector [rek°-ta(r), রেক্°ট্যা(র্)] *n.* a class of parson, গ্রামের খ্রিষ্টীয় যাজকবিশেষ ; the head of an educational or religious institution, শিক্ষায়তনের প্রধান শিক্ষক বা অধ্যক্ষ অথবা ধর্মপ্রতিষ্ঠানের কর্তা, (পরি.) অধিশিক্ষক বা অধিপুরুষ। *fem.* **rec°toréss** । *n.* **rec°toráte**—উক্ত যাজকের পদ বা কর্মকাল। *a.* **rectorial** [rek-taw°-ri-al,

রেক্‌ট্যা°রিঅ্যাল্] উক্ত যাজক বা অধিশিক্ষক বা অধিপুরুষ সম্বন্ধীয়। *n.* **rec°torship** । *n.* **rectory** [rek°-t(a)ri, রেক্‌ট্রি] উক্ত যাজকের এলাকা বা বাসভবন। [L. <*regere*=rule]

rectrix [rek°-triks, রেক্‌ট্রিক্‌স্] *n.* a long tail-feather directing flight, পাখির গতিপথ নির্ণায়ক লম্বা লেজ বা পালক। [L. *fem.* of *rector*]

rectum [rek°-tam, রেক্‌ট্যাম্] *v.* the terminal part of the large intestine, মলদ্বার, গুহ্যদ্বার, (পরি.) মলাশয়, মলনালী। *pl.* **rec°ta, rec°tums** । *a.* **rec°tal**—মলদ্বার বা মলনালী সম্বন্ধীয়। [L.< *rectus*=straight]

recumbent [ri-kum°-bant, রিকাম্‌ব্যান্ট্] *a.* reclined, হেলান দিয়া আছে এমন, অর্ধশয়ান (a *recumbent* statue)। *n.* **recum°bence, recum°bency**—হেলান অথবা অর্ধশায়িত অবস্থা। *adv.* **recum°bently** । [L. *recumbere*<*cubare* =to lie down]

recuperate [ri-kū°-p(a)rāt, রিকিউ°প্‌রেইট্] *v.t.i.* to recover, পুনরুদ্ধার করা বা হওয়া, আরোগ্য করান বা হওয়ান (to *recuperate* one's health)। *p.* & *p. pt.* **recu°perated** । *n.* **recupera°tion** । *a.* **recu°perative**—পুনরুদ্ধার বা আরোগ্য করে অথবা হয় এমন। *n.* **recu°perator** । [L. *recuperare*]

recur [ri-ka(r)°, রিক্যা(র্)°] *v.i.* to revert in thought or speech, (কাহারও) চিন্তার বা কথার মধ্যে পুনরুদিত হওয়া (the incident often *recurs* to my mind); to occur again, পুনঃসজ্ঘটিত হওয়া; to occur again and again at regular intervals, নিয়মিত ব্যবধানে বারংবার সজ্ঘটিত হওয়া; *pr. pt.* **recu°rring** । *p.* & *p. pt.* **recu°rred** । *n.* **recu°rrence**—চিন্তার বা কথার মধ্যে পুনরুদয়; পুনঃসজ্ঘটন; নিয়মিত ব্যবধানে বারংবার সজ্ঘটন, (পরি.) আবৃত্তি। *a.* **recu°rrent**—চিন্তার বা কথার মধ্যে পুনরুদিত হয় এমন; পুনঃসজ্ঘটনশীল; আবৃত্তিশীল; আবৃত্ত। **recurring decimal**—(গণি.) আবৃত্ত দশমিক, পৌনঃপুনিক। [L. *recurrere*<*currere*= to run]

recursion [ri-ku(r)°-sh(a)n, রিকা(র্)°শ্‌ন্] *n.* (rare) return, (বিরল) পুনরাগমন, প্রত্যাবর্তন। *a.* **recur°sive**—(গণি.) পরবর্তী পদ বা রাশি নির্ণায়ক। [see *recur*]

recusant [re°-kū-zant, রে°কিউজ্যান্ট্] *n.* & *a.* (hist.) (a person) who refused to attend the Church of England services, (ইতি.) ইংলণ্ডের প্রোটেস্টান্ট গির্জার প্রার্থনাসভায় যোগ দিতে অসম্মত হইত এমন (ব্যক্তি); (person) refusing to submit to authority, (সরকারি) কর্তৃত্ব বা কর্তৃপক্ষকে মানিতে অসম্মত (ব্যক্তি)। *n.* **re°cusance** । [L. *recusare*]

red [red, রেড্] (**1**) *a.* of a colour like blood, লাল; revolutionary, বৈপ্লবিক। (**2**) *n.* the red colour, লাল রঙ; red clothes, লাল পোশাক (the man in *red*); a revolutionary, বিপ্লবী। **Red Army**—রাশিয়ার লাল ফৌজ। *n.* **red°breast**—লাল বক্ষোযুক্ত গায়কপক্ষিবিশেষ; robin-পাখি। *n.* **red°cap**—(সাম.—অশি.) পাহারাওয়ালা, পুলিস্‌ম্যান্। **red carpet**—খ্যাতনামা ব্যক্তির বিশেষ সম্বর্ধনা। *n.* **red°coat**—ইংরেজ স্থল-সৈনিক। **Red Cross**—St. George-এর লাল ক্রুশচিহ্ন (ইহা ইংল্যানডের প্রাচীন পতাকায় থাকিত); রুগ্‌ণদের ও যুদ্ধাদিতে আহতদের পরিচর্যার জন্য স্থাপিত প্রতিষ্ঠানবিশেষের প্রতীক (the *Red Cross* Society)। **in the red**—ঋণগ্রস্ত। **re°dden**—(**1**) *v.t.i.* লালবর্ণ করা বা হওয়া। (**2**) *v.i.* লজ্জায় লাল হওয়া। *a.* **re°ddish**—ঈষৎ লাল; রক্তাভ। **red ensign** (coll. **red duster**)—লাল ক্রুশচিহ্ন-শোভিত ইংল্যানডের জাতীয় পতাকা (ইহা ইংল্যানডের বাণিজ্যজাহাজে থাকে)। *a.* **red°-han°ded**—অপরাধরত অবস্থায়, হাতে-নাতে; (খুনি-সম্পর্কে) হাতে রক্ত লাগিয়া আছে এমন অবস্থায়। **red hat**—cardinal-এর টুপি। *n.* **red°head**—লাল চুলওয়ালা লোক। **red heat**—গন্‌গনে লাল আগুনের তাপ, (পরি.) লোহিত তাপ। *a.* **red°-hot**—গরম হইয়া গন্‌গনে লাল হইয়াছে এমন, (পরি.) লোহিত তপ্ত। **red lane**—(অশি.) কণ্ঠনালী। *a.* **red°-le°tter**—(দেওয়ালপঞ্জির ছুটির দিন সম্পর্কে) লাল রঙে রঞ্জিত; (অন্য দিন সম্পর্কে) চিহ্নিত করিয়া রাখার যোগ্য, উল্লেখযোগ্য। **red light**—রেল প্রভৃতির বিপদ্‌সঙ্কেতজ্ঞাপক লাল আলো; রাজপথে যানবাহনাদিকে থামিবার নির্দেশজ্ঞাপক লাল আলো। **redlight district**—শহরের যে অংশে বেশ্যালয় আছে। **red meat**—গরু ভেড়া ছাগল প্রভৃতির মাংস (বিপ. **white meat**)। *n.* **red°ness** । **red rag**—যাহা ক্রোধের সঞ্চার করে (a *red rag* to a bull)। *n.* **red°-shirt**—ইট্যালির স্বাধীনতা আন্দোলনের নেতা গ্যারিবল্‌ডির দলভুক্ত ব্যক্তি; বিপ্লবী। **red tape**—(সরকারি দফ্‌তরে খাতাপত্র বাঁধার কাজে ব্যবহৃত লাল ফিতা হইতে) আমলাতান্ত্রিক গড়িমসিপূর্ণ। *n.* **red-tā°pism**—উক্ত গড়িমসি। **(to) see red**—ক্রোধহেতু আত্মসংযম হারান, ক্রোধে দিগ্বিদিক্ জ্ঞানশূন্য হওয়া। [OE. *read*—cp. G. *rot*]

redact [ri-dakt°, রিড্যাক্ট্°] *v.t.* to edit or work into shape, সম্পাদনাদির দ্বারা তৈয়ারি করা। *p.* & *p. pt.* **redac°ted** । *n.* **redac°tion** । *n.* **redac°tor** । [L. *redactare*]

redbreast, redcap, redcoat, redden, reddish—see **red.**

rede [rēd, রীড্] (**1**) *n.* (arch.) advice, counsel, (আর্ষ.) উপদেশ, পরামর্শ। (**2**) *v.t.* to expound, (ধাঁধা প্রভৃতির) অর্থোদ্ধার করা। *p.* & *p. pt.* **rē°ded** । [var. of *read*]

redeem [ri-dēm°, রিডীম্°] *v.t.* to buy back, পুনরায় কিনিয়া লওয়া; to compound for, অর্থাদি দিয়া দায়মুক্ত হওয়া; to recover or free by payment, অর্থাদির বিনিময়ে (প্রধানতঃ বন্ধকী দ্রব্যাদি) পুনরুদ্ধার করা বা মুক্ত করা (to *redeem* a mortgage); to fulfil, perform (pledge, promise), প্রতিশ্রুতি প্রভৃতি পূরণপূর্বক (নিজেকে) মুক্ত করা ; to ransom, মুক্তিপণ দিয়া মুক্ত করা ; to rescue or free, উদ্ধার করা, ত্রাণ করা ; to get back, ফিরিয়া পাওয়া ; to atone for, (কিছুর) প্রায়শ্চিত্ত করা ; to compensate for, ক্ষতিপূরণ করা। **redeeming feature**—দোষাদির বিপরীত-তুল্যমূল্য চারিত্রিক গুণ বা লক্ষণবিশেষ, দোষাদি সত্ত্বেও চরিত্রের প্রশংসনীয় গুণ। *a.* **rėdee°mable** । *n.* **rėdee°mer** । **Redee°mer**—ত্রাণকর্তা যিশুখ্রিস্ট। [L. *redimere*]

redemption [ri-dem(p)°sh(a)n, রিডেম্‌°শ্‌ন্] *n.* act or state of redeeming, পুনরায় কিনিয়া লওয়া, দায়মোচন, অর্থাদির বিনিময়ে পুনরুদ্ধার বা মুক্ত করা, প্রতিজ্ঞাদি পূরণপূর্বক নিজেকে মুক্ত করা, মুক্তিপণ দিয়া মুক্ত করা, উদ্ধার, মুক্তি, পুনঃপ্রাপ্তি ; প্রায়শ্চিত্ত করা ; ক্ষতিপূরণ-প্রদান। **beyond** or **past redemption**—পুনরুদ্ধার বা মুক্তির অতীত, উদ্ধারের আশা নাই এমন। *a.* **rėdemp°tive** । [see *redeem*]

red-handed, readhead, red-hot—see **red.**

redintegrate [re-din°-ti-grāt, রেডিন্‌°টিগ্রেইট্‌] *v.t.* to restore to wholeness, পুনরায় পূর্ণাঙ্গ করা ; to restore, পুনরুদ্ধার করা ; to re-establish, পুনঃপ্রতিষ্ঠিত বা পুনঃসংঘঠিত করা। *p.* & *p. pt.* **redin°tėgrātėd** । *n.* **redintėgrā°tion**—(পরি.—গণি.) পুনঃসমাকলন। *n.* **redin°tegrātor** । [L. *red*=again, *integrare*=to make whole]

redirect [re°-di-rekt°, রী°ডিরেক্‌ট্‌°] *v.t.* to direct back or anew, (চিঠিপত্রাদি) ফেরত পাঠানর জন্য প্রেরকের ঠিকানা লিখিয়া দেওয়া বা প্রাপকের নূতন ঠিকানা লিখিয়া দেওয়া। **rē°direc°tėd** । [*re-*, see *direct*]

redistribute [rē°-dis-tri°-būt, রী°ডিসট্রি°বিউট্‌] *v.i.* to distribute anew, নূতন করিয়া বিভাজন করা। *p.* & *p. pt.* **rē°distribū°tėd** । *n.* **rē°-distribū°tion** । *a.* **redistri°butive** । [*re-*, see *disiribute*]

red-letter, red light, redness, red-shirt, red tape—see **red.**

redolent [re°-dŏ-lant, রে°ডোল্যান্‌ট্‌] *a.* fragrant, সুগন্ধ, সুরভিত ; smelling, গন্ধপূর্ণ ; suggestive of, কোন-কিছু মনে করাইয়া দেয় এমন। *n.* **re°dŏlence**—সুরভি ; গন্ধপূর্ণ অবস্থায় ; কোন-কিছু মনে করাইয়া দেয় এমন অবস্থা। *adv.* **re°dŏlently** । [L. *redolens*]

redouble [ri-dub°l, রিডাব্‌°ল্‌] *v.t.i.* to double, দ্বিগুণ করা বা হওয়া ; to intensify, তীব্রতর করা বা হওয়া ; to increase, বৃদ্ধি করা বা হওয়া ; to multiply, বংশবৃদ্ধি করা বা পাওয়া ; (bridge) to double a bid already doubled by an opponent, (ব্রিজখেলায়) 'ডবলের' উপর পুনরায় 'ডবল' ডাকা। [*re-*, *double*]

redoubt [ri-dowt°, রিডাউট্‌°] *n.* an outwork in fortification, দুর্গের বহির্ভাগস্থ প্রাচীরাদি। [F. *redoute* <It. *ridotto* < L. *reductus*=retired]

redoubtable [ri-dow°-table, রিডাউ°ট্যাব্‌ল্‌] *a.* formidable, দুর্দান্ত, দুর্ধর্ষ। [F. *redoutable* < OF. *redouter*=to fear greatly < L. *re-*, *dubitare* =to doubt]

redound [ri-downd°, রিডাউন্‌ড্‌°] *v.i.* to flow back, প্রতিপ্রবাহিত হওয়া ; to return, প্রত্যাবর্তন করা ; to rebound, ঠিক্‌রাইয়া ফিরিয়া আসা ; to contribute in the end, (কাহারও পক্ষে) সুবিধা বা অসুবিধা সৃষ্টি করিতে সাহায্য করা (the industrial fair *redounded* to the credit of the organizers)। [F. *redonder* < L. *redundare*]

redress [ri-dres°, রিড্রেস্‌°] (**1**) *v.t.* to put right, (ত্রুটিবিচ্যুতি দূর করিয়া) ঠিক করা ; to readjust, পুনরায় সমন্বয় সাধন করা (to *redress* the balance) ; to remedy, প্রতিকার বা প্রতিবিধান করা। *p.* & *p. pt.* **rėdre°ssėd** । (**2**) *n.* relief, দুঃখাদি মোচন ; reparation, ত্রুটিবিচ্যুতি-মোচন ; remedy, প্রতিকার বা প্রতিবিধান (to seek *redress* of grievances)। *n.* **rė°dre°sser** । [F. *redresser*—cp. *dress*]

red-shirt, red-tapism—see **red.**

reduce [ri-dūs°, রিডিউস্‌°] (**1**) *v.t.* to change to another form or state, ভিন্ন আকারে বা অবস্থায় পরিণত করা, রূপান্তরিত করা (to *reduce* marble to powder) ; to adapt or adjust, উপযোগী করা বা খাপ খাওয়ান ; to translate, ভাষান্তরিত করা, অনুবাদ করা ; to convert, to put into writing, (practice, etc.) পরিণত করা, পর্যবসিত করা (to *reduce* an oral statement *to* writing) ; to lower, নিচু করা ; to degrade, নিম্নতর অবস্থায় মর্যাদায় বা পদে নামাইয়া দেওয়া (to *reduce* a guilty sergeant to the ranks) ; to weaken, দুর্বল করা ; to impoverish, দরিদ্র করা ; to subdue, দমন করা, প্রশমিত বা পরাজিত করা (to *reduce* the rebels to submission) ; to break up or separate, ভাঙ্গিয়া ফেলা, টুকরা-টুকরা করা (to *reduce* to smithereens), পৃথক্‌ করা। (**2**) *v.t.i.* to diminish, হ্রাস করা বা পাওয়া, কমান বা কমা (to *reduce* the prices of goods, the temperature of the room, etc.) ; to make or become slim, কৃশ করা বা হওয়া। *a.* **rėdū°cėd**—reduce-এর সকল অর্থে, বিশেষতঃ—কৃশ, ক্ষীণতাপ্রাপ্ত, দুর্বলীভূত ; হ্রস্বীকৃত বা হ্রাসপ্রাপ্ত। **reduced circumstances**—সমৃদ্ধির পরে দরিদ্র অবস্থা। *n.* **rėdū°cer** । *a.* **rėdū°cible** । *n.* **rėdūcibi°lity** । *n.* **reduction** [ri-duk°sh-(a)n, রিডাক্‌°শ্‌ন্‌] reduce-এর সকল অর্থে, এবং—(পাটী.) লঘূকরণ। [L. *reducere*=to lead]

redundant [ri-dun°-dant, রিডান্‌°ড্যান্‌ট্‌] *a.* copious, প্রচুর ; excessive, অপরিমিত ; superfluous, প্রয়োজনাতিরিক্ত, বাড়তি। *n.* **rė-dun°dance, rėdun°dancy**—প্রাচুর্য ; আতিশয্য, অতিরিক্ততা। *adv.* **rėdun°dantly** । [L. *redundare*=to overflow]

reduplicate [ri-dū°-pli-kat. রিডিউ°প্লিকেইট্] *v.t.i.* to double, দ্বিগুণ করা বা হওয়া ; to repeat or be repeated, পুনরাবৃত্তি করা বা পুনরাবৃত্ত হওয়া। *p. & p. pt.* **rėdū°plicātėd** । *n.* **redūplicā°tion** । [*re-*, L. *duplicare*]

ree—see **ruff**$_2$.

reebok [rā°-bok, রেই°বক্] *n.* a South African antelope, দক্ষিণ আফ্রিকার কৃষ্ণসারমৃগবিশেষ। [Du.]

re-echo [ri-e°-kō, রিএ°কৌ] (**1**) *v.t.i.* to echo back, প্রতিধ্বনির উত্তরে প্রতিধ্বনি করা ; to resound, অনুরণিত করা বা হওয়া। (**2**) *n.* a re-echoing, প্রতিধ্বনির উত্তরে প্রতিধ্বনি, অনুরণন। [*re-*, see *echo*]

reed [rēd, রীড্] *n.* a marsh or water grass of various kinds, নল, শর, খাগড়া, বেণু-বাঁশ ; a thing made of reed, নল শর বেণু-বাঁশ প্রভৃতিতে তৈয়ারি বস্তু (যেমন, কলম, বাণ, মাপকাঠি, বাঁশি, বাঁশির মুখ, বাদ্যযন্ত্রাদির পাতা বা পত্রী প্রভৃতি) ; a weaver's instrument, পড়েনের সুতা সরানর জন্য তাঁতিগণ কর্তৃক ব্যবহৃত (বেণুনির্মিত) দণ্ডবিশেষ ; a thatch, (নলখাগড়াদিতে নির্মিত) গৃহাদির চাল বা ছাউনী। **broken reed**—অনির্ভরযোগ্য ব্যক্তি বা বস্তু। **(to) lean on a reed**—দুর্বল বা অনির্ভরযোগ্য ব্যক্তি বা বস্তুর উপর আস্থা স্থাপন করা। *a.* **ree°dėd**—নলখাগড়াদিতে ছাওয়া। **reed°-grass**—শরতৃণ। *a.* **ree°dy**—নল শর বা বেণু-বাঁশে পরিপূর্ণ ; নল শর বা বেণু-বাঁশের তুল্য। *n.* **ree°dinėss** । [OE. *hreod*—Du. & G. *riet*]

reef$_1$ [rēf, রীফ্] (**1**) *n.* a portion of a sail that may be rolled up, পালের যে অংশ গুটাইয়া রাখা যায়। (**2**) *v.t.* to take in the reef of, (পালের) উক্ত অংশ গুটাইয়া রাখা। *p. & p. pt.* **ree°fed** । **(to) take in a reef**—সতর্কতার সহিত অগ্রসর হওয়া। *n.* **ree°fer**—যে ব্যক্তি পালের অংশবিশেষ গুটায় বা খাটো করে ; নৌবাহিনীর নিম্নপদস্থ কর্মচারীবিশেষ ; (অশি.) ভাং প্রভৃতি মাদকদ্রব্য দ্বারা প্রস্তুত সিগারেট। [ON. *rif.*]

reef$_2$ [rēf, রীফ্] *n.* a chain of rocks about the surface of water, নদী সাগর প্রভৃতির জলের উপরিভাগের সন্নিকটস্থ শৈলশ্রেণী (মনে হয় যেন এই শৈলশ্রেণী জলের মধ্য দিয়া উঠিয়াছে) ; a shoal or bank, চড়া বা নদীতীর ; a gold-bearing lode, স্বর্ণপূর্ণ প্রবাহিকা বা জলগর্ভ। *n.* **reef°-builder**—(নিজেদের মৃতদেহদ্বারা সমুদ্রাদির গর্ভে প্রাচীর তৈয়ারি করে বলিয়া) প্রবালকীট। **barrier reefs, coral reefs**—প্রবাল-প্রাচীর। **fringing reefs**—বেলাশৈল। [Du. *rif* < ON.—cp. *reef*$_1$]

reek [rēk, রীক্] (**1**) *n.* smoke, ধোঁয়া ; vapour, বাষ্প ; foul odour, দুর্গন্ধ, বোঁটকা গন্ধ (the *reek* of stale fish) ; fetid atmosphere, ভেঁপসা আবহাওয়া (amid *reek* and squalor)। (**2**) *v.i.* to emit smoke, fumes or (esp. evil) smell, to show signs of, ধোঁয়া বাষ্প বা (প্রধানতঃ খারাপ) গন্ধ ছড়ান, চিহ্নাদি দৃষ্টিগোচর করা (he *reeks* of garlic ; the butcher's hand is *reeking* with blood)। *p. & p. pt.* **ree°ked** । [OE. *rec*—op. Du. *rook*=smoke]

reel [rēl, রীল্] (**1**) *n.* an apparatus for winding in thread, wire, photographic film, etc., সুতা তার ফটো-তোলার ফিল্ম্ প্রভৃতি গুটাইয়া রাখার জন্য লাটাই, কাটিম, চরকি, মাছ-ধরা ছিপের হুইল, ইত্যাদি ; a length of material so wound, উক্তভাবে গুটাইয়া-রাখা বস্তুর (বিশেষতঃ চলচ্চিত্র-তোলার ফিল্মের) দৈর্ঘ্যের পরিমাণ ; a din, উচ্চ শব্দ বা গোলমাল ; a whirl, ঘূর্ণি, পাক ; a stagger, স্খলিত গতি ; a lively dance, দ্রুততালে ঘুরিয়া ঘুরিয়া নৃত্যবিশেষ। (**2**) *v.t.* to wind on or off a reel, কাটিমাদি গুটাইয়া রাখা বা কাটিমাদিতে গোটান অবস্থা হইতে খুলিয়া লওয়া ; to utter fluently and unhesitatingly, অসঙ্কোচে বা অনায়াসে তড়বড় করিয়া বলা (to *reel* off a story, verse, etc.) ; to cause to whirl or roll, ঘূর্ণায়িত করা বা পাক দেওয়া ; to dance reelingly, ঘুরিয়া ঘুরিয়া দ্রুততালে নাচান। (**3**) *v.i.* to whirl or roll, ঘূর্ণায়িত হওয়া বা পাক খাওয়া ; to stagger, স্খলিতচরণে চলা, টলমল করা (he *reeled* under the shock) ; to totter, কাঁপিতে কাঁপিতে ভাঙ্গিয়া পড়া (to *reel* to and fro like a drunken man) ; to waver, আন্দোলিত হওয়া ; অটল বা স্থির না থাকা, বিচলিত হওয়া ; be to hurled, সবেগে নিক্ষিপ্ত হওয়া বা গড়াইয়া পড়া ; to dance the reel, ঘুরিয়া ঘুরিয়া দ্রুততালে নাচা। *n.* **ree°ler**—reel (*v.*)-এর সকল অর্থে, এবং—কাটিম, চরকি, প্রভৃতি, (পরি.) পাকদার বা আবাপনিক ; গায়ক ফড়িংবিশেষ। *adv.* **ree°lingly** । **(right or straight) off the reel**—অব্যাহতভাবে, অবিশ্রান্তভাবে, না থামিয়া ; ইতস্তত না করিয়া ; পর পর দ্রুতবেগে। **(to) reel off**—দ্রুতবেগে চলা বা চালান। **Virgin reel**—আমেরিকার পল্লীনৃত্যবিশেষ। [OE. *hreol* (*n.*)]

re-elect [rē°-i-lekt°, রী°ইলেক্ট্°] *v.t.* to elect afresh or again, নূতন করিয়া বা পুনরায় নির্বাচন করা। *n.* **rē°-ėlec°tion**—পুনর্নির্বাচন। [*re-*, see *elect*]

re-embark [rē°-im-bŭ(r)k°, রী°ইম্বা(র্)ক্°] *v.t.i.* to embark again, পুনরায় (জাহাজাদিতে) আরোহণ করা বা (জাহাজাদি হইতে) অবতরণ করা। *p. & p. pt.* **rē°ėmbar°ked** । *n.* **rē°ėmbarkā°tion** । [*re-*, see *embark*]

re-engage [rē°-in-gāj°, রী°ইন্‌গেইজ্°] *v.t.* to engage again, পুনরায় নিযুক্ত করা বা রত করান। *n.* **rē°-ėngāge°ment** । [*re-*, see *engage*]

re-enter [rē°-en°-ta(r), রী°এন্°ট্যা(র্)] *v.t.i.* to enter again, পুনরায় প্রবেশ করা ; to take in again, পুনরায় ঢোকান ; to cut deeper, গভীরতর করিয়া খোদাই করা। *n.* **rē°en°trance, rē-en°-try**—পুনঃপ্রবেশ। [*re-*, see *enter*]

reeve$_1$—see **ruff**$_2$.

reeve$_2$ [rēv, রীভ্] *n.* the chief magistrate of a district, জেলার প্রধান ম্যাজিস্‌ট্রেইট্ বা শাসক। [OE. *gerefa*]

reeve$_3$ [rēv, রীভ্] *v.t.* to pass the end of a rope through, (ছিদ্রাদির মধ্য দিয়া) দড়ির মুখ গলান; to pass through any hole, ছিদ্রমধ্যে ঢোকান বা গলাইয়া দেওয়া; to thread one's way through, (সঙ্কীর্ণ পথাদির) মধ্য দিয়া যাওয়া, গলিয়া যাওয়া। *p. & p. pt.* **ree°ved, rōve**। [?]

re-examine [rē°-ig-za°-min, রী°ইগ্‌জ্যা°মিন্] *v.t.* to examine again or anew, পুনরায় বা নূতন করিয়া পরীক্ষা করা। *n.* **rē-examinātion**। [*re-*, see *examine*]

refection [ri-fek°sh(a)n, রিফেক্°শ্‌ন্] *n.* refreshment, জলখাবার (milk, egg and tea for *refection*) । *n.* **refectory** [ri-fek°t(a)ri, রিফেক্°ট্‌রি] (প্রধানতঃ মঠের) ভোজনকক্ষ। [L. *refectum*]

refer [ri-fa(r)°, রিফ্যা(র্)°] **(1)** *v.t.* to assign, (দায়িত্বাদি) অর্পণ করা বা নির্দিষ্ট করিয়া দেওয়া; to impute, (কিছুর) দায়িত্বাদি আরোপ করা, দায়ী করা; to bring into relation, সম্পর্কস্থাপন করা; to deliver or submit, (বিচার-বিবেচনাদির জন্য) অর্পণ করা বা পেশ করা (to *refer* a dispute to arbitration); to direct, (সংবাদ পরামর্শ অভিমত প্রভৃতি জানার জন্য কাহারও কাছে যাওয়ার) নির্দেশ দেওয়া (the physician *referred* the case to a surgeon); to direct the attention of, মনোযোগ আকর্ষণ করা। **(2)** *v.i.* to relate, সম্পর্কযুক্ত হওয়া; to direct the attention, মনোযোগ আকর্ষণ করা; to allude, (নজিরাদির) উল্লেখ করা; to turn for information, etc., তথ্যাদির জন্য শরণ বা সাহায্য লওয়া। *pr. pt.* **réfe°rring** । *p. & p. pt.* **réfe°rred** । *a.* **réfe°rable**—(নজির অভিমত পরামর্শ প্রভৃতির জন্য) শরণ বা সাহায্য লওয়ার যোগ্য অথবা উল্লিখিত হইবার যোগ্য। **referee** [re-fa-rē°, রেফ্যারী°] **(1)** *n.* সালিস; বিচারক; ক্রীড়া-প্রতিযোগিতাদির বিচারক, রেফারী (coll. **ref**) । **(2)** *v.i.* সালিস বিচারক বা রেফারীর কাজ করা। *n.* **reference** [re°fr(a)ns, রে°ফ্‌র্‌ন্‌স্] (দায়িত্বাদি) অর্পণ বা (উহার) নির্দেশ; আরোপণ; উল্লেখ; সম্পর্কস্থাপন; সম্পর্ক (success has often little or no *reference* to merit); প্রসঙ্গ; (বিচারাদির জন্য) অর্পণ; (সংবাদাদির জন্য) প্রেরণ অথবা শরণ বা সাহায্যগ্রহণ; মনোযোগ আকর্ষণ; (নজিরাদির) উল্লেখ; নজিরাদিরূপে গ্রন্থাদির উল্লিখিত অংশ; (আইনে) বিচার বা তদন্তের জন্য আদালতে দাখিলকরণ; শংসাপত্র, পরিচয়পত্র। *n.* **re°ference-book**—কেবল নজিরের বা তথ্যাদির জন্য ব্যবহৃত গ্রন্থ (অর্থাৎ যাহা সাধারণভাবে পাঠ করা হয় না)। *n.* **reference library**—যে গ্রন্থাগারে বসিয়া বই পড়া যায়, কিন্তু বাহিরে বই আনা যায় না। **terms of reference**—বিচার-বিবেচনার জন্য উল্লিখিত বিষয়, অনুসন্ধানের আওতায় আনীত বিষয়। **cross reference**—বিস্তারিত বিবরণের জন্য গ্রন্থের এক অংশ হইতে আর এক অংশের নির্দেশ। *n.* **re°ference-mark**—গ্রন্থাদির পৃষ্ঠার দ্রষ্টব্য স্থান সহজে খুঁজিয়া বাহির করিবার জন্য ব্যবহৃত চিহ্ন। **in** or **with reference to**—সম্পর্কে, বিষয়ে, প্রসঙ্গে। **without reference to**—বিনা সম্পর্কে; নির্বিশেষে; গ্রাহ্য না করিয়া। *n.* **referendum** [re-fa-ren°-dam, রেফ্যারেন্°ড্যাম্] কোন ব্যাপারের মীমাংসার জন্য সরাসরিভাবে সর্বসাধারণের ভোটগ্রহণ, গণভোট। *pl.* **refere°nda, refere°ndums** । *a.* **referential** [ri-fa-ren°sh(a)l, রিফ্যারেন্°শ্‌ল্] শংসামূলক; ভিন্ন কিছুর উল্লেখপূর্ণ। [L. *referre*=to carry back]

refill [rē°-fil°, রী°ফিল্°] **(1)** *v.t.* to fill again, পুনরায় পূর্ণ বা ভরতি করা। **(2)** *n.* a refilling, পুনরায় পূর্ণ-করণ; a duplicate for refilling, পুনরায় পূর্ণকরণার্থ অতিরিক্ত বস্তু (a *refill* for a ball-point pen) । [*re-*, see *fill*]

refine [ri-fin°, রিফাইন্°] **(1)** *v.t.* to purify, বিশোধন করা; to make free from impurities, অপদ্রব্যমুক্ত করা (to *refine* oil, ores, etc.); to clarify, বিশদ করা। **(2)** *v.t.i.* to make or become free from coarseness or vulgarity, সূক্ষ্ম মিহি বা সংস্কৃত বা ভদ্র করা অথবা হওয়া; to make or become more cultured, অধিকতর সংস্কৃতিসম্পন্ন করান বা হওয়া। **(3)** *v.i.* to apply or affect subtlety or nicety, সূক্ষ্ম বা সুরুচিসম্মত করা অথবা সূক্ষ্মতার বা সুরুচির ভান করা। **(to) refine upon**—to make fine distinctions, discourse subtly upon, চুলচেরা পার্থক্য করা, অতি সূক্ষ্ম তত্ত্ব ব্যাখ্যা করা; to improve upon by refinements, পরিমার্জিত ও উন্নীত করা; to improve by adding refinement, সংস্কৃতি বা সূক্ষ্মতা দানপূর্বক উন্নতিবিধান করা। *a.* **re°fined**—সূক্ষ্ম; মিহি; সংস্কৃত; ভদ্র (*refined* manners); পরিমার্জিত (*refined* language) । *n.* **ré°fine°ment**—refine-এর সকল অর্থে, এবং—সংস্কৃতি; সূক্ষ্মতা; পরিমার্জনা, ভদ্রতা; উন্নতি; সূক্ষ্মতা বা সংস্কৃতির আতিশয্য। *n.* **réfi-ner**—refine-এর সকল অর্থে, বিশেষতঃ—যে ব্যক্তি ধাতব পদার্থ চিনি প্রভৃতি সূক্ষ্ম মিহি গুঁড়া করে বা শোধন করে। *n.* **réfi°nery**—চিনি ধাতব পদার্থ অশোধিত খনিজ তৈল প্রভৃতি মিহি গুঁড়া করার বা শোধন করার কারখানা, শোধনাগার (an oil *refinery*) । [L. *re*=change of state, see *fine*]

refit [rē°-fēt°, রী°ফীট্°] **(1)** *v.t.* to repair and fit out again, (জাহাজাদি) মেরামত করিয়া পুনরায় চালু করা। **(2)** *v.i.* to undergo refitting, পুনরায় চালু হওয়ার জন্য মেরামত হওয়া। *pr. pt.* **rē°fitting** । *p. & p. pt.* **rē°fi°ttéd** । [*re-*, *fit*$_1$]

reflation [rē-flā°-sh(a)n, রীফ্লেই°শ্‌ন্] *n.* inflation of a currency after deflation, মুদ্রামূল্যবৃদ্ধির পর পুনরায় মুদ্রামূল্যহ্রাস, মুদ্রাসঙ্কোচের পর পুনরায় মুদ্রাস্ফীতি। [*re-*, L. *flare*=to blow—cp. *inflation*, *deflation*]

reflect [riflekt°, রিফ্লেক্ট্°] **(1)** *v.t.i.* to bend or turn back, বাঁকাইয়া আনা বা আসা, ভাঁজ করা বা হওয়া, ফিরাইয়া আনা বা ফিরিয়া আসা ; to throw or come back after striking, আঘাতের পর ঠিকরাইয়া ফিরাইয়া দেওয়া বা ফিরিয়া আসা, প্রতিক্ষিপ্ত করা বা হওয়া, (ভিন্ন বস্তুর আলোকচ্ছটাদিতে) ঝক্‌মক্ করান বা করা ; to give an image of as in a mirror or be mirrored, প্রতিবিম্বিত বা প্রতিফলিত করা অথবা হওয়া ; to reproduce, to make exactly correspond to—ঠিক ঠিক-ভাবে পুনঃপ্রকাশ করা বা প্রতিবিম্বিত করা (e.g. *reflect* ideas of a past generation) ; to consider meditatively, গভীরভাবে বিবেচনা করা (to *reflect* on what action to take) । (2) *v.i.* to bring blame or dishonour (*on* or *upon*), (কাহারও বা কিছুর পক্ষে) অপমানের বা নিন্দার কারণ হওয়া । *adv.* **réflec°tingly** । *n.* **réflec°tion, reflexion** [ri-flek°sh(a)n, রিফ্লেক্‌শ্‌ন্] reflect-এর সকল অর্থে, এবং—প্রতিবিম্ব ; মানসিক চেতনা ; গভীর চিন্তাপ্রসূত ফল ; নিন্দা বা তিরস্কার (no *reflection* on his character was intended) । **on reflection**—বিচারবিবেচনাপূর্বক, ভাবনা-চিন্তার পরে, ভেবেচিন্তে । *a.* **réflec°tive**—বক্র করে এমন ; বক্রী ; প্রতিক্ষেপক ; প্রতিক্ষিপ্ত ; ঝক্‌মক্ করায় বা করিতেছে এমন ; প্রতিবিম্বিত করায় এমন, প্রতি-ফলক ; প্রতিফলিত, প্রতিবিম্বিত ; চিন্তারত, চিন্তাশীল (he has a *reflective* turn of mind) ; চিন্তাপূর্ণ । *adv.* **reflec°tively** । *n.* **réflec°tor**—(পরি.) প্রতিফলক (a sound *reflector*) । [*re*, L. *flectere* =to bend]

reflet [re-flet°, রিফ্লেট্°] *n.* lustre (esp. on pottery), (প্রধানতঃ মৃৎপাত্রের) চাকচক্য । [F.]

reflex [rē°-fleks, রী°ফ্লেক্‌স্] (1) *a.* bent or turned back, বক্র, বক্রী, ভাঁজ-কর ; reflected, প্রতিক্ষিপ্ত, প্রতিফলিত, প্রতিবিম্বিত ; reciprocal, পরস্পর প্রতিক্রিয়াশীল, (পরি.) প্রতিবর্তী (*reflex* action) ; involuntary, অনিচ্ছাকৃত, অনৈচ্ছিক । (2) *n.* reflection, প্রতিফলন ; reflected light, প্রতিফলিত আলোক ; a reflected image, প্রতিবিম্ব ; an expression or manifestation, অভিব্যক্তি (a law should be a *reflex* of public opinion) ; a reflex action, প্রতিবর্তী ক্রিয়া (to test a patient's *reflexes*) । *a.* **rē-flex°ive**—(ব্যাক.) আত্মবাচক (*reflexive* pronoun e.g. *itself*, *myself*, etc.) । **reflex angle**—(জ্যামি.) প্রবৃদ্ধ কোণ । [see *reflect*]

refloat [rē-flōt, রীফ্লোট্] *v.t* to set (a stranded ship) afloat again, (চড়ায়-ঠেকা জাহাজাদি) পুনরায় জলে ভাসান, চড়ায়-ঠেকা অবস্থা হইতে মুক্ত করা । [*re-*, see *float*]

refluent [re°-floo-ant, রে°ফ্লুঅ্যান্ট্] *a.* flowing back, প্রতিপ্রবহমান (*refluent* tide) ; ebbing, ভাঁটা পড়িয়াছে এমন ; tidal, স্রোতসংক্রান্ত । *n.* **re°fluence, reflux** [rē°fluks, রী°ফ্লাক্‌স্] প্রতি-প্রবাহ ; ভাঁটা । [*re-*, L. *fluere*=to flow]

reform [rē°-faw(r)m°, রী°ফ্য(র্)ম্°] *v.t.i.* to form again or anew, পুনরায় বা নূতন করিয়া গঠন করা অথবা গঠিত হওয়া । **réform°**—(1) *v.t.* সংশোধিত করা ; উন্নত করা ; দোষত্রুটি হইতে মুক্ত করা ; সংস্কার-সাধন করা ; সংস্কৃত করা ; (কাহারও) দুঃখাদি মোচন করা ; উন্নততর জীবনযাত্রার ব্যবস্থা করিয়া দেওয়া । (2) *v.i.* দুর্বৃত্তি পরিত্যাগ করা । (3) *n.* সংশোধন ; সংস্কারসাধন (proposals for political *reform*) । *a.* **réfor°mable** । *n.* **rē°-formā°-tion**—পুনর্গঠন । *n.* **reformation** [re-fa-(r)-mā°sh(a)n, রেফ্যা(র্)মেই°শ্‌ন্] সংশোধন ; উন্নয়ন ; সংস্কারসাধন ; উন্নতিসাধন । *n.* **The Reformā°-tion**—ষোড়শ শতাব্দীর ইউরোপে পোপ-বিরোধী খ্রিস্টীয় ধর্মবিপ্লব । *a.* **réfor°mative**—সংস্কার-সাধনেচ্ছু ; সংস্কারসাধক । **réfor°matory**—(1) *a.* সংস্কারসাধক ; সংস্কারসাধনেচ্ছু । (2) *n.* নাবালক অপরাধীদের চরিত্রসংশোধনমূলক জেলখানাবিশেষ, (পরি.) সংশোধনাগার । *n.* **réfor°mer, réfor°-mist** । [L. *reformare* (*v.*)—cp. *form*]

refract [ri-frakt°, রিফ্র্যাক্‌ট্°] *v.t.* to deflect on passage into another medium, ভিন্নপথে প্রবেশকালে (আলোক শব্দ প্রভৃতিকে) তির্যগ্‌গতি বা অন্যমুখ বা ব্যাহত করা, (পরি.) প্রতিসরণ করান (light is *refracted* when it passes from a rarer to a denser medium) ; to produce by refraction, প্রতিসরণদ্বারা উৎপাদন করা । *a.* **réfrac°ting**—প্রতিসারক । **refracting index**—(পরি.) প্রতিসরাঙ্ক । *n.* **réfrac°tion**—প্রতিসরণ (angle of *refraction*) । *n.* **réfracto°-méter**—প্রতিসরাঙ্ক-মাপক যন্ত্র । [L. *refringere*]

refractory [ri-frak°-t(a)ri, রিফ্র্যাক্°টরি] (1) *a.* unruly, অবাধ্য, বশ বা বাগ মানান যায় না এমন, দুর্দান্ত ; unmanageable, পরিচালনার অসাধ্য, দুঃসাধ্য ; obstinate, একগুঁয়ে ; perverse, বিকৃত-স্বভাব ; resistant to ordinary treatment, stimulus, etc., স্বাভাবিক প্রভাবাদির বহির্ভূত, (পরি.) দুর্গল । (2) *n.* substance resistant to heat, corrosion, etc., তাপ ক্ষয় প্রভৃতি রোধক পদার্থ । *adv.* **réfrac°torily** । *n.* **réfrac°toriness** । [L. *refractarius*]

refrain$_1$ [ri-frān°, রিফ্রেইন্°] *n.* a burden, সঙ্গীতাদির ধুয়া । [OF.<L. *refringere*<*frangere*=to break]

refrain$_2$ [ri-frān°, রিফ্রেইন্°] (1) *v.t.* to curb or restrain, রাশ টানিয়া ধরা, সংযত করা । (2) *v.i.* to abstain from action, কার্যাদি হইতে বিরত হওয়া ; to forbear, নিরস্ত হওয়া । [OF. *refrener* <LL. *refrenare*<*re-*, *frenum*=a bridle]

refrangible [ri-fran°-jibl, রিফ্র্যান্°জিব্‌ল্] *a.* that may be refracted, প্রতিসারণসাধ্য, (পরি.) প্রতিসরণীয় । *n.* **refrangibi°lity** । [see *refract*]

refresh [ri-fresh°, রিফ্রেশ্°] (1) *v.t.i.* to make or become fresh again, নূতন তেজ শক্তি জীবন বেগ ঔজ্জ্বল্য তারুণ্য প্রভৃতি দেওয়া বা পাওয়া । (2)

v.i. (coll.) to take refreshment, (কথ্য.) জলযোগ (বিশেষতঃ পানীয়) গ্রহণ করা। *p.* & *p. pt.* **réfre°shed**। **(to) refresh one's memory**—(লিখিত প্রসঙ্গাদির সাহায্যে) স্মৃতিপথে আনয়ন করা, পূর্বের পরিচয় বা স্মৃতি ঝালাইয়া নেওয়া। *v.t.* **réfre°shen**—same as **refresh** (*v.t.*)। *n.* **réfre°sher**—refresh-এর সকল অর্থে, এবং—মকদ্দমা মুলতবী হইলে ঐ সময়ের বাবদ উকিলকে প্রদেয় অতিরিক্ত দক্ষিণা বা পারিশ্রমিক ; (কথ্য.) নূতন তেজাদি-দায়ক বা ক্লান্তিহর পানীয়। **refresher course**—স্বল্প সময়ের মধ্যে আধুনিক পদ্ধতিতে নূতন করিয়া শিক্ষা-ব্যবস্থা। *a.* **réfre°shing**—নূতন তেজ শক্তি প্রভৃতি দায়ক (a *refreshing* breeze)। *adv.* **refre°shingly**। *n.* **réfresh°ment**—refresh-এর সকল অর্থে, এবং—নূতন তেজ শক্তি প্রভৃতি ; নূতন তেজ শক্তি প্রভৃতি প্রদায়ক বস্তু (যেমন, খাবার বা বিশ্রাম) ; (in *pl.*) শরবত বা জলখাবার। *n.* **refresh°ment-room**—শরবত জলখাবার প্রভৃতির হোটেল বিশেষ। [*re-$_2$, fresh*]

refrigerate [ri-fri°-ja-rāt, রিফ্রি°জ্যারেইট্] *v.t.i.* to freeze, জমাট বাঁধান বা বাঁধা, (পরি.) হিমায়িত করা বা হওয়া ; to make or become extremely cold, যৎপরোনাস্তি ঠাণ্ডা করা বা হওয়া, (পরি.) শীতিত করা বা হওয়া। *p.* & *p. pt.* **réfri°gerātėd**। *n.* **réfrigerā°tion**—হিমায়ন ; শীতন। *n.* **réfri°gerātor**—হিমায়নযন্ত্র, শীতনযন্ত্র, (পরি.) শীতক (coll. abbr. **reefer**)। [L. *referigerare* < *frigus* = cold]

reft—see **reave.**

refuel [rē-fū°-al, রীফিউ°অ্যাল্] *v.t.* to supply with fuel again, পুনরায় জ্বালানী সরবরাহ করা। *pr. pt.* **refūe°lling**। *p.* & *p. pt.* **refue°lled**। [*re-*, see *fuel*]

refuge [re°-fūj, রে°ফিউজ্] *n.* shelter from danger or trouble, বিপদ্ বা ঝঞ্ঝাট এড়ানর জন্য আশ্রয় (to seek *refuge*) ; an asylum or retreat, আশ্রয়স্থান বা গুপ্তাবাস (to take *refuge* in a cave) ; person or thing resorted to in difficulty, বিপৎকালের অবলম্বন (he is the *refuge* of the poor)। *n.* **refugee** [re-fū-jē°, রেফিউজী°] এক দেশ হইতে ভিন্নদেশে আশ্রয়লাভার্থ আগত ব্যক্তি, উদ্বাস্তু ; পলাতক, আশ্রয়প্রার্থী, শরণার্থী, শরণাগত। **house of refuge**—অনাথ-আশ্রম। *n.* **street-refuge**—জনবহুল রাস্তার মধ্যে পথচারীদের আশ্রয়স্থল। [F. < L. *refugium* < *fugere* = to flee]

refulgent [ri-ful°j(a)nt, রিফাল্°জন্ট্] *a.* casting a flood of light, আলোকবন্যা বা আলোকচ্ছটা বিকীর্ণ করে এমন ; radiant, উজ্জ্বলভাবে দীপ্তিমান্। *n.* **réful°gence**—আলোকচ্ছটা বিকিরণকারিতা ; উজ্জ্বল দীপ্তি। [L. *refulgens* < *fulgere* = to shine intensely]

refund [rē-fund°, রীফান্ড্°] *v.t.* to pay back, (গৃহীত টাকা) প্রত্যর্পণ করা ; to reimburse, পুনরায় তহবিলাদিতে জমা দেওয়া। *n.* **rē°fund**—গৃহীত অর্থাদি প্রত্যর্পণ (the *refund* of a deposit) ; পুনরায় তহবিলে জমা দেওয়া। *n.* **rēfun°der**। [*re-, fund*]

refuse$_1$ [re°fūs, রে°ফিউস্] **(1)** *a.* rejected as worthless, বাজে বা অকেজোবোধে বর্জিত, আবর্জনা-বোধে পরিত্যক্ত। **(2)** *n.* that which is rejected as worthless, আবর্জনা। [OF. *refuse*]

refuse$_2$ [ri-fūz°, রিফিউজ্°] *v.t.i.* to decline to take or accept, or to give or grant, গ্রহণ করিতে বা মানিয়া লইতে বা প্রদান করিতে বা অনুমোদন করিতে অসম্মত হওয়া, প্রত্যাখ্যান করা ; to decline to jump over, (ঘোড়া-সম্বন্ধে) লাফ দিয়া ডিঙাইতে অরাজী হওয়া। *n.* **réfu°sal**—প্রত্যাখ্যান ; অন্যকে দেওয়ার পূর্বে গ্রহণের বা বর্জনের অধিকার (to give a person the first *refusal*)। **(to) take no refusal**—প্রত্যাখ্যাত হইয়াও কাকুতিমিনতি করিতে থাকা। [F. *refuser* < L. *re- fundere* = to pour]

refute [ri-fūt°, রিফিউট্°] *v.t.* to disprove, (যুক্তিতর্কাদি) খণ্ডন করা (to *refute* arguments, fallacies, etc.)। *p.* & *p. pt.* **réfu°tėd**। *a.* **refutable** [re°-fū-table, রে°ফিউট্যাব্‌ল্]। *n.* **réfūtā°tion**। *n.* **refū°ter**। [L. *refutare*]

regain [ri-gān°, রিগেইন্°] *v.t.* to gain back, পুনরায় অর্জন করা (to *regain* consciousness) ; to recover, পুনরুদ্ধার বা পুনরধিকার করা (to *regain* freedom) ; to get back to, পূর্বাধিকৃত স্থানাদিতে পুনরায় পৌঁছান (to *regain* one's footing)। [F. *regagner*]

regal [rē°g(a)l, রী°গ্‌ল্] *a.* royal, রাজকীয় ; kingly, রাজসুলভ, রাজোচিত। *n.* **rēga°lity**—রাজকীয়তা ; নৃপতিত্ব, রাজপদ। *adv.* **rē°gally**। [L. *regalis* < *rex* = a king]

regale [ri-gāl°, রিগেইল্°] **(1)** *v.t.i.* to entertain choicely (with), বাছাই-করা খাদ্যদ্রব্যাদি ভোজন করান, পরিপাটীরূপে ভোজন করান (to *regale* oneself or one's friends on choicest food) ; to gratify, পরিতৃপ্ত বা চরিতার্থ করা (he *regaled* the guests with a delightful talk)। **(2)** *v.i.* to gratify oneself, নিজেকে পরিতৃপ্ত বা চরিতার্থ করান, উপভোগ করা। **(3)** *n.* choice repast or feast, উত্তম খাদ্যসামগ্রীসহকারে ভোজ, পরিপাটী ভোজ। *n.* **régāle°ment**। [F. *regaler* < It. *regalare* < *regalor* = gift ?]

regalia [ri-gā°-li-a, রিগেই°লিঅ্যা] *n. pl.* royal privileges and powers, রাজকীয় অধিকার ও ক্ষমতাসমূহ ; the insignia of royalty, রাজমুকুট রাজদণ্ড প্রভৃতি রাজচিহ্নসমূহ ; the insignia of an order, (লোকের) শ্রেণীবিশেষের চিহ্নসমূহ। [L.]

regard [ri-gŭ(r)d°, রিগা(র্)ড্°] **(1)** *v.t.i.* to look at, তাকান, নিরীক্ষণ করা (to *regard* with curiosity, suspicion, etc.) ; to pay heed (to), গ্রাহ্য করা (not to *regard* an advice)। **(2)**

v.t. to consider, বিবেচনা করা, গণ্য করা ; to esteem highly, অতি মূল্যবান্ বা গুরুত্বপূর্ণ বলিয়া মনে করা ; to have kindly feelings for, সহানুভূতির চক্ষে দেখা ; to respect, শ্রদ্ধা করা বা সম্মান করা ; to have relation to, (কিছুর সহিত) সম্বন্ধযুক্ত হওয়া। (3) *n.* (ori.) look, (মূলতঃ) চাহনি, দৃষ্টি ; (poet.) a thing seen, (কাব্যে) দৃষ্ট বা নিরীক্ষিত বস্তু ; attention with interest, কৌতূহলী বা সাগ্রহ মনোযোগ (more *regard* must be paid to general principles) ; observation, নিরীক্ষণ, consideration, বিবেচনা ; estimation, গণ্য-করণ ; esteem, শ্রদ্ধা, উচ্চ সম্মান (to have a great *regard* for a person ; to hold a person in high *regard*) ; kindly feeling, সহানুভূতি ; care, যত্ন ; a thing to be considered, বিবেচ্য বিষয় বা বস্তু ; repute, সুনাম, খ্যাতি ; relation, সম্পর্ক ; reference, সম্পর্কাদি-নির্দেশ ; (in *pl.*) expression of friendliness in letters, (শুভেচ্ছাজ্ঞাপক পত্রাদিতে) সশ্রদ্ধ শুভকামনা (with kindest or best *regards*)। *a.* **règard°ful**—মনোযোগপূর্ণ, মনোযোগী ; সশ্রদ্ধ। *pre.* **règar°ding**—সম্পর্কে, বিষয়ে। *a.* **règard°less**—মনোযোগহীন (*regardless* of the prevailing conditions, consequences, expense, etc.) ; অগ্রাহ্য করে এমন। **as regards**—সম্পর্কে, বিষয়ে। **in regard of** or **to, with regard to**—জন্য ; দরুন। **in this regard**—এতদ্‌সম্পর্কে। [F. *regarder* > *garder* = to keep watch]

regatta [ri-ga°-ta, রিগ্যা°ট্যা] *n.* a boat-race meeting, নৌকার বাইচ-প্রতিযোগিতা। [It. *regata*]

regelate [rē-ji-lāt°, রীজিলেইট্°] *v.t.i.* to freeze together again by pressure, (বিগলিত বরফ-সম্বন্ধে) চাপের দ্বারা পুনরায় জমাট বাঁধান বা বাঁধা, (পরি.) পুনঃশিলীভূত করা বা হওয়া। *p.* & *p. pt.* **rē-gèla°tèd**। *n.* **regèlā°tion**। [*re-* L. *gelare* = to freeze]

regency—see **regent.**

regenerate [ri-je°-na-rāt, রিজে°ন্যারেইট্] *v.t.i.* to produce or be produced anew, নূতন করিয়া উৎপাদন করা বা সৃজন করা অথবা উৎপাদিত বা সৃষ্ট হওয়া ; to renew spiritually, (ধর্ম.) নবজন্ম প্রদান করা বা লাভ করা ; to give or get new life or vigour, নবজন্ম অথবা নবতেজ প্রদান করা বা লাভ করা ; to restore or be restored, পুনরুদ্ধার করা বা হওয়া ; to reform or be reformed, পুনর্গঠিত বা সংস্কৃত করা অথবা হওয়া। *p.* & *p. pt.* **rège°nerātėd**। *a.* **rège°nerāte**—পুনরুৎপাদিত বা পুনঃসৃষ্ট ; নূতনভাবে বা পুনরায় আরম্ভ হইয়াছে এমন ; স্বাভাবিক অবস্থা হইতে আধ্যাত্মিক অবস্থাপ্রাপ্ত। *n.* **règenerā°tion**—বিনষ্ট অংশের পুনঃসৃষ্টি বা পুনরুদ্ধার, (পরি.) পুনরুৎপত্তি ; আধ্যাত্মিক পুনর্জন্ম ; সংস্কারসাধন ; পরিত্যক্ত বা অকেজো বস্তুকে কাজে প্রয়োগ অর্থাৎ তদ্দ্বারা নূতন জিনিসপত্র-নির্মাণ। *a.* **rège°nerātive**—পুনরুৎপাদক ; পুনরুৎপাদনশীল ; সংস্কারসাধক ; সংস্কৃত হয় এমন ; পুনর্জন্ম বা নবজন্ম দেয় অথবা পায় এমন ; নবজন্ম-সংক্রান্ত বা পুনর্জন্ম-সংক্রান্ত। *n.* **rège°nerātor**—(পরি.) পুনরুৎপাদক। [*re-*, see *generate*]

regent [rē°j(a)nt, রী°জ্‌ন্ট্] (1) *a.* ruling, শাসনরত ; invested with interim or vicarious sovereign authority, অন্তর্বর্তী কালের জন্য বা প্রতিনিধিরূপে রাজপদে অধিষ্ঠিত (the Prince *Regent*)। (2) *n.* a ruler, শাসক ; one invested with interim authority on behalf of other, অন্তর্বর্তী কালের জন্য অন্যের হইয়া যে ব্যক্তি রাজ্যশাসন করে। *n.* **re°gency**—অন্তর্বর্তী কালের জন্য বা প্রতিনিধিরূপে প্রাপ্ত রাজপদ ; উচ্চপদে নিয়োগ ; উক্ত পদাধিষ্ঠিত ব্যক্তির কার্যকাল। **Regency**—ইংলনডের ইতিহাসে ১৮১০-২০ সাল। [L. *regere* = to rule]

regicide [re°-ji-sīd, রে°জিসাইড্] *n.* the killing or killer of a king, রাজহত্যা বা রাজহত্যাকারী। *a.* **regici°dal**—রাজহত্যামূলক। [L. *rex, regis* = a king—on the analogy of *homicide* etc.]

régie [rā-zē°, রেইজ়ী°] *n.* the system of government monopoly, কোন কারবারে (প্রধানতঃ তামাকের কারবারে) একচেটিয়া সরকারি অধিকার (তু. জাতীয়করণ) ; the department concerned or goods sold by it, উক্ত অধিকার-রক্ষার্থ সরকারি বিভাগ বা তদ্দ্বারা বিক্রীত মাল। [F.]

régime, regime [rā-zēm°, রেইজ়ীম্°] *n.* regimen, শাসন, শাসনতন্ত্র, সরকার। [F. < L. *regimen*]

regimen [re°-ji-men, রে°জিমেন্] *n.* government, শাসন, সরকার ; system of government, শাসনতন্ত্র ; (med.) regulation of matters concerning preservation and restoration of health, (চিকি.) স্বাস্থ্যোন্নতিসম্পর্কিত বিধিব্যবস্থা, পথ্যাব্যবস্থা ; (gr.) government of one word by another, (ব্যাক.) পদান্বয় ; prevailing system, প্রচলিত তন্ত্র বা ধারা। [L.]

regiment [re°-j(i)mant, রে°জ্‌ম্যান্ট্] *n.* (rare) government, rule, (বিরল) সরকার, শাসন ; a permanent army unit usually under a colonel, সচরাচর কর্নেলের নেতৃত্বাধীন সৈন্যদল। *v.t.* **regiment** [re°-ji-ment, রে°জিমেন্ট] (সৈনিকদের লইয়া) স্থায়ী সৈন্যদল গঠন করা ; বিভিন্ন শ্রেণী-বিভক্ত করিয়া সংগঠিত করা। **regimental** [re-ji-men°tl, রেজিমেন্°ট্‌ল্] (1) *a.* উক্ত স্থায়ী সৈন্যদল-সংক্রান্ত। (2) *n.* (in *pl.*) স্থায়ী সৈন্যদলের নির্দিষ্ট পোশাক বা উর্দি। *n.* **regimentā°tion**—শৃঙ্খলার নিমিত্ত বিভিন্ন সৈন্যদলে বিভক্ত করণ ; কঠোর (রাজনৈতিক) নিয়ন্ত্রণ (severe degree of *regimentation*)। [LL. *regimentum* < *regere* = to rule]

Regina [ri-jī°-na, রিজাই°ন্যা] *n.* the reigning queen, শাসনকারিণী রানী (Victoria *Regina*)। *a.* **reginal** [ri-jī°nl, রিজাই°ন্‌ল্] উক্ত রানী-সংক্রান্ত। [L.]

region [rē°j(a)n, রী°জ্‌ন্] *n.* a tract of country, দেশাংশ, প্রদেশ ; any area, অঞ্চল, এলাকা ; a realm, রাজ্য ; a portion, কোন-কিছুর অংশ (the abdominal *region*) । *a.* **regional** [re°-janl, রী°জ্যান্‌ল্] প্রাদেশিক, আঞ্চলিক (*regional* geography) । **in the region of**—প্রায় সমান, কাছাকাছি । **the lower regions**—নরক । [AF. *regiun* <L. *regio*]

register [re°-jis-ta(r), রে°জিস্‌ট্যা(র্)] (**1**) *n.* an official record or list regularly kept, যে সরকারী খাতায় বা তালিকায় তথ্যাদি নিয়মিতভাবে রাখা হয়, নিবন্ধগ্রন্থ, রেজিস্ট্রি-বই ; the compass of a voice or instrument, স্বরলহরী বা বাদ্যযন্ত্রের সুরলহরী ; a recording indicator of speed, গতিবেগ-নির্দেশক কাঁটাবিশেষ । (**2**) *v.t.* to enter in a register, নিবন্ধভুক্ত করা, রেজিস্ট্রিভুক্ত করা ; to record, লিপিবদ্ধ করা (the thermometer *registered* two degrees above normal) ; to indicate, সূচিত করা ; to express, প্রকাশ করা, অভিব্যক্ত করা (to *register* protest sympathy or sorrow) । (**3**) *v.i.* to enter one's name, (খাতায় বা তালিকার) নাম প্রভৃতি লিপিবদ্ধ করা ; (coll.) to make an impression, (কথ্য.) মনে ছাপ দেওয়া । **register office**—নিবন্ধ-দফ্‌তর, মহাফেজখানা ; যে দফ্‌তর কর্মের সন্ধান দেয়, কর্মসন্ধান-দফ্‌তর । **registered letter**—যে চিঠি ডাকবিভাগকে অধিক সতর্কতার সঙ্গে প্রেরণ করার জন্য দেওয়া হয় । *a.* **re°gistrable**—নিবন্ধভুক্ত করা যায় এমন । *n.* **registrar** [re-jis-trŭ(r)°, রেজিস্‌ট্রা(র্)°] নিবন্ধরক্ষক, নিবন্ধলেখক, (পরি.) নিয়ামক, করণাধ্যক্ষ, নিবন্ধক । *n.* **re°gistrarship** । *n.* **registrā°tion**—(মুদ্রণ.) এক পৃষ্ঠার মুদ্রিত অংশের সঙ্গে অপর পৃষ্ঠার মিল রক্ষা ; একাধিক বর্ণের ছবি ছাপার সময়ে বর্ণের সামঞ্জস্য রক্ষা ; চিঠিপত্রাদি রেজিস্ট্রিকরণ । *n.* **registry**—নিবন্ধভুক্তি ; নিবন্ধভুক্তির দফ্‌তর ; নিবন্ধগ্রন্থ । **registry office**—গৃহস্থালীর পরিচারকদিগকে কর্মসন্ধান দিবার দফ্‌তর ; (কথ্য.) জন্ম মৃত্যু ও বিবাহ রেজিস্ট্রি করার দফ্‌তর । [OF. *registre* or LL. *registrum*]

Regius [rī°-ji-us, রি°জি-আস্] *a.* রাজকীয় । **Regius Professor**—বিশ্ববিদ্যালয়ে রাজা কর্তৃক প্রতিষ্ঠিত অধ্যাপকপদে আসীন ব্যক্তি ।

regnal [reg°nl, রেগ্°ন্‌ল্] *a.* of a reign, নির্দিষ্ট রাজা বা রানীর শাসনকাল-সংক্রান্ত বা শাসনকালীন (*regnal* year) । *a.* **regnant** [reg°-nant, রেগ্°ন্যান্ট্] শাসনরত । **Queen Regnant**—যে রানী স্বীয় অধিকারবলে, রাজার স্ত্রী হিসাবে নয়, রাজত্ব করেন । [L. *regnalis* < *regnare* = to rule]

regress [rē°-gres, রী°গ্রেস্] *n.* passage back, পশ্চাদ্গমন, প্রত্যাগতি ; return, প্রত্যাবর্তন ; reversion, পূর্বস্থানে বা পূর্বাবস্থায় প্রত্যাগমন ; backward tendency, প্রত্যাবর্তনের ঝোঁক, পশ্চাদ্‌মুখিতা । *v.i.* **règress°**—ফিরিয়া যাওয়া ; প্রত্যাবর্তন করা ; পূর্বস্থানে বা পূর্বাবস্থায় ফিরিয়া যাওয়া ; (জ্যোতি.) পূর্ব হইতে পশ্চিমে যাওয়া । *p.* & *p. pt.* **règre°ssed** । *n.* **regression** [ri-gre°sh(a)n, রিগ্রে°শ্‌ন্] পশ্চাদ্গতি ; প্রত্যাবৃত্তি । *a.* **règre°ssive**—পশ্চাদ্গামী ; প্রত্যাবর্তী । [L. *regredi* = to go back]

regret [ri-gret°, রিগ্রেট্°] (**1**) *v.i.* to express sorrow for, (বিনষ্ট কিছুর জন্য বা ভুল ত্রুটি অন্যায় প্রভৃতির জন্য) দুঃখ প্রকাশ করা (we *regret* the error) । *pr. pt.* **règre°tting** । *p.* & *p. pt.* **règre°ttèd** । (**2**) *n.* sorrow for loss or for having done something amiss, ভুলত্রুটি প্রভৃতির জন্য দুঃখপ্রকাশ (much to my *regret* ; with much *regret* ; with many or no *regrets*) । *a.* **règret-°ful**—উক্তভাবে দুঃখপ্রকাশক বা প্রকাশিত দুঃখপূর্ণ । *adv.* **regret°fully** । *a.* **règre°ttable** উক্তভাবে দুঃখপ্রকাশের যোগ্য (ঘটনাদি) । *adv.* **règre°ttably** । [OF. *regreter*]

regular [re°-gū-la(r), রে°গিউল্যা(র্)] (**1**) *a.* subject to a monastic rule, মঠজীবনের নিয়মাধীন, মঠজীবন-যাপক অর্থাৎ গৃহী নহে এমন (cp. **secular**) ; according to rule, law, habit, established practice, prescribed mode, or the ordinary course of things, নিয়মিত, নিয়মানুগ, আইনানুগ, অভ্যাসানুযায়ী, প্রথানুযায়ী, নির্দেশিত ধরন-অনুযায়ী বা বিধানানুযায়ী, স্বাভাবিক ধারানুযায়ী (*regular* bedtime, customer, employment, footsteps, orbit, procedure, working, etc.) ; (of a marriage) celebrated by a minister of religion, (বিবাহসম্বন্ধে) বিধিমতে ধর্মযাজক বা পুরোহিত কর্তৃক সম্পাদিত ; normal, স্বাভাবিক ; constant, স্থির ; steady, অবিচলিত, অটল ; uniform, সমরূপ ; periodical, সময়ের নিয়মিত ব্যবধানে সংঘটিত (occurring at *regular* intervals) ; (gr.) inflected in the usual way, —(ব্যাক.—প্রধানতঃ ক্রিয়াসম্বন্ধে) সাধারণ নিয়মানুযায়ী বিভক্তি-প্রত্যয়াদিযোগে গঠিত, সাধারণের নিয়মের ব্যতিক্রম নহে এমন (a *regular* verb) ; symmetrical, সুষম ; (geom.) having all sides and angles equal, (জ্যামি.) সমস্ত বাহু ও কোণ সমান এমন, (পরি.) সমাঙ্গ ; (mil.) professional, permanent, or standing, (সৈনিক বা সৈন্যদল সম্বন্ধে) পেশাদার বা স্থায়ী (cp. **auxilliary, territorial, volunteer**) ; (coll.) out-and-out, (কথ্য.) সম্পূর্ণ, পুরাদস্তুর । (**2**) *n.* a regular member of a religious order, নির্দিষ্ট ধর্মসম্প্রদায়ভুক্ত সন্ন্যাসী বা মঠাদিতে বাসকারী ব্যক্তি ; a soldier of the regular army, স্থায়ী সৈন্যবাহিনীর অন্তর্ভুক্ত সৈনিক ; a professional soldier, পেশাদার সৈনিক ; a regular customer, নিয়মিত খরিদদার । *n.* **regulà°rity** । *v.t.* **re°gūlarīze**—নিয়মিত করা ; নিয়মমাফিক করিয়া লওয়া । *n.* **regūlarizā°tion**—(পরি.) নিয়ামন । *adv.* **re°gūlarly** । *v.t.* **re°gūlā°te**—নিয়ন্ত্রিত করা ; ক্রমাগত উপযোজন বা সমন্বয়সাধন করা ; আইন বিধিবদ্ধ করিয়া নিয়ন্ত্রণ বা সমন্বয়সাধন করা ; মেরামতাদি দ্বারা নিয়মিত

করান (to *regulate* a clock) । *a.* **re°gūlātėd**—নিয়ন্ত্রিত ; নিয়মিত । *n.* **regūlā°tion**—regulate-এর সকল অর্থে, এবং—আইনাদি দ্বারা নিয়ন্ত্রিত অবস্থা ; নিয়ম, আইন, (পরি.) প্রনিয়ম বা প্রবিধান (safety *regulations* in factories) । *a.* **re°gūlātive**—নিয়ন্ত্রক ; নিয়ামক । *n.* **re°gūlātor**—নিয়ন্ত্রক ; নিয়ামক ; (প্রধানতঃ ঘড়ির বেগ) নিয়ন্ত্রক যন্ত্রাংশ । [L. *regula*=a rule]

regulus [re°-gū-las, রে°গিউল্যাস্] *n.* an impure metal, অপরিষ্কৃত ধাতু ; antimony, রসাঞ্জন, বরনাগ, সুর্মা । *n.* **Re°gūlus**—(জ্যোতি.) সিংহরাশিস্থ নক্ষত্রবিশেষ, স্বর্ণশীর্ষ পক্ষিবিশেষ । [L.]

regurgitate [ri-ga(r)°-ji-tāt, রিগ্যা(র্)°জিটেইট্] **(1)** *v.t.* to cast up again, (খাদ্যপানীয়াদি) গলাধঃকরণের পর পুনরায় উগরাইয়া ফেলা । **(2)** *v.i.* to gush back, (তরলপদার্থাদির) ছিটকাইয়া ফিরিয়া যাওয়া । *p.* & *p. pt.* **rėgur°gitātėd** । [*re-*, L. *gurgitare*<*gurges*=a gulf]

rehabilitate [rē°-a-bi-li°tāt, রী°অ্যাবি°লিটেইট্] *v.t.* to reinstate to former privileges, rights, rank, etc., পূর্বের সুবিধা অধিকার পদমর্যাদা প্রভৃতিতে পুনঃপ্রতিষ্ঠিত করা ; to provide again with a permanent dwelling and means of living, (উদ্বাস্তুর জন্য) পুনর্বাসনের ব্যবস্থা করিয়া দেওয়া। *p.* & *p. pt.* **rē°habi°litātėd** । *n.* **rē°habilitā°tion**—(পরি.) পুনর্বাসন । [*re-*, see *habilitate*]

rehash [rē-hash°, রীহ্যাশ্°] **(1)** *n.* something made of materials formerly used, পূর্বে ব্যবহৃত উপাদানসমূহদ্বারা তৈয়ারি বস্তু । **(2)** *v.t.* to make a thing with materials formerly used, পূর্বে ব্যবহৃত উপাদানসমূহদ্বারা তৈয়ারি করা । [*re-*, see *hash*]

rehear [re°-hē(r)° রী°হিঅ্যা(র্)°] *v.t.* to hear again, পুনরায় শ্রবণ করা ; to hear (a lawsuit) over again, (মকদ্দমাবিচারার্থ) পুনরায় শ্রবণ করা, পুনর্বিচার করা । *p.* & *p. pt.* **reheard** [re°-ha-(r)d°, রী°হ্যা(র্)ড্°] *n.* **rehēār°ing**—পুনরায় শুনানি, পুনর্বিচার । [*re-*, *hear*]

rehearse [ri-ha(r)s°, রিহ্যা(র্)স্°] **(1)** *v.t.* to repeat, say over, or read aloud, উচ্চকণ্ঠে পুনরাবৃত্তি করা বা বলা বা পড়া ; to enumerate, হিসাব করা বা গণনা করা ; to practise or train beforehand by rehearsing, বারংবার আবৃত্তি দ্বারা পূর্বাহ্ণে (অভিনয়াদি) অভ্যাস করা বা শেখান, মহলা দেওয়া বা দেওয়ান (to *rehearse* a play or the parts in it) । **(2)** *v.i.* to take part in rehearsal, মহলায় অংশগ্রহণ করা । *p.* & *p. pt.* **rėhear°sed** । *n.* **rėhear°sal**—উচ্চকণ্ঠে পুনরাবৃত্তি, কথন বা পাঠ ; হিসাবকরণ বা গণন ; (অভিনয়াদির) মহলা (to put a play into *rehearsal*) । [OF. *rehercer*]

rehouse [rē°-howz°, রী°হাউজ্°] *v.t.* to provide with a new house, নূতন বাসগৃহের ব্যবস্থা করিয়া দেওয়া । [*re-*, see *house*]

Reich [rīkh, রাইখ্] *n.* the German commonwealth, জর্মান সাম্রাজ্য ও উহার অধীন মৈত্রীবদ্ধ রাষ্ট্রপুঞ্জ । *n.* **Reichstag** [rīkhsh°-tŭg, রাইখ্শ্°-টাগ] জার্মান সাম্রাজ্যের ব্যবস্থাপরিষৎ । [G.]

reign [rān, রেইন্] **(1)** *n.* (arch.) realm, (আর্ষ.) রাজ্য ; rule of a monarch, নির্দিষ্ট নৃপতির শাসন ; predominance, আধিপত্য ; time of reigning, শাসনকাল, আধিপত্যকাল । **(2)** *v.i.* to be a monarch, রাজত্ব করা (better to *reign* in hell than serve in heaven) ; to be predominant, আধিপত্য করা (disorder and chaos *reigned* for a time) । *a.* **rei°gning**—শাসনরত (a *reigning* monarch) ; গৌরবাদির পদে আসীন (a *reigning* champion) । **silence reigns**—(সর্বত্র) নিস্তব্ধতা বিরাজমান; (তু.) চারিদিক নিস্তব্ধ । [OF. *regne*<L. *regnum*<*regene*=to rule]

reimburse [rē-im-ba(r)s°, রীইম্ব্যা(র্)স্°] *v.t.* to repay, পরিশোধ করা ; to furnish again with money, (খরচাদি হইবার পরে) পুনরায় টাকা জোগান ; to refund, (তহবিলাদি হইতে লইবার পরে) পুনরায় জমা দেওয়া । *p.* & *p. pt.* **rēimbur°sed** । *n.* **rēimburse°ment** । [*re-*, L. *imbursare*<*in-*, *bursa*=a purse]

reimpose [rē°-im-pōz°, রী°ইম্পৌজ্°] *v.t.* to impose again or anew, (ছাপানর জন্য বিন্যস্ত মুদ্রাক্ষরসমূহ) পুনরায় বা নূতন করিয়া পৃষ্ঠানুসারে সাজান । [*re-*, *impose*]

rein [rān, রেইন্] **(1)** *n.* the strap of a bridle, লাগাম, বল্গা ; (fig.) any means of controlling, (আল.) নিয়ন্ত্রিত করার উপায়, রাশ । **(2)** *v.t.* (poet.) to fasten by the rein, (কাব্যে.) লাগামের সঙ্গে বাঁধিয়া দেওয়া ; to furnish with reins, লাগাম বা বল্গা পরান অথবা আঁটিয়া দেওয়া ; to govern with the rein, লাগাম দিয়া অর্থাৎ লাগাম টানিয়া ধরিয়া বা ঢিলা করিয়া নিয়ন্ত্রিত করা ; to restrain or control, সংযত বা নিয়ন্ত্রিত করা ; to stop or check, থামান বা বাধা দেওয়া (to *rein* one in or up) । *a.* **rein°lėss**—লাগামহীন ; অবাধ, বাধাহীন ; অব্যাহত ; অসংযত ; উদ্দাম । **(to) draw rein**—লাগাম টানিয়া ধরিয়া (অশ্বাদিকে) থামান বা গতিহ্রাস করা, রাস টানা । **(to) give free rein** (or **the reins**) **to**—রাস ঢিলা করিয়া দেওয়া ; অধিকতর স্বাধীনতা বা সুবিধা দেওয়া, ইচ্ছামত কাজ করিতে দেওয়া : বাধা না দেওয়া । **(to) keep a tight rein on**—কঠোরভাবে নিয়ন্ত্রণ করা বা শাসনে রাখা, যথেচ্ছ আচরণ করিতে না দেওয়া । **(to) ride with a loose rein**—(ঘোড়ার) লাগাম আলগা করিয়া দেওয়া ; (আল.—লোকজনকে) ঢিলাঢালাভাবে শাসন করা বা নিয়ন্ত্রণ করা । **(to) hold** or **take the reins**—নিয়ন্ত্রণভার বা শাসনভার গ্রহণ করা । **(to) assume** or **drop the reins of government**—সরকারের দায়িত্ব বা কর্তৃত্ব গ্রহণ করা বা ত্যাগ করা, সরকার পরিচালনার রাস ধরা বা

ত্যাগ করা। [OF. *re(i)sne*—cp. LL. *retina* < L. *retinere* = to hold back]

reincarnate [rē-in°-kŭ(r)-nāt, রীইন্°কা(র্)-নেইট্] *v.t.* to incarnate again, পুনরায় দেহধারণ করান বা মূর্ত করা। *p. & p. pt.* **rēin°carnā°ted** I *n.* **rē°incarnā°tion**—পুনরায় দেহদান বা দেহধারণ; পুনরবতার। [*re-*, see *incarnate*]

reindeer [rān°-dē(r̄), রেইন্°ডিআ্যা(র্)] *n.* (*sing. & pl.*) a kind of deer, বল্‌গাহরিণ। **reindeer moss**—বল্‌গা-হরিণের ভোজ্য শীতকালীন শৈবাল-বিশেষ। [ON. *hreinndyri* < *hreinn* = deer]

reinforce [rē-in-faw(r)s°, রীইন্‌ফ্য(র্)স্°] *v.t.* to enforce again, পুনরায় বলবৎ বা চালু করা; to strengthen with new force, support, etc., নূতন সৈন্যসামন্ত অস্ত্রশস্ত্র সাহায্য তেজবীর্য প্রভৃতি যোগাইয়া বলীয়ান্ করা, নববলে বলীয়ান্ করা; to increase by fresh addition, নূতন সংযোজনদ্বারা বা সরবরাহদ্বারা বৃদ্ধি করা; to increase the strength of, শক্তিবৃদ্ধি করা। *p. & p. pt.* **rēinfor°ced** I **reinforced concrete**—অট্টালিকাদির কংক্রীটের গাঁথনি জোরাল করার জন্য উহার অভ্যন্তরে যে লোহার রড প্রভৃতি বসান হয়। *n.* **rēinforce°ment**—reinforce-এর সকল অর্থে, এবং—অতিরিক্ত শক্তি বা সাহায্য; (usu. in *pl.*) সাহায্যার্থ প্রেরিত অতিরিক্ত সৈন্যবাহিনী। [*re-, inforce*]

reins [rānz, রেইন্‌জ্] *n. pl.* the kidneys, মূত্রকোষদ্বয়, বৃক্কদ্বয়; the loins, কটি। [OF. < L. *renes*, sing, *ren*]

reinstall [rē°-in-stawl°, রী°ইন্‌স্টল্°] *v.t.* to install again, পুনঃস্থাপিত করা। *n.* **rē°instal°ment** I [*re-*, see *install*]

reinstate [rē°-in-stāt°, রী°ইন্‌স্টেইট্°] *v.t.* to restore to or replace in a former station or condition, পূর্বেকার পদে বা অবস্থায় পুনঃস্থাপিত অথবা পুনঃপ্রতিষ্ঠিত করা। *p. & p. pt.* **rē°instā-ted** I *n.* **rē°instāte°ment** I [*re-*, see *instate*]

reinsure [rē°-in-sooa(r)°, রী°ইন্‌শুআ্যা(র্)°] *v.t.* to insure again against loss undertaken by insurance, ক্ষয়ক্ষতি প্রতিকারকল্পে কৃত বিমার সংরক্ষণার্থ পুনরায় বিমা করা। *n.* **re°insur°ance**—উক্তভাবে পুনর্বার কৃত বিমা। [*re-*, see *insure*]

reintroduce [rē°-in-tra-dūs°, রী°ইন্‌ট্র্যাডিউস্°] *v.t.* to introduce again, পুনরায় প্রবর্তিত বা চালু করা। *p. & p. pt.* **rē°introdū°ced** I *n.* **re-introduction** [rē°-in-tra-duk°sh(a)n, রী°ইন্‌ট্র্যাডাক্°শ্‌ন্] I [*re-*, see *introduce*]

reinvigorate [rē°-in-vi°-ga-rāt, রী°ইন্‌ভি°-গ্যারেইট্] *v.t.* to invigorate again or anew, পুনরায় বা নূতন করিয়া সতেজ অথবা শক্তিমান্ করা, নবশক্তি প্রদান করা। *p. & p. pt.* **rē°invi°gorā-ted** I *n.* **rē°invigorā°tion** I [*re-*, see *invigorate*]

reissue [rē°-i°-sū, রী°ই°সিউ] *v.t.* to issue again after temporary discontinuance, (ডাকটিকিট, মুদ্রা, পুস্তক, প্রভৃতি) সাময়িকভাবে বন্ধ রাখার পর পুনরায় বাহির করা বা চালু করা বা প্রকাশ করা। [*re-*, see *issue*]

reiterate [rē-i°-ta-rāt, রীই°ট্যারেইট্] *v.t.* to repeat, পুনরাবৃত্তি করা; to repeat again and again, বারংবার আবৃত্তি করা। *p. & p. pt.* **rēi°terāted** I *n.* **rēiterā°tion** I [*re-*, see *iterate*]

reject [ri-jekt°, রিজেক্‌ট্°] *v.t.* to cast away, ছুড়িয়া ফেলিয়া দেওয়া; to discard, বাতিল করা; to refuse to accept, own, or allow, গ্রহণ করিতে বা মানিয়া লইতে অস্বীকার করা; to refuse, প্রত্যাখ্যান করা; to decline to accept, (পদ দাবি প্রভৃতি) গ্রহণ করিতে অস্বীকার করা; to vomit, বমন করিয়া ফেলা (his stomach *rejected* the food)। *n.* **rėjec°tion** I *n.* **rėjec°tor** I [*re-*, L. *jacere* = to throw]

rejig [rē-jig°, রীজিগ্°] *v.t.* to supply (a factory, etc.) with new equipment, (কারখানাদি) নূতন যন্ত্রপাতিদ্বারা সজ্জিত করা।। [*re-*, see *jig*]

rejoice [ri-joys°, রিজয়্‌স্°] (**1**) *v.t.i.* to make or become joyful, আনন্দিত করান বা হওয়া। (**2**) *v.i.* to make merry, আনন্দ করা (to *rejoice* at a person's success, to *rejoice* over a victory); to celebrate a happy event, আনন্দোৎসব পালন করা। *p. & p. pt.* **rėjoi°ced** I *n.* **rėjoice°ment** I *adv.* **rėjoi°cingly** I *n. pl.* **rėjoi°cings**—আনন্দোৎসবাদি-পালন [OF. *resjoir*]

rejoin$_1$ [ri-joyn°, রিজয়্‌ন্°] (**1**) *v.i.* (in law) to reply to a charge or pleading, (আইনে) অভিযোগ বা সওয়ালখণ্ডনার্থ জবাব দেওয়া। (**2**) *v.t.* to say in reply, to retort, (কিছুর) উত্তরে বলা, মুখের মত জবাব দেওয়া। *n.* **rėjoin°der**—(আইনে) বাদীর অভিযোগ-খণ্ডনার্থ উত্তর; প্রত্যুত্তর; সমুচিত উত্তর বা পালটা জবাব (a powerful *rejoinder* from a critic)। [*re-*. see *join*]

re-join$_2$ [rē°-joyn°, রী°জয়্‌ন্°] *v.t.i.* to join again, পুনরায় যোগদান করা, পুনরায় সংযুক্ত করা বা হওয়া। [*re-*, see *join*]

rejuvenate [ri-jōō°-vi-nāt, রিজ°ভিনেইট্] *v.t.i.* to make or grow young again, পুনরায় তরুণ করা বা হওয়া, পুনর্যৌবন লাভ করান বা করা, (পরি.) পুনর্নব করা বা হওয়া। *p. & p. pt.* **rėju°venā-ted** I *n.* **rėjuvėnā°tion** I *n.* **rėju°vėnator** I *v.t.i.* **rejuvenesce** [rē-jōō·vi-nes°, রীজুভিনেস্°] same as **rejuvenate,** এবং বিশেষতঃ—*v.t.* (জীব.) কোষমধ্যস্থ পদার্থ রূপান্তরিত হওয়ায় অধিকতর সক্রিয় হওয়া; পুনরায় বর্ধিত হইতে আরম্ভ করা। *p. & p. pt.* **rējuven°sced** I *n.* **rējuvėne°scence**—পুনর্নবীকরণ বা পুনর্নবীভবন; (জীব.) কোষমধ্যস্থ পদার্থের অধিকতর সক্রিয় অবস্থায় রূপান্তর, পুনর্বর্ধন, (পরি.) পুনর্ভবন। *a.* **rējuvėne°scent**—পুনর্নব হইতেছে এমন; (জীব.) কোষমধ্যস্থ পদার্থ রূপা-

ত্বরিত হওয়ায় অধিকতর সক্রিয় অবস্থা প্রাপ্ত হইতেছে এমন ; পুনবর্ধনশীল। *v.t.* **reju°venize**—same as **rejuvenate** । [*re-*, L. *juvenis*=young, *juvenescere*=to grow young]

rekindle [rē-kin°-dl, রীকিন্°ড্‌ল্] *v.t.i.* to kindle again, পুনরায় জ্বালান বা জ্বলা ; to rouse or to provoke, উদ্দীপ্ত করা বা হওয়া। [*re-*, see *kindle*]

relapse [ri-laps°, রিল্যাপ্‌স্°] (**1**) *v.i.* to slide, sink or fall back, (দুর্বৃত্তি দুর্বুদ্ধি ভ্রম ধর্মদ্রোহ রোগ প্রভৃতিতে) পুনরায় পতিত বা লিপ্ত বা আক্রান্ত হওয়া ; to return to a former state or practice, পূর্বাবস্থায় পুনঃপতিত হওয়া বা পূর্বের (কু-)অভ্যাসে পুনরায় লিপ্ত হওয়া ; to backslide, পুনরায় অধর্মাচরণে লিপ্ত হওয়া। (**2**) *n.* a falling back into a former bad state, পূর্বেকার মন্দাবস্থা পুনঃপ্রাপ্তি বা পূর্বের (কু-)অভ্যাসাদিতে পুনরায় লিপ্ত হওয়া ; the return of a disease after partial recovery, আংশিক আরোগ্যের পর রোগের পুনরাক্রমণ (the patient has had a *relapse*)। [*re-*, see *lapse*]

relate [ri-lāt° রিলেইট্°] (**1**) *v.t.* to recount or narrate, বর্ণনা করা ; to tell, বলা। (**2**) *v.t.i.* to bring into or have connexion, সম্বন্ধস্থাপন করা বা সম্বন্ধযুক্ত হওয়া। *a.* **relā°ted**—বর্ণিত ; সম্বন্ধযুক্ত ; জ্ঞাতিত্ববন্ধনে বা বিবাহবন্ধনে আবদ্ধ। *n.* **relā°ter**—বর্ণনাকারী ; কথক। *n.* **relā°tion**—বর্ণন ; কথন ; সম্বন্ধস্থাপন ; বর্ণনা ; সম্বন্ধ, (পরি.) ব্যতিষঙ্গ ; জ্ঞাতিত্ব বা কুটুম্বিতা ; (in *pl.*) পারস্পরিক আচরণ বা ক্রিয়া (public *relations*)। **in** or **with relation to**—সম্পর্কে, বিষয়ে। *n.* **relā°tionship**। *a.* **relā°tionless**—জ্ঞাতিহীন ; নির্বান্ধব ; সম্বন্ধহীন। **relative** [re°-la-tiv, রে°ল্যাটিভ্] (**1**) *a.* সম্বন্ধযুক্ত, সম্বন্ধ ; সংযুক্ত ; পরস্পর সম্বন্ধযুক্ত, সাপেক্ষ, আপেক্ষিক (*relative* density, humidity, etc.) ; অনুরূপ, সদৃশ ; প্রাসঙ্গিক ; তুলনামূলক (the *relative* merits of the two boys) ; সার্বভৌম বা চূড়ান্ত বা স্বাধীন নহে এমন ; (ব্যাক.) সম্বন্ধবাচক। (**2**) *n.* সম্বন্ধযুক্ত বা সম্পর্কিত বিষয় অথবা বস্তু ; জ্ঞাতি, কুটুম্ব ; (ব্যাক.) সম্বন্ধবাচক শব্দ বিশেষতঃ সম্বন্ধবাচক সর্বনাম। *a.* **relati°val**—সম্বন্ধ-সংক্রান্ত ; ব্যাকরণগত সম্বন্ধ-সংক্রান্ত। *n.* **re°lativism**—সম্বন্ধবাদ, সম্পর্কবাদ, (পরি.) ব্যতিষঙ্গবাদ ; অপেক্ষবাদ। *n.* **re°lativist**। *n.* **relati°vity**—relative (*a.*)-এর সকল অর্থে। **theory of relativity**—অপেক্ষবাদ, আপেক্ষিকতাবাদ। [L. *relatus* <*referre*=to bring back]

relax [ri-laks°, রিল্যাক্‌স্°] *v.t.i.* to loosen, ঢিলা বা আলগা করা অথবা হওয়া, শিথিল করা বা হওয়া, (দেহ অঙ্গ চুল প্রভৃতি) এলাইয়া দেওয়া বা যাওয়া ; to slacken, গতিবেগ হ্রাস করা বা হওয়া, শ্লথ করা বা হওয়া। *p.* & *p. pt.* **relax°ed**। *n.* **rēlaxā°tion**—relax-এর সকল অর্থে, এবং—(পরি.) শ্লথন ; (আইনে) আংশিক অব্যাহতি, হ্রাস ; চিত্তবিনোদন। *a.* **relax°ing**—শক্তিহানিকর (a *relaxing* climate)। [L. *relaxare*]

re-lay₁ [rē-lā°, রীলেই°] *v.t.* to lay again, পুনরায় পাতা বা বসান (to *re-lay* a cable)। *p.* & *p. pt.* **rē-laid°**। [*re-*, see *lay*]

relay₂ [ri-lā°, রিলেই°] *n.* a fresh set of hunting dogs or horses to replace tired ones, পরিশ্রান্ত শিকারী কুকুরদলের বা অশ্বদলের বদলী কুকুরদল বা অশ্বদল ; a station for either of these, উক্ত কুকুর বা ঘোড়া বদলানর আড্ডা ; a relieving shift of man, ক্লান্ত কর্মীদের বিশ্রামার্থ নূতন কর্মিদল ; a relay-race, দলগত দৌড়-প্রতিযোগিতা-বিশেষ : ইহাতে এক-এক দলে একাধিক ধাবনকারী থাকে এবং একজন কিছু দূর দৌড়াইয়া গেলে তাহাকে বিশ্রাম দিয়া সেখান হইতে আরেকজন দৌড়াইতে থাকে ও সে কিছু দূর গেলে আবার নূতন ধাবনকারী তাহাকে বিশ্রাম দিয়া দৌড়াইতে থাকে (also **relay°-rāce°**)। **rē°lay°**—(**1**) *n.* প্রবল বিদ্যুৎশক্তিকে নিয়ন্ত্রণের যন্ত্রবিশেষ। (**2**) *v.t.* বেতারযন্ত্রে (অন্য কেন্দ্র হইতে প্রচারিত সংবাদাদি) প্রচার করা বা ঘোষণা করা। *p.* & *p. pt.* **relay°ed**। [OF. *relais*=relay of horses or dogs<?]

release [ri-lēs°, রিলীস্°] (**1**) *v.t.* to let loose, বাঁধন খুলিয়া ছাড়িয়া দেওয়া ; to set free, মুক্তি দেওয়া ; to let go, (কাহাকেও) চলিয়া যাইতে দেওয়া, (ধনুকাদি হইতে তীর প্রভৃতিকে) ছুটিয়া যাইতে দেওয়া ; to relieve, স্বয়ং কর্মাদির ভারগ্রহণ করিয়া (অন্য কাহাকেও) মুক্ত করা ; to slacken, ঢিলা করা ; to undo, খুলিয়া ফেলা ; to remit, হ্রাস করা ; to relinquish, (পদাদি) ত্যাগ করা ; (in law) to surrender or give up a right to, (আইনে—কাহাকেও) কোন অধিকার বা স্বত্ব ছাড়িয়া দেওয়া অথবা হস্তান্তর করিয়া দেওয়া ; to authorize publication, exhibition, sale, etc. of, (কিছু) প্রকাশ প্রদর্শন বিক্রয় প্রভৃতি করার অনুমতি দেওয়া। *p.* & *p. pt.* **relea°sed**। (**2**) *n.* a setting free, মুক্তিদান (an order for *release* from jail) ; liberation, মুক্তি ; discharge or acquittance, অব্যাহতি, রেহাই ; remission, হ্রাস ; the giving up of a claim, conveyance, স্বত্বত্যাগ, (স্বত্ব-) হস্তান্তরণ ; a handle or a catch for holding or releasing, আটকাইয়া রাখার বা ছাড়িয়া দেওয়ার জন্য হাতল ছিট্‌কিনি প্রভৃতি ; authorization for publication, exhibition, sale, etc., প্রকাশ প্রদর্শন বিক্রয় প্রভৃতির অনুমতি (a press *release*) ; a thing so authorized, উক্ত অনুমতিপ্রাপ্ত বস্তু (বিশেষতঃ চলচ্চিত্র)। [OF. *relaissier*<L. *relaxare*=to relax]

relegate [re°-li-gāt, রে°লিগেইট্] *v.t.* to banish, নির্বাসিত করা ; to send away to some obscure place, অজ্ঞাত স্থানে পাঠাইয়া দেওয়া ; to consign to some inferior position, নিম্নপদে নিযুক্ত করা ; to assign, দায়িত্ব ক্ষমতা প্রভৃতি অর্পণ করা ; to refer, বিচারাদির জন্য (কাহারও নিকট)

পেশ করা বা পাঠাইয়া দেওয়া ; (in football) to demote, (ফুটবলদল সম্বন্ধে) নিম্নতর শ্রেণীতে নামাইয়া দেওয়া (to *relegate* a football team to the second division) । *p.* & *p. pt.* **re°lėgātėd** । *n.* **relėgā°tion** । [L. *relegare*]

relent [ri-lent°, রিলেন্ট্°] *v.i.* to soften or grow less severe, কোমল বা নরম হওয়া, কঠোরতার হ্রাস পাওয়া, অপেক্ষাকৃত কম কঠোর হওয়া । *a.* **rėlen°ting**—কোমল বা নরম বা কম কঠোর বা কম তীব্র হইতেছে এমন । *a.* **rėlent°lėss**—কিছুতেই কোমল বা নরম হয় না অথবা কঠোরতা বা তীব্রতা হ্রাস পায় না এমন, অদম্য কঠোরতাপূর্ণ বা তীব্রতাপূর্ণ । *adv.* **rėlent°lėssly** । [*re-*, L. *lentus* = soft]

relevant [re°-li-vant, রে°লিভ্যান্ট্] *a.* pertinent, প্রসঙ্গোচিত, প্রাসঙ্গিক । *n.* **re°levance, re°lėvancy**—প্রাসঙ্গিকতা । *adv.* **re°lėvantly** । [L. *relevare* = to relieve]

reliable, reliance—see **rely.**

relic [re°-lik, রে°লিক্] *n.* what is left after decay or loss of the rest, কিছু ক্ষয়প্রাপ্ত বা বিনষ্ট হইবার পর যেটুকু বাকী থাকে, ধ্বংসাবশেষ ; any personal memorial of a saint, স্মৃতিচিহ্নরূপে সংরক্ষিত সাধুপুরুষের দেহের বা সম্পত্তির বা ব্যবহৃত জিনিসপত্রের অংশ (যেমন, নখ চুল ছাতা লাঠি পানপাত্র প্রভৃতি) ; a souvenir, সংরক্ষিত স্মৃতিচিহ্ন ; a memorial of antiquity, প্রাচীন ও অবলুপ্ত ব্যক্তির বা বস্তুর অবশেষ, পুরানিদর্শন (a *relic* of ancient civilization of India) ; (usu. in *pl.*) a corpse or a part of it, মৃতদেহ, দেহাবশেষ । [F. *relique* < L. *reliquiæ*]

relict [re°-likt, রে°লিক্ট্] *n.* (obs.) a survivor, দলের হতাবশেষ ব্যক্তি বা প্রাণী ; (arch.) a widow, (আর্ষ.) বিধবা । [L. *relictus* = left]

relied—see **rely.**

relief [ri-lēf°, রিলীফ্°] *n.* the lightening or removal of any burden, discomfort, evil, etc., বোঝা অসুবিধা অমঙ্গল প্রভৃতির লাঘব বা মোচন বা উপশম বা নিবৃত্তি ; release from a post or duty, পদ বা কর্তব্য হইতে মুক্তি ; one who releases another by taking his place, যে ব্যক্তি নিজে কর্মভারাদি গ্রহণপূর্বক অপরকে তাহা হইতে মুক্তি দেয়, বদলি ; that which relieves or mitigates, ত্রাণকর বা উপশমকর বস্তু, (পরি.) বিমোক ; aid in danger, বিপৎকালে প্রাপ্ত সাহায্য (to send *relief* to flood-stricken people) ; assistance to the poor, দরিদ্রকে দান, ভিক্ষা ; fresh supply of provisions, খাদ্যাদির নূতন সরবরাহ ; a fine paid to the overlord by a tenant's heir on coming into possession, প্রজার উত্তরাধিকারী কর্তৃক সম্পত্তিলাভের বাবদ ভূম্যধিকারীকে দেয় জরিমানাবিশেষ, নামজারির নজরানা ; anything that gives diversity, বৈচিত্র্য-সৃষ্টিকর বিষয় বা বস্তু ; projection from the general surface, উপরিতল হইতে অভিক্ষিপ্তাবস্থা ; a sculpture or any other work of art executed in relief, উপরিতল হইতে অভিক্ষিপ্তভাবে অর্থাৎ উঁচু-উঁচু করিয়া নির্মিত ভাস্কর্য বা অন্য কারুশিল্প (a profile of Lord Buddha in *relief*) ; carving, etc. in relief, উপরিতল হইতে অভিক্ষিপ্তভাবে প্রতিমাদি নির্মাণ, উচ্চাবচ প্রণালীতে গঠন (images carved in high or low *relief*) ; distinctness by contrast, (প্রধানতঃ উচ্চনিচতার) বৈষম্যদ্বারা সৃষ্ট স্পষ্টতা । **relief map**—স্থানাদির বৈষম্যপ্রদর্শনার্থ উচ্চাবচভাবে নির্মিত মানচিত্র, (পরি.) বন্ধুরতার মানচিত্র । **(to) bring into relief**—একঘেঁয়েমি-নিরসনার্থ (বা কর্মাদিতে) সন্নিবিষ্ট করা অথবা আনা । **(to) stand out in relief against**—(পটভূমি বা পরিবেশ সম্পর্কে) বৈপরীত্যজনিত স্পষ্টতা সূচিত হওয়া (the hills *stood out in* sharp *relief against* the evening sky) । [OF. *relef* < *relever*—cp. *relieve*]

relieve [ri-lēv°, রিলীভ্°] *v.t.* to bring or give relief to, (কাহারও) বোঝা অসুবিধা অমঙ্গল প্রভৃতি মোচন করা বা উপশম করা, (কাহাকেও) কর্মভারাদি হইতে অব্যাহতিদানার্থ বদলী আনিয়া দেওয়া, ত্রাণ করা, সাহায্য ভিক্ষা বা খাদ্যাদির নূতন সরবরাহ জোগান ; to release, মুক্ত করা, অব্যাহতি দেওয়া ; to release from duty by taking the place, (কাহারও) কর্মভারাদি স্বয়ং গ্রহণপূর্বক (তাহাকে) মুক্তি বা ছুটি দেওয়া ; to mitigate, উপশম করা ; to raise the siege of, (নগরাদির) অবরোধ তুলিয়া লওয়া ; to set off by contrast, স্পষ্ট করার জন্য বৈষম্যমূলকভাবে স্থাপন করা ; to break the sameness of, একঘেয়েমি ভঙ্গ করা বা দূর করা, বৈচিত্র্যবিধান করা ; to bring into relief, একঘেয়েমি-নিরসনার্থ (বা কর্মাদিতে) সাহায্যার্থ সন্নিবিষ্ট করা অথবা আনা । **(to) relieve oneself**—মলমূত্রাদি ত্যাগ করা । **relieving officer**—দরিদ্রের দুঃখমোচনকর বা সাহায্যকর ব্যবস্থার তত্ত্বাবধায়ক কর্মচারী । [OF. *relever* < L. *relevare*]

relievo [ri-lē°-vō, রিলী°ভৌ] *n.* relief, (শিল্পকলায়) উচ্চাবচ প্রণালীতে গঠন ; a work in relief, উক্ত প্রণালীতে নির্মিত ভাস্কর্যাদি । [It. *rilievo*]

religion [ri-li°j(a)n, রিলি°জ্ন্] *n.* belief in a higher unseen controlling power, esp. in a personal God, অদৃশ্য নিয়ন্ত্রক-শক্তির বিশেষতঃ ঈশ্বরের অস্তিত্বে বিশ্বাস ; any system of faith and worship, ধর্ম ; rites or worship, ধর্মাচরণ বা উপাসনা ; devoted fidelity, ভক্তিপূর্ণ বা নিষ্ঠাপূর্ণ আনুগত্য ; monastic life, সন্ন্যাসজীবন ; a monastic order, সন্ন্যাসি-সম্প্রদায় ; an action that one is bound to do, ধর্মাচরণের মত অবশ্যকরণীয় কর্ম । *n.* **religiosity** [ri-li-ji-ŏ°-si-ti, রিলিজিঅ°সিটি] ধর্মভাব, ধার্মিকতা । *a.* **religious** [ri-li°-jas, রিলি°জ্যাস্] ধর্ম-সংক্রান্ত ; ধর্মগত ; ধার্মিক ; ধার্মিকতাপূর্ণ ; অতীব আচারনিষ্ঠ ; বিবেকবুদ্ধিপূর্ণ, বিবেকী ; অতি যত্নবান্ (to do a thing with *religious* care)। *adv.* **reli°giously**। [L. *religio*]

relinquish [ri-ling°-kwish, রিলিংক্যুইশ্] *v.t.* to give up, (অভ্যাস পরিকল্পনা আশা বিশ্বাস অধিকার পদ প্রভৃতি) পরিত্যাগ করা; to let go, (নিজের আয়ত্ত বা কবল হইতে) ছাড়িয়া দেওয়া। *p.* & *p. pt.* **rėlin°quishėd**। *n.* **rėlin°quishment**। [OF. *relinquir* < L. *relinquere* = to leave again]

reliquary [re°-li-kwa-ri, রে°লিক্যোআ্যারি] *n.* a box or other receptacle for a relic or relics, ধ্বংসাবশেষ বা স্মৃতিচিহ্ন বা দেহাবশেষ রাখার জন্য বাক্স বা অন্য আধার। [see *relic*]

relique—old spell. of **relic**.

reliquiæ [re-li°-kui-e, রেলি°কুইঈ, ri-li°-kui-e, রিলি°কুইঈ] *n. pl.* remains, ধ্বংসাবশেষসমূহ। [L.]

relish [re°-lish, রে°লিশ্] (**1**) *n.* a flavour, খাদ্যদ্রব্যাদির স্বাদু গন্ধ; characteristic flavour, খাদ্যদ্রব্যাদি বৈশিষ্ট্যসূচক স্বাদু গন্ধ; appetizing flavour, রুচিকর স্বাদু গন্ধ; enjoyment of food and other things, খাদ্যবস্তু ও অন্যান্য দ্রব্য উপভোগ; zest, উৎসাহ; taste, রুচি; an appetizing condiment, আচার চাট্নি প্রভৃতি রুচিকর বস্তু। (**2**) *v.t.* to like the taste of, (কোন খাদ্যদ্রব্যের) স্বাদ পছন্দ করা; to be pleased with, (কিছু পাইয়া) খুশি হওয়া; to enjoy, উপভোগ করা; to give a relish to, স্বাদুগন্ধযুক্ত করা, রুচিকর করা। (**3**) *v.i.* to savour, স্বাদু গন্ধ ছড়ান; to have an agreeable taste, সুস্বাদু হওয়া; to give pleasure, আনন্দদায়ক হওয়া। *p.* & *p. pt.* **re°lishėd**। [OF. *reles, relais* = remainder]

relive [ri-liv°, রিলিভ°] *v.t.* to live through or undergo (esp. in imagination), (বিশে. কল্পনায়) অতীত জীবনের অভিজ্ঞতার ক্ষেত্র পুনরায় অতিক্রম করা, (মনে মনে) অতীত জীবন পুনরায় যাপন করা। [*re-*, see *live*]

reload [re°-lod°, রী°লৌড্°] *v.t.* to load again, পুনরায় বোঝাই করা। *p.* & *p. pt.* **re°loa°dėd**। [*re-*, see *load*]

reluct [ri-lukt°, রিলাক্ট্°] *v.i.* (rare) to be unwilling, (বিরল) অনিচ্ছুক বা নারাজ হওয়া; to hold back, বাধা দেওয়া। *n.* **reluctance** [ri-luk°tans, রিলাক্°ট্যান্স্] (কাব্যে) বাধা, প্রতিরোধ; অনিচ্ছা। *a.* **rėluc°tant**—অনিচ্ছুক; বাধাদায়ক, প্রতিরোধক। *adv.* **rėluc°tantly**—অনিচ্ছাভরে। [L. *reluctari* = to struggle against]

rely [ri-lī°, রিলাই°] *v.i.* to depend confidently, আস্থাসহকারে নির্ভর করা। *p.* & *p. pt.* **rėlī°ed**। *n.* **rėlī°able**—আস্থাস্থাপনযোগ্য, নির্ভরযোগ্য (a *reliable* assistant); বিশ্বাসযোগ্য (*reliable* information); বিশ্বস্ত। **reliable source**—বিশ্বাসযোগ্য বা বিশ্বস্ত সূত্র। *n.* **rėliabi°lity**। *adv.* **rėlī°ably**। *n.* **reliance** [ri-lī°-ans, রিলাই°অ্যান্স্] আস্থাপূর্ণ নির্ভরতা; আস্থা (little *reliance* can be placed on his promises)। *n.* **rėlī°ant**—আস্থাসহকারে নির্ভরশীল; আস্থাবান্। [OF. *relier* < L. *religare* = to bind back]

remain [ri°-mān°, রি°মেইন্°] *v.i.* to be left behind, পিছনে পড়িয়া থাকা, পরিত্যক্ত হইয়া থাকা; to stay or continue to stay, কোন স্থানে বা অবস্থায় থাকা অথবা থাকিয়া যাওয়া; to abide or continue to be, বাস করিতে থাকা, চালু থাকা বা বিদ্যমান থাকা; to continue unchanged, অপরিবর্তিত থাকা; to be left over, বাকী বা অবশিষ্ট থাকা (much *remains* to be said)। *n.* **rėmain°der**—অবশিষ্টাংশ; শিটা ছিবড়া প্রভৃতি; দলের অবশিষ্ট ব্যক্তিগণ বা বস্তুসমূহ; পণ্যদ্রব্যাদির (বিশেষতঃ পুস্তকের) অবিক্রীত অংশ বা খণ্ডসমূহ; (গণি.) ভাগাবশেষ, ভাগশেষ। *n. pl.* **rėmainṡ°**—অবশেষ; অবশিষ্ট অংশ বা পরিমাণ; প্রাচীন বস্তুর ধ্বংসাবশেষ, পুরানিদর্শন; মৃতদেহ; দেহাবশেষ, মৃত ব্যক্তির রচনাবলী। *a.* **re°manent**—অবশিষ্ট, অবশিষ্টাংশ। **remanent magnetism**—মূল চুম্বক সরাইয়া নিলেও যে চৌম্বকত্ব অবশিষ্ট থাকে। [OF. *remaindre* < L. *remanere* = to stay back]

remand [ri-mŭnd°, রিমান্ড্°] (**1**) *v.t.* to send back (প্রধানতঃ আরও তদন্ত-সাপেক্ষে আসামীকে হাজতে) পুনঃপ্রেরণ করা। (**2**) *n.* remanding, পুনঃপ্রেরণ। **remand centre** or **home**—বিচারাধীন অপ্রাপ্তবয়স্ক অপরাধীদের হাজত। [OF. *remander*, or LL. *remandare*(*v.*)]

remark [ri-mŭ(r)k°, রিমা(র্)ক্°] (**1**) *v.t.* to notice, লক্ষ্য করা। (**2**) *v.t.i.* to comment, মন্তব্য করা। *p.* & *p. pt.* **rėmar°kėd**। (**3**) *n.* notice, লক্ষ্য, নজর; comment, মন্তব্য। *a.* **rėmar°kable**—লক্ষণীয়; অসাধারণ, অদ্ভুত, বৈশিষ্ট্যপূর্ণ (a *remarkable* event)। *adv.* **rėmar°kably**। [OF. *remarquer* = to mark intensely]

remarry [rē°ma°-ri, রী°ম্যা°রি] *v.i.t.* to marry again, পুনর্বার বিবাহ করা বা দেওয়া। *n.* **rē°ma°rriage**—পুনর্বিবাহ। [*re-*, see *marry*]

remedy [re°-mi-di, রে°মিডি] (**1**) *n.* means of curing a disease, removing or counteracting an evil or repairing a loss, রোগচিকিৎসার বা অমঙ্গলাদি দূরীকরণের বা প্রতিকারের বা ক্ষতিপূরণের উপায়; a healing medicine or treatment, আরোগ্যকর ঔষধ বা চিকিৎসা। (**2**) *v.t.* to cure, remove, counteract, rectify, or repair, আরোগ্য করা, দূর করা, প্রতিরোধ বা প্রতিবিধান করা, সংশোধন করা, সংস্কার করা। *a.* **rėmē°diable**। *adv.* **rėmē°diably**। *a.* **rėmedial** [ri-mē°-di-al, রিমী°ডিঅ্যাল্] আরোগ্যকর; আরোগ্যার্থ তৈয়ারী; প্রতিকারের উপায়স্বরূপ, প্রতিকারযোগ্য (*remedial* measures)। *a.* **re°mėdiless**—চিকিৎসার বা প্রতিবিধানের অসাধ্য। [AF. *remedie* < OE. *remede* < L. *remedium* (*n.*)]

remember [ri-mem°-ba(r), রিমেম্°ব্যা(র্)] *v.t.* to retain in or recall to memory or mind, স্মরণে রাখা বা স্মরণ করা, মনে রাখা বা মনে করা ; to bear in mind as one deserving of honour, gratitude, reward, etc., সম্মান কৃতজ্ঞতা পুরস্কার কাম্যবস্তু প্রভৃতি পাইবার যোগ্য হিসাবে (কাহাকেও) মনে রাখা ; (arch.) to remind, (আর্য) স্মরণ করাইয়া দেওয়া। *n.* **remembrance** [rimem°br(a)ns, রিমেম্°ব্রন্‌স্] স্মৃতি ; স্মারক বস্তু ; স্মৃতিচিহ্ন ; স্মারক-লিপি ; স্মৃতিরক্ষার্থ নির্মিত বস্তু ; স্মৃতিশক্তির নাগাল (beyond one's *remembrance*) ; (in *pl.*) শুভ-কামনাপূর্ণ প্রেরিত বার্তা (give my respectful *remembrances* to your parents)। *n.* **rėmem°brancer**—যে ব্যক্তি বা বস্তু স্মরণ করাইয়া দেয়, স্মারক ; লিপিরক্ষক বা দলিলরক্ষক (Legal *remembrancer*)। **Remembrance Day**—বৎ-সরান্তরে প্রথম বিশ্বযুদ্ধে নিহত ব্যক্তিদের স্মরণার্থ ধার্য দিন (১১ই নভেম্বর বা তাহার অব্যবহিত পূর্ববর্তী রবি-বার)। [OF. *remembrer* < L. *re-*, *memor* = mindful]

remind [re-mīnd°, রিমাইন্‌ড্°] *v.t.* to put in mind, স্মরণ করাইয়া দেওয়া (to *remind* a person of or about or to do something)। **rėmīn°-der**—যে বস্তুর (বিশেষতঃ যে চিঠির) দ্বারা স্মরণ করাইয়া দেওয়া হয়, (পরি.) অনুস্মারক, তাগিদ। [*re-*$_2$, see *mind*]

reminisce—see **reminiscence.**

reminiscence [re-mi-ni°sns, রেমিনি°স্‌ন্‌স্] *n.* recollection, স্মরণ, অনুস্মরণ, স্মৃতিচারণ ; remembered fact or incident, যে ঘটনা স্মৃতিপথে আসিয়াছে, পূর্বস্মৃতি ; (*pl.*) literary account of things remembered, স্মৃতিকথা। *v.i.* **reminisce**—অতীত ঘটনা বা অভিজ্ঞতা সম্বন্ধে ভাবা বা আলোচনা করা, স্মৃতিচারণ করা। *a.* **remini°scent**—স্মরণ করাইয়া দেয় এমন, স্মারক, স্মৃতি জাগায় এমন। [L. *reminisci* = to remember]

remise [ri-mīz°, রিমাইজ্°] (1) *n.* (in law) surrender of a claim, (আইনে) দাবি পরিত্যাগ। (2) *v. t.* to surrender a claim, দাবি পরিত্যাগ করা। [F. *remis(e)* < *remettre* < L. *remittere* = to send back]

remiss [rimis°, রিমিস্°] *a.* negligent, অবহেলা-কারী, অমনোযোগী ; slack, শ্লথ, শিথিল ; lacking in vigour, নিস্তেজ। *adv.* **rėmiss°ly**। *n.* **re-miss°nėss**। [see *remit*]

remissible [ri-mi°-sabl, রিমি°স্যাব্‌ল্] *a.* that may be remitted, হ্রাস বা লঘু করার যোগ্য, ক্ষমার্হ, অব্যাহতি দেওয়ার যোগ্য, পরিত্যাগ করার বা হস্তান্তর করার যোগ্য, (টাকাকড়ি সম্বন্ধে) প্রেরণসাধ্য, পুনরায় হাজতে প্রেরণযোগ্য, বিচারাদির জন্য অন্যত্র প্রেরণযোগ্য। *n.* **remissibi°lity**। [see *remiss*]

remission [ri-mi°sh(a)n, রিমি°শ্‌ন্] *n.* act or state of remitting, হ্রাস করা, হ্রাস, লাঘব, উপশম, ক্ষমা করা, ক্ষমা, অব্যাহতিদান, রেহাই, (পরি.) নিষ্কৃতি, পরিত্যাগ, পুনরায় হাজতে প্রেরণ, বিচারাদির জন্য অন্যত্র প্রেরণ। [see *remiss*]

remissive [ri-mi°-siv, রিমি°সিভ্] *a.* remitting, হ্রাসকর, উপশমকর, ক্ষমাকর, ক্ষমাশীল। [see *remiss*]

remit [ri-mit°, রিমিট্°] (1) *v.t.i.* to relax, লাঘব করা ; to abate, হ্রাস করা ; to desist (from), বিরত থাকা। (2) *v.t.* to pardon, ক্ষমা করা ; to refrain from exacting or inflicting, (জরি-মানাদি) আদায় বা (দণ্ডাদি) দান হইতে বিরত থাকা, রেহাই দেওয়া বা ক্ষমা করা ; to give up, (দাবি প্রভৃতি) পরিত্যাগ করা, ছাড়িয়া দেওয়া ; to transmit, (টাকাকড়ি সম্বন্ধে) প্রেরণ করা ; to put again in custody, পুনরায় হাজতে প্রেরণ করা ; to refer to another court, authority, etc., বিচারাদির জন্য অন্যত্র (অর্থাৎ অন্য আদালত বিচারক প্রভৃতির নিকট) প্রেরণ করা ; to send or put back, পুনঃ-প্রেরণ বা পুনঃস্থাপন করা। *pr. pt.* **rėmi°tting**। *p.* & *p. pt.* **rėmi°ttėd**। *n.* **remi°ttal**—হ্রাস, লাঘব ; ক্ষমা ; রেহাই ; বিচারাদির জন্য অন্যত্র প্রেরণ। *n.* **rėmi°ttance**—(টাকাকড়ি) প্রেরণ ; প্রেরিত টাকাকড়ি, (পরি.) প্রেষিতক। *n.* **rėmi°tter**—প্রধানতঃ 'টাকাকড়ির প্রেরক' অর্থে। [*re-*, L. *mittere* = to send]

remittent [ri-mi°-t(a)nt, রিমি°ট্‌ন্‌ট্] (1) *a.* abating at intervals, মধ্যে মধ্যে উপশম হয় এমন, সবিরাম। (2) *n.* such fever, সবিরাম জ্বর (also **remittent fever**)। *adv.* **rėmi°ttently**। [see *remit*]

remitter—see **remit.**

remnant [rem°-nant, রেম্°ন্যান্ট্] *n.* a small remaining quantity, piece, or number, কিছুর অবশিষ্ট যৎসামান্য পরিমাণ টুকরা বা সংখ্যা। [OF. *remenant*, *remanant* < *remainoir* = to remain]

remodel [rē°-mo°dl, রী°ম°ড্‌ল্] *v.t.* to model anew, বর্তমান গঠন ভাঙ্গিয়া ফেলিয়া নূতনভাবে গঠন করা, পুনর্গঠন করা। *pr. pt.* **rē°mo°delling**। *p.* & *p. pt.* **remo°delled**। [*re-*, see *model*]

remonstrance [ri-mon°str(a)ns, রিমন্°স্ট্র্‌ন্‌স্] *n.* a strong or formal protest, তীব্র বা বিধিমত আপত্তি। *a.* **rėmon°strant**—তীব্র বা বিধিমত আপত্তিকর। *v.i.t.* **rėmon°strāte**—তীব্র বা বিধিমত আপত্তি করা কিংবা প্রতিবাদ করা অথবা উক্ত আপত্তি বা প্রতিবাদ করিয়া বলা (to *remonstrate* with a person about or on or upon his unbecoming conduct)। *p.* & *p. pt.* **rė-mon°strātėd**। *adv.* **rėmon°strātingly**। *n.* **remonstration** [re-man-stra°sh(a)n, রেম্যান্‌স্ট্রেই°শ্‌ন্]। [*re-*, L. *monstrare* = to point out]

remora [re°-mo-ra, রে°মর্যা] *n.* a species of sucking fish, চোষক মৎস্যবিশেষ ; an obstruction, or impediment, বাধা। [*re-*, L. *mora* = delay]

remorse [ri-maw(r)s°, রিম্য(র্)স্°] *n.* bitter repentance, তীব্র অনুতাপ, অনুশোচনা, মনস্তাপ

(to feel *remorse* for failure, to be filled with *remorse*) ; compunction, বিবেক-দংশন (without *remorse*) ; (poet.) pity or compassion,(কাব্যে) করুণা বা সমব্যথা । *a.* **rėmorse°ful**—তীব্র অনুতাপপূর্ণ ; অনুতপ্ত ; বিবেকদংশনাহত । *adv.* **remorse°fully** । *a.* **rėmorse°lėss**—অনুতাপহীন ; বিবেকদংশনহীন ; নিষ্ঠুর । *adv.* **remorse°lėssly** । [OF. *remors*<LL. *remorsus* <L. *re-*, *mordere*=to bite]

remote [ri-mōt°, রিমৌট্°] *a.* far removed, স্থান কাল সম্পর্ক সাদৃশ্য প্রসঙ্গ প্রভৃতির দিক্ দিয়া বহুদূরবর্তী ; widely separated, যথেষ্ট ব্যবধান-বিশিষ্ট ; very indirect, অতি পরোক্ষ, অতি দুর হইতে টানিয়া আনা হইয়াছে এমন (a *remote* simile) । **remote control**—বেতার-তরঙ্গদ্বারা দুর হইতে বিমানপোত রকেট ক্ষেপণাস্ত্র প্রভৃতির নিয়ন্ত্রণ । *adv.* **rėmōte°ly** । *n.* **rėmōte°nėss** । [L. *remotus*—cp. *remove*]

remould [rē°-mōld°, রী°মৌল্ড্°] *v.t.* to mould anew, বর্তমান গঠন বা ছাঁচ ভাঙ্গিয়া নূতনভাবে গঠন করা বা ছাঁচে ঢালা । [*re-*, see *mould*]

remount [rē-mownt°, রীমাউন্ট্°] **(1)** *v.t.i.* to mount again, পুনরায় আরোহণ করা ; to put (pictures, etc.) in fresh mount, (চিত্রাদি) নূতন ভিত্তি বা ফ্রেম প্রভৃতির উপরে স্থাপন করা । **(2)** *n.* a fresh horse or supply of horses, নূতন বা তাজা ঘোড়া অথবা উক্ত ঘোড়াসমূহের সরবরাহ । **remount depot**—সৈন্যবাহিনীর অশ্বাদি বাহনের আস্তাবল, (পরি.) আরোহস্থান । [*re-*, see *mount*]

remove [ri-mōōv°, রিমূভ্°] **(1)** *v.t.* to take away, সরাইয়া রাখা বা লওয়া (to *remove* the cloth from the table) ; to transfer, স্থানান্তরিত করা ; to dismiss from a post, পদচ্যুত বা কর্মচ্যুত বা কর্ম হইতে অপসারিত করা (to *remove* a person from office) ; to transfer from a station of duty, কর্মস্থান পরিবর্তন করান, বদলি করা ; to displace, স্থানচ্যুত করা ; to take away with, লইয়া চলিয়া যাওয়া । **(2)** *v.i.* to go away, চলিয়া বা সরিয়া যাওয়া ; to change abode, বাসা বদলান । **(3)** *n.* removal, অপসারণ, স্থানচ্যুতি ; degree of remoteness or indirectness, দূরবর্তিতার বা পরোক্ষতার মাত্রা ; an intermediate class (in some schools), (কোন-কোন বিদ্যালয়ে) মধ্যবর্তী শ্রেণী ; promotion, (প্রধানতঃ বিদ্যালয়ের উচ্চতর শ্রেণীতে) উন্নতি বা উন্নয়ন (the boy failed to get his *remove*) । *a.* **rėmo°vable** । *n.* **rėmovabi°lity** । *adv.* **rėmo°vably** । *n.* **rėmo°val**—অপসারণ ; স্থানচ্যুতি ; স্থানান্তরণ ; স্থান-পরিবর্তন, পদচ্যুতি ; কর্মচ্যুতি ; কর্মস্থান-পরিবর্তন ; বদলি ; প্রস্থান ; বাসা-পরিবর্তন ; (আল.) হত্যা । [OF. *remouvoir*<L. *re*=away, see *move*]

remunerate [ri-mū°-na-rāt, রিমি°উন্যারেইট্] *v.t.* to reward, পুরস্কৃত করা ; to pay for service rendered, কাজের দাম বা পারিশ্রমিক দেওয়া (to *remunerate* a person for his services) । *p.* & *p. pt.* **rėmū°nerātėd** । *n.* **remūnerā°tion**—পুরস্কার ; পারিশ্রমিক । *a.* **remunerative** [ri-mū°n(a)ra-tiv, রিমিউ°ন্র্যাটিভ্] লাভদায়ক, লাভজনক । [L. *remunerari*]

renaissance [ra-nā°s(ā)ns, র্যানেই°স্‌ন্‌স্] *n.* a new birth, নবজন্ম । *n.* **Renai°ssance**—১৪শ-১৬শ শতাব্দীতে প্রাচীন (বিশেষতঃ প্রাচীন গ্রীক্ ও ল্যাটিন্) সাহিত্য ও শিল্পের পুনরভ্যুদয়ের প্রভাবে ইউরোপীয় সাহিত্য ও শিল্পের নবজীবন-লাভ । [F. *renaitre*=to be born again—cp. *renascence*]

renal [rē°nl, রী°ন্‌ল্] *a.* of the kidneys, বৃক্কগত (*renal* artery, colic, hypertension, etc.) । [L. *renalis*<*renes*=the kidneys]

rename [rē°-nām°, রী°নেইম্°] *v.t.* to give a new name to, নূতন নাম বা আখ্যা দেওয়া, নূতন নামকরণ করা । [*re-*, see *name*]

renascent [ri-na°-snt, রিন্যা°স্‌ন্‌ট্] *a.* coming into new life or vigour, নবজীবন বা নবশক্তি লাভ করিতেছে এমন । *n.* **rėna°scence**—নবজীবন-লাভ, নবশক্তি-লাভ ; নবজীবন । *n.* **Rėna°scence**—same as **Renaissance** । [*re-*, L. *nasci*=to be born]

rend [rend, রেন্‌ড্] **(1)** *v.t.* to tear asunder with force, সবলে ছিঁড়িয়া বা ফাড়িয়া ফেলা, বিদীর্ণ করা ; to split, চিরিয়া ফেলা, পৃথক্ করা ; to tear away, ছিঁড়িয়া লইয়া যাওয়া । **(2)** *v.i.* to become torn, বিদীর্ণ হওয়া । *p.* & *p. pt.* **rent** । **to rend the air**—শব্দে আকাশ-বাতাস বিদীর্ণ করা । [OF. *rendan*=to tear]

render [ren°-da(r), রেন্‌°ড্যা(র্)] *v.t.* to give in return, প্রতিদানে দেওয়া (to *render* good for evil) ; to pay as due, পাওনা দেওয়া ; to deliver up, to surrender, (প্রধানতঃ যুদ্ধাদিতে পরাজিত হইয়া) দেশ লোক প্রভৃতিকে শত্রুহস্তে অর্পণ করা বা সমর্পণ করা ; to submit, পেশ করা, দাখিল করা ; to give, প্রদান করা ; to represent or reproduce, (কিছু) বর্ণনা অঙ্কন অভিনয় প্রভৃতি করা ; to show, দেখান ; to perform, সম্পাদন করা ; to translate or transform, অনুবাদ করা বা রূপান্তরিত করা ; to reduce, পরিণত করা ; to cause to be, হওয়ান ; to melt, (চর্বি) গলান । *n.* **rendi°tion**—(বিরল—যুদ্ধাদিতে পরাজিত হইয়া শত্রুহস্তে) সমর্পণ ; অনুবাদকরণ (to seek as exact a *rendition* as possible) ; প্রতিদান ; প্রাপ্য প্রদান ; পেশ, দাখিল ; প্রদান ; বর্ণন অঙ্কন অভিনয় প্রভৃতি ; প্রদর্শন ; সম্পাদন ; রূপান্তরণ ; পরিণত-করণ ; হওয়ান : বিগলিত-করণ । [OF. *rendre*< LL. *reddere*]

rendezvous [ron°-di-vōō, রঁ°ডিভূ] **(1)** *n.* an appointed meeting-place, সাক্ষাতের বা সমাবেশের জন্য পূর্বনির্দিষ্ট স্থান ; a meeting by appointment, পূর্বব্যবস্থানুসারে সাক্ষাৎ ; a general resort, সাধারণের বিহারস্থান বা বেড়ানর জায়গা । *pl.*

rendezvous [ron°-di-vo͞oz, র°ডিভুজ্‌] । (2) *v.i.* to meet or assemble at a rendezvous, পূর্বনির্দিষ্ট স্থানে মিলিত বা সমাবিষ্ট হওয়া । [F. *rendez vous*=render yourself]

rendition—see **render.**

renegade [re°-ni-gād, রে°নিগেইড্‌] *n.* one who deserts a party or principle, (বিশ্বাসঘাতক) দলত্যাগী বা মতত্যাগী ; an apostate, ধর্মত্যাগী ; a turncoat, পক্ষপরিবর্তনকারী, দলপরিবর্তনকারী । [LL. *renegare*=to deny]

renegado [re-nigā°-dō, রেনিগেই°ডৌ] var. of **renegade** । [Sp.]

reneg(u)e [rė-nēg°, রিনীগ°] *v.* to revoke at cards, (তাস) ফিরাইয়া লওয়া ; (arch.) to renounce, (আর্ষ.) পরিত্যাগ করা ।

renew [ri-nū°, রিনিউ°] (1) *v.t.i.* to make new again, পুনরায় নূতন করা ; to transform to new life, নবজীবন দেওয়া বা পাওয়া ; to revive, পুনরুজ্জীবিত করান বা হওয়া ; to begin again, পুনরারম্ভ করা বা হওয়া ; to repeat, পুনরাবৃত্তি করা বা হওয়া ; to regenerate, পুনর্জন্ম প্রদান করা বা লাভ করা । (2) *v.t.* to restore, পুনরুদ্ধার করা ; to replace, পুনরায় স্থাপন বা সরবরাহ করা ; (rare) to become new again, (প্রায় অপ্র.) নূতন হওয়া । *a.* **rėnew°able** । *n.* **rėnew°al**—পুনরায় নবীকরণ বা নবীভবন ; নবজীবনপ্রদান বা নবজীবনলাভ ; পুনরারম্ভ ; পুনরাবৃত্তি ; পুনর্জন্মপ্রদান, পুনর্জন্মলাভ ; পুনরুদ্ধার । [*re- new*]

reniform [rē°-ni-faw(r)m, রী°নিফা(র্)ম্‌] *a.* kidney-shaped, বৃক্কাকার । [see *reins*]

renitent [ri-nē°-tent, রিনী°টেন্ট] *a.* resistant, বাধাদায়ক ; recalcitrant, অদম্য, অবাধ্য । *n.* **reni°tence, reni°tency** । [L. *renitens* < *reniti*=to resist]

rennet₁ [re°-nit, রে°নিট্‌] *n.* any means of curdling milk, দম্বল । [OE. *rinnan*>to run]

rennet₂ [re°-nit, রে°নিট্‌] *n.* an apple, মিষ্ট আপেলবিশেষ । [OF. *reinette*]

renounce [ri-nowns°, রিনাউন্‌স্‌°] *v.t.* to disclaim, দাবি পরিত্যাগ করা ; to reject formally, আনুষ্ঠানিকভাবে পরিত্যাগ করা ; to disown, অস্বীকার করা ; to repudiate, মানিয়া লইতে অস্বীকার করা ; to recant, (পূর্বেকার প্রতিশ্রুতি প্রভৃতি) প্রত্যাহার করিয়া লওয়া ; to abjure, শপথপূর্বক পরিত্যাগ করা । *p.* & *p. pt.* **rėnoun°ced** । **(to) renounce the world**—সংসার ত্যাগ করা । *n.* **renounce°ment** (also see **renunciation**) । [OF. *renuncer*<L. *re-*=away, *nuntiare*=to announce]

renovate [re°-nŏ-vāt, রে°নোভেইট্‌] *v.t.* to make new again, পুনরায় নূতন করা ; to make as if new, প্রায় নূতনের মত করা ; to regenerate, পুনর্জন্ম দান করা, নবরূপ বা নবতেজ দান করা । *p.* & *p. pt.* **re°nŏvātėd** । *n.* **renŏvā°tion** । **re°nŏvātor** । [*re-*, L. *novare*=to make new]

renown [ri-nown°, রিনাউন্‌°] *n.* fame, খ্যাতি, যশঃ (a city of great *renown*) । *a.* **rėnow°ned** —যশস্বী, খ্যাতিমান্‌ ; খ্যাত (peace hath her victories no less *renowned* than war) । [OF. *renon*<L. *re-*, *nomen*=a name]

rent₁—see **rend.**

rent₂ [rent, রেন্‌ট্‌] *n.* an opening made by rending, ফাড়িয়া ফেলার দরুন ফাঁক, ফাড় ; fissure, ফাটল, বিদার । [obs. *v. rent*, var. of *rend*]

rent₃ [rent, রেন্‌ট্‌] (1) *n.* periodical payment for use of another's property, (জমি প্রভৃতির) খাজনা বা কর, (বাড়ি প্রভৃতির) ভাড়া । (2) *v.t.* to hold or occupy by paying rent, ভাড়া বা খাজনার বদলে অধিকার করা অথবা ভোগদখল করা ; খাজনা করা বা ভাড়া লওয়া ; to let or hire out for a rent, খাজনাবিলি করা বা ভাড়া দেওয়া । (3) *v.i.* to be let at rent, খাজনাবিলি হওয়া বা ভাড়ায় খাটা । *n.* **ren°tal**—ভাড়া-দেওয়া বাড়ির ভাড়া-বাবদ বা খাজনাবিলি-করা জমির খাজনা-বাবদ মোট বাৎসরিক আয় প্রভৃতির তালিকা ; খাজনা, ভাড়া । *n.* **rent°-charge**—দলিলে মালিক ছাড়াও অন্য ব্যক্তিকে খাজনার যে অংশ দিবার নির্দেশ থাকে । *n.* **rent°-collector**—খাজনা বা ভাড়া আদায়কারী । *n.* **rente** [rŭnt, রাঁট্‌] বার্ষিক আয়, সালিয়ানা, (in *pl.*) সরকারী লগ্নী-পত্র বা তাহার বাবদ আয় । [F.] । *n.* **ren°ter**—যে ব্যক্তি খাজনা বা ভাড়া দেয় ; যে ব্যক্তি (সম্পত্তি) ভাড়ায় খাটায় বা খাজনাবিলি করে ; খাজনাবিলি-করা জমিভোগকারী; থিয়েটারের অংশীদার । *a.* & *adv.* **rent°-free°**—খাজনা বা ভাড়া দিতে হয় না এমন অথবা এমনভাবে, নিষ্কর বা নিষ্করভাবে । **rent-free land**—লাখেরাজ জমি । *n.* **rentier** [ron°-ti-ā, র°-টিএই] বিভিন্ন বাণিজ্যে বা সরকারী লগ্নীপত্রে অর্থবিনিয়োগ যাহার রোজগারের উৎস । [F.] *n.* **rent°-rōll**—ভাড়া-দেওয়া বাড়ির ভাড়ার বা খাজনাবিলি-করা জমির খাজনার তালিকা ; সম্পত্তি হইতে মোট বাৎসরিক আয় । [F. *rente*<L. *reddita* (*pecunia*)=money paid]

renumber [re°-num°-ba(r), রী°নাম্‌°ব্যা(র্)] *v.t.* to give a number changing the old one, পুরাতন সংখ্যা বদলাইয়া নূতন সংখ্যা দেওয়া । [*re-*, see *number*]

renunciation [ri-nun-si-ā°sh(a)n, রিনান্‌সিএই°শ্‌ন্‌] *n.* act of renouncing, দাবি-পরিত্যাগ, আনুষ্ঠানিকভাবে পরিত্যাগ ; self-resignation, self-denial, আত্মোৎসর্গ, আত্মত্যাগ । [see *renounce*]

reoccupy [rē°-o°kū-pī, রী°অ°কিউপাই] *v.t.* to occupy again, পুনরধিকার করা বা পুনরায় দখল করা । *n.* **rēoccūpā°tion** । [*re-*, see *occupy*]

reopen [rē°-ō-p(a)n রী°ঔ°প্‌ন্‌] *v.t.i.* to open again, পুনরায় খোলা । [*re-*, see *open*]

reorganize [rē°-aw(r)°-ga-nīz, রী°অ্যা(র্)°গ্যানাইজ্‌] *v.t.i.* to organize again, পুনরায় সংগঠিত

করা বা হওয়া। *n.* **re°organizā°tion** । [*re-*, see *organize*]

reorient [rē°-ō°-ri-ant, রী°ঔ°রিঅ্যান্ট্] *a.* rising again, পুনরুদীয়মান। *v.t.* **reorientate** [rē°-aw-ri-en°-tāt, রী°অ্যরিএন্°টেইট্] পুনরায় পূর্বমুখ করা, পুনরায় স্পষ্ট করিয়া সম্পর্কাদি নির্দেশ করা। *n.* **rē°orientā°tion** । [*re-*, see *orient*]

rep₁ [rep, রেপ্] *n.* see **reprobate.**

rep₂, repp [rep, রেপ্] *n.* textile fabric used in upholstery, শয্যাদি প্রস্তুত-কার্যে ব্যবহৃত মোটা কাপড় বিশেষ। [?]

rep₃ [rep, রেপ্] *n.* see **rėpertory.**

rep₄ [rep, রেপ্] *n.* see **reputation.**

repaid—see **repay.**

repair₁ [ri-pā(r)°, রিপেয়্যা(র্)°] *v.i.* to go, (কোথাও) যাওয়া ; to resort (to), to have recourse (to), আশ্রয় বা সাহায্য লওয়া, অবলম্বন করা। [OF. *repairer*=to return to a haunt<LL. *repatriare*=to return to one's country]

repair₂ [ri-pā(r)°, রিপেয়্যা(র্)°] (**1**) *v.t.* to mend, মেরামত করা, জীর্ণসংস্কার করা, সারান ; to make amends for, ক্ষতিপূরণ করা ; to rectify, সংশোধন করা ; to recover, (প্রধানতঃ স্বাস্থ্যাদি) পুনরুদ্ধার করা। (**2**) *n.* mending, মেরামত, জীর্ণসংস্কার (in need of *repair*, beyond *repair*, etc.); supply of loss, ক্ষতিপূরণ, পূরণ ; rectification, সংশোধন ; recovery, পুনরুদ্ধার। *a.* **rėpāir°-able, reparable** [re°-pa-rabl, রে°প্যার্যাব্‌ল্] মেরামত ক্ষতিপূরণ সংশোধন বা পুনরুদ্ধার করা যায় অথবা করিতে হইবে এমন। *n.* **rėpāir°er** । *n.* **rėpāir°-shop**—মেরামত করার দোকান বা কারখানা। *n.* **reparability** [rep(a)-ra-bi°-li-ti, রেপ্‌র্যাবি°লিটি] । *n.* **reparā°tion**—same as **repair** (*n.*) ; (*pl.*) পরাজিত রাষ্ট্রকর্তৃক ক্ষতিপূরণ। [OF. *reparer*<L. *re-*, *parare*=to prepare]

reparable, reparation—see **repair.**

repartee [re-pŭ(r)-tē°, রেপ্যা(র্)টী°] *n.* a witty ready retort, সঙ্গে-সঙ্গে মুখের মত সরল জবাব (good at *repartee*) । [OF. *repartie*<*repartir* =to set out again<L. *re-*, *partiri*=to divide]

repast [ri-pŭst°, রিপাস্ট্°] *n.* a meal, (প্রধানতঃ বিশেষ ধরনের) খাদ্য (luxurious or rich *repast*) । [OF.<LL, *re-*, *pascere*=to feed]

repatriate [rē-pa°-tri-āt, রীপ্যা°ট্রিএইট্] (**1**) *v.t.* to restore or send back to one's native land, স্বদেশে পুনর্বাসিত করা বা পুনঃপ্রেরণ করা, (পরি.) প্রত্যাবাসন করান। *p.* & *p. pt.* **rēpa°-triātėd** । (**2**) *n.* a repatriated person, স্বদেশে পুনঃপ্রেরিত বা পুনর্বাসিত ব্যক্তি। *n.* **rēpatriā°-tion** । [LL. *repatriare*]

repay [rē-pā°, রীপেই°] *v.t.i.* to pay back or in return, পরিশোধ করা বা বিনিময়ে দেওয়া ; to recompense, ক্ষতিপূরণ করা বা দেওয়া ; to retaliate, প্রতিশোধ লওয়া। *p.* & *p. pt.* **rēpaid°** । *a.* **rēpay°able**—পরিশোধ্য, বাকী। *n.* **rēpay°-ment** । [*re-*, see *pay*]

repeal [ri-pēl°, রিপীল্°] (**1**) *v.t.* to revoke, প্রত্যাহার করা ; to annul, বাতিল করা, নাকচ করা, রদ করা। (**2**) *n.* act of repealing, প্রত্যাহার, বাতিল, নাকচ, রদ। *a.* **repea°lable**—প্রত্যাহার-যোগ্য, বাতিলযোগ্য, রদযোগ্য। [OF. *rapeler* (*v.*)]

repeat [ri-pēt°, রিপীট্°] (**1**) *v.t.i.* to say or do again, পুনরায় বলা বা করা ; to recite or rehearse, আবৃত্তি করা। (**2**) *v.i.* to recur, পুনরায় ঘটা বা হওয়া। (**3**) *n.* a repetition, পুনরাবৃত্তি ; (পরি.) পুনর্বৃত্তি ; a thing repeated, পুনরাবৃত্ত বিষয় বা বস্তু। *a.* **rėpea°tėd**—পুনঃকৃত ; পুনরনুষ্ঠিত ; পুনরাবৃত্ত। *adv.* **rėpea°tėdly**—বারংবার। *n.* **rėpea°ter**—repeat-এর সকল অর্থে এবং—একবার গুলি ভরিয়া কয়েকবার ছোড়া যায় এমন বন্দুক বা রিভলভার (অধুনা সচ. **automatic** or **self-loading rifle,** etc.) ; সেকেলে ঘড়িবিশেষ ; ইহাতে প্রয়োজন হইলে ঘণ্টাধ্বনির পুনরাবৃত্তি করান যায়। *n.* see **repetition** । **(to) repeat oneself**—স্বীয় উক্তির পুনরাবৃত্তি করা। **repeating watch**—যে ঘড়ি প্রয়োজনমত ঘণ্টানাদের পুনরাবৃত্তি করে। **repeating rifle**—যে রাইফেল বন্দুকে একবার গুলি ভরতি করিয়া বারবার গুলি ছোড়া যায়। **will not bear repeating**—(ভাষাদি সম্পর্কে) অশালীনতা-হেতু পুনরাবৃত্তি করা যায় না। [F. *repeter*<L. *re-₃*, *petere*=to seek]

repel [ri-pel°, রিপেল্°] *v.t.* to drive off or back, তাড়াইয়া দেওয়া বা তাড়াইয়া ফিরাইয়া দেওয়া ; to repulse, ব্যাহত বা প্রতিহত করা, হঠাইয়া দেওয়া ; to be repulsive or distasteful to, (কাহারও পক্ষে) বিরক্তিকর বা অরুচিকর হওয়া। *pr. pt.* **rėpe°lling** । *p.* & *p. pt.* **rėpe°lled** । *a.* & *n.* **repellent** [ri-pe°-lant, রিপে°ল্যান্ট্] বিতাড়ক, বিতাড়নে সমর্থ (বস্তু) ; বিরক্তিকর বা অরুচিকর। [L. *repellere*]

repent [ri-pent°, রিপেন্ট্°] (**1**) *v.i.* to express regret or sorrow for what one has done or left undone, কৃতকর্মের জন্য বা কিছু করা যায় নাই বলিয়া দুঃখ করা, অনুশোচনা করা ; to feel contrition, পাপের জন্য অনুতপ্ত হওয়া। (**2**) *v.t.* to affect (one's own self) with contrition (নিজেকে) অনুতপ্ত করান ; to regret or be sorry for, (কিছুর জন্য) খেদ করা। *n.* **repen°tance**—অনুশোচনা ; অনুতাপ। *a.* **rėpen°tant**—অনুশোচক ; অনুতাপী ; অনুতাপপূর্ণ। *adv.* **repen°-tantly** । [OF. *repentir*<L. *paenitere*=to cause to repent]

repercussion [rē-pa(r)-ku°sh(a)n, রীপ্যা(র্)-কা°শ্‌ন্] *n.* driving back, বিতাড়ন, তাড়াইয়া ফিরাইয়া দেওয়া ; recoil after impact, প্রত্যাহতি ; echo, প্রতিধ্বনি ; reflection, প্রতিবিম্ব ; a return stroke, নিক্ষিপ্ত বল প্রভৃতিকে উল্টা বা ফিরতি দিকে মার, প্রত্যাঘাত ; reaction, প্রতিক্রিয়া। [*re-*$_2$, see *percuss*]

repertoire [re°-pa(r)-twu(r), রে°প্যা(র্)টোআ] *n.* a performer's or company's repertory, অভিনেতা বা অভিনেত্রী বা অভিনয়কারী দলের অভিনয়ের পার্ট নাটক প্রভৃতির সংগ্রহ। [F.]

repertory [re°-pa(r)t(a)ri, রে°প্যা(র্)ট্রি] *n.* a storehouse, ভাণ্ডার; a stock of pieces that a person or company is ready to perform, অভিনেতা অভিনেত্রী বা অভিনয়কারী দলের পার্ট নাটক প্রভৃতির সংগ্রহ (coll. abbr. **rep**$_3$)। **repertory theatre**—অভিনেয় নাটকাদির ভাণ্ডারবিশিষ্ট বা স্থায়ী অভিনয়কারী দলবিশিষ্ট রঙ্গালয় যেখানে একই নাটক বহু রজনীতে অভিনয়ের প্রয়োজন হয় না। [LL. *repertorium* < L. *re-*, *perire* = to find]

repetition [re-pi-ti°sh(a)n, রেপিটি°শ্ন্] *n.* act of repeating, পুনরাবৃত্তি, পুনরনুষ্ঠান, পুনঃসজ্বটন, (পরি.) পুনর্বৃত্তি ; recital from memory, মুখস্থ বলা ; a thing repeated, পুনরাবৃত্ত পুনরনুষ্ঠিত বা পুনঃসজ্বটিত বিষয় অথবা বস্তু ; a copy, নকল, প্রতিলিপি, প্রতিরূপ। *a.* **repeti°tious, repeti°tive**। [L. *repetitio* = to repeat—cp. *repeat.*]

repine [ri-pīn°, রিপাইন্°] *v.i.* to fret, অস্থির হওয়া, খিট্‌খিট্ করা ; to feel discontent, অতৃপ্তিবোধ করা, অসন্তুষ্ট বা ক্ষুব্ধ হওয়া (to *repine* at misfortune); to murmur, অসন্তোষভরে বিড়্‌বিড়্ করা ; to grudge, ঈর্ষা করা। [see *pine*]

replace [rē-plās°, রীপ্লেইস্°] *v.t.* to put back, পুনরায় পূর্বস্থানে রাখা ; to provide with a substitute for, বদলি দেওয়া, (পরি.) প্রতিস্থাপন করা ; to be a substitute for, (কাহারও) স্থানাপন্ন বা বদলি হওয়া। *p.* & *p. pt.* **rēpla°ced**। *n.* **rēplā°ceable**। *n.* **rēplace°ment**। *n.* **rēplā°cer**। [*re-*, *place*]

replay [rē-plā°, রীপ্লেই°] *v.t.* to play (a match) again, (কোন খেলা) পুনরায় খেলা। *n.* **re°play**—কোন খেলার পুনরনুষ্ঠান। [*re-*$_2$, *play*]

replenish [ri-ple°-nish, রিপ্লে°নিশ্] *v.t.* to fill again, পুনরায় পূর্ণ বা ভরতি করা ; to fill completely, পরিপূর্ণভাবে ভরা ; to stock abundantly, প্রচুরপরিমাণে ভাণ্ডারজাত বা সঞ্চিত করা ; to people, জনপূর্ণ করা। *p.* & *p. pt.* **rèple°nished**। *n.* **rèple°nishment**। [OF. *replenir* < *replein* < *re-*, L. *plenus* = full]

replete [*ri-*plēt°, রিপ্লীট্°] (**1**) *a.* full, পূর্ণ ; completely filled, পরিপূর্ণ ; abounding, প্রাচুর্যপূর্ণ। (**2**) *v.t.* to fill to repletion, পরিপূর্ণ করা। *p.* & *p. pt.* **rèplē°tėd**। *n.* **rèplēte°nėss, rèplē°tion**—replete-এর সকল অর্থে, এবং—(চিকি.) রক্তাধিক্যরোগ। [*re-*, L. *plere* = to fill]

replica [re°-pli-ka, রে°প্লিক্যা] *n.* a duplicate, (প্রধানতঃ মূল শিল্পী কর্তৃক অঙ্কিত) চিত্রাদির প্রতিলিপি ; a facsimile, অবিকল প্রতিরূপ ; (mus.) a passage repeated or marked for repetition, (সঙ্গীতে) পুনরাবৃত্ত অংশ বা পুনরাবৃত্তির জন্য চিহ্নিত অংশ। [It. < L. *replicare* = to repeat]

replication [re-pli-kā°sh(a)n, রেপ্লিকেই°শ্ন্] *n.* a reply, জবাব, উত্তর ; the plaintiff's answer to the defendant's plea, প্রতিবাদীর কৈফিয়তের উত্তরে বাদীর সওয়াল ; folding back, ভিতর দিকে ভাঁজ ; a copy, প্রতিলিপি ; reproduction, প্রতিলিপি তৈয়ারী ; repetition, পুনরাবৃত্তি। [L. *replicare* = to fold back]

reply [ri-plī°, রিপ্লাই°] (**1**) *v.t.* to say in answer, উত্তরে বলা, উত্তর দেওয়া। (**2**) *v.i.* to answer, উত্তর করা ; to act in return, অন্যের কাজের উত্তরস্বরূপ কোন কাজ করা (to *reply* by gun-firing) ; to answer a defendant's plea, (আইনে) প্রতিবাদীর জবাবের উত্তর দেওয়া (the advocate rose to *reply* for his client)। (**3**) *n.* an answer, উত্তর, জবাব ; a reaction, প্রতিক্রিয়া। [OF. *replier* < L. *replicare*]

repopulate [rē°-po°-pūlāt, রী°প°পিউলেইট্] *v.t.* to populate again, পুনরায় ঘনবসতি বসান। [*re-*, see *populate*]

report [ri-paw(r)t°, রিপা(র্)ট্°] (**1**) *v.t.* to bring back (as an answer, news, or account), (উত্তর সংবাদ বিবরণ প্রভৃতি) লইয়া ফিরিয়া আসা ; to give an account of, (কিছুর) বিবরণ পেশ করা, রিপোর্ট দেওয়া ; to state in an account, বিবরণমধ্যে উল্লেখ করা, বিবরণে বলা ; to relate, বর্ণনা করা ; to circulate publicly, জনসাধারণ্যে প্রচার করা ; to write down or take notes of, (প্রধানতঃ সংবাদপত্রের জন্য বক্তৃতা ঘটনা প্রভৃতির) বিবরণ (সংক্ষেপে) লিখিয়া লওয়া ; to inform against, (কাহারও বিরুদ্ধে) সংবাদাদি জানান ; to lay a charge against, (কাহারও) বিরুদ্ধে অভিযোগ করা ; to echo back, (কিছুর) প্রতিধ্বনি করা ; (refl.) to make personal announcement of the presence and readiness of, (নিজের) উপস্থিতি ও কর্মারম্ভের জন্য প্রস্তুতি ঘোষণা করা। (**2**) *v.i.* to make a statement, বিবৃতি দেওয়া ; to write an account of occurrences, ঘটনাদির বিবরণ লেখা ; to make report, বিবরণ বা রিপোর্ট দেওয়া ; to act as a reporter, খবরের কাগজে সংবাদদাতারূপে কাজ করা। (**3**) *n.* a statement of facts, বিবরণী, রিপোর্ট, (পরি.) প্রতিবেদন, প্রতিবেদ ; general talk, জনসাধারণ্যে চল্‌তি আলোচ্য বিষয় ; rumour, গুজব ; hearsay, জনশ্রুতি; explosive noise, বিস্ফোরণের শব্দ, নিনাদ (*report* of a gun)। *n.* **reportage** [re-paw(r)-tŭz°, রেপা(র্)-টাজ়্°] সংবাদপত্রাদিতে (বিশেষ কায়দায়) লিখিত সংবাদ-সরবরাহ। *adv.* **report°ėdly**—উক্তি অনুযায়ী। *n.* **rėpor°ter**—report (*v.*)-এর সকল অর্থে, বিশেষতঃ সংবাদপত্রের সংবাদদাতা বা সংবাদ-সংগ্রাহক। **(to) report progress**—কাজের অগ্রগতির বিবরণ বা হিসাব দেওয়া। **reported**

speech—(ব্যাক.) পরোক্ষ উক্তি, সংবাদপত্রাদির প্রতিবেদনে পুরুষ কাল প্রভৃতির যথাযথ পরিবর্তনসহ বক্তার পরোক্ষ উক্তি। [OF. *reporter*<*re-*, L. *portare* =to carry]

repose [ri-pōz°, রিপৌজ্°] (**1**) *v.t.* to lay to rest, বিশ্রামার্থ স্থাপন করা বা শোয়াইয়া দেওয়া (to *repose* one's head on a pillow); to give rest to, বিশ্রাম দেওয়া; to place, স্থাপন করা (to *repose* one's confidence in a person or thing); to place in trust, বিশ্বাসপূর্বক জ্ঞাপন করা বা স্থাপন করা বা প্রদান করা। (**2**) *v.i.* to rest, বিশ্রাম করা; to be still, স্থির বা নিশ্চল হওয়া; to rely, আস্থাবান্ হওয়া। (**3**) *n.* rest, বিশ্রাম; quiet, নীরবতা; stillness, স্থিরতা, নিশ্চলতা; serenity, শান্তি, প্রশান্তি; ease of manner, আচার-আচরণের স্বাচ্ছন্দ্য (his manner lacks *repose*); (poet.) a place of rest, (কাব্যে) বিশ্রামস্থান। *a.* **repōse°ful**—বিশ্রামপূর্ণ; স্থির, নিশ্চল; শান্ত, প্রশান্ত। [F. *reposer*<LL. *repauser* —meaning influenced by obs. *v. reposit*= to lay up]

repository [ri-po°-zit(a)-ri, রিপ্°জ়িট্রি] *n.* a receptacle or place for storing up things, জিনিসপত্র জমাইয়া রাখার পাত্র বা স্থান, আধার, ভাণ্ডার বা গুদাম। [L. *repositorium*]

repot [rē-pot°, রীপট্°] *v.t.* to put (a plant) in another (usu. larger) pot, (গাছ) এক টব হইতে তুলিয়া অন্য (সচ. বৃহত্তর) টবে রোপণ করা। *p.* & *p. pt.* **repottėd**। [*re-*, see *pot*]

repoussé [ra-pōō°-sā, র‍্যাপূ°সেই] (**1**) *a.* raised in relief by hammering from behind, উল্টা পিঠে হাতুড়ি ঠুকিয়া উঁচু করা। (**2**) *n.* such a work of art, উক্ত প্রকার কারুকার্য। [F.]

reprehend [re-pri-hend° রেপ্রিহেন্ড্°] *v.t.* to find fault with, দোষ ধরা; to reprove, ভর্ৎসনা করা। *n.* **reprėhen°der**। *a.* **reprėhen°sible**—নিন্দনীয়, দূষণীয়। *n.* **reprehension** [re-pri-hen°sh(a)n, রেপ্রিহেন্°শ্‌ন্] ভর্ৎসনা, তিরস্কার; নিন্দা। *a.* **reprėhen°sive**—ভর্ৎসনাপূর্ণ, নিন্দাপূর্ণ। [L. *repraehendere*]

represent [re-pri-zent°, রেপ্রিজ়েন্ট্°] *v.t.* to exhibit the image of, (কিছুর) প্রতিরূপ বা প্রতিমূর্তি প্রদর্শন করান (this painting *represents* a caravan); to serve or use as a symbol for, (কিছুর) প্রতীক হওয়া বা প্রতীকরূপে ব্যবহার করা (logogram *represents* a word in shorthand); to stand for, (কিছুর) স্থানাপন্ন হওয়া; to correspond to, (কিছুর) অনুরূপ হওয়া; to describe or depict, বর্ণনা করা বা অঙ্কন করা; to play the role of, (কোন) ভূমিকায় অভিনয় করা (Sisirkumar *represented* Alamgir on the stage); to present to mind, মনের সামনে তুলিয়া ধরা; to give out, to make to appear, প্রকাশ করা, প্রকাশিত করা; to allege, ঘটনা, অভিযোগাদি বিবৃত করা; to be a substitute, deputy, member of parliament, etc., for, (কাহারও) প্রতিনিধিত্ব করা। **reprėsentā°tion**—represent-এর সকল অর্থে, এবং—প্রতিনিধি, প্রতিরূপ, প্রতিমা, ছবি, অভিনয়, কল্পিত চিত্র, কল্পমূর্তি; (অভিযোগাদির) বিবৃতি; প্রতিনিধিত্ব। **proportional representation**—প্রতিনিধি নির্বাচনের এমন ব্যবস্থা যে সংখ্যালঘু গোষ্ঠীরা নিজেদের সংখ্যার অনুপাতে নির্বাচিত হইতে পারে, সমানুপাতিক প্রতিনিধিত্ব। **reprėsen°tative**—(**1**) *a.* গোষ্ঠীর নিদর্শনস্বরূপ বা আদর্শস্বরূপ, নমুনাস্বরূপ; প্রতিরূপস্বরূপ; প্রতিমূর্তিস্বরূপ, প্রতীকস্বরূপ; প্রদর্শনমূলক, বর্ণনমূলক, অঙ্কনমূলক; প্রদর্শক, বর্ণনাকর, অঙ্কনকর; প্রতিনিধিত্বকর; প্রতিনিধিত্বমূলক (*representative* government)। (**2**) *n.* নমুনা, নিদর্শ; গোষ্ঠীগত বৈশিষ্ট্যপূর্ণ ব্যক্তি বা বস্তু, গোষ্ঠীর আদর্শ; প্রতিনিধি, দালাল, দূত, উত্তরাধিকারী প্রভৃতি। *adv.* **reprėsen°tatively**। [*re-*, see *present*]

repress [ri-pres°, রিপ্রেস্°] *v.t.* to restrain, সংযত করা (to *repress* an impulse); to keep down, দমাইয়া রাখা; to put down, দমন করা (to *repress* a revolt)। *p.* & *p. pt.* **rėpre°ssed**। *a.* **rėpre°ssible**—অবদম্য। *n.* **repression** [ri-pre°sh(a)n, রিপ্রে°শ্‌ন্]। *a.* **rėpre°ssive**—উৎপীড়নকর; দমাইয়া রাখে বা দমন করে এমন (*repressive* measures)। [*re-*, L. *primere*=to press]

reprieve [ri-prēv°, রিপ্রীভ্°] (**1**) *v.t.* to delay the execution of, (কাহারও) দণ্ডদানকার্য বিলম্বিত করান বা স্থগিত রাখা; (fig.) to give respite to, (আল.—দুঃখকষ্টাদি হইতে) সাময়িক অবসর বা রেহাই দেওয়া; to rescue, উদ্ধার করা; to redeem, মুক্তিপণের বিনিময়ে উদ্ধার করা। (**2**) *n.* a suspension of criminal execution, দণ্ডদানকার্যের স্থগন, (পরি.) দণ্ডব্যাক্ষেপ; interval of ease or relief, (দুঃখকষ্টাদি হইতে) সাময়িক আরাম বা রেহাই। [AF. *repris*=taken back ?]

reprimand [re°-pri-mŭnd, রে°প্রিমান্ড্] (**1**) *n.* a severe reproof, কঠোর তিরস্কার বা ভর্ৎসনা। (**2**) *v.t.* to reprove severely, (প্রধানতঃ জনসাধারণের সমক্ষে বা সরকারিভাবে) কঠোর তিরস্কার করা। [F. *reprimande(r)*<L. *re-*, *primere* =to press]

reprint [rē°-print°, রী°প্রিন্ট্°] (**1**) *v.t.* to print again or anew, পুনরায় বা নূতন করিয়া মুদ্রিত করা অথবা ছাপান। (**2**) *n.* a new or later impression, নূতন বা পরবর্তিকালীন মুদ্রণ অথবা নূতন করিয়া মুদ্রিত লিপি গ্রন্থ প্রভৃতি। [*re-*, see *print*]

reprisal [ri-prī°z(a)l, রিপ্রাই°জ়্ল্] *n.* seizure in retaliation, প্রতিশোধমূলকভাবে বা প্রতিহিংসামূলকভাবে অধিকার অথবা জবরদখল, প্রত্যধিকার; retaliation, প্রতিশোধগ্রহণ, প্রতিহিংসা। [F. *reprise*=to recapture]

reproach [ri-proch°, রিপ্রৌচ্°] (1) *v.t.* to cast in one's teeth. দাঁত খিঁচান ; to upbraid or scold severely, তীব্র নিন্দা বা ভর্ৎসনা করা। *p. & p. pt.* **repro°ached** | (2) *n.* severe upbraiding or scolding, তীব্র নিন্দা বা ভর্ৎসনা ; disgrace, মানহানি, অখ্যাতি, কলঙ্ক ; a source of disgrace or shame, (কাহারও পক্ষে) কলঙ্ককর বা লজ্জাকর ব্যাপার অথবা বিষয়। **above** or **beyond reproach**—নিন্দা-তিরস্কারের ঊর্ধ্বে বা উহা ছাড়াইয়া, নিষ্কলঙ্ক, ত্রুটিহীন। *a.* **reproa°chable**—তীব্র নিন্দার বা ভর্ৎসনার যোগ্য ; কলঙ্ককর, লজ্জাকর। *a.* **reproach°ful**—তীব্র নিন্দাপূর্ণ বা ভর্ৎসনাপূর্ণ ; তীব্র নিন্দাকর বা ভর্ৎসনাকর; (অপ্র.) নিন্দনীয়, ভর্ৎসনার যোগ্য ; কলঙ্ককর। *adv.* **reproach°fully** | [F. *reprocher* < L. *reprobare* to reprove]

reprobate [re°-prŏ-bāt, রে°প্রোবেইট্] (1) *a.* base, হীন বা অবিশুদ্ধ ; rejected by God, ঈশ্বর কর্তৃক পরিত্যক্ত বা প্রত্যাখ্যাত ; hardened by sin, পাপকর্ম করিতে করিতে সমস্ত কোমলতা ও মনুষ্যত্ব হারাইয়া ফেলিয়াছে এমন ; depraved, দুশ্চরিত্র বা হতচ্ছাড়া। (2) *n.* a base metal, অবিশুদ্ধ ধাতু ; a reprobate person, হীন ব্যক্তি, ঈশ্বর কর্তৃক বর্জিত বা প্রত্যাখ্যাত ব্যক্তি, যে ব্যক্তি পাপকর্ম করিতে করিতে সমস্ত কোমলতা ও মনুষ্যত্ব হারাইয়া ফেলিয়াছে, দুশ্চরিত্র বা হতচ্ছাড়া লোক। (also *sl. abbr.* **rep**$_1$)। (3) *v.t.* to reject, প্রত্যাখ্যান করা বা বাতিল করা ; to disapprove, অনুমোদন না করা ; to censure, নিন্দা করা ; to disown, (নিজের বলিয়া) মানিয়া লইতে অস্বীকার করা, ত্যাজ্য করা। *p. & p. pt.* **re°prŏba°ted** | *n.* **reprŏba°tion**—reprobate (*v.*)-এর সকল অর্থে, এবং—চিরনরকযন্ত্রণা ভোগের জন্য পূর্বাহ্নিক (অর্থাৎ মৃত্যুর পূর্বেই প্রদত্ত) নির্দেশ ; নিতান্ত হতচ্ছাড়া অবস্থা। [L. *reprobare* (*v.*)]

reproduce [rē-pra-dūs°, রীপ্র্যাডিউস্°] *v.t.* to produce again, পুনরুৎপাদন করা ; to produce an exact copy of, অবিকল প্রতিরূপ বা প্রতিমূর্তি উৎপাদন করা অথবা নির্মাণ করা ; to form anew, নূতন করিয়া গঠন করা, পুনর্গঠন করা ; to propagate, বংশবৃদ্ধি বা সংখ্যাবৃদ্ধি করা (to *reproduce* one's kind)। *p. & p. pt.* **rēprodū°ced** | *n.* **rēprodū°cer** | *n.* **rēprodū°cible**—যাহা পুনরায় উৎপাদন গঠন বা নির্মাণ করা যায়। *n.* **rēprodūcibi°lity** | *n.* **reproduction** [rē-pra-duk°sh(a)n, রীপ্র্যাডাক্°শ্ন্] reproduce-এর সকল অর্থে, এবং—পুরুষপরম্পরাগত জীবনধারা ; পুনর্জন্ম, সংজনন, (পরি.) জনন ; অবিকল প্রতিলিপি বা প্রতিমূর্তি ; পুনরায় বর্ণন অঙ্কন অভিনয় প্রদর্শন প্রভৃতি। **asexual reproduction**—অযৌন জনন। **vegetative reproduction**—(পরি.) অঙ্গজ জনন। *a.* **reproductive** [rē-pra-duk°-tiv, রীপ্র্যাডাক্°টিভ্] পুনরুৎপাদী ; অবিকল প্রতিরূপ বা প্রতিমূর্তি উৎপাদন করে এমন ; পুনর্গঠনকর ; বংশবৃদ্ধিকর বা সংখ্যাবৃদ্ধিকর, জন্মদায়ক ; পুনরায় বর্ণনা অঙ্কন অভিনয় প্রদর্শন প্রভৃতি করে এমন। **reproductive cell**—জননকোষ। [*re-*, see *produce*]

reprography [ri-pro°-gra-fi, রিপ্র°গ্র্যাফি] *n.* science of copying documents by photography, আলোকচিত্রের সাহায্যে নথিপত্রের প্রতিলিপি বা নকল প্রস্তুতের বিজ্ঞান বা প্রযুক্তিবিদ্যা। [< *reproduce* + *-graphy*]

reproof [ri-proof°, রিপ্রূফ্°] *n.* rebuke, তিরস্কার ভর্ৎসনা ; blame, দোষারোপ ; censure, নিন্দা ; an expression of blame, দোষারোপপূর্ণ বা ভর্ৎসনাপূর্ণ দৃষ্টি অথবা অভিব্যক্তি (a glance of *reproof*)। [OF. *reprover* < L. *reprobare*—co. *reprobate*]

reprove [ri-proov°, রিপ্রূভ্°] *v.t.* to rebuke, তিরস্কার করা, ভর্ৎসনা করা ; to censure, নিন্দা করা বা দোষারোপ করা। *n.* **repro°ver** | *adv.* **repro°vingly** | [see *reproof*]

reptile [rep°tīl, রেপ্°টাইল্] (1) *a.* creeping, সরীসৃপ ; mean and grovelling, ইতর ও আত্মমর্যাদাজ্ঞানহীন। (2) *n.* a creeping animal, সরীসৃপ প্রাণী ; a mean and grovelling person, ইতর ও আত্মমর্যাদাজ্ঞানহীন ব্যক্তি। *a. & n.* **repti°lian** | [LL. *reptilis* < *repere* = to crawl]

republic [ri-pub°-lik, রিপাব্°লিক্] *n.* (arch.) the state, (আর্ষ.) রাজ্য ; a form of government without a monarch, in which the supreme power is vested in the people, প্রজাতন্ত্র, সাধারণতন্ত্র ; a state so governed, গণরাজ্য। *a.* **repub°lican**—প্রজাতান্ত্রিক ; গণরাজ্যসংক্রান্ত : গণরাজ্যবাদী ; প্রজাতন্ত্রী। **Repub°lican**—(1) *a.* প্রজাতন্ত্রীদলীয়। (2) *n.* প্রজাতন্ত্রের বা প্রজাতন্ত্রী দলের সমর্থক মার্কিন যুক্তরাষ্ট্রের অন্যতম প্রধান রাজনীতিক দলের সদস্য। *n.* **repub°licanism**—প্রজাতান্ত্রিক আদর্শের প্রতি আনুগত্য ও আস্থা। [L. *respublica* = commonwealth]

republish [re°-pub°-lish, রী°পাব্°লিশ্] *v.t.* to publish again, (গ্রন্থাদি) পুনঃপ্রকাশ করা। *p. & p. pt.* **rē°pub°lished** | *n.* **rēpublicā°tion**—পুনঃপ্রকাশ ; পুনঃপ্রকাশিত গ্রন্থাদি। [*re-*$_2$, see *publish*]

repudiate [ri-pū°-diāt, রিপিউ°ডিএইট্] *v.i.* to divorce, বিচ্ছিন্ন করা বা পরিত্যাগ করা ; to reject, প্রত্যাখ্যান করা ; to cast off, ছুড়িয়া ফেলিয়া দেওয়া ; to disown, (নিজের বলিয়া) মানিতে অস্বীকার করা, ত্যাজ্য করা ; to deny, (নিজের দায়িত্ব উক্তি প্রভৃতি) অস্বীকার করা ; to refuse to obey, (কর্তৃত্বাদি) মানিয়া লইতে অস্বীকার করা (to *repudiate* the authority of) ; to refuse to discharge (obligation, debt), (দায় বা ঋণ) অস্বীকার করা। *p. & p. pt.* **repū°diāted** | *n.* **repūdiā°tion** | *n.* **repū°diātor** | [L. *repudiare*]

repugn [ri-pūn°, রিপিউন্°] (1) *v.t.* (poet.) to fight against or oppose, (কাব্যে—কিছুর) বিরুদ্ধে

সংগ্রাম করা বা বিরোধিতা করা। (2) *v.t.i.* to be repugnant to, (কিছুর পক্ষে) বেমানান বিরক্তিকর বিরোধী বা প্রতিকূল হওয়া। *n.* **repugnance** [ripug°-nans, রিপাগ্°ন্যান্স্] বিমুখতা ; বিরক্তি ; বেমানান অবস্থা ; বিরোধিতা, প্রতিকূলতা। *a.* **rėpug°nant**—বিমুখ, বীতরাগ, বিরক্ত ; বেমানান ; বিরোধী, প্রতিকূল। [L. *repugnare*]

repulse [ri-puls°, রিপাল্স্°] (**1**) *v.t.* to drive back, তাড়াইয়া ফিরাইয়া দেওয়া, বিতাড়িত করা, হঠাইয়া দেওয়া ; to beat off, প্রতিহত করা ; to check, ব্যাহত করা, বাধা দেওয়া। *p.* & *p. pt.* **rėpul°sed** । (**2**) *n.* a driving back, বিতাড়ন, হঠাইয়া দেওয়া ; a rebuff, ব্যাহতি, বাধা (to suffer a *repulse*)। *n.* **repulsion** [ri-pul°-sh(a)n, রিপাল্°শ্‌ন্] বিতাড়ন, (পরি.) বিকর্ষণ ; ব্যাহতি ; বিতাড়নশক্তি ; বিকর্ষণশক্তি ; ঘৃণা বা বিরক্তি (to feel *repulsion* for a person)। *a.* **rėpul°sive**—বিতাড়ক, ঘৃণ্য, বীভৎস (*repulsive* sight, appearance, etc.) ; (পরি.) বিকর্ষী। *adv.* **rėpul°sively** । [L. *repellere* (*v.*)]

repute [ri-pūt°, রিপিউট্°] (**1**) *v.t.i.* to account, গণ্য করা। *p.* & *p. pt.* **rėpū°tėd** । (**2**) *n.* general opinion or impression, জনসাধারণের মত বা ধারণা ; attributed character, আরোপিত চারিত্রিক গুণ ; fame, সুখ্যাতি, যশঃ, সুনাম। *a.* **reputable** [re°-pū-table, রে°পিউট্যাব্‌ল্] সুনামপূর্ণ, সুখ্যাতিপূর্ণ ; সম্মানপূর্ণ ; সম্মানজনক ; সাধারণ মত বা ধারণা অথবা আরোপিত চারিত্রিক গুণ অনুযায়ী। *adv.* **re°pūtably** । *n.* **reputation** [re-pu-tā°sh(a)n, রেপিউটেই°শ্‌ন্] (*coll. abbr.* **rep**$_4$) খ্যাতি, (কাহারও বা কিছুর সম্বন্ধে) জনসাধারণের মত বা ধারণা ; সুখ্যাতি, সুনাম, যশঃ। *a.* **rėpū°tėd**—পরিগণিত, খ্যাত ; খ্যাতিমান্। [*re*-, L. *putare*=to reckon]

request [ri-kwest°, রিকোয়েস্ট্°] (**1**) *n.* the asking of a favour, অনুগ্রহ-প্রার্থনা, অনুরোধ (the catalogue of books will be sent on *request*) ; a petition, আবেদন ; a favour asked for, প্রার্থিত অনুগ্রহ বা বস্তু বা বিষয় (a *request* for help)। (**2**) *v.t.* to ask as a favour, (কাহারও) অনুগ্রহ-প্রার্থনা করা (we *request* your presence at the meeting) ; to entreat, অনুরোধ করা, মিনতি করা ; to ask for, প্রার্থনা করা, যাচ্ঞা করা। [OF. *requeste*<L. *requirere* =to require]

requiem [re°-kwi-em, রে°ক্যুইএম্] *n.* a mass for repose of the souls of the dead, মৃতদের আত্মার শান্তির জন্য সমবেত প্রার্থনা ; music for it, উক্ত প্রার্থনাকালে গেয় সঙ্গীত। [L.]

require [ri-kwī(r)°, রিকোয়াইআ্যা(র্)°] *v.t.* to ask, চাওয়া, যাচ্ঞা করা ; to demand, দাবি করা ; to direct, আদেশ করা ; to need or necessitate, প্রয়োজন ঘটান, (কিছুর পক্ষে) আবশ্যক হওয়া (this machine *requires* constant attention)। *n.* **requīre°ment**—প্রয়োজন ; প্রয়োজনীয় বস্তু ; প্রয়োজনীয় বা অবশ্যপূরণীয় শর্ত (to fulfil the *requirements* of law) ; দাবি। [L. *requirere*]

requisite [re°-kwi-zit, রে°ক্যুইজ়িট্] (**1**) *a.* required, necessary, or indispensable, প্রয়োজনীয়, আবশ্যক, অপরিহার্য। (**2**) *n.* a requisite thing, ঐরূপ বস্তু বা বিষয়। *n.* **re°quisitenėss** । [see *require*]

requisition [re-kwi-zi°sh(a)n, রেক্যুইজ়ি°শ্‌ন্] (**1**) *n.* the act of requiring, যাচ্ঞা ; a formal demand or request, বিধিমত দাবি বা অনুরোধ ; a formal call for doing anything, কিছু করার জন্য বিধিমত আহ্বান ; a demand for supply of anything, কিছু সরবরাহের জন্য ফরমাশ ; a written demand, লিখিত ফরমাশ, ফরমাশ-পত্র। (**2**) *v.t.* to demand the supply of, (কিছু) সরবরাহের ফরমাশ দেওয়া বা সরবরাহ দাবি করা ; to obtain by requisitioning, ফরমাশ দিয়া আনান বা লাভ করা ; to seize, (প্রচলিত রীতি বা আইনের ব্যতিক্রম করিয়া) দখল করা (the government *requisitioned* private buildings) ; to call in, (কোন কার্যাদি করার জন্য) ডাকিয়া আনা ; to press into service, বলপূর্বক সৈন্যদলে ভর্তি করা। [see *require*]

requite [ri-kwīt°, রিকোয়াইট্°] *v.t.* to repay, পরিশোধ করা ; to retaliate on, প্রতিশোধ লওয়া। *p.* & *p. pt.* **rėquī°tėd** । *n.* **rėquī°tal**—পরিশোধ ; প্রতিশোধ ; ক্ষতিপূরণ ; পুরস্কার। [*re*-, see *quit*]

re-read [rē°-rēd°, রী°রীড্°] *v.t.* to read over again, পুনরায় পাঠ করা। *p.* & *p. pt.* **re-read** [rē-°red°, রী°রেড্°]। [*re*-, see *read*]

reredos [rēr-a-dos, রীআ্যার্‌অ্যাডস্] *n.* ornamental screen behind a church alter, গির্জার বেদীর পিছনে নকশা-কাটা পরদা। [OF. *areredos* (*arere*=behind, *dos*=back)]

rescind [ri-sind°, রিসিন্ড্°] *v.t.* to cut away, কাটিয়া ফেলা, কাটিয়া বাদ দেওয়া ; to annul, রদ, করা, বাতিল করা ; to abrogate, মুছিয়া ফেলা। *n.* **rescission** [ri-si°z(a)n, রিসি°জ়্‌ন্] কর্তন, কাটিয়া বাদ দেওয়া ; রদকরণ বা বাতিল-করণ ; মুছিয়া ফেলা। [L. *rescindere*]

rescript [rē°-skript, রী°স্ক্রিপ্ট্] *n.* the official answer of a pope or an emperor to any legal question, পোপ্ বা সম্রাট্ কর্তৃক প্রদত্ত আইনগত প্রশ্নের উত্তর ; an edict or decree, অনুশাসন বা আদেশ। [*re*-, L. *scribere*=to write]

rescue [res°kū, রেস্°কিউ] (**1**) *v.t.* to deliver or free, (বিপদ্ বন্দিত্ব দুর্দশা হাজত আক্রমণ প্রভৃতি হইতে) উদ্ধার ত্রাণ বা মুক্ত করা। (**2**) *n.* deliverance, succour, উদ্ধার, ত্রাণ, মুক্তি, ; (arch.) a rescuer or rescuing party, (আর্ষ.) উদ্ধারকর্তা বা উদ্ধারকারী দল। *n.* **rescū°er** । **(to) come** or

go to the rescue, (to) come or **go to a person's rescue**—কাহাকেও বিপদাদি হইতে উদ্ধার করা। **rescue bid**—(ব্রিজ খেলায়) খেলোয়াড়ের জুড়িকে বেকায়দার অবস্থা হইতে বাঁচাইবার জন্য যে ডাক দেওয়া হয়। **rescue home**—(পরি.) উদ্ধারভবন। [OF. *rescouse*<L. *re-, ex-, quatere*=to shake]

research [ri-sa(r)ch°, রিস্যা(র্)চ্°] **(1)** *n.* a careful search, সযত্ন অনুসন্ধান; investigation, তদন্ত; systematic investigation towards development of knowledge, জ্ঞানবর্ধনার্থ বিধিমত অনুসন্ধান, গবেষণা (his *researches* have been largely successful) । **(2)** *v.i.* to make researches, অনুসন্ধান করা বা তদন্ত করা বা গবেষণা করা (to *research* into a problem) । *p.* & *p. pt.* **résear°ched** । *n.* **resear°cher** । [obs. F. *recercher*—cp. *search*]

re-seat [rē°-sēt°, রী°সীট্°] *v.t.* to supply with a new seat, (চেয়ার প্রভৃতিতে) নূতন গদি বেত ইত্যাদি পরান; to sit again, পুনরায় উপবেশন করা। [*re-*, see *seat*]

resell [rē-sel°, রীসেল্°] *v.t.* to sell after buying, ক্রয়ের পরে বিক্রয় করা। *p.* & *p. pt.* **rēsold°** । *n.* **rēsāle** । [*rē-*, see *sell*]

resemble [ri-zemb°l, রিজ়েম্ব্°ল্] *v.t.* to be like, সদৃশ বা সমরূপ হওয়া; (arch.) to compare, তুলনা করা। *n.* **resemblance** [ri-zem°-blans, রিজ়েম্°ব্ল্যান্স্] সাদৃশ্য। *a.* **résemb°ling**—সদৃশ। [OF. *resembler*<L. *re-*, *simulare*=to make like]

resent [ri-zent°, রিজ়েন্ট্°] *v.t.* to take (anything) ill, (কোন ব্যাপারে) ক্ষুব্ধ বা অসন্তুষ্ট বা বিরক্ত হওয়া (he *resented* criticism); to consider as an injury or affront, (কিছুকে নিজের পক্ষে) ক্ষতিকর বা অপমানজনক মনে করা। *a.* **résent°ful**—ক্ষুব্ধ, অসন্তুষ্ট, বিরক্ত। *adv.* **resent°fully, résent°ingly** । *n.* **résent°ment** । [OF. *resentir* L. *re*=in return, *sentire*=to feel]

reserve [ri-za(r)v°, রিজ়্যা(র্)ভ্°] **(1)** *v.t.* to hold back or save up, (ভবিষ্যতে ব্যবহারাদির জন্য) আটকাইয়া বা ধরিয়া বা জমাইয়া রাখা; to retain, ধরিয়া রাখা; to set apart, আলাদা করিয়া রাখা; to book or engage, (প্রধানতঃ পূর্বাহ্ণেই) ভাড়া করা। **(2)** *n.* that which is reserved, আটকাইয়া-রাখা বা ধরিয়া-রাখা বস্তু, সঞ্চিত বা সংরক্ষিত বস্তু; a tract of land reserved for a special purpose, বিশেষ উদ্দেশ্যে সংরক্ষিত জমি বা ভূমি; (in sport) a substitute kept in readiness, (খেলাধুলায়) প্রয়োজনমত নিয়োগার্থ প্রস্তুত-রাখা বদলি খেলোয়াড় বা ক্রীড়াবিদ্; (usu. in *pl.*) troops held in reserve, প্রয়োজনমত যুদ্ধাদিতে নিয়োগার্থ প্রস্তুত অতিরিক্ত বাহিনী; (usu. in *pl.*) force not usually serving but liable to be called up when required, প্রয়োজনমত যুদ্ধাদিতে নিয়োগার্থ নিয়মিত বাহিনীর বহির্ভূত সৈন্যদল (the regulars and the *reserves*); reserved capital, মূলধনের আলাদা করিয়া রাখা অংশ; artistic restraint, সাহিত্য ও শিল্পকলাদিতে ভাষা বর্ণ প্রভৃতি প্রয়োগে সংযম; restrained manner, গাম্ভীর্য; reticence, বাক্‌সংযম, তুষ্ণীম্ভাব; limitation, বাধা, শর্ত, আপত্তি (to accept a statement without *reserve*) । *n.* **réservā°tion** । *adv.* **réser°védly** । *n.* **réser°vist**—অতিরিক্ত বাহিনীভুক্ত সৈনিক। **in reserve**—প্রয়োজনে ব্যবহারের জন্য সংরক্ষিত (to have money *in reserve*) । **without reserve**—সর্বপ্রকার শর্তমুক্ত বা দায়মুক্ত অবস্থায়, বিনা আপত্তিতে। [OF. *reserver*<L. *reservare* (*v.*)]

reservoir [re°-za(r)-vwŭ(r), রে°জ়্যা(র্)ভ্যোআ(র্)] *n.* a receptacle, আধার (প্রধানতঃ বড় পুকুর); a store, ভাণ্ডার। [F.]

reset [rē°-set°, রী°সেট্°] *v.t.* to set again, (অলঙ্কারাদিতে মণিরত্ন প্রভৃতি) পুনঃস্থাপন করা, পুনরায় বসান। *p.* & *p. pt.* **rē°set°** । [*re-*, see *set*]

resettle [re°-set°l, রী°সেট্°ল্] *v.t.i.* to settle again in a new country, (প্রধানতঃ উদ্বাস্তুদের) নূতন দেশে পুনর্বাসিত করা বা হওয়া। *n.* **resett°lement** । [*re-*, *settle*]

reshuffle [re°-shuf°l, রী°শাফ্°ল্] *v.t.* to shuffle again, পুনরায় তাস শাফ্‌ল্ করা; interchange posts of (ministers, etc.), (সচ. মন্ত্রিগণের) পদের অদলবদল, (মন্ত্রিসভার) রদবদল। [*re-*, see *shuffle*]

reside [ri-zīd°, রিজ়াইড্°] *v.t.* to dwell permanently, স্থায়িভাবে বাস করা বা বসবাস করা (to *reside* at or in a place); to be in residence, নির্দিষ্ট (সরকারি) বাসায় (অস্থায়িভাবে) বাস করা; to inhere, অধিষ্ঠান করা (the real authority *resides* in the Prime Minister) । *p.* & *p. pt.* **rési°déd** । *n.* **residence** [re°zid(a)ns, রে°জ়িড্‌ন্স্] বাস, বসবাস (to take up one's *residence* in a newly built house); (সরকারি) বিধিনির্দিষ্ট বাসভবন; বাসভবন; বাসস্থান; অধিষ্ঠান। *n.* **Re°šidency**—উচ্চতর রাজশক্তির প্রতিনিধির বাসভবন বা তৎকর্তৃক শাসিত এলাকা। **re°šident**—**(1)** *a.* বাসকারী বা বসবাসকারী, আবাসিক; স্থায়িভাবে বাসকারী অর্থাৎ ঋতুবদলের সঙ্গে সঙ্গে অন্য দেশে যায় না এমন, অযাযাবর; অধিষ্ঠিত। **(2)** *n.* বাসিন্দা, অধিবাসী; অযাযাবর প্রাণী; পররাজ্যের রাজসভায় উপদেশ বা পরিদর্শনের জন্য প্রেরিত উচ্চতর রাজশক্তির প্রতিনিধি বা মন্ত্রী। *a.* **residential** [re-zi-den°-sh(a)l, রেজ়িডেন্°শ্‌ল্] বাস-সংক্রান্ত; বাসভবন-সংক্রান্ত; বাসের জন্য নির্দিষ্ট (the *residential* area of a town); বাসভবনরূপে ব্যবহার্য। [L. *residere* to sit back]

residua, residual, residuary—see **residuum.**

residuum [re-zi°-dū-am, রেজ়ি°ডিউঅ্যাম্] *n.* a residue, অবশেষ, অবশিষ্টাংশ। *pl.* **reṡi°dūa**। *n.* **residue** [re°-zi-dū, রে°জ়িডিউ] অবশেষ; দেনা-পাওনা মিটানর পর সম্পত্তির বাকি অংশ। **reṡi°dūal**—(**1**) *a.* অবশিষ্ট; বাড়তি। (**2**) *n.* অবশিষ্টাংশ; বাড়তি অংশ। *a.* **reṡi°dūary**—(প্রধানতঃ দেনা-পাওনা মিটানর পর সম্পত্তির) অবশিষ্টাংশ-সম্বন্ধীয় বা তত্তুল্য (*residuary* legatee); যাহা হিসাবে ধরা হয় নাই। [L.]

resign [ri-zīn°, রিজ়াইন্°] (**1**) *v.t.* to yield up, (প্রধানতঃ নিজেকে) সমর্পণ করা (to *resign* oneself to one's fate); to relinquish, (পদাদি) পরিত্যাগ করা (to *resign* one's job); to entrust, (দায়িত্বাদি) অর্পণ করা। (**2**) *v.i.* to give up office, employment, etc., পদত্যাগ করা, কর্মে ইস্তফা দেওয়া (to *resign* from the chairmanship of a company, the cabinet, etc.)। *n.* **resignation** [re-zig-nā°sh(a)n, রেজ়িগ্‌নেই°শ্‌ন্] resign-এর সকল অর্থে, এবং—হাল-ছাড়া ভাব (to accept failure with *resignation*); পদত্যাগপত্র (to hand in or offer or tender one's *resignation*)। *a.* **reṡi°gned**—আত্ম-সমর্পিত; হাল ছাড়িয়া দিয়াছে এমন। *adv.* **reṡi°-gnėdly**। [OF. *resigner* < L. *resignare*=to unseal]

resile [ri-zīl°, রিজ়াইল্°] *v.i.* to recoil, to rebound, ঠিকরাইয়া স্বস্থানে বা স্বাভাবিক অবস্থায় ফিরিয়া আসা। *n.* **resilience** [ri-zi°-li-ans, রিজ়ি°লিঅ্যান্স্], **reṡi°liency**—স্বস্থানে বা স্বাভাবিক অবস্থায় প্রত্যাবর্তন; স্থিতিস্থাপকতা। *a.* **reṡi°lient**—স্বস্থানে বা স্বাভাবিক অবস্থায় প্রত্যাবর্তী; স্থিতি-স্থাপক। [L. *resilire*=to leap back]

resin [re°-zin, রে°জ়িন্] *n.* an adhesive, রজন, জতু। *a.* **re°ṡinous**—লাক্ষা-সংক্রান্ত অথবা জতু-সংক্রান্ত বা তত্তুল্য বা তাহাতে পূর্ণ, (পরি.) লাক্ষিক। [F. *resine* < L. *resina*]

resipiscence [re-si-pi°s(a)ns, রেসিপি°সন্স্] *n.* return to good sense, (আত্মদোষাদি স্বীকার-পূর্বক) পুনরায় সুবুদ্ধিপরায়ণ হওয়া। [L. *resipiscentia* < *re-*, *sapere*=to be wise]

resist [ri-zist°, রিজ়িস্‌ট্°] *v.t.i.* to strive against, (কিছুর বা কাহারও) বিরুদ্ধে সংগ্রাম করা; to oppose, বিরোধিতা করা; to withstand, রোধ করা, ঠেকাইয়া রাখা, সহ্য করা (some kind of glass *resists* heat); to repel, প্রতিহত করা (to *resist* an attack, the enemy, etc.); to hinder, বাধা দেওয়া, প্রতিবন্ধক হওয়া। *n.* **reṡis°-tance**—বিরুদ্ধে সংগ্রাম; বিরোধিতা, বাধাদান; বাধা; রোধ; সহন; প্রতিবন্ধক; সংগ্রাম করার বা বাধাদানের বা প্রতিহত করার বা সহ্য করার ক্ষমতা। **(to take) line of least resistance**—সবচেয়ে সহজতম উপায় বা পন্থা অবলম্বন করা। **resistance movement**—প্রতিরোধ আন্দোলন। *a.* **reṡis°tant**—বিরুদ্ধে সংগ্রাম করে বা বিরোধিতা করে এমন; সহ্য করে এমন; প্রতিহত করে এমন; বাধাদায়ক। *a.* **rėsist°lėss**—অপ্রতিরোধ্য; বাধা দেয় না বা প্রতিরোধ করে না এমন; বাধাদানে বা প্রতিরোধে অশক্ত। [L. *resistere*=to make to stand against]

resole [rē°-sōl°, রী°সৌল্°] *v.t.* to furnish with a new sole, (জুতায়) নূতন তলি লাগান। [*re-*, see *sole*]

resoluble [re°-za-lūbl, রে°জ়্যালিউব্‌ল্] *a.* capable of being resolved, উপাদানাদি পৃথক্ করা যায় এমন, বিশ্লেষণসাধ্য। [LL. *resolvere*=to loosen]

resolute [re°-za-lōōt, রে°জ়্যালূট্] *a.* having a fixed purpose, স্থিরসঙ্কল্প; determined, স্থির-নিশ্চিত; firm, দৃঢ়, অটল। *adv.* **re°ṡolutely**। *n.* **re°ṡoluteness**। [see *resoluble*]

resolution [re-za-lōō°sh(a)n, রেজ়্যালূ°শ্‌ন্] *n.* act of resolving, সঙ্কল্পাদি-গ্রহণ; analysis, বিশ্লেষণ, উপাদানসমূহকে পৃথক্করণ; (পরি.) বিভাজন; melting, গলান; solution, (সমস্যাদির) সমাধান (*resolution* of doubt, problem, question, etc.); state of being resolved, বিশ্লিষ্ট বা গলিত অবস্থা; fixed determination, স্থির বা দৃঢ় সঙ্কল্প; a proposal passed formally at a meeting, সভায় গৃহীত সিদ্ধান্ত (to pass a *resolution* against corruption); disappearance of inflammation, (ফোঁড়া প্রদাহ প্রভৃতির) স্ফীতিলোপ। [see *resoluble*]

resolve [ri-zolv°, রিজ়ল্‌ভ্°] (**1**) *v.t.i.* to separate or be separated into components, (কিছুর) উপাদানসমূহ পৃথক্ করা বা পৃথক্ হওয়া, বিশ্লিষ্ট করা বা হওয়া (to *resolve* a problem into its elements); to break up, ভাঙ্গিয়া ফেলা বা ভাঙ্গিয়া যাওয়া; to melt, গলান বা গলা; to pass as a resolution, (সিদ্ধান্ত) গ্রহণ করা; to determine, স্থিরসঙ্কল্প করা (to *resolve* to do or on doing a thing)। (**2**) *v.t.* to transform, রূপান্তরিত করা; to solve (সমস্যাদির) সমাধান করা; to dissipate, (ক্রমশঃ) ক্ষয় করা; to dissolve, (ফোঁড়া প্রভৃতি) মিলাইয়া দেওয়া। (**3**) *n.* that which is resolved, বিশ্লিষ্ট বস্তু; resolution, অটল বা স্থির সঙ্কল্প (to keep one's *resolve*)। *a.* & *n.* **reṡol°vent**—ফোঁড়া প্রভৃতি মিলাইয়া দেয় এমন ভেষজ বা ঔষধ। [see *resoluble*]

resonance [rez°-nans, রেজ্°ন্যান্স্] *n.* resounding, অনুরণন, অনুনাদ। *n.* **reṡo°nant**—অনুনাদী। *v.i.* **re°ṡonāte**—অনুনাদ বা অনুরণন সৃষ্টি করা। **re°ṡonātor**—অনুরণন দ্বারা ধ্বনি-বিবর্ধক যন্ত্রবিশেষ। [L. *resonare*]

resort [ri-zaw(r)t°, রিজ়্য(র্)ট্°] (**1**) *v.i.* to go, যাওয়া; to have recourse, (আশ্রয় বা সাহায্যের জন্য) অবলম্বন করা; to frequent, প্রায়ই যাওয়া। (**2**) *n.* resorting, গমন, অবলম্বন, বারবার আনা-গোনা; a place much frequented, যে স্থানে

প্রায়ই যাওয়া হয় (health, holiday, seaside, summer, etc. *resort*); a thing or means resorted to, অবলম্বিত বস্তু উপায় প্রভৃতি। **as a last resort, in the last resort**—শেষ উপায় হিসাবে। [OF. *resortir*=to rebound]

resound [ri-zownd°, রিজ়াউন্‌ড্‌°] *v.t.i.* to echo, প্রতিধ্বনিত করা বা হওয়া; to sound with reverberation, অনুরণিত করা বা হওয়া। *a.* **rėsound°ing**—সন্দেহাতীত, আলোড়ন-সৃষ্টিকারী (a resounding success)। *adv.* **rėsound°ingly**। [*re-*$_2$, see *sound*]

resource [ri-saw(r)s°, রিস্য(র্‌)স্‌°] *n.* a source or possibility of assistance, সাহায্যের উপায় বা সম্ভাবনা; an expedient, উপায়; (in *pl.*) means of raising money, অর্থ-সংগ্রহের উপায়; means of support, সঙ্গতি, সংস্থান; means of occupying or amusing oneself, স্বীয় অবসর-যাপনের বা চিত্তবিনোদনের উপায় (to leave a person to his own *resources*); resourcefulness, উপায়াদি উদ্ভাবনে দক্ষতা বা তৎপরতা (he is full of *resource*)। *a.* **rėsource°ful**—উপায়াদি উদ্ভাবনে দক্ষ বা তৎপর। *adv.* **resource°fully**। *a.* **rėsource°lėss**—নিরুপায়। [OF. *ressource* <L. *resurgere*=to rise again]

respect [ri-spekt°, রিস্পেক্‌ট্‌°] **(1)** *v.t.* to heed, গ্রাহ্য করা; to relate to, (কিছুর সহিত) সম্বন্ধযুক্ত হওয়া; to show esteem or honour, শ্রদ্ধা করা বা সম্মান করা; to refrain from violating, লঙ্ঘন না করা, অমান্য না করা। **(2)** *n.* a relation, সম্পর্ক, সম্বন্ধ; regard or esteem, শ্রদ্ধা; consideration, গ্রাহ্যকরণ; (usu. in *pl.*) a greeting or message of esteem, শ্রদ্ধা-নিবেদন, শ্রদ্ধাজ্ঞাপক বার্তা বা পত্র (give him my *respects*)। *a.* **rėspec°table**—শ্রদ্ধেয়, সম্মানার্হ; বেশকিছু, মোটামুটি ভালই (a *respectable* amount); মাঝারিরকম; বেশ সচ্ছল; শোভন ও ভদ্র আচরণবিশিষ্ট; খ্যাতিমান্‌। *n.* **rėspectabi°lity**। *adv.* **rėspec°tably**। *n.* **respec°ter**। **no respecter of persons**—(ধনবান বা ক্ষমতাশীল) ব্যক্তিবিশেষের প্রতি পক্ষপাতশীল নহে এমন। *a.* **rėspect°ful**—সশ্রদ্ধ। *adv.* **respect°fully**। *prep.* **rėspec°ting**—বিষয়ে, সম্পর্কে (legislation *respecting* child marriage); (এই) বিবেচনায়। *a.* **rėspec°tive**—স্ব স্ব, নিজ নিজ। *adv.* **rėspec°tively**—যথাক্রমে। **in respect of**—(এই) বিষয়ে বা ব্যাপারে। **(to) pay one's respects**—সৌজন্যমূলক সাক্ষাৎ করা। **(to) pay one's last respect**—(কাহারও) অন্ত্যেষ্টিক্রিয়ায় যোগদান করা। **with respct to**—সম্বন্ধে, সম্পর্কে। **without respect to**—গ্রাহ্য না করিয়া, আমল না দিয়া। [*re-*, L. *spicere*= to look]

respire [ris-pɪ(r)°, রিস্‌পাইঅ্যা(র্‌)°] **(1)** *v.i.* to breathe, শ্বাস বা নিঃশ্বাস-প্রশ্বাস লওয়া। **(2)** *v.t.* to breathe in or out, শ্বাসের সহিত গ্রহণ বা ত্যাগ করা। *n.* **respiration** [res-pa-rā°sh(a)n, রেস্‌প্যারেই°শ্‌ন্‌] শ্বসন; শ্বাস; নিঃশ্বাস-প্রশ্বাস; শ্বাস ফেলার বা দম নিবার অবসর। *n.* **respirator** [res°-pa-rā-ta(r), রেস্‌°প্যারেইট্যা(র্‌)] নিঃশ্বস্ত বায়ুশোধক গ্যাসবাষ্প-প্রতিরোধী মুখোশ। *a.* **rėspīr°able**—(বায়ু গ্যাস প্রভৃতি সম্পর্কে) শ্বসনযোগ্য। *a.* **rėspī°ratory**—শ্বসন-সংক্রান্ত বা শ্বাস-সংক্রান্ত অথবা উহার সহায়ক (*respiratory* organs)। [L. *respirare*]

respite [res°-pɪt, রেস্‌°পাইট্‌] **(1)** *n.* temporary cessation, সাময়িক নিবৃত্তি বা বিরাম; interval of rest, মধ্যবর্তী অবসর; (in law) temporary suspension of the execution of a criminal, (আইনে) অপরাধীকে দণ্ডদানকার্য সাময়িকভাবে মুলতবী রাখা, (পরি.) বিলম্বন। **(2)** *v.t.* to grant a respite to, সাময়িক বিরাম দেওয়া; to delay, বিলম্বিত করান। *p. & p. pt.* **res°pitėd**। [OF. *respit*<L. *respectus*=respect]

resplendent [ri-splen°-dant, রিস্‌প্লেন্‌°ড্যান্‌ট্‌] *a.* shining brilliantly, উজ্জ্বলভাবে দীপ্তিশীল; gorgeously bright or splendid, জাঁকালরকম উজ্জ্বল বা চমৎকার। *n.* **rėsplen°dence, rėsplen°dency**—উজ্জ্বল দীপ্তি বা দীপ্তিশীলতা; জাঁকাল ঔজ্জ্বল্য বা চমৎকারিত্ব। *adv.* **rėsplen°dently**। [L. *resplendere*=to shine intensely]

respond [ri-spond°, রিস্পন্‌ড্‌°] *v.i.* to answer, জবাব দেওয়া, উত্তর করা; to react, প্রতিক্রিয়ান্বিত হওয়া (illness *responds* to treatment)। **rėspon°dent**—**(1)** *a.* উত্তরদায়ক; প্রতিবাদী; প্রতিক্রিয়াশীল। **(2)** *n.* উত্তরদাতা; (প্রধানতঃ বিবাহ-বিচ্ছেদের মামলায়) প্রতিবাদী। *n.* **rėsponse°**—উত্তর, জবাব (he made no *response*, in *response* to your advertisement); (খ্রিস্টীয় গির্জায়) প্রার্থনাকালে পুরোহিতের প্রশ্নে উপাসকমণ্ডলী কর্তৃক প্রদেয় বাঁধা জবাব; প্রতিক্রিয়া, প্রতিবেদন, সাড়া (his appeal met with no *response*)। *a.* **rėspon°sive**—প্রতিবেদনশীল; উত্তরপূর্ণ। [L. *respondere*= to promise in return]

responsions [res-pon°-shunz, রেস্‌পন্‌°শান্‌জ়্‌] *n.* (*pl.*) the first of the three examinations for the B.A. degree at Oxford, অক্সফোর্ড বিশ্ববিদ্যালয়ের স্নাতক ডিগ্রী লাভ করিতে হইলে দেয় তিনটি পরীক্ষার প্রথম পরীক্ষা (অধুনা অবলুপ্ত)।

responsible [ri-spon°-sable, রিস্পন্‌°স্যাব্‌ল্‌] *a.* liable, answerable, দায়ী, কৈফিয়ত দিতে বাধ্য (*responsible* to a person for a thing); involving responsibility, দায়িত্বপূর্ণ (a *responsible* task); capable of rational conduct, বিচারবুদ্ধি প্রয়োগ করিয়া কাজ করিতে সমর্থ; respectable-looking, ভদ্রদর্শন, সম্ভ্রান্ত আকৃতিসম্পন্ন। *n.* **rėsponsibi°lity**—দায়িত্ব (a position of trust and *responsibility*)। **on one's own responsibility**—নিজ দায়িত্বে। *adv.* **rėspon°sibly**। [see *respond*]

responsive—see **respond**.

rest$_1$ [rest, রেস্ট্] *n.* remainder, অবশিষ্টাংশ ; all others, বাকী সমস্ত ব্যক্তি বা প্রাণী বা বিষয়। **and the rest, and all the rest of it**—এবং (এতদ্‌সম্পর্কিত) উল্লেখ্য অন্য সমস্ত কিছু। **for the rest**—অপরাপর বা অবশিষ্ট বিষয় সম্পর্কে। [F. *reste* <L. *restare*=to remain]

rest$_2$ [rest, রেস্ট্] (1) *n.* repose, বিশ্রাম ; sleep, ঘুম (a good night's *rest*) ; tranquillity, শান্ত অবস্থা ; a prop, অবলম্বন, যাহার উপরে ভর বা হেলান দেওয়া হয় (a *rest* for a telephone-receiver) ; motionlessness, নিশ্চলতা (in a state of motion or *rest*) ; a pause, সাময়িক নিবৃত্তি ; an interval of silence, সাময়িক নীরবতা। (2) *v.i.t.* to repose or give repose to, বিশ্রাম করা বা বিশ্রাম দেওয়া ; to sleep or cause to sleep, ঘুমান বা ঘুম পাড়ান ; to be or keep at ease, আরাম করা বা আরাম দেওয়া ; to be or make still, নিশ্চল হওয়া বা করান ; to be supported or give support to, অবলম্বন পাওয়া বা দেওয়া, ভর বা ঠেস দেওয়া অথবা দেওয়ান (the roof *rests* on the four walls, he *rests* his elbow on the table) ; to have foundation, or to base, ভিত্তির উপরে স্থাপিত হওয়া বা স্থাপন করা, অধিস্থাপিত হওয়া বা করান ; to rely, নির্ভর করা। (3) *v.t.* to settle, স্থির হইয়া বসা, স্থির হওয়া ; to remain, থাকা। *n.* **rest°-cūre**—বিশ্রাম বা ঘুমের ব্যবস্থাদ্বারা আরোগ্য। *a.* **rest°ful**। *adv.* **rest°fully**। *n.* **rest°fulness**। *n.* **rest°house**—ভ্রমণকারীদের জন্য বিশ্রামভবন, পান্থনিবাস। *n.* **res°ting-plāce**—বিশ্রামস্থান ; সিঁড়ির পাদদেশ বা গোড়া। *a.* **rest°-léss**—বিশ্রামহীন ; অবিরাম ; অস্থির ; অস্বচ্ছন্দ ; নিরবসর। *adv.* **rest°léssly**। *n.* **rest°lessnéss**। *n.* **rest°-room**—বিশ্রামকক্ষ। **at rest**—নিশ্চল, স্থির, বিশ্রামরত ; শান্ত ; অবিচলিত ; মৃত। **(to) be laid to rest**—কবরে শায়িত হওয়া, সমাহিত হওয়া। **(to) go** or **retire to rest**—ঘুমাইতে যাওয়া। **(to) rest on one's oars**—সাময়িকভাবে নৌকা চালান বা অন্য কোন কাজ বন্ধ রাখা। **(to) set (a person's) mind at rest**—কাহারও মন নিশ্চিন্ত বা ভারমুক্ত করা। [OE. *r(a)est*—cp. G. *rast*]

restate [rē-stat°, রীস্টেট্°] *v.t.* state or express again or in a different way, পুনরায় বিবৃত বা প্রকাশ বা ভিন্নরূপে বলা। *n.* **rēstate°-meht**। [*rē-*, see *state*]

restaurant [res°-t(a)rawn, রেস্ট্°র্যাঁ] *n.* a place where meals may be had, বসিয়া খাইবার ব্যবস্থাযুক্ত খাবারের দোকান, রেস্তরাঁ। *n.* **res°tau-rant-car**—যাত্রীদের জন্য ভোজনব্যবস্থাপূর্ণ রেল-কামরা। *n.* **restaurateur** [res-to-rata(r), রেস্‌-টর‍্যাটা্যা(র্)] রেস্তরাঁর মালিক বা পরিচালক, রেস্তরাঁ-ওয়ালা। [F.]

restitution [res-ti-tū°sh(a)n, রেস্‌টিটিউ°শ্‌ন্] *n.* restoration, পূর্বাবস্থায় আনয়ন, প্রকৃত মালিককে প্রত্যর্পণ ; reparation, ক্ষতিপূরণ। **restitution of conjugal rights**—(মামলা) স্বামীস্ত্রীর সম্পর্ক পুনঃস্থাপন। [L. *restituere*= to set up again]

restive [res°-tiv, রেস্°টিভ্] *a.* unwilling to go forward, (প্রধানতঃ ঘোড়া-সম্বন্ধে) অগ্রসর হইতে অনিচ্ছুক ; unmanageable, বশ মানান যায় না এমন, অবাধ্য ; fidgety, restless, অস্থির, অশান্ত। *adv.* **res°tively**। *n.* **res°tivenéss**। [OF. *restif* <L. *restare*=to rest]

restock [rē°-stok°, রী°স্টক্°] *v.t.* to put fresh stock into, (ভাণ্ডার আধার প্রভৃতি) পুনরায় (মাল-পত্রাদিতে) পূর্ণ করা। *p.* & *p. pt.* **rē°stocked**। [*re-*, see *stock*]

restore [ri-staw(r)°, রিস্টা(র্)°] *v.t.* to repair, মেরামত করা, (নষ্টস্বাস্থ্যাদি) পুনরুদ্ধার করা ; to bring, put or give back, পুনরানয়ন পুনঃস্থাপন বা প্রত্যর্পণ করা (to *restore* stolen property) ; to make good, ক্ষতিপূরণ করা ; to reinstate, পুনরধিষ্ঠিত করা (to *restore* an employee to his former position) ; to bring back to a former state, পূর্বাবস্থায় ফিরাইয়া আনা। *a.* **res-tor°able**। *n.* **restŏra°tion**—restore-এর সকল অর্থে, এবং—রাজতন্ত্রের পুনঃপ্রতিষ্ঠা বা রাজপদে পুনঃস্থাপন। *n.* **Restŏrā°tion**—ইংল্যান্ডের সিংহাসনের Stuart-রাজবংশের পুনঃপ্রতিষ্ঠা (১৬৬০ খ্রিষ্টাব্দ) ; উক্ত পুনঃপ্রতিষ্ঠার আমল। **restorative** [ris-to°ra-tiv, রিস্‌ট°র‍্যাটিভ্] (1) *a.* নষ্ট স্বাস্থ্য ও শক্তির পুনরুদ্ধারক। (2) *n.* উক্ত গুণসম্পন্ন ঔষধ, (পরি.) বৃংহণ। [OF. *restorer* <L. *restaurare*]

restrain [ri-strān°, রিস্ট্রেইন্°] *v.t.* to hold back, টানিয়া বা ধরিয়া বা আটকাইয়া রাখা ; to control, নিয়ন্ত্রিত বা সংযত করা ; to repress, দমন করা। *n.* **réstrai°ner**। *n.* **réstraint°**—টানিয়া বা ধরিয়া বা আটকাইয়া রাখা ; নিয়ন্ত্রণ, সংযমন ; দমন ; টানিয়া বা ধরিয়া বা আটকাইয়া রাখা অবস্থা ; নিয়মিত সংযমিত বা দমিত অবস্থা ; বাধা ; দমনকর শাসন ; সাহিত্য ও শিল্পে ভাষা বর্ণনা বর্ণপ্রয়োগ প্রভৃতিতে সংযম ; স্বাধীনতার অভাব ; তূষ্ণীম্ভাব, গাম্ভীর্য। **without restraint**—বাধানিষেধ বা নিয়ন্ত্রণ ব্যতিরেকে। [OF. *restraindre* <L. *restringere*]

restrict [ri-strikt°, রিস্ট্রিক্ট্°] *v.t.* to limit, সীমাবদ্ধ করা, গণ্ডী বাঁধিয়া দেওয়া। *a.* **réstric°téd**—সীমাবদ্ধ। *n.* **restric°tion**—সীমাবদ্ধকরণ ; অনতিক্রম্য গণ্ডী ; বাধা। *a.* **réstric°tive**—নিয়ন্ত্রক, সীমাবদ্ধকর (*restrictive* measures)। *adv.* **res-tric°tively**। [L. *restringere*]

result [ri-zult°, রিজ়াল্ট্°] (1) *v.i.* to follow as a consequence, পরিণত হওয়া, ফলস্বরূপ উদ্ভূত হওয়া ; to terminate, পর্যবসিত হওয়া (to *result* in failure)। (2) *n.* consequences, পরিণাম,

ফল ; outcome, উদ্ভূত বস্তু (to announce the *results* of an examination) ; product of calculation, হিসাবের বা অঙ্কের ফল। **resul°tant**—(**1**) *a.* পরিণতিস্বরূপ বা ফলস্বরূপ (উদ্ভূত), (পরি.) লব্ধ; মিশ্রণের বা মিলনের ফলে উদ্ভূত। (**2**) *n.* একাধিক শক্তির মিলনজাত শক্তি বা সুর ; মিশ্রণের বা মিলনের ফল; (পরি.) লব্ধি। *adv.* **resul°tingly**। [L. *resultare*=to leap back]

resume₁ [ri-zūm°, রিজ়িউম্°] *v.t.i.* to get back, পুনরায় গ্রহণ করা; to reoccupy, পুনরধিকার করা; to begin again, পুনরারম্ভ করা। *n.* **resumption** [ri-zum(p)°sh(a)n, রিজ়াম্°শ্‌ন্] পুনর্গ্রহণ ; পুনরধিকার ; পুনরারম্ভ। *a.* **resump°tive**—পুনর্গ্রাহী ; পুনরধিকারক ; পুনরারম্ভকর। [L. *resumere*]

rèsumè₂ [re°-zū-mā, রে°জ়িউমেই] *n.* a summary, সারসংক্ষেপ। [F.]

resumption, resumptive—see **resume₁**.

resurgent [ri-su(r)°j(a)nt, রিসা(র্)°জ়ন্ট্] *a.* rising again, পুনরুদীয়মান, পুনরুত্থানরত। *n.* **rèsur°gence**—পুনরুদয়, পুনরুত্থান। [L. *resurgere* =to rise again]

resurrect [re-za-rekt°, রেজ়্যারেক্ট্°] *v.t.* to restore to life, পুনরুজ্জীবিত করা ; to revive, পুনরভ্যুদয় ঘটান (to *resurrect* an old custom) ; to disinter, (মৃতদেহাদি) কবর খুঁড়িয়া তোলা। *n.* **resurrec°tion**। **Rèsurrec°tion**—যিশুখ্রিষ্টের কবর হইতে পুনরুত্থান ; (খ্রিষ্টধর্মানুসারে) শেষবিচারের দিনে মৃত ব্যক্তিদের আত্মাসমূহের কবর হইতে পুনরুত্থান। [L. *resurgere*=to rise again]

resuscitate [ri-su°-si-tāt, রিসা°সিটেইট্] *v.t.i.* to revive, পুনরুজ্জীবিত, পুনরভ্যুদিত করান বা হওয়া। *p.* & *p. pt.* **rèsus°citātèd**। *n.* **rèsuscitā°tion**। *a.* **rèsu°scitātive**—পুনরভ্যুদিত করায় বা হয় এমন। [L. *resuscitare*]

ret [ret, রেট] *v.t.* to rot flax, jute, etc. by soaking or exposing to moisture, শন পাট প্রভৃতি জাগ দেওয়া। *pr. pt.* **rett°ing**। *p.* & *p. pt.* **rett°ed**। *n.* **re°ttery**—শন পাট প্রভৃতি জাগ দেওয়ার জায়গা। [akin to *rot*]

retable [ri-tā°-bl, রিটেই°ব্‌ল্] *n.* a shelf behind an altar, (গির্জায়) বেদীর পশ্চাৎস্থিত তাক। [L. *retabulum*<*retrotabulum*=rear table]

retail [rē°-tāl, রী°টেইল্] (**1**) *n.* sale in small quantities, খুচরা বিক্রয়। (**2**) *a.* of such sale, খুচরা বিক্রয়ের (*retail* dealers, department, prices, etc.)। (**3**) *adv.* by retail, খুচরা বিক্রয়-দ্বারা (do you sell wholesale or *retail*)। *v.t.* **retail°**—খুচরা বিক্রয় করা ; বিশদভাবে বর্ণনা করা। *n.* **retai°ler**। [OF.=piece cut off]

retain [ri-tān°, রিটেইন্°] *v.t.* to keep, রাখা ; to hold back, ধরিয়া বা আটকাইয়া রাখা ; to hold in possession, অধিকারে রাখা ; to keep in mind, মনে বা স্মরণে রাখা (he *retains* the memories of his childhood days) ; to keep up, বজায় রাখা (he is eighty but still fully *retains* the powers of all his limbs) ; to employ, বেতন দিয়া (স্বীয় কার্যে) নিযুক্ত রাখা, (বিশেষতঃ) অগ্রিম পারিশ্রমিক দিয়া (আইনজীবীকে) নিযুক্ত করা। *n.* **retai°ner**—retain-এর সকল অর্থে, এবং—পোষ্য ব্যক্তি ; অধিকারদান ; প্রয়োজন হইলে সাহায্যগ্রহণ বাবদ ব্যারিস্টারকে প্রদত্ত আগাম পারিশ্রমিক। [F. *retenir*<L. *retinere*]

retake [rē°-tāk, রী°টেইক্] (**1**) *v.t.* to take again, পুনর্গ্রহণ করা ; to recapture, পুনরধিকার করা। *p.* **rè°took°**। *p. pt.* **rètā°ken**। (**2**) *n.* a second photographing or photograph, পুনর্বার আলোকচিত্র গ্রহণ বা গৃহীত আলোকচিত্র। [*re-₂*, see *take*]

retaliate [ri-ta°-li-āt, রিট্যা°লিএইট্] (**1**) *v.t.* to requite, পরিশোধ করা ; to inflict in return, প্রতিশোধস্বরূপে নিগ্রহ করা। (**2**) *v.i.* to return like for like, (প্রধানতঃ শত্রুতাসাধনার্থ) প্রাপ্ত বস্তু ফিরাইয়া দেওয়া, সমুচিত প্রতিশোধ বা প্রতিহিংসা লওয়া। *p.* & *p. pt.* **rèta°liātèd**। *n.* **rètaliā°tion**। *a.* **rèta°liative, rèta°liatory**। [L. *retaliare*]

retard [ri-tu(r)d°, রিটা(র্)ড্°] *v.t.i.* to slow down, বেগ হ্রাস করান বা হওয়া; to delay, বিলম্ব করান বা করা। *n.* **rètardā°tion**। [L. *retardare*]

retch [rēch, রীচ্] (**1**) *v.i.* to make a motion of vomiting, বমনার্থ মুখ বিকৃত করা, ওআক তোলা। *p.* & *p. pt.* **rē°tched**। (**2**) *n.* such a motion, উক্ত মুখবিকৃতি, ওআক। [OE. *hraecan* <*hraca*=a hawking]

retell [rē°-tel°, রী°টেল্°] *v.t.* to tell again, পুনরায় বলা। *p.* & *p. pt.* **rē°told°**। [*re-*, see *tell*]

retention [ri-ten°sh(a)n, রিটেন্°শ্‌ন্] *n.* act or power of retaining, রক্ষা বা রক্ষণশক্তি, ধরিয়া বা আটকাইয়া রাখা অথবা রাখার ক্ষমতা, ধারণ বা ধারণ-ক্ষমতা, অধিকারে রাখা বা রাখার ক্ষমতা ; memory, স্মৃতি বা স্মৃতিশক্তি ; (med.) inability to void, (চিকি.) মলমূত্রাদি ত্যাগে অক্ষমতা। *a.* **rèten°tive**—রক্ষাকর ; ধরিয়া বা আটকাইয়া রাখে এমন; ধারণ করে এমন ; অধিকারে রাখে এমন ; স্মরণে রাখে এমন ; নাছোড়বান্দা। *adv.* **rèten°tively**। *n.* **rèten°tivenèss**। [L. *retentio*—*cp. retain*]

rethink [rē°-thingk°, রী°থিংক্°] *v.t.* to think about again, পুনরায় চিন্তা করিয়া দেখা ; to reconsider, পুনর্বিবেচনা করা। *p.* & *p. pt.* **rē-thought** [rē°-thawt°, রী°থ্যট্°]। [*re-*, see *think*]

reticent [re°-tis(a)nt, রে°টিস্‌ন্ট্] *a.* reserved স্বল্পভাষী, সংযতবাক্, (মুখ-) চাপা। *n.* **re°ticence**—স্বল্পভাষিতা, বাক্‌সংযম। [L. *reticere*=to be silent]

reticle [re°-ticl, রে°টিক্‌ল্] *n.* a fine network, সূক্ষ্ম জালির ন্যায় গঠিত বস্তু। *a.* **reti°cūlar** । [L. *reticulum*]

reticulate [re-ti°-kū-lāt, রেটি°কিউলেইট্] *v.t.i.* to form into, or form a network, জালবৎ বয়ন করা বা বিজড়িত হওয়া। *a.* **reti°cūlātėd, reti°cūlate**—জালাকার, (পরি.) জালক। *n.* **reti°cūlā°tion**—জালবৎ বয়ন বা আকৃতি। *n.* **re°ticūle**—দূরবীনাদির কাচে সূক্ষ্ম সূক্ষ্ম সূত্রে বা রেখায় বোনা জাল; জালের ন্যায় বোনা ক্ষুদ্র থলি। [L. *reticulum*=a small net]

retina [re-°ti-na, রে°টিন্যা] *n.* the layer of the eye, অক্ষিপট। *pl.* **re°tinas, retinæ** [re°-ti-nē, রে°টিনী]। [LL.]

retinue [re°-ti-nū, রে°টিনিউ] *n.* a suite of attendants, (বড়লোকের) অনুচরবৃন্দ বা লোক-লশকর; a suite of train, দল, বর্গ। [F. *fem.* of *retenir*—cp. *retain*]

retire [ri-tī°(r)°, রিটাই°অ্যা(র্)°] **(1)** *v.i.t.* to withdraw, অপসৃত হওয়া বা করা, সরিয়া যাওয়া বা সরাইয়া লওয়া; to retreat, or cause to retreat, হঠিয়া যাওয়া বা হঠাইয়া দেওয়া, পশ্চাদপসরণ করা বা করান; to recede, or cause to recede, প্রত্যাবর্তন করা বা করান; to withdraw from office. profession, business, etc. পদ কর্ম ব্যবসায় প্রভৃতি হইতে অবসর গ্রহণ করা বা করান; to go or cause to go into seclusion or to bed, নির্জনে বা ঘুমাইতে যাওয়া অথবা পাঠান। **(2)** *n.* a signal to retreat, পশ্চাদপসরণের সঙ্কেত। **(to) retire into oneself**—(কাহারও সহিত মেলামেশা না করিয়া) আপন চিন্তায় বিভোর বা নিবিষ্ট থাকা। **(to) retire to bed**—(শয্যায়) ঘুমাইতে যাওয়া। *a.* **rėtīred°**—retire(*v.*)-এর সকল অর্থে, এবং—নির্জন, নিঃসঙ্গ। **retired list**—যুদ্ধকার্য হইতে অবসরপ্রাপ্ত কিন্তু কিছু বেতনভোগী সেনাপতি বা উচ্চপদস্থ সামরিক কর্মচারীদের তালিকা। **retired pay**—উক্ত সেনাপতিদিগকে প্রদেয় বেতন। *n.* **rėtīre°ment**—অবসর গ্রহণ (to go into *retirement*)। [F. *retire* (*v.*)]

retold—see **retell.**

retort [ri-taw(r)t°, রিটা(র্)ট্°] **(1)** *v.t.* to throw back, প্রতিক্ষেপণ করা; to requite, (সমুচিত) প্রতিশোধ গ্রহণ করা। **(2)** *v.t.i.* to answer in retaliation, প্রতিশোধ-গ্রহণার্থ সমুচিত জবাব দেওয়া; to answer sharply or wittily, মুখের মত বা বুদ্ধিমানের মত জবাব দেওয়া। **(3)** *n.* retaliation, (সমুচিত) প্রতিশোধ; a sharp or witty answer, মুখের মত সমুচিত জবাব (to make a fitting *retort*); a vessel used in distillation, বক্রকণ্ঠ পাতনযন্ত্রবিশেষ, (পরি.) বকযন্ত্র। *a.* **rėtor°tėd**—বক্রকণ্ঠ; প্রতিক্ষিপ্ত। *n.* **retor°tion**—সমুচিত উত্তর; বক্রকরণ; প্রতিশোধ। [*re-*, L. *torquere*=to twist]

retouch [rē°-tuch°, রী°টাচ্°] **(1)** *v.t.* to touch up, (চিত্র রচনা প্রভৃতির) উন্নতিসাধনার্থ পুনরায় তুলি বোলান বা কাটাকুটি করা বা ঘষামাজা করা, পরিমার্জন করা। *p.* & *p. pt.* **rē°tou°ched** । **(2)** *n.* an act of touching up, পরিমার্জন। [*re-*, see *touch*]

retrace [ri-trās° রিট্রেইস্°] *v.t.* to trace back to source, পথরেখা অনুসরণপূর্বক (কিছুর) উৎসে ফিরিয়া যাওয়া (to *retrace* one's steps); to run over with the eye or in the mind, চোখ বুলাইয়া বা মনে মনে ভাবিয়া (কিছুর) গোড়ায় ফিরিয়া যাওয়া। *p.* & *p. pt.* **rėtrā°ced** । [*re-*, see *trace*]

retract [ri-trakt°, রিট্র্যাক্ট্°] *v.t.i.* to draw back, ফিরাইয়া আনা বা আসা; to withdraw, (প্রতিশ্রুতি উক্তি প্রভৃতি) প্রত্যাহার করা; to draw in or back, ভিতরে টানিয়া লওয়া (a snail *retracts* its horns); to revoke, (আদেশাদি) বাতিল করা; to unsay, (পূর্বের উক্তি প্রভৃতি) অস্বীকার করা; (in chess) to revoke, (দাবাখেলায়—চাল) ফিরাইয়া লওয়া। *a.* **rėtra°ctable, rėtrac°tile** । *n.* **rėtractā°tion, rėtrac°tion** । *n.* **rėtrac°tor** । [L. *retrahere*, and partly L. *retractare*]

retranslate [rē°trŭns-lāt°, রী°ট্রান্‌স্‌লেইট্°] *v.t.* to translate back into the original language, পুনরায় মূল ভাষায় অনুবাদ করা। *p.* & *p. pt.* **rėtranslātėd** । *n.* **re°translā°tion** । [*re-*, see *translate*]

retread [rē°-tred°, রী°ট্রেড্°] *v.t.* to furnish (an old tyre) with a new tread, (পুরান চাকায় বিশেষতঃ রবারের চাকায়) নূতন দাঁত লাগান। [*re-*, see *tread*]

retreat [ri-trēt°, রিট্রীট্°] **(1)** *n.* a withdrawal, অপসরণ, হঠিয়া যাওয়া; an withdrawal of an army, শত্রুসান্নিধ্য হইতে বা বিপজ্জনক স্থান হইতে সৈন্যবাহিনীর পশ্চাদপসরণ; (mil.) a signal for withdrawal or for retirement to quarters, (সাম.) পশ্চাদপসরণের বা সেনানিবাসে প্রত্যাবর্তনের নির্দেশপূর্ণ সঙ্কেত; retirement, নিভৃতে বিশ্রাম; temporary retirement for religious meditation, ধর্মচিন্তার জন্য সাময়িকভাবে নিভৃতে বাস; a place of seclusion or shelter, নির্জন আবাস বা আশ্রয়। **(2)** *v.i.* to withdraw, অপসৃত হওয়া বা হঠিয়া যাওয়া; to beat a retreat, পশ্চাদপসরণ করা; to retire, নিভৃতে যাওয়া, বাস করা বা বিশ্রাম করা; to recede, ফিরিয়া যাওয়া। **(to) beat a retreat**—পশ্চাদপসরণ করা, হঠিয়া আসা; কার্যাদি ত্যাগ করিয়া হঠিয়া আসা। **(to) make good one's retreat**—নিরাপদে হঠিয়া বা সরিয়া আসা। [OF. *retret(e)*=withdrawn <L. *retrahere* (*v.*)]

retrench [ri-trensh°, রিট্রেন্‌শ্°] **(1)** *v.t.* to cut off or down, ছাঁটিয়া ফেলা বা ছাঁটিয়া কমান। **(2)** *v.t.i.* to economize, (প্রধানতঃ কর্মচারিসংখ্যা হ্রাস করিয়া) খরচ কমান, ছাঁটাই করা। *p.* & *p. pt.* **retren°ched** । *n.* **retrench°ment** । [OF. *retrencher*—cp. *trench*]

retrial [rē°trī°(a)l, রী°ট্রাই°ল্] *n.* a trying again, পুনর্বিচার। [*re-*, see *try*]

retribution [re-tri-bū°sh(a)n, রেট্রিবিউ°শ্‌ন্] *n.* requital, (প্রধানতঃ মন্দার্থে) প্রতিদান, প্রতিশোধ। *a.* **retri°būtive**—প্রতিদানমূলক ; সমুচিত পুরস্কারমূলক (কদাচিৎ) বা শাস্তিমূলক। [*re-*, L. *tribuere*=to give]

retrieve [ri-trēv°, রিট্রীভ্°] (**1**) *v.t.i.* to search for and fetch in, (কুকুর কর্তৃক শিকার-করা প্রাণী) খুঁজিয়া লইয়া আসা। (**2**) *v.t.* to recover, পুনরুদ্ধার করা ; to rescue, ত্রাণ করা, উদ্ধার করা ; to repair, ক্ষতিপূরণ করা বা মেরামত করা, সারান, আরোগ্য করা। (**3**) *n.* retrieving, অনুসন্ধানপূর্বক আনয়ন, পুনরুদ্ধার, ত্রাণ, ক্ষতিপূরণ, মেরামত, আরোগ্য। *a.* **retrie°vable** । *adv.* **retrie°vably** । *n.* **retrie°ver**—বিশেষ শ্রেণীর কুকুর : ইহারা শিকার কুড়াইয়া আনে বা উদ্ধারে সহায়তা করে। [OF. *retro(u)ver*=to find again, to recompose in verse>Gk. *tropos*=trope]

retro- [re°-trō, রে°ট্রো] *pfx.* backwards, পশ্চাদ্দিকে ; behind, পিছনে। *a.* **retro-active**—পশ্চাদ্দিকেও কার্যকরী ; যাহা অতীতকে প্রভাবান্বিত করে। [L.]

retrocede [re-trŏ-sēd°, রেট্রোসীড্°] (**1**) *v.i.* to move back or inwards, পশ্চাদ্দিকে বা (চিকি.) ভিতরের দিকে যাওয়া। (**2**) *v.t.* to cede (territory) back again, (ভূখণ্ডাদি) প্রত্যর্পণ করা। *p.* & *p. pt.* **retrŏcē°dėd** । *n.* **retrocession** [re-trŏ-se°sh(a)n, রেট্রোসে°শ্‌ন্] পশ্চাদ্দিকে বা ভিতরের দিকে গমন। [L. *retrocedere*]

retrograde [re°-trŏ-grād, রে°ট্রোগ্রেইড্] (**1**) *a.* moving backwards, পশ্চাদ্দিকে বা বিপরীতদিকে গমনরত, প্রতীপগতি ; (astr.) moving from east to west, or to the fixed stars, (জ্যোতি.) পূর্ব হইতে পশ্চিমে বা স্থিরতারকার দিকে গমনশীল ; inverse, বিপরীত, উল্টা : degenerating, অধঃপতনশীল (a *retrograde* policy) ; reverting, প্রত্যাবৃত্ত হইতেছে এমন। (**2**) *n.* প্রতীপাদ্গতি বা প্রতীপগতি ব্যক্তি। (**3**) *v.i.* to go back or backwards, প্রত্যাবর্তন করা বা পশ্চাদ্দিকে চলা। *p.* & *p. pt.* **re°trŏgrādėd** । **retrograde motion**—প্রতীপ গতি। [L. *retrogradare* (*v.*)]

retrogress [re-trŏ-gres°, রেট্রোগ্রেস্°] *v.i.* to retrograde, পশ্চাদ্দিকে বা বিপরীত দিকে চলা। *p.* & *p. pt.* **retrŏgre°ssed** । *n.* **retrogression** [re-trŏ-gre°sh(a)n, রেট্রোগ্রে°শ্‌ন্] প্রত্যাগতি ; প্রতীপ গতি ; অধঃপতন ; গুণের হ্রাস। *a.* **retrogre°ssive**—প্রত্যাগমন করে এমন ; প্রতীপগতিশীল ; অধঃপতনশীল ; গুণ হ্রাস পাইতেছে এমন ; (পরি.) প্রতীপ। [see *retrograde*]

retroject [re°-trō-jekt, রে°ট্রোজেক্ট্] *v.t.* to throw back, পশ্চাদ্দিকে অভিক্ষেপ করা। [*retro-*, after *project*]

retropulsion [re-trŏ-pul°-sh(a)n, রেট্রোপাল্°শ্‌ন্] *n.* (path.) shifting of a disease from external to internal part, (চিকি.) রোগাদির (দেহের) বহির্ভাগ হইতে অভ্যন্তরে বিস্তারলাভ বা সরিয়া যাওয়া। [*retro-*, L. *pellere*=to drive]

retro-rocket [re°-trŏ-ro-kit, রে°ট্রোরকিট্] *n.* *n.* an auxiliary or supplementary jet for slowing down a space vehicle, missile, etc., মহাকাশযান ক্ষেপণাস্ত্র প্রভৃতির গতি কমাইবার জন্য সাহায্যকারী বা সম্পূরক রকেট। [*retro-*, see *rocket*]

retrospect [re°-trŏ-spekt, রে°ট্রোস্পেক্ট্] *n.* a backward view, পশ্চাতের (বা অতীতের) দৃশ্য ; a looking back, পশ্চাদ্দিকে দৃষ্টিপাত ; a contemplation of the past, অতীত-সম্বন্ধে অনুচিন্তা (in *retrospect*) । *n.* **retrŏspec°tion**—পশ্চাতের দৃশ্যাদি দর্শন ; অতীত-সম্বন্ধে অনুচিন্তা, অতীত-দর্শন । *a.* **retrŏspec°tive**—পশ্চাতের দৃশ্যাদি দর্শনরত ; অতীত-সম্বন্ধে অনুচিন্তাশীল ; অতীত সম্পর্কে প্রযোজ্য ; (পরি.) ভূতাপেক্ষ। *adv.* **retrŏspec°tively** । [*retro-*, L. *specere*=to look]

retroussé [re-troo°-sā, রেট্রূ°সেই] *a.* turned up, (নাসিকা-সম্বন্ধে) উপরের দিকে উলটান। [F.]

retrovert [re-trŏ-va(r)t°, রেট্রোভ্যা(র্)ট্°] *v.t.* to turn backwards, পিছনের দিকে ফিরান। *n.* **retroversion** [re-trŏ-va(r)°sh(a)n, রেট্রোভ্যা(র্)°শ্‌ন্] । [*retro-*, L. *vertere*=to turn]

rettery—see **ret.**

return [ri-ta(r)n°, রিট্যা(র্)ন্°] (**1**) *v.i.* to come or go back, প্রত্যাবর্তন করা ; to revert, পূর্বস্থানে বা পূর্বাবস্থায় ফিরিয়া আসা ; to recur, পুনরায় সংঘটিত হওয়া। (B) to turn away, অন্য দিকে ঘোরা। (**2**) *v.t.* (poet.) to turn round, ঘোরান, বিপরীত দিকে ফেরান ; to give, bring, send, put or throw back, প্রত্যর্পণ করা, ফেরত দেওয়া বা ফেরত আনা বা ফেরত পাঠান, পুনরায় স্থাপন করা, প্রতিক্ষিপ্ত করা ; to answer, উত্তর দেওয়া ; to retort, মুখের মত বা সমুচিত জবাব দেওয়া ; to report officially, সরকারিভাবে (কিছুর) বিবরণ পাঠান ; to report as appointed or elected, (কাহারও) নিযুক্ত বা নির্বাচিত হওয়ার সংবাদ দেওয়া ; to elect, সদস্যপদে নির্বাচিত করা ; to requite, প্রতিশোধ লওয়া ; to repay, পরিশোধ করা ; to yield, (লাভ ফসল প্রভৃতি) প্রদান করা (this business venture *returns* no profit) । (**3**) *n.* the act of returning or what is returned, প্রত্যাবর্তন, পূর্বস্থানে বা পূর্বাবস্থায় প্রত্যাবর্তন, পুনঃসংঘটন, প্রত্যর্পণ, প্রতিপ্রেরণ, ফেরত, পুনঃস্থাপন, প্রতিক্ষেপ, সমুচিত উত্তর, সরকারিভাবে প্রেরিত বিবরণ, নিযুক্ত বা নির্বাচিত হওয়ার সংবাদ, নির্বাচন, প্রতিদান, প্রতিশোধ, পরিশোধ, (usu. in *pl.*) প্রাপ্ত লাভ ফসল প্রভৃতি, (পরি.) আগম, প্রত্যয়। *a.* **rėtur°nable**—ফেরত দেওয়ার যোগ্য ; ফেরত দেওয়া যায় বা দিতে হইবে এমন। **by return (of post)**—ফেরত ডাকে। **many happy returns of the day**—

জন্মদিনের শুভেচ্ছাসূচক বাণী (এই শুভদিন যেন বার-বার ফিরিয়া আসে)। **returning officer**—নির্বাচনের তত্ত্বাবধায়ক কর্মচারী, নির্বাচন আধিকারিক। **return match**—একই প্রতিদ্বন্দ্বী খেলোয়াড়দের মধ্যে বা দুই দলের মধ্যে দ্বিতীয়বার প্রতিযোগিতা, ফিরতি খেলা। **returned empties**—ফেরত খালি প্যাকবাক্স। **on sale or return**—খুচরা বিক্রেতা যে মাল লইবে তাহা বিক্রয় করিবে এবং যাহা বিক্রয় করিতে পারিবে না তাহা ফেরত দিতে পারিবে, এইরূপ বন্দোবস্ত। **point of no return**—এমন সিদ্ধান্ত বা অবস্থা যাহা হইতে প্রত্যাবর্তন অসম্ভব। **diminishing returns**—(অর্থ.) উন আগম। **increasing returns**—(অর্থ.) বর্ধমান আগম। [F. *retourner*=to turn back]

reunion [rē°-ū°-ni-an, রী°ইউ°নিঅ্যান্] *n.* union after separation, পুনর্মিলন ; a social gathering, সামাজিক (পুনঃপুনঃ-) মিলনোৎসব। [*re-*, see *union*]

reunite [rē°-ū-nīt°, রী°ইউনাইট্°] *v.t.i.* to join again, পুনর্মিলিত বা পুনঃসংযুক্ত করা অথবা হওয়া। *p.* & *p. pt.* **re°ūnī°tėd** । [*re-*, see *unite*]

rev [rev, রেভ্] (1) *n.* (coll.) revolution of an engine, (কথ্য.) এন্‌জিনের আবর্তন বা পাক (to drive at terrible *revs*)। (2) *v.i.t.* to increase the speed of revolutions in an engine, এন্‌জিনের আবর্তনের বা পাকের বেগ বৃদ্ধি করা (to *rev up* the engine)। *pr. pt.* **revv°ing** । *p.* & *p. pt.* **revv°ed** । [abbr. *revolution*]

revalue [rē°-va°-lū, রী°ভ্যা°লিউ] *v.t.* to estimate afresh the value of, নূতন করিয়া মূল্য হিসাব করা ; to give a new value to (esp. currency), (বিশে. মুদ্রাদির) নূতন মূল্য ধার্য করিয়া দেওয়া। *n.* **re°valuation**—revalue-র সকল অর্থে, এবং—নবনির্ধারিত মূল্য। [re_2, see *value*]

revamp [rē°-vamp°, রী°ভ্যাম্প্°] *v.t.* to put a new vamp on, (জুতায়) নূতন আচ্ছাদক চর্ম লাগান ; renovate, renew, পুনরায় নূতন করা, প্রায় নূতনের মত করা ; to reconstruct, পুনর্গঠিত করা ; to improve, উন্নতিবিধান করা (to *revamp* agriculture in an underdeveloped country)। *p.* & *p. pt.* **rē°vam°ped** । [re_2, see *vamp*]

reveal [ri-vēl°, রিভীল্°] *v.t.* to make known as by supernatural means, অতিপ্রাকৃত উপায়ে (গুপ্ত রহস্যাদি) জানান বা ব্যক্ত করা বা উদ্‌ঘাটন করা ; to disclose, প্রকাশ করা ; to divulge, ফাঁস করিয়া দেওয়া ; to make visible, দৃষ্টিগোচর করান। *n.* **rėvea°ler** । **revealed religion**—দৈব প্রত্যাদেশ বা আবির্ভাবের উপর (প্রাকৃত জ্ঞানের উপর নয়) প্রতিষ্ঠিত ধর্ম। *n.* see **revelation** । [OF. *reveler* < L. *revelare*]

reveille [ri-ve°-li, রিভে°লি] *n.* a signal to awake, (প্রত্যুষে সৈন্যগণের) নিদ্রাভঙ্গের জন্য (ঢাক বা শিঙা বাজাইয়া) সঙ্কেত। [F. *reveillez*=awake ! < re_2, L. *vigilare*=to watch]

revel [re°vl, রে°ভ্‌ল্] (1) *v.i.* to feast or make merry boisterously, হৈচৈ করিয়া পানভোজনোৎসব বা আনন্দোৎসব করা ; to take intense delight, পরমানন্দ পাওয়া (to *revel* in swimming) ; to luxuriate, উচ্ছ্বসিতভাবে পরিপূর্ণ হওয়া (to *revel* in light)। *pr. pt.* **re°velling** । *p.* & *p. pt.* **re°velled** । (2) *n.* a riotous feast or merrymaking, হৈচৈ-পূর্ণ পানভোজনোৎসব বা আনন্দোৎসব (our *revels* began)। *n.* **reveller** । **revel rout**—হৈচৈ-পূর্ণ পানভোজনোৎসব বা আনন্দোৎসব ; উক্ত উৎসবকারীর দল। *n.* **re°velry**—হৈচৈ-পূর্ণ পানভোজনোৎসব বা আনন্দোৎসবের অনুষ্ঠান। [OF. *reveler* < L. *rebellare*=to rebel]

revelation [re-vi-lā°sh(a)n, রেভিলেই°শ্‌ন্] *n.* the act of revealing, রহস্যোদ্‌ঘাটন, ব্যক্ত-করণ, প্রকাশ-করণ, ফাঁস-করণ, প্রকটিত-করণ ; that which is revealed, যাহা ব্যক্ত বা প্রকাশিত বা প্রকটিত হইয়াছে, উদ্‌ঘাটিত রহস্য ; a striking disclosure, চমকপ্রদ উদ্‌ঘাটন, বিস্ময়কর তথ্যের প্রকাশ (it was a *revelation* to me) ; knowledge disclosed by supernatural or divine agency, অতিপ্রাকৃত উপায়ে লব্ধ জ্ঞান, দৈববলে লব্ধ জ্ঞান, প্রত্যাদেশ। *n.* **Revėlā°tion(ṡ)**—'উদ্‌ঘাটিত রহস্যসমূহ' নামক বাইবেলের শেষ পুস্তক। [L. *revelare*—cp. *reveal*]

revelled, reveller, revelling, revelry—see **revel.**

revenge [ri-venj°, রিভেন্‌জ্°] (1) *v.t.i.* to take vengeance (upon), প্রতিহিংসা বা প্রতিশোধ গ্রহণ করা। (2) *n.* act done in revenging, প্রতিহিংসা, প্রতিশোধ। *a.* **revenge°ful**—প্রতিহিংসাপরায়ণ ; প্রতিহিংসাপূর্ণ। *adv.* **revenge°fully** । **(to) be revenged on, (to) revenge oneself on**—প্রতিশোধ বা প্রতিহিংসা গ্রহণ করা। **(to) take revenge** (*on* a person *for* an offence)—(কাহারও উপরে) প্রতিশোধ লওয়া। [OF. *revenger* < L. *re-*, *vindicare*=to lay claim to]

revenue [re°-vi-nū, রে°ভিনিউ] *n.* (annual) income, (বার্ষিক) আয় ; the (annual) income of a state etc., রাজ্যের (বার্ষিক) আয়, রাজস্ব। [F. =returned < *re-*, L. *venire*=to come]

reverberate [ri-va(r)°-b(a)rāt, রিভ্যা(র্)°ব্‌রেইট্] (1) *v.t.i.* to beat back, প্রতিহত করা বা হওয়া, প্রতিক্ষিপ্ত করা বা হওয়া ; to reflect, প্রতিবিম্বিত করান বা হওয়া ; to echo, (কিছুর) প্রতিধ্বনি করা, প্রতিধ্বনিত করান বা হওয়া। (2) *v.t.* to heat in a reverberatory furnace, পরাবর্তক চুল্লীতে গরম করা। *p.* & *p. pt.* **rėver°berātėd** । *n.* **rėverbera°tion** । *n.* **rėver°berātor** । *a.* **rever°berātory**—প্রতিহত প্রতিক্ষিপ্ত প্রতিবিম্বিত বা প্রতিধ্বনিত করায় অথবা হয় এমন, পরাবর্তক (a *reverberatory* furnace)। [L. *reverberare*]

revere [ri-vē(r)°, রিভিয়্যা(র্)°] *v.t.* to venerate, শ্রদ্ধা করা ; to regard as sacred or exalted, পবিত্র বা মহিমান্বিত বলিয়া জ্ঞান করা। **reverence** [re°-v(a)r(a)ns, রে°ভ্রন্‌স্] (1) *n.* শ্রদ্ধা (to hold a person in *reverence*; to have *reverence* for a person); পবিত্র মহিমা; শ্রদ্ধা-নিবেদন। (2) *v.t.* শ্রদ্ধা করা। *p.* & *p. pt.* **re°verenced** । **Your Reverence**—(প্রধানতঃ কৌতু.) যাজককে বা পাদরিকে সম্বোধনের আখ্যা-বিশেষ। *a.* **re°verend**—শ্রদ্ধেয়; যাজকীয়। *n.* **Re°verend**—যাজকের আখ্যাবিশেষ (তু. শ্রীমৎ); যাজক। **Most Reverend**—আর্চবিশপের আখ্যা। **Right Reverend**—বিশপের আখ্যা। *a.* **re°verent**—শ্রদ্ধাশীল; সশ্রদ্ধ। *n.* **revēr°er** । *a.* **reverential** [re-va-ren°-sh(a)l, রেভ্যারেন্‌°শ্‌ল্] শ্রদ্ধাসঞ্জাত; শ্রদ্ধাশীল, সশ্রদ্ধ। [OF. *reverer* <L. *revereri*=to feel intense awe]

reverie [re°-va-ri, রে°ভ্যারি] *n.* mental abstraction, ভাবাবেশ, ভাবাচ্ছন্নতা (to be lost in *reverie*); a dreamy piece of music, স্বপ্নিল ভাবাবেশপূর্ণ (যন্ত্র-) সঙ্গীত; a daydream, a brown study, দিবাস্বপ্ন, জাগরস্বপ্ন, অলীক সুখকল্পনা। [F.]

revers [ri-vē(r)°, রিভিয়্যা(র্)°] *n.* turned-back edge of a coat etc., জামার ওলটান বা ভাঁজ-করা প্রান্ত। *pl.* **revers** [ri-vē(r)z°, রিভিয়্যা(র্)জ়্°]। [F.]

reverse [ri-va-(r)s°, রিভ্যা(র্)স্°] (1) *v.t.i.* to turn the other way about, উল্টাইয়া দেওয়া বা যাওয়া, ওলটান, ঘুরাইয়া দেওয়া বা ঘুরিয়া যাওয়া; to move backwards, পশ্চাদ্দিকে চালান বা চলা। (2) *v.t.* to annul, বাতিল করা। *p.* & *p. pt.* **rėver°sed** । (3) *n.* the opposite or contrary, বিপরীত বা বিরুদ্ধ বিষয় বস্তু দিক্ প্রভৃতি; the back, (উল্টা) পিঠ; a set-back, misfortune or defeat, বাধা, বিপত্তি, বিপর্যয়, দুর্দশা, পরাজয় (to suffer a *reverse*)। (4) *a.* contrary, opposite, বিরুদ্ধ, বিপরীত (the *reverse* side of a coin, picture, etc.); turned about, ওলটান; in the contrary direction, ভিন্নমুখ, বিপরীত-মুখ। **(to) reverse arms**—বন্দুকাদির কুঁদা উপরের দিকে তুলিয়া ধরা। **rėver°sal**—উল্টাইয়া দেওয়া বা যাওয়া; পশ্চাদ্দিকে প্রেরণ বা গমন। *adv.* **rėver°sedly** । *a.* **rėver°sible** । *n.* **rėversibi°lity** । *n.* **reversion** [ri-va(r)°sh(a)n, রিভ্যা(র্)°শ্‌ন্] উল্টাকরণ; পশ্চাদ্দিকে প্রেরণ বা গমন; বিশেষ বা উল্লেখযোগ্য ঘটনার পরে সম্পত্তি পুনঃপ্রাপ্তি বা পুনরাধিকার; মৃত্যু ঘটিলে (প্রধানতঃ বিমাপ্রতিষ্ঠান কর্তৃক) যে টাকা প্রদত্ত হয়; (জীব.) পূর্বপুরুষের আকার স্বভাব প্রভৃতি প্রাপ্তি, (পরি.) পূর্বানুবৃত্তি। **rėver°sionary**—(1) *a.* ভাবিস্বত্ববিশিষ্ট; পূর্বানুবৃত্তিসম্পন্ন। (2) *n.* ভাবিস্বত্ববিশিষ্ট বা পূর্বানুবৃত্তিসম্পন্ন ব্যক্তি অথবা প্রাণী। *n.* **rėver°sioner**—ভাবী উত্তরাধিকারী; পূর্বানুবৃত্তিসম্পন্ন ব্যক্তি বা প্রাণী। [L. *reversare* (*v.*)]

revert [ri-va(r)t°, রিভ্যা(র্)ট্°] (1) *v.t.* to turn back, পশ্চাদ্দিকে ঘোরান (to *revert* eyes, steps, etc.)। (2) *v.i.* to return, প্রত্যাবর্তন করা; to return to a former state or subject, পূর্বাবস্থায় বা পূর্বের বিষয়বস্তুতে প্রত্যাবর্তন করা; to return to the original owner or his heirs, মূল মালিকের বা তাহার উত্তরাধিকারীদের অধিকারে ফিরিয়া যাওয়া। [*re-*, L. *vertere*=to turn]

revet [ri-vet°, রিভেট্°] *v.* to face wall with masonry (sp. in fortification), দুর্গের দেওয়াল প্রভৃতির সম্মুখে পাথরের আবরণ দেওয়া। *n.* **rėvet°ment** । [F. *revetir*]

review [ri-vū°, রিভিউ°] (1) *n.* a viewing again or anew, পুনরায় বা নূতন করিয়া দর্শন, (পরি.) পুনরীক্ষণ; a looking back, পশ্চাদ্দিকে বা অতীতের দিকে দৃষ্টিপাত; a reconsideration, পুনর্বিচার, পুনর্বিবেচনা; a survey, সমালোচনার দৃষ্টিতে আগাগোড়া মনোযোগের সহিত নিরীক্ষণ; a critique, সমালোচনা; a periodical with critiques of books etc., গ্রন্থাদির সমালোচনাপূর্ণ সাময়িক পত্রিকা; an inspection of troops or ships, (সেনাপতি প্রভৃতি কর্তৃক) সৈন্যবাহিনী বা পোতবহর পরিদর্শন; judicial revision by a higher court, উচ্চতর আদালত কর্তৃক (মকদ্দমার রায় প্রভৃতির) পরিবর্তন। (2) *v.t.* to view or examine again or anew, পুনরায় বা নূতন করিয়া দেখা বা পরীক্ষা করা, পুনরীক্ষণ করা; to examine critically, সমালোচনার্থ পরীক্ষা করা, সমালোচনা করা; to write a critique on, (কিছুর) সমালোচনা লেখা; to inspect, (সৈন্যবাহিনী প্রভৃতি) পরিদর্শন করা; to revise, উচ্চতর আদালত কর্তৃক সংশোধন বা পুনরীক্ষণ করা। (3) *v.i.* to write reviews, সমালোচনা লেখা। *n.* **rėview°er** । **(to) come under review**—পুনর্বিবেচিত হওয়া। [*re-*, *view*—cp. F. *revoir*]

revile [ri-vīl°, রিভাইল্°] *v.t.i.* to rail (at) bitterly, তীব্রভাবে গালাগালি করা। *n.* **rėvi°ler** । *n.* **revīle°ment** । [OF. *reviler*]

revise [re-vīz°, রিভাইজ়্°] (1) *v.t.* to review and amend, পুনঃপরীক্ষাপূর্বক বা পুনর্বিচারপূর্বক সংশোধন করা; to study again with a view to refreshing memory, ভাল করিয়া শেখার জন্য পুনরধ্যয়ন করা। (2) *n.* review, সংশোধনার্থ পুনরীক্ষণ; a proof-sheet embodying corrections made in an earlier one, পূর্বের প্রূফে প্রদত্ত নির্দেশানুযায়ী সংশোধনের পর গৃহীত নূতন প্রূফ। *n.* **rėvi°ṡer** । *n.* **rėvi°ṡion** । *n.* **rėvi°ṡioniṡm**—শোধনবাদ (মার্ক্স ও লেনিনের মতবাদ প্রসঙ্গে)। *n.* & *a.* **reviṡionist**—শোধনবাদী। *a.* **rėvi°ṡional, rėvi°ṡory**—সংশোধনমূলক; পুনরধ্যয়ন-মূলক। **Revised Version**—১৮৮১-৮৫ খ্রিস্টাব্দে প্রকাশিত বাইবেলের ইংরেজী অনুবাদ। [F. *reviser* <*re-*, L. *videre*=to see]

revisit [re°-vi°-zit, রী°ভি°জ়িট্] *v.t.* to visit again, পুনরায় গমনপূর্বক বা আগমনপূর্বক পরিদর্শন করা। [*re-*, see *visit*]

revive [ri-vīv°, রিভাইভ্°] *v.t.i.* to bring back

or come back to life, vigour, activity, consciousness, vogue, memory, etc., পুনরায় জীবিত তেজীয়ান্ সক্রিয় সচেতন চালু উত্থাপিত প্রভৃতি করা বা হওয়া, পুনরায় স্মরণ করা বা হওয়া, পুনরভ্যুদিত করান বা হওয়া। **rėvī°val**—পুনরুজ্জীবন পুনঃপ্রবর্তন পুনঃস্মরণ পুনরভ্যুদয় প্রভৃতি। **Revival of Learning**—খ্রিস্টীয় ১৪শ-১৫শ শতাব্দীর ইউরোপে প্রাচীন গ্রীক্ ও ল্যাটিন সাহিত্য শিল্প জ্ঞান-বিজ্ঞানের পুনরুত্থান, রেনেসাঁ। *n.* **rėvī°valist**—ধর্ম স্থাপত্য প্রভৃতি বিষয়ে পুনরভ্যুদয়ের সমর্থক। *n.* **revī°vor**। [*re-*, L. *vivere*=to live]

revivify [ri-vi°-vi-fī, রিভি°ভিফাই] *v.t.* to restore to life, পুনরুজ্জীবিত করা; to put new life into, নূতন জীবন বা প্রাণশক্তি সঞ্চারিত করা; to make active again, পুনরায় সক্রিয় করা। *n.* **rėvivificā°tion**। [*re-*, see *vivify*]

revivor—see **revive.**

revocable, revocation—see **revoke.**

revoke [ri-vōk°, রিভৌক্°] *v.t.i.* to repeal or annul, প্রত্যাহার করা, বাতিল বা রদ করা, (পরি.) সংহরণ করা। *p.* & *p. pt.* **rėvō°ked**। *a.* **revocable** [re°-va-kable, রে°ভ্যাক্যাবল্]। *n.* **rėvocabi°lity**। *n.* **rėvocā°tion**। [*re-*, L. *vocare*=to call]

revolt [ri-vōlt°, রিভৌল্ট্°] **(1)** *v.i.t.* to rise or cause to rise in opposition or rebellion, বিরোধিতা বা বিদ্রোহ করা অথবা করান; to feel, or affect with revulsion or disgust (at), (কিছুতে) ঘৃণা বা বিতৃষ্ণা বা বিরক্তিবোধ করা অথবা করান। **(2)** *n.* a rebellion, বিদ্রোহ (people are in *revolt*)। *a.* **revol°ting**—নিদারুণ বিরক্তিকর (*revolting* manners)। *adv.* **rėvōl°tingly**। [F. *revolter*<L. *re-*, *volutare*=to turn frequently]

revolution [re-va-lōō°sh(a)n, রেভ্যালূ°শ্ন্] *n.* act of revolving, আবর্তন; movement in an orbit, (গ্রহাদির) কক্ষপথে পরিক্রমণ; a complete turn, চক্রাকারে পুরাপুরি এক পাক; a cycle, চক্র, আবর্তন; a great upheaval, বিপ্লব, a radical change, (প্রধানতঃ শাসনতন্ত্রের) আমূল পরিবর্তন; (geol.) a time of great change in the earth's features, (ভূবি.) ভূ-আকৃতির পরম পরিবর্তনকাল। **revolu°tionary**—**(1)** *a.* বৈপ্লবিক (these ideas are *revolutionary*)। **(2)** *n.* বিপ্লবী। *n.* **revolu°tionist**—বিপ্লবের সমর্থক, বিপ্লবপন্থী। *v.t.* **revolu°tionize**—আমূল পরিবর্তন সাধন করা। [LL. *revolutio*—see *revolve*]

revolve [ri-volv°, রিভল্ভ্°] *v.t.i.* to move about a centre, চক্রাকারে ঘোরান বা ঘোরা, আবর্তিত করা বা হওয়া (the earth *revolves* round the sun)। [L. *revolvere*]

revolver [ri-vol°-va(r), রিভল্°ভ্যা(র্)] *n.* a kind of pistol, রিভল্ভার। [see *revolve*]

revue [ri-vū°, রিভিউ°] *n.* a loosely constructed play, বিধিনিয়মের প্রতি তেমন লক্ষ্য না রাখিয়া রচিত (প্রধানতঃ সাময়িক ঘটনাদিমূলক) নাটক। [F.]

revulsion [ri-vul°sh(a)n, রিভাল্°শ্ন্] *n.* (med.) diversion to another part, (দেহের) ভিন্ন অংশে (রোগাদি) অপসৃত করিয়া চিকিৎসা; a sudden violent change, (প্রধানতঃ অনুভূতির) আকস্মিক বিরাট্ পরিবর্তন (a sudden *revulsion* of public feeling in favour of the condemned man)। [*re-*, L. *vellere*=to pluck]

reward [re°-waw(r)d°, রী°ওাঅা(র্)ড্°] **(1)** *n.* recompense for service or merit, পুরস্কার, পারিতোষিক; requital for good or evil, প্রতিদান বা প্রতিশোধ। **(2)** *v.t.* to give a reward to, পুরস্কার প্রতিদান বা প্রতিশোধ দেওয়া; to be a reward for, (কাহারও পক্ষে) পুরস্কার প্রতিদান বা বা প্রতিশোধ স্বরূপ হওয়া। *a.* **rewarding**—উত্তম ফল প্রদান করে এমন (the effort or task is *rewarding*)। [OF. *rewarder*=to guard again]

reword [ri-wo(r)d°, রিওাঅ(র্)ড্°] *v.t.* to express in different words, ভিন্ন শব্দে বা কথায় রচনা করা। [*re-*, see *word*]

rewrite [rē°-rīt°, রী°রাইট্°] *v.t.* to write again or anew, পুনরায় বা নূতন করিয়া লেখা অথবা রচনা করা। *p.* **rē°wrōte°**। *p. pt.* **rē°wri°tten**। **a rewrite man**—যে সাংবাদিক প্রকাশের উপযোগী করিয়া সংবাদাদি পুনর্বিন্যাস করে। [*re-*, see *write*]

Rex [reks, রেক্স্] *n.* the reigning king, বর্তমানে শাসনকারী নৃপতি। *fem.* see **Regina**। [L.]

Reynard [re°-na(r)d, রে°ন্যা(র্)ড্] *n.* proper name for the fox, খেঁকশিয়ালের আখ্যাবিশেষ। *n.* **rey°nard**—খেঁকশিয়াল। [OF. *Renart* in *Roman de Renart*]

rhapsody [rap°-sa-di, র‍্যাপ্°স্যাডি] *n.* an epic or a part of it recited at one sitting, (প্রাচীন গ্রীসে) একই আসরে একবারে গেয় মহাকাব্য বা মহাকাব্যের অংশ; an enthusiastic or ecstatic utterance or composition, উদ্দীপ্ত বা আনন্দবিহ্বল (সচ. অসংলগ্ন) উক্তি বা রচনা; an emotional piece of music, আবেগবিহ্বল সঙ্গীত। *n.* **rhap°sōde**—প্রাচীন গ্রীসের ভ্রমণশীল গায়ক-কবি বা মহাকাব্য-আবৃত্তিকারী। *a.* **rhapsodic** [rapso°-dik, র‍্যাপ্স°ডিক্], **rhapso°dical**—অর্থহীনভাবে বা উদ্দীপ্তভাবে বা আনন্দবিহ্বলভাবে (এবং সচ. অসংলগ্নভাবে) উক্ত অথবা রচিত। *n.* **rhap°sodist**—মহাকাব্য-আবৃত্তিকারী; উদ্দীপ্ত বা আনন্দবিহ্বল (এবং সচ. অসংলগ্ন) রচনার রচয়িতা অথবা ঐরূপ সঙ্গীতের রচয়িতা বা গায়ক। [Gk. *rhapsoidia*]

Rhea [ri°-a, রি°অ্যা] *n.* a Greek goddess, গ্রীক্ দেবী-বিশেষ। *n.* **rhė°a**—দক্ষিণ আমেরিকার উটপাখিবিশেষ। [Gk.]

Rhenish [rē°-nish, রী°নিশ্] **(1)** *a.* of the Rhine, জর্মানীর রাইন-নদী-সংক্রান্ত। **(2)** *n.* Rhine wine, মদ্যবিশেষ। [L. *Rhenus*, the Rhine]

rheostat [rē°ō-stat, রী°ওস্ট্যাট] *n.* an apparatus for controlling supply of current to electric motors, বৈদ্যুতিক মটর প্রভৃতিতে বিদ্যুৎ-প্রবাহ নিয়ন্ত্রণের যন্ত্র। [Gk. *rheos,*=stream, current]

rhesus [rē°-sas, রী°স্যাস্] *n.* a small monkey, উত্তরভারতের ক্ষুদ্র বানরবিশেষ। [arb. use of Gk. *Rhesos,* a king of Thrace]

rhetor [rē°-taw(r), রী°ট্য(র্)] *n.* a teacher of rhetoric or professional orator, (প্রাচীন গ্রীসের) বক্তৃতাদানবিদ্যার বা অলঙ্কারশাস্ত্রের শিক্ষক অথবা পেশাদার বক্তা। *n.* **rhetoric** [re°-ta-rik, রে°ট্যারিক্] বাগ্মিতা বা বক্তৃতাদানবিদ্যা; অলঙ্কারশাস্ত্র; কৃত্রিম বাগাড়ম্বরপূর্ণ বক্তৃতা বা উক্তি। *a.* **rhetorical** [ri-to°-rik(a)l, রিট°রিক্‌ল্] বাগ্মিতা-সংক্রান্ত; অলঙ্কারশাস্ত্র-সংক্রান্ত, বাগ্মিতাপূর্ণ; অলঙ্কারপূর্ণ; অলঙ্কারবহুল, অসার বাগাড়ম্বরপূর্ণ। *n.* **rhetorician** [re-ta-ri°-sh(a)n, রেট্যারি°শ্‌ন্] বক্তৃতাদানবিদ্যার বা অলঙ্কারশাস্ত্রের শিক্ষক; বক্তা; অলঙ্কারপূর্ণ ভাষা-ব্যবহারকারী। [Gk.]

rheum [rōōm, রূম্] *n.* a mucous discharge, শ্লেষ্মা, সর্দি; (poet.) tears, (কাব্যে) অশ্রু; (in *pl.*) rheumatic pains, বাতের বেদনা। **rheuma°tic**—(1) *a.* বাতঘটিত বা শ্লেষ্মাঘটিত; বাতগ্রস্ত বা শ্লেষ্মা-পীড়িত (*rheumatic* heart, joint, etc.)। (2) *n.* বাতরোগী; (in *pl.*—কথ্য.) বাতের বেদনা। **rheumatic fever**—সন্ধিসমূহের স্ফীতি ও হৃৎপিণ্ডের প্রদাহযুক্ত জ্বরবিশেষ। *n.* **rheu°matism**—বাত-রোগ। [Gk. *rheuma*=flow]

rhinal [rī°n(a)l, রাই°ন্‌ল্] *a.* of the nose or nostrils, নাসা বা নাসারন্ধ্র-সংক্রান্ত। [Gk. *rhinos* =the nose]

Rhinestone [rīn°-stōn, রাইন্°স্টৌন্] *n.* a rock-crystal, স্ফটিকবিশেষ; imitation diamond, কৃত্রিম হীরা। [the *Rhine,* a German river]

rhino$_1$ [rī°nō, রাই°নৌ] *n.* nostril, nose, নাসা-রন্ধ্র, নাসিকা। *n.* **rhinitis**—নাসিকাপ্রদাহ। [Gk.]

rhino$_2$ [ri°-nō, রাই°নৌ] *n.* (sl.) money, (অশি.) টাকা পয়সা, (তু.) মালকড়ি। [?]

rhino$_3$ [rī°-nō, রাই°নৌ] *n.* (sl.) rhinoceros, গণ্ডার। [abbr.]

rhinoceros [rī-no°-s(a)ras, রাইন°স্র্যাস্] *n.* a large animal with a horned nose, গণ্ডার। [Gk. *rhinokeros*]

rhizome [rī°-zōm, রাই°জ়ৌম্] *n.* a thick horizontal stem of some plants, (আইরিস্ প্রভৃতি) কোন কোন বৃক্ষের স্থূল আনুভূমিক কাণ্ড। [Gk. *rhizoma*]

Rhodian [rō°-di-an, রৌ°ডিঅ্যান্] (1) *a.* of Rhodes, রৌড্‌স্‌দ্বীপের। (2) *n.* a native of Rhodes, রৌড্‌স্‌বাসী।

rhododendron [rō-da-den°dr(a)n, রৌড্যাডেন্°ড্র্ন্] *n.* an evergreen shrub or its flower, চিরহরিৎ গুল্মবিশেষ বা উহার পুষ্প। [Gk. *rhodon*= rose, *dendron*=tree]

rhomb [rom, রম্], **rhombus** [rom°-bas, রম্°ব্যাস্] *n.* an equilateral but not equiangular parallelogram, বিষমকোণী সমভুজ সামান্তরিক; a lozenge-shaped object, হীরকাকার বস্তু। *a.* **rhombic** [rom°-bik, রম্°বিক্] উক্ত সামান্তরিকের ন্যায় আকারবিশিষ্ট; হীরকাকার। **rhomboid** [rom°-boyd, রম্°বয়্‌ড্] (1) *a.* উক্ত সামান্তরিকতুল্য আকারবিশিষ্ট; হীরকাকার। (2) *n.* উক্ত সামান্তরিকা-কার বা হীরকাকার বস্তু। [Gk. *rhombos*]

rhotacize [rō°-ta-sīz, রৌ°ট্যাসাইজ়্] *v.t.i.* to change to an r-sound, (প্রধানতঃ 'z' ধ্বনিকে) r-ধ্বনিতে পরিবর্তিত করা বা (উক্ত ধ্বনির) r-ধ্বনিতে পরিবর্তিত হওয়া, অত্যধিক ড়-ড় বা র-র শব্দে কথা বলা। *n.* **rhō°tacism**—r-ধ্বনিতে পরিবর্তন, ড়-ড় বা র-র শব্দে কথন। [Gk. *rhotakizen*<*Rho,* the Greek R]

rhubarb [rōō°-bŭ(r)b, রূ°বা(র্)ব্] *n.* a plant with edible leaves, রেউচিনিজাতীয় লতাবিশেষ; a cathartic, চীনদেশীয় লতাবিশেষের মূলজাত বিরেচক; (coll.) noisy talk of many speakers, অনেক লোকের একত্রে কথোপকথন; confused discussion, বিশৃঙ্খল আলোচনা। [OF. *reubarbe* <LL. *rheubarabrum*<Gk. *rha*<*Rha*=the Volga]

rhyme [rīm, রাইম্] (1) *n.* identity of sound between terminal words of verse-lines, কবিতার অন্ত্যমিল; any similar correspondence in sound, অনুরূপ-ধ্বনি-সাদৃশ্য; a poem with rhymes, মিত্রাক্ষর কবিতা; a word providing a rhyme, অন্য শব্দের সহিত মিলবিশিষ্ট শব্দ। (2) *v.t.* to be in rhyme, মিলবিশিষ্ট হওয়া; to correspond in sound, সমধ্বনিযুক্ত হওয়া; to make or find a rhyme, মিল দেওয়া বা মিল খুঁজিয়া বাহির করা; to make rhymes, মিত্রাক্ষর কবিতা লেখা; to chime, ধ্বনিপরম্পরা বা ধ্বনি-সঙ্গতি বজায় রাখিয়া নিনাদিত হওয়া। (3) *v.t.* to put into rhyme, মিলযুক্ত করা; to compose in rhyme, মিত্রাক্ষর (কবিতা) লেখা। *a.* **rhy°med**—মিলবিশিষ্ট। *a.* **rhyme°less**—অমিত্রাক্ষর; মিলহীন। *n.* **rhy°mer**—মিত্রাক্ষর কবিতা-রচয়িতা; কবি; নিম্নস্তরের কবি, বাজে কবি; ভ্রাম্যমাণ গায়ক-কবি। **rhyme royal**—সপ্তপদী কবিতাস্তবকবিশেষ। *n.* **rhyme°ster**—বাজে কবি; হবু কবি। **feminine rhyme**—(প্রধানতঃ ফরাসী ছন্দঃশাস্ত্রে) দুই পঙ্‌ক্তির শেষ দুই স্বরে মিল। **male** or **masculine rhyme** —(ছন্দ.) স্বরাঘাতযুক্ত শব্দাংশের অন্ত্যমিল। **neither rhyme nor reason, without rhyme or reason**—ধ্বনিমাধুর্যহীন ও অর্থশূন্য। [OF. *rime*< L. *rhythmus*<Gk. *rhythmos*—confused with OF. *rim*=number]

rhythm [ri°dh(a)m, রি°দ্‌ম্] *n.* measured flow of sounds, ছন্দ, সমান তাল বা মাত্রা। *a.* **rhyth°mic(al)**—ছন্দঃপূর্ণ, ছান্দস; সমতাল। **rhythm method**—ডিম্বাশয়ে ডিম্বক-উৎপাদনকালে যৌনক্রিয়া

পরিহার করিয়া গর্ভনিরোধের উপায়। [L. *rhythmus* <Gk. *rhythmos*=rhyme]

Rialto [ri-al°-tō, রিঅ্যাল্°টৌ] *n.* the location of the Exchange in ancient Venice, প্রাচীনকালে ভিনিস-নগরের যে অংশে বাণিজ্যিক আদানপ্রদান হইত। [It.]

riant [rī°-ant, রাই°অ্যান্ট্] *a.* laughing, smiling, হাসিখুশি; cheerful, gay, প্রফুল্ল। *n.* **ri°ancy**। [F. *pr. p.* of *rire*<L. *ridere*=to laugh]

rib [rib, রিব্] *n.* one of the curved bones round the upper part of the body, পঞ্জরাস্থি, পশু´কা, পাঁজর (also **rib°bōne**); a curved member of a ship's side, জাহাজের পার্শ্বদেশস্থ বক্র তক্তাবিশেষ, পোলিন্দ; a ridge along the surface to support, strengthen, or adorn, ভাররক্ষা বা শক্তিবৃদ্ধি বা শোভাবর্ধনের জন্য দণ্ড অথবা দণ্ডাকার অঙ্গ, শিরা (যেমন, কড়িকাঠ, আড়কাঠ, সেতুর ধরনী বা হাতল, ছাতার শিক, প্রভৃতি); a ridge, শৈলশিরা। **(to) dig** or **poke a person in the ribs**—(মজাদার কোন কিছুর প্রতি দৃষ্টি আকর্ষণের উদ্দেশ্যে) কাহারও পাঁজরে খোঁচা দেওয়া। **(to) smite under the fifth rib**—মারাত্মকভাবে ছুরিকাঘাত করা। *a.* **ri°bbed**—পশু´কাযুক্ত; শিরাল, (পরি.) সভঙ্গ। *a.* **rib°lėss**—পঞ্জরাস্থিহীন, অপঞ্জরী। [OE. *ribb*]

ribald [ri°b(a)ld, রি°ব্ল্ড্] **(1)** *n.* low, irreverent, scurrilous jester, ইতর, শ্রদ্ধাহীন, গালিগালাজকারী বিদূষক; an obscene speaker or writer, অশ্লীলভাষী বা অশ্লীল লেখক; obscene language, অশ্লীল ভাষা। **(2)** *a.* low, mean, ইতর, নীচ; irreverent, শ্রদ্ধাহীন; obscene, অশ্লীল (*ribald* jest, language, etc.)। *n.* **ri°baldry**—অশ্লীলতা; (মানসিক চারিত্রিক বা ভাষাগত) নোংরামি। [OF.]

rib(b)and [ri°-band, রি°ব্যান্ড্] old spell. of **ribbon.**

ribbed, ribbone—see **rib.**

ribbon [ri°ban, রি°ব্যান্] *n.* material woven in narrow bands, ফিতা; any ribbon-like object, ফিতাকার বস্তু (বা প্রাণী); a strip of inking cloth, (টাইপরাইটার প্রভৃতির) কালির ফিতা; (in *pl.*) reins, লাগাম। [OF. *riban*]

rice [rīs, রাইস্] *n.* paddy-seed, তণ্ডুল, চাউল, ভাত, অন্ন; paddy, ধান। **rice-bowl**—(আল.) যে অঞ্চলে প্রচুর ধান জন্মে। *n.* **rīce-field**—ধানখেত। *n.* **rīce°-milk**—পায়স। *n.* **rīce°-pāper**—চীনদেশে একপ্রকার বৃক্ষবল্কলে প্রস্তুত চিত্রাঙ্কনের কাগজবিশেষ। [OF. *ris*<L. *oryza*<Gk.]

rich [rich, রিচ্] *a.* wealthy, ধনবান্, সম্পদশালী, বিভবশালী; valuable, মূল্যবান্, দামী; possessing a good thing, quality, etc., কোন সদ্গুণ সদ্বস্তু প্রভৃতির অধিকারী; abundant, সমৃদ্ধ (*rich* in minerals, resources etc.; a *rich* harvest); fertile, উর্বর; deep-coloured, গাঢ়বর্ণযুক্ত; full-toned, পূর্ণস্বর; full-flavoured, অতীব সুগন্ধ; abounding in fat, sugar or seasoning, প্রচুর তেল বা চর্বি এবং চিনি মসলা প্রভৃতি দেওয়া হইয়াছে এমন (*rich* food); splendid and costly, জাঁকাল ও বহুমূল্য (*rich* attire); sumptuous, ভরপেট ও ব্যয়বহুল; splendidly decorated, চমৎকারভাবে সজ্জিত; ample, প্রচুর; highly amusing, প্রচুর হাস্যরসপূর্ণ। *adv.* **rich°ly**—adjective-এর সকল অর্থে এবং—পুরাপুরিভাবে, উত্তমরূপে (he *richly* deserves to succeed)। *n.* **rich°nėss**। [OE. *rice*=great, powerful—cp. G. *reich*, F. *riche*]

riches [ri°-chiz, রি°চিজ্] *n.* (usu. treated as *pl.*) wealth, ধনসম্পদ্। [OF. *richesse*<*riche* =rich]

rick₁ [rik, রিক্] *n.* a stack, গাদা, স্তূপ। [OE. *hreac*<ON. *hraukr*]

rick₂—alt. spelling of **wrick.**

rickets [ri°-kits, রি°কিট্স্] *n.* a children's disease, শিশুরোগবিশেষ (ইহাতে অস্থিগুলি নরম ও বিকৃত হইয়া যায়), পেঁচোয়-পাওয়া বা পুঁইয়ে ধরা-রোগ। *a.* **ri°ckėty**—রিকিটে পীড়িত; পেঁচোয়-পাওয়া, পুঁইয়ে-ধরা; ক্ষীণ, দুর্বল, অদৃঢ়; ভগ্নপ্রায়। *n.* **ri°ckėtinėss**। [?]

rickshaw [rik°-shaw, রি°ক্শ] contr. of **jinrickshaw.**

ricochet [ri°-ka-shet, রি°ক্যাশেট্] **(1)** *n.* a glancing rebound, সবেগে ঠিকরাইয়া ওঠা। **(2)** *v.i.* to rebound glancingly, সবেগে ঠিকরাইয়া ওঠা। [F.]

rictus [rik°-tas, রিক্°ট্যাস্] *n.* a vertical expanse of open mouth, মুখব্যাদান, হাঁ। [L.]

rid₁—see **ride.**

rid₂ [rid, রিড্] *v.t.* to disencumber, ভারমুক্ত বা দায়মুক্ত করা; to deliver, উদ্ধার করা, পরিত্রাণ করা; to expel, দূর করা। *pr. pt.* **ri°dding**। *p. & p. pt.* **rid,** (rare) **ri°ddėd**। *n.* **ri°ddance**—দূরীকরণ; ভার বা দায়িত্ব হইতে মুক্তি; পরিত্রাণ, নিষ্কৃতি। **a good riddance**—আকাঙ্ক্ষিত নিষ্কৃতি। **(to) get rid of**—(ভার বা দায়িত্ব হইতে) নিষ্কৃতি বা অব্যাহতি পাওয়া। [ON. *rythja*=to clear]

ridden—see **ride.**

ridding—see **rid**₂.

riddle₁ [rid°l, রিড্°ল্] *n.* a puzzling question, ধাঁধা, হেঁয়ালি, প্রহেলিকা; anything puzzling, প্রহেলিকাময় বস্তু বা ব্যাপার। [OE. *raedels*—cp, Du. *raad*]

riddle₂ [rid°l, রিড্°ল্] **(1)** *n.* a coarse sieve, বড় বড় ফুটাওয়ালা লম্বা চালনিবিশেষ। **(2)** *v.t.* to sift, উক্ত চালনি দিয়া ছাঁকা; to make full of holes like a riddle, (গুলিবিদ্ধ করিয়া) উক্ত চালনির ন্যায় ঝাঁঝরা করা (to *riddle* a car with bullets)। [OE. *hriddel*]

ride [rīd, রাইড্] **(1)** *v.i.t.* to go or travel on

the back of an animal, or on a vehicle, storm, etc., যানবাহন তরঙ্গ ঝড় প্রভৃতিতে বিশেষতঃ অশ্বপৃষ্ঠে চড়িয়া যাওয়া বা পরিভ্রমণ করা ; to sit on or mount upon, (অশ্বাদির উপরে) উপবেশন বা আরোহণ করা, চড়া । (2) *v.i.* to float buoyantly, সানন্দে ভাসা ; to lie at anchor, নঙ্গর ফেলিয়া অবস্থান করা । (3) *v.t.* to sit on and control, (অশ্বাদির পৃষ্ঠে) আরোহণপূর্বক (উহাকে) বাগ মানান ; to oppress, অত্যাচার করা বা নির্যাতন করা । *p.* **rōde,** (arch.) **rid_1** । *p. pt.* **ri°dden,** (arch.) **rid, rōde** । (4) *n.* a journey on the back of an animal or on a vehicle, storm, etc., যানবাহন তরঙ্গ ঝড় প্রভৃতিতে বিশেষতঃ অশ্বপৃষ্ঠে আরোহণপূর্বক গমন বা পরিভ্রমণ ; a spell of riding, উক্তভাবে একদফা ভ্রমণ ('the last *ride* together') ; a road for horse-riding, (প্রধানতঃ অরণ্যমধ্যে) অশ্বারোহণে গমনোপযোগী পথ । *a.* **ri°dden**—নিপীড়িত ; অপশাসিত ; অধ্যুষিত । *n.* **rī°der**—ride (*v.*)-এর সকল অর্থে, এবং—দলিলের সংশোধনমূলক অতিরিক্ত ধারা ; মকদ্দমাদির রায়ের সঙ্গে প্রদত্ত (প্রধানতঃ বিচারকের) মতামত বা অনুমোদন ও (গণি.) উপপাদ্যাদির অনুসিদ্ধান্ত । *n.* **rī°ding**—যানবাহনাদিতে আরোহণ বা আরোহণপূর্বক গমন । *n.* **rī°ding-breechės**—অশ্বারোহণকালে পরিধেয় পাজামাবিশেষ । *n.* **rī°ding-habit**—অশ্বারোহণকালে পরিধেয় পোশাক । **riding-light**—*n.* নঙ্গরবদ্ধ জাহাজের আলো । *n.* **rī°ding-master**—যে ব্যক্তি অশ্বাদিতে আরোহণ করিতে শেখায়, (পরি.) আরোহশিক্ষক । *n.* **rī°ding-school**—অশ্বারোহণশিক্ষার বিদ্যালয়, (পরি.) আরোহবিদ্যালয় । **(to) ride to hounds**—শিকার করা । **(to) ride for a fall**—বেপরোয়া বেগে ঘোড়া ছুটাইয়া যাওয়া; (আল.) স্বেচ্ছায় বিপর্যয় বা বিপদ্ ডাকিয়া আনা । **(to) ride one down**—ঘোড়া ছুটাইয়া অনুসরণপূর্বক পাকড়াও করা ; এমনভাবে ঘোড়া ছুটাইয়া অনুসরণ করা যাহাতে অনুসৃত ব্যক্তি ধাবন্ত ঘোড়ার আঘাতে ভূপাতিত হয় । **(to) ride out**—(ঝড়-ঝঞ্ঝার মধ্যে) ভাসিতে থাকা বা ভাসিতে ভাসিতে উত্তীর্ণ হওয়া ; (আল.) বিপদাপদ্ হইতে উত্তীর্ণ হওয়া । **(to) take for a ride**—(অশি.) প্রতারণা করা ; হেনস্তা করা ; (কাহাকেও) খুন করিবার পূর্বে মোটরগাড়িতে হাওয়া খাইতে লইয়া যাওয়া । [OE. *ridan*=cp. Du. *rijden,* G. *reiten*]

ridge [rij, রিজ্] *n.* line of junction where two sloping surfaces meet, দুইটি ঢলের মিলিত প্রান্তরেখা ; the earth thrown up by the plough between the furrows, দুই হলরেখার মধ্যবর্তী লাঙ্গলদ্বারা উৎক্ষিপ্ত মাটি, আলবাল, আলি ; a long narrow top, (পর্বতাদির) লম্বা ও সরু চূড়া, (পরি.) শৈলশিরা ; a hill range, শৈলশ্রেণী । *a.* **ri°dged, ridg°y**—আলিবেষ্টিত ; লম্বা ও সরু চূড়াযুক্ত ; শৈলশিরাময়, গিরিশ্রেণীময় ; শিরাল । *n.* **ridge°-pole**—লম্বা তাঁবুর অনুভূমিক দণ্ড বা লগি । *n.* **ridge°-tile**—ছাদের ঢালু অংশ ছাওয়ার জন্য টালি । *n.* **ridge-way**—পর্বতশিখরোপরি পথ । [OE. *hrycg*—cp. ON. *hryggr*]

ridicule [ri°-di-kūl, রি°ডিকিউল্] (**1**) *n.* derision, mockery, উপহাস, ব্যঙ্গ, বিদ্রূপ, ঠাট্টা । (**2**) *v.t.* to deride or mock, উপহাস করা ; to make a laughing stock of, উপহাসাস্পদ করা । *a.* **ridicūlous**—উপহাসাস্পদ ; হাস্যকর ; অসম্ভব । *adv.* **ridicūlously** । **(to) hold a man up to ridicule**—কাহাকেও উপহাসাস্পদ করা । [L. *ridiculus*<*ridere*=to laugh]

riding—see **ride.**

rife [rīf, রাইফ্] *a.* prevalent, বিদ্যমান ; abounding, প্রচুর পরিমাণে বা সংখ্যায় বিদ্যমান ; current, প্রচলিত, চালু । *adv.* **rīfe°ly, rīfe** । *n.* **rīfe°nėss** । [OF. *ryfe, rife*—cp. Du. *rijf*]

riff-raff [rif°-raf, রিফ্°র‍্যাফ্] *n.* the scum of the people, জনসাধারণের আবর্জনাতুল্য অংশ ; rubbish, আবর্জনা । [ME. *rif and raf*<OF. *rif et raf*]

$rifle_1$ [rīf°l, রাইফ্°ল্] (**1**) *v.t.* to plunder, লুণ্ঠন করা ; to ransack, তন্ন তন্ন করিয়া খোঁজা । *n.* **rīf°ler** । [OF. *rifler*]

$rifle_2$ [rīf°l, রাইফ্°ল্] (**1**) *v.t,* to groove spirally, শঙ্খের ন্যায় পেঁচাল খাঁজ কাটা । (**2**) *n.* a kind of fire-arm, রাইফেল । *n.* **rīf°leman**—রাইফেলধারী সৈনিক । *n.* **rīf°le-rānge**—রাইফেলের গুলির পাল্লা ; রাইফেল ছোড়া অভ্যাসের স্থান । *n.* **rīf°le-shot**—রাইফেল হইতে নিক্ষিপ্ত গুলি ; রাইফেলগুলির পাল্লা । [see *$rifle_1$*]

rift [rift, রিফ্ট্] (**1**) *n.* a fissure or chink, চিড়, ফাট, ফুটা । (**2**) *v.t.i.* to cleave or split, চিড় বা ফাট ধরান অথবা ধরা, ফুটা করা বা হওয়া । *p.* & *p. pt.* **rif°tėd** । *n.* **rift°-va°lley**—ভূপৃষ্ঠ দাবিয়া যাওয়ার ফলে সৃষ্ট উপত্যকা ; (পরি.) স্রংস-উপত্যকা । [<Scand.]

rig_1 [rig, রিগ্] *n.* a trick, কৌশল ; to manage (elections, etc.,) fraudulently, প্রতারণা জালিয়াতি প্রভৃতির মাধ্যমে (নির্বাচনাদিতে) জয়লাভ করা । **(to) rig the market**—কৌশলে বাজারদর চড়ান এবং নামান । **(to) run a rig**—কৌশল খাটান । [?]

rig_2 [rig, রিগ্] (**1**) *v.t.* to fit with sails and tackling, (জাহাজাদিকে) পাল মাস্তুল দড়িদড়া প্রভৃতি দ্বারা সজ্জিত করা ; to equip, সাজসরঞ্জামে সজ্জিত করা ; to set in working order, কার্যোপযোগী করা, চালু করা ; (coll.) to dress, (কথ্য.) পোশাক পরান । *pr. pt.* **ri°gging** । *p.* & *p. pt.* **ri°gged**—নির্বাচনাদিতে কারচুপি করা বা ঐরূপ নির্বাচনাদি (*rigged* or *rigging* election) । (**2**) *n.* form and arrangement of masts, sails, and tackling, পোতাদির মাস্তুল পাল দড়িদড়া প্রভৃতির আকার এবং তাহা খাটানর প্রণালী ; an outfit, সাজসজ্জা ; garb, পোশাক, সজ্জা ; appearance, চেহারা ; place on stage from which scenery is manipulated, রঙ্গমঞ্চের যে জায়গায় দৃশ্যাদির রচনা সংগঠিত হয়। **in full rig**—(কথ্য.) ফিটফাট-ভাবে বা আনুষ্ঠানিকভাবে পোশাকাদি পরিহিত, উত্তম সাজপোশাকে সজ্জিত। *n.* **ri°gger**—যেব্যক্তি জাহাজা-দিকে পাল মাস্তুল দড়িদড়া প্রভৃতির দ্বারা সজ্জিত করে; যে ব্যক্তি বিমানপোতের সাজসরঞ্জাম খাটায় বা তাহার তত্ত্বাবধান করে। *n.* **ri°gging**—জাহাজাদির দড়িদড়া বা তাহা খাটানর পদ্ধতি। *n.* **rig°-out**—সাজসজ্জা। **(to) rig out**—পুরাপুরিভাবে পোশাক পরান। **(to) rig up**—(এরোপ্লেন প্রভৃতির) বিভিন্ন অংশ জোড়া দেওয়া বা যথাযথভাবে খাটান; তাড়াতাড়ি বা হাতের কাছে পাওয়া উপাদানাদির দ্বারা তৈয়ারি করা। [?]

rigadoon [ri-ga-doon°, রিগ্যাডূন্°] *n.* lively dance for two persons, যুগলের উচ্ছল নৃত্য; music for this dance, এই নাচের অনুষঙ্গী সঙ্গীত। [F.]

right [rit, রাইট্] (**1**) *a.* straight, সোজা, ঋজু (*right* line); direct, সরাসরি; perpendicular, সমকোণে অর্থাৎ লম্বরূপে অবস্থিত (at *right* angles); true, সত্য; genuine, খাঁটি, বিশুদ্ধ; correct, সঠিক, নির্ভুল (*right* use of words); proper, উচিত, সঙ্গত; appropriate, যথাযথ; fit, উপযুক্ত, যোগ্য; just, ন্যায়সম্মত, ন্যায্য, ন্যায়বিচারপূর্ণ; morally justifiable, নীতিসম্মত; on or to the right hand, ডান দিকে অবস্থিত; দক্ষিণাভিমুখ, ডান-হাতি; (রাজ.) দক্ষিণপন্থী (সংরক্ষণশীল)। (**2**) *adv.* in the right way or manner, ঋজুভাবে, সরাসরি-ভাবে, সত্য সঠিক নির্ভুল পুরাপুরি সঙ্গত ন্যায়বিচারপূর্ণ যথাযথ যোগ্য বা নীতিপরায়ণভাবে; towards the right hand, ডানদিকে। (**3**) *n.* that which is right or correct, সত্য খাঁটি নির্ভুল সঙ্গত ন্যায়-বিচারপূর্ণ উপযুক্ত ন্যায়সম্মত বা নীতিসম্মত বস্তু অথবা বিষয়; rightness, নির্ভুলতা, ঔচিত্য, যথাযথতা, ন্যায্যতা, নীতিপরায়ণতা, নিরপেক্ষতা; (usu. in *pl.*) just or legal claim, ন্যায়সম্মত বা আইনসম্মত অধিকার: the right side or hand, ডান দিক্ বা হাত; the region on the right, ডান দিকের অঞ্চল; a glove, shoe, etc. for the right hand, foot, etc., ডান অঙ্গে পরিধেয় পোশাকাদি (যেমন, ডানহাতের দস্তানা, ডান পায়ের জুতার পাটি, ডান চোখের চশমা, প্রভৃতি); conservatives, (রাজ.) সংরক্ষণশীল দল। (**4**) *v.t.* to set right, ঋজু করা, যথাস্থানে স্থাপন করা, যথাভাবে বিন্যস্ত করা; to rectify, সংশোধন করা; to redress, প্রতিকার করা; to avenge, প্রতিশোধ লওয়া; to do justice to, (কাহারও প্রতি) ন্যায়বিচার করা। **(to) assert** or **stand on one's own right**—আপন অধিকার রক্ষায় অটল থাকা, স্বীয় দাবি অটল-ভাবে তুলিয়া ধরা। *adv.* **right°-about**—ঠিক্ বিপ-রীত দিকে। **right-about turn**—(সামরিক) দক্ষিণা-বর্তী হইয়া সম্পূর্ণ বিপরীত দিকে ঘুরিয়া যাওয়া। *a.* **right-ang°led**—সমকোণী। **right°-down**—(**1**) *a.* পুরাদস্তুর, ডাহা। (**2**) *adv.* পুরাদস্তুরভাবে। *v.t.* **righ°ten**—প্রতিকার করা। *a.* **right°ful**—ন্যায়সম্মত দাবিপূর্ণ (*rightful* owner); ন্যায়বিচার-পূর্ণ; ন্যায়বিচারসম্মত; ন্যায্য। *adv.* **right°fully**। **right hand**—ডান হাত; (আল.) প্রধান সাহায্য-কারী। *a.* **right°-hand**—ডানদিকের; সর্বাধিক আস্থাভাজন (the *right-hand* man)। *a.* **right°-han°ded**—স্বভাবতঃ ডান হাত ব্যবহার করে এমন; দক্ষিণাবর্ত, ডাইনে হাল। *n.* **right°-han°der**—(ক্রীড়াদিতে) ডান হাত দিয়া মার; যে ব্যক্তি স্বভাবতঃ ডান হাত ব্যবহার করে। *adv.* **right°ly**। *n.* **rightist**—দক্ষিণপন্থী, রক্ষণশীল। *a.* **right-min°ded**—ন্যায়পরায়ণ; নীতিপরায়ণ; স্থিরবুদ্ধি। *n.* **right°ness**। *int.* **rightō°**, or **right°o, Right oh, Right you are**—আচ্ছা বেশ, ঠিক্ হ্যায়। *n.* **right°-win°ger**—দক্ষিণপার্শ্বস্থ খেলোয়াড়; (রাজ.) উগ্র সংরক্ষণশীল দলের সভ্য। **by right of**—কারণ-বশতঃ, দরুন। **by right(s)**—ন্যায্য দাবি-অনু-সারে; সব যদি ঠিক্‌ভাবে বা যথোচিতভাবে থাকিত; সঙ্গতভাবেই। **in one's own right**—আপন অধিকার বা দাবি বা যোগ্যতা বলেই। **in one's right mind**—সম্পূর্ণ প্রকৃতিস্থ। **in the right**—সঠিক ও সত্য বা ন্যায্য; ঠিক ও সত্য পথে বা ন্যায় পথে আছে এমন। **right and left**—উভয় দিকে বা উভয় দিক্ হইতে; সর্বদিকে বা সর্বদিক্ হইতে। **right as rain** or **right as a trivet**—সম্পূর্ণ ঠিক, একেবারে ঠিক। **right away**—সরাসরিভাবে; অবিলম্বে। **right down**—স্পষ্টাস্পষ্টি বা খোলাখুলি-ভাবে। **right, left and centre**—সবদিকে। **right now**—এক্ষণি। **right off**—অবিলম্বে, তৎক্ষণাৎ। **right of entry**—স্থানাদিতে (বিশেষতঃ দেশাদিতে) প্রবেশের অধিকার। **right of way**—সর্বসাধারণের কোন পথ দিয়া চলার অধিকার; কোন পথ দিয়া চলার অগ্রাধিকার; (আল.) অগ্রাধিকার। **(to) do one right**—(কাহারও প্রতি) ন্যায়-বিচার করা। **(to) get right**—(বেঠিক কিছু) ঠিক করা, মেরামত করা, সারান; আরোগ্য করা, ভুলের বা ভুল-বোঝাবুঝির অবকাশ না রাখিয়া হৃদয়ঙ্গম করা। **(to) have a right (to)**—ন্যায়সম্মত দাবিদার বা হকদার হওয়া। **(to) have no right to**—হকদার না হওয়া। **(to) put** or **set right**—(বেঠিক কিছু) ঠিক করা, মেরামত করা, সারান; আরোগ্য করা। **(to) put** or **set to rights**—যথাযথভাবে বা যথাস্থানে বিন্যস্ত করা। **(to) serve one right**—উপযুক্ত শাস্তি দেওয়া। [OE. *riht* (*a.*, *n.* & *adv.*) *rihte* (*adv.*), *rihten* (*v.*)—cp. G. *recht*, L. *rectus*]

righteous [rī°-chas, রাই°চ্যাস্] *a.* just, up-right, ন্যায়পরায়ণ, নিরপেক্ষ। *adv.* **ri°ghteously**। *n.* **ri°ghteousness**। [OE. *riht*=right, *wis*=wise]

rigid [ri°-jid, রি°জিড্] *a.* stiff, দৃঢ়; unbending, অনমনীয়; unyielding, অদম্য; rigorous, কঠোর; strict, কঠোর নিয়মানুবর্তিতাপূর্ণ (*rigid* adherence to principles)। *n.* **rigid°ity, ri°gidness**। *adv.* **ri°gidly**। [L. *rigidus*]

rigmarole [rig°-m(a)rōl, রিগ্°ম্রৌল্] *n.* a long rambling discourse, দীর্ঘ অসংলগ্ন বক্তৃতা। [obs. *ragman roll*=catalogue]

rigor [rī-°gaw(r), রাই°গ্য(র্)] *n.* (med.) a sense of chilliness with shivering, (চিকি.) শিহরণ-যুক্ত শীতবোধ (ইহা বহু রোগের পূর্বলক্ষণ)। **rigor mortis** [...maw(r)°-tis, ম্য(র্)°টিস্] মৃত্যুর পরে দেহের কঠিনীভবন, (পরি.) মরণসঙ্কোচ। [L.]

rigorous—see **rigour.**

rigour [ri°-ga(r), রি°গ্যা(র্)] *n.* stiffness, নিশ্চলতা; hardness, কাঠিন্য; severity, তীব্রতা; কঠোরতা; extreme strictness, অতি কঠোর নিয়মানুবর্তিতা; (in *pl.*) harsh measures, প্রতিবিধানের কঠোর ব্যবস্থা; exactness, যথাযথতা; severity of weather or climate, আবহাওয়ার তীব্রতা বা কঠোরতা। *a.* **rigorous** [ri°-g(a)ras, রি°গ্র্যাস্] তীব্র, কঠোর, অতি কঠোর নিয়মানুবর্তী (*rigorous* discipline, imprisonment, search, etc.); প্রতিবিধানের কঠোর ব্যবস্থাপূর্ণ; যথাযথ; অব্যাহতিহীন; তীব্র, প্রচণ্ড। *adv.* **rig°orously**। [see *rigor*]

Rigsdag [rigz°dag, রিগ্জ়্°ড্যাগ্] *n.* the Danish Parliament, ডেন্মার্কের ব্যবস্থাপরিষৎ। [D.]

rile [rīl, রাইল্] *v.t.* (sl.) to irritate, (অশি.) উত্ত্যক্ত করা; to make water muddy, জল ঘোলা করা। [U.S. *roil*]

rilievo [re-liā°-vō, রীলিয়েই°ভৌ] *n.* (in art) relief, (শিল্প.) স্পষ্টভাবে প্রদর্শনার্থ তুলনামূলকভাবে স্থাপন বা গঠন বা অঙ্কন। [It.]

rill [ril, রিল্] *n.* a tiny stream, অতি ক্ষুদ্র নদী, [cp. Du. *ril*, G. *rille*]

rim [rim, রিম্] *n.* the outermost circular part of a wheel, চাকার বেড়; an edge border, or brim, (প্রধানতঃ বৃত্তাকার বা অর্ধবৃত্তাকার) কিনারা, প্রান্ত, কানা, বেড় (the *rim* of a cup)। *a.* **rim°lėss**—বেড়হীন (e.g. *rimless* frame)। [OE. *rima*]

rime₁—old spell. of **rhyme.**

rime₂ [rīm, রাইম্] *n.* hoar-frost, কণতুষার; frozen dew, কঠিনীভূত শিশির। [OF. *hrim*—cp. Du. *rijm*]

Rimmon [ri°-mon, রি°মন্] *n.* name of deity in ancient Damascus, প্রাচীন দামাস্কাসের দেবতা-বিশেষ। **(to) bow down in the house of Rimmon**—দৃঢ় প্রত্যয়াদি ত্যাগ করিয়া আপস করা। [Book of Kings (Bible)]

rind [rīnd, রাইন্ড্] *n.* bark, বৃক্ষবল্কল, গাছের ছাল; peel, ফলের খোসা, ফলত্বক্; crust, বহিরাবরণ, (দুগ্ধাদির) সর; outside, বহির্ভাগ। [OE. *rinde*—cp. Du. & G. *rinde*]

rinderpest [rin°-da(r)-pest, রিন্°ড্যা(র্)পেস্ট্] *n.* a cattle-plague, গবাদি পশুর সংক্রামক মহামারী রোগবিশেষ। [G.]

ring₁ [ring, রিং] (**1**) *n.* a circlet worn as an ornament, আঙ্‌টি মাকড়ি নথ বলয় প্রভৃতি (a wedding *ring*); any hooped object, অঙ্গুরীয়-কাকার বা বৃত্তাকার বস্তু; an encircling band, বৃত্তাকারে পরিবেষ্টক ফিতা; a rim, বেড়; a band of satellites round Saturn, শনিগ্রহ-পরিবেষ্টক অতি ক্ষুদ্র উপগ্রহবর্গ, (পরি.) মণ্ডল; an arena, মল্লভূমি, রঙ্গভূমি; any space set apart for some particular purpose, ক্রীড়া-প্রদর্শনী (বিশেষতঃ ঘোড়দৌড়, সার্কাস, মুষ্টিযুদ্ধ প্রভৃতি) বা অনুরূপ কিছুর জন্য পৃথগ্‌ভাবে ঘেরাও করিয়া রাখা স্থান; a combination or clique, (প্রধানতঃ স্বীয় স্বার্থে পণ্যদ্রব্যের কেনাবেচা বা ফট্কা-বাজার নিয়ন্ত্রণার্থ গঠিত) দল, চক্র, চক্রিদল; book-makers collectively, ঘোড়দৌড়ের পেশাদার জুয়াড়ির দল: ইহাদের কাছেই লোকে বাজি ধরে। (**2**) *v.t.* to encircle, পরিবেষ্টন করা, ঘেরাও করা; to put a ring on or in, আঙ্‌টি প্রভৃতি পরান বা (কিছুর) ভিতরে উহা স্থাপন করা। *n.* **ring°-dove**—বনঘুঘু। *a.* **rin°ged**—অঙ্গুরীয়কাকার, বলয়াকার; বৃত্তাকার। *n.* **ring°-finger**—(প্রধানতঃ বামহস্তের) মধ্যমাঙ্গুলি (বা অনামিকা?): ইহাতে বিবাহের অঙ্গুরীয়ক পরা হয়। *n.* **ring°-leader**—চক্রিদলের বা দুর্বৃত্তদলের সর্দার। **ring°lėt**—ক্ষুদ্র অঙ্গুরীয়ক; পরীর আঙ্‌টি; পরীর বৃত্তাকার নৃত্য; কোঁকড়ান চুলের প্রলম্বিত থোকা। *n*, **ring°-master**—যে ব্যক্তি সার্কাসের খেলা পরিচালনা করে। *n.* **ring°ster**—চক্রিদলের লোক। *n.* **ring°worm**—দদ্রু, দাদ। [OE. *hring*—cp. ON. *hringr*]

ring₂ [ring, রিং] (**1**) *v.i.t.* to give or cause to give a metallic or bell-like sound, (ঘণ্টা, ধাতুনির্মিত দ্রব্য, প্রভৃতি সম্বন্ধে) বাজা বা বাজান; to sound aloud, উচ্চৈঃস্বরে ধ্বনিত হওয়া বা করা, নিনাদিত হওয়া বা করা; to resound, প্রতিধ্বনিত হওয়া বা করা (the hall *rang* with the applause); to be filled, or fill with sound, ধ্বনিপূর্ণ হওয়া বা করা। (**2**) *v.i.* to sound a bell, ঘণ্টা বাজান; to be filled with a humming sound, গুন-গুন রবে বা ভোঁ-ভোঁ শব্দে ভরতি হওয়া (my ears are *ringing*—আমার কান ভোঁ-ভোঁ করিতেছে)। (**3**) *v.t.* to announce or summon by ringing a bell, ঘণ্টা বাজাইয়া ঘোষণা করা বা আহ্বান করা। *p.* **rang,** (rare) **rung** [rung, রাং]। *p. pt.* **rung**। (**4**) *n.* a sounding of a bell, ঘণ্টাধ্বনি (I will give you a *ring*—আমি তোমাকে টেলিফোনে ডাকব; a *ring* at the door); a ringing sound, অনুরণনধ্বনি, রুনুরুনু-ধ্বনি; a set of bells, সারিবদ্ধ ঘণ্টাসমূহ। *n.* **ring°er**। *adv.* **ring°ingly**। **(to) ring down**—ঘণ্টা বাজাইয়া (যবনিকাদি) নামানর সঙ্কেত করা। **(to) ring in**—(প্রধানতঃ গির্জায় আসিতে বিলম্বকারী উপাসকমণ্ডলীকে শেষবারের মত সতর্ক করিয়া দিবার জন্য) দ্রুততর তালে ঘণ্টা বাজান; ঘণ্টা বাজাইয়া আগমন ঘোষণা করা। **(to) ring off**—টেলিফোনে কথাবার্তা শেষ করিয়া চোঙ নামাইয়া রাখা। **(to)**

ring out—হঠাৎ স্পষ্টভাবে উচ্চনাদে বাজান বা বাজা; ঘণ্টা বাজাইয়া বিদায় ঘোষণা করা। **(to) ring the bell**—(কথ্য.) পরম সাফল্যলাভ করা; ভৃত্য প্রভৃতিকে ঘণ্টা বাজাইয়া ডাকা। **(to) ring the changes**—কোন কিছু করার মধ্যে বৈচিত্র্য বা তারতম্য আনা। **(to) ring true**—(মুদ্রাদি) খাঁটি বলিয়া মনে হওয়া। **(to) ring up**—(প্রধানতঃ টেলিফোনে) আহ্বান করা, ডাকা; ঘণ্টা বাজাইয়া (যবনিকাদি) ওঠানর সঙ্কেত করা। [OE. *hringan*—cp. ON. *hringja*, G. *ringen*, D. *r(a)inge*]

rink [ringk, রিংক্] *n.* a stretch of ice prepared for skating, স্কেইটিং বা অনুরূপ খেলার জন্য মসৃণীকৃত তুষারাবৃত স্থান। [Sc.]

rinse [rins, রিন্‌স্] (**1**) *v.t.* to wash lightly with water, জল দিয়া আল্‌তোভাবে ধোয়া। (**2**) *n.* act of rinsing, আল্‌তোভাবে প্রক্ষালন (to give one's hair a good *rinse*)। [OF. *r(a)nser*]

riot [ri°-at, রাই°অ্যাট্] (**1**) *n.* wild revelry, উচ্ছৃঙ্খল হৈচৈ-পূর্ণ পানভোজনোৎসব বা আনন্দোৎসব; debauchery, লাম্পট্য; loose living, উচ্ছৃঙ্খল জীবনযাত্রা; unrestrained squandering, অবাধ অপব্যয়; tumult, হট্টগোল, হৈচৈ; a disturbance of the peace by a crowd, দাঙ্গা, হাঙ্গামা (to put down a *riot* by force)। (**2**) *v.i.* to make or engage in a riot, দাঙ্গা করা; to revel, হৈচৈ করিয়া পানভোজনোৎসব বা আনন্দোৎসব করা, হৈচৈ করা। *n.* **ri°oter** । *a.* **ri°otous**—দাঙ্গাকারী, দাঙ্গাহাঙ্গামাপূর্ণ (a *riotous* crowd); উচ্ছৃঙ্খল হৈচৈ-পূর্ণ পানভোজনোৎসব বা আনন্দোৎসব করে এমন, উচ্ছৃঙ্খল বা হট্টগোলপূর্ণ। **(to) run riot**—দুর্দান্ত ও আইনবিরুদ্ধভাবে আচরণ করা; (গাছপালা-সম্বন্ধে) অবাধে অতিশয় বাড়িয়া ওঠা। [OF. *riot(te)*]

rip$_1$ [rip, রিপ্] (**1**) *v.t.* to slash or tear open, (প্রধানতঃ এক পোচে বা টানে) কাটিয়া বা চিরিয়া বা ছিঁড়িয়া খুলিয়া ফেলা; to utter explosively, অকস্মাৎ প্রচণ্ড শব্দে বলা। (**2**) *v.i.* to part in rents, (প্রধানতঃ প্রচণ্ডভাবে) চিড়িয়া বা ফাটিয়া যাওয়া; to rush unrestrainedly, (প্রধানতঃ জাহাজের) অবাধে ছুটিয়া চলা। *pr. pt.* **ri°pping** । *p. & p. pt.* **ri°pped** । (**3**) *n.* a rent, চিড়, ফাট্; an unrestrained rush, অবাধ ধাবন। *n.* **ri°pper** । *a.* **ri°pping**—(অশি.) চমৎকার। **(to) let things rip**—কোনরূপ নিয়ন্ত্রণ না করা; আপন পথে অবাধে চলিতে দেওয়া। [?]

rip$_2$ [rip, রিপ্] *n.* (coll.) a worthless horse, অকর্মণ্য বা বাজে ঘোড়া; a dissolute person, লম্পট ব্যক্তি। [var. of *rep*]

rip$_3$ [rip, রিপ্] *n.* a stretch of disturbed water in the sea, সমুদ্রের আন্দোলিত বা ঊর্মিমুখর অংশবিশেষ; a disturbed estuary, উত্তাল নদী-মোহনা।

riparian [rī-pār°-i-an, রাইপেয়্যার্°ইঅ্যান্] (**1**) *a.* of or inhabiting a riverbank, নদীতীরস্থ বা নদীতীরবাসী। (**2**) *n.* a riparian landlord, নদীতীরবর্তী জমির মালিক। [L. *riparius*<*ripa*=a riverbank]

ripe [rīp, রাইপ্] *a.* ready for harvest, (ফল ও ফসল সম্বন্ধে) পাকা; fit for use, ব্যবহারযোগ্য; fully developed, পূর্ণবর্ধিত; ready, প্রস্তুত; mature, পরিণত (*ripe* age, experience, judgement, etc.)। *adv.* **rīpe°ly** । *v.t.i.* **ri°pen**—পাকান বা পাকা, পূর্ণতাপ্রাপ্ত বা ব্যবহারযোগ্য বা পূর্ণবর্ধিত বা প্রস্তুত বা পরিণত করা অথবা হওয়া। *n.* **rīpe°ness** । **let things ripe**—যাহা হইতেছে হউক, বাধা দিও না বা প্রশমিত করিও না। **ripe for**—(অবস্থাদি, ক্ষেত্রাদি সম্বন্ধে) উপযুক্ত, প্রস্তুত (*ripe for* development, execution, mischief, revolt, etc.)। [OE. *ripe(a.)*, *ripian (v.)*—cp. Du. *rijp*, G. *reif*]

riposte [ri-pōst°, রিপৌস্ট্°] (**1**) *n.* a quick thrust in fencing, অসিযুদ্ধে ক্ষিপ্র প্রত্যাঘাত; (fig.) retort, (আল.) ক্ষিপ্র প্রযুক্তি। (**2**) *v.t.i.* to answer with a riposte, অসিযুদ্ধে ক্ষিপ্র প্রত্যাঘাত করা; সরস প্রত্যুত্তর দেওয়া। [F. It. *risposta*=reply]

ripped, ripper, ripping—see **rip.**

ripple [rip°l, রিপ্°ল্] (**1**) *n.* light ruffling of the surface of a liquid, তরল পদার্থের উপরিভাগে মৃদু আলোড়ন; a little wave, ছোট ঢেউ, (পরি.) লহরী; a ripple-like appearance, ঢেউ-খেলান আকার; babble of water, জলের কলধ্বনি। (**2**) *v.t.* to ruffle the surface of, (কিছুর) উপরিভাগে মৃদু আলোড়ন তোলা; to mark with ripples, ক্ষুদ্র ক্ষুদ্র তরঙ্গে পরিশোভিত করা। (**3**) *v.i.* to move in ripples, ক্ষুদ্র ক্ষুদ্র ঢেউ তুলিয়া যাওয়া; to sound like ripples, কুলুকুলু ধ্বনি করা। [?]

Rip van Winkle [rip°van wingk°l, রিপ্°ভ্যান্ উইংক্°ল্] *n.* a person of antiquated ideas or information, যে ব্যক্তির ধ্যানধারণা ও জ্ঞান সেকেলে। [the hero of a tale by Irving]

rise [rīz, রাইজ্] (**1**) *v.i.* to get up, ওঠা; to stand up, উঠিয়া দাঁড়ান; to get out of bed, শয্যাত্যাগ করা, ঘুম ভাঙ্গিয়া জাগা (he *rises* early); to come back to life, জীবন ফিরিয়া পাওয়া; to originate, উদ্ভূত বা উৎসারিত হওয়া (the Ganga *rises* from the Himalayas); to become hostile, বিরোধী হওয়া; শত্রু হওয়া; to revolt, বিদ্রোহী হওয়া; to close a session, অধিবেশন সমাপ্ত বা বন্ধ করিয়া ওঠা (the court *rises*); to move upwards, উপরের দিকে যাওয়া, উঁচু হইয়া ওঠা (the smoke *rises* from the chimney); to come up to the surface, (জল নদী প্রভৃতির) উপরিভাগে (ভাসিয়া বা ঠেলিয়া) ওঠা (rivers *rise* during the monsoon); to come above horizon, উদিত হওয়া (the sun *rises*); to tower, (অপরদের) ছাপাইয়া ওঠা; to advance, (পদমর্যাদা ক্ষমতা খ্যাতি প্রভৃতিতে) অগ্রসর হওয়া বা উন্নতিলাভ করা, অভ্যুত্থান করা (he has *risen* to greatness from a humble position) ; to swell, স্ফীত হওয়া ; to increase, বৃদ্ধি পাওয়া ; to increase in price, মূল্যবৃদ্ধি পাওয়া, (বাজার সম্বন্ধে) তেজী বা গরম হওয়া, চড়া, আক্রা হওয়া (prices continue to *rise*) । *p.* **rōse** । *p. pt.* **ri°s̀en** । (2) *n.* rising, উত্থান, শয্যাত্যাগ, জাগরণ, পুনর্জীবন লাভ, উদ্ভব বা উৎসারণ, বিরোধী হওয়া বা শত্রু হওয়া, বিদ্রোহ, অধিবেশন সমাপ্ত বা বন্ধ করিয়া উত্থান, উপরদিকে গমন, উচু হওয়া, উপরিভাগে উত্থান, উদয়, ছাপাইয়া ওঠা, অগ্রগমন, উন্নতিলাভ, অভ্যুত্থান, স্ফীতি, বৃদ্ধি, মূল্যবৃদ্ধি । *n.* & *a.* **rī°s̀ing**—rise (*v.*)-এর সকল অর্থে । **the rising generation**—যে সমস্ত অল্পবয়স্ক ছেলেমেয়ে বড় হইয়া উঠিতেছে, বাড়ন্ত ছেলেমেয়ে । **rising 5, 12, 14 etc.**—উক্ত বয়সের কাছাকাছি । **on the rise**—(প্রধানতঃ মূল্য-সম্বন্ধে) বর্ধমান । **rise and fall**—উত্থানপতন, ওঠানামা ; (বাণি.) তেজিমন্দি । **(to) get** or **take a rise out of**—(নানা রকমে উত্যক্ত করিয়া কাহাকেও) ক্রোধ বা বিরক্তি বা নিজ দুর্বলতা প্রকাশে বাধ্য করা । **(to) give rise to**—ঘটান, সজ্ঘটিত করান । **(to) rise in the world**—সংসারে বা সমাজে প্রতিষ্ঠা লাভ করা । **(to) take rise**—উদ্ভূত হওয়া । [OE. *risan*—ON. *risa*, G. *reisen*]

risible [riz°i-bl, রিজ়্°ইব্‌ল্] *a.* inclined to laughter, হাস্যপ্রবণ । *n.* **ris̀ibi°lity** । [L. *risibilis*]

risk [risk, রিস্‌ক্] (1) *n.* chance of loss or injury, লোকসানের বা ক্ষতির সম্ভাবনা, সম্ভাব্য বিপদ্, ঝুঁকি । (2) *v.t.* to expose to hazard, বিপদ্‌সম্ভাবনার সম্মুখীন করান ; to venture, ঝুঁকি লওয়া । *p.* & *p. pt.* **ris°ked** । *a.* **ris°ky**—বিপদ্‌সম্ভাবনাপূর্ণ, লোকসান বা ক্ষতির সম্ভাবনাপূর্ণ ; ঝুঁকিপূর্ণ । *adv.* **ris°kily** । *n.* **ris°kiness** । **(to) run risks, (to) run the risk of, (to) run a risk**—বিপদাশঙ্কার সম্মুখীন হওয়া । **at one's own risk**—কাহারও নিজের দায়িত্বে । **at owner's risk**—মালিকের দায়িত্বে । [F. *risque*]

risoto [ri-zo°-tō, রিজ়°টৌ] *n.* rice cooked with onion, chicken, butter etc., পিঁয়াজ মুরগির মাংস মাখন প্রভৃতি যোগে প্রস্তুত পোলাও জাতীয় খাদ্য । [It.]

risqué [rēs-kā, রীস্‌কেই] *a.* risky, hazardous, বিপদসঙ্কুল ; bordering on the indecent or unseemly, দুর্নীতিগন্ধী, অশোভন । [F.]

rissole [ris°-ōl, রিস্‌°ঔল্] *n.* a fried ball of minced meat or fish, মাংসের কিমার বা মাছের বড়া বিশেষ । [F.]

rite [rīt, রাইট্] *n.* a ceremonial form or observance, (প্রধানতঃ ধর্মগত) অনুষ্ঠান, আচার । [L. *ritus*]

ritual [ri°-tū(a)l, রি°টিউল্] (1) *a.* of or like rites, (প্রধানতঃ ধর্মগত বা শাস্ত্রীয়) আচারানুষ্ঠান-সংক্রান্ত বা তত্তুল্য । (2) *n.* manner of performing divine service or a book containing it, শাস্ত্রীয় ভজনপূজনাদির পদ্ধতি বা তৎসম্বন্ধীয় গ্রন্থ (তু. দশকর্মবিধি) ; performance of rites, শাস্ত্রীয় আচারপালন । *n.* **ri°tūalism**—(প্রধানতঃ অত্যধিক) আচারপরায়ণতা । *n.* **ri°tūalist** । *a.* **ritūalistic**—আচারপালন-সংক্রান্ত ; আচারগত । *adv.* **ri°tūally** । [L. *ritualis*<*ritus*—cp. *rite*]

ritzy [rit°-si, রিট্‌°সি] *a.* (sl.) elegant, graceful, luxurious, (অশি.) সুষ্ঠু, সুরুচিপূর্ণ, মার্জিত, বিলাসপূর্ণ । [It.]

rivage [ri°-vij, রি°ভিজ্] *n.* (poet.) a bank, shore, coast, (কাব্যে) তীর, সৈকত, বেলাভূমি । [L. *ripa*=bank]

rival [rī°v(a)l, রাই°ভ্‌ল্] (1) *a.* competing with another, প্রতিদ্বন্দ্বী । (2) *n.* such a person or thing, প্রতিদ্বন্দ্বী ব্যক্তি বা বস্তু । (3) *v.t.* to vie with, প্রতিদ্বন্দ্বিতা করা (cricket can never *rival* football or hockey in excitement) । *pr. pt.* **ri°valling** । *p.* & *p. pt.* **rī°valled** । *n.* **rī°valry**—প্রতিদ্বন্দ্বিতা (*rivalries* between two political parties) । [L. *rivalis*]

rive [rīv, রাইভ্] *v.t.i.* to rend, ছিন্ন করা ; to wrench away, ছিনাইয়া আনা ; to strike asunder, দ্বিখণ্ডিত করা । *p.* **rived** । *p. pt.* **riven, rived** । [ON. *Rifa*]

river [ri°-va(r), রি°ভ্যা(র্)] *n.* a large natural stream of water, নদ, নদী, তটিনী । *a.* **riverain**—[ri°va-rān, রি°ভ্যারেইন্] নদী বা তৎসন্নিকটস্থ অঞ্চল সম্পর্কিত অথবা তৎসদৃশ । *n.* **ri°ver-bank**—নদীতীর । *n.* **ri°ver-bāsin**—অববাহিকা, পর্যঙ্ক । *n.* **ri°ver-bed**—নদীগর্ভ । *n.* **river-drift**—পুরাতন নদী-পল্বল । *n.* **ri°ver-god**—নদী-দেবতা । *n.* **ri°ver-head**—নদীর উৎস । *n.* **ri°ver-horse**—জলহস্তী, হিপোপটেমাস্ । *a.* **ri°verine**—নদী বা নদীতীরসম্পর্কিত । *n.* **ri°ver-mouth**—নদীর মোহানা । *n.* **ri°ver-sīde**—নদীতীর ; নদীতীরবর্তী অঞ্চল । **(to) sell down the river**—বিশ্বাসঘাতকতা করিয়া পরিত্যাগ করা । [OF. *rivere*<L. *riparia*<*ripa*=bank]

rivet [ri°-vit, রি°ভিট্] (1) *n.* a kind of bolt, বলটু-বিশেষ, রিবেট, (পরি.) নাচি । (2) *v.t.* to fasten with rivets, নাচি দিয়া আটকান ; to fix immovably, নিশ্চলভাবে আটকান ; to concentrate or fix (eyes, attention, etc.) on, (দৃষ্টি মনোযোগাদি) স্থিরভাবে নিবদ্ধ করা ; to clinch the end of, (কিছুর) প্রান্তদেশ টানিয়া খোলা । *pr. pt.* **ri°vet(t)ing** । *p.* & *p. pt.* **ri°vet(t)ėd** । [OF.]

rivière [riv°-i-ar, রিভ্°ইঅ্যা(র্)] *n.* a necklace of diamonds and other precious stones usually of more than one string, একাধিক সারি বা নরীযুক্ত হীরা এবং অন্যান্য মূল্যবান পাথরের হার । [F.=river]

rivulet [ri°-vū-lit, রি°ভিউলিট্] *n.* a small river, ক্ষুদ্র নদী । [L. *rivulus*<*rivus*=a stream]

roach [rōch, রৌচ্] *n.* a fresh-water fish,

নদীর মাছবিশেষ। **sound as a roach**—পূর্ণস্বাস্থ্যবান্। [OF. *roche*]

road [rōd, রৌড়্] *n.* a track suitable for wheeled traffic, গাড়ি-চলাচলের উপযোগী রাস্তা; a highway, বড় রাস্তা, রাজপথ; roadway, রাস্তার যে অংশ দিয়া যানবাহন চলে; a way of approach, প্রবেশপথ; course, গতি; (use. in *pl.*) roadstead, জাহাজ নঙ্গর করার পক্ষে উপযোগী উপকূলের নিকটবর্তী সমুদ্রের অংশ। *n.* **road°-bed**—খোয়া প্রভৃতি দ্বারা নির্মিত রাস্তার ভিত। *n.* **road°-block**—যানবাহনের গতিরোধ বা গতিহ্রাস করার জন্য রাস্তার মধ্যে স্থাপিত বেড়া বা বাধা। *n.* **road°-book**—দেশ নগর প্রভৃতি রাস্তাসমূহের বিবরণসংবলিত পুস্তক, পথপঞ্জি। *a.* **road°borne**—রাস্তা দিয়া (রেলগাড়ি ছাড়া অন্যভাবে) বাহিত। *n.* **road°hog**—রাজপথে বেপরোয়া বেগে মোটর-চালক। *n.* **road°-man, road°-mender**—রাস্তা মেরামতকারী শ্রমিক। *n.* **road°-map**—রাস্তার নকশা। *n.* **road°-metal**—খোয়া, (পরি.) পথশিলা। *n.* **road°-sense**—রাস্তার অবস্থানুযায়ী বেগে (অর্থাৎ প্রবলবেগে নহে) গাড়ি চালাইবার সুবুদ্ধি বা অভ্যাস। **road°-side**—(1) *n.* পথপার্শ্ব। (2) *a.* পথপার্শ্বস্থ। *n.* **road°stead**—জাহাজ নঙ্গর করার পক্ষে উপযোগী উপকূলের নিকটবর্তী সমুদ্রের অংশ। *n.* **road°ster**—ঘোড়া; সাইকেল; মোটরগাড়ি লরি প্রভৃতি। *n.* **road°way**—রাস্তার যে অংশ দিয়া যানবাহন চলে। *a.* **road°worthy**—রাস্তায় চলাচলের যোগ্য বা উপযুক্ত। **high road**—রাজপথ; বড় রাস্তা। **on the road**—ভ্রমণরত; পথিমধ্যে। **rule of the road**—পথচলাকালে যানবাহন ও পথচারীদের যে নিয়ম মানিয়া চলিতে হয়। **(to) take the road**—যাত্রা করা; প্রস্থান করা। **(to) take to the road**—দস্যুবৃত্তি বা রাহাজানি অবলম্বন করা। [OE. *rad*—cp. *raid, ride*]

roam [rōm, রৌম্] *v.i.t.* to ramble, to wander (about), উদ্দেশ্যহীনভাবে ঘুরিয়া বেড়ান অথবা পরিক্রমণ করা। [?]

roan₁ [rōn, রৌন্] (1) *a.* grey or dark, with spots of grey and white, ধূসর বা সাদা ফুটকিওয়ালা পিঙ্গলবর্ণ অথবা কৃষ্ণবর্ণ; of a mixed colour with a shade of red, রক্তিমাভ বিচিত্রবর্ণ। (2) *n.* roan colour, উক্ত বর্ণ; a roan animal, উক্ত বর্ণের প্রাণী (বিশেষতঃ ঘোড়া)। [OF.]

roan₂ [rōn, রৌন্] (1) *n.* grained sheep-skin leather, রঙ-করা ভেড়ার চামড়া। (2) *a.* made of roan, উক্ত চামড়ার তৈয়ারি। [<*Rouen* in France ?]

roar [raw(r), র‍্য(র্)] (1) *v.i.* to make a loud deep hoarse sound, (সিংহ অগ্নি ঝড় সমুদ্র কামান প্রভৃতি কর্তৃক) গুরুগম্ভীর গর্জন করা; to guffaw, হো-হো করিয়া হাসা (he was *roaring* with laughter); to take in breath with a loud noise, (রুগ্ণ ঘোড়া কর্তৃক) সশব্দে শ্বাসগ্রহণ করা। (2) *v.t.* to utter or sing roaringly, গর্জন করিয়া বলা বা গাওয়া। (3) *n.* sound of roaring, গর্জন। *n.* **roa°rer**। *a.* **roaring**—হৈচৈ-পূর্ণ, হট্টগোল, উৎসবমুখর; দ্রুত (*roaring* sale)। **roaring drunk**—অতিশয় পানোন্মত্ত। *adv.* **roa°ringly**। [OE. *rarian*]

roast [rōst, রৌস্ট্] (1) *v.t.* to cook before a fire, (খাদ্যদ্রব্যাদি বিশেষতঃ মাংস) আগুনে ঝলসাইয়া বা পোড়াইয়া রাঁধা; to parch by heat, তাপপীড়িত করা (to *roast* something in the sun); (sl.) to banter, (অশি.) হাসিঠাট্টার দ্বারা অতিষ্ঠ করা। (2) *v.i.t.* to undergo roasting, অগ্নিদগ্ধ বা তাপদগ্ধ হওয়া। *n.* **roas°ter**—আগুনে ঝলসানর চুল্লিবিশেষ বা যন্ত্রবিশেষ; ঝলসানর যোগ্য শূকরাদি; ভারী গরম দিন। *n.* **roast°-meat**—আগুনে-ঝলসান মাংস। **(to) give (a person) a good roasting**—(কাহাকেও) কঠোর তিরস্কার বা বিদ্রূপ করা। [OF. *rostir*]

rob [rob, রব্] (1) *v.t.* to deprive wrongfully and violently, অন্যায়ভাবে ও বলপূর্বক বঞ্চিত করা; to steal from, (কাহারও নিকট হইতে বা কিছু হইতে) চুরি করিয়া লওয়া; to plunder, লুণ্ঠন করা, ডাকাতি করিয়া লইয়া যাওয়া; to carry off, হরণ বা অপহরণ করিয়া লইয়া যাওয়া। (2) *v.i.* to commit robbery, ডাকাতি করা। *pr. pt.* **ro°bbing**। *p.* & *p. pt.* **ro°bbed**। *n.* **robb°er**—ডাকাত, দস্যু, লুঠেরা; অপহারক। *n.* **ro°bbery**—ডাকাতি, দস্যুতা; লুণ্ঠন; অপহরণ। **daylight robbery**—দিনে বা দুপুরে ডাকাতি; (কথ্য.) অত্যধিক দাম আদায় করা। **(to) rob Peter to pay Paul**—একের সম্পত্তি হরণ করিয়া অন্যকে দেওয়া; একের অনিষ্ট করিয়া অপরের ইষ্টসাধন করা। [OF. *rober*]

robe [rōb, রৌব্] (1) *n.* a gown, (প্রধানতঃ পদমর্যাদাদিসূচক) ঢিলা ও লম্বা আঙরাখা বা গাউন। (in *pl.*) clothes, পোশাক। (2) *v.t.i.* to dress, (প্রধানতঃ পদমর্যাদাদিসূচক) পোশাক পরান বা পরা। **the (long) robe**—পাদরির বা উকিলের পোশাক। [F. = (ori.) booty]

robin [ro°-bin, র°বিন্] *n.* a kind of bird, কমলাবর্ণ-বক্ষোযুক্ত গায়কপক্ষিবিশেষ (also **robin redbreast**)। **Robin Good-fellow**—(ইংরেজী রূপকথায়) চতুর ঘরোয়া ভূতবিশেষ। [a familiar form of *Robert*]

robot [rō°-bot, রৌ°বট্] *n.* a machine-like man, যন্ত্রবৎ কর্মশীল ব্যক্তি; a more than humanly efficient automation, স্বয়ংক্রিয় যন্ত্রবিশেষ, রবট্। [term in Capek's play, "R.U.R."]

robust [rŏ-bust°, রোবাস্ট্°] *a.* stout, strong and sturdy, শক্ত সবল ও পরিশ্রমী, শক্তসমর্থ; vigorous, তেজী; thick-set, হৃষ্টপুষ্ট; requiring robustness, দৃঢ়তা শক্তি ও পরিশ্রমের প্রয়োজন হয় এমন, straightforward, (বুদ্ধি-সম্বন্ধে) সরল, ঘোরঘের বা ঘোরপেঁচের ধার ধারে না এমন; overhearty,

অত্যধিক আন্তরিক। *a.* **robustious** [rō-bus°-chas, রৌবাস্°চ্যাস্] হৈচৈপূর্ণ, কোলাহলপূর্ণ, দুর্দান্ত। *adv.* **robust°ly** । *n.* **robust°ness** । [L. *robustus*]

roc [rok, রক্] *a.* a fabulous bird, রূপকথার বিরাট্‌কায় পক্ষিবিশেষ (ইহা হাতিকেও ছোঁ মারিয়া নিতে পারিত)। [Pers. *rukh*]

rochet [ro°-chit, র°চিট্] *n.* a vestment resembling a surplice worn chiefly by bishops, খ্রীষ্টীয় যাজকগণ কর্তৃক পরিহিত আঙরাখা-বিশেষ। [OE. *roce*]

rock$_1$ [rok, রক্] *n.* a large natural mass of stone, পাহাড় ; a natural mass of minerals, এক বা একাধিক খনিজ পদার্থের পাহাড় ; a stone, pebble, lump or rock, প্রস্তরখণ্ড, নুড়ি, শিলা। *n.* **rock-bed**—পাহাড় বা পর্বতের তলদেশ বা ভিত। *n.* **rock°-bird**—পাহাড়ী পাখি। *n.* **rock°-bo°ttom**—নিম্নতম স্থান বা অবস্থা (prices have reached *rock-bottom*)। *a.* **rock°-bound**—পাহাড়ে পরিবেষ্টিত। *n.* **rock°-climbing**—(রজ্জু প্রভৃতির সাহায্যে) পর্বতপার্শ্বে আরোহণ। *n.* **rock-cake**—উপরিভাগে শক্ত ও ঘস্‌ঘসে পিষ্টক। *n.* **rock°-crystal**—স্ফটিকবিশেষ। *n.* **rock°-dove**—পাহাড়ী ঘুঘু (ইহা হইতেই অন্য সমস্ত ঘুঘুর উৎপত্তি)। *n.* **rock°ery**—পাহাড়ী গাছপালা জন্মানর জন্য উদ্যানমধ্যে স্থাপিত শিলাস্তূপ। *n.* **rock°-garden**—স্বাভাবিক বা কৃত্রিম পাহাড় ও পাহাড়ী গাছপালায় পরিশোভিত স্থান অথবা উদ্যান। *n.* **rock°-oil**—খনিজ তেল, পেট্রল। *n.* **rock°-plant**—পাহাড়ী গাছ বা উদ্ভিদ্। *n.* **rock°-salt**—খনিজ লবণ। *n.* **rock°-rōse**—পাহাড়ী গোলাপ। *n.* **rock°work**—same as **ro°ckery** । *a.* **ro°cky**—পর্বতবহুল ; শিলাময় ; শিলাস্তূপবৎ ; শিলাবৎ। **firm** or **solid as a rock**—পর্বতের ন্যায় অটল। **on the rocks**—(কথ্য.) অনটনে বা টানাটানির অবস্থায়। [OF. *roke* < LL. *rocca*]

rock$_2$ [rok, রক্] (**1**) *v.t.i.* to oscillate, এপাশ-ওপাশ করান বা করা, দোলান বা দোলা, আন্দোলিত করা বা হওয়া। *p. & p. pt.* **ro°cked** । (**2**) *n.* a rocking movement, দোল, দোলনা, আন্দোলন। *n.* **ro°cker**—আন্দোলক ; দোলনা ; চেয়ার কাঠের ঘোড়া প্রভৃতিকে দোলানর জন্য কাঠামবিশেষ ; দোলনা-চেয়ার দোলনা-ঘোড়া প্রভৃতি। **off one's rocker**—পাগলাটে, খেপা। *n.* **rock°ery**—মাঝে মাঝে মাটি দিয়া ভরতি-করা অমসৃণ পাথরের স্তূপ : পাহাড়ী গাছপালা জন্মাইবার জন্য এইরূপ স্তূপ নির্মাণ করা হয়, পাথর-স্তূপে তৈয়ারি বাগান। *n.* **ro°cking-chair**—দোলনা-চেয়ার। *n.* **ro°cking-horse**—কাষ্ঠা-দিতে নির্মিত দোলনা-ঘোড়া। *a.* **ro°cky**—(অশি.) কম্পমান ; পানোন্মত্ততার ফলে স্খলিতচরণ ; টলিতেছে এমন। *adv.* **ro°ckily** । *n.* **ro°ckiness** । **(to) rock the boat**—কোন ক্রিয়াকলাপদ্বারা কার্যাদির সুষ্ঠু ধারা বানচাল করিয়া দেওয়া। **rock'n (and) roll**—নৃত্যচঞ্চল সঙ্গীত। [OE. *roccian*]

rocket [ro°-kit, র°কিট্] *n.* a cylinder that can be projected by ignition of its contents, বাজিরূপে বা সঙ্কেতরূপে যে স্তম্ভককে অগ্নি-সংযুক্ত করিয়া আকাশে ওড়ান হয়, হাউই ; a cylindrical apparatus for propulsion, (বিমানপোত) উৎক্ষিপ্ত করিয়া চালাইবার যন্ত্রবিশেষ, রকেট। *n.* **ro°ckėt-rānge**—রকেট-দ্বারা বিমান-পোতাদির উৎক্ষেপণ ও চালনার সম্বন্ধে গবেষণা করার জন্য স্থান। *n.* **ro°ckėtry**—বিমানপোত অভি-ক্ষেপাস্ত্র প্রভৃতি উৎক্ষেপণ ও চালনা-সংক্রান্ত বিজ্ঞান। [It. *rocchetta*]

rococo [ra-kō°-kō, র‍্যাকৌ°কৌ] (**1**) *n.* a style of architecture, decoration, or of any other branch of art, (ফরাসী সম্রাট্ পঞ্চদশ লুইয়ের সময়ে) স্থাপত্য সাজসজ্জা আসবাবপত্র ও অন্যান্য শিল্পে দৃষ্ট অলঙ্কারবহুল গঠনশৈলী। (**2**) *a.* in this style, উক্ত গঠনশৈলী-অনুযায়ী। [F.]

rod [rod, রড্] *n.* a long straight shoot, দীর্ঘ ও ঋজু বৃক্ষশাখা ; a slender stick, লাঠি, দণ্ড, ছড়ি, রড্ ; a sceptre, or any similar emblem of authority, রাজদণ্ড বা যে-কোন কর্তৃত্বের প্রতীকস্বরূপ দণ্ড ; a stick for flogging, শাসনদণ্ড, বেত্রদণ্ড ; a wand for magic or divination, জাদুদণ্ড বা ভবিষ্যৎ-গণনার দণ্ড ; a measuring stick or its measure, মানদণ্ডবিশেষ বা উহার মাপ (=$5\frac{1}{2}$ গজ)। **a rod in pickle**—যে শাস্তি ভবিষ্যতের জন্য তোলা আছে অর্থাৎ ভবিষ্যতে পাইতে হইবে। **(to) kiss the rod**—বিনীতভাবে শাস্তি গ্রহণ করা। **(to) make a rod for one's own back**—নিজের ঝঞ্ঝাট বা ঝামেলা ডাকিয়া আনা। **(to) have a rod in pickle for** (a person)—(কাহাকেও) যথাসময়ে শাস্তিদানের জন্য প্রস্তুত থাকা। **(to) spare the rod and spoil the child**—শাসন বন্ধ করিলেই ছেলে বিগড়ায়। [OE. *rodd*—cp. ON. *rudda*=club]

rode—see **ride.**

rodeo [rō-dā°ō, রৌডেই°ঔ] *n.* a round-up of cattle for branding, গৃহপালিত পশুদের ছেঁকা দিয়া চিহ্নিত করিবার জন্য একত্রীকরণ ; enclosure for this, এই কাজের জন্য বদ্ধ বা ঘেরা জায়গা ; exhibition of cowboy's skill, রাখালদের কৌশল প্রদর্শন ; exhibition of motor-cycle feats, মটর-সাইকেলসহ ক্রীড়াকৌশল প্রদর্শন। [Sp. *redar*]

rodent [rō°d(a)nt, রৌ°ড্‌ন্ট্] (**1**) *a.* gnawing, দন্তদ্বারা কর্তনে সমর্থ বা তীক্ষ্ণদন্ত। (**2**) *n.* a gnawing animal, তীক্ষ্ণদন্ত প্রাণী (যেমন, ইঁদুর)। *n. pl.* **Rodentia** [rō-den°-shi-a, রৌডেন্°শিঅ্যা] তীক্ষ্ণ-দন্ত প্রাণিবর্গ। [L, *rodere*=to gnaw]

rodomontade [ro-da-mon°-tād, রড্যামন্°টেইড্] (**1**) *n.* bragging, অসার দম্ভ, বড়াই। (**2**) *v.t.* to

For words in *rock-*, not given separately, see **rock$_1$** and **rock$_2$**.

brag, অসার দম্ভ বা বড়াই করা। *p.* & *p. pt.* **rodomon°tāded** I [*Rodomonte*, a character in Ariosto's *Orlando Furioso*]

roe₁ [rō, রৌ] *n.* a mass of fish-eggs, মাছের ডিমের দলা। *a.* **rō°ed**—(মাছ-সম্বন্ধে) ডিম-ভরা। [cp. ON. *hrogn*, G. *rogen*]

roe₂ [rō, রৌ] *n.* a variety of deer, ক্ষুদ্র হরিণ-বিশেষ (also **roe°-deer**) I *masc.* **rōe°-buck** I [OE. *ra(ha)*—cp. G. *reh*, Du. *ree*]

Roentgen rays—see **Rontgen rays.**

Roger [ro°-ja(r), র°জ্যা(র্)] *n.* a personal name, ব্যক্তিনামবিশেষ I **Jolly Roger**—জলদস্যুদের কৃষ্ণপতাকা।

rogue [rōg, রৌগ্] *n.* a vagrant, ভবঘুরে; a rascal, পাজী বা বদমাশ লোক, দুর্বৃত্ত; mischievous person, (প্রধানতঃ আদরে বা পরিহাসে) দুষ্টু লোক বা ছেলে। *n.* **rō°guery**—পেজোমি; পেজোমিপূর্ণ কৌশল; প্রতারণা, শঠতা; দুষ্টুমি। *a.* **rōgu°ish**—পেজোমিপূর্ণ; দুষ্টুমিপূর্ণ; বদমাশিপূর্ণ; অসৎ I **rogues' gallery**—পরিচিত অপরাধীদের আলোকচিত্রাবলী I **rogues' Latin**—দুর্বৃত্তদের সাঙ্কেতিক অপভাষা। [cant word]

roil [roil, রয়্ল্] *v.t.* to make turbid, ঘোলা করা; to annoy, উত্যক্ত করা, চটান। [?]

roister [roys°-ta(r), রয়্স্°ট্যা(র্)] (1) *a.* a noisy reveller, যে ব্যক্তি হৈচৈ করিয়া পানভোজনোৎসব বা আনন্দোৎসব করে। (2) *v.i.* to revel noisily, হৈচৈ করিয়া পানভোজনোৎসব বা আনন্দোৎসব করা। *n.* **rois°terer** I [OF. *rustre*=a rough, rude fellow]

Roland [rō°-land, রৌ°ল্যান্ড্] *n.* a hero of the Charlemagne legend, ফরাসী নৃপতি শার্লামাইনের কাহিনীতে উল্লিখিত জনৈক বীরপুরুষ I **a Roland for an Oliver**—যেমন কুকুর তেমন মুগুর।

rôle, role [rōl, রৌল্] *n.* a part played by an actor, অভিনেতার ভূমিকা; a function, নির্দিষ্ট ক্রিয়া। [F.]

roll [rōl, রৌল্] (1) *n.* a scroll, বেলনাকারে পাকান কাগজ; a document or anything in a roll, বেলনাকারে পাকান দলিল লিপি চর্ম বস্ত্র খাদ্যদ্রব্য বা অন্য কিছু; a register, a list, (প্রধানতঃ নামের) তালিকা, রোল; a small loaf, ক্ষুদ্র একখণ্ড গোটা পাঁউরুটি; a rolling motion, গড়ানে গতি, (পরি.) আবর্তন, গড়ান; a continuous reverberatory sound, ক্রমাগত গড়্গড় বা ঘর্ঘর শব্দ (the *roll* of thunder) I (2) *v.i.t.* to move, go or send, like a ball or wheel, গড়াইয়া যাওয়া বা গড়াইয়া দেওয়া, গড়ান (to *roll* a hoop); to revolve, আবর্তিত হওয়া বা করান; to undulate, তরঙ্গায়িত হওয়া বা করান; to sway or rock, আন্দোলিত হওয়া বা করান, দোলা বা দোলান; to swagger, হেলিয়া দুলিয়া সদর্পে চলা বা ঐভাবে চালান; to curl in a roll, বেলনার আকারে পাকাইয়া যাওয়া বা পাকান; to sound or utter with a roll, গড়্গড় শব্দ করা বা উক্ত শব্দে বলা; to go or drive forward, (গড়্গড় শব্দে) অগ্রসর হওয়া বা অগ্রসর করান; to use a roller, (জমিতে) মই বা রোলার দেওয়া। *n.* **rōll°-call**—হাজিরা-নির্ধারণার্থ নাম-ডাকা, রোল্-কল্। *n.* **rō°ller**—roll (*v.*)-এর সকল অর্থে, এবং—বেলনাকার বস্তু বা যন্ত্র; জমিতে মই দিবার জন্য বেলনাকার ভারী যন্ত্রবিশেষ, রোলার; বেলনার আকারে পাকাইয়া রাখা ক্ষতবন্ধন-পটী (also **rō°ller-ban°dāge**); যন্ত্রাদির বেলনাকার আবর্তক অংশ। *n.* **rō°lling-mill**—ঢালাই-কারখানা। *n.* **ro°lling-stock**—রেল-লাইনের উপর দিয়া গমনকারী এন্‌জিন্‌সমূহ বা যানসমূহ। *a.* **rōll°-top**—গুটাইয়া রাখা যায় এমন ঢাকনাযুক্ত (a *roll-top* table) I **a rolling stone gathers no moss**—গড়ানে পাথরে শেওলা জমে না অর্থাৎ অস্থির-প্রকৃতি লোক কখনও ধনসঞ্চয় করিতে বা ধনবান্ হইতে পারে না। **Master of the Rolls**—সরকারী নিবন্ধ-দফ্‌তরের অধ্যক্ষ। **roll of honour**—সম্মানিত ব্যক্তিদের, বিশেষ করিয়া যাঁহারা দেশের জন্য যুদ্ধে প্রাণ দিয়াছেন তাঁহাদের তালিকা। **rolled gold**—সোনার প্রলেপযুক্ত স্বর্ণেতর ধাতুর পাত। **(to) roll up**—(কথ্য.) উপস্থিত হওয়া; পৌছান। **(to) strike off the rolls**—(প্রধানতঃ অপরাধাদির জন্য solicitor প্রভৃতির) সভ্য-তালিকা হইতে নাম কাটিয়া দেওয়া। **(to) be rolling in luxury, money**—বিলাসিতায়, টাকায় গড়াগড়ি, গা ভাসাইয়া দেওয়া। **(to) roll in**—প্রচুর পরিমাণে আসিতে থাকা বা সরবরাহ হওয়া (offers of help *rolled* in) I [OE. *rolle*(*n.*), *roller*(*n.*) < L. *rotula*=a small wheel]

rollick [ro°-lik, র°লিক্] *v.i.* to behave in a careless, jolly, frivolous manner, চিন্তাহীন আনন্দময় ও ছেলেমানুষিপূর্ণ ভাবে আচরণ করা। *p.* & *p. pt.* **ro°llicked** I *a.* **ro°llicking**—আনন্দোচ্ছল (to have a *rollicking* time) I [?]

roly-poly [rō°-li-pō°-li, রৌ°লিপৌ°লি] (1) *n.* a pudding formed into a roll, বেলনাকার পুডিং-বিশেষ; a short plump child, গাঁট্টাগোট্টা শিশু, বেঁটে ও হৃষ্টপুষ্ট শিশু। (2) *a.* short and plump, বেঁটে ও হৃষ্টপুষ্ট, গাঁট্টাগোট্টা। [?—cp. *roll*]

Romaic [rō-mā°-ik, রোমেই°ইক্] (1) *n.* modern Greek, আধুনিক গ্রীক্-ভাষা। (2) *a.* of or in Romaic, উক্ত ভাষাগত বা উক্ত ভাষায় রচিত। [Mod. Gk. *Rhomaikos*=Roman]

Roman [rō°-man, রৌ°ম্যান্] (1) *a.* of Rome, রোমের; of the Christian Church of Rome, রোম্যান্ ক্যাথলিক ধর্ম-সংক্রান্ত; of the ordinary upright kind, (মুদ্রাক্ষর-সম্বন্ধে) প্রচলিত খাড়া-খাড়া আকারবিশিষ্ট; written in letter, (সংখ্যা-সম্বন্ধে) অক্ষরে লিখিত। (2) *n.* a native or the language of Rome, রোমের লোক বা ভাষা, রোম্যান্, রোমক; a Roman Catholic, রোম্যান্ ক্যাথলিক; a Roman type for printing, খাড়া-খাড়া আকারবিশিষ্ট ছাপার অক্ষর (cp. **italics**); a

Roman numeral, অক্ষরে লিখিত সংখ্যা-প্রতীক (যেমন, I, IV, X, CL, etc.)। **Rŏma°nic**—(1) *a.* রোম্যান্ বা ল্যাটিন্। (2) *n.* রোম্যান্ বা ল্যাটিন্ ভাষা অথবা ভাষাসমূহ। *n.* **Rō°manism**—রোম্যান্ ক্যাথলিক্ ধর্মানুসরণ। *n.* **Rō°manist** । *v.t.* **Rō°manize**—রোম্যান্ বা রোম্যান্ ক্যাথলিক্ করা অথবা হওয়া। *n.* **Rōmaniza°tion** । **Roman Catholic**—রোমের পোপের কর্তৃত্ব স্বীকার করে এমন (খ্রিস্টান্ ব্যক্তি বা সম্প্রদায়)। **Roman Catholicism**—পোপের কর্তৃত্ব স্বীকারকারী খ্রিস্টধর্ম। **Roman Empire**—প্রাচীন রোম-সাম্রাজ্য। **Holy Roman Empire**—৯৬২ খ্রিস্টাব্দ হইতে ১৮০৬ খ্রিস্টাব্দ পর্যন্ত জর্মান-সাম্রাজ্যের আখ্যা। **Roman law**—প্রাচীন রোমকগণ কর্তৃক রচিত আইনশাস্ত্র বা দেওয়ানী আইন। [L. *Romanus* < *Roma* = Rome]

Romance [ra-mans°, র‍্যাম্যান্‌স্°] *n.* a general name for the vernaculars that developed out of popular Latin, কথ্য ল্যাটিন্‌ভাষা হইতে উদ্ভূত বিভিন্ন আঞ্চলিক ভাষার (অর্থাৎ ফরাসী প্রভাংশাল্ ইট্যালিঅ্যান্ স্প্যানিশ্ পর্টুগীজ রুম্যানিঅ্যান্ ও রোমান্‌শ্ ভাষার গোষ্ঠী-নাম। *n.* **romance°**—উক্ত ভাষাসমূহের যে-কোনটিতে মধ্যযুগে রচিত বীরত্ব-কাহিনী (মূলতঃ ছন্দে রচিত); বিস্ময়কর কল্পিত (বীরত্বমূলক বা অতিপ্রাকৃত) কাহিনী; উগ্র বা অস্বাভাবিক প্রেমমূলক উপন্যাস অথবা ঘটনা, রমন্যাস। *n.* **roman°cer**—রমন্যাস-রচয়িতা; অতিরঞ্জনকারী ব্যক্তি। [OF. *romanz* < popular L. *romanice* = in Roman language]

Romanese [ro°-ma-nes, র°ম্যানেস্] *n.* Gipsy language, বেদেদের ভাষা। [Gipsy]

Romanesque [rō-ma-nesk°, রৌম্যানেস্‌ক্°] *n.* a style of architecture, রোমান্ ও গথিক যুগের মধ্যবর্তী স্থাপত্যশিল্পের ধরনবিশেষ (ধনুকাকৃতি খিলান এবং স্তম্ভ দেওয়াল প্রভৃতির গোলাকার গঠন এই ধরনের বৈশিষ্ট্য)। [F.]

Romanic, Romanism, Romanize—see **Roman.**

romantic [rŏ-man°-tik, রোম্যান্°টিক্] *a.* of or like romance, রোম্যান্‌স্ ভাষায় রচিত বীরত্ব-কাহিনী-সংক্রান্ত বা তত্তুল্য; fictitious, অলীক বা অবাধ কল্পনাপ্রসূত; extravagant, আতিশয্যপূর্ণ; fantastic, কাল্পনিক; কল্পনাসমৃদ্ধ। **Romantic Revival**—অষ্টাদশ শতাব্দীর শেষভাগে ইংল্যান্ডের সাহিত্যে ও শিল্পে অলীক ও অবাধ মৌলিক কল্পনা-প্রবণতার পুনরভ্যুদয়। *adv.* **rŏman°tically** । *n.* **romanticism** [rŏ-man°-ti-sizm, রোম্যান্°টিসিজ্‌ম্] উক্ত বীরত্বকাহিনীর ন্যায় অলীক বা অবাধ কল্পনাপ্রবণতা। *n.* **rŏman°ticist**—ঐরূপ কল্পনা-বিলাসী ব্যক্তি। *v.t.i.* **rŏman°ticize**—উক্ত প্রকার কল্পনাপ্রবণ করিয়া তোলা; উক্ত কল্পনার রঙ্ মাখান। [F. *romantique* < OF. *romant* = romance]

Romany [ro°-ma-ni, র°ম্যানি] *n.* a gypsy, যাযাবর; the language of the gypsies, যাযাবর-জাতির ভাষা। [Gypsy *rom* = man]

Rome [rŏm, রৌম্] *n.* a city in Europe, রোম-নগরী। **All roads lead to Rome**—গন্তব্যস্থলে কেবল পূর্বনির্দিষ্ট পথবিশেষ অনুসরণ করিয়াই পৌঁছান যায় এমন নয় অর্থাৎ যে কোন পথেই পৌঁছান যায়। **do in Rome as the Romans do** [or **as Rome does**)—রোমে গেলে রোমকদের মত আচরণ করিও অর্থাৎ যেখানে যেমন সেখানে তেমন করিও (তু. পড়েছি যবনের হাতে খানা খেতে হবে সাথে)। **Rome was not built in a day**—একদিনেই রোম তৈয়ারি হয় নাই অর্থাৎ কোন (খ্যাতির) বস্তু এক দিনেই গড়িয়া ওঠে না বা কীর্তিসৌধ একদিনে নির্মিত হয় না। [L. *Roma*]

Romeo [rō°-mi-ō, রৌ°মিঔ] *n.* a flippant youth teasing young girls by offering them love at random, যে চেঙড়া তরুণ আকছার প্রেম-নিবেদনদ্বারা তরুণীদের উত্ত্যক্ত করে। [the name of the hero of Shakespeare's *Romeo and Juliet*]

romp [romp, রম্‌প্] (1) *v.i.* to frolic actively, হৈচৈ করিয়া খেলাধুলা করা; to run easily and speedily, (প্রধানতঃ দৌড়ের বাজি জেতার জন্য) স্বচ্ছন্দগতিতে ও সবেগে ছোটা (the favourite horse *romped* home)। *p.* & *p. pt.* **rom°ped** । (2) *n.* one who romps, যে ব্যক্তি (প্রধানতঃ মেয়ে) হৈচৈ করিয়া খেলাধুলা করে; a tomboy, গেছো মেয়ে; a vigorous frolic, হৈচৈপূর্ণ খেলাধুলা; a swift easy run, স্বচ্ছন্দগতিতে দ্রুতধাবন। *n.* **rom°per**—romp (*v.*)-এর সকল অর্থে, এবং—(usu. in *pl.*) শিশুর খেলার পোশাক। *adv.* **rom°pingly** । *a.* **rom°py**—ছুটাছুটি লাফ-ঝাঁপ করিতে ভালবাসে এমন। [see *ramp*]

rondeau [ron°-dō, রন্°ডৌ] *n.* a form of poem, ধুয়াযুক্ত ত্রয়োদশপদী কবিতাবিশেষ। [F.]

rondel [ron°dl রন্°ড্‌ল্] *n.* a form of poem, ত্রয়োদশপদী বা চতুর্দশপদী কবিতাবিশেষ। [F.]

rondo [ron°-dō, রন্°ডৌ] *n.* a piece of music in which the principal theme returns from time to time, যে গানে মূল পদটি ফিরিয়া ফিরিয়া গাহিতে হয়। [It. < F. *rondeau*]

Roneo [rŏ-nio, রোনিঅ] (1) *n.* machine for duplicating letters etc. in numbers. চিঠি-পত্রাদির এক সঙ্গে অনেকসংখ্যক প্রতিলিপি তৈয়ারি করিবার যন্ত্র। (2) *v.* ঐ যন্ত্র দিয়া প্রতিলিপি তৈয়ারি করা। [proprietary name]

Rontgen rays [ront°-jan rāz, রন্‌ট্°জ্যান্ রেইজ্] *n.* the X-rays, (পদার্থ.) রঞ্জনরশ্মি। (also **Rœntgen rays**)। [*Rontgen*, its discoverer]

rood [rōōd, রূড্] *n.* Christ's cross, যে ক্রুশে যিশুকে বিদ্ধ করিয়া নিহত করা হয়; a cross or crucifix, (প্রধানতঃ গির্জার রেলিং-ঘেরা পূর্বদিকের অংশে স্থাপিত) ক্রুশচিহ্ন বা ক্রুশবিদ্ধ যিশুর প্রতিকৃতি; a rod or pole, দৈর্ঘ্য মাপার দণ্ডবিশেষ; the fourth part of an acre, এক একরের $\frac{1}{4}$ অংশ। **by the rood**—(সচ. শপথকালে) ক্রুশের নামে। [OE. *rod* = gallows, cross]

roof [roof, রূফ্] (1) *n.* the top covering of a building or vehicle, বাড়ির বা গাড়ির ছাদ অথবা চাল। (2) *v.t.* to cover with a roof, ছাদ দিয়া ঢাকা, ছাদ বা চাল দেওয়া। *p.* & *p. pt.* **roo°fed**। *n.* **roof°-garden**—গৃহাদির ছাদে তৈয়ারি বাগান। *n.* **roof°ing**—ছাদ-নির্মাণ ; ছাদ-নির্মাণের উপকরণ ; ছাদ ; আশ্রয়। *a.* **roof°less**—ছাদহীন ; অনাচ্ছাদিত। **the roof of the world**—পামির-মালভূমি। **a roof over one's head**—বাসস্থান, মাথা গুঁজিবার ঠাঁই। **(to) go through** or **hit** or **raise the roof**—(ঘরের মধ্যে) হৈচৈ বাঁধান। **roof of the mouth**—তালু, টাকরা। **under one roof**—একই গৃহে বা বাড়িতে। *n.* **roof°-top**—ছাদের উপরিভাগ। [OE. *hrof*—cp. Du. *roef*]

rook₁ [rook, রুক্] *n.* a castle in chess, দাবার নৌকা। [OF. *roc*<Pers. *rukh*]

rook₂ [rook, রুক্] (1) *n.* a species of crow, একশ্রেণীর কাক ; a sharper, (প্রধানতঃ তাস বা দাবা-খেলায়) জুয়াচোর। (2) *v.t.* to fleece, লোম উপড়াইয়া লওয়া ; to cheat, প্রতারণা করা, ঠকান। *p.* & *p. pt.* **roo°ked**। *n.* **roo°kery**—একশ্রেণীর কাকের ডিম পাড়ার স্থান বা বাসা ; পেঙ্গুইন্‌-পাখি সীল্‌ প্রভৃতির প্রজননের স্থান ; ঘেঁষাঘেঁষি-করা নোংরা বাড়ির বা কুটিরের সারি, বস্তি ধাওড়া প্রভৃতি। [OE. *hroc*]

rookie [rooki, রুকি] *n.* (army sl.) recruit, (অশি.—সেনাবাহিনীতে প্রচলিত) নূতন ভর্তি-করা সৈন্য, রং-রুট।

room [room, রুম্] *n.* space, জায়গা, স্থান (*room* for yet another person in the car) ; necessary or available space, প্রয়োজনীয় বা প্রাপ্তিসাধ্য (ফাঁকা) জায়গা ; space unoccupied, ফাঁকা বা খালি জায়গা ; opportunity, scope, or occasion, সুযোগ, স্থান, অবসর বা অবকাশ (*room* for improvement, doubt, etc.) ; a compartment, ঘর, কক্ষ, প্রকোষ্ঠ। **(to) leave the room**—(কথ্য.) পায়খানায় যাওয়া। *a.* **roo°med**—প্রকোষ্ঠযুক্ত (two-*roomed*)। *n.* **room°ful**—এক ঘরে যত ধরে ততগুলি বা ততখানি। *n.* **room°-māte**—একই ঘরের বাসিন্দা, কক্ষসঙ্গী। **room temperature**—ঘরের স্বাভাবিক তাপমাত্রা। *a.* **roo°my**—প্রচুর জায়গাযুক্ত, প্রশস্ত। *adv.* **roo°mily**। *n.* **roo°miness**। [OE. *rum*—cp. G. *raum*, Du. *ruim*]

roost [roost, রূস্ট্] (1) *n.* a resting place for a bird, পাখির দাঁড় বা ঘুমানর স্থান ; a henhouse, মুরগী রাখার বাক্স, মুরগীর বাসা ; a sleeping-place, ঘুমানর স্থান ; a bed, বিছানা, শয্যা ; a set of fowls sleeping together, একত্র ঘুমায় এমন গার্হস্থ্য পক্ষিকুল অর্থাৎ হাঁস মোরগ প্রভৃতি। (2) *v.i.* to sleep on a roost, (পাখি-সম্বন্ধে) বাসায় বা দাঁড়ে বসিয়া ঘুমান ; to perch, দাঁড়ে বসিয়া থাকা ; to go to rest for night, রাত্রিকালে ঘুমাইতে যাওয়া, রাত্রিযাপন করা। **(to) come home to roost**—(আঘাত অভিশাপ প্রভৃতি) প্রতিক্ষিপ্ত হইয়া নিজের উপর ফিরিয়া আসা। *n.* **rōōs°ter**—গৃহপালিত মোরগ। **(to) rule the roost**—নেতৃত্ব করা। [OF. *hrost*—cp. Du. *roest*]

root₁ [root, রূট্] (1) *n.* that part of a plant, which fixes it to the earth and draws nourishment from the soil, গাছের শিকড়, বৃক্ষমূল ; the source, cause, basis, উৎস, কারণ, হেতু, ভিত্তি (*root* of all evil) ; a base, গোড়া, মূলদেশ (to get at, or to the *root* of things) ; a plant with edible root, সমূল বৃক্ষ, কন্দ (যেমন, আদা মুলা প্রভৃতি) ; an element from which words are derived, শব্দের মূলরূপ যাহার সহিত বিভক্তি-প্রত্যয়াদি-যোগে শব্দ গঠিত হয়, শব্দমূল বা ধাতু ; (math.) the factor of a quantity which multiplied by itself a specified number of times gives the quantity, (গণি.) বর্গমূল। (2) *v.i.* to fix the root, শিকড় গাড়া, দৃঢ়মূল হওয়া (some plants *root* easily) ; to be firmly established, দৃঢ়প্রতিষ্ঠিত হওয়া ; to develop a root, শিকড় গজান। (3) *v.t.* to plant in the earth, মাটিতে রোপণ করা ; to implant deeply, গভীরভাবে রোপণ করা ; to fix by the root, বদ্ধমূল করান ; to uproot, মূলোচ্ছেদ করা, উন্মূলিত করা, নির্মূল করা ; to extirpate, সম্পূর্ণ ধ্বংস বা বিনাশ করা। *a.* & *adv.* **rōōt°-and-branch°**—শিকড়-ও-শাখাসমেত, শাঁসেমূলে ; পুরাপুরি, সম্পূর্ণ-(ভাবে)। *a.* **rōōt°less**—মূলহীন, অমূল ; অমূলক। *n.* **rōōt°let**—ক্ষুদ্র শিকড়, (পরি.) মূলিকা। *n.* **rōōt°-stock**—(উদ্ভি.) মূলাকার কাণ্ড। **(to) root out**—নির্মূল করা। **(to) put down roots** or **strike** or **take root**—শিকড় গাড়া ; প্রতিষ্ঠিত হওয়া। [late OE. *rot*>ON.]

root₂ [root, রূট্] *v.i.* (of pigs) to turn up the ground with the snout in search of food, (শূকরাদি কর্তৃক খাদ্যের সন্ধানে) লম্বা নাক দিয়া মাটি খোঁড়া। [OE. *wrotan*<*wrot*=a snout]

rootle [root°l, রূট্‌ল্] (1) *v.i.t.* (of swine etc.) to turn up ground with snout, beak etc. in search of food, খাদ্যের অন্বেষণে (শূকরাদির) নাক দিয়া মাটি খোঁড়া ; to turn up ground thus, ঐভাবে মাটি খোঁড়া। (2) *v.t.* to search out, খোঁজা, খুঁজিয়া বাহির করা। [OE. *wrotan*<*wrot* =a snout]

rope [rōp, রৌপ্] (1) *n.* a thick twisted cord, কাছি, রজ্জু, দড়ি ; the rope-halter for punishment by hanging, ফাঁসির দড়ি ; (in *pl.*) those that enclose an arena, যে-সমস্ত দড়ি দিয়া মল্লভূমি বা ক্রীড়াঙ্গন ঘিরিয়া রাখা হয়। (2) *v.t.* to fasten or enclose with a rope, দড়ি দিয়া বাঁধা বা ঘেরা ; to put a rope on, দড়ি পরান। *p.* & *p. pt.* **rō°ped**। *n.* **rōpe°-dan°cer**—দড়াবাজিকর। *n.* **rōpe°-ladder**—দড়ি দিয়া তৈয়ারি মই বা সিঁড়ি। *n.* **rōpe°-māker**—দড়িনির্মাতা। *n.*

rōpe°-māking—দড়ি-নির্মাণ। *n.* **rōpe°-trick**—দড়ির সাহায্যে অদৃশ্য হইবার কৌশলপূর্ণ ভোজবাজি। *n.* **rōpe°walk**—যে লম্বা ফালি জমির উপরে রাখিয়া দড়ি পাকান হয়। *n.* **rōpe°-walker**—দড়াবাজিকর। *n.* **rōpe°-way**—রজ্জুদ্বারা প্রেরণের পথ বা উপায়, (পরি.) রজ্জুপথ। *n.* **rōpe°-yard**—দড়ি নির্মাণের সংস্থা। *n.* **rōpe°-yarn**—দড়ি তৈয়ারির উপাদান। *a.* **rō°py, rō°pey**—দড়ির স্থায় পাকাইয়া যায় এমন ; আঠাল ; (কথ্য.) নিকৃষ্ট রকমের, নিরেস। *adv.* **rō°pily**। *n.* **rō°piness**। **(to) give one a long rope**—বাধা না দেওয়া, সংযত না করা। **(to) give one rope (to hang oneself)**—কেহ যাহাতে নিজের গলায় নিজেই ফাঁসি দেয় সেজন্য তাহাকে দড়ি দেওয়া অর্থাৎ কেহ যাহাতে নিজেই নিজের কর্ম পণ্ড করে সেজন্য তাহাকে প্রশ্রয় দেওয়া, সুতা ছাড়া। **(to) know the ropes**—কোন বিষয়ের অবস্থা নিয়মাদি জানা। **(to) rope in**—(কোন কাজে) অংশগ্রহণ করিতে রাজি করান ; ফাঁদে ফেলা। **(to) rope off**—দড়ি দিয়া ঘিরিয়া (স্থানাদির) সীমানা চিহ্নিত করা। [OE. *rap*—cp. ON. *reip*. G. *reif*]

Roquefort [rok°for, রক্°ফর্] *n.* a kind of French cheese made of goat's and ewe's milk, ছাগল ও ভেড়ীর দুধে তৈয়ারি পনিরবিশেষ। [in Southern France]

rorty [raw(r)°-ti, র্য(র্)°টি] *a.* (sl.) enjoyable, (অশি.) উপভোগ্য (to have a *rorty* time) ; fond of amusement and excitement, আমোদ-আহ্লাদ উত্তেজনা-প্রভৃতি প্রিয়। [?]

rosaceous, rosarian, rosarium, rosary—see **rose₂**.

rose₁—see **rise**.

rose₂ [rōz, রৌজ্] *n.* a kind of flower or the shrub bearing it, গোলাপ ফুল বা গাছ ; a rosette, শোভাবর্ধনের জন্য ব্যবহৃত কৃত্রিম গোলাপ ; the colour of the rose, গোলাপী রঙ্। *a.* **rosaceous** [rō-zā°-shas, রৌজেই°শ্যাস্] গোলাপ-গোত্রীয় ; গোলাপতুল্য। *n.* **rōsār°ian**—যে ব্যক্তি গোলাপের চাষ করে। *n.* **rōsār°ium**—গোলাপ-বাগিচা। *n.* **rō°sary**—গোলাপবাগ ; ধারাবাহিক প্রার্থনাবলী বা স্তবসমূহ ; জপমালা। *a.* **rō°sėate**—গোলাপপূর্ণ ; গোলাপতুল্য ; গোলাপরাঙা ; গোলাপী ; গোলাপগন্ধী ; গোলাপ-সংক্রান্ত ; অযথারকম অনুকূল বা নিশ্চিত। *n.* **rōse°-bud**—গোলাপকুঁড়ি ; কিশোরী। *n.* **rōse°-bush**—গোলাপঝাড়। *n.* **rōse°-colour**—গোলাপী রঙ্। *a.* **rōse°-coloured**—গোলাপী রঙের। *n.* **rōse°-leaf**—গোলাপ ফুলের পাপড়ি ; গোলাপ গাছের পাতা। *a.* **rose°-lipped**—গোলাপী ঠোঁটযুক্ত। *a.* **rōse°red**—গোলাপের মত লাল ; গোলাপ-রাঙা। *n.* **rōse°wa°ter**—গোলাপ-জল। *n.* **rōse°-win°dow**—চাকার পাখির মত নকশাসমন্বিত গোলাকার জানালা। *n.* **rōse°wood**—বৃক্ষবিশেষের মূল্যবান্ কৃষ্ণবর্ণ কাষ্ঠ। *a.* **rō°sy**—গোলাপ-সংক্রান্ত ; গোলাপপূর্ণ ; গোলাপ-সদৃশ ; গোলাপ-রাঙা (*rosy* cheeks) ; বিকাশোন্মুখ ; ফুল্ল ; সলজ্জ ; উজ্জ্বল ; আশাপূর্ণ ; সম্ভাবনাপূর্ণ (*rosy* prospects)। **rosy-fingered dawn**—গোলাপ-রাঙা উষা। *adv.* **rō°sily**। *n.* **rō°sinėss**। **a bed of roses**—সুখস্বাচ্ছন্দ্যে পূর্ণ জীবন, আরামের জীবন। **not all roses**—নিখুঁত নহে এমন ; অল্প-বিস্তর অস্বস্তি ও অসুবিধায় পূর্ণ। **no rose without a thorn**—সুখ অবিমিশ্র হয় না। **(to) gather life's roses**—জীবনে ভোগবিলাস ও সুখ-স্বাচ্ছন্দ্য খোঁজা। [AS.<L. *rosa*]

roseate, rose-bud, rose-bush, rosecolour, rose-leaf—see **rose₂**.

rosemary [rōz°-m(a)ri, রৌজ়্°ম্রি] *n.* a fragrant shrub, চিরহরিৎ সুগন্ধ গুল্মবিশেষ। [L. *ros marinus*=sea dew]

roseola [rō-zē°-a-la, রৌজ়ী°অ্যাল্যা] *n.* rose-coloured rash, উপদংশঘটিত একপ্রকার চর্মরোগ বা গুটিকা ; German measles, হাম বা হামজ্বর। [dim. of L. *roseus*=rosy]

rose-red—see **rose₂**.

rosette [rŏ-zet°, রোজ়েট্°] *n.* an ornamental artificial rose, সাজসজ্জার জন্য ফিতা প্রভৃতি দ্বারা তৈয়ারি কৃত্রিম গোলাপ ; (archi.) a carved rose, শোভাবর্ধনার্থ অট্টালিকাদির প্রাচীরে খোদাই-করা গোলাপ। [F.=dim. of *rose*]

rose-water, rosewood—see **rose₂**.

rosin [ro°-zin, রৌ°জ়িন্] **(1)** *n.* resin, (প্রধানতঃ ঘনীভূত) রজন। **(2)** *v.t.* to rub with rosin, রজন দিয়া ঘষা। [see *resin*]

roster [rōs°-ta(r), রৌস্°ট্যা(র্)] *n.* a list showing order of rotation, পর্যায়-তালিকা (duty-*roster*)। [Du. *rooster*=(ori.) gridiron]

rostral—see **rostrum**.

rostrum [ros°-tram, রস্°ট্র্যাম্] *n.* a beak, চঞ্চু, পাখির ঠোঁট ; a platform for public speaking, বক্তৃতামঞ্চ। *pl.* **ros°tra, ros°trums**। *a.* **ros°tral**—চঞ্চু-সংক্রান্ত ; চঞ্চুতুল্য। *a.* **ros°trāte**—চঞ্চুযুক্ত। [L.]

rosy—see **rose₂**.

rot [rot, রট্] **(1)** *v.i.t.* to putrefy, পচিয়া যাওয়া বা পচান ; to decay, ক্ষয় হওয়া বা করা ; to suffer, or cause to suffer from wasting disease, ক্ষয়রোগে ভোগা বা ভোগান। *pr. pt.* **ro°tting**। *p.* & *p. pt.* **ro°ttėd**। **(2)** *n.* putrefaction, পচন, শঠন ; decay, ক্ষয় (*rot* has set in) ; corruption, বিকৃতি ; (in cricket and war) a sudden series of failures, (ক্রিকেট খেলায় বা যুদ্ধে) হঠাৎ উপর্যুপরি বিপদ্‌পাত (to stop the *rot*) ; (sl.) worthless or rotten stuff ; nonsense, (অশি.) বাজে বা পচা বস্তু ; বাজে বা অর্থহীন উক্তি (to talk *rot*)। **(3)** *int.* worthless, বাজে। *n.* **rot-gut**—(পেটের পক্ষে অপকারী) মদ্য। *n.* **ro°tter**—সম্পূর্ণ বিকৃতচরিত্র বা বাজে লোক ; একেবারে হতচ্ছাড়া লোক। [OE. *rotian*, *p. pt.* of *rotod*—cp. *rotten*]

rota [rō°-ta, রৌ°ট্যা] *n.* a roster, কোন্ কর্মীর কর্মকাল কখন এবং তাহাদের কর্তব্য কি কি তাহার তালিকা, পর্যায়-তালিকা। **rō°tary**—(**1**) *a.* চক্রাকারে ঘূর্ণ্যমান; অংশবিশেষ চক্রাকারে ঘুরাইয়া চালাইতে হয় এমন। (**2**) *n.* যে মেশিন চালাইতে হইলে উহার অংশবিশেষ চক্রাকারে ঘুরাইতে হয়, রোটারি মেশিন, (পরি.) ঘূর্ণ। *n.* & *a.* **Rōtār°ian**—Rotary Club-নামক আন্তর্জাতিক জনকল্যাণ সঙ্ঘের সভ্য বা তৎসংক্রান্ত। *v.t.i.* **rŏtāte°**—চক্রাকারে আবর্তিত করান বা হওয়া; পালাক্রমে রাখা বা থাকা, চালান বা চলা। *p.* & *p. pt.* **rŏtā°ted**। *n.* **rŏtā°tion**। **axis of rotation**—ঘূর্ণাক্ষ। **by** or **in rotation**—পর্যায়ক্রমে। **rotation of crops**—(জমির অবক্ষয় রোধার্থে) পর্যায়ক্রমে শস্যবপন। *a.* **rŏtā°tional, rŏ°tātive**—আবর্তনমূলক; আবর্তনশীল; (পরি.) চক্রাকার। *n.* **rŏtā°tor**। *a.* **rotā°tory**—আবর্তনমূলক; আবর্তক। [L. *rota* = a wheel]

rote [rōt, রৌট্] *n.* mere mechanical memory or repetition, যন্ত্রবৎ স্মরণশক্তি বা পুনরাবৃত্তি; performance without regard to the meaning, অর্থ না বুঝিয়া শুধু যন্ত্রবৎ অভিনয় আবৃত্তি বা মুখস্থ বলা। **learning by rote**—মুখস্থ-করণ। [L. *roto* = a wheel ?]

rotor [rō°-ta(r), রৌ°ট্যা(র্)] *n.* the rotary part of a machine, যন্ত্র-চালনার জন্য উহার যে অংশ ঘুরাইতে হয়। [< *rotator* = see *rotate*]

rotten [ro°tn, র°ট্ন্] *a.* putrefied, পচা; decaying, ক্ষীয়মাণ; affected by rot, মেষাদি সম্পর্কে ক্ষয়রোগাক্রান্ত; corrupt, বিকৃত, অসৎ; inefficient, অদক্ষ; অকর্মণ্য; worthless, বাজে; (sl.) extremely bad, beastly, নিরতিশয় মন্দ; পশুতুল্য; পাশব। *adv.* **ro°ttenly**। *n.* **ro°ttenness**। [ON. *rotinn*—cp. *rot*]

rotter—see **rot.**

rotund [rŏ-tund°, রোটান্ড্°] *a.* round, গোলাকার, বৃত্তাকার; rounded and plump, সুগোল ও হৃষ্টপুষ্ট। *n.* **rŏtun°da**—বৃত্তাকার ছাদযুক্ত বাড়ি বা ঘর। *n.* **rŏtun°dity**। *adv.* **rŏtund°ly**। [L. *rotundus* < *rota* = a wheel]

rouble—alt. spell. of **ruble.**

roué [rōō°-a, রূ°এই], *n.* a debauchee, অসচ্চরিত্র ব্যক্তি, লম্পট। [F. a name given by Philippe, Duke of Orleans, to his dissolute companions]

rouge [rōōz, রূজ্] (**1**) *n.* a powder used to redden lips and cheeks. ঠোঁট ও গাল রাঙানর জন্য পাউডারবিশেষ, রূজ্। (**2**) *v.t.i.* to paint with rouge, রূজ্ মাখান বা মাখা। [F. < L. *rubeus* = red]

rough [ruf, রাফ্] (**1**) *a.* uneven, rugged, অসমতল, এবড়ো-খেবড়ো, বন্ধুর; shaggy, লোমশ, unpolished, অমার্জিত; harsh, রূঢ়, কর্কশ, কঠোর (a *rough* tongue); crude, অসংস্কৃত; unelaborated, approximate, অবিশদীকৃত, মোটামুটি (a *rough* account or estimate); deficient in finish, (চিত্রাদি-সম্বন্ধে) মাজাঘষা হয় নাই এমন, একমেটে (a *rough* sketch); coarse, অসূক্ষ্ম, মোটা, স্থূল; unrefined, মিহি নহে এমন; ungentle, অভদ্র, অভব্য (*rough* manners); turbulent, প্রচণ্ড (*rough* element of the population); riotous, হৈচৈ-পূর্ণ। (**2**) *adv.* roughly, মোটামুটিভাবে, স্থূলতঃ; in a rough manner, রুক্ষভাবে বা (অসঙ্গত ভাবে) শারীরিক শক্তি প্রয়োগ করিয়া (to play *rough*, to treat a person *rough*)। (**3**) *n.* a hooligan, a rowdy, গুণ্ডা; rough ground or surface, এবড়ো-খেবড়ো জমি বা উপরিভাগ (the ball was lost in the *rough*)। (**4**) *v.t.* to roughen, অসমতল বা বন্ধুর বা অমসৃণ করা; to ruffle violently, প্রচণ্ডভাবে আলোড়িত বা বিক্ষুব্ধ করা; to roughen the shoes of, পদস্খলন হইতে রক্ষার্থ জুতার বা ক্ষুরের নিচে নাল পরান। **rough and ready**—সাধারণ ব্যাপার বা সাদামাটা কাজকর্মের পক্ষে সম্পূর্ণ উপযুক্ত (অর্থাৎ তেমন দক্ষতাপূর্ণ নহে)। **rough°-and-tumb°le**—(**1**) *a.* অনিয়মিত; নিয়মশৃঙ্খলাহীন; উদ্দাম। (**2**) *n.* লড়াই; এক প্রকার প্রীতিপূর্ণ লড়াই। **rough°cast**—(**1**) *v.t.* মোটামুটিভাবে (চিত্রাদি) গঠন বা রচনা করা; (দেওয়ালাদিতে) চুন-সুরকির প্রলেপ দেওয়া। *p.* & *p. pt.* **rough°cast**। (**2**) *n.* দেওয়ালাদির চুন-সুরকির প্রলেপ। (**3**) *a.* উক্ত প্রলেপ দেওয়া হইয়াছে এমন। *v.t.* **rough°-dry**—(বস্ত্রাদি) ইস্ত্রি না করিয়া শুকান। *v.t.i.* **rou°ghen**—অসমতল বা বন্ধুর বা অমসৃণ করা অথবা হওয়া; প্রচণ্ডভাবে আলোড়িত বা বিক্ষুব্ধ করা অথবা হওয়া; কঠোর বা কর্কশ করা অথবা হওয়া। *v.t.* **rough°-hew°**—মোটামুটি আদরা গঠন করা। *a.* **rough-hewn**—(আদরা প্রভৃতি) মোটামুটিভাবে বা অমসৃণভাবে গঠিত (a *rough-hewn* statue); (আল.) অমার্জিত, অভদ্র। **rough house**—সকোলাহল ঝগড়া ও হাতাহাতি। *adv.* **rough°ly**। *n.* **rough°neck**—দুর্বিনীত ব্যক্তি; গুণ্ডা। *n.* **rough°ness**। *n.* **rough°-rider**—শিক্ষা পায় নাই এমন ঘোড়াকে বশে আনার জন্য যে ব্যক্তি উহাতে আরোহণ করে, অশ্বদমনকারী; ভাড়াটে অশ্বারোহী সৈনিক। *a.* **rough°shod**—নাল-বাঁধান খুরওয়ালা বা জুতা-পরা; নাল-বাঁধান। *a.* **rough°-wrought**—(দ্রব্যাদি সম্বন্ধে) আংশিক বা আধাআধি সম্পূর্ণ, পালিশ করা হয় নাই এমন। **rough edge** or **side of one's tongue**—রূঢ় বা কটু বাক্য। **rough tongue**—কটুভাষণের স্বভাব। **(to) ride roughshod over**—অবজ্ঞাভরে উড়াইয়া দেওয়া বা অগ্রাহ্য করা বা পদদলিত করা। *a.* **rough°-spōken**—কটুভাষী, দুর্মুখ। **(to) cut up rough**—(কিছুতে) মনঃক্ষুণ্ণ হইয়া। **(to) rough in**—মোটামুটি আদরা বা খসড়া তৈয়ারি করা। **(to) rough it**—সমস্ত দুঃখ-কষ্ট মাথা পাতিয়া লওয়া, সাধারণ সুখ-সুবিধার অভাবে জীবনযাপন করা। **(to) rough out**—মোটামুটি-

ভাবে গঠন করা বা রচনা করা। **in the rough**—সাধারণভাবে, অসমাপ্ত অসংস্কৃত অবস্থায় (true in the *rough*, seen it only in the *rough*)। [OE. *ruh*—cp. G. *rau(c)h*, Du. *ruig*]

roughage [rufảg, রাফিজ্] *n.* bran of cereals considered valuable as a stimulant to the stomach, পাকস্থলীর উদ্দীপক বা সঞ্চালক রূপে গণ্য ভুষি।

roulade [rōō-lŭd°, রূলাড্°] *n.* (mus.) a quick succession of notes, (সঙ্গীতে) জলদ। [F.]

rouleau [rōō-lō°, রূলৌ°] *n.* a coil or roll, ফেটি, কুণ্ডলী, বেলনাকার বাণ্ডিল; a cylindrical pile of coins etc., মুদ্রাদির বেলনার আকৃতি-বিশিষ্ট বাণ্ডিল। *pl.* **rouleaux, rouleaus** [rōō-lōz°, রূলৌজ্°]। [F.]

roulette [roo-let°, রুলেট্°] *n.* a game of chance, জুয়াখেলাবিশেষ। [F.]

round [rownd, রাউন্ড্] (**1**) *a.* spherical, গোলাকার, বৃত্তাকার; বেলনাকার; entire, গোটা, সমগ্র; continuous, অবিরাম, একটানা; all together, মোট (a *round* sum); not inconsiderable, (পরিমাণ বা সংখ্যা সম্বন্ধে) বেশ মোটারকম; approximate, মোটামুটি; candid, মনখোলা; plain-spoken, স্পষ্টভাষী; vigorous, তেজপূর্ণ। (**2**) *adv, & prep.* about, ইতস্ততঃ; on all sides, সর্বদিকে, চতুর্দিকে; all over, সর্বত্র; every way, সব উপায়ে বা পথে; in ring or curve, গোলাকার বা চক্রাকার হইয়া; approximately, মোটামুটিভাবে, প্রায়; indirectly, পরোক্ষভাবে; circuitously, ঘুরাইয়া। (**3**) *n.* a round thing or part, গোলাকার বস্তু বা অংশ; a ring, circumference, circle, globe, গণ্ডী, চক্র, বৃত্ত-পরিধি, বৃত্ত, গোলক; a coil, গোলাকার ফেটী, কুণ্ডলী; a bend, বাঁক; a circuit, গোলাকার এলাকা; a circuit of duty, রোঁদ; a cycle of events or doings, ঘটনাচক্র, ক্রিয়াচক্র; a dance in a ring, চক্রাকারে নৃত্য; revolving motion, আবর্তন, আবর্ত; a stage in a competition, feast etc., খেপ, দফা (defeated in the final *round* of hockey championship, to pay for a *round* of drinks, four *rounds* of ammunition, etc.)। (**4**) *v.t.i.* to make or become round, গোলাকার করা বা হওয়া; to go round, পরিবেষ্টন করা বা ঘোরা; to turn round, আবর্তিত করা বা হওয়া, ঘোরান বা ঘোরা। *a.* **round°about**—বৃত্তাকার, গোলাকার; পরোক্ষ; হৃষ্টপুষ্ট। **(to) lose on the swings what one makes on the roundabouts**—লাভ-লোকসান প্রায় সমান-সমান হওয়া বা থাকা (তু. হরেদরে সমান)। **round about**—ঠিক্ উল্টা দিকে; প্রায়, কাছাকাছি (*round about* Rs. 50)। **round the bend**—(অশি.) বিকৃতমস্তিষ্ক। **round°-arm**—(**1**) *a.* (ক্রিকেটে—বোলিং সম্বন্ধে) সমগ্র বাহু ঘুরাইয়া কৃত বা নিক্ষিপ্ত। (**2**) *adv.* উক্তভাবে। *a.* **round°-backed**—কুব্জপৃষ্ঠ; বক্রপৃষ্ঠ। *a.* **round°-eyed**—বিস্ফারিত দৃষ্টিপূর্ণ। **round°-hand**—(**1**) *n.* স্পষ্ট ও গোটা গোটা করিয়া লিখনপদ্ধতি। (**2**) *a.* same as **round-arm**। *n.* **Round°head**—ইংল্যান্ডে সপ্তদশ শতাব্দীর গৃহযুদ্ধকালে পার্লামেণ্ট দলের সভ্য (ইহারা মাথার চুল আগাগোড়া সমান করিয়া কাটিত)। *n.* **round-house**—কয়েদখানা, জাহাজের কামরা অথবা কামরার শ্রেণী। *a.* **rōun°dish**—ঈষৎ গোলাকার। *adv.* **round°ly**—পুরাদস্তুর, স্পষ্টাস্পষ্টি, কঠোরভাবে। *n.* **round°ness**। *n.* **round°-shot**—কামানের গোলা। *a.* **round°-shoul°dered**—সম্মুখ দিকে ঝোঁকান কাঁধওয়ালা। *n.* **roundsman**—ব্যবসায়ীর যে কর্মচারী অর্ডারের জন্য জিনিস লইয়া ঘুরিয়া বেড়ায়। *a.* **round°-tab°le**—(সভাদিসম্পর্কে) উপস্থিত সকলে সমানাধিকার-সম্পন্ন। *a.* **round°-the-clock**—২৪ ঘণ্টা ধরিয়া চালু। *n.* **round°-up**—(গবাদি পশুপালকে) একত্র চালনা; পুলিস্ যে অপরাধী দলকে খুঁজিতেছে। **all round, right round**—সম্পূর্ণ গোল। **all the year round**—সারা বৎসর ব্যাপিয়া। **in round numbers** or **figures**—মোটামুটি সংখ্যায়; প্রায়। **round and round**—ক্রমাগত ঘুরিয়া ঘুরিয়া বা আবর্তিত হইয়া। **round robin**—যে দরখাস্তে দরখাস্তকারিগণ বৃত্তাকারে সই করে (যাহাতে দরখাস্তকারীদের ক্রম অর্থাৎ দরখাস্তকারীদের কে প্রথম, কে দ্বিতীয় ইত্যাদি বুঝা না যায়); যে ক্রীড়া-প্রতিযোগিতায় প্রত্যেক প্রতিযোগীকে অপর প্রত্যেক প্রতিযোগীর সঙ্গে প্রতিযোগিতা করিতে হয়। **taking it all round**—সর্বদিক বিচার করিয়া। **(to) go the round of**—ধারাবাহিকভাবে চক্রে ঘুরিয়া বেড়ান। **(to) go the rounds, (to) make one's rounds**—(সাম.) রাত্রিকালে পাহারার পর্যবেক্ষণে বাহির হওয়া। **(to) look round**—সর্বদিকে তাকান। **(to) round off**—সুসম্পন্ন করা। **round-table conference**—গোলটেবিল বৈঠক: এই বৈঠকে যোগদানকারী সকলেই সমমর্যাদাসম্পন্ন। **(to) round up**—অশ্বারোহণে গিয়া সংগ্রহ করা; (অপরাধীদিগকে) গ্রেপ্তার করা। **(to) round upon**—ঘুরিয়া দাঁড়াইয়া মুখামুখি হইয়া (কথায় বা অন্যভাবে) আক্রমণ করা। **(to) show some one round**—কাহাকেও ঘুরিয়া ঘুরিয়া কিছু দেখান। **(to) sleep the clock round**—একটানা বার ঘণ্টা বা চব্বিশ ঘণ্টা ঘুমান। **theatre in the round**—যে থিয়েটারে মঞ্চের চতুষ্পার্শ্বে দর্শকবৃন্দ বসে। [OE. *rund* < L. *rotundus* < *rota* = a wheel]

roundel [rown°dl, রউন্°ড্ল্] *n.* anything circular, বৃত্তাকার বস্তু; a small disk, ক্ষুদ্র চক্রাকার থালা; a roundel, ধুয়াযুক্ত ত্রয়োদশপদী বা চতুর্দশপদী কবিতাবিশেষ। *n.* **roundelay** [rown°-di-lā, রাউন্°ডিলেই] ধুয়াযুক্ত গানবিশেষ। [OF. *rondel(le)*]

rounders [round°ars, রাউন্ড্°আ্যারস] *n.* (*pl.* treated as sing.) a game with bat and ball between two sides, ব্যাট ও বল সহযোগে দুই দলের খেলাবিশেষ। [see *round*]

Roundhead—see **round.**

rouse$_1$ [rowz, রাউজ্] (1) *v.t.i.* to ruffle or be ruffled, বিক্ষুব্ধ বা চঞ্চল করা অথবা হওয়া (to *rouse* the masses) ; to awaken or awake, জাগান বা জাগা ; to start or rise as from cover, গুপ্তস্থানাদি হইতে চমকাইয়া তোলা বা ওঠা অথবা প্রকাশিত করান বা হওয়া ; to make or become active, সক্রিয় করা বা হওয়া (to *rouse* oneself or a person to action) । *a.* **rous°ing**—উত্তেজনাপূর্ণ ও উচ্ছ্বসিত (a *rousing* reception) । [?]

rouse$_2$ [rowz, রাউজ্] *n.* (arch.) drinking-bout, carousal, মদ্যপান-প্রতিযোগিতা, মদ্যপানোৎসব । **(to) give a rouse**—(কাহারও স্বাস্থ্যকামনায় বা সম্মানাদির জন্য) মদ্যপানের প্রস্তাব করা । [*prob.* from *carouse*]

roustabout [rowst°-a-bowt, রাউস্‌ট্°অ্যাবাউট্] *n.* a dock labourer, ডক্-শ্রমিক ; an unskilled labourer, অদক্ষ শ্রমিক । [US. *roust*=rout, see *about*]

rout [rowt, রাউট্] (1) *n.* a tumultuous crowd, হৈচৈপূর্ণ বা উচ্ছৃঙ্খল ভিড় ; (arch.) a fashionable evening assembly in a riotous manner, (আর্ষ.) ফ্যাশনদোরস্ত ব্যক্তিগণের কোলাহলপূর্ণ সান্ধ্য-সম্মেলন ; a disorderly retreat or flight of troops, সৈন্যবাহিনীর বিশৃঙ্খলভাবে পশ্চাদপসরণ বা পলায়ন, ছত্রভঙ্গ ; an utter defeat, চরম পরাজয় (to put to *rout*) ; disturbance, হৈচৈ, কোলাহল । (2) *v.t.* to defeat utterly, সম্পূর্ণ পরাজিত করা ; to put to rout, ছত্রভঙ্গ করা । [OF.<L. *rumpere*=to break]

route [ro͞ot, রুট্] (1) *n.* a way that is or may be traversed, যাত্রাস্থল হইতে গন্তব্য স্থান পর্যন্ত পথ, গমনপথ ; marching orders, সুশৃঙ্খলার সহিত দলবদ্ধভাবে (কুচকাওয়াজ করিয়া) যাইবার হুকুম । (2) *v.t.* নির্দিষ্ট পথে পাঠান বা চালিত করা । *n.* **route°-march**—শিক্ষাধীন সৈন্যবাহিনীর দীর্ঘপথব্যাপী কুচকাওয়াজ । [F.<L. *rupta* (*via*)=broken (way)]

routine [ro͞o-tēn°, রূটীন্°] *n.* fixed order of doing things, করণীয় কার্যে নির্দিষ্ট পরম্পরা, রুটীন্ । [F.]

rove [rōv, রৌভ্] (1) *v.t.* to wander over or through, (কিছুর) উপর বা ভিতর দিয়া ইতস্ততঃ ভ্রমণ করা ; to cast at random, (তীর গুলি প্রভৃতি) এলোপাতাড়িভাবে নিক্ষেপ করা । (2) *v.i.* to practise piracy, জলদস্যুতা করা ; to cast casually, এলোমেলোভাবে (তীর গুলি প্রভৃতি) ছোড়া ; to wander about, ইতস্ততঃ ঘুরিয়া বেড়ান । *n.* **rō°ver**—জলদস্যু ; দস্যু ; ইতস্ততঃ ভ্রমণকারী ; অস্থিরচিত্ত ব্যক্তি ; Boy Scout বা ব্রতচারীসঙ্ঘের ঊর্ধ্বতন শাখাবিশেষের সভ্য ; (পরি.) ব্রজচার । **roving commission**—ভ্রাম্যমাণ সংস্থাকে বা ব্যক্তিবর্গকে প্রদত্ত প্রয়োজনমত ভ্রমণের অধিকার । *adv.* **rō°vingly** । [?]

row$_1$ [rō, রৌ] *n.* a line or rank, শ্রেণী, সারি, পদমর্যাদাদির ক্রম ; a series in a line, সারিবদ্ধ ব্যক্তিসমূহ বা প্রাণিসমূহ বা বস্তুসমূহ (people are sitting in a *row* or in *rows*) ; a street with a line of houses along one or each side (often in street names), এক বা উভয় পার্শ্বে শ্রেণীবদ্ধ ভবনবিশিষ্ট রাস্তার অভিধা (Park *Row*) । **a hard row to hoe**—কঠিন কাজ । **in a row**—(কথ্য.) ধারাবাহিকভাবে, পরপর (he took four wickets *in a row*) । [OE. *raw*—cp. G. *reihe*, Du. *rij*]

row$_2$ [rō, রৌ] (1) *v.t.* to propel with an oar, দাঁড় টানিয়া বা বৈঠা বাহিয়া (নৌকাদি) চালান ; to transport by rowing, নৌকাদিতে করিয়া লইয়া যাওয়া (the ferryman *rowed* me across or down or up the river) । (2) *v.i.* to work with the oar, দাঁড় টানা বা বৈঠা বাওয়া । (3) *n.* an act or spell of rowing, দাঁড় টানা বা বৈঠা-চালনা, নৌ-চালনা । *n.* **row°(ing)-boat**—বাইচের নৌকা । *n.* **row°er** । *n.* **row°ing-club**—বাইচ্-খেলার ক্লাব বা সঙ্ঘ । **(to) row out**—দাঁড় টানিতে টানিতে ক্লান্ত হওয়া (the boatmen were *rowed out* at the end of the journey) । [OE. *rowan*]

row$_3$ [row, রাউ] (1) *n.* a din, disturbance, হৈচৈ, কোলাহল ; a brawl, চেঁচামেচিপূর্ণ ঝগড়া ; a chiding or rating, তিরস্কার বা গঞ্জনা (to get into a *row* for late arrival in office) । (2) *v.t.* to chide or rate, তিরস্কার করা বা গঞ্জনা দেওয়া । **(to) kick up** or **make a row**—হাঙ্গামা সৃষ্টি করা । [?]

rowan [row°-an, রাউ°অ্যান্] *n.* a small tree of the rose family, গোলাপ-জাতীয় ক্ষুদ্র বৃক্ষবিশেষ, পাহাড়ী ash-বৃক্ষ । [cp. Norw. *raun*, Sw. *rönn*]

rowdy [row°-di, রাউ°ডি] (1) *a.* noisy and disorderly, হৈচৈপূর্ণ ও উচ্ছৃঙ্খল । (2) *n.* a rowdy person, ঐরূপ ব্যক্তি, গুণ্ডা । *adv.* **row°dily** । *n.* **row°diness** । *n.* **row°dyism**—গুণ্ডামি । [?]

rowel [row°al, রাউ°অ্যাল্] *n.* a revolving disc at the end of a spur, রেকাবের মাথায় আবর্তনসাধ্য কাঁটাযুক্ত চাকতি । [F. *roulle*<LL. *rotella*=a small wheel]

rower—see **row**$_2$.

rowlock [ro°-lak, র°ল্যাক্] *n.* a contrivance serving as a fulcrum for an oar, দাঁড় বা বৈঠা আটকানর জন্য নৌকাসংলগ্ন আঙ্‌টাবিশেষ । [earlier *oarlock*<OE. *arloc*]

royal [roy°(a)l, রয়্°ল্] *a.* of, suited to, or worthy of a king or queen, রাজকীয়, রাজোচিত বা রানীসুলভ ; belonging to the family of, in service or under patronage of, a king or queen, রাজবংশীয়, রাজসরকারে কর্মরত, রাজা বা রানী কর্তৃক পৃষ্ঠপোষিত ; magnificent, on a grand scale, অত্যুত্তম, চমৎকার (a *royal* entertainment) ; of the size of 19″×24″ or

20″×25″, (লেখার কাগজ-সম্বন্ধে) ১৯″×২৪″ মাপ-বিশিষ্ট বা (ছাপার কাগজ-সম্বন্ধে) ২০″×২৫″ মাপ-বিশিষ্ট। *n.* **roy°alism**—রাজা রানী বা রাজতন্ত্রের প্রতি আনুগত্য, রাজানুগত্য। *n.* **roy°alist**—রাজানুগত ব্যক্তি ; (রাজা ও প্রজার মধ্যে বিবাদকালে) রাজপক্ষীয় ব্যক্তি বা সৈনিক। *adv.* **roy°ally**। *n.* **roy°alty**—রাজপদ ; রাজোচিত অবস্থা বা আচরণ বা ভাব ; রাজা বা রানী ; রাজবংশীয় ব্যক্তিবর্গ বা ব্যক্তি ; মক্ষিরানী বা তদ্বৎ অন্য প্রাণী ; রাজ্য ; রাজাধিকার, রাজকীয় কর্তৃত্ব ; রাজপ্রদত্ত ক্ষমতা বা অধিকারি ; খনিজ পদার্থের উপর রাজপ্রদত্ত অধিকার ; পেটেন্ট ব্যবহারের জন্য পেটেন্টের মালিককে দেয় অর্থ ; বিক্রীত গ্রন্থের খণ্ডপিছু গ্রন্থকারের প্রাপ্য টাকা, প্রতিবার নাট্যাভিনয়ের বাবদ নাট্যকারকে দেয় অর্থ, (পরি.) অধিকারভাগধেয়। **royal blue**—উজ্জ্বল ও গাঢ় নীল বর্ণ, সুনীল বর্ণ। **royal commission**—রাজা বা রানী কর্তৃক নিযুক্ত ব্যক্তিবর্গকে লইয়া গঠিত তদন্ত-সমিতি। **royal marriage**—(তাসের বিন্তি প্রভৃতি খেলায়) একই হাতে রঙের সাহেব ও বিবি প্রাপ্তি, রয়্যাল্ পেয়ার্। **royal navy**—রাজকীয় পোতবহর, (পরি.) রাজনাবী। [F.<L. *regalis*]

rozzer [roz°-a(r), রজ্°অ্যা(র্)] *n.* (sl.) a policeman, (অশি.) পুলিস। [?]

rub₁ [rub, রাব্] **(1)** *v.t.i.* to apply or move with friction, ঘষা ; to polish, scour, clean, remove, chafe, sharpen, wear out, make dry, or make sore by rubbing, ঘর্ষণদ্বারা পালিশ করা বা মাজা বা পরিষ্কার করা বা দূর করা বা তুলিয়া ফেলা বা প্রজ্বালিত করা বা ধার দেওয়া বা ক্ষয় করা বা শুষ্ক করা বা ঘা করা ; to irritate or fret, জ্বালাতন করা, উত্ত্যক্ত বা অস্থির করা। **(2)** *v.i.* to admit of being rubbed, ঘর্ষিত হওয়া। *pr. pt.* **ru°bbing**। *p. & p. pt.* **ru°bbed**। **(3)** *n.* act or process of rubbing, ঘর্ষণ ; an impediment, প্রতিবন্ধক। *n.* **ru°bber₂**—rub (*v.*)-এর সকল অর্থে, এবং—অঙ্গ-সংবাহনকারী ; রবার ; ঘর্ষক ব্যক্তি প্রাণী বা বস্তু, (কথ্য.) জুতার রবারনির্মিত তলি। *n.* **rubber-neck**—(অশি.) হাঁ-করিয়া তাকাইয়া আছে এমন দর্শক ; অনুসন্ধিৎসু ব্যক্তি। *n.* **ru°bber-solu°tion**—রবার জোড়া দিবার আঠা। *n.* **ru°bber-stamp**—রবার স্ট্যাম্প্। *n.* **rub°stōne**—শানপাথর। **(to) rub along**—এক রকম সুখে-স্বচ্ছন্দে বাঁচিয়া থাকা বা দিন কাটান ; পরস্পর মিলিয়া মিশিয়া থাকা। **(to) rub down**—ব্যায়ামাদির পরে সর্বাঙ্গ সংবাহন করা ; সর্বাঙ্গে হাত বুলাইয়া অনুসন্ধান করা। *n.* **rub°-down**—দলাই-মলাই। **(to) rub in**—ঘর্ষণদ্বারা রন্ধ্রমধ্যে ঢোকান। **(to) rub it in**—(কাহারও) ত্রুটি বা অসাফল্যের বিষয় পুনঃপুনঃ স্মরণ করান। **(to) rub off** or **out**—ঘষিয়া তুলিয়া ফেলা। **(to) rub shoulders** (with)—সামাজিক সম্পর্কযুক্ত হওয়া ; মেলামেশা করা। **(to) rub the wrong way**—আনাড়ির মত হস্তক্ষেপ করিয়া উত্ত্যক্ত করা। **(to) rub up**—পালিশ্ করা ; স্মৃতি ঝালাইয়া তোলা। **there's the rub**—এইখানেই অন্তরায় বা প্রতিবন্ধক ; ওই ত মুশকিল। [?]

rub-a-dub [rub°-a-dub, রাব্°অ্যা-ডাব্] *n.* the sound of a drum, ঢাকঢোল প্রভৃতির আওয়াজ। [imi.]

rubber₁ [ru°-ba(r), রা°ব্যা(র্)], (contr.) **rub₂**—*n.* the winning of the best three (sometimes five) games, তাসের ব্রিজ বা উইস্ট্ খেলায় (এবং অন্যান্য খেলাতেও) তিন বাজি (কখনও কখনও পাঁচ বাজি) খেলার মধ্যে অধিকতর বাজিতে জয়লাভ ; (loos.) a spell of card-playing, (শিথি.) এক বাজি তাস খেলা। [?]

rubber₂, rubbing—see **rub₁**.

rubbish [ru°-bish, রা°বিশ্] *n.* fragments of buildings in ruins, জীর্ণ অট্টালিকাদির চুন-শুরকি ভাঙ্গা ইট প্রভৃতি, রাবিশ্ ; waste matter, বর্জিতাংশ ; litter, আবর্জনা ; trash, বাজে বস্তু ; nonsense, অর্থহীন উক্তি রচনা প্রভৃতি। *n.* **ru°bbish-heap**—আবর্জনাস্তূপ। *a.* **ru°bbishy**—বাজে। [?]

rubble [rub°l, রা°ব্ল্] *n.* fragments of stone, পাথরকুঁচি (also **rubb°le-stōne**)। *n.* **rubb°le-work**—পাথরকুঁচি দিয়া অট্টালিকাদি-নির্মাণ। [?]

Rubicon [rōōb°i-con, রূব্°ইকন্] *n.* the boundary by crossing which a person is committed to a point of no return, যে সীমা লঙ্ঘন করিলে আর ফিরিয়া যাওয়া যায় না। **(to) cross the Rubicon**—(কার্যাদি সম্বন্ধে) চূড়ান্ত সিদ্ধান্ত গ্রহণ করা (অতঃপর আর পশ্চাদপসরণ করা যায় না)। [name of stream limiting Caesar's province and crossed by him in war with Pompey.]

rubicund [rōō°-bi-kand, রূ°বিকান্ড্] *a.* ruddy, লালাভ, আরক্তিম, গায়ের চামড়া ফাটিয়া যেন রক্ত বাহির হইতেছে এমন (ইহা স্বাস্থ্যের লক্ষণ), রক্তোচ্ছ্বাস-পূর্ণ। [L. *rubicundus*<*rubere*=to be red]

ruble [rōō°bl, রূ°ব্ল্] *n.* a Russian monetary unit, রাশিআর মুদ্রাবিশেষ (=১০০ কোপেক)। [Russ. *rubl'*]

rubric [rōōb°-rik, রূব্°রিক্] *n.* a heading or passage in red or special lettering, লাল কালিতে মুদ্রিত বা অন্য কোনভাবে আকর্ষণীয়-করা রচনাদির শিরোনাম বা অংশ। [L. *rubrica*=red ochre]

rubstone—see **rub₁**.

ruby [rōō°-bi, রূ°বি] **(1)** *n.* a precious crimson stone, চুনি, পদ্মরাগমণি ; redness, রক্তিমতা, লাল রঙ্ ; a size of printing types, মুদ্রাক্ষরের মাপবিশেষ ($5\frac{1}{2}$ পয়েন্ট)। *pl.* **ru°bies**। **(2)** *a.* red as a ruby, চুনির মত লাল। **above rubies**—অমূল্য। **ruby wedding**—চল্লিশতম বিবাহ-বার্ষিকী। [OF. *rubi(s)*<L. *rubeus*]

ruche [rōōsh, রূশ্] *n.* a plaited frilling, (জামাকাপড়ের প্রান্তদেশের) কুঁচি। [F.]

ruck₁ [ruk, রাক্] *n.* ordinary commonplace

things or persons, সাধারণ মামুলি বস্তুসমূহ বা লোকসমূহ (usu. **the common ruck**)। [Scand. ?]

ruck$_2$ [ruk, রাক্], **ruck°le** (**1**) *n.* a wrinkle, কুঁচি, কুঞ্চন ; a fold, ভাঁজ, পাট, বলী। (**2**) *v.t.i.* to wrinkle, কুঞ্চিত করা বা হওয়া, কোঁচান বা কোঁচাইয়া বা কুঁচকাইয়া যাওয়া (the bedspread has *rucked* up)। *p.* & *p. pt.* **ru°cked**। [ON. *hrukha* (*n.*)]

rucksack [rook°-sak, রুক্°স্যাক্] *n.* a bag strapped on the back, পিঠে বাঁধিয়া বহনযোগ্য ঝোলাবিশেষ। [G.]

ruction [ruk°sh(a)n, রাক্°শ্‌ন্] *n.* (sl.) disturbance, (অশি.) গোলমাল, কোলাহল, হৈচৈ ; row, সকলরব ঝগড়া। [?]

rudd [rud, রাড্] *n.* a red-eyed fresh-water fish, রক্তচক্ষুযুক্ত মাছবিশেষ, (তু.) মৃগেল। [?]

rudder [ru°-da(r), রা°ড্যা(র্)] *n.* a steering apparatus, নৌকা জাহাজ প্রভৃতির হাল, কর্ণ ; (fig.) guiding principle, etc., পথনির্দেশক নীতি বা সূত্র প্রভৃতি। *a.* **ru°dderless**—হালশূন্য ; হালছাড়া। [OE. *rothor*—cp. G. *ruder*]

ruddle [rud°l, রাড্°ল্] (**1**) *n.* red ochre, লাল গিরিমাটি। (**2**) *v.t.* to colour with ruddle, লাল গিরিমাটি দিয়া রঞ্জিত করা। [OE. *rudu*=redness]

ruddy [ru°-di, রা°ডি] *a.* red, লালবর্ণ ; reddish, লালাভ, রক্তিমাভ ; (of face etc.) freshly or healthily red, পূর্ণ স্বাস্থ্যের দ্যোতক এমনভাবে রক্তিম ; আরক্তিম (*ruddy* cheeks) ; (sl.) bloody, (অশি.) নিন্দার্হ (what the *ruddy* hell, etc.)। *adv.* **ru°ddily**। *n.* **ru°ddiness**। [OE. *rudig*]

rude [rōōd, রূড্] *a.* uncultured, অসংস্কৃত, অভব্য ; unskilled, অদক্ষ, অশিক্ষিত (*rude* skill) ; impolite and unmannerly, দুর্বিনীত ও অভদ্র (*rude* remarks) ; harsh, কর্কশ, রূঢ়, কটু ; crude, অমার্জিত (*rude* manners) ; uncivilized, অসভ্য ; coarse, অসূক্ষ্ম (*rude* touches) ; violent, প্রচণ্ড ; robust, শক্তসমর্থ, গাট্টাগোট্টা। *adv.* **rude°ly**। *n.* **rude°ness**। **(to) be rude to**—(কাহাকেও) অবমাননা করা। [L. *rudis*=rough]

rudiment [rōō°-di-mant, রূ°ডিম্যান্ট্] *n.* (usu. in *pl.*) first principle or element, মূল নীতি নিয়ম সূত্র তত্ত্ব বা উপাদান (the *rudiments* of grammar) ; anything in a rude or first stage, অবর্ধিত বা অনুন্নত বা প্রাথমিক অবস্থাভুত বস্তু ; an organ in the first discernible stage, প্রথমনির্ণয়সাধ্য অবস্থাভুত অঙ্গ ; an organ that never develops beyond an early stage, যে অঙ্গ কখনও বর্ধিত হইয়া প্রাথমিক অবস্থা অতিক্রম করে না। *a.* **rudimentary** [rōōdi-men°t(a)ri, রূডিমেন্°ট্‌রি] মূল নীতি নিয়ম সূত্র বা উপাদানসংক্রান্ত ; প্রাথমিক, আদিম, মৌলিক ; প্রাথমিক অবস্থাভুত ; প্রাথমিক অবস্থাতেই বাধাপ্রাপ্ত ; অবর্ধিত, (পরি.) ব্যাহত ; প্রায় দৃষ্টিবহির্ভূত ; (পরি.) লুপ্তপ্রায়। *adv.* **rudimen°tarily**। *n.* **rudimen°tariness**। [L. *rudimentum*<*rudis*=raw]

rue [rōō, রূ] (**1**) *n.* (arch.) repentance, (আর্ষ.) অনুতাপ ; sorrow, দুঃখ। (**2**) *v.t.* to repent of, (কিছুর জন্য) অনুতাপ করা ; to feel the consequences of, ফল ভোগ করা (you will have to *rue* it)। *a.* **rue°ful**—দুঃখপূর্ণ ; দুঃখিত ; বিষণ্ণ (a *rueful* countenance)। *adv.* **rue°fully**। [OE. *hreow*(*n.*) *hreowan*(*v.*)—cp. G. *reuen*]

ruff$_1$ [ruf, রাফ্] *n.* a frill worn round the neck, শক্ত গলবন্ধবিশেষ ; a beast's or bird's collar of long hair or feathers, পশুর গলার শক্ত ও দীর্ঘ লোমগুচ্ছ বা পাখির গলার পালকগুচ্ছ ; a domestic pigeon, পোষা পায়রাবিশেষ। [cp. *ruffle*]

ruff$_2$ [ruf, রাফ্] *n.* a kind of sandpiper, (কাদাখোঁচাজাতীয় ?) পাখিবিশেষ। *fem.* **ree** [rē, রী], **reeve** [rēv, রীভ]। [?]

ruff$_3$ [ruf, রাফ্] (**1**) *n.* an old card-game, প্রাচীন তাসখেলাবিশেষ ; an act of trumping, তাসখেলায় তুরুপ-করণ। (**2**) *v.t.i.* to trump, তুরুপ করা। *p.* & *p. pt.* **ru°ffed**। [cp. OF. *roffle*, It. *ronfa*=a card-game]

ruffian [ru°-fi-an, রা°ফিয়্যান্] *n.* a brutal lawless person, পশুবৎ আচরণকারী বা অত্যাচারী বে-আইনী কর্মে লিপ্ত লোক, গুণ্ডা, দুর্বৃত্ত ; a bully, যে ব্যক্তি তর্জনগর্জন করিয়া নিজের কাজ হাসিল করে। *n.* **ru°ffianism**—গুণ্ডামি। *a.* **ruffianly**—গুণ্ডাসুলভ। [OF.]

ruffle [ruf°l, রাফ্°ল্] (**1**) *v.t.i.* to make or grow rough, মসৃণতা নষ্ট করা বা হওয়া, এবড়োখেবড়ো করা বা হওয়া ; to flutter (as feathers), (ডানা বা পালক) ঝাপটান ; to wrinkle, কুঞ্চিত করা বা হওয়া। (**2**) *v.t.* to disorder, এলোমেলো করা (he *ruffled* my hair) ; to agitate, বিক্ষুব্ধ বা অশান্ত করা (a sudden breeze *ruffled* the waters of the river)। (**3**) *n.* a frill, জামাকাপড়ের (প্রধানতঃ আস্তিনের বা ঘাড়ের) কুঁচি ; a rippled state, কুঞ্চিত অবস্থা ; a quarrel, ঝগড়া ; agitation, বিক্ষোভ। [?]

rufous [rōō°-fas, রূ°ফ্যাস্] *a.* reddish-brown, পিঙ্গল। [L. *rufus*=red]

rug [rug, রাগ] *n.* a thick rough woollen fabric, কম্বল। [cp. Norw. *rugga*=coverlet, Sw. *rugg*=coarse hair]

Rugby [rug°-bi, রাগ্°বি] *n.* a type of football, একপ্রকার ফুটবল্‌-খেলা, রাগ্‌বি। [<*Rugby*] school]

rugged [ru°-gid, রা°গিড্] *a.* rough, এবড়োখেবড়ো, অমসৃণ (the *rugged* bark of a tree) ; uneven, অসমতল (*rugged* country, ground, etc.) ; toilsome, শ্রমসাধ্য (a *rugged* task) ;

sturdy and rough, শক্তসমর্থ ও রূঢ় (*rugged* features, character, etc.) ; unbending, অনমনীয় ; unpolished, অমার্জিত ও রুক্ষ (*rugged* manners) । *adv.* **ru°ggėdly** । *n.* **ru°ggėdnėss** । [?]

rugger [ru°-ga(r), রা°গ্যা(র্)] coll. form of **Rugby.**

rugose [rōō°-gōs, রূ°গৌস্] *a.* wrinkled, কুঞ্চিত । *n.* **rugosity** [rōō-go°-si-ti, রূগ°সিটি] । [L. *rugous*<*ruga*=wrinkle]

ruin [roo°-in, রু°ইন্] (**1**) *n.* downfall, অধঃপতন, complete destruction, সর্বনাশ ; impairment, ক্ষতি, হানি (*ruin* of health or fame) ; wreck, ধ্বংস ; loss of fortune, অর্থনাশ, সৌভাগ্যহানি (speculation was his *ruin* or was the *ruin* of him) ; moral downfall, নৈতিক অধঃপতন ; (usu. in *pl.*) remains of a ruined object, ধ্বংসাবশেষ (the building is now in *ruins*) । (**2**) *v.t.i.* to bring or go to ruin, অধঃপতিত বা নীতিভ্রষ্ট করা অথবা হওয়া, ধ্বংস বা সর্বনাশ করা অথবা হওয়া । *n.* **ruinā°tion**—ruin (*v.*)-এর সকল অর্থে, এবং—অধঃপতন ; সর্বনাশ ; ধ্বংস । *a.* **ruined**—ধ্বংসপ্রাপ্ত ; সর্বনাশগ্রস্ত । *a.* **ru°inous**—অধঃপতিত ; সর্বনাশগ্রস্ত ; ক্ষতিগ্রস্ত ; ধ্বংসপ্রাপ্ত ; নীতিভ্রষ্ট ; অধঃপতন সর্বনাশ ক্ষতি ধ্বংস বা নীতিভ্রষ্টতা ঘটায় এমন । *adv.* **ru°inously** । *n.* **ru°inousnėss** । [L. *ruina*<*ruere*=to tumble down]

rule [rōōl, রূল্] (**1**) *n.* a straight-edged strip used in drawing straight lines, or as a measuring-rod, or means of calculation, সরলরেখাঙ্কনে ব্যবহৃত ঋজু দণ্ড বা রূলার্, দৈর্ঘ্যাদির মাপদণ্ড বা ফুটরূল্, যান্ত্রিক হিসাবের সহায়ক দণ্ডবিশেষ ; a strip of metal for spacing the lines, ছাপাখানায় ব্যবহৃত মুদ্রিতব্য পঙ্‌ক্তিসমূহের মধ্যে ব্যবধানরক্ষার্থ ধাতুপাত, রূল্ ; a straight line printed or drawn, কাগজাদিতে মুদ্রিত বা অঙ্কিত সরলরেখা, রূল্ ; government, রাজ্যশাসন ; control, শাসন, নিয়ন্ত্রণ ; that which is usual or normal, সচরাচর প্রচলিত বা স্বাভাবিক বস্তু অথবা বিষয় (I make it a *rule* to go for a walk every afternoon) ; a principle, নীতি ; a standard, আদর্শ, মান ; a law, আইন, নিয়ম, বিধান ; a code of regulations, বিধানগ্রন্থ, নিয়মাবলী ; an order of a court, (প্রধানতঃ আইনের ব্যবহার ব্যাখ্যা প্রভৃতি সম্পর্কে) আদালতের নির্দেশ বা হুকুম ; a guiding principle, (প্রধানতঃ ধর্মগত কর্মগত আচারগত বা আদর্শগত) পথনির্দেশক নীতি ; a process or method, প্রণালী, পদ্ধতি ; a maxim, সূক্তি, নীতিকথা । (**2**) *v.t.* to draw with a rule, রূলার দিয়া অঙ্কন করা ; to mark with straight lines, (প্রধানতঃ সমান্তরাল) সরলরেখাঙ্কিত করা (to *rule* a line across a piece of paper) ; to govern, শাসন করা ; to control, নিয়ন্ত্রণ করা ; to manage, পরিচালনা করা ; to determine authoritatively, কর্তৃত্ববলে নির্দিষ্ট করিয়া দেওয়া ; to decree, হুকুম দেওয়া । (**3**) *v.i.* to exercise power, কর্তৃত্ব করা (to *rule* over a dominion) ; to decide, স্থির করিয়া দেওয়া, নির্দেশ দেওয়া (to *rule* a motion out of order) ; to have a specified price, নির্দিষ্ট মূল্যবিশিষ্ট হওয়া (the market *ruled* high) । *n.* **ru°ler**—সরলরেখাঙ্কনার্থ ঋজু দণ্ডবিশেষ, রূলার । শাসক, নৃপতি, নিয়ন্ত্রক, পরিচালক, কর্তা । **ru°ling** —(**1**) *a.* প্রাধান্যযুক্ত, প্রধান (*ruling* passion) ; কর্তৃত্বকারী ; (রাজ্য-) শাসক , বিদ্যমান, চালু (*ruling* prices) । (**2**) *n.* আইনাদির প্রয়োগ ব্যাখ্যা প্রভৃতি সম্বন্ধে বিচারকের বা আদালতের নির্দেশ ; কর্তৃত্বসম্পন্ন ব্যক্তির নির্দেশ, (পরি.) বিনির্দেশ (a *ruling* of the speaker) ; সরলরেখাঙ্কন । *a.* **ru°led**—সরলরেখাঙ্কিত । **as a rule**—সচরাচর, সাধারণতঃ । **be ruled**—উপদেশ গ্রহণ কর । **golden rule**—শ্রেষ্ঠ নিয়ম বা নীতি । **iron rule**—অতি কঠোর নিয়ম ; (আর্ষ.) নিকৃষ্ট নিয়ম । **rule of the road**—গাড়ি রাস্তার কোন্ দিক্ দিয়া যাইবে তাহার প্রচলিত বিধান । **(to) rule off**—রেখা আঁকিয়া পৃথক করা (to *rule off* a column of figures) । **(to) rule out**—বাদ দেওয়া বা বাতিল করা । **(to) rule with a rod of iron**—অতি কঠোরভাবে শাসন করা । **(to) work to rule**—(খোলাখুলি ধর্মঘটের পরিবর্তে) সময়ে অসময়ে সকল রকম নিয়মের দোহাই দিয়া সুষ্ঠু কর্মপরিচালন ব্যাহত করা । [OF. *riule, reule*<L. *regula* <*regere* (*v.*)]

rum₁ [rum, রাম্] *n.* a spirit made from sugarcane, ইক্ষুরস হইতে প্রস্তুত মদ্যবিশেষ । [formerly *rumbullion*<?]

rum₂ [rum, রাম্], **ru°mmy₁**—*a.* (coll.) queer, (কথ্য.) অদ্ভুত । *adv.* **ru°mmily** । *n.* **ru°mminėss** । [cant word=fine]

rumba [rōōm°bā, রূম্°বেই] *n.* Cuban Negro dance, কিউবার নিগ্রো নৃত্য ; ballroom dance in imitation of this, ইহার অনুকরণে কল্পিত নাচঘর নৃত্য । [Sp.]

Rumanian [roo-mā°-ni-an, রুমেই°নিঅ্যান্] (**1**) *a.* of Rumania, রুমানিআর, রুমানীয় । (**2**) *n.* a native or the language of Rumania, রুমানিআর লোক বা ভাষা । [Rumanian *Rumania* <L. *Romanus*=Roman]

rumble [rumb°l, রাম্‌ব্°ল্] (**1**) *v.i.t.* to make a low heavy rolling noise or utter with such a sound, গুড়্‌গুড়্ বা গুরুগুরু শব্দ করা অথবা উক্ত শব্দে বলা ; to move with such a sound, উক্ত শব্দে চলা বা চালান (carts *rumbled* along the street) । (**2**) *n.* this sound, উক্ত শব্দ ; a seat for servants or luggage behind a carriage, ভৃত্য বা মালপত্রের জন্য গাড়ির পশ্চাদ্ভাগস্থ আসন । *n.* **rumb°le-tumb°le**—যে গাড়ি হেঁচড়াইয়া বা মাঝে মাঝে ঝাঁকানি দিয়া চলে ; এলো-

মেলো বা ঝাঁকানি-সহ গতি। *adv.* **rumb°lingly**। [imi.—cp. Du. *rommelen*]

rumbustious [rum-bus°-chas, রামবাস্‌'চ্যাস্] *a.* (coll.) uproarious, noisy, boisterous, (কথ্য.) হৈচৈপূর্ণ। [Var. of *robustious*]

ruminant [roo°-mi-nant, রু°মিন্যান্ট্] **(1)** *n.* a cud-chewing animal, রোমন্থক প্রাণী। **(2)** *a.* cud-chewing, রোমন্থক ; meditative, অনুধ্যায়ী, চিন্তাশীল। *v.i.t.* **ru°minate**—জাবর কাটা, রোমন্থন করা ; গভীরভাবে চিন্তা করা বা অনুধ্যান করা। *p.* & *p. pt.* **ru°minated**। *a.* **ru°minatingly**। *n.* **rumina°tion**। *a.* **ru°minative**—রোমন্থক ; চিন্তাশীল, অনুধ্যায়ী। [L. *ruminari*< *ruminis*=the gullet]

rummage [ru°-mij, রা°মিজ্] **(1)** *n.* a thorough search, (প্রধানতঃ শুল্কবিভাগের কর্মচারিবৃন্দ কর্তৃক) পুঙ্খানুপুঙ্খ অনুসন্ধান। **(2)** *v.t.* to ransack, তন্নতন্ন করা। **(3)** *v.i.t.* to make a search (in), অনুসন্ধান করা। **rummage sale**—ডক বন্দর প্রভৃতিতে বেওয়ারিস মালের নিলামে বিক্রয়। [OF. *arrumage* =stowage]

rummer [ru°-ma(r), রা°ম্যা(র্)] *n.* a large drinking-glass, বৃহৎ পানপাত্রবিশেষ। [Du. *roemer* (?)]

rummy₁—see **rum₂**.

rummy₂ [ru°mi, রা°মি] *n.* a card-game, তাসখেলাবিশেষ। [?]

rumour [roo°-ma(r), রু°ম্যা(র্)] **(1)** *n.* general current talk, সাধারণে আজকাল যে কথা বলিতেছে, চল্‌তি কথা ; flying report, উড়ো খবর, গুজব ; hearsay, জনশ্রুতি। **(2)** *v.t.* to report by way of rumour, গুজব ছড়ান। *n.* **ru°mour-monger**—গুজব রটনাকারী। *a.* **ru°morous**—প্রতিধ্বনিত হইতেছে এমন ; গুরুত্বপূর্ণ ; গুজবতুল্য। *n.* **ru°mourer**—যে ব্যক্তি গুজব রটায়। [OF.<L. *rumor*=a noise]

rump [rump, রাম্প্] *n.* the tail-end of a beast or bird, পশু বা পাখির দেহের পশ্চাদ্ভাগ, রাং ; a person's posterior, মানুষের নিতম্ব বা পাছা ; (in contempt) a remnant, (অবজ্ঞায়) টুকরা। **the Rump**—১৬৪৮ খ্রিষ্টাব্দে Pride-এর বিতাড়নের পর ইংল্যান্ডের Long Parliament-এর অবশিষ্টাংশ। *n.* **rump°-steak**—গোরুর নিতম্ব হইতে (আহারার্থ) কাটিয়া লওয়া মাংসের ফালি। [Scand.]

rumple [rump°l, রাম্প্‌°ল্] *v.t.* to crush out of shape, দুমড়াইয়া তালগোল পাকাইয়া দেওয়া (to *rumple* one's garments, hair, etc.)। [MDu. *rompelen*]

rumpus [rum°-pas, রাম্‌°প্যাস্] a disturbance, হাঙ্গামা ; brawl, ঝগড়া ; uproar, হৈচৈ। **(to) kick up** or **make a rumpus**—ঝগড়া বা হাঙ্গামা বাধান। [?]

run [run, রান্] **(1)** *v.i.t.* to go, move, or proceed swiftly, or cause to do so, ছোটা বা ছোটান, ধাবিত করা বা করান ; বেগে যাওয়া চলা বা অগ্রসর হওয়া অথবা চালান বা অগ্রসর করান ; to go about, or traverse, (প্রধানতঃ অবাধে ও দ্রুতবেগে) ভ্রমণ বা পরিক্রমণ করা ; to roll, revolve, glide, or slip quickly, or cause to do so, দ্রুতবেগে গড়াইয়া যাওয়া বা গড়াইয়া দেওয়া, ঘোরা বা ঘোরান, পিছলাইয়া যাওয়া বা পিছলাইয়া দেওয়া, ফসকাইয়া যাওয়া বা ফসকাইয়া ফেলা ; to ply or drive, চলা বা চালান ; to have or follow a course ; (পথ) অনুসরণ করা ; to spread, diffuse, or extend, বিস্তৃত বা পরিব্যাপ্ত বা প্রসারিত হওয়া অথবা করা ; to flow or emit, or cause to do so, প্রবাহিত বা নিঃসারিত বা নির্গত হওয়া অথবা করা ; to fuse, একত্র মেশা বা মেশান ; to be or cause to be current, চালু হওয়া বা করান ; to compete (with) in a race, (কাহারও সহিত) ধাবন-প্রতিযোগিতায় প্রতিদ্বন্দ্বিতা করা (to *run* a race)। **(2)** *v.i.* to ride speedily, অশ্বাদিতে আরোহণপূর্বক সবেগে যাওয়া ; to have a definite sequence, নির্দিষ্ট পরম্পরাবিশিষ্ট হওয়া ; to elapse, অতিক্রান্ত বা অতিবাহিত হওয়া ; to become, হওয়া। **(3)** *v.t.* to thrust or pierce, ভেদ করা বা বিদ্ধ করা ; to enter, support, put forward, (ঘোড়া পাখি প্রভৃতিকে) প্রবেশ করান বা দাঁড় করান, পদোন্নত করান ; to conduct or manage, চালান (to *run* a shop) ; to perform, achieve, or score, সম্পাদন করা বা অর্জন করা, (ক্রীড়াদিতে পয়েন্ট্ রান প্রভৃতি) লাভ করা ; to incur, নিজের ঘাড়ে (বোঝাদি) লওয়া ; to smuggle, বেআইনীভাবে চালান করা। *pr. pt.* **ru°nning**। *p.* **ran**। *p. pt.* **run**। **(4)** *n.* a spell or act of running, ধাবন, দৌড় ; the manner of running, ধাবনপ্রণালী : a journey, ভ্রমণ (how many hours' *run* is Delhi from Calcutta by car) ; distance, time, or quantity run, যত পথ বা যত সময় দৌড়ান হইয়াছে অথবা যত লোক প্রাণী প্রভৃতি দৌড়াইয়াছে ; a continuous spell, অবিরাম ধারা ; a rush for payment, (ব্যাঙ্ক প্রভৃতি হইতে) টাকা ওঠানর হিড়িক (a *run* on a bank) ; (in cricket) a unit of scoring, (ক্রিকেটে) রান্ ; course, পথ, মার্গ, ধাবনপথ ; flow or discharge, প্রবাহ, স্রোত, নির্গমন ; prevalence, প্রচলন, প্রকোপ, প্রভাব ; the average kind, সাধারণ শ্রেণী (the common *run* of men)। *n.* **run°about**—উদ্দেশ্যহীন ছুটাছুটি ; ভবঘুরে লোক ; লঘুভার ক্ষুদ্র গাড়ি বা বিমানপোত। **run°away**—**(1)** *n.* পলাতক ; পলায়ন ; তীরবেগে ধাবনরত অশ্ব ; **(2)** *a.* পলায়নপর, পলায়মান ; পলায়নদ্বারা বা ধাবনদ্বারা কৃত। *a.* **run°down°**—ভগ্নস্বাস্থ্যবিশিষ্ট। *n.* **ru°nner**—ধাবনকারী ; ধাবনক্ষম ; পলাতক ; দৌড়বাজ ; সংবাদবাহক ; বাণিজ্যিক প্রতিনিধি ; দালাল ; চর ; দূত ; চোরাই চালানকারী ; আঙটা, ফাঁস প্রভৃতি যাহার মধ্য হইতে কিছু গলাইয়া দেওয়া হয়। *n.*

ru°nner-up°—যে প্রতিযোগী সর্বক্ষেত্রে জয়লাভের পর কেবল প্রতিযোগিতার বিজয়ীর নিকট পরাজিত হয়, রানার্(স্)-আপ্। *a.* **ru°nning**—ধাবনরত ; ধাবনশীল ; চালু ; অবিরাম, ক্রমাগত ; প্রবহণশীল ; নির্গমনশীল; সহজ ; ভ্রমণরত ; ধাবনদ্বারা কৃত ; দ্রুত ; তাড়াহুড়া-পূর্ণ। **in** or **out of the running**—জিতিবার আশা আছে বা নাই এমন অবস্থায় প্রতিযোগিতাকারী। **running fight**—পলাতক ও পশ্চাদ্ধাবকের মধ্যে লড়াই। **running hand**—এক টানা হস্তাক্ষর। **running mate**—(নির্বাচনে) উচ্চতর পদের প্রার্থীর সহযোগী নিম্নতর পদের প্রার্থী (the President's *running mate*)। **running sore**—সপুঁজ ক্ষত। **running stitch**—'রান' সেলাই বা ফোঁড়। **running water**—প্রবহমাণ জলধারা। *a.* **ru°nny**—অতীব তরল ; তরলিত বা দ্রবীভূত হওয়ার প্রবণতাযুক্ত। **(to) take up the running**—ধাবন-প্রতিযোগিতাদিতে আগাইয়া যাওয়া। *n.* **run°-off**—ধাবন প্রতিযোগিতায় সমান সমান হইবার পর জয়পরাজয়-নির্ণয়ার্থ পুনরনুষ্ঠিত ধাবন-প্রতিযোগিতা। **also ran**—(ঘোড়দৌড়ের ঘোড়া-সম্বন্ধে) দৌড়াইয়াছে কিন্তু প্রতিযোগিতায় কোন বিশিষ্ট স্থান (সচ. প্রথম দ্বিতীয় বা তৃতীয় স্থান) অধিকার করিতে বা পুরস্কার অর্জন করিতে পারে নাই এমন ; ঐরূপ ঘোড়া। **at a run**—দৌড় দিয়া ; দৌড়াইতে দৌড়াইতে, ধাবন্ত অবস্থায়। **in the long run**—অবশেষে। **on the run**—পলায়নরত, পলায়নপর ; সতত সক্রিয় ও সচল। **(to) run about**—ইতস্ততঃ ছোটাছুটি করা ; বিভিন্ন দিকে ছোটা। **(to) run across** or **against**—হঠাৎ সম্মুখীন হওয়া। **(to) run after**—ধরিবার জন্য ছোটা ; পাইবার জন্য সাগ্রহ চেষ্টা করা। **(to) run at**—আক্রমণ বা তাড়া করা। **(to) cut and run, (to) run away**—(হঠাৎ বা দ্রুত) চলিয়া যাওয়া ; ছুটিয়া পলাইয়া যাইবার চেষ্টা করা। **(to) run away with**—খরচ করা বা ফুরাইয়া ফেলা (this venture will *run away with* a lot of money) ; ফুসলাইয়া লইয়া যাওয়া; হরণ করিয়া লইয়া যাওয়া ; চুরি করিয়া লইয়া যাওয়া ; (ক্রীড়াদিতে) প্রতিযোগীকে পরিষ্কারভাবে পরাজিত করিয়া জয়লাভ করা (Krishnan *ran away with* the first set) ; (ধারণা মত প্রভৃতি) সাত-তাড়াতাড়ি গ্রহণ করা বা বশবর্তী হওয়া (he *runs away with* the idea that I shall lend him money) ; নিয়ন্ত্রণের অসাধ্য বেগে যাওয়া (his horse *runs away with* him)। **(to) run back**—(অতীতে কিছু) মনে মনে পুনঃস্মরণ করা বা পুনরালোচনা করা। **(to) run close**—প্রায় পাশাপাশি বা সমান-সমান থাকিয়া দৌড়ান বা ছোটা। **(to) run down**—অনুসরণ করিয়া ক্লান্ত করান বা গ্রেপ্তার করা ; সজ্ঘৃষ্ট হইয়া ফেলিয়া দেওয়া বা পড়িয়া যাওয়া ; অবজ্ঞাভরে বা নিন্দাভরে আলোচনা করা ; অনুসন্ধানের পর আবিষ্কার করা। **(to) run hard**—যথাসাধ্য দ্রুতবেগে পশ্চাদ্ধাবন করা। **(to) run high**—(আবেগ অনুভূতি প্রভৃতি) তীব্র হইয়া উঠা। **(to) run in**—প্রবেশ করা ; ঢুকিয়া পড়া ; গ্রেপ্তার করিয়া হাজতে লইয়া যাওয়া। **(to) run in the blood** or **family**—(স্বভাব বৈশিষ্ট্য প্রভৃতি) বংশগত হওয়া। **(to) run into**—সজ্ঘৃষ্ট হওয়া বা সজ্ঘৃষ্ট করান ; ধাক্কা খাওয়া বা ধাক্কা খাওয়ান ; হঠাৎ দেখা পাওয়া ; পতিত হওয়া বা পাতিত করা, পড়া বা ফেলা। **(to) run into debt**—ঋণগ্রস্ত হওয়া। **(to) run it fine**—সামান্য অবসর বা সময় দেওয়া। **(to) run off**—প্রবাহিত বা নিঃসৃত করান ; পুনরায় বর্ণনা করা। **(to) run on**—(মুদ্রণে) নূতন অনুচ্ছেদ না করিয়া আগের অনুচ্ছেদের অংশরূপেই (অক্ষরাদি) গাঁথিয়া যাওয়া। **(to) run out**—কমিয়া বা ফুরাইয়া যাওয়া (we may *run out* of provisions soon) ; শেষ হওয়া ; ছেঁদা হইয়া যাওয়া ; তরল পদার্থাদি বাহির করিয়া দেওয়া ; (ক্রিকেটে) রান্-আউট হওয়া বা করান। **(to) run over**—(কিছুর) উপর দিয়া বহিয়া যাওয়া ; (কাহাকেও) চাপা দিয়া চলিয়া যাওয়া (the bus *ran over* his back ; he was *run over*) ; প্লাবিত করা ; উপছাইয়া ওঠা ; পুনরাবৃত্তি করা ; দ্রুত চক্ষু বুলাইয়া বা পড়িয়া যাওয়া। **(to) run round**—অল্প সময়ের জন্য বা দ্রুত ঘুরিয়া আসা অথবা পরিদর্শন করা। **(to) run short**—কম পড়া ; কমিয়া বা ফুরাইয়া যাওয়া। **(to) run through**—ফুরাইয়া ফেলা ; বিদ্ধ করা ; তাড়াতাড়ি কিন্তু সম্পূর্ণরূপে সংশোধন বা সম্পাদন করা ; তাড়াতাড়ি চক্ষু বুলাইয়া সম্পূর্ণ পড়িয়া ফেলা। **(to) run to**—সংখ্যা পরিমাণ প্রভৃতিতে হওয়া (this *will run to* a lot of money) ; প্রয়োজনীয় সঙ্গতি বা অর্থ থাকা (I cannot *run to* this luxury) ; প্রসারিত হওয়া (this story *runs to* a great length) ; পরিণত হওয়া (to *run to* waste, to *run to* ruin)। **(to) run to fat**—(দেহে) চর্বি বৃদ্ধি হওয়া। **(to) run together**—একত্র মেশা বা মেশান। **(to) run up**—প্রতিদ্বন্দ্বীর সঙ্গে পাল্লা দিয়া উঁচু দর হাঁকা ; তাড়াহুড়া করিয়া নির্মাণ করা (to *run up* a shed) ; যোগ দেওয়া (to *run up* a column of figures) ; দ্রুত পরিমাণবৃদ্ধি করা (to *run up* a huge debt) ; পরিমাণ সংখ্যা প্রভৃতিতে হওয়া (prices *run up* to fifty rupees) ; (দাম সম্বন্ধে) বাড়াইয়া দেওয়া, চড়ান। **(to) run up against**—হঠাৎ সম্মুখীন হওয়া। **(to) run upon**—(চিন্তাদি সম্পর্কে) সম্পর্কিত হওয়া (his thought always *runs upon* ease and luxury) ; হঠাৎ দেখা পাওয়া (to *run upon* an old friend) ; ধাক্কা মারা (the ship *ran upon* a rock)। **(to) run errands**—অল্প দূরত্বের মধ্যে সংবাদাদি চলাচল করা, ফরমাস খাটা। **(to) run a risk**—বিপদের ঝুঁকি লওয়া। **(to) run a temperature**—গায় জ্বর হওয়া। **(to) run riot**—বাসনা, কল্পনা প্রভৃতিকে উদ্দাম হইতে দেওয়া। **(to) run wild**—উচ্ছৃঙ্খল হওয়া। **(to) run the show**—কোন সংস্থা কাজ প্রভৃতিতে কর্তৃত্ব করা। **a run for one's money**—পরিশ্রম বা অর্থব্যয় হইতে আনন্দ লাভ করা। **(to) run the blockade**—জল বা স্থলে শত্রুপক্ষের অবরোধকে ফাঁকি দেওয়া। **blockade runner**—যে জাহাজ

ঐভাবে ফাঁকি দিতে পারিয়াছে। *n.* **run°way**—বিমান উড্ডয়ন ও অবতরণের জন্য বিশেষভাবে নির্মিত পথ ; গাছের গুঁড়ি গড়াইয়া নিচে নামাইবার জন্য পাহাড়ের গা বাহিয়া তৈয়ারি ঢালু রাস্তা। [OE. *rinnan, i(e)rnan* (*v.*) = cp. *earn*]

runagate [ru°-na-gat, রা°ন্যাগেইট্] *n.* vagabond, ভবঘুরে লোক। [<*renegade*, influenced by *run agate*]

rune [roon, রূন্] *n.* a letter of early Teutonic alphabet, প্রাচীন টিউটনিক বর্ণমালার অক্ষর ; a mystic symbol, রহস্যাবৃত প্রতীক। *a.* **run°ic**—রূন্‌-অক্ষর-সংক্রান্ত, রূন্‌-অক্ষরে লিখিত ; স্ক্যান্‌ডিনেভিআর। [OE. & GN. *run*]

rung$_1$—see **ring.**

rung$_2$ [rung, রাং] *n.* a crosspiece forming a step in a ladder, মইয়ের ধাপ তৈয়ারির জন্য আড়াআড়িভাবে স্থাপিত দণ্ড ; a spoke, চক্রদণ্ড। [OE. *hrung* ; G. *runge*]

runic—see **rune.**

runnel [run°l, রান্‌°ল্] *n.* a brook, ক্ষুদ্র নদী ; open gutter at a roadside, পথিপার্শ্বে নির্মিত উন্মুক্ত পয়োনালী। [OE. *rynel*]

runt [runt, রান্‌ট্] *n.* an ox or cow of small breed, এক শ্রেণীর খর্বকায় ষাঁড় বা গোরু। [?]

rupee [roo-pe°, রূপী°] an Indian coin, টাকা, রূপেয়া। [Urdu *rapiyah*]

rupture [rup°-cha(r), রাপ্‌°চ্যা(র্)] (**1**) *n.* a breach, breaking or bursting, বিদার, ভঙ্গ, ফাট ; breach of harmony, relations, or negotiations, ঐক্যহানি, সম্বন্ধচ্যুতি ; আদানপ্রদান-বন্ধ, বিচ্ছেদ ; hernia, (প্রধানতঃ উদরের) অন্ত্রবৃদ্ধিরোগ। (**2**) *v.t.i.* to break or burst, বিদীর্ণ করা বা হওয়া, ভাঙ্গা, বিচ্ছিন্ন করা বা হওয়া। [LL. *ruptura* <L. *rumpere* = to break]

rural [rooa°r(a)l, রুঅ্যা°র্‌ল্] *a.* of the country, গ্রাম্য, (পরি.) জানপদ। *n.* **rura°lity** । *v.t.i.* **ru°ralize**—গ্রাম্য বা গেঁয়ো করা অথবা হওয়া। *n.* **ruraliza°tion** । *a.* **ru°rally** । [L. *ruralis*]

ruse [rooz, রূজ্] *n.* a trick or stratagem, ছল, কৌশল। [OF.]

rush$_1$ [rush, রাশ্] (**1**) *v.i.* to move hastily, impetuously, or rashly, তীব্রবেগে বা অস্থিরভাবে বা হঠকারিতার সহিত সম্মুখে ছুটিয়া যাওয়া (to *rush* into or out of the room)। (**2**) *v.t.* to force out of place, সবলে স্থানচ্যুত বা বহির্গত করান ; to hasten forward or into any action, তাড়াহুড়া করিয়া অগ্রসর করান বা কর্মে প্রবৃত্ত করান (the bill was *rushed* through Parliament) ; to move, transport, or push, in great haste, অতিশয় তাড়াহুড়া করিয়া চালান বা পাঠান বা ঠেলিয়া দেওয়া (the patient was *rushed* to hospital) ; (sl.) to charge an exorbitant price, (অশি.) অত্যধিক দাম নেওয়া। *p.* & *p. pt.* **ru°shed** । (**3**) *n.* a hasty impetuous forward movement, অস্থিরভাবে বেগে অগ্রধাবন ; a sudden general movement, (কিছু লক্ষ্য করিয়া) অকস্মাৎ ব্যাপক ধাবন (gold *rush*) ; an onset, (আকস্মিক তীব্র) আক্রমণ ; a stampede, জনতার বা অশ্বাদির বিশৃঙ্খলভাবে ধাবন অথবা পলায়ন, ছত্রভঙ্গ ; a migratory movement in a body or such a body of rushing men, স্বদেশাদি ত্যাগ করিয়া দলবদ্ধভাবে অন্যত্র বিশেষতঃ স্বর্ণখনিতে গমন, অভিপ্রয়াণ, অভিপ্রয়াণকারী দল ; bustling activity, তাড়াহুড়াপূর্ণ কর্মব্যস্ততা। **(to) rush at**—প্রচণ্ডবেগে আক্রমণ করা। *n.* **rush°-hour**—যে সময়ে রাস্তায় যাত্রী ও যান চলাচল সর্বাধিক। **(to) rush to conclusions**—তাড়াহুড়া করিয়া সিদ্ধান্তে উপনীত হওয়া। [AF. *russher* <OE. *r(eh)us(s)er*]

rush$_2$ [rush, রাশ্] *n.* a marsh plant, নলখাগড়া, শর। *a.* **ru°shy**—নলখালড়াতুল্য ; নলখাগড়ায় পূর্ণ। **rush light**—চর্বির মধ্যে শর ডুবাইয়া জ্বালাইলে যে মৃদু আলো হয় ; (আল.) অল্প বুদ্ধি বা সামান্য জ্ঞান। [OF. *risce* <G. *risch*]

rusk [rusk, রাস্‌ক্] *n.* a piece of bread cut from loaf and re-baked, পুনরায় সেঁকা রুটিখণ্ড ; a kind of crisp biscuit, একপ্রকার মচমচে বিস্কুট (teething *rusks*) । [Sp. or Port. *rosca*]

russet [ru°-sit, রা°সিট্] (**1**) *a.* home-spun and coarse, (বস্ত্র-সম্বন্ধে) ঘরে তৈয়ারী ও মোটা ; reddish-brown, পিঙ্গলবর্ণ। (**2**) *n.* russet cloth or dress, ঘরে তৈয়ারি মোটা কাপড় বা উক্ত কাপড়ে তৈয়ারি পোশাক (তু. খদ্দর) ; russet colour, পিঙ্গল বর্ণ ; a russet apple, পিঙ্গলবর্ণ আপেল। *a.* **russety**—ঘরে তৈয়ারি ও মোটা ; পিঙ্গলবর্ণ। [OF. *rousset* <L. *russus* = red]

Russian [ru°sh(a)n, রা°শ্‌ন্] (**1**) *a.* of Russia, রাশিআর, রুশ, রুশীয়। (**2**) *n.* a native or the language of Russia, রাশিআর লোক বা রুশভাষা। *n.* **Ru°ssianism**—রুশ-পন্থার অনুকরণ বা সমর্থন। *v.t.* **Ru°ssianize**—রুশ-পন্থী করিয়া তোলা। *n.* **Russianiza°tion** । [Med. L. *Russianus*]

Russki [rus°-ki, রাস্‌°কি] *n.* (joc or derog.) a Russian person, (রসি. বা নিন্দার্থে) রুশদেশীয়। [see *Russian*]

Russo [ru°-so, রা°সৌ] comp. Russian, রুশীয়, রুশ। *a.* & *n.* **Ru°sso-phil**—রুশ-প্রেমিক (ব্যক্তি)। **Russo-Phobia**—রুশ-ভীতি ; রুশ-আতঙ্ক। [see *Russian*]

rust [rust, রাস্‌ট্] (**1**) *n.* a reddish-brown coating on iron exposed to moisture, লোহার মরচে বা জং ; a plant-disease, উদ্ভিদের ব্যাধিবিশেষ (ইহাতে উদ্ভিদ্‌গাত্রে মরিচার ন্যায় রঙ্ ধরে), ছাতা ; injurious consequence of mental inactivity or idleness, মানসিক নিষ্ক্রিয়তার বা আলস্যের কুফল। (2) *v.t.i.* to make or become rusty, মরচে ধরান বা ধরা; নিষ্ক্রিয়তা বা আলস্যের ফলে অক্ষম বা অকুশলী করা অথবা হওয়া। *a.* **rustless**—মরচে-শূন্য; মরচে ধরে না এমন। *a.* **rustproof**—মরচে ধরে না এমন। *a.* **rus°ty**—মরচে-ধরা; আলস্য বা নিষ্ক্রিয়তার ফলে ক্ষমতা বা দক্ষতা হারাইয়া ফেলিয়াছে এমন; (বৃক্ষসম্বন্ধে) ছাতা-রোগগ্রস্ত; মরিচার ন্যায় বর্ণবিশিষ্ট; বয়সজীর্ণ; বিবর্ণ। *adv.* **rus°tily** I *n.* **rus°tiness** I [AS.]

rustic [rus°tik, রাস্°টিক্] (1) *a.* of or like the country or country-people, গ্রাম্য, গেঁয়ো; dwelling in the country, গ্রামবাসী; simple and plain, সরল ও সাদাসিধা (*rustic* simplicity); awkward, জবুথবু; clownish, ভাঁড়ের মত; unrefined, সংস্কৃতিহীন, অভব্য (*rustic* manners); roughly made, জেবড়াভাবে তৈয়ারি (*rustic* bridge, work, etc.) I (2) *n.* a peasant, কৃষক, চাষা। *adv.* **rus°tically** I **rus°ticāte**—(1) *v.t.* (বসবাসার্থ) গ্রামে পাঠান; সাময়িকভাবে শহর বা কলেজ হইতে বিতাড়িত করা। (2) *v.i.t.* গ্রামে বাস করা। *p.* & *p. pt.* **rus°ticātėd** I *n.* **rusticā°tion** I *n.* **rusticity** [rus-ti°-si-ti, রাস্টি°সিটি]। [L. *rusticus*<*rus*=the country]

rustle [rus°l, রাস্°ল্] (1) *v.i.t.* to make or cause to make a soft, whispering sound, (শুকনা পাতা-সম্বন্ধে) মৃদু ঝির্‌ঝির্ বা মর্মরধ্বনি করা অথবা করান; to move about with such a sound, মর্মরধ্বনিসহকারে নড়া বা নাড়ান, চলা বা চালান; (coll.) to steal (cattle, etc.), (কথ্য.) গবাদিপশু) চুরি করা। (2) *n.* whispering sound, মর্মরধ্বনি; act of rustling, মর্মরধ্বনি-করণ অথবা উক্ত ধ্বনিসহ আন্দোলন বা চলাফেরা। **rust°ling**—(1) *a.* মর্মরধ্বনিপূর্ণ; মর্মরধ্বনিকর। (2) *n.* মর্মরধ্বনি (the *rustling* of dry leaves) I [imi.]

rusty—see **rust.**

rut₁ [rut, রাট্] *n.* a periodic sexual excitement in male deer, etc., পুং হরিণাদির কাল-পর্যায়গত কামোত্তেজনা। [OF.]

rut₂ [rut, রাট্] *n.* a furrow made on a track by wheels, গাড়ির চাকার চাপে অবদমিত পথ-রেখা; an inescapably fixed course, যে নির্দিষ্ট পথ এড়ান শক্ত। **(to) be in** or **get into a rut**—ধরাবাঁধা বা একঘেয়ে নিয়মের বা অভ্যাসের নিগড়ে আটকা বা অবরুদ্ধ হইয়া পড়া। *a.* **ru°tty, ru°ttėd**—(পথ-সম্বন্ধে) গাড়ির চাকার দাগযুক্ত (a deeply *rutted* road); এড়ানর অসাধ্য। [?]

ruth [rōōth, রুথ্] *n.* pity, করুণা, সমব্যথা। *a.* **ruth°lėss**—অকরুণ, নির্মম, বেদরদী। [ME. *reuthe, reuth*]

rye [rī, রাই] *n.* a grain for fodder and bread, ঘোড়ার দানারূপে এবং রুটীর উপাদানরূপে ব্যবহৃত শস্যবিশেষ। *n.* **rye°-grass**—গবাদি পশুর ভক্ষ্য তৃণবিশেষ। [OE. *ryge*—cp. ON. *rugr*]

ryot [rī-at, রাই°অ্যাট্] *n.* an Indian peasant, ভারতের চাষী। [Hind]

S, s [es, এস্] *n.* the nineteenth letter of the English alphabet, ইংরেজী বর্ণমালার উনবিংশ অক্ষর; S-shaped object, or curve 'এস্'-আকারের বস্তু বা বক্ররেখা (an *S*-bend)।

Sabbath [sa°-bath, স্যা°ব্যাথ্] *n.* the day of rest, কর্মবিরতির জন্য শাস্ত্রনির্দিষ্ট বার (ইহুদীদের মধ্যে শনিবার এবং খ্রিস্টানদের মধ্যে রবিবার—also **sa°bbath-day**) I *n.* **Sabbatarian** [sa-ba-tā°-rian, স্যাব্যাটেই°রিয়্যান] যে ইহুদী স্যাব্যাথ বা সাপ্তাহিক কর্মবিরতি পালন করে; যে খ্রিস্টান রবিবার কর্মবিরতি পালন করে; যে খ্রিস্টান শনিবার কর্মবিরতি পালন করে। *a.* **sabbatical** [sa-ba°-tic-(a)l, স্যাব্যা°-টিক্‌ল্] কর্মবিরতির জন্য শাস্ত্রীয় বার সম্বন্ধীয় বা তদ্বৎ। **sabbatical year**—কোন কোন বিশ্ববিদ্যালয়ের শিক্ষকদিগকে প্রদত্ত ভ্রমণ বা বিশেষ অধ্যয়নের জন্য ছুটি। [Heb. *Shab(b)ath*=to rest. L. *sabbatarius*]

sable₁ [sāb°l, সেইব্°ল্] *n.* an arctic beast, কৃষ্ণলোমযুক্ত ক্ষুদ্র মেরুপ্রাণিবিশেষ; its fur or skin, উহার কৃষ্ণাভ বাদামী লোম বা চামড়া; fine paint-brush made of sable's hair, উক্ত প্রাণীর লোমে তৈয়ারী সূক্ষ্ম তুলি। **his sable Majesty**—পাপাত্মাদের অধিপতি, শয়তান। [OF.<Slav. ?]

sable₂ [sāb°l, সেইব্°ল্] (1) *n.* & *a.* black, কৃষ্ণবর্ণ; dark or darkness, অন্ধকার। (2) *n.* a black antelope, আফ্রিকার কৃষ্ণবর্ণ কৃষ্ণসার মৃগবিশেষ (also **sable antelope**); (in *pl.*) mourning garments, কৃষ্ণবর্ণ শোকপরিচ্ছদ। *adv.* **sā°bly** I [F.]

sabot [sa°-bō, স্যা°বৌ] *n.* a wooden shoe hollowed out from a single piece of wood, একখণ্ড কাষ্ঠ কুঁদিয়া তৈয়ারী জুতা; a wooden-soled shoe, কাষ্ঠের তলিযুক্ত জুতা। [F.]

sabotage [sa°-bŏ-tŭz, স্যা°বোটাজ্] (1) *n.* কর্মী শ্রমিক স্বদলীয় লোক ইত্যাদি কর্তৃক কু-উদ্দেশ্যে যন্ত্রপাতি প্রভৃতির ধ্বংসসাধন, (পরি.) অন্তর্ঘাত, কূটঘাত। (2) *v.t.i.* অন্তর্ঘাত করা (to *sabotage* a plan) I *n.* **saboteur** [sa°-bŏ-ta(r), স্যা°বোট্যা(র্)] অন্তর্ঘাতক, কূটঘাতক। [F.]

sabre, saber (Am.) [sā°-ba(r), সেই°ব্যা(র্)] (1) *n.* a cavalry sword, অশ্বারোহীদের বাঁকা তলওয়ার। (2) *v.t.* to strike or wound or kill with a sabre, উক্ত তলওয়ার দিয়া আঘাত বা আহত বা নিহত করা। **sā°bre-rattling**—(1) *a.* যুদ্ধপ্রিয় (a *sabre-rattling* tribe)। (2) *n.* সামরিক শক্তি প্রদর্শন। **sabre-toothed lion** or **tiger**—(অধুনা লুপ্ত) খড়্গ-দন্ত সিংহ বা ব্যাঘ্র। [F. *sable*<G. *sabel*]

sac [sac, স্যাক্] (bio.) a pouch, জীবদেহস্থ থলি। [L. *saccus*=a bag]

saccharin(e) [sa°-ka-rin, স্যা°ক্যারিন্] *n.* a sweet substance got from coal-tar, আলকাতরা হইতে প্রাপ্ত মিষ্ট পদার্থবিশেষ। *a.* **sa°ccharine**—শর্করাসুলভ ; শর্করা-সংক্রান্ত ; শর্করাপূর্ণ; অসহ্যরকম মিষ্ট। *n.* **saccharo°meter**—যে-কোন দ্রবের শর্করা পরিমাপক যন্ত্রবিশেষ। [L. *saccharum* <Gk. *sakkharon*—cp. Sans. *sharkara*= sugar]

sacerdotal [sa-sa(r)-dō°tl, স্যাস্যা(র্)ডৌ°ট্ল্] *a.* priestly, যাজকীয়। **sacerdō°talism**—যে শাসনব্যবস্থায় যাজকগণ প্রভূত ক্ষমতার অধিকারী হয়। [L. *sacradotalis*]

sachet [sa°-shā, স্যা°শেই] *n.* a bag of perfume, (বস্ত্রাদিতে দিবার জন্য) সুগন্ধ পদার্থের শুষ্ক চূর্ণভরা থলি। [F.]

sack₁ [sak, স্যাক্] (**1**) *n.* the plundering of a town, নগরলুণ্ঠন ; pillage, ধ্বংসসাধন ও লুণ্ঠন। (**2**) *v.t.* to plunder, ধ্বংসসাধনপূর্বক লুণ্ঠন করা। *p.* & *p. pt.* **sa°cked** । [F. *sac*]

sack₂ [sak, স্যাক্] (**1**) *n.* a large bag of coarse material, চট প্রভৃতিতে তৈয়ারি থলি, বস্তা, ছালা ; a sackful, এক বস্তায় যত ধরে তত পরিমাণ ; a loose gown or coat, ঢিলা গাউন্ বা কোট, আলখিল্লা ; (sl.) dismissal, (অশি.) কর্মচ্যুতি, বরখাস্ত (to get or give the *sack*) ; (sl.) bed, (অশি.) বিছানা। (**2**) *v.t.* to put into a sack, বস্তায় ভরা ; (sl.) to dismiss, (অশি.) বরখাস্ত করা ; to defeat, পরাস্ত করা। *p.* & *p. pt.* **sa°cked** । *n.* **sack°cloth**—বস্তা বা থলি তৈয়ারি করার কাপড়, চট (also **sack°ing**), (পূর্বে—শোকপ্রকাশের বা প্রায়শ্চিত্তের জন্য পরিধেয়) মোটা খস্‌খসে কাপড়। *n.* **sack°ful**—এক বস্তায় বা থলিতে যত ধরে তত পরিমাণ। *n.* **sack°-rāce**—থলির মধ্যে পা ঢুকাইয়া ধাবন-প্রতিযোগিতা, বস্তাবন্দী দৌড়। **(to) hit the sack**—(অশি.) শয়ন করা, শুইয়া পড়া। **sackcloth and ashes**—দুষ্কৃতি বা পাপাচরণের নিমিত্ত অনুতাপ বা প্রায়শ্চিত্ত ; শোকপ্রকাশ। [OF. *saac*<L. *saccus*<Gk. *sakkos*]

sackbut [sak°-but, স্যাক্°বাট্] *n.* an obsolete trumpet, প্রাচীন ভেরীবিশেষ। [F. *saquebute*]

sackcloth, sackful, sacking, sack-race—see **sack₂**.

sacral—see **sacrum.**

sacrament [sa°-kra-mant, স্যা°ক্র্যাম্যান্ট্] *n.* a religious rite regarded as a channel or as a sign of grace, ভগবানের অনুগ্রহলাভের পথ বা চিহ্ন বলিয়া পরিগণিত ধর্মানুষ্ঠান (যেমন, ব্যাপটিজ্‌ম্), (পরি.) সংস্কার ; a symbol of something spiritual or secret, আধ্যাত্মিক বা গুপ্ত রহস্যাদির প্রতীক। *a.* **sacramental** [sa-kra-men°tl, স্যাক্র্যামেন্°ট্ল্] ধর্মগত সংস্কারমূলক ; আধ্যাত্মিক বা গুপ্ত রহস্যাদির প্রতীকমূলক। **the (Holy) Sacrament**—same as **eucharist**। **(to) take the sacrament upon** or **to**—নিজের শপথাদি দৃঢ়ীকরণের নিদর্শনস্বরূপ শাস্ত্রসম্মত বিধান পালন করা। [L. *sacramentum*=an oath, pledge]

sacred [sā°-krid, সেই°ক্রিড্] *a.* consecrated, পবিত্রীকৃত ; holy, পবিত্র, পূত ; set apart and dedicated, (প্রধানতঃ ঈশ্বরের উদ্দেশে) পৃথগ্‌ভাবে রক্ষিত ও উৎসর্গীকৃত ; religious, ধর্মগত বা ধার্মিক ; inviolable, অলঙ্ঘনীয়। *adv.* **sā°credly** । *n.* **sā°credness** । [*p. pt.* of obs. *sacre*<OF. *sacrer*<L. *sacrare*<*sacer*=holy]

sacrifice [sa°-kri-fīs, স্যা°ক্রিফাইস্] (**1**) *n.* the offering of a slaughtered animal or anything else to propitiate a god, পশুবলি, বলি ; giving up of any valued thing for the sake of something higher, মহত্তর কিছুর জন্য মূল্যবান্ কিছু ত্যাগ করা ; a victim offered in sacrifice, বলির পশু। (**2**) *v.t.i.* to offer up, or offer in sacrifice, বলি দেওয়া। (**3**) *v.t.* to forego for a higher good or advantage, মহত্তর মঙ্গলের বা সুবিধার জন্য (কিছু) ত্যাগ করা (to *sacrifice* pleasures in the interest of children's education) ; to allow to be destroyed, ধ্বংস হইতে দেওয়া। *p.* & *p. pt.* **sa°crificed** । *a.* **sacrificial** [sa-kri-fi°sh(a)l, স্যাক্রিফি°শ্‌ল্] বলি-সংক্রান্ত। [L. *sacrificium*< *sacer*=sacred, *facare*=to make]

sacrilege [sa°-kri-lij, স্যা°ক্রিলিজ্] *n.* a profanation of anything holy, পবিত্র কিছুকে অপবিত্র-করণ ; the breaking into a place of worship and stealing therefrom, পূজামন্দিরাদিতে ঢুকিয়া সেখান হইতে চুরি-করা। *a.* **sacrilegious** [sa-kri-li°-jas, স্যাক্রিলি°জ্যাস্] উক্তভাবে অপবিত্র করে এমন ; উক্ত অপবিত্রীকরণ বা চৌর্য সম্বন্ধীয়। [F.<L. *sacrilegium*]

sacristan [sak°-ristan, স্যাক্°রিস্‌ট্যান্] *n.* sexton of parish church—গির্জার যে কর্মচারী ঘণ্টাবাদন, কবর খনন প্রভৃতি কাজ করে। [L. *sacristanus*]

sacristy [sak°-risti, স্যাক্°রিস্‌টি] *n.* repository of vestments, vessels etc. of a church, গির্জার পোশাক পাত্র প্রভৃতি রাখিবার স্থান। [L. *sacristia*]

sacrosanct [sa°-krō-sang(k)t, স্যা°ক্রৌস্যাংট্] *a.* inviolable, অলঙ্ঘনীয় ; secured against outrage by religious awe, ধর্ষণ অত্যাচার শাস্তি গ্রেপ্তার প্রভৃতি এড়ানর জন্য ধর্মাশ্রিত। [L. *sacrosanctus*]

sacrum [sā°-kram, সেই°ক্র্যাম্] *n.* a bone forming the back of pelvis, নিতম্বের ত্রিকোণাকার অস্থিবিশেষ, (পরি.) ত্রিকাস্থি। *a.* **sā°cral**—ত্রিকাস্থি-সংক্রান্ত। [L. (*os*) *sacrum*=holy (bone)]

sad [sad, স্যাড্] *a.* sober, গম্ভীর ; sorrowful, দুঃখিত, বিষণ্ণ ; causing sorrow, দুঃখদায়ক ; incorrigible, সংশোধনাতীত। *compar.* **sa°dder** ; *super.* **sa°ddest** । *v.t.i.* **sa°dden**—দুঃখিত বা বিষণ্ণ করা অথবা হওয়া। *a.* **sad°-coloured**—

গাঢ় রঙের, ঘোরবর্ণ। *adv.* **sad°ly** । *n.* **sad°nėss** । **in sad earnest**—গম্ভীর বা গুরুতর আন্তরিকতার সহিত। **sad dog**—লম্পট, নচ্ছার লোক। **sad sack**—(কথ্য.) অক্ষম বা অযোগ্য লোক; যে ব্যক্তি গোলমালে জড়াইয়া পড়ে। [OE. *saed*= sated—cp. Du. *zat.* G. *satt*, L. *sat*]

saddle [sad°l, স্যাড্‌°ল্] (**1**) *n.* a padded seat for a rider on the back of a draught animal or bicycle, অশ্বাদি ভারবাহী পশুপৃষ্ঠে বা বাইসিকলের উপর আরোহীর উপবেশনার্থ গদি, জিন্, (পরি.) পল্যয়ন। (**2**) *v.t.* to put a saddle on, (অশ্বাদিকে) জিন্ পরান; to encumber, বোঝা চাপান (to *saddle* a person with heavy responsibility)। **sadd°leback**—(**1**) *a.* জিনের ন্যায় অবদমিত পৃষ্ঠযুক্ত। (**2**) *n.* ঐরূপ পৃষ্ঠযুক্ত পাহাড় টিলা প্রাণী বা বস্তু। *n.* **sadd°le-bag**—জিনের পাশে বাঁধা থলি। *n.* **sadd°le-cloth**—জিনের নিচে যে কাপড় বা গদি স্থাপন করা হয়। *n.* **sadd°le-horse**—আরোহণোপযোগী ঘোড়া। *n.* **sadd°ler**—যে ব্যক্তি জিন্ তৈয়ারি করে বা বেচে; জিন্‌সমূহের তত্ত্বাবধানের ভারপ্রাপ্ত অশ্বারোহী বাহিনীর সৈনিক। *n.* **sadd°lery**—জিন্ প্রস্তুতের বা বিক্রয়ের বৃত্তি; জিন্ তৈয়ারির কারখানা বা জিন্ বিক্রয়ের দোকান; জিন্ রাখার ঘর। *n.* **sadd°le-tree**—অশ্বাদির পৃষ্ঠে জিন্‌স্থাপনের কাঠাম। **in the saddle**—অশ্বারূঢ়; (আল.) পদাধিষ্ঠিত, নিয়ন্ত্রক। **(to) put saddle on the right horse**—প্রকৃত দোষীকে দোষ দেওয়া। [OE. *sadol, sadel*—cp. Du. *zadel*, G. *sattel*]

Sadducee [sa°-dū°cē, স্যা°ডিউ°সী] *n.* a Jewish sceptic, (কবর হইতে মৃতের পুনরুত্থান এবং প্রেতের অস্তিত্ব ও প্রাচীন রীতিনীতির অপরিহার্যতা অস্বীকারকারী) ইহুদি নাস্তিক। *a.* **Saddūcē°an**—উক্ত নাস্তিকসম্প্রদায়-সংক্রান্ত বা তাহাদের মত-সংক্রান্ত অথবা তত্তুল্য। [Gk. *Saddoukaios*<Heb. *Tsaduqim*]

sadism [sa°-dizm, স্যা°ডিজ্‌ম্] *n.* sexual perversion with passion for cruelty, নিষ্ঠুরাচরণের প্রবৃত্তিদায়ক যৌন বিকৃতি, (পরি.) ধর্ষকাম। *n.* **sa°dist**—ধর্ষকামী। *a.* **sadis°tic**—ধর্ষকামমূলক। [*Comte de Sade*, French author (1740-1814)]

safari [sa-fa°rē, সেইফেই°রী] *n.* hunting expedition in Africa, আফ্রিকায় শিকার অভিযান, sportsmen's or travellers' caravan, শিকারী যাত্রী প্রভৃতির শ্রেণী। [Arab *safor*=journey]

safe [sāf, সেইফ্] (**1**) *a.* unharmed, অক্ষত; free from danger, বিপন্মুক্ত; secure, নিরাপদ্; certain, নিশ্চিত (*safe* to win the contest); reliable, আস্থাস্থাপনের যোগ্য; cautious, সতর্ক, সাবধানী। (**2**) *n.* a chest or closet, safe against fire, thieves, etc., অগ্নি চৌর্য ইত্যাদি এড়ানর জন্য জিনিসপত্র প্রভৃতি রাখার সিন্দুক বা আলমারি (an iron-*safe*); a meatsafe, (রাঁধা) মাংস ও অন্যান্য খাদ্যদ্রব্য রাখার জন্য জালে-ঘেরা আলমারিবিশেষ। *n.* **sāfe-con°duct**—নিরাপদে ও বিনা অত্যাচারে গমনের অধিকারদায়ক আদেশপত্র, পঞ্জা। *n.* **sāfe°-deposit**—মূল্যবান্ জিনিসপত্র নিরাপদে রক্ষণের আগার। **sāfe°guard**—(**1**) *n.* নিরাপদে রক্ষণ; রক্ষা, প্রহরা; নিরাপদে রক্ষণের কৌশল যন্ত্র শর্ত বা অধিকার, রক্ষাকবচ। (**2**) *v.t.* নিরাপদে রাখা; রক্ষা করা বা পাহারা দেওয়া। *n.* **sāfe°keeping**—নিরাপদে রক্ষণ। *adv.* **sāfe°ly** । *n.* **sāfe°ness, sāfe°ty** । *n.* **sāfe°ty-catch, sāfe°ty-bolt, sāfe°ty-lock**—আকস্মিক পতনজনিত বিপদ্‌রোধী ছিট্‌কিনিবিশেষ, (পরি.) রক্ষাছিট্‌কিনি। *n.* **sāfe°ty-curtain**—অভিনয়মঞ্চ ও প্রেক্ষাগৃহের মাঝখানে যে অপসারণ-সাধ্য অগ্নিসহ যবনিকা থাকে। **Safety First**—সর্বাগ্রে নিরাপত্তা প্রয়োজন: এই বুলি। *n.* **safety-fuse**—নিরাপত্তার জন্য বিদ্যুদ্‌বাহী তারের মধ্যে স্থাপিত ফিউজ্-তার। *n.* **sāfe°ty-lamp**—খনির মধ্যে ব্যবহৃত অগ্নিরোধী লণ্ঠনবিশেষ (আগ্নেয় গ্যাসের সংস্পর্শে ইহাতে আগুন ধরে না)। *n.* **sāfe°ty-match**—দিয়াশলাই। *n.* **sāfe°ty-pin**—সেফ্‌টিপিন্। *n.* **sāfe°ty-rāzor**—যে খুরে দাড়ি কামাইলে মুখের চামড়া কাটার ভয় থাকে না। *n.* **sāfe°ty-valve**—অত্যধিক চাপ পড়িলে আরামের জন্য যে কোষ খুলিয়া যায়; (আল.) নিরাপদ্‌ভাবে উত্তেজনা নিরসনের উপায়। **safe and sound**—নিরাপদে ও অক্ষতদেহে। **(to) be on the safe side**—প্রয়োজনাধিক পূর্বাহ্লিক নিরাপত্তা-ব্যবস্থা গ্রহণ করা। **(to) err on the safe side**—ভুল হইলেও অপেক্ষাকৃত নিরাপদ্ পন্থা বাছিয়া লওয়া। [OF. *sauf*<L. *salvus*]

safflower [sa°-flow(r), স্যা°ফ্লাউ(র্)] *n.* a thistle-like plant, লোধ্র (?)। [?]

saffron [saf°r(a)n, স্যাফ্°র্‌ন্] *n.* a kind of crocus, জাফরান; its colour, জাফরানী বর্ণ। [OF. *safran*<Ar. *za'faran*]

sag [sag, স্যাগ্] (**1**) *v.i.t.* to sink or subside under weight or pressure, ভারে অথবা চাপে নামিয়া যাওয়া বা ডুবিয়া যাওয়া (the roof *sags*); to hang sideways, পাশে ঝুলিয়া পড়া; to have downward bulge or curve in middle, মাঝখানে নিচের দিকে ফুলিয়া উঠা বা বাঁকিয়া যাওয়া; to cause to curve thus, ঐভাবে বাঁকাইয়া দেওয়া; (Commerce) to decline in price, দাম পড়িয়া যাওয়া (prices are *sagging*)। (**2**) *n.* নামিয়া যাওয়া, ধ্বসিয়া যাওয়া, দাম পড়িয়া যাওয়া। [Du. *zakken*=subside]

saga [sŭ°-ga, সা°গ্যা] *n.* a prose tale of old Icelandic literature, আইস্‌ল্যান্ডের প্রাচীন গদ্য-কাহিনীবিশেষ; a body of legend, কোন বিষয়কে কেন্দ্র করিয়া রচিত রূপককাহিনীসমূহ। [ON.]

sagacious [sa-gā°-shas, স্যাগেই°শ্যাস্] *a.* keen in perception, thought or judgment, তীক্ষ্ণ বোধশক্তি বা চিন্তাশক্তি বা বিচারশক্তি আছে এমন বিচক্ষণ; wise, জ্ঞানী। *adv.* **sagā°ciously** । *n.* **sagā°ciousnėss, sagacity** [sa-ga°-si-ti, স্যাগ্যা°সিটি]। [L. *sagax*]

sage[1] [sāj, সেইজ্] (**1**) *a.* of great wisdom, মহাজ্ঞানী বা পরম বিজ্ঞ। (**2**) *n.* a very wise person, মহাজ্ঞানী বা পরম বিজ্ঞ ব্যক্তি। *adv.* **sāge°ly** । *n.* **sāge°ness** । [F.<L. *sapere*=to be wise]

sage₂ [sāj, সেইজ্] *n.* an aromatic plant with dull greyish-green leaves used to flavour food, ফেকাসে সবুজপত্রযুক্ত উদ্ভিদবিশেষ: ইহা খাদ্যাদি রুচিকর ও সুগন্ধযুক্ত করিতে ব্যবহৃত হয়। [OF. *sauge*<L. *salvia*=healing plant]

Sagittarius [sa-ji-tār°-i-as, স্যাজিটেয়্যার্°ই-অ্যাস্] *n.* a zodiacal sign, (জ্যোতি.) ধনুরাশি। [L. *sagitia*=an arrow]

sago [sā°gō, সেই°গৌ] *n.* a starch, সাগু। [Mal. *sagu*]

said—see **say.**

sail [sāl, সেইল্] **(1)** *n.* a piece of canvas, etc., extended on the rigging to catch the wind and propel a vessel, windmill, etc., নৌকা জাহাজ বায়ুচালিত যন্ত্র প্রভৃতির পাল; any sail-like object or organ, পালের ন্যায় আকারের বস্তু বা অঙ্গ; (collect.) ships, জাহাজসমূহ (a fleet of twenty *sail*); a spell of sailing, জাহাজাদিতে চড়িয়া (পাল তুলিয়া বা বিনা পালে) গমন। **(2)** *v.i.* to travel by sail, পাল তুলিয়া দিয়া যাওয়া; to travel by water, জলপথে ভ্রমণ করা; to set out on a voyage, জলযাত্রা করা; to float smoothly along, স্বচ্ছন্দগতিতে ভাসিয়া যাওয়া ("the cloud *sails* in the sky"); (fig.) to pass easily, (আল.) সহজে (পরীক্ষাদিতে) পাশ করা (to *sail* through the examination)। **(3)** *v.t.* to navigate, জলপথে পরিক্রমণ করা; to cause to sail, (নৌকাদিকে) জলে ভাসান। *a.* **sail°borne**—পালে চলে এমন, পালতোলা। *n.* **sailer**—পালে চালিত বা পালতোলা জাহাজ অথবা নৌকা। *n.* **sai°ling-boat**—পালতোলা নৌকা। **sailing orders**—জলযাত্রার প্রাক্কালে পোতাধ্যক্ষকে প্রদত্ত আদেশ। *n.* **sai°ling-ship**—পালতোলা জাহাজ। *n.* **sai°lor**—নাবিক। *n.* **sai°lor-hat°**—পুরুষের শোলার টুপির অনুকরণে প্রস্তুত স্ত্রীলোকের টুপি। *n.* **sai°loring**—নাবিকবৃত্তি। *a.* **sai°lorly**—নাবিক-সুলভ; সমর্থ, ক্ষিপ্র, চট্পটে, তৎপর। *n.* **sai°lorman**—নাবিক। *n.* **sail-cloth**—পালের চট; পোশাকের বস্ত্র প্রভৃতি। *n.* **sail°-plāne**—যে বিমান-পোত এনজিনের বদলে বায়ুপ্রবাহ এবং ঊর্ধ্বারোহী উষ্ণ প্রবাহদ্বারা চালিত হয়। *n.* **sail°-yard**—জাহাজাদির যে পাটাতনের উপর পাল খাটান হয়। **full sail**—পাল তুলিয়া দিয়া; সমস্ত পাল তুলিয়া দিয়া। *n.* **sailing-master**—হাল্কা ইঅট-জাতীয় পোতের চালক। **(to) make sail**—পাল তুলিয়া দিয়া ভাসিয়া যাওয়া বা যাত্রা করা। **(to) set sail**—পাল খাটান বা তুলিয়া দেওয়া; জলযাত্রা করা। **(to) take in sail**—পাল বিস্তারের সীমা সঙ্কুচিত করা; (আল.) উচ্চাকাঙ্ক্ষার বা সক্রিয়তার মাত্রা হ্রাস করা। **(to) take the wind out of one's sails**—কাহারও নিজের যুক্তি গ্রহণ করিয়া অথবা নিজের মালমসলা দিয়া তাহাকে আগেই জব্দ করিয়া ফেলা। **(to) sail close (**or **near) the wind**—প্রায় বাতাসের বিপরীত দিকে নৌকা জাহাজ প্রভৃতি চালনা করা; (আল.) আইন বা নীতি প্রায় ভঙ্গ করা। **(to) sail in**—উৎসাহ ও আত্মবিশ্বাসের সহিত কোন কাজ শুরু করা। **(to) sail into**—আক্রমণ করা; তিরস্কার করা। **under sail**—পাল তুলিয়া দিয়া; পালতোলা। [OE. *seg(e)l*—cp. Du. *zeil*, G. *segel*]

saint [sānt, সেইন্ট্] *n.* a holy person, পবিত্র ব্যক্তি, সাধু, সাধুসন্ত। *a.* **sain°tėd**—সাধুতে পরিণত; পবিত্রীকৃত; পবিত্র; স্বর্গীয়, দিব্য। *n.* **saint°hood** । *a.* **saint°līke, saint°ly**—সাধুসুলভ; পবিত্র। *n.* **saint°liness** । **patron saint**—রক্ষাকারী সাধু। **saint's day**—নির্দিষ্ট কোন সাধুর স্মৃতিস্মরণের জন্য নির্ধারিত তারিখ। **St. Agnes's Eve**—২০শে জানুআরি তারিখে অনুষ্ঠেয় খ্রিস্টীয় পর্ব। **St. Andrew's Cross**—X-আকারের ক্রুশচিহ্ন (স্কট্ল্যান্ডের জাতীয় পতাকায় থাকে)। **St. Bernard's dog,** or **(great) St. Bernard**—কুকুরবিশেষ (তুষারস্পর্শে অবসন্ন ও মৃতপ্রায় পথিকদের উদ্ধারার্থ St. Bernard-মঠের সন্ন্যাসীরা এই কুকুর পুষিত)। **St. George's Cross**—শ্বেতবর্ণ পটভূমিতে রক্তবর্ণ ক্রুশচিহ্ন। **St. James**—গ্রেট ব্রিটেনের রাজদরবার। **St. Leger**—Doncaster-এ অনুষ্ঠিত ঘোড়দৌড়। **St. Martin's evil**—মাতলামি। **St. Nicholas's clerks**—তস্করসম্প্রদায়। **St. Stephen's**—গ্রেট্‌ব্রিটেনের ব্যবস্থাপক সভা ও পরিষৎ। **St. Vitus's dance**—শারীরিক বা স্নায়বিক আক্ষেপ সমন্বিত রোগবিশেষ (সাধারণতঃ শিশুদের মধ্যে দেখা যায়)। [F.<L. *sanctus*=holy]

saith—see **say.**

sake₁ [sāk, সেইক্] *n.* cause, কারণ, হেতু, নিমিত্ত (for the *sake* of uniformity); account, নিবন্ধন, দরুন; behalf, পক্ষ; purpose, অভিপ্রায়, উদ্দেশ্য। **for any sake**—সর্বোপায়ে, যে-কোন উপায়ে। **for old times' sake, for old sakes' sake**—অতীতের বা বিগত কালের স্মরণে। [OE. *sacu*=a strife, a lawsuit—cp. Du. *zaak*, G. *sache*]

saké₂ [sŭ°ki, সা°কি] *n.* Japanese rice-beer, জাপানী ধেনো মদ। [Jap.]

saki [su°-ki, সা°কি] *n.* a South American monkey, দক্ষিণ আমেরিকার বানরবিশেষ। [F.<Tupi *sai*]

salaam [sa-lum°, স্যালাম্°] **(1)** *n.* oriental greeting, সালাম। **(2)** *v.t.i.* to make salaam (to), সালাম করা। [Ar.]

salable—see **sale.**

salacious [sa-lā°-shas, স্যালেই°শ্যাস্] *a.* lustful, কামুক, কামপ্রবৃত্তিপূর্ণ; lecherous, লম্পট; (of book, pictures, speeches, etc.) tending to arouse sexual desire, (পুস্তক চিত্র ভাষণাদি সম্বন্ধে) কামপ্রবৃত্তি জাগ্রত করে এমন। *adv.* **salā°-**

ciously । *n.* **salā°ciousness, salacity** [sa-la°-si-ti, স্যাল্যা°সিটি] । [L. *salax*]

salad [sa°-lad, স্যা°ল্যাড্] *n.* herbs prepared as food without cooking, না রাঁধিয়া খাওয়ার যোগ্য লতাপাতামূল প্রভৃতি, স্যালাড্ । **salad days**—(কাব্যে) মানুষ যে বয়সে বিচারে অনভিজ্ঞ থাকে । *n.* **sa°lad-dre°ssing**—স্যালাডের সহিত ভক্ষ্য তেল, ভিনিগার বা সরের মিশ্রণে প্রস্তুত খাদ্য । *n.* **sa°lad-oil**—উৎকৃষ্ট জলপাইয়ের তেল । [OF. *salade* < L. *sal* = salt]

salamander [sa°-la-man-da(r), স্যা°ল্যাম্যান্ডা(র্)] *n.* a lizard-like amphibian, (আগুনে অদাহ্য বলিয়া কল্পিত এবং বিষধর) সরীসৃপতুল্য উভচর প্রাণিবিশেষ । [F. *salamandre* < L. *salamandra* < Gk.]

salami [sa-la°-mi, স্যাল্যা°মি] *n.* a highly flavoured sausage, সুগন্ধযুক্ত মাংসের পুর দেওয়া খাদ্যবিশেষ । [It. *salame*]

salary [sa°la-ri, স্যা°ল্যারি] *n.* a fixed periodical payment for services, মাহিনা, বেতন । *n.* **salariat** [sa-lār°-i-at, স্যালেয়ার্°ইঅ্যাট্] বেতনভুক্ শ্রেণী । [F.] । *a.* **sa°laried**—বেতনভুক্ । [OF. < *salaire* < L. *salarium* = salt-money]

sale [sāl, সেইল্] *n.* act of selling, বিক্রয় ; demand by the purchasers, খরিদদারদের চাহিদা ; sale by auction or at a reduced price, নিলামে বা হ্রস্বীকৃত মূল্যে বিক্রয় । *a.* **sāl(e)°able**—বিক্রয়সাধ্য, বিক্রেয় ; বাজারে চাহিদা আছে এমন । *n.* **sāl(e)abi°lity** । *adv.* **sāl(e)°ably** । **sales clerk**—same as **salesman** । *n.* **sāleṡ°man**—দোকানের বিক্রয়কারী কর্মচারী, (পরি.) বিক্রয়িক ; বাণিজ্য-প্রতিষ্ঠানাদির তরফ হইতে ঘুরিয়া ঘুরিয়া জিনিসপত্র বিক্রয়কারী । *fem.* **sāleṡ°woman, sāleṡ°girl** । *n.* **sāleṡ°manship**—বিক্রয়বিদ্যা ; বিক্রয়ে দক্ষতা । **sales talk** (coll. *n.* **sales°chat**)—বিক্রয়বৃদ্ধির উদ্দেশ্যে (সম্ভাব্য) ক্রেতার সহিত আলোচনা । *n.* **sales tax**—বিক্রয়কর । *n.* **sale°-work**—নিলামে বিক্রয়ার্থ জিনিস বা কাজ ; অবহেলাভরে কৃত কাজ বা নির্মিত দ্রব্য । **for sale, on sale**—বিক্রয়ের জন্য রাখা । **sales resistance**—কোন বস্তু কিনিতে গ্রাহকদের অনিচ্ছা যাহা বিক্রয়দক্ষতার দ্বারা অতিক্রম করিতে হইবে । [late OE. *sala* < ON.]

salicylic acid [sal-i-si°-lic a°-sid, স্যাল্ইসি°লিক্ অ্যা°সিড্] *n.* benzene derivative used as an antiseptic and to treat rheumatism, বেনজিন হইতে প্রস্তুত বীজবারক অম্ল এবং বাতব্যাধির চিকিৎসায় ব্যবহৃত ঔষধবিশেষ । [F. *salicyle*]

salient [sā°-li-ant, সেই°লিয়্যান্ট্] *a.* leaping, লাফানে ; projecting outwards, (কোণ-সম্বন্ধে) বহির্দিকে অভিক্ষিপ্ত ; outstanding, প্রধান, বিশিষ্ট, লক্ষণীয় । *n.* **sā°lience**—লাফানে ভাব বা অবস্থা ; বহির্দিকে অভিক্ষিপ্তাবস্থা ; প্রাধান্য ; বৈশিষ্ট্য, লক্ষণীয়তা । *adv.* **sā°liently** । **salient point**—মর্মস্থল । [L. *salire* = to leap]

saline [sā°-līn, সেই°লাইন্] (**1**) *a.* full of, or like, salt, লোনা, লবণাক্ত, লবণতুল্য, লাবণ, লাবণিক । (**2**) *n.* a salt, লবণ । *n.* **sali°nity**—লবণতা । [L. *salinus*]

saliva [sa-lī°-va, স্যালাই°ভ্যা] *n.* spittle, নিষ্ঠীবন, থুথু, মুখলালা, লালা । *a.* **sa°livary**—নিষ্ঠীবনসংক্রান্ত বা মুখলালা-সংক্রান্ত ; লালাস্রাবী (the *salivary* glands) । *v.i.t.* **sa°livāte**—প্রচুর লালা নির্গত হওয়া বা হওয়ান । *n.* **salivā°tion** । [L.]

sallow [sa°-lō, স্যা°লৌ] *a.* of a sickly yellow colour, (গাত্রত্বকাদি সম্বন্ধে) পাণ্ডুবর্ণ । *n.* **sa°llowness** । [OE. *sala* —cp. M. Du. *salu* = discoloured]

sally [sa°-li, স্যা°লি] (**1**) *n.* a leap, লম্ফ ; an outrush, বেগে নির্গমন ; a sudden rush of the besieged upon besiegers, অবরুদ্ধ ব্যক্তিবর্গ বা সৈন্যগণ কর্তৃক দুর্গাদি হইতে অকস্মাৎ বেগে নির্গমনপূর্বক অবরোধকারীদিগকে আক্রমণ ; an excursion, বহির্গমন ; a piece of banter, আক্রমণাত্মক বাক্চাতুর্য বা তদ্দ্বারা তীব্র আক্রমণ । (**2**) *v.i.* to rush out suddenly, (প্রধানতঃ অবরোধকারীগণকে আক্রমণার্থ) অকস্মাৎ বেগে নির্গমন করা । *n.* **sally°-port**—অবরোধকারীদের বা আক্রমণকারীদের উপর ঝাঁপাইয়া পড়ার জন্য দুর্গাদি হইতে নির্গমপথ । [F. *saillie* = *saillir* < L. *salire* = to leap]

Sally Lunn [sa°-li lun°, স্যা°লি লান্°] *n.* a sweet tea-cake, চা-সহযোগে খাওয়ার একপ্রকার পিষ্টক বা কেক । [from the name of its seller]

salmagundi [sal-ma-gun°-di, স্যালম্যাগান্°ডি] *n.* a dish of minced meat with eggs, anchovies, onions, etc., মাংসের কিমা ক্ষুদ্র মাছ ডিম পেঁয়াজ প্রভৃতি দিয়া তৈয়ারী খাদ্যবিশেষ । [F. *salmigondis*]

salmi [sal°-mē, স্যাল্°মী] *n.* a ragout (especially of gamebirds), (বিশে. শিকার-করা পাখির) মাংসের কিমা ও সবজি দ্বারা প্রস্তুত খাদ্যবিশেষ । [It. *salame*]

salmon [sa°-man, স্যা°ম্যান্] *n.* a species of river-fish, রোহিতাদি-জাতীয় বড় মাছবিশেষ । *n.* **sal°mon-colour**—ফিকে গোলাপী রঙ । *n.* **sal°-monet**—উক্ত মাছের পোনা । *n.* **sal°mon-trout°** কাতলা-জাতীয় মাছবিশেষ । [OF. *saumon* < L. *salmonis* < *salire* = to leap]

salon [sa°-lawn, স্যা°লঁ] *n.* a reception room, অতিথিদের অভ্যর্থনার ঘর, বৈঠকখানা ; a periodic gathering of notable persons in the house of a lady of fashion, সমাজে সুপ্রতিষ্ঠিতা মহিলার গৃহে বিশিষ্ট ব্যক্তিদের মাঝে মাঝে সমাবেশ । *n.* **Sa°lon**—প্যারিসের জীবিত চিত্রকরদের অঙ্কিত চিত্রাবলীর বাৎসরিক প্রদর্শনী । [F.]

saloon [sa-lōōn°, স্যালূন্°] *n.* a large hall for reception, for works of arts, etc., অতিথিদের অভ্যর্থনা বা চিত্রাদির প্রদর্শনী বা অনুরূপ কাজের জন্য বৃহৎ কক্ষ ; a large public room for some specified purpose, বিলিআর্ড-খেলা নৃত্য কেশ-প্রসাধন প্রভৃতির জন্য জনসাধারণের ব্যবহার্য বড় ঘর ; a large dining-room for passengers, যাত্রিগণের জন্য বড় ভোজনকক্ষ ; a railway carriage open from end to end, যে রেলগাড়ি কামরায় কামরায় বিভক্ত নহে (also **sal°oon-ca°rriage**) ; a motor car with enclosed body, ঢাকা-দেওয়া মোটরগাড়ি (also **salōōn°-car°**) ; a drinking-bar, বসিয়া পান করার ব্যবস্থা-সমন্বিত মদের দোকান। [F. *salon*=a hall]

salse [sals, স্যাল্‌স্] *n.* a mud volcano, কর্দম-স্রাবক আগ্নেয়গিরি। [from *Salsa,* a volcano near Modena]

salsify [sal°si-fī, স্যাল্‌°সিফাই] *n.* European plant (having a taste like asparagus) eaten as vegetable, (শতমূলীসদৃশ স্বাদবিশিষ্ট) তরকারি হিসাবে ভোজ্য ইউরোপীয় উদ্ভিদ্‌বিশেষ। [F. *salsifis*]

salt [sawlt, স্যল্ট্] **(1)** *n.* chloride of sodium, লবণ ; smack, savour (সু)স্বাদ, তার ; wit, বুদ্ধি ; good sense, সুবুদ্ধি ; a sailor, (প্রধানতঃ প্রবীণ) নাবিক (also **old salt**) ; (chem.) a compound of acids, (রসা.) আম্লিক মিশ্রবিশেষ ; (in *pl.*) smelling-salts, শুঁকিবার জন্য শ্বসনকার্যের সহায়ক লবণবিশেষ ; Epsom salt, রেচক লবণবিশেষ। **(2)** *a.* saline, লবণাক্ত, লোনা ; tasting of salt, লোনাস্বাদযুক্ত ; cured with salt, লবণে জারিত ; pungent, কটুস্বাদ ; (coll.) indecent, (কথ্য.) অশ্লীল ; exorbitant, অত্যধিক চড়া দামের। **(3)** *v.i.* to sprinkle, season, or impregnate with salt, লবণ ছিটাইয়া দেওয়া ; লবণে জারিত করা, লবণে পূর্ণ করা। *n.* **salt°cellar**—ভোজটেবিলে বা ভোজনকালে ব্যবহার্য লবণপাত্র ; কাঁধের হাড়ের পশ্চাদ্বর্তী অবতল দেহাংশ। *n.* **salt-lick**—লবণাক্ত মৃত্তিকা চাটিয়া খাইবার উদ্দেশ্যে যেখানে প্রাণীরা একত্রিত হয়। **sal°ter**—salt (*v.*)-এর সকল অর্থে, এবং—লবণ প্রস্তুতকারক বা বিক্রেতা। *n.* **sal°tern**—লবণ তৈয়ারীর স্থান বা কারখানা। *a.* **sal°tish**—ঈষৎ লোনা। *n.* **salt°-mine**—লবণ খনি ; (আল.) বিরামহীন খাটুনির জায়গা। *n.* **salt°-pan**—জল উবাইয়া লবণ বাহির করিয়া লইবার জন্য সমুদ্রতীরবর্তী খাত বা গর্ত, নুন-কুয়া। *adv.* **salt°ly**—salt (*a.*)-এর সকল অর্থে। *n.* **salt°ness** । *n.* **salt-sha°ker**—খাদ্যাদির উপরে ছড়াইয়া দিবার জন্য নুনের পাত্রবিশেষ। *n.* **salt°spōōn**—ভোজনকালে লবণ তুলিয়া লইবার জন্য চামচ। **salt water**—সমুদ্রবারি ; অশ্রু। *a.* **salt°-water**—সমুদ্রজলের ; সমুদ্রজলে থাকে এমন। *a.* **salt°work(s)**—লবণ তৈয়ারির স্থান বা কারখানা। *a.* **sal°ty**—ঈষৎ লোনা। *adv.* **sal°tily** । *n.* **sal°tinėss** । **the salt of the earth** (B.)—পৃথিবীর শ্রেষ্ঠ ব্যক্তিগণ। **worth one's salt**—সুদক্ষ ; সংরক্ষণের উপযোগী। **not** or **hardly worth one's salt**—যে বেতন পায় তার যোগ্য নয়। **(to) eat one's salt**—কাহারও অতিথি হওয়া বা নিমক খাওয়া। **(to) salt an account**—(বাণি. অশি.) অত্যধিক বা অত্যল্প দ্রব্যমূল্য ধার্য করা। **(to) salt the books**—হিসাববহিতে প্রকৃত লব্ধ অর্থের চেয়ে বেশী লেখা। **(to) salt away**—(কথ্য.) ভবিষ্যতের জন্য অর্থাদি সঞ্চয় করা। **(to) salt down**—লবণে জারিত করা ; সংরক্ষিত করা। **(to) take** (something) **with a grain** or **pinch of salt**—(বিবৃতি প্রভৃতির) সত্যতা সম্বন্ধে কিছুটা সন্দিহান হওয়া। [A.S.—cp. G. *salz,* L. *sal*]

saltire [sal°-tī(r), স্যাল্‌°টাইআ্যা(র্)] *n.* an X-shaped cross on a shield, ঢাল প্রভৃতিকে চারভাগে বিভাজনকর X-আকারের ক্রুশচিহ্ন। [OF. *sau(l)-toir*<LL. *saltatorium*=a stirrup]

saltpetre, saltpeter [sawlt°-pē-ta(r), স্যল্ট্‌°-পীট্যা(র্)] *n.* potassium nitrate, যবক্ষার, শোরা। [OF.<LL. *salpetra*]

saltus [sal°-tas, স্যাল্‌°ট্যাস্] *n.* a breach of continuity, ধারাবাহিকতায় ছেদ ; a jump to conclusion, সহসা সিদ্ধান্ত-গ্রহণ ; sudden transition, আকস্মিক পরিবর্তন। [L.=leap]

salubrious [sa-lōō°-bri-as, স্যালূ°ব্রিঅ্যাস্] *a.* health-giving, স্বাস্থ্যপ্রদ, স্বাস্থ্যকর। *adv.* **salu°briously** । *n.* **salu°briousnėss, salu°brity** । [L. *salubris*]

salutary [sa°-lū-t(a)ri, স্যা°লিউট্‌রি] *a.* promoting health or safety, স্বাস্থ্যবর্ধক বা নিরাপত্তাবর্ধক ; beneficial, উপকারক। [L. *salutaris*]

salute [sa-lōōt°, স্যালূট্°] **(1)** *v.t.* to greet, (বাক্যালাপ নমস্কার বা চুম্বনের দ্বারা) সম্ভাষণ করা। **(2)** *v.t.i.* to honour formally in the military fashion, সামরিক কায়দায় (অর্থাৎ কামানাদি দাগিয়া, সম্মুখে অস্ত্রস্থাপন করিয়া, নমস্কার করিয়া বা অন্যবিধভাবে) সম্মানপ্রদর্শন বা অভিবাদন করা। *p.* & *p. pt.* **salu°tėd** । **(3)** *n.* saluting, অভিবাদন, সামরিক অভিবাদন। *n.* **salutā°tion**—অভিবাদন, প্রীতি-সম্ভাষণ ; সম্ভাষণবাণী। [L. *salutare* (*v.*)]

salvable—see **salve**$_2$.

salutiferous [sa-lū-ti°-fa-ras, স্যালিউটি°-ফ্যার্যাস্] *a.* conducive to health, স্বাস্থ্যপ্রদ, শরীরের পক্ষে উপকারী। [L. *salūtifer*<*salūs*=health, *ferre*=to bring]

salvage [sal°-vij, স্যাল্‌°ভিজ্] **(1)** *n.* rescue of property from fire or other peril, অগ্নিকাণ্ড জাহাজডুবি বা অন্য কোন বিপদ্ হইতে সম্পত্তি উদ্ধার ; payment for such rescue, উক্ত উদ্ধারকার্যের বাবদ পারিশ্রমিক ; the raising of sunken ships, জলমগ্ন জাহাজকে জলগর্ভ হইতে উত্তোলন ; saving of waste material for utilization, পুনরায় কাজে লাগানর জন্য বিনষ্ট জিনিসপত্রের অংশসমূহ সংরক্ষণ। **(2)** *v.t.* to rescue from danger of

For words in *salt-*, not given separately, see **salt.**

loss or destruction, খোয়া যাইবার বা বিনষ্ট হইবার আশঙ্কা হইতে উদ্ধার করা ; to recover or save as salvage, পুনরায় কাজে লাগানর জন্য (বিনষ্ট জিনিসপত্রের অংশসমূহ) উদ্ধার বা সংরক্ষণ করা। **salvage company**—জাহাজডুবির দরুন বিনষ্ট সম্পত্তি উদ্ধারের প্রতিষ্ঠান। [LL. *salvagium* < *salvere* = to save]

salvation—see **salve₂**.

salve₁ [sŭv, সাভ্] **(1)** *n.* an ointment, মলম ; a remedy, প্রতিকার, চিকিৎসা ; a soothing agent, (প্রধানতঃ বিবেকের) যন্ত্রণাহর বস্তু। **(2)** *v.t.* to anoint, মলম মাখান ; to smear, লেপন করা ; to heal, আরোগ্য করা ; to soothe, উপশম করা। [OE. *s(e)alf(n.)*—G. *salbe*, Du. *zalf*]

salve₂ [salv, স্যাল্ভ্] *v.t.* to explain, ব্যাখ্যা করা, কারণ দর্শান ; to render tenable, প্রতিপাদন করা ; to salvage, খোয়া যাইবার বা বিনষ্ট হইবার আশঙ্কা হইতে উদ্ধার করা, পুনরায় কাজে লাগানর জন্য (বিনষ্ট জিনিসপত্রের অংশসমূহ) উদ্ধার করা বা সংরক্ষণ করা। *a.* **sal°vable** । *n.* **salvabi°lity** । *n.* **salvā°tion**—উদ্ধার, রক্ষা ; গুরুতর অমঙ্গলাদি হইতে রক্ষার উপায় ; (ধর্ম.) পাপের শাস্তিস্বরূপ নরকভোগ হইতে উদ্ধারপূর্বক স্বর্গবাস বা অনন্ত সুখের অধিকারিকরণ, মোক্ষ, মুক্তি। *n.* **Salvā°tionist**—'Salvation Army'-র সভ্য। **Salvation Army**—খ্রিস্টধর্ম প্রচারার্থ ১৮৬৫ খ্রিস্টাব্দে Booth কর্তৃক স্থাপিত মুক্তিবাহিনী। **(to) work out one's own salvation**—নিজ প্রচেষ্টায় বিপন্মুক্ত হইবার পন্থা উদ্ভাবন করা। *n.* **sal°vor**—যে ব্যক্তি বা জাহাজাদি উদ্ধার কার্য চালায় বা তাহাতে সহায়তা করে। [LL. *salvare* = to save, partly back-formation from *salvage*]

salver [sal°-va(r), স্যাল্°ভ্যা(র্)] *n.* a tray on which anything is presented, খাবার চিঠি কার্ড প্রভৃতি সাজাইয়া দিবার থালা। [Sp. *salva* = the precautionary tasting of food]

salvo₁ [sal°vō, স্যাল্°ভৌ] *n.* a saving clause, রক্ষার উপায়, শর্ত, ফাঁক ; a reservation, সংরক্ষণ (*salvo* of rights); a pretext, ওজর, অজুহাত। [L.]

salvo₂ [sal°-vō, স্যাল্°ভৌ] *n.* a simultaneous discharge of artillery, সম্মানপ্রদর্শনার্থ বা অন্য কারণে কামান হইতে যুগপৎ গোলাবর্ষণ ; a round of applause, একদফা প্রশংসাবর্ষণ। [It. *salva* = salute < L. *salve* = hail]

sal volatile [sal vol-ati°-li, স্যাল্ভল্যাটি°লি] *n.* aromatic solution of ammonium carbonate taken for faintness—মূর্ছাপ্রবণতায় ব্যবহৃত অ্যামনিয়াম কার্বনেটে প্রস্তুত সুগন্ধ ঔষধ। [mod. L. = volatile salt]

Samaritan [sa-ma°-ritn, স্যাম্যা°রিট্ন্] **(1)** *a.* of Samaria, স্যাম্যারিয়ার। **(2)** *n.* a native of Samaria, স্যাম্যারিয়াবাসী ; one who helps in need, প্রয়োজনকালে যে ব্যক্তি সাহায্য করে। [LL. *Samaritanus*]

Sam Browne [sam-brown°, স্যামব্রাউন্°] *n.* a military officer's cross-belt, উচ্চপদস্থ সামরিক কর্মচারীর কোমরবন্ধবিশেষ। [*Samuel Browne*, its inventor]

same [sām, সেইম্] *a.* identical, অনুরূপ, সদৃশ (*same* as, *same* with) ; not different, অবিভিন্ন ; unchanged, অপরিবর্তিত ; unvaried, অপরিবর্তনীয় ; mentioned before, পূর্বোক্ত। *n.* **sāme°nėss** । **all the same**—তা যাহাই হউক, তৎসত্ত্বেও। **one and the same**—একেবারে একই। **the same**—একই বা পূর্বোক্ত বিষয় বস্তু বা ব্যক্তি ; অনুরূপ বা একইভাবে। **the very same**—ঠিক সেই। **(to) come** or **amount to the same thing**—একই পরিণতি লাভ করা ; একই ব্যাপার হওয়া ; একই অর্থসূচক হওয়া। [AS.—cp. Goth. *sama*, Gk. *homos*, Sans. *sama*]

samovar [sa°mŏ-vu(r), স্যা°মোভা(র্)] *n.* a Russian tea-urn, গরম করার নলসমন্বিত রুশীয় চা-পাত্রবিশেষ। [Russ.]

samp [samp, স্যাম্প্] *n.* coarsely-ground maize, ভুট্টার মোটা-দানা আটা ; porridge made from it, উক্ত আটার দ্বারা প্রস্তুত হালুয়া বিশেষ। [Algonquin *nasamp*]

sampan [sam°-pan, স্যাম্°প্যান্] *n.* a Chinese boat, চীনা নৌকাবিশেষ। [Chin. *san* = three, *pan* = board]

sample [sŭmp°l, সাম্প্°ল্] **(1)** *n.* a specimen showing the quality of the whole, নমুনা ; (poet.) an example for imitation, অনুকরণীয় উদাহরণ বা আদর্শ। **(2)** *v.t.* to take, try, or offer a sample of, (কিছুর) নমুনা লওয়া বা পরীক্ষা করা বা দেওয়া। **up to sample**—নমুনা-অনুযায়ী। [ME. *essample*—cp. *example*]

sampler [sām°plar, সেইম্°প্ল্যার্] *n.* a piece of embroidery worked by girls as specimen of efficiency, বালিকার করা সূচিশিল্পের বা চিকনের কাজে যোগ্যতার নমুনা ; plants left over when other trees are cut off, অন্য গাছ কাটিয়া ফেলার সময় যে চারা গাছকে বাদ দেওয়া হয়। [OE. *essemplaire*]

Sam(p)son [sam°sn, স্যাম্°স্ন্] *n.* an abnormally strong man, অলৌকিক বলশালী ব্যক্তি। [B.]

samurai [sa°-moo-rī, স্যা°মুরাই] *n.* one of the military caste in old Japan, প্রাচীন জাপানের যুদ্ধব্যবসায়ী জাতির লোক ; a Japanese army officer, আধুনিক জাপানের যে-কোন সেনাধ্যক্ষ। [Jap.]

sanad [sa°-nad, স্যা°ন্যাড্] *n.* a deed of grant, সনদ। [Hin. & Ar.]

sanative [sa°-na-tiv, স্যা°ন্যাটিভ্], **sanatory** [sa°-na-t(a)ri, স্যা°ন্যাট্রি] *a.* healing, আরোগ্যকর, আরোগ্য-সংক্রান্ত। *n.* **sanatorium** [sa-nataw°-ri-am, স্যান্যাটা°রিঅ্যাম্] (প্রধানতঃ ক্ষয়রোগী-

দের বা সম্ভোরোগমুক্ত দুর্বল ব্যক্তিদের) হাসপাতাল বা স্বাস্থ্যনিবাস, (পরি.) স্বাস্থ্যালয় ; স্বাস্থ্যকর স্থান, (পরি.) স্বাস্থ্যভুমি (also **sanitā̆r°ium**) । [L. *sanare*=to heal]

sanctify [san(k)°-ti-fī, স্যাংটিফাই] *v.t.* to make holy, পবিত্র করা ; to free from sin, পাপমুক্ত করা । *n.* **sanctifica°tion** । *a.* **sanc°tified**—পবিত্রীকৃত । [F. *sanctifier*<L. *sanctificare*]

sanctimony [sang(k)°-ti-ma-ni, স্যাংটিম্যানি] *n.* affected holiness, ভান-করা বা কৃত্রিম পবিত্রতা । *a.* **sanctimō°nious**—পবিত্রতার ভানে পূর্ণ । *adv.* **sanctimōni°ously** । [L. *sanctimonia*=sanctity]

sanction [sang(k)°sh(a)n, স্যাং°শ্‌ন্] (**1**) *n.* (in ethics) motive for obedience to any moral or religious law, (নীতিশা.) নৈতিক বা ধর্মীয় বিধানপালনের প্রেরণা অথবা উদ্দেশ্য ; penalty or reward attached to a law, আইন অমান্য করার শাস্তি বা উহা পালন করার পুরস্কার ; authorization, ক্ষমতাদান বা অধিকারদান ; confirmation, অনুমোদন, মঞ্জুরি ; permission, অনুমতি ; measure taken to compel a nation or state to conform to an agreement, কোন জাতি বা রাষ্ট্রকে চুক্তি মানিতে বাধ্য করার ব্যবস্থা বা উপায় (to apply economic *sanctions* against a state) । (**2**) *v.t.* to make valid, বলবৎ বা বৈধ করা ; to authorize, ক্ষমতা বা অধিকার দেওয়া ; to confirm, অনুমোদন করা, মঞ্জুর করা ; to give permission for, (কিছুর জন্য) অনুমতি দেওয়া । [L. *sanctio*<*sancire*=to ratify]

sanctity [sang(k)°-ti-ti, স্যাংটিটি] *n.* sacredness, পবিত্রতা ; godliness, ধার্মিকতা ; saintliness, সাধুতা ; inviolability, অলজ্ঘনীয়তা ; (in *pl.*) holy feelings, obligations, or objects, পবিত্র মনোভাবসমূহ (ধর্মের দিক্ হইতে) আবশ্যিক কর্তব্যসমূহ অথবা বস্তুসমূহ । [OF. *sainctete*<L. *sanctitatem*]

sanctuary [sang(k)°-tū(a)-ri, স্যাংটিউরি] *n.* a holy place, পবিত্র স্থান ; a place of worship, উপাসনার স্থান (অর্থাৎ মন্দির মসজেদ্ গির্জা প্রভৃতি) ; the holiest part of a temple, church, etc., মন্দিরাদি উপাসনাগৃহের পবিত্রতম অংশ ; a place affording immunity from arrest, যে স্থানে থাকিলে গ্রেপ্তার করা অবৈধ ; the privilege of refuge therein, উক্ত স্থানে আশ্রয়লাভের অধিকার ; a place of refuge, আশ্রয়স্থল (a *sanctuary* of political refugees) ; a private retreat, নিভৃত আবাস ; place for preservation and protection of birds and wild animals, বন্য পশু পক্ষী প্রভৃতি সংরক্ষণের ও রক্ষণাবেক্ষণের জন্য নির্দিষ্ট স্থান (এ স্থানে পশুপক্ষী শিকার নিষিদ্ধ), (তু.) অভয়ারণ্য । [L. *sanctuarium*]

sanctum [sang(k)°tum, স্যাংটাম্] *n.* holy place, পবিত্র স্থান ; (fig.) inner part or region, the heart, (আল.) অন্তর্দেশ (inner *sanctum*) ; the innermost recess of heart, হৃদয়ের অন্তঃস্থল ; esoteric doctrine, গূঢ় তত্ত্ব ; person's private room, study, কাহারও একান্ত ব্যক্তিগত ঘর, পড়ার জায়গা ইত্যাদি । [L.<Hebrew]

sand [sand, স্যান্ড্] *n.* a mass of rounded grains of rock, বালি, বালুকা ; (in *pl.*) a tract covered with sand, বালুকাবৃত ভূমি (অর্থাৎ বালুচর সমুদ্রতীর মরুভূমি প্রভৃতি) ; (in *pl.*—fig.) moments of time, (বালিঘড়ির) কালপরিমাপক মুহূর্তসমূহ (*sands* are running out) । **built on sand**—দৃঢ় বা অটলভাবে প্রতিষ্ঠিত নহে এমন । **head in the sand**—বিপদাদির স্পষ্ট প্রতীয়মাণতা অস্বীকার বা অগ্রাহ্য-করণ । *n.* **sandbag** [san(d)°-bag, স্যান্°ব্যাগ্] (প্রধানতঃ গোলাবর্ষণ হইতে আত্মরক্ষার্থ) বালিভরা বা মাটিভরা থলি । *n.* **sandbank** [san(d)°-bangk, স্যান্°ব্যাংক্] বালুময় তীর, বালুকাতট । *n.* **sand-bar**—নদী বা বন্দরের মুখে বালুকাতট, সৈকত । *n.* **sand°-bath**—(প্রধানতঃ সমুদ্রস্নানকালে) বালির মধ্যে গড়াগড়ি দেওয়া, (পরি.) বালিখেলা । *n.* **sand-boy**—(সম্ভবত:) বালির ফেরিওয়ালা বালক (jolly as a *sand-boy*) । *n.* **sand°-fly**—সংক্রামক রোগ-বীজবাহী মক্ষিকাবিশেষ, বেলেমাছি । *n.* **sand°-glass**—সময়নির্ধারণার্থ বালুপুর্ণ কাচের আধার-বিশেষ, বালিঘড়ি । *n.* **sand°-hill**—বালুময় পাহাড় । *n.* **sand-paper** [san(d)°-pā-pa(r) স্যান্°-পেই-প্যা(র্)] শিরিস-কাগজ । *n.* **sand°-piper**—বালুতটবিহারী তীক্ষ্ণরবকারী পক্ষিবিশেষ । *n.* **sand-shoes**—বালুর উপর হাঁটিবার জন্য ক্যানভাসের জুতো । *n.* **sand-stone** [san(d)°stōne, স্যান্°স্টোন্] বেলে পাথর, (পরি.) বালুশিলা । *n.* **sand-storm** [san(d)°-staw(r)m, স্যান্°স্ট্য(র্)ম্] যে ঝড়ে বালি ওড়ে, বালুঝড় । *a.* **san°dy**—বালিময়, বালিপূর্ণ ; বালুকাবৃত ; বালুকাসদৃশ ; ঝুরা-ঝুরা ; হরিদ্রাবর্ণ । **sandy blight**—চক্ষুরোগ বিশেষ । *n.* **san°diness** । [AS.—cp. Du. *zand*]

sandal₁ [san°dl, স্যান্°ড্‌ল্] *n.* a sole (without uppers) attached to the foot by thongs, স্যানডেল্-চটি । *a.* **san°dalled**—স্যানডেল্-পরিহিত । [L. *sandalium*<Gk. *sandalion*]

sandal₂ [san°dl, স্যান্°ড্‌ল্] *n.* kinds of scented wood, চন্দন (also **san°dalwood**) । **red sandalwood**—রক্তচন্দন । **white sandalwood**—শ্বেতচন্দন । [LL. *santalum*<Gk. *sandanon*]

sand-blind [san(d)°-blind, স্যান্°ব্লাইন্ড্] *a.* purblind, প্রায় অন্ধ, ক্ষীণদৃষ্টি । [OF. *sam.*=half, *blind* ?]

sandwich [san°wij, স্যান্°উইজ্] (**1**) *n.* any sort of food between two slices of bread, দুইখণ্ড

For words in *sand-*, not given separately, see **sand.**

পাউরুটির মধ্যে মাংস ডিম বা ফলমূল দিয়া প্রস্তুত খাদ্য-বিশেষ, স্যান্ড্উইচ্। (2) *v.t.* to insert or press between two others of a different kind, ভিন্ন রকম দুইটি বস্তুর মধ্যে স্থাপন করা বা স্থাপনপূর্বক চাপ দেওয়া। *a.* **sand°wiched**—দুই বিভিন্ন বস্তুর ভিতরে পড়িয়া চাপের চোটে নিষ্পিষ্ট ; ঐ ভাবে অনুপ্রবিষ্ট। *n.* **sand°wich-man**—যে ব্যক্তি বুকে ও পিঠে বিজ্ঞাপন-সংবলিত দুইখানা তক্তা বাঁধিয়া রাজপথে ঘোরে। *n.* **sandwich-board**—উক্ত তক্তার যে-কোন একখানি। [Earl of *Sandwich*]

sandy—see **sand.**

sane [sān, সেইন্] *a.* sound in mind, মানসিক সুস্থতাবিশিষ্ট, স্থিরমস্তিষ্ক, প্রকৃতিস্থ ; rational, বিবেকী। *adv.* **sāne°ly** । [L. *sanus*=healthy]

sang—see **sing.**

sang-froid [sang°-frwū°, স্যাংফ্রোআ°] *n.* coolness in danger or difficulty, বিপদের বা মুশকিলের মধ্যে মানসিক স্থৈর্য। [F.=cold blood]

sanguine [sang°-gwin, স্যাং°গুাইন্] *a.* blood-red, রক্তবর্ণ, রক্তিম ; bright and florid, উজ্জ্বল ও রক্তিম ; (habitually) confident and hopeful, (স্বভাবতঃ) প্রত্যয়পূর্ণ ও আশাবাদী (*sanguine* of success)। *a.* **san°guinary**—রক্তাক্ত (a *sanguinary* battle)। *adv.* **san°guinarily** । *n.* **san°guinariness** । *adv.* **san°guinely** । *n.* **san°guineness** । *a.* **sanguineous**— রক্ত সংক্রান্ত ; রক্তযুক্ত, রক্তপূর্ণ; রক্তবর্ণ ; রক্তাক্ত ; স্বভাবতঃ প্রত্যয়পূর্ণ ও আশাবাদী। [L. *sanguinis*=blood]

Sanhedrim [san°-i-drim, স্যান্°ইড্রিম্] *n.* the supreme Jewish council and court at Jerusalem, জেরুসলেমের সর্বোচ্চ ইহুদী ব্যবস্থা-পরিষৎ ও আদালত। [Heb. *sanhedrin* < Gk. *synedrion*]

sanitarium—same as **sanatorium** See **sanative.**

sanitary [sa°-ni-t(a)ri, স্যা°নিট্রি] *a.* of the promotion of health, স্বাস্থ্যবর্ধন-সংক্রান্ত (বিশেষতঃ ময়লা জল-নিষ্কাশন ও আবর্জনা-দূরীকরণ সম্বন্ধীয়) ; conducive to health, স্বাস্থ্যবর্ধক, স্বাস্থ্যের পক্ষে উপকারী। *adv.* **san°itarily** । *n.* **sa°nitariness** । *n.* **sanitā°tion**—স্বাস্থ্যব্যবস্থা ; স্বাস্থ্যবিধান। [F. *sanitaire* < L. *sanitas*=health]

sanity [sa°-ni-ti, স্যা°নিটি] *n.* soundness of mind, মতিস্থিরতা, প্রকৃতিস্থতা। [L. *sanitus*= health]

sank—see **sink.**

sans [sanz, স্যান্জ্ ; (in Fr. phrases) sŭn, সাঁ] *prep.* without, ব্যতীত। *n.* **sans-souci** [sanz°-sō-si, স্যান্জ্°সৌসি] হাসিখুশি ও নিরুদ্বিগ্ন ভাব ; দুশ্চিন্তাহীনতা। [F.]

Santa Claus [san°-ta clawz, স্যান্°টা ক্লাজ্] an imaginary personage who fills children's stockings with Christmas presents, খ্রিস্ট্-মাসের পূর্ব রাত্রে (২৪শে ডিসেম্বর) যে কল্পিত ব্যক্তি শিশুদের মোজা উপহার-সামগ্রীতে ভরিয়া দেয়। [Am. < Du. *Sint Klaas*=St. Nicholas]

Saorstat Eireann [se-aw(r)°-stat ār°-an, সেঅ(র্)°স্ট্যাট্ এয়্যার্°অ্যান্] *n.* the Irish Free State, স্বাধীন আয়ার্ল্যান্ড্। [Ir.]

sap₁ [sap, স্যাপ্] (1) *n.* vital juice, (বৃক্ষাদির) প্রাণরস ; juice, রস ; (fig.) vitality, (আল.) প্রাণশক্তি ; alburnum, সরস বা কোমল কাষ্ঠ (also **sap°wood**) ; a simpleton, হাবাগবা লোক, গোবরগণেশ (also **sap°head**)। (2) *v.t.* to drain the sap from, প্রাণরস বা রস শুষিয়া লওয়া ; to exhaust the vitality from, প্রাণশক্তি নিঃশেষ করিয়া লওয়া। *pr. pt.* **sa°pping** । *p.* & *p. pt.* **sa°pped** । *a.* **sap°ful**—সরস, রসাল। *a.* **sap°-less**—নীরস, অসার। *n.* **sap°ling**—কচি চারাগাছ। *a.* **sa°ppy**—রসাল, রসপূর্ণ। *adv.* **sa°ppily** । *n.* **sa°ppiness** । [OE. *saep*—cp. Low G. *sap*]

sap₂ [sap, স্যাপ্] (1) *n.* a trench by which approach is made towards a hostile position, শত্রুব্যূহাভিমুখে পথবিশিষ্ট পরিখা বা সুড়ঙ্গ। (2) *v.i.* to make a sap, উক্ত পরিখা বা সুড়ঙ্গ নির্মাণ করা ; to proceed treacherously, বিশ্বাসঘাতকতা-সহকারে (অর্থাৎ বিশ্বাসঘাতকতার মতলবে) অগ্রসর হওয়া। (3) *v.t.* to undermine, ধ্বংসসাধনার্থ অধোদেশ খনন করা। *conjug.* same as **sap₁** । *n.* **sap°head**—উক্ত পরিখার বা সুড়ঙ্গের মুখ। *n.* **sa°pper**—যে ব্যক্তি পরিখা বা সুড়ঙ্গ খনন করে। [It. *zappa*, F. *sappe*]

sap₃ [sap, স্যাপ্] *n.* (sl.) a foolish person, বোকা লোক। [*sap₁*]

sapid [sa°-pid, স্যা°পিড্] *a.* savoury, স্বাদু গন্ধযুক্ত ; palatable, স্বাদু। *n.* **sapi°dity** । [L. *sapidus*]

sapience [sā°-pi-ans, সেই°পিঅ্যান্স্] *n.* discernment, পার্থক্যাদি অবধারণ-শক্তি ; (iron.) wisdom, (ব্যঙ্গে) বিজ্ঞতা, বিচক্ষণতা। *a.* **sā°pient**—পার্থক্যাদি অবধারণে সক্ষম ; (ব্যঙ্গে) বিজ্ঞ, বিচক্ষণ। *adv.* **sā°piently** । [L. *sapere*=to be wise]

sapless, sapling—see **sap₁**.

saponaceous [sa-pŏ-nā°-shas, স্যাপোনেই°-শ্যাস্] *a.* soapy, সাবানপূর্ণ, সাবানতুল্য। *v.t.i.* **sapo°nify**—সাবানে পরিণত হওয়া বা করা। *p.* & *p. pt.* **sapo°nified** । [L. *sapo* > soap]

sapor [sā°-paw(r), সেই°প্য(র্)] *n.* taste, sensation of taste, স্বাদ, স্বাদবোধ। [*sapere*=taste]

sapped, sapper—see **sap₁,₂**.

Sapphic [fa°-fik, স্যা°ফিক্] (1) *a.* of or like Sappho, প্রাচীন গ্রীসের মহিলা-গীতিকবি স্যাফো-সংক্রান্ত বা তাঁহার রচনাপ্রণালী-অনুযায়ী। (2) *n.* (usu. in *pl.*) verses in a form invented by Sappho, স্যাফো কর্তৃক প্রবর্তিত স্তবকে গ্রথিত কবিতা।

sapphire [sa°-fī(r), স্যা°ফাইয়্যা(র্)] *n.* a variety of corundum, নীলকান্ত মণি ; its colour, উক্ত মণির উজ্জ্বলবর্ণ। **sapphire wedding**—পঞ্চচত্বা-

রিংশত্তম বিবাহ বার্ষিকী। [OF. *safi*<L. *sapphirus* <Gk. *sappheiros*=lapis lazuli]

sapping, sappy—see **sap₁.**

saraband [sa°-ra-band, স্যা°র‍্যাব্যান্ড্] *n.* a slow Spanish dance, স্পেইন্‌দেশীয় মন্থর নৃত্যবিশেষ। [Sp. *zarabanda*]

Saracen [sa°-ra-s(a)n, স্যা°র‍্যাস্‌ন্] *n.* a Syrian or Arab nomad, সিরিয়ার বা আরবের বেদুইন; a Mohammedan Crusader, প্যালেস্টাইনের ধর্মযুদ্ধে যোগদানকারী মুসলমান। *a.* **Saracenic** [sara-se°-nik স্যার‍্যাসে°নিক্] স্যারাসন্-সংক্রান্ত বা তত্তুল্য। [OF. *Seracene(pl.)*<L. *Saracenus* <L. Gk. *Sarakenos*]

sarcasm [sŭ(r)°-kazm, সা(র্)°ক্যাজ্‌ম্] *n.* a bitter taunt, তীব্র ব্যঙ্গ বা বক্রোক্তি। *a.* **sarcas°tic**—তীব্র ব্যঙ্গপূর্ণ। *adv.* **sarcas°tically** । [L. *sarcasmus*<Gk. *sarkasmos*]

sarcelle [sŭ(r)-sel°, সা(র্)সেল্°] *n.* teal or similar duck, মিঠাজলে বিচরণকারী হাঁসবিশেষ। [OF. *cercelle*]

sarcoma [sŭ(r)-cō-ma, সা(র্)কৌম্যা] *n.* malignant tumour of connective tissue, সংযোজক কোষের মারাত্মক টিউমার। [Gk. *sarkoma*]

sarcophagus [sar-ko°-fa-gas, সার্‌ক°ফ্যাগ্যাস্] *n.* a stone coffin usually adorned with sculpture, inscription, ভাস্কর্যশিল্পঅলংকৃত শিলালিপি-সমন্বিত প্রস্তর শবাধার। *pl.* **sarco°phagi** [-fagī, fajī,-ফ্যাগাই,-ফ্যাজাই]। [L.< Gk. *sarkopha-gos* —flesh-consuming (stone)]

Sard [su(r)d, সা(র্)ড্] *n.* a deep red precious stone, গাঢ় লাল মূল্যবান প্রস্তরবিশেষ। [L. *sardius*]

sardine [sŭ(r)dēn°, সা(র্)ডীন্°] *n.* a young pilchard, সামুদ্রিক পোনামাছবিশেষ। **packed like sardines**—(টিনে-ভরা সারডীন্ মৎস্যসমূহের ন্যায়) গাদাগাদি করিয়া রক্ষিত। [F. *sardine*<It. *sardina*<L.<Gk. *sardinos*]

sardonic [sŭ(r)-do°-nik, সা(র্)ড°নিক্] *a.* scornful, mocking, ঘৃণাপূর্ণ, ব্যঙ্গপূর্ণ (a *sardonic* smile); bitter, তিক্ত; sneering, অবজ্ঞামিশ্রিত ব্যঙ্গপূর্ণ। *adv.* **sardo°nically** । **sardonic laughter**—কাষ্ঠহাসি, কঠোর ব্যঙ্গপূর্ণ হাসি। [F. *sardoniuqe*<Gk. *sardonios*]

sargasso [sŭ(r)-ga°sō, সা(র্)গ্যা°সৌ] *n.* kinds of seaweed, সমুদ্রশৈবালবিশেষ। **Sargasso Sea** —(উত্তর অ্যাট্‌লান্টিকের) শৈবালসাগর। [Port. *sargaco*]

sari [sŭ°-ri, সা°ড়ি] *n.* an Indian woman's chief garment, শাড়ি। [Hin.]

sarsaparilla [sŭ(r)sa-pa-ri°-la, সা(র্)স্যাপারি°ল্যা] *n.* an American creeper, আমেরিকার লতাবিশেষ; its dried root, ইহার শুষ্ক মূল; a drug prepared from its root, উক্ত মূল হইতে প্রস্তুত সালসা। [Sy. *zarzaparilla*]

sartor [sŭ(r)°-taw(r), সা(র্)°ট্য(র্)] *n.* (facet.) tailor, (কৌতু.) দরজি, খলিফা। *a.* **sartor°ial**—দরজি-সংক্রান্ত; পোশাক-সংক্রান্ত। [L.=a patcher]

sash₁ [sash, স্যাশ্] *n.* a turban cloth, পাগড়ির কাপড়; a kind of scarf, যে বস্ত্রখণ্ড কোমরে বাঁধা বা কাঁধে ঝোলান হয়, নিচোল বা উত্তরীয়। [Ar.]

sash₂ [sash, স্যাশ্] *n.* a frame for window panes, জানালার কাচের ফ্রেম্, সার্শি। *n.* **sash-window**—উক্ত সার্শিযুক্ত জানালা। *n.* **sash-cord, -line**—যে দড়ির উপর উক্ত জানালার ফ্রেম ঝুলান হয়। [F. *chassis*]

sassafras [sasŭ°-fras, স্যাসা°ফ্র্যাস্] *n.* (N. American tree yielding) bark used medicinally —ভেষজরূপে ব্যবহৃত (উত্তর আমেরিকার) বৃক্ষের বল্কল। [Sp. *sasafras*]

sat—see **sit.**

Satan [sā°tn, সেই°ট্‌ন্] *n.* the Devil, বাইবেলোক্ত মানুষ ও ঈশ্বরের শত্রু শয়তান (স্বর্গ হইতে নরকে বিতাড়িত দেবদূতের সর্দার)। *a.* **sata°nic(al)**—শয়তান-সংক্রান্ত; শয়তানতুল্য; শয়তানিপূর্ণ। **Satanic school**—Byron Shelley প্রভৃতি নীতিবিদ্রোহী কবিগোষ্ঠীকে Southey কর্তৃক প্রদত্ত নাম, শয়তানের আখড়া। [Gk. & L.<Heb=enemy]

satchel [sa°-ch(a)l, স্যা°চ্‌ল্] *n.* a small bag, (পাঠ্যপুস্তকাদি-রক্ষণার্থ বিদ্যালয়ের ছাত্রগণের) ছোট ঝুলিবিশেষ। [GF. *sachel*<L. *saccellus*]

sate₁ [sāt, সেইট্] arch. form of **sat.**

sate₂ [sāt, সেইট্] *v.t.* to gratify fully, সম্পূর্ণ পরিতৃপ্ত বা চরিতার্থ করা; to glut, পেট পুরিয়া খাওয়ান। *a.* **sā°tėd**—পূর্ণপরিতৃপ্ত (*sated* with pleasure); পেট পুরিয়া ভোজন করিয়াছে এমন। *a.* **sāte°lėss**—অতৃপ্ত, তৃপ্তিহীন, তৃপ্ত করার অসাধ্য। [ME. *sade*<OE. *sadian*=to become satiated, *gesadian*=to satiate—cp. L. *sat*=enough]

sateen—alt. spell. of **satin.**

satellite [sa°-ta-līt, স্যা°ট্যালাইট্] *n.* a hanger-on, মুখাপেক্ষী ব্যক্তি; a body revolving about a planet, (জ্যোতি.) উপগ্রহ; a smaller companion to anything, কিছুর ক্ষুদ্রতর সঙ্গী; an artificial body (e.g. a spacecraft) put in orbit round earth or other planet, পৃথিবী বা অপর কোন গ্রহের কক্ষপথে স্থাপিত কৃত্রিম উপগ্রহ। **communications satellite**—রেডিও বা টেলিভিসন সঙ্কেতাদি পুনঃপ্রেরণের নিমিত্ত কৃত্রিম উপগ্রহ। **satellite town**—জনাকীর্ণ বৃহৎ শহরের পার্শ্ববর্তী ক্ষুদ্র শহর। [L. *satellitis*=an attendant]

sati [su°-tē, সা°টী] *n.* an Indian widow who burned herself on her husband's pyre, স্বামীর চিতার সহমৃতা ভারতীয় নারী, সতী; the practice of so doing, সহমরণ-প্রথা। *n.* **sati°-ism**—সহমরণ-প্রথা। [Sans=a true wife]

satiable—see **satiate.**

satiate [sā°-shi-āt, সেই°শিএইট্] *v.t.* to gratify fully, সম্পূর্ণ পরিতৃপ্ত বা চরিতার্থ করা; to surfeit with food, পেট পুরিয়া খাওয়ান। p. & p. pt. **sā°tiātėd** । a. **sā°tiable** । n. **sātiā°tion** । n. **satiety** [sa-ti°-a-ti, স্যাটাই°অ্যাটি] পরিতৃপ্তি, (পরি.) সন্তৃপ্তি ; মাত্রাধিক পূর্ণতা পরিতৃপ্তি বা প্রাপ্তি অথবা তজ্জনিত ক্লান্তি বা বিরক্তি। [L. *satiare*]

satin [sa°-tin, স্যা°টিন্] n. a silk fabric, সাটিন-কাপড়। n. **sa°tinwood**—ভারতে উৎপন্ন মখমলের ন্যায় মসৃণ কাষ্ঠবিশেষ। [F.]

satire [sa°-tī(r), স্যা°টাইয়্যা(র্)] n. a literary composition ridiculing vice or folly, পাপ দোষ প্রভৃতিকে বিদ্রূপ করিয়া রচিত (মূলতঃ ছন্দোবদ্ধ) সাহিত্য ; ridicule, বিদ্রূপ ; satirical denunciation, বিদ্রূপপূর্ণ নিন্দা। a. **sati°rical**—বিদ্রূপাত্মক ; নিন্দাপূর্ণ । adv. **sati°rically** । a. **satirist** [sa°-ta-rist, স্যা°ট্যারিস্ট্] বিদ্রূপাত্মক সাহিত্য-রচয়িতা । v.t. **satirize** [sa°-ta-rīz, স্যা°ট্যারাইজ্] বিদ্রূপাত্মক সাহিত্যের বিষয়ীভূত করা ; বিদ্রূপ করা। [L. *satira, satura* (*lanx*)=full (dish), a medley]

satisfy [sa°-tis-fī, স্যা°টিস্‌ফাই] v.t.i. to pay in full, (পাওনাদি) পুরাপুরি দেওয়া বা মেটান ; (of Christ) atone (for), (খ্রিস্ট সম্পর্কে) মানবজাতির পাপে প্রায়শ্চিত্ত করা ; to give enough (to), যথেষ্ট দেওয়া ; to be enough (for), (কিছুর বা কাহারও পক্ষে) পর্যাপ্ত বা যথেষ্ট হওয়া ; to content, পরিতৃপ্ত বা পরিতুষ্ট করা, সন্তুষ্ট করা ; to free from doubt, সন্দেহমুক্ত করান ; to convince, প্রত্যয় জন্মান । n. **satisfac°tion**—satisfy-এর সকল অর্থে এবং—পরিতোষ ; পরিতৃপ্তি ; সন্তোষ ; ক্ষতিপূরণ ; প্রায়শ্চিত্ত ; প্রতিবিধান ; প্রত্যয়। a. **satisfactory** [sa-tis-fak°-t(a)ri, স্যাটিস্‌ফ্যাক্°ট্‌রি] পরিতোষজনক ; পরিতৃপ্তিকর ; সন্তোষজনক ; প্রত্যয়-উৎপাদক। adv. **satisfac°torily** । n. **satisfac°toriness** । [OF. *satisfier* <L. *satisfacera* =to make enough]

satiism—see **sati.**

satrap [sa°-trap, স্যা°ট্র্যাপ্] n. a governor of an ancient Persian province, প্রাচীন পারস্য সাম্রাজ্যের প্রাদেশিক শাসক ; a provincial governor, (প্রধানতঃ অত্যন্ত ক্ষমতাবান্ ও ধনশালী) প্রাদেশিক শাসক। a. **sa°trapy**—উক্ত শাসকের পদ কর্মকাল বা রাজ্য। [Gk. *satrapes*<O. Pers. *khshathrapavan*]

saturable—see **saturate.**

saturate [sa°-cha-rāt, স্যা°চ্যারেইট্] v.t. to fill or soak fully, (তরল দ্রব্যাদিতে) পরিপূর্ণ বা সুসিক্ত করা, (পরি.) পরিপৃক্ত বা সংপৃক্ত করা ; to imbue thoroughly (*with*), (জ্ঞানবিদ্যাদির দ্বারা) পরিপূরিত করা। p. & p. pt. **sa°turātėd** । a. **sa°turable** । n. **saturā°tion**—পরিপৃক্তি, সংপৃক্তি। **sa°turation bombing**—এমনভাবে বোমাবর্ষণ করা যাহাতে লক্ষ্যস্থলের সকল বস্তু বিধ্বস্ত ও ধ্বংসপ্রাপ্ত হয়। **saturation point**—পরিপূর্ণরূপে সিক্ত, যে অবস্থায় আর সিক্ত করা সম্ভব নয়। [L. *saturare*]

Saturday [sa°-ta(r)-di, স্যা°ট্যা(র্)ডি] n. the seventh day of the week, শনিবার। [OE. *Saetern(es) daeg*=Saturn's day]

Saturn [sa°-ta(r)n, স্যা°ট্যা(র্)ন্] n. the Roman God of agriculture, রোমকদের কৃষিদেবতা ; (astr.) a planet, (জ্যোতি.) শনিগ্রহ। [L. *Saturnus*<*serere*=to sow]

Saturnalia [sa-ta(r)-nā°-lia, স্যাট্যা(র্)নেই°লিয়্যা] n. pl. (also used as sing.) ancient Roman festival of Saturn observed as time of unrestricted merry-making, প্রাচীন রোমানদের স্যাটার্ন দেবতার উৎসব যেখানে সবাই উন্মত্ত হৈ-হুল্লোড়ে রত হইত : আধুনিক বড়দিনের উৎসবের মধ্যে ইহা মিশিয়া গিয়াছে ; উন্মত্ত আনন্দোৎসব। [L. *Saturnus*]

saturnine [sa-ta°(r)-nīne, স্যাট্যা°(র্)নাইন্] a. of gloomy sluggish temperament, বিষণ্ণ অলস মেজাজের ; of lead or lead poisoning, সীসা অথবা সীসার বিষক্রিয়া সম্পর্কিত। [L. *saturnus*]

satyr [sa°-ta(r), স্যা°ট্যা(র্)] n. a Greek wood-god, অর্ধ-মানব ও অর্ধ-ছাগের ন্যায় আকারযুক্ত গ্রীক্ বনদেবতাবিশেষ ; a beastly-minded man, পশুমনাঃ ব্যক্তি ; a very lustful or lecherous man, অত্যন্ত কামুক বা লম্পট ব্যক্তি। n. **satyriasis** [sa-ta-ri°-asis, স্যাট্যারি°অ্যাসিস্] পুরুষের অত্যধিক যৌনাকাঙ্ক্ষা। a. **saty°ric** । [F. *satyrus*<Gk. *satyros*]

sauce [saws, স্যস্] (1) n. a liquid added to food for relish, রুচিবর্ধনার্থ খাদ্যের সহিত গ্রহণীয় তরল অনুপানবিশেষ, টক্, আচার, চাট্‌নি ; (fig.) anything that gives relish, (আল.) রুচিবর্ধক বস্তু। (2) v.t. to add or give sauce to, স্যস্ মেশান বা মাখান ; to make piquant or pleasant, রুচিবর্ধক বা মনোরম করা ; (coll.) to be impudent to, (কথ্য.) (কাহারও প্রতি) উদ্ধত বা ধৃষ্ট আচরণ করা বা হওয়া (dare you *sauce* your father)। p. & p. pt. **sau°ced** । n. **sauce-boat**—যে পাত্রে চাট্‌নি পরিবেশিত হয়। n. **sauce°-pan**—খাদ্যাদি সিদ্ধ করার বা ভাজার জন্য হাতলওয়ালা পাত্রবিশেষ। **hunger is the best sauce**—ক্ষুধাই রুচিবর্ধনের শ্রেষ্ঠ উপায় ; প্রয়োজনই কর্মশক্তির প্রধান উৎস। **(to) serve with the same sauce**—একই রীতিনীতি বা প্রথাদির নিয়ন্ত্রণাধীন করা। **what is sauce for the gander is the sauce for the goose**—যাহা একের বেলায় খাটে তাহা অপরের বেলায়ও খাটিবে। [F.<L. *salsa* (*n.*)]

saucer [saw°-sa(r), স্য°স্যা(র্)] n. a shallow dish, (প্রধানতঃ চায়ের পেয়ালার নিচের) ডিশ, পিরিচ ; anything saucer-shaped, পিরিচাকার বস্তু। a. **saucer-eyed**—বড় বড় গোল গোল চক্ষুবিশিষ্ট। [OF. *saussiere*<LL. *salsarium*=a dish for sauce]

saucy [saw°-si, স্য°সি] a. pert, ধৃষ্ট ; impudent, দুর্বিনীত ; (sl.) smart-looking, (অশি.) ছিমছাম,

ফিট্‌ফাট্। *adv.* **sau°cily** । *n.* **sauci°ness** । [see *sauce*]

saunter [sawn°-ta(r), স্যান্‌°ট্যা(র্)] **(1)** *v.i.* to wander about idly, অলসভাবে ইতস্ততঃ ঘুরিয়া বেড়ান। **(2)** *n.* a leisurely gait, অলস গতি (to come at a *saunter*) । *n.* **saun°terer** । [?]

saurian [saw°-ri-an, সউ°রিঅ্যান্] *n.* one of the order of lizards including crocodiles, etc., কুমীর প্রভৃতি বর্গের প্রাণিবিশেষ। [Gk. *sauros* = lizard]

sausage [so°-sij, স°সিজ্] *n.* minced meat in a tube of thin membrane, পাতলা নলাকার লেচির মধ্যে মাংসের পুর দেওয়া খাদ্যবিশেষ ; anything sausage-shaped, উক্ত খাদ্যাকার বস্তু (যেমন, পর্যবেক্ষণ-বেলুন) ; (derog.) a German, (তুচ্ছার্থে) জার্মানীর লোক। **not a sausage**—(অশি.) মোটেই নয়, কিছুই না। [F. *saucisse* < LL. *salsicia*]

sauté [sō°-tā, সৌ°টেই] *a.* fried slightly and quickly, সাঁতলান (*sauté* potatoes) । [F.]

savage [sa°-vij, স্যা°ভিজ্] **(1)** *a.* in a primitive state, আদিম অবস্থায় অবস্থিত ; wild, বন্য ; uncivilized, অসভ্য, বর্বর (a *savage* tribe) ; ferocious, হিংস্র (a *savage* animal) ; furious, প্রচণ্ড, অতি ক্রুদ্ধ। **(2)** *n.* a human being in a wild state, অসভ্য বা বর্বর (জাতির) মানুষ ; a brutal or cruel person, হিংস্র বা নিষ্ঠুর ব্যক্তি। *adv.* **sa°vagely** । *n.* **sa°vageness, sa°vagery** । [OF. *salvage* < L. *silvaticus* = of the woods]

savanna(h) [sa-va°-na, স্যাভ্যা°ন্যা] *n.* a treeless plain, (প্রধানতঃ আমেরিকার উত্তরাঞ্চলের) নিষ্পাদপ প্রান্তর। [Sp. *zavana*]

savant [sa°-vant, স্যা°ভ্যান্ট্] *n.* a learned man, পণ্ডিত ব্যক্তি। [F.]

save [sāv, সেইভ্] **(1)** *v.t.i.* to rescue or protect from danger or evil, বিপদ্ অথবা অমঙ্গল হইতে উদ্ধার করা বা রক্ষা করা (to *save* a person from drowning) ; to effect the spiritual salvation of, মোক্ষদান করা, পাপ ভবযন্ত্রণা প্রভৃতি হইতে ত্রাণ করা ; to prevent or avoid the loss or expenditure of, (কিছুর) লোকসান বা খরচ বাঁচান ; to hoard, জমান (to *save* for one's old age) ; to avert (a score or defeat), (ক্রীড়াদিতে —গোল পরাজয় প্রভৃতি) রোধ করা, ঠেকান (the resolute batsman *saved* the game, the follow-on, etc.) । **(2)** *prep.* except, ব্যতিরেকে, বাদে। **(3)** *con.* (poet). were it not that, যদি না হইত, অন্যথায় ; unless, যদি না। **(4)** *n.* an act of averting, (প্রধানতঃ ক্রীড়াদিতে) রক্ষা (the goalie made a grand *save*) । **sā°ving**—**(1)** *a.* save(*v.*)-এর সকল অর্থে, এবং—সঞ্চয়ী ; মিতব্যয়ী। **(2)** *prep.* বাদে, ব্যতিরেকে। **(3)** *n.* ত্রাণ, উদ্ধার ; রক্ষা ; মোক্ষ ; প্রতিরোধ ; সঞ্চয় ; মিতব্যয় ; সঞ্চিত বস্তু ; (in *pl.*) সঞ্চয়। **saving game**—লাভ করার অপেক্ষা লোকসান এড়ানর জন্য অধিকতর চেষ্টাপূর্ণ কৌশল বা নীতি। **saving grace**—যে সদ্‌গুণ অন্যান্য গুণাভাব সত্ত্বেও ত্রাণ বা রক্ষা করে, যে গুণ দোষত্রুটিজনিত অভাব পূরণ করে। **savings bank**—জনসাধারণকে অল্প অল্প করিয়া জমাইতে অভ্যস্ত করানর জন্য ব্যাঙ্ক্। **savings certificate**—সরকারী নিধিতে সঞ্চিত টাকার রসিদ-বিশেষ। *n.* **sāve-all**—অপচয় রোধের উপায় বা কৌশল। **(to) save appearances**—বাহিরের ঠাট বজায় রাখা। **(to) save one's face**—অপমান হইতে আত্মরক্ষা করা। **(to) save one's skin**—আঘাত এড়াইতে পারা। **(to) save the situation**—মুশকিল এড়ান, আসন্ন বিপদ্ প্রতিহত করা। **(to) save up**—বিশেষ উদ্দেশ্যে ব্যয়-সঙ্কোচপূর্বক জমাইয়া রাখা। **save you**—(আর্ষ.) ভগবান্ তোমাকে রক্ষা করুন: এই সম্ভাষণ। *n.* **saver**—save-এর সকল অর্থে ; সঞ্চয় বা মিতব্যয়ের উপায়। [F. *sauver* < L. *salvare* = to save]

saveloy [sav°e-loi, স্যাভ°অ্যা-লয়] *n.* a highly seasoned dried sausage, অতিশয় মসলাযুক্ত শুষ্ক মাংসের পুর দেওয়া খাদ্যবিশেষ (*sausage* দ্রষ্টব্য) । [F. *cervelas*]

saviour [sā°-vi-a(r), সেই°ভিয়্যা(র্)] *n.* one who saves, রক্ষাকর্তা, ত্রাণকর্তা। *n.* the **Sā°viour**—মানবত্রাতা যিশু খ্রিস্টের আখ্যা। [OF. *sauveour*]

savoir-faire [sav-wär-fer°, স্যাভ্-ওআর্-ফের্°] *n.* quickness to see and do the right thing, ক্ষিপ্রতার সহিত ঠিক কাজ বুঝা ও করা ; address, সভ্যভব্য আচরণ ; tact, অবস্থানুযায়ী বিবেচনাবুদ্ধি। [F.]

savoir-vivre [sav-wŭr-vē°-vr, স্যাভ্ওআর্-ভী°ভ্র্] *n.* good breeding, শিষ্টাচার ; knowledge of polite usage, শোভন ও মার্জিত রীতি-নীতি প্রথা রুচি প্রভৃতি সংক্রান্ত জ্ঞান বা বোধ। [F.]

savory [sā°var-i, সেই°ভ্যার-ই] *n.* herb used in cookery, রন্ধনকার্যে ব্যবহৃত লতাবিশেষ। [ME. *saverey*]

savour [sā°-va(r), সেই°ভ্যা(র্)] **(1)** *n.* taste, স্বাদ ; relish, সুস্বাদ ; odour, গন্ধ ; flavour, স্বাদু গন্ধ। **(2)** *v.i.* to have a particular taste or smell, নির্দিষ্ট স্বাদযুক্ত বা গন্ধযুক্ত হওয়া ; (fig.) to have a flavour, (আল.) স্বাদুগন্ধযুক্ত হওয়া ; to suggest presence of, (কিছুর) উপস্থিতির ইঙ্গিত দেওয়া (the proposal *savours* of wicked intention) । **(3)** *v.t.* to flavour, গন্ধযুক্ত করান ; to taste or smell, আস্বাদন করা বা ঘ্রাণ লওয়া ; to appreciate, (গুণাগুণ) উপলব্ধি করা। *a.* **sā°voury**—সুগন্ধ ; স্বাদু ; নোনতা বা মসলাদার। *adv.* **sā°vourily** । *n.* **sā°vouriness** । [OF. < L. *sapore* < *sapere* = to taste]

savoy [sa-voi°, স্যা-ভয়°] *n.* a kind of cabbage with wrinkled leaves, কুঞ্চিত পাতাবিশিষ্ট বাঁধা-কপি। [*Savoy* in France]

savvy [sa°-vi, স্যা°ভি] **(1)** *v.t.i.* (sl.) to know

to understand, (অশি.) জানা, হৃদয়ঙ্গম করা, বুঝা। *p.* & *p. pt.* **sa°vvied** । (2) *n.* common sense, understanding, সাধারণজ্ঞান, কাণ্ডজ্ঞান, উপলব্ধি। [Sp. *sabe*=to know]

saw₁—see **see.**

saw₂ [saw, স্য] (1) *n.* a toothed cutting implement, করাত। (2) *v.t.i.* to cut with, or as with a saw, করাত দিয়া বা করাতের মত কাটা। *p.* **saw°ed** । *p. pt.* **sawn,** (rare) **saw°ed** । *n.* **saw°bones**—(অশি.) শল্যচিকিৎসক। *n.* **saw°dust**—করাত দিয়া কাটার ফলে কাঠ হইতে প্রাপ্ত গুঁড়া। *n.* **saw°-fish**—ধারাল করাতের ন্যায় মুখওয়ালা সামুদ্র মৎস্যবিশেষ, করাত-মাছ। *n.* **saw°-horse**—করাত দিয়া কাটার সময়ে কাষ্ঠাদি যে টেবিলের উপরে রাখা হয়। *n.* **saw°-mill**—করাত দিয়া কাঠ চেরাই করার কারখানা, করাত-কল। *n.* **saw°-pit**—করাতীদ্বয়ের মধ্যে যে ব্যক্তি অপেক্ষাকৃত নিম্নতর স্থানে দাঁড়ায় তথায় তাহার দাঁড়ানর জন্য গর্ত-বিশেষ। *n.* **sawyer** [saw°-ē(r), স্য°ইয়্যা(র্)] করাতী। [OE. *saga*<G. *sage*]

saw₃ [saw, স্য] *n.* a proverbial saying, old maxim, প্রবাদ বাক্য, প্রবচন, (তু.) ডাকের বচন (old or wise *saw*)। [OE. *sagu*=ON *saga*]

sawder [saw°-da(r)] *n.* flattery, blarney, খোসামোদ, তোষামোদ, মনভুলান কথা (soft *sawder*)। [*solder* ?]

sawney [saw°-ni, স্য°নি] *n.* (derog.) scotsman, (তুচ্ছার্থে) স্কটল্যাণ্ডের লোক ; (sl.) a simpleton, a fool, (অশি.) নির্বোধ, বোকা। [<Sc. *Sandy*< Alexander]

sax₁ [saks, স্যাক্স্] *n.* (coll.) saxophone, (কথ্য.) বাদ্যযন্ত্রবিশেষ। [abbr.]

sax₂ [saks, স্যাক্স্] *n.* a chopper for trimming slates, ঘ্যাঁচ করিয়া অথবা পোঁচাইয়া স্লেট কাটি-বার যন্ত্রবিশেষ। [OE. *saex*=a knife]

saxatile [sak°-sa-tīl, স্যাক্°স্যাটাইল্] *a.* dwelling in or growing on rocks, প্রস্তরময় স্থানে বসবাস করে বা জন্মায় এমন। [L. *saxatilis*< *saxum*=a rock]

saxhorn [saks°-haw(r)n, স্যাক্স্°হ(র্)ন্] *n.* a wind-instrument, পিতলের বাঁশিবিশেষ। [*Sax*, its inventor, *horn*]

saxifrage [sak°si-frij, -fraj, স্যাক্°সি-ফ্রিজ্, -ফ্রেইজ্] *n.* kinds of Alpine or rock plant with tufted foliage and white red or yellow flowers, লতাস্তবক-সমন্বিত ও সাদা লাল ও হলুদ পুষ্পবিশিষ্ট পার্বত্য উদ্ভিদ্‌বিশেষ। [OF. *saxifraga*]

Saxon [saks°n, স্যাক্স্°ন্] (1) *n.* one of Teutonic people, (আর্ষ.) স্যাক্সন্-জাতীয় লোক ; the language of the Saxons, স্যাক্সন্-জাতির ভাষা ; old English language, প্রাচীন ইংরেজী ভাষা। (2) *a.* of the Saxons, স্যাক্সন্-জাতির বা স্যাক্সন্ জাতীয়। [L. *Saxons* (*pl.*)]

saxophone [saks°-a-fōn, স্যাক্স্°অ্যাফৌন্] *n.* a musical instrument, বাদ্যযন্ত্রবিশেষ। [*Sax*, its inventor, *phone*]

say [সa, সেই] (1) *v.t.i.* to utter, speak or tell, বলা, উচ্চারণ করা, কথা বলা ; to assert, affirm ; state, or declare, সত্য বলিয়া উত্থাপন করা বা ঘোষণা করা, বিবৃত করা, ঘোষণা করা ; to recite or repeat, আবৃত্তি করা বা পুনরাবৃত্তি করা। *2nd per. sing. indicative* : **say°(e)st ;** *3rd per. sing.* (arch.) **saith** [seth, সেথ্]। *p.* & *p. pt.* **said** [sed, সেড্] ; *2nd per. sing.* (arch.) **said°-(e)st** । (2) *n.* something said, উক্তি ; what one wants to say, বক্তব্য ; a remark, মন্তব্য ; a speech or statement, বক্তৃতা, ভাষণ, বিবৃতি। *n.* **say°ing**—উক্তি, বিবৃতি ; বাণী ; নীতিবচন। **(to) go without saying**—স্পষ্টভাবে বা স্বতঃসিদ্ধরূপে প্রতীয়মান হওয়া। **I say**—মনোযোগ আকর্ষণার্থ বা বিস্ময় আপত্তি প্রভৃতি জ্ঞাপনার্থ উক্তিবিশেষ। **it is said**—কথিত আছে, প্রবাদ আছে। **nothing to say for oneself**—আত্মসমর্থনার্থ কিছুই বলার নাই ; লঘু বা তুচ্ছ আলাপ নহে। **nothing to say to**—(নির্দিষ্ট বিষয়ে বা কাহারও ব্যাপারে) সংযোগ লেনদেন বক্তব্য বা মতামত নাই। **not to say**—বাস্তবিকই কেহ আরও বলিতে পারে যে, বস্তুতঃ, উল্লেখ না করিলেও। **say**—যথা, যেমন, উদাহরণস্বরূপ ; ধরা যাউক, অনুমান করিয়া লওয়া যাউক। **saying and doing**—কথা আর কাজ। **that is to say**—ভিন্ন ভাষায় বলিতে হইলে ; অর্থাৎ। **there is no saying**—বলা সম্ভব নয়, বলা যায় না। **they say**—কথিত আছে, লোকে বলে। **to say nothing of**—উল্লেখ করা নিষ্প্রয়োজন। **what do you say to**—(এই) ব্যাপারটা কি ? তুমি কি (ইহার) পক্ষপাতী, তোমার কি মতামত ? **(to) have a say in the matter**—আলোচনাদিতে অংশগ্রহণের অধিকার থাকা ; কোন বিষয়ে মতপ্রকাশের অধিকার থাকা। **(to) have no say in the matter**—আলোচনাদিতে অংশগ্রহণের অধিকার না থাকা ; কোন বিষয়ে মতপ্রকাশের অধিকার না থাকা। **(to) have one's say**—(কোন বিষয়ে) মত প্রকাশ করা। **(to) say one's say**—বক্তব্য শেষ করা ; (কোন বিষয়ে) মত প্রকাশ করা। **(to) say the word**—নির্দেশ বা হুকুম দেওয়া ; সম্মতিজ্ঞাপন করা। **(to) say a good word for**—কাহাকেও সুপারিশ করা বা মাফ করিয়া দেওয়া। [OE. *secgan*—cp. ON. *segja*, G. *sagen*]

'sblood [zblud, জ্‌ব্লাড্] *int.* (obs.) an oath, (অপ্র.) ভগবানের রক্তের দিব্য ; শপথবিশেষ। [< *God's blood*]

scab [skab, স্ক্যাব্] *n.* a skin disease, পাঁচড়া, খোস ; a disease in fruits, ফলগাত্রে আবরণ পড়ার রোগবিশেষ ; a crust formed over a sore, ক্ষতের উপরে যে মামড়ি পড়ে ; (coll.) a person who refuses to join a strike or trade union or takes a striker's place, a blackleg, (কথ্য.) যে ব্যক্তি ধর্মঘটকালে কাজে যোগ দেয় বা শ্রমিকসঙ্ঘে যোগ দিতে অস্বীকার করে বা ধর্মঘটীদের স্থলে কাজ করে, ধর্মঘটভঙ্গকারী ব্যক্তি। *a.* **sca°bby**—পাঁচড়াযুক্ত; আবরক-ব্যাধিগ্রস্ত; মামড়ি-পড়া। *n.* **sca°bbiness** । [OE. *sccab(b)* <ON.]

scabbard [ska°-ba(r)d, স্ক্যা°ব্যা(র্)ড্] *n.* a sheath, (তলওয়ার ছোরা বেঅনিট্ প্রভৃতির) খাপ। **(to) throw away the scabbard**—চরম নিষ্পত্তি না হওয়া পর্যন্ত লড়াই করিবার সিদ্ধান্ত গ্রহণ করা। [ME. *scauberc* <AF. *escaubers (pl.)*]

scabby—see **scab.**

scabies [skā°-bi-ēz, স্কেই°বিঈজ্] *n.* the itch, চুলকনা, খোস। [L.]

scabious [skā°bi-as, স্কেই°বিঅ্যাস্] (**1**) *a.* খোস-পাঁচড়াযুক্ত। (**2**) *n.* kinds of herb with blue, pink or white flowers, নীল, ফেকাশে লাল বা সাদা পুষ্পসমন্বিত নানা রকমের লতাপাতা। [med. L. *scabiosa herba*=specific against itch]

scabrous [skā°bras, স্কেই°ব্র্যাস্] *n.* with rough surface, অমসৃণ উপরিতল বিশিষ্ট; scurfy, মামড়ি-পড়া, মরামাসযুক্ত; (কথ্য.) অপরিচ্ছন্ন, নোংরা; (literature) of subject, situation etc., (সাহিত্যে) বিষয়, অবস্থা প্রভৃতি সম্বন্ধে। [L. *scabrosus*]

scaffold [ska°f(a)ld, স্ক্যা°ফ্ল্ড্] *n.* a temporary erection for builders, রাজমজুরদের ভারা; a raised platform, (অভিনয়দর্শন প্রাণদণ্ড শিকার প্রভৃতির জন্য) উঁচু মঞ্চ বা মাচান; (fig.) capital punishment, (আল.) প্রাণদণ্ড। *n.* **scaffolding**—ভারা; উচ্চ মঞ্চ বা মাচান; ভারা বা মঞ্চ নির্মাণের উপাদান; ভারা-বন্ধন। [OF. *escadafault*]

scalable—see **scale$_1$.**

scalawag [ska°-la-wag, স্ক্যা°ল্যাওঅ্যাগ্] var. of **scallywag.**

scald$_1$ [skawld, স্কল্ড্] (**1**) *v.t.* to injure with hot liquid, তপ্ত তরল পদার্থের ছেঁকা দেওয়া; to treat with very hot water, অত্যুষ্ণ জলে ধৌত করা বা স্নান করান; to make hot enough to scald, ছেঁকা দেওয়ার মত তপ্ত করা। (**2**) *n.* a burn caused by hot liquid, উষ্ণ তরল পদার্থের ছেঁকা, (পরি.) বাষ্পদাহ। **scalding tears**—গভীর ও জ্বালাময় শোকাশ্রু। [OF, *escalder* <LL. *excaldare (v.)*]

scald$_2$—alt. spell. of **skald.**

scale$_1$ [skāl, স্কেইল্] (**1**) *n.* a ladder, মই; a graduated series or order, ক্রমপর্যায়ী বস্তুসমষ্টি বা বিন্যাস (high in the social, intellectual, etc. *scale*); a graduated measure, ক্রম-পর্যায়াঙ্কিত মাপ বা মানদণ্ড, স্কেল, (পরি.) মাপনী (a ruler has usually one *scale* in inches and another in centimeters); a system of definite tones in music, (সঙ্গীতে) স্বরগ্রামের উচ্চতাদির মান, সুরের স্কেল্। (**2**) *v.t.i.* to climb, (প্রধানতঃ মইয়ের সাহায্যে) আরোহণ করা (to *scale* a wall, cliff, etc.)। *a.* **scālable** । *n.* **scaling-ladder**—যে মইয়ের সাহায্যে সুরক্ষিত দুর্গাদিতে আরোহণ করা হয়; যে মইয়ের সাহায্যে দমকলকর্মী অট্টালিকাদিতে আরোহণ করে। **economies of scale**—প্রচুর পরিমাণে ব্যবহার বা প্রয়োগের দরুন সঞ্চয় বা ব্যয়সঙ্কোচ। **on a large** or **small scale**—প্রচুর বা অল্প পরিমাণে। **on the scale of**—(কিছুর সহিত) অনুপাতানুযায়ী। **sliding scale**—অন্য কিছুর পরিবর্তনানুযায়ী পরিবর্তনশীল হার (যেমন, পণ্যদ্রব্যের মূল্যের তারতম্যানুসারে তারতম্যপ্রাপ্ত শুল্কের হার)। **to scale**—প্রকৃত মাপের অনুপাতানুযায়ী। **(to) scale down**—(বেতনাদি) আনুপাতিক হারে কমান, স্কেল কমান। **(to) scale up**—(বেতনাদি) আনুপাতিক হারে বাড়ান, স্কেল বাড়ান। [L. *scala*=ladder]

scale$_2$ [skāl, স্কেইল্] (**1**) *n.* a thin plate on a fish, reptile, etc., আঁশ, শল্ক (to scrape the *scales* off a fish); a thin plate or flake, পাতলা পাত বা তবক; scab, মামড়ি; (no *pl.*) tartar on teeth, দাঁতের ছাতা, দন্তমল। (**2**) *v.t.* to remove scales from, আঁশ ছাড়ান। (**3**) *v.t.i.* to peel off or come off in thin layers, পাতলা পাতলা করিয়া ছাড়ান কাটা বা উঠিয়া আসা। *a.* **scā°led**—আঁশযুক্ত; আঁশ-ছাড়ান। *a.* **scāl°y**—আঁশযুক্ত; শল্কাবৃত; শল্কাকার; জবুথবু; (মাছের) আঁশদ্বারা তৈয়ারী। **(to) remove the scales from one's eyes**—প্রতারিত ব্যক্তিকে প্রকৃত অবস্থা উপলব্ধি করিতে সক্ষম করা। [OF. *escale* =husk]

scale$_3$ [skāl, স্কেইল্] (**1**) *n.* a balance pan, দাঁড়িপাল্লার যে কোন একটি পাল্লা; তুলা; (usu. in *pl.*) a balance, দাঁড়িপাল্লা, তুলাদণ্ড (also. **pair of scales**)। (**2**) *v.t.* to weigh, ওজন করা; to weigh up, ওজনে হওয়া। *n.* **Scāles°**—(জ্যোতি.) তুলারাশি। **(to) hold the scales even**—পক্ষ-পাতশূন্য হওয়া। **(to) turn the scale**—পরস্পর-বিরোধী দুই দলের একটির প্রাধান্য করিয়া দেওয়া বা একটির অনুকূলে চূড়ান্ত নিষ্পত্তি করা। [ON. *skal* =bowl]

scalene [skā°lēn, স্কেই°লীন্] (**1**) *a.* having three unequal sides, তিনটি বিষমপার্শ্বযুক্ত। (**2**) *n.* such a triangle or muscle, উক্তরূপ ত্রিভুজ বা মাংসপেশী, (পরি.) বিষমভুজ। [Gk. *skalenos*= uneven]

scallion [ska°-li-an, স্ক্যা°লিঅ্যান্] *n.* a kind of onion, a shallot, একপ্রকার পেঁয়াজ। [F. *escalogne*]

scallop [sko°-lap, স্ক°ল্যাপ্] (**1**) *n.* a kind of bivalve, অর্ধবৃত্তাকার খোলাযুক্ত দ্বিপুটক প্রাণিবিশেষ; a valve of its shell, উক্ত প্রাণীর একপাটি খোলা। (**2**) *v.t.* to cut into scallops, উক্ত খোলার আকারে কাটা। *p. & p. pt.* **sca°lloped** । *n.* **scallop-shell**—উক্ত প্রাণীর একপাটি খোলা; (ঐতি.) তীর্থযাত্রীর পরিচয়জ্ঞাপক চিহ্ন; (আধু.) যে পাত্রে

শুক্তি কাটা মাছ প্রভৃতি রান্না করা ও পরিবেশিত হয়; রান্না ও পরিবেশনের যে কোন চেটাল পাত্র। [OF. *escalope*]

scallywag [ska°-li-wag, স্ক্যা°লিওআ্যাগ্] *n.* an undersized animal of little value, বাজে বা তুচ্ছ খর্বকায় প্রাণী (বিশেষতঃ ঘোড়া) ; a good-for-nothing, অকর্মণ্য পশু বা ব্যক্তি। [?]

scalp [skalp, স্ক্যাল্প্] (**1**) *n.* (obs.) the skull, (অপ্র.) মাথার খুলি, করোটি ; the outer covering of the skull, চুল ও চামড়া সমেত করোটির বহিরাবরণ বা ছাল ; a piece of scalp torn off as a token of victory by red Indians, জয়ের প্রতীকস্বরূপ রেড্-ইন্ডিআন্গণ কর্তৃক ছিঁড়িয়া-লওয়া শত্রু-করোটির ছাল। (**2**) *v.t.* to cut the scalp from, করোটির ছাল কাটিয়া লওয়া ; to criticize severely, কঠোর সমালোচনা করা ; defeat, humiliate, পরাস্ত বা হেয় করা ; (coll.) resell (shares etc.) at a high profit, (কথ্য.) প্রচুর লাভে (শেয়ার প্রভৃতি) পুনরায় বিক্রয় করা। *p. & p. pt.* **scal°ped** । *n.* **scal°per**—প্রচুর বা দ্রুত লাভে (শেয়ারাদি) বিক্রয়কারী ; খোদাই করার বা কুরাইবার যন্ত্রবিশেষ। [Scand. ?]

scalpel [skal°p(a)l, স্ক্যাল্°প্ল্] *n.* a small surgical knife, শল্যচিকিৎসকের ক্ষুদ্র ছুরিবিশেষ। [F. *scalprum*=a knife]

scaly—see **scale**$_2$.

scamp$_1$ [skamp, স্ক্যাম্প্] *n.* a rascal, পাজী লোক ; a lively tricky fellow, হাসিখুশি ফন্দিবাজ লোক। **scam°per**—(**1**) *v.i.* চঞ্চলভাবে ছুটাছুটি বা লাফালাফি করা (the frightened animal *scampered* about) । (**2**) *n.* চঞ্চলভাবে ছুটাছুটি বা লাফালাফি। [OF. *escamper*=to decamp]

scamp$_2$ [skamp, স্ক্যাম্প্] *v.t.* to do perfunctorily, হেলাফেলাভরে করা। *p. & p. pt.* **scam°ped** । *n.* **scam°per** । [?]

scan [skan, স্ক্যান্] (**1**) *v.t.* to analyze metrically, (কবিতাদির) ছন্দোবিশ্লেষণ করা (the line *scans* perfectly) ; to examine critically or closely, সমালোচনামূলকভাবে বা পুঙ্খানুপুঙ্খরূপে পরীক্ষা করা ; to make out, নির্ণয় করা। (**2**) *v.i.* to be metrically correct, ছন্দের নিয়মসম্মত হওয়া। *pr. pt.* **sca°nning** । *p. & p. pt.* **sca°nned** । *n.* **scansion** [skan°sh(a)n, স্ক্যান্°শ্ন্] ছন্দোবিশ্লেষণ। [L. *scandere*=to climb]

scandal [skan°dl, স্ক্যান্°ড্ল্] *n.* anything that brings discredit upon religion, ধর্মের মর্যাদাহানিকর বস্তু ; injury to good name, সুনামহানি, মানহানি, কলঙ্ক ; anything causing scandal, কলঙ্ককর কিছু, কলঙ্কের কথা ; malicious gossip, পরের কলঙ্ক বা কুৎসা প্রচারার্থ খোশগল্প, পরচর্চা ; পরনিন্দা; a disgraceful fact, thing, or person, কলঙ্কপূর্ণ ব্যাপার বা বস্তু বা ব্যক্তি ; a shocked feeling, মর্মপীড়াদায়ক বা লজ্জাকর অনুভূতি। *v.t.* **scandalize** [skan°-da-līz, স্ক্যান্°ড্যালাইজ্] (কাহারও) কলঙ্ক বা কুৎসা রটনা করা.; কলঙ্কিত করা ; সুনামহানি করা ; জুগুপ্সা ও মর্মপীড়া সঞ্চার করা ; মর্মপীড়া দেওয়া। *a.* **scandalous** [skan°-da-las, স্ক্যান্°ড্যাল্যাস্] কলঙ্ককর ; কলঙ্কপূর্ণ ; মানহানিকর। *adv.* **scan°dalously** । *n.* **scan°dal-monger**—কুৎসারটনাকারী। *n.* **scan°dal-mongering**—কুৎসারটনা। [L. *scandalum*<Gk. *skandalon*=a stumbling-block]

Scandinavian [skan-di-nā°vi-an, স্ক্যান্ডিনেই°ভিয়্যান্] (**1**) *a.* of Scandinavia, স্ক্যান্ডিনেইভিআদেশের। (**2**) *n.* a native or the family of languages of Scandinavia, স্ক্যানডিনেইভিআর অধিবাসী বা ভাষা-গোষ্ঠী।

scansion—see **scan.**

scant [skant, স্ক্যান্ট্] (**1**) *a.* barely sufficient, টায়টোয় অভাব বা প্রয়োজন মেটায় এমন ; insufficient, পর্যাপ্ত নহে এমন। (**2**) *v.t.* to stint, নিরতিশয় অল্প পরিমাণে সরবরাহ করা। *n. pl.* **scan°ties** —(কথ্য.) স্ত্রীলোকের খাট ইজারবিশেষ। *a.* **scan°ty** —টায়টোয় অভাব বা প্রয়োজন মেটায় এমন ; পরিমাণে বা ব্যাপ্তিতে অত্যল্প। *adv.* **scan°tily** । *n.* **scan°tiness** । [ON. *skamt*]

scantling [skant°-ling, স্ক্যান্ট্°লিং] *n.* a measured size, মাপা আকার ; a narrow piece of timber, সরু তক্তা ; a small amount, অল্প পরিমাণ। [OF. *escantillon*]

scanty—see **scant.**

scapegoat [skāp°-gōt, স্কেইপ্°গৌট্] *n.* a goat on which the Jewish high-priest laid sins of the people, প্রতি বৎসর যে ছাগলের উপর ইহুদীদের প্রধান পুরোহিত জনগণের পাপের বোঝা ন্যস্ত করিয়া উহাকে প্রান্তরমধ্যে পলাইয়া যাইতে দিত ; one bearing blame due to another, অপরের দুষ্কর্মের বা নিন্দার ভারবাহী ব্যক্তি। [see *escape, goat*]

scapegrace [scāp°-grās, স্কেইপ্°গ্রেইস্] *n.* a hare-brained person who always gets into trouble (esp. child), যে নচ্ছার লোক (বিশেষতঃ বালক) সতত গোলমালে বা ঝামেলায় পড়ে। [see *escape, grace*]

scapula [ska°-pū-la, স্ক্যা°পিউল্যা] *n.* the shoulder-blade, অংসফলক। **sca°pūlar**—(**1**) *a.* অংসফলকগত। (**2**) *n.* খ্রিষ্টীয় সন্ন্যাসীদের পোশাকবিশেষ ; অংসফলকে বাঁধার পটী। [L. *scapulae*]

scar$_1$ [skŭ(r), স্কা(র্)] *n.* a precipitous craggy part of mountain-side, পর্বতপার্শ্বের যে বন্ধুর অংশ নিম্নাভিমুখে ঝুঁকিয়া পড়িয়াছে। [ON. *sker(a)* =to cut]

scar$_2$ [skŭ(r), স্কা(র্)] (**1**) *n.* the mark left by a wound or sore, ক্ষতচিহ্ন, ঘায়ের দাগ ; (fig.) any mark or result of injury, (আল.) মানসিক বা নৈতিক বা বাস্তব ক্ষতির চিহ্ন অথবা ফল ; a mark at a place of former attachment, (বৃক্ষপত্র অঙ্গপ্রত্যঙ্গ প্রভৃতির) পূর্বেকার সংযোগস্থলের

দাগ। (2) *v.t.i.* to mark or be marked with a scar, ক্ষতচিহ্নিত করা বা হওয়া। *pr. pt.* **sca°rring** । *p.* & *p. pt.* **sca°rred** । [OF. *escare* <L. *eschara*<Gk. *eskhara(n.)*]

scarab [ska°-rab, স্ক্যা°র‍্যাব্] *n.* a dung-beetle, গুবরে পোকাবিশেষ ; a gem cut in the form of a beetle, ঐ পোকার আকারে কাটা মণি। [L. *scarabaeus*]

scaramouch [ska°-ra-mouch, স্ক্যা°র‍্যামাউচ্] *n.* a bragging, cowardly buffoon, অসার দম্ভকারী ভীরু বিদূষক। [F. *Scaramouche*<It. *Scaramuccia*, a character in Italian comedy]

scarce [skā(r)s, স্কেয়্যা(র্)স্] *a.* not at all plentiful, মোটেই প্রচুর নহে এমন ; rare, বিরল, দুর্ঘট, দুর্লভ, দুষ্প্রাপ্য। *adv.* **scārce°(ly)**—সবে মাত্র (he had *scarcely* arrived when it began to rain) ; সম্পূর্ণভাবে নহে, টায়টোয় ; নিশ্চয়ই নহে, মোটেই নহে (I *scarcely* know him)। *n.* **scārce°ness** । *n.* **scār°city**—scarce-এর সকল অর্থে, এবং—অভাব, ঘাটতি (the *scarcity* of vegetables was caused by the flood) ; দুর্ভিক্ষ। **(to) make oneself scarce**—চম্পট দেওয়া ; দৃষ্টি এড়াইয়া চলা। [ONF. *escars*<LL. *scarpsus*]

scare [skā(r), স্কেয়্যা(র্)] (**1**) *v.t.* to startle, ভয়ে চমকিত করা ; to affright, আতঙ্কিত করা ; to drive or keep off by frightening, ভয় দেখাইয়া তাড়ান বা দূরে সরাইয়া রাখা। (**2**) *n.* a fright, ভয়প্রাপ্তি, ভীতি ; a baseless public alarm, জনসাধারণের অমূলক আতঙ্ক। *n.* **scāre°crow**—পাখিদের ভয় দেখাইয়া দূরে সরাইয়া রাখার জন্য শস্যক্ষেত্রাদিতে স্থাপিত মূর্তি, কাকতাড়ুয়া ; অত্যল্প কাপড়চোপড়-পরা লোক। *n.* **scāre°dy-cat**—(কথ্য.) ভীতু লোক। **scare headline**—সংবাদপত্রে প্রকাশিত ভয়াবহ সংবাদের কাল ও মোটা অক্ষরে মুদ্রিত রোমাঞ্চকর শিরনাম। *n.* **scāre°monger**—যে ব্যক্তি ভয়াবহ সংবাদ রটাইয়া আতঙ্ক ছড়ায়। *a.* **scār°y**—(কথ্য.) ভীতি-উৎপাদক। [ME. *skerre*<ON. *skirra*]

scarf₁ [skŭ(r)f, স্কা(র্)ফ্] *n.* a piece of neckcloth, গলায় বাঁধার রুমালবিশেষ ; a necktie, নেক্‌টাই ; a muffler, মাফ্‌লার। *pl.* **scarfs, scar°ves** । *n.* **scarf°-pin**—গলায় বাঁধার রুমাল আটকানর সেফ্‌টিপিন্। [ONF. *escare* ?]

scarf₂ [skŭ(r)f, স্কা(র্)ফ্] (**1**) *n.* a joint uniting two pieces of timber endwise, দুইখানি তক্তাকে মুখে মুখে জুড়িবার খাঁজ। (**2**) *v.t.* to join with scarf, উক্ত খাঁজে খাঁজে আটকান। *p.* & *p. pt.* **scar°fed** । [Scand. ?]

scarify [skar°-i-fī, স্কেয়্যার্°ইফাই] *v.t.* to make a number of scratches or slight cuts in, কয়েকটি আঁচড় দেওয়া বা আলতোভাবে চিরিয়া দেওয়া ; to stir or loosen the surface of, (জমি মৃত্তিকা প্রভৃতির) উপরিভাগ নাড়িয়া বা আলগা করিয়া দেওয়া ; to criticize severely, তীব্রভাবে (বিরুদ্ধ-) সমালোচনা করা। *n.* **scārificā°tion** । *n.* **sca°rifier**—জমির মাটি নাড়ার বা আলগা করার যন্ত্রবিশেষ। [L. *scarificari*<*scarifare*<Gk. *skariphos*=an etching tool]

scarlet [skŭ(r)°-lit, স্কা(র্)°লিট্] (**1**) *n.* a brilliant red colour, অত্যুজ্জ্বল লালবর্ণ, টক্‌টকে লাল ; a scarlet dress, টক্‌টকে লালবর্ণ পোশাক। (**2**) *a.* of scarlet colour, টক্‌টকে লাল রঙের ; dressed in scarlet, টক্‌টকে লালরঙের পোশাক-পরিহিত। *n.* **scarlet-fever**—লালবর্ণ ফুসকুড়িযুক্ত সংক্রামক জ্বরবিশেষ। **scarlet woman**—বারবণিতা, বেশ্যা ; (নিন্দার্থে) রোমের প্রধান গির্জা। [OF. *escarlate*<? Pers. *saqalat*=scarlet cloth]

scarp [skŭ(r)p, স্কা(র্)প্] *n.* an escarp, দুর্গাদির পরিখার দুরারোহ ঢালু পার্শ্বদেশ। [It. *scarpa*]

scarper [skŭ(r)°-pa(r), স্কা(র্)°প্যা(র্)] *v.i.* (sl.) to run away, to leave without notice, (অশি.) পলাইয়া যাওয়া, (কাহারও) অলক্ষিতে বা অজ্ঞাতসারে প্রস্থান করা। [It. *scappare*=escape]

scarves—see **scarf₁**.

scarred, scarring—see **scar₂**.

scary—see **scare.**

scat [skat, স্ক্যাট্] *int.* (coll.) go away, be off, ভাগো, দূর হও। [abbr. of *scatter*]

scathe [skādh, স্কেইদ্] (**1**) *n.* hurt, আঘাত, ক্ষত ; injury, damage, ক্ষতি। (**2**) *v.t.* to injure, ক্ষতি করা বা ক্ষত করা ; to blast, scorch, or wither, উড়াইয়া পোড়াইয়া বা শুকাইয়া দেওয়া ; to scorch with invective, নিন্দা তিরস্কার প্রভৃতি দ্বারা মর্মপীড়িত করা ; বাক্যজ্বালায় জ্বালান। *a.* **scā°thing**—(নিন্দাদি সম্পর্কে) কঠোর (*scathing* criticism, remark, ridicule, etc.)। *adv.* **scā°thingly** । [ON. *skathe*]

scatter [ska°-ta(r), স্ক্যা°ট্যা(র্)] (**1**) *v.t.i.* to disperse, নিক্ষিপ্ত করা বা হওয়া, ছড়ান বা ছড়াইয়া পড়া ; to throw (shot) loosely about, ইতস্ততঃ (গোলাগুলি তীর প্রভৃতি) নিক্ষেপ করা। (**2**) *v.t.* to sprinkle, ছিটান। *n.* **sca°tter-brain**—যে ব্যক্তি একই বিষয়ে অধিকক্ষণ চিন্তা করিতে বা মনোনিবেশ করিতে অক্ষম। *a.* **sca°tter-brained**—একই বিষয়ে অধিকক্ষণ চিন্তা করিতে বা মনোনিবেশ করিতে অক্ষম। *adv.* **sca°tteringly** । [?]

scatty [ska°-ti,, স্ক্যা°টি] *a.* (coll.) feeble-minded, (কথ্য.) দুর্বলচিত্ত ; crazy, পাগলাটে, খেপা। [?]

scavenger [ska°-vin-ja(r), স্ক্যা°ভিন্‌জ্যা(র্)] *n.* one who cleanses the streets, রাস্তার ঝাড়ুদার বা ধাঙড় ; an animal that feeds on garbage, ভক্ষ্য জীবজন্তুর মাংসের বর্জিতাংশ বা আবর্জনাদি খাইয়া যে প্রাণী জীবনধারণ করে (*scavenger-dog*) ; one who deals or delights in filth, যে ব্যক্তি আবর্জনাদি বেচাকেনা করে বা উহা ভালবাসে। *v.t.i.* **scavenge**—scavenger-এর সকল অর্থে ; ইঞ্জিনের নল দিয়া গ্যাস নির্গমন করা ; পরিত্যক্ত বস্তুর

মধ্যে ব্যবহার্য দ্রব্যাদি খোঁজাখুঁজি করা (with *for*)। [ME. *scavager*=inspector of imports<AF. *scawage*=inspection]

scenario [si-nŭ°-ri-ō, সিনা°রিঔ] *n.* a skeleton of a dramatic work, film, etc. scene by scene, পর পর দৃশ্যানুযায়ী নাটকের কাঠাম, দৃশ্য-বিবরণী। [It.]

scene [sēn, সীন্] *n.* (ori.) the stage, (মূলতঃ) নাট্যমঞ্চ; the place of action in a play, story, fiction, etc., নাটক গল্প উপন্যাস প্রভৃতিতে বর্ণিত ঘটনাস্থল; a painted slide used for the representation of the scene on the stage, অভিনয়মঞ্চের দৃশ্যপট; a curtain or screen used on the stage, অভিনয়মঞ্চের যবনিকা; a division of play, নাটকের দৃশ্য; a view, দৃশ্য (a *scene* of destruction)। *n.* **scēne°-painter**—অভিনয়মঞ্চের দৃশ্যপট-অঙ্কয়িতা। *n.* **scēne°-shifter**—(থিয়েটারে) দৃশ্যপরিবর্তনকারী কর্মচারী। *n.* **scē°nery**—অভিনয়মঞ্চের দৃশ্যপটাবলী; সুন্দর চিত্রানুগ দৃশ্য। *a.* **scē°nic**—অভিনয়মঞ্চের দৃশ্যপট-সংক্রান্ত বা তত্তুল্য; নাটকীয়, নাটুকে; সুন্দর চিত্রানুগ ও মনোরম। *adv.* **scē°nically**। **behind the scenes**—(অভিনয়মঞ্চ-সম্বন্ধে) নেপথ্যে; লোকচক্ষুর অন্তরালে; গোপনে; আত্মগোপনপূর্বক। **change of scene**—দৃশ্যপটের বা দৃশ্যের পরিবর্তন, দৃশ্য বৈচিত্র্য। **(to) make a scene**—নাটুকে মেজাজ দেখান, নাটুকে ব্যবহার করা। **(to) come upon the scene**—ঘটনাস্থলে উপস্থিত হওয়া। **to quit the scene**—দৃশ্যপট ত্যাগ করা, (বিশে.) মারা যাওয়া। [L. *scena*<Gk. *skene*=a tent, stage]

scent [sent, সেন্ট্] (1) *v.t.* to track, find or discern by smell, গন্ধ শুঁকিয়া অনুসরণ করা বা খুঁজিয়া বাহির করা বা নির্ণয় করা; to perfume, সুবাসিত বা সুরভিত করা। (2) *n.* odour, গন্ধ, সৌরভ; sense of smell, ঘ্রাণেন্দ্রিয়; trail by smell, গন্ধ শুঁকিয়া অনুসরণ, ঘ্রাণানুসরণ। *a.* **scen°tėd**—গন্ধপূর্ণ; সুগন্ধ; সুবাসিত। *a.* **scent°-lėss**—গন্ধহীন। **off the scent, on a wrong** or **false scent**—ভুল পথে অনুসরণরত। **on the scent of**—(কাহাকেও বা কিছুকে) অনুসন্ধান করার সূত্র পাইয়া অনুসরণরত। [F. *sentir*<L. *sentire*=to perceive]

sceptic [skep°-tik, স্কেপ্°টিক্] *n.* one who asserts nothing positively and doubts the possibility of knowledge, নাস্তিক বা সন্দেহবাদী। *a.* **scep°tic(al)**—নাস্তিক্যপূর্ণ বা সন্দেহবাদিতাপূর্ণ; অবিশ্বাসী; সন্দেহপ্রবণ। *n.* **scepticism** [skep°-ti-sizm, স্কেপ্°টিসিজ্‌ম্] নাস্তিক্য, সন্দেহবাদ, সংশয়বাদ; সন্দেহপ্রবণতা। [L. *scepticus*<Gk. *skeptikos*=inquiring]

sceptre, (Am.) **scepter** [sep°-ta(r), সেপ্°টা(র্)] *n.* a staff symbolizing kingship, রাজদণ্ড। *a.* **scep°tred**—রাজদণ্ডধারী; রাজকীয়। [L. *sceptrup*<Gk. *skeptron*=a staff]

schadenfreude [shu°dn-froy-da, শা°ড্‌ন্‌ফ্রয়্‌ডা] *n.* pleasure in others' misfortunes, পরের দুর্দশায় আনন্দ। [G.]

schedule [she°-dōōl, শে°ডুল্] (1) *n.* a list or table, তালিকা বা ছক-কাটা তালিকা; a supplementary or explanatory appendix to a document or to a bill or act of the legislature, দলিল ব্যবস্থাপরিষদের আইন প্রভৃতির অতিরিক্ত বা ব্যাখ্যামূলক পরিশিষ্ট, তফসিল, (পরি.) অনুসূচি; a proforma, ছক-কাটা বিবরণপত্র, ফর্ম; a timetable, plan, or programme, সময়তালিকা, পরিকল্পনা, কর্মপরিকল্পনা (according to *schedule*)। (2) *v.t.* to set as in a schedule, তালিকাভুক্ত বা তফসিলভুক্ত করা; to appoint, plan, or arrange, সময়াদি নির্ধারিত করা, পরিকল্পনা করা, ব্যবস্থা করা। *a.* **sche°duled**—তালিকাভুক্ত, তফসিলভুক্ত; পূর্বাহ্ণে নির্ধারিত বা পরিকল্পিত (*scheduled* flight, service, time, etc.)। **scheduled castes**—(ভারতে) ভারতের সংবিধানে উল্লিখিত তফসিলী সম্প্রদায়সমূহ। [OF. *cedule*<LL. *sc(h)edula*=a strip of papyrus]

schema [skē°-ma, স্কী°ম্যা] *n.* a plan, পরিকল্পনা; a diagrammatic outline or synopsis, ছককাটা নক্‌শা বা পরিলেখ বা সারমর্ম; (phil.) any one of the forms by which the understanding can apply its categories to the data of sense perception, (দর্শ.) উপলব্ধির সহায়ক অপরিহার্য ভাবরূপ, (পরি.) উদাহরণ। *pl.* **schē°mata**। *a.* **schėma°tic**—(পরি.) পরিকল্পনীয়। *adv.* **schėma°tically**। *v.t.* **schē°matīze**। [Gk.]

scheme [skēm, স্কীম্] (1) *n.* a diagram, নক্‌শা, পরিলেখ, রেখাচিত্র, ছক; a table, তালিকা, সূচি; a system, পদ্ধতি, প্রণালী, তন্ত্র; a plan of action, কর্ম-পরিকল্পনা, (পরি.) পরিকল্প; a plan for constructing a building, অট্টালিকাদি নির্মাণের নক্‌শা; an intrigue, ষড়যন্ত্র; artful design, ফন্দি। (2) *v.t.i.* to plan, (কিছুর) পরিকল্পনা করা; to make plans (for), (কিছুর) পরিকল্প বা নক্‌শা রচনা করা; to intrigue (for), (কিছুর জন্য) ষড়্‌যন্ত্র করা বা ফন্দি আঁটা। *n.* **schē°mer**। *a.* **schē°ming**—scheme (*v.*)-এর সকল অর্থে, এবং—কুচক্রী; ফন্দিবাজ। [see *schema*]

scherzo [sker°tsō, স্কের্°ট্‌সৌ] *n.* vigorous (prop. light and playful) composition, জোরাল (প্রধানতঃ হাল্‌কা চটুল) রচনা। *pl.* **scher°zas**। [G. *scherz*=jest]

schism [sizm, সিজ্‌ম্] *n.* division of community into factions, (প্রধানতঃ ধর্মগত বিষয়ে) অনৈক্য, বিভেদ; a separated body, বিচ্ছিন্ন দল, বিরোধী উপদল। *n.* **schiśma°tic**—উক্ত অনৈক্যপ্রিয় বা উক্ত উপদলগঠনে তৎপর ব্যক্তি, সাম্প্রদায়িকতাপ্রিয় ব্যক্তি। *a.* **schiśma°tic(al)**—উক্ত অনৈক্যসংক্রান্ত, সাম্প্রদায়িক। [OF. (*s*)*cisme*<Gk. *skhisma*]

schist [shist, শিস্‌ট্‌] *n.* a type of crystalline rock, স্তরে স্তরে স্থাপিত হইয়া গঠিত স্ফটিকতুল্য শিলা। *a.* **schis°tōse**—উক্ত শিলাতুল্য স্তরিত ও স্ফটিকস্বচ্ছ। [F. *schiste* < Gk. *skhistos* = split]

schizophrenia [skit-sŏ-frē°-ni-a, স্কিট্‌সোফ্রী°-নিয়া] *n.* mental disorder marked by disconnection between thoughts, feelings and actions, মানসিক ব্যাধিবিশেষ : ইহাতে চিন্তা অনুভূতি ও কর্মের মধ্যে সঙ্গতি বা যোগসূত্র থাকে না। [Gk. *skhizo* > split, *phren* = mind]

schmaltz [shmawlts, শ্মাল্‌ট্‌স্‌] *n.* sickly or sugary sentimentalism, অসুস্থ বা তৃপ্তিদায়ক বা মধুর ভাবপ্রবণতা। *a.* **schmalt°zy**। [yiddish]

schnap(p)s [shna°ps, শ্ন্যা°প্‌স্‌] *n.* a spirit resembling Holland gin, হল্যাণ্ডের জিনজাতীয় মদ্য। [G.]

Schnŏrkel [shna(r)°kl, শ্ন্যা(র্‌)°কল্‌] *n.* a tube for a float for bringing air to a submarine or an underwater swimmer, ডুবো জাহাজ বা জলতলে সন্তরণকারীকে বাতাস জোগাইবার জন্য নল-ওয়ালা ভাসন্ত যন্ত্রবিশেষ। [G. = a spiral ornament]

scholar [sko°-la(r), স্ক°ল্যা(র্‌)] *n.* a pupil or student, ছাত্র, পড়ুয়া; a disciple, শিষ্য; an educated or learned person, শিক্ষিত বা পণ্ডিত ব্যক্তি; the holder of a scholarship, ছাত্রবৃত্তি-ভোগী ব্যক্তি। **a scholar and a gentleman**—সুশিক্ষিত এবং সদ্বংশজাত ব্যক্তি। *a.* **scho°larly**—পাণ্ডিত্যপূর্ণ; পণ্ডিতসুলভ। *n.* **scho°larship**—পাণ্ডিত্য; ছাত্রগণকে পুরস্কারস্বরূপ বা ভরণপোষণার্থ প্রদত্ত ভাতা, ছাত্রবৃত্তি। [OE. *scolare*, OF. *escoler* < LL. *scholaris* < *schola* = school]

scholastic [ska-las°-tik, স্ক্যাল্যাস্‌°টিক্‌] *a.* of schools or schoolmen, বিদ্যালয়সংক্রান্ত বা দার্শনিক-সংক্রান্ত বা শিক্ষক-সংক্রান্ত; subtle, সূক্ষ্ম; pedantic, পাণ্ডিত্যপূর্ণ, পণ্ডিতসুলভ, পণ্ডিতী। *adv.* **scholas°tically**। *n.* **scholasticism** [ska-las°-ti-sizm, স্ক্যাল্যাস্‌°টিসিজ়্‌ম্‌] মধ্যযুগীয় দার্শনিক মতবাদ, (পরি.) সাম্প্রদায়িক বিদ্যাভিমান; দার্শনিক সূক্ষ্মতা বা পদ্ধতি। [Gk. *skholastikos*]

scholia, scholiast—see **scholium.**

scholium [skō°-li-am, স্কৌ°লিঅ্যাম্‌] *n.* an ancient grammarian's explanatory note on the margin of manuscripts, পাণ্ডুলিপির প্রান্তে প্রাচীন বৈয়াকরণ কর্তৃক প্রদত্ত টীকা। *pl.* **schō°lia**। *n.* **schō°liast**—উক্ত টীকাকার বৈয়াকরণ। [Gk. *skholion*]

school [skōōl, স্কূল্‌] (1) *n.* an institution for instruction or education, শিক্ষালয়, বিদ্যালয়; a schoolhouse, বিদ্যালয়-ভবন; the work or the time of a school, বিদ্যালয়ের কাজ বা কার্যকাল; the body of pupils of a school, or a particular teacher, নির্দিষ্ট কোন বিদ্যালয়ের বা শিক্ষকের বা গুরুর ছাত্রবৃন্দ; a group of thinkers or artists having common principles and characteristics, সমধর্মী দার্শনিকগোষ্ঠী বা শিল্পীগোষ্ঠী। (2) *v.t.* to educate in a school, বিদ্যালয়ে পড়ান; to train, শেখান; to instruct, উপদেশ দেওয়া; to teach severely, কড়াভাবে শিক্ষাদান করা; to discipline, নিয়মানুবর্তী করা। *n.* **schōōl°-bag**—বিদ্যালয়ে পাঠ্যপুস্তক লইয়া যাইবার জন্য ঝোলা। *n.* **schōōl-book**—বিদ্যালয়ে ব্যবহৃত পুস্তক; পাঠ্যপুস্তক। **schōōl°boy**—(1) *n.* স্কুলের ছাত্র। (2) *a.* উক্ত ছাত্রসুলভ; ছেলেমানুষিপূর্ণ (also **schōōl°boyish**)। *n.* **schōōl°-days**—বিদ্যালয়ে পড়ার দিনগুলি (বিশেষতঃ অতীত স্মৃতি-রোমন্থনে)। **school fee(s)**—বিদ্যালয়ের বেতন। *n.* **schōōl°-fellow**—একই বিদ্যালয়ে একই সময়ে শিক্ষাপ্রাপ্ত ব্যক্তি; সহাধ্যায়ী, সতীর্থ। *n.* **schōōl°-friend**—বিদ্যালয়ের বন্ধু; সহপাঠী বন্ধু। *n.* & *a.* **schōōl°girl**—স্কুলের ছাত্রী অথবা তৎসুলভ। *a.* **schōōl°-gŏing**—শিক্ষালাভার্থ বিদ্যালয়ে গমনকারী। *n.* **schōōl°house**—বিদ্যালয়ের ভবন, স্কুলবাড়ি। *n.* **schōō°ling**—বিদ্যালয়ে শিক্ষাদান; শিক্ষার্থ বিদ্যালয়ে প্রেরণ বা তৎবাবদ ব্যয়নির্বাহ; শিক্ষাদান। *n.* **schōōl°-inspec°tor**—বিদ্যালয়-পরিদর্শক; *fem.* **schōōl°-inspec°tress**। *n.* **schōōl°-maid**—same as **school°girl**। *n.* **schōōl°-man**—মধ্যযুগীয় দার্শনিক বা পণ্ডিত; বিদ্যালয়ের শিক্ষক। *n.* **schōōl°master**—বিদ্যালয়ের শিক্ষক। *a.* **schōōl°masterly**—বিদ্যালয়ের শিক্ষকসুলভ। *n. fem.* **schōōl°mistrĕss, school-ma'am, school-marm**—বিদ্যালয়ের শিক্ষিকা। **the schoolmaster is abroad**—শিক্ষার ও বুদ্ধিমত্তার প্রসার ঘটিয়াছে। *n.* **schōōl°mate**—same as **school-fellow**। *n.* **schōōl°-room**—বিদ্যালয়ের শ্রেণীকক্ষ; বাসভবনের পাঠকক্ষ। *a.* **schōōl°-taught**—বিদ্যালয়ে শিক্ষাপ্রাপ্ত। *n.* **schōōl°-teacher**—বিদ্যালয়ের শিক্ষক বা শিক্ষিকা। *n.* **schōōl-time**—বিদ্যালয়ে বা গৃহে দৈনিক পড়াশোনার জন্য নির্দিষ্ট সময়। **nursery school**—অতি অল্পবয়স্ক শিশুদের জন্য বিদ্যালয়। **high school**—উচ্চ বিদ্যালয়। **higher secondary school**—উচ্চ মাধ্যমিক বিদ্যালয়। **(the) new school**—নব্যপন্থী ব্যক্তিবর্গ। **(the) old school**—প্রাচীনপন্থী ব্যক্তিবর্গ। **primary school**—প্রাথমিক বিদ্যালয়। **private school**—কোন ব্যক্তি বা দলের আয়ের উৎসরূপে পরিচালিত বেসরকারী বিদ্যালয়। **public school**—জনসাধারণের অর্থে পরিচালিত ও জনসাধারণের কর্তৃত্বাধীন বিদ্যালয়। **secondary school**—মাধ্যমিক বিদ্যালয়। **the schools**—মধ্যযুগীয় বিশ্ববিদ্যালয়, সেখানকার অধ্যাপকবর্গ ও তাঁহাদের পঠন-পাঠন ও বিচারবিতর্ক; অক্সফোর্ড বিশ্ববিদ্যালয়ের পরীক্ষা। [OE. *scol* < L. *schola* < Gk. *skhole* (*n.*)]

schooner [skōō°-na(r), স্কূ°ন্যা(র্‌)] *n.* a swift-sailing vessel, মধ্যযুগীয় দ্রুতগামী (প্রধানতঃ দ্বি-মাস্তুলযুক্ত) জাহাজবিশেষ। [?]

schottische [sho-tēsh°, শ-টীশ্‌°] *n.* (music

for) kind of slower polka, মন্থর পলকা নৃত্যের উপযোগী সঙ্গীত। [G.]

schuss [shoos, শুস্] (**1**) *n.* a straight downhill run on skis, স্কী পরিয়া পাহাড়ের গা বাহিয়া দ্রুত অবতরণ। (**2**) *v.i.* to make a downhill run on skis, স্কী পায়ে দ্রুত অবতরণ করা। [G.]

sciagraphy [sī-a°-gra-fi, সাইঅ্যা°গ্র্যাফি], **skiagraphy** [skī-a°-gra-fi, স্কাইঅ্যা°গ্র্যাফি] *n.* x-ray radiography, রঞ্জনরশ্মির সাহায্যে আলোকচিত্রগ্রহণের বিদ্যা। *n.* **sciagram, sci°agraph** I [F. *sciagraphie*]

sciamachy [sī-a°-ma-ki, সাইঅ্যা°ম্যাকি], **skiamachy** [skī-a°-ma-ki, স্কাইঅ্যা°ম্যাকি] *n.* fighting with shadows, ছায়ার সঙ্গে লড়াই; imaginary or futile combat, কাল্পনিক বা ব্যর্থ লড়াই। [Gk. *skimakhia*]

sciatic [sī-a°-tik, সাইঅ্যা°টিক্] *a.* of the hip, পাছা-সংক্রান্ত, নিতম্বগত (*sciatic* nerve)। *n.* **scia°tica**—নিতম্ববেদনা; পাছার বাত। [LL. *sciaticus* <Gk. *iskhion*=hip-joint]

science [sī°-ans, সাই°অ্যান্স্] *n.* knowledge, জ্ঞান; systematic and formulated knowledge, বিজ্ঞান, বিদ্যা। *a.* **scienti°fic**—বিজ্ঞানসংক্রান্ত বা বিজ্ঞানসম্মত, বৈজ্ঞানিক। *adv.* **scienti°fically** I *n.* **sci°entist**—বিজ্ঞানী। [L. *scientia*]

scilicet [sī°-li-set, সাই°লিসেট্] *adv.* to wit, অর্থাৎ; namely, যথা, উদাহরণস্বরূপ। [L.]

scimitar [si°-mi-ta(r), সিমি°ট্যা(র্)] *n.* a short curved sword, একপাশে ধারওয়ালা ক্ষুদ্র ও বক্র তরবারিবিশেষ, চন্দ্রহাস, শমশের। [F. *cimeterre,* or It. *scimitarra*<Pers. *shamshir* ?]

scintilla [sin-ti°-la, সিন্টি°ল্যা] *n.* a spark, স্ফুলিঙ্গ। *v.i.* **scin°tillāte**—স্ফুলিঙ্গ ছড়ান; ঝিক্‌মিক্ করা। *p.* & *p. pt.* **scin°tillātėd** I *n.* **scintillā°tion**—(পরি.) স্ফুলিঙ্গায়ন। [L.]

sciolism [sī°-ŏ-lizm, সাই°ওলিজ্‌ম্] *n.* superficial pretensions to knowledge, জ্ঞানের অসার ভান। *n.* **sci°ŏlist**—উক্ত ভানকারী ব্যক্তি। *a.* **scioli°stic** I [L. *sciolus*]

scion [sī°an, সাই°অ্যান্] *n.* a detached piece of a plant for grafting, কলম করার জন্য বৃক্ষাদির বিচ্ছিন্ন অংশ; a young member of a (esp. noble) family, (বিশে. অভিজাত পরিবারের) তরুণ বংশধর। [OF. *sion, cion*]

scissile [si°-sīl, সি°সাইল্] *a.* capable of being cut, কর্তিত হয় এমন, কর্তনসাধ্য; readily splitting, সহজে ভাঙ্গিয়া যায় এমন। [L. *scissilis* <*scindere*=to cut]

scissor—see **scissors.**

scissors [si°-za(r)z, সি°জ্যা(র্)জ্] *n. pl.* an instrument for cutting fabrics, parting nails, etc., কাঁচি। *v.t.* **sci°ssor**—কাঁচি দিয়া কাটা। **scissors and paste**—বিভিন্ন রচনা হইতে অংশসমূহ লইয়া রচিত প্রবন্ধ গ্রন্থ প্রভৃতি, (তু.) কাঁচি-কাটা রচনা; উক্তভাবে রচিত। [OF. *cisoires*< LL. *cisorium*]

sclersosis—see **sclerotic.**

sclerotic [sklēr-o°-tik, স্ক্লিয়ার্‌°অটিক্] (**1**) *a.* hard, কঠিন, শক্ত। (**2**) *n.* the outermost membrane of the eyeball, অক্ষিগোলকের শ্বেতমণ্ডল। *n.* **sclērō°sis**—কঠিনীভবন; (চিকি.) ধমনী প্রভৃতির কাঠিন্য। [Gk. *skleros* (*a.*)]

scobs [skobz, স্কব্‌জ্] *n. pl.* filings, sawdust, উখার গুঁড়া, করাতের গুঁড়া। [L.]

scoff$_1$ [skoff, স্কফ্] (**1**) *n.* mockery, অবজ্ঞাপূর্ণ উপহাস বা ব্যঙ্গ; object of ridicule, উপহাসের পাত্র। (**2**) *v.i.t.* to jeer (at), অবজ্ঞাভরে উপহাস বা ব্যঙ্গ করা। *p.* & *p. pt.* **sco°ffed** I *n.* **sco°ffer** I *adv.* **sco°ffingly** I [?]

scoff$_2$ [skoff, স্কফ্] (**1**) *n.* (sl.) food, meal, (অশি.) আহার্য, খাবার, ভোজন। (**2**) *v.t.i.* to eat greedily, পেটুকের মত খাওয়া। [Du. *schoft*]

scold [skōld, স্কৌল্‌ড্] (**1**) *n.* a railing woman, গালাগালি দিতে অভ্যস্ত স্ত্রীলোক, মুখরা স্ত্রীলোক। (**2**) *v.i.t.* to rail, rate or rebuke, উচ্চকণ্ঠে গাল পাড়া তিরস্কার করা বা ভর্ৎসনা করা। *n.* **scold°ing** I [ON. *skald*=poet]

scollop—var. of **scallop.**

sconce$_1$ [skons, স্কন্‌স্] *n.* a small fort or earthwork, ক্ষুদ্র দুর্গ বা মৃত্তিকাগঠিত টিলা। [Du. *schans*]

sconce$_2$ [skons, স্কন্‌স্] *n.* (arch., joc) the head, (আর্ষ., রসি.) মাথা। [?]

sconce$_3$ [skons, স্কন্‌স্] *n.* a bracket-candlestick, কুলুঙ্গিতে রাখার উপযুক্ত মোমবাতিদান, দেওয়ালগিরি। [OF. *esconse*<LL. *absconsa*= a dark lantern]

scone [skon, স্কন্] *n.* soft cake of barley-meal or wheat-flour cooked on griddle, চাটুতে সেঁকা বার্লি অথবা আটাময়দার নরম কেক। [perh. M. Du. *schoon* (brot)]

scoop [skōōp, স্কুপ্] (**1**) *n.* a bailing-vessel, জল প্রভৃতি ছেঁচার জন্য পাত্রবিশেষ, সেচনী; a concave shovel, অবতল কোদালবিশেষ; any gouge-like instrument, হাতার বা চামচের ন্যায় আকারবিশিষ্ট যে-কোন যন্ত্র; a piece of news obtained by forestalling other newspapers, অন্য সংবাদপত্রসমূহকে এড়াইয়া প্রাপ্ত সংবাদ। (**2**) *v.t.* to bail out, ছেঁচিয়া ফেলা; to lift, get, hollow, remove, make, with a scoop, কোদলাইয়া তোলা বা পাওয়া বা গর্ত করা বা দূর করা বা তৈয়ারি করা; to secure in advance of or to the exclusion of others, অন্যদের এড়াইয়া সংগ্রহ করা; to secure (large profit etc.) by sudden action or stroke of luck, আকস্মিক কাজের দ্বারা বা সৌভাগ্যবশতঃ (প্রচুর মুনাফাদি) লাভ করা (he won a lakh of rupees at one scoop)। *p.* & *p. pt.* **scōō°ped** I *n.* **scōō°per**

—scoop (*v.*)-এর সকল অর্থে, এবং—খোদাই করার যন্ত্রবিশেষ। *n.* **scōō°ping-net**—মাছ ধরার ছাঁকি-জালবিশেষ। [MDu. *schope*=bailing-vessel, *schoppe*=shovel ?]

scoot [skōōt, স্কূট্] *v.i.* (sl.) to run away quickly, দ্রুত ছুটিয়া যাওয়া বা চম্পট দেওয়া। *n.* **scōō°ter**—শিশুদের খেলনাগাড়িবিশেষ; মোটর-সাইকেলবিশেষ (also **auto-scooter, motor-scooter**)। [<ON. ?]

scope [skōp, স্কৌপ্] *n.* a point aimed at, লক্ষ্যবিন্দু; aim, লক্ষ্য; উদ্দেশ্য; range, পাল্লা, এলাকা (beyond one's *scope*); field or opportunity of activity or action, কর্মের পরিধি বা এলাকা বা সুযোগ; spaciousness, স্থানবাহুল্য, প্রশস্ততা, প্রসার। [It. *scopo*<Gk. *skopos*=aim]

scorbutic [skaw(r)-bū°tik, স্ক্য(র্)বিউ°টিক] *a.* of or affected with scurvy, স্কার্ভি-রোগমূলক বা স্কার্ভি-রোগাক্রান্ত। [LL. *scorbuticus*]

scorch [skaw(r)ch, স্ক্য(র্)চ] (**I**) *v.t.i.* to burn or be burned slightly, ঈষৎ দগ্ধ করা বা হওয়া; to affect or be affected painfully by heat, দুঃসহ তাপপীড়িত করা বা হওয়া। (**2**) *v.t.* to cycle or drive furiously, প্রচণ্ড বেগে সাইকেল বা মোটর চালান। *p.* & *p. pt.* **scor°ched**। *n.* **scor°cher**—যে বা যাহা ঈষৎ দগ্ধ করে; দারুণ গরমের দিন, দাবদগ্ধ দিবস; (অশি.) বর্গের বা গোষ্ঠীর চমৎকার নিদর্শন; তীব্র জ্বালাদায়ক বস্তু। *a.* **scor°ching**। *adv.* **scor°chingly**। **scorched earth policy**—শত্রুপক্ষ যাহাতে আসিয়া কিছু (বিশেষতঃ শস্যাদি) না পায় সেজন্য দেশ পরিত্যাগের বা পশ্চাদপসরণের পূর্বে উহা বিধ্বস্ত করার কর্মপন্থা, পোড়ামাটি নীতি। [ME. *skorken*—cp. ON. *skorpna*=to shrivel]

score [skaw(r), স্ক্য(র্)] (**I**) *n.* a notch, খাঁজ; a line marking a deletion, boundary, or starting-place, যে রেখাদ্বারা রচনাদির পঙ্‌ক্তি কাটিয়া দেওয়া হয় অথবা সীমা বা যাত্রাস্থল নির্দেশিত করা হয়; an arrangement of music on a number of staves, সঙ্গীতের স্বরগ্রাম; an account of charges incurred by tallies, দাগ বা টিক্ দিয়া রাখা পাওনাদির হিসাব; a debt, (প্রধানতঃ ক্রমবর্ধিত) দেনা; a reckoning or account, হিসাব; the total of points made in a game, ক্রীড়াদিতে লব্ধ মোট পয়েন্ট্ রান্ গোল্ প্রভৃতি, (পরি.) সাফল্যাঙ্ক; a set of twenty, বিংশতি, এককুড়ি (a *score* of years)। (**2**) *v.t.* to mark with scores, খাঁজ কাটিয়া দেওয়া; to record with a tally, দাগ বা টিক দিয়া (পাওনাদির) হিসাব রাখা; to mark out with a score, রেখাঙ্কনপূর্বক (রচনাদির পঙ্‌ক্তি) কাটিয়া দেওয়া বা (সীমা বা যাত্রা-স্থল) নির্দিষ্ট করিয়া দেওয়া; (mus.) to arrange a score of, (সঙ্গীতে) স্বরগ্রাম ঠিক করিয়া দেওয়া; to enumerate, হিসাব করা বা গণনা করা; to record লিপিবদ্ধ করা। (**3**) *v.t.i.* to make as a point in a game, ক্রীড়াদিতে পয়েন্ট্ পাওয়া রান্ করা গোল্ দেওয়া ইত্যাদি (to fail to *score*); to achieve (success), (সাফল্য) লাভ করা। *n.* **score°-board**—ক্রীড়াদিতে অর্জিত পয়েন্ট্ রান প্রভৃতির হিসাব প্রদর্শনার্থ ছককাটা তক্তাবিশেষ। *n.* **score°-book, score°-card**—ক্রীড়াদিতে অর্জিত পয়েন্ট্ রান্ প্রভৃতির হিসাব প্রদর্শনার্থ ছক্‌কাটা খাতা বা কার্ড। *n.* **scō°rer**। **on more score than one**—একাধিক কারণে। **on that score**—ঐ বিষয় সম্বন্ধে; ঐ সম্বন্ধে; ঐ বিবেচনায়। **(to) keep the score**—ক্রীড়াদিতে অর্জিত পয়েন্ট্ রান্ প্রভৃতি লেখা। **(to) pay off** or **settle** or **wipe off old scores**—পুরাতন পরাজয় ক্ষতি অপমান প্রভৃতির প্রতিশোধ লওয়া। **(to) score an advantage**—সুবিধা অর্জন করা। **(to) score a point**—পয়েন্ট্ অর্জন করা; সৌভাগ্য লাভ করা। **(to) score a success**—সাফল্য অর্জন করা। **(to) score one off**—অপদস্থ বা হতমান করা; তর্কে পরাজিত করা। **(to) score out**—(লেখা) লাইন টানিয়া কাটিয়া দেওয়া। [OE. *scoru*=twenty <ON. *skor* (*n.*)]

scoria [skaw°-ri-a, স্ক্য°রিআ্যা] *n.* slag, ধাতু গলাইলে যে গাদ থিতায়; cellular lava, কোষ-বিশিষ্ট লাভাপিণ্ড। [L.<Gk. *skoria*]

scorn [skaw(r)n, স্ক্য(র্)ন্] (**I**) *n.* extreme contempt, নিদারুণ অবজ্ঞা বা ঘৃণা; an object of scorn, ঘৃণার পাত্র বা বস্তু। (**2**) *v.t.* to treat or refuse with scorn, ঘৃণা করা বা ঘৃণাসহকারে প্রত্যাখ্যান করা। *a.* **scorn°ful**—ঘৃণাপূর্ণ, সঘৃণ (a *scornful* smile)। *adv.* **scorn°fully**। [OF. *escarn*=mockery]

Scorpio—see **scorpion**.

scorpion [skaw(r)°-pi-an, স্ক্য(র্)°পিয়্যান্] *n.* a stinging insect, বৃশ্চিক, বিছা, কাঁকড়াবিছা; (fig.) a person of virulent animosity, বিষম বিদ্বেষ-পূর্ণ ব্যক্তি। *n.* **Scor°piō, Scor°pion**—(জ্যোতিষ.) বৃশ্চিক-রাশি। [L. *scorpio*<Gk. *skorpios*]

scot$_1$ [skot, স্কট্] *n.* a tax, কর, খাজনা, শুল্ক। *a.* **scot°-free°**—খরচ ক্ষতি শাস্তি প্রভৃতি হইতে সম্পূর্ণ মুক্ত। **(to) pay scot and lot**—আর্থিক বোঝার বা দায়িত্বের অংশ গ্রহণ করা। [OE. *sc(e)ot*]

Scot$_2$ [skot, স্কট্] *n.* one of an Irish tribe who migrated to Scotland, স্কটল্যান্ডে বস-বাসকারী আয়ার্ল্যান্ডের গেইল-ভাষাভাষী লোক; a native or the language of Scotland, স্কট-ল্যান্ডের লোক বা ভাষা। [OE. *Scottas*(*pl.*)<LL. *Scottus*]

Scotch$_1$ [skoch, স্কচ্] (**I**) *a.* of Scotland, স্কটল্যান্ডের; as spoken in Scotland, স্কট-ল্যান্ডে কথিত; manufactured in Scotland, স্কটল্যান্ডে তৈয়ারি; having Scottish characteristic, স্কটল্যান্ডের ও তত্রত্য লোকদের লক্ষণযুক্ত বা তত্তুল্য। (**2**) *n.* a native of Scotland, স্কট-ল্যান্ডবাসী; English as spoken in Scotland,

স্কটল্যানডে কথিত ইংরেজীভাষার রূপ ; Scotch whisky, স্কটল্যানডে তৈয়ারি হুইস্‌কি-মদ্য ; a person or thing having Scotch characteristic, স্কটল্যানডীয় বৈশিষ্ট্যপূর্ণ ব্যক্তি বা বস্তু। *n.* **Scotch°man**—স্কটল্যানডীয় পুরুষ। *fem.* **Scotch°woman**। [<*Scottish*]

scotch$_2$ [skoch, স্কচ্] (**1**) *v.t.* to gash, চেরা, ক্ষত করা ; to maim, অঙ্গচ্ছেদ করা ; to frustrate, to quash, ব্যাহত বা ব্যর্থ করা, বাতিল করা (to *scotch* a plan) ৷ *p.* & *p. pt.* **scotch°ed**। (**2**) *n.* a gash, বিদার ; a score on the ground, খেলার পয়েন্‌ট্ বা অন্য কিছু হিসাবের জন্য মাটিতে অঙ্কিত রেখা। [?]

scotch$_3$ [skoch, স্কচ্] (**1**) *n.* a wedge, or block, কীলক বা প্রতিবন্ধক। (**2**) *v.t.* to stop with a wedge, কীলক ঢুকাইয়া রোধ করা। *p.* & *p. pt.* **sco°tched**। [?]

Scotland Yard [scot°-land yŭ(r)d, স্কট্‌ল্যান্‌ড্ ইয়া(র্)ড্] the headquarters of the London police, লন্‌ডনের পুলিসের কেন্দ্রী দফ্‌তর। [<a palace of the kings of Scotland]

scotodinia [sko-to-di°-nia, স্কটৌডি°নিআ] *n.* giddiness, মাথা ঝিমঝিম ভাব বা অবস্থা। [Gk. *skotos*+*dinē*]

Scots [skots, স্কট্‌স্] *a.* Scottish, স্কটল্যানডদেশীয়, স্কটল্যানডে প্রচলিত। **Scots Guards**—স্কটল্যানডীয় সৈনিকদ্বারা গঠিত বাহিনীবিশেষ। [short. from *Scottis*]

Scot(t)icism [sko°-ti-sizm, স্ক°টিসিজ্‌ম্] *n.* a Scottish idiom, স্কটল্যানডের বাগ্‌বিধি। [LL. *Scot(t)icus*=Scotch]

Scottish [sko°-tish, স্ক°টিশ্] *a.* of Scotland, its people or its English dialect, স্কটল্যানডের বা তত্রত্য অধিবাসীর বা স্কটল্যানডে ব্যবহৃত ইংরেজী ভাষা-সংক্রান্ত অথবা তদনুরূপ। [OF. *Scottisc*]

scoundrel [skown°dr(a)l, স্কাউন্‌°ড্‌র্‌ল্] *n.* a low mean villain, নীচমনাঃ, পাজি ; ইতর দুর্বৃত্ত ; a man without principle, নীতিবিরহিত ব্যক্তি। *n.* **scoun°drelism**—পেজোমি ; নীতিশূন্যতা। *adv.* **scoun°drelly**। [?]

scour$_1$ [skow°-a(r) স্কাউ°অ্যা(র্)] (**1**) *v.t.* to clean or polish by hard rubbing, জোরে ঘষিয়া ঘষিয়া পরিষ্কার করা বা পালিশ করা, মাজা ; to cleanse, সাফ করা ; to rub out, ঘষিয়া তুলিয়া ফেলা ; to clear out, পরিষ্কার করা। (**2**) *n.* act or process of scouring, পরিমার্জন বা পরিমার্জনপ্রণালী। [cp. M Du. *schuren*<OF. *escurer*<L. *ex curare* =to take of]

scour$_2$ [skow°-a(r), স্কাউ°আা(র্)] *v.i.t.* to range or rove (over), বেগে ধাবন করা, বা পরিক্রমণ করা ; to go along swiftly, esp. in search or pursuit, প্রধানতঃ অনুসন্ধানার্থ বা পশ্চাদ্ধাবনার্থ দ্রুতবেগে গমন করা (to *scour* about or after or for a person or thing)। [ON. *skur*=storm]

scourge [ska(r)j, স্কা(র্)জ্] (**1**) *n.* a whip, চাবুক ; an instrument of divine punishment, ঐশ্বরিক শাস্তিদানের যন্ত্র ; a cause of widespread affliction, ব্যাপক যন্ত্রণার বা আর্তির হেতু। (**2**) *v.t.* to whip, চাবকান ; to afflict, যন্ত্রণা দেওয়া। [AF. *escorge*<L. *excoriare*=to flay<*corium* =leather]

scout$_1$ [skowt, স্কাউট্] *n.* a college-servant, (অক্‌স্‌ফড্´ ইএল্ ও হার্ভাড্´ বিশ্ববিদ্যালয়ে) কলেজের দফ্‌তরি বা ভৃত্য। [?]

scout$_2$ [skowt, স্কাউট্] *v.t.* to reject with scorn, ঘৃণাসহকারে প্রত্যাখ্যান করা। [cp. ON. *skuta*=a taunt]

scout$_3$ [skowt, স্কাউট্] (**1**) *n.* one sent out to bring in information, সন্ধান আনার জন্য প্রেরিত ব্যক্তি ; a boy scout, বয়স্কাউট্ ; a ship, a small aeroplane, or a light armoured car for reconnoitring, অনুসন্ধান-কার্যে নিযুক্ত জাহাজ বা ক্ষুদ্র বিমানপোত বা লঘুভার সাঁজোয়া গাড়ি। (**2**) *v.t.* to act as a scout, সন্ধান আনয়ন করা (to *scout* about or around for) ৷ *n.* **scout°master**—বয়স্কাউট্ দলের সর্দার বা বয়স্ক তত্ত্বাবধায়ক। [OF. *escoute*<*escouter*<L. *auscultare*=to listen]

scow [skow, স্কাউ] *n.* a flat-bottomed boat, চেপ্‌টা তলাযুক্ত নৌকাবিশেষ। [Du. *schouw*= ferry-boat]

scowl [skowl, স্কাউল্] (**1**) *v.i.* to frown malevolently, বিদ্বেষপূর্ণভাবে বা অমঙ্গলকামনাপূর্বক ভ্রূকুটি করা (to *scowl* at a person)। (**2**) *n.* a scowling look, উক্ত ভ্রূকুটি। *adv.* **scow°lingly**। [cp. D. *skule*(*v.*)]

scrabble [skrub°l, স্ক্রাব্‌°ল্] *v.t.i.* to scratch, আঁচড়ান বা আঁচড় কাটা ; to scrawl, যেমন তেমন করিয়া টানিয়া লেখা ; to grope to find, খুঁজিয়া বাহির করার জন্য হাতড়ান (to *scrabble* about for a thing)। [Du. *schrabbelen*]

scrag [skrag, স্ক্র্যাগ্] (**1**) *n.* a sheep's neck, ভেড়ার ঘাড় ; the bony part of the neck, ঘাড়ের অস্থিময় অংশ ; a lean person or animal, রোগা লোক বা প্রাণী। (**2**) *v.t.* to hang, ফাঁসি দেওয়া ; to throttle, গলা টিপিয়া মারা ; to wring the neck of, গলা মোচড়াইয়া দেওয়া। *pr. pt.* **scra°gging**। *p.* & *p. pt.* **scra°gged**। *a.* **scra°ggy**—লিক্‌লিকে রোগা। *adv.* **scragg°ily**। *n.* **scra°gginess**। [<*crag*$_2$]

scram [skram, স্ক্র্যাম্] *v.t.* (*imp.—sl.*) be off, (অনুজ্ঞা—অশি.) ভাগ। [<*scramble*]

scramble [skramb°l, স্ক্র্যাম্‌ব্‌°ল্] (**1**) *v.i.* to make one's way with disorderly struggling haste, বিশৃঙ্খলভাবে ঠেলাঠেলি করিয়া বা কষ্টেসৃষ্টে তাড়াতাড়ি নিজের পথ করিয়া লওয়া ; to clamber, হামাগুড়ি দিয়া আরোহণ করা ; to dash or struggle for what one can get before others, অন্যের পূর্বেই কোন বস্তু পাইবার জন্য ধাবিত হওয়া বা

অন্যের সঙ্গে কাড়াকাড়ি করা। (2) *v.t.*; to get together scramblingly, ঠেলাঠেলি করিয়া একত্র করান; to cook eggs by breaking into pan with butter, etc., ডিম ফাটাইয়া মাখন প্রভৃতির সহিত রান্না করা। (3) *n.* scrambling, বিশৃঙ্খলভাবে ঠেলাঠেলি করিয়া বা কষ্টেসৃষ্টে তাড়াতাড়ি নিজের পথ করিয়া লওয়া, হামাগুড়ি দিয়া আরোহণ, অন্যের পূর্বেই কোন বস্তু পাইবার জন্য ধাবন বা অন্যের সঙ্গে কাড়াকাড়ি, ঠেলাঠেলি করিয়া একত্র স্থাপন, ভিড়ের মধ্যে নিক্ষিপ্ত দ্রব্যাদি সংগ্রহের প্রতিযোগিতা। *adv.* **scramblingly**। [?]

scran [skran, স্ক্র্যান্] *n.* (coll.) food, eatables, pieces of left-over food, (কথ্য.) খাদ্য, পরিত্যক্ত খাদ্যকণা, বা ভুক্তাবশেষ। **bad scran to you**—তোমার কপাল খারাপ। [?]

scrannel [skra°-nel, স্ক্র্যা°নেল্] *a.* (of sound) thin, feeble, (আওয়াজ সম্পর্কে) পাতলা, দুর্বল, ক্ষীণ; reedy, বাঁশের বাঁশীর আওয়াজের মত। [Norw. *skran* (?)]

scrap₁ [skrap, স্ক্র্যাপ্] (1) *n.* a small fragment, ক্ষুদ্র টুকরা; remnant of food left over, পাতে ফেলিয়া-যাওয়া খাদ্যকণা; (usu. in *pl.*) odds and ends, leavings, টুকিটাকি অংশ, বর্জিতাংশ, ছাঁট; a picture or passage cut from newspapers etc., সংবাদপত্রাদি হইতে কাটিয়া-রাখা ছবি সংবাদ প্রভৃতি। (2) *v.t.* to consign to the scrapheap, বর্জিত পুরাতন লৌহ ও অন্যান্য ধাতুর স্তূপের মধ্যে নিক্ষেপ করা; to discard, (অনাবশ্যকবোধে) বর্জন করা বা ছাঁটিয়া ফেলা (to *scrap* an old car)। *pr. pt.* **scra°pping**। *p. & p. pt.* **scra°pped**। **not a scrap**—মোটেই না। *n.* **scrap°-book**—সংবাদপত্রাদি হইতে কাটা ছবি সংবাদ প্রভৃতি আটকাইয়া বা গাঁথিয়া রাখার খাতা। *n.* **scrap°-heap**—পুরাতন লৌহ ও অন্যান্য ধাতু গলানর জন্য যেখানে জড় করা হয়। *a.* **scra°ppy**—টুকরা টুকরা; অসম্বদ্ধ টুকরা-সমূহে নির্মিত, অসম্পূর্ণ। *n.* **scra°ppiness**। *adv.* **scrappily**। [ON. *skrap*=scraps]

scrap₂ [skrap, স্ক্র্যাপ্] (1) *n.* (sl.) fight, quarrel, (অশি.) মারামারি, ঝগড়া। (2) *v.i.* to fight, মারামারি করা। [see *scrape*]

scrape [skrāp, স্ক্রেইপ্] (1) *v.t.i.* to smooth, polish, clean, graze, or abrade, by passing a sharp edge over, তীক্ষ্ণধার কোন বস্তুদ্বারা ঘর্ষণপূর্বক মসৃণ করা বা পালিশ্ করা বা পরিষ্কার করা বা চাঁছিয়া ফেলা বা উঠাইয়া ফেলা (to *scrape* away or off); to erase, ঘষিয়া তুলিয়া ফেলা; to amass or save laboriously, কষ্টেসৃষ্টে (ধনাদি) জড় করা বা সঞ্চিত করা; to fiddle, (প্রধানতঃ অবজ্ঞায়—বেহালাদি) বাজান; to make a grating sound, (গৃহতলে জুতা ঘষিয়া) শ্রুতিকটু খর্খর্ শব্দ করা। (2) *v.i.* to make a clumsy bow, সৌষ্ঠবহীনভাবে বা জবুথবুভাবে অভিবাদন করা; to practise economy, ব্যয়সঙ্কোচ করা (to work and *scrape* as one may)। *p. & p. pt.* **scrā°ped**। (3) *n.* scraping, মসৃণ করার বা পালিশ্ করার বা পরিষ্কার করার জন্য অথবা চাঁছিয়া বা উঠাইয়া ফেলার জন্য ঘর্ষণ, কষ্টেসৃষ্টে একত্রীকরণ বা সঞ্চয়, বেহালাবাদন, শ্রুতিকটু খর্খর্ শব্দোৎপাদন, জবুথবুভাবে অভিবাদন; a grating noise, শ্রুতিকটু খর্খর্ শব্দ; a stroke, (প্রধানতঃ কলমের) আঁচড়; a scraped place, চাঁছিয়া-ফেলা স্থান; a very thin layer, অতি পাতলা প্রলেপ (a piece of bread with a *scrape* of butter); an awkward predicament, আশঙ্কাজনক বা অসুবিধাপূর্ণ অবস্থা। *n.* **scrā°pe°-penny**—ব্যয়কুণ্ঠ ব্যক্তি। *n.* **scrā°per**—scrape- (*v.*)-এর সকল অর্থে, এবং—ধাতুনির্মিত পাপোশ। **(to) bow and scrape**—এক পা টানিয়া আনিয়া জবুথবুভাবে অভিবাদন করা; (আল.) সম্মানের আতিশয্য প্রদর্শনপূর্বক আচরণ করা। **(to) scrape acquaintance with**—কোন মতে পরিচিত হওয়ার উপায় উদ্ভাবন করা। **(to) scrape along**—(আল.) মুশকিল সত্ত্বেও কোন মতে জীবনযাপন করা। **(to) scrape through**—কোন রকমে উতরাইয়া যাওয়া। [OE. *scrapian* or ON. *skrapa*]

scrapped, scrapping, scrappy—see **scrap**.

scratch [skrach, স্ক্র্যাচ্] (1) *v.t.i.* to draw a sharp point over the surface (of), (কিছুর উপর) সরু দাগ কাটা বা আঁচড়ান; to dig or scrape with the nails or claws, নখরাদিদ্বারা খোঁড়া বা আঁচড়ান; to strike along rough surface, খর্খরে উপরিভাগে ঘষা; to withdraw from a contest, প্রতিযোগিতাদি হইতে অপসৃত করান বা হওয়া (the horse was *scratched* at the last moment)। (2) *v.t.* to erase or delete, (লিখনাদি) ঘষিয়া তুলিয়া ফেলা বা কাটিয়া দেওয়া; to write hurriedly, তাড়াতাড়ি লেখা, টানিয়া লেখা। *p. & p. pt.* **scra°tched**। (3) *n.* act, mark, or sound of scratching, আঁচড়, আঁচড়ের দাগ বা শব্দ; a slight wound, সামান্য ক্ষত; a scrawl, তাড়াতাড়ি টানিয়া লিখন; the starting-line, (প্রধানতঃ মুষ্টিযুদ্ধে বা দৌড়-প্রতিযোগিতায়—হ্যান্ডিকাপ্-বিহীন প্রতিযোগীদের) আরম্ভস্থল বা যাত্রাস্থল; a skirmish, খণ্ডযুদ্ধ। (4) *a.* improvised, হাতের কাছে পাওয়া উপাদানাদি-দ্বারা যেন-তেন প্রকারে তৈয়ারি, উপস্থিতমত রচিত বা নির্মিত; casual আকস্মিক, নৈমিত্তিক; hastily or casually collected, তাড়াহুড়া করিয়া বা উপস্থিতমত সংগৃহীত। *n.* **scratch°-rāce**—যে ধাবন-প্রতিযোগিতায় সকল প্রতিযোগী যাত্রাস্থল হইতে সমভাবে (অর্থাৎ কেহ কোন হ্যানডিকাপ্ বা অন্য সুবিধা না লইয়া) যাত্রা করে। *a.* **scra°tchy**—আঁচড়তুল্য; অসমতল, এবড়ো-খেবড়ো; আঁচড়ানর স্বভাববিশিষ্ট; চুলকায় এমন; (কলমাদি সম্বন্ধে) খর্খরে; (লিখন অঙ্কনাদি সম্বন্ধে) অপটু, অযত্নকৃত। *adv.* **scra°tchily**। *n.* **scra°tchiness**। **a scratch of the pen**—কলমের আঁচড়; তাড়াহুড়া করিয়া লিখিত দুই-এক ছত্র লিখন। **scratch my back and I will scratch yours**—আমার পিঠ চুলকালে আমিও তোমার পিঠ চুলকাব,

তুমি আমাকে দেখলে আমিও তোমাকে দেখব, আমাকে সাহায্য কর ত আমিও সাহায্য করব। **(to) come up to the scratch**—(দৌড়-প্রতিযোগিতায়) ঠিক সময়ে আরম্ভস্থলে পৌছান ; প্রত্যাশিত বা প্রয়োজনীয় কিছু করিবার জন্য প্রস্তুত হওয়া। **(to) scratch along**—কষ্টেসৃষ্টে জীবিকা নির্বাহ করা। **(to) scratch one's head**—মাথা চুলকান অর্থাৎ কিংকর্তব্যবিমূঢ়তার চিহ্ন দেখান। **(to) scratch the surface of**—কোন বিষয় উপর-উপর বা ভাসভাসা-ভাবে পর্যালোচনা করা। **(to) start from scratch**—কোনরূপ সহায়সম্বল বা প্রস্তুতি ছাড়া শুরু করা। [ME. *cracchen* (*v.*)—modified by obs. *scrat*=to scratch]

scrawl [skrawl, স্ক্রল্] (**1**) *v.t.i.* to write irregulary or hurriedly, যেমন-তেমন করিয়া বা তাড়াতাড়ি টানিয়া লেখা। (**2**) *n.* scrawled writing, উক্তভাবে (কুশ্রী) লিখন। [cp. *crawl*]

scrawny [skraw°-ni, স্ক্র°নি] *a.* bony, অস্থিসার, হাড্ডিসার। [see *scrannel*]

scream [skrēm, স্ক্রীম্] (**1**) *v.t.i.* to cry out in a loud shrill voice, (ভয়ে বা বেদনায়) তীক্ষ্ণ আর্তনাদ করিয়া বলা বা তীক্ষ্ণ আর্তনাদ করা ; to laugh shrilly and loudly, তীক্ষ্ণ উচ্চহাসি হাসিয়া বলা বা হাসিয়া ওঠা। (**2**) *n.* a shrill loud cry, তীক্ষ্ণ আর্তনাদ ; a loud whistling sound, উচ্চ শিসের শব্দ। *n.* **screa°mer**। **screaming farce**—অতীব হাস্যকর বিষয়বস্তু বা প্রাণী। [ME. *scraemen*]

scree [skrē, স্ক্রী] *n.* sloping mass of debris at the base of a cliff, ভৃগুমূলে ঢালুভাবে অবস্থিত প্রস্তরাদির স্তূপ। [ON. *skritha*=a landslip]

screech [skrēch, স্ক্রীচ্] (**1**) *v.i.t.* to give forth, or utter with, harsh shrill cry, (পেচক কর্তৃক) কর্কশ তীক্ষ্ণ ধ্বনি করা বা উক্ত ধ্বনিতে বলা। *p.* & *p. pt.* **scree°ched**। (**2**) *n.* a screeching cry or sound, উক্ত ধ্বনি। *n.* **screech°-owl**—লক্ষ্মী-পেঁচা; অশুভ সংবাদবাহক। [imi.]

screed [skrēd, স্ক্রীড্] *n.* a long tiresome harangue or letter, দীর্ঘ ও ক্লান্তিকর বক্তৃতা বা চিঠি। [var. of *shred*]

screen [skrēn স্ক্রীন্] (**1**) *n.* a shield against danger, observation, wind, heat, light etc. বিপদ্ দৃষ্টি বাতাস তাপ আলো প্রভৃতি এড়ানর জন্য আবরণ বা পরদা; a partition, প্রকোষ্ঠাদির বিভাজক তক্তা প্রভৃতি, পার্টিশন্; a coarse sifting apparatus, কয়লা প্রভৃতি বাছাই করার জন্য বড় বড় ফাঁকওয়ালা চালনিবিশেষ ; a white sheet etc. on which image may by projected, যে পরদার উপর ম্যাজিকলণ্ঠনাদির ছবি অভিক্ষিপ্ত করা যায় ; the cinematograph, চলচ্চিত্র। (**2**) *v.t.* to shelter, আশ্রয় দেওয়া ; to hide, লুকাইয়া রাখা, অন্তরালে রাখা ; to sort with a screen, মোটা চালনি দিয়া (কয়লাদি) ঝাড়া; (fig.) to sift or investigate, (আল.—কোন ব্যক্তি বা বিষয় সম্পর্কে) অনুসন্ধান করা ও তথ্যাদি বিচার করা ; to project on a screen, পরদার উপরে অভিক্ষিপ্ত বা প্রতি-ফলিত করান ; to make a motion picture of, (কিছুর) চলচ্চিত্র তৈয়ারি করা। *n. pl.* **scree°nings**—কয়লাদি ঝাড়াই করিয়া প্রাপ্ত চূর্ণাদি। *n.* **screen°-wiper**—বৃষ্টির সময়ে মোটর গাড়ির সম্মুখের কাচ হইতে জল মুছিয়া ফেলার যন্ত্রবিশেষ। [OF. *escran* ?]

screw [skrōō, স্ক্রু] (**1**) *n.* a cylinder with a spiral ridge, স্ক্রু ; anything screw-shaped, স্ক্রুর ন্যায় আকারের বস্তু ; (fig.) pressure, a twist, or a spin, চাপ, মোচড়, পাক, (বলের) ঘূর্ণি ; an extortioner, অর্থাদি শোষণকারী। (**2**) *v.t.* to fasten or tighten with a screw, স্ক্রু দিয়া আটকান বা শক্ত করা ; to force a screw in, স্ক্রু ঢোকান। (**3**) *v.i.* to admit of screwing, স্ক্রুতে আটকান, স্ক্রু বসা। (**4**) *v.t.i.* to twist, মোচড় বা পেঁচ দেওয়া অথবা খাওয়া ; to move spirally, স্ক্রুর মত পেঁচাইয়া চালান বা চলা। *n.* **screw°-drīver**—স্ক্রু ঢোকানর যন্ত্রবিশেষ। *a.* **screwed**—(অশি.) মাতাল, পানোন্মত্ত। **screw°topped**—(ক্যানেস্তারাদি সম্বন্ধে) স্ক্রুর ন্যায় পেঁচাল মুখটিওয়ালা। *a.* **screw°y**—(অশ্বাদি সম্বন্ধে) জীর্ণ, বেতো ; (অশি.) বাতিকগ্রস্ত, পাগলাটে। **a screw loose**—(প্রধানতঃ মস্তিষ্কে) ঈষৎ ত্রুটিযুক্ত ; আধ-পাগলা। **(to) have one's head screwed on the right way**—সুবিবেচনাসম্পন্ন হওয়া। **(to) put** or **turn the screw**—ক্রমে ক্রমে চাপ দেওয়া বা চাপ বাড়ান ; অর্থাদি শোষণ করা। **(to) screw up one's courage**—ভয় কাটাইয়া উঠা বা ভয় জয় করা, সাহস সঞ্চয় করা, সঙ্কল্পে দৃঢ় হওয়া। [OF. *escroue*]

scribble [skrib°l, স্ক্রিব্°ল্] (**1**) *v.t.* to scrawl, যেমন-তেমন করিয়া বা তাড়াতাড়ি লেখা ; to write badly or carelessly, (হস্তাক্ষর বা রচনা সম্বন্ধে) খারাপভাবে বা অবহেলাভরে লেখা। (**2**) *n.* careless writing, খারাপ বা অসতর্ক হস্তাক্ষর অথবা রচনা। *n.* **scribb°ler**। *n.* **scribb°ling-book, scribb°ling-pāper**—আজেবাজে লেখার খাতা বা কাগজ। [LL. *scribillare* < L. *scribere*=to write]

scribe [skrīb, স্ক্রাইব্] *n.* an expounder of the Jewish law, ইহুদীদের শাস্ত্রব্যাখ্যাতা ও ধর্ম-গুরু ; a writer, লেখক ; a clerk, কেরানী করণিক। [L. *scriba*]

scrimmage [skri°-mij, স্ক্রি°মিজ্] *n.* a tussle, কাড়াকাড়ি, মারামারি। [var. of *skirmish*]

scrimp [skrimp, স্ক্রিম্প্] *v.t.i.* to stint, সামান্য পরিমাণে বা কৃপণের মত সরবরাহ করা। *p.* & *p. pt.* **scrim°ped**। [?]

scrimshank [skrim°-shangk, স্ক্রিম্°শ্যাংক্] *v.i.* [mil. sl.] to shirk duty, (সাম. অশি.) কাজ এড়ান। [?]

scrip$_1$ [skrip, স্ক্রিপ্] *n.* a scrap of paper or of writing, টুকরা কাগজ বা লিখন ; a preliminary certificate, অংশীদারিত্ব বা (শেয়ারের) প্রাথমিক সার্টিফিকেট্ বা রসিদ। [cp. *script*]

scrip$_2$ [skrip, স্ক্রীপ্] *n.* a wallet, ক্ষুদ্র ঝুলি বা থলি, বটুয়া। [cp. ON. *skreppa*]

script [skript, স্ক্রিপ্ট্] *n.* an original document, মূল দলিল; a list of actors and their parts, অভিনেতৃবর্গ ও তাহাদের ভূমিকার তালিকা; a text for broadcasting, বেতারে সম্প্রচারার্থ-লিপি; handwriting, হস্তাক্ষর; type in imitation of handwriting, হস্তাক্ষরের অনুকরণে মুদ্রাক্ষর; examinee's answer-paper, পরীক্ষার্থীর উত্তরপত্র। *n.* **script-writer**—(বেতার-প্রচারিত বিষয়বস্তু প্রভৃতির) লিপিলেখক। [L. *scriptum* < *scribere* = to write]

scripture [skrip°-cha(r), স্ক্রিপ্°চ্যা(র্)] *n.* sacred writing of a religion, ধর্মশাস্ত্র; the Bible, খ্রিস্টানদের ধর্মগ্রন্থ 'বাইবেল্'। *a.* **scriptural** [skrip°ch(a)r(a)l, স্ক্রিপ্°চ্‌র্‌ল্] শাস্ত্রীয়; শাস্ত্রসম্মত। [L. *scriptura*—cp. *script*]

scrivener [skri°-vna(r), স্ক্রি°ভ্ন্যা(র্)] *n.* an official drafter of documents, দলিলের (সরকারী) মুসাবিদাকারী। **scrivener's palsy**—লিপিকারের আঙ্গুলের আক্ষেপ বা খিল বা অবশ ভাব। [OF. *escrivain* < LL. *scribanus* < L. *scriba* = a scribe]

scrofula [skro°-fū-la, স্ক্র°ফিউল্যা] *n.* tuberculosis of the lymphatic glands, গণ্ডমালা-রোগ। *a.* **scro°fūlous**—গণ্ডমালা-রোগগ্রস্ত। [L. *scrofulae*]

scroll [skrōl, স্ক্রৌল্] *a.* a roll of paper, parchment, etc., পাকান বা গোটান কাগজ পার্চম্যান্ট্ প্রভৃতি; a book in the form of a scroll, উক্তভাবে পাকান বা গোটান (প্রধানতঃ প্রাচীন) পুঁথি; a spiral decoration, সর্পিল অলঙ্করণবিশেষ। [OF. *escro(u)e*]

scrooge [skrōōj, স্ক্রূজ্] *n.* miser, ব্যয়কুণ্ঠ ব্যক্তি, কৃপণ। [a character in Dickens's *Christmas Carol*]

scrotum [skrō°-tam, স্ক্রৌ°ট্যাম্] *n.* the bag containing the testicles, অণ্ডকোষ, মুষ্ক। [L.]

scrounge [skrownj, স্ক্রাউন্‌জ্] *v.i.t.* to appropriate (things) without permission or by trickery, বিনা অনুমতিতে বা কৌশলে (দ্রব্যাদি) স্বীয় অধিকারে আনা, অপহরণ করা। *n.* **scroun°ger**। [?]

scrub$_1$ [skrub, স্ক্রাব্] (**1**) *v.t.i.* to wash or clean by hard rubbing with a stiff brush, কড়া বুরুশ দিয়া ঘষিয়া ঘষিয়া ধোয়া বা পরিষ্কার করা (to *scrub* the floor)। *pr. pt.* **scru°bbing**। *p. & p. pt.* **scru°bbed**। (**2**) *n.* scrubbing, কড়া বুরুশ দিয়া ঘষিয়া ঘষিয়া প্রক্ষালন। *n.* **scrub°-brush**—গৃহতলাদি ঘষিয়া প্রক্ষালনের জন্য বুরুশ-বিশেষ। [?]

scrub$_2$ [skrub, স্ক্রাব্] *n.* a stunted tree, যে গাছের বাড় ব্যাহত হইয়াছে; brushwood, ছোট ঝোপ বা ডালপালা (যাহা দিয়া ঝাঁট দেওয়া হয়); stunted trees and shrubs collectively, যে সব গাছপালা ও গুল্মের বৃদ্ধি ব্যাহত হইয়াছে; an undersized and inferior animal, নিম্নশ্রেণীর খর্বাকৃতি জন্তু; an insignificant person, তুচ্ছ ব্যক্তি। *a.* **scru°bby**—বাড় ব্যাহত হইয়াছে এমন; গুল্মাবৃত; ইতর। *n.* **scru°bbiness**। [var. of *shrub*]

scruff [skruf, স্ক্রাফ্] *n.* the back of the neck, ঘাড়, নড়া। **(to) seize** or **take by the scruff of the neck**—ঘাড়ে ধরা। [?]

scruffy [skru°-fi, স্ক্রা°ফি] *a.* dirty, untidy, নোংরা, অপরিচ্ছন্ন। [?]

scrummage [skru°-mij, স্ক্রা°মিজ্] (contr.) **scrum**—same as **scrimmage.**

scrumptious [skrum°-shas, স্ক্রাম্°শ্যাস্] *a.* delightful, (প্রধানতঃ খাদ্য-সম্বন্ধে) মনোরম। [?]

scrunch [skrunsh, স্ক্রান্‌শ্] var. of **crunch.**

scruple [skrōōp°l, স্ক্রূপ্°ল্] (**1**) *n.* a small weight (=20 grains), ওজনের মাপবিশেষ (=৮ রতি); a very small quantity, অত্যল্প পরিমাণ; a doubt or hesitation, (প্রধানতঃ নৈতিক বা বিবেকগত) সন্দেহ বা সঙ্কোচ বা দ্বিধা। (**2**) *v.i.* to hesitate from a scruple, দ্বিধাগ্রস্ত হওয়া, সঙ্কোচ করা। *a.* **scrū°pūlous**—দ্বিধাগ্রস্ত; বিবেকী; সতর্ক; যথাযথ; খুঁতখুঁতে। *adv.* **scru°pūlously**। *n.* **scrupulosity** [skrōō-pū-lo°si-ti, স্ক্রুপিউল°-সিটি], **scru°pūlousness**। [L. *scrupulus* = a small stone or anxiety]

scrutiny [skrōō°-ti-ni, স্ক্রূ°টিনি] *n.* close, careful, or minute investigation or examination, গভীর বা সতর্ক বা পুঙ্খানুপুঙ্খ তদন্ত অথবা পরীক্ষা, (পরি.) সমীক্ষা। *n.* **scrutineer** [skrōō°-ti-nē(r)°, স্ক্রূ°টিনিয়া(র্)°] (প্রধানতঃ গুপ্ত ভোটের) পরীক্ষক বা গণনাকারী। *v.t.i.* **scru°tinize**—গভীর সতর্ক বা পুঙ্খানুপুঙ্খভাবে পরীক্ষা করা। *n.* **scru°tinizer**। *adv.* **scru°tinizingly**। [L. *scrutari* = to search]

scud [skud, স্কাড্] (**1**) *v.i.* to sweep along easily and swiftly, স্বচ্ছন্দে ও ক্ষিপ্রগতিতে ঝাঁপাইয়া বা ছুটিয়া চলা; to drive before the wind, বাতাসের আগে ছোটা বা চালাইয়া যাওয়া। *pr. pt.* **scu°dding**। *p. & p. pt.* **scu°dded**। (**2**) *n.* act of scudding, স্বচ্ছন্দে ও ক্ষিপ্রগতিতে বা বাতাসের আগে ধাবন; a scudding motion, স্বচ্ছন্দ ও ক্ষিপ্রগতি, বাতাসের অপেক্ষাও দ্রুততর গতি; driving cloud, দ্রুতগামী মেঘ। [?]

scuff [skuf, স্কাফ্] *v.i.* to walk with dragging feet, পা টানিয়া টানিয়া বা ঘষটাইয়া চলা। *p. & p. pt.* **skuff°ed**। [?]

scuffle [skuf°l, স্কাফ্°ল্] (**1**) *v.t.* to struggle confusedly, বিশৃঙ্খলভাবে মারামারি করা বা ধাক্কা-ধাক্কি করা। (**2**) *n.* a confused struggle, বিশৃঙ্খল মারামারি বা ধাক্কাধাক্কি। [?]

scull [skul, স্কাল্] (**1**) *n.* a spoon-bladed oar,

বৈঠা ; an oar used over the stern, হালের সঙ্গে বাঁধা বৈঠার ন্যায় চেপটামুখো দাঁড়। (2) *v.t.i.* to propel with sculls, উক্ত বৈঠা বা দাঁড় টানিয়া চালান অথবা উহা টানা। *n.* **scu°ller**—উক্ত বৈঠা বা দাঁড় টানিয়া যে নৌকা চালাইতে হয় (also **scul-ling-boat**) ; যে ব্যক্তি উক্ত বৈঠা বা দাঁড় টানে। [?]

scullery [sku°-la-ri, স্কা°ল্যারি] *n.* a back kitchen, বাসন-মাজা ও অনুরূপ কাজের জন্য রান্নাঘরের পার্শ্বপ্রকোষ্ঠ। *n.* **scu°llery-maid**—বাসন-মাজা ঝি। [OF. *escuelerie*]

scullion [sku°-li-an, স্কা°লিয়্যান্] *n.* a washer of dishes and pots, বাসন-মাজা চাকর। [?]

sculptor [skulp°-ta(r), স্কাল্প্°ট্যা(র্)] *n.* an artist in carving, ভাস্কর। *fem.* **sculp°tress**। **sculpture** [skulp°-cha(r), স্কাল্প্°চ্যা(র্)] (1) *n.* ভাস্কর্য ; ভাস্কর কর্তৃক নির্মিত মূর্তি। (2) *v.t.* প্রস্তরাদিতে খোদাই করা ; প্রস্তর মৃত্তিকা প্রভৃতি দ্বারা মূর্তি নির্মাণ করা। *a.* **sculp°tural**—ভাস্কর্যসংক্রান্ত। *a.* **sculpturesque** [skulp-cha-resk°, স্কাল্প্চ্যারেস্ক্°] খোদাই-করা মূর্তিবৎ। [L. *sculptura* < *sculpere*]

scum [skum, স্কাম্] *n.* impurities that rise to the surface, যে ময়লাদি উপরিভাগে ফেনাইয়া ওঠে, গাঁজ্‌লা ; (fig.) refuse of the population, (আল.) জনসাধারণের আবর্জনাস্বরূপ অংশ। *a.* **scumm°y**। [cp. D. *skum*]

scunner [sku°-na(r), স্কা°ন্যা(র্)] *n.* strong dislike, প্রচণ্ড বিরাগ বা অপছন্দ (to take a *scunner* at or against]। [?]

scupper$_1$ [skup°ar, স্কাপ্°অ্যার্] *n.* a hole in ship's side to carry off water from deck, ডেক হইতে জল নিষ্কাশনের জন্য জাহাজের পার্শ্বস্থ গর্ত। [perh. F. *escapier*]

scupper$_2$ [skup°ar, স্কাপ্°অ্যার্] *v.t.* (sl.) to surprise and massacre, (অশি.) অতর্কিত আক্রমণ করিয়া ধ্বংস করা ; to sink (ship etc.), জাহাজ প্রভৃতি ডুবাইয়া দেওয়া ; to ruin, to do for, ধ্বংস করা, সর্বনাশ করা। [?]

scurf [ska(r)f, স্ক্যা(র্)ফ্] *n.* a crust of branny scales, মামড়ি, মরামাসে খুশকি। *a.* **scur°fy**—মামড়ি-পড়া, মরামাসপূর্ণ ; কুঙ্কাবৃত। [OE. *scurf, sceorf*]

scurril(e) [sku°-ril, স্কা°রিল্], **scu°rrilous**—*a.* given to or expressed with low buffoonery, অমার্জিতরুচি ভাঁড়ামিপ্রিয় বা ভাঁড়ামিপূর্ণ ; indecently abusive or jocular, অশ্লীল গালিগালাজপূর্ণ বা কৌতুকপূর্ণ। *n.* **scurri°lity, scu°rrilousness**। *adv.* **scu°rrilously**। [L. *scurrilis* < *scurra* = a buffoon]

scurry [sku°-ri, স্কা°রি] (1) *v.i.* to run hurriedly, দ্রুতবেগে ছোটা। (2) *n.* act or sound of scurrying, দ্রুতবেগে ধাবন বা উক্ত ধাবনের শব্দ ; bustle, হৈচৈ (the *scurry* and scramble of life in a city)। [?]

scurvy [ska(r)°-vi, স্ক্যা(র্)°ভি] (1) *a.* scurfy, মামড়ি-পড়া, ম'রামাসে পূর্ণ ; scabby, আলুথালু ও অপরিচ্ছন্ন ; contemptible, নীচ, জঘন্য (a *scurvy* trick to play on an innocent person)। (2) *n.* a disease, ভিটামিন সি-র অভাবজনিত রোগ-বিশেষ (ইহাতে দাঁতের মাঢ়ী হইতে রক্ত পড়ে)। *adv.* **scur°vily**। *n.* **scur°viness** [cp. *scurf*]

scut [skut, স্কাট্] *n.* a short tail, (শশক হরিণ প্রভৃতির) ক্ষুদ্র লেজ। [?—cp. Icel. *skott* = fox's tail]

scutcheon [skut°sh(a)n, স্কাট্°শ্ন্] contr. of **escutcheon.**

scuttle$_1$ [skut°l, স্কাট্°ল্] *n.* a large open basket, ঝুড়ি (ইহার উপরিভাগ চওড়া এবং তলা সরু) ; a vessel for holding coal, কয়লা রাখার পাত্র বা ঝুড়ি। [OE. *scutel* < L. *scutella* = a tray]

scuttle$_2$ [skut°l, স্কাট্°ল্] (1) *n.* an opening in a ship's deck or side, জাহাজের ডেকের বা পার্শ্বদেশের ছিদ্র ; its lid, উক্ত ছিদ্রের ঢাকনা ; a shuttered hole, (দেওয়ালের ছাদ প্রভৃতির) ঢাকনা-ওয়ালা গর্ত ; its shutter, উক্ত ছিদ্রের ঢাকনা। (2) *v.t.* to make a hole, (প্রধানতঃ নিমজ্জিত করানর জন্য জাহাজের তলদেশ) ফুটা করা। [OF. *escoutille* = hatchway]

scuttle$_3$ [skut°l, স্কাট্°ল্] (1) *v.i.* to dash with haste, দ্রুত ছুটিয়া যাওয়া। (2) *n.* scuttling, বেগে ধাবন। [earlier *scuddle* < *scud*]

Scylla [si°-la, সি°ল্যা] *n.* a monster, (গ্রী. পু.) ষড়্শীর্ষ দানবীবিশেষ। **Scylla and Charybdis**—উভয়সঙ্কট। [Gk. *Skylla*]

scythe [sīdh, সাইদ্] (1) *n.* a mowing instrument, কাস্তে। (2) *v.t.* to cut with a scythe, কাস্তে দিয়া কাটা। [OE. *sithe*—cp. ON. *sigthr*]

Scythian [si°-dhi-an, সি°দিঅ্যান্] (1) *a.* of Scythia, সিদিআর। (2) *n.* a native or the language of Scythia, সিদিআর লোক বা ভাষা।

'sdeath [zdeth, জ্‌ডেথ্] *int.* expressing surprise, impatience, বিস্ময়সূচক বা অধৈর্যসূচক ধ্বনিবিশেষ। [< *God's death*]

sea [sē, সী] *n.* a great mass of salt water, সমুদ্র, সাগর, সিন্ধু ; the ocean, মহাসমুদ্র ; a great wave, বিরাট্ তরঙ্গ ; a wide expanse, বিশাল বিস্তার। *n.* **sea-°bat**—দীর্ঘপক্ষ সামুদ্রিক মৎস্য-বিশেষ। *n.* **sea°-bathing**—সমুদ্রে স্নান। *n.* **sea°-beach**—সমুদ্রতট, সৈকত। *n.* **sea-bear**—মেরু-ভল্লুক। *n.* **sea°-bird**—সামুদ্রিক পক্ষী। *a.* **sea-blue**—সমুদ্রের ন্যায় নীলবর্ণ, সিন্ধুনীল। *n.* **sea-board**—সমুদ্রোপকূলবর্তী অঞ্চল। *a.* **sea°-born**—সমুদ্রজাত, সৈন্ধব। *a.* **sea°borne**—সমুদ্রের উপর দিয়া বাহিত (*sea-borne* commerce, trade, etc.)। *n.* **sea°breeze**—সমুদ্রের হাওয়া। *n.* **sea°calf**—সামুদ্র প্রাণিবিশেষ, সীল। *n.* **sea-captain**—সমুদ্রগামী জাহাজের অধ্যক্ষ। *n.* **sea°-chart**—সমুদ্র উপকূল প্রভৃতির নকশা। **sea change**—

আমূল পরিবর্তন, রূপান্তর। *n.* **sea-coal**—কয়লা (মূলতঃ নিউক্যাসল হইতে সমুদ্রবাহিত কয়লা, কাঠকয়লা নয়)। *n.* **sea°coast**—সমুদ্রতটবর্তী অঞ্চল, সমুদ্রোপকূল। *n.* **sea°-cow**—স্তন্যপায়ী মৎস্যাকার সামুদ্র প্রাণিবিশেষ; সিন্ধুঘোটক। *n.* **sea°-dog**—সমুদ্রগামী জাহাজের অভিজ্ঞ নাবিক (বিশেষতঃ রানী এলিজাবেথের আমলের সমুদ্রগামী ব্রিটিশ জাহাজের কাপ্তান)। *n.* **sea°-eagle**—সামুদ্র ঈগল। *n.* **sea°-fārer**—সমুদ্রে ভ্রমণকারী, সামুদ্র নাবিক। **sea°-fāring**—(1) *n.* সমুদ্রে ভ্রমণ। (2) *a.* সমুদ্রে ভ্রমণরত। *n.* **sea°-fight**—সমুদ্রোপরি যুদ্ধ, সমুদ্রযুদ্ধ। *n.* **sea-fog**—স্থলদেশ ও সমুদ্রের তাপমাত্রার পার্থক্যের জন্য যে কুয়াশা জন্মে এবং যাহা ভূপৃষ্ঠে অল্পদূর পর্যন্ত বিস্তৃত হয়। *n.* **sea°-fowl**—সামুদ্রিক পক্ষী। *n.* **sea°-front**—শহরের যে অংশ সমুদ্রাভিমুখী। *a.* **sea°-girt**—সমুদ্রবেষ্টিত। *n.* **sea°-god**—সমুদ্রের দেবতা (তু. বরুণ)। *fem.* **sea°-go°ddėss**। *a.* **sea°-gōing**—সমুদ্রগামী; সমুদ্রগমনোপযোগী। *n.* & *a.* **sea°-green**—সমুদ্রের ন্যায় সবুজ, সিন্ধুশ্যামল। *n.* **sea°-gull**—শঙ্খচিল। *n.* **sea°-horse**—ক্ষুদ্র সামুদ্রিক মৎস্যবিশেষ। *n.* **sea-island cotton**—ভাল তুলা, (যাহা প্রথমে জর্জিয়া ও উভয় কেরোলিনার উপকূলবর্তী স্থানে জন্মিত)। *n.* **sea-kale**—এক প্রকার বহুবর্ষজীবী তরকারি হিসাবে ব্যবহৃত উদ্ভিদ্। *n.* **sea-legs**—বিক্ষুব্ধ সমুদ্রগামী জাহাজের ডেকে হাঁটিবার ক্ষমতা। **Sea Lord**—বোর্ড অব্ অ্যাডমিরাল্টির নাবিকসদস্য। *n.* **sea°-le°vel**—সমুদ্রপৃষ্ঠ, (পরি.) সমুদ্রসমতল, সাগরাঙ্ক। *n.* **sea°-lion**—ক্ষুদ্র সামুদ্রিক মৎস্যবিশেষ। *n.* **sea°man**—নাবিক। *a.* **sea°manlike, sea°manly**—নাবিকতুল্য। *n.* **sea°manship**—নাবিকবিদ্যা, নাবিকবৃত্তি। *n.* **sea°-mew**—শঙ্খচিল। *n.* **sea-monster**—(প্রধানতঃ পৌরাণিক) জলদানব। *n.* **sea°-nymph**—সমুদ্রপরী। *n.* **sea°-pa°ssage**—সমুদ্রপথে ভ্রমণ। *n.* **sea°-plāne**—স্থলের বদলে জলোপরি অবতরণের পক্ষে প্রয়োজনীয় কলকব্জাযুক্ত বিমানপোত-বিশেষ। *n.* **sea°port**—সমুদ্রবক্ষস্থ বন্দর। *n.* **sea°-power**—সমুদ্রবক্ষে প্রবলশক্তিসম্পন্ন জাতি; জাতির নৌবল। *n.* **sea°-rōver**—সমুদ্রদস্যু। *n.* **sea-rōving**—জলদস্যুতা। *n.* **sea°-salt**—সৈন্ধব লবণ। *n.* **sea°-scāpe**—সমুদ্রের দৃশ্যের চিত্র। *n.* **sea-service**—সমুদ্রগামী জাহাজে নাবিকগিরি; সমুদ্রবক্ষে চাকরি। *n.* **sea°shore°**—সমুদ্রোপকূল বা তৎসন্নিহিত অঞ্চল। *a.* **sea°sick°**—(সমুদ্রযাত্রী-সম্বন্ধে) জাহাজের দোলনের ফলে পীড়িত। *n.* **sea°sicknėss**—সমুদ্রপীড়া। *n.* **sea°side°**—সমুদ্রতীরবর্তী অঞ্চল। *n.* **sea°-ur°chin**—তীক্ষ্ণ কণ্টকসমূহে আবৃতদেহ ক্ষুদ্র সামুদ্রিক শম্বুকবিশেষ। *n.* **sea°view**—সমুদ্রের দৃশ্য বা তাহার ছবি। *n.* **sea°-wall°**—সমুদ্র-প্রতিরোধী বাঁধ। *a.* **sea°ward(ly)**—সমুদ্রাভিমুখ। *adv.* **sea°wardly, sea°ward(s)**—সমুদ্রাভিমুখে। *n.* **sea°-way**—সমুদ্রপথে জাহাজের অগ্রগমন; সমুদ্রপথ। *n.* **sea°weed**—সামুদ্র গুল্মবিশেষ, সমুদ্র-শৈবাল। *a.* **sea°worthy**—সমুদ্রোপযোগী; সমুদ্রযাত্রার বা (সমুদ্রের) ঝড়ো আবহাওয়ার পক্ষে উপযোগী। **all at sea**—(কাহারও) হিসাবের বাহিরে; সম্পূর্ণ কিংকর্তব্যবিমূঢ়। **at full sea**—জোয়ারের সময়ে। **at sea**—সমুদ্র-বক্ষে; (আল.) বিভ্রান্ত। **by sea**—সমুদ্রপথে। **deep sea**—গভীর সমুদ্র। **Great Sea**—ভূমধ্যসাগর। **half seas over**—অত্যধিক মদ্যপান করিয়া; পানোন্মত্ত। **heavy sea**—ঊর্মিময় সমুদ্র। **high seas**—উন্মুক্ত মহাসাগর অর্থাৎ কূল হইতে দূরবর্তী অংশ। **narrow seas**—গ্রেট ব্রিটেনের সন্নিহিত সাগরসমূহ। **the Seven Seas**—সাত সমুদ্র (উত্তর প্রশান্ত, দক্ষিণ প্রশান্ত, উত্তর অতলান্তিক, দক্ষিণ অতলান্তিক, সুমেরু, কুমেরু ও ভারতমহাসাগর)। **on the sea**—সমুদ্রোপকূলে (Digha is *on the sea*)। **open sea**—উপকূল হইতে দূরবর্তী সমুদ্রের অংশ, বহিঃসমুদ্র। *adv.* **overseas**—বিদেশে। **South Sea**—প্রশান্ত মহাসাগর। **(to) go to sea, (to) follow the sea**—নাবিকবৃত্তি গ্রহণ করা। **(to) put to sea**—সমুদ্রযাত্রায় বহির্গত হওয়া। [OE. *sæ*—cp. Du. *zee*, G. see]

seal$_1$ [sēl, সীল্] *n.* a marine animal, সামুদ্রিক প্রাণিবিশেষ, সীল; its skin, সীলের চর্ম। *n.* **seal°-skin**—সীলের চর্ম; উক্ত চর্মে বা সীলের লোমদ্বারা প্রস্তুত পোশাক। [OE. *seolh*<ON. *selr*]

seal$_2$ [sēl, সীল্] (1) *n.* a piece of wax etc. stamped with a device and attached as a means of authentication or attestation, সীলমোহর; a circular mark, etc., নামমুদ্রা, পঞ্জা; a piece of wax etc., used as a means of keeping closed a letter, door, etc., সীল; the design stamped, সীলমোহরের ছাপ; any material used in making seal, চাঁচ গালা প্রভৃতি সীল করার উপাদান। (2) *v.t.* to set a seal to, সীলমোহর করা, নামমুদ্রাঙ্কিত করা; to stamp, ছাপ দেওয়া; to fasten with a seal, সীল করিয়া বন্ধ করা, সীল করা; to confirm, সত্য বলিয়া সমর্থন করা; to close up, বন্ধ করিয়া দেওয়া; to enclose, ভিতরে বন্ধ করিয়া রাখা। **Great Seal**—গ্রেট্ব্রিটেনের রাজার নামমুদ্রা। **Privy Seal**—গ্রেট্ব্রিটেনের রাজকীয় অনুদানাদির প্রদানপত্রে ব্যবহৃত সীলমোহর। **a sealed book**—জ্ঞানবুদ্ধির অগম্য বিষয় বা বস্তু। **under seal**—বিশ্বাসযোগ্য বা সত্য বলিয়া নিশ্চয়ীকৃত। **under sealed orders**—সমুদ্রমধ্যে উপস্থিত হইলে তবে খোলা হইবে এমন হুকুমনামা-প্রাপ্ত। *n.* **sea°ling-wax**—সীল করার জন্য গালা। **(to) set one's seal (to)**—অনুমতি বা সম্মতি দেওয়া। [OF. *seel*<L. *sigillum*]

Sealyham [sēl°i-am, সীল্°ইঅ্যাম্] *n.* একজাতীয় কুকুর। [*Sealyham* in Pembrokeshire]

seam [sēm, সীম্] (1) *n.* a line of junction between edges (esp. those sewn together), (প্রধানতঃ একত্র সেলাই-করা) দুই প্রান্তের জোড়; a stratum, (প্রধানতঃ পাতলা) স্তর। (2) *v.t.* to join with seams, প্রান্তদেশ একত্র সেলাই করিয়া জুড়িয়া দেওয়া। **bursting at the seams**—এতই ভরতি

যে সেলাই ফাটিবার উপক্রম অর্থাৎ উপচাইয়া পড়িতে উদ্যত। *a.* **seam°lėss**—(জামা-সম্বন্ধে) একখানা অখণ্ড বস্ত্রে তৈয়ারি অর্থাৎ বিভিন্ন টুকরা জুড়িয়া তৈয়ারি করা নহে এমন। *n.* **seam°ster, seam°strėss**—same as **semp°ster, semp°strėss**। *a.* **seam°y**—বিভিন্ন টুকরা জোড়া দিয়া তৈয়ারি। *n.* **seam°inėss**। **seamy side**—(কাব্যে.) পোশাকাদির উলটা পিঠ, (কিছুর) নিন্দনীয় অংশ (the *seamy side* of life)। [AS.—cp. G. *saum*]

séance [sā°-ŭns, সেই°আঁস্] *n.* a sitting of spiritualists, প্রেতাদির গবেষকদের বৈঠক। [F. <L. *sedere*=to sit]

sear [sē(r), সিয়্যা(র্)], **sere** (1) *a.* dry and withered, শুষ্ক ও বিশীর্ণ। (2) *v.t.* to make sear, শুষ্ক ও বিশীর্ণ করা; to scorch, তাপপীড়িত করা; to brand, তপ্তলোহাদি দ্বারা ছাপ দেওয়া; to render callous or insensible, অনুভূতিহীন বা অসাড় করা। *n.* **sēar°ing-īron**—ছেঁকা বা ছাপ দিবার লৌহ। [OE. *sear* (*a.*), *searian* (*v.*)]

search [sa(r)ch, স্যা(র্)চ্] (1) *v.t.i.* to look to find something, সন্ধান করা; to examine closely, গভীরভাবে পরীক্ষা করা; to investigate, তদন্ত করা; to ransack, তন্নতন্ন করা; to probe, পরীক্ষাদির জন্য ভিতরে ঢোকা, খানাতল্লাস করা। *p.* & *p. pt.* **sear°chėd**। (2) *n.* act of searching, অনুসন্ধান, গভীর পরীক্ষা, তদন্ত, তন্নতন্নকরণ, পরীক্ষাদির জন্য ভিতরে প্রবেশ, খানাতল্লাস। *n.* **sear°cher**—search (*v.*)-এর সকল অর্থে, এবং—খানাতল্লাসকারী দারোগা। *a.* **searching**—পুঙ্খানুপুঙ্খ, কোন ফাঁক বা ত্রুটি না রাখিয়া। *adv.* **sear°chingly**। *n.* **search°-līght**—জাহাজ রেলগাড়ি মোটর গাড়ি প্রভৃতির তীব্র সন্ধানী বাতিবিশেষ। *n.* **search°-party**—সন্ধান ও তদন্তের জন্য প্রেরিত দল। **in search of**—(কিছুর) সন্ধানে। **right of search**—(আন্তর্জাতিক আইনানুসারে) যুদ্ধকালে বিবদমান কোন পক্ষের নিরপেক্ষ দেশের জাহাজ খানাতল্লাসী করার অধিকার। *n.* **search°-wa°rrant**—খানাতল্লাসীর পরওয়ানা। **(to) search one's heart**—স্বীয় বিশ্বাস মত ও আচরণ সতর্কভাবে পরীক্ষা করা। **(to) search out**—খোঁজা; খুঁজিয়া বাহির করা। [OF. *cercher* <L. *circare*=to go about]

season [sē°zn, সী°জ্‌ন্] (1) *n.* one of the divisions of the year, ঋতু; the proper time of year for anything, (কিছুর পক্ষে) বৎসরের উপযুক্ত ভাগ বা কাল; the proper time, যথাকাল; time, আমল, কাল। (2) *v.t.i.* to mature, পূর্ণকালপ্রাপ্ত করান বা হওয়া, পাকান বা পাকা; to temper or become tempered, শীতাতপ প্রয়োগে দৃঢ় করা বা শীতাতপে থাকিয়া দৃঢ় হওয়া, পান দেওয়া বা পান হওয়া; to inure or become inured, অভ্যস্ত করান বা হওয়া; to make or become savoury, মসলাদিযোগে স্বাদু গন্ধযুক্ত করা বা হওয়া; to imbue or be imbued, পরিপূর্ণ করা বা হওয়া। *a.* **sea°ṡonable**—যথাকালীন, কালের; সময়োচিত (*seasonable* advice, aid, caution, gift, etc.)। *adv.* **sea°ṡonably**। *a.* **sea°ṡonal**—ঋতু-অনুযায়ী। *a.* **sea°ṡoned**—season (*v.*)-এর সকল অর্থে। *n.* **sea°ṡoning**—season (*v.*)-এর সকল অর্থে। **season ticket**—নির্দিষ্ট কিছুকাল ব্যাপিয়া ট্রাম বাস রেল প্রভৃতি গাড়িতে চড়িয়া যাতায়াত করার জন্য এবং ক্রীড়ানুষ্ঠান প্রদর্শনী প্রভৃতি দেখিবার জন্য টিকিট, সীজন-টিকিট। **closed season**—বৎসরের যে সময়ে কোন কোন পশুপক্ষী মৎস্য প্রভৃতি শিকার করা বেআইনী (কারণ ঐ সময়ে উহারা নিজ নিজ বংশ বৃদ্ধি করে)। **dead season**—(জনপ্রিয় স্থান-সম্বন্ধে) যাত্রীরা চলিয়া গিয়াছে এমন সময়। **in season**—পরিপক্ব; ব্যবহারযোগ্য হইয়াছে এমন; (ভক্ষ্য পশু-প্রাণি-সম্বন্ধে) বধযোগ্য হইয়াছে এমন; ভক্ষণোপযোগী, উপযুক্ত সময়ে (a word *in season*—সময়োপযোগী উপদেশ)। **in season and out of season**—সকল সময়ে। [OF. *seson* <L. *satio*=a sowing]

seat [sēt, সীট্] (1) *n.* anything for sitting on, আসন চেয়ার বেঞ্চি টুল প্রভৃতি; the part of a chair etc., on which the posteriors rest, আসন চেয়ার প্রভৃতির যে অংশে নিতম্ব স্থাপিত হয়; a place for sitting, উপবেশনের স্থান; a right to sit, বসার অধিকার; a constituency, নির্বাচন-কেন্দ্র; membership, সদস্যপদ; that on which anything rests, যাহার উপর কিছু স্থাপিত হয়, পীঠিকা; location, অবস্থানস্থল; a post, পদ; abode, আবাস; mansion, (বিশেষতঃ পল্লীগ্রামস্থ) বৃহৎ বাসভবন। (2) *v.t.* to place on a seat, আসনে পীঠিকায় বা পদে স্থাপিত করা; to cause to sit, বসান; to establish, প্রতিষ্ঠিত করা; to furnish with a seat, আসনযুক্ত করা, আসন লাগান। *n.* **seat°-belt**—যাহাতে স্বস্থানে স্থির থাকিতে পারে, সেজন্য আসনসংলগ্ন যে বেল্ট বিমান-যাত্রী কোমরে বাঁধিয়া রাখে। *n.* **sea°ting-room**—নির্দিষ্ট-সংখ্যক ব্যক্তির বসিবার মত জায়গা (this hall has *seating-room* for a hundred people)। **(to) keep one's seat**—আসন বজায় রাখা, আসনে সুস্থিতভাবে উপবিষ্ট থাকা। **(to) lose a seat**—কোন কেন্দ্র হইতে নির্বাচনে পরাজিত হইবার ফলে আইনসভার সদস্যপদ হারান। **(to) take a seat**—আসন গ্রহণ করা, উপবেশন করা। **(to) take a back seat**—নিম্নস্থান অধিকার করা, সবচেয়ে পিছনে পড়িয়া থাকা। **(to) take one's seat**—নিজের জন্য নির্দিষ্ট স্থানে উপবেশন করা। **(to) win a seat**—কোন কেন্দ্র হইতে নির্বাচনে জয়লাভের ফলে আইনসভার সদস্যপদ লাভ করা। **country seat**—রাজধানীর বাহিরে অথবা পল্লী অঞ্চলে (বিশেষতঃ বিস্তীর্ণ জমি বাগান সমন্বিত) সৌধ। [ON. *sæti*(*n.*)]

-seater [sē°-ta(r), সী°ট্যা(র্)] *in comp.* a vehicle having seats for so many, নির্দিষ্ট-সংখ্যক যাত্রীর আসনসংবলিত গাড়ি (a two-*seater*)। [see *seat*]

sebaceous [si-bā°-shas, সিবেই°শ্যাস্] *a.* tallowy, জান্তব চর্বিময় বা চর্বিঘটিত ; secreting oily matter, তৈলজ পদার্থ-নিঃস্রাবী (*sebaceous* duct, gland, etc.) । [L. *sebaceus*]

secant [sē°k(a)nt, সী°ক্‌ন্‌ট্] (**1**) *a.* cutting, ছেদক, কর্তক । (**2**) *n.* a cutting line, ছেদক-রেখা, ছেদরেখা ; (*trig.*) the radius of a circle produced through end of an arc to meet the tangent to the other end, (ত্রিকোণ—পরি.) ছেদক । [L. *secare*=to cut]

secateur [seka°tar, সেক্যা°ট্যার্] *n.* (usu. in *pl.*) pair of pruning clippers, ছাঁটিবার যন্ত্র । [L. *secare*=to cut]

secede [si-sēd°, সিসীড্°] *v.i.* to withdraw, (দল ধর্মসম্প্রদায় সঙ্ঘ প্রভৃতি হইতে) অপসৃত হওয়া (to *secede* from a federation) । *p.* & *p. pt.* **sėcē°dėd** । *n.* **sėcē°der** । *n.* **secession** [si-se°sh(a)n, সিসে°শ্‌ন্] অপসরণ ; অপসৃতদল । *n.* **sėce°ssionist**—অপসরণের সমর্থক ; অপসরণকারী দলের লোক । [L. *secedere*]

seclude [si-klōōd°, সিক্লূড্°] *v.t.* to shut off, (সঙ্ঘ বা প্রভাব হইতে) স্বতন্ত্র করা, নিঃসঙ্গ বা নির্জন করা । *a.* **seclu°dėd**—স্বতন্ত্র, নিঃসঙ্গ, নির্জন, নিরালা (a *secluded* spot) । *n.* **sėclu°sion**—স্বাতন্ত্র্য, নিঃসঙ্গতা, নির্জনতা । [L. *secludere*]

second [se°k(a)nd, সে°ক্‌ন্‌ড্] (**1**) *a.* next after or below the first, দ্বিতীয় ; other, alternative, অন্য, ভিন্ন ; another, অপর আরেকটি ; inferior, হীনতর পদস্থ, নিম্নতর শ্রেণীভুক্ত ; (*gr.*) referring to the person addressed, (ব্যাক.—পুরুষ-সম্বন্ধে) মধ্যম । (**2**) *adv.* next after the first, প্রথমটির অব্যবহিত পরে, দ্বিতীয় হইয়া ; secondly, দ্বিতীয়তঃ । (**3**) *n.* one who or that which, is second or of the second class, দ্বিতীয় ব্যক্তি প্রাণী বা বস্তু, দ্বিতীয় স্থানাধিকারী বা শ্রেণীভুক্ত বা মধ্যমপ্রকার ব্যক্তি প্রাণী বা বস্তু ; a place in the second class, দ্বিতীয় শ্রেণীতে স্থান ; one who attends another in a duel or a prize fight, দ্বন্দ্বযোদ্ধার বা মল্লযোদ্ধার সহকারী ; a supporter, সমর্থক ; the 60th part of a minute, $\frac{1}{60}$ মিনিট, সেক্‌ন্‌ড্, (পরি.) বিকলা ; (in *pl.*) goods of a second quality, দ্বিতীয় শ্রেণীর মালপত্র । (**4**) *v.t.* to act as a second to, (দ্বন্দ্বযোদ্ধার বা মল্লযোদ্ধার) সহকারিত্ব করা ; to back or support, সমর্থন করা ; [si°-kond, সি°কন্‌ড্] to withdraw from regimental service for temporary special duty, বিশেষ কর্মে সাময়িকভাবে নিয়োগের জন্য সামরিক পদ হইতে সরাইয়া লওয়া । *a.* **secondary** [se°k(a)nd(a)ri, সে°ক্‌ন্‌ড্‌রি] অধীন ; আনুষঙ্গিক ; অপ্রধান, গৌণ ; দ্বিতীয় শ্রেণীর, মধ্যমপ্রকার ; দ্বিতীয় পর্যায়ভুক্ত ; (শিক্ষা-সম্বন্ধে) মাধ্যমিক । **secondary education**—মধ্যশিক্ষা । *adv.* **se°condarily** । **second ballot**—দ্বিতীয়বার ভোটগ্রহণ-পদ্ধতি (প্রথমবার ভোটগ্রহণে প্রথম প্রার্থী অর্ধেকের বেশী ভোট না পাইলে সেই প্রার্থী এবং তাহার অব্যবহিত নিচের প্রার্থীর মধ্যে দ্বিতীয়বার ভোট গ্রহণ করা হয়) । **second-best**—(**1**) *a.* সর্বোত্তমের অব্যবহিত পরবর্তী । (**2**) *n.* ঐরূপ ব্যক্তি বস্তু প্রাণী বা প্রতিযোগী । **second chamber**—দুই পরিষদ্‌বিশিষ্ট আইনসভার উচ্চতর ব্যবস্থাপরিষদ্ (upper house) । **second childhood**—বার্ধক্য-জনিত বুদ্ধিবিকার, ভীমরতি । *a.* **se°cond-class**—দ্বিতীয় বা মধ্যম শ্রেণীভুক্ত । *n.* **se°conder**—প্রস্তাবের সমর্থক ; সমর্থক । *a.* **se°cond-hand°**—অন্যের নিকট হইতে প্রাপ্ত ; অমৌলিক ; পূর্বে অন্য ব্যক্তির অধিকারে ছিল বা অন্য ব্যক্তি কর্তৃক ব্যবহৃত হইয়াছে এমন ; পরোক্ষ । **a good second**—প্রথম স্থানাধিকারীর প্রায় সমকক্ষ । **at second hand**—পরোক্ষভাবে ; লোকমুখে । *n.* **second-in-command**—সহকারী সেনাপতি । *n.* **second-lieutenant**—স্থলবাহিনীর নিম্নতম সেনানায়কদের পদ । *adv.* **se°condly**—দ্বিতীয়তঃ । **second name**—পদবী । **second nature**—দৃঢ়মূল অভ্যাস ; প্রায় প্রকৃতিগত । *a.* **se°cond-rāte**—নিম্নতর শ্রেণীর ; হীনতর ; মধ্যমপ্রকার । *n.* **second-ra°ter**—মধ্যমপ্রকার বুদ্ধিবৃত্তিসম্পন্ন ব্যক্তি । *n.* **second-sight**—ভবিষ্যৎ দর্শনের বিশেষ ক্ষমতা, অন্তর্দৃষ্টি, মনশ্চক্ষু । *a.* **se°cond-sīgh°tėd**—অন্তর্দৃষ্টিসম্পন্ন । **second teeth**—শিশুর দুধ-দাঁত পড়িয়া যেসব দাঁত ওঠে । **second thoughts**—পুনর্বিবেচনা । **second to none**—উৎকর্ষাদিতে কাহারও অপেক্ষা কম নহে । **split second**—এক সেকেন্‌ডের স্বল্পভাগ, এক মুহূর্ত । **the second sex**—স্ত্রীজাতি । **in the second place**—দ্বিতীয়তঃ । **(to) get a second**—স্নাতক পরীক্ষায় দ্বিতীয় শ্রেণীর অনার্স পাওয়া । [F. <L. *secundus*]

secrecy—see **secret.**

secret [sē°krit, সী°ক্রিট্] (**1**) *a.* kept back from knowledge or view of others, গুপ্ত ; unrevealed, অপ্রকাশিত ; hidden, লুক্কায়িত ; secluded, একান্ত, নিরালা ; occult, রহস্যপূর্ণ, গূঢ় ; preserving secrecy, গোপনতা রক্ষা করিয়া চলে এমন ; admitted to confidence, গুপ্ত বিষয়াদি জানার অধিকারপ্রাপ্ত । (**2**) *n.* a secret fact, purpose or method, গুপ্ত তথ্য উদ্দেশ্য বা প্রণালী ; secrecy, গোপনতা (to do a thing with great *secrecy*) ; a secret or secluded place, গুপ্ত বা নিরালা স্থান । *n.* **sē°crėcy**—গোপনতা ; গূঢ়তা ; গূঢ় রহস্যপূর্ণতা ; নির্জনতা ; গোপন রাখার অভ্যাস বা শক্তি ; গুপ্ত ব্যাপার বা বস্তু । *a.* **sėcrē°tive**—গোপন রাখার স্বভাববিশিষ্ট ; সহজে কথা বলে না বা মুখ খোলে না এমন ; গোপনতাপূর্ণ । *adv.* **secrē°tively** । *n.* **secrē°tiveness** । *adv.* **sē°crėtly** । **secret ballot**—গুপ্ত ভোট । **in the secret**—গুপ্ত ব্যাপারাদি জানার অধিকারপ্রাপ্ত । **an open secret**—যে গুপ্তরহস্য অনেকেরই জানা । **(to) keep a secret**—গুপ্ত বিষয়াদি প্রকাশ না করা । **secret agent**—গুপ্তকার্যে নিযুক্ত কর্মচারী ; গুপ্ত-

চর। **Secret Service**—সরকারী গুপ্তচর বিভাগ বা গুপ্তচরবৃত্তি। **top secret**—গোপনতম। **top secret cover**—যে খামের অভ্যন্তরস্থ চিঠিপত্র দলিল প্রভৃতি বিশেষভাবে গোপনীয় বলিয়া পরিগণিত, (পরি.) নিগূঢ়চ্ছদ। **(to) let one in a secret** or **in the secret**—গুপ্ত ব্যাপারে অংশগ্রহণের অধিকার দেওয়া। [L. *secretum* < *secernere* = to put apart]

secretary [se°-krat-ri, সে°ক্র্যাট্‌রি] *n.* one employed to write or transact business, কেরানী, সচিব, সম্পাদক ; a minister, মন্ত্রী (the *Secretary* of State) ; a writing-desk, লেখার টেবিল। *a.* **secretār°ial**—কেরানী সচিব বা সম্পাদক সম্বন্ধীয় অথবা তাহাদের কার্য-সংক্রান্ত। *a.* **secretār°iat(e)**—কেরানীগিরি, সচিবগিরি, সম্পাদকগিরি ; কেরানী সচিব বা সম্পাদকের দফ্‌তর, (পরি.) মহাকরণ ; কেরানীবর্গ, সচিববর্গ, সম্পাদকবর্গ। *n.* **se°cretary-bird°**—আফ্রিকার দীর্ঘপদ সর্পভুক্ পক্ষিবিশেষ, কেরানী-পাখি। *n.* **se°cretaryship**। [see *secret*]

secrete [si-krēt°, সিক্রীট্°] *v.t.* to hide, লুকাইয়া রাখা ; (bio.) to produce by secretion, (জীব. = লালাগ্রন্থি সম্বন্ধে) ঘর্ষণাদিদ্বারা নিঃসৃত বা ক্ষরিত করা। *p.* & *p. pt.* **sécrē°téd**। *n.* **sécre°tion**—secrete-এর সকল অর্থে এবং—লুকাইয়া রাখা বস্তু ; (জীব.) ক্ষরিত বা নিঃসৃত বস্তু রস প্রভৃতি (bile *secretion*)। [see *secret*]

secretive—see **secret**.

sect [sekt, সেক্‌ট্] *n.* a body of followers, অনুগামিবৃন্দ, শিষ্যবৃন্দ ; an organized denomination, (প্রধানতঃ ধর্ম-) সম্প্রদায় ; a party in a church, গির্জার ভক্তদের উপদল ; a dissenting body, বিরোধী বা বিদ্রোহী দল ; a party, দল, উপদল ; a class of people, জনসাধারণের শ্রেণী, সমাজের শাখা। *a.* **sectār°ial**—সাম্প্রদায়িক বৈশিষ্ট্যপূর্ণ বা দলাদলিপূর্ণ, সাম্প্রদায়িকতাপূর্ণ। **sectār°ian**—(1) *a.* সাম্প্রদায়িকতাপূর্ণ ; ধর্মগত গোঁড়ামিপূর্ণ ; সঙ্কীর্ণচিত্ত বা অনুদার। (2) *n.* ঐরূপ ব্যক্তি। *n.* **sectār°ianism**—সাম্প্রদায়িকতা। *n.* **sect°ary**—অনুগামী জন, শিষ্য, ভক্ত ; সম্প্রদায়ভুক্ত ব্যক্তি ; (প্রধানতঃ ধর্মগত) বিরোধী বা বিদ্রোহী ব্যক্তি। [L. *secta* = a following]

sectile [sek°-tīl, সেক্‌°টাইল্] *a.* capable of being cut with a knife without breaking, না ভাঙ্গিয়া ছুরি দিয়া কাটা যায় এমন। [see *section*]

section [sek°sh(a)n, সেক্‌°শ্‌ন্] (1) *n.* an act of cutting, ছেদন, কর্তন ; a part cut off, ছেদ ; a division, বিভাগ, শাখা ; a portion, অংশ ; a chapter of a book, অধ্যায়, পরিচ্ছেদ, সর্গ ; a clause of an act, আইনের ধারা ; a line of intersection, ছেদরেখা ; (geom.) the surface formed when a solid is cut by a plane, (জ্যামি.) ছেদ। (2) *v.t.* to divide into sections, বিভিন্ন বিভাগে বা শাখায় ভাগ করা। *a.* **sec°tional**—বিভাগীয় ; শাখাবিভক্ত। *n.* **sec°tion-hōlder**—অফিসের বিভাগীয় বড় কেরানী, (পরি.) শাখাধর। **cross section**—(পরি.) প্রস্থচ্ছেদ। **longitudinal section**—(পরি.) দীর্ঘচ্ছেদ। **transverse section**—(পরি.) অনুপ্রচ্ছেদ, প্রস্থচ্ছেদ। **vertical section**—(পরি.) লম্বচ্ছেদ, উল্লম্ব বা উর্ধ্বাধঃ ছেদ। [L. *secare* = to cut]

sector [sek°-ta(r), সেক্‌°ট্যা(র্)] *n.* (geom.) a plane figure bounded by two radii and an arc, (জ্যামি.) দুই ব্যাসার্ধ ও একটি চাপ দিয়া বেষ্টিত ক্ষেত্র, বৃত্তকলা ; any sector-shaped object, বৃত্তকলাকার বস্তু ; the space or a part of it, occupied by an army line, সৈন্যব্যূহবেষ্টিত স্থান বা তাহার অংশ ; a branch, শাখা, বিভাগ (a *sector* of industry)। *a.* **sec°toral**। [see *section*]

secular [se°-kū-la(r), সে°কিউল্যা(র্)] (1) *a.* of or occurring once in a generation, century or age, কোন একটি পুরুষ বা শতাব্দী বা যুগ সম্বন্ধীয় অথবা তন্মধ্যে সজ্বটিত ; age-long, যুগব্যাপী (*secular* change) ; age-old, বহুযুগের পুরাতন ; of the present world or of things not spiritual, বর্তমান জগতের বা অনাধ্যাত্মিক বিষয়ের (*secular* affairs) ; not ecclesiastical or monastic, lay, যাজকীয় বা মঠজীবনগত নহে এমন, বিষয়ী (cp. **regular**)। (2) *n.* an ecclesiastic not bound by monastic rules, মঠের বা গীর্জার বিধিনিয়মাদি হইতে মুক্ত যাজক। *n.* **se°cūlarism**—রাষ্ট্রনীতি শিক্ষা প্রভৃতি ধর্মীয় শাসন হইতে মুক্ত থাকা উচিত : এই মতবাদ। *n.* **se°cūlarist**। *n.* **secūla°rity**। *v.t.* **se°cūlarize**—মঠ গির্জা বা ধর্মের শাসন হইতে মুক্ত করা। *n.* **secūlarizā°tion**। *adv.* **se°cūlarly**। **secular games**—দীর্ঘকাল বাদে বাদে (প্রাচীন রোমে) অনুষ্ঠিত ক্রীড়া-প্রতিযোগিতা। **secular state**—ধর্মনিরপেক্ষ লোকায়ত রাষ্ট্র। [L. *secularis* < *sæculum* = a generation]

secure [si-kū(r)°, সিকিউয়্যা(র্)°] (1) *a.* free from care, anxiety, or danger, safe, নিশ্চিন্ত নির্ভয় বা নিরাপদ (*secure* of victory) ; assured, নিশ্চিত (to have a *secure* future) ; stable, দৃঢ়, অটল ; firmly fixed, দৃঢ়নিবদ্ধ ; impregnable, অভেদ্য (*secure* against assault)। (2) *v.i.* to make secure, নিশ্চিন্ত নির্ভয় নিরাপদ বা নিশ্চিত করা ; to make secure the possession of, অধিকার পোক্ত করা ; to establish in security, নিরাপদে বা অটলভাবে প্রতিষ্ঠিত করা ; to get hold of, আয়ত্তে বা অধিকারে আনা, কবলিত করা ; to fortify, দুর্গাদি নির্মাণপূর্বক সংরক্ষিত করা ; to confine or fasten, আটকাইয়া বা বাঁধিয়া রাখা (to *secure* the doors and windows before leaving the house) ; to guarantee, জামিন দেওয়া। *adv.* **secūre°ly**। *n.* **secūr°ity**—secure(*v.*)-এর সকল অর্থে, এবং—(পরি.) ক্ষেম প্রতিভূতি, জামিন ; (usu. in *pl.*) ঋণের বা সম্পত্তির নিদর্শনপত্র (government *securities*)। **security**

forces or **security police**—দেশের বিশিষ্ট ব্যক্তিদের নিরাপত্তা বজায় রাখার জন্য এবং বিদেশী গুপ্তচরদের ক্রিয়াকলাপের বাধাদানের জন্য নিযুক্ত বাহিনী বা পুলিস বাহিনী। **security risk**—রাজনৈতিক কারণে সন্দেহভাজন বলিয়া যে ব্যক্তিকে রাজকার্যে নিযুক্ত করা বিপজ্জনক। **Security Council**—(পরি.) নিরাপত্তা পরিষদ্। [L. *securus* (*a.*)]

sedan [si-dan°, সিড্যান্°] *n.* a portable closed chair, দুইদণ্ডোপরি বাহিত ঢাকা-দেওয়া চেয়ারবিশেষ (also **sėdan°-chair**) ; a litter, ডুলি পালকি শিবিকা প্রভৃতি ; a closed motor-car, ঢাকা-দেওয়া মোটর-গাড়ি (also **sėdan°-body car**)। [?]

sedate [si-dāt°, সিডেইট্°] *a.* composed, স্থির, শান্ত, ধীর, অনুত্তেজিত ; sober, গম্ভীর, রাশভারী। *adv.* **sėdāte°ly** । *n.* **sėdāte°nėss** । *n.* **sėdā°tion**—যন্ত্রণাহর বা প্রশান্তিদায়ক ঔষধের দ্বারা চিকিৎসা। **sedative** [se°-da-tiv, সে°ড্যাটিভ্] (**1**) *a.* স্থৈর্যদায়ক বা প্রশান্তিদায়ক, অস্থিরতাহর বা যন্ত্রণাহর। (**2**) *n.* ঐরূপ ঔষধ বা পদার্থ। [F. *sedare*=to still]

sedentary [se°dant(a)-ri. সে°ড্যান্ট্রি] *a.* sitting much, বড় বেশী বসিয়া থাকিতে অভ্যস্ত ; requiring much sitting, (কাজ-সম্বন্ধে) অত্যধিক বসিয়া বসিয়া করিতে হয় এমন। [L. *sedentarius* < *sedere*=to sit]

sedge [sej, সেজ্] *n.* a waterside plant, জলতৃণবিশেষ, হোগলা (?), শর (?)। *a.* **sedg°y**—উক্ত তৃণপূর্ণ। [OF. *secg*]

sediment [se°-di-mant, সে°ডিম্যান্ট্] *n.* dregs, তলানি, কল্ক, গাদ ; a deposit, পলি, পলল। *a.* **sedimentary** [se-di-men°-t(a)ri, সেডিমেন্°ট্রি] তলানি- কল্ক- বা গাদ-সংক্রান্ত ; পাললিক (*sedimentary* rocks)। [L. *sedimentum* < *sedere*=to sit]

sedition [si-di°sh(a)n, সিডি°শ্ন্] *n.* insurrection, বিদ্রোহ, প্রজাবিদ্রোহ ; public tumult, গণবিক্ষোভ ; any offence against the state, রাজ্যের বা সরকারের বিরুদ্ধে (রাজদ্রোহ অপেক্ষা লঘুতর) অপরাধ। *a.* **seditious** [si-di°-shas, সিডি°শ্যাস্] প্রজাবিদ্রোহমূলক ; গণবিক্ষোভমূলক ; রাজ্যবিরোধী অপরাধমূলক। [OF.<L. *seditionem*=a going away]

seduce [sidūs°, সিডিউস্°] *v.t.* to lead astray, বিপথে চালিত করা, ভ্রষ্ট করা ; to entice, প্রলুব্ধ করা, ভুলাইয়া লওয়া ; to induce a woman to surrender her chastity, নিজের সহিত অসচ্চরিত্রতামূলক কার্যে লিপ্ত হওয়ার জন্য (কোন রমণীকে) প্রলুব্ধ করা ; to deprive of chastity, চরিত্রভ্রষ্ট করা, সতীত্বহানি করা। *p.* & *p. pt.* **sėdū°ced** । *n.* **sėdūce°ment, seduction** [si-duk°sh(a)n, সিডাক্°শ্ন্]। *n.* **sėdū°cer** । *a.* **seductive** [si-duk°-tiv, সিডাক্°টিভ্] বিপথে চালনা করে এমন ; প্রলোভনসঙ্কুল ; চরিত্র নষ্ট করায় এমন ; সম্মোহিনী ; মোহিনীশক্তিসম্পন্ন। *adv.* **sėduc°tively** । *n.* **sėduc°tivenėss** । [*seducere*]

sedulous [se°-dū-las, সে°ডিউল্যাস্] *a.* diligent, পরিশ্রমী ; painstaking, যত্নবান (*sedulous* attention)। *adv.* **se°dūlously** । *n.* **se°dūlousnėss** । **(to) play the sedulous ape**—অনুকরণের দ্বারা সাহিত্যিক গুণসম্পন্ন রচনাশৈলী আয়ত্ত করা। [L. *sedulus*]

see₁ [sē, সী] *n.* the diocese of a bishop, বিশপের এলাকা। [OF. *se, siet*<L. *sedes*=a seat]

see₂ [sē, সী] (**1**) *v.t.* to perceive by the eye, দেখা, দর্শন করা ; to perceive mentally, মনে-মনে জানা বা টের পাওয়া ; to understand, বোঝা, উপলব্ধি করা (do you *see* what I mean) ; to judge, বিবেচনা করা ; to ascertain, নির্ণয় করা ; to call on, (কাহারও সহিত) সাক্ষাৎ করিতে যাওয়া ; to receive, (দর্শনার্থীকে) দেখা দেওয়া ; to meet, সাক্ষাৎ করা (when will you *see* me) ; to consult, পরামর্শ করা ; to experience, (কিছুর) অভিজ্ঞতালাভ করা, (কিছু) সহ্য বা ভোগ করা। (**2**) *v.i.* to have the power of vision, দৃষ্টিশক্তিসম্পন্ন হওয়া ; to look or search, তাকান বা খোঁজা ; to consider, বিবেচনা করা। *p.* **saw** [saw, স্য]। *p. pt.* **seen** । *int.* **see**—দেখ, শোন ; বুঝলে, বুঝেছ কিনা। *con.* **see°ing (that)**—যেহেতু, এইজন্য। *n.* **seer** [sē°-a(r), সী°অ্যা(র্)] দর্শনকারী, দর্শক, দ্রষ্টা ; [sē(r), সিয়্যা(র্)] ভবিষ্যদ্‌দ্রষ্টা। **as I see it**—আমার মতে বা ধারণায়। **(to) have seen one's best days**—স্বীয় জীবনের শ্রেষ্ঠ সময় উত্তীর্ণ হইয়াছে অর্থাৎ বর্তমানে পতনের দিকে চলিয়াছে। **let me see**—আমাকে ভাবিয়া বা বিবেচনা করিয়া দেখিতে দাও। **not (to) see the use** or **good** or **fun** or **advantage of doing something**—কোন কাজ করার প্রয়োজনীয়তা বা সার্থকতা বা মজা বা লাভ সম্বন্ধে সন্দিহান হওয়া। **(to) see about**—বিবেচনা করিয়া দেখা ; যাহা করা উচিত তাহা করা, বিহিত করা ; মনোযোগ দেওয়া। **(to) see for oneself**—নিশ্চিত হইবার জন্য স্বয়ং খুঁজিয়া বা বিচার করিয়া দেখা। **(to) see into**—তদন্তের জন্য বৈঠকে বসা ; তদন্ত করা ; পরীক্ষা করা। **(to) see one off**—প্রস্থানকালে সঙ্গে থাকিয়া (কাহাকেও) বিদায় দেওয়া। **(to) see one out**—বাহিরে যাওয়ার দরজা পর্যন্ত পৌঁছাইয়া দেওয়া ; শেষ পর্যন্ত দেখা ; (কাহারও বা কিছুর) পরেও বাঁচিয়া বা টিকিয়া থাকা। **(to) see the light**—জন্মগ্রহণ করা। **(to) see things**—অলীক বস্তু দেখা। **(to) see things out**—কোন আরব্ধ কাজ সমাপ্ত হওয়ার পূর্বে ত্যাগ না করা। **(to) see visions**—ভবিষ্যৎ দৃষ্টি করা। **will never see 40 or 50 again**—ঐ বয়স পার হইয়া গিয়াছে। **have seen the day when**—অতীত বিষয়ের প্রতি দৃষ্টি আকর্ষণ করিতে হইলে এইরূপ ভূমিকা করা হয়। **have seen service**—পারদর্শিতা লাভ করিয়াছে অথবা জীর্ণ হইয়াছে।

to see the sights—ভ্রমণকালে দর্শনীয় বস্তু দেখা। **(to) see stars**—মাথায় আঘাত লাগিলে সম্মুখে চঞ্চল আলো দেখা। **(to) see over**—(অট্টালিকাদির) কক্ষসমূহ পরিদর্শনপূর্বক পরীক্ষা করা। **(to) see the back of (one)**—(কাহাকেও) এড়ান; (কাহাকেও) শেষবারের মত দেখা। **(to) see the last of**—একেবারে চুকাইয়া দেওয়া, শেষ করিয়া ফেলা; শেষবারের মত দেখা। **(to) see through**—(কোন কার্য) শেষ পর্যন্ত করা; মুশকিল না কাটা পর্যন্ত সাহায্য বা সমর্থন করা; গূঢ়মর্ম অবধারণ করা, স্বরূপ বুঝিতে পারা। **(to) see through a brick wall**—অনন্যসাধারণ তীক্ষ্ণধী হওয়া। *a.* **see°-through**—(বস্ত্রাদি সম্বন্ধে) স্পষ্টভাবে অভ্যন্তর দেখা যায় এমন স্বচ্ছ। **(to) see to**—তত্ত্বাবধান করা, মনোযোগ দেওয়া, নজর দেওয়া। **see what I can do**—দেখ কি করিতে পারি; আমার যথাসাধ্য করিব। **worth seeing**—দেখিবার মত, লক্ষ্য করিবার মত, লক্ষণীয়। **you see**—তুমি নিশ্চয়ই জান বা বোঝ; এবার বলছি—শোন। [OE. *seon*—cp. G. *sehen*, Du. *zien*]

seed [sēd, সীড্] **(1)** *n.* the germs of flowering plants that are sown for reproduction, বীজ, বীচি, আঁটি; a single grain of this, বীজকণা; a hard fruit, কঠিন ফল (যেমন, নারিকেল); semen, শুক্র; offspring, সন্তান; germ, বীজাণু; the germ of a movement, or development, আন্দোলনের বা বৃদ্ধির মূলহেতু; first principle, মূলনীতি; seeded player, বাছাই-করা খেলোয়াড়। **(2)** *v.i.* to produce seed, বীজ উৎপন্ন করা; to run to seed, (আল.) জীর্ণ হইয়া যাওয়া, বীজপূর্ণ হওয়া; ফুলপ্রসবে বিরত হওয়া। **(3)** *v.t.* to sow, বপন করা; to remove seeds from, বীজমুক্ত করা, বীচি বা আঁটি ছাড়ান; to arrange (the draw) so that the stronger players do not meet in the early rounds of a tournament, (টেনিস্ প্রভৃতি ক্রীড়াপ্রতিযোগিতায়) ভাল খেলোয়াড়রা যাহাতে খেলার প্রথম দিকের পর্যায়ে পরস্পর প্রতিদ্বন্দ্বিতা না করে সেইভাবে (প্রতিযোগিতার) তালিকা বা পর্যায় রচনা করা। *n.* **seed°bed**—বীজবপনার্থ হলকর্ষণাদি-দ্বারা উত্তমরূপে চূর্ণিত জমি, বীজস্থান, বীজতলা। *n.* **seed°coat**—বীজাবরণ। *n.* **seed°-corn**—বীজোৎপাদনের জন্য রক্ষিত শস্য। **seed°ĕd**—বীজযুক্ত, সবীজ; বীজপ্রসূ; পূর্ণবর্ধিত; (খেলোয়াড়-সম্বন্ধে) পরে খেলিবার জন্য বাছাই-করা। *a.* **seed°lĕss**—বীজশূন্য; বীচিশূন্য; আঁটিশূন্য। *n.* **seed°ling**—বীজজাত চারাগাছ, চারা। *n.* **seed°-pearls**—ক্ষুদ্র মুক্তাসমূহ। *n.* **seed°potato**—বীজোৎপাদনের জন্য রক্ষিত আলু। *n.* **seeds°man**—বীজবিক্রেতা; বীজবপক। *n.* **seed°tīme**—বীজবপনের কাল। *a.* **see°dy**—বীজবহুল, বীচিতে ভরা; বীজপূর্ণ; জীর্ণ; বদমেজাজী; আলু-থালু; অসুস্থ (to feel *seedy*)। *adv.* **see°dily**। *n.* **see°dinĕss**। **(to) go or run to seed**—অত্যধিক দ্রুত অঙ্কুরিত হওয়া বা বর্ধিত হওয়া; হাজিয়া যাওয়া; ফুল প্রসবে বিরত হওয়া; জীর্ণ হইয়া যাওয়া। [OE. *saed*—cp, ON. *sath*]

seek [sēk, সীক্] *v.t.i.* to look for, খোঁজা, সন্ধান করা, তল্লাস করা; to try to get, পাইবার চেষ্টা করা; to ask for, প্রার্থনা করা, চাওয়া; to inquire for, জিজ্ঞাসা করা, (সন্ধানাদি) জানিতে চাওয়া; to aim at, তাক করা; to resort to, অবলম্বন করা; to try or examine, পরীক্ষা করা বা গবেষণা করা। *p.* & *p. pt.* **sought** [sawt, স্যট্]। *n.* **see°ker**। **(to) seek after**—(কিছুর) সন্ধানে বহির্গত হওয়া। **(to) seek for**—খুঁজিয়া বেড়ান। **(to) seek out**—খুঁজিয়া বাহির করা। **much sought after**—অত্যন্ত চাহিদা আছে এমন; সবাই সঙ্গ চায় এমন। **sought for**—দাবিকৃত, প্রার্থিত। [OE. *secan* (*p. sohte, p. pt. gesoht*)—cp. G. *suchen*]

seem [sēm, সীম্] *v.i.* to appear, (কিছু বলিয়া বা কোনকিছুর মত) প্রতিভাত হওয়া, দেখান; to appear to oneself, বোধ হওয়া, মনে হওয়া, ধারণা হওয়া। *a.* **see°ming**—আপাতদৃষ্টিতে প্রতীয়মান (a *seeming* friend); ভান-করা, কৃত্রিম (*seeming-*virtuous)। *adv.* **see°mingly**—আপাতদৃষ্টিতে (যতদূর মনে হয়)। *a.* **seem°ly**—মানানসই; উপযুক্ত; শোভন; সুন্দর। *n.* **see°mlinĕss**। **it seems**—বোধ হয় বা মনে হয় (যে); ধারণা হইতে পারে যে। **it would seem**—ইহা এই বলিয়া প্রতিভাত হয় (যে); আমাকে বলা বা জানান হইয়াছে (যে)। [ON. *saema* = to conform to]

seen—see **see**$_2$.

seep [sēp, সীপ্] *v.t.* to ooze out or through, (তরল পদার্থ সম্বন্ধে) চোয়ান (water is *seeping* through the roof of the old building)। *p.* & *p. pt.* **see°ped**। *n.* **see°pāge**—চোয়ান। [?—cp. OE. *sipian* = to soak]

seer$_1$—see **see**$_2$.

seer$_2$ [sē(r), সিয়্যা(র্)] *n.* an Indian weight, সের (প্রায় এক কিলোগ্রাম বা এক লিটার)। [Pers. *sir*]

seesaw [sē°-saw°, সী°স্য°] **(1)** *n.* alternate up-and-down motion, করাতের ন্যায় ক্রমাগত উত্থান-পতন; repeated alternation, ক্রমাগত বা বারংবার পরিবর্তন; a plank balanced so that its end may move up and down alternately, ঢেঁকির ন্যায় ওঠানামা করার জন্য নির্মিত তক্তাবিশেষ (ইহা ছেলেদের একপ্রকার খেলা), ঢেঁকিকল (to play at *seesaw*); the sport of rising and sinking on it, ঢেঁকিকলে চড়িয়া ওঠানামা করার খেলা। **(2)** *a.* going like a seesaw, করাতের ন্যায় উত্থান-পতনশীল (*seesaw* motion)। **(3)** *adv.* in the manner of a seesaw, করাতের ন্যায় ওঠানামা করিয়া। **(4)** *v.i.* to play at seesaw, ঢেঁকিকলে চড়িয়া ওঠানামা করা; (fig.) to vacillate or oscillate, ইতস্ততঃ করা, দ্বিধাগ্রস্ত হওয়া (to *seesaw* between two choices)। **(5)** *v.t.i.* to go or cause to go up and down

করাতের ন্যায় ওঠা-নামা করা বা করান। [redupl. of saw_2]

seethe [sēdh, সীদ্] *v.t.i.* to boil, সিদ্ধ করা বা হওয়া ; to agitate or be agitated, উত্তেজিত করা বা হওয়া (to *seethe* with discontent) ; to surge or become surged, ফেনাইয়া তোলা বা ওঠা ; to be crowded, লোক গিজগিজ করা। *p.* **see°thed, sod** [sod, সড্]। *p.pt.* **see°thed, so°dden**। *a.* **see°thing**—সিদ্ধ উত্তেজিত বা ফেনায়িত করিতেছে অথবা হইতেছে এমন। [OE. *seothan*—cp. ON. *sjotha*]

segment [seg°-mant, সেগ্°ম্যান্ট্] *n.* a part cut off, কর্তিত অংশ, ছিন্নাংশ ; a portion, অংশ; part of a circle etc., cut off by a straight line or the plane intersecting it, (পরি.) বৃত্তাংশ ; a division of a line, রেখাংশ ; a section, বিভাগ। *a.* **seg°mentėd**—বিভিন্ন অংশে বা বৃত্তাংশে কর্তিত অথবা বিভাজিত, টুকরা-টুকরা। *n.* **segmentā°tion**—বিভিন্ন অংশে বা বৃত্তাংশে বিভাজন। [L. *segmentum*]

segregate [se°-gri-gāt, সে°গ্রিগেইট্] *v.t.* to set apart, পৃথক্ করিয়া বা সরাইয়া রাখা (to *segregate* patients with infectious diseases) ; to isolate, নিঃসঙ্গ করা ; to group apart, পৃথক্ দলে বা থোকায় রাখা। *p.* & *p. pt.* **se°grėgātėd**। *n.* **segregā°tion**। [L. *segregare*]

Seidlitz [sed°-lits, সেড্°লিট্স্] *n.* a laxative powder, কোষ্ঠশোধক চূর্ণবিশেষ (also **Seidlitz powder**)। [a substitute for the mineral water of *Seidlitz* in Bohemia ?]

seignior [sē°-ni-a(r), সী°নিয়্যা(র্)], **seigneur** [se°-ni°a(r)°, সে°নি°য়্যা(র্)°] *n.* a title of address, (সম্ভ্রান্ত ব্যক্তিকে) সম্বোধনের আখ্যাবিশেষ ; a feudal lord, ইউরোপের সামন্ততান্ত্রিক যুগের জমিদার। **Grand Seignior**—তুরস্কের সুলতানের আখ্যা। [F. *seigneur* < L. *senior*]

seine [sān, সেইন্] *n.* a large fishing-net, মাছ ধরার বেড়াজাল বা টানাজাল। [OE. *segne* < L. *sagena* < Gk. *sagene*]

seise—see **seize.**

seismic [sīz°-mik, সাইজ্°মিক্] *a.* of or caused by an earthquake, ভূকম্পন-সংক্রান্ত, ভূকম্পনঘটিত, (পরি.) ভূকম্পীয়। [Gk. *seismos* = a shaking]

seismo- [sīz°-mō, সাইজ্°মৌ] *in comp.* earthquake, ভূমিকম্প, ভূকম্পন। *n.* **seismograph** [sīz°-mŏ-grŭf, সাইজ্°মোগ্রাফ্] ভূমিকম্পের বিবরণাদি জানার যন্ত্র, (পরি.) ভূকম্পলিক্। *n.* **seismographer** [sīz-mo°-gra-fa(r), সাইজ্‌ম°গ্র্যাফ্যা(র্)] ভূকম্পবিৎ। *n.* **seismography** [sīz-mo°-gra-fi, সাইজ্‌ম°গ্র্যাফি] ভূকম্পবিদ্যা। *n.* **seismologist** [sīz-mo°-la-jist, সাইজ্‌ম°ল্যাজিস্ট্] ভূকম্পবিৎ। *n.* **seismo°logy**—ভূকম্পবিদ্যা। [Gk. *seismos* < *seiein* = to shake]

seize [sēz, সীজ্] (**1**) *v.t.* to put in legal possession of, বাজেয়াপ্ত করা (also spelt as **seise**) ; to take possession of, অধিকার করা, দখল করা ; to grasp suddenly, eagerly, or forcibly, হঠাৎ বা সাগ্রহে বা সবলে হস্তগত করা ; to take by force, বলপূর্বক অধিকার করা বা হরণ করা (to *seize* power) ; to take prisoner, বন্দী করা ; to arrest, গ্রেপ্তার করা। (**2**) *v.i.* সাগ্রহে গ্রহণ করা (to *seize* upon a chance)। *n.* **sei°zure**—বাজেয়াপ্ত-করা ; অধিকার, দখল ; হঠাৎ বা সাগ্রহে বা সবলে হস্তগত-করা ; বলপূর্বক অধিকার বা হরণ ; বন্দী-করা ; গ্রেপ্তার। [OF. *seisir* < LL. *sacire*]

seldom [sel°-dam, সেল্°ড্যাম্] *adv.* rarely, বড় একটা নহে। [OE. *seldam*—cp. G. *selten*]

select [si-lekt°, সিলেক্ট্°] (**1**) *v.t.* to pick out from a number by preference, (পছন্দ অনুযায়ী) বাছিয়া লওয়া, নির্বাচন করা। (**2**) *a.* picked out, chosen, বাছাই-করা, মনোনীত, নির্বাচিত (*select* passages from an author) ; exclusive, ইতর সাধারণকে বাদ দিয়া, অন্যত্যাগী (shown to a *select* audience)। *n.* **sėlec°tion**—বাছাই, নির্বাচন, মনোনয়ন, বাছাই-করা, নির্বাচিত বা মনোনীত বস্তু অংশ প্রাণী অথবা ব্যক্তি। *a.* **sėlec°tive**—বাছাই করিতে সমর্থ ; বাছাই-করা। *adv.* **selec°tively**। *n.* **sėlecti°vity**—অন্যান্য কেন্দ্র হইতে বিনা বাধায় নির্দিষ্ট কেন্দ্রে বেতারবার্তা গ্রহণের (বেতারযন্ত্রের) শক্তি। *n.* **sėlect°nėss**—select (*a.*)-এর অর্থে। *n.* **sėlec°tor**। **select committee**—কোন বিষয়ে তদন্তের বা পরামর্শদানের জন্য আইনসভার বাছাই-করা সভ্যদের লইয়া গঠিত সমিতি। [L. *seligare* (*v.*)]

selenium [si-lē°-ni-am, সিলী°নিঅ্যাম্] *n.* a non-metallic element, অধাতব মৌলিক খনিজ পদার্থবিশেষ। [Gk. *Selene*, the moon-goddess]

$self_1$ [self, সেল্ফ্] *n.* an identical person, personality, ego, আত্মা, অহং ; identity, অভিন্নতা, একরূপতা ; personality, ব্যক্তিত্ব ; self-interest, স্বার্থ। *pl.* **sel°vės**। [AS.—cp. Du. *zelf*, G. *selbe*]

$self_2$ [self, সেল্ফ্] *sfx.* forming reflexive pronouns, আত্মবাচক সর্বনামপদ গঠনার্থ প্রত্যয়বিশেষ (*myself*)। *pl.* **sel°vės** (our-*selves*)। **(to) be oneself, myself,** etc.—স্বীয় সর্বশক্তিপ্রয়োগে সমর্থ হওয়া, স্বীয় শক্তিবিকাশে সক্ষম হওয়া। [see *$self_1$*]

$self\text{-}_3$ [self, সেল্ফ্] *in comp.* acting upon the agent, by or of etc., oneself or itself, automatic, স্বয়ং, স্বীয়, আত্ম, স্ব-, স্বয়ংক্রিয়। *n.* **self°-abāse°ment**—নিজেকে হীন করা, আত্মাবমাননা। *a.* **self°-absor°bed**—নিজের ব্যাপারেই মগ্ন, আত্মমগ্ন। *n.* **self°-abūse°**—পাণিমৈথুন, স্বমৈথুন। *a.* **self-address°ed**—স্বীয় ঠিকানা-সংবলিত। *n.* **self°-adver°tisement**—আত্মপ্রচার। *a.* **self°-appoin°ted** (বেআইনিভাবে) স্বয়ংনিযুক্ত অর্থাৎ উপযুক্ত ক্ষমতাসম্পন্ন ব্যক্তিকর্তৃক

নিযুক্ত হয় নাই এমন। *n.* **self°-asser°tion**—দৃঢ়ভাবে নিজের দাবি বা নিজেকে জাহির করা, (পরি.) আত্মসাম্মুখ্য। *a.* **self°-asser°tive**—আত্মসাম্মুখ্যপূর্ণ। *a.* **self-assur°ed**—আত্মপ্রত্যয়যুক্ত। **self°-cen°tred**—আত্মসর্বস্ব; আত্মকেন্দ্রী। *a.* **self-collec°téd**—স্থৈর্যবিশিষ্ট ও প্রত্যুৎপন্নমতি; অবিচলিত। *a.* **self°-co°loured**—সর্বত্র একবর্ণ। *n.* **self°-command**—আত্মনিয়ন্ত্রণ, আত্মশাসন। *n.* **self°-complā°cency**—আত্মতৃপ্তি, আত্মসন্তোষ। *a.* **self°-complā°cent**—আত্মতৃপ্ত, আত্মসন্তুষ্ট। *n.* **self°-confidence**—আত্মবিশ্বাস, আত্মপ্রত্যয়। *a.* **self°-confident**—আত্মবিশ্বাসী, আত্মপ্রত্যয়ী। *adv.* **self-confidently** । *a.* **self°-con°scious**—(অত্যন্ত) আত্মসচেতন; (শিথি.) লাজুক বা অপ্রতিভ। *a.* **self°contai°ned**—(ব্যক্তি সম্বন্ধে) আবেগশূন্য ও মুখচাপা; (বাড়ির ফ্ল্যাট সম্বন্ধে) স্বয়ংসম্পূর্ণ। *n.* **self°-contradic°tion**—স্ববিরোধিতা, স্ববিরোধ। *a.* **self°-contradic°tory**—স্ববিরোধী, স্ববিরুদ্ধ। *n.* **self°-contrōl°**—আত্মনিয়ন্ত্রণ, আত্মসংযম। *n.* **self°-cri°ticism**—আত্মসমালোচনা। *n.* **self°-décep°tion**—আত্মপ্রবঞ্চনা। *a.* **self°-décep°tive**—আত্মপ্রবঞ্চনাপূর্ণ। *n.* **self-défence°**—আত্মরক্ষা। *n.* **self°-dénī°al**—স্বীয় ক্ষুধা বা বাসনা চরিতার্থকরণে পরাঙ্মুখতা, আত্মকৃচ্ছ্র। *n.* **self°-dény°ing**—আত্মকৃচ্ছ্রপরায়ণ। *n.* **self°-détermināºtion** — নিয়তিনিরপেক্ষভাবে স্বীয় কর্মাদি নিয়ন্ত্রণের শক্তি, আত্মনির্ধারণ; রাজনীতিক নীতি-নির্ধারণে জাতির স্বাধীনতা। *a.* **self°-dévō°ted**—স্বার্থসাধনে রত। *n.* **self°-dévō°tion**—স্বার্থসাধনে রত অবস্থা; স্বার্থসাধন। *a.* **self°-é°dūcāted**—(বিদ্যালয় বা শিক্ষকের নিকট হইতে তেমন কোন সাহায্য ছাড়াই) নিজে নিজে শিক্ষাপ্রাপ্ত, স্বশিক্ষিত। *a.* **self°éffā°cing**—নিজেকে লোকচক্ষুর আড়ালে রাখে এমন, (তু.) আত্মলোপী। *a.* **self°-employ°ed**—স্বনিযুক্ত। *n.* **self°-esteem**—নিজের সম্বন্ধে ভাল ধারণা; আত্মসম্মান। *a.* **self°-e°vidence**—স্বতঃসিদ্ধতা, স্বতঃপ্রমাণতা। *a.* **self°-e°vident**—স্বতঃসিদ্ধ, স্বতঃপ্রমাণ। *n.* **self°-éxaminā°tion**—আত্মবিচার, আত্মসমীক্ষা। *a.* **self°-éxa°mining**—আত্মবিচারী। *a.* **self°-éxpla°natory**—নিজেই নিজের ব্যাখ্যা এমন, স্বব্যাখ্যাত। *a.* **self°-governing**—আত্মসংযমী; স্বশাসিত। *n.* **self°-go°vernment**—আত্মসংযম, আত্মশাসন; রাষ্ট্রনীতিক স্বশাসন। *n.* **self°-help°**—স্বাবলম্বন। *n.* **self-immola°tion**—আত্মাহুতি। *n.* **self°-impor°tance**—স্বীয় গুরুত্ব সম্বন্ধে আতিশয্যপূর্ণ ধারণা, অসার আত্মগর্ব বা আত্মাভিমান, জাঁক। *a.* **self°-impor°tant**—অসার আত্মদম্ভী বা আত্মাভিমানী; জাঁক করে এমন। *n.* **self°-indul°gence**—আরাম-আয়েশের প্রতি বশ্যতা; ভোগপরায়ণতা। *a.* **self°-indul°gent**—সহজেই আরাম-আয়েশের বশীভুত হয় এমন। *n.* **self°-in°terést**—স্বার্থ। *a.* **self°-in°terésted**—স্বার্থসম্পন্ন; স্বার্থপর। *a.* **self°-know°ing**—আত্মজ্ঞানী, আত্মদর্শী। *n.* **self°-know°lédge**—আত্মজ্ঞান, আত্মদর্শন। *a.* **self°-lo°cking**—ভেজাইয়া দিলে বা বন্ধ করিলে আপনা হইতে তালা-বন্ধ হয় এমন। *n.* **self°-love**—নিজেকে (অত্যধিক) ভালবাসার প্রবৃত্তি, আত্মানুরাগ, স্বার্থপরতা, আত্মপরতা। *a.* **self°lo°ving**—আত্মানুরাগী; স্বার্থপর, আত্মপর। *a.* **self°-māde°**—স্বকৃত; স্বীয় চেষ্টাবলে হীনাবস্থা হইতে উচ্চাবস্থায় উন্নীত (a *self-made* man)। *a.* **self°-opi°nionāted**—নিজের মত বা ধারণা যে নির্ভুল তৎসম্বন্ধে অতিমাত্রায় নিশ্চিত; এমন সব মত অটলভাবে পোষণ করে যেগুলির দৃঢ় ভিত্তি নাই। *n.* **self°-por°trait**—নিজের দ্বারা অঙ্কিত নিজের প্রতিমূর্তি। *a.* **self°-posse°ssed**—মানসিক স্থৈর্যযুক্ত, প্রশান্তমনাঃ। *n.* **self°-posse°ssion**—স্থৈর্য বা প্রশান্তি। *n.* **self°-preservātion**—আত্মসংরক্ষণ, আত্মরক্ষা; যে আদিম প্রবৃত্তিবলে সচেতন জীব আঘাত প্রভৃতি এড়াইয়া টিকিয়া থাকে। *n.* **self°-rélī°ance**—আত্মবিশ্বাস, আত্মপ্রত্যয়, আত্মনির্ভরশীলতা। *a.* **self°-rélī°ant**—আত্মবিশ্বাসী, আত্মপ্রত্যয়ী, আত্মনির্ভরশীল। *n.* **self-repre°ssion**—আত্মনিপীড়ন। *n.* **self°-réspect°**—আত্মসম্মান। *a.* **self°-réspec°ting**—আত্মসম্মানবিশিষ্ট। *n.* **self-restraint°**—আত্মসংযম। *a.* **self°-righ°teous**—নিজেকে সাধু মনে করেন এমন, ধার্মিকম্মন্য। *n.* **self°-sa°crifice**—পরার্থে স্বীয় মঙ্গল বা জীবন বিসর্জন, আত্মোৎসর্গ। *a.* **self°-sacrific°ing**—আত্মোৎসর্গ করে এমন। *n.* **self°-satisfac°tion**—নিজেকে লইয়া তৃপ্তি, আত্মতৃপ্তি, আত্মসন্তোষ। *a.* **self°-sa°tisfied**—আত্মতৃপ্ত, আত্মসন্তুষ্ট। *a.* **self°-sea°ling**—(পেট্রলের ট্যাংক, রবারের চাকা, প্রভৃতি সম্বন্ধে) ছিদ্র হইলে তাহা আপনা হইতে রোধ করিবার বা বুজাইবার উপাদানবিশিষ্ট। *n.* **self°-see°ker**—কেবল স্বার্থসাধনে ব্যস্ত ব্যক্তি। *a.* & *n.* **self°-see°king**—কেবল স্বার্থসাধনে ব্যস্ত বা ব্যস্ততা। **self°-ser°vice**—(1) *n.* (রেস্তর্াঁদিতে খরিদদারদের) স্বয়ং পরিবেশনের ব্যবস্থা। (2) *a.* উক্ত ব্যবস্থাপূর্ণ। *a.* **self°-sown°**—বৃক্ষ হইতে পতিত বীজ (অর্থাৎ যে বীজ কৃষকের দ্বারা উপ্ত নহে) হইতে উপজাত (a *self-sown* plant)। *n.* **self°-star°ter**—মোটরগাড়ি ও অন্যান্য যন্ত্রচালনার্থ স্বয়ংচল কল। *a.* **self°-sty°led**—নিজেই নিজের আখ্যা দিয়াছে এমন, স্বাখ্যাত; ভান-করা। *n.* **self°-suffi°ciency**—স্বয়ংসম্পূর্ণতা; অত্যধিক আত্মবিশ্বাস। *a.* **self°-suffi°cient**—স্বয়ংসম্পূর্ণ; অত্যধিক আত্মবিশ্বাসী। *a.* **self°-suffī°cing**—স্বয়ংসম্পূর্ণ। *a.* **self°-suppor°ting**—নিজের খরচ চালাইবার উপযুক্ত রোজগার করে এমন; অনুদান বা অর্থসাহায্যের প্রয়োজন বোধ করে না এমন; স্বয়ংভর। **self°-taught°**—(1) *a.* নিজে নিজে শিক্ষাপ্রাপ্ত, স্বশিক্ষিত। (2) *n.* নিজে নিজে শিক্ষালাভের সহায়ক পুস্তক। *n.* **self°-will°**—একগুঁয়েমি, স্বৈরতা। *a.* **self°-wi°lled**—একগুঁয়ে, (পরি.) স্বৈর। [see *self*$_1$]

selfish [sel°-fish, সেল্°ফিশ্] *a.* over-regarding oneself and having no consideration for others, আত্মপর, স্বার্থপর। *adv.* **sel°fishly** । *n.* **sel°fishness** । [see *self*$_1$]

selfless [self°-lis, সেল্ফ্°লিস্] *a.* having no regard to self, নিঃস্বার্থ। *adv.* **self°lėssly** । *n.* **self°lėssnėss** । [see *self*$_1$]

selfsame [self°-sām, সেলফ্°সেইম্] *a.* the very same, ঠিক একই। *n.* **self°sāmenėss** । [*self*-$_3$, *same*]

sell [sel, সেল্] **(1)** *v.t.i.* to deliver for money or other equivalent, বিক্রয় করা, বেচা; to trick, deceive or disappoint, (কাহারও সহিত) চাতুরি খেলা, ছলনা করা, হতাশ করা। **(2)** *v.t.* to betray for money or other consideration, অর্থবিনিময়ে বা কোন লাভের জন্য (গুপ্ত বিষয়াদি) ফাঁস করিয়া দেওয়া বা (কাহাকেও) বিশ্বাসঘাতকতাপূর্বক ধরাইয়া দেওয়া; to prostitute for money etc., অর্থাদির বিনিময়ে ভ্রষ্ট করান (to *sell* justice or one's soul)। **(3)** *v.i.* to be sold, বিক্রীত হওয়া; to be in demand for sale, বিক্রয়ার্থ চাহিদাযুক্ত হওয়া। *p.* & *p. pt.* **sōld** । *n.* **se°ller**—বিক্রেতা; (সহজে) বিক্রেয় বস্তু। **seller's market**—(বাণি.) বাজারের যে অবস্থায় দ্রব্যাদি দুষ্প্রাপ্য এবং অর্থের সরবরাহ সুপ্রচুর, বিক্রেতা-প্রভাবিত বাজার। *n.* **se°lling-price**—জিনিসপত্রের বিক্রেয় দর, দাম। **to sell**—বিক্রয়ার্থ, বিক্রেয়, বিক্রয় করা হইবে এমন। *n.* **sell-out**—বিশ্বাসঘাতকতা; প্রদর্শনী প্রভৃতির সমস্ত টিকিট বিক্রি; ব্যবসান্তে সাফল্য। **(to) sell one's life dearly**—(যুদ্ধক্ষেত্রে) নিহত হইবার পূর্বে শত্রুপক্ষের বিষম ক্ষতি করা। **(to) sell off**—পড়িয়া থাকা মাল সস্তা দামে বিক্রি করিয়া দোকান খালি করা। **(to) sell out**—সমস্ত বেচিয়া দেওয়া। **(to) sell up**—ঋণপরিশোধার্থ জিনিসপত্র বেচিয়া দেওয়া। **(to) sell one a pup**—ঠকান। **(to) sell the pass**—কর্তৃপক্ষকে গোপন সংবাদাদি দিয়া স্বদেশবাসীদের প্রতি বিশ্বাসঘাতকতা করা। **(to) be sold on**—উৎসাহী হওয়া। [OE. *sellan*=to hand over—cp. ON. *selja*]

seltzer [selt°-sa(r), সেল্ট্°স্যা(র্)] *n.* a mineral water, সোডা লিমনেড্ জাতীয় পানীয়বিশেষ (also **selt°zar-wa°ter**)। [*Nidder-Selters* in Prussia]

selvage, selvedge [sel°-vij, সেল্°ভিজ্] *n.* an edging of cloth, বস্ত্রাদির প্রান্ত বা আঁচলা বা পাড়। *a.* **sel°vāged, sel°vėdged**—উক্ত প্রান্তযুক্ত বা আঁচলাযুক্ত বা পাড়ওয়ালা। [*self*$_1$. *edge*]

selves—see **self**$_1$.

-selves—see **-self**$_2$.

semantics [si-man°-tiks, সিম্যান্°টিক্স্] *n.* (in *sing.* or *pl.*) the science of the development of the meanings of words, শব্দার্থের প্রসার-সংক্রান্ত বিজ্ঞান, শব্দার্থবিদ্যা। *a.* **seman°tic** । [Gk. *semantikos*=significant]

semaphore [se°-ma-faw(r), সে°ম্যাফ্য(র্)] **(1)** *n.* a system for sending signals by using arms on a post or flags held in the hands, with various positions for the letters of the alphabet, হস্তধৃত খুঁটি বা পতাকাসমূহ আন্দোলিত করিয়া বর্ণমালার বিভিন্ন অক্ষর নির্দেশপূর্বক সাঙ্কেতিক বার্তাদি প্রেরণের ব্যবস্থা। **(2)** *v.t.i.* to send messages thus, উক্তভাবে বার্তাদি প্রেরণ করা। [Gk. *sema*=sign, *phero*=bear]

semasiology [si-mā-si-o°-la-ji, সিমেইসিঅ°ল্যাজি] *n.* semantics, শব্দার্থবিদ্যা। [Gk. *semasia*=meaning, *logos*=science]

semblance [sem°-blans, সেম্°ব্ল্যান্স্] *n.* likeness, অনুরূপতা, সাদৃশ্য; outward appearance, বাহিরের চেহারা; outward show, বাহ্যিক চাল; what looks like, আভাস। [F. *sembler*=to resemble]

semen [sē°-men, সী°মেন্] *n.* the liquid carrying spermatozoa, শুক্র, বীর্য। *a.* **sē°minal**—বীজ বা বীর্য বা শুক্র সম্বন্ধীয়; প্রজননকর; বীজগুণান্বিত; প্রাথমিক ভবিষ্যৎ-সম্ভাবনাপূর্ণ। **in the seminal state**—প্রাথমিক অবস্থায়। [L.]

semester [si-mes°-ta(r), সি-মেস্°ট্যা(র্)] *n.* half-yearly course in German and other universities, জর্মান্ বা অন্যান্য বিশ্ববিদ্যালয়ে অর্ধবর্ষব্যাপী পাঠক্রম। [L. *semestris*]

semi- [se°-mi, সে°মি] *pfx.* half, অর্ধ; (loos.) nearly, partly, incompletely, (শিথি.) প্রায়, আংশিক, অংশত, অসম্পূর্ণভাবে। *a.* **se°mi-barbār°ian**—অর্ধসভ্য। *n.* **se°mi-brēve**—সঙ্গীতে অতি হ্রস্ব দুইটি ধ্বনিবিশিষ্ট স্বর (আধুনিক সঙ্গীতের দীর্ঘতম স্বর)। *n.* **se°micircle**—অর্ধবৃত্ত। *a.* **se°micir°cūlar**—অর্ধবৃত্তাকার। *n.* **se°micō°lon**—যতিচিহ্নবিশেষ, (;)। *a.* **se°midetached**—অংশত বিচ্ছিন্ন, বিশেষতঃ সংলগ্ন অথচ বিচ্ছিন্ন দুইটি বাড়ি সম্বন্ধীয়। *n.* **se°mifi°nal**—(ক্রীড়াপ্রতিযোগিতার) উনশেষ পর্যায় বা চক্র, সেমিফাইনাল। *n.* **se°mifi°nalist**—সেমিফাইনালে প্রতিযোগিতা করার অধিকারপ্রাপ্ত ব্যক্তি বা দল। *a.* **se°miofficial**—অংশতঃ সরকারী। *n.* **se°miquāver**—সঙ্গীতে semibreve-এর $\frac{1}{16}$ অংশ। *n.* **se°mitōne**—ইউরোপীয় সঙ্গীতে দুনমাত্রিক ধ্বনি। *n.* **se°mivow°el**—কখনও স্বর এবং কখনও ব্যঞ্জন হয় এমন ধ্বনি বা বর্ণ (যেমন, w ও y), অর্ধস্বর। [L.]

seminal—see **semen.**

seminar [se-mi-nŭ(r)°, সেমিনা(র্)°] *n.* group of advanced students working on a specific subject of study under a teacher, কোন শিক্ষকের অধীনে নির্দিষ্ট বিষয় অধ্যয়নরত অপেক্ষাকৃত অগ্রসর ছাত্রবৃন্দ। *n.* **seminary** [se°-mi-na-ri,

সে°মিন্যারি] শিক্ষাস্থান, শিক্ষালয়, রোমান ক্যাথলিক যাজকদের শিক্ষাকেন্দ্র। [L. *seminarium*=a seed plot<*semen*]

seminarist [se-mi-ner-ist, সেমিন্যারিস্ট্] *n.* a Roman Catholic priest educated in a foreign seminary in 16th and 17th c., ষোড়শ ও সপ্তদশ শতাব্দীতে বিদেশী শিক্ষাকেন্দ্রে শিক্ষিত রোম্যান ক্যাথলিক যাজক ; a student in a seminary, শিক্ষাস্থানের ছাত্র, বিশেষতঃ রোম্যান ক্যাথলিক যাজকদের শিক্ষাকেন্দ্রের ছাত্র। [L. *seminar*]

Semite [sē°-mīt, সী°মাইট্] *n.* a member of any of the peoples descended from Shem, বাইবেলোক্ত শেম্ হইতে উৎপন্ন যে কোন জাতির লোক। **Sėmi°tic**—(1) *a.* উক্ত জাতি-সংক্রান্ত। (2) *n.* উক্ত জাতির ভাষা। **Semitic languages**—আসিরীয় অ্যারামিনিয়ান হেব্রু ফিনীশীয় আরবী প্রভৃতি ভাষা। [Gk. *Sem*=Shem]

semolina [sem-a-lē-°nā, সেম্যালি°নেই], **semola** [se°mola, সে°মল্যা] *n.* hard grains left after bolting of flour used in pudding etc., ময়দা ঝাড়ার পর যে শক্ত শস্যকণা থাকে (পুডিং প্রভৃতি তৈয়ারি করিতে ব্যবহৃত হয়)।

sempster [sem(p)°-sta(r), সেম্°স্ট্যা(র্)] *n.* (ori. *fem.*, now only *masc.*) one who sews, সীবনকারী, দরজি। *fem.* **semp°strėss**। [OE. *seamestre*—see *seam*]

senate [se°nit, সেনি°ট্] *n.* the governing body of ancient Rome, প্রাচীর রোমের শাসক-সভা ; a legislative body, ব্যবস্থাপকসভা ; the governing body of certain universities, কোন কোন বিশ্ববিদ্যালয়ের কার্যনির্বাহী সভা, সেনেট্। *n.* **se°nȧte-house**—উক্ত সভাগৃহ। *n.* **se°nator**—উক্ত সভার সভ্য। *a.* **senatorial** [se-na-taw°-ri-al, সেন্যাটা°রিঅ্যাল্] উক্ত সভা-সংক্রান্ত। *n.* **se°natorship**। [see *senatus*]

senatus [se-nā°-tas, সেনেই°ট্যাস্] *n.* the senate of ancient Rome, প্রাচীন রোমের ব্যবস্থা-পরিষৎ বা শাসকসভা। [L.]

send [send, সেন্ড্] (1) *v.t.* to cause, direct or ask to go, প্রেরণ করা, যাইবার নির্দেশ বা আদেশ দেওয়া, যাইতে বলা ; to propel or throw forward, সম্মুখে চালান বা অগ্রসর করান বা নিক্ষেপ করা ; to grant, (ভগবান্ নিয়তি প্রভৃতি কর্তৃক) দেওয়া। (2) *v.i.* to dispatch a message or messenger, সংবাদ বা সংবাদবাহক পাঠান। *p.* & *p. pt.* **sent**। *n.* **sen°der**। *n.* **send°-off**—(শুভেচ্ছাপূর্ণ) বিদায়সংবর্ধনা। **(to) send away**—(দূরে) প্রেরণ করা ; বরখাস্ত করা। **(to) send (one) down**—(অস্নাতক ছাত্রকে অসদাচরণাদির জন্য) বিশ্ববিদ্যালয় হইতে বিতাড়িত করা। **(to) send (one) flying** or **packing** or **about one's business**—রূঢ়ভাবে ভাগাইয়া দেওয়া। **(to) send for**—ডাকিয়া পাঠান, আসার জন্য খবর দেওয়া। **(to) send forth** or **out**—উৎপাদন করা (the tree *sent forth* blossoms) ; বিকীর্ণ করা (ths sun *sent forth* rays)। **(to) send in**—(প্রতিযোগিতাদিতে) নাম পাঠান ; আগমন-বার্তা জানাইবার জন্য (নামের কার্ড প্রভৃতি) পাঠান। **(to) send off**—যাত্রাস্থলে গিয়া বিদায়-সম্ভাষণ জানান ; (মালপত্রাদি) প্রেরণ করা। **(to) send (something) up**—(দ্রব্যাদির) মূল্য উর্ধ্বমুখী করা (the shortage of foodgrains has *sent* their prices *up*)। [OE. *sendan*—cp. ON. *senda*, G. *senden*]

senescent [si-ne°snt সিনে°স্ন্ট্] *a.* verging on old age, প্রায় বৃদ্ধ হইয়াছে এমন, বৃদ্ধপ্রায় (*senescent* but not senile)। *n.* **sėne°scence**—প্রায়বার্ধক্য। [L. *senescere*]

seneschal [se°-nish(a)l, সে°নিশ্ল্] *n.* a steward, major-domo, (প্রধানতঃ মধ্যযুগীয় ইউরোপের সম্ভ্রান্ত পরিবারের) বাড়ির সরকার, বাজারসরকার। [OF.]

senile [sē°-nīl, সী°নাইল্] *a.* characteristic of, or attendant on, old age, বার্ধক্যসুলভ, বার্ধক্যজনিত (*senile* decay) ; showing the imbecility of old age, ভীমরতিগ্রস্ত। *n.* **sėni°-lity**—বার্ধক্য ; ভীমরতি। [L. *senilis*]

senior [sē-ni-a(r), সী°নিয়্যা(র্)] (1) *a.* elder, বয়োজ্যেষ্ঠ ; older or higher in standing, কর্মাদিতে অধিকতর পুরাতন বা উচ্চ পদাধিষ্ঠিত ; more advanced, অধিকতর অগ্রসর। (2) *n.* one who is senior, ঐরূপ ব্যক্তি। *n.* **seniority** [sē-nio°-ri-ti, সীনিঅ°রিটি]। [L.]

senna [se°-na, সে°ন্যা] *n.* a shrub, গুল্মবিশেষ, সোনামুখী (?) ; its dried leaves, ইহার রেচক শুষ্কপত্র। [Ar. *sana*]

sennet [se°-nit, সে°নিট্] *n.* a signal on trumpet, তুর্যনিনাদদ্বারা সঙ্কেত। [var. of *signet*]

sennight [se°-nit, সে°নিট্] *n.* (arch.) a week, (আর্ষ.) সপ্তাহ। [*seven, night*]

Señor [se-ni-ŏr°, সেনিওর্°] *n.* sir, Mr., ভদ্রলোকের নামের পূর্বে ব্যবহৃত স্পানিশ্ আখ্যা। *fem.* **Señora** [se-ni-ŏ°-rŭ, সেনিও°রা], *n. fem.* **Señorita** [se-ni-ŏ°-rē-tŭ, সেনীওরী°টা] অবিবাহিতা তরুণীকে সম্বোধনকালে স্পানিশ্ আখ্যা। [Sp.]

sensation [sen-sā°sh(a)n, সেন্সেই°শ্ন্] *n.* awareness by senses, ইন্দ্রিয়ের মাধ্যমে চেতনা বা জ্ঞানলাভ, (পরি.) বেদন, সংবেদন (to have a *sensation* of comfort, dizziness, pain, thirst, etc.) ; power of sensing, সংবেদনশক্তি ; display of intense common emotions, সাধারণের মধ্যে পরিব্যাপ্ত গভীর আবেগের অভিব্যক্তি ; a sensational incident or matter, রোমাঞ্চকর বা উত্তেজনাপূর্ণ ঘটনা অথবা বস্তু। *a.* **sensā°tional**—উত্তেজনাপূর্ণ, রোমাঞ্চকর (a *sensational* news)। *n.* **sensā°tionalism**—ইন্দ্রিয়গত অনুভূতিই সকল মানুষের ধারণার উৎস : এই দার্শনিক মত, (পরি.) সংবেদনবাদ ; রোমাঞ্চকর উত্তেজনার সন্ধান। *n.* **sensā°tionalist**। **sensation novel**—রোমাঞ্চকর উপন্যাস। [L. *sensus*<*sentire*=to feel]

sense [sens, সেন্‌স্] (**1**) *n.* faculty of receiving sensation, ইন্দ্রিয়, (পরি.) জ্ঞানেন্দ্রিয় ; consciousness, চেতনা বা বোধ ; feeling, অনুভূতি ; understanding, বোধশক্তি (usu. in *pl.*) one's right wits, সঠিক স্বাভাবিক শুভ বাস্তব বা ব্যবহারিক বুদ্ধি ; reasonableness, যৌক্তিকতা ; sensual appetite, যৌনক্ষুধা ; meaning, মানে, অর্থ। (**2**) *v.t.* to have a sensation of, (কিছুর) অনুভূতি লাভ করা ; to appreciate, উপলব্ধি করা ; to comprehend, সম্যক্ অবধারণা করা ; to feel instinctively and vaguely, আন্দাজ করা, অনুমান করা। *p. & p. pt.* **sen°sed** । *a.* **sense°less**—অচেতন, অজ্ঞান ; শুভবুদ্ধিহীন, সুবুদ্ধিহীন ; অর্থহীন। *adv.* **sense°lessly** । *n.* **senselessness** । *n.* **sense°-organ**—ইন্দ্রিয় (অর্থাৎ চক্ষু কর্ণ নাসিকা জিহ্বা ত্বক্), (পরি.) ইন্দ্রিয়স্থান বা জ্ঞানেন্দ্রিয়। *n.* **sense°-percep°tion**—ইন্দ্রিয়বলে অবধারণা। **five senses**—পঞ্চেন্দ্রিয় অর্থাৎ চক্ষু কর্ণ নাসিকা জিহ্বা ত্বক্। **in a sense**—পরোক্ষ অর্থে ; কোন-এক দিক্ দিয়া ; কোন-এক ধরনে। **in** or **out of one's sense**—স্বাভাবিক বুদ্ধিসম্পন্ন বা বুদ্ধিভ্রষ্ট। **in the strict sense**—একেবারে সঠিক অর্থে। **(to) bring one to one's senses**—বাস্তব তথ্যাদি স্বীকার করান ; কাহারও চরিত্র সংশোধন করা যে অবশ্যকর্তব্য তাহা তাহাকে উপলব্ধি করান। **(to) come to one's senses**—নির্বোধ বা উন্মাদের ন্যায় আচরণ না করা, স্বাভাবিক বোধশক্তি ফিরিয়া পাওয়া। **(to) make sense**—বোধগম্য, অর্থপূর্ণ হওয়া। **sense of humour**—কৌতুকরসবোধ, রসিকতাবোধ। **(to) take leave of one's senses**—পাগল বা উন্মাদ হওয়া ; উন্মত্তের ন্যায় আচরণ করা। [see *sensation*]

sensible [sen°-sabl, সেন্°স্যাব্‌ল্] *a.* perceptible by sense, ইন্দ্রিয়গ্রাহ্য ; perceptible, বোধগম্য, অবধারণীয় ; conscious, aware, সচেতন, অবগত ; having good sense, সুবুদ্ধিপূর্ণ ; judicious, বিচক্ষণ। *n.* **sensibility** [sen-si-bi°-li-ti, সেন্‌সিবি°লিটি] উত্তেজনা ; সংবেদনশীলতা, (পরি.) বেদিতা ; অনুভব করার বা আবেগান্বিত হওয়ার শক্তি ; ভাবপ্রবণতা ; (often in *pl.*) সহজে ক্ষুণ্ণ হয় এমন অনুভূতি। *adv.* **sensibly** । [see *sensation*]

sensitive [sen°-s(i)tive, সেন্°সিটিভ্] *a.* feeling readily, acutely, or painfully, সহজে বা সূক্ষ্মভাবে বা মর্মান্তিকভাবে অনুভবনশীল ; ready and delicate in reaction, সহজে ও সূক্ষ্মভাবে প্রতিক্রিয়াশীল, (পরি.) সুবেদী, সূক্ষ্ম (a *sensitive* instrument) ; (phot.) susceptible to the action of light, (আলোকচিত্রে) আলোকে প্রতিক্রিয়াশীল। *adv.* **sen°sitively** । *n.* **sen°sitiveness, sensitivity** [sen-si-ti°-vi-ti, সিন্‌সিটি°ভিটি]। **sensitive plant**—লজ্জাবতী লতা বা ঐ জাতীয় যে-কোন উদ্ভিদ্। [see *sensation*]

sensitize [sen°-si-tīz, সেন্°সিটাইজ্] *v.t.* (phot.) to make sensitive to the action of light, (আলোকচিত্রে) আলোকে প্রতিক্রিয়াশীল করা ; to make sensitive, সংবেদনশীল বা সুবেদী করা। *n.* **sensitizā°tion** । [see *sensation*]

sensorial—see **sensory.**

sensorium [sen-sō°-ri-um, সেন্‌সৌ°রিঅ্যাম্] *n.* the seat of sensation in the brain, মস্তিষ্কের অনুভূতিগ্রাহী অংশ ; the brain, মস্তিষ্ক। [L.]

sensory [sen°-sa-ri, সেন্°স্যারি], **sensorial** [sen-saw°-ri-al, সেন্‌স্য°রিঅ্যাল্] *a.* of the sensorium, sensation or the senses, মস্তিষ্ক সংবেদন বা জ্ঞানেন্দ্রিয় সম্বন্ধীয়, (পরি.) সংজ্ঞাবহ, সংবেদজ (*sensory* nerves or organs)। [see *sensation*]

sensual [sen°-sū(a)l, সেন্°সিউল্] *a.* of the senses, ইন্দ্রিয়গত (অর্থাৎ মানসিক বা বুদ্ধিগত বা আধ্যাত্মিক নহে এমন) ; sexual, যৌন ; carnal, ভোগবাসনা চরিতার্থ-করণ-সংক্রান্ত ; voluptuous, ইন্দ্রিয়পরায়ণ, কামুক। *n.* **sen°sūalism**—অত্যধিক যৌনক্ষুধা বা ভোগবাসনা চরিতার্থ-করণ ; অনুভূতিই সকল জ্ঞানের মূল উৎস : এই দার্শনিক মত। *n.* **sen°sūalist** । *n.* **sensūa°lity**—যৌনক্ষুধা বা ভোগবাসনা চরিতার্থ-করণ। *adv.* **sen°sūally** । [see *sensation*]

sensuous [sen°sū-as, সেন্°সিউ-অ্যাস্] *a.* of the senses, ইন্দ্রিয়গত ; easily affected by the medium of the senses, ইন্দ্রিয়লব্ধ জ্ঞানাদি সহজে গ্রহণ করে এমন। *adv.* **sen°sūously** । *n.* **sen°sūousness** । [see *sensation*]

sent—see **send.**

sentence [sen°-tans, সেন্°ট্যান্‌স্] (**1**) *a.* opinion, মত ; determination of punishment, দণ্ডনির্ধারণ, দণ্ডাদেশ ; (gr.) a number of words making a complete grammatical structure, (ব্যাক.) বাক্য। (**2**) *v.t.* to state sentence of, দণ্ডাদেশ দেওয়া ; to condemn, দণ্ডিত করা। *p. & p. pt.* **sen°tenced** । **under sentence of** (death etc.)—(মৃত্যু প্রভৃতির) দণ্ডাজ্ঞাপ্রাপ্ত। [F. < L. *sententia* < *sentire* = to feel]

sententious [sen-ten°-shas, সেন্‌টেন্°শ্যাস্] *a.* pithy, সংক্ষিপ্ত অথচ অর্থপূর্ণ ; aphoristic, নীতিগর্ভ ; fond of pompous moralizing, সাড়ম্বর নৈতিক উপদেশ দিতে ইচ্ছুক ; affectedly formal, (রচনাশৈলী সম্বন্ধে) বিশুদ্ধতার বা নিয়মানুগামিতার ভানপূর্ণ। *adv.* **senten°tiously** । *n.* **senten°tiousness** । [see *sentence*]

sentient [sen°sh(a)nt, সেন্°শ্‌ন্ট্] *a.* conscious, চেতন, সচেতন ; capable of sensation, অনুভবক্ষম, সংবেদী। *n.* **sen°tience**—সংবেদিতা। [L. *sentire* = to feel]

sentiment [sen°-ti-mant, সেন্°টিম্যান্ট্] *n.* a mental feeling, অনুভূতি, (পরি.) রস ; a view based on emotion, অনুভূতি-আশ্রিত মত ; the tendency to be swayed by feeling, ভাবপ্রবণতা ; mawkish tenderness, অল্পেই মনে

আঘাত পায় এমন অবস্থা। *a.* **sentimental** [sen-ti-men°tl, সেন্‌টিমেন্‌°ট্‌ল্‌] ভাবপ্রবণতা-উদ্রেককর; কোমলতাপূর্ণ। *n.* **sentimen°talism, sentimenta°lity** । *n.* **sentimen°talist**—ভাবপ্রবণ ব্যক্তি; যে ব্যক্তি অল্পেই মনে আঘাত পায়; যে ব্যক্তি যুক্তি অপেক্ষা অনুভূতিকেই প্রাধান্য দেয় । [LL. *sentimentum*<L. *sentire*=to feel]

sentinel [sen°-tinl, সেন্‌°টিন্‌ল্‌] *n.* a watch or guard, প্রহরী, শান্ত্রী, রক্ষী। **(to) stand sentinel over**—পাহারা দেওয়া। [F. *sentinelle*<It. *sentinella*]

sentry [sen°tri, সেন্‌°ট্রি] *n.* a sentinel, প্রহরী, শান্ত্রী, রক্ষী; প্রহরারত সৈনিক। *n.* **sen°try-box**—প্রহরারত প্রহরীর অবস্থানার্থ ক্ষুদ্র খোপবিশেষ। *n.* **sentry-go**—প্রহরীর পরিক্রমণ কাজ (he is on *sentry-go*)। [?]

sepal [sē°pl, সী°প্‌ল্‌] *n.* calyx-leaf, (পরি.) বৃত্যংশ। [F. *sepale*]

separable—see **separate.**

separate [se°-pa-rāt, সে°প্যারেইট্‌] (**1**) *v.t.i.* to part or sever, বিভক্ত বিচ্ছিন্ন সংযোগচ্যুত বা পৃথক্ করা অথবা হওয়া; to remove, অপসৃত করা বা হওয়া। (**2**) *v.t.* to shut off from cohabitation, (প্রধানতঃ আদালত কর্তৃক) দাম্পত্য বা যৌন সম্পর্ক ছিন্ন করান। *p.* & *p. pt.* **se°parātėd** । *a.* **separate** [se°-prit, সে°প্‌রিট্‌] বিভক্ত; বিচ্ছিন্ন; সংযোগচ্যুত; পৃথক; আলাদা, স্বতন্ত্র। *a.* **separable** [se°-p(a)rabl, সে°প্র্যাব্‌ল্‌] । *n.* **separabi°lity** । *adv.* **se°parably** । *adv.* **se°parȧtely** । *n.* **se°parȧteness** । *n.* **se°parā°tion** । **separation allowance**—সরকারী কাজের জন্য পরিবারবর্গ হইতে দূরে বাসকারী সৈনিকের স্ত্রীপুত্রাদিকে প্রদত্ত সরকারী ভাতা। **judicial separation**—আদালতের নির্দেশবলে স্বামী-স্ত্রীর বিচ্ছিন্নভাবে থাকার ব্যবস্থা (ইহাতে বিবাহবন্ধন অটুট থাকে কিন্তু সহবাস বা অন্য দাম্পত্য সম্পর্ক নিষিদ্ধ)। *n.* **separatism** [se°-p(a)ra-tizm, সে°প্র্যাটিজ্‌ম্‌] প্রতিষ্ঠিত গির্জা বা ধর্মসম্প্রদায় হইতে স্বতন্ত্র হওয়া। *n.* **se°parātist** । *n.* **se°pārator**—(বিশে.) দুধ হইতে ননী মাখন পৃথক্ করার যন্ত্র। [L. *separare*=to put aside]

sepia [sē°-pi-a, সী°পিয়্যা] *n.* a pigment made from the fluid secreted by the cuttlefish, কাট্‌ল্‌ফিশ্ নামক প্রাণীর দেহনিঃসৃত তরলপদার্থে প্রস্তুত কৃষ্ণাভ বাদামী রঞ্জক বা রঙ। [L.<Gk.=cuttlefish]

sepoy [sē°poy, সী°পয়্‌] *n.* one holding the lowest rank in the Indian army, সিপাহী। [Hin. *sipahi*]

sepsis [sep°-sis, সেপ্‌°সিস্‌] *n.* putrefaction, পচন, শটন, (পরি.) বীজদূষণ। [Gk.]

sept- [sept. সেপ্‌ট্‌] *in comp.* seven, সপ্ত। [L.]

September [sep-tem°-ba(r), সেপ্‌টেম্‌°ব্যা(র্‌)] *n.* the ninth month of the English year, ইংরেজী বৎসরের নবম (মূলতঃ সপ্তম) মাস (ভাদ্রের মাঝামাঝি হইতে আশ্বিনের মাঝামাঝি পর্যন্ত)। [L.]

septi [sep°-ti, সেপ্‌°টি] var. of **sept-.**

septic [sep°-tik, সেপ্‌°টিক্‌] *a.* putrefactive, পাকে বা পাকায় বা পাকিয়াছে এমন; বীজদূষণমূলক বা বীজদূষিত। **septic tank**—(পরি.) মলশোধনাশয়। [Gk. *septikos*]

septicæmia, septicemia [sep-ti-sē°-mi-a, সেপ্‌টিসী°মিঅ্যা] *n.* (path.) blood-poisoning, (চিকি.) রক্ত-বিষণ, রক্তদূষণ। [see *sepsis*, Gk. *haima*=blood]

septimal [sep°-ti-mal, সেপ্‌°টিম্যাল্‌] *a.* of the number seven, সংখ্যা 'সাত'-সংক্রান্ত। [L. *septimus*=seventh]

septuagenarian [sep-tū-a-ji-nār°-i-an, সেপ্‌টিউঅ্যাজিনেয়্যার্‌°ইঅ্যান্‌] (**1**) *a.* seventy years old or between seventy and eighty, সত্তর বৎসর বয়স্ক বা সত্তর ও আশী বৎসরের মধ্যবর্তী বয়সের। (**2**) *n.* a septuagenarian person, ঐরূপ বয়সের লোক। [L. *septuagenarius*]

Septuagint [sep°tū-a-jint, সেপ্‌°টিউ-অ্যা-জিন্‌ট্‌] *n.* the Greek version of O.T, said to have been made by seventy-two scholars in about 270 B.C., আনুমানিক খ্রিস্টপূর্ব ২৭০ সালে বাহাত্তর জন পণ্ডিতকৃত ওল্ড টেস্টামেন্টের গ্রীক অনুবাদ। । [L. *septuaginta*]

septuple [sep°-tū-pl, সেপ্‌°টিউপ্‌ল্‌] (**1**) *a.* & *n.* sevenfold (amount), সাতগুণ (পরিমাণ)। (**2**) *v.t.i.* to multiply by seven, সাত দিয়া গুণ করা। *n.* **septūplėt**—এককালে জাত সাতটি সন্তানের যে-কোন একটি। [L. *septuplus*<*septum*=seven]

sepulchre [se°-p(a)lka(r), সে°প্‌ল্‌ক্যা(র্‌)] (**1**) *n.* a tomb, কবর, সমাধি। (**2**) *v.t.* to entomb, কবর দেওয়া, সমাহিত করা। *a.* **sepulchral** [sipul°-kr(a)l, সিপাল্‌°ক্‌র্‌ল্‌] কবর-সংক্রান্ত বা অন্ত্যেষ্টি-সংক্রান্ত; কবর-তুল্য। *n.* **sepulture** [se°-p(a)-l cha(r), সে°প্‌ল্‌চ্যা(র্‌)] সমাহিত-করণ। **whited sepulchre**—কপটাচারী, ভণ্ড। [L. *sepulcrum* (*n.*)]

sequacious [si-kwā°-shas, সিক্যোএই°শ্যাস্‌] *a.* inclined to follow, servile, স্বীয় ইচ্ছাশক্তি-বিহীনভাবে পরের কথায় বা হুকুমে চলার প্রবৃত্তিসম্পন্ন, গোলামি-মনোবৃত্তিসম্পন্ন; lacking independence or originality, স্বাধীনচিন্তাহীন বা মৌলিকতাবর্জিত; (of reasoning or a reasoner) coherent, (যুক্তি বা তার্কিক সম্বন্ধে) অসংলগ্ন নহে এমন, সুসঙ্গত। *n.* **sequa°city** । [L. *sequax*<*sequi*=to follow]

sequel [sē°kw(a)l, সী°ক্‌ল্‌] *n.* that which follows, উদ্ভূত ফল, পরিণাম, পরিণতি, পরিশিষ্ট। **in the sequel**—পরিণামে; পরবর্তী কালে। [L. *sequela*]

sequence [sē°-kwans, সী°ক্যুঅ্যান্‌স্‌] *n.* succession, অনুবর্তিতা, অনুক্রম, (পরি.) ক্রম (historial *sequence*, the *sequence* of events); series of things following, ধারাবাহিক বস্তুসমূহ; that which follows, উদ্ভূত ফল, পরিণাম, পরিণতি। **sequence of tense**—ক্রিয়ার কালের পূর্বাপরক্রম। *a.* **se°quent**—অনুবর্তী, অনুক্রমিক, ক্রমানুযায়ী; পরপর। *a.* **sequential** [si-kwen°sh(a)l, সিক্যুএন্°শ্‌ল্] অনুবর্তিতা বা অনুক্রমিতা সম্বন্ধীয়। [L. *sequi*=to follow]

sequester [si-kwes°-ta(r), সিক্যুএস্°ট্যা(র্)] *v.t.* to set aside or apart, সরাইয়া বা আলাদা করিয়া রাখা, স্বতন্ত্র বা নিঃসঙ্গ করিয়া রাখা। *a.* **séques°tered**—পৃথক্-কর, স্বতন্ত্রীকৃত; নিঃসঙ্গ, নির্জনবাসী। *v.t.* **séques°trāte**—same as **sequester,** এবং—দেউলিয়া করা। *n.* **sèquestrā°tion** । [L. *sequestrare*]

sequin [sē°kwin, সী°ক্যুইন্] *n.* Venetian gold coin (hist.), ভিনিসীয় স্বর্ণমুদ্রাবিশেষ; coin like ornamentation of silver etc. sewn on to dresses, পোশাকে সেলাই-করা রৌপ্যাদির অলংকরণ। [Ar. *sikka*]

sequoia [si-kwoi°a, সি-ক্যুই°এই] *n.* kind of Californian coniferous trees of great height, কালিফর্নিয়ার মোচাকৃতি অতি দীর্ঘাকার বৃক্ষবিশেষ। [*sequoiah*—a cherokee perh.—name]

sera—see **serum.**

seraglio [se-rŭ°-li-ō, সেরা°লিঔ] *a.* a harem, (মুসলমানদের) অন্তঃপুর, হারেম, জেনানা-মহল; a walled palace, (প্রধানতঃ কন্‌স্ট্যান্‌টিনোপ্‌লের) তুর্কী সুলতানের প্রাচীরবেষ্টিত প্রাসাদ। [It. *serraglio*<L. *sera*=a door-bar, confused with Turk, *saray, serai*=a palace]

serai [se-rŭ°-i, সেরা°ই] *n.* a caravanserai, পথপার্শ্বস্থ পান্থশালা, চটী, সরাই। [Turk.]

serang [se-rang°, সের‍্যাং°] *n.* a lascar boatswain, (জাহাজের) সারেং। [Per. *sarhang*= commander]

seraph [se°-raf, সে°র‍্যাফ্] *n.* an angel of the highest order, উচ্চতম শ্রেণীর দেবদূত। *pl.* **se°raphs, se°raphim** । *a.* **sera°phic(al)**—উক্ত দেবদূততুল্য। [Heb. *seraphim* (*pl.*)]

Serb [sa(r)b, স্যা(র্)ব্] *n.* a native or the language of Serbia, সার্বিআ-দেশের লোক বা ভাষা। **Ser°bian**—(**1**) *a.* সার্বিআর। (**2**) *n.* সার্বিআর লোক বা ভাষা। [Serb. *Srb*]

sere—alt. spell. of **sear** and **cere.**

serein [se°-rŭn°, সে°র‍্যাঁ°] *n.* fine rain from a cloudless sky, মেঘহীন আকাশ হইতে বৃষ্টিপাত, শিয়ালে বৃষ্টি। [F.]

serenade [se-ri-nād°, সেরিনেইড্°] (**1**) *n.* an evening song sung or a piece of music played (esp.) by a lover at his lady's window), (প্রধানতঃ কোন মহিলার বাসভবনের জানালার নিচে তাহার প্রণয়ী কর্তৃক) রাত্রিবেলায় উন্মুক্ত স্থানে সঙ্গীতানুষ্ঠান। (**2**) *v.t.i.* to entertain with a serenade, উক্ত সঙ্গীত দ্বারা চিত্তবিনোদন করা। *p.* & *p. pt.* **serènā°dèd** । [F.<It. *serenata*<L. *serenus*=serene]

serendipity [se-ran-di°-pi-ti, সের‍্যান্‌ডি°পিটি] *n.* the faculty of making happy and valuable discoveries by luck, ভাগ্যক্রমে মূল্যবান্ ও লাভজনক আবিষ্কারের ক্ষমতা। [from Walpole's fairy tale *The Three Princes of Serendip*(Sri Lanka)]

serene [si-rēn°, সিরীন্°] *a.* calm, শান্ত, unclouded, মেঘশূন্য, নির্মেঘ; unruffled, অচঞ্চল (*serene* look, temper, etc.) । *adv.* **sèrēne°ly** । *n.* **serenity** [si-re°-ni-ti, সিরে°নিটি] । **all serene** —(অশি.) সব ঠিক আছে। [L. *serenus*]

serf [sa(r)f, স্যা(র্)ফ্] *n.* a cultivator in modified slavery, ক্রীতদাসবৎ দায়াবদ্ধ কৃষক (পাশ্চাত্যে সামন্ততান্ত্রিক যুগে জমি হস্তান্তরের সঙ্গে ইহাদিগকেও হস্তান্তরিত করা হইত)। *n.* **serf°dom**—উক্ত কৃষক গোষ্ঠী বা কৃষকগিরি। [F.<L. *servus*=a slave]

serge [sa(r)j, স্যা(র্)জ্] *n.* a twilled fabric, পশমী কাপড়বিশেষ, সার্জ। [F.<L. *serica*=silk]

sergeant [sŭ(r)°j(a)nt, সা(র্)°জ্‌ন্‌ট্] *n.* a non-commissioned officer next above a corporal, সৈনিকদের পদবিশেষ; an officer of police, পুলিস্‌সার্জেন্ট। *n.* **ser°geant-mā°jor**—সৈনিকদের পদবিশেষ। *n.* **ser°geantship** । [OF *sergent*<L. *servire*=to serve]

sergette [sa(r)-jet°, স্যা(র্)জেট্°] *n.* thin serge, পাতলা সার্জ-কাপড়। [see *serge*]

serial, seriatim—see **series.**

sericulture [se°-ri-kul-cha(r), সে°রিকাল্‌চ্যা(র্)] *n.* silkworm-breeding, রেশমগুটীর চাষ। *n.* **se°riculturist** । [Gk. *serikos*=a silkworm, *culture*]

series [sēr°-ēz, সিয়্যার্°ঈজ্] *n.* a set of things in line or in succession, or having something in common, সারি-বাঁধা বা ধারাবাহিক বা কোন সাদৃশ্যযুক্ত বস্তুসমূহ, (পরি.) মালা, শ্রেণী; succession, sequence, অনুবর্তিতা, পরম্পরা, ক্রম। **harmonic series**—(গণি.) বিপরীত শ্রেণী। **serial** [sēr°-i-al, সিয়্যার্°ইঅ্যাল্] (**1**) *a.* শ্রেণীবদ্ধ, সারিবাঁধা; অনুক্রমিক, পরম্পরাযুক্ত; দফায় দফায় বিন্যস্ত বা প্রকাশিত; ধারাবাহিক। (**2**) *n.* ধারাবাহিকভাবে বা ক্রমশঃ প্রকাশিত গল্প গ্রন্থ প্রভৃতি। *v.t.* **ser°ialīze**—ধারাবাহিকভাবে প্রকাশ করা। *adv.* **serially** । *adv.* **sēriā°tim**—একটি পর একটি করিয়া (to consider, deal with, discuss, etc. *seriatim*) । [L.]

serinette [se-ri-net°, সেরিনেট্°] *n.* an instrument for teaching cage-birds to sing, পিঞ্জরাবদ্ধ পাখিকে গান শিখাইবার যন্ত্রবিশেষ। [F.]

serio-comic [sēr°i-ōko°-mik, সিয়্যার্°ইঔক°-মিক্] *a.* partly serious and partly comic., কিছু গুরুগম্ভীর এবং কিছু লঘু এমন। [see *serious, comic*]

serious [ser̄°-i-as, সিয়্যার্°ইঅ্যাস্] *a.* grave, গম্ভীর ; staid, রাশভারী ; earnest, ঐকান্তিক ; sincere, আন্তরিক ; important, গুরুত্বপূর্ণ ; critical, গুরুতর, সঙ্কটজনক : religious or spiritual, ধর্মগত বা আধ্যাত্মিক। *adv.* **ser̄°iously** । *n.* **ser̄°iousnėss** । **in all seriousness**—সত্যি সত্যি (ইহার মধ্যে পরিহাস বা ব্যঙ্গ নাই)। [LL. *seriosus*]

serjeant—alt. spell, of **sergeant.**

sermon [sa(r)°-man, স্যা(র্)°ম্যান্] *n.* a discourse delivered from the pulpit, গির্জাদির বক্তৃতামঞ্চ হইতে প্রদত্ত (প্রধানতঃ বাইবেল-সংক্রান্ত) উপদেশ ; a religious or moral lecture, ধর্মোপদেশ বা নৈতিক বক্তৃতা ; a harangue, ক্লান্তিকর দীর্ঘ বক্তৃতা। *v.i.t.* **ser°monize**—ধর্মোপদেশ দেওয়া বা রচনা করা। [L. *sermo*]

serology [se-ro°-la-ji, সের°ল্যাজি] *n.* scientific study of sera and their properties, রক্তমস্তু বা সিরামসমূহ ও তাহাদের ধর্ম সংক্রান্ত বিজ্ঞান বা বিদ্যা। *a.* **serolo°gical** । *n.* **serolo°gist** । *n.* **serolo°gist** । [see *serum*]

serous—see **serum.**

serpent [sa(r)°pant, স্যা(র্)°প্যান্ট্] *a.* a snake, (প্রধানতঃ বৃহৎ) সর্প ; a treacherous or malicious person, বিশ্বাসঘাতক বা বিদ্বেষপূর্ণ ব্যক্তি ; a twisting firework, সাপবাজি। **serpentine** [sa(r)°-p(a)ntīn, স্যা(র্)°প্‌ন্টাইন্] (1) *a.* সর্পবৎ ; সর্পিল, আঁকাবাঁকা। (2) *n.* সর্পিল পথ ; একপ্রকার কর্বুরবর্ণ প্রস্তর বা মণি। **the old serpent**—বাইবেলোক্ত শয়তান। [L. *serpens*=creeping]

serrate [se°-rāt, সে°রেইট্] *v.t.* to notch like a saw, করাতের ন্যায় খাঁজ কাটা। *a.* **se°rrāte, se°rrātėd**—করাতের ন্যায় খাঁজ-কাটা, (পরি.) ক্রকচ। *n.* **serrā°tion** । [Port. *serra*=a saw<_.]

serried [ser°id, সেরি°ড্] *a.* (of ranks of soldiers, rows of trees etc.) shoulder to shoulder, without gaps, close—পাশাপাশি, লাগালাগি, ফাঁক নাই এমন, ঘেঁষাঘেঁষি, ঘনসন্নিবিষ্ট। [L. *serra*]

serum [ser̄°-am, সিয়্যার্°অ্যাম্] *n.* a liquid forming the thin part of blood, টীকায় ব্যবহৃত রক্তের জলীয় অংশ, সিরাম, (পরি.) রক্তমস্তু। *pl.* **ser̄°a, ser̄°umṡ** । *a.* **ser̄°ous**—রক্তমস্তু-সংক্রান্ত ; রক্তমস্তুতুল্য ; রক্তমস্তুপূর্ণ। [L.=whey]

servant [sa(r)°v(a)nt, স্যা(র্)°ভ্‌ন্ট্] *n.* a person hired to serve, চাকর, ভৃত্য, কর্মচারী ; one who serves, সেবক ; a term of civility, চিঠিপত্রাদিতে স্বীয় স্বাক্ষরের সঙ্গে ব্যবহৃত বিনয়সূচক অভিধাবিশেষ (your obedient *servant*)। *n.* **ser°vant-girl**—বালিকা চাকরানী বা পরিচারিকা। **general servant**—সর্ববিধ গৃহকর্মের জন্য নিযুক্ত ভৃত্য। **your humble servant**—(আর্ধ.) আপনার আমি সেবক (ব্যঙ্গপূর্ণ ভদ্রতাসূচক)। [F. *pr. pt.* of *servir*—see *serve*]

serve [sa(r)v, স্যা(র্)ভ্] (1) *v.t.i.* to be a servant (to), (কাহারও) চাকর বা কর্মচারী হওয়া, চাকরগিরি করা ; to wait at table, (খাদ্যাদি) পরিবেশন করা ; to attend (on), পরিচর্যা বা সেবা করা ; to attend to the requirements (of), (প্রধানতঃ খরিদদারদের) প্রয়োজনমত মালপত্র দেখান বা সরবরাহ করা ; to suit, উপযোগী হওয়া (it will *serve* my purpose well) ; to suffice, পর্যাপ্ত হওয়া। (2) *v.t.* to worship, পূজা বা উপাসনা করা ; to further, উন্নতিবিধান করা বা অগ্রসর করান ; to deal, (আঘাতাদি) হানা ; to put into play by striking, (টেনিস্ প্রভৃতি খেলায়—বলে) নূতন করিয়া বা প্রবল আঘাত করা, সার্ভ করা ; to behave towards, (কাহারও প্রতি) আচরণ করা ; (in law) to deliver formally, (আইনে—আদেশাদি) বিধিমতে জারী করা (to *serve* a summon, warrant, etc., on a person, to *serve* a person with notice, etc.)। (3) *n.* service of a ball, (টেনিস্ প্রভৃতি খেলায়) বলে নূতন বা প্রথম আঘাত। *n.* **ser°ver** । *n.* **ser°ving-man**—(আর্ধ.) চাকর। **(to) serve a sentence**—কারাদণ্ড ভোগ করা। **(to) serve out**—(আঘাতাদি) হানা ; (খাদ্যাদি) পরিবেশন বা বণ্টন করা ; শাস্তি দেওয়া ; প্রতিহিংসা গ্রহণ করা। **(to) serve up**—পরিবেশন করা। **(to) serve two masters**—একই সঙ্গে দুই মনিবের কাজ করা অর্থাৎ বিরোধী কর্তব্য করার সংকটে পড়া। **as occasion serves**—সুযোগ হইলে। [F. *servir*<L. *servire* (*v.*)]

service [sa(r)°-vis, স্যা(র্)°ভিস্] *n.* state or occupation of a servant, চাকর কর্মচারী বা সেবকের পদ অথবা বৃত্তি ; work, কাজ ; employment, কর্ম, চাকরি, সেবা ; employment in the fighting forces, or in any public department, সৈন্যবিভাগে বা সরকারি বিভাগে চাকরি ; personnel so employed, উক্ত বিভাগের কর্মচারিবর্গ ; the organization employing it, উক্ত বিভাগ, (পরি.) কৃত্যক ; (in *pl.*) the armed forces, সৈন্যবাহিনী ; performance of a duty or function, কর্তব্যপালন বা কর্মসাধন ; a performance of religious worship, ধর্মোপাসনার অনুষ্ঠান ; a good turn, উপকার ; exertion made for another, পরার্থে পরিশ্রম ; use, কার্যোপযোগিতা, কাজে ব্যবহার ; expediting, দ্রুত প্রেরণ ; waiting at table, পরিবেশন ; a set of dishes, plates, etc. required for serving meal, খাদ্যাদি পরিবেশনার্থ প্রয়োজনীয় এক দফা থালা বাটি প্রভৃতি ; a set of vehicles etc. plying at stated times, যে-সমস্ত যান বাঁধা সময়ে চলাচল করে (bus *service*) ; (in tennis etc.) act, manner or turn of serving, (টেনিসাদি খেলায়) সার্ভ করা অথবা সার্ভ করার ধরন বা পালা (whose *service* is it ?)। *a.* **ser°viceable**—সেবা করিতে বা খাটিতে সক্ষম অথবা ইচ্ছুক ; সুবিধাজনক ; কার্যোপযোগী ; টেঁকসই। *n.* **ser°viceablenėss** । *adv.*

ser°viceably । *n.* **ser°vice-book**—(গির্জাদিতে ব্যবহৃত) উপাসনাপুস্তক ; কোন কর্মচারীর বিবরণ-সংবলিত পুস্তক। *n.* **service-flat**—যে ফ্ল্যাটে কর্তৃপক্ষ গৃহস্থালীর ব্যবস্থা ও খাদ্য সরবরাহ করে। *n.* **ser°vice-privy**—খাটা পায়খানা। **at your service**—আপনার ইচ্ছামত ব্যবহারের জন্য, আপনার সেবায় (প্রধানতঃ ভদ্রতাসূচক উক্তিবিশেষ)। **(to) have seen service**—যুদ্ধক্ষেত্রে লড়াই করিয়াছে ; দীর্ঘকাল ধরিয়া বা কঠোরভাবে ব্যবহৃত হইয়াছে। [F. <L. *servitium*]

serviette [sa(r)-vi-et°, স্যা(র্)ভিএট্°] *n.* (vul.) a table-napkin, (অমা.) খাওয়ার টেবিলে মুখাদি মুছার তোয়ালে (a linen or paper *serviette*)। [F.]

servile [sa(r)°-vīl, স্যা(র্)°ভাইল্] *a.* of slaves or servants, ক্রীতদাস বা ভৃত্য সম্বন্ধীয় ; slavish, ক্রীতদাসসুলভ ; meanly submissive, হীনভাবে ; বশ্যতাস্বীকার করে এমন, গোলামের ন্যায় আজ্ঞাধীন ; lacking in the spirit of independence, স্বাধীনতার মনোভাবহীন (*servile* flattery)। *adv.* **ser°vilely** । *n.* **servi°lity** । [L.*servilis* < *servus*=a slave]

servitor [sa(r)°-vi-ta(r), স্যা(র্)°ভিট্যা(র্)] *n.* one who serves, পরিচারক, খাদ্যপরিবেশক। *fem.* **ser°vitress** । [LL.]

servitude [sa(r)°-vi-tūd, স্যা(র্)°ভিটিউড্] *n.* slavery, ক্রীতদাসত্ব ; subjection, অধীনতা, বশ্যতা। [L. *servitudo*]

sesame [se°-sa-mi, সে°স্যামি] *n.* a plant or its seed, তিলের গাছ বা তিল। **open sesame**—সীসেইম্ দরজা খোল : 'আরব্যোপন্যাস'-এ গুপ্তদ্বার খোলার মন্ত্রবিশেষ, (তু.) চিচিং ফাঁক। [Gk.]

session [se°sh(a)n, সে°শ্ন্] *n.* a sitting or a series of sittings, বৈঠক, অধিবেশন, (পরি.) সত্র ; time of sitting, সত্রকাল ; the year or term of school, college or university, স্কুল কলেজ বা বিশ্ববিদ্যালয়ের বৎসর অথবা বর্ষভাগ ; (in *pl.*) quarter-sessions, যে আদালত তিনমাস অন্তর-অন্তর বসে ; (in India) a higher criminal court, (ভারতে) দায়রা-আদালত, (পরি.) দণ্ডসত্র (also **se°ssions-court**)। *a.* **se°ssional**—সত্র সত্রকাল বিদ্যালয়াদির বৎসর বা বর্ষভাগ ত্রৈমাসিক আদালত অথবা দায়রা সংক্রান্ত। *n.* **se°ssions-judge**—দায়রা বিচারক, (পরি.) দণ্ডসত্রাধীশ। [F. <L. *sessio* < *sedere*=to sit]

sestet [ses-tet°, সেস্টেট্°] *n.* a group of six, ছয় ব্যক্তি প্রাণী বা বস্তুর সমষ্টি ; the last six lines of a sonnet, সনেট্ বা চতুর্দশপদী কবিতার শেষের ছয় চরণ। [It. *sestetto* < *sesto* < L. *sextus*= sixth]

set [set, সেট্] **(1)** *v.i.t.* to seat or sit, বসান বা বসা ; to put or remain in position, যথাস্থানে রাখা বা থাকা ; to make or become solid, rigid, fixed or motionless, ঘন শক্ত স্থির বা নিশ্চল করা অথবা হওয়া ; to coagulate, জমাট বাঁধান বা বাঁধা ; to begin to form, (ফল বা বীজ সম্বন্ধে) গঠিত করিতে বা হইতে আরম্ভ করা, আকার-দান করিতে বা আকারলাভ করিতে আরম্ভ করা ; to apply or apply oneself, কাজে লাগান বা লাগা (to *set* pen to paper) ; to put upon or take a course or direction, কোন পথ ধরান বা ধরা, কোন দিকের অভিমুখ করান বা হওয়া। **(2)** *v.t.* to put, স্থাপন করা, রাখা ; to fix, ধার্য করা (to *set* a price) ; to start, চালু করা (to *set* the machine going) ; to bring parts together so that they may unite, যাহাতে জুড়িয়া যাইতে পারে এজন্য স্থানচ্যুত বিভিন্ন অংশ যথাস্থানে স্থাপন করা (to *set* a bone) ; to cause to be, হওয়ান ; to plant, রোপণ করা ; to dispose, array or arrange, সরান, সাজান বা বিন্যস্ত করা (to *set* things in order) ; to put to catch the wind, বাতাস পাইবার জন্য (নৌকাদির পাল) টাঙান বা খাটান ; to lay, or cover, (ভোজ-টেবিলে) পরিবেশন করা বা (ভোজটেবিল) আচ্ছাদিত করা ; to stake, বাজি ধরা ; (print) to compose, (মুদ্রণে) কম্পোজ করা ; to embed, (রত্নাদি) খচিত করা বা বসান ; to frame, ফ্রেম্ পরান ; to beset, সমাচ্ছন্ন বা আকীর্ণ করা ; to regulate, নিয়ন্ত্রিত করা ; to ordain, নির্দিষ্ট করিয়া দেওয়া ; to appoint, নিযুক্ত করা ; to incite, প্রণোদিত বা প্ররোচিত করান ; to value, মূল্যাবধারণ করা, গণ্য করা ; to pitch, to fit music to, সুরসংযোজন করা, সুর বাঁধা ; to sharpen, ধার দেওয়া ; to clench, (দাঁতে-দাঁত) চাপিয়া ধরা। **(3)** *v.i.* to be in session, অধিবেশন চলিতে থাকা ; to sink below the horizon, (সূর্যাদির) অস্ত যাওয়া ; to decline, অবনতিপ্রাপ্ত হওয়া, নামিয়া যাওয়া ; to settle down, স্থির বা স্থায়ী হইয়া থাকা বসা অথবা বসবাস করা। *pr. pt.* **se°tting** । *p.* & *p. pt.* **set** । **(4)** *n.* a group, প্রধানতঃ সদৃশ (ব্যক্তি প্রাণী বা বস্তুর) দল, ঝাঁক, কেতা (a *set* of fools or tools) ; a clique, চক্রিদল ; a complete series or collection, ধারাবাহিক বস্তুর পরিপূর্ণ সমষ্টি বা সংগ্রহ ; a complete apparatus, (প্রধানতঃ রেডিওর) পূর্ণ এক কেতা যন্ত্রপাতি, একটি গোটা কল (a transistor *set*) ; (in tennis etc.) a group of games counting as a unit, (টেনিস প্রভৃতি খেলার) পূর্ণজয়-পরাজয়-নির্ধারণার্থ যে কয়বার খেলিতে হয়। **(5)** *a.* fixed, স্থির (*set* eyes, look, smile, etc.) ; resolute, দৃঢ়-সঙ্কল্প ; regular, নিয়মিত। *n.* **set°-back°**—বাধা, বিপত্তি, প্রতিহতি ; অবস্থার অবনতি। **set books**—যে-সব পুস্তকের বিষয়বস্তু হইতে পরীক্ষার প্রশ্ন করা হয়। *n.* **set°down°**—আকস্মিক বাধা বা ধমক বা তিরস্কার। *n.* **set°-off**—পালটা দাবি, পালটা ওজন বা ভার ; রত্নাদিতে খচিত গহনা ; (মুদ্রণে) অফ্‌সেট্ মেশিন্ বা তাহাতে মুদ্রিত বস্তু। *n.* **set°-out**—সাজসরঞ্জাম ; প্রস্তুতি ; ভোজ-থালা পোশাক-পরিচ্ছদ প্রভৃতির

বিন্যাস। *n.* **set°-squāre°**—কোণ আঁকার জন্য ত্রিকোণ যন্ত্রবিশেষ (ইহার একটি কোণ সমকোণ থাকে)। *n.* **se°tter**—set (*v*)-এর সকল অর্থে, এবং (চোরধরা) কুকুরবিশেষ ; গোয়েন্দা বা গুপ্তচর। *n.* **sett°ing**—set (*v*)-এর সকল অর্থে, এবং বিশেষতঃ—স্থাপন ; বিন্যাস ; স্রোতের গতি ; নির্ধারণ, নির্দিষ্টকরণ ; ফ্রেমে স্থাপন ; সুরসংযোজন ; পরিবেশ, যেভাবে ও যে-সকল উপকরণের সমবায়ে নাটক মঞ্চস্থ হয়। *n.* **set°-up°**—দৈহিক গঠন ; বিন্যাস ; বুনন। **(to) set about**—(কার্যাদি) আরম্ভ করা ; আক্রমণ করা ; রটান। **(to) set against**—বিপক্ষে স্থাপন করা ; বাধাদানার্থ নিযুক্ত করা। **(to) set apart**—পৃথক করিয়া রাখা ; সরাইয়া রাখা ; তর্ক বিবেচনা প্রভৃতির বহির্ভূত করিয়া রাখা। **(to) set aside**—সরাইয়া রাখা ; প্রত্যাখ্যান করা ; অগ্রাহ্য করা ; বাতিল করা। **(to) set back**—অগ্রসর বা উন্নতিতে বাধা দেওয়া ; পিছনে সরান ; দূরে স্থাপিত করা (the cottage is well *set back* from the street)। **(to) set by**—জমাইয়া রাখা ; সংরক্ষিত করিয়া রাখা ; সরাইয়া রাখা। **(to) set down**—ভূতলে স্থাপন করা ; (গাড়ি প্রভৃতি হইতে) নামাইয়া রাখা ; লিখিয়া লওয়া ; (গুণ বা দোষ) আরোপ করা। **(to) set forth**—প্রদর্শন করান ; প্রদর্শনার্থ সাজাইয়া রাখা বা বাহির করা ; ব্যাখ্যা করা, ঘোষণা করা ; প্রশংসা করা ; প্রকাশ করা ; যাত্রারম্ভ করা। **(to) set free**—মুক্ত করিয়া দেওয়া ; স্বাধীন করা। **(to) set in**—আরম্ভ হওয়া ; (বাতাস জোয়ার প্রভৃতি সম্বন্ধে) বহিতে আরম্ভ করা ; প্রকোপযুক্ত হওয়া প্রাদুর্ভূত হওয়া। **(to) set off**—চিহ্নিত করিয়া দেওয়া ; সরাইয়া বা পৃথক্ করিয়া রাখা ; যাত্রারম্ভ করা ; পাঠাইয়া দেওয়া ; আরম্ভ করান ; (বোমা প্রভৃতির) বিস্ফোরণ ঘটান, ফাটান ; (নাটক চিত্র প্রভৃতির মধ্যে) সমতারক্ষার্থ স্থাপন করা ; ভারসাম্যবিধান করা ; পার্শ্বে থাকিয়া সৌন্দর্যবৃদ্ধি করা ; অফসেট্ মেশিনে ছাপান। **(to) set on**—অগ্রসর হওয়া ; আক্রমণার্থ অগ্রসর হওয়া ; আক্রমণ করা ; প্ররোচনা দেওয়া ; (কিছুর উপরে) ঝুঁকিয়া পড়া। **(to) set oneself**—(স্বীয় কর্মশক্তি) নিয়োগ করা। **(to) set oneself against**—বিরোধিতা করা। **(to) set out**—সাজসজ্জায় ভূষিত করিয়া পাঠান ; যাত্রা করা, বাহির হইয়া পড়া ; কোন উদ্দেশ্য বা সঙ্কল্প লইয়া আরম্ভ করা ; সাজান ; রোপণ করা ; ব্যাখ্যা করা, অর্থনির্দেশ করা ; ঘোষণা করা, জানান (to *set out* one's reasons) ; প্রদর্শন করা বা প্রকাশ করা (to *set out* new ideas in a novel)। **(to) set somebody on his feet**—কাহাকেও প্রতিষ্ঠিত করা। **(to) set somebody on his way**—গন্তব্য পথে অগ্রসর করিয়া দেওয়া। **(to) set to**—আঁটিয়া দেওয়া (to *set* a stamp *to* an envelope) ; নিজেকে নিয়োগ করা, নিরত হওয়া ; প্রবলভাবে করিতে আরম্ভ করা ; লড়াই বা ঝগড়া করিতে আরম্ভ করা। **(to) set the Thames on fire**—পরমাশ্চর্য কিছু করা। **(to) set up**—স্থাপন করা ; নির্মাণ করা ; উপস্থাপিত করা ; পেশ করা ; তুলিয়া ধরা ; প্রতিষ্ঠিত করা (to *set* oneself *up* as a doctor) ; ঘটান ; উচ্চৈঃস্বরে চিৎকার করিতে আরম্ভ করা, উচ্চনাদ তোলা ; ব্যায়ামের দ্বারা শরীর সুগঠিত করা ; মহীয়ান্ করা। **(to) set upon**—নিবদ্ধ করা। **(to) be all set**—সম্পূর্ণ প্রস্তুত হওয়া। **(to) make a dead set at**—যুক্তি বা উপহাস দ্বারা প্রবলভাবে আক্রমণার্থ মিলিত হওয়া ; (নারী সম্বন্ধে—পুরুষের) মনোযোগ ও অনুরাগ আকর্ষণ করিতে চেষ্টা করা। **(to) set the fashion**—কোন ফ্যাসান বা আদবকায়দা বা রীতি প্রবর্তন করা। **(to) set the pace**—অগ্রগামী হইয়া অন্যের গতিবেগ নির্ণয় করা ; (আল.) নিজে নেতৃত্ব করিয়া কোন বিষয়ের বা কাজের অগ্রগতির মান নির্দেশ করা। **(to) set a (broken) bone**—ভাঙ্গা হাড় স্বস্থানে বসাইয়া দেওয়া। **(to) set eyes on**—দৃষ্টি নিপতিত হওয়া। **(to) set one's face against**—দৃঢ়ভাবে বিরোধিতা করা। **(to) set one's heart (hopes, mind)**—কামনা করা, প্রত্যাশা করা, পাইতে দৃঢ়প্রতিজ্ঞ হওয়া। **(to) set a price on**—বিক্রয়মূল্য ঘোষণা করা। **(to) set a price on one's head**—কাহারও হত্যার জন্য নির্দিষ্ট পুরস্কার ঘোষণা করা। **(to) set much store by**—অধিক মূল্য দেওয়া। **(to) set one's teeth**—শক্ত করিয়া দাঁতে দাঁত লাগান ; (আল.) অনমনীয় সঙ্কল্প করা। **(to) set sail**—জাহাজের পাল খাটান অর্থাৎ (জাহাজের) যাত্রা করা। **(to) set one's cap at**—(পাণিপ্রার্থী হিসাবে) দৃষ্টি আকর্ষণ করিতে চেষ্টা করা। [OE. *settan* (*v.*)—cp. G. *setizen*, ON. *setja*, Sans, *stha*]

setaceous [si-tā°-shas, সিটেই°শ্যাস্] *a.* having bristles, শক্ত ক্ষুদ্র লোমযুক্ত ; bristly, শূকরের লোমবৎ। [L. *seta* = bristle]

settee [se-tē°, সেটী°] *n.* a long seat with a back, একাধিক ব্যক্তির উপযোগী হেলানওয়ালা (সচ. গদি-আঁটা) লম্বা বেঞ্চিবিশেষ। [< *settle* ?]

setter, setting—see **set.**

settle [set°l, সেট্°ল্] (**1**) *n.* a high-backed bench, উঁচু হেলানওয়ালা লম্বা বেঞ্চিবিশেষ (ইহার নিচে একটি বাক্স থাকে)। (**2**) *v.t.i.* to make or become stable, স্থায়ী বা অটল করা অথবা হওয়া ; to bring or come to rest, বিশ্রাম দেওয়া বা লওয়া ; to lower or alight, নিচু করা বা নিচে নামা ; to send or sink to the bottom, তলায় নামান বা নামা, থিতান (the shower *settled* the dust ; the dust *settled* after the shower) ; to adjust (differences), (বিবাদাদি) মেটান ; to decide or come to a decision, স্থির করা বা সিদ্ধান্তে উপনীত হওয়া ; to agree upon, (কোন বিষয়ে) একমত হওয়া ; to make or grow calm or clear, শান্ত বা পরিষ্কার করা অথবা হওয়া (excitement will *settle* down soon) ; to pay (bill), পাওনাদি মেটান ; to set up in, or take up, permanent abode, স্থায়িভাবে বসবাস করান বা করা (he *settled* in Delhi)। (**3**) *v.t.* to fix, নির্দিষ্ট করা, ধার্য করা ; to arrange, বন্দোবস্ত করা ;

to colonize, (বিদেশাদিতে) উপনিবেশ স্থাপন করা (the French *settled* in Canada) ; to secure by gift or legal act, দানপত্র বা আইন করিয়া (সম্পত্তি বা সম্পত্তির আয়) প্রদান করা বা প্রদানের ব্যবস্থা করা ; to establish a person in the matrimonial state, বিবাহ দিয়া সংসারী করান (to *settle* down to married life) । *a.* **sett°led**—স্থির, অনড় ; পরিবর্তনহীন ; স্থায়ী ; স্থিরীকৃত, নির্দিষ্ট । *n.* **sett°lement**—settle (*v.*)-এর সকল অর্থে, এবং উপনিবেশ (French *settlement* in Canada) ; (ভারতে) জমি-জরিপ ও করনির্ধারণ । *n.* **sett°ler** । **(to) have an account to settle with** (a person)—(আল.) কোন অপ্রীতিকর বিষয়ে কারও সঙ্গে আলোচনা থাকা । **(to) settle up** or **upon**—বাছাই করা ; মনস্থ করা, স্থির করা । [OE. *setl*=seat, *setlan*=to place]

seven [se°vn, সে°ভ্‌ন্] *a.* & *n.* one more than six, সাত, সপ্ত । *n.* **se°ven-a-side**—সাতজন খেলোয়াড়ে গঠিত দল । **se°ven fōld**—(1) *a.* সাত-ভাগে বিভক্ত ; সাতগুণ । (2) *adv.* সাত ভাগে বা সাত-গুণে । **se°venth**—(1) *a.* সপ্তম । (2) *n.* সপ্তম অংশ বা ভাগ । *adv.* **se°venthly** । **at seven**—সকাল বা সন্ধ্যা সাতটায় । **seven deadly sins**—মদ (বা অহঙ্কার) লোভ (বা ধনলোভ) কাম ক্রোধ পেটুকতা মাৎসর্য ও আলস্য : এই মারাত্মক সপ্ত পাপ (তু. ষড়্‌-রিপু) । **Seven Sages**—Solon, Thales, Pittacus, Bias, Chilon, Cleobulus, Periander : এই সপ্ত মনীষী । **Seven Seas**—উত্তর (বা সুমেরু) সাগর, দক্ষিণ (বা কুমেরু) সাগর, উত্তর অ্যাট্‌ল্যান্টিক্‌, দক্ষিণ অ্যাট্‌ল্যান্টিক্‌, উত্তর প্রশান্ত, দক্ষিণ প্রশান্ত, ভারতমহাসাগর : এই সপ্ত সমুদ্র । **Seven Stars**—সপ্ত নক্ষত্রবিশেষ, সপ্তর্ষি । **Seven Wonders of the World**—মিশরের পিরামিড্‌, ব্যাবিলনের ঝুলন্ত উদ্যান, ইফীসাসে আর্টেমিসের মন্দির, অ্যাথেন্‌সে জিয়ুসের মূর্তি, হ্যালিকার্‌নেসাসে সমাধিমন্দির, রোডসে কলোসাসের মূর্তি, আলেকজ্যাণ্ড্রিয়ার বাতিঘর : এই সপ্ত বস্তু । [OE. *seofon*—cp. Du. *zeven*, G. *sieben*, L. *septem*, Gk. *hepta*, Sans. *sapta*]

seventeen [se°vn-tēn°, সে°ভ্‌ন্‌টীন্°] *n.* & *a.* seven and ten, সতের, সপ্তদশ । *a.* **se°venteenth**—সপ্তদশ । [OE. *seofontiene*—see *seven*, *ten*]

seventy [se°vn-ti, সে°ভ্‌ন্‌টি] *n.* & *a.* seven times ten, সপ্ততি, সত্তর । *n. pl.* **se°venties**—সত্তর হইতে ঊনআশি পর্যন্ত সংখ্যাসমূহ ; পরমায়ু বা শতাব্দীর সপ্ততিতম হইতে ঊনঅশীতিতম বৎসরসমূহ । *a.* **se°ventieth**—সপ্ততিতম । [OE. (*hund*) *seofontig*]

sever [se°-va(r), সে°ভ্যা(র্)] *v.t.i.* to separate, পৃথক্‌ বা বিচ্ছিন্ন করা অথবা হওয়া (to *sever* all connections) ; to divide, বিভক্ত করা বা হওয়া ; to cleave, চেরা বা চিরিয়া যাওয়া । *n.* **se°verance**—পৃথকীকরণ বা পৃথগীভবন, বিচ্ছেদ ; বিভাজন ; বিদারণ । **severance pay**—চুক্তির মেয়াদ উত্তীর্ণ হইলে কর্মচারীকে প্রদত্ত অর্থ । [F. *sevrer*<L. *separare*]

several [se°-vr(a)l, সে°ভ্‌র্‌ল্] (1) *a.* separate, আলাদা, পৃথক্‌ ; individual, respective, ব্যক্তিগত, নিজ-নিজ ; distinct, বৈশিষ্ট্যপূর্ণ ; different, ভিন্ন ; various, বিভিন্ন ; sundry, more than one but not many, কতিপয়, কয়েকটি, একাধিক (সচরাচর তিনের অধিক) কিন্তু খুব বেশী নহে এমন । (2) *pro.* some, a few, কয়েক (*several* of us went to the fair) । *adv.* **se°verally**—আলাদাভাবে, পৃথক্‌-পৃথগ্‌ভাবে ; বিভিন্ন পথে (to go *severally*) । *n.* **se°veralty**—(জমির.) এজমালি নয় এমন মালিকানা, ব্যক্তিগত মালিকানা (in *severalty*) । [OE.<L. *separare*=to separate]

severe [si-vē(r)°, সিভিঅ্যা(র্)°] *a.* rigorous, কঠোর (*severe* discipline) ; unsparing, রেহাই দেয় না এমন (*severe* critic) ; pressing hard, তীব্র, নিদারুণ পীড়নকর ; hard to endure, দুঃসহ (*severe* pain) ; austere, কঠোর কৃচ্ছ্রপূর্ণ । *adv.* **sėvēre°ly** । *n.* **sėvēre°nėss, severity** [sive°-ri-ti, সিভে°রিটি] । [L. *severus*]

sew [sō, সৌ] *v.t.i.* to join, enclose or work upon with a needle and thread or with wire, সেলাই করা, সীবন করা । *p.* **sew°ed** । *p. pt.* **sewn°, sew°ed** । *n.* **sew°ing**—সেলাই ; সীবন । *n.* **sew°ing-machine**—সেলাইয়ের কল । **(to) sew up**—সেলাই-দ্বারা জুড়িয়া দেওয়া বা ছিদ্র বন্ধ করিয়া দেওয়া । [OE. *siwian*, *seowian*—cp. OHG. *siuwen*, Sans. *seeb*]

sewage [sū-°ij, সিউ°ইজ্] *n.* refuse carried off by sewers, রাস্তার নর্দমায় নিষ্কাশিত আবর্জনা, ড্রেনের ময়লা । [?]

sewer [sū°a(r), সিউ°অ্যা(র্)] *n.* a channel carrying off refuse of houses and streets, বাড়ি বা রাস্তার ময়লা-নিষ্কাশনের পয়ঃপ্রণালী, ড্রেন । *n.* **sew°erage**—উক্ত পয়ঃপ্রণালীর দ্বারা ময়লা নিষ্কাশনের ব্যবস্থা ; উক্ত পয়ঃপ্রণালীসমূহ বা নিষ্কাশিত ময়লা । *n.* **sew°er-gas°**—উক্ত পয়ঃপ্রণালীতে সৃষ্ট বিষবাষ্প । *n.* **sew°er-rat**—সাধারণ বাদামী রঙের অথবা নরওয়ের ইঁদুর । [OF. *seuwiere*=a canal, <L*ex*-, *aqua*=water]

sewing—see **sew**.

sex [seks, সেক্‌স্] *n.* the quality of being male or female, লিঙ্গ ; males or females collectively, পুরুষগণ বা স্ত্রীগণ (the female *sex*) ; sexual intercourse, যৌন সহবাস (to have *sex* with) । *n.* **sex°-appeal°**—(স্ত্রীলোকের পক্ষে পুরুষকে এবং পুরুষের পক্ষে স্ত্রীলোককে) আকর্ষণ করার শক্তি, যৌন আকর্ষণ । **the fair** or **weaker sex**—স্ত্রীজাতি, স্ত্রীলোকগণ । **the sterner sex**—পুরুষগণ, পুরুষমানুষ । *a.* **sex°lėss**—পুরুষ বা স্ত্রী বোঝা যায় না এমন ; লিঙ্গহীন ; ক্লীব ; যৌন অনুভূতিহীন । *n.* **sėx°pot**—যৌন আকর্ষণযুক্ত নারী । *a.* **sex°ūal**—লিঙ্গগত ; লৈঙ্গিক ; যৌন,

কামজ। *n.* **sexūa°lity** । *a.* **se°xy** । [L. *sexus*]

sexagenarian [seks-a-je-nar°-i-an, সেক্‌স্‌অ্যা-জেনেয়্যার্‌°ইঅ্যান্] (**1**) *a.* sixty years old or between sixty and seventy, ষাট বৎসর বয়স্ক অথবা ষাট ও সত্তর বৎসরের মধ্যবর্তী বয়স্ক। (**2**) *n.* a sexagenarian person, ঐরূপ বয়সের লোক। [L. *sexagenarius*]

sexology [sek-so°-la-ji, সেক্‌স°ল্যাজি] *n.* study of sexual life or relationship, যৌন জীবন বা সম্পর্ক বিষয়ক বিদ্যা। *a.* **sexolo°gical** । *n.* **sexo°logist** । [see *sex*]

sextant [seks°t(a)nt, সেক্‌স্‌°ট্‌ন্‌ট্] *n.* an instrument for measurring angular distances, কৌণিক ব্যবধান মাপার জন্ম বৃত্তের $\frac{1}{6}$ অংশ পরিমাণ চাপযুক্ত যন্ত্রবিশেষ। [L. *sextantis*=a sixth]

sextet(te) [seks°tet, সেক্‌স্‌°টেট্] var. of **sestet.**

sexton [seks°t(a)n, সেক্‌স্‌°টন্] *n.* a church officer, ঘণ্টাবাদন কবর-খনন প্রভৃতি কার্যের জন্ম গির্জার কর্মচারিবিশেষ। [<*sacristan*]

sextuple [seks°-tū-pl, সেক্‌স্‌°টিউপ্‌ল্] *a.* sixfold, six times, ছয়গুণ। *n.* **sextūplet**—একত্রে জাত ছয়টি শিশুর যে-কোন একটি। [L. *sextuplus*]

sexual—see **sex.**

shabby [sha°-bi, শ্যা°বি] *a.* worn or threadbare, (পোশাকাদি-সম্বন্ধে) জীর্ণ, সুতা বাহির হইয়া পড়িয়াছে এমন; having a look of poverty, দরিদ্রের স্থায় চেহারাবিশিষ্ট; mean in look or conduct, চেহারায় বা আচরণে ইতর, লোচ্চা; low, হীন; paltry, নিকৃষ্ট। *adv.* **sha°bbily** । *n.* **sha°bbiness** । [obs. *shab*=scab]

shack [shak, শ্যাক্] *n.* a small roughly built shed, hut or house, (সচ. কাষ্ঠদ্বারা) যেমন-তেমন-ভাবে নির্মিত ক্ষুদ্র চালা বা কুটির বা গৃহ। **(to) shack up with**—(অশি.) অবিবাহিত নরনারীর একত্রে বসবাস করা। [?]

shackle [shak°l, শ্যাক্‌°ল্] (**1**) *n.* a ring to fetter ankles or wrists, (বন্দীর বা ক্রীতদাসের) পায়ের বা হাতের বেড়ি; any coupling appliance, একত্র আঁটিয়া রাখার বা সংযোজিত করার কল; (in *pl.*) handcuffs or fetters, হাতকড়া, পায়ের বেড়ি বা জিঞ্জির; (fig.) restraints, (আল.) বাধা, নিষেধাদি, (the *shackles* of convention)। (**2**) *v.t.* to fetter, বেড়ি পড়ান, শৃঙ্খলিত করা; to couple, একত্র আঁটিয়া দেওয়া বা সংযোজিত করা; to hamper, (পায়ে গুরুভার বাঁধিয়া দিয়া) ব্যাহত করা; to restrain, বাধা দেওয়া। [OE. *sceacul*]

shad [shad, শ্যাড্] *n.* kinds of fish, বিভিন্ন শ্রেণীর মৎস্যবিশেষ। *pl.* **shad** or **shads** । [OE. *sceadd*]

shaddock [sha°-dak, শ্যা°ড্যাক্] *n.* a kind of fruit or its tree, বাতাপি-লেবু বা তাহার গাছ। [Captain *Shaddock*, who introduced it to West Indies]

shade [shād, শেইড্] (**1**) *n.* partial or relative darkness, আংশিক বা (অপর অবস্থার তুলনায়) অপেক্ষাকৃত অন্ধকার; obscurity, অন্ধকারময় বা অজ্ঞাত বা অবহেলিত অবস্থা; a shadow, ছায়া; momentary expression of displeasure on one's face, মুখাবয়বে ক্ষণস্থায়ী অসন্তোষের বা বিরূপতার অভিব্যক্তি; a shady place, ছায়াময় স্থান; a cover to exclude or direct light, আলো আড়াল করার জন্ম বা নিয়ন্ত্রণার্থ ঢাকনা, বাতির শেড্; a variety or degree of colour, রঙের বৈচিত্র্য বা মাত্রা; a hue mixed with black, কাল আভাযুক্ত রঙ; the dark part of a picture, চিত্রের গাঢ় বা কৃষ্ণাভ বর্ণযুক্ত অংশ; a slight difference, সামান্য পার্থক্য (I am a *shade* better now; the word has many *shades* of meaning); (*pl.* coll.) sunglasses, রৌদ্রে ব্যবহারের চশমা। (**2**) *v.t.* to screen, আলো হইতে আড়াল করা (to *shade* one's eyes with one's hands); to overshadow, ছায়াবৃত করা; to mark with gradations of colour, ক্রমান্বয়ী বর্ণবৈচিত্র্য প্রদান করা; to soften down, রঙের বা আলোর তীব্রতা হ্রাস করা, কোমল করা; to darken, অন্ধকার করা। (**3**) *v.i.* to pass imperceptibly, বোঝা যায় না এমনভাবে পরিবর্তিত বা পরিণত হওয়া (to *shade* away, to *shade* into)। *a.* **shā°dėd**—ছায়াময়; আলোকাবরণে আবৃত; (ঈষৎ) অন্ধকারময়; বর্ণবৈচিত্র্যযুক্ত বা কৃষ্ণাভ (a *shaded* picture)। *n.* **shāde°-tree**—ছায়ার জন্ম রোপিত বৃক্ষ, ছায়াতরু। *a.* **shā°dy**—ছায়াময়; ছায়াদায়ক; ছায়ায় ঢাকা; (আল.) যাহার সততা সম্পর্কে সন্দেহ হয়; কুখ্যাত। *adv.* **shā°dily** । *n.* **shā°dinėss** । **the shades**—প্রেতলোক। **(to) throw** or **cast** or **put into the shade**—তুলনার দ্বারা ছোট বা তুচ্ছ বা ম্লান করা। [OE. *sceadu*—cp. *shadow*]

shadow [sha°dō, শ্যা°ডৌ] (**1**) *n.* a patch of shade, একফালি ছায়া; the dark figure projected by a body intercepting rays of light, প্রতিবিম্ব, ছায়া; the dark part of a picture etc., চিত্রাদির ছায়াময় বা কৃষ্ণাভ অংশ; a mere appearance, দর্শনগোচর চেহারামাত্র (অর্থাৎ প্রকৃত ব্যক্তি প্রাণী বা বস্তু নহে); a ghost or spirit, ভূত, অশরীরী আত্মা; an unreal thing, অবাস্তব বা অলীক বস্তু; a person or thing wasted away almost to nothing, ছায়ামাত্রসার অর্থাৎ প্রায় ক্ষয়প্রাপ্ত ব্যক্তি বা বস্তু; an inseparable companion, (ছায়াবৎ) অবিচ্ছেদ্য সঙ্গী; shade, ছায়া, যে ছায়া রক্ষা করে বা আড়াল করে; darkness, অন্ধকার; affliction or its gloom, শোক দুঃখ যন্ত্রণা প্রভৃতি বা তজ্জনিত কালিমা। (**2**) *v.t.* to shade, ছায়াবৃত করা; to darken, অন্ধকারাবৃত করা; to represent closely, (কিছুর বা কাহারও) প্রায় অবিকল প্রতিমূর্তি হওয়া; to obscure with a shadow, ছায়া দিয়া ঢাকা দেওয়া; to attend, follow, or watch, as a shadow, ছায়ার ন্যায় অনুক্ষণ সঙ্গে থাকা অনুসরণ করা বা লক্ষ্য রাখা। *n.* **sha°dow-fight**—ছায়ার সহিত বা অদৃশ্য শত্রুর সহিত লড়াই। *a.* **sha°dowless**—ছায়াহীন; প্রতিবিম্ব পড়ে না এমন; ভুতুড়ে, অশরীরী। *a.* **sha°dowy**—ছায়াচ্ছন্ন; ছায়াময়; ছায়াবৃত; ছায়াবৎ; অবাস্তব, অলীক। *n.* **sha°dowiness**। **(to) be afraid of one's own shadow**—অতিশয় ভীতু হওয়া। **coming events cast their shadows before**—ভবিষ্যৎ ঘটনাবলীর আভাষ পূর্বেই পাওয়া যায়; (তু.) ছায়াপূর্বগামিনী। **may your shadow never grow less**—তোমার উন্নতি যেন অব্যাহত থাকে। **shadow cabinet**—বিরোধীপক্ষের নেতৃবৃন্দদ্বারা গঠিত পরিকল্পিত বা ছায়া মন্ত্রিপরিষৎ। **shadow of death**—আসন্ন মরণের বিভীষিকা বা ছায়া, মরণান্ধকার। **worn to a shadow**—বিশীর্ণদেহ, হৃতশক্তি। [OE. *sceadu*—cp. OHG. *scato*, Gk. *skotos*=darkness, Sans. *chhaya*]

shady—see **shade.**

shaft [shŭft, শাফ্‌ট্] *n.* anything long and straight, যে-কোন লম্বা ও ঋজু বস্তু; দণ্ড; a stem, বৃক্ষকাণ্ড; an arrow, তীর, বাণ, শর; (fig.) a missile, (আল.) ক্ষেপণাস্ত্র (অর্থাৎ বর্শা ভল্ল প্রভৃতি) (*shafts* of ridicule); the part of a pillar between the base and the capital, স্তম্ভের মূলদেশ ও শীর্ষের মধ্যবর্তী অংশ; one of the bars between which a horse etc. is harnessed to a vehicle, অশ্বাদিকে জুড়িবার জন্য গাড়ির সঙ্গে যে দুইটি দণ্ড আঁটা হয় তাহাদের যে-কোনটি; a ray of light, আলোকরশ্মি; a rotating rod transmitting motion, আবর্তনশীল চালকদণ্ড; a well-like excavation or passage, (খনি প্রভৃতির) খাদ বা শুঁড়িপথ। [OE. *sceaft*—cp. G. *schacht*=pit-shaft, Sans. *shar*=arrow, *kship*=to throw]

shag [shag, শ্যাগ্] *n.* a rough mass of hair, মোটা কুঞ্চিত ও অমসৃণ লোমরাজি বা কেশরাজি অথবা তত্তুল্য কোন বস্তু; a kind of tobacco cut into shreds, লম্বা সরু-সরু ফালি করিয়া কাটা তামাক। *a.* **sha°ggy**—লম্বা কুঞ্চিত ও অমসৃণ; লম্বা কুঞ্চিত ও অমসৃণ লোমরাজিতে বা কেশরাজিতে আবৃত; বন্ধুর। *adv.* **sha°ggily**। *n.* **sha°gginess**। [OE. *sceacga*]

shagreen [sha-grēn°, শ্যাগ্রীন্°] *n.* a leather made from horse's or ass's skin, জিনিসপত্র তৈয়ারির জন্য উপযোগীকৃত অশ্বচর্ম বা গর্দভচর্ম। [F. *chagrin*<Turk. *sagri*=rump of horse]

shake [shāk, শেইক্] **(1)** *v.i.t.* to move quickly up and down or to and fro, উপরে-নিচে বা এদিকে-ওদিকে দ্রুত ঝাঁকানি খাওয়া অথবা ঝাঁকানি দেওয়া, আন্দোলিত হওয়া বা করান, নড়া বা নড়ান; to tremble or totter, or cause to do so, কম্পিত বা স্খলিতপদ হওয়া অথবা করান; to become or make unstable or wavering, অদৃঢ় বা নড়বড়ে বা দ্বিধাগ্রস্ত হওয়া অথবা করান; to become or make agitated, উত্তেজিত বা বিক্ষুব্ধ হওয়া বা করা। *p.* **shook**। *p. pt.* **shā°ken**। **(2)** *n.* a shaking, ঝাঁকানি; a tremulous motion, কম্পন, আন্দোলন; a weakening or damaging blow, দৃঢ়তাহানিকর বা ক্ষতিকর আঘাত; a shaken-up drink (ঘোল লস্‌সি প্রভৃতি) মন্থিত পানীয় (milk-*shake*); (coll.) moment, (কথ্য) মুহূর্ত, ক্ষণকাল। *n.* **shāke°-down**—খড়কুটা বিছাইয়া তৈয়ারি শয্যা; হাতের কাছে প্রাপ্ত উপাদানে রচিত শয্যা। *n.* **shā°ker**—shake (*v.*)-এর সকল অর্থে, এবং—ঘোল প্রভৃতির মন্থনদণ্ড। *n.* **shāke°-up**—অবসন্ন অবস্থা হইতে মুক্ত করিয়া সক্রিয় করিয়া তোলা, চাঙ্গা করার জন্য জোর নাড়াচাড়া বা ঝাঁকানি। *a.* **shā°ky**—কম্পনরত; কম্পনশীল; নড়বড়ে (a *shaky* chair, table, etc.); অনিশ্চিত; টলিয়া গিয়াছে বা টলিতেছে এমন; অদৃঢ়; অনির্ভরযোগ্য; দ্বিধাগ্রস্ত। *adv.* **shā°kily**। *n.* **shā°kiness**। **in a brace of shakes, in two shakes, in half a shake** (of a lamb's tail etc.)—প্রায় সঙ্গে সঙ্গে, মুহূর্তের মধ্যে। **no great shakes**—তেমন যোগ্যতাসম্পন্ন নয়, নজর কাড়ার মত কিছু নয়। **(to) shake down**—সহকর্মিবৃন্দ কাজকর্ম পরিবেশ প্রভৃতির সঙ্গে মানাইয়া লওয়া। **(to) shake (off) the dust from** (or **of**) **one's feet**—সকল সম্পর্ক ত্যাগ করা। **(to) shake up**—জাগ্রত করা; বিক্ষুব্ধ বা চঞ্চল করা; একত্র মেশান; নাড়াচাড়া দেওয়া। [OE. *scacan*]

Shak(e)spe(a)rian, Shakespearean [shāks-pēr°-i-an, শেইক্‌স্‌পিয়্যার্‌°ইঅ্যান্] *a.* of or in the style of Shakespeare, শেইক্‌স্‌পিয়্যার্-সংক্রান্ত বা তাঁহার রচনাশৈলী-অনুযায়ী। *n.* **Shak(e)spe(a)riana** [shāks-pēr-i-ŭ°-na, শেইক্‌স্‌পিয়্যার্‌ইআ°ন্যা] শেইক্‌স্‌পিয়্যার্-সংক্রান্ত রচনা বা কাহিনীসমূহ।

shaky—see **shake.**

shale [shāl, শেইল্] *n.* a clay rock, শ্লেটের ন্যায় কিন্তু তদপেক্ষা কোমলতর প্রস্তরবিশেষ। *a.* **shā°ly**—উক্ত প্রস্তরময়। *n.* **shāl°iness**। *n.* **sha°le-oil**—শিলাজতুময় শেইল হইতে প্রাপ্ত ন্যাপথা তৈলবিশেষ। [G. *schalo*>lamina]

shall [shal, শ্যাল্] *aux. v.* expressing futurity, and also command, promise, etc., ভবিষ্যৎকাল এবং আদেশ প্রতিশ্রুতি বাধ্যবাধকতা ঔচিত্য প্রভৃতি নির্দেশক সহযোগী ক্রিয়াপদবিশেষ (সাধারণতঃ ভবিষ্যৎকাল নির্দেশার্থ উত্তম পুরুষে এবং অন্যান্য অর্থে মধ্যম ও প্রথম পুরুষে ব্যবহৃত হয়—cp. **will**)। *2nd per. sing.* (arch.) **shalt**; *p.* **should** [shood শুড্], *2nd per.* (arch.) **should°(e)st**। [OE. *sculan*, (*pr.*) *sceal*(*t*) (*p.*) *sceolde*—cp. G. *soll*]

shallop [sha°-lap, শ্যা°ল্যাপ্] *n.* a light open boat, হালকা ডিঙিবিশেষ, সুলুপ। [F. *chaloupe*]

shallot, shalot [sha-lot°, শ্যালট্°] *n.* a garlic-flavoured onion, রসুনতুল্য গন্ধযুক্ত পেয়াজবিশেষ। [OF. *eschalote*]

shallow [sha°-lō, শ্যা'লৌ] **(1)** *a.* of little depth or concavity, অগভীর বা চেটাল; superficial, (বিদ্যাদি-সম্বন্ধে) উপর-উপর, ভাসা-ভাসা। **(2)** *n.* a shallow place, অগভীর স্থান; a shoal, অগভীর জলমগ্ন চড়া। *adv.* **sha°llowly**। *n.* **sha°llowness**। [?]

shalt—see **shall.**

shaly—see **shale.**

sham [sham, শ্যাম্] **(1)** *n.* (obs.) a hoax, (অপ্র.) ধোঁকা, ফাঁকি; a counterfeit, জাল বা নকল বস্তু; person who shams, ধোঁকাবাজ লোক। **(2)** *a.* pretended, ভান-করা (a *sham* illness); false, মিথ্যা, কৃত্রিম (a *sham* fight)। **(3)** *v.t.i,* to feign, (কিছুর) ভান করা। *pr. pt.* **sha°mming**। *p.* & *p. pt.* **sha°mmed**। *n.* **sha°mmer**। [?]

shamble$_1$ [sham°bl, শ্যাম্‌'ব্‌ল্] **(1)** *v.i.* to walk with an awkward unsteady gait, বিশ্রীভাবে টলিতে টলিতে চলা। **(2)** *n.* shambling gait, উক্তভাবে চলন বা চলনভঙ্গি। [?]

shamble$_2$ [shamb°l, শ্যাম্ব্'ল্] *n.* a butcher's market-stall, বাজারে কসাইর দোকান; (in *pl.*—often treated as *sing.*) a flesh-market or a slaughter-house, মাংসের বাজার বা কসাইখানা; (fig.) a place of carnage, (আল.) ব্যাপক হত্যালীলার স্থান; (coll.) scene of confusion, (কথ্য.) বিশৃঙ্খল বা তালগোল-পাকান ঘটনাস্থল বা দৃশ্যপট। [OE. *scamel*=stool<G. *schemel*<LL. *scamellum*]

shame [shām, শেইম্] **(1)** *n.* the feeling of humiliation excited by consciousness of guilt or shortcoming, লজ্জা, শরম; disgrace or ignominy, অপমান, কলঙ্ক। **(2)** *v.t.* to make ashamed, লজ্জিত করান, লজ্জা দেওয়া; to disgrace, অপমান করা, কলঙ্কিত করা; to put to shame by greater excellence, অধিকতর উৎকর্ষ দেখাইয়া বা উৎকর্ষে ছাপাইয়া উঠিয়া (উৎকৃষ্ট ব্যক্তি বা বস্তুকে) লজ্জা দেওয়া। *a.* **shāme°fāced**—অতি বিনয়ী নম্র বা লাজুক। *adv.* **shāme°fācedly**। *n.* **shāme°fācedness**। *a.* **shāme°ful**—লজ্জাকর; কলঙ্ককর। *adv.* **shāme°fully**। *a.* **shāme°less**—দুর্বিনীত, অবিনয়ী; লজ্জাহীন, বেহায়া। *adv.* **shāme°lessly**। *n.* **shāme°lessness**। **for shame**—তোমার লজ্জা পাওয়া উচিত; ধিক্ তোমাকে; লজ্জা হয় না তোমার! **(to) cry shame on**—ধিক্কার দেওয়া। **(to) put to shame**—(প্রধানতঃ উৎকর্ষে ছাপাইয়া উঠিয়া) লজ্জা দেওয়া। **(to) think shame**—(কিছু করিতে) লজ্জা বোধ করা। [OE. *sc(e)amu*—cp. *scham*]

shammed, shammer, shamming—see **sham.**

shammy [sha°-mi, শ্যা'মি] *n.* chamois-leather, শামোআ-মৃগের চর্ম (also **sha°mmy-lea°ther**)। [see *chamois*]

shampoo [sham-pōō°, শ্যাম্‌পু'] **(1)** *v.t.* to massage, (অঙ্গ-) সংবাহন করা; to wash and rub, (প্রধানতঃ মাথার চুল) ধুইয়া মালিশ করা, শ্যাম্পু করা। **(2)** *n.* act or process of shampooing, শ্যাম্পু-করণ বা শ্যাম্পু করার প্রণালী: a preparation for shampooing, শ্যাম্পু করার জন্য তৈলাদি। [Hind. *champna*=to press]

shamrock [sham°-rok, শ্যাম্'রক্] *n.* a trefoil or clover serving as the Irish national emblem, আয়র্ল্যান্‌ডের জাতীয় প্রতীকরূপে গণ্য ত্রিপত্র বা লবঙ্গ অথবা অনুরূপ চিত্র। [Ir. *seamrog*]

Shan [shŭn, শান্] *n.* Siam, শ্যামদেশের ইউরোপীয় নাম; a member of peoples akin to the Siamese, শ্যামদেশীয় লোক বা ঐ জাতীয় লোক, শান।

shandy(gaff) [shan°-di-(gaff), শ্যান্'ডি(গ্যাফ্)] *n.* mixed drink of beer and ginger-beer or lemonade, বিয়ার ও জিনজার-বিয়ার বা লেমনেড মিশাইয়া প্রস্তুত পানীয়। [?]

shank [shangk, শ্যাংক্] *n.* the leg from knee to foot, হাঁটু হইতে পায়ের পাতা পর্যন্ত পদাংশ, পায়ের নলি; the long and straight part of anything, কোন-কিছুর লম্বা ও ঋজু অংশ। **on shanks's mare** or **pony**—পদব্রজে, (তু.) পা-গাড়ি টমটমে চেপে। [OE. *sc(e)anca*=leg—cp. Du. *schonk*]

shan't [shŭnt, শান্‌ট্] contr. of **shall not.**

shantung [shan-tung°, শ্যান্-টুংগ্'] *n.* a soft uncreased Chinese silk (usually undyed), নরম ইস্ত্রি-না-করা (সচরাচর রং-না-করা) চীনা সিল্ক। [*Shantung* a Chinese province]

shanty [shan°ti, শ্যান্'টি] *n.* a rough-built hut, যেন-তেনভাবে নির্মিত কুটির। *n.* **shan°ty-town**—শহরের বস্তি অঞ্চল। [F. *chantier*=a timber-yard]

shape [shāp, শেইপ্] **(1)** *v.t.i.* to form, গঠন করা বা গঠিত হওয়া; to mould into or take a definite form, নির্দিষ্ট আকার দেওয়া বা পাওয়া; to form into a body, দেহ বা মূর্তি দান করা অথবা লাভ করা। **(2)** *v.t.* to create, construct, devise or plan, সৃষ্টি করা, রচনা করা, উদ্ভাবন করা বা পরিকল্পনা করা; to direct, নির্দিষ্ট পথে বা ভাবে পরিচালিত করা; (to *shape* one's course); to determine, ধার্য বা নির্দিষ্ট করা। **(3)** *n.* form, গঠন, আকার; figure, মূর্তি; guise, বেশ, ধরন (in the *shape* of); a pattern, নকশা, ছাঁচ। *a.* **shāpe°less**—অস্পষ্ট মূর্তিযুক্ত বা আকারযুক্ত; কদাকার, চেহারায় বা গঠনে সামঞ্জস্যহীন, বেডৌল, বেঢপ। *adv.* **shāpe°lessly**। *n.* **shāpe°lessness**। *a.* **shāpe°ly**—সুষম ও সুগঠিত। *n.* **shāpe°liness**। **in any shape or form**—যে-কোন রূপে বা ভাবে। **in the shape of**—মূর্তিতে, আকারে, রূপে। **(to) take shape**—নির্দিষ্ট

আকার ধারণ করা। [OE. *scieppan*, (*p*) *scop*, (*p. pt.*) *scapen*—cp. ON. *skapa*]

shard [shŭ(r)d, শা(র্)ড্] *n.* (arch.) potsherd, (আর্ষ.) মৃন্ময় পাত্রাদির ভাঙ্গা টুকরা। [OE. *sceard*]

share₁ [shā(r), শেয়্যা(র্)] *n.* ploughshare, হলের ফলক, সীতা। [OE. *scear*]

share₂ [shā(r), শেয়্যা(র্)] (**1**) *n.* a part allotted, contributed, owned, or taken, বণ্টিত প্রদত্ত ভুক্তিত বা গৃহীত অংশ, হিস্যা, অংশভাগ; a fixed and indivisible section of a company's capital, (যৌথ) বাণিজ্য-প্রতিষ্ঠানের শেয়ার বা সর্বনিম্ন অংশ। (**2**) *v.t.* to divide into shares, অংশে অংশে ভাগ করা; to apportion, অংশে বাঁটিয়া দেওয়া; to participate in (কার্যাদিতে) অংশগ্রহণ করা; to have in common, এইরূপ গুণদোষাদির অধিকারী হওয়া। (**3**) *v.t.i.* to give or take a share (of), (কিছুর) অংশ দেওয়া বা লওয়া। *n.* **shāre°-ca°pital**—(যৌথ) বাণিজ্য-প্রতিষ্ঠানের শেয়ার্-বিক্রয়দ্বারা লব্ধ মূলধন। *n.* **shāre°cropper**—ভাগচাষী। *n.* **shāre°hōlder**—(প্রধানতঃ যৌথ বাণিজ্য-প্রতিষ্ঠানের) অংশীদার। *n.* **shāre°-out**—অংশবিভাজন, হিস্যাবিভাজন। *n.* **shār°er**। **share and share alike**—সমান সমান ভাগে। **(to) go shares**—অংশ ভাগ করিয়া লওয়া। [OE. *scearu*]

shark [shŭ(r)k, শা(র্)ক্] *n.* a voracious sea-fish, হাঙ্গর; an extortioner, জোরপূর্বক অর্থ-আদায়কারী, অর্থশোষক; a swindler, জুয়াচোর, প্রতারক; (sl.) a brilliant student, (অশি.) মেধাবী ছাত্র। [?]

sharp [shŭ(r)p, শা(র্)প্] (**1**) *a.* cutting, শাণিত, ধারাল (a *sharp* knife); piercing, বেধক বা ভেদক; acute, তীক্ষ্ণ, তীব্র (*sharp* eyes, ears, etc.); having a fine edge or point, ধারাল পার্শ্বযুক্ত বা ছুঁচাল ডগাওয়ালা; severe, কঠোর; harsh, রূঢ় (a *sharp* tongue); keen, প্রবল; eager, সাগ্রহ; alive to one's interests, স্বার্থ-সম্বন্ধে সচেতন; dishonest, অসৎ; of keen or quick perception, তীক্ষ্ণধী; sarcastic, pungent, বিদ্রূপপূর্ণ, মর্মভেদী; brisk, চটপটে; abrupt, আকস্মিক ও অপ্রত্যাশিত; clear-cut, স্পষ্ট (*sharp* distinction, contrast, etc.); high in pitch, উচ্চধ্বনিযুক্ত। (**2**) *adv.* punctually, যথাসময়ে (at 10 o'clock *sharp*)। (**3**) *n.* (mus.) a (sharp) note or the key producing it, (উচ্চ) ধ্বনি, (উচ্চ) ধ্বনিসৃষ্টির জন্য বাদ্যযন্ত্রাদির চাবি (C-*sharp*)। *v.t.i.* **shar°pen**—ধার দেওয়া বা ধারাল হওয়া। *n.* **shar°pener**—যে ব্যক্তি বা যে যন্ত্র ধার দেয়। *n.* **shar°per**—পেশাদার জুয়াচোর। *adv.* **sharp°ly**। *n.* **sharp°nėss**। **as sharp as a needle**—(আল.) অতি তীক্ষ্ণধী। **sharp practice**—প্রায় অসাধু আচরণ বা ছলচাতুরি বা ঠকবাজি। *a.* **sharp°-set**—ক্ষুধার্ত; তীব্র ক্ষুধাযুক্ত বা লালসাযুক্ত। *a.* **sharp°-shod**—(ঘোড়া-সম্বন্ধে) ভালভাবে নাল পরান। *n.* **sharp-shōōter**—তীর বন্দুক প্রভৃতিতে যাহার নিশানা ভাল। *n.* **sharp°-shōōting**—(তীর বন্দুক প্রভৃতি ছোড়ায়) উত্তম নিশানা। *a.* **sharp°-sighted, sharp°-eyed**—তীক্ষ্ণদৃষ্টিসম্পন্ন। *a.* **sharp°-wi°ttėd**—তীক্ষ্ণবুদ্ধিসম্পন্ন। **(to) look sharp**—ত্বরান্বিত হওয়া। **sharp's the word**—চটপট্ করা। [OE. *scearp*, ON. *skarpr*, G. *scharf*]

shatter [sha°-ta(r), শ্যা°টাা(র্)] *v.t.i.* to dash to pieces, চূর্ণবিচূর্ণ করা বা হওয়া; (lit. & fig.) to wreck, (আক্ষরিক ও আল.) ধ্বংস করা বা হওয়া (our hopes, nerves, etc. were *shattered*)। [?]

shave [shāv, শেইভ্] (**1**) *v.t.i.* to scrape off hair, beard, or any surface material, চুল দাড়ি বা উপরের অংশ চাঁছিয়া ফেলা, মুণ্ডন করা, কামান; to pare surface of wood with plane etc., রেঁদা দিয়া কাঠ প্রভৃতির উপরিভাগ চাঁছিয়া ফেলা। (**2**) *v.i.* to pass or escape with little margin, অল্পের জন্য গা ঘেঁষিয়া বা অতিক্রম করিয়া যাওয়া, অল্পের জন্য এড়াইয়া যাওয়া (the lorry just *shaved* me by an inch)। (**3**) *n.* the act or process of shaving, মুণ্ডন বা ক্ষৌরকর্ম অথবা তাহার প্রণালী (I must have a *shave*); a narrow miss or escape, অল্পের জন্য লক্ষ্যচুতি বা পরিত্রাণ। (I had a close or narrow *shave* of it)। *n.* **shāve°ling**—(আর্ষ.) মুণ্ডিতমস্তক ব্যক্তি, বিশেষতঃ সন্ন্যাসী। *a.* **shā°ven**—মুণ্ডিত; পরিষ্কার-পরিচ্ছন্ন, ফিটফাট। *n.* **shā°ving**—মুণ্ডন; ক্ষৌরকর্ম; (*pl.*) চাঁছিয়া ফেলা কাঠের পাতলা ফালি। *n.* **shaver**—shave-এর সকল অর্থে; (কৌতু.) লোকটা, ছেলেটা (a young *shaver*); (আমেরিকায়) চড়া দামে ব্যবসা করে যে টাকার দালাল। *n.* **shā°ving-brush**—ক্ষৌরকর্মে ব্যবহৃত সাবান-মাখার বুরুশ। *n.* **shā°ving-soap**—ক্ষৌরকর্মে ব্যবহার্য সাবান। *n.* **shā°ving-stick**—ক্ষৌরকর্মে ব্যবহার্য দণ্ডাকার সাবান। [OE. *sc(e)afan*—cp. Du. *schaven*, G. *schaben*]

Shavian [shā°-vi-an, শেই°ভিঅ্যান্] *a.* of or in the manner of, G. B. Shaw, জর্জ বানার্ড শ-র বা তাঁহার ভঙ্গি অনুযায়ী।

shaving—see **shave.**

shawl [shawl, শ্যল্] *n.* a woollen wrapper, শাল। [Pers. *shal*]

shay [shei, শেই] *n.* (arch. vulg. joc.) chaise, (আর্ষ, অশি. কৌতুকে) see **chaise.** । [back formation from *chaise* taken as *pl.*]

she [shē, শী] (**1**) *pro. fem.* of **he**। (**2**) *in comp.* female, স্ত্রীজাতি (*she*-ass, *she*-goat)। [OE. *seo. fem.* of the definite article ?]

sheaf [shēf, শীফ] *n.* a bundle of things bound side by side, (প্রধানতঃ শস্যের) আঁটি (a *sheaf* of corn)। *pl.* **shea°vės**। [OE. *sceaf*—cp. Du. *schoof*]

shear [shē(r), শিয়্যা(র্)] (**1**) *v.t.i.* to cut or clip with shears, কাঁচি প্রভৃতি দিয়া কাটা অথবা ছাঁটা; to cleave or divide, (প্রধানতঃ পক্ষী জাহাজ প্রভৃতি সম্পর্কে) ফাড়িয়া ফেলা, বিভক্ত করা;

to cut, কাটা। *p.* **shear°ed,** (arch.) **shore₃** । *p. pt.* **shorn,** (rare) **shear°ed** । (2) *n.* the act of shearing, কাঁচি প্রভৃতি দ্বারা কর্তন ; (in *pl.*) a clipping-instrument, কাঁচি বা তত্তুল্য ছাঁটাই-যন্ত্র (also see **sheers**) । *n.* **shear°er**—ভেড়ার লোমকর্তক। *n.* **shear°ling**—যে ভেড়ার লোম একবার মাত্র ছাঁটা হইয়াছে। **shorn of**—সম্পূর্ণরূপে খোয়াইয়া (to come *shorn of* glory, money, etc.) । [OE. *sceran*—cp. ON. *skera*(*v.*)=to clip]

'sheart [sŭ(r)t, সা(র্)ট্] contr. of **God's heart.**

sheatfish [shēt°-fish, শীট্°ফিশ্] *n.* the largest European fresh-water fish, ইউরোপের নদীর বৃহত্তম মাছবিশেষ। [G. *scheidfisch*<?]

sheath [shēth, শীথ্] *n.* a case for a sword etc., তরবারি প্রভৃতির খাপ, কোষ ; a clasping leaf-base, শস্যাদির শীষ বা পুটক ; an insect's wing-case, পতঙ্গের পক্ষাবরণ। *v.t.* **sheathe** [shēdh, শীদ্] খাপে ভরা, কোষবদ্ধ করা ; শীষের বা পক্ষাবরণের মধ্যে রাখা। *n.* **sheath°-knife**—খাপ-সম্বলিত ছোরা জাতীয় চাকু। [OE. *scæth*—cp. G. *scheide*]

sheave [shēv, শীভ্] *n.* a grooved wheel, কপিকল প্রভৃতির খাঁজ-কাটা প্রান্তযুক্ত চাকা। [?]

sheaves—see **sheaf.**

shebang [shi-bang°, শিব্যাং°] *n.* (sl.) a house, hut, (অশি.) গৃহ, কুটির ; matter, affair, বিষয়, ব্যাপার (the whole *shebang*) । [U. S.]

shed₁ [shed, শেড্] *n.* a shelter for storing etc., গুদাম গোয়াল প্রভৃতির জন্ম ছাউনি, চালা, -শালা (a cow*shed*) । [var. of *shade*]

shed₂ [shed, শেড্] *v.t.* to cast off, (পালক খোলস বৃক্ষপত্র প্রভৃতি) ত্যাগ করা, খসান ; to drop, (অশ্রু বৃষ্টি প্রভৃতি) বর্ষণ করা, ঝরান ; to emit, (রক্তাদি) নির্গত করা ; to pour forth, ঢালা ; to throw, (আলোকাদি) বিকীর্ণ করা। **(to) shed light on**—(কোন বিষয়ের উপর) আলোকসম্পাত করা। *pr. pt.* **she°dding** । *p.* & *p. pt.* **shed** । [OE. *sc*(*e*)*adan*=to separate]

sheen [shēn, শীন্] (1) *a.* (poet.) beautiful, bright, shining, (কাব্যে) সুন্দর, উজ্জ্বল, দীপ্তিমান্। (2) *n.* shine, দীপ্তি ; lustre, চাক্‌চিক্য, জেল্লা ; brightness, ঔজ্জ্বল্য। *a.* **shee°ny**—দীপ্তিময় ; চকচকে ; উজ্জ্বল। [OE. *scene*—cp. Du. *schoon*]

sheep [shēp, শীপ্] *n.* an animal of the goat family, ভেড়া বা ভেড়ী, মেষ (cp. **ram, ewe**) ; a sheepish person, লাজুক ভীরু অপ্রতিভ বা বিহ্বল ব্যক্তি ; one who moves like a sheep, যে ব্যক্তি স্বাধীন চিন্তা বর্জনপূর্বক ভেড়ার স্থায় দলের সঙ্গে সঙ্গে ফেরে। *pl.* **sheep** । *n.* **sheep°-cōt(e), sheep°-fōld**—ভেড়ার খোঁয়াড়। *n.* **sheep°-dog**—ভেড়ার পালের পাহারাদার কুকুরবিশেষ। *a.* **shee°pish**—মেষবৎ ; লাজুক, ভীরু, অপ্রতিভ, বিহ্বল। *adv.* **shee°pishly** । *n.* **shee°pishness** । *n.* **sheep°-pox**—ভেড়াদের বসন্তরোগবিশেষ। *n.* **sheep°-run**—ভেড়া চরানর মাঠ, মেষচারণভূমি। *n.* **sheep's°-eye**—প্রণয়লালসাপূর্ণ দৃষ্টি, প্রেমবিহ্বল দৃষ্টি। *n.* **sheep°skin**—(কাঁচা বা পাকা) মেষচর্ম। [OE. *sceap*—cp. G. *schaf*]

sheer₁ [shē(r), শিয়্যা(র্)] (1) *a.* pure, বিশুদ্ধ, খাঁটি ; mere, downright, কেবল, ডাহা, পুরাদস্তুর (*sheer* nonsense, waste of time, etc.) vertical, খাড়া, ঋজু, উর্ধ্বাধঃ। (2) *adv.* clearly, স্পষ্টভাবে ; quite, সম্পূর্ণভাবে ; vertically, খাড়া-ভাবে, উর্ধ্বাধঃভাবে। *adv.* **sheer°ly** । [ME. *schere*<ON. *skaerr*=bright]

sheer₂ [shē°(r), শিয়্যা°(র্)] *v.i.* to deviate, (জাহাজের) পথান্তরে যাওয়া, বিপথগামী হওয়া। *n. pl.* **sheers, shears** [shē(r)z, শিয়্যা(র্)জ্] ভারী জিনিসপত্র উত্তোলনের যন্ত্রবিশেষ। **(to) sheer off**—একপাশে সরিয়া যাওয়া ; প্রস্থান করা, বিদায় লওয়া। [Du. *scheren*=var. of *shear* ?]

sheet₁ [shēt, শীট্] *n.* a rope attached to the lower corner of a sail, পোতাদির পালের নিচের দিকের কোণসংলগ্ন দড়ি। [OE. *sceata*=corner]

sheet₂ [shēt, শীট্] (1) *n.* a large wide expanse or thin piece, ব্যাপক বিস্তার বা বড় ও পাতলা পাতখণ্ড প্রভৃতি (a *sheet* of glass, iron, paper, etc.) ; a large piece of cloth, (শয্যাচ্ছাদন শবাচ্ছাদন প্রভৃতির) চাদর ; a complete piece of paper, একখণ্ড গোটা কাগজ (the book is in *sheets* and not yet bound) ; a pamphlet, newspaper, etc., ইশ্‌তিহার সংবাদপত্র প্রভৃতি ; (poet.) a sail, (কাব্যে) পোতাদির পাল ; a wide expanse of water, snow, etc., জল তুষার প্রভৃতি পূর্ণ বিস্তীর্ণ-অঞ্চল, বিস্তীর্ণ জলরাশি তুষাররাশি প্রভৃতি (a vast *sheet* of water) । (2) *a.* in the form of a sheet, পাতের স্থায় আকার-বিশিষ্ট, পাত-করা (*sheet*-metal) । (3) *v.t.* to wrap or cover with a sheet, পাত চাদর প্রভৃতি দিয়া মোড়া বা ঢাকা ; to form into sheets, (ধাতু প্রভৃতি সম্বন্ধে) পিটাইয়া পাত করা। *n.* **sheet°-light°ning**—যে বিদ্যুৎ-ঝলকের আলো চতুর্দিকে বিক্ষিপ্ত হইয়াছে। [OE. *scete, sceat*—cp. *sheet₁*]

sheet-anchor [shēt°-ang-ka(r), শীট্°অ্যাংক্যা-(র্)] *n.* an anchor for an emergency, আপৎ-কালীন নঙ্গর, last refuge, শেষ আশ্রয়। [?]

sheikh [shāk, shēk, শেইক, শীক্] *n.* head of Arab or Mohammedan tribe, family, village, আরব বা মুসলমান উপজাতি, পরিবার বা গ্রামের প্রধান ; masterful husband or lover, কর্তৃত্বপরায়ণ স্বামী বা প্রেমিক ; dashing or attractive man, তেজস্বী ব্যক্তিত্বসম্পন্ন বা প্রলুব্ধ করে এমন ব্যক্তিত্বসম্পন্ন পুরুষ। [Arab. *Shaikh*=elder, chief]

shekel [she°kl, শে°ক্‌ল্] *n.* a Jewish weight

and coin, ইহুদীদের ওজন (=প্রায় ১৪ গ্রাম) বা মুদ্রাবিশেষ (=প্রায় ১৮৭ পয়সা); (in *pl.*—sl.) money, riches, (অশি.) টাকাকড়ি, ধনসম্পদ্। [Heb. *sheqel*]

sheldrake [shel°-drāk, শেল°ড্রেইক্] *n.* a large drake, বৃহদাকার হংসবিশেষ। *fem.* **shel°duck**। [dial. *sheld*=piebald ?, *drake*]

shelf [shelf, শেল্ফ্] *n.* a board or slab fixed on a wall, in a cupboard, for laying things on, দেওয়াল আলমারি প্রভৃতির তাক; a ledge, শৈলপার্শ্বস্থ ধাপ বা সমতল স্থান; a shoal, ঈষৎ জলমগ্ন চড়া; a sandbank, বালুচর। *pl.* **shel°ves**। **on the shelf**—তাকে রক্ষিত; সাময়িক অবসারপ্রাপ্ত; সরাইয়া রাখা বা শিকেয় তোলা হইয়াছে এমন। [OE. *scylf* or LG. *schelf*]

shell [shel, শেল্] (**1**) *n.* a hard outer covering of eggs, molluscs, crustaceans, some fruits and seeds etc., ডিম শম্বুক কচ্ছপ মাছ ফল প্রভৃতির শক্ত বহিরাবরণ, খোলা, (পরি.) খোলক; the mere walls of a house, or a ship, গৃহের বা জাহাজের চতুষ্পার্শ্বস্থ দেওয়ালমাত্র; a light coffin, লঘুভার শবাধার; an explosive artillery projectile, কামানের গোলা। (**2**) *v.t.i.* to separate from the shell, খোলা ছাড়ান (to *shell* groundnuts)। (**3**) *v.t.* to put into a shell, খোলকের বা আধারের মধ্যে রাখা; to throw shells at, (কাহারও বা কিছুর প্রতি) গোলা বর্ষণ করা (to *shell* the enemy's trenches)। **she°llac**—(**1**) *n.* চাঁচ-গালা। (**2**) *v.t.* চাঁচ-গালা দিয়া বার্নিশ করা। *pr. pt.* **she°llacking**। *p.* & *p. pt.* **she°llacked**। *n.* **shell°-fire**—গোলাবর্ষণ। *n.* **shell°-fish**—খোলাওয়ালা মাছ বা শামুক (যেমন, চিংড়ি কাঁকড়া গেঁড়ি প্রভৃতি)। *a.* **shell°-proōf**—গোলার আঘাতে ক্ষতিগ্রস্ত হয় না এমন। *n.* **shell°-shock**—যুদ্ধের গোলাবর্ষণ বা পীড়াদায়ক অভিজ্ঞতাপ্রসূত মানসিক বিপর্যয়; বাক্‌রোধ প্রভৃতি। **(to) shell out**—টাকা পয়সা মিটাইয়া দেওয়া। **(to) come out of one's shell**—সংকোচ বা গাম্ভীর্য ও নীরবতা ত্যাগ করা। **(to) go** or **retire into one's shell**—আত্মস্থ বা গভীর বা নীরব হওয়া। [OE. *scell*—Du. *schel*—cp. *scale*]

shelter [shel°-ta(r), শেল্°ট্যা(র্)] (**1**) *n.* a shielding or screening structure, (প্রধানতঃ রৌদ্র-বৃষ্টি হইতে) পরিত্রাণ পাওয়ার জন্য আবরণ ছাউনি পরদা প্রভৃতি; a refuge or retreat, নিরাপদ্ আশ্রয় বা নিভৃত বাস; asylum, আতুরাশ্রম। (**2**) *v.t.* to screen or shield, আবরণ দেওয়া বা রক্ষা করা; to afford asylum or lodging to, নিরাপদ্ আশ্রয় বা বাসা দেওয়া; to harbour, বন্দরাদিতে আশ্রয় দেওয়া। (**3**) *v.i.* to shelter, আশ্রয় লওয়া, বাসা বাঁধা। *a.* **shel°terlėss**—নিরাশ্রয়; গৃহহীন। [?]

shelve [shelv, শেল্‌ভ্] (**1**) *v.t.* to furnish with shelves, তাক বসান; to put on a shelf, তাকে রাখা; to put aside or away, সরাইয়া রাখা, আপাততঃ বন্ধ রাখা বা মুলতুবি রাখা (to *shelve* a plan)। (**2**) *v.i.* to slope, ঢালু বা ক্রমাবনত হওয়া। [see *shelf*]

shelves—see **shelf.**

shemozzle [shi-moz°l, শিমজ্‌°ল্] *n.* (sl.) a row, an uproar, a brawl, a rumpus, (অশি.) হৈচৈ, ঝগড়া, হাঙ্গামা। [Yiddish]

shenanigan [shi-na°-ni-gan, শিন্যা°নিগ্যান্] *n.* (sl.) trickery, humbug, (অশি.) চাতুরি, কৌতুক, দমবাজি, ভান। [?]

sheol [shē°-ol, শী°অল্] *n.* the place or abode of the dead, মৃতের আলয়। [Heb.]

shepherd [she°-fa(r)d, শে°ফ্যা(র্)ড্] (**1**) *n.* one who tends sheep, যে ব্যক্তি ভেড়া চরায়, মেষপালক; a swain, গ্রাম্য লোক; a pastor, যাজক; (fig.) one who guides a flock, (আল.) দলের পরিচালক। *fem.* **she°pherdėss**। (**2**) *v.t.* to tend, (ভেড়া) চরান; to guide, পরিচালনা করা। *a.* **she°pherdlėss**—চালকহীন; নেতৃহীন। **the Good Shepherd**—যিশু খ্রিস্ট। **shepherd's pie**—থেঁৎলান আলুর নিচে রাখিয়া সেঁকা মাংসের কিমা। **shepherd's plaid**—সাদা ও কাল রঙের মিশ্রিত নকশাওয়ালা বস্ত্র। [OE. *sceaphirde*—see *sheep, herd*]

sheraton [sher°a-tan, শের্°অ্যাট্যান্] *n.* severe 18th C. style of furniture, অষ্টাদশ শতাব্দীর আসবাবপত্রের অনাড়ম্বর নির্মাণশৈলী। [T. *Sheraton*, d. 1806]

sherbet [sha(r)°-bat, শ্যা(র্)°ব্যাট্] *n.* an Eastern cooling drink of sweetened fruit-juices, শরবত। [Turk. & Pers.]

sherd [sha(r)d, শ্যা(র্)ড্] var. of **shard.**

sheriff [she°-rif, শে°রিফ্] *n.* (ori.) the king's representative in a shire, (মূলতঃ) ইংল্যান্ডের শায়ারের বা মহকুমার সরকারী শাসকবিশেষ; a country administrative official, ইংল্যান্ডের জেলার শাসকবিশেষ; (in India) a citizen nominated by the government for ceremonial purpose, (ভারতে) অনুষ্ঠানাদির তত্ত্বাবধানার্থ সরকার কর্তৃক মনোনীত নাগরিক। *n.* **she°riff-court°**—শায়ার্-শাসকের আদালত বা কাছারি। [OE. *scirgerefa*—see *shire, reeve*]

sherry [she°-ri, শে°রি] *n.* a white wine, (প্রধানতঃ স্পেইন্‌দেশীয়) শ্বেতবর্ণ মদবিশেষ। [*Xeres Jerez*]

shew, shewn—see **show.**

shibboleth [shi°-ba-leth, শি°ব্যালেথ্] *n.* (B.) a test-word for an Ephrainite who could not pronounce *sh*, 'শ' উচ্চারণে অসমর্থ ইফ্রাইনিট্-জাতীয় লোকের পরীক্ষার্থ শব্দ; any such test, উক্ত প্রকার কোন পরীক্ষা; a peculiarity of speech, বাগ্‌বৈশিষ্ট্য; a party catchword, দলগত সঙ্কেত-শব্দ; old-fashioned and generally abandoned doctrine, সেকেলে এবং সাধারণতঃ পরিত্যক্ত মতবাদ। [Heb.]

shield [sheld, শীল্ড্] (**1**) *n.* a broad plate carried to ward off weapons, ঢাল; any protective covering or armour, আত্মরক্ষার্থ আবরণ বা বর্ম; a protection, রক্ষণোপায়; a protector, রক্ষক; a shield-shaped trophy, বিজয়ী প্রতিযোগীকে প্রদত্ত ঢালের ন্যায় আকারবিশিষ্ট পুরস্কার। (**2**) *v.t.* to protect or screen, রক্ষা করা বা ঢাকা দেওয়া; to ward off, (আঘাতাদি) প্রতিহত করা বা ঠেকান। *n.* **shield°-bearer**—ঢালধারী, ঢালী। [OE. *sceld*—cp. G. *schild*]

shift [shift, শিফ্‌ট্] (**1**) *v.i.t.* to change position (of), স্থান-পরিবর্তন করা বা করান; to change the form, character, or dress (of), আকার বা চরিত্র বা বেশ পরিবর্তন করা অথবা করান। (**2**) *v.i.* to resort to expedients, উপায় অবলম্বন করা; to go away, চলিয়া যাওয়া। (**3**) *v.t.* to remove, অপসারণ করা; to transfer, বদলী করা; to quit (স্থানাদি) ত্যাগ করা; to put off, খুলিয়া ফেলা। (**4**) *n.* an expedient, কার্যসাধনোপায়; an artifice, (কারিগরী) কৌশল; (arch.) a smock, (আর্ষ.) খাট জামাবিশেষ; a set of persons taking turns with another set, পালাক্রমে বদলী লোকের দল; time of working of a shift, উক্ত দলের কাজের (নির্ধারিত) সময় (an eight-hour *shift*, night *shift*, etc.); a change, পরিবর্তন, বদল (a *shift* in emphasis); change of position, স্থান-পরিবর্তন। *n.* **shif°ter**—shift (*v*)-এর সকল অর্থে, এবং—নাট্যমঞ্চে দৃশ্যপট-পরিবর্তনের জন্য নিযুক্ত লোক, সিন্‌-শিফ্‌টার। *n.* **shift°-key**—টাইপ্‌রাইটারের যে চাবি টিপিলে ভিন্ন ধরনের অক্ষর মুদ্রিত হয়। *a.* **shift°less**—কার্যসাধনে উপায়হীন, নিরুপায়; অপারদর্শী। *a.* **shif°ty**—কার্যসাধনের নানা উপায়পূর্ণ; কৌশলী; দক্ষ; ছলনাপূর্ণ; চতুর; (কৌশলে) এড়াইয়া যায় এমন। *adv.* **shif°tily**। *n.* **shif°tiness**। **(to) make (a) shift**—যে-কোন ভাবেই হউক কার্যসাধনের উপায় উদ্ভাবন করা। **(to) shift about**—অস্থিরচিত্ত বা দোলায়িত হওয়া; সম্পূর্ণ বিপরীত দিকে ঘুরিয়া যাওয়া। **(to) shift for oneself**—স্বীয় উপায়ের উপর নির্ভর করা। **(to) shift one's ground**—তর্কে পূর্বযুক্তি পরিত্যাগ করিয়া নূতন যুক্তির অবতারণা করা। [OF. *sciftan*=to divide or allot—cp. ON. *skipta*]

shikar [shi-ka(r)°, শিক্যা(র্)°] *n.* hunting, শিকার। *n.* **shikaree** [shi-ka°-ri, শিক্যা°রি], **shika°ri**—শিকারী। [Hin.]

shilling [shi°-ling, শি°লিং] *n.* an English coin, গ্রেট্ ব্রিটেনের মুদ্রাবিশেষ (=প্রায় ৭০ পয়সা)। *n.* **shi°llingworth**—এক শিলিং-পরিমাণ মূল্য। [OE. *scilling*—cp. G. *schilling*]

shilly-shally [shi°-li-sha-li, শি°লিশ্যালি] (**1**) *adv.* in silly hesitation, বোকার মত দ্বিধাগ্রস্ত বা দোলায়িত হইয়া। (**2**) *n.* vacillation, দ্বিধাগ্রস্ত বা দোলায়মান হওয়া। (**3**) *v.i.* to vacillate, দ্বিধাগ্রস্ত বা দোলায়িত হওয়া। [<*shall I* ?]

shimmer [shi°-ma(r), শি°ম্যা(র্)] *v.i.* to glimmer tremulously, কাঁপিয়া কাঁপিয়া দীপ্তি পাওয়া; to glisten, চকমক করা। *n.* **shi°mmer(ing)**—কাঁপিয়া কাঁপিয়া দীপ্তি পাওয়া; চকমক করা। [OE. *scimerian*—cp. G. *schimmern*]

shin [shin, শিন্] *n.* the forepart of the leg below the knee, হাঁটুর নিম্নস্থ পায়ের সম্মুখভাগ। *n.* **shin°-bōne**—উক্ত অংশের হাড়, পায়ের নলি, (পরি.) জঙ্ঘাস্থি। *n.* **shin°-guard**—হাঁটুর নিম্নস্থ পায়ের সম্মুখভাগের আবরণ (ফুটবল খেলার সময় পরিহিত)। [OE. *scinu*—cp. Du. *scheen*]

shindig [shin°-dig, শিন্°ডিগ্] *n.* lively and noisy party or celebration, প্রাণবন্ত এবং হৈচৈপূর্ণ পানভোজনোৎসব। [*Shinty* (?)]

shindy [shin°-di, শিন্°ডি] *n.* brawl, সকলরব ঝগড়া; disturbance, হাঙ্গামা; noise, গোলমাল, হৈচৈ। **(to) kick up a shindy**—ঝগড়া বা হাঙ্গামা বাঁধান। [?]

shine [shīn, শাইন্] (**1**) *v.i.* to give or reflect light, আলো দেওয়া বা আলো বিকীর্ণ করা; to glow, দীপ্তি পাওয়া; to be bright, উজ্জ্বল হওয়া, চক্‌চক্ করা; to appear pre-eminent, প্রধান বা বিশিষ্ট বলিয়া প্রতিভাত হওয়া। (**2**) *v.t.* to make bright, চক্‌চকে করান; to polish, পালিশ করা। *p.* & *p. pt.* **shōne**—'পালিশ করা' ছাড়া অন্য সকল অর্থে; **shi°ned**—কেবল 'পালিশ করা' অর্থে। (**3**) *n*- brightness, ঔজ্জ্বল্য; lustre, জেল্লা, দীপ্তি; sun-shine, সূর্যালোক; a brilliant appearance, চমৎকার চেহারা। *n.* **shi°ner**—যাহা চক্‌চক্ করে; (অশি.) কাল চোখ; (*pl.*) টাকাপয়সা, অর্থ, চক্‌চকে নতুন মুদ্রা। *adv.* **shi°ningly**। *a.* **shi°ny**—দীপ্তিমান্; উজ্জ্বল, চক্‌চকে। **come rain** or **shine**—রোদ বা বৃষ্টি যাহাই হউক না কেন, আবহাওয়া যেমনই হউক; (আল.) যাহাই ঘটুক না কেন। **(to) put a shine on**—(জুতাদি) পালিশ করা; জেল্লা ধরান। **(to) take a shine to**—(আমে.) কাহারও প্রতি আকৃষ্ট হওয়া, কাহাকেও মনে ধরা। **(to) take the shine out of**—(অশি.) ঔজ্জ্বল্যে ছাপাইয়া যাওয়া, ম্লান বা নিষ্প্রভ করিয়া দেওয়া। [OE. *scinan*—cp. G *scheinen*]

shingle$_1$ [shingg°l, শিংগ্°ল্] (**1**) *n.* a wooden slab used as a roof-tile, ছাদনির্মাণে টালির ন্যায় ব্যবহৃত কাষ্ঠফলক; a mode of hair-cutting, চুল-ছাঁটাইয়ের ধরনবিশেষ (ইহাতে মস্তকের পশ্চাদ্ভাগের গঠন স্পষ্টীকৃত হয়)। (**2**) *v.t.* to cover with shingles, (বাড়ির ছাদ) কাষ্ঠফলকদ্বারা ছাওয়া বা ঢাকা; to cut (hair of head) in the manner of a shingle, মস্তকের পশ্চাদ্ভাগের গঠন স্পষ্ট করিয়া (চুল) ছাঁটা। [LL. *scindula* (*n.*)]

shingle$_2$ [shingg°l, শিংগ্°ল্] *n.* coarse gravel, অমসৃণ নুড়ি; a bank or bed of pebbles,

নুড়িতে পূর্ণ সৈকত নদীতীর বা স্থান। *a.* **shing°ly** । [?]

shingles [shingg°lz, শিংগ্‌°ল্‌জ্‌] *n. pl.* a skin-disease, কোঁচদাদ। [L. *cingulum*=a belt]

Shinto [shin°-tō, শিন্‌°টৌ] *n.* the ancient religion of Japan, জাপানের প্রাচীন ধর্ম (also **shin°tōism**) । *n.* **shin°tōist**—উক্ত ধর্মাবলম্বী। [Jap.]

shiny—see **shine.**

ship [ship, শিপ্‌] (**1**) *n.* a sea-going vessel, সমুদ্রগামী জাহাজ, অর্ণবপোত; (sl.) a racing-boat, (অশি.) বাইচের নৌকা; an aircraft, বিমানপোত। (**2**) *v.t.* to put or receive on board, জাহাজের মধ্যে রাখা বা তোলা বা লওয়া; to send by ship, জাহাজযোগে পাঠান। (**3**) *v.i.* to embark, জাহাজে চড়া। (**4**) *v.t.i.* to engage for service on board, জাহাজের কাজে নিযুক্ত করা। *pr. pt.* **shi°pping** । *p. & p. pt.* **shi°pped** । **on ship°board**—পোতোপরি; জাহাজে আরোহণপূর্বক। *n.* **ship°-breaker**—পুরাতন জাহাজাদি ভাঙ্গিবার ঠিকাদার। *n.* **ship°-brōker**—বন্দরে জাহাজী কোম্পানির দালাল; জাহাজী বিমার দালাল। *n.* **ship°builder**—জাহাজনির্মাতা। *n.* **ship°-building**—জাহাজনির্মাণ। *a.* **ship°-canal**—জাহাজ চলাচলের উপযোগী খাল। *n.* **ship°-chandler**—জাহাজের সাজসরঞ্জাম বিক্রেতা। *n.* **ship°-load**—একখানি জাহাজে যত মাল ধরে তত পরিমাণ; কোন জাহাজে বাহিত মোট মাল বা তাহার পরিমাণ; জাহাজের বোঝা। *n.* **ship°-master**—জাহাজের কাপ্তান বা অধ্যক্ষ, (পরি.) পোতাধিপাল। *n.* **ship°-mate**—(মাল্লার) সহকর্মী মাল্লা। *n.* **ship°ment**—জাহাজের মাল বোঝাই-করণ; জাহাজযোগে প্রেরণ বা প্রেরিত মাল। *n.* **ship°-money**—বন্দরে প্রবিষ্ট সমুদ্রগামী জাহাজের উপর ধার্য অন্যায় শুল্ক। *n.* **ship°-owner**—জাহাজের মালিক; জাহাজী কোম্পানীর মালিক বা অংশীদার। *n.* **ship-way**—যে হেলান কাঠামর উপরে জাহাজ নির্মিত হয় এবং যাহার উপর দিয়া নির্মিত জাহাজকে জলে গড়াইয়া দেওয়া হয়। *n.* **shi°pping**—জাহাজসমূহ; জাহাজে স্থানলাভ বা আরোহণ; জাহাজযোগে প্রেরণ। *n.* **shi°pping-āgent**—বন্দরে জাহাজের মালিকের প্রতিনিধি। *n.* **shi°pping-office**—বন্দরে জাহাজের মালিকের প্রতিনিধির অফিস। *a.* **ship°shāpe**—পরিষ্কার-পরিচ্ছন্ন, ফিটফাট; সুশৃঙ্খল। **ship°wreck**—(**1**) *n.* (প্রধানতঃ আকস্মিক দুর্ঘটনায়) পোতধ্বংস, জাহাজডুবি; সর্বনাশ, বিপর্যয়। (**2**) *v.t.i.* ধ্বংস করা বা হওয়া; সর্বনাশ করা বা সর্বনাশগ্রস্ত হওয়া। *n.* **ship°wright**—জাহাজনির্মাণে নিযুক্ত ছুতার-মিস্ত্রি। *n.* **ship°-yard**—জাহাজ নির্মাণের বা মেরামতের স্থান। **(to) take ship**—জাহাজে আরোহণ করা। **(to) ship off**—জাহাজযোগে অন্যত্র পাঠান। [OE. *scip*—cp. Goth. & ON. *skip*]

shire [shī(r), শায়্যা(র্)] *n.* a county, ইংল্যান্ডের জেলা। *in comp.* **shire** [shē(r), শিয়্যা(র্)] জেলা (Hamp*shire*)। *n.* **shire°-horse**—গাড়িটানা প্রভৃতি কাজে নিযুক্ত সবচেয়ে বড় ঘোড়া (প্রধানতঃ Lincolnshire ও Cambridgeshire-এ পাওয়া যায়)। [OE. *scir*=office, authority]

shirk [sha(r)k, শ্যা(র্)ক্‌] *v.t.i.* to evade (প্রধানতঃ কর্তব্য বা দায়িত্ব) এড়াইয়া চলা। *p. & p. pt.* **shir°ked** । *n.* **shirk°(er)** । [cp. *shark*]

shirt [sha(r)t, শ্যা(র্)ট্‌] *n.* a man's undergarment, পুরুষের শার্ট; a woman's blouse, স্ত্রীলোকের ব্লাউজ্‌। *n.* **shir°ting**—শার্ট তৈয়ারির কাপড়। **Black Shirt**—(ইট্যালির মুসোলিনী কর্তৃক গঠিত) ফ্যাসিস্ট্‌ দলের সভ্য; fascism-দ্বারা জাতীয়তার প্রতিষ্ঠাকামী ব্যক্তি। **in one's shirt**—শার্ট ছাড়া আর কিছু পরা নাই এমন অবস্থায়। **in one's shirt sleeves**—গায়ের শার্টের উপর হইতে কোট খুলিয়া লইয়া, শার্টের উপরে কোট না পরিয়া। **(to) keep one's shirt on**—(অশি.) মেজাজ ঠিক রাখা। **(to) put one's shirt on** (a horse etc.)—সর্বস্ব পণ করিয়া বাজি ধরা। **shirt-front**—শার্টের (সাধারণতঃ মাড় দেওয়া ও শক্ত) বুকের দিক্‌। **shirt-front wicket**—(ক্রিকেট) মসৃণ সহজ পিচ্‌। *a.* **shirty**—(অশি.) ক্রুদ্ধ, বিরক্ত। [OE. *scyrte*]

shit [shit, শিট্‌] (**1**) (vulg.) *v.i.* to evacuate bowels, (অমা.) মলত্যাগ করা। (**2**) *n.* ordure, বিষ্ঠা; a contemptible person, ঘৃণিত ব্যক্তি। [ON. *skita*]

shiver₁ [shi°-va(r), শি°ভ্যা(র্)] (**1**) *n.* a splinter, ছোট টুকরা। (**2**) *v.t.i.* to shatter, চূর্ণবিচূর্ণ বা টুকরা-টুকরা করা অথবা হওয়া। *a.* **shi°very**—সহজে ভাঙ্গে এমন, ভঙ্গুর। [cp. G. *schiefer*]

shiver₂ [shi°-va(r), শি°ভ্যা(র্)] (**1**) *v.i.t.* to quiver or cause to quiver, শিহরিত হওয়া বা করান, কাঁপা বা কাঁপান। (**2**) *n.* a quivering, শিহরণ। *adv.* **shi°veringly** । *a.* **shi°very**—শিহরিত হয় বা করায় এমন। **(to) give one the shivers**—ভয়ে বিকম্পিত করা। [ME. *chivere*]

shoal₁ [shōl, শৌল্‌] (**1**) *n.* multitude of fishes, etc., swimming together, একত্র সন্তরণরত মৎস্যাদির ঝাঁক; multitude, বড় দল, ঝাঁক। (**2**) *v.t.* to gather or go in shoals, ঝাঁক বাঁধা বা ঝাঁক বাঁধিয়া চলা। [OE. *scola*=troop]

shoal₂ [shōl, শৌল্‌] (**1**) *a.* shallow, অগভীর, ঈষৎ জলমগ্ন। (**2**) *n.* a shallow, অগভীর জলনিম্নস্থ চড়া, (পরি.) মগ্ন চড়া; (*pl.* fig.) hidden dangers, (আল.) প্রচ্ছন্ন বিপদ। (**3**) *v.i.* to grow shallower, অধিকতর অগভীর হওয়া। [OE. *sceald*(*a.*)]

shoat [shōt, শৌট্‌] *n.* pig (esp. weanling), (সদ্য মাই ছাড়ান হইয়াছে এমন) শূকরছানা। [ME.]

shock [shok, শক্‌] (**1**) *n.* a violent concussion or impact, প্রচণ্ড ধাক্কা বা সজ্ঘর্ষ; a sudden and extremely disturbing physical and mental impression, যৎপরোনাস্তি বিহ্বলতাদায়ক আকস্মিক শারীরিক বা মানসিক আঘাত অথবা অভিজ্ঞতা, (পরি.)

অভিঘাত ; the state produced by such an impression, অভিঘাতজনিত অবস্থা ; a convulsive excitation of nerves, (বিদ্যুতাদির স্পর্শে) শিরার আক্ষেপ ; (coll.) a stroke of paralysis, (কথ্য.) পক্ষাঘাতের আক্রমণ। (2) *v.t.* to give a shock to, ধাক্কা বা আঘাত দেওয়া ; to harrow or outrage the emotions or feelings of, (কাহারও) আবেগ বা অনুভূতিতে অসহ আঘাত দেওয়া অথবা তদুপরি অত্যাচার করা ; to affect with abashed and horrified indignation, সঘৃণ ও আতঙ্ক-মিশ্রিত ক্রোধে উদ্দীপ্ত করা। *p.* & *p. pt.* **sho°cked**। *a.* **sho°cking**—জঘন্য (*shocking* behaviour) ; অতিশয় বেদনাদায়ক (*shocking* news) ; শোচনীয় রকম মন্দ (*shocking* weather)। *n.* **shock°-absorber**—মোটরগাড়ি বিমানপোত প্রভৃতিতে ঝাঁকানি কমানর জন্য কলবিশেষ। *n.* **shock°-bridge, shock°-workers**—সোভিএট রাশিআয় কোন কঠিন কাজ করিবার জন্য নির্বাচিত বা স্বেচ্ছাসেবক কর্মীবাহিনী। **shock tactics**—(শত্রু-পক্ষকে বিহ্বল করিবার উদ্দেশ্যে) বিশাল সৈন্যবাহিনী লইয়া আকস্মিকভাবে প্রচণ্ড আক্রমণ করার কৌশল। **shock therapy, shock treatment**—ইলেক্‌ট্রিক-শকের-দ্বারা (প্রধানতঃ মস্তিষ্কবিকৃতি) ব্যাধির চিকিৎসা-প্রণালী। *n. pl.* **shock°troops**—দুঃসাধ্য ও দুঃসাহসিক আক্রমণার্থ শিক্ষাপ্রাপ্ত বা নির্বাচিত সৈন্যবাহিনী। [F. *choc* (*n.*), *choquer* (*v.*)]

shod—see **shoe.**

shoddy [sho°-di, শ°ডি] (1) *n.* fibre got by shredding old cloth, পুরাতন কাপড়ের সুতা বা ফেঁসো ; cloth made of it, (আংশিকভাবে বা সম্পূর্ণভাবে) উক্ত সুতায় প্রস্তুত কাপড় (তু. কাঁথা) ('up goes the price of *shoddy*')। (2) *a.* made of shoddy, উক্ত সুতায় তৈয়ারি (*shoddy* cloth) ; sham and trashy, নকল ও বাজে, নিরেস (a *shoddy* piece of work)। *adv.* **sho°ddily**। *n.* **sho°ddiness**। [?]

shoe [shoo, শূ] (1) *n.* an outer covering for the foot, জুতা, পাদুকা (বুটজুতা নহে) ; a rim of iron nailed to a hoof, পশ্বাদির খুরের নাল ; anything like a shoe, জুতার ন্যায় ব্যবহৃত বা আকারবিশিষ্ট বস্তু। (2) *v.t.* to put a shoe or shoes on, জুতা বা নাল পরান। *p.* & *p. pt.* **shod** [shod, শড্]। *n.* **shoe°black**—জুতা পালিশ করা যাহার (প্রধানতঃ বালক) পেশা। *n.* **shoe°buckle**—পায়ে জুতা আঁটিবার আঙ্‌টাবিশেষ। *n.* **shoe°-horn, shoe°ing-horn**—জুতা পরার সাহায্যের জন্য জিহ্বাকার যন্ত্রবিশেষ। *n.* **shoe°-lāce** or **shoe°-string**—জুতার ফিতা। **on a shoestring**—স্বল্প সম্বলে। *n.* **shoe°māker**—যে ব্যক্তি জুতা তৈয়ারি করে বা বেচে বা মেরামত করে, মুচি। *n.* **shoe°-māking**—জুতা নির্মাণ বা মেরামত ; জুতার ব্যবসায়। *n.* **shoer** [shoo°-a(r), শূ°আ্যা(র্)] পশ্বাদির খুরে নাল পরান যাহার পেশা। *n.* **shoe°shine**—জুতা পালিশের কাজ। **another pair of shoes**—সম্পূর্ণ ভিন্ন ব্যাপার। **(to) be in** or **step into one's** (or **a dead man's**) **shoes**—অন্য কাহারও (বা মৃত কাহারও) পদে বা স্থানে অধিষ্ঠিত হওয়া অথবা উত্তরাধিকারী হওয়া। **(to) know where the shoe pinches**—নিজের দুর্ভাগ্য বা দুঃখকষ্ট যে কোথায় তাহা জানা। [OE. *scoh* (*pl.* *scos*)—cp. G. *schuh*]

shogun [sho°goon, শোগু°গূন্] *n.* Japanese hereditary commander-in-chief, ruler for centuries until the office was abolished in 1868—(ঐতি.) জাপানের বংশপরম্পরাগত সৈন্যাধ্যক্ষ ও বহুশতাব্দী পর্যন্ত প্রকৃত শাসক (১৮৬৮এ এই পদ বিলুপ্ত হয়)। [Jap. *shōgun*]

shone—see **shine.**

shoo [shoo, শূ] (1) *inter.* sound to drive away birds, পাখি তাড়াইবার জন্য ব্যবহৃত ধ্বনি। (2) *v.t.* drive away thus, ঐভাবে তাড়ান (to *shoo* a person away or off)। (3) *v.i.* ঐরূপ ধ্বনি করা। [Gr. *sou*]

shook—see **shake.**

shoot [shoot, শূট্] (1) *v.t.i.* to dart, তীরবেগে ছোটান বা ছোটা (the lightning flash *shot* across the sky) ; to cast or fly with force, সবেগে নিক্ষেপ করা বা নিক্ষিপ্ত হওয়া ; (the car hit the lamp-post and the occupants were *shot* out) ; to discharge, or kill or wound with, a missile, shot or weapon, ক্ষেপণাস্ত্র গুলি গোলা বা অন্য অস্ত্রাদি ছোড়া অথবা উহা ছুড়িয়া নিহত বা আহত করা ; to hunt game with gun, বন্দুক দিয়া শিকার করা ; to thrust forward or jut out, অভিক্ষিপ্ত করান বা হওয়া ; to send up in growth or sprout, গজাইয়া তোলা বা ওঠা, অঙ্কুরিত করা বা হওয়া ; to kick or hit at the goal, (ক্রীড়াদিতে) গোল লক্ষ্য করিয়া (বল) মারা ; to photograph, (প্রধানত: চলচ্চিত্রে) ফটো তোলা। (2) *v.i.* to tower, উঁচু হইয়া ওঠা। *p.* & *p. pt.* **shot$_1$** [shot, শট্]। (3) *n.* a sprout, অঙ্কুর, নবাঙ্কুর চারা, (পরি.) বিটপ। *n.* **shoo°ter**। *n.* **shoo°ting**—shoot (*v.*)-এর সকল অর্থে, এবং—নির্দিষ্ট স্থান ব্যাপিয়া বন্দুক ছুড়িয়া শিকার ; উক্ত শিকারের অধিকার ; উক্ত (সংরক্ষিত) শিকারভূমি। *n.* **shoo°ting-box**—(প্রধানত: জলা-ভূমিতে) শিকারীদের অবস্থানের জন্য নির্মিত গৃহ। *n.* **shoo°ting-brake**—যে মোটর গাড়ি যাত্রী ও মাল উভয় বহন করে। *n.* **shoo°ting-gallery**—মেলায় তীরধনুক প্রভৃতি খেলার জন্য লম্বা ঘর। *n.* **shoo°ting-iron**—(অশি.) আগ্নেয়াস্ত্র। **shooting pain**—যে ব্যথা তীরের মত বিদ্ধ করে। *n.* **shoo°ting-rānge**—বন্দুকাদি ছোড়া অভ্যাসের জন্য নির্দিষ্ট (সংরক্ষিত) স্থান। *n.* **shoo°ting-star**—উল্কা। *n.* **shoo°ting-war**—যে যুদ্ধে লোক হত্যা করা হয় (স্নায়ুযুদ্ধের বা ঠাণ্ডা লড়াইয়ের বিপরীত)। **(to) shoot away**—ক্রমাগত গুলি নিক্ষেপ করা ; গুলি-নিক্ষেপ-পূর্বক বিতাড়িত করা। **(to) shoot a bolt**—খিল

ভাঙ্গিয়া ফেলা। **(to) shoot bolt**—যাহা করণীয় তাহা করিয়া ফেলা (my bolt is *shot*)। **(to) shoot the cat**—(অশি.) বমি করা। **(to) shoot a covert, an estate**—গুপ্ত আশ্রয়স্থল, জমিদারি প্রভৃতিতে শিকার করা। **(to) shoot down**—গুলি করিয়া হত্যা করা; (বিমানাদি) গুলি করিয়া ভূপাতিত করা। **(to) shoot rubbish**—আবর্জনা গড়াইয়া পড়িতে দেওয়া। **(to) shoot up**—এলোপাতাড়িভাবে ক্রমাগত গুলিবর্ষণ করিয়া (নগর গ্রাম প্রভৃতি) আতঙ্কপীড়িত করা। [OE. *sceotan*—cp. Du. *schieten*]

shop [shop, শপ্] **(1)** *n.* a building or room for the retail sale of goods, খুচরা বিক্রয়ের দোকান; a workshop, কর্মশালা, শিল্পশালা; one's place of business, কাহারও কর্মস্থল; talk about one's own business, স্বীয় কাজকর্মসংক্রান্ত কথাবার্তা বা আলাপ (to talk *shop*)। **(2)** *v.i.* to visit shops for buying things, জিনিসপত্র কিনিতে দোকানে যাওয়া। *pr. pt.* **sho°pping**। *p. & p. pt.* **sho°pped**। *n.* **shop°-assistant**—(প্রধানতঃ অপ্রাপ্তবয়স্ক) দোকানকর্মচারী। *n.* **shop°-bell**—দোকানে খরিদ্দারের প্রবেশ জানাইবার জন্য ঘণ্টা। *n.* **shop°-boy, shop°-girl**—দোকানের কর্মচারী বালক বা বালিকা। **shop°-hours**—দৈনিক দোকান খোলা রাখার নির্দিষ্ট বা আইনসম্মত সময়। *n.* **shop°-keeper**—দোকানদার। *n.* **shop°keeping**—দোকানদারি। *n.* **shop°-lifter**—খরিদদার সাজিয়া দোকান হইতে চুরি করা যাহার পেশা। *n.* **shop°lifting**—খরিদদার সাজিয়া দোকান হইতে চুরি। *n.* **shop°man**—দোকানকর্মচারী; দোকানদার। *n.* **sho°pper**—খরিদদার। *n.* **sho°pping**—জিনিসপত্র কিনিতে দোকানে গমন। *a.* **shop°-soiled, shop°-worn**—দোকানে সাজাইয়া রাখার ফলে বা নাড়াচাড়া করার ফলে নোংরা হইয়াছে এমন। *n.* **shop-steward**—কোন কারখানায় কাজের নিয়মাদি সম্পর্কে মালিকের সঙ্গে আলোচনাদির জন্য কর্মীদের সকলের নির্বাচিত কর্মী; কারখানার ফোরম্যান। *n.* **shop°-walker**—ক্রেতাদের যথাযথভাবে জিনিসপত্র দেখান হইতেছে কিনা তাহা তত্ত্বাবধানার্থ নিযুক্ত দোকানকর্মচারী। *n.* **shop°-window**—মালপত্র সাজাইয়া রাখিয়া লোকের দৃষ্টি আকর্ষণের জন্য দোকানের জানালা। **all over the shop**—চতুর্দিকে বিক্ষিপ্তাবস্থায় অবস্থিত (my books are *all over the shop*); সর্বত্র, সকল জায়গায় (I looked for it *all over the shop*)। **closed shop**—বাধ্যতামূলকভাবে নির্দিষ্ট ট্রেড ইউনিঅনের সভ্যপদগ্রহণের ব্যবস্থা। **(to) come** or **go to the wrong shop**—সাহায্য সংবাদ প্রভৃতি পাইবার জন্য ভুল লোকের কাছে আসা বা যাওয়া। **(to) keep a shop**—মালিকস্বরূপে দোকান চালান। **(to) keep shop**—কর্মচারিরূপে দোকান চালান। **(to) put all one's goods in the shop-window**—(আল.—সচ. মন্দার্থে) স্বীয় বিদ্যাবত্তা কর্মক্ষমতা প্রভৃতি সমস্তটা জাহির করা, ভাসা-ভাসা জ্ঞানসম্পন্ন হওয়া। **(to) set up shop**—দোকান দেওয়া। **(to) shut** or **close up shop**—কার্যাদি হইতে বিরত হওয়া, (তু.) কারবার গুটান। **(to) talk shop**—নিজের ব্যবসা বা কাজ সম্পর্কে কথা বলা। [OE. *scoppa*=a book]

shore₁ [shaw(r), শ(র্)] **(1)** *n.* a prop, ঠেকনা, আলম্ব। **(2)** *v.t.* to prop, ঠেকনা দেওয়া (to *shore* a thing up)। [cp. Du. *schoor*]

shore₂ [shaw(r), শ(র্)] *n.* the land skirting the sea or a great body of water, সমুদ্র উপসাগর হ্রদ প্রভৃতির তীর, উপকূল; সৈকত, বেলা। *a.* **shore°less**। *a.* **shore°ward**—উপকূলাভিমুখ। *adv.* **shore°ward(s)**—উপকূলাভিমুখে। **on shore**—তীরে, উপকূলে; স্থলে। [cp. Du. *scho(o)r*]

shore₃, shorn—see **shear.**

short [shaw(r)t, শ(র্)ট্] **(1)** *a.* of small length, height, extent, or duration, হ্রস্ব, খর্ব, ছোট, খাট, অপ্রশস্ত, ক্ষুদ্র, অল্পকালব্যাপী (a *short* stick, man, journey, holiday, etc.); in the near future, অনতিকালপরবর্তী (*short* date); concise, সংক্ষিপ্ত; curt, কাটখোট্টারকম সংক্ষিপ্ত; abrupt, আকস্মিক; crisp, মুচমুচে ও ভঙ্গুর (*short* bread); on the hither side, এই দিগ্‌বর্তী, নিকটবর্তী; unable to go far enough or reach the standard, বেশী দূরে যাইতে বা নির্দিষ্ট মানে পৌঁছাইতে অক্ষম; deficient, অভাবপূর্ণ, ন্যূন, ঊন, অপ্রচুর, বিচ্যুতিপূর্ণ, ত্রুটিপূর্ণ; (pros.—of syllables) unaccented, (ছন্দ—একস্বরা শব্দাংশ-সংক্রান্ত) উচ্চারণে ঝোঁক দিতে হয় না এমন, শ্বাসাঘাতশূন্য। **(2)** *adv.* briefly, সংক্ষেপে abruptly, আকস্মিকভাবে। **(3)** *n.* a short syllable, শ্বাসাঘাতশূন্য শব্দ; shortness, সংক্ষেপ (the long and the *short* of it); (in *pl.*) short trousers, হাফপ্যান্ট্‌। *n.* **shor°tage**—অপ্রাচুর্য, কমতি, ঘাটতি। *n.* **short°bread, short°cake**—ময়দা ও প্রচুর পরিমাণে মাখন ও চিনি সংযোগে তৈয়ারি পল্‌কা কেক্‌। **short°-cir°cuit**—**(1)** *n.* (বিদ্যু.) যে বাড়তি টানাতারে প্রতিরোধ-শক্তি অপেক্ষাকৃত কম, (পরি.) বর্ত্মক্ষেপ। **(2)** *v.t.* বর্ত্মক্ষেপ ঘটান; (আল.—কার্যপ্রণালী প্রভৃতি) হ্রাস করা বা সরল করা। *n.* **short°coming**—ন্যূনতা; ত্রুটি, বিচ্যুতি; অবহেলা; অক্ষমতা। **short°-cut**—**(1)** *a.* (তামাকসম্বন্ধে) ছোট ছোট চিল্‌কা করিয়া কাটা; (পথসম্বন্ধে) সচরাচরব্যবহৃত (পথের) অপেক্ষা হ্রস্বতর। **(2)** *n.* চিল্‌কা করিয়া কাটা তামাক বা হ্রস্বতর পথ। *a.* **short°-dated**—স্বল্পমেয়াদী (হুণ্ডি প্রভৃতি)। **short drink**—ভোজনের পূর্বে পানীয় মদ্যাদি। *v.t.i.* **shorten**—হ্রস্ব খর্ব ক্ষুদ্র অপ্রশস্ত সংক্ষিপ্ত বা অপ্রচুর করা অথবা হওয়া। *n.* **short°-fall**—ঘাটতি। *n.* **short°hand**—সাঙ্কেতিক চিহ্নাদির সাহায্যে দ্রুতলিখনপদ্ধতিবিশেষ। *a.* **short°-hand°ded**—পর্যাপ্তসংখ্যক শ্রমিক বা সাহায্যকারী নাই এমন অবস্থাগ্রস্ত। *n.* **short-horn**—ছোট শিংওয়ালা গবাদি পশুবিশেষ; (আমে.) বোমা;

একপ্রকারের এরোপ্লেন। **short°-list**—(**1**) *n.* কর্ম-প্রার্থীদের মধ্য হইতে নির্বাচিত কয়েকজনের তালিকা যাহা হইতে চূড়ান্ত নিয়োগ করা হইবে। (**2**) *v.t.* ঐরূপ তালিকায় নাম দেওয়া। *a.* **short°-lived**—অল্পকাল-জীবী ; স্বল্পকালস্থায়ী। **short leg (slip)**—(ক্রিকেটে) উইকেটরক্ষকের অব্যবহিত পশ্চাতে বামদিকে ফীল্ড্জ্ম্যানের অবস্থানস্থলবিশেষ। *adv.* **short°ly**—শীঘ্রই ; সংক্ষেপে। *n.* **short°nėss** । *a.* **short°-si°ghtėd**—দূরের বস্তু ভাল দেখিতে পায় না এমন, (পরি.) অদূরবদ্ধদৃষ্টি ; অদূরদর্শী। *a.* **short°-tem°-pered**—অল্পেই চটিয়া ওঠে এমন, বদরাগী। *a.* **short-term**—স্বল্পমেয়াদী। *a.* **short°-win°dėd**—শীঘ্রই হাঁপাইয়া পড়ে এমন। **by a short head**—(ঘোড়দৌড়ে) অশ্বের মস্তকের দৈর্ঘ্য অপেক্ষাও কম ব্যবধানে ; (আল.) একটু মাত্র, ঈষৎ। **for short**—সংক্ষেপে ; সংক্ষেপাকারে। **in short**—সংক্ষেপে। **short of**—অপেক্ষায় কম ; ততদূর না গিয়া। **short of breath**—হাঁপাইতে হাঁপাইতে। **the long and the short of it**—মোদ্দা কথা ; (কোন বিষয়ে) যাহা কিছু বলা যাইতে পারে। **(to) be short of**—পর্যাপ্ত পরিমাণে বা সংখ্যায় সম্বল না থাকা ; দূরে থাকা। **(to) come** or **fall short of**—কম পড়া, ঘাটতি পড়া ; খরচ হইয়া যাওয়া, ফুরাইয়া যাওয়া ; উদ্দেশ্যসাধনে বা অভীষ্টলাভে অক্ষম হওয়া, বিফলকাম হওয়া। **(to) cut short**—(কথাদির মধ্যে) বাধা দেওয়া ; সংক্ষেপ করা। **(to) go short (of)**—(কিছু বা কাহাকে) বাদ দিয়াও বা না পাইয়াও কাজ চালান। **in the short run**—কম সময়ে, স্বল্প মেয়াদে। **in short supply**—প্রয়োজনের তুলনায় সরবরাহ কম এমন, দুষ্প্রাপ্য। **(to) make short work of**—তাড়াতাড়ি করিয়া ব্যবস্থা করা, ধ্বংস করা, ফুরাইয়া ফেলা। **(to) run short (of)**—ঘাটতি ভোগ করা। **(to) sell short**—হাতে মাল নাই এমন অবস্থায় বিক্রি করা ; (আল.) প্রতারণা করা, নিন্দা করা, মর্যাদায় খাট করা। **nothing** or **little short of**—ইহা অপেক্ষা ন্যূন নহে। **(to) be taken short**—হঠাৎ উপক্রান্ত হওয়া, হতচকিত হওয়া। *n.* **shorts**—(pl.) হাফ-প্যান্ট। [OE. *sc(e)ort*—cp. OHG. *scurz*]

shot$_1$—see **shoot.**

shot$_2$ [shot, শট্] *n.* act of shooting, সবেগে ক্ষেপণ, তীর গোলাগুলি বা অন্যান্য অস্ত্রাদি ক্ষেপণ ; an explosive charge, bullet, etc., গোলাগুলি বারুদ বা ছট্রা ; a photographic exposure, (প্রধানতঃ চলচ্চিত্রে) আলোকচিত্রগ্রহণ ; a unit in film-production, চলচ্চিত্রে গৃহীত দৃশ্য-সংবলিত একখণ্ড ফিল্ম্, শট্ ; a stroke in a game, ক্রীড়াদিতে (বলে বা ঘুঁটিতে) আঘাত, শট্ ; an attempt, প্রচেষ্টা ; a marksman, যে ব্যক্তি বন্দুক তীর প্রভৃতি ছোড়ে (a good *shot*)। *n.* **shot°-gun**—শিকারের জন্য বন্দুকবিশেষ, শটগান। **a bad shot**—ভুল 'অনুমান বা আন্দাজ। **a big shot**—(বিশে. আত্মাভিমানী) নামজাদা বা প্রভাবশালী ব্যক্তি। **a shot in the dark**—নিছক অনুমান। **(to) give a shot in the arm**—ইনজেকশন দেওয়া ; (কাহাকেও বা কোন কিছুকে) সতেজ বা চাঙ্গা করিয়া তোলা। **like a shot**—তৎক্ষণাৎ ; বিনা দ্বিধায়। **(to) make a bad shot**—ভুল অনুমান বা আন্দাজ করা। **not a shot in the locker**—পকেটে পয়সা নাই এমন, (তু.) ভাঁড়ে মা ভবানী। **off like a shot**—প্রচণ্ডবেগে প্রস্থিত, বিদ্যুৎবেগে ধাইয়া। [OE. *(ge)sc(e)ot*—cp. *shoot*]

shot$_3$ [shot, শট্] *n.* reckoning, (ব্যয়াদির অংশের) হিসাব-নিকাশ ; bill at inn, etc., হোটেলাদির পাওনা (to pay one's *shot*)। [see *shot$_2$*]

should—see **shall.**

shoulder [shōl°-da(r), শৌল্°ডাা(র্)] (**1**) *n.* the part about the junction of the body with the fore-limb, স্কন্ধ, কাঁধ, অংস ; a shoulder-like part, (কিছুর) স্কন্ধতুল্য অংশ ; part of the garment covering the shoulder, জামার যে অংশ কাঁধের উপর থাকে, পুট্। (**2**) *v.t.* to thrust with the shoulder, কাঁধ দিয়া ধাক্কা দেওয়া ; to take upon the shoulder, কাঁধে লওয়া বা তোলা ; to set shoulder to shoulder, কাঁধে-কাঁধে অর্থাৎ ঘেঁষাঘেঁষি করিয়া স্থাপন করা ; to carry the burden of, (কিছুর) বোঝা বহন করা। (**3**) *v.i.* to jostle, (কাঁধে-কাঁধে) ধাক্কাধাক্কি করা। *n.* **shoul°-der-blāde**—কাঁধের হাড়, অংসফলক। **shoul°der-high**—(**1**) *a.* কাঁধ-সমান উঁচু। (**2**) *adv.* কাঁধ-সমান উঁচু হইয়া। *n.* **shoul°der-strap**—জিনিস-পত্র বাঁধিয়া বহনের জন্য স্কন্ধে-আঁটা চামড়ার ফিতা-বিশেষ। **straight from the shoulders**—(সমালোচনা, তিরস্কার প্রভৃতি সম্পর্কে) স্পষ্ট ও সরা-সরিভাবে। **(to) have broad shoulders**—গুরু বোঝা বা (আল.) গুরু দায়িত্ব বহনের শক্তিসম্পন্ন হওয়া। **(to) put one's shoulder to the wheel**—(কাদা হইতে গাড়ির চাকা তোলার মত) কঠিন কাজে সাগ্রহে কাঁধ দেওয়া। **(to) shoulder arms**—(সাম.) নিজের সম্মুখে রাইফেল খাড়াভাবে উঁচু করিয়া ধরা। **(to) stand head and shoulders above**—(অন্যের চেয়ে) অনেক উঁচুতে থাকা, অনেক বড় হওয়া। [OE. *sculdor*—cp. G. *schulter*, Du. *schouder*, Sans. *skandha*]

shout [showt, শাউট্] (**1**) *n.* a loud cry, চিৎকার ; a call, ডাক, আহ্বান। (**2**) *v.t.i.* to utter, or utter with, a shout, চিৎকার করা বা চিৎকার করিয়া বলা। **(to) shout down**—চিৎকার করিয়া নিরস্ত করা। [?]

shove [shuv, শাভ্] (**1**) *v.t.i.* to thrust, (ভিতরে) ঢোকান ; to push, ঠেলা, ধাক্কা দেওয়া। (**2**) *n.* a push, ঠেলা, ধাক্কা। **(to) shove off**—নৌকায় চড়িয়া তীরে ধাক্কা মারিয়া জলযাত্রা করা ; (একস্থানের পাট উঠাইয়া) স্থানান্তরে গমন করা। [OE. *scufan*—cp. Du. *scuiven*]

shovel [shu°vl, শা°ভ্ল্] (**1**) *n.* a spade-like tool, চওড়া কোদালজাতীয় অস্ত্র, বেলচা। (**2**) *v.t.* to move with a shovel, বেলচায় করিয়া নড়ান

সরান বা তোলা ; to gather in large quantities, প্রচুর পরিমাণে সংগ্রহ করা। *pr. pt.* **sho°velling** । *p. & p. pt.* **sho°velled** । *n.* **sho°velful**—এক বেলচায় যতটা ধরে তত পরিমাণ। *n.* **shovel-board**—(প্রধানতঃ জাহাজের ডকে) দাগকাটা বা ছককাটা সমতল জায়গায় চাক্তি বা মুদ্রা ঠেলিয়া আগাইয়া দিতে হয় এমন ক্রীড়াবিশেষ। **(to) shovel food into mouth**—এক সঙ্গে গাদা গাদা খাদ্য মুখে ঢোকান, (তু.) গোগ্রাসে গেলা। [OE. *scofl* <*scufan*=to shove]

show [shō, শৌ] (**1**) *v.t.* to present to view, to exhibit, দর্শনার্থ প্রকাশিত বা উপস্থাপিত করা, প্রদর্শন করান; to display, প্রদর্শনার্থ বিন্যস্ত করা, জাহির করা; to prove, প্রমাণ করা ; to indicate, সূচিত করা ; to usher or conduct, পথ দেখাইয়া আনা বা নেওয়া (to *show* a person in, out, over, round, etc.) । (**2**) *v.i.* to appear, আবির্ভূত হওয়া, দেখা দেওয়া; to become visible, দৃষ্টিগোচর হওয়া। *p.* **show°ed,** (rare) **shewed** [shōd, শৌড়] । *p. pt.* **shown, show°ed,** (rare) **shewn** [shōn, শৌন্], **shew°ed** । (**3**) *n.* act of showing, প্রদর্শন; display, প্রদর্শনার্থ বিন্যাস ; exhibition, প্রদর্শনী (a flower *show*) ; a sight or spectacle, দৃশ্য ; a demonstration, প্রমাণাদির জন্য প্রদর্শন; parade, জাহির ; an entertainment, চিত্তবিনোদনার্থ আমোদ-প্রমোদ (cinema-*show*) ; outward appearance, বাহিরের চেহারা ; plausibility, শোভনতা, সুদর্শনতা সত্য বা ন্যায্য বলিয়া বোধ বা উপলব্ধি ; pretence, ভান ; a sign, indication, চিহ্ন, লক্ষণ। *n.* **showboat**—(মূলতঃ আমে.) যে বাষ্পতরীতে নাটকাদি প্রদর্শিত হয়। *n.* **show°-business,** (coll.) **show°biz**—চিত্তবিনোদন বা প্রমোদাদির ব্যবসায় বা পেশা। *n.* **show°-card**—দোকানদারের বিজ্ঞাপনের কার্ড ; নমুনা-সংবলিত কার্ড। *n.* **show°-case**—দোকান জাদুঘর প্রভৃতির জিনিসপত্র (জনসাধারণকে) প্রদর্শনার্থ সাজাইয়া রাখার জন্য কাচের আলমারিবিশেষ। *n.* **show°-down**—হাতের (সমস্ত) তাস মেলিয়া দেওয়া বা প্রদর্শন; চরম পরীক্ষা ; ক্ষমতা জাহির করা বা সম্ভাব্যতা প্রকাশ করা। *n.* **show°er₂** । *n.* **show°-girl**—গীতিনাটকাদির অভিনয়ে যে অভিনেত্রীকে শোভাবর্ধনের জন্য (অভিনয়ে নৈপুণ্যের জন্য নয়) উপস্থাপিত করা হয়। *n.* **show°man**—প্রদর্শনীর (প্রধানতঃ সার্কাসের) মালিক বা খেলোয়াড় ; (প্রধানতঃ স্বীয় গুণাবলী) প্রচারের মাধ্যমে প্রদর্শন বা জাহির করিতে দক্ষ ব্যক্তি। *n.* **show°manship**—উক্ত দক্ষতা। *n.* **show°-room**—দোকান যাদুঘর প্রভৃতির জিনিসপত্র (জনসাধারণকে) প্রদর্শনার্থ সাজাইয়া রাখার ঘর। *a.* **show°y**—আকর্ষণীয়-রকম সুদর্শন ; আকর্ষণীয় অভিব্যক্তিসম্পন্ন বা চালচলনসম্পন্ন ; জাঁককারী, দম্ভী ; জমকাল। *adv.* **show°ily** । *n.* **showi°ness** । **on one's own showing**—স্বীয় স্বীকারোক্তি দাবি প্রভৃতি অনুসারে। **on show**—প্রদর্শিত হইতেছে এমন। **(to) have nothing to show for**—(সচ. স্বীয় কৃতিত্বের বা প্রচেষ্টার) নিদর্শনরূপে কিছু দেখাইবার মত সম্বল না থাকা। **(to) run the show**—কোন ব্যাপারে বা প্রতিষ্ঠানে কর্তৃত্ব করা, পরিচালনা করা। **(to) show a leg**—(কথ্য.) শয্যাত্যাগ করা, (তু.) গা তোলা। **(to) show fight**—যুদ্ধের জন্য প্রস্তুত এমন লক্ষণ দেখান। **(to) show forth**—প্রকাশ করা, ঘোষণা করা। **(to) show itself**—দৃষ্টিগোচর হওয়া। **(to) show off**—সদম্ভে দেখান ; জাহির করা। **(to) show one round**—(দর্শনীয় বস্তু প্রভৃতি) ঘুরাইয়া ঘুরাইয়া দেখান। **(to) show oneself**—(জনসমক্ষে) উপস্থিত থাকা। **(to) show one's hand** or **card**—হাতের তাস মেলিয়া দেখান ; (আল.) স্বীয় গুপ্ত অভিপ্রায় ও পরিকল্পনা প্রকাশ করা। **(to) show one's face**—দেখা দেওয়া। **(to) show one's teeth**—ভীতিপ্রদর্শন করা। **(to) show the door**—বহিষ্কার করা, তাড়াইয়া দেওয়া। **(to) show up**—প্রকাশিত বা দৃষ্টিগোচর করা; সুবিধাজনক বা অসুবিধাজনক হইয়া দেখা দেওয়া অথবা আবির্ভূত হওয়া ; বৈষম্যপ্রদর্শনপূর্বক স্পষ্টভাবে দেখান; উপস্থিত হওয়া। *n.* **showing**—প্রদর্শন, প্রদর্শনপদ্ধতি, যুক্তি বা স্বীকারোক্তি (on his own *showing*) । **(to) steal the show**—সমগ্র মনোযোগ আকর্ষণ করা, পুরাপুরি মন দখল করা, মন কাড়া। **(to) show the way**—পথ প্রদর্শন করা। [OE. *sceawian*=to look —cp. Du. *schouwen*]

shower₁ [show°-a(r), শাউ°আ্যা(র্)] (**1**) *n.* a brief fall of rain etc., (বৃষ্টি শিলা প্রভৃতির) অল্পকালব্যাপী বর্ষণ, একপশলা বর্ষণ ; a fall or flight of many things together, (তীর আঘাত প্রভৃতির) একত্র বহুসংখ্যায় পতন বা ধাবন (a *shower* of arrows, blows, etc.) । (**2**) *v.t.i.* to drop in a shower, বর্ষণ করা বা বর্ষিত হওয়া; to sprinkle, (জল প্রভৃতি) সেচন করা বা সিঞ্চিত হওয়া। *n.* **show°er(-bath)**—উপর হইতে সিঞ্চিত জলে স্নান, ধারাস্নান ; ধারাস্নানের যন্ত্র। *a.* **show°ery**—ধারাবর্ষণপূর্ণ ; বর্ষণপূর্ণ ; থামিয়া থামিয়া এক-এক পশলা বৃষ্টি হইতেছে এমন। [OE. *scur*—cp. G. *schauer*]

shower₂, showman, shown, showy—see **show.**

shrank—see **shrink.**

shrapnel [shrap°nl, শ্র্যাপ্°ন্ল্] *n* a kind of shell with a bursting-charge, একপ্রকার বিস্ফোরক বোমা বা গোলা ; any fragment of it when burst, উক্ত বিদীর্ণ বোমার টুকরা ; (loos.) pieces from any shell, (শিথি.) বোমার বা গোলার টুকরা। [name of its inventor]

shred [shred, শ্রেড্] (**1**) *n.* a scrap, fragment, ছিন্নাংশ, টুকরা ; a pairing or ragged strip, লম্বা ফেঁসো (a *shred* of tobacco) । (**2**) *v.t.* to cut (off), কাটা বা কাটিয়া ফেলা ; to cut or tear into shreds, কাটিয়া বা ছিঁড়িয়া ফেঁসো বাহির করা। *pr. pt.* **shre°dding** । *p. & p. pt.*

shred, shre°ddėd । **(to) tear to shreds**—ছিন্নভিন্ন করা, বিনষ্ট করা। [OE. *screade*—cp. G. *schrot*]

shrew [shroo͞, শ্রূ] *n.* a small mouse-like animal, মূষিকজাতীয় ক্ষুদ্র পতঙ্গভুক্ প্রাণিবিশেষ ; a brawling troublesome woman, জ্বালাতন-কারিণী ঝগড়াটে স্ত্রীলোক। *a.* **shrew°ish**—উক্ত স্ত্রীলোকসুলভ ; বদমেজাজী, কুস্বভাব। [OE. *screawa*]

shrewd [shroo͞d, শ্রুড্] *a.* severe, (শীতাতপ-সম্বন্ধে) কঠোর ; near the truth, (অনুমানাদি) প্রায় সত্য বা যথার্থ (a *shrewd* guess) ; keen, তীক্ষ্ণ (a *shrewd* observer) ; sagacious, বিচক্ষণ। *adv.* **shrewd°ly** । *n.* **shrewd°nėss** । **a shrewd turn**—ক্ষতি। [see *shrew*]

shriek [shrēk, শ্রীক্] (**1**) *v.i.t.* to utter, to utter with a shrill outcry, তীক্ষ্ণ চিৎকার করা বা তীক্ষ্ণ চিৎকার করিয়া বলা। *p.* & *p. pt.* **shrie°-kėd** । (2) *n.* a shrill outcry, তীক্ষ্ণ চিৎকার। [cp. *screech*]

shrievalty [shrē°-v(a)lti, শ্রী°ভ্‌ল্‌টি] *n.* sheriffship, শেরিফের পদ কার্যকাল বা এলাকা। [obs. *shrieve*=sheriff]

shrift [shrift, শ্রিফ্‌ট্] *n.* absolution, পাপাদি-হইতে মুক্তিদান, পাপমোচন ; confession, (খ্রিষ্টীয় শাস্ত্রানুযায়ী) আত্মদোষ-স্বীকার ; time for confession before execution, ফাঁসির পূর্বে আত্ম-দোষস্বীকারার্থ নির্ধারিত কাল। **(to) get** or **give short shrift**—অবিলম্বে কঠোর শাস্তি পাওয়া বা দেওয়া (অর্থাৎ শাস্তির হুকুম ও প্রয়োগের মধ্যে খুব সামান্য ব্যবধানে শাস্তি কার্যকর করা) ; (আল.) কাটখোট্টা-রকমের সংক্ষিপ্ত আচরণ পাওয়া বা করা। [OE. *scrift*<*scrifan*=to shrive]

shrike [shrīk, শ্রাইক্] *n.* kinds of bird also called 'butcher-bird', চিলজাতীয় ইউরোপীয় পক্ষিবিশেষ। [OE. *sric* ?]

shrill [shril, শ্রিল্] *a.* high-pitched and piercing, (ধ্বনি-সম্বন্ধে) উচ্চ ও তীক্ষ্ণ (a *shrill* voice) । *n.* **shrill°nėss** । *adv.* **shri°lly** । [?]

shrimp [shrimp, শ্রিম্প্] *n.* a dwarfish person, বেঁটে লোক ; an edible crustacean, বাগদা চিংড়ি বা শলা চিংড়ি (গলদা বা কুচো চিংড়ি নহে)। [?]

shrine [shrīn, শ্রাইন্] *n.* a casket for relics, মৃতের দেহাবশেষ বা ব্যবহৃত জিনিসপত্র স্মৃতিচিহ্নরূপে রাখার জন্য বাক্স ; a sacred or revered place, পবিত্র স্থান তীর্থ মন্দির প্রভৃতি। [OE. *scrin*<L. *scrinium*=a case for papers]

shrink [shringk, শ্রিংক্] (**1**) *v.i.t.* to contract, সঙ্কুচিত হওয়া বা করা ; to withdraw, অপসৃত হওয়া বা করা। *p.* **shrank** । *p. pt.* **shrunk** [shrungk, শ্রাংক্] । *n.* **shrin°kåge**—সঙ্কোচন ; সঙ্কোচনের পরিমাণ। *adv.* **shrin°kingly** । *a.* **shrunk, shrun°ken**—সঙ্কুচিত, হ্রস্বীভূত। **(to) shrink back** or **from**—(বিরক্তি লজ্জা ভয় প্রভৃতির দরুন) পশ্চাৎপদ হওয়া বা কোন কার্য সম্পাদন করিতে অনিচ্ছা প্রকাশ করা। [OE. *scrincan*]

shrive [shrīv, শ্রাইভ্] *v.t.* to hear a confession and give absolution to, পাপীর আত্মদোষ-স্বীকার শ্রবণপূর্বক (তাহার) পাপস্খালন করা ; to confess, (আত্মদোষাদি) স্বীকার করা। *p.* **shrī°ved, shrōve** । *p. pt.* **shrī°ved, shri°ven** । *n.* **shrōve°(tīde)**—Ash-Wednesday-র পূর্ববর্তী দিবসত্রয়। **Shrove Tuesday**—Ash-Wednesday-র পূর্বদিন। [OE. *scrifan*=to write, prescribe penance<L. *scribere*]

shrivel [shri°vl, শ্রি°ভ্‌ল্] *v.t.i.* to contract into wrinkles, কুঞ্চিত হওয়া বা করা ; to wither, শুষ্ক বা বিবর্ণ হওয়া বা করান। *pr. pt.* **shri°velling** । *p.* & *p. pt.* **shri°velled** । [cp. Sw. *skryvla*]

shriven—**shrive.**

shroff [shrof, শ্রফ্] *n.* a banker. money-changer, or money-lender, মহাজন, পোদ্দার, তেজারতি-কারবারী ; an expert in the detection of bad coin, জাল বা অচল মুদ্রানিরূপণে দক্ষ ব্যক্তি। [Ar. *carraf*]

shroud [shrowd, শ্রাউড্] (**1**) *n.* a winding-sheet, শবাচ্ছাদন-বস্ত্র ; a covering screen or shade, আবরণ, পরদা, ছায়া (a *shroud* of mist, wrapped in a *shroud* of mystery) ; (in *pl.*) a set of ropes attached to the masthead to support, মাস্তুলকে খাড়া রাখার জন্য উহার মাথায়-বাঁধা রজ্জুগুচ্ছ। (2) *v.t.* to enclose in a shroud, শবাচ্ছাদনবস্ত্রে আবৃত করা ; to cover, আবৃত করা ; to hide, লুকাইয়া রাখা। [OE. *scrud*=a garment]

shrove—see **shrive.**

shrub [shrub, শ্রাব্] *n.* a low woody plant, a bush, গুল্ম, ঝোপ। *n.* **shru°bbery**—গুল্মকুঞ্জ ; গুল্মাচ্ছাদিত ভূমি। *a.* **shru°bby**—গুল্মময়। [OE. *scrybb*]

shrug [shrug, শ্রাগ্] (**1**) *v.t.i.* to draw up (the shoulders) slightly and momentarily (to show indifference etc.), (ঔদাসীন্যাদি প্রদর্শনার্থ স্বীয় স্কন্ধ) ক্ষণকালের জন্য ঝাঁকাইয়া ঈষৎ উঁচু করা। *pr. pt.* **shru°gging** । *p.* & *p. pt.* **shru°gged** । (2) *n.* a shrugging motion, উক্ত ঝাঁকানি। [?]

shrunk, shrunken—see **shrink.**

shuck [shuk, শাক্] (**1**) *n.* husk or pod, খোসা, দানা, শুঁটি, (পরি.) শিম্ব, (*pl.*) **shucks** ! (আমে.) হতাশা বা ক্রোধসূচক ধ্বনি। (2) *v.t.* to remove the husk from, খোসা ছাড়ান। [?]

shudder [shu°da(r), শাড্যা(র্)] (**1**) *v.i.* to shiver, (ভয়ে বা শীতে) কম্পিত হওয়া। (2) *n.* a spasm of shuddering, কাঁপুনি। **(to) give (one) the shudders**—(কাহাকেও) আতঙ্কিত করা। [cp. G. *schaudern*]

shuffle [shuf°l, শাফ্‌°ল্] (**1**) *v.t.i.* to mix at random, (তাস প্রভৃতি) এলোমেলোভাবে বা তালগোল

পাকাইয়া মিশাইয়া দেওয়া; to shift (persons) into each other's place, (লোকদের) পরস্পর স্থানপরিবর্তন বা বদলী করান; to move with scraping or dragging or difficult motion, ঘষিয়া ঘষিয়া বা টানিয়া টানিয়া বা কষ্ট করিয়া (পা) চালান বা চলা (to *shuffle* along, to *shuffle* one's feet); to evade, এড়াইয়া চলা। (2) *n.* shuffling, তালগোল পাকাইয়া মিশ্রণ; general change of relative positions, অদলবদল বা বদলীকরণ (a cabinet *shuffle*); a shuffling gait or dance, পা ঘষিয়া ঘষিয়া চলন বা নৃত্য; an evasion, পরিহার। *n.* **shuff°ler** I **(to) shuffle off**—ঠেলিয়া সরাইয়া দেওয়া; সরাইয়া রাখা, মুলতবি রাখা। [LG. *schuffeln* ?]

shun [shun, শান্] *v.t.* to avoid, পরিহার করা, এড়াইয়া চলা (to *shun* bad company, publicity, etc.)। *pr. pt.* **shu°nning** I *p.* & *p. pt.* **shu°nned** I [OE. *scunian* ?]

shunt [shunt, শান্ট্] *v.t.i.* to move aside or to another track, একপাশে বা ভিন্নপথে (বিশেষতঃ পার্শ্ববর্তী পথে) সরাইয়া নেওয়া বা সরিয়া যাওয়া; (fig.) to postpone or evade the discussion of (a subject), (বিষয়াদির) আলোচনা স্থগিত রাখা বা পরিহার করা। *n.* **shun°ter** I *n.* **shunt°(ing)**—একপাশে বা ভিন্ন পথে অপসারণ অথবা অপসরণ। [<*shun* ?]

shut [shut, শাট্] (1) *v.t.* to move (door, window, lid, etc.) to close an aperture, (জানালা দরজা ঢাকনা প্রভৃতি) বন্ধ করা; to bar, বন্ধ করা, হুড়কা দেওয়া; to stop the opening of, (কিছুর) মুখ বা ফাঁক বন্ধ করা; to forbid entrance into, (কাহারও) প্রবেশে বাধা দেওয়া, প্রবেশ রোধ করা; to confine, আবদ্ধ করিয়া বা আটক করিয়া রাখা। (2) *v.i.* to become closed, রুদ্ধ বা বন্ধ হওয়া; to admit of closing, রুদ্ধ হইতে পারা (the lid *shuts* well)। *pr. pt.* **shu°tting** I *p.* & *p. pt.* **shut** I (3) *a.* made fast, রুদ্ধ; closed, বন্ধ। *n.* **shu°tter**—যে বন্ধ করে বা রোধ করে; যদ্দারা বন্ধ করা বা রোধ করা হয়; জানালার খড়খড়ি, ক্যামেরার ঢাকনি প্রভৃতি। **(to) put up the shutters**—দিনের শেষে দোকান বন্ধ করা; ব্যবসায় গুটাইয়া ফেলা, দোকান তুলিয়া দেওয়া। **(to) shut down**—কাজ বন্ধ করা। **(to) shut in**—অবরুদ্ধ বা পরিবেষ্টিত করা; (সন্ধ্যা-সম্বন্ধে) নামিয়া বা ঘনাইয়া আসা। **(to) shut off**—বাদ দেওয়া; বাহিরে রাখা; নিভাইয়া দেওয়া, সুইচ্ অফ্ করিয়া দেওয়া। **(to) shut out**—দৃষ্টিপথ হইতে সরাইয়া রাখা, দৃষ্টির বাহিরে রাখা; বাহিরে রাখা, ঢুকিতে না দেওয়া (to *shut out* a person for the night; to *shut out* foreign goods, immigrants, etc.)। **(to) shut up**—সম্পূর্ণ ঘিরিয়া ফেলা; অবরুদ্ধ বা আবদ্ধ করিয়া রাখা; (কথ্য.) কথা বলা বন্ধ করা; নীরব করান, চুপ করান। [OE. *scyttan*=to bar]

shutter—see **shut.**

shuttle [shut°l, শাট্‌ল্] (1) *n.* a weaving instrument, কাপড় বোনার মাকু। (2) *v.t.* to cause to move to and fro like a shuttle, মাকুর ন্যায় ক্রমাগত সামনে-পিছনে চালান। *n.* **shutt°le(cock)**—ব্যাড্‌মিন্‌টন্ প্রভৃতি খেলায় ব্যবহৃত পালকের বল বা ফুল। **shuttle service**—(ট্রেন বাস প্রভৃতির) স্বল্প ব্যবধানবিশিষ্ট স্থানসমূহের মধ্যে নিয়মিতভাবে চলাচল। [OE. *scytel*=to dart—cp. *shut*]

shy₁ [shī, শাই] *a.* shrinking from notice or approach, লক্ষ্যে বা সান্নিধ্যে আসিতে সঙ্কুচিত হয় এমন, দৃষ্টি বা সান্নিধ্য এড়াইয়া চলে এমন; bashful, লাজুক; timid, ভীরু; chary, সহজে দিতে বা করিতে নারাজ (*shy* of praising); disposed to avoidance, এড়াইয়া চলার স্বভাববিশিষ্ট; reluctant, অনিচ্ছুক। *n.* **shy°er**—যে ঘোড়া অল্পেই চমকাইয়া ওঠে (also **shy°ing-horse**)। *adv.* **shy°ly** I *n.* **shy°ness** I **shy of**—(কোন বিষয়ে) সতর্ক বা দ্বিধাগ্রস্ত। **(to) fight shy of**—অবিশ্বাসের দরুন কাছে না ঘেঁষা। [GE. *sceoh*]

shy₂ [shī, শাই] (1) *v.t.* to throw, নিক্ষেপ করা (they are *shying* stones)। (2) *n.* act of throwing, নিক্ষেপ, ক্ষেপণ; an attempt, প্রচেষ্টা (to have a *shy* at an examination)। [?]

Shylock [shī°-lok, শাই°লক্] *n.* a cruel money-lender, নিষ্ঠুর কুসীদজীবী। [a character in Shakespeare's *Merchant of Venice*]

Siamese [sī-a-mēz°, সাইঅ্যামীজ্°] (1) *a.* of Siam, শ্যামদেশীয়। (2) *n.* a native or the language of Siam, শ্যামের লোক বা ভাষা। **Siamese twins**—একত্র জোড়া যমজ শিশুদ্বয়; অচ্ছেদ্য বন্ধুযুগল।

sib [sib, সিব্] *a.* (arch.) related, (আর্ষ.) জ্ঞাতিত্ববন্ধনে আবদ্ধ। *n.* **sib°ling**—জ্ঞাতি। [OE. *sib(b)*—cp. M. Du. *sib(be)*]

Siberian [sī-bēr°-i-an, সাইবিয়্যার্°ইঅ্যান্] (1) *a.* of Siberia, সাইবেরিয়ার। (2) *n.* a native of Siberia, সাইবেরিয়ার অধিবাসী।

sibilate [si°-bi-lāt, সি°বিলেইট্] *v.t.i.* to hiss, হিস্‌হিস্ ধ্বনি করা বা উক্ত ধ্বনি করিয়া বলা। *p.* & *p. pt.* **si°bilāted** I **si°bilant**—(1) *a.* হিস্‌হিস্-শব্দকর; হিস্‌হিস্‌ধ্বনিপূর্ণ। (2) *n.* হিস্‌ধ্বনিযুক্ত ব্যঞ্জনবর্ণ (যেমন, s ও z)। *n.* **sibilā°tion** I [L. *sibilare*]

Sibyl [si°-bil, সি°বিল্] *n.* a mythological prophetess; পৌরাণিক ভবিষ্যদ্বক্ত্রী। *n.* **si°byl**—ভবিষ্যদ্বক্ত্রী, ডাইনী বুড়ী। *a.* **Siby°lline**—উক্ত পৌরাণিক ভবিষ্যদ্বক্ত্রী-সংক্রান্ত। *a.* **siby°lline**—ভবিষ্যদ্বক্ত্রী ডাকিনী প্রভৃতি সংক্রান্ত। [Gk. *Sibylla*]

sic [sik, সিক্] *adv.* such, এইরূপ (এই শব্দটি উদ্ধৃতির পাশে বন্ধনীর মধ্যে বসাইয়া বোঝান হয় যে উদ্ধৃতিটি মূলের অবিকল অনুরূপ)। [L.]

siccative [si°-ka-tiv, সি°ক্যাটিভ্] (1) *a.* drying, শুষ্কীকর। (2) *n.* drying agent, শুষ্কীকর পদার্থ। [L. *siccus*=dry]

sice [sīs, সাইস্] *n.* the six on dice, পাশার ছয়-বিন্দু-সমন্বিত দিক্ বা ধার বা ছক্কা। [L. *sex*=six]

Sicilian [si-si°-lian, সিসি°লিয়ান্] (**I**) *a.* of Sicily, সিসিলিদেশীয়। (**2**) *n.* a native of Sicily, সিসিলির লোক।

sick [sik, সিক্] *a.* unwell, ill, অসুস্থ, পীড়িত; inclined to vomit, বমনেচ্ছু; thoroughly wearied, সম্পূর্ণ ক্লান্ত, পরিশ্রান্ত; out of condition, অবস্থা বা হাল খারাপ হইয়াছে এমন। **the sick**—পীড়িত ব্যক্তিগণ। *n.* **sick°-bay**—জাহাজের ডেকের যে অংশ হাসপাতাল হিসাবে ব্যবহৃত হয়। *n.* **sick°-bed**—রোগীর শয্যা, রোগশয্যা। *n.* **sick°-benefit**—অসুস্থতার দরুন কাজে যোগ না দিতে পারিলে কর্মীকে ভাতা-রূপে যে টাকা দেওয়া হয়। *n.* **sick°-headache**—পিত্তাধিক্যের জন্য মাথা ধরা। *n.* **sick°-leave**—পীড়িত হইবার ফলে (চাকরি হইতে) ছুটি। *n.* **sick°-list**—পীড়িতদের (বিশেষতঃ পীড়িত কর্মচারী বা সৈনিকদের) তালিকা। *a.* **sick°-ly**—সহজে পীড়িত হয় এমন; ক্ষীণ, দুর্বল; রোগাটে; অবসাদগ্রস্ত; ফেঁকাসে, পাণ্ডুর। *n.* **sick°liness**। *n.* **sick°ness**—অসুস্থতা, পীড়া; ব্যাধি। *n.* **sick°-nurse**—রোগীদের শুশ্রূষাকারিণী। *n.* **sick°room**—রোগীর বাসের জন্য কক্ষ। **sick about** or **at**—(কোন ব্যাপার বা ব্যক্তি সম্বন্ধে) অসুখী বা অনুতপ্ত। **sick (and tired) of, sick to death of**—(কিছু বা কাহারও প্রতি) যৎপরোনাস্তি বিরক্ত। **sick for**—(কিছু বা কাহারও জন্য) কামনাপীড়িত, (কিছু বা কাহাকেও) পাইবার জন্য অস্থির; **the Sick Man of Europe**—অটোম্যান্ তুর্কী সাম্রাজ্য বা সুলতান। **(to) be sick**—বমি করা। **(to) fall sick**—অসুস্থ হওয়া। **(to) feel sick**—বমনেচ্ছু হওয়া। **(to) go** or **report sick**—(প্রধানতঃ সাম.) অসুস্থ হইয়া চিকিৎসার জন্য নির্দিষ্ট চিকিৎসকের কাছে যাওয়া। [OF. *seoc*—cp. G, *siech*)

sicken [sik°en, সিক্°এন্] *v.i.t.* begin to be sick, অসুস্থতার উপক্রম হওয়া; to make or become sick, পীড়িত করান বা হওয়া; to feel nausea or disgust, বমনেচ্ছা বা বিরক্তি বোধ করা; to affect with loathing, জুগুপ্সার উদ্রেক হওয়া (a *sickening* sight); to affect with weariness, ক্লান্তি অনুভব করান (was *sickened* of)। *adv.* **sick°eningly**। [see *sick*]

sickle [sik°l, সিক্°ল্] *n.* a reaping-hook, কাস্তে। [OE. *sicol*<? L. *secula*<*secare*=to cut]

sickly, sickness, sickroom—see **sick.**

side [sīd, সাইড্] (**I**) *n.* a line or surface forming part of a boundary, সীমারেখা বা প্রান্তিক পার্শ্ব; the part near it, উক্ত রেখার বা পার্শ্বের নিকটবর্তী অঞ্চল; a part turned in some direction, পার্শ্বদিক বা কোন দিগ্‌বর্তী অংশ; the part of the body between armpit and hip, দেহপার্শ্ব; either of the extended surfaces of a sheet, পৃষ্ঠ; a page, পৃষ্ঠা (to write on one *side* of the paper); the father's or mother's part of a genealogy, পিতৃকুল বা মাতৃকুল (a relation on one's father's or mother's *side*); a department or division, বিভাগ; an aspect, (কিছুর ভাল বা মন্দ) দিক্, অংশ (bright or dark *side* of life); a region, অঞ্চল, প্রদেশ; a border, প্রান্ত, কিনারা; the slope of a hill, পাহাড়ের উতরাই বা ঢল, পর্বতপার্শ্ব; (geom.) an arm of an angle, triangle, etc. (জ্যামি.) বাহু, ভুজ; a party, or team, দল, পক্ষ। (2) *v.i.* to take sides, পক্ষাবলম্বন করা (to *side* with)। *n. pl.* **sīde°-arms**—যে-সকল অস্ত্র সৈনিকরা নিজ নিজ দেহের বামপার্শ্বে ঝুলাইয়া বহন করে (যেমন, তরবারি বা বেয়নেট্)। *n.* **sīde°board**—(আর্ষ.) টুকিটাকি জিনিসপত্র রাখার জন্য (বড় টেবিলের পার্শ্বে রক্ষিত) ক্ষুদ্র টেবিলবিশেষ; থালা বাসনাদি রাখার জন্য খাবার ঘরের ক্ষুদ্র আলমারি বা দেরাজ ও তাকওয়ালা টেবিল। *n.* **sīde°burns**—(ঠোঁটের প্রান্তস্থ) ছোটখাট গোঁফ, ছোট করিয়া ছাঁটা জুলফি। *n.* **sīde°car**—প্রমোদযান; মোটর সাইকেলের পার্শ্বসংলগ্ন যাত্রীর আসনবিশেষ। *n.* **sīde°-chapel**—গির্জার পার্শ্বে বা স্তম্ভ-পরিবেষ্টিত স্থানে ছোট ভজনালয়। *a.* **sī°ded**—পার্শ্বযুক্ত, ভুজযুক্ত (a three-*sided* figure)। *n.* **sīde°-dish**—নৈশ-ভোজে অতিরিক্ত খাদ্যসামগ্রী যাহা মূল খাদ্যের সঙ্গে দেওয়া হয়। *n.* **sīde-door**—অট্টালিকাদির পার্শ্ব-দ্বার বা সদর দরজার পার্শ্ববর্তী ক্ষুদ্রতর দরজা। *n.* **side°-drum**—রণবাজনায় ঢাকীর পার্শ্বে ঝোলান ছোট দুই মাথাওয়ালা ঢাক। **side effect**—(ভেষজাদির) ক্ষতিকর পরোক্ষ প্রতিক্রিয়া। *n.* **side°face**—পার্শ্ব হইতে দেখা বা আঁকা মনুষ্যমুখ। *n.* **sīde°-glance**—তির্যক দৃষ্টি, বাঁকা চাহনি, কটাক্ষ; প্রসঙ্গ-ক্রমে উল্লেখ। *n.* **sīde°-issue**—মূল বিষয়ের বা প্রসঙ্গের অধীন বিষয় অথবা বস্তু, গৌণ বিষয় বা বস্তু। *n.* **sīde°light**—একপাশ হইতে আগত বা বিচ্ছুরিত আলো; প্রাসঙ্গিক নজির বা তথ্য। *n.* **side°-line**—(কথ্য.) প্রধান পণ্যের সঙ্গে যে আনুষঙ্গিক পণ্য বিক্রয় করা হয়। *n.* **sīde-lines**—ফুটবল মাঠে বা টেনিস-কোর্টে খেলার জায়গা ঘিরিয়া যে লাইন থাকে তাহার ঠিক বাহিরে পার্শ্বস্থ জায়গা। **sīde°long**—(**I**) *a.* তির্যক; ঢালু; পার্শ্বাভিমুখ। (2) *adv.* তির্যকভাবে; ঢালুভাবে; পার্শ্বাভিমুখে। *n.* **sīde°-saddle**—একই দিকে দুই পা ঝুলাইয়া উপবেশনার্থ অশ্বাদির জিন্‌বিশেষ। *n.* **sīde°-show**—মূল অভিনয়াদি ছাড়াও অতিরিক্ত অভিনয় ক্রীড়াপ্রদর্শন প্রভৃতি; আনুষঙ্গিক বা অতিরিক্ত ক্রিয়াকলাপ। **sīde°-slip**—(**I**) *n.* জারজ সন্তান; রঙ্গ-মঞ্চের পার্শ্বে যে জায়গা হইতে পটপরিবর্তন করা হয়; বৃক্ষের পাশ হইতে নেওয়া চারা বা অঙ্কুর; মোটর বা সাইকেলের পাশে পিছলানো। (2) *v.i.* ঐভাবে পিছলাইয়া যাওয়া। **sīde-steps**—(**I**) *n.* পার্শ্বে পদ-ক্ষেপ (বিশেষতঃ গাড়িতে ঢোকা বা বাহির হওয়ার জন্য)। (2) *v.i.* এড়াইবার জন্য পাশে সরিয়া যাওয়া (বিশেষতঃ ফুটবল খেলায়)। *n.* **sīde°-strōke**—কাত হইয়া সন্তরণ। *n.* **sīde°-tāble**—ক্ষুদ্র টেবিল

বা টিপয় (ইহা প্রধানতঃ বড় টেবিল দেওয়াল বা শয্যার পাশে রাখা হয়)। side°track—(1) n. প্রধান পথের পার্শ্ববর্তী ক্ষুদ্রতর পথ, উপপথ। (2) v.t. ভিন্ন পথে নেওয়া; সরাইয়া নেওয়া বা রাখা; (আলোচনা বা বিচার) মুলতবি রাখা। p. & p. pt. side°-tracked। n. side°-view—পার্শ্বদিকে বা এক পাশ হইতে দৃষ্টিপাত। n. side°walk—পথচারীদের চলাচলের জন্য রাস্তার পার্শ্বস্থ পথ, ফুটপাথ। side°way(s) —(1) a. পার্শ্বাভিমুখ। (2) adv. পার্শ্বাভিমুখে। n. pl. side°-whiskers—ঝুলপি। si°ding—(1) n. (প্রধানতঃ রেলগাড়ির জন্য) মূল পথের বা লাইনের পার্শ্ববর্তী ক্ষুদ্রতর পথ অথবা লাইন; পক্ষাবলম্বন। (2) a. পক্ষাবলম্বী। n. sides°man—গির্জার উপপ্রধান। (to) choose sides—খেলার টীম্ গঠন করা। (to) let the side down—নিজ অযোগ্যতা বা অবাঞ্ছনীয় কাজের দরুন দলের অপর সকলকে নিরাশ করা বা দলের পতন ঘটান। right side—সামনের বা বাহিরের পিঠ, সোজা বা ঠিক পিঠ। wrong side—ভিতরের পিঠ, উল্টা পিঠ। right or wrong side of (forty)—চল্লিশ বৎসরের কম বা বেশী। side by side—পাশাপাশি ঘনসন্নিবিষ্ট হইয়া। (to) split one's sides—মাত্রাধিকভাবে হাসা, হাসিতে ফাটিয়া পড়া। (to) take sides—পক্ষাবলম্বন করা। [AS.—cp. Du. *zijde*. G. *seite*]

sidereal [sī-dēr°-i-al, সাইডিআ্যা(র্)°ইঅ্যাল্] a. নক্ষত্র-সংক্রান্ত বা নক্ষত্রতুল্য, নাক্ষত্র। **sidereal day, time, year**—(জ্যোতি.) তিথির হিসাবে গণিত দিন বা সময় বা বৎসর, নাক্ষত্র দিন বা সময় বা বৎসর। [L. *sidereus* < *sideris* = a constellation]

siding—see **side**.

sidle [sīd°-l, সাইড্°ল্] v.i. to go side-long, একপেশে হইয়া গমন করা; to walk timidly or cringingly, সভয়ে ভিক্ষুকের মত অগ্রসর হওয়া। [back form. from obs. *sideling* = sidelong ?]

siege [sēj, সীজ্] n. operations of encamped force to occupy a fortified place, সৈন্যবাহিনী কর্তৃক দুর্গ নগর প্রভৃতি আক্রমণ। **(to) lay siege to**—অবরোধ করা। **(to) raise a siege**—নগরাদির অবরোধ তুলিয়া লওয়া। n. **siege°-arti°llery**—অবরোধের জন্য গোলন্দাজ বাহিনী। n. **siege°-gun**—অবরোধের জন্য ব্যবহৃত ভারী কামান (সাধারণ যুদ্ধের জন্য অনুপযোগী)। [OF. *sege* = a seat < L. *sedes*]

sienna [si°ena, সি°এন্যা] n. ochrous earth used as pigment, রঞ্জক দ্রব্যরূপে ব্যবহার্য গৈরিক মাটি।

sierra [sēr°-a, সিয়্যার্°অ্যা] n. a mountain range, শৈলশ্রেণী। [Sp. < L. *serra* = a saw]

siesta [si-es°-ta, সিএস্°ট্যা] n. a midday nap, মধ্যাহ্নকালীন নিদ্রা। [Sp. < L. *sexta* (*hora*) = sixth (hour)]

sieve [siv, সিভ্] (1) n. a vessel for sifting, ঝাঁঝরি, চালনি। (2) v.t. to sift, চালনি দিয়া চালা। **(to) have a head like a sieve**—স্মরণশক্তি দুর্বল হওয়া, কিছু মনে রাখিতে না পারা। [OE. *sife*—cp. G. *sieb*]

sift [sift, সিফ্‌ট্] v.t.i. to separate with, or sprinkle from a sieve, চালনি দিয়া চালা অথবা ঝাঁঝরি-দ্বারা ছাঁকা বা ছিটান; to examine and analyze very closely. অতি সূক্ষ্মভাবে পরীক্ষা ও বিশ্লেষণ করা (to *sift* the evidence)। [OE. *siftan* < *sife* = a sieve]

sigh [sī, সাই] (1) v.i. to draw a deep audible breath as in yearning, dejection, relief, etc., দীর্ঘশ্বাস ফেলা। (2) v.t. to utter or express with a sigh, দীর্ঘশ্বাস ফেলিয়া বলা বা প্রকাশ করা। (3) n. act or sound of sighing, দীর্ঘশ্বাস (a *sigh* of relief)। [< ME. *sihen* < OE. *sican* ?]

sight [sīt, সাইট্] (1) n. act or faculty of seeing, দর্শন বা দৃষ্টিশক্তি; visual range, দৃষ্টির পাল্লা বা নাগাল, দৃষ্টিক্ষেত্র; that which is seen, দৃষ্ট বস্তু; a spectacle, দৃশ্য; an interesting object, আকর্ষণীয় বস্তু; a guide to the eye on a gun or optical or other instrument, বন্দুকের বা অন্যান্য যন্ত্রের দৃষ্টিসহায়ক কলবিশেষ। (2) v.t. to catch sight of, দেখিতে পাওয়া; to adjust the sights of, যন্ত্রাদির দৃষ্টিসহায়ক কল যথাবিন্যস্ত করা। a **sight°less**—দৃষ্টিহীন, অন্ধ। a. **sight°ly**—নয়নরঞ্জন, নয়নাভিরাম; সুন্দর। n. **sight°liness** । n. **sight°-seeing**—দর্শনীয় স্থানাদিদর্শন। n. **sight°-seer**—দর্শনীয় স্থানাদি দর্শনকারী। **a sight for sore eyes**—নয়নাভিরাম ব্যক্তি বা বস্তু। **at first sight**—প্রথম দর্শনেই (অর্থাৎ বিচারবিবেচনা না করিয়াই)। **at** or **on sight**—পূর্বে না দেখিয়া বা বিচার না করিয়া; দেখামাত্র। **at (the) sight of**—দেখিতে পাইয়া, দৃষ্টিগোচর করিয়া। **in** or **within sight**—দৃষ্টিগোচর। **in** or **within sight of**—(কিছু বা কাহাকে) দেখিতে পাইতেছে এমন, দর্শনক্ষম। **long sight**—দূরবদ্ধ দৃষ্টি। **not by a long sight**—কাছাকাছিও নয়। **out of sight**—দৃষ্টিবহির্ভূত; অদৃশ্য। **out of sight of**—দর্শনে অক্ষম। n. **se°cond-sight**—দিব্যদৃষ্টি। **short sight**—অদূরবদ্ধদৃষ্টি। **(to) catch** or **get** or **have (a) sight of**—ক্ষণিক দর্শন পাওয়া; এক নজর দেখিতে পাওয়া; দেখিতে আরম্ভ করা। **(to) know one by sight**—চেহারা দেখিয়াই (কাহারও অন্তরের অভিপ্রায়, গুণবত্তা, প্রভৃতি) ঠাওর পাওয়া বা চিনিতে পারা। **(to) see the sights**—দর্শনীয় স্থানাদি পরিদর্শন করা। **(to) lose sight of**—(আর) দেখিতে না পাওয়া; (কাহারও সহিত) সংযোগ হারান। a. **sight°worthy**—দেখিবার মত, দর্শনীয়। [OE. *sihth*, *gesiht* = cp. G. *sicht*]

sign [sīn, সাইন্] (1) n. a meaningful gesture or mark, ইশারা, সঙ্কেতচিহ্ন; a symbol, প্রতীক; a token, স্মারকচিহ্ন বা নিদর্শন; a portent, পূর্বলক্ষণ; an ensign, (প্রধানতঃ সৈন্যবাহিনীর) পতাকা; (math.) a mark of positive or negative value, (গণি.) যোগচিহ্ন বা বিয়োগচিহ্ন, ধনচিহ্ন বা ঋণচিহ্ন ; a device marking an inn, সরাইখানার পরিচয়-সূচক চিহ্ন (at the *sign* of the White Hart) ; a signboard, সাইনবোর্ড ; an indication, লক্ষণ ; a symptom of disease, রোগের বাহ্যলক্ষণ ; a trace, চিহ্ন ; (astrol.) a twelfth part of the zodiac, (জ্যোতিষ.) রাশিচক্রের মেষাদি দ্বাদশ কক্ষের যে-কোনটি, রাশি বা ক্ষেত্র। (2) *v.t.i.* to indicate, communicate, or mark with a sign, ইশারা সঙ্কেত অথবা চিহ্নের দ্বারা দেখান বা জানান, চিহ্নিত করা, ইশারা করা বা সঙ্কেত করা (to *sign* a person or to a person to stop) ; to affix a signature (to), দস্তখত করা। *n.* **sign°board**—সাইনবোর্ড। **sign manual**—রাজার স্বাক্ষর। *n.* **sign°-painter**—সাইন্‌বোর্ড-লিখিয়ে। *n.* **sign°pōst**—সরাইখানার সাইনবোর্ড টাঙ্গানোর দণ্ড ; চৌমাথায় বিভিন্ন রাস্তার নামাঙ্কিত দণ্ড ; রাস্তার নির্দেশক দণ্ড। **(to) sign and counter-sign**—নাম সই করা এবং সেই সইয়ের সমর্থনে সই করা। **sign-off**—(1) *v.t.* কোন কর্ম হইতে বদলির সময় বা ইস্তফা দেওয়ার সময় সই করা ; (আমে.) কোন অধমর্ণ যাহা দিতেছে তাহা গ্রহণ করিয়া তাহাকে ঋণমুক্ত করা ; (তাসের ব্রিজখেলায়) প্রচলিত একটা ডাক দিয়া ডাকাডাকি বন্ধ করা ; (রেডিও) বেতার-প্রচার বন্ধ করা। (2) *n.* বেতার-প্রচার-সমাপ্তি। **(to) sign on**—নামসই করিয়া কর্মগ্রহণ করা। **(to) sign somebody on**—নামসই করিয়া কাহাকেও কর্মে প্রবিষ্ট করান। **(to) sign away**—নামসইপূর্বক হস্তান্তরিত করা। **sign of the cross**—(প্রধানতঃ অঙ্গুলি প্রভৃতি দ্বারা সৃষ্ট) ক্রুশ-চিহ্ন। [F. *signe* < L. *signum*]

signal$_1$ [sig°nl, সিগ্‌°ন্‌ল্‌] (1) *n.* a token, স্মারক-চিহ্ন ; নিদর্শন, সঙ্কেত, ইশারা ; an intimation conveyed to a distance, (টেলিগ্রাফ্‌ বেতার প্রভৃতির সাহায্যে) দূরে প্রেরিত বার্তা। (2) *v.t.i.* to intimate, convey, or direct by signals, সঙ্কেতদ্বারা জ্ঞাপন বা প্রেরণ বা পরিচালনা করা। *pr. pt.* **sig°nalling** । *p. & p. pt.* **sig°nalled** । *n.* **sig°nal-box**—রেলের গতিবিধি নিয়ন্ত্রণের নিমিত্ত সিগন্যালের যন্ত্রপাতিসহ নির্মিত সিগন্যাল কক্ষবিশেষ (এ কক্ষে সিগন্যালম্যান বসে)। **signal gun**—(সচ. বিপন্ন অবস্থায়) সঙ্কেতসূচক তোপধ্বনি। *v.t.* **signalize** [sig°-nalīz, সিগ্‌°ন্যালাইজ্‌] সঙ্কেতাদিদ্বারা চিহ্নিত করা বা পৃথক্ করা। *n.* **sig°naller**—সঙ্কেতকারক ব্যক্তি (বিশেষতঃ সঙ্কেত প্রেরণে শিক্ষাপ্রাপ্ত সৈন্য)। *n.* **sig°nalman**—যে ব্যক্তি টেলিগ্রাফ্‌ বেতার প্রভৃতির সাহায্যে দূরে বার্তা প্রেরণ করে ; রেলগাড়ির চলাচল নিয়ন্ত্রণার্থ সঙ্কেত-জ্ঞাপক, সিগ্‌ন্যালম্যান্‌। [F. < L. *signum*]

signal$_2$ [sig°-nl, সিগ্‌°ন্‌ল্‌] *a.* remarkable, লক্ষণীয় ; conspicuous, outstanding, বিশিষ্ট (a *signal* achievement)। *adv.* **sig°nally** । [see *signal*$_1$]

signatory [sig°-na-t(a)ri, সিগ্‌°ন্যাট্‌রি] *n. & a.* one who has signed, (সন্ধিপত্রাদিতে) দস্তখতকারী (*signatories* to the treaty, *signatory* powers)। [see *signature*]

signature [sig°-ni-cha(r), সিগ্‌°নিচ্যা(র্‌)] *n.* a signing or a signed name, নামসই, দস্তখত ; (print.) a letter or numeral at the foot of a page to indicate sequence of sheets, (মুদ্রণ.) ছাপা কাগজের তলায় প্রতি শীটের পারম্পর্য-সূচক অক্ষর বা সংখ্যা। *n.* **signature-tune**—(রেডিও) কোন বিশেষ গতি বা পরিবর্তনদ্যোতক সুর। [LL. *signatura* < L. *signare* = to sign]

signbord—see **sign.**

signet [sig°nit, সিগ্‌°নিট্‌] *n.* a small seal or its impression, ক্ষুদ্র সীলমোহর বা তাহার ছাপ ; a finger-ring with a small seal set in it, সীলমোহর করার জন্য নামাঙ্কিত আঙটি। *n.* **sig°net-ring**—মোহরাঙ্কিত অঙ্গুরী। [OF.]

signify [sig°-ni-fī, সিগ্‌°নিফাই] (1) *v.t.* to be a sign for, (কিছুর) চিহ্ন হওয়া ; to mean, (কোন) অর্থ বোঝান ; to betoken, (কিছুর) নিদর্শন হওয়া ; to indicate, সূচিত করা। (2) *v.i.* to be of consequence, ফলাফলপূর্ণ বা গুরুত্বপূর্ণ হওয়া। *n.* **signi°ficance** [sig-ni°-fi-kans, সিগ্‌নি°ফিক্যান্‌স্‌] অর্থ, মানে, মর্মার্থ ; গুরুত্ব। *a.* **signi°ficant**—অর্থপূর্ণ, অর্থযুক্ত ; গুরুত্বপূর্ণ ; লক্ষণপূর্ণ ; সূচক। *adv.* **signi°ficantly** । *n.* **significā°tion**—(শব্দাদির অভিলষিত) অর্থ ; মর্মার্থ ; গুরুত্ব। *a.* **significative**—আনুমানিক সাক্ষ্যের সূচনাযুক্ত। [L. *significare*]

Signior—anglicized spell. of **Signor.**

Signor [sē°-ni-aw(r), সী°নিঅ্য(র্‌)] *n.* an Italian word of address equivalent to Mr. or Sir, ইটালির ভদ্রতাসূচক সম্বোধনে ব্যবহৃত আখ্যাবিশেষ। *fem.* **Signora**—বিবাহিতা রমণী সম্পর্কে প্রযোজ্য আখ্যা (= Mrs.)। *n.* **Signorina**—কুমারী সম্পর্কে প্রযোজ্য আখ্যা (= Miss)। [It.]

sign-painter, signpost—see **sign.**

silence [sī°-lans, সাই°ল্যান্‌স্‌] (1) *n.* absence of sound, নীরবতা ; abstinence from speech, noise, mention, or communication, নির্বাক্ ভাব ; শব্দহীনতা, অনুল্লেখ ; (তথ্যাদি) আদান-প্রদানে বিরতি ; taciturnity, স্বল্পভাষিতা, বাক্‌সংযম। (2) *v.t.* to cause to be silent, চুপ করান, নীরব বা নির্বাক্ করান (to *silence* one's critics)। *p. & p. pt.* **sī°lenced** । (3) *int.* be silent, চুপ কর। *n.* **si°lencer**—যে বা যাহা নীরব করায় ; এনজিনের বা বন্দুকের শব্দরোধী বা শব্দহ্রাসকর কলবিশেষ। *a.* **sī°lent**—শব্দহীন, নীরব, নিঃশব্দ (*silent* footsteps, prayer, etc.) ; নির্বাক (a *silent* film) ; উল্লেখ করে না এমন (history is *silent* upon it) ; (তথ্যাদি) আদন-প্রদান করে না বা ফাঁস করে না এমন ; স্বল্পভাষী, সংযতবাক ; অনুচ্চারিত ; অক্রিয় ; (চাঁদ-সম্বন্ধে) কৃষ্ণপক্ষকালীন বা এখনও অদৃশ্য। *adv.* **sī°lently** । **silent partner**—যে অংশীদার সক্রিয় অংশ গ্রহণ করে না। **(to) put to** or **reduce**

to silence—(প্রধানতঃ যুক্তিখণ্ডনপূর্বক) নীরব বা নির্বাক করান। [L. *silere*=to be silent]

silhouette [si-loo-et°, সিলুএট্°] (**1**) *n.* a shadow-outline filled in with black, কৃষ্ণবর্ণে রঞ্জিত ছায়াবৎ নক্শা, মসীবর্ণ ছায়া-পরিলেখ। (**2**) *v.t.* to represent in silhouette, (কাহারও বা কিছুর) মসীবর্ণ ছায়া-পরিলেখ অঙ্কন করা। *p.* & *p. pt.* **silhoue°ttėd**। [the name of a French minister]

silica [si°-li-ka, সি°লিক্যা] *n.* a mineral, আগ্নেয় ধাতব পদার্থবিশেষ (ইহা স্ফটিক চক্মকি-পাথর বালি প্রভৃতির প্রধান উপাদান)। *n.* **si°licate, si°licāte**—যৌগিক পদার্থবিশেষ, সিলিকিট। *n.* **silicon**—সিলিকার মধ্যে সচরাচর দৃষ্ট অধাতব উপাদান। *n.* **silicosis**—সিলিকা-ধুলি শ্বাসের সঙ্গে গ্রহণ করার ফলে ফুসফুসের পীড়াবিশেষ। [L. *selex*=flint]

silk [silk, সিল্ক্] *n.* a fibre produced by the larva of a silk-worm moth, রেশম; a similar fibre from another insect, অন্য কোন কীটজাত রেশমবৎ তন্তু (যেমন তসর বা গরদ); a silk-like fibre, রেশমতুল্য তন্তু; a thread, cloth or garment made from such fibre, রেশমী (বা তসর গরদ প্রভৃতির) সুতা কাপড় বা পোশাক। **(to) make a silk purse out of a sow's ear**—অদক্ষ কর্মীকে খাটাইয়া সুদক্ষ কর্মীর ন্যায় কাজ করান। *a.* **sil°ken**—রেশমে তৈয়ারি বা রেশমতুল্য, রেশমী; (রেশমতুল্য) মসৃণ কোমল ও চক্চকে; (আচরণাদি সম্বন্ধে) তৃপ্তিকর, শোভন। *n.* **silk°-grower**—যে ব্যক্তি রেশমগুটি পালন করে। *n.* **silk°-worm**—রেশমগুটি। *a.* **sil°ky**—রেশমতুল্য, রেশমী, (পরি.) কৌশিক। *n.* **sil°kinėss**। **(to) take silk**—(প্রধানতঃ ইংল্যান্ডের আদালতে) ব্যারিস্টারের K. C. (King's Counsel) or Q. C. (Queen's Counsel) মর্যাদা লাভ করা। [OE. *seolc*<L. *sericum*]

sill [sil, সিল্] *n.* the timber, stone, etc., at the foot of a door, window, etc., দরজা জানালা প্রভৃতির চৌকাঠের নিচের কাষ্ঠ প্রস্তর প্রভৃতি, গোবরাট। [OE. *syll*—cp. ON. *syll*]

sillabub [sil-a-bub, সিল-অ্যা-বাব্] *n.* a dish made of cream or milk mixed with wine, দুধ বা দুধের সঙ্গে মদ্যের সংযোগে প্রস্তুত (দধিবৎ) খাদ্যবিশেষ। [?]

silly [si°-li, সি°লি] (**1**) *a.* harmless, নিরীহ; simple, হাবাগবা, বোকাটে; witless, নির্বোধ; foolish, মূর্খ; senseless, অর্থহীন; (in cricket) closein, (ক্রিকেটে) উইকেটের অতি নিকটবর্তী (*silly* midoff)। (**2**) *n.* a foolish person, বোকা লোক *adv.* **si°llily**। *n.* **si°llinėss**। *n.* **si°lly-billy**—বোকা লোক, (তু.) বোকারাম। [OE. *saeling*—cp. *selig*=blessed]

silo [sī°-lō, সাই°লৌ] *n.* a pit or air-tight chamber for storing green crops for fodder, গবাদি পশুর ভোজ্য সবুজ শস্য রক্ষণার্থ গর্ত বা বায়ুহীন ঘর। **silage**—(**1**) *n.* বায়ুহীন গর্তে বা ঘরে শস্যরক্ষণ। (**2**) *v.t.* উক্ত উপায়ে শস্য রক্ষা করা। [Sp. <L. *sirus*<Gk. *s(e)iros*=a pit]

silt [silt, সিল্ট্] (**1**) *n.* fine sediment, পলি, ধোয়াট মাটি বা পঙ্ক। (**2**) *v.t.i.* to block up or be blocked up with silt, পলিদ্বারা রুদ্ধ করা বা হওয়া (the mouth of the river has *silted* up)। [cp D. & Sw. *sylt*=salt marsh]

silva [sil°-va, সিল্°ভ্যা] *n.* the assemblage of trees in a region, কোন অঞ্চলের সমস্ত গাছপালা। *a.* **sil°van**—অরণ্য-সংক্রান্ত বা অরণ্যজাত, আরণ্য; গাছপালায় পূর্ণ। [L.=a wood]

silver [sil°-va(r), সিল্°ভ্যা(র্)] (**1**) *n.* a white precious metal, রৌপ্য, রুপা; silver-money, রৌপ্যমুদ্রা ('Just for a handful of *silver* he left us'); silverware, রুপার বাসন (table *silver*)। (**2**) *a.* of or like silver, রৌপ্য-সংক্রান্ত বা রৌপ্যবৎ; silver-coloured, রুপার ন্যায় বর্ণবিশিষ্ট, রুপালী; clear and ringing in tone, স্পষ্ট ও তীক্ষ্ণ স্বরবিশিষ্ট বা ধ্বনিবিশিষ্ট। (**3**) *v.t.* to coat with silver, রুপার প্রলেপ দেওয়া। (**4**) *v.t.i.* to make or become silvery, রুপালী করা বা হওয়া (his hair has *silvered*)। *n.* **sil°ver-fish**—পুস্তকাদির পাতার মধ্যে এবং ছাতাধরা স্থানে দৃষ্ট পতঙ্গবিশেষ। *a.* **sil°ver-gilt**—রুপার গিল্টি-করা। *n.* **sil°vering**—রুপার বা পারদের প্রলেপ। *a.* **sil°vern**—রৌপ্যনির্মিত; রুপালী। *n.* **silverside**—গো-মাংসখণ্ডের সবচেয়ে ভাল দিক্। *n.* **sil°ver-smith**—যে সেঁকরা রুপার কাজ করে, রৌপ্যশিল্পী। *a.* **sil°ver-tongued**—বাক্পটু। *a.* **sil°ver-voiced**—স্পষ্ট ও তীক্ষ্ণ স্বরবিশিষ্ট। *a.* **sil°very**—রৌপ্যবৎ (উজ্জ্বল ও শুভ্র), রুপালী। **born with a silver spoon in one's mouth**—প্রচুর সম্পদের মধ্যে জাত। **every cloud has a silver lining**—দুর্দশায়ও রুপালি রেখা বা আশার আলো থাকে। [OE. *silfer, seolfor*—cp. ON. *silfr*, G. *silber*]

silviculture—alt. spell. of **sylviculture** (see **sylva**).

simian [si°-mi-an, সি°মিঅ্যান্] (**1**) *a.* of the apes, উল্লুক বা মর্কট বা লাঙ্গুলহীন বানর সম্বন্ধীয়; apelike, উল্লুকবৎ, মর্কটতুল্য। (**2**) *n.* an ape, উল্লুক, মর্কট, লাঙ্গুলহীন বানর। [L. *simia*=ape]

similar [si°mi-la(r), সি°মিল্যা(র্)] *a.* like, এক, অনুরূপ; resembling, সদৃশ; (geom.) identical in shape, (জ্যামি.) সমাকৃতি। *n.* **simila°rity**। *adv.* **si°milarly**। [F. *similaire*<*similis*]

simile [si°-mi-li, সি°মিলি] *n.* (rhet.) an explicit likening of one thing to another, (অল.) উপমা। *n.* **simi°litūde**—সাদৃশ্য, আনুরূপ্য, (পরি.) সাম্য; উপমেয়তা; গল্পচ্ছলে নীতিপূর্ণ উদাহরণ। [L.]

simmer [si°-ma(r), সি°ম্যা(র্)] (**1**) *v.i.* to boil gently, (অল্প তাপে তরল পদার্থের) মৃদুভাবে ফুসফুস শব্দে ফোটা বা টগ্বগ্ করা। (**2**) *n.* a simmering state, ঈষৎ ফুটন্ত অবস্থা। **(to) simmer down**

—ক্রমে শান্ত হওয়া, উত্তেজনা বিক্ষোভাদি প্রশমিত হওয়া। [earlier *simper*<imi. ?]

simony [sī°-ma-ni, সাই°ম্যানি] *n.* the buying or selling of a benefice, ঘুষের বদলে গির্জায় যাজকত্ব গ্রহণের বা প্রদানের অপরাধ। *n.* **sīmō°niac**—উক্ত অপরাধে অপরাধী। *a.* **simoni°acal**। [*Simon Magus*, a Biblical character]

simoom [si-mōōm°, সিমূম্°] *n.* a desert sand-blast, মরুভূমির বালুঝড়, মরুঝড় (also **simōōn°**)। [Ar. *semum*]

simp [simp, সিম্প্] *n.* (sl.) simpleton, (অশি.) বোকা, নির্বোধ। [abbr.]

simper [sim°-pa(r), সিম্°প্যা(র্)] (**1**) *v.i.* to smile in a silly, affected manner, বোকার মত কাষ্ঠ-হাসি হাসা। (**2**) *n.* a silly or affected smile, বোকা বোকা হাসি বা কাষ্ঠহাসি। *adv.* **sim°peringly**। [?]

simple [simp°l, সিম্প্°ল্] (**1**) *a.* not complex of compound, অযুগ্ম, অজটিল, অযৌগিক, অমিশ্র, সরল; easy, সহজ ; plain, সাদাসিধা (a *simple* person) ; unpretentious, অনাড়ম্বর, জাঁকজমক-হীন (*simple* attire) ; mere, sheer, কেবলমাত্র, ডাহা ; ordinary, সাধারণ, বৈশিষ্ট্যহীন ; unlearned or unskilled, অশিক্ষিত বা অদক্ষ ; of humble rank or origin, সামান্য পদস্থ বা বংশ-জাত, ইতর ; unaffected, ভানশূন্য বা ভড়ংশূন্য ; artless, শিল্পচাতুর্যহীন ; guileless, ছলাকলাহীন ; silly, স্থূলবুদ্ধি, বোকা (he is no so *simple* as to make himself ridiculous)। (**2**) *n.* a medicine of one constituent, একটিমাত্র উপাদানে তৈয়ারি ঔষধ। *a.* **simp°le-hear°tėd**—সরলহৃদয়। *a.* **simp°le-mīn°dėd**—সরলমনাঃ, সরলচিত্ত। *n.* **simp°lenėss**, **simpli°city**। **(to) be simplicity itself**—(কথ্য.) অতীব সহজ হওয়া। **simp°leton**—স্থূলবুদ্ধি বা বোকা লোক, (আমে. সংক্ষেপ **simp**)। *v.t.* **simp°lify**—অযৌগিক বা অজটিল বা সরল করা ; সহজ বা সহজতর করা। *n.* **simplificā°tion**—সরলীকরণ ; (গণি.) লঘূকরণ। *n.* **simp°lism**—কপট সারল্য; সমস্যাদির অতিরিক্ত সরলীকরণ। *a.* **simplis°tic**। *adv.* **simp°ly**—সরলভাবে ; সহজভাবে, সাদাসিধাভাবে ; কেবল, মাত্র (I *simply* cannot afford to spend more) ; বৈশিষ্ট্যহীনভাবে; পুরাপুরিভাবে, সম্পূর্ণভাবে। **simple sentence**—(ব্যাক.) সরল বা অযৌগিকবাক্য। [F. <L. *simplex*]

simulacrum [si-mū-lā°-kram, সিমিউলেই°-ক্র্যাম্] *n.* an image, প্রতিমূর্তি ; semblance, সাদৃশ্য। *pl.* **simulā°cra**। [L.]

simulate [si°-mū°lāt, সি°মিউ°লেইট্] *v.t.* to feign, (কিছুর) ভান করা ; to assume a false appearance of, (কোন) ছদ্মবেশ ধারণ করা, নিজেকে অন্য কিছু বলিয়া জাহিরের চেষ্টা করা ; to mimic, অনুকরণ করা, নকল করা। *p.* & *p. pt.* **si°mulātėd**। *a.* & *n.* **si°mulant**—ভানকারী ; ছদ্মবেশ-ধারী ; ছলনাকারী ; অনুকরণকারী ; ভণ্ড। *n.* **simulā°tion**। [L. *simulare*]

simulcast [si°-m(a)l-kŭst, সি°ম্ল্কাস্ট্] *n.* simultaneous transmission on radio and television, রেডিও এবং টেলিভিসনে একই সঙ্গে প্রচার। [L. *simul*+broad*cast*]

simultaneity—see **simultaneous**.

simultaneous [si-m(a)ltā°-ni-as, সিম্ল্টেই°নি-অ্যাস্] *a.* being or happening at the same time, যুগপৎ। *n.* **simultaneity** [si-m(a)lta-ni°-a-ti, সিম্ল্ট্যানি°অ্যাটি], **simultā°neousnėss**—যুগপত্তা। *adv.* **simultā°neously**। **simultaneous equation**—(গণি.) সহসমীকরণ। [L. *simul*=at the same time]

sin [sin, সিন্] (**1**) *n.* moral or religious offence, পাপ, অধর্ম ; any offence, অপরাধ। (**2**) *v.i.* to commit sin, পাপ বা অধর্ম করা ; to offend (against), মর্মপীড়া দেওয়া বা (কাহারও প্রতি) অন্যায় আচরণ করা। *pr. pt.* **si°nning**। *p.* & *p. pt.* **si°nned**। *a.* **sin°ful**—পাপপূর্ণ ; পাপপঙ্কিল ; পাপজনক ; পাপাচারী। *n.* **sin°fulnėss**। *a.* **sin°lėss**—নিষ্পাপ। *n.* **si°nner**—পাপী, পাপিষ্ঠ ; দুরাচার। *n.* **sin°-o°ffering**—পাপের প্রায়শ্চিত্তের জন্য দেবোদ্দেশে প্রদত্ত নৈবেদ্য বা বলি। **original sin**—(B.) আদমের পাপের শাস্তি-স্বরূপ সমগ্র মানবজাতির অধঃপতন ও দুঃখকষ্ট। **(to) live in sin**—(প্রধানতঃ অবিবাহিত স্ত্রীপুরুষ কর্তৃক) স্বামী-স্ত্রীরূপে বাস করা। **the seven deadly sins**—সাতটি সাংঘাতিক বা মারাত্মক পাপ (যথা, মদ, লোভ, কাম, ক্রোধ, ঔদরিকতা, মাৎসর্য, আলস্য)। [OE. *synn* cp. ON. *synth*, L. *sōns, sontis*=guilty]

since [sins, সিন্স্] (**1**) *adv.* & *prep.* from that time on, তদনন্তর ; from that time till now (commonly preceded by *ever*), তদনন্তর, অদ্যাবধি ; after that time, অতঃপর ; after, পরে ; ago, আগে। (**2**) *con.* from that time that, তদনন্তর যে (nothing has happened *since* we came here) ; seeing that, অতএব ; because, যেহেতু (we cannot buy it *since* we have no money)। [ME. *sins, sithens*]

sincere [sin-sē(r)°, সিন্সিয়্যা(র্)°] *a.* unfeigned, অকৃত্রিম, ছলনাহীন ; genuine, খাঁটি ; hearty, আন্তরিক। *adv.* **sincērē°ly**। **yours sincerely**—পত্রের শেষে দস্তখতের পূর্বে লিখন (আপনার অকৃত্রিম অন্তরঙ্গ)। *n.* **sincērē°nėss**, **sincēr°ity**। [F. <L. *sincerus*=clean]

sinciput [sin°-si-put, সিন্°সিপাট্] *n.* the fore-part of the head, মস্তকের পুরোভাগ। [L.]

sine₁ [sīn, সাইন্] *n.* (orí.—math.) the perpendicular from one end of an arc to the diameter, (মূলতঃ—গণি.) চাপের এক প্রান্ত হইতে ব্যাস পর্যন্ত অঙ্কিত লম্ব ; the ratio of the side of a right-angled triangle opposite the given angle to the hypotenuse, সমকোণী ত্রিভুজে কোন কোণের বিপরীত দিকস্থ বাহু ও অতি-ভুজের অনুপাত, সাইন্। [*sinus*=a bay]

sine₂ [sī°-ni, সাই°নি] *prep.* without, ব্যতীত, ব্যতিরেকে। **sine die** [...dī°-ē...ডাই°ঈ] অনির্দিষ্ট কালের জন্য। **sine qua non** [sī°-ni-kwā-non°, সাই°নিক্যোএইনন্°] অপরিহার্য শর্ত বা যোগ্যতাদায়ক গুণ। [L.]

sinecure [sī°-ni-kū(r), সাই°নিকিউয়্যা(র্)] *n.* a benefice without cure of souls, ধর্মপ্রচারের বা পৌরোহিত্যের ভারহীন যাজকপদ; an office without work, কর্মভারহীন পদ। [L. *sine₂*, *cura*=care]

sinew [si°-nū, সি°নিউ] *n.* a tendon, পেশীতন্তু, (পরি.) কণ্ডরা; (fig.) strength or its source, (আল.) শক্তি বা শক্তির উৎস; (in *pl.*—loos.) muscles, (শিথি.) মাংসপেশী। *a.* **si°newy**—পেশীতন্তুযুক্ত; পেশল, বলিষ্ঠ, শক্তিমান্। **sinews of war**—টাকাকড়ি, অর্থ। [OE. *sinu*]

sing [sing, সিং] (**I**) *v.i.t.* to utter (words or songs) musically, (গান) গাওয়া; to hum, গুঞ্জন করা। (**2**) *v.i.* to compose poetry, কাব্যরচনা করা, কবিতা লেখা। (**3**) *v.t.* to celebrate, (প্রধানতঃ সঙ্গীতের বা কাব্যের মাধ্যমে) প্রচারিত করা; *p.* **sang,** (rare) **sung,** [sung, সাং]; *p. pt.* **sung**। *a.* **sing°able**। *n.* **sing°er**—গায়ক; কবি। *n.* **sing°ing-bird**—গায়কপক্ষী। **singing flame**—হিস্‌হিস্‌-শব্দে নলের মধ্যে সুরেলা ধ্বনিসৃষ্টিকর শিখা। *adv.* **sing°ingly**। *n.* **sing°ing-master**—সঙ্গীতশিক্ষক। **(to) sing another song** or **tune**—অন্য সুরের গান গাহিতে আরম্ভ করা; (আল.) কথাবার্তার সুর বা কাজের ধারা বদলাইয়া দেওয়া। **(to) sing out**—চিৎকার করিয়া গাওয়া; স্পষ্টভাবে ডাকা, চিৎকার করা। **(to) sing one's praises**—তারস্বরে কাহারও গুণকীর্তন করা। **(to) sing up**—আরো জোরে বা উঁচু পর্দায় গান করা। [OE. *singan*, G. *singen*]

singe [sinj, সিন্‌জ্] *v.t.i.* to burn or be burnt on the surface, ঝলসান, ঝলসাইয়া যাওয়া, ছেঁকা দেওয়া বা পাওয়া। [OE. *sen(c)gan*]

singer—see **sing.**

Singhalese [sing-ga-lēz°, সিংগ্যালীজ্°] var. of **Sinhalese.**

singing—see **sing.**

single [singg°l, সিংগ্‌ল্] (**I**) *a.* consisting of one or one part only, মাত্র একজন বা একটি অংশ লইয়া গঠিত, একক, একমাত্র; unique, অনন্য; unmarried, অবিবাহিত; for one only, কেবল একজনের জন্য উদ্দিষ্ট; man to man, (ক্রীড়া লড়াই প্রভৃতি সম্বন্ধে) একজনের সহিত একজন করিয়া এমন, দ্বন্দ্ব-; undivided, অবিভক্ত, unbroken, অভঙ্গ; sincere, আন্তরিক, ছলচাতুরীহীন। (**2**) *adv.* singly, এককভাবে, একাকী, একেলা। (**3**) *n.* anything single, একক বা অনন্য বস্তু, এক; a game played by one against one, দ্বন্দ্বক্রীড়া (men's *singles* at Wimbledon); one run, (ক্রিকেটে) এক রান (he got a quick *single*)। (**4**) *v.t.* to separate, আলাদা বা পৃথক্ করা; to pick, বাছিয়া লওয়া (to *single* out); to take aside, সরাইয়া লওয়া, স্বতন্ত্র করা। **single entry**—জমাখরচ লেখার প্রণালীবিশেষ; ইহাতে যে-কোন জমা বা খরচ একবার মাত্র লিপিবদ্ধ করা হয়। *a.* **sing°le-breasted**—এক সারি বোতামওয়ালা (কোট)। *a.* **sing°le-han°dėd**—নিজে-নিজে অর্থাৎ পরের সাহায্যশূন্য (*single-handed* efforts)। *a.* **sing°le-hear°tėd**—আন্তরিক; কুটিলতাহীন, সরলহৃদয়। *a.* **sing°le-mīn°ded**—অকপট; একমনাঃ, অনন্যচিত্ত। *n.* **sing°lenėss**। **singleness of purpose**—উদ্দেশ্যের অনন্যতা, উদ্দেশ্যের প্রতি অখণ্ড মনোনিবেশ বা নিষ্ঠা। *n.* **sing°lėt**—একক বস্তু; উত্তমাঙ্গের অন্তর্বাসবিশেষ। *n.* **sing°leton**—এক হাতে কোন রঙের একমাত্র তাস; একক বস্তু। *adv.* **sing°ly**—একজনের পর একজন করিয়া; একাকী, এককভাবে; নিজে-নিজে অর্থাৎ পরের সাহায্য না লইয়া। *n.* **sing°lestick**—(অসি খেলায়) ছোরার সমান লম্বা (বেতের হাতলদেওয়া) লাঠি। [OF. < L. *singuli*=one by one]

singsong [sing°-song, সিং°সং] *n.* a ballad, শোকগাথা; monotonous up-and-down intonation, সুরের বা স্বরের একঘেয়ে উত্থানপতন। **in a singsong voice** or **manner**—সুর করিয়া, এক ঘেয়ে বা টানা-টানা সুরে। [*sing, song*]

singular [sing°-gū-la(r), সিংগিউল্যা(র্)] (**I**) *a.* single, একক, একমাত্র; unique, অনন্য; denoting one, একজনকে বা একটিকে বুঝায় এমন, (ব্যাক.) একবচনাত্মক; pre-eminent, extraordinary, বিশিষ্ট, অনন্যসাধারণ, অসাধারণ, সচরাচর দেখা যায় না এমন; chief, প্রধান; peculiar বৈশিষ্ট্যসূচক; strange, অদ্ভুত, অপূর্ব; eccentric, ছিটগ্রস্ত, বাতিকগ্রস্ত। (**2**) *n.* (gr.) the singular number or a word in it, (ব্যাক.) একবচন বা একবচনাত্মক শব্দ। *n.* **singūla°rity**। *v.t.* **sin°gūlarīze**—(ব্যাক. একবচনাত্মক শব্দের) বহুবচনাত্মক বিভক্তিসদৃশ শেষাংশ বাদ দেওয়া (to *singularize* 'pease' into 'pea')। *n.* **singūlarīzā°tion**। *adv.* **sin°gūlarly**। [L. *singularis*]

Sinhalese [sin-ha-lēz°, সিন্‌হ্যালীজ্°] (**I**) *a.* of Ceylon, সিংহলের। (**2**) *n.* a native or the language of Ceylon, সিংহলের লোক বা ভাষা, সিংহলী। [Sans. *Sinhalam*=Ceylon]

sinister [si°-nis-ta(r) সি°নিস্‌ট্যা(র্)] *a.* on the left side of the shield, (ঢালবাহীর) ঢালের বামপার্শ্বস্থ; inauspicious, অশুভ; of ill omen, অমঙ্গলের লক্ষণপূর্ণ; unlucky, দুর্ভাগা; malign, ক্ষতিকর, অপকারী; wicked, বিদ্বেষপূর্ণ, ক্ষতিসাধক (a *sinister* motive)। *a.* **sinis°tral**—বামাবর্ত। **bar sinister**—(কুল-নির্দেশন সম্পর্কে) জারজ বা অবৈধ জন্মসূচক চিহ্ন (ঢালের উপর চিহ্ন বা রেখাদ্বারা সূচিত)। [L.=left]

sink [singk, সিংক্] (**1**) *v.i.t.* to submerge, ডোবা বা ডোবান ; to subside or suppress, প্রশমিত হওয়া বা করা : to lower, নিচু হওয়া বা করা, পদাবনত হওয়া বা করান, অবনতিপ্রাপ্ত হওয়া বা অবনতি ঘটান ; to penetrate, ভিতরে ঢোকা বা ঢোকান ; to loose under the horizon, দিক্‌চক্রবালে মিশিয়া যাওয়া বা মিশাইয়া দেওয়া, অস্তে যাওয়া বা পাঠান (the sun is *sinking* in the west) । (**2**) *v.i.* to fall, go down, or diminish slowly, ধীরে ধীরে পড়িয়া যাওয়া বা (নিচে) নামিয়া যাওয়া বা হ্রাস পাওয়া ; to slope away, ঢালু হইয়া বা দাবিয়া যাওয়া ; to collapse, ধ্বংসপ্রাপ্ত হওয়া, নির্জীব হইয়া পড়া বা বিগতপ্রাণ হওয়া (his spirits *sank* ; the patient is *sinking* fast) । (**3**) *v.t.* to excavate, খনন করা (to *sink* a well) ; to invest, (প্রধানতঃ লোকসানজনকভাবে বা পুনরুদ্ধারের অতীতভাবে) বিনিয়োগ করা । *p.* **sank,** (rare) **sunk** [sungk, সাংক্] । *p. pt.* **sunk,** (as *a.*) **sunk°(en)** । (**4**) *n.* a receptacle or drain for filth or dirty water, ময়লা বা নোংরা জল রাখার পাত্র অথবা উহা নিষ্কাশনের নর্দমা ; (fig.) a place full of evil, (আল.) পাপাদিতে পূর্ণ স্থান । *a.* **sinkable** । *n.* **sin°king-fund**—ঋণ পরিশোধার্থ আয়ের অংশ আলাদা করিয়া সুদে বিনিয়োগ, (পরি.) প্রতিপূরক নিধি । **(to) sink or swim**—(ঝুঁকি নেওয়া সম্পর্কে) বাঁচা না হয় মরা, সফল না হয় ব্যর্থকাম হওয়া । [OE. *sincan*—cp. G. *sinken,* Du. *zinken*]

sinless, sinner—see **sin.**

Sinn Fein [shin°-fān°, শিন্‌°ফেইন্°] *n.* the Irish independence movement, or the party conducting it, আয়ার্ল্যান্ডের গণতান্ত্রিক স্বাধীনতা-আন্দোলন বা উক্ত আন্দোলনকারী দল । [Ir.=ourselves]

Sino [si°-nō, সি°নৌ] *in comp.* Chinese, চীনা, চৈনিক ; China and, চীন এবং (Sino-Indian =চীন-ভারতীয়) । *n.* **Sinology**—চীন দেশের ভাষা ইতিহাস সংস্কৃতি প্রভৃতি বিষয়ক বিদ্যা বা শাস্ত্র । *n.* **sinologist** । [Gk. *Sinai*=the Chinese]

sinuosity, sinuous—see **sinus.**

sinus [sī°nas, সাই°ন্যাস্] *n.* a cavity, গর্ত ; a cavity discharging pus, সপূয নালী বা ঘা । *a.* **si°nūous**—তরঙ্গিত ; আঁকাবাঁকা, সর্পিল । *n.* **sinuosity** [si-nū-o°si-ti, সিনিউঅ°সিটি] । [L.=a bend]

sip [sip, সিপ্] (**1**) *v.i.t.* to drink (from) in small quantities, (পেয়ালাদি হইতে) একটু একটু করিয়া চুমুক দিয়া পান করা । *pr. pt.* **si°pping** । *p. & p. pt.* **si°pped** । (**2**) *n.* sipping, উক্তভাবে পান; the quantity sipped at once, অল্প এক চুমুক (to drink in *sips*) । [cp. *sup*]

siphon [sī°-f(a)n, সাই°ফ্‌ন্] (**1**) *n.* a bent tube for conveying liquids, (গবেষণাগারাদিতে ব্যবহৃত) তরলপদার্থ-নির্গমনার্থ বক্রনলবিশেষ ; a bottle with a siphon attached to it, উক্ত নলযুক্ত বোতল । (**2**) *v.t.i.* to convey or draw off liquid by means of a siphon, নলের সাহায্যে তরল পদার্থ চালান বা নির্গত করা (to *siphon* off petrol from a barrel) । [Gk.]

sipped, sipping—see **sip.**

sir [sa(r), স্যা(র্)] (**1**) *n.* a term of respect used in addressing a man, বয়ঃপ্রাপ্ত পুরুষকে সম্বোধনকালে সম্মানসূচক আখ্যাবিশেষ, মহাশয়, বাবু, জনাব । *fem.* see **madam** । (**2**) *v.t.* to address as 'sir', 'স্যার্' বলিয়া সম্বোধন করা । *n.* **Sir**—মধ্যযুগীয় 'নাইট্' বা বীরব্রতীকে এবং বর্তমানে ইংল্যান্ডের বিভিন্ন রাজকীয় খেতাবধারী পুরুষকে সম্বোধনকালে ব্যবহৃত সম্মানসূচক আখ্যাবিশেষ । *fem.* see **Lady** । [OF. *sire* < *senior*=an elder]

sire [sī(r), সায়্যা(র্)] (**1**) *n.* (arch) a term of address to a king, (আর্ষ.) রাজাকে সম্বোধনে ব্যবহৃত আখ্যাবিশেষ, হুজুর ; a father, (প্রধানতঃ অশ্ব ও অন্য পশুর) পিতা ; an ancestor, পূর্বপুরুষ । (**2**) *v.t.* (esp. of horses) to beget, be the father of, সন্তান উৎপাদন করা (*sired* by a pedigree horse) । [see *sir*]

Siren [sīr°-in, সায়্যার্°ইন্] *n.* (Gk. myth.) one of certain female sea-demons, (গ্রী. পু.) সমুদ্র-দানবীবিশেষ : ইহাদের সঙ্গীত-শ্রবণে সম্মোহিত হইয়া নাবিকগণ মারা পড়িত । *n.* **sīr°en**—অতি সুকণ্ঠী গায়িকা ; মারাত্মক মোহিনীশক্তিসম্পন্না স্ত্রীলোক ; কুহকিনী ; সতর্ক করার জন্য তীব্র ধ্বনি-নিঃসারক যন্ত্রবিশেষ, সাইরেন্ । [Gk. *Seiren*]

Sirius [si°-ri-as, সি°রিঅ্যাস্] *n.* the Dogstar, নক্ষত্রবিশেষ, (পরি.) লুব্ধক । [L. < Gk. *Seirios*]

sirloin [sa(r)°-loyn, স্যা(র্)°লয়ন্] *n.* the loin or the upper part of a loin, of beef, গোরুর নিতম্বের বা উহার উর্ধ্বাংশের মাংস । [F. *surlong*]

sirocco [si-ro°-kō, সির°কৌ] *n.* in Southern Italy, a hot gusty wind from North Africa, উত্তর-আফ্রিকা হইতে দক্ষিণ-ইটালিতে প্রবাহিত তপ্ত শুষ্ক ধূলিপূর্ণ প্রবল ঘূর্ণিবাতাসবিশেষ ; any such wind, উক্ত প্রকার (যে-কোন) বাতাস বা ঝড় । [It. Ar. *sharq*=east]

sirrah [si°ra, সি°র‍্যা] *n.* sir, used in anger or contempt, ক্রোধে বা অবজ্ঞায় (প্রাপ্তবয়স্ক বা নাবালক) পুরুষকে সম্বোধনকালে 'স্যার'-এর পরিবর্তে ব্যবহৃত আখ্যাবিশেষ । [< *sir*]

sirup—see **syrup.**

sisal [sis°l, সিস্°ল্] *n.* fibre from leaves of agave used for rope etc. ; the plant, দড়ি বানাইবার জন্য সিসল গাছের আঁশ ; সিসল গাছ । [*sisal*—part of Yucatan]

sissy, cissy [si°sy, সি°সি] *n.* (sl.) an effeminate person, (অশি.) মেয়েলি স্বভাবসম্পন্ন লোক । [L. *sister*]

sister [sis°-ta(r), সিস্°ট্যা(র্)] *n. fem.* a daughter of the same parents, এক মাতাপিতা হইতে জাত

ভগিনী, সহোদরা, বোন ; a half-sister, বৈপিত্র বা বৈমাত্রেয় ভগিনী ; a female friend or fellow, বান্ধবী বা সহকর্মিণী ; a member of a sisterhood, নারীসঙ্ঘ সন্ন্যাসিনী-সম্প্রদায় প্রভৃতির সভ্যা ; a nun, মঠবাসিনী সন্ন্যাসিনী ; a (senior) nurse, (উচ্চপদস্থ) রোগ-শুশ্রূষাকারিণী, নার্স। *masc.* see **brother**। *n.* **sis°terhood**—ভগিনীত্ব ; ভগিনীর সম্পর্ক ; (প্রধানতঃ ধর্মমূলক) নারীসঙ্ঘ ; নারী-সম্প্রদায়, নারীসমাজ। *n.* **sister-in-law** [sis°-t(a)rin-law, সিস্°টর্‌ইন্‌ল্যা], (also formerly) **sis°ter**—ননদ, শালী, শালাজ, জা, ভ্রাতৃবধূ। *a.* **sis°terly**—ভগিনীতুল্য, ভগিনীসুলভ ; স্নেহময়ী ; প্রীতিময়ী। [OE. *swuster*—cp. ON. *systir*, Du. *zuster*, G. *schwester*, Sans. *Swasa*]

sit [sit, সিট্] (**1**) *v.i.* to rest on the haunches, বসা, উপবেশন করা ; to perch, (পাখিদের) দাঁড়ে বসা ; to brood, ডিমে তা দেওয়া ; to have a seat, (ব্যবস্থাপক সভাদিতে সদস্যের) আসনে বা পদে থাকা ; to be in session, (ব্যবস্থাপক সভা, আদালত, প্রভৃতির) নির্দিষ্টকালব্যাপী কাজ চলিতে থাকা, অধিবেশন হওয়া বা চলিতে থাকা ; to reside, বাস করা ; to have direction, (বাতাসাদি-সম্বন্ধে) অভিমুখ বা দিগ্‌বর্তী হওয়া ; to pose, চিত্রাঙ্কনের আদর্শ বা মডেল্ হইয়া স্থিরভাবে দাঁড়ান বা বসা, চিত্রকরের মডেল্ হওয়া। (**2**) *v.t.* to ride, (অশ্বাদিতে) আরোহণ করা। *pr. pt.* **si°tting**। *p.* & *p. pt.* **sat**। *n.* **si°tter**—উপবেশনকারী ; চিত্রকরের মডেল ; যে পাখি ডিমে তা দিতে বসিয়াছে ; বন্দুক তীরধনুক প্রভৃতির সহজ লক্ষ্য ; অতীব সহজসাধ্য কাজ ; (ফুটবলে) অনায়াসে প্রদত্ত গোল, অতি সহজ গোল। *a.* & *n.* **sitting**—sit-এর সকল অর্থে। **at one sitting**—এক দফায় (two hundred people were served *at one sitting*)। **sitting member**—যে নির্বাচনপ্রার্থী বিগত বিধানসভার সদস্য ছিলেন। *n.* **si°tting-room**—বাড়ির পরিজনদের একত্র উপবেশনার্থ কক্ষ ; বসার জায়গা। **(to) sit back**—(আল.) কঠোর পরিশ্রমের পর আরাম করা ; (কোন ব্যাপারে) নিষ্ক্রিয় থাকা (অর্থাৎ কোন ব্যবস্থা বা প্রতিবিধান না করা)। **(to) sit down**—আসন গ্রহণ করা ; বসিয়া পড়া ; সাময়িকভাবে থামা বা বিশ্রাম করা ; অবরোধ আরম্ভ করা। **sit-down strike**—যে ধর্মঘটে কর্মীরা কর্মস্থল ছাড়িয়া যায় না। **(to) sit down under** (insults etc.)—(অপমানাদি) নীরবে সহ্য করা। **(to) sit for** (a constituency)—(কোন নির্বাচনকেন্দ্র হইতে) বিধানসভাদির সদস্য হওয়া। **(to) sit for** (an examination)—(পরীক্ষা দিতে) বসা, পরীক্ষা দেওয়া। **(to) sit on** (a committee, jury, etc.)—(কমিটি, জুরি প্রভৃতির) সদস্য হওয়া। **(to) sit on** or **upon**—(কোন বিষয়ে) সরকারী তদন্ত করা ; (কথ্য.) দমন করা বা ধমক দেওয়া ; কর্তব্যসাধনে বিলম্ব করা (Government has been *sitting on* the report)। **(to) sit out**—(অভিনয়াদির) শেষ পর্যন্ত বসিয়া বসিয়া দেখা ; নৃত্যানুষ্ঠানে উপস্থিত থাকা সত্ত্বেও অংশ গ্রহণ না করিয়া বসিয়া থাকা। **(to) sit tight**—স্বীয় আসন বজায় রাখা ; শান্তভাবে বা নীরবে নিজের কোট বজায় রাখা। **(to) sit to an artist**—স্বীয় চিত্র আঁকাইবার জন্য চিত্রকরের সামনে বসা। **(to) sit under**—কোন যাজকের ধর্মোপদেশ শুনিবার জন্য উপাসকমণ্ডলীর অন্তর্ভুক্ত হওয়া। **(to) sit up**—অর্ধশায়িত অবস্থা হইতে উঠিয়া বসা, সোজা হইয়া বসা ; নিদ্রার সময়েও জাগিয়া বসিয়া থাকা ; রাত্রি জাগিয়া বসিয়া পাহারা দেওয়া। **(to) sit up and take notice**—(কথ্য.) হঠাৎ সতর্ক বা মনোযোগী হওয়া। **(to) make one sit up**—সচকিত বা আতঙ্কিত করা ; নিষ্ক্রিয় অবস্থা হইতে সক্রিয় করিয়া তোলা। *n.* **sitter-in**—পিতামাতা বাহিরে গেলে শিশুসন্তানদের যে দেখাশোনা করে। [OE. *sittan*—cp. G. *sitzen*, L. *sedere*]

site [sɪt, সাইট্] *n.* ground occupied by or set apart for a building, town, etc., যে জায়গা জুড়িয়া কোন বাড়ি নগর প্রভৃতি থাকে বা ঐ-সমস্ত নির্মাণার্থ নির্বাচিত জমি। [L. *situs*=set]

sith [sith, সিথ্] *adv. prep.* & *conjug.* (arch.) since, (আর্ষ.) অতঃপর, তারপরে, অতএব। [OE. *siththan*=after that]

sitter, sitting—see **sit.**

situate [si°-tū-it, সি°টিউইট্] *a.* (rare) located, (বিরল) অবস্থিত। *v.t.* **si°tuāte**—স্থাপন বা সংস্থাপন করা ; অবস্থান করান ; (কোন) অবস্থাযুক্ত বা পরিবেশযুক্ত করা। *a.* **si°tuāted**—situate-এর সকল অর্থে। *n.* **situā°tion**—অবস্থানস্থল ; অবস্থা, হাল (an embarrassing *situation*) ; পারিপার্শ্বিক অবস্থা, পরিবেশ ; সাময়িক অবস্থা ; সন্ধিক্ষণ ; নাটকাদির কাহিনীর দ্বন্দ্বের ক্রমবর্ধন বা সন্ধিক্ষণ ; চাকরি, পদ। [LL. *situatus*<L. *situere*=to place]

six [siks, সিক্‌স্] *a.* & *n.* one more than five, ছয় (সংখ্যা ব্যক্তি প্রাণী বস্তু বিষয় বয়স বা বৎসর ঘণ্টা প্রভৃতি)। *n.* **six°er**—(ক্রিকেটাদি খেলায়) ছয়ের মার। **six°fōld**—(**1**) *a.* ষড়্‌বিধ ; ছয়গুণ। (**2**) *adv.* ষড়্‌বিধভাবে ; ছয়গুণে। *n.* **six°-foo°ter**—ছয় ফুট দীর্ঘ ব্যক্তি। *n.* **sixpence**—ছয় পেনী মুদ্রা। *a.* **six-penny**—ছয় পেনী মূল্যের। *n.* **six-shooter**—ছয় কক্ষওয়ালা বা ছয়-ঘরা রিভলবার। *a.* & *n.* **six°th**—ষষ্ঠ। *adv.* **sixthly**—ষষ্ঠতঃ। **sixth hour**—মধ্যাহ্ন। **sixth sense**—পঞ্চেন্দ্রিয়াতিরিক্ত অনুভূতি বা স্বতঃলব্ধ জ্ঞান। **at sixes and sevens**—বিশৃঙ্খলভাবে। **six of one and half a dozen of the other**—যৎসামান্য পার্থক্য। **in sixes**—ছয় ছয় করিয়া। [OE. *siex*—cp. G. *sechs*, L. *sex*, Gk. *hex*, Sans. *shash*]

sixer, sixfold—see **six.**

sixteen [siks°-tēn°, সিক্‌স্°টীন্°] *a.* & *n.* six and ten, ষোল। *a.* & *n.* **six°teenth°**—ষোড়শ। [OE. *siextene*—see *six*, *ten*]

sixth—see **six.**

sixty [siks°-ti, সিক্‌স্°টি] *a.* & *n.* six times ten, ষাট, ষষ্টি। *pl.* **six°ties**—ষাট হইতে উনসত্তর

পর্যন্ত সংখ্যা বা বয়স সমুদায়। *a.* & *n.* **six°tieth**—ষষ্টিতম। [OE. *siextig*]

size₁ [sīz, সাইজ্] (**1**) *n.* weak glue or gluey material, তরল বা নরম আঠা অথবা আঠাল পদার্থ, সিরিশ। (**2**) *v.t.* to treat with size, উক্ত আঠা বা সিরিশ্ মাখান। [?]

size₂ [sīz, সাইজ্] (**1**) *n.* portion or ration of food and drink, খাদ্য এবং পানীয়ের বরাদ্দ বা পরিমাণ; dimensions, magnitude, আয়তন। (**2**) *v.t.* to arrange or sort according to size, আয়তন-অনুযায়ী সাজান বা বাছাই করা। *a.* **siz(e)°able**—বেশ বড় আয়তনবিশিষ্ট। *a.* **si°zed**—(নির্দিষ্ট) আকারবিশিষ্ট। *n.* **si°zer**—যে ব্যক্তি আয়তন মাপে; যদ্দ্বারা আয়তন মাপা হয়, মানদণ্ড। *n.* **si°zing**—আয়তন-অনুযায়ী বিন্যাস বা বাছাই। **(to) size up**—(প্রধানতঃ ক্ষমতাদির) আয়তন বা প্রসার অবধারণ করা। [<*assize*]

sizzle [siz°l, সিজ্‌ল্] (**1**) *v.i.* to make a hissing sound (as of frying), (ভাজার সময়ে) শোঁ-শোঁ বা হিস্‌হিস্ শব্দ করা। (**2**) *v.t.i.* to fry, ভাজা বা ভর্জিত হওয়া। (**3**) *n.* a hissing sound, শোঁ-শোঁ বা হিস্‌হিস্ শব্দ; extreme heat, যৎপরোনাস্তি তাপ। **sizzling hot**—প্রচণ্ড গরম। [imi.]

skald [scawld, স্কাল্ড্] *n.* a poet, (প্রধানতঃ স্কান্‌ডেনেভিআর প্রাচীন) কবি। *a.* **skal°dic**—কবি-সংক্রান্ত; কবিসুলভ। [ON.]

skate₁ [skāt, স্কেইট্] *n.* a kind of ray-fish, সামুদ্রিক মৎস্যবিশেষ [ON. *skata*]

skate₂ [skāt, স্কেইট্] (**1**) *n.* a sole or sandal mounted on a blade or on rollers for moving on ice, বরফের উপর দিয়া পিছলাইয়া চলার যন্ত্রবিশেষ, স্কেইট। (**2**) *v.i.* to go on skates, স্কেইটে ভর দিয়া চলা। *p.* & *p. pt.* **skā°ted**। *n.* **skā°ting**—স্কেইটে ভর দিয়া চলন। *n.* **ska°ter**—স্কেইটে ভর দিয়া চলে এমন লোক। *n.* **ska°ting-ring**—স্কেইটে ভর দিয়া চলার জন্য সংরক্ষিত মেজে বা কৃত্রিম বরফ। **(to) get one's skates on**—তাড়াতাড়ি বা চট্‌পট্ করা। **(to) skate on** or **over thin ice**—কৌশলে সন্তর্পণে অগ্রসর হইতে হয় এমন বিষয়ে কথা বলা। [Du. *schaats*<ONorm. F. *escache*=stilt]

skedaddle [ski-dad°l, স্কি-ড্যাড্‌ল্] (**1**) *v.i.* (sl.) to run away, (অশি.) পলায়ন করা; disperse in flight, ছত্রভঙ্গ হওয়া। (**2**) *n.* such flight or dispersal, ঐরূপ পলায়ন বা ছত্রভঙ্গ হওয়া। [?]

skeesicks [skē°-ziks, স্কী°জ়িক্‌স্] *n.* a rascal, দুর্বৃত্ত। [?]

skeet [skēt, স্কীট্] *n.* clay-pigeon shooting, মাটির তৈরি পায়রাকে নিশানা বা তাক করিয়া গুলি নিক্ষেপ। [ON. skjota=to shoot]

skein [skān, স্কেইন্] *n.* a loosely tied coil or standard length of thread etc., সুতা রেশম পশম প্রভৃতির ফেটী; a tangle, জট। [OF. *escaigne*]

skeletal—see **skeleton.**

skeleton [ske°-litn, স্কে°লিট্‌ন্] *n.* the hard parts of an animal body, কঙ্কাল; the bones, অস্থিসমূহ; the veins of a leaf, বৃক্ষপত্রের শিরা-সমূহ; a framework, কাঠাম; an outline, নক্‌শা, পরিলেখ; the essential parts only, of a scheme etc., পরিকল্পনাদির কেবল অপরিহার্য অঙ্গসমূহ; the lowest strength of workers etc., কর্মিদল প্রভৃতির নিম্নতম সংখ্যা; an emaciated person or animal, কঙ্কালসার ব্যক্তি বা প্রাণী। *a.* **ske°letal**—কঙ্কাল-সংক্রান্ত; কঙ্কালবৎ; কঙ্কালে গঠিত। **a skeleton staff**—কর্মচারিবৃন্দের সংখ্যা যাহা যথাসম্ভব হ্রাস করা হইয়াছে। **reduced to a skeleton**—কঙ্কালসার অবস্থা প্রাপ্ত। **skeleton key**—যে চাবি বহু তালায় লাগান যায়। **skeleton in the cupboard, the family cupboard**—যে অপমানজনক তথ্য বাহিরের লোকের নিকট হইতে গোপন রাখা হয়। [Gk. *skeleton* (*soma*)=dried (body)]

skelp [skelp, স্কেল্‌প্] *v.t.i.* to slap, to strike, চড় মারা, আঘাত করা। [?]

skep [skep, স্কেপ্] *n.* a wicker basket, বাঁশের চেঁচাড়ি বা খড় প্রভৃতি দিয়া তৈয়ারী চুপড়ি বা ঝুড়ি; wicker bee-hive, বাঁশের তৈরি মৌচাকবিশেষ। [ON. *skeppa*]

skeptic—same as **sceptic.**

sketch [skech, স্কেচ্] (**1**) *n.* a drawing, rough or without detail, চিত্রের মোটামুটি নক্‌শা; an outline, পরিলেখ; a short account, সংক্ষিপ্ত বিবরণ; a short, slightly constructed play etc., নিয়ম ও পারিপাট্যের দিকে নজর না দিয়া সংক্ষেপে রচিত নাটকাদি; a short descriptive essay, ক্ষুদ্র বর্ণনামূলক প্রবন্ধ। (**2**) *v.t.i.* to draw a sketch or outline (of), (কিছুর) মোটামুটি নক্‌শা বা পরিলেখ অঙ্কন করা; to give a sketch (of), সংক্ষিপ্ত বিবরণ প্রদান করা; to compose a sketch, সংক্ষিপ্ত নাটক প্রবন্ধ প্রভৃতি রচনা করা। *p.* & *p. pt.* **ske°tched**। *n.* **sketch-block**—চিত্রাদির নক্‌শা আঁকার জন্য বিশেষভাবে তৈরি খাতা। *n.* **sketch°-book**—চিত্রাদির নক্‌শা অঙ্কনের বা সংক্ষিপ্ত নাটক প্রবন্ধ প্রভৃতি রচনার খাতা। *n.* **ske°tcher**। *n.* **sketch°-map**—যে মানচিত্রে পরিলেখ ভিন্ন অন্য কোন বৈশিষ্ট্য দেখান হয় না, পরিলেখ-মানচিত্র, নক্‌শা। *a.* **ske°tchy**—নক্‌শা বা পরিলেখের ন্যায় সংক্ষিপ্ত; অসম্পূর্ণ, ত্রুটিযুক্ত (*sketchy* knowledge of history)। *adv.* **ske°tchily**। *n.* **ske°tchiness**। [Du. *schet*]

skew [skū, স্কিউ] *a.* oblique, তির্যক্, (পরি.) নৈকতলীয়। *a.* **skew°-eyed**—টেরা-চোখো, টেরা। **on the skew**—তির্যক্‌ভাবে। *n.* **skew°ness**। [ONorm. F. *eskiu(w)er*<OF. *eschuer*=cp. *eschew*]

skewer [skū°-(a)r, স্কিউ°অ্যা(র্)] (**1**) *n.* a pin of wood or metal to hold meat together,

শিককাবাবাদি প্রস্তুতকালে যে শিকের মধ্যে মাংস গাঁথা হয়। (2) *v.t.* to pierce with a skewer, উক্ত শিকে গাঁথা; to transfix, এফোঁড়-ওফোঁড় করিয়া গাঁথা। [?]

ski [shē, শী, skē, স্কী] (1) *n.* a kind of snow-shoe, তুষারের উপর দিয়া চলার জন্য কাষ্ঠনির্মিত লম্বা সরু জুতাবিশেষ, শী। (2) *v.t.* to travel on this, শী পরিয়া চলা। *pr. pt.* **ski°ing** । *p.* & *p. pt.* **ski°ed, ski'd°** । *n.* **ski°er** । *n.* **ski°-plane**—বরফের উপর অবতরণ করার জন্য যে এরোপ্লেনে চাকার পরিবর্তে স্কী (ski) যুক্ত হয়। [Norw.]

skid [skid, স্কিড্] (1) *n.* a support to control the rolling of wheel etc., চক্রাদি যাহাতে না হড়কাইয়া যায় সেজন্য তৎসংলগ্ন আলম্ববিশেষ; a wooden buffer attached to a ship, সজ্বর্ষাদি এড়ানর জন্য পোতপার্শ্বসংলগ্ন তক্তা; an aeroplane runner, মাটির উপর দিয়া ধাবনকালে বিমানপোতের গতিনিয়ন্ত্রক কলবিশেষ। (2) *v.i.t.* to move along slidingly without revolving, (চক্রাদি-সম্বন্ধে) আবর্তিত না হইয়া হড়কাইয়া চলা বা আবর্তিত না করিয়া হড়কাইয়া চালান; to slip or cause to slip, (প্রধানতঃ একপাশে) পিছলাইয়া পড়া। (3) *v.t.* to check with a skid, হড়কানি-রোধক আলম্বদ্বারা গতি নিয়ন্ত্রিত করা। *pr. pt.* **ski°dding** । *p.* & *p. pt.* **ski°dded** । [Norw.]

skied, skier—see **ski** and **sky**.

skiff [skif, স্কিফ্] *n.* a light rowing or sculling boat, দাঁড় বা বৈঠা-চালিত হাল্কা নৌকা। [F. *esquif*]

skiffle [ski°-fl, স্কি°ফ্ল্] *n.* jazz-type of folk music played by a group, নৃত্যগীতসহ তাললয়ে নিবদ্ধ সমবেত লোক-সঙ্গীতবিশেষ। [?]

skilful—see **skill.**

skill [skil, স্কিল্] *n.* expertness, পটুতা, দক্ষতা। *a.* **skil°ful, ski°lled**—পটু, দক্ষ; পটুতাপূর্ণ, দক্ষতাপূর্ণ। *adv.* **skil°fully** । [ON. *skil*=discernment]

skillet [ski°-lit, স্কি°লিট্] *n.* a small metal cooking-pot with a long handle and (usu.) legs, রন্ধনকার্যে ব্যবহার্য লম্বা হাতলওয়ালা এবং (সচ.) পায়াওয়ালা ক্ষুদ্র ধাতব পাত্রবিশেষ। [?]

skilly [ski°-li, স্কি°লি] *n.* thin broth or soup or gruel, লপসি। [?]

skim [skim, স্কিম্] (1) *v.t.* to remove floating matter from the surface of, (প্রধানতঃ তরল পদার্থাদির) উপরের ভাসমান অংশ (অর্থাৎ সর পানা প্রভৃতি) আলতোভাবে তুলিয়া লওয়া। (2) *v.t.i.* to glide lightly (over), (কিছুর) উপরিভাগ আলতোভাবে স্পর্শ করিয়া গড়াইয়া চলা, আঁচড়াইয়া যাওয়া; to read superficially and skippingly, অমনোযোগের সহিত বাদ দিয়া পাঠ করা, চোখ বুলাইয়া যাওয়া। *pr. pt.* **ski°mming** । *p.* & *p. pt.* **ski°mmed** । *n.* **ski°mmer** । *n.* **skim°-milk**—ননী-তোলা বা সর-তোলা দুধ। [cp. *scum*]

skimp [skimp, স্কিম্প্] *v.t.i.* to supply meagrely, কৃপণহস্তে দেওয়া; to be parsimonious, কার্পণ্য করা। *a.* **skim°py**—যৎসামান্য, অপরিমিত। *adv.* **skim°pily** । [?]

skin [skin, স্কিন্] (1) *n.* the natural outer covering of an animal, গাত্রচর্ম, ত্বক্; the hide of a flayed animal, পশুর ছাড়ান ছাল; a peel or rind, ফলের খোসা বা বৃক্ষবল্কল; an integument, ডিম্বাদির উপরে স্বচ্ছ চর্মবৎ আবরণ, ডিম্বকত্বক্; complexion, গাত্রবর্ণ (dark or fair *skin*)। (2) *v.t.i.* to cover or be coverd with a skin, ত্বক্ বা চর্ম দিয়া আবৃত করা অথবা আবৃত হওয়া। (3) *v.t.* to strip the skin from, চামড়া ছাল খোসা বা বাকল ছাড়ান। *pr. pt.* **ski°nning** । *p.* & *p. pt.* **ski°nned** । *a.* **skin°-deep**—অতি অগভীর, ভাসা-ভাসা, উপর-উপর। *n.* **skin-diver**—যে ডুবুরি ডুবুরির পোশাক না পরিয়াই ডুব দেয়। *n.* **skin°-flint**—অতি কঞ্জুস লোক। *n.* **skin°-food**—ত্বকের স্বাস্থ্য বজায় রাখার প্রসাধন-দ্রব্যাদি। *n.* **skin°-gāme**—জুয়াচুরি, প্রতারণা। *n.* **skin°-grafting**—(শল্যচিকি.) দেহের একস্থানের চামড়া ক্ষতিগ্রস্ত হইলে সেখানে সেই দেহের অন্য স্থানের বা ভিন্ন দেহের চামড়া আনিয়া লাগান। *n.* **ski°nner**—পশুছালকে জিনিসপত্রের উপাদানরূপে ব্যবহৃত হওয়ার উপযোগী করা যাহার পেশা। *a.* **ski°nny**—(অস্থি.) চর্মসার; বিশীর্ণ। *n.* **ski°nniness** । **skin and bone**—অস্থিচর্মসার, অতিশয় কৃশ। **with whole skin**—নিরাপদে বা অক্ষতভাবে, (তু.) পিঠ বাঁচাইয়া। **(to) escape by** or **with the skin of one's teeth**—অতি সামান্যের জন্য (পরিত্রাণ পাওয়া)। **(to) have a thick skin**—(আল.) লজ্জা অপমান দুঃখ শোক প্রভৃতি গায়ে না লাগা, (তু.) গায়ে গণ্ডারের চামড়া থাকা। **(to) have a thin skin**—(আল.) ঈষন্মাত্র লজ্জা অপমান দুঃখ শোক প্রভৃতিতে বিচলিত হওয়া, অত্যন্ত স্পর্শকাতর হওয়া। **(to) keep one's eyes skinned**—(কথ্য.) সতর্ক থাকা। **(to) save one's skin**—আঘাত এড়ান, নিরাপদে বা অক্ষতভাবে নিস্তার পাওয়া, (তু.) পিঠ বাঁচান। [ON. *skinn*]

skint [skint, স্কিন্ট্] *a.* (sl.) very poor, penniless, (অশি.) অতি দরিদ্র, কপর্দকশূন্য। [?]

skip₁ [skip, স্কিপ্] (1) *v.i.* to spring or hop lightly, অনুচ্চ লাফ দেওয়া বা লাফালাফি করা; to leap continuously over a twirling rope, পাকান দড়ি লইয়া লাফালাফি করা, স্কিপিং করা; to pass discontinuously, থামিয়া থামিয়া চলা; to make off, to depart quickly from, সরিয়া পড়া, সত্বর প্রস্থান করা। (2) *v.t.* to overleap, ডিঙ্গাইয়া যাওয়া; to omit, বাদ দিয়া যাওয়া (to *skip* the pages of a book)। *pr. pt.* **ski°pping** । *p.* & *p. pt.* **ski°pped** । *n.* **skip°jack**—বেশভূষা-বিলাসী ধৃষ্ট ব্যক্তি; লাফানে মাছবিশেষ; শিশুদের লাফানে খেলনাবিশেষ, খেলনা-বেঙ। *n.* **ski°pper₂**—অনুচ্চ লম্ফদানকারী; নর্তক, নাচিয়ে; (কাব্যে.) অদূরদর্শী যুবক; ঈষৎ লাফাইয়া লাফাইয়া

চলে এমন প্রজাপতিবিশেষ। *adv.* **ski°ppingly**। *n.* **ski°pping-rōpe**—স্কিপিং করার দড়ি। [cp. ON. *skopa*=to run]

skip₂ [skip, স্কিপ্] *n.* a cage or bucket to lower or raise men and materials in mines and quarries, খনি খাত প্রভৃতিতে মানুষ ও প্রয়োজনীয় মালপত্র নামাইবার এবং তুলিবার খাঁচা বা পাত্রবিশেষ। [var. of *skep*]

skipper₁ [ski°pa(r), স্কি°প্যা(র্)] **(1)** *n.* the captain of a ship or an aircraft, জাহাজের বা বিমানের কাপ্তান বা অধ্যক্ষ; the captain of a playing team, খেলোয়াড়-দলের নায়ক বা ক্যাপ্টেন্। **(2)** *v.t.* to act as a captain of, দলের নায়কত্ব করা। [Du. *schipper*]

skipper₂, skipping—see **skip₁**.

skirl [ska(r)l, স্ক্যা(র্)ল্] **(1)** *v.i.t.* to shriek, sing or sound shrilly, (ব্যাগ্‌পাইপ্-বাঁশি সম্বন্ধে) তীক্ষ্ণ উচ্চৈঃস্বরে গাওয়া বা ধ্বনিত হওয়া। **(2)** *n.* a shrill cry or sound, (প্রধানতঃ ব্যাগ্‌পাইপ্ বাঁশির) তীক্ষ্ণ উচ্চ চিৎকার বা ধ্বনি। [Scand.]

skirmish [ska(r)°mish, স্ক্যা(র্)°মিশ্] **(1)** *n.* an irregular fight between small parties, ক্ষুদ্র ক্ষুদ্র দলে হাতাহাতি লড়াই, দাঙ্গা। **(2)** *v.i.* to engage in a skirmish, ঐভাবে লড়াই করা, দাঙ্গা করা। *p. & p. pt.* **skir°mished**। *n.* **skir°misher**। [OF. *escarmouche*]

skirt [ska(r)t, স্ক্যা(র্)ট্] **(1)** *n.* a garment, (প্রধানতঃ স্ত্রীলোকের) পরিচ্ছদবিশেষ, ঘাগরা; a rim or border, প্রান্ত, ধার, কানা, কিনারা; (sl.) a woman, (অশি.) স্ত্রীলোক। **(2)** *v.t.i.* to be on or pass along the border (of), (কিছুর) প্রান্তে বা কিনারায় অবস্থান করা অথবা প্রান্ত বা কিনারা দিয়া চলা। *a.* **skir°tėd**—ঘাগরা-পরিহিত। *n.* **skir°ting**—ঘাগরা তৈয়ারির কাপড়। *n.* **skirting-board**—ঘরের লম্বালম্বি তল। **divided skirt**—ঘাগরা-সদৃশ মেয়েদের পাজামাবিশেষ, মেয়েদের ঢিলা পাতলুনবিশেষ। [ON. *skyrta*=a shirt]

skit₁ [skit, স্কিট্] *n.* a piece of banter or burlesque, (প্রধানতঃ নাটকাকারে বা কবিতাকারে) লঘু উপহাস, ব্যঙ্গরচনা। [ON. *skjota*=to shoot]

skit₂ [skit, স্কিট] *n.* (colloq.) crowd, number, (esp. in pl.), (বিশে. বহুবচনে) ভিড়, সংখ্যাধিক্য। [?]

skittish [ski°-tish, স্কি°টিশ্] *a.* frivolous, frisky, লঘুচেতা, চপল, চঞ্চল, ছট্‌ফটে; lively, হাসিখুশী; capricious, খামখেয়ালী; coquettish, ঠমকী, ছেনালিপূর্ণ; (of horses) nervous, excitable, (ঘোড়াসম্বন্ধে) ত্রস্ত, ভীতু, সহজে উত্তেজিত। *adv.* **ski°ttishly**। *n.* **ski°ttishness**। [<*skit₁* ?]

skittle [skit°l, স্কিট্‌°ল্] **(1)** *n.* one of the pins used in a kind of game, একপ্রকার খেলায় ব্যবহৃত পিন্‌বিশেষ; (in *pl.*) a game, উক্ত পিন্‌সমূহ লইয়া ক্রীড়াবিশেষ। **(2)** *v.t.* to knock down, ভূপাতিত করা। **beer and skittles**—আমোদ-প্রমোদ; মজা। **(to) skittle out**—ক্রিকেটে বিপক্ষকে দ্রুত আউট করিয়া দেওয়া। [?]

skive [skīv, স্কাইভ্] *v.t.i.* to evade (a duty), (কর্তব্যাদি) কৌশলে এড়াইয়া যাওয়া। [ON. *skifa*]

skivvy [ski°-vi, স্কি°ভি] *n.* (sl., usu. derog.) a maidservant, (অশি., সচ. তুচ্ছার্থে) চাকরানী, ঝি। [?]

skulduggery [skul-dag-ri, স্কাল্‌ড্যাগ্‌রি] *n.* trickery, চাতুরী, ছলনা। [?]

skua [skū°-a, স্কিউ°অ্যা] *n.* a kind of large seagulls, বৃহদাকার শঙ্খচিলবিশেষ। [ON. *skufr*]

skulk [skulk, স্কাল্‌ক্] *v.i.* to lurk, গুপ্ত সংবাদাদি জানার জন্য অনভিপ্রেতভাবে আশেপাশে ঘুরঘুর করা; to avoid duty, কাজ এড়ান; to sneak away in time of danger, বিপদের সময় অলক্ষিতে সরিয়া পড়া। *n.* **skulk°(er)**। [Scand.]

skull [skull, স্কাল্] *n.* the bony case of the brain, মাথার খুলি, করোটি। *n.* **skull-cap**—close-fitting (usu. of velvet) cap worn indoors chiefly by old men. (সাধারণতঃ ভেলভেটের) আঁটসাঁট টুপি যাহা সাধারণতঃ বুড়ারা ঘরে পরে। **skull and cross-bones**—(ছবিতে) মাথার খুলি ও তন্নিম্নে আড়াআড়ি স্থাপিত উরুর অস্থিদ্বয় (মৃত্যুর প্রতীক)। [?]

skunk [skungk, স্কাংক্] **(1)** *n.* an animal of the weasel-kind, আমেরিকার ভোঁদড়জাতীয় প্রাণিবিশেষ; its fur, উহার সলোম চর্ম; a stinking fellow, জঘন্য লোক। **(2)** *v.t.* (sl.) to defeat, (অশি.) পরাজিত করা; to fail to pay (bill, etc), (পাওনাদি) দিতে বা মিটাইতে না পারা। [Algonkian *segonku*]

sky [sky, স্কাই] **(1)** *n.* the heavens, the firmament, আকাশ, গগন, নভঃ, আশমান; the weather, আবহাওয়া; a region, অঞ্চল, প্রদেশ। **(2)** *v.t.* to raise aloft, ঊর্ধ্বে তোলা, উঁচু করিয়া ধরা, আকাশে তোলা; to hit high into the air, আঘাত করিয়া শূন্যে তোলা (to *sky* a ball); to hang above the line of sight, এমন উঁচুতে টাঙান যে দেখিতে পাওয়া যায় না। **sky°blue**—**(1)** *n.* আশমানী নীল রঙ। **(2)** *a.* উক্ত বর্ণবিশিষ্ট। *a.* **sky°-born**—আকাশজাত; স্বর্গজাত, দিব্য। *n.* **sky°-colour**—আশমানী নীল রঙ। *a.* **sky°-coloured**—আশমানী রঙের। *n.* **sky°er**—(ক্রিকেটে) ব্যাটের আঘাতে খুব উঁচুতে বল প্রেরণ; উক্তভাবে উঁচু হইয়া ওঠা বল। **sky°-high°**—**(1)** *a.* অতি উচ্চ; আকাশ-ছোঁয়া। **(2)** *adv.* অতি উচ্চে; আকাশ ছুঁইয়া। *n.* **sky°lark**—ভরতপক্ষী: ইহা খুব উঁচুতে ওড়ে। *n.* **sky°light**—সূর্যালোক আসার জন্য গৃহছাদে (রঙীন কাচে-ঢাকা) জানালা; আকাশের আলো। *n.* **sky°-line**—দিগন্ত, দিক্‌চক্রবাল। **sky-rocket**—**(1)** *n.* আকাশের দিকে উৎক্ষিপ্ত রকেট; **(2)** *v.i.* (আল.) পণ্যাদির মূল্য অতিশয় বৃদ্ধি পাওয়া।

n. **sky°scrāper**—গগনচুম্বী অট্টালিকা। *a.* **sky°-ward**—আকাশাভিমুখ। *adv.* **sky°ward(s)**—আকাশাভিমুখে। *n.* **sky°-writing**—বিমানপোত হইতে ধূম্ররেখা নির্গত করিয়া আকাশপটে লিখন। **(to) praise one to the skies**—অত্যুচ্চ প্রশংসা করা, প্রশংসা করিয়া আকাশে তোলা। **under the open sky**—উন্মুক্ত আকাশের নিচে। [ON.=cloud]

Skye [skī, স্কাই] *n.* small terrier, স্কট্ল্যান্ডের দীর্ঘলোম ক্ষুদ্র শিকারী কুকুরবিশেষ (also **Skye terrier**)। [the island of *Skye*]

slab [slab, স্ল্যাব্] *n.* a plane-sided piece of any rigid material, (প্রস্তরাদির) সমতল পৃষ্ঠযুক্ত পুরু ও মোটা পাতবিশেষ, ফলক: a stone-slab, প্রস্তরফলক। [?]

slabber [sla°-ba(r), স্ল্যা°ব্যা(র্)] var. of **slobber.**

slack [slak, স্ল্যাক্] **(1)** *a.* lax or loose, ঢিলা, আলগা, শিথিল; not strict, (নিয়মশৃঙ্খলাদি রক্ষণে) কঠোর নহে এমন; not eager or diligent, remiss, আগ্রহশূন্য বা পরিশ্রমবিমুখ, অবহেলাকারী; not busy, ব্যস্ত নহে এমন; without work or much work, কর্মহীন বা হাতে বেশী কাজ নাই এমন; slow, ধীরজ, ধীরগতি। **(2)** *n.* a slack part of a rope, belt, etc., রজ্জু কোমরবন্ধ প্রভৃতির ঢিলা অংশ; (in *pl.*) loose trousers, ঢিলা পা-জামা। *v.i.t.* **slack, sla°cken**—ঢিলা বা শিথিল হওয়া অথবা করা; অবহেলা করা বা করান; আগ্রহশূন্য বা অপরিশ্রমী বা ধীরগতি বা ব্যর্থ বা অক্ষম বা কর্মহীন বা কর্মবিমুখ হওয়া অথবা করান; (কর্ম-চাঞ্চল্যাদি) হ্রাস পাওয়া বা করা। *p.* & *p. pt.* **sla°cked, sla°ckened**। *n.* **sla°cker**—অলস কর্মবিমুখ বা শ্রমবিমুখ ব্যক্তি। *adv.* **slack°ly**। *n.* **slack°ness**। **(to) slack away** or **off**—ঢিলা হইয়া যাওয়া বা ঢিলা করিয়া দেওয়া। **(to) slack up**—ঢিলা হইয়া যাওয়া বা ঢিলা করিয়া দেওয়া; ধীরগতি হইয়া যাওয়া বা করিয়া দেওয়া। [OE. *sleac*—cp. Sw. *slack*]

slag [slag, স্ল্যাগ্] *n.* solid scum on melted metal, ধাতু গলাইলে উহার উপরে যে শক্ত শিটার আবরণ পড়ে, (পরি.) ধাতুমল। *a.* **sla°ggy**—ধাতুমলে পূর্ণ। [MLG. *slagge*]

slain—see **slay.**

slake [slāk, স্লেইক্] *v.t.* to quench, (তৃষ্ণাদি) প্রশমিত বা দমিত করা; to extinguish, নেভান; to allay, উপশমিত করা; to hydrate (চুনে) জলযোজিত করা বা জল দিয়া ফোটান। *p.* & *p. pt.* **slā°ked** | **slaked lime**—কলিচুন। [OE. *sl(e)acian*=to slacken]

slalom [slŭ°-lom, স্লা°লম্] *n.* ski-race down a course marked out by artificial obstacles, কৃত্রিম প্রতিবন্ধকপূর্ণ ধাবনক্ষেত্রে শি-র (অর্থাৎ বরফের উপর দিয়া পিছলাইয়া চলিবার জন্য যন্ত্রবিশেষের) সাহায্যে ধাবন-প্রতিযোগিতা। [Norw. *slalam*]

slam₁ [slam, স্ল্যাম্] *n.* an old card-game, প্রাচীন তাসখেলাবিশেষ; in some card-games, the winning of all, or one but all tricks, কোন কোন তাসখেলায় সমস্ত পিট বা একটি বাদে সমস্ত পিট লাভ। **grand slam**—সমস্ত পিট জিতিয়া লওয়া। **little slam**—একটি বাদে সমস্ত পিট জিতিয়া লওয়া। [?]

slam₂ [slam, স্ল্যাম্] **(1)** *v.t.i.* to bang, (দরজাদি) সজোরে ও সশব্দে বন্ধ করা বা বন্ধ হওয়া; to put or throw with force, সবলে রাখা বা নিক্ষেপ করা। *pr. pt.* **sla°mming** | *p.* & *p pt.* **slammed**। **(2)** *n.* slamming, উক্তভাবে বন্ধ করা বা হওয়া অথবা বন্ধ করার বা হওয়ার শব্দ। [cp. Norw. *slemma*]

slander [slŭn°-da(r), স্ল্যান্°ডাা(র্)] **(1)** *n.* a false and malicious report, মিথ্যা কলঙ্ক বা অপবাদ। **(2)** *v.t.* to utter or circulate slander about, মিথ্যা কলঙ্ক বা অপবাদ দেওয়া অথবা রটান। *n.* **slan°derer**। *a.* **slan°derous**—মিথ্যা কলঙ্কপূর্ণ; মিথ্যা কলঙ্ক রটায় এমন। [OF. *esclandre*<L. *scandalum*<Gk. *scandalon* (*n.*)]

slang [slang, স্ল্যাং] **(1)** *n.* a jargon of disreputable persons, তস্করাদি ইতর লোকদের বুলি বা ভাষা; the jargon of any class or profession, সম্প্রদায়গত বা পেশাগত বুলি বা ভাষা (army, schoolboy, thieves, etc. *slang*); words and usages not accepted for dignified use., অশিষ্ট বা ইতর ভাষা অথবা বুলি। **(2)** *a.* of, like, or used in the slang, ইতর বা অশিষ্ট ভাষাসংক্রান্ত, তৎসুলভ অথবা তাহাতে ব্যবহৃত। *a.* **slan°gy**—ইতর বুলিসংক্রান্ত: ইতর বুলি আওড়াইতে অভ্যস্ত। *adv.* **slan°gily** | *n.* **slan°giness**। [cant]

slant [slŭnt, স্লান্ট্] **(1)** *v.t.i.* to slope, ক্রমশঃ ঢালু করা বা হওয়া; to turn obliquely, তির্যক্‌ভাবে ফেরান বা ফেরা, তির্যক্ করা বা হওয়া; to fall or cause to fall obliquely, তির্যক্‌ভাবে ফেলা বা পড়া। **(2)** *n.* a slope, ঢল, উতরাই; obliquity, তির্যক্‌তা। *a.* & *adv.* **slantwise**—তির্যক্; তির্যক-ভাবে। *adv.* **slan°tingly**। **(to) slant the news**—সংবাদাদি এমনভাবে পরিবেশন করা যাহাতে মতবিশেষ সমর্থিত হয়। [ME. *slent*—cp. Norw. *slenta*]

slap [slap, স্ল্যাপ্] **(1)** *n.* a blow with the palm of the hand, চড়, চাপড়, চাটি; a blow with anything flat, চেটাল কিছুর আঘাত। **(2)** *v.t.* to give a slap to, চড় চাপড় বা চাটি মারা। *pr. pt.* **sla°pping**; *p.* & *p. pt.* **sla°pped**। **(3)** *adv.* with a slap, চড় বা চাপড় মারিয়া; suddenly, অকস্মাৎ, হঠাৎ; violently, প্রচণ্ডভাবে; directly, সরাসরি। *adv.* **slap°-bang°**—হঠাৎ প্রচণ্ডভাবে। **slap°-dash**—**(1)** *a.* বেপরোয়া ও হঠকারী। **(2)** *adv.* উক্তভাবে। *n.* **slap°-stick**—মূক অভিনয়ে ভাঁড়ের হাতের ছড়িবিশেষ; (আল.) হৈচৈ-পূর্ণ ইতর প্রহসন। [imi.]

slash [slash, স্ল্যাশ্] **(1)** *v.t.i.* to cut by striking violently and at random with sword, whip, etc., তরবারি চাবুক প্রভৃতির দ্বারা প্রচণ্ডভাবে এলোপাতাড়ি আঘাত করিয়া করিয়া কাটা ; to make long cuts (in), লম্বা ও সরু সরু ক্ষত করিয়া দেওয়া ; to reduce (prices etc.) drastically, মূল্যাদি খুব বেশি কমাইয়া দেওয়া (to *slash* prices, salaries, etc.) ; to lash, চাবকান, to crack (as a whip), (চাবুক আছড়ানর) শোঁ-শোঁ বা সাঁ-সাঁ শব্দ করা। (2) *v.t.* to criticize very harshly, অতি কঠোরভাবে বিরুদ্ধ সমালোচনা করা (to *slash* a new play) । *p.* & *p. pt.* **sla°shed** । (3) *n.* a long cut, লম্বা ও সরু ক্ষত ; a cut at random, এলোপাতাড়ি আঘাতের ফলে ক্ষত। *a.* **sla°shed**—এলোপাতাড়ি আঘাতের ফলে কর্তিত বা ক্ষতযুক্ত ; লম্বা ও সরু সরু করিয়া কর্তিত বা ঐ প্রকার ক্ষতযুক্ত। [OE. *escalchier* = to break ?]

slat [slat, স্ল্যাট্] *n.* thin narrow wood used in Venetian blinds, ভিনিসীয় জানালায় খড়খড়িতে ব্যবহৃত পাতলা সরু কাঠ; lath, কাঠের ছিলকা। [OF. *escalat*]

slate [slāt, স্লেইট্] (1) *n.* a kind of rock, সেলেট্-পাথর ; a slab of slate, গৃহছাদ আস্তরণের জন্য বা লেখার জন্য সেলেট্-পাথরের ফলক। (2) *v.t.* to cover with slate, সেলেট-পাথরে আচ্ছাদিত করা ; to enter on a slate, সেলেটে লেখা ; (coll.) to criticize severely, কঠোরভাবে সমালোচনা করা। *p.* & *p. pt.* **slā°ted** । *a.* **slate°-coloured, slāte°-gray, slāte°-grey**—সেলেট-পাথরের ন্যায় ফিকা নীলাভ ধূসরবর্ণ অর্থাৎ প্রায় কৃষ্ণবর্ণ। *n.* **slāte°pencil**—সেলেটে লেখার উপযোগী (সেলেট-পাথরে তৈয়ারী) পেন্সিল। *n.* **slā°ter** । **clean slate**—নূতন করিয়া আরম্ভ। **on the slate**—পরিশোধ্য ঋণ হিসাবে লিখিত। *n.* **slate-club**—পরস্পরকে সাহায্য করিবার উদ্দেশ্যে স্থাপিত (স্বল্প সাপ্তাহিক চাঁদার উপর প্রতিষ্ঠিত) সমিতি। *a.* **slā°ty**—সেলেট্-পাথরে তৈয়ারি, সেলেট্-পাথর-তুল্য। [OF. *esclat(e)*]

slattern [sla°-ta(r)n, স্ল্যা°ট্যা(র্)ন্] *n.* a slut, নোংরা স্ত্রীলোক। *a.* **sla°tternly**—নোংরা ; নোংরা স্ত্রীলোকসুলভ। [?]

slaty—see **slate.**

slaughter [slaw°-ta(r), স্লা°ট্যা(র্)] (1) *n.* killing of animals, (প্রধানতঃ খাদ্যার্থ) পশুবধ ; carnage, ব্যাপক (প্রধানতঃ নর-)হত্যা। (2) *v.t.* to make slaughter of, খাদ্যার্থ বধ করা, ব্যাপক হত্যা করা। *n.* **slaugh°terer**—কসাই ; ব্যাপক হত্যাকারী। *n.* **slaugh°ter-house**—কসাইখানা, (পরি.) ঘাতাগার। *a.* **slaugh°terous**—পশুবধ করিতে বা ব্যাপকভাবে হত্যা করিতে প্রবণ ; ধ্বংসাত্মক, ধ্বংস-সাধক ; হত্যাকারী ; খুনে। [ON. *slatr* = butcher's meat—cp. *slay*]

Slav [slŭv, স্লাভ্] *n.* one who speaks Slavonic, স্ল্যাভনিক-ভাষাভাষী পূর্ব-ইউরোপের লোক (অর্থাৎ রুশ্ পোলিশ্ চেক স্লোভাক্ সার্বিঅ্যান্ বুল্‌গেরিআন্ প্রভৃতি জাতীয় লোক)। *a.* **Slav°(ic)**—উক্তজাতীয়। **Slavonic** [sla-vo°-nik, স্ল্যাভ°নিক্] (1) *n.* স্লাভ্-গোষ্ঠীর মূল ভাষা। (2) *a.* উক্ত ভাষা-সংক্রান্ত ; উক্ত ভাষাভাষী-সংক্রান্ত। [ML. *Sclavus* < L. Gk. *Sklabos* < Slav. *slovo* = word]

slave [slāv, স্লেইভ্] (1) *n.* a person held as property, ক্রীতদাস, কেনা গোলাম ; a helpless victim of any dominating influence, ক্রীতদাসের মত কাহারও বা কিছুর বশবর্তী বা প্রভাবাধীন ব্যক্তি (the *slaves* of fashion) ; a wretch, হতভাগা লোক ; a drudge, যে ব্যক্তিকে অতি ক্লান্তিকর ও জঘন্য কাজ করিতে হয়। (2) *v.i.* to work like a slave, ক্রীতদাসের ন্যায় খাটা বা কাজ করা ; to drudge, অতি ক্লান্তিকর ও জঘন্য কাজে নিযুক্ত থাকা। *n.* **slāve°-driver**—ক্রীতদাসদের খাটানর জন্য নিযুক্ত ব্যক্তি ; অতি কঠোর উপরওয়ালা। *n.* **slāve°-owner**—(একাধিক) ক্রীতদাসের মালিক। *n.* **slā°-ver₂**—(ক্রীত-)দাসব্যবসায়ী ; ক্রীতদাসদের দেশান্তরে পরিবহণার্থ জাহাজ। *n.* **slā°very**—ক্রীতদাসত্ব; অতি ক্লান্তিকর ও জঘন্য কাজ বা বৃত্তি। *n.* **slave-ship**—দাসব্যবসায়ে ব্যবহৃত জাহাজ। *n.* **slāve°-trāde**—(ক্রীত-)দাসব্যবসায়। *n.* **slāve°-trāder**—(ক্রীত-)দাসব্যবসায়ী। *n.* **slā°vey**—(অশি.) বাড়ির ক্লান্তিকর ও জঘন্য কাজসমূহ করার জন্য নিযুক্ত ভৃত্য ; বাড়ির ঝি। *a.* **slā°vish**—ক্রীতদাস-সংক্রান্ত ; (ক্রীত-)দাসসুলভ ; গোলামের ন্যায় আজ্ঞাবাহী ; অতি শ্রমসাধ্য। **white slave**—বেশ্যাবৃত্তির জন্য সংগৃহীত বা রপ্তানিকৃত বালিকা। **white slaver**—যে ব্যক্তি বেশ্যাবৃত্তির জন্য বালিকা সংগ্রহ করে বা রপ্তানি করে। **white slavery** or **white slave traffic**—বেশ্যাবৃত্তির জন্য বালিকাসংগ্রহ বা বালিকা রপ্তানি। [OF. *esclave* = (ori.) a Slav]

slaver₁ [sla°-va(r), স্ল্যা°ভ্যা(র্)] (1) *n.* spittle running from the mouth, মুখনিঃসৃত লালা ; (fig.) gross flattery, (আল.) চাতুর্যহীন বা জলো বা স্থূল তোষামোদ। (2) *v.i.* to let slaver flow, মুখ হইতে লালা ঝরান। (3) *v.t.* to smear with slaver in kissing, চুম্বন করিতে গিয়া (অপরের মুখ) লালালিপ্ত করিয়া দেওয়া ; (fig.) to flatter grossly, (আল.) জলো বা স্থূল তোষামোদ করা। *n.* **sla°verer** । [Scand.]

slaver₂, slavery, slavey, slavish—see **slave.**

Slavonic—see **Slav.**

slaw [slaw, স্লা] *n.* salad of sliced cabbage, কুচি কুচি করিয়া কাটা বা টুকরা টুকরা বাঁধাকপির স্যালাড। [< *salade*]

slay [slā, স্লেই] *v.t.* to kill, হত্যা করা, বধ করা। *p.* **slew** [sloo, স্লু] ; *p. pt.* **slain** । *n.* **slayer** [sle°-a(r), স্লে°অ্যা(র্)]। [OE. *slean*—cp. ON. *sla*]

sleazy [slē°si, স্লী°জ়ি] *a.* (of textiles) flimsy, (সুতিবস্ত্রাদি সম্পর্কে) পাতলা ; (colloq.) slatternly, dirty, নোংরা। [?]

sled [sled, স্লেড্], **sledge₁** [slej, স্লেজ্] (1) *n.* a carriage without wheels for sliding upon snow, তুষারের উপর দিয়া হড়কাইয়া চলার জন্য চক্রহীন গাড়িবিশেষ, স্লেজ্-গাড়ি। (2) *v.t.i.* to convey, or travel, by sledge, স্লেজ্-গাড়িতে করিয়া নেওয়া বা যাওয়া। [MDu. *sleedse*]

sledge$_2$ [slej, স্লেজ্] *n.* a large heavy hammer, (কামারের) বড় ও ভারী হাতুড়িবিশেষ (also **sledge°-hammer**)। [OE. *slecg*<*sléan*=to strike]

sleek [slēk, স্লীক্] (1) *a.* soft, smooth and glossy, নরম মসৃণ ও চক্‌চকে; sleek haired or skinned, নরম মসৃণ ও চক্‌চকে চুলওয়ালা বা গাত্রচর্মবিশিষ্ট; of well-fed comfortable appearance, ভাল খাইতে পাইয়া আরামে আছে এমন চেহারাবিশিষ্ট; (fig.) ingratiating, having smooth manners, অনুগ্রহভাজন হওয়ার চেষ্টা করে এমন, সুমধুর আচরণ এমন। (2) *v.t.* to make smooth or glossy, (প্রধানতঃ চুল চাপড়াইয়া চাপড়াইয়া) মসৃণ ও চক্‌চকে করা; (চুলে) পাতা কাটা; to calm, শান্ত করা। *adv.* **sleek°ly** I *n.* **sleek°ness** I [var. of *slick*]

sleep [slēp, স্লীপ্] (1) *v.i.* to take rest by relaxation of consciousness, to slumber, নিদ্রা যাওয়া, ঘুমান; to be motionless or inactive, নিশ্চল বা নিষ্ক্রিয় থাকা; to be dormant, (অন্তরে) চাপা থাকা; (bot.) to be in a quiescent or drooping position, (উদ্ভিদাদি-সম্বন্ধে) রাত্রিকালীন অবস্থাপ্রাপ্ত হওয়া অর্থাৎ সঙ্কুচিত বা আনত হওয়া, ঘুমান; to be dead, মৃত হওয়া; to lie in the grave, সমাহিত থাকা। (2) *v.t.* to be in the state of (sleep), (নিদ্রিত) অবস্থায় থাকা, (ঘুম) ঘুমান (to *sleep* a sound sleep); to outsleep, (সময় দুঃখ প্রভৃতি) ঘুমাইয়া অতিবাহিত করা (to *sleep* off headache, hangover, etc.); to provide sleeping accommodation for, শুইবার জায়গা যোগান (this lodging-house *sleeps* a hundred men) I *p.* & *p. pt.* **slept** [slept, স্লেপ্ট্]। (3) *n.* the state of being asleep, ঘুমন্তাবস্থা; a spell of sleep, নিদ্রা, ঘুম। *a.* **slee°ping**—ঘুমন্ত, সুপ্ত; (অন্তরে) চাপা আছে এমন, নিষ্ক্রিয়। *n.* **sleep°er**—*sleep* (*v.*)-এর সকল অর্থে—এবং রেললাইনের নিচে যে কাঠের তক্তা, লোহার পাত প্রভৃতি পাতা হয়। *n.* **slee°ping-bag**—ছুটির দিনে প্রমোদভ্রমণকালে গৃহের বাহিরে যে জলাভেদ্য ঝোলার মধ্যে ঢুকিয়া ঘুমান হয়। *n.* **slee°ping-car**—রেলগাড়ির যে কামরায় ঘুমানর ব্যবস্থা আছে। *n.* **slee°ping-draught, slee°ping-pill**—নিদ্রাকর্ষক পানীয় বা বড়ি। **sleeping partner**—ব্যবসায়-প্রতিষ্ঠানের যে অংশীদার মূলধন জোগায় কিন্তু পরিচালনার কার্যে অংশ গ্রহণ করে না। *n.* **slee°ping-sickness**—আফ্রিকার ব্যাধিবিশেষ: মশকদংশনে লোকে এই রোগে আক্রান্ত হইয়া নিদ্রাভিভূত হয় এবং নিদ্রিতাবস্থাতেই মারা পড়ে। *a.* **sleep°less**—বিনিদ্র, অতন্দ্র; ঘুমাইতে অক্ষম; ঘুম আসে না এমন। *n.* **sleep°lessness** I *n.* **sleep°-walker**—যে ব্যক্তি নিদ্রিতাবস্থায় উঠিয়া হাঁটিয়া বেড়ায়; স্বপ্নচর। **sleep°-walk°ing**—(1) *a.* স্বপ্নচারী। (2) *n.* স্বপ্নচারিতা; স্বপ্নচারণ। *a.* **slee°py**—নিদ্রালু; ঘুমপাড়ানী; (ফল-সম্বন্ধে) নরম ও রসহীন হইয়া গিয়াছে এমন। *adv.* **slee°pily** I *n.* **slee°piness** I *n.* **slee°py-head**—কুঁড়ে লোক। **(to) go to sleep**—নিদ্রিত হওয়া, ঘুমাইয়া পড়া। **(to) get to sleep**—কোনক্রমে ঘুমাইতে পারা। **(to) have one's sleep out**—আপনা হইতে ঘুম না ভাঙ্গা পর্যন্ত ঘুমাইতে থাকা। **last sleep**—শেষ নিদ্রা, মৃত্যু। **(to) put one to sleep**—ঘুম পাড়ান। **(to) sleep like a top** or **log**—অঘোরে ঘুমান, (তু.) মড়ার মত ঘুমান। **(to) sleep on**—ঘুমাইতে থাকা। **(to) sleep on** or **over a question** or **problem**—উত্তর দেওয়ার জন্য কোন প্রশ্ন বা সমাধান করার জন্য কোন সমস্যা পরদিন পর্যন্ত রাখিয়া দেওয়া। **(to) sleep the clock round**—এক নাগাড়ে বার ঘণ্টা ঘুমান। [OE. *slaepan* (*v.*), *slaep* (*n.*)—cp. G. *schlaf*, Goth. *sleps*]

sleet [slēt, স্লীট্] (1) *n.* rain mingled with snow or hail, তুষারপাতের সহিত বৃষ্টি, শিলাবৃষ্টি, (পরি.) তুষারবর্ষ। (2) *v.i.* to hail or snow with rain mingled, তুষারবর্ষ হওয়া (it *sleets*)। *a.* **slee°ty**—তুষারবর্ষপূর্ণ। [?]

sleeve [slēv, স্লীভ্] *n.* the part of a garment that covers the arm, জামার হাতা, আস্তিন্। *a.* **sleev°ed**—হাতাওয়ালা। *a.* **sleeve°less**—হাতাহীন। **(to) hang** or **pin on one's sleeve**—কাহারও উপর সম্পূর্ণ নির্ভর করা। **(to) have** (an idea, plan, etc.) **up one's sleeve** ভবিষ্যতে ব্যবহারের জন্য (কোন মতলব, পরিকল্পনা, প্রভৃতি) গোপনে নিজের কাছে সংরক্ষিত করিয়া রাখা। **(to) laugh in** or **up one's sleeve**—মনে মনে হাসা। **(to) roll up one's sleeves**—কাজ বা মারামারি করার জন্য আস্তিন গুটাইয়া লওয়া। **(to) wear one's heart on one's sleeve**—খোলাখুলিভাবে স্বীয় মনোভাব বা অনুভূতি ব্যক্ত করা। [OE. *sl(i)efe*]

sleigh [slā, স্লেই] var. of **sledge**.

sleight [slīt, স্লাইট্] *n.* cunning, চাতুরী; dexterity, দক্ষতা, পটুতা; trickery, কৌশল। *n.* **sleight°-of-hand°**—ভোজবাজি, ম্যাজিক্। [ON. *slaegth*]

slender [slen°-da(r), স্লেন্°ড্যা(র্)] *a.* thin or narrow, পাতলা বা সরু; slim, রোগা গড়নযুক্ত, অনুদেহী; slight, সামান্য; meagre, অতি অল্প (*slender* evidence, income, means, etc.)। *adv.* **slen°derly** I *n.* **slen°derness** I [?]

slept—see **sleep**.

sleuth [slōōth, স্লুথ্] *n.* a track or trail, পদচিহ্নাঙ্কিত অনুসরণ-পথ। *n.* **sleuth, sleuth°-hound**—রক্ত দেহ পোশাক প্রভৃতির গন্ধ শুঁকিয়া অনুসরণে সক্ষম কুকুরবিশেষ, ব্লাড্‌হাউন্ড্ কুকুর;

নাছোড়বান্দা অনুসরণকারী ; গোয়েন্দা। [ON. *sloth* = track]

slew—see **slay**.

slice [slīs, স্লাইস্] (**1**) *n.* a thin broad piece, (প্রধানতঃ ছুরিকাদ্বারা কাটিয়া লওয়া) পাতলা ও চওড়া টুকরা, ফালি (a *slice* of bread) ; a broad-bladed instrument, (প্রধানতঃ কর্তনের জন্য) চওড়া ফলাযুক্ত অস্ত্র ; a slash, তরবারি প্রভৃতির চোপ ; a sliced stroke, (গল্‌ফ্‌ প্রভৃতি খেলায়) ব্যাট দিয়া বলে চোপান আঘাত। (**2**) *v.t.i.* to cut into slices, ফালি ফালি করিয়া কাটা ; to slash, চোপান ; to inflict a sliced stroke, ব্যাট দিয়া (বলে) চোপান আঘাত করা। (**3**) *v.t.* to cut a slice from, (কিছু হইতে) এক ফালি বা স্লাইস্ কাটিয়া লওয়া। *p.* & *p. pt.* **sli°ced** । [OF. *esclice* < OHG. *slian* = to split]

slick [slik, স্লিক্] (**1**) *a.* sleek, কোমল মসৃণ ও চক্‌চকে ; glib, বাক্‌পটুতাপূর্ণ (a *slick* salesman)। (**2**) *adv.* sleekly, কোমল মসৃণ ও চক্‌চকেভাবে ; glibly, বাক্‌পটুতাসহকারে। *n.* **sli°cker**—মসৃণ করার যন্ত্রবিশেষ, র‌্যাদাবিশেষ ; (আমেরিকার) বর্ষাতি। [OE. *slician* = to smooth]

slid—see **slide**.

slide [slīd, স্লাইড্] (**1**) *v.i.* to glide or slip, হড়কাইয়া বা পিছলাইয়া চলা ; to pass along smoothly, স্বচ্ছন্দে বা অবাধে চলিয়া যাওয়া ; to glide on the feet on ice or other silppery surface, বরফে বা তত্তুল্য পিচ্ছিল বস্তুতে আবৃত স্থানের উপর দিয়া হড়কাইয়া চলা ; to pass quietly, smoothly or gradually, শান্তভাবে বা অবাধে বা ক্রমে-ক্রমে চলা ; to lapse, অতিবাহিত হওয়া ; to take its own course, নিজের পথ ধরা ; (coll.) to decamp, (কথ্য.) গোপনে প্রস্থান করা, চম্পট দেওয়া। (**2**) *v.t.* to thrust along glidingly, গড়াইয়া গড়াইয়া ঢুকাইতে থাকা ; to slip, হড়কাইয়া বা পিছলাইয়া দেওয়া। *p.* & *p. pt.* **slid** । (**3**) *n.* a slip, পিছলাইয়া বা হড়কাইয়া যাওয়া, হড়কানি ; a smooth slippery track, (প্রধানতঃ তুষারোপরি) মসৃণ পিচ্ছিল পথ (a *slide* on the ice) ; a chute, জিনিসপত্র গড়াইয়া নিচে নামানর জন্য ঢালু পথ ; a sliding part, যন্ত্রাদির ঢালু অংশ ; a slip of glass with object or picture sliding into a microscope, cinema projector, etc., অনুবীক্ষণযন্ত্র ম্যাজিক লণ্ঠন প্রভৃতির সাহায্যে প্রদর্শনার্থ চিত্রাদিসংবলিত কাচখণ্ড, স্লাইড্। *adv.* **sli°dingly** । **(to) let things slide**—কোন বিষয়ে অমনোযোগী হওয়া বা মাথা না ঘামান। **sliding rule**—দ্রুত হিসাবের যন্ত্র বা উপায় বিশেষ : ইহা দুইটি মাপনীর দ্বারা প্রস্তুত ; একটি মাপনী বিশেষভাবে চিহ্নিত এবং খাঁজ বরাবর চলাচল করান যায়। **sliding scale**—সহচারী মান। [OE. *slidan* (*v.*)]

slight [slīt, স্লাইট্] (**1**) *a.* flimsy, স্বচ্ছ ও পাতলা ; lacking solidity, massiveness, weight, significance, ঘনত্ব স্থূলত্ব ওজন বা তাৎপর্যের গুরুত্ব নাই এমন ; slim, কৃশ ; slender, পলকা ; trifling, তুচ্ছ সামান্য ; scanty, অল্প। (**2**) *v.t.* (arch.) to raze, (আর্ষ.) সমভূমি করিয়া দেওয়া ; to ignore or overlook disrespectfully, অবজ্ঞা বা উপেক্ষা করা। (**3**) *n.* contemptuous indifference, অবজ্ঞাপূর্ণ উপেক্ষা ; discourteous disregard, অভদ্র বা অপমানজনক অবজ্ঞা। *adv.* **sligh°tingly**—অবজ্ঞা বা উপেক্ষার সহিত। *adv.* **slight°ly**—সামান্য মাত্রায়। *n.* **slight°ness** । **not in the slightest**—আদৌ বা মোটেই নয়। **(to) slight over**—উপেক্ষা করা। **(to) suffer slights**—তাচ্ছিল্য ভোগ করা। [cp. ON. *slettr* = smooth]

slim [slim, স্লিম্] (**1**) *a.* very thin, খুব পাতলা ; slender, কৃশকায়, রোগা গড়নের ; (coll.) insufficient, small (কথ্য.) অপ্রতুল, সামান্য (*slim* chances of success)। *compar.* **sli°mmer** ; *super.* **sli°mmest** । (**2**) *v.i.* to make oneself slimmer by dieting, exercise, etc., খাদ্যনিয়ন্ত্রণ ব্যায়ামাদির দ্বারা দেহের স্থূলত্ব কমান বা দেহ কৃশতর করা। *adv.* **slim°ly** । *n.* **slim°ness** । [Du. LG. & Fris = crafty]

slime [slīm, স্লাইম্] *n.* very fine, slippery or gluey mud, অতি সূক্ষ্ম পাতলা ও পিচ্ছিল বা আঠাল মাটি (তু. এঁটেল মাটি) ; any glutinous substance, আঠাল পদার্থ ; any viscous organic secretion, জীবদেহ-নিঃসৃত আঠাল রস। *a.* **sli°my**—আঠাল, চট্‌চটে ; অতি সূক্ষ্ম পাতলা ও পিচ্ছিল মাটিতে আচ্ছাদিত ; (আল.) বিরক্তিকর রকমের অসাধু খোশামুদে বিনয়ী ইত্যাদি। *adv.* **sli°mily** । *n.* **sli°miness** । [ON. *slim*—cp. G- *schleim*]

sling [sling, স্লিং] (**1**) *n.* a strap for hurling a stone, প্রস্তরাদি নিক্ষেপের জন্য গুল্‌তিবিশেষ ; a hanging support for an injured arm or foot or any weighty thing, আহত হাত-পা বা যে-কোন ভারী বস্তু ঝুলাইয়া রাখার জন্য শিকলি অথবা শিকলির ন্যায় বাঁধা পটী। (**2**) *v.t.i.* to throw with a sling, গুল্‌তি দিয়া নিক্ষেপ করা, গুল্‌তি ছোড়া ; to hang loosely, শিকলি দিয়া বা শিকলির ন্যায় বাঁধা পটী দিয়া ঝোলান। (**3**) *v.i.* to throw stones with a sling, গুল্‌তি দিয়া প্রস্তর নিক্ষেপ করা। *p.* & *p. pt.* **slung** [slung, স্লাং]। *n.* **slinger** । **(to) sling mud at (a person)**—(আল. কাহাকেও) গালাগালি বা অপবাদ দেওয়া। [cp. ON. *slyngva* = to fling, LG. *sling* = noose]

slink [slingk, স্লিংক্] (**1**) *v.t.* to go sneakingly, চোরের মত গুপ্তভাবে বা লঘুপদে চলা (to *slink* away, off, etc.)। (**2**) *v.i.t.* to bring forth calves prematurely, (পশু সম্বন্ধে) কাল পূর্ণ হওয়ার পূর্বেই প্রসব করা ; to miscarry, গর্ভপাত হওয়া। *p.* & *p. pt.* **slunk** [slungk, স্লাংক্]। [OE. *slincan* (*v.*)—cp. G. *schlinken*]

$slip_1$ [slip, স্লিপ্] *n.* a cutting, a strip, টুকরা, ফালি ; a scion, নবীন বংশধর ; a small piece of paper, wood, etc., কাগজ কাঠ প্রভৃতির ক্ষুদ্র টুকরা, (পরি.) পত্রী। [MDu. or MIG. *slippe* ?]

slip₂ [slip, স্লিপ্] **(1)** *v.i.t.* to escape (from), (কিছুর বা কাহারও নিকট হইতে) পলায়ন করা ; to elude, (কিছুকে বা কাহাকেও) এড়াইয়া বা ফসকাইয়া যাওয়া ; to pass or cause to pass easily or stealthily, স্বচ্ছন্দে বা চুপিসারে অতিক্রম করা বা করান কিংবা অতিবাহিত হওয়া বা করা অথবা গলিয়া বা ঢুকিয়া যাওয়া কিংবা গলাইয়া বা ঢুকাইয়া লওয়া ; to glide or cause to glide, পিছলাইয়া বা গড়াইয়া যাওয়া অথবা দেওয়া ; to get out or let go out of position accidentally, হঠাৎ স্থানচ্যুত হওয়া বা করা অথবা পড়িয়া যাওয়া বা ফেলিয়া দেওয়া। **(2)** *v.i.* to lose one's footing, পদস্খলিত হওয়া ; to make a slight mistake from inadvertence, অনবধানতাবশতঃ সামান্য বা ছোটখাট ভুল করা ; to lapse morally, নৈতিক ত্রুটি করা। *pr. pt.* **sli°pping** । *p.* & *p. pt.* **sli°pped** । **(3)** *n.* act of slipping, পলায়ন, এড়াইয়া বা ফসকাইয়া যাওয়া, স্বচ্ছন্দে বা চুপিসারে অতিক্রমণ বা অতিবাহন, পিছলাইয়া বা গড়াইয়া যাওয়া অথবা গলিয়া বা ঢুকিয়া যাওয়া, আকস্মিক স্থানচ্যুতি বা পতন, পদস্খলন, অনবধানতাবশতঃ ভুল করা, নৈতিক ত্রুটি করা ; a slight error or transgression, সামান্য ভুল বা ত্রুটিবিচ্যুতি ; a landslip, উতরাই, ঢল ; a garment easily slipped on, সহজেই মাথার উপর দিয়া গলাইয়া লওয়া যায় এমন (বোতামবিহীন) জামা, গেঞ্জি (also **slip°-on, slip°over**) ; a pillow-case, বালিশের ওআড় ; a leash, কুকুর খরগোস প্রভৃতিকে বাঁধার জন্য চর্মরজ্জুবিশেষ ; a cricketer or his position on the off side behind the batsman, (ক্রিকেটে) ব্যাট্স্‌ম্যানের পিছনে অবস্থিত ফীল্ড্‌জ্‌ম্যান্ বা তাহার অবস্থানস্থল। *n.* **slip°-carriage, slip°-coach**—এক্সপ্রেস বা দ্রুতগামী ট্রেনে জুড়িয়া দেওয়া গাড়ি যাহা সেই-সব স্টেশনে কাটিয়া রাখা হয় যেথানে এক্সপ্রেস গাড়ি সাধারণতঃ থামে না। *n.* **slip°-cover**—অব্যবহৃত আসবাব প্রভৃতির ক্যালিকো কাপড়ের ঢাকনা। *n.* **slip°-road**—স্থানীয় গৌণ ছোট রাস্তা। *n.* **slip°-stream**—এরোপ্লেনের পশ্চাদ্দিক হইতে নির্গত বায়ুপ্রবাহ। *n.* **short-slip**—(ক্রিকেটে) ব্যাট্স্‌ম্যানের সন্নিকটে ফীল্ড্‌জ্‌ম্যানের অবস্থানস্থলবিশেষ। *n.* **slip°-knot**—দড়ির ফসকা গেরো। *n.* **sli°pper**—চটী স্যান্ডেল্ প্রভৃতি ফিতাহীন জুতা যাহা সহজেই পায়ে গলাইয়া লওয়া যায় ; রেলগাড়ি প্রভৃতির চাকা যাহাতে পিছলাইয়া না যায় সেজন্য (রেললাইনে পাতা) কাঠের বা লোহার টুকরা ; স্লেজ্-গাড়ি গড়ানর জন্য তৎসংলগ্ন তক্তাবিশেষ। *a.* **sli°ppery, sli°ppy**—পিচ্ছিল ; সহজেই এড়াইয়া ফসকাইয়া বা পিছলাইয়া যায় এমন ; অদৃঢ়, অনির্ভরযোগ্য ; অনিশ্চিত। **(to) look slippy**—চট্‌পট্ করা। *n.* **sli°pperiness, sli°ppiness** । *a.* **slip°shod**—স্যান্ডেল্ চটী প্রভৃতি নিচু গোড়ালিওয়ালা জুতাপরিহিত ; নোংরা ও আলুথালু বেশবাস পরিহিত ; (আল.) বিশৃঙ্খল, অযত্নসজ্জিত। *n.* **slip°way**—জাহাজের ডকে বা জেটিতে নদীতীরবর্তী ক্রমনিম্ন স্থান। **a slip of a**—কৃশকায় (*a slip of a* boy or girl)। **a slip of the pen** or **tongue**—লেখার বা বলার সময়ে অনবধানতাবশতঃ উপেক্ষণীয় ভুল। **(to) give one the slip, (to) give the slip (to)**—কাহারও নিকট হইতে চুপিসারে পলায়ন করা। **(to) slip on**—আলগাভাবে বা তাড়াতাড়ি (জামা জুতা প্রভৃতি) দেহে গলাইয়া লওয়া। **There's many a slip betwixt the cup and the lip**—চরম সাফল্যের পূর্বে কিছুই নিশ্চিত করিয়া বলা যায় না। [LG. or Du. *slippen* ?]

slit [slit, স্লিট্] **(1)** *v.i.* to cut lengthwise, লম্বালম্বিভাবে কাটা ; to split, চেরা, বিদারণ করা (to *slit* a man's throat, tongue, etc.) ; to cut into strips, পাতলা-পাতলা ছিলকা বা ফালি করিয়া কাটা (to *slit* cloth into strips or hide into thongs)। *pr. pt.* **sli°tting** । *p.* & *p. pt.* **slit** । **(2)** *n.* a long cut, লম্বা চিড় বা বিদার ; a narrow opening, সঙ্কীর্ণ ফাঁক বা ফাটল। *n.* **slit°-pocket**—ওভারকোটে পাশের পকেট। *n.* **slit°-trench**—লম্বালম্বিভাবে কাটা সঙ্কীর্ণ পরিখা বা ট্রেন্চ্। [ME. *slitten* (*v.*)—cp. OE. *slitan*, G. *schlitzan*]

slither [sli°-dha(r), স্লি°দ্যা(র্)] *v.i.* to slide bumpingly or unsteadily, লাফাইতে লাফাইতে বা টলায়মানভাবে গড়াইয়া চলা (to *slither* down an icy slope)। [obs. *slidder* < OE. *slidor* = slippery, *sliderian* = to slip]

sliver [sli°-va(r), স্লি°ভ্যা(র্)] **(1)** *n.* a splinter, গাছের বা কাঠের ছিলকা বা ফালি ; a thin piece pared off, যে-কোন বস্তুর ছিলকা বা ফালি (a *sliver* of cheese)। **(2)** *v.t.* to slice, ফালি বা ছিলকা কাটিয়া লওয়া। [OE. *slidor* = slippery]

slob [slob, স্লব্] *n.* mud, কাদা ; a stupid or careless person, বোকা বা অসতর্ক লোক। [Ir. *slab* = mud]

slobber [slo°-ba(r)], স্ল°ব্যা(র্)] *v.i.t.* to slaver, মুখলালা নিঃসৃত করা অথবা মুখলালায় প্রলিপ্ত বা সিক্ত করা। *a.* **slo°bbery**—মুখলালা-নিঃসারক ; মুখলালায় প্রলিপ্ত বা সিক্ত করে এমন। [cp. Du. *slobberen* = to be messy]

sloe [slo, স্লৌ] *n.* the blackthorn bush or its fruit, কাঁটাঝোপবিশেষ বা তাহার বৈচিজাতীয় বেগনীবর্ণ ফল। [OE. *sla, slag, slah*—cp. Du. *slu*]

slog [slog, স্লগ্] **(1)** *v.t.i.* to hit hard, (প্রধানতঃ বলে) সজোরে আঘাত করা ; to walk or work hard and steadily, দৃঢ়ভাবে বা অবিচলিতভাবে হাঁটা বা কাজ করা। **(2)** *n.* a hard blow, জোর আঘাত। *pr. pt.* **slo°gging** । *p.* & *p. pt.* **slo°gged** । [?]

slogan [slo°-gan, স্লৌ°গ্যান্] *n.* a clan war-cry, গোষ্ঠীগত যুদ্ধনাদ ; a party catchword, দলগত জিগির বা ধ্বনি, স্লোগ্যান্; a motto, আদর্শ

নীতিবাণী ; a short phrase in advertising—বিজ্ঞাপনে ব্যবহৃত ছোট কথা। [Gael. *sluagh*= army, *gairm*=cry]

sloop [sloop. স্লুপ্] *n.* a light boat, হালকা নৌকা, ডিঙি, (তু.) শুলুপ ; a one-masted vessel, এক মাস্তুলওয়ালা ক্ষুদ্র জাহাজবিশেষ। [Du. *sloep* —cp. *shallop*]

slop₁ [slop, স্লপ্] *n.* a loose garment, ঢিলা আলখিল্লা : (in *pl.*) wide baggy trousers or breeches, ফোলান পা-জামাবিশেষ ; (in *pl.*) ready-made clothing, রেডিমেড্ পোশাক। [cp. OE. *oferslop*=loose outer garment, ON. *sloppr*]

slop₂ [slop, স্লপ্] *n.* a policeman, পাহারাওআলা, কনস্টেবল। [back-spelling of *police*]

slop₃ [slop, স্লপ্] (**1**) *n.* slush, নরম কাদা, পাঁক, পঙ্ক ; spilled liquid, ছলকাইয়া-পড়া তরল পদার্থ ; (in *pl.*) liquid refuse, তরল আবর্জনা (যেমন, গোবর-গোলা, নোংরা জল)। (**2**) *v.i.t.* to spill, ছলকাইয়া ওঠা বা ফেলা ; to flow or let flow over the edge of the vessel, পাত্রাদির কানা ছাপাইয়া ওঠা বা তোলা ; to wet by slopping or by causing to slop, ছলকাইয়া উঠিয়া বা তুলিয়া ভেজান। *pr. pt.* **slo°pping** । *p.* & *p. pt.* **slo°pped** । *a.* **slo°ppy**—সিক্ত ; পঙ্কিল ; জলো ; (কাজ বা ভাষা সম্বন্ধে) নোংরা ও এলোমেলো ; ভাবপ্রবণ, ছিঁচ্‌কাঁদুনে। *adv.* **slo°ppily** । *n.* **slo°ppiness** । *n.* **slop°-basin**—খাবার টেবিলে কাপের তলানি ধরিবার জন্য গামলা। *n.* **slop°-pail**—শয়নঘরে তরল আবর্জনা ফেলিবার বালতি। [OE. (*cu-*) *sloppe*=(cow) droppings<*slupan*=to slip]

slope [slōp, স্লৌপ্] (**1**) *n.* an incline, ঢাল, ঢল, ঢালু স্থান। (**2**) *v.t.i.* to slant, ক্রমাবনত বা ঢালু করা অথবা হওয়া। (**3**) *v.i.* (sl.) to make off, (অশি.) চম্পট দেওয়া। *p.* & *p. pt.* **slō°ped** । *adv.* **slō°pingly** । *a.* **slō°py**—ঢালু, ক্রমাবনত। **(to) slope arms**—রাইফেলের কুঁদা নিচু করিয়া নল নিজের কাঁধের উপরে রাখা। **(to) slope off, (to) do a slope**—(এড়াইয়া) চলিয়া যাওয়া, সরিয়া পড়া। [short. from *aslope*]

slosh [slosp, স্লশ্] (**1**) *v.t.* to hit, আঘাত করা ; to splash, জল বা কাদা ছিটান। (**2**) *v.i.* to flounder in slush, কাদার মধ্যে নামিয়া ঐ কাদা ছিটাছিটি করা। [see *slush*]

slot₁ [slot, স্লট্] *n.* a slit in a machine for something to be inserted or work in, পয়সাদি ঢুকাইবার জন্য বা কোন কাজ করানর জন্য যন্ত্রের গর্ত অথবা খাঁজ। [OF. *esclot*=hollow of the breast]

slot₂ [slot, স্লট্] *n.* a track, (প্রধানতঃ হরিণের) পদচিহ্নাঙ্কিত পথ। [OF. *esclot*<ON. *sloth*—cp. *sleuth*]

sloth [slōth, স্লৌথ্] *n.* laziness, sluggishness, কুঁড়েমি, আলস্য, ঢিলেমি। *a.* **sloth°ful**—কুঁড়ে, অলস ; নিষ্ক্রিয়। [ME. *slawthe*<OE. *slowth* <*slaw*=slow]

slouch [slowch, স্লাউচ্] (**1**) *n.* an awkward lubberly clown, জবুথবু ভাঁড় বা সঙ্ ; a soft broad-brimmed hat, চওড়া কানাওয়ালা নরম টুপিবিশেষ (also **slouch°-hat**) ; a loose ungainly stooping gait, ঝুঁকিয়া পড়িয়া জবুথবু ও কুশ্রীভাবে চলন। (**2**) *v.i.* to go slouchingly, ঝুঁকিয়া পড়িয়া জবুথবু ও কুশ্রীভাবে চলা। (**3**) *v.t.* to turn down the brim of, (টুপি) কানা টানিয়া নামাইয়া দেওয়া। *p.* & *p. pt.* **slou°ched** । *adv.* **slou°chingly** । [ON. *sloka*(*n.*)]

slough₁ [slow, স্লাউ] *n.* a miry place, পাঁকে-ভরা স্থান জলাভূমি প্রভৃতি। *a.* **slough°y** । [OE. *sloh*]

slough₂ [sluf, স্লাফ্] (**1**) *n.* a cast skin, সর্পাদির পরিত্যক্ত খোলস বা কঞ্চুক ; dead tissue in a sore, ক্ষতস্থানের শুষ্কীভূত শিরা ; a coating, মামড়ি। (**2**) *v.i.* to come away as a skin, খোলস ওঠা ; to cast skin, খোলস ছাড়া ; to develop a slough, ক্ষতস্থানাদির শিরা শুষ্ক হওয়া, মামড়ি পড়া। (**3**) *v.t.* to cast off, (খোলসাদি) পরিত্যাগ করা, খসান, ছাড়া। *p.* & *p. pt.* **slough°ed** । [?]

Slovak [slō°-vak, স্লৌ°ভ্যাক্] (**1**) *a.* of a North Hungarian Slav race, উত্তর হাঙ্গেরির স্লাভ্-গোষ্ঠীভুক্ত জাতিবিশেষের। (**2**) *n.* a member or the language of this race, উক্ত জাতীয় লোক বা উক্ত জাতীয় ভাষা। [Slovak]

sloven [slu°vn, স্লা°ভ্‌ন্] *n*, a person carelessly or dirtily dressed or slipshod in work, এলোমেলো বা নোংরা বেশবাসপরিহিত অথবা কাজকর্মে অগোছাল লোক (প্রধানতঃ পুরুষ)। *fem.* see **slut** । **slo°venly**—(**1**) *a.* এলোমেলো বা নোংরা বেশবাসপরিহিত অথবা কাজকর্মে অগোছাল। (**2**) *adv.* এলোমেলো বা নোংরা বেশবাস পরিয়া ; অগোছালভাবে। *n.* **slo°venliness** । [cp. O. Du. *slo*(*e*)*f*=careless]

slow [slō, স্লৌ] (**1**) *a.* not swift, মন্থর, ধীরগতি ; late, বিলম্বিত ; not swift in working কাজকর্মে দেরি করে এমন ; dull-witted, স্থূলবুদ্ধি, বোকা ; reluctant to do, করিতে অসম্মত বা নারাজ ; behind in time, (ঘড়ি প্রভৃতি সম্বন্ধে) যথাসময় হইতে পিছাইয়া আছে এমন, স্লো। (**2**) *v.t.i.* to delay, বিলম্বিত করান বা হওয়া, দেরি করান বা করা ; to slacken the speed (of), মন্থর করান বা হওয়া। **slow but sure**—মন্থর কিন্তু নিশ্চিত (অর্থাৎ পরিণামে সফলকাম)। *n.* **slow°coach**—কুঁড়ে লোক, যে লোক কাজকর্মে দেরি করে বা মন্থরগতিতে অগ্রসর হয়। *a.* **slow°-foot(ed)**—ধীরগতি, ধীরগামী। *adv.* **slow°(ly)** । *n.* **slow°ness** । [OE. *slaw*—cp. Du. *slee*]

slow-worm [slō°-wa(r)m, স্লৌ°ওয়্যা(র্)ম্] *n.* the blindworm, সর্পবৎ পদহীন কীটবিশেষ, অন্ধ সাপ। [OE. *sla-wyrm*<*slean*=to strike, *wyrm*=worm—assimilated to *slow*]

sludge [sluj, স্লাজ্] *n.* soft mud or mire, কর্দম, পঙ্ক, কর্দমাক্ত স্থান। *a.* **slu°dgy**। [?]

slug₁ [slug, স্লাগ্] *n.* a land-mollusc, খোলাহীন বা সামান্য খোলাযুক্ত স্থলচর শামুকবিশেষ। **slu°ggard**—(**1**) *a.* স্বভাবতঃ কুঁড়ে বা মন্থর। (**2**) *n.* ঐরূপ লোক। *a.* **slu°ggish**—স্বভাবতঃ কুঁড়ে; আলস্যপরায়ণ; মন্থর (a *sluggish* liver)। *adv.* **slu°ggishly**। *n.* **slu°ggishness**। [cp. Norw. *slugg*=a heavy body]

slug₂ [slug, স্লাগ্] *n.* a lump of metal, (প্রধানতঃ বন্দুক হইতে নিক্ষেপণার্থ) ধাতুপিণ্ড; a solid line of type cast by a composing machine, লাইনো প্রভৃতি ছাপার মেশিনে ঢালাই-করা পুরা পঙ্‌ক্তি, স্লাগ্। [?]

sluggard, sluggish—see **slug₁**.

sluice [sloos, স্লূস্] (**1**) *n.* a sliding gate for regulating flow of water, জলস্রোত নিয়ন্ত্রণার্থ কপাটবিশেষ, জলকপাট (also **sluice°-gate**); a drain, channel, জল প্রভৃতির গমনাগমনের পথ, নর্দমা, প্রণালী, খাল, খাত। (**2**) *v.t.i.* to drain or let out by a sluice, জলকপাট নর্দমা প্রণালী প্রভৃতির মধ্য দিয়া ঢোকান বা বাহির করিয়া দেওয়া; (of water) to rush out from sluice, (জল-সম্পর্কে) জলকপাট দিয়া বেগে বাহির হওয়া। *p. & p. pt.* **slui°ced**। [OF. *escluse*<LL. *exclusa-(aqua) (n.)*]

slum [slum, স্লাম্] *n.* an over crowded dirty locality, অত্যন্ত ঘিঞ্জি নোংরা পল্লী বা অঞ্চল। **slum clearance**—বস্তি-উন্নয়ন, বস্তি তুলিয়া দিয়া বস্তি-বাসীদের অপেক্ষাকৃত ভাল বাসস্থানের ব্যবস্থা। *a.* **slu°mm°y**। [cant.]

slumber [slum°-ba(r), স্লাম্‌°ব্যা(র্)] (**1**) *v.i.* to sleep, (প্রধানতঃ অগভীর ঘুম) ঘুমান; to be negligent or inactive, অমনোযোগী বা নিষ্ক্রিয় হওয়া। (**2**) *n.* light sleep, অগভীর ঘুম, তন্দ্রা। *n.* **slum°beror**। *a.* **slum°berous**। [ME. *slumeren*< OE. *sluma*=slumber]

slump [slump, স্লাম্প্] (**1**) *v.i.* (of prices, trade, etc.) to fall suddenly or heavily, (দাম ব্যবসায় প্রভৃতি সম্বন্ধে) আকস্মিক বা দারুণ অবনতি ঘটা, অতিমন্দা হওয়া; to drop or fall heavily, ধপ করিয়া পতিত হওয়া বা বসিয়া পড়া (to *slump* to the ground, into a chair, etc.,)। *p. & p. pt.* **slum°ped**। (**2**) *n.* a sudden or serious fall, (পরি.) অতিমন্দা। [?]

slung—see **sling**.

slunk—see **slink**.

slur [sla(r), স্ল্যা(র্)] (**1**) *n.* an aspersion or stain, নিন্দা, কলঙ্ক, দোষারোপ (a *slur* on a person's reputation); indistinctness in writing or sound, লিখন বা ধ্বনির অস্পষ্টতা। (**2**) *v.t.i.* to disparage, নিন্দা করা, কলঙ্কারোপ বা দোষারোপ করা; to write or pronounce indistinctly, অস্পষ্টভাবে লেখা বা উচ্চারণ করা; to go through perfunctorily, (দোষাদিসম্বন্ধে) চোখ বুলাইয়া বা উপেক্ষা করিয়া যাওয়া (to *slur* over a person's faults)। *pr. pt.* **slu°rring**। *p. & p. pt.* **slu°rred**। [?]

slush [slush, স্লাশ্] *n.* thin mud, নরম কাদা, পঙ্ক; melting snow, গলনরত তুষার; silly sentiment, অর্থহীন ভাবপ্রবণতা। *a.* **slu°shy**—কর্দমাক্ত; পঙ্ক বা গলনরত তুষারে পূর্ণ অথবা তত্তুল্য। [?]

slut [slut, স্লাট্] *n. fem.* slovenly woman, নোংরা ও আলুথালু বেশবাসপরিহিতা স্ত্রীলোক; a wench, (প্রধানতঃ কৌতুকে) মেয়ে। *masc.* see **sloven**। *a.* **slu°ttish**—নোংরা ও আলুথালু বেশবাসপরিহিতা। [cp. G. *schlutt(e)*]

sly [slɪ, স্লাই] *a.* cunning, চতুর, ধূর্ত; wily, কৌশলী; secretive, গোপন রাখিতে অভ্যস্ত, চাপা; surreptitious, চোরাগোপ্তা; done artfully, সুকৌশলে কৃত; with hidden meaning, গূঢ় অর্থপূর্ণ; bantering, ব্যঙ্গপূর্ণ। *n.* **sly°boots**—(কথ্য) চতুর বা ধূর্ত লোক অথবা প্রাণী। *adv.* **sly°ly**। *n.* **sly°ness**। **on the sly**—গোপনে, চোরাগোপ্তা-ভাবে। [ON. *slœgr*]

smack₁ [smak, স্ম্যাক্] (**1**) *n.* taste, স্বাদ, তার; a distinctive flavour, (খাদ্য-দ্রব্যাদির) বৈশিষ্ট্যসূচক স্বাদু গন্ধ; a trace or tinge, অস্পষ্ট চিহ্ন বা বর্ণ, আভাস বা আভা। (**2**) *v.i.* to have a taste, (কিছুর) স্বাদযুক্ত হওয়া; to savour, স্বাদু গন্ধপূর্ণ হওয়া; to suggest the presence or effects of, অস্তিত্বাদির ইঙ্গিত বা ইশারা বহন করা (his manner *smacks* of arrogance)। *p. & p. pt.* **sma°cked**। [OE. *smæc*]

smack₂ [smak, স্ম্যাক্] (**1**) *v.t.* to strike smartly, বোঁ বা সোঁ করিয়া আঘাত করা; to slap noisily, সশব্দে চড় মারা; to kiss or taste roughly and noisily, জেবড়াভাবে সশব্দে চুম্বন করা বা আস্বাদন করা। (**2**) *v.i.* to make a smacking sound, আঘাতাদি করার সময়ে বোঁ বা সোঁ শব্দ করা। *p. & p. pt.* **sma°cked**। (**3**) *n.* a sharp sound, তীক্ষ্ণ শব্দ, বোঁ বা সোঁ শব্দ (the *smack* of a whip); a crack, সজোরে বা সশব্দে আঘাত; a slap, চড়; a hearty kiss, আন্তরিক বা সাগ্রহ চুম্বন। (**4**) *adv.* sharply, তীক্ষ্ণভাবে; noisily, সশব্দে। **(to) have a smack at**—(কথ্য.) (কিছু করিতে) চেষ্টা করা। **(to) smack one's lips**—(সুস্বাদু খাদ্য-পানীয় পাইবার আশায় বা চমৎকার আরামের আশায়) ঠোঁট দিয়া চুক্‌চুক্ শব্দ করা। [imi.]

smack₃ [smak, স্ম্যাক্] *n.* a sailing-boat for fishing, মাছধরার পাল-তোলা নৌকা। [Du. *smak*]

small [smawl, স্মল্] (**1**) *a.* slender, কৃশকায়, কৃশ; narrow, সরু, সঙ্কীর্ণ; fine in grain, texture, etc., মিহি; slight, সামান্য, তুচ্ছ; little in size, extent, quantity, value, power importance or degree, ক্ষুদ্র, ছোট, খর্ব, অপরিসর, অল্প-সংখ্যক, নগণ্য, অল্পমূল্য, দুর্বল, গুরুত্বহীন, অল্পপরিমাণ; mean, humble, ইতর, হীন: illiberal, অনুদার;

petty, ক্ষুদ্রচেতা ; minor, গৌণ ; operating on no great scale, ছোটভাবে বা সামান্যভাবে পরিচালিত (*small* trade) ; soft in sound, মৃদু আওয়াজবিশিষ্ট ; not strong, weak, কড়া নহে এমন, অনুগ্র (*small* tea, ale or beer) । **(2)** *n.* a small thing, portion or piece, ক্ষুদ্র বস্তু অংশ খণ্ড বা টুকরা ; the slenderest part, (পা পিঠ প্রভৃতির) কৃশতম অংশ । *n.* **small-beer**—হাল্‌কা মদ (chronicle *small-beer* = তুচ্ছ কথাকে বড় করিয়া বলা) । **small capitals**—(মুদ্রণ.) ক্ষুদ্রাকার capital (অর্থাৎ ইংরেজি বড় হাতের) অক্ষরসমূহ । **small causes court**—ছোট আদালত, (পরি.) লঘুবাদ ন্যায়ালয়, অবর ন্যায়াধিকরণ । **small change**—অল্পমূল্যের খুচরা পয়সা অর্থাৎ পয়সা সিকি আধুলি প্রভৃতি ; (আল.) তুচ্ছ মন্তব্য বা লঘু আলাপ-আলোচনা । **small gross**—দশ ডজন । *n.* **small°hōlder**—ক্ষুদ্র জোতদার (ইংল্যান্ডে, ৫০ একরের কম জমির মালিক) । *n.* **small°holding**—ক্ষুদ্র জোত বা কৃষিক্ষেত্র (ইংল্যানডে, ৫০ একরের কম) । **small letters**—ইংরেজির ছোট হাতের (অর্থাৎ capital নয়) অক্ষর । *a.* **small°-min°dėd**—ক্ষুদ্রমনাঃ, সঙ্কীর্ণচেতা । *n.* **small°nėss** । *n.* (ori. *pl.*) **small°-pox**—বসন্ত-রোগ, মসূরিকা । *n.* **small talk**—সামাজিক ব্যাপার সম্বন্ধে মামুলি ও তুচ্ছ আলাপ-আলোচনা । *a.* **small°tīme**—(কথ্য.) তুচ্ছ বা তৃতীয় শ্রেণীর । **in a small way**—অল্প মূলধন বা পণ্যদ্রব্য লইয়া ; সাদাসিধাভাবে, জাঁকজমক না করিয়া । **in small**—অল্প মূলধন বা পণ্যদ্রব্য লইয়া ; ক্ষুদ্রাকারে । **on the small side**—একটু বড় বেশি ক্ষুদ্র । **(to) feel** or **look small**—নিজেকে তুচ্ছ বা অপদস্থ বলিয়া মনে করা । **(to) sing small**—বিনয়াবনত হওয়া ; তিরস্কারাদির পরে নীরব হওয়া ; হীনতাস্বীকার করা । **small wonder**—(ইহাতে) বিস্ময়ের কিছুই নাই । [OE. *smæl*—cp. G. *schmal* = thin]

smarmy [smarm°i, স্মারম্‌ই] *a.* (colloq.) unctuously ingratiating, (কথ্য.) তোষামোদ করিয়া খাতির জমাইতে চায় এমন ; fulsome, অতিশয় খোসামোদপূর্ণ । [*smalm* (?)]

smart [smŭ(r)t, স্মা(র্)ট্] **(1)** *n.* quick, stinging pain, তীব্র হুল ফোটার ন্যায় বেদনা ; a dandy, পোশাক-পরিচ্ছদে বাবু । **(2)** *v.i.* to feel a smart, তীব্র হুল ফোটার ন্যায় বেদনা অনুভব করা ; to be punished, শাস্তি পাওয়া, দণ্ডিত হওয়া । **(3)** *a.* sharp and stinging, তীব্র হুল ফোটার ন্যায় বেদনাদায়ক ; brisk, চট্‌পটে ; acute, তীক্ষ্ণ ; witty, বুদ্ধিমান্‌, রসবোধপূর্ণ ; trim, ফিট্‌ফাট্‌ ; fashionable, ফ্যাশন্‌দোরস্ত ; keen, quick and efficient, কাজকর্মে তীক্ষ্ণধী চট্‌পটে ও দক্ষ । *v.t.* **smar°ten**—চট্‌পটে করা ; ফিট্‌ফাট্‌ করিয়া তোলা ; উজ্জ্বল বা চকচকে করিয়া তোলা । *adv.* **smart°ly** । *n.* **smart°nėss** । **smart alec(k)** or **alick**—(প্রায় বিবেকবর্জিত) অতিচালাক লোক । **(to) smart for**—পরিণামে যন্ত্রণা বা শাস্তি ভোগ করা (you shall *smart for* your impudence) । [OE. *smeortan*—cp. Du. *smarten*]

smash [smash, স্ম্যাশ্] **(1)** *v.t.i.* to shatter into pieces, টুকরা টুকরা করিয়া ভাঙ্গিয়া ফেলা বা টুকরা টুকরা হইয়া ভাঙ্গিয়া যাওয়া, চূর্ণবিচূর্ণ করা বা হওয়া ; to ruin or be ruined utterly, সম্পূর্ণ ধ্বংস করা বা হওয়া ; (in tennis) to strike (the ball) overhand violently, (টেনিসে) হাত উঁচু করিয়া (বলে) প্রচণ্ড আঘাত করা । *p.* & *p. pt.* **sma°shed** । **(2)** *n.* an act of smashing, চূর্ণীকরণ বা চূর্ণীভবন, সম্পূর্ণ ধ্বংস, (টেনিসে) বলে প্রচণ্ড আঘাত । *n.* **sma°sher**—smash(*v.*)-এর সকল অর্থে, এবং অতি বিপুল বা অসাধারণ কিছু ; চোখ-ধাঁধান চমৎকারিত্বপূর্ণ বা সৌন্দর্যপূর্ণ ব্যক্তি । *a.* **smashing**—চূর্ণ করে এমন, (অশি.) অতি বাহারে । **(to) go to smash**—নষ্ট বা ধ্বংস হওয়া । **smash-and-grab raid**—যে চৌর্যকার্যে চোর জানালা ভাঙ্গিয়া ভিতরের জিনিস আত্মসাৎ করে । [imi.]

smatter [sma°-ta(r), স্ম্যা°টা(র্)] *v.i.* to have superficial knowledge, (কোন বিষয়ে) ভাসা-ভাসা জ্ঞানসম্পন্ন হওয়া । *n.* **sma°tterer**—ভাসা-ভাসা জ্ঞানসম্পন্ন ব্যক্তি । *n.* **sma°ttering**—ভাসা-ভাসা জ্ঞান (a *smattering* of English) । [cp. ME. *smateren* = to talk ignorantly]

smear [smē(r), স্মিয়া(র্)] **(1)** *n.* a rub with, or patch of anything sticky or oily, কোন আঠাল বা তেলা পদার্থের প্রলেপ ; the matter so applied, প্রলেপনের জন্য আঠাল বা তেলা পদার্থ । **(2)** *v.t.* to daub with anything sticky or oily, আঠাল বা তৈলাক্ত পদার্থের প্রলেপ দেওয়া অথবা উক্তপদার্থ মর্দন করা ; to anoint or daub, লেপন করা । **smearing campaign**—অপরকে অপবাদ দিবার জন্য গুজবাদি প্রচার বা রটনা । *a.* **smēar°y**—আঠাল, তেলা ; আঠাল বা তেলা দাগ ধরে এমন অথবা ঐরূপ দাগে পূর্ণ । *adv.* **smēar°ily** । *n.* **smēar°inėss** । *n.* **smearword**—কাহাকেও কলঙ্কিত করিবার জন্য ব্যবহৃত শব্দ (*e.g.* Communist in U.S.A.) । [OE. *smeru* = *fat*—cp. G. *schmeer*]

smell [smell, স্মেল্] **(1)** *n.* the sense peculiar to the nose, ঘ্রাণেন্দ্রিয়, ঘ্রাণশক্তি ; odour, গন্ধ, ঘ্রাণ ; act of inhaling to test smell, গন্ধগ্রহণ, শোঁকান ; (fig.) trace or news, (আল.) কোন ব্যক্তির বা বস্তুর চিহ্ন অথবা খবর, আভাস । **(2)** *v.i.* to have (a specific) odour, (কোন) গন্ধযুক্ত হওয়া ; to have or use the senses of smell, ঘ্রাণেন্দ্রিয়যুক্ত বা ঘ্রাণশক্তিসম্পন্ন হওয়া অথবা ঘ্রাণেন্দ্রিয় বা ঘ্রাণশক্তি ব্যবহার করা ; (fig.) to indicate a trace or impart news, (আল.) চিহ্ন বা খবর দেওয়া, আভাস দেওয়া । **(3)** *v.t.* to perceive by smell, গন্ধ শুঁকিয়া বুঝিতে বা ধরিতে বা দেখিতে পাওয়া ; to take a smell at, গন্ধ বা ঘ্রাণ লওয়া, শোঁকা ; to emit a smell of, (কিছুর) গন্ধ ছড়ান । *p.* & *p. pt.* **sme°lled, smelt$_3$** । *n.* **sme°ller** ।

n. **sme°lling-bottle**—মূর্ছাদি হইতে আরোগ্য-লাভের ঔষধাদিতে পূর্ণ বোতল। *n.* **sme°lling-salts**—মূর্ছাদি হইতে আরোগ্যলাভের জন্য শোঁকার ঔষধবিশেষ। *a.* **sme°lly**—দুর্গন্ধযুক্ত। *n.* **sme°lliness**। **(to) smell about** or **round**—তথ্য-সংগ্রহের জন্য ইতস্ততঃ ঘুরিয়া বেড়ান। **(to) smell of**—(কিছুর) গন্ধ ছড়ান; (কিছুর) আভাস দেওয়া। **(to) smell of the lamp**—কঠোর পরিশ্রম সহকারে গভীর রাত্রে রচিত বলিয়া মনে হওয়া। **(to) smell out**—গুপ্ত অনুসন্ধানাদিদ্বারা খুঁজিয়া বাহির করা। [ME. *smel* < ?]

smelt$_1$ [smelt, স্মেল্‌ট্‌] *n.* a kind of fish, salmon-জাতীয় মৎস্যবিশেষ। [AS.]

smelt$_2$ [smelt, স্মেল্‌ট্‌] *v.t.* to melt, (আকরিক হইতে পৃথক্ করার জন্য ধাতুকে) গলান। [MDu. *smelten*]

smelt$_3$—see **smell.**

smilax [smī°laks, স্মাই°ল্যাক্‌স্‌] *n.* kinds of climbing shrubs, লতাইয়া উঠা নানা জাতীয় গুল্ম; kinds of asparagus used in decoration, সজ্জার কাজে ব্যবহৃত শতমূলী। [Gk.]

smile [smīl, স্মাইল্‌] **(1)** *v.i.* to express amusement, pleasure, slight, etc. by a slight drawing up of the corners of the lips, আমোদ আনন্দ অবজ্ঞা অনুগ্রহ প্রভৃতি জ্ঞাপনার্থ মৃদু হাস্য করা; to look joyous or beautiful, আনন্দিত বা সুন্দর বলিয়া প্রতিভাত হওয়া (the sky *smiles*); to be favourable, অনুকূল হওয়া (fortune *smiled* on him)। **(2)** *v.t.* to affect (a smiling expression), হাসা (to *smile* a sweet smile)। **(3)** *n.* act of smiling, মৃদুহাস্য। *adv.* **smi°lingly**। **(to) smile at**—(কোন-কিছুতে) কৌতুকবোধ করা; উপেক্ষা করা, হাসিয়া উড়াইয়া দেওয়া। **(to) smile on** or **upon**—অনুগ্রহ করা (Fortune at last *smiled on* him)। [?]

smirch [sma(r)ch, স্ম্যা(র্)চ্] **(1)** *v.t.* to besmear, (তেলা বা আঠাল পদার্থাদিতে) প্রলিপ্ত করা; to dirty, নোংরা করা; (fig.) to stain, (আল.) কলঙ্কিত করা। *p.* & *p. pt.* **smir°ched**। **(2)** *n.* a stain, (প্রধানতঃ তেলা আঠাল বা নোংরা) দাগ, কলঙ্ক। [OF. *esmorcher* = to hurt—influenced by *smear* ?]

smirk [sma(r)k, স্ম্যা(র্)ক্] **(1)** *v.i.* to smile affectedly or foolishly, ভান করিয়া বা বোকার মত হাসা। *p.* & *p. pt.* **smir°ked**। **(2)** *n.* an affected or foolish smile, কৃত্রিম বা বোকা হাসি। [OE. *smercian*]

smit—see **smite.**

smite [smīt, স্মাইট্‌] **(1)** *v.t.i.* to strike, আঘাত করা; to beat, প্রহার করা। **(2)** *v.t.* to kill, বধ করা; to overthrow in battle, যুদ্ধে পরাস্ত করা; to afflict, যন্ত্রণা দেওয়া; (chiefly in *pass.*) to attack or beset, আক্রমণ করা বা আচ্ছন্ন করা। **(3)** *v.i.* come forcibly or abruptly on, হঠাৎ সজোরে বা আচমকা আসিয়া পড়া বা আঘাত করা (the wave *smote* upon the grey rock)। *p.* **smōte,** (arch.) **smit**। *p. pt.* **smi°tten,** (arch.) **smit**। **(to) smite off**—কাটিয়া ফেলা। [OE. *smitan* = to smear]

smith [smith, স্মিথ্‌] *n.* one who forges with a hammer, কর্মকার; a worker in metals, যে ব্যক্তি লৌহ রৌপ্য স্বর্ণ প্রভৃতি ধাতুদ্বারা জিনিসপত্র তৈয়ারি করে, সেকরা; a maker, নির্মাতা। *n.* **smi°thery**—কামারগিরি। *n.* **smi°thy**—কামার-শালা। [AS.—cp. G. *schmied*]

smithereens [smi-dha-rēnz°, স্মিদ্যারীন্‌জ়্°], **smithers** [smi-dharz, স্মিদ্যার্‌জ়্] *n. pl.* small fragments, ক্ষুদ্র ক্ষুদ্র টুকরা (to smash to or into *smithereens* or *smithers*)। [?]

smithery, smithy—see **smith.**

smock—see **smite.**

smock [smok, স্মক্‌] **(1)** *n.* a chemise, স্ত্রীলোকের শেমিজ; a kind of gown, প্রধানতঃ খেতি মজুরদের কাজকর্মের সময়ে জামাকাপড়ের উপরে পরিধেয় ঢিলা আঙরাখাবিশেষ (also **smock°-frock**)। **(2)** *v.t.* to clothe in a smock, উক্ত শেমিজ বা আঙরাখা পরান। *n.* **smocking**—smock-frock-এর ঢঙে জামা তৈয়ারি করা; ঐভাবে তৈয়ারী জামার উপরের কারুকার্যময় নকশা। *p.* & *p. pt.* **smo°cked**। [OF. *smoc*]

smog [smog, স্মগ্‌] *n.* (coll.) mixture of smoke and fog, (কথ্য.) ধোঁয়া ও কুয়াশার মিশ্র। [see *smoke, fog*]

smoke [smōk, স্মৌক্‌] **(1)** *n.* visible vapour emitted by burning substance, ধূম্র, ধোঁয়া; that which may be smoked, তামাক সিগারেট প্রভৃতি ধূমপানের বস্তু; a spell of smoking, ধূমপান। **(2)** *v.i.* to emit smoke, ধোঁয়া ছড়ান। **(3)** *v.t.* to treat with smoke, ধূম্রপ্রয়োগ করা; to darken or obscure by applying smoke (to), ধূম্রপ্রয়োগে অস্পষ্ট বা অন্ধকার করা। **(4)** *v.t.i.* to take in and emit the smoke (of), (তামাক সিগারেট্ প্রভৃতি) ফোঁকা, ধূমপান করা। *n.* **smoke°-bomb**—যে বোমা ফাটিয়া যাইয়া এমন ধূম্রজালের সৃষ্টি করে যে শত্রুপক্ষ সমরায়োজন দেখিতে পায় না। **smoked glass**—(সূর্যের দিকে তাকাইবার জন্য) ধূম্রপ্রয়োগে কালো-করা কাচ। *a.* **smoke°-dried**—ধোঁয়া দিয়া শুকাইয়া লওয়া হইয়াছে এমন। *n.* **smoke°-screen**—যে ধূমাবরণের দ্বারা শত্রুপক্ষের নিকট হইতে সমরায়োজন গোপন রাখা হয়; (আল.) কোন কিছু গোপন করিবার জন্য ব্যবহৃত বহিরাবরণ। **no smoke without fire**—সব গুজবেরই ভিত্তি কিছু আছে। (তু. 'যা রটে তা বটে'; 'পর্বতো বহ্নিমান্ ধূমাৎ')। *a.* **smōke°lėss**—ধোঁয়াহীন, নির্ধূম। *n.* **smō°ker**—ধূম্রপায়ী, তাম্রকূটসেবী; রেলগাড়ির যে কামরায় ধূমপান করা যায় (also **smō°king-carriage, smō°king-compartment**)। *n.* **smō°king**—ধূমপান। *n.* **smo°king-mixture**

—পাইপে ধূমপান করার জন্য তামাক। *n.* **smo°king-room**—ধূমপানার্থ অট্টালিকাদির নির্দিষ্ট কক্ষ। *a.* **smo°ky**—ধূম্রোদ্গীরণকর ; ধূম্রবৎ ; ধোঁয়াটে। *adv.* **smo°kily**। *n.* **smo°kinėss**। **like smoke**—অতি দ্রুত। **off smoking**—ধূমপানের প্রতি বিরাগবশতঃ তামাকসেবনে বিরত। **(to) end (up) in smoke**—ফলপ্রসূ না হওয়া ; ব্যর্থতায় পর্যবসিত হওয়া ; কিছু না বলিয়া প্রতিপন্ন হওয়া। **(to) go up in smoke**—পুড়িয়া ছাই হওয়া ; (আল.) ফলপ্রসূ না হওয়া, নিষ্ফল হওয়া। [OE. *smoca* (*n.*), *smocian* (*v.*)—cp. G. *schmauch*]

smooth [smōōth, স্মূদ্] *a.* of even surface, সমতল ; without roughness, মসৃণ ; hairless, লোমহীন, কেশহীন ; of even consistency, সমতাপূর্ণ, সুষম ; gently flowing, ধীরভাবে প্রবাহিত ; easy, স্বচ্ছন্দ ; fair-spoken, মধুভাষী. সুভাষী (also **smōōth°-spōken, smōōth°-tongued**)। *v.t.i.* **smōōth, smōō°then**—মসৃণ বা সমতল করা অথবা হওয়া ; ইস্ত্রি করা বা হওয়া ; লোমহীন বা কেশহীন করা অথবা হওয়া ; সুষম করা অথবা হওয়া ; ধীরভাবে প্রবাহিত করান বা হওয়া ; স্বচ্ছন্দ করা বা হওয়া ; মধুভাষী করা বা হওয়া ; বাধাদি অপসৃত করা বা হওয়া। *n.* **smōōth°-bore**—খাঁজ কাটা হয় নাই এমন নলযুক্ত বন্দুক বা কামান। *a.* **smōōth°-fāced**—সমতল উপরিভাগবিশিষ্ট ; মসৃণ মুখবিশিষ্ট ; সুদর্শন বা মনোরম আকৃতিবিশিষ্ট ; শ্মশ্রুহীন, মাকুন্দ ; (আল.) আপাতদৃষ্টিতে বন্ধুভাবাপন্ন কিন্তু কপট। *n.* **smōō°thie**—(কথ্য.) মধুভাষী ব্যক্তি। *n.* **smōō°thing-iron**—ইস্ত্রি। *n.* **smōō°thing-plāne**—র‍্যাঁদা। *adv.* **smōōth°ly**। *n.* **smōōth°-nėss**। **(to) take the rough with the smooth**—(জীবনে) ভাল মন্দ যাহাই আসুক নির্বিকারচিত্তে গ্রহণ করা। [OE. *smodh*]

smote—see **smite.**

smother [smu°-dha(r), স্মা°দ্যা(র্)] (**1**) *v.t.* to kill by stifling, শ্বাসরোধ করিয়া হত্যা করা ; to suffocate, শ্বাসরোধ করা ; to suppress, দমন করা ; to conceal, লুকাইয়া ফেলা (to *smother* one's feelings of resentment, a yawn, etc.)। (**2**) *n.* smoke, ধোঁয়া, ধূম ; thick floating dust, বাতাসে ভাসমান ঘন ধুলা ; a smouldering fire, চাপাভাবে জ্বলন্ত আগুন ; suffocation, শ্বাসরোধ বা তাহার ফলে মৃত্যু। *a.* **smo°thery**—শ্বাসরোধী। [ME. *smorther* < OE. *smorian*]

smoulder [smōl°-da(r), স্মৌল্°ড্যা(র্)] *v.t.* to burn suppressedly or without flame, চাপাভাবে বা শিখাহীন হইয়া জ্বলা। *a.* **smoul°dering**—শিখাহীনভাবে জ্বলে এমন, ধূমায়িত ; (আল. বিরূপ মনোভাব সম্পর্কে) অলক্ষ্যে ক্রিয়াশীল বা বিদ্যমান (*smouldering* discontent, hatred, etc.)। [ME. *smolder* = smoke < ?]

smudge [smuj, স্মাজ্] (**1**) *n.* a dirty smear or blur, নোংরা প্রলেপ বা দাগ। (**2**) *v.t.* to soil, নোংরা প্রলেপ বা দাগ দেওয়া। (**3**) *v.i.* (of ink, paint, etc.) to become smeared or blurred, প্রলিপ্ত বা অস্পষ্ট হওয়া (the ink *smudges* easily)। *a.* **smu°dgy**—নোংরা প্রলেপযুক্ত বা দাগযুক্ত। *adv.* **smu°dgily**। *n.* **smu°dginėss**। [?]

smug [smug, স্মাগ্] (**1**) *a.* neat, prim, পরিষ্কার-পরিচ্ছন্ন, ফিট্‌ফাট্ ; commonplace, unimaginative and narrowminded, অসাধারণত্ব-বর্জিত কল্পনাশক্তিহীন ও সঙ্কীর্ণচেতা ; offensively self-complacent, দৃষ্টিকটুভাবে আত্মতৃপ্ত। (**2**) *n.* a smug person, ফিট্‌ফাট্ ব্যক্তি, কল্পনাশক্তিহীন সঙ্কীর্ণচেতা ব্যক্তি ; দৃষ্টিকটুভাবে আত্মতৃপ্ত ব্যক্তি ; a student who is preoccupied with reading, যে ছাত্র খেলাধুলা মেলামেশা পরিহারপূর্বক কেবল পড়াশোনায় নিমগ্ন থাকে। *adv.* **smug°ly**। *n.* **smug°nėss**। [?]

smuggle [smug°l, স্মাগ্°ল্] *v.t.* to import or export illegally, প্রধানতঃ শুল্ক ফাঁকি দিয়া অবৈধভাবে (কোন দ্রব্য) আমদানি বা রপ্তানি করা, চোরাই চালান করা। *n.* **smugg°ler**। *n.* **smugg°ling**—চোরাই চালান। [LG. *smuggeln*]

smut [smut, স্মাট্] (**1**) *n.* a flake of soot or dirt, ঝুলকালি বা ময়লার স্তর অথবা প্রলেপ ; a black spot, কাল দাগ ; a plant-disease, রবিশস্যাদির রোগবিশেষ (এই রোগে উদ্ভিদ্‌বর্গ ঝুলকালির মত কাল হয়) ; obscene talk, অশ্লীল কথাবার্তা (to talk *smut*)। (**2**) *v.t.* to soil with smut, ঝুলকালি-দ্বারা নোংরা করা ; to affect with smut, স্মাট্-রোগগ্রস্ত করা। *pr. pt.* **smu°tting**। *p.* & *p. pt.* **smu°ttėd**। *a.* **smu°tty**—ঝুলকালিমাখা ; স্মাট্-রোগগ্রস্ত ; অশ্লীল ; নোংরা। *adv.* **smu°ttily**। *n.* **smu°ttinėss**। [cp. Sw. *smuts* = dirt]

snack [snak, স্ন্যাক্] *n.* a bite, (প্রধানতঃ কুকুরের) কামড় ; a share, অংশ, ভাগ, হিস্যা ; a light repast, জলখাবার। [cp. M. Du. *snacken* = to snap]

snaffle [snaf°l, স্ন্যাফ্°ল্] *n.* a simple bridle-bit, সাদাসিধা বল্গাবিশেষ। [?]

snag [snag, স্ন্যাগ্] *n.* a jagged projecting stump or point, অমসৃণ গোঁজ বা খোঁটা ; an unexpected obstacle, অপ্রত্যাশিত বাধা (there is a *snag* in it)। *a.* **sna°gged, sna°ggy**—অমসৃণ গোঁজে পরিপূর্ণ ; গুপ্ত বাধাবহুল। [cp. ON. *snagi* = peg]

snaggle-tooth [sna°gl-tōōth, স্ন্যা°গ্‌ল্‌টুথ্] *n.* an irregular or projecting tooth, মাড়ি হইতে অনিয়মিতভাবে বাহির হওয়া দাঁত, (তু.) গজদন্ত। [*snag* + *tooth*]

snail [snāl, স্নেইল্] *n.* a kind of mollusc, শামুক, গেঁড়ি। **at a snail's pace**—অতি মন্থরগতিতে, শম্বুক গতিতে। [OE. *sn(a)egl*]

snake [snāk, স্নেইক্] *n.* a serpent, সর্প, ফণী, নাগ, অহি ; an ungrateful or treacherous person, অকৃতজ্ঞ বা বিশ্বাসঘাতক লোক। *n.* **snāke°-bīte**—সর্পদংশন। *n.* **snāke°-charmer**

—সাপুড়ে, অহিতুণ্ডিক। *n.* **snāke°-cult**—সর্পোপাসনা, সর্পপূজা। *n.* **snāke°-dance**—সর্প সহ বা সর্পাকারে নৃত্য। *a.* **snā°ky**—সর্পময়; সর্পবৎ। *n.* **snā°kinėss** । **a snake in the grass**—গোপনে ক্ষতিসাধক ব্যক্তি; গুপ্ত বিপদ্। **(to) see snakes**—ভীতিপ্রদ ছায়ামূর্তিসমূহ দেখা (অর্থাৎ অকারণে ভীত হওয়া)। [OF. *snaca*]

snap [snap, স্ন্যাপ্] (1) *v.i.t.* to bite suddenly and audibly, হঠাৎ কট্ করিয়া কামড়ান (the dog *snapped* at my leg); to speak, answer or interrupt tartly, তিক্তভাবে অথবা তীব্রভাবে বলা বা জবাব দেওয়া বা কথার মধ্যে বাধা দেওয়া; to grasp or secure sharply, চট্ করিয়া আঁকড়াইয়া ধরা বা আটকান; to shut with a sharp sound, ফট্ করিয়া বন্ধ হওয়া বা করা; to go or send with a sharp noise, তীক্ষ্ণ শব্দ করিয়া চলা বা পাঠান; to break suddenly, হঠাৎ বা মট্ করিয়া ভাঙ্গিয়া যাওয়া অথবা ভাঙ্গিয়া ফেলা (to *snap* a wire, stick, etc.)। (2) *v.i.* to make a sharp noise, কট্ ফট্ প্রভৃতি তীক্ষ্ণ শব্দ করা। (3) *v.t.* to take an instantaneous photograph of, (প্রধানতঃ হাত-ক্যামেরার সাহায্যে) হঠাৎ চট্ করিয়া ফটো তুলিয়া নেওয়া। *pr. pt.* **sna°pping** । *p.* ও *p. pt.* **sna°ppėd** । (4) *n.* snapping, হঠাৎ কট্ করিয়া কামড়; তিক্তভাবে বা তীব্রভাবে কথন বা উত্তর-দান অথবা কথার মধ্যে বাধাদান; চট্ করিয়া আঁকড়াইয়া ধরা; ফট্ করিয়া বন্ধ হওয়া বা বন্ধ করা; তীক্ষ্ণ শব্দে গমন বা প্রেরণ, সহসা ভাঙ্গা; a snapping sound, কট্ ফট্ মট্ প্রভৃতি শব্দ; a small catch or lock, ক্ষুদ্র ছিট্‌কিনি বা তালা; a good place or task, সহজ বা লাভপ্রদ পদ বা কাজ; a snapshot, হঠাৎ চট্ করিয়া তোলা আলোকচিত্র। *adv.* **sna°ppingly** । *a.* **sna°ppish, sna°ppy**—কট্ করিয়া কামড়ায় এমন, তিক্তভাবে বলে বা উত্তর দেয় বা কথার মধ্যে বাধা দেয় এমন; চট্ করিয়া আঁকড়াইয়া ধরে বা আটকায় এমন; ফট্ করিয়া বন্ধ হয় বা বন্ধ করে এমন; তীক্ষ্ণ শব্দ করিয়া যায় বা পাঠায় এমন; মট্ করিয়া ভাঙ্গিয়া যায় বা ভাঙ্গিয়া ফেলে এমন; দ্রুত ও তীব্র বা তিক্ত; আকস্মিক। *adv.* **sna°ppily** । *n.* **sna°ppinėss** । *n.* **snap°-dragon**—ড্রাগনের মুখের মত ফুলওয়ালা উদ্ভিদ্‌বিশেষ। *n.* **snap°shot**—ভালভাবে লক্ষ্যসন্ধান না করিয়াই রিভলভর্ রাইফেল্ প্রভৃতি হইতে গুলিবর্ষণ; হঠাৎ ফট্ করিয়া আলোকচিত্র গ্রহণ বা উক্তভাবে গৃহীত আলোকচিত্র। **(to) snap one's fingers (at)**—(কাহারও প্রতি অবজ্ঞা-প্রদর্শনার্থ) তুড়ি মারা। **(to) snap one's head** or **nose off**—তীব্র ও মর্মদাহীভাবে উত্তর দেওয়া। **(to) snap into**—(অশি.) তাড়াতাড়ি চলিতে আরম্ভ করা। **(to) snap out of**—(অশি.) মেজাজ অভ্যাস প্রভৃতি ছাড়া। **(to) snap up**—বক্তব্য শেষ করিবার আগেই (বক্তাকে) থামাইয়া দেওয়া, বক্তব্য শেষ করিতে না দেওয়া। **snap vote**—অপ্রত্যাশিতভাবে বা বিনা বিজ্ঞপ্তিতে গৃহীত ভোট। [Du. *snappen* (*v.*) ?]

snare [snā(r), স্নেয়্যা(র্)] (1) *n.* a trap, জাল, ফাঁদ, পাশ; an allurement, প্রলোভন, an entanglement, বিজড়িত অবস্থা; a moral danger, নৈতিক বিপদ্। (2) *v.t.* to ensnare, ফাঁদে অথবা জালে আটকান। [ON. *snara*]

snarl [snŭ(r)l, স্না(র্)ল্] (1) *v.i.t.* to make a surely resentful noise with show of teeth, or to speak with such a noise, (কুকুর-সম্বন্ধে বা তদ্বৎ) দাঁত খিঁচাইয়া রুক্ষ ও ক্রুদ্ধ শব্দ করা বা ঐরূপ শব্দে বলা। (2) *n.* an act or sound of snarling, ঐরূপ শব্দ-করণ, ঐরূপ শব্দে কথন, ঐরূপ শব্দ। (earlier *snar*—cp. Du. & LG. *snarren*]

snatch [snach, স্ন্যাচ্] (1) *v.t.i.* to seize quickly, চট্ করিয়া আঁকড়াইয়া ধরা বা কাড়িয়া লওয়া (the handbag was *snatched* from the woman); to pluck away quickly, চট্ করিয়া ছিঁড়িয়া বা তুলিয়া লওয়া; to take as opportunity occurs, সুযোগ পাওয়া মাত্র গ্রহণ করা। *p.* ও *p. pt.* **sna°tchėd** । (2) *n.* a quick seizure, চট্ করিয়া আঁকড়াইয়া ধরা বা কাড়িয়া ধরা বা কাড়িয়া লওয়া; an attempt to seize, আঁকড়াইয়া ধরার বা কাড়িয়া লওয়ার চেষ্টা; a short spell, অল্পক্ষণ-ব্যাপী স্থায়িত্ব বা প্রকোপ; a fragment, (গান কবিতা প্রভৃতির) টুকরা (*snatches* of a song, verse, etc.)। *n.* **sna°tcher**—ছিনতাইকারী। *a.* **sna°tchy**—মাঝে মাঝে ও অল্পক্ষণব্যাপী; অনিয়মিত। *adv.* **sna°tchily** । **in** or **by snatches**—রহিয়া রহিয়া বা অনিয়মিতভাবে (to work *in* or *by snatches*)। [ME. *snacchen*—cp. *snack*]

sneak [snēk, স্নীক্] (1) *v.t.i.* to go furtively or meanly, গুপ্তভাবে বা হীনভাবে চলাফেরা করা; to behave meanly, হীন আচরণ করা; (sl.) to tell tales, (অশি.) পরের বিরুদ্ধে রটনা করা। (2) *v.t.* to pass furtively, অলক্ষিতে অতিক্রম করিয়া যাওয়া; (sl.) to steal, (অশি.) ছিঁচকে চুরি করা। *p.* ও *p. pt.* **snea°kėd** । (3) *n.* one who sneaks, যে ব্যক্তি গুপ্তভাবে বা হীনভাবে চলাফেরা করে, পরের বিরুদ্ধে রটনাকারী; ছিঁচকে চোর; (in cricket) a ball bowled along the ground, (ক্রিকেটে) মাটির উপর দিয়া গড়াইয়া নিক্ষিপ্ত বল্, গড়ানে বল্। **sneak raid**—চুপিসারে আক্রমণ। *n.* **sneak°-thief**—খোলা দরজা বা জানালা-পথে ঘরে ঢুকিয়া যে চোর চুরি করে। *a.* **snē°aking**—গোপন, অলক্ষিত (a *sneaking* affection, respect, suspicion, etc.)। *n.* **snē°aker**—sneak-এর সকল অর্থে; (সচ. pl.) টেনিস খেলার জুতা। *adv.* **snea°kingly** । [?]

sneer [snē(r), স্নিয়্যা(র্)] (1) *v.i.t.* to show contempt by the expression of the face or otherwise, মুখভঙ্গি করিয়া বা অন্যভাবে অবজ্ঞা প্রদর্শন করা। (2) *v.t.* to utter sneeringly, অবজ্ঞাভরে বলা। (3) *n.* a sneering expression, অবিশ্বাসপূর্ণ অবজ্ঞাসূচক উক্তি; act of sneering, মুখভঙ্গি করিয়া অবজ্ঞা-প্রদর্শন বা উক্ত অবজ্ঞাভরে

কথন। *adv.* **sneer°ingly** । [cp. Fris. *sneere*= to scorn]

sneeze [snēz, স্নীজ়্] (**1**) *v.i.* to make an explosive sound involuntarily through the nostrils, হাঁচি দেওয়া। (**2**) *n.* sneezing, হাঁচি দেওয়া, হাঁচি। **not to be sneezed at**—অবজ্ঞার পাত্র বা বিষয় নহে, অনবজ্ঞেয়। [ME. *snesen, fnesen*<OE. *fniezen* (*v.*)—cp. Du. *fniezen*]

snick [snik, স্নিক্] (**1**) *v.t.* to cut out, কাটিয়া গর্ত করা; (in cricket) to deflect (the ball) slightly by a touch of the bat, (ক্রিকেটে) ব্যাটের স্পর্শে (বলকে) ঈষৎ ঠিকরাইয়া তোলা। *p. & p. pt.* **sni°cked** । (**2**) *n.* a small cut, কর্তনজনিত ক্ষুদ্র ক্ষত; a glancing stroke, (ক্রিকেটে) ব্যাটের যে আঘাতে বল্ ঠিকরাইয়া ওঠে। [?]

snicker [sni°-ka(r), স্নি°ক্যা(র্)] (**1**) *v.i.* to snigger, চাপা-হাসি হাসা; neigh, হ্রেষাধ্বনি করা। (**2**) *n.* titter. চাপা হাসি; neighing, হ্রেষাধ্বনি। [imi.]

snide [snīd, স্নাইড্] *a.* bogus, counterfeit, মেকি, জাল; insinuating, sneering, কটাক্ষপূর্ণ, বিদ্রূপপূর্ণ (*snide* remarks)। [?]

sniff [snif, স্নিফ্] (**1**) *v.t.i.* to draw in (air) audibly through the nose, সশব্দে শ্বাসের সহিত (বাতাস) টানিয়া লওয়া বা শ্বাস লওয়া; to smell, শোঁকা। (**2**) *v.t.* to suspect or detect by smell, গন্ধ শুঁকিয়া সন্দেহ করা বা ধরিতে পারা। (**3**) *v.i.* to snuffle, (প্রধানতঃ অবজ্ঞা-প্রদর্শনার্থ) নাক সিঁট্‌কান। *p. & p. pt.* **sni°ffed** । (**4**) *n.* act or sound of sniffing, সশব্দে নিঃশ্বাসের সহিত গ্রহণ বা তাহার শব্দ; a small quantity inhaled by the nose, একবারে শোঁকার মত পরিমাণ, টিপ্। *a.* **sni°ffy**—ঘৃণা করে এমন, সঘৃণ; (গন্ধহীন বস্তু সম্পর্কে) দুর্গন্ধপূর্ণ। [imi.]

sniffle [snif°le, স্নিফ্‌°ল্] *v.i.* to snivel or snuffle slightly, অল্প অল্প নাক ঝরান বা নাকিকান্না করা বা নাকিস্বরে কথা বলা। [G. *schniffeln*]

snigger [sni°-ga(r), স্নি°গ্যা(র্)] *n. & v.i.* (to utter) half-suppressed laugh (esp. in a cynical manner), (বিশে. বিদ্রূপাত্মকভাবে) চাপা-হাসি (হাসা)। [var. of *snicker*]

snip [snip, স্নিপ্] (**1**) *v.t.* to cut as with scissors, কাঁচি দিয়া কাটা। *pr. pt.* **sni°pping** । *p. & p. pt.* **sni°pped** । (**2**) *n.* a small cut, as with scissors, কাঁচিদ্বারা কর্তনজনিত ক্ষুদ্র ক্ষত, কাঁচির পোঁচ; a small piece or shred, (কাঁচিদ্বারা কর্তিত) ক্ষুদ্র টুকরা বা ছাঁট; a tailor, দরজি। *n.* **sni°ppet**—কাটিয়া-লওয়া ছোট টুকরা; (in *pl.*—সাহিত্য সংবাদ প্রভৃতির) টুকিটাকি। *a.* **sni°ppety**—টুকরা লইয়া গঠিত; অসম্পূর্ণ। [Du. *snippen*]

snipe [snīp, স্নাইপ্] (**1**) *n.* a kind of bird, কাদাখোঁচাজাতীয় পাখিবিশেষ; a sniping shot, আড়াল হইতে একজনের প্রতি গুলি নিক্ষেপ। (**2**) *v.i.* to shoot snipe or go snipe-shooting, গুলি করিয়া স্নাইপ্-পাখি মারা বা মারিয়া বেড়ান। (**3**) *v.i.t.* to shoot at individuals from cover, আড়াল হইতে এক-একজনকে গুলি করা। *p. & p. pt.* **sni°ped** । *n.* **sni°per** । [Scand. ?]

snipped, snippet, snipetty, snipping—see **snip.**

snitch [snich, স্নিচ্] (sl.) (**1**) *v.i.* to act as an informer, (অশি.) গুপ্ত সংবাদদাতা হিসাবে কাজ করা, গুপ্তচরগিরি বা গোয়েন্দাগিরি করা। (**2**) *v.t.* to steal, চুরি করা। [?]

snivel [sni°vl, স্নি°ভ্‌ল্] (**1**) *n.* mucus of the nose, নাকের শ্লেষ্মা, সর্দি, কফ, শিকনি; whimpering, ঘ্যান্ ঘ্যান্ করিয়া ক্রন্দন, নাকিকান্না; hypocritical talk, ভণ্ডামিপূর্ণ কথাবার্তা। (**2**) *v.i.* to run at the nose, শিকনি ঝরা; to be lachrymose, ঘ্যান্ ঘ্যান্ করিয়া কাঁদা, অশ্রুপূর্ণ হওয়া; to affect contrition, অনুতাপের ভান করা। *pr. pt.* **sni°velling** । *p. & p. pt.* **sni°velled** । [ON. *snofl*=mucus]

snob [snob, স্নব্] *n.* (obs.) a person of low rank, (অপ্র.) হীন (সামাজিক) মর্যাদাসম্পন্ন ব্যক্তি। a person with exaggerated respect for wealth and social position, who is ashamed of his socially inferior connections and behaves servilely to social superiors, যে ব্যক্তি ধনাঢ্যতা ও সামাজিক মর্যাদার প্রতি অত্যধিক শ্রদ্ধাশীল এবং দরিদ্র ও হীনমর্যাদাসম্পন্ন বা হীনাবস্থ আত্মীয়স্বজন সম্পর্কে লজ্জাবোধ করে এবং উচ্চতর সামাজিক মর্যাদাসম্পন্ন ব্যক্তিগণের মনোরঞ্জনার্থ গোলামের ন্যায় আচরণ করে, গরিব স্বজনকে অবজ্ঞাকারী ও বড়লোকের পা-চাটা লোক। *n.* **sno°bbery**—গরিব স্বজনকে অবজ্ঞাপূর্বক বড়লোকের পা-চাটা স্বভাব বা আচরণ। *a.* **sno°bbish**—গরিব স্বজনকে অবজ্ঞা করে কিন্তু বড়লোকের পা চাটে এমন। *adv.* **sno°bbishly** । *n.* **sno°bbishness** । [?]

snood [snood, স্নূড্] *n.* fillets worn by maidens in Scotland to confine hair, স্কটল্যাণ্ডে কুমারীদের চুল বাঁধিবার ফিতা; any of the short lines attaching hooks to the main line in sea-fishing, (সামুদ্রিক মৎস্য-শিকারে) প্রধান দড়ির সঙ্গে হুক যুক্ত করিয়া বাঁধা ছোট দড়ি। [OE. *snōd*]

snook [snook, স্নূক্] *n.* (sl.) contemptuous gesture with thumb, (অশি.) বৃদ্ধাঙ্গুষ্ঠের সাহায্যে অবজ্ঞাসূচক ভঙ্গি (to cock a *snook*)। [?]

snooker [snōō°-ka(r), স্নূ°ক্যা(র্)] *n.* a kind of game, খেলাবিশেষ (বিলিআর্ড-টেবিলে ইহা খেলিতে হয়)। **(to) be snookered**—অসুবিধায় বা বেকায়দায় পড়া। [?]

snoop [snōōp, স্নূপ] *v.i.* to pry into matters one is not concerned with, নিজের কোন সংস্রব নাই এমন ব্যাপারে নাক গলান। **(to) snoop around**—আইনভঙ্গের বা অবৈধ কাজের সুযোগ খোঁজা। [Du. *snoepen*=to eat (slyly)]

snooty—see **snouty**.

snooze [snōōz, স্নূজ়্] (**1**) *v.i.* to doze, ঝিমান। (**2**) *n.* nap, ঝিমুনি, তন্দ্রা। [?]

snore [snaw(r), স্ন্য(র্)] (**1**) *v.i.* to breathe hoarsely in sleep, ঘুমের মধ্যে নাক ডাকা। (**2**) *v.t.* to pass (time) in snoring or to utter with a snore, নাক ডাকিয়া ডাকিয়া (সময়) যাপন করা বা নাক ডাকিতে ডাকিতে বলা। (**3**) *n.* a noisy breathing, নাক-ডাকান। *n.* **snor°er**। [imi.]

snort [snaw(r)t, স্ন্য(র্)ট্] (**1**) *v.i.* (of horses) to breathe violently through the nostrils, চিঁহিহি করা, হ্রেষাধ্বনি করা ; to make explosive noise through the nostrils, নাক দিয়া জোরে শব্দ করা। (**2**) *v.t.* to utter with or force out snortingly, চিঁহিহি করিয়া বলা বা বাহির করা ; to give forth violent noise, (বাষ্পযানের এনজিন-সম্বন্ধে) ভোঁস্-ভোঁস্ শব্দ করা। (**3**) *n.* act or sound of snorting, হ্রেষণ বা হ্রেষাধ্বনি, হ্রেষা, ভোঁস-ভোঁসানি। **(to) snort with rage** (at)—রাগে গর্‌গর্ করা। *n.* **snor°ter**—snort (*v.*)-এর সকল অর্থে, এবং—(কথ্য.) প্রচণ্ড কোন বস্তু বিশেষতঃ ঝড়। *adv.* **snor°tingly**। [imi.]

snot [snot, স্নট্] *n.* (vulg.) mucus of the nose, (অভদ্র) শ্লেষ্মা, কফ, শিকনি, পোঁটা ; a mean fellow, হীন ব্যক্তি, ইতর লোক। *n.* **snot°-rag**—নাকের শিকনি মুছিবার রুমাল। *a.* **sn°otty**—(অশি.) শ্লেষ্মা ঝরিতেছে এমন ; ঘৃণ্য ; (কথ্য.) ক্রুদ্ধ, বদমেজাজী ; ধৃষ্ট। [Du.]

snout [snowt, স্নাউট্] *n.* the projecting nose of a beast, শূকরাদি পশুর প্রলম্বিত নাক (ও মুখ), (পরি.) তুণ্ড ; (sl.) tobacco, (অশি.) তামাক। *a.* **snouty**—তুণ্ডসদৃশ ; প্রশস্ত তুণ্ড সমন্বিত ; (কথ্য.) অহঙ্কারী। [cp. Du. *snuit*]

snow [snō, স্নৌ] (**1**) *n.* atmospheric vapour frozen in crystalline form, তুষার, হিমানী, শিলা ; any snow-like substance, তুষারতুল্য বস্তু ; (fig.) anything white, (আল.) তুষারধবল বস্তু (যেমন, পাকা চুল)। (**2**) *v.i.* to shower snow, তুষারপাত হওয়া (it *snows* or is *snowing*) ; to fall like snow, তুষারবৎ বর্ষিত হওয়া। (**3**) *v.t.* to shower like snow, তুষারবৎ বর্ষণ করা ; to strew as with snow, তুষারের ন্যায় আকীর্ণ করা ; (fig.) to whiten, (কেশাদি) তুষারধবল করা। **snow°ball**—(**1**) *n.* কিছু পরিমাণ তুষার চাপিয়া যে গোলক তৈয়ার করা হয়, তুষারগোলক ; থোকায় থোকায় পুষ্পোৎপাদী ফুলগাছবিশেষ বা উহার ফুল (see **guelder-rose**)। (**2**) *v.t.i.* (কাহারও প্রতি) তুষারগোলক ছোড়া ; তুষারগোলকের ন্যায় আকারে ও গুরুত্বে দ্রুত বৃদ্ধি পাওয়া। *n.* **snow°-berry**—সাদা বৈঁচিজাতীয় ফলবিশিষ্ট উদ্যানগুল্ম। **snow°-blind**—তুষারের উপরে প্রতিফলিত রৌদ্রের দিকে চাহিয়া চাহিয়া চক্ষু ধাঁধিয়া যাইবার ফলে (সাময়িকভাবে) দৃষ্টিশক্তিহীন। *n.* **snow°-blindness**। *a.* **snow°-bound**—প্রচুর তুষারপাতের ফলে চলিতে অক্ষম বা পথচলায় বাধাপ্রাপ্ত। *a.* **snow°-capped, snow°capt, snow°-covered**—তুষারাবৃত, তুষার-মুকুট পরিহিত। *n.* **snow°drift**—বাতাসে ভাসমান তুষারপুঞ্জ। *n.* **snow°drop**—তুষারশুভ্র বাসন্তী ফুলবিশেষ বা তাহার গাছ। *n.* **snow°fall**—তুষারপাত ; পতিত তুষারের পরিমাণ। **snow°-field**—(পর্বতাদির উপরে) যে বিস্তৃত স্থান বারমাস তুষারাবৃত থাকে, তুষারক্ষেত্র। *n.* **snow°-flāke**—তুষারকণিকায় গঠিত পাখির পালকের ন্যায় কোমল ফলক। *n.* **snow°līne**—স্থায়ী তুষার-পাতের সীমানির্দেশক রেখা, (পরি.) হিমরেখা। *n.* **snow°-man**—তুষারে গঠিত মানবমূর্তি ; তুষারমধ্যে বসবাসকারী (কল্পিত) প্রাণী (abominable *snow-man*)। *n.* **snow°-plough**—রাস্তা রেললাইন প্রভৃতি হইতে তুষার অপসারণের যন্ত্রবিশেষ। *n.* **snow°-shoe**—তুষারের উপর দিয়া চলার পাদুকাবিশেষ, শি। *n.* **snow°-slip**—হিমানী সম্প্রপাত। *n.* **snow°-storm**—তুষারঝটিকা। *a.* **snow°-white**—তুষার-বৎ সাদা, তুষারধবল। *a.* **snow°y**—তুষারময়, তুষারা-বৃত ; তুষারধবল ; বিশুদ্ধ। *adv.* **snow°ily**। *n.* **snow°iness**। **snowed under with**—কিছু দ্রুত পুঞ্জীভূত হইয়া ওঠার ফলে আচ্ছন্ন বা অভিভূত। **(to) be snowed up**—বরফে আবৃত হওয়া। [OE. *snaw*—cp. G. *schnee*, L. *nix. nivis*]

snub [snub, স্নাব্] (**1**) *v.t.* to rebuke, তিরস্কার করা, ধমক দেওয়া ; to rebuff with words or coldness, কথা বলিয়া অথবা অনাদর বা বিরাগ দেখাইয়া প্রতিহত করা কিংবা বাধা দেওয়া। *pr. pt.* **snu°bbing**। *p. & p. pt.* **snu°bbed**। (**2**) *a.* flat, broad and turned up, (নাক-সম্বন্ধে) চেপ্‌টা মোটা ও ওল্‌টান। *n.* **snu°bb(ing)**—তিরস্কার, ধমক ; কথা বলিয়া অথবা অনাদর বা বিরাগ দেখাইয়া প্রতিহত-করা বা বাধাদান। *a.* **snub°-nōsed**—চেপ্‌টা মোটা ও ওলটান নাসাযুক্ত। [ON. *snubba* (*v.*) = to chide]

snuff₁ [snuf, স্নাফ্] (**1**) *v.t.i.* to trim the black end off a wick, পলিতায় পুড়িয়া কাল হইয়া যাওয়া অংশ ছাঁটিয়া ফেলা। (**2**) *v.t.* to trim, ছাঁটিয়া ফেলা। (**3**) *n.* charred part of a candle-wick, মোমবাতির পলিতায় পুড়িয়া কাল হইয়া যাওয়া অংশ। **(to) snuff out**—পলিতা ছাঁটিয়া ফেলিয়া বাতি নেভান ; (কথ্য.) মারা যাওয়া। *n.* **snuffers**—মোমবাতি নিভাইবার কাঁচিজাতীয় যন্ত্র। [?]

snuff₂ [snuf, স্নাফ্] (**1**) *v.i.t.* to sniff, সশব্দে নাকের মধ্যে টানিয়া লওয়া বা শোঁকা ; to take snuff, নস্য লওয়া। *p. & p. pt.* **snu°ffed**। (**2**) *n.* a powdered tobacco for sniffing, নস্য। *n.* **snuff°-box**—নস্যের কৌটা। *a.* **snu°ffy**—নস্যের দাগ-মাখান ; নস্যের রঙ-সদৃশ ; কোপনস্বভাব, রাগী। *n.* **snu°ffinėss**। **up to snuff**—(অশি.) শিশুর মত অজ্ঞ বা সরল নহে। *a.* **snuff-coloured**—ঘন পীতাভ সবুজ। [Du. *snuffen*]

snuffle [snuf°l, স্নাফ্‌°ল্] (**1**) *v.i.* to breathe hard, জোরে জোরে নিঃশ্বাস ফেলা। (**2**) *v.t.i.* to sniff, সশব্দে নাকের মধ্যে টানিয়া লওয়া বা শোঁকা ;

to speak nasally, নাকিস্বরে বলা। (3) *n.* act or sound of snuffling, জোরে জোরে শ্বাসগ্রহণ বা গন্ধগ্রহণ অথবা তাহার শব্দ ; a speaking through the nose, নাকিস্বরে কথন ; a snuffling tone, নাকি স্বর। [< *snuff*]

snuffy—see **snuff**$_2$.

snug [snug, স্নাগ্] *a.* lying close and warm, ঘেঁষাঘেঁষি করিয়া উষ্ণভাবে অবস্থিত ; comfortable, আরামপ্রদ, (আয় আহার প্রভৃতি বিষয়ে) মোটামুটি ভাল ; sheltered, (শীতাতপ বা বৃষ্টি হইতে) আবৃত ; comfortably situated, আরামে অবস্থিত ; in good order, সুবিন্যস্ত। *adv.* **snug°ly**। *n.* **snug°ness**। *n.* **snugg°ery**—আরামপ্রদ নিরালা জায়গা, নিজের একান্ত কক্ষ ; (সরাইখানাদিতে) মদ্যপানের একান্ত কক্ষ। *v.i.t.* **snugg°le**—স্নেহভরে বা গরম হইবার জন্য ঘেঁষাঘেঁষি হইয়া শোয়া বা জড়াইয়া ধরা (the children *snuggled* up in bed)। [?]

so [sō, সৌ] *adv.* & *conj.* (also *int.*) in this, that, or such manner, degree or condition, thus, এইভাবে বা ঐভাবে, এই বা ঐ পরিমাণে অথবা মাত্রায়, এই বা ঐ অবস্থায় ; to such an extent, এতদুর পর্যন্ত ; likewise, অনুরূপভাবে ; accordingly, অতএব ; therefore, সুতরাং ; well, বেশ ভালভাবে ; very, খুব অত্যন্ত, অত্যধিক মাত্রায় বা পরিমাণে ; thereupon or thereafter, তখন বা অতঃপর ; as, যেমন ; for like reason, অনুরূপ কারণে ; as has been stated, যেমন বলা হইয়াছে ; provided, যদি হয় তবে ; in case, যদি তবে ; (coll.) that will do, very good, (কথ্য.) ওতেই হবে, চমৎকার, বেশ বেশ। *n.* **so-and-so** [sŏ°-and-sō, সো°অ্যান্সৌ] অমুক অমুক ব্যক্তি বা বস্তু। *a.* **sō°-call°ed**—তথাকথিত (অর্থাৎ যাথার্থ্য বা সম্ভাব্যতা সন্দেহজনক)। **and so forth** or **on, and so forth and so on**—এবং এইরূপ সমস্ত ; ইত্যাদি। **or so**—বা তাহার কাছাকাছি। **quite so**—যা বলেছ ঠিক বটে। **so…as**—সেইভাবে… যেভাবে, তত…যত। **so as to**—যাহাতে। **so far (forth)**—ততদুর বা এতদুর ; তত বা এত পরিমাণে অথবা মাত্রায়। **so far from**—পরিবর্তে ; সম্পূর্ণ বিরুদ্ধ। **so long as**—যে পর্যন্ত না ; এই শর্তে। **so many**—এতগুলি। **so much**—এতখানি, এতটা, এত পরিমাণ ; সম পরিমাণ। **so much as**—তত… যত। **so much for**—(ইহার) এখানেই শেষ ; আর নহে। **so much so that**—এতদুর যে। **so so, sō°-sō**—খুব ভালও নহে খুব মন্দও নহে, মোটামুটি একরকম। **so that**—যাহাতে ; এই লক্ষ্য লইয়া ; ফল হইল যে ; যদি কেবল। **so…that**—তত…যত। **so then**—অতএব। **so to say** or **speak**—বলিতে কি, যদি বলিতে দাও। [OE. *swa*—cp. ON. *sva*, G. *so*]

soak [sōk, সৌক্] (1) *v.t.i.* to steep or be steeped in a liquid, (সম্পূর্ণ) সিক্ত করা বা হওয়া ; to cause to drink, or drink, to excess, অত্যধিক পরিমাণে পান করান বা করা, আকণ্ঠ পান করান বা করা ; to draw or pass through the pores, ছিদ্রপথে নির্গত করা বা হওয়া (rain *soaked* through the roof) ; to absorb or be absorbed, শুষিয়া লওয়া বা শুষিয়া যাওয়া। *p.* & *p. pt.* **soa°ked**। (2) *n.* process or act of soaking, সিক্ত করা বা হওয়া, ছিদ্রপথে নির্গমন, শোষণ, উহাদের প্রণালী ; a booze, অত্যধিক পরিমাণে (মদ্যাদি) পান ; a hard drinker, অত্যধিক মদ্যপায়ী। *n.* **soa°ker**—প্রবল বৃষ্টিপাত ; (অশি.) মাতাল। *a.* **soaking**—সম্পূর্ণ সিক্ত করে এমন ; ধীরে ধীরে প্রবাহিত। **soaked to the skin**—সর্বাঙ্গ সিক্ত, ভিজিয়া সপ্‌সপে। [OE. *socian* < *sucan* = to suck]

so-and-so—see **so.**

soap [sōp, সৌপ্] (1) *n.* an alkaline salt of a higher fatty acid, সাবান। (2) *v.t.* to apply soap to, সাবান লাগান ; to flatter, তোষামোদ করা। *p.* & *p. pt.* **soa°ped**। *n.* **soap°-ball**—গোলাকার সাবান। *n.* **soap°-box**—(রাস্তা পার্ক প্রভৃতিতে) হাতের কাছে পাওয়া জিনিসপত্রদ্বারা নির্মিত বক্তৃতামঞ্চ। *n.* **soap°-bubble**—সাবানের ফেনায় তৈয়ারি ফানুস। *n.* **soap°-opera**—(অশি.) রেডিওতে ধারাবাহিক নাটক। *n.* **soap°-stōne**—ফ্রেঞ্চ চক্, সাজিমাটি। *n. pl.* **soap°-suds**—সাবানের ফেনা। *n.* **soap°-work(s)**—সাবানের কারখানা। *a.* **soap°y**—সাবানতুল্য ; সাবানময় ; (আল.) তোষামোদপূর্ণ (a *soapy* manner)। *adv.* **soa°pily**। *n.* **soa°piness**। **soft soap**—সাবানচূর্ণ ; তোষামোদ। [OE. *sape*—cp. Du. *zeep*, G. *seife*]

soar [saw(r), স্য(র্)] *v.i.* to mount high in the air, শূন্যমধ্যে বহুদুর ওঠা ; to fly high, উচ্চে ওড়া, to rise to a great height, খুব উঁচু বা বড় হইয়া ওঠা। [OF. *essorer* = to expose to air < L. *exaurare*]

sob [sob, সব্] (1) *v.i.* to draw the breath convulsively in distress etc., usually with weeping, দুঃখাদিতে প্রধানতঃ কান্নায় কণ্ঠরোধ হওয়া, ফোঁপান বা ফোঁপাইয়া কাঁদা। (2) *v.t.* to utter with sobs, ফোঁপাইতে ফোঁপাইতে বলা। *pr. pt.* **so°bbing**। *p.* & *p. pt.* **so°bbed**। (3) *n.* sobbing, ফোঁপানি। *adv.* **so°bbingly**। *n.* **sob°-stuff**—(সাময়িক পত্রিকাদির জন্য) নাট্যাভিনয়াদি সম্বন্ধে লিখিত ভাবপ্রবণ বা করুণ রচনা। *n.* **sob°-sister**—(অশি.) আমেরিকায় যে লেখিকা পত্রিকায় নিয়মিত বিভাগে শিশু-আদালতের মামলা সম্পর্কে ভাবপ্রবণ রচনা লিখে। [imi.]

sober [sō°-ba(r), সৌ°ব্যা(র্)] (1) *a.* not drunk, মাতাল হয় নাই এমন, অপ্রমত্ত ; temperate, (প্রধানতঃ মদ্যাদি পানের ব্যাপারে) সংযমী, মিতাচারী, মিতপায়ী ; moderate, পরিমিত ; restrained, সংযত ; serious, গম্ভীর ; composed, অচঞ্চল, প্রশান্ত ; quiet in colour, অনুগ্র বা কোমল বর্ণবিশিষ্ট। (2) *v.t.i.* to make or become sober, অপ্রমত্ত সংযমী মিতপায়ী পরিমিত গম্ভীর অচঞ্চল প্রশান্ত বা কোমল বর্ণবিশিষ্ট করা অথবা হওয়া। *adv.* **sō°-**

berly । *n.* **sō°bernėss**, **sobriety** [sŏ-brī°-a-ti, সোব্রাই°অ্যাটি] । [OF. *sobre* < L. *sobrius*]

Sobranje [sū-brŭ°-nie, সৌব্রা°নিয়ে] *n.* the Bulgarian national assembly, বুলগেরিআর জাতীয় পরিষৎ । [Bul.]

sobriety—see **sober.**

sobriquet [sō°-bri-kā, সৌ°ব্রিকেই] *n.* a nickname, ডাকনাম, উপনাম । [F.]

so-called—see **so.**

soccer [so°ka(r), স°ক্যা(র্)] *n.* (sl.) association football, (অশি.) ফুটবল খেলা (রাগার বা রাগ্‌বী নহে) । [short. from *association*, *-er* ?]

sociable [sō°shable, সৌ°শ্যাব্‌ল্] *a.* inclined to society, সমাজপ্রিয়, সঙ্গপ্রিয়, মিশুক, companionable, মেলামেশা করার যোগ্য ; favourable to social intercourse, সামাজিক মেলামেশার পক্ষে অনুকূল । *n.* **sōciabi°lity**, **sō°ciablenėss** । *adv.* **sō°ciably** । [L. *socius* = a companion]

social [sō°sh(a)l, সৌ°শ্‌ল্] (**1**) *a.* of society and concerned with the mutual relations of men and classes of men, সামাজিক ; consisting in mutual converse, পরস্পর মেলামেশাগত ; of fashionable circles, শৌখিন সমাজগত ; associated, সঙ্ঘবদ্ধ, সমাজবদ্ধ ; living in communities, সমাজের বা দলবদ্ধভাবে বাস করে এমন ; gregarious, দলবদ্ধভাবে বিচরণশীল, যূথচর ; convivial, ভোজ-সংক্রান্ত বা উৎসব-সংক্রান্ত, স্ফূর্তিবাজ । (**2**) *n.* a social gathering, সামাজিক অনুষ্ঠান । *n.* **socialism** [sō°-sha-lizm, সৌ°শ্যালিজ়্‌ম্] দেশের সমস্ত দ্রব্যের বিলি ও ভোগের অধিকার ব্যক্তিগত নহে—সমাজগত : এই মতবাদ, সমাজতন্ত্র(বাদ) । **sō°cialist**—(**1**) *n.* সমাজতন্ত্রী । (**2**) *a.* সমাজতান্ত্রিক । *a.* **sōcialis°tic**—সমাজতান্ত্রিক । *n.* **sō°cialite**—(কথ্য.) শৌখিন সমাজে যাহার স্থান আছে । *n.* **sociality** [sō-shi-a°-li-ti, সৌশিঅ্যা°লিটি] । *v.t.* **socialize** [sō°-sha-līz, সৌ°শ্যালাইজ়্] সামাজিক মিশুক বা সমাজবদ্ধ করা ; সমাজতান্ত্রিক করা ; সমাজতান্ত্রিক নীতি-অনুসারে পরিচালিত করা । *n.* **sōcializā°tion** । *adv.* **sō°cially** । **social evil**—সমাজের পক্ষে ক্ষতিকর অভ্যাস বৃত্তি প্রভৃতি, সামাজিক পাপ ও ব্যাধি । **social science**—সমাজবিজ্ঞান, সমাজবিদ্যা । **social security**—সরকার কর্তৃক সামাজিক নিরাপত্তার ব্যবস্থা । **social service**—সমাজসেবা । [see *sociable*]

society [sa-sī°-a-ti, স্যাসাই°অ্যাটি] (**1**) *n.* companionship, সঙ্গ, সংসর্গ ; company, দল ; association, সংসর্গে বাস ; a community, সম্প্রদায় ; the body of mankind, মানবগোষ্ঠী, সমাজ ; the fashionable circle, শৌখিন সমাজ ; a corporation, সঙ্ঘ ; an organized association, সমিতি । (**2**) *a.* of fashionable society, শৌখিন সমাজগত । **society girl** or **woman**—শৌখিন সমাজের তরুণী বা নারী । [see *sociable*]

socio- [sō-shi-o, সৌশিঅ] *in comp.* society, সমাজ । *a.* **socio-econo°mic**—সামাজিক পদমর্যাদা এবং অর্থনৈতিক অবস্থা সংক্রান্ত । [see *sociable*]

sociology [sō-shi-o°-la-ji, সৌশিঅ°ল্যাজি] *n.* the science of human society, সমাজবিজ্ঞান, সমাজবিদ্যা । *a.* **sociological** [sō-shi-a-lo°-jik(a)l, সৌশিঅ্যাল°জিক্‌ল্] সমাজবিদ্যাগত । *adv.* **sociolo°gically** । *n.* **sōciō°logist**—সমাজবিজ্ঞানী । [*socio-*, *-logy*]

sock$_1$ [sok, সক্] *n.* a short stocking, ক্ষুদ্র মোজা, হাফ্‌মোজা । **(to) pull up one's sock**—কোন কাজ ভালভাবে করার জন্য প্রস্তুত হওয়া । [OE. *socc* < L. *soccus* = comic actor's shoe]

sock$_2$ [sok, সক্] (**1**) *v.t.* (sl.) to punch, (অশি.) ঘুষি মারা ; to hit with something thrown, কিছু নিক্ষেপ করিয়া আঘাত করা । (**2**) *n.* a blow inflicted by fist or missile, ঘুষি বা ইষ্টকাদির দ্বারা আঘাত (a *sock* on the jaw) । [?]

socket [so°-kit, স°কিট্] *n.* a natural or artificial hollow for something to fit into, অভ্যন্তরে কিছু রাখার জন্য স্বাভাবিক বা কৃত্রিম গর্ত, (পরি.) কোটর । *a.* **so°ckėtėd**—কোটরযুক্ত ব কোটরগত । [OF. *soket*]

Socratic [so-kra°-tik, সক্র্যা°টিক্] (**1**) *a.* of Socrates or his doctrine, গ্রীক্ দার্শনিক সক্র্যাটীজের বা তাঁহার মতের অনুগামী । (**2**) *n.* follower of Socrates, সক্র্যাটীজের মতানুগামী ব্যক্তি । *adv.* **Socra°tically ; Socratic method**—প্রশ্নোত্তর পদ্ধতির দ্বারা সত্যাদি নির্ণয়ের উপায় । [*Sokrates* (Greek philosopher)]

sod$_1$—see **seethe.**

sod$_2$ [sod, সড্] (**1**) *n.* turf, (প্রধানতঃ চতুষ্কোণ করিয়া কাটা) ঘাসের চাপড়া । (**2**) *v.t.* ro cover with sod, ঘাসের চাপড়া দিয়া আচ্ছাদিত করা । *pr. pt.* **so°dding** । *p. & p. pt.* **so°ddėd** । *a.* **so°ddy**—ঘাসের চাপড়ায় আবৃত । **the old sod**—(কথ্য.) জন্মভূমি । **under the sod**—সমাহিত, কবরে স্থাপিত । [LG. *sode*]

soda [sō°-da, সৌ°ড্যা] *n.* sodium oxide, সোডা ; (coll.) soda-water, (কথ্য.) পানীয় সোডার জল । *n.* **soda-biscuit**, **soda-cracker**—সোডামিশ্রিত মচ্‌মচে বিস্কুট । *n.* **sō°da-fountain**—পানীয় সোডা তৈয়ারির যন্ত্র বা বিক্রয়ের দোকান । *n.* **sō°da-wa°ter**—পানীয় সোডার জল । *n.* **sō°dium**—ক্ষারীয় ধাতুবিশেষ । **washing soda**—বস্ত্রাদি সাফ করার জন্য গুঁড়া সোডা । [It. & LL.]

sodded—see **sod**$_2$.

sodden [so°dn, স°ড্‌ন্] (**1**) *p. pt.* of **seethe** । (**2**) *a.* boiled, সিদ্ধ ; soaked thoroughly, সম্পূর্ণ সিক্ত (*sodden* with rain) ; doughy, not well backed, ভাল সেঁকা না হওয়ার ফলে কাঁচা-কাঁচা, আধ-সেঁকা ; stupid with drunkenness, অতিরিক্ত মদ্যপানের ফলে বিহ্বল । (**3**) *v.t.* to make sodden, সিদ্ধ বা সিক্ত বা আধ-সেঁকা করা অথবা মদ খাওয়াইয়া বিহ্বল করা। *n.* **so°ddenness** । [see *seethe*]

sodding—see **sod**$_2$.

sodium—see **soda**.

Sodom [so°-dam, স°ড্যাম্] *n.* (fig.) a place of utter depravity, (আল.) চরম দুশ্চরিত্রতার স্থান। *n.* **so°domy**—সমলিঙ্গ (প্রধানতঃ পুরুষ) প্রাণীদের মধ্যে পরস্পর যৌন সংসর্গ, (পরি.) পায়ুকাম। *n.* **so°domist, so°domite**—পায়ুকামী। **apple of Sodom**—কল্পিত পৌরাণিক ফলবিশেষ: ইহা দেখিতে সুন্দর ছিল কিন্তু স্পর্শমাত্রেই ভস্মে পরিণত হইত। [a Biblical city]

soever [sō-ev°ar, সৌ-এভ্°অ্যার্] usually appended to (occasionally separable) relative pronouns, adjectives, adverbs to give indefiniteness to meaning, (কখনও পৃথকীকৃত) সাধারণতঃ অর্থের অনিশ্চয়তা বুঝাইবার জন্য সম্বন্ধযুক্ত সর্বনাম, বিশেষণ, ক্রিয়াবিশেষণ প্রভৃতির সঙ্গে সংযুক্ত প্রত্যয়। (how*soever*, how great *soever*) । [see *so, ever*]

sofa [so°-fa, সৌ°ফ্যা] *n.* a stuffed seat, হেলানওয়ালা ও দুই পাশে হাতলওআলা গদি-আঁটা চেয়ারবিশেষ। [Ar. *suffa*]

soft [soft, সফ্‌ট্] **(1)** *a.* easily yielding to pressure, নরম, কোমল; easily cut, সহজে কাটে এমন; malleable, পিটাইয়া গড়া যায় এমন, নমনীয়; not rigorous, অকঠোর; not loud, (শব্দাদি-সম্বন্ধে) অনুচ্চ, মৃদু; not glaring, (আগুন প্রভৃতি সম্বন্ধে) চক্ষু ধাঁধায় না বা গনগনে নহে এমন; weak in muscle, কোমলাঙ্গ; weak-minded, দুর্বলচিত্ত; smooth, মসৃণ; pleasing, মনোরম; tender, affectionate, সস্নেহ; mild, অনুগ্র; sympathetic, সহানুভূতিসম্পন্ন, দরদী; touchy, (লোকসম্বন্ধে) সহজেই মনে আঘাত পায় এমন, (মন-সম্বন্ধে) সহজেই আহত হয় এমন; gentle, শান্ত; effeminate, (স্বভাবাদি-সম্বন্ধে) মেয়েলী; gently moving, লঘুগামী, মৃদুগামী; easy, সহজ (a *soft* job); free from calcium and magnesium salts, (জলসম্বন্ধে) চুন ও ম্যাগ্নেশিআম্-বর্জিত, (পরি.) মৃদু; bituminous, (কয়লা-সম্বন্ধে) বিটুমেনযুক্ত, দাহ্য (অর্থাৎ পোড়া নহে); sonant, (ভাষার বর্ণ-সম্বন্ধে) ঘোষ; ; non-alcoholic, (পানীয়-সম্বন্ধে) সুরাঘটিত নহে এমন (*soft* drink) । **(2)** *n.* a fool, মূর্খ, বোকা। **(3)** *int.* wait a moment, একটু থাম; hush, চুপ কর; not so fast, এত তাড়াতাড়ি নয়। *a.* **soft°-boi°led**—(ডিম-সম্বন্ধে) ঈষৎ সিদ্ধ যার ফলে কোন কাঠিন্য আসে নাই। *v.t.i.* **soften** [sof°n, সফ্°ন্] কোমল বা কোমলতর নমনীয় বা অধিকতর নমনীয় মৃদু বা মৃদুতর দুর্বল বা দুর্বলতর মসৃণ বা মসৃণতর প্রভৃতি করা অথবা হওয়া। *n.* **soft°ener** । *n.* **soft°ening**—soften-এর সকল অর্থে, এবং—বার্ধক্যের ফলে মস্তিষ্কের বা বুদ্ধিবৃত্তির ক্ষয় (*softening* of the brain) । **(to) soften up**—গুলি বোমা প্রভৃতি বর্ষণ করিয়া (শত্রুর ঘাঁটি প্রভৃতি) দুর্বল করিয়া ফেলা। **the softer sex**—নারীজাতি, (তু.) কোমলাঙ্গীরা। *a.* **soft°foo°ted**—মৃদুচরণে চলে এমন। *a.* **soft°-hea°ded**—বোকা, গবা। *a.* **soft°-hear°ted**—কোমলহৃদয়। *adv.* **soft°(ly)** । *n.* **soft°ness** । **soft coal**—যে দাহ্যমান কয়লার শিখা পীত ও ধূমময়। **soft currency**—যে মুদ্রা সোনা অথবা অধিক চাহিদাযুক্ত অপর মুদ্রায় পরিবর্তিত করা যায় না এবং সেই হেতু যে মুদ্রার দাম সচরাচর নিম্নমুখী হয়। *a.* **softish**—খানিকটা নরম। **soft landing**—মহাকাশযানের কোনরূপে ক্ষতিগ্রস্ত না হইয়া অবতরণ। **soft nothings**—প্রেমিক-প্রেমিকার কথোপকথন। **soft palate**—তালুর পশ্চাদংশ। *v.t.i.* **soft°-pe°dal**—কোমল ঘাটের চাবি টানিয়া (বাজনাদি) বাজান; (আল.) এমনভাবে বিবৃতি প্রভৃতি প্রদান করা যে মনে হয় স্পষ্টতা বা প্রত্যয়ের অভাব আছে। *v.t.* **soft-sawder** [soft°-saw°-da(r), সফ্‌ট্°স্য°ড্যা(র্)], **soft°-soap**—তোষামোদ করা। **soft solder**—সহজে দ্রবণীয় ধাতুতে ব্যবহৃত রাংঝাল। *v.t.* **soft°-sol°der**—উক্ত রাংঝাল দিয়া ঝালান। *a.* **soft°-spō°ken**—মৃদুভাষী; মধুভাষী। **soft spot (for)**—(কাহারও প্রতি) দুর্বলতাজনিত অনুরাগ বা স্নেহ। *a.* **soft°-wi°tted**—বোকা। *n.* **soft°-wood**—যে কাঠ সহজে চেরা যায়, কোমল কাষ্ঠ। *n.* **soft°y**—বোকা লোক। [OE. *softe, sefte*—cp. Du. *zacht*, G. *sanft*]

soggy [sog°-i, সগ্°ই] *a.* drenched, saturated, সিক্ত, আর্দ্র। *n.* **sogg°iness** । [dial, *sog*]

so-ho [sō-hō°, সৌহৌ°] *int.* halloo, দূর হইতে আহ্বানের ধ্বনি—ওহে, ওহে শোন। [AF.]

soi°disant [swa-dē°-za, স্বোঅ্যাডী°জ্ঁ] *a.* self-styled, স্ব-আরোপিত; pretended, ভান-করা। [F.]

soil$_1$ [soyl, সয়্‌ল্] *n.* the ground, মৃত্তিকা, মাটি, ভূতল; the earth which nourishes plants, উদ্ভিদের বর্ধনসাধক মাটি (যেমন দো-আঁশ বা এঁটেল মাটি); country, দেশ (on Indian *soil*) । *a.* **soil°-bound**—কৃষিকার্যে রত। *a.* **soil°ed**—মৃত্তিকাযুক্ত; মৃত্তিকালিপ্ত; ময়লা। **soil science**—মৃত্তিকা-সংক্রান্ত বিজ্ঞান, মৃৎবিজ্ঞান। [OF. *sue(i)* < L. *solum*]

soil$_2$ [soyl, সয়্‌ল্] **(1)** *v.t.i.* to make or become dirty, ময়লা করা বা হওয়া। **(2)** *n.* filth, ময়লা, নোংরা, a s[illegible], ময়লা দাগ; (fig.) to defile, (আল.) কলুষিত করা। *n.* **soil°-pipe**—নরদমা হইতে ময়লা জল নিষ্কাশনার্থ গৃহাদিসংলগ্ন পাইপ্ বা নল। [OF. *soillier* = to defile]

soigné [swa°-niei, স্বোঅ্যা°নিএই] *a.* (chiefly of women's toilet) exquisite, carefully arranged, (প্রধানতঃ নারীর প্রসাধন সম্পর্কে) সূক্ষ্ম ও নিষ্ঠার সহিত ব্যবস্থাপিত। (fem.) **soi°gne** । [F. *soigner* = take care of]

soiree [swŭ°-rā, স্বোআ°রেই] *n.* an evening party, সান্ধ্যভোজোৎসব; an evening social meeting, চা-পান নাচ-গান প্রভৃতির ব্যবস্থা-সংবলিত সান্ধ্য-সম্মেলন। [F.]

sojourn [so°-ja(r)n, স°জ্যা(র্)ন্] (1) *v.i.* to stay for a day, একদিনের জন্য থাকা ; to make temporary stay, কিছুকালের জন্য বাস করা (to *sojourn* at or in a place with a person)। (2) *n.* a temporary residence, সাময়িক আবাস। *n.* **soj°ourner**। [F. *sojourner*<L. *sub-*, *diurnus*=of a day]

Sol [sol, সল্] *n.* the sun personified, সূর্যদেব (also **the old Sol**)। [L.]

solace [so°-las, স°ল্যাস্] (1) *n.* consolation, comfort in distress, সান্ত্বনা, প্রবোধ। (2) *v.t.* to comfort or take comfort, প্রবোধ দেওয়া। *p.* & *p. pt.* **so°laced**। [OF. *solas*<L. *solacium*<*solari*(*v.*)]

solan [sō°-lan, সৌ°ল্যান্] *n.* the gannet, রাজহংসবিশেষ (also **solan goose**)। [ON. *sula*]

solar [sō°-la(r), সৌ°ল্যা(র্)] *a.* of, from, measured by, or influenced by the sun, সূর্য-সংক্রান্ত, সূর্য হইতে আগত বা উদ্ভূত, সূর্যজাত, সূর্য-দ্বারা বা সূর্যগতি-দ্বারা পরিমেয়, সূর্যদ্বারা প্রভাবিত, সৌর। *n.* **sōlār°ium**—(প্রধানতঃ চিকিৎসকের উপদেশে) রৌদ্রস্নানার্থ কাচে ঘেরা ঘর। **solar day**—সৌরদিন। **solar plexus**—পাকস্থলীর জালবৎ শিরাগুচ্ছ বা অন্ত্রগুচ্ছ। **solar time**—সৌরকাল। **solar year**—সৌরবৎসর। **the solar system**—সৌরজগৎ। [L. *solaris*]

solatium [sō-lā°-shi-am, সৌলেই°শিঅ্যাম্] *n.* compensation for disappointment, inconvenience, wounded feelings, হতাশা অসুবিধা বা মনক্ষোভ ঘটানর বাবদ খেসারত। [L.]

sold—see **sell.**

soldan [sol°-dan, সল্°ড্যান্] *n.* a sultan, (প্রধানতঃ মিশরের) সুলতান। [F.]

solder [sol°-da(r), সল্°ড্যা(র্)] (1) *n.* a fusible alloy, ঝালাই করার রাং। (2) *v.t.* to join or patch up with solder, রাং-ঝালাই করা। *n.* **sol°dering**—রাং-ঝালাই। *n.* **soldering-iron**—রাং-ঝালাই করার জন্য রাং গরম করার যন্ত্র। [OF. *soudre*]

soldier [sōl°ja(r), সৌল্°জ্যা(র্)] (1) *n.* a man engaged in the army, সৈনিক ; a private, নিম্নতমপদস্থ সৈনিক ; a man of military skill, যুদ্ধবিশারদ ব্যক্তি ; a fighting or naturally armoured creature, যুদ্ধপ্রিয় বা সহজাত বর্মাবৃত প্রাণী (যেমন, পিপীলিকা গুবরে পোকা মাছ প্রভৃতি)। (2) *v.i.* to serve as a soldier, সৈন্য হিসাবে কাজ করা, সৈনিকবৃত্তি গ্রহণ করা। *n.* **sō°ldiering**—সৈনিকবৃত্তি (to go *soldiering*)। *a.* **sōl°dier-like, sōl°dierly**—সৈনিকতুল্য ; সৈনিকসুলভ ; সৈনিকোচিত। *n.* **sōl°diership**—সৈনিকবৃত্তি, সৈনিকোচিত গুণ বা যোগ্যতা। *n.* **soldiery**—সৈনিক বর্গ ; যোদ্ধজাতি ; সৈনিকবৃত্তি ; সৈনিকোচিত গুণ বা যোগ্যতা। **common** or **private soldier**—সর্বনিম্নপদস্থ সৈনিক, সাধারণ সিপাহী। **old soldier**—(প্রধানতঃ মদের) শূন্যগর্ভ বোতল ; অভিজ্ঞ ব্যক্তি। **soldier of fortune**—যে ব্যক্তি বেতন বা স্বীয় উন্নতির জন্য যে-কোন স্থানে কাজ করিতে প্রস্তুত। **(to) come the old soldier over**—অভিজ্ঞতার দাবিতে অপরকে নিয়ন্ত্রিত বা প্রতারিত করিতে চেষ্টা করা। [OF.<L. *solidus*=the pay of a soldier]

sole$_1$ [sōl, সৌল্] (1) *n.* the underside of the foot, পদতল ; the bottom of a boot or shoe, জুতার তলি ; the lower surface or base of certain things, লাঙ্গল গলফ্-খেলার লাঠি প্রভৃতির নিম্নতল বা মূলদেশ। (2) *v.t.* to provide with sole, (জুতায়) তলি পরান। *sfx.* **-soled**—তলিওয়ালা (double-*soled*)। [OE. & OF<L. *solea*(*n.*)]

sole$_2$ [sōl, সৌল্] *a.* one and only, একমাত্র ; only, মাত্র, কেবল ; unmarried, অবিবাহিত ; exclusive or restricted to a single person, কেবল একজনের জন্য ; unique, অদ্বিতীয়। *adv.* **sōle°ly**। [F.<L. *solus*=alone]

solecism [so°-li-sizm, স°লিসিজ্ম্] *n.* (gr.) a breach of syntax, (ব্যাক.) বাক্যগঠনপ্রণালীর নিয়মভঙ্গ ; any absurdity, impropriety or incongruity, যে-কোন অসম্ভাব্যতা অনৌচিত্য বা অসঙ্গতি। [Gk. *soloikismos*<Athenian colonists of *Soloi* amongst whom the Attic dialect became corrupted]

solemn [so°-lam, স°ল্যাম্] *a.* attended with ceremonies, (প্রধানতঃ ধর্মগত) অনুষ্ঠান-সংবলিত, আনুষ্ঠানিক ; attended with an appeal to God, ঈশ্বরের নিকট (হলফপূর্ণ) আবেদন-সংবলিত ; pompous, জাঁকজমকপূর্ণ, সমারোহপূর্ণ (a *solemn* occasion) ; grave, গুরুগম্ভীর (solemn *faces*) ; important, গুরুত্বপূর্ণ ; with formal dignity, (নির্দিষ্ট) বিধিসম্মত ; awe-inspiring, সশ্রদ্ধ ভয়-উৎপাদক ; glum, বিষণ্ণ ; sombre, নিরানন্দ, ম্লান। *n.* **solemnity** [sa-lem°-ni-ti, স্যালেম্°নিটি] (প্রধানতঃ ধর্মগত) অনুষ্ঠান ; ঈশ্বরের নিকট (হলফপূর্ণ) আবেদন ; সমারোহ ; পরম গুরুত্ব ; ভান-করা গাম্ভীর্য। *v.t.* **solemnize** [so°-lamnīz, স°ল্যাম্নাইজ্] ধর্মসম্মত অনুষ্ঠানসহকারে বা বিধিসম্মতভাবে পালন করা ; জাঁকাল গুরুত্বপূর্ণ বা গাম্ভীর্যপূর্ণ করা। *n.* **solemnizā°tion**। *adv.* **so°lemnly**। *n.* **so°lemnness**। [OF. *solem(p)ne*<L. *sollemnis*]

solicit [sa-li°-sit, স্যালি°সিট্] *v.t.* to ask repeatedly or urgently, বারংবার বা অধীরভাবে অনুরোধ করা ; to importune, সনির্বন্ধ মিনতি বা আবেদন করা ; to request or invite, অনুরোধ করা বা আমন্ত্রণ করা ; (of a prostitute) to accost for immoral purposes, (বারবণিতা সম্পর্কে) নীতি-বিগর্হিত উদ্দেশ্যে আহ্বান জানান। *n.* **solicitā°-**

tion। *n.* **soli°citor**—solicit-এর সকল অর্থে, এবং—মামলা পরিচালক ব্যবহারজীবীবিশেষ, (পরি.) ব্যবহারদেশক। *n.* **Solicitor General**—মহা-ব্যবহারদেশক। *a.* **soli°citous**—বারংবার বা অধীর অনুরোধপূর্ণ বা অনুরোধকারী; সনির্বন্ধ মিনতিপূর্ণ বা মিনতিকারী; একান্তভাবে কামনাকারী; উৎকণ্ঠিত, ব্যগ্র। *adv.* **soli°citously**। *n.* **soli°citūde**—বারংবার বা অধীর অনুরোধ; সনির্বন্ধ মিনতি; উৎকণ্ঠা। [L. *sol(l)icitare*]

solid [so°-lid, স°লিড্] **(1)** *a.* of stable shape, নিয়তাকার, অপরিবর্তনীয় আকারবিশিষ্ট; hard, কঠিন; compact, ঘন; full of matter, পদার্থ-পূর্ণ; not hollow, ফাঁপা বা শূন্যগর্ভ নহে এমন, পূর্ণ-গর্ভ; strong, শক্ত, দৃঢ়, বলিষ্ঠ (a man of *solid* build); having three dimensions, দৈর্ঘ-প্রস্থ-ও-বেধবিশিষ্ট, ত্রিমাত্রিক (a *solid* figure); substantial, সারবান্; reliable, নির্ভরযোগ্য (a man of *solid* character); weighty, গুরুভার; financially sound, wealthy, আর্থিক সঙ্গতিপূর্ণ, ধনবান্; unanimous, সর্বজনসম্মত, সর্বসম্মত; unbroken, অটুট। **(2)** *n.* a solid substance, body or figure, ঘন বা কঠিন বা ত্রিমাত্রিক পদার্থ মূর্তি অথবা (প্রধানতঃ জ্যামিতিক) চিত্র। *n.* **solida°-rity**—স্বার্থ লক্ষ্য প্রভৃতির একত্ব বা অভিন্নতা, সংহতি, ঐক্য। *v.t.i.* **solidify** [sa-li°di-fī, স্যালি°ডিফাই] ঘন বা কঠিন করা অথবা হওয়া। *n.* **solidificā°-tion**। *n.* **solidity** [sa-li°-di-ti, স্যালি°ডিটি], **so°lidness**। *adv.* **so°lidly**। **solid angle**—ঘনকোণ; অস্র। **solid colour**—যে রঙ্ পদার্থটির সর্বত্র ব্যাপিয়া আছে; সর্বত্র একরূপ আছে এমন রঙ্। **solid geometry**—ঘন জ্যামিতি। **solid matter**—(মুদ্রণে) পঙ্‌ক্তিগুলির মধ্যে লেড্ না বসাইয়া মুদ্রিত লিপি। **the solid south**—মার্কিন যুক্তরাষ্ট্রের দক্ষিণী রাষ্ট্রগুলি যাহারা প্রায় সব সময়ই ডেমোক্র্যাটিক দলকে সমর্থন করে। [L. *solidus*]

soliloquy [sa-li°-la-kwi, স্যালি°ল্যাকুই] *n.* a talking to oneself, (প্রধানতঃ নাটকে) স্বগতোক্তি। *v.i.* **soliloquize** [sa-li°-la-kwīz, স্যালি°-ল্যাকোআইজ্] স্বগতোক্তি করা। [L. *soliloquium*]

solipsism [so°-lip-sizm, স°লিপ্‌সিজ্‌ম্] *n.* (metaph.) theory that one can have knowledge only of the self, (অধিবিদ্যা) কেবল আত্মজ্ঞানই সম্ভব: এই মতবাদ, আত্মজ্ঞানবাদ। [L. *solus*=alone, *ipse*=self]

solitaire [so-li-tā(r)°, সলিটেয়্যা(র্)°] *n.* a jewel set by itself, অলঙ্কারাদিতে খচিত একমাত্র রত্ন বা মণি; a card-game for one player, একজনের উপযোগী তাসখেলা (বর্তমান নাম, patience)। [F. <L. *solitarius*<*solus*=alone]

solitary [so°-li-t(a)ri, স°লিট্‌রি] **(1)** *a.* alone, একাকী; single, separate, একমাত্র, স্বতন্ত্র; living alone, একাকী বাসরত, একান্তবাসী, নির্জন-বাসী; not social or gregarious, সমাজবদ্ধ বা যূথবদ্ধ হইয়া বাস করে না এমন, অসামাজিক, অযূথ-চর; without companion, সঙ্গিহীন, নিঃসঙ্গ; lonely, নির্জন; unique, অদ্বিতীয়। **(2)** *n.* a recluse, নিঃসঙ্গভাবে বা নির্জনে বাসকারী ব্যক্তি; a hermit, তপস্বী। *adv.* **so°litarily**। *n.* **so°-litarinèss**। **solitary confinement**—নির্জন কারাবাস। [L. *solitarius*<*solus*=alone]

solitude [so°-li-tūd, স°লিটিউড্] *n.* solitariness, একাকিত্ব, স্বাতন্ত্র্য, একাকী বাস, নিঃসঙ্গতা, নির্জনতা; a lonely place, or desert, নির্জনস্থান, মরুভূমি। [L. *solitudo*]

solo [sō°lō, সৌ°লৌ] *n.* a piece for one voice or instrument, কেবল একজনের বা একটিমাত্র বাদ্যযন্ত্রের উপযোগী সঙ্গীত, একক সঙ্গীত, সোলো; a performance by or game for one person only, কেবল একজনের দ্বারা কৃত অনুষ্ঠান বা এক-জনের উপযোগী ক্রীড়া। *n.* **sō°lōist**—একজনের উপযোগী গানের গায়ক বা বাজনার বাদক বা ক্রীড়াদির প্রদর্শক। [It.]

Solon [sō°lon, সৌ°লন্] *n.* a wise law-giver, জ্ঞানী আইনপ্রণেতা; a wise man, জ্ঞানী ব্যক্তি। [Solon, Athenian lawgiver, d. 558 B.C.]

solstice [sol°-stis, সল্°স্টিস্] *n.* the time when the sun is farthest from the equator, নিরক্ষরেখা হইতে সূর্যের দূরতম স্থানে অবস্থানকাল, অয়ন, the turning-point then reached, অয়নান্ত। *a.* **solstitial** [sol-sti°sh(a)l, সল্‌স্টি°-শ্‌ল্] অয়ন-সংক্রান্ত; অয়নান্ত-সংক্রান্ত। **summer solstice**—উত্তর অয়নান্ত, উত্তরায়ণ, কর্কটক্রান্তি (২১শে জুন)। **winter solstice**—দক্ষিণ অয়নান্ত, দক্ষিণায়ন, মকরক্রান্তি (২১শে বা ২২শে ডিসেম্বর)। [F.<L. *solstitium*]

soluble [so°-lūbl, স°লিউব্‌ল্] *a.* solvable, (সমস্যাদি-সম্বন্ধে) সমাধানসাধ্য; dissolvable, (পদার্থাদি-সম্বন্ধে) তরল দ্রব্যাদিতে গুলিয়া মিশাইয়া দেওয়া যায় এমন, দ্রবণীয়। *n.* **solūbi°lity**। [see *solve*]

solution [sa-lōō°sh(a)n, স্যালু°শ্‌ন্] *n.* act of solving, সমাধান; act of dissolving, দ্রবীভূত-করণ, দ্রাবণ; state of being dissolved, দ্রবীভূত অবস্থা; the preparation resulting therefrom, কিছু গলাইয়া প্রস্তুত জিনিসপত্র, দ্রব; the separating of parts, অংশসমূহ পৃথক্-করণ, বিশ্লেষণ; explanation, ব্যাখ্যা; solving of a problem, সমস্যাপূরণ; a solution of rubber, রবার জুড়িবার লেইবিশেষ, রবার-সলিউশন্। [see *solve*]

solve [solve, সল্‌ভ্] *v.i.* to unbind, বন্ধন খোলা, বিশ্লিষ্ট করা; to dissolve, তরল দ্রব্যাদিতে গুলিয়া মিশাইয়া দেওয়া, দ্রব করা; to explain, সমাধান করা, সমস্যাপূরণ করা; to find a way out of, উপায় খুঁজিয়া বাহির করা। *a.* **sol°vable**। *n.* **solvabi°lity**। **sol°vent**—**(1)** *a.* দ্রাবণশক্তিসম্পন্ন, দ্রাবক (*solvent* action of alcohol); (আল.) প্রাচীন সংস্কৃতি বা বিশ্বাসের বন্ধন ক্ষয় করে এমন (Is science a *solvent* of superstition ?); সমস্ত

পাওনা বা ঋণ মিটাইতে সক্ষম, শোধক্ষম। (2) *n.* দ্রাবক পদার্থ (water is a common *solvent*) । *n.* **sol°vency**—দ্রাবকতা ; শোধক্ষমতা। [L. *solvere* =to loosen]

soma [sō°-ma, সৌ°ম্যা] *n.* body, দেহ, শরীর। *a.* **soma°tic** । [Gk.]

sombre [som°-ba(r), সম্°ব্যা(র্)] *a.* dark and gloomy, অন্ধকারাচ্ছন্ন ও নিরানন্দ, মলিন ও বিষণ্ন। *adv.* **som°brely** । *n.* **som°breness** । [F.]

sombrero [som-brā°rō, সম-ব্রেই°-রৌ] *n.* a broad-brimmed felt hat commonly seen in America, আমেরিকায় সচরাচর দৃষ্ট পশম-বিশেষে তৈয়ারি চওড়া কিনারাবিশিষ্ট টুপি। [Sp.<*sombra* =shade]

some₁ [som, সাম্] (1) *pro.* (obs.) one or other of a number of persons, (অপ্র.) কেহ, কেহ-কেহ, কেহ না কেহ ; an indefinite part of the whole number or quantity, কতিপয় বা কিছুটা ; a few, কয়েকজন, কয়েকটি। (2) *a.* one or other, কেহ-কেহ, কেহ না কেহ, কেহ ; in an indefinite number or quantity, কিছু-সংখ্যক বা কিছুপরিমাণ, কতিপয় বা কিছু ; a little, একটু, অল্প-কিছু, অল্পপরিমাণ ; considerable, বেশ-কিছু, নেহাত কম নহে এমন ; a certain unspecified quantity or number of, অনির্দিষ্ট কেহ-কেহ বা কিছু-কিছু ; several, কতিপয় ; a few, অল্প কয়েকটি ; approximate, মোটামুটি ; more or less, অল্পবিস্তর। *a.* (or *pro.*) **some°body**—কেহ ; বিশিষ্ট বা গুরুত্বপূর্ণ ব্যক্তি। *adv.* **some°how**—যে-কোন ভাবেই হউক। *n.* (or *pro.*) **some°one**—কেহ (*someone* at the door) । **some one else**—অন্য কেহ। *n.* (or *pro.*) **some°thing**—কোন বস্তু, কোন কিছু ; মূল্যবান্ কোন-কিছু ; কিছু, কিছুটা। **something like**—কিছুটা সাদৃশ্যযুক্ত ; কাছাকাছি, প্রায় ; কিছুটা যেন। **some°time**—(1) *adv.* একদা, কোন এক সময়ে ; পূর্বে। (2) *a.* ভূতপূর্ব, প্রাক্তন। **some time**—কিছু সময়। *adv.* **some°times**—কখনও কখনও, সময়ে সময়ে, মধ্যে মধ্যে। **some°what**—(1) *n.* কিছুটা ; কিছু। (2) *adv.* কিছু পরিমাণে বা মাত্রায়। *adv.* **some°where**—কোন এক স্থানে ; কোথাও। [OE. *sum* —cp. ON. *sumr*]

-some(e)₂ [sum, সাম্] *sfx.* adapted to, অভ্যস্ত (hand*some*) ; productive of, উৎপাদক ; apt to, প্রবণতাপূর্ণ (tire*some*, quarrel*some*) । [see *some₁*]

somebody, somehow, someone—see **some₁**.

somersault [su°-ma(r)-sawlt, সা°ম্যা(র্)স্অল্ট্], **somerset** [su°-ma(r)-set, সা°ম্যা(র্)সেট্] *n.* a leap or other movement with heels over head, ডিগবাজি। **(to) turn a somersault**—ডিগবাজি খাওয়া। [OF. *sombre saut*< L. *supra*=over, *saltus*=a leap]

something, sometime(s), somewhat, somewhere—see **some₁**.

somnambulism [som-nam°-bū-lizm, সম্-ন্যাম্°বিউলিজ্‌ম্] *n.* walking or acting in sleep, নিদ্রিতাবস্থায় ভ্রমণ বা কার্যসম্পাদন, (পরি.) স্বপ্নচারিতা। *n.* **somnam°būlist**—স্বপ্নচারী। [L. *somnus*= sleep, *ambulare*=to walk]

somniloquy [som°-ni-la-kwi, সম্°নিল্যাক্যুই] *n.* talking in sleep, নিদ্রিতাবস্থায় কথা বলা। [L. *somnus*=sleep, *loqui*=to talk]

somnolent [som°-na-lant, সম্°ন্যাল্যান্ট্] *a.* sleepy, নিদ্রালু ; almost sleepy, নিদ্রিতপ্রায় ; causing sleep, নিদ্রা-উদ্রেককর। *n.* **som°nolence**—নিদ্রালুতা। *adv.* **som°nolently** । [L. *somnolentus*<*somnus*=sleep]

son [sun, সান্] *n.* a male child or offspring, পুরুষ-সন্তান বা পুরুষ-শাবক, পুত্র, ছেলে ; a descendant, বংশধর ; a disciple or pupil, শিষ্য, ছাত্র ; a native or inhabitant, (দেশাদির) অধিবাসী (every *son* of India) ; an endearing term of addressing a younger person, বৎস, বাছা। *fem.* see **daughter** । *n.* **son-in-law,** (also) **son**—জামাতা, জামাই। *a.* **son°less**—অপুত্রক। *n.* **so°nny**—অল্পবয়স্ক পুত্র ; বালকের আদরের সম্বোধনবিশেষ, বাছা। *n.* **son°ship**—পুত্রত্ব। **the Son of God, the Son of Man**—ঈশ্বরপুত্র বা মানবপুত্র : যিশু খ্রিস্টের আখ্যা। **the sons of men**—মানবজাতি। **son of the soil**—স্থানীয় অধিবাসী। [OE. *sunu*—cp. Du. *zoon*, G. *sohn*. Sans. *sunu*]

sonant [sō°-nant, সৌ°ন্যান্ট্] (1) *a.* (phon.) voiced, (ধ্বনি.) ঘোষ। (2) *n.* a voiced sound, ঘোষ ধ্বনি বা বর্ণ। [L. *sonare*=to sing]

sonata [sa-nŭ°-ta, স্যানা°ট্যা] *n.* a musical composition, যন্ত্রসঙ্গীতবিশেষ। [It.]

song [song, সং] *n.* that which is sung, গান, গীত ; vocal music, কণ্ঠসঙ্গীত, a short poem, গানযোগ্য ক্ষুদ্র কবিতা, গাথাকবিতা বা গীতিকবিতা ; poetry, কাব্য ; the melodious cry of a bird, পাখির সুরেলা ধ্বনি, পাখির গান ; any melodious outcry, সুরেলা ধ্বনি ; a fuss, অকারণ হৈচৈ ; a trifle, তুচ্ছ বস্তু (to sell for a *song*) ; a farce, হাস্যকর ব্যাপার। *n.* **song°bird**—গায়ক-পক্ষী। *n.* **song°book**—গানের বই। *n.* **song°ster**—গায়ক ; গায়ক-পক্ষী ; কবি। *fem.* **song°stress** । **(to) make a song about**—(কিছু বা কাহাকেও লইয়া) অকারণ হৈচৈ করা। **(to) make a song of**—উপহাসের পাত্র করিয়া তোলা। **Song of Songs**—দিব্য সঙ্গীত, ভগবানের গান ; বাইবেলের পুস্তকবিশেষ। **(to) buy** or **sell for a song** (or **for an old song**)—জলের দরে কেনা বা বেচা। [OE. *sang*—cp. Du. *zang*, ON. *songr*. Sans. *sangeet*]

sonic [son°ik, সন্°ইক্] *a.* of or concerning

sound or sound-waves, ধ্বনি বা ধ্বনিতরঙ্গের বা তৎসম্পর্কিত। **sonic bang** or **boom**—বিমানপোতের গতি শব্দের গতি অপেক্ষা অধিক হইলে যে প্রচণ্ড আওয়াজ শ্রুতিগোচর হয়। [L. *sonus*=sound]

son-in-law, sonless—see **son.**

sonnet [so°-nit, স°নিট্] *n.* (rare) a short lyric, (বিরল) ক্ষুদ্র গীতিকবিতা ; a poem of fourteen lines, চতুর্দশপদী কবিতা, সনেট্। **sonneteer** [so-ni-tē(r)°, সনিটিয়্যা(র্)°] (1) *n.* সনেট্-রচয়িতা। (2) *v.t.i.* সনেট্ রচনা করা। [It. *sonetto*]

sonny—see **son.**

sonometer [so-no°-mē-ta(r), সন°মীট্যা(র্)] *n.* an instrument for measuring sound or the frequency of vibration of a string, etc., শব্দ বা তার প্রভৃতির কম্পনমাপক যন্ত্র। [L. *sonus*=sound+*metron*]

sonorous [sa-naw°-ras, স্যান্অ°র্যাস্] *a.* sounding, ধ্বননশীল ; full-sounding, উচ্চনাদী, (পরি.) স্বনাদ ; sounding when struck, আঘাত পাইলে বাজে এমন। *adv.* **sono°rously** । *n.* **sono°rousnėss** । [L. *sonorus*<*sonor*=a sound]

sonsy [son°sy, সন্°সি] *adj.* plump, buxom, হৃষ্টপুষ্ট; of cheerful disposition, খোশমেজাজী, হাশিখুশি। [Gael *sonsa*]

soon [sōōn, সূন] *adv.* immediately, তৎক্ষণাৎ ; in a short time, অল্পকালমধ্যে ; without delay, অবিলম্বে ; early, সত্বর, আশু ; readily and willingly, সঙ্গে সঙ্গে রাজী হইয়া, তৎপরতার সহিত। **soon after**—অল্পকাল পরে ; শীঘ্রই। **as** or **so soon as**—যেইমাত্র, যখনি। **as soon as not**—পূর্ণ ইচ্ছাসহকারে, সাগ্রহে। **no sooner···than**—সেইমাত্র···যেইমাত্র ; সঙ্গে সঙ্গে। **sooner or later** আজই হউক বা দুদিন পরেই হউক, একদিন না একদিন। [OE. *sona*]

soot [soot, সুট্] (1) *n.* a black deposit from imperfect combustion or carbonaceous matter, ভুসা, ঝুল। (2) *v.t.* to smear or cover with soot, ভুসা বা ঝুল মাখান অথবা তদ্দ্বারা আবৃত করা। *a.* **soo°ty**—ঝুল-সংক্রান্ত বা ভুসা-সংক্রান্ত ; ঝুলে অথবা ভুসায় আবৃত বা প্রলিপ্ত। *n.* **soot°inėss** । [OE. *sot*—cp. D. *sod*]

sooterkin [soo°-ta(r)-kin, সু°ট্যা(র্)কিন্] *n.* an imaginary after-birth induced by Dutch women sitting over their stoves, (রূপকথায় বর্ণিত) স্টোভের উপর উপবেশনের ফলে সজ্ঘটিত বলিয়া কথিত ওলন্দাজ রমণীদের কল্পিত পুনর্জন্ম। [?]

sooth [sōōth, সূথ্] *n.* truth, reality, সত্য, বাস্তবিকতা, বাস্তব। **in sooth**—বাস্তবিকপক্ষে, সত্যসত্য। **sooth to say**—প্রকৃতপক্ষে ; যদি সত্য কথাই বলিতে হয়। [OE. *soth*]

soothe [sōōdh, সূদ] *v.t.* to blandish or cajole, মিষ্ট কথায় ভোলান ; to calm or comfort, শান্ত করা, সান্ত্বনা বা প্রবোধ দেওয়া, to allay, (যন্ত্রণাদি) প্রশমিত করা, উপশম করা। *adv.* **sōō°thingly** । [OE. (*ge*)*sothian*=confirm as true]

soothsay [sōōth°-sā, সূথ্°সেই] *v.i.* to foretell, ভবিষ্যদ্বাণী করা। *n.* **sōōth°sayer**—ভবিষ্যদ্বক্তা, দৈবজ্ঞ, গণৎকার। *n.* **sōōth°saying**—ভবিষ্যৎকথন ; দৈবজ্ঞগিরি। [back form. of *soothsayer*<*sooth, say*]

sooty—see **soot.**

sop [sop, সপ্] (1) *n.* bread or other food soaked in gravy, milk, etc., ঝোল দুধ প্রভৃতিতে ভিজান রুটি বা অন্য খাদ্য ; a propitiatory gift, খুশি করার জন্য প্রদত্ত উপহার নৈবেদ্য বা ঘুস। (2) *v.t.* to steep in liquor, gravy, milk, etc., মদ্য ঝোল দুধ প্রভৃতিতে সিক্ত করা। (3) *v.t.i.* to soak or be soaked, (সম্পূর্ণ) সিক্ত করা বা হওয়া (I am *sopping* with rain)। *pr. pt.* **so°pping** । *p. & p. pt.* **so°pped** । *a.* **so°ppy**—সম্পূর্ণ সিক্ত ; (আল.) অত্যন্ত ভাবপ্রবণ, অল্পেই মর্মপীড়িত হইয়া কাঁদিয়া ফেলে এমন। *n.* **so°ppinėss** । [OE. *sopp* (*n.*), *soppian* (*v.*)—cp. *sup*]

Sophia [sŏ-fī°-a, সোফাই°আ্যা] *n.* Divine Wisdom, মূর্তিমতী দিব্যজ্ঞান। [Gk.]

sophism [so°fizm, স°ফিজ্‌ম্] *n.* a specious fallacy, ঠকানর জন্য আপাত সত্য কিন্তু বস্তুত: মিথ্যা যুক্তি, ন্যায়ের ফাঁকি, কুতর্ক। *n.* **so°phist**—প্রাচীন গ্রীসে বক্তৃতা-বিদ্যা অলঙ্কার দর্শন প্রভৃতির শিক্ষক ; কুতার্কিক। *a.* **sŏphis°tic(al)**—উক্ত শিক্ষক-সংক্রান্ত বা শিক্ষকোচিত ; কুতর্কমূলক ; কুতার্কিক-সুলভ। *v.t.i.* **sŏphis°ticāte**—(মদ্যাদিতে) ভেজাল মিশান ; (যুক্তি প্রভৃতিকে) কুতর্কোচিত করিয়া তোলা ; (কাহাকেও) কুতর্কদ্বারা বিভ্রান্ত করা ; সরলতাবর্জিত করা, জটিল করিয়া তোলা, কৃত্রিম করা ; কুতর্কে সাহায্যার্থ (লিপি প্রভৃতির পাঠের) অদল-বদল করা। *a.* **sŏphis°ticātėd**—ভেজাল-মিশ্রিত, অবিশুদ্ধ, খাঁটি নহে এমন ; অপ্রকৃত ; কৃত্রিম ; মিথ্যা বলিয়া প্রতিপন্ন, খণ্ডিত ; বাস্তবধর্মী বা বাস্তববুদ্ধিসম্পন্ন ; আধুনিকতম বা জটিল কলকব্জাদ্বারা সজ্জিত (*sophisticated* weapons)। *n.* **sophistica°tion** । *n.* **so°phistry**—কুতর্ক। [Gk. *sophistes*<*Sophia*]

sophomore [sof°a-mōr, সফ্°আ্যা-মৌর] (প্রধানতঃ আমেরিকায়) দ্বিতীয় বার্ষিক (বিশ্ববিদ্যালয়ের) ছাত্র। [?]

soporific [sō-pa-ri°-fik, সৌপ্যারি°ফিক্] (1) *a.* inducing sleep, নিদ্রা-উদ্রেককর, নিদ্রাকর্ষক। (2) *n.* a soporific drug, নিদ্রা-উদ্রেককর ঔষধ। [L. *sopor* =deep sleep, *facere*=to make]

sopped, sopping, soppy—see **sop.**

soprano [sa-prŭ°nō, স্যাপ্রা°নৌ] *n.* treble, (সঙ্গীতে) উচ্চ সপ্তক। *n.* **sopra°nō, sopra°nŏist**—উক্ত স্বরের গায়ক বা গায়িকা। [It=superior]

sorcerer, sorceress—see **sorcery.**

sorcery [saw(r)°s(a)ri, স্অ(র্)°স্‌রি] *n.* enchantment, witchcraft, মায়াবিদ্যা, জাদু, ডাকিনী-

বিদ্যা। *n.* **sor°cerer**—মায়াবী, জাদুকর। *fem.* **sor°ceress** । [OF. *sorcerie* <L. *sors*=lot]

sordid [saw(r)°-did, স্য(র্)°ডিড্] *a.* dirty, নোংরা; mean, ইতর; meanly avaricious or mercenary, অর্থগৃধ্নু বা অর্থবিনিময়ে খাটার হীন-প্রবৃত্তিসম্পন্ন। *adv.* **sor°didly** । *n.* **sor°didness** । [L. *sordidus*]

sore [saw(r), স্য(র্)] (**1**) *n.* a painful or injured or diseased spot, যন্ত্রণাপূর্ণ বা আহত বা রোগ-গ্রস্ত স্থান অথবা দেহাংশ; an ulcer or boil, ক্ষত বা ফোড়া; grief, দুঃখ; an affliction, মর্মযন্ত্রণা। (**2**) *a.* painful, যন্ত্রণাপূর্ণ; wounded, আহত, ক্ষতপূর্ণ; readily sensitive to pain, সহজেই বেদনা পায় এমন; touchy, অল্পেই মনে আঘাত পায় এমন; causing pain, যন্ত্রণাদায়ক; severe, কঠিন, নিদারুণ (in *sore* distress)। (**3**) *adv.* painfully, যন্ত্রণাপূর্ণভাবে, যন্ত্রণাদায়কভাবে; severely, নিদারুণভাবে, কঠোরভাবে। *adv.* **sore°ly** । *n.* **sore°ness** । **sore eyes**—নেত্রদাহ। **sore throat**—গলাভাঙ্গা, স্বরভঙ্গ, (পরি.) গলদাহ। **a sight for sore eyes**—মনোরম। **like a bear with a sore head**—বদ্‌মেজাজী, রূঢ়, কর্কশ। [OE. *sar* (*a.*)—cp. ON. *sarr* (*n.*)]

sorghum [sor°gam, সর্°গ্যাম্] *n.* kinds of tropical cereal grains, জোয়ার প্রভৃতি উষ্ণমণ্ডলে প্রাপ্য খাদ্যশস্য। [It. *sargo*]

sorites [sō-rī°-tēz, সৌরাই°টীজ্] *n.* a chain-syllogism, (ন্যায়.) প্রতিপক্ষ তার্কিককে বিভ্রান্ত করার জন্য কুতর্কপূর্ণ যুক্তিজাল, কুযুক্তিজাল। [Gk. *soreites*]

sororicide [so°-ro-ri-cīd, স°ররিসাইড্] *n.* killing of one's sister, ভগ্নী-হত্যা; a person who kills his sister, যে ব্যক্তি ভগ্নীকে হত্যা করে। *a.* **soro°ricidal** । [L. *soror*=sister, *caedere*=to kill]

sorority [sor-or°iti, সর-অর্°ইটি] *n.* devotional sisterhood, ধর্মীয় প্রার্থনারত ভগিনী সম্প্রদায়; women's society in college or university, কলেজ বা বিশ্ববিদ্যালয়ে মেয়েদের সমিতি। [L. *sorar*=sister]

sorrel₁ [so°r(a)l, স°র্‌ল্] *n.* a herb, টক স্বাদ-যুক্ত গুল্মবিশেষ। [OF. *sorele*]

sorrel₂ [so°r(a)l, স°র্‌ল্] (**1**) *a.* & *n.* reddish-brown, পিঙ্গলবর্ণ। (**2**) *n.* a horse of this colour, পিঙ্গলবর্ণ ঘোড়া। [OF.]

sorrow [so°-rō, স°রৌ] (**1**) *n.* mental pain or its cause, দুঃখ, দুঃখের হেতু। (**2**) *v.i.* to grieve, দুঃখ করা। *a.* **so°rrowful**—দুঃখপূর্ণ; দুঃখদায়ক; দুঃখিত। *adv.* **sorrowfully** । **The Man of Sorrows**—যিশুখ্রিষ্ট। [OE. *sorg*—cp. G. & ON. *sorg*(*e*)]

sorry [so°-ri, স°রি] *a.* regretful, দুঃখিত, অনু-শোচনাপূর্ণ; apologetic, (প্রধানতঃ ভদ্রতার খাতিরে) ক্ষমাপ্রার্থনাপূর্ণ; distressing, শোচনীয়; miserable, wretched, দুর্দশাগ্রস্ত, নিতান্ত মন্দ (he is in a *sorry* state)। *adv.* **so°rrily** । *n.* **so°rriness** । [OE. *sarig*—cp. Du. *zeerig*]

sort [saw(r)t, স্য(র্)ট্] (**1**) *n.* a class, kind, or species, শ্রেণী, রকম, প্রকার, বর্গ (this *sort* of man or thing, these *sorts* of men or things); something of a nature but not quite deserving the name, শ্রেণীভুক্ত কিন্তু শ্রেণীর অযোগ্য বস্তু; manner, ধরন (in seemly *sort*); (in print,) any letter or piece in fount of type, (মুদ্রণে) নির্দিষ্ট ছাঁচের যে-কোন অক্ষর। (**2**) *v.t.* to group, classify, শ্রেণীবিভক্ত করা; to pick out as of one sort, শ্রেণীর নমুনারূপে বাছিয়া লওয়া; to pick out or select, বাছাই করা। *n.* **sor°ter**—যে ব্যক্তি (প্রধানতঃ চিঠিপত্র) শ্রেণীবিভক্ত করে বা বাছাই করে। *n.* **sor°ting**—শ্রেণীবিভাজন; বাছাই। **after a sort, in a sort**—কিছু মাত্রায়। **a good sort**—কোন কোন দিক্ দিয়া; একরকমভাবে; মোটামুটিভাবে। **of a sort** or **of sorts**—কোনরকম, নিকৃষ্ট (tea *of a sort*, tea *of sorts*)। **out of sorts**—বিশৃঙ্খল; ঈষৎ অসুস্থ; (মুদ্রণে) ছাঁচের কোন কোন অক্ষর ফুরাইয়া গিয়াছে এমন। **sort of**—একরকমভাবে; ঠিক পুরোপুরিভাবে নয়। **(to) sort well** or **ill with**—সঙ্গতিপূর্ণ বা সঙ্গতিহীন হওয়া। [L. *sors* =a lot]

sortie [saw(r)°-ti, স্য(র্)°টি] *n.* a sally, esp. of the besieged, প্রধানতঃ অবরোধকারীদের আক্রমণার্থ অবরুদ্ধদের (দুর্গাদি হইতে) বেগে নিষ্ক্রমণ; flight made by one military aircraft during operations, বিমান আক্রমণের সময়ে প্রতিখানি সামরিক বিমানের লক্ষ্যস্থলে যাত্রা (three planes made two *sorties* each) [F.]

S. O. S. [e°-sō-es°, এ°সৌএস্°] *n.* a message containing an appeal for help or rescue, সাহায্য করার জন্য বা উদ্ধার করার জন্য বা মৃত্যুশয্যায় শায়িত আত্মীয়কে দেখিবার জন্য আবেদনপূর্ণ বার্তা; (আল.) যে-কোন হতাশাপূর্ণ ধ্বনি বা কাজ। [arbi. code signal]

so-so—see **so.**

sot [সট্] *n.* one (often) stupefied by drinking, যে ব্যক্তি (প্রায়ই) মদের ঘোরে আচ্ছন্ন থাকে, (প্রায়ই) মদে চুর। *a.* **so°ttish**—উক্ত ব্যক্তির ন্যায়; বোকাটে; মদের ঘোরে আচ্ছন্ন। [OF.]

sotto voce [so°-tō vō°-si, স°টৌ ভৌ°সি] *ph.* in an undertone, চাপাগলায়; aside, জনান্তিকে। [It.]

sou [sōō, সূ] *n.* a French coin, ফরাসী মুদ্রাবিশেষ (=প্রায় ৫ পয়সা)। **not a sou**—একটি পয়সাও নয়। [F.]

soubrette [soo-bret°, সুব্রেট্°] *n.* a maid servant in a comedy, মিলনান্তক ও হাস্যরসাত্মক নাটকে (সচ. ধৃষ্টা, প্রগল্‌ভা ও চক্রান্তকারিণী) ঝির চরিত্র। [F.]

soubriquet—see **sobriquet**.

souchong [sōō°-shong°, সূ°শং°] *n*. a choice black tea, অত্যুৎকৃষ্ট কৃষ্ণবর্ণ চা-বিশেষ। [C. *siao* = small, *chung* = sort]

S(o)udanese [sōō-da-nez°, সূড্যানীজ়্°] (**1**) *a*. of Sudan, সুদান-দেশীয়। (**2**) *n*. a native of Sudan, সুদানের লোক।

soufflé [sōō°-fla, সূ°ফ্লেই] *n*. a dish of eggs milk, etc. beaten to a froth, ডিম ও দুধ প্রভৃতি ফেটাইয়া প্রস্তুত খাদ্যবিশেষ। [F.]

sough [sow, সাউ] (**1**) *n*. moaning or whistling sound like that of wind passing through trees, গাছের মধ্য দিয়া বাতাস চলার মত আর্তনাদ বা শিস দেওয়ার অনুরূপ শব্দ। (**2**) *v.i*. ঐ প্রকার শব্দ করা। [OE. *swogan*]

sought—see **seek**। **sought for**—দাবিকৃত; প্রার্থিত।

soul [sōl, সৌল্] *n*. the immaterial part of man regarded as immortal, আত্মা; the ego, অহং; a spirit, মূর্ত বা বিমূর্ত প্রেত; the innermost being or nature, গূঢ় সত্তা বা অন্তঃপ্রকৃতি; nobleness of spirit, আত্মার বা অন্তরের মহত্ত্ব; a complete embodiment, পূর্ণ মূর্তি বা রূপ; essence, সার; the essential part, অপরিহার্য অংশ (the life and *soul* of the party, enterprise, etc.); an indwelling or animating principle, অন্তর্নিহিত বা সঞ্জীবক নীতি; the moving spirit, inspirer or leader, প্রেরণা, প্রেরণাদাতা, নেতা, পরিচালক; a person, ব্যক্তি (a good or simple *soul*)। *a*. **sou°led**—আত্মাযুক্ত (high-*souled*)। *a*. **soul°ful**—গভীর বা উচ্চ অনুভূতিপূর্ণ অথবা ভাবপূর্ণ। *a*. **soul°lèss**—আত্মাহীন; মহত্ত্বহীন; ইতর; নিস্তেজ; (আর্ষ.) জনহীন। *a*. **soul°-stirring**—আত্মাকে পর্যন্ত নাড়া দেয় এমন। *a*. **soul-destroying**—অন্তরাত্মাবিদারক। [OE. *sawol*—cp. G. *seele*]

sound$_1$ [sownd, সাউন্ড্] *n*. a strait, প্রণালী; a fish's swimming-bladder, মাছের পটকা। [OE. & G. *sund* = swimming]

sound$_2$ [sownd, সাউন্ড্] (**1**) *a*. whole, সুস্থ; uninjured, unimpaired, অক্ষত, অটুট (*sound* health); in good state, উত্তম অবস্থায় আছে এমন; healthy, স্বাস্থ্যপূর্ণ, স্বাস্থ্যবান্; wholesome, স্বাস্থ্যকর, উপকারী; deep, গভীর, প্রগাঢ় (*sound* sleep); solid, পূর্ণগর্ভ, নিরেট; thorough, পুরাদস্তুর (*sound* thrashing); well-founded সুপ্রতিষ্ঠিত (*sound* position); well-grounded, wise, সুযুক্তিপূর্ণ; বিচক্ষণ (*sound* argument); trustworthy, নির্ভরযোগ্য (Is he *sound* on economic policy ?)। (**2**) *adv*. soundly, নিরাপদে, সুস্থভাবে; deeply, প্রগাঢ়ভাবে। *adv*. **sound°ly**। *n*. **sound°nèss**। [OE. & G. *gesund*]

sound$_3$ [sownd, সাউন্ড্] (**1**) *v.t.i*. to measure the depth (of), গভীরতা মাপা; to probe, অভ্যন্তরে বা অন্তরে ঢোকা। (**2**) *v.t*. (fig.) to try to discover the thoughts of, (আল.—কাহারও) অভিপ্রায়াদি জানিতে বা মনের মধ্যে ঢুকিতে চেষ্টা করা (to *sound* a person about his views)। *n*. **soun°der**—গভীরতা পরিমাপক ব্যক্তি বা যন্ত্র। *n*. **sounding-line**—গভীরতা মাপার দড়ি, (পরি.) গাধসূত্র। [OE. *sund*—cp. OF. *sonder*(*v*.)]

sound$_4$ [sownd, সাউন্ড্] (**1**) *n*. শব্দ, ধ্বনি, নাদ, নিনাদ; mere noise, অর্থহীন আওয়াজ (*sound* and fury); report, rumour, খবর, গুজব। (**2**) *v.i.t*. to make or cause to make a sound, শব্দ করা বা করান; to resound, ধ্বনিত হওয়া বা করান, নিনাদিত হওয়া বা করা, বাজা বা বাজান। (**3**) *v.i*. to be audible, শ্রবণগোচর হওয়া, শোনা যাওয়া; to be famed, প্রসিদ্ধিলাভ করা; to give an impression on hearing, কানে বাজা। (**4**) *v.t*. to utter audibly, শ্রবণগোচরভাবে উচ্চারণ করা বা বলা, শোনান; to announce, signal, or direct by sound, শব্দদ্বারা ঘোষণা করা বা সঙ্কেত দেওয়া বা পরিচালিত করা; to examine by percussion and listening, বাজাইয়া শুনিয়া পরীক্ষা করা (to *sound* a coin)। *n*. **sound-board** [sown(d)°-baw(r)d, সাউন্°বা(র্)ড্] বাদ্যযন্ত্রাদির ধ্বনি-উৎপাদক অংশ, (পরি.) অনুনাদক। *n*. **sound-box** [sown(d)°-boks, সাউন্°বক্স্] (প্রধানতঃ গ্রামোফোনের) ধ্বনি-উৎপাদক অংশ, (পরি.) অনুনাদক। *n*. **sound-effects**—(চলচ্চিত্রাদিতে) প্রয়োজনমত ধ্বনিঝঙ্কার সৃষ্টি করার জন্য ধ্বনি। *n*. **sound-film**—(সবাক্ চিত্রে) যে ফিল্ম বা পর্দায় সংলাপ-সঙ্গীতাদি লিপিবদ্ধ হয়েছে। *n*. **sound-track**—চলচ্চিত্রে ফিল্মের পার্শ্বস্থ ফিতা যাহার মধ্যে শব্দ গৃহীত হয়। *n*. **soun°der**—বাদক; যদ্দ্বারা বাজান হয়। *n*. **soun°ding**—ধ্বনন; বাদন। *a*. **sound°lèss**—শব্দহীন; নিঃশব্দ। *a*. **sound°-prōōf**—শব্দ ঢুকিতে পারে না এমন, শব্দরোধী। *n*. **sound°-wāve**—বায়ুস্তরে বহমান ধ্বনি, শব্দ-তরঙ্গ। [AF. *soun* < OF. *son* < L. *sonus* (*n*.) *sonare*(*v*).]

soup [sōōp, সূপ্] *n*. a liquid food made by stewing meat or vegetables, সুরুয়া, সুপ। *n*. **soup-kitchen**—সর্বসাধারণের সুপ সরবরাহের জন্য সংস্থা। **in the soup**—বিপন্ন; ঝামেলায় পতিত। **soup and fish**—(অশি.) সান্ধ্য পোশাক। [OF. *soupe*]

soupçon [sōōp°-son, সূপ্°সঁ] *n*. a hardly perceptible quantity, নজরেও আসে না এমন অল্প পরিমাণ, ছিটেফোঁটা (a *soupçon* of garlic, grey hair, malice, etc.)। [F.]

sour [sowa(r), সাউয়্যা(র্)] (**1**) *a*. having an acid taste or smell, অম্লাস্বাদ বা অম্লগন্ধী; turned, (দুগ্ধাদি-সম্বন্ধে) টকিয়া গিয়াছে এমন; rancid, পচা; morose, peevish, বিষণ্ণ, খিট্খিটে; unpleasant, অপ্রীতিকর; dank, (মাটি বা জমি সম্বন্ধে) সেঁতসেঁতে। (**2**) *v.t.i*. to make or become sour, টকান বা টকিয়া যাওয়া। *adv*.

sour°ly । *n.* **sour°nėss** । [OE. *sur*—cp. G. *sauer*, ON. *surr*]

source [saw(r)s, স্‌(র্‌)স্] *n.* a spring, ঝরনা, নির্ঝর ; the head of a stream, নদীর উৎস ; origin, উদ্ভব, সৃষ্টি ; originating cause, উৎপাদক, উদ্ভবের কারণ, (পরি.) প্রভব ; a place of origin, উৎপত্তিস্থল ; a book or document serving as an authority, নজির আকর প্রভৃতিরূপে ব্যবহৃত গ্রন্থ বা দলিল । *n.* **source°-book**—উৎসগ্রন্থ । [OF. *sorse* < *sourdre* < L. *surgere* = to rise]

souse [sows, সাউস্] (**1**) *n.* pickled meat মাংসের তরল আচারবিশেষ ; a plunge in pickling or other liquid, উক্ত আচারের বা অন্য তরল বস্তুতে চোবানি ; a ducking, ডুব ; a thump, ঝুপ-শব্দ । (**2**) *v.t.* to pickle, (মাংসদ্বারা) তরল আচার বানান । (**3**) *v.t.i.* to plunge, চোবান বা ডুব দেওয়া । *p.* & *p. pt.* **sou°sėd** । (**4**) *adv.* with a souse, ঝুপ করিয়া । [OF. *sous* = pickle]

soutane [soo-tan, সূ-ট্যান্] *n.* (R.C. Church) priest's cassock, (রোমান ক্যাথলিক গির্জায়) পুরোহিতের আলখিল্লা । [F.]

south [sowth, সাউথ্] (**1**) *adv.* opposite to north, দক্ষিণদিকে । (**2**) *n.* the point of horizon opposite to north, দক্ষিণদিক্ । (**3**) *a.* lying in south, দক্ষিণদিকে অবস্থিত, দক্ষিণস্থ । *a.* **south°-bound**—দক্ষিণদিক্‌গামী । **south-east°**—(**1**) *n.* দক্ষিণ-পূর্ব কোণ : অগ্নিকোণ, অগ্নিকোণ হইতে প্রবাহিত বায়ু ; অগ্নিকোণস্থ অঞ্চল । (**2**) *a.* অগ্নিকোণস্থ । (**3**) *adv.* অগ্নিকোণে । *n.* **south°-eas°ter**—অগ্নিকোণ হইতে প্রবাহিত ঝড়ো বাতাস । **south°-eas°terly**—(**1**) *adv.* অগ্নিকোণ হইতে বা অগ্নিকোণাভিমুখে ; (**2**) *a.* অগ্নিকোণাগত বা অগ্নিকোণাভিমুখ । *a.* **south°-eastern**—অগ্নিকোণস্থ ; অগ্নিকোণাভিমুখ । *n.* **south°-east°ward**—অগ্নিকোণস্থ অঞ্চল । **south°-east°ward(ly)**—(**1**) *a.* অগ্নিকোণাভিমুখ । (**2**) *adv.* অগ্নিকোণাভিমুখে (also **south°-east°wards**) । **southerly** [su°-dha(r)-li, সা'দ্যা(র্‌)লি] (**1**) *adv.* দক্ষিণদিকে বা দক্ষিণ দিক্ হইতে । (**2**) *a.* দক্ষিণাভিমুখ ; দক্ষিণাগত ; দখিনা । *a.* **southern** [su°-dha(r)n, সা'দ্যা(র্‌)ন্] দক্ষিণদিক্-সংক্রান্ত ; দক্ষিণদিকস্থ ; দক্ষিণাভিমুখ; দক্ষিণী ; (বাতাস-সম্বন্ধে) দক্ষিণাগত, দখিনা । **sou°therner**—দক্ষিণাঞ্চলবাসী, দখ্‌নে । *a.* **sou°th(ern)-mōst**—সর্বদক্ষিণস্থ । *n.* **south°ward**—দক্ষিণদিক্ । **south°ward(ly)**—(**1**) *a.* দক্ষিণাভিমুখ । (**2**) *adv.* দক্ষিণাভিমুখে (also **south°wards**) । **south°-west°**—(**1**) *n.* নৈঋত কোণ বা অঞ্চল । (**2**) *a.* নৈঋত কোণস্থ বা কোণাভিমুখ । (**3**) *adv.* নৈঋতকোণে । *a.* **south°-wes°terly**—নৈঋতকোণাভিমুখ বা কোণাগত । *a.* **south°-wes°tern**—নৈঋতকোণস্থ বা কোণাভিমুখ । *n.* **south°-west°ward**—নৈঋতকোণ । **south°-west°-wardly**—(**1**) *a.* নৈঋতকোণাভিমুখ ; নৈঋতকোণাগত । (**2**) *adv.* নৈঋতকোণে (also **south°west°-wards**) । [OE. *suth*—cp. G. *sud*, ON. *suthr*]

souvenir [soo°-v(a)ne(r), সূ°ভ্‌নিয়্যা(র্‌)] *n.* a memento, স্মৃতিচিহ্নরূপে রক্ষিত বা প্রদত্ত বস্তু, স্মৃতিচিহ্ন ; a book etc. compiled to commemorate an occasion etc., স্মারকগ্রন্থ । [F. < L. *subvenire* > to come to mind]

sovereign [sov°-rin, সভ্‌°রিন্] (**1**) *n.* a supreme ruler or head, সার্বভৌম রাজা বা রানী অথবা কর্তা বা কর্ত্রী ; a British gold coin, গ্রেট্‌ব্রিটেনের স্বর্ণমুদ্রাবিশেষ (বর্তমানে ১ পাউন্ডের সমমূল্য) । (**2**) *a.* supreme, সার্বভৌম ; having supreme power, সার্বভৌম ক্ষমতাসম্পন্ন ; very good, efficacious, খুব ভাল, কার্যকর (a *sovereign* remedy) । *n.* **sovereignty**—শ্রেষ্ঠত্ব ; সার্বভৌম ক্ষমতা ; সার্বভৌম রাষ্ট্র । [OF. *sovrain*, It. *sovrano* < L. *super* = above]

soviet [so°-vi-et, সৌ°ভিএট্] *n.* any of the political units of the Russian Republic, সমাজতান্ত্রিক রাশিআর রাজনীতিক বিভাগ, সোভিএট্ । *n.* **sō°vietism**—সোভিএটের অনুকরণে গঠন । *v.t.* **sōvietize**—সোভিএটের অনুকরণে গঠন করা । **Union of Soviet Socialist Republics**—সমাজতান্ত্রিক রাশিআর আখ্যা, সোভিএট্ রাশিআ । [Russ.]

sow$_1$ [sow, সাউ] *n.* an adult female pig, শূকরী ; a fat, lazy, greedy slut, (তিরস্কারে) ধুমসী কুঁড়ে লোভী এবং নোংরা বেশবাসপরিহিতা স্ত্রীলোক ; a main channel for molten iron, (পিগ্-লৌহে পরিণত করার জন্য) গলিত লোহার প্রধান খাত । **as drunk as a sow**—সম্পূর্ণ পানোন্মত্ত । **(to) get the wrong sow by the ear**—ভুল ব্যক্তি বা বস্তু বাছিয়া লওয়া ; ভুল সিদ্ধান্ত করা । [OE. *su(gu)*—cp. G. *sau*]

sow$_2$ [so, সৌ] (**1**) *v.t.i.* to scatter or deposit (seed) on or in the ground, জমিতে (বীজ) ছড়াইয়া দেওয়া বা বপন করা ; to strew seed (over), (জমিতে) বীজ ছড়ান বা বপন করা । (**2**) *v.t.* to strew, ছড়ান । *p.* **sow°ed** ; *p.* & *p. pt.* **sow°ed, sown** । *n.* **sow°er**—বীজবপক । *n.* **sow°ing**—বীজবপন । *n.* **sow°ing-machine**—বীজবপনের যন্ত্রবিশেষ । **as you sow so you reap**—বুনবে যেমন ফলবে তেমন, যেমন কর্ম তেমনি ফল । [OE. *sawan*—cp. G. *saen*, ON. *sa*]

soy [soi, সয়্], **soy°a**—*n.* a sauce made from soya-bean, সয়াবীন্ হইতে প্রস্তুত চাট্‌নিবিশেষ । *n.* **soy°(a)-bean**—শিম্বজাতীয় সবজিবিশেষ বা তাহার গাছ, সয়াবীন্ । [Jap. *shoyu*]

sozzled [soz°ld, সজ্‌°লড্] *a.* (sl.) drunk, পানোন্মত্ত, মাতাল । [?]

spa [spu, স্পা] *n.* a mineral spring, খনিজ জলের উৎস ; a mineral water resort, যেখানে বাতান্বিত জল অর্থাৎ সোডা লিমনেড্ প্রভৃতি পাওয়া যায় । [*Spa* in Belgium]

space [spās, স্পেইস্] (**1**) *n.* that in which material bodies have extension, ভৌত শরীরের ব্যাপ্তি-স্থান অর্থাৎ পৃথিবী আকাশ প্রভৃতি; room, জায়গা; area, আয়তন; intervening distance, ব্যবধান; an open or empty place, উন্মুক্ত বা ফাঁকা জায়গা; regions remote from the earth, পৃথিবী হইতে দূরবর্তী স্থান, শূন্য; an interval between lines or words, দুই পঙ্‌ক্তির বা দুই শব্দের মধ্যবর্তী ফাঁক; a printing type used for making such an interval, (মুদ্রণে) উক্ত ফাঁক রক্ষার জন্য ব্যবহৃত মুদ্রাক্ষর, স্পেইস্; a portion of time, সময়ের অংশ বা ভাগ (in the *space* of an hour); opportunity, leisure; সুযোগ, অবকাশ। (**2**) *v.t.* to make, arrange, or increase intervals between, ব্যবধান রক্ষা করা বা ফাঁক দেওয়া, ফাঁক দিয়া দিয়া সাজান, ব্যবধান বা ফাঁক বাড়ান। *p.* & *p. pt.* **spa°ced** । **space age**—যে যুগে মহাকাশে বিচরণ সম্ভব হইয়াছে, নভশ্চরণ-যুগ। *n.* **spāce°-bar** —টাইপ্‌রাইটার-মেশিনের যে চাবি টিপিলে পঙক্তি-সমূহের বা শব্দসমূহের মধ্যে ফাঁক পড়ে। *n.* **spāce°-craft, spāce-ship**—মহাকাশগামী যান। *n.* **spāce-helmet**—মহাকাশগমনের সময় ব্যবহৃত শিরস্ত্রাণ। *n.* **spāce-suit**—মহাকাশগমনের সময় পরিহিত পোশাক। *n.* **spāce°-man**—মহাকাশচারী। *fem.* **spāce°-woman** । *n.* **spā°cer**—যে ব্যক্তি বস্তু যন্ত্র বা যন্ত্রাংশ ব্যবধান রক্ষা করে অথবা ফাঁক দেয়। *n.* **spāce°-time°**—(দর্শ.) কালের ও সময়ের যুগ্ম পরিপ্রেক্ষিতে ত্রিমাত্রিক (অর্থাৎ দৈর্ঘ্য প্রস্থ ও বেধ সংবলিত) পরিব্যাপ্তির নিরীক্ষা বা মাপ (ইহার দ্বারা রেখাগণিত বা Euclid-এর আবিষ্কৃত জ্যামিতির সীমাবদ্ধতা অনুমিত হয়)। *n.* **spā°cing**—শব্দসমূহের অথবা পঙক্তিসমূহের মধ্যে ব্যবধান-রক্ষা বা ব্যবধান-বৃদ্ধি। *a.* **spacial**—see **spatial**। *a.* **spacious** [spā°-shas, স্পেই°শ্যাস্] ব্যাপক; বিস্তৃত; প্রচুর; প্রশস্ত, স্থানবহুল; চওড়া। *adv.* **spā°ciously** । *n.* **spā°ciousness** । **spacious time**—(জ্ঞান বাণিজ্য আবিষ্কার প্রভৃতি) প্রসারের সময়। **(to) space out**—ফাঁক দিয়া বা আরও ফাঁক দিয়া স্থাপন করা। [F. *espace* < L. *spatium*(*n.*)]

spade₁ [spād, স্পেইড্] *n.* a playing card, তাসের ইশ্‌কাপন্। [Sp. *espada* = sword]

spade₂ [spād, স্পেইড্] *n.* a digging tool, কোদাল। *n.* **spāde°ful**—এক কোদালে একবারে যত ধরে তত পরিমাণ। *n.* **spāde°-work**—কার্যাদির প্রস্তুতিকালীন ক্লান্তিকর খাটুনি, প্রারম্ভিক পরিশ্রম। **(to) call a spade a spade**—মিষ্ট না করিয়া বা না ঘুরাইয়া ফিরাইয়া স্পষ্ট ভাষায় বক্তব্য বলা। [OF. *spa(e)du*]

spado [spā°-dō, স্পেই°ডৌ] *n.* a castrated man, খোজা-করা লোক; an impotent man, নপুংসক বা পুরুষত্বহীন ব্যক্তি। *pl.* **spā°dōs** । [Gk. *spadon* = eunuch]

spaghetti [spa-ge°-ti, স্প্যাগে°টি] *n.* a kind of macaroni, সেমইজাতীয় খাদ্যবিশেষ। [It.]

spake—see **speak.**

span₁—see **spin.**

span₂ [span, স্প্যান্] (**1**) *n.* the space from the end of the thumb to the end of the little finger when the fingers are extended, বিঘত (= ½ হাত বা 9 ইঞ্চি); distance between abutments, supports, etc., (সেতু খিলান ইত্যাদির) দুই পিল্লা আলম্ব স্তম্ভ প্রভৃতির মধ্যবর্তী ব্যবধান; total spread or stretch, মোট বিস্তার বা প্রসার; a stretch of time, (প্রধানতঃ জীবনের বা পরমায়ুর) কিছু সময় (the *span* of life, for a brief *span* of time)। (**2**) *v.t.* to measure by spans, বিঘত দিয়া মাপা; to measure, মাপা; to arch over or bridge, (কিছুর উপরে) খিলান বা সেতু নির্মাণ করিয়া দেওয়া; to stretch over, (কিছুর) উপর দিয়া বিস্তৃত বা প্রসারিত হওয়া। *pr. pt.* **spa°nning** । *p.* & *p. pt.* **spa°nned** । *a.* **span°-less**—সীমাহীন, অপরিমেয়। *n.* **span-roof**—দুই পাশে হেলান ছাদ। [OE. *span* (*n.*)]

spangle [spangg°l, স্প্যাংগ্°ল্] *n.* a small thin glittering plate of metal, চুম্‌কি। *a.* **spang°-led**—চুম্‌কি-বসান। [OE. *spang* = clasp—cp. Du. *spang*]

Spaniard [spa°-ni-a(r)d, স্প্যা°নিয়্যা(র্)ড্] *n.* a native of Spain, স্পেইনের লোক।

spaniel [spa°-ni-al, স্প্যা°নিয়্যাল্] *n.* a kind of dog, লম্বকর্ণ দীর্ঘলোম কুকুরবিশেষ। [OF. *espaigneul* < Sp. *Espanol* = Spanish]

Spanish [spa°nish, স্প্যা°নিশ্] (**1**) *a.* of Spain, স্পেইন-দেশীয়। (**2**) *n.* the language of Spain, স্পেইনের ভাষা। [< *Spain*]

spank₁ [spangk, স্প্যাংক্] (**1**) *v.t.* to slap on buttocks with the hand or slipper, পাছায় চড় মারা বা চটিজুতা দিয়া মারা। *p.* & *p. pt.* **span°ked** । (**2**) *n.* a loud slap, সশব্দে উক্ত প্রহার। [imi. ?]

spank₂ [spangk, স্প্যাংক্] *v.t.i.* to drive or move with speed or spirit, সবেগে বা সতেজে চালান অথবা চলা (to *spank* along)। *p.* & *p. pt.* **span°ked** । *n.* **span°ker**—সতেজে লম্বা লম্বা পা ফেলিয়া গমনকারী; দ্রুতগামী অশ্ব; লক্ষণীয় বা বেগবান্ ব্যক্তি প্রাণী বা বস্তু। *a.* **span°king**—তেজী ও বেগবান্; লক্ষণীয়; চমৎকার (to have a *spanking* time)। [?]

spanless, spanned—see **span₂.**

spanner [spa°-na(r), স্প্যা°ন্যা(র্)] *n.* a tool for gripping and turning nuts on screws, bolts, etc., নাট-বলটু আটকাইবার ও খুলিবার যন্ত্রবিশেষ, সাঁড়াশিবিশেষ বা প্লাস। **(to) throw a spanner into the works**—পরিকল্পনাদি বানচাল করা। [G.]

spanning—see **span₂**

spar₁ [spŭ(r), স্পা(র্)] *n.* a pole, কাষ্ঠদণ্ড; a mast or the like, জাহাজের মাস্তুল বা অনুরূপ বস্তু। [Du.]

spar₂ [spŭ(r), স্পা(র্)] *n.* any bright non-metallic mineral, যে-কোন উজ্জ্বল অধাতব খনিজ পদার্থ, স্ফটিক। [MLG.]

spar₃ [spŭ(r), স্পা(র্)] *v.i.* to fight with spurs, (লড়ুয়ে মোরগ-সম্বন্ধে) নখরদ্বারা লড়াই করা; to box, মুষ্টিযুদ্ধ করা; to dispute, তর্কাতর্কি করা। *pr. pt.* **spa°rring** । *p.* & *p. pt.* **spa°rred** । *n.* **spa°rring-match**—প্রদর্শনীমূলক মুষ্টিযুদ্ধ; (আল.) তর্ক বা বিবাদ। *n.* **spa°rring-partner**—অনুশীলনের জন্য মুষ্টিযোদ্ধা যে ব্যক্তির সঙ্গে নিয়মিতভাবে লড়ে; (আল.) ব্যক্তিবিশেষ যাহার সহিত সানন্দে বিতর্কাদি করে। [OF. *esparer*=to kick out ?]

spare [spā(r), স্পেয়্যা(র্)] **(1)** *v.t.i.* to be frugal (in the use of), মিতব্যয়িতার সহিত ব্যবহার করা বা মিতব্যয়ী হওয়া; to refrain (from), (কিছু হইতে) বিরত হওয়া; to be merciful (towards), (কাহারও প্রতি) ক্ষমাপরায়ণ হওয়া। **(2)** *v.t.* to do without, (কিছু বা কাহাকেও) বাদ দিয়া চলা; to afford, প্রদান করা; (poet.) to allow oneself, (কাব্যে) নিজেকে করিতে দেওয়া; to abstain from using, ব্যবহার করা হইতে বিরত থাকা; to forbear to hurt, punish, etc., (কাহাকেও) আঘাত করা শাস্তি দেওয়া বধ করা প্রভৃতি হইতে বিরত থাকা; to relieve or save, অব্যাহতি বা নিষ্কৃতি দেওয়া। **(3)** *a.* scanty, অত্যল্পপরিমাণ; lean, কৃশ, রোগা (a man of *spare* frame); not in actual use, প্রকৃতপক্ষে ব্যবহৃত হয় না এমন; not required, অনাবশ্যক; kept in reserve, দরকার পড়িলে ব্যবহৃত হওয়ার জন্য রক্ষিত, (পরি.) অতিরিক্ত (*spare* cash, time, etc.)। **(4)** *n.* a spare room, man, part, etc., a duplicate, অতিরিক্ত কক্ষ ব্যক্তি অংশ যন্ত্রাংশ প্রভৃতি। *a.* **sparing**—মিতব্যয়ী, আতিশয্যবিমুখ, (খাদ্যাদিতে) সংযত, বাক্‌সংযমী, দয়াপ্রবণ। *n.* **sparingness** । *adv.* **spār°ingly** । **spare parts**—মেশিনের কোন অংশ অকেজো হইয়া গেলে তাহা বদলানর জন্য যে বাড়তি যন্ত্রাংশ থাকে। **spare room**—অতিথিদের জন্য অতিরিক্ত শয়নকক্ষ। **to spare**—প্রয়োজনাতিরিক্ত (we have enough and *to spare*, the test match ended with an hour *to spare*)। **(to) spare no pains**—কোন পরিশ্রমে বিমুখ না হওয়া, সর্বপ্রকার পরিশ্রম করা। [OE. *sparian* (*v.*), *spaer* (*n.*)—cp. G. *sparen*]

spark [spŭ(r)k, স্পা(র্)ক্] **(1)** *n.* a glowing particle, স্ফুলিঙ্গ; a flash, আগুন আলো প্রভৃতির ঝলক; a brilliant emanation of wit, একঝলক রসিকতা; an electric discharge across a gap, দুইটি বিদ্যুৎবাহী তারের মধ্যবর্তী ফাঁকে আলোর ঝলক, বৈদ্যুতিক স্ফুলিঙ্গ; anything lively, প্রাণবন্ত কিছু; a gay person, হাসিখুশি লোক; a woman of great beauty and wit, চতুরা রূপসী রমণী। **(2)** *v.i.* to emit sparks, স্ফুলিঙ্গ ছড়ান; to sparkle, ঝক্‌মক্ করা, জ্বল্‌জ্বল্ করা; to play the gallant, নাগরালি করা। *p.* & *p. pt.* **spar°ked** । **(to) spark off**—সক্রিয় বা উত্তেজিত করা; (ঘটনাদির) কারণস্বরূপ হওয়া (the statement *sparked off* a quarrel between the groups)। *n.* **spark°(ing)-plug**—পেট্রল-চালিত এন্‌জিনে বিদ্যুতের সাহায্যে গ্যাস সৃষ্টি করিবার কলবিশেষ। **spark°le**—**(1)** *n.* ক্ষুদ্র স্ফুলিঙ্গ; চাকচক্য, ঔজ্জ্বল্য, দ্যুতি; স্ফুলিঙ্গ-নির্গমন, স্ফুলিঙ্গায়ন; হাসিখুশি ভাব, আনন্দোচ্ছলতা; বুদ্ধির দীপ্তি বা ঝলক। **(2)** *v.t.* স্ফুলিঙ্গ ছড়ান; ঝক্‌ঝক্ বা জ্বল্‌জ্বল্ করা: উজ্জ্বল বা আনন্দোচ্ছল বা বুদ্ধিদীপ্ত হওয়া। *n.* **spark°ler**; (অশি.) হীরক; ফুলঝুরি জাতীয় আতশবাজিবিশেষ। *n.* **spark°lėt**—ক্ষুদ্র স্ফুলিঙ্গ। *a.* **spark°ling**—দীপ্তিমান্, ঝক্‌ঝকে। [OE. *spearca*—cp. Du. *spark*]

sparred, sparring—see **spar₂.**

sparrow [spa°-rō, স্প্যা°রৌ] *n.* a small bird, চড়ুই পাখি। *n.* **spa°rrow-bill**—মুচিদের কাজে ব্যবহৃত মাথাহীন ক্ষুদ্র পেরেকবিশেষ। *n.* **spa°rrow-hawk**—বাজপাখিবিশেষ। [OE. *spearwa*—cp. Goth. *sporwa*]

sparse [spŭ(r)s, স্পা(র্)স্] *a.* thinly scattered, পাতলাভাবে বা অল্পপরিমাণে বিক্ষিপ্ত, ঘন বা ঘিঞ্জি নহে এমন; occurring at irregular intervals, অনিয়মিতভাবে ঘটমান: scanty, বিরল। *adv.* **sparse°ly** । *n.* **sparse°nėss** । [L. *spargere*=to scatter]

Spartan [spŭ(r)°t(a)n, স্পা(র্)°ট্‌ন্] **(1)** *a.* of Sparta, স্পার্টা-প্রদেশের; caring little for the comforts of life, জীবনের সুখস্বাচ্ছন্দ্যের প্রতি উদাসীন; unafraid of hardship, কৃচ্ছ্রসাধনে ভীত নহে এমন (*Spartan* endurance)। **(2)** *n.* a native of Sparta, স্পার্টার লোক: a person not caring for the comforts of life, সুখস্বাচ্ছন্দ্যের প্রতি উদাসীন ব্যক্তি; a person not afraid of enduring hardship, কষ্টসহিষ্ণু ব্যক্তি। [Gk. *Sparte*=Sparta]

spasm [spa°zm, স্প্যা°জ্‌ম্] *n.* a violent involuntary muscular contraction, মাংসপেশীর প্রচণ্ড অনৈচ্ছিক আক্ষেপ; a sudden convulsive emotion, আকস্মিক বিক্ষুব্ধ আবেগ। *a.* **spasmodic** [spaz-mo°-dik, স্প্যাজ্‌ম°ডিক্] মাংসপেশীর আক্ষেপ-সংক্রান্ত বা আক্ষেপপূর্ণ; আকস্মিক ও বিক্ষুব্ধ; রহিয়া রহিয়া ঘটে বা করে এমন। *adv.* **spasmo°dically** । [Gk. *spasma*]

spastic [spas°tik, স্প্যাস্°টিক্] **(1)** *a.* মাংসপেশীর অনৈচ্ছিক আক্ষেপজনিত। **(2)** *n.* person suffering from cerebral paralysis, মস্তিষ্কের পক্ষাঘাতগ্রস্ত লোক। [Gk. *spastikos*]

spat₁—see **spit₂** and **spatter.**

spat₂ [spat, স্প্যাট্] *n.* the spawn of shellfish, চিংড়ি গেঁড়ি শামুক প্রভৃতির ডিম বা পোনা। [cp. *spit₂*]

spatchcock [spach°-kok, স্প্যাচ্°কক্] **(1)** *n.* a fowl killed and cooked at once, যে মোরগকে

বধ করার সঙ্গে-সঙ্গেই রাঁধা হইয়াছে। (2) *v.t.* to treat thus, (মোরগকে) বধ করিয়াই সঙ্গে-সঙ্গে রাঁধা; to interpolate hastily, (প্রধানতঃ তার-বার্তার মধ্যে) তাড়াহুড়া করিয়া (প্রক্ষিপ্তাংশ বা শব্দাদি) ঢোকান। *p.* ও *p. pt.* **spatch°cocked**। [*dispatch, cock* ?]

spate [spāt, স্পেইট্] *n.* river-flood, নদীর জলস্ফীতি (the river is in *spate*)। [?]

spatial, spacial [spā°sh(a)l, স্পেই°শ্‌ল্] *a.* of space, ব্যাপন-স্থল-সংক্রান্ত বা স্থান-সংক্রান্ত। *adv.* **spā°tially**। [L. *spatium*—cp. *space*]

spatter [spa°-ta(r), স্প্যা°ট্যা(র্)] (1) *v.t.* to scatter (about), (ইতস্ততঃ) ছড়ান; to sprinkle, (কর্দমাদি) ছিটাইয়া দেওয়া (the car *spattered* us with mud)। (2) *v.i.t.* to fly or fall or let fly or fall in drops, ফোঁটায় ফোঁটায় অথবা টুপ্‌টুপ্ করিয়া ওড়া বা পড়া কিংবা ওড়ান বা ফেলা। (3) *n.* a spattering, (ইতস্ততঃ) ছড়াইয়া দেওয়া, সেচন, ফোঁটায় ফোঁটায় উড্ডয়ন বা পতন বা পাতন; what is spattered, বিক্ষিপ্ত বস্তু, ফোঁটায় ফোঁটায় উড্ডীন পতিত বা পাতিত বস্তু। *n.* **spa°tterdash,** (contr.) **spat**$_1$—লম্বা মোজাবন্ধনী বা পায়ের পটী। *n.* **spa°tter-work**—নক্‌শাসমূহ আঁটিয়া দিয়া এবং স্থানে স্থানে রঙ ছিটাইয়া অঙ্কনপ্রণালী-বিশেষ। [cp. Du. *spatten*]

spatula [spa°-tū-la, স্প্যা°টিউল্যা] *n.* a flattened spoon, (মলমাদি লাগানর জন্য) চেপ্টা চামচ, চমস। *a.* **spa°tūlāte**—চমসাকার। [L.]

spavin [spav°in, স্প্যাভ্°ইন্] *n.* a disease of horse's hockjoint, ঘোড়ার গোড়ালি ও হাঁটুর মধ্যবর্তী গ্রন্থির অসুখ। [OF. *espavain*]

spawn [spawn, স্প্যান্] (1) *n.* eggs of fish, frogs, molluscs, etc., মাছ বেঙ্ শামুক প্রভৃতির ডিম; fry, মৎস্যাদির পোনা; brood, বংশ; (in contempt) offspring, (অবজ্ঞায়) সন্তান। (2) *v.t.i.* to produce (as spawn), (ডিম বা পোনা) প্রসব করা বা ছাড়া; to beget or generate, (প্রধানতঃ অবজ্ঞায়—ঝাঁকে ঝাঁকে) জন্ম দেওয়া বা উৎপাদন করা। [OF. *espandre*=to expand<L. *expandere*]

spay [spā, স্পেই] *v.t.* to remove or destroy the ovaries of (female animal), (মাদী জন্তুর) জরায়ু বা গর্ভাশয় অপসারণ করা অথবা বিনষ্ট করা। [AF. *espeier*<F. *espee*=sword]

speak [spēk, স্পীক্] (1) *v.i.* to utter words, শব্দোচ্চারণ করা; to talk, কথা বলা; to discourse, আলোচনা করা, আলাপ করা; to deliver a lecture, বক্তৃতা দেওয়া; to sound, ধ্বনিত হওয়া; to give expression or information, ভাষণ বা সংবাদ দেওয়া। (2) *v.t.* to pronounce, উচ্চারণ করা; to say, বলা; to express, প্রকাশ করা· to declare, ঘোষণা করা; to mention, উল্লেখ করা; to describe, বর্ণনা করা। *p.* **spōke,** (arch.) **spāke**। *p. pt.* **spō°ken,** (arch.) **spōke**। *n.* **speak°-easy**—বে-আইনী মদের দোকান। *n.* **spea°ker**—speak-এর সকল অর্থে, এবং—বক্তা; বক্তৃতাদানের ক্ষমতাসম্পন্ন ব্যক্তি; ব্যবস্থাপক সভাদির সভাপতি বা অধ্যক্ষ। *n.* **spea°kership**—ব্যবস্থাপক সভার অধ্যক্ষতা। **spea°king**—(1) *n.* কথন, বাচন; ভাষায় প্রকাশ; আলাপ-আলোচনা। (2) *a.* কথা বলে এমন, ভাষী; কথা বলার মাধ্যমরূপে ব্যবহৃত (a *speaking*-tube); (অবোলা জীব-সম্বন্ধে) মানুষের ভাষায় কথা বলিতে সক্ষম; (জড় পদার্থ-সম্বন্ধে) কথা বলিতে সক্ষম; (a *speaking* tree); কথা বলার বা বক্তৃতাদানের ক্ষমতা (*speaking* power)। **generally** or **roughly speaking**—মোটামুটিভাবে বলিলে। **strictly speaking**—কোনরূপ শৈথিল্য ব্যতিরেকে বা যথাযথভাবে বলিলে। *n.* **spea°king-tube**—এক কক্ষ হইতে অন্য কক্ষে কথা বলার জন্য ব্যবহৃত নলবিশেষ। *n.* **spea°king-trum°pet**—বধির লোক কর্তৃক ব্যবহৃত শোনার যন্ত্র (hearing aids)। **(to) speak fair**—কাহারও সঙ্গে সৌজন্যের সহিত কথা বলা। **(to) speak for**—(কিছুর বা কাহারও) অনুকূলে সপক্ষে বা তরফে বলা; (কিছুর) প্রমাণ বা সাক্ষ্য হওয়া। **(to) speak for itself**—স্বতঃপ্রমাণিত বা স্বতঃপ্রকাশিত হওয়া। **(to) speak for oneself**—আপন ধরনে নিজের মত প্রকাশ করা; কেবল নিজের কথাই বলা। **(to) speak of**—উল্লেখ করা। **to speak of**—উল্লেখ-যোগ্য। **nothing to speak of**—মোটেই উল্লেখ-যোগ্য নহে। **(to) speak out**—নির্ভয়ে খোলাখুলি-ভাবে স্পষ্ট ভাষায় উচ্চকণ্ঠে বলা। **(to) speak to**—তিরস্কার করা; প্রত্যায়ন বা তসদিক্ করা; আলোচনা করা। **(to) speak up**—উচ্চকণ্ঠে বলা, চেঁচাইয়া বা জোরে বলা। **(to) speak volumes for**—(কিছুর) সপক্ষে দৃঢ় প্রমাণ দেওয়া। **(to) speak well for**—(কিছুর বা কাহারও) সপক্ষে প্রমাণ দেওয়া। **(to) be not on speaking terms with some one**—কাহারও সঙ্গে বাক্যালাপ না থাকা বা বন্ধ থাকা। **so to speak**—বলিতে গেলে। [OE. *specan*—cp. Du. *spreken,* G. *sprechen*]

spear [spē(r), স্পিয়্যা(র্)] (1) *n.* a weapon with a pointed head, বল্লম, বর্শা, ভল্ল; a spearlike fishing fork, মাছ ধরার কোচ বা কচা; anything spear-like, বর্শার ন্যায় আকারযুক্ত বা তীক্ষ্ণতাবিশিষ্ট বস্তু। (2) *v.t.* to pierce with a spear, বর্শা দিয়া বিদ্ধ করা। *a.* **spēar°ed**—বল্লমধারী। *n.* **spēar°-head**—বল্লমের ডগা; আক্রমণকারী বাহিনীর অগ্রভাগ বা মুখ, ব্যূহমুখ। *n.* **spēar°man**—বল্লমধারী পুরুষ বা সৈনিক। **spēar°mint**—ব্যঞ্জনাদিতে ব্যবহৃত সুগন্ধি শাকবিশেষ (তু. ধনেশাক)। *n.* **spēar°sīde**—পিতৃবংশ। [OE. *spere*—cp. G. *speer*]

spec [spek, স্পেক্] *n.* (coll.) speculation, (কথ্য.) ভবিষ্যৎ সম্ভাবনা সম্বন্ধে অনুমান; taking risk in the hope of gain, লাভের আশায় ঝুঁকি-গ্রহণ, ফটকা খেলা (the shares I bought turned a good *spec*)। **on spec**—লাভের সম্ভাবনায়, অনুমানের ভিত্তিতে (to do something on *spec*)। [abbr. of *speculation*]

special [spe°sh(a)l, স্পে°শ্‌ল্] (1) *a.* of a particular kind, বিশেষ, নির্দিষ্ট ; peculiar, not general, বিশিষ্ট, সাধারণে প্রযোজ্য নয় এমন ; distinctive, বৈশিষ্ট্যসূচক ; exceptional, অসাধারণ, অস্বাভাবিক, স্বতন্ত্র ; intimate, অন্তরঙ্গ, ঘনিষ্ঠ ; designed for a particular purpose, বিশেষ উদ্দেশ্যে পরিকল্পিত বা নিয়োজিত (to appoint *special* agents) ; confined or applied mainly to a particular subject, মুখ্যতঃ বিশেষ কোন বিষয়ে নিযুক্ত বা প্রযুক্ত। (2) *n.* any particular or special person or thing, বিশেষ অথবা বিশিষ্ট কোন ব্যক্তি বা বস্তু বা বিষয় ; a person or thing set apart for a particular duty, নির্দিষ্ট কার্যবিশেষের জন্য আলাদা করিয়া রাখা ব্যক্তি বা বস্তু (যেমন কনস্টেব্‌ল্ বা ট্রেইন) ; a newspaper extra, সংবাদপত্রের বিশেষ বা অতিরিক্ত সংখ্যা ; a dispatch from a special correspondent, বিশেষ সংবাদদাতা কর্তৃক প্রেরিত সংবাদ। *n.* **specialism** [spe°sha-lizm, স্পে°শ্যালিজ্‌ম্] বিশেষ কোন বিষয়ে অধ্যয়ন বা অনুসন্ধান, বিশেষ কোন বৃত্তিগ্রহণ, বিশেষজ্ঞতা। *n.* **spe°cialist**—বিশেষজ্ঞ। *n.* **specia°lity**—বৈশিষ্ট্য ; (also **specialty**) বিশেষ অধ্যয়ন বা অনুসন্ধানের বিষয় ; বিশেষ বৃত্তি। **specialize** [spe°sha-līz, স্পে°শ্যালাইজ্] (1) *v.t.* বিশিষ্ট বা নির্দিষ্ট করা ; (জীববিদ্যা) অবস্থার সহিত মানাইয়া লইতে লইতে তদুপযোগী নূতন অঙ্গপ্রত্যঙ্গ লাভ করা ; স্বতন্ত্র শক্তি বা কার্যক্ষমতা অর্জন করা ; অবস্থার সহিত মানাইয়া লওয়া। (2) *v.i.* বিশেষজ্ঞ হওয়া। *n.* **specializā°tion**। *n.* **spe°cializer**। *adv.* **spe°cially**। *n.* **spe°cialty**—বিশেষ বা বিশিষ্ট বস্তু অথবা বিষয় ; বিশেষভাবে তৈয়ারি বা বিক্রয়ার্থ আনীত বস্তু ; বিশেষ অধ্যয়নের বা অনুসন্ধানের বিষয় ; বিশেষ বৃত্তি ; টাকাকড়ি প্রদানের বিশেষ চুক্তি। **in special**—(আর্ষ.) বিশেষতঃ। **special correspondent**—সংবাদপত্র সংবাদসরবরাহ প্রতিষ্ঠান প্রভৃতির নিজস্ব বা বিশেষ সংবাদদাতা। **special creation**—(পরি.) বিসৃষ্টিবাদ। **special drawing rights**—আন্তর্জাতিক অর্থ-তহবিল হইতে অধিক পরিমাণে বিদেশী মুদ্রা ক্রয় বা ক্রয়ের অধিকার। [L. *specialis* < *species* = species]

specie [spē°-shē, স্পী°শী] *n.* (no *pl.*) money in the shape of coin, ধাতুমুদ্রা বা মুদ্রা (অর্থাৎ পত্রমুদ্রা বা নোট নহে) (payment in *specie*)। [see *species*]

species [spē°-shēz, স্পী°শীজ্] *n.* (log.) a group of individuals having common characteristics, specialized from others of the same genus, (ন্যায়.) বর্গ, কুল ; (bio.) a subdivision of a genus having members that differ only in minor details, (জীব.) প্রজাতি ; a kind, sort, শ্রেণী, রকম, প্রকার। *pl.* **spē°cies**। **the human species**—মনুষ্যজাতি। **origin of species**—(বিজ্ঞা.—পরি.) প্রজাতির উৎপত্তি। [L. = appearance]

specify [spe°-si-fī, স্পে°সিফাই] *v.t.* to mention particularly, বিশেষভাবে বা স্বতন্ত্রভাবে উল্লেখ করা ; to make specific, বিশিষ্ট বা স্বতন্ত্র করা ; to set down as requisite, প্রয়োজন হইতে পারে বলিয়া ধার্য করা বা নির্ধারিত করা। **speci°fic**—(1) *a.* বর্গগত বা প্রজাতিগত (*specific* name) ; বর্গের বা প্রজাতির বৈশিষ্ট্যসূচক ; বৈশিষ্ট্যদায়ক বা স্বাতন্ত্র্যদায়ক ; বিশেষভাবে নির্দিষ্ট (no *specific* aim)। (2) *n.* বিশেষ কোন রোগের বা অঙ্গের চিকিৎসা অথবা ঔষধ (quinine is a *specific* for malaria)। **specific gravity**—সমপরিমাণ জলের তুলনায় কোন কিছুর ওজন, আপেক্ষিক গুরুত্ব। **specific remedy**—কোন রোগের জন্য নির্দিষ্ট ঔষধ বা প্রতিকার। *adv.* **speci°fically**—বিশেষভাবে (his doctor has *specifically* warned him not to eat eggs)। *n.* **specification** [spe-s(i)fi-kā°-sh(a)n, স্পেস্‌ফিকেই°শ্‌ন্] বিশিষ্ট বা স্বতন্ত্র করা অথবা হওয়া ; বিশেষভাবে বা স্বতন্ত্রভাবে উল্লেখ অথবা উল্লিখিত বিষয় বা বস্তু বা গুণাগুণ। [OF. *specifier* < LL. *specificare*]

specimen [spe°-si-min, স্পে°সিমিন্] *n.* an object or portion serving as a sample, নমুনাস্বরূপ প্রাণী বা বস্তু বা অংশ, নমুনা ; a remarkable type, স্বশ্রেণীর মধ্যে লক্ষণীয় প্রাণী বা বস্তু। [L.]

speciosity—see **specious.**

specious [spē°-shas, স্পী°শ্যাস্] *a.* looking well at first sight, হঠাৎ দেখিলে বা প্রথম দর্শনে সুন্দর মনে হয় এমন, আচমকা-সুন্দর (*specious* appearance) ; fair-showing, সুন্দর বলিয়া মনে হয় এমন ; seeming right or true, ন্যায্য বা সত্য বলিয়া প্রতীয়মান হয় এমন (*specious* argument) ; plausibly deceptive, সহজেই প্রতারিত হইতে হয় এমন। *n.* **speciosity** [spē-shi-o°-si-ti, স্পীশিঅ°সিটি], **spē°ciousness**। *adv.* **spē°ciously**। [L. *speciosus* < *species* = form]

speck [spek, স্পেক্] (1) *n.* a small spot, ক্ষুদ্র দাগ, ফুট্‌কি ; a particle, কণিকা (a *speck* of dirt) ; a spot of rottenness in fruit, ফলে পচা দাগ। (2) *v.t.* to spot, ক্ষুদ্র দাগ বা ফুট্‌কি দেওয়া। *p.* & *p. pt.* **spe°cked**। **speck°le**—(1) *n.* অতি ক্ষুদ্র দাগ বা ফুট্‌কি। (2) *v.t.* অতি ক্ষুদ্র ক্ষুদ্র দাগ বা ফুট্‌কিতে চিহ্নিত করা। *a.* **speck°led**—অতি ক্ষুদ্র ক্ষুদ্র দাগে বা ফুট্‌কিতে চিহ্নিত (*speckled* plumage)। *a.* **speckless**—কিছুমাত্র দাগ বা ফুট্‌কি পড়ে নাই এমন, নিষ্কলঙ্ক। [OE. *specca*]

specs [speks, স্পেক্‌স্] *n. pl.* (coll.) spectacles, (কথ্য.) চশমা। [abbr.]

spectacle [spec°-takl, স্পেক্°ট্যাক্‌ল্] *n.* a sight, দৃশ্য ; a show or exhibition, প্রদর্শনী ; (in *pl.*) a pair of lenses mounted in frame to be placed on the eyes, চশমা। *a.* **spec°tacled**—চশমা-পরিহিত। *a.* **specta°cūlar**—প্রদর্শনীর ন্যায় সুন্দর বা সুবিন্যস্ত ; সাধারণের দৃষ্টি আকর্ষক।

adv. **specta°cularly** । **(to) see everything through rose-coloured spectacles**—জীবন সম্পর্কে আশাবাদী মত পোষণ করা। **spectator sport**—যে খেলায় প্রচুর দর্শকের সমাগম হয়। [L. *spectaculum* < *spectare* = to see]

spectator [spek-tā°-ta(r), স্পেক্‌টেই°ট্যা(র্)] *n.* a looker-on, দর্শক। *fem.* **spectā°tress** । [L.]

spectra—see **spectrum.**

spectral [spek°tr(a)l, স্পেক্‌°ট্‌র্‌ল্] *a.* of or like a spectre, অপচ্ছায়া-সংক্রান্ত বা ভূত-সংক্রান্ত অথবা তত্তুল্য, ভূতুড়ে; of or like a spectrum, বর্ণালী-সংক্রান্ত বা তত্তুল্য (*spectral* analysis, colours etc.) । *adv.* **spec°trally** । [see *spectre*]

spectre [spec°-ta(r), স্পেক্‌°ট্যা(র্)] *n.* a ghost, অপচ্ছায়া, ছায়ামূর্তি, ভূত; (fig.) fear of an expected calamity, প্রত্যাশিত দুর্দশার আতঙ্ক। [see *spectrum*]

spectro- [spek°-trō, স্পেক্‌°ট্রৌ] *in. comp.* spectrum, বর্ণালী। **spectroche°mistry**—বর্ণালী বিশ্লেষণভিত্তিক রসায়ন বিজ্ঞান। *n.* **spectroscope** [spek°-traskōp, স্পেক্‌°ট্র্যাস্কৌপ্] বর্ণালী পর্যবেক্ষণার্থ যন্ত্রবিশেষ, বর্ণালীবীক্ষণ। [see *spectrum*]

spectrum [spek°-tram, স্পেক্‌°ট্র্যাম্] *n.* an after-image, কোন বস্তু দেখার পরে উহার যে ছায়ারূপ মনশ্চক্ষুর সামনে ভাসে; the range of colour produced by a prism, বর্ণচ্ছটা, (পরি.) বর্ণালী। *pl.* **spec°tra** । [L. = an appearance]

specula—see **speculum.**

speculate [spe°-kū-lāt, স্পে°কিউলেইট্] **(1)** *v.t.i.* to make conjectures (about), (কিছুর) ভবিষ্যৎ সম্ভাবনাসম্বন্ধে অনুমান করা, (পরি.) দূরকল্পনা করা; to pursue an enquiry, কোন বিষয়ে গবেষণা করা। **(2)** *v.i.* to take risk in hope of gain, (প্রধানতঃ বেচা-কেনার ব্যাপারে) লাভের আশায় ঝুঁকি লওয়া, ফট্‌কা খেলা (to *speculate* in stocks, shares, etc.) । *p.* & *p. pt.* **spe°cūlāted** । *n.* **specūlā°tion** । *a.* **spe°cūlātive**—দূরকল্পনামূলক, ফট্‌কামূলক, (পরি.) দূরকল্পী। *adv.* **spe°cūlātively** । *n.* **spe°cūlātor** । [L. *speculari* = to see]

speculum [spe°kū-lam, স্পে°কিউল্যাম্] *n.* a mirror, আয়না, মুকুর; (surg.) an instrument for viewing cavities of the body, (শল্যচিকি.) দেহের গহ্বর বা রন্ধ্রসমূহ পর্যবেক্ষণের জন্য যন্ত্রবিশেষ। *pl.* **spe°cūla** । [L. < *specere* = to look]

sped—see **speed.**

speech [spēch, স্পীচ্] *n.* that which is spoken, যাহা বলা হইয়াছে, উক্তি; language, ভাষা; the power of speaking, বাক্‌শক্তি, বক্তৃতাদানের শক্তি; manner of speaking, বাক্‌প্রণালী, বাচনভঙ্গি; a discourse, oration, বক্তৃতা; talk, আলাপ, কথাবার্তা। **freedom of speech**—বাক্‌স্বাধীনতা। **set speech**—পূর্বাহ্ণে ভাবিয়া-চিন্তিয়া রচিত বক্তৃতা। *n.* **speech-day**—স্কুলে বক্তৃতা দেওয়া বা পুরস্কার বিতরণের বার্ষিক দিন। *v.i.* **speech°ify**—বক্তৃতা দেওয়া। *n.* **speechificā°tion** । *a.* **speech°lėss**—নির্বাক (*speechless* with amazement, rage, etc.) । [OE. *spæc* < *spraec*—cp. G. *spraehe*]

speed [spēd, স্পীড্] **(1)** *n.* quickness, দ্রুততা, দ্রুতি; velocity, বেগ। **(2)** *v.i.* (arch.) to succeed, (আর্ষ.) সফল হওয়া; to move quickly, দ্রুতবেগে চলা; to hurry, ত্বরান্বিত হওয়া; to drive at high or dangerously or illegally high speed, অতিশয় বেগে অথবা বিপজ্জনক বা আইনবিরুদ্ধ বেগে গাড়ি চালান। **(3)** *v.t.* to give or bring success to, সাফল্য প্রদান করা বা সাফল্য আনিয়া দেওয়া; to further, অগ্রসর করান; to send swiftly, দ্রুত পাঠান; to push forward, সামনে ঠেলিয়া দেওয়া; to urge to high speed, বেগ বাড়াইতে উত্তেজিত করা। *p.* & *p. pt.* **sped** [sped, স্পেড্] । *n.* **speed°boat**—বিদ্যুচ্চালিত দ্রুতগামী জলযান বা নৌকা। *n.* **speed°-indicātor, speedometer** [spē-do°mi-ta(r), স্পীড°মিট্যা(র্)] গাড়ির বেগমাপক যন্ত্রবিশেষ। *n.* **speed°-limit**—বেগের (প্রধানতঃ আইনানুমোদিত) সীমা। **speed merchant**—(অশি.) যে ব্যক্তি অত্যধিক বেগে মোটরগাড়ি বা মোটর সাইকেল চালায়। *n.* **speed°-way**—দ্রুতগামী যানসমূহের চলাচলের জন্য নির্দিষ্ট পথ। *a.* **spee°dy**—বেগবান; বেগপূর্ণ, সবেগ; ত্বরান্বিত; ত্বরিত, দ্রুত (*speedy* answer, recovery, etc.) । *n.* **spee°ding**—বেআইনী বা বিপজ্জনকভাবে মোটর চালান। *adv.* **spee°dily** । *n.* **spee°dinėss** । **more haste less speed**—অতিরিক্ত তাড়াহুড়া করিলে কার্যাদি সম্পাদনে বিলম্ব হওয়ার সম্ভাবনা, যত তড়িঘড়ি তত দেরি। **(to) speed up**—কাজের বেগ বাড়ান। [OE. *sped*—cp. Du. *spoed*]

speed-well [spēd°-wel, স্পীড্°-ওএল্] *n.* নীলপুষ্পসজ্জিত ছোট বন্য উদ্ভিদ্।

spell₁ [spel, স্পেল্] *n.* a shift, কাজের পালা; a short period, অল্প সময়; brief duration, অল্পকালব্যাপী স্থিতি; a small amount, অল্প পরিমাণ বা দফা (a *spell* of rain) । [OE. *spelian* = to act for another]

spell₂ [spel, স্পেল্] *n.* a magic formula, জাদুমন্ত্র, enchantment, সম্মোহন। *n.* **spell°-binder**—যে বক্তা শ্রোতৃমণ্ডলীকে জাদুমুগ্ধবৎ আকৃষ্ট করিতে সক্ষম। *a.* **spell°-bound**—জাদুমুগ্ধ; সম্মোহিত। **(to) break the spell**—মোহাবসান ঘটান, প্রভাবাদি নিষ্ফল করা। **(to) cast a spell**—জাদু করা। [OE. = narrative—cp. ON. *spjall* = tale]

spell₃ [spel, স্পেল্] *v.t.* to say or write the letters of a word, বানান করা; to read laboriously letter by letter, বানান করিয়া কষ্টসহকারে পাঠ করা; to make out or come to understand, (রহস্যাদি) ব্যাখ্যা করা বা বুঝিতে পারা; to name or set down in order the letters of ; বানান করা; (of circumstances etc.) to amount to, to have as necessary result, অবশ্যম্ভাবী ফলরূপে উৎপন্ন করা (this will *spell* ruin) । *p. & p. pt.* **spelt, spe°lled** । *n.* **spe°lling**—বানান। *n.* **spe°lling-book**—বানান-শিক্ষার বই। **spelling pronunciation**—বানান অনুযায়ী (ভুল) উচ্চারণ। **(to) spell backwards**—উলটা করিয়া বানান করা; (কিছুর) বিকৃত বর্ণনা দেওয়া। **(to) spell out**—শব্দাদি আস্তে আস্তে এবং কষ্ট সহকারে বানান করিয়া পড়া ; (আল.) বিশদভাবে ব্যাখ্যা করা। [OF. *espeller*]

spelling, spelt$_1$—see **spell$_3$**.

spelt$_2$ [spelt, স্পেল্‌ট্] *n.* a kind of wheat giving very fine flour, এক জাতীয় গম : ইহা হইতে অতি মিহি ময়দা হয়। [M Du. *spelte*]

spelter [spel°-ta(r), স্পেল্‌°ট্যা(র্)] *n.* zinc, দস্তা। [cp. LG. *spialter*]

spencer [spen°-sa(r), স্পেন্‌°স্যা(র্)] *n.* a kind of short jacket, ক্ষুদ্র কুর্তাবিশেষ। [<a personal name ?]

Spencerian [spen-ser°-i-an, স্পেন্‌সিয়্যা(র্)°-ইঅ্যান্] (1) *a.* of Herbert Spencer or his philosophy, হার্বার্ট স্পেনসার-সংক্রান্ত বা তাঁহার দার্শনিক মতানুযায়ী। (2) *n.* a follower of Spencer's philosophy, স্পেনসারের দার্শনিক মতানুগামী ব্যক্তি।

spend [spend, স্পেন্‌ড্] *v.t.i.* to expend, ব্যয় করা, খরচ করা; to use up, to consume, ব্যবহার করিয়া ফুরাইয়া ফেলা (to *spend* all one's energies); to pass in some place or occupation, অতিবাহন করা, যাপন করা (how do you *spend* your leisure ?); to exhaust, ফুরাইয়া ফেলা (our ammunition was all *spent*) । *p. & p. pt.* **spent** । *a.* **spend°able** । *n.* **spend°er** । *n.* **spend°thrift**—অপব্যয়ী বা অমিতব্যয়ী লোক। [OE. *spenden*<L. *expendere*]

Spenserian [spen-ser°-i-an, স্পেন্‌সিঅ্যার্°-ইঅ্যান্] *a.* of or like Edmund Spenser or his stanza in *The Faerie Queene*, ইংরেজ কবি এড্‌মানড্ স্পেনসার-সংক্রান্ত বা তদ্‌রচিত 'দি ফেয়ারি কুঈন্' নামক কাব্যগ্রন্থে ব্যবহৃত কবিতাস্তবক-সংক্রান্ত অথবা তত্তুল্য।

spent—see **spend**.

sperm [spa(r)m, স্প্যা(র্)ম্] *n.* seed or semen, শুক্রাণু; generative substance, যে-কোন সন্তানোৎপাদক পদার্থ; a male gamete, পুং-জননকোষ (also **sperm°cell**); a kind of whale, তিমিবিশেষ (also **sperm°-whale**); oil from the sperm-whale, উক্ত তিমির তৈল (also **sperm°-oil**) । [Gk. *sperma*=seed]

sperma- [spa(r)°-ma, স্প্যা(র্)°ম্যা] *in comp.* semen, শুক্রাণু-। [see *sperm*]

spermaceti [spa(r)-ma-se°-ti, স্প্যা(র্)ম্যা°সেটি] *n.* a waxy matter got from the head of the sperm-whale, স্পার্ম-তিমির মাথায় প্রাপ্ত মোমতুল্য পদার্থবিশেষ। [L. *sperma ceti*=whale's sperm (from a wrong notion of its origin)]

spermato- [spa(r)°ma-tō°, স্প্যা(র্)°ম্যাটৌ°] same as **sperma-** । *n.* **spermetŏzō°on**—শুক্রাণু। *pl.* **spermatŏzō°a** । [see *sperm*]

spew [spū, স্পিউ] (1) *v.i.t.* to vomit, বমন করা বা বমন করিয়া তোলা। (2) *n.* vomited matter, বমি। [OF. *spi(o)wan*=to spit]

sphagnum [sfag°nam, স্ফ্যাগ্‌°ন্যাম্] *n.* a kind of moss growing in peat and bogs used in packing and medicinally, জলাভূমি ও জলাভূমির উদ্ভিজ্জ পদার্থে জাত শেওলা যাহা প্যাক্ করিতে ও ঔষধ হিসাবে ব্যবহৃত হয়। [Gk. *Sphagnos*)

sphere [sfē(r), স্ফিয়্যা(র্)] *n.* a solid circular figure, গোলক, বর্তুল; the heavens, গগনমণ্ডল, a circle of society, সমাজের অংশ; domain, scope, অধিকার, এলাকা (*sphere* of influence); a field of action, কর্মক্ষেত্র (he has excelled in many *spheres*); one's natural surroundings, কাহারও পারিপার্শ্বিক অবস্থা; a spherical object, গোলকাকার বস্তু (বিশেষত: গ্রহ বা উপগ্রহ)। *a.* **spheric** [sfe°-rik, স্ফে°রিক্], **sphe°rical**—গোলকসংক্রান্ত, (পরি.) গোলীয়; গোলকাকার। *n.* **sphe°rics**—গোলীয়-সংক্রান্ত জ্যামিতি ও ত্রিকোণমিতি। *n.* **spher°oid**—প্রায় গোলকাকার মূর্তি বা বস্তু, (পরি.) উপগোলক। *n.* **spheroi°dal**—উপগোলকীয়; উপগোলকাকার। *n.* **sphero°meter**—গোলকমাপক যন্ত্রবিশেষ। *n.* **spherule** [sfe°-rool, স্ফে°রূল্] ক্ষুদ্র গোলক। **music of the spheres**—(Pythagoras-এর মতে) গ্রহাদির আবর্তনের ফলে আকাশে ধ্বনিত শ্রবণাতীত শব্দ, গাগনিক গান। [Gk. *sphaira*]

Sphinx, sphinx [sfingks, স্ফিংক্‌স্] *n,* (Gk. myth.) a female monster, (গ্রী. পু.) দানবীবিশেষ : ইহার মাথা ছিল মানবীর ন্যায় ও দেহ সিংহিনীতুল্য এবং ধাঁধার উত্তরদানে অসমর্থ পথিকগণকে সে হত্যা করিত; an enigmatic person, রহস্যময় ব্যক্তি। [Gk.]

sphragistic [sfra-jis°-tik, স্ফ্র্যাজিস্‌°টিক্] *a.* of seals and signets, সীলমোহরাদি-সংক্রান্ত। *n. pl.* **sphragis°tics**—সীলমোহরাদি-সংক্রান্ত আলোচনা। [Gk. *sphra, gistikos*<*sphragis* = a seal]

spice [spīs, স্পাইস্] (1) *n.* an aromatic or pungent vegetable substance used to flavour food, মসলা; (fig.) flavour, (আল.) স্বাদুতা (an account that lacks *spice*) । (2) *v.t.* to season with spice, মসলা মাখান বা দেওয়া, মসলা মিশাইয়া সুস্বাদ করা। *p. & p. pt.* **spi°ced** । *n.* **spi°cery**—সকল রকম মসলা। *a.* **spi°cy**—মসলাউৎপাদী; মসলাপূর্ণ, মসলাদার;

সুগন্ধ; ঝাঁঝাল; তীব্র। *adv.* **spi°cily** । *n.* **spi°ciness** । [OF. *espice*<LL. *species*]

spick [spik, স্পিক্] *a.* tidy, পরিষ্কার-পরিচ্ছন্ন; fresh, তাজা, টাটকা। **spick and span**—ফিট্‌ফাট্ ও বেদাগ। **spick and span new**—সম্পূর্ণ নূতন। [?]

spicy—see **spice.**

spider [spī°da(r), স্পাইড্যা(র্)] *n.* an octopod insect, মাকড়সা, ঊর্ণনাভ। *a.* **spī°dery**—মাকড়সা-তুল্য। [OE. *spithre*<*spinnan*=to spin—cp. D. *spinder*]

spied—see **spy.**

spiffy [spi°-fi, স্পি°ফি] *a.* (coll.) smart, (কথ্য.) ফিট্‌ফাট্, ফ্যাসনদোরস্ত; excellent, চমৎকার। *a.* **spi°ffing** । [?]

spif(f)licate [spif°-li-kāt, স্পিফ্°লিকেইট্] *v.t.* (usu. joc.) to castigate, trounce. (সচ. রসি.) প্রহার বা তিরস্কার করা। *n.* **spif°licātion** । [?]

spigot [spi°-got, স্পি°গ্যাট্] *n.* a peg controlling a faucet, ছিপিবিশেষ। [Provencal *espigot*<L. *spiculum*]

spike₁ [spīk, স্পাইক্] *n.* an ear of corn, শস্য-মঞ্জরী। [L. *spica*]

spike₂ [spīk, স্পাইক্] (**1**) *n.* a hard thin-pointed object, সূচিমুখ শক্ত কীলক বা খোঁটা; a large nail, বড় পেরেক, গজাল (also **spīke°-nail**) । (**2**) *v.t.* to fix or pierce with a spike, উক্ত খোঁটা বা পেরেক দিয়া আটকান অথবা বিদ্ধ করা; to render useless, (মূলতঃ কাঁপা অংশে বড় পেরেক ঢুকাইয়া বন্দুকাদিকে) অকেজো করা। *p.* & *p. pt.* **spī°ked** । *a.* **spī°ky**—খোঁটাযুক্ত, পেরেকওয়ালা তীক্ষ্ণমুখ, সূচিমুখ। *adv.* **spī°kily** । *n.* **spī°kiness** । **(to) spike one's gums**—কাহারও মতলব ভেস্তে দেওয়া। [OE. *spicing*=a spike-nail]

spikenard [spīk°-nārd, স্পাইক°নেয়ার্ড] *n.* (costly ointment made from) a perennial sweet-smelling plant, চিরহরিৎ সুগন্ধি চারাগাছ (হইতে প্রস্তুত মলম)। [L. *spicanardi*]

spile [spīl, স্পাইল্] *n.* wooden peg, কাঠের গোঁজ বা খোঁটা; large timber for driving into ground, pile, ভূগর্ভে প্রোথিত করার জন্য বৃহৎ কাষ্ঠ-দণ্ড। [LG. *spile*=wooden peg, etc.]

spill₁ [spil, স্পিল্] *n.* a thin strip of wood or paper for lighting a candle etc. মোমবাতি প্রভৃতি ধরানর জন্য কাঠের বা কাগজের পাতলা ছিলকা। [?]

spill₂ [spil, স্পিল্] (**1**) *v.t.i.* to allow to run out, or run out, of a vessel, পাত্রাদি হইতে চলকাইয়া ফেলা বা পড়া (to *spill* the milk, the milk has *spilt* on the floor); to shed or be shed, ঝরান বা ঝরা; to throw or fall from a vehicle or the saddle, যান বা বাহনের উপর হইতে ফেলিয়া দেওয়া অথবা পড়িয়া যাওয়া (the horse *spilt* him)। (**2**) *v.t.* to let out, (গুপ্ত রহস্যাদি) ফাঁস করিয়া দেওয়া। *p.* & *p. pt.* **spi°lled, spilt** । (**3**) *n.* a fall (প্রধানত: যানবাহন হইতে) পতন। *n.* **spill-over**—বাড়তি (লোক-সংখ্যা)। *n.* **spilth**—যাহা ঢালিয়া ফেলা হইয়াছে বা পড়িয়া গিয়াছে; উদ্বৃত্ত। *n.* **spill-way**—নদী বাঁধ প্রভৃতি হইতে বাড়তি জল নির্গমনের পথ। **(to) spill blood**—(অস্ত্রাঘাতদ্বারা) আহত করা বা খুন করা, রক্তপাত ঘটান। **(to) spill the beans**—গুপ্ত রহস্যাদি ফাঁস করিয়া দিয়া অপ্রতিভ করা বা লজ্জা দেওয়া। [OE. *spillan*=to kill—cp. Du. *spillen*]

spilt—see **spill₂**.

spin [spin, স্পিন্] (**1**) *v.t.i.* to draw out and twist out into threads, সুতা কাটা; to lengthen or prolong, প্রসারিত বা বিলম্বিত করান অথবা হওয়া; to twirl or whirl, (লাটিমাদি-সম্পর্কে) ঘোরান বা ঘোরা, পাক খাওয়ান বা খাওয়া; (of the Fates) to devise or appoint, (নিয়তি কর্তৃক) মানুষের ভাগ্যজাল বয়ন করা। (**2**) *v.t.* to form by spinning, সুতা কাটিয়া তৈয়ারি করা (spiders are *spinning* their webs)। *pr. pt.* **spi°nning** । *p.* **spun** [spun, স্পান্], (arch.) **span** । *p. pt.* **spun** । (**3**) *n.* a revolving motion, ঘূর্ণন; a short ride in a motor-car, কিছুক্ষণের জন্য মোটরগাড়িতে ভ্রমণ (to go for a *spin*)। *n.* **spin-drier**—কেন্দ্রাতিগ শক্তির দ্বারা কোন কিছু শুকাইবার কল। *n.* **spi°nner**—যে ব্যক্তি সুতা কাটে, কাট্‌নি; যে ক্রিকেট বল প্রভৃতিকে পাক খাওয়ায়; সুতা-কাটার যন্ত্র, চরকা। *n.* **spinneret** [spi°-na-ret, স্পি°ন্যারেট্] মাকড়সা রেশম-গুটি প্রভৃতি যে অঙ্গ দ্বারা জাল বোনে বা সুতা কাটে, কাট্‌নি-অঙ্গ। *n.* **spi°nning-je°nny**—যে চরকায় একসঙ্গে কয়েকগাছি সুতা কাটা যায়। *n.* **spi°nning-mill**—সুতা তৈয়ারির কারখানা, সুতাকল। *n.* **spinn°ing-wheel**—চরকা। **in a flat spin**—আতঙ্কপীড়িত অবস্থায়। *n.* **spin-off**—(গবেষণা প্রয়োগবিদ্যা প্রভৃতির উন্নতির ফলে জাত) আনুষঙ্গিক সুযোগ-সুবিধাদি। **(to) spin out**—প্রসারিত বা বর্ধিত করা অথবা হওয়া। **(to) spin a yarn**—খোশগল্প ফাঁদা। [OE. *spinnan*—cp. G. *spinnen*]

spinach, spinage [spi°-nij, স্পি°নিজ্] *n.* an edible leafy vegetable, শাক-বিশেষ। [OF. *espinage, espinache*—cp. Ar. *isfinaj*]

spinal—see **spine.**

spindle [spind°l, স্পিন্‌ড্°ল্] *n.* the spin by which thread is twisted, সুতাকাটার টাকু, টেকুঁ; a pin on which anything turns, যাহার উপর ভর দিয়া কিছু ঘোরে, ধুরা, নেমি; the fusee of a watch, ঘড়ির যে অংশের আবর্তনের ফলে কাঁটা চলে; anything very slender, অতি সরু কোন বস্তু। *a.* **spind°le-legged, spidd°le-shanked**—লম্বা ও সরু পা-ওয়ালা। *n.* **spind°le-shanks**—লম্বা ও সরু পা-ওয়ালা লোক। *n.* **spind°le-tree**

—ক্ষুদ্র বৃক্ষবিশেষ : ইহার কাষ্ঠদ্বারা নেমি তৈয়ারি হয়। *a.* **spind°ly**—লম্বা ও সরু ; অত্যন্ত লম্বা ও কৃশ। [OE. *spinel*<*spinnan*=to spin—cp. G. *spindel*]

spindrift [spin°-drift, স্পিন্‌°ড্রিফ্‌ট্‌] *n.* foam or spray blown along the surface of the sea, সমুদ্রের উপরে ভাসমান ফেনা। [<*spoon* & *drift*]

spine [spīn, স্পাইন্‌] *n.* a long sharp process of a leaf, কণ্টকাকারপ্রাপ্ত বৃক্ষশাখা বা বৃক্ষপত্র, (পরি.) পত্রকণ্টক ; a thin pointed spike in fishes etc., মৎস্যাদির শল্য বা কাঁটা ; the backbone, মেরুদণ্ড, পৃষ্ঠবংশ ; any ridge extending lengthways, কিছুর লম্বালম্বিভাবে প্রসারিত শিরা। *a.* **spī°nal**—মেরুদণ্ডগত। *a.* **spī°ned**—মেরুদণ্ডবিশিষ্ট, মেরুদণ্ডী। *a.* **spīne°lėss**—মেরুদণ্ডহীন, অমেরুদণ্ডী ; ব্যক্তিত্বশূন্য। *a.* **spī°ny**—কণ্টকবহুল, (পরি.) কণ্টকিত ; ঝামেলাপূর্ণ ; অসুবিধাজনক ; বিভ্রান্তিকর। **spinal column**—মেরুদণ্ড, পৃষ্ঠবংশ। **spinal cord**—সুষুম্নাকাণ্ড। [L. *spina*=a thorn]

spinet [spi-net°, স্পিনেট্‌°] *n.* a kind of small harpsichord, বীণাজাতীয় ক্ষুদ্র বাদ্যযন্ত্রবিশেষ। [*Spinetti*, its maker ?]

spinnaker [spin°-a-kar, স্পিন্‌°অ্যা-ক্যার] *n.* a large triangular sail carried on the main mast of racing yachts running before wind, বাতাসের সম্মুখে ধাবমান ইঅটের প্রধান মাস্তুলের উপরে ত্রিকোণাকৃতি বড় পাল। [<*sphinx*, name of the yacht first using it.]

spinner, spinneret, spinning—see **spin.**

spinney, spinn°y [spin°i, স্পিন্‌°ই] *n.* small wood, ছোট বন ; thicket, ঝোপ। [F. *espinei*]

spinster [spin°-sta(r), স্পিন্‌°স্ট্যা(র্‌)] *n.* an unmarried woman, অবিবাহিতা স্ত্রীলোক, কুমারী ; an old maid, অবিবাহিতা বর্ষীয়সী স্ত্রীলোক, চিরকুমারী। *mas.* see **bachelor** । *n.* **spin°sterhood** । [*spin*, *-ster*]

spiny—see **spine.**

spinny—see **spinney.**

Spiraea [spī-rēa, স্পাই-রীঅ্যা] *n.* kinds of shrub with white or pink flowers, সাদা বা ফেকাশে লাল রঙের পুষ্প-সমন্বিত গুল্ম। [Gk. *speiraia*]

spiral—see. **spire**$_{1,2}$.

spirant [spīr°(a)nt, স্পাইঅ্যার্‌°ন্‌ট্‌] (**1**) *a* (phon.) fricative, (ধ্বনি.) ঘর্ষণদ্বারা উৎপন্ন অর্থাৎ ওষ্ঠ্য। (**2**) *n.* a fricative consonant, ওষ্ঠ্য ব্যঞ্জনবর্ণ (যেমন f, v)। [L. *spirare*=to breathe]

spire$_1$ [spī(r), স্পায়্যা(র্‌)] *n.* a coil, পেঁচ ; anything coiled, পেঁচান বা সর্পিল বস্তু। *a.* **spīr°al**—পেঁচাল, সর্পিল। [Gk. *speira*]

spire$_2$ [spī(r), স্পায়্যা(র্‌)] *n.* a tapering structure in the form of a tall cone rising from the tower-top, etc., মিনার মন্দির প্রভৃতির মোচাকার চূড়া। **spīr°al**—(**1**) *a.* মোচাকার চূড়াবৎ, মোচাকারে উন্নত, শঙ্খবৃত্তের বা ইস্ক্রুপের ন্যায় পেঁচালো। (**2**) *n.* শঙ্খবৃত্তের বা ইস্ক্রুপের ন্যায় পেঁচালো রেখা ; (আল.) দ্রব্যমূল্যাদির ধীরে ধীরে ঊর্ধ্বগতি (the steady *spiral* of rising prices)। (**3**) *v.i.* শঙ্খবৃত্তাকারে ঊর্ধ্বমুখী হওয়া (the smoke *spiralled* up lazily, prices are steadily *spiralling*)। **spiral staircase**—কেন্দ্রদণ্ডের চারিদিক দিয়া ঘোরান সিঁড়ি। *a.* **spīr°ed**—মোচাকার শীর্ষসমন্বিত। [OE. *spir*= shoot, sprout]

spirit [spi°-rit, স্পি°রিট্‌] *n.* vital principle, মূল নীতি ; the principle of thought, মনন, ভাব ; the soul, আত্মা ; a ghost, প্রেত, ভূত ; enthusiasm, উদ্দীপনা, উৎসাহ ; frame or disposition of mind, মানস বা মেজাজ ; a leading, independent, or lively person, পরিচালক, নেতা, স্বাধীন (চিন্তাশীল) বা প্রতিভাবান্‌ ব্যক্তি, প্রাণবন্ত ব্যক্তি ; energy, কর্মশক্তি ; vigour, তেজ ; courage, সাহস ; mettle, সহিষ্ণুতা সাহসিকতা প্রভৃতি গুণ ; real meaning, মর্ম, প্রকৃত অর্থ (it is wise to consider the *spirit* of the law, not the letter) ; essence, সারমর্ম ; a distilled liquid. চোলাই-করা তরল দ্রব্য, কোহল, স্পিরিট্‌ ; (usu. in *pl.*) distilled alcoholic liquor, সুরা ; (in *pl.*) exuberant vivacity, উচ্ছ্বসিত বা আনন্দময় প্রাণচাঞ্চল্য (in high *spirits*)। *a.* **spi°ritėd**—সতেজ ; সজীব, তেজী , তেজস্বী। *n.* **spi°rit-gum**—অভিনেতাদির কৃত্রিম গোঁফদাড়ি আটকানর জন্য আঠাবিশেষ। *n.* **spi°rit-lamp, spi°rit-stōve**—স্পিরিটের সাহায্যে যে চুলা জ্বালান হয়। *a.* **spi°ritlėss**—নিস্তেজ, নির্জীব। *n.* **spi°rit-world**—প্রেতলোক। **animal spirits**—সহজাত জীবন্ত বা প্রফুল্ল ভাব। **down in spirits**—বিষণ্ণ ; মনমরা। **in spirits**—আনন্দোচ্ছল ; প্রাণচঞ্চল। **out of spirits**—মনমরা ; নিস্তেজ ; নির্জীব। [L. *spiritus* =a breath]

spiritual [spi°-ri-tū(a)l, স্পি°রিটিউল্‌] (**1**) *a.* of or like the spirit or soul or religion, প্রেতগত বা ভৌতিক, আত্মিক, আধ্যাত্মিক ; unworldly, পারলৌকিক, জগদ্‌-বহির্ভূত ; highly refined in thought or feeling, চিন্তায় বা অনুভূতিতে অত্যুচ্চ স্তরের সংস্কৃতিসম্পন্ন ; ecclesiastical, যাজকীয়। (**2**) *n.* a spiritual object, আধ্যাত্মিক বিষয় বস্তু বা প্রাণী। *n.* **spi°ritūalism**—অধ্যাত্মবাদ, (পরি.) আত্মিকবাদ। *n.* **spi°ritūalist**। *a.* **spiritūalis°tic**—আত্মিকবাদমূলক। *n.* **spiritūa°lity**—আত্মিকতা। *v.t.* **spi°ritūalize**—আত্মিক করা ; আত্মিকতায় পূর্ণ করা ; সংস্কৃত করা ; দেহগত কামলালসাদি হইতে বিমুক্ত করা ; আত্মিক তাৎপর্য বাহির করা। *n.* **spiritūalīzā°tion**। *adv.* **spi°ritūally**। [see *spirit*]

spirituel [spē-rē-too-el°, স্পীরীটুএল্‌°] *a.* showing refined and witty grace and delicacy, সুসংস্কৃত ও সরস সৌন্দর্য-ও-চারুতা-ব্যঞ্জক। *fem.*

(used indiscriminately) **spirituelle** [spē-rē-too-el°, স্পীরীটুএল্°] । [F.]

spirituous [spi°-ri-tū-as, স্পিরি°টিউঅ্যাস্] *a.* containing much distilled alcohol, পাতন-করা বা চোলাই-করা যথেষ্ট কোহল বা সুরা (বিয়ার জাতীয় গাঁজাইয়া তোলা সুরা নহে) পরিপূর্ণ । [see *spirit*]

spiro- [spī°rō, স্পাই°রৌ] *in comp.* breath, শ্বাস- । *n.* **spī°rometer**—ফুসফুসের শক্তি বা ক্ষমতা-মাপক যন্ত্রবিশেষ । [L.]

spirt [spa(r)t, স্প্যা(র্)ট্], **spurt** [spurt, স্পার্ট্] (**I**) *v.i.t.* to shoot out forcibly or in a fine strong jet, সবেগে ছুটিয়া যাওয়া বা ছুড়িয়া দেওয়া, সুন্দর ও প্রবল ধারায় উৎসারিত হওয়া বা করা । (**2**) *v.i.* to make a sudden short intense effort, (প্রধানতঃ ধাবন-সম্পর্কে) অকস্মাৎ অল্পকালব্যাপী যৎ-পরোনাস্তি চেষ্টা করা । (**3**) *n.* a sudden fine jet, আকস্মিক ও চমৎকার উৎসারণ ; a jet, উৎস, (পরি.) উৎক্ষেপ ; a short spell of intensified effort, speed, etc., প্রচেষ্টা বেগ প্রভৃতির অল্পকালব্যাপী যৎপরোনাস্তি বৃদ্ধি (the runner put on a *spirt* as he approached the winning-post) । [?]

spit$_1$ [spit, স্পিট্] (**I**) *n.* a broach for roasting meat, যে শিকে বিঁধিয়া মাংস পোড়ান হয়, শিককাবাবের শিক ; a sword, (ঠাট্টায়) তরবারি ; a narrow tongue of land or sand running into the sea, যে লম্বা ও সরু স্থলভূমি বা বালুভূমি সমুদ্রে মিশিয়াছে । (**2**) *v.t.* to transfix, (প্রধানতঃ শিককাবাবের শিকে) বেঁধা ; to run through with a sword etc., (ঠাট্টায়) তরবারি প্রভৃতি দ্বারা বিদ্ধ করা । *pr. pt.* **spi°tting** । *p.* & *p. pt.* **spi°tted** । *n.* **spitter**—কৃষ্ণসার মৃগ । [OE. *spitu*—cp. Du. *spit*]

spit$_2$ [spit, স্পিট্] (**I**) *v.t.* to throw out from the mouth, মুখ হইতে থু করিয়া ফেলা ; to eject with violence, জোর করিয়া বা প্রচণ্ডবেগে নির্গত করান । (**2**) *v.i.* to throw out saliva from the mouth, থুতু ফেলা । *pr. pt.* **spi°tting** । *p.* & *p. pt.* **spat,** (arch.) **spit** । (**3**) *n.* saliva, থুতু । *n.* **spi°tter** । *n.* **spi°tting**—নিষ্ঠীবন-নিক্ষেপ । *n.* **spitt°le**—থুতু । *n.* **spittōōn°**—পিকদানি, থুকদানি । **spit and polish**—সৈন্য-গণ কর্তৃক তাহাদের অস্ত্রশস্ত্র ও সাজসরঞ্জাম পরিষ্করণ । **spit it out**—তোমার যা বলার আছে চট্ করে বলে ফেল । **the dead** or **very spit, the spit and image**—অবিকল চেহারা বা প্রতিমূর্তি (he is *the dead spit* or *the very spit* or *the spit and image* of his father) । [OE. *spittan*(*v.*)—cp. ON. *spyta*]

spit$_3$ [spit, স্পিট্] *n.* a spade's depth, এক-কোদাল পরিমিত গভীরতা (to dig it two *spit* or *spits* deep) ।

spite [spīt, স্পাইট্] (**I**) *n.* grudge, ill-will, আক্রোশ, অসূয়া, বিদ্বেষ ; hatred, ঘৃণা । (**2**) *v.i.* to vex, বিরক্ত করা, জ্বালাতন করা ; to thwart, ব্যাহত প্রতিহত বা দমিত করা ; to hate or grudge, ঘৃণা বা বিদ্বেষ করা । *p.* & *p. pt.* **spī°tėd** । *a.* **spite°ful**—আক্রোশপূর্ণ, অসূয়াপূর্ণ ; বিদ্বিষ্ট ; জ্বালাতন বা ক্ষতি করিতে চাহে এমন । *adv.* **spite°fully** । *n.* **spite°fulness** । **in spite of**—সত্ত্বেও । [<*despite*]

spitfire [spit°-fī(r), স্পিট্°ফাইঅ্যা(র্)] *n.* a hot-tempered person, কোপনস্বভাব ব্যক্তি, অগ্নিশর্মা ব্যক্তি ; an angry cat, ক্রুদ্ধ বিড়াল ; anything that emits fire, অগ্নি-নিঃসারক বস্তু (যেমন, আগ্নেয়গিরি এরোপ্লেন কামান প্রভৃতি) । [*spit*$_2$, *fire*]

spitted, spitter, spitting—see **spit**$_{1,2}$.

spittle, spittoon—see **spit**$_2$.

spiv [spiv, স্পিভ্] *n.* (sl.) one who earns one's living by shady and dishonest means, যে ব্যক্তি ছলচাতুরি দ্বারা বা অসাধু উপায়ে জীবিকা অর্জন করে। **spivs and drones**—ছলচাতুরি দ্বারা জীবিকা অর্জনকারী নিষ্কর্মা ব্যক্তিগণ । *n.* **spi°very** । [?]

splash [splash, স্প্লাশ্] (**I**) *v.t.* to spatter, as with water or mud, জল বা কাদা ছিটাইয়া দেওয়া ; to effect by or with splashing, তরল পদার্থাদি ছিটাইয়া তৈয়ারি করা ; to variegate as if by spattering with colour etc., রঙ্ প্রভৃতি ছিটাইয়া চিত্রবিচিত্র করা । (**2**) *v.i.* to dabble, কাদা রঙ্ প্রভৃতি লেপন করা বা সেচন করা ; to move or go with throwing about of broken liquid, তরল পদার্থাদি ছিটাইতে ছিটাইতে চলা ; to fly about dispersedly, চতুর্দিকে ছড়াইয়া পড়িয়া ওড়া ; (of bullets) to throw about fragments of molten metal, (গুলি-গোলা-সম্বন্ধে) টুকরা-টুকরা হইয়া যাওয়া বা গলিয়া ছিটকাইয়া যাওয়া । *p.* & *p. pt.* **spla°shed** । (**3**) *n.* dispersion of liquid suddenly disturbed, (কিছু নিক্ষেপের ফলে) আকস্মিক আন্দোলনজনিত তরল দ্রব্যের ইতস্ততঃ ছিটকাইয়া যাওয়া বা নিক্ষিপ্ত হওয়া ; liquid thrown on anything, কিছুর উপরে নিক্ষিপ্ত তরল পদার্থ ; noise made by splashing, ঝপাং করিয়া জলে পড়ার শব্দ (he jumped into the pool with a *splash*, we heard a *splash*); a spot formed by splashing, তরল দ্রব্যাদির ছিটা লাগার ফলে দাগ ; ostentation, publicity, display, জাঁক, প্রচার, জাঁকাল বিন্যাস । *n.* **splash°-board**—কর্দমাদির ছিটা ঠেকানর জন্য গাড়ির সম্মুখে সংলগ্ন তক্তাবিশেষ, মাড্গার্ড । *n.* **splash°-down**—মহাকাশযানের সমুদ্রবক্ষে অব-তরণ । *n.* **spla°sher** । *a.* **spla°shy**—জল বা কাদা ছিটাইয়া দেয় এমন ; তরল পদার্থাদি ছিটাইয়া প্রস্তুত ; রঙ্ প্রভৃতি ছিটাইয়া চিত্রবিচিত্র বা কর্বুরিত ; জমকালভাবে বিন্যস্ত করে বা ছাপায় এমন ; তরল পদার্থাদি ছিটাইতে ছিটাইতে চলে এমন ; চতুর্দিকে ছড়াইয়া পড়িয়া ওড়ে এমন ; (গুলি-গোলা-সম্বন্ধে) টুকরা-টুকরা হইয়া বা গলিয়া ছিটকাইয়া যায় এমন ; ভিজা ও কর্দমাক্ত, পেচপেচে । *adv.* **spla°shily** ।

n. **spla°shiness** । **(to) splash one's money about**—(অশি.) লোকদের আকৃষ্ট করার জন্য অবাধে টাকা খরচ করা। **(to) make a splash** (colloq., fig.) (কথ্য. আল.) জাঁকজমক, বিশেষতঃ টাকাপয়সার প্রাচুর্য জাহির করিয়া দৃষ্টি আকর্ষণ করা। [see *plash*]

splay [splā, স্প্লেই] *v.t.i.* (archi.) to slope or level, (স্থাপ.) ঢালু করা বা হওয়া ; to spread out, ছড়াইয়া দেওয়া বা পড়া। *n.* **splay°-foot**—উপরের দিকে ওল্টান চেপ্টা পা। *a.* **splay°-footėd**—ঐরূপ পা-ওয়ালা। *a.* **splay°-mouthed**—বৃহৎ মুখগহ্বরযুক্ত। [<*display*]

spleen [splēn, স্প্লীন্] *n.* an abdominal organ, প্লীহা ; spite, বিদ্বেষ ; boredom, মনমরা ভাব ; ill-humour, বদমেজাজ (a fit of *spleen*, to vent one's *spleen*) ; melancholy, বিমর্ষতা। *n.* **spleen°wort**—পর্ণবিশেষ। **splenetic** [spline°-tik, স্প্লিনে°টিক্] (1) *a.* প্লীহা-সংক্রান্ত ; প্লীহাবৃদ্ধিরোগাক্রান্ত, খিট্‌খিটে বা বিমর্ষ। (2) *n.* প্লীহাবৃদ্ধিরোগের ঔষধ। *adv.* **splėne°tically** । *a.* **sple°nic** । [L. *splen*<Gk.]

splendent [splen°d(a)nt, স্প্লেন্°ড্‌ন্‌ট্] *a.* brightly shining, উজ্জ্বলভাবে দীপ্তিশীল। *a.* **splen°did**—উজ্জ্বল দীপ্তিশীল ; অত্যুৎকৃষ্ট, সমৃদ্ধ, জমকাল (a *splendid* achievement, house, victory, etc.) ; (কথ্য.) চমৎকার (a *splendid* idea)। *adv.* **splen°didly** । *n.* **splen°dour**—উজ্জ্বল দীপ্তি ; অত্যুৎকর্ষ, সমারোহ, জাঁকজমক। [L. *splendere*=to shine]

splendiferous [splen°-di-faras, স্প্লেন্°ডিফ্যার‌্যাস্] *a.* (coll.) splendid, (কথ্য.) উজ্জ্বল, দীপ্তিশীল, চমৎকার। [?]

splenetic—see **spleen.**

splice [splīs, স্প্লাইস্] (1) *v.t.* to unite by interweaving the strands, (দুই বা ততোধিক রজ্জু) পাকাইয়া একত্র করা ; to join together by overlapping, (দুই খণ্ড তক্তা) খাঁজে খাঁজে মিশাইয়া আটকান ; to unite (esp. in matrimony), (প্রধানতঃ বিবাহসম্পর্কে) আবদ্ধ বা সংযুক্ত করান। *p.* & *p. pt.* **spli°cėd** । (2) *n.* act of splicing, পাকাইয়া একত্রিত করা, খাঁজে খাঁজে মিশাইয়া আবদ্ধ করা, বিবাহাদিদ্বারা সংযোজন ; joint made by splicing, উক্ত সংযোজনের স্থল বা গ্রন্থি ; the part of the handle of a cricket-bat that fits into the blade, ক্রিকেট-ব্যাটের হাতলের যে অংশ খাঁজের মধ্যে ঢোকান থাকে। **(to) sit on the splice**—(ক্রিকেটে—অশি.) আত্মরক্ষামূলকভাবে ব্যাট্ করা। [Du. *splissen*]

splint [splint, স্প্লিন্ট্] (1) *n.* a contrivance for holding a broken bone etc. in position, ভাঙ্গা হাড় যথাস্থানে বসানর জন্য উহার সঙ্গে যে কাষ্ঠখণ্ড বাঁধিয়া দেওয়া হয়, চটী, (পরি.) বন্ধফলক, (to put a broken limb in *splints*)। (2) *v.t.* to put in splints, বন্ধফলক বাঁধিয়া দেওয়া। **splin°ter**—(1) *n.* সুচের ন্যায় তীক্ষ্ণ প্রান্তযুক্ত কাষ্ঠাদির টুকরা ; গোলাগুলি বোমা প্রভৃতির টুকরা। (2) *v.t.i.* পাতলা-পাতলা ও সুচাল টুকরা করা বা হওয়া। **splinter group** or **party**—বৃহত্তর (রাজনৈতিক) দল হইতে বিচ্ছিন্ন ক্ষুদ্রতর দল বা গোষ্ঠী। *a.* **splin°terproof**—গোলাগুলি বোমা প্রভৃতির টুকরার দ্বারা অভেদ্য। [MDu. *splinte*]

split [split, স্প্লিট্] (1) *v.t.i.* to break into pieces, টুকরা-টুকরা করিয়া ভাঙ্গিয়া ফেলা বা টুকরা-টুকরা হইয়া ভাঙ্গিয়া যাওয়া ; to divide or be divided, বিভক্ত করা বা হওয়া ; to disunite or be disunited, বিযুক্ত বা পৃথক্ করা অথবা হওয়া। (2) *v.t.* to rend, ফাঁড়িয়া ফেলা ; to cleave lengthwise, লম্বালম্বিভাবে কাটা, ফালি করা। (3) *v.i.* to burst with laughter, অট্টহাস্যে ফাটিয়া পড়া। *pr. pt.* **spli°tting** । *p.* & *p. pt.* **split,** (poet.) **spli°ttėd** । *a.* **hair°-spli°tting**—অতি সূক্ষ্ম, চুলচেরা। (4) *n.* a crack lengthwise, লম্বালম্বি ফাট বা চিড় ; a schism, ধর্মগত মতভেদ বা দলাদলি, গির্জার দলাদলি ; breach, rupture, বিচ্ছেদ, ছাড়াছাড়ি, আদানপ্রদানের সম্পর্কের অবসান (a *split* in the ruling party)। **a split mind**—চিন্তাধারা ও ক্রিয়াকলাপের মধ্যে সঙ্গতিহীন ব্যক্তি অর্থাৎ যে ব্যক্তি ভাবে একরকম কিন্তু করে অন্যরকম। **a split personality**—দুই বিরুদ্ধ সত্তাবিশিষ্ট ব্যক্তি। **a split second**—অতি ক্ষুদ্র মুহূর্ত। **a splitting headache**—প্রচণ্ড (বা মাথা ছিঁড়ে যাচ্ছে এমন) মাথাধরা। **split peas**—দ্বিখণ্ডিত শুষ্ক মটর। **(to) split the difference**—(দরাদরিতে) প্রস্তাবিত দুই মূল্যসংখ্যার মধ্যবর্তী সংখ্যা গ্রহণ করা। [Du. *splitten*]

splodge [sploj, স্প্লজ্] var. of **splotch.**

splosh [splosh, স্প্লশ্] var. of **splash.**

splotch [sploch, স্প্লচ্] *n.* daub or smear, লেপন, লেপ ; irregular patch, ইতস্ততঃ লেপ বা প্রলেপ। [?]

splurge [spla(r)j, স্প্ল্যা(র্)জ্] (1) *n.* noisy display or effort, সকলরব জাহির বা উদ্যম। (2) *v.i.* to make a noisy display or effort, সকলরবে জাহির করা বা উদ্যম করা। [imi. ?]

splutter [splu°-ta(r), স্প্লা°ট্যা(র্)] (1) *v.i.* to eject drops, ফোঁটা ফেলা ; to scatter ink upon a paper, (খারাপ কলম হইতে) কাগজের উপরে কালি ছড়ান ; to scatter liquid with spitting noises, থু-থু করিয়া তরল পদার্থ ছড়ান বা ছিটান। (2) *v.t.i.* to articulate confusedly as in rage, রাগে তালগোল পাকাইয়া বলা, তো-তো করিয়া কথা বলা। (3) *n.* act or noise of spluttering, ফোঁটা ফেলা বা ফোঁটা ঝরার টুপ্‌টাপ্ শব্দ, থু-থু করিয়া তরল দ্রব্য সেচন বা থু-থু শব্দ, রাগে তো-তো করিয়া কথা বলা বা তো-তো শব্দ। *n.* **splu°tterer** । *adv.* **splu°tteringly** । [imi. ?]

spoil [spoyl, স্পয়ল্] (1) *n.* (usu. in *pl.*) booty, লুঠের মাল ; acquisitions, অর্জিত দ্রব্যাদি ; prizes, পারিতোষিকসমূহ ; spoliation, ধ্বংসকরণ ; pillage, লুণ্ঠন। (2) *v.t.* to take by force,

বলপ্রয়োগে কাড়িয়া লওয়া ; to plunder or despoil, লুণ্ঠন করা বা ধ্বংস করা ; to deprive, (কিছু হইতে) বঞ্চিত করা ; to corrupt, বিকৃত বা ভ্রষ্ট করা ; to impair, ক্ষতিসাধন করা ; to make useless, অকেজো করা ; to mar, নষ্ট করা ; to impair by overindulgence, অতিশয় প্রশ্রয় দিয়া বিগড়াইয়া দেওয়া (spare the rod and *spoil* the child) । (3) *v.i.* to practise spoliation, লুণ্ঠন করা বা ধ্বংস করা ; to go bad, to be impaired, খারাপ হইয়া যাওয়া । *p. & p. pt.* **spoi°led**, (কেবল 'ক্ষতি করা' অর্থে) **spoilt** । *n.* **spoiler** । *n.* **spoi°lage** —মুদ্রণকালে যে কাগজ নষ্ট হইয়া যায় । *n.* **spoil°-sport**—যে ব্যক্তি অন্যদের খেলাধুলা বা বিধিব্যবস্থা নষ্ট করে বা উহাতে বাদ সাধে । **spoiling for**—(যুদ্ধাদির জন্য) সাজসজ্জা শেষ করিয়া উন্মুখ হইয়া ; একান্ত কৌতূহলী হইয়া । **spoils system**—সরকার বদলের সঙ্গে সঙ্গে সরকারি কর্মচারীদের বদলের নীতি, ক্ষমতাসীন দলের সমর্থকদের সরকারি পদে নিয়োগের নীতি । [OF. *espoille* < L. *spolium* (*n.*)]

spoke$_1$ [spōk, স্পৌক্] *n.* any one of the radiating bars of a wheel, চাকার পাখি বা অর । **(to) put a spoke in one's wheel** —কাহারও উদ্দেশ্য প্রতিহত করা । [OE. *spaca*—cp. Du. *speek*]

spoke$_2$, **spoken**—see **speak** । *in comp.* **spō°ken**— -ভাষী (fair-*spoken*, plain-*spoken*) ।

spokesman [spōks°-man, স্পৌক্‌স্°ম্যান্] *n.* one who speaks for another or others, মুখপাত্র । *fem.* **spōkes°woman** । [see *speak*, *man*]

spoliate [spō°-li-āt, স্পৌ°লিএইট্] *v.t.* to despoil or plunder, বিধ্বস্ত করা বা লুণ্ঠন করা । *p. & p. pt.* **spō°liāted** । *n.* **spōliā°tion** । *n.* **spo°liātor** । [L. *spoliare* (*v.*)]

spondaic—see **spondee.**

spondee [spon°-dē, স্পন্°ডী] *n.* a foot of two long syllables, কবিতার যে চরণ দুইটি শ্বাসাঘাতযুক্ত syllable-এ গঠিত । *a.* **spondā°ic**—উক্ত চরণবিশিষ্ট । [L. *spondeus* < Gk. *spondeios*]

spondulicks [spon-dū°-liks, স্পন্ডিউ°লিক্‌স্] *n. pl.* (sl.) money, (অশি.) টাকাপয়সা, টাকাকড়ি । [?]

sponge [spunz, স্পান্‌জ্] (1) *n.* general name for various kinds of aquatic animals, বিভিন্ন (পরাশ্রয়ী) জলচর প্রাণীর আখ্যা ; the skeleton of a sponge used as an absorbent, শোষণকার্যে ব্যবহৃত উক্ত প্রাণীর কঙ্কাল, স্পন্‌জ্ ; a mop for cleansing cannonbore, কামানের নল-পরিষ্কারক বুরুশবিশেষ ; a hard drinker, মাত্রাতিরিক্ত মদ্যপায়ী, পাঁড় মাতাল ; one who wets, soaks, or cleanses with a sponge, যে ব্যক্তি স্পন্‌জ্ দিয়া ভেজায় বা শোষে বা পরিষ্কার করে । (2) *v.t.* to wipe, soak, or wet with a sponge, স্পন্‌জ্ দিয়া মোছা বা শুষিয়া লওয়া বা ভেজান ; to live parasitically (on), পরাশ্রয়ীরূপে বাস করা বা জীবনযাপন করা । *n.* **sponge°-cāke**—ময়দা ডিম ও চিনি দিয়া তৈয়ারি অতি হালকা কেইক্-বিশেষ । *n.* **sponge°-cloth**—জলশোষক বস্ত্রবিশেষ । *a.* **spon°gy**—(জল-) শোষক ; ছিদ্রবহুল ; ভিজা ও নরম ; মাতাল, মদোন্মত্ত । *n.* **spon°ginėss** । *n.* **spon°ger** । **(to) pass the sponge over**—স্পন্‌জ্ বুলান ; স্পন্‌জ্ বোলাইয়া মোছা ; (আল.—অপরাধাদি) ভুলিয়া যাইতে রাজী হওয়া । **(to) throw up the sponge**—(মুষ্টিযুদ্ধে) অঙ্গসংবাহনের স্পন্‌জ্ ছুড়িয়া দিয়া পরাজয় স্বীকার করা ; সংগ্রামাদি পরিত্যাগ করা । **(to) sponge on** or **upon** (a person)—(কাহারও) ঘাড়ে চাপিয়া মুফতে খাইয়া-পরিয়া বাঁচা ; বিনিময়ে কিছু না দিয়া বা পরিশোধ না করিয়া কাহারও নিকট হইতে অর্থ গ্রহণ করা । **(to) sponge out a memory**—স্মৃতিপট হইতে মুছিয়া ফেলা । [OE. *spong*, *spunga* < L. *spongia* < Gk.]

sponsor [spon°-sa(r), স্পন্°স্যা(র্)] (1) *n.* one who promises solemnly for another, যে ব্যক্তি অন্যের কার্যাদির জন্য বিধিমতে প্রতিশ্রুতি দেয় বা জামিন হয় ; a surety, জামিন ; a godfather or godmother, ধর্মপিতা ও ধর্মমাতা ; the advertiser who pays for a radio or TV programme in return for advertisement of his wares, যে বিজ্ঞাপনদাতা তৎকর্তৃক উৎপাদিত দ্রব্যাদির বিজ্ঞাপনের বিনিময়ে রেডিও বা টেলিভিশনের অনুষ্ঠানের ব্যয় বহন করে । (2) *v.t.* to stand sponsor for, (কাহারও বা কিছুর) জামিন হওয়া, (কার্যাদি-সম্বন্ধে) বিধিমতে প্রতিশ্রুতি দেওয়া । [L. *spondere* = to promise]

spontaneity—see **spontaneous.**

spontaneous [spon-tā°-ni-as, স্পন্টেই°নিঅ্যাস্] *a.* of one's free will, স্বাধীন ইচ্ছামুলক (a *spontaneous* offer of help) ; acting by one's own impulse or natural law, স্বতোবৃত্ত বা স্বাভাবিক ; not deliberate or laboured, ভাবিয়া-চিন্তিয়া করা হয় নাই এমন, অকষ্টকল্পিত, সহজ (*spontaneous* suggestion) ; produced of itself, স্বতোজাত, অজীবজনি, স্বতঃস্ফূর্তঃ । *n.* **spontanē°ity**, **spontā°nėousnėss** । *adv.* **spontā°nėously** । **spontaneous generation**—স্বয়ংভবন, অজীবজনন । **spontaneous combustion**—বাহির হইতে অগ্নিসংযোগের দ্বারা নহে, ভিতরকার রাসায়নিক পরিবর্তনের ফলে দগ্ধ হইয়া যাওয়া । [L. *spontaneus*]

spoof [spoof, স্পূফ্] (1) *v.t.* (sl.) to hoax, (অশি.) ধাপ্পা দেওয়া ; to deceive, ঠকান, প্রতারণা করা ; to swindle, জুয়াচুরি বা প্রতারণার দ্বারা ঠকাইয়া লওয়া । (2) *n.* a hoax, ধাপ্পা ; deception, প্রতারণা ; swindle, প্রতারণা বা জুয়াচুরির দ্বারা হরণ । *n.* **spōōf°er** । [arbi.]

spook [spōōk, স্পূক্] *n.* a ghost, ভূত । *a.* **spōō°ky**—ভূতুড়ে । [Du.—cp. G. *spuk*]

spool [spōōl, স্পূল্] *n.* a reel, সুতা বস্ত্র প্রভৃতি

জড়াইয়া রাখার জন্য নাটাই টাকু বা কাটিম। [LG. *spole*]

spoon [spōōn, স্পূন্] (**1**) *n.* a shallow oval bowl with a long handle, চামচ; anything spoon-shaped, চামচাকার বস্তু (বিশেষতঃ নৌকার বৈঠা, গল্ফ্-খেলার লাঠি, প্রভৃতি); a maudlin love-maker, বোকা ও ভাবপ্রবণ প্রণয়প্রার্থী। (**2**) *v.t.* to transfer or lift with a spoon, চামচ দিয়া কাটিয়া আলাদা করা বা কাটিয়া তোলা; (in cricket) to hit softly up in the air, (ক্রিকেটে বলকে) ব্যাট্ দিয়া আঘাত করিয়া আলতোভাবে শূন্যে তোলা। (**3**) *v.i.t.* to make love sentimentally, ভাবপ্রবণতার সহিত প্রণয় নিবেদন করা। *n.* **spōōn°-bill**—চামচাকার ঠোঁটওআলা পাখিবিশেষ। *a.* **spōōn°-fed**—চামচ দিয়া খাওয়ান হইয়াছে এমন; (আল.) কৃত্রিম উপায়ে (অর্থাৎ নিজপরিশ্রম ব্যতিরেকে বা অন্যের সাহায্যে) লালিত-পালিত। *n.* **spōōn°ful**—এক চামচে যত ধরে তত পরিমাণ। *n.* **spōōn°-meat**—যে (প্রধানতঃ তরল) খাবার চামচ দ্বারা খাইতে বা দিতে হয়। **spōōn(e)y**—(**1**) *a.* বোকা; বোকার মত ও স্পষ্টভাবে বা খোলাখুলিভাবে অনুরাগী। (**2**) *n.* বোকা লোক; বোকার মত ও স্পষ্টতঃ অনুরাগী ব্যক্তি। [OE. *spon*—cp. Du. *span*, G. *span*]

Spoonerism [spōōn°na-rizm, স্পূ°ন্যারিজ্‌ম্] *n.* a transposition of initial sounds of spoken words, কথা বলার সময়ে শব্দসমূহের গোড়ার ধ্বনির স্থান-পরিবর্তন (যেমন, loving shepherd-এর পরিবর্তে shoving leopard)। [Rev. *Spooner*, noted for this habit]

spoor [spōōa(r), স্পুয়্যা(র্)] *n.* track (esp. of a hunted animal), (প্রধানতঃ শিকারী কর্তৃক আহত হইয়া পলায়নপর মৃগের) পথরেখা। [Du.]

sporadic [spŏ-ra°-dik, স্পোর্যা°ডিক্] *a.* scattered, বিক্ষিপ্ত; occurring here and there or now and then, এখানে-সেখানে বা মাঝে-মাঝে ঘটে এমন। *adv.* **spŏra°dically**। [Gk. *sporadikos*]

sporangia, sporangium—see **spore.**

spore [spaw(r), স্প্য(র্)] *n.* a unicellular asexual reproductive body, এককোষী অযৌন জননাঙ্গ; one of the germs by which flowerless plants are reproduced, অপুষ্পল বৃক্ষোৎপাদী রেণু, (পরি.) বীজগুটি। *n.* **sporangium** [spaw-ran°-ji-um, স্প্যর্যান্°জিআম্] রেণুস্থলী। *pl.* **sporan°gia**। [Gk. *spora*=a seed]

sport [spaw(r)t, স্প্য(র্)ট্] (**1**) *v.i.* to play, খেলাধুলা করা; to frolic, কৌতুক করা; to make merry, আনন্দোৎসব করা; to trifle, হেলাফেলা করা। (**2**) *v.t.* to wear, use, exhibit, or set up publicly or ostentatiously, জনসমক্ষে অথবা জাঁকালভাবে পরা বা ব্যবহার করা বা দেখান বা স্থাপন করা। (**3**) *n.* recreation, pastime, আমোদ-প্রমোদ, অবসর-বিনোদন; play, খেলাধুলা; a game, (প্রধানতঃ ব্যায়ামমূলক) ক্রীড়া-প্রতিযোগিতা; mirth, আনন্দ; jest, ঠাট্টা, কৌতুক (to make *sport* of a person, to say something in *sport*); field diversion, বহিরঙ্গন ক্রীড়া, স্পোর্ট; a sportsman, বহিরঙ্গন ক্রীড়াবিদ্ ব্যক্তি, খেলোয়াড়; a sportsmanlike person, জয়পরাজয়ে অবিচলিত ব্যক্তি; খেলোয়াড়ী মনোবৃত্তিসম্পন্ন ব্যক্তি; a very good fellow, ভারী মজাদার লোক; a plaything, খেলার জিনিস, খেলনা, ক্রীড়নক (a *sport* of fortune); (in *pl.*) a meeting for races etc., শিকার, ঘোড়দৌড়াদির জন্য একত্র হওয়া; athletic sports, দৌড় লম্ফ প্রভৃতি ব্যায়ামমূলক ক্রীড়া-প্রতিযোগিতা। *a.* **spor°ting**—আমোদ-প্রমোদ-সংক্রান্ত; ক্রীড়াকৌতুক-সংক্রান্ত; স্পোর্টে অনুরক্ত; জয়-পরাজয়ে অবিচলিত, খেলোয়াড়ী মনোবৃত্তিসম্পন্ন। *a.* **spor°tive**—আমোদ-প্রমোদপ্রিয়; কৌতুকপ্রিয়; পরিহাসপ্রিয়; কৌতুকোচ্ছল; হাসিখুশি। *adv.* **spor°tively** । *n.* **sport°ivenėss** । *n.* **sports°-car**—মোটর-রেসে ব্যবহারের জন্য নির্মিত মোটর-গাড়ি। *n.* **sports°-coat, sports°-jackėt**—ঢিলা জামাবিশেষ। **sports°-editor**—সংবাদপত্রের খেলাধুলা-বিভাগের সম্পাদক। *n.* **sports°man**—বহিরঙ্গন ক্রীড়াবিদ্ ব্যক্তি; জয়পরাজয়ে অবিচলিত ব্যক্তি; খেলোয়াড়ী মনোবৃত্তিসম্পন্ন ব্যক্তি। *fem.* **sports°woman** । *a.* **sports°manlike**—জয়-পরাজয়ে অবিচলিত; খেলোয়াড়ী মনোবৃত্তিসম্পন্ন। *n.* **sports°manship**—স্পোর্টে বা খেলাধুলায় দক্ষতা। *adv.* **sportingly** । *a.* (coll.) **spor°ty**—খেলা-ধুলাপ্রিয়। [short. from *disport*]

spot [spot, স্পট্] (**1**) *n.* a small mark or stain, ক্ষুদ্র চিহ্ন বা দাগ, (পরি.) বিন্দু; a pimple on the skin, গাত্রচর্মোপরি ক্ষুদ্র গুটিকা; a relatively dark place on the sun or any planet, সূর্যের বা গ্রহাদির অপেক্ষাকৃত অন্ধকার অংশ; a particular area, place, or locality, নির্দিষ্ট স্থান বা অঞ্চল, অকুস্থল; a blemish in character etc., চরিত্রাদির কলঙ্ক। (**2**) *v.t.i.* to mark or be marked with spots, বিন্দুসমূহে চিহ্নিত বা ভূষিত করা অথবা হওয়া। (**3**) *v.t.* to tarnish, (চরিত্রাদি) কলঙ্কিত করা; to pick out, detect, locate, or identify, বাছিয়া লওয়া, ধরিতে পারা বা গ্রেপ্তার করা, স্থাননির্ণয় করা বা শনাক্ত করা। *pr. pt.* **spo°tting** । *p. & p. pt.* **spo°ttėd** । **can the leopard change his spots**—চিতাবাঘের গায়ের দাগ কি পালটায় অর্থাৎ পালটায় না, স্বভাব কিছুতে বদলায় না, (তু.) স্বভাব না যায় মলে। **spot cash**—মাল-সরবরাহের সঙ্গে সঙ্গে মূল্যপ্রদান। *a.* **spot°lėss**—বেদাগ; নিষ্কলঙ্ক, বিশুদ্ধ। *adv.* **spot°lessly** । *n.* **spot°light**—অভিনেতার উপরে বা অভিনয়মঞ্চের একাংশে নিক্ষিপ্ত বৃত্তাকার আলোর ঝলক; (আল.) জনচিত্তের কেন্দ্রবিন্দুস্বরূপ ব্যক্তি বা বস্তু। **spot prices**—মাল সরবরাহের সঙ্গে সঙ্গে প্রদানের শর্তে ধার্যমূল্য। *a.* **spo°ttėd, spo°tty**—বিন্দুদ্বারা চিহ্নিত, (পরি.) তিলকিত। **spotted fever**—এক ধরনের মেনিন্‌জাইটিস্-রোগ। *n.* **spo°ttinėss** । **a**

tender spot—(আল.) যে ব্যাপারে ব্যক্তিবিশেষের মনে সহজেই আঘাত লাগে। **high spot**—প্রধান বৈশিষ্ট্য। **in a spot**—(কথ্য.) সঙ্কটপূর্ণ অবস্থান-স্থলে বা অবস্থায়। **on the spot**—অকুস্থলেই ; যেখানে দরকার ঠিক সেইস্থানে ; সঙ্গে সঙ্গে ; হাতে-নাতে ; তৎক্ষণাৎ ; সরাসরি ; সতর্ক, প্রস্তুত ; (অশি.) সঙ্কটাপন্ন। **the man on the spot**—স্থানবিশেষে উপস্থিত ব্যক্তি অর্থাৎ যে ব্যক্তি স্থানীয় ঘটনা প্রভৃতি সম্বন্ধে ওয়াকিবহাল। **(to) find one's weak spot**—ব্যক্তিবিশেষের (চরিত্র মন প্রভৃতির) দুর্বল (অর্থাৎ সহজে আক্রমণসাধ্য) স্থান খুঁজিয়া পাওয়া। **(to) put one on the spot**—হত্যা করিতে সঙ্কল্প করা। **(to) put one's finger on a person's weak spot**—ব্যক্তিবিশেষের (চরিত্র মন প্রভৃতির) দুর্বল স্থান নির্ণয় করা। [cp. Du. *spot*]

spouse [spowz, স্পাউজ়্] *n.* a husband or wife, পতি বা পত্নী। [OF. *spus*(*e*), *espous*(*e*) < L. *sponsus* = promised]

spout [spowt, স্পাউট্] (1) *v.t.i.* to eject or issue in a jet, নল ছিদ্র প্রভৃতির মধ্য হইতে নির্গত করা বা হওয়া, উৎসারিত করা বা হওয়া (water *spouting* from a leaky water-main) ; to declaim, উচ্চকণ্ঠে ঘোষণা করা। (2) *n.* projecting lip or tube for discharging liquid, তরল পদার্থাদি বাহির করার জন্য নল বা মুখ ; a gush or jet, তীব্রবেগে বা নলাকারে নির্গমন ; the blow-hole of a whale, নলাকারে জলনির্গমনার্থ তিমির নাসারন্ধ্র। **up the spout**—(অশি.) বন্ধক অবস্থায় ; অব্যবহার্য বা অকেজো ; অন্তঃসত্ত্বা। *n.* **spou°ter**। [cp. Du. *spuiten* (*v.*)]

sprain [sprān, স্প্রেইন্] (1) *v.t.* to wrench violently, মচকাইয়া ফেলা (to *sprain* one's leg)। (2) *n.* such injury, মচকানি। [?]

spraints [sprānts, স্প্রেইন্ট্স্] *n. pl.* otter's dung, উদ্বিড়াল বা ভোঁদড়ের বিষ্ঠা। [OF. *espreintes* < *espaindre* = to squeeze out]

sprang—see **spring**.

sprat [sprat, স্প্র্যাট্] *n.* a sea-fish, ক্ষুদ্র সামুদ্রিক মৎস্যবিশেষ ; a small child, ক্ষুদ্র শিশু ; a thin person, রোগা লোক। **a sprat to catch a herring** or **mackerel** or **whale**—অধিক লাভের আশায় অল্প ঝুঁকি গ্রহণ। [OE. *sprot*—cp. Du. *sprot*]

sprawl [sprawl, স্প্রাল্] (1) *v.i.* to toss the limbs, মাংসপেশী ঝাঁকান বা টান-টান করা ; to lie or crawl with limbs flung out, হাত-পা ছড়াইয়া শয়ন করা বা হামাগুড়ি দেওয়া ; (of writing etc.) to be of irregular form, আঁকাবাঁকা হওয়া ; (of towns etc.) to spread out irregularly, (শহর প্রভৃতি সম্পর্কে) অসমভাবে ছড়াইয়া পড়া। (2) *v.t.* to spread stragglingly, এলোমেলোভাবে বা আলুথালুভাবে (মাংসপেশী বা হাত-পা) প্রসারিত করা। *n.* **spraw°ler**। [OE. *spreawlian*]

spray₁ [sprā, স্প্রেই] (1) *n.* a cloud of flying drops, ফোঁটায় ফোঁটায় বর্ষণশীল বায়ুতাড়িত মেঘ ; water or other liquid flying thus, উক্তভাবে ধাবমান জলরাশি বা অন্য তরল পদার্থ ; an application or dispersion of such a liquid, উক্তভাবে বিন্দু বিন্দু জল বা অন্য তরল পদার্থ প্রয়োগ বা সেচন ; an apparatus for so dispersing or liquid so dispersed, উক্তভাবে সেচনার্থ যন্ত্রবিশেষ বা সেচিত তরল পদার্থাদি, স্প্রে। (2) *v.t.* to sprinkle in or with fine mist-like jets, সূক্ষ্ম কুয়াশাতুল্য নলাকারে সেচন করা, স্প্রে করা। *n.* **spray°-gun**—রং বার্নিশ উপরিভাগে বর্ষণের জন্য কণবর্ষী যন্ত্রবিশেষ। *n.* **sprayer**—পিচকারি বা তীব্রভাবে রং প্রভৃতি ছিটাইবার যন্ত্রবিশেষ ; যে ব্যক্তি পিচকারির দ্বারা রং প্রভৃতি ছিটায়। [MDu. *sprayen*]

spray₂ [sprā, স্প্রেই] *n.* a hoot or twig, (প্রধানতঃ প্রশাখাময় বা পুষ্পময়) কচি ডাল বা পল্লব ; an ornament, casting, etc., of similar form, পল্লবাকার গহনা ঢালাই প্রভৃতি। [?]

spread [spred, স্প্রেড্] (1) *v.t.i.* to extend more widely or more thinly, অধিকতর ব্যাপকভাবে বা পাতলাভাবে প্রসারিত করা অথবা হওয়া, বিস্তৃত করা বা হওয়া ; to scatter in all directions, সর্বদিকে ছড়াইয়া দেওয়া বা ছড়াইয়া পড়া ; stretch, বিকীর্ণ বা বিস্তৃত করা অথবা হওয়া ; to open out or unfold, মেলিয়া বা খুলিয়া ধরা অথবা মেলিয়া বা খুলিয়া যাওয়া ; বিকশিত করা বা হওয়া। (2) *v.t.* to set with provisions, (ভোজ-টেবিলাদিতে) খাবার পরিবেশন করা (to *spread* the table) ; to overlay, (কিছুর) উপরে ছড়াইয়া বা লেপিয়া দেওয়া (to *spread* butter on bread)। *p.* & *p. pt.* **spread**। (3) *n.* extent, প্রসার, বিস্তার ; compass, পরিব্যাপ্তি, এলাকা ; expanse, ব্যাপকতা ; diffusion, (শিক্ষাদির) বিস্তার ; a feast, ভোজ। **(to) spread oneself**—অনেকখানি জায়গা জুড়িয়া থাকা (যেমন হাত-পা ছড়াইয়া শোয়ার ফলে ঘটে) ; বিস্তৃতভাবে লেখা বা বলা, ফেনান ; (প্রধানতঃ অতিথিসেবার খরচের ব্যাপারে) মাত্রা ছাড়াইয়া যাওয়া। **spread°-eagle°**—(1) *n.* (মুদ্রাদিতে দৃষ্ট) পা ও ডানা ছড়ান ঈগল পাখির মূর্তি। (2) *v.t.* (reflex)—হাত-পা ছড়াইয়া শায়িত হওয়া। *n.* **spread°-over**—বিশেষ প্রয়োজনে কাজের সময় নির্ধারিত হয়, শিল্পে এমন ব্যবস্থা। *n.* **sprea°der**। [OE. *spraedan* (*v.*)—cp. Du. *spreiden*]

spree [sprē, স্প্রী] *n.* a merry frolic, আনন্দময় ক্রীড়াকৌতুক ; a drunken bout, মাতলামি, মদোন্মত্ততা। **buying** or **spending spree**—(বিশেষ উপলক্ষে) ব্যয়োন্মত্ততা বা অত্যধিক ব্যয়। [?]

sprig [sprig, স্প্রিগ্] *n.* a small shoot, গাছের ছোট ডাল, পল্লব, কঁকড়ি ; (usu. derog.) a scion, (সচ. তুচ্ছার্থে) তরুণ বংশধর (a *sprig* of the nobility) ; a headless nail, মাথাহীন পেরেকবিশেষ, কাঁটা ; a sprig-like object or design, পল্লবা-

কার বস্তু (বিশেষতঃ গহনা) বা নক্‌শা। *a.* **sprigged**—পল্লবাকার নক্‌শায় শোভিত। [?]

sprightly [sprīt°-li, স্প্রাইট্‌°লি] *a.* vivacious, প্রাণবন্ত, প্রাণচঞ্চল; animated, উদ্দীপিত; gay, হাসিখুশি; brisk, চট্‌পটে। *n.* **spright°liness**। [?]

spring [spring, স্প্রিং] **(1)** *v.i.t.* to move suddenly, as by elastic force, to bound or cause to bound, লাফাইয়া ওঠা বা লাফাইয়া তোলা; to leap (over), লাফ দেওয়া বা লাফ দিয়া ডিঙান; to start up suddenly, হঠাৎ চমকাইয়া ওঠা বা চমকাইয়া তোলা। **(2)** *v.i.* to break forth, ফাটিয়া বাহির হওয়া; to appear, আবির্ভূত হওয়া (weeds are *springing* up in the lawn); to issue, নির্গত হওয়া; to come into being, অস্তিত্বলাভ বা জন্মলাভ করা (he is *sprung from* or *of* a royal stock); to originate, উদ্ভূত হওয়া; (B.) to dawn, ভোর হওয়া; to give way, to split or burst, ভাঙ্গিয়া পড়া, চিরিয়া বা ফাটিয়া যাওয়া (his cricket bat has *sprung*)। **(3)** *v.t.* to open, ফাঁক হইয়া যাওয়া (to *spring* a leak); to make known suddenly, সহসা বিদিত করান। *p.* **sprang,** (rare) **sprung**। *p. pt.* **sprung**। **(4)** *n.* a leap, উল্লম্ফন, লাফ; a sudden movement, আকস্মিক গতি বা সঞ্চলন বা নড়নচড়ন; a recoil or rebound, ঠিকরাইয়া প্রত্যাবর্তন; elasticity, স্থিতিস্থাপকতা; an elastic contrivance, স্প্রিং; a source, (কাজ জীবন প্রভৃতির) উৎস (the *springs* of human action); a motive, কর্মপ্রেরণাদায়ক উদ্দেশ্য; rise, উত্থান, অভ্যুত্থান, উদয়; beginning, আরম্ভ, সূচনা, সূত্রপাত; cause or origin, কারণ, হেতু, নিমিত্ত, উৎপত্তি; an outflow of water from the earth, নির্ঝর, ঝরনা, প্রস্রবণ (a hot *spring*); (B.) the dawn, উষা; the season when plants spring up and grow, বসন্তকাল; high water, জোয়ার, নদ্যাদির জলের গুরুস্ফীতি, ভরা কটাল। *n.* **spring°-ba°lance**—স্প্রিং-এর দাঁড়িপাল্লাবিশেষ। *n.* **spring°-bed**—স্প্রিং-আঁটা গদি। *n.* **spring°-board**—ঝাঁপ খাওয়ার জন্য স্প্রিং-আঁটা লাফানে তক্তাবিশেষ। *n.* **springbok** [spring°-bok, স্প্রিং°বক্‌], **spring°-buck**—দক্ষিণ-আফ্রিকার কৃষ্ণসারমৃগবিশেষ। *n.* **spring°-gun**—যে বন্দুকের ঘোড়া বা ট্রিগারে এমন ভাবে তার লাগান আছে যে বাহিরের লোকের স্পর্শমাত্র আপনি গুলিবর্ষণ করিবে। *a.* **spring°less**—স্প্রিং-শূন্য। *a.* **spring°-like**—বসন্তসদৃশ, বসন্তসুলভ। *n.* **spring°tide**—বসন্তকাল; অমাবস্যা ও পূর্ণিমার পর জোয়ার; ভরা কটাল। *n.* **spring°time**—বসন্তকাল। *n.* **spring-water**—ঝরনার জল। *a.* **spring°y**—স্থিতিস্থাপক; লাফানে; স্প্রিংবহুল। *n.* **spring°iness**। [OE. *springan*(*v.*)—cp. G. *springen*]

springe [sprinj, স্প্রিন্‌জ্‌] *n.* a snare or noose, ফাঁদ বা ফাঁস। [OE. *spreneg*]

sprinkle [springk°l, স্প্রিংক্‌°ল্‌] *v.t.i.* to scatter in small drops or particles, ক্ষুদ্র ক্ষুদ্র ফোঁটায় বা কণিকায় ছড়াইয়া দেওয়া অথবা ছড়াইয়া পড়া, ছিটাইয়া দেওয়া বা পড়া। *n.* **sprin°kle, sprin°kling**—সিঞ্চন; (ইতস্ততঃ) ছিটা, ছিটাফোঁটা। *n.* **sprin°kler**—জল ছিটাইবার যন্ত্র বা পিচকারি-বিশেষ। [OE. *sprengan*=to cause to spring—cp. G. *sprenkeln*]

sprint [sprint, স্প্রিন্‌ট্‌] **(1)** *n.* a short run or race at full speed, পূর্ণবেগে অল্পদুর ধাবন বা ধাবন-প্রতিযোগিতা। **(2)** *v.i.* to run at full speed, পূর্ণবেগে দৌড়ান। *n.* **sprin°ter**। [cp. ON *spretta*]

sprit [sprit, স্প্রিট্‌] *n.* a spar set diagonally to extend a sail, জাহাজের পাল মেলিয়া দেওয়ার জন্য আড়াআড়িভাবে স্থাপিত দণ্ডবিশেষ। [OE. *spreot*=pole—cp. Du. & G. *spriet*]

sprite [sprīt, স্প্রাইট্‌] *n.* a spirit or fairy, ভূত, পরী। [OF. *esprit*]

sprocket [sprok°it, স্প্রক্‌°ইট্‌] *n.* each of several teeth on a wheel connecting with the links of a chain, শিকলের আংটার সঙ্গে সংলগ্ন চাকার দাঁত। *n.* **sprock°et-wheel**—ঐ জাতীয় চাকা (যেমন বাইসিকেলের)। [?]

sprout [sprowt, স্প্রাউট্‌] **(1)** *n.* a new growth, নবোদ্গম; a young shoot, কচি বৃক্ষশাখা বা পল্লব; a side bud, পার্শ্বমঞ্জরী, উপমঞ্জরী; a scion, তরুণ বংশধর। **(2)** *v.i.t.* to shoot or cause to shoot, পল্লবিত বা মঞ্জরিত হওয়া অথবা করান। **(3)** *v.t.* to put forth (as a shoot or bud), (পল্লব বা মঞ্জরী) নির্গত করা বা ধরা; to produce by sprouting, গজান (he has *sprouted* a moustache)। [OE. *sprutan* (*v.*)—cp. Du. *spruiten*]

spruce$_1$ [sproos, স্প্রূস্‌] *a.* smart, চট্‌পটে; neat, পরিষ্কার-পরিচ্ছন্ন, ফিট্‌ফাট্‌। *adv.* **spruce°ly**। *n.* **spruce°ness**। [?]

Spruce$_2$ [sproos, স্প্রূস্‌] *n.* (obs.) Prussia, (অপ্র.) প্রুশিয়া। *n.* **spruce°(-beer)**—একপ্রকার বিয়ার-মদ্য। *n.* **spruce°(-fir°)**—দেবদারুগাছ-বিশেষ। [AF. *Pruce*]

sprung—see **spring.**

spry [sprī, স্প্রাই] *a.* lively, প্রাণোচ্ছল, প্রাণবন্ত; nimble, চট্‌পটে। **(to) look spry**—চট্‌পট্‌ করা। [?]

spud [spud, স্পাড্‌] *n.* a small digging tool, ক্ষুদ্র খনিত্রবিশেষ; খুনচি; (sl.) potato, (অশি.) আলু; a stumpy person or thing, বেঁটে হোত্‌কা লোক বা ছোটখাট ও মোটাসোটা বস্তু। [?]

spue—alt. spell. of **spew.**

spume [spūm, স্পিউম্‌] **(1)** *n.* foam, ফেনা; scum, গাঁজলা, পানা। **(2)** *v.i.* to foam, ফেনাইয়া ওঠা, গাঁজলা তোলা, পানা পড়া। *a.* **spū°mous, spū°my**—ফেনায়িত, ফেনিল, সফেন; গাঁজাইয়া উঠিয়াছে এমন; পানাপড়া। [L. *spuma*(*n.*)]

spun—see **spin**। *a.* **spun°-out**—অযথা প্রলম্বিত।

spunk [spungk, স্পাংক্] *n.* (ori.) a spark, (মুলতঃ) স্ফুলিঙ্গ; spirit or courage, তেজ বা সাহস। *a.* **spunk°y** । [?]

spur [spa(r), স্প্যা(র্)] (**1**) *n.* a goading instrument on a rider's heel, বাহনকে তাড়না করার জন্য আরোহীর (জুতার) গোড়ালিতে সংলগ্ন নালবিশেষ ; incitement, stimulus, উদ্দীপনা, প্রেরণা (the *spur* of ambition, poverty, etc.) ; a hard sharp projection, কঠিন ও তীক্ষ্ণ অভিক্ষিপ্তাংশ ; a claw-like projection at the back of a cock's or other bird's leg, মোরগের অথবা অন্য পাখির পায়ের পশ্চাদংশে নখরতুল্য স্বাভাবিক বা কৃত্রিম অঙ্গ ; a projection at the base of a flower, পুষ্পমূলস্থ প্রসারিত অংশবিশেষ, পুষ্পপীঠিকা ; a lateral branch, (শৈলমালাদির) পার্শ্বীয় শাখা। (**2**) *v.t.* to goad with the spur, (বাহনকে) নালের আঘাতে তাড়না করা ; to urge on, সম্মুখে ছোটান, অনুপ্রাণিত করা ; to provide with a spur, নাল পরান। (**3**) *v.i.* to press forward with the spur, নালের আঘাতে বাহনকে তাড়না করিয়া বেগে অগ্রসর হওয়া ; to hasten, দ্রুতবেগে যাওয়া, ত্বরান্বিত হওয়া। *n.* **spu°rrier**—নাল-প্রস্তুতকারক। **gilded** or **gilt spurs**—মধ্যযুগীয় নাইটের বা বীরব্রতীর চিহ্নস্বরূপ সোনালী নাল। **on the spur of the moment**—পূর্ব হইতে কোন বিচার-বিবেচনা না করিয়া, মুহূর্তের প্রেরণায়। **(to) win one's spurs**—নাইটের বা বীরব্রতীর পদলাভ করা ; সাফল্য বা সম্মান অর্জন করা। [OE. *spura, spora* —cp. ON. *spori*]

spurious [spūr°-i-as, স্পিউয়্যার্°ইঅ্যাস্] *a.* not genuine, খাঁটি নহে এমন, ভেজাল, false, মিথ্যা ; sham, ঝুটা, কৃত্রিম ; forged, জাল-করা (a *spurious* coin) ; feigned, ভান-করা। *adv.* **spūr°iously** । *n.* **spūr°iouness** । [L. *spurius*]

spurn [spa(r)n, স্প্যা(র্)ন্] *v.t.* to kick. লাথি মারা ; to tread, (প্রধানতঃ অবজ্ঞাভরে) পদদলিত করা ; to reject contemptuously, অবজ্ঞাভরে প্রত্যাখ্যান করা। [OE. *spurnan*—cp. *spur*]

spurrier—see **spur.**

spurt—see **spirt.**

sputnik [spoot°-nik, স্পুট্°নিক্] *n.* an artificial satellite, (রুশীয়গণ কর্তৃক নির্মিত) কৃত্রিম উপগ্রহবিশেষ। [Russ=travelling companion]

sputter [spu°-ta(r), স্পা°ট্যা(র্)] *v.i.t.* to spit or throw out in scattered drops, ইতস্ততঃ থুতু নিক্ষেপ করা বা থু-থু করিয়া ফেলা ; to speak rapidly and indistinctly, তড়বড় করিয়া অস্পষ্টভাবে বলা ; (of things) to emit spitting sound, (বস্তু সম্বন্ধে) থুতু ফেলার বা ছিটানর ন্যায় শব্দ করা (the gausages are *sputtering* in the frying-pan) । *n.* **spu°tterer** । *adv.* **spu°tteringly** । [imi.]

sputum [spū°-tam, স্পিউ°ট্যাম্] *n.* spittle, থুতু, নিষ্ঠীবন। [L.]

spy [spī, স্পাই] (**1**) *n.* a secret agent employed to keep watch over others or to collect information, গুপ্তচর, গোয়েন্দা। (**2**) *v.t.i.* to act as a spy (upon), (কাহারও বা কিছুর উপরে) গোয়েন্দাগিরি করা। (**3**) *v.t.* to watch or investigate secretly, গোপনে লক্ষ্য রাখা বা তদন্ত করা ; to descry or discover, দেখিতে পাওয়া বা আবিষ্কার করা। *p.* & *p. pt.* **spī°ed** । *n.* **spy°-glass**—ক্ষুদ্র দুরবিন্‌বিশেষ। *n.* **spy°-hole**—(গোপনে) উঁকি মারিয়া দেখার গর্ত। *n.* **spy°ing**—গোয়েন্দাগিরি, গুপ্তচরবৃত্তি। [OF. *espie* (*n.*), *espier* (*v.*)]

squab [skwob, স্কোয়অব্] (**1**) *a.* short or clumsy, বেঁটে বা জবুথবু ; unfledged, অপক্ষোদ্ভিন্ন। (**2**) *n.* a squab person, বেঁটে বা জবুথবু লোক ; an unfledged bird, অপক্ষোদ্ভিন্ন পাখি ; a soft thick cushion, নরম ও পুরু গদি। **squab pie**—পায়রার মাংসের বড়া বা পিঠাবিশেষ। *a.* **squabb°y** । [Scand. ?]

squabble [skwob°l, স্কোয়অব্°ল্] (**1**) *v.i.* to dispute noisily, উচ্চকণ্ঠে ঝগড়া করা (to *squabble* with a person about a thing) । (**2**) *n.* a noisy quarrel, হৈচৈপূর্ণ কলহ। *n.* **squabb°ler** । [cp. Sw. *sqvabbel*]

squad [skwod, স্কোয়অড্] *n.* a small group of soldiers drilled or working together, একত্র অনুশীলনরত বা কুচকাওয়াজকারী বা কর্মরত ক্ষুদ্র সৈন্যদল ; a small working party, ক্ষুদ্র কর্মিদল ; a small group, ক্ষুদ্র দল। **squad car** —প্রধান কার্যালয়ের সঙ্গে রেডিও যোগাযোগ সহ পুলিশের গাড়ি। [F. *escouade*]

squadron [skwod°r(a)n, স্কোয়অড্°র্‌ন্] *n.* a detachment or group, দলের অংশ বা দল ; a division of a cavalry regiment, অশ্বারোহী বাহিনীর বিভাগবিশেষ ; a section of a fleet, নৌবাহিনীর বিভাগবিশেষ ; a group of aeroplanes forming a unit, বিমানপোত-বাহিনীবিশেষ। *n.* **squad°ron-leader**—বিমানবাহিনীর সেনাপতিবিশেষ। [It. *squadrone*]

squalid [skwo°-lid, স্কোয়অ°লিড্] *a.* filthy, নোংরা ; sordid and dingy, জঘন্য ও বিবর্ণ (to live in *squalid* conditions) ; poverty-stricken, দারিদ্র্যপীড়িত। *n.* **squalid°ity, squal°idness, squal°or** । *adv.* **squal°idly** । [L. *squalidus*=stiff, dirty < *squalor*]

squall [skwawl, স্কোয়অ্যাল্] (**1**) *v.i.t.* to cry out, scream, or sing loudly and unmusically, (প্রধানতঃ ভয়ে বা যন্ত্রণায়) তারস্বরে ও বেসুরোভাবে কাঁদিয়া ওঠা বা চিৎকার করা বা গাহিয়া ওঠা। (**2**) *n.* a yell, তারস্বরে চিৎকার ; a short violent wind, অল্পকালস্থায়ী প্রচণ্ড বাত্যা। **(to) look out for squalls**—বিপদাদির আশঙ্কায় সতর্কতা অবলম্বন করা। **white squall**—গ্রীষ্মমণ্ডলে পূর্বাহ্ণে কোন আভাস না দিয়াই যে ঝড় ওঠে। *a.* **squall°y**—

বাত্যাবিক্ষুব্ধ, ঝড়ো (a *squally* afternoon in April) । [imi.]

squalor—see **squalid.**

squander [skwon°-da(r), স্কোঅন্‌°ড্যা(র্)] *v.t.* to spend lavishly or wastefully, প্রচুর-পরিমাণে ব্যয় করা, অপব্যয় করা, (অর্থাদি) ওড়ান । *n.* **squan°derer** । *n.* **squander°mania**—অত্যধিক ব্যয়প্রবণতা বা খরচের বাতিক । [?]

square [skwā(r), স্কোয়্যা(র্)] (**1**) *n.* an equilateral rectangle, সমচতুর্ভুজ, (পরি.) চতুর্ধার ; a square-shaped area or object, চতুর্ভুজাকার জায়গা বা বস্তু, (পরি.) বর্গক্ষেত্র বা বর্গবস্তু ; an open space in a town along with its surrounding buildings, চতুষ্পার্শ্বের অট্টালিকাসমেত নগরমধ্যস্থ উন্মুক্ত স্থান (Beadon *Square*) ; a body of troops presenting four fronts, চতুর্ভুজাকারে স্থাপিত সৈন্যবাহিনী ; an L-shaped or T-shaped gauge, (প্রধানত: ছুতোরের) L-আকারের বা T-আকারের মাপকাঠিবিশেষ ; the product of a quantity multiplied by itself, (গণি.) বর্গফল, বর্গ । (**2**) *a.* having the form of a square, সমচতুর্ভুজাকার, সমচতুর্ভুজ, চৌকা ; relatively broad, বেশ চওড়া ; thick-set, ঘনবিন্যস্ত ; right-angled, সমকোণী ; equal to a quantity multiplied by itself, বর্গসম, বর্গ (a *square* inch) ; measuring an area in two dimensions, দৈর্ঘ্য ও প্রস্থের মাপনির্ণায়ক ; exact, যথাযথ ; suitable, উপযোগী, মানানসই ; true, খাঁটি, সত্য ; fair, honest, ন্যায়সম্মত, সৎ, সাধুতাপূর্ণ (*square* dealings) ; even, leaving no balance, (সংখ্যাদি-সম্বন্ধে) সমান-সমান, কিছু বাকী থাকে না এমন ; complete, সম্পূর্ণ । (**3**) *v.t.* to make square, সমচতুর্ভুজ করা ; to construct or determine a square equal to, (কিছুর) সমান করিয়া চতুর্ভুজ গঠন বা নির্ণয় করা ; to reduce to any given measure or standard, প্রদত্ত মাপের বা মানের অনুযায়ী করা ; to adjust or regulate, সমন্বয়সাধন বা নিয়ন্ত্রণ করা ; to make equal, সমান করা ; to bribe, ঘুষ দেওয়া (he has been *squared* not to divulge the secret) । (**4**) *v.t.i.* to bring or come into accord, মানানসই করা বা হওয়া, খাপ খাওয়ান বা খাপ খাওয়া । (**5**) *v.i.* to suit or fit, উপযোগী বা মানানসই হওয়া ; to make the account even, পাওনা-দেনা বা জমাখরচ সমান-সমান করা ; (আল.) প্রতিশোধ নেওয়া । *n.* **word-square**—কতগুলি অক্ষর এমনভাবে সাজান যে সামনাসামনি বা উপর হইতে নিচে পড়িলে এক রকমই হয় । **a square deal**—ন্যায়সঙ্গত আদান-প্রদান । **back to square one**—যেস্থান বা ঘর হইতে আরম্ভ সেই স্থানে বা ঘরে পুনরাগমন ; (আল.) পূর্বাবস্থায় পুনরাগমন । **fair and square**—ন্যায়সঙ্গত, সৎ । **(to) get square with a person**—কাহারও সহিত হিসাব চুকাইয়া ফেলা ; (আল.) কাহারও উপর প্রতিশোধ লওয়া । **on the square**—সৎ ; ন্যায়সঙ্গতভাবে । **out of square**—সমকোণী নহে । *a.* **square -toed** —(জুতা-সম্পর্কে)—চওড়া সম্মুখভাগবিশিষ্ট ; (আল.) নিয়মনিষ্ঠ । *n.* **square-toes**—নিয়মনিষ্ঠা ব্যবহারে আনুষ্ঠানিক রীতিপরায়ণ ব্যক্তি । **square up to**—মুষ্টিযোদ্ধার ভঙ্গিযুক্ত হওয়া, যুদ্ধোদ্যত হওয়া । *a.* **squāre°-built**—(চেহারাদির গঠন-সম্বন্ধে) লম্বা-চওড়া ; লম্বার অপেক্ষা বেশী চওড়া । **square dance** or **game**—যে যৌথ নৃত্যে বা খেলায় নর্তকনর্তকীরা বা খেলোয়াড়রা বিপরীত দিকে নর্তক-নর্তকী বা বা খেলোয়াড়দের মুখোমুখি হইয়া চতুষ্কোণ রচনা করিয়া দাঁড়ায় । *n.* **square-leg**—(ক্রিকেটে) ব্যাট্‌স্‌ম্যানের বামপার্শ্বে সমসরলরেখায় অবস্থিত ফীল্‌ড্‌জ্‌ম্যান্‌ । *adv.* **squāre°(ly)** । **a square meal**—পেটভরা ভাল খাবার । *n.* **square-measure**—(গণি.) কাঠাকালি, বর্গক্ষেত্রপরিমাণ । *n.* **squāre°ness** । *a.* **squāre°-ri°gged**—(জাহাজ-সম্বন্ধে) প্রধান পালগুলি মাস্তুলের সমকোণে খাটান থাকে এমন । *n.* **square-root**—(গণি.) বর্গমূল । *n.* **square sail**—মাস্তুলের সহিত সমকোণে স্থাপিত চতুর্ভুজাকার পালবিশেষ । *a.* **squāre°-shoul°dered**—কাঁধ ঘাড়ের সমকোণে অবস্থিত অর্থাৎ ঢালু নহে এমন । **squared paper**—চৌকা ছককাটা কাগজ, (পরি.) ছক-কাগজ । **(to) square the circle**—(আল.) অসম্ভব কার্যসাধনে চেষ্টাশীল হওয়া । [OF. *esquaree* < L. *ex-, quadra* = a square]

squash[1] [skwosh, স্কোঅশ্‌] (**1**) *v.t.* to press flat or into pulp, পিষিয়া সমান করা বা মণ্ডে পরিণত করা ; to squeeze, নিঙড়ান, নিষ্পেষণ করা ; to put down, দমন করা, প্রশমিত করা (to *squash* a rebellion) ; to snub, ধমক দেওয়া । (**2**) *v.i.* to become crushed or pulpy, to form a soft mass, (পতনাদির ফলে) চূর্ণিত হওয়া বা নরম পিণ্ডে পরিণত হওয়া ; to crowd, ভিড় করা, গাদাগাদি করা । *p.* & *p. pt.* **squa°shed** । (**3**) *n.* anything soft and unripe or easily crushed, নরম ও কাঁচা বা সহজে চূর্ণনসাধ্য বস্তু ; crushed mass, কিছু চূর্ণিত বা নিষ্পিষ্ট করিয়া প্রস্তুত পিণ্ড ; a drink made from fruit juice, ফলের রসে প্রস্তুত পানীয় (orange *squash*) ; a close crowd, গাদাগাদি-করা বা ঠাসাঠাসি ভিড়, গাদাগাদি ; a kind of game, টেবিল-টেনিস্‌ জাতীয় খেলাবিশেষ (also **squash rackets** or **racquets**) । [OF. *esquacer* = to crush < L. *ex-, quassare*—see *quash*]

squash[2] [skwosh, স্কোঅশ্‌] *n.* a kind of gourd, লাউজাতীয় তরকারি বা সবজিবিশেষ । [Narraganset *askutasquash*]

squat [skwot, স্কোঅট্‌] (**1**) *v.i.t.* to sit down or cause to sit down upon the hams or heels, আসনপিঁড়ি হইয়া বা উবু হইয়া বসা অথবা বসান ; to settle on land or in unoccupied buildings without title, বিনা স্বত্বে জমি বা খালি বাড়ি দখল করা অথবা উহাতে বসবাস করা ।

pr. pt. **squa°tting** । *p.* & *p. pt.* **squa°tted** । (2) *a.* crouching, গুটিসুটি মারিয়া আছে এমন ; short and stout, dumpy, বেঁটে বা মোটা, হোঁত্‌কা । *n.* **squat°ness** । *n.* **squa°tter**—বিনা স্বত্বে বা অধিকারে জমি বাড়ি প্রভৃতি দখলকারী ব্যক্তি । [OF. *esquatir*=to crush<L. *ex-*, *coactus*=driven together]

squawk [skwawk, স্কোআ্যক্] (1) *n.* a croaky call, (শঙ্খচিল প্রভৃতির) কর্কশ চিৎকার, ক্যা, ক্যা । (2) *v.i.t.* to utter, or utter with, a squawk, উক্ত চিৎকার করা বা উক্ত চিৎকার করিয়া বলা । *p.* & *p. pt.* **squaw°ked** । *n.* **squawk-box**—(কথ্য.) ধ্বনিবিবর্ধন যন্ত্র, লাউড স্পীকার । *n.* **squaw°ker** । [imi.]

squeak [skwēk, স্কুঈক্] (1) *v.i.* to utter a high-pitched nasal note or cry, (মুষিকাদি কর্তৃক) তীক্ষ্ণ খোনা চিৎকার করা ; চিঁ-চিঁ করা ; (sl.) to inform, peach or confess, (অশি.—প্রধানতঃ রাজসাক্ষী হইয়া গুপ্ত রহস্যাদি) জ্ঞাপন করা বা ফাঁস করা বা স্বীকার করা । (2) *v.t.* to utter, express or sing squeakily, চিঁ-চিঁ করিয়া বলা ফাঁস করা বা গাওয়া । *p.* & *p. pt.* **squea°ked** । (3) *n.* a squeaky sound, চিঁ-চিঁ বা কিচ্‌মিচ্ শব্দ ; a narrow escape or bare chance, অতি অল্পের জন্য পরিত্রাণ বা নামমাত্র সুযোগ (also **narrow squeak**) । *n.* **squea°ker**—squeak (*v.*)-এর সকল অর্থে, এবং অল্পবয়স্ক পাখি । *a.* **squea°ky** । [imi.]

squeal [skwēl, স্কুঈল্] (1) *v.i.* to utter a high-pitched cry of some duration, কিছুক্ষণ ধরিয়া উচ্চ চিৎকার করা ; to cry out in pain, যন্ত্রণায় আর্তনাদ করা ; to complain, নালিশ করা, অভিযোগ করা ; to turn informer, গুপ্তচর হওয়া । (2) *v.t.* to utter or sing squealingly, উচ্চ আর্তনাদসহকারে বলা বা গাওয়া ; (sl.) to confess, or betray by confession, (অশি.) অপরাধাদি স্বীকার করা বা স্বীকৃতিদ্বারা (গুপ্ত রহস্যাদি) ফাঁস করা । (3) *n.* a high sustained cry, কিছুক্ষণব্যাপী উচ্চ চিৎকার । *n.* **squea°ler**—squeal (*v.*)-এর সকল অর্থে, এবং—উচ্চ রবকারী পাখি ; অল্পবয়স্ক পারাবত । [imi.]

squeamish [skwē°-mish, স্কুঈ°মিশ্] *a.* sickish at stomach, পেটরোগা ; qualmish, অল্পেই বিবেকযন্ত্রণা অনুভব করে এমন ; fastidious, খুঁতখুঁতে । *adv.* **squea°mishly** । *n.* **squea°mishness** । [AF. *escoymous*<?]

squeegee [skwē°-jē°, স্কুঈ জী°] *n.* an implement for cleansing decks, floors, windows, etc., জাহাজের ডেক্ গৃহতল জানালা প্রভৃতি হইতে জলকাদা পরিষ্কার করার ঝাড়ুবিশেষ । [<*squeeze*]

squeeze [skwēz, স্কুঈজ়্] (1) *v.t.i.* to press hard, to crush, নিষ্পেষণ করা, নিঙড়ান, মোচড়ান । (2) *v.t.* to grasp tightly, দৃঢ়ভাবে আঁকড়াইয়া ধরা ; to embrace, আলিঙ্গন করা ; to render by pressing, নিষ্পেষণদ্বারা পরিণত করা ; to crush the juice from, রস নিঙড়াইয়া লওয়া ; to extort money, etc., বলপূর্বক বা চাপ দিয়া অর্থাদি আদায় করা । (3) *v.i.* to make one's way by squeezing, নিজেকে নিষ্পেষিত করিয়া কোন রকমে পথ করা ; to force a way, জোর করিয়া ঢোকা । (4) *n.* act of sqeezing, নিষ্পেষণ, নিঙড়ানি ; pressure, চাপ ; a crowd, ভিড় ; an embrace, আলিঙ্গন ; a tight grasp, দৃঢ়মুষ্টি ; forced exaction, চাপ দিয়া অর্থাদি আদায় ; restrictions on borrowing, investment, etc., (অর্থনীতি) ঋণ মূলধন বিনিয়োগ প্রভৃতির উপর বাধানিষেধ বা উহার সঙ্কোচন (a credit *squeeze*) । *a.* **squee°zable** । *n.* **squee°zer**—squeeze (*v.*)-এর সকল অর্থে, এবং—নিষ্পেষণের বা রসনিষ্কাশনের যন্ত্র । [?]

squelch [skwelsh, স্কোএল্‌শ্] (1) *n.* the sucking sound of walking in wet mud, কাদার মধ্য দিয়া হাঁটার পেঁচ্‌পেঁচ্ শব্দ । (2) *v.i.* to make, or walk with, a squelch, পেঁচ্‌পেঁচ্ শব্দ করা বা পেঁচ্‌পেঁচ্ শব্দ করিয়া চলা (to *squelch* through the mud) । (3) *v.t.* to crush under heel, পদদলনপূর্বক চূর্ণ করা ; to suppress, দমন করা । *p.* & *p. pt.* **squel°ched** । [imi.]

squib [skwib, স্কুইব্] *n.* a small firework, ছুঁচোবাজি ; a petty lampoon, নগণ্য বা বাজে ব্যঙ্গ কবিতা । [imi. ?]

squid [skwid, স্কুইড] *n.* a kind of cuttle-fish (smaller kinds used as bait) ; শম্বুকজাতীয় সামুদ্রিক মৎস্যবিশেষ (এই জাতীয় ছোট মাছ বঁড়শির টোপ হিসাবে ব্যবহৃত হয়) । [?]

squiffy [skwif°i, স্কুইফ্‌°ই] *a.* (sl.) slightly drunk, tipsy, (অশি.) অল্প মাতাল । [?]

squiggle [skwi°-gl, স্কুই°গ্‌ল্] *n.* short curly or twisted line (esp. in handwriting), (বিশে. হস্তাক্ষরে) আঁকাবাঁকা বা জড়ান বা পেঁচান (what a *squiggle* for a signature) । *a.* **squigg°ly** । [imi.]

squill [skwil, স্কুইল্] *n.* any plant of the lily family, পদ্মজাতীয় গাছ । [L. *squilla*=sea-onion<Gk. *skilla*]

squint [skwint, স্কুইন্‌ট্] (1) *a.* looking obliquely, তির্যক্‌দৃষ্টি, টেরা ; oblique, তির্যক্ ; indirect, পরোক্ষ । (2) *v.i.* to look obliquely, তেরছাচোখে চাওয়া, তির্যকদৃষ্টি নিক্ষেপ করা ; to glance aside, কটাক্ষ করা । (3) *n.* act or habit of squinting, তির্যকদৃষ্টি ; a glance, দৃষ্টিপাত । *n.* **squint°-eye(s)**—টেরাচোখো ব্যক্তি । *a.* **squint°-eyed**—তির্যকদৃষ্টিসম্পন্ন ; (আল.) বিদ্বেষপূর্ণ । *adv.* **squin°tingly** । [short. from *asquint*]

squire [skwī(r), স্কোয়াইআ্যা(র্)] *n.* an esquire, মধ্যযুগীয় নাইটের বা বীরব্রতীর অনুচরবিশেষ (ইহারা ভবিষ্যতে নাইট্-পদলাভের আশা করিত) ; one who escorts or attends a lady, সম্ভ্রান্ত মহিলার পথসঙ্গী বা পরিচারক ; a English or Irish landed gentleman, ইংল্যান্ডের বা আয়ার্ল্যান্ডের ভূসম্পত্তি-

বিশিষ্ট (প্রধানতঃ প্রাচীন বংশোদ্ভব) ভদ্রলোক। *n.* **squireen** [skwīr-ēn°, স্কোয়াইআরীন্°] নগণ্য জমিদার। *a.* & *adv.* **squīre°ly**—squire-এর ন্যায়। *n.* **squīre°ship**। *n.* **squire°archy**—(ইংল্যান্ডের) ১৮৩২ খ্রীষ্টাব্দের পূর্বপর্যন্ত ভূস্বামীদের মাধ্যমে শাসন; উক্ত শাসকসম্প্রদায়। **squire of dames**—যে ব্যক্তি স্ত্রীলোকের প্রতি বিশেষ মনোযোগী এবং নারীসমাজে খুব মেলামেশা করে। [<*esquire*]

squirm [skwa(r)m, স্কোআ্যা(র্)ম্] (**1**) *v.i.* to writhe, (কীটের ন্যায়) নিজের দেহ মোচড়ান। (**2**) *n.* writhing or wriggling, উক্তরূপ দেহভঙ্গি। [imi. ?]

squirrel [skwi°r(a)l, স্কুইʼর্ল্] *n.* a kind of rodent, কাঠবিড়াল। [OF. *escurel*<LL. *scurellus*<Gk. *skiouros*]

squirt [skwa(r)t, স্কোআ্যা(র্)ট্] (**1**) *v.t.* to throw out in a jet, ফোয়ারার ন্যায় উৎসারিত করা। (**2**) *v.i.* to spirt, (ঘোড়ার ন্যায়) লম্ফ দিয়া সবেগে ছোটা। (**3**) *n.* an instrument for squirting, ফোয়ারার ন্যায় উৎসারিত করার যন্ত্র, ধারাযন্ত্র; a jet, ফোয়ারা; (coll.) an insignificant but self-assertive person, নগণ্য আত্মজাহিরকারী ব্যক্তি, (তু.) কেউকেটা। [cp. L. G. *swirtjen*]

St.—abbreviation of **saint.**

stab [stab, স্ট্যাব্] (**1**) *v.t.i.* to wound or pierce with a pointed weapon, ছোরা প্রভৃতির দ্বারা আহত করা বা বিদ্ধ করা, ছোরা মারা। *pr. pt.* **sta°bbing**। *p.* & *p. pt.* **sta°bbed**। (**2**) *n.* an act of stabbing, ছুরিকাঘাত; a stabbing wound, ছুরিকাঘাতজনিত ক্ষত। **a stab in the back**—(আল.) বিশ্বাসঘাতকতাপূর্ণ আক্রমণ। [?]

stability, stabilize—see **stable$_1$.**

stable$_1$ [stāb°l, স্টেইব্°ল্] *a.* standing firm, দৃঢ়ভাবে বা অটলভাবে অবস্থিত, সুস্থিত; firmly established, দৃঢ়প্রতিষ্ঠিত, সুপ্রতিষ্ঠিত, সুপ্রতিষ্ঠ; durable, টেকসই, স্থায়ী; firm, constant, দৃঢ়, অটল, স্থির; not changing, অপরিবর্তনীয়; not radioactive, অতেজস্ক্রিয়। *n.* **stabi°lity, stāb°leness**। *adv.* **stāb°ly**। *v.t.* **stā°bilize**—সুস্থিত সুপ্রতিষ্ঠিত স্থায়ী অটল অপরিবর্তনীয় বা অতেজস্ক্রিয় করা; স্থির বা ধার্য করিয়া দেওয়া; (প্রধানতঃ কোন দেশের মুদ্রার ক্রয়-ক্ষমতা স্থির রাখার জন্য স্বর্ণের বিনিময়ে তাহার) মূল্য ধার্য করিয়া দেওয়া (to *stabilize* rate of exchange wages, prices, etc.)। *n.* **stābilīzātion**। *n.* **stā°bilīzer**। [F.<L. *stabilis*<*stare*=to stand]

stable$_2$ [stāb°l, স্টেইব্°ল্] (**1**) *n.* a building or house for horses etc., আস্তাবল; a set of horses kept together, একত্র অর্থাৎ এক আস্তাবলে রক্ষিত অশ্বসমূহ; a horse-keeping establishment, অশ্বপালনের প্রতিষ্ঠান। (**2**) *v.t.i.* to put, keep, or dwell in a stable, আস্তাবলে রাখা বা থাকা (the shed *stabled* ten horses)। *n.* **stāb°le-boy, stāb°le-man**—আস্তাবলের পরিচারক। *n.* **stāb°le-companion**—একই আস্তাবলবাসী ঘোড়া; (কথ্য.) একই বিদ্যালয়ের ছাত্র, একই সঙ্ঘের সভ্য প্রভৃতি (তু. এক গোয়ালের গোরু)। *n.* **stabling**—ঘোড়ার আস্তানা। **(to) lock the stable-door when horse is stolen**—অশ্ব অপহরণের পরে দরজায় তালা লাগান, চুরির পরে সতর্কতা অবলম্বন করা, (তু.) চোর পালালে বুদ্ধি বাড়ে। [OF. *estable*<L. *stabulum*]

stablish [stab°-lish, স্ট্যাব্°লিশ্] *v.t.* (arch.) to establish, প্রতিষ্ঠিত করা; to make stable, সুপ্রতিষ্ঠিত স্থায়ী অটল বা অপরিবর্তনীয় করান। [see *establish*]

staccato [sta-kŭ°-tō, স্ট্যাকা°টৌ] *a.* & *adv.* (mus.) with each note detached, (সঙ্গীতে) প্রতিটি ধ্বনি পৃথক্ পৃথক্ ভাবে উচ্চারিত বা উচ্চারণপূর্বক, দাঁতে চিবাইয়া চিবাইয়া ধ্বনিত বা ধ্বনিত করিয়া। [It.]

stack [stak, স্ট্যাক্] (**1**) *n.* a large pile of hay, corn, wood, etc., খড় শস্য কাঠ প্রভৃতির বিরাট গাদা; a cluster of chimneys, ধোঁয়ার নলের বা চিমনির সারি; a pile, গাদা; (coll.) a large quantity, (কথ্য.) প্রচুর পরিমাণ (a *stack* of work to get through)। (**2**) *v.t.* to pile into a stack, গাদা করা। *p.* & *p. pt.* **stack°ed**। [ON. *stakkr* (*n.*)]

stacte [stak°-tē, স্ট্যাক্°টী] *n.* odoriferous spice used by ancient Jews, প্রাচীন যুগের ইহুদিগণ কর্তৃক ব্যবহৃত স্বাদুগন্ধ-নিঃসারক মসলাবিশেষ। [Gk.]

staddle [stad°-l, স্ট্যাড্°ল্] *n.* platform for supporting rick, etc., খড়ের গাদা প্রভৃতির জন্য নির্মিত পাটাতন। [OE. *stathol*=base]

stadia—see **stadium.**

stadium [stā°-di-am, স্টেই°ডিঅ্যাম্] *n.* a measure of length, দৈর্ঘ্যের মাপবিশেষ (গ্রীকদের ৬০০ ফুট, ইংরেজদের 606¾ ফুট); a racecourse or sports-ground, ঘোড়দৌড়ের বা খেলার মাঠ, স্টেডিআম্। *pl.* **stādia, stā°diums**। [L.<Gk. *stadion*]

stadholder [stŭd°-hōl°-da(r), স্টাড্°হৌল্°ড্যা(র্)], **stadtholder** [stŭt°-hōl°-da(r), স্টাট্°হৌল্ড্যা(র্)] *n.* a Dutch viceroy or provincial governor, ওলন্দাজ রাজপ্রতিনিধি বা প্রাদেশিক শাসক; (ori.) the head of the Dutch republic, (মূলতঃ) প্রজাতান্ত্রিক হল্যান্ডের অধ্যক্ষ। [Du. *stadhouder*=(lit.) steadholder]

staff [stŭf, স্টাফ্] (**1**) *n.* a stick, যষ্টি, ছড়ি, লাঠি; a prop, ঠেক্‌নো, আলম্ব; a long piece of wood, লম্বা কাষ্ঠদণ্ড; a pole, দণ্ড; a long handle, লম্বা হাতল; a stick or ensign of duty, কর্তৃত্বের নিদর্শনসূচক দণ্ড বা পতাকা; a set of lines or spaces in which music is written or printed, (সঙ্গীতে) স্বরলিপির পঙ্‌ক্তি বা সারি; a stanza, কবিতার স্তবক; a body of officers, who help a commanding officer, or perform special duties, সেনাপতিকে সাহায্যের জন্য বা বিশেষ কোন কর্মসম্পাদনে নিযুক্ত সেনানীবৃন্দ ; a body of persons employed in an establishment, প্রতিষ্ঠানাদির কর্মচারিবৃন্দ। *pl.* **staffs ; staves** [stāvz, স্টেইভ্‌জ্] কেবল 'স্বরলিপির পঙ্‌ক্তি' বা 'কবিতার স্তবক' অর্থে। (2) *v.t.* to provide with staff, (প্রতিষ্ঠানাদিকে) কর্মচারিবৃন্দ সরবরাহ করা। *p. & p. pt.* **sta°ffed**। **staff car**—সেনাপতির বা অন্য কর্মচারীর ব্যবহারের জন্য গাড়ি। **staff college**—উচ্চতর সামরিক পদের জন্য শিক্ষালয়বিশেষ। **staff duty**—স্বীয় বাহিনী হইতে বিচ্যুত হইয়া সেনাপতির সহকারিত্ব। **staff nurse**—(পরি.) বরিষ্ঠ পরিষেবিকা। **staff officer**—সেনাপতির সহকারিত্বে নিযুক্ত স্বীয় বাহিনী হইতে বিচ্যুত পদস্থ সেনানী। **staff room**—কর্মচারীদের, বিশেষতঃ বিদ্যালয়ের শিক্ষকবর্গের বিশ্রামকক্ষ, কর্মিকক্ষ। **staff surgeon**—নৌবাহিনীর উচ্চপদস্থ চিকিৎসক ; কোন বাহিনীভুক্ত নহে এমন চিকিৎসক। [OF. *stæf*<ON. *stafr*]

stag [stag, স্ট্যাগ্] *n.* a male deer, পুং-হরিণ ; one who applies for shares in order to sell at once at profit, একবারে সমস্ত বিক্রয় করিয়া লাভ করার জন্য যে ব্যক্তি যৌথ বাণিজ্য প্রতিষ্ঠানের অংশক্রয়ার্থ আবেদন করে। *n.* **stag°hound**—হরিণ-শিকারী কুকুরবিশেষ। *n.* **stag°-party**—যে পার্টিতে বা ভোজসভায় কেবল পুরুষরাই আমন্ত্রিত। [OE. *stagga*—cp. ON. *steggr*=cock-bird]

stage [stāj, স্টেইজ্] (1) *n.* a tier, shelf, floor, storey, সোপান, তাক, মেজে, তলা ; a scaffold, বধমঞ্চ ; a raised platform, (প্রধানতঃ অভিনয়ার্থ) উঁচু মঞ্চ ; the theatre, নাট্যশালা, থিএটার ; theatrical representation or calling, নাট্যাভিনয় বা অভিনেতার পেশা ; a field of action, কর্মস্থল ; a scene or venue, দৃশ্যস্থল বা অকুস্থল ; a resting place on a journey, ভ্রমণমধ্যে থামার বা বিশ্রামের স্থান ; distance between two such stopping-places, ঐরূপ দুই বিশ্রামস্থলের মধ্যবর্তী ব্যবধান ; the support for an object to be examined, (অণুবীক্ষণাদিতে) পরীক্ষণীয় বস্তুস্থাপনের জন্য আলম্ববিশেষ, (পরি.) পীঠ ; one of the phases of a development, ক্রম, দশা, পর্যায়, অবস্থা (a larval *stage*, at an early *stage* in India's history, a critical *stage*)। (2) *v.t.* to represent or put on the stage, মঞ্চোপরি (নাটকাদি) অভিনয় করা বা মঞ্চস্থ করা। *n.* **stāge°-coach**—নির্দিষ্ট স্থানসমূহে থামিয়া থামিয়া যাত্রিবহনকারী (মূলতঃ ঘোড়ার) গাড়ি। **(to) hold the stage**—কথোপকথনাদিতে নিজ আধিপত্য বা কর্তৃত্ব জাহির করা। *n.* **stāge°craft**—অভিনয়ের কলাকৌশল, অভিনয়শিল্প। **stage direction**—নাটকে প্রদত্ত অভিনয়-সম্বন্ধে নির্দেশ। **stage door**—অভিনয়মঞ্চে অভিনেতা ও অভিনেত্রীদের প্রবেশ ও প্রস্থানের পথ। **stage effect**—বিশেষ ধরনে অভিনয়ের ফলে দর্শকচিত্তের উপর প্রভাব। *n.* **stā°ger**—চতুর ও দুষ্টবুদ্ধিসম্পন্ন ব্যক্তি ; যাত্রীবাহী গাড়ির চালক বা ঘোড়া ; (আর্ষ.) রঙ্গমঞ্চাভিনেতা। **stage fright**—দর্শকমণ্ডলীর সম্মুখে অভিনয় করার সময়ে বা শ্রোতৃমণ্ডলীর সম্মুখে বক্তৃতা দেওয়ার সময়ে বিহ্বলতা বা ঘাবড়ান ভাব। *n.* **stage manager**—নাট্যশালার ও নাট্যাভিনয়ের অধ্যক্ষ। *n.* **stāge°-play**—নাট্যমঞ্চে অভিনীত বা অভিনয়ের জন্য উদ্দিষ্ট নাটক। *n.* **stāge°-play°er**—রঙ্গমঞ্চাভিনেতা। *a.* **stāge°-struck**—রঙ্গমঞ্চে অভিনয় করার জন্য ব্যগ্র। *n.* **stāge°wagòn**—বাঁধা সময়ে মাল-ও-যাত্রিবাহী (ঘোড়ার) গাড়ি। **stāge whisper**—যে ফিস্‌ফিস্ কথাবার্তা অন্যের শ্রবণের জন্য উদ্দিষ্ট। *n.* **stā°ging**—বধমঞ্চোপরি প্রাণবধ ; নির্দিষ্ট স্থানসমূহে থামিয়া থামিয়া (ঘোড়ার) গাড়িদ্বারা যাত্রিবহন ; (নাটকাদি) মঞ্চস্থকরণ। *a.* **sta°g(e)°y**—রঙ্গমঞ্চগন্ধী, নাটুকে ; কৃত্রিম নাটুকেপনাযুক্ত। *adv.* **sta°gily**। *n.* **stāg°-iness**। **old stager**—প্রচুর অভিজ্ঞতাসম্পন্ন বা বহুদর্শী ব্যক্তি ; পুরাতন কর্মী। *n.* **fare-stage°**—বাস বা ট্রামের সুদীর্ঘ পথের কোন খণ্ডাংশ যাহার জন্য পৃথক ভাড়া নির্দিষ্ট হয়। [OF. *estage*=story of a house<LL. *staticum*<L. *stare*=to stand]

stagflation [stag-flā°-sh(a)n, স্ট্যাগ্‌ফ্লেই°শ্‌ন্] *n.* period in which inflation takes place without corresponding increase of production, যে বিশেষ কালে মুদ্রাস্ফীতি ঘটে কিন্তু উৎপাদন বৃদ্ধি পায় না। [*stag*nation+in*flation* (portmanteau word)]

stagger [sta°-ga(r), স্ট্যা°গ্যা(র্)] (1) *v.i.t.* to reel or cause to reel, ঘূর্ণিত হওয়া বা ঘূর্ণিত করান ; to waver, (উদ্দেশ্য হইতে) বিচলিত হওয়া বা বিচলিত করান ; (বিশ্বাসাদি হইতে) টলা বা টলান। (2) *v.i.* to go reeling or tottering, টলমল করিতে করিতে বা কাঁপিতে কাঁপিতে চলা, স্খলিতচরণে চলা (he *staggered* along)। (3) *v.t.* to shock, আকস্মিক আঘাত দেওয়া ; to confound, হতবুদ্ধি বা বিহ্বল করা (the news *staggered* me) ; to arrange holidays etc., so that they differ from those of others, অন্যাপেক্ষা পৃথগ্‌ভাবে ছুটি প্রভৃতির ব্যবস্থা করা (to *stagger* holidays, office hours, etc.)। (4) *n.* a staggering, ঘূর্ণিত হওয়া, আন্দোলন, বিশ্বাসাদিতে আঘাত, স্খলিতচরণে গমন, আকস্মিক আঘাতদান, হতবুদ্ধি-করণ। (in *pl.*—often treated as *sing.*) giddiness, (ঘোড়া ও গবাদি পশুর) মস্তকঘূর্ণনমূলক রোগ। *n.* **stā°gger-er**। *adv.* **stā°ggeringly**। [ON. *stakra*=to push again and again]

staghound—see **stag.**

staging—see **stage.**

stagnant [stag°-nant, স্ট্যাগ্°ন্যান্ট্] *a.* still, standing, স্থির, নিশ্চল ; without current, স্রোতোহীন, (পরি.) বদ্ধ ; foul, unwholesome, নোংরা, অস্বাস্থ্যকর ; dull and sluggish, নিরুদ্যম,

নিশ্চেষ্ট। *n.* **stag°nancy**—স্থির বা নিশ্চল অবস্থা, স্রোতোহীন বদ্ধাবস্থা; নোংরা বা অস্বাস্থ্যকর অবস্থা। *adv.* **stag°nantly** । *v.i.* **stag°nāte**—স্থির বা নিশ্চল হওয়া; স্রোতোহীন বা বদ্ধ হওয়া; নোংরা বা অস্বাস্থ্যকর হইয়া ওঠা। *p. & p. pt.* **stag°nāted** । *n.* **stagnā°tion** । [L. *stagnare*=to stagnate]

stag-party—see **stag**.

stagy—see **stage.**

staid [stād, স্টেইড়্] *a.* steady, স্থির, অটল, অবিচলিত; sober, grave, গম্ভীর, রাশভারী। *adv.* **staid°ly** । *n.* **staid°nėss** । [*stayed*]

stain [stān, স্টেইন্] (**1**) *v.t.* to discolour, বিবর্ণ করা; to soil, নোংরা করা; to dye, রঞ্জিত করা; to blemish, কলঙ্কিত করা। (**2**) *v.i.* to take or impart a stain, (নোংরা) দাগ পড়া বা দেওয়া, কলঙ্কিত হওয়া বা করা। (**3**) *n.* a dye, রঞ্জক পদার্থ, রঙ্; discoloration, বিবর্ণতা; a spot, দাগ; blemish, কলঙ্ক (a *stain* on a person's reputation)। *n.* **stai°ner** । *a.* **stain°lėss**—দাগশূন্য, বেদাগ; নিষ্কলঙ্ক (a *stainless* character); দাগ বা মরচে পড়ে না এমন (*stainless* steel)। [<*distain*]

stair [stā(r̄), স্টেয়্যা(র্)] *n.* (now usu. in *pl.*) a series of steps, সিঁড়ি, সোপানাবলী (also **a flight of stairs**); one such step, সিঁড়ির ধাপ। *n.* **stair°cāse, stair°way**—(প্রধানতঃ হাতলওয়ালা) সিঁড়ি। **below stairs**—সর্বনিম্ন তলায়; ভৃত্যদের মধ্যে। *n.* **stair°-carpet**—সিঁড়ি মুড়িবার কার্পেট। *n.* **stair°-rod**—উক্ত কার্পেটকে সিঁড়ির দুই ধাপের মধ্যে রাখিবার জন্য ব্যবহৃত দণ্ড। [OE *stæger*<*stigan*=to ascend—cp. G. *steigan*=to climb]

stake₁ [stāk, স্টেইক্] (**1**) *n.* a stout pole pointed at one edge, একদিকে সূচিমুখ শক্ত (কাষ্ঠ-) দণ্ড, শূল, গোঁজ; a post, খুঁটি; a post to which one condemned to be burned was tied, জীবন্ত দগ্ধ হওয়ার দণ্ডাজ্ঞাপ্রাপ্ত ব্যক্তিকে যে খুঁটির সঙ্গে বাঁধা হইত। (**2**) *v.t.* to fasten to or with stakes, গোঁজের সহিত বাঁধা বা গোঁজ বাঁধিয়া দেওয়া; to support with a stake, খুঁটি দিয়া ভার রক্ষা করা বা খুঁটি দেওয়া; to mark off bounds with stakes, খুঁটি পুঁতিয়া দিয়া (কিছুর) সীমানা চিহ্নিত করা। **(to) pull (up) stakes**—অন্যত্র বসবাসের জন্য প্রস্থান করা। [see *stake₂*]

stake₂ [stāk, স্টেইক্] (**1**) *v.t.* to deposit as a wager, পণ রাখা, বাজি ধরা; to risk or hazard, (কিছুর জন্য অন্য কিছুকে) ঝুঁকির বা বিপদের সম্মুখীন করান। (**2**) *n.* anything placed as a wager, পণ, বাজি; a prize, (প্রতিদ্বন্দ্বিতাদিতে বিজয়ের) পুরস্কার; anything to gain or lose, যাহা লাভ করিতে বা লোকসান দিতে হয়; (in *pl.*) a race for money, বাজি ধরিয়া (প্রধানতঃ অশ্বাদির) দৌড়-প্রতিযোগিতা। **at stake**—বিপন্ন, বিপদ্গ্রস্ত (his life is *at stake*)। *n.* **stāke°-hōlder**—ফলাফল না জানা পর্যন্ত বাজির টাকা যাহার নিকট জমা থাকে। [OE. *staca*—cp. M Du. *staken*=to place]

stalactite [sta°-lak-tīte, স্ট্যা°ল্যাক্টাইট্] *n.* an icicle-shaped formation of lime hanging from the roof of a cave as water drips from it, ফোঁটায় ফোঁটায় জল পড়িয়া গুহাদির ছাদ হইতে ঝুলন্ত যে চুনের সরু দণ্ড সৃষ্ট হয়। [Gk. *stalaktos*=dropping]

stalagmite [sta°-lag-mīt, স্ট্যা°ল্যাগ্মাইট্] *n.* an icicle-shaped formation of lime growing upwards from the floor of a cave, ফোঁটায় ফোঁটায় জল পড়িয়া গুহাদির মেঝে হইতে ক্রমোন্নত যে চুনের দণ্ড সৃষ্ট হয়। [Gk. *stalagmos*=dropping]

stale [stāl, স্টেইল্] (**1**) *a.* lacking freshness, তাজা বা টাটকা নহে এমন, বাসী (*stale* bread); out of condition or vapid from lapse of time or overuse, প্রাচীনতার ফলে বা অত্যধিক ব্যবহারের ফলে জীর্ণ বা নীরস, জরাজীর্ণ, মামুলি, (*stale* joke, news, etc.)। (**2**) *v.t.i.* to make or become stale, বাসী জরাজীর্ণ বা মামুলি করা কিংবা হওয়া। (**3**) *n.* urine of horses or cattle, ঘোড়া বা গবাদি পশুর মূত্র। *adv.* **stāle°ly** । *n.* **stāle°nėss** । [OF. *estaler*=to make water]

stalemate [stāl°-māt°, স্টেইল্°মেইট্°] (**1**) *n.* (in chess) a draw resulting when a player has no move available although his king is not in check, (দাবাখেলায়) চালমাত; (fig.) an inglorious deadlock, (আল.) লজ্জাকর অচল অবস্থা। (**2**) *v.t.* to bring a player to a stalemate, চালমাত করা; (fig.) to bring to a standstill, (আল.) অচলাবস্থা সৃষ্টি করা। [cp. AF. *estale*, E. *stall*, and Pers, *mat*=killed]

stalk₁ [stawk, স্টক্] *n.* the stem of a plant, বৃন্ত; a shaft, তীর, সরু দণ্ড; a tall chimney, লম্বা চিমনি। *a.* **sta°lked**—সবৃন্ত, বৃন্তল। *a.* **stalk°lėss**—বৃন্তহীন। [dim. from the root of OE, *stalu*=stalk]

stalk₂ [stawk, স্টক্] (**1**) *v.i.t.* to stride stiffly and haughtily (over), (কিছুর উপর দিয়া) দৃঢ় দীর্ঘ ও সদম্ভ পদক্ষেপে চলা (to *stalk* along the road; famine *stalked* the land); to go (after game etc.) under cover, আত্মগোপনপূর্বক বা অলক্ষিতে (শিকারাদির) নিকটবর্তী হওয়া। *p. & p. pt.* **sta°lked** । (**2**) *n.* an act of stalking, দৃঢ় দীর্ঘ ও সদম্ভ পদক্ষেপে গমন, আত্মগোপনপূর্বক শিকারাদির নিকটে গমন; a stalking gait, দৃঢ় দীর্ঘ ও সদম্ভ পদক্ষেপ। *n.* **sta°lking-horse**—শিকারের নিকটবর্তী হওয়ার জন্য শিকারী যে অশ্বাদির আড়ালে আত্মগোপন করিয়া থাকে; কাহারও ক্রিয়াকলাপে যাহাতে লক্ষ্য না পড়ে সেজন্য সম্মুখে স্থাপিত ব্যক্তি বস্তু বা আকর্ষণ। [OE. (*be*) *stealcian*<*steal*]

stall [stawl, স্টল্] (**1**) *n.* a compartment for one animal, একটি পশুর থাকার স্থান ; a bench, table, stand, booth, etc., for display or sale of goods, জিনিসপত্র সাজাইয়া রাখার জন্য বা বিক্রয়ের জন্য বেঞ্চি টেবিল তাক কোটর প্রভৃতি, স্টল্ ; (in *pl.*) the row of seats lining the wall of a church, theatre-hall. etc., গির্জা প্রেক্ষাগৃহ প্রভৃতির দেওয়াল-ঘেঁষা আসনশ্রেণী, a seat in this row, উক্ত সারির একটি আসন। (**2**) *v.t.i.* to keep or inhabit in a stall, আস্তাবল গোয়াল প্রভৃতিতে রাখা বা থাকা ; to bring to a standstill, থামান বা থামা ; to avoid answering questions, etc. in order to get more time, কাল-হরণের উদ্দেশ্যে প্রশ্নাদির উত্তর এড়াইয়া যাওয়া। **(to) stall off**—কৌশলে এড়ান বা প্রতারণা করা। *n.* **sta°llåge**—স্টলের ভাড়া। *a.* **stall°-fed**—আস্তাবল গোয়াল প্রভৃতিতে (মাঠে নহে) পরিপুষ্ট। [OE. *st(e)all(n.)*—cp. ON. *stallr*, G. *stall*]

stallion [sta°-li-an, স্ট্যা°লিয়্যান্] *n.* an uncastrated male horse, (প্রধানতঃ প্রজননার্থ রক্ষিত) খোজা করা হয় নাই এমন ঘোড়া। [OF. *estalon*]

stalwart [stawl°-wa(r)t, স্টল্°ওয়্যা(র্)ট্] (**1**) *a.* stout, বলিষ্ঠ ; tall and strong, লম্বা ও বলবান্ ; courageous, সাহসী ; resolute, determined, অদম্য, স্থিরসঙ্কল্প। (**2**) *n.* a resolute or determined person, অদম্য ও স্থিরসঙ্কল্প ব্যক্তি ; a loyal supporter of a political party, an uncompromising partisan, রাজনৈতিক দলের প্রবল বা অন্ধ সমর্থক। *adv.* **stal°wartly** । *n.* **stal°wartnėss** । [Scot. < *stalworth* < OE. *stælwierthe* = serviceable < see *stall*, *-worth*]

stamen [stā°-men, স্টেই°মেন্] *n.* the pollen-bearing part of a flower, (পরি.) পুংকেশর। [L. = a warp thread]

stamina [sta°-mi-na. স্ট্যা°মিন্যা] *n.* staying power, পরিশ্রমাদি সহ্য করার শক্তি ; (fig.) mental toughness, (আল.) অদম্য মানসিক শক্তি। [L. *pl.* of *stamen*]

stammer [sta°-ma(r), স্ট্যা°ম্যা(র্)] (**1**) *v.i.t* to speak haltingly, তোত্লান বা তোত্লাইয়া বলা। (**2**) *n.* a stammering, তোত্লামি। *n.* **sta°mmerer** । *adv.* **sta°mmeringly** । **(to) stammer out**—অস্পষ্টভাবে বা জড়াইয়া জড়াইয়া বলা (to *stammer out* an excuse) । [OE. *stamerian* —cp. Du. *stameren*]

stamp [stamp, স্ট্যাম্প্] (**1**) *v.t.* to pound, to crush, গুঁড়া করা, চূর্ণ করা ; to bring the foot forcibly down upon, (কিছুর উপরে) সজোরে পদাঘাত করা ; to trample, পা দিয়া মাড়ান ; to impress, imprint, mint, or shape or cut with a downward blow, উপর হইতে আঘাত করিয়া বা চাপ দিয়া ছাপ দেওয়া মুদ্রিত করা অঙ্কন করা গঠন করা অথবা খোদাই করা ; to impress with an official mark, সীলমোহর করিয়া দেওয়া ; to affix an adhesive stamp to, টিকিট লাগান ; to characterize, আখ্যাত করা বা আখ্যা দেওয়া। (**2**) *v.i.* to bring the foot down forcibly and noisily, সজোরে ও সশব্দে ভূমিতে পদাঘাত করা ; to walk with a heavy tread, গুরু পদবিক্ষেপে চলা। *p.* & *p. pt.* **stam°ped** । (**3**) *n.* act of stamping, চূর্ণন, সজোরে পদাঘাত, পদদলন, ছাপ দেওয়া, মুদ্রণ, অঙ্কন, গঠন, খোদাই, সীলমোহর-করণ ; an impression or stamped device, ছাপ, মুদ্রিত নক্শাদি ; an adhesive paper used as a substitute for stamping, চিঠিপত্র দলিল প্রভৃতির টিকিট, (পরি.) প্রমুদ্রা ; distinguishing mark, বৈশিষ্ট্যসূচক চিহ্ন (to bear a *stamp* of greatness) ; sign, চিহ্ন ; class, character, kind, শ্রেণী ধরন প্রভৃতি (a man of his *stamp*) ; an instrument for stamping, ছাপ দিবার যন্ত্র। *n.* **stamp°-album**—(প্রধানতঃ ব্যবহৃত ও পুরাতন) ডাকটিকিট জমাইয়া রাখার খাতা। *n.* **stamp°-collector**—দলিলপত্রাদিতে প্রয়োজনীয় স্ট্যাম্প্-কাগজ বা মুদ্রাঙ্কিত কাগজের বাবদ মাসুল-সংগ্রাহক ; (ব্যবহৃত বা অব্যবহৃত) ডাকটিকিট জমান যাহার নেশা, ডাকটিকিটসংগ্রহকারী। *n.* **stamp°-dealer**—যে ব্যক্তি জমাইয়া রাখার উপযোগী ডাকটিকিট কেনা-বেচা করে। *n.* **stamp°-dūty**—দলিলপত্রাদিতে প্রয়োজনীয় স্ট্যাম্প্-কাগজ বা মুদ্রাঙ্কিত কাগজের উপর আরোপিত কর। *n.* **stamp°er** । **stamp°(ing)-machine**—যে যন্ত্রদ্বারা ছাপ দেওয়া বা মুদ্রিত করা বা অঙ্কন করা হয়। *n.* **stamp°-office**—দলিল-পত্রাদিতে প্রয়োজনীয় স্ট্যাম্প্-কাগজ বা মুদ্রাঙ্কিত কাগজ কেনার অফিস্। *n.* **stamp°-pāper**—দলিল-পত্রাদিতে ব্যবহৃত সরকারী মুদ্রাঙ্কিত কাগজ, স্ট্যাম্প্-কাগজ। **(to) stamp out**—পদাঘাত করিয়া বা পদদলিত করিয়া নেভান ; উচ্ছেদ করা। [ME. *stampen* (*v.*) < OE. *stampian*—cp. G. *stampfen*]

stampede [stam-pēd°, স্ট্যাম্পীড্°] (**1**) *n.* a sudden rush of a panic-stricken herd, আতঙ্কপীড়িত (মানুষ ঘোড়া বা গবাদি পশুর) দলের বেগে আকস্মিক ধাবন, ছত্রভঙ্গ ; any impulsive action of a multitude, (আকস্মিক) প্রেরণা-তাড়িত হইয়া দলবদ্ধভাবে ক্রিয়া। (**2**) *v.i.t.* to rush or send in a stampede, ছত্রভঙ্গ হওয়া বা করা। *p.* & *p. pt.* **stampē°dėd** । [Sp. *estampido* = crash]

stance [stans, স্ট্যান্স্] *n.* (in golf or cricket) position taken for a stroke, স্ট্রোক্-মার মারার জন্য অর্থাৎ ব্যাটে আলতো আঘাতে বল পাশের দিকে ঠেলিয়া দিবার জন্য দাঁড়াইবার ভঙ্গি ; intellectual attitude, উন্নততর মনোভাব-সূচক ভঙ্গি। [OF. < It. = stanza]

stanch [stŭnsh, স্টান্শ্] var. of **staunch.**

stanchion [stŭn°sh(a)n, স্টান্°শ্ন্] *n.* an upright iron bar of a window or screen, জানালার বা পরদার ঝাঁপের ভাররক্ষার্থ খাড়াভাবে

স্থাপিত ধাতুদণ্ড। [OF. *estanchon* < *estance* = to prop < L. *stare* = to stand]

stand [stand, স্ট্যান্ড্] (**1**) *v.i.* to be, become, or remain upright, erect, rigid, or still, খাড়া সোজা শক্ত কঠিন স্থির বা অটল হওয়া অথবা থাকা; to be on or rise to one's feet, দাঁড়ান বা উঠিয়া দাঁড়ান; to have or take a position, কোন স্থানে থাকা বা স্থানগ্রহণ করা: to be or remain, হওয়া বা থাকা; to be set or situated, খচিত স্থাপিত বা প্রতিষ্ঠিত থাকা; to have a direction, (কোন দিকের) অভিমুখ হওয়া; to hold good, বলবৎ হওয়া; to endure, টিকিয়া থাকা। (**2**) *v.t.* to withstand, প্রতিরোধ করা, বাধা দেওয়া; to tolerate, সহ্য করা, বরদাস্ত করা (to *stand* the strain, hot weather, etc.; I cannot *stand* such ghastly sights); to endure or sustain, (শ্রম বিপদ্ প্রভৃতি) ভোগ করিয়া বা সহিয়া টি'কিয়া থাকা; to suffer, (যন্ত্রণাদি) ভোগ করা; to pay for, (খরচাদি) নির্বাহ করা বা প্রদান করা (to *stand* the expenses of); to cause to stand, to station, দাঁড় করান, খাড়া করান, স্থির করান, স্থাপিত করা। *p.* & *p. pt.* **stood** [stood, স্টুড্]। (**3**) *n.* an act, manner, or place of standing, দণ্ডায়মান হওয়া, দাঁড়ানর ধরন বা স্থান; a taking up of a position for resistance, প্রতিরোধের জন্য উর্পযুক্ত স্থানে অবস্থিত হওয়া; resistance, প্রতিরোধ; a standstill, অচলাবস্থা, স্থিতাবস্থা, নিশ্চল বা নিষ্ক্রিয় অবস্থা; a stoppage, থামার স্থান (bus-*stand*); a place for vehicles awaiting hire, ভাড়া হওয়ার প্রতীক্ষায় ভাড়াটে গাড়ির দাঁড়ানর স্থান (taxi-*stand*); an erection for spectators, দর্শকদের বসার বা দাঁড়ানর জন্য মঞ্চাদি; a platform, মঞ্চ; a pedestal or rack, জিনিসপত্র রাখার জন্য পীঠিকা তাক বা র‌্যাক, (পরি.) আধার; a hanger, আলনা। **grand stand**—ঘোড়-দৌড়ের মাঠে দর্শকদের জন্য সর্বোৎকৃষ্ট আসনশ্রেণী। *n.* **stand°-by**—যে বস্তুর বা ব্যক্তির উপর নির্ভর করা হয় অথবা যাহাকে বিপৎকালে আশ্রয় করা হয়। *n.* **stand°er-by°**—পার্শ্বে দণ্ডায়মান বা উপস্থিত ব্যক্তি। **stan°ding**—(**1**) *a.* সুপ্রতিষ্ঠিত; স্থাপিত; নির্ধারিত, স্থিরীকৃত; স্থায়ী; স্থির; নিশ্চল; নিষ্ক্রিয়; খাড়া; ঋজু; দণ্ডায়মান অবস্থায় কৃত। (**2**) *n.* দণ্ডায়মান হওয়া; স্থায়িত্ব; দাঁড়ানর স্থান; পেশায় বা বিশ্ববিদ্যালয়ে বা সমাজে প্রতিষ্ঠা (a man of high *standing*); মকদ্দমা করার অধিকার বা সামর্থ্য। **standing army**—স্থায়ী সৈন্যবাহিনী। **standing corn**—কাটা হয় নাই এরূপ শস্য বা ফসল। **standing counsel**—(পরি.) সন্নিযুক্ত ব্যবহারিক। *n.* **stan°-ding-ground**—দাঁড়ানর স্থান; ভিত্তি; যে নীতির উপরে কিছু প্রতিষ্ঠিত থাকে, মূলগত নীতি। **standing orders** or **rules**—কার্যাদি-নির্বাহের স্থায়ী নিয়মাবলী, (পরি.) স্থায়ী আদেশ। **stand°-o°ffish**—সরিয়া থাকিতে অথবা স্বতন্ত্র বা একলা থাকিতে চাহে এমন। *adv.* **stand°-o°ffishly**। *n.* **stand°-o°ff-ishness**। *n.* **standpoint** [stan(d)°-poynt, স্ট্যান্°পয়ন্ট্] দৃষ্টিভঙ্গি। *n.* **standstill** [stan(d)°-stil, স্ট্যান্°স্টিল্] পূর্ণ নিবৃত্তি; গতিরোধ; নিশ্চলতা। *n.* **stand°-to**—পূর্বাহ্ণিক সতর্কতামূলক প্যারেড্ বা যথাস্থানে অবস্থিত হওয়া। *a.* **stand°-up**—ঋজু, খাড়া; দণ্ডায়মান অবস্থায় কৃত বা গৃহীত; (সংগ্রাম-সম্বন্ধে) সাগ্রহ, মন দিয়া কৃত। **(to) make a stand**—দাঁড়াইয়া (উঠিয়া) বা থামিয়া (পড়িয়া) প্রতিরোধ করা। **(to) stand aside**—(অন্যকে পথ দিবার জন্য) এক পাশে সরিয়া দাঁড়ান; (কর্মাদি হইতে) সরিয়া দাঁড়ান, নিষ্ক্রিয় হওয়া; (প্রতিযোগিতা নির্বাচন প্রভৃতি হইতে) স্বীয় নাম প্রত্যাহার করিয়া লওয়া। **(to) stand against**—প্রতিরোধ করা, বাধা দেওয়া। **(to) stand back**—পিছনে সরিয়া যাওয়া, হঠা; (কিছু হইতে) দূরে অবস্থিত থাকা। **(to) stand by**—সমর্থন করা; অনুরক্ত থাকা; মানিয়া চলা; হাতের কাছে বা নাগালের মধ্যে থাকা; (কিছুর জন্য) প্রস্তুত থাকা। **(to) stand clear**—(পথাদি হইতে) সরিয়া যাওয়া। **(to) stand corrected**—(অপরের দ্বারা) ভ্রম-প্রমাদাদির সংশোধন মানিয়া লওয়া। **(to) stand down**—সাক্ষীর কাঠগড়া পরিত্যাগ করা; ডিউটি বা কর্মভার শেষ হওয়ায় প্রস্থান করা; প্রতিদ্বন্দ্বিতা হইতে অপসৃত হওয়া। **(to) stand fast, (to) stand firm**—অটল বা অবিচলিত থাকা। **(to) stand fire**—শত্রুপক্ষের গোলাবর্ষণের মধ্যেও অটল থাকা। **(to) stand for**—(প্রধানতঃ নির্বাচনাদিতে) প্রার্থী হওয়া; নির্বাচিত প্রতিনিধি হওয়া; (কিছুর) প্রতীক বা নিদর্শন হওয়া; (কাহাকেও বা কিছুকে) সাহায্য বা সমর্থন করা, (কাহারও) পক্ষে দাঁড়ান। **(to) stand head and shoulders above** (a person)—(কাহারও অপেক্ষা) অনেক বেশি লম্বা হওয়া বা (আল.—বুদ্ধি-বৃত্তিতে বা নীতিপালনে) অনেক বেশি উন্নত হওয়া। **(to) stand in**—ব্যয় হওয়া, কোন কিছুর জন্য উল্লিখিত দাম লাগা; ফিল্ম তৈয়ারি আরম্ভ হওয়ার পূর্বে প্রধান অভিনেতা বা অভিনেত্রীর স্থান গ্রহণ করা। **(to) stand in with**—অন্যের সহিত অংশগ্রহণ করা, অংশীদার বা সহকারী হওয়া; (কাহারও সহিত) বোঝাপড়া বা চুক্তি থাকা। **(to) stand off**—দূরে সরিয়া থাকা; ভিন্ন দিকে যাওয়া; (কাব্যে) আদে-শাদি পালন হইতে বা ঘনিষ্ঠতা অর্জন হইতে বিরত থাকা। **(to) stand on**—একই পথে চলিতে থাকা; (কোন বিষয়ে) জিদ ধরিয়া থাকা। **(to) stand on ceremony**—আদবকায়দার বিধিনিয়মের প্রতি অত্যন্ত মনোযোগী হওয়া। **(to) stand out**—অভিলম্বিত বা প্রলম্বিত হওয়া; বিশিষ্ট হওয়া; (আদে-শাদি) পালন না করা; বশ্যতা স্বীকার না করা। **(to) stand over**—মুলতবি হওয়া; (উপরওয়ালারূপে কর্মাদি) তদারক করা, অবেক্ষণ করা। **(to) stand to**—অঙ্গীকারাদি রক্ষা করা; অবিচলিতভাবে লাগিয়া থাকা; (অপ্র.) কার্যারম্ভ করা; এমনভাবে বন্দো-বস্তাদি করা যাহাতে জিতিবার বা হারিবার সম্ভাবনা থাকে (*to stand to* win or lose); আক্রমণের প্রস্তুতি হিসাবে জায়গা গ্রহণ করা। **(to) stand up**

—উঠিয়া দাঁড়ান, দাঁড়াইয়া ওঠা ; নাচের জন্য প্রস্তুত হইয়া যথাভাবে দাঁড়ান ; সজ্জিত হওয়া। **(to) stand up for**—সমর্থন করা ; পক্ষসমর্থন করা ; রক্ষা করার চেষ্টা করা। **(to) stand up to**—মুখোমুখি বা সম্মুখীন হওয়া ; পৌরুষের সহিত পূরণ প্রতিপালন বা সম্পাদন করা। **it stands to reason that**—আমি নিশ্চিত করিয়া বলিতে পারি যে। **stand one's ground**—নিজের মতে সুপ্রতিষ্ঠিত বা অটল থাকা। *n.* **stand-pipe**—জল সরবরাহের ভূগর্ভস্থ প্রধান নলের সঙ্গে সংযুক্ত খাড়া নল। [OE. *standan*—cp. Goth. *standan*, Gk. *histanai*=to place, L. *stare*=to stand]

standard [stand°-da(r)d, স্ট্যান্ড্যা(র্)ড্] (**1**) *n.* a distinctive flag, বৈশিষ্ট্যসূচক পতাকা, (পরি.) ধ্বজক ; a flag generally, পতাকা, নিশান ; an upright post, pillar or stick, খাড়া খুঁটি বা দণ্ড ; any upright stock on which rose etc. is grafted, যে ঋজু কাণ্ডের উপর গোলাপ প্রভৃতির কলম করা হয় ; an upright support for a lamp etc., বাতি প্রভৃতির ঋজু আলম্ব ; an exemplar or substance affording a unit, গোষ্ঠীর বা শ্রেণীর সাধারণ বা স্বাভাবিক আদর্শ অথবা নমুনা, প্রমাণ ; a basis of measurement, পরিমাপের ভিত্তি, মান ; a criterion, মানদণ্ড, বিচারের মাপকাঠি (by present-day *standards*) ; an established or accepted model, প্রচলিত বা গৃহীত আদর্শ অথবা নমুনা ; a grade of classification in schools, বিদ্যালয়ের পাঠক্রম বা পাঠশ্রেণী ; a definite level of excellence or adequacy required, উৎকর্ষের বা পর্যাপ্ততার নির্দিষ্ট স্তর ; proportion of weight of fine metal and alloy in gold or silver coin, স্বর্ণমুদ্রার বা রৌপ্যমুদ্রার মধ্যে খাঁটি স্বর্ণ বা রৌপ্য এবং খাদের ওজনের পরিমাণ (monetary *standard*)। (**2**) *a.* serving as a standard, নমুনাস্বরূপ, মানস্বরূপ, মানদণ্ডস্বরূপ, প্রমাণ ; conforming to a standard, নমুনানুযায়ী, মানানুযায়ী, মানদণ্ডানুযায়ী ; of enduring value, স্থায়ী, মূল্যবিশিষ্ট। *n.* **stand°ard-bearer**—পতাকাবাহী বৈজয়ন্তিক ; (আল.) বিশিষ্ট নেতা। **standard book**—যথাযথ গুণসম্পন্ন বা প্রামাণ্য পুস্তক। **standard English**—সংস্কৃতিসম্পন্ন ইংরেজী-ভাষাভাষিগণ কর্তৃক ব্যবহৃত ইংরেজী ভাষার রূপ। *v.t.* **stan°dardīze**—প্রমাণ আয়তন আকার প্রভৃতির অনুযায়ী করা বা রাখা, (পরি.) প্রমিত করা। *n.* **standardīzā°tion**। **gold standard**—মুদ্রার মূল্য-পরিমাপক স্বর্ণেরওজন, স্বর্ণমান। **standard of living**—জীবনযাত্রার মান। [OF. *estandart*]

standish [stan°-dish, স্ট্যান্°ডিশ্] *n.* (arh.) ; an inkstand, (আর্ষ.) দোয়াতদানি। [*stand*, *dish*]

standpatter [stan(d)-pa°-ta(r), স্ট্যান্প্যা°ট্যা(র্)] *n.* a politician who is for strict adherence to party platform, সর্বতোভাবে স্বদলের কার্যকলাপের সমর্থনকামী রাজনীতিবিৎ ; পরিবর্তন-বিরোধী রাজনীতিবিৎ। [*stand*, see *pat*]

stanhope [stan°-ap, স্ট্যান্°অ্যাপ্] *n.* a light carriage; একজন যাত্রীর উপযোগী হালকা ও ছাদখোলা গাড়িবিশেষ। [name of its first maker]।

stank—see **stink.**

stannary [sta°-na-ri, স্ট্যা°ন্যারি] *n.* a tin-mine, টিনের খনি ; a tin-mining district, টিনের খনিপূর্ণ অঞ্চল। *a.* **sta°nnic**—টিন-সংক্রান্ত ; টিনে গঠিত। [L. *stannum*=tin]

stanza [stan°-za, স্ট্যান্°জ্যা] *n.* a group of lines of verse forming a definite pattern, কবিতার স্তবক। [It. <L. *stare*=to stand]

staple₁ [stāp°l, স্টেইপ্°ল্] (**1**) *n.* a leading commodity, প্রধানতম পণ্যদ্রব্য ; main element, (খাদ্য পাঠ বা আলাপের) প্রধান উৎপাদন বা বিষয়বস্তু (high price of consumer goods formed the *staple* of their conversation) ; raw material, কাঁচা মাল ; textile fibre, or its quality, বস্ত্রাদির সুতা বা উহার উৎকর্ষ। (**2**) *a.* forming a staple, প্রধান পণ্যদ্রব্যস্বরূপ বা উপাদানস্বরূপ ; leading, main, প্রধানতম, মুখ্য (rice is the *staple* food in eastern and southern India)। *a.* **long-sta°ple**—(কার্পাস প্রভৃতি সম্পর্কে) লম্বা আঁশযুক্ত। *a.* **short-sta°ple**—খাট আঁশযুক্ত। [OE. *estaple*]

staple₂ [stāp°l, স্টেইপ্°ল্] *n.* a bent rod or wire for driving into a wall, post, etc., (কিছুকে) ফুঁড়িয়া বাঁধার জন্য লৌহদণ্ড বা তার, আলতরাপ। *n.* **stāp°ling-machine**—তার ফুঁড়িয়া কাগজ বাঁধার যন্ত্র। *n.* **stāp°ler**—তার ফুঁড়িয়া কাগজ বাঁধার জন্য হস্তচালিত কলবিশেষ। [OE. *stapol*]

star [stŭ(r), স্টা(র্)] (**1**) *n.* a celestial body appearing as a luminous point, নক্ষত্র, তারকা, তারা ; (astrol.) a planet, as a supposed influence, (জ্যোতিষ.) ভাগ্যগ্রহ ; (usu. in *pl.*) one's luck, ভাগ্য ; an object or figure with pointed rays, (সচ. পাঁচটি) সরু রশ্মিরেখাবিশিষ্ট বস্তু বা মূর্তি ; an asterisk, বৈশিষ্ট্যসূচক পদমর্যাদাসূচক বা সম্মানসূচক তারকাচিহ্ন ; a pre-eminent or exceptionally brilliant person, বিশিষ্ট বা অসাধারণ প্রতিভাবান্ ব্যক্তি (a literary *star* in the firmament of Bengali literature) ; a leading performer, প্রধান বা বিশিষ্ট কর্মী অভিনেতা খেলোয়াড় প্রভৃতি। (**2**) *v.t.* to make a star of, সম্মানাদি প্রদর্শনার্থ (কাহাকেও) তারকাচিহ্নিত করা, তারকায়িত করা ; to mark with a star, তারকাচিহ্নিত করা ; to set or adorn with stars, তারকাখচিত বা তারকাশোভিত করা। (**3**) *v.i.* to shine as a star,

তারকাবৎ দীপ্তি পাওয়া বা ঝক্‌মক্ করা ; to appear as a star actor, প্রধান অভিনেতারূপে আবির্ভূত হওয়া বা অভিনয় করা। *pr. pt.* **sta°rring** । *p. & p. pt.* **sta°rred** । *n.* **star°fish**—পঞ্চভুজ সামুদ্রিক প্রাণিবিশেষ ; তারামাছ । *n.* **star°-gā°zer**—জ্যোতিষী ; জ্যোতির্বিৎ ; যে ব্যক্তি আকাশপানে চাহিয়া আছে বা আনমনা ব্যক্তি ; স্বপ্নবিলাসী ব্যক্তি। *n.* **star°-light**—নক্ষত্রালোক । *a.* **star°lit**—নক্ষত্রালোকে উজ্জ্বল। *a.* **sta°rred**—star (*v.t.*)-এর সকল অর্থে, এবং—গ্রহদ্বারা প্রভাবিত ; তারকাকার। *a.* **sta°rry**—নক্ষত্রবহুল ; তারকাশোভিত ; তারকাময় ; নক্ষত্রজ ; নক্ষত্রবৎ উজ্জ্বল। *a.* **sta°rry-eyed**—কল্পনাশক্তিসম্পন্ন কিন্তু বাস্তবজ্ঞানবর্জিত। *n.* **sta°rriness** । *a.* **star°-shāped**—তারকাকার। **North star** or **Pole Star**—ধ্রুবতারা ; (আল.) পথনির্দেশক বা পরিচালক। **Star Chamber**—১৬৪১ খ্রিস্টাব্দে বিলুপ্ত ইংল্যান্ডের বিচারসভাবিশেষ (এখানে সাধারণতঃ রাজকীয় স্বার্থসংশ্লিষ্ট ব্যাপারের বিচার হইত এবং তাড়াতাড়ি নিয়মকানুন না দেখিয়া বিচারকার্য সমাপ্ত হইত)। **(to) see stars**—(আঘাতাদির ফলে) চোখে আলোর ফুলঝুরি দেখা, (তু.) চোখে সরষে-ফুল দেখা। **star°-spangled, star°-studded**—নক্ষত্রখচিত। [OE. *steorra*—cp. G. *stern*, L. *stella*, Gk. *aster*, Sans. *tārakā*]

starboard [stŭ(r)°-ba(r)d, স্টা(র্)°ব্যা(র্)ড্] *n.* the right side of a ship from the point of view of a person facing forward, পোতোপরি সম্মুখদিকে মুখ করিয়া দণ্ডায়মান ব্যক্তির দক্ষিণভাগস্থ পোতাংশ (cp. **larboard**)। [OE. *steorbord* < *steor* = steering, *bord* = side of a ship]

starch [stŭ(r)ch, স্টা(র্)চ্] (**1**) *n.* the principal reserve food-material in plants etc., শ্বেতসার ; juice extracted from plants etc., by boiling, মাড় ; stiffness, কাঠিন্য, অনমনীয়তা ; formality, নিয়মনিষ্ঠা। (**2**) *v.t.* to stiffen with starch, মাড় দিয়া শক্ত করা। *p. & p. pt.* **star°ched** । **starched manner**—(আল.) দৃঢ় বা অনমনীয় আচরণ। *a.* **star°chy**—শ্বেতসারের বা মাড়ের ন্যায় ; কঠিন, অনমনীয় ; যথাযথ ও বাহুল্যবর্জিত। *n.* **star°chiness** । **starchy food**—শালিজ খাদ্য। [OE. *stercan* = to stiffen—cp. G. *starke* = starch]

stare [stā(r), স্টেয়্যা(র্)] (**1**) *v.i.* to look with a fixed gaze, (চক্ষু বিস্ফারিত করিয়া) স্থিরদৃষ্টিতে তাকান ; to look glaringly, জ্বলন্তদৃষ্টিতে তাকান ; to glare, চোখ ধাঁধান আলো বিকীর্ণ করা ; to be unpleasantly conspicuous, অপ্রীতিকররকম লক্ষণীয় বা বিশিষ্ট হওয়া ; to look, তাকান, চাওয়া। (**2**) *v.t.* to reduce (person) to specified condition by staring, স্থিরদৃষ্টিতে বা জ্বলন্তদৃষ্টিতে তাকাইয়া পরিণত করান (to *stare* a person to death)। (**3**) *n.* a fixed or glaring gaze, স্থিরদৃষ্টি বা জ্বলন্তদৃষ্টি। *adv.* **stā°ringly** । **(to) make one stare**—বিস্ময়ে মুখ হাঁ করান, বিস্ময়াভিভূত করা। **(to) stare in the face**—মুখের দিকে একদৃষ্টে তাকাইয়া থাকা ; স্পষ্ট বা আসন্ন হওয়া। *a.* **staring**—(রং প্রভৃতি সম্বন্ধে) অতি উজ্জ্বল অথবা চোখে পড়ে এমন। **stark staring mad**—পূর্ণ উন্মাদ, বদ্ধ পাগল। [OE. *starien* (*v.*)]

stark [stŭ(r)k, স্টা(র্)ক্] (**1**) *a.* stiff, কঠিন, অনমনীয় ; unyielding, অদম্য ; sheer, out-and-out, সম্পূর্ণ, ডাহা, পুরাদস্তুর। (**2**) *adv.* utterly, সম্পূর্ণভাবে, পুরাদস্তুরভাবে। *adv.* **stark°ly** । *n.* **stark°ness** । [OE. *steare* (*a.*)—cp. ON. *sterkr*]

stark-naked [stŭ(r)k°-nā°-kid, স্টা(র্)ক্°নেই°-কিড্] *a.* utterly naked, সম্পূর্ণ নগ্ন ; quite bare, সম্পূর্ণ অনাবৃত বা নিরাবরণ বা বিবস্ত্র। [ME. *stert-naked* < OE. *steort* = tail, *nacod* = naked—influenced by *stark*]

starling [stŭ(r)°-ling, স্টা(র্)°লিং] *n.* a kind of bird, ধ্বনি নকল করিতে ও চুরি করিতে দক্ষ পক্ষিবিশেষ। [OE. *stærling*]

start [stŭ(r)t, স্টা(র্)ট্] (**1**) *v.t.i.* to shoot, dart, or move suddenly forth or out, হঠাৎ সবেগে নিক্ষিপ্ত হওয়া বা নিক্ষেপ করা কিংবা ছুটিয়া যাওয়া বা ছোড়া কিংবা নড়া বা নড়ান কিংবা চলা বা চালান ; to spring open or loose, or cause to do so, ফট্ করিয়া খুলিয়া যাওয়া বা খুলিয়া ফেলা অথবা আলগা হওয়া বা আলগা করা ; to begin, আরম্ভ হওয়া বা করা ; to begin to move, চলিতে আরম্ভ করা বা করান ; to set forth on a journey, race or career, ভ্রমণ বা ধাবন (-প্রতিযোগিতা) বা জীবনযাত্রা আরম্ভ করা অথবা করান ; to startle, চমকাইয়া ওঠা বা তোলা। (**2**) *v.i.* to spring up or forward, লাফাইয়া ওঠা বা লাফাইয়া যাওয়া ; to break away, বন্ধনাদি খুলিয়া পলাইয়া বা ছুটিয়া যাওয়া। (**3**) *v.t.* to set up, স্থাপন করা, চালু করা (to *start* a school) ; to drive from lair or hiding-place, গুহা বা গুপ্ত আশ্রয় হইতে (পশু প্রভৃতিকে) খেদান। (**4**) *n.* a sudden movement, আকস্মিক নড়নচড়ন বা আন্দোলন বা গতি ; a sudden movement of surprise, চমক, চমকিত হওয়া ; a beginning of movement, (ভ্রমণ ধাবন ধাবন-প্রতিযোগিতা জীবনযাত্রা প্রভৃতির) যাত্রারম্ভ (the *start* of a race) ; a beginning, আরম্ভ (from *start* to finish) ; a help in (or opportunity of) beginning, আরম্ভ করিতে সাহায্য বা আরম্ভ করার সুযোগ। *n.* **star°ter**—start (*v.*)-এর সকল অর্থে, এবং—যে ব্যক্তি বা প্রাণী ধাবন-প্রতিযোগিতায় ধাবন আরম্ভ করে (a good *starter*) ; যে ব্যক্তি ধাবন-প্রতিযোগিতা আরম্ভ করার সঙ্কেত বা নির্দেশ দেয়, স্টার্টার ; যে অংশের সাহায্যে সমগ্র যন্ত্রটি চালাইতে আরম্ভ করা হয় (the *starter*

For words in *star-*, not given separately, see **star.**

of a motor-car) । *adv.* **star°tingly**—(কাব্যে) চমকাইয়া উঠিয়া । *n.* **star°ting-point**—আরম্ভ-স্থল ; যাত্রারম্ভের স্থল । *n.* **star°ting-pōst**—যে খুঁটি সীমানা স্থান প্রভৃতি হইতে ধাবন-প্রতিযোগিতা আরম্ভ হয় । *n. pl.* **star°ting-prīcės**—ঘোড়দৌড় আরম্ভ হওয়ার পূর্বমুহূর্তে ঘোড়াগুলির যে যে দর থাকে । **(to) start in**—(কার্যাদি) আরম্ভ করা । **(to) start off**—চলিতে আরম্ভ করা । **(to) start out**—কোন উদ্দেশ্যসাধনে সচেষ্ট হওয়া (to *start out* to paint a picture) । **for a start** (coll.), —(কথ্য) সূচনায়, প্রথমতঃ । **(to) start with**—প্রথমতঃ, গোড়ায় । **(to) start up**—হঠাৎ ওঠা বা উদিত হওয়া ; হঠাৎ লক্ষ্যগোচর হওয়া বা অস্তিত্বলাভ করা ; চালান আরম্ভ করা । [ME. *sterten*—cp. Du. *storten*=to plunge]

startle [stŭ(r)t°l, স্টা(র্)ট্°ল্] *v.t.* to start with surprise or sudden alarm, আকস্মিক বিস্ময়ে বা ভয়ে চমকাইয়া তোলা । *n.* **start°ler**—যে বা যাহা চমকাইয়া তোলে । *a.* **start°ling**—চমকপ্রদ । [OE. *steartlian*=to stumble]

starve [stŭ(r)v, স্টা(র্)ভ্] (1) *v.i.t.* to die, or cause to die, of hunger, ক্ষুধায় মরা বা মারা ; to suffer, or afflict with extreme hunger, যৎপরোনাস্তি ক্ষুৎপীড়িত হওয়া বা করা । (2) *v.t.* to deprive of food, খাইতে না দেওয়া, অনশনে রাখা ; to force or cure by depriving of food, খাইতে না দিয়া বাধ্য করান বা আরোগ্য করা ; to deprive of, (প্রয়োজনীয় কিছু হইতে) বঞ্চিত করা । *n.* **starvā°tion** । *n.* **starve°ling**—কৃশ বুভুক্ষু বা দুর্বল ব্যক্তি প্রাণী অথবা বৃক্ষ । **(to) starve for**—(আল.) আকাঙ্ক্ষা করা (to *starve for* affection, knowledge, sympathy, etc.) ; তীব্র প্রয়োজন বোধ করা । [OE. *steorfan*=to die—cp. Du. *sterven*]

stash [stash, স্ট্যাশ্] (1) *v.t.* (sl.) to conceal, (অশি.) লুকাইয়া রাখা । (2) *n.* hiding place, লুকাইবার স্থান ; the hidden thing, লুক্কায়িত বস্তু । [?]

stasis [stā°-sis, স্টেই°সিস্] *n.* (med.) stoppage or stagnation of circulation of blood or any of the fluids of the body, (চিকি.) দেহের রক্তসংবহন বা অন্যান্য তরল পদার্থের গতিরোধ বা নিশ্চলতা । [Gk.]

state [stāt, স্টেইট্] (1) *n.* condition, অবস্থা, হাল (in a bad *state* of repair, in a poor *state* of health, in a dirty *state*, etc.) ; circumstances, হালচাল, পারিপার্শ্বিক অবস্থা ; a phase or stage, বিশেষ অবস্থা, দশা ; status, মর্যাদার ক্রম ; station in life, জীবৎকালীন পদ বা অবস্থা ; high station, উচ্চ পদ ; pomp, ceremonial dignity, জাঁকজমক, আনুষ্ঠানিক বা সাড়ম্বর মর্যাদা (a royal visit in *state*) ; a civil community having its own government or law, রাষ্ট্র, সরকার ; the territory occupied by such a community, রাজ্য । (2) *v.t.* to set forth, বিবৃত করা (to *state* one's opinion) ; to set down fully and formally, বিধিসম্মতভাবে সম্পূর্ণ বর্ণনা করা ; to assert or affirm, সত্য বলিয়া ঘোষণা করা বা দৃঢ়ভাবে বলা, এজাহার দেওয়া । *p. & p. pt.* **stā°tėd** । *n.* **stāte°craft**—রাষ্ট্রশাসনকার্য । *a.* **stāte°lėss**—জাতিহীন ; স্বদেশহীন (the *stateless* Jew) ; আড়ম্বরহীন ; সরকারহীন ; শাসনহীন, নৈরাজ্যিক (*stateless* society) । *n.* **stāte°-pā-per**—রাষ্ট্রশাসন-সংক্রান্ত সরকারি কাগজ । *n.* **state-prisoner**—রাজবন্দী । *n.* **stāte°-reli°gion**—সরকারী স্বীকৃতিপ্রাপ্ত ধর্ম । *n.* **Stātes°-Ge°neral**—অভিজাতবর্গ যাজকবর্গ ও জোতদারবর্গের প্রতিনিধিগণকে লইয়া গঠিত ফরাসী রাজ্যের ব্যবস্থাপরিষৎ ; ওলন্দাজ ব্যবস্থাপরিষৎ । **(to) lie in state**—সমাধিস্থ করার পূর্বে সাধারণের দর্শনের জন্য মৃতদেহ প্রকাশ্য স্থানে রাখা । [L. *status*<*statum*=to stand]

stately [stāt°-li, স্টেইট্°লি] *a.* showing great state, অতিশয় জাঁকাল বা মর্যাদাপূর্ণ ; majestic, মহিমান্বিত ; highly impressive, মনের উপরে গভীর ছাপ দেয় এমন । *n.* **stāte°linėss** । [see *state*]

statement [stāt°-mant, স্টেইট্°ম্যান্ট্] *n.* the act of stating, বিবৃত-করণ, বিবৃতিদান, আনুপূর্বিক বর্ণন, সত্য বলিয়া ঘোষণা বা দৃঢ়রূপে কথন, এজাহার-দান ; that which is stated, বিবৃতি, আনুপূর্বিক বর্ণনা, সত্য বলিয়া ঘোষিত বিষয় বা দৃঢ় উক্তি, এজাহার । [see *state*]

statesman [stāts°-man, স্টেইট্স্°ম্যান্] *n.* one skilled in government, রাষ্ট্রশাসনকার্যে দক্ষ ব্যক্তি, কূটনীতিজ্ঞ ব্যক্তি । *a.* **stātes°manlike, stātes°manly**—উক্ত ব্যক্তিসুলভ বা উক্ত দক্ষতাপূর্ণ । *n.* **stātes°manship** । [*state, man*]

static [sta°-tik, স্ট্যা°টিক্] *a.* of statics, স্থিতিবিদ্যা-সংক্রান্ত, (পরি.) স্থৈতিক, স্থিতীয় ; stationary, স্থির, নিশ্চল ; of equilibrium, ভারসাম্য-সংক্রান্ত । *adv.* **sta°tically** । *n. pl.* (treated as *sing.*) **sta°tics**—স্থিতিবিদ্যা । [Gk. *statike*=bringing to a standstill]

station [stā°sh(a)n, স্টেই°শ্‌ন্] (1) *n.* a standing still, স্থিরভাবে দণ্ডায়মান হওয়া বা অবস্থান ; position, অবস্থানস্থল ; a standing place, দাঁড়ানর স্থান ; a fixed stopping-place, (প্রধানতঃ রেলগাড়ির) থামার জন্য নির্দিষ্ট স্থান, স্টেশন ; a local office or headquarters, স্থানীয় দফ্‌তর বা কেন্দ্রী কার্যালয় ; a habitat, স্বাভাবিক আবাস বা বিচরণস্থল ; an assigned place or post, নির্দেশিত স্থান বা পদ ; (in India) a place where officials and officers are for the time posted, (ভারতে) সরকারি কর্মচারী প্রভৃতির কোন সময়কার কর্মস্থান ;

position in life, পদমর্যাদা, প্রতিষ্ঠা ; a place or region, স্থান বা অঞ্চল (a health *station*)। (2) *v.t.* to assign a station to, (যথা-) স্থান নির্দেশ করিয়া দেওয়া ; to set, স্থাপন করা ; to appoint to a post, place, or office, পদাদিতে নিযুক্ত করা। *a.* **stā°tionary**—স্থির, নিশ্চল, অনড় ; নির্দিষ্ট ; অপরিবর্তনীয় ; স্থায়িভাবে অবস্থিত বা স্থিরী-কৃত। *n.* **stā°tionariness**। *n.* **stā°tion-master**—রেলস্টেশনের কর্তা, স্টেশন মাস্টার। *n.* **stā°tion-wagon**—(প্রধানতঃ কৃষকের বেদের বা সামরিক) মালপত্র বহনার্থ (মোটর) গাড়িবিশেষ। [L. *statio* < *stare* = to stand]

stationer [stā°sh(a)-na(r), স্টেই°শ্‌ন্যা(র্)] *n.* a dealer in writing-materials and the like, লেখার জিনিসপত্র ও তৎসংশ্লিষ্ট দ্রব্যাদির বিক্রেতা। **stā°tionery**—(1) *a.* উক্ত বিক্রেতা-সংক্রান্ত। (2) *n.* উক্ত বিক্রেতার পণ্য, স্টেশনারী মাল। **Stationery Office**—সরকারি অফিসসমূহে খাতাপত্র লেখার সরঞ্জাম প্রভৃতি সরবরাহ করার এবং সরকারি কাগজ-পত্র ছাপানর ও প্রকাশ করার অফিস। [L. *stationarius* = a shopkeeper]

statist [stā°-tist, স্টেই°টিস্‌ট্] *n.* a statistician, পরিসংখ্যানবিৎ, পরিসংখ্যায়ক। *a.* **sta°tistic(al)**—পরিসংখ্যান-সংক্রান্ত ; পরিসাংখ্যিক। *adv.* **sta°tis°tically**। *n.* **statistician** [sta-tis-ti°-sh(a)n, স্ট্যাটিস্‌°টিশ্‌ন্] পরিসংখ্যানবিৎ, (পরি.) পরিসংখ্যায়ক। *n. pl.* (treated as *sing.*) **statis°tics**—পরিসংখ্যান, পরিসংখ্যানবিদ্যা। [It. *statista*, G. *statistik* < L. *status* = state]

statue [sta°-tū, স্ট্যা°টিউ] *n.* a sculptured human or animal figure, খোদাই-করা প্রতিমূর্তি, শিলারূপ। **sta°tūary**—(1) *a.* ভাস্কর্য-সংক্রান্ত ; খোদাই-করা : খোদাই-করা প্রতিমূর্তিতুল্য, শিলারূপী। (2) *n.* শিলারূপ ; ভাস্কর্যশিল্প ; ভাস্কর। *a.* **statuesque** [sta-tū°esk°, স্ট্যাটিউএস্‌ক্°] শিলামূর্তিবৎ (সুন্দর ও মহিমাব্যঞ্জক), শিলারূপী। *n.* **statuette** [statū-et°, স্ট্যাটিউএট্°] ক্ষুদ্র শিলারূপ। [L. *statua*]

stature [sta°-cha(r), স্ট্যা°চ্যা(র্)] *n.* body height, দৈহিক উচ্চতা ; (*fig.*) mental or moral quality, (আল.) মানসিক বা নৈতিক গুণ। [L. *statura*]

status [stā°-tas, স্টেই°ট্যাস্] *n.* state, condition, অবস্থা, হাল ; standing, প্রতিষ্ঠা, পদমর্যাদা। **status quo (ante)**—অপরিবর্তিত বা বর্তমান অবস্থা। **status symbol**—প্রতিষ্ঠা বা পদমর্যাদার চিহ্ন বা প্রতীক। [L.]

statute [sta°-tūt, স্ট্যা°টিউট্] *n.* a legislative enactment, ব্যবস্থাপরিষৎ কর্তৃক বিধিবদ্ধ আইন, (পরি.) সংবিধি ; a permanent ordinance made by a corporation, সঙ্ঘের বা উহার প্রতিষ্ঠাতার স্থায়ী নির্দেশ বা নিয়ম। *a.* **sta°tūtable**—সংবিধি-অনুযায়ী ; সংবিধিতে নির্দেশিত বা সংবিধিতে স্বীকৃত। *adv.* **sta°tūtably**। *a.* **statutory** [sta°-tū-t(a)-ri, স্ট্যা°টিউট্রি] সংবিধিবদ্ধ। *adv.* **sta°tūtorily**। *n.* **statute-law**—আইনসভা কর্তৃক বিধিবদ্ধ লিখিত আইন (প্রচলিত অলিখিত আইন হইতে ভিন্ন)। [L. *statutum* = that which is set up]

staunch [stawnsh, স্টান্‌শ্] *a.* (of ship, joint, etc.) water-tight, air-tight, (জাহাজ, সংযোগস্থল প্রভৃতি সম্পর্কে) জলরোধক, বায়ুরোধী ; firm in principle, pursuit or support, নীতি বৃত্তি বা সমর্থনে একনিষ্ঠ ; trusty, zealous, বিশ্বস্ত গোঁড়া (a *staunch* supporter)। *adv.* **staunch°ly**। *n.* **staunch°ness**। [OF. *estanche*]

stave [stāv, স্টেইভ্] (1) *n.* one of the pieces of which a cask or tub is made, যে-সমস্ত কাষ্ঠখণ্ডদ্বারা পিপা বা টাব তৈয়ারি হয় তাহাদের যে কোনটি ; (*mus.*) a staff, (সঙ্গীতে) বাদ্যযন্ত্রের সুরের পরদার চাবি ; a stanza of a song, গানের স্তবক। (2) *v.t.* to break a stave or staves of, (পিপা-দির) কাষ্ঠদণ্ড ভাঙ্গিয়া ফেলা ; to break, ভাঙ্গা ; to ward off, প্রতিহত করা বা ঠেকাইয়া রাখা ; (to *stave* off bankruptcy, danger, etc.) ; to repair with staves, কাষ্ঠদণ্ডদ্বারা (পিপাদি) মেরা-মত করা। [< *staff*]

staves—*pl.* of **staff** and **stave.**

stay [stā, স্টেই] (1) *n.* a rope supporting a mast, মাস্তুল বাঁধার দড়ি (cp. **mainstay**) ; a support or prop, ঠেকনো, আলম্ব ; a stopping, নিশ্চল করা বা হওয়া, বিরতি, নিবৃত্তি ; a suspension of legal proceeding, মকদ্দমার মুলতবি অবস্থা ; delay, বিলম্ব ; a sojourn, কোন স্থানে সাময়িকভাবে বাস ; duration, স্থায়িত্বের কালমাত্রা (he made a long *stay* in Calcutta) ; stamina, কর্মাদিতে লিপ্ত থাকার ক্ষমতা, দম ; (*pl.*) corset, (স্ত্রীলোকের) অন্তর্বাসবিশেষ, আঙ্গিয়া, কাঁচুলি। (2) *v.t.* to support with a stay, মাস্তুল বাঁধা দড়ি বা ঠেক্‌নো দিয়া ঠেস দেওয়ান ; to support, ঠেক্‌নো দেওয়া ; to endure, সহ্য করা ; to hold, or check, ধরিয়া বা থামাইয়া রাখা, বাধা দেওয়া ; to allay, প্রশমিত করা। (3) *v.t.i* to abide or remain, থাকান বা থাকা ; to stop, থামান বা থামা ; to postpone or tarry, মুলতবি বা বিলম্বিত করান অথবা বিলম্ব করা। (4) *v.i.* to wait, অপেক্ষা করা (*stay* here till I return) ; to sojourn, সাময়িকভাবে বাস করা ; to hold out or endure, সহিয়া বা টিকিয়া থাকা। **stay°-at-home**—(1) *a.* ঘরকুনো ; দেশ ভ্রমণ করে নাই এমন। (2) *n.* ঐরূপ লোক। **stay°-down strike**—যে খনি-ধর্মঘটে শ্রমিকেরা খনির অভ্যন্তর ত্যাগ করে না। *n.* **stay°er**—যে বা যাহা থাকে বাস করে টিকিয়া থাকে থামে থামায় ঠেকনোস্বরূপ হয় প্রভৃতি ; ধাবন প্রতি-যোগিতায় দক্ষতাপ্রকাশক ব্যক্তি বা অশ্বাদি পশু। **stay°-in strike**—যে ধর্মঘটে কর্মীরা কর্মস্থল ত্যাগ করে না। *n.* **stay°ing-power**—কর্মাদি চালাইয়া যাওয়ার ক্ষমতা, দম ; টিকিয়া থাকার সামর্থ্য। **(to) come to stay**—স্থায়ী বা প্রতিষ্ঠিত হওয়া। **stay**

of execution—আদালতের রায় অবিলম্বে কার্যকর না করিয়া স্থগিত রাখা। **(to) stay out**—কার্যাদি শেষ হওয়ার পরেও থাকা ; শেষ পর্যন্ত থাকা। **(to) stay put**—(কথ্য.) যেমন আছে তেমন থাকা। **(to) stay the course**—দৌড় প্রতিযোগিতা শেষ পর্যন্ত চালাইয়া যাওয়া ; (আল.) সংগ্রাম চালাইয়া যাওয়া। [partly OE. *stæg*=stay of the mast, OF. *estayer*=to prop<L. *stare*=stand]

stead [sted, স্টেড্] *n.* a place, স্থান : service, advantage, উপকার, সেবা, সুবিধা। *a.* **stead°fast**—দৃঢ়ভাবে স্থাপিত বা প্রতিষ্ঠিত ; দৃঢ়, অটল, অবিচলিত ; অদম্য। *adv.* **stead°fastly**। *n.* **stead°fastness**। **stea°dy**—(1) *a.* দৃঢ়ভাবে স্থাপিত বা প্রতিষ্ঠিত ; স্থির ; স্থায়ী ; অবিচলিত ; অটল ; নিয়মিত ; নিয়ত, একরূপ। (2) *v.t.* দৃঢ় সুপ্রতিষ্ঠিত স্থির স্থায়ী অবিচলিত নিয়মিত বা একরূপ করা। *adv.* **stea°dily**। *n.* **stea°diness**। *a.* **stea°dy-gŏing**—অটল বা অপরিবর্তনীয় স্বভাববিশিষ্ট ; স্থিরভাবে কর্মশীল। **(to) stand one in good stead**—কাহারও কাজে আসা বা উপকার করা। **in a person's stead**—কাহারও জায়গায় বা পরিবর্তে। [OE. *stede*=place, *stedefast*= =cp. G. *statt*]

steak [stāk, স্টেইক্] *n.* a slice of meat or fish, মাংসের বা মাছের ফালি। [ON. *steik*]

steal [stēl, স্টীল্] (1) *v.t.* to take by theft, চুরি করিয়া লওয়া, অপহরণ করা ; to take, gain or win unexpectedly, or furtively. অপ্রত্যাশিতভাবে বা গোপনে বা অলক্ষিতে গ্রহণ করা লাভ করা বা অর্জন করা। (2) *v.i.* to practise theft, চুরি করা ; to move quietly, gradually or surreptitiously, শান্তভাবে বা ক্রমে ক্রমে বা গোপনে বা অলক্ষিতে চলা। *p.* **stōle**। *p. pt.* **stō°len**। *n.* **stea°ler**। **stea°ling**—(1) *n.* চৌর্য। (2) *a.* চৌর্যপরায়ণ। **(to) steal a march on some one**—কাহারও পূর্বে কিছু করিয়া ফেলিয়া সুবিধা করিয়া লওয়া। [OE. *stelan*—cp. Du. *stelen*]

stealth [stelth, স্টেল্থ্] *n.* (poet.) a theft, চৌর্য ; secrecy, গোপনতা ; secret procedure, গুপ্ত প্রণালী। *a.* **steal°thy**—গোপনতাপূর্ণ ; গোপনে কৃত। *adv.* **steal°thily**। *n.* **steal°thinėss**। **by stealth**—গোপনে ; নিঃশব্দে। [<*steal*]

steam [stēm, স্টীম্] (1) *n.* water in the form of gas or vapour, বাষ্প, ধোঁয়া ; steam-power, বাষ্পশক্তি ; (fig.) energy, (আল.) কর্মশক্তি। (2) *v.i.* to rise or pass off in steam, বাষ্প বা ধোঁয়া হইয়া ওঠা অথবা উবিয়া যাওয়া ; to emit or generate steam, বাষ্প বা ধোঁয়া নির্গত করা অথবা সৃষ্টি করা ; to move by steam, বাষ্পশক্তিদ্বারা চালিত হওয়া। (3) *v.t.* to exhale, নিঃশ্বাসের সহিত বাহির করিয়া দেওয়া ; to expose to steam, বাষ্পমধ্যে বা ধূম্রমধ্যে রাখা ; বাষ্পস্নান করান ; to cook by steam, ভাপে রাঁধা। *n.* **steam°-boat, steam°-ship, steam°-vessel**—বাষ্পশক্তিবলে চালিত নৌকা বা জাহাজ, বাষ্পীয় পোত। *n.* **steam°-boil°er**—বাষ্পোৎপাদনার্থ (নলাকার) চুল্লিবিশেষ। **steam-brake (hammer, whistle** etc.)—বাষ্পচালিত গতিরোধক যন্ত্র, বাঁশি, ইত্যাদি। *n.* **steam°-coal**—বাষ্পোৎপাদনের উপযোগী কয়লা। *a.* **steam°-dri°ven**—বাষ্পশক্তিবলে চালিত, বাষ্পচালিত। *n.* **steam°-engine**—বাষ্পচালিত এনজিন্। *n.* **stea°mer**—বাষ্পোৎপাদক ; বাষ্পোৎপাদক যন্ত্র ; বাষ্পীয় পোত, স্টীমার্ ; বাষ্পীয় শকট। **steam°-heat°**—(1) *n.* বাষ্প সৃজনপূর্বক প্রাপ্ত তাপ। (2) *v.t.* বাষ্প সৃজনপূর্বক (অট্টালিকাদি) উষ্ণ করা। *n.* **steam°-navigā°tion**—বাষ্পশক্তিবলে পোতচালনা। *n.* **steam°-power**—বাষ্পশক্তি। *n.* **steam°-roller**—রাস্তা মসৃণ করার জন্য বড় ভারি গোল চাকাওয়ালা এনজিন্‌বিশেষ। *n.* **steam°-ship**—বাষ্পচালিত জাহাজ। *a.* **stea°my**—বাষ্পসংক্রান্ত ; বাষ্পবৎ ; বাষ্পপূর্ণ ; বাষ্পাবৃত বা ধূম্রাবৃত ; বাষ্পনিঃসারক বা ধূম্র-নিঃসারক। *adv.* **stea°mily**। *n.* **stea°minėss**। **under one's own steam**—স্বীয় প্রচেষ্টায় অর্থাৎ অন্যের সাহায্য ব্যতিরেকে। [AS.—cp. Du. *stoom*]

steed [stēd, স্টীড্] *n.* a horse, (প্রধানতঃ তেজী) ঘোড়া। [OE. *steda*=stud-horse—cp. G. *stute*=stud-mare]

steel [stēl, স্টীল্] (1) *n.* iron containing a little carbon, ইস্পাত, তিহা ; a cutting tool or weapon, an instrument or any object, made of steel, ইস্পাতনির্মিত ছুরি ছোরা তরবারি যন্ত্র বা অন্য বস্তু (যেমন, শান দেওয়ার তিহা, কাঁচুলি আঁটার জন্য ইস্পাতখণ্ড) ; (fig.) extreme hardness or stamina, (আল.) যৎপরোনাস্তি কাঠিন্য, কাজে লাগিয়া থাকার শক্তি, দম। (2) *a.* of, or made of steel, ইস্পাত-সংক্রান্ত বা ইস্পাতে নির্মিত ; (hard or blue) like steel, ইস্পাততুল্য (কঠিন বা নীলাভ ধূসরবর্ণ)। (3) *v.t.* to cover with steel, ইস্পাত দিয়া মোড়া ; to harden, কঠিন করা। *a. & n.* **steel°-blue°**—ইস্পাতের ন্যায় নীল। *a.* **steel°-clad**—ইস্পাতনির্মিত বর্মপরিহিত। *n.* **steel°-plāte**—ইস্পাত-ফলক ; নক্‌শাদি-অঙ্কনে ব্যবহৃত ইস্পাত-ফলক বা উক্ত নক্‌শার ছাপ। *a.* **steel°-plā°tėd**—ইস্পাত-ফলকে আবৃত। *n.* **steel°-wool**—ইস্পাতের চাঁছিয়া-ফেলা পাতলা বা সরু ফালি বা উল্ (মাজাঘষার কাজে ব্যবহৃত হয়)। *n.* **steel°-work**—ইস্পাতদ্বারা জিনিসপত্র নির্মাণ ; (usu. in *pl.*) ইস্পাতের কারখানা। *a.* **stee°ly**—ইস্পাত-সংক্রান্ত ; ইস্পাততুল্য ; ইস্পাতে গঠিত। *n.* **stee°linėss**। [OE. *style*—cp. G. *stahl*]

steelyard [stēl°-iŭ(r)d, স্টীল°ইয়্যা(র্)ড্] *n.* a kind of weighing machine, যান্ত্রিক দাঁড়িপাল্লাবিশেষ, (পরি.) তুলাদণ্ড, বিষমভুজতুলা। [<the balance of Hanseatic *Steelyard* (mistranslation of LG. *stalhof*=sample yard)]

steenbok [stēn°-bok, স্টীন্°বক্] *n.* an antelope, আফ্রিকার কৃষ্ণসারমৃগবিশেষ। [Du. = (lit.) stone buck]

steep$_1$ [stēp, স্টীপ্] (**1**) *a.* precipitous, দুরারোহভাবে ঢালু বা খাড়া হইয়া উঠিয়াছে অথবা নামিয়াছে এমন; hard to climb up, দুরারোহ; difficult, কষ্টসাধ্য; exorbitant, অত্যধিক, মাত্রাধিক। (**2**) *n.* a precipitous place, দুরারোহভাবে ঢালু বা খাড়া স্থান। *v.t.i.* **stee°pen**—অধিকতর দুরারোহভাবে ঢালু বা খাড়া করা অথবা হওয়া। *adv.* **steep°ly**। *n.* **steep°nėss**। *a.* **stee°py** (poet.)—same as **steep** (*a.*)। [OE. *steap*—cp. *stoop*]

steep$_2$ [stēp, স্টীপ্] *v.t.* to soak or wet thoroughly, (প্রধানতঃ তরল পদার্থে ডুবাইয়া) সম্পূর্ণ ভেজান; to saturate or imbue or impregnate with, ওতপ্রোতভাবে পরিপূর্ণ বা পরিব্যাপ্ত করা (*steeped* in ignorance, misery, prejudice, etc.)। *p.* & *p. pt.* **stee°pėd**। *n.* **stee°per**—যে ব্যক্তি সিক্ত করে; যে পাত্রের মধ্যে রাখিয়া ভেজান হয়। [ME. *stepen*]

steeple [stēp°l, স্টীপ্°ল্] *n.* a church or tower, (ক্রমসূক্ষ্মচূড়াবিশিষ্ট বা চূড়াহীন) গির্জা মন্দির বা বুরুজ; a spire, ক্রমসূক্ষ্ম চূড়া। *n.* **steep°le-chāse**—(মূলতঃ) কোন গির্জার চূড়া লক্ষ্য করিয়া ঘোড়দৌড়-প্রতিযোগিতা; পল্লীগ্রামের বা শস্যক্ষেত্রাদির উপর দিয়া অথবা কৃত্রিম বাধা ঠেলিয়া ঘোড়দৌড়-প্রতিযোগিতা কিংবা শুধু পায়ে ধাবন-প্রতিযোগিতা। *n.* **steep°le-jack**—বুরুজ অট্টালিকার চূড়া বা ধূম্রাদি-নির্গমনের চিম্‌নি প্রভৃতির মেরামতকারী। [OE. *stepel, stypel* < *steap* = cp. *steep*$_1$]

steer$_1$ [stē(r), স্টিয়্যা(র্)], *n.* a young ox, (প্রধানতঃ খোজা-করা) অল্পবয়স্ক বলদ। [OE. *steor*—cp. G. *stier*]

steer$_2$ [stē(r), স্টিয়্যা(র্)] (**1**) *v.t.* to direct with the helm, হাল ধরিয়া (নৌকা জাহাজ গাড়ি প্রভৃতি) চালান, হাল ধরা; to guide, পথ দেখাইয়া লইয়া যাওয়া; to rule or administer, শাসন করা বা পরিচালনা করা। (**2**) *v.i.* to direct a ship, cycle, etc., in its course, নৌকা গাড়ি প্রভৃতি চালান। *n.* **steer°age**—পোতাদির হাল ধরা; পথনির্দেশন; পরিচালনা; শাসন; নিয়ন্ত্রণ; যাত্রিবাহী জাহাজে যে অংশের ভাড়া সর্বাপেক্ষা কম। *n.* **steer°age-way**—কূল হইতে যতখানি দূরে গেলে হাল-দ্বারা পোত নিয়ন্ত্রিত করা যায়। *n.* **steer°er**—same as **steersman**। *n.* **steer°ing**—হাল-ধরণ; চালনা, পরিচালনা; শাসন; জাহাজ বা অন্য গাড়ির চালক-চাকা চালু করিতে হইলে যে হাল ঘুরাইতে হয়। **steering committee**—কি ব্যবস্থা অবলম্বিত হইবে এবং কখন অবলম্বিত হইবে তাহা স্থিরীকরণার্থ পরিচালক-সভা। *n.* **steer°ing-gear**—মোটরগাড়ি প্রভৃতির চালক অংশবিশেষ। *n.* **steer°ing-wheel**—যে চাকা ঘুরাইলে জাহাজের বা অন্য যানের হাল বা গতিবিধি নিয়ন্ত্রিত হয়। *n.* **steers°-man**—কর্ণধার, (প্রধান) মাঝি; গাড়ির চালক, পরিচালক, শাসক। **(to) steer clear of**—পরিহার করিয়া বা নাগাল ছাড়াইয়া যাওয়া। [OE. *steoran, styran* (*v.*)]

steinbock [stīn°-bok, স্টাইন্°বক্] *n.* the Alpine ibex, আল্‌প্‌স্-পর্বতের চমরী গাই। [G. = stone buck]

stele [stē°-li, স্টী°লি] *n.* an upright stone slab or tablet, খাড়াভাবে স্থাপিত প্রস্তরখণ্ড বা ফলক, (পরি.) কেন্দ্রস্তম্ভ। [Gk.]

stellar [ste°-la(r), স্টে°ল্যা(র্)] *a.* of the stars, নক্ষত্র-সম্বন্ধীয়; নাক্ষত্র (*stellar* light)। *a.* **ste°llate**—তারকাকার। [L. *stella* = a star]

stem$_1$ [stem, স্টেম্] (**1**) *n.* the main body of a tree or plant springing from the root, বৃক্ষাদির কাণ্ড; the leaf-bearing axis of a plant, বোঁটা; a slender shaft, সরু দণ্ড; the main line, or (sometimes) a branch, of a family, বংশের মূলধারা বা (কখনও কখনও) শাখা; (gr.) the base of a word to which inflexional suffixes are added, (ব্যাক.) শব্দমূল যাহার সহিত প্রকৃতি-প্রত্যয়াদি যুক্ত হয়। (**2**) *v.t.* to spring from, উৎসমুখ হইতে বাহির হওয়া। *conjug.* same as **stem**$_2$। *a.* **stem°lėss**—কাণ্ডহীন, নিষ্কাণ্ড; (পরি.) পল্‌কা। *a.* **ste°mmed**—সকাণ্ড। **from stem to stern**—জাহাজের এক প্রান্ত হইতে অন্য প্রান্ত পর্যন্ত; সম্পূর্ণভাবে; সর্বত্র; আগাগোড়া। **(to) stem from**—উদ্ভূত হওয়া। [OE. *stefn, stemn*—cp. G. *stamm*]

stem$_2$ [stem, স্টেম্] *v.t.* to stop or check, থামান বা বাধা দেওয়া (to *stem* the rot); to dam, বাঁধ দেওয়া, (স্রোত) রুদ্ধ বা অবরুদ্ধ করা। *pr. pt.* **ste°mming**। *p.* & *p. pt.* **ste°mmed**। [ON. *stemma*]

stemma [ste°-ma, স্টে°ম্যা] *n.* family tree, pedigree, বংশপরিচয়, বংশতালিকা, কুলুজি; lineal descent, বংশপর্যায়, বংশানুক্রম। *pl.* **ste°mmata**। [Gk. *stemma* = wreath]

stench [stensh, স্টেন্‌শ্] *n.* stink, দুর্গন্ধ, পুতিগন্ধ। *n.* **stench°-trap**—ভূগর্ভস্থ নর্দমার গ্যাসের নির্গমন বন্ধ করার উপায় বা ছিপিবিশেষ। [OE. *stenc* = smell—cp. G. *stank, stink*]

stencil [sten°sl, স্টেন্°স্‌ল্] (**1**) *v.t.i.* to paint or write by brushing over a perforated plate, ছিদ্রময় পাতের বা ফলকের উপর রঙ্ বুলাইয়া আঁকা অথবা লেখা; to make a perforated plate of, for the purpose of duplicating, প্রতিলিপি-গ্রহণার্থ (হস্তলিপির বা টাইপ-করা লিপির) ছিদ্রময় পাত তৈয়ারি করা। *pr. pt.* **sten°cilling**; *p.* & *p. pt.* **sten°cilled**। (**2**) *n.* the plate or the piece of waxed paper so used, উক্তভাবে অঙ্কনের বা লিখনের জন্য ছক-কাটা পাত অথবা মোম-মাখান কাগজ, স্টেনসিল (to cut a *stencil*)। [OF. *estenceler* = to spangle < L. *scintilla* = a spark]

sten gun [sten gun, স্টেন্ গান্] *n.* a small

automatic gun, বন্দুকবিশেষ ; স্টেন গান্। [*S.* and *T* initials of designers *Shepherd* and *Turpin*, *en* for England—cp. *Bren gun*]

stenography [ste-no°-gra-fi, স্টেনʼ-গ্র্যাফি] *n.* shorthand, সঙ্কেতচিহ্নের সাহায্যে দ্রুত লিপিলিখন-বিদ্যা, শর্টহ্যান্ড্। *n.* **steno°grapher**—উক্ত বিদ্যা-বিৎ, শর্টহ্যান্ড্-লেখক, (পরি.) লঘুলিপিক, (coll. **ste°no**)। *a.* **stenogra°phic(al)**—উক্ত বিদ্যাবলে লিখিত ; উক্ত বিদ্যাগত। [Gk. *stenos*=narrow, *graphein*=to write]

stenosis [sti-nō°-sis, স্টিনৌʼসিস্] *n.* (path.) narrowing of a passage in the body, (চিকি.) দেহাভ্যন্তরস্থ সংবহন-পথের সঙ্কোচন (pyloric *stenosis*)। [Gk. *stenosis*=narrowing]

stentorian [sten-taw°-ri-an, স্টেন্ট্যʼরিঅ্যান্] *a.* loud, উচ্চধ্বনিযুক্ত ; loud-voiced, উচ্চকণ্ঠস্বরযুক্ত। [Gk. *Stentor*, a very loud-voiced Greek hero]

step$_1$ [step, স্টেপ্] **(1)** *n.* a pace or footstep, পদক্ষেপ ; the manner of moving of the leg in walking, running or dancing, হণ্টন ধাবন বা নর্তনের সময়ে পদবিন্যাস ; the distance covered by one step, এক পদক্ষেপ-পরিমিত মাপ ; a footfall, পদধ্বনি ; a footprint, পদ-চিহ্ন, পদাঙ্ক ; gait, গতি ; a small space, সামান্য জায়গা ; a degree of scale, মাপনীর বা স্কেলের ডিগ্রী অর্থাৎ মাপমাত্রা ; one tread of a stair, সিঁড়ির ধাপ ; a doorstep, দরজার ধাপ, দ্বারদেশ ; a stage, upward or downward, forward or backward, in progress or downfall, উর্ধ্ব-গমন বা অধোগমন অগ্রসরণ বা পশ্চাদপসরণ উন্নতি বা অবনতির মাত্রা ; (in. *pl.*) a short ladder, ক্ষুদ্র মইবিশেষ ; ঘড়াঞ্চি ; action or measure taken, কার্যাদিসাধনের জন্য গৃহীত উপায় বা ব্যবস্থা (to take *steps* to prevent spread of malaria)। **(2)** *v.i.* to advance, retire, mount, or descend, by taking step or steps, পদক্ষেপ-সহকারে সম্মুখে বা পশ্চাতে যাওয়া অথবা আরোহণ বা অবতরণ করা ; to pace, পদক্ষেপ বা পদবিন্যাস করা ; to walk, হাঁটা ; to walk a short distance, অল্পদুর হাঁটা। **(3)** *v.t.* to perform by stepping, পদক্ষেপণপূর্বক সম্পাদন করা ; to measure by pacing, পদক্ষেপদ্বারা মাপা। *pr. pt.* **ste°pping**। *p.* & *p. pt.* **ste°pped**। *n.* **step°-dance**—পদবিন্যাসের প্রাধান্যপূর্ণ ইউরোপীয় নৃত্য-বিশেষ। *n.* **step°-dancer**—উক্ত নাচের নর্তক। *n. pl.* **step-ins**—স্ত্রীলোকের অন্তর্বাসবিশেষ। *n.* **step°-ladder**—ঘড়াঞ্চি। *n.* **stepp°er**। *n.* **ste°pping-stone**—নদ্যাদি বা কর্দমের মধ্যে উঁচু হইয়া থাকা প্রস্তরখণ্ড—ইহার উপর পা ফেলিয়া ঐ-সব স্থান পার হইতে হয় ; (আল.) ক্রমোন্নতির উপায় (a *stepping-stone* to success)। **step by step**—পায়ে-পায়ে ; ক্রমে ক্রমে। **(to) break step**—ভুল করিয়া ডান পায়ের স্থলে বাঁ পা অথবা বাঁ পায়ের স্থলে ডান পা ফেলা। **(to) mind** or **watch one's step**—সতর্ক হওয়া। **(to) step aside**—(অন্যের জন্য) জায়গা পদ প্রভৃতি ছাড়িয়া দেওয়া ; প্রসঙ্গচ্যুত হওয়া। **(to) keep step** (with)—(অন্যের সঙ্গে) তালে পা ফেলিয়া চলিতে থাকা। **(to) step in** or **into**—সহজে বা অপ্রত্যাশিতভাবে প্রবেশ করা। **(to) step off**—পদক্ষেপদ্বারা ব্যবধান বা দৈর্ঘ্য মাপা। **(to) step on it**—(অশি.) তাড়াহুড়া করিয়া বা দ্রুতপদে অগ্রসর হওয়া, লাফাইয়া অতিক্রম করা। **(to) step out**—পদক্ষেপদ্বারা ব্যবধান বা দৈর্ঘ্য মাপা ; (সারি বাড়ি ঘর প্রভৃতি হইতে) বাহির হইয়া অল্প দুর আসা ; দীর্ঘতর পদক্ষেপের ফলে গতিবেগ বাড়ান, দ্রুততর বেগে হাঁটা ; তাড়াহুড়া করা। **(to) step short**—পদ-ক্ষেপের ব্যবধান কমান। **(to) step up**—আগাইয়া আসা বা যাওয়া ; ধাপে-ধাপে গঠন করা, ধাপযুক্ত করা ; এক বা কয়েক ধাপ উঁচু করা ; ধাপে-ধাপে উঁচু করা ; বিদ্যুৎপ্রবাহের শক্তি বাড়ান ; (উৎপাদনাদির) হার বাড়ান (to *step up* production of steel)। *n.* **one-step, two-step**—নাচের নাম। **in step, out of step with**—হাঁটা, দৌড় প্রভৃতিতে অন্যের সঙ্গে তাল রাখিয়া বা তাল রাখিতে না পারিয়া পা ফেলা। **step this way**—(সৌজন্যমূলক বচনভঙ্গি) এদিকে আসুন। **step on the gas**—(কথ্য.) অ্যাক-সিলেটরে চাপ দিয়া গ্যাসের তাপ বাড়াও ; (আল.) বেগ বাড়াইয়া দাও। [OE. *steppe*—cp. Du. *step*]

step-$_2$ [step, স্টেপ্] *pfx.* indicating affinity by another marriage, বৈমাত্র বা বৈপিত্র, সৎ-, সতাত। *n.* **step°-brother**—বৈমাত্র বা বৈপিত্র ভাই, সৎভাই। *fem.* **step°-sister**। *n.* **step°-child**—সতীনের বা স্ত্রীর অন্য স্বামীর সন্তান, সৎ-সন্তান। *n.* **step°-father**—সৎবাপ, বিপিতা। *fem.* **step°-mother**—বিমাতা, সৎমা। *n.* **step°-parent**—বিমাতা বা বিপিতা। *n.* **step°-son**—সতীনের বা স্ত্রীর অন্য স্বামীর ছেলে, সৎছেলে। *fem.* **step°-daughter**। [OE. *steop* =(ori.) orphan]

stepney [step°-ni, স্টেপ্ʼনি] *n.* a spare wheel (মোটরগাড়ির সঙ্গে রাখা) বাড়তি চাকা। [the name of the street where they were made ?]

steppe [step, স্টেপ্] *n.* a dry, grassy, treeless plain, শুষ্ক ও তৃণাবৃত এবং নিষ্পাদপ প্রান্তর। [Russ. *step'*]

stereo- [ste°-ri-ō, স্টেʼরিও] *in comp.* solid, ঘন ; hard, কঠিন ; three dimensional, দৈর্ঘ্য-প্রস্থ ও বেধবিশিষ্ট, ত্রিমাত্রিক। **ste°rēō**—contr. of **stereophonic, stereoscope** and **stereotype**। *adj.* **stereo°phonic**—(দুই লাউডস্পীকার ব্যবহারকারী বেতারধ্বনি-সম্পর্কে) যাহা একাধিক দিক্ হইতে আসিতেছে ; (যন্ত্র-সম্পর্কে) যাহা এইভাবে ধ্বনি প্রচার করিবার জন্য পরিকল্পিত। *n.* **stereoscope** [ste°-ri-a-skōp, স্টেʼরিঅ্যাস্কোপ্] যে যন্ত্রদ্বারা দেখিলে ঈষৎ ব্যবধানে রক্ষিত চিত্রদ্বয়কে এক ও ঘন বলিয়া মনে হয়, (পরি.) ঘনদৃক্। *a.* **stereoscopic** [ste-ri-a-sko°-pik, স্টেরিঅ্যাস্কʼপিক্], **stereosco°pical**—

ঘনদর্শনমূলক। *n.* **stereoscopy** [ste-ri-a-ska°-pi, স্টেরিঅ্যাস্ক্যা°পি] ঘনদর্শন। **stereotype** [ste°-ri-a-tīp, স্টে°রিঅ্যাটাইপ্] (**1**) *n.* (মুদ্রণে) কম্পোজ-করা টাইপের ছাঁচ হইতে গৃহীত মুদ্রণার্থ ফলকবিশেষ। (**2**) *v.t.* (কোন লিপির) টাইপের ছাঁচ হইতে মুদ্রণফলক তৈয়ারী করা; উক্ত মুদ্রণফলক হইতে (কিছু) ছাপা। *a.* **ste°reotyped**—উক্ত মুদ্রণফলক তৈয়ারি করা হইয়াছে এমন; (আল.) অপরিবর্তনীয়, নূতনত্বহীন, বাঁধা-ধরা। [Gk. *stereos*]

sterile [ste°rīl, স্টে°রাইল্] *a.* unfruitful, নিষ্ফলা; barren, বন্ধ্যা; unproductive, ফল বা ফসল উৎপাদনে অক্ষম; sterilized, গর্ভধারণশক্তি নষ্ট করিয়া দেওয়া হইয়াছে এমন, নির্বীজিত; (fig.) destitute of ideas or results, (আল.) চিন্তা-শক্তিহীন, উদ্ভাবন-শক্তিহীন, অকার্যকর, অফলপ্রসূ। *n.* **steri°lity**। *v.t.* **ste°rilize**—নিষ্ফল করা; ফল-ধারণশক্তি বা গর্ভধারণ-শক্তি নষ্ট করিয়া দেওয়া, (পরি.) নির্বীজিত করা; to make free from micro-organisms, জীবাণুমুক্ত করা (to *sterilize* surgical instrument before operation); (আল.) অকার্যকর বা ব্যর্থ করা। *n.* **sterilizā°tion**। *n.* **ste°rilizer**—নির্বীজনকারী; যে বস্তু দিয়া নির্বীজিত করা হয়। [L. *sterilis*]

sterling [sta(r)°-ling, স্ট্যা(র্)°লিং] (**1**) *n.* British money of standard value, গ্রেট্ ব্রিটেনের অপরিবর্তনীয়রূপে নির্দিষ্ট মূল্যের (স্বর্ণ-) মুদ্রা। (**2**) *a.* of sterling, মুদ্রা-সংক্রান্ত; genuine, খাঁটি; of thoroughly good character, সম্পূর্ণ সচ্চরিত্র; of standard quality, (রৌপ্য-সম্বন্ধে) সাধারণ উৎকর্ষবিশিষ্ট, আস্লী। **sterling area**—যে-সমস্ত দেশ সঞ্চিত মূলধন গ্রেট ব্রিটেনের স্টার্লিং মুদ্রায় রাখে এবং যাহাদের মধ্যে অবাধে টাকার লেনদেন হয়। [OE. =(ori.) the English (star-shaped) silver penny]

stern₁ [sta(r)n, স্ট্যা(র্)ন্] *a.* severe, কঠোর (*stern* face, rebukes, etc.); austere, কৃচ্ছ্রপূর্ণ; unrelenting, অদম্য, অনমনীয়। *adv.* **stern°ly**। *n.* **stern°ness**। [OE. *styrne*]

stern₂ [sta(r)n, স্ট্যা(র্)ন্] *n.* the hind-part of a ship, পোতাদির পশ্চাদ্ভাগ; the rump or tail, নিতম্ব বা লেজ। *a.* **stern°most**—পোতাদির পশ্চাদ্ভাগের সর্বনিকটবর্তী। *n.* **stern°sheet**—পোতাদির পশ্চাদ্ভাগ ও দাঁড়ীর মধ্যবর্তী স্থান। *n.* **stern°-wheeler**—যে স্টীমারের চাকা (পাশে না থাকিয়া) পিছনে থাকে। [ON. *stjorn*=a steering]

sternum [sta(r)°-nam, স্ট্যা(র্)°ন্যাম্] *n.* the breast-bone, বক্ষাস্থি, (পরি.) উরঃফলক। [<L. Gk. *sternon*=chest]

stertorous [sta(r)°-ta-ras, স্ট্যা(র্)°ট্যার‌্যাস্] *a.* with snoring sound, নাসিকাগর্জনপূর্ণ। *adv.* **ster°torously**। *n.* **ster°torousness**। [L. *stertere*=to snore]

stet [stet, স্টেট্] *v.t.* to restore after marking for deletion, (লিপির শব্দাদি) বাদ দিবার বা কাটিয়া ফেলার নির্দেশ বাতিল করা। *pr. pt.* **ste°tting**। *p. & p. pt.* **ste°tted**। [L.=let it stand]

stethoscope [ste°-tha-skōp, স্টে°থ্যাস্কৌপ্] *n.* an instrument for auscultation, রোগী প্রভৃতির হৃৎস্পন্দন পরীক্ষার বা হৃদ্বীক্ষণ যন্ত্র, স্টেথিস্স্কোপ্। [Gk. *stethos*=chest, *skopeein*=to examine]

stevedore [stē°-vi-daw(r), স্টি°ভিডা(র্)] *n.* one who loads and unloads vessels, জাহাজে মাল বোঝাই করা বা জাহাজ হইতে মাল খালাস করা যাহার পেশা। [Sp. *estivador*=packer]

stew₁ [stū, স্টিউ] (**1**) *n.* an overheated or sweaty state, অত্যুত্তপ্ত বা অতি তাপপীড়িত বা ঘর্মাক্ত অবস্থা; mental agitation, মানসিক উত্তেজনা (to be in a *stew*); a dish of food boiled in some moisture, ভাপে সিদ্ধ খাদ্য (meat-*stew*, vegetable-*stew*)। (**2**) *v.t.i.* to boil with some moisture, ভাপে সিদ্ধ করা বা হওয়া; to bathe in sweat, ঘর্মাক্ত করা বা হওয়া। (**3**) *v.i.* to be in an agitated state, উত্তেজিত অবস্থায় থাকা। **(to) let a person stew in his own juice**—যে বিপদের জন্য কোন লোক নিজেই দায়ী, সেই বিপদে তাহাকে সাহায্য না করা। [OF. *estuve*=stove]

stew₂ [stū, স্টিউ] *n.* a fish-pond, মাছের পুকুর (also **stew°pond**)। [OF. *estui*]

steward [stū°-a(r)d, স্টিউ°অ্যা(র্)ড্] *n.* the manager of the domestic affairs of a family or a concern, কোন পরিবার বা প্রতিষ্ঠানের গৃহস্থালীর তত্ত্বাবধায়ক, (বাজার-) সরকার, (তু.) কঞ্চুকী; one who superintends another's affair, পরের কাজকর্ম (বিশেষতঃ জমিদারি বা খেতখামারের) তত্ত্বাবধায়ক, দেওয়ান; the manager of the provision department or attendant on passengers in a ship etc., জাহাজ রেলগাড়ি বিমানপোত প্রভৃতির খাদ্যভাণ্ডারের বা যাত্রিগণের তত্ত্বাবধায়ক; a college caterer, কলেজের (ছাত্রগণকে) খাদ্যবণ্টনকারী বা খাদ্যভাণ্ডারী; a supervisor at races, a dance, a wedding, or an entertainment, ঘোড়দৌড় নৃত্য বিবাহানুষ্ঠান বা আমোদ-প্রমোদের তত্ত্বাবধায়ক অথবা কর্মকর্তা, (পরি.) কার্যাধ্যক্ষ। *fem.* **stew°ardess**। *n.* **stew°ardship**। [OE. *stigweard*=keeper of a hall]

stichomythia [stikŏ-mi°thi-a, স্টিকোমি°থিঅ্যা], **sti°chŏmyth**—*n.* dialogue in alternate lines, নাটকাদিতে এক-এক পঙ্‌ক্তি এক-এক জন করিয়া বলে (সচ. দুইজনের) এমন সংলাপ, দ্বন্দ্ব-সংলাপ। [Gk.]

stick [stik, স্টিক্] (**1**) *v.t.* to pierce or transfix, বিদ্ধ করা; to stab, ছুরিকাবিদ্ধ করা; to spear, বর্শাবিদ্ধ করা (to *stick* a pig); to thrust, অস্ত্রাদি প্রবিষ্ট করান, ঢোকান, ভেদ করা, গাঁথা; to fasten by piercing, বিদ্ধ করিয়া আটকান; to set in position, যথাস্থানে বা স্থিরভাবে স্থাপন করা; to cause to adhere, (আঠাদি দিয়া) আঁটিয়া

দেওয়া; (to *stick* a stamp on a letter); (coll.) to endure, (কথ্য.) সহ্য করা; to bring to a standstill or nonplus, নিশ্চল বা হতভম্ব করা। (2) *v.i.* to be fixed by insertion, বিদ্ধ হওয়ার ফলে স্থির বা নিশ্চল হইয়া থাকা (the pin *stuck* in his finger); to jut, প্রলম্বিত বা অভিক্ষিপ্ত হওয়া; to adhere, (আঠাদির যোগে) আঁটিয়া থাকা; to become or remain fixed, স্থির বা নিশ্চল হওয়া অথবা থাকা; to jam, অত্যন্ত আঁটো হইয়া যাওয়া, নড়িতে বা খুলিতে না চাওয়া, আটকাইয়া যাওয়া (his feet *stick* in the mud); to fail to proceed, অগ্রসর হইতে অক্ষম হওয়া। *p.* & *p. pt.* **stuck**। (3) *n.* a rod of wood, কাঠের ছড়ি বা লাঠি, যষ্টি; anything stick-shaped, লাঠির ন্যায় আকারবিশিষ্ট বস্তু (যেমন, চকোলেট গালা সিগারেট মোমবাতি প্রভৃতি); a printer's small composing plate, (মুদ্রণে) কম্পোজ করিয়া টাইপ রাখার জন্য ক্ষুদ্র পাত্রবিশেষ, স্টিক্। *n.* **sti°cker**—যে ব্যক্তি (লৌহদণ্ডে বিঁধিয়া) শূকরাদি মারে; যে ব্যক্তি বা বস্তু বিদ্ধ করে; বল্লমাদি বিদ্ধ করার অস্ত্র; যে ব্যক্তি বা বস্তু আঁটিয়া থাকে; নাছোড়বান্দা বা অধ্যবসায়ী বা অবিচলিত ব্যক্তি; কঠিন প্রশ্ন বা সমস্যা; আঠাল বস্তু, আঠা (gum *sticker*); কোন কিছুর উপরে সাঁটিবার ছবি প্রভৃতি; ক্রিকেটে যে খেলোয়াড় আস্তে আস্তে রান করে এবং সহজে আউট হয় না। *n.* **sti°cking°-plaster**—ক্ষতবন্ধনার্থ আঠাল পটিবিশেষ। *n.* **stick-in-the-mud** [stik°-(i)ndha-mud, স্টিক্°ন্দ্যা-মাড্] সেকেলে চালচলনবিশিষ্ট বুড়ো। *a.* **stick°-on**—লেই বা অন্য কিছুর দ্বারা আঁটা, সাঁটা। *n.* **stick°-up**—গুলি করার ভয় দেখাইয়া ডাকাতি। *a.* **sti°cky**—আঠাল; আঁটিয়া থাকে এমন; নাছোড়বান্দা। *adv.* **sti°ckily**। *n.* **sti°ckiness**। **sticky end**—বিশ্রী অসুখদায়ক বা অনভিপ্রেত পরিণতি; দুর্দশা, সর্বনাশ। **(to) get hold of the wrong end of the stick**—(কোন বিষয়ে) মূলগত ভুল ধারণা করা, মূলে ভুল করা, উলটা করিয়া দেখা। **(to) stick around**—কাছাকাছি কোথাও থাকা বা অপেক্ষা করা। **(to) stick at**—নাছোড়বান্দা হইয়া (কিছুতে) আঁটিয়া থাকা। **(to) stick down**—নামাইয়া রাখা; লিখিয়া লওয়া; লেই বা অন্য কিছুর দ্বারা আঁটিয়া দেওয়া, সাঁটা। **(to) stick in**—অধ্যবসায়সহকারে (কার্যাদিতে) লাগিয়া থাকা; (বন্ধনপটি-সম্পর্কে) ক্ষতস্থানে আঁটিয়া থাকা। **(to) stick in one's throat**—(প্রস্তাবাদি সম্পর্কে) গ্রহণযোগ্য না হওয়া; (শব্দাদি সম্পর্কে) অনিচ্ছাহেতু উচ্চারণ করা দুঃসাধ্য হওয়া। **(to) stick on**—(স্থানাদিতে) অটল থাকা; লেই প্রভৃতি দিয়া আঁটা, সাঁটা। **(to) stick it on**—অত্যন্ত চড়া চার্জ বা মূল্য দাবি করা (Puri hotels *stick it on* during holidays)। **(to) stick out**—প্রলম্বিত বা অভিক্ষিপ্ত হওয়া; বহির্দিকে বাড়ান; প্রতিরোধ করিতে থাকা। **(to) stick it out**—সমগ্র কালব্যাপী বা শেষ পর্যন্ত দুঃখকষ্টাদি সহ্য করিয়া টিকিয়া থাকা। **(to) stick out for**—দাবি না মেটা পর্যন্ত হঠিতে নারাজ হওয়া। **(to) stick to**—(কার্যাদিতে) লাগিয়া থাকার জন্য অধ্যবসায় করিতে থাকা; বিশ্বস্ত বা অনুগত থাকা। **(to) stick together**—পরস্পরের প্রতি বিশ্বস্ত ও বন্ধুত্বপূর্ণ থাকা, (তু.) পরস্পর গলাগলি হয়ে থাকা। **(to) stick up**—উপরের দিকে প্রলম্বিত হওয়া; (অশি.) ডাকাতি করার উদ্দেশ্যে (কোন স্থানের) লোকজনদের আতঙ্কিত করা। **(to) stick up for**—রক্ষা করা; সমর্থন করা। **(to) stick up to**—(আক্রান্ত হইলে) প্রতিরোধ করা। [OE. *stician(v.)*, *sticca(n.)*—cp. ON. *stika*]

stickler [stik°la(r), স্টিক্°ল্যা(র্)] *n.* a pertinacious insister or contender, (প্রধানতঃ তুচ্ছ বিষয়ে) যে ব্যক্তি জিদ্ ধরে অথবা তর্কাতর্কি বা ঝগড়া করে (a *stickler* for perfection, precision etc.)। [OF. *stiptan*=to set in order]

sticky—see **stick.**

stiff [stif, স্টিফ্] *a.* hard to bend, অনমনীয়; rigid, কঠিন, শক্ত; moved or moving with difficulty, নাড়াইতে কষ্ট হয় বা কষ্টসহকারে নড়ে এমন (to have a *stiff* back, leg, neck, etc.); dead, মৃত; difficult to mould, ছাঁচে ঢালা বা গঠন করা শক্ত এমন; difficult, কষ্টসাধ্য; stubborn, দুর্দম; obstinate, একগুঁয়ে; firm, দৃঢ়; unnatural and uneasy, অস্বাভাবিক ও অস্বস্তিকর; formal or cold, (আচার-আচরণ-সম্পর্কে) বাহ্যিক নিয়মানুষ্ঠানে মনোযোগী বা আন্তরিকতাহীন (to be *stiff* with one's colleagues)। *v.t.i.* **sti°ffen**—অনমনীয় কঠিন প্রভৃতি করা বা হওয়া। *n.* **stiffening**—শক্তকরণ; যাহা শক্ত হইয়াছে বা শক্ত করে; (বাহিনীর শক্তি ও সাহস বৃদ্ধির জন্য) উত্তম সৈন্যের সম্মিশ্রণ। *n.* **stiffener**—যে কর্মী টুপি বস্ত্র প্রভৃতি শক্ত করে; যাহা শক্ত করিতে সাহায্য করে। *adv.* **stiff°ly**। *a.* **stiff°-necked**—একগুঁয়ে, জেদী। *n.* **stiff°ness**। **(to) keep a stiff upper lip**—(দুঃখকষ্ট বিপদ্ আপদেও) মুখ বুজিয়া থাকিয়া চরিত্রের দৃঢ়তা প্রকাশ করা। [OE. *stif*—cp. Du. *stiff*]

stifle [stīf°l, স্টাইফ্°ল্] *v.t.i.* to suffocate, দূষিত বাতাস বা অন্য কিছুর দ্বারা শ্বাসরুদ্ধ করা অথবা হওয়া (the smoke nearly *stifled* us)। *n.* **stif°ler**—শ্বাসরোধকারী; শ্বাস রোধ করিয়া মারার জন্য বধমঞ্চ, ফাঁসিমঞ্চ। [?]

stigma [stig°-ma, স্টিগ্°ম্যা] *n.* a brand, ছেঁকার দাগ বা ছাপ; a mark of infamy, কলঙ্কচিহ্ন; a bleeding spot, (দেহের) যে স্থান হইতে রক্ত ঝরে; the part of a carpel that receives pollen, (উদ্ভি.) গর্ভকেশরের পরাগগ্রাহী অংশ, (পরি.) গর্ভমুণ্ড; a pore, (দেহের) রন্ধ্র; (in *pl.*) the marks of Christ's wounds or marks resembling them, ক্রুশবিদ্ধ খ্রিস্টের দেহের ক্ষতচিহ্নসমূহ বা তৎসন্নিভ চিহ্নসমূহ। *pl.* **stig°mata**; (esp. bot. or fig.) **stig°mas**। *a.* **stigma°tic**—ছেঁকার দাগসংক্রান্ত বা তত্তুল্য; ছেঁকার দাগযুক্ত; কলঙ্কিত; কলঙ্কচিহ্নিত; কলঙ্ককর; (উদ্ভি.) গর্ভমুণ্ড-সংক্রান্ত বা পরাগ-

গ্রাহী। *v.t.* **stig°matize**—ছেঁকার দাগ দেওয়া; অপবাদ দেওয়া; কলঙ্কচিহ্নিত করা; কলঙ্কিত বলিয়া বর্ণনা করা বা ঘোষণা করা। *n.* **stigmatizā°tion**। [Gk.]

stile₁ [stīl, স্টাইল্] *n.* a set of steps to climb over a wall or fence, প্রাচীর বা বেড়া উল্লঙ্ঘনার্থ সোপান বা সিঁড়ি। [OE. *stigel*—cp. G. *steigen* =to mount]

stile₂ [stīl, স্টাইল্] *n.* an upright member in framing or panelling, দরজা জানালা প্রভৃতির বাজু। [Du. *stijl*=pillar, doorpost]

stiletto [sti-le°-tō, স্টিলে°টৌ] *n.* a dagger with a narrow blade, সরু ফলকযুক্ত ছোরাবিশেষ। [It.]

still₁ [stil, স্টিল্] **(1)** *a.* motionless, নিশ্চল, স্থির; inactive, নিষ্ক্রিয়; silent, নীরব; calm, quiet, শান্ত, শান্তিপূর্ণ; subdued, soft, সংযত, নম্র। **(2)** *v.t.i.* to make or become still, নিশ্চল স্থির নিষ্ক্রিয় নীরব বা শান্ত করা অথবা হওয়া। **(3)** *adv.* in a still manner or state, নিশ্চলভাবে, নিষ্ক্রিয়ভাবে, নীরবে, শান্তভাবে; (arch.) always, constantly, (আর্য.) সর্বদা, অবিরামভাবে; up to the present time or time in question, এখন বা তখন পর্যন্ত; nevertheless, তবুও, তৎসত্ত্বেও। **(4)** *n.* calm, শান্ত অবস্থা; quiet, নীরবতা; নিশ্চল বা স্থির ফটো যাহা চলচ্চিত্র হইতে গৃহীত হয়। *a.* **still°-born**—মৃতাবস্থায় জাত। *n.* **still-life**—অচেতন পদার্থের চিত্র। *n.* **still°nėss**। *a.* **sti°lly**—same as **still** (*a.*)। *adv.* **stilly** [stil°-li, স্টিল্°লি] still (*a.*)-এর সকল অর্থে। **still and on**—তৎসত্ত্বেও। **a still, small voice**—বিবেকবাণী। [OE. *stille* (*a.*)—cp. Du. *stil*]

still₂ [stil, স্টিল্] **(1)** *v.t.* to distill, পাতন করা। **(2)** *n.* a distilling apparatus, পাতনযন্ত্র। *n.* **still°-room**—যে ঘরে বা স্থানে মদ আচার মোরব্বা প্রভৃতি রাখা হয় এবং চা তৈয়ারি করা হয়; ভাঁড়ার ঘর। [short. from *distil*]

stilt [stilt, স্টিল্ট্] *n.* a prop with a step for walking above the ground with long strides, রণ-পা (to walk on *stilts*)। *a.* **stil°tėd**—রণ-পায় চড়িলে যেমন উঁচু হওয়া যায় তেমনই উঁচু; (রচনাশৈলী-সম্বন্ধে) কষ্টবোধ্য এবং বাগাড়ম্বরে ও অলঙ্কারে পূর্ণ। *adv.* **stil°tedly**। [ME. *stilte*—cp. Du. *stelt*, SW. *stylta*]

stimulant, stimulate, stimuli—see **stimulus.**

stimulus [sti°-mū-las, স্টি°মিউল্যাস্] *n.* a sting or stinging hair, (বৃক্ষ ফল প্রভৃতির) কাঁটা শুঙ্গ হুল বা তীক্ষ্ণ আঁশ; a thing that rouses to activity or energy, যে বস্তু সক্রিয় করে বা কর্মশক্তি দেয়; উদ্দীপক বস্তু। *pl.* **sti°mūlī**। **sti°mūlant, sti°mūlative**—**(1)** *a.* উদ্দীপক। **(2)** *n.* উদ্দীপক বস্তু ঔষধ বা মাদক। *v.t.* **sti°mūlāte**—উদ্দীপিত করা (to *stimulate* a person to make further efforts); প্রণোদিত বা প্ররোচিত করা; প্রবৃত্ত করান। *p.* & *p. pt.* **sti°mūlātėd**। *a.* **sti°mūlāting**—উদ্দীপক; উত্তেজক, প্ররোচক; প্রবৃত্ত করায় এমন। *n.* **stimūlā°tion**। *n.* **sti°mūlātor**। [L.=a goad]

sting [sting, স্টিং] **(1)** *n.* in some plants and animals, a pointed appendage that pierces and injects poison, বৃক্ষ ফল বা প্রাণীর কাঁটা শুঙ্গ হুল আল অথবা তীক্ষ্ণ আঁশ; the act of injecting a sting, কাঁটা হুল প্রভৃতি বিদ্ধ-করণ; the pain or wound caused by stinging, কাঁটা হুল প্রভৃতি বেঁধার ফলে যন্ত্রণা বা ক্ষত; a sharp pain or its cause, তীব্র যন্ত্রণা বা তাহার হেতু; stinging power, কাঁটা হুল প্রভৃতি ফোটানর ক্ষমতা; pungency, কটুতা। **(2)** *v.t.* to pierce, wound, pain or incite with a sting, কাঁটা হুল প্রভৃতি ফোটান, কাঁটা হুল প্রভৃতি ফুটাইয়া ক্ষত করা বা যন্ত্রণা দেওয়া অথবা প্রণোদিত বা উত্তেজিত করা; (sl.) to cheat, (অশি.) প্রতারণা করা। **(3)** *v.i.* to have or use a power of stinging, হুল কাঁটা প্রভৃতি ফোটানর শক্তিসম্পন্ন হওয়া বা উক্ত শক্তি প্রয়োগ করা; to have a stinging feeling, হুল কাঁটা প্রভৃতি ফোটার (ন্যায়) যন্ত্রণা অনুভব করা। *p.* & *p. pt.* **stung**। *a.* **stin°ged**—দেহে কাঁটা হুল প্রভৃতি আছে এমন। *n.* **sting°er**—হুল কাঁটা প্রভৃতি বেঁধায় এমন প্রাণী উদ্ভিদ্ বস্তু বাক্য ইত্যাদি। *n.* & *a.* **stin°ging**—sting(*v.*)-এর সকল অর্থে এবং—**(1)** *n.* কাঁটা হুল প্রভৃতির আঘাত বা দংশন; **(2)** *a.* যন্ত্রণাদায়ক; মর্মপীড়াদায়ক। *a.* **sting°lėss**—কাঁটা হুল প্রভৃতি নাই এমন; তীক্ষ্ণতাশূন্য। *n.* **sting°-ray**—উষ্ণদেশীয় চওড়া চেপটা মাছ যাহা মেরুদণ্ডের দ্বারা আঘাত করে। [OE. *sting* (*n.*), *stingan* (*v.*)]

stingy [stin°-ji, স্টিন্°জি] *a.* niggardly, কৃপণস্বভাব, ব্যয়কুণ্ঠ, কার্পণ্যপূর্ণ; ill-tempered, বদমেজাজী। *adv.* **stin°gily**। *n.* **stin°ginėss**। [<*sting* ?]

stink [stingk, স্টিংক্] *v.i.* to give out a strong, offensive smell, তীব্র দুর্গন্ধ ছড়ান; (fig.) to be offensive or have a bad reputation, (আল.) বিরক্তিকর জঘন্য বা অখ্যাতিপূর্ণ হওয়া। *p.* **stank, stunk**। *p. pt.* **stunk**। *n.* **stin°kard**—যে ব্যক্তি বা প্রাণী তীব্র দুর্গন্ধ ছড়ায়; হীন ইতর লোক; জাভাদেশীয় দুর্গন্ধবিকিরণকারী খট্টাশবিশেষ। *n.* **stin°ker**—যে ব্যক্তি প্রাণী বা বস্তু তীব্র দুর্গন্ধ ছড়ায়; হীন ইতর লোক; দুর্গন্ধ বিকিরণকারী; (কথ্য.) যে বস্তু বিরক্তি উৎপাদন করে; পেট্রেল্ পাখিবিশেষ। *adv.* **stin°kingly**। **(to) cry stinking fish**—নিজের মাল নিজেই ব্যবহারের অযোগ্য বলিয়া প্রচার করা। **(to) kick up** or **(to) raise a stink**—(কথ্য.) অসুবিধা সৃষ্টি করা, ঝঞ্ঝাট বাধান। [OE. *stincan*=to smell (well or ill)]

stint [stint, স্টিন্ট্] **(1)** *v.t.* to stop, থামান; to keep short, (কাহাকেও কিছুর) অভাবে রাখা;

to allot stingily, কার্পণ্যসহকারে বণ্টন করিয়া দেওয়া। (2) *n.* limit, সীমা, মাত্রা (without *stint*); restraint, restriction, সংযমন, নিয়ন্ত্রণ, বাধা; portion allotted or fixed, বণ্টিত বা নির্দিষ্টভাবে স্থিরীকৃত অংশ (to do one's daily *stint*)। *adv.* **stin°tėdly**। *adv.* **stin°tingly**। [OE. *styntan*=to dull<*stunt*=stupid]

stipel [stīp°l, স্টাইপ্‌°ল্] *n.* (bot.) a stipule-like appendage at a leaf-base, (উদ্ভি.—পরি.) উপপত্রিকা। *a.* **stipellate** [stī°-pa-lāt, স্টাই°-প্যালেইট্] সোপপত্রিক। [dim. from *stipule*]

stipend [stī°-pend, স্টাই°পেন্ড্] *n.* a soldier's pay, সৈনিকের বেতন; a salary, বেতন; periodical allowance, ভাতা, বৃত্তি। **stīpen°-diary**—(1) *a.* বেতনভুক্। (2) *n.* বেতনভুক্ কর্মচারী (বিশেষতঃ পুলিসম্যাজিস্ট্রেট্)। [L. *stipendium*]

stipple [stīp°l, স্টিপ্‌°ল্] (1) *v.t.* to engrave, paint, or draw, in dots, ফুটকি দিয়া খোদাই করা বা অঙ্কন করা। (2) *n.* a dotted work, ফুটকি দিয়া খোদাই-করা বা অঙ্কিত চিত্রাদি। [Du. *stippelen* (*v.*)]

stipulate$_1$—see **stipule.**

stipulate$_2$ [sti°-pū-lāt, স্টি°পিউলেইট্] *v.t.i.* to set or require as a condition of an agreement, চুক্তির (কোন) শর্ত বা কড়ার করা। *p.* & *p. pt.* **sti°pūlātėd**। *n.* **stipūlā°tion**। *n.* **sti°pūlātor**। [L. *stipulari*]

stipule [sti°-pūl, স্টিপি°উল্] *n.* (bot.) a paired appendage at a leaf-base, (উদ্ভি—পরি.) উপপত্র। *a.* **sti°pūlāte, sti°pūled**—সোপপত্রিক। [L. *stipula*]

stir [sta(r), স্ট্যা(র্)] (1) *v.t.i.* to set or be in motion, চালান বা চলা, নাড়ান বা নড়া, ফেটান (to *stir* eggs, soup, tea, boiling milk, etc.); to disturb or be disturbed, চঞ্চল বা আলোড়িত করা অথবা হওয়া; to make or become active or excited, সক্রিয় বা উত্তেজিত করা অথবা হওয়া; to rouse, or be out of bed, ঘুম বা বিছানা হইতে তোলা অথবা উঠা। *pr. pt.* **sti°rring**। *p.* & *p. pt.* **sti°rred**। (2) *n.* movement, চলাচল, আলোড়ন; activity, ক্রিয়াকলাপ, সক্রিয়তা; commotion, চাঞ্চল্য বা আলোড়ন; act of stirring, চালিত আলোড়িত সক্রিয় উত্তেজিত বা জাগ্রৎ করা অথবা হওয়া। *n.* **sti°rrer**। *a.* **sti°rring**—উত্তেজনাদায়ক, রোমাঞ্চকর (*stirring* events, life, etc.)। *adv.* **sti°rringly**। **(to) make a great stir**—আলোড়ন বা চাঞ্চল্য সৃষ্টি করা। **(to) stir up**—উত্তেজিত করা; প্রণোদিত বা প্ররোচিত করা (to *stir up* strife); জাগরিত করা; চামচাদি দিয়া নাড়িয়া মেশান। **(to) stir the blood**—উত্তেজিত বা উৎসাহিত করিয়া তোলা। **(to) stir the fire**—(তেজ বা আঁচ বাড়ানর জন্য) আগুন খোঁচাইয়া দেওয়া। **not (to) stir a finger**—কার্যাদি সম্পাদনার্থ কোন চেষ্টা না করা, (তু.) কড়ে আঙ্গুলটিও না নাড়া। **not (to) stir an eyelid**—অটল বা অবিচলিত থাকা। **(to) stir one's stumps**—তাড়াতাড়ি করা, দ্রুতবেগে হাঁটা। [OE. *styrian* (*v.*)—cp. Du. & G. *storen*=to disturb]

stirrup [sti°-rap, স্টি°র‍্যাপ্] *n.* a support for rider's foot, রেকাব। *n.* **sti°rrup-cup**—গমনোদ্যত অশ্বারোহীকে দেওয়া মদ্য। *n.* **sti°rrup-pump**—পায়ে চাপিয়া ধরিয়া খাড়া রাখিতে হয় এমন জলাদি সেচনের পাম্প্‌ বিশেষ। [OF. *stigrap*]

stitch [stich, স্টিচ্] (1) *n.* a sharp pain, esp, in the intercostal muscles, বেগে ধাবনাদির ফলে পাঁজরে বা পেটে খিল-ধরা ব্যথা; a single pass of the needle in sewing, knitting, etc., সীবনকালে বা বয়নকালে সূচের ফোঁড়; a work made by stitches, সেলাই-করা বা বয়ন-করা জিনিস; a mode of stitching, সীবনের বা বয়নের প্রণালী; (in book-binding) a fastening with thread or wire through all sections, (বই-বাঁধাইতে) সুতা বা তার দিয়া প্রতিটি পৃষ্ঠা ফুঁড়িয়া সেলাই, স্টিচ্-সেলাই। (2) *v.i.t.* to join, adorn or endow, with stitches, সেলাই করিয়া জোড়া দেওয়া কারুকার্য করা বা মোড়া; to sew, সেলাই করা। *p.* & *p. pt.* **sti°tched**। **in sti°-tches**—হাসিতে হাসিতে পেটে বা পাঁজরে খিল লাগিয়াছে এমন অবস্থায়। **a stitch in time saves nine**—সময়মত একবার খাটিলে ভবিষ্যতে নবারের খাটুনি বাঁচে। **(to) have not a stitch on**—(কথ্য.) পরিধানে কিছুই না থাকা, বিবস্ত্র অবস্থায় থাকা। [OE. *stice*=prick—cp. *stick*]

stithy [sti°-dhi, স্টি°দি] *n.* an anvil, নেহাই; a smithy, কামারশালা। [ON. *stethi*]

stiver [stī°va(r), স্টাই°ভ্যা(র্)] *n.* a Dutch penny, হল্যান্ডের নিম্নতম মূল্যের মুদ্রাবিশেষ; the most trifling coin, কপর্দক (don't care a *stiver*)। [Du. *stuiver*]

stoat [stot, স্টৌট্] *n.* a large weasel, একপ্রকার বৃহৎ নকুল বা বেজী। [?]

stochastic [stŏ-kas°-tik, স্টোকাস্‌°টিক্) *a.* (math.) governed by the law of probability, (গণি.) সম্ভাব্যতার সূত্র দ্বারা নিয়ন্ত্রিত। *a.* **stochas°-tically**। [Gk. *stokhastikos*<*stokhazomai*=to aim at]

stoccado [sto-kŭ°-dō, স্টকা°ডৌ] *n.* a thurst in fencing, অসিক্রিয়ায় খোঁচাপ্রদান। [It. *stoccata*]

stock [stok, স্টক্] (1) *n.* a trunk or main stem, গাছের গুঁড়ি বা প্রধান কাণ্ড; the wooden part of a gun, বন্দুকের কাষ্ঠনির্মিত অংশ বা কুঁদা; a stiff leathern neck-band, চর্মনির্মিত শক্ত গলবন্ধনী-বিশেষ; (*pl.*) a device to hold a delinquent by the ankles, কর্তব্যে অবহেলাকারীকে বা অপরাধীকে আটকাইয়া রাখার জন্য উহার গোড়ালিতে পরানর বেড়িবিশেষ; (in *pl.*) a framework to build a ship on, যে কাঠামর উপরে

রাখিয়া জাহাজ নির্মাণ করা হয়; source, উৎস, উৎপত্তিস্থান; family, race, বংশ, গোষ্ঠী, কুল (of Aryan, Mongolian, etc. *stock*); a fund, তহবিল; shares of a public debt, সরকার কর্তৃক গৃহীত ঋণের স্বীকারপত্র বা যৌথ বাণিজ্য প্রতিষ্ঠানের অংশীদারী পত্র, কম্পানির কাগজ বা শেয়ার, (পরি.) সংভার; (in *pl.*) public funds, সরকারি তহবিল; supply, সরবরাহ; store, ভাণ্ডার, মজুত-রাখা-বস্তু বা মজুত রাখার স্থান; the animals of a farm, পশুপালন-প্রতিষ্ঠানে রক্ষিত প্রাণিবর্গ (cp. **livestock**); supply of goods for sale, বিক্রয়ার্থ জিনিসপত্রের সরবরাহ, বিক্রয়ার্থ মোট মজুত পণ্যদ্রব্য; broth, সূপের ক্বাথ বা ঝোল; a liquid from flesh and vegetables from which soup is made, মাংস সবজি প্রভৃতির রস যাহার দ্বারা সূপ তৈয়ারী হয়। **(2)** *v.t.* to store, ভাণ্ডারজাত করা, মজুত করা; to keep for sale, বিক্রয়ার্থ রাখা (to *stock* a shop with goods); to put in stocks, (কর্তব্যে অবহেলাকারীকে বা অপরাধীকে) বেড়ি পরান; to supply with stock, তহবিলে বা ভাণ্ডারে মজুত রাখার উপযুক্ত জিনিসপত্র সরবরাহ করা, মজুত বা পরিপূর্ণ করা (to *stock* a river with fish)। *p. & p. pt.* **sto°cked**। **(3)** *a.* kept in stock, ভাণ্ডারে রক্ষিত, মজুত; conventionally used, প্রথাগত-ভাবে অর্থাৎ সচরাচর ব্যবহৃত (*stock* jokes, notion, etc.)। *n.* **stock°-book**—মজুত জিনিসপত্রের হিসাবের খাতা। *n.* **stock°-breeder, stock°-farmer**—যে ব্যক্তি পশুদের সংখ্যাবৃদ্ধির জন্য তাহাদিগকে পালন করে। *n.* **stock°-brōker**—সংভারের অথবা শেয়ারের ক্রয়বিক্রয়ের দালাল। *n.* **stock°-car**—গবাদি পশু বহনার্থ রেলের বগি। **stock exchange**—সংভার ক্রয়বিক্রয়ের স্থান, (পরি.) সংভার-বিনিময়কেন্দ্র। *n.* **stock°hōlder**—যে ব্যক্তি সংভার কিনিয়া রাখিয়াছে; যৌথ বাণিজ্য-প্রতিষ্ঠানের শেয়ার্-হোল্ডার্ বা অংশীদার। *n.* **stock°-in-trāde°**—দোকানদারের বিক্রয়ার্থ মোট মজুত পণ্যদ্রব্য, (পরি.) ব্যাপারিক সংভার; মানসিক পুঁজি সম্বল বা শক্তিসমূহ। *n.* **sto°ckist**—বিক্রয়ার্থ মাল-মজুতকারী। *n.* **stock°-jobber**—সংভারব্যবসায়ী, ফট্‌কা-ব্যবসায়ী। *n.* **stock°-jobbing**। *n.* **sto-ck°-list**—দোকানদারের বিক্রয়ার্থ মোট মজুত মালের ও উহার মূল্যের তালিকা। *n.* **stock°-markėt**—শেয়ারের বাজার, ফট্‌কাবাজার। *n.* **stock°-pīling**—(প্রধানতঃ সরকার কর্তৃক) স্থানীয় বাজারে দুষ্প্রাপ্য কাঁচা মাল (যেমন, টিন, রবার প্রভৃতি) প্রচুর পরিমাণে ক্রয়-পূর্বক মজুত ভাণ্ডার গঠন। *n.* **stock°-pot**—যে পাত্রে সূপ রাখা হয়। *a. & adv.* **stock°-still**—বৃক্ষকাণ্ডবৎ নিশ্চল বা নিশ্চলভাবে। *n.* **stock°tāking**—ভাণ্ডারজাত মালপত্রের তালিকা প্রস্তুত-করণ ও তাহার মূল্যনির্ধারণ, (পরি.) সংভারগণন। *a.* **sto°cky**—গাট্টা-গোট্টা (a man of *stocky* build); স্থূলমূল। *adv.* **sto°ckily**। *n.* **sto°kinėss**। *n.* **stock°yard**—গবাদি পশুদের অস্থায়িভাবে রাখার জন্য খোঁয়াড়। **stocks and stones**—উপাস্য অচেতন বস্তু বা প্রতিমা। **(to) take stock (of)**—মজুত মালের তালিকা করা; (কাহারও বা কিছুর) মূল্যগণনা করা; অবস্থার পরিপ্রেক্ষিতে সম্ভাবনাদি বিচার করা। **stock company**—যে অভিনেতৃদলের কাছে অভিনেয় একাধিক নাটক থাকে। **stock rises** or **falls**—(আল. কাহারও) জনপ্রিয়তা বাড়ে বা কমে। [OE. *stocc*=a stick—cp. G. *stock*]

stockade [stŏ°-kād, স্টকেইড্] *n.* a barrier of stakes, খোঁটা বা গোঁজ পুঁতিয়া নির্মিত বেড়া। [F. *estacade*]

stockinet [stok-i°-net, স্টক-ই°-নেট] *n.* elastic knitted fabric (especially used for underclothing), নমনীয় বোনা বস্ত্র (প্রধানতঃ অন্তর্বাস হিসাবে ব্যবহৃত)। [perversion of *stocking-net*.?]

stocking [sto°-king, স্ট°কিং] *n.* a covering for the foot and leg, মোজা। *a.* **sto°ckinged**—মোজা-পরিহিত। [<*stock* in the sense of *netherstock*]

stodgy [sto°-ji, স্ট°জি] *a.* heavy, indigestible, (খাদ্য-সম্বন্ধে) গুরু, দুষ্পাচ্য; overfull with facts and details, (গ্রন্থ রচনাশৈলী প্রভৃতি সম্পর্কে) অত্যধিক তথ্যে ও বর্ণনায় পূর্ণ। *adv.* **sto°dgily**। *n.* **sto°dginėss**। **stodge**—**(1)** *n.* গুরু দুষ্পাচ্য খাদ্য; কল্পনাবিহীন ব্যক্তি; ধরাবাঁধা নিয়মের কাজ। **(2)** *v.i.* পেটুকের মত খাওয়া। [?]

stœp [stōōp, স্টুপ্] *n.* (S. Africa) terraced veranda, চত্বরাকৃতি বারান্দা; porch outside the front entrance of a house, বাড়ির সম্মুখের দরজার ঠিক বাহিরের গাড়িবারান্দা। [Du.]

Stoic, stoic [stŏ°-ik, স্টো°ইক্] *n.* a philosopher of Zeno's school, গ্রীক্-দার্শনিক জেনোর মতাবলম্বী দার্শনিক; one who is indifferent to pleasure or pain, সুখদুঃখে নির্বিকার ব্যক্তি। *a.* **Stŏ°ic(al), stŏ°ic(al)**—জেনোর মতানুযায়ী বা মতাবলম্বী; সুখদুঃখে নির্বিকার (*stoic* indifference)। *adv.* **stoically**। *n.* **Stoicism, stoicism** [stŏ°-i-sizm, স্টো°ইসিজ্‌ম্] জেনোর মতবাদ; সুখদুঃখের প্রতি ঔদাসীন্য। [Gk. *Stoa Poikile*, Painted Porch at Athens, where Zeno taught]

stoke [stōk, স্টৌক্] *v.t.i.* to feed with fuel, (উনানাদিতে) কাঠ কয়লা প্রভৃতি দেওয়া, ইন্ধন জোগান। *p. & p. pt.* **stō°ked**। *n.* **stōke°-hōle, stōke°-hōld**—পোতমধ্যস্থ (বাষ্প-সৃজনার্থ) অগ্নিকুণ্ড। *n.* **stō°ker**—এন্‌জিন্ কারখানা প্রভৃতির চুল্লীতে কয়লাদি দেওয়ার জন্য নিযুক্ত ব্যক্তি, ইন্ধনিক। **(to) stoke up**—(কথ্য.) প্রচুর পরিমাণে খাদ্যাদি গ্রহণ করা, খাদ্যাদির দ্বারা পেট বোঝাই করা। [Du. *stoker*=stoker<*stoken*=to stoke]

For words in *stock-*, not given separately, see **stock**.

stole$_1$ [stōl, স্টৌল্] *n.* a long loose robe. লম্বা ও ঢিলা জামাবিশেষ, আলখিল্লা ; a (woman's) gown, (প্রধানতঃ স্ত্রীলোকের) গাউন্। [L. *stola*= a Roman matron's long robe < Gk. *stole*= garment]

stole$_2$, **stolen**—see **steal.**

stolid [sto°-lid, স্ট°লিড্] *a.* impassive, অবিচলিত, সহজে বিচলিত হয় না এমন। *n.* **stoli°dity, sto°lidness** । *adv.* **sto°lidly** । [L. *stolidus*]

stomach [stu°-mak, স্টা°ম্যাক্] (**1**) *n.* the cavity into which food passes for digestion, পাকস্থলী ; (loos.) the belly, (শিথি.) পেট, উদর, জঠর (what a *stomach* he has) ; appetite or relish, খাওয়ার ইচ্ছা বা রুচি ; inclination, ঝোঁক, আসক্তি (no *stomach* for the contest) ; disposition, spirit, courage, মেজাজ, তেজ, সাহস। (**2**) *v.t.* to find sufficiently palatable to swallow, গলাধঃকরণ করার পক্ষে উপযুক্তরকম সুস্বাদু মনে করা, to brook or put up with, বরদাস্ত বা সহ্য করা। *p.* ও *p. pt.* **sto°mached** । *n.* **sto°mach-āche**—পেটব্যথা। *n.* **sto°macher**—কাচুলির নিম্নদেশে পরিধেয় বক্ষাবরণবিশেষ। **stŏma°chic**—(**1**) *a.* পাকস্থলীসংক্রান্ত ; পাকস্থলীর পক্ষে উপকারী। (**2**) *n.* পাকস্থলীর উপকারসাধক ঔষধ। **on an empty stomach**—খালি পেটে (কিছু না খাইয়া)। **on a full stomach**—ভরপেটে। **(to) turn the stomach**—পেট ঘোলান ; বমনোদ্রেক করান। **(to) upset stomach**—পেটের গোলমাল হওয়া, পেট নামা। [OF. *estamac* < L. *stomachus* < Gk. *stomakhos*=(ori.) throat]

stone [stōn, স্টৌন্] (**1**) *n.* a piece of rock, প্রস্তর, শিলা; a pebble, নুড়ি, ঢিল ; a gem, রত্ন, মণি (precious *stones*) ; (print.) a table for imposing, (মুদ্রণে) বিন্যস্ত ধাতব অক্ষরসমূহ পৃষ্ঠানুসারে সাজানর জন্য প্রস্তরফলক ; a morbid state characterized by formation of a concretion in the body, পাথরি-রোগ, অশ্মরী ; a hard fruit kernel, ফলের আঁটি বা বীচি (to remove *stone* from a fruit) ; a weight, ওজনবিশেষ (সাধারণতঃ ১৪ পাউন্ড্)। (**2**) *v.t.* to pelt with stones, পাথর ছুড়িয়া মারা (the murderers were *stoned* to death); to free from stone, (ফলাদির) আঁটি বা বীচি ছাড়ান ; to lay or wall with stones, পাথর দিয়া (পথাদি) বাঁধান বা পাথরের প্রাচীর তুলিয়া দেওয়া ; (poet.) to turn to stone, (কাব্যে) প্রস্তরে পরিণত করা। **the Stone Age**—যে যুগে মানুষ কেবল প্রস্তরই ব্যবহার করিতে জানিত—ধাতুর ব্যবহার জানিত না, প্রস্তরযুগ। *a.* **stōne°-blind**—সম্পূর্ণ অন্ধ। *n.* **stōne°-breaker**—পথনির্মাণের জন্য পাথর-ভাঙ্গা শ্রমিক। *a.* **stōne°-dead**—মরিয়া পাথরের ন্যায় কঠিনীভূত হইয়াছে এমন। *a.* **stōne°-deaf**—পাথরের ন্যায় বধির, বদ্ধকালা। *n.* **stōne°-fruit**—বীচিযুক্ত বা আঁটিযুক্ত ফল। *n.* **stōne°-hammer**—পাথর ভাঙ্গার জন্য হাতুড়ি। **stone hammer**—প্রস্তরনির্মিত হাতুড়ি। *n.* **stōne°-māson**—পাথর দিয়া অট্টালিকাদি নির্মাণের মিস্ত্রী বা স্থপতি। *n.* **stōne°-pit**—যে গর্ত খুঁড়িয়া পাথর তোলা হয়, পাথরের খাদ। *a.* **stōne°-still°**—(কাব্যে) পাথরের ন্যায় নিশ্চল। *n.* **stone's-throw**—ঢিল ছুড়িয়া মারিলে যতদূর যায় ততদূর ব্যবধান ; সন্নিকট। **stōne°-wall°**—(**1**) *n.* ব্যবস্থাপক-সভায় প্রদত্ত বাধা ; নিয়মতান্ত্রিক বাধা ; (প্রধানতঃ ক্রিকেটে ব্যাটিং সম্পর্কে) আত্মরক্ষামূলক খেলা (*stone-walling*)। (**2**) *v.i.t.* বাধা দেওয়া, প্রতিবন্ধক সৃষ্টি করা ; পাথরের দেওয়ালের ন্যায় দৃঢ়ভাবে প্রতিরোধ করা। *n.* **stōne°-wa°ller** । *n.* **stōne°wāre**—পাথরের বাসনপত্র। *n.* **stōne°-work**—প্রস্তরে গঠিত অট্টালিকাদি। *a.* **stō°ny**—প্রস্তর-সংক্রান্ত ; প্রস্তরনির্মিত ; প্রস্তরতুল্য ; প্রস্তরপূর্ণ ; শক্ত, কঠিন ; নির্মম ; অনমনীয়। *adv.* **stō°nily** । *n.* **stō°niness** । *a.* **stō°ny-hear°tėd**—পাষাণহৃদয়, নির্মম। **(to) have a heart of stone**—পাষাণ-হৃদয় বা কঠিনহৃদয় হওয়া। **within a stone's throw (of)**—অতি সন্নিকটে। **(to) leave no stone unturned**—কার্যসাধনার্থ সম্ভাব্য কোন উপায়ই অবলম্বন করিতে বাকি না রাখা। **stones will cry out**—অন্যায় এত প্রচণ্ড যে পাষাণ বা অচেতন পদার্থও প্রতিবাদ করিবে। **stone the crows**—(অশি.) বিস্ময় বা বিরক্তি প্রকাশক উক্তি, (তু. অশি.) মার গুলি। **(to) throw** or **cast stones at**—আক্রমণ করা ; দোষ ধরা। [OE. *stan*, G. *stein*, Du. *steen*]

stonk [stonk, স্টংক্] (**1**) *v.t.* to bombard with artillery, কামান দাগা। (**2**) *n.* such bombardment, কামান হইতে গোলাবর্ষণ। [dial *stonk*=game of marbles]

stood—see **stand.**

stooge [stōōj, স্টূজ্] (**1**) *n.* (sl.) a stage butt, (অশি.) হাস্যকৌতুকাভিনেতা দর্শকদের মনোরঞ্জনার্থ যে সহকারী অভিনেতাকে লইয়া মজা করে ; a subordinate or drudge, অধীন ব্যক্তি বা ক্লান্তিকর উঞ্ছবৃত্তিধারী ব্যক্তি ; a scapegoat, অপরের দুষ্কর্মের বা নিন্দার ভারবাহী ব্যক্তি। (**2**) *v.i.* to act as a stooge (*for*), উক্ত সহকারী অভিনেতা বা অধীন ব্যক্তি বা উঞ্ছবৃত্তিধারী বা ভারবাহী ব্যক্তির পেশা অবলম্বন করা। [?]

stool [stōōl, স্টূল্] *n.* a seat without a back, বসার টুল, চৌকি ; a low support for the feet or the knees, পা বা হাঁটু রাখার জন্য চৌকি ; a seat used in evacuating the bowels, মলত্যাগ করিতে বসার জন্য আসনবিশেষ ; defecation, মলত্যাগ ; faeces, মল, বিষ্ঠা। *n.* **stōō°lie**—(অশি.) ফাঁদে ফেলায় সাহায্যকারী ব্যক্তি। **(to) fall between two stools**—উভয়ের মধ্যে কোন্‌টি গ্রহণীয় পন্থা—সে সম্পর্কে দ্বিধাগ্রস্ত হইয়া অসফল হওয়া। *n.* **stōōl°-pigeon**—যে পোষা পারাবতের সাহায্যে বন্য পারাবতদের ফাঁদে ফেলিয়া ধরা হয় ; (আল.) যে লোকের সাহায্যে কাহাকেও (বিশেষতঃ অপরাধীকে) ফাঁদে

ফেলিয়া ধরা হয়; (আমে.) পুলিসের গুপ্তচর। [OE. *stol*—cp. G. *stuhl*]

stoop [stōōp, স্টূপ্] (1) *v.i.* to bend the body forward, to lean forward, সম্মুখের দিকে দেহ আনত করা, ঝোঁকা; to submit, বশ্যতাস্বীকার করা; to descend from rank or dignity, উচ্চ পদ প্রতিষ্ঠা বা মর্যাদা হইতে নামিয়া আসা; to swoop down, (শিকারী পাখি-সম্বন্ধে বা উহার ন্যায়) ছোঁ মারিয়া নামিয়া আসা। (2) *v.t.* to bend, incline, lower, or direct downward, আনত করা, ঝোঁকান, নিচু করা, নিম্নমুখ করা। *p.* & *p. pt.* **stōō°ped**। (3) *n.* a bending of the body, দেহ বক্র-করণ, আনতি; inclination forward, সম্মুখে ঝুঁকিয়া পড়া; descent, ঢল, অবতরণ, অধোগমন; a swoop, ছোঁ মারিয়া অবতরণ। *adv.* **stōō°pingly**। [OE. *stupian*—cp. ON. *stupa*]

stop [stop, স্টপ্] (1) *v.t.* to stuff, plug, or close up, (ছিদ্রাদির মধ্যে) কিছু গুঁজিয়া দিয়া রোধ করা, ছিপি আঁটিয়া দেওয়া (to *stop* a hole, leak, etc.); to obstruct, বাধা দেওয়া; to restrain, সংযত করা; to withhold, ঠেকাইয়া রাখা, স্থগিত বা বন্ধ রাখা; to render impassable, অনতিক্রম্য করা; to prevent passage of, পথরোধ করা। (2) *v.t.i.* to bring or come to a standstill, নিশ্চল করা বা হওয়া; to halt, থামান বা থামা; to cause to cease, or cease, নিবৃত্ত বা বিরত করান অথবা হওয়া; to bring or come to an end, শেষ বা সমাপ্ত করা অথবা হওয়া। (3) *v.i.* (coll.) to stay, tarry, or sojourn, (কথ্য.) থাকা, বিলম্ব করা, অস্থায়িভাবে বাস করা। *pr. pt.* **sto°pping**। *p.* & *p. pt.* **sto°pped**। (4) *n.* act of stopping, ছিদ্রাদির মধ্যে কিছু গুঁজিয়া উহা রোধ করণ, বাধাদান, রোধ, পথরোধ, নিশ্চল করণ বা হওয়া, থামাইয়া দেওয়া বা থামিয়া পড়ন, বিরত করণ বা হওয়া, শেষ বা সমাপ্ত করণ অথবা হওয়া, (কথ্য.) বসবাস-করণ, বিলম্ব করণ, অস্থায়িভাবে বসবাস-করণ; state of being stopped, ছিদ্রাদি রোধ, বাধা, রোধ, পথরোধ, নিশ্চলতা, গতিরোধ, বিরতি, অবসান, সমাপ্তি, (কথ্য.) বাস, বিলম্ব, অস্থায়িভাবে বাস; a pause, সাময়িক বিরাম বা নিবৃত্তি; a halting-place, থামার স্থান (bus-*stop*); a contrivance to limit motion, গতিবেগ নিয়ন্ত্রণের যন্ত্র; a fret on a lute or guitar, বীণা গিটার সেতার প্রভৃতি তারের বাদ্যযন্ত্রের ঘাট; (phon.) a mute, (ধ্বনি) স্পর্শবর্ণ; a punctuation-mark, ফুলস্টপ্ বা দাড়ি। *n.* **stop°cock**—গ্যাস তরল পদার্থ প্রভৃতির নির্গমাদি নিয়ন্ত্রণের যন্ত্রবিশেষ; (শিথি.) কলের চাবি বা হাতল। *n.* **stop°-gap**—সাময়িকভাবে অবলম্বিত ব্যবস্থা বা উপায়; সাময়িকভাবে নিযুক্ত ব্যক্তি বা বদলি। *n.* **sto°ppage**—ছিদ্রাদি রোধ; নিশ্চলতা; গতিরোধ; বিরতি; অবসান; (কথ্য.) বাস, বিলম্ব; অস্থায়িভাবে বাস; সাময়িক বিরাম বা নিবৃত্তি; থামার স্থান; প্রতিবন্ধক; গতিবেগ-নিয়ন্ত্রক যন্ত্র; বেতনের বাদ দেওয়া অংশ। **sto°pper**—(1) *n.* stop (*v.*)-এর সকল অর্থে, এবং—ছিপি। (2) *v.t.* ছিপি আঁটিয়া দেওয়া। **(to) put the stoppers on**—দমন করা। *n.* **sto°pple**—বোতল প্রভৃতির ছিপি। *n.* **stop°-press**—সংবাদপত্রের মুদ্রণকার্য আরম্ভের পরে প্রাপ্ত এবং মুদ্রিত সংবাদ, শেষ সংবাদ। *n.* **stop°watch**—ধাবন-প্রতিযোগিতাদিতে ব্যবহৃত বিশেষভাবে তৈয়ারি ঘড়ি: ইহা সহজেই বন্ধ ও চালু করা যায়; (পরি.) বিরাম-ঘড়ি। **enough to stop a clock**—(কথ্য. মুখাবয়ব সম্বন্ধে) অতি কুরূপ বা কদাকার। **(to) pull out all the stops**—যথাসাধ্য আবেগের সঙ্গে প্রকাশ করা, আপ্রাণ চেষ্টা করা, অত্যন্ত উৎসাহভরে কাজ করা। **(to) stop at** or **over**—পথিমধ্যে যাত্রা-ভঙ্গ করিয়া (কোথাও) কিছুকাল থাকা। **a stop-over ticket**—গাড়ির যে টিকিটের বলে পথিমধ্যে যাত্রাভঙ্গ করিয়া কোথাও কিছুকাল থাকা যায়। **(to) stop dead (short)**—হঠাৎ থামিয়া পড়া। **(to) stop up (late)**—গভীর রাত্রি পর্যন্ত জাগিয়া থাকা। [OE. *stoppian* (*v.*)—cp. L. *stuppa*=to tow<Gk. *styppe*]

store [staw(r), স্ট্য(র্)] (1) *n.* a hoarded stock, সঞ্চিত বা মজুত বস্তু, সঞ্চয়; abundance, প্রাচুর্য; a store-house, গুদাম, গোলা, ভাণ্ডার; a shop, esp. a co-operative or departmental one, দোকান, বিপণি, সমবায় বিপণি, বহু বিভাগযুক্ত বা শাখাযুক্ত দোকান; (*pl.*) supplies of provisions, ammunition, etc., (জাহাজ সৈন্যবাহিনী প্রভৃতির জন্য) খাদ্য অস্ত্রশস্ত্র ইত্যাদির ভাণ্ডার বা সরবরাহ। (2) *a.* kept for fattening, (প্রাণি-সম্বন্ধে) বিক্রয়ার্থ মোটা-সোটা করা হইতেছে এমন। (3) *v.t.* to stock, মজুত করা; to lay up, সঞ্চিত করা, জমাইয়া রাখা; to deposit in a repository, ভাণ্ডারে গোলায় বা গুদামে রাখা; to give storage to, গুদামে গোলায় বা ভাণ্ডারে স্থান দেওয়া। *a.* **sto°rable**। *n.* **sto°rage**—সঞ্চয়; মালপত্র গুদামে গোলায় বা ভাণ্ডারে রাখার বাবদ মাসুল, গুদাম-ভাড়া। **cold storage**—বৈজ্ঞানিক প্রথায় তাপনিয়ন্ত্রণদ্বারা খাদ্যাদি টাটকা রাখার ব্যবস্থা; (আল.) অমীমাংসিত বা চাপা-দেওয়া অবস্থা। **storage cell**—(পরি.) সঞ্চায়ক কোষ। *n.* **store°-house**—গুদাম, ভাণ্ডার, গোলাবাড়ি। *n.* **store°-keeper**—ভাণ্ডারী, গুদামরক্ষক। *n.* **store°room**—ভাঁড়ারঘর। **in store**—ভবিষ্যতের জন্য সঞ্চিত; সরবরাহের জন্য প্রস্তুত; মজুত, অপেক্ষমাণ। **(to) lay great store upon, (to) set much** or **great store by, (to) set store by**—অতিশয় মূল্য দেওয়া বা মূল্যবান্ বলিয়া জ্ঞান করা। **(to) lay little store upon, to set little store by**—অকিঞ্চিৎকর বলিয়া জ্ঞান করা। [OF. *estor*, *estoir*(*e*)<L. *instaurare*=to provide]

storey—see **story**$_2$.

storiated—see **story**$_1$.

stork [staw(r)k, স্ট্য(র্)ক্] *n.* a large wading bird, সারস, ক্রৌঞ্চ। [OE. *storc*—cp. G. *storch*]

storm [staw(r)m, স্ট্য(র্)ম্] (1) *n.* a violent

commotion of the atmosphere, a tempest, ঝড়, ঝঞ্ঝা, ঝটিকা, সামুদ্রিক ঝড় ; a violent commotion, প্রচণ্ড বিক্ষোভ বা আন্দোলন ; a violent assault, প্রচণ্ড আক্রমণ ; (fig.) calamity, (আল.) দুঃখদুর্দশা, বিপর্যয় । (2) *v.i.* to rage, ক্রুদ্ধ হওয়া ; to rush violently or in attack, প্রচণ্ডবেগে বা আক্রমণার্থ ধাবিত হওয়া ; to upbraid passionately, সক্রোধে গালি দেওয়া বা নিন্দা করা (to *storm* at or against a person) । (3) *v.t.* to take or try to take by assault, প্রচণ্ড আক্রমণদ্বারা দুর্গাদি অধিকার করা বা অধিকার করিতে চেষ্টা করা । *a.* **storm°-beaten**—ঝড়ে ক্ষতিগ্রস্ত, ঝঞ্ঝাহত, ঝড়ের ফলে বিলম্বিত বা বিচ্ছিন্ন হইয়াছে অথবা বন্দর ছাড়িতে পারে নাই এমন, ঝড়ে আটকা পড়িয়াছে এমন । *a.* **storm°-bound**—ঝড়ের জন্য গতিরুদ্ধ । *n.* **storm°-belt**—ঝড়প্রবণ অঞ্চল, নিয়মিত ঝড় হয় এমন অঞ্চল । *n.* **storm°-centre**—ঝড়ের সময়ে সমুদ্রের যে অংশে ন্যূনতম চাপ পড়ে ; বিতর্ক ঝগড়া বা বিবাদের উৎস ; ঝামেলার কেন্দ্রস্থল । *n.* **storm°-cloud**—ঝড়ো মেঘ, পুঞ্জ মেঘ । *n.* **storm°-cock**—গায়ক পক্ষিবিশেষ (তু. ঝড়ের পাখি) । *n.* **storm°-cone** (signal)—ঝড়ের সঙ্কেত । *n.* **stor°ming-par°ty**—প্রচণ্ড আক্রমণপূর্বক দুর্গাদি দখল করার জন্য প্রেরিত বাহিনী । *n.* **storm°-lantern**—গৃহের বাহিরে ব্যবহার্য লণ্ঠনবিশেষ : ইহা ঝড়ে বাতাসে নিভিয়া যায় না । *a.* **storm°-proo̅f**—ঝটিকায় বা আক্রমণে ক্ষতিগ্রস্ত হয় না এমন ; অজেয় । *n.* **storm°-signal**—আসন্ন ঝড়ের সঙ্কেত । *a.* **storm°-tossed**—ঝড়ে ক্ষতিগ্রস্ত ; ঝড়ে উড়িয়া গিয়াছে এমন । *n. pl.* **storm°-tro̅o̅ps**—দ্রুতবেগে প্রচণ্ড আক্রমণদ্বারা বিপক্ষের দুর্গাদি অধিকারার্থ জর্মানির হিট্‌লারের সৈন্যবাহিনীবিশেষ, ঝটিকাবাহিনী । *n.* **storm°-trooper**—উক্ত বাহিনীভুক্ত সৈনিক । *n.* **storm°-wind**—ঝড়ো বাতাস । *a.* **stor°my**—ঝঞ্ঝাবহুল ; ঝটিকাপূর্ণ ; প্রচণ্ড বাত্যাবিক্ষুব্ধ ; উচ্চ কোলাহলপূর্ণ (a *stormy* discussion or meeting) ; প্রচণ্ড ক্রুদ্ধ । *adv.* **stor°mily** । *n.* **stor°minėss** । **a storm in a teacup**—অল্প পরিসরে বা তুচ্ছ বিষয়ে প্রচণ্ড বিক্ষোভ । **(to) bring a storm about one's ears**—ক্রোধ বিরোধিতা প্রভৃতি জাগ্রত করে এমন কিছু করা বা বলা । **(to) take by storm**—প্রচণ্ড ও আকস্মিক আক্রমণের দ্বারা অধিকার করা । [AS.—cp. ON. *stormr*]

Storthing [staw(r)°ting, স্ট্য(র্)°টিং] *n.* the Norwegian Parliament, নরওয়ের ব্যবস্থাপরিষৎ । [Norw. *stor*=great, *ting*=assembly]

story₁ [staw°-ri, স্ট্য°রি] *n.* (obs.) history, (অপ্র.) ইতিহাস ; legend, রূপকথা, প্রাচীন কাহিনী ; a narrative of incidents, ঘটনাদির বিবরণ, কাহিনী ; a fictitious narrative, a tale, কল্পিত কাহিনী, গল্প ; a theme, উপন্যাস নাটক প্রভৃতির কাহিনী ; account, report, statement, বিবরণ, সংবাদ, বিবৃতি ; a lie, a fib, মিথ্যা কথা, গুল্ । **the old story**—যাহা আগেও শোনা গিয়াছে বা ঘটিয়াছে । *a.* **sto°riātėd**—প্রচুর কারু-কার্যময় নকশা-আঁকা । *n.* **sto°ry-book**—গল্পের বই । *n.* **sto°ry-teller**—গল্পকথক ; মিথ্যাবাদী । *n.* **sto°ry-telling**—গল্পকথন ; মিথ্যাভাষণ । [AF. *estorie*<L. *historia*]

stor(e)y₂ [staw°ri, স্ট্য°রি] *n.* the part of the building of the same floor, বাড়ির তলা বা তল (অর্থাৎ একতলা দোতলা প্রভৃতি) । *a.* **sto°ried, sto°reyed**—(নির্দিষ্টসংখ্যক) তলবিশিষ্ট (two-*storied*=দোতলা) । **first story**—অট্টালিকাদির সর্বনিম্নতল, একতলা । **second, third, fourth,** etc. **story**—যথাক্রমে দোতলা তেতলা চারতলা প্রভৃতি । [?]

stoup [sto͞op, স্টূপ্] *n.* (arch.) drinking vessel, flagon, (আর্ষ.) বড় পানপাত্র ; holywater basin, পূত জল রাখিবার গামলা ।

stout [stowt, স্টাউট্] *a.* stubborn, দুর্দম ; resolute, কিছুতেই হঠে না এমন, অটল, স্থিরসঙ্কল্প ; dauntless, নির্ভীক ; robust, বলিষ্ঠ ; strong, শক্তিশালী ; thick, পুরু ; fat, মোটাসোটা, স্থূলকায় । *a.* **stout°-hear°ted**—দৃঢ়হৃদয় ; নির্ভয়চিত্ত । *adv.* **stout°ly** । *n.* **stout°nėss** । [OF. *estout*=bold—cp. Du. *stout*]

stove₁ [stōv, স্টৌভ্] *n.* a closed heating and cooking apparatus, বহনযোগ্য উনানবিশেষ, স্টোভ্ ; a hothouse, সূর্যালোকে বৃক্ষাদি-বর্ধনার্থ কাচের তৈয়ারি ঘর । *n.* **stove-pipe**—স্টোভ হইতে ধুম নির্গমনের নল । [OE. *stofa*—cp. G. *stube*]

stove₂—see **stave.**

stow [stō, স্টৌ] *v.t.* to put away, সরাইয়া রাখা ; to store, ভাণ্ডারজাত বা গুদামজাত করা ; (sl.) to desist from, (অশি.—কিছু হইতে) নিবৃত্ত হওয়া ; to pack, (গাদাগাদি করিয়া বা ঠাসিয়া) ভরা বা পোরা । *n.* **stow°āge**—(গাদাগাদি করিয়া বা ঠাসিয়া প্রধানতঃ জাহাজের ভিতরে) ভরতি ; জিনিসপত্রাদি রাখার জন্য (প্রধানতঃ জাহাজের) ঘর বা স্থান, গুদাম ; জিনিসপত্র গুদামাদিতে রাখার মাশুল ; গুদামাদিতে রক্ষিত মালপত্র । *n.* **stow°-away**—যে ব্যক্তি বিনা ভাড়ায় সমুদ্রযাত্রার জন্য জাহাজের মধ্যে আত্মগোপন করিয়া থাকে । [AS.=place]

straddle [strad°l, স্ট্র্যাড্°ল্] (1) *v.i.* to part the legs wide, দুই পা ফাঁক করা ; to sit, stand, or walk with legs far apart, দুই পা খুব ফাঁক করিয়া বসা বা দাঁড়ান বা হাঁটা ; to seem favourable to both sides, উভয় পক্ষের প্রতিই অনুকূল মনে হওয়া । (2) *v.t.* to bestride, দুই পা ফাঁক করিয়া ডিঙ্গান বা অতিক্রম করা (to *straddle* a ditch) ; to set far apart, (দুই পা) খুব ফাঁক করা ; to cover with bombs, বোমা দিয়া ছাইয়া বা ঢাকিয়া ফেলা । (3) *n.* straddling, দুই পা ফাঁক করিয়া উপবেশন দণ্ডায়মান হওয়া বা হণ্টন, দুই পা ফাঁক করা, দুই পা ফাঁক করিয়া অতিক্রমণ বা উল্লঙ্ঘন । [frequent. of *stripe*]

strafe [strŭff, স্ট্রাফ্] (1) *v.t.* (sl.) to punish, শাস্তি দেওয়া ; to bombard, কামান দাগিয়া বা

বোমা বর্ষণ করিয়া আক্রমণ করা অথবা বিধ্বস্ত করা ; to assail, আক্রমণ করা। (2) *n.* an attack, আক্রমণ। [G. *strafen*=to punish]

straggle [strag°l, স্ট্রাগ্°ল্] *v.t.* to wander from one's company or course, দলভ্রষ্ট বা পথভ্রষ্ট হওয়া ; to stretch dispersedly, ইতস্ততঃ ছড়াইয়া থাকা, বিক্ষিপ্ত হইয়া থাকা ; to lag behind (দলছাড়া হইয়া) পিছনে পড়িয়া থাকা। *n.* **stragg°ler** । *a.* **stragg°ly** । *adv.* **stragg°lingly** । [?]

straight [strāt, স্ট্রেইট্] (1) *a.* uncurved, অবক্র ; in a direct line, ঋজু, সিধা, সরল ; direct, সোজা, সরাসরি, সোজাসুজি ; upright, খাড়া ; frank and honourable, অকপট ও সৎ ; upright, free from crookedness, (স্বভাব-সম্বন্ধে) ন্যায়পরায়ণ, সরল ; balanced, সুষম। (2) *adv.* in a straight line, সরলরেখায় ; directly, সোজাসুজি, সরাসরিভাবে ; all the way, সারা পথ ব্যাপিয়া ; immediately, তৎক্ষণাৎ ; upright, খাড়াভাবে ; outspokenly, স্পষ্টবাক্যে ; honestly, সদ্‌ভাবে। *a.* **straight°away**—সোজা সম্মুখাভিমুখ। *a.* **straight°-cut**—(তামাকপাতা-সম্বন্ধে) লম্বালম্বি ফালি-করা। *v.t.i.* **straigh°ten**—ঋজু সিধা সরল বা খাড়া করা অথবা হওয়া। *a.* **straight°forward**—সোজা সম্মুখগামী ; অবান্তর বিষয়ের অবতারণাহীন ; এড়াইয়া যায় না এমন ; সৎ ; অকপট। *adv.* **straight°forward(ly)** । *adv.* **straight°ly** । *n.* **straight°ness** । *adv.* **straight°way(s)**—সোজাসুজি ; তৎক্ষণাৎ ; অবিলম্বে (also **straight away, straight off**)। **a straight fight**—সরাসরি লড়াই ; (রাজ.) দুই প্রতিদ্বন্দ্বীর মধ্যে সরাসরি প্রতিদ্বন্দ্বিতা। **(to) go straight**—(বিশে. অসৎ পন্থা ত্যাগ বা বর্জন করিয়া) সৎ ও অকপট জীবন যাপন করা। **straight off**—অবিলম্বে, তৎক্ষণাৎ। **straight out**—দ্বিধা বা চিন্তা না করিয়া। **straight play**—(ক্রিকেটে) ব্যাট্ সোজা করিয়া ধরিয়া বলে আঘাত। **straight talk**—অকপট স্পষ্ট কথা, সরল সত্য কথা। **a straight tip**—ঘোড়দৌড়ে ঘোড়ার জয়পরাজয়ের সম্ভাবনা সম্বন্ধে ঘোড়ার মালিকের দেওয়া সংবাদ ; ওয়াকিবহাল মহল হইতে প্রাপ্ত বিশ্বাসযোগ্য খবর। **(to) keep a straight face**—হাসি সংবরণ করিয়া থাকা। **(to) vote the straight ticket**—ঠিক দলের মতানুসারে ভোট দেওয়া। [OE. *streht, p. pt.* of *streccan*—see *stretch*]

strain₁ [strān, স্ট্রেইন্] *n.* a breed or stock, (প্রধানতঃ পশুপাখির) সন্তানসমূহ, বংশ। [OE. (*ge*)-*streon*=gain, begetting—confused with *strain₂*]

strain₂ [strān, স্ট্রেইন্] (1) *v.t.* to stretch tightly, টান-টান করিয়া প্রসারিত করা, টান-টান করা ; to draw tight, শক্ত বা আঁটো করিয়া টানিয়া ধরা, কষা ; to injure by over-tasking, অত্যধিক খাটাইয়া পীড়িত করা (to *strain* one's eyes, voice, etc.) ; to force unnaturally or unduly, অস্বাভাবিকভাবে বা অন্যায়ভাবে জোর করা অথবা বাধ্য করান ; (poet.) to urge, insist upon, or press for, (কাব্যে—কিছু করার জন্য) প্রণোদিত করা বা জিদ ধরা বা জরুরি তাগাদা দেওয়া বা পীড়াপীড়ি করা ; to embrace, আলিঙ্গন করা, জড়াইয়া বা জাপটাইয়া ধরা ; to squeeze or press, নিঙড়ান বা চাপ দেওয়া ; to squeeze out, to express, টানিয়া বাহির করা, প্রকাশ করা ; to filter, পরিস্রাবিত করা ; to apply beyond proper province or in violation of true intention, জোর করিয়া বা উপযুক্ত ক্ষেত্র অতিক্রম করিয়া প্রয়োগ করা, দাবি মেটানর জন্য সামান্য অদল-বদল করা বা সীমা অতিক্রম করা। (2) *v.i.* to make violent efforts, প্রবল প্রচেষ্টা করা, জোরাজুরি করা ; to tug, জোরে টানা ; to have difficulty in swallowing or accepting, গিলিতে বা গ্রহণ করিতে কষ্টবোধ করা (to *strain* at) ; to make efforts at evacuation, মলত্যাগের জন্য কোঁত পাড়া ; to filter, পরিস্রাবণ করা। (3) *n.* straining, টান-টান-ভাবে প্রসারণ, শক্ত বা আঁটো করিয়া টানিয়া ধরা, কর্ষণ, (পরি.) টান বা বিততি, অত্যধিক খাটাইয়া পীড়িত করা, অস্বাভাবিকভাবে বা অন্যায়ভাবে জোর করা অথবা বাধ্য করা ; আলিঙ্গন, নিষ্পেষণ, চাপপ্রদান, টানিয়া বাহির করা, পরিস্রাবণ, প্রবল প্রচেষ্টা, জোরাজুরি, গিলিতে বা লইতে কষ্টবোধ, মলত্যাগের জন্য কোঁত পাড়া ; a violent effort, প্রবল প্রচেষ্টা ; an injury by straining, অত্যধিক খাটুনির ফলে পীড়া, মাংসপেশীর খিল বা খিঁচ্ ; a section of melody, সুরের অংশ বা টান ; a melody, সুর ; a flow of language, ভাষার প্রবাহ ; emotional tone or manner, ভাব-গদগদ ধ্বনি বা স্বর বা আচরণ ; tone or style in conversation, বাগ্‌ভঙ্গি ; moral tendency, নৈতিক বা চারিত্রিক প্রবণতা। *a.* **strai°ned**—(আচার-আচরণ সম্বন্ধে) জোর-করা, আন্তরিকতাশূন্য, কাষ্ঠ- ; (সম্পর্ক-সম্বন্ধে) পরস্পরের প্রতি অবিশ্বাসপূর্ণ (*strained* relations)। *n.* **strai°ner**—strain (*v.*)-এর সকল অর্থে, এবং—টানিয়া ধরার বা চাপ দেওয়ার যন্ত্র ; ঝাঁঝরি-হাতা, ছাঁকনি। **(to) strain at**—(কোন বিষয়ে) অত্যন্ত খুঁতখুঁতে হওয়া। [OF. *estraindre*<L. *stringere* (*v.*)]

strait [strāt, স্ট্রেইট্] (1) *a.* narrow, সঙ্কীর্ণ ; strict, কঠোরভাবে নিয়মপালনশীল বা নিয়মানুবর্তী ; rigorous, কঠোর। (2) *n.* narrow water-passage connecting two large bodies of water, প্রণালী ; (usu. in *pl.*) difficulty, distress, hardship, মুশকিল, ঝঞ্ঝাট, দুর্দশা, অভাব, কষ্ট (in dire *straits*)। *v.t.* **strai°ten**—সঙ্কুচিত করা। **in straitened circumstances**—দারিদ্র্য-পীড়িত বা দুঃস্থ অবস্থায়। *n.* **strait-jacket**—উন্মাদকে সহজে আয়ত্তে রাখার উদ্দেশ্যে যে শক্ত আঁটো জামা পরান হয়। *a.* **strait°-lāced**—আঁটো করিয়া ফিতাবাঁধা ; নীতিতে বা আচার-আচরণে অত্যন্ত অনুদার বা সংরক্ষণশীল। *adv.* **strait°ly** । *n.* **strait°ness**। [OF. *estreit*<L. *strictus*=drawn tight]

stramonium [stra-mō°-ni-am, স্ট্রামৌ নিঅ্যাম্] *n.* a kind of datura, ধুতুরাবিশেষ; a drug made from its seeds and leaves much used in curing asthma, উক্ত ধুতুরার বীজ ও পাতা হইতে তৈয়ারি ঔষধবিশেষ : হাঁপানির চিকিৎসায় এই ঔষধ বহুল-ব্যবহৃত। [Mod. L. <?]

strand$_1$ [strand, স্ট্রান্ড্] *n.* a yarn, thread, fibre or wire, twisted with others to form a rope, যে সমস্ত ফেঁসো সুতা আঁশ তন্তু বা তার পাকাইয়া দড়ি তৈয়ারি করা হয় সেগুলির যে-কোনটি; (fig.) element or strain in a composite whole, (আল.) বহু উপাদান-সমন্বিত বস্তুর একটি উপাদান; a thread or filament, সূত্র। [?]

strand$_2$ [strand, স্ট্রান্ড্] (**1**) *n.* land along sea or other water, সমুদ্র হ্রদ নদী প্রভৃতির তীরভূমি। (**2**) *v.t.i.* to run aground, (জাহাজাদি-সম্বন্ধে) কূলে বা চড়ায় ঠেকান অথবা ঠেকা। *a.* **stran°dėd**—strand (*v.*)-এর সকল অর্থে, এবং—নিরুপায় ও অসহায় অবস্থায় পতিত (*stranded* in a foreign country)। [As.—cp. G. *strand*]

strange [strānj, স্ট্রেইন্জ্] *a.* alien, বিদেশী; from elsewhere, বহিরাগত, বিদেশাগত; not of one's own place, family, or circle, স্বীয় দেশ বাসস্থান বংশ বা সমাজের নহে এমন; unfamiliar, unacquainted, অপরিচিত, অচেনা; interestingly unusual, অস্বাভাবিক ও কৌতুহলোদ্দীপক; queer, অদ্ভুত; distant, দূরবর্তী; unversed, অবিদিত, অজানা। *adv.* **strānge°ly**। *n.* **strānge°nėss**। *n.* **strān°ger**—বিদেশী; অপরিচিত অচেনা অজানা বহিরাগত বা ভিন্নগোত্রীয় লোক অথবা প্রাণী (dogs bark at *strangers*); অন্য দেশ আবাস বংশ বা সমাজের লোক অথবা প্রাণী; নবজাত শিশু (the little *stranger*); যে ব্যক্তি সদস্য নয়; অসংশ্লিষ্ট ব্যক্তি; অনভিজ্ঞ ব্যক্তি। **strange to say**—ইহা বিস্ময়কর যে। [OF. *estrange* < L. *extraneus*]

strangle [strangg°l, স্ট্র্যাংগ্‌ল্] *v.t.* to kill by compressing the throat, গলা বা টুঁটি টিপিয়া মারা; to choke, শ্বাসরোধ করা; to suppress, (আন্দোলনাদি) দমন করা। *n.* **strang°lehōld**—কুশতিতে প্রতিপক্ষের কণ্ঠনিষ্পেষণ; কঠোরভাবে দমন, (সাধারণতঃ রাজনীতিতে বা বাণিজ্যে) (আল.) কঠোরতা প্রয়োগ, (তুল.) মরণ-কামড়। [OF. *estrangler* < L. *strangulare*]

strangulate [strang°-gū-lāt, স্ট্র্যাংগিউলেইট্] *v.t.* (path.) to prevent circulation by compression, (চিকি.) টিপিয়া রাখিয়া (রক্তাদির) চলাচল রোধ করা। *p.* & *p. pt.* **stran°gūlātėd**। *n.* **strangūlā°tion**। [L. *strangulare* < Gk. *strangalæin*]

strangury [strang°-gū-ri, স্ট্র্যাংগিউরি] *n.* slow and painful micturition, মূত্রকৃচ্ছ্ররোগবিশেষ : ইহাতে যন্ত্রণাদায়কভাবে বিন্দু বিন্দু মূত্রস্রাব হয়। *a.* **strangū°rious**। [L. < Gk. *strangouria* < *stranx* = drop, *ouron* = urine]

strap [strap, স্ট্র্যাপ্] (**1**) *n.* a narrow strip (প্রধানতঃ চামড়ার) সরু ফালি, স্ট্র্যাপ্; a thong, চাবুক; a metal band, বন্ধনকার্যে ব্যবহৃত সরু ও পাতলা ধাতুপাত; a looped band, ফাঁস-দেওয়া চেপটা ফিতা; anything strap-shaped, চেপটা ফিতার ন্যায় আকারবিশিষ্ট বস্তু। (**2**) *v.t.* to beat or bind with a strap, চর্মাদির চেপটা ফিতা দিয়া মারা বা বাঁধা। *pr. pt.* **strapping**। *p.* & *p. pt.* **strapped**। *n.* **strap°-hanger**—বাস ট্রেন প্রভৃতির মধ্যে বসার জায়গা ভরতি থাকায় যে যাত্রী গাড়ির ছাদ হইতে ঝোলান হাতল ধরিয়া দাঁড়াইয়া থাকে। *n.* **stra°pper**। *n.* **stra°pping**—চামড়ার ফিতা দিয়া বন্ধন; চামড়ার ফিতা তৈয়ারি করার উপাদান; শক্তিদায়ক চর্মবন্ধনীবিশেষ। [North. form of *strop*]

strass [stras, স্ট্র্যাস্] *n.* paste for making artificial gems, কৃত্রিম মণিরত্ন তৈয়ারির কাজে ব্যবহৃত লেইবিশেষ। [*Josef Strasser*, its inventor]

strata—see **stratum.**

stratagem [stra°-ti-jam, স্ট্র্যা°টিজ্যাম্] *n.* a plan for deceiving an enemy or gaining an advantage, শত্রুকে ফাঁকি দিবার জন্য বা সুবিধালাভের জন্য কৌশল; any artifice, কৌশল (to devise a *stratagem*)। [F. *stratageme* < L < Gk. *strategema*]

strategy [stra°-ti-ji, স্ট্র্যা°টিজি] *n.* generalship, সৈনাপত্যবিদ্যা, কুশলী সৈন্যপরিচালনা; any artifice, কৌশল। *a.* **stratē°gic(al)**—সৈনাপত্যসংক্রান্ত; কুশলী সৈনাপত্যপূর্ণ; সুকৌশলী। *adv.* **stratėgically**। *n.* **stra°tėgist**—সৈনাপত্যে দক্ষ ব্যক্তি। *n.* **stratėgics**। [Gk. *strategia*]

strath [strath, স্ট্র্যাথ্] *n.* a broad valley, (প্রধানতঃ স্কট্ল্যান্ডের পার্বত্যাঞ্চলের) প্রশস্ত উপত্যকা। [Gael.]

stratify—see **stratum.**

stratocracy [stra-to°-kra-si, স্ট্র্যাট°ক্র্যাসি] *n.* military government, সামরিক শাসন; domination of soldiers, (রাষ্ট্রশাসনে) সৈন্যদের কর্তৃত্ব। [Gk. *stratos* = army]

stratosphere—see **stratum.**

stratum [strā°-tam, স্ট্রেই°ট্যাম্] *n.* a layer, স্তর; a bed of sedimentary rock, পাললিক শিলাময় অঞ্চল; a level of society, সামাজিক স্তর। *pl.* **strā°ta**। *v.t.* **stra°tify**—স্তরে স্তরে স্থাপন করা বা গঠন করা, (পরি.) স্তরবিন্যস্ত স্তরীভূত বা স্তরিত করা। *n.* **stratificā°tion**—(পরি.) স্তরবিন্যাস বা স্তরায়ণ। *n.* **strato°cracy**—সামরিক শাসন, সৈন্যদিগের বা সামরিক কর্তৃপক্ষের আধিপত্য। *n.* **stra°tŏsphērē**—ভূপৃষ্ঠ ছাড়াইয়া দশ হইতে ষাট কিলোমিটারের মধ্যবর্তী শূন্যস্থান বা আকাশ (এখানে তাপের হ্রাসবৃদ্ধি হয় না), আন্তর-আকাশ। *n.* **strā°tus**—অনুভূমিক ও অনূর্ধ্ব মেঘখণ্ড, স্তরমেঘ। [L.]

straw [straw, স্ট্র] *n.* the stalk of corn, খড়; dried stalks etc. of corn, শুষ্ক খড়কুটা; a straw tube for sucking up a beverage, শরবতাদি পানার্থ তৃণনির্মিত নল ; a hat made of straw, তৃণনির্মিত টুপি (also **straw°-hat°**) ; a trifle, তুচ্ছ বস্তু। *n.* **straw°-board**—তৃণনির্মিত পুরু পিজ্‌বোর্ডবিশেষ। *a.* **straw°-coloured**—ফেকাশে হলুদবর্ণ। *a.* **straw°y**—তৃণনির্মিত ; তৃণ-তুল্য। **a straw in the wind**—ভবিষ্যতে ঘটনাদি কি পরিণতি লাভ করিতে পারে তাহার আভাস। **the last straw**—যে কর্মভারাদি সহনশক্তির বা ধৈর্যের শেষ সীমা ছাপাইয়া যায় ; সহনশক্তি বা ধৈর্যের শেষ সীমা। **not (to) care a straw**—তৃণতুল্যও গণ্য না করা ; নিতান্ত অকিঞ্চিৎকর বা নগণ্য বোধে উপেক্ষা করা। **not worth a straw**—সম্পূর্ণ মূল্যহীন হওয়া, (তু.) কানাকড়ি দামও না হওয়া। **a man of straw**—তুচ্ছ সহজে পরাজেয় (কল্পিত) প্রতিদ্বন্দ্বী। **(to) make bricks without straw**—উপযুক্ত শক্তিসামর্থ্য বা উপকরণ ছাড়াই কিছু করিতে যাওয়া। **(to) catch** or **clutch at a straw**—নিমজ্জমান ব্যক্তির তৃণ আশ্রয় করার মত বিপদের দিনে তুচ্ছ অবলম্বন আঁকড়াইতে যাওয়া। [OE. *streaw*—cp. G. *stroh*]

strawberry [straw°b(a)-ri, স্ট্র্য°ব্‌রি] *n.* a kind of fruit or its plant, ক্ষুদ্র রসাল ফলবিশেষ বা তাহার গাছ। *n.* **straw°berry-mark**—নরদেহে জন্মগত লালাভ জড়ুল-চিহ্ন। [OE. *streawberige*]

straw-board, straw-hat, strawy—see **straw.**

stray [stra, স্ট্রেই] (**1**) *v.i.* to wander, ইতস্ততঃ ঘুরিয়া বেড়ান ; to wander away, বিপথগামী বা পথভ্রষ্ট হওয়া। (**2**) *n.* a strayed domestic animal, পথভ্রষ্ট বা দলভ্রষ্ট গৃহপালিত পশু ; a waif, বেওয়ারিস বস্তু বা জন্তু, গৃহহীন ও অসহায় ব্যক্তি, পথা-দিতে পরিত্যক্ত শিশু। (**3**) *a.* gone astray, বিপথ-গামী, পথভ্রষ্ট ; casual, আকস্মিক ; isolated, নিঃসঙ্গ, দলচ্যুত ; out-of-place, খাপছাড়া। [OF. *estraier* (*v.*)<L. *extra-, vagari*=to wander]

streak [strek, স্ট্রীক্] (**1**) *n.* an irregular stripe, আঁকাবাঁকা ডোরা বা দাগ ; the colour of a mineral in powder, seen in a scratch, ধাতুচূর্ণে রেখা টানিলে যে রঙ দৃষ্ট হয় (যেমন, কষ্টিপাথরে ঘষা সোনার রঙ) ; (পরি.) কষ ; a pervading character, বস্তু প্রাণী প্রভৃতির মধ্যে পরিব্যাপ্ত গুণাগুণ বা ধর্ম ; the line or course as of a flash of lightning, বিদ্যুৎ-চমকাদির সদৃশ রেখা বা গতি-পথ। (**2**) *v.t.i.* to mark or to be marked with streaks, আঁকাবাঁকা ডোরার দ্বারা চিহ্নিত বা পরিশোভিত করা অথবা হওয়া। (**3**) *v.i.* to pass in a streak, বিদ্যুৎগতিতে ছোটা বা ঝলকান ; (coll.) to run through a public place indecently unclothed, প্রকাশ্য স্থান দিয়া অশালীনভাবে বিবস্ত্র অবস্থায় ছুটিয়া যাওয়া। *p. & p. pt.* **strea°ked**। *n.* **streak°er**। *n.* **streak°-plate**—কষ্টিপাথর, (পরি.) কষ্টিফলক। *a.* **strea°ky**—আঁকাবাঁকা ডোরা-কাটা, (পরি.) ক্ষচিহ্নিত ; ক্রমান্বয়ে পুরু ও পাতলাভাবে স্তরিত ; অসমান গুণসম্পন্ন বা ধর্মবিশিষ্ট। *adv.* **strea°kily**। *n.* **strea°kiness**। **(to) hit a winning streak**—(জুয়াখেলা প্রভৃতিতে) পরপর বা এক নাগাড়ে জয়লাভ করা। **like a streak**—বিদ্যুৎ-চমকবৎ ; বিদ্যুদ্‌বৎ। [OE. *strica*=a stroke—cp. *strike*, G. *strich*]

stream [strem, স্ট্রীম্] (**1**) *n.* a running water, জলস্রোত, জলপ্রবাহ ; a river, brook, or rivulet, নদী, ক্ষুদ্র নদী বা স্রোত ; a flow, প্রবাহ, ধারা ; a current, স্রোত বা স্রোতের টান ; a tendency, ঝোঁক প্রবণতা ; division of pupils on the roll of a school according to ability and bent, যোগ্যতা বা ঝোঁক অনুসারে বিদ্যালয়ের ছাত্রদের ভিন্ন ভিন্ন গোষ্ঠীতে বা দলে ভাগ ; division consisting of pupils following a particular course of study, নির্দিষ্ট পাঠক্রম অনুযায়ী শিক্ষার্থী-দিগের ভাগ। (**2**) *v.i.* to flow or issue in a stream, প্রবাহিত হওয়া, স্রোতের মত নির্গত হওয়া ; to pour out abundantly, প্রচুর পরিমাণে বর্ষিত হওয়া ; to float out, ভাসিয়া চলা ; to run with liquid, জলে বা তরল পদার্থে প্লাবিত হওয়া (eyes *streamed* with tears) ; to wave in the wind, বাতাসে আন্দোলিত হওয়া বা উড়া (the banner *streamed* in the wind)। *n.* **strea°mer**—বাতাসে আন্দোলিত পতাকা মাথার ফিতা উষ্ণীষাদির পালক প্রভৃতি ; উজ্জ্বল আলোকরশ্মি। *a.* **stream°-less**—জলস্রোতে বিধৌত নহে এমন ; জলশূন্য, স্রোতোহীন। *n.* **stream°let**—ক্ষুদ্র স্রোত বা নদী। **stream°-line**—(**1**) *n.* তরল পদার্থের প্রবাহের ন্যায় ক্রমশঃ সরু রেখা ; বায়ুপ্রবাহের স্বাভাবিক গতি-রেখা। (**2**) *v.t.* তরল পদার্থের প্রবাহের ন্যায় ক্রমশঃ সরু করা। *a.* **stream°-lined**—যাহাতে সহজেই বায়ুপ্রবাহের ঝাপটা কাটাইয়া চলিতে পারে সেজন্য তরল পদার্থের প্রবাহের ন্যায় ক্রমশঃ সরু করিয়া নির্মিত (a *stream-lined* motor-car)। **streaming eyes**—অশ্রুপ্লাবিত চক্ষু। **(to) go with the stream**—(আল.) অধিকাংশ লোক যেরূপ করে বা ভাবে সেরূপ করা বা ভাবা, (তু.) স্রোতে গা ভাসাইয়া দেওয়া। [AS.—cp. G. *strom*]

street [stret, স্ট্রীট্] *n.* a paved road, (প্রধানতঃ প্রাচীন রোমের) শান্-বাঁধান রাস্তা ; a wide road lined with houses, দুই পার্শ্বে অট্টালিকাশ্রেণীতে পরিশোভিত চওড়া রাস্তা। **High Street**—শহরের প্রধান রাস্তা। **Queer Street**—ঋণগ্রস্ত ও দুর্দশা-পন্ন ব্যক্তিদের কল্পিত আবাস। **street Arab**—অবহেলিত বা গৃহহীন বালক অথবা বালিকা। *n.* **street°-beggar**—গৃহহীন ভিক্ষুক, পথের ফকির। *n.* **street°-boy**—(গৃহহীন হওয়ায় বা গৃহ থাকিতেও) যে বালক প্রধানতঃ রাস্তাতেই বাস করে। *n.* **street°-car**—ট্রামগাড়ি। *n.* **street°-door**—বাড়ির যে দরজা দিয়া রাস্তায় নামা যায় ; সদর দরজা। **the man in the street**—প্রতিনিধিস্থানীয় নাগরিক। *n.* **street°-girl, street°-walker**—বারাঙ্গনা। **not in the same street (as)**—উৎকর্ষে

কাছাকাছিও যায় না এমন। **on the streets**—বেশ্যাবৃত্তিদ্বারা জীবিকার্জনে রত। **streets ahead**—বহুল পরিমাণে উন্নত বা উৎকৃষ্ট। **up one's street**—(কথ্য.) পরিচিত বা গ্রহণযোগ্য। [OE. *stræt* < L. *strata(via)* = a paved (way)]

strength [strength, স্ট্রেংথ্] *n.* quality, condition, or degree of being strong, শক্তি, শক্তিমত্তা, শক্তির পরিমাণ মান বা মাত্রা ; power of action or resistance, কর্মশক্তি বা প্রতিরোধশক্তি ; military force, সামরিক শক্তি, সৈন্যবল ; number of persons present or available, যাহারা উপস্থিত আছে বা যাহাদিগকে পাওয়া যাইতে পারে তাহাদের সংখ্যা। *v.t i.* **streng°then**—শক্তিশালী বা অধিকতর শক্তিশালী করা অথবা হওয়া। **on** or **upon the strength of**—(কিছুর উপর) ভরসা করিয়া বা ভিত্তি করিয়া। **(to) measure strength** (with)—প্রতিযোগিতায় বা প্রতিদ্বন্দ্বিতায় লিপ্ত হওয়া। **(to) strengthen a person's hand(s)**—কাহাকেও মদত জোগান, কাহারও হাত শক্ত করা। [OE. *strengthu* < *strang* = strong]

strenuous [stre°-nū-as, স্ট্রে°নিউঅ্যাস্] *a.* vigorous, তেজঃপূর্ণ, তীব্র ; zealous, উৎসাহী ; necessitating exertion, শ্রমসাধ্য বা আয়াসসাধ্য (to make *strenuous* efforts)। *adv.* **stre°nūously**। *n.* **stre°nūousness**। [L. *strenuus*]

stress [stres, স্ট্রেস্] (**1**) *n.* strain, কঠিন চাপ ; constraining influence, নিয়ামক প্রভাব, (পরি.) পীড়ন ; pressure, নিষ্পেষণ (under the *stress* of fear, poverty, etc.) ; force, জোর, বলপ্রয়োগ ; জোরাজুরি ; emphasis, গুরুত্ব-আরোপ, জোর দেওয়া (to lay *stress* on education) ; relative force of utterance or accent, উচ্চারণকালে শব্দাংশের উপর অপেক্ষাকৃত জোর-প্রদান, শ্বাসাঘাত (*stress* on the first syllable of a word)। (**2**) *v.t.* to lay stress on, চাপ দেওয়া, শাসন বা পীড়ন করা, জোর করা ; to accentuate, অপেক্ষাকৃত অধিকতর জোর দিয়া বা শ্বাসাঘাত দিয়া (শব্দাংশ) উচ্চারণ করা অথবা শ্বাসাঘাতের চিহ্ন দেওয়া ; to emphasize, গুরুত্ব আরোপ করা (to *stress* a point)। *p.* & *p. pt.* **stre°ssed**। *n.* **stress°mark**—syllable-এর উপর জোর বা ঝোঁক দিবার চিহ্ন। [short. from *distress*]

stretch [strech, স্ট্রেচ্] (**1**) *v.t.i.* to extend, বিস্তৃত করা বা হওয়া ; to draw or be drawn out, প্রসারিত করা বা হওয়া ; to expand or be expanded by tension, টানিয়া বড় বা লম্বা বা চওড়া করা অথবা টানের দরুন বড় বা লম্বা বা চওড়া হওয়া ; to spread (out), ছড়াইয়া দেওয়া বা পড়া, বিছাইয়া দেওয়া বা পড়া ; to reach (out), নাগাল পাওয়া বা নাগালের মধ্যে থাকা, নাগাল পৌঁছান বা নাগালে পৌঁছান ; to exaggerate, অতিরঞ্জিত করা বা হওয়া (to *stretch* the truth) ; to lay or lie at full length, টান-টানভাবে রাখা বা থাকা অথবা শোয়ান বা শোয়া। (**2**) *v.t.* to strain, সাধারণ নিয়ম অতিক্রম করিয়া বা মাত্রা ছাড়াইয়া কিছু করা (to *stretch* a point) ; to place so as to cover an area, কোন স্থান ব্যাপিয়া বা ঢাকিয়া স্থাপন করা। *p.* & *p. pt.* **stre°tched**। (**3**) *n.* stretching, বিস্তারণ, প্রসারণ, লম্বা বা চওড়া বা বড় করা অথবা হওয়া, ছড়াইয়া বা বিছাইয়া দেওয়া অথবা পড়া, নাগাল-প্রাপ্তি বা নাগালের মধ্যে অবস্থান, অতিরঞ্জন, টান-টানভাবে স্থাপন অবস্থান বা শয়ন, (অত্যধিক) জোর দেওয়া বা গুরুত্ব-আরোপ, পরিব্যাপন ; reach, নাগাল ; extension, বিস্তার ; a single spell, এক দফা বা পশলা ; a continuity, অবিরামতা (to walk at a *stretch*)। *n.* **stre°tcher**—stretch (*v.*)-এর সকল অর্থে, এবং—চিত্রকরের চিত্রপট বিছানর জন্য ফলক বা তক্তা ; রুগ্ণ ও আহতদিগকে শায়িতাবস্থায় বহনার্থ খাটুলিবিশেষ, স্ট্রেচার ; বৈঠা-চালানর বা দাঁড়-টানার সময়ে মাঝিরা যে তক্তাদির উপরে পা রাখে। *n.* **stre°tcher-bearer**—রুগ্ণ ও আহতদের খাটুলি-বাহক। **at a stretch**—এক নাগাড়ে। **at full stretch**—পুরাদমে, যথাশক্তি। **by any stretch of the imagination**—কল্পনাদি যথাসম্ভব প্রসারিত করিয়া। **(to) stretch oneself out**—পূর্ণপ্রসারিত হইয়া শোয়া, সটান শোয়া। [OE. *streccan*—cp. *stark*]

strew [stroo, স্ট্রু] *v.t.* to scatter loosely, আলগাভাবে বা ঝুরাভাবে (বালি ফুল শস্যবীজ প্রভৃতি) ছড়ান ; to spread over loosely, (কিছুর উপরে) ছড়াইয়া দেওয়া। *p.* **strew°ed**। *p. pt.* **strew°ed, strewn**। [OE. *ste(o)wian*]

stria [strī°-a, স্ট্রাই°আ্যা] *n.* a fine streak, (সাধারণতঃ অন্য রেখার সহিত সমান্তরাল) সুতার ন্যায় সরু রেখা বা ডোরা। *pl.* **striæ** [strī°-e, স্ট্রাই°ঈ]। *v.t.* **stri°āte**—উক্ত রেখাঙ্কিত করা। *a.* **stri°āte, stri°āted**—উক্ত রেখাঙ্কিত, (পরি.) বিলেখিত, সরেখ। *n.* **striā°tion**—(পরি.) বিলেখ। [L. = a furrow]

stricken—(**1**) *v.* see **strike**। (**2**) *a.* wounded, আহত ; afflicted, প্রপীড়িত (famine-*stricken*)। **stricken field**—দুই দলের মধ্যে নির্দিষ্ট রণক্ষেত্রে সুপরিকল্পিতভাবে অনুষ্ঠিত লড়াই।

strict [strikt, স্ট্রিক্‌ট্] *a.* (bot.) stiff and straight, (উদ্ভি.) শক্ত ও ঋজু ; restricted, নিয়ন্ত্রিত, সীমাবদ্ধ ; rigorous, কঠোর নিয়মানুবর্তী ; allowing no laxity, কোন শৈথিল্য বরদাস্ত করে না এমন ; (to keep *strict* watch) ; exact, যথাযথ। *adv.* **strict°ly**। *n.* **strict°ness**। *n.* **stricture** [strik°-cha(r), স্ট্রিক্‌°চ্যা(র্)] বন্ধন ; আঁটো ভাব ; (চিকি.) মলদ্বারাদি দেহস্থ পথের বা নালীর অস্বাভাবিক সঙ্কীর্ণতা ; (কাব্যে) কঠোর নিয়মানুবর্তিতা বা কৃচ্ছ্র-পূর্ণতা ; (বর্ত. কেবল বিরুদ্ধ-) সমালোচনা (to pass *strictures* on or upon a person)। [L. *strictus* = tightened]

stridden—see **stride**.

stride [strīd, স্ট্রাইড্] (**1**) *v.i.t.* to walk (over) with long steps, লম্বা লম্বা পা ফেলিয়া (কিছুর

উপর দিয়া) চলা। (2) *v.i.* to take a long step, লম্বা পা ফেলিয়া চলা ; to straddle, পদদ্বয় ফাঁক করা অথবা পদদ্বয় ফাঁক করিয়া বসা দাঁড়ান বা হাঁটা। (3) *v.t.* to straddle over or across, পদদ্বয় ফাঁক করিয়া (কিছু) ডিঙান। *p.* **strōde** । *p. pt.* **stri°dden** । (4) *n.* a long step, দীর্ঘ পদক্ষেপ ; a striding gait ; দীর্ঘ পদক্ষেপে চলন ; ; the length of a long step, দীর্ঘ পদক্ষেপের মাপ। **(to) get into one's stride**—(আল.) আরব্ধ কর্মে যোগ্যতার সহিত খাপ খাওয়াইয়া নেওয়া। **(to) make great strides**—উত্তমভাবে বা দ্রুত অগ্রসর হওয়া বা উন্নতিলাভ করা। **(to) take** (something) **in one's strides**—(কোন কার্যাদি) বিশেষ প্রচেষ্টা ছাড়াই সাধন করা। [OE. *stridan* (*v.*)]

strident [strī°dnt, স্ট্রাই°ড্‌ন্ট্] *a.* loud and grating, উচ্চনাদবিশিষ্ট, কর্কশ ও কর্ণপীড়াদায়ক (the *strident* notes of crickets)। *adv.* **strī°dently** । *v.i.* **stri°dūlāte** । *n.* **stridūlā°tion** । [L. *stridere*=to creak]

strife [strīf, স্ট্রাইফ্] *n.* contention, বিবাদ ; enmity, শত্রুতা ; opposition, বৈপরীত্য। [OF. *estrif*—see *strive*]

strike [strīk, স্ট্রাইক্] (1) *v.t.i.* to draw or give direction to, (পথ রেখা প্রভৃতি) অঙ্কন করা বা নির্দেশিত করা ; to delete, cancel, রেখা টানিয়া বা কাটিয়া বাদ দেওয়া, বাদ দেওয়া ; to mark off, চিহ্নিত করিয়া দেওয়া ; to lower, (পতাকা পাল তাঁবু প্রভৃতি) অবনমিত করা অথবা খুলিয়া বা তুলিয়া লওয়া ; to remove, অপসৃত করা, সরাইয়া ফেলা ; to deal or inflict, (আঘাত শাস্তি প্রভৃতি) হানা ; to hit, আঘাত করা (to *strike* a blow) ; to dash against, (কিছুতে) ধাক্কা খাওয়া বা খাওয়ান, সজ্ঘৃষ্ট হওয়া বা করান ; to propel or render with blow, আঘাত করিয়া চালান বা আঘাতদ্বারা পরিণত করা ; to sound by percussion or otherwise, (ঢাক ঘণ্টা প্রভৃতি) বাজান ; to announce by a bell, ঘণ্টাধ্বনিদ্বারা ঘোষিত করা, to pierce, বিদ্ধ করা ; to stamp or impress, ছাপ দেওয়া, মুদ্রিত করা ; to coin, তঙ্কন করা ; to bewitch, বিমুগ্ধ করা ; to come upon, উদিত বা আবির্ভূত হওয়া ; to come upon the mind, খেয়াল হওয়া, মনে উদিত হওয়া ; to make (a bargain), (শর্তাদি) করা ; to make or ignite by percussion or rubbing, ঘষিয়া বা আঘাত করিয়া তৈয়ারি করা অথবা জ্বালান (to *strike* a match)। (2) *v.i.* to take a course, পথ ধরা ; to penetrate, ভিতরে ঢোকা ; to take root, শিকড় গাড়া বা গজান ; to deal a blow, আঘাত হানা ; to sound a bell, or be sounded, ঘণ্টা বাজান, ঘণ্টাধ্বনি হওয়া, ঘণ্টাধ্বনিদ্বারা ঘোষিত হওয়া ; to lower a flag, sail, tent, etc., পতাকা পাল তাঁবু প্রভৃতি অবনমিত করা অথবা খুলিয়া বা তুলিয়া ফেলা ; to surrender, (প্রধানতঃ পতাকা অবনমিত করিয়া) আত্মসমর্পণ করা বা হার স্বীকার করা ; to refuse (in a body) to go on working until some demands of the workers are met, ধর্মঘট করা। *p.* **struck** [struk, স্ট্রাক্]। *p. pt.* **struck**, (arch.) **stricken** [stri°k(a)n, স্ট্রি°ক্‌ন্] (3) *n.* (geol.) the direction of a horizontal line at right angles to the dip of a bed, (ভূবি.—পরি.) আয়াম; a chance find, (তৈলখনি প্রভৃতির) আকস্মিক আবিষ্কার ; a stroke of luck, অপ্রত্যাশিত ভাগ্যোদয় বা সৌভাগ্য ; an organized cessation of work by workers, ধর্মঘট। *n.* **strīke°-breaker**—যে কর্মী ধর্মঘট পণ্ড করার উদ্দেশ্যে কাজে যোগদান করে। *a.* **strīke°-bound** —ধর্মঘটের ফলে কাজকর্ম বন্ধ হইয়া গিয়াছে এমন। *n.* **strīke°-leader**—ধর্মঘটীদের নেতা। *n.* **strīke°-pay**—ধর্মঘটকালে ট্রেড্-ইউনিআন্ বা শ্রমিক-সমিতি কর্তৃক ধর্মঘটীগণকে প্রদত্ত ভাতা। **strī°ker**—strike (*v.*)-এর সকল অর্থে, এবং—(বেইস্‌বল্-খেলায়) ব্যাট্‌স্‌ম্যান্ ; (ফুটবল খেলায়) আক্রমণভাগের খেলোয়াড় বিশেষ। *a.* **strī°king**—আকর্ষণীয়, লক্ষণীয়। *adv.* **stri°kingly** । **a striking force** —যে সৈন্যবাহিনী আদেশপ্রাপ্তির অল্পকালমধ্যেই আক্রমণ করিতে প্রস্তুত। **within striking distance** —ঐরূপ আক্রমণের পক্ষে উপযোগী ব্যবধানের মধ্যে। **a general strike**—সর্বব্যাপী ধর্মঘট, হরতাল। **on strike**—ধর্মঘটে অংশ গ্রহণ করিয়াছে বা ধর্মঘট করিয়াছে এমন। **sit-down strike**—যে ধর্মঘটে ধর্মঘটীরা কর্মস্থল ত্যাগ করিতে রাজী হয় না। **(to) strike a cutting**—গাছের ডাল কাটিয়া রোপণ করা। **(to) strike an attitude**—অকস্মাৎ নাটকীয়ভাবে কোন ভঙ্গি গ্রহণ করা। **(to) strike a note**—কোন ধারণার সঞ্চার করা। **(to) strike at**—আঘাত করিতে চেষ্টা করা ; (কাহারও বা কিছুর প্রতি) লক্ষ্যসন্ধান করা। **(to) strike a word through**—কলম বা পেনসিলের আঁচড়ে কাটিয়া দেওয়া। **(to) strike back**—আঘাত ফিরাইয়া দেওয়া, প্রত্যাঘাত করা। **(to) strike fear** or **terror into**—ভীত বা আতঙ্কিত করা। **(to) strike in**—হঠাৎ প্রবেশ করা বা (বাধাস্বরূপ) মধ্যবর্তী হওয়া। **(to) strike into**—অকস্মাৎ উদিত বা আবির্ভূত হওয়া। **(to) strike it rich**—সহসা ঐশ্বর্যাদি লাভ করা। **(to) strike off**—হিসাব হইতে বাদ দেওয়া ; আঘাতদ্বারা পৃথক্ করা। **(to) strike out**—ঘষিয়া তুলিয়া ফেলা, মুছিয়া ফেলা ; কাটিয়া বাদ দেওয়া ; উদ্ভাবন করা ; সাহসভরে বহির্দিকে যাওয়া ; সাঁতরাইয়া চলিয়া যাওয়া ; কাত হইয়া ঝাড়িয়া ফেলা। **(to) strike tents**—(প্রস্থানের উদ্দেশ্যে) তাঁবু বা শিবির গুটাইয়া ফেলা। **(to) strike up**—বাজাইতে গাহিতে বা অভিনয় করিতে আরম্ভ করা ; (আলাপাদি) আরম্ভ করা। [OE. *strican*= to stroke]

string [string, স্ট্রিং] (1) *n.* a small cord, খাটো ও সরু দড়ি ; cord of any size, রজ্জু, দড়ি ; a piece of anything for tying, বাঁধিবার সুতা ফিতা প্রভৃতি ; a tendon, nerve, fibre, etc.,

কণ্ডরা শিরা তন্তু অংশু প্রভৃতি দড়ির ন্যায় যে-কোন বস্তু; a piece of catgut, wire, silk, etc., used in musical instrument, বাদ্যযন্ত্রের তার অথবা চামড়ার বা রেশমের দড়ি প্রভৃতি; the cord of an archery bow, ধনুকের জ্যা; anything on which things are threaded, হার মালা প্রভৃতি গাঁথার সুতা; a filing cord, কাগজপত্রাদি গাঁথিয়া রাখার সুতা তার প্রভৃতি; a set of things threaded together, মালিকাকারে গাঁথা জিনিস-সমূহ (a *string* of pearls); a train, drove, bunch, succession, file, series, দল, পাল, থোকা, পরম্পরা, সারি, ধারা। (2) *v.t.* to fit or furnish with a string or strings, দড়ি সুতা তার জ্যা প্রভৃতি পরান বা জোগান; to make tense or firm, উৎকণ্ঠিত বা দৃঢ় করা; to tie up, বাঁধিয়া ফেলা; to put on a string, মালায় বা মালিকাকারে গাঁথা। (3) *v.i.* to form into strings, মাল্যাকারে গঠিত বা শোভিত হওয়া। *p.* & *p. pt.* **strung** । **string band** or **orchestra**—তারের বাদ্যযন্ত্রের ঐকতান-বাদনের দল। *a.* **strin°ged**—তারযুক্ত, সতার; তারের বাদ্যযন্ত্রসংক্রান্ত (*stringed* instruments)। *n.* **strin°ger**। *a.* **strin°gy**—তারে বা ক্ষুদ্র ক্ষুদ্র সুতায় পূর্ণ; আঁশাল, অংশুল; মাল্যাকারে গাঁথার যোগ্য; সুতা তার বা তারের বাদ্যযন্ত্রের ন্যায়। *n.* **string°iness** । **on a string**—সম্পূর্ণ আয়ত্তিগত বা কবলিত। **no strings (attached), without strings**—(প্রদত্ত সাহায্য অর্থ প্রভৃতি সম্বন্ধে) খরচের সম্পর্কে কোন শর্ত আরোপ করা হয় নাই এমন। **the first string**—কার্যাদি সাধনের জন্য যে ব্যক্তি বা বস্তুর উপর মুখ্যতঃ নির্ভর করা হয়, মূল ভরসা। **the second string**—কার্যাদি সাধনের বিকল্প ভরসা। **two strings to one's bow**—(একই ধনুতে দুইটি জ্যার ন্যায়) কার্যসাধনের একাধিক উপায়। **(to) have one on a string**—পুতুলের মত নাচান, (তু.) নাকে দড়ি দিয়া ঘোরান। **(to) harp on one string** or **on the same string**—একই বিষয়ে (ক্রমাগত) বলিতে বা লিখিতে থাকা। **(to) pull the strings**—(পুতুল নাচানর জন্য) আড়াল হইতে দড়ি টানা; যাহা বাহির হইতে অপরে করিতেছে বলিয়া মনে হয় ভিতর হইতে তাহার কলকাঠি নাড়া। **(to) string up**—ফাঁসি দেওয়া। [OE. *streng*—cp. G. *strang*]

stringent [strin°j(a)nt, স্ট্রিন্°জ্‌ন্ট্] *a.* tight, আঁটো, rigorous, কঠোর; leaving no discretion, বিচারবুদ্ধি প্রয়োগের কোন উপায় রাখে না এমন; characterized by difficulty in finding money, অর্থসংগ্রহ করা দুর্ঘট এমন। *n.* **strin°gency**—আঁটো ভাব; কঠোরতা; সঙ্কোচনকারিতা; বিচারবুদ্ধি প্রয়োগের উপায়হীনতা; অর্থসংগ্রহ করা দুর্ঘট এমন অবস্থা। *adv.* **strin°gently**। [L. *stringere*=to draw together]

stringy—see **string.**

strip [strip, স্ট্রিপ্] (1) *v.t.* to pull or tear off, টানিয়া বা ছিঁড়িয়া খুলিয়া ফেলা; to doff, (পোশাকাদি) খুলিয়া ফেলা; to divest, (বৃক্ষপত্রাদি) খসাইয়া ফেলা, বিচ্যুত করা; to undress, সাজপোশাক খুলিয়া ফেলা, নগ্ন করা; to deprive of a covering, আবরণ খুলিয়া বা খসাইয়া ফেলা; to skin, peel or husk, ছাল খোসা বা তুষ ছাড়ান; to deprive, বঞ্চিত করা (to *strip* a person of his possessions); to dismantle, সাজসরঞ্জাম খুলিয়া লওয়া, (যন্ত্রাদির) বিভিন্ন অংশ খুলিয়া ফেলা। (2) *v.i.* to undress, নিজের সাজ-পোশাক খুলিয়া ফেলা; নগ্ন হওয়া; to come off, খুলিয়া বা খসিয়া বা উঠিয়া যাওয়া। *pr. pt.* **stri°pping** । *p.* & *p. pt.* **stri°pped** । (3) *n.* a long narrow piece, সরু ও লম্বা টুকরা বা ফালি (a *strip* of cloth, paper, garden, etc.)। *n.* **strip°-cartoon**—সারিবদ্ধ টুকরা টুকরা অঙ্কনের দ্বারা তৈয়ারি ব্যঙ্গচিত্র বা কার্টুন। *n.* **strip°lighting**—(ইলেকট্রিক) টিউবলাইট। *n.* **strip°per** । *n.* **strip°-tease**—দর্শকদের মনোরঞ্জনের জন্য মঞ্চোপরি রমণীর অঙ্গাবরণ ক্রমে ক্রমে উন্মোচন। [OE. *strypan* (*v.*)—cp. G *streifen*]

stripe [strīp, স্ট্রাইপ্] *n.* a blow, (প্রধানতঃ চাবুকের) বাড়ি; a band of colour, রঙীন, ডোরা, রঙের সরু অথবা লম্বা দাগ; a military chevron, সৈনিকদের জামার হাতায় পরিধেয় পদমর্যাদাসূচক ফিতাবিশেষ; a cloth or pattern with stripes, রঙীন ডোরাকাটা কাপড় বা নক্‌শা (তু. ডুরে); (usu. *pl.*) stroke with a whip, বেত্রাঘাত; (Am.) kind, particular sort, (আমে.) প্রকার, রকম (people of all political *stripes*)। *a.* **stri°ped**—বিভিন্ন রঙের ডোরা-কাটা। *n.* **stripes**—(কথ্য.) বাঘ। [cp. Du. *streep*]

stripling [strip°-ling, স্ট্রিপ্°লিং] *n.* a youth, যুবক, তরুণ; one yet growing, অপরিণত ব্যক্তি বা প্রাণী। [dim. of *strip*]

stripped, stripper, stripping—see **strip.**

strive [strīv, স্ট্রাইভ্] *v.i.* to contend, বিরোধিতা করা; to struggle, সংগ্রাম করা; to try hard or earnestly, কঠোরভাবে বা সাগ্রহে চেষ্টা করা। *p.* **strōve** । *p. pt.* **stri°ven** । *n.* **stri°ver**—যিনি কঠোরভাবে চেষ্টা করেন। [OF. *estriver*]

strode—see **stride.**

stroke$_1$ [strōk, স্ট্রৌক্] (1) *n.* an act or mode of striking, আঘাত-করণ বা আঘাত করার ধরন; a blow, ঘা ঘুসি চড় প্রভৃতি; an attack of apoplexy or paralysis, সন্ন্যাসরোগের বা পক্ষাঘাতের আক্রমণ; the striking of a clock or its sound, প্রতি ঘণ্টায় বা অর্ধ-ঘণ্টায় ঘড়িতে নিনাদিত শব্দ; a dash or line, দাঁড়ি, কষি, মাত্রা, ড্যাশ, পঙ্‌ক্তি, রেখা; a touch of pen, pencil, brush, etc., কলম পেন্‌সিল তুলি প্রভৃতির টান আঁচড় বা দাগ; a beat, (নাড়ী ধমনী হৃৎপিণ্ড প্রভৃতির) স্পন্দন; a single complete movement in a series, সাঁতার নৌচালনা প্রভৃতির এক পাক বা টান; the aftmost oar in a boat, নৌকাদির পশ্চাদ্ভাগের প্রথম দাঁড় (also **strōke°-oar**); a single action towards an end, কার্যাদিসম্পাদনার্থ একদফা কাজ ; a skilful effort or achievement, কর্মদক্ষতা বা কর্মসাফল্য; a sudden favourable turn of luck, অভাবিত সৌভাগ্যোদয়। (2) *v.t.i.* to row, নৌকাচালনা করা, দাঁড় টানা, বৈঠা মারা। *p.* & *p. pt.* **strō°ked** । **on the stroke**—ঠিক সময়মত, (তু.) কাঁটায়-কাঁটায়। **with a stroke of the pen** —কলমের এক খোঁচায়। [OE. *strac*—cp. G. *streich*]

stroke₂ [strōke, স্ট্রৌক্] (1) *v.t.* to rub with the hand gently and in one direction, একদিকে ধীরে ধীরে হাত বুলাইয়া দেওয়া (to *stroke* one's beard, pet animals, etc.) । *p.* & *p. pt.* **strō°ked** । (2) *n.* stroking, উক্তভাবে হাত বুলাইয়া দেওয়া। **(to) stroke one down**— শান্ত করা, ক্রোধ ক্ষোভ প্রভৃতি দূর করা। **(to) stroke the wrong way**—উত্তেজিত করা, চটান। [OE. *stracian* (*v.*)—cp. G. *streichen*]

stroll [strōl, স্ট্রৌল্] (1) *v.i.* to wander as a vagrant or itinerant, ভবঘুরের ন্যায় ঘুরিয়া বেড়ান বা ফেরি করিয়া বেড়ান ; to walk leisurely, ধীরে-সুস্থে হাঁটিয়া বেড়ান। (2) *n.* a leisurely walk, ধীরে-সুস্থে ভ্রমণ (to go for or have or take a *stroll*) । *n.* **strō°ller**—ভবঘুরে ; ধীরে-সুস্থে ভ্রমণকারী ; ফেরিওআলা ; যে ব্যক্তি দেশ-বিদেশে ঘুরিয়া ঘুরিয়া অভিনয় করে। [G. *strolchen* < *strolch* = vagrant ?]

strong [strong, স্ট্রং] *a.* powerful, শক্তিশালী ; forceful, প্রবল, জোরাল ; vigorous, তেজী ; তেজঃপূর্ণ ; hale, সুস্থ ; robust, বলিষ্ঠ ; firm, দৃঢ় (*strong* character, determination, faith, foundation, etc.) ; resistant, প্রতিরোধে সক্ষম, প্রতিরোধী ; steadfast, অটল, দৃঢ়নিষ্ঠ ; well skilled or versed, সুদক্ষ বা সুপণ্ডিত ; numbering so many, নির্দিষ্টসংখ্যক (six hundred *strong*) ; stiff, শক্ত ; coarse, রূঢ়, কড়া (*strong* words) ; violent, প্রচণ্ড (*strong* wind) ; intense, প্রগাঢ় ; rank, পচা, দুর্গন্ধ ; vivid, স্পষ্ট ; (of prices or markets) steady, tending to rise, (মূল্য বা বাজার-সম্বন্ধে) স্থির আছে বা চড়িতেছে এমন, গরম বা তেজী ; (gr.) showing ablaut variation in conjugation, (ব্যাক.—ধাতু সম্বন্ধে) স্বরপরিবর্তনদ্বারা রূপ করা হয় এমন (*strong* verb— come : came : come) । *n.* **strong°-box**— মূল্যবান্ জিনিসপত্র রাখার জন্য দুর্ভেদ্য বাক্স বা আধার। **strong drink**—মদ্য, সুরা ; মদ্যমিশ্রিত পানীয়। *n.* **strong°hōld**—সুরক্ষিত আশ্রয় ; দুর্গ ; (কিছুর বা কাহারও) শক্তির কেন্দ্র। **strong language**— জোরাল ভাষা ; পরুষ বচন, কঠোর বাক্য ; গালি-গালাজ। **going strong**—(কথ্য.) কাজ প্রভৃতি পূর্ণোদ্যমে চালাইয়া যাওয়া ; স্বাস্থ্য বজায় রাখিয়া যাওয়া। *adv.* **strong°ly** । **strong man**—পেশীবহুল বলবান লোক ; যোগ্য বা সুদক্ষ কর্তৃত্বব্যঞ্জক ব্যক্তি। *a.* **strong°-mīn°dėd**—দৃঢ়মনাঃ। **strong point** —ব্যক্তিগত চারিত্রিক গুণ বা উৎকর্ষ। *n.* **strong-room**—মূল্যবান্ জিনিসপত্র বা বন্দীদিগকে রাখার জন্য দৃঢ়নির্মিত কক্ষ, (পরি.) দুর্ভেদ্য প্রকোষ্ঠ। **(to) come (go) it (rather, a bit) strong**— (কথ্য.) মাত্রা ছড়াইয়া যাওয়া ; খানিকটা অতিরঞ্জিত করা। [OE. *strang*—cp. ON. *stangr*]

strontium [stron°sh(i)am, স্ট্রন্°শ্‌অ্যাম্] *n.* soft silver-white metallic element, রুপার মত শুভ্র নরম ধাতব পদার্থ। **strontium 90**— আণবিক বিস্ফোরণের পর তেজস্ক্রিয় ধূলিরাশির উপাদানবিশেষ। [L. *strontian*]

strop [strop, স্ট্রপ্] (1) *n.* strip of leather etc., for sharpening razor, ক্ষুর শান্ দেওয়ার জন্য চামড়া বা অন্য বস্তু, চামাটি। (2) *v.t.* to sharpen on a strop, চামাটিতে শান্ দেওয়া। *pr. pt.* **stro°pping** । *p.* & *p. pt.* **stro°pped** । [cp. *strap*]

strophe [stro°-fi, স্ট্রৌ°ফি] *n.* a section of a chorus song, প্রাচীন গ্রীক্ নাটকে যৌথ সঙ্গীতের অংশবিশেষ (একদল এই অংশ গাহিবার পর আরেক দল ইহার উত্তর দিত, উত্তরকে বলা হইত **antistro°phe**)—(তু. তরজা বা কবিগান বা উক্ত গানে চাপান ও কাটান)। [Gk. = a turn]

strophy [stro°-pi, স্ট্র°পি] *a.* (sl.) bad-tempered, (অশি.) বদমেজাজী ; awkward to deal with, (কাহারও সম্পর্কে) আচরণাদি বা যোগাযোগের পক্ষে অসুবিধাজনক। [?]

strove—see **strive.**

struck—see **strike** । **struck on**—প্রণয়াভিলাষী।

structure [struk°-cha(r), স্ট্রাক্°চ্যা(র্)] *n.* manner of putting or binding together, একত্র বিন্যাসের পর সংস্থাপনের প্রণালী, গঠনপ্রণালী, সংযুতি ; construction, গঠন ; the essential framework, অপরিহার্য কাঠাম, অবয়ব (the *structure* of a house, sentence, machine, etc.) ; any complex whole, যৌগিক অর্থাৎ বিভিন্ন অংশে গঠিত দেহ বস্তু প্রভৃতি। *a.* **structural** [struk°-ch(a)rl, স্ট্রাক্°চ্‌র্‌ল্] গঠন-সংক্রান্ত বা সংযুতি-সংক্রান্ত। *a.* **struc°ture°lėss**—নিরবয়ব। *adv.* **struc°turally**—গঠনের দিক্ দিয়া। **structural formula** —(পরি.) সংযুতি-সঙ্কেত। **structural psychology** —মনের বিন্যাস গঠন সচেতন অভিজ্ঞতাদি সম্পর্কিত মনোবিজ্ঞান। [L. *structura*]

strudel [stroo°-dl, স্ট্রূ°-ড্‌ল্] *n.* a kind of thin pastry enclosing fruit, cheese, etc., ফল পনির প্রভৃতির পুর দেওয়া পিঠা বা কেক-বিশেষ (apple-*strudel*) । [G. *Apfelstrudel*]

struggle [strug°l, স্ট্রাগ্°ল্] (1) *v.i.* to strive vigorously under difficulties, মুশকিল বা প্রতিকূল অবস্থার মধ্যে কঠোরভাবে চেষ্টা করা (to *struggle* against difficulties or with infirmities of age) ; to contend strenuously, শ্রমসহকারে সংগ্রাম করা বা প্রতিদ্বন্দ্বিতা করা (to *struggle* for power, supremacy, etc.) ; to move convulsively, কষ্টসহকারে বা টলিতে

টলিতে চলা। (2) *n.* a bout, প্রতিদ্বন্দ্বিতা, প্রতিযোগিতা; a strife, সংগ্রাম, বিবাদ; a hard contest with difficulties, প্রতিকূল অবস্থার সঙ্গে কঠিন লড়াই; a convulsive movement, কষ্টসহকারে বা টলিতে টলিতে গমন। *n.* **strugg°ler** । *adv.* **strugg°lingly** । **struggle for existence**—বাঁচিয়া থাকার জন্য প্রতিকূল প্রকৃতি ও পারিপার্শ্বিক অবস্থার সহিত সংগ্রাম; জীবনসংগ্রাম। [?]

strum [strum, স্ট্রাম্] *v.t.i.* to play in a haphazard unskilful way, আনাড়ীর মত এলোপাতাড়িভাবে (বাদ্যযন্ত্রাদি) বাজান। *pr. pt.* **stru°mming** । *p.* & *p. pt.* **stru°mmed** । [imi.]

strumpet [strum°-pit, স্ট্রাম্°পিট্] *n.* (arch.) a whore, (আর্ষ.) বেশ্যা। [?]

strung—see **string.**

strut [strut, স্ট্রাট্] (1) *v.i.* to walk with pompous or affected gait, বৃথা গর্বে বা আত্মগরিমায় গট্‌গট্ করিয়া হাঁটা। *pr. pt.* **stru°tting** । *p.* & *p. pt.* **stru°tted** । (2) *n.* a strutting gait, উক্তভাবে চলন। [OE. *strutian*=to bulge]

struthious [stroo°-thi-as, স্ট্রু°থিঅ্যাস্] *a.* of or like an ostrich, উটপাখি-সম্বন্ধীয় বা সদৃশ। [L. *struthio*=ostrich]

strychnine [strik°-nen, স্ট্রিক্°নীন্], (arch.) **strychnia** [strik°-ni-a, স্ট্রিক্°নিঅ্যা] *n.* a poisonous vegetable alkaloid, বিষাক্ত উপক্ষারবিশেষ, স্ট্রিক্‌নাইন্। [Gk. *strukhnos*=a nightshade]

Stuart [stu°a(r)t স্টিউ°অ্যা(র্)ট্] *n.* any one of the British sovereigns, James I, Charles I & II, James II, Mary and Anne, প্রথম জেইমজ, প্রথম ও দ্বিতীয় চার্লস, দ্বিতীয় জেইমজ, ম্যারি এবং অ্যান্—ইংল্যানডের এই রাজারানীদের যে-কোন জন।

stub [stub, স্টাব্] (1) *n.* a stump of a tree, tooth, etc., কর্তিত বৃক্ষের যে অংশ মাটিতে প্রোথিত থাকিয়া যায়, মাঢ়ীর মধ্যে প্রোথিত দন্তমূল, ঐ জাতীয় যে-কোন বস্তু; the fag-end of a cigar, pencil, etc., খাওয়া চুরুট ব্যবহৃত পেন্‌সিল্ প্রভৃতির বর্জিতাংশ। (2) *v.t.* to remove stubs from, (জমি হইতে) কর্তিত বৃক্ষের মূল তুলিয়া ফেলা, (মাঢ়ী হইতে) দন্তমূল উৎপাটিত করা; to uproot, (কর্তিত বৃক্ষের মূল দন্তমূল প্রভৃতি) উৎপাটিত করা; to extinguish by pressing the stub on something, কিছুর উপরে (সিগার প্রভৃতির) বর্জিতাংশ ঘষিয়া নিভান। *pr. pt.* **stu°bbing** । *p.* & *p. pt.* **stu°bbed** । *a.* **stu°bby**—কর্তিত বৃক্ষের মূলাবশিষ্টে পূর্ণ; দগ্ধ সিগারেটের টুকরায় পূর্ণ; বেঁটে মোটা ও বলিষ্ঠ, হোঁতকা। *n.* **stu°bbiness** । **(to) stub one's toe**—পায়ের আঙুলে চোট বা আঘাত লাগা। [OE. *stybb*]

stubble [stub°l, স্টাব্°ল্] *n.* a stump of reaped corn, ফসল কাটিয়া লওয়ার পর উহার যে মূলদেশ মাটিতে প্রোথিত থাকে। *a.* **stubb°ly**—কর্তিত ফসলের মূলাবশিষ্টের ন্যায় বা তাহাতে আবৃত, খোঁচা-খোঁচা (*stubbly* beard)। [OF. *estuble*<LL. *stupula*]

stubborn [stu°-ba(r)n, স্টা°ব্যা(র্)ন্] *a.* obstinate, একগুঁয়ে, জেদী; pertinacious, অদম্য; refractory, অবাধ্য; rigid, কঠিন; অনমনীয়। *adv.* **stu°bbornly** । *n.* **stu°bbornness** । [?]

stubby—see **stub.**

stucco [stu°-ko, স্টা°কৌ] (1) *n.* a plaster for coating walls, making casts, etc., প্রাচীরগাত্র-প্রলেপন ছাঁচ নির্মাণ প্রভৃতি কার্যে ব্যবহৃত একপ্রকার প্ল্যাস্‌ট্যার্ বা আস্তর। (2) *v.t.* to coat with, or form in stucco, উক্ত প্ল্যাস্‌ট্যার্ দিয়া প্রলেপ দেওয়া বা নির্মাণ করা। *p.* & *p. pt.* **stu°ccoed, stu°cco'd** । [It.]

stuck—see **stick** । *a.* **stuck°-up**—আত্মগরিমাবশে স্বতন্ত্র থাকে এমন। **stuck up**—গঠিত।

stud$_1$ [stud, স্টাড্] *n.* a horse-breeding establishment, অশ্বপালনের বা প্রজননের প্রতিষ্ঠান; the animals kept there, উক্ত প্রতিষ্ঠানে রক্ষিত অশ্বসমূহ বা অন্যান্য প্রাণী। *n.* **stud°-book**—অশ্বসমূহের বংশপরিচয়সংবলিত পুস্তক। **stud bull, horse,** etc.—প্রজননের জন্য নিযুক্ত বৃষ, অশ্ব প্রভৃতি। *n.* **stud°-farm**—অশ্বপালনের প্রতিষ্ঠান। [OE. *stod*—cp. *steed*, G. *stute*=mare, *gestut* =stud]

stud$_2$ [stun, স্টাড্] (1) *n.* a projecting knob or pin, যে পেরেক বা পিন্ পুঁতিয়া অথবা ফুঁড়িয়া দিবার পরেও উহার কিয়দংশ বাহিরে থাকে; a large-headed nail, স্থূলশীর্ষ পেরেক; a double-headed button, যে দ্বিশির বোতাম একাধিক গর্তে ঢুকাইয়া পরাইতে হয়। (2) *v.t.* to adorn, set, or secure with studs, জুতার নাল পেরেক পিন্ স্থূলশীর্ষ পেরেক অথবা দ্বিশীর্ষ বোতামের দ্বারা শোভিত বা খচিত বা আবদ্ধ করা। *pr. pt.* **stu°dding** । *p. pt.* **stu°dded** । *a.* **stu°dded**—খচিত, শোভিত (*studded* with islands, jewels, stars, etc.)। [OE. *studu*=post]

student [stu°d(a)nt, স্টিউ°ড্‌ন্ট্] *n.* one who studies, অধ্যয়নকারী; a studious person, অধ্যয়নশীল ব্যক্তি, পড়ুয়া; a person undergoing instruction, (প্রধানতঃ স্কুল-কলেজের) ছাত্র, শিক্ষার্থী। *n.* **stu°dentship**—ছাত্রকে প্রদত্ত বৃত্তি, ছাত্রবৃত্তি, ছাত্রাবস্থা। [see *study*]

studied—*p.* & *p. pt.* of **study.**

studio [stu°-di-o, স্টিউ°ডিঔ] *n.* an artist's work-room, চিত্রকরের কর্মশালা; a workshop for photography, cinematography, wireless broadcasting, making of gramophone records, etc., আলোকচিত্র-গ্রহণ চলচ্চিত্র-নির্মাণ বেতার সম্প্রচার গ্রামোফোনের রেকর্ডনির্মাণ প্রভৃতির কার্যালয়। [It.]

studious—see **study.**

study [stu°-di, স্টা°ডি] (1) *v.t.i.* to apply the

mind to (book etc,) in order to acquire knowledge or skill, জ্ঞান বা দক্ষতা অর্জনের জন্য (পুস্তক প্রভৃতিতে) মনোনিবেশ করা, অধ্যয়ন করা। (2) *v.t.* to make one's object, স্বীয় অভীষ্টের বা লক্ষ্যের বিষয় করা ; to consider, বিবেচনা করা, বিচার করা ; to scrutinize, পুঙ্খানুপুঙ্খরূপে বিচার করা বা বিশ্লেষণ করা ; to devise, উদ্ভাবন করা। (3) *v.i.* to take an educational course, নির্দিষ্ট শিক্ষা-গ্রহণ করা ; to meditate, চিন্তা করা। (4) *n.* an object of endeavour, solicitude, or mental application, যে বস্তুর জন্য চেষ্টা করা হইতেছে, কাম্য বস্তু, সাধনা মনোযোগ চিন্তা প্রভৃতির লক্ষ্য ; attentive and detailed examination, মনোযোগের সহিত পুঙ্খানুপুঙ্খরূপে পরীক্ষা ; a reverie, ধ্যান ; application of the mind to the acquisition of knowledge or skill, অধ্যয়ন ; a branch of knowledge, জ্ঞানবিজ্ঞানের বিভাগ, বিদ্যা ; a preliminary essay towards a work of art, গবেষণার্থ বা অনুশীলনার্থ চিত্রাদি অঙ্কন (his finished works of art are not as exquisite as his *studies*) ; an exercise in art, শিল্পকলার অনুশীলন ; a presentation of the results of study, অনুশীলন বা গবেষণার দ্বারা লব্ধ জ্ঞান বর্ণনা অঙ্কন প্রভৃতি ; *a.* room devoted to study, অধ্যয়নকক্ষ, পাঠকক্ষ (in the morning you will find him in his *study*)। *a.* **stu°died**—ভালভাবে বিচার করিয়া দেখা হইয়াছে এমন ; ইচ্ছাকৃত (*studied* politeness, rudeness, unconcern, etc.) ; ভাবিয়া-চিন্তিয়া পরিকল্পিত বা উদ্ভাবিত ; ভালভাবে অধ্যয়ন করিয়াছে এমন ; সুপণ্ডিত। *a.* **stū°dious**—অধ্যয়নশীল ; মনোযোগী ; সাগ্রহ ; (উত্তমরূপে) অধীত বা বিবেচিত ; ইচ্ছাকৃত। *adv.* **stu°diously** I *n.* **stu°diousness** I [L. *studere*=to be zealous]

stuff [stuf, স্টাফ্] (1) *n.* matter, পদার্থ, বস্তু ; material, উপাদান ; a particular commodity, পণ্যদ্রব্য ; garden produce, তরিতরকারি ফলমূল বা শস্য ; cloth, (প্রধানতঃ পশমী) কাপড় ; a medicinal mixture, ভেষজ মিশ্র ; goods, মালপত্র; provisions, খাদ্য ; furniture, আসবাবপত্র ; literary or journalistic copy, সাহিত্যিক বা সাংবাদিক রচনাদি ; liquor, সুরা ; rubbish, জঞ্জাল ; nonsense, অর্থহীন কথা (*stuff* and nonsense)। (2) *v.t.* to serve as a padding for, (কিছুর) মধ্যে ভরার বস্তু হওয়া ; to cram full, সম্পূর্ণ পূর্ণ করা ; to thrust in, ঠাসিয়া ঠাসিয়া ঢোকান বা ভরা ; to obstruct, পথরোধ করা ; to cause to bulge out by filling, ভিতরে কিছু ঢুকাইয়া ফোলান ; to fill with seasoning etc., (মোরগ পিঠা কচুরি প্রভৃতির মধ্যে) মসলাদির পুর দেওয়া। (3) *v.i.* to eat gluttonously, পেটুকের মত গোগ্রাসে খাওয়া, পেট বোঝাই করিয়া খাওয়া। *n.* **stu°ffing**—যাহা ভিতরে ঢুকাইয়া কোন বস্তুকে পূর্ণ করা হয় (যেমন, খড় তুলা মসলা প্রভৃতি), পুর। *a.* **stu°ffy**—আলোবাতাস আসার ভাল পথ নাই এমন, গুমোটভরা ; শ্বাসরোধী। *adv.* **stu°ffily** I *n.* **stu°ffiness** I **(to) knock the stuffing out of one**—গর্ব বা আত্মবিশ্বাস হরণ করা ; (রোগাদিতে) দুর্বল বা জীর্ণ করা ; ক্লান্ত করা। **stuffed shirt**—(অশি.) আত্মম্ভরী বা দাম্ভিক ব্যক্তি। [OF. *estoffe*(*n.*) < L. *stuppa* < Gk. *styppe*=tow]

stull [stul, স্টাল্] *n.* a horizontal prop in a mine, খনিতে স্থাপিত আনুভূমিক আলম্ব। [cp. G. *stollen*]

stultify [stul°-ti-fī, স্টাল্°টিফাই] *v.i.* to cause to appear foolish, বোকা বা বেকুব বানান ; to destroy the force of by self-contradiction, আত্মবিরোধদ্বারা অর্থাৎ পরস্পরবিরুদ্ধ উক্তিদ্বারা (যুক্তি প্রভৃতির) বলবত্তা বা কার্যকরতা নষ্ট করা। *n.* **stultificā°tion** I *n.* **stulti°fier** I [LL. *stultificare*]

stumble [stumb°l, স্টাম্ব্°ল্] (1) *v.i.* to take a false step, হোঁচট খাওয়া ; to come near falling, পতনোন্মুখ হওয়া ; to lapse into wrongdoing, অন্যায় কাজ করিয়া ফেলা ; to flounder, হাতড়াইয়া মরা ; to light by chance or error, দৈবাৎ বা ভ্রমক্রমে পদার্পণ করা অথবা উপনীত হওয়া। (2) *n.* a false step, হোঁচট, পদস্খলন, a blunder or lapse, ভুল বা ত্রুটি। *n.* **stumb°ling-block**—প্রতিবন্ধকরূপে স্থাপিত প্রস্তরখণ্ড ; প্রতিবন্ধক ; যে বস্তু বা বিষয় বিভ্রান্ত করে বা ভুল ঘটায়। **(to) stumble across** or **upon one**—হঠাৎ বা আকস্মিকভাবে (কাহারও) দেখা পাওয়া। **(to) stumble along**—স্খলিতচরণে চলা ; টলিতে টলিতে চলা। [cp. *stammer*, ON. *stumla*]

stumer [stū°-ma(r), স্টিউ°ম্যা(র্)] *n.* (sl.) a counterfeit coin or note, (অশি.) জাল মুদ্রা বা নোট্ ; a worthless cheque, বাজে বা জাল চেক। [?]

stump [stump, স্টাম্প্] (1) *n.* the part of a felled or fallen tree left in the ground, কর্তিত বা পতিত বৃক্ষের গোড়ার যে অংশ মাটির মধ্যে থাকিয়া যায় ; this used as a platform, or a lecture delivered from on this, বক্তৃতামঞ্চরূপে ব্যবহৃত উক্ত বৃক্ষমূল বা উহার উপরে দাঁড়াইয়া প্রদত্ত বক্তৃতা (also **stump°-speech, stump-oratory**) ; a short thick remaining basal part, কিছুর ক্ষুদ্র ও স্থূল মূলবিশেষ, গুঁড়ি ; a wooden leg, কাঠের তৈয়ারি পা ; (in cricket) one of the three sticks of the wicket, (ক্রিকেটে) স্টাম্প্। (2) *v.t.* (in cricket) to dismiss by breaking the wicket when the striker is out of his ground, (ক্রিকেটে) ব্যাট্স্ম্যান্ বলে আঘাত করিয়া তাহার কোট ছাড়িয়া গেলে উইকেটে বল ছোঁয়াইয়া (ব্যাট্স্ম্যান্কে) আউট্ করা ; to nonplus, হতবুদ্ধি করা (I was *stumped* by that knotty question) I (3) *v.i.t.* to walk (over) stiffly and heavily (as if on wooden legs), (কাঠের পা-পরা অবস্থার মত) অস্বচ্ছন্দভাবে (কিছুর উপর দিয়া) খট্‌খট্‌ করিয়া হাঁটা ; to make or traverse making stump-speeches, বৃক্ষের মাটিতে প্রোথিত মূলাবশিষ্টের উপর দাঁড়াইয়া বক্তৃতা করা বা বক্তৃতা দিয়া বেড়ান। *p.* & *p. pt.* **stum°ped** I *n.* **stump°er**—হতবুদ্ধিকর জটিল প্রশ্ন I *a.* **stum°py**—খাট ও মোটা (*stumpy* man, tail, etc.) I *n.* **stum°piness** I **on the stump**—রাজনীতিক বক্তৃতাদানে এবং আন্দোলন সৃজনে রত I **(to) draw stumps**—(দিনের মত) ক্রিকেট-খেলা সাঙ্গ করা। **(to) stump up**—(অশি.—অর্থাদি) প্রদান করা বা সংগ্রহ করা। **(to) stir one's stumps**—তাড়াতাড়ি চলাফেরা করা। [cp. Du. *stomp*, G. *stumpf*]

stun [stun, স্টান্] *v.t.* to knock unconscious, আঘাতাদিদ্বারা হতচেতন করা ; to stupefy or daze, shock, উচ্চ শব্দ আকস্মিক আবেগ প্রভৃতির দ্বারা হতবুদ্ধি করা অথবা ধাঁধা লাগান। *pr. pt.* **stu°nning** I *p.* & *p. pt.* **stu°nned** I *adv.* **stunningly** I *n.* **stu°nner**—(অশি.) পরমোৎকৃষ্ট ব্যক্তি বা বস্তু। [OF. *estoner*=to astonish]

stung—see **sting.**

stunk—see **stink.**

stunned, stunner, stunning—see **stun.**

stunt₁ [stunt, স্টান্ট্] *n.* a difficult and showy performance, enterprise, or turn, কঠিন ও লোক-দেখান কর্মানুষ্ঠান বা কর্মপ্রচেষ্টা বা মোড়-পরিবর্তন ; an amazing advertising device, প্রচারের বা বিজ্ঞাপনের চমকপ্রদ কৌশল (advertising *stunts*) I [?]

stunt₂ [stunt, স্টান্ট্] *v.t.* to check growth of, বাড় বা বর্ধন ব্যাহত করা, বাড়িতে না দেওয়া। *a.* **stunt°(ed)**—বাড়িতে বা লম্বা হইতে পারে নাই এমন। [AS.=dull—cp. ON. *stuttr*=short]

stupe₁ [stūp, স্টিউপ্] *n.* a medicated piece of tow or cloth for fomenting, সেঁক দিবার জন্য ডাক্তারী ঔষধাদি মিশ্রিত পশম তুলা প্রভৃতির পুঁটুলি বা কাপড়। [L. *stup(p)a*<Gk. *stuppe*>tow]

stupe₂ [stūp, স্টিউপ্] *n.* (sl.) a foolish person, (অশি.) নির্বোধ ব্যক্তি, বোকা লোক। [see *stupid*]

stupefy [stū°-pi-fī, স্টিউ°পিফাই] *v.t.* to make stupid or senseless, হতবুদ্ধি বা হতচেতন করা (she was *stupefied* with grief) I *n.* **stūpéfac°tion** I [L. *stupefacere*]

stupendous [stū-pen°-das, স্টিউপেন্°ড্যাস্] *a.* astounding, বিস্ময়কর (*stupendous* achievement, error, folly, etc.) ; astoundingly huge, বিস্ময়কররকম প্রকাণ্ড। *adv.* **stūpen°dously** I *n.* **stūpen°dousnėss** I [L. *stupendus*]

stupid [stū°-pid, স্টিউ°পিড্] *a.* stupefied, হতবুদ্ধি ; senseless, হতচেতন ; insensible, অর্থহীন ; deficient in understanding or judgment, স্থূলবুদ্ধি, মূঢ় ; foolish, মূর্খ, বোকা ; dull, নীরস। *n.* **stūpid°ity, stū°pidnėss** I *adv.* **stū°pidly** I [L. *stupidus*]

stupor [stū°-pa(r), স্টিউ°প্যা(র্)] *n.* torpor, অসাড়তা, নিশ্চলতা, অক্রিয়তা, (পরি.) স্তম্ভ ; stupefaction, হতবুদ্ধি বা অচৈতন্য অবস্থা ; utter wonder, পরম বিস্ময়, বিস্ময়বিমুগ্ধ অবস্থা। [L.]

sturdy [sta(r)°-di, স্ট্যা(র্)°ডি] *a.* hardy, শক্ত ; robust, বলিষ্ঠ ; stout, গাঁট্টাগোট্টা (a *sturdy* frame) I *adv.* **stur°dily** I *n.* **stur°dinėss** I [OF. *estoudi*=stunned]

sturgeon [sta(r)°j(a)n, স্ট্যা(র্)°জ্‌ন্] *n.* a large sea-fish, বৃহৎ সামুদ্রিক মৎস্যবিশেষ। [AF.]

stutter [stu°-ta(r), স্টা°ট্যা(র্)] (1) *v.i.t.* to stammer, তোতলান। (2) *n.* stammer, তোতলান, তোতলামি। *n.* **stu°tterer** I *adv.* **stu°tteringly** I [obs. *stut*]

sty₁ [stī, স্টাই] *n.* a pen for swine, শূকরের খোঁয়াড় ; an extremely filthy place, নিরতিশয় নোংরা স্থান ; a place of gross debauchery, লাম্পট্যের আস্তানা। [OE. *stig*—cp. G. *steige*]

sty(e)₂ [stī, স্টাই] *n.* a small inflamed tumour on the eyelid, আঞ্জনি। [a back-formation of obs. *styany* ?]

Stygian [sti°-ji-an, স্টি°জিঅ্যান্] *a.* of the Styx, পাতালের স্টিক্স্-নদী-সংক্রান্ত ; hellish, নারকীয়। **Stygian oath**—অলঙ্ঘনীয় প্রতিজ্ঞা বা শপথ। [Gk. *Styx*]

style [stīl, স্টাইল্] (1) *n.* a pointed instrument for writing on wax tablets, মোমে তৈয়ারী পাতের বা ফলকের উপর লেখার জন্য সূচ্যগ্র কলমবিশেষ ; any similar instrument, খোদাই বেধন নক্শা-অঙ্কন কর্তন প্রভৃতি কার্যে ব্যবহৃত অনুরূপ যন্ত্র বা অস্ত্র ; (bot.) the slender part of the gynaeceum, (উদ্ভি.) গর্ভদণ্ড ; a hand, pointer, index, পথাদি প্রদর্শনার্থ হস্তচিত্র, কাঁটা, সূচক ; manner or form, (রচনা অঙ্কন বাচন আচার-আচরণ প্রভৃতির) ধরন, রীতি ; the distinctive manner peculiar to an author etc., লেখকাদির ব্যক্তিগত বৈশিষ্ট্যপূর্ণ রচনাশৈলী (delightful, florid or lucid *style*) ; particular custom or form observed, যে বিশেষ রীতি বা প্রথা মানিয়া চলা হয় ; designation, আখ্যা, অভিধা ; fashion, (চল্‌তি) রুচিসম্মত ঢঙ প্রথা বা কেতা (latest *style* in hair-dressing) ; an air of fashion, চাল ; kind, type, রকম, প্রকার : (what *style* of decoration do you prefer) ; mode of reckoning dates, তারিখাদির হিসাবের প্রথা। (2) *v.t.* to designate, আখ্যা দেওয়া, অভিহিত করা। *a.* **sty°lish**—কেতাদোরস্ত ; চালিয়াত ; লোক-দেখান, আড়ম্বরপূর্ণ, জাঁকাল ; চটপটে ভাব-প্রদর্শক। *adv.* **sty°lishly** I *n.* **sty°lishness** I *n.* **sty°list**—বিশিষ্ট ও সুন্দর রচনাশৈলীসম্পন্ন লেখক। **stylistic**—(1) *a.* রচনা-

শৈলী-সংক্রান্ত। (2) *n.* রচনাশৈলী-সংক্রান্ত শাস্ত্র। *adv.* **stylistically** । *n.* **stylograph** [stī°-la°-grŭf, স্টাই°ল্যা°গ্রাফ্], (contr.) **stylŏ**—আলপিনের মত সূচাল নিবওয়ালা ঝরনাকলমবিশেষ। *n.* **sty°lus**—মোমের ফলকাদির উপর লেখার জন্য সূচিমুখ কলম-বিশেষ; খোদাই বেধন নক্‌শা-অঙ্কন প্রভৃতি কার্যে ব্যবহৃত সূচিমুখ শলাকাবিশেষ। **New Style**—পোপ গ্রেগারি কর্তৃক উদ্ভাবিত ১৭৫২ খ্রিস্টাব্দে গৃহীত ইউরোপীয় নূতন পঞ্জিকানুযায়ী। **Old Style**—পোপ্ গ্রেগারির পঞ্জিকার পূর্বে ইউরোপে প্রচলিত জুলিয়াস্ সীজারের নামানুসারে আখ্যাত পঞ্জিকানুযায়ী। [L. *stilus* (*n.*)]

stymie [stī°mi, স্টাই°ইমি] *n.* (in golf) situation on the green when the player's ball is between the opponent's ball and the hole, (গলফ খেলায়) মাঠে যে অবস্থায় কোন খেলোয়াড়ের বল বিপরীত পক্ষের বল ও গর্তের মাঝখানে থাকে। *v.t.* ঐরূপ অবস্থায় ফেলা। (fig.) **(to) be stymied**—(আল.) মুশকিলে পড়া। [?]

styptic [stip°-tik, স্টিপ্°টিক্] (1) *a.* checking bleeding, রক্তস্রাবরোধী। (2) *n.* a styptic substance, রক্তস্রাবরোধী পদার্থ। [Gk. *styptikos*]

Styx [stiks, স্টিক্‌স্] *n.* (Gk. myth.) the river encompassing Hades, (গ্রী. পু.) পাতাল-পরিবেষ্টনকারী নদীবিশেষ, (তু.) বৈতরণী (cp. **Stygian**)। **(to) cross the Styx**—মারা যাওয়া। [L.<Gk. *Stux*]

suable, suability—see **sue.**

suasion [swā°z(a)n, স্যোএই°জ্‌ন্] *n.* persuasion, যুক্তি-পরামর্শ দিয়া কার্যাদিতে প্রবৃত্ত করান (moral *suasion*)। *a.* **suā°sive**। [L. *suasio*]

suave [swāv, স্যোএইভ্] *a.* bland, ভদ্র, কোমল, নরম (*suave* manner, speech, etc.)। *adv.* **suāve°ly**। *n.* **suā°vity**। [F.<L. *suavis*= sweet]

sub- [sub, সাব্] *pfx.* under, নিচে; from below, নিচে হইতে; away, দূরে, সরিয়া; near, কাছে; nearly, প্রায়, কাছাকাছি; subordinate, অধীন, অবর; secretly, গোপনে; (chem.) in smaller proportion, (রসা.) অল্পতর পরিমাণে। *a.* **sub°acid**—ঈষদম্ল। *n.* **sub°class**—(পরি.) উপশ্রেণী। *n.* **sub°clause**—চুক্তি দলিল আইন প্রভৃতির উপধারা, (পরি.) উপপ্রকরণ, উপখণ্ড। *n.* **sub°committee**—মূল সমিতির কয়েকজন সদস্য লইয়া গঠিত উক্ত সমিতির অধীন ক্ষুদ্রতর সমিতি, উপ-সমিতি। **sub°con°scious**—(1) *a.* পূর্ণচেতন নহে এমন, অর্ধচেতন; অবচেতন, (পরি.) অন্তর্জ্ঞানীয়। (2) *n.* অবচেতন মন বা তাহার ক্রিয়াকলাপ, অন্তর্জ্ঞান বা অন্তর্জ্ঞানচালিত ক্রিয়াকলাপ। *adv.* **sub°con°sciously**। *n.* **sub°con°sciousnėss**। *n.* **sub°con°tinent**—মহাদেশের প্রায় সমস্ত বৈশিষ্ট্যমণ্ডিত মহাদেশাংশ (যেমন, দক্ষিণ আফ্রিকা) বা বিশাল দেশ (যেমন, ভারত), উপমহাদেশ। *n.* **subcon°tract**—(প্রধানতঃ ঠিকাদারি সম্বন্ধে) মূল চুক্তির অধীন চুক্তি। *n.* **subcon°tractor**—মূল চুক্তিকর্তা বা ঠিকাদারের সঙ্গে যে ব্যক্তি চুক্তির অংশবিশেষ সম্পাদনার্থ চুক্তি করে। *a.* **sub°cūtā°nėous(ly)**—ত্বক্‌নিম্নস্থ। *v.t.i.* **sub°divide°**—আরও বা পুনরায় বিভক্ত করা বা হওয়া। *p.* & *p. pt.* **sub°divi°dėd**। *n.* **sub°division**—আরও বিভাজন; পুনর্বিভাজন; মহকুমা, (পরি.) উপবিষয়; শাখা। *a.* **sub°divi°sional**—মহকুমার; শাখার। **Subdivisional Officer**—মহকুমা শাসক, (পরি.) উপবিষয়শাসক; (পরি.) শাখাধিকারিক। *n.* **sub°-ed°itor**—(সংবাদ-পত্রাদির) সহ-সম্পাদক, অবর সম্পাদক। *n.* **sub°-family**—বংশের শাখা। *n.* **sub°-head°, sub°-hea°ding**—তালিকা হিসাব প্রভৃতির অনুশিরোনাম, (পরি.) অনুশীর্ষ। *a.* **sub°-hū°man**—সম্পূর্ণ মনুষ্য নহে এমন, অর্ধমানবিক, উপমানবিক। **sub-infeudā°tion**—জমিদার এবং রায়তের মধ্যবর্তী জমির মালিকানা, মধ্যস্বত্ব। *n.* **sub°-inspec°tor**—অবর পরিদর্শক; (পুলিসের) ছোট দারোগা; সাবইন্‌স্পেক্টর। **sub°-lease°**—(1) *n.* ইজারা-লওয়া সম্পত্তি বা তাহার অংশ অপরকে ইজারা-দান, দর-ইজারা; বর্গা। (2) *v.t.i.* দর-ইজারা দেওয়া; বর্গা দেওয়া। *n.* **sub°lessee°**—দর-ইজারাদার; বর্গা-দার। *n.* **sub°le°ssor**—দর-ইজারাদাতা; বর্গা-দাতা। *v.t.* **sub°let°**—এক ভাড়াটে কর্তৃক অন্য ভাড়াটেকে (গৃহাদি) ভাড়া দেওয়া, সাবলেট করা। *pr. pt.* **sub°le°tting**। *p.* & *p. pt.* **sub°let°**। *n.* **sub°lieute°nant**—নিম্নপদস্থ নৌ-সেনাপতিবিশেষ। *a.* **sublu°nar, sublu°nary**—চন্দ্রগ্রহের নিম্নস্থ, পার্থিব। *n.* **sub°man**—অত্যন্ত হীনপ্রকৃতির বা নিকৃষ্ট চরিত্রের মানুষ, পাশবিক, বা নির্বোধ প্রকৃতির লোক। **sub°marine**—(1) *a.* সমুদ্রগর্ভস্থ, (পরি.) অন্তঃসাগরীয়। (2) *n.* ডুবো-জাহাজ। *a.* **sub°nor°mal**—স্বাভাবিক অপেক্ষা ন্যূন, (পরি.) উপাভিলম্ব। *n.* **sub°plot**—(নাটকাদির) উপকাহিনী। *pl.* **sub ro°sa**—গোপনে। *n.* **sub°-sec°tion**—উপধারা, উপবিভাগ। *n.* **sub°soil**—ভূপৃষ্ঠের অব্যবহিত নিম্ন-বর্তী ভূস্তর, (পরি.) অন্তর্ভূমি, অন্তর্মৃত্তিকা। *a.* **subsonic** [sub-so°-nik, সাব্‌স°নিক্] (গতিবেগ সম্বন্ধে) শব্দ অপেক্ষা ধীরগামী। *n.* **sub°spē°cieš**—(পরি.) উপজাতি। *a.* **substan°dard**—নিকৃষ্ট মানের, স্বাভাবিক মান অপেক্ষা হীনতর। *n.* **sub°-station**—শাখা-ঘাঁটি। *n.* **sub°stra°tum**—নিম্নস্থ স্তর, (পরি.) অন্তঃস্তর, অধঃস্তর; ভিত্তি। *pl.* **sub°stra°ta**। *n.* **sub°structure**—(অট্টা-লিকাদির) নিম্নদেশে বা ভিত্তিস্বরূপ নির্মিত থিলানাদি; অট্টালিকাদির নিম্নদেশের গাঁথনি; ভিত্তি। *n.* **sub°-tan°gent**—(জ্যামি.) উপস্পর্শক। *n.* **sub°-te°nant**—যে প্রজা বা ভাড়াটে অন্য প্রজা বা ভাড়াটের নিকট বাড়ি জমি প্রভৃতি ভাড়া লইয়াছে, কোর্ফা-প্রজা, উপপ্রজা। *n.* **sub°te°nancy**—উপপ্রজাস্বত্ব। *n.* **sub°-title**—(গ্রন্থাদির বা অধ্যায়াদির) বিকল্প বা বাড়তি বা গৌণ নাম। *n.* **sub°tōtal**—বিশেষ সংখ্যক রাশি বা অঙ্কসমূহের মোট বা যোগফল। *n.* **sub°way**—ভূগর্ভস্থ পথ বা সুড়ঙ্গ বা বৈদ্যুতিক রেলপথ। [L.]

subaltern [sub°lt(ar)n, সাব্°ল্‌ট্‌(র্)ন্] *n.* a commissioned officer under the rank of a captain, ক্যাপ্‌টেনের অপেক্ষা নিম্নপদস্থ সেনা-পতিবিশেষ। [L. *subalternus*—see *sub-*, *alter*]
suba(h)dar [soo°-bŭ-da(r), সু°বাডা়া(র্)] *n.* an Indian provincial governor or army captain, সুবাদার। [Hin.<Ar. *suba*=a province, Pers. *-dar*=holder]
subdue [sab-dū°, স্যাব্‌ডিউ°] *v.t.* to overcome, পরাভূত করা; to overpower, অধিকতর বল-প্রয়োগে অধীনে আনা, দমন করা; to tame, বশে আনা; to allay, প্রশমিত করা; to tone down, (কিছুর) উগ্রতা বা উচ্চতা বা তীব্রতা হ্রাস করা, কোমল করা। *n.* **subdū°al**—পরাস্ত-করণ, বশে আনয়ন। *a.* **subdū°ed**—নরম বা কোমলীকৃত; প্রশমিত; দমিত। [OF. *souduire*<L. *subducere*]
subfusc [sub-fusk°, সাব্‌ফাস্ক্°] *a.* dusky, rather dark in colour, ঈষৎ কালচে; (coll.) unimpressive, ছাপ দেয় না বা প্রভাব বিস্তার করে না এমন। [L. *subfuscus*=sub+*fuscus*=dark brown]
subjacent [sub-jā°s(a)nt, সাব্‌জেই°স্‌ন্ট্] *a.* underlying, (কিছুর) নিম্নে অবস্থিত। [L. *subjacere*=to lie]
subject [sub°-jikt, সাব্°জিক্‌ট্] (**1**) *a.* under rule, control or jurisdiction, শাসনাধীন, নিয়ন্ত্রণাধীন, এলাকাধীন (*subject* races); owing allegiance (to), আনুগত্যস্বীকারে বাধ্য (*subject* to the laws of the land); under obligation, বাধ্যবাধকতাযুক্ত, বাধ্য; subordinate or subservient, অধীন; dependent, সাপেক্ষ, মুখাপেক্ষী, নির্ভরশীল; liable, দায়ী (*subject* to fine); prone, প্রবণ, ঝোঁকবিশিষ্ট (*subject* to a fainting fit); dependent upon condition, শর্তাধীন। (**2**) *n.* one who is subject, অধীন ব্যক্তি; a citizen, নাগরিক, প্রজা (he is an Indian *subject by* marriage); (phil.) the mind as the thinking power, (দর্শ.) মন বা চিন্তাশক্তি, আত্ম, অহং (cp. **object**); (log.) that of which something is predicated, (ন্যায়.—পরি.) প্রয়োজক; (gr.) that part of the sentence or clause denoting that of which something is said, (ব্যাক.) উদ্দেশ্য; topic, আলোচনার চিন্তার বা অধ্যয়নের বিষয় (a good *subject* for an essay); a department of study, বিদ্যার বা শিক্ষার বিভাগ অথবা শাখা; a theme, গল্প-উপন্যাসাদির বিষয়বস্তু; an object, উপলক্ষ্য, পাত্র; a patient, রোগী। *v.t.* **subject** [sub-ject°, সাব্‌জেক্‌ট্°] অধীন দায়ী বা সাপেক্ষ করা; দমন করা; বশে আনা। *n.* **subjec°tion**। *a.* **subjective** [sub-jek°-tiv, সাব্‌জেক্°টিভ্] আত্ম-প্রয়োজক উদ্দেশ্য পাত্র বিষয় বা উপলক্ষ্য সম্বন্ধীয়; মানসিক; (পরি.) বিষয়ী; (দর্শ.) অধ্যাত্মবাদীয়; আত্মবাদী, আত্মপ্রকাশক (a *subjective* assessment)। *n.* **subjec°tivism**—(দর্শ.) অধ্যাত্মবাদ। *n.* **subjec°tivist**। *n.* **subjecti°vity**—subjective-এর সকল অর্থে। *adv.* **subjecti°vely**—নিজের রুচি বা মত অনুসারে (প্রকৃত অবস্থা না দেখিয়া)। *n.* **sub°ject-matter**—বিষয়বস্তু। **subject to**—(এই শর্ত) প্রতিপালিত হইলে (*subject to* your approval, I propose to try again)। **(to) keep to the subject**—নিজেকে আলোচ্য বিষয়মধ্যে নিবদ্ধ রাখা (অর্থাৎ) অপ্রাসঙ্গিক না হওয়া। [*sub-*, L. *jacere*=to throw]
subjoin [sub°-joyn°, সাব্°জয়্‌ন্°] *v.t.* to add at the end, (রচনাদির) শেষে বা পরবর্তী কালে সংযোজিত করা। *n.* **sub°join°der**—উক্ত সংযোজন। [*sub-*, *join*]
sub judice [sub-joo°-dis, সাব্ জু°ডিস] *ph.* under judicial consideration, (আদালতের) বিচারাধীন; not yet decided, এখনও পর্যন্ত অমীমাংসিত। [L.]
subjugate [sub°-joo-gāt, সাব্°জুগেইট্] *v.t.* to bring under power or dominion, অধীন করা, বশে বা আয়ত্তে আনা, শাসনাধিকারে আনা; to conquer, (দেশাদি) জয় করা। *p.* & *p. pt.* **subjugāted**। *n.* **subjugā°tion**। *n.* **sub°jugātor**। [L. *subjugare*]
subjunctive [sub-jung(k)°-tiv, স্যাব্‌জাং°টিভ্] (**1**) *a.* (gr.) expressing condition, hypothesis, contingency, (ব্যাক.) ঘটনান্তরাপেক্ষিত বা সংযোজক। (**2**) *n.* (gr.) the subjunctive mood or such a verb, (ব্যাক.) উক্তরূপ ক্রিয়াপ্রকার বা ক্রিয়া। [L. *subjunctivus*]
sublime [sab-līm°, স্যাব্‌লাইম্°] (**1**) *a.* exalted, মহিমান্বিত (*sublime* beauty, thought, etc.); lofty, উচ্চ; elated, পরমোল্লসিত; supreme, সর্বোচ্চ, শ্রেষ্ঠ; noblest, মহত্তম; inspiring awe and veneration, ভয় ও শ্রদ্ধা উদ্রেককর। (**2**) *n.* that which is sublime, মহিমান্বিত উচ্চ পরমোল্লসিত সার্বভৌম সর্বোচ্চ শ্রেষ্ঠ বা মহত্তম বিষয় অথবা বস্তু কিংবা যাহা শ্রদ্ধা জাগায় (from the *sublime* to the ridiculous); the lofty or grand in thought, ভাবরাজ্যে যাহা সর্বোত্তম; the supreme degree, সর্বোচ্চ মাত্রা। (**3**) *v.i.* to raise aloft, ঊর্ধ্বে তোলা; to exalt, মহীয়ান্ করা; to transmute into something higher, উচ্চতর বা মহত্তর কিছুর সহিত মিশাইয়া অথবা মিলাইয়া দেওয়া; to subject to or obtain or purify by sublimation, ঊর্ধ্বপাতন করা অথবা ঊর্ধ্ব-পাতন দ্বারা লাভ করা বা শোধন করা। **the sublime**—যাহা ভয় ও সমীহ উদ্রেক করে। *v.t.* **sublimate** [sub°-li-māt, সাব্°লিমেইট্] sublime (*v.*)-এর অনুরূপ, এবং—(মনোবি.) উচ্চতর খাতে প্রবাহিত করান। *p.* & *p. pt.* **sub°limāted**। **sub°limate**—(**1**) *n.* ঊর্ধ্বপাতনদ্বারা লব্ধ বস্তু। (**2**) *a.* ঊর্ধ্বে স্থাপিত; উন্নীত; মহীয়ান্ করা হইয়াছে এমন; উচ্চ বা মহৎ কিছুর সহিত মিশাইয়া বা মিলাইয়া দেওয়া

হইয়াছে এমন ; উধ্ব´পাতনদ্বারা লব্ধ বা শোধিত ; উচ্চতর খাতে প্রবাহিত করান হইয়াছে এমন। *n.* **sublimā°tion**—sublimate (*v.*)-এর সকল অর্থে, এবং —ঘন পদার্থ হইতে বাষ্পে অবস্থান্তর ; উধ্ব´পাতনদ্বারা লব্ধ বস্তু ; পরমোল্লাস, পরমানন্দ ; সর্বোচ্চ স্থান ; আপনা হইতে উচ্চ বা মহৎ লক্ষ্যের প্রতি ধাবন। **sublīme°ly** । *n.* **sublimity** [sub-li°-mi-ti, সাব্‌লি°মিটি] । [L. *sublimis* (*a.*), *sublimare* (*v.*)]

subliminal [sub-lim°in-al, সাব্‌লিম্‌°ইন্‌-অ্যাল্‌] *a.* below the threshold of consciousness, মগ্নচৈতন্যগত ; of which one is not consciously aware, যাহার সম্পর্কে কোন ব্যক্তি সচেতন নহে এমন। **subliminal advertisement**—খণ্ড মুহূর্তের জন্য যে বিজ্ঞাপন প্রকটিত হয়, যাহা মগ্নচৈতন্যের উপর মুদ্রিত হয়। [L. *limen liminis*= threshold]

submerge [sub-ma(r)j°, সাব্‌ম্যা(র্‌)জ্‌°] *v.t.i.* to sink, ডোবান বা ডোবা ; to cover or flood, or be covered or flooded, with liquid, জলাদি তরল পদার্থে আচ্ছাদিত বা প্লাবিত করা অথবা হওয়া। *a.* **submer°ged**—submerge-এর সকল অর্থে, এবং—জলতলস্থিত ; (আল.) দারিদ্র্য ও দুর্দশায় এমনভাবে নিমজ্জিত যে উদ্ধারের কোন আশা নাই। *n.* **submer°gence**—জলাদি তরল পদার্থে নিমজ্জন অথবা আচ্ছাদিত বা প্লাবিত হওয়া ; (আল.) দারিদ্র্য ও দুর্দশায় সম্পূর্ণ নিমজ্জন। *v.t.* **submerse°**—same as **submerge** (*v.t.*) । *p.* & *p. pt.* **submer°sed** । *a.* **submer°sibe**—নিমজ্জনসাধ্য ; ইচ্ছামত জলের নীচে ডুবাইয়া চালান যায় এমন। *n.* **submersibi°lity** । *adv.* **submer°sibly** । *n.* **submersion** [sub-ma(r)°sh(a)n, সাব্‌ম্যা(র্‌)°শ্‌ন্‌] । [L. *submergere*]

submission, submissive—see **submit.**

submit [sab-mit°, স্যাব্‌মিট্‌°] (**1**) *v.t.* to yield, বশ্যতাস্বীকার করান ; to resign (oneself), (পরের হাতে নিজেকে) সমর্পণ করা (to *submit* oneself to the will of God) ; to refer for decision, consideration, etc., সিদ্ধান্ত বিবেচনা অনুমোদন সালিস বিচার প্রভৃতির জন্য দাখিল করা বা পেশ করা (to *submit* an article to inspection) ; to put forward deferentially, শ্রদ্ধাভরে উপস্থাপন করা, নিবেদন করা। (**2**) *v.i.* to yield, বশ্যতাস্বীকার করা ; to surrender, আত্মসমর্পণ করা (to *submit* to the enemy, indignity, etc.) ; to consent, to abide by conditions, শর্তে রাজী হওয়া বা মত দেওয়া। *pr. pt.* **submitting** । *p.* & *p. pt.* **submi°ttėd** । *n.* **submission** [sab-mi°sh(a)n, স্যাব্‌°মিশন্‌] বশীভূত-করণ ; আত্মসমর্পণ ; অধীন শাসনাধীন বা সাপেক্ষ করণ ; বিচারাদির জন্য দাখিল বা পেশ ; নিবেদন (my humble *submission* is that......) ; দাখিল-করা বিষয় ; নিবেদিত মতাদি ; বশ্যতাস্বীকার ; সম্মতি। *a.* **submissive** [sab-mi°siv, স্যাব্‌মি°সিভ্‌] বশ্য ; বাধ্য (a *submissive* pupil, wife, etc.) । *adv.* **submi°ssively** । *n.* **submi°ssivness** । [*sub*-, L. *mittere*=to send]

subordinate [sab-aw(r)°d-nit, স্যাব্‌অ্য(র্‌)°ড্‌নিট্‌] (**1**) *a.* lower in order, nature, power, etc., শ্রেণী পদমর্যাদা প্রকৃতি ক্ষমতা প্রভৃতিতে হীনতর ; dependent, অধীন ; under orders of another, অন্যের হুকুমের অধীন ; (gr.) a clause subservient to, (ব্যাক.) মূল বাক্যের অধীন। (**2**) *n.* a subordinate person, animal or thing, হীনতর বা অধীন বা হুকুমের অধীন ব্যক্তি কর্মচারী প্রাণী অথবা বস্তু ; (gr.) a subordinate sentence, (ব্যাক.) মূল বাক্যের অধীন বাক্য। *v.t.* **subor°dināte**—অন্যের অপেক্ষা হীনতর করান ; অন্যের অধীন করান ; সাপেক্ষ বা শাসনাধীন করান। *p.* & *p. pt.* **subor°dinā-tėd** । *adv.* **subor°dinately** । *n.* **subordinā°-tion** । *a.* **subordina°tive** । **subordinating conjunction**—যে অব্যয়দ্বারা মূল বাক্যের সঙ্গে উপবাক্য সংযোজিত হয় (যেমন, কারণ, যদি)। [*sub*-, *ordinate*]

suborn [su-baw(r)n°, সাব্য(র্‌)ন্‌°] *v.t.* to bribe or procure to commit perjury or crime, ঘুষ দিয়া বা অন্যভাবে মিথ্যা সাক্ষ্য দেওয়ান অথবা অপরাধ করান। *n.* **subornā°tion** । *n.* **subor°-ner** । [*sub*-, L. *ornare*=to equip]

subpoena [sab-pe°-na, স্যাব্‌পী°ন্যা] *n.* a writ commanding attendance in court under a penalty, যে পরওয়ানা-অনুযায়ী আদালতে হাজির না হইলে শাস্তি পাইতে হয়, সপীনা। [L. *sub poena* =under penalty (the first two words in the writ)]

subrogate [sub°-rō-gat, সাব্‌°রৌগেইট্‌] *v.t.* to substitute, স্থানাপন্ন করা ; (law) to put in place of another, as successor to his or her rights, (আইনে) অপরের অধিকারের উত্তরাধিকারিরূপে প্রতিষ্ঠিত করা। *p.* & *p. pt.* **sub°rō-gātėd** । *n.* **subrogation** [sub-ra-gā°sh(a)n, সাব্‌র্যাগেই°শ্‌ন্‌] । [L. *surrogare*<*sub*=in place of, *rogare*=to ask]

subscribe [sab-skrīb°, স্যাব্‌স্ক্রাইব্‌°] *v.t.i.* to sign, (প্রধানতঃ নিম্নদেশে) স্বাক্ষর করা ; to assent (to), সম্মতিদান করা, সম্মত হওয়া ; to contribute, (টাকা চাঁদা প্রভৃতি) দেওয়া। *n.* **subscrī°ber** । *a.* **subscript** [sub°-skript, সাব্‌°স্ক্রিপ্‌ট্‌] (গ্রীক-ভাষায় দীর্ঘস্বরের নিম্নদেশস্থ বিন্দুচিহ্ন সম্বন্ধে) নিম্নে লিখিত। *n.* **subscrip°tion** [sab-skrip°-sh(a)n, স্যাব্‌স্ক্রিপ্‌°শ্‌ন্‌] কোন ধর্মমতে স্বীকৃতিমূলক স্বাক্ষর ; স্বাক্ষর ; সম্মতি ; প্রদানের প্রতিশ্রুতিপূর্ণ স্বাক্ষরদান বা স্বাক্ষর ; প্রদত্ত টাকা চাঁদা প্রভৃতি বা উহা প্রদান ; (কাব্যে) বশ্যতাস্বীকার। **subscribe concert (dance)**—যে কনসার্টের (বা নৃত্যের) খরচ আগাম চাঁদা হইতে মিটাইয়া দেওয়া হয়। **(to) subscribe to**—সংবাদপত্রাদির গ্রাহক হওয়া বা সংবাদপত্রাদি রাখা ; একমত পোষণ করা বা একমত হওয়া (I wholly *subscribe to* your view) । [*sub-*, L. *scribere*=to write]

subsequent [sub°-si-kwant, সাব্‌°সিকো্যঅ্যান্‌ট্] *a.* following or coming after, পশ্চাদনুসারী, পশ্চাদ্‌গামী, পরবর্তী, উত্তরকালীন। *adv.* **sub°sequently** । [*sub-*, L. *sequi*=to follow]

subserve [sab-sa(r)v°, স্যাব্‌স্যা(র্‌)ভ্°] *v.t.* to help forward, (প্রধানতঃ অধীনভাবে) অগ্রগমনে বা উন্নতিসাধনে সাহায্য করা। *n.* **subser°vience, subser°viency**—অগ্রগমনে বা উন্নতিসাধনে সহায়তা, বশ্যতা। *a.* **subser°vient**—অগ্রগমনে বা উন্নতিসাধনে সহায়ক; ক্রীতদাসতুল্য; গোলামসুলভ মনোবৃত্তিপূর্ণ। *adv.* **subser°viently** । [*sub-*, see *serve*]

subside [sab-sīd°, স্যাবসাইড্°] *v.i.* to settle or sink down, থিতাইয়া তলাইয়া বা ডুবিয়া যাওয়া (he *subsided* into an arm-chair); to fall into a state of quiet, শান্ত হইয়া যাওয়া; to abate, হ্রাস পাওয়া, প্রশমিত হওয়া (the storm *subsided*); to die away, মিলাইয়া যাওয়া। *p. & p. pt.* **subsi°dėd** । *n.* **subsidence** [sub°-sid(a)ns, সাব্‌°সিড্‌ন্‌স্] থিতাইয়া তলাইয়া বা ডুবিয়া যাওয়া, (পরি.) অধোগমন বা অবনমন; শান্ত হওয়া; হ্রাস, প্রশমন; মিলাইয়া যাওয়া। [*sub-*, L. *sidere*=to settle]

subsidiary, subsidize—see **subsidy.**

subsidy [sub°-si-di, সাব্‌°সিডি] *n.* a special parliamentary grant of money to the king, ব্যবস্থাপরিষৎ কর্তৃক রাজাকে বিশেষ অর্থপ্রদান; a tax exacted by a king or feudal lord, রাজা বা সামন্ততান্ত্রিক ভূস্বামী কর্তৃক আদায়ীকৃত (প্রধানতঃ অতিরিক্ত) কর; a grant of public money in aid of some enterprise, industry, etc., or to a foreign state, in return for military aid or other equivalent, কোন প্রচেষ্টার শিল্পাদির সাহায্যার্থ অথবা অপর কোন রাষ্ট্র হইতে প্রাপ্ত সামরিক সাহায্যের বা অনুরূপ কিছুর বিনিময়ে সরকারী তহবিল হইতে অর্থপ্রদান, (পরি.) সহায়ক, সরকারী সাহায্য; (সংবাদপত্রের ভাষায়) ভরতুকি (food or housing *subsidies*) । *a.* **subsidiary** [sab-si°-der°-i, স্যাব্‌সি°ডিয়্যার্°ই] সাহায্যদায়ক; অতিরিক্ত বস্তু প্রভৃতির সরবরাহকারী; সম্পূরক; সহায়ক; অধীন বা সাপেক্ষ। **subsidiary company**—যে বাণিজ্য-প্রতিষ্ঠানের অধিকাংশ শেয়ার অপর এক বাণিজ্য-প্রতিষ্ঠান কিনিয়া লইয়াছে। **subsidiary troops**—ভাড়াটে সৈন্যবাহিনী। *adv.* **subsi°diarily** । *v.t.* **sub°sidize**—সরকারী আর্থিক সাহায্য বা নিয়মিত বৃত্তি দেওয়া; (পররাষ্ট্র হইতে) সাহায্যাদি লাভ করা; সরকারী অর্থবিনিময়ে (সৈন্য) ভাড়া করা। *n.* **subsidi°zātion** । [L. *subsidium*=aid, (ori.) reserve troops]

subsist [sab-sist°, স্যাব্‌সিস্‌ট্°] *v.i.* to exist, বিদ্যমান বা অস্তিমান্ থাকা; to continue to exist, বাঁচিয়া থাকা, জীবিত থাকা; to continue, চালু থাকা; (poet.) to hold out, (কাব্যে) অটল থাকা; to have the means of living, জীবিকানির্বাহ করা। *n.* **subsis°tence**—বিদ্যমানতা, অস্তিত্ব; জীবনধারণ; চালু অবস্থা; সত্তা; জীবনধারণার্থ প্রয়োজনীয় সামগ্রী, জীবিকা। **sub°sistence allowance** or **money**—বর্তমান অভাব দূরীকরণার্থ বেতনের আগাম প্রদত্ত অংশ। **subsistence farming**—চাষীর আপন প্রয়োজন মিটাইবার জন্য (অর্থাৎ ফসলাদি বিক্রয়ের জন্য নহে) কৃষি। **subsistence wages**—জীবনধারণোপযোগী ন্যূনতম মজুরি বা বেতন। *a.* **subsis°tent**—বিদ্যমান, অস্তিমান্; জীবিত; চালু; সত্তাযুক্ত; (অপ্র.) প্রাণধারণ-ব্যাপারে নির্ভরশীল (*subsistent* on) । [L. *subsistere*=to stand still]

substance [sub°st(a)ns, সাব্‌°স্ট্‌ন্‌স্] *n.* (phil.) that in which qualities or attributes exist, (দর্শ.) প্রকৃতি, পুরুষ; the essence of a thing, সত্ত্ব; the principal part, প্রধান অংশ; gist, সারাংশ, মর্ম; subject-matter, বিষয়বস্তু; body, দেহ, শরীর; matter, পদার্থ, বস্তু; wealth, property, ধনসম্পদ, সম্পত্তি (to waste one's *substance* unwisely); a solid or real thing, reality, সারবান্ বস্তু (ছায়া নহে), অস্তিমত্তা; solid worth, সারবত্তা। *a.* **substantial** [sab-stan°-sh(a)l, স্যাব্‌স্ট্যান্°শ্‌ল্] প্রকৃত অস্তিত্বপূর্ণ; প্রকৃত, বাস্তব; দেহী; বাস্তবিক; বেশ মূল্যবান্ ও প্রচুর, মোটারকম (*substantial* gain); বৃহদায়তন ও স্থায়ী; দৃঢ় ভিত্তির উপরে প্রতিষ্ঠিত (a *substantial* argument); দৃঢ়কায়, বলিষ্ঠ, শক্তিমান্; প্রচুরপরিমাণ (*substantial* concessions, damages, improvement, etc.); সঙ্গতিসম্পন্ন। *adv.* **substan°tially** । *n.* **substantia°lity** । *v.t.* **substan°tialize**—প্রকৃত অস্তিত্বপ্রদান করা; বাস্তবায়িত করা। *v.t.* **substantiate** [sab-stan°-shi-āt, স্যাব্‌স্ট্যান্°শিএইট্] প্রকৃত অস্তিমান্ করা; বাস্তবায়িত করা; মূর্ত করা; প্রমাণ করা; সত্য বলিয়া অনুমোদন বা প্রমাণ করা। *p. & p. pt.* **substan°tiātėd** । *n.* **substantiā°tion** । **sub°stantive**—(1) *a.* অস্তিত্বব্যঞ্জক; স্বতন্ত্র অস্তিত্ববিশিষ্ট; প্রকৃত, বাস্তব, অনধীন, স্বাধীন; স্বতন্ত্র; প্রচুরপরিমাণ; (2) *n.* (ব্যাক.) বিশেষ্য। **a substantive motion**—(বিতর্কে) যে সংশোধনী প্রস্তাব গৃহীত হইয়া মূল প্রস্তাবের ন্যায় আরও আলোচনার বিষয়ীভূত হয়। *a.* **substanti°val**—(ব্যাক.) বিশেষ্যমূলক। [L. *substantia*]

substitute [sub°-sti-tūt, সাব্‌°স্টিটিউট্] (1) *n.* a person or thing put in the place of another, প্রতিস্থাপিত ব্যক্তি বা বস্তু, বদলি, প্রতিকল্প। (2) *v.t.* to put in the place of another, প্রতিস্থাপিত করা; to put in exchange for, বদলি বা প্রতিকল্প হিসাবে স্থাপন করা। *p. & p. pt.* **sub°stitūtėd** । *n.* **substitū°tion** । *a.* **substitū°tive** । [L. *substituere*(*v.*)]

subsume [sub-sūm°, সাব্‌সিউম্°] *v.t.* to include, অন্তর্ভুক্ত করা। *n.* **subsump°tion** । [L. *sumere sumpt*=to take]

subtend [sab-tend°, স্যাব্‌টেন্‌ড্°] *v.t.* (geom.) to be opposite to, (জ্যামি.—কিছুর) বিপরীতে বা সম্মুখে অবস্থান করা। **subtended angle**—সম্মুখকোণ। [L. *subtendere*=to stretch]

subterfuge [sub°-ta(r)-fūj, সাব্‌°ট্যা(র্)ফিউজ্] *n.* an evasive device, (প্রধানতঃ আলোচনাদিতে অবলম্বিত) এড়ানর কৌশল। [L. *subter-*=under, *fugere*=to flee]

subterranean [sub-ta-rā°-ni-an, সাব্‌ট্যারেই°-নিয়্যান্] *a.* underground, ভূ-গর্ভস্থ, (পরি.) মৃদ্‌গত। *a.* **subterrā°neous**—মৃদ্‌গত। **subterranean river**—অন্তঃসলিলা নদী। [*sub-*, *terra*]

subtle, subtil(e) [sut°l, সাট্‌°ল্] *a.* fine, delicate, সূক্ষ্ম, কৃশ; rarefied, তনুকৃত; impalpable, ইন্দ্রিয়ের অগোচর, অস্পষ্ট; elusive, এড়াইয়া যায় এমন, ধরাছোঁয়ার বহির্ভূত; showing or calling for fine discrimination, সূক্ষ্ম বাছবিচার বা ভালমন্দ বিচারসম্পন্ন অথবা ঐরূপ বিচার প্রয়োজন হয় এমন (a *subtle* distinction); over-refined, অত্যধিক সূক্ষ্ম বা তনুকৃত; abstruse, দুর্বোধ্য, নিগূঢ়; cunning, চতুর, ধূর্ত; ingenious, কৌশলী (a *subtle* device)। *n.* **subt°leness, subt°lety, subtility** [sut°-lti, সাট্‌°ল্‌টি]। *v.t.* **subtilize** [su°-ti-līz, সা°টিলাইজ্] সূক্ষ্ম কৃশতনু ইন্দ্রিয়গোচর বা অস্পষ্ট করা অথবা হওয়া; ধরাছোঁয়ার বহির্ভূত করা বা হওয়া; সূক্ষ্ম বাছবিচার-সাপেক্ষ করা বা হওয়া; নিগূঢ় করা বা হওয়া; কৌশল-পূর্ণ করা বা হওয়া। *n.* **subtilizā'tion** । *adv.* **subt°ly, subt°il(e)ly** । [OF. *soutil*<L. *subtilis*=woven like a web]

subtopia [sub-tō°-pi-u, সাব্‌টৌ°পিআ] *n.* area disfigured by ill-planned, monotonous, ugly building development, খারাপ পরিকল্পনায় তৈয়ারী একঘেয়ে গৃহনির্মাণের দ্বারা কুশ্রীভূত জনস্থান। *a.* **subtō°pian** । [L. *sub*=under, G. *topos*=a place]

subtract [sab-trakt°, স্যাব্‌ট্র্যাক্‌ট্°] *v.t.* to deduct, (গণি.) বিয়োগ করা। *n.* **subtrac°tion**—বিয়োগ, ব্যবকলন, বিয়োগ-অঙ্ক। [*sub-*, L. *trahere*=to draw]

subtrahend [sab°-tra-hend, স্যাব্‌°ট্র্যাহেন্‌ড্] *n.* that which is to be subtracted, বিয়োজ্য বস্তু অংশ সংখ্যা প্রভৃতি। [see *subtract*]

subtropical [sab°-tropikal, স্যাব্‌°ট্রপিক্যাল্] *a.* nearly tropical, প্রায় গ্রীষ্মমণ্ডলীয় (a *subtropical* climate)। [*sub+tropical*]

suburb [su°-ba(r)b, সা°ব্যা(র্)ব্] *n.* a district adjoining a town, শহরতলি, (পরি.) উপপুর; (in *pl.*) the outskirts of a town, শহরের প্রান্তবর্তী অঞ্চল, বিশেষতঃ বেশ্যাপল্লী; (in *pl.*) outskirts, উপকণ্ঠবর্তী অঞ্চলসমূহ, উপকণ্ঠ। *a.* **subur°ban**—শহরতলিতে বা উপকণ্ঠে অবস্থিত অথবা সেখানে বাসকারী; শহরতলিসুলভ; সংস্কৃতির দিক্ দিয়া ঊন বা অসম্পূর্ণ। *n.* **subur°bia**—শহরতলির জীবনযাত্রা। [L. *suburbium*]

subvention [sab-ven°sh(a)n, স্যাব্‌ভেন্‌°শ্‌ন্] *n.* a monetary grant in aid, (প্রতিষ্ঠানাদিকে সরকারি) অর্থসাহায্য। [L. *subventio*]

subversion, subversive—see **subvert.**

subvert [sub-va(r)t°, সাব্‌ভ্যা(র্)ট্°] *v.t.* to overthrow, পরাভূত করা বা ধ্বংস করা; to overturn, উলটাইয়া ফেলা। *n.* **subversion** [sub-va(r)°-sh(a)n, সাব্‌ভ্যা(র্)°শ্‌ন্] পরাভব, ধ্বংস। *a.* **subversive** [sub-va(r)°-siv, সাব্‌ভ্যা(র্)°সিভ্] পরাভূত করিতে বা ধ্বংস করিতে সচেষ্ট অথবা আকাঙ্ক্ষী; বিধ্বংসী। [L. *subvertere*]

succeed [sak-sēd°, স্যাক্‌সীড্°] **(1)** *v.t.* to come after or follow, পশ্চাতে আসা বা অনুসরণ করা; to follow in order, যথাক্রমে বা পরম্পরাক্রমে আসা (day *succeeds* day); to take the place of (another), পদে খেতাবে মালিকানায় (অন্যের) স্থানাপন্ন হওয়া, উত্তরাধিকারী হওয়া। **(2)** *v.i.* to prosper, সমৃদ্ধ হওয়া বা উন্নতিলাভ করা; to obtain one's wish or accomplish what is attempted, সিদ্ধিলাভ করা, সফল হওয়া (to *succeed* in an examination, life, etc.)। *n.* **success** [s(a)k-ses°, সক্‌সেস্°] (শুভ বা অশুভ) পরিণতি; সমৃদ্ধি, উন্নতি, সিদ্ধি, সাফল্য; সম্পদ্ ও প্রতিষ্ঠা লাভ; সফল ও সার্থক ব্যক্তি পুস্তক ব্যাপার প্রভৃতি। *a.* **success°ful**—শেষ পর্যায়ে সজ্ঘটিত; সিদ্ধ, সফল, সার্থক, সিদ্ধ-মনোরথ; সমৃদ্ধিপূর্ণ, উন্নতিপূর্ণ। *adv.* **success°fully** । *n.* **succession** [s(a)kse°sh(a)n, সক্‌সে°শ্‌ন্] পশ্চাতে আগমন, অনুসরণ, যথাক্রমে বা পরম্পরানুসারে আগমন; (পরি.) পর্যায়, পারম্পর্য, উত্তরাধিকারী হওয়া; উত্তরাধিকারের আইন রীতি অধিকার বা পালা; উত্তরাধিকারিগণ; উত্তর পুরুষ। **The Apostolic Succession**—যিশু খ্রিষ্টের প্রথম শিষ্যগণ হইতে আরম্ভ করিয়া বিশপদের মধ্য দিয়া অধ্যাত্ম কর্তৃত্বের অক্ষুণ্ণ পারম্পর্য। **succession certificate**—আদালত হইতে প্রদত্ত উত্তরাধিকারের বৈধতাসম্বন্ধীয় ঘোষণাপত্রবিশেষ। **succession duty**—উত্তরাধিকারসূত্রে প্রাপ্তসম্পত্তি বাবদ দেয় কর, উত্তরাধিকার-কর। *a.* **succe°ssive**—পরম্পরাগত, ধারাবাহিক। *adv.* **succ°essively** । *n.* **succe°ssor**—পশ্চাতে বা পরম্পরাক্রমে আগত ব্যক্তি অথবা বস্তু; উত্তরাধিকারী। *n.* **succe°ssorship** । [L. *succedere*]

success—see **succeed.**

succinct [sak-sing(k)t°, স্যাক্‌সিংট্°] *a.* (arch.) enclosed, (আর্ষ.) পরিবেষ্টিত; close-fitting, (পোশাকাদি-সম্বন্ধে) আঁটসাঁট; concise, সংক্ষিপ্ত। *adv.* **succinct°ly** । *n.* **succinct°ness** । [L. *succinctus*]

For words in *sub-*, not given separately, see **sub-**.

succour [su°-ka(r), সা°ক্যা(র্)] **(1)** *v.t.* to aid in distress, দুর্দশাদিতে সাহায্য করা ; to relieve, বিপদাদি হইতে উদ্ধার করা। **(2)** *n.* aid, দুর্দশাদিতে সাহায্য ; relief, উদ্ধার। [AF. *socorre*<L. *succurrere* (*v.*)]

succulent [su°-kū-lant, সা°কিউল্যান্ট্] *a.* juicy, রসাল, সরস ; juicy and fleshy, রসাল ও শাঁসাল। *n.* **su°cculence**—রসালতা ; রসালতা ও শাঁসালতা। *adv.* **su°cculently** । [L. *succulentus*]

succumb [sa-kum°, স্যাকাম্°] *v.t.* to lie down under or sink under, চাপ বিপদ্ লোভ প্রভৃতির অধীন বা বশীভূত হওয়া অথবা তাহাতে অভিভূত বা নিমজ্জিত হওয়া ; to die, মারা যাওয়া (to *succumb* to one's injuries) । [*sub-*, L. *cumbere*=to lie]

such [such, সাচ] **(1)** *a.* of that kind, the like kind, or the same kind, ঐ জাতীয়, অনুরূপ, একই জাতীয় ; so characterized, ঐরূপ বা অনুরূপ বৈশিষ্ট্যপূর্ণ ; of what kind, কিরূপ, যেরূপ ; so great, এত বড় ; before-mentioned, পূর্বোল্লিখিত ; of some particular kind, এমন, তেমন। **(2)** *pro.* such a person or persons, thing or things, ঐ জাতীয় অনুরূপ একই জাতীয় ঐরূপ অথবা অনুরূপ বৈশিষ্ট্যপূর্ণ ব্যক্তি প্রাণী বা বস্তু কিংবা ব্যক্তিগণ প্রাণিগণ বা বস্তুসমূহ ; the before-mentioned thing or person, পূর্বোল্লিখিত বস্তু বা প্রাণী ; that, উহা, তাহা। *a.* & *pro.* **such-and-such** [such°-(a)n-such, সাচ্°ন্সাচ্] অমুক অমুক ব্যক্তি প্রাণী বা বস্তু। **such a one**—এরূপ ব্যক্তি বা বস্তু। *a.* & *pro.* **such°like**—ঐরূপ অনুরূপ বা ঐ জাতীয় (ব্যক্তি প্রাণী বা বস্তু)। *n.* **such°ness**—গুণাগুণ। *adv.* **such°wise**—এইভাবে, এই ধরনে। **such as**—উদাহরণ-স্বরূপ, যথা। **such as it is**—ইহা যে অবস্থায় আছে তাহাতে অর্থাৎ উন্নতি বা অবস্থান্তর না ঘটিলে। **such as to**—এমন যে। **such that**—এমন যে। **no such things**—এইরূপ বস্তুর কোনটিই নয়। [OE. *swilc*—cp. Goth. *swaleiks*]

suck [suk, সাক্] **(1)** *v.t.i.* to draw in with the mouth, or to take in by rolling the thing with the tongue, চুষিয়া পান করা বা খাওয়া, চুষিয়া লওয়া, চোষা ; to absorb, শোষণ করা ; to draw in, টানিয়া লওয়া ; to extract, (নির্যাসাদি) নিষ্কাশন করা ; to exhaust, নিঃশেষ করা ; to imbibe, পান করা বা শুষিয়া লওয়া। **(2)** *v.i.* to draw the breast, স্তন্যপান করা। *p.* & *p. pt.* **su°cked** । **(3)** *n.* act of giving opportunity of sucking, স্তন্যদান ; a spell of sucking, স্তন্যপান। *n.* **su°cker**—চোষক ; শোষক ; নিষ্কাশক ; পায়ী ; স্তন্যপায়ী ; নবজাত স্তন্যপায়ী প্রাণী (যেমন, শূকর-ছানা তিমিশাবক প্রভৃতি) ; তরল পদার্থ শুষিয়া লওয়ার যন্ত্র নল প্রভৃতি ; যে অঙ্কুর মৃত্তিকাগর্ভ হইতে উত্থিত হইয়া নূতন গাছে পরিণত হয় ; (অশি.) অপরিণতবুদ্ধি বা হাবাগবা লোক। *a.* **su°cking**—suck (*v.*)-এর সকল অর্থে, এবং—এখনও স্তন্যপান করে এমন। *n.* **su°cking-bottle**—মাইপোষ। *n.* **su°cking-pig**—যে শূকরশাবক এখনও মাতৃস্তন্য পান করে। *v.t.* **suck°le**—স্তন্যপান করান। *n.* **suck°ling**—যে শিশু বা শাবক এখনও স্তন্যপান ত্যাগ করে নাই, দুধের বাচ্ছা। **babes and sucklings**—নিষ্পাপ শিশুরা। **(to) give suck to**—স্তন্যদান করা। **(to) suck one's brains**—স্বীয় সুবিধার জন্য (অন্যের কাছ হইতে) তথ্য ধারণা প্রভৃতি আদায় করা। **(to) suck up to**—(স্কুলের ছাত্রদের মধ্যে, অশি.) তোষামোদের দ্বারা বা সেবার ভান করিয়া বা অনুরূপ উপায়ে খুশি করার চেষ্টা করা। [OE. *sucan*<G. *saugen*]

sucrose [sū°-kros, সিউ°ক্রৌস্] *n.* sugar obtained from sugarcane, sugar-beet, etc., ইক্ষু চিনিবীট প্রভৃতি হইতে প্রাপ্ত শর্করা। [F. *sucre*=sugar]

suction [sūk°sh(a)n, সাক্°শ্ন্] *n.* act of sucking, চোষণ, স্তন্যপান ; act of drawing or adhesion by reducing pressure of air, শোষণ। **suction pipe**—তরলপদার্থাদি শোষণের নলবিশেষ। [L. *sugere*—cp. *suck*]

Sudanese [soo-da-nēj°, সুড্যানীজ্°] **(1)** *a.* of the Sudan, সুদান-রাজ্যের। **(2)** *n.* a native of the Sudan, সুদানবাসী।

sudd [sud, সাড্] *n.* a mass of floating vegetable matter obstructing the white Nile, শ্বেত নীলনদে অবরোধক ভাসন্ত উদ্ভিদ্‌সমূহ ; a temporary dam, অস্থায়ী বাঁধ। [Ar.=obstruction]

sudden [su°dn, সা°ড্ন্] *a.* without warning, unexpected, আকস্মিক, অপ্রত্যাশিত ; hasty, ত্বরিত ; abrupt, অপ্রত্যাশিতভাবে (মধ্যপথে) সমাপ্ত। *adv.* **su°ddenly** । *n.* **su°ddenness** । **(all) on a sudden, (all) of a sudden**—সম্পূর্ণ আকস্মিকভাবে। [AF. *sodain*<L. *subitaneus*]

sudorific [sū-da-ri°-fik, সিউড্যারি°ফিক্] **(1)** *a.* causing sweat, ঘর্মনিঃসারক। **(2)** *n.* a sudorific drug, ঘর্মনিঃসারক ঔষধ। [L. *sudor*=sweat]

suds [sudz, সাড্জ্] *n. pl.* soap-froth, সাবান-ফেনা। [?]

sue [sū, সিউ] **(1)** *v.t.* to prosecute at law, আদালতে অভিযুক্ত করা। **(2)** *v.t.i.* to petition (for), আবেদন করা (to *sue* for a favour, peace, etc.) ; (arch.) to court or woo, (আর্ষ.) প্রণয়-প্রার্থনা বা পাণিপ্রার্থনা করা। **(3)** *v.i.* to make legal claim, আইনগত দাবি করা (to *sue* a person for damage, redress, etc.)। **(to) sue out**—(প্রধানতঃ আদালতে) আবেদন করিয়া (হুকুমাদি) বাহির করা। [OE. *suir*=to follow<L. *sequi*]

suède [swad, স্যোএইড্] *n.* undressed kid-skin, (পাদুকাদির তৈয়ারির জন্য) ছাগল ছানার অপরিষ্কৃত অর্থাৎ সলোম চর্ম ; সোয়েড্ চামড়া। [F. (*gants de*) *Suede*=(gloves of) Sweden]

suet [sū°-it, সিউ°ইট্] *n.* fat enclosing the kidneys of the ox etc., ষাঁড় ভেড়া প্রভৃতির

মূত্রাশয়-পরিবেষ্টক শক্ত চর্বি। [OF. *seu*<L. *sebum* =fat]

suffer [su°-fa(r), সা°ফ্যা(র্)] (1) *v.t.i.* to undergo (punishment, pain, etc.), (শাস্তি যন্ত্রণা প্রভৃতি) ভোগ করা ; to endure, সহ্য করা ; to be affected by, (কিছুর দ্বারা) পীড়িত বা বিজড়িত হওয়া ; to allow or tolerate, অনুমতি দেওয়া বা বরদাস্ত করা (to *suffer* one to go)। (2) *v.i.* to feel pain or punishment, যন্ত্রণা বা শাস্তি ভোগ করা ; to sustain loss, ক্ষতিগ্রস্ত হওয়া বা লোকসান খাওয়া ; to be injured, আহত বা পীড়িত হওয়া। *a.* **sufferable** [su°-f(a)rable, সা°ফ্র্যাব্‌ল্] সহনসাধ্য, সহনীয়। *adv.* **su°fferably**। *n.* **sufferance** [su°f(a)r(a)ns, সা°ফ্‌রন্‌স্] যন্ত্রণাদিভোগ, (পরি.) অবসহন ; সহ্য ; ধৈর্য ; নীরব সম্মতি ; অনাপত্তিমূলক অনুমতি। *n.* **sufferer** (su°-f(a)ra(r), সা°ফ্‌র্যা(র্)]। **suffering** [su°-f(a)ring, সা°ফ্‌রিং] (1) *n.* শাস্তি যন্ত্রণা প্রভৃতি ভোগ। (2) *a.* শাস্তি যন্ত্রণা প্রভৃতি ভোগরত (*suffering* mortals)। **(to) suffer fools gladly**—বোকা লোকদের সহিত ধৈর্যসহকারে ব্যবহার করা। [L. *sufferre*=to bear]

suffice [sa-fīs°, স্যাফাইস্°] *v.i.t.* to be enough or competent (for), (কিছুর পক্ষে) পর্যাপ্ত যথেষ্ট বা যথাযোগ্য হওয়া (his promise will *suffice*) ; to meet the needs (of), (কিছুর) প্রয়োজন মেটান (two feeds a day will not *suffice* a growing baby)। *p.* & *p. pt.* **suffi°ced**। *n.* **sufficiency** [s(a)fi°sh(a)nsi, স্‌ফি°শ্‌ন্‌সি] পর্যাপ্ততা; প্রয়োজনসাধনের পক্ষে পর্যাপ্ততা ; প্রয়োজনসাধনে সক্ষমতা; যথাযোগ্যতা; সক্ষমতা; ক্ষমতা; পর্যাপ্ত পরিমাণ; সচ্ছলতা। **suffi°cient**—(1) *a.* পর্যাপ্ত ; প্রয়োজনসাধনে সক্ষম ; যথাযোগ্য ; কার্যকর ; সচ্ছল। (2) *n.* (কথ্য.) পর্যাপ্ত পরিমাণ। *adv.* **suffi°ciently**। **suffice it**—ইহাই পর্যাপ্ত হউক। [OF. *suffire*<L. *sufficere*]

suffix [su°-fiks, সা°ফিক্‌স্] *n.* a syllable or other addition at the end of a word, মূল শব্দের অন্তে যুক্ত প্রত্যয় বিভক্তি প্রভৃতি (cp. **prefix**)। *v.t.* **suffix°**—(শব্দান্তে) প্রত্যয় বিভক্তি প্রভৃতি যোগ করা। *p.* & *p. pt.* **su°ffixed**। [*sub-*, *fix*]

suffocate [su°-fa-kāt, সা°ফ্যাকেইট্] *v.t.i.* to choke by stopping of breath, শ্বাসরোধ করিয়া মারা বা শ্বাসরোধের ফলে মরা ; to stifle, শ্বাসরোধ করা বা হওয়া। *p.* & *p. pt.* **su°ffocāted**। *a.* **su°ffocāting**—শ্বাসরোধী। *n.* **suffocā°tion**। [L. *suffocare*]

suffragan [suf°ra-gan, সাফ°র্যা-গ্যান] *n.* & *a.* one appointed to help the bishop by managing part of the diocese, বিশপের এলাকার অংশবিশেষ পরিচালনা করিয়া বিশপকে সাহায্য করিতে নিযুক্ত সহকারী (*suffragan* bishop)। [L. *suffrageneus*=assistant]

suffrage [su°-frij, সা°ফ্রিজ্] *n.* a prayer, (প্রধানতঃ মৃতের আত্মার কল্যাণকামনায় বা ভগবানের উদ্দেশ্যে) প্রার্থনা ; a vote, ভোট, (পরি.) মত ; sanction, অনুমোদন ; support, সমর্থন ; voting power, ভোটাধিকার। **adult** or **manhood suffrage**—প্রাপ্তবয়স্কের ভোটাধিকার। **universal suffrage**—সর্বজনীন ভোটাধিকার। *n.* **suffragette** [su-fra-jet°, সাফ্র্যাজেট্°] স্ত্রীলোকের ভোটাধিকার-লাভের প্রয়াসী অথবা উক্ত উদ্দেশ্যে আন্দোলনকারিণী নারী। *n.* **su°ffragist**—ভোটাধিকারের সমর্থক। [L. *suffragium*=a vote]

suffuse [sa-fūz°, স্যাফিউজ্°] *v.t.* to pour over, (কিছুর) উপরে ঢালিয়া দেওয়া বা বর্ষণ করা ; to overspread or cover, ছাইয়া ফেলা বা আবৃত করা (eyes *suffused* with tears)। *n.* **suffū°sion**। [*sub-*, *fuse*]

Sufism [sōō°-fizm, সূ°ফিজ্‌ম্] *n.* Mohammedan pantheistic mysticism, মুসলমানধর্মের সর্বেশ্বরবাদী রহস্যবাদ, সুফীবাদ। [Ar. *sufi*=(lit.) man of wool]

sugar [shoo°-ga(r), শু°গ্যা(র্)] (1) *n.* a sweet substance, চিনি, শর্করা। (2) *v.t.* to mix or coat with sugar, চিনি মেশান বা মাখান। *n.* **su°gar-can°dy**—মিছরি। *n.* **su°gar-cāne**—ইক্ষু। *n.* **cane°-sugar**—ইক্ষু হইতে প্রস্তুত চিনি। *a.* **su°gar-coa°tėd**—চিনিতে প্রলিপ্ত ; (কথা-সম্বন্ধে) শ্রুতিমধুর। *n.* **su°gar-daddy**—(অশি.) যে অর্থবান প্রৌঢ় ব্যক্তি তরুণী নারীকে অকাতরে অনুগ্রহ বিতরণ করে। *a.* **su°gared**—চিনিমিশ্রিত ; চিনির প্রলেপযুক্ত ; চিনিতুল্য স্বাদু ; অত্যধিক মিষ্ট বা মধুর। *n.* **su°gar-loaf**—কঠিনীকৃত চিনির শম্বুকাকার ডেলা। *n.* **su°gar-mill**—আখ-মাড়াইয়ের কল ; চিনির কারখানা। *n.* **su°gar-refinery**—চিনি পরিশ্রুত করার কারখানা। *n.* **su°gar-tongs**—চিনির খণ্ড তুলিয়া লইবার জন্য ছোট চিমটা। *a.* **su°gary**—চিনিতুল্য মিষ্ট ; চিনির ন্যায় কণিকাকার ; চিনিবহুল ; অত্যধিক মিষ্ট বা মধুর। *n.* **su°garinėss**। [OF. *sucre*<Ar. *sukkar*=cp. Sans. *Sharkara*]

suggest [sa-jest°, স্যাজেস্‌ট্°] *v.t.* to introduce indirectly to the mind or thought, পরোক্ষভাবে মনে বা চিন্তায় জাগান অর্থাৎ (কোন বিষয়ে) চিন্তা করান, ধারণা করান ; to cause to recollect, স্মরণ করান ; to put forward, (পরিকল্পনাদি গ্রহণার্থ) উত্থাপিত করা ; to give a hint of, (কিছুর) ইঙ্গিত বা সঙ্কেত দেওয়া, বাতলান ; to hypnotize, সম্মোহিত করা। *a.* **sugges°tible**—suggest-এর সকল অর্থে, বিশেষতঃ—সম্মোহনসাধ্য, (পরি.) অভিভাব্য। *n.* **suggestibi°lity**। *n.* **suggestion** [sa-jes°-ch(a)n, স্যাজেস্°চ্‌ন্] suggest-এর সকল অর্থে, বিশেষতঃ—সম্মোহিত ব্যক্তির মনে ধারণাসঞ্চার বা সঞ্চারিত ধারণা, (পরি.) অভিভাব, অভিভাবন। **hypnotic suggestion**—সম্মোহিত ব্যক্তির মনে সম্মোহনকারী কর্তৃক কোন ধারণা বা কর্ম-প্রেরণার সঞ্চার। *a.* **sugges°tive**—সঙ্কেতপূর্ণ, ইঙ্গিতপূর্ণ (*suggestive* of sinister motives);

ধারণার বা চিন্তার সঞ্চারক (*suggestive* remarks) ; সম্মোহক, (পরি.) অভিভাবীয় । *adv.* **sugges°tively** । *n.* **sugges°tiveness** । [L. *suggerere*]

suicide [sū°-isīd, সিউ°ইসাইড়্] *n.* a self-murderer, আত্মহত্যাকারী ; self-murder, আত্মহত্যা । *a.* **suici°dal**—আত্মহত্যাকারী-সংক্রান্ত ; আত্মহত্যা-মূলক ; আত্মঘাতী (a *suicidal* policy) । [L. *sui* = of himself, *caedere* = to kill]

sui generis [soo°e jen°-ar-is, সূ°ঈ জে°ন্যারিস্] *pred. a.* unique, অনন্য, অদ্বিতীয় ('my plays are *sui generis*') । [L.]

suit [sūt, সিউট্] (**I**) *n.* (poet.) pursuit, (কাব্যে) যে অভীষ্টলাভের জন্য চেষ্টা করা হয় ; act of suing, আদালতে অভিযোগ করণ ; a legal action, মকদ্দমা, মামলা ; courtship, বিবাহার্থ পাণিপ্রার্থনা, প্রণয়-যাচ্ঞা ; a petition, দরখাস্ত ; a set, একই সদৃশ বস্তুর পরপর কয়েকটি, কেতা ; a set of cards of the same denomination, একই রঙের এক-কেতা তাস ; a set of clothes, এককেতা বা একপ্রস্ত পোশাক । (**2**) *v.t.* to fall in with the requirements of, প্রয়োজনানুরূপ হওয়া ; to fit or become, (কাহারও বা কিছুর পক্ষে) যোগ্য হওয়া, মানান, শোভন হওয়া । (**3**) *v.i.* to agree or correspond, উপযুক্ত যথাযোগ্য বা মানানসই হওয়া । *a.* **sui°table**—উপযুক্ত ; মানানসই ; যথাযোগ্য ; পর্যাপ্ত । *n.* **suitabi°lity** । *adv.* **sui°tably** । *n.* **sui°tableness** । *n.* **suit°-cāse**—সুট্‌কেস্ । *n.* **sui°tor**—(আদালতে) অভিযোক্তা বা মকদ্দমা-দায়েরকারী ; আবেদক ; বিবাহার্থ পাণিপ্রার্থী । **(to) follow suit**—যে রঙের তাস পাড়িয়া খেলা আরম্ভ হইয়াছে সেই রঙেরই তাস খেলা ; পরের আরব্ধ কার্য চালাইয়া যাওয়া । **(to) suit oneself**—নিজের ইচ্ছামত কাজ করা । **(to) suit (something) to**—উপযোগী বা যথাযথ করা । **(to) suit the action to the word**—অবিলম্বে নিজের প্রতিশ্রুতি হুমকি প্রভৃতি কার্যকর করা । **(to) be suited** (for, to)—উপযুক্ত হওয়া, যোগ্যতা থাকা । [F. *suite*]

suite [swēt, সুঈট্] *n.* retinue, অনুচরবৃন্দ ; a set of furniture or rooms, এককেতা বা এক-দফা আসবাবপত্র অথবা কক্ষসমূহ ; a set of dance-tunes, একপালা নাচের সুর ; instrumental composition, যন্ত্রসঙ্গীত । [F.]

suitor—see **suit.**

sulk [sulk, সাল্ক্] *v.i.* to be sullen, চাপা রাগে মুখ কাল করিয়া নীরব থাকা, মুখ গোমড়া করা । *p.* & *p. pt.* **sul°ked** । *a.* **sul°ky**—চাপা রাগে মুখ কাল করিয়া তূষ্ণীভূত, গোমড়া-মুখো ; একটুকুতেই গোমড়া-মুখো হয় এমন । *adv.* **sul°kily** । *n.* **sul°kiness** । *n. pl.* **sulks**—অভিমান, গোমড়া-মুখো ভাব (he has the *sulks*) । [?]

sullen [su°-lan, সা°ল্যান্] *a.* gloomily angry and silent, চাপা রাগে মুখ কাল করিয়া তূষ্ণীভূত, গোমড়া-মুখো (*sullen* looks) ; malignant, ক্ষতি-সাধক, বিরূপ, প্রতিকূল ; dark, অন্ধকারাচ্ছন্ন । *adv.* **su°llenly** । *n.* **su°llenness** । [OF. < L. *solus* = alone]

sully [su°-li, সা°লি] *v.t.i.* to soil, নোংরা করা বা হওয়া । [OE. *sylian* < OF. *souiller*]

sulphate, sulphide—see **sulphur.**

sulphonamides [sul°-fo-na-madiz, সাল্°ফ-ন্যা-মাইড্‌জ্] *n. pl.* group of drugs (synthetic chemical compounds also called the **sulpha drugs**) acting as antibacterial agents, রাসায়নিক প্রণালীতে তৈয়ারি জীবাণুনাশক যৌগিক ভেষজ । [L.]

sulphur [sul°-fa(r), সাল্°ফ্যা(র্)] *n.* a non-metallic element, brimstone, গন্ধক । *n.* **sul°phāte**—গন্ধকজ লবণবিশেষ । *n.* **sul°phīde**—গন্ধকমিশ্র । *v.t.* **sul°phūrāte**—গন্ধক মেশান বা প্রয়োগ করা । *p.* & *p. pt.* **sul°phūrāted** । *a.* **sūlphūr°eous**—গন্ধকপূর্ণ ; গন্ধকবৎ হরিদ্রাবর্ণ । *a.* **sulphuretted** [sul°-fū-re-tid, সাল্°ফিউ-রেটিড্] গন্ধকমিশ্রিত । *a.* **sulphūr°ic**—গন্ধকপূর্ণ । **sulphuric acid**—গন্ধকাম্ল । *a.* **sul°phūrous**—গন্ধক-সংক্রান্ত ; গন্ধক-ঘটিত ; গন্ধকতুল্য । [L.]

sultanate [sul°-ta-nit, সাল্°ট্যানিট্] *n.* the office, term, reign or kingdom of a sultan, সুলতানের পদ শাসনকাল শাসন বা রাজ্য । [Ar. *sultan* > a sultan]

sultry [sul°tri, সাল্°ট্রি] *a.* hot and close, (কক্ষ আবহাওয়া প্রভৃতি সম্বন্ধে) গরম ও অপ্রশস্ত, গুমোটপূর্ণ । *adv.* **sul°trily** । *n.* **sul°triness** । [< *swelter*]

sum [sum, সাম্] (**I**) *n.* total, মোট সংখ্যা, সমষ্টি ; whole, সমগ্র বা গোটা বস্তু ; result of addition, যোগফল ; amount, সংখ্যা বা পরিমাণ ; an amount of money, টাকাকড়ির (নির্দিষ্ট) পরিমাণ ; a problem in addition, যোগ-অঙ্ক ; an arithmetical problem, পাটীগণিতের অঙ্ক (good at *sums*) ; substance, সারাংশ ; result, ফল ; summary, সংক্ষিপ্তসার । (**2**) *v.t.* to add, যোগ করা, সঙ্কলন করা ; to make up the total of, মোট হিসাব করা, সমষ্টি নির্ণয় করা ; to summarize, সারসংক্ষেপ করা, মোটামুটি বর্ণনা করা ; to reckon up, হিসাব করা । (**3**) *v.i.* to amount, মোট হিসাবে হওয়া, যোগফল হওয়া । *pr. pt.* **su°mming** । *p.* & *p. pt.* **su°mmed** । *n.* **su°mming-up**—বিষয়াদির প্রধান প্রধান অঙ্গের বা অংশের অনুস্মরণ অথবা পর্যালোচনা ; মোটামুটি বর্ণনা (প্রদান) । *pl.* **su°mmings-up** । *n.* **summā°tion**—সমষ্টিনির্ণয়, যোগ, সঙ্কলন, সমাহার । **in sum**—অল্প কথায়, সংক্ষেপে । **sum and substance**—সারমর্ম ; সারাংশ ; নির্যাস । **sum of things**—গণমঙ্গল ; নিখিল জগৎ । **sum total**—মোট সমষ্টি বা যোগফল । **(to) sum up**—যোগ করা, মোট দেওয়া ; প্রধান প্রধান ব্যাপারগুলি সংক্ষেপে বলা ; সিদ্ধান্ত বা ধারণা স্থির করা । [OF. *summe* < L. *summa* = highest]

summary [su°-ma-ri, সা°ম্যারি] (**1**) *a.* summed up, মোট ; condensed, সংক্ষেপিত, সংক্ষিপ্ত ; without unnecessary formalities or delay, অনাবশ্যক বিধিনিয়মবর্জিত বা বিলম্ববর্জিত (*summary* trial) । (**2**) *n.* an abstract, abridgment, or compendium, সারাংশ, সংক্ষিপ্তসার । *adv.* **su°mmarily** । *v.t.* **su°mmarize**—(কিছুর) সংক্ষেপ করা বা হওয়া । [L. *summarium(n.)* < *summa* = sum]

summation, summed—see **sum.**

summer [su°-ma(r), সা°ম্যা(র্)] (**1**) *n.* the warmest season of the year, গ্রীষ্মকাল (also **su°mmer°tīde, su°mmer-time**) ; a year of age or time, আয়ুর বা কাল-প্রবাহের এক বৎসর (I have seen *forty* summers) । (**2**) *v.i.t.* to pass, or keep through, the summer, গ্রীষ্মকাল যাপন করা বা করান । **Indian summer**—আমেরিকার যুক্তরাষ্ট্রের উত্তরাঞ্চলে শরতের শেষভাগে অতি শুষ্ক ধুসর আবহাওয়াপূর্ণ কাল । *n.* **su°mmer-house**—উদ্যানমধ্যে রৌদ্রের আড়ালে বসার জন্য (লতাপাতায়) আচ্ছাদিত স্থান ; গ্রীষ্মাবাস । *n.* **su°mmer-schōōl**—গ্রীষ্মের ছুটির সময়ে বিশ্ববিদ্যালয়াদিতে প্রদত্ত বক্তৃতামালা । *a.* **su°mmery**—গ্রীষ্মের বৈশিষ্ট্যপূর্ণ, গ্রীষ্মসুলভ ; গ্রীষ্মোপযোগী । [OE. *sumor* —cp. Du. *zomer*]

summersault—var. of **somersault.**

summing—see **sum.**

summit [su°-mit, সা°মিট্] *n.* the highest point or degree, সর্বোচ্চ সীমা বা মাত্রা ; the top, শীর্ষ, শিখর, চূড়া । **summit meeting** or **talk**—শীর্ষসম্মেলন বা বিভিন্ন রাষ্ট্রের রাষ্ট্রপ্রধানদের আলোচনা । [OF. *som(m)et(te)* < L. *summum* = highest]

summon [su°-man, সা°ম্যান্] *v.t.* to call up, forth, or together, ডাকিয়া আনা, ডাকিয়া পাঠান, ডাকিয়া জড় করা ; to call upon to appear or to do something, উপস্থিত হইবার জন্য বা কিছু করার জন্য আদেশ করা ; তলব করা ; to rouse to activity, সক্রিয় করিয়া তোলা । *n.* **su°mmoner**—(কর্তৃত্বপূর্ণ) আহ্বায়ক ; উপস্থিত হইবার আদেশ জারির জন্য নিযুক্ত কর্মচারী, (পরি.) আকারক, সাধ্যপাল (also **su°mmon-bailiff**) । **su°mmons**—(**1**) *n.* কর্তৃত্বপূর্ণ আহ্বান ; (প্রধানতঃ আদালতে) উপস্থিত হইবার হুকুম, সমন, তলবওয়ানা, (পরি.) আহ্বানপত্র । *pl.* **su°mmonses** । (**2**) *v.t.* (কাহারও উপর) তলবওয়ানা জারি করা । **(to) summon up**—(শক্তি, সাহস প্রভৃতি) সঞ্চয় করা (to *summon up* one's energy, courage, etc.) । [OF. *somoner* < L. *summonere*]

summum bonum [su°-mam bō°-nam, সা°ম্যাম্ বৌ°ন্যাম্] *ph.* the highest good, সর্বাধিক মঙ্গল । [L.]

sump [sump, সাম্প] *n.* inner casing of a petrol engine containing lubricating oil, পিচ্ছিলকারক তৈলবাহী ইঞ্জিনের ভিতরকার আবরণ ; a hole into which waste liquid drains, যে গর্তে অকেজো তরল পদার্থ নিঃসারিত হয় । [M. < G.]

sumpter [sum(p)°-ta(r), সাম্°ট্যা(র্)] *n.* a pack animal, ভারবাহী প্রাণী (a *sumpter* horse) । [OF. *sommetier* = a pack-horse driver]

sumptuary [sum(p)°-tū-a-ri, সাম্°টিউঅ্যারি] *a.* regulating expenses, ব্যয়নিয়ন্ত্রক । [L. *sumptus* = cost]

sumptuous [sum(p)°-tū-as, সাম্°টিউঅ্যাস্] *a.* costly and rich, মহার্ঘ ও ঐশ্বর্যবান্ ; lavishly expensive, অতীব ব্যয়বহুল (*sumptuous* feast) । *adv.* **sump°tūously** । *n.* **sump°tūousnėss** । [L. *sumptus* = cost]

sun [sun, সান্] (**1**) *n.* the heavenly body which is the gravitational centre and source of light and heat to our planetary system, সূর্য ; sunshine, সূর্যালোক, রৌদ্র ; (poet) a day, (কাব্যে) দিন । (**2**) *v.t.* to expose to the sun's rays, রৌদ্রে দেওয়া । (**3**) *v.i.* to bask, রৌদ্র পোহান । *pr. pt.* **su°nning** । *p.* & *p. pt.* **su°nned** । *n.* **sun-°bath**—নগ্নদেহে রৌদ্রসেবন, রৌদ্রস্নান, আতপস্নান । *v.i.* **sun°-bāthe**—রৌদ্রস্নান করা । *a.* **sun°-bākėd**—রৌদ্রে শুষ্কীকৃত (*sun-baked* brick) । *n.* **sun°beam**—সূর্যরশ্মি, সূর্যকিরণ । *n.* **sun°-blind**—রৌদ্রের আগমন নিরোধার্থ জানালার খড়খড়ি বা ঝিলিমিলি । *n.* **sun°-bonnet, sun°hat**—রৌদ্রে মাথা ও মুখ ঢাকিবার জন্য টুপি । *n.* **sun°burn**—রৌদ্র লাগার ফলে গাত্রচর্মের পীতাভ বর্ণ । *a.* **sun°burned, sun°-burnt**—রৌদ্রস্পর্শের ফলে গাত্রচর্ম পীতাভ হইয়াছে এমন । *a.* **sun°-clad**—জ্যোতির্ময় আলোকাবৃত । *n.* **sun°-cult**—সূর্যোপাসনা । *n.* **sun°dial**—সূর্যঘড়ি । *n.* **sun°down**—সূর্যাস্ত । *n.* **sun°downer**—(অস্ট্রেলিয়ায়) যে ভবঘুরে সূর্যাস্তে কোন ভেড়ার খামারে উপস্থিত হয় ; সান্ধ্য মদ্যমিশ্রিত পানীয় । *a.* **sun°-drīed**—রৌদ্রে শুষ্কীকৃত, সূর্যপক্ব । *n.* **sun-fish**—বড় গোলকাকার মৎস্যবিশেষ । *n.* **sun°flower**—সূর্যমুখী ফুল বা তাহার গাছ । *n.* **sun°-glassės**—রৌদ্রের তেজ হইতে চক্ষু বাঁচানর জন্য রঙিন কাঁচওয়ালা চশমা, আতপত্রাণ চশমা । *n.* **sun°god**—সূর্যদেব । *n.* **sun°-helmet**—রৌদ্র হইতে আত্মরক্ষার জন্য গ্রীষ্মমণ্ডলে বিশেষভাবে প্রস্তুত টুপি । *n.* **sun°-lamp** —(কৃত্রিম রৌদ্রস্নানের সময়) যে ল্যাম্প বা বাতি সূর্যরশ্মির তুল্য অতিবেগনী আলোক দান করে । *a.* **sun°lėss**—রৌদ্রহীন । *n.* **sun°light**—সূর্যালোক, রৌদ্র । *a.* **sun°lit**—রৌদ্রালোকিত, সূর্যকরোজ্জ্বল । *a.* **su°nny**—সূর্য-সংক্রান্ত বা রৌদ্র-সংক্রান্ত ; সূর্যতুল্য বা রৌদ্রতুল্য ; সূর্যকরোজ্জ্বল (*sunny* days) ; হাসিখুশি (a *sunny* smile) । *adv.* **su°nnily** । *n.* **su°nninėss** । *n.* **sun°parlour, sun°-porch**—এমনভাবে নির্মিত কাঁচের বৈঠকখানা বা গাড়িবারান্দা যেখানে যথেষ্ট সূর্যকিরণ প্রবেশ করিতে পারে । *a.* **sun°prōōf**—রৌদ্রে ক্ষতিগ্রস্ত হয় না এমন আতপ-

সহ ; রৌদ্রের পক্ষে অভেদ্য, আতপরোধী। *n. pl.* **sun°-rays**—সূর্যকিরণ, সূর্যরশ্মি ; রোগচিকিৎসায় ব্যবহৃত অতিবেগনী রশ্মি। *n.* **sun°-rīse**—সূর্যোদয়। *n.* **sun°set**—সূর্যাস্ত। *n.* **sun°-shāde**—ছাতা ; চন্দ্রাতপ। *n.* **sunshīne**—উজ্জ্বল রৌদ্র ; ঔজ্জ্বল্য ; সমৃদ্ধি ; হাসিখুশি ভাব। *n.* **sun°spot**—সূর্যোপরি সময়ে সময়ে লক্ষিত কাল দাগ, (পরি.) সৌরকলঙ্ক। *n.* **sun°strōke**—সর্দিগর্মি। *n.* **sun°-up**—(কথ্য.) সূর্যোদয়। *n.* **sun°-worship**—সূর্যোপাসনা। *n.* **sun°-worshipper**—সূর্যোপাসক। **between sun and sun** or **from sun to sun**—সূর্যোদয় হইতে সূর্যাস্ত পর্যন্ত। **(to) let not the sun go down upon one's wrath**—ক্রোধের কাল বা মেয়াদ দীর্ঘায়িত না হইতে দেওয়া, ক্রোধের মেয়াদ দিন-পরিমিত সময়ের মধ্যে সীমিত রাখা। **under the sun**—পৃথিবীতে। **(to) rise with the sun**—ঊষাকালে শয্যাত্যাগ করা। **sun is set**—(আল.) সমৃদ্ধির কাল অতিক্রান্ত। [OE. *sunne*—cp. ON. *sunno*]

sundae [sun°dā, সান্°ডেই] *n.* ice-cream mixed with fruits, nuts etc., ফলের টুকরা, বাদাম প্রভৃতি মিশ্রিত আইসক্রীম। [?]

Sunday [sun°-di, সান্°ডি] *n.* the first day of the week, রবিবার। **Sunday clothes** or **best**—(কাহারও) সর্বোৎকৃষ্ট জামাকাপড়। **Sunday school**—প্রতি রবিবারে বসে এমন (খ্রিস্টীয়) ধর্ম-শিক্ষার বিদ্যালয়। [OE. *sunnan dæg*—cp. G. *sonntag*]

sunder [sun°-da(r), সান্°ড্যা(র্)] *v.t.i.* to separate, পৃথক্ বা বিচ্ছিন্ন করা অথবা হওয়া। [OE. *syndrian*—cp. ON. *sundr*=asunder]

sundry [sun°-dri, সান্°ড্রি] *a.* divers, বিভিন্ন ; several, কতিপয়। *n. pl.* **sundrieś**—বিভিন্ন টুকিটাকি বস্তু। **all and sundry**—সমগ্রভাবে ও বিভিন্নভাবে। [OE. *syndrig*]

sung—see **sing.**

sunk—see **sink.**

sup [sup, সাপ্] **(1)** *v.t.i.* to sip, চুমুক দিয়া পান করা ; to test or experience, অভিজ্ঞতার স্বাদ পাওয়া। **(2)** *v.i.* to eat the evening meal, সান্ধ্যভোজ খাওয়া, রাত্রির খাবার খাওয়া। *pr. pt.* **su°pping**। *p. & p. pt.* **su°pped**। **(3)** *n.* a small mouthful, (তরল দ্রব্যাদির) অল্প এক চুমুক। **he that sups with the devil must have a long spoon**—(প্রবাদ) সন্দেহজনক বা দুর্জন ব্যক্তির সহিত আচরণে সতর্কতা অবলম্বন করা আবশ্যক। [OE. *supan* (*v.*)—cp. ON. *supa*]

super- [sū°-pa(r), সিউ°প্যা(র্)] *pfx.* above, beyond, in addition, in excess, উপরে, অতিক্রম করিয়া, অধিকন্তু, অতিরিক্ত, উপরি-, অধি-, অতি-। *n.* **sūperabun°dance**—অত্যধিক প্রাচুর্য ; অপর্যাপ্ত বা অঢেল অবস্থা। *a.* **sūper-abun°dant**—অত্যধিক প্রাচুর্যপূর্ণ ; অতি প্রচুর ; অপর্যাপ্ত, অঢেল। *v.t.* **sūpera°nnūāte**—বার্ধক্যের দরুন সরাইয়া রাখা বা কর্ম হইতে বিদায় দেওয়া ; পেন্‌সন্ দিয়া (কর্ম হইতে) বিদায় দেওয়া। *p. & p. pt.* **sūpera°nnūāted**। *n.* **sūperannūā°tion**—(পরি.) বার্ধক্য। *n.* **su°perchar°ger**—আভ্যন্তরীণ দহনক্ষম (internal-combustion) ইঞ্জিনে প্রযুক্ত বিশেষ পদ্ধতি যাহার দ্বারা খেলনাকার নলে অতিরিক্ত অক্সিজেন ঢোকান হয়। *n.* **super-ē°go**—(মনোবি. পরি.) অধিশাস্তা। *n.* **sū°perėx°cellence**—সর্বাধিক বা অসাধারণ উৎকর্ষ। *a.* **sū°perėx°cellent**—সর্বাধিক বা অসাধারণরূপ উৎকৃষ্ট। *adv.* **superex°cellently**। *a.* **su°perfa°tted**—(প্রধানতঃ সাবান সম্পর্কে) সাধারণ অপেক্ষা বেশি চর্বিযুক্ত। *a.* **sū°per-fīne°**—অতি সূক্ষ্ম বা মিহি ; মাত্রাধিক চমৎকার। *n.* **sūperfor°trėss**—শক্তিশালী বোমারু বিমানপোত-বিশেষ। **superheterodyne** [sū°-pa(r)-he°-ta-ra-dīn, সিউ°প্যা(র্)হে°ট্যার‍্যাডাইন্] **(1)** *a.* (বেতারযন্ত্র-সম্বন্ধে) প্রবল গ্রাহীশক্তিসম্পন্ন। **(2)** *n.* প্রবল গ্রাহীশক্তি-সম্পন্ন করার কৌশল ; প্রবল গ্রাহীশক্তিসম্পন্ন বেতার-যন্ত্র (coll. **sū°perhet°**)। *a.* **sūperhū°man**—অতিমানবিক। *v.t.* **sū°perimpōse°**—অন্য কিছুর শীর্ষে স্থাপন করা, (পরি.) আরোপ করা ; একটির উপরে একটি করিয়া রাখা বা চাপান। *n.* **sū°perman**—মানুষ অপেক্ষা উন্নততর শ্রেণীর জীব, অতিমানব ; আদর্শ পুরুষ বা মানব, মহাপুরুষ ; যে মহাপুরুষ অপরের উপর প্রভুত্ব করিতে সক্ষম। *pl.* **sū°permen**। *n.* **sū°permarkėt**—বৃহৎ বিভাগীয় বিপণী-বিশেষ (এখানে সচরাচর ক্রেতাগণকে নিজেদের বাঞ্ছিত পণ্য নিজেদের বাহির করিয়া লইতে হয়)। **sūpernā°tural**—**(1)** *a.* অতিপ্রাকৃত। **(2)** *n.* অতিপ্রাকৃত প্রাণী বা বস্তু। **the supernatural**—অতিপ্রাকৃত শক্তি বা জীবসমূহ (যেমন ভূত-প্রেত দেবযোনি প্রভৃতি)। *n.* **sūperna°turaliśm**—অতিপ্রাকৃত শক্তির অস্তিত্বে বিশ্বাস ; অতিপ্রাকৃতবাদ। *n.* **sūperna°turalist**। *adv.* **sū°perna°turally**। *a.* **sū°pernor°mal**—নিয়মবহির্ভূত বা স্বাভাবিকতার বহির্ভূত। **sū°per-nū°merary**—**(1)** *a.* বর্ণিত বা স্বাভাবিক বা আবশ্যিক সংখ্যার অতিরিক্ত। **(2)** *n.* ঐরূপ অতিরিক্ত ব্যক্তি বা বস্তু। *n.* **sū°perpower**—অত্যন্ত শক্তিশালী জাতি, অত্যন্ত শক্তিশালী জাতিসমূহের যে-কোন একটি। *a.* **sū°per-roy°al**—(কাগজ-সম্বন্ধে) $20\frac{1}{2}'' \times 27\frac{1}{2}''$ মাপবিশিষ্ট। *n.* **sū°perstructure**—কোন ভিত্তির উপরে স্থাপিত অট্টালিকাদি। *n.* **sū°pertanker**—অতি বৃহৎ তৈলবাহী জাহাজ। *n.* **sū°pertax**—মোটা আয়ের উপরে আরোপিত অতিরিক্ত আয়কর, (পরি.) আধিকর। [L.—cp. G. *hyper*, Sans. *upari*]

superable [sū°-p(a)rabl, সিউ°প্র্যাব্‌ল্] *a.* that may be got over, উত্তরণসাধ্য, লঙ্ঘনসাধ্য, কাটাইয়া ওঠা যায় এমন। *adv.* **su°perably**। [L. *superabilis*]

For words in *sun-*, not given separately, see **sun.**

superabundance, superannuate — see **super-.**

superb [sū-pa(r)b°. সিউপ্যা(র্)ব্°] *a.* magnificent, অতীব মহিমান্বিত ; gorgeous, জাঁকজমকপূর্ণ ; জাঁকাল ; triumphantly effective, অতীব কার্যকর ; (coll.) excellent, (কথ্য.) চমৎকার। *adv.* **superb°ly** । *n.* **superb°ness** । [L. *superbus*=proud]

supercargo [sū°-pa(r)-ku(r)-gō, সিউ°প্যা(র্)-কা(র্)গৌ] *n.* a person in a ship managing sales of the cargo, সমুদ্রভ্রমণকালে জাহাজে বাহিত পণ্যদ্রব্য বিক্রয়ের তত্ত্বাবধায়ক (ইহাকে জাহাজে যাইতে হয়) । [Sp. *sobre-cargo*]

superciliary [sū-pa(r)-si°-lēr-i, সিউপ্যা(র্)সি°-লিয়্যার্ই] *a.* of, on, or near the eyebrow, ভ্রূ-সংক্রান্ত, ভ্রূর উপরিস্থ বা নিকটস্থ । *a.* **sūperci°lious**—সবকিছুকে ঘৃণা বা তুচ্ছ করে এমন, গর্বিত ও উন্নাসিক । *adv.* **sūperci°liously** । *n.* **sūperci°liousness** । [L. *supercilium*=eyebrow]

supererogation [sū°-par-e-rŏ-gā°sh-(a)n, সিউ°প্যারেরোগেই°শ্ন্] *n.* doing more than what is required, প্রয়োজনাধিক (কর্মাদি) করা। *a.* **supererogatory** [sū°-pa-re-ro°-ga-t(a)ri, সিউ°প্যারের°গ্যাট্রি] প্রয়োজনাধিক হইয়াছে এমন। [*super-*, L. *erogatre*=to pay out]

superexcellence—see **super-.**

superficial [sū°-pa(r)-fi-sh(a)l, সিউ°প্যা(র্)ফিশ্ল্] *a.* of, on, or near the surface, উপরিতল-সংক্রান্ত, পৃষ্ঠ-সংক্রান্ত, পৃষ্ঠস্থ, উপরিভাগ বা পৃষ্ঠের নিকটবর্তী, (পরি.) উপরিগত ; not going much deeper than the surface, উপর-উপর, ভাসা-ভাসা (*superficial* knowledge, resemblance, etc.) । *n.* **superficiality** [sū-pa(r)-fi-shi-a°-li-ti, সিউপ্যা(র্)ফিসিঅ্যা°লিটি], **sū°perficialness** । *adv.* **sū°perficially** । [see *superficies*]

superficies [sū-pa(r)-fi°shēz, সিউপ্যা(র্)ফি°শীজ্] *n.* (geom.) a surface, (জ্যামি.) তল । [L.]

superfine—see **super-.**

superfluous [sū-pa(r)°-floo-as, সিউপ্যা(র্)°ফ্লু-অ্যাস্] *a.* above what is enough, যথেষ্ট বা পর্যাপ্ত পরিমাণেরও বেশি, অপর্যাপ্ত ; unnecessary, অনাবশ্যক, প্রয়োজনাতিরিক্ত । *n.* **sūperflu°ity, sūper°fluousness** । *adv.* **sūper°fluously** । [L. *superfluus*=overflowing]

superfortress, superhet, superheterodyne, superhuman. superimpose—see **super-.**

superintend [sūp-rin-tend°, সিউপ্রিন্টেন্ড্°] *v.t.i.* to oversee the working of, (কার্যাদির) তত্ত্বাবধান করা ; to control or manage, নিয়ন্ত্রণ করা বা পরিচালনা করা । *n.* **sūperinten°dence**—তত্ত্বাবধান ; নিয়ন্ত্রণ, পরিচালনা । *n.* **sūperinten°dent**—তত্ত্বাবধায়ক, নিয়ন্ত্রক, পরিচালক, (পরি.) অধীক্ষক । [*super-*, L. *intendere*=to attend to]

superior [sū-pēr°-i-a(r), সিউপিঅ্যার্°ইঅ্যা(র্)] (**1**) *a.* upper, ঊর্ধ্বস্থ, উচ্চতর ; higher in nature, place, rank, or excellence, স্বভাব, অবস্থান, পদমর্যাদায় বা উৎকর্ষে উচ্চতর, (পরি.) উপরিক (*superior* officer) : better, অধিকতর ভাল ; supercilious, গর্বিত ও উন্নাসিক (a *superior* air) ; beyond the influence, প্রভাবিত করার অসাধ্য (*superior* to bribery, flattery, temptation, etc.) ; (log.) of wider extension, (ন্যায়.) ব্যাপকতরভাবে প্রযুক্ত । (**2**) *n.* one superior to another, ঊর্ধ্বস্থ উচ্চতর বা ঊর্ধ্বতন ব্যক্তি, উপরওয়ালা, শ্রদ্ধাভাজন ব্যক্তি ; the head of monastery etc., মঠ ধর্মসম্প্রদায় প্রভৃতির অধ্যক্ষ (mother *superior*) । *n.* **superiority** [sū-pēr-i-o°-ri-ti, সিউপিঅ্যার্ইঅ°রিটি] । **(to) rise superior to**—(কোন কিছুর দ্বারা) প্রভাবিত না হওয়া । **superiority complex**—আপন শ্রেষ্ঠত্ব সম্বন্ধে অতিরিক্ত প্রত্যয় বা নিঃসংশয়তা ; (কথ্য.) স্বীয় হীনম্মন্যতা লুকাইবার উদ্দেশ্যে অপরের প্রতি তাচ্ছিল্যসূচক আচরণ বা নিজ শ্রেষ্ঠত্ব প্রতিষ্ঠার প্রবণতা । [L.=*higher*]

superlative [sū-pa(r)°-la-tiv, সিউপ্যা(র্)°ল্যাটিভ্] (**1**) *a.* raised above others or to the highest degree, সর্বোচ্চ, চরম বা পরম ; (gr.) expressing the highest degree, (ব্যাক.) তিন বা ততোধিকের সহিত সম্পর্কবাচক, -'তম' -প্রত্যয়ান্ত । (**2**) *n.* the superlative degree, or an adjective or adverb in it, (ব্যাক.) -'তম' -প্রত্যয়ান্ত মাত্রা অথবা উক্ত মাত্রাযুক্ত বিশেষণ ক্রিয়া-বিশেষণ বা বিশেষণের বিশেষণ । *adv.* **sūper°latively** । *n.* **sūper°lativeness** । **(to) speak in superlatives**—চরম মতবাদ ও ভাবাবেগ প্রকাশক ভাষায় কথা বলা ; অতিরঞ্জন করা । [L. *superlativus*]

superman, supermarket—see **super-.**

supernal [sū-pa(r)°nl, সিউপ্যা(র্)°ন্ল্] *a.* celestial, দিব্য, স্বর্গীয় । *adv.* **sū°per°nally** । [L. *supernus*]

supernatural, supernormal, supernumerary—see **super-.**

supernova [sū-pa(r)-nō°-va, সিউপ্যা(র্)নৌ°ভ্যা] *n.* (astro.) a star that suddenly increases greatly in brightness owing to explosion ejecting its mass, যে তারকা আকস্মিক বিস্ফোরণ-হেতু ইহার ভরবিক্ষেপের ফলে প্রচণ্ড বা অস্বাভাবিক উজ্জ্বলতা লাভ করে । [L.]

superpose [sū°-pa(r)-pōz°, সিউ°প্যা(র্)পৌজ্°] *v.t.* to lay on or upon another, (একটি বস্তুকে) আরেকটির উপরে স্থাপন করা । *a.* **sū°perposed**—(পরি.) উপরিপন্ন । *n.* **superposition** [sū°-pa(r)-pa-zi°sh(a)n, সিউ°প্যা(র্)প্যাজ়ি°শ্ন্] (পরি.) উপরিপাতি, উপরিপাত । [*super-*, L. *pausare*=to place]

super-royal—see **super-.**

superscribe [sū°-pa(r)-skrīb°, সিউ°প্যা(র্)-স্ক্রাইব্°] *v.t.* to write or engrave above, on the top or the outside of something, কিছুর উপরে শীর্ষে বা বহির্ভাগে লেখা অথবা খোদাই করা। *a.* **sū°perscript**—শীর্ষদেশে লিখনযুক্ত। *n.* **sūperscrip°tion** I [*super-*, L. *scribere*=to write]

supersede [sū-pa(r)-sēd°, সিউপ্যা(র্)সীড্°] *v.t.* to set aside, সরাইয়া রাখা, রহিত বা বাতিল করা; to set aside in favour of another, অন্যকে গ্রহণার্থ (কাহাকেও) বাদ দেওয়া; to replace, অপরের স্থান গ্রহণ করা বা করান। *p.* & *p. pt.* **sūpersē°dėd** I *n.* **supersession** [sūpa(r)-se°-sh(a)n, সিউপ্যা(র্)সে°শ্ন্] নিবর্তন; রহিত করণ বা বাতিল করণ; অপরের স্থানগ্রহণ। [*super-*, L. *sedere*=to sit]

supersonic [sū-pa(r)-so°-nik, সিউপ্যা(র্)স°নিক্] *a.* speedier than sound, শব্দের অপেক্ষাও দ্রুতগামী (to fly at a *supersonic* speed)। [*super-*, L. *sonus*=sound]

superstition [sū-pa(r)-sti°sh(a)n, সিউপ্যা(র্)-স্টি°শ্ন্] *n.* false worship or religion, মিথ্যা-উপাসনা বা ধর্ম; an ignorant and irrational belief in supernatural agency, omens, sorcery, etc., অতিপ্রাকৃত শক্তি দৈববাণী জাদুবিদ্যা প্রভৃতিতে অযৌক্তিক অন্ধবিশ্বাস, কুসংস্কার (sunk in *superstition*); a deep-rooted but unfounded general belief, লোকের মনে ব্যাপকভাবে বদ্ধমূল অযৌক্তিক বিশ্বাস। *a.* **superstitious** [sū-pa(r)-sti°-shas, সিউপ্যা(র্)স্টি°শ্যাস্] মিথ্যা উপাসনাকর বা ধর্মাবলম্বী; কুসংস্কারাচ্ছন্ন। *adv.* **sūpersti°tiously** I [L. *superstitio*]

superstructure, supertax—see **super-**.

supervene [sū-pa(r)-vēn°, সিউপ্যা(র্)ভীন্°] *v.i.* to come as a change or interruption, পরিবর্তন বা বাধা হিসাবে উপস্থিত হওয়া। *n.* **supervention** [sū-pa(r)-ven°sh(a)n, সিউপ্যা(র্)ভেন্°শ্ন্] I [*super-*, L. *venire*=to come]

supervise [sū°-pa(r)-vīz, সিউ°প্যা(র্)ভাইজ্] *v.t.* to superintend, (কর্মাদির) তত্ত্বাবধান করা, (পরি.) অবেক্ষণ করা। *n.* **sūpervi°sion**—অবেক্ষণ। *n.* **sū°pervisor** I *a.* **sū°pervisory**—অবেক্ষণমূলক (a *supervisory* assignment)। [*super-*, L. *videre*=to see]

supine [sū-pīn° সিউপাইন্°] *a.* lying on the back, চিৎ হইয়া শয়ান; indolent, অলস, কুঁড়ে। *n.* **sū°pine**—ল্যাটিন্‌ভাষায় ধাতু হইতে গঠিত বিশেষ্য পদবিশেষ। *adv.* **sū°pinely** I [L. *supinus*]

supped—see **sup.**

supper [su°-pa(r), সা°প্যা(র্)] *n.* a meal taken at the close of the day, সান্ধ্যভোজ, নৈশভোজ। *a.* **su°pperless**—নৈশভোজ খায় নাই এমন। **The Last** or **Lord's Supper**—যিশুখ্রিস্টের শেষ নৈশভোজ। [OF. *soper*]

supping—see **sup.**

supplant [sa-plŭnt°, স্যাপ্লান্ট্°] *v.t.* to oust, (প্রধানতঃ কৌশলে) স্থানচ্যুত বা উচ্ছিন্ন করা; to dispossess and take the place of, (কাহাকেও) অধিকারচ্যুত করিয়া স্বয়ং অধিকারী হওয়া। *n.* **supplan°ter** I [L. *supplantare*]

supple [sup°l, সাপ্°ল্] *a.* easily bent, সহজে বাঁকান বা নোয়ান যায় এমন; flexible, নমনীয়, কোমল; artfully compliant, বেশ কৌশলে অনুরোধাদি রক্ষা করে এমন। *n.* **supp°lenėss** I [L. *souple*]

supplement [sup°-li-mant, সাপ্°লিম্যান্ট্] *n.* that which is added to fill up or supply defects, অভাবপূরণার্থ বা ত্রুটিবিচ্যুতি-দূরীকরণার্থ যাহা সংযোজিত হয়, সম্পূরক অংশ বা বস্তু: a special part of a periodical publication accompanying ordinary part, সাময়িক পত্রাদির সাধারণ সংখ্যার সহিত প্রকাশিত বিশেষ বা অতিরিক্ত সংখ্যা অথবা অংশ, ক্রোড়পত্র; (geom.) the quantity by which an angle or arc falls short of 180° or a semicircle, (জ্যামি.) সম্পূরক কোণ বা চাপ। *v.t.* **supplement** [sup°-li-ment, সাপ্°-লিমেন্ট্] অভাবপূরণ করা বা ত্রুটিবিচ্যুতি দূর করা; (কোন) অভাবপূরণার্থ বা ত্রুটিবিচ্যুতি-দূরীকরণার্থ সংযোজিত হওয়া; ক্রোড়পত্ররূপে (সাধারণ সংখ্যার সহিত) সংযুক্ত হওয়া, ক্রোড়পত্ররূপে প্রকাশিত হওয়া; সম্পূরণ করা। **supplemental** [sup-li-men°tl, সাপ্‌লিমেন্°ট্ল্], **supplementary** [sup-li-men°-t(a)ri, সাপ্‌লিমেন্°ট্রি] (1) *a.* সম্পূরক; সম্পূরণার্থ সংযোজিত; (পরি.) অনুপূরক; ক্রোড়পত্ররূপে প্রকাশিত; (জ্যামি.) সম্পূরক। (2) *n.* সম্পূরক বস্তু বা অংশ; ক্রোড়পত্র; (জ্যামি.) সম্পূরক কোণ বা চাপ। *n.* **supplementā°tion** I [L. *supplementum*]

suppliant [su°-pli-ant, সা°প্লিঅ্যান্ট্] (1) *a.* supplicating, মিনতিকর বা মিনতিপূর্ণ। (2) *n.* a humble petitioner, দীন আবেদক। *adv.* **su°ppliantly** I [F.<L. *supplicare*—see *supplicate*]

supplicant—see **supplicate.**

supplicate [su°-pli-kāt, সা°প্লিকেইট্] *v.t.i.* to entreat or petition earnestly, মিনতি বা সনির্বন্ধ আবেদন করা। *p.* & *p. pt.* **su°pplicātėd** I *n.* **su°pplicant**—সনির্বন্ধ আবেদক। *adv.* **su°pplicātingly** I *n.* **supplicā°tion** I [L. *supplicare*]

supply [sa-plī°, স্যাপ্লাই°] (1) *v.t.* to fill up a deficiency in, (কিছুর) অভাব বা ত্রুটিবিচ্যুতি দূর করা; to supplement, অনুপূরণ করা; to make good, (ক্ষতি প্রভৃতির) প্রতিবিধান করা; to provide or furnish, সরবরাহ করা, জোগান; to fill or occupy (a place as a substitute), (বদলি বা পরিবর্ত রূপে স্থানাদি) পূর্ণ করা বা অধিকার করা। (2) *n.* act of supplying, অভাব বা ত্রুটিবিচ্যুতি দূরীকরণ, অনুপূরণ, প্রতিবিধান, সরবরাহ বা জোগান; that which is supplied, সরবরাহকৃত বস্তু; that which supplies a want, অভাবপূরক বস্তু; amount supplied or in hand, সরবরাহের বা

মজুতের পরিমাণ ; available amount, (পণ্য-দ্রব্যাদির) প্রাপ্তিসাধ্য পরিমাণ। *n.* **suppli°er**—সরবরাহকারী, জোগানদার। **in short supply**—প্রয়োজন অপেক্ষা সরবরাহ কম এমন, দুষ্প্রাপ্য। **Minister of Supply**—সরবরাহ মন্ত্রী। **Supply Day**—(ব্রিটিশ কমন্সসভায়) যেদিন সরকারের ব্যয়-বরাদ্দের খসড়া অনুমোদিত হয়। [OF. *suppl(e)ier* < L. *supplere*=to fill up]

support [sa-paw(r)t°, স্যাপ্য(র্)ট্°] (**1**) *v.t.* to bear the weight of, ভারবহন করা, (কিছুর) অবলম্বন হওয়া ; to hold up, ঊর্ধ্বে তুলিয়া ধরা ; to prop up, আলম্ব দেওয়া, আলম্বস্বরূপ হওয়া ; to endure, সহ্য করা ; to maintain, (মতাদি) পোষণ করা, (লোককে) ভরণপোষণ বা প্রতিপালন করা ; to keep going, চালু রাখা, বজায় রাখা ; to corroborate, সত্য বলিয়া দৃঢ়ভাবে সমর্থন করা, প্রতিপাদন করা ; to uphold, তুলিয়া ধরা ; to second or back up, সমর্থন করা (to *support* a policy, candidate, etc.) ; to patronize, পৃষ্ঠপোষণ করা ; to assist, সাহায্য করা। (**2**) *n.* supporting, ভারবহন, ঊর্ধ্বে উত্তোলন, আলম্বন, সহন, পোষণ, ভরণপোষণ, প্রতিপাদন বা দৃঢ় সমর্থন, তুলিয়া ধরা, সমর্থন, সহায়তা ; that which or one who supports, যে বা যাহা ভারবহন উত্তোলন পোষণ ভরণপোষণ সমর্থন প্রভৃতি করে ; a prop, অবলম্বন, আলম্ব, ঠেক্‌নো ; an actor playing in a subordinate role with a star, বিশিষ্ট অভিনেতার সহিত অপেক্ষাকৃত গৌণ ভূমিকায় যে ব্যক্তি অভিনয় করে। *a.* **suppor°table**—সহনসাধ্য ; সমর্থনযোগ্য। *adv.* **suppor°tably**। *n.* **suppor°ter**। *a.* **support°less**—অবলম্বনহীন ; সমর্থকহীন। **in support**—সমর্থনে। **price supports**—(যুক্তরাষ্ট্রে) কৃষকদের সরকার-প্রদত্ত ভরতুকি, (সংবাদপত্রাদির ভাষায়) পরিপোষক বা পরিপোষণ মূল্য। [L. *supportare(v.)*]

suppose [s(a)pōz°, স্‌পৌজ্‌°] *v.t.* (poet.) to believe, (কাব্যে) বিশ্বাস করা, মনে করা ; to incline to believe, বিশ্বাস করিতে ইচ্ছুক বা প্রবণ হওয়া ; to conceive, imagine, or guess, ধারণা করা বা কল্পনা করা বা অনুমান করা ; to assume provisionally or for argument's sake, সাময়িকভাবে বা তর্কের খাতিরে কল্পনা করিয়া অথবা স্বীকার করিয়া লওয়া। *a.* **suppō°sed**—suppose-এর দ্বিতীয় অর্থটি বাদে অন্য সকল অর্থে, এবং—ভণ্ড, ছদ্মবেশী। *adv.* **suppō°sedly**—অনুমান-অনুসারে, কল্পনানুসারে। **(to) be supposed to**—করিবে বলিয়া প্রত্যাশা করা হয় (the clerk *is supposed to* keep his desk clear)। **not (to) be supposed to**—অনুমতি না পাওয়া (the child *is not supposed to* go out of doors)। *conj.* **supposing**—যদি। [F. *supposer*]

supposition [su-pa-zi°sh(a)n, সাপ্যাজি°শ্‌ন্] *n.* act of supposing, or that which is supposed, অনুমান, কল্পনা, সাময়িকভাবে বা তর্কের খাতিরে কৃত অনুমান অথবা কল্পনা ; presumption, যুক্তিতর্কহীন পূর্বানুমান (to condemn a man on mere *supposition*)। *a.* **supposi°tional**—সাময়িকভাবে বা তর্কের খাতিরে কল্পিত, প্রকল্পিত ; অনুমানমূলক ; অনুমিত। *a.* **supposititious** [sa-po-zi-ti°-shas, স্যাপজিটি°শ্যাস্] কৌশলে অপরের স্থানাপন্ন ; জাল, নকল। *n.* **suppository** [sa-po°-zi-t(a)ri, স্যাপ°জ়িট্‌রি] (প্রধানতঃ রেচনার্থ) মলদ্বারাদিতে প্রযোজ্য শাঙ্কবাকার ভেষজ পদার্থবিশেষ (যেমন, গ্লিসারিন্ বাতি)। **on this supposition, on the supposition that**—যদি এইরূপ হয়। [L. *supponere*=to set under]

suppress [sa-pres°, স্যাপ্রেস্°] *v.t.* to put down, দমন করা ; to withhold from publication, circulation, expression or development, প্রকাশ প্রচার কথন বা বর্ধন ঠেকাইয়া রাখা ; to keep secret, গোপন করা। *a.* **suppre°ssed**—suppress-এর সকল অর্থে। *a.* **suppress°ible**। *a.* **suppre°ssive**—দমন করে এমন। *n.* **suppression** [sa-pre°sh(a)n, স্যাপ্রে°শ্‌ন্]। *n.* **suppress°or**। [L. *supprimere*]

suppurate [su°-pū-rāt, সা°পিউরেইট্] *v.i.* to gather pus, (ফোঁড়াদি-সম্বন্ধে) পাকিয়া ওঠা, পুঁয হওয়া। *p.* & *p. pt.* **su°ppūrāted**। *n.* **suppūrā°tion**। [L. *suppurare*]

supra- [sū°-pra, সিউ°প্র্যা] *pfx.* above, উপরি-, অধি-। *a.* **sū°prana°tional**—জাতি ও রাষ্ট্রের সীমাতিক্রান্ত ; (শিথি.) আন্তর্জাতিক।

supreme [sū-prēm°, সিউপ্রীম্°] *a.* highest, সর্বোচ্চ ; greatest, মহত্তম ; most excellent, সর্বোৎকৃষ্ট। *n.* **supremacy** [sū-pre°-ma-si, সিউপ্রে°ম্যাসি], **sūprēme°ness**। *adv.* **sūpreme°ly**। **supreme court**—সর্বোচ্চ বিচারালয়, (পরি.) মহাধিকরণ। [L. *supremus*]

sur- [sa(r), স্যা(র্)] *pfx.* over, উপরি-, অধি-। [F.<L. *super*]

sural [sū°-rl, সিউ°র্‌ল্] *a.* pertaining to the calf of the leg. পায়ের গুল বা ডিম-সংক্রান্ত। [L. *sura*=calf]

surcease [sa(r)-sēs°, স্যা(র্)সীস্°] (**1**) *v.i.* to cease or desist (from), (কিছু হইতে) নিবৃত্ত হওয়া। *p.* & *p. pt.* **surcea°sed**। (**2**) *n.* cessation, নিবৃত্তি। [OF. *sursis, p. pt.* of *surseoir* < L. *supersedere*=influenced by *cease*]

surcharge [sa(r)-chŭ(r)j°, স্যা(র্)চা(র্)জ্°] *v.t.* to overload, অত্যধিক বোঝাই করা ; to saturate, অত্যধিক পূর্ণ করা, সংপৃক্ত বা পরিপৃক্ত করা ; to exact an overcharge from, দলিলাদিতে কম মূল্যের স্ট্যাম্প্ দেওয়ার অপরাধে জরিমানা আদায় করা বা নিবন্ধভুক্ত হিসাব-পরীক্ষক অনুমোদন না করায় ব্যয়িত অর্থ আদায় করা। *n,* **sur°charge**—অতিরিক্ত বোঝা বা কর, (পরি.) অধিভার ; নিবন্ধভুক্ত হিসাব-পরীক্ষক অনুমোদন না করিলে যে ব্যয়িত অর্থ

ফেরত দিতে হয়; ভুল হিসাব দাখিল করার জন্য অতিরিক্ত কর; দলিলাদিতে কম মূল্যের স্ট্যাম্প্ দেওয়ার অপরাধে জরিমানা। [OF. *surcharge(r)*]

surcingle [sa(r)°-singgl, স্যা(র্)°সিংগ্‌ল্] *n.* a band round a horse's body, জিন্ প্রভৃতি যথাস্থানে রাখার জন্য ঘোড়ার দেহ বেষ্টন করিয়া যে চামড়ার ফিতা বাঁধিয়া দেওয়া হয়। [OF. *surcengle*<L. *super*=above, *cingulum*=a belt]

surcoat [sa(r)°-kōt, স্যা(র্)°কৌট্] *n.* a mediaeval mantle, (সচ. কুলচিহ্নখচিত) মধ্যযুগীয় আঙ্‌রাখাবিশেষ। [OF. *surcot(e)*—cp. *coat*]

surd [sa(r)d, স্যা(র্)ড্] (**1**) *a.* (math.) irrational, (গণি.) অমূলদ; (phon.) voiceless, (ধ্বনি.) অঘোষ। (**2**) *n.* (math.) an irrational quantity, (গণি.) করণী; (phon.) a voiceless consonant, (ধ্বনি.) অঘোষ ব্যঞ্জনবর্ণ। [L. *surdus*=deaf]

sure [shooa(r), শুঅ্যা(র্)] *a.* safe, নিরাপদ্; dependable, নির্ভরযোগ্য; unerring, ভুল করে না এমন, নির্ভুল; stable, স্থায়ী, দৃঢ়; certain, অবশ্যম্ভাবী, নিশ্চিত, অমোঘ; assured, নিশ্চয়ীকৃত; confident beyond doubt, সন্দেহাতীত প্রত্যয়পূর্ণ। *adv.* **sure, sure°ly**। *a.* **sure°-enough**—খাঁটি; প্রকৃত। **sure enough**—নিঃসন্দেহ; প্রকৃতই; অনুসারে; অনস্বীকার্য; অনস্বীকার্যভাবে। *a.* **sure°-footed**—হোঁচট খায় না এমন, দৃঢ়পদ। *n.* **sure°ness**। *n.* **sure°ty**—নিশ্চয়; নিরাপত্তা; জামিন, জামানত; জামিনদার, প্রতিভূ (to stand *surety* for a person)। **for sure**—অবশ্যই: নিশ্চিত। **sure thing**—নিশ্চিত বা অবশ্যম্ভাবী ব্যাপার অথবা বস্তু; সন্দেহাতীতভাবে। **to be sure**—নিশ্চয়ই; আমি স্বীকার করি; তাই নাকি। **well, I'm sure!**—বিস্ময়সূচক উক্তিবিশেষ। **be sure to, (coll.) be sure and**—অবশ্যই করিও, করিতে কোনক্রমে অপারগ হইও না। **(to) be** or **feel sure of oneself**—আত্মপ্রত্যয়সম্পন্ন হওয়া। **(to) make sure (of** or **that)**—নিশ্চিতভাবে জানা বা জানান; নিশ্চিত করান বা নিশ্চিত হওয়া। **as sure as**—ঠিক এতটা নিশ্চিত। [OF. *s(e)ur*<L. *securus*—see *secure*]

surf [sa(r)f, স্যা(র্)ফ্] *n.* foam of sea breaking on the beach, সমুদ্রতরঙ্গের যে ফেনা তীরের উপরে ছড়াইয়া পড়ে। [?]

surface [sa(r)°-fis, স্যা(র্)°ফিস্] (**1**) *n.* the outside face or upper layer of anything, কিছুর বহির্ভাগ পৃষ্ঠ বা উপরের স্তর; (geom.) that which has length and breadth but no thickness, (জ্যামি.) তল; area, আয়তন; outer appearance, character or texture, বাহ্যিক চেহারা চরিত্র বা বুনট। (**2**) *v.t.i.* to bring (submarine etc.) to the surface, ডুবোজাহাজ বা সাবমেরিন প্রভৃতি ভাসাইয়া তোলা; to come to the surface, অভ্যন্তর হইতে উপরিভাগে আসা, ভাসিয়া ওঠা। **(to) come to the surface**—(আল.) প্রতীয়মান হওয়া। **dorsal surface**—পৃষ্ঠতল, পৃষ্ঠদেশ। **flat** or **plane surface**—সমতল। **ventral surface**—অঙ্কতল। **surface mail**—স্থলপথে বা জলপথে (অর্থাৎ বিমানযোগে নহে) প্রেরিত ডাক। *a.* **sur°-face-to-air**—(অস্ত্রাদি-সম্বন্ধে) ভূমি বা জাহাজ হইতে শূন্যে নিক্ষেপণীয় বা নিক্ষিপ্ত। **(to) scratch the surface**—(বিষয়াদি) উপর-উপর বা ভাসা-ভাসা আলোচনা করা। [F.<L. *sur-*, *facies*=face]

surfeit [sa(r)°-fit, স্যা(র্)°ফিট্] (**1**) *n.* gorging, গাণ্ডেপিণ্ডে ভোজন; excess, আতিশয্য; an excessive meal, অত্যধিক খাদ্য বা খাবার; sickness or satiety caused by overeating or over drinking, অত্যধিক ভোজন বা মদ্য (পানের) ফলে পীড়া অথবা (মাত্রাধিক পরিতৃপ্তিজনিত) অবসাদ। (**2**) *v.i.* to indulge in excess, (প্রধানতঃ পান-ভোজনে) অমিতাচারী হওয়া; to overeat or overdrink, অত্যধিক ভোজন বা (মদ্য)পান করা; to suffer from excess, (প্রধানতঃ পান-ভোজনের) আধিক্যের দরুন পীড়িত হওয়া। [OF *surfait*=excess<L. *sur-*, *facere*>to make]

surge [sa(r)j, স্যা(র্)জ্] (**1**) *n.* an uprush, boiling or tumultuous movement of liquid, তরল পদার্থের উচ্ছ্বাস বা টগবগানি বা আলোড়ন; a great wave, উত্তাল তরঙ্গ; a swell, স্ফীতি; oscillation, (আকস্মিক) দোল। (**2**) *v.i.* to swell up, স্ফীত হইয়া ওঠা; to move in waves, তরঙ্গায়িত হওয়া। *a.* **sur°ging**—স্ফীত হইয়া উঠিতেছে এমন; উত্তালতরঙ্গময়; তরঙ্গায়িত। [L. *surgere* (*v.*)]

surgeon [sa(r)°j(a)n, স্যা(র্)°জ্‌ন্] *n.* one who treats injuries or disease by manual operations, অস্ত্রচিকিৎসক, শল্যচিকিৎসক; a military doctor, সৈন্যবাহিনীর চিকিৎসক, সামরিক চিকিৎসক; a ship's doctor, জাহাজের চিকিৎসক। *n.* **surgery** [sa(r)°-j(a)ri, স্যা(র্)°জ্‌রি]—শল্যচিকিৎসা; চিকিৎসকের রোগী দেখার ঘর। *a.* **sur°gical**—শল্যচিকিৎসামূলক। **dental surgeon**—শল্যচিকিৎসার অধিকারসম্পন্ন দন্তচিকিৎসক। **surgeon's knot**—রক্তমোক্ষণ-নিরোধার্থ চিকিৎসকরা যেরূপ গিঁট দিয়া ছিন্নশিরা বাঁধিয়া দেয় সেইরূপ গিঁট। [AF. *cirurgien*<Gk. *kheirourgia*=surgery]

surly [sa(r)°-li, স্যা(র্)°লি] *a.* gruff and grumpy, কর্কশকণ্ঠ বা রূঢ়ভাষী ও বদমেজাজী; rough and gloomy, (আবহাওয়া সম্বন্ধে) অশান্ত ও অন্ধকারপূর্ণ। *adv.* **sur°lily**। *n.* **sur°liness**। [*sir*, *like*]

surmise [sa(r)°-mīz, স্যা(র্)°মাইজ্] *n.* suspicion, সন্দেহ; conjecture, অনুমান, আন্দাজ (to be right or wrong in one's *surmise*)। *v.t.* **surmise**—সন্দেহ করা; অনুমান করা, আন্দাজ করা। [OE.<*surmettre*=to accuse<L. *sur-*, *mittere*=to send]

surmount [sa(r)-mownt°, স্যা(র্)মাউন্ট্°] *v.t.* to mount above, ঊর্ধ্বে আরোহণ করা; to be on the top of, শীর্ষদেশে থাকা ; to surpass, ছাপাইয়া ওঠা ; to overcome, কাটাইয়া ওঠা (to *surmount* difficulties) I *a.* **surmoun°table** I [OF. *surmonter*—cp. *sur-*, *mount*]

surname [sa(r)°nām, স্যা(র্)°নেইম্] (1) *n.* an additional name, অতিরিক্ত বা বাড়্তি নাম ; a family name, বংশনাম, পদবি I (2) *v.t.* to name by a surname, অতিরিক্ত নাম বা পদবি ধরিয়া উল্লেখ করা I *a.* **sur°nāmed**—(নির্দিষ্ট) পদবি-যুক্ত I [*sur-*, *name*—on the analogy of F. *surnom*]

surpass [sa(r)-pŭs°, স্যা(র্)পাস্°] *v.t.* to go or be beyond, অতিক্রম করা ; to excel, উৎকর্ষাদিতে ছাপাইয়া যাওয়া I *p.* & *p. pt.* **surpa°ssed** I *a.* **surpa°ssable** I *a.* **surpa°ssing**—সবাইকে অতিক্রমকারী ; অতীব উৎকৃষ্ট (of *surpassing* beauty) I *adv.* **surpa°ssingly**—অতীব (*surpassingly* ugly) I [F. *surpasser*]

surplice [sa(r)°plis, স্যা(র্)°প্লিস্] *n.* a vestment worn over the cassock, খ্রিষ্টিয় যাজকদের সাদা সুতি আঙরাখাবিশেষ I *a.* **sur°pliced**—উক্ত আঙরাখাপরিহিত I [F. *surplis*<LL. *superpellicium*]

surplus [sa(r)°plas, স্যা(র্)°প্ল্যাস্] *n.* & *a.* that which is left over, উদ্বৃত্ত, অবশিষ্ট ; in excess over what is required, প্রয়োজনাতিরিক্ত, বাড়্তি (*surplus* labour) I **surplus value**—উৎপন্ন দ্রব্যের মূল্য এবং তন্নিমিত্ত প্রদত্ত মজুরির অন্তর বা পার্থক্য I [F.<LL. *superplus*]

surprise [sa(r)-prīz°, স্যা(র্)প্রাইজ়্°] (1) *n.* a taking unawares, অতর্কিতে আকর্ষণ বা গ্রেপ্তার ; a sudden capture owing to unpreparedness, অপ্রস্তুতির সুযোগে অতর্কিতে গ্রেপ্তার বা অবরোধ বা অধিকার ; the emotion caused by anything sudden or unexpected, আকস্মিক বা অপ্রত্যাশিত ঘটনাদির ফলে চমক : (loos.) astonishment, (শিথি.) বিস্ময় ; a cause of surprise, চমকপ্রদ ঘটনা বস্তু প্রভৃতি I (2) *v.t.* to come upon suddenly or unawares, আকস্মিকভাবে বা অপ্রত্যাশিতভাবে (কাহারও উপরে) আপতিত হওয়া ; to capture by an unexpected assault, অপ্রত্যাশিত আক্রমণদ্বারা অধিকার করা ; to astonish, বিস্মিত করান ; to confuse, বিহ্বল বা হতচকিত করা I *a.* **surprī°sed**—বিস্মিত (he was more *surprised* than frightened) I *a.* **surprī°sing**—বিস্ময়কর I *adv.* **surprī°sedly** I *adv.* **surprī°singly** I **(to) take** (a fort, village, etc.) **by surprise**—অতর্কিত আক্রমণদ্বারা অধিকার করা I **(to) take one by surprise**—অতর্কিতে পাকড়াও করা I [OF. *fem. p. pt.* of *surprendre*<L. *super-*, *prehendere*=to catch]

surra [sōō°-rŭ, সু°রা] *n.* a febrile disease of horses and other domestic animals, অশ্বের ও অন্যান্য গবাদি পশুর জ্বরজাতীয় রোগবিশেষ I [Marathi *sura*=wheezing]

surrealism [sa-rē°-a-lizm, স্যারী°অ্যালিজ়্ম্] *n.* a movement in French art and literature, ফরাসী শিল্পকলা ও সাহিত্যে আন্দোলনবিশেষ : ইহাতে যুক্তিতর্ক ও বিধিনিয়মের গণ্ডি অস্বীকার করিয়া অবচেতন মনকে রূপায়িত করার চেষ্টা করা হয়, অধিবাস্তববাদ I *n.* **surrē°alist** I *adv.* **surrēali°stic** I [F. *surrealisme*=above realism]

surrender [sa-ren°-da(r)], স্যারেন্°ড্যা(র্)] (1) *v.t.* to deliver over, সমর্পণ করিয়া দেওয়া, পরের অধিকারে সমর্পণ করা; to relinquish, (অধিকার পদ প্রভৃতি) ত্যাগ করা (to *surrender* office) I (2) *v.i.* to yield oneself up, আত্মসমর্পণ করা; to yield, হার মানা I (3) *n.* act of surrendering, সমর্পণ, পরের অধিকারে অর্পণ, পদাদি ত্যাগ, আত্মসমর্পণ, পরাজয় স্বীকার I **surrender value**—বিমাকারী বিমার স্বত্বত্যাগ করিলে বিমা-কোম্পানী তাহাকে যে ক্ষতিপূরণ দেয় I [AF.<OF. *surrendre*]

surreptitious [su-rap-ti°-shas, সার্যাপ্টি°শ্যাস্] *a.* done by stealth, গুপ্তভাবে কৃত; kept secret, গুপ্ত I *adv.* **surrepti°tiously** I [L. *surrepticius*]

surrogate [su°-rŏ-git, সা°রোগিট্] *n.* a deputy, (প্রধানতঃ খ্রিস্টান যাজকীয় বিচারকের বা বিশপের) প্রতিনিধি I [L. *surrogare*=to elect as substitute]

surround [sa-rownd°, স্যারাউন্ড্°] *v.t.* to go or extend all around, চতুর্দিক্ পরিবেষ্টন করিয়া যাওয়া বা ব্যাপ্ত হওয়া I **surroun°ding**—(1) *a.* পরিবেষ্টক ; চতুষ্পার্শ্বে অবস্থিত ; সন্নিহিত, পার্শ্ববর্তী I (2) *n.* পরিবেষ্টন ; (in *pl.*) পারিপার্শ্বিক অবস্থা বা চতুষ্পার্শ্বে যাহা অবস্থিত (healthy or picturesque *surroundings*) I [OF. *suronder*<L. *superundare*=to overflow]

surtax [sa(r)°-taks, স্যা(র্)°ট্যাক্স্] *n.* an additional tax, বাড়তি কর, (পরি.) উপরিকর I [F.]

surveillance [sa(r)-vā°-lans, স্যা(র্)ভেই°ল্যান্স্] *n.* vigilant supervision, অতন্দ্র তত্ত্বাবধান ; close watch kept on persons suspected of wrong doing, সন্দেহভাজন ব্যক্তির উপর কড়া নজর (to keep a doubtful character under constant police *surveillance*) I [F.<L. *vigilare*=to watch]

survey [sa(r)-vā°, স্যা(র্)ভেই°] *v.t.* to take general view of, সাধারণভাবে দেখা ; to view extensively, ব্যাপকভাবে নিরীক্ষণ করা ; to examine in detail, পুঙ্খানুপুঙ্খভাবে পরীক্ষা করা (to *survey* the international situation) ; to obtain by measurements data for mapping, জরিপ করা I *n.* **sur°vey**—সাধারণভাবে নিরীক্ষণ ; ব্যাপক নিরীক্ষণ ; পুঙ্খানুপুঙ্খ-পরীক্ষা,

(পরি.) নিরীক্ষা ; তত্ত্বাবধানার্থ পরিদর্শন ; জরিপ ; জরিপবিভাগ। *n.* **survey°or**। [OF. *surveoir* <L. *super- videre*=to see]

survive [sa(r)vīv°, স্যা(র্)ভাইভ্°] (**1**) *v.t.* to outlive, (কাহারও বা কিছুর পরেও) বাঁচিয়া বা টিকিয়া থাকা, উদ্বর্তিত থাকা (to *survive* all perils, one's usefulness, etc.)। (**2**) *v.i.* to be still alive or existent, এখন বা তখন পর্যন্তও জীবিত অথবা বিদ্যমান থাকা। *n.* **survī°val**—কাহারও বা কিছুর পরেও বাঁচিয়া বা টিকিয়া থাকা, স্বশ্রেণীর অন্যান্যদের মৃত্যু বা লোপের পরেও টিকিয়া থাকা, (পরি.) উদ্বর্তন ; এখন বা তখন পর্যন্তও জীবিত অথবা বিদ্যমান থাকা। *n.* **survi°vor**। **survival of the fittest**—যোগ্যতমের উদ্বর্তন। [F. *survivre* <L. *super-*, *vivere*=to live]

susceptible [sa-sep°-tabl, স্যাসেপ্°ট্যাব্‌ল্] *a.* capable, admitting, সমর্থ, সক্ষম, ধারণে সমর্থ ; capable of receiving, গ্রহণে সমর্থ, গ্রাহী ; impressionable, ছাপ-গ্রহণে সক্ষম ; easily affected by emotion, সহজেই আবেগচালিত হয় এমন। *n.* **susceptibi°lity**—সংবেদনশীলতা, সহজে প্রভাবিত হইবার শক্তি বা ক্ষমতা ; (*pl.*) সূক্ষ্ম অনুভূতিসমূহ (we should not wound the *susceptibilities* of other people)। *adv.* **suscep°tibly**। *a.* **suscep°tive**—গ্রহণে বা ধারণে সক্ষম ; সহজেই গ্রহণ বা ধারণ করে এমন। [L. *suscipere*= to take up]

suspect [sas-pekt°, স্যাস্‌পেক্‌ট্°] *v.t.* to mistrust, অবিশ্বাস করা ; to imagine to be guilty, অপরাধী বলিয়া ভাবা বা ধারণা করা, to doubt, সন্দেহ করা (to *suspect* foul play) ; to be ready to believe, (পর্যাপ্ত সাক্ষ্যপ্রমাণ ছাড়াই) বিশ্বাস করিতে উদ্যত বা ইচ্ছুক হওয়া (to *suspect* a person to be a liar) ; to have an inkling of, টের পাওয়া, ধারণা করা। **suspect** [sus°-pekt, সাস্°পেক্‌ট্] (**1**) *n.* সন্দেহভাজন ব্যক্তি (political *suspects* are kept under observation)। (**2**) *a.* সন্দেহজনক বা সন্দেহভাজন। [L. *suspicere* =to look at askance]

suspend [sas-pend°, স্যাস্‌পেন্‌ড্°] *v.t.* to hang, ঝোলান ; to sustain from falling, পড়িতে না দেওয়া ; to make inoperative for a time, to defer, সাময়িকভাবে থামান, স্থগিত বা মুলতবি রাখা, বিলম্বিত করান, (পরি.) নিলম্বিত করা (to *suspend* hostilities, judgement, etc.) ; to deprive of office for a time, সাময়িকভাবে বরখাস্ত করা, সাস্‌পেন্‌ড্ করা (to *suspend* an employee, a player, etc.)। **suspended animation**—জীবনের বাহ্যিক লক্ষণাদির সাময়িক বিরতি বা রোধন। *n.* **suspen°der**—যে বা যাহা ঝোলায় পতনরোধ করে নিলম্বিত করায় অথবা সাময়িকভাবে বরখাস্ত করে ; পায়ে মোজা আটকাইয়া রাখার জন্য ফিতাবিশেষ ; (in *pl.*) প্যান্‌ট্ প্রভৃতি দেহে আটকাইয়া রাখার গেলিস্‌বিশেষ। *n.* **suspense°**—মধ্যকালীন বা সাময়িক বিরতি ; (বিচার রায়দান প্রভৃতির) নিলম্বন ; উৎকণ্ঠাপূর্ণ অনিশ্চয়তা ; অস্থিরসঙ্কল্পতা। **suspense account**—যে জমার বা খরচের এখনও খাত বা শ্রেণী ভাগ করা হয় নাই, টোকা, (পরি.) নিলম্বন গণিতক। *a.* **suspense°ful**—উৎকণ্ঠাময় অনিশ্চয়তাপূর্ণ। *n.* **suspension** [sas-pen°sh(a)n, স্যাস্‌পেন্°শ্‌ন্] ঝুলাইয়া রাখা, লম্বন ; মধ্যপথে বাধা ; নিলম্বন ; বিলম্ব ; সাময়িক বরখাস্ত। **suspension bridge**—শিকলের সাহায্যে ঝোলান সেতু। *a.* **suspen°sive**—সাময়িকভাবে ক্রিয়াশীল ; সাময়িক ; অনির্দিষ্ট। *n.* **suspen°sor**—(উদ্ভি.—পরি.) ভ্রূণধর ; ভাঙ্গা হাত প্রভৃতি ঝুলাইয়া বাঁধার ব্যান্‌ডেজবিশেষ (also **suspensory bandage**)। *a.* **suspensory** [sas-pen°-s(a)ri, স্যাস্‌পেন্°স্‌রি] ঝুলাইয়া রাখে এমন ; নিলম্বিত করিতে সক্ষম। **(to) suspend payment**—দেউলিয়া হওয়ার ফলে প্রকাশ্যভাবে ঋণপরিশোধ বন্ধ করা। [L. *suspendere*]

suspense—see **suspend.**

suspicion [sas-pi°sh(a)n, স্যাস্‌পি°শ্‌ন্] *n.* the feeling of one who suspects, অবিশ্বাস, অপরাধী বলিয়া ধারণা, সন্দেহ, পর্যাপ্ত সাক্ষ্যপ্রমাণ ছাড়াই সন্দেহপ্রবণতা, ধারণা ; state of being suspected, সন্দেহভাজন অবস্থা, সন্দেহভাজনতা। *a.* **suspicious** [sas-pi°shas, স্যাস্‌পি°শ্যাস্] সন্দেহপূর্ণ ; সন্দেহসূচক ; সন্দেহপ্রবণ ; সন্দিগ্ধ ; সন্দেহজনক ; সন্দেহভাজন। *adv.* **suspi°ciously**। **above suspicion**—সকল সন্দেহের ঊর্ধ্বে। [L. *suspicio*—see *suspect*]

sustain [sas-tān°, স্যাস্‌টেইন্°] *v.t.* to hold up, ঊর্ধ্বে ধরিয়া রাখা ; to bear, বহন করা ; to uphold, তুলিয়া ধরা ; to enable to last out, টিঁকিয়া থাকিবার সামর্থ্য দান করা ; to give strength to, শক্তি দান করা, to support, বাঁচাইয়া রাখা, to undergo or suffer, (লোকসান প্রভৃতি) ভোগ করা বা সহ্য করা ; to keep up, বজায় রাখা (to *sustain* an argument, attempt, etc.) ; to substantiate or confirm, যুক্তিতর্কাদির দ্বারা প্রমাণ করা বা সমর্থন করা। *a.* **sustai°nable**। *n.* **sustenance** [sus°-ti-nans, সাস্°টিন্যান্‌স্] (বিরল) পুষ্টিসাধন, পুষ্টিসাধকতা ; খাদ্য। *n.* **sustentation** [sus-ten-tā°sh(a)n, সাস্‌টেন্‌টেই°শ্‌ন্] জীবিকানির্বাহ। [OF. *sustenir* <L. *sustinere*]

sutler [sut°-la(r), সাট্°ল্যা(র্)] *n.* one who sells liquor or provisions to soldiers in camp, যে ব্যক্তি (প্রধানতঃ ফেরি করিয়া) সৈন্যশিবিরে ও সেনানিবাসে মদ্য বা খাদ্য বেচে। [Du. *zoetelaar*]

Sutlej [sut°-lej, সাট্°লেজ্] *n.* an Indian river, শতদ্রু-নদী।

suttee—alt. spell. of **sati.**

suture [sū°-tū(r), সিউ°টিউঅ্যা(র্)] *n.* a stitching, সীবন, সেলাই ; the stitching of a wound, ক্ষতস্থান-সেলাই ; the thread or wire used in stitching, সীবনের সুতা বা তার ; a junction, (প্রধানত: অস্থির) জোড় বা সন্ধি। [L. *sutura*<*suere*=to sew]

suzerain [soo°-za-ran, সূ°জ্যারেইন্] *n.* a feudal lord, সামন্ত, ভুঁইঞা; a supreme or paramount lord, সর্বোচ্চ বা সার্বভৌম অধীশ্বর; a sovereign or state having supremacy over another, অপর রাষ্ট্রের উপর কর্তৃত্বসম্পন্ন রাজা বা রাজ্য, অধিরাজ বা অধিরাজ্য। *n.* **su°zerainty**—সর্বোচ্চ বা সার্বভৌম কর্তৃত্ব (under the *suzerainty* of); অধিরাজের পদ বা ক্ষমতা। [F.<*sus-* = over<L. *susum*—formed in imitation of *souverain*]

svelte [svelt, স্‌ভেল্‌ট্] *a.* (of a female figure) slender and graceful, তন্বী। [F.]

swab [swob, স্যোঅব্] (**1**) *n.* a mop or absorbent pad for cleaning, গৃহতলাদি মুছিবার ন্যাতা বা শোষক পদার্থে তৈয়ারি সম্মার্জনী; a sponge for taking specimens for medical use, পরীক্ষার্থ নমুনা গ্রহণের জন্য ব্যবহৃত শোষক পদার্থ বা স্পঞ্জ; (sl.) a clumsy fellow, জবুথবু ব্যক্তি; specimen of morbid secretion (e.g. mucus), পরীক্ষার্থ শ্লেষ্মাদির নমুনা। (**2**) *v.t.* to mop with a swab, উক্ত ন্যাতা বা সম্মার্জনী দিয়া মোছা। *pr. pt.* **swa°bbing**। *p.* ও *p. pt.* **swa°bbed**। *n.* **swa°bber**। [Du. *zwabber*=swabber]

swaddle [swod°l, স্যোঅড়্°ল্] *v.t.* to swathe, ক্ষতবন্ধন-পটী দিয়া বা কাপড় দিয়া (ক্ষতস্থানাদি) শক্ত করিয়া মোড়া বা বাঁধা; to wrap or bind tight with clothes, (শিশুকে) জামাকাপড় দিয়া শক্ত করিয়া জড়ান বা বাঁধা। *n.* **swadd°ling-bands, swadd°ling-clothes**—শিশুকে বাঁধিবার জন্য পটী, বা কাপড়; (আল.) ব্যক্তির বা বস্তুর যে প্রাথমিক অবস্থায় গতি নিয়ন্ত্রিত থাকে। [OE. *sw(a)-ethel* (*n.*)—cp. *swathe*]

Swadeshi [swā-dā°-she, স্যোঅ্যাডেই°শী] *n.* an Indian nationalist movement, favouring home industries and boycott of foreign goods, ভারতবর্ষের স্বদেশী আন্দোলন। [Beng.]

swag [swag, স্যোঅ্যাগ্] *n.* (sl.) stolen goods, (অশি.) চুরির মাল। [?—cp. *sway*]

swagger [swa°-ga(r), স্যোঅ্যা°গ্যা(র্)] (**1**) *v.t.* to walk with an air of superiority or self-confidence, শ্রেষ্ঠত্বের বা আত্মবিশ্বাসের চালে হাঁটা; to brag noisily, উচ্চৈঃস্বরে বড়াই করা; to behave arrogantly, দম্ভপূর্ণ আচরণ করা। (**2**) *n.* a swaggering gait, manner or behaviour, শ্রেষ্ঠত্বের বা আত্মবিশ্বাসের চালে হণ্টন, সদম্ভ চাল বা আচরণ। *n.* **swa°ggerer**। [obs. *v. swag*=to sway]

swain [swān, স্যোএইন্] *n.* (arch.) a young man, (আর্ষ.) যুবক; a peasant, কৃষক, চাষা; a rustic, গেঁয়ো লোক; a lover, প্রেমিক, প্রণয়ী। [ON. *sveinn*=a young man, OE. *swan*]

swallow₁ [swo°-lō, স্যোঅ°লৌ] *n.* a migratory bird, দ্বিধাবিভক্ত পুচ্ছযুক্ত দীর্ঘপক্ষ পক্ষিবিশেষ (ইহারা বসন্তকালে আসে এবং শীতকালে দেশান্তরে যায়)। *n.* **swa°llow-dive**—জল না. ছোঁয়া পর্যন্ত হাত প্রসারিত করিয়া জলে লাফ দেওয়া। *n.* **swa°llow-tail**—দ্বিধাবিভক্ত পুচ্ছ; লম্বা ঝুলওয়ালা কোট্‌বিশেষ। [OE. *sw(e)alwe*—cp. G. *schwalbe*]

swallow₂ [swo°-lō, স্যোঅ°লৌ] (**1**) *v.t.* to receive through the gullet into the stomach, গলাধঃকরণ করা, গেলা; to engulf, সম্পূর্ণ গ্রাস করা; to accept without objection, বিনা আপত্তিতে মানিয়া লওয়া, হজম করিয়া লওয়া (to *swallow* insult); to believe credulously, বিনা বিচারে বিশ্বাস করা (to *swallow* anything one hears)। (**2**) *n.* gullet, কণ্ঠনালী; swallowing, গলাধঃকরণ। **(to) swallow one's words**—স্বীয় উক্তি ফিরাইয়া লওয়া; নিজ উক্তির জন্য দুঃখ বা খেদ প্রকাশ করা। [OE. *swelgan* (*v.*), *geswelg*(*n.*)—cp. G. *schwelgen*]

swam—see **swim**.

swami [swŭ°me, স্যোআ°মী] *n.* a Hindu religious teacher, হিন্দু ধর্মোপদেষ্টা, স্বামী। [Hin.=master<Sans.]

swamp [swomp, স্যোঅম্প্] (**1**) *n.* a tract of wet spongy land, জলাভূমি, জলা, বিল। (**2**) *v.t.* to sink in a swamp, জলায় নিমজ্জিত করা; to cause to fill with water, (নৌকাদিকে) জলে পূর্ণ করা; to inundate, প্লাবিত করা; to overwhelm, অভিভূত করা (to be *swamped* with work)। *p.* ও *p. pt.* **swam°ped**। *a.* **swam°py**—জলাভূমিতে পূর্ণ, বিলুয়া, বিলেন; জলাবৎ। [?]

swan [swon, স্যোঅন্] *n.* a bird of the duck family রাজহাঁস, মরাল। *n.* **swa°n-dive** (U.S.A.)—**swallow-dive**-এর অনুরূপ। *n.* **swa°n's-down**—রাজহাঁসের ভিতরকার নরম পালক; এক প্রকারের মোটা কাপড় যাহার একদিকে পশমের ন্যায় আবরণ থাকে। *n.* **swa°nherd**—রাজহংসপালক। *n.* **swa°nnery**—রাজহাঁস রাখার বা প্রতিপালনের স্থান। *n.* **swan°-skin**—পশমী কাপড়বিশেষ। *n.* **swan°-song**—রূপকথায় বর্ণিত রাজহংসের মৃত্যুকালীন শেষ সঙ্গীত; কবির শেষ রচনা, গায়কের শেষ গান, শিল্পীর শেষ সৃষ্টি। [AS.—cp. G. *schwan*]

swang—see **swing**.

swank [swangk, স্যোঅ্যাংক্] (**1**) *v.i.* to swagger, শ্রেষ্ঠত্বের বা আত্মবিশ্বাসের চালে হাঁটা; to behave or talk in a boastful manner, দম্ভপূর্ণভাবে আচরণ করা বা কথা বলা; to show off, জাঁক করা। *p.* ও *p. pt.* **swan°ked**। (**2**) *n.* swanking behaviour, সদম্ভ আচরণ। *a.* **swan°ky**—চালিয়াত ও আত্মম্ভরি, চট্‌পটে। [?]

swap—alt. spell, of **swop**.

swaraj [swŭ-rŭj°, স্যোআরাজ্°] *n.* self-government, স্বায়ত্তশাসন, স্বশাসন; independence, স্বাধীনতা। *n.* **swara°jist**—(ব্রিটিশ আমলে) ভারতবর্ষকে স্বাধীনতাদানের সমর্থক বা ভারতবর্ষের স্বাধীনতার জন্য আন্দোলনকারী। [Sans. *svarajya*]

sward [swo(r)d, স্যোঅ(র্)ড্] *n.* the grassy surface of land, জমির তৃণাবৃত উপরিভাগ, ঘাসের চাপড়া; green turf, শ্যামল তৃণাবৃত জমি। [OE. *sweard*=skin, rind—cp. Du. *zwoord*]

swarf [swaw(r)f, স্যোঅ্য(র্)ফ্] *n.* stone or metal grindings, প্রস্তরচূর্ণ বা ধাতুচূর্ণ; filings, উখার গুঁড়া। [ON. svarf=file-dust]

sware—see **swear.**

Swarga [swa(r)°-ga, স্যোঅ্যা(র্)°গ্যা] *n.* heaven, স্বর্গ। [Sans.]

swarm₁ [swaw(r)m, স্যোঅ্য(র্)ম্] (**1**) *n.* a cluster of bees, মৌমাছির ঝাঁক; a large mobile body of insects, birds, men, etc., সঞ্চরণরত কীটপতঙ্গ পাখি সৈনিক মানুষ প্রভৃতির বড় দল; a crowd, ভিড়। (**2**) *v.t.* to move in a swarm, ঝাঁক বাঁধিয়া চলা; to occur, go off, or come in swarms, ঝাঁক বাঁধিয়া ঘটা বা প্রস্থান করা বা প্রবেশ করা। [OE. *swearm*—cp. G. *schwarm*]

swarm₂ [swaw(r)m, স্যোঅ্য(র্)ম্] *v.t.i.* to climb by clasping with arms and legs, হাত-পা দিয়া আকড়াইয়া ধরিয়া আরোহণ করা। [?]

swart [swaw(r)t, স্যোঅ্য(র্)ট্], **swarthy** [swaw(r)°-dhi, স্যোআ(র্)°দি] *a.* darkhued, কৃষ্ণকায়, কৃষ্ণবর্ণ গাত্রচর্মবিশিষ্ট। *adv.* **swar°thily**। *n.* **swar°thinėss**। [OE. *sweart*—cp. ON. *svartr*]

swashbuckler [swosh°-buk-la(r), স্যোঅশ্°-বাক্‌ল্যা(র্)] *n.* a bully, দুর্বলের নির্মম (সচ. কাপুরুষ) উৎপীড়ক। *n.* **swash°buckling**—দুর্বলের প্রতি (কাপুরুষোচিত) নির্মম উৎপীড়ন। [*swash*<imi., *buckle*]

swastika [swas°-ti-ka, স্যোঅ্যাস্°টিক্যা] *n.* a worldwide emblem, স্বস্তিকচিহ্ন। [Sans. *svastika*]

swat [swot, স্যোঅট্] *v.t.* to slap with a flat object, চেটাল কিছু দিয়া বাড়ি মারা (to *swat* a fly)। *pr. pt.* **swa°tting**। *p.* & *p. pt.* **swa°ttėd**। *n.* **swa°tter**—যে বাড়ি মারে; বাড়ি মারার জন্য চেটাল বস্তু; মাছি-মারা লাঠি।

swatch [swoch, স্যোঅচ্] *n.* a sample (esp. of cloth), (বিশে. কাপড়ের) নমুনা। [?]

swath [swawth, স্যোঅ্যথ্], **swathe₁** [swadh, স্যোএইদ্] *n.* a band of mown ground, or of grass or corn cut by the scythe, যে সব পাশাপাশি জমির ফসল বা তৃণ কাটিয়া লওয়া হইয়াছে। [OE. *swæth*, *swathu*=track]

swathe₂ [swadh, স্যোএইদ্] *v.t.* to bind round, চতুর্দিক্ ঘেরিয়া বাঁধা; to envelop, জড়ান; to bandage, ক্ষতবন্ধনপটী বাঁধিয়া দেওয়া। [OE. *swathian*]

sway [swā, স্যোএই] (**1**) *v.t.i.* to swing, দোলান বা দোলা, আন্দোলিত করা বা হওয়া; to exert influence or control (upon), প্রভাবিত বা নিয়ন্ত্রিত করা অথবা প্রভাববিশিষ্ট বা নিয়ন্ত্রণশক্তি-সম্পন্ন হওয়া; to rule, শাসন করা বা রাজত্ব করা। (**2**) *n.* swinging motion, দোল; influence, প্রভাব; rule, শাসন। [?]

swear [swā(r), স্যোয়্যা(র্)] (**1**) *v.i.* to take oath, শপথ করা; to utter profane oaths, দিব্যি দেওয়া। (**2**) *v.t.* to say or promise on oath, শপথপূর্বক বলা বা প্রতিজ্ঞা করা বা প্রতিশ্রুতি দেওয়া; to administer an oath to, শপথ গ্রহণ করান, হলফ করান। *p.* **swore** [swaw(r), স্যোঅ্য(র্)], (arch.) **sware** [swā(r), স্যোয়্যা(র্)]। *p. pt.* **sworn,** (arch.) **swore**। (**3**) *n.* an oath, শপথ, হলফ; a spell of profane swearing, দিব্যি দেওয়া। *n.* **swear°-word**—শপথে ব্যবহৃত শব্দ। *a.* **sworn**—প্রত্যয়িত, তস্‌দিক্ করা হইয়াছে এমন; শপথাবদ্ধ; শপথ বা হলফ করিয়াছে এমন। **sworn enemies**—যাহাদের সহিত মিটমাট অসম্ভব এমন শত্রুগণ। **sworn evidence**—শপথবাক্য পাঠপূর্বক সাক্ষ্যদান। **(to) swear at**—দিব্যি বা অভিশাপ দেওয়া। **(to) swear by**—(কিছুর) নাম করিয়া শপথ করা, দোহাই পাড়া (to *swear by* God)। **(to) swear in**—শপথগ্রহণ করাইয়া পদাদিতে অধিষ্ঠিত করান। **(to) swear off**—শপথপূর্বক পরিত্যাগ করা। **(to) swear to**—হলফ করিয়া সত্যাপন করা বা শনাক্ত করা। [OE. *swerian*—cp. Du. *zweren*]

sweat [swet, স্যোএট্] (**1**) *n.* perspiration, ঘর্ম; ঘাম; a sweating state, ঘর্মাক্ত অবস্থা: labour, drudgery, ক্লান্তিকর একঘেয়ে খাটুনি; (coll.) fidgety anxiety, (কথ্য.) ছটফটানিপূর্ণ উদ্বিগ্নতা। (**2**) *v.i.t.* to perspire, ঘাম ঝরা বা ঝরান; to toil or drudge for poor wages or cause to do so, সামান্য বেতনে পরিশ্রম বা উঞ্ছবৃত্তি করা অথবা করান। *n.* **swea°ter**—sweat (*v.*)-এর সকল অর্থে, এবং—পশমী গেঞ্জিবিশেষ, সোএটার; যে মনিব কর্মচারীকে অত্যন্ত খাটায়। *n.* **sweat°-shop**—যে কারখানায় শ্রমিকদের অনুপযুক্ত বেতন দেওয়া হয়। *a.* **swea°ty**—ঘাম ঝরায় এমন; ঘর্মাক্ত; কঠোর শ্রমপূর্ণ। **sweated goods**—অনুপযুক্ত বেতনপ্রাপ্ত শ্রমিকগণের শ্রমে উৎপন্ন মাল। **sweated labour**—অনুপযুক্ত বেতনপ্রাপ্ত শ্রমিকগণের শ্রম। **all of a sweat**—(কথ্য.) স্বেদসিক্ত; উদ্বিগ্ন বা ভয়প্রাপ্ত। **an old sweat**—(অশি.) বহু বৎসরের অভিজ্ঞতা-সম্পন্ন সৈনিক; বহুদর্শী ব্যক্তি। **(to) be in a cold sweat**—ভীত বা উদ্বিগ্ন হওয়া, (তু.) কালঘাম ছোটা। [OE. *swaetan* (*v.*), *swat*(*n.*)—cp. G. *schweissen*]

Swede [swēd, স্যুঈড্] *n.* a native of Sweden, সুইডেনের লোক; a Swedish turnip, সুইডেনের শালগম। **Swe°dish**—(**1**) *a.* সুইডেনের। (**2**) *n.* সুইডেনের ভাষা।

sweep [swēp, সুঈপ্] (1) *v.i.* to pass swiftly, দ্রুতবেগে যাওয়া ; to move with pomp, indignation, etc., জাঁকজমক ক্রোধ প্রভৃতি সহকারে চলা ; to extend in a long curve or line or slope, বক্রভাবে বা সরলরেখায় বা ঢালু হইয়া অনেকখানি জায়গা জুড়িয়া থাকা। (2) *v.t.* to brush away or off, ঝাঁট দেওয়া বা ঝাঁটাইয়া দূর করা (the wind *swept* the clouds away) ; to pass brushingly over, (কিছুর উপর দিয়া) ঝাঁটাইয়া নেওয়া বা যাওয়া ; to clean with a broom, ঝাঁটাইয়া পরিষ্কার করা (to *sweep* the dust from the floor) ; to perform by moving in a sweeping curve, দূরবিস্তৃত আবক্ররেখায় বেগে ধাবনপূর্বক সম্পাদন করা। *p.* & *p. pt.* **swept** [swept, স্যোএপ্‌ট্] । (3) *n.* act of sweeping, দ্রুতবেগে গমন, জাঁকজমক ক্রোধ প্রভৃতি সহকারে চলন, বক্রভাবে অনেকখানি জায়গা জুড়িয়া অবস্থান, ঝাঁট, ঝাঁটাইয়া অপসারণ ; a curve, বাঁক ; a long oar, লম্বা দাঁড় ; a chimney-sweep, ধূম্র-নির্গমনের চিম্‌নি-পরিষ্কারক। *n.* **swee°per**—sweep (*v.*)-এর সকল অর্থে, বিশেষতঃ ঝাড়ুদার। *a.* **swee°ping**—বহুবিস্তীর্ণ পরিধিসম্পন্ন ; সুদূরপ্রসারিত (*sweeping* changes) ; ব্যতিক্রম বা বাধা অগ্রাহ্য করিয়া (*sweeping* generalization)। *adv.* **swee°pingly**। *n. pl.* **swee°pings**—ঝাঁটাইয়া একত্র-করা বস্তুসমূহ ; ঝাঁটাইয়া-ফেলা জঞ্জাল। *n.* **sweep°-stāke(s)**—ঘোড়দৌড়ের উপরে জুয়াখেলাবিশেষ। **(to) be swept off one's feet**—আবেগে অভিভূত হওয়া ; উৎসাহে পূর্ণ হওয়া। **(to) make a clean sweep of**—সম্পূর্ণরূপে কাটাইয়া দেওয়া, সম্পূর্ণরূপে মুক্ত হওয়া ; (প্রতিযোগিতাদিতে) সকল পুরস্কার জিতিয়া লওয়া। **(to) sweep all before one**—পরিপূর্ণ ও অব্যাহত সাফল্য অর্জন করা। **(to) sweep the board**—(জুয়াখেলায়) বাজির সব টাকা জিতিয়া লওয়া ; প্রতিযোগিতায় সকল পুরস্কার জিতিয়া লওয়া, সকল ক্ষেত্রে সাফল্য অর্জন করা। [?—cp. OE. *swapan* (*v.*), *geswaepe* (*n.*)]

sweet [swēt, সুঈট্] (1) *a.* tasting like sugar, honey, etc., মিষ্ট, মধুরাস্বাদ, মধুর ; having a pleasant smell, সুগন্ধ ; melodious, সুস্বর, সুরেলা ; pleasing to the ear, শ্রুতিমধুর ; mild, নম্র ; fresh, তাজা, টাটকা ; gratifying, তৃপ্তিদায়ক, মনোরম ; dear, প্রিয়, প্রণয়ভাজন ; amiable, অমায়িক, সৌজন্যপূর্ণ ; cloying, অত্যধিক মধুরতার দরুন ক্লান্তিকর ; (coll.) very pretty, (কথ্য.) ভারী সুন্দর। (2) *n.* a sweet thing, মিষ্ট বা মধুর বস্তু ; a sweet dish, মিষ্ট ব্যঞ্জন বা খাদ্য ; a sweetmeat, মিঠাই ; (in *pl.*) sweetened wines and cordials, সুমিষ্টীকৃত মদ্যসমূহ ও তেজস্কর শরবতসমূহ ; (in *pl.*) delights, gratifications, আনন্দ বা লাভজনক বস্তুসমূহ (the *sweets* of office) ; a beloved person, প্রিয় বা প্রণয়ভাজন ব্যক্তি। *n.* **sweet°bread**—খাদ্যরূপে ব্যবহৃত বাছুরের বা মেষশাবকের অগ্ন্যাশয়। *n.* **sweet°brīer, sweet°-brīar**—সুগন্ধ পত্রযুক্ত গোলাপগাছবিশেষ বা উক্ত গাছের গোলাপ। *v.t.* **swee°ten**—মিষ্ট বা মধুর করা। *n.* **sweetening**—যাহা মিষ্টতা দেয়, রান্নায় উক্ত উদ্দেশ্যে ব্যবহৃত বস্তু। *a.* **swee°tish**—মিঠা-মিঠা। *n.* **sweet°-heart**—প্রণয়ী বা প্রণয়িনী (coll. **swee°tie**)। *adv.* **sweet°ly**। *n.* **sweet°meat**—মিঠাই। *n.* **sweet°nėss**। *n.* **sweet°-pea**—উজ্জ্বলবর্ণ সুগন্ধ পুষ্পপ্রসূ বৃক্ষবিশেষ। *n.* **sweet°-potato**—মিঠা আলু, রাঙা আলু। *a.* **sweet°-scen°tėd**—সুগন্ধ। *a.* **sweet°-tem°pered**—অমায়িক, মধুরস্বভাব ; শান্তস্বভাব। *n.* **sweet°-William**—উচ্চাকার, কখনও কখনও নানা বর্ণসমন্বিত উদ্যানপুষ্পবিশেষ। **sweet wine**—মধুর গন্ধ বা ফলের মিষ্ট নির্যাস মেশান মদ্য। **at one's sweet will**—কাহারও খুশিমত। **(to) be sweet on** or **upon one**—(কাহারও প্রতি) অত্যন্ত অনুরাগী বা প্রণয়াসক্ত হওয়া। **(to) have a sweet tooth**—সুমিষ্ট খাদ্যাদি পছন্দ করা। [OE. *swete*—cp. G. *susz*, Gk. *hedys*, L. *suavis*, Sans. *swadu*]

swell [swel, স্যোএল্] (1) *v.i.t.* to expand, প্রসারিত হওয়া বা করা ; to increase in volume, আয়তনে বাড়া বা বাড়ান ; to augment, বৃদ্ধি পাওয়া বা পাওয়ান ; to be inflated, or to inflate, স্ফীত হওয়া বা করা ; to bulge out, or cause to bulge out, উদ্গত হওয়া বা করা ; to grow or make louder, (ধ্বনি-সম্পর্কে) উচ্চতর হওয়া বা করা ; to heave, ফুলিয়া ওঠা বা ফুলাইয়া তোলা, উঁচু হইয়া ওঠা বা উঁচু করিয়া তোলা ; to be, or cause to be elated with emotion, আবেগে মত্ত হওয়া বা করা। *p.* **swe°lled**। *p. pt.* **swe°lled, swollen** [swō°l(a)n, স্যৌ°ল্‌ন্]। (2) *n.* a swelling, প্রসার, স্ফীতি, উদ্গম, বৃদ্ধি, ধ্বনিবৃদ্ধি, (sl.) a dandy, a member of good society, (অশি.) সাজপোশাকে ফুলবাবু, সামাজিক মর্যাদাসম্পন্ন লোক। (3) *a.* (sl.) of, or like, a dandy or member of the governing class, (অশি.) সাজপোশাকে ফুলবাবু-সুলভ বা উন্নতশ্রেণীর লোক-সুলভ। *n.* **swelled-head**—অহঙ্কার, গর্ব। *n.* **swe°lling**—(সচ.) আঘাতজনিত স্ফীতি ; আকার- বা আয়তন বৃদ্ধি। **(to) come the heavy swell over**—(অশি.) নিজেকে বড় প্রতিপন্ন করা এবং সেইভাবে অপরকে প্রভাবিত করা। [OE. *swellan* (*v.*)—cp. G. *schwellen*]

swelter [swel°-ta(r), স্যোএল্°টা(র্)] *v.i.* to suffer from great heat, প্রবল তাপপীড়িত হওয়া ; to sweat copiously, অতিশয় ঘামা। [OE. *sweltan*=to die]

swept—see **sweep**.

swerve [swa(r)v, স্যোঅ্যা(র্)ভ্] (1) *v.i.* to turn aside, একপাশে সরিয়া বা ঘুরিয়া যাওয়া (the lorry *swerved* to avoid an accident)। (2) *v.t.* to cause to swerve in the air, (বলকে) ঠিক্-

রাইয়া শূন্যে তোলা। (3) *n.* a turning aside, এক পাশে সরিয়া বা ঘুরিয়া যাওয়া; (in cricket) a ball that swerves, or the act of making it so, (ক্রিকেটে) যে বল ঠিকরাইয়া শূন্যে ওঠে বা ঐভাবে বলকে শূন্যে উত্তোলন। [OE. *sweorfan*=rub—cp. Du. *zwerven*]

swift [swift, স্যুইফ্‌ট্‌] *a.* fleet, দ্রুতগামী (a *swift* runner); rapid, দ্রুত; speedy, বেগবান্; prompt, চট্‌পটে। *a.* **swift°-foot(ėd)**—দ্রুতগামী। *adv.* **swift°ly, swift** । *n.* **swift°nėss** । [AS.]

swig [swig, স্যুইগ] (1) *v.t.i.* to take draughts of, কোন কিছু পান করা। (2) *n.* act of drinking liquor, মদ্য পান করা। [?]

swill [swil, স্যুইল্] (1) *v.t.i.* to rinse, কুলকুচা করিয়া ধোয়া বা কুলকুচা করা; to drink greedily or largely, সাগ্রহে বা প্রচুর পরিমাণে পান করা। (2) *n.* a large draught of liquor, মদ্যাদির বড় এক চুমুক। [OE. *swilian*=to wash]

swim [swim, স্যুইম্] (1) *v.i.* to propel oneself in water or other liquid, সন্তরণ করা, সাঁতার কাটা (fishes *swim* in the river); to float, ভাসা; to come to the surface, উপরিভাগে ভাসিয়া ওঠা; to be suffused or steeped, প্লাবিত বা সম্পূর্ণ সিক্ত হওয়া (eyes *swimming* with tears); to glide smoothly, স্বচ্ছন্দে ভাসিয়া চলা; to have dizzy sensation, মাথা ঝিম্‌ঝিম্ করা (my heed *swims*)। (2) *v.t.* to pass by swimming, সাঁতরাইয়া অতিক্রম করা; to make to swim or float, সাঁতার কাটান বা ভাসান (to *swim* one's dog across a river)। *pr. pt.* **swi°mming** । *p.* **swam** । *p. pt.* **swum** । (3) *n.* an act or spell of swimming, সন্তরণ (to go for a *swim*); the general current of affairs, ঘটনাস্রোত। *n.* **swi°mmer**—সন্তরণকারী, সাঁতারু। *adv.* **swi°mmingly** । *n.* **swi°mming-bath**—(সচ. ভবনমধ্যস্থ) সাঁতার কাটার পুকুর বা দিঘি। *n.* **swi°mming-costūme, swi°mming-suit**—সাঁতারের পোশাক। **swi°mming-pond, swi°mming-pool**—সাঁতার কাটার পুকুর বা দিঘি। **in the swim**—ঘটনাদির প্রধান প্রবাহে। **(to) swim with the tide** or **stream**—(আল.) অধিকাংশ লোক যেরূপ করে বা ভাবে সেরূপ করা বা ভাবা, (তু.) স্রোতে গা ভাসান। [OE. *swimman* (*v.*)—cp. G. *schwimmen*]

swindle [swind°l, স্যুইন্‌ড্‌°ল্] (1) *v.t.i.* to cheat, প্রতারণা করা। (2) *n.* a fraud, প্রতারণা। *n.* **swind°ler**—প্রতারক। [G. *schwindler*=a swindler]

swine [swīn, স্যোআইন্] *n.* a pig, শূকর; a man of greedy or bestial character, লোভী বা পাশব প্রবৃত্তিবিশিষ্ট মানুষ; a term of abuse, বিশ্রী গালিবিশেষ। *pl.* **swine** । *n.* **swīne°-herd**—শূকরপালক। *n.* **swīne°-keeping**—শূকরপালন। *a.* **swin°ish**—শূকরবৎ; নোংরা; অতিভোজী; পাশব। *n.* **swinish°nėss** । *adv.* **swin°ishly** । [OE. *swin*—cp. G. *schwein*, L. *suinus* (*a.*)]

swing [swing, স্যুইং] (1) *v.i.t.* to sway to and fro, দোলা বা দোলান। (2) *v.i.* to amuse oneself on a swing, দোলনায় দোলা; to hang, ঝোলা। (3) *v.t.* to brandish, (অস্ত্রাদি) আন্দোলিত করা; to impart swing to, দোল দেওয়া। *p.* **swung** [swung, স্যোআং], (rare) **swang** । *p. pt.* **swung** । (4) *n.* act of or spell of swinging, দোলন, দোল (the *swing* of the pendulum); a sweep, অর্ধবৃত্তাকারে সবেগে গমন; a sweeping stroke or throw, সবেগে আন্দোলিত করিয়া অর্ধবৃত্তাকারে (বলকে) নিক্ষেপ; a seat held by ropes for swinging on, ঝোলান পিড়ি বা ঝুড়িবিশেষ যাহাতে চড়িয়া দোল খাওয়া হয়, দোলনা। *n.* **swing°-back**—প্রতিক্রিয়া। *n.* **swing°-door°**—যে দরজার কপাট ভিতর ও বাহির দুই দিকেই খোলা যায় এবং আপনা হইতেই বন্ধ হইয়া যায়। *n.* **swing°-er**—যে বা যাহা দোলে অথবা দোলায়; যে ব্যক্তি চৈত্র-সংক্রান্তিতে চড়ক-গাছে উঠিয়া ঘোরে; (ক্রিকেটে) যেভাবে নিক্ষেপ করিলে বল বক্ররেখায় মোচড় খাইয়া শূন্যে উঠে, উক্তভাবে উত্থিত বা নিক্ষিপ্ত বল। *n.* **swing°ing**—দোলন; দোলনায় দোলন; ঝুলন; চৈত্র-সংক্রান্তিতে চড়কগাছে উঠিয়া ঘূর্ণন। *n.* **swing°-music**—উপস্থিতমত উদ্ভাবিত স্বরবৈচিত্র্যে সমন্বিত জাজ সঙ্গীতবিশেষ। **in full swing**—কোন ক্রিয়ার মধ্যবর্তী অবস্থায়; পুরাদমে চালু অবস্থায়। **no room to swing the cat in**—(স্থানাদি-সম্বন্ধে) অতি অল্পপরিসর; নড়া-চড়ার জায়গা নাই এমন। **(to) go with a swing**—(সঙ্গীত-সম্বন্ধে) সুন্দর তালপূর্ণ বা (কবিতা-সম্বন্ধে) ছন্দঃপূর্ণ হওয়া; (আল.) (আনন্দানুষ্ঠান, ঘটনা, প্রভৃতি) স্বচ্ছন্দভাবে চলা। **(to) swing for**—কাহাকেও খুন করিয়া ফাঁসি যাওয়া। **(to) swing the lead**—রোগের ভান করিয়া বা কৌশল করিয়া নিজের উপর আরোপিত কার্যাংশের ভার এড়ান। [OE. *swingan* (*v.*)—cp. G. *schwingen*]

swinge [swinj, স্যুইন্‌জ্] *v.i.* to beat, প্রহার করা। *a.* **swin°geing**—প্রকাণ্ড, অত্যন্ত জোরাল, প্রচণ্ড। [OE. *swengan*=to shake<*swingan*—cp. *swing*]

swingle [swingg°l, স্যুইংগ্‌°ল্] (1) *n.* swinging bar of a flail, শণ পাট প্রভৃতি আছড়াইবার যন্ত্রের দোদুল্যমান ঠেঙাবিশেষ। (2) *v.t.* to beat with a swingle, উক্ত ঠেঙা দিয়া আছড়ান। [cp. OE. *swingell*=stroke, scourge, m. Du. *swinghel*]

swipe [swīp, স্যোআইপ্] (1) *n.* a sweeping stroke, (ক্রিকেটাদিতে) জোরাল ঝাঁটানে বাড়ি বা আঘাত বা মার; (in *pl.*) inferior beer, নিকৃষ্ট বিয়ার্-মদ্য। (2) *v.t.i.* to strike sweepingly, (বল্-প্রভৃতিকে) জোরে ঝাঁটান বা বাড়ি মারা; (sl.) to steal, (অশি.) অপহরণ করা, চুরি করা। *p.* & *p. pt.* **swi°ped** । [OE. *swipian*=to beat]

swirl [swaw(r)l, স্যোঅ্য(র্)ল্] (1) *n.* an eddy, নদী জল বাতাস প্রভৃতির ঘূর্ণি। (2) *v.t.i.* to eddy, ঘূর্ণিত করা বা হওয়া। [cp. Norw. *suirla*]

swish [swish, সুইশ্] (1) *n.* the sound of twigs sweeping through the air, বেত্রাদি সবেগে শূন্যে আন্দোলন করিলে যে শোঁ বা চোঁ শব্দ হয়; a cane or birch, বেত বা (প্রহারকার্যে ব্যবহৃত) বার্চ-বৃক্ষের ডাল। (2) *v.t.i.* to whisk or be whisked with a swish, শোঁ বা চোঁ শব্দ করিয়া আন্দোলিত করা অথবা হওয়া। (3) *v.t.* to flog, বেত্রাঘাত করা, প্রহার করা। (4) *a.* smart, fashionable, ফিটফাট, ফ্যাসনদোরস্ত। (5) *adv.* with a swish, শোঁ বা চোঁ শব্দে। [imi.]

Swiss [swis, সুইস্] (1) *a.* of Switzerland, সুইজ্যার্ল্যান্ডের। (2) *n.* a native of Switzerland, সুইজ্যার্ল্যান্ডের লোক; the High German dialect spoken in Switzerland, সুইজ্যার্ল্যান্ডের লোক কর্তৃক ব্যবহৃত এক প্রকার জর্মান্-ভাষা। *pl.* **Swiss** । [F. *Suisse*]

switch [swich, সুইচ্] (1) *n.* a long thin flexible twig, লম্বা সরু ও নমনীয় বৃক্ষশাখা; a movable rail for shunting, রেলগাড়িকে ভিন্ন লাইনে সরানর জন্য অপসারণসাধ্য লাইনবিশেষ; a changeover, (প্রধানতঃ তাসখেলায় ডাকের রঙের) পরিবর্তন; a device for making, breaking, or changing an electric circuit, ইলেকট্রিকের সুইচ্। (2) *v.t.i.* to strike with a switch, বৃক্ষশাখার চাবুক দিয়া মারা, চাবকান; to divert or turn aside, ভিন্ন পথে অপসৃত করা বা হওয়া। (3) *v.t.* to drive with a switch, চাবুক মারিয়া চালান; to shunt, (রেলগাড়িকে) ভিন্ন লাইনে অপসৃত করা (to *switch* a goods train into a siding); to snatch suddenly, সহসা কাড়িয়া লওয়া; to turn (off or on), (ইলেকট্রিকের সুইচ্) টেপা। (4) *v.i.* to change over, পরিবর্তিত হওয়া, মোড় ফেরা (to *switch* over to up-to-date methods)। *p.* & *p. pt.* **swi°tched** । *n.* **switch°-back**—(মূলতঃ) পর্বতোপরি সর্পিল রেলপথ; উঁচু-নিচু পথ বা রাস্তা। *n.* **switch°-board**—ইলেকট্রিকের সুইচ্‌বোর্ড; টেলিফোনের সংযোগস্থাপনার্থ তক্তাবিশেষ। **(to) switch off**—সুইচ্ টিপিয়া বিজলীবাতি নিভান; বিদ্যুৎপ্রবাহ রোধ করা; ভিন্নপথে অপসৃত করা। **(to) switch on**—সুইচ্ টিপিয়া বিজলীবাতি জ্বালান; বিদ্যুৎপ্রবাহ সঞ্চার করা; নির্দিষ্ট পথে আনা। [<Du.]

swivel [swi°vl, সুইভ্‌ল্] *n.* a ring or link that turns round on a pin, সংলগ্ন পিনে ভর দিয়া ঘোরে এমন আঙ্‌টাবিশেষ। *n.* **swi°vel-eye**—তির্যক চক্ষু, টেরা চোখ। [OE. *swifan*=to move quickly]

swiz [swiz, সুইজ্] *n.* bitter disappoinment, নিরতিশয় হতাশা; fraud, swindle, প্রতারণা বা বঞ্চনা। [?]

swizzle [swi°zl, সুইজ্‌ল্] *n.* (coll.) mixed alcoholic drink, (কথ্য.) পাঁচমিশালি মদ্যবিশেষ। *n.* **swi°zzle-stick**—উক্ত মদ্য ফেনানর দণ্ড। [?]

swob—alt. spell. of **swab.**

swollen—see **swell.**

swoon [swōōn, সূন্] (1) *n.* a fainting fit, মূর্ছা। (2) *v.i.* to faint, মূর্ছিত হওয়া (to *swoon* with pain); (poet.) to be languorous, (কাব্যে.) অবসন্ন হওয়া। [ME. *iswowen*<OE. *geswogen*=in a swoon ?]

swoop [swōōp, সূপ্] (1) *v.i.* to come down with a sweeping rush, শোঁ করিয়া অর্ধবৃত্তাকারে নামিয়া আসা; to rush suddenly, হঠাৎ সবেগে ছুটিয়া যাওয়া। (2) *v.t.* (obs.) to pounce upon or to snatch with a sweep, (অপ্র.) ছোঁ মারা বা ছোঁ মারিয়া কাড়িয়া লওয়া। *p.* & *p. pt.* **swōō°ped** । (3) *n.* act of swooping, শোঁ করিয়া অর্ধবৃত্তাকারে অবতরণ, হঠাৎ সবেগে ধাবন, ছোঁ মারিয়া লওয়া; a sudden onslaught, আকস্মিক প্রচণ্ড আক্রমণ। **at one (fell) swoop**—এক আকস্মিক ক্ষিপ্র আক্রমণের দ্বারা। [OE. *swapan*=to sweep]

swop [swap, স্যাপ্] *v.* (coll.) exchange by barter, (কথ্য.) পণ্য বিনিময়ে লেনদেন করা। **(to) swop places**—পরস্পরের বসার জায়গা বদলান। **(to) swop yarns**—একে অপরের কাছে খোসগল্প করা। **don't swop horses in midstream**—কর্মের মধ্যপথে পরিবর্তন বাঞ্ছনীয় নয়। [see *swoop*]

sword [saw(r)d, স্য(র্)ড্] *n.* a weapon for cutting or thrusting, তরবারি, তরওয়াল, অসি, খড়্গ। *a.* **sword°-and-buck°ler**—ঢাল-তরওয়াল লইয়া লড়িতে হয় এমন; ঢাল-তরওয়ালে সজ্জিত। *n.* **sword°-belt**—তরওয়াল ঝোলানর জন্য কোমরবন্ধ। *n.* **sword°-cāne, sword°-stick**—গুপ্তি। *n.* **sword°-cut**—তরবারির আঘাতজনিত ক্ষত বা তাহার দাগ। *n.* **sword°-dance**—খোলা তরবারিহস্তে বা তরবারির উপরে নৃত্য। *n.* **sword°fish**—তরওয়াল-মাছ। *n.* **sword(s)°man**—অসিযোদ্ধা; অসিযুদ্ধে দক্ষ ব্যক্তি। *n.* **swords°manship**—অসিযুদ্ধে নিপুণতা। *n.* **sword°play**—অসিযুদ্ধ; অসিক্রীড়া। *n.* **sword°player**—অসিক্রীড়ক। **at the point of the sword**—বলপ্রয়োগের ভয় দেখাইয়া। **(to) cross** or **measure swords** (with)—(কাহারও সহিত) অসিযুদ্ধ বা যুদ্ধ করা; (কাহারও বিরুদ্ধে) শক্তিপরীক্ষায় অবতীর্ণ হওয়া। **(to) put to the sword**—হত্যা করা। **(to) sheathe the sword**—যুদ্ধ শেষ করা বা বন্ধ করা। [OE. *sweord*—cp. G. *schwert*]

swore, sworn—see **swear.**

swot [swot, স্যোঅট্] (1) *v.t.i.* (sl.) to study hard, কঠোর শ্রমসহকারে অধ্যয়ন করা বা অত্যধিক পড়াশোনা করা। *pr. pt.* **swo°tting** । *p.* & *p. pt.* **swo°ttėd** । (2) *n.* hard study, ঐরূপ পড়াশোনা; hard work, কঠোর শ্রমসাধ্য কাজ; one who swots, যে ব্যক্তি অত্যধিক পড়াশোনা করে। [var. of *sweat*]

swum—see **swim.**

swung—see **swing.**

Sybarite [si°-ba-rīt, সি°ব্যারাইট্] **(1)** *a.* of Sybaris, প্রাচীন ইট্যালীর নগরী সিব্যারিসের; devoted to luxury, ভোগবিলাসে মগ্ন। **(2)** *n.* a native of Sybaris, সিব্যারিসের লোক; a Sybarite person, ভোগবিলাসে নিমগ্ন ব্যক্তি। *a.* **sybari°tic** ।

sybil—erron. spell. of **sibyl.**

sycamore [si°-ka-maw(r), সি°ক্যাম্য(র্)] *n.* a kind of fig-tree, ডুমুর-গাছবিশেষ। [Gk. *sykomoros*]

syce [sīs, সাইস্] *n.* a groom, সইস। [Ar. *sā'is*]

sycophant [si°-kŏ-fant, সি°কোফ্যান্ট্] *n.* a servile flatterer, হীন স্তাবক বা মোসাহেব। *n.* **sy°cophancy**—হীন স্তাবকতা বা মোসাহেবি; গোলামতুল্য আচরণ। *a.* **sycophan°tic** । [Gk. *sykofantes*=informer]

sycosis [sī-kō°-sis, সাইকৌ°সিস্] *n.* skin-disease of the bearded part of the face or scalp, মুখের ও মাথার লোমশ অংশের চর্মরোগবিশেষ। [Gk. *sukosis*]

syenite [sī°-i-nīt, সাই°ইনাইট্] *n.* a grey crystalline rock, ধূসরবর্ণ স্ফটিকশিলাবিশেষ। [L. *syenites* (*lapis*)=the stone of Syene in Egypt]

syllabi—see **syllabus.**

syllabic—see **syllable.**

syllable [si°labl, সি°ল্যাব্‌ল্] *n.* a word or part of a word containing one vowel-sound, জিহ্বার গতি না বদলাইয়া একবারেই উচ্চার্য শব্দ বা শব্দাংশ, একস্বরবিশিষ্ট শব্দ বা শব্দাংশ, সিল্যাব্‌ল্। *n.* **sylla°bary**—যে-সমস্ত সিল্যাব্‌ল্‌ধর্মী ছাপ বা চিহ্নের সাহায্যে কোন কোন ভাষার বর্ণমালা গঠিত হয় তাহার তালিকা (যেমন জাপানী ভাষায়)। *v.* **sylla°bicāte, syllābify, syllābize**—সিল্যাব্‌লে ভাগ করা। *n.* **syllabicā°tion**—সিল্যাব্‌লে ভাগ করিবার পদ্ধতি। *a.* **sylla°bic(al)**—সিল্যাব্‌ল্‌ঘটিত; সিল্যাব্‌লে সিল্যাব্‌লে বিভক্ত বা স্পষ্টভাবে উচ্চারিত। *a.* **sy°llabled**—(নির্দিষ্ট সংখ্যক) সিল্যাব্‌ল্‌যুক্ত (tri-*syllabled*) । **closed syllable**—ব্যঞ্জনান্ত শব্দ বা শব্দাংশ। [L. *syllaba*<Gk. *syllabe*]

syllabus [si°-la-bas, সি°ল্যাব্যাস্] *n.* an abstract or programme, (ধারাবাহিক বক্তৃতাদির) সারসংক্ষেপ বা নির্ঘণ্ট; a programme of an academic course, বিদ্যালয়াদির পাঠ্যনির্ঘণ্ট। *pl.* **sy°llabusės, syllabī** । **in words of one syllable**—স্পষ্ট ও কাটখোট্টা ভাষায় (প্রকাশিত)। [L.<Gk. *sillybe*=a book-label]

syllepsis [si-lep°sis, সিলেপ্°সিস্] *n.* a figure of speech, অর্থালঙ্কারবিশেষ: ইহাতে বাক্যমধ্যে একই শব্দ একবার মাত্র ব্যবহৃত হইয়া দুই বা ততোধিক শব্দের সহিত বিভিন্ন অর্থে সম্বন্ধযুক্ত থাকে (যেমন, in a *flood* of tears and a sedan-chair)। *pl.* **syllep°sēs** । *a.* **syllep°tic** । [Gk.=a taking together]

syllogism [si°-la-jizm, সি°ল্যাজিজ্‌ম্] *n.* a kind of logical argument, ন্যায়শাস্ত্রের যুক্তি-ধারাবিশেষ: ইহাতে দুইটি প্রতিজ্ঞা বা তথ্য এবং তাহা হইতে স্থিরীকৃত একটি সিদ্ধান্ত থাকে, (পরি.) ন্যায়। *a.* **syllŏgis°tic**—ন্যায়ানুসারী; ন্যায়মূলক। *adv.* **syllŏ°gistically** । *v.i.t.* **sy°llŏgize**—ন্যায়ানুসারে (কোন) বিচার বা সিদ্ধান্ত করা। *n.* **syllŏgizātion** । [Gk. *syllogismos*]

sylph [silf, সিল্‌ফ্] *n.* a spirit, পরীবিশেষ; a slender girl, কৃশকায়া বালিকা, তন্বী। *a.* **sylph°-like**—কান্তিযুক্ত, লাবণ্যময়। [coined by Paracelsus]

sylva [sil°-va, সিল্°ভ্যা] *n.* the assemblage of trees in a region, নির্দিষ্ট অঞ্চলের গাছপালা-সমূহ বা অরণ্যসম্পদ। **syl°van**—**(1)** *a.* অরণ্য-সংক্রান্ত, আরণ্য (sylvan *scenes*); অরণ্যময়। **(2)** *n.* অরণ্যবাসী, বুনো লোক। *n.* **Syl°van**—বনদেবতা-বিশেষ। *n.* **sylvicul°ture**—বনবিদ্যা। *n.* **sylvicul°turist** । [L. *silva*=a wood]

symbiosis [sim-bi-ō°-sis, সিম্‌বিঔ°সিস্] *n.* (bio.) permanent union between organisms of different kinds, (জীব.—পরি.) অন্যোন্য-জীবিত্ব, মিথোজীবিত্ব। *a.* **symbiotic** [sim-bi-o°-tik, সিম্‌বিঅ°টিক্] মিথোজীবী। [Gk. *syn*=together, *bios*=livelihood]

symbol [sim°b(o)l, সিম্°ব্‌ল্] *n.* an emblem, প্রতীক (white is the *symbol* of purity); a mark or character, সঙ্কেত, চিহ্ন (an algebraical *symbol*); (theol.) a creed, (ধর্ম.) উপাসনাপদ্ধতি। *a.* **symbolic** [simbo°-lik, সিম্‌ব°লিক্]; **symbo°lical,** প্রতীকমূলক; প্রতীক-, সাঙ্কেতিক, চিহ্নগত; উপাসনা-পদ্ধতিমূলক। *adv.* **symbo°lically** । *n.* **symbo°lics** — বিভিন্ন উপাসনাপদ্ধতি-সংক্রান্ত বিদ্যা। *n.* **symbolism** [sim°-ba-lizm, সিম্°ব্যালিজ্‌ম্] প্রতীকতা, প্রতীকী-বাদ; প্রতীকের বা চিহ্নের ব্যবহার অথবা তৎসংক্রান্ত বিধি; ফরাসী কবিতায় আন্দোলনবিশেষ, প্রতীকী-বাদী কবিতা; বিভিন্ন উপাসনাপদ্ধতি-সংক্রান্ত বিদ্যা। *n.* **sym°bolist** । *v.t.* **symbolize** [sim°-ba-līz, সিম্°ব্যালাইজ়্] (কিছুর) প্রতীকস্বরূপ বা চিহ্নস্বরূপ হওয়া; প্রতীকদ্বারা বা চিহ্নদ্বারা প্রকাশ করা; (উপাসনাপদ্ধতিতে) নিয়মভুক্ত করা। *n.* **symbolizā°tion** । [Gk. *symbolon*=a token]

symmetry [si°-mi-tri, সি°মিট্রি] *n.* (geom.) exact correspondence of parts on either side of a straight line or plane, (জ্যামি.) সরলরেখার বা সমতল ক্ষেত্রের উভয় পার্শ্বের মধ্যে পূর্ণ-সাদৃশ্য, (পরি.) প্রতিসাম্য; balance or due proportion, ভারসাম্য বা সামঞ্জস্য। *a.* **symmetric** [si-me°-trik, সিমে°ট্রিক্], **symme°trical**—প্রতি-সম; সমভার বা সুসমঞ্জস। *adv.* **symme°trically** । [Gk. *summetria*]

sympathy [sim°-pa-thi, সিম্‌প্যাথি] *n.* community of feeling, সহানুভূতি; compassion, pity, সমবেদনা, করুণা, দরদ (to feel *sympathy* for a person in distress); agreement, (প্রধানতঃ মানসিক) সাদৃশ্য। *a.* **sympathetic** [sim-pa-the°-tik, সিম্‌প্যাথে°টিক্], **sympathe°tical**—সহানুভূতিশীল বা সহানুভূতিপূর্ণ; সমবেদী, দরদী; সদৃশ; সহানুভূতিমূলক; সমবেদনা-মূলক; সাদৃশ্যমূলক; সহানুভূতিজনিত; সমবেদনা-জনিত, সাদৃশ্যজনিত (সাহিত্য বা শিল্পের আলোচনায়) সমবেদনা জানাইতে সক্ষম। *adv.* **sympathe°tically** I **sympathetic nervous system**—সমবেদী বা স্বতন্ত্র নার্ভ-তন্ত্র। *v.i.t.* **sym°pathize**—(কাহারও প্রতি) সহানুভূতিসম্পন্ন সমব্যথী বা দরদী হওয়া; সদৃশ হওয়া। *n.* **sym°pathizer** I **in sympathy with**—একমত; সমর্থক। [Gk. *sympatheia*]

symphony [sim°-fa-ni, সিম্‌ফ্যানি] *n.* harmony, (প্রধানতঃ স্বরের) সামঞ্জস্য বা মিল; an orchestral composition, ঐকতান-বাদনবিশেষ; (arch.) an instrumental portion of a work, (আর্ষ.) নাটকাদির যে অংশে কেবল বাঁশি প্রভৃতি বাদ্য-যন্ত্র বাজান হয়। *a.* **symphonic** [sim-fo°-nik, সিম্‌ফ°নিক্] (প্রধানতঃ স্বরের) সামঞ্জস্যগত বা সামঞ্জস্য-পূর্ণ ঐকতান-বাদনগত; (আর্ষ.) নাটকাদির বাদনগত অংশ-সংক্রান্ত। *n.* **sym°phonist**—ঐকতানবাদন-রচয়িতা। [Gk. *symphonia*]

symposium [sim-pō°-zi-am, সিম্‌পৌ°জ়িঅ্যাম্] *n.* a drinking party, মদ্যপানোৎসবে মিলিত ব্যক্তিবর্গ; a meeting for philosophical conversation, দার্শনিক আলাপ-আলোচনার্থ সভা বা সম্মেলন; a conference, সভা, সম্মেলন; a collection of views on a topic, কোন এক বিষয়-সংক্রান্ত মতবাদসমূহের সংগ্রহ বা সঙ্কলন। [L. < Gk. *symposion*]

symptom [sim(p)°-tam, সিম্‌°ট্যাম্] *n.* a characteristic sign or indication of a state, (প্রধানতঃ রোগের) লক্ষণ। *a.* **symptoma°tic(al)**—লাক্ষণিক, লক্ষণমূলক। *adv.* **symptoma°tically** I [Gk. *symptoma*]

synagogue [si°-na-gog, সি°ন্যাগগ্] *n.* a Jewish congregation, উপাসনার জন্য মিলিত ইহুদীগণ; a Jewish place of worship, ইহুদীদের উপাসনার স্থান। [Gk. *synagoge* = a bringing together]

synchroflash [sin-kro°-flash, সিন্‌ক্র°ফ্ল্যাশ্] *n.* simultaneous flashlight and opening of camera shutter, একই সঙ্গে বৈদ্যুতিক আলো ঝলকান ও ক্যামেরার ঢাকনা খুলিয়া যাওয়া। [*syn*+ *khromas*+*flash*]

synchromesh [sin-kro°-mesh, সিন্‌ক্র°মেশ্] *n.* a system of gear-changing (in motor cars) resulting in a minimum of friction, মোটর-কার প্রভৃতিতে গিয়ার-পরিবর্তনের পদ্ধতি যাহার ফলে ঘর্ষণ কমান সম্ভব হয়। (*syn*+*khronos*+*mesh*]

synchronic [sin-kro°-nik, সিন্‌ক্র°নিক্] *a.* coinciding in time, সমকালীন। *adv.* **synchro°nically** I *n.* **synchronism** [sing°-kra-nizm, সিং°ক্র্যানিজ়্‌ম্] সমকালীনত্ব; যুগপৎ সঙ্ঘটন; সময়ের দিক্ দিয়া গল্পের বিভিন্ন অংশের সামঞ্জস্য; (পরি.) সমলয়। *v.t.* **synchronize** [sing°-kra-nīz, সিং°ক্র্যানাইজ়্] সমকালীন যুগপৎ বা সমলয় করা, সময়ের সামঞ্জস্যবিধান করা (to *synchronize* all the clocks in an office)। *n.* **synchroniza°tion** I *a.* **synchronous** [sing°-kra-nas, সিং°ক্র্যান্যাস্] সমকালীন; যুগপৎ; সমলয়; সময়ের দিক্ দিয়া সামঞ্জস্যপূর্ণ। [Gk. *syn* = together, *khronos* = time]

synchrotron [syng°-krō-tron, সিংক্রৌ°ট্রন্] *n.* an apparatus for accelerating electrons, ইলেকট্রন বা বিদ্যুতিনকে দ্রুততর করার যন্ত্র। (*synchro-*+*²tron*)

syncline [sing°-klīn, সিং°ক্লাইন্] *n.* (geol.) rock-bed forming a trough, (ভূবিদ্যা) দ্রোণী-নির্মাণকারী বা উৎপাদক, প্রস্তরময় ভিত্তিভূমি, (পরি.) অবতল-ভঙ্গ। [Gk. *syn* = together, *klinein* = to cause to lean]

syncope [sing°-ka-pi, সিং°ক্যাপি] *n.* (obs.—gr.) syncopation, (অপ্র.—ব্যাক.) মধ্যের বর্ণ বাদ দিয়া হ্রস্বীকরণ; (med.) a fainting fit from sudden anaemia of the brain, (চিকি.) মস্তিষ্কের রক্তাল্পতাজনিত আকস্মিক মূর্ছা। *v.t.* **syn°copāte**—(ব্যাক.) মধ্যাংশ কাটিয়া বাদ দিয়া (শব্দকে) ছোট করা (to *syncopate* Gloucester into Gloster)। *n.* **syncopā°tion** I [Gk.]

syndic [sin°-dik, সিন্‌°ডিক্] *n.* an advocate, delegate, or judge, (প্রধানতঃ প্রাচীন গ্রীসের) উকিল বা অধিবক্তা, প্রতিনিধি, বিচারক; a magistrate or mayor, শাসক বা পৌরশাসক; a member of a syndicate or committee, নিষদের বা কার্যকর সভার সদস্য; one chosen to transact business for others, (পৌরসভা বাণিজ্য-প্রতিষ্ঠান প্রভৃতির) আমমোক্তার বা প্রতিনিধি। *n.* **syn°dicalism**—কারখানাদিতে দ্রব্যোৎপাদনের উপায়-সমূহ ট্রেড-ইউনিআন্ বা শ্রমিক সঙ্ঘের হাতে দিবার দাবিপূর্ণ আন্দোলনবিশেষ। *n.* **syn°dicalist**—উক্ত আন্দোলনের সমর্থক। *n.* **syn°dicate**—বিশ্ববিদ্যা-লয়াদির মন্ত্রণাসভা, (পরি.) নিষদ্; একই উদ্দেশ্যে বা স্বার্থে মিলিত ব্যক্তিবর্গ অথবা বাণিজ্য-প্রতিষ্ঠানসমূহ; বিভিন্ন সংবাদপত্রের মিলিত সঙ্ঘ। *v.t.* **syn°dicāte**—নিষদের মাধ্যমে নিয়ন্ত্রিত বা কার্যকর বা প্রকাশিত করা; সঙ্ঘবদ্ধ করা। *p.* & *p. pt.* **syn°dicāted**। *n.* **syndicā°tion** I *n.* **syn°dicātor** I [Gk. *syndikos*]

syndrome [sin°-drōm, সিন্‌°ড্রৌম্] *n.* concurrence of symptoms (in disease), (রোগাদিতে) বিভিন্ন লক্ষণসমূহের সহ-বিদ্যমানতা বা সহাবস্থান। [Gk.]

syne [sīn, সাইন্] *adv.* ago, পূর্বে। **auld lang**

syne—the days of long ago—বহুকাল পূর্বে। [Sc.]

'**synecdoche** [si-nek°-da-ki, সিনেক্°ড্যাকি] *n.* (rhet.) the figure of putting part for the whole, or the whole for the part, অর্থালঙ্কার-বিশেষ : ইহাতে গোটা বস্তুর পরিবর্তে উহার একাংশ বা অংশের পরিবর্তে গোটা বস্তুর উল্লেখ করা হয় (যেমন, a fleet of fifty sails = a fleet of fifty ships)। [Gk. *synekdokhe*]

synergism [sin°-a(r)-jizm, সিন্°অ্যা(র্)জিজ্‌ম্] *n.* combined effect of drugs, etc. that exceeds the sum of effects of each agency alone, ভেষজাদির যৌথক্রিয়ার ফল বা প্রভাব : ইহা প্রতিকারকের মোট ক্রিয়াশক্তি অপেক্ষা অধিক। *n.* **syner°gy**—যৌথক্রিয়া ; সহযোগিতা। *a.* **syner°gic, synergis°tic** । *n.* **syner°gid**—(পরি.) সহকারী কোষ। [Gk. *synergos* = working together]

synod [si°-nad, সি°ন্যাড্] *n.* a meeting, সভা, সম্মেলন ; a church court, গির্জার যাজকীয় বিচারসভা। [Gk. *synodos*]

synonym [si°-na-nim, সি°ন্যানিম্] *n.* a word having the same meaning with another, সমার্থ শব্দ, প্রতিশব্দ। *n.* **synonym°ity**—সমার্থতা। *a.* **synonymous** [si-no-ni-mas, সিন°নিম্যাস্] সমার্থ। [Gk. *synonymon*]

synopsis [si-nop°-sis, সিনপ্°সিস্] *n.* a conspectus, মোটামুটি বিবরণ ; a summary, সংক্ষিপ্তসার। *pl.* **synop°sēs** । **The synoptic Gospels**—বাইবেলের মার্ক, ম্যাথু ও লুকের সুসমাচার। *a.* **synop°tic(al)**—সমগ্র বস্তুর মোটামুটি পর্যবেক্ষণমূলক। *adv.* **synop°tically** । [Gk.]

syntactic—see **syntax**.

syntax [sin°-taks, সিন্°ট্যাক্‌স্] *n.* grammatical structure in sentences, ব্যাকরণসম্মতভাবে বাক্যগঠন বা পদবিন্যাস। *a.* **syntac°tic(al)**—যথাবিধি বাক্যগঠনমূলক ; বাক্যগঠনবিধি-সংক্রান্ত। *adv.* **syntac°tically** । [Gk. *syntaxis*]

synthesis [sin°-thi-sis, সিন্°থিসিস্] *n.* making a whole out of parts, বিভিন্ন অংশদ্বারা গোটা বস্তু গঠন, সংশ্লেষণ, সংশ্লেষ (cp. **analysis**) ; the combination of separate elements in a whole, বিভিন্ন অংশের একত্রীকরণ ; harmonization, সমন্বয় ; (chem.) artificial production of compounds, রাসায়নিক প্রণালীতে কৃত্রিম-বস্তু উৎপাদন। *pl.* **syn°thesēs** । *v.t.* **syn°thesīze**—faulty but more frequently used form of **synthetize** । *a.* **synthetic** [sin-the°-tik, সিন্থে°টিক্], **synthe°tical**—সাংশ্লেষিক ; সমন্বয়ী ; রাসায়নিক প্রণালীতে তৈয়ারি এবং কৃত্রিম (*synthetic* rubber)। *adv.* **synthe°tically** । *n.* **syn°thetist**—সংশ্লেষণকারী ; সমন্বয়সাধক। *v.t.* **syn°thetīze**—সংশ্লেষণ করা বা সমন্বয় করা। [Gk.]

syphilis [si°-fi-lis, সি°ফিলিস্] *n.* a venereal disease, উপদংশ-রোগ ; সিফিলিস্। *a.* **syphili°tic**—উপদংশ-রোগাক্রান্ত। [title of Fracastoro's Latin poem, whose hero *Syphilus* is infected]

syphon—alt. spell. of **siphon.**

syren—alt. spell. of **siren.**

Syriac [si°-ri-ak, সি°রিঅ্যাক্] (**1**) *n.* the language of ancient Syria, প্রাচীন সিরিআর ভাষা। (**2**) *a.* written in Syriac, উক্ত ভাষায় লিখিত। **Sy°rian**—(**1**) *a.* সিরিয়ার। (**2**) *n.* সিরিয়ার লোক।

syringa [si°rin-ja, সি°রিন্জা] *n.* a shrub with strong scented white flowers, তীব্র গন্ধযুক্ত সাদা ফুলবিশিষ্ট গুল্ম। [L.]

syringe [si°-rinj, সি°রিন্জ্] (**1**) *n.* an instrument for squirting or injecting, পিচ্‌কারি, সিরিন্জ্। (**2**) *v.t.i.* to clean, spray, or inject with a syringe, পিচ্‌কারী বা সিরিন্জ্ দিয়া পরিষ্কার করা অথবা ঔষধ বা জল ছিটাইয়া দেওয়া অথবা ঔষধ প্রয়োগ করা। [Gk. *syrinx, syringos* = Pan-pipes, gallery]

syrup [si°-rap সি°র‍্যাপ্] *n.* a thick solution of sugar boiled with water, চিনির সিরা ; any sweet liquid, যে-কোন মিষ্ট তরল পদার্থ, সিরাপ্। *a.* **sy°rupy**—সিরাপের মত অতি মিষ্ট (সঙ্গীত প্রভৃতি)। [F. *sirop* < Ar. *sharab*]

system [sis°-tim, সিস্°টিম্] *n.* complex whole, বিভিন্ন অংশ লইয়া গঠিত গোটা বস্তু, যৌগিক বস্তু ; a set of things regarded as a connected whole, একই বস্তুর পরস্পরসম্বদ্ধ অঙ্গরূপে পরিগণিত বস্তুসমূহ ; a group of heavenly bodies moving under the influence of their mutual attraction, পারস্পরিক আকর্ষণে পরিক্রমণরত গ্রহনক্ষত্রাবলী ; the bodily organism, দৈহিক গঠনতন্ত্র (digestive, nervous, reproductive, etc. *system*) ; a body of doctrine, তন্ত্র ; a theory of universe, সৃষ্টি-রহস্য-সংক্রান্ত মতবাদ ; a method, প্রণালী, রীতি, নিয়ম ; a systematic treatise, প্রণালীবদ্ধ গ্রন্থ, শাস্ত্র। *a.* **systema°tic(al)**—প্রণালী রীতি বা তৎসম্বন্ধীয় অথবা তৎসম্মত ; নিয়মানুগ ; নিয়মাবদ্ধ ; সুসম্বদ্ধ। *adv.* **systema°tically** । *v.t.* **sys°tematīze**—নিয়মাবদ্ধ বা সুসম্বদ্ধ করা। *n.* **systematizā°tion** । [Gk. *systema*]

systole [sis°-ta-li, সিস্ট্যালি] *n.* contraction, (প্রধানতঃ হৃৎপিণ্ডের) সঙ্কোচন। *a.* **systolic** [sis-to°-lik, সিস্ট°লিক্] উক্ত সঙ্কোচন-সংক্রান্ত বা সঙ্কোচমগ্রস্ত। [Gk.]

T

T, t [tē, টী] *n.* the twentieth letter of the English alphabet, ইংরেজী বর্ণমালার বিংশতিতম বর্ণ। **to a T**—সম্পূর্ণ যথাযথভাবে।

't [t, ট্] contr. of **it.**

ta [tŭ, টা] *int.* (childish or coll.) thank you, (শিশুসুলভ বা কথ্য.) তোমাকে ধন্যবাদ। [?]

tab [tab, ট্যাব্] *n.* a small piece of cloth fixed to a garment as a badge or mark or loop for hanging coat, ব্যাজ বা চিহ্ন-স্বরূপ টুকরা কাপড় যাহা জামার সঙ্গে বাঁধা হয় বা যে কাপড়ের টুকরার ফাঁসের সাহায্যে কোট ঝোলান হয়; binding at the end of shoe lace, জুতার ফিতার প্রান্তদেশের বন্ধনী; (colloq.) account, observation, (কথ্য.) হিসাব, নজর, (keep a *tab* on)। [?]

tabard [ta°-ba(r)d, ট্যা°ব্যা(র্)ড্] *n.* a knight's coat, নাইট্ বা বীরধর্মীর বর্মোপরি পরিধেয় জামাবিশেষ; a herald's coat, ঘোষকের জামা। [OF. *tabart*]

tabby [ta°-bi, ট্যা°বি] *n.* a kind of watered silk, জলচুড়ি-দেওয়া রেশমী কাপড়বিশেষ; a mottled cat, ভিন্নবর্ণের সরু ডোরা-কাটা বাদামী রঙের বিড়াল (also **ta°bby-cat**); a spiteful gossiping woman, বিদ্বেষপূর্ণ এবং বাজে ও কলঙ্কপূর্ণ গুজব-রটনাকারী রমণী, (তু.) গল্পে স্ত্রীলোক। [F. *tabis*]

tabefaction [ta-bi-fak°-sh(a)n, ট্যাবিফ্যাক্°শ্‌ন্] *n.* emaciation due to disease, রোগজনিত কৃশতা বা ক্ষয়। [L. *tabefacere*]

tabernacle [ta°-ba(r)-nakl, ট্যা°ব্যা(র্)ন্যাক্‌ল্] *n.* a tent or movable hut, তাঁবু বা অপসারণসাধ্য কুটির; the tent carried by the Jews and used as a temple, (মরুভূমিতে বাসকালে) মন্দিররূপে ব্যবহারার্থ ইহুদীদের তাঁবু; the human body, আত্মার সাময়িক আবাসস্বরূপ মানবদেহ; a place of worship, উপাসনার স্থান; a canopied niche or seat, চন্দ্রাতপে আবৃত কুলুঙ্গি বা আসন। [L. *tabernaculum* = tent]

tabes [tā°-bēz, টেই°বীজ্] *n.* (path.) emaciation due to disease, রোগের দরুন ক্ষয়। **dorsal tabes, tabes dorsalis**—মেরুদণ্ডের ক্ষয়রোগবিশেষ: ইহার ফলে পেশীসমূহের সুসংহত কার্যক্ষমতা ব্যাহত হয়। [L.]

tablature [tab°-la-cha(r), ট্যাব্°ল্যাচ্যা(র্)] *n.* a mentual pictre, মনে মনে অঙ্কিত চিত্র; a graphic description, চিত্রানুগ বর্ণনা। [L. *tabula* = a board]

table [tāb°l, টেইব্°ল্] (**1**) *n.* a slab (কাঠ বা পাথরের) ফলক; an article of furniture, টেবিল, মেজ; a set of facts or figures arranged in columns, সারিবদ্ধভাবে বিন্যস্ত তথ্যাদি, ছক, (পরি.) তালিকা, সারণী (a *table* of contents, a multiplication *table*, etc.); a level area or flat surface, সমতল স্থান বা উপরিতল; a table for a game or food, খেলার বা খাওয়ার টেবিল; supply of food, খাদ্যপরিবেশন; the company at a table, টেবিলের পার্শ্বে সমবেত ব্যক্তিবর্গ; a syllabus or index, কর্মাদির তালিকা বা সূচী; a slab inscribed with laws, অনুশাসনলিপি; (in *pl.*) a code of law, আইনের সারসঙ্কলন (Twelve *Tables* of ancient Rome)। (**2**) *v.t.* to tabulate, সংক্ষিপ্ত করিয়া সারণীভুক্ত করা; to lay on the table, (ভোজ খেলা প্রভৃতির) টেবিলের উপর স্থাপন বা পরিবেশন করা; to submit for discussion, আলোচনার্থ উপস্থাপন করা বা পেশ করা (to *table* an amendment, a bill, a motion, etc.); to join pieces of timber together, তক্তাসমূহকে একত্র জোড়া। *n.* **tāb°le-cloth**—(প্রধানতঃ ভোজের) টেবিলের আচ্ছাদনবস্ত্র। *n.* **tāb°le-knife**—রাঁধা মাংস কাটিয়া খাইবার ছুরি। **tab°le-land**—সমতল মালভূমি, (পরি.) সমমালভূমি। *n.* **table-lifting, table-rapping, tāble-turning**—প্রেতাদির গবেষকদের বৈঠকে সম্মোহিত অবস্থায় বিনা বলপ্রয়োগে টেবিল উত্তোলন বা টেবিল উলটান। *n.* **tāb°le-linen**—ভোজটেবিলের আচ্ছাদনবস্ত্র, হাতমুখ মোছার তোয়ালে প্রভৃতি। *n.* **tāb°le-mo°ney**—পানভোজনাদি দ্বারা সরকারিভাবে অতিথি-সৎকারের জন্য ভাতা। *n.* **tāb°lespōōn**—ঝোল প্রভৃতি খাওয়ার জন্য চামচ। *n.* **tāb°le-spōōnful**—ঝোল খাওয়ার চামচে একবারে যত ধরে তত পরিমাণ (অর্থাৎ সচ. চায়ের চামচের দ্বিগুণ পরিমাণ)। *n.* **tāb°le-talk**—বিভিন্ন বিষয়ে আলোচনা, পাঁচমিশালী আলোচনা। *n.* **table-tennis**—টেবিল-টেনিস বা পিংপং খেলা। *n.* **tā°ble-top**—টেবিলের উপরিভাগ। *n.* **tab°le-ware**—খাবার থালাবাসন ছুরিকাঁটা প্রভৃতি। **at table**—ভোজনরত; ভোজনকালে। **the Lord's table**—(প্রধানতঃ খ্রিস্টানদের) প্রার্থনাকালে ব্যবহৃত টেবিল; প্রার্থনাসভা। **(to) lay on the table**—ভবিষ্যতে আলোচনার জন্য বা অনির্দিষ্ট কালের জন্য সরাইয়া রাখা অথবা মুলতবি রাখা। **table manners**—টেবিলে আহারের সময়ে বিশিষ্ট আচরণ। **(to) spread the table**—ভোজার্থীর জন্য টেবিল সাজান অর্থাৎ ভোজটেবিলে থালাবাসন ও খাদ্যাদি রাখা। **(to) turn the tables**—অবস্থা সম্পূর্ণ উলটাইয়া ফেলা; পরস্পরের অবস্থার সম্পূর্ণ পরিবর্তন ঘটান। **under the table**—খোলাখুলিভাবে নহে—চাপাচাপিভাবে, গোপনে; অত্যধিক পানোন্মত্ত। [OE. *tabule, tabele,* OF. *table* < L. *tabula* = a board]

tableau [tab°-lō, ট্যাব্°লো] *n.* a vivid pictorial impression, মনের উপরে স্পষ্ট ছবির ন্যায় ছাপ; a suddenly created situation that takes all aback, (নাটকাদির) যে দৃশ্য সহসা সবাইকে হতচকিত করে। *pl.* **tab°leaus, tableaux** [tab°-lōz, ট্যাব্°লৌজ্]। **tableau vivant**—...vē°-vŭn, ...ভী°ভাঁ] নীরব ও নিশ্চল অভিনেতা-অভিনেত্রীগণ কর্তৃক দৃশ্যবিশেষের অভিনয়। [F. = a picture]

For words in *table-*, not given separately, see **table.**

table d'hôte [tab°l-dōt, ট্যাব্°ল্ডৌট্] *n.* a meal at a stated hour and at a fixed price, হোটেলাদিতে নির্দিষ্ট সময়ে এবং বাঁধা দরে যে খানা (অর্থাৎ প্রাতরাশ মধ্যাহ্নভোজ সান্ধ্যভোজ জলখাবার প্রভৃতি) মেলে (ইহার পদগুলি হোলেটওয়ালাই নির্বাচিত করে)। [F.]

table-land—see **table.**

tablet [tab°-lit, ট্যাব্°লিট্] *n.* a small slab, ক্ষুদ্র তক্তা বা ফলক, চাকতি ; a stiff sheet for writing notes on, লেখার জন্য ফলক বা তক্তা ; a panel, (প্রধানতঃ খোদাইর জন্য বা খোদাই-করা) ফলক ; a flat and solid confection or medicine, or anything else, চেপ্টা ও শক্ত মিঠাই ঔষধ বা অন্য কিছু, তক্তি। [OF. *tablete*, dim. of *table*]

tabloid [tab°-loyd, ট্যাব্°লয়্ড্] *n.* a drug or anything in a very concetrated form, অত্যন্ত ঘনীভূত ও কঠিন আকারে প্রস্তুত ঔষধ বা অন্য কিছু ; তক্তি ; a newspaper that gives news in a concentrated and easily assimilable form, যে সংবাদপত্র সংক্ষিপ্ত ও সহজগ্রাহ্য আকারে সংবাদ পরিবেশন করে। [<*table*]

taboo [ta-bōō°, ট্যাবু°] **(1)** *a.* considered as holy or unclean and set apart as such, পবিত্র বা অপবিত্র বলিয়া পরিগণিত এবং তজ্জন্য সরাইয়া রাখা হইয়াছে এমন ; inviolable or forbidden, অলঙ্ঘনীয় বা নিষিদ্ধ। **(2)** *n.* a setting apart of a thing or person considered as holy or unclean, (প্রধানতঃ প্রাচীন পলিনেশীয় অধিবাসীদের মধ্যে প্রচলিত) পবিত্র বা অপবিত্রবোধে কোন বস্তু বা ব্যক্তিকে আলাদা করিয়া রাখা ; a ban or prohibition by general consent, সাধারণের সম্মতিক্রমে নিষিদ্ধকরণ বা একঘরে করণ। **(3)** *v.t.* to forbid the use of or intercourse with, (কিছুর) ব্যবহার বা (কাহারও) নিকটে গমন নিষিদ্ধ করা ; to put under taboo, পবিত্র বা অপবিত্র বোধে (কোন ব্যক্তি বা বস্তুকে) আলাদা করিয়া রাখা। **taboo words**—যে-সকল শব্দের প্রয়োগ প্রথানুযায়ী নিষিদ্ধ বা অশোভন। [Tongan *tabu*=holy, unclean]

tabo(u)r [tā°-ba(r), টেই°ব্যার্] *n.* a small drum, মাদলবিশেষ। [OF. *tabour*]

tabouret [ta°-ba-ret, ট্যা°ব্যারেট] *n.* a small seat or stool, ছোট আসন বা টুলবিশেষ। [F.]

tabu—alt. spell. of **taboo.**

tabula [ta°-bū-la, ট্যা°বিউল্যা] *n.* a writing-tablet, লেখার তক্তা : a hard flat surface of bone etc., অস্থি প্রভৃতির কঠিন ও সমতল উপরিভাগ। *pl.* **tabulæ** [ta°-bū-lē, ট্যা°বিউলী]। *a.* **ta°būlar**—ফলকাকার ; স্তরিত ; বিভিন্ন ছক-কাটা ঘরে বিভক্ত (arranged in a *tabular* form)। *v.t.* **ta°būlāte**—ছক-কাটা তালিকাভুক্ত করা ; সারসংক্ষেপ করা। *p.* & *p. pt.* **ta°būlātėd**। *n.* **tabūlā°tion**। *n.* **ta°būlātor**। **tabularasa** [···ra°sa, রেই°স্যা] অলিখিত ফলক ; (দর্শ.) জন্মকালে অলিখিত ফলকের ন্যায় জাতকের মনের সর্বধারণামুক্ত বা লেপামোছা অবস্থা। [L.=a table]

tach(e) [tŭsh, টাশ্] *n.* a clasp, link, আঙ্‌টা। [OF. *tache*]

tachometer [ta-ko°-mi-ta(r), ট্যাকো°-মিট্যা(র্)] *n.* an instrument for measuring velocity or speed of rotation, বেগ বা চক্রাকারে আবর্তনের গতিমাপক যন্ত্র (coll. **ta°chō**)। [Gk. *takhos* =speed+*meter*]

tacit [ta°-sit, ট্যা°সিট্] *a.* unspoken, অকথিত ; silent, নীরব, নির্বাক, মৌনী। *adv.* **ta°citly**। *n.* **ta°cit°nėss**। *a.* **taciturn** [ta°si-ta(r)n, ট্যা°সিট্যা(র্)ন্] কথা বলিতে অনিচ্ছুক। *n.* **taciturn°ity**। [L. *tacitus*]

tack [tak, ট্যাক্] **(1)** *n.* a small broad-headed nail, স্থূলশীর্ষ ক্ষুদ্র পেরেকবিশেষ ; a long temporary stitch, টাক বা লম্বা ফোড় সেলাই ; the act of tacking, আলগাভাবে সেলাই-করণ বা সংযুক্ত-করণ ; a fastening strip, বন্ধনরজ্জু ; a rope etc. for securing sail-corner, জাহাজাদির পালের কোনায় বাঁধার দড়িবিশেষ ; a ship's course obliquely opposed to the direction of the wind, জাহাজের তির্যগ্ভাবে প্রতিবাত গতি ; (fig.) a line of action, (আল.) কর্মপ্রণালী (to change one's *tack*)। **(2)** *v.t.* to fix or fasten with a tack or tacks, স্থূলশীর্ষ পেরেক দিয়া বা লম্বা টাক সেলাই করিয়া (আলগাভাবে) আটকান অথবা জোড়া দেওয়া ; to change the course of by a tack, পালের কোনা-বাঁধা দড়ির সাহায্যে (জাহাজের) গতি পরিবর্তিত করা। **(3)** *v.i.* to change the course of a ship by shifting the position of the sails, পালসমূহকে ঘুরাইয়া জাহাজের পথ পরিবর্তিত করা ; to shift one's position, অবস্থান পরিবর্তন করা। *p.* & *p. pt.* **ta°ckėd**। **to be on the right** or **wrong tack**—নির্ভুল বা ত্রুটিপূর্ণ নীতি অনুসরণ করা, ঠিক বা ভুল পথে চলা। [OF. *taque*]

tackle [tak°l, ট্যাক্°ল্] **(1)** *n.* the ropes, riggings, etc., of a ship, জাহাজের দড়িদড়া পাল টাঙানর খুঁটি প্রভৃতি ; tools, gear, weapons, equipment, (প্রধানতঃ ক্রীড়া শিকার প্রভৃতির) যন্ত্রপাতি, কলকবজা, অস্ত্রশস্ত্র, সাজসরঞ্জাম (fishing *tackle*) ; ropes etc., for raising heavy weights, গুরুভার দ্রব্যাদি উত্তোলনের দড়ি কপিকল প্রভৃতি ; the act of gripping, দৃঢ়ভাবে আঁকড়াইয়া ধরা। **(2)** *v.t.* to seize, আঁকড়াইয়া ধরা ; to come to grips with, (কাহারও সহিত) আঁকড়া-আঁকড়ি করা ; to begin to deal earnestly with, ঐকান্তিকভাবে (কাহারও বা কিছুর সহিত) দ্বন্দ্ব করা ; to confront, encounter, challenge, (কাহারও বা কিছুর) সম্মুখীন হওয়া, (কাহারও বা কিছুর সহিত) সংগ্রামে অবতীর্ণ হওয়া, (কাহাকেও বা কিছুকে) সংগ্রামার্থ আহ্বান করা। **(3)** *v.i.* to seize a ball and prevent opponents from taking hold of it, (রাগ্‌বি ফুটবল প্রভৃতি খেলায়) বল

আঁকড়াইয়া ধরা এবং বিপক্ষ খেলোয়াড়দের উহা লইতে না দেওয়া। [cp. low G. *takel*]

tacky [ta°ki, ট্যা°কি] *adj.* sticky, আঠাল; not yet dry, এখনও শুকায় নাই এমন। *n.* **ta°ckiness**। [?]

tact [takt, ট্যাক্‌ট্] *n.* adroitness in dealing with others, পরের মেজাজ বুঝিয়া তাহাদের সহিত আচার-ব্যবহার করার দক্ষতা, পরের মন বুঝিয়া চলার ক্ষমতা; nice perception of the right thing to do or say in the circumstances, অবস্থানুযায়ী কি করা বা বলা উচিত তাহা বুঝিতে পারার সূক্ষ্ম শক্তি, কর্তব্যাকর্তব্য-নির্ণয়ের শক্তি। *a.* **tact°ful**—পরের মন বুঝিয়া চলার ক্ষমতাসম্পন্ন; কৌশলী; কর্তব্যাকর্তব্য-নির্ণয়ের শক্তিসম্পন্ন। *adv.* **tact°fully**। *a.* **tact°less**—পরের মন বুঝিয়া চলার ক্ষমতাহীন; কৌশলশূন্য; কর্তব্যাকর্তব্য-নির্ণয়ের শক্তিবিহীন। *adv.* **tact°lessly**। *n.* **tact°lessness**। [L.<*tactus*]

tactical [tak°-tik(a)l, ট্যাক্°টিক্‌ল্] *a.* of tactics, যুদ্ধার্থ ব্যূহরচনাদি-সংক্রান্ত; carried out in immediate support of military operations, (বোমাবর্ষণ-সম্পর্কে) সামরিক অভিযান বা আক্রমণ জোরদার করার জন্য সঙ্গে সঙ্গে অনুষ্ঠিত; adroitly planned, সুকৌশলে পরিকল্পিত। *adv.* **tac°tically**। *n.* **tactician** [tak-ti°sh-(a)n, ট্যাক্‌টি°শ্‌ন্] যুদ্ধার্থ ব্যূহরচনাদিতে দক্ষ ব্যক্তি। *n. pl.* (also used as *sing.*) **tac°tics**—যুদ্ধার্থ ব্যূহরচনাদির কৌশল; কর্মাদি সাধনের কৌশল; কৌশলী পন্থা। [Gk. *taktikos*=fit for arranging]

tactile [tak°-tīl, ট্যাক্°টাইল্] *a.* perceptible by touch, স্পর্শনদ্বারা বোধগম্য (a *tactile* organ); of the sense of touch, or perception by touch, স্পর্শনেন্দ্রিয় বা স্পর্শানুভূতি-সংক্রান্ত; (paint.) producing effect of solidity, (চিত্রাঙ্কনে) ঘনত্বসৃষ্টিকর। *n.* **tac°tilist**—ঘনত্বসৃষ্টিকারী চিত্রকর। *n.* **tacti°lity**—চিত্রে ঘনত্ব-সৃষ্টির প্রয়াস। *n.* **tac°tūal**—স্পর্শনেন্দ্রিয়গত; স্পর্শজনিত। [see *tact*]

tactless—see **tact.**

tactual—see **tactile.**

tadpole [tad°-pōl, ট্যাড্°পৌল্] *n.* the larva of a frog, toad, etc., বেঙাচি। [OE. toad, *poll*]

ta'en [tān, টেইন্] contr. of **taken.**

taffeta [ta°-fi-ta, ট্যা°ফিট্যা] *n.* a thin glossy silk stuff, পাতলা ও চক্‌চকে রেশমী কাপড়বিশেষ, তাফতা; চেলি। [F. or LL.<Pers. *taftah*=woven]

taff(e)rail [taf°-rāl, ট্যাফ্°রেইল্] *n.* the upper part of a ship's stern timbers, জাহাজের পশ্চাদংশের উপরিস্থ তক্তাসমূহের ঊর্ধ্বাংশ। [Du. *tafereel*=a panel]

Taffy [ta°-fi, ট্যা°ফি] *n.* Welshman, ওয়েল্‌সের লোক। [W. pronunciation of *Davy*]

tag [tag, ট্যাগ্] (1) *n.* the metal point at the end of a lace, ফিতার ধাতুপাতে মোড়া প্রান্ত, (পরি.) নথ; a lace with metalled end, ধাতুপাতে মোড়া প্রান্তবিশিষ্ট ফিতা, ট্যাগ্; a loop at the back of a boot, বুটজুতা টানিয়া পায়ে পরার জন্য উহার পশ্চাৎস্থিত চামড়ার ক্ষুদ্র ফাঁস; a loose end or shred, কোন-কিছুর আলগা বা জীর্ণ প্রান্ত, ফেঁসো; (theatr.) a closing speech addressed to the audience, (মঞ্চাভিনয়ে) অভিনয়শেষে দর্শকদের উদ্দেশে বক্তৃতা বা ভাষণ; a trite quotation, বহুলব্যবহৃত উদ্ধৃতি, বস্তাপচা উদ্ধৃতি; a stock phrase, বহুব্যবহৃত বা বাঁধা বুলি। (2) *v.t.* to furnish with a tag, (ফিতাদির) প্রান্ত ধাতুপাতে মুড়িয়া দেওয়া; to fasten or join with a tag, ট্যাগ্ দিয়া একত্র বাঁধা বা গাঁথা; to fasten, বাঁধা; to dog, নাছোড়বান্দার ন্যায় অনুসরণ করা (to *tag* along, after or behind)। *pr. pt.* **ta°gging**। *p. & p. pt.* **ta°gged**। **tag, rag, and bobtail**—সর্বপ্রকার উচ্ছৃঙ্খল জনতা বা হল্লা। [?]

taiga [tī°-ga, টাই°গ্যা] *n.* marshy pine forest, জলাভূমিময় পাইন-গাছের বন। [Russ.]

tail$_1$ [tāl, টেইল্] (1) *n.* (in law) limitation of inheritance to certain heirs, (আইনে) বিশেষ বিশেষ উত্তরাধিকার ছাড়া অন্যকে সম্পত্তি না দিবার ব্যবস্থা, উত্তরাধিকার-নিয়ন্ত্রণ। (2) *a.* limited, নিয়ন্ত্রিত। [F. *taille*=cutting]

tail$_2$ [tāil, টেইল্] (1) *n.* the posterior extremity of the body of a beast, bird, lizard, fish, etc., পশু পক্ষী সরীসৃপ মৎস্য প্রভৃতির লেজ, লাঙ্গুল; anything of a tail-like appearance, position, etc., লেজের ন্যায় আকার অবস্থান প্রভৃতি সম্পন্ন বস্তু বা অংশ, লেজুড় (যেমন বিমানপোতের পশ্চাদ্ভাগ); the back, hinder, lower, latter, or inferior part of anything, কোন-কিছুর পৃষ্ঠবর্তী পশ্চাদ্‌বর্তী নিম্নবর্তী পরবর্তী বা নিকৃষ্ট অংশ (opposite to **head**); a retinue, অনুচরবৃন্দ; (usu. in *pl.*) the reverse of a coin, মুদ্রার উলটা পিঠ (heads I win, *tails* you lose); the skirts of a garment, জামাকাপড়ের নিম্নপ্রান্ত। (2) *v.t.* to furnish with a tail, লাঙ্গুলযুক্ত করা, লেজ লাগাইয়া দেওয়া; to dog, নাছোড়বান্দার মত অনুসরণ করা। (3) *v.i.* to straggle, পিছাইয়া পড়া; to taper, প্রান্তদিকে ক্রমশঃ সরু হওয়া; to diminish and cease, কমিয়া নিঃশেষ হইয়া যাওয়া। *n.* **tail°-board**—মালবাহী শকট বা ট্রাকের পশ্চাদ্ভাগে (সচ. কবজা-লাগান) যে তক্তা থাকে। *n.* **tail°-coat**—লম্বা ফালি-করা প্রান্তবিশিষ্ট জামা বা কোট্। *n.* **tail°-end**—(কোন-কিছুর) ক্লান্তিকর শেষাংশ; (in *pl.*) শস্যাদির আলাদা করিয়া রাখা নিকৃষ্ট অংশ। *n.* **tail°-end°er**—(সচ. ক্রিকেটে) যে (খেলোয়াড়) শেষে (খেলিতে) আসে। *a.* **tail°less**—পুচ্ছহীন। *n.* **tail°-light**—গাড়ির পশ্চাদ্ভাগের বাতি। *n.* **tail°piece**—লাঙ্গুল; শেষভাগে সংলগ্ন অঙ্গাদি; গ্রন্থাদির পৃষ্ঠার নিচে অধ্যায়ের শেষে বা অনুরূপ কোন স্থানে মুদ্রিত বা অঙ্কিত চিত্রাদি, পুচ্ছপট। **tail of the eye**—চক্ষুর বহিঃকোণ (to watch a person from the *tail of the eye*)।

with the tail between the legs—বেত্রাহত কুকুরের ন্যায় (পলায়নপর)। **tails up**—খোশমেজাজে। *a.* **long°tailed, short°-tailed**—দীর্ঘপুচ্ছবিশিষ্ট, ক্ষুদ্রপুচ্ছবিশিষ্ট। **(to) turn tail**—পলায়ন করা, (তু. পৃষ্ঠভঙ্গ দেওয়া, লেজ গোটান।) **(to) tail a person**—পিছু লওয়া, অনুসরণ করা। **(to) tail after**—খুব কাছাকাছি অনুসরণ করা, পায়ে পায়ে অনুসরণ করা। **(to) tail away** or **off**—সংখ্যা আয়তন প্রভৃতিতে হ্রাস পাওয়া; (মন্তব্যাদি) দ্বিধাগ্রস্ত-ভাবে বা অসম্পূর্ণভাবে শেষ করা; বিক্ষিপ্তভাবে ছড়াইয়া পড়া বা পিছনে পড়া। [OE. *tæg(e)l*—cp. Goth. *tagl*=hair]

tailor [tā°la(r), টেইং°ল্যা(র্)] **(1)** *n.* a maker of outer garments, (প্রধানতঃ পুরুষের) বহির্বাস প্রস্তুতকারক; (loos.) a dress-maker, (শিথি.) দরজি। **(2)** *v.i.* to work as a tailor, দরজিগিরি করা। **(3)** *v.t.* to make clothes for, (কাহারও) পোশাক তৈয়ারি করা; to fit with clothes, পোশাকে সজ্জিত করা; to fashion by tailor's work, দরজির কর্মকুশলতায় তৈয়ারি করা। *n.* **tai°lor° bird**—বাবুই-পাখি। *a.* **tai°lor-māde**—(প্রধানতঃ স্ত্রীলোকের জামা-সম্বন্ধে) পেশাদার দরজি কর্তৃক তৈয়ারি (অর্থাৎ কারুকার্যহীন ও আঁটো); (আল.) বিশেষভাবে উপযুক্ত (he is *tailor-made* for this work)। [AF. *taillour*<LL. *taliare*=to cut]

tailpiece—see **tail**$_2$.

taint [tānt, টেইন্ট্] **(1)** *n.* a stain, দাগ, কলঙ্ক; a blemish, খুঁত, দোষ; pollution, (সংসর্গজনিত) দূষণ; infection, (রোগাদির) সংক্রমণ; a latent defect or corruption, অন্তর্নিহিত খুঁত বিকৃতি বা দোষ। **(2)** *v.t.* to affect with anything objectionable or blamable, আপত্তিকর বা দূষণীয় কিছুতে জড়িত করা, কলঙ্কিত করা। **(3)** *v.t.i.* to make or become infected or corrupted, সংক্রামিত বা বিকৃত করা অথবা হওয়া। *a.* **tain°tėd**—দাগযুক্ত; কলঙ্কিত; দূষিত; বিকৃত; সংক্রামিত। *a.* **taint°lėss**—বেদাগ; নিষ্কলঙ্ক; নির্দোষ। [short. from *attaint*, F. *teint*<L. *tinctus*]

take [tāk, টেইক্] **(1)** *v.t.* to seize, grasp, capture, ছিনাইয়া লওয়া, আঁকড়াইয়া ধরা, বলপূর্বক দখল করা; to appropriate or steal, আত্মসাৎ করা, চুরি করা; to receive, গ্রহণ করা, লওয়া; to receive into the mind, হৃদয়ঙ্গম করা; to receive (as medicine, food, etc.), (ঔষধ মাদক খাদ্য প্রভৃতি) সেবন করা, খাওয়া, পান করা; to convey or conduct, সঙ্গে লইয়া যাওয়া; to captivate, মোহিত করা; to win, জয় করা; to secure photograph of, (কিছুর) ফটো তোলা। **(2)** *v.i.* to have the intended effect, অভীপ্সিত ফলপ্রদ হওয়া; to be effective, কার্যকর হওয়া; to please the public, জনসাধারণের মনোরঞ্জন করা; to betake oneself, নিজেকে নিয়োজিত করা; to admit of being taken, গ্রহণসাধ্য হওয়া; to bite (as a fish), (মৎস্যাদি সম্বন্ধে—প্রধানতঃ টোপ) ঠোকরান। *p.* **took** [took, টুক্]। *p. pt.* **tā°ken**। **(3)** *n.* act of taking, গ্রহণ, ছিনাইয়া লওয়া, আঁকড়াইয়া ধরা, বলপূর্বক অধিকার; quantity taken on one occasion, একবারে গৃহীত বস্তুর পরিমাণ। *n.* **take°-in°**—প্রতারণা, জুয়াচুরি; আশা-ভঙ্গ, হতাশা। **tā°king**—**(1)** *a.* আকর্ষণীয়। **(2)** *n.* take (*v.*)-এর সকল অর্থে, এবং—(usu. in *pl.*) গৃহীত বস্তুসমূহ, আয়। *n.* **tāke°-off°**—হাস্যকর অনুকরণ; অসুবিধা; লম্ফঝম্প বা উড্ডয়নের জন্য ভূমিত্যাগ, ভূমিত্যাগের ধরন অথবা স্থান। **(to) be able to take it** (or **can take it**)—(শাস্তি দুঃখদুর্দশা আক্রমণ প্রভৃতি) অকাতরে সহ্য করিতে পারা। **(to) take after**—সদৃশ বা অনুযায়ী হওয়া (the boy has *taken after* his father)। **(to) take away** (from)—সরাইয়া লইয়া যাওয়া (nothing should *be taken away* from my table); ছাড়াইয়া লওয়া (to *take away* a child from school)। **(to) take back**—(প্রতিশ্রুতি কথা প্রভৃতি) ফিরাইয়া লওয়া, প্রত্যাহার করা। **(to) take down**—নিচু বা হীন করা; (অট্টালিকাদি) ধ্বংস করা, চূর্ণ করা, ভাঙ্গিয়া ফেলা; (কিছু) শুনিয়া লিখিয়া লওয়া; গলাধঃকরণ করা। **(to) take for**—(প্রধানতঃ ভ্রমক্রমে কিছু বলিয়া) অনুমান করা। **(to) take from**—(গুণাদির) লাঘব করা। **(to) take (away) from**—হ্রাস করা, কমান; দুর্বল করা; ক্ষীণ করা। **(to) take heed**—সতর্ক হওয়া। **(to) take home wages etc.**—(কথ্য.) ট্যাক্স প্রভৃতি বাদ দিয়া যে বেতনাদি থাকে। **(to) take ill**—পীড়িত হওয়া। **(to) take in**—পরিবেষ্টিত করা; অন্তর্ভুক্ত করা; সংযুক্ত করা; দমিত করা; গ্রহণ করা; আঁকড়াইয়া ধরা; হস্তগত করা; উপলব্ধি করা; সত্য বলিয়া গ্রহণ করা; (গৃহ হোটেল প্রভৃতিতে) থাকিতে দেওয়া; প্রতারণা করা। **(to) take into account**—হিসাবের মধ্যে, ধর্তব্যের মধ্যে আনা। **(to) take into confidence**—কাহারও কাছে মনের কথা বলা, কাহাকেও বিশ্বস্ত বলিয়া মনে করিয়া গোপন কথা বলা। **(to) take into one's head**—কোন-কিছু করিবার কথা মাথায় আসা বা কোন বিশ্বাস জাগা। **take me with you**—(কাব্যে.) তুমি কি বলিতে চাও তাহা আমাকে বুঝিতে দাও। **(to) take off**—অপসৃত করা; খুলিয়া ফেলা; অনুকরণ করা; লম্ফদান বা উড্ডয়নের জন্য ভূমিত্যাগ করা। **(to) take on**—জাহাজের উপরে তোলা; (কার্যাদির) দায়িত্ব গ্রহণ করা (to *take on* extra work); (ছদ্মবেশাদি) ধারণ বা পরিধান করা; চাকরিতে নিযুক্ত করা (to *take on* more workers for the job); (কথ্য.) দুঃখ করা। **(to) take out**—ভিতর হইতে অপসৃত করা; নিষ্কাশিত করা; সংগ্রহ বা গ্রহণ করা (to *take out* an insurance policy)। **(to) take over**—বদলির ফলে গ্রহণ করা (to *take over* the charge from); অপর পারে লইয়া যাওয়া। *n.* **takeover**—(কোন কোম্পানীর) কর্তৃত্ব গ্রহণ। **takeover bid**—কোন কোম্পানীর সম্পত্তি প্রভৃতি

কিনিয়া উহার কর্তৃত্ব গ্রহণের প্রস্তাব। **take-up spool**—যে নাটাই বা কাঠিতে ফিল্ম প্রভৃতি গোটান হয়। **(to) take to**—(পেশা প্রভৃতি) অবলম্বন করা (he has *taken to* gardening) ; নিজেকে (কিছুর সহিত) খাপ খাওয়াইয়া বা মানাইয়া লওয়া ; (কিছুর প্রতি) আসক্ত হওয়া (he has *taken to* cricket)। **(to) take up**—উত্তোলন করা ; উঁচু করা ; শুষিয়া লওয়া (blotting-paper *takes up* ink at once) ; গ্রহণ করা ; মানিয়া লওয়া ; গ্রেফ্‌তার করা ; (পেশা অধ্যয়ন প্রভৃতি) অবলম্বন বা আরম্ভ করা ; উন্নতি-সাধনের চেষ্টা করা ; পুনরারম্ভ করা ; (কার্যাদির) দায়িত্ব গ্রহণ করা ; সম্পূর্ণ বিজড়িত বা ব্যাপ্ত করা (to *take up* one's time)। **(to) take upon oneself**—ধারণ গ্রহণ পরিধান বা অবলম্বন করা ; বিনা যুক্তিতেই স্বীকার বা অনুমান করিয়া লওয়া ; (কার্যাদির) দায়িত্ব বা ভার গ্রহণ করা ; (কাব্যে.) ভান করা। *n.* **taker**—যে কিছু (বিশেষ করিয়া বাজি) ধরে বা গ্রহণ করে। [OE. *tacan* (*v.*) < ON. *taka*]

talc [talk, ট্যাল্‌ক্] *n.* a silvery-white mineral, কোমল ও রুপালি ধাতুবিশেষ। **talc powder**—উক্ত ধাতুতে প্রস্তুত গায়ে মাথার পাউডার। [F. Ar. *talq*]

talcum [tal°-kum, ট্যাল্‌°ক্যাম্] *n.* talc, কোমল ও রুপালি ধাতুবিশেষ। **talcum powder**—উক্ত ধাতুতে প্রস্তুত গায়ে মাথার পাউডার। [LL.]

tale [tāl, টেইল্] *n.* a narrative or story, কাহিনী বা গল্প ; a false story, অলীক কাহিনী (in *pl.*) idle reports, (প্রধানতঃ অপর লোকের অনিষ্টসাধনার্থ) বাজে রটনা বা গুজব ; number, সংখ্যা ; reckoning, হিসাব। *n.* **tāle°-bēārer**—পরের অনিষ্টসাধনার্থ মিথ্যা কাহিনী বা গুজব রটনাকারী। *n.* **tāle°-bēāring**—পরের অনিষ্টসাধনার্থ মিথ্যা কাহিনী বা গুজব রটনা। *n.* **tāle°-teller**—গল্প-বলিয়ে ; পরের অনিষ্টসাধনার্থ মিথ্যা কাহিনী বা গুজব রটনাকারী। *n.* **tāle°-telling**—(বিরল) গল্প বলা ; পরের অনিষ্টসাধনার্থ মিথ্যা কাহিনী বা গুজব রটনা। **old wives' tale**—বিশ্বাসপ্রবণ লোকের পক্ষে অতি চমৎকার গল্প। **(to) tell one's** or **its own tale**—নিজেই নিজের জন্য বলা। **(to) tell tales**—গোয়েন্দাগিরি করা। **(to) tell the tale**—(অশি.) সমবেদনা বা করুণা অর্জন করার উদ্দেশ্যে করুণ কাহিনী বলা। [OE. *talu*=story, number—cp. G. *Zahl*]

talent [ta°-lant, ট্যা°ল্যান্ট্] *n.* an ancient unit of weight and of money, ওজন ও মুদ্রার প্রাচীন মাপবিশেষ ; any natural or special power, স্বাভাবিক সহজাত বা বিশেষ ক্ষমতা ; special aptitude, বিশেষ দক্ষতা ; কর্মদক্ষতা ; persons of special ability, বিশেষ কর্মদক্ষতা-সম্পন্ন ব্যক্তিবর্গ। *a.* **ta°lented**—স্বাভাবিক সহজাত বা বিশেষ কর্মদক্ষতাসম্পন্ন। *a.* **ta°lentless**—স্বাভাবিক কর্মদক্ষতাহীন। [L. *talentum* < Gk. *talanton*]

talipot [ta°-li-pot, ট্যা°লিপট্], **talipat, taliput** [ta°-li-pat, ট্যা°লিপ্যাট্] *n.* the Indian palm, তালগাছ। [Cey. *talpata* < Sans. *talapattra*]

taliped [ta°-li-ped, ট্যা°লিপেড্] **(1)** *a.* club-footed, বিকৃতচরণ, স্থূল-পদবিশিষ্ট। **(2)** *n.* a club-footed person, বিকৃতচরণ ব্যক্তি। [L. *talus*=ankle, *pes*=foot]

talisman [ta°-liz-man, ট্যা°লিজ্‌ম্যান্] *n.* an object supposed to be imbued with magical powers, অলৌকিক শক্তিসম্পন্ন বস্তু ; an amulet, মন্ত্রপূত রক্ষাকবচ। [Ar. *tilsam* < Gk. *telesma*=(ori.) payment, certificate]

talk [tawk, টাক্] **(1)** *v.i.* to speak informally or idly, কথা বলা বা বক্‌বক্ করা ; to converse, কথাবার্তা বলা, আলাপ-আলোচনা করা। **(2)** *v.t.* to utter, উচ্চারণ করা, বলা ; to speak about, (কোন বিষয়ে) বলা বা বক্তৃতা করা ; to speak in, (কোন ভাষা) বলা। **(3)** *n.* conversation, কথাবার্তা ; rumour, গুজব ; discussion, আলাপ-আলোচনা ; gossip, খোশগল্প, বৈঠকী গল্প ; mention of a subject, কোন বিষয়ের উল্লেখ ; a general theme, সর্বজনবিদিত বিষয়বস্তু ; utterance, উচ্চারণ, কথন ; a short address, ক্ষুদ্র ভাষণ বা বক্তৃতা। *a.* **talk°ative**—বাচাল। *n.* **talk°ativeness**। *n.* **talkee-talkee** [tawk°-ē-tawk°-ē, টাক্°ঈ-টাক্°ঈ] বিকৃত ভাষা ; বক্‌বকানি ; ক্ষুদ্র (ক্লান্তিকর) বক্তৃতা। *n.* **talkie** [tawk°-i, টাক্°ই] সবাক্ চলচ্চিত্র। **talking of**—প্রসঙ্গক্রমে (*talking of* travel, have you been to Bombay)। **talking point**—প্রসঙ্গ। *n.* **talk°-ing-to**—তিরস্কার (to give the boy a good *talking-to*)। **small talk**—দৈনন্দিন মামুলি প্রসঙ্গ সম্বন্ধে আলাপ। **the talk of the town**—শহরের বা জনসাধারণের প্রধান আলোচ্য বিষয়। **(to) be all talk**—কেবল কথা বলা বা বুলি ঝাড়া কিন্তু কাজে কিছু না করা। **talk show**—টেলিভিসনে সাক্ষাৎকার। **(to) be talked about** or **of**—কেচ্ছার পাত্র হওয়া। **(to) talk against time**—কেবল কালহরণার্থ বক্তৃতা করা বা কথা বলা। **(to) talk at**—একজনকে শুনাইয়া অন্যদের বলা, কটাক্ষ করিয়া বলা। **(to) talk away**—বলিতে থাকা ; বক্তৃতা চালাইয়া যাওয়া। **(to) talk back**—উদ্ধতভাবে প্রত্যুত্তর দেওয়া। **(to) talk big**—সগর্ব কথাবার্তা বলা ; বড় বড় কথা বলা। **(to) talk down to**—শ্রোতার অপেক্ষা জ্ঞানবুদ্ধিতে শ্রেষ্ঠত্বের ভানে কথা বলা। **(to) talk over**—বলিয়া-কহিয়া বা বুঝাইয়া-সুঝাইয়া রাজী করান অথবা প্রত্যয় জন্মান ; (কোন বিষয়ে) আলাপ-আলোচনা করা। **(to) talk round**—প্রকৃত বিষয়বস্তু ছাড়িয়া অন্য-সমস্ত সম্পর্কিত বিষয়ের অবতারণা করা, ঘুরাইয়া ঘুরাইয়া বলা। **(to) talk tall**—দম্ভ করা। **(to) talk to**—সম্বোধন করা ; তিরস্কার করা। *n.* **talk°er**। [ME. *talken* < OE. *tellan*=to tell]

talkathon [tawk°-a-th(a)n, টক্°অ্যাথ্‌ন্] *n.*

prolonged public discussion, সুদীর্ঘ প্রকাশ্য আলোচনা। [*talk*+Mara*than*]

tall [tawl, টল্] *a.* high in stature, উন্নতকায়, ঢেঙা; lofty, উঁচু; great, মস্ত, মহৎ; remarkable, লক্ষণীয়, অসাধারণ; grandiloquent, বড়-বড়, সগর্ব (*tall* talk); exaggerated, অতিরঞ্জিত। *n.* **tall°boy**—ধূম্রনির্গমণ-নলের লম্বা ও সরু শীর্ষাংশ; দেরাজওয়ালা উঁচু টেবিলবিশেষ। *n.* **tall°ness**। [OE. *getæl*=prompt]

tallage [ta°-lij, ট্যা°লিজ্] *n.* a tax on the English people levied by Norman kings, on demesne lands, নর্‌ম্যান্ নৃপতিগণ কর্তৃক ইংরেজদের খাসজমির উপর ধার্য করবিশেষ। [OF. *taillage*]

tallow [ta°-lō, ট্যা°লৌ] *n.* fat, grease, চর্বি। *n.* **ta°llow-can°dle**—চর্বিদ্বারা তৈয়ারি মোমবাতি। *n.* **ta°llow-chand°ler**—চর্বির তৈয়ারি মোমবাতি-বিক্রেতা। *a.* **ta°llowy**—চর্বিময়; চর্বি-মাখান; চর্বিতে তৈয়ারি। [ME. *talgh*—cp. G. *talg*]

tally [ta°-li, ট্যা°লি] (**1**) *n.* a stick notched to mark numbers or keep accounts, সংখ্যা-গণনার বা হিসাবরক্ষণের জন্য খাঁজ-কাটা লাঠি (সাধারণতঃ ইহার একার্ধ পাওনাদারের নিকট এবং অপরার্ধ দেনদারের নিকট থাকিত); half of such a stick, রসিদরূপে বা হিসাবরূপে ব্যবহৃত উক্ত লাঠির অর্ধাংশ; a counterpart, রসিদাদির যে অংশ দাতার নিকট থাকে, প্রতিপত্র, (পরি.) সংবদন, মিল; a score or account, (প্রধানতঃ দাগ কাটিয়া কাটিয়া ঠিক-রাখা) জমাখরচ হিসাব বা খতিয়ান। (**2**) *v.t.* to notch as a tally, দাগ কাটিয়া কাটিয়া (কিছুর) হিসাব রাখা; to reckon, গণনা করা বা হিসাব করা। (**3**) *v.t.i* to match or correspond, মিল খাওয়ান বা খাওয়া, সদৃশ করা বা হওয়া (the two lists do not *tally*)। *n.* **ta°lly-clerk**—(প্রধানতঃ জাহাজে প্রেরিত) পণ্যদ্রব্য মিলাইয়া দেখিবার জন্য ভারপ্রাপ্ত কেরানি। *n.* **tally-man**—যে দোকানদার কিশ্‌তি-বন্দী হারে মূল্যগ্রহণপূর্বক দ্রব্যাদি বিক্রয় করে; যে ব্যক্তি বিনা বিবাহে কোন স্ত্রীলোকের সহিত স্বামি-স্ত্রীরূপে বাস করে। *n.* **ta°lly-shop**—কিশ্‌তিবন্দী হারে মূল্য দিয়া যে দোকান হইতে দ্রব্যাদি কেনা যায়। [AF. *tallie*<L. *talea*=a stick]

tally-ho [tal-i-hō°, ট্যালি-হৌ°] *intj.* huntsman's cry after sighting the fox, শৃগালকে দেখিতে পাইয়া শিকারী যে চিৎকার করে। [?]

Talmud [tal°-mood, ট্যাল্°-মুড] *n.* compendium of Jewish law and instruction, ইহুদীদের ধর্মীয় আইনের ও উপদেশের সংক্ষিপ্তসার-সমন্বিত গ্রন্থ। [Heb.=instruction]

talon [ta°-lan, ট্যা°ল্যান্] *n.* a hooked claw, শ্যেনাদি পাখির বক্রাকার নখর। [F.<LL. *talo*]

talus [tā°las, টেই°ল্যাস্] *n.* the sloping mass of fragments at the foot of a cliff, উঁচু খাড়া পাহাড়ের তলদেশে (প্রস্তরাদির) ঢালু খণ্ডসমষ্টি। [F. *talus*]

tamable—see **tame.**

tamarind [ta°-ma-rind, ট্যা°ম্যারিন্ড্] *n.* a tropical tree or its pod, তেঁতুল গাছ বা তেঁতুল। [Ar. *tamar-Hindi*=date of India]

tamarisk [ta°ma-risk, ট্যা°ম্যারিস্ক্] *n.* an evergreen shrub, চিরহরিৎ ঝাউগাছ-বিশেষ। [L. *tamariscus*]

tamasha [ta-mu°-shu, ট্যামা°শা] *n.* an entertainment, a show, আনন্দানুষ্ঠান, প্রদর্শন; fuss, হইচই। [Ar. & Pers.]

tambour [tam°-booa(r), ট্যাম্°বুয়্যা(র্)] *n.* a drum, ঢাক, (পরি.) পটহক; a frame for embroidery, এম্‌ব্রয়ডারি বা সূচিশিল্প করার সময়ে বস্ত্রাদি যে চাকে আটকাইয়া লওয়া হয়। *n.* **tambourine** [tam-ba-rēn°, ট্যাম্‌ব্যারীন্°] খঞ্জনী। [F.]

tame [tām, টেইম্] (**1**) *a.* having lost native wildness, স্বাভাবিক হিংস্রতা বা বন্যতা ত্যাগ করিয়াছে এমন; domesticated, গৃহপালিত, পোষা; cultivated, (জমি-সম্বন্ধে) কর্ষিত; gentle, শান্ত, নম্র; spiritless, নিস্তেজ, নির্বীর্য (he is a *tame* boy); dull, flat, নীরস, সাদামাটা, জলো (the story has a *tame* ending)। (**2**) *v.t.* to make tame, পোষ মানান, গৃহপালিত করা, নিস্তেজ বা নির্বীর্য করা; to subdue, দমন করা। *a.* **tām(e)°able**। *n.* **tām(e)abi°lity**। *adv.* **tām(e)°ably**। *a.* **tāme°less**—পোষ মানান বা শান্ত করা যায় না এমন; দুর্দমনীয়। *adv.* **tāme°ly**। *n.* **tāme°ness**। *n.* **tamer** (lion-*tamer* etc.)। **tame cheater**—(আর্ষ.) ফাঁদ। [OE. *tam*—cp. G. *zahm*, Gk. *damaein*, L. *domare* (*v.*)]

Tammany [tam°a-ni, ট্যাম্যা°নি] (**1**) *n.* central organization of Democratic Party in New York, নিউ ইয়র্ক শহরে মার্কিন যুক্তরাষ্ট্রের ডেমোক্রাটিক পার্টির কেন্দ্রীয় সংস্থা। (**2**) *a.* of their politics, methods (often suggestive of corruption), ঐ পার্টির রাজনীতি কর্মপদ্ধতি সংক্রান্ত (সচরাচর দুর্নীতির ইঙ্গিতপূর্ণ)। **Tammany Hall**—ঐ কেন্দ্রীয় সংস্থার ভবন।

Tam O' Shanter [ta-ma-shan°-ta(r), ট্যাম্যা-শ্যান্°ট্যা(র্)], (coll.) **tam, ta°mmy**—*n.* a Scotch cap, স্কট্‌ল্যান্ডীয় গোল টুপিবিশেষ। [the hero of Burn's poem, who wore such a cap]

tamp [tamp, ট্যাম্প্] *v.t.* to tap or drive down by repeated light blows, ক্রমাগত আস্তে আস্তে টিপিয়া বা ধাক্কা দিয়া নিচে বসাইয়া দেওয়া। [F.<*tampon*]

tamper [tam°-pa(r), ট্যাম্°প্যা(র্)] *v.i.* to meddle, অবৈধ হস্তক্ষেপ করা; to make unauthorized changes, (উইল পাণ্ডুলিপি প্রভৃতির) অনধিকার (প্রায়শঃ গুপ্ত) পরিবর্তন করা; to exert secret or corrupt influence, গুপ্ত বা অবৈধ প্রভাব বিস্তার করা; to bribe, ঘুষ দেওয়া। [var. of *temper*]

tampon [tam°-pan, ট্যাম্°পন্] *n.* a plug of

lint to stop bleeding, রক্তক্ষরণ বন্ধের উদ্দেশ্যে ব্যবহৃত তুলার ছিপি বিশেষ। [F.]

tan$_1$—see **tangent.**

tan$_2$ [tan, ট্যান্] (**1**) *n.* oak bark or other material for tanning, চর্মাদি পাকা করার কার্যে ব্যবহৃত ওক্-গাছের ছাল বা অন্য বস্তু; a tawny brown colour, তামাটে রঙ। (**2**) *v.t.* to treat with tan or tanin, or to convert into leather by doing so, (প্রধানতঃ কাঁচা চামড়ায়) ওক্-গাছের ছাল বা অন্য বস্তুর কষ লাগান অথবা উহা লাগাইয়া পাকা করা। (**3**) *v.t.i.* to make or become tawny, তামাটে বর্ণবিশিষ্ট করা বা হওয়া। *pr. pt.* **ta°nning** । *p. & p. pt.* **ta°nned** । *n.* **ta°nner** । *n.* **ta°nnery**—চামড়া পাকা করার কারখানা। **(to) tan one's hide**—(অশি.) আচ্ছারকম প্রহার দেওয়া। [OF. *tan* (*n.*)—cp. Bret. *tann*=oak]

tandem [tan°-dam, ট্যান্°ড্যাম্] (**1**) *a. & adv.* harnessed one behind another (দুই বা ততোধিক ঘোড়া-সম্বন্ধে) একটির পিছনে একটি করিয়া জোতা হইয়াছে এমন (ভাবে)। (**2**) *n.* a team of horses so harnessed, উক্তভাবে জোতা অশ্বসমূহ (সচ. দুইটি); a vehicle drawn by such a team, উক্তভাবে জোতা অশ্ববাহিত গাড়ি; a bicycle etc., for two, one behind the other, এক-জনের পিছনে আরেকজন করিয়া দুইজনের বসার উপযুক্ত বাইসিক্ল্ প্রভৃতি। [L.=at length]

tang$_1$ [tang, ট্যাং] (**1**) *n.* a ringing sound, (ধনুকের জ্যা প্রভৃতির) টং বা ঝন্ শব্দ, টঙ্কার। (**2**) *v.t.i.* to ring, বাজান বা বাজা, টঙ্কৃত বা ঝঙ্কৃত করা অথবা হওয়া। [imi.]

tang$_2$ [tang, ট্যাং] *n.* a part of a tool that fits into the haft, যন্ত্রপাতির যে অংশ হাতলে ঢোকান হয়; a biting characteristic, taste or smell, তীব্র বা কটু বৈশিষ্ট্য স্বাদ অথবা গন্ধ। [ON. *tange*=a point]

tangent [tan°j(a)nt, ট্যান্°জ্ন্ট্] (**1**) *a.* touching without intersecting, স্পর্শ করে কিন্তু ভেদ করে না এমন। (**2**) *n.* (geom.) a line that touches a curve, (জ্যামি.) বৃত্তাংশ বা চাপ স্পর্শকর রেখা, (পরি.) স্পর্শক; (trig.) the ratio of the perpendicular subtending it in any right-angled triangle to the base, (ত্রিকোণ.) সমকোণী ত্রিভুজের কোণের অনুপাতবিশেষ (abbr. **tan**)। *n.* **tan°gency**—স্পর্শকতা। *a.* **tangential** [tan-jen°sh(a)l, ট্যান্জেন্°শ্ল্] স্পর্শক-সংক্রান্ত; স্পর্শক-তুল্য; স্পর্শিনী। *adv.* **tangen°tially** । **(to) fly** or **go off at a tangent**—কার্য চিন্তাদির ক্ষেত্র বা পন্থা সহসা পরিবর্তন করা। [L. *tangens*=touching]

tangerine [tan°je-rēn, ট্যান্°জেরিন্] *n.* small sweet loose-skinned orange, ছোট সুস্বাদু হালকা খোসাবিশিষ্ট কমলালেবু। [>*Tanger, Tangier*]

tangible [tan°-jabl, ট্যান্°জ্যাব্ল্] *a.* perceptible by touch, স্পর্শনদ্বারা বোধগম্য, ধরা-ছোঁয়া যায় এমন; capable of being possessed or realized, আয়ত্ত করা যায় এমন, অধিগম্য; material, corporeal, বাস্তব, শরীরী। *n.* **tangibi°lity, tangibleness** । *adv.* **tan°gibly** । [L. *tangibilis*<*tangere*=to touch]

tangle$_1$ [tangg°l, ট্যাংগ্°ল্] (**1**) *v.t.i.* to interweave into a confused mass, বিজড়িত করা বা হওয়া, জট পাকান; to become involved in a conflict (*with*), (কাহারও সহিত) বিরোধে জড়াইয়া পড়া। (**2**) *v.t.* to complicate, জটিল করা; to entrap, জালে জড়ান বা আটকান। (**3**) *n.* a tangled mass or condition, জট বা জট-পাকান অবস্থা; perplexity, বিভ্রান্তি; a complication, জটিলতা। [ME. *tagle*=entangle]

tangle$_2$ [tangg°l, ট্যাংগ্°ল্] *n.* kinds of leathery seaweed, চর্মসদৃশ সামুদ্রিক শেওলা বা গুল্ম-বিশেষ। [ON. *thongull*]

tango [tang°gō, ট্যাং°গৌ] *n.* (music for a) South American dance, দক্ষিণ আমেরিকার নৃত্যবিশেষ ও তদুপযোগী সঙ্গীত। [Sp.]

tank [tangk, ট্যাংক্] *n.* (in India) a pond or reservoir, (ভারতে) পুকুর, দিঘি, জলাধার; a large basin, cistern or reservoir, জল তৈল প্রভৃতি তরল পদার্থ রাখার বড় পাত্র বা আধার, ট্যাংক; a fighting vehicle, খাঁজ-কাটা চাকাওয়ালা লৌহাবৃত যুদ্ধযানবিশেষ, ট্যাংক্। *n.* **tan°ker**—তৈল ও অন্যান্য তরল পদার্থবাহী জাহাজ; যে বিমানপোত অন্য বিমান-পোতকে তৈলাদি ইন্ধন সরবরাহ করে। *n.* **tank°-car**—রেলে পেট্রল প্রভৃতি বহন করিবার জন্য (সাধারণতঃ) নলাকার গাড়ি। **(to) tank up**—প্রচুর মদ্যপান করা। *a.* **ta°nked**—পানোন্মত্ত। [Port. *tanque*<L. *stagnum*=a pool]

tankard [tang°-ka(r)d, ট্যাং°ক্যা(র্)ড্] *n.* a mug-like vessel, মদ্যাদি তরল পদার্থ রাখার জন্য বড় মগের ন্যায় আকারের পাত্রবিশেষ। [cp. Du. *tanckaert*]

tanned, tanner, tannery—see **tan**$_2$**.**

tannic—see **tannin.**

tannin [ta°-nin, ট্যা°নিন্] *n.* a colourless substance got from gall-nuts etc., বৃক্ষাদির ছাল ও অন্যান্য উদ্ভিদ্ হইতে প্রাপ্ত বর্ণহীন পদার্থ বা কষবিশেষ, ট্যানিন্ (also **ta°nnic acid**)। [see *tan*$_2$]

tansy [tan°zi, ট্যান্°জ়ি] *n.* a herb with yellow flowers and bitter leaves, used in medicine and cooking, ভেষজ প্রস্তুত করিতে ও রান্নায় ব্যবহৃত হলুদ পুষ্প ও তেতো পাতাবিশিষ্ট ছোট গাছ। [Gk.]

tantalize [tan°-ta-līz, ট্যান্°ট্যালাইজ়্] *v.t.* to torment by presenting something to excite desire but keeping it beyond reach, কিছু দেখাইয়া লোভের উদ্রেক করা অথচ উহা নাগালের বাহিরে রাখিয়া উত্ত্যক্ত করা। *n.* **tan°talizer** । *a.*

tan°talizing I *adv.* **tan°talizingly** I *n.* **tantaliza°tion** I [Gk. *Tantalus*, a son of Zeus condemned to stand in water which he was not allowed to drink]

tantalum [tan°-ta-lam, ট্যান্°ট্যাল্যাম্] *n.* a metallic element, জলে মেশানর অসাধ্য (বৈদ্যুতিক বাতিতে ব্যবহৃত) ধাতব মৌলিক পদার্থবিশেষ। [see *tantalize*]

tantamount [tan°-ta-mownt, ট্যান্°ট্যামাউন্ট্] *pred. a.* amounting to as much or to the same, সমপরিমাণ বা একই; equivalent, সম, সদৃশ (his request was *tantamount* to a command) I [AF. *tant amunter*]

tantara [tan-tu°-rŭ, ট্যান্টা°রা] *n.* a blast of trumpet, তুরী-ভেরীর উচ্চনিনাদ। [imi.]

tantrum [tan°-tram, ট্যান্°ট্র্যাম্] *n.* a capricious fit of ill-temper, খেয়ালী বদমেজাজের ঘোর (he is in a *tantrum* again) I [?]

tap₁ [tap, ট্যাপ্] **(1)** *n.* a gentle knock or its sound, মৃদু আঘাত বা তাহার শব্দ, টোকা (a *tap* at the door) I **(2)** *v.t.i.* to knock gently, মৃদু আঘাত করা, টোকা মারা। *pr. pt.* **ta°pping** I *p.* & *p. pt.* **ta°pped** I *n.* **tap°-dancing**—পা দিয়া ভূমিতে মৃদু আঘাতসহকারে নৃত্য। *n.* **ta°pper** I [OF. *taper*]

tap₂ [tap, ট্যাপ্] **(1)** *n.* a peg or stopper, খোঁটা, আঙ্‌টা, ছিপি; a cock for running off a liquid, জল প্রভৃতি তরল পদার্থ নির্গমনের ছিদ্র বা কল (অর্থাৎ জলের কল, মদের পিপার ছিপি-আঁটা মুখ, প্রভৃতি); any liquor drawn through a tap, উক্ত কলের মধ্য দিয়া ঢালা মদ্যাদি; a room where beer is served from the tap or cask, পিপাদির নল হইতে ঢালিয়া বিয়ার-মদ্য পরিবেশনের কক্ষ (also **tap°room**); a main root striking down vertically, খাড়াভাবে ভূগর্ভে প্রোথিত মূল-শিকড় (also **tap°root**) I **(2)** *v.t.* to pierce so as to let out fluid, তরল পদার্থাদি বাহির করার জন্য (পিপাদি) ছেঁদা করা, টিন পিপা প্রভৃতির মুখ খোলা; to solicit, আবেদন করা; to broach, (বিষয়াদির) অবতারণা করা; to draw off, পিপাদি হইতে (তরল পদার্থ) বাহির করিয়া লওয়া; to get the sap from a tree by cutting its bark, গাছের ছাল চাঁচিয়া রস সংগ্রহ করা; (*fig.*) to draw out, (আল.—তথ্যাদি) টানিয়া বাহির করা; to divert current from telegraph wires etc., to intercept message, টেলিফোন টেলিগ্রাফ বেতার প্রভৃতির বৈদ্যুতিক শক্তিকে অন্যদিকে চালিত করিয়া পথিমধ্যে গোপনে খবরাদি জানা। *conjug*: same as **tap₁** I *n.* **tap°ster**—(সচ. হোটেলাদিতে) যে পরিচারক পিপা হইতে ঢালিয়া মদ্য পরিবেশন করে। *n.* **tap°water**—কলের জল। **on tap**—(দরকার হইলেই পাওয়া যায় এমনভাবে) পিপার মধ্যে রক্ষিত। [OE. *tæppa* (*n.*)—cp. Du. *tap*]

tape [tāp, টেইপ্] *n.* a ribbon of woven material or paper, (বন্ধন তারাবার্তা-প্রেরণ টাইপ্‌রাইটার প্রভৃতিতে ব্যবহৃত) কাপড় বা কাগজের ফিতা; a tape for measuring length etc., দৈর্ঘ্যাদি মাপার ফিতা (also **tāpe°-line, tāpe°measure**) I *n.* **tāpe°-recorder**—শব্দ ধরিয়া লইয়া পুনরায় বাজাইবার যন্ত্রবিশেষ, টেপ-রেকর্ডার। *n.* **tāpe°worm**—ফিতাক্রিমি। [OE. *tæppe*]

taper [tā°pa(r), টেই°প্যা(র্)] **(1)** *n.* (obs.) a wax-candle, (অপ্র.) মোমবাতি; a waxed wick, মোমে-প্রলিপ্ত দীপশিখা। **(2)** *v.t.i.* to diminish gradually, ক্রমশঃ সরু হওয়া বা করা (the upper end *tapers* to a point) I *adv.* **tā°peringly** I [OE. *tapor*]

tapestry [ta°-pis-tri, ট্যা°পিস্ট্রি] *n.* an ornamental fabric for covering, ঢাকনা-রূপে বা পরদা-রূপে ব্যবহৃত কারুকার্যময় বস্ত্রাদি (তু. চিক্)। *a.* **ta°pestried**—উক্ত বস্ত্রাদিতে আবৃত। [F. *tapisseric*]

tapeworm—see **tape.**

tapioca [ta-pi-ō°ka, ট্যাপিওঁ°ক্যা] *n.* grains prepared from cassava, সাগুসদৃশ শস্যবিশেষ (ইহা সাগুতে ভেজাল দেওয়া হয়)। [Tupi-Guarani *tipyoca*]

tapir [tā°-pa(r), টেই°প্যা(র্)] *n.* a mammal with proboscis, শুঁড়ওয়ালা স্তন্যপায়ী প্রাণিবিশেষ। [Tupi *tapira*]

tapis [ta°-pē, ট্যা°পী] *n.* (obs.) tapestry, (অপ্র.) কারুকার্যময় বস্ত্রাদিদ্বারা নির্মিত ঢাকনা পরদা প্রভৃতি। **on the tapis**—বিবেচনাধীন। [F.]

tapped, tapping—see **tap₁** and **tap₂**.

taproom, taproot, tapster—see **tap₂**.

tar [tŭ(r), টা(র্)] **(1)** *n.* a dark liquid distilled from wood or coal, আলকাতরা। **(2)** *v.i.* to coat with tar, আলকাতরা মাখান। *pr. pt.* **ta°rring** I *p.* & *p. pt.* **ta°rred** I *n.* **tar°mac**—পথ বাঁধানর জন্য আলকাতরা-মেশান নুড়ি। *n.* **tar°macadam**—রাস্তা বাঁধানর জন্য আলকাতরা-মেশান পাথরকুচি। *a.* **ta°rry**—আলকাতরাতুল্য; আলকাতরালিপ্ত। **tarred with the same brush** or **stick**—একই প্রমাদদুষ্ট। [OE. *teru, teoro*—cp. Du. *teer*]

tar(r)adiddle [tar-a-did°l, ট্যারা-ডিড্°ল] *n.* (colloq.) untruth, (কথ্য.) মিথ্যা। [?]

tarantella [ta-r(a)nte°-la, ট্যার্‌ন্টে°ল্যা] *n.* a lively Neapolitan dance, নেইপ্‌ল্‌জ্-দেশের দ্রুতলয়ী নৃত্যবিশেষ। [It.]

tarantula [ta-ran°-tū-la, ট্যার্যান°টিউল্যা] *n.* a poisonous spider, বিষাক্ত মাকড়সাবিশেষ। [It. *tarantola* < *Taranto* in Italy]

taratantara [tŭ-rŭ-tŭn-tŭ°-rŭ, টারাটান্টা°রা] *n.* the sound of a trumpet, ভেরীধ্বনি। [imi.]

tarboosh [tŭ(r)-boosh°, টা(র্)বুশ্°] *n.* a cap like fez, ফেজের ন্যায় আকারের টুপিবিশেষ। [Ar.]

tardigrade [tu(r)°-di-grād, টা(র্)°ডিগ্রেইড্] (1) *a.* slow-moving, শ্লথগতি। (2) *n.* a slow-moving animal, শ্লথগতি জন্তুবিশেষ। [L. *tardigradus*]

tardy [tŭ(r)°-di, টা(র্)°ডি] *a.* slow, ধীরগতি (*tardy* progress); sluggish, ধীরুজ; late, বিলম্বিত। *adv.* **tar°dily** । *n.* **tar°dinėss** । [F. *tardif* <L. *tardus*]

tare₁—see **tear₁**.

tare₂ [tā(r̄), টেয়্যা(র্)] *n.* vetch, গবাদি পশুর খাদ্যরূপে ব্যবহৃত তৃণবিশেষ। [?]

tare₃ [tā(r̄), টেয়্যা(র্)] *n.* the weight of a vessel, wrapping, or vehicle, which deducted from the gross weight gives the net weight, অভ্যন্তরস্থ বস্তুর ওজন নির্ণয়ার্থ মোট ওজন হইতে পাত্র মোড়ক গাড়ি প্রভৃতির যে ওজন বাদ দেওয়া হয়, কড়তা। [F.<Sp. *tara*<Ar. *tarhah*=thrown away]

target [tŭ(r)°-git, টা(র্) গিট্] *n.* a round shield, ক্ষুদ্র গোলাকার ঢাল; a shield-like shooting-mark, (তীরধনুক বন্দুক প্রভৃতির) গোলাকার ঢালের ন্যায় নিশানা; an objective, লক্ষ্য, উদ্দেশ্য, অভীষ্ট ফল; a butt for scorn, (আল.) ঘৃণা বিদ্রূপ প্রভৃতির লক্ষীভূত ব্যক্তি (a *target* of bitter criticism)। **target practice**—লক্ষ্যবেধ বা লক্ষ্যভেদ করার নিমিত্ত নিয়মিত অভ্যাস। [OF. *targuete*]

tariff [ta°-rif, ট্যা°রিফ্] *n.* a list of customs duties, (আমদানি-রপ্তানি) শুল্কের তালিকা; customs duty, শুল্ক; a list of charges, মাসুলের তালিকা (railway *tariff*); charge, মাসুল। **preferential tariff**—দেশবিশেষের অনুকূলে শুল্কভার লাঘব বা হ্রাস। **tariff wall**—(বিদেশী পণ্যের আমদানিতে অন্তরায় সৃষ্টির উদ্দেশ্যে) শুল্ক প্রাচীর। [It. *tariffa*<Ar. *ta'rif*=explanation]

tarlatan [tŭ(r)°-la-tan, টা(র্)°ল্যাট্যান্] *n.* a thin open muslin, ফাঁক-ফাঁক করিয়া বোনা পাতলা মস্‌লিন্ বস্ত্রবিশেষ। [F. *tarlatane*]

tarmac, tar-macadam—see **tar**.

tarn [tŭ(r)n, টা(র্)ন্] *n.* a small mountain lake, ক্ষুদ্র পার্বত্য হ্রদ। [ON. *tjörn*]

tarnish [tŭ(r)°-nish, টা(র্)°নিশ্] (1) *v.t.i.* to make or become dull in lustre by oxidization etc., বাতাসাদির স্পর্শে ম্লান ও বিবর্ণ বা অনুজ্জ্বল করা অথবা হওয়া, মরচে ধরান বা ধরা। (2) *v.t.* to sully, (সুনামাদিকে) কলঙ্কিত করা। (3) *n.* a tarnished state, বাতাসাদির স্পর্শজনিত ম্লানতা বিবর্ণতা দ্যুতিহানি বা মরচে। [F. *ternir*(*v.*)]

taro [ta°rō, ট্যা°রৌ] *n.* a kind of tropical plant with a root used as food, esp. in Pacific islands, গ্রীষ্মপ্রধান দেশে জাত একপ্রকার উদ্ভিদ্ যাহার মূল খাদ্য হিসাবে ব্যবহৃত হয় (বিশেষতঃ প্রশান্ত-মহাসাগরীয় দ্বীপপুঞ্জে)। [native]

tarpaulin [tŭ(r)-paw°-lin., টা(র্)প্য°লিন্] *n.* a piece of canvas etc. coated with tar, তেরপল। [*tar-, palling*]

tarred, tayring, tarry₁—see **tar**.

tarry₂ [ta°-ri, ট্যা°রি] *v.i.* to linger or delay, গড়িমসি বা বিলম্ব করা; to sojourn, অস্থায়িভাবে বাস করা; to wait, অপেক্ষা করা (to *tarry* for a person)। [?]

tarsal, tarsi—see **tarsus**.

tarsus [tŭ(r)°-sas, টা(র্)°স্যাস্] *n.* the part of the foot to which the leg is articulated, গুল্‌ফ্; ankle, গোড়ালি। *pl.* **tar°sī** । *a.* **tar°sal**—গুল্‌ফ্-সংক্রান্ত; গুল্‌ফের। [Gk. *tarsos*=the flat of the foot]

tart₁ [tŭ(r)t, টা(র্)ট্] *a.* sharp, biting, তীক্ষ্ণ, কটু (a *tart* manner, rejoinder, etc.); acid, অম্লস্বাদ, টক (a *tart* flavour)। *adv.* **tart°ly** । *n.* **tart°nėss** । [OE. *teart*]

tart₂ [tŭ(r)t, টা(র্)ট্] (1) *n.* a dish of pastry, ফলের চাটনিবিশেষ; (in disrespect) a girl, (অশ্রদ্ধায়) ছুঁড়ী; a prostitute, বেশ্যা। (2) *v.t.* (coll. with *up*) to make gaudy, জমকালো বা জাঁকজমকবিশিষ্ট করা; to dress like a prostitute, বেশ্যাবৎ পোশাক করা। [OF. *tarte*]

tartan [tŭ(r)°t(a)n, টা(র্)°ট্‌ন্] *n.* a checked stuff (usu. woollen), চৌকা ছক-কাটা (সচ. পশমী) কাপড়। [?]

tartar₁ [tu(r)°-ta(r), টা(র্)°ট্যা(র্)] *n.* a substance deposited in the cask by fermentation of wine, মদ গাঁজানর ফলে পিপায় যে ছাতা পড়ে, (পরি.) চিক্কাম্ল (also **tartaric acid**); deposit on the teeth, দাঁতের ছাতা, দন্তমল। [L. *tartarum*]

Tartar₂ [tŭ(r)°-ta(r), টা(র্)°ট্যা(র্)] *n.* a Tatar, তাতার-দেশের লোক; a formidable and rough person, দোর্দণ্ড ও দুর্বিনীত ব্যক্তি। **(to) catch a Tartar**—দোর্দণ্ড ও দুর্বিনীত ব্যক্তির সঙ্গে কাজকর্ম করিতে বাধ্য হওয়া, নিজের অপেক্ষা শক্তিশালী দোর্দণ্ড ও দুর্বিনীত ব্যক্তির পাল্লায় পড়া। [see *Tatar*—'*r*' from association with Gk. *Tartaros*=hell]

task [tŭsk, টাস্ক্] (1) *n.* a piece of work set or undertaken, অর্পিত বা গৃহীত কর্মভার, করণীয় কাজ। (2) *v.t.* to impose a task on, কাজের ভার দেওয়া, কাজ চাপান; to burden with severe work, কঠিন কর্মভারে পীড়িত করা। *n.* **task-force**—কোন বিশেষ উদ্দেশ্যে নিয়োজিত নৌবাহিনী প্রভৃতির অংশবিশেষ। *n.* **task°master**—যে ব্যক্তি কর্মভার নির্দিষ্ট করিয়া দেয়। *fem.* **task°mistrėss** । **(to) take one to task**—কৈফিয়ত তলব করা; তিরস্কার করা। [OF. *tasque*<LL. *tasca, taxa*=tax]

tassel [ta°s(a)l, ট্যা°স্‌ল্] *n.* an ornamental tuft of threads, শোভাবর্ধনার্থ (পরদা পোশাক ছাতা প্রভৃতিতে) ঝুলাইয়া দেওয়া সূত্রগুচ্ছ; a tassel-like appearance, (প্রধানতঃ ভুট্টার) উক্ত সূত্রগুচ্ছের

ন্যায় পুষ্পবিকাশ ; a ribbon book-mark, অধীত অংশাদি চিহ্নিত করার জন্য পুস্তক-সংলগ্ন ফিতা। *a.* **ta°sselled**—উক্ত সূত্রগুচ্ছ বা ফিতাযুক্ত। [OF.]

taste [tāst, টেইস্‌ট্] (**1**) *v.t.i.* to try or perceive by the sense seated in the tongue, আস্বাদন করা বা আস্বাদনপূর্বক উপলব্ধি করা (you cannot *taste* anything when you have a cold) ; to try by eating a little, চাখিয়া দেখা। (**2**) *v.t.* to eat a little of, (কিছুর) একটুখানি খাওয়া ; (arch.) to enjoy, (আর্ষ.) উপভোগ করা ; to experience, অভিজ্ঞতা লাভ করা, ভোগ করা বা সহ্য করা, (to *taste* defeat) ; to perceive, উপলব্ধি করা, বোঝা। (**3**) *v.i.* to have a flavour, (ভাল মন্দ মিষ্ট টক প্রভৃতি) স্বাদযুক্ত হওয়া (it *tastes* sour, sweet, etc.)। (**4**) *n.* the act of tasting, আস্বাদন ; the particular sensation caused by a substance on the tongue, স্বাদ ; the sense by which we taste, স্বাদেন্দ্রিয়, জিহ্বা ; flavour, খাদ্যদ্রব্যের (রুচিকর) স্বাদু গন্ধ ; a small portion, ক্ষুদ্র অংশ; experience, অভিজ্ঞতা ; personal preference, রুচি (*tastes* differ) ; aesthetic preference, সৌন্দর্যবোধ ; choice, liking, পছন্দ (it is not to my *taste*)। *a.* **tāste°ful**—রুচিকর; সুস্বাদু ; উত্তম রুচিপূর্ণ বা সৌন্দর্যবোধপূর্ণ। *adv* **taste°fully**। *a.* **taste°less**—স্বাদহীন ; বিস্বাদ ; নীরস। *adv.* **taste°lessly**। *n.* **tās°ter**—taste (*v.*)-এর সকল অর্থে, এবং বিশেষত—খাদ্যদ্রব্যাদি চাখিয়া পরীক্ষা করিতে দক্ষ ব্যক্তি বা ঐভাবে পরীক্ষা করার জন্য নিযুক্ত ব্যক্তি। *a.* **tās°ty**—(অমা.) সুস্বাদু, রুচিকর। *adv.* **tās°tily**। *n.* **tāst°inėss**। **good taste**—সমাজগত বা সৌন্দর্যগত সুরুচি। **to one's taste**—(কাহারও) পছন্দানুযায়ী, পছন্দসই। **(to) leave a bad taste in the mouth**—মুখ বিস্বাদ করিয়া রাখিয়া যাওয়া; (আল.) মনে বিরক্তি উদ্রেক করিয়া রাখিয়া যাওয়া। [OF. *taster*—cp. L. *taxare*=to touch]

tat—see **tatting.**

ta-ta [ta°-tŭ, ট্যা°টা] *int.* (coll. & childish) good-bye, (কথ্য. ও শিশুসুলভ) বিদায়, চললাম। [?]

Tatar [tŭ°-ta(r), টা°ট্যা(র্)] (**1**) *a.* of Tatary, তাতার-দেশীয়। (**2**) *n.* a native of Tatary, তাতার-দেশীয় লোক। [Turk. & Pers.]

tatler—arch. spell. of **tattler.**

tatter [ta°-ta(r), ট্যা°ট্যা(র্)] (**1**) *n.* a torn shred, ছেঁড়া নেকড়া। (**2**) *v.t.i.* to tear to or fall into tatters, নেকড়ায় পরিণত করা বা হওয়া। *n.* **tatterdemalion** [ta-ta(r)-da-mā°-li-an, ট্যাট্যা(র্)ড্যামেই°লিয়্যান্] নেকড়া-পরা লোক। *a.* **ta°ttered**—(বস্ত্রাদি-সম্বন্ধে) ছিন্নভিন্ন, জীর্ণ, নেকড়ায় পরিণত। [cp. ON. *totrar*=rags]

tatting [ta°-ting, ট্যা°টিং] *n.* knotted lace edging made from sewing-thread, সেলাইয়ের সুতা হইতে হাতে তৈয়ারি গ্রন্থিল লেইসবিশেষ। **tat(t)**—(**1**) *v.t.* উক্ত লেইস্ দিয়া তৈয়ারি করা ; (**2**) *v.i.* উক্ত লেইস্ তৈয়ারি করা। *pr. pt.* **ta°tting**। *p.* & *p. pt.* **ta°ttėd**। [?]

tattle [tat°l, ট্যাট্°ল] (**1**) *n.* trifling talk, বাজে আলাপ, বক্‌বকানি। (**2**) *v.i.* to prattle, বাজে আলাপ করা, বক্‌বক্ করা। *n.* **tatt°ler**। [MDu. *tatelen*]

tattoo₁ [ta-tōō°, ট্যাটু°] *n.* a beat of drum or other signal recalling soldiers to quarters, সৈনিকগণের শিবিরে প্রত্যাবর্তনের জন্য ঢক্কানাদ বা অন্য সঙ্কেত ; a military fete by night, সামরিক নৈশ-উৎসব (বিশেষতঃ গীতবাদ্য)। **the devil's tatto**—আনমনাভাবে বা অস্থিরতাবশতঃ অঙ্গুলিদ্বারা টেবিলাদির উপরে বাদন। [Du. *taptoe*]

tattoo₂, tatu [ta-tōō°, ট্যাটু°] (**1**) *n.* a design marked on the skin by pricking in colouring matter, উলকি। (**2**) *v.t.* to mark in this way, উলকি আঁকিয়া দেওয়া। [Tahitian *tatau*(*n.*)]

tatty [tat°i, ট্যাট্°ই] *a.* untidy and dirty-looking, অপরিচ্ছন্ন ও নোংরা দেখায় এমন। *adv.* **tatti°ly**। [see *tatter*]

taught—see **teach.**

taunt [tawnt, টান্‌ট্] (**1**) *v.t.* to reproach stingingly, বিদ্রূপ করা, উপহাস করা। (**2**) *n.* a biting jibe, বিদ্রূপ, উপহাস। *adv.* **taunt°ingly**। [OF. *tanter*=to provoke ? <L. *tenare*=to tempt]

taurine [taw°-rīn, টা°রাইন্] *a.* of or like a bull, bovine, বৃষ-সম্বন্ধীয় বা বৃষসদৃশ। [L. *tauras* =a bull]

tauromachy [taw-ro°-ma-ki, টার°ম্যাকি] *n.* bull-fighting, ষাড়ের লড়াই। [Gk. *tauromakhia*]

Taurus [taw°-ras, টা°র্যাস্] *n.* the second sign of the zodiac, (জ্যোতিষ.) বৃষরাশি। [L. <Gk. *Tauros*=a bull]

taut [tawt, টাট্] *a.* tightly drawn, কষিয়া-বাঁধা, আঁটো ; in good condition, উত্তম বা কার্যকর অবস্থায় আছে এমন। *adv.* **taut°ly**। *n.* **taut°nėss**। [cp. *tow, tighten*]

tautology [taw-to°-la-ji, টাট°ল্যাজি] *n.* use of words that say the same thing, (অকারণে) সমার্থবাচক শব্দসমূহের (একই বাক্যমধ্যে) প্রয়োগ, অনুলাপ। *a.* **tautologic** [taw-ta-lo°-jik, টাট্যাল°জিক্], **tautolo°gical, tautolo°gous**—উক্ত প্রয়োগমূলক। *n.* **tauto°logist**—উক্ত প্রয়োগকারী। [Gk. *tauto*=the same, *logos*=word]

tavern [ta°-va(r)n, ট্যা°ভ্যা(র্)ন্] *n.* a public house, মদের দোকান, পানশালা ; an inn or restaurant, সরাই, চটী, রেস্তরাঁ। [OF. *taverne* <L. *taberna*]

taw [taw, টা] *n.* a large playing-marble, খেলার বড় মার্বেল-গুলি। [?]

tawdry [tawd°-ri, টাড্°রি] *a.* showy without

taste or worth, রুচিহীন বা অসারভাবে জাঁকাল (*tawdry* jewellery, lace etc.); gaudily adorned, অত্যন্ত জাঁকাল বা চটকদারভাবে শোভিত। *adv.* **tawd°rily** । *n.* **tawd°riness** । [<*St. Audry's* fair in Isle of Ely]

tawny [taw°-ni, টা°নি] *a.* & *n.* yellowish brown, তামাটে (বর্ণ)। *n.* **taw°niness** । [F. *tanne*=tanned]

tax [taks, ট্যাক্‌স্] (**1**) *n.* a contribution exacted by the state, কর, খাজনা; a burden or strain, বোঝা বা চাপ (a *tax* on one's ability, health, patience, etc.)। (**2**) *v.t.* to lay a tax on, কর আরোপ করা; to strain, চাপ দেওয়া, অত্যধিক খাটান। *p.* & *p. pt.* **tax°ed** । *a.* **tax°able**—(পরি.) করযোগ্য। *n.* **taxabi°lity** । *adv.* **tax°ably** । *n.* **taxā°tion**—করারোপণ, করাধান; চাপ-প্রদান; অত্যধিক খাটুনি। *n.* **tax°-collec°tor**—কর আদায়কারী। *n.* **tax°-dodger**—(কথ্য.) যে ব্যক্তি কর ফাঁকি দেয়। *a.* **tax°-free**—নিষ্কর। *n.* **tax°-payer**—করদাতা। [F. *taxe*(*n.*) <L. *taxare*=to charge]

taxi [taks°i, ট্যাক্‌স্‌°ই] (**1**) *n.* a hackney motor-car, ভাড়াটে মোটর-গাড়ি, ট্যাক্‌সি (also **taxi-cab**)। (**2**) *v.i.t.* (of an aircraft) to move or cause to move on along the ground, (বিমানপোত সম্পর্কে) ভূমির বা বাঁধান পথের উপর দিয়া বেগে গমন করা বা গমন করান। *n.* **taxi°driver**—ট্যাক্‌সি চালক। [contr. of *taxi meter*]

taxidermy [taks°-i-da(r)-mi, ট্যাক্‌স্‌°ইড্যা(র্)মি] *n.* the art of preparing and mounting skins, মৃত পশুর চামড়ার মধ্যে খড় প্রভৃতি ভরিয়া উহাকে জীবন্তের ন্যায় দেখানর ব্যবহারিক বিদ্যা। *a.* **taxider°mic** । *n.* **taxider°mist** । [Gk. *taxis* =arrangement, *derma*=a skin]

taximeter [taks°-i-mē-ta(r), ট্যাক্‌স্‌°ইমীট্যা(র্)] *n.* a device fitted to a cab for showing fare due, (কত মাইল ভ্রমণ করা হইয়াছে এবং) ভাড়া কত উঠিয়াছে তাহা নির্দেশের জন্য ট্যাক্‌সি প্রভৃতিতে যে যন্ত্র থাকে, ট্যাক্‌সির মিটার। [F. *taxe*=price, Gk. *metron*=measure]

taxonomy [tak-so°-na-mi, ট্যাক্‌স্‌°ন্যামি] *n.* principles of classification, শ্রেণীবিন্যাসের সূত্রাদি। *n.* **taxo°nomist** । [F *taxonomie*]

tazza [tuts°-ŭ, টাট্‌স্‌°আ] *n.* a saucer-shaped cup, এক পায়াওয়ালা চেটাল পেয়ালাবিশেষ। [It.]

tea [tē, টী] *n.* a small plant or its leaves, চা-গাছ বা চা-পাতা; infusion of tea-leaves, as beverage, চা-পাতা হইতে প্রস্তুত পানীয়, চা; infusion of leaves of other plants, or of other substance, as beverage, অন্য গাছের পাতা বা অন্য পদার্থ হইতে প্রস্তুত চায়ের ন্যায় পানীয় (beef-*tea*); an afternoon meal with tea, or the time when it is usually taken, আপরাহ্নিক চা-জলখাবার বা উহা খাইবার নির্দিষ্ট সময়। *n.* **tea°-caddy, tea°-chest**—চায়ের পেটী। *n.* **tea°-cloth**—চায়ের টেবিল ঢাকার জন্য বা চা খাওয়ার শেষে পেয়ালাদি ধুইয়া মোছার জন্য কাপড়-বিশেষ। *n.* **tea-cosy**—চা গরম রাখিবার উদ্দেশ্যে ব্যবহৃত চা-পাত্রের আবরণ বা ওয়াড়বিশেষ। *n.* **tea°-cup**—চায়ের পেয়ালা। *n.* **tea°-fight**—(sl.) same as **tea°-party** । *n.* **tea-°gar°den**—চা-বাগান। *n.* **tea°-gown**—স্ত্রীলোকের ঢিলা গাউন বা আঙরাখা (পূর্বে চা-পানের সময়ে পরিধান করা হইত)। *n.* **tea°-house**—চীন ও জাপানের চা খাওয়ার দোকান। *n.* **tea°-kettle**—চায়ের কেটলি। *n.* **tea°-leaf**—চা-পাতা। *n.* **tea°-party**—সম্মিলিতভাবে চা-পান, চা-ভোজ, টী-পার্টি। *n.* **tea°-plant**—চায়ের গাছ। **tea°-plantā°tion**—চায়ের চাষ। *n.* **tea°-plan-ter**—চা-কর, চা-উৎপাদনের নিযুক্ত ব্যক্তি বা প্রতিষ্ঠান। *n.* **tea°-pot**—চা তৈয়ারি করার পাত্রবিশেষ। *n.* **tea°-room**—যে রেস্তরাঁয় চা ও জলখাবার পাওয়া যায়। *n.* **tea°-rōse**—চায়ের ন্যায় গন্ধযুক্ত বলিয়া কল্পিত গোলাপবিশেষ। *n.* **tea°-service, tea°-set**—চা তৈয়ারি ও পান করার বাসন-কোসন। *n.* **tea°spōōn**—চায়ের চামচ। *n.* **tea°-spoonful**—একখানি চায়ের চামচে যতটা ধরে ততটা পরিমাণ। *n.* **tea°-strainer**—চা-ছাঁকনি। *n.* **tea°-tāble**—চা-পানের টেবিল; চা-পানার্থ মিলিত ব্যক্তিবর্গ। *n.* **tea°-tāster**—চা-পানপূর্বক উহার গুণাগুণ অবধারণে দক্ষ ব্যক্তি। *n.* **tea°-things**—same as **tea-set** । *n.* **tea°-tīme**—(আপরাহ্নিক) চা-জলখাবার খাওয়ার নির্দিষ্ট সময়। *n.* **tea°-tray**—চা ও চায়ের বাসন-কোসন বহনের আধারবিশেষ, চায়ের ট্রে। *n.* **tea°-urn**—চায়ের জল গরম করার জন্য বড় পাত্রবিশেষ। *n.* **tea°-wagon**—চা পরিবেশনার্থ চাকাওয়ালা ক্ষুদ্র টেবিলবিশেষ। **another cup of tea**—সম্পূর্ণ ভিন্ন ব্যাপার বা বস্তু। **black tea**—কৃষ্ণবর্ণ চা-পাতা; প্রথমে পাতা পচাইয়া এবং পরে তাপে শুকাইয়া ইহা প্রস্তুত হয়। **green tea**—উৎকৃষ্ট সবুজ চা; ইহা সরাসরি সবুজ পাতা তাপে শুকাইয়া প্রস্তুত হয়। **high tea**—পেটভরা খাবারসহ চা। **Russian tea**—লেবুর রসমিশ্রিত দুগ্ধবিহীন চা। **not my cup of tea**—আমার পছন্দসই বা পছন্দমাফিক নয়। **small** or **weak tea**—অনুগ্র চা, লাইট চা। **a storm** or **tempest in a tea-cup**—সামান্য ব্যাপারে তুমুল কাণ্ড। **strong tea**—কড়া চা। [C. *t'e, ch'a*]

teach [tēch, টীচ্] (**1**) *v.t.* to impart knowledge or art to or of, শেখান; to guide the studies of, অধ্যাপনা করা; to give instruction or counsel to, উপদেশ বা পরামর্শ দেওয়া; to accustom, অভ্যাস করান; (coll. used as a threat) to make a person disinclined to offend, etc., (কথ্য.) আপত্তিকর আচরণাদি হইতে বিরত করার উদ্দেশ্যে শাসান (I shall *teach* you a lesson if you lie again)। (**2**) *v.i.* to practise teaching, শিক্ষকতা বা গুরুগিরি করা, অধ্যাপনা করা। *p.* & *p. pt.* **taught** [tawt, টাট্]। *a.* **tea°-**

chable—শিখান যায় এমন, শিক্ষা গ্রহণে তৎপর বা ইচ্ছুক। *n.* **teachabi°lity**। *n.* **tea°cher**—শিক্ষক ; অধ্যাপক ; গুরু ; উপদেষ্টা। *n.* **tea°chership**। *n.* **tea°ching**—শিক্ষাদান ; অধ্যাপনা ; উপদেশ (the *teachings* of Sri Ramakrishna); শিক্ষা। [OE. *tæcan*—cp. G. *zeigen*=to show]

teak [tēk, টীক্] *n.* a timber-tree or its timber, সেগুন-গাছ বা সেগুন-কাঠ (also **teak°-wood**)। [Malayalam *tekka*]

teal [tēl, টীল্] *n.* kinds of small freshwater duck, মিঠে জলে সন্তরণশীল ক্ষুদ্র হংসবিশেষ। [ME. *tale*<?—cp. *taling*]

team [tēm, টীম্] *n.* a set of animals harnessed together, একত্র জোয়ালে বা গাড়িতে জোতা (দুই বা ততোধিক) প্রাণিসমূহ ; a set of persons working or playing in combination, পরস্পর সহযোগিতাপূর্বক কাজ বা খেলা করে এমন ব্যক্তিবর্গ, কর্মিদল, খেলোয়াড়ী টীম। *n.* **team°-spi°rit**—স্বীয় কৃতিত্ব-প্রদর্শনের চেষ্টা পরিত্যাগ করিয়া দলের সাফল্যের জন্য সহকর্মী বা সহ-খেলোয়াড়দের সহিত সহযোগিতা ; দলের সুনাম বজায় রাখার জন্য দলভুক্ত অন্যান্য ব্যক্তিদের সঙ্গে সমভাবে মিলিয়া-মিশিয়া এবং নিজের ব্যক্তিগত স্বার্থাদি বর্জন করিয়া কাজ করার মনোবৃত্তি। *n.* **team°star**—একই জোয়ালে বা গাড়িতে আবদ্ধ পশুবর্গের চালক। *n.* **team°work**—দলবদ্ধভাবে পরস্পর সহযোগিতায় সম্পাদিত কর্ম ; স্বীয় কৃতিত্ব-প্রদর্শনের চেষ্টা ত্যাগ করিয়া দলের সাফল্যের জন্য সহকর্মী বা সহখেলোয়াড়দের সহিত সহযোগিতা। **(to) team up with**—(কথ্য.) সমবেতভাবে চেষ্টা করা বা কাজ করা বা খাটা। OE. *tēam*=offspring]

teapoy [tē°-poy, টীপয়্] *n.* a small table or tripod, ক্ষুদ্র টেবিল বা তেপায়া। [Hin. *tin*, Pers. *pai*=foot]

tear₁ [tē(r), টিয়া(র্)] *n.* a liquid drop secreted from the eye, চোখের জল, অশ্রুবিন্দু (she burst into *tears*; *tears* rolled down her cheeks; the story moved everyone to *tears*, etc.)। *n.* **tēar°-drop**—অশ্রুবিন্দু। *a.* **tēar°ful**—অশ্রুপূর্ণ ; ক্রন্দনোন্মুখ ; রোদনশীল, ছিঁচ্‌কাঁদুনে। *adv.* **tēar°fully**। *n.* **tēar°gas**—কাঁদানে গ্যাস। *n.* **tear°-jerker**—(কাহিনী চলচ্চিত্র গান প্রভৃতি) যাহা অশ্রু উদ্রেক করে। *a.* **tēar°less**—অশ্রুহীন, নিরশ্রু ; দুঃখহীন। **in tears**—রোরুদ্যমান। **scalding tears**—গভীর ও অসহ্য দুঃখশোকজনিত অশ্রু। **without tears**—(বিষয়াদি শিক্ষা করা সম্পর্কে) বিনাকষ্টে। [AS.—cp. Goth. *tagr*]

tear₂ [tā(r), টেয়া(র্)] **(1)** *v.t.* to draw asunder or separate with violence, সবলে বিচ্ছিন্ন করা, ছিন্ন করা, ছিঁড়িয়া বা কাঁড়িয়া ফেল। ; to rend, বিদীর্ণ করা ; to cut as by lashing, চাবুকাদির প্রহারে (গাত্রচর্মাদি) কাটিয়া ফেলা। **(2)** *v.i.* to move or act with violence, সতেজে বা বলপূর্বক চলা অথবা কাজ করা ; to rage, ক্রুদ্ধ হওয়া ; to become torn, বিচ্ছিন্ন বা বিদীর্ণ হওয়া ; ছিঁড়িয়া কাঁড়িয়া বা কাটিয়া যাওয়া। *p.* **tōre,** (arch.) **tāre** ; *p. pt.* **torn** [taw(r)n, টা(র্)ন্]। **(3)** *n.* a rent, ছিদ্র, ফুটা, ফাটল। *n.* **tear°away**—রাহাজান, গুণ্ডা, দুর্বৃত্ত। *a.* **tear°ing**—tear (*v.*)-এর সকল অর্থে, এবং—বিশেষতঃ—মস্ত ; ভয়ঙ্কর ; প্রচণ্ড, বেগে ধাবমান। **(to) tear oneself away**—প্রবল অনিচ্ছাসত্ত্বেও প্রস্থান করা। **(to) tear one's hair**—(নিদারুণ দুঃখে বা ক্রোধে) নিজের মাথার চুল ছেঁড়া। **(to) tear up**—কোন স্থানে আবদ্ধাবস্থা হইতে সবলে তুলিয়া ফেলা ; টুকরা-টুকরা করিয়া ফেলা। **torn between**—(পরস্পরবিরোধী) ভাবাদির দ্বারা বিভ্রান্ত বা বিমূঢ়। [OE. *teran*—cp. G. *zehren*, Sans. *deerna*]

tease [tēz, টীজ়্] *v.t.* to open out the fibres of, (কিছুর) আঁশ বা তন্তু বা ফেঁসো বাহির করা অথবা ছাড়ান (to *tease* flax) ; to comb or scratch, (পশম কাপড় প্রভৃতি) আঁচড়ান ; to raise a nap on, (বস্ত্রাদিতে) ফেঁসো তোলা ; to vex with jests, questions, petty annoyances, etc., পরিহাস প্রশ্ন প্রভৃতির দ্বারা জ্বালাতন করা ; to irritate or banter, উত্ত্যক্ত করা, খেপান। *n.* **tea°sel**—ওকড়া-জাতীয় পুষ্পশীর্ষ বা উক্ত পুষ্পোৎপাদী বৃক্ষ। *n.* **tea°ser**—tease (*v.*)-এর সকল অর্থে, এবং—(অশি.) কঠিন প্রশ্ন ; হতবুদ্ধিকর সমস্যা। *adv.* **tea°singly**। [OE. *tæsan*]

teaspoon—see **tea**.

teat [tēt, টীট্] *n.* the nipple of breast or udder, স্তনের বা বাটের বোঁটা, চুচুক। [OE. *tit(t)*—influenced by OF. *tete*]

teazel, teazle—same as **teasel** (see **tease**).

tec [tek, টেক্] sl. contr. of **detective**.

technic [tek°-nik, টেক্‌নিক্] **(1)** *a.* same as **technical**। **(2)** *n.* same as **technology** and (usu. in *pl.*) **technique**। *a.* **tech°nical**—প্রায়োগিক বিদ্যা-বা-বিজ্ঞান-সংক্রান্ত, (পরি.) প্রযুক্তি-বা-শিল্পসংক্রান্ত ; বিশেষ কোন বিদ্যা বিজ্ঞান পেশা প্রভৃতি সংক্রান্ত বা তাহার পরিভাষাগত ; যন্ত্রবিদ্যা-বা-যন্ত্রকৌশল-সংক্রান্ত। *n.* **technica°lity**। *adv.* **tech°nically**। *n.* **technician** [tekni°sh(a)n, টেক্‌নি°শ্‌ন্] প্রয়োগবিৎ ; শিল্পবিৎ ; যন্ত্রবিৎ। **technical defect**—প্রয়োগগত ত্রুটি, (পরি.) নামমাত্র ত্রুটি, শাব্দ ত্রুটি। **technical words, terms,** etc.—পরিভাষা। [Gk. *tekhne*=art]

Technicolor [tek°-ni-ku-la(r), টেক্‌°নিকাল্যা(র্)] *n.* process of colour photography used for cinema films, চলচ্চিত্রে রঙিন ফটো তোলার প্রণালী। [trade-name<*technology, colour*]

technique [tek-nēk°, টেক্‌নীক্°] *n.* method of performance, manipulation, কার্যাদি সম্পাদনের প্রণালী রীতি বা কৌশল, (পরি.) প্রযুক্তি, প্রয়োগকৌশল, কলাকৌশল ; mechanical skill in art, কোন কার্য শিল্প কলাবিদ্যা প্রভৃতির সংশ্লিষ্ট যন্ত্রগত অংশ-সম্পাদনে দক্ষতা। [F.]

technocracy [tek-no°-kra-si, টেক্‌ন°ক্র্যাসি] *n.* organization and management of a country's (industrial resources by technical experts) প্রয়োগবিদ্যাবিদ্‌গণ কর্তৃক দেশের শৈল্পিক সঙ্গতির সংগঠন ও পরিচালনা ; a country with such organization and management, যে দেশে উক্ত প্রকার সংগঠন ও পরিচালনা আছে। *n.* **tech°nocrat**। [see *technology*]

technology [tek-no°-la-ji, টেক্‌ন°ল্যাজি] *n.* the practice, description, and terminology of any or all of the applied sciences of commercial value, শিল্পোৎপাদনে প্রযুক্ত যে-কোন বা সমগ্র বিজ্ঞানের অনুশীলন প্রয়োগ অথবা পরিভাষা, (পরি.) প্রযুক্তিবিদ্যা বা প্রয়োগবিদ্যা অথবা ঐ বিদ্যাগত পরিভাষা। *a.* **technologic** [tek-na-lo°-jik, টেক্‌ন্যাল°জিক], **technolo°gical**—প্রাযুক্তিক, প্রায়োগিক। *n.* **techno°logist**—প্রয়োগবিদ্যাবিৎ। [see *technic*]

techy—see **tetchy.**

Teddy [te°di, টে°ডি] *n.* a toy bear, পশমাদিতে নির্মিত খেলনা-ভল্লুক (also **Te°ddy-bear**)। **Teddy boy**—যে বাতিকগ্রস্ত শাসনাতীত কিশোর ইংল্যান্ড-রাজ সপ্তম এডোয়ার্ডের সময়ের পোশাক-পরিচ্ছদ পরে। **Teddy girl**—ঐরূপ কিশোরের বান্ধবী এবং অনুরূপ আচরণকারিণী কিশোরী। [Theodore (<*Teddy*) Roosevelt, a famous hunter and President of U.S.A.]

Te Deum [tē°-di°-am, টী°ডি°অ্যাম্‌] *n.* a canticle, ল্যাটিন্‌-ভাষায় লেখা ধর্মসঙ্গীতবিশেষ। [L.=Thee God (the first two words of the hymn)]

tedious—see **tedium.**

tedium [tē°-di-am, টী°ডিঅ্যাম্‌] *n.* wearisomeness, (প্রধানতঃ দৈর্ঘ্য একঘেয়েমি বা বিলম্বজনিত) ক্লান্তিদায়কতা। *a.* **te°dious**—ক্লান্তিকর (*tedious* speech, work, etc.)। *adv.* **te°diously**। *n.* **tē°diousness**। [L. *tædium*]

tee [tē, টী] *n.* (golf) the place from which a player starts in playing a hole, গল্‌ফ খেলায় যে জায়গা হইতে খেলোয়াড় গর্তে খেলিবার জন্য খেলা শুরু করে। **to a tee**—নিশ্চিতরূপে।

teem [tēm, টীম্‌] (1) *v.t.* (arch.) to bring forth, (আর্য.) প্রসব করা, জন্মদান করা। (2) *v.i.* to bear or be fruitful, সন্তান প্রসব করা বা ফল ধরা ; to be full, to abound, পরিপূর্ণ বা প্রাচুর্যপূর্ণ হওয়া (fish *teem* in this lake, the book *teems* with mistakes)। *a.* **tee°ming**—পরিপূর্ণ ; প্রসবোন্মুখ ; সৃজনোন্মুখ। [OE. *tieman*<*team*—cp. *team*]

teen₁ [tēn, টীন্‌] *n.* grief, দুঃখ ; misfortune, দুর্ভাগ্য, দুর্দশা। [OE. *toena*]

teen₂ [tēn, টীন্‌] *n.* any number, year of age, etc., from thirteen to nineteen, তের হইতে উনিশ পর্যন্ত যে-কোন সংখ্যা বয়স প্রভৃতি। *a.* **teen°-āge**—তের হইতে উনিশ পর্যন্ত যে-কোন বয়সী। *n.* **teen°-āger, teen°er**—উক্ত বয়সের বালক বা বালিকা। **(to) be in one's teens**—তের হইতে উনিশ পর্যন্ত যে-কোন বয়সী হওয়া। [OE. *tien*=ten]

teeny [tē°-ni, টী°নি] var. of **tiny.**

teeter [tē°-ta(r), টী°ট্যা(র্‌)] *v.i.* to stand or walk unsteadily, টলটলায়মানভাবে দাঁড়ান বা হাঁটা। [Var. of *titter*]

teeth, teethe—see **tooth.**

teetotal [tē-tō°tl, টীটৌ°ট্‌ল্‌] *a.* abstaining totally from intoxicating drinks, মদ্যাদি পান সম্পূর্ণ বর্জন করিয়াছে এমন, আসবপানবিমুখ। *n.* **teetō°talism**—সম্পূর্ণরূপে আসবপান পরিহার। *n.* **teetō°taller**—আসবপান সম্পূর্ণরূপে পরিহারকারী। [a stammering pronunciation of *total* by Turner]

teetotum [te-tō°tam, টীটৌ°ট্যাম্‌] *n.* a top spun with the fingers, esp. a four-sided one with letters on it, আঙ্গুলে ঘোরান লাট্টু, বিশেষতঃ একরকম চতুষ্কোণ লাট্টু যাহার গায়ে জয়পরাজয়সূচক অক্ষর অঙ্কিত থাকে। **like a teetotum**—লাট্টুর মত ঘুরপাক খায় এমন। [T+L. to turn]

teg [teg, টেগ্‌] *n.* a sheep in its second year, দ্বিতীয় বর্ষে পদার্পণ করিয়াছে এমন ভেড়া। [?]

tegmen [teg°man, টেগ্‌°ম্যান্‌] *n.* (bot.) the inner coat of the testa, (উদ্ভি.—পরি.) বীজ-অন্তস্ত্বক্‌। *pl.* **teg°mina**। *n.* **te°gūment**—আবরণ, ডিম্বকত্বক্‌, ত্বক্‌। [L. *tegmen*]

telaesthesia, telesthesia [te-lis-thē°-zia, টেলিস্‌থী°জ়িঅ্যা] *n.* direct perception of distant occurrences or objects, সুদূর ঘটনাবলী বা বস্তুসমূহের প্রত্যক্ষানুভূতি। [*tele*, Gk. *aisthesis*=perception]

telamon [te°-la-man, টে°ল্যাম্যান্‌] *n.* (archit.) a man's figure as a pillar, (স্থাপ.) পুরুষের ন্যায় মূর্তিবিশিষ্ট স্তম্ভ। [Gk.]

tele- [te°-li, টে°লি] *in comp.* far, দূর-। **te°lecast**—*n.* ও *v. t.* দূরেক্ষণ-ব্যবস্থার মাধ্যমে কর্মসূচি প্রভৃতির প্রসার ও প্রচার (করা)। *n.* **te°lecamera**—দূরেক্ষণ-ক্যামেরা। *n. pl.* **te°lècommunicātions**—টেলিগ্রাফ টেলিফোন বেতার বা টেলিভিশনের(দূরেক্ষণ যন্ত্রের) সাহায্যে সংবাদাদি আদান-প্রদান। *n.* **te°lègram**—তারবার্তা, তার, দূরবার্তা, টেলিগ্রাম। **te°lègraph**—(1) *n.* তারবার্তা-যন্ত্র, টেলিগ্রাফ, (পরি.) দূরলিখ; (ক্রিকেটাদিতে) রান্‌ পয়েন্ট্‌ প্রভৃতি লিখিয়া রাখার জন্য তক্তা ; সংবাদপত্রের সাধারণ নামবিশেষ। (2) *v.t.i.* (বার্তাদি) টেলিগ্রাফ করিয়া পাঠান, টেলিগ্রাম করা। (3) *v.t.* (কাহারও কাছে) তারবার্তা পাঠান, (কাহাকেও) টেলিগ্রাম করা। *n.* **te°lègraph-pole, te°lègraph-post**—টেলিগ্রাফের খুঁটি। *n.* **te°lègraph-wirē**—টেলিগ্রাফের তার। **wireless telegraphy**—বেতার। *n.* **telegrapher** [ti-le°-gra-fa(r), টিলে°গ্র্যাফ্যা(র্‌)], **telegraphis.** [ti-le°-gra-fist,

টিলে°গ্র্যাফিস্ট্] দূরলিখ-যন্ত্রচালনে সক্ষম ব্যক্তি। *n.* **telegraphēse°**—টেলিগ্রামে ব্যবহৃত সংক্ষিপ্ত ভাষা। *a.* **telégra°phic**—দূরবার্তা-সংক্রান্ত বা দূরলিখ-সংক্রান্ত; দূরলিখ-যন্ত্রদ্বারা প্রেরিত; তারবার্তাবৎ দ্রুতগামী বা সংক্ষিপ্ত। **telegraphic address**—তারবার্তা-প্রেরণে ব্যবহৃত সংক্ষিপ্ত (ও সাঙ্কেতিক) ঠিকানা। *adv.* **telégra°phically**। *n.* **telegraphy** [ti-le°-gra-fi, টিলে°গ্র্যাফি] দূরলিখ-যন্ত্রদ্বারা বার্তাপ্রেরণের বিদ্যা। *n.* **tėle°mėter**—দূরত্বমাপক যন্ত্রবিশেষ; ফটোগ্রাফ তোলার নিশানা স্থির করার যন্ত্রবিশেষ; বিদ্যুৎ-পরিমাপক যন্ত্রবিশেষ। *n.* **telepathy** [ti-le°-pa-thi, টিলে°প্যাথি] ইন্দ্রিয়ের সাহায্য ব্যতীত মন-জানাজানি। *a.* **telepathic** [te-li-pa°-thick, টেলিপ্যা°থিক্] উক্ত মন-জানাজানিমূলক। *n.* **tėle°-pathist**—উক্তভাবে মন-জানাজানি করিতে সমর্থ ব্যক্তি। **te°lėphōne**—(1) *n.* টেলিফোনযন্ত্র, (পরি.) দূরভাষ (the *telephone* is ringing, to give a message over the *telephone*)। (2) *v.t.i.* টেলিফোন করা। **telephone girl**—টেলিফোন-যন্ত্রচালনার্থ (টেলিফোন অফিসে) নিযুক্ত নারীকর্মী। **telephone operator**—টেলিফোন-যন্ত্রচালক। *a.* **telėpho°nic**—টেলিফোনে প্রেরিত; টেলিফোন-সংক্রান্ত। *n.* **telephonist** [ti-le°-fa-nist, টিলে°ফ্যানিস্ট্] টেলিফোন-যন্ত্রচালনে সমর্থ ব্যক্তি; টেলিফোন-অপারেটর। *n.* **telephony** [ti-le°-fa-ni, টিলে°ফ্যানি] টেলিফোনে আলাপ। *a.* **te°lėphō°tō**—same as **telescopic**। *n.* **te°lėphōtograph**—দূরবীণের কাচ-লাগান ক্যামেরার সাহায্যে দূরবর্তী বস্তুর গৃহীত ফটো। *n.* **te°lėphoto°graphy**—দূরবীক্ষণিক কাচ-লাগান ক্যামেরার সাহায্যে দূরবর্তী বস্তুর ফটো তোলা; উক্তভাবে ফটো তোলার প্রণালী। *a.* **te°lėphōtogra°phic**—উক্তভাবে ফটো তোলা সংক্রান্ত। *n.* **telėprin°ter**—(সংবাদপত্রাদির অফিসে) যে যন্ত্র হইতে তারবার্তা আপনা-আপনি টাইপ হইয়া বাহির হয়। **te°lėscōpe**—(1) *n.* দূরবীন, দূরবীক্ষণ। (2) *v.t.i.* দূরবীনের বিভিন্ন অপসারণীয় অংশের ন্যায় একত্রিত বা অপসৃত করা অথবা হওয়া। *a.* **telescopic** [te-li-sko°-pik, টেলিস্ক°পিক্], **tėlėsco°-pical**—দূরবীনসংক্রান্ত; দূরবীনতুল্য; (কেবল) দূরবীন-দ্বারা দৃষ্ট; দূরবীনের কাচসমূহের সন্ধিস্থলের ন্যায় বিন্যস্ত। *n.* **telescopy** [ti-le°-ska-pi, টিলে°স্ক্যাপি] দূরবীন-নির্মাণবিদ্যা। *v.t.i.* **te°lėvīse**—দূরেক্ষণযোগে (ঘটনাদির দৃশ্য) প্রেরণ করা। *n.* **te°lėvi°śion**—তাড়িতী প্রেরকযন্ত্রের সাহায্যে দূরবর্তী বস্তু বা ঘটনা দর্শন, (পরি.) দূরেক্ষণ।

talecommunication, telegram, telegraph—see **tele-**.

teleology [te-li-o°-la-ji, টেলিঅ°ল্যাজি] *n.* the doctrine of the final causes, পরমকারণবাদ। *a.* **teleologic** [te-li-a-lo°-jik, টেলিঅ্যাল°জিক্] পরমকারণমূলক। *adv.* **teleolo°gically**। [Gk. *telos*=purpose, *logos*=a discourse]

telecamera, telecast, telegraphese, telepathy, telephone, telephoto, telephotograph, telephotography, teleprinter, telescope, televise, television—see **tele-**.

telex [te°-leks, টে°লেক্স্] *n.* a system of exchanging telegraphic messages in which printed messages are transmitted, তারবার্তা প্রেরণের উপায় বিশেষ: ইহাতে বার্তা টাইপ হইয়া বাহির হয়। [*tele*printer+*ex*change (portmanteau word)]

tell [tel, টেল্] (1) *v.t.* to count, গণনা করা; গোনা; to utter, উচ্চারণ করা, বলা; to narrate, বর্ণনা করা; to disclose or betray, প্রকাশ করিয়া দেওয়া, ফাঁস করা; to inform, জানান; to discern, তারতম্য বা বৈশিষ্ট্য নির্ণয় করা; to order, আদেশ দেওয়া; to direct, পরিচালিত করা, নির্দেশ দেওয়া; to instruct, উপদেশ বা শিক্ষা দেওয়া। (2) *v.t.* to give an account, বর্ণনা দেওয়া; to take effect, কার্যকর বা বলবৎ হওয়া; to have weight, বোঝাস্বরূপ হওয়া, ভারাক্রান্ত করা (to *tell* on one's health); to make an effective story, আকর্ষণীয় বা প্রভাব বিস্তারকর গল্প তৈয়ারি করা; to play the informer, গুপ্তচরগিরি করা। *p.* & *p. pt.* **told**। *n.* **te°ller**—tell-এর সকল অর্থে এবং বিশেষতঃ—কথক; গণনাকারী; ভোট-গণনাকারী; টাকা লেনদেনের ভারপ্রাপ্ত কেরানী, খাজাঞ্চী। **te°lling**—(1) *a.* কার্যকর, জোরাল (*telling* effect)। (2) *n.* গণনা; বর্ণনা; নির্দেশ; আদেশ। *adv.* **te°llingly**। **I told you so**—ইহা ত পূর্বেই বলিয়াছি, এমন হইবে আগেই জানিতাম। **there is no telling**—ইহা জানা অসম্ভব। *n.* **te°lling-off**—তিরস্কার, বকুনি। **tell°-tāle**—(1) *n.* যে ব্যক্তি পরের গুপ্তরহস্য বা অন্যায় জানাইয়া দেয় অথবা ফাঁস করে; যদ্দ্বারা কিছু প্রকাশ হয় বা ফাঁস হয়। (2) *a.* প্রকাশ বা ফাঁস করে এমন। **(to) tell off**—গণিয়া লওয়া; গণিয়া বাদ দেওয়া বা পৃথক্ করা; বিশেষ কাজের জন্য স্বতন্ত্র করিয়া রাখা; তিরস্কার করা; বিদায়-নমস্কার জানান, বিদায় দেওয়া। **(to) tell the tale**—(অশি.) সহানুভূতি উদ্রেক করিবার উদ্দেশ্যে করুণ কাহিনী বর্ণনা করা। **(to) tell the world**—(অশি.) জোরালভাবে জাহির করা, সকলকে বলা বা জানান। **You're telling me**—(অশি.) এইমাত্র তুমি যা বললে তা আমি পূর্বেই বেশ জানতাম। **you never can tell**—এত নিশ্চিত হইও না, এত নিশ্চয়তা অসম্ভব, আপাতদৃষ্টিতে ঠিক মনে হইলেও অসত্য বা বেঠিক হইতে পারে। [OE. *tellan*—cp. ON. *telja*]

Tellus [te°-las, টে°ল্যাস্] *n.* the Roman earth-goddess, রোমানদের ধরিত্রীদেবী; the earth, পৃথিবী, বসুন্ধরা। **tellū°rian**—(1) *a.* পার্থিব। (2) *n.* পার্থিব প্রাণী। *n.* **tellū°rium**—মৌলিক পরমাণু-বিশেষ। [L.]

telpher [tel°far, টেল্‌°ফ্যার্] (1) *n.* car or carrier in an overhead traction (ropeway etc.) (রজ্জুপথ প্রভৃতি) উর্ধ্বাকাশে চালিত গাড়ি বা বাহন। (2) *a.* ঐভাবে বৈদ্যুতিক শক্তির সাহায্যে মালবহনকারী (a *telpher* line)। [*tele, phore*]

temerity [ti-me°-ri-ti, টিমে°রিটি] *n.* rashness, হঠকারিতা। *a.* **temerār°ious**। [L. *temeritas*]

temp [temp, টেম্‌প্‌] *n.* (coll.) a temporary employee, (কথ্য.) অস্থায়ী কর্মচারী। [abbr.]

temper [tem°-pa(r), টেম্‌°প্যা(র্)] (1) *v.t.i.* to mix or be mixed in due proportion, অনুপাত-অনুযায়ী বা যথাপরিমাণে মিশ্রিত করা অথবা মিশ্রিত হওয়া; to moderate or be moderated, পরিমিত করা বা হওয়া; to soften, কোমল বা শান্ত করা অথবা হওয়া; to bring or come to a proper degree of hardness and elasticity, (লৌহাদি-সম্বন্ধে) পান দেওয়া বা পান লওয়া; to tune or be tuned, (বাদ্যযন্ত্রাদি-সম্বন্ধে) সুরে বাঁধা বা সুর হওয়া। (2) *n.* due mixture or balance of different or contrary qualities, বিভিন্ন বা পরস্পরবিরোধী গুণাবলীর যথাপরিমাণ মিশ্রণ অথবা সমতা; state of a metal as to hardness, etc., ধাতুর পান; mental constitution or state, মানসিক অবস্থা বা মেজাজ (placid or fiery *temper*); anger, ক্রোধ (he is in a fit of *temper*); ill-humour, বদমেজাজ। *n.* **temperament** [tem°-p(a)-ra-mant, টেম্‌°প্‌র্যাম্যান্‌ট্‌] শারীরিক বা মানসিক ধাত, প্রকৃতি, মেজাজ; শরীর বা মনের গঠনগত প্রকৃতি (অর্থাৎ পিত্তপ্রধান বা ক্রোধন, রক্তপ্রধান বা তেজী, শ্লেষ্মাপ্রধান বা বিষণ্ণ); (কথ্য.) অত্যন্ত উত্তেজনাপ্রবণ অস্থিরপ্রকৃতি ও অভিমানী স্বভাব, মেজাজী স্বভাব। *a.* **temperamental** [tem-p(a)ra-men°tl, টেম্‌প্‌র্যামেন্‌°ট্‌ল্‌] শারীরিক বা মানসিক ধাতগত; শরীর বা মনের গঠনগত প্রকৃতি-মূলক; (কথ্য.) অত্যন্ত উত্তেজনাপ্রবণ অস্থিরপ্রকৃতি বা অভিমানী, মেজাজী। *adv.* **temperamen°tally**। **tem°perance** [tem°p(a)r(a)ns, টেম্‌°প্‌রন্‌স্‌] (1) *n.* (প্রধানতঃ পানভোজন মদ্যপান ভোগবিলাস কামলালসা প্রভৃতি ব্যাপারে) মিতাচার; মদ্যপানবর্জন; (2) *a.* মদ্যপান বর্জনের পক্ষপাতী; মদ্যপানবর্জনকর বা বর্জনমূলক; মিতাচারমূলক। **temperance hotel**—যে হোটেলে মদ্য বিক্রয় হয় না বলিয়া বিজ্ঞপ্তি থাকে। *a.* **temperate** [tem°-p(a)rit, টেম্‌°প্‌রিট্‌] পরিমিত; (প্রধানতঃ পানভোজন ভোগবিলাস প্রভৃতি ব্যাপারে) মিতাচারী, আত্মসংযমী; পরিমিত তাপসম্পন্ন, নাতিশীতোষ্ণ। **temperate zones**—পৃথিবীর নাতিশীতোষ্ণমণ্ডলসমূহ। *adv* **tem°perately**। *n.* **temperature** [tem°pri-cha(r), টেম্‌°প্‌রিচ্যা(র্)] শরীর বা বাতাসের তাপ (অর্থাৎ থার্মোমিটার বা ব্যারোমিটার-দ্বারা নির্ণীত তাপ)। *a.* **tem°pered**—নির্দিষ্ট ধাতসম্পন্ন বা মেজাজসম্পন্ন (ill-*tempered*); নির্দিষ্ট মাত্রায় পান দেওয়া হইয়াছে এমন; (সঙ্গীতে) নির্দিষ্ট সুরে বাঁধা হইয়াছে এমন। *n.* **tem°perer**। *a.* **tem°persome**—কোপনস্বভাব। **bad temper**—কোপনতা; বদমেজাজ; খিটখিটে স্বভাব। **good temper**—শান্ত স্বভাব; ভাল মেজাজ। **out of temper** (with)—(কাহারও প্রতি) মেজাজ বিগড়াইয়া গিয়াছে এমন, বিরক্ত। **(to) get into** or **fly into a temper**—ক্রুদ্ধ হওয়া। **(to) have a short temper**—আত্মসংযমের অভাববশতঃ একটুতেই চটিয়া ওঠা। **(to) keep one's temper**—মেজাজ ঠাণ্ডা রাখা। **(to) lose one's temper**—মেজাজ ঠাণ্ডা রাখিতে না পারা, ক্রুদ্ধ হওয়া। **(to) have** or **run a temperature**—(কথ্য.) গায়ে জ্বর থাকা। [L. *temperare(v.)*]

tempera [tem°-pa-ra, টেম্‌°প্যার‍্যা] *n.* same as **distemper$_1$**। [It.]

temperament, temperance, temperate, temperature—see **temper.**

tempest [tem°-pist, টেম্‌°পিস্‌ট্‌] *n.* a violent storm, প্রচণ্ড ঝড়। *a.* **tempestuous** [tem-pes°-tū-as, টেম্‌পেস্‌°টিউঅ্যাস্‌] ঝটিকাপূর্ণ; ঝটিকা-বিক্ষুব্ধ; (আল.) প্রচণ্ড, উগ্র (in a *tempestuous* mood)। *a.* **tem°pest-swept, tem°pest-tossed**—ঝটিকা-তাড়িত। [OF. *tempeste* < L. *tempestas*]

tempi—see **tempo.**

Templar—see **temple$_1$.**

temple$_1$ [temp°l, টেম্‌প্‌°ল্‌] *n.* a building or place dedicated to, or regarded as the house of a god, দেবতার মন্দির বা পীঠস্থান। *n.* **Tem°ple**—নাইট্‌ অর্থাৎ মধ্যযুগীয় বীরধর্মীদের জেরুসলেমস্থ কেন্দ্রী দফ্‌তর; লন্ডনস্থ Inner Temple ও Middle Temple নামক আইন-বিদ্যালয়-দ্বয়ের যে-কোনটি। *n.* **Temp°lar**—Knights Templars সঙ্ঘের সভ্য; লন্ডনের Inner Temple বা Middle Temple-এর বাসিন্দা আইনছাত্র বা আইনজীবী। **Knights Templars**—জেরুসলেমে খ্রিস্টের সমাধি এবং তথায় গমনকারী তীর্থযাত্রীদের রক্ষাকল্পে ১১১৯ খ্রিস্টাব্দে গঠিত সামরিক ও ধর্মীয় সঙ্ঘ-বিশেষ। [L. *templum*]

temple$_2$ [temp°l, টেম্‌প্‌°ল্‌] *n.* the flat part of the head between forehead and either ear, ললাটের পার্শ্বদ্বয়ের যে-কোনটি। [OF. < L. *tempus*]

templet, template [tem°plit, টেম্‌°প্লিট্‌] *n.* a gauge (of thin board etc.) used as a guide in cutting or drilling metal, wood etc., কাঠ বা ধাতব পদার্থ ছিদ্র করার বা কাটিবার জন্য পাতলা কাঠ প্রভৃতির তৈয়ারি যে মাপনদণ্ড নিয়ামক হয়। [? *temple, et*]

tempo [tem°-pō, টেম্‌°পৌ] *n.* (mus.) time, speed and rhythm, (সঙ্গীতে) লয়; (fig.) rate of motion, (আল.) বেগমাত্রা (the strike has upset the *tempo* of production)। *pl.* **tem°pōs, tempi** [tem°-pē, টেম্‌°পী]। [It.]

temporal [tem°-p(a)r(a)l, টেম্‌°প্‌রল্‌] *a.* of time, সময়গত; of time in this life or world,

ইহজীবনকালীন (cp. **eternal**) ; worldly, secular, of civil, পার্থিব বা অনাধ্যাত্মিক, বিষয়ী, অযাজকীয় বা অসামরিক (cp. **spiritual, ecclesiastical**)। *n.* **temporality** [tem-pa-ra°-li-ti, টেম্‌প্যার্যা°লিটি] temporal-এর সকল অর্থে, এবং—পার্থিব মঙ্গলগত ব্যাপার বা বস্তু ; (usu. in *pl.*) যাজকগণের অযাজকীয় সম্পত্তি। *n.* **tem°poralty** —অয়াজকীয় ব্যক্তিবর্গ ; (usu. in *pl.*) পার্থিব সম্পত্তি। *adv.* **tem°porally** । [L. *tempus* = time]

temporary [tem°-p(a)ra-ri, টেম্‌°প্‌র্যারি] *a.* for a time only, transient, কিছুকালব্যাপী, অচিরস্থায়ী, অস্থায়ী (*temporary* employment, relief, etc.)। *adv.* **tem°porarily** । *n.* **tem°-porariness** । [see *temporal*]

temporize [tem°-pa-rīz, টেম্‌°প্যারাইজ্‌] *v.i.* to adopt oneself or to conform to the time or occasion, সময়োচিত হওয়া, কালের সঙ্গে তাল রাখা ; to behave so as to gain time, অনুকূল সময় আসার অপেক্ষায় কৌশলে কাল হরণ করা বা গড়িমসি করা। *n.* **tem°porizer** । *n.* **tem°porizā°tion** । [see *temporal*]

tempt [tem(p)t, টেম্‌ট্‌] *v.t.* to put to trial, পরীক্ষায় ফেলা ; to test, পরীক্ষা করা ; to try to persuade, বুঝাইয়া-সুঝাইয়া সম্মত করানর চেষ্টা করা ; to entice, প্রলুব্ধ করা। *n.* **temptā°tion**—tempt-এর সকল অর্থে এবং—যে বস্তু বা বিষয় প্রলুব্ধ করে। *n.* **temp°ter** । *fem.* **temp°tress** । *n.* **Temp°ter**—মানুষকে অসৎ কর্মে যে প্রলুব্ধ করে অর্থাৎ বাইবেলোক্ত শয়তান। *adv.* **temp°tingly** । [OF. *tempter* < L. *tentare* = to stretch to utmost]

ten [ten, টেন্‌] *n.* & *a.* one more than nine, দশ। **ten°fōld**—(**1**) *a.* দশভাগে বিভক্ত ; দশগুণ। (2) *adv.* দশভাগে ; দশগুণে। **ten°th**—(**1**) *a.* দশম ; দশভাগের একভাগের সমান। (2) *n.* দশভাগের একভাগ, এক-দশমাংশ ; মাসের দশ তারিখ, দশই। *adv.* **ten°thly**—দশমতঃ। **ten to one**—খুব সম্ভবতঃ। *n.* **tenner**—ইংল্যান্ডের মুদ্রায় দশ পাউণ্ড ; দশ পাউণ্ড মূল্যের নোট। *a.* **ten°th-rate**—নিকৃষ্ট বা নিরেস। [OF. *ten(e)*—cp. G. *zehn*, L. *decem*, Gk. *deka*, Sans. *dasham*]

tenable [te°-nabl, টে°ন্যাব্‌ল্‌] *a.* capable of being retained, kept, or defended, ধরিয়া রাখা বা বজায় রাখা বা রক্ষা করা বা সমর্থন করা বা প্রতিরক্ষা করা যায় এমন (*tenable* position, theory, etc.) ; (of office) that can be held for a specified time, (চাকুরি সম্বন্ধে) নির্দিষ্ট মেয়াদবিশিষ্ট (*tenable* for five years)। *n.* **tenabi°lity, te°nableness** । [F.]

tenacious [ti-nā°-shas, টিনেই°শ্যাস্‌] *a.* holding or retaining fast, শক্ত করিয়া ধরিয়া রাখে এমন, নাছোড়বান্দা ; sticking stiffly, দৃঢ়ভাবে আটিয়া থাকে এমন, (পরি.) সংসক্ত ; tough, stubborn, কঠিন, অনমনীয়, দুর্ধর্ষ। *adv.* **tenā°ciously** । *n.* **tenā°ciousness, tena°city**—(পরি.) সংসক্তি, তানতা। [L. *tenax* < *tenere* = to hold]

tenant [te°-nant, টে°ন্যান্ট্‌] (**1**) *n.* a person who rents lands or house from another, ভাড়াটিয়া, প্রজা ; an occupant, দখলদার। (**2**) *v.i.* to hold as a tenant, ভাড়াটিয়ারূপে বা প্রজারূপে ভোগ করা অথবা দখল করা ; to occupy, অধিকার করিয়া রাখা। *n.* **te°nancy**—প্রজারূপে বা ভাড়াটিয়ারূপে অধিকার, প্রজাস্বত্ব ; প্রজাস্বত্ব ভোগের কাল। *a.* **te°nantable**—ভাড়া দেওয়ার বা প্রজাবিলি করার যোগ্য। *n.* **te°nantry**—প্রজাস্বত্ব ভোগের কাল ; ভাড়াটিয়াবর্গ, প্রজাবর্গ। *n.* **te°nantship** । [F. = holding]

tench [tensh, টেন্‌শ্‌] *n.* a freshwater fish, মিঠে জলের মাছবিশেষ ; carp, পোনামাছ। [OF. *tenche*]

tend₁ [tend, টেন্‌ড্‌] *v.t.i.* to take care of (কিছু বা কাহারও সম্বন্ধে) যত্নবান্‌ হওয়া ; to look after, তত্ত্বাবধান করা (to *tend* sheep) ; to wait upon, পরিচর্যা করা। [short. from *attend*]

tend₂ [tend, টেন্‌ড্‌] *v.t.* to incline, ঝোঁকা ; to be directed to an end, কোন লক্ষ্যে বা উদ্দেশ্যে চালিত হওয়া ; to be apt, প্রবণ হওয়া ; to conduce, সহায়ক হওয়া। *a.* **tendencious, tendentious** [ten-den°-shas, টেন্‌ডেন্‌°শ্যাস্‌] উদ্দেশ্যপূর্ণভাবে বা ইচ্ছাকৃতভাবে ঝুঁকিয়াছে এমন ; উদ্দেশ্যপূর্ণ (a *tendentious* report)। *adv.* **tenden°tiously** । *n.* **tenden°tiousness** । *n.* **ten°dency**—ঝোঁক, প্রবণতা। [L. *tendere*, F. *tendre* = to stretch]

tender₁ [ten°-da(r), টেন্‌°ড্যা(র্‌)] (**1**) *v.t.* to offer for acceptance, মানিয়া বা স্বীকার করিয়া লওয়ার জন্য প্রদান করা বা পেশ করা ; to proffer, দিতে চাওয়া। (**2**) *v.i.* to make a tender, দরজ্ঞাপনপত্র বা মূল্যজ্ঞাপনপত্র দাখিল করা। (**3**) *n.* an offer or proposal, কিছু দিবার বা করার প্রস্তাব ; the paper containing it, উক্ত প্রস্তাবসংবলিত পত্র ; the thing offered, যাহা দিবার প্রস্তাব করা হইয়াছে ; an offer in writing to execute work or supply goods at fixed price, নির্দিষ্ট পারিশ্রমিকে কাজ করিয়া দেওয়ার বা নির্দিষ্ট মূল্যে মাল সরবরাহ করার প্রস্তাব, (পরি.) মূল্যবেদন বা মূল্যবেদনপত্র (to invite *tenders* for supply of refrigerators)। *n.* **ten°derer** । **legal tender**—আইনতঃ গ্রাহ্য মুদ্রাদি : ইহা লইতে কেহ অস্বীকার করিতে পারে না, (পরি.) বিহিত অর্থ। [F. *tendre* = to stretch]

tender₂ [ten°-da(r), টেন্‌°ড্যা(র্‌)] *a.* soft, delicate, কোমল, নরম, সূক্ষ্ম ; sensitive, একটুতেই ব্যথা পায় এমন, আবেগপ্রবণ, অভিমানী ; requiring gentle handling, সাবধানে ব্যবহার করিতে বা হাত দিতে হয় এমন ; careful not to hurt, যাহাতে আঘাত না করিয়া বসে তদ্বিষয়ে সতর্ক ; considerate, সুবিবেচক ; compassionate, loving, দরদী, প্রেম-

পরায়ণ, স্নেহপূর্ণ ; fragile, ঠুনকো, ভঙ্গুর । *a.* **ten°der-hear°tèd**—সহানুভূতিপূর্ণ বা দরদী হৃদয়বিশিষ্ট, কোমলহৃদয় । *adv.* **ten°derly** । *n.* **ten°dernèss** । **of tender age**—অল্পবয়স্ক । **tender spot**—স্পর্শকাতর স্থান । [F. *tendre* < L. *tener*]

tendon [ten°-dan, টেন্‌ড্যান্] *n.* a cord of fibrous tissue attaching a muscle to a bone etc., যে শিরাগুচ্ছদ্বারা হাড় বা অন্য অঙ্গের সহিত মাংসপেশী আবদ্ধ থাকে, (পরি.) কণ্ডরা । [L. *tendo*]

tendril [ten°-dril, টেন্‌ড্রিল্] *n.* a plant's climbing organ, বৃক্ষাদির কুণ্ডলাকার ও সূত্রবৎ লতানে অঙ্গ, (পরি.) আকর্ষ । [?]

tenement [te°-ni-mant, টে°নিম্যান্ট্] *n.* a holding by tenure, ভাড়া-করা বাড়ি বা প্রজা-বিলি-করা জমি ; a dwelling used by one family, একটিমাত্র পরিবার-কর্তৃক ব্যবহৃত বসত-বাড়ি ; a flat or suite of rooms rented in a house, কোন বাড়ির ভাড়া-লওয়া ফ্ল্যাট্ বা অংশ । [LL. *tenementum*]

tenet [tē°-net, টী°নেট্] *n.* doctrine, মতবাদ । [L. = (he) holds]

tenfold—see **ten.**

tenner—see **ten.**

tennis [te°nis, টে°নিস্] *n.* a kind of game, টেনিস্-খেলা । *n.* **te°nnis-court**—টেনিস্-খেলার অঙ্গন । *n.* **te°nnis-racket**—টেনিস্-খেলার ব্যাট্ । **hardcourt tennis**—সিমেনটে বাঁধান প্রাঙ্গণে টেনিস্-খেলা । **lawn tennis**—ঘাসে-ছাওয়া মাঠে টেনিস্-খেলা । [< F. ?]

tenon [te°-nan, টে°ন্যান্] *n.* end of a piece of wood shaped to go into a mortise, খাঁজের মধ্যে ঢোকানর জন্য কাঠের চাঁছিয়া পাতলা-করা প্রান্ত-ভাগ । [F. < *tenir* = to hold < L. *tenere*]

teno(u)r [te°-na(r), টে°ন্যা(র্)] *n.* continuity of state, অবস্থার ব্যাপ্তি বা স্থায়িত্ব, দশাভোগকাল ; general run or course, প্রচলিত বা সাধারণ ধারা অথবা পথ ; purport, অর্থ, মর্ম ; (in music) the higher of the two kinds of voices, (সঙ্গীতে—প্রধানতঃ পুরুষের) চড়া স্বর, সপ্তম স্বর (cp. **bass**) ; one who sings tenor, উক্ত স্বরের গায়ক ; a musical instrument, তারের বাদ্যযন্ত্র-বিশেষ । [L.]

tense$_1$ [tens, টেন্‌স্] *n.* (gr.) the form of a verb to indicate the time of the action, (ব্যাক.) ক্রিয়ার কাল । **sequence of tense**—(ব্যাক.) মূলবাক্যের ক্রিয়ার কালের সহিত উপবাক্যের ক্রিয়ার কালের সঙ্গতি । [OF. *tens* < L. *tempus* = time]

tense$_2$ [tens, টেন্‌স্] *a.* stretched tight, টান-টানভাবে প্রসারিত ; strained, বোঝাদিতে অত্যধিক পীড়িত, চাপা উত্তেজনাদিতে কঠিন । *adv.* **tense°ly** । *n.* **tense°nèss, ten°sity** । *a.* **ten°sile**—প্রসারণ-সাধ্য, প্রসার্য (to measure the *tensile* strength of wire) । *n.* **tensi°lity** । *n.* **tension** [ten°-sh(a)n, টেন্‌শ্‌ন্] প্রসারণ, (পরি.) বিততি ; কঠিন টান, (পরি.) তান ; কঠিন টান-পড়া অবস্থা, (পরি.) পীড়া, পীড়ন ; কঠিন চাপ, (পরি.) প্রেষ ; চাপা উত্তেজনা (political, social, etc. *tension*) । [L. *tensus*]

tent$_1$ [tent, টেন্‌ট্] (**1**) *n.* a roll of linen etc. for keeping open a wound or a natural orifice, ক্ষতস্থান বা স্বাভাবিক দেহরন্ধ্রাদি মেলিয়া রাখার জন্য উহার মধ্যে যে বস্ত্রখণ্ড অথবা অন্য কোন নরম বস্তু ঢুকাইয়া দেওয়া হয় । (**2**) *v.t.* to keep open with a tent, উক্ত বস্ত্রখণ্ডাদি ঢুকাইয়া মেলিয়া ধরা । [F. *tente*]

tent$_2$ [tent, টেন্‌ট্] (**1**) *n.* a portable shelter, usually of canvas, তাঁবু । (**2**) *v.i.t.* to lodge in a tent, তাঁবুতে বাস করা বা করান । *n.* **tent°-cloth**—তাঁবু তৈয়ারির উপযুক্ত কাপড় । *a.* **ten°tèd**—তাঁবু বা চাঁদোয়ার দ্বারা আচ্ছাদিত ; তাঁবুর ন্যায় গঠিত ; তাঁবু-বাসী । **n. tent°-fly**—তাঁবুর দরজার কপাটরূপে যে বস্ত্রখণ্ড থাকে । *n.* **tent°-māker**—তাঁবু-নির্মাতা । *n.* **tent°-peg**—তাঁবু খাটানর জন্য ভূমিতে যে খোঁটা প্রোথিত করা হয় । *n.* **tent°-pegging**—ক্রীড়াবিশেষ (ইহাতে ঘোড়ায় চড়িয়া ছুটিতে ছুটিতে বর্শার ডগা দিয়া তাঁবুর খোঁটা তুলিয়া লইয়া যাওয়ার চেষ্টা করা হয়) । [F. *tente* < L. *tentum* = to stretch]

tentacle [ten°-takl, টেন্‌ট্যাক্‌ল্] *n.* a slender flexible organ for feeling etc., স্পর্শানুভব করার জন্য বা আঁকড়াইয়া ধরার জন্য বা অনুরূপ কার্যাদির জন্য কোন কোন প্রাণীর সরু ও নরম অঙ্গ-বিশেষ, (পরি.) কর্ষিকা । *a.* **ten°tacled, tenta°cūlar**—কর্ষিকাযুক্ত । [L. *tentare* — to feel]

tentative [ten°-ta-tiv, টেন্‌ট্যাটিভ্] *a.* done or made provisionally or experimentally, সাময়িকভাবে বা পরীক্ষামূলকভাবে কৃত অথবা নির্মিত (*tentative* conclusion, offer, suggestion, etc.) । *adv.* **ten°tatively** । [L. *tentare* = to try]

tenter [ten°-ta(r), টেন্‌ট্যা(র্)] *n.* a frame for stretching cloth, কাপড় মেলার জন্য কাঠাম-বিশেষ । **on tenterhooks**—উদ্বেগপূর্ণ অনিশ্চিত অবস্থায় । [?]

tenth—see **ten.**

tenues—see **tenuis.**

tenuis [te°-nū-is, টে°নিউইস্] *n.* (gr.) a hard mute, (ব্যাক.) অঘোষ ব্যঞ্জনবর্ণবিশেষ (যেমন, k, p, t) । *pl.* **te°nūēs** । [L. = thin]

tenuity—see **tenuous.**

tenuous [te°-nū-as, টে°নিউঅ্যাস্] *a.* thin, পাতলা ; slender, কৃশ, তনু ; subtle, over-refined, অতি সূক্ষ্ম । *n.* **tenū°ity**—পাতলা অবস্থা ;

কৃশতা, তনুতা; মিহি অবস্থা, সূক্ষ্মতা। *adv.* **te°nūously** । *n.* **te°nūousnėss** । [see *tenuis*]

tenure [te°-nū(r), টে°নিউয়্যা(র্)] *n.* holding, occupation, ভোগদখল, অধিকার; time or conditions of holding, ভোগদখলের কাল বা শর্তাবলী (the *tenure* of office of the President is five years) । [AF. < OF. *tenir* = to hold]

tepee [tē°-pē, টী°পী] *n.* a tent of the American Indians, আমেরিকার আদিবাসীদের তাঁবু-বিশেষ । [Sioux = dwelling]

tepefy [te°-pi-fī, টে°পিফাই] *v.t.i.* to make or become tepid, ঈষদুষ্ণ করা বা হওয়া। [L. *tepefacere*]

tepid [te°-pid, টে°পিড্] *n.* lukewarm, ঈষদুষ্ণ, কবোষ্ণ, কুসুম-কুসুম গরম। *n.* **tepi°dity, te°pidnėss** । [L. *tepidus*]

teraph [te°-raf, টে°র‍্যাফ্] *n.* an image of some sort, (প্রাচীন ইহুদী ধর্মে ও ভবিষ্যৎ-গণনায় ব্যবহৃত) প্রতিমাবিশেষ। *pl.* **te°raphim** (also *sing.*) । [Heb.]

teras [te°-ras, টে°র‍্যাস্] *n.* (med.) a monstrosity, (চিকি.) অঙ্গবিকৃতি। *pl.* **te°rata** । *a.* **te°ratoid**—বিকৃতাঙ্গ। *n.* **teratology** [te-rato°-la-ji, টের‍্যাট°ল্যাজি] প্রাণী ও উদ্ভিদের অঙ্গ-বিকৃতিসম্বন্ধীয় বিজ্ঞান; অলৌকিক কাহিনী। *n.* **terato°logist**—উক্ত বিজ্ঞানবিৎ বা কাহিনীকার। [Gk. *teras, teratos* = a monster]

tercel [ta(r)°s(a)l, ট্যা(র্)°স্‌ল্] *n.* a male hawk, পুং-শ্যেন, পুরুষ-বাজ। [OF.]

tercentenary [ter-sen-tēne-ri, ট্যার্ সেন্-টিনেরি] (**1**) *n.* a 300th anniversary, তিনশতবার্ষিকী, তিনশত বর্ষপূর্তি উৎসব। (**2**) *a.* of three hundred (usu. year), (সচ. বৎসর সম্বন্ধে) তিনশতের, তিনশত বর্ষপূর্তি সংক্রান্ত। [*ter, centenary*]

tercentennial [ter-sen-ten°yel, ট্যার্-সেন্-টেন্°-ইঅ্যাল্] *a.* of three hundred years, তিনশতবার্ষিকী সম্বন্ধীয়। [*ter, centennial*]

terebene [te-ra-bēn°, টের‍্যাবীন্°] *n.* a compound of turpentine oil, বীজঘ্ন পদার্থরূপে বা তৈলচিত্রে ব্যবহৃত তার্পিন্‌তেলের মিশ্রবিশেষ। [Gk. *terebinthos*]

terebinth [te°-ra-binth, টে°র‍্যাবিন্থ্] *n.* the turpentine-tree, তার্পিন্-গাছ। *a.* **terebin°thīne**—তার্পিন্-গাছ বা তৈল সম্বন্ধীয়। [see *terebene*]

teredo [te-rē°-do, টেরী°ডৌ] *n.* a ship-worm genus of molluscs, ঘুণ-জাতীয় কীটবিশেষ। [L.]

tergal [ta(r)°-gal, ট্যা(র্)°গ্যাল্] *a.* of the back, dorsal, পৃষ্ঠসংক্রান্ত। [L. *tergum* = back]

tergiversate [ter°giverjit, ট্যার°গিভারজিট্] *v.t.* to make a complete change in one's opinions or principles, স্বীয় মত ও নীতির সম্পূর্ণ পরিবর্তন করা; to make conflicting statements, পরস্পরবিরোধী উক্তি করা। [L.*tergiversari*]

term [ta(r)m, ট্যা(র্)ম্] (**1**) *n.* a limit, সীমানা; limited period, সীমাবদ্ধ বা সীমিত কাল (appointed for a *term* of five years); the period of duration, স্থিতিকাল, স্থায়িত্বের কাল; a division of the academic year, স্কুল-কলেজাদির বৎসরের ভাগ বা পর্ব; a period of sittings, অধিবেশনের (স্থায়িত্বের) কাল; (in *pl.*) conditions, শর্তাবলী (to surrender on *terms*); (in *pl.*) charge, পারিশ্রমিক, মাস্থল; (in *pl.*) relation, সম্পর্ক (to be on good *terms* with); (alg.) a quantity, (বীজ.) রাশি; (log.) that which may be the subject or predicate of a proposition, (ন্যায়.) প্রতিজ্ঞার বা সূত্রের উদ্দেশ্য অথবা বিধেয়; word, শব্দ, পদ; an expression, উক্তি; a name, নাম, আখ্যা; a technical name, পরিভাষা (scientific, technical, etc. *term*) । (**2**) *v.t.* to designate, আখ্যাত বা অভিহিত করা, নাম দেওয়া। **a contradiction in terms**—পরস্পরবিরোধী উক্তি। **in terms**—স্পষ্টভাবে। **in terms of**—পরিমাণাদির এককরূপে অবলম্বনকারী বা ব্যবহারকারী; কিছুর নিজস্ব ভাষা বা পরিভাষা অনুসারে। **major term**—(তর্ক.) যে পদ সিদ্ধান্ত-বাক্যের বিধেয়, (পরি.) সাধ্যপদ। **middle term**—(তর্ক.) যে পদ উপাত্তে থাকে অথচ সিদ্ধান্তে থাকে না, (পরি.) হেতুপদ। **minor term**—(তর্ক.—পরি.) পক্ষপদ। **on terms**—বন্ধুভাবাপন্নভাবে; সমকক্ষ-ভাবে (on good, bad *terms* etc.) । **on speaking terms**—পরস্পর আলাপের পক্ষে যথেষ্ট বন্ধুত্বপূর্ণ বা পরিচিত। **set terms**—বাছাই-করা (সচ. স্পষ্ট) ভাষা বা বুলি। **terms of reference**—বিচার্য বা অনুসন্ধেয় বিষয়। **terms of trade**—আমদানির জন্য দেয় ও রপ্তানির জন্য প্রাপ্য দামের অনুপাত। **term of years**—(ভূসম্পত্তি প্রভৃতিতে) নির্দিষ্ট কালব্যাপী স্বার্থ বা অধিকার। **(to) bring to terms**—মানাইয়া লওয়া। **(to) come to terms**—চুক্তি মানিয়া লওয়া; আপস করা; বশ্যতা স্বীকার করা। **(to) keep a term**—বিদ্যালয়াদির session-এর অর্থাৎ কর্ম-বৎসরের কোন ভাগে বা পর্বে নিয়মিতভাবে হাজিরা দেওয়া। **(to) stand upon terms**—শর্তাবলী মানিয়া লওয়ার জন্য জিদ্ ধরা। [F. *terme* < *terminus* (*n.*)]

termagant [ta(r)°-ma-gant, ট্যা(র্)°ম্যাগ্যান্ট্] *n.* a boisterous brawler, যে ব্যক্তি (প্রধানতঃ স্ত্রীলোক) উচ্চকণ্ঠে কলহ করে। [a supposed Mohammedan idol of violent character]

terminable, terminal, terminate, termini, terminism, terminology—see **Terminus**.

Terminus [ta(r)°-mi-nas, ট্যা(র্)°মিন্যাস্] *n.* the Roman god of boundaries, রোমানদের সীমানার অধিদেবতা। *n.* **ter°minus**—ট্যারমিনাস বা অন্য দেবতার আবক্ষ প্রতিমূর্তি; সীমানানির্দেশক প্রস্তরখণ্ড; (প্রধানতঃ রেল ট্রাম প্রভৃতির পথের) শেষ-প্রান্ত বা মোড়; উক্ত প্রান্তে বা মোড়ে অবস্থিত রেল-স্টেশন। *pl.* **ter°mini, ter°minusės** । *a.*

ter°minable—শেষ করিতে বা সীমায় আনিতে পারা যায় এমন ; সমাপ্য (*terminable* annuity) । *adv.* **ter°minably** । **ter°minal**—(**1**) *a.* প্রান্তীয়, প্রান্তিক, (পরি.) প্রান্ত্য, অগ্র ; অন্ত্য, অন্তিক ; চরম, পরম, শেষ (a *terminal* station) ; বিদ্যালয়াদির বৎসরের ভাগ বা পর্ব সম্বন্ধীয় (*terminal* examinations) ; সময়াদির প্রতি ভাগে, বিশেষতঃ প্রতি অধিবেশনে ঘটে এমন । (**2**) *n.* প্রান্ত, সীমান্ত ; অন্ত, অবসান ; রেল্‌লাইনের মোড় বা প্রান্ত অথবা প্রান্তিক স্টেশন । *v.t.i.* **ter°minate**—শেষ করা বা হওয়া (to *terminate* a contract) ; শেষ সীমায় আনা বা আসা । *p.* & *p. pt.* **ter°minated** । *n.* **termina°tion** । *n.* **ter°minator** । *n.* **ter°minism**—(দর্শ.) পদার্থাদির নামই মানুষের জ্ঞানের উৎস : এই মত, নামবাদ, সংজ্ঞাবাদ ; (ধর্ম.) ঈশ্বর প্রত্যেক লোকের জীবনে একটি সময় নির্দিষ্ট করিয়া দিয়াছেন যাহার পর আর তাহার ত্রাণ সম্ভব নহে : এই মতবাদ, যথাকালবাদ । *n.* **ter°minist** । *n.* **terminology** [ta(r)-mi-no°-la-ji, ট্যা(র্)মিন°ল্যাজি] নাম-তালিকা ; পরিভাষা, পারিভাষিক শব্দাবলী । *a.* **terminological** [ta(r)-mi-na-lo°-jik(a)l, ট্যা(র্)মিন্যাল°জিক্‌ল্] পরিভাষা-সংক্রান্ত, পারিভাষিক । [L.—cp. Gk. *terma*=end]

termite [ta(r)°-mīt, টা(র্)°মাইট্] *n.* an insect destructive of timber, কাষ্ঠধ্বংসকারী ঘুণজাতীয় পোকাবিশেষ ; the white ant, উইপোকা । [L. *termitis*]

tern₁ [ta(r)n, ট্যা(র্)ন্] *n.* a sea-bird, শঙ্খচিলজাতীয় সামুদ্রিক পক্ষিবিশেষ । [OE. (*s*)*tearn*—cp. ON. *therna*]

tern₂ [ta(r)n, ট্যা(র্)ন্] *n.* a set of three, ত্রয়ী, তিনটিকে বা তিনজনকে লইয়া যাহা গঠিত হইয়াছে ; a prize for drawing three winning numbers, (লটারি হইতে) প্রথম দ্বিতীয় ও তৃতীয় স্থানাধিকারীর সংখ্যাপত্র তোলার বাবদ পুরস্কার । *a.* **ter°nary**—তিনটি তিনটি করিয়া বা তিনজন তিনজন করিয়া বিভক্ত ; তিনটিকে বা তিনজনকে লইয়া গঠিত । [L. *terni*=three each]

Terpsichorean [terp-sik°ore°an, ট্যার্‌প্‌সিক্°অরী°আন্] *a.* of (the Muse of) dancing, নৃত্যের অধিষ্ঠাত্রী দেবী বা নৃত্য সম্বন্ধীয় । [Gk. *Terpsichore*]

terra [te°-ra, টে°র‍্যা] *n.* the earth, পৃথিবী । *n.* **terra-cotta** [te°-ra-ko°-ta, টে°র‍্যাক°ট্যা] মৃন্ময় মূর্তি গঠনার্থ আগুনে পোড়াইয়া কঠিনীকৃত কাদামাটি ও বালির মিশ্র, কুম্ভকারের বেলে মাটি । *n.* **t°erra-firma**—দেশের প্রধান অংশ ; শুকনা স্থলভূমি । **terra incognita**—অচেনা রাজ্য । *n.* **terrā°rium**—স্থলচর জীবজন্তুর বাস ও বংশবৃদ্ধির জন্য ঘেরাও-করা স্থান । [L. & It.]

terrace [te°-ras; টে°র‍্যাস্] (**1**) *n.* a raised level bank or walk, চত্বর ; a row of houses, (সমতল রাস্তার অপেক্ষা একটু উঁচু জায়গায় অবস্থিত একই রকমের) ভবনশ্রেণী ; fancy name for streets, রাস্তার শৌখিন নাম (Lansdowne *Terrace*) । (**2**) *v.t.* to form into or furnish with a terrace, চত্বরে পরিণত করা বা চত্বর নির্মাণ করিয়া দেওয়া, (অট্টালিকা-সম্বন্ধে) সারিবদ্ধ করা । *a.* **te°rraced**—চত্বরযুক্ত ; সারিবদ্ধ । [F. *terrasse*<It. *terrazza*<LL. *terracea*=an earthen mound]

terra-cotta, terra-firma, terra incognita—see **terra**.

terrain [te°-rān, টে°রেইন্] *n.* a tract of land, ভূখণ্ড (a difficult *terrain* to negotiate) । [F.]

terraneous [te-rā°-ni-as, টেরেই°নিঅ্যাস্] *a.* (bot.) growing on land, (উদ্ভি.) স্থলে জন্মায় এমন, স্থলজ । [see *terra*]

terrapin [te°-ra-pin, টে°র‍্যাপিন্] *n.* a name for kinds of tortoise, নানাবিধ নদীচর কচ্ছপ । [<Algonquin]

terraqueous [te-rā°kwi-as, টেরেই°ক্যুইঅ্যাস্] *a.* comprising both land and water, স্থল ও জল দুই-ই আছে এমন । [*terra*, see *aqua*]

terrene [ti-rēn°, টিরীন্°, tar°-ēn, টেয়্যার্°ঈন্] *a.* of the earth, পৃথিবীর ; earthly, পৃথিবীজাত, পার্থিব ; earthy, মৃত্তিকাজাত, মৃত্তিকাগঠিত ; terrestrial, স্থলজ, স্থলচর । [L. *terrenus*]

terrestrial [ti-res°-tri-al, টিরেস্°ট্রিঅ্যাল্] (**1**) *a.* earthly, পার্থিব ; living or growing on land or on the earth, স্থলচর, স্থলজ, পৃথিবীবাসী, পৃথিবীজ ; representing the earth, পৃথিবীর প্রতিরূপস্বরূপ (a *terrestrial* globe) । (**2**) *n.* a dweller on the earth, পৃথিবীবাসী ; (poet.) a man of the world, বিষয়ী লোক । *adv.* **terres°trially** । [L. *terrestris*<*terra*=the earth]

terrible [te°-rabl, টে°র‍্যাব্‌ল্] *a.* exciting terror, ভয়ঙ্কর, ভীষণ ; formidable, দোর্দণ্ড ; grievous, শোচনীয় ; (coll.) exceeding, (কথ্য.) অপরিসীম । *n.* **te°rribleness** । *adv.* **te°rribly** । [L. *terribilis*<*terrere*=to frighten]

terrier [te°-rē(r), টে°রিয়্যা(র্)] *n.* a small dog, ক্ষুদ্রকায় ও শ্রমসহিষ্ণু শিকারী কুকুরবিশেষ । [OF. *terrarius*]

terrify [te°-ri-fī, টে°রিফাই] *v.t.* to strike with terror, আতঙ্কিত করা । *a.* **terrific** [ta-ri°-fik, ট্যারি°ফিক্] ভয়ঙ্কর ; প্রচণ্ড ; (কথ্য.) অপরিসীম (*terrific* noise, speed, etc.) । *adv.* **terri°fically** । [L. *terrificare*]

terrigenous [te-ri°-ji-nas, টেরি°জিন্যাস্] *a.* produced by the earth, ক্ষিতিজ, ভূমিজ । [L. *terrigenus*<*terra*=earth, *genere*=to produce]

territory [te°-ri-t(a)ri, টে°রিট্‌রি] *n.* a domain or a part of it, কোন নৃপতির বা সরকারের অধিকারভুক্ত রাজ্য অথবা রাজ্যাংশ ; a region, অঞ্চল ; a jurisdiction, এলাকা ; a field of activity, কর্মক্ষেত্র । **territorial** [ter-i-taw°-ri-al, টেরিট্য°রিঅ্যাল্] (**1**) *a.* রাজ্য রাজ্যাংশ এলাকা

বা কর্মক্ষেত্র সম্বন্ধীয়, (পরি.) স্থানিক ; রাষ্ট্রাধীন (*territorial* waters) ; (স্বেচ্ছায়) দেশরক্ষায় নিযুক্ত (*territorial* army)। (2) *n.* দেশরক্ষী (স্বেচ্ছা-) বাহিনীর সৈনিক। **te°rritorially**। [L. *territorium*]

terror [te°-ra(r), টে°র‌্যা(র্)] *n.* extreme fear, যৎপরোনাস্তি আতঙ্ক, সন্ত্রাস ; a dreadful object, ভয়ঙ্কর ব্যক্তি প্রাণী বা বস্তু। *n.* **te°rrorism**—সঙ্ঘবদ্ধভাবে ভয় দেখাইয়া বশ মানানর নীতি, সন্ত্রাসবাদ। *n.* **te°rrorist**। *v.t.* **te°rrorize**—সন্ত্রাসিত করা, ভয় দেখাইয়া শাসন করা। *n.* **terroriza°tion**। *a.* **te°rror-stricken, te°rror-struck**—আতঙ্কপীড়িত, আতঙ্কিত। **Reign of Terror** or **The Terror**—ফরাসীবিপ্লবের ভয়ঙ্কর কাল বা শাসন (১৭৯৩-৯৪)। [L.]

terse [ta(r)s, ট্যা(র্)স্] *a.* (obs.) smooth, clean-cut, (অপ্র.) মসৃণ, চাঁছাছোলা ; free from redundancy, বাহুল্যবর্জিত ; concise, সংক্ষিপ্ত। *adv.* **terse°ly**। *n.* **terse°ness**। [L. *tersus*]

tertian [ta(r)°sh(a)n, ট্যা(র্)°শ্‌ন্] (1) *a.* occurring every other day, একদিন অন্তর-অন্তর আসে এমন, ঐকাহিক। (2) *n.* tertian fever etc., ঐকাহিক জ্বর ব্যাধি প্রভৃতি, (তু.) পালাজ্বর। [L. *tertianus*]

tertiary [ta(r)°-sha-ri, ট্যা(র্)°শ্যারি] *a.* of the third degree, order, of formation, তৃতীয় পর্যায় ক্রম বা গঠন সংক্রান্ত অথবা তাহার অন্তর্ভুক্ত। [L. *tertiarius*]

terylene [te°-ri-len, টে°রিলীন্] *n.* a kind of synthetic fibre, কৃত্রিম তন্তুবিশেষ ; fabric made from terylene, টেরিলীন তন্তুদ্বারা প্রস্তুত বস্ত্র। [L. Trade name < *terebic* + *ethylene*]

terzarima [ta(r)°-tsŭ-re°-mŭ, ট্যা(র্)°ৎসারী°মা] *n.* an Italian verse-form, ইট্যালি-দেশীয় তিন-চরণযুক্ত কবিতা-স্তবক-বিশেষ। [It.]

tessellated [te°-si-la-tid, টে°সিলেইটিড্] *a.* marked out in little squares, ছোট ছোট চৌখুপীতে বিভক্ত বা চৌখুপী অঙ্কিত (*tessellated* tapestry)। [L. *tessella* = a small tessera]

tessera [te°-sa-rŭ, টে°স্যারা] *n.* one of the small pieces of which a mosaic is made, গৃহতলাদি মোজেইক্ করার চৌকা পাথর। *pl.* **tesseræ** [te°-sa-re, টে°স্যারী]। [L. = a small cube < Gk. *tessares* = four]

test [test, টেস্‌ট্] (1) *n.* any critical trial, সমালোচনামূলক পরীক্ষা, (পরি.) পরীক্ষা ; means of trial, পরীক্ষার উপায় ; (chem.) a reagent, (রসা.) যদ্দ্বারা পদার্থাদির স্বরূপ নির্ণয় করা যায়, (পরি.) বিকারক ; a trial of fitness for an examination, পরীক্ষাদানের যোগ্যতা আছে কিনা তাহা বিচার বা পরীক্ষা, (পরি.) অভীক্ষা, অভীক্ষণ ; an international cricket (or other) match forming one of a series, ক্রিকেট (ও অন্যান্য) খেলার আন্তর্জাতিক প্রতিযোগিতাসমূহের যে-কোনটি, টেস্‌ট্ ম্যাচ্ (also **test°-match**) ; a testa, প্রাণিগাত্রের শক্ত আবরণ বা খোলা, ফলের বীচির শক্ত আবরণ বা (পরি.) বীজবহিস্ত্বক্। (2) *v.t.* to put to proof, প্রমাণ করা ; to examine critically, পুঙ্খানুপুঙ্খরূপে পরীক্ষা করা। *n.* **test°-cāse**—ফলাফল ভবিষ্যতে অনুরূপ মামলায় নজিররূপে ব্যবহৃত হইতে পারে মনে করিয়া যে মামলা দায়ের করা হয়, আদর্শ মামলা, আইনঘটিত প্রশ্নের মীমাংসার জন্য মকদ্দমা। *n.* **tester₁**। **test flight**—বিমানের উড্ডয়ন-যোগ্যতা নির্ণয়ের পরীক্ষা। *n.* **test°-pāper**—রাসায়নিক পদার্থবিশেষ প্রয়োগে রঙ্ বদলান যায় এমন কাগজ ; অভীক্ষার প্রশ্নপত্র। *n.* **test°-pīlot**—যে বিমানচালক নবনির্মিত বিমানের গুণাগুণ পরীক্ষা করিয়া দেখে। *n.* **test°-tūbe**—বৈজ্ঞানিক গবেষণাদিতে ব্যবহৃত একমুখ-ঢাকা কাচের নলবিশেষ। [OF. *test(e)* < L. *testa* = an earthen pot (for trying metals in), a shell]

testa [tes°-ta, টেস্°ট্যা] *n.* a hard shell, (প্রধানতঃ প্রাণিগাত্রের) শক্ত আবরণ, খোলা ; a seed-coat, ফলের বীজাবরণ, (পরি.) বীজবহিস্ত্বক্। *a.* **testaceous** [tes-tā°-shas, টেস্‌টেই°শ্যাস্] কঠিন আবরণযুক্ত। [see *test*]

testacy—see **testate.**

testament [tes°-ta-mant, টেস্°ট্যাম্যান্ট্] *n.* that which testifies, সাক্ষ্য ; the solemn declaration in one's will, উইলে বা শেষ ইচ্ছাপত্রে ঈশ্বর ধর্ম প্রভৃতির নামে উইলকারীর যে বিধিসম্মত ঘোষণা থাকে ; a will, শেষ ইচ্ছাপত্র, উইল (also **last Will and Testament**)। *n.* **Tes°tament**—খ্রিষ্টীয় ধর্মগ্রন্থ বাইবেলের ভাগদ্বয়ের যে-কোনখানি (ইহা ঈশ্বরের সহিত মানবজাতির, বিশেষতঃ ইজ্রাইলজাতির সম্পর্কের সাক্ষ্যরূপে পরিগণিত), (পরম) চুক্তি বা নিয়ম। *a.* **testamentary** [tes-ta-men°-t(a)-ri, টেস্‌ট্যামেন্°ট্‌রি] সাক্ষ্যস্বরূপ ; সাক্ষ্যমূলক ; উইল্‌গত। *adv.* **testamen°tarily**। **New Testament**—(যিশুজীবনী ও যিশুর শিষ্যদের কার্যকলাপের বিবরণসংবলিত) বাইবেলের অন্তখণ্ড, (যিশুর মাধ্যমে ঈশ্বরের সহিত খ্রিস্টান ও মানবজাতির) নূতন চুক্তি বা নিয়ম। **Old Testament**—বাইবেলের পূর্বভাগ (ইহাতে যিশুর জন্মের পূর্ব পর্যন্ত ইজ্রাইলজাতির ইতিহাস আছে), (মোজেজের মাধ্যমে ঈশ্বরের সহিত ইজ্রাইলজাতির) পুরাতন চুক্তি বা নিয়ম। [L. *testamentum*]

testamur [tes-tā°ma(r), টেস্‌টেই°ম্যা(র্)] *n.* a certificate that one has passed an examination, (প্রধানতঃ বিশ্ববিদ্যালয় কর্তৃক প্রদত্ত) পরীক্ষায় পাশের সার্টিফিকেট। [L. = we testify]

testate [tes°-tit, টেস্°টিট্] *a.* having left a will, উইল্ বা শেষ ইচ্ছাপত্র সম্পাদন করিয়া রাখিয়া (মারা) গিয়াছে এমন। *n.* **test°acy**—উইল করিয়া রাখিয়া (মারা) যাওয়া। *n.* **testā°tor**—যে ব্যক্তি উইল রাখিয়া (মারা) গিয়াছে। *fem.* **testā°trix**। [L. *testari* = to testify, OF. *tester* = to bequeath]

tester₁—see **test**.

tester₂ [tes°-ta(r), টেস্°ট্যা(র্)] *n.* a canopy, (প্রধানতঃ শয্যার উপরিস্থ) চাঁদোয়া। [OF. *testre, testiere*]

tester₃ [tes°-ta(r), টেস্°ট্যা(র্)], **tes°tern**—*n.* a sixpence, ইংল্যান্ডের ছয়পেনি মূল্যের মুদ্রা। [OF. *teston*]

testes—see **testis**.

testicle [tes°-tikl, টেস্°টিক্‌ল্] *n.* a male reproductive gland, পুং-জননকোষ, অণ্ডকোষ, শুক্রাশয়। *a.* **testi°cūlar**—অণ্ডকোষীয়; অণ্ডকোষাকার। *a.* **testi°cūlāte**—অণ্ডকোষযুক্ত; অণ্ডকোষাকার; অণ্ডকোষতুল্য অঙ্গযুক্ত। [L. *testiculus*=a small testis]

testify [tes°-ti-fī, টেস্°টিফাই] *v.i.* to bear witness (to), (কিছুর) সাক্ষ্য দেওয়া; (the headmaster *testified* to the boy's ability); to affirm proclaim or declare solemnly, বিধিমত শপথাদি গ্রহণপূর্বক (সত্য বলিয়া) ঘোষণা করা (to *testify* against or in favour of a person)। *n.* **testification** । [L. *testificari*]

testimony [tes°-ti-ma-ni, টেস্°টিম্যানি] *n.* evidence, প্রামাণিক সাক্ষ্য (to bear *testimony* to…); declaration to prove a fact, প্রামাণিক বিবৃতি বা এজাহার (the *testimony* of history or historians); divine law, ঐশ্বরিক বিধান; (B.) the two tables of the Mosaic law, মোজেজ্ কর্তৃক নির্দিষ্ট বিধানের তালিকাদ্বয়। **testimonial** [tes-ti-mō°-ni-al, টেস্‌টিমৌ°নিয়াল্] (1) *a.* প্রামাণিক সাক্ষ্যমূলক সাক্ষ্যদায়ক বা সাক্ষ্যতুল্য। (2) *n.* প্রামাণিক সাক্ষ্যপত্র; এজাহার-নামা; কাহারও চরিত্র ও দক্ষতা সম্বন্ধীয় শংসাপত্র। [L. *testimonium*]

testis [tes°-tis, টেস্°টিস্] *n.* a testicle, শুক্রাশয়, অণ্ডকোষ। *pl.* **tes°tēs** । [see *testicle*]

testudinal [tes-tū°-di-nal, টেস্‌টিউ°ডিন্যাল্] *a.* of or shaped like a tortoise, কচ্ছপ-সম্বন্ধীয় বা কচ্ছপাকার। [L. *testudo*=tortoise]

testy [tes°-ti, টেস্°টি] *a.* irritable, খিট্‌খিটে, একটুতেই চটিয়া ওঠে এমন। *adv.* **tes°tily** । *n.* **tes°tinėss** । [OF. *testif*=headstrong]

tetanic—see **tetanus**.

tetanus [te°-ta-nas, টে°ট্যান্যাস্] *n.* a disease, ধনুষ্টঙ্কার-রোগ। *a.* **tėta°nic**—উক্ত রোগগত বা রোগাক্রান্ত। [L.<Gk. *tetanos*]

te(t)chy [te°-chi, টে°চি] *a.* irritable, একটুতেই চটিয়া ওঠে এমন, খিট্‌খিটে। *adv.* **te°(t)chily** । *n.* **te°(t)chinėss** । [?]

tête-a-tête [tāt°-ŭ-tāt°, টেইট্°আটেইট্°] *n.* a private interview or conversation, (সচ. দুইজনে) গোপনে সাক্ষাৎকার বা আলাপ-আলোচনা, গুপ্ত বৈঠক। [F.]

tether [te°-dha(r), টে°দ্যা(র্)] (1) *n.* a rope for confining a beast within certain limits, (প্রধানতঃ গবাদি) পশুকে বাঁধিয়া নির্দিষ্ট সীমানার মধ্যে আটক রাখার জন্য দড়ি বা শিকল; (fig.) bounds, (আল.) সীমানা, চৌহদ্দি। (2) *v.t.* to confine with a tether, উক্ত দড়িতে বা শিকলে বাঁধিয়া আটকাইয়া রাখা; to restrict, সীমাবদ্ধ করা। **at the end of one's tether**—(আল.) স্বীয় শক্তি সম্বল ধৈর্য প্রভৃতির শেষ সীমায়। [ON. *tjothr*]

tetra- [tet°-ra, টেট্°র‍্যা] *in. comp.* four, চার, চতুঃ-। *n.* **tetragon** [te°-tra-gan, টে°ট্র্যাগ্যান্] চতুষ্কোণ সমতল ক্ষেত্র। *a.* **tetra°gonal**—চতুষ্কোণাকার। *n.* **tetrahedron** [te°-tra-he°-dr(a)n, টে°ট্র্যাহে°ড্‌র্‌ন্] চতুস্তলক। *n.* **tetra°logy**—চারখানি নাটকের সমষ্টি (ইহার তিনখানি থাকে বিয়োগান্তক এবং একখানি বিদ্রূপাত্মক): পরস্পর সম্বন্ধযুক্ত চারখানি নাটক বা যাত্রাগানের বই। *n.* **tetra°mėter**—চতুর্মাত্রিক চরণবিশিষ্ট কবিতা। *n.* **te°trasyllable**—চারসিল্যাব্‌লে গঠিত শব্দ। *a.* **te°trasyllabic**—চারসিল্যাব্‌লে গঠিত। [Gk.]

tetrad [te°-trad, টে ট্র্যাড্] *n.* a set of four, চারটি বা চার জনের সমষ্টি, চতুষ্টয়; an element having a combining power of four atoms of hydrogen, চারটি হাইড্রোজেন পরমাণুর মিলিত করার শক্তিসম্পন্ন পরমাণু বা মৌলিক পদার্থ। [Gk. *tetrados*]

tetragon, tetrahedron, tetralogy, tetrameter—see **tetra-**.

tetra(r)ch [tē°-trŭ(r)k, টী°ট্রা(র্)ক্] *n.* the ruler of a quarter of an ancient Roman province, প্রাচীন রোমসাম্রাজ্যাধীন প্রদেশের এক-চতুর্থাংশের শাসনকর্তা; a subordinate prince, সামন্ত নৃপতি। *n.* **te°trarchy**—উক্ত শাসনকর্তার পদ কার্যকাল বা এলাকা: প্রদেশের এক-চতুর্থাংশ। [Gk. *tetrarkhes*]

tetrasyllable—see **tetra-**.

Teuton [tū°-tan, টিউ°ট্যান্] *n.* any speaker of a Germanic language, জর্মান্ ভাষাগোষ্ঠীর যে-কোন ভাষা যাহার মাতৃভাষা; (pop.) a German, (চলিত) জর্মানির লোক। **Teutonic** [tū-to°-nik, টিউট°নিক্] (1) *a.* (ভাষা-সম্বন্ধে) জর্মান্ গোষ্ঠীভুক্ত (অর্থাৎ ইংরেজী জর্মান্ ওলন্দাজ ও স্কান্‌ডেনেভীয় ভাষাসমূহ যে গোষ্ঠীভুক্ত সেই গোষ্ঠীর অন্তর্গত); (pop.) German, (চলিত প্রয়োগে) জর্মান্-জাতীয়। (2) *n.* টিউটন্-জাতির আদি ভাষা (ইহা আদি আর্যভাষার অন্যতম প্রধান শাখা)। [L. *Teutones*<OE. *theod*=nation]

text [tekst, টেক্‌স্‌ট্] *n.* the original words of a book, poem, etc., গ্রন্থাদির মূল পাঠ; a book of such words, মূল পাঠ-সংবলিত পুঁথি; the main body of matter in a book, গ্রন্থে (টীকা টিপ্পনি প্রভৃতি বাদে) প্রকৃত বা প্রধান পাঠ্যাংশ; a short passage from the Bible, বাইবেল হইতে উদ্ধৃত ক্ষুদ্র অংশ; a theme, বক্তৃতা রচনাদির বিষয়বস্তু। *n.* **text°-book**—কোন বিষয়ের মূল বা প্রধান প্রধান নীতি-সংবলিত পুস্তক; নির্দিষ্ট পাঠক্রমানুযায়ী পাঠ্যপুস্তক। *a.* **tex°tūal**—গ্রন্থাদির মূল পাঠগত বা

পাঠসংক্রান্ত। **textual criticism**—গ্রন্থের মূল পাঠ নির্ণয় ও তৎসংক্রান্ত সমালোচনা। *n.* **tex°tūalist**—গ্রন্থাদির বিশেষতঃ বাইবেলের মূল পাঠে পণ্ডিত ব্যক্তি; আক্ষরিক ব্যাখ্যাকর্তা (অর্থাৎ মর্মার্থের ব্যাখ্যাতা নহে); গ্রন্থের মূল পাঠ হইতে উদ্ধৃতিকারী। (L. *texere*=to weave]

textile [teks°-tīl, টেক্‌স্‌°টাইল] (**1**) *a.* woven, বোনা হইয়াছে এমন; capable of being woven, বোনা যায় এমন (*textile* materials); of weaving, বয়ন-সংক্রান্ত (*textile* art, industry etc.)। (**2**) *n.* a woven fabric, বোনা কাপড়। [see *text*]

textual—see **text.**

texture [teks°-cha(r), টেক্‌স্‌°চ্যা(র্)] *n.* arrangement of threads etc., in textile fabric, বয়নের বিন্যাস বা প্রণালী, বয়ন; arrangement of constituent parts, (চর্ম পর্বত সাহিত্য-রচনা শিল্প প্রভৃতির) গঠন বা অঙ্গবিন্যাস। *a.* **tex°tural**—বয়নগত। *a.* **tex°tureléss**—লক্ষ্যগোচর বুননহীন; অনিয়তাকার। [see *text*]

th' [dh, দ্‌] contr. of **the.**

Thai [tī, টাই] (**1**) *a.* Siamese, শ্যামদেশীয়। (**2**) *n.* a Siamese, শ্যামদেশের লোক। *n.* **Thai°land**—শ্যামদেশ।

thalamus [tha°-la-mas, থ্যা°ল্যামাস] *n.* an inner room, women's apartment, অন্দরমহল; part of the mid-brain where the optic nerve originates, মধ্য-মস্তিষ্কের অংশবিশেষ: এই অংশ হইতে নেত্র-নার্ভ উদ্ভূত হয়। (optic *thalamus*)। *pl.* **thalami**। [L<Gk. *thalamos*]

thalassian [tha-la°-si-an, থ্যাল্যা°সিঅ্যান্] (**1**) *a.* marine, সমুদ্র-সংক্রান্ত, সামুদ্রিক। (**2**) *n.* a sea turtle, সামুদ্রিক কচ্ছপ। *a.* **thalass°ic**। [Gk. *thalassa*=sea]

thaler [tŭ°-la(r), টা°ল্যা(র্)] *n.* a German coin, জর্মানির অপ্রচলিত রৌপ্যমুদ্রা। [G.—cp. *dollar*]

Thalia [tha-lī°-a, থ্যালাই°অ্যা] *n.* the Muse of comedy and pastoral poetry, মিলনান্তক নাটক ও রাখালী কবিতার অধিষ্ঠাত্রী দেবী। *a.* **Thali°an**—উক্ত দেবী-সংক্রান্ত। *a.* **thali°an**—উক্ত নাটক বা কবিতা-সম্বন্ধীয়। [Gk.]

thalidomide [tha-li°-da-mīd, থ্যালি°ড্যামাইড্] *n.* a sedative drug found (in 1961) to cause malformation of limbs in the foetus if taken during pregnancy, যন্ত্রণাহর ভেষজবিশেষ: গর্ভাবস্থায় ইহা সেবন করিলে শিশু বিকলাঙ্গ অবস্থায় জন্মগ্রহণ করে (১৯৬১ সালে পরীক্ষিত)। **thalidomide baby** or **child**—উক্ত ভেষজ সেবনের ফলে জাত বিকলাঙ্গ শিশু। [ph*thalimido*glutari *mide*]

thallium [tha°-li-am, থ্যা°লিঅ্যাম্] *n.* a metallic element, নরম ও শুভ্র সীসকবৎ দুর্লভ ধাতব মৌলিক পদার্থবিশেষ। [Gk. *thallos*=a young shoot]

than [dhan, দ্যান্] *con.* & *prep.* introducing the second member of comparison, অপেক্ষা, চেয়ে, হইতে, তুলনায়। **no other than**—(এ ছাড়া) অপর কেহ নহে। **nothing else than**—একমাত্র; সমগ্র; সমগ্রভাবে। **rather than**—বরং। [OE. *thonne, tha(e)nne*=(ori.) then]

thanage—see **thane.**

thane [thān, থেইন্] *n.* in Old England, a king's companion, প্রাচীন ইংল্যান্ডের রাজার সঙ্গী বা অমাত্য: ইহারা সরকারী চাকরিতে কৃতিত্ব-প্রদর্শনের ফলে এই পদ পাইত এবং মর্যাদায় অভিজাতদের অপেক্ষা হীনতর ও সাধারণ ভদ্রবংশীয়দের অপেক্ষা উচ্চতর ছিল। *n.* **thā°nage**—উক্ত রাজ-সঙ্গীর পদ বা জমিদারি ও শাসনকাল। [OE. *thegn* =servant soldier—cp. ON. *thegn*]

thank [thangk, থ্যাংক্] (**1**) *n.* (usu. in *pl.*) gratitude, or expression of it, কৃতজ্ঞতা, কৃতজ্ঞতা-জ্ঞাপন, ধন্যবাদ। (**2**) *v.t.* to express gratitude to, কৃতজ্ঞতা জ্ঞাপন করা, ধন্যবাদ দেওয়া। *a.* **thank°ful**—কৃতজ্ঞ, ধন্যবাদপূর্ণ, কৃতজ্ঞতাসূচক। *adv.* **thank°fully**। *n.* **thank°fulnéss**। *a.* **thank°léss**—অকৃতজ্ঞ; ধন্যবাদ বা কৃতজ্ঞতা জানায় না এমন; ধন্যবাদ বা প্রশংসা মেলে না এমন (a *thankless* task)। *n.* **thanks°giver**—ধন্যবাদদাতা; (প্রধানতঃ দেবোদ্দেশে) কৃতজ্ঞতা-জ্ঞাপনকারী। *n.* **thanks°giving**—ধন্যবাদদান; ভগবানের উদ্দেশে জনসাধারণের কৃতজ্ঞতাজ্ঞাপন; উক্ত কৃতজ্ঞতাজ্ঞাপনের দিন (also **Thanksgiving Day**)। *n.* **thank°-offering**—কৃতজ্ঞতার চিহ্নস্বরূপ কোন দাতব্য বা ধর্মীয় প্রতিষ্ঠানাদিতে দান। **no thanks to**—কোন ধন্যবাদ দাবি করার অযোগ্য। **thank you** or **thanks** (vulg. **thank°ee**)=I thank you। **no, thank you**—প্রত্যাখ্যানের বা অক্ষমতা-জ্ঞাপনের বাঁধা সূত্রবিশেষ। **thanks to**—ধন্যবাদের যোগ্য কারণ ঐ ব্যক্তি বা বস্তু বা ব্যাপারের ফলেই ইহা ঘটিয়াছে। **small thanks to you**—(ব্যঙ্গভরে) তুমি ধন্যবাদ দাবি করিতে পার না। [OE. *thanc, thonc*—cp. G. *dank*]

that [dhat, দ্যাট্] (**1**) *demon. pro.* & *a.* pointing out a person or thing, উনি, ঐটি, ঐখানি, ঐ; the former, আগেরটি, সেইটি, সেই। *pl.* **those** [thoz, দৌজ্]। (**2**) *rel. pro.* (*sing.* & *pl.*) who, which, or whom, যাহা, যাহারা, যেগুলি, যাহাকে, যাহাদিগকে, যেগুলিকে। (**3**) *adv.* to that extent, তত, ততদূর, (*that* much)। (**4**) *con.* introducing a noun clause, মূল বাক্যের ক্রিয়াপদের কর্তারূপে বা কর্মরূপে ব্যবহৃত উপবাক্যের সহিত মূলবাক্যের সংযোজক অব্যয়, যে (I knew *that* you were there)। **all that**—এত পরিমাণ, এতটা (it is not *all that* expensive)। **and all that**—এবং এইরূপ যাবতীয় কিছু, ইত্যাদি, প্রভৃতি। **and that's that**—ঐখানেই ঐ বিষয়ের শেষ; আর না—থাম। **that will do**—উহাই পর্যাপ্ত, আর প্রয়োজন নাই। [OE. *thæt*—cp. *the,* Gk. *to,* Sans. *tat*]

thatch [thach. থ্যাচ্] (**1**) *v.t.i.* to roof with straw, palm-leaves, etc. খড় তালপাতা গোলপাতা প্রভৃতি দিয়া ছাওয়া। *p.* & *p. pt.* **tha°-tched**। (**2**) *n.* a covering or covering material, or the like, খড় তালপাতা প্রভৃতির ছাউনি বা গৃহাদি ছাইবার জন্ম খড় তালপাতা প্রভৃতি; (coll.) thick hair of the head, (কথ্য.) ঘন কেশ। *a.* **tha°tched**—খড় তালপাতা প্রভৃতিতে ছাওয়া হইয়াছে এমন। [OE. *thæc* (*n.*), *theccan* (*v.*)—cp. G. *decken*]

thaumaturge [thaw°-ma-ta(r)j, থ্য°ম্যাট্যা(র্)জ্] *n.* a worker of miracles or wonders, অলৌকিক বা বিস্ময়কর কার্যসাধক। *a.* **thaumatur°gic(al)**—উক্ত কার্যসাধক বা কার্যসাধন সম্বন্ধীয় অথবা তত্তুল্য; অলৌকিক বা বিস্ময়কর। *n. pl.* **thaumatur°gics**—অলৌকিক বা বিস্ময়কর ক্রিয়াকলাপ; ভোজবাজি। *n.* **thau°maturgist**—অলৌকিক বা বিস্ময়কর কার্যসাধক; ভোজবাজিকর। *n.* **thau°maturgy**—অলৌকিক বা বিস্ময়কর কার্যসাধন; ভোজবাজি। [Gk. *thaumatourgos*]

thaw [thaw, থ্য] (**1**) *v.i.* to melt or grow liquid, (তুষার-সম্বন্ধে) দ্রব হওয়া, গলা, তরল হওয়া; to grow so warm as to melt ice, তুষার গলাইতে পারার মত গরম হওয়া; (fig.) to become less cold, stiff or reserved in manner, (আল.) আচরণে অপেক্ষাকৃত অমায়িক কোমল ও মিশুক হওয়া। (**2**) *v.t.* to cause to melt, গলান; (**3**) *n.* the melting of ice or snow by heat, তাপপ্রয়োগে বরফ বা তুষার দ্রাবণ; the change of weather that causes it, আবহাওয়ার যে পরিবর্তনের ফলে তুষার গলে (a *thaw* has set in)। *a.* **thaw°ing**—গলিয়া গলিয়া পড়িতেছে এমন। *a.* **thaw°y**—গলনোন্মুখ। [OE. *thawian*]

the [dhē, দী; dhi, দি; (consonant-এর পূর্বে সাধারণতঃ) dha, dh, দ্যা, দ্] *a.* (also called *def. art.*) used to denote a particular person or thing, নির্দিষ্ট ব্যক্তি বা বস্তুর নির্দেশক, -টি, -টা, -খানি, -খানা, ঐ; this, to, এই, আগামী। **the day**—অদ্য। **the morn**—আগামী কল্য। **the night**—অদ্য রজনী। **the year**—এই বৎসর। [AS.]

theatre [thi°-a-ta(r), থি°অ্যাট্যা(র্)] *n.* a structure for drama or other spectacle, অভিনয়-মঞ্চ, রঙ্গমঞ্চ; a play-house, নাট্যশালা, অভিনয়গৃহ, প্রেক্ষাগৃহ, থিএটার্; a place, room, etc. with a curved gallery, বিদ্যাচর্চা শরীরতত্ত্ব শস্ত্রচিকিৎসা প্রভৃতির আলোচনার্থ অর্ধবৃত্তাকার ও ক্রমোন্নত সোপানাবলীযুক্ত অট্টালিকা বা কক্ষ; scene or field of action, ঘটনাস্থল, কর্মক্ষেত্র। *n.* **the°atre-gŏer**—নিয়মিত থিএটার্-দর্শক। **theatrical** [thi-a°-trik(a)l, থিঅ্যা°ট্রিক্‌ল্] (**1**) *a.* নাট্যশালা নাট্যমঞ্চ বা নাট্যাভিনয় সংক্রান্ত অথবা তত্তুল্য; নাটুকে, নাটুকেপনা-পূর্ণ। (**2**) *n.* (in *pl.*) (সাধারণতঃ অপেশাদার) নাট্যাভিনয়সমূহ (amateur *theatricals*); নাট্যাভিনয়-সংক্রান্ত ব্যাপারসমূহ বা জিনিসপত্র বা ব্যক্তিবর্গ। *adv.* **thea°trically**। **operating theatre**—হাসপাতালের অপারেশন করার ঘর। **the living theatre**—থিয়েটার বা রঙ্গালয় (অর্থাৎ সিনেমা নয়)। [OE.<Gk. *theatron*]

Theban [thē°ban, থী°ব্যান্] (**1**) *a.* of Thebes, থীব্‌জ্-নগরীর। (**2**) *n.* a native of Thebes, থীব্‌জ্-বাসী। [Gk. *Thebai*=Thebes]

thee [dhē, দী] *pro.* dative and accusative form of **thou,** আপনাকে, তোমাকে, তোকে। [OE. *the*]

theft [theft, থেফ্‌ট্] *n.* act of stealing, চৌর্য, চুরি। [OF. *theoft, thiefth*]

their [dhā(r), দেয়্যা(র্)] *pro.* (*genet. pl.*) or *poss. a.* of or belonging to them, তাহাদের, উহাদের। *pro.* (*genet. pl.*) or *poss. a.* **theirs**—তাহাদেরই, উহাদেরই। [ON. *theirra*]

theism [thē°izm, থী°ইজ্‌ম্] *n.* belief in the existence of God, ঈশ্বরের অস্তিত্বে বিশ্বাস, আস্তিক্য। *n.* **thē°ist**—আস্তিক। *a.* **thēis°tic-(al)**—আস্তিকতামূলক; আস্তিকতাপূর্ণ। [Gk. *theos* =God]

them [dhem, দেম্] *pro. dative* and *accusative* of **they,** তাহাদিগকে, উহাদিগকে। [ON. *theim* or OE. *thaem*]

thematic—see **theme.**

theme [thēm, থীম্] *n.* topic, রচনাদির বিষয়বস্তু; a brief essay or exercise, (নির্দিষ্ট বা প্রদত্ত বিষয়ে) নাতিদীর্ঘ প্রবন্ধ (বিদ্যালয়ের ছাত্রদিগকে যাহা লিখিতে হয়); the stem of a word without inflexions, শব্দ-মূল বা ধাতু; the (leading) melody in a piece, গানের রাগ বা রাগিণী; a division of the Byzantine empire, বিজ্যান্‌টিঅ্যান্-সাম্রাজ্যের শাসনতান্ত্রিক বিভাগ। *a.* **thĕmatic**—শব্দমূল বা ধাতু-সংক্রান্ত; শব্দমূল বা ধাতুর পরে কিন্তু প্রত্যয়াদির পূর্বে বসে এমন (a *thematic* vowel); রাগ বা রাগিণী-সংক্রান্ত (*thematic* music)। **theme song**—গীতিনাট্যে যে গান বারংবার গাওয়া হয়। [Gk. *thema*]

Themis [the°-mis, থে°মিস্] *n.* the Greek goddess of law and justice, আইন ও বিচারের অধিষ্ঠাত্রী গ্রীক্ দেবী। [Gk.]

themselves [dh(a)msel°vz, দম্‌সেল্°ভ্‌জ্] *pro. pl.* of **himself, herself** and **itself,** তাহারা উহারা বা ইহারা নিজে-নিজে অথবা স্বয়ং। [*them, self*]

then [dhen, দেন্] (**1**) *adv.* (also *con.*) at that time, তখন; afterwards, পরে, অতঃপর; immediately, তৎক্ষণাৎ; further, আরও; again, পুনরায়, আবার; therefore, অতএব। (**2**) *a.* being at that time, তৎকালীন (the *then* ruler)। (**3**) *n.* that time, ঐ সময়, তৎকাল। **by then**—ঐ সময়ের মধ্যে, ততোমধ্যে, ইতোমধ্যে। **now then**—মনোযোগ আকর্ষণ সতর্কীকরণ আপত্তি

উত্থাপন প্রভৃতি সূচক উক্তিবিশেষ। **then and there**—সঙ্গে-সঙ্গে সেইখানেই (থাকিয়া)। [OE. *thonne, thanne, thaenne*]

thenar [thē°-na(r), থী°ন্যা(র্)] *n.* (anat.) palm of hand, (শারীর.) হাতের চেটো, করতল ; sole of feet, পায়ের তলা, পদতল ; ball of thumb, বুড়ো আঙুলের ডগার উপরিভাগ। [L.]

thence [dhens, দেন্‌স্] *adv.* from that place, premise, time or cause, ঐ স্থান হইতে, ঐ সূত্র হইতে, ঐ সময় হইতে বা অতঃপর, ঐ কারণ হইতে। —cp. **hence** । *adv.* **thence°forth, thence°-forward**—ঐ সময় বা স্থান হইতে, অতঃপর। [ME. *thennes*<*thenne* < OE. *thanon*= thence]

theo- [the°-o, থী°অ] *in comp.* god, God, দেবতা-, ঈশ্বর-। *n.* **thėo°cracy**—যে শাসনতন্ত্রে ঈশ্বর বা কোন দেবতা স্বয়ং অথবা যাজকসম্প্রদায়ের মাধ্যমে রাজ্যশাসন করেন, দিব্যতন্ত্র ; উক্তভাবে শাসিত রাষ্ট্র। *n.* **thė°ŏcrat**—দিব্যশাসক ; ঈশ্বর বা দেবতারূপে পরিগণিত শাসক। *a.* **thėŏcra°tic(al)**—দিব্যতান্ত্রিক। *n.* **theogony** [thē-o°-ga-ni, থীঅ°গ্যানি] দেবতাদের জন্মতত্ত্ব ও কুলুজি। *n.* **thēo°gonist**—দেবতাদের জন্মতত্ত্ব ও কুলুজি-বিষয়ক গ্রন্থকার। *n.* **thėo°logy**—ঈশ্বরতত্ত্ব, ব্রহ্মবিদ্যা। *n.* **theologian** [thi-a°-lō°-ji-an, থিঅ্যা°লৌ°জিঅ্যান্], **thėo°logist**—ব্রহ্মবিদ্যাবিৎ, ব্রহ্মবাদী। *a.* **thėolo°gic(al)**—ব্রহ্মবিদ্যাগত। *adv.* **the°ologically** । **thėo°logīze**—(1) *v.t.* ব্রহ্মবিদ্যার অন্তর্ভুক্ত করা। (2) *v.i.* ব্রহ্মবিদ্যার আলোচনা বা অনুশীলন করা। *n.* **thėo°sophy**—প্রাকৃতিক প্রভাব নিয়ন্ত্রণে সমর্থ অলৌকিক ক্ষমতাসম্পন্ন ব্যক্তিগণের প্রত্যক্ষ ঈশ্বরদর্শন বা ঐশ্বরিক প্রেরণালাভ, দিব্য বা আধ্যাত্মিক জ্ঞান অথবা প্রেরণা। *n,* **thė°osoph, thėo°sopher, thėo°sophist**—দিব্যজ্ঞানী, আধ্যাত্মিক জ্ঞানসম্পন্ন বা প্রেরণাপ্রাপ্ত ব্যক্তি। *a.* **thėoso°phic(al)**—দিব্যজ্ঞানগত, আধ্যাত্মিক জ্ঞান বা প্রেরণা সংক্রান্ত। *adv.* **thėoso°phically** । *v.i.* **thėo°sophīze**—দিব্যজ্ঞান অথবা আধ্যাত্মিক জ্ঞান বা প্রেরণা লাভার্থ অনুশীলন করা কিংবা তদ্বিষয়ে আলোচনা করা। [Gk. *theos*=a god]

theocracy—see **theo-.**

theodolite [thi-o°-da-līt, থিঅ°ড্যালাইট্] *n.* a surveying instrument, আনুভূমিক ও ঊর্ধ্বাধঃ কোণসমূহ মাপার জন্য জরিপের যন্ত্রবিশেষ। [?]

theogony, theology—see **theo-.**

theorem [thi°-a-ram, থি°অ্যার‍্যাম্] *n.* (geom.) a proposition to be proved, (জ্যামি.) উপপাদ্য। [Gk. *theorema*]

theory [thi°-a-ri, থি°অ্যারি] *n.* an explanation or system of anything, কিছুর ব্যাখ্যা বা ক্রিয়াপদ্ধতি ; an exposition of the abstract principles of a science or art, কোন বৈজ্ঞানিক বা বিদ্যাগত নিয়মের ব্যাখ্যা, সিদ্ধান্ত, তত্ত্ব ; speculation as opposed to practice, ধারণা, মত, বাদ। *a.* **theoretic** [thi-a-re°-tik, থিঅ্যারে°টিক্], **theore°tical**—তত্ত্বীয় ; বাদীয়, ধারণাগত। *n.* **ėth°orist**—যে ব্যক্তি সিদ্ধান্ত বা ধারণা করে অথবা তত্ত্বসম্বন্ধে মত প্রকাশ করে ; যে ব্যক্তি কার্যকরতা বা বাস্তবতার দিকে লক্ষ্য না রাখিয়া কেবল মত গঠন করে। *v.i.* **thė°orīze**—বৈজ্ঞানিক বা বিদ্যাগত তত্ত্বসম্বন্ধে সিদ্ধান্ত করা ; (সচ. অকার্যকর ও অবাস্তব) মত গঠন করা বা ধারণা করা। [Gk. *theoria*]

theosophy—see **theo-.**

therapeutic [the-ra-pū°-tik, থের‍্যাপিউ°টিক্], **the°rapy**—*a.* of the healing art, চিকিৎসাবিদ্যাগত। *adv.* **therapeu°tically** । *n. pl.* (treated as *sing.*) **therapeu°tics**—রোগচিকিৎসা বিজ্ঞান, (পরি.) ভৈষজ। *n.* **therapeu°tist, the°rapist**—ভেষজবিজ্ঞানী। [Gk. *therapeutes*=servant, medical attendant]

there [dhā(r), দেয়্যা(র্)] (1) *adv.* in or to that place, সেখানে, তথায় ; at that point, ঐ বিষয়ে ; used without any meaning of its own to allow the subject to follow the predicate, বাক্যমধ্যে উদ্দেশ্যের পূর্বে বিধেয়কে বিশেষতঃ ক্রিয়াপদকে স্থাপনার্থ নিজস্ব কোন অর্থহীনভাবে ব্যবহৃত (*there* are stars in the sky)। (2) *n.* the place, ঐ স্থান, তথা। (3) *int.* expressing reassurance, finality, accompanying a blow etc. নিশ্চয়তা চূড়ান্ত অবস্থা প্রভৃতি প্রকাশক বা আঘাতাদির কালে উচ্চারিত অব্যয়বিশেষ। *adv.* **there°about(s)**—ঐ স্থান সংখ্যা পরিমাণ বা মাত্রার কাছাকাছি (five gallons or *thereabouts*)। *adv.* **thereaf°ter**—তাহার পরে ; তদনুযায়ী। *adv.* **thereat°**—ঐ স্থানে ; ঐ ঘটনাকালে ; তদ্দরুন, ঐ কারণে। *adv.* **there°by°**—তৎপার্শ্বে ; ঐ পরিমাণের কাছাকাছি ; ঐ উপায়ে ; তাহার ফলে। *adv.* **there°for**—তজ্জন্য। *adv.* **there°fore**—ঐ কারণে ; অতএব। *adv.* **therefrom°**—তাহা হইতে। *adv.* **therein°**—তাহাতে বা তন্মধ্যে। *adv.* **thereinaf°ter**—দলিলাদির পরবর্তী অংশমধ্যে। *adv.* **thereinbē°fore**—দলিলাদির পূর্ববর্তী অংশমধ্যে। *adv.* **therein°to**—ঐ স্থানের মধ্যে। *adv.* **thereof°**—উহার ; উহা হইতে। *adv.* **thereon°**—উহার উপরে। **there's**—contr. of **there is** । *adv.* **thereto°, thereun°to**—তৎপ্রতি, অধিকন্তু। *adv.* **thereun°der**—তন্নিম্নে। *adv.* **thereupon**—তৎকারণে ; অবিলম্বে। *adv.* **therewith°**—উহার সহিত ; অবিলম্বে। *adv.* **therewithal°**—তৎসহ, অধিকন্তু। **all there**—(কথ্য.)—বুদ্ধিশুদ্ধি ঠিক আছে এমন ; সচেতন। **not all there**—(কথ্য.) সম্পূর্ণ প্রকৃতিস্থ নহে এমন ; বুদ্ধিশুদ্ধি ঠিক নাই এমন। **there and then**—তৎক্ষণাৎ। **there or thereabouts**—কাছাকাছি কোথাও। **there and back**—সেখানে (যাইয়া) পুনরায় যথাস্থানে ফিরিয়া আসা। **over there**—'there' বলিতে যাহা বোঝায় তদপেক্ষা দূরবর্তী স্থান। [OE. *thær*—cp. *the, that*]

therm [tha(r)m, থ্যা(র্)ম্] *n.* unit of heat in measuring gas, গ্যাসের পরিমাণ নির্ণয়ের এককবিশেষ (=১০০০০০ তাপশক্তি)। *a.* **therm°al**—তাপ-সংক্রান্ত ; উষ্ণ, তপ্ত। **thermal springs**—স্বাভাবিক উষ্ণ প্রস্রবণসমূহ। *a.* **therm°ic(al)**—তাপ-সংক্রান্ত। *n.* **thermion** [tha(r)°-mi-an, থ্যা(র্)°মিঅ্যান্] বৈদ্যুতিক কণিকাবিশেষ, (পরি.) তাপীয় ইলেক্‌ট্রন্ বা বিদ্যুতিন। *a.* **thermionic** [tha(r)-mi-o°-nik, থ্যা(র্)মিঅ°নিক্] তাপীয় বিদ্যুতিন-সংক্রান্ত। **thermionic valve** or **tube**—বেতারতরঙ্গকে শ্রাব্য ধ্বনিতে পরিণত করার যন্ত্র। *n. pl.* (treated as *sing.*) **thermio°nics**—তাপীয় বিদ্যুতিন-সংক্রান্ত বিদ্যা। [Gk. *therme*=heat]

thermo- [tha(r)°-mo, থ্যা(র্)°ম] *in comp.* warm, উষ্ণ ; heat, তাপ। **ther°mŏdyna°mics**—তাপপ্রয়োগদ্বারা যন্ত্রাদি চালনবিদ্যা। **ther°mŏplas°tic**—(**1**) *a.* তাপপ্রয়োগদ্বারা নমনীয় করা যায় এমন। (**2**) *n.* ঐরূপ পদার্থ। *adj.* **thermosetting**—তাপ প্রয়োগের ফলে শক্ত হইতেছে ও আকার গ্রহণ করিতেছে এমন। *n.* **ther°mostat**—তাপ স্থির রাখার যন্ত্রবিশেষ, (পরি.) তাপস্থাপক। **thermo°static**—তাপস্থাপকবিষয়ক। [Gk. *thermos*=hot]

thermodynamics—see **thermo-**.

thermometer [tha(r)-mo°-mi-ta(r), থ্যা(র্)ম°মিট্যা(র্)] *n.* an instrument for measuring temperature, তাপমাপক-যন্ত্র, থার্মমিটার, (পরি.) উষ্মমাপক। *a.* **thermometric** [tha(r)-ma-met°-rik, থ্যা(র্)ম্যামেট্°রিক্], **thermomet°rical**—তাপমাপন-সংক্রান্ত। *n.* **thermo°mėtry**—তাপমাপবিদ্যা। [*thermo-, meter*]

thermos [tha(r)°-mos, থ্যা(র্)°মস্] *n.* a flask for keeping liquids warm, তরলদ্রব্যাদি গরম রাখার জন্য বোতলবিশেষ, থার্মফ্ল্যাস্ক্ (in full **thermos flask**)। [trade-name<Gk. *thermos*=hot]

thermoplastic, thermostat—see **thermo-**.

thesaurus [thi-saw°-ras, থিস্‌°র‍্যাস্] *n.* a treasury, কোষাগার ; a storehouse of knowledge, জ্ঞানভাণ্ডার ; collection of words or concepts arranged according to similaraties in their meanings, অর্থানুসারে বিন্যস্ত শব্দসংগ্রহ বা অভিধান, ভাব-অভিধান। [L.<Gk. *thesauros*]

these—see **this** [OE. *thaes*]

theses—see **thesis.**

thesis [the°-sis, থে°সিস্] *n.* (*Gk.* pros. & mus.) a setting down, a beat-down, (গ্রীক্ ছন্দে ও সঙ্গীতে) মাত্রার বা স্বরের অবদমন অথবা হ্রস্বতা ; (Eng. pros.) an unaccented syllable, (ইংরেজী ছন্দ.) অনুদাত্ত স্বর। *n.* **thē°sis**—যুক্তিরূপে উপস্থাপিত বিষয় ; কিছু প্রমাণ করার জন্য লিখিত প্রবন্ধ ; গবেষণামূলক প্রবন্ধ ; প্রবন্ধ। *pl.* **thē°sēs**। [Gk.]

Thespian [thes°-pi-an, থেস্°পিঅ্যান্] (**1**) *a.* of drama or tragedy, নাটক বা বিয়োগান্ত নাটক সম্বন্ধীয় ; dramatic or tragic, নাট্য সম্বন্ধীয় বা বিয়োগান্তক। (**2**) *n.* a dramatic or tragic actor, নাটকের বা বিয়োগান্তক নাটকের অভিনেতা। [*Thespis*, the legendary founder of Greek tragedy]

theta [thē°-tŭ, থী°টা] *a.* the eighth letter of the Greek alphabet (θ=th), গ্রীক্ বর্ণমালার অষ্টম বর্ণ। [Gk.]

thews [thūz, থিউজ়্] *n. pl.* muscular or bodily strength, (কাব্যে.) পেশীগত বা দৈহিক শক্তি (*thews* and sinews)। *a.* **thew°y**—পেশল ; বলিষ্ঠ। (AS.=manner]

they [dhā, দেই] *pro. pl.* of **he, she** and **it,** তাহারা, তাঁহারা, উহারা, ইহারা, ঐগুলি, এইগুলি। [ME. *thei*<ON. *theirr*]

thiamine [thī°-a-mēn, থাই°অ্যামীন্] *n.* vitamin B, খাদ্যপ্রাণ 'বি'। [Gk. *theion*=sulphur, E. *amine*]

thick [thik, থিক্] (**1**) *a.* having a great (or specified) depth between opposite surfaces, বিস্তৃত (বা নির্দিষ্ট) বেধবিশিষ্ট, পুরু, মোটা ; deep, গভীর ; dense, গহন, নিবিড় (*thick* forest) ; of firm consistence, ঘন, অতরল (*thick* paste) ; close set or packed, ঘনভাবে স্থাপিত, ঠাসবুনান, গাদাগাদি করিয়া রক্ষিত বা স্থাপিত (*thick* fog, hair, etc.) ; crowded, ভিড়পূর্ণ, সমাকীর্ণ, জনাকীর্ণ ; (fig.) intimate, ((আল.) ঘনিষ্ঠ, অন্তরঙ্গ (*thick* as thieves) ; abundant, প্রাচুর্যপূর্ণ, প্রচুর ; opaque, অনচ্ছ ; dull, বুদ্ধিহীন ; gross, স্থূল, মোটামুটি, রসকসহীন। (**2**) *n.* the thickest or most crowded part of anything, কিছুর গভীরতম অথবা সর্বাপেক্ষা জনাকীর্ণ বা সমাকীর্ণ অংশ (in the *thick* of the fight) ; the midst, মধ্যস্থল। (**3**) *adv.* same as **thickly**। *a.* **thick°-and-thin**—দল বা নীতির প্রতি আনুগত্যে অটল। *v.t.i.* **thi°cken**—মোটা বা আরও মোটা পুরু বা আরও পুরু গভীর বা গভীরতর ঘন বা ঘনতর ঘনিষ্ঠ বা ঘনিষ্ঠতর জনাকীর্ণ বা আরও জনাকীর্ণ সমাকীর্ণ বা আরও সমাকীর্ণ করা অথবা হওয়া। *n.* **thickening**—কোন কিছুকে ঘন করিবার জন্য ব্যবহৃত জিনিস ; ঘন হইতে ঘনতর হওন। *n.* **thi°ckėt**—ঘন ঝোপ। *n.* **thick°head**—মোটাবুদ্ধি লোক। *a.* **thick°-headėd**—মোটাবুদ্ধি, বোকা। *a.* **thi°ckish**—ঈষৎ মোটা পুরু গভীর ঘন ঘনিষ্ঠ সমাকীর্ণ বা জনাকীর্ণ। *a.* **thick-lipped**—পুরু ঠোঁটযুক্ত। *n.* **thick°lips**—(কাব্যে—পুরু ঠোঁটযুক্ত বলিয়া) নিগ্রো। *adv.* **thick°ly**। *n.* **thick°nėss**। *a.* **thick°-set**—ঘনভাবে স্থাপিত ; ঠাসবুনান ; (দেহসম্বন্ধে) পেশল ও আঁটোসাঁটো। *n.* **thick°skin**—অনুভূতিহীন বা মোটাবুদ্ধি লোক। *a.* **thick°-skinned**—পুরু (গাত্র-) চর্মবিশিষ্ট, স্থূলচর্ম ; অনুভূতিহীন ; (বিরুদ্ধ) সমালোচনা নিন্দা বা অপমানে বিদ্ধ হয়

না এমন। *n.* **thick°-skull**—বোকা বা মাথামোটা লোক। *a.* **thick°-skulled**—পুরু করোটিবিশিষ্ট ; বোকাটে, মাথামোটা। *a.* **thick°-sown**—ঘনভাবে উপ্ত বা রোপিত। *a.* **thick°-witted**—মাথামোটা, বোকা। **a bit thick, rather (a little) too thick**—সহ্যের ন্যায়সঙ্গত মাত্রার অধিক। **(to) lay it on thick**—মাত্রাধিকভাবে তোষামোদ বা প্রশংসা করা। **through thick and thin**—সমস্ত বাধা সত্ত্বেও বা তাহা উপেক্ষা করিয়া ; সম্পূর্ণ অটলভাবে। **(to) give some one a thick ear**—কাহাকেও এমন আঘাত করা যে তাহার কান ফুলিয়া উঠে। [OE. *thicce*—cp. G. *dick*]

thief [thēf, থীফ্] *n.* one who steals, চোর, তস্কর। *pl.* **thieves** [thēvz, থীভ্জ্]। **stop thief**—পলায়নরত চোরকে ধরার জন্য সাহায্যপ্রার্থনা-সূচক ধ্বনি, চোর-চোর। [OE. *theof*—cp. G. *dieb*]

thieve [thēv, থীভ্] *v.t.* to practise theft, চৌর্যবৃত্তি অবলম্বন করা, চুরি করা। *n.* **thie°very**। *a.* **thie°vish**—(কাব্যে) চোরে পরিপূর্ণ ; তস্করতুল্য ; চোরা (*thievish* look)। *adv.* **thie°vishly**। [OE. *theofian*]

thigh [thī, থাই] *n.* the leg above the knee, ঊরু। *n.* **thigh°-bōne**—ঊর্বস্থি। [OE. *theoh*—cp. ON. *thjo*]

thimble [thimb°l, থিম্ব্°ল্] *n.* a cover for the finger, used in sewing, সেলাই করার সময়ে সূচের আঘাত এড়ানর জন্য আঙ্গুলে যে আবরণ পরা হয়, অঙ্গুষ্ঠানা। *n.* **thimb°leful**—(পানীয়ের) এক ঢোক বা চুমুক। [OE. *thymel*=thumb-stall]

thin [thin, থিন্] (**1**) *a.* having little thickness, পাতলা (a *thin* sheet of paper) ; slim, lean, রোগা, কৃশ ; narrow, সরু ; watery, জলবৎ ; dilute, তরল ; not dense or deep, ঘন বা গভীর নহে এমন ; not crowded, জনাকীর্ণ নহে এমন, জনবিরল ; rarefied, তনূকৃত, সূক্ষ্ম ; sparse, ফাঁক-ফাঁক, বিরল ; slight, সামান্য, নগণ্য ; flimsy, পলকা, তুচ্ছ (*thin* disguise, *thin* excuse) ; feeble, weak, মৃদু, দুর্বল। *compar.* **thi°nner** ; *super.* **thi°nnest**। (**2**) *adv.* same as **thin°ly**। (**3**) *v.t.i.* to make or become thin or thinner, পাতলা বা অধিকতর পাতলা কৃশ বা কৃশতর তরল বা তরলতর জনবিরল বা অধিকতর জনবিরল প্রভৃতি করা অথবা হওয়া (his hair is *thinning*, the crowd *thinned* out at last)। *pr. pt.* **thi°nning**। *p. & p. pt.* **thi°nned**। *adv.* **thin°ly**। *n.* **thin°ness**। *a.* **thi°nnish**—ঈষৎ পাতলা কৃশ সরু তরল প্রভৃতি। *a.* **thin°-skinned**—পাতলা গাত্রচর্মযুক্ত ; অল্পেই মনে আঘাত পায় এমন, অভিমানী, ভাবপ্রবণ ; একটুতেই চটিয়া ওঠে এমন, খিট্‌খিটে। *a.* **thin°spun**—সূক্ষ্ম বা মিহিভাবে বোনা অথবা অঙ্কিত। **(to) vanish into the thin air**—হাওয়ায় মিলাইয়া যাওয়া, রহস্যপূর্ণভাবে অদৃশ্য হওয়া। [OE. *thynne*—cp. G. *dunn*, ON. *thunnr*]

thine [dhīn, দাইন্] *pro. genet.* of **thou**, used chiefly predicatively, আপনার, তোর, তোমার। [OE. *thin*]

thing [thing, থিং] *n.* matter, affair, বিষয়, ব্যাপার ; a fact, প্রকৃত তথ্য বা ব্যাপার ; an event, ঘটনা ; an inanimate object, জিনিস, বস্তু, পদার্থ ; a living being, (করুণাচ্ছলে বা মৃদু ভর্ৎসনায়) জীব (poor, spiteful etc. *thing*) ; a possession, সম্পত্তি ; a piece of writing composition etc., রচনা লেখা কবিতা গল্প প্রভৃতি ; (in *pl.*) clothes, জামাকাপড়, পোশাক ; (in *pl.*) utensils, বাসনকোসন। *n.* **thing°amy, thing°ummy** [thing°-a-mi, থিং°অ্যামি] কাহারও নামস্মরণে ইচ্ছাকৃত বা অনিচ্ছাকৃত বিস্মৃতিসূচক শব্দবিশেষ, কি-যেন তার নাম। **a general** or **usual thing**—প্রচলিত বা সাধারণ রীতি। **a near thing**—(দুর্ঘটনা ব্যর্থতা প্রভৃতি হইতে) অল্পের জন্য পরিত্রাণ। **an understood thing**—যাহা সর্বপক্ষ কর্তৃক ইতিপূর্বেই মানিয়া লওয়া হইয়াছে। **(the) first thing**—সর্বাগ্রে। **old thing**—(কথ্য.) ইয়ারকির ছলে ঘনিষ্ঠ সম্বোধনবিশেষ। **quite the thing**—সম্পূর্ণ কেতাদোরস্ত। **soft thing**—সহজ বা আরামপ্রদ কাজ। **the thing**—রীতি বা সুরুচি অনুযায়ী অথবা অনুমোদিত সঙ্গত বা অভিপ্রেত বস্তু কিংবা ব্যাপার। **the thing is**—বিচার্য বিষয় হইল, প্রশ্ন হইল। **other things being equal**—(বিচার্য বিষয় ছাড়া) অন্য সব ব্যাপার সমান হইলে বা ঠিক থাকিলে। **(to) feel** or **look not quite the thing**—(কথ্য.) সুস্থ না থাকা। **(to) know a thing or two**—চতুর বা দূরদর্শী হওয়া। **(to) make a good thing of it**—(সুযোগাদির) সদ্ব্যবহার করা। **(to) see things**—ভূত দেখা। [OE. & ON.—cp. G. *ding*]

think [think, থিংক্] (**1**) *v.i.* to exercise the mind, চিন্তা করা, ভাবা ; to bethink oneself, চিন্তান্বিত হওয়া। (**2**) *v.i.t.* to form, conceive, or revolve (ideas etc.) in the mind, উদ্ভাবন করা, কল্পনা করা, ধারণা করা, ভাবিয়া স্থির করা, (কিছু সম্বন্ধে) ভাবা ; to consider or count, বিচার করা, বিবেচনা করা, গণ্য করা। (**3**) *v.t.* to expect, প্রত্যাশা করা ; to purpose, (কোন) উদ্দেশ্য করা। *p. & p. pt.* **thought**[1] [thawt, থাট্]। *a.* **thin°kable**—চিন্তনীয় ; সম্ভব বলিয়া ধারণা করা যায় এমন। *n.* **thinker**—think-এর সকল অর্থে এবং—চিন্তাশীল ব্যক্তি ; ভাবুক। **thin°king**—(**1**) *a.* চিন্তাশীল ; চিন্তাগত। (**2**) *n.* চিন্তন ; চিন্তা ; অভিমত (what is your *thinking* on the subject)। **(to) put one's thinking-cap on**—(সমস্যাদি সম্বন্ধে) চিন্তা করা, মাথা ঘামান। **I don't think**—আমি বিশ্বাস করি না। **I shouldn't think of it**—কোন অবস্থাতেই বা কারণেই আমি ইহা করিতে চাহি না, ইহা করার কথা আমি ভাবিতেও পারি না। **(to) think about**—পরীক্ষা করিয়া দেখা, বিচার বা বিবেচনা করিয়া দেখা ; স্মরণ করা,

মনে করা ; ভাবা। **(to) think aloud**—অনিচ্ছাকৃতভাবে মনের চিন্তা শ্রুতিগোচরভাবে উচ্চারণ করা। **(to) think better of**—(চিন্তনীয় বিষয়াদি সম্পর্কে—প্রধানতঃ উহার অনুকূলে) স্বীয় মত পরিবর্তন করা। **(to) think big**—উচ্চাভিলাষী হওয়া। **(to) think highly of**—(কাহারও সম্বন্ধে) উচ্চ ধারণা পোষণ করা। **(to) think little** or **nothing of**—সামান্য বা তুচ্ছ বলিয়া ভাবা, ছোট বলিয়া ধারণা করা। **(to) think much** or **well of**—(কোন প্রাণী বা বস্তুকে) গুরুত্বপূর্ণ বা মূল্যবান্ বলিয়া ভাবা, বড় বলিয়া ধারণা করা। **(to) think out,** (in U. S. A.) **(to) think up**—উদ্ভাবন করা ; চিন্তাশক্তিদ্বারা সমাধান করা। **(to) think over**—অবকাশমত পুনরায় ভাবিয়া দেখা বা বিবেচনা করা। *n.* **think°-tank**—জাতীয় ও বাণিজ্যিক বিষয়ে পরামর্শ দানের ও নূতন ভাবধারা সরবরাহের প্রতিষ্ঠান। **to think through**—(সমস্যাদি সম্বন্ধে) পুঙ্খানুপুঙ্খভাবে চিন্তা করা। [OE. *thencan*—cp. G *denken*]

thinned, thinner, thinning, thinnish—see **thin.**

third [tha(r)d, থ্যা(র্)ড্] *a.* & *n.* (one) next after second, তৃতীয় (ব্যক্তি প্রাণী বা বস্তু) ; (a part) equal to one of the three equal parts, এক-তৃতীয়াংশ ; the third (day) of a month, তেসরা। *a.* **third°-class**—তৃতীয় শ্রেণীর ; নিম্নতম বা হীনতম শ্রেণীর। **third degree**—স্বীকারোক্তি আদায়ের উদ্দেশ্যে পুলিশ কর্তৃক বহুক্ষণ-ব্যাপী জেরা ও নানাপ্রকার নিপীড়ন। *adv.* **third°ly**—তৃতীয়তঃ। *n.* **third rail**—বিদ্যুৎবাহী রেললাইন। *a.* **third°-rāte**—তৃতীয় প্রকারের ; নিম্নতম বা নিকৃষ্ট প্রকারের বা শ্রেণীর। *n.* **third°-rā°ter**—নিকৃষ্ট শ্রেণীর লোক। **a third party**—মুখ্য পক্ষদ্বয় ব্যতীত অর্থাৎ বাদী-প্রতিবাদী ব্যতীত ভিন্ন পক্ষ, তৃতীয় পক্ষ। **third party insurance** or **risks**—বিমাকারী পক্ষ বা ব্যক্তি ব্যতীত অপর যে পক্ষ বা ব্যক্তির ঝুঁকি বিমা-প্রতিষ্ঠান গ্রহণ করে (যেমন মোটরগাড়িতে চাপা-পড়া ব্যক্তির ঝুঁকি)। **the Third World**—জোট-নিরপেক্ষ উন্নয়নশীল দেশসমূহ। [OE. *thridda*—cp. G. *dritte*, Gk. *tritos*, L. *tertius*, Sans. *tritiya*]

thirst [tha(r)st, থ্যা(র্)স্‌ট্] (**1**) *n.* sensation or state of requiring drink, তৃষ্ণা, পিপাসা ; eager desire, আকুল আকাঙ্ক্ষা। (**2**) *v.i.* to feel thirst, তৃষ্ণার্ত হওয়া ; to have eager desire, আকুল আকাঙ্ক্ষী হওয়া। *a.* **thirst°lėss**—তৃষ্ণাহীন ; আকাঙ্ক্ষাহীন। *a.* **thirs°ty**—তৃষ্ণার্ত ; আকুল আকাঙ্ক্ষী। *adv.* **thirs°tily** I *n.* **thirs°tinėss** I [OE. *thurst(n.)*, *thyrstan(v.)*—cp. G. *durst*, *dursten*, Gk. *tersesthai*, Sans. *trisna*]

thirteen [tha(r)°-tēn, থ্যা(র্)°টীন] *a.* & *n.* three and ten, তের, ত্রয়োদশ। **thir°teenth**—(**1**) *a.* & *n.* ত্রয়োদশতম। (**2**) *n.* মাসের তেরই। [OE. *threotiene*]

thirty [tha(r)°-ti, থ্যা(র্)°টি] *a.* & *n.* three times ten, ত্রিশ। **thir°tieth**—(**1**) *a.* & *n.* ত্রিংশত্তম। (**2**) *n.* মাসের তিরিশে। [OE. *thritig*]

this [dhis, দিস্] (**1**) *a.* & *pro.* denoting a person or thing near, topical, just mentioned, or about to be mentioned, নিকটস্থ প্রসঙ্গগত সদ্য উল্লিখিত বা শীঘ্রই উল্লেখনীয় (ব্যক্তি প্রাণী বা বস্তু), এই, এইজন, এইটি। *pl.* **these** [dhēz, দীজ্] I (**2**) *adv.* (coll.) to this degree, এতটা পরিমাণে (I knew him when he was *this* high) I [OE. *neut.* of *the(o)s, this*]

thistle [this°l, থিস্°ল্] *n.* prickly plant, কাঁটাগাছবিশেষ। *n.* **thist°le-down**—উক্ত উদ্ভিদের বীজ। *a.* **thist°ly**—উক্ত উদ্ভিদতুল্য বা উদ্ভিদপূর্ণ। [OE. *thistel*]

thither [dhi°-dha(r), দি°দ্যা(র্)] *adv.* to that place, ঐ স্থানাভিমুখে। *adv.* **thi°therward(s)**—ঐ স্থানাভিমুখে। [OE. *thider*]

tho'—abbr. in writing of **though.**

thole [thōl, থৌল্] *n.* a pin in the side of a boat to keep the oar in place, দাঁড় যথাস্থানে আটকাইয়া রাখার জন্য নৌকার পার্শ্বসংলগ্ন গোঁজ বা কাঠি (also **thōle°-pin**) I [OE. *thol*—cp. Du. *dol*, ON. *thollr*]

thong [thong, থং] *n.* a strap or strip, (প্রধানতঃ চামড়ার) ফিতা বা ফালি ; the lash of a whip, হাতল-বাদে চাবুকের অংশ অর্থাৎ যে অংশদ্বারা মারা হয়। [OE. *thwang*]

Thor [thaw(r), থ্য(র্)] *n.* the Scandinavian thunder-god, স্ক্যান্‌ডিন্যাভিআর বজ্রের অধিদেবতা। [ON. *Thorr*]

thoracic—see **thorax.**

thorax [thaw°-raks, থ্য°র্যাক্‌স্] *n.* the part of the trunk between the neck and the abdomen, ঘাড় ও পাকস্থলীর মধ্যবর্তী দেহাংশ, বক্ষ, বুক। *a.* **thoracic** [thaw-ra°-sik, থ্যর্যা°সিক্] বক্ষগত (*thoracic* surgery) I [Gk. = corslet]

thorium [thaw°-ri-am, থ্য°রিঅ্যাম্] *n.* a radioactive metal, তেজস্ক্রিয় ধাতুবিশেষ। [<*Thor*]

thorn [thaw(r)n, থ্য(র্)ন্] *n.* a prickle on a plant, বৃক্ষাদির কাঁটা (পরি.) শাখা-কণ্টক ; a prickly animal spine, জীবদেহস্থ কাঁটা, (যেমন, শজারুর কাঁটা) ; a spiny plant, কাঁটাগাছ ; hawthorn, সকণ্টক বেড়াঝোপবিশেষ ; anything thorn-like, কাঁটার ন্যায় তীক্ষ্ণ বা কণ্টকাকার বস্তু। *a.* **thorn°lėss**—কাঁটাহীন। *a.* **thor°ny**—কণ্টকপূর্ণ, কণ্টকাকীর্ণ ; তীক্ষ্ণ ; সমস্যাসঙ্কুল (a *thorny* problem) ; কূট ; ঝঞ্ঝাটপূর্ণ ; হয়রান করে এমন। *n.* **thor°ninėss** I **thorn in the flesh**—নিরবচ্ছিন্ন জ্বালাতনের বা উৎপীড়নের হেতু। [AS.—cp. ON. *thorn*, G. *dorn*]

thorough [thu°-ra, থা°র্যা] (**1**) *a.* passing or carried through or to the end, সর্বব্যাপী বা আদ্যন্তব্যাপী, ব্যাপক, পুঙ্খানুপুঙ্খ ; complete, সম্পূর্ণ ; entire, গোটা, সমগ্র ; out-and-out,

পুরাদস্তুর, ডাহা ; assiduous and scrupulous in completing work, কার্যাদি (পূর্ণ) সম্পাদনে অধ্যবসায়ী ও পুঙ্খানুপুঙ্খভাবে যত্নশীল। (2) *prep.* (obs.) through, (অপ্র.) মধ্য দিয়া। **tho°rough-bred**—(1) *a.* সম্পূর্ণভাবে পুঙ্খানুপুঙ্খভাবে বা উত্তমভাবে প্রতিপালিত অথবা শিক্ষাপ্রাপ্ত। (2) *a.* & *n.* বিশুদ্ধ বংশজাত (অশ্বাদি)। *n.* **tho°roughfāre**—মধ্যবর্তী পথ ; দুইমুখখোলা পথ ; জনসাধারণের যাতায়াতের পথ ; কিছুর মধ্য দিয়া যাতায়াতের অধিকার (no *thoroughfare*)। *a.* **tho°rough-gŏ°-ing, tho°rough-pāced**—সর্বব্যাপী, আদ্যন্তব্যাপী, ব্যাপক, পুঙ্খানুপুঙ্খ, পূর্ণ, সম্পূর্ণ, পুরাদস্তুর, ডাহা। *adv.* **tho°roughly**। *n.* **tho°roughnėss**। [the longer form of *through*]

thorp(e) [thaw(r)p, থা(র্)প্] *n.* a hamlet or village, পল্লী, পাড়া, গ্রাম। [OE. *thorp, throp* < ON. *thorp*]

those—see **that**। [OE. *thas*]

thou [dhow, দাউ] *pro.* of the *2nd pers. sing.*, (বর্ত. ঈশ্বরাদি-সম্বন্ধে প্রযোজ্য) আপনি, তুমি, তুই। [OE. *thu*—cp. Goth. *thu*, L. *tu*. Sans. *tvam*]

though [dhō, দৌ] (1) *con.* admitting, ইহা মানিয়া লইলেও ; even if, যদিও ; notwithstanding that, তৎসত্ত্বেও। (2) *adv.* nevertheless, হউক না কেন, সত্ত্বেও ; however, যাহা হউক। **as though**—যেন। **what though**—তাতে কি এসে যায় যদি (what *though* the way is or be long, what *though* the field be lost)। [ON. *thouh, tho*]

thought$_1$—see **think.**

thought$_2$ [thawt, থ্যট্] *n.* thinking, চিন্তন ; mind, মন ; reasoning, যুক্তি, বিচারবুদ্ধি ; deliberation, মনে মনে বিচার ; that which one thinks, চিন্তা ; notion, ধারণা ; idea, ভাব ; fancy, কল্পনা ; consideration, বিবেচনা ; opinion, মত ; meditation, ধ্যান ; purpose, অভিপ্রায় ; resolution, সঙ্কল্প। *a.* **thought°-ful**—চিন্তাশীল ; চিন্তারত ; (প্রধানতঃ উচ্চ) চিন্তাপূর্ণ ; মনোযোগী ; সদ্বিবেচক। *adv.* **thought°-fully**। *n.* **thought°fulnėss**। *a.* **thought°-lėss**—চিন্তাহীন ; চিন্তাশক্তিহীন ; বেপরোয়া ; অবিবেচক ; হঠকারী বা হঠকারিতাপূর্ণ। *adv.* **thought°-lessly**। *n.* **thought°lessnėss**। *a.* **thought-°provoking**—চিন্তাউদ্দীপক। *n.* **thought°-reader**—পরের মনের কথা বুঝিতে সক্ষম ব্যক্তি। *n.* **thought°-reading**—পরের মনের কথা অনুধাবন। *n.* **thought°-wāve**—দলের বা জনসাধারণের মধ্যে কোন চিন্তার প্রবাহ ; মনোমধ্যে কোন চিন্তার আকস্মিক উদয়। **upon** or **with a thought**—(কাব্যে) মুহূর্তমধ্যে ; চিন্তার ন্যায় দ্রুতগতিতে। **(to) take thought for**—(কোন ব্যাপারে) জড়িত বা চিন্তিত হওয়া। [OE. *(ge)-thoht*]

thousand [thow°-z(a)nd, থাউ°জ্‌ন্‌ড্] *a.* & *n.* ten hundred, সহস্র, হাজার। *a.* & *n.* **thou°-sandth**—সহস্রতম (ব্যক্তি প্রাণী বা বস্তু), সহস্রাংশ। **one in** or **of a thousand**—হাজারে একটি ; অত্যন্ত দুর্লভ বা উৎকৃষ্ট। **thousand and one**—অসংখ্য, প্রচুর (to make *thousand and one* excuses)। [OE. *thusend*—cp. G. *tausend*]

thrall [thrawl, থ্র্যল্] *n.* a slave or serf, ক্রীতদাস বা ক্রীতদাসস্বরূপ ভূমিজ প্রজা ; slavery or servitude, ক্রীতদাসত্ব বা গোলামি ; (fig.) bondage, (আল.) বন্ধন (in *thrall*)। *n.* **thral(l)°-dom**—ক্রীতদাসত্ব ; ক্রীতদাসের ন্যায় দায়িকতা, দাসত্ববন্ধন। [OE. *thræl* < ON. *thræll*]

thrash [thrash, থ্র্যাশ্] var. of **thresh**। **(to) thrash out**—(সমস্যাদির) আলোচনার দ্বারা সমাধান করা ; আলোচনার দ্বারা সত্য অবধারণ করা বা সিদ্ধান্তে উপনীত হওয়া। *n.* **thrash°ing**—পিটান ; খেলায় হারাইয়া দেওয়া। [OE. *therscan, threscan*]

thrasonic [thra-so°-nik, থ্র্যাস°নিক্], **thra-so°nical**—*a.* bragging, (প্রধানতঃ সৈনিক সম্বন্ধে) বড়াইকারী। [*Thrason*, the bragging soldier in Greek New Comedy, or *Thraso* in Terence's 'Eunuchus']

thread [thred, থ্রেড্] (1) *n.* a very thin line of any substance, সূত্র, সুতা ; a filament or fibre, অংশু, আঁশ ; the spiral part of a screw, স্ক্রুর পেঁচাল অংশ, (পরি.) গুণ ; a continuous link, (যুক্তিতর্কাদির) যোগসূত্র (to lose the *thread* of an argument)। (2) *v.t.* to pass a thread through, (সূচ প্রভৃতিতে) সুতা পরান ; to string on thread, মাল্যাকারে সুতায় গাঁথা ; to pass or pierce through, (সঙ্কীর্ণ পথাদির) ভিতর দিয়া যাওয়া বা ভেদ করা (to *thread* one's way through a crowd)। *a.* **thread°bāre**—(পোশাকাদি-সম্বন্ধে) সুতামাত্র অবশিষ্ট আছে এমন জীর্ণদশাপ্রাপ্ত ; নিতান্ত গতানুগতিক, মামুলী (*threadbare* arguments) ; ক্রমাগত বা অত্যধিক ব্যবহারের ফলে নীরস হইয়া গিয়াছে বা ছিবড়ামাত্র বাকি আছে এমন। *n.* **thread°-worm**—সুতা-ক্রিমি। **thread and thrum**—যাহা-কিছু ভাল-মন্দ সমস্ত একত্রে। *a.* **thread-like**—সুতার মত লম্বা ও সরু। **thread of life**—ভাগ্যদেবীরা জীবনের যে সুতা কাটেন বলিয়া কল্পনা করা হয়। **(to) hang by a thread**—বিপজ্জনক অবস্থার উপর নির্ভর করা। [OE. *thræd* —cp. *throw*]

threat [thret, থ্রেট্] *n.* declaration or indication of an intention to punish or hurt, শাস্তিদানের বা আঘাতকরণের ইচ্ছাপ্রকাশ অথবা তাহার লক্ষণ প্রদর্শন, ভীতি প্রদর্শন ; an indication of impending evil, আসন্ন অমঙ্গলের লক্ষণ। *v.t.* **threa°ten**—(কাহাকে) শাস্তি দিবার বা আঘাত করার ইচ্ছা প্রকাশ করা অথবা তাহার লক্ষণ দেখান, ভয় দেখান (to *threaten* an enemy) ; (কাহারও বা কিছুর) আসন্ন হওয়া বা উপরে ঘনাইয়া আসা ; বিপদের লক্ষণ দেখান। *adv.* **threa°-**

teningly । [OE. *threat* (*n.*) *threat*(*n*)*ian*(*v.*)—cp. L *trudere*=to thrust]

three [thrē, থ্রী] (**1**) *a.* & *n.* one and two, তিন। (**2**) *n.* a set of three, তিনজনের বা তিনটির সমষ্টি, ত্রয়; a card with three pips, তাসের তিরি; a stroke of three points etc., (ক্রিকেটাদি খেলায়) যে মারে তিন রান্ পয়েন্ট্ প্রভৃতি অর্জিত হয়; the third hour after midday or midnight, বেলা বা রাত্রি তিনটা। **rule of three**—(গণি.) ত্রৈরাশিক। *a.* **three°-cor°nered**—তেকোনা, ত্রিমুখী (a *three-cornered* contest)। **three°-fōld**—(**1**) *a.* তিনভাগে বিভক্ত; তিনগুণ। (**2**) *adv.* তিনভাগে; তিনগুণে। *a.* **three°-legged°**—তিনপেয়ে; তিন পায়ে অনুষ্ঠিত অর্থাৎ দুইজনের এক-এক পা পরস্পর আবদ্ধাবস্থায় অনুষ্ঠিত (*three-legged* race)। *n.* **three°pence**—(**1**) *a.* তিন পেনি মূল্যের। (**2**) *n.* তিন পেনী মূল্যের মুদ্রা। *a.* **three-ply°**—(পশম সুতা প্রভৃতি সম্বন্ধে) তিনগুণ করিয়া পাকান। **three°-quar°ter**—(**1**) *a.* তিন-চতুর্থাংশ; তিন সিকি বা পাদ পরিমাণ। (**2**) *adv.* তিন-চতুর্থাংশ পরিমাণে বা ভাগে; তিন সিকি বা পাদ পরিমাণে অথবা ভাগে। (**3**) *n.* (রাগ্‌বি প্রভৃতি খেলায়) হাফ্-ব্যাক্‌বিশেষ। *n.* & *a.* **three°-score°**—ষাট, ষষ্টি, (তু.) তিন-কুড়ি। *a.* **three°sīdėd**—ত্রিভুজী; ত্রি-পার্শ্ব। **three°some**—(**1**) *n.* তিন ব্যক্তির সমষ্টি, ত্রয়ী; তিনজনের উপযোগী ক্রীড়াদি। (**2**) *a.* তিনজনের উপযোগী। [OE. *threo, fem.* & *neut.* of *thri*—cp. Goth. *threis,* G. *drei,* L. *tres, tria,* Gk. *treis, tries, tria.* Sans. *tri*]

threnody [thrē°-na-di, থ্রী°ন্যাডি] *n.* an ode or song of lamentation, শোকগাথা বা শোক-সঙ্গীত। *n.* **thrē°nodist**—শোকগাথার বা শোক-সঙ্গীতের রচয়িতা অথবা গায়ক। [Gk. *threnoidia*]

thresh [thresh, থ্রেশ্] (**1**) *v.t.i.* to beat out (corn), (শস্যাদি) আছড়ান বা মাড়ান; to beat soundly, আচ্ছামত প্রহার করা। (**2**) *v.t.* to arrive at by debate, তর্কবিতর্কদ্বারা (সিদ্ধান্তাদিতে) উপনীত হওয়া; to defeat thoroughly, সম্পূর্ণ পরাস্ত করা। *p.* & *p. pt.* **thre°shed** । *n.* **thre°-sher**—thresh-এর সকল অর্থে, এবং—শস্য আছড়ানর বা মাড়াইয়ের দণ্ড অথবা যন্ত্র; শিয়ালমুখো হাঙ্গর-বিশেষ। *n.* **thre°shing**—শস্যাদি মাড়াই; আচ্ছামত প্রহার। *n.* **thre°shing-floor**—শস্যাদি আছড়ানর বা মাড়ানর জায়গা। *n.* **thre°shing-machine**—শস্যাদি আছড়ানর বা মাড়ানর কল। *n.* **thre°shing-mill**—শস্যাদি আছড়ানর বা মাড়ানর কারখানা। [OE. *therscan*—cp. G. *derschen*]

threshold [thresh°-ōld, থ্রেশ্°ওল্ড্] *n.* the sill of a house-door, বাড়ির দরজায় চৌকাটের নিম্নাংশ, গোবরাট; an entrance, প্রবেশস্থল; the outset, আরম্ভ, সূত্রপাত (on the *threshold* of a revolution)। [OE. *therscold, threscold*]

threshing—see **thresh.**

threw—see **throw.**

thrice [thrīs, থ্রাইস্] *adv.* three times, তিনগুণ, তিনবার। [ME. *thries*<OE. *thriwa, thriga*<*thri*=three]

thrift [thrift, থ্রিফ্ট্] *n.* state of thriving, উন্নতিশীল অবস্থা; frugality, মিতব্যয়িতা; the sea-pink, সমুদ্রতীরস্থ গোলাপী পুষ্পবিশেষ বা তাহার গাছ। *a.* **thrift°lėss**—অমিতব্যয়ী; অপব্যয়ী। *adv.* **thrift°lessly** । *n.* **thrif°lessnėss** । *a.* **thrif°ty**—মিতব্যয়ী; সঞ্চয়ী; মিতব্যয়ের ফলে উন্নতিশীল। *adv.* **thrif°tily** । *n.* **thrif°tinėss** । [see *thrive*]

thrill [thril, থ্রিল্] (**1**) *v.t.i.* to affect with, or feel, a sharp shivering sensation, শিহরিত বা রোমাঞ্চিত করা অথবা হওয়া (to be *thrilled* with joy, horror, etc.)। (**2**) *n.* a thrilling sensation, শিহরণ, রোমাঞ্চ। *n.* **thri°ller**—রোমাঞ্চকর গল্প বা উপন্যাস বা নাটক। *a.* **thri°lling**—রোমাঞ্চকর (a *thrilling* finish to the race)। [OE. *thyrlian*=to bore—cp. G. *drillen*]

thrive [thrīv, থ্রাইভ্] *v.i.* to grow vigorously, সতেজ হইয়া ওঠা; to prosper, উন্নতিলাভ করা; to flourish, সমৃদ্ধ হওয়া, প্রতিষ্ঠা লাভ করা; to be successful, সাফল্যলাভ করা। *p.* **thrōve,** (rare) **thrī°ved** । *p. pt.* **thri°ven** । [ON. *thrifa*=to grasp]

thro', thro—abbr. in writing of **through.**

throat [thrōt, থ্রোট্] *n.* the passage from mouth to stomach, কণ্ঠনালী; the forepart of the neck, গলা, কণ্ঠ; a narrow entrance, সঙ্কীর্ণ প্রবেশপথ; the narrow part of a pitcher etc., কুঁজা প্রভৃতির সরু অংশ। *a.* **throat°-ful°**—আকণ্ঠ। *a.* **throa°ty**—কণ্ঠ হইতে ধ্বনিত, কণ্ঠ্য; কর্কশ; খন্‌খনে; গম্ভীর কণ্ঠস্বরবিশিষ্ট; গলার সমস্ত জোর দিয়া উচ্চারিত; গলাধঃকরণে দক্ষ। *adv.* **throa°tily** । *n.* **throa°tinėss** । **(to) cut the throat, (to) cut one's throat**—কণ্ঠনালী ছেদন করা, জবাই করা; কাহারও পক্ষে স্বার্থহানিকর পন্থাবলম্বন করা। **(to) stick in one's throat**—গলার ভিতরে আটকান; (প্রস্তাবাদি সম্পর্কে) মানিয়া লওয়া শক্ত বোধ হওয়া; (বাক্যাদি সম্পর্কে) অনিচ্ছাবশতঃ উচ্চারণ করিতে কঠিন বোধ হওয়া। **sore throat**—কণ্ঠনালীর প্রদাহ। **to take by the throat**—গলা টিপিয়া ধরা। **(to) thrust down one's throat**—কাহারও উপরে জোর করিয়া নিজের মতাদি চাপান। [OE. *throte*—cp. *throttle*]

throb [throb, থ্রব্] (**1**) *v.i.* to beat strongly, (হৃৎপিণ্ড বা নাড়ী সম্বন্ধে) বেগে স্পন্দিত হওয়া, ধড়্‌ফড়্ করা। *pr. pt.* **thro°bbing** । *p.* & *p. pt.* **thro-bbed** । (**2**) *n.* a strong beat or pulsation, বেগে স্পন্দন, ধড়্‌ফড়ানি। *adv.* **thro°bbingly** । [ME. *throbben*—cp. L. *trepidus*=trembling]

throe [thrō, থ্রো] *n.* a spasm, অঙ্গের আক্ষেপ বা খিঁচুনি; a pang, তীব্র বেদনা বা যন্ত্রণা; birthpang, প্রসব-যন্ত্রণা। **in the throes of**—(আল.) নূতন কিছু সৃষ্টির প্রাক্কালে যে বেদনা হয় তাহা ভোগ করিতেছে এমন। [ME. *throwe*]

thrombosis [throm-bo°-sis, থ্রম্‌বৌ°সিস্] *n.* clotting of blood in blood-vessels, জীবিতাবস্থায় শোণিতকোষমধ্যে রক্তের ঘনীভবন বা তজ্জনিত পীড়া। *n.* **throm°bin**—রক্ততঞ্চনকারী উৎসেচকবিশেষ। **throm°bus**—তঞ্চিত রক্তপিণ্ড। **coronary thrombosis**—হৃৎপিণ্ডে রক্ত-সঞ্চালক শিরায় বা রক্তবাহে রক্তের তঞ্চন বা তজ্জনিত পীড়া। [Gk. *thrombos*=clot]

throne [thron, থ্রৌন্] **(I)** *n.* a chair of state for a sovereign, pope, bishop, etc., রাজা রানী পোপ্ বিশপ প্রভৃতির আসন, সিংহাসন; kingship, রাজপদ। **(2)** *v.t.* to enthrone, সিংহাসনে বসান, রাজপদাদিতে অধিষ্ঠিত করান। **the throne**—রাজ-সিংহাসন; রাজার বা রাণীর কর্তৃত্ব। [Gk. *thronos*=a seat]

throng [throng, থ্রং] **(I)** *n.* a crowd, ভিড়; a great multitude, মস্ত বড় দল বা গাদা বা ভিড়। **(2)** *v.t.i.* to crowd, ভিড়ে পূর্ণ করা বা ভিড় করা (people *thronged* to see the football match); to press, (কাহারও উপর) চাপ দেওয়া। [OE. *gethrang*<*thringan*=to press]

throstle [thros°l, থ্রস্‌°ল্] *n.* the song-thrush, গায়ক থ্রাশ্-পক্ষী; a kind of spinning machine, চরকা বিশেষ। [AS.—cp. G. *drossel*]

throttle [throt°l, থ্রট্‌°ল্] **(I)** *n.* the throat or windpipe, কণ্ঠ বা শ্বাসনালী; a valve regulating the supply of steam etc., in an engine, এন্‌জিনে বাষ্পাদির সরবরাহ-নিয়ন্ত্রক ভাল্‌ভ্ বা কপাটক, বাষ্পরোধী কপাটক (also **thrott°le-valve**)। **(2)** *v.t.* choke by pressure on the windpipe, টুঁটি টিপিয়া ধরিয়া শ্বাসরোধ করা; to strangle, to choke, শ্বাসরোধ করিয়া হত্যা করা, শ্বাসরোধ করা; to control the flow of (gas, petrol, etc.) (বাষ্পাদির) স্রোত অর্থাৎ প্রবেশ বা নির্গমন নিয়ন্ত্রিত করা; to reduce speed of (an engine) by doing so, বাষ্পাদির সরবরাহ নিয়ন্ত্রণপূর্বক (যন্ত্রাদির) গতিবেগ হ্রাস করা (to *throttle* down)। [dim. of *throat*]

through [throo, থ্রূ] **(I)** *prep.* & *adv.* from end to end, side to side (of), এক প্রান্ত বা পার্শ্ব হইতে অন্য প্রান্ত বা পার্শ্ব পর্যন্ত; from place to place within, ভিতরের একস্থান হইতে অন্য স্থানে; everywhere within, ভিতরে সর্বত্র; by way of, পথ দিয়া; along the passage of, ধরিয়া ব্যাপিয়া (*through* the day or night); all the way, সারাপথ ব্যাপিয়া; clear (of), সম্পূর্ণ শেষ করিয়া; from beginning to the end (of), আদ্যন্ত, আগাগোড়া; to the end (of), শেষ পর্যন্ত। **(2)** *prep.* by means of, সাহায্যে, দ্বারা। **(3)** *a.* passing, গমনকর; serving for passage, গমনাগমনের পথ দেয় এমন; all the way without interruption, অবাধে সর্বপথব্যাপী বা সর্বপথগামী। *prep.* & *adv.* **through°out**—সর্বত্রব্যাপী; সর্বাংশে। *n.* **through°put**—একবারে উৎপন্ন শিল্পদ্রব্যের পরিমাণ। **all through**—(কোন-কিছুর সঙ্ঘটনকালে) সব সময় ব্যাপিয়া। **(to) be through**—(কার্যাদি) শেষ বা সমাপ্ত করা; (কাহারও বা কিছুর সম্পর্কে) আর কিছু করার না থাকা। **through and through**—সর্বত্র ব্যাপিয়া;. সম্পূর্ণভাবে; সর্বাংশে। [OE. *thurh*—cp. G. *durch*]

throve—see **thrive.**

throw [thro, থ্রৌ] **(I)** *v.t.* to twist together, (সুতাদি) পাকান; to form on a wheel, কুমোরের চাকে ফেলিয়া (গোলাকার মৃন্ময় পাত্রাদি) তৈয়ারি করা; to hurl, সবেগে নিক্ষেপ করা, ছোড়া; to emit, নির্গত করা; to make a cast of dice amounting to, পাশার (কোন) দান ফেলা (to *throw* six); to dislodge from the saddle, অশ্বাদির জিনের উপর হইতে (আরোহীকে) ফেলিয়া দেওয়া; to cast down in wrestling, কুশতিতে (প্রতিদ্বন্দ্বীকে) আছাড় দেওয়া বা ভূপাতিত করা; to put in some place or condition, (প্রধানতঃ অকস্মাৎ) কোন স্থানে বা অবস্থায় স্থাপন করা অথবা ফেলা; to put, রাখা, স্থাপন করা। **(2)** *v.i.* to cast or hurl, নিক্ষেপ করা, ছোড়া; to cast dice, পাশার দান ফেলা। *p.* **threw** [throo, থ্রূ]। *p. pt.* **thrown**। **(3)** *n.* throwing, নিক্ষেপণ, নিক্ষেপ; a cast, প্রধানতঃ পাশার দান বা বঁড়শির সুতা নিক্ষেপ; a cast of dice amounting to a certain point, পাশার দান; the distance to which anything may be thrown, যতদূর ব্যবধানে কিছু নিক্ষেপ করা যায়; (geol.) the vertical displacement of a fault, (ভূবি.) ভ্রংসের ঊর্ধ্বাধঃ চ্যুতি। *n.* **throw°-back**—পশ্চাদপসরণ, প্রত্যাগতি; বাধা। *n.* **throw°er**। *n.* **throw°-in**—ভিতরে নিক্ষেপ; ফুটবল্ খেলার বল্ মাঠের চৌহদ্দির বাহিরে গেলে তাহা নিয়মমাফিকভাবে মাঠের মধ্যে নিক্ষেপ, থ্রো। **(to) throw about**—ইতস্ততঃ ছড়াইয়া ফেলা। **(to) throw away**—বর্জন করা বা প্রত্যাখ্যান করা; একপাশে ছুড়িয়া ফেলা; অপব্যয় করা; সুযোগাদির সুবিধাগ্রহণে অক্ষম হওয়া; অপাত্রে অর্পণ করা (to *throw away* honours)। **(to) throw back**—সমুচিত প্রত্যুত্তর দেওয়া; প্রত্যাখ্যান করা; পূর্বপুরুষের কোন বৈশিষ্ট্য (এক বা একাধিক পুরুষ বাদে) পুনরায় পাওয়া। **(to) throw good money after bad**—পূর্বের লোকসান সামলাইবার চেষ্টায় অধিকতর লোকসানের দায়ে জড়াইয়া পড়া। **(to) throw in**—ভিতরে নিক্ষেপ করা; খেলার মাঠের মধ্যে (ফুটবল্) নিক্ষেপ করা, থ্রো করা, অতিরিক্তভাবে সংযোজন করা। **(to) throw off**—খসাইয়া ফেলা; (পোশাকাদি) দ্রুত বা যেমন-তেমন করিয়া খুলিয়া ফেলা; বিযুক্ত বা বিমুক্ত করা, উপস্থিতমত অর্থাৎ পূর্বপ্রস্তুতি ছাড়াই বলা বা রচনা করা। **(to) throw on**—তাড়াতাড়ি বা যেমন-তেমন করিয়া পরিধান করা। **(to) throw oneself down**—লম্বা হইয়া শুইয়া

পড়া। **(to) throw oneself into**—মন-প্রাণ দিয়া (কার্যাদিতে) নিরত হওয়া। **(to) throw oneself on** or **upon**—আক্রমণ করা, ঝাঁপাইয়া পড়া; ক্ষমতা বা পদ গ্রহণ করা। **(to) throw open**—(দরজা জানালা বাক্সের ডালা প্রভৃতি) সম্পূর্ণ খুলিয়া ফেলা; অবাধে অভিগম্য বা প্রাপ্তিসাধ্য করান। **(to) throw out**—ছুড়িয়া ফেলা; বর্জন করা; বাহির করিয়া দেওয়া; বহিষ্কৃত করা; নির্গত করা; অভিক্ষিপ্ত বা প্রক্ষিপ্ত করা, বহির্দিকে প্রসারিত করা। **(to) throw over**—পরিত্যাগ করিয়া যাওয়া; ইস্তফা দেওয়া, পদাদি ত্যাগ করা। **(to) throw a sop to Cerberus**—ঝামেলা-সৃষ্টিকারী লোকের ঘুষ প্রভৃতি দ্বারা সন্তোষ বিধান করা। **(to) throw together**—সাত-তাড়াতাড়ি (উপাদানাদি) একত্রিত করা বা সংগ্রহ করা। **(to) throw up**—(খাদ্যাদি) বমি করিয়া তোলা, উদ্গীর্ণ করা (the baby has *thrown up* milk); (চাকরি পদ প্রভৃতি) পরিত্যাগ করা, ইস্তফা দেওয়া (to *throw up* one's job); হতাশায় হাল ছাড়িয়া দেওয়া; (চক্ষু) ঊর্ধ্বদিকে তোলা (to *throw up* one's eyes=আতঙ্কাদিতে চক্ষু উপরে তোলা)। [OE. *thrawan*=to turn, twist—cp. G. *drehen*]

thrum₁ [thrum, থ্রাম্] *n.* the ends of a weaver's thread, বস্ত্রাদি বয়নে সুতার নলী ফুরাইয়া গেলে উহার যে অবশিষ্ট ক্ষুদ্র টুকরা পরিত্যক্ত হয়; any loose thread or fringe, আলগা সুতা বা ঝালর অথবা তাহার ফেঁসো; bits of coarse yarn, মোটা সুতার টুকরা বা ফেঁসো। [AS.—cp. G. *trumm*]

thrum₂ [thrum, থ্রাম্] **(1)** *v.t.i.* to strum, (যন্ত্রাদিতে) একঘেঁয়েভাবে সুর বাজান বা টুংটাং করা; to drum with the fingers, (টেবিলাদি) আঙ্গুল দিয়া বাজান। *pr. pt.* **thru°mming** । *p. & p. pt.* **thru°mmed** । **(2)** *n.* a strumming or its sound, একটানাভাবে সুরবাদন বা উক্ত বাদনধ্বনি, আঙ্গুল দিয়া (টেবিলাদি) বাদন বা উক্ত বাদনের শব্দ। [imi.]

thrush₁ [thrush, থ্রাশ্] *n.* a song-bird, গায়ক পক্ষিবিশেষ। [OE. *thrysce*]

thrush₂ [thrush, থ্রাশ্] *n.* a disease affecting horse's foot, ঘোড়ার পায়ের ক্ষতরোগবিশেষ; an infantile disease, শিশুদের মুখ ও গলায় ক্ষতবিশেষ। [?]

thrust [thrust, থ্রাস্ট্] **(1)** *v.t.i.* to push, ঠেলিয়া দেওয়া, ধাক্কা দেওয়া; to force, জোরে ঠেলিয়া বা ঢুকাইয়া দেওয়া; to stab or pierce, বিদ্ধ করা, ভেদ করা (he *thrust* a dagger into the enemy's heart); to intrude, অনধিকার প্রবেশ বা হস্তক্ষেপ করা। *p. & p. pt.* **thrust** । **(2)** *n.* a push, ঠেলা, ধাক্কা; a stab, তরওয়াল ছোরা প্রভৃতির খোঁচা। *n.* **thrus°ter**—thrust-এর সকল অর্থে, এবং—যে ব্যক্তি সুবিধালাভের জন্য ঠেলাঠেলি করিয়া অগ্রসর হয়। **some people have greatness thrust upon them**—কোন কোন ব্যক্তি বিনা প্রচেষ্টায় খ্যাতি অর্জন করে। [ON. *thrysta(v.)*]

thud [thud, থাড্] *n.* a dull sound as of a heavy body falling soft, নরম বস্তুর উপর ভারী বস্তুর পতনের শব্দ, ধপ্ বা ধুপ্ শব্দ (he fell with a *thud*)। [OE. *thyddan*=to strike ?]

thug [thug, থাগ্, ঠাগ্] *n.* a member of a fraternity of assassins in India, ভারতের ঠগী-দস্যু, ঠগ্; a cut-throat, গলা-কাটা, খুনে; a ruffian, দুর্বৃত্ত। *n.* **thugg°ee°**—ঠগী-দস্যুসম্প্রদায়। *n.* **thugg°ery** । [Hin. *thag*]

Thule [thoo°-li, থূলি] *n.* an island discovered by Pytheas, খ্রিঃ পূঃ চতুর্থ শতাব্দীতে পিথিঅ্যাস কর্তৃক আবিষ্কৃত Orkney-র উত্তরে অবস্থিত দ্বীপবিশেষ (বর্তমানে ইহাকে Shetland, Iceland, Norway বা Jutland বলিয়া মনে করা হয়); the extreme limit, শেষ সীমা। [L.]

thumb [thum, থাম্] **(1)** *n.* the short thick finger set apart and opposite to others in the human hand, or the corresponding digit in animals, হাতের বুড়ো আঙ্গুল, অঙ্গুষ্ঠ। a thumb's breadth, অঙ্গুষ্ঠের প্রস্থপরিমাণ মাপ অর্থাৎ এক ইঞ্চি। **(2)** *v.t.* to handle awkwardly, জবুথবুভাবে হাত দিয়া নাড়াচাড়া করা; to play, spread, touch, press, wear, or soil with the thumb, অঙ্গুষ্ঠদ্বারা খেলা বাজান ছড়ান ছোঁয়া চাপ দেওয়া পরা বা ময়লা করা। *n.* **thumb°-mark, thumb°-print**—অঙ্গুষ্ঠের ছাপ বা দাগ। **thumbnail sketch**—অতি ক্ষুদ্র প্রতিমূর্তি বা চিত্র; অতি সংক্ষিপ্ত বর্ণনা। *n.* **thumb°screw**—শাস্তিদানের প্রাচীন যন্ত্রবিশেষ (ইহাতে স্ক্রুর দ্বারা অঙ্গুষ্ঠে চাপ দিয়া পীড়ন করা হইত)। *n.* **thumb°-stall**—অঙ্গুষ্ঠে পরার খাপ, অঙ্গুষ্ঠানা। **Thumbs up!**—সন্তোষ বা জয়োল্লাস প্রকাশক উক্তি। **rule of thumb**—প্রধানতঃ অভিজ্ঞতালব্ধ এবং আইনকানুন-হীন ব্যবহারিক প্রণালী বা পদ্ধতি, হাতুড়ে প্রণালী। **under (one's) thumb**—(কাহারও) কর্তৃত্বাধীনে। **(to) keep one's thumb on**—গোপন রাখা। **(to) thumb one's nose at**—বুড়ো আঙ্গুলের দ্বারা নাক স্পর্শ করিয়া কাহারও প্রতি তাচ্ছিল্য প্রকাশ করা। **(to) thumb a lift**—বুড়ো আঙ্গুলের দ্বারা সঙ্কেত করিয়া চল্তি মটর গাড়িতে জায়গা করিয়া লওয়া। [OE. *thuma* cp. G. *daumen*]

thump [thump, থাম্প্] **(1)** *n.* a dull heavy blow or its sound, দুম্-শব্দে আঘাত বা দুম্-শব্দ। **(2)** *v.i.* to make this sound, দুম্-শব্দ করা। **(3)** *v.t.* to beat with a thump, দুম্-শব্দে প্রহার বা আঘাত করা। *p. & p. pt.* **thum°ped** । *n.* **thum°per**—thump (*v.*)-এর সকল অর্থে, এবং—(কথ্য.) মস্ত বড় বস্তু বা মিথ্যা কথা। *a.* **thump°ing**—(কথ্য.) অস্বাভাবিকরকম বড়। [imi.]

thunder [thun°-da(r), থান্°ডা়া(র্)] **(1)** *n.* the deep rumbling sound following a flash of lightning, বজ্রনির্ঘোষ; loud voice, উচ্চ নাদ

(*thunders* of applause) ; a thunderbolt, বজ্র, অশনি ; vehement denunciation, প্রকাশ্যভাবে তীব্র নিন্দা বা অভিযোগ। (2) *v.i.* to give forth thunder, বজ্রধ্বনি করা ; to sound as thunder, বজ্রনির্ঘোষের ন্যায় ধ্বনিত হওয়া ; to inveigh or denounce vehemently, তীব্র নিন্দা বা অভিযোগ করা। (3) *v.t.* to give out with noise or violent denunciation, প্রচণ্ড শব্দে অথবা তীব্র নিন্দা বা অভিযোগ করিয়া প্রকাশ করা ; to strike like a thunderbolt, বজ্রতুল্য আঘাত করা। *n.* **thun°derbōlt**—বজ্রপাণি দেবতার অস্ত্র ; দিব্যাস্ত্ররূপে পরিগণিত বিদ্যুৎচমক ; বজ্র ও অশনি ; আকস্মিক ও অভিভবকর বস্তু। *n.* **thun°der-clap**—আকস্মিক বজ্রপাত বা বজ্রধ্বনি। *n.* **thun°der-cloud**—বিদ্যুৎপূর্ণ মেঘ। *n.* **thun°derer**—বজ্রদেবতা বা বজ্রপাণি ; তীব্র নিন্দাকারী ; অভিযোগকারী বক্তা সাংবাদিক অথবা সংবাদপত্র। **the Thun°derer**—দেবরাজ জুপিটার। *n.* **thun°der-god**—বজ্রদেবতা, বজ্রপাণি। *adv.* **thun°deringly**। *a.* **thund(e)-rous** [thun°-dras, থান্‌°ড্‌র্যাস্] বজ্রধ্বনিতুল্য, বজ্রতুল্য ভয়ঙ্কর ; বজ্রধ্বনিপূর্ণ। *n.* **thun°der-peal**—বজ্রনির্ঘোষ। *n.* **thun°der-shower**—বজ্রবিদ্যুৎ-সহ বৃষ্টি। *n.* **thun°der-storm**—বজ্রবিদ্যুৎপূর্ণ ঝড়-বৃষ্টি। *a.* **thun°der-struck**—বজ্রাহত ; বিস্ময়ে হতবাক্। *a.* **thun°dery**—বজ্রপাতের লক্ষণপূর্ণ (*thundery* condition may develop) ; বজ্রপাত-পূর্ণ ; বজ্রধ্বনিপূর্ণ। *a.* **thun°dering**—খুব বেশি রকম ; অত্যুগ্র (*thundering* rage)। **(to) steal one's thunder**—কাহারও আবিষ্কার আবিষ্কর্তার বিরুদ্ধেই প্রয়োগ করা ; কেহ কোন গল্প বলিতে গেলে পূর্বেই তাহা বলিয়া দেওয়া, কাহারও তাক লাগাইবার চেষ্টা পূর্বেই আন্দাজ করিয়া ব্যাহত করা। [OE. *thunor*=thunder, *Thunor*=the thunder-good Thor, G. *donner*, L. *tonare*]

thurible [thooar°-ibl, থুআ্যার্‌°ইব্‌ল্] *n.* a censer, ধুনুচি। [L. *thuribulum*]

Thursday [tha(r)z°-di, থ্যা(র্)জ্‌°ডি] *n.* the fifth day of the week, বৃহস্পতিবার। [OE. *Thunres daeg*—Thunor's day<ON. *Thorsdagr*= Thor's day]

thus [dhus, দাস্] *adv.* in this or that manner, এই বা ঐ ধরনে ; to this degree or extent, এই মাত্রা বা দূর পর্যন্ত (*thus* far) ; accordingly, এতদনুসারে। [AS.]

thwack [thwak, থ্যাআ্যাক্] var. of **whack.**

thwart [thwa(r)t, থ্যাআ্যা(র্)ট্] *v.t.* to frustrate or foil, ব্যাহত করা বা ব্যর্থ করা ; to cross (wish, purpose), (ইচ্ছা, উদ্দেশ্য প্রভৃতিতে) বাধা দেওয়া। [ON. *thevrt*=perverse]

thy [dhɪ, দাই] *poss. pro.* or *a.* of **thee, thine,** আপনার, তোমার, তোর। *refl. pro.* **thy°self**—আপনি তুমি বা তুই স্বয়ং। [<*thine*]

thyme [tɪm, টাইম্] *n.* a common name for certain herbs, সুগন্ধ পত্রযুক্ত গুল্মবিশেষ। *n.* **thy-mol** [thɪ°-mol, থাই°মল্] উক্ত গুল্মজাত বীজ-বারক তৈল। [F. *thym*<L. *thynum*<Gk. *thymom*]

thyroid [thɪ°-royd, থাই°রয়্‌ড্] (1) *a.* shield-shaped, ঢালের ন্যায় আকারযুক্ত ; of a ductless gland in the neck, or of the principal cartilage of the larynx, ঘাড়ের অনালগ্রন্থি-সংক্রান্ত বা স্বরযন্ত্রের তরুণাস্থি-সংক্রান্ত। (2) *n.* the thyroid gland or cartilage, উক্ত অনালগ্রন্থি বা তরুণাস্থি। [Gk. *thyreoeides*]

thyself—see **thy.**

tiara [ti-ŭ°-ra, টিআ°র্যা] *n.* the lofty ornamental head-dress of ancient Persians, প্রাচীন পারস্যবাসীদের কারুকার্যময় উঁচু পাগড়ি বা তাজ ; the pope's diadem, পোপের মুকুট ; the papal office, পোপের পদ-সংক্রান্ত কার্য ; a jewelled head-ornament, শিরপেঁচ, টিকলি, টায়রা। [Gk.]

Tibetan [ti-be°-tan, টিবে°ট্যান্] (1) *a.* of Tibet, তিব্বতী। (2) *n.* an inhabitant of Tibet, তিব্বতবাসী।

tibia [ti°-bi-a, টি°বিআ্যা] *n.* the shinbone, জঙ্ঘাস্থি। *a.* **ti°bial**—জঙ্ঘাস্থিগত। [L.]

tic [tic, টিক্] *n.* a convulsive motion of certain muscles, (প্রধানতঃ মুখমণ্ডলের) কোন কোন মাংসপেশীর আক্ষেপ বা খিঁচুনি। [F.]

tick$_1$ [tik, টিক্] *n.* a common name for certain insect parasites, পরজীবী কীটবিশেষ, এঁটেল পোকা। **tick fever**—উক্ত কীটের দংশনজনিত জ্বর। [OE. *ticia*]

tick$_2$ [tik, টিক্] *n.* the cover of a mattress or bolster, গদি জাজিম তোশক বালিশ প্রভৃতির খোল। *n.* **tick°(ing), ti°cken**—উক্ত খোল তৈয়ারি করার কাপড় বা ছিট্। [L. *theca*<Gk. *theke*=a case]

tick$_3$ [tik, টিক্] (1) *n.* the sound of a watch, clock, etc., ঘড়ির টিক্‌টিক্ ধ্বনি ; a beat, (মৃদু) স্পন্দন ; a small mark, ক্ষুদ্র চিহ্ন, টিক্-চিহ্ন। (2) *v.i.* to make a sound as of a clock, টিক্‌টিক্-শব্দ করা ; to beat, স্পন্দিত হওয়া। (3) *v.t.* to mark with a tick, টিক্-চিহ্নদ্বারা চিহ্নিত করা, টিক্ দেওয়া। *n.* **ti°ck-ta°ck**—(ঘোড়দৌড়ের মাঠে প্রচলিত) সঙ্কেত প্রেরণের প্রণালীবিশেষ। *n.* **tick-tock°**—বড় ঘড়ির টিকটিক শব্দ। *n.* **ti°cker**—tick (*v.*)-এর সকল অর্থে, বিশেষতঃ—যে যন্ত্রদ্বারা ফিতার উপরে তারবার্তা মুদ্রিত করা হয় ; (অশি.) ঘড়ি (সচ. পকেট-ঘড়ি) ; (রসি.) হৃৎপিণ্ড। **in two ticks**—মুহূর্তমধ্যে। **(to) tick one off**—(অশি.) তিরস্কার করা। **(to) tick over**—(এনজিন-সম্বন্ধে) গিয়ারগুলি বিচ্ছিন্ন হওয়ার ফলে ধীরে ধীরে চলা। **to** or **on the tick**—সময়নিষ্ঠভাবে, ঠিক সময়ে। [ME. *tek*=a light tap—cp. Du. *tik*]

tick$_4$ [tik, টিক্] (1) *n.* (sl.) credit, ধার। (2) *v.i.* to give or get on credit, ধারে বেচা বা কেনা।

n. **tick°-shop**—যে দোকান হইতে ধারে জিনিসপত্র কেনা যায়। [<*ticket*]

ticken—see **tick$_2$.**

ticker—see **tick$_3$.**

ticket [ti°-kit টি°কিট্] *n.* a card, slip, or paper bearing a notice or serving as a token of any right or debt, কোন বিজ্ঞপ্তি-সংবলিত অথবা কোন অধিকার-বা-দেনা-নির্দেশক কার্ড কিংবা কাগজ, টিকিট; a list of candidates put forward by a party for election, রাজনৈতিক দল কর্তৃক প্রকাশিত উক্ত দলের মনোনীত নির্বাচন-প্রার্থীদের তালিকা; (fig.) principles of a political party, particularly at the time of an election, কোন রাজনৈতিক দলের নীতি ও মতবাদ, বিশেষতঃ নির্বাচনের সময় (congress *ticket*)। *n.* **ti°ckét-che°cker**—রেল থিএটার বায়স্কোপ্ প্রভৃতির টিকিট-পরীক্ষক। **the ticket**—উচিত কর্তব্য বা কর্ম। **ticket of leave**—দণ্ডকাল অংশতঃ কাটিয়া যাওয়ার পর কয়েদিকে প্রদত্ত শর্তাধীনে মুক্তির আদেশ। **return ticket**—যে টিকিট-বলে নির্দিষ্ট গন্তব্যস্থলে ভ্রমণ করিয়া যাত্রারম্ভস্থলে ফিরিয়া আসা যায়। **season ticket**—(রেলগাড়ী প্রভৃতির) যে টিকিট নির্দিষ্ট কালসীমার মধ্যে যতবার ইচ্ছা ব্যবহার করা যায়। **through ticket**—যে টিকিট-বলে যাত্রারম্ভস্থল হইতে গন্তব্যস্থল পর্যন্ত ভ্রমণ করা যায় (অর্থাৎ পথিমধ্যে আর টিকিট কিনিতে হয় না)। [OF. *estiquet(te)*]

ticking—see **tick$_2$.**

tickle [tik°l, টিক্°ল্] **(1)** *v.t.* to excite with a pleasant thrill, আনন্দদায়ক শিহরণ জাগান, পুলক-রোমাঞ্চিত করা; to affect with a disturbing feeling of a light touch, tending to excite laughter, সুড়সুড়ি বা কাতুকুতু দেওয়া; to amuse, মজা পাওয়ান; to touch lightly, আলতোভাবে স্পর্শ করা। **(2)** *v.i.* to be the seat of an itching feeling, সুড়সুড় করা (my nose *tickles*)। **(3)** *n.* the act or feeling of tickling, সুড়সুড়ি প্রদান বা সুড়সুড়ি বোধ, সুড়সুড়ি। *n.* **tick°ler**—যে বা যাহা সুড়সুড়ি দেয় অথবা পায়; তুলি; ধাঁধা। *a.* **tick°lish**—সহজেই সুড়সুড়ি পায় এমন; অটল নহে এমন, অনটল, অদৃঢ়; ধাঁধাপূর্ণ, কঠিন; সহজেই বিচলিত বা মর্মপীড়িত হয় এমন; সূক্ষ্ম; সঙ্কটপূর্ণ; অতি সন্তর্পণে সমাধানযোগ্য (*a ticklish* question, situation etc.)। [<*kittle* by metathesis ?]

tick-shop—see **tick$_4$.**

tidal—see **tide.**

tidbit [tid°-bit, টিড্°বিট্] var. of **titbit.**

tiddl(e)y [tid°li, টিড্°লি] *a.* (colloq.) small, ছোট; negligible, গ্রাহ্য করার মত নয়; tipsy, slighty drunk, ঈষৎ পানোন্মত্ত। [?]

tide [tīd, টাইড্] **(1)** *n.* a time, সময়, কাল (even*tide*); season, ঋতু, যথাকাল: a festival, পর্ব (Christmas*tide*); ebb and flow, (প্রধানতঃ সমুদ্রের) জোয়ারভাটা; a flow, প্রবাহ; flood-tide, ভরা জোয়ার। **(2)** *v.t.i.* to carry or run in the tide, স্রোতে ভাসাইয়া নেওয়া অথবা ভাসিয়া যাওয়া: to get over difficulties etc., বিপদাদি হইতে উদ্ধার পাওয়া। *a.* **ti°dal**—জোয়ার-ভাটা-সংক্রান্ত বা স্রোত-সংক্রান্ত অথবা তদ্দ্বারা নিয়ন্ত্রিত কিংবা তদুপরি নির্ভরশীল। *n.* **tide°way**—যে খালের মধ্যে জোয়ার-ভাটা খেলে; উক্ত খালের জোয়ার-ভাটা। **tidal wave**—(প্রধানতঃ জাপানী) সমুদ্রাদির কূল-ভাসান প্রচণ্ড তরঙ্গ, (পরি.) বেলোর্মি। **(to) tide it over**—বিপদাদি কাটাইয়া উঠা। [OE. *tid*—cp. Du. *tijd*]

tidily, tidiness—see **tidy.**

tidings [tī°-dingz, টাই°ডিংজ্] *n. pl.* news, সংবাদ, খবর। [OE. *tidung*<*tidan*=to tide, happen—cp. ON. *tithindi*]

tidy [tī°-di, টাই°ডি] **(1)** *a.* in good condition, উত্তম অবস্থায় আছে এমন; orderly, সুশৃঙ্খল বা সুবিন্যস্ত; trim, ফিটফাট, ছিমছাম; neat, পরিষ্কার-পরিচ্ছন্ন, পরিপাটী। **(2)** *v.t.* to make tidy, পরিষ্কার-পরিচ্ছন্ন করা; to put in order, যথাযথভাবে সাজাইয়া রাখা। *adv.* **ti°dily**। *n.* **ti°diness**। [<*tide*—cp. G. *zeitig*]

tie [tī, টাই] **(1)** *v.t.* to bind or fasten, বন্ধন করা; to knot, (নেকটাই, জুতার ফিতা, প্রভৃতি) গিঁট দিয়া বাঁধা, গিঁট দেওয়া; to restrict, নিয়ন্ত্রিত বা সংযত করা; to unite, মিলিত করান: to subject to bonds, চুক্তি শর্ত বাধ্যবাধকতা প্রভৃতির অধীন করা। **(2)** *v.i.* to be equal in votes or score, ভোটে বা খেলার পয়েন্টাদিতে সমান-সমান হওয়া। **(3)** *n.* a knot, bow, etc. গ্রন্থি গিঁট প্রভৃতি; a bond, বন্ধন (*ties* of friendship); a string, ribbon, etc., দড়ি, ফিতা প্রভৃতি; a necktie, নেকটাই, টাই; a restraint, নিয়ন্ত্রক বাধা; an obligation, বাধ্যবাধকতা; equality in votes or scores, সমান-সমান ভোট বা খেলার পয়েন্ট্ অর্জন; a match in any stage of a tournament in which losers are eliminated, নক্-আউট্ ক্রীড়াপ্রতিযোগিতার যে কোন খেলা; ইহার একটি খেলায় পরাজিত হইলে প্রতিযোগিতায় আর অংশগ্রহণ করা যায় না। *a.* **tie-on**—ফিতা দড়ি প্রভৃতির সাহায্যে বাঁধা হইয়াছে এমন। *n.* **tie°-pin**—শোভাবর্ধনার্থ নেকটাইতে আঁটার পিন্। *n.* **tie°-up**—ক্রিয়াকলাপের নিবৃত্তি; বৃহত্তর বা উচ্চতর কিছুর মধ্যে অন্তর্ভুক্তি; অংশীদারি; চুক্তি। *n.* **a tied house**—যে পানশালায় চোলাইখানায় প্রস্তুত মদ পরিবেশিত হয়। **a tied cottage**—যে কুটীরে বা গৃহে গৃহস্বামী এই শর্তে তাহার ভৃত্যদের থাকিবার স্থান করিয়া দেয় যে চাকুরি ছাড়িলে বাসস্থানও ছাড়িতে হইবে। **(to) be tied up (with)**—(কাহারও সহিত) সম্পর্কযুক্ত হওয়া। **(to) be tied up, (to) get tied up**—বিবাহিত হওয়া, বিবাহ করা; বিশৃঙ্খলভাবে বিজড়িত হওয়া, জট পাকান; অচল অবস্থায় আসা। [OE. *teah(n.)*, *tigan(v.)*]

tier [tēə(r), টিয়্যা(র্)] *n.* a row, rank, or layer,

(প্রধানত: একটির উপর একটি করিয়া বিন্যস্ত) সারি, পদশ্রেণী, স্তর। [F. *tire*]

tierce [tē(r)s, টিয়্যা(র্)স্] *n.* one-third of a pipe, তরল পদার্থ-পরিমাপক নলের এক-তৃতীয়াংশ; a cask of that capacity, এক-তৃতীয়াংশ নল-পরিমাণ তরল পদার্থ ধরে এমন পিপা; a position in fencing, অসিক্রীড়ায় দাঁড়ানর ভঙ্গি। *n.* **tierce** [ta(r)s, ট্যা(র্)স্] একই রঙের পরপর তিনখানা তাস। [OF.=a third]

tiers etat [tī(r)z°, ā-tǖ°, টাইয়্যা(র্)জ়্° এইটা°] same as **third estate** (see **estate**)।

tiff₁ [tif, টিফ্] **(1)** *n.* a draught of liquor, এক চুমুক মদ। **(2)** *v.i.* to sip, চুমুক দেওয়া; to lunch, মধ্যাহ্নভোজন করা, লান্‌শ্ খাওয়া। *p.* & *p. pt.* **ti°ffed**। [?]

tiff₂ [tif, টিফ্] **(1)** *n.* a slight quarrel, সামান্য কলহ (to have a *tiff* with)। **(2)** *v.i.* to have a tiff, সামান্য কলহ করা। *p.* & *p. pt.* **ti°ffed**। [?]

tiffany [ti°-fa-ni, টি°ফ্যানি] *n.* a silklike gauze, রেশমতুল্য পাতলা কাপড়বিশেষ। [Gk. *theophaneia*]

tiffin [ti°-fin, টি°ফিন্] *n.* a light meal, জলখাবার। [A. Ind. distortion of *tiffing*<*tiff₁*]

tiger [tī°-ga(r), টাই°গ্যা(র্)] *n.* a beast of prey, ব্যাঘ্র, বাঘ, শার্দুল; (fig.) a ferocious or bloodthirsty man, (আল.) হিংস্র বা রক্তপিপাসু পুরুষ। *fem.* **ti°gress**। **paper tiger**—কাগুজে বাঘ, আতঙ্কের কারণ নহে এমন ব্যক্তি বা বস্তু। *n.* **ti°ger-cat**—বনবিড়াল। *n.* **tiger°-lily**—এক রকমের পদ্মফুল। *a.* **ti°gerish**—ব্যাঘ্রবৎ (হিংস্র)। [F. *tigre* <L. *tigris*<Gk.<? Zend]

tight [tīt, টাইট্] *a.* close, ঘেঁষাঘেঁষিভাবে স্থাপিত; compact, নিবিড়ভাবে পূর্ণ; close-fitting, (পোশাকাদি-সম্বন্ধে) আঁটসাট; tense, অনিশ্চয়তাপূর্ণ বা সঙ্কটপূর্ণ (*tight* place); firmly fixed or attached, দৃঢ়ভাবে স্থাপিত বা সংলগ্ন; impervious or proof, অভেদ্য বা প্রতিরোধক্ষম (air-*tight*); characterized by want of money, অর্থাভাবযুক্ত, অসচ্ছল; not easily obtainable, (টাকাকড়ি-সম্বন্ধে) দুর্লভ; drunk, মাতাল, মদোন্মত্ত। **tight corner**—যে আকস্মিক অবস্থাসঙ্কট সহজে এড়ান যায় না। *v.t.i.* **tighten**—ঘেঁষাঘেঁষিভাবে স্থাপিত ঘনসম্বদ্ধ আঁটসাট অনিশ্চয়তাপূর্ণ বা সঙ্কটপূর্ণ দৃঢ়স্থাপিত বা দৃঢ়সংলগ্ন অভেদ্য অর্থাভাবপূর্ণ দুর্লভ অথবা মদোন্মত্ত করা কিংবা হওয়া। **(to) tighten one's belt**—(কৌতু.) অনাহারে থাকা, (তু.) পেটে গামছা বেঁধে থাকা। *n.* **ti°ghtener**। *a.* **tight°-fis°ted**—ব্যয়কুণ্ঠ, কৃপণ-স্বভাব। *a.* **ti°ght°-li°pped**—দৃঢ়ভাবে ঠোঁট বন্ধ রাখে এমন অর্থাৎ খুব কম কথা বলে বা মোটেই কিছু বলে না এমন। *adv.* **tight°ly**। *n.* **tight°ness**। *n.* **tight°-rōpe**—যে টাঙান দড়ির উপর চড়িয়া দড়াবাজিকর ক্রীড়া-কৌতুক দেখায়। **tight schedule**—ঠাসা কার্যক্রম বা কার্যতালিকা। *n. pl.* **tights**—অশ্বারোহণকালে পরিধেয় আঁটসাট পাজামা; দড়াবাজিকর নর্তক প্রভৃতির আঁটো পোশাক। *n.* **tight°wad**—(অশি.) ব্যয়কুণ্ঠ ব্যক্তি, কৃপণ। [ME. *thight*<? ON. *thettr*]

tigon [tī°gon, টাই°গন্] *a.* a cub of a tiger and a lioness, ব্যাঘ্র ও সিংহীর শাবক, ব্যাংহ। [< *tiger*+*lion* (portmanteau word)]

tigress—see **tiger**.

tike—alt. spell. of **tyke**.

tilbury [til°-b(a)ri, টিল্°ব্‌রি] *n.* a gig for two, দুইজন আরোহীর উপযুক্ত দ্বিচক্রযানবিশেষ। [inventor's name ?]

tilde [tild, টিল্‌ড্] *n.* the diacritical sign over 'n' in Spanish to indicate the sound *ny* (as in *cañon*), স্প্যানিশ্-ভাষায় *n*-এর উচ্চারণ 'নি' হইলে *n*-এর উপরে যে চিহ্ন (~) দেওয়া হয়। [Sp.]

tile [tīl, টাইল্] **(1)** *n.* a slab of baked clay for roofing etc., টালি। **(2)** *v.t.* to cover with tiles, টালি দিয়া ছাওয়া। *n.* **ti°ler**—টালি-প্রস্তুতকারক; যে ব্যক্তি টালি দিয়া গৃহাদি ছায়। *n.* **ti°ling**—টালিদ্বারা আচ্ছাদন। **(to) be (out) on the tiles**—(অশি.) মাতলামি ও লাম্পট্যে রত হওয়া। **(to) have a tile loose**—(অশি.) খেপাটে হওয়া। [OE. *tigele*<L. *tegula*<*tegere* =to cover]

till₁ [til, টিল্] *n.* a money-drawer in a shop-counter, টাকাপয়সা রাখার জন্য দোকানের কাউন্টার্-সংলগ্ন দেরাজ। [?]

till₂ [til, টিল্] **(1)** *prep.* up to the time of, (কোন নির্দিষ্ট) সময় পর্যন্ত (*till* evening)। **(2)** *conj.* up to the time when..., তখন অবধি যখন... (wait *till* the rain stops)। [OE. *til*<ON.]

till₃ [til, টিল্] *v.t.* to cultivate, কর্ষণ করা, চষা। *n.* **ti°llāge**—ভূমিকর্ষণ; কৃষিকার্য; কর্ষিত জমি বা স্থান। *n.* **ti°ller₁**—ভূমিকর্ষক, কৃষক। *n.* **ti°lling**—ভূমিকর্ষণ। [OE. *tilian*]

tillage, tiller₁—sea **till₃**.

tiller₂ [ti°-la(r), টি°ল্যা(র্)] *n.* the handle for turning a rudder, নৌকাদির হাল ঘুরানর হাতল। [ME. *tillen*=to draw, or OF. *telier*=cross-bow stock]

tilling—see **till₃**

tilt₁ [tilt, টিল্‌ট্] *n.* a cover, awning for a wagon, boat, etc., মালগাড়ি নৌকা প্রভৃতির আচ্ছাদন চাল বা চাঁদোয়া। [OE. *teld*—cp. G. *zeld*]

tilt₂ [tilt, টিল্‌ট্] **(1)** *v.i.t.* to lean or heel over, or cause to do so, কাত্ হওয়া বা করা, ঝুঁকিয়া পড়া বা ঝোঁকান, উলটাইয়া যাওয়া বা উলটাইয়া দেওয়া; to slope, ঢালু হওয়া বা করা; to ride and thrust with a spear, অশ্বারোহণপূর্বক ধাবিত হইয়া বর্শাদি-দ্বারা খোঁচা দেওয়া। **(2)** *n.* a tilted condition, কাত্-হওয়া বা ঝুঁকিয়া-পড়া অবস্থা, ঢালু অবস্থা, ঢল; act of tilting, কাত্ হওয়া, বেগে ধাবন বা আক্রমণ, অশ্বারোহণে ধাবিত হইয়া বর্শাদিদ্বারা খোঁচা দেওয়া; an encounter,

লড়াই ; a place for tilting, অশ্বারোহণপূর্বক বর্শাহস্তে দ্বন্দ্বযুদ্ধ করার স্থান (also **tilt°-yard**) । *n.* **til°ter** । **(at) full tilt**—প্রচণ্ড বেগে বা জোরে, পুরাদমে । **(to) tilt at windmills**—কল্পিত শত্রুর বিরুদ্ধে যুদ্ধ করা (ডন কুইক্সোটের গল্প হইতে) । [OE. *tealt*=tottering]

tilth [tilth, টিল্থ্] *n.* tillage, ভূমিকর্ষণ; depth of soil affected by cultivation, কর্ষণের ফলে হল-ফলক মাটির মধ্যে যত দূর পৌঁছিয়াছে । [OE. < *till*$_3$]

timber [tim°-ba(r), টিম্°ব্যা(র্)] *n.* wood suitable for house-building or carpentry, গৃহনির্মাণ বা ছুতোর মিস্ত্রির কাজের যোগ্য কাঠ, দারু ; trees containing wood suitable for such work, যে বৃক্ষ হইতে ঐ কাজের উপযোগী কাঠ পাওয়া যায় (যেমন ওক্ সেগুন শাল প্রভৃতি), দারুবৃক্ষ (also **tim°ber-tree**) ; a beam, কড়িকাঠ । *a.* **tim°bered**—নির্মিত ; গঠিত ; কাষ্ঠনির্মিত । [AS.]

timbre [tāmbr, টেঁয়াব্‌র্] *n.* the quality of a sound apart from pitch, ব্যক্তিবিশেষের কণ্ঠস্বরের বা যন্ত্রবিশেষের ধ্বনির বৈশিষ্ট্য, গলা বা সুর । [OF.=bell]

timbrel [tim°br(a)l, টিম্°ব্‌র্‌ল্] *n.* a tambourine, খঞ্জনিবিশেষ । [OF. *timber* < L. *tympanum* =a drum]

time [tīm, টাইম্] **(1)** *n.* duration, continued existence, ব্যাপৃতি, কিছুকালব্যাপী বিদ্যমানতা, আয়ুষ্কাল, সময়, কাল (it has stood the test of *time*) ; the moment of happening, সজ্ঘটনকাল ; season, ঋতু ; (spring-*time*) ; due, appointed, or usual time, যথাকাল ; নির্দিষ্ট বা নির্ধারিত কাল, স্বাভাবিক সময়, লগ্ন, মেয়াদ (there is a *time* for everything ; high *time* to go) ; a period, সময়ের বা কার্যকালের নির্দিষ্ট ভাগ, বেলা (evening-*time*) ; time of day, as shown by the clock, ঘড়ির দ্বারা নির্দেশিত সময়, বেলা (what's the *time* now?) ; (usu. in *pl.*) an age, যুগ (modern *times*) ; leisure for doing anything, অবকাশ, কিছু করার পক্ষে প্রয়োজনীয় সময় ; time, or record time, of performance, যতটুকু সময়ের মধ্যে (প্রতিযোগিতামূলক) ধাবনাদি সম্পাদিত হইয়াছে, রেকর্ড-সময় ; time allotted for work, কার্যকাল ; turn, পালা, বার (next *time*) ; a unit of duration of metre etc., (কবিতা সঙ্গীত প্রভৃতির) ছন্দমাত্রা বা তালমাত্রা ; rhythm, ছন্দ, তাল ; one of a number of multiplied instances, গুণ, বার, দফা (six *times* ten, many *times*) ; an interval, মধ্যকালীন সাময়িক বিরতি । **(2)** *v.t.* to fix a time for, সময় নির্ধারিত করিয়া দেওয়া ; to ascertain the time of, (কিছুর) সময় নির্ণয় করা ; to regulate as to time, (ঘড়ির) সময় মিলান বা ঠিক করা । **(3)** *v.i.* to keep or beat time, তাল রাখা বা দেওয়া, (ঘড়ি-সম্বন্ধে) সময় দেওয়া । *n.* **time°-ball**—নির্দিষ্ট সময় সূচিত করিতে (মানমন্দিরে) যে বল দণ্ড বাহিয়া নামিয়া আসে । *n.* **tīme°-bomb**—নির্দিষ্ট সময়ে বিস্ফোরিত হওয়ার জন্য স্থাপিত বোমা । **time capsule**—কালাধার, ভবিষ্যতে উদ্ধারের নিমিত্ত ভূগর্ভে প্রোথিত বর্তমান কালের বিশেষ ঘটনাবলীর বিবরণ বা ইতিহাস । *n.* **tīme°card**—যে কার্ডে শ্রমিকের দৈনন্দিন খাটুনির ঘণ্টা লিপিবদ্ধ করা হয় । *a.* **tīme°-consuming**—অতিরিক্ত সময় ব্যয়িত হয় এমন, সময় অপচিত বা অপব্যয়িত হয় এমন । **time deposit**—(ব্যাঙ্কে) দীর্ঘমেয়াদী জমা । *a.* **time°-expired**—যে-সমস্ত সৈনিক বা নাবিক নির্দিষ্ট কর্মকাল পূর্ণ করিয়াছে । *n.* **time°-exposure**—(ফটোগ্রাফি বা আলোকচিত্র গ্রহণে) আধ সেকেণ্ডের বেশি সূর্যালোকসম্পাত । *n.* **time°-fuse**—যে ফিউজ বা দাহ্য পদার্থপূর্ণ নল নির্দিষ্ট সময়ে ফাটিবার জন্য প্রস্তুত হইয়াছে (যেমন বোমাদি) । *a.* **tīme°-ho°noured**—প্রাচীনতার দরুন সম্মানিত । *n.* **tīme°-keeper**—ঘড়ি ; যে-কোন সময়নির্দেশক যন্ত্র ; শ্রমিকদের কার্যকালের হিসাবরক্ষক, (পরি.) কাললেখক ; যে ব্যক্তি তাল দেয় বা গোনে । *n.* **tīme°killer**—সময় কাটাইয়া দেয় এমন । **tīme-killing**—**(1)** *n.* সময়ক্ষেপণ । **(2)** *a.* যাহাতে সময় কাটিয়া যায় এমন । *n.* **tīme°-lag**—দুই সংশ্লিষ্ট বস্তু বা বিষয়ের মধ্যে সময়ের ব্যবধান । *a.* **time°less**—নিরন্তর, নিরবধি, চিরন্তন । *adv.* **time°lessly** । *n.* **time°-lesssness** । *n.* **time°-li°mit**—নির্দিষ্ট কার্যাদি সম্পাদনার্থ বাঁধা সময়, সময়সীমা । *a.* **tīme°ly**—বেশ সময় থাকিতে কৃত বা সজ্ঘটিত, যথাকালীন, সময়মত ; সময়োচিত; শুভকালীন । *n.* **time°liness** । *n.* **tīme°piece**—টেবিল ঘড়ি, টাইমপিস্ । *n.* **tīm°er** । **time°-sāving**—**(1)** *a.* সময় বাঁচায় এমন । **(2)** *n.* সময়-বাঁচান । *n.* **tīme°-server**—যে ব্যক্তি হীনভাবে (বর্তমান) কালোচিত আচার-আচরণ করে বা (বর্তমান) কালের কর্তাদের মন জোগাইয়া চলে, কালের গোলাম । *a.* **tīme-serving**—কালের গোলামিপূর্ণ । *n.* **time°-sheet**—same as **time-card** । **time-signal**—সময়সঙ্কেত । *n.* **tīme°-tāble**—কার্যাদির সময়সূচি, টাইম্‌টেব্‌ল্ । *n.* **tīme°-work**—কাজের পরিমাণের বদলে সময়ের পরিমাণ অনুসারে মজুরি বা পারিশ্রমিক দিবার নীতি । *a.* **tīme°-worn**—প্রাচীনতার দরুন জীর্ণ, কালজীর্ণ, বয়সজীর্ণ । *n.* **tīm°ing**—সময়নির্ধারণ ; কালনির্ণয় ; সময়ের মিল, কালসাম্য । **against time**—দ্রুততম বেগে । **ahead of one's time(s)**—ধ্যানধারণায় ও জ্ঞানবুদ্ধিতে স্বীয় যুগের তুলনায় অত্যধিক অগ্রসর । **all the tīme**—সারাটা সময় ব্যাপিয়া । **at all times**—সর্বদা ; চিরকাল । **at one time**—একদা । **at one's time of life**—(নির্দিষ্ট ব্যক্তির) বয়সে বা বয়ঃক্রমে । **at other times**—অন্যান্য সময়ে বা বারে । **at the best of times**—যখন হালচাল সব চেয়ে ভাল, সর্বোত্তম সময়ে । **at the same time**—একই সময়ে, যুগপৎ, (তৎ) সত্ত্বেও । **a thin time**—আমোদ-প্রমোদ উপভোগ করার অবসর বড় মেলে না এমন সময় । **at times**—কখনও-কখনও ; সময়ে-

সময়ে; মাঝে-মাঝে। **behind the times**—সেকেলে; সেকেলে ধ্যানধারণাসম্পন্ন। **behind time**—দেরি করিয়া ফেলিয়াছে বা দেরি করে এমন; পিছাইয়া-পড়া; বাকি ফেলে এমন। **born before one's time(s)**—ধ্যানধারণায় ও জ্ঞানবুদ্ধিতে স্বীয় যুগের তুলনায় অত্যধিক অগ্রসর। **(to) do time**—(কথ্য.) কারাবাস করা, জেল খাটা। **for a time**—কোন এক সময় ব্যাপিয়া; কিছুকাল ব্যাপিয়া; অস্থায়িভাবে; সাময়িকভাবে। **for the time being**—বর্তমান বা উপস্থিত সময়ের জন্য। **from time to time**—কখনও-কখনও, মাঝে-মাঝে, সময়ে-সময়ে। **half the time**—অর্ধেক সময়; অধিকাংশ সময় ব্যাপিয়া। **high time**—আর দেরি করা চলে না এমন সময়, পূর্ণকাল (it is *high time* for us to go)। **in double-quick time**—অতি তাড়াতাড়ি। **in good time**—যথাকালের বেশ আগেই; হাতে সময় রাখিয়া; (অপ্র.—বিদ্রূপে) বাস্তবিকই। **in no time**—অতি সত্বর; অবিলম্বে। **in time**—কিছুকাল পরে; দেরি না করিয়া; যথাকালের বেশ আগেই; বেশ সময় থাকিতে; শীঘ্রই হউক বা বিলম্বেই হউক; তাল বা ছন্দ বজায় রাখে এমন। **local time**—স্থানবিশেষে প্রচলিত (ঘড়ির) সময়, আঞ্চলিক সময়। **many a time, many times**—বহুবার; প্রায়ই। **near one's time**—(স্ত্রীলোক-সম্বন্ধে) আসন্নপ্রসবা। **no time**—অত্যল্প সময়। **one (two, three,** etc.) **at a time**—প্রতিবারে একজন, (দুইজন, তিনজন, প্রভৃতি) করিয়া। **on** or **upon a time**—একদা; কোন এক সময়ে, একবার। **out of time**—অত্যধিক তাড়াতাড়ি বা বিলম্বে, অকালে; (সঙ্গীতে) বেতালা। **standard time**—বৈজ্ঞানিক বা অনুরূপ ব্যাপারে (ঘড়ির) যে সময় পৃথিবীর সর্বত্র মানা হয়, প্রমাণকাল। **the time of day**—ঘড়িতে নির্দেশিত সময়; অভিবাদন। **time is drawing near**—(প্রসঙ্গানুসারে) কোন সঙ্কট বা জরুরী ব্যাপার সমীপবর্তী। **time after time, time and again**—বারংবার। **time immemorial, time out of mind**—প্রথম মানবসৃষ্টির সময় (হইতে), মান্ধাতার আমল (হইতে), স্মরণাতীত কাল (হইতে)। **times without number**—বারংবার; অসংখ্য বার। **up to time**—সময়নিষ্ঠ; সময়নিষ্ঠভাবে, যথাসময়ে। **what time**—(কাব্যে) কখন? **(to) beat time**—তাল দেওয়া। **(to) gain time, (to) play for time**—(ওজর আপত্তি করিয়া) সময় লওয়া; (সুবিধা অর্জনার্থ) ধানাই-পানাই করিয়া কালহরণ করা। **(to) keep bad time**—(ঘড়ি-সম্বন্ধে) ভাল সময় না দেওয়া বা না রাখা। **(to) keep good time**—(ঘড়ি-সম্বন্ধে) ভাল সময় দেওয়া বা রাখা। **(to) keep time**—(ঘড়ি-সম্বন্ধে) সঠিক সময় দেওয়া; তাল রাখা বা দেওয়া; শ্রমিকদের কাজের ঘণ্টার হিসাব রাখা। **(to) kill time**—সময়ের অপব্যয় করা। **(to) lose time**—পিছাইয়া পড়া; সময় নষ্ট করা, সময় খোয়ান। **(to) make time**—সুযোগ বা সময় খুঁজিয়া পাওয়া। **(to) mark time**—(ড্রিল প্রভৃতি করার সময়ে) একই স্থানে দাঁড়াইয়া বারংবার তালে তালে পা দাবড়ান বা ঠোকা; বিষয়াদি (অগ্রগতি বিনা) টিকাইয়া বা জিয়াইয়া রাখা। **(to) pass the time of day with**—অভিবাদনাদি-বিনিময় করা। **(to) serve one's time**—নির্ধারিত মেয়াদ পর্যন্ত চাকরি করিয়া যাওয়া বা কারাদণ্ড ভোগ করা। **(to) serve time**—কারাদণ্ডের মেয়াদ ভোগ করা। **(to) take time by the forelock**—সময়ের ঝুঁটি টানিয়া ধরা অর্থাৎ বিলম্ব হইয়া যাওয়ার পূর্বেই সুযোগের সদ্ব্যবহার করা। [OE. *tima*<ON. *timi*]

timid [ti°-mid, টি°মিড্] *a.* easily frightened, সহজে ভয় পায় এমন, ভীরু। *n.* **timid°ity, ti°midness** I *adv.* **ti°midly** I [L. *timidus*]

timing—see **time.**

timorous [ti°-ma-ras, টি°ম্যার্‌্যাস্] *a.* timid, ভীরু, সহজে ভীত হয় এমন। *adv.* **ti°morously** I *a.* **ti°morousness** I [L. *timor(is)*=fear]

tin [tin, টিন্] **(1)** *n.* a silvery white metal, টিন্, রঙ্গ, রাং; a vessel or can of tin, টিনের কৌটা বা ক্যানেস্তা; the amount that a tin may hold, এক কৌটায় বা ক্যানেস্তায় যত ধরে তত পরিমাণ (also **tin°ful**) I **(2)** *v.t.* to coat with tin or tinfoil; রাংয়ের প্রলেপ দেওয়া, রাংতা দিয়া মোড়া; to pack in a tin, টিনের কৌটায় বা ক্যানেস্তায় পোরা। *pr. pt.* **ti°nning** I *p.* & *p. pt.* **ti°nned** I *n.* **tin°foil**—রাংয়ের পাত, (পরি.) রঙ্গপত্র, রাংতা। *n.* **ti°nner**—রাং-মিস্ত্রী, ঝালাইওয়ালা; টিন্‌মিস্ত্রী। *n.* **tinhorn**—(আমে.) অসার দম্ভকারী, মিথ্যা বড়াইকারী ব্যক্তি। *n.* **tin°-ōpener**—টিনের কৌটা বা ক্যানেস্তা খোলার ছুরি। *n.* **tin°-plāte**—টিনের পাত; কলাই-করা লোহার চাদর বা থালা। *n.* **tin°man, tin°smith**—টিন্-মিস্ত্রী; রাং-মিস্ত্রী। *a.* **ti°nny**—টিনঘটিত; টিনের ন্যায় শব্দিত; টিনতুল্য। **a little tin god**—কোন তুচ্ছ বস্তু বা ব্যক্তি যাহাকে অত্যধিক মূল্য বা সম্মান দেওয়া হইয়াছে। [AS.<ON.]

tinct [tingt, টিংট্] *n.* a tint or tinge, রঙের আভা বা প্রলেপ। *a.* **tinctorial** [tink-taw°-ri-al, টিংক্‌ট্য°রিঅ্যাল্] রঞ্জনসংক্রান্ত। **tincture** [ting(k)°cha(r), টিং°চ্যা(র্)] **(1)** *n.* রঙের আভা বা প্রলেপ; কুলচিহ্নরূপে ব্যবহৃত একপ্রকার ধাতু রঙ বা সলোম পশুচর্ম; একপ্রকার ভেষজ নির্যাস বা আরক (*tincture* of iodine) I **(2)** *v.t.* রঞ্জিত করা। [L. *tingere*=to dye]

tinder [tin°-da(r), টিন্°ড্যা(র্)] *n.* dry inflammable matter, স্ফুলিঙ্গ হইতে আগুন জ্বালানর জন্য শুষ্ক খড়কুটা প্রভৃতি। *n.* **tin°der-box**—উক্ত খড়কুটা ও চক্‌মকি-প্রস্তরাদি রাখার বাক্স। [OE. *tyndre* <ON. *tundr*]

tine [tIn, টাইন্] *n.* a spike, as of a fork, harrow, or deer's horn, কাঁটা, কাঁটাওয়ালা কোদাল গাঁইতি বা হরিণশৃঙ্গের সুচাল ডগা। *in comp.* **-ti°ned**—সুচাল ডগাওয়ালা (twelve-*tined*=বারটি ডগাওয়ালা)। [OE. *tind*]

tinea [ti°-ni-a, টি°নিঅ্যা] *n.* (path.) ringworm, (চিকি.) দাদ। [L.=moth, worm]

tinfoil, tinful—see **tin.**

ting [ting, টিং] (**1**) *v.t.i.* to ring, (টুংটাং করিয়া) বাজান বা বাজা। *p. & p. pt.* **ting°ed** । (**2**) *n.* the sound of a small bell, ক্ষুদ্র ঘণ্টা বাজার শব্দ, টুংটাং-শব্দ। *n.* **ting°-a-ling**—টুংটাং-শব্দ। [imi.]

tinge [tinz, টিন্জ্] (**1**) *v.t.* to tint or colour, আভাযুক্ত করা, ঈষৎ রঞ্জিত করা; to modify slightly, ঈষৎ পরিবর্তিত করা। (**2**) *n.* a slight colouring or modification or admixture, ঈষৎ রঞ্জন বা পরিবর্তন-সাধন বা সংযোগ (a *tinge* of irony in his remark)। [L. *tingere* (*v.*)]

tingle [tingg°l, টিং°গ্ল্] (**1**) *v.i.t.* to feel, or cause to feel, a prickling or stinging sensation, কাঁটার মত বিঁধিতেছে বা হুল ফুটাইয়া দিতেছে এইরূপ অনুভব হওয়া বা অনুভূতি জাগ্রত করা; to thrill, শিহরিত হওয়া বা করান (to *tingle* with excitement); to vibrate, (ধ্বনি-সম্বন্ধে) বিকম্পিত হওয়া বা করান। (**2**) *n.* a tingling sensation, শিহরণ; a tingling sound, বিকম্পিত ধ্বনি। [ME. *tinglen*]

tinker [ting°-ka(r), টিং°ক্যা(র্)] (**1**) *n.* an itinerant mender of kettles etc., ঘুরিয়া ঘুরিয়া কেট্‌লি প্রভৃতি মেরামত করা যাহার পেশা। (**2**) *v.t.i.* to repair (esp. ineffectually), (প্রধানতঃ যেমন-তেমনভাবে) মেরামত করা। **not care a tinker's damn (cuss)**—একেবারে অগ্রাহ্য করা। [?]

tinkle [tink°l, টিংক্°ল্] (**1**) *v.i.t.* to make, or cause to make small sharp sounds, টুংটাং-শব্দ করা বা করান; to ring (esp. jinglingly), (প্রধানতঃ টুংটাং বা রুনুঝুনু শব্দে) বাজা বা বাজান। (**2**) *n.* the sound of a small bell, ক্ষুদ্র ঘণ্টার টুংটাং-শব্দ। *n.* **tin°kler**—ক্ষুদ্র ঘণ্টা, ঘণ্টি। **(to) give a tinkle**—(কথ্য.) টেলিফোন করা। [obs. *tink*=to chink]

tinned, tinner, tinning, tinny—see **tin.**

tinnitus [tini°-tas, টিনি°ট্যাস্] *n.* (med.) a ringing in the ears, (চিকি.) কানে ভোঁ-ভোঁ শব্দ। [L. jingling]

tinsel [tin°s(a)l, টিন্°স্ল্] (**1**) *n.* thin glittering metallic sheets or spangles, পাতলা ও চক্‌চকে ধাতুপাতসমূহ বা চুমকিসমূহ; a bauble, তুচ্ছ রঙ্‌চঙে বস্তু। (**2**) *a.* of, or like, tinsel, ধাতুপাত বা চুমকি-সংক্রান্ত অথবা তদ্দ্বারা তৈয়ারি কিংবা তত্তুল্য; gaudy but trifling, রঙ্‌চঙে কিন্তু তুচ্ছ। (**3**) *v.t.* to adorn with tinsel, উক্ত ধাতুপাত বা চুমকি দিয়া পরিশোভিত করা; to make glittering or gaudy, চক্‌চকে বা রঙ্‌চঙে করা। *pr. pt.* **tin°selling** । *p. & p. pt.* **tin°selled** । [OF. *estincelle* < L. *scintilla*=a spark]

tinsmith—see **tin.**

tint [tint, টিন্ট্] (**1**) *n.* a slight tinge other than the principal colour, কোন বস্তুর প্রধান বর্ণ ছাড়া অন্য বর্ণের ঈষৎ ছোপ, (পরি.) আভা (a bluish *tint*); a hue mixed with white, সাদার সহিত মিশ্রিত বস্তুর বর্ণ; a series of parallel lines in engraving, producing a uniform shade, খোদাই-কার্যে যে-সকল সমান্তরাল রেখার ফলে একটা আভা জাগে। (**2**) *v.t.* to colour slightly, ঈষৎ রঞ্জিত করা, আভা জাগান। *n.* **tin°ter**—যে ব্যক্তি ঈষৎ রঞ্জিত করে বা আভা জাগায় অথবা যদ্দ্বারা উহা করা হয়। [L. *tinctus*—cp. *tinct, tinge*]

tintinnabulate [tin-ti-na°-bū-lāt, টিন্‌টিন্যা°-বিউলেইট্] *v.i.* to ring tinklingly, (ঘণ্টা-সম্বন্ধে) টুংটাং-শব্দে বাজা বা ধ্বনিত হওয়া। *p. & p. pt.* **tin°tinnabūlāted** । *n.* **tin°tinnabūlā°tion** । [L. *tintinnabulum*=a bell]

tiny [tī°-ni, টাই°নি] *a.* very small, অতি ক্ষুদ্র, পুঁচকে। *n.* **tī°niness** । [ME. *tine, tyne*<?]

tip₁ [tip, টিপ্] (**1**) *n.* a slender extremity, সরু প্রান্ত বা ডগা (the *tips* of one's fingers); the furthest part, প্রান্তিক অংশ, প্রান্ত, ডগা, আগা। (**2**) *v.t.* to put a tip to, আগা ডগা বা প্রান্ত সংযোজন করা; to be the tip of, (কিছুর) আগা ডগা বা প্রান্ত হওয়া। *pr. pt.* **ti°pping** । *p. & p. pt.* **ti°pped** । *n.* **tip°staff**—ধাতুমণ্ডিত দণ্ডবিশেষ; শেরিফের উক্ত দণ্ডবাহী পেয়াদাবিশেষ। *a.* **tip-tilted**—(নাসিকা-সম্বন্ধে) অগ্রভাগ উপর দিকে ওলটান এমন। **tip°toe**—(**1**) *n.* পদাঙ্গুলির ডগা। (**2**) *adv.* পদাঙ্গুলির ডগায় ভর দিয়া, বা টিপিয়া টিপিয়া; লঘুপদে বা নিঃশব্দ-চরণে এবং গোপনে। (**3**) *v.i.* পদাঙ্গুলির ডগায় ভর দিয়া বা পা টিপিয়া টিপিয়া চলা; লঘুপদে বা নিঃশব্দচরণে এবং গোপনে চলা। **tip°-top**—(**1**) *n.* উৎকর্ষের শেষ সীমা, পরমোৎকর্ষ। (**2**) *a.* পরমোৎকৃষ্ট। (**3**) *adv.* পরমোৎকৃষ্টভাবে। **on the tip of one's tongue**—কাহারও জিভের ডগায় আসিয়া পড়িয়াছে এমন (অর্থাৎ কেহ বলিয়া ফেলিতে উদ্যত হইয়াছে এমন)। [cp. Du. Norw. & D. *tip*]

tip₂ [tip, টিপ্] (**1**) *v.t.* to hint or indicate, সঙ্কেত বা ইঙ্গিত দেওয়া। (**2**) *v.t.i.* to give a gratuity (to), বখশিশ্ দেওয়া। *conjug.* same as **tip₁** । (**3**) *n.* a gratuity, বখশিশ্; a hint or piece of special information, (বাজি ঘোড়দৌড় নৌকাবাইচ্ প্রভৃতিতে সম্ভাব্য হারজিত, আগামী পরীক্ষার সম্ভাব্য প্রশ্ন ইত্যাদি বিষয়ে) সঙ্কেত বা বিশেষ খবর। *n.* **tip°-off**—ইঙ্গিত বা সতর্কীকরণ। *n.* **ti°pper** । *n.* **tip°ster**—বাজিতে হারজিতের সম্ভাবনা সম্বন্ধে বিশেষ খবর দেওয়া যাহার বৃত্তি। **(to) tip one off**—(কাহাকেও) ইঙ্গিত দেওয়া বা সতর্ক করা। **tip-and-run raid**—আকস্মিক আক্রমণ এবং তৎপরেই দ্রুতগতিতে প্রস্থান। **(to) tip one the wink**—(কাহাকেও) গোপনে বা প্রচ্ছন্নভাবে ইঙ্গিত বা ইশারা দেওয়া। [cant]

tip₃ [tip, টিপ্] (**1**) *v.t.i.* to upset or topple over, উল্‌টাইয়া দেওয়া বা যাওয়া। (**2**) *v.t.* to strike lightly but definitely, (প্রধানতঃ ক্রিকেট্-বল্‌কে) আলতো কিন্তু সুনিশ্চিতভাবে আঘাত করা। *conjug.* same as **tip**$_1$ I *n.* **tip°-cat**—গুলিডাণ্ডা-খেলা। *n.* **tip°-cart**—উলটাইয়া বা কাত-করিয়া (মালপত্রাদি) খালি বা খালাস করা যায় এমন গাড়ি। **tip-up seat**—(থিয়েটার-প্রভৃতিতে) এমন কবজাওয়ালা আসন যে লোকজনের যাতায়াতের কোন ব্যাঘাত হয় না। **(to) tip the scale**—দাঁড়িপাল্লার একদিক্ ভারী করা। [?]

Tipperary [ti-pa-rār°-i, টিপ্যারেয়্যার্‌°ই] *n.* goal, destination, লক্ষ্য, গন্তব্যস্থল [*It's a long way to Tipperary*, the refrain of a song of the British soldier during the war of 1914-18]

tippet [ti°-pit, টি°পিট্] *n.* a covering of cloth, fur, etc., for the shoulders, চাদরের ন্যায় কাঁধের উপর রাখার জন্য কাপড় সলোম পশুচর্ম প্রভৃতি। [?]

tipple [tip°l, টিপ্‌°ল্] **(1)** *v.t.i.* to drink constantly in small quantities, ক্রমাগত অল্প অল্প করিয়া (মদ) পান করা; to drink strong drink habitually and to some excess, কড়া মদ অত্যধিক পরিমাণে খাইতে অভ্যস্ত হওয়া। **(2)** *n.* liquor tippled, মদ, কড়া মদ। *n.* **tipp°ler** I [cp. Norw. *tipla*]

tipsy [tip°-si, টিপ্‌°সি] *a.* partially intoxicated, ঈষৎ মদ্যপানোন্মত্ত। *adv.* **tip°sily** I *n.* **tip°siness** I [<*tip*$_2$?]

tirade [tī-rād°, টাইরেইড্°] *n.* a long vehiment harangue, denunciation or invective, সুদীর্ঘ ও প্রচণ্ড বক্তৃতা নিন্দা বা তিরস্কার। [F. <It. *tirata*]

tire$_1$ [tī(r), টাইয়্যা(র্)] **(1)** *n.* attire, সাজপোশাক; a head-dress, মস্তকাবরণ, উষ্ণীষ, পাগড়ি। **(2)** *v.t.* to attire, সাজপোশাক পরান; to dress, as the head, মস্তকাবরণ বা পাগড়ি পরান। *n.* **tire°-woman**—(আর্ষ.) মহিলার পরিচারিকা বিশেষতঃ যে বেশভূষা করিতে সাহায্য করে, (তু.) সৈরিন্ধ্রী। *n.* **tir°ing-room**—থিয়েটারে অভিনেতা-অভিনেত্রীদের সাজঘর। [short. from *attire*]

tire$_2$ [tī(r), টাইয়্যা(র্)] *n.* a metal hoop round a wheel, চাকার ধাতুনির্মিত বেড়। **tire,** (usu.) **tyre** [tī(r), টাইয়্যা(র্)] **(1)** *n.* চাকার (প্রধানতঃ) রবারে নির্মিত বেড়, টায়ার্। **(2)** *v.t.* (চাকার) বেড় বা টায়ার্ পরান। [<*tire*$_1$?]

tire$_3$ [tī(r), টাইয়্যা(র্)] *v.i.t.* to weary, ক্লান্ত হওয়া বা করা; to become or make fatigued, পরিশ্রান্ত বা অবসন্ন হওয়া অথবা করা; to have or cause to have interest or patience exhausted, কৌতূহল বা ধৈর্য ফুরাইয়া যাওয়া অথবা ফুরাইয়া দেওয়া। *a.* **tir°ed**—ক্লান্ত; পরিশ্রান্ত; অবসন্ন। *n.* **tir°edness** I *a.* **tire°less**—ক্লান্তিহীন, অক্লান্ত। *adv.* **tire°lessly** I *a.* **tire°some**—ক্লান্তিকর; অবসাদদায়ক; (একঘেয়েমির ফলে) বিরক্তিকর ও ক্লান্তিকর; (শিথি.) জ্বালাতনকর, ঝঞ্ঝাটপূর্ণ, শ্রমসাধ্য। *adv.* **tire°somely** I *n.* **tire°someness** I **(to) tire down**—পশ্চাদ্ধাবন করিতে করিতে পরিশ্রান্ত বা অবসন্ন করিয়া ফেলা। [OE. *tiorian* (*v.i.*)]

tiro [tīr°-ō, টাইয়্যার্‌°ও] *n.* a beginner, কার্যাদি সবে আরম্ভ করিয়াছে এমন ব্যক্তি; a novice, শিক্ষানবিশ। *pl.* **tir°ōs** I [L. = a recruit]

'tis [tiz, টিজ্] contr. of **it is.**

tissue [ti°-sū, টি°সিউ] *n.* any fine woven fabric, সূক্ষ্মভাবে বোনা বস্ত্রাদি; (bio.) an aggregate of similar cells, (জীব.) সূক্ষ্ম বস্ত্রাদির ন্যায় বোনা বা গ্রথিত কোষসমূহ, (পরি.) কলা (connective, muscular, nervous, etc. *tissue*); (fig.) a network of lies, (আল.) নিবিড়ভাবে পরস্পরসম্বন্ধ মিথ্যাসমূহ, মিথ্যাকথার জাল (a *tissue* of lies); a thin soft semi-transparent paper, পাতলা নরম ও স্বচ্ছপ্রায় কাগজবিশেষ (also **ti°ssue-pā°per**) I [F. *tissu* = woven < L. *texere* = to weave]

tit$_1$ [tit, টিট্] *n.* a tap, মৃদু চাপ। **tit for tat**—ইটের বদলে পাটকেল, আঘাতের বদলে আঘাত; প্রতিহিংসা, প্রতিশোধ। [?]

tit$_2$ [tit, টিট্] *n.* a small or inferior horse, ক্ষুদ্র বা নিকৃষ্ট ঘোড়া; a girl or young woman, (তুচ্ছার্থে) বালিকা বা যুবতী, ছুড়ী; a titmouse, চামচিকা। [Ice. *tittr* = titmouse]

Titan [tī°t(a)n, টাই°টন্] *n.* a son or descendant of Uranus and Gaea, ইউর‍্যানাস্ ও গেইঅ্যার পুত্র বা বংশধর (ইহারা ছিল দানব এবং ইহারা দেবরাজ Zeus কর্তৃক বিজিত হয়); Helios, সূর্যদেবতা, হীলিঅ্যাস্। *fem.* **Tī°taness**—প্রথম অর্থে। **ti°tan**—বিরাট্‌কায় বস্তু বা প্রাণী। *n.* **Titā°nia**—পরীরানী (Oberon-এর পত্নী) I *a.* **Titā°nic**—ইউর‍্যানাস্ ও গেইঅ্যা হইতে উদ্ভূত দানব-সংক্রান্ত; সূর্যদেবতা হীলিঅ্যাস্-সংক্রান্ত; সূর্য-সংক্রান্ত। *a.* **titā°nic**—বিরাট্‌কায়। [Gk.]

titanium [tī-tā°-ni-am, টাইটেই°নিঅ্যাম্] *n.* a metallic element, কৃষ্ণাভ ধূসর ধাতব মৌলিক পদার্থবিশেষ। [Gk. *Titan*]

titbit [tit°-bit, টিট্°বিট্] *n.* a choice delicacy or item of news, etc., বাছাই-করা মুখরোচক খাবার বা খোশখবরাদি। [ME. *tidbit* < *tid* = delicate, *bit*]

tithe [tīdh, টাইদ্] **(1)** *n.* (ori.) the tenth of the annual produce of land and stock allotted for church-purposes, (মূলতঃ) গির্জার ব্যয়নির্বাহার্থ প্রদত্ত বাৎসরিক ফসল ও নবজাত পশুর এক-দশমাংশ; a tax or levy of one-tenth, খাজনারূপে প্রদেয় বাৎসরিক ফসল ও নবজাত পশুর এক-দশমাংশ বা সরকার কর্তৃক বাধ্যতামূলকভাবে আদায়ীকৃত ফসলাদির এক-দশমাংশ। **(2)** *v.t.* to take a tithe of or from, (জমি কৃষক প্রভৃতি হইতে) উক্ত এক-দশমাংশ আদায় করা। [OE. *teotha* =tenth—cp. *tenth*]

titillate [ti°ti-lat, টি°টিলেইট্] *v.t.* to tickle, সুড়সুড়ি দেওয়া; to stimulate gently, ধীরে ধীরে বা মন্দগতিতে উদ্দীপ্ত করা। *p. & p. pt.* **ti°tillāt-ėd** । *n.* **titillā°tion** । (L. *titillare*]

titivate [ti°-ti-vat, টি°টিভেইট্] *v.t.i.* to adorn, সাজান; to smarten up, ফিটফাট করিয়া তোলা। *n.* **titivā°tion** । [<*tidy* ?]

titlark [tit°lŭ(r)k, টিট্°লা(র্)ক্] *n.* a lark-like bird, ভরতপক্ষিজাতীয় ক্ষুদ্র পক্ষিবিশেষ, তিতির (?)। [*tit*₂, *lark*]

title [tīt°l, টাইট্°ল্] *n.* a chapter-heading, গ্রন্থাদির অধ্যায়ের শিরনাম, অধ্যায়নাম; a section of a law-book, আইন-গ্রন্থের ভাগ বা অধ্যায়; the name of a book, poem, tale, picture etc., গ্রন্থ কবিতা গল্প চিত্র প্রভৃতির নাম; a leaf or page in a book containing its title, and the names of the author, publisher, and printer, and also its price, etc., গ্রন্থের নাম লেখক প্রকাশক মুদ্রাকর মূল্য প্রভৃতির বিবরণ-সংবলিত পৃষ্ঠা, নামপত্র (also **tīt°le-page**); an appellation of rank or distinction, খেতাব, উপাধি; a right to possession, স্বত্ব (he has no *title* to the land); a document that proves right to possession, স্বত্বের বা মালিকানার প্রামাণিক দলিল (also **tīt°ledeed**)। *a.* **tīt°led**—খেতাবপ্রাপ্ত, খেতাবধারী। *n.* **tī°tle-rōle**—যে বর্ণিত চরিত্রের নামানুযায়ী উপন্যাস নাটক প্রভৃতির নাম দেওয়া হয়, নাম-চরিত্র, নাম-ভূমিকা। *n.* **tīt°lė-sūit**—স্বত্ব-নির্ণয়ের মামলা। [OE. *titul*, OF. *title*<L. *titulus*]

titmouse [tit°-mows, টিট্°মাউস্] *n.* a little acrobatic bird, চামচিকা। [*tit*₂, ME. *mose* =titmouse<OE. *mase*—confused with *mouse*—cp. G. *meise*]

titter [ti°-ta(r), টি°ট্যা(র্)] (**I**) *v.i.* to giggle, চাপা হাসি হাসা। (**2**) *n.* a stifled laugh, চাপা হাসি। *n.* **ti°tterer** । *adv.* **ti°tteringly** । [cp. Sw. *tittra*]

tittle [tit°l, টিট্°ল্] *v.t.i.* to tattle, বাজে বক্‌বক্ করা। **titt°le-tattle**—(**I**) *n.* বাজে বক্‌বকানি। (**2**) *v.i.* বাজে বক্‌বক্ করা। **not one jot or tittle**—একটুখানিও না, একটুও না। [see *tattle*]

titular [ti°-tū-la(r), টি°টিউল্যা(র্)] *a.* of title, আখ্যা বা খেতাব সম্বন্ধীয়; in name or title only, কেবল নামে বা খেতাবে (অর্থাৎ কার্যতঃ নহে) এমন, নামেমাত্র বা খেতাবসার (a *titular* ruler)। *adv.* **titū°larly** । **titular possessions**—খেতাব বা পদাধিকার বলে প্রাপ্ত সম্পত্তি। [L. *titulus*]

tmesis [tmē°-sis, ট্মী°সিস্] *n.* (gr.) intrusion of a word or words between the parts of a compound word, (ব্যাক.) যৌগিক শব্দের দুই অংশের মধ্যস্থলে অন্য শব্দ বা শব্দসমূহের অবাঞ্ছিত প্রবেশ (eg. what *things* soever)। [Gk.]

T. N. T. [ti°-en-tē°, টি°এন্‌টী°] contr. of **trinitrotoluene**.

to [too, টু] (**I**) *prep.* serving as sign of infinitive and forming a substitute for the dative case, অসমাপিকা ক্রিয়ার চিহ্নসূচক (*to* do) ও সম্প্রাদান কারকের বিভক্তিস্বরূপ (*to* him); towards, দিকে, অভিমুখে (on my way *to* the post-office); as far as, ততদূর পর্যন্ত, পর্যন্ত (from first *to* last, true *to* the God); until, যতক্ষণ পর্যন্ত না, ততক্ষণ (from morning *to* night); into the condition of, অবস্থায়; beside, পাশে; near, কাছে; at, প্রতি, -তে; in contact with, close against, সংস্পর্শযুক্ত হইয়া বা মুখোমুখিভাবে মিশিয়া; with the object or result of, লক্ষ্যে বা (কোন) পরিণতিতে; against, বিপরীতে; before, সম্মুখে, পূর্বে, আগে (five minutes *to* ten); for, জন্য; of -এর, -র; in accordance, comparison, or relation with, অনুসারে, তুলনায়, সম্বন্ধে; in honour of, সম্মানে, সম্মান-প্রদর্শনার্থ; in expressing good wishes for, শুভেচ্ছা-প্রকাশে। (**2**) *adv.* towards, দিকে, অভিমুখে; in or into position, contact, closed or harnessed condition, স্বাভাবিক অবস্থায়, ধাক্কা খাইয়া, সজ্জিত হইয়া, অবরুদ্ধ বা জোয়ালবদ্ধ অবস্থায়। **to and fro**—একবার এদিকে একবার ওদিকে, ইতস্ততঃ। [AS.—cp. G. *zu*, Goth. *du*]

toad [tōd, টৌড্] *n.* a frog-like amphibian, একপ্রকার বেঙ (ইহারা লাফাইয়া না চলিয়া বুকে হাঁটে); a hateful person or animal, ঘৃণ্য ব্যক্তি বা প্রাণী। *n.* **toad°-eater**—ঘৃণ্য বা হীন মোসাহেব। *a.* **toad°-eating**—ঘৃণ্য বা হীন মোসাহেবি। *n.* **toad°-stōōl**—ছত্রাকবিশেষ, বেঙের ছাতা। **toa°dy**—(**I**) *n.* ঘৃণ্য বা হীন মোসাহেব। (**2**) *v.t.* ঘৃণ্যভাবে বা হীনভাবে (কাহারও) মোসাহেবি করা (to *toady* to the boss)। *a.* **toa°dyish**—, ঘৃণ্য বা হীন মোসাহেবসুলভ অথবা মোসাহেবিপূর্ণ। [OE. *tade*, *tadige*, *tadie*]

toast [tōst, টৌস্ট্] (**I**) *v.t.* to brown (bread etc.) (পাউরুটি প্রভৃতি) সেঁকা, টোস্ট্ করা; to warm, গরম করা। (**2**) *v.t.i.* to drink (to), (কাহারও বা কিছুর) স্বাস্থ্যকামনায় বা সম্মানাদির জন্য মদ্যপান করা। (**3**) *v.i.* to undergo, or be suitable for, toasting, টোস্ট্ হওয়া বা টোস্ট্ হওয়ার উপযুক্ত হওয়া। (**4**) *n.* bread toasted, টোস্ট্-করা পাউরুটি, টোস্ট্; a piece of toasted bread put in liquor, মদ্যমধ্যে রক্ষিত টোস্ট্-করা পাউরুটি; the person or thing drunk to, যে ব্যক্তি বা বস্তুর স্বাস্থ্যকামনায় অথবা সম্মানাদিপ্রদর্শনার্থ মদ্যপান করা হয়; the lady most admired for the moment, বর্তমানক্ষণে সর্বাধিক প্রশংসিত ও প্রীতিভাজন রমণী; a proposal of health, মদ্যপানপূর্বক

স্বাস্থ্য-কামনাদি। *n.* **toas°ter**—toast (*v.*)-এর সকল অর্থে, এবং—পাউরুটি টোস্ট্ করার কাঁটা জাল বা বৈদ্যুতিক যন্ত্র ; যাহা টোস্ট্ করা বা গরম করা যায়। *n.* **toast°-master**—যে লোক ভোজসভাদিতে উপস্থিত ব্যক্তিবর্গকে কাহারও স্বাস্থ্য বা সুখ কামনায় মদ্যপান করিতে আহ্বান করে। *n.* **toas°ting-fork, toas°ting-iron**—পাউরুটি টোস্ট্ করার কাঁটা বা জাল ; (কৌতু.) তরবারি। **(to) have a person on toast**—(কাহাকেও) সম্পূর্ণ আয়ত্তে পাওয়া। **(to) propose a toast**—ভোজসভাদিতে উপস্থিত ব্যক্তিবর্গকে কাহারও স্বাস্থ্য বা সুখ কামনায় মদ্যপান করিবার জন্য আহ্বান করা। [OF. *toster*<L. *tostus*=roasted]

tobacco [ta-ba°-ko, ট্যাব্যা°কৌ] *n.* a plant or its narcotic leaves used for smoking, chewing, or snuffing, তামাক-গাছ বা তামাক পাতা। *n.* **tobacconist** [ta-ba°-ko-nist, ট্যাব্যা°ক্যানিস্ট্] তামাকের বা তামাকজাত দ্রব্যাদির (অর্থাৎ সিগারেট বিড়ি চুরুট নস্য প্রভৃতির) বিক্রেতা অথবা উৎপাদক। *n.* **toba°cco-pipe**—তামাক খাইবার পাইপ্ বা নলবিশেষ। *n.* **toba°cco-plant**—তামাক-গাছ। [Sp. *tabaco*]

toboggan [ta-bo°g(a)n, ট্যাব°গ্ন্] *n.* a kind of flat sledge, বরফের উপর দিয়া চলার জন্য সম্মুখ-ভাগ ওলটান স্লেজ্গাড়িবিশেষ। [Micmac *tobakun*]

Toby, toby [tō°-bi, টৌ°বি] *n.* a beer-mug, বিয়ার-মদ খাওয়ার জন্য তেকোনা টুপি-পরা নরমূর্তির আকারের পেয়ালা (also **toby jug**)। [personal name]

tocsin [tok°-sin, টক্°সিন্] *n.* an alarm-bell, or the ringing of it, সঙ্কেতঘণ্টা বা তাহার বাদনধ্বনি। [F.]

today, to-day [ta-dā°, ট্যাডেই°] **(1)** *n.* & *adv.* (on) this or present day, অ‌, আজ। **(2)** *adv.* nowadays, আজকাল, অধুনা, বর্তমান সময়ে। [OE. *todaeg(e)*]

toddle [tod°l, টড্°ল্] *v.i.* to walk with short feeble steps, (শিশুর ন্যায়) টলিতে টলিতে চলা ; to saunter, ধীরে ধীরে হাঁটিয়া বেড়ান, পায়চারি করা ; to go, যাওয়া। **(2)** *n.* a toddling gait, টলিতে টলিতে চলন ; an aimless stroll, উদ্দেশ্য-হীন ভ্রমণ, পায়চারি ; a toddling child, যে শিশু ভালভাবে হাঁটিতে শিখে নহে। *n.* **todd°ler** । [?]

toddy [to°-di, ট°ডি] *n.* fermented palm juice, তাড়ি ; a mixture of spirits, sugar, and hot water, গরম জল ও চিনি মিশ্রিত মদ্য। [Hin. *tadi*]

to-do [ta-doo, ট্যাডু°] *n.* bustle, হৈচৈপূর্ণ কর্ম-ব্যস্ততা ; commotion, বিক্ষোভ, চাঞ্চল্য। [*to, do*]

toe [tō, টৌ] **(1)** *n.* any of the five digits of the foot, পদাঙ্গুলি, পায়ের আঙুল ; the part of a shoe or stocking covering the toes, জুতার বা মোজার যে অংশে পদাঙ্গুলি ঢাকা পড়ে। **(2)** *v.t.* to stand with the toes against, (কিছুতে) পদাঙ্গুলির ভর দিয়া দাঁড়ান ; to kick, লাথি মারা ; to touch with the toes, পদাঙ্গুলিদ্বারা স্পর্শ করা। *n.* **toe°-cap**—জুতার যে বহিরংশে পদাঙ্গুলি-সমূহ ঢাকা পড়ে। *n.* **toe°-dance**—পায়ের আঙ্গুলে ভর দিয়া নৃত্য। *a.* **toed°**—পদাঙ্গুলিযুক্ত। *n.* **toe°-hōld**—বিপজ্জনকভাবে কেবল পায়ের আঙ্গুলের উপর ভর দিয়া দাঁড়াইবার মত জায়গা। *n.* **toe°-nail**—পায়ের নখ। **on one's toes**—সতর্ক ; কর্ম বা লড়াইয়ের জন্য প্রস্তুত। **(to) toe the line**—ধাবন-প্রতিযোগিতার জন্য প্রস্তুত হইয়া যাত্রারম্ভের সীমারেখায় পদাঙ্গুলির উপরে ভর দিয়া দাঁড়ান ; দলগত নীতি ও পন্থা মানিয়া লওয়া অথবা মানিতে বাধ্য হওয়া। [OE. *ta* <ON.]

to-fall [too°-fawl, টু°ফাল্] *n.* close, decline, অবসান ; incidence, আপতন। [*to, fall*]

toff [tof, টফ্] *n.* (sl.) a well-dressed or distinguished-looking person, (অশি.) উত্তম বেশভূষাপরিহিত বা চেহারায় বিশিষ্ট বলিয়া প্রতিভাত ব্যক্তি। [corrup. of *tuft* ?]

toffee, toffy [to°-fi, ট°ফি] *n.* a kind of hard-baked sweetmeat, তিলুয়া-জাতীয় শক্ত মিঠাই-বিশেষ, টফি। *n.* **toffee-nose**—(অশি.) আত্মম্ভরী বা দাম্ভিক ব্যক্তি। [?]

tog [tog, টগ্] *v.t.* to dress, পোশাক পরান (to *tog* oneself out or up)। *n. pl.* **togs**—পোশাক-পরিচ্ছদ (to put on one's best *togs*)। [<*toga* ?]

toga [tō°-ga, টৌ°গ্যা] *n.* the mantle of an ancient Roman citizen, প্রাচীন রোমের নাগ-রিকদের আলখিল্লাবিশেষ। [L.]

together [ta-ge°-dha(r), ট্যাগে°দ্যা(র্)] *adv.* in one place, একই স্থানে ; at the same time, একই সময়ে, যুগপৎ ; in or into company or concert, একত্র, মিলিয়া-মিশিয়া। **together with**—ও ; অধিকন্তু; তৎসহ। *n.* **toge°therness**—একত্ববোধ। [OE. *togaederg*]

toggle [tog°l, টগ্°ল্] *n.* a short piece of wood (like a peg) (to be) put through a loop to fasten two things together, (পেরেকজাতীয়) কাষ্ঠখণ্ড যাহা ফাঁসের মধ্য দিয়া ঢুকাইয়া কোন দুইটি জিনিসকে বাঁধিয়া রাখে (অনেক সময় কোটের বোতামের পরিবর্তে ব্যবহৃত হয়)। [?]

toil₁ [toyl, টয়্ল্] *n.* (usu. in *pl.*) a net, a mesh, জাল, ফাঁদ। [F. *toil*, dim. of *toilette*]

toil₂ [toyl, টয়্ল্] **(1)** *v.i.* to struggle or labour hard, কঠোর চেষ্টা বা পরিশ্রম বা মেহনত করা। **(2)** *n.* hard struggle or labour, কঠোর চেষ্টা বা পরিশ্রম। *n.* **toi°ler** । *a.* **toil°ful** । *a.* **toil°some**—কঠোর শ্রমসাধ্য ; কঠোর চেষ্টারত বা শ্রমরত। *adv.* **toil°somely** । *a.* **toil°-worn**—কঠোর পরিশ্রমে জীর্ণশীর্ণ। [AF. *toiler*=to mix, pester<? L. *tudiculare*=to stir]

toilet [toy°-lit, টয়্°লিট্] **(1)** *n.* a dressing-table with a mirror, প্রসাধনের জন্য আয়নাওয়ালা টেবিল (also **toi°lĕt-tāble**) ; the articles used in dressing, প্রসাধন-সামগ্রী ; mode of dressing,

প্রসাধন-প্রণালী ; style of dress, পোশাকের ঢঙ্ ; a costume, (নির্দিষ্ট কাজের বা লোকের) পোশাক, সাজ ; a dressing-room, bathroom, or lavatory, সাজঘর, স্নানকক্ষ, পায়খানা। (2) *a.* used in toilet, প্রসাধনকার্যে ব্যবহৃত। *n.* **toi°let-pāper**—মলত্যাগান্তে জলশৌচের পরিবর্তে অঙ্গমার্জনে ব্যবহৃত কাগজবিশেষ। *n.* **toi°let-powder**—প্রসাধনে ব্যবহার্য পাউডার। *n.* **toi°let-rōll**—গোল করিয়া পাকান toilet-paper-এর বানডিল। *n.* **toi°let-set**—প্রসাধন-সামগ্রীর আধারসমূহ ও প্রসাধনকার্যে ব্যবহৃত পাত্রসমূহ। *n.* **toi°let-tāble**—প্রসাধন-কার্যে ব্যবহৃত আয়নাওয়ালা টেবিল। *n.* **toi°letry**—প্রসাধন দ্রব্যাদি। [F. *toilette*=(ori.) a cloth for the shoulder during hair-dressing<L. *tela*=web]

toils [toils, টয়ল্স্] *n. pl.* nets, জাল ; (usually fig.) snares, (সচ. আল.) ফাঁদ (in the *toils* of the law)। [OF. *toile*=cloth]

toilsome, toil-worn—see **toil.**

token [tō°k(a)n, টৌ°কন্] *n.* sign, চিহ্ন ; a symbol, প্রতীক ; an evidence, প্রামাণিক সাক্ষ্য ; an authenticating sign, word, or object, বিশ্বাসী-উৎপাদী চিহ্ন শব্দ বা বস্তু, নিদর্শন, অভিজ্ঞান (presented as a *token* of affection, appreciation, esteem, etc.); a keepsake, স্মৃতিচিহ্ন ; a private coin redeemable in current money or goods, ব্যক্তি বাণিজ্য-প্রতিষ্ঠান প্রভৃতির নিজস্ব মুদ্রা বা মুদ্রাস্বরূপ চাক্‌তি যাহা ভাঙ্গাইয়া সরকারী বা চলতি মুদ্রা অথবা মালপত্র পাওয়া যায় (a bank's *token*)। *n.* **tōken-money**—যে মুদ্রা নিজস্ব উপাদানের প্রকৃত মূল্যাপেক্ষা অধিকতর মূল্যে চালু, (পরি.) নিদর্শনমুদ্রা। **token payment**—দেনা স্বীকারের নিদর্শন-স্বরূপ দেনার যৎকিঞ্চিৎ অংশ পরিশোধ। **token resistance**—প্রতীক প্রতিরোধ। **token strike**—আসন্ন দীর্ঘস্থায়ী ধর্মঘটসম্বন্ধে সতর্কী-করণার্থ অল্পক্ষণস্থায়ী ধর্মঘট, প্রতীক ধর্মঘট। **token vote**—সরকারী ব্যয়নির্বাহার্থ প্রয়োজনীয় অর্থের অংশ বরাদ্দের জন্য সংসদে ভোটগ্রহণ : ভোটের দ্বারা এই বরাদ্দের ব্যবস্থা হইলে প্রয়োজনীয় অর্থের বাকী অংশের বরাদ্দের জন্য আর আলোচনা বা ভোটগ্রহণের প্রয়োজন হয় না। **in token of**—নিদর্শনস্বরূপ। [OE. *tacen*—cp. G. *zeichen*]

told—see **tell.**

Toledo, toledo [to-le°-dō, টলী°ডৌ] *n.* a sword-blade made in Toledo, স্পেইনের টলেইডো-নগরে তৈয়ারি উৎকৃষ্ট তরবারি-ফলক।

tolerable, tolerance—see **tolerate.**

tolerate [to°-la-rāt, ট°ল্যারেইট্] *v.t.* to endure, সহ্য করা ; to endure with patience or impunity, ধৈর্যসহকারে বা শাস্তি না দিয়া সহ্য করা, বরদাস্ত করা ; to allow, আপত্তি না করা। *a.* **tolerable** [to°-l(a)rabl, ট°ল্‌র্যাব্‌ল্] সহনীয় ; বরদাস্ত করা যায় এমন ; একরকম উপযুক্ত বা মানানসই বা গ্রহণীয় ; চলিতে দেওয়া যাইতে পারে এমন ; চলনসই। *adv.* **to°lerably**। *n.* **tolerance** [to°-lar(a)ns, ট°ল্যার্‌ন্‌স্] (প্রধানতঃ পরমতাদি) সহ্য বা বরদাস্ত করার ক্ষমতা স্বভাব অথবা ইচ্ছা (religious *tolerance*) ; সহ্যের সীমা (beyond *tolerance*)। *a.* **to°lerant**—সহ্য বা বরদাস্ত করিতে সক্ষম প্রবণ অথবা ইচ্ছুক ; সহনশীল, সহিষ্ণু ; (জীব. ও চিকি.—প্রতিকূল অবস্থা পরগাছা ঔষধ প্রভৃতি) সহ্য করিতে সক্ষম ; প্রশ্রয়দায়ক, প্রশ্রয়পূর্ণ ; (প্রধানতঃ পরমতাদি) সহনশীল, সমর্থনকর বা সমর্থনপূর্ণ। *adv.* **to°lerantly**। *n.* **tolerā°tion**—tolerate-এর সকল অর্থে, এবং—অনুমোদিত বা অবাঞ্ছিত কার্যাদি যতটা সহ্য বা বরদাস্ত করা যায়, সহ্যসীমা ; সংখ্যালঘু সম্প্রদায়কে রাজনীতিক বা ধর্মগত মতপ্রকাশের জন্য প্রদত্ত স্বাধীনতা। [L. *tolerare*]

toll₁ [tōl, টৌল্] (**1**) *v.i.t.* to sound or cause to sound, (বড় ঘণ্টা-সম্বন্ধে—প্রধানতঃ তালে তালে) বাজা বা বাজান, নিনাদিত হওয়া বা করান। (**2**) *v.t.* to signal, announce, summon or send by tolling, তালে তালে ঘণ্টাধ্বনি করিয়া সঙ্কেত করা বা ঘোষণা করা বা আহ্বান করা বা প্রেরণ করা ; to toll for the death of, (কাহারও) মৃত্যু-সংবাদ ঘোষণার্থ ঘণ্টাধ্বনি করা। (**3**) *n.* the sound of a bell tolling, উক্ত ঘণ্টাধ্বনি। *n.* **to°ller**। [?]

toll₂ [tōl, টৌল্] (**1**) *n.* a tax paid for using a bridge or road, selling goods in a market etc., সেতু বা রাস্তা দিয়া চলাচল করার বাবদ বা বাজারে মাল বেচার জন্য অথবা অনুরূপ কিছুর দরুন প্রদেয় কর, কুত, তোলা, (পরি.) উপশুল্ক ; a portion of grain kept by a miller in payment for grinding, শস্যাদি ভাঙানির মজুরি বাবদ কলওয়ালা বা ভাঙাইওয়ালা উক্ত শস্যের যে অংশ রাখিয়া দেয়, ভাঙাই, ভানাই ; tribute to death, (সংবাদপত্রের ভাষায়) মৃত্যুর বা যমরাজের প্রাপ্য খাজনা। (**2**) *v.t.* to take or pay toll, উপশুল্ক কুত বা তোলা দেওয়া অথবা লওয়া। *n.* **tōll°-bridge, tōll°-gāte**—যে সেতু বা নগরদ্বার অতিক্রমণকালে পথিকা-দিকে কুত দিতে হয়। *n.* **toll°-call**—দূর পাল্লার টেলিফোন (ট্রাঙ্ককল হইতে নিকটবর্তী)। *n.* **toll°-man**—কুত-আদায়কারী। **tōll°-free**—(**1**) *a.* কুত দিতে হয় না এমন। (**2**) *adv.* কুত দিতে হয় না এমন-ভাবে। **tōll°-house**—উপশুল্ক কুত বা তোলা আদায়ের অফিস। [AS.—cp. Du. *tol*, G. *zoll*, LL. *toloneum*<Gk. *telenion*=customs]

Tom [tom, টম্] *n.* a male, পুংজাতীয় প্রাণী ; a big bell, বৃহৎ ঘণ্টা। *n.* **Tom°-and-Jerry°**—মসলা মিষ্ট ও ডিমের সহিত মিশ্রিত গরম রাম্-মদ্য। *n.* **tom°-boy**—তেজী গেছো বা ধিঙ্গী মেয়ে ; (কাব্যে) শ্লীলতা-বোধশূন্যা স্ত্রীলোক। *n.* **Tom°-cat, tom°-cat**—হুলো বিড়াল, পুরুষ-বিড়াল। *n.* **tom°fōōl°**—(**1**) *n.* মস্ত-বোকা লোক, মহামূর্খ ; ভাঁড়। (**2**) *v.i.* মূর্খতা বা ভাঁড়ামি করা। *n.* **tomfōō°lery**—বোকার মত তুচ্ছতাচ্ছল্য অবহেলা বা রসিকতা ; ভাঁড়ামি। *n.* **Tom°-no°ddy**—দীর্ঘচঞ্চু সামুদ্রিক পক্ষিবিশেষ ; স্থূলবুদ্ধি ব্যক্তি, বোকা। **Long Tom**—লম্বা কামান-বিশেষ। **Old Tom**—জিন্‌মদ্য। **Tom, Dick and**

Harry—যে-কেহ, যদু-মধু-রাম-শ্যাম, (ইতর) জনসাধারণ। [short. for *Thomas*]

tomahawk [to°-ma-hawk, ট°ম্যাহক্] (1) *n.* a war-axe, উত্তর-আমেরিকার আদিবাসীদের যুদ্ধকুঠারবিশেষ। (2) *v.t.* to assail or kill with a tomahawk, উক্ত কুঠারদ্বারা আক্রমণ করা বা হত্যা করা। [Virginian Indian *tamahak*]

tomato [ta-mŭ°-tō, ট্যাম্যা°টৌ] *n.* a pulpy fruit, or the plant bearing it, টম্যাটো বা উহার গাছ। [Sp. *tomate* < Mex. *tomatl*]

tomb [to͞om, টুম্] *n.* a grave, গোর, কবর; a vault for disposal of dead bodies, সমাধি গোরস্থান বা কবরখানারূপে ব্যবহৃত অর্ধবৃত্তাকার ছাদযুক্ত বৃহৎ কক্ষ; a sepulchral monument, কবরোপরি স্মৃতিস্তম্ভ। *n.* **tomb°stōne**—কবরোপরি স্থাপিত স্মৃতিপ্রস্তর। [OF. *tombe* < L. *tumba* < Gk. *tymbos*]

tombola [tom°-bŏ-la, টম্°বোল্যা] *n.* a kind of lottery, (উৎসবাদিতে) লটারিখেলাবিশেষ। [It.]

tomboy—see **Tom.**

tombstone—see **tomb.**

tom-cat—see **Tom.**

tome [tōm,, টৌম্] *n.* a big book, মোটা বই। [F. < L. *tomus* < Gk. *tomos*]

tomfool—see **Tom.**

tommy [to°-mi, ট°মি] *n.* bread, রুটি; provision given in lieu of wages, মজুরির পরিবর্তে প্রদত্ত খাদ্য; the British soldier, ইংরেজ সৈনিক (also **Tommy Atkins**)। *n.* **to°mmy-rot**—ডাহা বাজে কথা বা জিনিস; ডাহা মূর্খতা। [*Thomas*, a personal name]

tommy-gun [to° mi-gun, ট°মিগান্] *n.* a light machine-gun, লঘুভার কামানবিশেষ। [*General Thompson*, its inventor, *gun*]

tommy-rot—see **tommy.**

tomorrow, to-morrow [ta-mo°-rŏ, ট্যাম°রো] *n.* & *adv.* (on) the day after today, আগামী কল্য। **tomorrow week**—আজ হইতে আটদিন। [OE. *to morgen*—see *to, morrow*]

tom-tom [tom°-tom, টম্°টম্] *n.* an Indian drum, ঢোল বা মাদল। [Hin. *tamtam*]

ton [tun, টান্] *n.* a measure of capacity or weight, ভিতরে কতটা ধরে তাহার বা ওজনের মাপবিশেষ, টন (=২০ হন্দর)। *n.* **to°nnage**—আমদানি-করা মদ্যের উপরে ধার্য শুল্ক; টনের হিসাবে প্রদেয় মাশুল; টনের হিসাবে জাহাজের বহনক্ষমতা বা জাহাজে বাহিত মোট মালের (ও যাত্রীর) ওজন; টনের হিসাবে জাহাজের উপর ধার্য শুল্ক। *n.* **to°nner**—নির্দিষ্ট টন্ পর্যন্ত ওজন বহিতে সক্ষম গাড়ি (a three-*tonner*)। **the ton**—(অশি.) ঘণ্টায় একশত মাইল গতিবেগ (your car will do *the ton*)। [OE. *tunne*=a vat, tub]

tonal—see **tone.**

tone [tōn, টৌন্] (1) *n.* the character or quality of a sound, ধ্বনির বৈশিষ্ট্য বা গুণ; intonation, স্বরভঙ্গি (পরি.) স্বন; rise and fall in pitch, স্বরের বা সুরের ওঠা-নামা; a sound of definite pitch, নির্দিষ্ট গ্রামে-বাঁধা ধ্বনি (অর্থাৎ পঞ্চম সপ্তম প্রভৃতি ধ্বনি); voice, কণ্ঠস্বর; bodily firmness, elasticity, or tension, শারীরিক (প্রধানতঃ মাংসপেশীর) দৃঢ়তা, স্থিতিস্থাপকতা বা টান, দৈহিক স্বাচ্ছন্দ্য; character or characteristic, চরিত্র বা চারিত্রিক বৈশিষ্ট্য (to raise or lower the *tone* of the nation); harmony or general effect of colours, বর্ণসমূহের সমন্বয় বা প্রভাব। (2) *v.t.* to intone, (বিশেষ কোন স্বরে বা সুরে) উচ্চারণ করা, স্বনিত করা; to give (desired) tone to, (অভীষ্ট) সুর বা বর্ণ প্রদান করা। (3) *v.i.* to take a tone, স্বনিত বা সুরায়িত অথবা বর্ণায়িত হওয়া; to harmonize, সমন্বয়পূর্ণ হওয়া (to *tone* in)। *a.* **tō°nal**—স্বন সুর স্বর বা বর্ণ সংক্রান্ত। *n.* **tōna°lity**। *a.* **tō°ned**—(নির্দিষ্ট) স্বনযুক্ত সুরযুক্ত বা স্বরযুক্ত; (নির্দিষ্ট) সুরে বাঁধা; (নির্দিষ্ট) বর্ণযুক্ত; ঈষৎ আভাযুক্ত। *n.* **tone°-arm**—(পুরাতন ধরনের গ্রামোফোনে) অনুনাদক (sound-box)-কে বাহিরের হর্ন বা ভেঁপুর সঙ্গে সংযোগকারী নলাকার বাহু। *a.* **tone-deaf°**—স্বরগ্রামের বা পরদার তারতম্য উপলব্ধি করিতে অক্ষম। *n.* **tone°-poem**—কোন কবিতার ভাব বা কিংবদন্তী অবলম্বনে রচিত সঙ্গীত। *a.* **tōne°lėss**—সুরহীন; নীরস; অনুজ্জ্বল, নিষ্প্রভ; অবসন্ন; আগ্রহশূন্য, নিরাসক্ত, উদাস। *adv.* **tone°lessly**। **(to) tone down**—সুর নামান; পরিমিত করা; কোমল করা; (চিত্রাদিতে) রং হাল্কা করিয়া দেওয়া; কোন মন্তব্য বা বক্তব্যের ঝাঁজ কমাইয়া দেওয়া; লঘু করা। **(to) tone up**—সবলতর বা প্রগাঢ়তর বা উজ্জ্বলতর করা অথবা হওয়া। [F. *ton*, L. *tonus* < Gk. *tonos* (*n.*)]

tong [tong, টং] *n.* a Chinese secret society, চৈনিক গুপ্ত সমিতি। [C. *t'ang*]

tonga [tong°-ga, টং°গ্যা] *n.* a light two-wheeled horse-drawn vehicle, এক্কা-জাতীয় গাড়িবিশেষ, টাঙ্গা। [Hin. *tanga*]

tongs [tongz, টংজ্] *n. pl.* a gripping and lifting instrument, চিমটা, সাঁড়াশি। **not to touch with a pair of tongs**—(ঘৃণ্য ব্যক্তি সম্পর্কে) চিমটা দিয়াও না ছোঁয়া, সংস্রব সম্পূর্ণ বর্জন করা। [OE. *tang(e)* < ON. *tong*]

tongue [tung, টাং] *n.* the fleshy organ in the mouth used in tasting and (by man) in speech, জিহ্বা, রসনা; the tongue of an ox etc. as food, মানুষের খাদ্যরূপে ব্যবহৃত ষণ্ডাদির জিহ্বা; power of speech, বাক্‌শক্তি (to have a fluent *tongue*); manner of speaking, বাক্‌প্রণালী; speech, কথা, বক্তৃতা; discourse, আলোচনা; language, ভাষা (one's mother *tongue*); anything tongue-shaped, জিহ্বাকার বস্তু; the catch of a buckle, বক্‌লসের আঙ্‌টা। *a.* **tongu°ed**—জিহ্বাযুক্ত। *a.* **tongue°-tied**—কথা

বলিতে অসমর্থ বা অনিচ্ছুক ; সহজে কথা বলে না এমন ; বাক্‌রুদ্ধ। *n.* **tongue°-twister**—দুরুচ্চার্য শব্দ, দাঁতভাঙা শব্দ। **(to) find one's tongue**—(কিছুকাল কথা বলিতে অক্ষম থাকার পর) বাক্‌শক্তি ফিরিয়া পাওয়া। **(to) give tongue**—উচ্চারণ করা ; (কুকুর সম্বন্ধে—কিছুর) গন্ধ পাইয়া চিৎকার করা। **(to) have a loose tongue**—অত্যন্ত মুখ-আলগা হওয়া, পেটে কথা না রাখিতে পারা। **(to) have lost one's tongue**—বাক্‌শক্তি হারান ; হতবাক্ হওয়া। **(to) speak with one's tongue in one's cheek, (to) have one's tongue in one's cheek**—ব্যঙ্গভরে কিছু বলা ; (সব কথা স্পষ্ট করিয়া না বলিয়া) শ্রোতাকে খোশ্‌মেজাজে রাখিয়া কথা বলা। **(to) hold one's tongue**—নীরব থাকা, মুখ বুজিয়া থাকা। **(to) wag one's tongue**—অবিবেচকের ন্যায় কথা বলা ; বাচালতা করা। [OE. *tunge*<ON. *tunga*]

tonic [to°-nik, ট°নিক্] **(1)** *a.* of tones, স্বর বা স্বর-সম্বন্ধীয় ; giving tone and vigour to the system, দেহযন্ত্রে স্বাচ্ছন্দ্য ও তেজ বিধান করে এমন, শক্তিদায়ক বা বলবর্ধক। **(2)** *n.* tonic medicine, শক্তিদায়ক বা বলবর্ধক ঔষধ। **tonic solfa**—(সঙ্গীত শিক্ষায়) সিল্যাবলের সাহায্যে স্বরগ্রাম (sol, fa প্রভৃতি) দেখান। **tonic water**—কুইনাইন মিশ্রিত জল। [see *tone*]

tonight, to-night [ta-nīt°, ট্যানাইট্°] **(1)** *n.* this night, অদ্য রজনী। **(2)** *adv.* on this night, অদ্য রজনীতে। [OE. *to niht*]

tonnage, tonner—see **ton.**

tonne [tun, টান্ ; tu-°ni, টা°নি] *n.* ten quintals or one-thousand kilograms, দশ কুইন্টাল বা একহাজার কিলোগ্রাম। [see *tun*]

tonometer [to-no°-mi-ta(r), টন্যা°মিট্যা(র্)] *n.* an instrument for measuring the pitch of sound, ধ্বনির প্রবাহ বা ওঠা-নামা মাপিবার যন্ত্রবিশেষ। [*tone*+*meter*]

tonsil [ton°sl, টন্°স্‌ল্] *n.* either of two glands at the root of the tongue, টন্‌সিল্। *n.* **tonsil(l)itis** [ton-si-lī°-tis, টন্‌সিলাই°টিস্] টন্‌সিলের প্রদাহমূলক ব্যাধিবিশেষ। [L. *tonsillæ* (*pl.*)]

tonsor [ton°-sa(r), টন্°স্যা(র্)] *n.* a barber, নাপিত, ক্ষৌরকার। *a.* **tonsorial** [ton-swa°-ri-al, টন্‌স্ও°রিঅ্যাল্] ক্ষৌরকার-সংক্রান্ত ; ক্ষৌরকর্ম-সংক্রান্ত। *n.* **tonsure** [ton°-sha(r), টন্°শ্যা(র্)] কেশকর্তন বা মস্তকমুণ্ডন ; গির্জায় যাজকত্ব-গ্রহণকালে আংশিক কেশকর্তন বা মস্তকমুণ্ডন ; মস্তকের মুণ্ডিত অংশ। *a.* **ton°sured**—মুণ্ডিত-মস্তক ; মুণ্ডিত ; টেকো ; ছাঁটা হইয়াছে এমন ; কর্তিত। [L. *tonsor* =a barber, *tonsura*=a shearing]

tontine [ton°tēn, টন্°টীন্] *n.* annuity shared by the subscribers to a loan, shares increasing as the subscribers die, till the last subscriber gets all, ঋণের বার্ষিক বৃত্তি: এই বৃত্তি ঋণদাতাদের মধ্যে এমনভাবে বণ্টিত হয় যে ঋণদাতাদের মৃত্যুর সঙ্গে সঙ্গে জীবিত ঋণদাতাদের প্রাপ্য বাড়িতে থাকে এবং সর্বশেষ জীবিত ঋণদাতা সবটা পায়। [F. *Lorenzo Tonti*]

too [too, টূ] *adv.* in addition, অধিকন্তু ; also, likewise, ও, এবং…ও, ইহাও ; in an excessive degree, অত্যধিক মাত্রায় (*too* hot)। **all too**—অবাঞ্ছিতভাবে। **none too**—অপ্রত্যাশিতভাবে। **only too**—নিরতিশয়। **(to) go, carry something too far**—ঔচিত্যের সীমা অতিক্রম করা। **(to) be one too many for**—বুদ্ধিতে ঠকান ; জব্দ করা। **(to) be too much for**—প্রাধান্য বিস্তার করা, অভিভূত করা, অতি দুরূহ হওয়া। [stressed form of *to*]

took—see **take.**

tool [tool, টুল্] *n.* a working instrument, (প্রধানতঃ হস্তদ্বারা ব্যবহার্য) যন্ত্র, (পরি.) সাধনী ; a weapon, অস্ত্র ; one who is used as the mere instrument of another, যে ব্যক্তিকে অপরের যন্ত্রবৎ কাজ করান হয়। *n.* **tōōl°-bag, tōōl°-box**—যন্ত্রপাতি রাখার বাক্স। *n.* **machine-tool**—বিদ্যুৎশক্তি দ্বারা চালিত যন্ত্র। **(to) tool up**—কোন ফ্যাক্টরীকে যন্ত্রসজ্জিত করা। [OE. *tol*]

toot [toot, টূট্] **(1)** *v.i.* to make short sounds, as on a flute or horn, বাঁশিতে বা শিঙায় ক্ষুদ্র বা স্বল্পস্থায়ী আওয়াজ করা। **(2)** *v.t.* to sound, (বাঁশি বা শিঙা) বাজান। *p. & p. pt.* **tōō°tėd**। **(3)** *n.* a tooting sound, বংশীধ্বনি, শিঙাধ্বনি। *n.* **tōō°ter**—বংশীবাদক বা শিঙাবাদক ; বাঁশি বা শিঙা। **(to) toot one's own horn**—আত্মপ্রশংসা করা, (তু.) নিজের ঢাক নিজেই পেটান। [imi. ?]

tooth [tooth, টুথ্] *n.* one of the hard bodies in the mouth used for biting and chewing, দাঁত, দন্ত ; a tooth-like projection, prong, cog, etc., দন্তবৎ প্রলম্বিত অংশ, কাঁটা দাঁড়া খাঁজ প্রভৃতি (*tooth* of a wheel or comb) ; taste or relish, স্বাদবোধ বা রুচি। *pl.* **teeth** [tēth, টীথ্]। *v.t.i.* **tōōth**—দন্তযুক্ত করা, খাঁজ কাটা। *v.i.* **teethe** [tēdh, টীদ্] দন্তোদ্গম হওয়া। *n.* **tōōth°āche**—দাঁতের বেদনা, দাঁত-কন্‌কনানি। *n.* **tōōth°brush**—দাঁত মাজার বুরুশ। *n.* **tōōth°-comb**—উত্তমরূপে বিন্যস্ত দন্তপঙ্‌ক্তিবিশিষ্ট ব্যক্তি। *a.* **tōō°thed**—দাঁতওয়ালা ; খাঁজওয়ালা, দাঁড়াওয়ালা, দন্তুর। *a.* **tōōthlėss**—দাঁতহীন, দাঁড়াহীন, খাঁজহীন। *n.* **tōōth°-pāste**—মলমের ন্যায় দাঁতের মাজন। *n.* **tōōth°pick**—খড়কে। *n.* **tōōth°-pow°der**—গুঁড়া দাঁতের মাজন। *a.* **tōōth°some**—সুস্বাদু, মুখরোচক। **armed to the teeth**—আপাদমস্তক অস্ত্র-শস্ত্রে সজ্জিত। **a tooth for a tooth**—দাঁতের বদলে দাঁত, সমুচিত প্রতিশোধ। **in the teeth of**—সরাসরি বা প্রত্যক্ষ বিরোধিতাপূর্বক। **tooth and nail**—যথাসাধ্য তেজবীর্যের সহিত। **(to) cast something in**

the teeth of—কোন কিছু লইয়া ভর্ৎসনা করা। **(to) cut the teeth**—দাঁত ওঠা। **(to) escape by the skin of one's teeth**—অতি অল্পের জন্য পরিত্রাণ পাওয়া। **(to) have a sweet tooth**—মিষ্টি ভালবাসে এমন। **long in the tooth**—বৃদ্ধ (যখন মাঢ়ী সরিয়া যাওয়ায় দাঁত দীর্ঘতর দেখায়)। **(to) set one's teeth**—দন্তে দন্তে পেষণ করা (ইহা দৃঢ় সঙ্কল্পের লক্ষণ)। **(to) show one's teeth**—দাঁত খিঁচান। [OE. toth—cp. L. *dens*, G. *odons*, Sans, *danta*]

tootle—same as **toot.**

top₁ [top, টপ্] *n.* a spinning toy, লাট্টু, লাটিম। **(to) sleep like a top**—গভীরভাবে বা অসাড়ে ঘুমান। [late OE.<?]

top₂ [top, টপ্] **(1)** *n.* the summit or the upper part or the surface, শীর্ষ, চূড়া, ডগা, উপরিভাগ; the highest place or rank, সর্বোচ্চ স্থান বা পদমর্যাদা; the earliest part, একেবারে গোড়ার অংশ, প্রথম ভাগ (*top* of the morning—a form of greeting)। **(2)** *a.* highest, উচ্চতম, সর্বোচ্চ। **(3)** *v.t.* to cover on the top, শীর্ষ চূড়া বা উপরিভাগ আবৃত করা; to tip, শীর্ষ চূড়া বা উপরিভাগ সংযোজন করা অথবা (কিছুর) শীর্ষ চূড়া বা উপরিভাগ হওয়া; to rise to the top of, (কিছুর) উপরে বা চূড়ায় ওঠা; to surpass, ছাপাইয়া বা ছাড়াইয়া ওঠা; to surmount, উচ্চতায় ছাপাইয়া ওঠা; to be on or at the top of, (কিছুর) উপরে বা চূড়ায় থাকা; to take off the top of, শীর্ষ বা ডগা প্রভৃতি অপসৃত করা বা ছাঁটিয়া ফেলা। *pr. pt.* **to°pping** । *p.* & *p. pt.* **to°pped** । *n.* **top°-bōōt**—যে বুটজুতার গোড়ালির উপরিভাগও ঢাকা পড়ে। *n.* **top°-coat**—ওভারকোট্। **top dog**—বিজয়ী বা প্রভু। *v.t.* **top°-dress°**—হলকর্ষণ বা খনন না করিয়া (জমির) উপরিভাগে (সার প্রভৃতি) প্রয়োগ করা। *p.* & *p. pt.* **top°-dre°ssed** । *a.* **top°-flight**—প্রথম শ্রেণীর; যথাসম্ভব উৎকৃষ্ট। *n.* **topga°llant**—topmast-এর অব্যবহিত উর্ধ্বস্থ মাস্তুল; tapsail-এর অব্যবহিত উর্ধ্বস্থ পাল। *n.* **top°-hat**—উঁচু রেশমী টুপিবিশেষ। *a.* **top°hea°vy**—নিম্নদেশের পক্ষে শীর্ষদেশ অত্যন্ত ভারী এমন; (আল.) অধস্তন কর্মচারীদের তুলনায় উর্ধ্বতন কর্মচারীরা অত্যন্ত মোটা বেতন পায় এমন, মাথাভারী। *n.* **top°-knot**—মাথার উপরে চূড়া করিয়া বাঁধা চুল বা পালক-গুচ্ছ বা অনুরূপ বস্তু। *a.* **top°less**—উপরের অংশ নাই এমন; উপরের অংশ শূন্যপ্রায় বা অনাবৃতপ্রায় (a *topless* blouse)। *n.* **top°mast**—জাহাজের নিম্নতম মাস্তুলের অব্যবহিত উচ্চতর মাস্তুল। *a.* **top°-most**—সর্বোচ্চ। **top°-notch**—same as **top-flight**। *a.* **top°-hole**—(অশি.) অত্যুৎকৃষ্ট। *n.* **to°pper**—top (*v.*)-এর সকল অর্থে, এবং—(অশি.) যে ব্যক্তি উৎকর্ষে ছাপাইয়া ওঠে; (অশি.) উঁচু রেশমী টুপিবিশেষ। *a.* **to°pping**—ছাপাইয়া ওঠে এমন; বিশিষ্টতম; অত্যুৎকৃষ্ট। *a.* **top°-ranking**—সর্বোচ্চ-পদস্থ; সর্বোচ্চ শ্রেণীর। *n.* **topsail** [top°sl, টপ্°স্‌ল্] জাহাজের নিম্নতম মাস্তুলের অব্যবহিত উচ্চতর মাস্তুল-সংলগ্ন পাল। **top secret**—সর্বাধিক গোপনীয়। **from top to bottom**—সম্পূর্ণরূপে। **from top to toe**—মাথা থেকে পা পর্যন্ত, আপাদমস্তক। **on top**—উপরে। **on the top of**—উপরে; তদধিক, অধিকন্তু। **the top of the ladder** or **tree**—পেশা কর্মজীবন প্রভৃতির শীর্ষস্থান। **(to) come to the top**—(আল.) খ্যাতি সাফল্য প্রভৃতি অর্জন করা। **(to) top it all**—(ভাল বা মন্দ) অবস্থার চরমরূপে, সর্বশেষে, সর্বোপরি, সব ছাপাইয়া। **(to) top up**—(অংশতঃ শূন্যগর্ভ পাত্রাদি) পরিপূর্ণ করা। [AS.—cp. G. *zopf*]

topaz [tō°-paz, টৌ°প্যাজ়্] *n.* a gem, পুষ্পরাগ-মণি, পোখরাজ। [Gk. *topazos*]

tope₁ [tōp, টৌপ্] *n.* a Buddhist stupa, বৌদ্ধস্তূপ। [Hin.<Sans. *stupa*]

tope₂ [tōp, টৌপ্] *n.* a small species of shark, ক্ষুদ্র হাঙ্গরবিশেষ। [?]

tope₃ [tōp, টৌপ্] *n.* a mango or other grove, আম্রকুঞ্জ বা অন্য কিছুর কুঞ্জ। [Tamil *toppu*]

tope₄ [tōp, টৌপ্] *v.i.* to drink hard, অত্যধিক মদ্যপান করা। *p.* & *p. pt.* **tō°ped** । *n.* **tō°per**—মদ্যপ, মাতাল। [F. *topper*=to accept a wager]

topee, topi [tō°-pi, টৌ°পি] *n.* a (sola) hat, (সোলার) টুপি। [Hin.]

toper—see **tope₄**.

topiary [tō°-pi-a-ri, টৌ°পিঅ্যারি] *n.* the clipping of trees into fantastic shapes, অদ্ভুত অদ্ভুত আকারে উদ্যানের বৃক্ষাবলী ছাঁটাই। *n.* **tō°piarist**—উক্ত ছাঁটাই-কার্যে দক্ষ ব্যক্তি। [L. *topiarius*=landscape gardener]

topic [to°-pik, ট°পিক্] *n.* (log, & rhet.) a class of considerations from which arguments can be drawn, (ন্যায়. ও অল.) যে ধরনের আলোচনাদি হইতে যুক্তি আহরণ করা যায়; a subject of discourse or argument, আলোচনার বা তর্কের বিষয়, প্রসঙ্গ; a matter, বিষয়। *a.* **topical**—স্থানীয়; প্রসঙ্গত, প্রাসঙ্গিক; জনসাধারণের সাম্প্রতিক আলাপ-আলোচনার বিষয়ীভূত, সাময়িক। *adv.* **to°pically** । [Gk. (*ta*) *topika*=topics, the title of a treatise of Aristotle<*topos*=place]

topography [ta-po°-gra-fi, টাপ°গ্রাফি] *n.* detailed description or features of a limited area, নির্দিষ্ট অঞ্চলের বিশদ বিবরণ, (পরি.) ভূ-সংস্থান, স্থান-বিবরণ। *n.* **topo°-grapher**—উক্ত বিবরণদাতা বা বিবরণ-সংগ্রাহক। *a.* **topographic** [to-pa-gra°-fik, টপ্যাগ্র্যা°ফিক্], **topographi°cal**—উক্ত বিবরণ-সংক্রান্ত, (পরি.) সংস্থানিক,

Fot words in *top-*, not given separately, see **top₂**.

দৈশিক। *adv.* **topographi°cally** । [Gk. *topographia*]

topper—same as **top-hat** ; (coll.) a good fellow, ভাল মানুষ। [see *top*$_2$]

topple [top°l, টপ্°ল্] **(I)** *v.i.* to over-balance and fall headlong, ভারসাম্য রক্ষা করিতে অসমর্থ হইয়া ডিগবাজি খাইয়া পড়া। **(2)** *v.t.* to cause to topple, ডিগবাজি খাওয়াইয়া ফেলা। [see *top*$_2$]

topsy-turvy [top°-si-ta(r)°-vi, টপ্°-সি-ট্যা(র্)°-ভি] **(I)** *adv.* upside down, নিম্নদেশ উর্ধ্বে তুলিয়া, ডিগবাজি খাইয়া, ওলটপালট হইয়া ; in confusion, বিশৃঙ্খলভাবে। **(2)** *a.* turned upside down, ডিগবাজি-খাওয়া অবস্থায়, ওলটপালট অবস্থায় ; confused, বিশৃঙ্খল। **(3)** *n.* confusion, বিশৃঙ্খলা। *adv.* **top°sy-tur°vily** । *n.* **top°sy-tur°vydom, top°sy-tur°viness** । [*top*$_2$ obs. *terve*=to turn]

toque [tōk, টৌক্] *n.* a small close-fitting cap or hat, ক্ষুদ্র ও আঁটসাট নরম বা শক্ত টুপি। [F.—cp. It. *tocca*, Sp. *toca*]

tor [taw(r), ট্য(র্)] *n.* a hill, পাহাড় ; a rocky hill-top, কেবল প্রস্তরময় (অর্থাৎ গাছপালাহীন) গিরিচূড়া। [OE. *tor(r)*<L. *turris*=a tower]

Torah [taw°-ra, ট্য°র‍্যা] *n.* the Mosaic law, বাইবেলোক্ত মহাপুরুষ মোজেজের অনুশাসনাবলী। [H.]

torch [taw(r)ch, ট্য(র্)চ্] *n.* a piece of resinous wood soaked in tallow etc., for carrying lighted in hand, মশাল ; a large candle, বড় মোমবাতি ; a portable electric light, টর্চ্‌লাইট্ (also **torch°-light**)। *n.* **torch-°bear°er**—মশালবাহক ; মশালচী ; (আল.) আন্দোলনাদির অগ্রদূত। *n.* **torch°-rāce**—মশাল-হস্তে রিলে-রেইস্ বা যৌথ ধাবনপ্রতিযোগিতাবিশেষ। *n.* **torch°-song**—প্রতিদান পায় নাই এমন প্রেমিকের অশ্রুসিক্ত সঙ্গীতবিশেষ। *n.* **torch°-singer**—যে রমণী ঐ জাতীয় গান করে। **(to) carry the torch (for)**—প্রেমের প্রতিদান না পাইয়াও ভালবাসা। [F. *torche*<L. *torquere*=to twist]

tore—see **tear.**

toreador [to°-ri-a-daw(r), ট°রিঅ্যাড্য(র্)] *n.* a bull-fighter, (স্পেইন্‌দেশে) যে ব্যক্তি (প্রধানতঃ ঘোড়ায় চড়িয়া) ষাঁড়ের সহিত লড়াই করে। [Sp.]

tori, toric—see **torus.**

torii [to°-rē-ē, ট°রীঈ] *n.* a Shinto temple gateway, যে-কোন শিনটো-মন্দিরের প্রবেশপথ। [Jap.]

torment [taw(r)°-ment, ট্য(র্)°মেন্ট্] *n.* torture, পীড়ন ; anguish, যন্ত্রণা (to be in *torment*) ; a source of anguish, যন্ত্রণার উৎস বা হেতু। *v.t.* **torment°**—পীড়ন করা ; নিদারুণ যন্ত্রণা দেওয়া, মোচড়ান। *adv.* **torment°ingly** । *n.* **tormen°tor** । *fem.* **torment°ress** । **Job's tormentor**—যে ব্যক্তি কাটা ঘায়ে নুনের ছিটা দেয়। [L. *tormentum*<*torquere*=to twist]

torn—see **tear.**

tornado [taw(r)-nā°-dō, ট্য(র্)নেই°ডৌ] *n.* a violent, whirling storm over a narrow area, (মূলতঃ অ্যাট্‌ল্যান্‌টিক্ মহাসাগরের গ্রীষ্মপ্রধান অঞ্চলে) ক্ষুদ্র স্থানোপরি প্রচণ্ড ঘূর্ণিবাত্যা, (পরি.) ঘূর্ণবাত। [Sp *tronado*=thunderstorm ?]

torpedo [taw(r)-pē°-dō, ট্য(র্)পী°ডৌ] **(I)** *n.* a kind of fish with organs on the head that give an electric shock, অপরকে আঘাতের জন্য মস্তকে বৈদ্যুতিক শক্তিসম্পন্ন অঙ্গযুক্ত মৎস্য-বিশেষ ; a self-propelled submarine weapon of offence, জাহাজাদি ফুটা করিয়া দিবার জন্য জলতলে স্বয়ংচল (সচ. চুরুটাকার) অস্ত্রবিশেষ, টর্পেডো ; a kind of bomb, cartridge or mine, এক-প্রকার বোমা কার্তুজ বা বিস্ফোরক মাইন। **(2)** *v.t.* to attack, strike, or destroy, by torpedo, টর্পেডো-দ্বারা আক্রমণ করা বা আঘাত করা বা ধ্বংস করা ; (আল.) নিষ্ক্রিয় করা, অচল করা, বানচাল করা। *n.* **torpē°dŏ-boat**—টর্পেডো-নিক্ষেপণার্থ তরণীবিশেষ। *n.* **torpē°dŏ-net**—টর্পেডোর আক্রমণরোধার্থ জাহাজের চতুর্দিকে যে জাল ঝোলান থাকে। *n.* **torpe°dŏ-tube**—যে নল হইতে টর্পেডো নিক্ষিপ্ত হয়। [L.=the torpedo fish]

torpefy [taw(r)°-pi-fī, ট্য(র্)°পিফাই] *v.t.* to make numb, অবশ বা অসাড় করা। [L. *torpefacere*<*torpere*=to be numb]

torpid [taw(r)°-pid, ট্য(র্)°পিড্] *a.* numb, অসাড়, অবশ ; stupefied, হতবুদ্ধি ; sluggish, মন্থর, মন্দগতি ; dormant, অন্তরে সুপ্ত, অব্যক্ত ; dull, (শব্দাদি-সম্বন্ধে) অস্পষ্ট ; stupid, জড়বুদ্ধি। *n.* **torpi°dity, tor°pidness** । *adv.* **tor°pidly** । [L. *torpidus*<*torpere*=to be numb]

torpor [taw(r)°-pa(r), ট্য(র্)°প্যা(র্)] *n.* numbness, অসাড়তা ; inactivity, অক্রিয়তা, জড়ত্ব ; dullness, (শব্দাদি-সম্বন্ধে) অস্পষ্টতা, অনুচ্চতা ; stupidity, বোধহীনতা, বোধশক্তির জড়ত্ব। [L.]

torque [taw(r)k, ট্য(র্)ক্] *n.* a necklace in the form of a twisted band, (প্রাচীন ব্রিটন্ গল্ প্রভৃতির) পাকান কণ্ঠহারবিশেষ ; twisting force causing rotation, ঘূর্ণন-সঞ্চারক বল। [L. *torques*]

torr [taw(r), ট্য(র্)] *n.* unit used in expressing very low pressure, অতি নিম্ন চাপ-মাপক একক। [*E. Torricelli* (1608-47)]

torrefy [to°-rifī, ট°রিফাই] *v.t.* to parch or scorch with heat, তাপপ্রয়োগের দ্বারা শুষ্ক বা দগ্ধ করা। [L. *torrefacere*<*torrere*=to scorch]

torrent [to°r(a)nt, ট°র্‌ন্ট্] *n.* a rushing stream, তীব্র স্রোত, খর স্রোত , a downpour of rain, প্রবল বৃষ্টিপাত (rain fell in *torrents*) ; a valley of abuse, গালাগালির তীব্র স্রোত (a *torr-*

ent of abuse) I *a.* **torrential** [to-ren°-sh(a)l, টরেন্‌°শ্‌ল্‌] প্রবল স্রোতপূর্ণ ; প্রবল ধারায় বর্ষিত, মুষলধার (*torrential* rain) I *n.* **torrentiality** [to-ren-shi-a°-li-ti, টরেন্‌শিঅ্যা°লিটি] I [L. *torrere* = to dry]

torrid [to°-rid, ট°-রিড্‌] *a.* intensely hot, যৎপরোনাস্তি গরম, (পরি.) উষ্ণ I *n.* **to°rridness** I **torrid zone**—(ভূগো.) উষ্ণমণ্ডল I [L. *torridus*]

torsion [taw(r)°sh(a)n, ট্য(র্‌)°শ্‌ন্‌] *n.* twisting, a twist, মোচড়, পাক ; the force with which a thread or wire tends to return when twisted, সুতা বা তারকে পাক দিলে তাহা খুলিয়া যাওয়ার জন্য যে শক্তি প্রকাশ করে, (পরি.) ব্যবর্তন-শক্তি I [L. *torsio*]

torsk [taw(r)sk, ট্য(র্‌)স্‌ক্‌] *n.* a North Atlantic fish of the cod family, উত্তর মহাসাগরের কড জাতীয় মাছ I [Danish]

tosh [tosh, টশ্‌] *n.* (sl.) nonsense, twaddle, (অশি.) অর্থহীন কথা বা একঘেয়ে উক্তি I [?]

torso [taw(r)°-sō, ট্য(র্‌)°সৌ] *n.* the trunk of a statue without head or limbs, মস্তক ও হস্তপদাদি প্রত্যঙ্গ নাই এমন মূর্তি; (fig.) unfinished or mutilated work, (আল.) অসমাপ্ত বা অসম্পূর্ণাঙ্গ কাজ I [It. < L. *Thyrsus*]

tort [taw(r)t, ট্য(র্‌)ট্‌] *n.* wrong, injury, অন্যায়, ক্ষতি ; (in law) any wrong, not arising out of contract, which can be remedied by compensation, (আইনে) চুক্তিভঙ্গ ব্যতীত অন্য যে-কোন অন্যায় যাহার প্রতিকার খেসারত দিলে হয় I *a.* **tortious** I [F. < L. *torquere* = to twist]

tortoise [taw(r)°-tas, ট্য(র্‌)°ট্যাস্‌] *n.* a four-legged reptile, কচ্ছপ, কাছিম, কেঠো, দুর I *n.* **tortoise-shell** [taw(r)°-ta-shel, ট্য(র্‌)°ট্যাশেল্‌] কচ্ছপের খোলা I [LL. *tortuca*]

tortuous [taw(r)°tū-as, ট্য(র্‌)°টিউঅ্যাস্‌] *a.* full of windings, বহু পেঁচওয়ালা বা পাকওয়ালা (a *tortuous* path) ; (fig.) extremely crooked, (আল.) অতীব কুটিল (a *tortuous* politician) I *n.* **tortuosity** [taw(r)-tū-o°-si-ti, ট্য(র্‌)টিউঅ°সিটি], **tor°tūousness** I *adv.* **tor°tūously** I [L. *tortuosus* < *torquere* = to twist]

torture [taw(r)°-cha(r), ট্য(র্‌)°চ্যা(র্‌)] (1) *n.* infliction of severe pain to extort a confession or as a punishment, স্বীকারোক্তি আদায়ের জন্য বা শাস্তিরূপে অসহ্য যন্ত্রণাদান ; severe physical or mental pain, যৎপরোনাস্তি দৈহিক বা মানসিক যন্ত্রণা I (2) *v.t.* to put to torture, স্বীকারোক্তি আদায়ের জন্য বা শাস্তিরূপে অসহ্য যন্ত্রণা দেওয়া, যৎপরোনাস্তি যন্ত্রণা দেওয়া (to *torture* a man to extract a confession) ; to distort violently, প্রবলভাবে মোচড়ান I *n.* **tor°turer** I *adv.* **tor°turingly** I [F. < L. *tortura* = twisting, torment]

torus [tō°-ras, টৌ°র‍্যাস্‌] *n.* a large moulding of semicircular profile, অর্ধবৃত্তাকার পার্শ্বচিত্রের বৃহৎ মূর্তি I *pl.* **tō°ri** I *a.* **toric** [to°-rik, ট°রিক্‌] উক্ত মূর্তিতুল্য ; অর্ধবৃত্তাকার বা ডিম্বাকার I [L. = a bulge]

Tory [taw°-ri, ট্য°রি] *n.* a supporter of the Duke of York (James II) during the reign of Charles II of England, ইংল্যান্ডে দ্বিতীয় চার্লস-এর শাসনকালে ইঅর্কের ডিউকের (অর্থাৎ দ্বিতীয় জেমসের) সমর্থক দল (cp. **Whig**) ; a conservative in politics, সংরক্ষণশীল রাজনীতিক I *n.* **Tory°ism**—সংরক্ষণশীলতা I [Ir. *toraidhe* = a pursuer]

tosh [tosh, টশ্‌] *n.* (sl.) nonsense, (অশি.) বাজে কথা I

toss [tos, টস্‌] (1) *v.t.i.* to fling or jerk or be flung or jerked up or about, ঊর্ধ্বে কিংবা এদিকে ওদিকে ছুড়িয়া দেওয়া বা ঝাঁকানি দেওয়া অথবা নিক্ষিপ্ত হওয়া বা ঝাঁকানি খাওয়া, এপাশ-ওপাশ করান বা করা ; to agitate or be agitated, বিক্ষোভিত করা বা হওয়া ; to drink, (মদ্য) পান করা I (2) *v.i.* to toss up a coin, কোন বিষয়ে মীমাংসাকল্পে বা ভাগ্যপরীক্ষাদির জন্য ঊর্ধ্বে মুদ্রা ছুড়িয়া দেওয়া I *p.* & *p. pt.* **to°ssed,** (rare) **tost** I (3) *n.* act of tossing, ঊর্ধ্বে বা এদিকে ওদিকে নিক্ষেপ অথবা ঝাঁকানি ; a throwing up or back of the head, মস্তক-আন্দোলন, শির-সঞ্চালন ; confusion, বিশৃঙ্খলা ; commotion, বিক্ষোভ, চাঞ্চল্য ; the throwing up of a coin to decide anything, কোন বিষয়ে মীমাংসাকল্পে বা ভাগ্যপরীক্ষাদির জন্য ঊর্ধ্বে মুদ্রা নিক্ষেপ (also **toss°-up**) ; (fig.) an even chance, (আল.) জয়পরাজয়ের বা সুযোগাদির সমান-সমান সম্ভাবনা বা সম্ভাব্যতা ; (fig.) a hazard, (আল.) ঝুঁকি I **full toss**—(ক্রিকেটে) দুই উইকেটের মধ্যবর্তী সম্পূর্ণ স্থান বা পিচ I **(to) lose the toss**—নিক্ষিপ্ত মুদ্রা চিৎ না উপুড় হইয়া পড়িবে তাহা সঠিকভাবে বলিতে না পারা, টসে হারিয়া যাওয়া I **(to) win the toss**—নিক্ষিপ্ত মুদ্রা চিৎ না উপুড় হইয়া পড়িবে তাহা সঠিকভাবে বলিতে পারা, টসে জয়লাভ করা I **(to) toss off**—পান করিয়া (পাত্রের মদ্যাদি) ফুরাইয়া বা নিঃশেষ করিয়া ফেলা I **(to) toss up**—কোন বিষয়ে মীমাংসার্থ বা ভাগ্যপরীক্ষাদির জন্য ঊর্ধ্বে মুদ্রা ছুড়িয়া দেওয়া; তাড়াহুড়াপূর্বক রাঁধিয়া পরিবেশন করা I [?]

tost—see **toss.**

tot_1 [tot, টট্‌] *n.* anything little, যে-কোন ক্ষুদ্র প্রাণী বা (বিশেষতঃ) ক্ষুদ্র শিশু, (often **tiny tot**), ক্ষুদ্র পেয়ালা, ক্ষুদ্র মদের পিপা I [?]

tot_2 [tot, টট্‌] (1) *v.t.i.* to add up or total, যোগ দেওয়া বা যোগে হওয়া, মোট দেওয়া বা হওয়া (usu. **tot up**) I *pr. pt.* **to°tting** I *p.* & *p. pt.* **to°tted** I (2) *n.* an addition of a long column, সুদীর্ঘ সংখ্যাপঙ্‌ক্তির যোগ বা সঙ্কলন I [short. from *total*]

total [tō°tl, টৌ°ট্‌ল্] (**1**) *a.* whole, গোটা বা সমগ্র; entire, মোট। (**2**) *n.* the whole thing or amount, গোটা বস্তু বা মোট পরিমাণ। (**3**) *v.t.* to bring to a total, to add up, মোট দেওয়া, যোগ করা; to amount to, মোট হওয়া। *pr. pt.* **to°talling**। *p.* & *p. pt.* **to°talled**। **totalitarian** [tō-ta-li-tār°-i-an, টৌট্যালিটেয়ার্‌°ই-অ্যান্] (**1**) *a.* সর্ব ব্যাপার নিয়ন্ত্রণ করে এবং কোন বিরোধিতা বরদাস্ত করে না এমন, সর্বগ্রাসী (a *totalitarian* state)। (**2**) *n.* সর্বগ্রাসী শাসনতন্ত্র বা সরকার। *n.* **tōtalitār°ianism**—উক্ত প্রকার শাসনতন্ত্রের সমর্থন। *n.* **totality** [tŏ-ta°-li-ti, টোট্যা°লিটি] total (*a.*)-এর সকল অর্থে, এবং—গোটা বা সমগ্র বস্তু। **totalize** [tō°-ta līz, টৌ°ট্যালাইজ্] (**1**) *v.t.* যোগফল নির্ণয় করা; মোট দেওয়া; যোগ দেওয়া। (**2**) *v.i.* বাজির সংখ্যা ও পরিমাণের নির্ণায়ক-যন্ত্র ব্যবহার করা। *n.* **tōtalizā°tion**। *n.* **tŏtalizā°tor, tōtalizer**—বাজির সংখ্যা ও পরিমাণের নির্ণায়কযন্ত্র-বিশেষ। *adv.* **tō°tally**। **grand total**—সমস্ত ছোট ছোট যোগফলগুলির যোগফল, সর্বমোট। **total abstainer**—সর্বপ্রকার মদ্যপানে বিরত ব্যক্তি। **total war**—সর্বপ্রকার অস্ত্র ও শক্তি লইয়া এবং কাহাকেও রেহাই না দিয়া যুদ্ধ, পূর্ণযুদ্ধ। [LL. *totalis* < L. *totus* = whole]

tote₁ [tōt, টৌট] (**1**) *v.t.* (U.S.) to carry, বহন করা। (**2**) *v.t.* (U.S. slang.) to add, যোগ করা।

tote₂ [tōt, টৌট] contr. of **totalizator.**

totem [tō°-tam, টৌ°ট্যাম্] *n.* any living or inanimate object regarded superstitiously by a clan as its emblem, কোন সম্প্রদায় কর্তৃক কুসংস্কারবশে যে প্রাণী বা বস্তুকে সম্প্রদায়ের প্রতীক (এবং কখনও কখনও সম্প্রদায়ের পূর্বপুরুষ বা জ্ঞাতি) বলিয়া গণ্য করা হয়। [< Algonquin]

tother, t'other [tu°-dha(r), টা°দ্যা(র্)] contr. of **the other, that other.**

totter [to°-ta(r), ট°ট্যা(র্)] *v.i.* to stagger, স্খলিতচরণে দাঁড়ান বা চলা; to waver, (প্রধানতঃ বিশ্বাসাদিতে) টলা, দোলায়মান হওয়া; to threaten to fall, ভূপাতিত করার ভয় দেখান, টলমল করা। *n.* **to°tterer**। *adv.* **to°tteringly**। *a.* **to°ttery**। [cp. Norw. *totra* = to quiver]

toucan [too°-kan, টূ°ক্যান্] *n.* a large-billed bird, দক্ষিণ-আমেরিকার দীর্ঘচঞ্চু পক্ষিবিশেষ। [F. < Tupi *tucana*]

touch [tuch, টাচ্] (**1**) *v.t.* to come or bring in contact with, স্পর্শ করা বা করান, ছোঁয়া বা ছোঁয়ান; (geom.) to meet tangentially, (জ্যামি.) স্পর্শকরূপে ছোঁয়া, বা (কিছুর) স্পর্শক হওয়া; to reach, নাগাল পাওয়া বা পৌঁছান (the mountains seemed to *touch* the sky); to apply lightly to, আলতোভাবে বা অত্যল্পপরিমাণে (মলমাদি) লাগান অথবা (অস্ত্রাদিদ্বারা) স্পর্শ করা; to affect, (প্রধানতঃ ক্ষতিকরভাবে) প্রভাবিত করা; to impress, (মনের উপর) ছাপ দেওয়া; to affect with emotion, করুণাদি আবেগদ্বারা মানসিক চাঞ্চল্য ঘটান, মর্মস্পর্শ করা (I was *touched* by his appeal); to hit or wound, আঘাত করা, আহত করা (it *touched* him to the quick); to have to do with, (কাহারও বা কিছুর সহিত) আদানপ্রদান বা যোগাযোগ থাকা, (কাহারও বা কোন বিষয়ে) করণীয় কিছু থাকা; to concern, (কাহারও বা কিছুর সহিত) সম্পর্কিত বা সংশ্লিষ্ট থাকা; (mus.) to play, (বাদ্যযন্ত্রাদি) বাজান; to call at, (বন্দরাদিতে) লাগা বা ভেড়া; to mark or modify by light strokes, মৃদু আঘাতদ্বারা বা (চিত্রাঙ্কনে) তুলির আলতো স্পর্শদ্বারা অঙ্কিত করা অথবা পরিবর্তিত করা; to test, (কষ্টিপাথরাদির স্পর্শদ্বারা) পরীক্ষা করা; to make some reference to, (কাহারও বা কিছুর বিষয়ে) ঈষৎ উল্লেখ করা; to say something about, (কাহারও বা কিছুর সম্পর্কে) কিছু বলা। (**2**) *v.i.* to be or come in contact, ছুঁইয়া থাকা বা ছোঁয়া; to make a passing call at a port, পথিমধ্যে হঠাৎ কোন বন্দরে ভেড়া; to make some mention of or reference to, কিছুর উল্লেখ করা; to have reference to, উল্লেখপূর্ণ হওয়া; (only in *p. pt.*) slightly crazy, কিঞ্চিত বিকৃত মস্তিষ্ক, পাগলাটে (he is a bit *touched*)। *p.* & *p. pt.* **tou°ched**। (**3**) *n.* act of touching, স্পর্শন, স্পর্শ; contact, সংস্পর্শ; sense by which a slight contact is perceived, স্পর্শেন্দ্রিয়; a slight application, modification, stroke, আলতোভাবে বা অত্যল্পপরিমাণে প্রয়োগ পরিবর্তন অথবা আঘাত; a small quantity, অত্যল্প পরিমাণ (I want a *touch* of salt); a slight affection, (পীড়াদির ঈষৎ) আক্রমণ (he has a *touch* of flu); a tinge, আভা; a trace, সামান্য চিহ্ন বা আভাস; a trait, (চারিত্রিক) গুণ; a slight hit, wound, blemish, reproach, সামান্য আঘাত ক্ষত খুঁত বা তিরস্কার; manner of producing tone on a keyed instrument, হারমোনিআম্ পিআনো প্রভৃতিতে সুরসৃষ্টির ধরন; the instrument's response, বাদনের ফলে বাদ্যযন্ত্রের প্রতিক্রিয়া বা ধ্বনি; characteristic manner, বৈশিষ্ট্যসূচক রীতি বা ধরন; a stroke of art, (চিত্রাঙ্কনাদিতে তুলি প্রভৃতি দ্বারা) শিল্পকুশল স্পর্শ; relation of communication, sympathy, or harmony, যোগাযোগপূর্ণ বা সমব্যথাপূর্ণ বা সামঞ্জস্যপূর্ণ সম্বন্ধ; a test, (কষ্টিপাথরে) পরীক্ষা; a touchstone, কষ্টিপাথর। *a.* **tou°chable**—স্পর্শনসাধ্য বা স্পর্শনযোগ্য, স্পর্শনীয়; নাগাল-বহির্ভূত নহে এমন, ধরাছোঁয়ার মধ্যে অবস্থিত; (ভারতে) অস্পৃশ্য নহে এমন, জলাচরণীয়। *n.* **touch-and-go** [tuch°-an-gō°, টাচ্‌°অ্যান্‌গৌ°] অল্পের জন্য পরিত্রাণ; অতীব সঙ্কটাবস্থা। **touching**—(**1**) *n.* স্পর্শন; স্পর্শ। (**2**) *a.* প্রভাবিত বা প্রকোপিত বা আবেগপীড়িত করে এমন; মর্মস্পর্শী; শোচনীয়। (**3**) *prep.* বিষয়ে, সম্পর্কে। *adv.* **tou°chingly**। *n.* **touch°-line**—ফুটবলমাঠের লম্বালম্বি দিকের দুই

প্রান্তিক রেখার যে কোনটি। *n.* **touch°stōne**—কষ্টিপাথর। **touch system**—কেবল স্পর্শদ্বারা অক্ষরনির্ণয়পূর্বক (অর্থাৎ অক্ষরসমূহের দিকে না তাকাইয়া) টাইপরাইটারে ছাপার প্রণালীবিশেষ। *n.* **touch°wood**—জ্বালানিরূপে ব্যবহার্য শুষ্ক কাষ্ঠ; ছত্রাকের সাহায্যে কাষ্ঠ যে নরম সহজদাহ্য পদার্থে রূপান্তরিত হয়। *a.* **tou°chy**—একটুতে মনে ব্যথা পায় বা চটিয়া ওঠে এমন; অতি অভিমানী। *adv.* **tou°chily** I *n.* **tou°chinėss** I **a near touch**—অল্পের জন্য পরিত্রাণ। **in touch**—যোগাযোগ বা প্রত্যক্ষ সম্বন্ধ আছে এমন। **out of touch**—যোগাযোগ বা প্রত্যক্ষ সম্বন্ধ নাই এমন। **(to) lose touch (with)**—(কাহারও সঙ্গে) যোগাযোগ হারাইয়া ফেলা। **(to) touch at**—(জাহাজ সম্পর্কে) উপকূলে বা তীরে ভেড়া। **(to) touch bottom**—তলদেশে পৌঁছান; (নদ্যাদির) থই পাওয়া; (আল.) দুর্দশাদির চরমে পৌঁছান। **(to) touch down**—(রাগবি-খেলায়) গোলপোস্টের পিছনের মাটির উপর বল স্পর্শ করা; (বিমানপোত সম্বন্ধে) ভূমিতে অবতরণ করা। **(to) touch off**—(কামান প্রভৃতি) দাগা; (আল.) আরম্ভ করান, সূত্রপাত করা। **(to) touch one for**—(অশি.) কাহারও নিকট হইতে (ভিক্ষা করিয়া) টাকা আদায় করা (to *touch one for* ten rupees)। **(to) touch up**—(চিত্রাঙ্কনাদিতে তুলি প্রভৃতির) ছোট ছোট বা আলতো টানে উৎকর্ষসাধন করা; আলতোভাবে চাবুক মারা; শক্তিবর্ধন বা শক্তিসঞ্চার করা; (কোন বিষয়) সংক্ষেপে আলোচনা করা। **(to) touch on** or **upon**—(কাহারও বা কিছুর সম্পর্কে) কিছু বলা; প্রান্তাবস্থিত হওয়া; (কোন বিষয়) সংক্ষেপে আলোচনা করা। **(to) touch the spot**—(কথ্য.) যথাযোগ্য ব্যবস্থা নেওয়া; অন্যায়ের মূলে যাওয়া। [OF. *tuchier*]

tough [tuf, টাফ্] *a.* stiff and dense, শক্ত ও ঘন; tenacious, নাছোড়বান্দা; hard to cut, chew, break up or penetrate, কাটা চিবান ভাঙ্গা বা ভেদ করা শক্ত এমন; unyielding, অদম্য; robust, বলিষ্ঠ; laborious and difficult, শ্রমসাধ্য ও কঠিন (a *tough* job)। *v.t.i.* **tough°en**—শক্ত ও ঘন করা বা হওয়া; নাছোড়বান্দা অদম্য বলিষ্ঠ বা শ্রমসাধ্য করা অথবা হওয়া। *adv.* **tough°ly** I *n.* **tough°nėss** I **a tough customer**—বিবাদ বা ঝামেলা সৃষ্টিকারী ব্যক্তি। [OE. *toh*—cp. G. *zah(e)*]

toupée, toupet [tōō°-pā, টু°পেই] *n.* a tuft or front of false hair, পরচুলার ক্ষুদ্র গুচ্ছ বা সম্মুখভাগ। [F. *toupet*]

tour [tooa(r), টুয়্যা(র্)] **(1)** *n.* a round, পরিদর্শনাদির জন্য ভ্রমণ, সফর, রোঁদ; a prolonged journey from place to place, (সচ. আনন্দ বা অভিনয়ের জন্য) নানা স্থানে দীর্ঘকালব্যাপী ভ্রমণ, পর্যটন; a pleasure trip or outing, প্রমোদ-ভ্রমণ, আনন্দলাভার্থ অল্পকালের জন্য কোথাও গমন। **(2)** *v.t.i.* to make a tour (through or about), কোথাও সফরে বাহির হওয়া বা ভ্রমণ করা বা প্রমোদ-ভ্রমণ করা। *n.* **tour°ing-car**—(দীর্ঘ) ভ্রমণের বা প্রমোদ-ভ্রমণের উপযোগী মোটরগাড়ি। *n.* **tour°ism**—(সচ. সরকার কর্তৃক) সুপরিচালিত ভ্রমণ-ব্যবস্থা; প্রমোদভ্রমণের ব্যবসায়। *n.* **tour°ist**—ভ্রমণকারী; প্রমোদ-ভ্রমণকারী, পর্যটক; দর্শনীয় স্থানসমূহ দেখার জন্য দেশবিদেশে পর্যটনকারী। [F.]

tour de force [tooa(r)°-da-faw(r)s°, টুয়্যা(র্)°-ড্যাফা(র্)স্°] *n.* a feat of strength or skill, শক্তিমত্তাসূচক বা দক্ষতাসূচক কাজ। [F.]

tourist—see **tour**.

tournament [tooa(r)°-na-mant, টুয়্যা(র্)°ন্যা-ম্যান্ট্] *n.* a mediæval tilting combat, মধ্যযুগীয় ইউরোপে বর্শা-ও-তরবারিধারী দুই অশ্বারোহী ব্যক্তি বা দলের মধ্যে দ্বন্দ্বযুদ্ধ; a series of games to determine a winner by elimination, বিজিতদের একে একে বাদ দিয়া শেষবিজয়ি-নির্ণয়ার্থ ধারাবাহিক প্রতিযোগিতা, নক্‌আউট্ প্রতিযোগিতা। *n.* **tourney** [tooa(r)°-ni, টুয়্যা(র্)°নি] অশ্বারোহীদের দ্বন্দ্বযুদ্ধ। [OF. *tornoiement* < L. *tornare* = to turn]

tourniquet [tooa(r)°-ni-kā, টুয়্যা(র্)°নিকেই] *n.* any appliance for compressing an artery, (রক্তমোক্ষণাদি-নিরোধার্থ) শিরা চাপিয়া ধরার যন্ত্র, (পরি.) পাক-তাগা। [F.]

tousle [towzl, টাউজ়্‌ল্] *v.t.* to disarrange, বিশৃঙ্খল করা; to dishevel, (চুল প্রভৃতি) এলোমেলো করা। [?]

tousy [tow°-zi, টাউ°জ়ি] *a.* rough, (পথাদি-সম্বন্ধে) বন্ধুর; shaggy, (চুল বা লোম সম্বন্ধে) কর্কশ মোটা ও আলুথালু; dishevelled, (পোশাকাদি-সম্বন্ধে) আলুথালু। [< *tousel*]

tout [towt, টাউট্] **(1)** *v.i.* to look out for custom obtrusively, আগবাড়া হইয়া খরিদদার খুঁজিয়া বেড়ান, দালালি করা (some persons outside the station *touted* for the hotels)। **(2)** *v.t.* to watch or spy on, (কাহারও বা কিছুর প্রতি) নজর রাখা বা গোয়েন্দাগিরি করা। **(3)** *n.* one who touts, দালাল বা গোয়েন্দা; a low fellow who hangs about racing-stables etc., to collect profitable information, যে লোচ্চা লোক লাভজনক তথ্যাদি সংগ্রহার্থ ঘোড়দৌড়ের ঘোড়ার আস্তাবল প্রভৃতির আশেপাশে ঘুরঘুর করিয়া বেড়ায়। [< *toot*]

tout ensemble [tōō-tawng-samb°l, টুট্যাং-স্যাব্°ল্] *n.* the whole taken together, সমগ্র বস্তু বা বিষয়; the broad or general effect, মোটামুটি বা সাধারণ ফল। [F.]

tow₁ [tō, টৌ] *n.* prepared fibres of flax, jute, etc., দড়ি বা সুতা তৈয়ারির জন্য উপযোগী-করা শন পাট প্রভৃতির আঁশ ফেঁসো বা কাতা। [?]

tow₂ [tō, টৌ] **(1)** *v.t.* to pull with a rope, দড়ি বাঁধিয়া (জলের বা স্থলের উপর দিয়া নৌকা ঘোড়া প্রভৃতিকে) টানিয়া লইয়া যাওয়া, গুণ-দ্বারা (নৌকাদি) টানা; to pull along, টানিয়া লইয়া যাওয়া। **(2)**

n. condition of being towed, গুণ-দ্বারা বাহিত হওয়া (to have a boat in *tow*) ; act of towing, দড়ি বাঁধিয়া টানিয়া লইয়া যাওয়া (to take a boat in *tow*) ; a rope for towing, নৌকাদি টানিয়া লইয়া যাওয়ার দড়ি, গুণ (also **tow°(ing)-line, tow°(ing)-rōpe**) । *n.* **tow°age**—দড়ি বাঁধিয়া টানিয়া লইয়া যাওয়া ; দড়ি বাঁধিয়া টানিয়া লইয়া যাওয়ার পারিশ্রমিক । *n.* **tow°er₂** । *n.* **tow°(ing)-net**—(প্রাকৃতিক নিদর্শনাদি সংগ্রহার্থ) টানা বেড়াজাল। *n.* **tow°(ing)-path**—অশ্বদ্বারা নৌকাদির গুণ টানিয়া লইয়া যাওয়ার জন্য নদীতটস্থ পথ। [OE. *togian*=to drag]

toward [tŏ°-a(r)d, টৌ°অ্যা(র্)ড্], **to°wardly**—(**1**) *a.* approaching, নিকটস্থ হইতেছে এমন, অভিমুখ, অভিগামী ; at hand, আসন্ন ; docile, করিতে বা শিখিতে রাজী এমন, বাধ্য ; apt, প্রবণ ; favourable, অনুকূল। (**2**) *adv.* in a towardly way, নিকটস্থ হইতে হইতে, আসন্ন হইয়া, অনুগতভাবে বা বাধ্যভাবে, প্রবণভাবে, অনুকূলভাবে। *prep.* **toward** [ta-waw(r)d°, ট্যাঅ্য(র্)ড্°], **towards°**—দিকে, অভিমুখে; ঝোঁকে, প্রবণ হইয়া; জন্য, সহায়করূপে, সাহায্যকল্পে; প্রায়, কাছাকাছি। *n.* **to°wardliness** । [OE. *toweard*<*to*=to, -*weard*=-ward]

towel [tow°-al, টাউ°অ্যাল্] *n.* a cloth for drying, তোয়ালে। *n.* **tow°elling**—তোয়ালে তৈয়ারি করার কাপড়। *n.* **tow°el-horse, tow°el-rack**—তোয়ালে রাখার জন্য কাঠের আলনা। *n.* **tow°el-rail**—তোয়ালে রাখার জন্য (সচ. ধাতুনির্মিত) রেলিং। [OF. *toaille*]

tower₁ [tow°-a(r), টাউ°অ্যা(র্)] (**1**) *n.* a lofty building, উঁচু অট্টালিকা ; a fortress, দুর্গ ; (fig.) a place of defence, a protector, (আল.) আত্মরক্ষার স্থান, রক্ষক। (**2**) *v.i.* to rise into air, শূন্যে ওঠা ; to be, or to go lofty, উঁচু হওয়া বা উঁচু হইয়া ওঠা ; to stand on high, শূন্যে অবস্থান করা। *a.* **tow°ering**—অত্যুচ্চ ; উঁচু ; অতি প্রচণ্ড (in a *towering* rage) । *a.* **tow°ery**—উচ্চ অট্টালিকা-সমন্বিত ; দুর্গ-সমন্বিত । **a tower of strength**—শক্তির আধারস্বরূপ, বিপদে আপদে যে ব্যক্তির শক্তি-সামর্থ্যের উপর নির্ভর করা চলে। **(to) tower above**—(আল.—বিশিষ্ট ব্যক্তিবর্গ সম্বন্ধে) সামর্থ্যে এবং মানসিক ও নৈতিক গুণে (অন্যদের) অনেকখানি অতিক্রম করিয়া যাওয়া। [OF. *tur*<L. *turris* (*n.*)]

tower₂, towing, towline—see **tow₂**.

town [town, টাউন] *n.* a populous place bigger than a village, শহর ; the principal town of a district, জেলার সদর ; an urban community or society, শহুরে সম্প্রদায় বা সমাজ (বিশেষতঃ কেতাদোরস্ত সম্প্রদায়, ব্যবসায়ী সম্প্রদায় বা নৈতিক দিক দিয়া উচ্ছৃঙ্খল সম্প্রদায়, কিন্তু পণ্ডিত সম্প্রদায় নহে)। *n.* **town°-centre**—শহরের সেই জায়গা যাহাকে কেন্দ্র করিয়া জনসাধারণের ব্যবহার্য (লাইব্রেরি প্রভৃতি) ভবনসমূহ নির্মিত হয়। *n.* **town°-clerk°**—শহরের পৌরসভার সচিব বা কার্যাধ্যক্ষ। *n.* **town°-coun°cil**—শহরের শাসনসভা বা পৌরসভা। *n.* **town°-coun°cillor**—উক্ত সভার সদস্য। *n.* **town°-crī°er**—শহরে সরকারি আদেশাদির ঘোষক বা প্রচারক। *n.* **townee** [tow-nē°, টাউনী°] যে শহরে বিশ্ববিদ্যালয় আছে সেই শহরের অ-ছাত্র অধিবাসী। *n.* **town°hall°**—সরকারী কাজকর্ম সম্পাদনার্থ জনসাধারণের ব্যবহার্য শহরস্থ ভবন, গণভবন। *n.* **town°house**—(পল্লীগ্রামেও যাহার বাসভবন আছে তাহার) নগরস্থ বাসভবন। *n.* **town°-plann°ing**—শহরের প্রসারণ ও গৃহনির্মাণ প্রভৃতির পরিকল্পনা। *n. pl.* **towns°-fōlk**—শহরবাসিগণ। *n.* **town°ship**—(খ্রিস্টীয়) যাজকপল্লী ; রাষ্ট্রের শাসনিক বিভাগবিশেষ; শহরের এলাকা; পৌরসভা; জেলা; যে এলাকায় শহর গড়িয়া ওঠে। *n.* **towns°-man**—শহরবাসী। *fem.* **towns°woman** । *n. pl.* **towns°people**—শহরের অধিবাসিবৃন্দ। *n.* **town°-talk°**—শহরের প্রধান আলোচ্য বিষয় ; সাধারণের প্রধান আলোচ্য বিষয়। **open town**—যে নগর সৈন্যসামন্ত বা দুর্গাদির দ্বারা সংরক্ষিত নহে (আন্তর্জাতিক আইনানুসারে এরূপ নগর আক্রমণ করা অন্যায়) । **town and gown**—জনসাধারণ ও বিশ্ববিদ্যালয়ের সহিত সংশ্লিষ্ট ব্যক্তিবর্গ অর্থাৎ পণ্ডিতসমাজ। **a man about town**—আদবকায়দাদোরস্ত লোক যিনি নিজের আমোদ-প্রমোদের জন্য শহরে ঘুরিয়া বেড়ান। [OE. *tun*=an enclosure, a town<ON.]

towpath, towrope—see **tow₂**.

toxæmia [toks-ē°-mi-a, টক্‌সী°মিঅ্যা] *n.* blood-poisoning, রক্তবিষণ। [see *toxic*, Gk. *haima*=blood]

toxic [toks°-ik, টক্‌স্°ইক্] *a.* of poison, বিষসংক্রান্ত ; poisonous, বিষপূর্ণ ; due to poison, বিষজনিত। *adv.* **tox°ically** । [Gk. *toxikon*=arrow-poison]

toxicology [toks-i-ko°-la-ji, টক্‌সিক°ল্যাজি] *n.* the science of poison, বিষবিজ্ঞান। *a.* **toxicological** [toks-i-ka-lo°-jik(a)l, টক্‌সিক্যাল°জিক্‌ল্] বিষবিজ্ঞানগত। *n.* **toxico°logist**—বিষবিজ্ঞানী। [see *toxic*, Gk. *lugos*=science]

toxin [toks°-in, টক্‌স্°ইন্] *n.* a ptomain, a specific poison of organic origin, টোমেইন্-বিষ, বিশেষ প্রকারের জৈব বিষ, (পরি.) অধিবিষ। [see *toxic*]

toy [toy, টয়্] (**1**) *n.* a plaything, খেলনা ; a trifle, তুচ্ছ বস্তু বা বিষয় ; a thing only for amusement and look, কেবল আমোদ-প্রমোদ ও দর্শনের জন্য নির্মিত (কৃত্রিম) বস্তু। (**2**) *v.i.* to trifle, হেলাফেলা করা ; to sport, খেলা করা ; to dally amorously, প্রণয়ভরে খেলা করা বা আদর করা। **toy°shop**—খেলনার দোকান। **(to) toy with** (an idea)—(কোন ভাব বা বিষয় সম্বন্ধে) নিজ মনোরঞ্জনের জন্য অলসভাবে চিন্তা করা। [?—cp. Du. *tuig*=tools]

tracasserie [tra-ka-s(a)-re, ট্র্যাক্যাস্‌রী] *n.* turmoil, বিক্ষোভ, চাঞ্চল্য ; fuss, অশান্তি, হৈচৈ। [F.]

trace [tras, ট্রেইস্] (**I**) *n.* a track, যে পথ দিয়া যাওয়া হইয়াছে, গমনপথ ; a footprint, পদচিহ্ন ; a vestige, সামান্য প্রামাণিক সাক্ষ্য ; (*traces* of arsenic in the viscera) ; an indication or mark of what is or has been, কিছু হওয়ার বা হইতে থাকার লক্ষণ অথবা চিহ্ন। **trace elements**—সেই সকল উপাদান যাহার অংশমাত্র না থাকিলে জৈব বা উদ্ভিজ্জ পদার্থের পরিপুষ্টি সম্ভব হয় না। (**2**) *v.t.* to travers, (পথাদি দিয়া) চলা ; to track, পথচিহ্ন বা পদচিহ্ন অনুসরণ করা ; to follow step by step, পায়ে-পায়ে অনুসরণ করা ; to detect, খুঁজিয়া বাহির করা ; to follow or draw the outline of, নকশা বা পরিলেখ অনুসরণ করিয়া চলা অথবা উহা অঙ্কন করা ; to delineate or write, বর্ণনা করা, অঙ্কন করা, লেখা, রচনা করা। *a.* **trā°ceable**—অনুসরণসাধ্য। *p.* & *p. pt.* **trā°ced**। *n.* **trāceabi°lity**। *adv.* **trā°ceably**। *n.* **trā°cer**—trace (*v.*)-এর সকল অর্থে, এবং—নক্‌শাঅঙ্কনের যন্ত্রবিশেষ, (পরি.) রেখক ; (চিকি.) শিরাদির অবস্থাননির্ণয়ার্থ শলাকাবিশেষ ; যে ক্ষেপণাস্ত্র নিক্ষিপ্ত হইলে ধোঁয়া ছড়াইতে ছড়াইতে চলে (usu. a **tracer bullet**)। *n.* **trā°cery**—স্রোতের ন্যায় নকশা-দ্বারা চিত্রণ বা উক্ত নকশা। *n.* **trā°cing**—ভ্রমণ ; পন্থানুসরণ ; পন্থানুসরণপূর্বক সন্ধান ; খুঁজিয়া বাহির করা ; নকশা-অঙ্কন ; বর্ণনা, রচনা। *n.* **trā°cing-pāper**—নকশা-অঙ্কনার্থ স্বচ্ছ কাগজবিশেষ। **(to) kick over the traces**—অবাধ্য হওয়া। **(to) trace back to**—গতিচিহ্ন অনুসরণপূর্বক প্রত্যাবর্তন করিতে করিতে (অতীত কিছুতে) পৌঁছান (he *traces* his descent *back to* Rana Pratap ; her hysteria *traces back to* a shock she received in her childhood)। [F. < L. *trahere* = to draw]

trachea [tra-ki°a, ট্র্যাকি°অ্যা] *n.* the windpipe, শ্বাসনালী, ক্লোমনালী। *pl.* **tracheæ** [tra-ke°-e, ট্র্যাকী°ঈ]। *a.* **trachē°al**—শ্বাসনালীগত। *n.* **tracheotomy** [tra-ki-o°ta-mi, ট্র্যাকিঅ°ট্যামি] শ্বাসনালীতে অস্ত্রোপচার। [ML. < Gk. *trakheia*(*arteria*) = rough (artery)]

trachoma [tra-kō°ma, ট্র্যা-কৌ°ম্যা] *n.* চোখের সংক্রামক ব্যাধিবিশেষ যাহাতে চোখের পাতার পিছনের দিক্ ফুলিয়া ওঠে। [Gk. *trkhoma*]

tracing—see **trace.**

track [trak, ট্র্যাক্] (**I**) *n.* a mark left, যে চিহ্ন রাখিয়া যাওয়া হইয়াছে ; a beaten path, চলাচলের ফলে সৃষ্ট পথ ; a path prepared for racing etc., ঘোড়দৌড় প্রভৃতির জন্য নির্মিত পথ ; a course, পথ (a *track* through the forest) ; a railway line, রেলপথ, রেললাইন। (**2**) *v.t.i.* to follow the track of, (কাহারও) গমনপথ অনুসরণ করা। (**3**) *v.t.* to find by doing so, পথানুসরণপূর্বক খুঁজিয়া বাহির করা ; to tow (boats) by rope, (নৌকাদি) গুণ টানিয়া লইয়া যাওয়া। *n.* **track°er**—যে ব্যক্তি (বিশে. শিকারী) অনুসরণ করে। *a.* **track°lėss**—পথহীন ; (পথ-সম্বন্ধে) কেহ চলে নাই এমন ; কোন চিহ্ন রাখিয়া যায় নাই এমন। **in one's tracks**—ঠিক যেখানে দাঁড়াইয়া আছে বা অবস্থান করিতেছে। **off the track**—(আল.) অপ্রাসঙ্গিক ; ভ্রমাত্মক ক্রিয়াপদ্ধতি অবলম্বন করিয়াছে এমন। **the beaten track**—সুপরিচিত পথ ; (আল.) সুবিদিত পথ। **(to) be on the track of**—অনুসরণ করা। **(to) cover up one's tracks**—কাহারও গতিবিধি বা ক্রিয়াকলাপ লোকচক্ষুর আড়াল করা। **(to) have a one-track mind**—স্বভাবতঃ একই চিন্তাধারা অনুসরণ করা ; এক বিষয়েই সমস্ত মনোযোগ নিবদ্ধ করা। **(to) keep track of**—(কিছুর) গতিবিধি বা হালচাল সম্বন্ধে ওয়াকিবহাল থাকা। **(to) lose track of**—যোগাযোগ হারান ; কিছুর) গতিবিধি বা হালচাল সম্বন্ধে আর ওয়াকিবহাল না থাকা। **(to) make tracks**—(সচ. ব্যস্তভাবে) প্রস্থান করা ; চম্পট দেওয়া। **(to) make tracks for**—(স্থানাদির) উদ্দেশে বা অভিমুখে যাওয়া। **on the wrong track**—(অনুসন্ধানাদিতে) ভুল পথ অনুসরণ করা। **track events**—(ক্রীড়া-প্রতিযোগিতায়) নানা রকমের দৌড় (cp. **field events**)। **(to) track down**—খুঁজিয়া বাহির করা। **(to) track out**—পথচিহ্ন পরীক্ষাদ্বারা (কিছুর গতিবিধি বা ক্রমবৃদ্ধি) নির্ণয় করা। [F. < *trac* (*n.*)]

tract [trakt, ট্র্যাক্ট্] *n.* a stretch, বিস্তার (a *tract* of land) ; a region, area, অঞ্চল, এলাকা ; (arch.) a period of time, (আর্ষ.) নির্দিষ্ট সময় ; a treatise, গবেষণামূলক প্রবন্ধ বা পুস্তিকা (a *tract* on monetary reform) ; system of related parts in an animal body, জীবদেহের গঠনতন্ত্র (the digestive *tract*)। *n.* **tractār°ian**—গবেষণামূলক প্রবন্ধ বা (রাজনীতিক) পুস্তিকারচয়িতা। **Tractār°ian**—অক্সফর্ড-বিশ্ববিদ্যালয়ের যুক্তিবাদবিরোধী আদিম ক্যাথলিকতাপন্থী ধর্মআন্দোলনকারী (অর্থাৎ Pusey, Newman, Keble, প্রভৃতি)। *n.* **Tractār°ianism**—উক্ত ধর্ম-আন্দোলন। [L. *tractus* < *trahere* = to draw]

tractable [trak°-tabl, ট্র্যাক্°ট্যাব্‌ল্] *a.* easily drawn, managed, or taught, সহজে টানা যায় বা পরিচালনা করা যায় বা শেখান যায় এমন ; docile, বাধ্য। *n.* **tractabi°lity, trac°tablenėss**। *adv.* **trac°tably**। *n.* **trac°tion**—আকর্ষণ ; আকর্ষিত অবস্থা ; গাড়ি চালনা বা চালকশক্তি ; চিকিৎসার বা রোগনিরাময়ের উদ্দেশ্যে আক্রান্ত অঙ্গপ্রত্যঙ্গাদি যান্ত্রিক উপায়ে আকর্ষণ। **traction engine**—রাস্তা মাঠ প্রভৃতি হইতে ভারী বস্তু টানিয়া লইয়া যাওয়ার জন্য এন্‌জিন্‌বিশেষ। **traction fibre**—(জীব.—পরি.) আকর্ষতন্তু। *n.* **trac°tor**—বিমানপোতবিশেষ ; অন্য গাড়ি লাঙ্গল প্রভৃতিকে টানিয়া লইয়া যাওয়ার জন্য এন্‌জিন্, আকর্ষ-এন্‌জিন্ ; যন্ত্রচালিত লাঙ্গল, ট্র্যাক্টর্। [L. *trahere* = to draw]

traction, tractor—see **tractable.**

Tractarian—see **tract.**

trade [trād, ট্রেইড্] (**1**) *n.* an occupation, বৃত্তি, পেশা ; shopkeeping, দোকানদারি ; commerce, ব্যবসায়-বাণিজ্য, (পরি.) ব্যাপার ; buying and selling, ক্রয়-বিক্রয় ; a deal, লেনদেন ; a skilled handicraft, কারিগরী শিল্প ; men engaged in the same occupation, সমবৃত্তিধারী বা সমব্যবসায়ী ব্যক্তিবর্গ (the *trade* will not do it) ; commodities, পণ্যদ্রব্যসমূহ। (**2**) *v.i.* to occupy oneself, নিজেকে নিরত বা নিযুক্ত রাখা ; to have dealings or intercourse, আদানপ্রদান বা যোগাযোগ রাখা ; to engage in commerce, ব্যবসায়-বাণিজ্য বা কারবার করা ; to deal, লেনদেন করা ; to buy and sell, কেনা-বেচা করা ; (pol.) to make corrupt bargains, (রাজ.) অবৈধ লেনদেন করা। (**3**) *v.t.* to barter, (বাণিজ্যিক) বিনিময় করা। *p. & p. pt.* **trā°dėd** । *n.* **the trade**— (কথ্য.) যাহারা মদ্য প্রস্তুত করে বা মদের ব্যবসায় করে ; মদ চোলাইকারী। *n.* **trāde°-board**—কোন বৃত্তির বা ব্যবসায়ের মালিক ও কর্মচারীদের মিলিত সমিতি। *n.* **trāde°mark**—পণ্যদ্রব্য বা তাহার আধারাদিতে উৎপাদকের পরিচয়সূচক সঙ্কেতচিহ্ন, ট্রেড্মার্ক্। *n.* **trāde°nāme**—ট্রেড্মার্ক-রূপে ব্যবহৃত নাম। *n.* **trāde°-prīce**—পাইকারি দর। **trā°der**—ব্যবসায়ী, ব্যাপারী, বণিক্ ; বাণিজ্যিক জাহাজ। *n.* (treated as *pl.*) **trādeṡ-folk, trādeṡ°-people**—দোকানদারগণ ; মিস্ত্রীগণ ; কারিগরগণ ; কোন বৃত্তিধারী ব্যক্তিবর্গ। **trade show**—সম্ভাব্য চলচ্চিত্র-প্রদর্শন-ব্যবসায়িবর্গ এবং চলচ্চিত্র-সমালোচকদিগের সম্মুখে নূতন চলচ্চিত্র প্রদর্শন, নূতন ফিল্মের ট্রেড শো। *n.* **trādeṡ°man**—দোকানদার ; কারিগর ; মিস্ত্রী। *fem.* **trādeṡ°-woman** । *n.* **trāde(ṡ)-ū°nion**—শ্রমিকসমিতি, কর্মচারিসমিতি। *n.* **trāde(ṡ)-ū°nioniṡm**—শ্রমিকসমিতি গঠন করা উচিত : এই মত ; শ্রমিকসমিতিগঠন, শ্রমিকসমিতিগঠনের চেষ্টা, শ্রমিক আন্দোলনের সুসংগঠিত পন্থাবিশেষ। *n.* **trāde(ṡ)-ū°nionist** । **trade wind, the Trades**—আয়নবায়ু। **foreign trade**—বৈদেশিক বাণিজ্য। **Board of Trade**—রাষ্ট্রের শিল্পবাণিজ্যের তত্ত্বাবধানার্থ সরকারী দফতর। *n.* **trading estate**—পরিকল্পনানুযায়ী ব্যবস্থাপিত ভূসম্পত্তি যাহা শিল্পপতিকে ভাড়া দেওয়া হইয়া থাকে। **(to) trade (it) in**—ব্যবহৃত পুরাতন বস্তু এবং তৎসহ কিছু নগদ মূল্যের বিনিময়ে নূতন বস্তু ক্রয় করা। **(to) trade upon** or **on**—অভীষ্টলাভার্থ কিছুর অন্যায় সুযোগ লওয়া বা অন্যায়ভাবে কিছু ব্যবহার করা (to *trade upon* one's affection ; to *trade upon* one's own noble birth)। **trick of the trade**—খরিদ্দার আকর্ষণের কৌশল বা উপায়। [Low. G.=path ?]

tradition [tra-di°sh(a)n, ট্র্যাডি°শ্ন্] *n.* oral transmission from generation to generation, পুরুষানুক্রমিকভাবে মৌখিক হস্তান্তরণ ; a tale, belief, or practice thus handed down, উক্তভাবে হস্তান্তরিত কাহিনী বিশ্বাস বা প্রথা ; anything bound up with the life of a family, community etc., বংশ সম্প্রদায় জাতি প্রভৃতির (পুরুষানুক্রমিক) ঐতিহ্য। *a.* **tradi°tional**—ঐতিহ্যগত, ঐতিহ্যিক। *n.* **tradi°tionaliṡm**—ঐতিহ্যের প্রতি (বিশেষতঃ ধর্মগত ঐতিহ্যের প্রতি) অত্যধিক শ্রদ্ধা। *n.* **tradi°tionalist**—ঐরূপ শ্রদ্ধাযুক্ত ব্যক্তি। *adv.* **tradi°tionally** । [L. *tradere*=to give up]

traduce [tra-dūs°, ট্র্যাডিউস্°] *v.t.* to calumniate, (কাহারও সম্বন্ধে) কলঙ্ক রটান। *p. & p. pt.* **tradū°ced** । *n.* **tradūce°ment** । *n.* **tradū°cer** । [L. *traducere*=to bring over]

traffic [tra°-fik, ট্র্যা°ফিক্] (**1**) *n.* commerce, ব্যবসায়-বাণিজ্য, বেচা-কেনা ; disgraceful trading, নিন্দার্হ কারবার বা বৃত্তি (unscrupulous and illegal *traffic* in drug) ; vehicles, pedestrians, etc. (collectively) using a thoroughfare, রাজপথ দিয়া চলাচলকারী (সমস্ত) যানবাহন, লোকজন প্রভৃতি ; passing to and fro, (সচ. রাজপথ দিয়া) চলাচল বা গমনাগমন (there is always a lot of *traffic* on the roads of Calcutta)। (**2**) *v.i.t.* to trade (in), কিছুর কারবার করা। (**3**) *v.i.* to trade disgracefully, নিন্দার্হ কারবার বা বৃত্তি অবলম্বন করা। (**4**) *v.t.* to barter, বিনিময় বা লেনদেন করা। *pr. pt.* **tra°fficking** । *p. & p. pt.* **tra°fficked** । *n.* **tra°fficker**—(সচ. মন্দার্থে) কারবারী (a drug *trafficker*)। *n.* **tra°fficator**—মোটর গাড়ি কোন্ দিকে মোড় নিবে ইহা নির্দেশ করিবার জন্য গাড়িতে ব্যবহৃত যন্ত্রাংশবিশেষ। **traffic block, traffic jam**—রাজপথে বহু যানবাহন জমিয়া যাওয়ার ফলে চলাচল বন্ধ বা পথরোধ। **traffic manager**—রেলগাড়ি প্রভৃতির চলাচলের তত্ত্বাবধায়ক। *n.* **tra°ffic-signal**—রাস্তার সংযোগস্থলে যানবাহনের চলাচল-নিয়ন্ত্রণের যান্ত্রিক সঙ্কেত। [?—cp. F. *trafic*, It. *trafico*]

tragedy [tra°-ji-di, ট্র্যা°জিডি] *n.* a drama of elevated theme and diction with (usu.) unhappy ending, উচ্চাঙ্গের কাহিনী ও ভাষা-সংবলিত এবং (সচ.) বিয়োগান্তক নাটক ; the art of such drama, উক্ত নাটক-রচনার কলাকৌশল ; any sad story or event, দুঃখদায়ক কাহিনী বা ঘটনা ; anything with death or killing in it, (সাংবাদিকদের ভাষায়) মৃত্যুঘটিত বা হত্যাঘটিত ব্যাপার। *n.* **tragē°dian**—বিয়োগান্তক নাটকের রচয়িতা বা অভিনেতা। *n.* **tragedienne** [tra-jē-di-en°, ট্র্যাজীডিএন্°] বিয়োগান্তক নাটকের অভিনেত্রী। *a.* **tra°gic(al)**—বিয়োগান্তক নাটক-সংক্রান্ত বা তৎসুলভ (a *tragic* drama) ; দুঃখদায়ক (a *tragic* event, tale, etc.) ; মৃত্যুঘটিত বা হত্যাঘটিত। *adv.* **tra°gically** । *n.* **tra°gi-co°mėdy**—গুরুগম্ভীর বা দুঃখদায়ক ভাবপূর্ণ অথচ হাস্যরসে মিশ্রিত নাটক (অথবা গল্প বা উপন্যাস) ; দুঃখপূর্ণ কিন্তু মিলনান্ত নাটক। *a.* **tra°gi-co°mic**—গুরুগম্ভীর দুঃখদায়ক ভাবপূর্ণ অথচ হাস্যরসে মিশ্রিত। [L. *tragoedia* < Gk. *tragoidia*]

trail [trāl, ট্রেইল্] (1) *v.t.* to drag along the surface, মাটি প্রভৃতির উপর দিয়া টানিয়া বা হেঁচড়াইয়া লইয়া যাওয়া ; to drag wearily, ক্লান্তিভরে টানিয়া চলা (to *trail* one's feet) ; to carry (as a weapon) with the butt near the ground, or horizontally, কুঁদা বা বাট প্রায় মাটিতে ঠেকাইয়া বা আনুভূমিকভাবে রাখিয়া (অস্ত্রাদি) বহন করা ; to track, (কাহারও) পন্থানুসরণ করা বা পন্থানুসরণপূর্বক খুঁজিয়া বাহির করা। (2) *v.i.* to be drawn out in length, টানিয়া বা হেঁচড়াইয়া বাহিত হওয়া ; to hang, float or drag loosely behind, আলগাভাবে পিছনে ঝুলিয়া থাকা বা ভাসা বা হেঁচড়াইয়া বাহিত হওয়া ; to drag oneself along, নিজেকে (ক্লান্তিভরে) টানিয়া-হেঁচড়াইয়া চলা ; to grow to some length over ground, wall, etc., (লতাদি-সম্বন্ধে) ভূমি প্রাচীর প্রভৃতির উপর দিয়া লতাইয়া যাওয়া। (2) *n.* anything trailed, যাহা টানিয়া-হেঁচড়াইয়া লইয়া যাওয়া হইয়াছে ; a train, লম্বা সারি ; a tail, পশ্চাদংশ, লেজ ; a track, as of a game, মৃগাদির গমনপথ ; part of a gun-carriage resting on the ground behind, কামানবাহী শকটের যে অংশ পশ্চাতে ভূমিলগ্ন থাকে। *n.* **trai°ler**—trail (*v.*)-এর সকল অর্থে, এবং—লতা ; যে মোটরগাড়ি (চাকাওয়ালা) চেয়ার প্রভৃতিকে অন্য গাড়ি বা সাইকেল্ প্রভৃতির পিছনে বাঁধিয়া লইয়া যাওয়া হয়, (পরি.) আনুগমিক ; বিজ্ঞাপনরূপে প্রদর্শিত আগামী চলচ্চিত্রাদির অংশ। *n.* **trail°net**—টানা জাল। **trailing edge**—পশ্চাৎপ্রান্ত। [?]

train₁ [trān, ট্রেইন্] *n.* whale-blubber oil, তিমি-তৈল (usu. **train°-oil**)। [Du. *traen*= tear, exudation]

train₂ [trān, ট্রেইন্] (1) *v.t.i.* to prepare or be prepared for performance by instruction, practice, exercise, diet, etc., শিক্ষা উপদেশ অনুশীলন ব্যায়াম খাদ্যনিয়ন্ত্রণ প্রভৃতির দ্বারা কার্যাদি সম্পাদনের উপযুক্ত করান বা হওয়া। (2) *v.t.* to instruct and discipline, (কৃচ্ছ্রসাধনাদিতে) শিক্ষাদানপূর্বক নিয়মানুগ করান (to *train* children for good citizenship) ; to direct or aim, (বন্দুক দুরবীন্ প্রভৃতির) নিশানা ঠিক করা, তাক করা। (3) *v.i.* to travel by rail, রেলগাড়িতে চড়িয়া ভ্রমণ করা। (4) *n.* that which is dragged along, যাহা টানিয়া লইয়া যাওয়া হয় ; a tail, পশ্চাদংশ, লেজ ; part of a dress that trails, পোশাকের যে অংশ মাটিতে লুটাইতে থাকে ; a retinue, সঙ্গের অনুচরবর্গ বা লোকলস্কর ; a series, ধারা, শ্রেণী, মালা ; a sequence, ধারাবাহিক ঘটনাবলী, পরম্পরা ; a number of things or animals, একত্র সম্বদ্ধ বস্তুসমূহ বা প্রাণিসমূহ, সারি, যূথ (যেমন, রেলগাড়ি, সারিবদ্ধ মালগাড়িসমূহ, একই দড়িতে বাঁধা ভারবাহী প্রাণিসমূহ) ; a locomotive with the wagons it draws, রেলগাড়ি ; a line of combustible matter to fire a charge, কামানাদি দাগার জন্য বিস্ফোরক দ্রব্যের সারি। **down train**—অধিক গুরুত্বপূর্ণ স্টেশন ছাড়িয়া ধাবমান রেলগাড়ি। **mixed train**—যে রেলগাড়িতে যাত্রিবাহী ও মালবাহী এই উভয় শ্রেণীরই কামরা থাকে। **through train**—যে ট্রেনে চড়িলে পথিমধ্যে গাড়িবদল না করিয়া গন্তব্যস্থলে পৌঁছান যায়। **uptrain**—উচ্চতর সমতল ভূমিতে অবস্থিত কোন স্টেশনের বা কেন্দ্রী স্টেশনের বা রাজধানীর অভিমুখে ধাবনরত রেলগাড়ি। *n.* **train°-band**—প্রয়োজনকালে সৈনিকরূপে কাজ করার জন্য অস্ত্রশিক্ষাপ্রাপ্ত নাগরিকবৃন্দ। *n.* **train°-bearer**—রাজারানী এবং অন্যান্য সম্ভ্রান্ত লোকের ভূমিতে অবলুণ্ঠিত পরিচ্ছদপ্রান্ত তুলিয়া ধরার জন্য নিযুক্ত ভৃত্য দাসী সহচরী সহচর প্রভৃতি। *a.* **trai°ned**—শিক্ষাপ্রাপ্ত (a *trained* mechanic, nurse, etc.)। *n.* **trainee** [trā-nē°, ট্রেইনী°] শিক্ষাধীন ব্যক্তি, শিক্ষানবিস। *n.* **train°er**—(প্রধানতঃ ক্রীড়াপ্রতিযোগী ঘোড়দৌড়ের ঘোড়া প্রভৃতির) শিক্ষক। **train°-fe°rry**—রেলগাড়ি পারাপার করার খেয়া। *n.* **trai°-ning**—কোন বৃত্তি চারুকলা বা কারিগরি সম্পর্কে হাতে কলমে শিক্ষা ; শারীরিক শক্তি বা সহনশীলতা বা কুশলতা বর্ধনার্থ খাদ্যনিয়ন্ত্রণ ও চর্চা, অনুশীলন, অভ্যাস, ব্যায়াম। *n.* **trai°ning college**—শিক্ষক-শিক্ষিকাগণকে শিক্ষণকার্যে অভ্যস্ত করানর জন্য বিদ্যালয়। *n.* **trai°ning-ship**—(বালকদিগকে) নাবিকবৃত্তি শেখানর জন্য জাহাজ। **(to) train (one) fine**—শরীর বা মনকে খুব সক্ষম বা দক্ষ করিয়া তোলা। [OE. *traine*=to drag]

traipse—alt. spell. of **trapes.**

trait [trā, ট্রেই, trāt, ট্রেইট্] *n.* a stroke, touch, (চিত্রাদিতে—তুলির) টান বা স্পর্শ ; a characteristic, বৈশিষ্ট্য, (পরি.) প্রলক্ষণ। [F.<L. *trahere*=to draw]

traitor [trā°-ta(r), ট্রেই°ট্যা(র্)] *n.* a betrayer, বিশ্বাসঘাতক, বিশ্বাসঘাতকতাপূর্বক শত্রুহস্তে অর্পণকারী ; one who commits treason, রাষ্ট্রদ্রোহী, রাজদ্রোহী। *fem.* **trai°tress**। *a.* **traitorous** [trā°-t(a)ras, ট্রেই°ট্র্যাস্] বিশ্বাসঘাতকতাপূর্ণ (*traitorous* conduct) ; রাষ্ট্রদ্রোহপূর্ণ। *adv.* **trai°-torously**। [F. *traitre*<L. *traditor*<*tradere* =to give up]

traject [tra°-jekt, ট্র্যা°জেক্ট্] *v.t.* to take across, পার করিয়া দেওয়া, অপর পারে লইয়া যাওয়া। *n.* **trajec°tion**। *n.* **tra°jectory**—নির্দিষ্ট শক্তিদ্বারা চালিত হইয়া গ্রহনক্ষত্র বা অন্য বস্তু যে আবক্র পথে চলে। [L. *trajicere*=to throw across]

tram₁—see **trammel.**

tram₂ [tram, ট্র্যাম্] *n.* a passenger-car running on rail, ট্রামগাড়ি, ট্রাম্ (also **tram°-car**)। *n.* **tram°-conductor**—ট্রামের কন্ডাক্টর। *n.* **tram°-line**—ট্রাম চলাচলের লাইন। *n.* **tram°-stop**—ট্রাম্ থামার জন্য নির্দিষ্ট স্থান। *n.* **tram°-way**—(প্রধানতঃ ট্রাম্ চলাচলের জন্য) লাইন-পাতা রাস্তা। [cp. Low G. *traam*=beam, shaft]

trammel [tra°m(a)l, ট্র্যা°ম্ল্] (1) *n.* a fishing-net, মাছ-ধরা জালবিশেষ ; a hobble, shackles,

(প্রধানতঃ ঘোড়াকে বিশেষ ভঙ্গিতে বা স্বচ্ছন্দগতিতে চালানর জন্য তাহার) পায়ের বেড়ী ; an instrument for describing an ellipse, উপবৃত্ত অঙ্কনের যন্ত্র-বিশেষ (also **tram**) ; (usu. in *pl.*) impediments, প্রতিবন্ধকসমূহ (the *trammels* of official routine) । (2) *v.t.* to shackle, পায়ে বেড়ী পরান ; to impede, প্রতিবন্ধক হইয়া বা সৃষ্টি করিয়া ব্যাহত বা আবদ্ধ করা । *pr. pt.* **tra°mmelling** । *p. & p. pt.* **tra°mmelled** । [OF. *tramail*=a net<LL. *tramacula*]

tramp [tramp, ট্র্যাম্প্] (1) *v.i.t.* to tread (on) heavily or noisily, দৃঢ়পদভরে বা সশব্দে মাড়ান বা চলা অথবা অতিক্রম করা ; to traverse on foot, পদব্রজে গমন করা বা অতিক্রম করা । (2) *v.i.* to go on a walking tour, পায়ে হাঁটিয়া (প্রধানতঃ দীর্ঘ) ভ্রমণে বাহির হওয়া ; to go about as a vagrant, ভবঘুরের ন্যায় ঘুরিয়া বেড়ান । *p. & p. pt.* **tram°ped** । (3) *n.* a foot-journey, পদব্রজে ভ্রমণ ; a vagrant, ভবঘুরে লোক ; a cargo-ship with no fixed route, নির্দিষ্ট গমনপথহীন মালবাহী জাহাজ ; (sl.) a dissolute woman, (অশি.) দুশ্চরিত্রা নারী । *n.* **tram°per** । [ME. & G. *trampen*]

trample [tramp°l, ট্র্যাম্প্°ল্] (1) *v.t.i.* to tread roughly or in contempt, রূঢ়ভাবে বা অবজ্ঞাভরে পদদলিত করা ; to tread forcibly and rapidly, to treat roughly, সবলে দ্রুত মাড়াইয়া যাওয়া ; রূঢ়ভাবে আচরণ করা (to *trample on* a person's feelings) । (2) *v.t.* to insult, অপমান করা । (3) *n.* a trampling, রূঢ়ভাবে বা অবজ্ঞাভরে পদদলন, সবলে দ্রুত মাড়াইয়া যাওয়া । *n.* **tramp°ler** । [frequentative of *tramp*]

tramway—see **tram**$_2$.

trance [trŭns, ট্রান্স্] *n.* a dazed, abstracted ecstatic or exalted state, a deep sleep-like state, বিহ্বল আবিষ্ট পরমানন্দিত বা ভাববিহ্বল অবস্থা, সমাধি, মোহ, (পরি.) দশা (to fall or go into a *trance*) । [F. *transe*<*transir*<L *transire*=to go across]

tranquil [trang°-kwīl, ট্র্যাংক্যুইল্] *a.* calm, শান্ত, স্থির (the *tranquil* surface of the lake) ; peaceful, শান্তিপূর্ণ (a *tranquil* life in the country) । *n.* **tranqui°llity** । *v.t.* **tran°quillize**—শান্ত স্থির বা শান্তিপূর্ণ করা । *n.* **tranquilli°zer**—যে ঔষধে স্নায়ুর উত্তেজনা শান্ত করে এবং নিদ্রা আকর্ষণ করে । *n.* **tran°quilliza°tion** । *adv.* **tran°quilly** । [L. *tranquillus*]

trans- [trŭns, ট্রান্স্] *pfx.* across, beyond, অপর পারে, ছাড়াইয়া ; অতিক্রম করিয়া । **transal°pine**—(1) *a.* আল্‌প্‌স্-পাহাড়ের অপর পারের । (2) *n.* আল্‌প্‌স্-পাহাড়ের অপর পারের অধিবাসী । *a.* **trans°atlan°tic**—অ্যাটলানটিক মহাসাগরের অপর পারে অবস্থিত বা অ্যাটলানটিক পাড়ি দেয় এমন । *a.* **trans°continen°tal**—মহাদেশের সর্বত্র পরিব্যাপ্ত, আন্তর্মহাদেশীয় । *a.* **trans°marine°**—সাগরের অপর পারে অবস্থিত বা সাগর পাড়ি দেয় এমন । *a.* **trans°-ōcéa°nic**—মহাসাগরের অপর পারে অবস্থিত বা মহাসাগর পাড়ি দেয় এমন । [L.]

transact [tran-zakt°, ট্র্যান্‌জ্যাক্‌ট্°] *v.t.i.* to conduct, (কাজকারবার লেনদেন প্রভৃতি) পরিচালনা করা বা নির্বাহ করা (to *transact* business with a firm) ; to carry through business, অপরের সঙ্গে কাজকর্ম ব্যবসাদি করা ; to perform, সম্পাদন করা । *n.* **transac°tion**—transact-এর সকল অর্থে, এবং—চুক্তি ; সম্পাদিত কর্ম ; (in pl.) কোন সমিতির কার্য-বিবরণী বা প্রকাশিত গ্রন্থাদি (the *transactions* of the Association for the Cultivation of Science) । *n.* **transac°tor** । [L. *transigere*]

transalpine, transatlantic—see **trans-**.

transcend [tran-send°, ট্র্যান্‌সেন্‌ড্°] *v.t.* to surpass, (উৎকর্ষাদিতে) ছাপাইয়া বা অতিক্রম করিয়া যাওয়া ; to pass or lie beyond the limit of, (কোন বা কিছুর) সীমা ছাড়াইয়া যাওয়া বা অবস্থান করা (to *transcend* the limits of human experience) । *n.* **transcen°dence, transcen°dency**—সর্বোৎকর্ষ ; সকলকে অতিক্রম ; সীমাতিক্রম ; অজ্ঞেয়তা, নির্জ্ঞেয়তা ; মানুষের জ্ঞানাতীত অবস্থা ; অলৌকিকতা ; সম্পূর্ণ অবাস্তব বা কাল্পনিক অবস্থা । *a.* **transcen°dent**—সর্বোৎকৃষ্ট (a man of *transcendent* genius) ; সকলকে ছাপাইয়া উঠিয়াছে এমন ; সীমাতিক্রান্ত ; অজ্ঞেয় ; নির্জ্ঞেয় ; স্বতঃপ্রমাণ ; মানুষের জ্ঞানাতীত, অলৌকিক, (পরি.) তুরীয় ; কাল্পনিক । *a.* **transcenden°tal**—same as **transcendent,** এবং—অতিপ্রাকৃত । *n.* **transcenden°talism**—লৌকিক অভিজ্ঞতা অতিক্রম করিয়া যে জ্ঞান লাভ করা যায় তৎসম্বন্ধীয় দর্শন, (পরি.) তুরীয়বাদ । *n.* **transcenden°talist** । [L. *transcendere*=to surmount]

transcontinental—see **trans-**.

transcribe [tran-skrīb°, ট্র্যান্‌স্ক্রাইব্°] *v.t.* to copy out in writing, এক বই বা খাতা দেখিয়া অন্য বই বা খাতায় লেখা, টোকা, নকল করা । *n.* **transcri°ber** । *n.* **tran°script**—প্রতিলিপি, নকল । *n.* **transcription**—প্রতিলিপি-গ্রহণ, নকলকরণ ; প্রতিলিপি ; নকল । [L. *transcribere*]

transept [tran°sept, ট্র্যান্°সেপ্‌ট্] *n.* the transverse section of a cross-shaped church, ক্রুশের আকারে নির্মিত গির্জার যে অংশ আড়াআড়িভাবে থাকে । [Anglo—L. *transeptum*]

transfer [trans-fa(r)°, ট্র্যান্‌স্‌ফ্যা(র্)°] *v.t.* to carry over, (জমাখরচের) জের টানা (to *transfer* the balance to the next page) ; to convey to another place, person, object, group, etc., স্থানান্তরিত পাত্রান্তরিত স্বত্বান্তরিত বিষয়ান্তরিত দলান্তরিত হস্তান্তরিত প্রভৃতি করা ; to change over, বদলান । *pr. pt.* **transfe°rring** । *p. & p. pt.* **trans°ferred** । *n.* **trans°fer**—স্থানান্তরণ বদলি পাত্রান্তরণ সংক্রমণ স্বত্বান্তরণ বিষয়া-

স্তরণ দলান্তরণ হস্তান্তরণ প্রভৃতি, (পরি.) পরিবৃত্তি। *a.* **transfe°r(r)able** (also **transfe°rrible**) । **transferable vote**—হস্তান্তরযোগ্য ভোট। *n.* **transfer(r)abi°lity** (also **transferribi°lity**) । *n.* **trans°fer-book**—সম্পত্তি শেয়ার প্রভৃতি হস্তান্তরণের বিবরণ লিপিবদ্ধ করার নিবন্ধ-পুস্তক। *n.* **transferee** [trans-fa-rē°, ট্র্যান্স্‌ফ্যারী°] যাহাকে কিছু হস্তান্তরিত করিয়া দেওয়া হয়; স্থানান্তরিত বা দলান্তরিত ব্যক্তি। *n.* **transference** [trans°f(a)r(a)ns, ট্র্যান্স্‌°ফ্‌রন্স্‌] স্থানান্তরণ বদলি পাত্রান্তরণ সংক্রমণ স্বত্বান্তরণ বিষয়ান্তরণ দলান্তরণ হস্তান্তরণ প্রভৃতি। *n.* **transfe°rrer,** (in law) **trans°feror** । **transferred epithet**—বাক্যালঙ্কারবিশেষ, গুণপরিবৃত্তি। *n.* **trans°fer-ticket**—গাড়ি-বদল করিলেও যে টিকিট বলবৎ থাকে। [L. *transferre(v.)*]

transfigure [trans-fi°-ga(r), ট্র্যান্সফি°গ্যা(র্)] *v.t.* to change the appearance of, আকৃতি বা চেহারা পরিবর্তিত করা, রূপান্তরিত করা; to glorify, মহীয়ান্ বা মহিমান্বিত করা। *n.* **transfigūrā°tion, transfi°gurement** । [L. *transfigurare*]

transfix [trans-fiks°, ট্র্যান্স্‌ফিক্স্‌°] *v.t.* to pierce through, এফোঁড়-ওফোঁড় করিয়া বিদ্ধ করা (to *transfix* a boar with a spear); to paralyse with sudden emotion, আকস্মিক আবেগে অসাড় করিয়া ফেলা (to be *transfixed* with amazement, horror etc.) । *p.* & *p. pt.* **transfix°ed** । *n.* **transfixion** [trans-fi°-ksh(a)n, ট্র্যান্স্‌ফি°ক্‌শ্‌ন্‌] । [L. *transfigere*]

transform [trans-faw(r)m°, ট্র্যান্স্‌ফ্য(র্)ম্‌°] *v.t.* to change to another shape, appearance, substance, or character, ভিন্নরূপে সারবস্তুতে চরিত্রে বা গুণে পরিবর্তিত করা, (পরি.) রূপান্তর করা (a caterpillar is *transformed* into a butterfly) । *a.* **transfor°mable** । *n.* **transformation** [trans-fa(r)-mā°-sh(a)n, ট্র্যান্স্‌ফ্যা(র্)মেই°শ্‌ন্‌] রূপান্তরণ; রূপান্তর; পরিবর্তন; পরচুলা। **transfor°mer**—transform-এর সকল অর্থে, এবং—ভিন্ন শক্তিসম্পন্ন বিদ্যুৎ-উৎপাদী যন্ত্র হইতে বৈদ্যুতিক প্রবাহগ্রাহী যন্ত্রবিশেষ। [L. *transformare*]

transfuse [trans-fūz°, ট্র্যান্স্‌ফিউজ্‌°] *v.t.* to pour out into another vessel, এক পাত্র হইতে পাত্রান্তরে ঢালা; to transfer to another's vein, (রক্তাদি) একজনের শিরা হইতে অপরের শিরায় ঢোকান; to cause to pass, enter, or diffuse through, কিছুর মধ্য দিয়া চালিত বা প্রবাহিত করান, প্রবিষ্ট বা পরিব্যাপ্ত করান। *n.* **transfū°sion** । [L. *transfundere*]

transgress [trans-gres°. ট্র্যান্স্‌গ্রেস্‌°] *v.t.* to violate or infringe, (আইন শর্ত শাস্ত্রীয় নির্দেশ প্রভৃতি) ভঙ্গ করা, লঙ্ঘন করা। *p.* & *p. pt.* **transgre°ssed** । *n.* **transgression** [trans-gre°sh(a)n, ট্র্যান্স্‌গ্রে°শ্‌ন্‌] transgress-এর সকল অর্থে, এবং—পাপকর্ম, পাপ। *n.* **transgre°ssor** । [L. *transgredi*=to go beyond]

tranship [tran-ship°, ট্র্যান্‌শিপ্‌°] *v.t.* to transfer from one ship or conveyance to another, এক জাহাজ বা যান হইতে অন্য জাহাজে বা যানে তোলা, যানান্তরিত করা। *pr. pt.* **transhi°pping** । *p.* & *p. pt.* **transhi°pped** । *n.* **tranship°ment** । [*trans-, ship*]

transient [tran°-zi-ant, ট্র্যান্°জ়িঅ্যান্ট্‌] *a.* passing, অতিবাহিত হইয়া বা কাটিয়া যাইতেছে এমন; of short duration, অল্পকালস্থায়ী; not lasting, অচিরস্থায়ী, অস্থায়ী; momentary, ক্ষণকালীন। *n.* **tran°ṡience, tran°ṡiency, tran°ṡientness** । *adv.* **tran°ṡiently** । [L. *transire*=to go]

transistor [tran°-sist°ar, ট্র্যান্°-সিস্‌ট্যা°র] *n.* an electronic device much smaller than a radio valve used in radio etc., রেডিও প্রভৃতিতে ব্যবহৃত ভ্যাল্‌ভ্‌ অপেক্ষা ছোট বৈদ্যুতিক কল, ট্র্যান্সিস্টর। *a.* **tran°sisto°rised**—রেডিও valve-এর পরিবর্তে ট্যানসিস্টর সমন্বিত। [*transfer, resistor*]

transit [tran°-sit, ট্র্যান্°সিট্‌] *n.* passing or conveyance over, across, or through, উপর দিয়া বা অতিক্রম করিয়া বা ভিতর দিয়া গমন অথবা পরিবহণ (goods delayed or lost in *transit*); the passage of a heavenly body over the meridian, মধ্যরেখার উপর দিয়া গ্রহনক্ষত্রের গমন, (পরি.) সংক্রমণ; the passage of a smaller body over the disc of a greater one, থালার ন্যায় গোলাকার বৃহত্তর বস্তুর (বিশেষতঃ গ্রহনক্ষত্রের) উপর দিয়া ক্ষুদ্রতর বস্তুর গমন। *n.* **tran°sit-camp**—স্থানান্তরে গমনকারী সৈন্যদলের ও মালপত্রের জন্য পথিমধ্যস্থ বিশ্রামশিবির। *n.* **tran°sit-dūty**—দেশের মধ্য দিয়া চলাচলকারী পণ্যদ্রব্যাদির উপরে ধার্য শুল্ক। *n.* **transition** [tran-zi°sh(a)n, ট্র্যান্‌জ়ি°শ্‌ন্‌] এক স্থান অবস্থা রীতি বিষয় বা সুর হইতে অন্য স্থান অবস্থা রীতি বিষয় বা সুরে সংক্রমণ (*transition* from war to peace) । *a.* **transi°tional**—সংক্রমণগত। *adv.* **transi°tionally** । **transition period**—যুগপরিবর্তনকাল, (পরি.) পরিবৃত্তিকাল। [L. *transitus*<*transire*=to go]

transition—see **transit.**

transitive [trŭn°-s(i)tiv, ট্রান্°স্‌টিভ্‌] **(1)** *a.* (gr.) taking a direct object, (ব্যাক.) সকর্মক। **(2)** *n.* (gr.) a transitive verb, (ব্যাক.) সকর্মক ক্রিয়া। *adv.* **tran°sitively** । *n.* **tran°sitiveness** । [LL. *transitivus*]

transitory [tran°-si-t(a)ri, ট্র্যান্°সিটরি] *a.* lasting for a short time, অল্পকালস্থায়ী; not lasting, অচিরস্থায়ী; speedily vanishing, দ্রুত বিলীয়মান। *adv.* **tran°sitorily** । *n.* **tran°sitoriness** । [OF. *transitoire*<L. *trasitorius*]

translate [trŭns-lāt°, ট্রান্স্‌লেইট্‌°] *v.t.* to transfer to another place, স্থানান্তরিত করা; to remove to heaven, esp. without death, প্রধানতঃ মৃত্যু ছাড়াই স্বর্গে স্থানান্তরিত করা, সশরীরে স্বর্গে নেওয়া; to render into another language, ভাষান্তরিত করা, অনুবাদ করা (to *translate* a Bengali book into English); to express in another artistic medium, ভিন্ন চারুকলার মাধ্যমে প্রকাশ করা; to interpret (signs, conduct etc.), (নিদর্শন, আচরণ প্রভৃতির) অর্থ করা, ব্যাখ্যা করা (how would you *translate* his glumness); to transfer to another office, ভিন্ন দফতরে বা পদে অপসৃত করা, বদলি করা; to transform, রূপান্তরিত করা। *p. & p. pt.* **transla°ted** । *a.* **transla°table** । *n.* **transla°tion** । *n.* **transla°tor** । [L. *translatum* < *transferre*=to transfer]

transliterate [tranz-li°-ta-rat, ট্র্যান্জ্‌লি°ট্যারেইট্] *v.t.* to write in letters of another language, (এক ভাষার লিপি) ভিন্ন ভাষার বর্ণমালায় লেখা, বর্ণান্তরিত করা। *p. & p. pt.* **trans°li°terated** । *n.* **transliteration**—প্রতিবর্ণীকরণ। *n.* **transliterator** । [*trans-*, L. *littera* =letter]

translucent [tranz-lōō°snt, ট্র্যান্জ্‌লূ°স্‌ন্ট্] *a.* transmitting light but not transparent, আলোকদ্বারা ভেদ্য কিন্তু অস্বচ্ছ, ঈষদচ্ছ। *n.* **translu°cence, translu°cency**—উক্ত অবস্থা। *adv.* **translu°cently** । [L. *translucere*=to shine]

transmarine—see **trans-**.

transmigrate [tranz°-mi-grat, ট্র্যান্জ্‌°মাইগ্রেইট্] *v.i.* to migrate, এক বাসস্থান ত্যাগ করিয়া ভিন্ন স্থানে গিয়া বসবাস করা, দেশান্তরিত হওয়া; to pass into another body, (আত্মা-সম্বন্ধে) ভিন্ন দেহে প্রবিষ্ট হওয়া, দেহান্তরিত হওয়া। *p. & p. pt.* **trans°migrated** । *n.* **transmigration** । *n.* **trans°migrator** । **transmigration of the soul**—দেহান্তর প্রাপ্তি, পুনর্জন্ম। [*trans-*, *migrate*]

transmissible, transmission—see **transmit.**

transmit [tranz-mit°, ট্র্যান্জ্‌মিট্°] *v.t.* to send or pass on, অগ্রে প্রেরণ করা বা হস্তান্তরিত করা, পাঠাইয়া দেওয়া, (পরি.) প্রেরণ করা; to allow to pass through, কিছুর মধ্য দিয়া যাইতে দেওয়া (iron *transmits* heat) । *pr. pt.* **transmi°tting** । *p. & p. pt.* **transmitted** । *a.* **trans°missible**—প্রেরণসাধ্য; কিছুর মধ্য দিয়া যাইতে দেওয়ার যোগ্য। *n.* **transmissibi°lity** । **transmission** [tranzmi°-sh(a)n, ট্র্যান্জ্‌মি°শ্‌ন্]. **transmi°ttal**—(পরি.) প্রেরণ; কিছুর মধ্য দিয়া যাইতে দেওয়া। *n.* **transmi°tter**—প্রেরক; বার্তাদির প্রেরকযন্ত্র। [L. *transmittere*]

transmogrify [tran-s-mog°-ri-fi, ট্র্যান্‌স্‌মগ্°রিফাই] *v.t.* (hum.) to cause to change completely esp. in a magical or surprising way, (কৌতুকে) সম্পূর্ণ পরিবর্তন করা (বিশেষ করিয়া ম্যাজিকের মত বা অন্য বিস্ময়কর উপায়ে), (তু.) সম্পূর্ণ ভোল ফিরান বা পালটান। *n.* **transmogrifica°tion** । [?]

transmute [tranz-mūt°, ট্র্যান্জ্‌মিউট্°] *v.t.* to change to another form or substance, অন্য মূর্তিতে বা পদার্থে পরিবর্তিত করা। *p. & p. pt.* **transmu°ted** । *a.* **transmu°table** । *n.* **transmutabi°lity** । *adv.* **transmu°tably** । *n.* **transmuta°tion**—অন্য মূর্তি বা পদার্থে পরিবর্তন; (অপরসা.) ইতর ধাতুর স্বর্ণে রূপান্তর (to *transmute* base metals into gold) । *n.* **transmu°tative**—ভিন্ন মূর্তিতে বা পদার্থে রূপান্তরিত করে এমন। [L. *transmutare*]

transoceanic—see **trans-**.

transom [tran°-sam, ট্র্যান্°স্যাম্] *n.* a cross-piece, আড়কাঠ; a cross-beam, বরগা; a structure dividing a window horizontally, জানালাকে আনুভূমিকভাবে বিভাজনকল্পে কাঠ বা চুনসুরকি দিয়া নির্মিত বাজু। [L. *transtrum*]

transonic [tran°-so-nik, ট্যান্°সনিক্] *a.* relating to speed just greater than that of sound, শব্দের গতি বা দ্রুতি অপেক্ষা স্বল্পমাত্রায় অধিকতর বেগ বা দ্রুতি সম্পর্কিত। [see *trans-*, *sound*]

transparent [trans-par°(a)nt, ট্র্যান্‌স্‌পেয়ার্°ন্ট্] *a.* able to be clearly seen through, স্পষ্টভাবে অভ্যন্তরে দেখা যায় এমন স্বচ্ছ, pervious to rays, অভ্যন্তর ভেদ করিয়া আলোক যাইতে পারে এমন, আলোকভেদ্য; easily detected or under°stood, সহজে ধরিতে বা বুঝিতে পারা যায় এমন (a *transparent* lie); frank, মনখোলা, মুক্তহৃদয়, অকপট। *n.* **transpar°ency,** (rare) **transpar°ence, transpar°entness** । *adv.* **transpar°ently** । [LL. *transparere*=to appear]

transpire [trans-pī(r)°, ট্র্যান্‌স্‌পাইয়্যা(র্)°] **(1)** *v.t.i.* to give off or come off as vapour, বাষ্পাকারে নির্গত করা বা হওয়া; to emit through the skin, গাত্রচর্ম বা গাত্ররন্ধ্র হইতে বিনির্গত করা অথবা হওয়া। **(2)** *v.i.* to become known or be revealed, জ্ঞানগোচর বা প্রকাশিত হওয়া; (coll.) to happen, (কথ্য.) ঘটা। *n.* **transpira°tion** । [*trans-*, L. *spirare*=to breathe]

transplant [trans-plŭnt°, ট্র্যান্‌স্‌প্লান্ট্°] *v.t.* to uproot and replant elsewhere, (বৃক্ষাদিকে) জন্মস্থান হইতে উৎপাটিত করিয়া আনিয়া অন্যত্র রোপণ করা; to graft upon another animal or another part of the same, (শিরা গ্রন্থি প্রভৃতি) এক প্রাণীর দেহ হইতে অপসৃত করিয়া অন্য প্রাণীর দেহে বা শরীরের একস্থান হইতে অপসৃত করিয়া অন্য স্থানে জুড়িয়া দেওয়া; to remove and settle elsewhere, একস্থান হইতে অপসৃত করিয়া (প্রধানতঃ বসবাসার্থ) অন্যত্র স্থাপন করা। *p. & p. pt.* **transplan°ted** । *n.* **trans°plant**—এক দেহ হইতে অপসৃত করিয়া অন্য দেহে সংযোজন (a heart *transplant*) । *a.* **transplan°table** । *n.* **trans-**

plantā°tion । *n.* **transplan°ter** । [*trans-*, L. *plantere*=to plant]

transport [trans-paw(r)t°, ট্র্যান্‌স্‌পা(র্)ট্°] *v.t.* to convey, বহন করিয়া লইয়া যাওয়া, পরিবহণ করা; to deport overseas, (অপরাধীকে) সাগরের অপর পারে নির্বাসিত করা, দ্বীপান্তরিত করা; to carry away by strong emotion, গভীর ভাবাবেগে আত্মহারা করান। *n.* **trans°port**—একস্থান হইতে অন্য স্থানে বহন, পরিবহণ; পরিবাহী জাহাজ গাড়ি মালগাড়ি প্রভৃতি; ভাবাবেগে আত্মহারা অবস্থা; দ্বীপান্তরিত বা দ্বীপান্তরবাসের আজ্ঞাপ্রাপ্ত ব্যক্তি। **in a transport, in transports**—ভাবাবেগে অভিভূত। *a.* **transpor°table**—পরিবহণসাধ্য; দ্বীপান্তরণযোগ্য। *n.* **transportabi°lity** । *n.* **transportā°tion**—পরিবহণ; দ্বীপান্তর, দীর্ঘ কারাবাস (sentenced to *transportation* for life)। **(to) be transported with**—আত্মহারা হওয়া। [L. *transportare*(*v.*)]

transpose [trans-pōz°, ট্র্যান্‌স্‌পৌজ্°] *v.t.* to change the order of, to interchange, বিন্যাসের পরিবর্তন সাধন করা, পরস্পর স্থানবিনিময় করান, (পরি.) পক্ষান্তরিত করা; (mus.) to put into another key, (সঙ্গীতে) স্বরপরিবর্তন করান। *a.* **transpō°ṡable** । *n.* **transpō°ṡal, transposition** [trans-pa-zi°sh(a)n ট্র্যান্‌স্‌প্যাজি°শ্‌ন্]। *n.* **transpō°ṡer** । [F. *transposer*]

trans-ship [trans-ship°, ট্র্যান্‌স্‌শিপ°] var. of **tranship.**

transubstantiate [tran-sab-stan°-shi-āt, ট্র্যান্‌স্যাব্যাস্টান্°শিএইট্] *v.t.* to change into another substance, ভিন্ন পদার্থে পরিবর্তিত করা। *p.* & *p. pt.* **transubstan°tiātėd** । *n.* **transubstantiā°tion** । [*trans-*, *substantiate*]

transversal—see **transverse.**

transverse [tranz°-va(r)s, ট্র্যান্‌জ্°ভ্যা(র্)স্] (**1**) *a.* set crosswise, আড়াআড়িভাবে স্থাপিত, অনুপ্রস্থ, তির্যক (*transverse* artery, ligament, section, etc.)। (**2**) *n.* a transverse object, তির্যক্ বস্তু। **tranṡ°versal**—(**1**) *a.* অনুপ্রস্থ। (**2**) *n.* (জ্যামি.) যে রেখা ভিন্ন রেখাসমূহকে ভেদ করিয়াছে, (পরি.) ভেদক। *adv.* **tranṡ°verse(ly)** । [L. *transvertere* (*v.*)]

trap₁ [trap, ট্র্যাপ্] (**1**) *n.* a snare, জাল, ফাঁদ, পাশ; a device for catching, ধরার বা গ্রেপ্তার করার কৌশল (caught in a *trap*); a hidden danger, গুপ্ত বিপদ্; a pitfall, চোরাগর্ত; a door in a floor or stage, গৃহতলস্থ বা অভিনয়মঞ্চস্থ (চোরা) দরজা-বিশেষ (also **trap°-door**); a bend in a pipe to stop foul gases, দূষিত বাষ্পের নির্গমন-রোধার্থ নলের বক্রতা; a light carriage, হালকা (দ্বিচক্র-) যানবিশেষ (এক্কা টোঙা প্রভৃতি); a device for throwing up or releasing a ball or pigeon, ঊর্ধ্বে বল্ ছুড়িয়া দিবার বা পায়রা উড়াইয়া দিবার কলবিশেষ; (sl.) mouth, (অশি.) মুখ (shut your *trap*)। (**2**) *v.t.* to catch in a trap, জালে বা ফাঁদে আটকান। *pr. pt.* **tra°pping** । *p.* & *p. pt.* **tra°ppeḋ** । *n.* **tra°pper**—যে ব্যক্তি ফাঁদে আটকায়; জাল বা ফাঁদ পাতিয়া পশুপক্ষী ধরা যাহার পেশা। *a.* **tra°ppy**—ফাঁদওয়ালা, চোরা। [OE. *trappe, træppe, treppe*]

trap₂ [trap, ট্র্যাপ্] *n.* a kind of dark volcanic rock, কৃষ্ণবর্ণ আগ্নেয় শিলাবিশেষ (also **trap°-rock**)। [Sw. *trapp*]

trap₃ [trap, ট্র্যাপ্] (**1**) *n.* (in *pl.*) personal luggage, যাত্রীর সঙ্গের নিজস্ব লটবহর (to pack up one's *traps*)। (**2**) *v.t.* to deck with trappings, কারুকার্যময় বস্ত্রাবরণে বা সাজপোশাকে (প্রধানতঃ ঘোড়াকে) সজ্জিত করা। *conjug.* same as **trap₁** । *n. pl.* **tra°ppingṡ**—(প্রধানতঃ ঘোড়ার) কারুকার্যময় সাজপোশাক আভরণ প্রভৃতি; (আল.) পদমর্যাদাসূচক বা অন্য প্রকারের সাজসজ্জা। [cp. F. *drap*=cloth]

trap-door—see **trap₁.**

trapes [trāps, ট্রেইপ্‌স্] (**1**) *n.* a slattern, বেশবাস ও আচার-আচরণে নোংরা এবং আলুথালু স্ত্রীলোক; a tiresome walk, ক্লান্তিকর হণ্টন। (**2**) *v.i.* (esp. of women) to trudge wearily or in a draggletailed way, (প্রধানতঃ স্ত্রীলোক-সম্বন্ধে) ক্লান্তিকরভাবে হাঁটা বা আলুথালুভাবে পরা কাপড়-চোপড় মাটিতে লুটাইয়া ও নোংরা করিয়া হাঁটা। [?]

trapeze—see **trapezium.**

trapezium [tra-pē°-zi-am, ট্র্যাপী°জিঅ্যাম্] *n.* (ori.—geom.) a quadrilateral that is not a parallelogram, (মূলতঃ—জ্যামি.) অসমান্তরাল বাহুবিশিষ্ট চতুর্ভুজ; (now) a quadrilateral, only two sides of which are parallel, (বর্ত.) যে চতুর্ভুজের দুইটি মাত্র বাহু সমান্তরাল। *n.* **trapēze°**—শরীরচর্চার যন্ত্রবিশেষ: ইহাতে একখানি আড়কাঠে দুইগাছি দড়ি ঝোলান থাকে। *n.* **tra°pėzoid**—অসমান্তরাল বাহুবিশিষ্ট চতুর্ভুজ। [L.<Gk. *trapezion*=a small table]

trapped, trapping, trappy—see **trap₁,₃.**

Trappist, trappist [tra°-pist, ট্র্যা°পিস্‌ট্] *n.* a monk of an order noted for refraining from speech and other austerities, মৌন ও অন্যান্য কৃচ্ছ্রসাধনের জন্য বিখ্যাত সম্প্রদায়ভুক্ত সন্ন্যাসী। [Soligny-la-Trappe, where the order was founded]

trap-rock—see **trap₂.**

trash [trash, ট্র্যাশ্] *n.* anything worthless or paltry, বাজে বা তুচ্ছ বস্তু; rubbish, আবর্জনা, জঞ্জাল। *a.* **tra°shy**—আবর্জনাতুল্য; বাজে, তুচ্ছ (*trashy* novels)। *adv.* **tra°shily** । *n.* **tra°shinėss** । [Scand. ?]

trauma [traw°-ma, ট্র°ম্যা] *n.* morbid condition of the body produced by a wound or injury, ক্ষত বা আঘাতের ফলে দৈহিক অসুস্থতা; (psy.) an emotional shock, (মনস্তত্ত্ব) মানসিক

আঘাত। *pl.* **trau°mata, trau°ma** । *a.* **trau°matic**—ক্ষত-বা-আঘাতমূলক ; ক্ষত বা আঘাতের চিকিৎসামূলক ; (কথ্য.) অপ্রীতিকর, মর্মপীড়াদায়ক (a *traumatic* experience) । [Gk. = wound]

travail [tra°-val, ট্র্যা°ভেইল্] (**1**) *n.* painful or laborious effort, কঠোর পরিশ্রম ; pangs of childbirth, প্রসব-যন্ত্রণা। (**2**) *v.i.* to labour hard, কঠোর পরিশ্রম করা ; to suffer the pangs of childbirth, প্রসবযন্ত্রণা ভোগ করা। [OF.]

travel [tra°vl, ট্র্যা°ভ্‌ল্] (**1**) *v.i.t.* to journey or go (over or through), (কিছুর উপর বা মধ্য দিয়া) ভ্রমণ করা বা যাওয়া ; to wander (over or through), (কিছুর উপরে বা মধ্যে) বিচরণ করা, ঘুরিয়া বেড়ান ; to pass or move (over), (দৃষ্টি স্মৃতি প্রভৃতি সম্বন্ধে) চলা (his eye *travelled* over the scene) । (**2**) *v.i.* to move from place to place, (বেদনাদি-সম্বন্ধে) স্থান হইতে স্থানান্তরে চলাচল করা। *pr. pt.* **tra°velling** । *p.* & *p. pt.* **tra°velled** । (**3**) *n.* journeying, ভ্রমণ, গমন, বিচরণ। **tra°vel-soiled, tra°vel-sta°ined, tra°vel-worn**—ভ্রমণের ফলে নোংরা দাগ লাগা, জীর্ণ। *n.* **tra°veller**—ভ্রমণকারী ; পথিক, পান্থ ; বাণিজ্য-প্রতিষ্ঠানের ভ্রাম্যমাণ ক্যানভাসার (also **commercial traveller**) । **traveller's cheque**—ভ্রমণকারীদের সুবিধার জন্য তাহাদিগকে ব্যাঙ্ক বা ভ্রমণ-সহায়ক সমিতি বা অনুরূপ কোন প্রতিষ্ঠান হইতে যে চেক দেওয়া হয়। *n.* **tra°veller's-joy**—প্রান্তরাদির পুষ্পলতা-বিশেষ। *n.* **travelogue** [tra-°va-log, ট্র্যা°ভ্যালগ্] ভ্রমণের (সাধারণতঃ চিত্রসম্বলিত) বিবরণ-পূর্ণ বক্তৃতা। [< *travail*]

traverse [tra°-va(r)s, ট্র্যা°ভ্যা(র্)স্] (**1**) *a.* cross, আড়াআড়িভাবে অবস্থিত, অনুপ্রস্থ ; oblique, তির্যক্। (**2**) *n.* a straight or upright length in a zig-zag course, (পর্বতাদির) যে পথ সর্পিলগতিতে সম্মুখে বা ঊর্ধ্বে গিয়াছে ; a stepwise construction of a trench having its top covered, সিঁড়ির আকারে নির্মিত আচ্ছাদিত পরিখা ; a transversal line, (জ্যামি.) ভেদকরেখা ; anything laid across, আড়াআড়িভাবে স্থাপিত বস্তু ; an obstruction, প্রতিবন্ধক, বাধা ; a parapet, (দুর্গাদির) প্রাচীর, প্রাকার, বপ্র ; a cross-piece, আড়কাঠ ; a denial or contradiction, অস্বীকৃতি বা প্রতিবাদ। (**3**) *v.t.i.* to cross, অনুপ্রস্থভাবে পার হওয়া ; to pass (through, over, or across), (কিছুর মধ্য বা উপর দিয়া অথবা পার হইয়া) যাওয়া বা চলা (the railway *traversed* hundreds of miles across the desert) ; to turn sideways, এক-পাশে সরাইয়া আনা বা সরিয়া যাওয়া ; to survey, নিরীক্ষণ করা, জরিপ করা। (**4**) *v.t.* to oppose, বাধা দেওয়া, বিরোধিতা করা ; to thwart, অবদমিত করা ; to dispute, (কোন বিষয়ে) তর্ক করা ; to deny or contradict, অস্বীকার করা, প্রতিবাদ করা। (**5**) *v.i.* to direct a gun to the right or left, কামানের মুখ ডানদিকে বা বাঁ-দিকে ফেরান। *p.* & *p. pt.* **tra°versed** । [F. *traverser* (*n.*) < L. *transvertere*]

travesty [tra°-vis-ti, ট্র্যা°ভিস্‌টি] (**1**) *n.* burlesque, হাস্যকর অনুকরণ (a *travesty* of justice) । (**2**) *v.t.* to make or be burlesque of, (কিছুর) হাস্যকর অনুকরণ করা বা হওয়া। [F. *travesti* = disguised < L. *trans-*, *vestire* = to clothe]

trawl [trawl, ট্রল্] (**1**) *n.* a large bag-net, বড় টানা ছাঁকি-জালবিশেষ (also **trawl°-net**) । (**2**) *v.t.i.* to catch (fish) with a trawl, উক্ত জালে (মাছ) ধরা। *n.* **traw°ler**—যে ব্যক্তি উক্ত জালদ্বারা মাছ ধরে ; যে নৌকায় চড়িয়া উক্ত জাল বাওয়া হয়। *n.* **traw°ling**—উক্ত জালে মৎস্য-শিকার। [cp. M Du. *traghel* = dragnet]

tray [tra, ট্রেই] *n.* a shallow vessel, কাষ্ঠ-নির্মিত বা ধাতুনির্মিত বারকোশবিশেষ ; a salver, চেটাল থালাবিশেষ। [OE. *trig*, *treg* = board]

treachery [tre°-ch(a)ri, ট্রে°চ্‌রি] *n.* violation of faith, perfidy, বিশ্বাসঘাতকতা। *a.* **trea°cherous**—বিশ্বাসঘাতকতাপূর্ণ ; বিশ্বাসঘাতী ; মিথ্যা সুদর্শনতাপূর্ণ, মায়াময়। *adv.* **trea°cherously** । [OF. *trecheor* = deceiver]

treacle [trek°l, ট্রিক্‌ল্] *n.* the syrup obtained in refining sugar, পরিষ্কার করার জন্য গরম জলে চিনি জ্বাল দেওয়ার পর যে জলীয় অংশ আর ঘনীভূত হয় না ; (loos.) molasses, (শিথি.) গুড়। *a.* **treac°ly**—চিনি জ্বাল দেওয়ার পরের জলীয় অংশের ন্যায় ; গুড়ের ন্যায় ; ঘন ও মিষ্ট ; অত্যধিক খাতির যত্নপূর্ণ। *n.* **treac°liness** । [OF. *triacle* < Gk. *theriake* (*antidotos*) = (an antidote to *the bites of*) the beasts]

tread [tred, ট্রেড্] (**1**) *v.i.t.* to set the foot down (on), (কিছুর উপরে) পদস্থাপন করা ; to trample, পদদলিত করা, মাড়ান ; to step (on), (কোথাও) পদক্ষেপ করা ; to walk (on), (কিছুর উপর দিয়া) হাঁটা। (**2**) *v.t.* to dance, (কোন নাচ) নাচা ; (fig.) to destroy, (আল) ধ্বংস করা। *p.* **trod** [trod, ট্রড্] ; *p. pt.* **tro°dden, trod** । (**3**) *n.* manner or sound of treading, পদ-বিন্যাসের ধরন বা পদধ্বনি ; the part of a step or stair on which the foot is placed, ধাপ বা সিঁড়ির উপর পদস্থাপনের জায়গা। *n.* **trea°der** । **tread°le**—(**1**) *n.* পাদচালিত যন্ত্র গাড়ি প্রভৃতির যে অংশে পা রাখিতে হয়। (**2**) *v.i.* পা দিয়া উক্ত অংশ চালান। **treadle machine**—পাদচালিত যন্ত্র ; (অশু.) পাদচালিত বা বিদ্যুচ্চালিত ক্ষুদ্র মুদ্রণযন্ত্রবিশেষ। **tread°mill**—(শস্যাদি চূর্ণনার্থ) পাদচালিত কল-বিশেষ (পূর্বে জেলের কয়েদীরা এই কল চালাইত) ; দৈনন্দিন একঘেয়ে বাঁধা-ধরা ও ক্লান্তিকর কাজ। **(to) tread in one's steps** or **footsteps**—কাহারও আদর্শ বা নজির অনুসরণ করা। **(to) tread on air**—লঘুচিত্ত ও হাসিখুশি হওয়া ; আনন্দে আত্মহারা হওয়া। **(to) tread on one's corns** or **toes**—কাহারও মনে আঘাত দেওয়া। **(to) tread**

on one's heels—পায়ে-পায়ে অনুসরণ করা। **(to) tread under foot**—পদদলিত করা ; ঘৃণাভরে বা অবজ্ঞাভরে আচরণ করা। **(to) tread water**—পদদ্বয়ের আন্দোলনদ্বারা গভীর জলে ভাসিয়া থাকা। [OE. *tredan*—cp. Du. *treden*]

treason [tre°zn, ট্রী°জ্‌ন্] *n.* disloyalty to the government or state or an attempt to overthrow it, সরকারের বা রাষ্ট্রের প্রতি বিশ্বাসঘাতকতা অথবা উহার পতনসজ্বটনের চেষ্টা, রাষ্ট্রদ্রোহ ; treachery, বিশ্বাসঘাতকতা। *a.* **trea°sonable, trea°sonous**—রাষ্ট্রদ্রোহমূলক ; রাষ্ট্রদ্রোহের অপরাধে অপরাধী। *adv.* **trea°sonably**। **high treason**—রাষ্ট্রের বিরুদ্ধে গুরুতর অপরাধ। [AF. *tresun*<OF. *traison*<L. *tradere*=to betray]

treasure [tre°za(r), ট্রে°(শ্)জ্যা(র্)] **(1)** *n.* wealth stored up ; সঞ্চিত সম্পদ্ ; riches, ধনদৌলত ; any precious object, মূল্যবান্ বস্তু ব্যক্তি বা প্রাণী (art *treasures*)। **(2)** *v.t.* to hoard up, সঞ্চিত করা, জমাইয়া রাখা ; to value greatly, অতীব মূল্যবান বলিয়া গণ্য করা (he *treasures* the pen his father gave him) ; to store, ভাণ্ডারজাত করা, ভাণ্ডারে রাখা। *n.* **trea°surer**—মূল্যবান্ ধনসম্পদ্ বা খাজাঞ্চীখানার অথবা সংগৃহীত অর্থাদির তত্ত্বাবধায়ক, কোষাধ্যক্ষ, কোষপাল, খাজাঞ্চী। *n.* **trea°sure-house**—ধনভাণ্ডার, কোষাগার। *n.* **trea°sure-trōve°**—লুকাইয়া-রাখা মালিকহীন ধনসম্পদ্, গুপ্তধন। *n.* **trea°sury**—ধনভাণ্ডার, কোষ, কোষাগার, খাজাঞ্চীখানা, রাজকোষ (also **Royal Treasury, Treasury**) ; সরকারের রাজস্ব ও অর্থের ভারপ্রাপ্ত বিভাগ। **Treasury bench**—মন্ত্রীদের বসার জন্য গ্রেট্ ব্রিটেনের লোকসভার (the House of Commons) সভাপতির (Speaker) দক্ষিণ পার্শ্বস্থ আসন-শ্রেণীর প্রথম সারি। **Treasury bill**—(পরি.) কোষ-বিপত্র। **Treasury note**—রাজকোষ হইতে প্রদত্ত কারেন্সি-নোট বা পত্রমুদ্রাবিশেষ। [OF. *tresor*<*thesaurus*<Gk. *thesauros*]

treat [tret, ট্রীট্] **(1)** *v.t.* to handle or manage, হস্তক্ষেপ করা, পরিচালনা করা, ব্যবস্থা করা ; to discuss, আলোচনা করা ; to take up as the subject-matter of writing, painting, etc., সাহিত্যরচনা, চিত্রাঙ্কন প্রভৃতির বিষয়বস্তুরূপে গ্রহণ করা ; to behave towards, (কাহারও প্রতি) আচরণ করা (he *treated* me kindly) ; to act upon, (কিছুর উপরে) ক্রিয়াশীল হওয়া, প্রভাবিত বা প্রকোপিত করা ; to manage in the application of remedies, চিকিৎসা করা (the doctor is *treating* him for cancer) ; to subject to process, কোন প্রক্রিয়ার বিষয়ীভূত বা অধীন করা (to *treat* copper with strong nitric acid)। **(2)** *v.t.i.* to provide with gratuitous entertainment, বিনামূল্যে ভোজন করাইয়া বা আমোদপ্রমোদাদির দ্বারা (বিশেষতঃ মদ্যপান করাইয়া) আনন্দ দেওয়া অথবা মনোরঞ্জন করা (to *treat* one's friend to a rich repast)। **(3)** *v.t.* to negotiate, মধ্যস্থতা বা দূতালি করা। **(4)** *n.* a free entertainment of feast, মনোরঞ্জনার্থ (বিনা মাশুলে) ব্যবস্থাপিত আমোদপ্রমোদ বা ভোজ। *n.* **treat°ment**—treat (*v.*)-এর সকল অর্থে, এবং—চিকিৎসাপ্রণালী। **a children's treat, a school treat**—বালকবালিকাদের বা বিদ্যালয়ের ছাত্রছাত্রীদের জন্য প্রমোদভ্রমণের ব্যবস্থা। **(to) stand treat**—নিজের খরচায় (কাহাকেও) মদ্যাদি পান করান। **to treat of**—আলোচনা করা (the book *treats of* methods of geological research)। [OF. *traitier*<L. *tractare*=to manage]

treatise [tre°-tiz, ট্রী°টিজ্] *n.* a written composition, (প্রধানতঃ গবেষণামূলক) গ্রন্থ বা প্রবন্ধ (a *treatise* on money)। [see *treat*]

treatment—see **treat.**

treaty [tre°-ti, ট্রী°টি] *n.* negotiation, দৌত্য, মধ্যস্থতা ; a formal agreement, (প্রধানতঃ রাষ্ট্রসমূহের মধ্যে) চুক্তি বা সন্ধি। **treaty port**—সন্ধির শর্তানুযায়ী (অবাধ) বৈদেশিক বাণিজ্যের জন্য উন্মুক্ত বন্দর, (পরি.) সন্ধিবন্দর। [see *treat*]

treble [treb°l, ট্রেব্°ল্] **(1)** *a.* triple, ত্রিগুণ ; threefold, ত্রিধা বা ত্রিধাবিভক্ত ; ; of a tote (in horse-races), (ঘোড়দৌড়ের বাজির টাকার-সম্বন্ধে) ভিন্ন ভিন্ন তিন বাজির বিজয়ীর সমর্থনের ফলে অর্জিত ; (mus.) soprano, (সঙ্গীতে) তারার বা নিখাদের ধ্বনিবিশিষ্ট, সপ্তমের ধ্বনিবিশিষ্ট। **(2)** *n.* three times, তিন গুণ ; what is threefold, ত্রিধা বা ত্রিধাবিভক্ত বস্তু ; a treble tote, ঘোড়দৌড়ের ভিন্ন ভিন্ন তিন বাজির বিজয়ীর সমর্থনের ফলে অর্জিত টাকা ; a soprano pitch, singer, instrument etc., তারার বা নিখাদের বা সপ্তমের ধ্বনিবিশিষ্ট সুর গায়ক বাদ্যযন্ত্র প্রভৃতি। **(3)** *v.t.i.* to make or become triple, ত্রিগুণ করা অথবা হওয়া (he has *trebled* his income ; his income has *trebled* in five years)। *adv.* **treb°ly**। [OF.<L. *triplus*—cp. *triple*]

tree [trē, ট্রী] *n.* a large plant with a single trunk, গাছ, বৃক্ষ, দ্রুম, তরু ; a wooden structure or part, দারুনির্মিত বস্তু বা তাহার অংশ ; a saddle-tree, ঘোড়ার জিনের কাষ্ঠনির্মিত কাঠাম ; a boot-tree, জুতার আকার বজায় রাখার জন্য উহার মধ্যে যে কাঠের ছাঁচ ঢুকাইয়া রাখা হয় ; gallows, ফাঁসিকাষ্ঠ ; a cross for crucifixion, ক্রুশবিদ্ধ করার জন্য (মাটিতে প্রোথিত) ক্রুশাকার দণ্ড ; a branching figure or structure, শাখাপ্রশাখাযুক্ত মূর্তি বা নির্মিত বস্তু। *n.* **tree°-creeper**—ক্ষুদ্র পক্ষিবিশেষ (ইহারা বৃক্ষকোটরে ভক্ষ্য কীটের সন্ধানে ফেরে)। *n.* **tree-fern**—দীর্ঘ কাণ্ডযুক্ত বা সকাণ্ড পর্ণবিশেষ। *n.* **tree°-frog**—গেছো বেঙ। *a.* **tree°less**—বৃক্ষশূন্য, নিষ্পাদপ। *n.* **tree°-top**—তরুশির, বৃক্ষশীর্ষ। *n.* **tree°-trunk**—বৃক্ষকাণ্ড, গাছের গুঁড়ি। **family tree, genealogical tree**—বংশতালিকা। **at the top of the tree**—

—স্বীয় পেশার চূড়ায়। **up a tree**—(কথ্য.) কোণ-ঠাসা অবস্থায়, সঙ্কটাবস্থায়। [OE. *treo(w)*—cp. Gk. *drys*=oak, Sans. *drooma*]

trefoil [tre°-foyl, ট্রে°ফয়্ল্] *n.* a plant with three-lobed leaves, ত্রিপত্রসমন্বিত গাছবিশেষ, ত্রিপত্র ; anything shaped like a three-lobed leaf, ত্রিপত্রাকার বস্তু। *a.* **tre°foiled**—ত্রিপত্রাকার। [AF. *trifoil*<L. *trifolium*]

trek [trek, ট্রেক্] *v.t.* to make long journey esp. by ox-wagon, (বিশেষ করিয়া ষাঁড়ের গাড়িতে) সুদীর্ঘ পথ যাওয়া ; to migrate, এক দেশ হইতে অপর দেশে চিরতরে যাওয়া। [Du. *trekken*]

trellis [tre°-lis, ট্রে°লিস্] (**1**) *n.* lattice, জাফরি, লতাদি বাড়িয়া ওঠার জন্য নির্মিত মাচা। (**2**) *v.t.* to furnish with a lattice, জাফরি কাটিয়া দেওয়া বা মাচা বাঁধিয়া দেওয়া। [OF. *treliz*<L. *trilix*=woven with triple thread]

tremble [tremb°l, ট্রেম্ব্°ল্] (**1**) *v.i.t.* to shake (ভয় শীত দুর্বলতা বাতাস প্রভৃতিতে) কাঁপা বা কাঁপান (to *tremble* with anger, excitement, fear, cold, etc.)। (**2**) *n.* the act or state of trembling, কম্পন বা কম্পান্বিত অবস্থা; (in *pl.*) a morbid trembling, রোগজনিত কাঁপুনি, কম্প। *n.* **tremb°ler** । *adv.* **tremb°lingly** । *n.* **tremb°ling-pop°lar**—বৃক্ষবিশেষ। **all of a tremble**—(কথ্য.) (ভয়াদিতে) কম্পমান। **in fear and trembling**—ভীত ও উদ্বিগ্ন অবস্থায়। **(to) tremble in the balance**—সঙ্কটাপন্ন অবস্থায় পতিত হওয়া। [OE. *trembler*<L. *tremulus*=trembling<*tremere*=to shake]

tremendous [tri-men°-das, ট্রিমেন্°ড্যাস্] *a.* awe-inspiring, ভয়ঙ্কর, ভীষণ (a *tremendous* explosion) ; (coll.) huge, (কথ্য.) প্রকাণ্ড ; (sl.) prodigious, extraordinary, (অশি.) বিস্ময়কর, অসাধারণ (a *tremendous* performance)। *adv.* **tremen°dously** । *n.* **tremen°dousness** । [L. *tremendus*=to be marvelled at]

tremolo [tre°ma-lo, ট্রে°ম্যালৌ] *n.* (mus.) a tremulous note, (সঙ্গীতে) কম্পমান ধ্বনি ; a key in an organ producing this, অর্গ্যান্ হারমোনিআম্ প্রভৃতির যে চাবি টানিলে ঐ ধ্বনি নির্গত হয়। [It.]

tremor [tre°-ma(r), ট্রে°ম্যা(র্)] *n.* a quiver, কম্পন ; a thrill, শিহরণ (a *tremor* of exultation, fear, etc.)। **earth tremor**—সামান্য ভূকম্পন বা ভূমিকম্প। [L.]

tremulous [tre°-mū-las, ট্রে°মিউল্যাস্] *a.* trembling, কম্পমান (*tremulous* hand, leaves, voice, etc.) ; timid, ভীতু, ভীরু। *adv.* **tre°mūlously** । *n.* **tre°mūlousness** । [L. *tremulus*]

trench [trensh, ট্রেন্শ্] (**1**) *n.* a long narrow cut in the earth, পরিখা, ট্রেন্চ্ ; a deep wrinkle, দেহের গভীর বলীরেখা। (**2**) *v.i.t.* to make trenches (in), (কোথাও) পরিখা খনন করা। (**3**) *v.i.* to dig deep with a spade or plough, গভীরভাবে কোদাল্ চালান বা হলকর্ষণ করা ; to encroach, অনধিকারপ্রবেশ করা ; to verge, সীমান্তবর্তী বা প্রান্তবর্তী হওয়া। (**4**) *v.t.* to cut, কাটা। *p.* & *p. pt.* **tren°ched** । *n.* **tren°chancy**—কর্তনশীলতা ; মর্মভেদিতা। *a.* **tren°chant**—কর্তনশীল ; তীক্ষ্ণ ; (ভাষাদি সম্বন্ধে) মর্মভেদী (*trenchant* criticism, speech, etc.)। *n.* **tren°cher$_2$** । *n.* **trench-coat**—সৈন্যদের জলাভেদ্য কোটবিশেষ। **trench warfare**—উভয় পক্ষের ট্রেন্চের মধ্যে থাকিয়া লড়াই, ট্রেন্চ্-যুদ্ধ। **(to) trench upon**—অনধিকারপ্রবেশ করা বা হস্তক্ষেপ করা। [OF. *trenche*=a cut, *trencher*=to cut—cp. L. *truncare*]

trencher$_1$ [tren°-sha(r), ট্রেন্°শ্যা(র্)] *n.* a plate or platter, (প্রধানতঃ পাউরুটি কাটার জন্য কাষ্ঠ-নির্মিত) থালা বা ফলক। *n.* **tren°cher-man**—খাদক, ভক্ষক (a good *trencher-man*)। [AF. *trenchour*]

trencher$_2$—see **trench**.

trend [trend, ট্রেন্ড্] (**1**) *v.i.* to turn or wind, ফেরা বা বাঁকা ; to have a general tendency, সাধারণতঃ কোন দিকে ঝোঁকা। (**2**) *n.* a bend, মোড়, বাঁক ; a prevailing tendency, সাধারণ ঝোঁক, প্রবণতা। **(to) set the trend**—রীতি আদবকায়দা ফ্যাসন প্রভৃতি প্রবর্তন করা। *n.* **trend°-setter**—ফ্যাসনপ্রবর্তক। *a.* **trendy**—হাল ফ্যাসনের অনুবর্তী, হালফ্যাসন-দোরস্ত। [OE. *trendan*]

trepan$_1$ [tri-pan°, ট্রিপ্যান্°] (**1**) *n.* a saw for perforating the skull, (শল্যচিকি.) মাথার খুলিতে ছিদ্র করার করাতবিশেষ ; a boring tool, তুরপুন-বিশেষ। (**2**) *v.t.* to perforate or bore with a trepan, উক্ত করাত বা তুরপুন দিয়া ছিদ্র করা। *pr. pt.* **trepa°nning** । *p.* & *p. pt.* **trepa°nned** । *n.* **trepa°nner** । [F. *trepan*<LL. *trepanum*>Gk. *trypanon*<*trypaein*=to bore]

trepan$_2$ [tri-pan°, ট্রিপ্যান°] (**1**) *n.* trap, snare, ফাঁদ, জাল। (**2**) *v.t.* to ensnare, জালে বা ফাঁদে আটকান ; to lure, প্রলুব্ধ করা। *conjug.* same as **trepan$_1$** । [obs. *trapan*=a decoy]

trephine [tri-fēn°, ট্রিফীন্°] (**1**) *n.* an improved trepan, (শল্যচিকি.) মাথার খুলিতে ছিদ্র করার জন্য উন্নতধরনের করাতবিশেষ। (**2**) *v.t.* to perforate with the trephine, উক্ত করাত দিয়া ছিদ্র করা। [*trepan$_1$*, assimilated to L. *tres fines*=three ends (referring to the shape of a trephine)]

trepidation [tre-pi-dā°sha(n), ট্রেপিডেই°শ্ন্] *n.* trembling, কম্পন; alarmed agitation, ভয়-জনিত চাঞ্চল্য। [L. *trepidare*=to be agitated]

trespass [tres°-pass, ট্রেস্°প্যাস্] (**1**) *v.i.* to interfere with another's person or property, অপরের দেহে বা সম্পত্তিতে (অসঙ্গত) হস্তক্ষেপ

করা ; to enter unlawfully upon another's land, house, etc., অপরের জমি বাড়ি প্রভৃতিতে বেআইনীভাবে প্রবেশ করা, অনধিকার প্রবেশ করা ; to encroach, অন্যায়ভাবে সীমা বা গণ্ডি লঙ্ঘন করা ; to sin, পাপ করা। *p.* & *p. pt.* **tres°passed**। (2) *n.* trespassing, অপরের দেহে বা সম্পত্তিতে (অসঙ্গত) হস্তক্ষেপ, অনধিকারপ্রবেশ, অন্যায়ভাবে সীমালঙ্ঘন বা গণ্ডি-অতিক্রম, পাপানুষ্ঠান ; an injury to another's person or property, অপরের দেহের বা সম্পত্তির ক্ষতি (সাধন) ; a sin, পাপ। *n.* **tres°passer**। **(to) trespass upon**—(আল.) অসঙ্গতভাবে বা অন্যায্যভাবে অপরের অধিকার-ক্ষেত্র বা অপরকে নিজের কাজে লাগান (to *trespass upon* one's time or hospitality)। [OF. *trespasser*=to pass over]

tress [tres, ট্রেস্] *n.* a plait or braid of the hair of the head, বেণী, চুলের পাতা ; a long lock, অলকগুচ্ছ, অলকদাম। *a.* **tre°ssed**—বিনুনি-করা, বেণীবদ্ধ। পাতাকাটা ; গুচ্ছবদ্ধ, থোকা-থোকা। *a.* **tress°y**—গুচ্ছবদ্ধ, থোকা-থোকা। [F. *tresse*<L. *tritcia*]

trestle [tres°l, ট্রেস্°ল্] *n.* a timber support used in making a temporary table, platform etc, অস্থায়ী টেবিল মঞ্চ প্রভৃতি নির্মাণার্থ কাঠের পায়া। *n.* **trest°le-bridge**—কাঠ বা ইস্পাতের উপর বসান সেতু। *n.* **trest°le-tāble**—উক্ত পায়ার উপরে তক্তা পাতিয়া তৈয়ারী অস্থায়ী টেবিল। [OF. *trestel*<*transtrum*=cross-beam]

trews [trōōz, ট্রূজ্] *n. pl.* (ori. *sing.*) close-fitting tartan trousers, (প্রধানতঃ লাল চৌখুপি-কাটা কাপড়ে তৈয়ারি) আঁটসাঁট পাজামা। [Ir. *trius*]

tri- [trī, tri, ট্রাই, ট্রি] *in comp.* three, তিন, ত্রি-। [L. Gk. *tria*, Sans. *tri*]

triable—see **try.**

triad [trī°ad, ট্রাই°অ্যাড্] *n.* a group or union of three, ত্রয়ী ; (mus.) a chord of three notes, (সঙ্গীতে) তিন সুরওয়ালা বা তার-ওয়ালা বাদ্যযন্ত্রবিশেষ, তেতার ; (chem.) an atom, element, or radical, with a combining power of three, (রসা.—পরি.) ত্রিযোজী। *a.* **trī°ad, triā°dic**—ত্রি- ; (সঙ্গীতে) তেসুরো, তিন তারযুক্ত ; (রসা.) ত্রিযোজী। [L. *trias*<Gk. *trias, triados*<*treis*=three]

trial [trī°(a)l, ট্রাই°ল্] *n.* a trying, পরীক্ষা ; examination by a test, পরখ ; examination by a law-court, আদালতের বিচার ; (often in *pl.*) examination of a candidate, প্রার্থীর যোগ্যতা-বিচারার্থ (সচ. হাতে-কলমে) পরীক্ষা ; a testing run, (মোটরগাড়ি প্রভৃতির) লাইসেন্স্ ইত্যাদি পাওয়ার যোগ্যতা বা চালিত হওয়ার উপযুক্ততা বিচারার্থ চালনা ; a trial match or competition, যোগ্য খেলোয়াড় মল্ল প্রভৃতি বাছাই করার জন্য আয়োজিত ক্রীড়া বা প্রতিযোগিতা ; suffering, কষ্টভোগ ; temptation, প্রলোভন ; a piece used as a test, যদ্দ্বারা পরীক্ষা করা হয়। **on trial**—পরীক্ষামূলকভাবে ও অস্থায়িভাবে নিযুক্ত। **(to) bring one to trial, (to) bring one up for trial, (to) put one on trial**—বিচারের জন্য আদালতে হাজির করান। **(to) stand one's trial**—আদালতে বিচারের সম্মুখীন হওয়া। **trial balance**—হিসাবের বামপক্ষ ও দক্ষিণপক্ষের তুলনা : উভয়পক্ষের অসমতা জমাখরচের ভুল নির্দেশ করে। **trial of strength**—শক্তিপরীক্ষা। **trial run**—(মোটরগাড়ি প্রভৃতির) রাজপথে চলাচলের যোগ্যতা পরীক্ষা। [AF.<OF. *trier*=to try]

trialogue [trī°-a-log, ট্রাই°অ্যালগ্] *n.* a conversation amongst three persons, (নাটকাদিতে) তিনজনের মধ্যে কথোপকথন বা সংলাপ। [on false analogy of *dialogue*]

triangle [trī°-anggl, ট্রাই°অ্যাংগ্‌ল্] *n.* (geom.) a three-sided plane figure, (জ্যামি.) ত্রিভুজ, ত্রিকোণ। *a.* **trīan°gūlar**—ত্রিভুজীয়, ত্রিকোণী ; তেকোনা ; ত্রিদলীয় ; তিনব্যক্তিবিশিষ্ট, ত্রিজন। *n.* **trīangūla°rity**। *v.t.* **trīan°gūlate**—কতগুলি ত্রিভুজের দ্বারা জরিপ করা ; ত্রিভুজাকৃতি করা। *p.* & *p. pt.* **trīan°gūlātėd**। *n.* **trīangūlā°tion**। **the eternal triangle**—দুইজন পুরুষের বা নারীর একজন নারীর বা পুরুষের সঙ্গে প্রণয়জনিত সমস্যা বা অবস্থা। [L. *triangulum*]

tribe [trīb, ট্রাইব্] *n.* a division of a nation or people, উপজাতি, জাতি ; a set of people of common descent, গোষ্ঠী, বংশ ; breed, প্রাণী উদ্ভিদ্ প্রভৃতির জাত ; a group of persons forming a profession or class, সমাজ, সম্প্রদায় (the *tribe* of painters)। *a.* **trī°bal**—উপজাতীয় ; উপজাতিদ্বারা অধ্যুষিত (*tribal* area) ; গোষ্ঠীগত। *n.* **tribes°man**—উপজাতীয় লোক ; জ্ঞাতি। [L. *tribus*]

tribulation [tri-bū-lā°sh(a)n, ট্রিবিউলেই°শ্‌ন্] *n.* severe affliction, কঠোর দুঃখদুর্দশা বা (মানসিক) যন্ত্রণা (trials and *tribulations* of life)। [L. *tribulare*=to afflict]

tribune [tri°-būn, ট্রি°বিউন্] *n.* a magistrate elected by the Roman plebeians, প্রাচীন রোমের সাধারণ (অর্থাৎ অনভিজাত) জনগণ কর্তৃক নির্বাচিত শাসক ; a champion of popular rights, জনস্বার্থের সমর্থক ; popular leader, জননেতা। *n.* **tribū°nal**—বিচারাসন, (পরি.) ন্যায়-পীঠ ; বিচার-সভা বা সালিস-সভা ; (নির্দিষ্ট ব্যাপার সম্বন্ধে) বিচার বা সালিসি করার জন্য নির্বাচিত অথবা নিযুক্ত ব্যক্তিবর্গ। **the tribunal of public opinion**—(আল.) জনমতের আদালত। [L. *tribunus*]

tribute [tri°-būt, ট্রি°বিউট্] *n.* a payment in acknowledgement of submission, বশ্যতার বা অধীনতার নিদর্শনস্বরূপ প্রদত্ত কর ; an act, gift, word, etc., of approbation, সপ্রশংস সমর্থন-সূচক কার্য উপহার বাণী প্রভৃতি (to pay *tribute* to the memory of a great man)। **tributary** [tri°-bū-t(a)ri, ট্রি°বিউটরি] (1) *a.* করপ্রদায়ক, করদ ; সপ্রশংস সমর্থনজ্ঞাপনার্থ কৃত বা প্রদত্ত। (2) *n.* করদ রাজ্য নৃপতি প্রভৃতি ; যে জলস্রোত বা নদী অন্য নদীর সহিত মিশিয়াছে, (পরি.) উপনদী। **(to) lay under tribute**—বলপূর্বক করদানে বাধ্য করা। [L. *tributum*<*tribuere*=to assign]

trice [trīs, ট্রাইস্] (1) *n.* a moment, মুহূর্ত, ক্ষণ (in a *trice*)। (2) *v.t.* to haul up and secure in place with a rope, টানিয়া তুলিয়া দড়ির সাহায্যে যথাস্থানে পোক্ত করিয়া বাঁধা। [cp. Sp. *en un tris*=in a trice<*tris*=a clink of breaking glass]

triceps [trī°-seps, ট্রাই°সেপ্স্] *n.* a muscle with three points of attachment, তিন স্থানে সংযোগযুক্ত (প্রধানতঃ উর্ধ্ববাহুর) মাংসপেশীবিশেষ। [L.=three-headed]

Triceratops [trī-se°-ra-tops, ট্রাইসে°র‍্যাটপ্স্] *n.* a three-horned dinosaur of prehistoric age, প্রাগৈতিহাসিক যুগের অতিকায় ত্রিশৃঙ্গ জানোয়ার-বিশেষ। [*tri-*, Gk. *keratos*>horn, *ops*=face]

trick [trik, ট্রিক্] (1) *n.* a deceitful device or stratagem, প্রতারণাপূর্ণ কল বা কৌশল ; a prank, (সচ. কৌশলপূর্ণ) কৌতুক ; a feat of dexterity, চাতুর্যপূর্ণ বা বিস্ময়কর কৌশলপূর্ণ কাজ (rope-*trick*) ; an expedient, (সচ. কৌশলপূর্ণ) উপায় ; a knack, দক্ষতা ; a trait, চারিত্রিক বৈশিষ্ট্য ; a round of play at cards or the cards so played and taken by the winner, তাসের দান বা পিট। (2) *v.t.* to deceive, প্রতারিত করা, ঠকান, ছলনা করা ; to prank, (কাহারও সহিত) কৌতুক করা। *p.* & *p. pt.* **tri°cked**। *n.* **tri°cker**। *n.* **tri°ckery**—কৌশল ; প্রতারণা, ছলনা ; চাতুরি ; ফাঁদ ; কৌতুক। *a.* **tri°ckish, tri°cky**—কৌশল-উদ্ভাবনে বা ফাঁদ পাতিতে বা কৌতুক করিতে অভ্যস্ত অথবা দক্ষ ; চতুর ; প্রতারণাপূর্ণ (*tricky* person) ; ছলনাময় ; কৌশলপূর্ণ (a *tricky* problem) ; ফাঁদপূর্ণ ; কৌতুকপূর্ণ। *adv.* **tri°ckily**। *n.* **tri°ckiness**। *n.* **trick°ster**—প্রতারক ; শঠ ; প্রতারণা করিতে বা চাতুরি করিতে বা ফাঁদ পাতিতে বা কৌতুক করিতে বা কৌশল-উদ্ভাবনে দক্ষ ব্যক্তি, টেটন। *a.* **trick°sy**—কৌতুকপূর্ণ ; দুষ্টামিপূর্ণ। **a dirty trick**—(অশি.) তুচ্ছ অপকর্ম বা মজা করার চেষ্টা। **(to) do the trick**—(অশি.) প্রচেষ্টাবলে স্বীয় অভীষ্ট সিদ্ধ করা। **(to) get** or **learn the trick of it**—কার্যাদি সম্পাদনের কৌশল আয়ত্ত করা বা শেখা। **(to) play a trick on**—(কাহারও সহিত) বাজে ইয়ারকি দেওয়া বা মজা করা (যেমন, ইচ্ছাপূর্বক আছাড় খাওয়ান)। **(to) play tricks with**—অপব্যবহার করা ; অন্যায়ভাবে হস্তক্ষেপ করা। **(to) serve (one) a trick**—(কাহারও উপরে) কৌশল খাটান বা (কাহারও সহিত) চাতুরি খেলা। **a trick worth two of that**—(তুমি যাহা বলিতেছ) তদপেক্ষা ভাল উপায় আছে। **the tricks of the trade**—ব্যবসায়ে সাফল্যের কৌশল, খরিদ্দার আকৃষ্ট করার উপায়- বা কৌশলসমূহ। [OF. *trique*]

trickle [trik°l, ট্রিক্°ল্] (1) *v.i.t.* to run or emit in drops or in a small irregular stream, ফোঁটায় ফোঁটায় বা রহিয়া রহিয়া সরু ধারায় নির্গত হওয়া অথবা নির্গত করান কিংবা ঝরা বা ঝরান (the tears *trickled* down her cheeks ; she *trickled* oil into the bearings of the sewing machine)। (2) *n.* a trickling flow, সরু ধারায় নির্গমন, ফোঁটায় ফোঁটায় নির্গত ধারা (the stream has shrunk to a *trickle*)। *a.* **trick°ly**—ফোঁটায় ফোঁটায় নির্গত হইতেছে বা হয় এমন। [ME. *triklen*<?]

trickster, tricksy, tricky—see **trick.**

tricolour, (chiefly in U.S.A.) **tricolor** [tri°-ka-la(r), ট্রি°ক্যাল্যা(র্) trī—···, ট্রাই···] (1) *a.* three-coloured, ত্রিবর্ণ বা তেরঙা। (2) *n.* a three-coloured flag, ত্রিবর্ণ পতাকা। *a.* **tri-coloured** [trī°-ku-la(r)d, ট্রাই°কাল্যা(র্)ড্] ত্রি-বর্ণ। [L. *tricolor*, F. *tricolore*]

tricycle [trī°sikl, ট্রাই°সিক্ল্] (1) *n.* a three-wheeled cycle, তিন-চাকাওয়ালা সাইকেলবিশেষ। (2) *v.i.* to ride in a tricycle, উক্ত সাইকেলে চড়া। [*tri-*, Gk. *kyklos*=a circle, wheel]

trident [trī°d(a)nt, ট্রাই°ড্‌ন্ট্] *n.* a three-pronged spear, ত্রিশূল। [*tri-*, L. *dens*>tooth]

tried—see **try.**

triennial [trī-e°-ni-al, ট্রাইএ°নিয়্যাল্] *a.* lasting three years, ত্রিবর্ষব্যাপী, ত্রিবর্ষজীবী ; happening every third year, ত্রিবৎসরান্তিক, ত্রৈবার্ষিক। *adv.* **trienn°ially**। [L. *triennis*]

trier—see **try.**

trifle [trīf°l, ট্রাইফ্°ল্] (1) *n.* anything of little importance or value, তুচ্ছ বা প্রায় মূল্যহীন বস্তু (unwise to quarrel over *trifles*) ; a negligible or small amount, তুচ্ছ বা কিঞ্চিন্মাত্র পরিমাণ (it cost him a mere *trifle*)। (2) *v.i.t.* to spend or pass (time) idly, অলসভাবে (কাল-) যাপন করা ; to toy (*with*), (কিছু লইয়া) খেলা করা বা মজা করা, বাজে কাজে (কিছু) নষ্ট করা। (3) *v.i.* to behave without seriousness or regard, হেলাফেলা বা তুচ্ছতাচ্ছিল্য করা। *n.* **trif°ler**। *a.* **trif°ling**—তুচ্ছ ; প্রায় মূল্যহীন ; যৎ-কিঞ্চিৎ ; কিঞ্চিন্মাত্র। [OF. *trufle*=mockery, deception]

trifoliate [trī-fō°-li-at, ট্রাইফৌ°লিএইট্] *a.* three-leaved, তিনপাতাওয়ালা, ত্রিপত্র। *n.* **tri-fō°lium**—ত্রিপত্র উদ্ভিদ্‌বর্গ। [L. *trifolium*]

trig [trig, ট্রিগ্] (1) *a.* trim, ফিট্‌ফাট্ ; neat, পরিষ্কার-পরিচ্ছন্ন। (2) *v.t.* to smarten, ফিট্‌ফাট্ বা পরিষ্কার-পরিচ্ছন্ন করা ; to hold back with a wedge, কীলক বা গোঁজ ঢুকাইয়া আটকাইয়া রাখা।

pr. pt. **tri°gging** । *p.* & *p. pt.* **tri°gged** । (3) *n.* a wedge to stop a wheel, চাকার গতিরোধার্থ তন্মধ্যে যে কীলক ঢুকাইয়া দেওয়া হয়। [ON. *tryggr*=faithful, secure]

trigger [tri°-ga(r), ট্রি°গ্যা(র্)] *n.* a lever that releases a catch so as to fire a gun or set a mechanism, বন্দুক ছুড়িতে হইলে যে ঘোড়া বা যন্ত্রাদি চালাইতে হইলে যে কল টিপিতে হয়। *a.* **trigger-happy**—অল্প কারণে বন্দুক ছুড়িতে চায় এমন। **(to) have one's finger on the trigger**—(বিশে. সৈন্যবাহিনী চলাচলের ব্যাপারে) অবস্থা সম্পূর্ণ নিজ আয়ত্তে রাখা। **(to) pull the trigger**—(আল.) কার্যাদি আরম্ভ করা। **(to) trigger off**—(গুরুতর বা প্রচণ্ড ব্যাপারাদি) চট করিয়া বাঁধাইয়া দেওয়া (to *trigger off* civil war)। [Du. *trekker*]

trigon [trī°-gan, ট্রাই°গ্যান্] *n.* a triangle, ত্রিকোণ; (astrol.) a set of three signs 120° apart, dividing the zodiac into four groups, (জ্যোতিষ.) রাশিচক্রের সমান চারভাগের যে-কোন এক ভাগ, ত্রিকোণ; ancient triangular lyre or harp, ত্রিকোণাকার প্রাচীন বীণাবিশেষ। [Gk. *trigonon*]

trigonometry [tri-ga-no°-mi-tri, ট্রিগ্যান°মিট্রি] *n.* the branch of mathematics treating of the relations between the side and angles of triangles, ত্রিকোণমিতি। *a.* **trigonometric** [tri-ga-na-me°-trik, ট্রিগ্যান্যামে°ট্রিক্], **trigonome°trical**—ত্রিকোণমিতি-সংক্রান্ত; ত্রিকোণমিতিক। [Gk. *trigonon*=a triangle, *metron*=a measure]

trilateral [trī°la°t(a)r(a)l, ট্রাই°ল্যা°ট্‌র্‌ল্] *a.* three-sided, ত্রিপার্শ্বিক, ত্রিপাক্ষিক। [*tri-*, *lateral*]

trilby [tril°bi, ট্রিল্°বি] *n.* (colloq.) a soft felt hat, নরম পশমী বস্ত্রে প্রস্তুত টুপি (also *trilby hat*)। [George du. Maurier's novel *Trilby*]

trill [tril, ট্রিল্] (1) *n.* a tremulous sound, কম্পমান ধ্বনি। (2) *v.i.t.* to give forth sound or sing, or pronounce with a trill, কম্পমান ধ্বনিসহকারে বাজান, গাওয়া বা উচ্চারণ করা। *n.* **tri°llō**—কম্পমান স্বর। [It. *trillo*<imi.]

trillion [tri°-li-an, ট্রি°লিয়্যান্] *n.* the cube of a million, দশলক্ষের ত্রিঘাত অর্থাৎ $10,00,000^3$; (in U.S.A, France, etc.) the cube of ten thousand, (আমেরিকা ফ্রান্স প্রভৃতি দেশে) দশ সহস্রের ত্রিঘাত অর্থাৎ $10,000^3$। [F.—cp. *million*]

trillo—see **trill.**

trilogy [tri°-la-ji, ট্রি°ল্যাজি] *n.* a group of three tragedies, পরস্পরসম্বন্ধ বা পরপর অভিনয়ার্থ তিনখানি বিয়োগান্তক নাটক; any similar group, অনুরূপ তিনখানি উপন্যাস বা অন্য বস্তু; a triad, ত্রয়ী। [Gk. *trilogia*]

trim [trim, ট্রিম্] (1) *v.t.* to set in order, সুবিন্যস্ত করা, সাজাইয়া রাখা; to put in due condition, যথাযথ অবস্থায় আনা; to fit out, প্রয়োজনীয় সাজসরঞ্জাম যোগাইয়া কার্যোপযোগী করা; to adjust the balance of, (নৌকাদিকে) সমভার করা, to decorate, পরিশোভিত বা ভূষিত করা (to *trim* with a ribbon); to make tidy or neat, পরিষ্কার-পরিচ্ছন্ন বা ফিট্‌ফাট্ করা, পরিপাটী করা; to clip into a neat shape, অবাঞ্ছিত অংশসমূহ ছাঁটিয়া দেওয়া (to *trim* hair, lamp, etc.); to rebuke sharply, তীব্র তিরস্কার করা; to thrash, নিদারুণ প্রহার করা। (2) *v.i.* to balance, (নৌকাদির) ভারসাম্য বজায় রাখা; সমভার হওয়া; (pol.) to balance or fluctuate between parties, (রাজ.) সর্বদলের সঙ্গে হাত মিলাইয়া চলা, সুযোগবাদী হওয়া। *pr. pt.* **tri°mming**; *p.* & *p. pt.* **tri°mmed**। (3) *a.* in good order, সুবিন্যস্ত (a *trim* little garden); neat, tidy, পরিষ্কার-পরিচ্ছন্ন, ফিট্‌ফাট্, পারিপাটী। (4) *n.* state of readiness or fitness, কার্যাদি আরম্ভের জন্য প্রস্তুত বা যোগ্য অবস্থা (everything is in perfect *trim* for a start)। *adv.* **tri°mly**। *n.* **tri°mmer**—trim (*v.*)-এর সকল অর্থে এবং—রাজনীতিতে দলনিরপেক্ষ সুবিধাবাদী। *n.* **tri°mming**—trim (*v.*)এর সকল অর্থে, এবং—(usu. in *pl.*) বসনভূষণ, সাজসজ্জা; (in *pl.*) সাজসরঞ্জাম; (in *pl.*) ছাঁটিয়া বাদ-দেওয়া অংশ, ছাঁট। *n.* **trim°ness**। **in fighting trim**—(আল.) যুদ্ধের জন্য প্রস্তুত। [OE. *trymman, trymian*(*v.*)]

trimester [trī-mes°-ta(r), ট্রাইমেস্°ট্যা(র্)] *n.* a period of three months, তিনমাস সময় বা কাল। [F. *trimestre*]

trimeter [tri°-mi-ta(r), ট্রি°মিট্যা(র্)] *n.* a verse of three measures, কবিতার ত্রিমাত্রিক চরণ। [Gk. *trimetros*]

trimmed, trimmer, trimming—see **trim.**

trimonthly [trī-munth°li, ট্রাইমান্থ্°লি] *a.* occurring every three months, ত্রৈমাসিক। [*tri-*, see *month*]

trinitrotoluene [trī-nī°-trō-to°-lū-ēn, ট্রাইনাই°ট্রোট°লিউঈন্] *n.* a high explosive, অতীব শক্তিশালী বিস্ফোরকবিশেষ (*abbr.* **TNT**)। [tri-, Gk. *nitron*=sodium carbonate, *Tolu* in Columbia]

trinity [tri°-ni-ti, ট্রি°নিটি] *n.* being three, ত্রিত্ব; three in one, একের ভিতরে তিন; a triad, ত্রয়ী। **The Tri°nity**—পিতা পুত্র ও পবিত্র আত্মা: খ্রিষ্টানদের মতে ঈশ্বরের এই তিন রূপ বা বিভূতি। **Trinitār°ian**—(1) *a.* ঈশ্বরের তিন রূপ বা বিভূতি সম্বন্ধীয়; উক্ত বিভূতি বা রূপ মানে এমন। (2) *n.* যে ব্যক্তি উক্ত রূপ বা বিভূতি মানে, ত্রিত্ববাদী। [L. *trinitas*]

trinket [tring°kit, ট্রিং°কিট্] *n.* a small or trifling ornament, ক্ষুদ্র বা তুচ্ছ গহনা; a trifle, তুচ্ছ বস্তু। [?]

trio [tri°-ঔ, ট্রি°ঔ] *n.* a set of three, ত্রয়ী; (*mus.*) a composition for three performers, (সঙ্গীতে) তিনজন গায়কের বা বাদকের উপযোগী সঙ্গীত; three same cards of different suits, বিভিন্ন রঙের তিনখানি একই তাস (যেমন তিন টেক্কা)। [It.]

triolet [trī°ō-lit, ট্রাই°-ঔ-লিট্‌] *n.* a poem of eight lines and two rhymes, আট লাইনের মিত্রাক্ষর কবিতা বিশেষ। [F.]

trip [trip, ট্রিপ্‌] (**1**) *v.i.t.* to move (upon) with short, light steps or skips, (কিছুর উপর দিয়া) ক্ষুদ্র ও লঘু পদক্ষেপে চলা বা ছোট ছোট লাফ দিয়া দ্রুত চলা অথবা ছোটা, তিড়িং-তিড়িং করিয়া চলা বা ছোটা; to stumble or cause to stumble, হোঁচট খাওয়া বা খাওয়ান; to try to bring (one) to the ground by catching (one's) foot, লেঙ্‌ মারা। (**2**) *v.i.* to commit a blunder or moral lapse, ভুল বা নৈতিক অপরাধ করা; to make an excursion, প্রমোদ-ভ্রমণে বাহির হওয়া। *pr. pt.* **tri°pping** । *p.* & *p. pt.* **tri°pped** । (**3**) *n.* a light short step or skip, ক্ষুদ্র ও লঘু পদক্ষেপ বা লাফ; a catching of the foot, লেঙ্‌; a stumble, হোঁচট; a slip, lapse, ভুল, নৈতিক ত্রুটি; single journey or run, এক দফা ভ্রমণ বা ধাবন; an excursion for pleasure, প্রমোদ-ভ্রমণ (a holiday *trip* to the hills)। *n.* **tri°pper** । *adv.* **tri°ppingly** । **(to) catch one tripping**—কাহারও ভুল দেখিয়া বা দেখাইয়া গর্ব অনুভব করা। **(to) trip a measure**—লঘু পদক্ষেপে দ্রুত নৃত্য করা। [OF. *triper*]

tripartite [trī°-pū(r)°-tīt, ট্রাই°পা(র্)°টাইট্‌] *a.* in three parts, তিন অংশে বিভক্ত, ত্রিধা; relating to three parties, ত্রিদলীয়। [L. *tri-*, *partitus*]

tripe [trīp, ট্রাইপ্‌] *n.* entrails, নাড়িভুঁড়ি; parts of the stomach of a ruminant prepared as food, রোমন্থক প্রাণীর পাকস্থলীর যে অংশ খাওয়া হয়; rubbish, (কথ্য.) জঞ্জাল। [OF.]

triphibious [trī-fi°-bi-as, ট্রাইফি°বিঅ্যাস্‌] *a.* (of military operations), on land and sea and in the air, (সাম. চলাচল সম্বন্ধে) যুগপৎ স্থলে জলে অন্তরীক্ষে এমন। [see *tri-*, *amphibious*]

triplane [trī°-plān, ট্রাই°প্লেইন্‌] *n.* an aeroplane with three planes, ত্রিতল বিমানপোত-বিশেষ। [*tri-*, *plane*]

triple [trip°l, ট্রি°প্‌ল্‌] (**1**) *a.* a threefold, ত্রিধা; (পরি.) ত্রৈধ; consisting of three, তিনটিকে বা তিনজনকে লইয়া গঠিত; three times as much, ত্রিগুণ। (**2**) *n.* a quantity three times as much, ত্রিগুণ পরিমাণ; a set of three things, ত্রয়ী। (**3**) *v.t.i.* to treble, ত্রিগুণ করা বা হওয়া (he *tripled* his earnings in five years)। *n.* **trip°lėt**—ত্রয়ী; অন্ত্যমিলবিশিষ্ট কবিতার পর পর তিনটি চরণ, (পরি.) ত্রিতয়; একত্র জাত তিনজনের যে কোন জন। *a.* **triplex** [trip°-leks, ট্রিপ্‌°লেক্‌স্‌] ত্রৈধ; তিন স্তরবিশিষ্ট, তে-পাল্লা। **trip°licāte**—(**1**) *a.* ত্রিধা, ত্রৈধ; ত্রিগুণিত; (গণি.) ত্রিঘাতবিশিষ্ট। (**2**) *n.* সদৃশ তিনটি বস্তুর যে-কোনটি; তৃতীয় প্রতিলিপি; (গণি.) ত্রিঘাতী অনুপাত। *v.t.* **trip°licāte**—ত্রিগুণ বা ত্রিগুণিত করা; তিন কপি করা। *p.* & *p. pt.* **trip°licātėd** । *n.* **triplicā°tion** । *n.* **triplicity** [trip-li°-si-ti, ট্রিপ্‌লি°সিটি] ত্রৈধত্ব; ত্রয়ী। *adv.* **trip°ly** । **triple crown**—খ্রিস্টান ধর্মগুরু পোপের ললাটভূষণবিশেষ; (সাংবাদিকদের ভাষায়) একই খেলার তিনটি ভিন্ন প্রতিযোগিতায় জয়লাভ। [F.<L. *triplus(a.)*<Gk. *triploos*]

tripod [trī°-pod, ট্রাই°পড্‌] *n.* anything with three feet or legs, ত্রিপদ বস্তু, তেপায়া। [Gk. *tripodos*]

tripos [trī°-pos, ট্রাই°পস্‌] *n.* honours examination at Cambridge, ক্যাম্‌ব্রিজ বিশ্ববিদ্যালয়ের সসম্মান স্নাতক-পরীক্ষা বা অনার্সসহ ডিগ্রীপরীক্ষা। [Gk. *tripous*=a tripod (on which a B.A. sat to deliver satirical speech)]

tripped, tripper, tripping—see **trip.**

triptych [trip°tik, ট্রিপ্‌°টিক্‌] *n.* picture or carving on three panels affixed side by side, পাশাপাশি কিছুর দ্বারা আটকান তিন তক্তার উপর অঙ্কিত ছবি বা উৎকীর্ণ ভাস্কর্য (যথা, গির্জায় ধর্মীয় বিষয় সম্পর্কিত)। [*tri-*, *Diptych*]

trireme [trī°rēm, ট্রাই°রীম্‌] *n.* an ancient, (esp. Greek) warship with three banks of oars, তিন সারির দাঁড়বিশিষ্ট প্রাচীন (বিশেষতঃ গ্রীক) রণতরী। [*tri-*, L. *remus*=oar]

trisect [trī-sekt°, ট্রাইসেক্‌ট্‌°] *v.t.* to cut or divide into three (usu. equal) parts, (সচ. সমান) তিনখণ্ডে কাটা বা ভাগ করা, ত্রিখণ্ড করা। *n.* **trisec°tion** । *n.* **trisect°or**—(সম.) ত্রিখণ্ড-কারী; (সম-) ত্রিখণ্ডক রেখা। [*tri-*, L. *secare*=to cut]

trisyllable [trī°-si°-labl, ট্রাই°সি°ল্যাব্‌ল্‌] *n.* a word of three syllables, তিন সিল্যাব্‌ল্‌যুক্ত শব্দ, ত্রিস্বরা শব্দ। *a.* **tri°sylla°bic(al)**—তিনটি সিল্যাব্‌লে গঠিত, ত্রিস্বরা। [*tri-*, *syllable*]

trite [trīt, ট্রাইট্‌] *a.* hackneyed, গতানুগতিক ও নীরস। *adv.* **trīte°ly** । *n.* **trīte°nėss** । [L. *terere*=to rub]

Triton [trī°-tn, ট্রাই°ট্‌ন্‌] *n.* a Greek seagod, গ্রীক্‌দের শুশুকের ন্যায় লেজযুক্ত সমুদ্র-দেবতাবিশেষ। *n.* **tri°ton**—সমুদ্রগামী নাবিক বা জাহাজ। [Gk.]

triturate [tri°-tū-rāt, ট্রি°টিউরেইট্‌] *v.t.* to rub or grind to a fine powder, ঘষিয়া বা পিষিয়া মিহি গুঁড়া করা। *p.* & *p. pt.* **tri°tūrātėd** । *n.* **tritūrā°tion**—(পরি.) বিচূর্ণন। *n.* **tri°turātor** । [LL. *triturare*]

triumph [trī°-amf, ট্রাই°অ্যাম্‌ফ্‌] (**1**) *n.* in ancient Rome, a solemn procession in honour of a victorious general, প্রাচীন রোমে

বিজয়ী সেনাপতিকে সম্মানপ্রদর্শনার্থ আনুষ্ঠানিক শোভাযাত্রা; exultation for success, বিজয়োল্লাস, জয়োৎসব; complete or signal victory, পূর্ণ বা পরম বিজয় (to achieve great *triumphs*)। (2) *v.i.* to celebrate a victory with pomp, সাড়ম্বরে বিজয়োৎসব করা; to rejoice for victory or success, জয়লাভের বা সাফল্যলাভের জন্য আনন্দ করা; to obtain victory, (কাহারও বা কিছুর উপরে) বিজয়লাভ করা (to *triumph* over a person or thing); to attain success, সাফল্য অর্জন করা; to exult (over fallen enemy etc.), (কাহাকেও পরাজিত করিয়া) উল্লাস করা বা অপমানসূচক আচরণ করা। *p. & p. pt.* **tri°umphed**। *a.* **triumphal** [trī-um°-f(a)l, ট্রাইআম্‌ফ্‌ল্] জয়শোভাযাত্রা বা জয়োৎসব বা জয়োল্লাস সম্বন্ধীয় অথবা উক্ত অনুষ্ঠানে ব্যবহৃত। **triumphal arch**—প্রাচীন রোমে বিজয়ী সেনাপতিকে সম্মান-প্রদর্শনার্থ নির্মিত খিলান। (তু. জয়স্তম্ভ, বিজয়তোরণ); জনসাধারণের আনন্দোৎসব উপলক্ষে নির্মিত কারুকার্যময় খিলান। *a.* **triumphant** [trī-um°-fant, ট্রাইআম্‌ফ্যান্ট্] জয়-শোভাযাত্রা জয়োৎসব বা জয়োল্লাস করিতেছে এমন; বিজয়ী; জয়গর্বিত; জয়োল্লাসিত; উল্লাসিত। *adv.* **trium°phantly**। *n.* **tri°umpher**। [L. *triumphus* (*n.*)]

triumvir [trī-um°-va(r) ট্রাইআম্‌ভ্যা(র্)] *n.* one of three men placed in the same office or government simultaneously, (প্রধানতঃ প্রাচীন রোমে) একই সময়ে একই পদে বা শাসনকার্যে নিযুক্ত ব্যক্তিত্রয়ের যে কোন জন। *pl.* **triumviri** [trī-um°-vi-rē, ট্রাইআম্‌ভিরী], **trium°virs**। *n.* **triumvirate** [trī-um°-vi-rit, ট্রাইআম্‌ভিরিট্] উক্ত সমপদস্থ ব্যক্তিত্রয় বা শাসকত্রয়। [F.]

triune [trī°-ūn, ট্রাইইউন] *a. & n.* three in one, একের মধ্যে তিন। [*tri-*, L. *unus*=one]

trivet [tri°-vit, ট্রিভিট্] *n.* a small tripod or a bracket with three projections; (প্রধানতঃ কেট্‌লি প্রভৃতি রাখার জন্য) ক্ষুদ্র তেপায়া বা তেকোনা কুলুঙ্গি। **right as trivet**—সম্পূর্ণ ঠিক বা সন্তোষজনক। [OE. *trefet*<L. *tripedis*]

trivial [tri°-vi-al, ট্রিভিঅ্যাল্] *a.* commonplace, নিতান্ত সাধারণ বা গতানুগতিক, মামুলি (the *trivial* round of daily life); trifling, তুচ্ছ, নগণ্য। *n.* **triviality, tri°vialness**। *v.t.* **tri°vialize**—গতানুগতিক গুরুত্বহীন বা নগণ্য করা। *adv.* **tri°vially**। [L. *trivium*=a junction of three ways]

troat [trōt, ট্রৌট্] (1) *n.* the cry of a rutting buck, কামোত্তেজিত হরিণীর ডাক। (2) *v.i.* to make this cry, (হরিণী) কর্তৃক উক্ত ডাক ডাকা। [imi.]

trochaic—see **trochee.**

trochee [trō°-kē, ট্রৌকী] *n.* (pros.) a foot of two syllables, a long followed by a short, (ছন্দ.) কবিতার দ্বিমাত্রিক বা দুইটি স্বরধ্বনিযুক্ত পর্ব: ইহার প্রথম পর্বে স্বরাঘাত থাকে কিন্তু দ্বিতীয় পর্বে থাকে না। **trŏchā°ic**—(1) *a.* উক্ত দ্বিমাত্রিক বা দ্বিস্বরা। (2) *n.* উক্ত দ্বিমাত্রিক পর্ববিশিষ্ট কবিতা বা কবিতা-স্তবক। [Gk. *trokhaios*=running, tripping]

trod, trodden—see **tread.**

troglodyte [trog°-lŏ-dīt, ট্রগ্‌লোডাইট্] *n.* a cave-dweller, গুহাবাসী; (fig.) a hermit, (আল.) নির্জনবাসী সন্ন্যাসী। [Gk. *troglodytes*]

troika [troi°-ka, ট্রয়্‌ক্যা] *n.* a Russian vehicle drawn by a team of three horses harnessed abreast, পাশাপাশি জুতিয়া দেওয়া তিন ঘোড়ায় টানা রুশদেশীয় গাড়িবিশেষ। [Russian]

Trojan [trō°j(a)n, ট্রৌজ্‌ন্] (1) *a.* of Troy, ট্রয়-নগর-সংক্রান্ত। (2) *n.* an inhabitant of Troy, ট্রয়ের লোক; a boon companion, অন্তরঙ্গ সঙ্গী; a good fellow, ভাল লোক; a brave fighter, সাহসী যোদ্ধা। **(to) work like a Trojan**—কঠিন পরিশ্রম করা। [L. *Trojanus*<*Troja*=Troy<Gk. *Tros*=Trojan]

troll$_1$ [trōl, ট্রৌল্] *n.* a supernatural being, অতিপ্রাকৃত প্রাণী; a giant, দানব; (later in Scandinavian myth.) goblin or supernatural dwarf, (স্ক্যান্ডেনেভিআর রূপকথায়) ভূতবিশেষ বা বামনাকার অতিপ্রাকৃত প্রাণী, বেঁটে ভূত। [ON.]

troll$_2$ [trōl, ট্রৌল্] *v.t.i.* to sing in a carefree spirit or in snatches, খেয়ালখুশিমত বা এক-আধ কলি করিয়া (গান) গাওয়া; to fish with revolving or trailing bait, ঘূর্ণ্যমান বা সঞ্চরণশীল টোপের সাহায্যে মাছ ধরা। *n.* **tro°ller**। *n.* **troll(e)y** [tro°-li, ট্রলি] ফলবিক্রেতার ঠেলাগাড়ি; চাকাওয়ালা নিচু ঠেলাগাড়িবিশেষ; গাড়ির কামরা; যে গাড়ি ট্রাম প্রভৃতি বৈদ্যুতিক তারে ঝুলিতে ঝুলিতে যায়, ট্রলি। *n.* **tro°lley-bus**—যে বাস ঊর্ধ্বস্থিত দণ্ডের সংযোগের মাধ্যমে বৈদ্যুতিক শক্তিতে চলে। *n.* **tro°lley-car**—যে ট্রাম বৈদ্যুতিক তারে ঝুলিতে ঝুলিতে যায়। *n.* **tro°lley-man**—ঠেলা গাড়ির বা ট্রলির চালক। [cp. OF. *troller*=to quest, G. *trollen*=to roll]

trollop [tro°-lap, ট্র্‌ল্যাপ্] *n.* a slatternly woman, নোংরা (বেশবাসধারিণী) স্ত্রীলোক; a strumpet, বেশ্যা। [<*troll$_2$* ?]

trolly—see **troll$_2$.**

trombone [trom-bōn°, ট্রম্‌বৌন্] *n.* a large brass wind-instrument of trumpet kind, পিতলের বড় বাঁশিবিশেষ: ইহার ছড়ান কুপিসদৃশ মুখের কাছে ছোট ঘণ্টা থাকে। *n.* **trombō°nist**—উক্ত বাঁশিবাদক। [It.]

tromometer [tro-mo°-mē-ta(r), ট্রমমীট্যা(র্)] *n.* an instrument for measuring slight earthquake shocks, মৃদু ভূকম্পন-মাপক যন্ত্রবিশেষ। [Gk. *tromos*=trembling, see *meter*]

troop [trōōp, ট্রূপ্] (1) *n.* a body of soldiers, সৈন্যদল; (in *pl.*) military forces, সৈন্যবাহিনী-

সমূহ ; a band of people, লোকের দল ; a flock or herd of animals, পশুর দল, পাল ; (esp. in *pl.*) a great number, প্রচুর সংখ্যা, ভিড়, জনতা ; a division of a cavalry squadron, অশ্বারোহী বাহিনীর ক্ষুদ্র বিভাগ ; a troupe, (ভ্রাম্যমান) অভিনেতা-অভিনেত্রী গায়ক-গায়িকা প্রভৃতির দল ; a group of boy scout patrols, চৌকিদারী বা অনুসন্ধানী কাজের জন্য প্রেরিত বয় স্কাউট্ বা ব্রতী বালকদের দল। **(2)** *v.i.t.* to assemble, জড় হওয়া বা করা, সমাবিষ্ট হওয়া বা করান ; to move in a body or in rapid succession, দল বাঁধিয়া পর পর দ্রুত চলা বা চালান। *p.* & *p. pt.* **trōō°ped**। **trōōp°-carrier**—সৈন্যবাহী জাহাজ বা বৃহৎ বিমানপোত। *n.* **trōō°per**—নিম্নতমপদস্থ অশ্বারোহী সৈনিক (ইহারা দিব্যি দিতে তৎপর) ; (আমেরিকা ও অস্ট্রেলিআর) অশ্বারোহী পুলিস্ ; অশ্বারোহী বাহিনীর ঘোড়া (also **trōōp°-horse**) ; সৈন্যবাহী জাহাজ (also **trōōp°-ship**)। **trooping the colour**—কোন রেজিমেনট (=সৈন্যদল) কর্তৃক প্যারেডের সময়ে তাহাদের দলীয় পতাকা বহন। **(to) swear like a trooper**—অনর্গল দিব্যি গালা। [F. *troupe* <LL. *troppus*=flock]

trope [trōp, ট্রৌপ্] *n.* figurative (metaphorical, ironical) use of a word, শব্দের আলঙ্কারিক প্রয়োগ, বক্রোক্তি, গূঢ়োক্তি। [Gk. *tropos*=a turn]

trophy [trō°-fi, ট্রৌ°ফি] *n.* a memorial of victory, জয়ের স্মৃতিচিহ্ন (প্রধানতঃ বিজিত শত্রুর অস্ত্রশস্ত্র পোশাক-পরিচ্ছদ প্রভৃতি) ; displayed spoils, শিকার-করা পশুপক্ষীদের সংরক্ষিত কঙ্কাল করোটি চামড়া প্রভৃতি ; a preservable prize won in a tournament, প্রতিযোগিতাদিতে সাফল্যলাভের ফলে অর্জিত সংরক্ষণযোগ্য পারিতোষিক। [F. *trophee*<L. *trophaeum*<Gk. *tropain*]

tropic [tro°-pik, ট্র°পিক্] **(1)** *n.* a circle on the celestial sphere, where the sun turns on reaching its greatest declination, a corresponding circle on the terrestrial globe, অয়নবৃত্ত ; (in *pl.*) the part of the earth between the tropics of Cancer and Capricorn, ক্রান্তিবৃত্ত, গ্রীষ্মমণ্ডল। **(2)** *a.* of the tropics, ক্রান্তিবৃত্ত বা গ্রীষ্মমণ্ডল-সম্বন্ধীয়। *a.* **tro°pical**—সূর্যের প্রত্যাবর্তন বা প্রত্যাগতি সম্বন্ধীয়, ক্রান্তীয় ; ক্রান্তিবৃত্ত বা গ্রীষ্মমণ্ডল-সম্বন্ধীয় ; গ্রীষ্মমণ্ডলে প্রাপ্য ; গ্রীষ্মমণ্ডলের বৈশিষ্ট্যস্বরূপ ; অত্যুষ্ণ ; (আল.—কামনাদি-সম্বন্ধে) উদগ্র, তীব্র। *adv.* **tro°pically**। **Tropic of Cancer**—কর্কটক্রান্তি বা উত্তরায়ণ। **Tropic of Capricorn**—মকরক্রান্তি বা দক্ষিণায়ণ। [Gk. *tropos*=a month]

trot [trot, ট্রট্] **(1)** *n.* a pace between walking and running, (প্রধানতঃ অশ্বের) হণ্টন ও ধাবনের মাঝামাঝি বেগসম্পন্ন গতি, দুলকি চাল ; an act of moving with such a pace, উক্ত গতিতে চলন ; continual moving, অবিরাম চলন বা গতি। **(2)** *v.i.* to go, ride, or drive at a trot, উক্ত গতিতে চলা বা অশ্বাদি আরোহণে যাওয়া বা (প্রধানতঃ ঘোড়ার) গাড়ি চালান ; to bustle about, (অকারণ) ছুটাছুটি করা। **(3)** *v.t.* to cause to trot, উক্ত গতিতে ধাবিত করান ; to move about, ইতস্ততঃ চালান বা ছোটান। *pr. pt.* **tro°tting** ; *p.* & *p. pt.* **tro°ttėd**। *n.* **tro°tter**। **(to) be on the trot**—এক কাজ থেকে আর এক কাজে ছুটাছুটি করা ; (কথ্য.) পেটের অসুখ করা। [OF. *trot* (*n.*) *trotter* (*v.*)]

troth [trōth, ট্রৌথ্] *n.* (arch.) truth, (আর্ষ.) সত্য ; faith, fidelity, (ধর্ম-) বিশ্বাস, আনুগত্য। **by my troth**—আমার (ধর্ম-) বিশ্বাসের বা আনুগত্যের দোহাই। [var. of *truth*]

troubadour [trōō°-ba-dooa(r), ট্রু°ব্যাডুয়্যা(র্)] *n.* one of a class of mediæval lyric poets of Provence, মধ্যযুগে ফ্রান্সের প্রভেন্স্-প্রদেশে প্রথম অভ্যুদিত প্রেমমূলক গীতিকবিবিশেষ। [F.]

trouble [trub°l, ট্রাব্°ল্] **(1)** *v.t.* to agitate, উত্তেজিত বা বিক্ষুব্ধ করা ; to disturb, অস্থির বা অশান্ত করা ; to afflict, যন্ত্রণা দেওয়া (my teeth have been *troubling* me) ; to engage overmuch, অত্যধিক খাটান ; to put to inconvenience, অসুবিধায় ফেলা, ঝামেলায় বা ঝঞ্ঝাটে ফেলা (may I *trouble* you for a lift)। **(2)** *v.i.* to take pains, কষ্টস্বীকার করা, কষ্ট করা ; to put oneself to inconvenience, নিজেকে অসুবিধায় বা ঝঞ্ঝাটে ফেলা, অসুবিধা বা ঝঞ্ঝাট স্বীকার করা ; to be troublesome, অসুবিধাপূর্ণ বা ঝামেলাপূর্ণ হওয়া। **(3)** *n.* disturbance, অস্থিরতা, চাঞ্চল্য, অশান্তি ; agitation, উত্তেজনা, বিক্ষোভ ; affliction, যন্ত্রণা ; distress, দুঃখদুর্দশা ; a scrape, ঝামেলা, ঝঞ্ঝাট (he might have avoided the *trouble*) ; travail, কষ্টপূর্ণ প্রচেষ্টা। *a.* **troub°lesome**—অসুবিধা ঘটায় এমন ; ঝামেলায় বা ঝঞ্ঝাটে ফেলে এমন ; উৎপাত করে এমন ; বিরক্তিকর। *a.* **troub°lous**—অস্থিরতাপূর্ণ ; উত্তেজনাপূর্ণ ; বিশৃঙ্খলাপূর্ণ ; উত্তেজিত, বিক্ষুব্ধ ; অস্থির ; ঝঞ্ঝাটে বা ঝামেলায় ফেলে এমন ; জ্বালাতনকর। *n.* **trouble°-maker**—যে ব্যক্তি উৎপাদন-শিল্পাদিতে অসন্তোষ অশান্তি উত্তেজনাদি সৃষ্টি করে। *n.* **trouble°-spot**—যে স্থানে হামেশাই হাঙ্গামার সৃষ্টি হয়। **in trouble**—অন্যায় করার ফলে কষ্টে বা বিপদে পড়িয়াছে বা পড়িবে এমন। **I'll trouble you**—(ভদ্রতাসূচক উক্তিরূপে ব্যবহৃত) দয়া করিয়া, অনুগ্রহ করিয়া। **(to) ask** or **look for trouble**—(কথ্য.) স্বীয় আচার-আচরণের দ্বারা বিপদ্ বা ঝামেলা ডাকিয়া আনা। **(to) fish in troubled water**—(চারিদিকের) বিশৃঙ্খল অবস্থার সুযোগে স্বীয় স্বার্থসাধনের চেষ্টা করা। **(to) get into trouble**—স্বীয় কৃতকর্মের ফলে বিপদে বা ঝামেলায় পড়া। **(to) get one into trouble**—বিপদে বা ঝামেলায় ফেলা। **(to) trouble one for**—(কিছু) আগাইয়া দিবার জন্য কাহাকেও অনুরোধ করা। [OF. *trubler* (*v.*)<L. *turbare*=to disturb]

trough [trof, ট্রফ্] *n.* a long narrow receptacle used for various purposes, পশুদিগকে পানীয় ও খাদ্য দিবার জন্য লম্বা ও সরু পাত্রবিশেষ, জাবনা-ভাণ্ড, ময়দাদি মাখা বা চোলাই করা বা কাপড়-চোপড় ধোয়া প্রভৃতির জন্য পাত্রবিশেষ, যে তরল পদার্থের উপর বাষ্প জমে তাহা রাখার পাত্রবিশেষ, (পরি.) দ্রোণী; a channel or conduit, খাত, নালা; তরল পদার্থ চলাচলের পথ বা নল; a hollow between two wave-crests, দুই তরঙ্গশীর্ষের মধ্যবর্তী নিচু স্থান; (meteor.) region of low barometric pressure, (আবহবিদ্যা) যে অঞ্চলে বায়ুর নিম্নচাপ বিদ্যমান। [OE. *trog*—cp. G. *trog*]

trounce [trouns, ট্রাউন্স্] *v.t.* to punish, beat, rebuke or defeat severely, কঠোরভাবে শাস্তি দেওয়া প্রহার করা তিরস্কার করা বা পরাস্ত করা। *n.* **troun°cing**—প্রহার, তিরস্কার (to give a person a good *trouncing*)। *p.* & *p. pt.* **troun°ced**। [?]

troupe [troop, ট্রুপ্] *n.* a company, (প্রধানতঃ অভিনেতা-অভিনেত্রী গায়ক-গায়িকা প্রভৃতির) দল। [F.—cp. *troop*]

trousers [trow°-za(r)z, ট্রাউ°জ়্যা(র্)জ়্] *n. pl.* long breeches, লম্বা পাজামাবিশেষ, লং প্যান্ট্, ফুলপ্যান্ট্, ট্রাউজার। [*pl.* of obs. *trouse*<Ir. *triubhas*=a Celtic garment of close breeches]

trousseau [troo°-sō, ট্রু°সৌ *n.* a bride's outfit, বিবাহের পাত্রীর পোশাক-পরিচ্ছদ। *pl.* **trou°sseaus, trousseaux** [troo°-sōz, ট্রু°সৌজ়্]। [F.]

trout [trowt, ট্রাউট্] *n.* a freshwater fish, রোহিতজাতীয় মৎস্যবিশেষ। *pl.* **trout,** (rare) **trouts** । *n.* **trou°ter**—উক্ত মৎস্যশিকারী। **trout°let, trout°ling**—উক্ত মাছের বাচ্চা বা পোনা। *a.* **trou°ty**—উক্ত মৎস্যপূর্ণ বা মৎস্যসুলভ। [OF. *truht*<L. *tructa, tructus*]

trouvaille [troo-vŭ°-i, ট্রুভা°ই] *n.* a lucky find, সৌভাগ্যক্রমে হঠাৎ আবিষ্কৃত বা লব্ধ বস্তু। [F.]

trouvere [troo-va(r)°, ট্রুভ্যা(র্)°] *n.* a mediæval narrative or epic poet of North France, মধ্যযুগীয় উত্তর ফ্রান্সের কাহিনীমূলক কবিতার রচয়িতা বা মহাকবি। [F.]

trove—see **treasure.**

trover [trō°-va(r), ট্রৌ°ভ্যা(র্)] *n.* an action to recover goods from wrongful possession, অনধিকারী ব্যক্তির কবল হইতে মাল উদ্ধারের জন্য মামলা। [OF. *trover*=to find]

trow [trō, ট্রৌ] *v.t.* (arch.) to think, মনে করা; to believe, বিশ্বাস করা। [OE. *treowan*—cp. ON. *trua*]

trowel [trow°(a)l, ট্রাউ°ল্] *n.* a tool for plastering, gardening, etc., কর্নিক; **(to) lay (it) on with a trowel**—পুরু প্রলেপ দেওয়া; স্থূলভাবে তোষামোদ করা। [OF. *truelle*<LL. *truella*]

troy [troi, ট্রয়্] *a.* of an English system of weights for gold, silver, and gems, ইংল্যান্ডের মণিকারের ওজন-অনুযায়ী (*troy* weight, *troy* pound)। [*Troyes* in France]

truant [troo°-ant, ট্রু°অ্যান্ট্] (1) *n.* a child who absents himself or herself from school, or one who absents oneself from one's place of work, without leave, যে বালক বা বালিকা স্কুল হইতে পালায় অথবা যে ব্যক্তি তাহার কর্মস্থল বা অফিস হইতে পালায়। (2) *a.* in the habit of playing truant, স্কুল-পালানে, কাজ-পালানে, অফিস-পালানে। *n.* **tru°ancy**—স্কুল কর্মস্থল বা অফিস হইতে পলায়ন। **(to) play truant**—স্কুল কর্মস্থল বা অফিস হইতে পালান। [OF.]

truce [troos, ট্রুস্] *n.* a suspension of hostilities, সাময়িক যুদ্ধবিরতি বা কলহশান্তি। [ME. *tre(o)wes*<OE. *treow*=truth, treaty]

truck$_1$ [truk, ট্রাক্] (1) *v.t.i.* to barter, পণ্য-বিনিময় করা; to bargain, লেনদেন করা। *p.* & *p. pt.* **tru°cked**। (2) *n.* barter, পণ্যবিনিময়; dealings, লেনদেন; small goods, ছোটখাট মাল; fresh vegetable, টাট্‌কা তরিতরকারি। *n.* **gar°den-truck**—(আমে.) বাজারে বিক্রয়ের জন্য বাগানে উৎপন্ন তরিতরকারি ফল প্রভৃতি। **(to) have no truck with**—কোনরূপ কাজকারবারের বা লেনদেনের সম্পর্ক না রাখা। **truck system**—টাকার বদলে জিনিস (বিশেষতঃ কৃষিজাত দ্রব্য) দিয়া শ্রমিকদের বেতন শোধের প্রণালী। [OF. *troquer* (*v.*)]

truck$_2$ [truk, ট্রাক্] *n.* an open railway wagon for goods, মালবহনার্থ রেলগাড়ির অনাচ্ছাদিত কামরা বা বগি; a trolley, তারে ঝুলিয়া চলে এমন গাড়ি; a barrow, ঠেলাগাড়ি; a lorry, মোটরলরি। *n.* **tru°ckage**—উক্ত গাড়িতে বা লরিতে করিয়া বহন; উক্ত বহনকার্যের জন্য মাসুল। [L. *trochus*=a wheel<Gk. *trokhos*]

truckle [truk°l, ট্রাক্°ল্] (1) *n.* a pulley-wheel, উত্তোলন-কার্যে ব্যবহৃত চাকা; a castor, টেবিল চেয়ার প্রভৃতি সরানর জন্য ঐগুলির পায়ার নিচে যে ছোট চাকা থাকে; a low bed that may be wheeled under another, অন্য শয্যার নিচে গড়াইয়া বা ঢুকাইয়া দেওয়া যায় এমন চক্রযুক্ত নিচু শয্যাবিশেষ (also **truck°le-bed**)। (2) *v.i.* to behave with servility, হীন গোলামিপূর্ণ আচরণ করা। [Gk. *trochil(e)ia*=a pulley]

truculent [tru°-kū-lant, ট্রা°কিউল্যান্ট্] *a.* very fierce, অতীব প্রচণ্ড বা দুর্দান্ত; cruel, নৃশংস, নিষ্ঠুর। *n.* **tru°culence, tru°culency**—অতীব প্রচণ্ডতা বা দুর্দমতা; নৃশংসতা; নিষ্ঠুরতা। *adv.* **tru°culently**। [L. *truculentus*]

trudge [truj, ট্রাজ্] (1) *v.i.* to walk laboriously, কষ্টসহকারে বা শ্রমসহকারে হাঁটা, ক্লান্তিভরে হাঁটা (to *trudge* through the muddy road)।

(2) *n.* a heavy or weary walk, কষ্টপূর্ণ বা ক্লান্তিপূর্ণ হণ্টন। *n.* **trudg°er, trudg°ing**। [?]

trudgen [tru°j(a)n, ট্রা°জ্‌ন্] *n.* swimming with alternate right and left over-arm strokes, পালাক্রমে ডান-হাত বাঁ-হাত তুলিয়া তুলিয়া সন্তরণ। [*Trudgen*, an English swimmer]

true [troo, ট্রু] (1) *a.* faithful, বিশ্বস্ত, বিশ্বাসী; constant, অটল; loyal, অনুগত; trusty, আস্থাস্থাপনের যোগ্য; genuine, খাঁটি, বিশুদ্ধ; properly so called, সঙ্গতরূপে অভিহিত, যথাভিহিত; typical, আদর্শস্বরূপ, নমুনাস্বরূপ, উদাহরণস্বরূপ; conformable, যথারূপ; accurately tuned, যথাযথভাবে সুর মেলান হইয়াছে এমন; agreeing with fact, বাস্তব; actual, আসল; real, প্রকৃত; correct, নির্ভুল, শুদ্ধ; accurate, যথাযথ; right, ঠিক, ন্যায়সঙ্গত; honest, সাধু, সৎ; sincere, আন্তরিক; accurately adjusted, (যন্ত্রাংশাদি-সম্বন্ধে) যথাযথভাবে লাগান বা ফিট করা হইয়াছে এমন। (2) *adv.* same as **truly**। (3) *v.t.* to adjust accurately, (যন্ত্রাংশাদি) যথাযথভাবে লাগান বা ফিট করা (usu. **to true up**)। **true°-blue°**—(1) *a.* নীতি-সম্বন্ধে আপসহীন। (2) *n.* যে ব্যক্তি নীতি-সম্বন্ধে আপসহীন। *a.* **true°-born**—খাঁটি জাতের, সদ্বংশীয়; জাতিগত সুলক্ষণযুক্ত, সুজাত। *a.* **true°-bred**—কুলীন, জাতির আদর্শ নমুনাস্বরূপ; সুজাত, সদ্‌ভাবে প্রতিপালিত। *a.* **true°-hear°ted**—আন্তরিকতাপূর্ণ; বিশ্বস্ত। *n.* **true°-love**—প্রকৃতই ভালবাসার পাত্র বা পাত্রী; প্রকৃত প্রেমিক বা প্রেমিকা। *n.* **true°ness**। *n.* **true°penny**—(কাব্যে) সৎ লোক। *adv.* **tru°ly**। **(to) come true**—(স্বপ্ন আশা প্রভৃতি) সত্যে পরিণত হওয়া, সফল হওয়া। **true to life**—জীবনানুগ। [OF. *treowe*—cp. OM. *tryggr*, G. *treu*]

truffle [truf°l, ট্রাফ্‌°ল্] *n.* a subterranean fungus, মশলারূপে ব্যবহৃত কন্দজাতীয় ছত্রাকবিশেষ। [OF.]

trug [trug, ট্রাগ] *n.* a shallow basket made of strips of wood, used by gardeners, মালীদের ব্যবহারের জন্য সরু কাঠের ফালির চেটাল বাস্কেট। [? <*trough*]

truism [troo°-izm, ট্রু°ইজ্‌ম্] *n.* a self-evident truth, স্বতঃসিদ্ধ সত্য; a hackneyed statement, গতানুগতিক বা বহুলপ্রচারিত উক্তি। [see *true*]

truly—see **true**.

trump₁ [trump, ট্রাম্প্] *n.* a trumpet, ভেরী; its blast, ভেরীর শব্দ। [OF. *trompe*]

trump₂ [trump, ট্রাম্প্] (1) *n.* a card of a suit that takes any card of any other suit, তুরুপের বা রঙের তাস; an old card-game, প্রাচীন তাসখেলাবিশেষ; (coll.) an excellent person, চমৎকার লোক। (2) *v.t.i.* to play a trump card (upon), তুরুপ করা অথবা রঙের তুরুপের তাস খেলা। *p.* & *p. pt.* **trum°ped**। *n.* **trump°-card**—কোন্ রঙ তুরুপ হইবে তাহা ঠিক করার জন্য যে তাসখানি উলটাইয়া রাখা হয়; তুরুপের বা রঙের তাস; (আল.) জয়লাভের (আপাতত: গুপ্ত ও সচরাচর চমকপ্রদ) উপায় বা সার্থক কৌশল। *n.* **nō°-trumps**—তাসের ব্রিজ্‌খেলায় যে ডাকে কোন নির্দিষ্ট তুরুপ থাকে না। **(to) play one's trump card**—স্বীয় অভীষ্টলাভার্থ হাতের সেরা অস্ত্র প্রয়োগ করা। **(to) put a person to his trumps**—(কাহাকেও) শেষ সম্বল ব্যবহার করিতে বাধ্য করা। **(to) turn up trumps**—তাসের রঙ্ দেখান; (আল.—প্রধানতঃ অপ্রত্যাশিতভাবে) খুব সহায়তাপূর্ণ বা সদাশয়তাপূর্ণ আচরণ করা; সহসা সৌভাগ্যোদয় হওয়া। [F. *triumph*]

trumpery [trum°-pa-ri, ট্রাম্‌°প্যারি] *n.* a worthless finery, তুচ্ছ রঙচঙে জিনিস (*trumpery* ornaments); rubbish, আবর্জনা। [F. *tromperie*]

trumpet [trum°-pit, ট্রাম্‌°পিট্] (1) *n.* a wind-instrument, ভেরী, তুরী, পটহ; an ear-trumpet, কর্ণপটহ; anything trumpet-shaped, পটহাকার বস্তু (যেমন, দলমণ্ডল ভেঁপু প্রভৃতি); a sound of a trumpet, ভেরীধ্বনি; a trumpeter, ভেরীবাদক; a trumpet-toned organ stop, হারমোনিআমাদির যে চাবি টিপিলে ভেরীধ্বনিবৎ শব্দ নির্গত হয়। (2) *v.t.* to sound or play on a trumpet or with trumpet-like sound, ভেরীতে বাজান বা ভেরীধ্বনিবৎ উচ্চনাদে বাজান; to proclaim, (প্রধানতঃ ভেরীধ্বনিদ্বারা) ঘোষণা করা। (3) *v.i.* to sound a trumpet, ভেরী বাজান; to make a sound like a trumpet, ভেরীধ্বনিবৎ উচ্চ শব্দ করা। *n.* **trum°pet-call**—ভেরীধ্বনি; (আল. যোগদানের জন্য) জরুরি আহ্বান বা ডাক। *n.* **trum°peter**—trumpet (*v.*)-এর সকল অর্থে, এবং—গৃহপালিত কপোতবিশেষ; অশ্বারোহী সৈন্যবাহিনীর নির্দেশ-ভেরীবাদক। *a.* **trum°pet-shaped**—পটহাকার। *n.* **trum°pet-tōne**—ভেরীধ্বনি; তারস্বর। **(to) blow one's own trumpet**—আত্ম-প্রশংসা করা, (তু.) নিজের ঢাক নিজে পেটান। [F. *trompette* (*n.*)]

truncal—see **trunk**.

truncate [trung°-kāt, ট্রাংকেইট্] *v.t.* to lop, অগ্রভাগ ছাঁটিয়া দেওয়া। *p.* & *p. pt.* **trun°cāted**। *n.* **truncā°tion**। [L. *truncare*]

truncheon [trun°sh(a)n, ট্রান্‌°শ্‌ন্] *n.* a short staff, ক্ষুদ্র দণ্ড; a cudgel, প্রহারার্থ লাঠি; a staff of authority, কর্তৃত্বের নিদর্শনস্বরূপ দণ্ড (বিশেষতঃ পুলিস্ ও সামরিক কর্মচারীর বেটন্)। [OF. *tronchon*]

trundle [trund°l, ট্রান্‌ড্‌°ল্] (1) *n.* a little wheel, ক্ষুদ্র চাকা; a castor, চেয়ার টেবিল খাট প্রভৃতির পায়ার নিচে যে ক্ষুদ্র চাকা থাকে। (2) *v.t.i.* to wheel, চাকা ঘোরান বা চালান; to roll, গড়াইয়া দেওয়া বা যাওয়া (to *trundle* a hoop along the road); (in cricket) to bowl, (ক্রিকেটে) বল্ করা। [OF. *trendel*]

trunk [trungk, ট্রাংক্] *n.* the stem of a tree,

বৃক্ষকাণ্ড, গাছের গুঁড়ি ; the body of an animal apart from the head and limbs, মস্তক ও হস্তপদাদি বাদে প্রাণিদেহ, দেহকাণ্ড, ধড় ; (পরি.) মধ্য-শরীর ; the body generally, দেহ, বপু ; a main line of road, railway, telephone, etc., প্রধান পথ বা রেলের প্রধান লাইন বা টেলিফোনের প্রধান তার অথবা পথ প্রভৃতি ; the main part of anything, কিছুর প্রধান অঙ্গ বা অংশ ; a chest or box, (প্রধানতঃ ভ্রমণকালে ব্যবহৃত) বাক্স, তোরঙ্গ, ট্রাংক্ ; a box-like channel, trough, conduit, etc., বাক্সের ন্যায় আকারের খাত দ্রোণী নল প্রভৃতি ; a proboscis, হস্তিশুণ্ড। *a.* **truncal** [trung°-k(a)l, ট্রাং°কল্] কাণ্ড-সংক্রান্ত ; প্রধান। *n.* **trunk°-call°**—বহু দূর হইতে (বিশেষতঃ ভিন্ন নগরাদি হইতে) টেলিফোনে আলাপ। *n.* **trunk°-hose°**—ষোড়শ ও সপ্তদশ শতাব্দীতে প্রচলিত পুরুষের চওড়া খাট পাজামা বা চোগা বিশেষ। *n.* **trunk°-line**—রেলের প্রধান লাইন অথবা টেলিফোনের প্রধান তার বা পথ প্রভৃতি। *n.* **trunk°-road**—প্রধান রাস্তা। [F. *tronc*, L. *truncus*=a stock—with association of F. *trompe*=proboscis]

trunnion [tru°ni-an, ট্রা°নিয়্যান্] *n.* either pair of side projections of a cannon enabling it to rest on the carriage, দুই পার্শ্বের যে অভিক্ষিপ্ত অংশদ্বয়ের উপর ভর দিয়া কামান পাটাতনের উপর খাড়া থাকে তাহাদের যে-কোনটি। [F. *trognon* =stump]

truss [trus, ট্রাস্] (**1**) *n.* a bundle of hay, straw, etc., শুষ্ক তৃণ খড় বিচালি প্রভৃতির আঁটি (ওজন : পুরাতন তৃণ=৫৬ পাউন্ড্, নূতন তৃণ=৬০ পাউন্ড্, খড়=৩৬ পাউন্ড্) ; a framed structure for supporting a weight, (ছাদ সেতু প্রভৃতির) ভার-রক্ষার্থ কাঠাম ; an attachment for holding a yard to the mast, জাহাজের মাস্তুলে পাল খাটানর বা আড়কাট আটকানর জন্য কাঠামবিশেষ ; a tuft of flowers at the top of main stem, প্রধান বৃক্ষ-কাণ্ডের শীর্ষস্থ পুষ্পগুচ্ছ ; a surgical appliance for patients suffering from hernia, অন্ত্রবৃদ্ধিরোগ-দমনার্থ পরিধেয় ডাক্তারী লেঙ্গট্‌বিশেষ। (**2**) *v.t.* to bundle up, আঁটি করিয়া বাঁধা ; to fix for cooking, রন্ধনের জন্য আটকান (যেমন, শিককাবাব করার জন্য লৌহদণ্ডে মাংসখণ্ড আটকান) ; to furnish with a truss, ভারবহনার্থ কাঠাম নির্মাণ করিয়া দেওয়া, অন্ত্রবৃদ্ধিরোগ-দমনের আঁটসাঁট লেঙ্গট্‌বিশেষ বা বেল্ট পরান। *p.* & *p. pt.* **tru°ssed**। [F. *trousse(r)*<*torquere*=to twist]

trust [trust, ট্রাস্ট্] (**1**) *n.* fidelity, বিশ্বস্ততা আনুগত্য, বশংবদতা ; confidence, আস্থা, বিশ্বাস (to put one's *trust* in God) ; confident expectation, আস্থাপূর্ণ প্রত্যাশা ; credit, ধার পাওয়ার উপযুক্ত সুনাম, বিশ্বাসপূর্বক প্রদত্ত ধার (on *trust*) ; that which is given or received in confidence, আস্থাভরে ন্যস্ত বা গৃহীত বস্তু অথবা বিষয় ; charge, ভার, কর্মভার, জিম্মা ; responsibility, দায়িত্ব (a position of great *trust*) ; moral obligation, নৈতিক দায়িত্ব বা বাধ্যবাধকতা ; arrangement by which property is entrusted to a person for the benefit of another, অছিব্যবস্থা, ন্যাস (to hold property in *trust*) ; an estate so managed, অছি-দ্বারা পরিচালিত সম্পত্তি, ন্যাসাধীন সম্পত্তি ; control of several companies under one direction, (ব্যয়-সঙ্কোচ, ব্যবসায়িক সুবিধা, প্রভৃতির জন্য) একই পরিচালকবর্গ ও কর্মিগণের দ্বারা বিভিন্ন বাণিজ্য-প্রতিষ্ঠানের পরিচালনা। (**2**) *v.t.* to place trust in, আস্থা-স্থাপন করা, ভরসা করা ; to believe, বিশ্বাস করা (I wonder whether he *trusts* me) ; to expect confidently, আস্থাপূর্ণভাবে প্রত্যাশা করা ; to give credit to, ধারে মালপত্রাদি দেওয়া, ধার দেওয়া ; to commit to trust, বিশ্বাসভরে ন্যস্ত করা, গচ্ছিত রাখা, ন্যাসাধীনে দেওয়া। (**3**) *v.i.* to have trust, বিশ্বাস রাখা, আস্থাবান্ হওয়া (it is not wise to *trust* to chance)। *n.* **trust°-deed**—সম্পত্তি প্রভৃতি ন্যাসাধীন করার দলিল। *n.* **trustee** [truste°, ট্রাস্টী°] ন্যাসরক্ষক, ট্রাস্টী। **the Public Trustee**—প্রয়োজনক্ষেত্রে জনসাধারণের উইল অর্থাৎ শেষ ইষ্টিপত্র রচনা ও ন্যস্ত সম্পত্তির বিলিবন্দোবস্তের দায়িত্বগ্রহণের জন্য নিযুক্ত সরকারী কর্মচারী। *n.* **trustee°ship**। *n.* **trust°-estate°**—ন্যাসাধীন সম্পত্তি। *a.* **trust°ful**—বিশ্বাস করে এমন, আস্থাবান্। *adv.* **trust°fully**। *n.* **trust°fulness**। *a.* **trust°ing**। *adv.* **trust°ingly**। *n.* **trust°-money**—ন্যস্ত অর্থ। *a.* **trust°-worthy, trus°ty**—বিশ্বস্ত ; আস্থাস্থাপনের যোগ্য ; বিশ্বাসী ; নির্ভর-যোগ্য। *adv.* **trust°-worthily, trus°tily**। *n.* **trust°worthiness, trus°tiness**। **breach of trust**—ন্যাসরক্ষক কর্তৃক বিশ্বাসহানি, বিশ্বাসভঙ্গ। **on trust**—প্রমাণ বা পরীক্ষা না করিয়া, বিনা প্রমাণে ; ধারে বা বাকিতে। [ON (*traust(n.)*]

truth [trooth, ট্রুথ্] *n.* what is true, সত্য ; faithfulness, বিশ্বস্ততা, constancy, অটলতা, অটল আনুগত্য ; veracity, যথার্থতা ; agreement with reality, বাস্তবিকতা, বাস্তব অবস্থার সহিত সামঞ্জস্য ; trueness, সত্যতা ; actuality, প্রকৃত অবস্থানুযায়িতা ; accuracy, যথাযথতা, নির্ভুলতা ; faithful adherence to nature, (চারুকলায়) আন্তরিকভাবে প্রকৃতির অনুসরণ ; a true satement, সত্য বিবৃতি ; an established fact, প্রতিষ্ঠিত বা স্বীকৃত বা প্রমাণিত তথ্য অথবা তত্ত্ব ; true belief, সত্য বিশ্বাস, known facts, knowledge, জ্ঞাত তথ্য, জ্ঞান। *a.* **truth°ful**—সত্যবাদী ; সত্য বলিয়া ধারণাপূর্বক উপস্থাপিত ; সত্যনিষ্ঠ। *adv.* **truth°-fully**। *n.* **truth°fulness**। **economy of truth**—(ব্যঙ্গে) সত্যভাষণে মিতাচার অর্থাৎ সত্যের অপলাপ। **in truth**—সত্যই, প্রকৃতই, প্রকৃতপক্ষে। **to tell the truth**—সত্য বলিতে কি। [OE. *treowth*]

try [trī, ট্রাই] (**1**) *v.t.* to test, পরখ করা বা পরীক্ষা

করা ; to use, treat, or resort to, experimentally, পরীক্ষামূলকভাবে ব্যবহার করা বা প্রয়োগ করা বা অবলম্বন করা (you may *try* this new detergent) ; to strain, (অত্যধিক) খাটান, চাপ দেওয়া ; to examine and decide as a judge, বিচার করা (he was *tried* for murder and found guilty) ; to question, as a lawyer, জেরা করা। **(2)** *v.i.* to make an effort, চেষ্টা করা, চেষ্টিত হওয়া (*try* again if you fail once)। *p.* & *p. pt.* **trī°ed** । **(3)** *n.* a trial, পরীক্ষা, পরখ ; effort, প্রচেষ্টা (to make a good *try*) ; (in Rugby football) a kind of score, (রাগ্‌বি-খেলায়) হাত দিয়া কৃত গোল (ইহাতে তিন পয়েন্ট্ হয়)। *a.* **trī°able**—আদালতের বিচারাধীন ; বিচারসাধ্য ; পরীক্ষণসাধ্য। *n.* see **trial** । *a.* **trī°ed**—পরীক্ষায় উৎকৃষ্ট বলিয়া প্রমাণিত। *n.* **trī°er**—try (*v.*)-এর সকল অর্থে, এবং—পরখ, পরীক্ষা। *a.* **try°ing**—পরখ বা পরীক্ষা বা বিচার করে এমন ; কঠোর, তীব্র ; ক্লেশকর (it is a *trying* job) ; অনুসন্ধায়ক। *n.* **try°-on°**—পোশাকাদি দেহে থাপ খাইল কিনা তাহা পরীক্ষা। *n.* **try°-out°**—(ক্রীড়া-) প্রতিযোগিতাদিতে প্রবেশাধিকারলাভার্থ পরীক্ষা। **(to) try for**—কিছু পাইবার জন্য বা জিতিয়া লইবার জন্য চেষ্টা করা। **(to) try one's hand at**—(কার্যাদি সাধনার্থ) স্বীয় বিদ্যাবুদ্ধি ও দক্ষতা প্রয়োগ করা। **(to) try on**—পোশাকাদি দেহে থাপ খাইল কিনা তজ্জন্য পরিয়া দেখা। **(to) try out**—(প্রধানতঃ প্রতিযোগিতাদিতে প্রবেশের যোগ্যতাবিচারার্থ) পরীক্ষা করা। [OF. *trier*=to pick out]

trypsin [trip°-sin, ট্রিপ্‌°সিন্] *n.* digestive enzyme present in pancreatic juice, অগ্ন্যাশয়রসে বিদ্যমান উৎসেচকবিশেষ। [Gk. *tripsis*=friction]

tryst [trīst, ট্রাইস্‌ট্] *n.* the appointed time and place for a meeting, সাক্ষাতের জন্য পূর্বনির্দিষ্ট সময় ও স্থান, (তু.) সঙ্কেত-স্থান (to keep *tryst* with) । [OF. *triste*=a hunter's station]

tsar [zŭ(r), জ়া(র্)] *n.* the title of the Russian emperors and Bulgarian kings, রুশ-সম্রাট্ ও বুলগেরিআর রাজার খেতাব ; a great potentate or despot, পরম শক্তিশালী নৃপতি বা স্বেচ্ছাচারী শাসক। *fem.* **tsarina** [zŭ-rē°-na, জ়ারী°ন্যা] রুশ-সম্রাজ্ঞী ; রুশ-সম্রাটের পত্নী। *n.* **tsarevi(t)ch** [zŭ-ra-vich, জ়া°র‍্যাভিচ্] জার-নন্দন। *fem.* **tsarev°na**—জার-নন্দিনী। *n.* **tsar°ism**—জারের শাসন ; সম্পূর্ণ স্বেচ্ছাচারপূর্ণ শাসন। *n.* **tsar°ist**—জারের সমর্থক ; জারপক্ষীয় ব্যক্তি। *n.* **tsesarevi(t)ch** [se-zŭ°-ra-vich, সেজ়া°রেইভিচ্] জারের জ্যেষ্ঠপুত্র ; রাশিয়ার যুবরাজ। [Russ. *tsar*<L. *Caesar*, Caesar]

tsetse [tse°-tsi, ৎসে°ৎসি] *n.* an African fly, আফ্রিকার মাছিবিশেষ (ইহাদের দংশনে প্রধানতঃ গবাদি পশুরা নিদ্রাব্যাধিতে আক্রান্ত হয়)। [Afr.]

tsunami [soo-nŭ°-mi, সুনা°মি] *n.* a swiftly travelling high sea-wave that attains great height, সমুদ্রাদির কূলভাসান দ্রুতগামী বিশাল তরঙ্গ, বেলোর্মি। [Jap. *tsu*=harbour, *nami*=wave]

tuan [too-ŭn°, টুআন্°] *n.* sir, মহাশয় ; হুজুর, কর্তা, প্রভু। [Mal.]

tub [tub, টাব্] **(1)** *n.* an open wooden vessel, কাঠের টব বা গামলা ; anything like a tub, টবের ন্যায় আকারের বস্তু ; as much as a tub will hold, এক টবে যতটা ধরে তত পরিমাণ (also **tub°ful**) ; a clumsy ship or boat, যেমন-তেমন-ভাবে তৈয়ারি জাহাজ বা নৌকা (তু. দোনা, ডুনি) ; a bath, স্নানের টব বা ঘর। *a.* **tu°bby**—শূন্যগর্ভ টবের ন্যায় (ঢেব্‌ঢেবে) আওয়াজ দেয় এমন ; টবের ন্যায় গোল ; বেঁটে ও গোলগাল। *n.* **tubb°iness** । *n.* **tub°-thumper**—গণবক্তা। [cp. low G. *tubbe*]

tuba [tūba, টিউব্যা] *n.* a very large low-pitched musical instrument of brass, তাম্রনির্মিত নিম্নগ্রামের খুব বড় বাদ্যযন্ত্রবিশেষ। [L.]

tube [tūb, টিউব্] *n.* a pipe, a long hollow cylinder, পাইপ, লম্বা ও ফাঁপা নল, চোঙ ; an electric valve, বৈদ্যুতিক ভালভ্ বা কপাটক ; an underground railway, ভূগর্ভস্থ রেলপথ ; any vessel in a plant or animal body, উদ্ভিদ্ বা প্রাণীর দেহমধ্যস্থ নালী শিরা ধমনী প্রভৃতি ; anything tubular, নলাকার বস্তু (a speaking *tube*)। *n.* **tūbe°-well**—নলকূপ। *a.* **tub°iform**—নলাকার। *n.* **tū°bing**—নল-সরবরাহ ; নল-নির্মাণ ; নল তৈয়ারির উপাদান। *a.* **tū°būlar**—নলাকার ; নল-দ্বারা নির্মিত ; ফাঁপা নলে বাতাস ঢুকিলে বা ফুঁ দিলে যেমন আওয়াজ হয় তেমন আওয়াজপূর্ণ। *a.* **tūbe°less** । [F.<L. *tubus*]

tubectomy [tū-bek°-ta-mi, টিউবেক্°ট্যামি] *n.* (surg.) removal of Fallopian tube, (শল্য.) ডিম্বনালী (অস্ত্র প্রয়োগে) অপসারণ। [see *tube*, Gk. *tomos*=sharp]

tuber [tū°ba(r), টিউ°ব্যা(র্)] *n.* a rounded swelling, গোলাকার স্ফীতি ; the short thick part of an underground stem, in plant, আলু ওল প্রভৃতি কন্দ ; a kind of fungus, ছত্রাকবিশেষ, (পরি.) স্ফীতকন্দ। *a.* **tuberose**$_2$ [tū°-ba-ras, টিউ°ব্যার‍্যাস্], **tū°berous**—কন্দযুক্ত ; কন্দবৎ ; গ্রন্থিল। **tuberous root**—কন্দাল মূল। [L. =a swelling]

tubercle [tū°-ba(r)kl, টিউ°ব্যা(র্)ক্‌ল্] *n.* a small tuber, ক্ষুদ্র কন্দ আঁব বা স্ফীতি ; a morbid growth in the lung etc. in cases of tuberculosis, যক্ষ্মারোগে ফুসফুসাদিতে উদ্গত ক্ষুদ্র গুটিকা। *a.* **tū°bercled**—ক্ষুদ্র কন্দযুক্ত আঁবযুক্ত স্ফীতিযুক্ত বা গুটিকাযুক্ত। *a.* **tūber°cūlar**—কন্দাকার, গুটিকাকার ; কন্দযুক্ত ; গুটিকাযুক্ত ; যক্ষ্মামূলক। *n.* **tūber°cūlin**—যক্ষ্মাজীবাণু হইতে সংগৃহীত তরল পদার্থ

বিশেষ : ইহা যক্ষ্মারোগ নির্ণয়ে এবং চিকিৎসায় ব্যবহৃত হয়। *n.* **tūberculō°sis**—যক্ষ্মারোগ। *a.* **tūber°-cūlous**—যক্ষ্মারোগগত ; যক্ষ্মারোগাক্রান্ত। [L. *tuberculum*]

tuberose₁ [tū°b(a)rōz, টিউ°ব্রৌজ়্] *n.* a bulb with white fragrant flowers, সুগন্ধ শ্বেত পুষ্পযুক্ত কন্দবিশেষ। [<*tuber* influenced by *tub*, *rose*]

tuberose₂, tuberous—see **tuber.**

tūbe-well, tubing, tubular—see **tube.**

tuck [tuk, টাক্] (**1**) *v.t.* to draw or thrust in together, একত্র ভিতরে টানিয়া নেওয়া বা ঢোকান বা গুঁজিয়া দেওয়া ; to cram, ঠাসিয়া ঢোকান ; to fold under, তলায় বা উলটা পিঠে ভাঁজ করিয়া দেওয়া ; to gather or gird up, (জামার হাতা, কাপড়, প্রভৃতি) গোটান ; to wrap in clothes closely, জামাকাপড় দিয়া ভাল করিয়া জড়ান ; to put a pleat or fold in, তাপ্পি বা পটি সেলাই করিয়া দেওয়া অথবা মুড়ি সেলাই করা। (**2**) *v.t.i.* (sl.) to eat heartily, (অশি.) পেট পুরিয়া খাওয়া। *p.* & *p. pt.* **tu°cked** । (**3**) *n.* a pleat or fold, তাপ্পি, ভাঁজ ; (sl.) eatables, (অশি.—প্রধানতঃ মুখরোচক) খাদ্যদ্রব্য। **tu°cker**—(**1**) *n.* জামার বুকে জুড়িয়া-দেওয়া বস্ত্রখণ্ড বা লেইস্ ; (অশি.) পেটুক লোক ; (**2**) *v.t.* যারপরনাই শ্রান্ত করান। *n.* **tuck-in°**—পেটভরা বা ভুরি ভোজন। *n.* **tuck°shop**—কেইক্ লেবেনচুষ্ প্রভৃতির দোকান। **(to) tuck into**—পেট ভরিয়া খাওয়া। **(to) tuck up**—গুটাইয়া লওয়া ; সঙ্কুচিত করা ; তাপ্পি বা পটি তৈয়ারি করা ; (অশি.) ঝোলান, ফাঁসির দড়িতে ঝোলান। [OE. *tucian*=to disturb, afflict—cp. G. *zucken*=to twitch]

tucker [tu°-ka(r), টা°ক্যা(র্)] *n.* a piece of lace, linen, etc. on a woman's bodice (in 17th and 18th centuries), (সপ্তদশ ও অষ্টাদশ শতাব্দীতে) স্ত্রীলোকের অন্তর্বাসে ব্যবহৃত লেস, রেশমী কাপড় প্রভৃতি। **best bib and tucker**—সবচেয়ে ভাল বা সেরা পোশাক। [see *tuck*]

Tudor [tū°da(r), টিউ°ড্যা(র্)] *a.* of the Tudors or of their times, ইংল্যানডের টিউডার-রাজবংশীয় (অর্থাৎ রাজা সপ্তম হেনরি হইতে রানী এলিজাবেথ পর্যন্ত) বা তাঁহাদের আমলের। [Owen *Tudor* of Wales]

Tuesday [tūz°-di, টিউজ়্°ডি] *n.* the third day of the week, মঙ্গলবার। [OF. *Tiwes dæg*=the day of Tiw (the God of war)]

tufa [tū°-fa, টিউ°ফ্যা] *n.* a kind of rock, (সচ. চুনময়) পাথরবিশেষ। [It.]

tuff [tuf, টাফ্] same as **tufa** । [F. *tuf(fe)*]

tuft [tuft, টাফ্‌ট্] *n.* a bunched cluster, (লোম চুল পালক ঘাস প্রভৃতির) স্তবক, গুচ্ছ, গোছা, থোকা ; a goatee, নুর-দাড়ি। *n.* **tuft°-hun°ter**—যে ব্যক্তি সামাজিক প্রতিষ্ঠাসম্পন্ন লোকের সঙ্গ খুঁজিয়া বেড়ায় ; মোসাহেব। *a.* **tufted**—গুচ্ছসমন্বিত, গুচ্ছবদ্ধ। *a.* **tuf°ty**—গুচ্ছবদ্ধ, থোকা-থোকা ; নুর-দাড়িওয়ালা। [OF. *tuffe*]

tug [tug, টাগ্] (**1**) *v.t.i.* to pull forcibly, সবলে টানা। (**2**) *v.t.* to tow, গুন টানিয়া (নৌকাদি) লইয়া যাওয়া। (**3**) *v.i.* to strive or toil, (কঠোরভাবে) চেষ্টা করা বা খাটা ; to pull hard (*at*), জোরে টানা। *pr. pt.* **tu°gging** । *p.* & *p. pt.* **tu°gged** । (**4**) *n.* a forcible pull, সবলে আকর্ষণ, জোর টান ; a hard struggle or toil, কঠোর প্রচেষ্টা বা পরিশ্রম ; a rope or chain for pulling, টানার জন্য দড়ি বা শিকল ; steamboat for towing ships, জাহাজ টানিয়া লইয়া যাওয়ার জন্য ক্ষুদ্র ও শক্তিশালী বাষ্পীয় পোত (also **tug°boat**) । *n.* **tu°gger** । *n.* **tug°-of-war°**—কঠোর প্রতিযোগিতা বা প্রতিদ্বন্দ্বিতা ; দড়ি-টানাটানি খেলা বা প্রতিযোগিতা। [ME. *toggen*(*v.*)<OE. *teon*—cp. *tow*]

tuition [tū-i°sh(a)n, টিউই°শ্‌ন্] *n.* teaching, instruction, শিক্ষাদান, শিক্ষা। [L. *tuitio*=guardianship]

tulip [tū°-lip, টিউ°লিপ্] *n.* a plant with bell-shaped flower, ঘণ্টাকার বিবিধবর্ণ পুষ্পযুক্ত বৃক্ষবিশেষ ; its flower, উক্ত গাছের ফুল। [OF. *tulip(p)e*<Turk. *tulbend*=turban]

tulle [tūl, টিউল্] *n.* a delicate thin silk net-work fabric, সূক্ষ্ম জালি-জালি করিয়া বোনা পাতলা রেশমী কাপড়বিশেষ। [*Tulle* in France]

tumble [tumb°l, টাম্‌ব্‌°ল্] (**1**) *v.i.* to roll, wallow, or toss about, গড়াইয়া যাওয়া বা পড়া ; গড়াগড়ি খাওয়া, ইতস্ততঃ আন্দোলিত হওয়া ; to move or walk blunderingly, হোঁচট খাইতে খাইতে বা স্খলিতচরণে চলা ; to perform as an acrobat, দড়াবাজি করা ; to turn over, উলটাইয়া পড়া, ডিগবাজি খাইয়া পড়া ; to fall headlong, floundering, or revolving, নিচের দিকে মাথা দিয়া বা হাত-পা ছুড়িতে ছুড়িতে অথবা ঘুরিতে ঘুরিতে পড়া ; to collapse, ভাঙ্গিয়া পড়া ; to rush disorderly and hastily, বিশৃঙ্খলভাবে দ্রুত ধাবিত হওয়া, ছত্রভঙ্গ হইয়া ছোটা ; to come by chance, হঠাৎ আসিয়া পড়া বা সম্মুখীন হওয়া। (**2**) *v.t.* to send tumbling, গড়াইয়া দেওয়া অথবা উলটাইয়া বা ডিগবাজি খাওয়াইয়া ফেলিয়া দেওয়া, ছত্রভঙ্গ করা ; to jumble, তালগোল পাকাইয়া দেওয়া, একত্র মিশাইয়া দেওয়া ; to throw about, ইতস্ততঃ ছুড়িয়া দেওয়া। (**3**) *n.* act of tumbling, গড়াগড়ি, উল্‌টাইয়া পড়া বা উল্‌টাইয়া দেওয়া, বিপর্যয় ; স্খলিতচরণে চলন ; a somersault, ডিগবাজি ; a fall, পতন (to have a nasty *tumble*) ; a tumbled condition or mass, বিশৃঙ্খল বা তালগোল-পাকান অবস্থা অথবা বস্তু (things were all in a *tumble*) । *a.* **tumb°le-down**—(অট্টালিকাদি সম্বন্ধে) জীর্ণ বা পতনোন্মুখ। *n.* **tumb°ler**—tumble(*v.*)-এর সকল অর্থে, এবং বিশেষতঃ—দড়াবাজিকর ; (সচ. মদ্যপানের) বড় পানপাত্রবিশেষ (পূর্বে ইহাকে খাড়া করিয়া রাখা যাইত না) ; ঐ পেয়ালার একটিতে যতটা ধরে তত পরিমাণ (also **tumb°lerful**) ; দুই পার্শ্বের মধ্যদেশে দুই চক্রযুক্ত সামরিক গাড়িবিশেষ ; ডিগবাজি বা দোল খায় এমন

পুতুলবিশেষ ; আকাশে ডিগবাজি খায় এমন পায়রা-বিশেষ। **(to) tumble over**—অনবধানতাবশতঃ আন্দোলিত করা বা উলটাইয়া ফেলা ; (কিছুর উপরে) উলটাইয়া বা ডিগবাজি খাইয়া পড়া। **(to) tumble to**—(কথ্য.) ভাব গ্রহণ বা উপলব্ধি করা (I *tumbled to* what he said with some effort)। [OE. *tumbian*—cp. G. *tummeln*]

tumbrel [tumb°r(a)l, টাম্ব্‌°র্‌ল্], **tumbril** [tum°-bril, টাম্°ব্রিল্] *n.* an old instrument of punishment, শাস্তিদানের প্রাচীন যন্ত্রবিশেষ ; a cart that has to be tilted when it is unloaded, বোঝা খালাসের সময়ে যে গাড়ির সম্মুখভাগ নিচু করা হয় (ইহাতে অস্ত্রশস্ত্র বা বিষ্ঠাদি আবর্জনা বাহিত হয়) ; a cart for carrying victims to the guillotine during the French Revolution, ফরাসী বিপ্লবকালে দণ্ডিত ব্যক্তিগণকে শিরশ্ছেদের জন্য বহনার্থ গাড়িবিশেষ। [OF. *tomberel*]

tumescence—see **tumid.**

tumid [tū°-mid, টিউ°মিড্], *a.* swollen or enlarged, স্ফীত বা বর্ধিত ; inflated, bombastic, (রচনাশৈলী ভাষা প্রভৃতি সম্বন্ধে) বড় বড় কথায় পূর্ণ, গালভরা, লম্বা-চওড়া। *n.* **tūme°scence**—স্ফীত বা বর্ধিত হইয়া উঠিতেছে এমন অবস্থা। *a.* **tūme°scent**—স্ফীত বা বর্ধিত হইয়া উঠিতেছে এমন। *n.* **tūmi°dity, tū°midness** । *adv.* **tū°midly** । [L. *tumere*=to swell]

tummy [tu°-mi, টা°মি] childish corrup. of **stomach.**

tumour [tū°-ma(r), টিউ°ম্যা(র্)] *n.* swelling, স্ফীতি ; morbid swelling, টিউমার, অর্বুদ, আব। [L. *tumor*]

tum-tum [tum°-tum, টাম্°টাম্] *n.* a light vehicle, ক্ষিপ্রগামী ঘোড়ার গাড়িবিশেষ, টম্‌টম্। [?]

tumuli—see **tumulus.**

tumult [tū°-mult, টিউ°মাল্ট্] *n.* violent commotion, (সচ. কোলাহলপূর্ণ) প্রবল আলোড়ন বা বিক্ষোভ ; a riot, দাঙ্গা ; a state of violent emotion, প্রবল আবেগপূর্ণ অবস্থা। *a.* **tūmul°tūous**—প্রবল আলোড়নপূর্ণ বা বিক্ষোভপূর্ণ ; দাঙ্গাপূর্ণ ; উচ্ছৃঙ্খল ; বিক্ষুব্ধ ; প্রবল আবেগপূর্ণ ; উত্তেজিত ; কোলাহলপূর্ণ (a *tumultuous* welcome)। *adv.* **tumul°tūously** । [L. *tumultus*]

tumulus [tū°mū-las, টিউ°মিউল্যাস্] *n.* a burial mound, সমাধির উপরিস্থ স্তূপ, সমাধিস্তূপ। *pl.* **tū°mūlī** । [L.<*tumere*=to swell]

tun [tun, টান্] *n.* a large cask, বড় পিপা ; an obsolete liquid measure, তরল পদার্থের অপ্রচলিত মাপবিশেষ (ale-মদ্যের বেলায় ২১৬ গ্যালন এবং অন্যান্য মদ্যের বেলায় ২৫০ গ্যালন)। [OE. *tunne*]

tuna [tū°-na, টিউ°ন্যা] *n.* a tunny, বৃহদাকার সামুদ্রিক মৎস্যবিশেষ। *pl.* **t°ūna(s)** । [Sp. Am.]

tundra [tun°-dra, টান্°ড্র্যা] *n.* a frozen arctic plain, জমাট-বাঁধা তুষারাবৃত মেরুপ্রান্তর (এখানে কঠিনীভূত তুষারের উপরেই শৈবাল ও ছোটখাট উদ্ভিদ্ জন্মে), তুন্দ্রা-অঞ্চল, হিমপ্রান্তর। [Lapp.]

tune [tūn, টিউন্] **(1)** *n.* tone, স্বর ; a melody or air, সুরেলা ধ্বনি, সুর, স্বন ; accurate adjustment in pitch or frequency, সুরের পরদায় বা তালে মিল, সুর-সমন্বয় বা তাল-সমন্বয় ; agreement, মিল, ঐক্য ; temper, মেজাজ। **(2)** *v.t.* to adjust the tone of, (যন্ত্রাদিতে) সুর করা, টিউন্ করা ; to put in condition for producing tones in tune, সুর বাঁধা ; to put in working order, কার্যোপযোগী করা ; to bring to a desired state, বাঞ্ছিত অবস্থায় আনা ; to accord, মিল করান, সামঞ্জস্যপূর্ণ বা সমন্বয়পূর্ণ করা ; to utter or celebrate in music, (কোন বিষয়ে) গীতবাদ্য করা বা গীতবাদ্যদ্বারা ঘোষিত বা উৎসব-মুখর করা। **(3)** *v.i.* to give forth musical sound, সুরেলা ধ্বনি নির্গত করা। *a.* **tūne°ful**—সুরেলা ধ্বনিপূর্ণ ; সুরেলা। *adv.* **tune°fully** । *n.* **tune°fulness** । *n.* **tūne°less**—সুরহীন ; সুর করা বা সুর বাঁধা হয় নাই এমন ; বে-সুরো ; সুরেলা নহে এমন ; নীরব। *n.* **tū°ner**—যে ব্যক্তি বাদ্যযন্ত্রাদির সুর করে ; সুরকার ; গায়ক ; হারমোনিআমাদির সুরের পরদা বদলানর চাবি। *n.* **tū°ning**—সুরকরণ বা সুরবাঁধন। *n.* **tū°ning-fork**—বাদ্যযন্ত্রাদিতে সুর বাঁধার জন্য কাঁটাবিশেষ, (পরি.) স্বনশূল। *a.* **tū°ny**—আকর্ষণীয়ভাবে সুরেলা বা তালপূর্ণ। **in tune**—সুর বজায় বা সুরে মিল আছে এমন, সুরেলা ; মিল আছে এমন, ঐক্যযুক্ত। **out of tune**—বেসুরো ; মিল নাই এমন, ঐক্যহীন। **to the tune of**—তত পরিমাণে। **(to) call the tune**—(ঘটনাদি) নিয়ন্ত্রণে বা আয়ত্তে রাখা। **(to) change (one's) tune** or **(to) sing another tune**—(স্বীয়) মনোবৃত্তি বা কথাবার্তার ধরন বদলান বা সুর পালটান। **(to) tune in**—বেতারযন্ত্রের গ্রাহকঅংশ ঠিক করা অর্থাৎ বেতারযন্ত্র চালু করা বা খোলা। **(to) tune out**—বেতারযন্ত্র বন্ধ করা। **(to) tune up**—সঙ্গীত আরম্ভের জন্য বাদ্যযন্ত্রাদির সুর বাঁধিয়া বা মিলাইয়া লওয়া ; (গীতবাদ্যাদি) আরম্ভ করা। [var. of *tone*]

tung-oil [tung°-oyl, টাং°অয়্‌ল্] *n.* an oil obtained from a tree, used chiefly in varnishing woodwork, কাঠ বার্নিশ করার কাজে ব্যবহৃত বৃক্ষজাত তৈলবিশেষ। [C. *t'ung yu*]

tungsten [tung°-stan, টাং°স্ট্যান্] *n.* a rare metal, দুষ্প্রাপ্য ধাতুবিশেষ। [Sw.]

tunic [tū°-nik, টিউ°নিক্] *n.* a shirt-like undergarment of the Romans, রোম্যান্‌দের শার্টের ন্যায় অন্তর্বাসবিশেষ ; any similar garment, উক্ত জামার ন্যায় যে কোন জামা, নিমা ; a close-fitting soldier's or policeman's coat, সৈনিকের বা পুলিসের আঁটো জামাবিশেষ ; (bio.) an enveloping layer, membrane, or integument, (জীব.) আচ্ছাদক স্তর ঝিল্লী বা ত্বক্। [L. *tunica*]

tuning—see **tune.**

tunnage—alt. spell. of **tonnage.**

tunnel [tu°nl, টা°ন্‌ল্] **(1)** *n.* an artificial

subterranean passage, মনুষ্য-নির্মিত ভূগর্ভস্থ সুরঙ্গ; a tunnel-shaped net, সুরঙ্গাকার জালবিশেষ (also **tu°nnel-net**) । (2) *v.t.i.* to make a tunnel (through), (কিছুর মধ্যে) সুরঙ্গ কাটা। (3) *v.i.* to make one's way by tunnelling, সুরঙ্গ খুঁড়িয়া পথ করিয়া লওয়া বা অগ্রসর হওয়া। *pr. pt.* **tu°nnelling** । *p. & p. pt.* **tu°nnelled** । [OF. *ton(n)el*=cask, *tonnelle*=vault, tunnel-net]

tunny [tu°-ni, টা°নি] *n.* a sea-fish, ম্যাকেরেল-জাতীয় অতি বৃহৎকায় সামুদ্রিক মৎস্যবিশেষ। [L. *tunnus*<Gk. *thynnos*]

tuny—see **tune.**

tup [tup, টাপ্] *n.* a ram, পুং-মেষ, ভেড়া। [?]

tuppence [tupens, টাপেন্স্] *n.* two-pence, দুই পেনী। *a.* **tuppenny,** দুই পেনী মূল্যের। [*two & pence*]

tu quoque [tū kwō°-kwē, টিউ ক্যুঔ°ক্যুঈ] *n.* an answer made to a charge by accusing the accuser of the same thing, অভিযুক্ত ব্যক্তি কর্তৃক তৎপ্রতি আরোপিত অভিযোগ অভিযোক্তার উপরে আরোপ। [L.=you too]

turban [ta(r)°-ban, ট্যা(র্)°ব্যান্] *n.* an oriental head-dress, পাগড়ি; a woman's hat shaped like a turban, পাগড়ির ন্যায় আকারের স্ত্রীলোকের টুপিবিশেষ। *a.* **tur°baned**—পাগড়ি-পরিহিত। [Turk. *tulbend*<Pers. *dulband*]

turbid [ta(r)°bid, ট্যা(র্)°বিড্] *a.* muddy, thick, কর্দমাক্ত, পঙ্কিল, ঘোলা; disordered, বিশৃঙ্খল, এলোমেলো। *n.* **turbi°dity, tur°bidness** । *adv.* **tur°bidly** । [L. *turbidus*<*turba*=tumult]

turbine [ta(r)°-bin, ট্যা(র্)°বিন্] *n.* a rotary motor driven by water or air or steam, জল বায়ু বা বাষ্পের দ্বারা চালিত ঘূর্ণযন্ত্রবিশেষ। *n.* **tur°bo-jet**—টারবিন-চালিত বিমানপোত যাহার এনজিন উষ্ণ গ্যাসের মাধ্যমে তাহার চালিকা শক্তি প্রয়োগ করে (ইহার কোন চালক-পাখা থাকে না)। *n.* **tur°bo-prop**—টারবিন চালিত বিমানপোত যাহার এনজিন উষ্ণ গ্যাস হইতে সঞ্চিত শক্তির দ্বারা চালক-পাখাকে ঘোরায়। [L. *turbo*=a wheel]

turbit [ta(r)°-bit, ট্যা(র্)°বিট্] *n.* a kind of domestic pigeon, রঙিন পক্ষযুক্ত শ্বেতকায় গৃহ-পালিত কপোতবিশেষ। [?]

turbot [ta(r)°-bat, ট্যা(র্)°ব্যাট্] *n.* a large fish, বৃহৎকায় মৎস্যবিশেষ। [OF.]

turbulent [ta(r)°-bū-lant, ট্যা(র্)°বিউল্যান্ট্] *a.* tumultuous, প্রচণ্ড আলোড়নপূর্ণ বা বিক্ষোভপূর্ণ; riotous, দাঙ্গাহাঙ্গামাপূর্ণ; disturbed, অশান্ত; unruly, অবাধ্য, শাসনের বা নিয়ন্ত্রণের অসাধ্য। *n.* **tur°būlence, tur°būlency**—প্রচণ্ড আলোড়ন-পূর্ণতা বা বিক্ষোভপূর্ণতা; দাঙ্গাহাঙ্গামাপূর্ণতা; কোলাহলপূর্ণতা; অবাধ্যতা। *adv.* **tur°būlently** । [L. *turbulentus*]

Turcoman—alt. spell. of **Turkoman.**

turd [turd, টার্ড্] *n.* (not in polite use) a lump of excrement, (অসভ্য) পশু-বিষ্ঠার পিণ্ড; a contemptible person, ঘৃণ্য বা অবজ্ঞেয় ব্যক্তি। [ON. *tord(yfill)* ।

tureen [ta-rēn°, ট্যারীন্°] *n.* kind of large dish, ঝোল খাওয়ার জন্য ঢাকনাওয়ালা বড় থালা-বিশেষ। [F. *terrine*]

turf [ta(r)f, ট্যা(র্)ফ্] (1) *n.* the surface of land matted with roots of grass, etc., তৃণাচ্ছাদিত জমি; a cake of turf cut off, তৃণাচ্ছাদিত জমি হইতে কাটিয়া লওয়া টুকরা বা চাপড়া; the race-course, ঘোড়দৌড়ের মাঠ; the occupation of racing, ঘোড়দৌড়-ব্যবসায়। (2) *v.t.* to cover with turf, তৃণাবৃত মাটির চাপড়া দিয়া আবৃত করা। *p. & p. pt.* **tur°fed** । *a.* **tur°fy**—তৃণাচ্ছাদিত জমি-সংক্রান্ত বা তত্তুল্য; তৃণাচ্ছাদিত; ঘোড়দৌড়-সংক্রান্ত। *pl.* **turfs, turves**—চাপড়া। *n.* **tur°finess** । **turf commission agent**—ঘোড়দৌড়ের পেশাদার জুয়াড়ী। **(to) turf out**—(অশি.) ছুড়িয়া ফেলা। [AS.<ON. *torf*]

turgent [ta(r)°-jant, ট্যা(র্)°জ্যান্ট্] *a.* swelling, স্ফীত হইতেছে এমন; dilated, বড় হইয়াছে এমন, বর্ধিত। *n.* **turgescence** [ta(r)-je°sns, ট্যা(র্)জে°স্ন্স্], **turge°scency**—স্ফীত হওয়া, স্ফীতি; স্ফীতিশীলতা; (উদ্ভি.) রসস্ফীতি। *a.* **turge°scent**—স্ফীত হইয়া বা বড় হইয়া উঠিতেছে এমন। *a.* **tur°gid**—(রোগের ফলে) স্ফীত বা অস্বাভাবিক রকম বর্ধিত; (রচনাশৈলী ভাষা প্রভৃতি সম্বন্ধে) বড় বড় শব্দপূর্ণ, গালভরা, লম্বাচওড়া; (উদ্ভি.) জলসিক্ত হওয়ার ফলে শক্ত ও টান-টান (অর্থাৎ সতেজ) হইয়াছে এমন, (পরি.) রসস্ফীত। *n.* **turgi°dity** । *adv.* **tur°gidly** । [L. *turfere*=to swell]

Turk [ta(r)k, ট্যা(র্)ক্] *n.* a native of Turkey, তুরস্কের লোক, তুর্কী; a Moslem of the former Ottoman empire, প্রাচীন অটোম্যান্-সাম্রাজ্যের মুসলমান প্রজা; an unmanageably unruly person, যে উচ্ছৃঙ্খল বা দুর্দান্ত লোককে শাসন করা যায় না। **Tur°kish**—(1) *a.* তুরস্কের; তুর্কী জাতির বা ভাষার; তুর্কী। (2) *n.* তুর্কী ভাষা। **Turkish bath**—রোগ-নিরাময়ার্থ উষ্ণ বাষ্পস্নান। **Turkish delight**—জেলির ন্যায় পিষ্টকবিশেষ। **Turkish towel**—খসখসে তোয়ালেবিশেষ। **Grand Turk**—অটোম্যান্ সুলতানের আখ্যা। **(to) turn Turk**—ইসলামধর্ম গ্রহণ করা; একেবারে উলটাইয়া বা বদলাইয়া যাওয়া। [Pers. & Ar.]

Turkey [ta(r)°-ki, ট্যা(র্)°কি] *n.* the country of the Turks, তুর্কীস্থান, তুরস্ক। *n.* **tur°key**—বৃহৎকায় পক্ষিবিশেষ (মানুষের আহার্যরূপে ইহাকে পালন করা হয়) বা উহার মাংস। *n.* **tur°key-cock**—উক্ত পুং-জাতীয় পক্ষী। *fem.* **tur°key-hen** । **Turkey red**—উৎকৃষ্ট পাকা লাল রঙ্ বা রঞ্জক। **red as a turkey-cock**—রাগিয়া আগুন এমন, অগ্নিশর্মা। **(to) talk turkey**—খোলাখুলি কাঠ-খোট্টাভাবে বলিয়া ফেলা। [cp. F. *Turquie*]

Turkish—see **Turk.**

Turkoman [ta(r)°-ka-mŭn, ট্যা(র্)°ক্যাম্যান্] *n.* a member of a branch of the Turkish family, তুর্কীজাতির শ্রেণীবিশেষের লোক। [Pers. *Turkuman*]

turmeric [ta(r)°-ma-rik, ট্যা(র্)°ম্যারিক্] *n.* a plant of the ginger family, হলুদ-গাছ; its root-stock, হলুদ, হরিদ্রা; its powdered root-stock, হলুদ-গুঁড়া। **turmeric paper**—রাসায়নিক পরীক্ষায় ব্যবহৃত হলুদের প্রলেপ-মাখান কাগজবিশেষ। [cp. F. *terre-merite*, L. *terra merita*=deserved earth]

turmoil [ta(r)°-moyl, ট্যা(র্)°ময়্ল্] *n.* commotion, বিক্ষোভ, চাঞ্চল্য; disquiet, অশান্তি; tumult, কলরোলপূর্ণ প্রচণ্ড আলোড়ন। [?]

turn [ta(r)n, ট্যা(র্)ন্] **(1)** *v.i.t.* to revolve or rotate, আবর্তিত হওয়া বা করা, ঘোরা বা ঘোরান, পাক খাওয়া বা পাক দেওয়া (the earth *turns* round the sun; to *turn* the tap); to move round, ফেরা বা ফেরান, ঘুরিয়া দাঁড়ান বা ঘুরাইয়া দাঁড় করান (to *turn* one's back to the wall); to return, (নিক্ষিপ্ত বল্ প্রভৃতি) ফেরত যাওয়া বা ফেরত দেওয়া, প্রত্যাবৃত্ত হওয়া বা করান; to change direction, tendency, sides, religion, mode of life, colour etc. (of), (নিজের বা অন্যের) গতিমুখ ঝোঁক দল ধর্ম জীবনযাত্রা বর্ণ রূপ প্রভৃতি বদলান; to change or reverse, বদলান বা পালটান; to deviate or deflect, বিপথগামী হওয়া বা করা, পথ হইতে সরা বা সরান, পথবিচ্যুতি ঘটা বা ঘটান; to direct oneself, or face, or cause to do so, কোন পথাবলম্বন করা বা করান, অভিমুখ হওয়া বা করান, মুখামুখি বা সম্মুখীন হওয়া বা করান; to become or render, হওয়া বা হওয়ান; পরিণত হওয়া বা করা; to be shaped, or shape, on a lathe, কুঁদযন্ত্রদ্বারা গঠিত হওয়া বা গঠন করা, কুন্দিত হওয়া বা করা; to sour or make sour, টকা বা টকান; to bend or bend back, বাঁকা বা বাঁকান, আনত হওয়া বা করা; to wind, মোচড় খাওয়া বা দেওয়া। **(2)** *v.i.* to hinge, কবজাদির উপরে ফেরা বা ঘোরা; to betake oneself, কোন পথালম্বন করা; to direct one's attention, মনোযোগ দেওয়া; to result or prove in issue, ফলস্বরূপ উদ্ভূত হওয়া বা প্রমাণিত হওয়া। **(3)** *v.t.* to set outside-in, ভিতরের দিকে মুখ করিয়া বা মুড়িয়া রাখা; to set upside-down, উলটাইয়া বা উপুড় করিয়া রাখা; to point, নির্দেশিত করা; to apply, প্রয়োগ করা; to send, drive, or set, পাঠান, চালান, স্থাপন করা; to translate, ভাষান্তরিত করা, অনুবাদ করা (to *turn* a Bengali verse into English); to transfer, বদলি করা; to shape, গঠন করা। **(4)** *n.* act of turning, আবর্তন, ঘোরা, মোড় ফেরা; occasion or place of turning, আবর্তনের বা ঘোরার বা মোড় ফেরার উপলক্ষ সময় অথবা স্থান; a new direction or tendency, নূতন পথ বা ঝোঁক; a twist, মোচড়; a complete revolution, পূর্ণ আবর্তন; a bend, বাঁক; (mus.) an embellishment, (সঙ্গীতে) গমক স্বর-আন্দোলন প্রভৃতি অলঙ্কার; turning-point, সন্ধিক্ষণ, সঙ্কট-মুহূর্ত; a time of change, পরিবর্তনকাল; a spell, দফা, পশলা; a trick, কৌশল; a performer's act, অভিনেতা গায়ক প্রভৃতির নিজ বিদ্যা বা নৈপুণ্য প্রদর্শন; a shift, পালা; a bout, প্রতিযোগিতাদির অনুষ্ঠান; fashion, রীতি; manner, ধরন; cast of mind, মানসিক গঠন, মনের আদল; aptitude, স্বাভাবিক দক্ষতা; bent, ঝোঁক, প্রবণতা; occasion, উপলক্ষ; a vicissitude, পরিবর্তন; a characteristic quality or effect, বৈশিষ্ট্যসূচক গুণ বা ফল; act of kindness or malice, সদয় বা বিদ্বেষপূর্ণ আচরণ। *n.* **turn°coat**—স্বদলত্যাগী স্বমতত্যাগী ব্যক্তি। *a.* **turn°down**—(জামার কলার সম্বন্ধে) নিচের দিকে ভাঁজ করিয়া বা মুড়িয়া দেওয়া হইয়াছে এমন। *n.* **tur°ner**—turn (*v.*)-এর সকল অর্থে, এবং বিশেষতঃ—যে ব্যক্তি কুঁদযন্ত্রে জিনিসপত্র গড়ে; কুন্দকার। *n.* **tur°nery**—কুন্দকারের কাজ বা দোকান। *n.* **turning**—আবর্তন; ঘূর্ণন; উলটা হওয়া; বিপর্যয়; বাঁক, মোড়; অপসরণ; গঠন, কুন্দন। *n.* **tur°ning-point**—বাঁক; সন্ধিক্ষণ, সঙ্কটমুহূর্ত। *n.* **turn°key**—সহকারী কারাপাল (ইহার কাছে কারাগারের চাবিগুলি থাকে)। *n.* **turn°out°**—শয্যাত্যাগ; (দৈনন্দিন) কার্যভার-গ্রহণার্থ আগমন, ডিউটিতে আগমন, ড্রিল্ প্যারেড্ প্রভৃতির জন্য সমাবেশ; সাজসজ্জা, সাজসরঞ্জাম। *n.* **turn°ōver**—উলটাইয়া যাওয়া, বিপর্যয়, ডিগবাজি; ভাঁজ, মুড়ি; সংবাদপত্রের যে প্রবন্ধ প্রথম পৃষ্ঠায় আরম্ভ হইয়া অন্য পৃষ্ঠায় শেষ হয়; ক্ষুদ্র আলোয়ান বা শাল; ব্যবসায়ে নির্দিষ্ট সময়ে লেনদেন বা কেনাবেচার পরিমাণ। *n.* **turn°pīke**—সূচিমুখ খুঁটি পুঁতিয়া নির্মিত বেড়া; নগরাদির যে দ্বার অতিক্রম করিতে হইলে শুল্ক দিতে হয়, কুঁতদ্বার; কুঁত-দ্বারবিশিষ্ট রাস্তা (also **turn°pīke-road**)। *n.* **turn°pīke-man**—কুঁত আদায়ের ভারপ্রাপ্ত কর্মচারিবিশেষ। *n.* **turn-round**—(জাহাজ সম্বন্ধে) বন্দরে নামা, মাল খালাস করা ও বন্দর ত্যাগ করার প্রক্রিয়া। *n.* **turn-table**—যে চক্রাকার ঘূর্ণায়মান প্ল্যাটফর্মের সাহায্যে রেলগাড়ি এন্‌জিন প্রভৃতির দিক্ পরিবর্তন করা হয়, যে ঘূর্ণায়মান পীঠিকার উপর গ্রামোফোনের রেকর্ড চালান হয় ইত্যাদি। *n.* **turn°-screw**—স্ক্রু খোলার যন্ত্রবিশেষ, স্ক্রু-ড্রাইভার। *n.* **turn°stile**—ঘূর্ণামান দ্বারবিশেষ: ইহার মধ্য দিয়া একবারে একজন মাত্র লোক ঢুকিতে বা বাহির হইতে পারে। *n.* **turn°-up°**—গোলমাল, বিক্ষোভ; উপরের দিকে ওলটান বস্তু বা অংশ। **by turns**—একটির পর একটি করিয়া, পালাক্রমে; থাকিয়া-থাকিয়া, মাঝে-মাঝে। **in turn**—পালাক্রমে। **(to) do a good turn**—উপকার করা। **on the turn**—মোড়ে বাঁকে সন্ধিক্ষণে বা সঙ্কটমুহূর্তে সমুপস্থিত; পরিবর্তিত হইতেছে এমন; টকিয়া যাওয়ার উপক্রম করিয়াছে এমন (the milk is *on the turn*)। **out of turn**—পালার বাহিরে। **to a turn**—ঠিকঠিকভাবে;

সম্পূর্ণভাবে। **at every turn**—প্রায়শঃ। **turned out**—বেশভূষায় সজ্জিত। **(to) serve the turn** or **(to) serve one's turn**—কাজের পক্ষে উপযুক্ত হওয়া; যথেষ্ট হওয়া। **(to) take (one's) turn** (at), **to take turns** (at)—স্বীয় পালাক্রমে কার্যাদি করা বা সুযোগাদি লওয়া। **(to) turn about**—ঘুরিয়া দাঁড়ান বা দাঁড় করান; ঘোরা বা ঘোরান; আবর্তিত হওয়া বা করা। **(to) turn again**—প্রত্যাবর্তন করা বা করান; পূর্বাবস্থায় ফিরিয়া আসা বা আনা। **(to) turn against**—(কাহারও বা কিছুর) ক্ষতিসাধনার্থ প্রয়োগ করা বা প্রযুক্ত হওয়া; বিরোধী বা শত্রু করিয়া তোলা অথবা হইয়া ওঠা। **(to) turn aside**—এড়ান; অন্য পথে সরান বা সরা; মুখ ফেরান। **(to) turn away**—বরখাস্ত করা; অন্য দিকে তাকান, মুখ ফেরান; অন্য পথে সরা; প্রস্থান করা। **(to) turn back**—পশ্চাদপসরণ বা প্রত্যাবর্তন করান অথবা করা। **(to) turn down**—নিচের দিকে বাঁকান বা ভাঁজ করা; ওলটান; (প্রদীপাদির পলিতা) নিচু করা বা নামান; (প্রদীপাদির তেজ বা দীপ্তি) হ্রাস করা; প্রত্যাখ্যান করা, অগ্রাহ্য করা; বাঁক ঘুরিয়া ঢোকা। **(to) turn in**—ভিতরের দিকে বাঁকাইয়া আনা; প্রবেশ করা; (কথ্য.) ঘুমাইতে যাওয়া। **(to) turn inside out**—ভিতর দিক্ উল্টাইয়া বাহিরে আনা বা আসা। **(to) turn into**—নির্দিষ্ট প্রণালীদ্বারা পরিণত বা পরিবর্তিত করা অথবা হওয়া। **(to) turn loose**—বন্ধনমুক্ত করা বা হওয়া, ছাড়িয়া দেওয়া বা ছাড়া পাওয়া। **(to) turn off**—অন্য পথে সরান বা সরা, বরখাস্ত করা; সম্পূর্ণ করা, শ্রমবলে সাধন বা সম্পাদন করা; বন্ধ করিয়া দেওয়া (to *turn* off the radio)। **(to) turn on**—(স্রোতাদি) প্রবাহিত করান বা খুলিয়া দেওয়া; (প্রদীপাদি) জ্বালান; নির্ভর করা; বিরোধী বা শত্রু হইয়া ওঠা। **(to) turn one's coat**—দল, মত প্রভৃতি ত্যাগ করা। **(to) turn one's hand to**—নিজেকে নিযুক্ত করা, নিরত হওয়া। **(to) turn one's head** or **brain**—মাথা ঘুরাইয়া দেওয়া; সাফল্যের আনন্দে আত্মহারা করান। **(to) turn out**—বহির্দিকে বাঁকান বা বাঁকা; নেভান; বিতাড়িত করা; (পশুকে) চারণভূমিতে লইয়া যাওয়া; উৎপাদন করিয়া (বাজারে) দেওয়া; ফলতঃ প্রমাণিত হওয়া; সমাবিষ্ট বা একত্র হওয়া; উলটাইয়া দিয়া খালি করা; (কোন অবস্থায়) পরিণত হওয়া; প্রতিপাদিত হওয়া; (কথ্য.) শয্যাত্যাগ করা। **(to) turn over**—কিছুর উপর দিয়া গড়াইয়া দেওয়া বা যাওয়া; অন্য দিক্ উঁচু করা বা অন্য দিকে উঁচু হওয়া; উলটাইয়া দেওয়া বা উলটাইয়া যাওয়া; পার্শ্বপরিবর্তন বা দলপরিবর্তন করা বা করান; (দায়িত্বাদি) হস্তান্তরিত করা বা হস্তান্তরিত হওয়া; কোন পরিমাণে কাজ করা; পৃষ্ঠা উলটাইয়া পরীক্ষা করা। **(to) turn round**—ঘোরা বা ফেরা; ঘোরান বা ফেরান। **(to) turn to**—(উপায়াদি) অবলম্বন করা; নির্দেশিত করা; পরিবর্তিত করা বা হওয়া। **(to) turn up**—উপরমুখ করা বা হওয়া; উপর দিকে ভাঁজ করা বা হওয়া; প্রকাশিত করা বা হওয়া; আবির্ভূত বা উপস্থিত হওয়া (he *turned up* late); সহসা দৃষ্ট বা আবিষ্কৃত হওয়া; (আপনা হইতে) সঙ্ঘটিত হওয়া; ওলটান; মৃত্তিকাদি খুঁড়িয়া মূলোৎপাটন করা; উৎপাটিত করা; (হাতল ঘুরাইয়া আলোকাদি) উজ্জ্বলতর করা, শিখা বাড়াইয়া দেওয়া; (নজিরাদি রূপে) উল্লেখ করা বা দেখা। **(to) turn upon**—পশ্চাতে নিক্ষেপ করা; সমুচিত প্রত্যুত্তর দেওয়া; কবজার উপরে ঘোরা। [OE. *turnian, tyrnan*<L. *tornare*=to turn in a lathe]

turnip [ta(r)°-nip, ট্যা(র্)°নিপ্] *n.* a plant with bulbous root, শালগমের বা ওলকপির গাছ; its root, শালগম বা ওলকপি। *n.* **tur°nip-top**—শালগমের বা ওলকপির পাতা। [*tur-*<*turn* or F. *tour*=round, see *neep*]

turpentine [ta(r)°-p(a)ntɪn, ট্যা(র্)°প্‌ন্টাইন্] *n.* a kind of balsam, তার্পিন; an oil prepared from this, তার্পিনতেল (also **oil** or **spirit of turpentine**)। (colloq. abbrev.) **turps**। [OF. *terbentine*<L. *terebinthina* (*resina*)=terebinth (resin)]

turpitude [ta(r)°-pi-tūd, ট্যা(র্)°পিটিউড্] *n.* baseness, নীচতা; depravity, অসচ্চরিত্রতা। [L. *turpitudo*]

turquoise [ta(r)°-kwŭz, ট্যা(র্)°ক্যোআজ্] *n.* an azure gem, আসমানী-রঙের অস্বচ্ছ মণিবিশেষ, নীলকান্তমণি; its colour, উক্ত মণির আশমানী রঙ্। [F. *turquoise*=Turkish (as the gem was carried to Europe through Turkey)]

turret [tu°-rit, টা°রিট্] *n.* a small tower, মিনার, চূড়া; a tower for guns and gunners, যে চূড়ার উপরে কামান রাখা হয় এবং যেখান হইতে গোলন্দাজ কামান দাগে। [OF. *tourete*]

turtle$_1$ [ta(r)t°l, ট্যা(র্)°ট্‌ল্] *n.* a kind of dove, ঘুঘুবিশেষ (also **turt°le-dove**); a constant or demonstrative lover, যে প্রেমিক চিরকাল অনুগত থাকে বা অত্যধিক প্রেমের অভিব্যক্তি প্রদর্শন করে। [OE. *turtla, turtle*<L. *turtur*]

turtle$_2$ [ta(r)t°l, ট্যা(র্)ট্°ল্] *n.* a marine reptile, কচ্ছপ, কাছিম। **(to) turn turtle**—উলটাইয়া যাওয়া। [F. *tortue*, Sp. *tortuga*, or Port. *tartaruga*]

Tuscan [tus°-kan, টাস্°ক্যান্] (**1**) *a.* of Tuscany, টাস্কানি-দেশীয়। (**2**) *n.* the language or a native of Tuscany, টাস্কানির ভাষা বা লোক। [L. *Tuscanus*=Etruscan]

tush [tush, টাশ্] *int.* pooh, অবজ্ঞাসূচক ধ্বনিবিশেষ, ছোঃ, ফুঃ। [imi.]

tusk [tusk, টাস্ক্] *n.* a long protruding tooth, (হস্তী শূকর প্রভৃতির) মুখের বহির্ভাগে

For words in *turn-*, not given separately, see **turn**.

প্রলম্বিত দন্তবিশেষ। *n.* **tus°ker**—দাঁতাল হাতি বা বরাহ। [OF. *tux*]

tussive [tu°-siv, টা°সিভ্] *n.* of a cough, কাশি বা কাশরোগ সংক্রান্ত। [L. *tussis*=cough]

tussle [tus°l, টাস্°ল্] (1) *n.* a sharp struggle, তীব্র লড়াই; a wrestling, ধ্বস্তাধ্বস্তি বা কোশ্তাকুশ্তি। (2) *v.i.* to struggle, তীব্র লড়াই করা; to wrestle, ধ্বস্তাধ্বস্তি বা কোশ্তাকুশ্তি করা (to *tussle with* a person *for* a thing)। [frequentative of *touse*]

tussock [tu°-sak, টা°স্যাক্] *n.* a tuft, গুচ্ছ, থোকা; a clump of grass, rushes, etc., ঘাস, নলখাগড়া প্রভৃতির বড় ও লম্বা গুচ্ছ, তৃণগুচ্ছ। [?]

tussore [tu°-sa(r), টা°স্যা(র্), tu°-saw(r) টা°স্য(র্)], **tuss°ah** *n.* a kind of strong coarse silk, তসর। [Hin. *tasar*]

tut [t, ট্] *int.* an exclamation of rebuke, disapprobation, impatience, etc., ভর্ৎসনা অননুমোদন অধৈর্য প্রভৃতিসূচক অব্যয়বিশেষ। [imi.]

tutelage [tū°-ti-lij, টিউ°টিলিজ্] *n.* guardianship, অভিভাবকত্ব; the state of being under a guardian, অভিভাবকত্বাধীন অবস্থা। *a.* **tū°telar(y)**—রক্ষাকর (*tutelary* deity, god, saint. etc.); কোন স্থানের বা পাত্রের ভারপ্রাপ্ত (*tutelary* authority)। [L. *tutela*=guard]

tutor [tū°-ta(r), টিউ°ট্যা(র্)] (1) *n.* a guardian of the person and estate of a minor, অপ্রাপ্তবয়স্ক বালক বা বালিকার দেহ (সংরক্ষণ) ও সম্পত্তির অভিভাবক অথবা রক্ষক; a private teacher, ব্যক্তিগত শিক্ষক, গৃহশিক্ষক; a college teacher who instructs by conference with a small group of students, কলেজের ছাত্রগণকে ক্ষুদ্র ক্ষুদ্র দলে ভাগ করিয়া শিক্ষাদানার্থ অধ্যাপকবিশেষ; an instruction-book, শিক্ষাদানের পুস্তক। *fem.* **tū°toress, tū°tress**। (2) *v.t.* to act as tutor to, (কাহারও) অভিভাবকত্ব বা গৃহশিক্ষকতা বা শিক্ষকতা করা; to instruct, শিক্ষা দেওয়া; to control, নিয়ন্ত্রিত করা। *n.* **tū°torage**—শিক্ষকতা; অভিভাবকত্ব; শিক্ষকতা বা অভিভাবকতার দরুন পারিশ্রমিক। **tutorial** [tū-taw°-rial, টিউট্য°রিঅ্যাল্] (1) *a.* অভিভাবক বা গৃহশিক্ষক বা শিক্ষক সম্বন্ধীয়। (2) *n.* কলেজের ছাত্রগণকে ক্ষুদ্র ক্ষুদ্র দলে শিক্ষাদানার্থ বৈঠক, টিউটরিআল ক্লাশ। [L. (*n.*)]

tut-tut [tut-tut°, টাট্টাট্°] same as **tut.**

tutti-frutti [too°-te-froo°-te, টু°টীফ্রু°টী] *n.* a confection, esp. an ice-cream, of mixed fruits, বিবিধ ফলরসের মিশ্রণে তৈয়ারী মিঠাই, বিশেষতঃ আইসক্রীম। [It.=all fruits]

tu-whit [too-wit°, টুউইট্°] **tu-whoo** [too-woo°, টুউ°] *n.* an owl's hoot, পেচকের ডাক। [imi.]

tuxedo [tuk-se°-do, টাক্-সী°-ডৌ] *n.* (U.S.A.) a dinner jacket, নৈশ ভোজের সময় পরিধেয় জ্যাকেট (মার্কিন যুক্তরাষ্ট্রে প্রচলিত)। [place name]

twaddle [twod°l, টোঅ্যাড্°ল্] (1) *n.* a senseless or prosy commonplace talk, অর্থহীন বা গদ্যময় একঘেয়ে কথাবার্তা। (2) *v.i.* to talk twaddle, ঐ ধরনের কথাবার্তা বলা। *n.* **twadd°ler**। *a.* **twadd°ly**—ঐ ধরনের কথাবার্তা বলে এমন। [obs. *twattle*—connected with *tattle*]

twain [twān, টোএইন্] (1) *a.* (arch.) two, (আর্ষ.) দ্বি, যমজ, বমল। (2) *n.* a couple, pair, যমজ প্রাণী বা বস্তু, জোড়া। **in twain**—পৃথক্ হইয়া, দ্বিধা হইয়া। [OE. *twegen*=two]

twang [twang, টোঅ্যাং] (1) *n.* the sound of plucked string, বাদ্যযন্ত্রাদির তার ছেঁড়ার শব্দ, টং-শব্দ, পটাং; a nasal tone, খোনা সুর। (2) *v.i.t.* to sound or speak with a twang, পটাং-শব্দ করান বা করা অথবা উক্ত শব্দে বা ধ্বনিতে বলা। [imi.]

'twas [twoz, টোঅজ্] contr. of **it was.**

tweak [twēk, টুঈক্] (1) *v.t.* to twitch, খামচি দেওয়া; to pull with sudden jerks, অকস্মাৎ ঝাঁকি দিয়া টানা (to *tweak* one's nose or ears)। *p. & p. pt.* **twea°ked**। (2) *n.* a sharp pinch, খামচি। [cp. *twitch*]

tweed [twēd, টুঈড্] *n.* a kind of woollen cloth with roughish surface, খস্খসে পশমী বস্ত্রবিশেষ; (in *pl.*) clothes of tweed, উক্ত বস্ত্রে তৈয়ারী পোশাক। [a misreading of *tweel* (<*twill*), the cloth being made in the *Tweed* basin]

tweedle [twēd°l, টুঈড্°ল্] *n.* a sound as of a fiddle, ভায়োলিন্ প্রভৃতি বাদ্যযন্ত্রের ধ্বনির ন্যায় শব্দ। **tweedledum and tweedledee**—নামমাত্র পার্থক্যযুক্ত ব্যক্তি বা বস্তু। [imi.]

'tween [twēn, টুঈন্] contr. of **between.**

tweeny [twi°-ni, টুই°-নি] *n.* a young girl servant who helps both in cooking and housework, বালিকা পরিচারিকা যে রান্না ও ঘরকন্নার কাজে সাহায্য করে। [tween+y]

tweet [twēt, টুঈট্] (1) *n.* the note of a small bird, ক্ষুদ্র পক্ষীর ডাক্, কিচির্-মিচির্। (2) *v.i.t.* to chirp, কিচির্মিচির্ করা বা কিচিরমিচির্ করিয়া বলা। [imi.]

tweeter [twi-ta, টুই-টেই] *n.* a small loudspeaker for reproducing high notes clearly, যে ছোট ধ্বনিবিবর্ধনযন্ত্র বা লাউডস্পিকারের সাহায্যে উচ্চগ্রামের ধ্বনি স্পষ্ট করিয়া ধরা যায় বা প্রতিফলিত করা যায়। [?]

tweezers [twē°-za(r)z, টুঈ°জ্যা(র্)জ্] *n. pl.* pincers for pulling out hairs etc., চুল লোম প্রভৃতি তোলার জন্য সন্না। [obs. *tweeze*=a surgeon's case of instruments—cp. *etui*]

twelfth [twelfth, টোএল্ফ্থ্] *a. & n.* the last of twelve, দ্বাদশতম; (that which is) equal to one of twelve equal parts, এক-দ্বাদশাংশ; (of the days of month) next in order after the eleventh, (মাসের তারিখের) বারই। *adv.* **twelfth°ly** । **twelfth man**—(যে খেলায় এক পক্ষে এগার জন খেলোয়াড় থাকে) দ্বাদশ ব্যক্তি অর্থাৎ নির্বাচিত কেহ অনুপস্থিত হইলে বা অসুস্থ হইয়া পড়িলে তাহার বদলি হিসাবে যে খেলিতে পারে। *n.* **Twelfth°-night**—নবজাত শিশুকে দর্শনার্থ জ্ঞানিগণের বেথেলহেমে আগমনোপলক্ষে খ্রিস্টীয় পর্বরাত্রি। [OE. *twelfta*<*twelf*]

twelve [twelv, টো্যএল্‌ভ্‌] **(1)** *a.* & *n.* ten and two, বার, দ্বাদশ। **(2)** *n.* the hour of midday or midnight, দুপুর বারটা বা রাত্রি বারটা। *n.* **twelve°month**—এক বৎসর, বারমাস। **the Twelve**—খ্রিস্টের দ্বাদশজন শিষ্য। [OE. *twelf*]

twenty [twen°-ti, টো্যএন্‌°টি] *a.* & *n.* twice ten, বিংশতি, কুড়ি। *a.* & *n.* **twen°tieth**—বিংশতিতম (অংশ); সমান কুড়িভাগের এক ভাগের সমান (অংশ); (মাসের তারিখের) বিশে। [OE. *twentig*]

'twere [twa(r), টো্যঅ্যা(র্‌)] contr. of **it were.**

twerp, twirp [twarp, ট্যঅ্যারপ্‌] *n.* (*sl.*) a low contemptible fellow, (অশি.) নীচ ঘৃণ্য লোক; a silly fool, বোকা। [?]

twi- [twī, টো্যআই] *pfx.* two, double, দুই, দ্বি-দ্বিগুণ।

twice [twīs, টো্যআইস] *adv.* two times, দুই বারে বা দফায়; doubly, দ্বিগুণ হইয়া বা করিয়া; for a second time, দ্বিতীয় বারে বা দফায়। *a.* **twīce°-born**—(আসব-দেবতা Bacchus-এর সম্বন্ধে) দ্বিতীয়বার জাত; দ্বিজ, ব্রাহ্মণবংশোদ্ভব। *a.* **twice°-tōld**—দুইবার শোনা বা বলা হইয়াছে এমন; পুরান। *n.* **twī°cer**—(অশি.) প্রতারক, শঠ। **twice over**—emphatical form of **twice**। **(to) think twice about it**—ইতস্ততঃ করা; সিদ্ধান্ত করিবার পূর্বে ভাবিয়া দেখা। [Late OE. *twiges*]

twiddle [twid°l, টুাইড্‌°ল্‌] **(1)** *v.t.* to twist idly about, খেয়ালখুশিমত ইতস্ততঃ মোচড়ান; to play with, (কিছুর সহিত) খেলা করা। **(2)** *n.* act of twiddling, খেয়ালখুশিমত ইতস্ততঃ মোচড়ানি। **(to) twiddle one's thumbs**—হাতে কাজ না থাকায় অলসভাবে বুড়ো আঙ্গুল মোচড়ান। [cp. *twirl*, *twist*]

twig₁ [twig, টুাইগ্‌] *n.* a small shoot or branch, ক্ষুদ্র ডাল, পল্লব, ফেঁকড়ি। *a.* **twi°ggy**—বহু ডালপালাযুক্ত। **(to) hop the twig**—(কথ্য.) মারা যাওয়া। [AS.—cp. G. *zweig*]

twig₂ [twig, টুাইগ্‌] *v.t.* (coll.) to observe, পর্যবেক্ষণ করা; to notice, লক্ষ্য করা; to understand, হৃদয়ঙ্গম করা, বুঝা। [?]

twilight [twī°-līt, টো্যআই°লাইট্‌] *n.* the faint light after sunset and before sunrise, (সন্ধ্যার বা ঊষার) গোধুলি, (পরি.) সন্ধ্যালোক; (fig.), remote period about which little is known, (আল.) প্রায় অপরিজ্ঞাত সুদূর অতীত (the *twilight* of history)। [*twi-*, *light*]

twill [twil, টুাইল্‌] *n.* a woven fabric, সমান্তরাল রেখায় রেখায় বোনা বস্ত্রবিশেষ, টুইল্‌-কাপড়। [OE. *twilic*]

'twill [twil, টুাইল্‌] contr. of **it will.**

twin [twin, টুইন্‌] **(1)** *n.* one of two born at a birth, যমজের যে-কোনজন; one very like or closely associated with another (কাহারও বা কিছুর) প্রায় সমরূপ বা ঘনিষ্ঠ সম্পর্কযুক্ত ব্যক্তি অথবা বস্তু; a counterpart, প্রতিরূপ; (obs.) a pair of twins or pair generally, (অপ্র.) একজোড়া যমজ, একজোড়া। **(2)** *a.* born two at a birth, যমজ, যমল; forming one of a pair, যমজ। *n.* **Twins**—মিথুনরাশি। [OE. *getwinn* (*n.*) *twinn* (*a.*)]

twine [twīn, টো্যআইন্‌] **(1)** *n.* a twisted cord, পাকান সুতা, টোন্‌ সুতা; a coil or twist, কুণ্ডলী, পাক। **(2)** *v.t.i.* to wind, পাকান বা পাক খাওয়া; to coil, কুণ্ডলী করা বা হওয়া; to twist together, একত্র পাক বা মোচড় দেওয়া অথবা খাওয়া। **(3)** *v.t.* to wreathe, মাল্যাকারে বেষ্টন করা; to encircle, পরিবেষ্টন করা। **(4)** *v.i.* to rise in spirals, পেঁচাইয়া পেঁচাইয়া ওঠা। [OE. *twin* (*n.*) —cp. Du. *twijn*]

twinge [twinz, টুাইন্‌জ্‌] *n.* a sharp momentary pain, ক্ষণস্থায়ী তীব্র যন্ত্রণা বা বেদনা। [OE. *twengan*=to pinch]

twinkle [twingk°l, টুাইংক্‌°ল্‌] **(1)** *v.i.t.* to blink, (চোখ) পিট্‌পিট্‌ করা, (চোখের) পলক ফেলা। **(2)** *v.i.* to shine by flashes, থাকিয়া থাকিয়া দীপ্তি পাওয়া; to glitter, চক্‌চক্‌ করা; to sparkle, ঝিক্‌মিক্‌ করা; to emit light, আলো দেওয়া। **(3)** *n.* a blink, চোখের পাতার পতন ও উত্থান, চোখ-পিট্‌পিটানি; a wink, চোখের টিপুনি বা পলক; a glitter, চক্‌চকে দীপ্তি; a quiver, কম্পন; sparkle, ঝিকিমিকি; a dance step, নাচের পদক্ষেপ। *n.* **twink°ler** । *n.* **twink°-ling**—চোখের পাতার দ্রুত উত্থান ও পতন, চোখের পলক; একবার চোখের পলক ফেলিতে যতটা সময় লাগে; এক মুহূর্ত বা ক্ষণ; স্থিরতারকাপুঞ্জের ঝিকিমিকি। **in the twinkling of an eye**—চোখের পলকে, মুহূর্তের মধ্যে। [OE. *twinclian*]

twirl [twa(r)l, টো্যঅ্যা(র্‌)ল্‌] **(1)** *v.t.i.* to spin, ঘোরান বা ঘোরা, আবর্তিত করান বা হওয়া (to *twirl* one's thumbs); to twist, মোচড় বা পাক দেওয়া অথবা খাওয়া (to *twirl* one's moustache); to coil, কুণ্ডলী করা বা হওয়া, (সুতা প্রভৃতির) ফেটী করা বা হওয়া। **(2)** *n.* a twist, মোচড়, পাক; a spin, আবর্তন, আবর্ত; a whirl, ঘূর্ণি; a curly figure, কুঞ্চিত মূর্তি। [?]

twirp—see **twerp.**

twist [twist, টুাইস্‌ট্‌] **(1)** *v.t.i.* to twine, পাক দেওয়া বা খাওয়া; to unite or form by winding together, একত্র পাক দিয়া মেশান বা তৈয়ারি করা অথবা একত্র পাক খাইয়া মেশা বা তৈয়ারি

হওয়া ; to form several threads, কয়েকগাছি সুতা পাকাইয়া তৈয়ারি করা বা তৈয়ারি হওয়া ; to wind spirally, পাকাইয়া পাকাইয়া তোলা বা ওঠা অথবা চালান বা চলা। (2) *v.t.* to distort, চেহারা খারাপ করিয়া দেওয়া, বিকৃত করা (his features were *twisted* with pain)। (3) *v.i.* to turn aside, একপাশে সরা; to revolve, ঘূর্ণিত বা আবর্তিত হওয়া। (4) *n.* a cord or thread, রজ্জু বা সুতা ; a twisted part, মোচড়ান অংশ ; torsion, মোচড় ; act or manner of twisting, মোচড় বা পাক দেওয়া অথবা তাহার ধরন ; a contortion, সঙ্কোচন ; a distortion, বিকৃতি ; a kind of dance, দেহ মোচড়াইয়া মোচড়াইয়া নৃত্যবিশেষ (also **twist dance**) ; a twisted roll of tobacco or bread, পাকান তামাক বা পাউরুটি। *n.* **twis°ter**—(কথ্য.) অসৎ লোক ; প্রতারক ; কঠিন কাজ সমস্যা ইত্যাদি। **(to) twist off**—মোচড়াইতে মোচড়াইতে ছিঁড়িয়া ফেলা। *a.* **twis°ty**—মোড়যুক্ত, বাঁকযুক্ত ; (*twisty* road) ; অসৎ ; কুটিল। [AS.=rope]

twit$_1$ [twit, টুাইট্] *v.t.* to upbraid, নিন্দা করা ; to taunt, ঠাট্টা করা। *pr. pt.* **twi°tting** । *p.* & *p. pt.* **twi°ttėd** । *adv.* **twi°ttingly** । [OE. *ætwitan*<*æt*=at, *witan*=to blame]

twit$_2$ [twit, টুাইট্] *n.* a foolish or insignificant person, বোকা বা নগণ্য লোক। [see *twig*]

twitch [twich, টুাইচ্] (1) *v.t.i.* to jerk (at), ঝাঁকি দেওয়া ; to pull (at), মৃদু টান দেওয়া ; (of muscles, etc.) to move or contract spasmodically, (পেশী প্রভৃতি সম্বন্ধে) আকস্মিকভাবে আপনা হইতে কম্পিত বা সঙ্কুচিত হওয়া। *p.* & *p. pt.* **twitch°ed** । (2) *n.* a sudden pull, আকস্মিক দ্রুত ও মৃদু টান ; a spasmodic contraction of the muscles, পেশীসমূহের আকস্মিক ও প্রচণ্ড সঙ্কোচন। [OE. *twiccian*=to pluck—cp. G. *zwicken*]

twitter [twi°-ta(r), টুাই°টাা(র্)] (1) *n.* a tremulous feeble chirping, কম্পমান ক্ষীণ কিচিরমিচির ; a flutter of the nerves, শিরাসমূহের কম্পন ; (coll.) excited state, (কথ্য.)—উত্তেজিত অবস্থা। (2) *v.i.t.*to utter, or utter with, a succession of faint tremulous noises, (পাখি-সম্বন্ধে) কম্পমান ও ক্ষীণ কিচির্মিচির্-শব্দ করা বা কিচির্মিচির্ করিয়া বলা। *adv.* **twi°tteringly** । [imi.]

'twixt [twikst, টুাইক্স্ট্] contr. of **betwixt.**

two [too, টু] (1) *a.* & *n.* one and one, দুই। (2) *n.* a pair, জোড়া, যুগল ; a card with two pips, তাসের দুরি ; the second hour after midday or midnight, বেলা দুইটা বা রাত্রি দুইটা। *a.* **two°-edged**—উভয়পার্শ্বে ধারবিশিষ্ট ; প্রয়োগকারীর বিরুদ্ধেও প্রযোজ্য। *a.* **two°-fācėd**—দুইমুখবিশিষ্ট, দুমুখো ; প্রতারণাময়, ভণ্ড। **two°fōld**—(1) *a.* দ্বিধাবিভক্ত ; দ্বিগুণ। (2) *adv.* দ্বিধাবিভক্তভাবে ; দ্বিগুণ করিয়া বা হইয়া। *a.* **two°-han°dėd**—উভয়হস্তদ্বারা কৃত বা করণীয় ; দুই ব্যক্তির জন্য নির্দিষ্ট বা দুই ব্যক্তির উপযোগী ; দুই হস্তই সমানে চালাইতে সক্ষম, সব্যসাচী। *a.* **two°-le°gged**—দ্বিপদ, দোপেয়ে। *n.* **twopence** [tu°-pans, টা°প্যান্স্] দুই পেনি (ইংল্যান্ডীয় মুদ্রাবিশেষ)। *a.* **twopenny** [tu°p-ni, টা°প্নি] দুই পেনি মূল্যবিশিষ্ট ; শস্তা ; বাজে। *a.* & *n.* **two°-piece**—দুই অংশবিশিষ্ট (পোশাক প্রভৃতি)। *n.* **two°seater**—দুইজনের বসার উপযোগী (মোটর-) গাড়ি বা বিমানপোত। **two°some**—(1) *a.* দুইজনের উপযোগী। (2) *n.* দুইজনের উপযোগী খেলা নাচ প্রভৃতি। *n.* **two°step**—সৈন্যদের অগ্রগমনের সময় নৃত্যের উপযোগী সঙ্গীত। *a.* **two°-way**—(ইলেকট্রিক সুইচ সম্বন্ধে) উভয় প্রান্ত দিয়াই জ্বালান ও নেভান যায় এমন ; (রাস্তা-সম্বন্ধে) উভয় দিক্ দিয়াই গাড়ি ঢুকিতে ও বাহির হইতে পারে এমন। **by twos**—দুইজন দুইজন করিয়া। **in two**—আলাদা করিয়া ; দ্বিখণ্ড করিয়া। **(to) be two**—ভিন্ন বা বিভিন্ন হওয়া। **(to) put two and two together**—বিভিন্ন সূত্র হইতে সিদ্ধান্ত করা। **two can play at that game**—প্রতিশোধের ভীতি প্রদর্শন (এ খেলা অপরেও খেলিতে পারে)। [OE. *twa*—cp. G. *zwei*, Goth. *twai*, Gk. *duo*, Sans. *dvi*]

'twould [twood, টুাড্] contr. of **it would.**

tycoon [tī-koon, টাইকুন্] *n.* title given (not by the Japanese) to the hereditary commander-in-chief of the Japanese army in former times, পূর্বকালে জাপানের বংশপরম্পরাগত প্রধান সেনাপতিকে (জাপানীদের দ্বারা নহে) দেওয়া উপাধি ; a powerful capitalist, a business magnate, পরাক্রমশালী পুঁজিপতি, খ্যাতনামা বা লব্ধপ্রতিষ্ঠ ব্যবসায়ী। [Jap. *taikun*=great prince]

tying—see **tie.**

tyke [tīk, টাইক্] *n.* a cur, খেঁকি বা নেড়ী কুত্তা ; a low fellow, ইতর লোক। [ON. *tik*=bitch]

tyler—arch. spell. of **tiler.**

tympan [tim°-pan, টিম্°প্যান্] *n.* (arch.) any instrument of the drum kind, ঢাকজাতীয় যে-কোন বাদ্যযন্ত্র ; the middle ear, মধ্যকর্ণ ; the drum of the ear, কর্ণপটহ। **tympa°nic**—(1) *a.* ঢাক বা তজ্জাতীয় বাদ্যযন্ত্র-সংক্রান্ত অথবা তত্তুল্য ; কর্ণপটহগত ; (2) *n.* কর্ণপটহের অস্থিবিশেষ। *n.* **tym°panum**—same as **tympan** । *pl.* **tympana** । [L. *tympanum*—Gk. *tympanon*=a kettle-drum]

type [tīp, টাইপ্] (1) *n.* the device on a coin or medal, মুদ্রায় বা পদকে অঙ্কিত চিত্রাদি ; an exemplar, model, specimen, or pattern, আদর্শ, নমুনা ; a kind, জাতি ; that which or one who well exemplifies the characteristics of a group, যে বস্তুর বা প্রাণীর মধ্যে বর্গের অথবা গোষ্ঠীর বৈশিষ্ট্যসমূহ বিদ্যমান ; the actual specimen on which the description of a new species or genus is based, (পরি.) জাতিরূপ ; any printing character, মুদ্রাক্ষর ; printing types collectively, সমষ্টিগতভাবে মুদ্রাক্ষর। (2) *v.t.* to be a type of, (কিছুর) নমুনা বা জাতিরূপ হওয়া ; to exemplify, উদাহরণস্বরূপ বা দৃষ্টান্তস্বরূপ হওয়া। (3) *v.t.i.* to typewrite, টাইপরাইটারে মুদ্রিত করা, টাইপ করা। *p.* & *p. pt.* **ty°ped** । *n.* **type°-cutter**—যে ব্যক্তি ছাপাখানার জন্য মুদ্রাক্ষর-নির্মাণের ছাঁচ তৈয়ারি করে। *n.* **type°-fāce**—ছাপাখানার মুদ্রাক্ষরের আদল। *n.* **type°-founder**—যে ব্যক্তি মুদ্রাক্ষর তৈয়ারী করে। *n.* **type°-foundry**—মুদ্রাক্ষর নির্মাণের কারখানা। *n.* **type-°metal**—মুদ্রাক্ষর তৈয়ারির জন্য সীসা রসাঞ্জন (অ্যান্‌টিম্যানি) টিন এবং তাম্রের মিশ্র, (পরি.) টাইপ ধাতু। **type°script**—(1) *a.* টাইপরাইটারে মুদ্রিত। (2) *n.* টাইপরাইটারে মুদ্রিত লিপি। *n.* **type°-setter**—ছাপাখানার কম্পোজিটার বা অক্ষরস্থাপক। *n.* **type°setting**—ছাপাখানার অক্ষরস্থাপন। *v.t.i.* **type°wrīte**—টাইপ্‌রাইটারে মুদ্রিত করা, টাইপ করা। *p.* **type°wrōte** ; *p. pt.* **type°written** । *n.* **type°wrīter**—লিপিমুদ্রণের জন্য ক্ষুদ্র যন্ত্রবিশেষ, (পরি.) মুদ্রলিখ। *a.* **typical** [ti°-pik(a)l, টি°পিক্‌ল্] আদর্শ নমুনা জাতিরূপ দৃষ্টান্ত প্রভৃতি সংক্রান্ত বা তত্তুল্য ; প্রতিনিধিত্বমূলক বা প্রতিনিধিস্থানীয় ; প্রতীকস্বরূপ ; প্রতীকসংক্রান্ত ; বৈশিষ্ট্যমূলক। *adv.* **ty°pically** । *v.t.* **typify** [ti°-pi-fī, টি°পিফাই] আদর্শ নমুনা জাতিরূপ প্রতীক প্রভৃতি স্বরূপ করা বা হওয়া। *n.* **typifica°tion** । *n.* **ty°pifier** । *n.* **ty°ping**—টাইপরাইটারে টাইপকরণ। *n.* **ty°pist**—টাইপিস্‌ট্। [L. *typus*<Gk. *typos* (*n.*)]

typhoid [tī°-foyd, টাই°ফয়ড্] *n.* enteric fever, আন্ত্রিক জ্বর, টাইফয়েড্ (also **typhoid fever**)। *a.* **ty°phoid, typhoi°dal**—আন্ত্রিক জ্বরগত। [Gk. *typhodes*=delirious]

typhonic—see **typhoon.**

typhoon [tī-fōōn°, টাইফূন্°] *n.* a violent cyclonic storm on the China Sea, চীন-সমুদ্রে প্রচণ্ড ঘূর্ণিঝড়বিশেষ। *a.* **typhonic** [tī-fo°-nik, টাইফ°নিক্] উক্ত ঘূর্ণিঝড়-সংক্রান্ত। [Gk. *typhon* =a whirlwind, and partly Port. *tufao*< Ar. Pers. & Hind. *tufan*=a hurricane, and partly C. *t'ai fung*=a great wind]

typhous—see **typhus.**

typhus [tī°-fas, টাই°ফ্যাস্] *n.* a dangerous fever, (উকুন-দংশনজনিত) সাঙ্ঘাতিক সংক্রামক জ্বরবিশেষ। *a.* **typhous**—উক্ত জ্বর-সংক্রান্ত। [L. <Gk. *typhos*=fever]

typical, typify, typing, typist—see **type.**

typo [tī°-pō, টাই°পৌ] coll. contr. of **typographer.**

typography [tī-po°-gra-fi, টাইপ°গ্রাফি] *n.* art or style of printing, ছাপাখানায় মুদ্রণের বিদ্যা বা কৌশল। *n.* **typo°grapher**—উক্ত বিদ্যায় বা কৌশলে বিশারদ ব্যক্তি। *a.* **typographic** [tī-pŏ-gra°-fik, টাইপো°গ্র্যাফিক্], **typogra°phical** —উক্ত বিদ্যা বা কৌশল-সংক্রান্ত। *adv.* **typogra°phically** । [*type*, Gk. *graphein*=to write, draw]

tyranný—see **tyrant.**

tyrant [tīr°(a)nt, টায়্যার্°ন্ট্] *n.* (ori.) an absolute ruler, who usurps power unconstitutionally, ((মূলতঃ) অনিয়মতান্ত্রিকভাবে পদদখলকারী যদৃচ্ছ ক্ষমতাসম্পন্ন শাসক ; an oppressive and arbitrary ruler, যে শাসক আপন খেয়ালখুশিমত ও প্রজাপীড়নপূর্বক শাসন করে ; an oppressor, পরপীড়ক বা অত্যাচারী ব্যক্তি ; an American bird, আমেরিকার মক্ষিভুক্ পক্ষিবিশেষ (also **ty°rant-bird**)। *a.* **tyrannic** [ti-ra°-nik, টির্যা°নিক্], **tyra°nnical**—খেয়ালী ও প্রজাপীড়ক শাসন বা শাসক সম্বন্ধীয় ; পরপীড়নকর, অত্যাচারী। *adv.* **tyra°nnically** । *n.* **tyrannicide** [ti-ra°-ni-sīd, টির্যা°নিসাইড্] খেয়ালী প্রজাপীড়ক শাসকের হত্যা বা হত্যাকারী। *v.i.t.* **tyrannize** [ti°-ra-nīz, টি°র্যানাইজ্] প্রজাপীড়নপূর্বক খেয়ালখুশিমত (রাজ্যাদি) শাসন করা ; পরপীড়ন করা, অত্যাচার করা। *a.* **tyrannous** [ti°-ra-nas, টি°র্যান্যাস্] যথেচ্ছ কর্তৃত্বপূর্ণ বা কর্তৃত্বকর ; দাবাইয়া রাখে এমন ; অত্যাচারী। *n.* **tyranny** [ti°-ra-ni, টি°র্যানি] (প্রধানতঃ অনিয়মতান্ত্রিকভাবে লব্ধ) যদৃচ্ছ শাসনক্ষমতা ; খেয়ালী ও প্রজাপীড়কশাসকের শাসন ; অত্যাচার, পরপীড়ন ; নিষ্ঠুরতা। [OF. *tirant*, L. *tyrnnus*<Gk. *tyrannos*]

tyre—alt. spell. of **tire.**

tyro—alt. spell. of **tiro.**

tzar—alt spell. of **tsar.**

tzetze—alt. spell. of **tsetse.**

U

U, u [ū, ইউ] *n.* the twenty-first letter of the English alphabet, ইংরেজী বর্ণমালার একবিংশতিতম বর্ণ। **U°-turn**—*n.* ১৮০°তে মোড়ঘোরা (যেমন *U-turns* not allowed, traffic signal)।

ubiquity [ū-bi°-kwi-ti, ইউবি°কুইটি] *n.* omnipresence, সর্বব্যাপিতা। *a.* **ūbi°quitous**—সর্বব্যাপী, সর্বত্র বিদ্যমান। *a.* **ūbiquitār°ian**—খ্রীস্টের দেহের সর্বব্যাপিতায় বিশ্বাসী এমন। [L. *ubique*= everywhere]

U-boat [ū-°bōt, ইউ°বৌট্] *n.* a German submarine, জার্মানির ডুবো যুদ্ধজাহাজবিশেষ। [G. *unter*, see *boat*]

udder [u°-da(r), আ°ড্যা(র্)] *n.* a bag of a cow, goat or other animals, from which milk comes, specially with more than one teat, গোরু ছাগল প্রভৃতির একাধিক বাঁটওয়ালা স্তন। *a.* **u°dderless**—স্তন্যপান করা হয় নাই এমন, মাতৃহীন। [OE. *uder*—cp. G. *euter*, L. *uber*, Gk. *outhar*]

udometer [ū-dŏ°-mi-ta(r), ইউডো°মিট্যা(র্)] *n.* an instrument for measuring rainfall, বৃষ্টিপাত পরিমাপক যন্ত্র। [F. *udometre*]

ugh [ooh, উহ্] *int.* an expression of repugnance, ঘৃণা বিরক্তি প্রভৃতি সূচক ধ্বনিবিশেষ, উঃ। [imi.]

ugly [ug°-li, আগ্°লি] *a.* offensive to the sight or other senses, or to refined taste or moral feeling, কুদর্শন, কুৎসিত, জঘন্য, রুচিবিরোধী, নীতিবিরোধী ; ill-natured, কুস্বভাব, হিংস্র ; quarrelsome, ঝগড়াটে ; disquieting, অশান্তিকর, অস্বস্তিকর। *v.t.* **uglify** । *n.* **ug°liness** । **ugly customer**—বিপজ্জনক প্রতিদ্বন্দ্বী বা শত্রু। **ugly duckling**—বংশের বা দলের যে উপেক্ষিত লোক শেষ পর্যন্ত সর্বাধিক সাফল্য অর্জন করে। **ugly man**—জহ্লাদ। [ON. *uggligr*=fearful]

Ugrian [ū°-gri-an, ইউ°গ্রিঅ্যান্] *a.* Finnic, ফিন্ল্যান্ড্-দেশীয়। [<the name of a tribe]

uhlan [ōō°-lŭn, উ°লান্] *n.* a light cavalryman in semi-oriental uniform, কিছুটা প্রাচ্যদেশীয় পোশাক-পরিহিত হালকা বর্মাবৃত অশ্বারোহী সৈনিক ; a Prussian lancer, প্রাশিআর বর্শাধারী সৈনিক। [G. *uhlan*<Turk. *oglan*=son]

ukase [ū-kaz°, ইউকেইজ্°] *n.* an edict of czarist Russian Government, জারের শাসনাধীন রাশিআর প্রচারিত অনুশাসন। [Russ. *ukaz*]

Ukranian [ū-kra°-ni-an, ইউক্রেই°নিঅ্যান্] **(1)** *a.* of Ukraine, ইউক্রেইন্দেশীয়। **(2)** *n.* a native of Ukraine, ইউক্রেইনের লোক।

ukulele [ōō-kōōla°le, উ-কূ-লেই°লি] *n.* a four-stringed Hawaiian guitar, চার তারবিশিষ্ট হাওয়াই দেশীয় গীটার। [native]

ulcer [ul°-sa(r), আল্°স্যা(র্)] *n.* an open sore discharging pus, সপূয ক্ষত ; (fig.) a continuing source of evil, (আল.) অমঙ্গলের বা মন্দের স্থায়ী উৎস ; moral blemish, নৈতিক ত্রুটি বা কলঙ্ক। **ul°cerāte**—**(1)** *v.t.i.* সপূয ক্ষত করা বা হওয়া। **(2)** *v.t.* গোপনে বিকৃত বা দূষিত করা। *p.* & *p. pt.* **ul°cerātėd** । *n.* **ulcerā°tion** । *a.* **ulcerous** [ul°-s(a)ras, আল্°স্র্যাস্] সপূয ক্ষতযুক্ত বা ক্ষতকারী ; গোপনে বিকৃত বা দূষিত ; গোপনে দূষিত করে এমন। [L. *ulcus*]

ulna [ul°-na, আল্°ন্যা] *n.* the inner of the two bones of the forearm, অন্তঃপ্রকোষ্ঠাস্থি। *pl.* **ulnæ** [ul°-nē, আল্°নী]। *a.* **ul°nar**—অন্তঃপ্রকোষ্ঠাস্থিগত। [L.=elbow, arm]

ulster [ul°-sta(r), আল্°স্ট্যা(র্)] *n.* a loose overcoat, লম্বা ও ঢিলা ওভার্কোট্বিশেষ, অলেস্টার। [*Ulster* in Ireland, where it was first made]

ulterior [ul-tēr°-i-a(r), আল্টিয়ার্°ইঅ্যা(র্)] *a.* on the further side, অন্য প্রান্তস্থ ; situated beyond, কিছু অতিক্রম করিয়া অবস্থিত ; in the future, ভবিষ্য, ভবিষ্যতের গর্ভস্থিত ; remoter, অধিকতর দূরবর্তী ; beyond what is seen or avowed, দৃষ্টির বা স্বীকৃতির বহির্ভূত। **ulterior motives**—বাহিরে যে উদ্দেশ্য দেখা যায় তাহা ছাড়াইয়া দূরবর্তী উদ্দেশ্য। *adv.* **ultēr°iorly** । [L.]

ultima [ul°-ti-ma, আল্°টিম্যা] *a.* last, final, শেষ, চরম। **ultima Thule**—অজ্ঞাত স্থান বা অঞ্চল। [L.]

ultimate [ul°-ti-mit, আল্°টিমিট্] *a.* furthest, দূরতম ; last, শেষ, সর্বশেষ ; final, চূড়ান্ত, চরম, পরম ; limiting, অন্তিম, প্রান্তিক। *adv.* **ul°timately** । *n.* **ultimā°tum**—চূড়ান্ত বা শেষ শর্ত ; চূড়ান্ত চরম বা শেষ প্রস্তাব অথবা দাবি ; শেষ কথা, অন্তিম কথা ; চরমপত্র ; চূড়ান্ত বা প্রান্তিক স্থান অবস্থা প্রভৃতি ; মূলগত বস্তু বা বিষয়। *pl.* **ultimā°ta, ultimā°tums** । *a.* **ul°timō**—গত মাসের। [L. *ultimus*=last]

ultimogeniture [ul-ti-mo-je°-ni-cha(r), আল্টিমোজে°নিচ্যা(র্)] *n.* the system in which the youngest son inherits, যে প্রথা অনুসারে কনিষ্ঠ পুত্র উত্তরাধিকার লাভ করে। [L. *ultimus*+*genitura*]

ultra-$_1$ [ul°-tra, আল্°ট্র্যা] *pfx.* beyond, অতিক্রান্ত, সীমাতিক্রান্ত, দূরতরবর্তী ; extreme, প্রান্তিক, যৎপরোনাস্তি ; excessive, অত্যধিক, অতি। **ultramarine°**—**(1)** *n.* উজ্জ্বল ও বিশুদ্ধ নীল বর্ণ। **(2)** *a.* উক্ত বর্ণবিশিষ্ট। *a.* **ul°tra-mo°dern**—অতি আধুনিক। *a.* **ul°tramon°tāne**—ধর্মমত ও অনুশাসন বিষয়ে পোপের অপ্রতিহত ক্ষমতায় বিশ্বাসী। *a.* **ultraso°nic**—শব্দ অপেক্ষাও (দ্রুতগামী) ; স্বাভাবিক শ্রুতিশক্তির সীমাবহির্ভূত। **ultravi°olėt**—**(1)** *n.* অতিবেগনী, রঙ্গোত্তর। **(2)** *a.* উক্ত বর্ণবিশিষ্ট। *ph.* **ultra vires** [ul°-tra vīr°-ez, আল্°ট্র্যা ভাইয়্যার্°ঈজ্] কাহারও (বৈধ) ক্ষমতা বা কর্তৃত্বের বহির্ভূত, অনধিকার। [L.]

ultra$_2$ [ul°-tra, আল্°ট্র্যা] *a.* & *n.* extreme or an extremist, চরমপন্থী। *n.* **ul°trāism**—চরম পন্থানুবর্তন। *n.* **ul°trāist** । [see *ultra-*$_1$]

ultramarine, ultra-modern, ultra-violet, ultra vires—see **ultra-**$_1$.

ululate [ū°-lū-lat, ইউ°লিউলেইট্] *v.i.* to hoot, (পেচকাদি কর্তৃক) চিৎকার করা ; to wail loudly, উচ্চৈঃস্বরে বিলাপ করা ; to give prolonged cry of joy, তারস্বরে বহুক্ষণ আনন্দ প্রকাশ করা। *n.* **ūlūlā°tion** । [L. *ululare*]

umbel [um°-bal, আম্°ব্যাল্] *n.* a flat-topped inflorescence in which the flower stalks all spring from about the same point in an axis, (পরি.) ছত্রবিন্যাস। *n. pl.* **umbelliferæ** [um-be-li-f°(a)ri, আম্বেলিফ্°রি] ধন্যাকগোত্র। *a.* **umbellif°erous**—ধন্যাকগোত্রীয়। [L. *umbella*=a sunshade]

umber [um°ba(r), আম্°ব্যা(র্)] *n.* a brown mineral used as a pigment, রঞ্জকরূপে ব্যবহৃত বাদামী বর্ণের খনিজপদার্থবিশেষ। [It. *terra d'ombra* =shadow earth]

umbilicus [um-bi°-li-kas, আম্‌বি°লিক্যাস্] the navel, নাভি ; a navel-shaped depression, নাভির আকারের গর্ত । *a.* **umbi°lical, umbili°cal**—নাভিসংক্রান্ত ; কেন্দ্রী । **umbilical cord**—মাতৃ-জঠর ও শিশুর নাভির সহিত সংলগ্ন নাড়ী । *a.* **umbi°licate**—নাভিতুল্য ; নাভিতুল্য গর্তযুক্ত । [L.]

umbra [um°-bra, আম্‌°ব্র্যা] *n.* a shadow, ছায়া ; (astro.) the darker part of the shadow projected in an eclipse, (জ্যোতি.) প্রচ্ছায়া (cp. **penumbra**) ; inkling, সামান্যতম আভাস ; an uninvited guest accompanying a guest, (নিমন্ত্রিত) অতিথির সঙ্গে আগত অনিমন্ত্রিত অতিথি । *a.* **umbri°ferous**—ছায়া দান করে এমন । [L.=shade]

umbrage [um°-brij, আম্‌°ব্রিজ্] *n.* shade, ছায়া ; sense of slight or injury, অবজ্ঞা বা ক্ষতি করা হইয়াছে বলিয়া ধারণা, অপমানবোধ বা ক্ষতিবোধ । *a.* **umbrā°geous**—ছায়াময় ; ছায়াদায়ক । **(to) take umbrage (at)**—অবজ্ঞা বা মর্যাদাহানি করা হইয়াছে বলিয়া মনে করা । [F. *ombrage*<L. *umbraticum*<*umbra*=a shadow]

umbrella [um-bre°-la, আম্‌ব্রে°ল্যা] *n.* a portable shelter against sun, etc., ছাতা, ছত্র ; (fig.) (political) protection, patronage, (আল.) (রাজনৈতিক) সংরক্ষণ, পৃষ্ঠপোষকতা । [It. *ombrella* <*ombra*=shade<L. *umbra*]

umlaut [oom°-lowt, উম্‌°লাউট্] *n.* a vowel-modification brought about by a vowel or semivowel in the following syllable, (ভাষাতত্ত্বে) স্বরপরিবর্তনবিশেষ, অভিশ্রুতি । [G. *um* =around, *laut*=sound]

umpire [um°-pī(r), আম্‌°পাইয়্যা(র্)] **(1)** *n.* a third person called in to decide a dispute or question, বিবাদ বা সমস্যার মীমাংসার্থ আহূত নিরপেক্ষ ব্যক্তি ; an arbitrator, সালিস ; (in cricket, hockey, etc.) an impartial person chosen to supervise the game and pronounce decisions, (ক্রিকেট্ হকি প্রভৃতি খেলায়) খেলার পরিদর্শনের ও বিচারের জন্য মনোনীত দল-নিরপেক্ষ ব্যক্তি, আম্‌পায়্যার্ । **(2)** *v.i.t.* to act as umpire (over), সালিসি করা, (ক্রীড়াদিতে) বিচারকের বা আম্‌পায়্যারের কাজ করা । [ME. *noumpere, oumper*<OF. *nomper*=(ori.) peerless]

umpteen [um(p)°-tēn, আম্‌°টীন্] *a.* (mil. sl.) a lot of, (সাম.—অশি.) বহু । *a.* **ump°teenth**—গণনাতীত, কতবার বলা যায় না । [*umpty* in Morse =a dash]

un, 'un [un, আন্ ; an, অ্যান্] contr, of **one** or **him.**

un- [un, আন্] *pfx.* indicating negation, removal, deprivation or reversal, নঞ্, না-, মোচন-, অপসারণ-, বিহীন, বিপর্যয়- । [OE. *un-* = negative, *on-* =and- —cp. G. *un-*, L. *in-* Gk. & Sans. *an-*, *a-*]

unabashed [un°-a-ba°sht, আন্‌°অ্যাব্যা°শ্‌ট্] *a.* not abashed, (লজ্জার হেতু সত্ত্বেও) অলজ্জিত । [*un-*, see *abash*]

unabated [un°-a-bā°-tid, আন্‌°অ্যাবেই°টিড্] *a.* not abated, হ্রাসপ্রাপ্ত বা হ্রস্বীকৃত হয় নাই এমন । [*un-*, see *abate*]

unable [un°-āb°l, আন্‌°এইব্‌ল্] *a.* not able, অক্ষম, অসমর্থ ; not having sufficient strength or skill, উপযুক্ত শক্তিহীন বা দক্ষতাহীন । [*un-*, *able*]

unabridged [un°-a-bri°jd, আন্‌°অ্যাব্রি°জ্‌ড্] *a.* not abridged, অসংক্ষেপিত । [*un-*, see *abridge*]

unaccented [un°-ak-sen°-tid, আন্‌°অ্যাক্‌সেন্‌°টিড্] *a.* not accented, (সিল্যাব্‌ল্-সম্বন্ধে) স্বরাঘাতহীন বা স্বরাঘাতের চিহ্নহীন । [*un-*, see *accent*]

unacceptable [un°-ak-sep°-tabl, আন্‌°অ্যাক্‌সেপ্‌°ট্যাব্‌ল্] *a.* not acceptable, অগ্রহণীয়, মানিয়া লওয়া যায় না এমন । [*un-*, see *accept*]

unaccompanied [un°-a-kum°-p(a)nid, আন্‌°অ্যাকাম্‌°প্‌নিড্] *a.* not accompanied by anybody, সঙ্গিহীন, একাকী, একক ; (mus.) without accompaniment, (সঙ্গীতে) বাদ্যহীন, সঙ্গতহীন । [*un-*, see *accompany*]

unaccomplished [un°-a-kom°-plisht, আন্‌°অ্যাকম্‌°প্লিশ্‌ট্] *a.* not accomplished or achieved, অসম্পাদিত বা অসাধিত ; not having accomplishment, সাংস্কৃতিক গুণাদি বা মার্জিত রুচি নাই এমন । [*un-*, see *accomplish*]

unaccountable [un°-a-kown°-tabl, আন্‌°অ্যাকাউন্‌°ট্যাব্‌ল্] *a.* not accountable, কারণ-নির্ণয়ের অসাধ্য, অকারণ ; not responsible, দায়ী নহে এমন । *adv.* **un°accoun°tably** । *n.* **un-accoun°tableness** । [*un-*, see *account*]

unaccustomed [un°-a-kus°-tamd, আন্‌°অ্যাকাস্‌°ট্যাম্‌ড্] *a.* not customary, অভ্যাসগত বা রীতিগত নহে এমন ; not accustomed, অনভ্যস্ত । [*un-*, see *accustom*]

unacknowledged [un-ak-no°-lijd, আন্-অ্যাকন°লিজ্‌ড্] *a.* প্রাপ্তি সত্যতা সারবত্তা প্রভৃতি স্বীকার করে না এমন । [*un-*, see *acknowledge*]

unacquainted [un°-a-kwān°-tid, আন্‌°অ্যাকো্যএইন্‌°টিড্] *a.* not acquainted, অপরিচিত ; unaware, জানে না এমন, অপরিজ্ঞাত । [*un-*, see *acquaint*]

unadopted [un°-adoptid, আন্‌°অ্যাডপ্‌টিড্] *a.* (esp. of a new road) not taken over by local authorities, (নূতন রাস্তা সম্বন্ধে) রক্ষণাবেক্ষণের ভার স্থানীয় কর্তৃপক্ষ গ্রহণ করে নাই এমন । [*un-*, see *adopt*]

unadulterated [un-a-dul°-ta-rā-tid, আন্-অ্যাডাল্‌°ট্যারেইটিড্] *a.* unmixed, pure, genuine অবিমিশ্র, ভেজালহীন, বিশুদ্ধ, খাঁটি । [*un-*, see *adulterate*]

unadvised [un°-ad-vī°zd, আন্‌°অ্যাড্‌ভাই°জ্‌ড্]

a. not advised, অনুপদিষ্ট। *adv.* **unadvi°sėdly** । [*un-*, see *advise*]

unaffected [un°-a-fek°-tid, আন্°অ্যাফেক্°টিড্] *a.* not affected or influenced, অনাক্রান্ত, অপ্রভাবিত ; not susceptible to emotion, আবেগাদিদ্বারা বিচলিত হয় না এমন। *a.* **unaffec°tėd**—ভণ্ডামিহীন ; ভান করা নহে এমন ; সাদাসিধা ; প্রকৃত ; খাঁটি ; আন্তরিক। [*un-*, see *affect*]

unaffiliated [un°-a-fi-li-ā-tid, আন্°অ্যাফিলিএই-টিড্] *a.* not affiliated, অসম্বদ্ধ ; অননুমোদিত। [*un-*, see *affiliate*]

unafraid [un°a-frād°, আন্°অ্যাফ্রেইড্°] *a.* not afraid, অশঙ্কিত। [*un-*, *afraid*]

unaided [un°-ā°-did, আন্°এই°ডিড্] *a.* without aid, সাহায্য পায় না বা লয় না এমন। [*un-* see *aid*]

unalloyed [un-a-loyd°, আন্অ্যালয়ড্°] *a.* unmixed, pure, (আনন্দাদি-সম্বন্ধে) অবিমিশ্র, বিশুদ্ধ। [*un-*, see *alloy*]

unalterable [un-awl°-t(a)rabl, আন্অ্যাল্°ট্র্যাব্ল্] *a.* not alterable, পরিবর্তনের অসাধ্য, অপরিবর্তনীয়। *a.* **unaltered** [un-awl°-ta(r)d, আন্অ্যাল্ট্যা(র্)ড্] অপরিবর্তিত। *adv.* **un°alterably** । [*un-*, see *alter*]

un-American [un°-Amerikan, আন্°-অ্যামেরিক্যান্] *a.* not in accordance with American character, আমেরিকাবাসীদের চরিত্রের সঙ্গে সঙ্গতিপূর্ণ নহে এমন ; opposed to American customs etc., আমেরিকায় প্রচলিত প্রথাদির বিপরীত। [*un*, *American*]

unambiguous [un°-am-bi°-gū-as, আন্°অ্যাম্বি°গিউঅ্যাস্] *a.* without ambiguity, দ্ব্যর্থহীন। [*un-*, *ambiguous*]

unaneled [un°-anild, আন্°-অ্যানিল্ড্] a. (arch.) not having been anointed by a priest before death, (আর্ষ.) মৃত্যুর পূর্বে পুরোহিত কর্তৃক অনুলেপনাদির দ্বারা পরিশুদ্ধ নয় নাই এমন। [*un-*, OE. *an*=on, *ele*=oil]

unanimity—see **unanimous.**

unanimous [ū-na°-ni-mas, ইউন্যা°নিম্যাস্] *a.* of one mind, একমত ; without a dissentient, কোন বিরোধিতাহীন, সর্বসম্মত। *n.* **ūnani°mity**—ঐকমত্য ; সর্বসম্মতি ; মতৈক্য। *adv.* **ūna°nimously** । [L. *unanimus*]

unannounced [un-a-nounst°, আন্অ্যানাউন্স্ট্°] *a.* without previous announcement, অপূর্বঘোষিত। [*un-*, see *announce*]

unanswerable [unŭn°-s(a)rabl, আন্আন্°স্র্যাব্ল্] *a.* not answerable, উত্তর বা কৈফিয়ৎ দেওয়া যায় না এমন ; not to be refuted, অখণ্ডনীয়, অকাট্য। *a.* **unanswered** [un-un°-sa(r)d, আন্আন্°স্যা(র্)ড্] অনুত্তরিত, উত্তর দেওয়া হয় নাই এমন। [*un-*, see *answer*]

unanticipated [un-an-ti°-si-pā-tid, আন্অ্যান্টি°সিপেইটিড্] *a.* অপ্রত্যাশিত। [*un-*, see *anticipate*]

unappeasable [un°-a-pē°-zable, আন্°অ্যাপী°জ়্যাব্ল্] *a.* that which cannot be appeased, শান্ত তৃপ্ত তুষ্ট বা প্রশমিত করার অসাধ্য। [*un-*, see *appease*]

unappetizing [un°-a°-pi-tī-zing, আন্°-অ্যা°পিটাইজ়িং] *a.* not appetizing, ক্ষুধা রুচি বা আকাঙ্ক্ষা উদ্রেক করে না এমন। [*un-*, see *appetize*]

unappreciated [un°-a-prē°-shi-ā-tid, আন্°-অ্যাপ্রী°শিএইটিড্] *a.* not appreciated, (প্রধানতঃ যোগ্য হওয়া সত্ত্বেও) গুণ উপলব্ধি করা হয় নাই এমন। *a.* **un°apprē°ciative**—উপলব্ধি করিতে অক্ষম। [*un-*, see *appreciate*]

unapproachable [un-a-prō°-chable, আন্-অ্যাপ্রৌ°চ্যাব্ল্] *a.* out of reach, inaccessible. নাগালের বহির্ভূত, অনভিগম্য ; standoffish, অমিশুক ; beyond rivalry, প্রতিযোগিতা করা যায় না এমন। [*un-*, see *approach*]

unapproved [un°-a-prōōved°, আন্°অ্যাপ্রূভ্ড্°] *a.* unproved, অপ্রমাণিত ; unsanctioned, অননুমোদিত। [*un-*, see *approve*]

unarm [un°-ŭ(r)m°, আন্°আ(র্)ম্°] *v.t.* to help to put off armour, বর্মাদি খুলিতে সাহায্য করা ; to disarm, নিরস্ত্র করা। *a.* **un°ar°med**—নিরস্ত্র ; আত্মরক্ষার উপায়হীন বা ব্যবস্থাহীন ; অরক্ষিত। [*un-*, *arm*]

unasked [un°-us°kt, আন্°আস্°ক্ট্] *a.* not asked, অজিজ্ঞাসিত ; not asked for, অপ্রার্থিত, অযাচিত ; uninvited, অনিমন্ত্রিত। [*un-*, see *ask*]

unaspirated [un°-as°-pa-rā-tid, আন্°অ্যাস্°প্যারেইটিড্] *a.* not aspirated, (বর্ণের ধ্বনি-সম্বন্ধে) শ্বাসাঘাতহীন, অল্পপ্রাণ। [*un-*, see *aspirate*]

unassailable [un-a-sā°-labl, আন্অ্যাসেই°-ল্যাব্ল্] *a.* not assailable, আক্রমণ করা যায় না এমন, অনাক্রম্য। [*un-*, see *assail*]

unassuming [un°-a-sū°-ming, আন্°অ্যাসিউ°মিং] *a.* making little of one's own merits or status, নিজের গুণ বা মর্যাদা কিছুমাত্র জাহির করে না এমন। [*un-*, see *assume*]

unattached [un°-a-ta°-cht, আন্°-অ্যাট্যা°চ্ট্] *a.* not attached, অসংলগ্ন, অসংসক্ত, অসংশ্লিষ্ট ; not attached to any particular regiment, college, etc, (সৈনিক ছাত্র প্রভৃতি সম্বন্ধে) নির্দিষ্ট কোন বাহিনী কলেজ প্রভৃতির অন্তর্ভুক্ত নহে এমন ; not engaged or married, বাগ্দত্ত বা বিবাহিত নহে এমন। [*un-*, see *attach*]

unattainable [un°-a-tā°-nabl, আন্°অ্যাটেই°-ন্যাব্ল্] *a.* not attainable, অনধিগম্য, অপ্রাপ্য। [*un-*, see *attain*]

unattended [un°-a-ten°-did, আন্°অ্যাটেন্°ডিড্] *a.* not attended, সঙ্গিহীন, সহচরহীন। [*un-* see *attend*]

unattractive [un-at-rak°-tiv, আন্‌অ্যাট্র্যাক্°-টিভ্] *a.* অনাকর্ষণীয়। [*un-*, see *attractive*]

unauthorized [un°-aw°-th(a)rīzd, আন্°অ্য°থ্-রাইজ্‌ড্] *a.* not authorized, অননুমত, অনধিকার। [*un-*, see *authorize*]

unavailing [un°-a-vā°-ling, আন্°অ্যাভেই°লিং] *a.* of no avail, অকার্যকর, অফলপ্রসূ; futile, ব্যর্থ। [*un-*, see *avail*]

unavoidable [un-a-voy°-dabl, আন্‌অ্যাভয়্°-ড্যাব্‌ল্] *a.* not to be avoided, এড়ান যায় না এমন, অপরিহার্য; inevitable, অবশ্যম্ভাবী। [*un-*, see *avoid*]

unaware [un°-a-wā(r)°, আন্°অ্যাওয়্যা(র্)°] *a.* not aware (of), জানে না এমন। *adv.* **un°awāres**—না জানিয়া, অজ্ঞাতসারে; অপ্রত্যাশিতভাবে। [*un-*, *aware*]

unbalance [un°-ba°-lans, আন্°ব্যা°ল্যান্‌স্] *v.t.* to deprive of balance, ভারসাম্যহীন বা সামঞ্জস্যহীন করান। *a.* **un°ba°lanced**—ভারসাম্যহীন বা সামঞ্জস্যহীন, (পরি.) অসম; অস্থিরচিত্ত; অস্থির। [*un-*, *balance*]

unbar [un°-bŭ(r)°, আন্°বা(র্)°] *v.t.* to remove the bar from or of, খিল বা হুড়কা খোলা; to unlock, to throw open, তালা খোলা, উন্মুক্ত করা; to unfasten, বন্ধন মোচন করা। *pr. pt.* **un°ba°rring**; *p.* & *p. pt.* **un°ba°rred**। [*un-*, *bar*]

unbearable [un-bār°-able, আন্‌বেয়্যার°অ্যাব্‌ল্] *a.* intolerable, অসহ্য। *adv.* **unbear°ably**। [*un-*, see *bear*$_1$]

unbeaten [un°-bēt°n, আন্°বীট্°ন্] *a.* not surpassed, অনতিক্রান্ত (*unbeaten* record); undefeated, অপরাজিত; not made smooth by beating, পিটাইয়া সমতল করা হয় নাই এমন (*unbeaten* track)। [*un-*, see *beat*]

unbecoming [un°-bi-ku°-ming, আন্°বিকা°মিং] *a.* unsuited, বেমানান; unseemly, অশোভন, অসুন্দর (*unbecoming to* or *for* a person)। *adv.* **un°beco°mingly**। [*un-*. see *become*]

unbefitting [un°-bi-fi°-ting, আন্°বিফি°টিং] *a.* not befitting, বেমানান, অশোভন। [*un-*, see *befit*]

unbeknown [un°-bi°-nōn, আন্°-বি°-নৌন্] *a.* not known to, (কাহারও কাছে) অপরিজ্ঞাত; without the knowlede of, (কাহারও) জ্ঞাতসারে নহে এমন। [*un-*, *be*, see *know*]

unbelief [un°-bi-lēf°, আন্°বিলীফ্°] *n.* disbelief, (প্রধানতঃ ধর্মগত ব্যাপারে) অবিশ্বাস। [*un-*, *belief*]

unbelievable [un-bi-lē°-vable, আন্‌বিলী°ভ্যা°ব্‌ল্] *a.* incredible, অবিশ্বাস্য। *n.* **un°bėlie°ver**—(প্রধানতঃ ঈশ্বরগত বা ধর্মগত ব্যাপারে) অবিশ্বাসী। *a.* **un°bėlie°ving**—(প্রধানতঃ ঈশ্বরগত বা ধর্মগত ব্যাপারে) অবিশ্বাসী। *adv.* **un°belie°vingly**। [*un-*, see *believe*]

unbend [un°-bend°, আন্°বেন্‌ড্°] (**1**) *v.t.* to relax from a bending tension, বক্র টান আলগা করিয়া দেওয়া, (ধনুকাদির) জ্যা মোচন করা; to unfasten, খুলিয়া ফেলা। (**2**) *v.t.i.* to relax, শিথিল ঢিলা বা ঋজু করা অথবা হওয়া। (**3**) *v.i.* to behave affably, অমায়িকভাবে বা উদারভাবে আচরণ করা। *p.* & *p. pt.* **un°bent°**। *a.* **un°ben°dėd**—বক্র টান আলগা করিয়া দেওয়া হইয়াছে এমন; জ্যামুক্ত; খুলিয়া ফেলা হইয়াছে এমন; শিথিল ঢিলা বা ঋজু করা হইয়াছে এমন; অমায়িকতাপূর্ণ। *a.* **unben°ding**—অনমনীয়; রূঢ় (*unbending* attitude)। [*un-*, *bend*]

unbent—see **unbend.**

unbias(s)ed [un°-bī°-ast, আন্°বাই°অ্যাস্‌ট্] *a.* free from bias, পক্ষপাতশূন্য। [*un-*, see *bias*]

unbidden [un°-bid°n, আন্°বিড্°ন্] *a.* not commanded, অনাদিষ্ট; uninvited, অনাহূত; spontaneous, স্বতঃকৃত। [*un-*, see *bid*]

unbind [un°-bīnd°, আন্°বাইন্‌ড্°] *v.t.* to remove a band from, বন্ধন মোচন করা; to loose, (বন্ধনাদি) মোচন করা; to set free, মুক্ত করিয়া দেওয়া। *p.* & *p. pt.* **unbound** [un°-bownd°, আন্°বাউন্‌ড্°]। *a.* **un°bound°**—আবাঁধা, অবদ্ধ; ঢিলা, শিথিল; বাঁধাইহীন। [*un-*, *bind*]

unblamable [un-blā°-mabl, অন্‌ব্লেই°ম্যাব্‌ল্] *a.* beyond reproach, অনিন্দ্য, অনিন্দনীয়। [*un-* see *blame*]

unbleached [un°-blē°cht, আন্°ব্লী°চ্‌ট্] *a.* not bleached, অধৌত, কোরা। [*un-*, see *bleach*]

unblemished [un-ble°-misht, আন্‌ব্লে°মিশ্‌ট্] *a.* free from blemish, নিষ্কলঙ্ক, নির্দোষ, নিখুঁত। [*un-*, see *blemish*]

unblushing [un-blu°-shing, আন্‌ব্লা°শিং] *a.* not blushing, অলজ্জিত; shameless, নিলাজ, বেহায়া; impudent, ধৃষ্ট। [*un-*, see *blush*]

unbolt [un°-bōlt°, আন্°বৌল্‌ট্°] *v t.* to remove the bolts of, (দরজাদির) খিল বা হুড়কা খোলা। *a.* **unboltėd**। [*un-*. *bolt*]

unborn [un°baw(r)n°, আন্°ব্য(র্)ন্°] *a.* not yet born, এখনও জন্মায় নাই এমন, অজাত; non-existent, অবিদ্যমান, অস্তিত্বহীন; without beginning, অনাদি। [*un-*, see *bear*$_1$]

unbosom [un-boo°-zam, আন্‌বু°জ্যাম্] *v.t.* to disclose or tell freely, (মনের কথা) অকপটে ব্যক্ত করা বা বলা (to *unbosom* oneself to a person)। [*un-*, *bosom*]

unbound—see **unbind.**

unbounded [un-bown°-did, আন্‌বাউন্°ডিড্] *a.* not limited, অসীমাবদ্ধ, অসীমিত, অসীম (*unbounded* ambition, love, etc.); infinite, অনন্ত। [*un-*, see *bound*]

unbowed [un-bowd°, আন্‌বাউড্°] *a.* not bowed, নত হয় নাই এমন; not subdued or conquered, দমিত বা বিজিত হয় নাই এমন। [*un-*, see *bow*]

unbreakable [un-bre°-kabl, আন্‌ব্রে°ক্যাব্‌ল্] *a.* that cannot be broken, ভাঙ্গা যায় না এমন ; that cannot be infringed or passed over, অলঙ্ঘনীয়। [*un-*, see *break*]

unbridled [un-brīd°ld, আন্‌ব্রাইড্‌°ল্‌ড্] *a.* not bridled, লাগামহীন, লাগামছাড়া ; unrestrained, অসংযত (*unbridled* ambition, insolence, passions, etc.) I [*un-*, see *bridle*]

unbroken [un°-brō°k(a)n, আন্°ব্রৌ°কন্] *a.* not broken, অভঙ্গ, অটুট ; uninterrupted, অব্যাহত, অবাধ, একাদিক্রমিক ; not subdued, অদমিত ; not infringed, অলঙ্ঘিত ; not surpassed, ছাপাইয়া ওঠা হয় নাই এমন (*unbroken* record)। [*un-*, see *break*]

unbuckle [un°-buk°l, আন্°বাক্‌°ল্] *v.t.* to loose from buckles, বক্‌লস খুলিয়া দেওয়া। [*un-*, *buckle*]

unburden [un°-ba(r)°dn, আন্°ব্যা(র্)°ড্‌ন্] *v.t.* to free from a burden, বোঝা-মুক্ত বা ভারমুক্ত করা; to discharge, to cast off, (বোঝাদি) খালাস করা; to relieve (oneself) by confession etc., আত্মদোষস্বীকারাদির দ্বারা (নিজেকে) হালকা করা। [*un-*, *burden*]

unbusinesslike [un-biz°-nis-līke, আন্‌বিজ্‌°-নিস্‌লাইক্] *a.* not like a businessman, অব্যবসাদারসুলভ, অব্যবসায়ী। [*un-*, *business*, *like*]

unbutton [un°-bu°tn, আন্°বা°ট্‌ন্] *v.t.* to loose the buttons of, বোতাম খুলিয়া ফেলা। *a.* **un°bu°ttoned**—বোতাম খুলিয়া ফেলা হইয়াছে এমন; (আল.) দেহ এলাইয়া দিয়া আরামরত; (আল.) বাহ্যিক শিষ্টাচারের দায় হইতে মুক্তিপ্রাপ্ত। [*un-*, *button*]

uncalled-for [un-kawld°-faw(r), আন্‌ক্যল্‌ড্‌°-ফ্য(র্)], **uncalled for** *a.* quite unnecessary, সম্পূর্ণ অনাবশ্যক ; impertinently intruded, উপর-পড়া। [*un-*, see *call*, *for*]

uncanny [un-ka°-ni, আন্‌ক্যা°নি] *a.* weird, ভুতুড়ে ; savouring of the supernatural, অতিপ্রাকৃত বলিয়া মনে হয় এমন, গা ছম্‌ছম্ করে এমন ; mischievous, দুষ্টপ্রকৃতিবিশিষ্ট ; dangerous, বিপদের সম্ভাবনাপূর্ণ। *adv.* **unc°annily**। [*un-*, *canny*]

uncared-for [un°-kā(r)°d-faw(r), আন্°-কেয়্যা(র্)°ড্-ফ্য(র্)], **uncared for** *a.* not cared for, যত্ন লওয়া হয় না এমন, অযত্নপালিত, অযত্নরক্ষিত। [*un-*, see *care*, *for*]

unceasing [un-sē°-sing, আন্‌সী°সিং] *a.* incessant, অবিশ্রাম, অবিরাম। *adv* **unce°asingly** I [*un-*, see *cease*]

unceremonious [un°-se-ri-mō°ni-as, আন্°-সেরিমৌ°নিঅ্যাস্] *a.* without ceremony, অনাড়ম্বর, লৌকিকতাহীন ; informal, আচরণে সহজ ও স্বাভাবিক ; offhand, উপস্থিতমত ; without courtesy, শিষ্টাচারহীন। *adv.* **un°ceremō°niously** I [*un-*, see *ceremony*]

uncertain [un-sa(r)°tn, আন্‌স্যা(র্)°ট্‌ন্] *a.* not certain, অনিশ্চিত ; not determined, স্থির করা হয় নাই এমন ; not dependable, আস্থাস্থাপনের অযোগ্য ; unstable, অটল নহে এমন, অদৃঢ় ; subject to change, পরিবর্তনশীল। *adv.* **uncer°tainly** I *n.* **uncer°tainty** I **in no uncertain terms**—মোটেই অনিশ্চিতভাবে নহে, স্পষ্টভাবে এবং জোরের সঙ্গে। [*un-*, *certain*]

unchain [un°chān°, আন্°চেইন্°] *v.t.* to remove a chain from, শৃঙ্খলমুক্ত করা; to let loose, ছাড়িয়া দেওয়া। *a.* **un°chain°ed** I [*un-*, *chain*]

unchallenged [un°-cha°-linjd, আন্°চ্যা°-লিন্‌জ্‌ড্] *a.* beyond question or dispute, প্রশ্নাতীত বা তর্কাতীত। [*un-*, see *challenge*]

unchangeable [un-chān°-jable], আন্‌চেইন্°-জ্যাব্‌ল্] *a.* not changeable, অপরিবর্তনীয়। *a.* **un°chān°ged**—অপরিবর্তিত। *a.* **unchān°ging**—অপরিবর্তনশীল। [*un-*, see *change*]

uncharitable [un-cha°-ri-tabl, আন্‌চ্যা°রি-ট্যাব্‌ল্] *a.* not charitable, দয়াহীন, অকরুণ, নির্মম ; censorious, দোষদর্শী, ছিদ্রান্বেষী ; severe in judgment, কঠোর বিচার বা সমালোচনা করে এমন। [*un-*, see *charity*]

uncharted [un-chŭ(r)°-tid, আন্‌চা(র্)°টিড্] *a.* not marked on a map or chart, মানচিত্রে বা নকশায় অপ্রদর্শিত ; not explored and mapped, অভিযান করা হয় নাই এবং মানচিত্রে দেখান হয় নাই এমন (স্থানাদি) (an *uncharted* sea)। [*un-*, see *chart*]

unchaste [un°-chāst°, আন্°চেইস্‌ট্°] *a.* not chaste, অসতী বা অসৎ। *n.* **un°chās°tity** I [*un-*, *chaste*]

unchecked [un-chekt°, আন্‌চেক্‌ট্°] *a.* not checked or restrained, অবারিত, অবাধ ; violent or wayward, উদ্দাম বা উচ্ছৃঙ্খল। [*un-*, see *check*]

unchristian [un°-kris°-ti-an, আন্°ক্রিস্°টিয়্যান্] *a.* (rare) non-Christian, (বিরল) অখ্রিস্টান ; against the spirit of Christianity, খ্রিস্টধর্ম-বিরোধী ; uncharitable, দয়াহীন, অকরুণ, নির্মম। [*un-*, *Christian*]

uncial [un°-si-al, আন্°সিঅ্যাল্] (**1**) *n.* a form of writing resembling capitals, গোলাকার ক্যাপিটাল্ অক্ষরের ন্যায় অক্ষরে লিখন-পদ্ধতি। (**2**) *a.* of, or written in, this form, ঐ পদ্ধতি-সংক্রান্ত বা উহাতে লিখিত। [L. *uncialis*<*uncia*=a twelfth]

uncircumcised [un°-sa(r)°kam-sīzd, আন্°-স্যা(র্)°ক্যাম্‌সাইজ্‌ড্] *a.* not circumcised, লিঙ্গাগ্রের ত্বক্ ছিন্ন করা হয় নাই এমন, সুন্নৎ করা হয়

নাই এমন ; (fig.) heathen, (আল.) পৌত্তলিক ; (fig.) unpurified, (আল.) অবিশোধিত। [*un-*, see *circumcise*]

uncivil [un°-si°vl, আন্°সি°ভ্‌ল্] *a.* discourteous, অভদ্র, অশিষ্ট; unseemly, অশোভন।[*un-*,*civil*]

uncivilized [un°-si°-vi°līzd, আন্°সি°ভি°-লাইজ্‌ড্] *a.* not civilized, সভ্যতাপ্রাপ্ত হয় নাই এমন, অসভ্য। [*un-*, see *civilize*]

unclad [un-clad°, আন্‌ক্ল্যাড্°] *a.* unclothed, পোশাক-পরা নহে এমন ; naked, বিবস্ত্র, নগ্ন। [*un-*, *clad*]

unclaimed [un°-klām°d, আন্°ক্লেইম্°ড্] *a.* not claimed, দাবি করা হয় নাই এমন; having no claimant, দাবিদারহীন, বেওয়ারিস (*unclaimed* goods, letters, etc.)। [*un-*, see *claim*]

unclasp [un°-klusp°, আন্°ক্লাস্প্°] *v.t.* to loose from a clasp, খিল বন্ধন প্রভৃতি হইতে মুক্ত করা; to open, খোলা। *p.* & *p. pt.* **un°clas°ped**। [*un-*, *clasp*]

unclassified [un°-kla°-si-fīd, আন্°ক্ল্যা°সিফাইড্] *a.* not classified, শ্রেণীবিভক্ত হয় নাই এমন। [*un-*, see *classify*]

uncle [ungk°l, আংক্°ল্] *n.* the brother of one's father or mother, জেঠা খুড়া বা মামা; an aunt's husband, মেসো বা পিসে; (coll.) an elderly man, (কথ্য.) বয়স্ক লোককে সম্বোধনের আখ্যাবিশেষ। *fem.* see **aunt** । **Uncle Sam**—আমেরিকার যুক্তরাষ্ট্র ও তত্রত্য অধিবাসিবৃন্দ। [OF. <L. *avunculus*=maternal uncle]

unclean [un°-klēn°, আন্°ক্লীন্°] *a.* not clean, foul, অপরিষ্কার, নোংরা; unchaste, lewd, অসচ্চরিত্র ; impure, অবিশুদ্ধ, অপবিত্র। *adv.* **un°clean°ly** । [*un-*, *clean*]

unclouded [un°-klow°-did, আন্°ক্লাউ°ডিড্] *a.* free from clouds, মেঘমুক্ত, নির্মেঘ; free from gloom, বিষাদমুক্ত, প্রফুল্ল; free from obscurity, প্রকট। [*un-*, see *cloud*]

uncoloured [un-ku°-la(r)d, আন্‌কা°ল্যা(র্)ড্] *a.* not coloured, অরঞ্জিত, রঙিন নহে এমন ; (fig.) not exaggerated or heightened in description, (আল.) অতিরঞ্জিত করা হয় নাই বা ফেনাইয়া বর্ণনা করা হয় নাই এমন, সাদামাটা। [*un-*, see *colour*]

unco [ung°-kō, আং°কৌ] **(1)** *a.* strange, অপরিচিত ; queer, অদ্ভুত ; fearsome, ভয়াবহ ; remarkable, লক্ষণীয় ; great, মস্ত। **(2)** *n.* a stranger, অপরিচিত ব্যক্তি বা আগন্তুক ; a piece of news, এক টুকরা খবর ; a remarkable thing, লক্ষণীয় বস্তু বা ব্যাপার। **(3)** *adv.* remarkably, লক্ষণীয়ভাবে ; very, অত্যন্ত। [Scot.<*uncouth*]

uncock [un°kok°, আন্°কক্°] *v.t.* to let down gently the hammer of, (বন্দুকাদির) ঘোড়া ধীরে ধীরে নামাইয়া দেওয়া। *p.* & *p. pt.* **un°cocked**। [*un-*, *cock*]

uncoil [un°koyl°, আন্°কয়্‌ল্°] *v.t.* to unwind, (সুতার ফেটী প্রভৃতির) পাক বা পেঁচ খোলা। [*un-*, *coil*]

un-come-at-able [un°-ku-ma°table, আন্°-কাম্যা°ট্যাব্‌ল্] *a.* inaccessible, অনধিগম্য; out of reach, নাগাল-বহির্ভূত। [*un-*, *come*, *at*, *-able*]

uncomely [un-kum°-li, আন্‌কাম্°লি] *a.* not comely, অসুন্দর ; indecent, unseemly, অশোভন, রুচিবিরোধী। [*un-*, *comely*]

uncomfortable [un-kum°-fa(r)tabl, আন-কাম্°ফ্যা(র্)ট্যাব্‌ল্] *a.* feeling or causing discomfort, অস্বাচ্ছন্দ্য বা অস্বস্তি অনুভব করে অথবা ঘটায় এমন, অস্বচ্ছন্দ, অস্বস্তিপূর্ণ। [*un-*, see *comfort*]

uncommitted [un-ka-mi°-tid, আন্‌ক্যামি°টিড্] not committed or bound, (প্রতিশ্রুতি প্রভৃতির) দায়ে আবদ্ধ নহে এমন ; free, মুক্ত ; independent, স্বাধীন। [*un-*, see *commit*]

uncommon [un-ko°man, আন্‌ক°ম্যান্] **(1)** *a.* not common, অসাধারণ, rare, বিরল; remarkable, লক্ষণীয়; very great, অতি বৃহৎ, মস্ত; strange, অদ্ভুত। **(2)** *adv.* remarkably, লক্ষণীয়ভাবে। *adv.* **unco°mmonly** । [*un-*, *common*]

uncommunicable [un°-ka-mū°ni-kabl,আন্°-ক্যামিউ°নিক্যাব্‌ল্] *a.* that which cannot be communicated, (সংবাদ, মনের কথা, প্রভৃতি সম্বন্ধে) আদান-প্রদানের বা অপরকে জ্ঞাপনের অযোগ্য অথবা অসাধ্য, অকথ্য। *a.* **un°commū°nicātive**—(সংবাদ, মনের কথা, প্রভৃতি) আদানপ্রদান করে না বা পরকে জানায় না এমন, মুখ-চাপা, চাপা-স্বভাব। [*un-*, see *communicate*]

uncompromising [un-kom°-pra-mī-zing, আন্‌কম্°প্র্যামাইজ়িং] *a.* refusing to compromise, আপোষ করিতে অরাজী, আপোষবিরোধী ; unyielding, অ-বশ্য, অদম্য ; out-and-out, পুরাদস্তুর। [*un-*, see *compromise*]

unconcern [un°-kan-sa(r)n°, আন্°ক্যান্স্যা-(র্)ন্°] *n.* want of concern or interest or anxiety; সম্পর্কশূন্যতা, কৌতূহলশূন্যতা, উদ্বেগশূন্যতা ; indifference, ঔদাস্য। *a.* **un°concer°ned**—সম্পর্কহীন ; কৌতূহলহীন ; নিরুদ্বেগ ; উদাস, নির্বিকার। *adv.* **un°concer°nedly** । [*un-*, *concern*]

unconditional [un°-kan-di°shnl, আন্°ক্যান্-ডি°শ্‌ন্যাল্] *a.* not conditional, শর্তহীন ; absolute, সার্বভৌম ; unlimited, অবাধ। *adv.* **unconditionally** । *a.* **uncondi°tioned**—শর্তাধীন নহে এমন ; স্বতঃস্ফূর্ত। **unconditioned reflex**—উদ্দীপক বস্তুগ্রহণান্তর স্বতঃস্ফূর্ত প্রতিক্রিয়া। [*un-*, see *condition*]

unconfirmed [un°-kan-fa(r)m°d, আন্°ক্যান্-ফ্যা(র্)°মড্] *a.* not confirmed, অসমর্থিত। [*un-*, see *confirm*]

uncongenial [un-kan-jē°ni-al, আন্‌ক্যান্জী°-

নিঅ্যাল্] *a.* not in agreement with one's taste or nature, not suitable, রুচির বা প্রকৃতির সঙ্গে খাপ খায় না এমন, অনুপযোগী। [*un-*, see *congenial*]

unconquerable [un-kong°ka-rabl, আন্°-কং°ক্যার‌্যাব্‌ল্] *a.* not conquerable, অজেয়। *a.* **uncon°quered** । [*un-*, see *conquer*]

unconscionable [un-kon°-shan-abl, আন্-কন্°শ্যান্-অ্যাব্‌ল্] *a.* wholly unreasonable, একেবারে অযৌক্তিক (*unconscionable* delay); not guided or restrained by conscience, বিবেকের দ্বারা চালিত বা নিয়ন্ত্রিত নহে এমন। [*un-*, see *conscience*]

unconscious [un-kon°-shas, আন্‌কন্°শ্যাস্] *a.* without consciousness, চেতনাহীন, অচেতন, মূর্ছিত, অজ্ঞান; unaware, জানে না এমন, (পরি.) নির্জ্ঞাত। **the unconscious**—মনের নির্জ্ঞান স্তর। *adv.* **uncon°sciously** । *n.* **uncon°sciousness** । [*un-*, *conscious*]

unconsidered [un-kan-si°-da(r)d, আন্‌ক্যান্-সি°ড্যা(র্)ড্] *a.* lacking in previous proper consideration or reflection, উপযুক্ত বিচার-বিবেচনা বা ভাবনা-চিন্তা ছাড়াই কৃত; disregarded, অগ্রাহ্য করা হইয়াছে এমন; আমল দেওয়া হয় নাই এমন; তুচ্ছ। [*un-*, see *consider*]

unconstitutional [un°-kon-sti-tū°-shnl, আন্°কন্‌স্টিটিউ°শ্‌ন্‌ল্] *a.* contrary to the constitution, নিয়মতন্ত্রবিরোধী, সংবিধানবিরুদ্ধ। *adv.* **unsconstitutionally** [*un-*, see *constitution*]

uncontested [un°kan-tes°-tid, আন্°ক্যান্-টেস্°টিড্] *a.* without being contested, প্রতিযোগিতা বা বিরোধিতা করা হয় নাই এমন; বিনা প্রতিদ্বন্দ্বিতায়। [*un-*, see *contest*]

uncontrollable [un-kan-trō°-labl, আন্‌ক্যান্-ট্রৌ°ল্যাব্‌ল্] *a.* not controllable, নিয়ন্ত্রণের বা সংযমনের অসাধ্য। *a.* **un°contrō°lled**—অনিয়ন্ত্রিত, অসংযত। [*un-*, see *control*]

unconventional [un°-kan-ven°-shanl, আন্°-ক্যান্‌ভেন্°শ্যান্‌ল্] *a.* not conventional, লৌকিকতাবর্জিত, রীতিনীতিবর্জিত; free in one's ways, আচার-আচরণে বাধাবন্ধ বা জড়তা নাই এমন, মুক্তাচরণ। *adv.* **un°conven°tionally** । [*un-*, see *convention*]

unconvinced [un°-kan-vin°st, আন্°ক্যান্-ভিন্°স্‌ট্] *a.* not convinced, দৃঢ়বিশ্বাস বা প্রত্যয় লাভ করে নাই এমন, অপ্রত্যয়িত। *a.* **un°convin°cing**—প্রত্যয় বা দৃঢ়বিশ্বাস উৎপাদন করে না এমন। [*un-*, see *convince*]

uncooked [un°-kook°t, আন্°কুক্°ট্] *a.* not cooked, অরাঁধা। [*un-*, see *cook*]

uncork [un°kaw(r)k°, আন্°ক্য(র্)ক্°] *v.t.* to draw the cork from, (কিছুর) ছিপি খোলা। *p.* & *p. pt.* **un°cor°ked** । [*un-*, *cork*]

uncountable [un-kownt°-able, আনকাউন্ট্°-অ্যাব্‌ল্] *a.* not possible to count or reckon, গণনা করা যায় না এমন, অগণনীয়। [*un-*, see *count*]

uncouple [un-kup°l, আন্‌কাপ্°ল্] *v.t.* to unfasten, বন্ধনমুক্ত করিয়া দেওয়া। [*un-*, *couple*]

uncouth [un°-kōōth°, আন্°কুথ্°] *a.* unfamiliar, অনভ্যস্ত; unknown, অজানা, অপরিচিত; awkward, জবুথবু; odd, অদ্ভুত; uncultured, সংস্কৃতিহীন, অমার্জিত। *adv.* **uncouth°ly** । *n.* **uncouth°ness** । [OE. *uncuth*]

uncover [un-ku°-va(r), আন্‌কা°ভ্যা(র্)] *v.t.* to remove the cover of, আবরণ বা ঢাকনা মোচন করা; to disclose, প্রকাশ করা বা ফাঁস করা; to discover, আবিষ্কার করা। *a.* **unco°vered**—অনাচ্ছাদিত, উন্মুক্ত। [*un-*, *cover*]

uncritical [un-kri°-tik(a)l, আন্‌ক্রি°টিক্‌ল্] *a.* not relating to criticism, সমালোচনাকর নহে এমন; not discriminating, বাছবিচার করে না এমন (*uncritical* acceptance)। [*un-*, see *critical*]

uncrossed [un-krost°, আন্‌ক্রস্‌ট্°] *a.* (of cheques) not crossed, (চেক সম্বন্ধে) ক্রস করা হয় নাই এমন। [*un-*, see *cross*]

uncrowned [un°-krown°d, আন্°ক্রাউন্°ড্] *a.* not crowned, মুকুট পরান হয় নাই এমন; without a crown, মুকুটহীন; not (yet) formally crowned, (এখন পর্যন্ত) রাজপদে অনভিষিক্ত; possessing kingly power without title and dignity, রাজা না হইয়াও রাজতুল্য শক্তিমান্। [*un-*, see *crown*]

unction [ung(k)°sh(a)n, আং°শ্‌ন্] *n.* an anointing, অনুলেপন; ointment, মলম; that quality in language which excites emotion or devotion, ভাষার যে গুণ আবেগ বা ভক্তি উদ্দীপ্ত করে; fervour in speech, বক্তৃতায় প্রাণবন্ততা; religious glibness, ধর্ম-সংক্রান্ত বক্তৃতায় বা আলাপ-আলোচনায় পটুতা; divine or sanctifying grace, দিব্য বা পবিত্র মহিমা; affected enthusiasm, কৃত্রিম উৎসাহ; flattering word, তোষামোদপূর্ণ কথা, চাটুবাক্য। *a.* **unc°tūous**—তৈলাক্ত, তেলা; অনুলিপ্ত; (ভাষা-সম্বন্ধে) আবেগ-বা-ভক্তি-উদ্দীপক গুণসম্পন্ন; (বক্তৃতা-সম্বন্ধে) প্রাণবন্ত; ধর্ম-সংক্রান্ত বক্তৃতাদিতে পটু; দিব্য বা পবিত্র মহিমাপূর্ণ; কৃত্রিমতা বা তোষামোদপূর্ণ। *n.* **unc°tūousness** । *adv.* **un°ctūously** । [L. *unctio*]

uncultivated [un°-kul°-ti-vā-tid, আন্°কাল্°টিভেইটিড্] *a.* not cultivated, অকর্ষিত; unrefined, অমার্জিত। [*un-*, see *cultivate*]

uncultured [un°-kul°-cha(r)d, আন্°কাল্°চ্যা(র্)ড্] *a.* not cultured, সংস্কৃতিহীন; unrefined, অসভ্য। [*un-*, see *culture*]

uncut [un°-kut°, আন°-কাট্°] *a.* not cut, অকর্তিত, আকাটা; (of a book) with margins not trimmed by the binder, (পুস্তকাদি-সম্বন্ধে)

দফ্‌তরি কর্তৃক প্রান্তদেশ ছাঁটা হয় নাই এমন ; (of gems) not shaped by cutting, (মণিরত্নাদি-সম্বন্ধে) কাটিয়া সুগঠিত করা হয় নাই এমন। [*un-, cut*]

undated [un°-dā°-tid, আন্‌ডেই°টিড্] *a.* not dated, তারিখ দেওয়া হয় নাই এমন, তারিখহীন। [*un-*, see *date*]

undaunted [un-dawn°-tid, আন্‌ডান্‌°টিড্] *a.* not daunted, অশঙ্কিত ; intrepid, bold, নির্ভীক, সাহসী। [*un-*, see *daunt*]

undé—alt. spell. of **undee.**

undeceive [un°-di-sēv°, আন্‌ডিসীভ্‌°] *v.t.* to free from deception or mistake, ছলনা বা ভ্রান্তি হইতে মুক্ত করা, মোহ বা ভুল ভাঙ্গিয়া দেওয়া। *a.* **undecei°ved**—অপ্রতারিত, অভ্রান্ত ; মোহমুক্ত, ভ্রান্তিমুক্ত। [*un-*, see *deceive*]

undecided [un°-di-sī°did, আন°ডিসাই°ডিড্] *a.* not decided, স্থিরীকৃত হয় নাই এমন ; not settled, অমীমাংসিত (the point is still *undecided*) ; irresolute, অস্থিরসঙ্কল্প। [*un-*, see *decide*]

undeclared [un-di-kla(r)d, আন্‌ডিক্লেয়্যা(র্)ড্] *a.* (of goods) not declared or shown to the customs officers, (পণ্য-সম্বন্ধে) শুল্ক-আধিকারিকের সমীপে ঘোষিত বা প্রদর্শিত হয় নাই এমন ; not announced, অঘোষিত (*undeclared* war)। [*un-*, see *declare*]

undee [un°-dā, আন্‌°ডেই] *a.* wavy, তরঙ্গায়িত। [F. *onde*]

undefended [un°-di-fen°-did, আন্°-ডিফেন্°-ডিড্] *a.* defenceless, রক্ষণোপায়হীন, অরক্ষিত ; not defended, রক্ষার বা সমর্থনের চেষ্টা করা হয় নাই এমন, অসমর্থিত ; (in law) unanswered, (আইনে—অভিযোগাদি) খণ্ডনের ব্যবস্থা করা হয় নাই এমন (an *undefended* suit)। [*un-*, ee *defend*]

undefiled [un°-di-fī°ld, আন্‌ডিফাই°ল্ড্] *a.* not defiled, নোংরা বা কলুষিত করা হয় নাই এমন। [*un-*, see *defile*]

undefined [un°-di-fī°nd, আন্‌°ডিফাই°নড্] *a.* not defined, সংজ্ঞা বা আকৃতি নির্ণয় করা হয় নাই এমন, অবর্ণিত, অনির্ণীত ; indefinite, অনির্দিষ্ট। [*un-* see *define*]

undelivered [un°-di-li°-va(r)d, আন্‌°ডিলি°-ভ্যা(র্)ড্] *a.* not delivered, বিলি করা হয় নাই এমন ; not handed over, অর্পণ করা হয় নাই এমন ; অনর্পিত ; not freed, মুক্ত করা হয় নাই এমন, অনুদ্ধারিত। [*un-*, see *deliver*]

undemocratic [un°-de-mŏ-kra°-tik, আন্°-ডেমোক্র্যা°টিক্] *a.* not conforming to democratic principles, অগণতান্ত্রিক। [*un-*, see *democracy*]

undemonstrative [un°-di-mon°-stra-tiv, আন্‌ডিমন্‌°স্ট্র্যাটিভ্] *a.* not demonstrating (esp. strong feelings), (প্রধানতঃ প্রবল আবেগাদি) প্রকাশ বা জাহির করে না এমন। [*un-*. see *demonstrate*]

undeniable [un-di-nī°-abl, আনডিনাই°অ্যাব্‌ল্] *a.* that which cannot be denied, refused, or objected to, অনস্বীকার্য বা অপ্রত্যাখ্যেয় বা অকাট্য ; true, সত্য, প্রকৃত। *adv.* **undenia°-bly**। [*un-*, see *deny*]

undenominational [un°-di°-no-mi-nā°shnl, আন্‌°ডি°নমিনেই°শ্‌ন্‌ল্] *a.* not confined to or favouring any particular sect, নির্দিষ্ট কোন সম্প্রদায়ভুক্ত বা সম্প্রদায়ের সমর্থক নহে এমন। [*un-*, see *denominate*]

under₁ [un°da(r), আন্‌°ড্যা(র্)] (**1**) *prep. & adv.* beneath, below, তলদেশে, নিচে, নিম্নে ; in or to a lower position, নিম্নতর পদে ; at the foot of, পাদদেশে ; within, ভিতরে, অভ্যন্তরে ; in or into a covered, submerged or hidden state, আচ্ছাদিত প্লাবিত নিমজ্জিত বা গুপ্ত অবস্থায় ; in or into subjection, subjugation, liability, etc., অধীনে, বশে, বাধ্যবাধকতায়, দায়িত্বে ; in the state of, অবস্থায়। (**2**) *prep.* short of, কম্‌তি অবস্থায়, কমে ; in course of, ক্রমে, সময়ে ; by the authority or attestation of, প্রমাণবলে বা প্রত্যায়নবলে ; in accordance with, অনুযায়ী ; in the influence of, প্রভাবাধীনে ; in the aspect, class, heading, name, etc. of, কক্ষে, শ্রেণীতে, শিরনামে, খাতে, নামে, প্রভৃতি ; in the reign or administration of, শাসনকালে, শাসনে, পরিচালনাধীনে। (**3**) *a.* lower, নিম্নতর ; subordinate, নিম্নতরপদস্থ, (পরি.) অবর ; falling short, ঘাট্‌তি পড়িয়াছে এমন, কম, উন। **(to) knock under**—হার মানা। **under separate cover**—পৃথক লেফাফায়। [AS.—cp. Goth. *undar*, ON. *undir*, G. *unter*, *infra*]

under-₂ [un°-da(r), আন্‌°ড্যা(র্)] *pfx.* same as **under₁**। *v.t.* **un°deract°**—প্রয়োজন অপেক্ষা কম অভিব্যক্তি প্রদর্শনপূর্বক অভিনয় করা (cp. **overact**)। **un°derarm**—(**1**) *a.* (ক্রিকেটে—বোলিং-সম্বন্ধে) কনুই বা কাঁধের নিচে হাত আনিয়া নিক্ষিপ্ত (*underarm* bowling)। (**2**) *adv.* কনুই বা কাঁধের নিচে হাত আনিয়া। **un°derbid°**—(**1**) *v.t.* অপেক্ষাকৃত কম দামে দিতে বা বেচিতে রাজী হওয়া। (**2**) *v.t.i.* (তাসের ব্রিজ্-খেলায় তাসের) মূল্যের তুলনায় ছোট ডাক দেওয়া। *pr. pt.* **un°derbi°dding** । *p.* **un°-derbāde°**। *p. pt.* **un°derbi°dden, un°der-bid°**। *a.* **un°derbred°**—অযত্নপালিত ; অমার্জিত, ইতর। *n.* **un°derbrush**—বড় গাছের নিচে জাত ক্ষুদ্র গাছ বা গুল্ম। *n.* **un°dercarriage**—ভূতলে অবতরণকালে বিমানপোতে যে গিয়ার (gear) ব্যবহার করা হয়। **un°dercharge°**—(**1**) *v.t.* অত্যল্প দাম বা মাশুল দাবি করা। (**2**) *n.* অত্যল্প দাম বা মাশুল। *n. pl.* **un°derclōthes**—অন্তর্বাস (বিশেষতঃ, গেঞ্জি আনডারউইয়্যার প্রভৃতি)। *n. sing.* **un°derclōthing**। *a.* **un°derco°ver**—গুপ্ত ; চোরাগোপ্তা। **an undercover agent**—গুপ্তচর ; গোয়েন্দা। **undercover payments**—ঘুস-রূপে

প্রদত্ত অর্থ। *n.* **un°dercurrent**—অন্তঃপ্রবাহ; যে মনোগত ভাবধারা বাহ্যিক ক্রিয়াকলাপ নিয়ন্ত্রণ করে। **un°dercut°**—(1) *v.t.* নিম্নদেশে কর্তন করা: নিচু হইতে উপর দিকে জোরে আঘাত করা, তলপ্রহার করা (cp. **uppercut**); প্রতিযোগিতামূলকভাবে (দর) হ্রাস করা। *pr. pt.* **un°dercu°tting** । *p. & p. pt.* **un°dercut°**। (2) *a.* নিচু হইতে উপর দিকে কাটার বা আঘাত করার জন্য উদ্দিষ্ট; অংশবিশেষ অধোদেশ হইতে কাটিয়া কাটিয়া খোদাই করা হইয়াছে এমন। *n.* **un°dercut**—নিম্নদেশ কর্তন; নিচু হইতে উপর দিকে সজোরে আঘাত, তলপ্রহার। *a.* **un°derdéve°loped**—অপূর্ণবর্ধিত; অপূর্ণগঠিত; অনুন্নত (*underdeveloped* countries) । *v.t.* **un°derdo°**—প্রয়োজনাপেক্ষা উনভাবে করা বা রাঁধা বা অভিনয় করা। *p.* **un°derdid°**; *p. pt.* **underdone°**। *n.* **un°derdog**—যে হতভাগ্য অসহায় ব্যক্তি সচরাচর প্রতিদ্বন্দ্বিতা সংগ্রাম প্রভৃতিতে পরাজিত ও নাস্তানাবুদ হয়; নিয়ত লাঞ্ছিত ও অবহেলিত ব্যক্তি। *a.* **un°derdone°**—সম্পূর্ণ রন্ধিত বা পাক করা হয় নাই এমন। *v.t.i.* **un°derdress°**—অত্যন্ত সাদাসিধাভাবে বা অত্যল্প জামাকাপড়ে সজ্জিত করা অথবা সজ্জিত হওয়া। *p. & p. pt.* **un°derdre°ssed** । *a.* **un°deremploy°ed**—আংশিকভাবে বা অসম্পূর্ণভাবে নিযুক্ত। *n.* **un°deremploy°ment** । *v.t.* **un°deres°timāte**—প্রকৃত মূল্য বা দর বা গুরুত্ব অপেক্ষা উন মূল্য বা দর বা গুরুত্ব দেওয়া অথবা হিসাবে কম ধরা। *p. & p. pt.* **un°deres°timātéd** । *n.* **un°deres°timāte**—প্রকৃত মূল্যাদি অপেক্ষা উন মূল্য বা দর, বা গুরুত্ব বা হিসাব। *v.t.* **un°derex°pose**—(আলোকচিত্র গ্রহণে) অত্যল্পকালের জন্য ফিল্ম্ বা প্লেটের উপর আলোকসম্পাত করা। *n.* **un°derexpo°sure**। *v.t.i.* **un°derfeed°**—প্রয়োজনাপেক্ষা কম খাওয়ান। *p. & p. pt.* **un°derfed°** । *a.* **underfed°**—প্রয়োজনাপেক্ষা কম খাওয়ান হইয়াছে এমন। *adv.* **underfoot°**—পদতলে। *n.* **un°dergarment**—অন্তর্বাস। *v.t.* **undergō°**—(কিছুর) অধীন হওয়া; ভোগ করা, সহ্য করা (to have to *undergo* much suffering); (কোন) অভিজ্ঞতা লাভ করা। *p.* **underwent°**; *p. pt.* **undergone°**। *n. & a.* **undergra°dūate**—এখনও স্নাতক উপাধি পায় নাই এমন (ছাত্র)। *adv.* **un°derground**—ভূগর্ভে; গোপনে। **un°derground**—(1) *a.* ভূগর্ভস্থ, আন্তর্ভৌম; গুপ্ত। (2) *n.* পাতাল; ভূগর্ভ; ভূগর্ভস্থ রেলপথ; নিম্নভূমি; পাদভূমি; গুপ্তপ্রতিরোধ বা আন্দোলন বা দল। *n.* **un°dergrowth**—বড় গাছের নিচে জাত ক্ষুদ্র গাছ বা গুল্ম; ব্যাহত বৃদ্ধি। *adv.* **underhand°**—গোপনে, গুপ্তভাবে; (প্রধানতঃ ক্রিকেটে বোলিং-সম্বন্ধে) কনুই বা কাঁধের নিচে হাত আনিয়া। **un°derhand**—(1) *a.* গুপ্ত; প্রচ্ছন্ন; (ক্রিকেটাদি খেলায়—বল-সম্বন্ধে) কনুই বা কাঁধের নিচে হাত আনিয়া নিক্ষিপ্ত অথবা ঐভাবে ব্যাট-দ্বারা আঘাত-করা। (2) *n.* কনুই বা কাঁধের নিচে হাত আনিয়া নিক্ষিপ্ত বা তাড়িত বল; নিকৃষ্টতা; অসুবিধা। *a.* **underhung°**—(নিচের চোয়াল সম্পর্কে) উপরের চোয়াল ছাড়াইয়া আসিয়া ঝুলিয়া পড়িয়াছে এমন। **underlaid**—see **underlay₂**। **underlain, underelay**—see **underlie** । *v.t.* **un°derlay°₂**—নিচে কিছু রাখিয়া অবলম্বন বা ঠেকনো দেওয়া; নিচে স্থাপন করা বা রাখা। *p. & p. pt.* **un°derlaid°**। *n.* **un°derlay**—নিম্নদেশে স্থাপিত বস্তু; (মুদ্রণে.) টাইপ-সমান উঁচু করার জন্য যে কাগজ আঁটিয়া দেওয়া হয়। *v.t.* **un°derlet°**—যথামূল্যের কমে ভাড়া দেওয়া; (ভাড়াটে কর্তৃক) ভাড়া-করা বাড়ি ভাড়া দেওয়া; *pr. pt.* **un°derle°tting** । *p. & p. pt.* **un°derlet°**। *v.t.* **underlie°**—(কিছুর) নিম্নে অবস্থান করা বা শয়ন করা; মত, আচার-ব্যবহার, রীতিনীতি প্রভৃতির মূলে থাকা; ভোগ করা বা সহ্য করা; (কিছুর) অধীন হওয়া বা (কিছুর জন্য) দায়ী হওয়া। *pr. pt.* **underly°ing**; *p.* **underlay°**; *p. pt.* **underlain°** । *a.* **underly°ing**—নিম্নাবস্থিত; অবলম্বনস্বরূপ; ভিত্তিস্বরূপ; মূলগত। *v.t.* **underline°**—নিম্নদেশে রেখা টানিয়া দেওয়া, আনডারলাইন করা; জোর বা ঝোঁক দেওয়া। *n.* **un°derline**—মুদ্রিত বা লিখিত শব্দাদির নিচে টানা রেখা। *n.* **un°derling**—(অবজ্ঞায়) অধীন বা আজ্ঞাধীন ব্যক্তি; দুর্বল লোক। *n.* **un°derlip**—(নিচের) ঠোঁট, অধর। *a.* **underma°nned**—(খনি জাহাজ প্রভৃতি সম্বন্ধে) প্রয়োজন অপেক্ষা অল্পসংখ্যক শ্রমিক বা কর্মী লইয়া কাজ করিতে হইতেছে এমন। *a.* **un°dermen°tioned**—নিম্নে বা পরে উল্লিখিত, নিম্নোক্ত। *v.t.* **undermine°**—ধ্বংসসাধনার্থ অধোদেশে গর্ত খনন করা; নিম্নদেশ হইতে মাটি বা জমি অপসারণ করা, অধোদেশ খনন করা; পতনসাধনের বা ধ্বংসসাধনের চেষ্টা করা; গোপনে ক্ষতিসাধন করা; আনুগত্য বা বিশ্বস্ততা ধ্বংস করার চেষ্টা করা। **un°dermōst**—(1) *a.* সর্বনিম্নস্থ; সর্বাধিক অভ্যন্তরস্থ। (2) *adv.* সর্বাধিক নিম্নে বা অভ্যন্তরে। *n.* **underpass**—(রাস্তার সংযোগস্থলে) যানবাহন প্রভৃতির চলাচলের সুবিধার জন্য সুড়ঙ্গ পথ। *v.t.* **un°derpay°**—যথোচিত অপেক্ষা কম বেতন দেওয়া। *p. & p. pt.* **un°derpaid°** । *v.t.* **un°derpin°**—দেয়াল প্রভৃতির নিচে ইটের গাঁথুনির আলম্ব নির্মাণ করা। *n.* **un°derplot**—নাটকের বা গল্পের মূল কাহিনীর অন্তর্ভুক্ত অন্য কাহিনী, উপকাহিনী; গুপ্ত চক্রান্ত বা কৌশল। *a.* **un°derpo°pūlātéd**—(দেশাদি সম্বন্ধে) আয়তন ও প্রয়োজনের তুলনায় অল্প জনসংখ্যাবিশিষ্ট। *a.* **un°derpri°vileged**—শিক্ষাব্যবস্থা ও সামাজিক সুযোগসুবিধার দিক্ দিয়া অন্যান্য সম্প্রদায় জাতি দেশ প্রভৃতির তুলনায় হীন। *n.* **underproduc°tion**—প্রয়োজনের অপেক্ষা কম উৎপাদন। *v.t.* **underquōte°**—(বাজার অপেক্ষা) কম দর দেওয়া। *p. & p. pt.* **underquō°téd** । *v.t.* **underrāte°**—ন্যায্য অপেক্ষা কম মূল্য বা দর বা গুরুত্ব দেওয়া (to *underrate* an opponent) । *p. & p. pt.* **underrāted** । *n.* **un°derrāte**—ন্যায্য অপেক্ষা কম মূল্য বা দর বা গুরুত্ব। *n.* **un°der-se°cretary**—সহকারী

সচিব, অবর সচিব। *v.t.* **un°dersell°**—(বাজার অপেক্ষা) কম দরে বিক্রয় করা; অত্যন্ত শস্তায় বেচা। *p. & p. pt.* **un°der-sōld°** । *n.* **un°der-sheriff**—শেরিফের নিম্নস্থ কর্মচারী বা প্রতিনিধি। *v.t.* **under-shoot**—বিমান অবতরণের নির্দিষ্ট ক্ষেত্র হইতে একটু আগে বিমান নামান। *a.* **un°dershot**—(মিলের কলের চাকা সম্পর্কে) নিম্নগামী জলের ধারার দ্বারা চালিত। *v.t.* **undersīgn°**—নিম্নদেশে সই করা। *a.* **undersīgn°ed**—নিম্নদেশে স্বাক্ষরকারী, নিম্নস্বাক্ষরিত। *a.* **undersī°zed**—সাধারণ বা ঈপ্সিত মাপ অপেক্ষা ছোট মাপের। *a.* **un°derstaff°ed**—প্রয়োজন অপেক্ষা কম কর্মচারী লইয়া কাজ করিতে হইতেছে এমন। *v.t.* **un°derstāte°**—প্রকৃত অপেক্ষা কম বা অল্পসংখ্যক করিয়া বলা। *p. & p. pt.* **un°derstā°ted** । *n.* **un°derstā°tement** । *v.t.* **un°derstock°**—বাঞ্ছিত পরিমাণ অপেক্ষা কম মজুত করা। *p. & p. pt.* **un°dersto°cked** । **under-strapper**—(অবজ্ঞায়) ছোট কর্মচারী। **un°der-study**—(1) *v.t.* আকস্মিক প্রয়োজনকালে (অন্য অভিনেতার) পরিবর্তে অভিনয় করার জন্য (উক্ত অভিনেতার) পার্ট শিক্ষা করা; (কাহারও) প্রতিকল্পরূপে অভিনয় করার বা কাজ করার জন্য প্রস্তুত হওয়া। (2) *n.* অপরের ভূমিকা বা কার্যভার গ্রহণার্থ প্রতিকল্পরূপে প্রস্তুত ব্যক্তি। *n.* **un°derte°nant**—যে ভাড়াটে বা প্রজা অন্য ভাড়াটে বা প্রজার নিকট হইতে ভাড়া বা ইজারা লইয়াছে, উপ-ভাড়াটে বা উপপ্রজা। *n.* **un°derte°nancy**—উপ-ভাড়াটে বা উপ-প্রজার স্বত্ব অথবা অধিকার। *n.* **un°dertōne**—চাপা স্বর শব্দ রঙ্‌ প্রভৃতি; অন্য শব্দাদির মধ্যে পরিব্যাপ্ত বা অন্তর্নিহিত শব্দাদি। *a.* **un°dertōned**—চাপা স্বরে উচ্চারিত, চাপা শব্দে ধ্বনিত, চাপা রঙে রঞ্জিত। *n.* **undertow**—বেলাভূমিতে আঘাত করিবার পর ঢেউয়ের পশ্চাদ্দিকে ধাবন। *v.t.* **un°derva°lue**—প্রকৃত মূল্য অপেক্ষা কম করিয়া অবধারণ করা; তুচ্ছ বলিয়া গণনা করা। *n.* **un°dervalūā°tion** । *n.* **un°dervest**—শার্টের নিচে পরিবার জন্য খাট জামা-বিশেষ। *n.* **underwear**—(প্রধানতঃ নিম্নাঙ্গের) অন্তর্বাস। **un°derweight**—(1) *n.* ওজনে ঊনতা, ঊন ওজন। (2) *a.* (স্বাভাবিক বা নির্ধারিত ওজন অপেক্ষা) ওজনে কম। *n.* **un°derwood**—উচ্চতর বৃক্ষসমূহের নিম্নে উৎপন্ন নিচু গাছপালা; বৃক্ষাদির ঝাড়। *n.* **un°derworld**—স্বর্গলোকের নিম্নস্থ জগৎ; পৃথিবীর নিম্নস্থ জগৎ, পাতাল; পৃথিবীর অপর পৃষ্ঠ, প্রতিপাদ পৃথিবী; (সচ. দুষ্কর্মের) গুপ্ত আড্ডা বা আস্তানা। *v.t.i.* **un°derwrīte**—নিম্নদেশে লেখা বা স্বাক্ষর করা; (কাব্যে—কোন বিষয়ে) সম্মত হওয়া, মত দেওয়া; বিমা করার দায়িত্ব লওয়া; সাধারণ বাজারে যে মাল অবিক্রীত থাকিবে তাহা ক্রয় করিতে অঙ্গীকার করা। *p.* **un°derwrōte** । *p. pt.* **un°derwri-tten** । *n.* **un°derwrīter**—নিম্নস্থ কেরানী; জাহাজী বিমার দালাল।

underneath [un-da(r)-nēth°, আন্‌ড্যা(র্‌)নীথ্‌°] *adv. & prep.* beneath, below, নিম্নে, নিম্নদেশে, অধোদেশে। [GE. *underneodhan*—cp. *under, beneath*]

understand [un-da(r)stand°, আন্‌ড্যা(র্‌)স্ট্যান্‌ড্‌°] (1) *v.i.* to comprehend, বুঝিতে পারা, উপলব্ধি করা; to have a sympathetic perception of, (কাহারও ক্রিয়াকলাপাদি) সহানুভূতিসহকারে উপলব্ধি করা; to perceive the meaning of, অর্থ বোঝা; to assume, ধরিয়া বা ধারণা করিয়া লওয়া; to take for granted, (তর্কাদির খাতিরে) সত্য বলিয়া মানিয়া লওয়া; to be aware of, (কোন বিষয়ে) বিদিত থাকা; to infer, (কিছু হইতে) সিদ্ধান্ত করা; to supply mentally, মনে মনে (শব্দাদি) প্রয়োগ করা। (2) *v.i.* to have understanding, বোধশক্তিসম্পন্ন হওয়া; to comprehend, বোঝা, উপলব্ধি করা। *p. & p. pt.* **understōōd°** । *n.* **understan°ding**—বোধ; বোধশক্তি; বুদ্ধি, মেধা; মতের বা মনের মিল, পরস্পর বোঝাপড়া। **on this understanding**—এই শর্তে। *a.* **understōōd°**—(বাক্যমধ্যস্থ শব্দাদি-সম্বন্ধে) উহ্য, অধ্যাহৃত। *a.* **understan°dable**—বোধগম্য, বোধসাধ্য, বোঝা যায় এমন। [OE. *understandan*]

undertake [un-da(r)tāk°, আন্‌ড্যা(র্‌)টেইক্‌°] (1) *v.t.* (poet.) to assume, (কাব্যে) ধারণা করা, পরিগ্রহ করা; to take upon oneself the charge of, দায়িত্ব বা ভার গ্রহণ করা; to engage in, (কিছুতে) নিরত হওয়া; to take in hand, (কার্যাদি) হাতে লওয়া; to engage in contest with, (কাহারও সহিত) প্রতিযোগিতায় বা প্রতিদ্বন্দ্বিতায় অবতীর্ণ হওয়া। (2) *v.t.i.* to become a surety (for), (কিছুর) জামিন হওয়া। (3) *v.i.* (coll.) to conduct funerals, (কথ্য.) অন্ত্যেষ্টিক্রিয়া সম্পাদন করা। *p.* **undertook°** । *p. pt.* **undertā°ken** । *n.* **undertā°ker**—undertake-এর সকল অর্থে, এবং—পেশাদার অন্ত্যেষ্টিক্রিয়াসম্পাদক; ঠিকাদার। *n.* **undertā°king**—দায়িত্ব, কর্মভার, আরব্ধ কর্ম বা পরিকল্পনা; (শিল্পদ্রব্যাদি উৎপাদনের) উদ্যোগ; প্রতিশ্রুতি, অঙ্গীকার; পেশাহিসাবে অন্ত্যেষ্টিক্রিয়াসম্পাদন। [*under, take*]

undeserved [un°-di-za(r)vd°, আন্‌°ডিজ্যা(র্‌)ভ্‌ড্‌°] *a.* not deserved, প্রশংসা নিন্দা প্রভৃতি প্রাপ্তির সঙ্গত কারণ নাই এমন। *adv.* **undeser°vedly** । *a.* **un°deser°ving**—অযোগ্য, অনুপযুক্ত। [*un-*, see *deserve*]

undesignedly [un°-di-zī°-nid-li, আন্‌°ডিজ়াই°নিড্‌লি] *adv.* not intentionally, ইচ্ছাপূর্বক নহে, অনিচ্ছাকৃতভাবে। [*un-*, see *design*]

undesirable [un°-di-zīr°-abl, আন্‌°ডিজ়ায়্যার্‌°অ্যাব্‌ল্‌] (1) *a.* not desirable, অবাঞ্ছিত। (2) *n.* an undesirable person or thing, অবাঞ্ছিত ব্যক্তি বা বস্তু। *n.* **un°desīrabi°lity** । *adv.* **un°desīr°ably** । [*un-*, see *desire*]

For words in *under-*, not given separately, see **under-**$_2$.

undeterred [un°-di-ta(r)d°, আন্‌ডিট্যা(র্‌)ড্‌°] *a.* not deterred, অব্যাহত, বাধাবিঘ্নের দ্বারা নিরুৎসাহ বা ভগ্নোদ্যম হয় নাই এমন। [*un-*, see *deter*]

undeveloped [un°-di-ve°-lapt, আন্‌ডিভে°ল্যাপ্‌ট্‌] *a.* not developed, অপরিপুষ্ট, অপরিণত। [*un-*, see *develop*]

undid—see **undo.**

undies [un°-diz, আন্‌°ডিজ্‌] *n. pl.* (vul.) women's underclothing, (অমা.) স্ত্রীলোকদের অন্তর্বাস বা জাঙ্গিয়া। [<*under*]

undigested [un°-di-jes°-tid, আন্‌ডিজেস্‌°টিড্‌] *a.* not digested, হজম করা হয় নাই এমন। [*un-*, see *digest*]

undignified [un°-dig°-ni-fīd, আন্‌°ডিগ্‌°নিফাইড্‌] *a.* not dignified, lacking in dignity, মহিমান্বিত বা মর্যাদাপূর্ণ নহে এমন; inconsistent with dignity, মর্যাদাহানিকর। [*un-*, see *dignify*]

undine, Undine [un°-dēn, আন্‌°ডীন্‌] *n.* a female water-sprite, জলপরীবিশেষ (এই পরী মানুষকে বিবাহপূর্বক সন্তানবতী হইলে মানবাত্মার অধিকারিণী হইতে পারিত)। [L. *unda*=a wave]

undiplomatic [un°-di-pla-ma°-tik, আন্‌°ডিপ্ল্যাম্যা°টিক্‌] *a.* not diplomatic, কূটনীতিক কৌশলসম্মত নহে এমন, কূটনীতিবিরুদ্ধ। [*un-*, *diplomatic*]

undisclosed [un°-dis-klōzd°, আন্‌°ডিস্‌ক্লৌজ্‌ড্‌°] *a.* not disclosed, অপ্রকাশিত, অনুদ্‌ঘাটিত। [*un-*, see *disclose*]

undiscovered [un°-dis-ku°-va(r)d, আন্‌°ডিস্‌কা°ভ্যা(র্‌)ড্‌] *a.* not discovered, অনাবিষ্কৃত। *a.* **un°disco°verable**—আবিষ্কার করা যায় না এমন। [*un-*, see *discover*]

undisguised [un°-dis-gī°zd, আন্‌°ডিস্‌গাই°জ্‌ড্‌] *a.* not disguised, ছদ্মবেশ পরিহিত নহে এমন; frank, open, plain, মনখোলা, স্পষ্ট, অপ্রচ্ছন্ন। [*un-*, see *disguise*]

undismayed [un-dis-mā°d, আন্‌ডিস্‌মেই°ড্‌] *a.* আতঙ্কিত হয় নাই এমন, অশঙ্কিত। [*un-*, see *dismay*]

undisputed [un°-dis-pū°-tid, আন্‌°ডিস্‌পিউ°টিড্‌] *a.* not disputed, তর্কাতর্কির বিষয়ীভূত নহে এমন, অবিসম্বাদী। [*un-*, see *dispute*]

undistributed [un°-dis-tri°-bū-tid, আন্‌°ডিস্‌ট্রি°বিউটিড্‌] *a.* not distributed, অবণ্টিত। **undistributed middle**—ন্যায়শাস্ত্রে হেত্বাভাসবিশেষ (ইহাতে কোন সূত্রই সাধারণ থাকে না)। [*un-*, see *distribute*]

undisturbed [un°-dis-ta(r)°bd, আন্‌°ডিস্‌ট্যা(র্‌)°ব্‌ড্‌] *a.* not disturbed, নিরুপদ্রব; peaceful, শান্তিপূর্ণ; calm, still, শান্ত, স্থির। [*un-*, see *disturb*]

undivided [un°-di-vī°-did, আন্‌°ডিভাই°ডিড্‌] *a.* not divided, অবিভক্ত; full, whole, পূর্ণ, গোটা। [*un-*, see *divide*]

undo [un°-do͞o°, আন্‌°ডূ°] *v.t.* to reverse the doing of, (কাহারও) কৃত কর্ম বা কীর্তি নষ্ট করিয়া দেওয়া; to bring back to the former state, পূর্বাবস্থায় ফিরাইয়া আনা (what is done cannot be *undone*); to annul, বাতিল করা; to bring to naught, নাশ করা, পণ্ড করা; to loosen, আল্‌গা করা, বন্ধনমুক্ত করা; to open, খোলা; to unfasten, (বন্ধন) মোচন করা; to unravel, (সুতাদির) পাক খোলা; to injure seriously, গুরুতরভাবে আহত বা ক্ষতিগ্রস্ত করা; to ruin, সর্বনাশ করা; to seduce, চরিত্রভ্রষ্ট নীতিভ্রষ্ট বা ধর্মভ্রষ্ট করা। *p.* **un°did°**; *p. pt.* **undone** [un°-dun°, আন্‌°ডান্‌°]। *n.* **un°do°ing**—কৃতকর্মনাশ বা কীর্তিনাশ; বন্ধনমোচন; উন্মোচন; সর্বনাশ; সর্বনাশের কারণ। *a.* **un°done°**—করিতে বাকী আছে এমন, অকৃত, অসম্পাদিত (to leave a job *undone*); বাতিল করা হইয়াছে এমন; পণ্ড, নষ্ট; বন্ধনমুক্ত; উন্মোচিত; সর্বনাশগ্রস্ত (Alas, I am *undone*); ভ্রষ্টচরিত্র, নীতিভ্রষ্ট, ধর্মভ্রষ্ট। [*un-*, see *do*]

undomesticated [un°-da-mes°-ti-kā-tid, আন্‌°ড্যামেস্‌°টিকেইটিড্‌] *a.* (of a woman) not trained or interested in household affairs, (স্ত্রীলোক-সম্বন্ধে) গৃহস্থালীর ব্যাপারে অনভিজ্ঞ বা কৌতূহলশূন্য। [*un-*, see *domestic*]

undoubted [un-dow°-tid, আন্‌ডাউ°টিড্‌] *a.* beyond doubt, সন্দেহাতীত; certain, নিশ্চিত। *a.* **undou°btedly**।

undreamed-of, undreamt-of [un-dremt°-ov, আন্‌ড্রেম্‌ট্‌°অভ্‌] *a.* not dreamed of, স্বপ্নেও দেখা বা ভাবা হয় নাই এমন, স্বপ্নাতীত। [*un-*, see *dream*, *of*]

undress [un°-dres°, আন্‌°ড্রেস্‌°] (1) *v.t.* to remove the clothes or dressing from, জামাকাপড় বা পোশাক খুলিয়া ফেলা, বেশপরিবর্তন করান। (2) *v.i.* to take off one's clothes, নিজের জামাকাপড় খোলা, বেশ পরিবর্তন করা। *n.* **undress°**—সাধারণ বা আটপৌরে পোশাক। *a.* **un°dress, un°dre°ssed**—জামাকাপড় খুলিয়া ফেলিয়াছে বা বেশপরিবর্তন করিয়াছে এমন; নগ্ন। [*un-*, *dress*]

undue [un°-dū°, আন্‌°ডিউ°] *a.* not owing, বাকী বা পাওনা নাই এমন; unjustifiable, অযৌক্তিক, অসঙ্গত; inappropriate, বেমানান; excessive, অত্যধিক। *adv.* **un°dūly**। [*un-*, *due*]

undulate [un°-dū-lāt, আন্‌°ডিউলেইট্‌] *v.t.i.* to move in waves, তরঙ্গায়িতভাবে চালান বা চলা; to make or become wavy, তরঙ্গায়িত বা তরঙ্গিত করা অথবা হওয়া। *a.* **un°dūlāted, un°dūlāting**—তরঙ্গিত (*undulating* land)। *n.* **un°dūlā°tion**—তরঙ্গিত গতি বা অবস্থা; তরঙ্গণ; তরঙ্গ। *a.* **un°dūlatory**—তরঙ্গিত; আন্দোলিত। [L. *undulatus*=undulated<*unda*=a wave]

undutiful [un°-dū°-tif(u)l, আন্‌ডিউ°টিফ্‌ল্‌] *a.* neglecting one's duty, কর্তব্যপালনে পরাঙ্মুখ। [*un-*, see *duty*]

undying [un-dī°-ing, আন্‌ডাই°ইং] *a.* immortal, অমর, অবিনশ্বর (*undying* fame) ; unceasing, অশেষ, অবিরাম ; [*un-*, see *die*]

unearned [un°-a(r)nd°, আন্‌°অ্যা(র্)ন্‌ড্°] *a.* not earned by work, কার্যাদির দ্বারা অর্জন করা হয় নাই এমন (অর্থাৎ বিনা শ্রমে লব্ধ) ; unmerited, যোগ্যতাবিচার করিলে পাওয়ার অনুপযুক্ত। **unearned increment**—শ্রম চেষ্টা বা ব্যয় ব্যতীত গৃহ ভূসম্পত্তি প্রভৃতির মূল্য বৃদ্ধি, অনর্জিত লাভ। [*un-*, see *earn*]

unearth [un°-a(r)th°, আন্‌°আ(র্)থ্°] *v.t.* to dig up, মৃত্তিকাদি খুঁড়িয়া তোলা, to bring out of obscurity, অজ্ঞাত অবস্থা হইতে উদ্ধার করা বা বাহিরে আনা ; to discover, আবিষ্কার করা। *p.* & *p. pt.* **un°ear°thed** । *a.* **un°earthly**—অতিপ্রাকৃত, অপার্থিব ; দিব্য, স্বর্গীয় ; ভুতুড়ে ; ভৌতিক ; (কথ্য.) অতিশয় অসুবিধাজনক (I had to wake up at this *unearthly* hour) । [*un-*, see *earth*]

uneasy [un-ē°-zi, আন্‌ঈ°জ়ি] *a.* not at ease, অস্বচ্ছন্দ ; disquieted, অশান্ত, অস্বস্তিপূর্ণ ; disturbed, উপদ্রুত ; restless, অস্থির ; constrained, বাধোবাধো ; uncomfortable, আরামহীন। *adv.* **unea°sily** । *n.* **unea°siness** । [*un-*, see *ease*]

uneaten [un-ē°tn, আন্‌ঈ°ট্‌ন্‌] *a.* set out but not eaten, (খাদ্যাদি-সম্বন্ধে) পরিবেষিত কিন্তু অভক্ষিত। [*un-*, see *eat*]

uneconomical [un°-ē-ka-no°-mik(a)l, আন্‌°ঈক্যা°নমিক্‌ল্‌] *a.* not economical, অমিতব্যয়ী, বেহিসাবী ; প্রয়োজনাতিরিক্ত ; বাহুল্যপূর্ণ (also *uneconomic*) । *adv.* **uneconomi°cally** । [*un-*, see *economy*]

unedifying [un-edi°-fī-ing, আন্‌এডি°ফাইইং] *a.* morally harmful, degrading, মানসিক বা নৈতিক বোধাদির পক্ষে হানিকর ; vulgar, অশ্লীল, অশোভন। [*un-*, see *edify*]

uneducated [un°-e°-dū-kā-tid, আন্‌°এ°ডিউকেইটিড্‌] *a.* not educated, অশিক্ষিত। [*un-* see *educate*]

unelectrified [un-i-lek°-tri-fīd, আন্‌ইলেক্‌°ট্রিফাইড্‌] *a.* not electrified, (স্থানাদি-সম্বন্ধে) বৈদ্যুতিক আলোর ব্যবস্থাহীন। [*un-*, see *electric*]

unembarrassed [un°-im°-ba°rast, আন্‌°ইম্‌°ব্যা°র‍্যাস্‌ট্‌] *a.* not embarrassed, অবিব্রত, অনভিভূত। [*un-*, see *embarrass*]

unemotional [un-i-mō°sh(a)nl, আনইমৌ°শ্‌ন্‌ল্‌] *n.* not having mental sensation or instinctive feeling as opposed to reason, হৃদয়াবেগবিহীন। [*un-*, see *emotion*]

unemployed [un°-im-ployd°, আন্‌°ইম্‌প্লয়ড্°] *a.* without employment, চাকরিবিহীন, বেকার। *n.* **un°employ°ment**—বেকারত্ব, বেকারি। *a.* **un°employ°able**—চাকরির অযোগ্য, অথবা চাকরি দেওয়া যায় না এমন, নিয়োগের অযোগ্য। [*un-*, see *employ*]

unencumbered [un°-in-kum°-ba(r)d, আন্‌°ইন্‌কাম°ব্যা(র্)ড্‌] *a.* not encumbered, বোঝার বা দায়িত্বের ভারে পীড়িত নহে এমন, ভারমুক্ত। [*un-*, see *encumber*]

unending [un-en°ding, আন্‌এন্‌°ডিং] *a.* endless, অশেষ ; ceaseless, বিরামহীন ; everlasting, চিরস্থায়ী। [*un-*, see *end*]

un-English [un°-ing°-lish, আন্‌°ইং°লিশ্‌] *a.* not English in character, ইংরেজসুলভ চরিত্রবিশিষ্ট নহে এমন। [*un-*, *English*]

unenlightened [un°-in-lī°tnd, আন্‌°ইন্‌লাই°ট্‌ন্‌ড্‌] *a.* not enlightened, সভ্যতা, সংস্কৃতি প্রভৃতির আলোকপ্রাপ্ত হয় নাই এমন। [*un-*, see *enlighten*]

unenterprising [un°-en°-ta(r)-prī-sing, আন্‌°এন্‌°ট্যা(র্)প্রাইজ়িং] *a.* not enterprising, উদ্যমহীন। [*un-*, see *enterprise*]

unenviable [un°-en°-vi-abl, আন্‌°এন্‌°ভিঅ্যাব্‌ল্‌] *a.* that which cannot be envied, ঈর্ষার অতীত, ঈর্ষার যোগ্য নহে এমন (*unenviable* lot) । [*un-*, see *envy*]

unequal [un-‑ē°kw(a)l, আন্‌ঈ°ক্যোল্‌] (**1**) *a.* not equal, অসমকক্ষ ; not uniform, অসম। (**2**) *n.* one who is not equal in rank, ability, etc., অসমকক্ষ ব্যক্তি। *adv.* **unē°qually** । [*un-*, see *equal*]

unequivocal [un°-i-kwi°-vak(a)l, আন্‌°ইক্যুই°ভ্যাক্‌ল্‌] *a.* not equivocal, দ্ব্যর্থহীন ; plain, স্পষ্ট। *adv.* **unequi°vocally** । [*un-*, see *equivocal*]

unerring [un°-a°-ring, আন্‌°অ্যা°রিং] *a.* infallible, অভ্রান্ত ; not missing the mark, লক্ষ্যভ্রষ্ট হয় না এমন, অব্যর্থসন্ধান (*unerring* aim) । *adv.* **une°rringly** । [*un-*, see *err*]

Unesco—see **Appx. II.**

unessential [un°-i-sen°sh(a)l, আন্‌°ইসেন্‌°-শ্‌ল্‌] *a.* without being, অস্তিত্বহীন ; unnecessary, অনাবশ্যক ; unimportant, গুরুত্বহীন। [*un-* see *essential*]

uneven [un°-ē°vn, আন্‌°ঈ°ভ্‌ন্‌] *a.* not level or smooth, বন্ধুর, অমসৃণ ; not uniform, অসম, অসমান। [*un-*, *even*]

uneventful [un°-i-vent°f(u)l, আন্‌°ইভেন্‌ট্°ফ্‌ল্‌] *a.* not eventful, ঘটনাবহুল নহে এমন, উল্লেখযোগ্য ঘটনাহীন। [*un-*, see *event*]

unexampled [un-ig-zŭmp°ld, আন্‌ইগ্‌জ়াম্‌প্°ল্‌ড্‌] *a.* unprecedented, পূর্বদৃষ্টান্তহীন, অপূর্ব। [*un-* see *example*]

unexcavated [un-eks°-ka-vā-tid, আন্‌এক্‌স্°ক্যাভেইটিড্‌] *a.* not excavated, (এখনও) মৃত্তিকাগর্ভ খুঁড়িয়া তোলা হয় নাই এমন ; undiscovered অনাবিষ্কৃত। [*un-*, see *excavate*]

unexceptionable [un-ik-sep°-sh(a)nabl, আন্‌ইক্‌সেপ্‌°শ্‌ন্যাব্‌ল্‌] *a.* beyond criticism, সমালোচনার অতীত, নিখুঁত; quite admirable, সর্বতোভাবে প্রশংসনীয়। [*un-*, see *exception*]

unexpected [un°-iks-pek°-tid, আন্‌°ইক্‌স্‌পেক্‌°টিড্‌] *a.* not expected, অপ্রত্যাশিত। *adv.* **unexpec°tedly** I [*un-*, see *expect*]

unexplained [un°-iks-plā°nd, আন্‌°ইক্‌স্‌প্লেই°ন্‌ড্‌] *a.* such as has not been explained, অব্যাখ্যাত; not accounted for, কৈফিয়ৎ দেওয়া বা কারণ দর্শান হয় নাই এমন। [*un-*, see *explain*]

unexposed [un°-iks-pō°-zd, আন্‌°ইক্‌স্‌পৌ°জ্‌ড্‌] *a.* not exposed, অপ্রকাশিত, অনুদ্ঘাটিত। [*un-*, see *expose*]

unexpurgated [un-eks°-pa(r)-gā-tid, আন্‌এক্‌স্‌°প্যা(র্‌)গেইটিড্‌] *a.* (of books) not expurgated or purified, (গ্রন্থাদি সম্বন্ধে) শোধন করা হয় নাই এমন। [*un-*, see *expurgate*]

unfading [un-fā°-ding, আন্‌ফেই°ডিং] *a.* such as does not fade, ম্লান বা বিবর্ণ হয় না এমন, অমলিন। [*un-*, see *fade*]

unfailing [un-fā°ling, আন্‌ফেই°লিং] *a.* infallible, অব্যর্থ; never exhausted, অফুরান, অক্ষয়; constant, চিরস্থায়ী (*unfailing* love)। *adv.* **unfai°lingly** I [*un-*, see *fail*]

unfair [un°-fā(r)°, আন্‌°ফেয়্যা(র্‌)°] *a.* not fair, অন্যায্য, অশোভন; inequitable, ন্যায়বিচারহীন; not impartial, biased, পক্ষপাতদুষ্ট (*unfair* treatment); not honest, অসাধু (*unfair* means)। [*un-*, see *fair*]

unfaithful [un°-fāth°f(u)l, আন্‌°ফেইথ্‌°ফ্‌ল্‌] *a.* not of the approved religion, অনুমোদিত-ধর্মাবলম্বী বা ধর্মসম্মত নহে এমন; not faithful, অবিশ্বস্ত; violating trust, বিশ্বাসঘাতক; not trustworthy, অনাস্থাভাজন; not true to the original, মূল রূপের ঠিক অনুরূপ নহে এমন; untrue to wedlock, পতির বা পত্নীর প্রতি বিশ্বস্ত নহে এমন। [*un-*, see *faith*]

unfaltering [un-fawl°t(a)-ring, আন্‌ফ্যল্‌°ট্রিং] *a.* not faltering, steady, অবিচলিত, দৃঢ় [*unfaltering* courage, resolve, etc.)। [*un-*, see *falter*]

unfamiliar [un°-fa-mi°-li-a(r), আন্‌°ফ্যামি°লিয়্যা(র্‌)] *a.* not familiar, অপরিচিত, অচেনা; unwonted, অনভ্যস্ত। *n.* **un°familia°rity** I [*un-*, *familiar*]

unfashionable [un°-fa°-shnable, আন্‌°ফ্যা°শ্‌ন্যাব্‌ল্‌] *a.* contrary to current fashion, প্রচলিত ফ্যাশন-বিরুদ্ধ বা কেতাবিরুদ্ধ। [*un-*, see *fashion*]

unfasten [un°-fŭ°sn, আন্‌°ফা°স্‌ন্‌] *v.t.* to loosen, (বন্ধন) খোলা; untie, বন্ধন মোচন করা। [*un-*, *fasten*]

unfathomable [un-fa°-dha-mabl, আন্‌ফ্যা°দ্যাম্যাব্‌ল্‌] *a.* not fathomable, গভীরতা-নির্ণয়ের অসাধ্য, অগাধ, অতল। *a.* **un°fa°thomed**—গভীরতা নির্ণয় করা হয় নাই এমন। [*un-*, see *fathom*]

unfavourable [un°-fā-v(a)rable, আন্‌°ফেইভ্‌র‍্যাব্‌ল্‌] *a.* not favourable, অননুকূল, প্রতিকূল। [*un-*, see *favour*]

unfearful [un-fē(r)°f(u)l, আন্‌ফিঅ্যা(র্‌)°ফ্‌ল্‌] not afraid, অশঙ্কিত। [*un-*, see *fear*]

unfed [un-fed°, আন্‌ফেড্‌°] *a.* not fed, অভুক্ত। [*un-*, see *feed*]

unfeeling [un-fē°-ling, আন্‌ফী°লিং] *a.* without feeling, অনুভূতিহীন; without sympathy, সহানুভূতিহীন, দরদহীন; নির্মম। *adv.* **unfee°lingly** I [*un-*, see *feel*]

unfeigned [un-fā°nd, আন্‌ফেই°ন্‌ড্‌] *a.* not feigned, ভান-করা নহে এমন, অকৃত্রিম; genuine, খাঁটি; sincere, আন্তরিক। [*un-*, see *feign*]

unfiltered [un-fil°-ta(r)d, আন্‌ফিল্‌°ট্যা(র্‌)ড্‌] *a.* not purified by means of a filter, অপরিস্রুত। [*un-*, see *filter*]

unfinished [un°-fi°-nisht, আন্‌°ফি°নিশ্‌ট্‌] *a.* not (yet) finished, (এখন পর্যন্ত) অসমাপ্ত। [*un-*, see *finish*]

unfit [un-fit°, আন্‌ফিট্‌°] **(1)** *a.* not fit, fitting, or suitable, অক্ষম, অযোগ্য, অনুপযুক্ত, অশোভন, বেমানান, অনুপযোগী। **(2)** *n.* an unfit person, অক্ষম, অযোগ্য বা অনুপযুক্ত ব্যক্তি। **(3)** *v.t.* অক্ষম অযোগ্য অনুপযুক্ত অশোভন বেমানান বা অনুপযোগী করা। *pr. pt.* **unfi°tting** I *p.* ও *p. pt.* **unfi°tted** I *n.* **unfit°ness** I [*un-*, see *fit*]

unfix [un°-fiks°, আন্‌°ফিক্‌স্‌°] *v.t.* to loosen, বন্ধনমুক্ত করা, (বন্ধনাদি) খুলিয়া দেওয়া, আল্‌গা করা; to make unsettled, অস্থির করা। *p.* ও *p. pt.* **un°fix°ed** I [*un-*, see *fix*]

unfledged [un°fle°jd, আন্‌°ফ্লে°জ্‌ড্‌] *a.* not yet fledged, (পাখি-সম্বন্ধে) এখনও পালক গজায় নাই এমন, অনুদ্ভিন্নপক্ষ; undeveloped, অপূর্ণবর্ধিত, অপরিণত; pertaining to youth and inexperience, অনভিজ্ঞ যুবজনোচিত। [*un-*, see *fledge*]

unflinching [un-flin°-shing, আন্‌ফ্লিন্‌°শিং] *a.* not flinching, পিছাইয়া বা হটিয়া আসে না এমন, অপ্রতিহত, অটল (*unflinching* courage)। [*un-*, see *flinch*]

unfold [un-fōld°, আন্‌ফৌল্‌ড্‌°] **(1)** *v.t.* to open the folds of, ভাঁজ বা পাক খুলিয়া দেওয়া; to release from a fold, ভাঁজ ভাঙ্গিয়া ঋজু করা, পাট ভাঙ্গা; to spread out, বিছান, বিস্তৃত করা; to reveal, প্রকাশ করা, উদ্ঘাটিত করা (to *unfold* one's plans, thoughts, etc.); to display, প্রদর্শন করা। **(2)** *v.i.* to spread open, বিস্তৃত হওয়া, বিছাইয়া যাওয়া; to expand or develop, প্রসারিত বা বিবর্ধিত হওয়া। [*un-*, see *fold*]

unforeseen [un°-faw(r)-sēn°, আন্°ফ্য(র্)সীন্°] *a.* not foreseen, পূর্বাহ্ণে বুঝিতে বা ভাবিতে পারা যায় নাই এমন, অচিন্তিতপূর্ব। [*un-*, see *foresee*]

unforgettable [un-fa(r)-get°-able, আন্‌ফ্যা(র্)গেট্°অ্যাব্‌ল্] *a.* that cannot be forgotten, ভোলা যায় না এমন, অবিস্মরণীয় (an *unforgettable* experience) । [*un-*, see *forget*]

unforgiving [un°-faw(r)-gi°-ving, আন্°ফ্য(র্)গি°ভিং] *a.* not forgiving, মার্জনা বা ক্ষমা করে না এমন, ক্ষমাহীন। [*un-*, see *forgive*]

unformed [un°-faw(r)°md, আন্°ফ্য(র্)°ম্‌ড্] *a.* unmade, uncreated, তৈয়ারি করা বা সৃষ্টি করা হয় নাই এমন, অসৃজিত; formless, মূর্তিহীন, অমূর্ত, নিরাকার; unshaped, অগঠিত; undeveloped, অপরিণত। [*un-*, see *form*]

unfortified [un°-faw(r)°-ti-fīd, আন্°ফ্য(র্)°টিফাইড্] *a.* not fortified, দুর্গাদিদ্বারা সংরক্ষিত নহে এমন, অরক্ষিত। [*un-*, see *fortify*]

unfortunate [un-faw(r)°ch-nit, আন্‌ফ্য(র্)°চ্‌নিট্] (**1**) *a.* unlucky, দুর্ভাগা; regrettable, দুঃখজনক; of ill omen, অশুভ লক্ষণপূর্ণ; given to prostitution; বেশ্যাবৃত্তি অবলম্বনকারিণী। (**2**) *n.* an unlucky person, দুর্ভাগা লোক; a prostitute, বেশ্যা ('one more *unfortunate* gone to her death') । *adv.* **unfor°tunately**—দুর্ভাগ্যক্রমে, দুর্ভাগ্যবশতঃ। [*un-*, see *fortune*]

unfounded [un°-fown°-did, আন্°ফাউন্°ডিড্] *a.* not founded, অপ্রতিষ্ঠিত; baseless, ভিত্তিহীন (*unfounded* rumours) । [*un-*, see *found*]

unfrequented [un-fri-kwen-tid, আন্‌ফ্রিক্যোয়েন্‌টিড্] *a.* seldom visited, (স্থানাদি সম্পর্কে) কদাচিৎ যাওয়া হয় এমন। [*un-*, see *frequent*]

unfriendly [un°-frend°-li, আন্°ফ্রেন্‌ড্°লি] *a.* ill-disposed, বিরাগপূর্ণ; somewhat unfavourable or hostile, কিছুটা প্রতিকূল বা শত্রুভাবাপন্ন। [*un-*, see *friend*]

unfrock [un°-frok°, আন্°ফ্রক্°] *v.t.* to strip of a frock or gown, (প্রধানতঃ যাজকের) ফ্রক্ বা গাউন্ খুলিয়া লওয়া; to depose or degrade from priesthood, পৌরোহিত্য বা যাজকত্ব হইতে পদচ্যুত বা পদাবনত করা; to take away from the life of a priest or monk, যাজকবৃত্তি বা সন্ন্যাস ত্যাগ করান। *p. & p. pt.* **un°fro°cked**। [*un-*, see *frock*]

unfruitful [un-froot°-fool, আন্‌ফ্রুট্°ফুল] *a.* ফল ধরে না এমন, অফলা; নিষ্ফল, অসফল। [*un-*, see *fruit*]

unfulfilled [un°-fool-fi°ld, আন্°ফুলফি°লড্] *a.* not fulfilled, (প্রতিজ্ঞাদি-সম্বন্ধে) পূরণ করা হয় নাই এমন, অপূর্ণসাধ। [*un-*, see *fulfil*]

unfunded [un°-fun°-did, আন্°ফান্°ডিড্] *a.* not funded, floating, (সরকারী ঋণাদি-সম্বন্ধে) অনিহিত, বাজারে চল্‌তি। [*un-*, see *fund*]

unfurl [un-fa(r)l°, আন্‌ফ্যা(র্)ল্°] *v.t.i.* to spread (a flag etc.) to the wind, (পতাকাদি-সম্বন্ধে) গোটান অবস্থা হইতে খুলিয়া দেওয়া বা খুলিয়া যাওয়া; to open (umbrella etc.), (ছত্রাদি) খোলা। [*un-*, see *furl*]

unfurnished [un°-faw(r)°-nisht, আন্°ফ্য(র্)°নিশ্‌ট্] *a.* not furnished, সরবরাহপ্রাপ্ত হয় নাই এমন; without furniture, আসবাবপত্রহীন (an *unfurnished* room) । [*un-*, see *furnish*]

ungainly [un-gān°-li, আন্‌গেইন্°লি] *a.* awkward, জবুথবু; unskilful, অনিপুণ; clumsy, এলোমেলো; ungraceful, সৌষ্ঠবহীন। [*un-* see *gainly*]

ungated [un-°gā-tid, আন্°গেইটিড্] *a.* not having a gate, দ্বারহীন, গেট নাই এমন। [*un-*, see *gate*]

ungentle [un°-gen°tl, আন্°জেন্°ট্‌ল্] *a.* not gentle, অনম্র, অশিষ্ট; not of gentle birth, ভদ্রবংশোদ্ভূত নহে এমন; unlike one of gentle birth, অভদ্র। *a.* **un°gen°tlemanly**—ভদ্রলোকের পক্ষে অশোভন; অভদ্র। [*un-*, see *gentle*]

ungird [un°-ga(r)d°, আন্°গ্যা(র্)ড্°] *v.t.* to free from a girdle or a band, কোমরবন্ধ বা বন্ধনের ফিতা খুলিয়া দেওয়া; to unbind, বন্ধনমুক্ত করা। *a.* **un°girt°**, **un°gir°ded**—কোমরবন্ধ খুলিয়া লওয়া হইয়াছে এমন; অবাধ। [*un-*, see $gird_2$]

unglazed [un°-glāzd°, আন্°গ্লেইজ্‌ড্°] *a.* not glazed, উজ্জ্বলীকৃত নহে এমন। [*un-*, see *glaze*]

ungodly [un-god°-li, আন্‌গড্°লি] *a.* not godly, ভগবদ্ভক্তিহীন, অধার্মিক। [*un-*, see *God*]

ungovernable [un-gu°-va(r)-nabl, আন্‌গা°ভ্যা(র্)ন্যাব্‌ল্] *a.* uncontrollable, শাসনের বা নিয়ন্ত্রণের অসাধ্য, অশান্ত (*ungovernable* passions); refractory, অবাধ্য। [*un-*, see *govern*]

ungraceful [un°-grās°f(u)l, আন্°গ্রেইস্°ফ্‌ল্] *a.* not graceful, অসুন্দর, শ্রীহীন। *a.* **ungracious** [un°grā°-shas, আন্°গ্রেই°শ্যাস্] মহিমাহীন; অসুন্দর, শ্রীহীন; অভদ্র, অশিষ্ট; অমায়িকতাশূন্য, অসজ্জন। *adv.* **ungrā°ciously**। [*un-*, see *grace*]

ungrammatical [un°-gra-ma°-tik(a)l, আন্°গ্র্যাম্যা°টিক্‌ল্] *a.* contrary to rules of grammar, ব্যাকরণবিরুদ্ধ, ব্যাকরণদুষ্ট। [*un-*, see *grammar*]

ungrateful [un-grāt°f(u)l, আন্‌গ্রেইট্°ফ্‌ল্] *a.* not grateful, অকৃতজ্ঞ। [*un-*, *grateful*]

ungratified [un°-gra-ti-fīd, আন্°গ্র্যা°টিফাইড্] *a.* not gratified, অচরিতার্থ। [*un-*, see *gratify*]

ungrudging [un°-gru°-jing, আন্°গ্রা°জিং] *a.* not grudging, (দিতে বা করিতে) ক্ষুণ্ন হয় না এমন, অকুণ্ঠচিত্ত, অকাতর; liberal, উদারচেতা। *adv.* **ungru°dgingly**। [*un-*, see *grudge*]

ungual [ung°-gwal, আং°গুয়্যাল্] *a.* of a nail or claw, নখ বা নখর সম্পর্কিত ; bearing a nail or claw, নখ বা নখর আছে এমন। [L. *unguis*]
unguarded [un°-gŭ(r)°-did, আন্‌গা(র্)°ডিড্] *a.* without guard, রক্ষিহীন ; unprotected, অরক্ষিত ; incautious, অসতর্ক (in an *unguarded* moment) I [*un-*, see *guard*]
unguent [ung°-gwant, আং°গোয়্যান্‌ট্] *n.* ointment, মলম, অনুলেপন। [L. *unguentum*<*unguere*=to anoint]
ungula [ung°-gū-la, আং°গিউল্যা] *n.* a hoof, পশুর পায়ের খুর ; (geom.) a truncated cylinder, cone, etc., (জ্যামি.) ছিন্নশীর্ষ শঙ্কু। *pl.* **ungulæ** [ung°-gū-lē, আং°গিউলী]। **un°gulate** —(1) *a.* খুরওয়ালা। (2) *n.* খুরওয়ালা প্রাণী। [L.]
unhallowed [un-ha°-lōd, আন্‌হ্যা°লৌড্] *a.* unconsecrated, পবিত্র বলিয়া পৃথগীকৃত বা পরিগণিত নহে এমন ; unholy, অপবিত্র। [*un-*, see *hallow*]
unhand [un-hand°, আন্‌হ্যান্‌ড্°] *v.t.* to take the hand off, (কিছুর উপর হইতে) হাত উঠাইয়া বা সরাইয়া লওয়া ; to let go, ছাড়িয়া দেওয়া। [*un-*, *hand*]
unhappy [un-ha°-pi, আন্‌হ্যা°পি] *a.* bringing misfortune, দুর্ভাগ্যদায়ক ; not happy, অসুখী ; unfortunate, দুর্ভাগ্য ; miserable, দুর্দশাগ্রস্ত ; evil, মন্দ। [*un-*, *happy*]
unharmed [un°-hŭ(r)md°, আন্‌হা(র্)ম্‌ড্°] *a.* not harmed or wounded, ক্ষতিগ্রস্ত বা আহত হয় নাই এমন, অক্ষত। [*un-*, see *harm*]
unhealthy [un-hel°-thi, আন্‌হেল্°থি] *a.* not healthy, স্বাস্থ্যহীন ; morbid, রুগ্‌ণ ; dangerous, বিপজ্জনক ; injurious to health, অস্বাস্থ্যকর, স্বাস্থ্যহানিকর। [*un-*, see *health*]
unheard [un°-ha(r)d°, আন্°হ্যা(র্)ড্°] *a.* not heard, অশ্রুত ; not granted a hearing, (মোকদ্দমাদি-সম্বন্ধে) শুনানি হয় নাই বা শুনানি মঞ্জুর করা হয় নাই এমন ; unknown to fame, অখ্যাত, অবিখ্যাত ; (poet.) unprecedented, (কাব্যে.) নজিরহীন, দৃষ্টান্তহীন। **unheard of**—অশ্রুতপূর্ব। [*un-*, see *hear*]
unhesitating [un-he°-zi-tā-ting, আন্‌হে°জ়িটেইটিং] *a.* not hesitating, ইতস্তত: করে না এমন, দ্বিধাহীন, নিঃসঙ্কোচ। [*un-*, see *hesitate*]
unhinge [un-hinj°, আন্‌হিন্‌জ্°] *v.t.* to take from the hinges, কবজা হইতে খুলিয়া লওয়া ; (fig.) to upset, (আল.) বিপর্যস্ত করা ; to make crazy, বিকৃতমস্তিষ্ক করা। [*un-*, see *hinge*]
unhistoric [un°-is-to°-rik, আন্°ইস্°টরিক্], **un°his°torical**—*a.* not mentioned in history, ইতিহাসে অনুল্লিখিত, অনৈতিহাসিক ; not having actually existed or happened, প্রকৃতপক্ষে বিদ্যমান ছিল না বা ঘটে নাই এমন। [*un-*, see *history*]
unholy [un-hō°-li, আন্‌হৌ°লি] *a.* not holy, অপবিত্র, অধার্মিক ; devoted to evil, অসৎ কর্মরত ; very wicked, অতীব দুর্বৃত্ত। [*un-*, see *holy*]
unhonoured [un°-o°-na(r)d, আন্°অ°ন্যা(র্)ড্] *a.* such as not has been honoured, সম্মানপ্রাপ্ত হয় নাই এমন। [*un-*, see *honour*]
unhook [un°-hook°, আন্°হুক্°] *v.t.* to undo the hooking of, হুক্ বা আঙ্‌টা খুলিয়া ফেলা। [*un-*, see *hook*]
unhorse [un°-haw(r)s°, আন্°হ(র্)স্°] *v.t.* to throw from a horse, অশ্বপৃষ্ঠচ্যুত করা (to *unhorse* a rider) ; to take a horse or horses from, ঘোড়া খুলিয়া লওয়া (to *unhorse* a vehicle)। *p.* & *p. pt.* **un°horsed**। [*un-*, see *horse*]
unhouse [un°-howz°, আন্°হাউজ়্°] *v.t.* to deprive of or drive from a house or shelter, গৃহহারা বা নিরাশ্রয় করা, গৃহ বা আশ্রয় হইতে বিতাড়িত করা। [*un-*, see *house*]
unhurt [un°-ha(r)t°, আন্°হ্যা(র্)ট্°] *a.* not hurt, অনাহত, অক্ষত। [*un-*, see *hurt*]
unhygienic [un°-hī-jē°-nik, আন্°হাইজী°নিক্] *a.* not hygienic, স্বাস্থ্যবিধি-বিরোধী ; unhealthy, অস্বাস্থ্যকর। [*un-*, see *hygiene*]
uni- [ū°-ni, ইউ°নি] *in comp.* one, এক-। [L. *unus*—cp. Gk. *oine*=ace, OE. *an*=one]
unicameral [ū-ni-ka°-m(a)ral, ইউনিক্যা°ম্‌র্যাল্] *a.* of only one (legislative) chamber, (আইনসভা সম্বন্ধে) এককক্ষবিশিষ্ট। [L. *unus*=one, see *camera*]
unicellular [ū-ni-ce-lū-la(r), ইউনিসেলিউল্যা(র্)] *a.* one-celled, এককোষী। [L. *unus*=one, see *cell*]
unicorn [ū°-ni-kaw(r)n, ইউ°নিক(র্)ন্] *n.* a fabulous monster, প্রাচীন গ্রীক্ ও রোমান্ লেখকগণ কর্তৃক বর্ণিত ভারতের অশ্বতুল্য দেহযুক্ত একশৃঙ্গ প্রাণিবিশেষ। [*uni-*, L. *cornu*=a horn]
unidentified [un°-ī-den°-ti-fīd, আন্°আইডেন্°টিফাইড্] *a.* not identified, শনাক্ত হয় নাই এমন। [*un-*, see *identify*]
unidiomatic [un°-i-di-ŏ-ma°-tik, আন্°ইডিওম্যা°টিক্] *a.* contrary to the idiom of a language, ভাষার বৈশিষ্ট্যসূচক বাগ্বিধি-বিরোধী। [*un-*, see *idiom*]
unifiable, unification—see **unify.**
uniform [ū°-ni-faw(r)m, ইউ°নিফ(র্)ম্] (1) *a.* alike all over, throughout, or at all times, সর্বত্র বা সর্বকালে সমান অথবা একরূপ (*uniform* appearance, size, temperature, etc.) ; constant, অবিচল। (2) *n.* a uniform dress for members of a body, উর্দি, ইউনিফর্ম। *a.* **ū°niformed**—উর্দি-পরিহিত। *n.* **ū°nifor°mity, ū°niformness**—uniform (*a.*)-এর সকল অর্থে,

এবং—মিল, সঙ্গতি ; একরূপত্ব ; বিভিন্ন অংশের মধ্যে সঙ্গতি। *adv.* **ū°niformly** । **in uniform**—উর্দি-পরিহিত। [*uni-, form*]

unify [ū°-ni-fī, ইউ°নিফাই] *v.t.* to make into one, ঐক্যসাধন করা ; to consolidate, সমন্বয়-সাধন করা। *a.* **ū°nifiable** । *n.* **ūnifica°tion** । *n.* **ū°nifier** । [L. *unificare*]

unilateral [ū°ni-la°t(a)r(a)l, ইউ°নিল্যা°ট্‌রল্] *a.* one-sided, একপার্শ্বিক, একতরফা। *adv.* **u°nila°terally** । [*uni-*, see *lateral*]

unimaginable [un°-i-ma°-g(i)nabl, আন্°ই-ম্যা°জ্‌ন্যাব্‌ল্] *a.* that which cannot be imagined, কল্পনাতীত, অভাবনীয়। [*un-*, see *imagine*]

unimaginative [un°-i-ma°-j(i)na-tiv, আন্°-ইম্যা°জ্‌ন্যাটিভ্] *a.* not imaginative, কল্পনাশক্তি-হীন ; prosaic, কবিত্বহীন। [*un-*, see *imagine*]

unimpaired [un°-im-pā(r)d°, আন্°ইম্‌পে-য়্যা(র্)ড্°] *a.* not impaired, ক্ষতিগ্রস্ত হয় নাই এমন, অক্ষত, অটুট। [*un-*, see *impair*]

unimpassioned [un°-im-pa°sh(a)nd, আন্°-ইম্‌প্যা°শ্‌ন্ড্] *a.* not impassioned, আবেগান্বিত নহে এমন ; not excited, অনুত্তেজিত ; calm, শান্ত, প্রশান্ত। [*un-*, see *impassion*]

unimpeachable [un-im-pē°-chabl, আন্‌ইম্-পী°চ্যাব্‌ল্] *a.* not to be impeached, অভিযোগের অতীত, অনভিযোগ্য ; faultless, blameless, নিখুঁত, অনিন্দ্য (*unimpeachable* character, honesty, etc.) । [*un-*, see *impeach*]

unimpeded [un°-im-pē°-did, আন্°ইম্‌পী°ডিড্] *a.* not impeded, অব্যাহত। [*un-*, see *impede*]

unimportant [un°-im-paw(r)°t(a)nt, আন্°-ইম্‌প্য(র্)°ট্‌ন্ট্] *a.* not important, গুরুত্বহীন। *n.* **un°impor°tance**—গুরুত্বহীনতা, অপ্রয়োজনীয়তা। [*un-*, see *important*]

unimpressive [un-im-pre°-siv, আন্‌ইম্‌প্রে°-সিভ্] *a.* not impressive, ছাপ দেয় না বা প্রভাব বিস্তার করে না এমন। [*un-*, see, *impress*]

uninformed [un°-in-faw(r)°md, আন্°ইন্-ফ্য(র্)°ম্ড্] *a.* not having received information, সংবাদপ্রাপ্ত হয় নাই এমন ; done without (adequate) information, (যথোচিত) সংবাদ না দিয়া কৃত ; untaught, শিক্ষাপ্রাপ্ত হয় নাই এমন। [*un-*, see *inform*]

uninhabitable [un°-in-ha°-b(i)tabl, আন্°ইন্-হ্যা°বট্যাব্‌ল্] *a.* not habitable, বাসের অযোগ্য। *a.* **uninha°bited**—বসতিহীন। [*un-*, see *inhabitate*]

uninitiated [un°-i-ni°-shi-ā-tid, আন্°ইনি°-শিএইটিড্] *a.* not initiated into, অদীক্ষিত। [*un-*, see *initiate*]

uninspired [un°-in-spīr°d, আন্°ইন্‌স্পাই-য়্যা(র্)°ড্] *a.* not inspired, অনুপ্রেরণা লাভ করে নাই এমন, অননুপ্রাণিত, অনুদ্বুদ্ধ। *a.* **uninspir°ing**—প্রেরণাদায়ক নহে এমন। [*un-*, see *inspire*]

unintelligent [un°-in-te°lij(a)nt, আন্°ইন্‌টে°-লিজ্‌ন্ট্] *a.* not intelligent, মেধাহীন, বুদ্ধিহীন, স্থূলবুদ্ধি। [*un-, intelligent*]

unintelligible [un°-in-te°-lijabl, আন্°ইন্‌টে°-লিজ্যাব্‌ল্] *a.* not intelligible, দুর্বোধ্য। *n.* **un°intelligibi°lity** । [*un-*, see *intelligible*]

unintentional [un°-in-ten°shnl, আন্°ইন্‌টেন্°-শ্‌নল্] *a.* not intentional, অনিচ্ছাকৃত। [*un-*, see *intention*]

uninteresting [un°-in°-tris-ting, আন্°ইন্°ট্রিসটিং] *a.* not interesting, নীরস। *a.* **unin°terested**—আকৃষ্ট হয় না এমন, উদাসীন। [*un-*, see *interest*]

uninterrupted [un°-in-ta-rup°-tid, আন্°ইন্-ট্যার‍্যাপ্°টিড্] *a.* without interruption, অবাধ, অব্যাহত। [*un-*, see *interrupt*]

uninvited [un°-in-vī°-tid, আন্°ইন্‌ভাই°টিড্] *a.* not invited, অনাহূত, অনিমন্ত্রিত। [*un-*, see *invite*]

uninviting [un°in-vī°-ting, আন্°ইন্‌ভাই°টিং] *a.* unattractive, আকর্ষণশূন্য। [*un-*, see *invite*]

union [ū°-ni-an, ইউ°নিয়্যান্] *n.* a uniting, মিলন, (পরি.) সংযোগ ; the state of being united, মিলিত বা সংযুক্ত বা সঙ্ঘবদ্ধ অবস্থা ; the state of wedlock, বিবাহ, পরিণয়াবদ্ধ অবস্থা ; a united whole, মিলিত বা সঙ্ঘবদ্ধ সম্পূর্ণ বস্তু দল প্রভৃতি ; general concord, ঐক্য ; incorporation of states in a federation or in a single state, বিভিন্ন রাষ্ট্রদ্বারা একটি সঙ্ঘ বা রাষ্ট্র গঠন ; a single state thus formed, উক্তভাবে গঠিত রাষ্ট্র, যুক্তরাষ্ট্র ; an association or league, সমিতি, সঙ্ঘ ; a trade union, শ্রমিকসঙ্ঘ, কর্মিসঙ্ঘ, ট্রেড ইউনিআন ; a students' club, ছাত্রসঙ্ঘ, ছাত্রসভা। *n.* **ū°nionism**—শ্রমিকসঙ্ঘ গঠনের সমর্থনপূর্ণ মতবাদ। *n.* **ū°nionist**—শ্রমিকসঙ্ঘ গঠনের সমর্থক ; শ্রমিকসঙ্ঘের সভ্য ; বিভিন্ন প্রতিষ্ঠানের সম্মিলিত কর্মপন্থায় আস্থাশীল ; ইংল্যানডের রক্ষণশীল দলের সভ্য (ইহারা আয়ারল্যানড ও ইংল্যানডের মধ্যে এক আইনপ্রণয়ন-সভার সমর্থক ছিলেন)। **Union Jack**—গ্রেট্‌ব্রিটেনের জাতীয় পতাকা। [F. < L. *unio* < *unus* = one]

uniparous [ū-ni-pa-ras, ইউনিপ্যার‍্যাস্] *a.* producing one at a birth, একবারে একটি সন্তান প্রসব করে এমন। [L. *unus* = one, *parere* = to produce]

unique [ū-nēk°, ইউনীক্°] *a.* sole, একমাত্র ; without a like or parallel, অদ্বিতীয়, অনুপম। *adv.* **ūnique°ly** । *n.* **ūnique°ness** । [F. < L. *unicus* < *unus* = one]

unison [ū°-nisn, ইউ°নিসন্] *n.* identity of pitch, ধ্বনির বা সুরের পরদার মিল, ধ্বনিসমন্বয় ; a sound of the same pitch, একই পরদার ধ্বনি ; complete agreement, পূর্ণ মিল বা সাদৃশ্য, (পরি.) সমন্বয়। [*uni-*, L. *sonus* = sound]

unit [ū°-nit, ইউ°নিট্] *n.* one, এক ; a single thing or person, একমাত্র জিনিস বা ব্যক্তি ; the least whole number, সর্বনিম্ন পূর্ণসংখ্যা ; anything taken as one, একক ; a quantity by reference to which others are measured, হিসাবের মান, (পরি.) মাত্রা। *n.* **Unitār°ian**—ঈশ্বরের ত্রিমূর্তি বা ত্রিবিধ বিভূতিতে অবিশ্বাসী খ্রিস্টান (ইহারা ঈশ্বরকেই কেবল পিতা বলিয়া মানে)। *a.* & *n.* **ūnitār°ian**—একেশ্বরবাদী। *n.* **ūnitār°ianism**—একেশ্বরবাদ। *n.* **ūnitār°ianist**। *a.* **unitary** [ū°-ni-t(a)ri, ইউ°নিট্রি] এক বা একক সংক্রান্ত। ঐকিক ; ঐক্যমূলক। **unitary method**—(গণি.) ঐকিক নিয়ম। **unit trust**—লগ্নীকরণের বিশেষ সংস্থা বা প্রতিষ্ঠান : এই সংস্থা বিভিন্ন কারবারে মূলধন লগ্নী করে এবং অংশীদারদের লভ্যাংশ প্রদান করে। [short. from *unity*]

unite [ū-nīt°, ইউনাইট্°] (**1**) *v.t.i.* to make or become one, এক করা বা হওয়া ; to join into one, সংযুক্ত করিয়া এক করা বা সংযুক্ত হইয়া এক হওয়া ; to join, সংযুক্ত করা বা হওয়া ; to combine, মিলিত করা বা হওয়া। (**2**) *v.t.* to make one agree or adhere, একমত বা সংলগ্ন করান ; to marry, বিবাহ দেওয়া। (**3**) *v.i.* to grow or act together, একত্রে বর্ধিত হওয়া বা কাজ করা। *p.* & *p. pt.* **ūnī°tėd**। *adv.* **ūnī°tėdly**। **Unitėd Nations**—সম্মিলিত জাতিপুঞ্জ (বিশ্বের শান্তিরক্ষাকল্পে ১৯৪৫ খ্রিস্টাব্দে গঠিত আন্তর্জাতিক সংস্থা)। **Unitėd States (of America)**—(আমেরিকার) যুক্তরাষ্ট্র। [L. *unire*]

unity [ū°ni-ti, ইউ°নিটি] *n.* oneness, একত্ব ; the number one, (সংখ্যা) এক ; state of being at one, একসংখ্যকতা ; a single whole, গোটা বস্তু ; the arrangement of all the parts to one purpose or effect, ঐক্য। *n. pl.* **ū°nities**—প্রাচীন গ্রীক্ ও ল্যাটিন্ নাটকের স্থান কাল ও ঘটনার ঐক্য অর্থাৎ একাধিক স্থান বা একাধিক দিন এবং এক মূল ঘটনার অতিরিক্ত সঙ্গতিহীন কোন উপাদান ব্যবহৃত হইবে না : এই নিয়ম (the *unities* of time, place and action)। [L. *unitas*]

universe [ū°-ni-va(r)s, ইউ°নিভ্যা(র্)স্] *n.* the Universe, all that is, নিখিল সৃষ্টি ; the world, পৃথিবী, বিশ্ব, জগৎ ; all mankind, সমস্ত মানবজাতি ; (log.) all the objects under consideration, (ন্যায়.) আলোচ্য সমস্ত বস্তু। **ūniver°sal**—(**1**) *a.* নিখিল-সৃষ্টি-সংক্রান্ত ; নিখিলসৃষ্টিব্যাপী ; পৃথিবীব্যাপী ; বিশ্বজনীন, সর্বজনীন ; ব্যতিক্রমহীন ; সর্বদিগ্‌গত। (ন্যায়.) সর্বব্যাপী, সাধারণ। (**2**) *n.* সৃষ্টিব্যাপী বিশ্বব্যাপী বিশ্বজনীন সর্বজনীন ব্যতিক্রমহীন বা সর্বব্যাপী বস্তু অথবা বিষয় ; (ন্যায়.) সাধারণ বা সামান্য প্রতিজ্ঞা অথবা শব্দ। *n.* **ūniver°sality**। *v.t.* **ūniver°salize**—সৃষ্টিব্যাপী বিশ্বব্যাপী সর্বজনীন অব্যতিক্রমী বা সামান্য করা। *adv.* **univer°sally**। [L. *universum*]

university [ū-ni-va(r)°-s(i)ti, ইউনিভ্যা(র্)°স্‌টি] *n.* an educational institution with power to grant degrees, বিশ্ববিদ্যালয়। [L. *universitas*=a whole]

univocal [ū°-ni-vō°k(a)l, ইউ°নিভৌ°ক্‌ল্] *a.* of one voice, একস্বরবিশিষ্ট, একস্বরা ; having one meaning only, একার্থক ; unambiguous, দ্ব্যর্থহীন। *adv.* **ū°nivō°cally**। [L. *univocus*]

unjust [un°-just°, আন্°জাস্ট্°] *a.* not just, অন্যায্য, অন্যায়। *a.* **un°just°ly**। [*un-*, see *just*]

unjustifiable [un-jus°-ti-fī-able, আন্‌জাস্°টিফাইঅ্যাব্‌ল্] *a.* not justifiable, স্বপক্ষে যুক্তিপ্রদর্শনের অসাধ্য, প্রতিপাদনের অসাধ্য, অসমর্থনীয় ; unreasonable, অযৌক্তিক। [*un-*, see *justify*]

unkempt [un°-kem(p)t°, আন্°কেম্ট্°] *a.* uncombed, আঁচড়ান হয় নাই এমন ; rough, অমসৃণ, uncared for, যত্ন নেওয়া হয় না এমন। [*un-*, ME. *kempt*=combed < *kemben*=to comb < OE. *cemban*]

unkind [un-kīnd°, আন্‌কাইন্‌ড্°] *a.* unrelenting, ক্ষমাহীন ; lacking in kindness, দয়াহীন ; cruel, নিষ্ঠুর। **unkīn°dly**—(**1**) *a.* মনুষ্যোচিত স্নেহমায়াদি বর্জিত ; নির্দয়। (**2**) *adv.* দয়াহীনভাবে, নিষ্ঠুরভাবে। [*un-*, see *kind*]

unknowable [un°-nō°-abl, আন্°নো°অ্যাব্‌ল্] (**1**) *a.* incapable of being known, অজ্ঞেয়, জ্ঞানাতীত। (**2**) *n.* anything unknowable, অজ্ঞেয় বস্তু বা বিষয় ; the first or original cause, আদি কারণ বা মূল কারণ। *a* **un°knŏw°ing**—জানে না এমন ; জ্ঞানহীন ; মূর্খ। **un°known°**—(**1**) *a.* অজ্ঞাত। (**2**) *n.* অজ্ঞাত ব্যক্তি পরিমাণ বা সংখ্যা। [*un-*, see *know*]

unlace [un°-lās°, আন্°লেইস্°] *v.t.* to unfasten the lace of, ফিতা খুলিয়া দেওয়া। *p.* & *p. pt.* **un°lā°cėd**। [*un-*, see *lace*]

unladylike [un°-lā°-di-līk, আন্°লেই°ডিলাইক্] *a.* unbecoming a lady, (সম্ভ্রান্ত) মহিলার পক্ষে অশোভন। [*un-*, see *lady*, *like*]

unlawful [un°-law°f(u)l, আন্°ল্য°ফ্‌ল্] *a.* forbidden by law, আইনদ্বারা নিষিদ্ধ, বে-আইনী, আইন-বিরুদ্ধ ; illegitimate, জারজ ; acting illegally, বে-আইনী কাজ করে এমন। [*un-*, see *law*]

unlearn [un°-la(r)n°, আন্°ল্যা(র্)ন্°] *v.t.* to undo the process of learning, (অধীত শিক্ষা) ভুলিয়া যাওয়া ; to rid one's mind of habits, ideas, etc., মন হইতে অভ্যাস নির্দিষ্ট ধারণাদি বিদূরিত করা। *a.* **un°lear°nėd**, **un°learnt°**—শেখা হয় নাই এমন, অনধীত ; মুখস্থ করা হয় নাই এমন ; চর্চার অভাবে বিস্মৃত। *a.* **un°learn°ėd**—শিক্ষাহীন ; অশিক্ষিত। [*un-*, see *learn*]

unleash [un°-lēsh°, আন্°লীশ্°] *v.t.* to free from leash, (বাজপাখি বা শিকারী কুকুরকে) চর্মরজ্জুর বন্ধন হইতে মুক্ত করা ; to let go, ছাড়িয়া দেওয়া। *p.* & *p. pt.* **un°lea°shed**। [*un-*, see *leash*]

unleavened [un°-le°vnd, আন্‌লে°ভ্‌ন্‌ড্‌] *a.* not leavened, কিণ্ব বা খমির মিশাইয়া গাঁজান হয় নাই এমন। [*un-*, see *leaven*]

unless [an-les°, অ্যান্‌লেস্‌°] *conj.* if not, যদি না। [OE. *on lesse than*=on a less condition than]

unlettered [un°-le-ta(r)d, আন্‌°লেট্যা(র্‌)ড্‌] *a.* unlearned, অশিক্ষিত ; নিরক্ষর। [*un-*, see *letter*]

unlicensed [un°-lī°s(a)nst, আন্‌°লাই°সন্‌স্‌ট্‌] *a.* without a licence, সরকারী অনুমতিপত্রহীন, লাইসেন্‌স্‌হীন ; unauthorised, অনুমতিহীন, অনধিকার। [*un-*, see *license*]

unlicked [un-li°kt, আন্‌লি°ক্‌ট্‌] *a.* not beaten into shape, পিটাইয়া গঠিত হয় নাই বা সিধা করা হয় নাই এমন ; not licked into shape, চাটিয়া ঠিক আকারে গঠিত হয় নাই এমন ; (*fig.*) not reduced into form or order, (আল.) বিধিবদ্ধ আকারে পরিণত হয় নাই এমন ; unfinished, unpolished, অসমাপ্ত, অমার্জিত। **an unlicked cub**—(আল.) অশিষ্ট আচার-আচরণসম্পন্ন যুবক। [*un-*, see *lick*]

unlike [un°-līk°, আন্‌°লাইক্‌°] *a.* & *prep.* not like, অসদৃশ। **unlike signs**—(গণি.) যোগ ও বিয়োগ চিহ্ন। [*un-*, see *like*]

unlikely [un°-līk°-li, আন্‌°লাইক্‌°লি] (**1**) *a.* not likely, অসম্ভাব্য ; unsuitable, অনুপযোগী। (**2**) *adv.* improbably, অসম্ভাব্য রূপে। [*un-*, see *like*]

unlimited [un-li°-mi-tid, আন্‌লি°মিটিড্‌] *a.* boundless, সীমাহীন ; unrestricted, অবাধ (*unlimited* scope) ; numerous, প্রচুরসংখ্যক। [*un-*, see *limit*]

unlisted [un°-lis°-tid, আন্‌°লিস্‌°টিড্‌] *a.* not included in the list (esp. of Stock Exchanges), (বিশে. শেয়ার-বাজারের) তালিকাভুক্ত হয় নাই এমন। [*un-*, see *list*]

unload [un°lōd, আন্‌°লৌড্‌] *v.t.* to take load from, বোঝা খালাস করিয়া লওয়া ; to disburden, ভারমুক্ত করা ; to withdraw the charge from, (বন্দুকাদির) টোটা গুলি বারুদ প্রভৃতি বাহির করিয়া লওয়া ; to free from responsibility etc., দায়িত্বাদি হইতে মুক্ত করা। [*un-*, see *load*]

unlock [un°-lok°, আন্‌°লক্‌°] *v.t.* to undo the locking of, (বাক্সাদির) তালা খুলিয়া ফেলা ; to free from being locked up, তালাচাবি-দেওয়া ঘরের মধ্যে আবদ্ধাবস্থা হইতে মুক্তি দেওয়া ; to let loose, মুক্ত করিয়া দেওয়া ; ছাড়িয়া দেওয়া ; (*fig.*) to reveal or tell candidly, (আল.) অকপটে প্রকাশ করা বা বলা। *p.* & *p. pt.* **un°lo°cked**। [*un-*, see *lock*]

unlooked-for [un-lookt°-faw(r), আন্‌লুক্‌ট্‌°-ফ্য(র্‌)] *a.* unexpected, অপ্রত্যাশিত। [*un-*, see *look, for*]

unloose [un°-lōōs°, আন্‌°লুস্‌°], **un°lōō°sen**—*v.t.* to loose, বন্ধন মোচন করা। [*un-*, see *loose*]

unlucky [un-lu°-ki, আন্‌লা°কি] *a.* unfortunate, হতভাগ্য, অভাগা ; ill-omened, দুর্ভাগ্যসূচক, অমঙ্গলজনক ; unsuccessful, ব্যর্থ। *adv.* **unlu°ckily**। [*un-* see *luck*]

unmade—see **unmake.**

unmake [un°-māk°, আন্‌°মেইক্‌°] *v.t.* to undo the making of, বিগঠিত করা ; to ruin or destroy, সর্বনাশ বা ধ্বংস করা ; to annul, বাতিল বা রদ করা। *p.* & *p. pt.* **un°māde°**। [*un-*, see *make*]

unman [un°-man°, আন্‌°ম্যান্‌°] *v.t.* to deprive of human or manly qualities, মনুষ্যোচিত বা পুরুষোচিত গুণবিরহিত করা, অমানুষ বা পৌরুষহীন বা দুর্বল করা ; to deprive of men, কর্মিশূন্য করা ; to denude (vessel etc.) of men, জাহাজ প্রভৃতি নাবিকশূন্য করা। *a.* **un°ma°nned**—(গাড়ি জাহাজ প্রভৃতি সম্বন্ধে) চালকদল বা নাবিকদল নাই এমন, সৈন্যদল কর্তৃক পরিত্যক্ত ; জনহীন ; (প্রধানতঃ বাজপাখি সম্বন্ধে) পোষ মানান হয় নাই এমন। *a.* **unman°ly**—পুরুষের পক্ষে অশোভন ; পৌরুষহীন ; হীনমনাঃ ; কাপুরুষোচিত। [*un-*, see *man*]

unmanageable [un-ma°-ni-jable, আন্‌ম্যা°-নিজ্যাব্‌ল্‌] *a.* not manageable, পরিচালনা করার বা বাগ মানানর অসাধ্য ; uncontrollable, নিয়ন্ত্রণের অসাধ্য। [*un-*, see *manage*]

unmanly, unmanned—see **unman.**

unmannered [un-ma°-na(r)d, আন্‌ম্যা°ন্যা-(র্‌)ড্‌], **unma°nnerly**—*a.* শিষ্টাচারশূন্য, অভদ্র, অভব্য ; rude, রূঢ়। [*un-*, see *manner*]

unmarked [un°-murkt°, আন্‌°মা(র্‌)ক্‌ট্‌°] *a.* bearing no mark, অচিহ্নিত ; not noticed, অলক্ষিত। [*un-*, see *mark*]

unmarketable [un-mǎ(r)°-ki-tabl, আন্‌-মা(র্‌)°কিট্যাবল্‌] *a.* not fit to be sold, বিপণনের অযোগ্য। [*un-*, see *market*]

unmarried [un°-ma°-rid, আন্‌°ম্যা°রিড্‌] *a.* not married, অবিবাহিত। [*un-*, see *marry*]

unmask [un°-mŭsk°, আন্‌°মাস্‌ক্‌°] (**1**) *v.t.* to remove the mask from, মুখোশ খুলিয়া ফেলা ; to expose the true character or intentions of), আসল রূপ বা মতলব প্রকাশ করা। (**2**) *v.i.* to put off a mask, মুখোশ ত্যাগ করা। *p.* & *p. pt.* **un°mas°ked**। [*un-*, see *mask*]

unmatched [un°macht°, আন্‌°ম্যাচ্‌ট্‌°] *a.* matchless, প্রতিদ্বন্দ্বিহীন। *a.* **un°match°able**—অতুলনীয়। [*un-*, see *match*]

unmeaning [un-mē°-ning, আন্‌মী°নিং] *a.* meaningless, অর্থহীন ; purposeless, উদ্দেশ্যহীন ; expressionless, অভিব্যক্তিহীন। [*un-*, see *mean*]

unmeasured [un-me°-za(r)d, আন্‌মে°(শ)জ্যা-(র্‌)ড্‌] *a.* not measured, মাপা হয় নাই এমন,

আমাপা ; unlimited, সীমাহীন, অপরিমিত। [*un-*, see *measure*]

unmentionable [un-men°-sha-nable, আন্‌মেন্‌°শ্যান্যাব্‌ল্‌] *a.* so bad or shocking that it may not be mentioned, অনুল্লেখযোগ্য, অকথ্য। [*un-*, see *mention*]

unmerciful [un-ma(r)°-sif(oo)l, আন্‌ম্যা(র্)°সিফ্‌ল্‌] *a.* merciless, ক্ষমাহীন, নির্মম। [*un-*, see *mercy*]

unmerited [un°-me°-ri-tid, আন্‌°মে°রিটিড্‌] *a.* not deserved, পাওয়ার যোগ্যতা না থাকা সত্ত্বেও প্রাপ্ত (*unmerited* reward)। [*un-*, see *merit*]

unmethodical [un-mi-tho°-dicl, আন্‌মিথ°ডিক্‌ল্‌] *a.* not doing things with method, not having orderly habits, সুশৃঙ্খল বা নিয়মনিষ্ঠ নহে এমন। [*un-*, see *method*]

unmindful [un-mīn(d)°f(u)l, আন্‌মাইন্‌°ফ্‌ল্‌] *a.* not keeping in mind, মনে রাখে না এমন, বিস্মরণশীল ; inattentive, অমনোযোগী ; absent-minded, আনমনা। [*un-*, see *mind*]

unmistak(e)able [un°-mis-tā°-kabl, আন্‌°মিস্‌টেই°ক্যাব্‌ল্‌] *a.* that which cannot be mistaken or doubted, ভুল করা যায় না এমন, ভ্রমাতীত বা সন্দেহাতীত। [*un-*, see *mistake*]

unmitigated [un°-mi°-ti-gā-tid, আন্‌°মি°টিগেইটিড্‌] *a.* not mitigated, অপ্রশমিত ; unqualified, out-and-out, অবাধ, পুরাদস্তুর (an *unmitigated* evil) ; absolute, পরম, চরম। [*un-* see *mitigate*]

unmixed [un°-miks°t, আন্‌°মিক্‌স্‌ট্‌] *a.* not mixed with anything else, অমিশ্রিত, অবিমিশ্র, ভেজালহীন ; pure, বিশুদ্ধ, খাঁটি। [*un-*, see *mix*]

unmolested [un°-mŏ-les°-tid, আন্‌°মোলেস্‌°টিড্‌] *a.* not molested, উত্ত্যক্ত বা উৎপীড়ন বা ধর্ষণ করা হয় নাই এমন। [*un-*, see *molest*]

unmoor [un°-mooa(r)°, আন্‌°মুঅ্যা(র্)°] *v.t.* to loose the mooring of, (নৌকাদির) তীরে-বাঁধা দড়ি খোলা। [*un-*, see *moor*]

unmoved [un°-mōō°vd, আন্‌°মু°ভ্‌ড্‌] *a.* not moved, firm, টলে নাই এমন, অটল, দৃঢ় ; not touched by emotion, ভাবাবেগে বিচলিত হয় নাই এমন, অবিচলিত ; not changed in purpose, সঙ্কল্পচ্যুত হয় নাই এমন। [*un-*, see *move*]

unmuzzle [un°-muz°l, আন্‌°মাজ্‌°ল্‌] *v.t.* to take the muzzle off, (বন্দুকাদির) মুখ খুলিয়া লওয়া ; (fig.) to relieve of obligation to remain silent, (আল.) নীরব থাকার বাধ্যবাধকতা হইতে মুক্তি দেওয়া। [*un-*, see *muzzle*]

unnamed [un°-nā°md, আন্‌°নেই°ম্‌ড্‌] *a.* not named, নাম দেওয়া হয় নাই এমন ; নামহীন ; without having one's name mentioned, নাম উল্লেখ করা হয় নাই এমন। [*un-*, see *name*]

unnatural [un-na°chr(a)l, আন্‌ন্যা°চ্‌র্‌ল্‌] *a.* not natural, অস্বাভাবিক ; without natural affections, স্বাভাবিক স্নেহমায়াদি নাই এমন ; heinous, monstrous, জঘন্য, ভয়ঙ্কর, ভীষণ ; artificial, কৃত্রিম। *adv.* **unna°turally**। [*un-*, see *nature*]

unnavigable [un°-na°-vi-gabl, আন্‌°ন্যা°ভিগ্যাব্‌ল্‌] *a.* not navigable, (নদ্যাদি-সম্বন্ধে) পোতাদি-চালান যায় না এমন, অনাব্য। [*un-*, see *navigate*]

unnecessary [un-ne°-si-s(a)ri, আন্‌নে°সিস্‌রি] *a.* not necessary, অনাবশ্যক, অপ্রয়োজনীয়। *adv.* **unne°cessarily**। [*un-*, see *necessary*]

unnerve [un°-na(r)v°, আন্‌°ন্যা(র্)ভ্‌°] *v.t.* to deprive of nerve, strength or vigour, সাহসশূন্য বলশূন্য বা তেজশূন্য করা। [*un-*, see *nerve*]

unnoticed [un-nō°-tist, আন্‌নৌ°টিস্‌ট্‌] *a.* unobserved, অলক্ষিত। [*un-*, see *notice*]

unnumbered [un-num°-ba(r)d, আন্‌নাম্‌°ব্যা(র্)ড্‌] *a.* countless, অসংখ্য, অগণন ; not numbered, সংখ্যা দেওয়া হয় নাই এমন, অসংখ্যাত। [*un-*, see *number*]

unobserved [un°-ab-za(r)°vd, আন্‌অ্যাব্‌জ্যা(র্)°ভ্‌ড্‌] *a.* unnoticed, অলক্ষিত। *adv.* **un°obser°vedly**। [*un-*, see *observe*]

unobtrusive [un-ab-trōō°-siv, আন্‌অ্যাব্‌ট্রূ°সিভ্‌] *a.* not thrusting forward importunately, বিরক্তিকরভাবে বা অশোভনভাবে অন্যের ক্ষেত্রে প্রবেশ করে না এমন ; not too obvious or easily noticeable, অতি স্পষ্ট নহে বা সহজে নজরে পড়ে না এমন ; discreet, বিচক্ষণ। [*un-*, see *obtrusive*]

unoccupied [un°-o°-kū-pīd, আন্‌°অ°কিউপাইড্‌] *a.* not occupied, অনধিকৃত ; not inhabited, কেহ বাস করে না এমন, পড়ো ; not having any work to do, idle, কর্মহীন, অলস। [*un-*, see *occupy*]

unoffending [un°-a-fen°-ding, আন্‌°অ্যাফেন্‌°ডিং] *a.* not offending, বিরক্তি বা অসন্তোষ উদ্রেক করে না এমন। [*un-* see *offend*]

unofficial [un°-a-fi°sh(a)l, আন্‌°অ্যাফি°শ্‌ল্‌] *a.* not official, বেসরকারি (the news was received from an *unofficial* source)। *adv.* **unoffi°cially**। [*un-*, see *office*]

unopposed [un°-a-pō°zd, আন্‌°অ্যাপৌ°জ্‌ড্‌] *a.* without opposition, বাধাহীন, বিরোধিতাহীন। [*un-*. see *oppose*]

unorganized [un°-aw(r)°-ga-nīzd, আন্‌°অ্য(র্)°গ্যানাইজ্‌ড্‌] *a.* not organized, সংগঠিত বা সঙ্ঘবদ্ধ করা হয় নাই এমন। [*un-*, see *organize*]

unorthodox [un°-aw(r)°-tha-doks, আন্‌°অ্য(র্)°থ্যাডক্‌স্‌] *a.* not holding currently accepted opinions, প্রচলিত মত বা বিশ্বাস অবলম্বন করে না এমন ; not conventional, প্রচলিত নিয়মানুগ নহে এমন। [*un-*, see *orthodox*]

unostentatious [un°-os-ten-tā°-shas, আন্‌°অস্‌টেন্‌টেই°শ্যাস্‌] *a.* not ostentatious, আড়ম্বর-

হীন, জাঁকজমকহীন; plain, সাদাসিধা, সরল। [*un-*, *ostentatious*]

unpack [un°-pak°, আন্°প্যাক্°] *v.t.* to undo the packing of, (কিছুর) মোড়ক খোলা; to take out of a pack, মোড়কের বা গাঁটরির ভিতর হইতে বাহির করিয়া লওয়া। *p.* & *p. pt.* **un°pa°cked**। [*un-*, see *pack*]

unpaid [un°-pad°, আন্°পেইড্°] *a.* remaining due, (অর্থাদি-সম্বন্ধে) বাকী আছে এমন, দেওয়া বা ফেরত দেওয়া হয় নাই এমন; not receiving any salary, বেতনহীন। [*un-*, see *pay*]

unpalatable [un-pa°-la-tabl, আন্প্যা°ল্যাট্যা-ব্ল্] *a.* not tasteful, রসনাতৃপ্তিকর নহে এমন, বিস্বাদ; unpleasant, বিরক্তিকর। [*un-*, see *palate*]

unparalleled [un-pa°-ra-leld, আন্প্যা°র‌্যালে-ল্ড্] *a.* without parallel or equal, তুলনাহীন, অনুপম, অদ্বিতীয়, প্রতিদ্বন্দ্বিহীন। [*un-*, see *parallel*]

unpardonable [un-pŭ(r)°-dnabl, আন্পা(র্)°-ড্‌ন্যাব্‌ল্] *a.* not pardonable, ক্ষমার অযোগ্য, অমার্জনীয় (*unpardonable* offence)। [*un-*, see *pardon*]

unparliamentary [un°-pu(r)-la-men°-t(a)ri, আন্°পা(র্)ল্যামেন্°ট্রি] *a.* contrary to the usages of any legislative assembly, আইন-পরিষদের প্রচলিত রীতিবিরুদ্ধ, অনিয়মতান্ত্রিক। [*un-*, see *parliament*]

unpatriotic [un-pa-tri-o°-tik, আন্প্যাট্রিঅ°-টিক্] *a.* not having the quality of a patriot, দেশপ্রেমিক নহে এমন। [*un-*, see *patriot*]

unpeople [un°-pep°l, আন্°পীপ্°ল্] *v.t.* to depopulate, অধিবাসিশূন্য বা জনশূন্য করা। [*un-*, see *people*]

unperceivable [un°-pa(r)-se°-vabl, আন্°-প্যা(র্)সী°ভ্যাব্‌ল্] *a.* imperceptible, অনুভব করা যায় না এমন, বোঝা বা দেখা যায় না এমন। [*un-*, see *perceive*]

unperturbed [un°-pa(r)-ta(r)°bd, আন্°প্যা(র্)-ট্যা(র্)°ব্ড্] *a.* not perturbed, অবিচলিত। [*un-* see *perturb*]

unpick [un-pik°, আন্পিক্°] *v.t.* to take out the stitches from, (সেলাই-করা বস্ত্রাদির) সেলাই-এর জোড়া বা সেলাই খুলিয়া ফেলা; to take out, (সুঁচের ফোঁড়) খুলিয়া ফেলা (to *unpick* stitches)। *p.* & *p. pt.* **unpi°cked**। [*un-*, see *pick*]

unplanned [un°-pla°nd, আন্°প্ল্যা°ন্ড্] *a.* not having made a plan of, পরিকল্পনা করা হয় নাই এমন, অপরিকল্পিত। [*un-*, see *plan*]

unplayable [un°-pla°-abl, আন্°প্লেই°অ্যাব্‌ল্] *a.* not playable, খেলা যায় না বা আঘাত করা যায় না এমন (an *unplayable* ball in cricket or tennis)। [*un-*, see *play*]

unpleasant [un°-ple°znt, আন্°প্লে(শ্)°জ্‌ন্ট্] *a.* disagreeable, অপ্রীতিকর, বিরস, নিরানন্দ; contrary to amicable relations, সদ্ভাবহীন। *n.* **un°plea°santness**। [*un-*, see *please*]

unploughed [un-plow°d, আন্প্লাউ°ড্] *a.* uncultivated, অকর্ষিত। [*un-*, see *plough*]

unpolished [un°-po°-lisht, আন্°প°লিশ্ট্] *a.* not polished, মাজা-ঘষা নহে এমন, পালিশ-করা নহে এমন; unglazed, চাকচিক্যহীন, নিষ্প্রভ; not cultured, সংস্কৃতিহীন; not polite, অভব্য; rude, vulgar, অমার্জিত (*unpolished* manners)। [*un-*, see *polish*]

unpolluted [un°-pa-lū°tid, আন্°প্যালিউ°টিড্] *a.* not polluted, অকলুষিত, অবিকৃত। [*un-*, see *pollute*]

unpopular [un°-po°-pū-la(r), আন্°প°পিউ-ল্যা(র্)] *a.* not popular, জনপ্রিয় নহে এমন; disliked by people, জনসাধারণের অপ্রিয়। *n.* **un°popula°rity**। [*un-*, see *popular*]

unpractical [un°-prak°-tik(a)l, আন্°প্র্যাক্°-টিক্‌ল্] *a.* not practical, অকার্যকর, অপ্রায়োগিক, ব্যবহারিক বুদ্ধিহীন। [*un-*, see *practical*]

unpractised [un-prak°-tist, আন্প্র্যাক্°টিস্ট্] *a.* having no practice or experience, অনভ্যস্ত, অনভিজ্ঞ, চর্চাহীন; not put into practice, অভ্যাস বা চর্চা করা হয় না এমন। [*un-*, see *practise*]

unprecedented [un-pre°-si-d(a)ntid, আন্-প্রে°সিড্‌ন্টিড্] *a.* without a precedent, অভূত-পূর্ব, নজিরহীন। *adv.* **unprece°dentedly**। [*un-*, see *precedent*]

unpredictable [un-pri-dik°-table, আন্-প্রিডিক্°ট্যাব্‌ল্] *a.* that cannot be foretold, ভবিষ্যদ্বাণী করা যায় না এমন। [*un-*, see *predict*]

unprejudiced [un-pre°-joo-dist, আন্প্রে°জু-ডিস্ট্] *a.* impartial, পক্ষপাতহীন, নিরপেক্ষ। [*un-*, see *prejudice*]

unpremeditated [un°-pri-me°-di-tā-tid, আন্°প্রিমে°ডিটেইটিড্] *a.* not thought of before, পূর্ব হইতে ভাবিয়া-চিন্তিয়া করা হয় নাই এমন, অপরিকল্পিতপূর্ব। [*un-*, see *premeditate*]

unprepared [un°-pri-pā(r)d°, আন্°প্রিপেয়্যা-(র্)ড্°] *a.* not prepared, প্রস্তুত হয় নাই এমন, অ-প্রস্তুত; without preparation, প্রস্তুতিহীন। *n.* **un°prepared°ness**। [*un-*, see *prepare*]

unpresentable [un°-pri-zen°-tabl, আন্°-প্রিজ়েন্°ট্যাব্‌ল্] *a.* not fit to be seen or shown, দর্শনের বা প্রদর্শনের অযোগ্য। [*un-*, see *present*]

unpretending [un°-pri-ten°-ding, আন্°প্রি-টেন্°ডিং], **unpretentious** [un°-pri-ten°-shas, আন্°প্রিটেন°শ্যাস্] *a.* not pretending, ভান করে না বা আত্মজাহির করে না এমন; modest, বিনয়ী, নিরহঙ্কার। [*un-*, see *pretend*]

unprincipled [un-prin°-sapld, আন্প্রিন্°স্যা-

প্‌ল্‌ড়] *a.* without fixed, sound principles, (প্রধানতঃ নৈতিক) সুনীতিহীন, স্থিরনীতির দ্বারা চালিত নহে এমন ; not based on or in accordance with principles, নীতির উপর ভিত্তি করা হয় নাই বা নীতি-অনুযায়ী নহে এমন। [*un-*, see *principle*]

unprintable [un°-prin-table, আন°প্রিন্ট্যাব্‌ল্‌] *a.* too rude or indecent to be printed, এত রূঢ় ও অশ্লীল যে ছাপান যায় না (*unprintable* billingsgate)। [*un-*, see *print*]

unprivileged [un°privilijd, আন°প্রিভিলিজ্‌ড্‌] *a.* (euphemism for) poor, দরিদ্রের মোলায়েম প্রতিশব্দ ; of the lower social level, সমাজের নিম্নশ্রেণীর : not having the advantages of the well-to-do, ধনিক শ্রেণীর সুবিধাদি হইতে বঞ্চিত। [*un-*, see *privilege*]

unproductive [un°-pra-duk°-tiv, আন্°প্র্যা-ডাক্°টিভ্‌] *a.* not productive, অফলা, নিষ্ফলা, বন্ধ্যা। [*un-*, see *produce*]

unprofessional [un°-pra-fe°shnl, আন্°প্র্যা-ফে°শ্‌ন্‌ল্‌] *a.* not professional, অ-পেশাদারী ; not in accordance with the principles of one's profession, স্বীয় পেশার রীতিবহির্ভূত। [*un-*, see *profession*]

unprofitable [un-pro°-fi-tabl, আন্‌প্র°ফিট্যাব্‌ল্‌] *a.* not profitable, লাভজনক নহে এমন, লাভহীন। [*un-*, see *profit*]

unprogressive [un-pra-gre°-siv, আন্‌প্র্যাগ্রে°-সিভ্‌] *a.* not moving forward, সম্মুখে গতিশীল নহে এমন ; not undergoing improvement, উন্নতিশীল নহে এমন ; not favouring progress, প্রগতিশীল নহে এমন, প্রগতিবিরোধী। [*un-*, see *progress*]

unprompted [un°-prom(p)-tid, আন্°প্রম্‌টিড্‌] *a.* (of an answer, action etc.) spontaneous, (উত্তর কর্ম প্রভৃতি) স্বতঃস্ফূর্ত। [*un-*, see *prompt*]

unprotected [un°-pra-tek°-tid, আন্°প্র্যাটেক্°-টিড্‌] *a.* not protected, অরক্ষিত। [*un-*, see *protect*]

unproved [un°-proo°vd, আন্°প্রূ°ভ্‌ড্‌] *a.* not proved, অপ্রমাণিত, অপ্রতিপাদিত। [*un-*, see *prove*]

unprovided [un°-pra-vī°-did, আন্°প্র্যাভাই°-ডিড্‌] *a.* not provided with, (সচ. ভবিষ্যতের জন্য) বন্দোবস্ত করা হয় নাই এমন, সরবরাহপ্রাপ্ত হয় নাই এমন। [*un-*, see *provide*]

unprovoked [un°-pra-vo°kt, আন্°প্র্যাভৌ°ক্‌ট্‌] *a.* not provoked, উত্তেজিত করা হয় নাই এমন, খেপান হয় নাই এমন ; without provocation, উত্তেজনা বা ক্রোধের কারণ নাই এমন (an *unprovoked* attack)। [*un-*, see *provoke*]

unpublished [un°-pub°-list, আন্°পাব°লিশ্‌ট্‌] *a.* not published, অপ্রকাশিত ; not circulated, অপ্রচারিত। [*un-*, see *publish*]

unpunished [un°-pu°-nisht, আন°পা°নিশ্‌ট্‌] *a.* not punished, শাস্তি দেওয়া হয় নাই এমন। [*un-*, see *punish*]

unqualified [un°-kwo°-li-fīd, আন্°ক্যোঅ°লি-ফাইড্‌] *a.* without qualifications, যোগ্যতাহীন, অযোগ্য। *a.* **unqua°lified**—শর্তহীন, বাধাহীন (*unqualified* assent, denial, praise, etc.)। [*un-*, see *qualify*]

unquenchable [un°-kwen°shable, আন্°-ক্যোএন্°শ্যাব্‌ল্‌] *a.* that which cannot be quenched, নেভান যায় না বা প্রশমিত করা যায় না এমন, অনির্বাণ, অপ্রশম্য। [*un-*, see *quench*]

unquestionable [un-kwes°-cha-nabl, আন্‌-ক্যোএস্°চ্যান্যাব্‌ল্‌] *a.* that which cannot be questioned or doubted, প্রশ্নাতীত বা সন্দেহাতীত, কৈফিয়ৎ দাবি করা যায় না এমন। *a.* **unques°tionably**। *a.* **unques°tioned**—কৈফিয়ৎ দাবি করা হয় নাই এমন ; প্রশ্ন তোলা বা তর্ক করা হয় নাই এমন (an *unquestioned* statement)। *a.* **unques°tioning**—প্রশ্ন করে না বা আপত্তি করে না এমন (*unquestioning* obedience)। [*un-*, see *question*]

unquiet [un-kwī°-at, আন্‌ক্যোআই°অ্যাট্‌] *a.* restless, অস্থির, চঞ্চল ; uneasy, অস্বচ্ছন্দ ; disturbed, বিক্ষুব্ধ ; full of turmoil, হইচই-পূর্ণ। [*un-*, see *quiet*]

unquote [un°-kwōt, আন্°ক্যোঔট্‌] *v.t.i.* (in a telegram, a telephone message etc.) end the quotation (which has just been given), (টেলিগ্রাম টেলিফোন প্রভৃতিতে) উদ্ধৃতি (যাহা এইমাত্র করা হইল তাহা) শেষ করা। [*un-*, see *quote*]

unravel [un-ra°v(a)l, আন্‌র্যা°ভ্‌ল্‌] *v.t.* to undo the ravelling of, পাক খোলা ; to make clear, স্পষ্ট করা ; to solve, সমাধান করা (to *unravel* a mystery)। *pr. pt.* **unra°velling**। *p.* & *p. pt.* **unra°velled**। [*un-*, see *ravel*]

unread [un°-red°, আন্°রেড্°] *a.* not informed by reading, পাঠ করে নাই এমন ; not perused, অপঠিত। *a* **unreadable** [un°-rē°-dabl, আন্°রী°ড্যাব্‌ল্‌] পাঠ করা যায় না এমন, দুষ্পাঠ্য, অপাঠ্য। [*un-*, see *read*]

unready [un°-re°-di, আন্°রে°ডি] *a.* not ready, প্রস্তুত হয় নাই এমন, প্রস্তুতিহীন ; not prompt, অতৎপর। [*un-*, see *ready*]

unreal [un°-ri°-al, আন্°রি°অ্যাল্‌] *a.* not real, অপ্রকৃত। *a.* **unrealis°tic**। [*un-*, *real*]

unreasonable [un°-rē°z-nabl, অন্°রী°জ্‌ন্যাব্‌ল্‌] *a.* exceeding the bounds of reason, যুক্তি-বহির্ভূত, অযৌক্তিক (to make *unreasonable* claims)। *a.* **un°rea°soning**—যুক্তির দ্বারা চালিত হয় না এমন ; যুক্তির দ্বারা অনিয়ন্ত্রিত। [*un-*, see *reason*]

unrecognized [un°-re°-kag-nīzd, আন্°রে°-ক্যাগ্‌নাইজ্‌ড্‌] *a.* not recognized, চেনা হয় নাই বা স্বীকৃতিলাভ করে নাই এমন। [*un-*, see *recognize*]

unrecorded [un°-ri-kaw(r)°-did, আন্°রিক্য-(র্)°ডিড্] *a.* not recorded, লিপিবদ্ধ বা নথিভুক্ত করা হয় নাই এমন, অনিবন্ধিত। [*un-*, see *record*]

unredeemed [un°ri-dē°md, আন্°রিডী°মড্] *a.* not redeemed, (বন্ধক হইতে) উদ্ধার করা হয় নাই এমন, (আধ্যাত্মিকভাবে) ত্রাণ করা হয় নাই এমন; unmitigated, অপ্রশমিত; unrelieved, মুক্তি পায় নাই এমন। [*un-*, see *redeem*]

unreformed [un°-ri-faw(r)°md, আন্°রিফ্য(র্)°-মড্] *a.* not amended, অসংস্কৃত, অসংশোধিত। [*un-*, see *reform*]

unrefuted [un°-re-fū°-tid, আন্°রিফিউ°টিড্] *a.* not refuted, (যুক্তি মত প্রভৃতি সম্বন্ধে) খণ্ডন করা হয় নাই এমন। [*un-*, see *refute*]

unregistered [un°-re°-jis-ta(r)d, আন্°রে°জিস্-ট্যা(র্)ড্] *a.* not registered, রেজিস্ট্রি করা হয় নাই এমন। [*un-*, see *register*]

unrelated [un°-ri-lā°-tid, আন্°রিলেই°টিড্] *a.* not related, সম্পর্কহীন, নিঃসম্পর্ক। [*un-*, see *relate*]

unrelenting [un°-ri-len°-ting, আন্°রিলেন্°টিং] *a.* not relenting, কঠোরতা হ্রাস করে না এমন, অকরুণ। [*un-*, see *relent*]

unreliable [un°-ri-lī°-abl, আন্°রিলাই°অ্যাব্‌ল্] *a.* not reliable, আস্থাস্থাপনের অযোগ্য, অবিশ্বাস্য। [*un-*, see *rely*]

unrelieved [un-ri-lē°vd, আন্‌রিলী°ভ্ড্] *a.* not relieved, নিষ্কৃতি বা অব্যাহতি পায় নাই এমন; without anything to vary monotony, একঘেঁয়েমি হইতে মুক্ত হইবার মত কিছু নাই এমন (incessant misery *unrelieved* by any ray of hope)। [*un-*, see *relieve*]

unremitting [un-ri-mi°-ting, আন্‌রিমি°টিং] *a.* incessant, বিরামহীন, অবিরাম (*unremitting* efforts)। *adv.* **unremi°ttingly**। [*un-*, see *remit*]

unremunerative [un-re-mū°-na-ra-tiv, আন-রেমিউ°ন্যার‍্যাটিভ্] *a.* bring no profit, অলাভজনক। [*un-*, see *remunerate*]

unrepentant [un-ri-pen-tant, আনরিপেন্-ট্যান্ট্] *a.* not repentant, অনুতপ্ত হয় নাই এমন, অননুতপ্ত। [*un-*, see *repent*]

unrequited [un°-ri-kwī°-tid, আন্°রিক্যো-আই°টিড্] *a.* not returned, (স্নেহ প্রেম ভালবাসা প্রভৃতি সম্বন্ধে) প্রতিদানহীন। [*un-*, see *requite*]

unreserved [un°-ri-za(r)°vd, আন্°রিজ্যা(র্)°-ভ্ড্] *a.* not reserved, নির্দিষ্ট কাহারও বা কিছুর জন্য আলাদা করিয়া রাখা হয় নাই এমন; without reserve, খোলাখুলি, অকপট; unrestricted, অবাধ। *adv.* **unreser°vedly**। [*un-*, see *reserve*]

unresisting [un°-ri-zis°-ting, আন্°রিজিস্°টিং] *a.* not resisting, প্রতিরোধ করে না এমন, অপ্রতিরোধী। [*un-*, see *resist*]

unrest [un°-rest°, আন্°রেস্ট্°] *n.* disquiet, অশান্তি; agitation, উত্তেজনা, বিক্ষোভ, চাঞ্চল্য; disturbance, গোলমাল; discontent, অসন্তোষ। [*un-*, see *rest*]

unrestrained [un°-ris-trā°nd, আন্°রিস্ট্রেই°-ন্ড্] *a.* not restrained, অনিয়ন্ত্রিত, অসংযত। [*un-*, see *restrain*]

unrestricted [un°-ris-trik°-tid, আন্°রিসট্রিক্°-টিড্] *a.* not restricted, অবাধ, অবারিত। [*un-*, see *restrict*]

unrevealed [un°-ri-vē°ld, আন্°রিভী°ল্ড্] *a.* not revealed, অপ্রকাশিত, অব্যক্ত, অনুদ্‌ঘাটিত। [*un-*, see *reveal*]

unrewarded [un°-ri-waw(r)°-did, আন্°রি-ওঅ্যা(র্)°ডিড্] *a.* not rewarded, (পুরস্কারলাভের যোগ্য হওয়া সত্ত্বেও) অপুরস্কৃত। [*un-*, see *reward*]

unrighteous [un-rī°-chas, আন্‌রাই°চ্যাস্] *a.* unjust, ন্যায়পরায়ণতাহীন; wicked, দুর্বৃত্ত; sinful, পাপিষ্ঠ। *adv.* **unrī°ghteously**। [*un-*, see *righteous*]

unripe [un°-rīp°, আন্°রাইপ্°] *a.* not ripe, পাকা নহে বা পাকে নাই এমন, অপক্ক; immature, অপরিণত। [*un-*, see *ripe*]

unrivalled [un°-rī°v(a)ld, আন্°রাই°ভ্‌ল্ড্] *a.* having no rival, প্রতিদ্বন্দ্বিহীন, অদ্বিতীয়; peerless, অতুলনীয়, অনুপম। [*un-*, see *rival*]

unroll [un°-rōl°, আন্°রৌল্°] *v.t.i.* to open out from a rolled state, পাক খুলিয়া দেওয়া বা যাওয়া। [*un-*, see *roll*]

unromantic [un°-rŏ-man°-tik, আন্°রোম্যান্°-টিক্] *a.* not romantic, রোমাঞ্চকর নহে এমন; commonplace, ordinary, মামুলি, আটপৌরে। [*un-*, see *romantic*]

unruffled [un°-ruf°ld, আন্°রাফ্°ল্ড্] *a.* not ruffled, অবিক্ষুব্ধ, অচঞ্চল। [*un-*, see *ruffle*]

unruly [un°-roo°-li, আন্°রু°লি] *a.* ungovernable, শাসনাতীত; unmanageable, বাগ মানান যায় না এমন; refractory, অবাধ্য; turbulent, অদম্য, দুর্দম। [*un,-* see *rule*]

unsaddle [un°-sad°l, আন্°স্যাড্°ল্] *v.t.* to take the saddle from, (অশ্বাদির পৃষ্ঠ হইতে) জিন খুলিয়া লওয়া; to dislodge from saddle, (আরোহীকে) অশ্বাদির জিনের উপর হইতে বিচ্যুত করা। [*un-*, see *saddle*]

unsafe [un°-sāf°, আন্°সেইফ°] *a.* not safe, নিরাপদ্ নহে এমন; dangerous, বিপজ্জনক। [*un-*, see *safe*]

unsaid—see **unsay.**

unsal(e)able [un°-sā°-labl, আন্°সেই°ল্যাব্‌ল্] *a.* that which cannot be sold, বিক্রয় করা যায় না এমন, অবিক্রেয়। [*un-*, see *sale*]

unsatisfactory [un°-sa-tis-fak°-t(a)ri, আন্°-স্যাটিস্‌ফ্যাক্°ট্‌রি] *a.* not satisfactory, সন্তোষজনক নহে এমন, অসন্তোষজনক। *a.* **un°sa°tisfied**—অসন্তুষ্ট, অতৃপ্ত। [*un-*, see *satisfy*]

unsavoury [un°-sā°-v(a)ri, আন্‌°সেই°ভ্‌রি] *a.* tasteless, বিস্বাদ; ill-smelling, দুর্গন্ধময়; (fig.) unpleasant, (আল.) অপ্রীতিকর। [*un-*, see *savour*]

unsay [un°-sā°, আন্‌°সেই°] *v.t.* to retract, (উক্তি কথা প্রভৃতি) প্রত্যাহার করা, ফিরাইয়া লওয়া। *p.* & *p. pt.* **un°said°**। *a.* **un°said**—অকথিত। [*un-*, see *say*]

unscalable [un°-skā°-labl, আন্‌°স্কেই°ল্যাব্‌ল্‌] *a.* that which cannot be climbed, আরোহণের অসাধ্য। [*un-*, see *scale*]

unscathed [un-skādh°d, আন্‌স্কেইদ্‌°ড্‌] *a.* unharmed, ক্ষতিগ্রস্ত হয় নাই এমন, অক্ষত; unhurt, আঘাতপ্রাপ্ত হয় নাই এমন, অনাহত। [*un-*, see *scathe*]

unscientific [un°-sī-an-ti°-fik, আন্‌°সাইঅ্যান্‌টি°ফিক্‌] *a.* contrary to scientific principles or knowledge, বিজ্ঞানবিরুদ্ধ, অবৈজ্ঞানিক। [*un-*, see *science*]

unscrew [un°-skrōō°, আন্‌°স্ক্রু°] *v.t.i.* to loose or get loose from the state of being screwed, (কিছুর) স্ক্রু খুলিয়া যাওয়া বা খুলিয়া লওয়া। [*un-*, see *screw*]

unscriptural [un°-skrip°ch(a)r(a)l, আন্‌°স্ক্রিপ্‌°চ্‌র্‌ল্‌] *a.* not in accordance with the Bible, বাইবেলসম্মত নহে এমন; not in accordance with the scriptures, অশাস্ত্রীয়। [*un-*, see *scripture*]

unscrupulous [un°-skrōō°-pū-lass, আন্‌°স্ক্রু°পিউল্যাস্‌] *a.* having no scruple, ন্যায়-অন্যায় বিচারহীন, বিবেকবর্জিত। *adv.* **unscru°pūlously**। *n.* **unscru°pūlousness**। [*un-*, see *scruple*]

unseal [un°-sēl, আন্‌°সীল্‌] *v.t.* to open by breaking the seal of, সীলমোহর ভাঙ্গিয়া (চিঠিপত্রাদি) খোলা। [*un-*, see *seal*]

unseasonable [un-sē°z-nabl, আন্‌সী°জ্‌ন্যাব্‌ল্‌] *a.* not in season, অকালের, অকালীন; ill-timed, অসময়োচিত। [*un-*, see *season*]

unseat [un°-sēt°, আন্‌°সীট্‌°] *v.t.* to oust or throw from a seat, (প্রধানতঃ অশ্বপৃষ্ঠের বা আইনপরিষদের) আসন হইতে বিচ্যুত করা বা ফেলিয়া দেওয়া। [*un-*, see *seat*]

unseeded [un-sē°-did, আন্‌সী°ডিড্‌] *a.* (of tennis-player, etc.) not seeded, (টেনিস-খেলোয়াড়াদি সম্বন্ধে) বিশেষ শ্রেণীভুক্ত হয় নাই এমন। [*un*, see *seed*]

unseemly [un-sēm°-li, আন্‌সীম্‌°লি] *a.* improper, অনুচিত; unbecoming, অশোভন। [*un-*, see *seem*]

unseen [un°-sēn°, আন্‌°সীন্‌°] (**1**) *a.* not seen, দেখা হয় নাই এমন, অদেখা, অদৃষ্ট; invisible, অদৃশ্য। (**2**) *n.* an unprepared passage for translation etc., অনুবাদ প্রভৃতির জন্য প্রদত্ত প্রস্তুতিবহির্ভূত অনুচ্ছেদাদি। *a.* **unsee°ing**—দেখিতে পায় না এমন; পর্যবেক্ষণাদির ক্ষমতাহীন। [*un-*, see *see*]

unselfish [un°-sel°-fish, আন্‌°সেল্‌°ফিশ্‌] *a.* not selfish, স্বার্থপরতাশূন্য; selfless, নিঃস্বার্থ। [*un-*, see *selfish*]

unserviceable [un°-sá(r)°-vi-sabl, আন্‌°স্যা(র্‌)°ভিস্যাব্‌ল্‌] *a.* not serviceable, কাজে লাগানর অনুপযোগী, অকেজো, অব্যবহার্য। [*un-*, see *service*]

unsettle [un°-set°l, আন্‌°সেট্‌°ল্‌] *v.t.* to make unstable, uncertain or restless, বিচলিত অনিশ্চিত বা চঞ্চল করা। *a.* **un°sett°led**—অস্থিরীকৃত; অব্যবস্থিত; অমীমাংসিত; পরিবর্তনশীল; গাদ বা শিটা থিতায় নাই এমন; এখন পর্যন্ত বসতি স্থাপন করা বা কর্ষণ করা হয় নাই এমন, পতিত, অনাবাদী; দুর্দম; অরাজক। [*un-*, see *settle*]

unsex [un°-seks, আন্‌°সেক্‌স্‌] *v.t.* to deprive of the attributes of one's sex, নারী বা পুরুষের বিশিষ্ট গুণ হরণ করা। *a.* **un°sexed**—(নারীর) নারীসুলভ গুণবর্জিত। [*un-*, see *sex*]

unshaken [un°-shā°k(a)n, আন্‌°শেই°ক্‌ন্‌] *a.* not shaken, টলে নাই এমন, অটল, অবিচলিত। [*un-*, see *shake*]

unshapely [un°-shāp°-li, আন্‌°শেইপ্‌°লি] *a.* ill-shaped, কুগঠিত, কদাকার। [*un-*, see *shape*]

unshaven [un°-shā°-vn, আন্‌°শেই°ভ্‌ন্‌] *a.* not shaven, কামান হয় নাই এমন, অমুণ্ডিত। [*un-*, see *shave*]

unsheathe [un°-shēdh°, আন্‌°শীদ্‌°] *v.t.* to draw from the sheath, খাপ হইতে খোলা, কোষমুক্ত করা। [*un-*, see *sheathe*]

unshod [un°-shod°, আন্‌°শড্‌°] *a.* not shod, নাল-পরান নহে এমন; without shoes, জুতা-পরা নহে এমন, পাদুকাহীন। [*un-*, see *shoe*]

unshrinking [un-shring°-king, আন্‌শ্রিং°কিং] *a.* not shrinking, হঠিয়া আসে না বা সঙ্কুচিত হয় না এমন, অসঙ্কোচ; unhesitating, ইতস্ততঃ করে না এমন, দ্বিধাহীন; fearless, নির্ভীক; firm, দৃঢ়। [*un-*, see *shrink*]

unsighted [un°-sī°-tid, আন্‌°সাই°টিড্‌] *a.* not seen, দেখা যায় নাই এমন, অলক্ষিত। [*un-*, see *sight*]

unsightly [un-sīt°-li, আন্‌সাইট্‌°লি] *a.* displeasing to the eye, কুদর্শন; ugly, কুৎসিত। [*un-*, see *sight*]

unsigned [un°-sīn°d, আন্‌°সাইন্‌°ড্‌] *a.* not signed, অস্বাক্ষরিত; bearing no signature, স্বাক্ষরহীন। [*un-*, see *sign*]

unskilful [un°-skil°f(u)l, আন্‌°স্কিল্‌°ফ্‌ল্‌] *a.* not skilful, inexpert, দক্ষতাশূন্য, অদক্ষ, আনাড়ী। *a.* **un°ski°lled**—অনভিজ্ঞ, কোন বিশেষ বিদ্যায় শিক্ষাপ্রাপ্ত হয় নাই এমন। [*un-*, see *skill*]

unsociable [un°sō°shabl, আন্‌°সৌ°শ্যাব্‌ল্‌] *a.*

not social, অসামাজিক ; not sociable, অমিশুক। [*un-*, see *sociable*]

unsold [un°sōld°, আন্‌°সৌল্‌ড্‌°] *a.* not sold, অবিক্রীত। [*un-*, see *sell*]

unsolicited [un°-sa-li°-si-tid, আন্‌°স্যালি°-সিটিড্‌] *a.* not solicited, অপ্রার্থিত, অযাচিত। [*un-*, see *solicit*]

unsophisticated [un°-sa-fis°-ti-kātid, আন্‌°-স্যাফিস্‌°টিকেইটিড্‌] *a.* genuine, খাঁটি, অকৃত্রিম ; unadulterated, ভেজালহীন, নির্ভেজাল ; artless, ছলাকলাহীন ; innocent, নির্দোষ, নিষ্পাপ। [*un-*, see *sophisticate*]

unsorted [un°-saw(r)°-tid, আন্‌°স্(র্)°টিড্‌] *a.* not sorted, পাঁচমিশালী। [*un-*, see *sort*]

unsound [un°-sownd°, আন্‌°সাউন্‌ড্‌°] *a.* not sound, গভীরতাহীন, অগভীর ; পলকা, ত্রুটিপূর্ণ ; অসুস্থ। **of unsound mind**—মানসিক ভারসাম্য-রহিত, মানসিক বিকারগ্রস্ত। [*un-*, see *sound*]

unsparing [un°spār°-ing, আন্‌°স্পেয়্যার্‌°ইং] *a.* not sparing, রেহাই দেয় না এমন ; liberal, মুক্ত-হস্ত ; profuse, প্রচুর, অঢেল ; unmerciful, ক্ষমাহীন। [*un-*, see *spare*]

unspeakable [un-spē°-kabl, আন্‌স্পী°ক্যাব্‌ল্‌] *a.* that which cannot be spoken, অবাচ্য (*unspeakable* incivility) ; inexpressible, অনির্বচনীয় (*unspeakable* joy)। [*un-*, see *speak*]

unspoken [un°-spō°kn, আন্‌°স্পৌ°ক্‌ন্‌] *a.* not spoken, অকথিত। [*un-*, see *speak*]

unsportsmanlike [un°-spaw(r)ts°manlīk, আন্‌°স্প্য(র্)ট্‌স্‌°ম্যান্‌লাইক্‌] *a.* not becoming a sportsman, খেলোয়াড়ের পক্ষে অশোভন, অখেলো-য়াড়ী। [*un-*, *sportsman*, *like*]

unspotted [un-spo°-tid, আন্‌স্প°টিড্‌] *a.* stainless, (নামযশাদিসম্বন্ধে) বেদাগ, অকলঙ্ক ; pure, বিশুদ্ধ। [*un-*, see *spot*]

unstable [un°-stāb°l, আন্‌°স্টেইব্‌°ল্‌] *a.* not stable, দৃঢ় বা অটলভাবে স্থিত অথবা প্রতিষ্ঠিত নহে এমন। [*un-*, see *stable*$_1$]

unsteady [un°-ste°-di, আন্‌°স্টে°ডি] (1) *a.* not steady, অদৃঢ় ; reeling, টলায়মান। (2) *v.t.* to make unsteady, অদৃঢ় করা বা টলয়মান করা। [*un-*, see *steady*]

unstop [un°-stop, আন°স্টপ্‌] *v.t.* to remove obstruction, প্রতিবন্ধক দূর করা ; to open, মুক্ত করা, খুলিয়া দেওয়া (*unstop* a drain)। [*un-*, see *stop*]

unstressed [un°-stre°st, আন্‌°স্ট্রে°স্‌ট্‌] *a.* not pronounced with stress, স্বরাঘাতহীন। [*un-*, see *stress*]

unstrung [un°-strung°, আন্‌°স্ট্রাং°] *a.* with strings removed or loosened (of harp etc.), (বাদ্যযন্ত্রের) তার সরাইয়া লওয়া হইয়াছে বা ঢিলা হইয়াছে এমন ; (fig.) with no control over nerves, mind or feelings, (আল.) স্নায়ু, মন, অনুভূতির কর্তৃত্ব নাই এমন। [*un-*, see *string*]

unstuck [un°-stuk, আন্‌°স্টাক্‌] *a.* not stuck or fastened, আঁটে নাই বা জোড়া লাগে নাই এমন ; (sl.) not worked out as expected, (অশি.) আশানুরূপভাবে কার্যকর করা হয় নাই এমন (our plans have come *unstuck*)। [*un-*, see *stick*]

unstudied [un°-stu°-did, আন্‌°স্টা°ডিড্‌] *a.* natural, স্বাভাবিক ; not aimed at impressing other, অপরকে প্রভাবিত করার উদ্দেশ্য প্রণোদিত নয় এমন। [*un-*, see *study*]

unsubstantial [un°-sab-stan°sh(a)l, আন্‌°-স্যাব্‌স্ট্যান্‌°শ্‌ল্‌] *a.* having no substance or reality, অসার, অবাস্তব ; not corporeal, অশরীরী। [*un-*, see *substance*]

unsuccessful [un°-s(a)kses°f(oo)l, আন্‌স্‌ক্‌সেস্‌°ফ্‌ল্‌] *a.* not successful, ব্যর্থ, বিফল। [*un-*, see *success*]

unsuitable [un°-sū°-tabl, আন্‌°সিউ°ট্যাব্‌ল্‌] *a.* not suitable, অনুপযোগী। [*un-*, see *suit*]

unsung [un°-sung°, আন্‌°সাং°] *a.* not sung, গাওয়া হয় নাই এমন, অগীত, অকীর্তিত। [*un-*, see *sing*]

unsupportable [un°sa-paw(r)°-tabl, আন্‌°-স্যাপ্য(র্)°ট্যাব্‌ল্‌] *a.* not fit to be supported, সমর্থনের অযোগ্য, অসমর্থনীয়। *a.* **un°suppor°t-ėd**—অসমর্থিত। [*un-*, see *support*]

unsurmountable [un°-sa(r)-mown°table, আন্‌°স্যা(র্)মাউন্‌°ট্যাব্‌ল্‌] *a.* not surmountable, অনতিক্রম্য, অনুল্লঙ্ঘনীয় ; অজেয়। [*un-*, see *surmount*]

unsurpassable [un°-sa(r)-pŭ°-sabl, আন্‌°-স্যা(র্)পা°স্যাব্‌ল্‌] *a.* not surpassable, ছাপাইয়া যাওয়ার বা অতিক্রম করার অসাধ্য, অনতিক্রমণীয়। [*un-*, see *surpass*]

unsuspected [un°-sas-pek°-tid, আন্‌°স্যাস্‌-পেক্‌°টিড্‌] *a.* not suspected, সন্দেহ করা হয় নাই এমন, সন্দেহভাজন নহে এমন। *a.* **un°suspect°ing**—সন্দেহ করে না এমন। [*un-*, see *suspect*]

unswerving [un-swa(r)°-ving, আন্‌স্যোঅ্যা(র্)°-ভিং] *a.* not swerving, হেলে-দোলে না বা আঁকে-বাঁকে না এমন ; straight, সিধা, একটানা। [*un-* see *swerve*]

unsymmetrical [un°-si-me°trik(a)l, আন্‌°-সিমে°ট্রিক্‌ল্‌] *a.* not symmetrical, অসুষম, অপ্রতিসম। [*un-*, see *symmetry*]

unsympathetic [un°-sim-pa°-the-tic, আন্‌°-সিম্‌প্যা°থেটিক্‌] *a.* wanting in sympathy, সমব্যথাহীন, বেদরদী। *adv.* **un°sympa°thetically**। [*un-*, see *sympathy*]

unsystematic [un°-sis-ti-ma°-tik, আন্‌°সিস্‌টি-ম্যা°টিক্‌] **un°systema°tical**—*a.* not systematical, নিয়মশৃঙ্খলাহীন, বিশৃঙ্খল। [*un-*, see *system*]

untainted [un°-tān°-tid, আন্‌টেইন্‌°টিড্‌] *a.* not tainted, অকলঙ্কিত, অমলিন। [*un-*, see *taint*]

untamable [un°-tā°-mabl, আন্‌°টেই°ম্যাব্‌ল্‌] *a.* that which cannot be tamed, পোষ মানানর অসাধ্য, অ-বশ্য। [*un-*, see *tame*]

untaught [un°-tawt°, আন্‌°ট্যট্‌°] *a.* not taught, শেখান হয় নাই এমন। [*un-*, see *teach*]

unteachable [un°-tē°-chabl, আন্‌°টী°চ্যাব্‌ল্‌] *a.* not teachable, শেখানর অসাধ্য, শিক্ষাতীত। [*un-*, see *teach*]

untenable [un°te°-nabl,] আন্‌°টে°ন্যাব্‌ল্‌] *a.* not tenable, (যুক্তি মত প্রভৃতি সম্বন্ধে) বিরুদ্ধ যুক্তি আপত্তি প্রভৃতির বিরুদ্ধে টিকাইয়া রাখার অসাধ্য; not defensible, অসমর্থনীয়। [*un-*, see *tenable*]

untenanted [un°-te°-nan-tid, আন্‌°টে°ন্যান্‌-টিড্‌] *a.* not occupied by a tenant, প্রজা বা ভাড়াটে বসান হয় নাই এমন, প্রজাহীন, ভাড়াটে-হীন। [*un-*, see *tenant*]

untested [un-tes-tid, আনটেস্‌টিড্‌] *a.* not tried or put to proof, অপরীক্ষিত। [*un-*, see *test*]

unthankful [un°-thangk°f(oo)l, আন্‌°থ্যাংক্‌°-ফ্‌ল্‌] *a.* ungrateful, অকৃতজ্ঞ; thankless, (কার্যাদি-সম্বন্ধে) যোগ্য হওয়া সত্ত্বেও ধন্যবাদ পায় না এমন (an *unthankful* task)। [*un-*, see *thank*]

unthinkable [un-thing°-kabl, আন্‌থিং°ক্যাব্‌ল্‌] *a.* not thinkable, অচিন্তনীয়। *a.* **unthin°king**—চিন্তাশক্তিহীন; বিচার-বিবেচনাহীন; হঠকারী। *adv.* **unthin°kingly**—বিচার-বিবেচনা না করিয়া; হঠকারিতার সহিত। [*un-*, see *think*]

unthought-of [un-thawt°-ov, আন্‌থ্যট্‌°অভ্‌] *a.* not thought of before, পূর্বে চিন্তা করা হয় নাই এমন, অচিন্তিতপূর্ব। [*un-*, see *think, of*]

untidy [un-tī°-di, আন্‌টাই°ডি] (**1**) *a.* not tidy, অপরিচ্ছন্ন। (**2**) *v.t.* to make untidy, অপরিচ্ছন্ন করা। *p.* & *p. pt.* **unti°died**। [*un-*, see *tidy*]

untie [un°tī°, আন্‌°টাই°] *v.t.i.* to unfasten, বন্ধনমুক্ত করা বা হওয়া, খুলিয়া দেওয়া বা খুলিয়া যাওয়া। [*un-*, see *tie*]

until [an-til°, অ্যান্‌টিল্‌°] *prep.* & *conj.* till, যতক্ষণ পর্যন্ত না। [ME. *untill* < ON. *und* = as far as, *till*]

untimely [un-tīm°li, আন্‌টাইম্‌°লি] (**1**) *a.* not timely, অসময়োচিত; before time, যথাসময়ের পূর্ববর্তী; immature, অপরিণত; inopportune, সুবিধাজনক সময়ে নহে এমন। (**2**) *adv.* at an unsuitable time, অসময়ে; before time, যথা-সময়ের পূর্বে; unseasonably, অসময়ে, অসুবিধা-জনক সময়ে। [*un-*, see *time*]

untiring [un-tīr°-ing, আন্‌টাইআ্যা(র্‌)°ইং] *a.* not getting tired, ক্লান্ত হয় না এমন, অক্লান্ত (*untiring* efforts)। [*un-*, see *tire*]

unto [un°-too, আন্‌°টু] *prep.* (arch.) to, (আর্ষ.) প্রতি, -তে, দিকে, অভিমুখে। [ON. *und* = as far as, *to*]

untold [un°-tōld°, আন্‌°টৌল্‌ড্‌°] *a.* not counted, গোনা হয় নাই এমন, অসংখ্যাত; not narrated, অবর্ণিত; not informed, জানান হয় নাই এমন, অজ্ঞাপিত। [*un-*, see *tell*]

untouchable [un-tu°-chabl, আন্‌টা°চ্যাব্‌ল্‌] (**1**) *a.* impossible to touch, স্পর্শ করা অসম্ভব এমন, স্পর্শাতীত। (**2**) *n.* a Hindu of very low caste, অন্ত্যজ বা অস্পৃশ্য ব্যক্তি। *a.* **un°tou°ched**—অস্পৃষ্ট; অক্ষত; প্রতিদ্বন্দ্বিহীন। [*un-*, see *touch*]

untoward [un-tŏ°-a(r)d, আন্‌টো°অ্যা(র্‌)ড্‌], **untow°ardly**—*a.* difficult to manipulate, সহজে পরিচালনা করা যায় না এমন; forward, অবাধ্য, দুষ্ট; awkward, জবুথবু; unlucky, দুর্ভাগ্যপূর্ণ; unfavourable, প্রতিকূল। *adv.* **untow°ardly**। *n.* **untow°ardliness, un-towardness**। [*un-*, see *toward*]

untrained [un°-trānd°, আন্‌°ট্রেইন্‌ড্‌°] *a.* not trained, শিক্ষা পায় নাই এমন। [*un-*, see *train₂*]

untried [un-trī°d, আন্‌ট্রাই°ড্‌] *a.* not tried or tested, অপরীক্ষিত। [*un-*, see *try*]

untrodden [un°-tro°dn, আন্‌°ট্র°ড্‌ন্‌] *n.* not trodden upon, (স্থানাদি-সম্বন্ধে) অপদস্পৃষ্ট; un-frequented, বেশি যাতায়াত করা হয় নাই এমন। [*un-*, see *tread*]

untroubled (un-tru°bld, আন্‌ট্রা°ব্‌ল্‌ড্‌] *a.* not troubled, ঝামেলার বা অসুবিধাপূর্ণ অবস্থায় পড়ে নাই এমন; calm, tranquil, অনুদ্বিগ্ন, প্রশান্ত। [*un-*, see *trouble*]

untrue [un°-troo°, আন্‌°ট্রূ°] *a.* false, মিথ্যা; not faithful, অবিশ্বস্ত; dishonest, অসাধু, প্রতারক; inexact, অযথাযথ; not in accordance with a standard, মান-অনুযায়ী নহে এমন। *adv.* **un°tru°ly**। [*un-*, see *true*]

untruth [un°-trooth°, আন্‌°ট্রূথ্‌°] *n.* unfaithfulness, অবিশ্বস্ততা; falseness, অসত্য; falsity, মিথ্যা বলিয়া প্রতিপাদন; a lie, মিথ্যা কথা, অনৃত। *a.* **un°truth°ful**—অসত্যবাদী, অনৃতভাষী; মিথ্যা-বাদী। [*un-*, see *truth*]

untutored [un°-tū°-ta(r)d, আন্‌°টিউ°ট্যা(র্‌)ড্‌] *a.* untaught, uninstructed, শিক্ষা বা নির্দেশ পায় নাই এমন, অনুপদিষ্ট (an *untutored* mind)। [*un-*, see *tutor*]

unused [un°-ū°zd, আন্‌°ইউ°জ্‌ড্‌] *a.* not made use of, অব্যবহৃত। *a.* **un°ū°sed**—অনভ্যস্ত। [*un-*, see *use*]

unusual [un-ū°-zoo(a)l, আন্‌ইউ°জুল্‌] *a.* not usual, সচরাচর ঘটে না এমন; remarkable, লক্ষণীয়; uncommon, অসাধারণ। *adv.* **unū°sually**। [*un-*, see *usual*]

unutterable [un-u°t(a)-rabl, আন্‌আ°ট্র্যাব্‌ল্‌] *a.* not utterable, অনুচ্চার্য; unspeakable,

অকথ্য। *a.* **unu°ttered**—অনুচ্চারিত, অকথিত। [*un-*, see *utter*]

unvarnished [un-vŭ(r)°-nisht, আন্‌ভা(র্)°-নিশ্‌ট্] *a.* not varnished, বার্নিশ-করা নহে এমন ; (fig.) plain or straightforward, (আল.) সাদামাটা বা অকপট। [*un-*, see *varnish*]

unveil [un-vāl°, আন্‌ভেইল্°] *v.t.* to remove a veil from, ঘোমটা খোলা ; to open to public view by ceremonial removal of a covering, আনুষ্ঠানিকভাবে আবরণ উন্মোচনপূর্বক জনসাধারণের দৃষ্টিগোচর করান ; to reveal, প্রকটিত বা ব্যক্ত করা। [*un-*, see *veil*]

unwanted [un°-won°-tid, আন্°ওঅ্যন্°টিড্] *a.* not wanted, অপ্রার্থিত ; undesirable, অবাঞ্ছিত ; unnecessary, অনাবশ্যক। [*un-*, see *want*]

unwarrantable [un-wo°-r(a)ntabl, আন্‌ওং°-অরন্‌ট্যাব্‌ল্] *a.* unauthorized, অনুমতিহীন, অনধিকার ; not guaranteed, গ্যারান্‌টি বা প্রতিশ্রুতি দেওয়া হয় নাই এমন, অনঙ্গীকৃত। *a.* **un°wa°rranted**—গ্যারান্‌টি বা প্রতিশ্রুতি দেওয়া হয় নাই এমন, অপ্রতিশ্রুত ; অনধিকার ; ন্যায্যতা প্রতিপাদন করা যায় না এমন, অন্যায্য। [*un-*, see *warrant*]

unwary [un°-wer°i, আন্°ওয়্যার্°ই] *a.* not wary, অসতর্ক, অসাবধান ; (poet.) unexpected, (কাব্যে.) অপ্রত্যাশিত। [*un-*, *wary*]

unwavering [un-wa°-v(a)ring, আন্‌ওএই°ভ্‌রিং] *a.* not wavering, অটল, অবিচলিত, দ্বিধাহীন। [*un-*, see *waver*]

unwearied [un-we(r)°-id, আন্‌উইয়্যার্°ইড্] *a.* not wearied, ক্লান্ত হয় নাই এমন, অপরিশ্রান্ত, অক্লান্ত। *a.* **unwear°ying**—ক্লান্ত ও পরিশ্রান্ত করায় না এমন। [*un-*, see *weary*]

unwelcome [un-wel°-kam, আন্‌ওএল্°ক্যাম্] *a.* not welcome, (অভ্যাগতাদি-সম্বন্ধে) অবাঞ্ছিত, অনভিপ্রেত, সাদর অভ্যর্থনাহীন। [*un-*, see *welcome*]

unwell [un°-wel°, আন্°ওএল্°] *a.* not well, অসুস্থ। [*un-*, see *well*]

unwholesome [un°-hōl°-sam, আন্°হৌল্°স্যাম্] *a.* not wholesome, অস্বাস্থ্যকর ; harmful, ক্ষতিকর, অপরাধী। [*un-*, *wholesome*]

unwept [un°-wept°, আন্°ওএপ্‌ট্°] *a.* not wept for, যাহার জন্য অশ্রুপাত করা হয় নাই এমন, অবিলাপিত। [*un-*, see *weep*]

unwieldy [un-wēl°-di, আন্‌উঈল্°ডি] *a.* unmanageable, (জিনিসপত্র-সম্বন্ধে — অসুবিধাজনক আকার ওজন বা আয়তনের জন্য) বাগাইয়া ধরিয়া ব্যবহার করা যায় না বা ব্যবহার করা শক্ত এমন। *n.* **unwiel°diness**। [*un-*, see *wield*]

unwilling [un°-wi°-ling, আন্°উই°লিং] *a.* অনিচ্ছুক, গররাজী। [*un-*, see *will*]

unwind [un°-wīnd°, আন্°ওআইন্‌ড্°] (1) *v.t.i.* to undo the winding of, পাক খোলা বা পাক খুলিয়া সোজা করা। (2) *v.i.* to become unwound, পাক খুলিয়া যাওয়া। *p.* & *p. pt.* **unwound** [un°-wownd°, আন্°ওআউন্‌ড্°]। [*un-*, see $wind_2$]

unwise [un°-wīz°, আন্°ওআইজ্°] *a.* not wise, অবিজ্ঞ ; injudicious, সুবিবেচনাহীন, অবিবেচনাপূর্ণ ; foolish, মূর্খতাপূর্ণ, বোকামিপূর্ণ। *adv.* **unwise°ly**। [*un-*, see *wise*]

unwished-for [un-wi°sht-faw(r), আন্‌উই°শ্‌ট্‌ফ্য(র্)] *a.* not wished for, অনাকাঙ্ক্ষিত, অনভিপ্রেত, অপ্রার্থিত। [*un-*, see *wish*, *for*]

unwitting [un-wi°-ting, আন্‌উই°টিং] *a.* without knowing, জানে না এমন ; unintentional, অনিচ্ছাকৃত ; unaware, অসতর্ক। *adv.* **unwi°ttingly**। [*un-*, see *wit*]

unwomanly [un-woo°-man-li, আন্‌উ°ম্যান্‌লি] *a.* not becoming or befitting a woman, স্ত্রীলোকের পক্ষে অশোভন বা বেমানান ; not like a woman, অ-মেয়েলী। [*un-*, see *woman*]

unwonted [un-wōn°-tid, আন্‌ওউন্°টিড্] *a.* unaccustomed, অনভ্যস্ত। [*un-*, see *wont*]

unworldly [un-wa(r)ld°-li, আন্‌ওঅ্যা(র্)ল্‌ড্°লি] *a.* not worldly, অপার্থিব, অসংসারিক, অবিষয়ী ; spiritual, আধ্যাত্মিক। [*un-*, see *world*]

unworthy [un-wa(r)°-dhi, আন্‌ওঅ্যা(র্)°দি] *a.* not worthy, অযোগ্য ; worthless, মূল্যহীন, বাজে ; unbecoming, অশোভন ; discreditable, অখ্যাতিকর। [*un-*, see *worth*]

unwound—see **unwind.**

unwritten [un°-ri°tn, আন্°রি°ট্‌ন্] *a.* not written, অলিখিত ; oral, মৌখিক ; traditional, লোকপরম্পরাগত। [*un-*, see *write*]

unwrought [un°-rawt°, আন্°র্‌ট্°] *a.* not done, অসম্পাদিত, অকৃত ; not fashioned, অগঠিত ; not mined, (খনি সম্বন্ধে) খনন করা হয় নাই এমন ; not tilled, অকর্ষিত। [*un-*, *wrought* (see *work*)]

unyielding [un-ēl°-ding, আনঈল্°ডিং] *a.* not yielding, বশ্যতা স্বীকার করে না এমন, অ-বশ্য ; firm, দৃঢ় ; obstinate, জেদী, একরোখা। [*un-*, see *yield*]

unyoke [un°-yōk°, আন্°ইঔক্°] (1) *v.t.* to lose from a yoke, যোয়ালমুক্ত করা ; to disjoin, বিযুক্ত করা। (2) *v.i.* to unyoke an animal, পশুকে যোয়ালমুক্ত করা ; to cease work, কাজ বন্ধ করা। *p.* & *p. pt.* **un°yō°ked**। [*un-*, see *yoke*]

up [up, আপ্] (1) *adv.* to or in a higher place, amount, value, etc., উচ্চতর স্থানে পরিমাণে মূল্যে প্রভৃতি ; to the place in question, আলোচ্য স্থানে ; completely or effectually, সম্পূর্ণভাবে বা কার্যকরভাবে ; over, অবসান হইয়াছে এমনভাবে। (2) *prep.* to or at a higher part of, উচ্চতর অংশে। *a.* **up-and-coming** [up°-an-ku°-ming, আপ্°অ্যান্‌কা°মিং] (ব্যক্তি-সম্বন্ধে)

ভাল উন্নতি করিতেছে এমন বা সাফল্যলাভের সম্ভাবনাপূর্ণ; তৎপর, উদ্যমী। *a.* **up-and-down** [up°-an-down°, আপ্°অ্যান্‌ডাউন্°] তরঙ্গায়িত; উঁচুনিচু; একবার এদিক্ আরেকবার ওদিক উঁচু হইতেছে এমন। **It is all up with**—(কোন ব্যাপারে) সব আশা শেষ হইয়া গিয়াছে। **up against**—মুখোমুখি হইয়া; বিশেষ অসুবিধাজনক বা মুশকিলের অবস্থায়। **up and about**—(প্রধানতঃ সম্প্রতি যে ব্যক্তি পীড়িত ছিল তৎসম্বন্ধে) শয্যাত্যাগপূর্বক সক্রিয় হইয়াছে এমন। **up and doing**—সক্রিয়। **up and down**—এখানে ওখানে; ইতস্ততঃ; সর্বত্র ব্যাপিয়া; উর্ধ্বাধঃভাবে; পুরাদস্তুরভাবে। **ups and downs**—তরঙ্গায়ন, নামা-ওঠা; (আল. ভাগ্যের) পরিবর্তন। **up to**—পর্যন্ত; সান্নিধ্যে, সমীপে, সকাশে; এতদ্দূর পর্যন্ত নিমজ্জিত আবৃত আচ্ছন্ন প্রভৃতি; (কথ্য.) নিরত বা ধ্যানরত; (কোন কার্যাদি সম্পাদনে) সক্ষম ও প্রস্তুত; দায়িত্বগ্রহণে বাধ্য হইয়াছে এমন। *a.* **up-to-date**—বর্তমান বা আলোচ্য সময় পর্যন্ত; হাল সময়ের সমস্ত তথ্যাদিসংবলিত; একেবারে আধুনিক আদব-কায়দা ও কেতাদোরস্ত। *a.* **up-to-the-minute**—অতি-আধুনিক। [OE. *up(p)* > up, *uppe* = above—cp. G. *auf*]

upas [ū°-pas, ইউ°প্যাস্] *n.* a fabulous poison-tree of Java, রূপকথায় বর্ণিত যবদ্বীপের বিষবৃক্ষবিশেষ (কথিত আছে, ইহার বিষে চতুর্দিক্‌স্থ কয়েক মাইল বিষাক্ত হইয়া যাইত); a Javanese poison-tree, যবদ্বীপের বিষবৃক্ষবিশেষ (ইহার বিষ তীরের ডগায় মাথান হয়); the poison of its latex, উক্ত তরুক্ষার হইতে প্রাপ্ত বিষ। [Mal. = poison]

upbeat [up°-bit, আপ্°বিট্] (1) *n.* (mus.) unaccented beat, (সঙ্গীতে) স্বল্প ঝোঁকের তাল। (2) *a.* cheerful, optimistic, প্রফুল্ল, আশাবাদী। [*up-*, see *beat*]

upborne [up-baw(r)n, আপ্-ব্য(র্)ন্] *a.* supported, borne up, আলম্বনের উপর ভর করিয়া আছে এমন, উর্ধ্বে উত্তোলিত। [*up-*, see *bear*]

upbraid [up-brād°, আপ্‌ব্রেইড্°] *v.t.* to reproach or chide, নিন্দা করা বা ভর্ৎসনা করা। [OE. *upbregdan*]

upbringing [up°-bring-ing, আপ্°ব্রিংগিং] *n.* bringing up, লালন-পালন। [*up-*, see *bring*]

upcountry [up°-kun°-tri, আপ্°কান্°ট্রি] (1) *n.* the inland part of a country, দেশাদির মধ্যাঞ্চল, মধ্যদেশ। (2) *a.* of the upcountry, মধ্যদেশীয়। *adv.* **upcoun°try**—মধ্যদেশে। [*up-*, see *country*]

update [up-dāt°, আপ্‌ডেট্°] *v.t.* to bring up to date, (পরিবর্তন পরিবর্ধনাদির দ্বারা) আধুনিক করা, হালনাগাদ করা। [*up-*, see *date*]

upgoing [up°-gō°-ing, আপ্°গো°ইং] (1) *a.* going upwards. উর্ধ্বগামী। (2) *n.* act of going upwards, উর্ধ্বগমন। [*up-*, see *go*]

upgrade [up-grād°, আপ্‌গ্রেইড্°] *v.t.* to raise to a higher grade, (বেতনাদির) উচ্চতর ক্রমমাত্রা বা পর্যায়ে উন্নীত করা। [*up-*, see *grade*]

upheaval [up-hē°v(a)l, আপ্‌হী°ভ্‌ল্] *n.* a heaving up, উর্ধ্বে উত্তোলন, (পরি.) উৎক্ষেপ; the bodily elevation of tracts of country, দেশের উন্নত বা উৎক্ষিপ্ত ভূভাগ; a thorough or revolutionary change or movement, সম্পূর্ণ বা বৈপ্লবিক পরিবর্তন অথবা আন্দোলন, (পরি.) উত্থান। [*up-*, see *heave*]

upheld—see **uphold.**

uphill [up°-hil°, আপ্°হিল্°] *a.* ascending, ক্রমশঃ উঁচু হইয়া উঠিয়াছে এমন, ক্রমোন্নত; difficult, কঠিন, কষ্টসাধ্য; laborious, শ্রমসাধ্য। **an uphill task**—কষ্টসাধ্য কাজ। [*up-*, see *hill*]

uphold [up-hōld°, আপ্‌হৌল্‌ড্°] *v.t.* to hold up, উর্ধ্বে উত্তোলন করা বা তুলিয়া ধরা; to support or defend, সমর্থন করা, পক্ষাবলম্বন করা। *p. & p. pt.* **upheld** [up-held°, আপ্‌হেল্‌ড্°]। *n.* **uphōl°der**—uphold-এর সকল অর্থে, এবং—সমর্থন বা সমর্থক। [*up-*, see *hold*]

upholster [up-hōl°-sta(r), আপ্‌হৌল্°স্ট্যা(র্)] *v.t.* to furnish with stuffing, springs, covers, etc., (চেয়ারাদিতে) তুলা ছোবড়া স্প্রিং আবরণ প্রভৃতি পরান; to provide with curtains, carpets, etc., (কক্ষাদিকে) পরদা গালিচা প্রভৃতি দ্বারা পরিশোভিত করা। *n.* **uphōl°sterer**—আসবাবপত্র বিছানা পরদা প্রভৃতি গৃহসজ্জা নির্মাতা বা বিক্রেতা। *fem.* **uphōl°stress** । *n.* **uphōl°stery**—গৃহসজ্জা নির্মাণের বা বিক্রয়ের পেশা। [back-formation from ME. *uphold(st)er* = repairer]

upkeep [up°-kēp°, আপ্°কীপ্°] *n.* maintenance, (গৃহ যান প্রভৃতির) সংরক্ষণ, (ঠাট চাল প্রভৃতি) বজায় রাখা। [*up-*, see *keep*]

upland [up°-land°, আপ্°ল্যান্‌ড্°] (1) *n.* inland, hilly, or high-lying country, দেশের মধ্যাঞ্চল বা পার্বত্যাঞ্চল বা সমুদ্রপৃষ্ঠ হইতে অপেক্ষাকৃত উচ্চ অঞ্চল। (2) *a.* high-lying, (সমুদ্রপৃষ্ঠ হইতে অন্যান্য অংশের তুলনায় অধিকতর) উন্নত; remote, (প্রধানতঃ সমুদ্রোপকূল হইতে অপেক্ষাকৃত) দূরবর্তী; inland, মধ্যাঞ্চলীয়, মধ্যদেশীয়; of the uplands, পার্বত্যাঞ্চলীয়, উন্নতাঞ্চলীয়। *n.* **up°lan°der**—মধ্যাঞ্চল বা পার্বত্যাঞ্চল বা উন্নতাঞ্চলের অধিবাসী; গেঁয়োলোক। [*up*, see *land*]

uplift° [up-lift°, আপ্‌লিফ্‌ট্°] *v.i.* to lift up, উত্তোলন করা; to elevate, উঁচু করা, উন্নত করা; to raise to a higher moral, spiritual, or cultural level, নৈতিক আধ্যাত্মিক বা সাংস্কৃতিক উন্নতিসাধন করা। *n.* **up°lift, up°liftment**—উত্তোলন; উন্নয়ন; নৈতিক আধ্যাত্মিক বা সাংস্কৃতিক উন্নয়ন। [*up-*, see *lift*]

upmost [up°-mōst, আপ্°মৌস্‌ট্] *a.* uppermost, সর্বোচ্চ। [*up*, see *most*]

upon [a-pon°, অ্যাপন্°] *prep.* (formerly also *adv.*) on, উপরে। [*up-*, see *on*]

upper [u°-pa(r), আ°প্যা(র্)] *a.* higher, উচ্চতর, উর্ধ্বতর; northern, (comp.) higher than the sea-level, উত্তরদিক্স্থ, অন্যান্য অঞ্চল অপেক্ষা সমুদ্রপৃষ্ঠ হইতে উচ্চতর (*Upper* Burmah)। **u°ppermōst**—(1) *a.* সর্বোচ্চ ; মনে সর্বাগ্রে উদিত হয় এমন। (2) *adv.* সর্বোচ্চে, মনে সর্বাগ্রে উদিত হইয়া। *n.* **upper cut**—নিম্ন হইতে উচ্চ দিকে ঘুষি বা আঘাত, উত্তলপ্রহার, জুতার তলির উপরিভাগ। **upper hand**—কর্তৃত্ব ; নিয়ন্ত্রণাধিকার। **Upper House**—উচ্চতর ব্যবস্থা-পরিষদ্। **upper storey**—উপরতলা ; (ব্যঙ্গে) মগজ। **the upper crust, the upper ten (thousand)**—সর্বাপেক্ষা ধনী বা প্রভাবশালী বা অভিজাত সম্প্রদায়। **(to) be down on one's uppers**—চরম আর্থিক দুর্গতির মধ্যে পড়া। [see *up—uppermost* is an example of a *super.* formed from a *compar.* one]

uppish [u°-pish, আ°পিশ্], (coll.) **uppity** [u°-pi-ti, আ°পিটি] *a.* snobbish, উন্নাসিক ; self-assertive, আত্মজাহির করে এমন। *adv.* **upp°ishly** । *n.* **upp°ishness** । [see *up*]

upright [up°rīt°, আপ্°রাইট্°] *a.* right or straight up, সম্পূর্ণ খাড়া সিধা বা ঋজু ; vertical, উর্ধ্বাধঃ। *a.* **up°right**—সৎ ; সাধু ; ন্যায়পরায়ণ। *adv.* **up°rightly** । *n.* **up°rightness** । [*up-*, see *right*]

uprise [up-rīz°, আপ্রাইজ্°] *v.i.* to rise up, উত্থিত হওয়া ; to rise in rebellion, বিদ্রোহ করা। *p.* **uprōse°** । *p. pt.* **upri°sen** । *a.* **upri°sing**—উত্থান ; বিদ্রোহ। [*up-*, see *rise*]

uproar [up°-raw-(r), আপ্°র্য(র্)] *n.* commotion and tumult, বিক্ষোভ ও দাঙ্গাহাঙ্গামা ; clamour, উচ্চ চিৎকার, হৈচৈ। *a.* **uproa°rious**—উচ্চ চিৎকারপূর্ণ, হৈচৈপূর্ণ। *adv.* **uproa°riously** । [Du. *oproer*]

uproot [up-rōōt°, আপ্রূট্°] *v.t.* to root out, মূলোৎপাটন করা; to pull up by the roots, শিকড়সমেত টানিয়া তুলিয়া ফেলা। [*up-*, see *root*]

uprose—see **uprise.**

upset [up-set°, আপ্সেট্°] (1) *v.t.i.* to overturn, উলটাইয়া ফেলা বা উলটাইয়া পড়া (the cat *upset* the milk can) ; to spill, চল্কাইয়া ফেলা বা চল্কাইয়া পড়া ; to make or become deranged physiologically, দৈহিক বা মানসিক বিপর্যয় অথবা বিশৃঙ্খলা ঘটান কিংবা ঘটা ; to disturb temper, digestion, etc., or be thus disturbed, মেজাজ, হজম প্রভৃতি বিগড়াইয়া দেওয়া বা বিগড়াইয়া যাওয়া (the news *upset* him ; too much rich food *upset* his stomach)। *pr. pt.* **up°setting** । *p. & p. pt.* **upset°** । (2) *n.* an overturn, উলটাইয়া দেওয়া বা উলটাইয়া যাওয়া ; a physiological derangement, দৈহিক বা মানসিক বিপর্যয় ; an overturning of expectation, (প্রধানতঃ ঘোড়দৌড়ে) প্রত্যাশার বা সম্ভাবনার বিপর্যয়। *n.* **upse°tter** । **upset horse**—যে ঘোড়া অপ্রত্যাশিতভাবে দৌড়ের বাজি জেতে। **upset price**—নিলামে সম্পত্তির অপ্রত্যাশিত রকম নিম্নতম দর। [*up-*, see *set*]

upshot [up°-shot, আপ্°শট্] *n.* the final shot, শেষক্ষেপণ ; outcome, ফলাফল, পরিণতি ; end, শেষ, অবসান ; conclusion, উপসংহার। [*up-*, see *shoot*]

upside [up°-sīd, আপ্°সাইড্] (1) *n.* the upper side, উপরের পৃষ্ঠ পার্শ্ব বা তল। (2) *adv.* on the upper side, উপরের পৃষ্ঠে পার্শ্বে বা তলে। *a. & adv.* **upsidedown** [up°-sī(d)-down°, আপ্°সাইডাউন্°], **upside down**—(1) *adv.* উল্টাইয়া ; সম্পূর্ণ বিপর্যস্ত বা বিশৃঙ্খল হইয়া। (2) *a.* ওলটান ; সম্পূর্ণ বিপর্যস্ত বা বিশৃঙ্খল। [*up-*, see *side*]

upstage [up-stāj, আপস্টেইজ্] *a.* (colloq.) uppish, উন্নাসিক, আত্মজাহিরপরায়ণ। [*up-*, see *stage*]

upstairs [up°-stā(r)z°, আপ°স্টেয়্যা(র্)জ্°] *adv.* in or toward a higher storey, (গৃহাদির) উপরের তলায়। *a.* **up°stair(s)**—উপরের তলায় স্থিত।

upstanding [up-standing, আপ-স্ট্যান্ডিং] *a.* erect, সোজা ; strong and healthy, শক্তিশালী ও স্বাস্থ্যবান্ ; honest, straightforward, সৎ, অকপট। [*up-*, see *stand*]

upstart [up°-stŭ(r)t, আপ্°স্টা(র্)ট্] *n.* one who has suddenly risen to wealth, importance, or power, যে ব্যক্তি হঠাৎ ধনী বিশিষ্ট বা ক্ষমতাশালী হইয়া উঠিয়াছে, ভুঁইফোড় ব্যক্তি, হঠাৎ নবাব। [*up-*, see *start*]

upstream [up°-strēm°, আপ্°স্ট্রীম্°] *adv.* against the current, স্রোতের প্রতিকূলে, উজানে। [*up-*, see *stream*]

upsurge [up°sa(r)j, আপ্°স্যা(র্)জ্] *n.* a surging up, তরঙ্গায়িত হইয়া স্ফীত হওয়া। [*up-*, see *surge*]

uptake [up°-tāk, আপ্°টেইক্] *n.* act of lifting up, উত্তোলন ; a pipe with upward current, যে নলের মধ্য হইতে তরল পদার্থাদি উৎক্ষিপ্ত হইয়া পড়ে, ফোয়ারা-নল ; apprehension, আশঙ্কা। [*up-*, see *take*]

up-to-date—see **up.**

upthrow [up°-thrō, আপ্°থ্রৌ] *n.* an upheaval, উৎক্ষেপ ; an upward displacement of a seam or stratum of the rock at a fault, পর্বতের চ্যুতির দিকে উর্ধ্বদিকস্থ স্তরভঙ্গ। [*up-*, see *throw*]

upthrust [up-thrust, আপথ্রাস্ট্] *n.* upward thrust, (সচ. তরল পদার্থাদির) উর্ধ্বমুখী ধাক্কা বা উর্ধ্বচাপ। [*up-*, see *thrust*]

uptown [up°-town°, আপ্°টাউন্°] *a. & adv.* in or towards the upper part or the residential quarters of a town, শহরের উপর দিকের বা উপর দিকে অথবা শহরের যে অংশে লোকের আবাস থাকে সেই অংশের বা সেই অংশে। [*up-*, see *town*]

upturn [up-ta(r)n°, আপ্‌ট্যা(র্‌)ন্‌°] *n.* an upheaval, উৎক্ষেপ ; a subversal, ধ্বংস : a disturbance, উৎপাত, হাঙ্গামা ; an upturned part, উপরদিকে ওলটান অংশ ; a change for the better—উন্নতিসূচক পরিবর্তন, ঊর্ধ্বগতি। *a.* **up°tur°ned**—উপরদিকে ওলটান এমন (*upturned* soil)। [*up-*, see *turn*]

upward [up°-wa(r)d, আপ্‌°ওআ্যা(র্‌)ড্‌] (1) *adv.* from lower to higher, নিচু হইতে উপরদিকে ; from outlet towards source, মোহনা হইতে উৎসাভিমুখে ; from modern to more ancient, আধুনিক হইতে প্রাচীনকালে ; in the upper part, উপরের অংশে। (2) *prep.* upwards along, উপরদিক্‌ বরাবর। (3) *a.* directed upward, উপরদিক্‌-অভিমুখ, ঊর্ধ্বাভিমুখী (the *upward* trend of prices) ; ascending, ক্রমোন্নত ; placed high, উচ্চে অবস্থিত। *adv.* **up°wardly, up°wards**—same as **upward** (*adv.*)। *n.* **up°wardness**—উত্থানের বা উঁচু হওয়ার ঝোঁক ; উন্নতাবস্থা। [*up-*, see *ward*]

Urania [ū-rā°-ni-a, ইউরেই°নিআ্যা] *n.* the Muse of astronomy, জ্যোতির্বিদ্যার অধিষ্ঠাত্রী দেবী। *a.* **Urā°nian, ūrā°nian**—স্বর্গীয়, দিব্য ; নক্ষত্রমণ্ডলীর ; জ্যোতির্বিদ্যাগত ; ইউরেনস-সংক্রান্ত। *n.* **ūrā°nium**—তেজস্ক্রিয় ধাতুবিশেষ। *n.* **Ur°ānus**—প্রাচীন গ্রীক্‌ দেবতাবিশেষ ; গ্রহবিশেষ। [Gk.]

urban [a(r)°-ban, অ্যা(র্‌)°ব্যান্‌] *a.* of a city, শহরবাসী, শহুরে ; (পরি.) পৌর। *a.* **urbāne°**—শহরস্থ ; শহরদ্বারা প্রভাবিত ; সুসভ্য ; সুসংস্কৃত, মার্জিত ভদ্র বা ভব্য। *adv.* **urbāne°ly**। *n.* **ur°banity**—শহুরে প্রভাব ; সুসভ্য মার্জিত ভদ্র বা ভব্য ভাব। *v.* **ur°banize**—(গেঁয়োকে) শহুরে করিয়া দেওয়া ; মার্জিত করা। [L. *urbanus*<*urbs*=a city]

urchin [a(r)°-chin, অ্যা(র্‌)°চিন্‌] *n.* a hedgehog, শজারুজাতীয় প্রাণিবিশেষ ; an elf, বামন ভূত ; a mischievous child, দুরন্ত শিশু ; a child, শিশু। [OF. *herichon*<L. *ericius*]

ureter [ū-rē°-ta(r), ইউরী°ট্যা(র্‌)], **urethra** ū-rē°-thra, ইউরী°থ্র্যা] *n.* a duct that conveys urine from the kidneys to the bladder, যে নালী দিয়া মূত্র বৃক্ক হইতে মূত্রস্থলীতে যায়, মূত্রনালী, (পরি.) গবিনী। [Gk. *oureter, ourethra*]

urethra [ū-rē-thra, ইউরি°থ্র্যা] *n.* a duct by which urine is discharged from bladder, যে নালী দিয়া মূত্রস্থলী হইতে মূত্র নির্গত বা নিঃসৃত হয়, মূত্রনালী। [Gk. *ourethra*]

urge [a(r)j, অ্যা(র্‌)জ্‌] (1) *v.t.* to press forward, (প্রধানতঃ আগ্রহ অধ্যবসায় বা জেদের সহিত) সবলে সম্মুখে ঠেলিয়া দেওয়া বা চালনা করা ; to drive, চালনা করা ; to impel, provoke or incite, অনুপ্রাণিত উত্তেজিত প্ররোচিত বা উদ্দীপ্ত করা ; to insist, জিদ্‌ ধরা ; to advocate earnestly, সাগ্রহে পক্ষসমর্থন করা বা পক্ষসমর্থনপূর্বক বক্তৃতা করা ; to advise or request strongly, সনির্বন্ধ মিনতিসহকারে উপদেশ বা পরামর্শ দেওয়া অথবা অনুরোধ করা। (2) *n.* an impulse, প্রেরণা ; a prompting, উত্তেজন, প্ররোচনা। *n.* **ur°gency**—জরুরী বা ত্বরিত অবস্থা ; ত্বরা। *a.* **ur°gent**—জরুরী ; ত্বরিত। *adv.* **urgently**। [L. *urgere* (*v.*)]

uric [ūr°-ik, ইউয়্যার্‌°ইক্‌] *a.* of, or got from, urine, মূত্র-সংক্রান্ত বা মূত্র হইতে প্রাপ্ত। [Gk. *ouron*=urine]

urine [ūr°-in, ইউয়্যার্‌°ইন্‌] *n.* the excretory product of the kidneys, মূত্র, প্রস্রাব। *n.* **ū°rinal**—(প্রধানতঃ শয্যাগত রোগীদের) প্রস্রাব করার পাত্র, (পরি.) মূত্রধানী ; যে স্থানে ঐরূপ পাত্র থাকে ; প্রস্রাবাগার। **ūr°inary**—(1) *a.* মূত্র-সংক্রান্ত। (2) *n.* মূত্র রাখার পাত্র, মূত্রাধার। *v.i.* **ūr°ināte**—প্রস্রাব করা। *p.* & *p. pt.* **ūr°inātėd**। *n.* **ūrinā°tion**। [L. *urina*—cp. Gk. *ouron*]

urn [a(r)n, অ্যা(র্‌)ন্‌] *n.* a vase with rounded body, (প্রধানতঃ সঙ্কীর্ণ মুখযুক্ত ও পায়াওয়ালা) গোলাকার কলসিবিশেষ (এইপ্রকার পাত্রের মধ্যেই শবভস্ম-রাখা হয়) ; any repository for the dead, মৃতদেহ বা দেহাবশেষ রাখার পাত্র, শবাধার ; an urn-shaped water-vase or drinking cup, উক্ত কলসির ন্যায় আকারের জলপাত্র বা পানপাত্র। [L. *urna* (*n.*)]

Ursa [a(r)°-sa, অ্যা(র্‌)°স্যা] *n.* the name of two constellations, দুইটি নক্ষত্রপুঞ্জের নাম (**Ursa Major**—সপ্তর্ষিমণ্ডল ; **Ursa Minor**—শিশুমার, লঘুসপ্তর্ষি)। [L. *ursus, ursa*=a bear]

ursine [a(r)°-sīn, অ্যা(র্‌)°সাইন্‌] *a.* of or like a bear, ভল্লুক-সম্পর্কিত বা ভল্লুকসদৃশ বা ভল্লুকতুল্য। [L. *ursus*=a bear]

us [us, আস্‌] *pro. plu.* the objective, (*dat.* and *accus.*) case of **we,** আমাদিগকে। *sing.* see *me*। [AS.]

usable—see **use₁**.

usage [ū°-zij, ইউ°জ়িজ্‌] *n.* use, প্রয়োগ ; mode of using, প্রয়োগের বা ব্যবহারের ধরন ; treatment, আচরণ, ব্যবহার ; practice, custom, অভ্যাস, প্রথা, রীতিনীতি। [OF.<L. *usus*=to use]

usance [ū°z(a)ns, ইউ°জ়্‌ন্‌স্‌] *n.* usage, প্রয়োগ, প্রয়োগের বা ব্যবহারের ধরন, আচরণ, ব্যবহার, অভ্যাস, প্রথা, রীতিনীতি ; (poet) interest, or lending at interest, (কাব্যে) সুদ, কুসীদ, সুদে লগ্নী কারবার, তেজারতি ; the time allowed for payment of foreign bills of exchange, বিদেশী বিনিময়-বিল্‌ মেটানর মেয়াদ, (পরি.) দস্তুর। [see *usage*]

use₁ [ūz, ইউজ়্‌] (1) *v.t.* to put to some purpose, প্রয়োগ করা ; to avail oneself of, (কিছুর) সুযোগ লওয়া (to *use* the services of an agent) ; to resort to, অবলম্বন করা ; to treat or behave (towards), (কাহারও প্রতি) আচরণ করা। (2) *v.i.* to be accustomed, অভ্যস্ত থাকা

বা হওয়া। *a.* **ū°sable** । *a.* **ū°sed**—ব্যবহৃত ; পুরাতন ; অন্যের দ্বারা পূর্বে ব্যবহৃত ; প্রথাগত। *a.* **ū°sed**—অভ্যস্ত (*used* to hard work or working hard)। *a.* **ū°sed-up°**—ফুরাইয়া গিয়াছে এমন, নিঃশেষিত। *n.* **ū°ser** । **(to) use up**—(ব্যবহারাদির দ্বারা) ফুরাইয়া বা নিঃশেষ করিয়া ফেলা ; পরিশ্রান্ত করিয়া ফেলা। [OF. *user* < LL. *usare* < L. *uti*]

use₂ [ūs, ইউস্] *n.* using, প্রয়োগ, ব্যবহার ; practicability, কার্যকরতা, কার্যোপযোগিতা ; utility, উপযোগিতা (a blunt knife is of no *use*) ; the profit derived from property, সম্পত্তির আয় ; (arch.) interest for money, (আর্ষ.) সুদ, কুসীদ। right or power of using, প্রয়োগের বা ব্যবহারের অধিকার বা ক্ষমতা; convenience or advantage, সুবিধা ; employment, নিয়োগ ; need, প্রয়োজন (I have no *use* for it) ; practice or custom, প্রথা, রীতি ; habituation, অভ্যস্ত করা বা হওয়া ; common occurrence, সচরাচর ঘটে এমন অবস্থা। *a.* **ūse°ful**—কাজে লাগে এমন, কেজো, কার্যকর, উপযোগী। *adv.* **use°fully** । *n.* **use°fulness** । *a.* **ūse°less**—অকেজো; ব্যর্থ, নিষ্ফল (protest is *useless*)। *adv.* **use°lessly** । *n.* **use°lessness** । **in use**—প্রযুক্ত বা ব্যবহৃত হইতেছে এমন ; বর্তমান প্রথাগত, আচরিত। **of no use**—কোন কাজে লাগে না এমন, অকেজো, বাজে। **of use**—কাজে লাগে এমন, কাজের। **out of use**—(আর) ব্যবহৃত প্রযুক্ত বা নিযুক্ত হয় না এমন ; অকেজো হইয়া গিয়াছে এমন ; অপ্রচলিত। **use and wont**—চিরাচরিতপ্রথা। **(to) come into use**—ব্যবহারের প্রচলন হওয়া, ব্যবহৃত হইতে আরম্ভ করা, প্রচলিত হইতে আরম্ভ করা। **(to) fall** or **go out of use**—আর ব্যবহৃত না হওয়া, অপ্রচলিত হইয়া যাওয়া। **(to) have no use for**—(কোন বস্তুর প্রতি) আগ্রহ বা অভিরুচি না থাকা। **(to) make use of**—প্রয়োগ করা, ব্যবহার করা ; নিয়োগ করা। **(to) make good** or **the best use of**—উত্তমভাবে বা সর্বোত্তমভাবে কাজে লাগান বা ব্যবহার করা। [L. *usus* < *uti* = to use]

usher [u°-sh(a)r, আ°শ্যা(র্)] **(1)** *n.* an officer or servant acting as door-keeper of court, etc., showing people to seats or walking before persons of rank, অভ্যাগতগণকে যথাযোগ্য আসনে বসানর জন্য বা পদস্থ ব্যক্তির সকাশে হাজির করার জন্য রাজসভা রঙ্গালয় প্রভৃতির দ্বাররক্ষি-বিশেষ (তু. নকিব) ; an under-teacher, সহকারী শিক্ষক ; an assistant, সহকারী। **(2)** *v.t.* to conduct, পথ দেখাইয়া আনা ; to show in or out, ভিতরে লইয়া আসা বা বাহিরে লইয়া যাওয়া ; to introduce, পরিচিত করাইয়া দেওয়া ; to fore-run, (কাহারও) আগমনবার্তা লইয়া আসা বা অগ্রদূত হওয়া। *fem.* **u°sheress, usherette°** । [AF. *usser.* < OF. *uissier* < L. *ostiarius* = a door-keeper]

usual [ū°-zoo(a)l, ইউ°(শ্)জ়ুল্] *a.* in use, ব্যবহৃত হইতেছে এমন, প্রচলিত ; occurring in ordinary use, সাধারণতঃ প্রযুক্ত বা সজ্ঘটিত ; common, সাধারণ, সচরাচর ব্যবহৃত বা সজ্ঘটিত ; customary, প্রথাগত। *adv.* **ū°sually** । *n.* **ū°sualness** । **as usual**—সাধারণ প্রচলন-অনুযায়ী বা প্রথানুসারে। [L. *usualis* < *usus* = use]

usufruct [ū°-sū-frukt, ইউ°সিউফ্রাকট্] *n.* the right of enjoying the use of another's property without power to alienate, আত্মসাৎ বা হস্তান্তর করার অধিকার ব্যতীত অন্য সকলভাবে পরের সম্পত্তি বা তাহার উপস্বত্ব ভোগ করার অধিকার। [LL. *usufructus* < L. *usus(et) fructus* = use and fruit]

usurer, usuress, usurious—see **usury.**

usurp [ū-za(r)p°, ইউজ়্যা(র্)প্°] **(1)** *v.t.i.* to take possession of by force without right, বিনা অধিকারে বলপূর্বক দখল করা ; to assume wrongfully, অন্যায়ভাবে পরিগ্রহ করা। **(2)** *v.t.* to oust or supplant, উচ্ছেদ করা বা (অন্যকে) উচ্ছেদ করিয়া (তাহার) স্থানাধিকার করা। **(3)** *v.i.* to encroach, অনধিকার প্রবেশ বা হস্তক্ষেপ করা। *p.* & *p. pt,* **ūsur°ped** । *n.* **ūsurpā°tion** । *n.* **ūsur°per** । *adv.* **ūsur°pingly** । [OF. *usurper*, L. *usurpare*]

usury [ū°-zoo-ri, ইউ°জ়ুরি] *n.* the taking of interest on a loan, সুদে টাকা ধার দেওয়া, তেজারতি, (পরি.) চোটা ; interest, সুদ, কুসীদ। *n.* **usurer** [ū°-z(a)ra(r), ইউ°জ়্র্যা(র্)] কুসীদজীবী, তেজারতি-কারবারি, সুদখোর। *fem.* **ū°suress** । *a.* **ūsūrious**—অত্যধিক সুদ নেয় এমন, সুদের অতি উচ্চ হার এমন (*usurious* rate of interest)। [LL. *usuria* < L. *usura* < *uti* = to use]

utensil [ū-ten°sl, ইউটেন্°স্‌ল্] *n.* any useful tool or vessel (esp. one in domestic use), কাজের বা আনুষ্ঠানিক ব্যাপারের যন্ত্রপাতি (বিশেষতঃ হাতা খুনতি প্রভৃতি) অথবা বাসন-কোসন। [OF. *utensile* < L. *utensilis* = fit for use < *uti*, *usus* = to use]

uteri, uterine—see **uterus.**

uterus [ū°-ta-ras, ইউ°ট্যার‍্যাস্] *n.* the womb, জরায়ু, জঠর। *pl.* **ū°teri** । *a.* **ū°terine**—জরায়ু-সংক্রান্ত ; জরায়ুমধ্যস্থ ; এক মাতার গর্ভে কিন্তু ভিন্ন পিতার ঔরসে জাত, বৈপিত্র। [L.]

Utgard [oot°-gu(r)d, উট্°গা(র্)ড্] *n.* (Scand. myth.) the abode of the giants, (স্ক্যাণ্ডেনেভিআর পুরাণে) দৈত্যদের আবাসভূমি, দৈত্যপুরী। [ON. *ut* = out, *garthr*—garth, yard]

utilitarian [ū-ti-li-tar°-i-an], ইউটিলিটেয়্যা(র্)°-ইঅ্যান্] **(1)** *a.* of or based on, utility or utilitarianism, উপযোগিতা বা উপযোগবাদ সম্বন্ধীয় অথবা উহার উপর ভিত্তি করা হইয়াছে এমন ; looking to usefulness alone, without regard to beauty, pleasantness, etc., সৌন্দর্য আনন্দ-

দায়কত্ব প্রভৃতি উপেক্ষাপূর্বক কেবল উপযোগিতার দিকে লক্ষ্য রাখে এমন, উপযোগবাদী। (2) *n.* one who holds utilitarianism, উপযোগবাদী ব্যক্তি; one who looks to usefulness alone, যে ব্যক্তি অন্য সর্বদিক্ উপেক্ষা করিয়া কেবল উপযোগিতার উপর দৃষ্টি নিবদ্ধ করে। *n.* **ūtilitār°ianism**—অন্য সর্বদিক্ উপেক্ষাপূর্বক কেবল উপযোগিতার মানদণ্ডে কার্যাদির মূল্যায়ন; প্রচুরতম লোকের প্রভূততম উপকারসাধনই কর্মের উদ্দেশ্য: এই মতবাদ, (পরি.) উপযোগবাদ। [coined by Bentham from *utility*]

utility—see **utilize.**

utilize [ū°-ti-līz, ইউ°টিলাইজ্] *v.t.* to make use of, to turn to use, কাজে লাগান, সদ্ব্যবহার করা। *n.* **ūtilizā°tion** । *n.* **ūtili°zer** । *a.* **ūtili°zable** । *n.* **ūti°lity**—উপযোগিতা; লাভ; কাজের বা লাভের বস্তু। **public utility**—জন-উপযোগ মূলক কার্যাদি (যেমন জল বিদ্যুৎ গ্যাস প্রভৃতি সরবরাহ)। *n.* **ūti°lity-man**—নগণ্যতম ভূমিকার অভিনেতা। [F. *utiliser, utilite*<L. *utilis*=useful]

utmost [ut°-mōst, আট্°মৌস্ট্] (1) *a.* outmost, সর্বাপেক্ষা বহিঃস্থ; last, সর্বশেষ; furthest, সর্বাধিক; extreme, চরম, পরম। (2) *n.* the extreme limit, শেষ প্রান্ত, চরম বা পরম অবস্থা শক্তি পরিমাণ প্রভৃতি (to the *utmost*); the end, সমাপ্তি, শেষ। **(to) do (one's) utmost**—(কাহারও) যথাশক্তি করা। [OE. *utemest*, double *super.* of *ute*=out, *-m, -est*]

Utopia [ū-tō°-pi-a, ইউটৌ°পিয়া] *n.* an imaginary state of ideal perfection, সর্বদিকে নিখুঁত পূর্ণতাপ্রাপ্ত কাল্পনিক রাষ্ট্র, স্বপ্নরাষ্ট্র। **Utō°pian**—(1) *a.* উক্ত রাষ্ট্রতুল্য বা উক্ত রাষ্ট্রস্থাপনের স্বপ্নপূর্ণ; কাল্পনিক (ও অসম্ভব)। (2) *n.* উক্ত রাষ্ট্রের অধিবাসী; উক্ত রাষ্ট্রের স্বপ্নদ্রষ্টা; অসম্ভব সংস্কারসাধনের কল্পনাপ্রবণ ব্যক্তি। [Gk. *ou*=not, *topos*=a place]

utricle [ū°-trikl, ইউ°ট্রিক্ল্] *n.* a little bag, bladder or cell, ক্ষুদ্র থলি বা কোষ। [L. *utriculus*]

utter₁ [u°-ta(r), আ°ট্যা(র্)] *a.* extreme, চরম, পরম, চূড়ান্ত, প্রান্তিক; total, মোট; out-and-out, সম্পূর্ণ, পুরাদস্তুর। *adv.* **u°tterly** । **u°ttermōst**—(1) *a.* পরমতম বা চরমতম, চূড়ান্ত। (2) *n.* চূড়ান্ত মাত্রা পরিমাণ শক্তি প্রভৃতি। *n.* **u°tternėss** । [OF. *uttera*; *compar.* of *ut*=out]

utter₂ [u°-ta(r), আ°ট্যা(র্)] *v.t.* to put in circulation, (নোট জালমুদ্রা প্রভৃতি) চালু করা, চালান; to issue, নির্গত করা, বাহির করা; to speak, pronounce or give voice to, বলা, উচ্চারণ করা, ধ্বনিত করা। *a.* **u°tterable** । *n.* **utterance** [u°t(a)r(a)ns, আ°ট্রন্স্] কথন, উচ্চারণ, ধ্বনিত-করণ; বাচনভঙ্গি, উচ্চারণভঙ্গি; উক্তি। **(to) give utterance to**—মনোভাবাদি বাক্যে প্রকাশ করা। *n.* **u°tterer** । [OE. *ut*=MDu. *uteren*=to announce]

uvula [ū°-vū-la, ইউ°ভিউল্যা] *n.* the pendent fleshy part of the soft palate, অলিজিহ্বা, আলজিভ। *pl.* **ū°vūlae** । *a.* **ū°vūlar**—অলিজিহ্বা-সংক্রান্ত; অলিজিহ্বাগত। [L. dim. of *uva*=grape]

uxorious [uks-aw°-ri-as, আক্‌স্অ্য°রিঅ্যাস্] *a.* excessively fond of one's wife, স্ত্রৈণ। *adv.* **uxo°riously** । *n.* **uxo°riousnėss** । **uxo°ricīde**—পত্নীহত্যা; পত্নীহন্তা। [L. *uxor*=a wife]

V, v [vē, ভী] *n.* the twenty-second letter of the English alphabet, ইংরেজী বর্ণমালার দ্বাবিংশ বর্ণ।

vac—see **vacate.**

vacant [vā°k(a)nt, ভেই°ক্‌ন্ট্] *a.* empty, ফাঁকা, খালি, শূন্যগর্ভ; unoccupied, বাসিন্দাহীন, কর্মহীন, কর্মচারিহীন; of or at a leisure, অবকাশকালীন বা অবকাশপূর্ণ; thoughtless, ভাবশূন্য, চিন্তাহীন। *n.* **vā°cancy**—শূন্যগর্ভতা, অবকাশ; আলস্য; বাসিন্দাহীন অবস্থা; কর্মহীন অবস্থা; ফাঁকা জায়গা; মধ্যবর্তী ফাঁক, ফাটল; কর্মখালি (there is a *vacancy* for a typist)। *adv.* **vā°cantly** । **vacant possession**—বিক্রেয় বাড়ি জমি প্রভৃতি খালি অবস্থায় ক্রেতাকে দখল দেওয়া যাইবে এমন অবস্থা। [L. *vacare*—to be empty]

vacate [va-kāt°, ভ্যাকেইট্°] *v.t.* to make or leave empty, খালি করা অথবা খালি করিয়া চলিয়া যাওয়া; to quit, পরিত্যাগ করিয়া যাওয়া; to annul (law, contract etc.) (আইনে চুক্তি প্রভৃতি) নাকচ করিয়া দেওয়া। *p.* & *p. pt.* **vacā°tėd** । *n.* **vacā°tion**—vacate-এর সকল অর্থে, এবং—মলাদি ত্যাগ; (বিদ্যালয় আদালত প্রভৃতির প্রধানতঃ অপেক্ষাকৃত দীর্ঘস্থায়ী) ছুটি, অবকাশ; অবসর (colloq. abbrev. **vac**=holidays)। **long vacation**—আদালত শিক্ষায়তন প্রভৃতির গ্রীষ্মকালীন লম্বা ছুটি, গ্রীষ্মাবকাশ। [L. *vacare*]

vaccine [vak°-sēn, ভ্যাক্°সীন্] (1) *a.* of the cow, cow-pox, or vaccination, গো-জাতি গো-বসন্ত বা টীকা-সংক্রান্ত। (2) *n.* cow-pox virus or lymph containing it, গো-বসন্তের বীজ বা যে লসিকার মধ্যে ঐ বীজ থাকে; any preparation used to confer immunity to a disease by inoculation, টীকা। *a.* **va°ccinal**—টীকাগত; টীকাজনিত। *v.t.* **vaccinate** [vak°-si-nāt, ভ্যাক্°সিনেইট্] টীকা দেওয়া। *p.* & *p. pt.* **vac°cinā°tėd** । *n.* **vaccinā°tion** । *n.* **vac°cinātor** । [L. *vaccinus*<*vacca*=a cow]

vaccinia [vak-sē°-nia, ভ্যাকসী°নিঅ্যা] *n.* cow-pox, গো-বসন্ত। [see *vaccine*]

vacillate [va°-si-lāt, ভ্যা°সিলেইট্] *v.i.* to sway to and fro, ইতস্ততঃ বা এদিকে-ওদিকে আন্দোলিত হওয়া, দোলায়মান হওয়া; to waver, (বিশ্বাস আনু-

গত্য প্রভৃতিতে) টলা, ইতস্ততঃ করা, দ্বিধাগ্রস্ত হওয়া (to *vacillate* between hope and despair); to be unsteady, স্থির বা অটল না থাকা। *p.* & *p. pt.* **va°cillātėd** । *a.* **va°cillāting**—ইতস্ততঃ আন্দোলিত; দোলায়মান; অস্থির। *n.* **va°cillātion** । *n.* **va°cillātor** । [L. *vacillare*]

vacua, vacuity, vacuous—see **vacuum.**

vacuole [va°-kū-ōl, ভ্যা°কিউ-ঔল্] *n.* minute cavity in organ or cell containing air, fluid, etc., দেহাবয়বে বা কোষে বায়ু বা রসপূর্ণ অতি ক্ষুদ্র গর্ত বা গহ্বর। [L. *vacuus*=empty]

vacuum [va°-kū-am, ভ্যা°কিউঅ্যাম্] *n.* an entirely empty space, সম্পূর্ণ ফাঁকা বা শূন্য স্থান (অর্থাৎ যে স্থানে কোন পদার্থ এমন কি বাতাস পর্যন্ত নাই); (coll.) a cleaning apparatus, (কথ্য.) চোষণদ্বারা পরিষ্কার করার যন্ত্র (also **va°cūum-cleaner**)। *pl.* **va°cūa** (ফাঁকা স্থান অর্থে); **va°cūums** (পরিষ্করণ-যন্ত্র অর্থে)। **vacū°ity**—ফাঁকা বা শূন্যগর্ভ অবস্থা; ফাঁকা জায়গা; কর্মহীনতা; আলস্য; অমনোযোগ; মনের খালি-খালি অবস্থা। *a.* **va°cūous**—(সম্পূর্ণ) ফাঁকা বা শূন্য; বাতাসাদি নাই এমন। *adv.* **va°cūously** । **vacuum bottle** or **flask**—তরল পদার্থ ঠাণ্ডা বা গরম রাখার জন্য নির্বাত বোতল। **vacuum brake**—রেলগাড়ি থামানর যন্ত্র-বিশেষ। **vacuum cleaner**—ধুলা-বালি শুষিয়া লইবার জন্য যন্ত্রবিশেষ। **vacuum pump**—যে পাম্পের সাহায্যে আংশিকভাবে কোন পাত্রকে বায়ুশূন্য করা যায়; যে পাম্পের সাহায্যে আংশিক বায়ুশূন্যতার দ্বারা জল উপরে তোলা যায়। **vacuum tube**—নির্বাত নলবিশেষ। [L.]

vade-mecum [vā°-di-mē°-kam, ভেই°ডিমী°-ক্যাম্] *n.* hand-book, carried by a person, সঙ্গে লইয়া চলাফেরা করা যায় এমন সংক্ষিপ্ত বা ক্ষুদ্র পুস্তক, পুস্তিকা। [L. *vade*=go, *mecum*=with me]

vagabond [va°-ga-band, ভ্যা°গ্যাব্যান্ড্] (**1**) *a.* roving, ভ্রমণশীল, ভবঘুরে; without settled home, নির্দিষ্ট বাসস্থানহীন, যাযাবর। (**2**) *n.* a homeless wanderer, যাযাবর ব্যক্তি; an idle wanderer, উদ্দেশ্যহীনভাবে ভ্রমণকারী; a vagrant, ভবঘুরে লোক; a rascal, দুর্বৃত্ত। *n.* **vaga-bondage** [va°-ga-bon-dij, ভ্যা°গ্যাবন্ডিজ্], **va°gabondism**—ভবঘুরেপনা, যাযাবরত্ব; উদ্দেশ্য-হীনভাবে টো-টো করিয়া ভ্রমণ। *v.i.* **va°gabon-dīze**—যাযাবরের ন্যায় ঘুরিয়া বেড়ান; উদ্দেশ্যহীন-ভাবে টো-টো করিয়া বেড়ান। [F. <L. *vagabundus* <*vagari*=to wander]

vagary [va-gār°i, ভ্যাগেয়্যার্°ই] *n.* a devious excursion, ভিন্ন দিকে বা বিভিন্ন দিকে ভ্রমণ; a rambling, উদ্দেশ্যহীনভাবে ভ্রমণ; a digression, প্রসঙ্গ-লঙ্ঘন, অপ্রাসঙ্গিকতা; freakish prank, খেয়ালী খেলা বা কৌতুক; a caprice, খেয়াল। [L. *vagari*=to wander]

vagina [va-jī°-na, ভ্যাজাই°ন্যা] *n.* a sheath, কোষ; the female genital passage, স্ত্রী-যোনি, ভগ। *pl.* **vagī°nae, vagī°nas** । [L.]

vagrant [vag°r(a)nt, ভেইগ্°র্‌ন্ট্] (**1**) *a.* wandering, ভ্রমণশীল, ভবঘুরে, (পরি.) চক্রচর (to lead a *vagrant* life); without settled home, নির্দিষ্ট আবাসহীন, যাযাবর। (**2**) *n.* one who has no settled home, যাযাবর ব্যক্তি; a tramp, ভবঘুরে লোক। **n. vāg°rancy**—ভ্রমণশীলতা, যাযাবরত্ব, ভবঘুরেমি, (পরি.) চক্রচরত্ব। *adv.* **vā°grantly** । [ME. *vagaant*<? AE. *vakerant*—assimilated to L. *vagari*=to wander]

vague [vāg, ভেইগ্] *a.* not precisely defined, যথাযথভাবে বর্ণিত নহে এমন; অনির্দিষ্ট; indistinct, অস্পষ্ট; blurred, লেপা-পোছা; uncertain, অনিশ্চিত। *adv.* **vā°guely** । *n.* **vā°guenėss** । [L. *vagus*=wandering]

vain [vān, ভেইন্] *a.* without real worth, প্রকৃত মূল্যহীন (*vain* attempts, hopes, promises, etc.); futile, অকার্যকর, ব্যর্থ, বিফল, বাজে; conceited, দাম্ভিক (*vain* as a peacock)। *n.* **vainglo°ry**—অসার আত্মশ্লাঘা বা দম্ভ। *n.* **vain-glo°rious**—অসার আত্মশ্লাঘাপূর্ণ। *adv.* **vain°ly** । *n.* **vain°nėss** । **in vain**—বিফলে, ব্যর্থ হইয়া; উদ্দেশ্যহীনভাবে। **(to) take in vain**—(ভগবানের নাম প্রভৃতি গুরুত্বপূর্ণ বিষয়) লঘু করিয়া বা চপলতা সহকারে বলা। [F. <L. *vanus*=empty]

valance [va°-lans, ভ্যা°ল্যান্স্] *n.* a hanging border of drapery, ঝালর। *a.* **va°lanced**—ঝালর ঝুলাইয়া দেওয়া হইয়াছে এমন, ঝালর-ঝোলান। [AF. *valer*=to descend ?]

vale$_1$ [vāl, ভেইল্] *n.* (poet.) a valley, (কাব্যে) উপত্যকা। **the vale of tears**—দুঃখময় জগৎ। **vale of years**—বৃদ্ধ বয়স। [F. *val*<L. *vallis*]

vale$_2$ [vā°-li, ভেই°লি] *n.* & *int.* goodbye, বিদায়সম্ভাষণ-বিশেষ, কুশল হউক, মঙ্গল হউক। [L. *valere*=to be well]

valediction [va-li-dik°sh(a)n, ভ্যালিডিক্°শ্‌ন্] *n.* a bidding farewell, বিদায় সম্ভাষণ জ্ঞাপন; a farewell, বিদায়-সম্ভাষণ। **valėdic°tory**—(**1**) *a.* বিদায়-সম্ভাষণমূলক (*valedictory* oration, speech, etc.); বিদায়-সম্ভাষণমূলক; বিদায়ী। (**2**) *n.* বিদায়-কালিক বক্তৃতা বা রচনা। [L. *vale*=farewell, *dicere*=to say]

valence$_1$—alt. spell. of **valance.**

valence$_2$ [vā°-lans, ভেই°ল্যান্স্], **va°lency**—*n.* (chem.) combining power, (রসা.) মিশ্রণ-ক্ষমতা, (পরি.) যোজ্যতা (oxygen has two *valencies*)। [L. *valere*=to be strong]

Valentine [va°-lan-tīn, ভ্যা°ল্যান্টাইন্] *n.* the name of two saints, দুইজন খ্রিস্টান সাধুর নাম: ইঁহাদের মৃত্যুতিথিতে (১৪ই ফেব্রুআরি) পাখিরা নিজ নিজ সঙ্গী নির্বাচন করে বলিয়া রূপকথায় বর্ণিত আছে। *n.* **va°lentine**—একবছর ধরিয়া বরকনে-খেলার জন্য নির্বাচিত বর বা কনে; সাধু ভ্যালান্টাইন্-দিবসে

(১৪ই ফেব্রুআরি) প্রেরিত চিঠি বা উপহার : (কাব্যে) পাখির প্রেমসঙ্গীত। [OF. *Valentin*<L. *Valentinus*=name of two saints]

valerian [va-ler°-i-an, ভ্যালিয়্যার্‌°ইঅ্যান্] *n.* the plant all-heal, সর্বরোগহর গুল্মবিশেষ (তু. বিশল্যকরণী)। *a.* **vale°ric** । [OF. *valeriane*]

valet [va°lit, ভ্যা°লিট্] *n.* a man-servant who attends to clothes and toilet, জামা-কাপড় ও অঙ্গরাগের তত্ত্বাবধানের ভারপ্রাপ্ত ভৃত্য, সাজভৃত্য। [F.]

valetudinarian [va°-li-tū-di-nār°-i-an, ভ্যা°-লিটিউডিনেয়্যার্‌°ইঅ্যান্] **(1)** *a.* sickly, রোগা, মন্দ-স্বাস্থ্যযুক্ত ; weak, দুর্বল ; anxious and fanciful about one's own health, স্বীয় স্বাস্থ্য সম্বন্ধে (সতত) উদ্বিগ্ন এবং ব্যাধিগ্রস্ত হইয়াছে বলিয়া অলীক কল্পনা করে এমন। **(2)** *n.* a valetudinarian person, ঐরূপ ব্যক্তি। *n.* **valėtūdinār°ianism**—স্বীয় স্বাস্থ্য সম্বন্ধে (সতত) উদ্বেগ এবং ব্যাধিগ্রস্ত হইয়াছে বলিয়া অলীক কল্পনা। [L. *valetudinarius* <*valetudo*=state of health]

Valhalla [val-ha°-la, ভ্যালহ্যা°ল্যা] *n.* the palace of bliss for the souls of slain heroes, (স্ক্যান্‌-ডেনেভিআর পুরাণে বর্ণিত) নিহত বীরপুরুষদের আত্মার জন্য চিরসুখপূর্ণ প্রাসাদ ; a general burial-place or monument for a nation's great men, জাতির বড় বড় লোকদের সাধারণ সমাধিস্থান বা স্মৃতি-স্তম্ভ। [ON. *Valholl*=the hall for the slain]

valiant [va°-li-ant, ভ্যা°লিয়্যান্ট্] *a.* brave, courageous, সাহসী, শৌর্যপূর্ণ। *adv.* **va°liantly** । [F. *vaillant*<L. *valare*=to be strong]

valid [va°lid, ভ্যা°লিড্] *a.* strong, sound, well-grounded, (যুক্তি আপত্তি প্রভৃতি সম্বন্ধে) অকাট্য, অখণ্ডনীয়, সুযুক্তিপূর্ণ ; legally or logically good, adequate, or efficacious, আইনতঃ অথবা ন্যায়তঃ সিদ্ধ বৈধ পর্যাপ্ত বা বলবৎ (a *valid* contract, passport, etc.)। *v.t.* **va°lidāte**—অকাট্য সিদ্ধ বৈধ পর্যাপ্ত বা বলবৎ করা। *p.* & *p. pt.* **va°lidātėd** । *n.* **validā°tion** । *n.* **val°idity, va°lidnėss** । *adv.* **va°lidly** । [L. *validus*<*valere*=to be strong]

valise [va-lēz°, ভ্যালীজ্‌°] *n.* a small portmanteau, ভ্রমণকালে ব্যবহার্য ক্ষুদ্র ও সুবহ ব্যাগ-বিশেষ ; a kit-bag, সৈনিকদের ব্যক্তিগত মালপত্র বহনের থলিবিশেষ। [F.]

valley [va°-li, ভ্যা°লি] *n.* a low area between hills, উপত্যকা ; a stretch of land watered by a river, নদীবিধৌত ভূমিখণ্ড। [OF. *valee*< *val*<L. *vallis*]

vallum [va°-lam, ভ্যা°ল্যাম্] *n.* a rampart, আত্মরক্ষার্থ (কেল্লাদির উপরে বা চতুষ্পার্শ্বে নির্মিত) সমতল উপরিভাগযুক্ত ঢিবি, গড়। [L.]

valorize, valorous—see **valour.**

valour [va°-la(r), ভ্যা°ল্যা(র্)] *n.* intrepidity, নির্ভীকতা ; courage, শৌর্য ; bravery, সাহস ; (obs.) value, (অপ্র.) মূল্য। *v.t.* **valorize** [va°-la-rīz, ভ্যা°ল্যারাইজ্] (সরকারী আদেশাদির দ্বারা) দর বাঁধিয়া দেওয়া বা দর বাড়ান। *n.* **valorizā°tion** । *a.* **valorous** [va°-la-ras, ভ্যা°ল্যার্যাস্] নির্ভীক ; শৌর্যশালী ; সাহসী। [OF.<LL. *valor (is)*<L. *valere*=to be strong]

valse [vŭls, ভাল্‌স্] *n.* waltz, ওআল্‌স্-নৃত্য। [F.]

value [va°-lū, ভ্যা°লিউ] **(1)** *n.* worth, price, মূল্য, দর, দাম ; a fair equivalent, উপযুক্ত মূল্য ; intrinsic worth or goodness, বস্তুগত প্রকৃত মূল্য বা যোগ্যতা ; high worth, উচ্চ মূল্য বা যোগ্যতা ; (math.) the special determination of a quantity, (গণি.) মান। **(2)** *v.t.* to estimate the value of, মূল্যাবধারণ করা, মূল্যনির্ণয় করা ; to rate a price, (কোন) দর বা মূল্য দেওয়া ; to prize highly, উচ্চমূল্যসম্পন্ন বা মূল্যবান বলিয়া গণনা করা ; to esteem, শ্রদ্ধা করা। **va°lūable**—**(1)** *a.* দামী, মূল্যবান্ ; অত্যন্ত কাজে লাগে এমন। **(2)** *n.* (usu. in *pl.*) মূল্যবান্ জিনিসপত্র। *n.* **valūā°tion**—মূল্য-নির্ণয় ; মূল্য-হিসাব ; (গণি.) মান-নির্ণয়। *a.* **va°lūelėss**—মূল্যহীন ; বাজে। *n.* **vā°lūer**—মূল্য-নির্ণয়কারী ; যে ব্যক্তি উপযুক্ত মূল্য নির্ধারণ করিতে বা উপলব্ধি করিতে পারে। **face value**—পণ্যদ্রব্যের গায়ে যে দাম লেখা থাকে, (পরি.) অভিহিত মূল্য। **good value**—পুরা দাম। **value-added tax**—উৎপাদন বা বিপণনের প্রতি ধাপে মূল্যবৃদ্ধিজনিত কর। **value in exchange**—বিনিময়মূল্য ; বাজারদর। [OF. *p. pt.* of *valoir*= to be worth<L. *valere*]

valve [valv, ভ্যাল্‌ভ্] *n.* a single piece forming part or the whole of a shell, শম্বুকাদির খোলা বা তাহার একপাটী ; a device that regulates flow or passage, (তরল পদার্থের) গতি-নিয়ন্ত্রক কল, (পরি.) কপাটক ; an electric or wireless apparatus, বিদ্যুতের বা বেতারের যন্ত্র-বিশেষ ; (mus.) device for varying length of tube in brass wind instrument, (সঙ্গীতে) পিতলের বাঁশি প্রভৃতিতে নলের দৈর্ঘ্য বাড়াইবার কমাইবার উপায় বা যান্ত্রিক কৌশল। *a.* **val°vūlar**—হৃৎপিণ্ডের বা শোণিতকোষের কপাটক-সংক্রান্ত (*valvular* disease of the heart)। [L. *valva*= a folding-door]

vamoose [va-mōōs°, ভ্যামূস্‌°], **vamose** [va-mōs°, ভ্যামৌস্‌°] *v.i.* (sl.) to make off, to go away quickly, to decamp, (অশি.) সত্বর প্রস্থান করা, চট্‌পট্ বিদায় হওয়া, চম্পট দেওয়া। *p.* & *p. pt.* **vamōōs°ed, vamos°ed** । [Sp. *vamos*= let us go]

vamp₁ [vamp, ভ্যাম্প্] see **vampire.**

vamp₂ [vamp, ভ্যাম্প্] **(1)** *n.* the part of a boot or shoe covering the front of the foot, জুতার যে অংশে পায়ের অগ্রভাগ ঢাকা পড়ে অর্থাৎ জুতার অগ্রভাগের চর্মাবরণ ; anything patched up, জোড়াতালি-দেওয়া বস্তু ; an improvised musical accompaniment, বিনা প্রস্তুতিতে হাতের কাছে পাওয়া বাদ্যযন্ত্রাদির দ্বারা বা অন্য উদ্ভাবিত উপায়ে সঙ্গত। (2) *v.t.* to provide with vamp, (জুতার) অগ্রভাগে চর্মাবরণ লাগান; to repair with a new vamp, অগ্রভাগে নূতন চর্মাবরণ লাগাইয়া (জুতা) মেরামত করা, (জুতার) অগ্রভাগে নূতন চামড়া লাগান; to improvise, (বিশেষ করিয়া রচনাদি সম্পর্কে) হাতের কাছে পাওয়া উপাদানদ্বারা কোনমতে তৈয়ারি করা। (3) *v.i.* (mus.) to improvise a musical accompaniment, (সঙ্গীতে) উপস্থিতমত উদ্ভাবিত উপায়ে সঙ্গত করা বা সুরের রেশ রাখা। [OF. *avanpie* (*n.*)]

vampire [vam°-pī(r), ভ্যাম্‌°পাইয়্যা(র্)] *n.* a ghost that sucks blood of sleeping persons, রূপকথায় বর্ণিত নিদ্রিত ব্যক্তিদের রক্তশোষণকারী ভূত (তু. নিশি); (fig.) a blood-sucker, (আল.) রক্তচোষক, রক্তচোষা; a relentless extortionate parasite or blackmailer, যে ব্যক্তি মোসাহেবি করিয়া বা ভয় দেখাইয়া ক্রমাগত অর্থ আদায় করে; an adventuress who exploits men, প্রেমের অভিনয়াদি করিয়া যে নারী পুরুষদের নিকট হইতে অর্থ বা সুবিধা আদায় করে (contr. **vamp**); a blood-sucking bat, রক্তচোষা বাদুড়। [F.< Magyar *vampir*]

van₁ [van, ভ্যান্] contr. of **vanguard.**

van₂ [van, ভ্যান্] *n.* a winnowing basket or shovel, শস্য ঝাড়াই করার জন্য ঝুড়ি বা বেলচা; testing of ore quality by washing on a shovel or by a machine, বেলচায় অথবা যন্ত্রবিশেষের দ্বারা ধৌত করিয়া আকরিকের গুণাগুণ পরীক্ষা; a wing, (প্রধানতঃ বড় পাখির) ডানা; a windmill sail, বায়ুচালিত কলের পাখা। [var. of *fan*]

van₃ [van, ভ্যান্] *n.* a large wagon, (সচ. আচ্ছাদিত) বড় মালগাড়ি বা অন্য গাড়ি (prisoners' *van*); a light vehicle used in delivering goods, মাল সরবরাহের জন্য ব্যবসাদারদের হালকা গাড়ি (milk *van*); a railway carriage for luggage, goods, etc., যাত্রীদের লটবহর ও অন্যান্য মালপত্র বহনার্থ রেলের বগি বা কামরা (luggage *van*)। [Short. from *caravan*]

van₄ [van, ভ্যান্] *n.* (tennis coll.) advantage, (টেনিস খেলায় কথ্য.) সুবিধা। [short, for (ad) *vantage*]

vanadium [va-nā°di-am, ভ্যা-নেই°ডি-অ্যাম্] *n.* a hard grey metallic element used in some alloy, কোন কোন ইস্পাতের খাদে ব্যবহৃত শক্ত ধূসরবর্ণ ধাতব উপাদান। [ON. *Vana-dis*, a Scandinavian goddess]

Vandal [van°d(a)l, ভ্যান্‌°ড্‌ল্] *n.* one of a Germanic race that sacked Rome in 455, ৪৫৫ খ্রিস্টাব্দে রোম-ধ্বংসকারী জার্মান জাতির লোক। *n.* **van°dal**—যে বর্বরের ন্যায় সুন্দর বস্তু ধ্বংস করে। *n.* **van°dalism**—বর্বরের ন্যায় সুন্দর বস্তুর ধ্বংসসাধন বা ধ্বংস করার স্বভাব।

vane [vān, ভেইন্] *n.* a weather-cock, বায়ুপ্রবাহের দিঙ্‌নির্ণায়ক যন্ত্রবিশেষ, বাতশকুন, হাওয়া-নিশান; a windmill fan or any similar object, বায়ুচালিত কলের পাখা বা তদনুরূপ বস্তু। [OE. *fana*=a small flag—cp. D. *fane*]

vanguard [van°-gŭ(r)d, ভ্যান্‌°গা(র্)ড্] *n.* the foremost part of an army etc., সৈন্যবাহিনী প্রভৃতির সর্বাগ্রভাগ; leaders or pioneers, (প্রধানতঃ প্রগতিশীল) নেতৃবৃন্দ বা অগ্রদূত। [F. *avant-garde*]

vanilla [va-ni°-la, ভ্যানি°ল্যা] *n.* a plant of orchid kind, বেড়া-লতাবিশেষ; its fruit, ইহার ফল; a flavouring substance extracted from its fruit, ইহার ফলের সুগন্ধ নির্যাস। [Sp. *vainilla*]

vanish [va°-nish, ভ্যা°নিশ্] (1) *v.t.i.* to disappear, or cause to disappear, অদৃশ্য বা অন্তর্হিত হওয়া অথবা করান। (2) *v.i.* to fade out, মিলাইয়া যাওয়া; to cease to exist, লোপ পাওয়া; to become zero, (গণি.) শূন্যে পরিণত হওয়া। *p.* & *p. pt.* **va°nished**। (3) *n.* a vanishing, অন্তর্ধান, বিলয়, বিলোপ, শূন্যতাপ্রাপ্তি; a glide with which a sound ends, ধ্বনির বিলীয়মান রেশ। **vanishing cream**—যে ক্রীম্ (অর্থাৎ অনুলেপন) মাখিলে তাহার কোন চিহ্ন থাকে না। **vanishing point**—দূর হইতে দেখিলে যেখানে সমান্তরাল রেখাসমূহ একে অপরের সহিত মিলিত হইয়াছে বলিয়া মনে হয়। [short. from *evanish*<OF.]

vanity [va°-ni-ti, ভ্যা°নিটি] *n.* the quality of being vain, অসার দম্ভ বা আত্মশ্লাঘা; a vain thing, বিফল বা বাজে বস্তু; worthlessness, অসারতা (the *vanity* of worldly wealth)। *n.* **va°nity-bag, va°nity-cāse**—(প্রধানতঃ স্ত্রীলোকগণ কর্তৃক ব্যবহৃত) আয়না ও প্রসাধন দ্রব্যাদি রাখার ক্ষুদ্র আধার, প্রসাধনপেটিকা। [F. *vanite*< L. *vanitas*]

vanquish [vang°-kwish, ভ্যাং°কুইশ্] *v.t.* to overcome, পরাভূত করা। *p.* & *p. pt.* **van°quished**। *a.* **van°quishable**। *n.* **van°quisher**। [AF. *venquir*<L. *vincere*=to conquer]

vantage [vŭn°-tij, ভান্‌°টিজ্] *n.* advantage, (তুলনামূলক) সুবিধা; (poet.) opportunity, (কাব্যে.) সুযোগ। *n.* **van°tage-ground**—সুবিধাজনক বা অনুকূল অবস্থান। [AF.—cp. *advantage*]

vapid [va°-pid, ভ্যা°পিড্] *a.* spiritless, নিস্তেজ; insipid, স্বাদহীন, বিস্বাদ; dull, নীরস (*vapid* conversation, remark, speeches, etc.)। *n.* **vapi°dity, va°pidness**। *adv.* **va°pidly**। [L. *vapidus*]

vaporize, vaporosity, vaporous—see **vapour.**

vapour [vā°-pa(r), ভেই°প্যা(র্)] (1) *n.* moisture in the air, বাষ্প; steam or gas, or mist, or smoke, ভাপ, গ্যাস, কুয়াশা, ধোঁয়া; (in *pl.*) low spirits or nervous disorder, মনমরা ভাব বা স্নায়বিক বিশৃঙ্খলা (to suffer from the *vapours*) ; anything unsubstantial or transitory, অসার বা অস্থায়ী বস্তু। (2) *v.i.* to emit vapour, বাষ্প নিঃসরণ করা ; to brag, বড়াই করা। *v.t.i.* **vaporize** [va°-pa-rīz, ভেইº প্যারাইজ়্] বাষ্পে পরিণত করা বা হওয়া। *n.* **vāporizā°tion** । *a.* **vaporous** [va°-pa-ras, ভেইº প্যার‍্যাস্] বাষ্প-সংক্রান্ত, বাষ্পাকার, বাষ্পবৎ ; বাষ্পপূর্ণ ; বাষ্পাচ্ছন্ন ; অসার ; অস্পষ্ট ; খেয়ালী ; কল্পনাবিলাসী। *n.* **vaporosity** [va-pa-ro°-si-ti, ভেইপ্যারº সিটি]। *n.* **vā°porousness** । *n.* **vā°pour-bath**—বাষ্পস্নান। **vapour density**—হাইড্রোজেন গ্যাসের তুলনায় অন্যান্য গ্যাসের আপেক্ষিক ঘনত্ব। *n.* **vā°pour-trails**—সম্পূর্ণ অবাস্তব বা কাল্পনিক কিছু। *a.* **vā°-poury**—বাষ্পপূর্ণ, বাষ্পময় ; বাষ্পবৎ ; অসার ; মনমরা বা স্নায়বিক দৌর্বল্যপূর্ণ। [L. *vapor*]

varec [va°rek, ভ্যাºরেক্] *n.* seaweed, kelp, সামুদ্রিক গুল্মবিশেষ : ইহার ভস্ম হইতে আইওডিন প্রস্তুত হয়। [F.]

variable [var°-i-abl, ভেয়্যার্‌ºইঅ্যাব্‌ল্] (1) *a.* apt to vary, পরিবর্তনশীল ; changeable, পরিবর্তনীয় ; not constant, স্থির থাকে না এমন, (পরি.) চল ; (math.) quantitatively indeterminate, (গণি.) অসম, বিষম। (2) *n.* (math.) a variable quantity, (গণি.) বিষম রাশি। *n.* **vār°iabi°lity, vār°iableness** । *adv.* **vār°iably** । *n.* **vār°iance**—বিরোধ, বিবাদ ; অনৈক্য ; অমিল ; বৈষম্য। **at variance**—বিসদৃশ ; মিলহীন ; বিরুদ্ধ ; বিরোধী ; বিবদমান। **vār°iant**—(1) *n.* একই বস্তুর (বিশেষতঃ শব্দের) ভিন্ন রূপ ; একই রচনার ভিন্ন পাঠ ; মূল বস্তু বা জাতি হইতে ঈষৎ ভিন্ন নমুনা ; (2) *a.* পরিবর্তনশীল ; পৃথক, ভিন্ন , বিভিন্ন ; মূল বস্তু বা জাতি হইতে ভিন্ন। *n.* **vāria°tion**—পরিবর্তনশীলতা ; ভিন্নতা, বিভিন্নতা ; অবিরাম পরিবর্তন ; একই মাতাপিতার সন্তানদের মধ্যে দেহের গঠন আকার প্রভৃতি সংক্রান্ত পার্থক্য ; ভিন্নতার মাত্রা ; একই বস্তুর ভিন্ন রূপ। [OF. < L. *variare* = to vary]

varicella [va-ri-se°-la, ভ্যারিসেºল্যা] *n.* chicken-pox, জলবসন্ত। [L. dim. of *variola* = pustule]

varices, varicose—see **varix.**

varicoloured [var°i-ku-la(r)d, ভেয়্যার্‌ºই-কাল্যা(র্)ড্] *a.* of various colours, বিবিধ বর্ণবিশিষ্ট, বিচিত্রবর্ণ। [see *various* and *colour*]

varied—see **vary.**

variegate [var°-i-gat, ভেয়্যার্‌ºইগেইট্] *v.t.* to diversify with colours in different patches, বিভিন্ন রঙের ছোপ দেওয়া, কর্বুরিত করা। *a.* **vār°iegāted**—কর্বুরিত ; কর্বুর। *n.* **vāriegā°tion** । *n.* **vār°iegātor** । [L. *variegare*]

variety [va-rī°-ati, ভ্যারাইºঅ্যাটি] *n.* diversity, বিভিন্নতা, বৈচিত্র্য (*variety* is the spice of life) ; difference, প্রভেদ, পার্থক্য ; a varied set, (প্রধানতঃ একই জাতের কিন্তু ঈষৎ প্রভেদযুক্ত) বিভিন্ন বস্তুর সমষ্টি ; a kind differing in minor characters, মূল জাতি হইতে ক্ষুদ্র ক্ষুদ্র বিষয়ে ঈষৎ পার্থক্যযুক্ত বস্তুর বা প্রাণীর শ্রেণী বা প্রকার ; music hall entertainment of mixed character, নৃত্য সঙ্গীত প্রভৃতি চিত্তবিনোদনের বিচিত্র ব্যবস্থাপূর্ণ আসর, জলসা। [L. *varietas* < *varius* = various]

variform [var°-i-faw(r)m, ভেয়্যার্‌ºইফ(র্)ম্] *a.* of various forms, বিবিধাকার। [see *various, form*]

variola [va-rī°-a-la, ভ্যারাইºঅ্যাল্যা] *n.* smallpox, মসূরিকা, বসন্তরোগ। [L. = pustuls]

variorum [var-i-aw°-ram, ভেয়্যার্‌ইঅ্যাºর‍্যাম্] (1) *a.* containing notes of various commentators, বিবিধ টীকাকারের টীকা-সংবলিত (a *variorum* edition of Shakespeare)। (2) *n.* a variorum edition, বিবিধ টীকাকারের টীকা-সংবলিত (পুস্তকাদির) সংস্করণ। [L.]

various [var°i-as, ভেয়্যার্‌ºইঅ্যাস্] *a.* varied, বিভিন্ন ; different, ভিন্ন ; several, কতিপয় ; কয়েকটি ; unlike each other, পরস্পর বিভিন্ন। *adv.* **vār°iously** । *n.* **vār°iousness** । [L. *varius*]

varix [var°-iks, ভেয়্যার্‌ºইক্স্] *n.* an abnormally dilated and lengthened vein, অস্বাভাবিকরকম স্ফীত ও প্রলম্বিত ধমনী ; dilatation, স্ফীতি। *pl.* **varices** [va°-ri-sez, ভ্যাº-রিসীজ়্]। *a.* **varicose** [va°-ri-kos, ভ্যাºরিকৌস্] অস্বাভাবিকরকম স্ফীত ও প্রলম্বিত। [L.]

varlet [vŭ(r)°-lit, ভা(র্)ºলিট্] *n.* (arch.) an attendant, (আর্ষ.) পরিচারক, ভৃত্য ; a knave, পাজী লোক। [OF.]

varmint [vŭ(r)°-mint, ভা(র্)ºমিন্ট্] *n.* (vul.) a noxious or mischievous person or animal, (অমা.) জঘন্য বা দুষ্ট ব্যক্তি বা প্রাণী ; (sl.) the fox, (অশি.) পাতিশিয়াল। [corrup. of *vermin*]

varnish [vŭ(r)°-nish, ভা(র্)ºনিশ্] (1) *n.* a resinous solution applied to a surface to make it shine, জিনিসপত্র চক্‌চকে করার জন্য আঠাল প্রলেপবিশেষ, বার্নিশ ; a gloss or glaze, চাক্‌চক্য, ঔজ্জ্বল্য ; (fig.) false or deceptive appearance, কৃত্রিম বা প্রতারণাপূর্ণ বাহ্যিক রূপ। (2) *v.i.* to coat with varnish, উক্ত প্রলেপ দেওয়া, বার্নিশ্ করা। *p.* & *p. pt.* **var°nished** । *n.* **var°nisher** । [F. *vernis*]

varsity [vŭ(r)°s(i)-ti] coll. contr. of **university.**

vary [var°-i, ভেয়্যার্‌ºই] (1) *v.t.i.* to make or become different, ভিন্ন বা অন্যরূপ করা অথবা হওয়া ; to make or become diversified, বিভিন্ন করা বা হওয়া ; to alter or be altered, পরিবর্তিত করা বা হওয়া। (2) *v.t.* to alter or embellish (a melody), মূল রূপ বজায় রাখিয়া (সুরকে) ঈষৎ পরিবর্তিত বা সংস্কৃত করা, মীড় বা খোঁচ দেওয়া ; to make of different kinds, ভিন্ন বা বিভিন্ন প্রকারের করা; (poet.) to express variously, (কাব্যে) বিভিন্নভাবে প্রকাশ করা। (3) *v.i.* to change in succession, পরম্পরাক্রমে পরিবর্তিত হওয়া; to disagree, বিসদৃশ বা বিরোধী হওয়া; (mus.) to increase or decrease continuously, (সঙ্গীতের সুর-সম্বন্ধে) ক্রমাগত ওঠা-নামা করা। *a.* **vār°ied**—বিভিন্ন। [L. *variare*]

vascula, vascular—see **vasculum.**

vasculum [vas°-kū-lam, ভ্যাস্°কিউল্যাম্] *n.* a botanist's collecting case, উদ্ভিদ্‌বিজ্ঞানী কর্তৃক সংগৃহীত নমুনাদি রাখার আধারবিশেষ। *pl.* **vas°cūla, vas°cūlums** । *a.* **vas°cūlar**—সংবহন-নালিকা-সংক্রান্ত ; সংবহন-নালিকা-সংবলিত । *n.* **vascūla°rity** । **vascular system**—সংবহনতন্ত্র। [L.=a small vessel]

vase [vŭz, ভাজ়্] *n.* a vessel of water-jar kind, কুজোর ন্যায় আকারের আধারবিশেষ, দান, দানি (a flower *vase*) । [F.<L. *vas*]

vasectomy [va-sec°-ta-mi, ভ্যাসেক্°ট্যামি] *n.* a surgical operation to make a man sterile, নির্বীজনের নিমিত্ত পুরুষের উপর অস্ত্রোপচার। [L. *vas* =vessel, Gk. *ek*=out, *tomē*=cut]

vaseline [va°-si°lēn, ভ্যা°সি°লীন্] *n.* an ointment and lubricant got from petroleum, পেট্রলিআম্ হইতে প্রাপ্ত অনুলেপনীয় পদার্থবিশেষ। [trade-mark name]

vassal [va°s(a)l, ভ্যা°স্‌ল্] *n.* a holder of land by feudal tenure, প্রয়োজনকালে রাজার বা ভূম্যধিকারীর স্বপক্ষে যুদ্ধ করার শর্তে জমি-ভোগকারী প্রজা, সামন্ত; a dependent, মুখাপেক্ষী বা পোষ্য ব্যক্তি; a retainer, বেতনভোগী অনুচর; a bondman, ক্রীতদাস। *n.* **va°ssalage**—সামন্তগিরি; মুখাপেক্ষিতা; বেতনভোগী অনুচরত্ব; ক্রীতদাসত্ব; সামন্তবর্গ। [F.<LL. *vassallus*=servant]

vast [vŭst, ভাস্‌ট্] (1) *a.* boundless, সীমাহীন, অসীম; huge, প্রকাণ্ড; exceedingly great, অতি বৃহৎ বা বিশাল; (coll.) great, (কথ্য) প্রভূত (*vast* difference, satisfaction, etc.) । (2) *n.* boundless expanse, অসীম ব্যাপ্তি। *adv.* **vast°ly** । *n.* **vast°ness** । [L. *vastus*=waste, huge]

vat [vat, ভ্যাট্] *n.* a large vessel or tank, (সচ. গাঁজান রঞ্জন ও চামড়া পাকানর কার্যে ব্যবহৃত) বড় জালা বা টব বা চৌবাচ্চা। [OE. *faet*—cp. Du. *vat*, ON. *fat*]

vatic [va°-tik, ভ্যা°টিক্] *a.* prophetic, দিব্যপ্রেরণাপ্রাপ্ত, ভবিষ্যদ্বাণীপূর্ণ; inspired, প্রত্যাদিষ্ট, উদ্বুদ্ধ। [L. *vates*=prophet]

Vatican [va°-ti-kan, ভ্যা°টিক্যান্] *n.* the Pope's residence, পোপের বাসভবন; papal authority, পোপের কর্তৃত্ব বা শাসন। [L. *Mons Vaticanus*, the Vatican hill]

vaticinate [va-ti°-si-nāt, ভ্যাটি°সিনেইট্] *v.t.i.* to prophesy, ভবিষ্যদ্বাণী করা। *p.* & *p. pt.* **vati°cinātėd** । *n.* **vati°cinā°tion** । [L. *vaticinari*]

vaudeville [vō°-da-vil, ভৌ°ড্যাভিল্] *n.* (ori.) a popular song, (মূলতঃ) লোকসঙ্গীতবিশেষ; a play interspersed with dances and songs, (প্রধানতঃ হাস্যরসাত্মক) নৃত্যগীতপূর্ণ নাটকবিশেষ; variety entertainment, নাচ গান আবৃত্তি প্রভৃতির সংমিশ্রণে আয়োজিত প্রমোদানুষ্ঠান, বিচিত্রানুষ্ঠান। *n.* **vau°devillist**—উক্ত লোকসঙ্গীতের বা নাটকের রচয়িতা। [*vau (val) de Vire*, the Valley of the Vire, in Normandy]

vault₁ [vawlt, ভ্যল্‌ট্] (1) *n.* an arched roof or ceiling, ধনুকাকৃতি ছাদ বা খিলান; a chamber with an arched roof, (প্রধানতঃ ভূগর্ভস্থ) ধনুকাকৃতি ছাদযুক্ত ঘর; a cellar, মদ্যাদি রাখার জন্য ভূগর্ভস্থ ঘর; a burial chamber, সমাধিকক্ষ; a cavern, পর্বতগুহা; anything vaultlike, ধনুকাকৃতি ছাদের বা খিলানের ন্যায় বস্তু। (2) *v.t.* to shape as a vault, ধনুকাকৃতি ছাদের ন্যায় আকারদান করা; to roof with a vault, ধনুকাকৃতি ছাদ বা খিলান দেওয়া। (3) *v.i.* to curve in a vault, ধনুকের ন্যায় আবক্র হওয়া। *n.* **vaul°ting**—ধনুকাকৃতি ছাদ বা খিলান। [OF. *vau(l)te, voute, volte*<L. *volvere*=to roll]

vault₂ [vawlt, ভ্যল্‌ট্] (1) *v.i.t.* to leap (over or upon), (প্রধানতঃ হাত বা লাঠির উপর ভর দিয়া) লাফান অথবা লাফাইয়া ডিঙ্গান বা আরোহণ করা। (2) *n.* act of vaulting, লম্ফ, উল্লম্ফন, লম্ফনদ্বারা অতিক্রমণ বা আরোহণ। *n.* **vaul°ting-horse**—ব্যায়ামচর্চায় ব্যবহৃত ডিঙ্গানর জন্য কাঠের ঘোড়াবিশেষ। *n.* **vaul°ter** । [OF. *volter*>to leap]

vaunt [vawnt, ভ্যন্‌ট্] (1) *v.i.t.* to boast (of), (কোন বিষয়ে) দম্ভ করা, বড়াই করা। (2) *n.* a boast, দম্ভ, বড়াই। *n.* **vaun°ter** । *adv.* **vaun°tingly** । [OF. *vanter*<LL. *vanitare*<L. *vanitas*=vanity]

veal [vēl, ভীল্] *n.* calf's flesh as food, খাদ্যরূপে ব্যবহৃত বাছুরের মাংস। *a.* **vealy**—বাছুরের মাংস সদৃশ; (আল.) অপরিণত। [OF. *veel*<*vitellus*]

vedette [vi-det°, ভিডেট্°] *n.* a mounted sentry stationed to watch an enemy, শত্রুর গতিবিধি লক্ষ্য করার কার্যে রত অশ্বারোহী প্রহরী; a small vessel for like purpose, অনুরূপ কার্যরত ক্ষুদ্র জাহাজ (also **vedette°-boat**) । [F.<It. *vedetta*<*vedere*=to see]

veer₁ [vē(r), ভিঅ্যা(র্)] *v.t.* to slacken (rope, cable, etc.) (দড়ি কাছি তার প্রভৃতি) ঢিলা করা; (fig.) to handle problems skilfully, (আল.) নিপুণতার সহিত বা কৌশলে সমস্যাদির সমাধান করা। **(to) veer and haul**—পালাক্রমে কষিয়া বাঁধা ও ঢিলা করা। [MDu. *vieren*]

veer₂ [vē(r), ভিঅ্যা(র্)] (1) *v.i.* to change direction, (বাতাস-সম্বন্ধে—প্রধানতঃ দক্ষিণাবর্তে)

দিক্‌পরিবর্তন করা ; to shift round in mental attitude, মানসিক ধারণা বদলান। (2) *v.i.t.* to change course (of), (প্রধানতঃ বায়ুপ্রবাহের প্রতিকূলে) গতিপরিবর্তন করা বা করান, (বায়ুর) উজানে যাওয়া বা নেওয়া ; to turn, মোড় ফেরা বা ফেরান। [F. *virer*]

Vega₁ [vē°-ga, ভী°গ্যা] *n.* the brightest star in the constellation Lyra, অভিজিৎ নক্ষত্র। [Ar. *al waqi* (*al nasr*)=the falling (vulture)]

vega₂ [vā°-ga, ভেই°গ্যা] *n.* a low fertile plain, উর্বর নিম্নভূমি ; a tobacco-field, তামাকের ক্ষেত। [Sp.]

vegetable [ve°-j(i)tabl, ভে°জ্‌ট্যাব্‌ল্] (1) *n.* a plant, esp., one grown for food, উদ্ভিদ্, তরিতরকারি, শাকসবজী। (2) *a.* of, composed of, derived from, or like vegetables, উদ্ভিদ্‌সংক্রান্ত, উদ্ভিদে গঠিত, উদ্ভিদ্ হইতে প্রাপ্ত, উদ্ভিদ্‌তুল্য। বাদাম প্রভৃতি তৈলবীজ হইতে বিশেষ প্রক্রিয়ায় প্রস্তুত। **vegetable kingdom**—উদ্ভিদ্‌সর্গ ; *a.* **ve°gėtal**—উদ্ভিজ্জ ; (উদ্ভিদ্-সম্বন্ধে) জায়মান ; অচেতন জীবনবিশিষ্ট। *n.* & *a.* **vegėtār°ian**—উদ্ভিদ্‌ভোজী, নিরামিষাশী। *n.* **vegėtār°ianism**—নিরামিষ ভোজন বা তাহার সমর্থক মতবাদ। *v.i.* **ve°gėtāte**—উদ্ভিদ্‌জীবন যাপন করা ; উদ্ভিদের ন্যায় নির্বোধ অক্রিয় নিষ্কর্মা বা নিশ্চল হইয়া থাকা। *p.* & *p. pt.* **ve°gėtātėd**। *n.* **vegėtā°tion**—vegetate-এর সকল অর্থে, এবং—গাছপালার বাড় ; (প্রধানতঃ নির্দিষ্ট কোন স্থানের) গাছপালা (luxuriant *vegetation*)। *a.* **ve°gėtātive**—(উদ্ভিদ্-সম্বন্ধে) জায়মান, বর্ধমান ; উদ্ভিদের বর্ধনসাধক ; উদ্ভিদ্‌বৎ অক্রিয় ; বোধশক্তিহীন ; প্রগতিহীন। **vegetative propagation**—অঙ্গজ বিস্তার। [L. *vegetabilis*—animating. *vegetare*—to quicken]

vehement [vē°-i-mant, ভী°ইম্যান্ট্] *a.* violent, প্রচণ্ড ; fervent, উদ্দীপ্ত ; very strong, অত্যন্ত শক্তিশালী। *n.* **vē°hėmence**—প্রচণ্ডতা ; প্রবল আগ্রহ ; অতিরিক্ত জোর। *adv.* **vē°hėmently**। [L. *vehemens*]

vehicle [vē°-ikl, ভী°ইক্‌ল্] *n.* a means of conveyance, যান, গাড়ি, শকট ; a medium, (মতাদি প্রকাশের বা প্রচারের) মাধ্যম (the press as a *vehicle* of propaganda)। *a.* **vehicular** [vi-hi°-kū-la(r), ভিহি°কিউল্যা(র্)] যানসংক্রান্ত, মাধ্যম-সংক্রান্ত (*vehicular* traffic)। [L. *vehiculum*]

veil [vāl, ভেইল্] (1) *n.* a curtain, পরদা, যবনিকা ; a covering, আবরণ ; a covering for the head or face or both, ঘোমটা, অবগুণ্ঠন, বোরখা ; disguise, ছদ্মবেশ ; concealment, গোপনতা ; a pretext, ছল, ওজর। (2) *v.t.* to cover with a veil, পরদা বা ঘোমটা দিয়া ঢাকা ; to cover, আবৃত করা ; to conceal, disguise, or obscure, গোপন করা, লুকান, ছদ্মবেশ পরান, অস্পষ্ট করা। **(to) draw a veil over**—আলোচনাদি এড়াইয়া যাওয়া বা তৎসম্বন্ধে গোপনীয়তা অবলম্বন করা ; আলোচনাদিতে কৌশলে যবনিকাপাত করা। **(to) take the veil**—(খ্রিস্টধর্মানুসারে) মঠবাসিনী সন্ন্যাসিনী হওয়া। *n.* **vei°ling**—যে উপাদান দিয়া বোরখা ঘোমটা প্রভৃতি তৈয়ারি হয়। [OF. *veile* < L. *velum* (*n.*)]

vein [vān, ভেইন্] *n.* one of the tubes conveying blood back to the heart, হৃৎপিণ্ডে রক্তবাহী শিরা বা ধমনী ; a rib of an insect's wing or a leaf, পতঙ্গের ডানার বা গাছের পাতার শিরা ; a fissure or cavity, ফাটল বা গর্ত ; a streak in wood, stone, etc., কাঠ পাথর প্রভৃতিতে সরু দাগ ; a mood or humour, (প্রধানতঃ অস্থায়ী) মেজাজ বা মানসিক অবস্থা (humorous *vein*, imaginative or merry *vein*) ; a manner or style, ধরন, ভঙ্গি। *a.* **vei°ned**—শিরাযুক্ত, সরু সরু দাগযুক্ত। [F. *veine* < L. *vena*]

vela—see **velum.**

veld(t) [velt, ভেল্ট্] *n.* a South African grassy tract, দক্ষিণ আফ্রিকার স্বল্প অরণ্যপূর্ণ বা অরণ্যহীন তৃণভূমি। [Du.=field]

velitation [ve-li-tā°sh(a)n, ভীলিটেই°শ্‌ন্] *n.* a skirmish, দাঙ্গা, হাতাহাতি লড়াই ; controversy, বিতর্ক, বিরোধ। [L. *velitatio* < velitari-skirmish]

velleity [ve-lē°-i-ti, ভেলী°ইটি] *n.* volition in its lowest form, (মনস্তত্ত্বে) নিম্নতম স্তরের ইচ্ছাবৃত্তি ; mere inclination, ঝোঁকমাত্র। [irregular LL. *velleitas* < L. *velle*=to wish]

vellum [ve°-lam, ভে°ল্যাম্] *n.* a fine parchment, পাতলা পার্চ্‌ম্যান্ট্-কাগজ বা চর্মপত্রবিশেষ। [OF. *velin* < *vel*=calf]

velocipede [vi-lo°-si-pēd, ভিল°সিপীড্] *n.* the early kind of bicycle, বাইসিকলের প্রথম যুগীয় রূপ ; (U.S.A.) a child's tricycle, (আমেরিকায়) শিশুদের ট্রাইসিকল্। [F. *velocipede* < L. *velox*=swift, *pes*, *pedis*=foot]

velocity [vi-lo°s(i)-ti, ভিল°স্টি] *n.* swiftness, দ্রুততা, দ্রুতি ; speed, বেগ, বেগমাত্রা। [L. *velocitas*]

velour [ve-loo(r)°, ভেলু(র্)°], **velours°**—*n.* fabric like velvet, মখমলতুল্য বস্ত্রবিশেষ। [F.]

velum [vē°-lam, ভী°ল্যাম্] *n.* a veil, আবরণ ; an integument, ডিম্বকত্বক্, ত্বক্ ; a membrane, ঝিল্লী। *pl.* **vē°la, vē°lums**। [L.]

velvet [vel°-vit, ভেল্°ভিট্] *n.* a silk fabric with soft close short pile, মখমল ; velvety outer growth, মখমলতুল্য বহির্ভাগ অঙ্গরুহ লোম পশম প্রভৃতি। *a.* **vel°vėtėd**—মখমলের পোশাক-পরিহিত। *n.* **velveteen** [vel°-vi-tēn°, ভেল্°ভিটীন্°] নকল মখমল ; (*pl.*) নকল মখমলে প্রস্তুত পাতলুন বা ট্রাউজার। *a.* **vel°vėty**—মখমলতুল্য (কোমল ও মসৃণ)। *n.* **vel°vėtinėss**। **on velvet**—নিরাপদ্ বা সুবিধাপূর্ণ অবস্থায়। **the velvet glove**—

—শক্তি-গোপনকারী ভদ্রতা বা নম্রতা। **an iron hand in a velvet glove**—মধুর আচার-আচরণ ও কথাবার্তার অন্তরালে গুপ্ত নিষ্ঠুরতা। [LL. *velvettum*]

venal₁ [vē°nl, ভী°ন্‌ল্] var. of **venous.**

venal₂ [vē°nl, ভী°ন্‌ল্] *a.* for sale, বিক্রেয় ; to be bought or bought over, ক্রয়সাধ্য, অর্থাদির বিনিময়ে স্বপক্ষে আনা যায় এমন ; corruptly mercenary, ন্যায়-অন্যায় বিচার না করিয়া কেবল টাকা পাইলেই কাজ করে এমন। *n.* **vēna°lity** । *adv.* **vē°nally** । [L. *venalis* < *venum* = goods for sale—cp. Gk. *one* = purchase]

venation [vi-nā°sh(a)n, ভিনেই°শ্‌ন্] *n.* arrangement of veins, শিরাবিন্যাস। [L. *vena* = a vein]

vend [vend, ভেন্‌ড্] *v.t.* to carry on the sale of, (নির্দিষ্ট পণ্যাদি) বিক্রয় করা। *n.* **vendee** [vendē°, ভেন্‌ডী°] ক্রেতা। **ven°dible**—(1) *a.* বিক্রেয় ; সহজে বিক্রয়সাধ্য। (2) *n.* পণ্য, বেসাতি ; সহজে বিক্রেয় পণ্য। *n.* **ven°der, ven°dor**—বিক্রেতা। [F. *vendre* or L. *vendere* = to sell]

vendee—see **vend.**

vendetta [ven-de°-ta, ভেন্‌ডে°ট্যা] *n.* blood-feud, জ্ঞাতিবৈর, গৃহবিবাদ ; private revenge, ব্যক্তিগত প্রতিহিংসা। [It. < L. *vindicta* = revenge]

vendible, vender, vendor—see **vend.**

veneer [va-nē(r)°, ভ্যানিয়্যা(র্)°] (1) *v.t.* to coat or overlay with a thin sheet of fine wood or other substance, পাতলা তক্তা বা অন্য পদার্থ দিয়া আবৃত করা ; to disguise with superficial refinement, পলকা বা ভাসা-ভাসা সূক্ষ্মতার বা সংস্কৃতির ছদ্মবেশ পরান। (2) *n.* a thin slice for veneering, পাতলা তক্তার আবরণ ; a specious superficial show, অগভীর বা অসার বাহ্যিক জাঁক ; a grass-moth, তৃণমধ্যে বিচরণকারী পতঙ্গবিশেষ। *n.* **veneer°er** । [G. *firniren* < OF. *fornir* = to furnish]

venerable—see **venerate.**

venerate [ve°-na-rāt, ভে°ন্যারেইট্] *v.t.* to revere, শ্রদ্ধা করা। *p.* & *p. pt.* **ve°nerātėd** । *a.* **venerable** [ve°-n(a)rabl, ভে°ন্‌র্যাব্‌ল্] শ্রদ্ধেয় ; প্রাচীন, প্রবীণ ; কোন কোন খ্রিস্টীয় যাজকের নামের পূর্বে বিশেষণরূপে ব্যবহার্য (the *venerable* archdeacon)। *n.* **venerā°tion** । *n.* **ve°nerātor** । [L. *venerari*]

venereal—see **venery₂.**

venery₁ [ve°-na-ri, ভে°ন্যারি] *n.* hunting, শিকার। [OF. *venerie* < *vener* < L. *venari* = to hunt]

venery₂ [ve°-na-ri, ভে°ন্যারি] *n.* sexual indulgence, কামপ্রবৃত্তির প্রশ্রয়, অত্যধিক কামলালসা চরিতার্থ-করণ। *a.* **vėnēr°ėal**—কামলালসা-সংক্রান্ত ; যৌনসঙ্গম-সংক্রান্ত ; যৌনব্যাধি-সংক্রান্ত (*venereal* disease) ; যৌনব্যাধি-গ্রস্ত। [L. *venereus* < *Venus, Veneris,* the goddess of love]

Venetian [ve-nē°-sh(a)n, ভেনী°শ্‌ন্] (1) *a.* of Venice, ভিনিস্-দেশীয়। (2) *n.* a native of Venice, ভিনিস্‌বাসী ; a kind of window-blind, জানালার খড়খড়িবিশেষ (also **Venetian blind**)। **Venetian mast**—রাস্তার শোভাবর্ধনার্থ সর্পিল দণ্ডবিশেষ। **Venetian red**—লাল রঞ্জকবিশেষ।

venge [venj, ভেন্‌জ্] *v.t.* (poet.) to avenge, (কাব্যে—কাহারও উপর) প্রতিহিংসা গ্রহণ করা, প্রতিশোধ লওয়া। *n.* **ven°geance**—প্রতিহিংসাগ্রহণ ; প্রতিহিংসা ; সমুচিত প্রতিশোধ। *a.* **venge°ful**—প্রতিহিংসাপরায়ণ ; সমুচিত প্রতিশোধপূর্ণ। *adv.* **venge°fully** । **with a vengeance**—(মূলতঃ) অভিশাপপূর্ণভাবে, অভিশাপ দিয়া ; (কথ্য.) প্রচণ্ডভাবে, পুরাদস্তুরভাবে, অত্যধিকভাবে (he observes punctuality *with a vengeance*)। [OF. *venger* < L. *vindicare*]

venial [vē°-ni-al, ভী°নিঅ্যাল্] *a.* pardonable, মার্জনীয় (*venial* offence) ; trivial, তুচ্ছ। *n.* **vēniality** । *adv.* **vē°nially** । **venial sin**—উপেক্ষণীয় পাপ। [L. *venialis* < *venia* = pardon]

Venice treacle [ve°-nis trē°kl, ভে°নিস্ ট্রী°ক্‌ল্] *n.* a supposed antidote for all poisons, কল্পিত সর্ববিষহর ঔষধ।

venison [ven°zn, ভেন্°জ্‌ন্] *n.* a beast of the chase, শিকারের মৃগ (বিশেষতঃ হরিণ) ; its flesh as food, মৃগমাংস, হরিণের মাংস। [AF. *venison* < L. *venatio* = hunting]

venom [ve°-nam, ভে°ন্যাম্] *n.* poison, বিষ, বিশেষতঃ সর্পবিষ, গরল ; (fig.) spite, spiteful words, (আল.) বিদ্বেষ, বিদ্বেষপূর্ণ বাক্য। *a.* **ve°nomed**—বিষপূর্ণ, বিষাক্ত ; বিষমাখা। *a.* **ve°nomous**—বিষপূর্ণ ; দংশনাদির দ্বারা বিষাক্ত করে এমন ; বিদ্বেষপূর্ণ। *adv.* **ve°nomously** । [F. *venin* < L. *venenum* = poison]

venous [vē°-nas, ভী°ন্যাস্] *a.* of, or contained in, veins, শিরা-সংক্রান্ত বা শিরাস্থ ; veined, শিরাল। [L. *vena* = a vein]

vent₁ [vent, ভেন্‌ট্] *n.* a slit in a garment, পোশাকে বিশেষতঃ কোটের পশ্চাদ্দিকে যে চিড় বা ফুটা থাকে। [F. *fent* < L. *findere* = to split]

vent₂ [vent, ভেন্‌ট্] (1) *n.* an opening, ফাঁক, ফাটল ; an aperture, রন্ধ্র ; an airhole, বায়ু-চলাচলের জন্য রন্ধ্র ; an outlet, নির্গমন-পথ ; a volcanic orifice, আগ্নেয়গিরির মুখ ; an animal's anus, জীবজন্তুর পায়ু ; (fig.) publication, (আল.) প্রকাশ, প্রচার ; utterance, উচ্চারণ, কথন ; expression, অভিব্যক্তি। (2) *v.t.* to give a vent or opening to, চলাচল নির্গমন প্রকাশ প্রভৃতির জন্য পথ করিয়া দেওয়া ; to emit, as at a vent, রন্ধ্রপথে নির্গত করান ; to publish, প্রকাশ করা ; to utter, উচ্চারণ করা, বলা ; to pour forth, ঢালিয়া দেওয়া; to express, অভিব্যক্ত করা। **(to) give vent to**—বাহির হইয়া যাইতে আরম্ভ হইতে বা প্রকাশ পাইতে দেওয়া (*to give vent to* one's feeling, indignation, etc.)। *n.* **vent-hole**—যে গর্তের মধ্য দিয়া বাতাস ধোঁয়া প্রভৃতি নির্গত হয়; কোটের পিছনে চিড় বা ফুটা; নির্গমনের উপায়। [F. <L. *ventus*=wind]

ventilate [ven°-ti-lāt, ভেন্°টিলেইট্] *v.t.* to open to free passage of air, অবাধ বায়ুচলাচলের পথযুক্ত করা; to expose to free air, মুক্ত বায়ুর মধ্যে রাখা; to expose to examination and discussion, পরীক্ষা ও আলোচনার বিষয়ীভূত করা; to make public, জনসাধারণের গোচর করা, জনসাধারণ্যে প্রচার করা। *p.* & *p. pt.* **ven°tilātėd**। *n.* **ventilātion**। *n.* **ven°tilātor**—ventilate-এর সকল অর্থে, এবং—অবাধ বিশুদ্ধ বায়ুচলাচলের পথ, (পরি.) বায়ুরন্ধ্র। [L. *ventilare*=to fan]

ventral [ven°tr(a)l, ভেন্°ট্রল্] *a.* of or on the belly, উদরের বা উদরোপরি, (পরি.) অঙ্কীয়। [L. *venter*=the belly]

ventricle [ven°-trikl, ভেন্°ট্রিক্‌ল্] *n.* a cavity in the body, দেহমধ্যস্থ বিশেষতঃ মস্তিষ্কের বা হৃৎপিণ্ডের রন্ধ্র, (পরি.) নিলয়। [see *ventral*]

ventricose [ven°-tri-kōs, ভেন্°ট্রিকৌস্] *a.* having a protruding belly, স্ফীতোদর। [see *ventricle*]

ventriloquial—see **ventriloquism**.

ventriloquism [ven-tri°-la-kwiz(a)m, ভেন্‌ট্রি°ল্যাকুইজ়্‌ম্], **ventri°loquy** [ven-tri°-la-kwi, ভেনট্রি°ল্যাকুই] *n.* the art of speaking so as to give the illusion that the sound comes from some other source, কথা বলার যে ভঙ্গির দ্বারা অন্য কোথাও হইতে বা অন্য কাহারও দ্বারা ধ্বনি উৎপন্ন হইতেছে বলিয়া শ্রোতৃমণ্ডলীর মনে ভ্রান্ত ধারণার সৃষ্টি হয়, মায়াস্বর। *a.* **ventriloquial** [ven-tri-lō°-kwi-al, ভেনট্রিলৌ°কুইঅ্যাল্] উক্ত কথনভঙ্গিমূলক। *n.* **ventri°loquist**—উক্ত ভঙ্গিতে কথা বলিতে সমর্থ ব্যক্তি। *v.t.* **ventri°loquize**—উক্ত ভঙ্গিতে কথা বলা অভ্যাস করা বা কথা বলা। [L. *ventriloquus*=one who speaks through a spirit in the belly]

ventripotent [ven-tri°-pa-t(a)nt, ভেন্‌ট্রি°প্যাট্‌ন্‌ট্] *a.* large-bellied, বৃহৎ পেটযুক্ত, স্থূলোদর, নাদাপেটা; gluttonous, পেটুকবৎ, উদরপরায়ণ, ঔদরিক, পেটুক। [L. *ventripotens*]

venture [ven°-cha(r), ভেন্°চা(র্)] **(1)** *n.* hazard, ঝুঁকি (ready for any *venture*); that which is put to hazard, ঝুঁকির সম্মুখীন বস্তু (বিশেষতঃ সমুদ্রপথে প্রেরিত পণ্য); a hazardous undertaking, ঝুঁকিপূর্ণ বা বিপজ্জনক কর্মভার অথবা কর্মপ্রচেষ্টা; an attempt whose issue is uncertain, ফলাফলের নিশ্চয়তাহীন প্রচেষ্টা। **(2)** *v.t.* to send on a venture, ঝুঁকিপূর্ণ বা বিপজ্জনক কাজে পাঠান; to expose to hazard, ঝুঁকির বা বিপদাশঙ্কার সম্মুখীন করা; to risk, (কোন বা কিছুর) ঝুঁকি লওয়া; to dare to put forward, (কিছু) উপস্থাপিত করিতে সাহসী হওয়া (to *venture* an opinion)। **(3)** *v.i.* to make a venture, ঝুঁকি লওয়া (to *venture* on a perilous voyage); to dare, সাহস করা (I shall not *venture* out in such a stormy night)। *n.* **ven°turer**। *a.* **ven°turesome**—ঝুঁকিগ্রহণে বা বিপদাশঙ্কার সম্মুখীন হইতে ইচ্ছুক, সাহসের সঙ্গে ঝুঁকি নিতে বা বিপজ্জনক অবস্থার মোকাবিলা করিতে প্রস্তুত; ঝুঁকিপূর্ণ, বিপদাশঙ্কাপূর্ণ। *a.* **venturous** [ven°-ch(a)-ras, ভেন্°চ্র্যাস্] ঝুঁকিপূর্ণ বা বিপদাশঙ্কাপূর্ণ কর্মভারগ্রহণকারী: দুঃসাহসী; সাহসী। **at a venture**—উদ্দেশ্যহীনভাবে; এলোপাতাড়ি। **nothing venture, nothing gain** or **have**—ঝুঁকি না নিলে বা বিনা ঝুঁকিতে লাভ হয় না, (তু.) কষ্ট না করলে কেষ্ট মেলে না। [<*a(d)venture*]

venue [ve°-nū, ভে°নিউ] *n.* (in law) the place where an action is laid, (আইনে) যে স্থানে মকদ্দমা দায়ের করা হইয়াছে; a scene of (criminal) action, (সচ. ফৌজদারী) ঘটনাস্থল, অকুস্থল; a meeting place, মিলনস্থল; appointed place for a contest or match, ক্রীড়া-প্রতিযোগিতাদির জন্য নির্দিষ্ট স্থান। **change of venue**—সভা প্রভৃতির স্থানপরিবর্তন। **(to) lay the venue**—কোন্ স্থানে বিচার অনুষ্ঠিত হইবে তাহা নির্দেশ করা। [OF.=arrival<*venir*<L. *ventre*—to come]

Venus [vē°-nas, ভী°ন্যাস্] *n.* the Roman goddess of love, রোম্যানদের প্রেমের অধিষ্ঠাত্রী দেবী; a planet, শুক্রগ্রহ; a beautiful woman, সুন্দরী স্ত্রীলোক। **mount of Venus**—অঙ্গুষ্ঠের মূলদেশস্থ করতলাংশ। [L.]

veracious [va-rā°-shas, ভ্যারেই°শ্যাস্] *a.* truthful, সত্যবাদী, সত্যপরায়ণ। *adv.* **verā°ciously**। *n.* **veracity** [va-ra°-si-ti, ভ্যার্যা°সিটি] সত্যবাদিতা, সত্যপরায়ণতা। [L. *verax*<*verus*=true]

veranda(h) [va-ran°-da, ভ্যার্যান্°ড্যা] *n.* a roofed gallery or open portico along the side of a building, বারান্দা। [Hin.<Port=a balcony]

verb [va(r)b, ভ্যা(র্)ব্] *n.* (gr.) the part of speech which asserts or predicates something, (ব্যাক.) ক্রিয়াপদ। *a.* **ver°bal**—ক্রিয়াপদসংক্রান্ত (*verbal* inflexions); ক্রিয়াপদ হইতে জাত বা গঠিত; বাচনিক, মৌখিক, (পরি.) বাচিক (a *verbal* contract); শব্দগত; আক্ষরিক। *adv.* **ver°bally**। **verbal noun**—same as **gerund**। *n.* **ver°balism**—শব্দব্যবহার; কেবল শব্দের প্রতি (অর্থাৎ অর্থাদির প্রতি নহে) অত্যধিক মনোযোগ; আক্ষরিকতা। *n.* **ver°balist**—শব্দপ্রয়োগে কুশল ব্যক্তি; আক্ষরিক তরজমাদি করিতে ভালবাসে বা করিতে সক্ষম এমন ব্যক্তি; কেবল শব্দের প্রতি অত্য-

ধিক মনোযোগ দেয় এমন ব্যক্তি। **verbā°tim**—(**1**) *adv.* আক্ষরিকভাবে (I copied it *verbatim*)। (**2**) *a.* আক্ষরিক (a *verbatim* report)। *n.* **ver°biāge**—শব্দবাহুল্য। *a.* **ver°bōse**—মাত্রাধিক রকম শব্দবহুল (a *verbose* style), বাগাড়ম্বরপূর্ণ। *n.* **ver°boseness** । *adv.* **ver°bosely** । *n.* **ver°bosity** [va(r)-bo°-si-ti, ভ্যা(র্)ব°সিটি]। [L. *verbum* = word]

verbena [var-bē°nā, ভারবী°ন্যা] *n.* kinds of harbaceous plant of which garden varieties have flowers of many colours, উদ্ভিদ্-বিশেষ যাহার কোন কোন শ্রেণী (যাহা বিশেষতঃ উদ্যানে জন্মায়) নানা বর্ণের ফুলে সমৃদ্ধ হয়। [L.]

verdant [va(r)°d(a)nt, ভ্যা(র্)°ড্‌ন্ট্] *a.* green, সবুজ, হরিৎ, শ্যামল; grass-green, তৃণশ্যামল; raw, inexperienced, কাঁচা, অপরিণত, অনভিজ্ঞ। *n.* **ver°dancy**—শ্যামলতা; শ্যামলিমা; অপরিণত বা অনভিজ্ঞ অবস্থা। *adv.* **ver°dantly** । *n.* **verdure** [va(r)°-ja(r), ভ্যা(র্)°জ্যা(র্)]—তাজা শ্যামলিমা; সবুজ গাছপালাসমূহ। [OF. *verd* <L. *viridis* = green]

verdict [va(r)°dikt, ভ্যা(র্)°ডিক্‌ট্] *n.* the decision of a jury, জুরির মত, (পরি.) নির্ণয়; judicial decision or decision generally, রায়; decision or opinion given after examining, testing, etc., পরীক্ষাদির পর প্রদত্ত সিদ্ধান্ত মত প্রভৃতি (the popular *verdict* was in his favour)। **open verdict**—যে রায়ে অপরাধ অনুষ্ঠিত হইয়াছে বলিয়া স্বীকার করা হইয়াছে কিন্তু অপরাধী নির্ণীত হয় নাই। [OF. *verdit* <LL. *veredictum* = truly said]

verdigris [va(r)°-di-gris, ভ্যা(র্)°ডিগ্রিস্] *n.* green rust of copper, তামার সবুজবর্ণ মরচে, তাম্রমল। [OF. *verd de Grece* = green of Greece]

verdure—see **verdant.**

Verey light—see **Very light.**

verge$_1$ [va(r)j, ভ্যা(র্)জ্] *v.i.* to incline, ঝোঁকা (to *verge* towards old age); to tend downward, নিম্নাভিমুখ হওয়া; to merge, মিশিয়া যাওয়া। [L. *vergere* = to bend]

verge$_2$ [va(r)j, ভ্যা(র্)জ্] (**1**) *n.* a rodlike part, মেশিনাদির ডাণ্ডার ন্যায় অংশ; a wand of office, বিশপাদির শাসনদণ্ড বা আশাসোঁটা; area of jurisdiction, এলাকা বা অধিকারক্ষেত্রের পরিধি; a limit, boundary, সীমা, সীমানা; the brink, কিনারা; the extreme edge, শেষপ্রান্ত। (**2**) *v.t.* to be on the edge, প্রান্তস্থিত হওয়া, প্রান্তে উপনীত হওয়া (to *verge* on the brink of a precipice); to border, সীমাস্থ হওয়া বা থাকা। *n.* **ver°ger**—বিশপাদির আশাসোঁটাবাহী; গির্জার অভ্যন্তরতত্ত্বাবধায়ক কর্মচারী। **on the verge of, to the verge of**—অতি সন্নিকটে (*on* or *to the verge of* death)। [L. *virga* = a rod]

verify [ve°-ri-fī, ভে°রিফাই] *v.t.* to testify, প্রতিপাদন করা, প্রতিপন্ন করা; to prove to be true, সত্য বলিয়া প্রমাণিত করা, (পরি.) সত্যাখ্যান করা; to prove the truth of, সত্যতা প্রমাণ বা যাচাই করা। *a.* **ve°rifīable** । *n.* **verifiabi°lity** । *adv.* **ve°rifiably** । *n.* **verificā°tion** । *n.* **ve°rifier** । [L. *verificare*]

verily—see **very.**

verisimilitude [ve-ri-si-mi°-li-tūd, ভেরিসিমি°লিটিউড্] *n.* air of being true, (আপাতদৃষ্টিতে) সত্য বলিয়া প্রতীয়মানতা। [L. *verisimilis* = probable]

veritable—see **verity.**

verity [ve°-ri-ti, ভে°রিটি] *n.* truth, সত্য; a true statement, সত্য কথা বা বিবৃতি। *a.* **ve°ritable**—সত্য; খাঁটি; প্রকৃত, যথার্থ; যথার্থই (নির্দিষ্ট) আখ্যানযোগ্য। *adv.* **ve°ritably** । **of a verity**—নিশ্চিতই। **the eternal verities**—চিরন্তন নৈতিক বিধান; বিধির বিধান। [L. *veritas* <*verus* = true]

verjuice [va(r)°-jōōs, ভ্যা(র্)°জুস্] *n.* juice of unripe fruit, কাঁচা ফলের রস। [F. *verjus*]

vermicelli [var-mi-sel°i, ভ্যারমিসেল্°ই] *n.* paste of same materials as used in macaroni made into slender threads, সরু সুতার আকারে ম্যাকারোনি তৈয়ারি করিতে যে উপাদান লাগে তাহারই দ্বারা প্রস্তুত লেই; very thin macaroni, সেমাইবিশেষ। [L. *vermis* = worm]

vermicide [va(r)°-mi-sīd, ভ্যা(র্)°মিসাইড্] *n.* a worm-killing agent, কীটঘ্ন পদার্থ বা ঔষধ। [L. *vermis* = a worm, *caedere* = to kill]

vermifuge [va(r)-mi-fūj, ভ্যা(র্)মিফিউজ্] *n.* substance taken to purge the intestines of worms, অন্ত্র কৃমিমুক্ত করার দ্রব্যবিশেষ। [L. *vermis* = worm, *fugere* = to flee]

vermilion [va(r)-mi°-li-an, ভ্যা(র্)মি°লিয়্যান্] (**1**) *n.* a bright red pigment, সিন্দুর। (**2**) *n.* & *a.* bright scarlet colour, সিন্দুরবর্ণ। [F. *vermillon* <L. *vermiculus* = a little worm]

vermin [va(r)°-min, ভ্যা(র্)°মিন্] *n.* a collective name for obnoxious insects, as bugs, fleas, etc., কীটমূষিকাদি; (fig.) vile persons, (আল.) জঘন্য লোক। *a.* **ver°minous**—কীটমূষিকাদিতে পূর্ণ; কীটমূষিকাদিজনিত (*verminous* diseases)। [F. <L. *vermis* = a worm]

verm(o)uth [va(r)°-mōōt, ভ্যা(র্)°মুট্] *n.* a white wine, শ্বেতবর্ণ সুরাবিশেষ। [F. <G. *wermut(h)* = worm-wood]

vernacular [va(r)na°-kū-la(r), ভ্যা(র্)ন্যা°কিউল্যা(র্)] (**1**) *a.* (of language) spoken by the people of one's own country, (ভাষা-সম্বন্ধে) স্বদেশীয়; of or in the vernacular language, মাতৃভাষা-সংক্রান্ত বা মাতৃভাষাগত। (**2**) *n.* a native language, the mother-tongue, স্বদেশীয় ভাষা, মাতৃভাষা। [L. *vernaculus*]

vernal [va(r)°nl, ভ্যা(র্)°ন্‌ল্] *a.* of or in the spring, বসন্তকালীন, বাসন্তী ; fresh and youthful, তাজা ও তরুণ। *adv.* **ver°nally** । [L. *vernalis* < *ver* = spring]

vernier [va(r)°-nē(r), ভ্যা(র্)°নিঅ্যা(র্)] *n.* a kind of movable scale, একপ্রকার সূক্ষ্ম স্কেল। [inventor's name]

veronal [ve°-ranl, ভে°র‍্যান্‌ল্] *n.* a sedative drug, ঘুমের ঔষধ। [trade-name]

Veronese [ve-ra-nēz°, ভেরানীজ্°] **(1)** *a.* of Verona, ভেরনা-দেশীয়। **(2)** *n.* a native of Verona, ভেরনার লোক। *pl.* **veronēse°**.

veronica [va-ro°-ni-ka, ভ্যার্°নিক্যা] *n.* a flowering shrub, পুষ্পলতাবিশেষ। [St. *Veronica*]

versatile [va(r)°-sa-tīl, ভ্যা(র্)°স্যাটাইল্] *a.* turning freely, স্বচ্ছন্দে ঘোরে এমন ; turning easily from one thing to another, বিষয় হইতে বিষয়ান্তরে সহজে মনোনিবেশ করিতে সক্ষম ; of many-sided ability, বহুমুখ-কর্মশক্তিসম্পন্ন। *adv.* **ver°satilely** । *n.* **ver°satileness, versati°lity** । [L. *versatilis* < *versare*, frequent. of *vertere* = to turn]

verse [va(r)s, ভ্যা(র্)স্] *n.* a line of metre, কবিতার চরণ ; metrical composition, পদ্য ; versification, ছন্দে গ্রথন, ছন্দোবদ্ধ-করণ ; a stanza, কবিতার স্তবক ; a subdivision of a chapter, (প্রধানতঃ বাইবেলের) অধ্যায়ের উপবিভাগ। *n.* **verse°-māker**—পদ্য-রচয়িতা। *n.* **verse°-māking**—পদ্য-রচনা। *n.* **ver°sicle**—ক্ষুদ্র পদ্য। **ver°sify**—**(1)** *v.i.* পদ্য রচনা করা। **(2)** *v.t.* পদ্যে বর্ণনা করা ; পদ্যে পরিণত করা ; ছন্দোবদ্ধ করা। *n.* **versificā°tion** । *n.* **ver°sifier** । [OE. *fers*, reinforced by F. *vers*, both < L. *versus*]

versed [va(r)st, ভ্যা(র্)স্‌ট্] *a.* thoroughly acquainted, skilled, বিশারদ, সুদক্ষ (well *versed* in the arts) । [L. *versari* = to busy oneself]

versicle, versify—see **verse**.

versicoloured [va(r)°-si-ku-la(r)d, ভ্যা(র্)°-সিকাল্যা(র্)ড্] *a.* variegated, বিচিত্র বর্ণবিশিষ্ট, changing from one colour to another in different lights, বিভিন্ন প্রকারের আলোকপাতে বর্ণপরিবর্তন করে এমন। [L. *versicolor*]

version [va(r)°sh(a)n, ভ্যা(র্)°শ্‌ন্] *n.* translation, তরজমা, অনুবাদ, ভাষান্তরণ ; a particular form of embodiment, নানা রূপের মধ্যে নির্দিষ্ট একটি রূপ (the Authorised *Version*) ; account, বর্ণনা (his *version* of the incident) । [L. *versio* < *vertere* = to turn]

verso [va(r)°-sō, ভ্যা(র্)°সৌ] *n.* a left-hand page, পুস্তকাদির বাঁ-হাতের দিকের পৃষ্ঠা ; the reverse of a coin or medal, মুদ্রার বা পদকের উলটা পিঠ (cp. **recto**) । [L. *verso* (*folio*) = turned leaf]

verst [va(r)st, ভ্যা(র্)স্‌ট্] *n.* a Russian measure of length, দৈর্ঘ্যের রুশীয় মাপবিশেষ (= প্রায় ⅔ মাইল)। [Russ. *versta*]

versus [va(r)°-sas, ভ্যা(র্)°স্যাস্] *prep.* against, (প্রধানতঃ মকদ্দমায় ও ক্রীড়া-প্রতিযোগিতায়) বিপক্ষে, বনাম (Bengal *versus* Bombay) । *abbr.* **V** or **Vs.** । [L. = towards, against]

versute [va(r)-sūt°, ভ্যা(র্)সিউট্°] *a.* crafty, কৌশলী। [L. *versutus*]

vertebra [va(r)°-ti-bra, ভ্যা(র্)°টিব্র্যা] *n.* a joint of the backbone, মেরুদণ্ডের অস্থিসন্ধি, (পরি.) কশেরুকা। *pl.* **vertebræ** [va(r)°-ti-brē, ভ্যা(র্)°-টিব্রী] *a.* **vertebral** [va(r)°-tibr(a)l, ভ্যা(র্)°-টিব্‌র্‌ল্] কশেরুকা-সংক্রান্ত, মেরুদণ্ডীয়। **vertebral column**—মেরুদণ্ড, পৃষ্ঠবংশ। *n. pl.* **Vertebrā°ta**—মেরুদণ্ডী প্রাণিবর্গ। **ver°tebrate**—**(1)** *a.* মেরুদণ্ডবিশিষ্ট, মেরুদণ্ডী। **(2)** *n.* মেরুদণ্ডী প্রাণী। [L.]

vertex [va(r)°-teks, ভ্যা(র্)°টেক্‌স্] *n.* the top or summit, শীর্ষ, চূড়া। *pl.* **vertices** [va(r)°-ti-sēz, ভ্যা(র্)°টিসীজ্] । *a.* **ver°tical**—শীর্ষদেশীয় ; শীর্ষস্থ ; খাড়া, উলম্ব, উর্ধ্বাধঃ। *n.* **vertica°lity** । *adv.* **ver°tically** । **vertically opposite**—বিপ্রতীপ। [L. *vertex*]

vertiginous—see **vertigo**.

vertigo [va(r)°-ti-gō, ভ্যা(র্)°টিগৌ] *n.* giddiness, মাথা ঝিম্‌ঝিমানি। *a.* **vertiginous** [va(r)-ti°-gi-nas, ভ্যা(র্)টি°জিন্যাস্] মাথা ঝিম্‌ঝিম্ করিতেছে এমন ; মাথা ঝিম্‌ঝিম্ করায় এমন। [L.]

vertu—erroneous form of **virtu**.

vervain [va(r)°-vān, ভ্যা(র্)°ভেইন্] *n.* a plant believed to have great magical and medicinal powers and used as amulet, বন্য গাছ-বিশেষ : ইহাকে পরমজাদুময় ও রোগনাশক শক্তি-সম্পন্ন বলিয়া বিশ্বাস করা হইত এবং কবচ হিসাবে ধারণ করা হইত। [OF. *verveine* < L. *verbena*]

verve [vā(r)v, ভেয়্যা(র্)ভ্] *n.* intellectual vigour, esp. as manifested in literary work, মানসিক শক্তি, (বিশেষতঃ) সাহিত্যপ্রতিভা ; vivacity, প্রাণচাঞ্চল্য ; spirit, তেজ ; enthusiasm, উদ্দীপনা ; energy, কর্মপ্রেরণা। [F. < L. *verba* = words]

very [ve°-ri, ভে°রি] **(1)** *a.* true, সত্য ; real, প্রকৃত ; exact, precise, যথাযথ, সঠিক, যথাযথভাবে বর্ণিত (অর্থাৎ বেশী বা কম বলা হয় নাই এমন) ; veritable, যথার্থ ই নির্দিষ্ট আখ্যানযোগ্য ; actual, সত্য-সত্যই, যথার্থ। **(2)** *adv.* in a high degree, অতিশয়, অত্যন্ত ; utterly, একেবারে ; quite, সম্পূর্ণভাবে ; truly, সত্যই ; precisely, যথার্থই, যথাযথভাবে। *adv.* **ve°rily**—সত্যই ; নিশ্চয়ই ; যথার্থ ই। [ME. *ver(r)ay* < AF. *ver(r)ai* < L. *verus* = true]

Ver(e)y light [vēr°-i-līt, ভিয়্যার্°ই লাইট্] *n.* a signalling or illuminating coloured flare fired from a pistol, সঙ্কেতজ্ঞাপনের বা আলোকনের জন্য পিস্তল দাগিয়া সৃষ্ট রঙিন অগ্নিশিখা। [*Very*, its inventor]

vesica [ve-sī°-ka, ভেসাই°ক্যা] *n.* (anat.) a bladder, জীবদেহস্থ থলি বা কোষ, বিশেষতঃ মূত্রস্থলী। *n.* **vesicle** [ve°-sikl, ভে°সিক্‌ল্] ক্ষুদ্র বটিকা কোষ থলি ফুসকুড়ি ছিদ্র রন্ধ্র বা স্ফীতি; মেরুদণ্ডী প্রাণীর মস্তিষ্কের ক্ষুদ্র কোষ। *n.* **vesi°cotomy**—শল্যচিকিৎসাদ্বারা মূত্রস্থলীর অপসারণ। [L. *vesica*]

Vespa [ves°-pa, ভেস্‌°প্যা] *n.* the wasp, বোলতা। *a.* **ves°pine** । *n.* **vespiary** [ves°-per-i, ভেস্‌°পিয়্যার্‌ই] বোলতার বাসা। [L.]

vesper [ves°pa(r), ভেস্‌°প্যা(র্)] *n.* evening, সন্ধ্যা; (usu. in *pl.*) the sixth of the seven canonical hours, খ্রিস্টধর্মানুসারে দৈনন্দিন প্রার্থনাদির জন্য সাতটি নির্দিষ্ট সময়ের মধ্যে ষষ্ঠটি; (usu. in *pl.*) evensong, খ্রিস্টধর্মানুসারে সান্ধ্যপ্রার্থনা; the bell that summons to vespers, সান্ধ্যপ্রার্থনার আহ্বানপূর্ণ ঘণ্টাধ্বনি (also **ves°per-bell**)। *n.* **Ves°per**—সন্ধ্যাতারা। [L.—cp. Gk. *hesperos*]

vespiary—see **Vespa.**

vessel [ve°sl, ভে°স্‌ল্] *n.* a receptacle, (প্রধানতঃ তরল পদার্থ রাখার) পাত্র; a ship or a large boat, জাহাজ বা বড় নৌকা; a conducting tube for body-liquids in animals, রক্তাদি-সংবহনার্থ জীবদেহস্থ নালিকা, ধমনী, শিরা; (B.) a person regarded as a receptacle, recipient, or embodiment (of a quality), (গুণাদির) আধার গ্রাহক অথবা মূর্তরূপ হিসাবে পরিগণিত ব্যক্তি। **weak vessel**—অনির্ভরযোগ্য ব্যক্তি। **weaker vessel**—(কথ্য.) স্ত্রীলোক, নারী। [OF.<L. *vascellum*]

vest [vest, ভেস্‌ট্] (**1**) *n.* garb, পোশাক; a garment, জামা; a waistcoat, ফতুয়া-জাতীয় জামাবিশেষ, ওএস্‌ট্‌কোট্; an undershirt, উত্তমাঙ্গের অন্তর্বাস। (**2**) *v.t.* to clothe, পোশাক পরান; to invest, (কাহার উপরে) ন্যস্ত করা; অর্পণ করা; to endow, বিভূষিত করা; (in law) to put in fixed right of possession, (আইনে) স্থায়ী বা কায়েমী (ভোগদখলের) অধিকার দেওয়া। (**3**) *v.i.* to descend or devolve as a right, অধিকারে আসা। *a.* **ves°téd**—ইতোমধ্যেই অর্জিত হইয়াছে বা কায়েম করা হইয়াছে এমন; কায়েমী। **vested interests (rights)**—কায়েমী স্বার্থ; কায়েমী স্বার্থসম্পন্ন সম্প্রদায়। [L. *vestis(n)*]

Vesta [ves°ta, ভেস্‌°ট্যা] *n.* the Roman goddess of the hearth and household, রোম্যানদের উনান ও গৃহস্থালীর অধিষ্ঠাত্রী দেবী; a minor planet, অপ্রধান গ্রহবিশেষ। *n.* **ves°ta**—মোমমাখান দীপশলাকাবিশেষ; দেশলাই-কাঠিবিশেষ। **ves°tal**—(**1**) *a.* ভেস্‌ট্যা-দেবীসংক্রান্ত; ভেস্‌ট্যা-দেবীর নিকট উৎসর্গীকৃত (কুমারী-সংক্রান্ত); অক্ষতযোনি; সচ্চরিত্রা। (**2**) *n.* ভেস্‌ট্যা-দেবীর নিকট উৎসর্গীকৃত (রোম্যান) কুমারী; চিরকুমারী সন্ন্যাসিনী। [L.]

vestiary [ves°-ti-ari, ভেস্‌°টিঅ্যারি] *n.* vestry, গির্জা-সংলগ্ন যাজকদের পোশাক-ঘর; cloakroom, ক্লোক টুপি প্রভৃতি রাখিবার ঘর। [OF. *vestiarie*]

vestibule [ves°-ti-būl, ভেস্‌°টিবিউল্] *n.* an antechamber, পার্শ্ব-প্রকোষ্ঠ, উপপ্রকোষ্ঠ; an entrance-hall, অট্টালিকাদির মধ্যস্থ প্রবেশের গলি, (পরি.) কর্ণদর্ভট, (তু.) সদর দালান; an enclosed platform at the end of a railway train, রেলগাড়ির শেষপ্রান্তে যে ঘেরাও-করা মঞ্চ থাকে। [L. *vestibulum*]

vestige [ves°-tij, ভেস্‌°টিজ্] *n.* a footprint, পদচিহ্ন; a trace, অবস্থান গমনপথ প্রভৃতির চিহ্ন; evidence, সাক্ষ্য; surviving trace of what has almost disappeared, অদৃশ্যপ্রায় প্রাণীর বা বস্তুর চিহ্ন; particle, কণা, অনুমাত্র (not a *vestige* of evidence for his assertion)। *a.* **ves°tigial**—চিহ্নহিসাবে বর্তমান। [L. *vestigium*]

vestiture [ves°-ti-cha(r), ভেস্‌°টিচ্যা(র্)] *n.* investiture, পদাদিতে অধিষ্ঠিত করার উৎসব, অভিষেক; clothes, পোশাক; covering (as hair, feather, scales), (লোম পালক আঁশ প্রভৃতির) আবরণ। [L. *vestitura*]

vestment [ves(t)°-mant, ভেস্‌°ম্যান্ট্] *n.* a garment, পোশাক; a ceremonial garment, আনুষ্ঠানিক (বিশেষতঃ ধর্মানুষ্ঠানকালে পরিধেয়) পোশাক। [L. *vestimentum*]

vestry [ves°-tri, ভেস্‌°ট্রি] *n.* a room in which vestments are kept and parochial meetings held, আনুষ্ঠানিক পোশাক রাখার ও যাজকপল্লীর সভানুষ্ঠানের জন্য (গির্জার) ঘর; a meeting of rate payers for parish business, (খ্রিস্টান) যাজকপল্লীর করদাতাদের সভা। *n.* **ves°try-clerk**—যাজকপল্লীর জমাখরচের খাতা লেখার জন্য নিযুক্ত কর্মচারী। *n.* **ves°tryman**—যাজকপল্লীর করদাতৃসভার সভ্য। [OF. ?]

vesture [ves°-cha(r) ভেস্‌°চ্যা(র্)] *n.* garb, পোশাক; a garment, জামা; covering, আবরণ। [OF.<LL. *vestitura*<*vestis*=a garment]

Vesuvian [vi-sōō°-vi-an, ভিসু°ভিঅ্যান্] *a.* of or like Vesuvius, ভিসুভিআস্-আগ্নেয়গিরিসংক্রান্ত বা তত্তুল্য। *n.* **vesu°vian**—ধীরে ধীরে পোড়ে (অর্থাৎ তাড়াতাড়ি পুড়িয়া যায় না) এমন দীপশলাকাবিশেষ; (প্রথমে ভিসুভিআস্-আগ্নেয়গিরির উপরে প্রাপ্ত) খনিজ পদার্থবিশেষ।

vet [vet, ভেট্] (**1**) *n.* (coll.) a veterinary surgeon, (কথ্য.) পশুচিকিৎসক। (**2**) *v.t.* to treat or examine medically, (পশুর) চিকিৎসা বা স্বাস্থ্যপরীক্ষা করা; to examine and correct (a piece of writing) (রচনাদি) পরীক্ষা করিয়া শুদ্ধ করা; to make careful examination, পুঙ্খানুপুঙ্খভাবে খতাইয়া দেখা। *pr. pt.* **ve°tting** । *p.* & *p. pt.* **ve°ttéd** । [<*veterinary*]

vetch [vech, ভেচ] *n.* kind of plant of bean family, (গবাদি পশুর খাদ্যরূপে ব্যবহৃত) কলাই ও তজ্জাতীয় গাছসমূহ। [ONF. *veche*=L. *vicia*]

veteran [ve°t(a)r(a)n, ভে°ট্রন্] (**1**) *n.* one who has seen long service, দীর্ঘকালের পুরাতন কর্মী ; an old and experienced soldier, পুরাতন অভিজ্ঞ সৈনিক ; one with long experience in activity, দীর্ঘকালের অভিজ্ঞতাসম্পন্ন ব্যক্তি, ঝানু বা পাকা লোক ; a retired player, যে প্রবীণ খেলোয়াড় খেলা ছাড়িয়া দিয়াছে। (**2**) *a.* old, experienced, পুরাতন, অভিজ্ঞ, ঝানু, পাকা। [L. *veteranus* < *vetus* = old]

veterinary [ve°-tn-ri, ভে°ট্‌ন্রি] (**1**) *a.* concerned with diseases of animals, পশুরোগ-সংক্রান্ত। (**2**) *n.* one skilled in the diseases of domestic animals, গবাদি পশুর রোগবিশেষজ্ঞ, গোবৈদ্য। [L. *veteranus* < *veterinae* = cattle]

veto [vē°-tō, ভী°টৌ] (**1**) *n.* authoritative prohibition, কর্তৃত্ববলে বা পদাধিকারবলে নিষেধাজ্ঞা, (পরি.) প্রতিষেধ ; the power to reject or forbid, প্রত্যাখ্যান বা নিষেধ করার ক্ষমতা, প্রতিষেধাধিকার, নামঞ্জুর করার ক্ষমতা বা অধিকার। (**2**) *v.t.* to reject or forbid by a veto, প্রতিষেধাধিকারবলে প্রত্যাখ্যান করা বা নিষেধ করা বা নামঞ্জুর করা। [L = forbid]

vex [veks, ভেক্স্] *v.t.* to harass, হয়রান করা ; to annoy, জ্বালাতন করা ; to agitate or disturb, বিক্ষুব্ধ করা, খেপান ; to discuss to excess, অত্যধিক দীর্ঘ করিয়া বা মাত্রাতিরিক্ত আলোচনা করা। *n.* **vexā°tion**—vex-এর সকল অর্থে, এবং—গোলমাল ; হয়রানি ; বিক্ষোভ ; অতি দীর্ঘ আলোচনা ; জ্বালাতনকর বিষয় বা বস্তু। *a.* **vexatious** [veksā°-shas, ভেক্স্‌এই°শ্যাস্] হয়রান করে এমন ; জ্বালাতনকর, বিক্ষুব্ধ করে এমন ; গোলমালপূর্ণ, গোলমেলে ; (আলোচনাদি সম্বন্ধে) অতি দীর্ঘ। *adv.* **vexā°tiously** । **vexatious suit**—অকারণ মামলা। **vexed question**—বহুবিতর্কিত বিষয়। [F. *vexer* < L. *vexare*]

via [vī°-a, ভাই°অ্যা] *prep.* by the route which passes through, পথ ঘুরিয়া, পথে (to go to Banaras *via* Patna)। **via media**—(দুই চরম উপায়াদির) মধ্যবর্তী পথ, নরম পন্থা। [It. < L. = way]

viable [vī°-abl, ভাই°অ্যাব্‌ল্ *a.* able to exist or survive, বিদ্যমান থাকিতে বা বাঁচিয়া থাকিতে বা টিকিয়া থাকিতে সক্ষম। *n.* **viabi°lity** । [F. < *vie* < L. *vita* = life]

viaduct [vī°a-dukt, ভাই°অ্যাডাক্ট্] *n.* a structure carrying a road or railway over a valley, উপত্যকার উপর দিয়া গমনাগমনের বা রেলচলাচলের জন্য নির্মিত পথ। [< *via*—after *aqueduct*]

vial [vī°-al, ভাই°অ্যাল্]—var. of **phal** । **(to) pour out vials of wrath**—প্রতিহিংসা লওয়া ; (কথ্য.) রোষ প্রকাশ করা।

viand [vī°-and, ভাই°অ্যান্ড্] *n.* an article of food, খাদ্যসামগ্রী ; (usu. in *pl.*) food, provisions, খাদ্য। [F. *viande* < L. *vivenda* = food necessary for life]

viaticum [vī-a°-ti-kam, ভাইঅ্যা°টিক্যাম্] *n.* money, provisions, etc., for a journey, ভ্রমণকালে প্রয়োজনীয় অর্থ খাদ্য প্রভৃতি, রাহাখরচ ; the eucharist given to persons in danger of death, (রোম্যান্ ক্যাথলিক ধর্মে) মৃত্যু-সম্ভাবনাপূর্ণ বিপদের মধ্যে পতিত ব্যক্তিকে প্রদত্ত খাদ্য ও পানীয়। [L.]

vibrant—see **vibrate**.

vibrate [vī-brāt°, ভাইব্রেইট্°] *v.i.t.* to tremble, কাঁপা বা কাঁপান, স্পন্দিত হওয়া বা করা ; to oscillate or swing, দোলা বা দোলান ; to change to and fro, (প্রধানতঃ দ্রুতবেগে) দিক্‌পরিবর্তন করা বা করান ; to thrill, শিহরিত হওয়া বা করা। *p.* & *p. pt.* **vībrā°tėd** । *a.* **vī°brant**—কম্পিত স্পন্দিত আন্দোলিত বা শিহরিত হয় এমন ; অনুনাদশীল। *n.* **vibrā°tion**—কম্পন, স্পন্দন ; আন্দোলন, দোল ; দিক্‌পরিবর্তন : শিহরণ। *a.* **vībrā°tional**—কম্পন স্পন্দন প্রভৃতি সংক্রান্ত। *n.* **vībrā°tor**—vibrate-এর সকল অর্থে, এবং—মেশিনাদির যে অংশ কম্পিত বা স্পন্দিত হয়। *a.* **vibratory** [vī°-brat(a)ri, ভাই°ব্র্যাট্রি] ঝাঁকি কম্পন স্পন্দন প্রভৃতি সংক্রান্ত বা তত্তুল্য, ঝাঁকি খায় বা দেয় এমন, স্পন্দিত শিহরিত প্রভৃতি হয় বা করায় এমন। [L. *vibrare*]

vicar [vi°ka(r), ভি°ক্যা(র্)] *n.* a deputy or substitute, প্রতিনিধি বা বদলি ; a person of a parish who receives only the smaller tithes or salary the larger share being payable to others, (ইংল্যান্ডের সরকার-অনুমোদিত গির্জায়) অপরের প্রতিনিধি হিসাবে অপেক্ষাকৃত অল্প খাজনা বা বেতন পায় এমন পল্লীযাজকবিশেষ ; a bishop's deputy, (রোম্যান্ ক্যাথলিক্ ধর্মে) বিশপের প্রতিনিধি। *n.* **vi°carage**—পল্লীযাজকের এলাকা বা বাসভবন। *n. fem.* **vicarėss**—মঠাধ্যক্ষার প্রতিনিধি ; পল্লীযাজকের পত্নী। *a.* **vīcār°ial**—পল্লীযাজক-সংক্রান্ত ; (ক্ষমতাদি সম্পর্কে) হস্তান্তরিত। *a.* **vīcār°ious**—প্রতিনিধি বা বদলিস্বরূপ কাজ করে বা ভোগ করে এমন (*vicarious* authority)। **vicarious sufferings**—যিশুখ্রিস্ট কর্তৃক পাপীদের জন্য পাপযন্ত্রণা ভোগ। [L. *vicarius* = substituted—see *vice-*]

vice$_1$ [vīs, ভাইস্] *n.* a gripping appliance, পাক দিয়া আঁটিয়া ধরার যন্ত্র, পাকসাঁড়াশি, বাইস্। [F. *vis* = a screw < L. *vitis* = a vine]

vice$_2$ [vīs, ভাইস্] *n.* a blemish or fault, কলঙ্ক, খুঁত, দোষ ; immorality, অধার্মিকতা, অনৈতিকতা ; depravity, অসচ্চরিত্রতা ; an immoral habit, নীতিবিগর্হিত বা অসৎ অভ্যাস, কদভ্যাস ; ill-temper, (অশ্বাদির) বদমেজাজ। *n.* **Vice**—প্রাচীন ইংরেজী নীতিমূলক নাটকে অধার্মিকতার মূর্ত চরিত্র (তু. মার)। *a.* **vicious** [vi°-shas, ভি°শ্যাস্] কদভ্যাসযুক্ত (*vicious* habits) ; অধার্মিকতাপূর্ণ ; দুশ্চরিত্র (*vicious* companions, persons, etc.) ; অসৎ ; খুঁতপূর্ণ ;

বিদ্বেষপূর্ণ ; (অশ্বাদি-সম্বন্ধে) বদমেজাজী (*vicious* mood); দূষিত, পঙ্কিল, অবিশুদ্ধ ; ব্যাধিযুক্ত। **vicious circle**—(ন্যায়.) প্রতিপাদ্য হইতেই সিদ্ধান্তগ্রহণমূলক ভ্রমাত্মক বিচার ; আবর্ত চক্রক ; মন্দের ফলে উক্ত মন্দই বৃদ্ধি পায় এমন প্রণালী। **vicious spiral**—(দ্রব্যমূল্য প্রভৃতির) অব্যাহত বৃদ্ধি। *adv.* **vi°ciously** । *n.* **vi°ciousness** । [F.<L. *vitium*=a blemish ; LL. *viciosus*=vicious, faulty]

vice₃ [vī°-si, ভাই°সি] *prep.* in place of, বদলে পরিবর্তে স্থানে ; in succession to, উত্তরাধিকারি-রূপে। **vice versa** [...va(r°)-sa, ...ভ্যা(র্)°স্যা] তদ্বিপরীত বা তদ্বিপরীতভাবে ; উলটা বা উলটাভাবে। [L.]

vice-₄ [vīs, ভাইস্] *pfx.* in place of, বদলে পরিবর্তে, সহকারী, সহ-, উপ-। *n.* **vīce°-ad°miral**—নৌবাহিনীর উপ-প্রধান সেনাপতি। *n.* **vīce°-chair°man**—উপ-সভাপতি। *n.* **vīce°-chan°-cellor**—(বিশ্ববিদ্যালয়ের) উপাচার্য। *n.* **vīce-pre°sident**—উপ-সভাপতি। *n.* **vīce°-prin°-cipal**—(কলেজাদির) উপাধ্যক্ষ। [see *vice₃*]

vicegerent [vīs°-je°r(a)nt, ভাইস্‌°জে°র্‌ন্ট্] (**1**) *a.* acting in place of another, esp. in place of a superior, অপরের বিশেষতঃ উপরওআলার বদলে কার্যরত। (**2**) *n.* such a person, ঐরূপ ব্যক্তি। *n.* **vice°ge°rency**—অপরের বিশেষতঃ উপরওআলার বদলে কাজ করা। [L. *vicem gerens*]

vicennial [vī-se°-ni-al, ভাইসে°নিঅ্যাল্] *a.* lasting twenty years, কুড়ি বছর স্থায়ী ; occurring every twenty years, প্রতি কুড়ি বছর অন্তর ঘটে এমন। [L. *vicennium*=period of twenty years]

viceregal, vicereine—see **viceroy**.

viceroy [vīs°-roy, ভাইস্‌°রয়্] *n.* a governor acting in the name of a king, কোন রাজার প্রতিনিধিস্বরূপ শাসক, রাজপ্রতিনিধি। *a.* **vīcere°-gal**—রাজপ্রতিনিধি-সংক্রান্ত। *n. fem.* **vicereine** [vīs°-rān°, ভাইস্‌°রেইন্°] রাজপ্রতিনিধির স্ত্রী। *n.* **vice°royalty, vice°royship** । [OF.<L. *vice-, regem*=king]

vice versa—see **vice₃**.

vicinage [vi°-si-nij, ভি°সিনিজ্] *n.* neighbourhood, পার্শ্ববর্তী অঞ্চল(সমূহ)। *a.* **vi°cinal**—পার্শ্ববর্তী ; স্থানীয়। [L. *vicinus*=neighbour]

vicinity [vi-si°-ni-ti, ভিসি°নিটি] *n.* neighbourhood, পার্শ্ববর্তী অঞ্চল(সমূহ) ; nearness, নৈকট্য, সান্নিধ্য। **in the vicinity(of)**—নিকটে। [see *vicinage*]

vicious—see **vice₂**.

vicissitude [vi-si°-si-tūd, ভিসি°সিটিউড্] *n.* change, পরিবর্তন ; change of fortune, ভাগ্য-পরিবর্তন ; (in *pl.*) ups and downs, (ভাগ্যাদির) উত্থান-পতন (life marked by *vicissitudes*)। [L. *vicissitudo*]

victim [vik°-tim, ভিক্‌°টিম্] *n.* a living being offered at a sacrifice, বলিরূপে উৎসর্গীকৃত জীবন্ত মানুষ বা প্রাণী, জীবন্ত বলি ; a prey to death, suffering, or ill-treatment, যাহাকে মৃত্যু যন্ত্রণা বা অসদাচরণ ভোগ করিতে হয় ; a prey, যাহাকে শিকার করা হয়, শিকার ; *dupe*, প্রতারণা বা ছলনার বলি বা শিকার। *v.t.* **vic°timīze**—বলির প্রাণী বা পশু করা ; বলি দেওয়া ; প্রতিহিংসামূলকভাবে নিপীড়ন করা ; প্রতারিত করা। *n.* **victimīzā°-tion**—প্রতিশোধমূলক নিপীড়ন। [L. *victima*=a beast for sacrifice]

victor [vik°-ta(r), ভিক্‌°ট্যা(র্)] *n.* a winner in contest, প্রতিযোগিতাদিতে বিজয়ী ব্যক্তি বা প্রাণী, বিজেতা। *a.* **victorious** [vik-taw°-ri-as, ভিক্-ট্য°রিঅ্যাস্] প্রতিযোগিতাদিতে জয়ী, বিজয়ী। *adv.* **victo°riously** । *n.* **victory** [vik°-t(a)ri, ভিক্‌°ট্রি] প্রতিযোগিতাদিতে বিজয়লাভ, জয়, বিজয়। **Vic°tory**—জয়ের অধিষ্ঠাত্রী গ্রীক্ দেবী। [L.]

Victoria Cross [vik-taw°-ri-a-kros, ভিক্‌ট্য°-রিঅ্যা ক্রস্] *n.* a decoration for conspicuous bravery on the field, রণক্ষেত্রে অসমসাহস প্রদর্শনের জন্য প্রদত্ত অঙ্গে ধারণীয় ক্রুশাকার পদক-বিশেষ।

Victorian [vik-taw°-ri-an, ভিক্‌ট্য°রিঅ্যান্] (**1**) *a.* of or having characteristics of the reign of Queen Victoria, ইংল্যান্ডের রানী ভিক্টরিআর শাসনকালসম্বন্ধীয় বা ঐ শাসনকালের বৈশিষ্ট্যপূর্ণ ; strict but somewhat conventional in morals, নৈতিক দিক্ দিয়া কঠোর কিন্তু (বেশ) কিছুটা সংস্কারাবদ্ধ। (**2**) *n.* such a person, ঐরূপ ব্যক্তি।

victory—see **victor**.

victual [vi°tl, ভিট্‌ল্] (**1**) *n.* (usu. in *pl.*) food, (প্রধানতঃ মানুষের) খাদ্য (ও পানীয়)। (**2**) *v.t.i.* to supply with victuals, খাদ্য (ও পানীয়) সরবরাহ করা ; to feed, খাওয়ান। *pr. pt.* **vic°tualling** । *p. & p. pt.* **vic°tualled** । *n.* **vic°tualler**—খাদ্যের (ও পানীয়ের) জোগানদার; খাদ্য (ও পানীয়) সরবরাহকারী জাহাজ। **licensed victualler**—মদ্যবিক্রয়ের অনুমতিপ্রাপ্ত সরাইওআলা। [OF. *vitaille*<LL. *victualia*<L. *victualis*=relating to living]

vicuña [vi-koo°-nia, ভিকূ°নিয়্যা)], *n.* a wild species of the llama, বন্য উষ্ট্রবিশেষ ; cloth of its wool, ইহার পশমজাত বস্ত্র। [Sp.]

vide [vī°-di, ভাই°ডি] *v.i.* see, দেখ। **vide infra**—নিম্নে দেখ। **vide supra**—উপরে দেখ। [L.]

videlicet [vi-dē°li-set, ভিডী°লিসেট্] *adv.* to wit, namely, উদাহরণস্বরূপ, যথা। [L.]

video [vi°-di-ō, ভি°ডিঔ] *n. & a.* television, টেলিভিশন, দূরেক্ষণ। **video tape**—(টেলিভিশন বা দূরেক্ষণের জন্য) শব্দ ও চিত্রগ্রহণের চৌম্বক টেপ্‌বিশেষ। [L. *videre*=to see]

vidimus [vī°-di-mas, ভাই°ডিম্যাস্] *n.* certified copy of accounts, etc., হিসাব প্রভৃতির সংসিত বা প্রমাণিত প্রতিলিপি বা নকল। [L.]

vie [vī, ভাই] *v.i.* to contend in rivalry, প্রতিযোগিতা করা (to *vie with* one another *for* a prize, to *vie with* another *in* doing a thing) I *pr. pt.* **vying** [vī°-ing, ভাই°ইং] I *p. &* *p. pt.* **vi°ed** I [F. *envier*<L. *invitare*=to challenge]

vielle [vē°el, ভী°এল্] *n.* hurdy-gurdy, পিয়ানো-জাতীয় বাদ্যযন্ত্রবিশেষ: ইহা হাতল ঘুরাইয়া বাজাইতে হয়। [F.]

Viennese [vi-e-nēz°, ভিএনীজ্°] (**I**) *a.* of Vienna, ভিএনা-দেশীয়। (**2**) *n.* (*sing. & pl.*) native(s) of Vienna, ভিএনার লোক(গণ)।

view [vū, ভিউ] (**I**) *n.* an act of looking, দৃষ্টি-পাত, অবলোকন, দর্শন; range or field of sight, দৃষ্টির পাল্লা বা ক্ষেত্র; whole extent seen, দৃষ্টিগোচর সমগ্র এলাকা; a prospect, দৃশ্য; that which is seen, দৃষ্ট বস্তু অঞ্চল প্রভৃতি; inspection, পরীক্ষার জন্য দর্শন, পরিদর্শন; appearance, চেহারা; a general survey, মোটামুটি পর্যবেক্ষণ; mode of considering, বিবেচনার ধারা; opinion, মত, অভিমত; intention, অভিপ্রায়, উদ্দেশ্য। (**2**) *v.t.* to see, দেখা; to look at, দৃষ্টিপাত করা, তাকান; to observe, পর্যবেক্ষণ করা, লক্ষ্য করা; to consider, বিবেচনা করা, গণ্য করা, বিচার করা; to examine intellectually, মনে মনে বিচার করা, ভাবিয়া দেখা। *n.* **view°er** I *n.* **view-finder**—যাহার ফটো তুলিতে হইবে তাহার ছবি ক্ষুদ্রাকারে পূর্বাহ্ণে দেখিবার জন্য ক্যামেরার মধ্যস্থ কলবিশেষ। *a.* **view°léss**—অদৃশ্য। *n.* **view°-point, point of view**—দৃষ্টিকোণ; দৃষ্টিভঙ্গি। **in view**—দৃষ্টিগোচর, লক্ষীভূত; মনে আছে এমন; মনে-মনে বিচার করা হইতেছে এমন; মনে-মনে উদ্দিষ্ট বা অভিপ্রেত। **in view of**—দর্শনক্ষম বা দৃষ্টিগোচর অবস্থায়; এতদ্দৃষ্টে, তজ্জন্য। **on view**—সাধারণের পরিদর্শনার্থ উন্মুক্ত (latest fashions are *on view* in many shop windows) I **with a view to**—এতদুদ্দেশ্যে। **an order to view**—(ক্রয়ার্থে) বাড়ি প্রভৃতি দেখিবার লিখিত অনুমতিপত্র। **(to) come into view**—দৃষ্টিগোচর হওয়া, নয়নপথগামী হওয়া। **(to) come in view of**—দেখিতে সক্ষম হওয়া (we *came in* full *view of* the mountain) I [F. *vue*<*vu, p. pt.* of *voir*<L. *videre*=to see]

vigil [vi°-jil, ভি°জিল্] *n.* watching, esp. by night, for religious exercise, ধর্মানুশীলনার্থ প্রধানতঃ রাত্রিকালে জাগ্রৎ অবস্থায় পর্যবেক্ষণ, নিশি-পালন; the eve of a holy day, পর্বদিবসের সন্ধ্যা (ও রাত্রি), নিশি; act of keeping awake, (প্রধানতঃ রাত্রিকালে সতর্কাবস্থায়) জাগরণ (to keep *vigil* over a patient) I *n.* **vi°gilance**—সতর্ক প্রহরা। **vigilance committee**—পল্লীর শান্তি-রক্ষার্থ কতিপয় পল্লীবাসী মিলিয়া গঠিত দল। *a.* **vi°-gilant**—সতর্ক প্রহরারত; জাগ্রদবস্থ। [L. *vigilia*]

vignette [vi-niet°, ভিনিয়েট্°] *n.* (ori.) a design of vine-leaves and tendrils, (মূলতঃ) আঙ্গুরের পাতা ও উহার চিত্র সংবলিত নক্শা; a small embellishment without a border, (প্রধানতঃ পুস্তকাদির নামপত্রের) শীর্ষদেশের বা অধোভাগের ফাঁকা জায়গায় লতাপাতার চিত্র; a portrait showing only the head and shoulders, কেবল স্কন্ধ হইতে মস্তক পর্যন্ত অঙ্গের চিত্র; a character sketch, চরিত্র-বর্ণনা, চরিত্রচিত্র; a short description, সংক্ষিপ্ত বর্ণনা বা বিবরণ। [F. *vigne*<L. *vinea*=a vine]

vigorous—see **vigour.**

vigour [vi°-ga(r), ভি°গ্যা(র্)] *n.* active strength, সক্রিয় শক্তি, তেজ, বীর্য; vital power, প্রাণশক্তি, জীবনীশক্তি; forcefulness, বলিষ্ঠতা; energy, কর্মশক্তি। *a.* **vigorous** [vi°-g(a)ras, ভি°গ্র্যাস্] সক্রিয়-শক্তিসম্পন্ন, তেজস্বী, বীর্যবান্; প্রাণশক্তিসম্পন্ন; সবল। *adv.* **vi°gorously** I *n.* **vi°gorousnėss** I [AF.<L. *vigor*]

Viking [vī°-king, ভাই°কিং] *n.* a Scandinavian pirate of 8th-10th centuries, খ্রিষ্টীয় ৮ম-১০ম শতাব্দীর স্ক্যান্‌ডিনেভীয় জলদস্যু। [ON. *vikingr*<? OE. *wicing*=pirate]

vile [vīl, ভাইল্] *a.* worthless, বাজে; base, নীচ, ইতর; detestable, জঘন্য; foul, দূষিত; depraved, দুশ্চরিত্র; very bad, অতি মন্দ। *adv.* **vīle°ly** I *n.* **vīle°nėss** I [OF. *vil*, L. *vilis*]

vilify [vi°-li-fī, ভি°লিফাই] *v.t.* (obs.) to make vile, (অপ্র.) নীচ জঘন্য দূষিত দুশ্চরিত্র বা অতি মন্দ করা; to disparage, নিন্দা করা; to defame, মানহানি করা। *n.* **vilifi°cātion** I *n.* **vi°lifier** I [see *vile*]

villa [vi°-la, ভি°ল্যা] *n.* a country seat, গ্রামস্থ বাসভবন (ইটালিতে গ্রামস্থ দুর্গভবন); a detached house, (প্রধানতঃ শহরতলীর) ফাঁকা জায়গায় অব-স্থিত বাড়ি। [L.=farmhouse]

village [vi°-lij, ভি°লিজ্] *n.* an assemblage of houses smaller than town, গ্রাম; the people of a village, গ্রামবাসিগণ। *n.* **vi°llāger**—গ্রামবাসী। [F.=a manor<L. *villaticus*]

villain [vi°-lan, ভি°ল্যান্] *n.* (ori.) a villein or a serf, (মূলতঃ) গ্রাম্য প্রজা বা কৃষক প্রজা; an extremely wicked person, অতি দুর্বৃত্ত লোক, দুর্জন; a wretch or rogue, (কৌতু.) হতভাগা বা পাজী লোক; (in a story or play) the wicked enemy of the hero or heroine, (গল্পে বা নাটকে) নায়কের বা নায়িকার দুর্বৃত্ত শত্রু। *n.* **vi°lla(i)nage**—same as **villeinage** (see **villein**) I *a.* **vi°llainous**—অতি দুর্বৃত্ত; জঘন্য; অতি অসৎ। *n.* **vi°lla(i)ny**—চরম দুর্বৃত্তি; জঘন্য বা ভয়াবহ অপরাধ। [OF. *villain*<LL. *villanus*<L. *villa*=a country house]

villein [vi°-lin, ভি°লিন্] *n.* (ori.) a villager or a serf, (মূলতঃ) জমিভোগের ব্যাপারে জমিদারের

অধীন কিন্তু অন্যান্য বিষয়ে স্বাধীন গ্রামবাসী বা কৃষক-প্রজা, ভূমিদাস। *n.* **vi°lle(i)nage**—স্বাধীন গ্রামবাসীর অধিকার বা কৃষকপ্রজাস্বত্ব। [AF.]

vim [vim, ভিম্] *n.* (sl.) energy, vigour, (অশি.) কর্মশক্তি, তেজ, বীর্য। [L.]

vinaigrette [vi-nā-gret°, ভিনেইগ্রেট্°] *n.* a bottle for smelling salts, স্মেলিং সল্ট্ (অর্থাৎ শ্বাসকষ্ট শিরোঘূর্ণন প্রভৃতি দূরীকরণার্থ শোঁকার জন্য একপ্রকার আরকপূর্ণ শিশি)। [F.]

vincible [vin°-sibl, ভিন্°সিব্‌ল্] *a.* conquerable, জয়সাধ্য, জেয়। [L. *vincibilis* < *vincere* = to conquer]

vinculum [ving°-kū-lam, ভিং°কিউ°ল্যাম্] *n.* (math.) a horizontal line placed above, equivalent to brackets, (গণি.) মাত্রাবন্ধনী, (পরি.) রেখাবন্ধনী; (e.g. $(a+b)\times c=ac+bc$ but $a+\overline{b\times c}=a+bc$)। [L.]

vindicable—see **vindicate**.

vindicate [vin°-di-kāt, ভিন্°ডিকেইট্] *v.t.* to justify, সত্যতা বা যথার্থতা প্রতিপাদন করা; to defend successfully, সাফল্যের সহিত সমর্থন করা; to establish, খাড়া করা, প্রতিষ্ঠিত করা; to lay (good) claim to, (ন্যায্য) দাবি করা; to maintain, বজায় রাখা। *p.* & *p. pt.* **vin°dicāted**। *a.* **vin°dicable**। *n.* **vindicabi°lity**। *n.* **vindicā°tion**। *a.* **vin°dicātive**—সত্যতা বা যথার্থতা প্রতিপাদনকর; সাফল্যের সহিত সমর্থন করে এমন; প্রতিষ্ঠিত করে এমন, (ন্যায্য) দাবি করে এমন; বজায় রাখে এমন। *n.* **vin°dicātor**। *a.* **vin°dicātory**—সমর্থনানুকূল; শাস্তিমূলক। [L. *vindicare*—(ori.) to avenge]

vindictive [vin-dik°-tiv, ভিন্‌ডিক্°টিভ্] *a.* revengeful, প্রতিহিংসাপরায়ণ, প্রতিহিংসাপূর্ণ; punitive, শাস্তিমূলক; retributive, ক্ষতিপূরণ-আদায়কর। *adv.* **vindic°tively**। *n.* **vindic°tiveness**। [see *vindicate*]

vine [vīn, ভাইন্] *n.* the plant that bears grapes, দ্রাক্ষালতা, আঙ্গুরগাছ। *n.* **vīne°-dresser**—যে ব্যক্তি দ্রাক্ষালতা ছাঁটে ও তাহার চাষ করে। *n.* **vī°ner**—যে ব্যক্তি দ্রাক্ষালতা চাষ করে। *n.* **vī°nery**—কৃত্রিম উপায়ে দ্রাক্ষালতা-চাষের জন্য কাচের তৈয়ারী উষ্ণ ঘর। *n.* **vīne°yard**—দ্রাক্ষাক্ষেত্র। *n.* **vini°culture**—দ্রাক্ষালতার চাষ, দ্রাক্ষা-উৎপাদন। *n.* **vini°culturist**—দ্রাক্ষা-উৎপাদক। *a.* **vī°nous**—মদ্য-সংক্রান্ত; মদ্যতুল্য; মদ্যের ন্যায় বর্ণযুক্ত; মদ্যাসক্ত। *a.* **vī°ny**—দ্রাক্ষালতা-সংক্রান্ত; দ্রাক্ষালতাতুল্য; দ্রাক্ষালতাপূর্ণ; দ্রাক্ষালতা-উৎপাদক; (দ্রাক্ষালতাবৎ) বিজড়িত। **(to) dwell under one's vine and fig-tree**—শান্তিতে নিজের জমিতে বাস করা। [OF. *vi(g)ne* < L. *vinea*—a vineyard, a vine < *vinum* = wine]

vinegar [vi°-ni-ga(r), ভি°নিগ্যা(র্)] *n.* an acid liquid got from various alcoholic liquors, বিবিধ সুরা হইতে প্রাপ্ত অম্লস্বাদ তরল পদার্থবিশেষ, সির্কা, কাঞ্জিক। *a.* **vi°negary**—সির্কাতুল্য; টক। [F. *vinaigre* < *vin*(< L. *vinum*)—wine, *aigre* (< L. *acer*) = sour]

viner, vinery, vineyard. viniculture, vinous—see **vine**.

vintage [vin°-tij, ভিন্°টিজ্] (**1**) *n.* the gathering of grapes and preparation for wine-making, দ্রাক্ষাসংগ্রহ ও মদ্য তৈয়ারির জন্য আয়োজন; a season's yield of grapes or wine, বৎসরের দ্রাক্ষাফসল বা তৈয়ারী মদ; the time for gathering grapes, দ্রাক্ষাফসল সংগ্রহের সময়; wine, মদ। (**2**) *a.* of a past season, অতীত কালের (*vintage* car)। [AF. < OF. *vendage* < L. (*vindemia*—influenced by *vintner*]

vintner [vint°-na(r), ভিন্‌ট্°ন্যা(র্)] *n.* a wine-seller, মদ্যবিক্রেতা, শুঁড়ি। *n.* **vint°ry**—মদের ভাণ্ডার বা দোকান। [OF. *vinetier* < L. *vinum* = wine]

viny—see **vine**.

viol [vī°-al, ভাই°অ্যাল্] *n.* a medieval musical instrument, মধ্যযুগীয় ইউরোপের বাদ্যযন্ত্রবিশেষ। *n.* **vī°olist**—উক্ত যন্ত্রবাদক। [OF. *viole*, It. *viola*]

viola$_1$ [vi-ō°-la, ভিওঁ°ল্যা] *n.* a tenor fiddle, বেহালাজাতীয় বীণাবিশেষ। [see *viol*]

viola$_2$ [vī°-ō-lạ, ভাই°ঔল্যা] *n.* a variety of single-coloured pansy, একরঙা পান্‌জি-পুষ্পবিশেষ। [L.]

violable—see **violate**.

violate [vī°-a-lāt, ভাই°অ্যালেইট্] *v.t.* to do violence to, বলাৎকার করা, অত্যাচার করা; to fail to observe duly, যথাযথভাবে পালন না করা বা মানিয়া না চলা; to abuse, অপব্যবহার বা অবমাননা করা; to profane, অপবিত্র করা; to transgress, লঙ্ঘন করা, অমান্য করা। *p.* & *p. pt.* **vī°olāted**। *a.* **vī°olable**। *n.* **violā°tion**। *n.* **vī°olātor**। [L. *violare*]

violent [vī°-a-lant, ভাই°অ্যাল্যান্ট্] *a.* intensely forcible, যৎপরোনাস্তি জোরাল তীব্র বা উগ্র; vehement, প্রচণ্ড; causing severe injury, হিংস্র, হিংসাত্মক। *n.* **vī°olence**—যৎপরোনাস্তি প্রবলতা তীব্রতা বা উগ্রতা; প্রচণ্ডতা; হিংস্রতা। *adv.* **vī°olently**। [L. *violentus*]

violet [vī°-a-lit, ভাই°অ্যালিট্] (**1**) *n.* a kind of flower, ক্ষুদ্র পুষ্পবিশেষ; its colour, উক্ত পুষ্পের বর্ণ (প্রধানতঃ বেগনী)। (**2**) *a.* violet-coloured, উক্ত পুষ্পবৎ বর্ণবিশিষ্ট, বেগনী। **shrinking violet**—লাজুক বা সসঙ্কোচ ব্যক্তি। [F. *violette* < L. *viola*]

violin [vī-a-lin°, ভাইঅ্যালিন্°] *n.* a musical instrument, বেহালাজাতীয় বাদ্যযন্ত্রবিশেষ; a violin-player, উক্ত যন্ত্রবাদক (also **vī°olinist**)। *n.* **vīolin°-bow°**—উক্ত বাদ্যযন্ত্র বাজানর ছড়। *n.* **vīolin°-string**—উক্ত বাদ্যযন্ত্রের তার। [see *viol*]

violist—see **viol.**

violoncello [vī-a-lan-che°-lō, ভাইঅ্যাল্যান্‌চে°লৌ] *n.* a bass instrument of the violin class, ভায়োলিন-বা-বেহালা-জাতীয় বাদ্যযন্ত্রবিশেষ। *n.* **violonce°llist**—উক্ত বাদ্যযন্ত্রবাদক। [It.< *viola*=a viol]

viper [vī°-pa(r), ভাই°প্যা(র্)] *n.* the only venomous British snake, the adder, গ্রেট্‌-ব্রিটেনের একমাত্র বিষধর সর্প; (fig.) an ungrateful or treacherous and malignant person, অকৃতজ্ঞ অথবা বিশ্বাসঘাতক এবং বিদ্বেষপরায়ণ ব্যক্তি। *a.* **vi°perous**—উক্ত বিষধর সর্পতুল্য; বিষপূর্ণ; বিদ্বেষপূর্ণ। [L. *vipera*]

virago [vi-rā°-gō, ভিরেই°গৌ] *n.* a heroic or manlike woman, বীররমণী বা মর্দানী স্ত্রীলোক; a turbulent woman, দুর্দান্ত স্ত্রীলোক। [L.< *vir*=a man]

virescence [vi-re°s(a)ns, ভিরে°স্‌ন্‌স্] *n.* greenness, সবুজবর্ণ, শ্যামলতা, শ্যামলিমা; (bot.) abnormal greenness, (উদ্ভি.—পাপড়ি প্রভৃতিতে) অস্বাভাবিক শ্যামলতা। *a.* **vire°scent**—সবুজ হইয়া উঠিতেছে এমন; সবুজ, শ্যামল; (উদ্ভি.) অস্বাভাবিক রকম সবুজ। [L. *virescere*=to become green]

Virgilian [va(r)-ji°li-an, ভ্যা(র্)জি°লিঅ্যান্] *a.* of or after Virgil, প্রাচীন রোমের কবি ভার্জিল্‌-সংক্রান্ত বা তদনুযায়ী।

virgin [va(r)°-jin, ভ্যা(র্)°জিন্] (1) *n.* a maiden, কুমারী; a woman who has had no sexual intercourse, যৌনসঙ্গমানভিজ্ঞা বা অক্ষতযোনি স্ত্রীলোক। (2) *a.* in a state of virginity, কুমারী, অক্ষতযোনি; of a virgin, কুমারী-সংক্রান্ত; maidenly, কুমারীসুলভ; pure, বিশুদ্ধ; chaste, সতী; undefiled, অদূষিত; in the original condition, আদিম অব্যবহৃত অবস্থায় (*virgin* soil)। (3) *n.* the (Blessed) Virgin (Mary), যিশু-জননী কুমারী মেরী বা তাঁহার চিত্র; (জ্যোতিষ.) কন্যারাশি। **the virgin birth**—যিশু আশ্চর্যজনকভাবে কুমারী মেরীর গর্ভে জন্মগ্রহণ করেছিলেন: এই মতবাদ। **virgin's bower**—বনলতাবিশেষ। *a.* **vir°ginal**—কুমারী-সংক্রান্ত; কুমারীসুলভ; কুমারী; সতীত্ব-সংক্রান্ত; সতীত্বপূর্ণ। *a.* **vir°gin-born**—কুমারীর গর্ভজাত। *n.* **virginhood, virgi°nity**—কুমারীত্ব; অক্ষতযোনিতা; বিশুদ্ধতা; সতীত্ব। **vir°ginly**—(1) *a.* বিশুদ্ধ। (2) *adv.* বিশুদ্ধভাবে। **virgin soil**—অদ্যাবধি কর্ষণ করা হয় নাই এমন ভূমি, অহল্যা ভূমি। [F.<L. *virgo* (*n.*)]

Virginia [va(r)-ji°-ni-a, ভ্যা(র্)জি°নিঅ্যা] *n.* a tobacco grown in Virginia, ভার্জিনিআ-প্রদেশে জাত তামাক। **Virgi°nian**—(1) *a.* ভার্জিনিআ-প্রদেশের। (2) *n.* ভার্জিনিআর লোক। [coined after Elizabeth, the *virgin* queen]

virginity, virginly—see **virgin.**

Virgo [va(r)°-gō, ভ্যা(র্)°গৌ] *n.* (astrol.) the sign of Virgin, (জ্যোতিষ.) কন্যারাশি। [L.=virgin]

virid [vi°-rid, ভি°রিড্] *a.* green, সবুজবর্ণ, শ্যামল, হরিৎ। *n.* **viridescence** [vi-ri-de°sns, ভিরিডে°স্‌ন্‌স্] ঈষৎ সবুজবর্ণ, শ্যামলিমা; সবুজ হইয়া ওঠার প্রবণতা। *a.* **viride°scent**—ঈষৎ সবুজবর্ণ, শ্যামলাভ; সবুজ হইয়া উঠিতে চাহে এমন। *n.* **viri°dity**—তাজা শ্যামলিমা; শ্যামলতা। [L. *viridis*]

virile [vi°-rīl, ভি°রাইল্] *a.* having the qualities of a mature male man, পূর্ণবয়স্ক পুরুষের গুণসমূহে বিভূষিত; robustly masculine, পুরুষোচিত; manly, পৌরুষপূর্ণ। *n.* **viri°lity**—পুরুষোচিত তেজ; পৌরুষ; পুরুষত্ব। [L. *virilis*< *vir*=a man]

virose, virous—see **virus.**

virtu [va(r)-tōō°, ভ্যা(র্)টু°] *n.* a love of fine arts, চারুকলার প্রতি আসক্তি; taste for curiosities, দুর্লভ (প্রাচীন) দ্রব্যাদির প্রতি আসক্তি; objects of art or antiquity, শিল্পসামগ্রী বা দুর্লভ প্রাচীন দ্রব্যাদি। *n.* **virtuosity** [va(r)-tū-o°-si-ti, ভ্যা(র্)টিউঅ°সিটি] শিল্পসামগ্রী দুর্লভ প্রাচীন বস্তু প্রভৃতি সম্বন্ধে জ্ঞান বা কৌতূহল; সঙ্গীতাদির আঙ্গিক সম্বন্ধে উচ্চস্তরের দক্ষতা। *n.* **virtūō°sō**—শিল্পকলা দুর্লভ প্রাচীন বস্তু প্রভৃতি সম্বন্ধে জ্ঞানসম্পন্ন বা কৌতূহলী ব্যক্তি; সঙ্গীতাদির আঙ্গিক সম্বন্ধে উচ্চস্তরের দক্ষতাসম্পন্ন ব্যক্তি। *fem.* **virtūō°sa**। [It.<L. *virtus*]

virtual—see **virtue.**

virtue [va(r)°tū, ভ্যা(র্)°টিউ] *n.* excellence, উৎকর্ষ; worth, মূল্য; moral excellence, নৈতিক উৎকর্ষ; the practice of duty, কর্তব্যপালন; a good quality, (প্রধানতঃ নৈতিক) সদ্‌গুণ; sexual purity, যৌন বিশুদ্ধতা; (loos.) virginity, (শিথি.) সতীত্ব; inherent power, অন্তর্নিহিত শক্তি; efficacy, সুফলদানের ক্ষমতা বা শক্তি। *a.* **vir°tual**—কার্যকর ক্ষমতাসম্পন্ন; বাস্তবিক পক্ষে না হইলেও ফলতঃ হয় এমন; অপ্রকৃত হইলেও ক্ষেত্রবিশেষে প্রকৃত বলিয়া গণ্য হইবার যোগ্য। **virtual focus** or **image**—(পরি.) সৎ ফোকস। *a.* **vir°tūous**—নৈতিক উৎকর্ষসম্পন্ন বা সদ্‌গুণসম্পন্ন; সুনীতিসম্পন্ন; নির্দোষ; নিষ্পাপ; ধার্মিক; কর্তব্যপরায়ণ; সুনীতিঅনুযায়ী; যৌন বিশুদ্ধতাসম্পন্ন; সতীত্বসম্পন্ন। *adv.* **vir°tuously**। **by** or **in virtue of**—(নির্দিষ্ট) শক্তি অধিকার বা কর্মদক্ষতার দ্বারা; (সেই) কারণে বা দরুনে। **cardinal virtues**—ন্যায়বিচার বিচক্ষণতা মিতাচার ও সহিষ্ণুতা। **seven principal virtues**—বিশ্বাস আশা ও দাক্ষিণ্য: এই তিনটি ধর্মগত গুণ এবং ন্যায়বিচার বিচক্ষণতা মিতাচার ও ধৈর্য: এই চারিটি নৈতিক গুণ। **theological virtues**—বিশ্বাস আশা ও দাক্ষিণ্য। **(to) make a virtue of necessity**—কর্তব্যবোধের বা নীতির দোহাই দিয়া দায়ে পড়িয়া (কিছু) করা। [OF. *vertu*, L. *virtus*<*vir*=a man]

virtuosity, virtuoso—see **virtu.**

virtuous—see **virtue.**

virulent [vī°-roo-lant, ভিরু°ল্যান্ট্] *a.* highly poisonous or harmful, অত্যন্ত বিষপূর্ণ বা ক্ষতিকর; violent, অতীব তীব্র বা প্রবল। *n.* **vi°rulence**—অতিশয় বিষপূর্ণতা বা ক্ষতিকরতা; অত্যধিক তীব্রতা বা প্রাবল্য। *adv.* **vi°rulently**। [L. *virulentus*<*virus*=poison]

virus [vīr°-as, ভাইয়্যার্°অ্যাস্] *n.* venom, বিষ; contagious or poisonous matter, স্পর্শক্রামক বা বিষাক্ত পদার্থ (যেমন, ক্ষতাদির পুঁজ রক্ত প্রভৃতি); the transmitted cause of infection, সংক্রামক রোগের বীজ; corrupting influence, দুষ্ট প্রভাব। **viro°logy**—সংক্রামক রোগের বীজ-সংক্রান্ত বিজ্ঞান। *a.* **vīr°ōse, vir°ous**—বিষপূর্ণ, বিষাক্ত; দূষিত, দুষ্ট। **virus disease**—সংক্রামক রোগবীজ-ঘটিত ব্যাধি। [L.]

visa [vē°-za, ভী°জ়্যা] (**1**) *n.* an authenticating entry or note on a passport, ছাড়পত্র অর্থাৎ রাষ্ট্রান্তরে যাওয়ার অনুমতিপত্রের উপর (কর্তৃপক্ষের) প্রামাণিক স্বাক্ষর; (in India—inc.) official permission to go to a foreign country, (ভারতে—অশু.) বিদেশী রাষ্ট্রে যাওয়ার বা প্রবেশের জন্য সেই দেশের সরকারী অনুমতি, (পরি.) প্রবাসাজ্ঞা। (**2**) *v.t.* to put a visa on, (ছাড়পত্রে) প্রামাণিক স্বাক্ষর দেওয়া। [L. *visa*=seen, F. *vise*=examined]

visage [vi°-zij, ভি°জ়িজ্] *n.* the face, মুখ। *a.* **vi°ṡaged**—(নির্দিষ্ট) মুখবিশিষ্ট। [F. <L. *visus* =look]

visard—alt. spell. of **vizard.**

vis-à-vis [vē°-zŭ-vē, ভী°জ়াভী] (**1**) *adv.* face to face, মুখোমুখি হইয়া। (**2**) *prep.* face-to-face with, মুখোমুখি। (**3**) *n.* one who faces, or is opposite to, another, কাহারও বা কিছুর মুখোমুখিভাবে কিংবা বিপরীতে অবস্থিত ব্যক্তি প্রাণী অথবা বস্তু; a light carriage with seats facing each other, পরস্পর মুখোমুখি আসনযুক্ত হালকা (ঘোড়ার) গাড়িবিশেষ। [F.]

viscera—see **viscus.**

viscid [vi°-sid, ভি°সিড্] *a.* semi-fluid, অর্ধতরল; sticky, আঠাল; (bot.) covered with a sticky secretion, (উদ্ভি.) আঠাল (অঙ্গজ) রসে আবৃত। *n.* **visci°dity**। [LL. *viscidus*<L. *viscum*—see *viscous*]

viscose [vis°-kōs, ভিস্°কৌস্] *n.* the sodium salt of cellulose xanthate, রাসায়নিক আঠাল ক্ষার-লবণবিশেষ। [see *viscous*]

viscosity—see **viscous.**

viscount [vī°-kownt, ভাই°কাউন্ট্] *n.* (ori.) an administrative deputy of an earl, a sheriff, (মূলতঃ) আর্লের দেওয়ান, শেরিফ; a title of nobility, পদমর্যাদায় আর্লের অব্যবহিত নিম্নবর্তী ব্যক্তির খেতাব; the son or younger brother of a count, (ইংল্যানড ব্যতীত ইউরোপের অন্যত্র) কাউন্টের পুত্র বা কনিষ্ঠ সহোদর। *fem.* **vīs°countėss**। *n.* **vīs°county**—ভাইকাউন্টের এলাকা জমিদারি পদ বা মর্যাদা। [OF. *visconte*<*vis*-(<L. *vice*=in place of), *conte*=a count]

viscous [vis°-kas, ভিস্°ক্যাস্] *a.* (highly) resistant to flow, (অতিশয়) প্রবাহ-প্রতিরোধী শক্তিসম্পন্ন, (পরি.) সান্দ্র; sticky, আঠাল, চট্‌চটে। *n.* **vis°cousnėss, viscosity** [vis-ko°-si-ti, ভিস্‌ক°সিটি]। [LL. *viscosus*=sticky<L. *viscum*=bird-lime, mistletoe]

viscus [vis°-kas, ভিস্°ক্যাস্] *n.* any one of the organs within the chest and the abdomen, বক্ষ ও উদরের মধ্যস্থ যে কোন অঙ্গ বা অন্ত্র (যেমন হৃৎপিণ্ড ফুসফুস যকৃৎ প্রভৃতি)। *pl.* **viscera** [vi°-se-ra, ভি°সের‍্যা] (পরি.) আন্তরযন্ত্র। *a.* **vi°sceral**—আন্তরযন্ত্রীয়। *v.t.* **vi°scerāte**—পেটের নাড়িভুঁড়ি বাহির করিয়া ফেলা। *p.* & *p. pt.* **vi°scerātėd**। [L.]

visé [vē°-zā, ভী°জ়েই] var. of **visa.**

visible [vi°zabl, ভি°জ়্যাব্‌ল্] *a.* that which may be seen, দর্শনসাধ্য; in sight, দৃষ্টিগোচর, দৃশ্যমান, লক্ষ্যীভূত; obvious, সুস্পষ্টভাবে প্রতীয়মান; ready or willing to receive a visitor or visitors, আগন্তুকের সহিত দেখা করিতে প্রস্তুত বা ইচ্ছুক। *n.* **visibility** [vi-zi-bi°-li-ti, ভিজ়িবি°লিটি], **vi°ṡiblenėss**। *adv.* **vi°ṡibly**। **visible horizon**—(পরি.) দৃশ্যদিগন্ত। **visible means**—স্পষ্ট বা প্রত্যক্ষ উপায়। [OF.<L. *visibilis*<*videre*—see *vision*]

vision [vi°z(a)n, ভি°জ়্‌ন্] *n.* act of seeing, দর্শন; the faculty of sight, দর্শনশক্তি, দৃষ্টি; anything seen, দৃষ্ট বস্তু; a look or glance, চাহনি; a vivid concept or mental picture, স্পষ্ট ধারণা বা মনে-মনে অঙ্কিত চিত্র; a person or scene of great beauty, পরম সুন্দর ব্যক্তি বা দৃশ্য; a pleasing imaginative plan for, or anticipation of, future events, ভবিষ্যঘটনাবলী-সম্বন্ধে কল্পনাপ্রসূত মনোরম পরিকল্পনা বা প্রত্যাশা; an apparition, ছায়ামূর্তি; a revelation in sleep or trance, নিদ্রার বা সমাধির মধ্যে দৃষ্টি-সংক্রান্ত (প্রধানতঃ দৈব) প্রত্যাদেশ; imaginative perception, কল্পনা বা কল্পনাশক্তি; foresight, দূরদর্শিতা; mystical awareness of the supernatural, অতিপ্রাকৃতের বা অলৌকিকের অস্তিত্ব-সম্বন্ধে রহস্যপূর্ণ সচেতনতা। *a.* **vi°ṡional**—দর্শন দৃষ্টি বা কল্পনাশক্তি সম্বন্ধীয়; কল্পনাপ্রসূত; কাল্পনিক; অবাস্তব। **vi°ṡionary**—(**1**) *a.* & *n.* অতিপ্রাকৃত বা অলৌকিক বস্তু প্রভৃতি দর্শনে সক্ষম (ব্যক্তি); অলৌকিক দৃষ্টিসম্পন্ন (ব্যক্তি); প্রায়ই অতিপ্রাকৃত বা অলৌকিক বস্তু প্রভৃতি দেখে এমন (ব্যক্তি); কল্পনা-প্রবণ (ব্যক্তি); অকার্যকর (পরিকল্পনাকারী)। (**2**) *a.* কাল্পনিক; কল্পনাময়; দৃষ্টিসংক্রান্ত বা কল্পনাশক্তি-সম্বন্ধীয়। *a.* **vi°ṡionlėss**—দৃষ্টিহীন; কল্পনাশক্তি-হীন। **direct vision**—সমক্ষ দৃষ্টি। **indirect vision**—পরোক্ষ দৃষ্টি। **(to) see visions**—

ভবিষ্যদ্দর্শনের অলৌকিক শক্তিসম্পন্ন হওয়া। [F. < L. *visio* < *videre* = to see]

visit [vi°-zit, ভি°জ়িট্] (1) *v.t.* to come to, or to go, to see, in order to succour, (ঈশ্বর বা মনুষ্য সম্বন্ধে) ত্রাণ করার জন্য দেখিতে আসা বা যাওয়া; to go to with intention of injuring, ক্ষতিসাধনার্থ নিকটে যাওয়া ; to go to see professionally, (চিকিৎসাদি-সম্বন্ধে—রোগী প্রভৃতিকে) দেখিতে যাওয়া ; to pay a call upon, সাক্ষাৎ করিতে যাওয়া বা আসা ; to go or come to stay with or in, (কাহারও সঙ্গে বা কোথাও) বাস করার জন্য যাওয়া বা আসা ; to go to for sight-seeing, pleasure or religious purposes, দৃশ্যদর্শন প্রমোদ বা তীর্থদর্শনের জন্য যাওয়া ; to examine or inspect, or to come or go for examination or inspection, (প্রধানতঃ সরকারিভাবে) পরীক্ষা করা বা পরিদর্শন করা অথবা পরীক্ষার বা পরিদর্শনের জন্য আসা কিংবা যাওয়া ; (arch.) to punish, (আর্ষ.) শাস্তি দেওয়া ; (of an idea) to come temporarily upon the mind of, (কল্পনাদি-সম্বন্ধে) অস্থায়িভাবে মনে উদিত হওয়া ; (arch.) to afflict or attack, (আর্ষ.—রোগাদি-সম্বন্ধে) যন্ত্রণা দেওয়া, আক্রমণ করা। (2) *n.* act of visiting, ত্রাণার্থ আগমন বা গমন, ক্ষতিসাধনার্থ গমন, চিকিৎসাদির জন্য দেখিতে যাওয়া, সাক্ষাতের জন্য গমন বা আগমন, বাসার্থ গমন বা আগমন, দৃশ্য-দর্শন প্রমোদ বা তীর্থদর্শনের জন্য গমন, পরীক্ষা বা পরিদর্শন অথবা তজ্জন্য গমন বা আগমন, শাস্তিদান, অস্থায়িভাবে মনে উদয়, যন্ত্রণাদান বা আক্রমণ ; a short stay, অল্পকালের জন্য বাস বা অবস্থান। **vi°sitant**—(1) *a.* ত্রাণ দর্শন সাক্ষাৎকার পরীক্ষা বা পরিদর্শনের জন্য আসে বা যায় এমন। (2) *n.* ত্রাণ দর্শন সাক্ষাৎকার প্রভৃতির জন্য আগত ব্যক্তি ; অতিথি, আগন্তুক, অভ্যাগত ; যে পাখি ঋতুতে ঋতুতে বাস করিতে আসে, যাযাবর বা ঋতুচর পাখি। *n.* **visitā°tion**—visit (*v.*)-এর সকল অর্থে, এবং—দীর্ঘকালীন ও ক্লান্তিকর পরিদর্শন ; আনুষ্ঠানিক পরি-দর্শনার্থ উপরওয়ালার আগমন ; কর্তৃপক্ষ কর্তৃক পরীক্ষা বা পরিদর্শন ; ঈশ্বর বা অশরীরী (ভাল বা মন্দ) আত্মার আবির্ভাব ; দৈব অনুগ্রহ বা অসন্তোষ-বর্ষণ (the deluge was a *visitation* of God for their sins) ; তীব্র যন্ত্রণা ; মনের উপরে প্রভাব। *a.* **vi°siting**—পরিদর্শী ; পরিদর্শনার্থ বা পরীক্ষার্থ বাহির হইতে আসে এমন, অনাবাসিক (a *visting* surgeon of a hospital)। *n.* **vi°siting-book**—অতিথি-দের বা পরিদর্শনার্থ আগত ব্যক্তিদের নাম লিপিবদ্ধ করার জন্য খাতা (also **visitors' book**)। *n.* **vi°siting-card**—দর্শনার্থী ব্যক্তির নাম-সংবলিত কার্ড। *n.* **vi°siting-list**—যে সব ব্যক্তির সঙ্গে সাক্ষাৎ করিতে হইবে, তাহাদের নামের তালিকা। *n.* **vi°sitor**। *fem.* **vi°sitress**। **(to) visit the sins of the fathers upon their children**—জনক জননীর পাপের বা দুষ্কৃতির জন্য সন্তানদিগকে দুর্গতি বা শাস্তি ভোগ করান। **(to) visit with** (chiefly U.S.A.)—কথাবার্তা বলা। [F. *visiter* < *visitare* < *visere* = to go to see < *videre* = to see]

visor [vī°-za(r), ভাই°জ়্যা(র্)] *n.* the part of a helmet covering the face, শিরস্ত্রাণের যে অংশে মুখ ঢাকা পড়ে ; a mask, মুখোশ। *a.* **vi°sored**—শিরস্ত্রাণের মুখাবরণ-পরিহিত ; মুখোশধারী ; ছদ্মবেশধারী। [AF. *viser* < F. *vis* = face]

vista [vis°-ta, ভিস্°ট্যা] *n.* a long narrow view or passage as between rows of trees, দুই ধারে বৃক্ষসারি প্রভৃতিতে শোভিত দীর্ঘ ও সঙ্কীর্ণ দৃশ্য বা পথ, বীথি ; a far extending mental vision or view, দূরপ্রসারী মানসিক দৃষ্টি বা কল্পনা (it opened up a new *vista* to his ambition)। [It. = sight < L. *videre* = to see]

visual [vi°-zū(a)l, ভি°(শ্)জ়িউল্] *a.* of sight or seeing, দৃষ্টি-সংক্রান্ত বা দর্শন-সংক্রান্ত ; of mental vision, অন্তর্দৃষ্টি-সংক্রান্ত বা কল্পনা-সংক্রান্ত ; attained by sight, দৃষ্টিলব্ধ, চাক্ষুষ ; visible, দৃষ্টি-গোচর ; (poet.) of the eye, (কাব্যে) চক্ষু-সংক্রান্ত। *n.* **visūa°lity**—মনশ্চক্ষুর গোচরতা ; কল্পিত চিত্র, মানসচিত্র। *v.t.* **visualize** [vi°-zū-a-līz, ভি°(শ্)-জ়িউঅ্যালাইজ়্] দৃষ্টিগোচর করান ; মনশ্চক্ষুর সম্মুখে স্পষ্টভাবে উদ্ভাসিত করান। *n.* **visūalizā°tion**। *n.* **vi°sūalizer**। *adv.* **vi°sūally**। [LL. *visualis* < L. *visus* = sight]

vita glass [vī°-ta glŭs, ভাই°ট্যা গ্লাস্] *n.* a glass that transmits ultra-violet rays, অতিবেগনী রশ্মিবিকিরণকর কাচবিশেষ। [trade-mark]

vital [vī°tl, ভাই°ট্ল্] *a.* being a manifestation of organic life, জৈব, জীবনের বিকাশমূলক বা বিকাশস্বরূপ ; supporting, or essential to life, প্রাণরক্ষক বা জীবনের পক্ষে অত্যাবশ্যক ; life-giving, জীবনদায়ক, সঞ্জীবনী ; invigorating, তেজোবর্ধক ; animate, living, চেতন, জীবন্ত ; full of life, জীবনপূর্ণ, প্রাণপূর্ণ, প্রাণবন্ত ; of life, birth and death, জীবন জন্ম ও মৃত্যু-সংক্রান্ত ; fatal to life, প্রাণঘাতী ; essential, অত্যাবশ্যক ; (loos.) highly important, (শিথি.) অতীব গুরুত্ব-পূর্ণ। *n.* **vi°talism**—(দর্শ.) প্রাণবাদ। *n.* **vi°talist**। *n.* **vi°tality**—vital-এর সকল অর্থে, এবং—জীবনধারণের নীতি বা শক্তি ; জীবনীশক্তি ; প্রাণ-ধারণ ; পরিপূর্ণ প্রাণবন্ততা ; সহ্য করার ও সমৃদ্ধিলাভের শক্তি ; জীবন্ত প্রাণী। *v.t.* **vitalize** [vī°-ta-līz, ভাই°ট্যালাইজ়্] জীবন-সঞ্চার করা ; নবোদ্যমে সক্রিয় করিয়া তোলা ; (আল.) তেজ-সঞ্চার করা ; জীবন্তপ্রায় করা, সজীব করা। *n.* **vitalizā°tion**। *n. pl.* **vi°tals**—জীবনধারণের পক্ষে অপরিহার্য জীবদেহা-ভ্যন্তরস্থ যন্ত্রাদি ; সমগ্র বস্তুর রক্ষার্থ অপরিহার্য উক্ত বস্তুর অংশসমূহ। **vital force (principle)**—যে শক্তিবলে প্রাণী ও উদ্ভিদ্ বাঁচিয়া থাকে, প্রাণশক্তি। **vital function**—জীবদেহের যে ক্রিয়া প্রাণধারণের পক্ষে অপরিহার্য (যেমন, রক্ত চলাচল)। **vital statistics**—(জাতি সম্প্রদায় প্রভৃতির) জন্ম মৃত্যু ও বিবাহ

সংক্রান্ত পরিসংখ্যান ; নারীদেহের বক্ষ কটি ও নিতম্বের মাপ। **vitalistic theory**—অধিপ্রাণবাদ। *adv.* **vi°tally** । [L. *vitalis*<*vita*=life]

vitamin [vi°-ta-min, ভি°ট্যামিন্], (ori.) **vitamine** [vi°-ta-mēn, ভি°ট্যামীন্] *n.* a general name for accessory food factors present in many foodstuffs and regarded as essential to health, খাদ্যপ্রাণ, ভিট্যামিন। *v.t.* **vi°taminize**—(খাদ্যবস্তুতে) খাদ্যপ্রাণ সংযুক্ত করা। [L. *vita*=life, E. *amine*=an ammonia]

vitiate [vi°-shi-āt, ভি°শিএইট্] *v.t.* to make faulty, ত্রুটিপূর্ণ বা খুঁতযুক্ত করা ; to make impure, অবিশুদ্ধ বা অপবিত্র করা ; to deprave, corrupt, pervert, or debase, দুশ্চরিত্র দূষিত বিকৃত বা নীচ করা ; to make ineffectual or invalid, অকার্যকর বা পঙ্গু করা (further addition or alteration may *vitiate* the contract) । *n.* **vitiā°tion** । [L. *vitiare*=see *vice*$_2$]

viticulture [vi°-ti-kul-cha(r), ভি°টিকাল্চ্যা(র্)] *n.* vine-growing, দ্রাক্ষার চাষ। [L. *vitis*=a vine, *culture*]

vitreosity—see **vitreous.**

vitreous [vi°-tri-as, ভি°ট্রিঅ্যাস্] *a.* of, like, or full of glass, glassy, কাচ-সংক্রান্ত, কাচতুল্য, (পরি.) কাচীয়, কাচিক ; light green as glass, কাচের স্থায় হাল্কা সবুজবর্ণ ; (geol.) resembling glass in lustre, (ভূবি.) কাচের স্থায় চক্চকে। *n.* **vitreosity** [vi-tri-o°-si-ti, ভিট্রিঅ°সিটি], **vi°treousness** । *v.t.i.* **vi°trify**—কাচে পরিণত করা বা হওয়া। *n.* **vitrificā°tion** । [L. *vitrum*=glass]

vitriol [vi°-tri-al, ভি°ট্রিঅ্যাল] *n.* concentrated sulphuric acid, জমাট বাঁধান সালফিউরিক অ্যাসিড্, গন্ধক (also **oil of vitriol**) ; a sulphate of metal, ধাতুজ গন্ধক ; virulence or acrimony of feeling, তীব্র বিদ্বেষ ও তিক্ততা। **blue vitriol**—তুঁতে। **green vitriol**—হীরাকস, কাসীস। **white vitriol**—ফট্কিরি। *a.* **vitriolic** [vi-tri-o°-lik, ভিট্রিঅ°লিক্] গন্ধকপূর্ণ ; গন্ধকমিশ্রিত ; গন্ধকজ ; গন্ধকতুল্য ; (আল.—ভাষা মনোভাব প্রভৃতি সম্বন্ধে) তীব্র বিদ্বেষ ও তিক্ততায় পূর্ণ (a *vitriolic* attack on a political opponent) । [OF.< LL. *vitriolum*<L. *vitreus*=of glass]

vituperate [vi-tū°-pa-rāt, ভিটিউ°প্যারেইট] *v.t.i.* to revile, গালমন্দ দেওয়া, গালাগালি করা। *p. & p. pt.* **vitū°perāted** । *n.* **vitū°perā°tion** । *a.* **vitūperātive**—গালাগালিপূর্ণ ; গালাগালি দেওয়ার স্বভাববিশিষ্ট। *n.* **vitū°perātor** । [L. *vituperare*]

viva$_1$ [vē°-va, ভী°ভ্যা] *int. & n.* (the cry) long live, দীর্ঘজীবী হউক (এই ধ্বনি)। [It.]

viva$_2$ [vī°va, ভাই°ভ্যা] contr. of **viva voce** (*n.*)

vivacious [vi-vā°shas, ভিভেই°শ্যাস্] *a.* (arch.) long-lived, or tenacious of life, (আর্ধ.) বড় বেশী পরমায়ু পাইতেছে এমন বা সহজে মরিতে চাহে না এমন ; lively, full of vitality, প্রাণবন্ত, জীবনীশক্তিপূর্ণ ; sprightly, হাসিখুশি। *adv.* **vivā°ciously** । *n.* **vivā°ciousness, vivacity** [vi-va°-si-ti, ভিভ্যা°সিটি] । [L. *vivax, vivacis*]

vivandiere [vē-vung-dē(r)°, ভীভাংডিয়্যা(র্)°] *n.* a female attendant in a regiment, selling spirits and provisions, সৈনিকদলের পরিচারিকা-বিশেষ : মদ্য ও খাদ্য বিক্রয় করা ইহার পেশা। [F.]

vivarium [vī°-vār°-i-am, ভাই°ভেয়্যা(র্)°ইঅ্যাম্] *n.* an enclosure for keeping animals in their natural state, প্রাণীদিগকে স্বাভাবিক অবস্থায় রাখার জন্ম ঘেরাও-করা স্থান (যেমন, চিড়িয়াখানা, মাছের পুকুর, প্রভৃতি) । [L.<*vivere*=to live]

viva voce [vī°-va vō°-si, ভাই°ভ্যা ভৌসি] (**1**) *adv.* orally, মৌখিকভাবে, মুখেমুখে। (**2**) *a.* oral, মৌখিক। (**3**) *n.* oral examination, মৌখিক পরীক্ষা। [L.=with the living voice]

vivax [vī°-vaks, ভাই°ভ্যাক্স্] *n.* malaria parasite, ম্যালেরীয়া জ্বরের জীবাণু। [L.]

vive [vēv, ভীভ] *int.* long live, দীর্ঘজীবী হউক। [L.]

vivid [vi°-vid, ভি°ভিড্] *a.* full of life, প্রাণরসে পরিপূর্ণ ; lively, প্রাণবন্ত ; intense, প্রগাঢ় ; very bright, অত্যুজ্জ্বল ; clear and graphic, সুস্পষ্ট ও চিত্রবৎ (a *vivid* description) ; forming brilliant mental images, চমৎকার মানসচিত্র-গঠনকর। *adv.* **vi°vidly** । *n.* **vi°vidness, vivi°dity** । *v.t.* **vi°vify**—জীবনসঞ্চার করা ; সতেজ প্রাণবন্ত অত্যুজ্জ্বল সুস্পষ্ট ও চিত্রানুগ বা চমৎকার মানসচিত্রপূর্ণ করা। *n.* **vivificā°tion** । *n.* **vi°vifier** । [L. *vividus*<*vivere*=to live]

viviparity—see **viviparous.**

viviparous [vi-vi°-pa-ras, ভিভি°প্যার্যাস্] *a.* bringing forth young alive, সর্বাঙ্গযুক্ত জীবন্ত সন্তান প্রসবকারিণী, জরায়ুজ (cf. **oviparous**) । *n.* **vivipa°rity, vivi°parousness** । *adv.* **vivi°parously** । [L.<*vivus*=alive, *parere*=to produce]

vivisect—see **vivisection.**

vivisection [vi-vi-sek°sh(a)n, ভিভিসেক্°শ্ন্] *n.* dissection etc., performed on a live animal, ভেষজ বা বৈজ্ঞানিক গবেষণাদির জন্য জীবন্ত প্রাণীর অঙ্গব্যবচ্ছেদ বা অনুরূপ প্রক্রিয়াদি : (fig.) merciless and minute examination or criticism, (আল.) নির্মম ও পুঙ্খানুপুঙ্খ পরীক্ষা বা সমালোচনা। *v.t.i.* **vivisect°**—(জীবন্ত প্রাণীর) অঙ্গ-ব্যবচ্ছেদ বা অনুরূপ পরীক্ষাদি করা ; (আল.) নির্মম ও পুঙ্খানুপুঙ্খ পরীক্ষা বা সমালোচনা করা। *n.* **vivisec°tionist**—যে ব্যক্তি জীবন্ত প্রাণীর অঙ্গব্যবচ্ছেদ করে বা অনুরূপ পরীক্ষাদি করে অথবা উহার সমর্থন করে। *n.* **vivisec°tor** । [L. *vivus*=alive, *sectio*<*secare*=to cut]

vixen [vi°ksn, ভি°ক্স্ন্] *n. fem.* a she-fox,

স্ত্রী-পাতিশিয়াল ; an ill-tempered woman, বদমেজাজী স্ত্রীলোক। *a.* **vi°xen(ly), vi°xenish**—(স্ত্রীলোক-সম্বন্ধে) বদমেজাজী। [OE. *fyxen*—cp. G. *fuchsin*]

viz. [read as **namely**] abbr. of **videlicet.**

vizard [vi°za(r)d, ভি°জ়্যা(র্)ড্] var. of **visor.**

vizi(e)r [vi-zē-(r)°, ভিজ়িয়্যা(র্)°] *n.* a minister of state in Mohammedan countries, উজির। **Grand Vizier**—প্রাগ্‌গণতান্ত্রিক যুগীয় তুরস্কের প্রধান উজির। [Turk. *vezir*<Ar. *wazir*]

vizor—alt. spell. of **visor.**

V-neck [vē°-nek, ভী°নেক্] *n.* the V-shaped neck of a garment, জামার V-আকারের গলা। *a.* **V°-neckėd**—(জামা-সম্বন্ধে) V-আকারের গলা-বিশিষ্ট। [V, see *neck*]

vocable [vō-kabl, ভৌক্যাব্‌ল্] *n.* an uttered word, with or without meanings, অর্থপূর্ণ বা অর্থহীন কিন্তু কণ্ঠোচ্চারিত শব্দ। *n.* **vocabulary** [va-ka°-bū-la-ri, ভ্যাক্যা°বিউল্যারি] বর্ণানুক্রমিক শব্দসূচি ; অভিধান ; শব্দতালিকা ; কোন ভাষার সমস্ত শব্দাবলী ; নির্দিষ্ট কোন পুস্তকাদিতে ব্যবহৃত শব্দাবলী ; নির্দিষ্ট কোন ব্যক্তির পরিজ্ঞাত ও তৎকর্তৃক ব্যবহৃত শব্দাবলী (a writer with a large or limited *vocabulary*)। *a.* **vocal** [vō°k(a)l, ভৌ°ক্‌ল্] স্বরযুক্ত ; স্বর-সংক্রান্ত, স্বরসহ, স্বরের জন্য কণ্ঠোচ্চারিত ; গেয়, কণ্ঠ্য (cp. **instrumental**) ; মৌখিক ; ধ্বনিনিঃসারক ; প্রগল্‌ভ ; বাক্‌পটু ; কথা-সংক্রান্ত, বাচ্য ; স্বরবর্ণগত। *a.* **vŏca°lic**—স্বরবর্ণপূর্ণ ; স্বরবর্ণ সম্পর্কিত। *n.* **vocalism** [vō°-ka-lizm, ভৌ°ক্যালিজ়্‌ম্] দেহস্থ স্বরযন্ত্রসমূহের চালনাকৌশল, কণ্ঠ-সঙ্গীতে স্বরনিয়ন্ত্রণ ; কণ্ঠ্যধ্বনি ; স্বরবর্ণ-সংক্রান্ত নিয়মাবলী। *n.* **vō°calist**—গায়ক। *n.* **vŏca°lity**। **vocalize** [vō°-ka-līz, ভৌ°ক্যালাইজ়্] (**1**) *v.t.* স্বরসংযোগ করা, উচ্চারণ করা ; গাওয়া ; ভাষা দেওয়া ; বাক্‌শক্তি প্রদান করা ; স্বরবর্ণে পরিবর্তিত করা। (**2**) *v.i.* গান গাওয়া। *n.* **vōcalizā°tion**। *n.* **vōca°lizer**। *adv.* **vō°cally**। **vocal c(h)ords**—জীবদেহস্থ স্বরতন্ত্রীসমূহ। **vocal music**—কণ্ঠসঙ্গীত। [L. *vocabulum* and *vocalis*<*vox*=voice]

vocabulary, vocal—see **vocable.**

vocation [vŏ-kā°sh(a)n, ভোকেই°শ্‌ন্], *n.* a calling by God to His service, or to a state of salvation, ভগবান্ কর্তৃক তাঁহার সেবার জন্য বা মোক্ষলাভার্থ আহ্বান ; a way of living or sphere of activity to which one has been called, or for which one has a special fitness, ভগবান্ কর্তৃক নির্দেশিত ব্যক্তিগত জীবন-যাত্রা বা কর্মক্ষেত্র অথবা যে জীবনযাত্রা বা কর্মক্ষেত্রের পক্ষে ব্যক্তিবিশেষের দক্ষতা আছে ; one's occupation, business, or profession, ব্যক্তিগত বৃত্তি, কারবার, পেশা। *a.* **vŏcā°tional**—বৃত্তিগত, বৃত্তীয়, বার্তিক ; কোন বৃত্তি বা পেশা অবলম্বন করার যোগ্য করে এমন (*vocational* training)। [L. *vocatio*<*vocare*=to call]

vocative [vo°-ka-tiv, ভ°ক্যাটিভ্] (**1**) *n.* (gr.) the case, employed in addressing a person or thing, (ব্যাক.) সম্বোধনাত্মক কারক। (**2**) *a.* of this case, উক্ত কারকগত। [L. *vocativus*< *vocare*=to call]

vociferate [vŏ-si°-fa-rāt, ভোসি°ফ্যারেইট্] *v.i.t.* to cry or utter loudly, উচ্চৈঃস্বরে চিৎকার করা বা বলা। *p.* & *p. pt.* **vŏci°ferātėd**। *n.* **vŏci-ferā°tion**। *n.* **vŏci°ferātor**। *a.* **vociferous** [vŏ-si°-f(a)ras, ভোসি°ফ্‌র্যাস্] উচ্চ চিৎকার করে এমন ; কোলাহলপূর্ণ (a *vociferous* crowd)। [L. *vox*=voice, *ferrere*=to carry]

vodka [vod°-ka, ভড্°ক্যা] *n.* a Russian spirit, রুশদেশীয় মদ্যবিশেষ। [Russ.]

vogue [vōg, ভৌগ্] *n.* popularity, জনপ্রিয়তা ; the current mode or fashion, হালসময়ের ধরন রীতি দস্তুর কেতা বা ফ্যাশন। **all the vogue**—সর্বত্র জনপ্রিয় ; সর্বাধুনিক ফ্যাশন বা কেতা। **in vogue**—আধুনিক ফ্যাশন হইয়াছে এমন ; বর্তমানে জনপ্রিয় ; বর্তমানে প্রচলিত। **vogue°-word**—বর্তমানে বহুল প্রচলিত শব্দ। [F.]

voice [voys, ভয়্‌স্] (**1**) *n.* sound produced by the vocal organs of living beings, স্বর, কণ্ঠ-স্বর ; faculty or power of speech or song, বাক্‌শক্তি বা গান গাওয়ার ক্ষমতা ; striking ability to sing or speak, গান গাওয়ার বা কথা বলার বা বক্তৃতা দেওয়ার লক্ষণীয় ক্ষমতা ; mode of utterance, উচ্চারণভঙ্গি ; quality or range of musical sounds produced by a singer, গায়কের সুরের উৎকর্ষ বা পাল্লা ; utterance, expression, উচ্চারণ, কথায় প্রকাশ, বাচন ; expressed wish or opinion, ব্যক্ত ইচ্ছা বা ধারণা ; right to express opinion, মতাদি প্রকাশের অধিকার (I have no *voice* in the matter) ; a speaker, বক্তা ; (phon.) sound uttered with resonance of the vocal cords, (ধ্বনি.) ঘোষধ্বনি ; (gr.) any of the verbal forms proper to a certain relation of the subject to the action, (ব্যাক.) বাচ্য। (**2**) *v.t.* to give utterance or expression to, ধ্বনিত বা ব্যক্ত করা ; to endow with voice, স্বরযুক্ত করা ; (mus.) to regulate the tone of, (সঙ্গীতে) সুরনিয়ন্ত্রণ করা ; (phon.) to utter with vibration of the vocal cords, (ধ্বনি.) ঘোষধ্বনিসহকারে উচ্চারণ করা। *a.* **voi°cėd**—স্বরবিশিষ্ট ; কোন বিশেষ স্বরবিশিষ্ট (harsh *voiced*) ; (ধ্বনি) ঘোষ-ধ্বনিযুক্ত ; ঘোষ। *a.* **voice°ful**—(কাব্যে) মধুর উচ্চ-স্বরবিশিষ্ট, সুনাদ। *a.* **voice°lėss**—স্বরহীন ; নীরব, নির্বাক্ ; মূক, বোবা ; অকথিত ; স্বীয় মত বা ইচ্ছা প্রকাশে অক্ষম ; (ধ্বনি) অঘোষ। **at the top of one's voice**—কণ্ঠস্বর যথাসাধ্য উচ্চে তুলিয়া। **in my voice**—(কাব্যে) আমার নাম করিয়া। **in voice**—(গান বা বক্তার পক্ষে) কণ্ঠস্বরের অবস্থা ভাল আছে এমন। **the still small voice**—বিবেকের

নির্দেশ ; বিবেকদংশন। **with one voice**—(সকলে) একমত হইয়া, একবাক্যে। **(to) find one's voice**—(লজ্জাদিবশতঃ হতবাক্ হইবার পরে) পুনরায় কথা বলিতে সক্ষম হওয়া। **(to) lift up one's voice**—(সচ. উচ্চকণ্ঠে) গান গাওয়া বা কথা বলা। **voice vote**—ধ্বনিভোট। [AF. *voiz, voice* <L. *vox, vocis*—cp. Gk. *epos*=a word, Sans. *bhash*=to utter, *bhasa*=language]

void [voyd, ভয়্ড্] **(1)** *a.* empty, শূন্যগর্ভ, খালি; deserted, পরিত্যক্ত ; unoccupied, unutilized, অনধিকৃত, অব্যবহৃত, পড়ো, পতিত ; vacant, (পদাদিসম্বন্ধে) খালি ; destitute of, বিহীন; ineffectual, useless, অকার্যকর, বিফল, বাজে ; (in law) null, invalid, (আইনে) বাতিল, রদ করা হইয়াছে এমন, অপ্রযোজ্য। **(2)** *n.* an empty space, শূন্য বা ফাঁকা স্থান ; emptiness, শূন্যতা ; (fig.) an emotional sense of lack, (আল.) অভাববোধ ; an unsatisfied feeling, অতৃপ্তিবোধ। **(3)** *v.t.* to make vacant or empty, ফাঁকা খালি বা শূন্যগর্ভ করা ; to clear, বিমুক্ত করা ; to discharge or emit, নিক্ষেপ করা, বিচ্ছুরিত বিকীর্ণ বা নির্গত করা, ছোড়া ; to make ineffectual, to nullify, অকার্যকর করা, রদ বা বাতিল করা। *a.* **voi°dable**—void (*v.*)-এর সকল অর্থে, এবং—(আইনে) বাতিল বা দূরীকৃত করা যায় এমন। *n.* **voi°dance**—ফাঁকা খালি বা শূন্যগর্ভ করা ; ফাঁকা খালি বা শূন্যগর্ভ অবস্থা। *n.* **void°ness**। **void of**—বিহীন। [OF. *voide* (*a.*)<popular L. *vocitus*<*vocitare*=to empty]

voile [voyl, ভয়্ল্] *n.* a thin semi-transparent fabric, পাতলা অর্ধস্বচ্ছ (পশমী বা সুতী বা রেশমী) কাপড়বিশেষ। [F.=veil]

volar [vō°-la(r), ভৌ°ল্যা(র্)] *a.* of the sole or palm, পায়ের তলা বা হাতের চেটো সংক্রান্ত। [L. *vola*=hollow of hand or foot]

volatile [vo°-la-tīl, ভ°ল্যাটাইল্] *a.* evaporating very quickly, অতি দ্রুত উবিয়া যায় এমন, উদ্বায়ী ; lively, প্রাণবন্ত ; flighty, apt to change, পলায়নপর, পরিবর্তনশীল। *n.* **vo°latileness, volati°lity**। *v.t.i.* **vo°latilīze**—উদ্বায়ী করা বা হওয়া ; উবাইয়া দেওয়া বা উবিয়া যাওয়া ; বাষ্পীভূত করা বা হওয়া। *n.* **volatilizā°tion**। [L. *volare*=to fly]

volcanic—see **volcano.**

volcano [vol-kā°-nō, ভল্কেই°নৌ] *n.* a mountain or hill emitting lava, cinders, gases, etc., through its opening(s), আগ্নেয়গিরি ; (fig.) a state, or one in a state, in which an upheaval or outburst seems imminent, প্রবল আলোড়নের বা উচ্ছ্বাসের আসন্ন সম্ভাবনাপূর্ণ অবস্থা অথবা উক্ত অবস্থাযুক্ত ব্যক্তি। *a.* **volca°nic**—আগ্নেয়গিরিসংক্রান্ত ; আগ্নেয়গিরিতুল্য ; আগ্নেয়গিরি হইতে উৎপন্ন ; আগ্নেয়গিরিময়। [It.<L. *Volcanu, Vulcanus*=god of fire]

vole [vōl, ভৌল্] *n.* a rat-like animal, ইঁদুর-তুল্য প্রাণিবিশেষ। [<Scand.]

volition [vŏ-li°sh(a)n, ভোলি°শ্ন্] *n.* the act or faculty of willing or choosing, ইচ্ছা করা বা বাছিয়া লওয়া, ইচ্ছা, নির্বাচন। *a.* **vŏli°tional**—ঐচ্ছিক। [F.<LL. *volitio*]

volkslied [folks°-lēd, ফল্ক্স্°লীড্] *n.* a folk-song, লোকসঙ্গীত। [G.]

volksraad [folks°-rud, ফল্ক্স্°রাড্] *n.* a legislative assembly (esp. of the Orange Free State before 1900), (প্রধানত: বিংশ শতাব্দীর পূর্ববর্তী অরেইন্জ ফ্রী স্টেইটের) আইনপরিষৎ। [Du. *volk*=people, *raad*=council]

volley [vo°-li, ভ°লি] **(1)** *n.* flight of missiles, নিক্ষিপ্ত অস্ত্রাদির (অর্থাৎ তীর গুলি ভল্ল বল্লম প্রভৃতির) ধাবন ; the discharge of numerous (and various) missiles at once, যুগপদ্ভাবে বহু (ও বিভিন্ন) অস্ত্রবর্ষণ ; a round fired by every gun in a battery, গোলন্দাজ-বাহিনীর প্রতিটি কামান হইতে একসঙ্গে গোলাবর্ষণ ; (fig.) noisy emission or outburst of a number of (same) things at once, (আল.) কতিপয় (একজাতীয়) বস্তুর (বিশেষতঃ শব্দ বা কথার) একসঙ্গে সকোলাহল নির্গমন বা উচ্ছ্বাস ; (in cricket, tennis, etc.) a return of the ball before it reaches the ground or the ball so returned, (ক্রিকেট টেনিস্ প্রভৃতি খেলায়) বল ভূমিস্পর্শ করার পূর্বেই উহাকে প্রতিপ্রেরণ বা উক্তভাবে প্রতিপ্রেরিত বল। **(2)** *v.t.i.* to discharge or be discharged in volley, (তীর গোলা প্রভৃতি সম্বন্ধে) একসঙ্গে নিক্ষেপ করা বা নিক্ষিপ্ত হওয়া ; to return (a ball) before it bounces, (টেনিসাদি খেলায়) বল ভূমিস্পর্শ করার পূর্বেই (উহাকে) প্রতিপ্রেরণ করা বা ফেরত পাঠান। **(3)** *v.t.* to fire in a volley at, (কাহারও বা কিছুর প্রতি লক্ষ্য করিয়া) একসঙ্গে সমস্ত কামান দাগা। *n.* **half°-vo°lley**—বল মাটিতে পড়া মাত্র উহাকে আঘাতপূর্বক প্রতিপ্রেরণ। *n.* **vo°lley-ball**—ভলিবলখেলা। [F. *voleé*=a flight<L. *volare*=to fly]

volplane [vol°-plān°, ভল্°প্লেইন্°] **(1)** *v.i.* to glide down to earth without the use of engine, (বিমানপোত বা তাহার চালক সম্বন্ধে) এন্জিন্ বন্ধ করিয়া ধীরে ধীরে পৃথিবীপৃষ্ঠে অবতরণ করা। **(2)** *n.* such descent, ঐরূপ অবতরণ। [F. *vol plané* <*vol*=flight, *planer*=to glide]

Volsungs [vol°-soongz, ভল্°সুংজ্] *n. pl.* a heroic race in old German legend, প্রাচীন জর্মান পুরাণোক্ত বীরজাতিবিশেষ। [G.]

volt [vōlt, ভৌল্ট্] *n.* the unit of electromotive force, বৈদ্যুতিক চালকশক্তির ঐকিক মাত্রা। *n.* **vōl°tāge**—যন্ত্রাদিতে ব্যবহৃত বৈদ্যুতিক চালকশক্তির মোট পরিমাণ। *a.* **voltā°ic**। [*Volta*, the Italian scientist, who constructed the first electrical battery]

voltameter [vol-ta°-me-ta(r), ভল্ট্যা°মিট্যা(র্)]

n. an instrument for measuring electric current, (তড়িদ্-বিশ্লেষ পদ্ধতির দ্বারা) বিদ্যুৎ-পরিমাপক যন্ত্রবিশেষ। [see *volt* & *meter*]

volte-face [volt°-fūs. ভল্‌ট্‌°ফাস্] *n.* the act of turning so as to face in the opposite direction, সম্পূর্ণ ঘুরিয়া যাওয়া; (fig.) a sudden and complete change in opinion, (আল.) আকস্মিক ও সম্পূর্ণ মত-পরিবর্তন (to make a complete *volte-face*)। [F.]

voluble [vo°-lūbl, ভ°লিউব্‌ল্] *a.* flowing smoothly, স্বচ্ছন্দে প্রবাহিত; fluent in speech, বাক্‌পটু, স্বচ্ছন্দে কথা বা বক্তৃতা দিতে সক্ষম; overfluent or glib, অত্যধিক বাক্‌পটু দ্রুতভাষী বা বাচাল। *n.* **volūbi°lity, vo°lūble°ness** | *adv.* **vo°lūbly** | [L. *volubilis* < *volvere* = to roll]

volume [vo°-lūm, ভ°লিউম্] *n.* a roll or scroll, (প্রাচীন পুঁথির) পাকাইয়া-রাখা পৃষ্ঠাসমূহ; a book, or a part of it bound separately, পুস্তক খাতা প্রভৃতি বা উহার পৃথগ্‌ভাবে বাঁধাই-করা খণ্ড। (often in *pl.*) a rounded mass, গোলাকার পিণ্ড বা স্তূপ (*volume* of smoke); a quantity or bulk, পরিমাণ বা মোট পরিমাণ (*volume* of work); cubical content, ঘনফল, ঘনমান; dimensions, ত্রৈমাত্রিক (অর্থাৎ দৈর্ঘ্য-প্রস্থ-বেধগত) আয়তন; fullness of tone, কণ্ঠস্বরের বা সুরের উচ্চতম পরদা; tone of voice, কণ্ঠস্বর। *a.* **volūme°tric** | *a.* **voluminous** [va-lū°-mi-nas, ভ্যালিউ°মিন্যাস্] (প্রাচীন পুঁথি-সম্বন্ধে) আলাদা-আলাদাভাবে বহু খণ্ডে পাকাইয়া রাখা হইয়াছে এমন; বৃহদায়তন; বহু খণ্ডে বিভক্ত বা গঠিত; বহু খণ্ডে পূর্ণ করিতে সক্ষম; বহু গ্রন্থ প্রণয়নকারী। **(to) speak volumes for**—জোরাল প্রমাণ বা নজির হিসাবে গণ্য হওয়া। [F. < L. *volumen*]

voluntary [vo°-lan-t(a)ri, ভ°ল্যান্‌ট্‌রি] *a.* acting by choice, able to will, স্বেচ্ছাক্রিয়, স্বতঃপ্রবৃত্ত, স্বেচ্ছাধীন; proceeding from the will, ইচ্ছাজনিত; spontaneous, স্বতঃস্ফূর্ত; free, স্বাধীন; intentional, উদ্দেশ্যমূলক, উদ্দেশ্যমূলকভাবে কৃত; freely given, স্বেচ্ছাপ্রদত্ত (*voluntary* contribution); (of muscles etc.) moving in response to the will, (মাংসপেশী প্রভৃতি সম্পর্কে) স্বেচ্ছাচালিত। *adv.* **vo°luntarily** | *n.* **vo°luntariness** | [L. *voluntarius* < *voluntas* = choice]

volunteer [vo-lan-tē(r)°, ভল্যান্‌টিয়্যা(র্)°] (**1**) *n.* one who enters any service, esp. military, of his own free choice, স্বেচ্ছাকর্মী, স্বেচ্ছাসেবক, স্বেচ্ছাসৈনিক; a soldier belonging to an organized company, formed by voluntary enrolment and distinct from the regular army, (পাকা সৈন্যবাহিনী হইতে পৃথক্) স্বেচ্ছাসৈনিকদ্বারা গঠিত বাহিনীভুক্ত বা সংস্থাভুক্ত সৈনিক। (**2**) *a.* of, or consisting of, volunteers, স্বেচ্ছাকর্মী স্বেচ্ছাসেবক বা স্বেচ্ছাসৈনিক সংক্রান্ত অথবা তাহাদের লইয়া গঠিত (*volunteer* corps); giving voluntary service, স্বেচ্ছাসেবী; giving voluntarily, স্বেচ্ছায় প্রদায়ক; growing spontaneously, (উদ্ভি.) আপনা হইতে জন্মে এমন, স্বত-উৎপন্ন। (**3**) *v.t.* to offer voluntarily to give or perform, স্বেচ্ছায় দিতে বা করিতে চাওয়া; to give (information) unasked, অযাচিতভাবে (সংবাদাদি) দেওয়া। (**4**) *v.i.* to enter into any service voluntarily, স্বেচ্ছাকর্মী স্বেচ্ছাসেবক বা স্বেচ্ছাসৈনিক হওয়া অথবা স্বেচ্ছাপ্রবৃত্ত হইয়া কাজে বা সৈন্যবাহিনীতে যোগ দেওয়া। [F. *voluntaire* < L. *voluntarius*]

voluptuary [va-lup°-tū-a-ri, ভ্যালাপ্‌°টিউঅ্যারি] (**1**) *n.* one excessively given to bodily enjoyments or luxury, অত্যধিক ইন্দ্রিয়পরায়ণ বা বিলাসী ব্যক্তি। (**2**) *a.* prompting or characterized by sensual pleasure, ইন্দ্রিয়পরায়ণতা-বৃদ্ধিকর, ইন্দ্রিয়পরায়ণতাপূর্ণ, ইন্দ্রিয়পরায়ণ। *a.* **volup°tūous**—ইন্দ্রিয়পরায়ণতাপূর্ণ; ইন্দ্রিয়পরায়ণ; ইন্দ্রিয়পরায়ণতা ইন্দ্রিয়সুখ বা ইন্দ্রিয়সেবা সংক্রান্ত। *adv.* **volup°tuously** | *n.* **volup°tuousness** | [L. *voluptuarius* < *voluptas* = pleasure]

volute [va-lo͞ot°, ভ্যালূট্‌°] *n.* a spiral scroll, (প্রধানতঃ স্তম্ভশীর্ষস্থ) কুণ্ডলাকার অংশ। *a.* **volū°ted**—কুণ্ডলাকার; কুণ্ডলীবিশিষ্ট। *n.* **volū°tion**—কুণ্ডলাকার গতি; কুণ্ডলী; আবর্ত। [L. *volvere* = to roll]

vomit [vo°-mit, ভ°মিট্] (**1**) *v.i.* to throw up the contents of the stomach by the mouth, to spew, বমন করা, বমি করা; to cause vomiting, (ঔষধাদি-সম্বন্ধে) বমনোদ্রেককর হওয়া। (**2**) *v.t.* to throw out violently, সজোরে বাহির করিয়া দেওয়া, উগরাইয়া ফেলা; to cause to vomit, বমন করান। (**3**) *n.* act of vomiting, বমন, হুক্কার; matter vomited, উগরাইয়া-ফেলা বস্তু, বমি; an emetic, বমনোদ্রেককর ঔষধাদি। [L. *vomere* = to throw up]

voodoo [vo͞o°-do͞o, ভূ°ডূ] (**1**) *n.* use of, or belief in, witchcraft prevalent amongst negroes of the West Indies and the United States, পশ্চিম ভারতীয় দ্বীপপুঞ্জ ও আমেরিকার নিগ্রোদের মধ্যে প্রচলিত ডাকিনীবিদ্যা বা তাহাতে বিশ্বাস। (**2**) *v.t.* to bewitch, জাদু করা। *n.* **voo°dooism** | [Af. *vodu*]

voracious [vŏ-rā°-shas, ভোরেই°শ্যাস্] *a.* eating greedily or in large quantities, গোগ্রাসে বা অত্যধিক পরিমাণে খায় এমন; (fig.) taking in much, (আল.) অত্যধিক পরিমাণে গ্রাস করে এমন; (fig.) very eager or insatiable, (আল.) অতিশয় আগ্রহসম্পন্ন বা কিছুতেই তৃপ্ত হয় না এমন; very greedy, অতিশয় লোভী বা লোভপূর্ণ। *adv.* **vŏrā°ciously** | *n.* **vŏrā°ciousness, voracity** [vŏ-ra°-siti, ভোর্যা°সিটি] [L. *vorax* < *vorare* = to swallow]

vortex [vaw(r)°-teks, ভ্য(র্)°টেক্স্] *n.* a whirlpool, জলের বা অন্য তরল পদার্থের ঘূর্ণি ; a whirlwind, ঘূর্ণিবাত্যা ; a whirling motion, ঘূর্ণ্যমান গতি, ঘূর্ণি ; (fig.) a system or pursuit viewed as swallowing up those who approach it, (আল.) যে বৃত্তি বা সংস্থা নির্মমভাবে আচ্ছন্ন করিয়া ফেলে। *pl.* **vortices** [vaw(r)°-ti-sēz, ভ্য(র্)°টিসীজ্], **vo°rtexės** । *a.* **vor°tical**—ঘূর্ণি-সংক্রান্ত ; ঘূর্ণ্যমান। [L.]

votaress—see **votary.**

votary [vō°-ta-ri, ভৌ°ট্যারি] *n.* one devoted as by a vow to some service, worship, or way of life, কোন কাজ উপাসনা সেবা বা জীবনযাত্রায় শপথাদিপূর্বক আত্মনিয়োগকারী ব্যক্তি, ব্রতী ; one enthusiastically attached to a pursuit, study, etc., নির্দিষ্ট বৃত্তি কাজ অধ্যয়ন চর্চা প্রভৃতিতে উদ্যমের সহিত অনুরক্ত ব্যক্তি ; a devoted worshipper or adherent, উক্ত উপাসক বা সেবক। *fem.* **vō°tarėss** । *a.* **vō°tive**—শপথপূর্বক বা ব্রতোদ্‌যাপনকল্পে কৃত প্রদত্ত স্থাপিত উৎসর্গীকৃত প্রভৃতি ; ব্রতোদ্‌যাপনকল্পে (দায়িত্বাদি সম্বন্ধে) গৃহীত বা (কার্যাদি সম্বন্ধে) কৃত (*votive* offering) ; ব্রত বা শপথমূলক। [LL. *votarius* < L. *votum* = to vow]

vote [vōt, ভৌট্] **(1)** *n.* an expression of wish or opinion in an authorized and formal way, অনুমোদিত ও বিধিসম্মত উপায়ে ইচ্ছা বা মত প্রকাশ, ভোটপ্রদান, মতপ্রদান ; collective opinion, or decision by a majority, সমষ্টিগত মত বা সমর্থকদের সংখ্যাধিক্যবলে গৃহীত সিদ্ধান্ত, ভোট, (পরি.) মত ; number of votes given, প্রদত্ত ভোটের সংখ্যা ; the right to vote, ভোটাধিকার। **(2)** *v.i.t.* to give one's vote (for or against), (কাহারও বা কিছুর সপক্ষে বা বিপক্ষে) ভোট দেওয়া। **(3)** *v.t.* to determine, grant, or bring about by vote, ভোটবলে স্থির করা, দেওয়া বা ঘটান। *p.* & *p. pt.* **vō°tėd** । *a.* **vōte°lėss**—ভোটাধিকারহীন। *n.* **vō°ter**—ভোটদাতা, নির্বাচক। *n.* **vō°ting-machine**—ভোটগ্রহণের সহায়ক যন্ত্রবিশেষ, ভোটযন্ত্র। *n.* **vō°ting-pāper**—যে কাগজে ভোট দেওয়া হয়, ভোটপত্র। **a snap vote**—অপ্রত্যাশিতভাবে গৃহীত ভোট। **a straw vote**—সাম্প্রতিক কোন বিষয় সম্বন্ধে জনসাধারণের মতামত জানার জন্য বেসরকারিভাবে গৃহীত ভোট। **vote of no confidence**—পদাধিষ্ঠিত মন্ত্রী প্রভৃতিকে বিরুদ্ধ ভোট দিয়া পদচ্যুত করার বৈধ নিয়মবিশেষ, অনাস্থাপ্রস্তাব। **(to) split one's vote(s)**—দুই বা ততোধিক প্রার্থীর মধ্যে স্বীয় ভোট বণ্টন করিয়া দেওয়া। **(to) split the vote**—(প্রধানতঃ অসাধু বা বেআইনী উপায়ে) বহুসংখ্যক ভোটদাতাকে ভাগাইয়া লইয়া বিপক্ষে ভোট দেওয়ান। **(to) vote down**—বিপক্ষে ভোটদানপূর্বক পরাস্ত বা দমিত করা। **(to) vote in**—ভোট-দ্বারা নির্বাচিত করা। **(to) vote the straight ticket**—দলীয় নির্দেশানুযায়ী ভোট দেওয়া। [L. *votum* = a wish]

votive—see **votary.**

vouch [vowch, ভাউচ্] **(1)** *v.t.* (arch.) to call upon to witness, (আর্ষ.) সাক্ষী হইতে বলা ; to cite as authority, নজিরাদি-স্বরূপ উল্লেখ করা ; to assert or guarantee to be true, দৃঢ়তার সহিত সত্য বলিয়া ঘোষণা করা বা সত্যতা-সম্বন্ধে জামিন হওয়া ; to support by evidence, সাক্ষ্যপ্রমাণাদিদ্বারা সমর্থন করা। **(2)** *v.i.* to bear witness, or be surety, সাক্ষী বা জামিন হওয়া (I cannot *vouch* for his honesty) । *p.* & *p. pt.* **vou°chėd** । [OF. *vo(u)cher* = to call to defend < L. *vocare* = to call]

voucher [vow°-cha(r), ভাউ°চ্যা(র্)] *n.* a piece of evidence, or a written document serving as proof, প্রামাণিক সাক্ষ্য বা দলিল (বিশেষতঃ টাকা লেনদেনের রসিদ), (পরি.) প্রমাণক। [AF. < OF. *vo(u)cher*—see *vouch*]

vouchsafe [vowch-sāf°, ভাউচ্‌সেইফ্°] **(1)** *v.t.* (arch.) to condescend to grant, (আর্ষ.) স্বেচ্ছায় বা সানুগ্রহে দিতে রাজী হওয়া। **(2)** *v.t.i.* to condescend, স্বেচ্ছায় বা সানুগ্রহে রাজী হওয়া। [*vouch*, *safe* = ori. two words]

vow [vow, ভাউ] **(1)** *n.* a voluntary promise made to God or to a saint, ঈশ্বর ধর্ম দেবতা বা সাধুপুরুষকে সাক্ষী করিয়া স্বেচ্ছাকৃত শপথ বা অঙ্গীকার, ব্রত ; a binding undertaking or resolve, বাধ্যবাধকতাপূর্ণ দায়িত্ব বা সঙ্কল্প ; a solemn or formal promise of fidelity or affection, অনুগত অনুরাগী বা ভক্ত হইয়া থাকার জন্য বিধিসম্মত শপথ। **(2)** *v.t.i.* to promise or threaten by vow, উক্ত শপথ দ্বারা অঙ্গীকার করা বা ভীতিপ্রদর্শন করা ; to take a vow, শপথপূর্বক ব্রত গ্রহণ করা। [OF. *vou* < L. *votum* < *vovere* = to promise solemnly]

vowel [vow°(a)l, ভা°উল্] *n.* a speech-sound capable of forming a syllable, স্বরধ্বনি ; a letter representing such a sound, স্বরবর্ণ (অর্থাৎ a, e, i, o, u) । *a.* **vow°elled**—স্বরবর্ণযুক্ত। *a.* **vow°ellėss**—স্বরবর্ণহীন। **vowel change** or **mutation**—(ধ্বনি.) অভিশ্রুতি। [F. *voyelle* < L. *vocalis* < *vocis* = voice]

vox populi [voks po°-pū-lī, ভক্স্ প°পিউলাই] *ph.* people's voice, জনমত। [L.]

voyage [voy°j, ভয়্°জ্] **(1)** *n.* (arch.) a journey, (আর্ষ.) ভ্রমণ ; a passage by water or by air to a considerable distance, জলপথে বা শূন্যপথে দীর্ঘভ্রমণ। **(2)** *v.i.* to make a voyage, (প্রধানতঃ জলপথে বা শূন্যপথে) ভ্রমণ করা। *n.* **voyager** [voy°-a-ja(r), ভয়্°অ্যাজ্যা(র্)] । [OF. *veage*, *voiage* < L. *viaticum* < *via* = way]

Vulcan [vul°-kan, ভাল্°ক্যান্] *n.* the Roman god of fire and metal-working, প্রাচীন রোমের দেবতাবিশেষ : ইনি অগ্নির অধিষ্ঠাতা ও দেবতাদের কর্মকার, দেবকারিগর (তু. বিশ্বকর্মা) । *n.* **vul°can**—

কর্মকার বা লৌহ-কারিগর। *a.* **Vul°canic**—ভ্যাল্‌ক্যান্‌-দেবতা সংক্রান্ত। *a.* **vul°canic**—var. of **volcanic** । *n.* **vul°canite**—তাপপ্রয়োগে কঠিনীকৃত রবারের শ্রেণীদ্বয়ের মধ্যে কঠিনতর শ্রেণীভুক্ত রবার (কোমলতর শ্রেণীর রবারকে বলা হয় **soft rubber**); কাচকড়া; মিহিদানার ন্যায় আকারবিশিষ্ট আগ্নেয়-শিলা। *v.t.* **vul°canize**—তাপপ্রয়োগপূর্বক (রবারে) গন্ধক মেশান বা গন্ধক মিশাইয়া শক্ত করা। *n.* **vulcanizā°tion** । [L. *Vulcanus*]

vulgar [vul°-ga(r), ভাল্‌°গ্যা(র্‌)] *a.* of the common people, জনসাধারণ-সম্বন্ধীয়; plebeian, নিম্নশ্রেণীর জনসম্প্রদায়ের; common, usual, customary, সাধারণ, প্রচলিত, প্রথাগত; commonplace, মামুলি; low, ইতর; unrefined, অমার্জিত, অভদ্র; coarse, স্থূল। *n.* **vul°garism**—ইতর বা অমার্জিত ভাষা, খিস্তি; অসূক্ষ্মতা। *n.* **vulga°rity°** । *v.t.* **vul°garize**—জনসাধারণের অধিগম্য বা সাধারণ বা মামুলি করা। *n.* **vulgarizā°tion** । *adv.* **vul°garly** । *n.* **vulgā°rian**—রুচি ও ব্যবহারে অমার্জিত (ধনী) ব্যক্তি। **the vulgar herd**—(বিদ্রূপ) জনসাধারণ। **vulgar tongue**—মাতৃভাষা। [L. *vulgaris*<*vulgus*=the people]

Vulgate [vul°-git, ভাল্‌°গিট্‌] *n.* the Latin version of the Bible made by Jerome, খ্রিষ্টীয় চতুর্থ শতাব্দীতে সাধু জেরাম্‌ কর্তৃক অনূদিত ল্যাটিন বাইবেল। [L. *vulgata*=made public<*vulgus* =the people]

vulnerable [vul°-n(a)rabl, ভাল্‌°ন্‌র্যাব্‌ল্‌] *a.* capable of being wounded, আহত বা ক্ষত করা যায় এমন; liable to hurt to feeling, অনুভূতিতে বা মর্মে আঘাত করা যায় এমন; capable of being pierced through or conquered, ভেদ্য বা জেয়; (contract bridge) of a side that has won a game towards the rubber and therefore liable to increased penalties (or premiums), (তাসের কন্‌ট্রাক্‌ট্‌ ব্রিজ খেলায়) রবারের জন্য প্রয়োজনীয় গেইম্‌গুলির মধ্যে একটি গেইম্‌ করিয়া বর্ধিত পয়েন্‌টে খেসারত দিবার (বা পাইবার) যোগ্যতা অর্জন করিয়াছে এমন দলের; offering an opening to criticism, (সচ, বিরুদ্ধ-) সমালোচনার যোগ্য। *n.* **vulnerabi°lity, vul°nerableness** । [L. *vulnerare*=to wound]

vulpine [vul°-pīn, ভাল্‌°পাইন্‌] *a.* of, or like, a fox, শৃগাল-সংক্রান্ত বা শৃগাল-তুল্য; cunning, ধূর্ত, চতুর। [L. *vulpines*<*vulpes*=a fox]

vulture [vul°-cha(r), ভাল্‌°চ্যা(র্‌)] *n.* a bird of prey, শকুনি, গৃধ্র; one resembling, or greedy like a vulture, শকুনিতুল্য ব্যক্তি বা শকুনিতুল্য লোভী ব্যক্তি। *a.* **vul°turine**—শকুনি-সংক্রান্ত; শকুনিতুল্য; শকুনির ন্যায় লোভী। [OF. *voutour voltour*<L. *vulturius*<*vultur*]

vulva [vul°va, ভাল্‌°ভ্যা] *n.* the opening or orifice of female genital, স্ত্রীযোনিমুখ বা স্ত্রীযোনিদ্বার। [L.]

vying—*pr. pt.* of **vie.**

W, w [dub°-lū, ডাব্‌°লিউ] *n.* the twenty-third letter of the English alphabet, ইংরেজী বর্ণমালার ত্রয়োবিংশ বর্ণ।

wabble—alt. spell of **wobble.**

wacky [wa°-ki, ওঅ্যা°কি] (**1**) *a.* (sl.) crazy, (অশি.) পাগলাটে, খেপাটে। (**2**) *n.* a crazy person, পাগলাটে লোক। *n.* **wa°ckiness** । [see *whack*]

wad [wod, ওঅড্‌] (**1**) *n.* a soft pad of loose material, (জিনিসপত্র প্যাক্‌ করার জন্য) খড় কাগজ প্রভৃতির প্যাড্‌ বা দলা; a little mass of paper etc. or a dish of felt or paper, to keep the charge in a gun, বন্দুক-কামানের মধ্যে গুলি-গোলা বা বারুদ রাখার কার্যে ব্যবহৃত কাগজের পুঁটুলি অথবা কাগজে অথবা পশমী কাপড়ে তৈয়ারি চাকতি; a bundle, (খড় টাকার নোট প্রভৃতির) আঁটি, কেতা, বাণ্ডিল; a compact mass, পিণ্ড, স্তূপ। (**2**) *v.t.* to form into a mass, পিণ্ডে বা স্তূপে পরিণত করা; to pad, (মোড়কাদির মধ্যে) খড় কাগজ প্যাড্‌ বা স্তূপ ভরিয়া দেওয়া; to stuff a wad into, (বন্দুকাদির মধ্যে) কাগজের পুঁটুলি অথবা কাগজে বা পশমী কাপড়ে তৈয়ারী চাকতি ভরিয়া দেওয়া। *pr. pt.* **wa°dding** । *p.* & *p. pt.* **wa°dded** । [?—cp. Sw. *vadd*=wadding]

waddle [wod°l, ওঅড্‌°ল্‌] (**1**) *v.i.* (of ducks and geese) to walk rockingly, (পাতিহাঁস ও রাজহাঁস সম্বন্ধে) হেলিয়া দুলিয়া চলা; to walk like a duck, (হংসেতর প্রাণী-সম্বন্ধে) হংসগমনে চলা। (**2**) *n.* act of waddling, হংসগমন, হংসগতি; a clumsy, rocking gait, জবুথবুভাবে হেলিয়া দুলিয়া গমন বা ঐরূপ গতি (the fat man *waddled* across the road)। *n.* **wadd°ler** । [freq. of *wade*]

wade [wād, ওএইড্‌] (**1**) *v.i.* to walk through water or other impeding substance, জল বা অন্য বাধাদায়ক পদার্থের মধ্য দিয়া হাঁটা। (**2**) *v.i.t.* (fig.) to go (through) or cross with difficulty or labour, (আল.) কষ্টে অথবা শ্রমসহকারে যাওয়া বা অতিক্রম করা বা পার হওয়া। (**3**) *n.* act of wading, জল বা অন্য বাধাদায়ক পদার্থের মধ্য দিয়া কষ্টে বা শ্রমসহকারে গমন অথবা পার হওয়া। *p.* & *p. pt.* **wā°ded** । *n.* **wā°der**—wade(*v.*)-এর সকল অর্থে, এবং—জল প্রভৃতির মধ্যে হাঁটিয়া হাঁটিয়া খাদ্যসন্ধানকারী পাখি (যেমন, সারস বক কাঁদা-খোঁচা প্রভৃতি) (also **wading bird**); পায়ের নলিও ঢাকা পড়ে এমন জলাভেদ্য বুটজুতা। **(to) wade in**—(কথ্য.) তীব্র তেজে আক্রমণ করা, সবলে বা তেজের সহিত হস্তক্ষেপ করা। **(to) wade into**—(কথ্য.) উদ্যমের সহিত (কার্যাদিতে) হাত

লাগান ; তীব্র আক্রমণ করা। [OE. *wadan*=to go—cp. G. *waten*]

wadi [wŭ°-di, ওাঁআ°ডি] *n.* a rocky water-course dry except after a heavy rainfall, প্রবল বারিপাত ব্যতীত জলশূন্য থাকে এমন স্রোতস্বিনী। [Ar.]

wafd [waft, ওাঁঅফ্‌ট্] *n.* a Nationalist party in Egypt, মিশরের জাতীয়তাবাদী দলবিশেষ। *n.* **waf°dist**—উক্ত দলের সভ্য।

wafer [wā°-fa(r), ওাঁএই°ফ্যা(র্)] *n.* a very thin crisp biscuit or cake, এক প্রকার অতি পাতলা ও মুচমুচে বিস্কুট বা কেইক্। [ONF. *waufre*]

waffle [wof°l, ওাঁঅফ্°ল্] *n.* a kind of cake, কেইকবিশেষ। [Du. *wafel*]

waft [wŭft, ওাঁআফ্‌ট্] (1) *v.t.i.* to convey or go safely or lightly on the surface of or through a fluid medium, as air or water, বাতাস জল প্রভৃতি অকঠিন পদার্থের উপর বা মধ্য দিয়া নিরাপদে বা আলতোভাবে নেওয়া অথবা যাওয়া, নিরাপদে বা আলতোভাবে ভাসাইয়া নেওয়া বা ভাসিয়া যাওয়া। (2) *n.* a scent, or sound, or puff, of smoke or vapour, carried by the air, বায়ুতাড়িত গন্ধ শব্দ বা ধুম্রাদি। [Obs. E. *wafter*=a conveying vessel]

wag [wag, ওাঁঅ্যাগ্] (1) *v.i.t.* to shake or wave to and fro, ইতস্ততঃ নড়া বা নাড়ান, আন্দোলিত হওয়া বা করা। *pr. pt.* **wa°gging** । *p.* ও *p. pt.* **wa°gged** । (2) *n.* a shake or wagging, ইতস্ততঃ আন্দোলন ; a truant, স্কুল-পালানে ছাত্র বা কাজপালানে লোক ; a facetious person, হাস্যরসিক বা মজাদার লোক। *n.* **wa°ggery**—দুষ্টুমিপূর্ণ আমোদ-প্রমোদ বা পরিহাস। *a.* **wa°ggish**—ইতস্ততঃ নাড়ায় বা নড়ে বা আন্দোলিত করে বা আন্দোলিত হয় এমন। *adv.* **wa°ggishly** । *n.* **wa°ggishness** । *v.t.i.* **wa°ggle**—(প্রধানতঃ অস্থিরভাবে) আন্দোলিত করা বা হওয়া। *n.* **wag°-tail**—(নিরন্তর লেজ নাচায় বলিয়া) দোয়েল বা খঞ্জনা। **(to) play the wag**—স্কুল-পালান। **(to) wag one's finger (at)**—আঙ্গুল নাড়িয়া অসন্তোষ বা মতানৈক্য প্রকাশ করা। [ME. *waggen*<OE. *wagian*=to shake]

wage [wāj, ওাঁএইজ্] (1) *v.t.* to engage in or carry on, (যুদ্ধাদিতে) রত করান বা (যুদ্ধাদি) চালান। (2) *n.* (often *pl.* in form but treated as *sing.*) payment for services, or (fig.) reward, (প্রধানতঃ অপেশাদারী) কাজের জন্য পারিশ্রমিক, (পরি.) বেতন, মজুরি, (আল.) পুরস্কার। *n.* **wāge°-ear°ner**—যে ব্যক্তি বেতন বা মজুরির বিনিময়ে খাটে ; যাহার আয়ে পরিবারের ব্যয়নির্বাহ হয়। **wā°ger**—(1) *n.* বাজি (to lay a *wager*) ; যাহার উপর বাজি ধরা হয় ; (2) *v.t.i.* (কোন) বাজি ধরা। *n.* **wā°gerer** । **wager of battle**—অভিযোক্তা ও অভিযুক্তের মধ্যে প্রাণঘাতী দ্বন্দ্বযুদ্ধের দ্বারা অভিযোগ মীমাংসার প্রাচীন পন্থাবিশেষ। [ONF. *wagier*=to pledge]

waggery, waggish, waggle—see **wag.**

wag(g)on [wa°-gan, ওাঁঅ্যা°গ্যান্] *n.* a four-wheeled vehicle, (প্রধানতঃ গুরুভার বোঝা বহনার্থ) চতুশ্চক্র শকটবিশেষ ; a railway truck or van, রেলগাড়ির অনাচ্ছাদিত বা আচ্ছাদিত মালবাহী বগি। *n.* **wa°g(g)on-box**—উক্ত শকটের চালক-অংশ। *n.* **wa°g(g)oner**—উক্ত শকটচালক। *n.* **tea°-waggon**—তৈয়ারি চা, কাপ প্রভৃতি বহন করার জন্য চাকাওয়ালা ঠেলাগাড়ি (also **tea-trolley**)। *n.* **sta°tion-wag(g)on**—বহুযাত্রী ও মালপত্র নেওয়ার উপযুক্ত বড় এবং পিছনের দিকে দরজাওয়ালা মটর গাড়ি। *n.* **wag(g)onette** [wa-ga-net°, ওাঁঅ্যাগ্যানেট্°] মুখোমুখি আসন-সংবলিত অনাচ্ছাদিত অশ্বযানবিশেষ। *n.* **wa°g(g)on-load**—ঐ প্রকার একখানি শকটে বাহিত মোট মাল ; প্রচুর পরিমাণ। **on the water wag(g)on**—মদ্যপান করে না এমন। [Du. *wagen*]

wagon-lit [wa°-gan-lē, ওাঁঅ্যা°গ্যান্-লী] *n.* a sleeping-car (as on European railways), (ইউরোপের রেল প্রভৃতিতে) ঘুমাইবার ব্যবস্থা সমন্বিত গাড়ি। [F.]

wagtail—see **wag.**

waif [wāf, ওাঁএইফ্] *n.* a piece of property found ownerless, মালিকহীন অবস্থায় দৃষ্ট সম্পত্তি (যেমন, পথভ্রষ্ট গবাদি পশু, তটোপরি তরঙ্গনিক্ষিপ্ত বস্তু প্রভৃতি) ; a homeless and helpless person, নিরাশ্রয় ও নিঃসহায় ব্যক্তি ; an abandoned child, পথাদিতে (মাতাপিতা কর্তৃক) পরিত্যক্ত শিশু। **waifs and strays**—মালিকহীন বা বেওয়ারিস্ অবস্থায় দৃষ্ট সম্পত্তি ; (in *pl.*) নিরাশ্রয় ও নিঃস্ব ব্যক্তিগণ ; গৃহহীন ও পরিত্যক্ত শিশুগণ। [OF.<Scand. ?]

wail [wāl, ওাঁএইল্] (1) *v.i.t.* to lament or sorrow (for) audibly, (কিছুর জন্য) শ্রুতিগোচরভাবে বিলাপ করা বা দুঃখপ্রকাশ করা। (2) *n.* act of wailing, শ্রুতিগোচরভাবে বিলাপ বা দুঃখপ্রকাশ ; a cry of woe, আর্তনাদ ; a sound like that of wailing, (ঝড় পশু যন্ত্র প্রভৃতির) শ্রুতিগোচর বিলাপের বা আর্তনাদের ন্যায় গর্জন। *a.* **wail°ful**—দুঃখপূর্ণ, বিলাপপূর্ণ ; আর্ত। *adv.* **wai°lingly** । [cp. ON. *væla*]

wain [wān, ওাঁএইন্] *n.* a wagon, (প্রধানতঃ খড় ও কৃষিজাত দ্রব্যাদি বহনার্থ) মালবাহী শকট। *n.* **wain°wright**—উক্ত শকট-নির্মাতা। **(Lesser) Wain**—same as **Charle's Wain** । [ON. *waegen*]

wainscot [wān°-skat, ওাঁএইন্°স্ক্যাট্] *n.* fine oak for panelling on room-wall, গৃহাভ্যন্তরস্থ দেওয়াল আচ্ছাদনার্থ ওকবৃক্ষের উৎকৃষ্ট তক্তা। *a.* **wain°scot(t)ėd**—উক্ত তক্তাদ্বারা আচ্ছাদিত। [Du. *wagen-schot*=oakwood (partition used in a wagon) ?]

wainwright—see **wain.**

waist [wāst, ওাঁএইস্ট্] *n.* the part of the human body between the ribs and the hips, or the corresponding part of the body of other creatures, কোমর, কটি ; the part of the garment that surrounds the waist, জামার যে অংশ কোমর পরিবেষ্টন করে। *n.* **waistband** [wās°-band, ওাএইস্°ব্যান্ড্] জামার যে অংশ কোমরে আঁটিয়া থাকে বা উক্ত অংশ তৈয়ারি করার জন্য পটী ; কোমরবন্ধ। *n.* **waistbelt** [wās°-belt, ওাএইস্°বেল্ট্] কোমরবন্ধ, কটিবন্ধ। *n.* **waistcoat** [wās°-kōt, ওাএইস্°কৌট্] ফতুয়াজাতীয় জামাবিশেষ, ওএস্ট্কোট। *a.* **waist°-deep°, waist°high°**—কোমর পর্যন্ত ডোবে বা কোমর পর্যন্ত উঁচু এমন, কোমরসমান, এককোমর। *n.* **waist°-line**—কটিরেখা। [ME. *wast* < OE. *waest*=growth]

wait [wāt, ওাএইট্] (**1**) *v.i.t.* to remain in expectation (of) or in readiness for, অপেক্ষা করা বা প্রতীক্ষা করা অথবা (কাহারও বা কিছুর জন্য) প্রস্তুত হইয়া থাকা ; to be in attendance or attend on, for carrying out orders, হুকুমাদি পালনার্থ (কাহারও) সঙ্গে থাকা বা খিদ্‌মত করা : to delay action or postpone, বিলম্ব করা বা মুলতবি করা। (**2**) *v.i.* to serve food to the table and clear away the used dishes, ভোজটেবিলে খাদ্য পরিবেশন করা এবং ভোজনশেষে থালাবাসন সরান। (**3**) *n.* ambush, ওঁত ; act of waiting, প্রতীক্ষা (I had a long *wait* for the train)। *n.* **wai°ter**—wait (*v.*)-এর সকল অর্থে, এবং বিশেষতঃ—হোটেলাদির খাদ্য-পরিবেশনকারী পরিচারক ; খাদ্য দ্রব্যাদি বহনের থালা বা ট্রে। *fem.* **wai°tress**। *n.* **wai°ting-list**—কর্মস্থান প্রভৃতি খালি হইলে যেসব প্রার্থীকে ক্রমান্বয়ে নিয়োগ করা বা স্থান দেওয়া যাইতে পারে তাহাদের তালিকা। *n.* **wai°ting-maid, wai°ting-woman**—পরিচারিকা। *n.* **wai°ting-room**—দর্শনাদির জন্য আগত ব্যক্তিদের অপেক্ষা করার ঘর। **(to) lie in wait** (for), **to lay wait** (for)—(শত্রুকে আক্রমণ করিবার জন্য) প্রতীক্ষায় থাকা ; ওঁত পাতিয়া থাকা। **(to) wait on**—হুকুমাদি তামিল করার জন্য সঙ্গে থাকা। **(to) wait on** or **upon**—সরকারিভাবে বা আনুষ্ঠানিকভাবে সাক্ষাৎ করিতে যাওয়া ; সঙ্গে সঙ্গে যাওয়া বা থাকা ; সঙ্গে সঙ্গে থাকিয়া পরিচর্যা করা ; (কিছুর সহিত) সংশ্লিষ্ট থাকা বা (কিছুর) পরিণতি হওয়া ; (B.—পদাদির) দায়িত্ব বা কর্তব্য পালন করা। **(to) wait up**—জাগিয়া বসিয়া থাকা, ঘুমাইতে না যাওয়া। **(to) keep one waiting**—কাহারও সঙ্গে দেখা করিতে হইলে ঠিক সময়মত হাজির না হওয়া ; কাহাকেও অপেক্ষমাণ রাখা। [ONF. *waitier*= to watch, to attend—cp. OHG. *wahten*]

waive [wāv, ওাএইভ্] *v.t.* to forbear to insist on or use, জোরাজুরি না করা অথবা প্রয়োগ বা ব্যবহার না করা ; to relinquish or forgo, (পদ অধিকার দাবি প্রভৃতি) পরিত্যাগ করা (to *waive* a claim)। *n.* **wai°ver**—(আইন) অধিকারাদি পরিত্যাগের ঘোষণা বা বিবৃতি (to sign a *waiver* of claims)। [AF. *weyver* < OF. *guesver*=to abandon]

wake₁ [wāk, ওাএইক্] *n.* the streak of smooth-looking or foamy water left in the track of a ship, জাহাজের গমনপথের পশ্চাতে যে মসৃণদর্শন বা ফেনিল জলরেখা জাগে। **in the wake of**—খুব কাছাকাছি ; পিছনে-পিছনে, পায়ে-পায়ে, অব্যবহিত পরে। [< Scand.]

wake₂ [wāk, ওাএইক্] (**1**) *v.i.* to be awake, active, or vigilant, জাগ্রৎ সক্রিয় বা সতর্ক থাকা অথবা বিনিদ্র প্রহরারত থাকা। (**2**) *v.i.t.* to keep vigil (over), সতর্কভাবে বা বিনিদ্রভাবে পাহারা দেওয়া ; to be roused, or to rouse, from sleep, নিদ্রা হইতে জাগা বা জাগান ; to become or make active, interested or animated, সক্রিয় বা কৌতূহলী বা উদ্দীপ্ত হইয়া ওঠা অথবা করিয়া তোলা ; to revive, পুনরুজ্জীবিত হওয়া বা করান। (**3**) *v.t.* to pass night in prayer, সারারাত্রি উপাসনাদি করা, নিশিপালন করা। *p.* **wā°ked, wōke**। *p. pt.* **wā°ked, wōken**। (**4**) *n.* act or state of waking, জাগরণ বা জাগ্রদবস্থা, উদ্দীপন, উজ্জীবন, নিশিপালন। *a.* **wāke°ful**—জাগ্রৎ, বিনিদ্র ; ঘুমাইতে অক্ষম ; সতর্ক বা বিনিদ্র প্রহরারত ; নিদ্রাদি হইতে জাগাইয়া তোলে এমন। *n.* **wake°fulness**। *v.i.t.* **wā°ken**—নিদ্রাদি হইতে জাগিয়া ওঠা বা জাগাইয়া তোলা ; অক্রিয়তা অচৈতন্য মোহ জড়তা প্রভৃতি কাটাইয়া ওঠা বা কাটাইয়া তোলা। *a.* **wā°king**—জাগ্রৎ (in his *waking* hours)। [OE. *wacan*=to be born, to awake, *wacian*=to be awake, to watch]

wale [wāl, ওাএইল্] (**1**) *n.* a raised streak left by a blow with a lash, etc. চাবুকাদির বাড়ির ফলে দেহে যে দগড়া দাগ পড়ে। (**2**) *v.t.* to mark with wales, চাবুক দিয়া আঘাত করিয়া দগড়া দাগ ফেলা। [OE. *walu*—cp. ON. *volr*—a rod]

waler [wā°-la(r), ওাএই°ল্যা(র্)] *n.* (in India) a horse imported from New South Wales or from Australia, (ভারতে) নিউসাউদ্ ওএইল্‌স্ বা অস্ট্রেলিআ হইতে আমদানি-করা ঘোড়া। [> *Wales*]

walk [wawk, ওাঅ্যাক্] (**1**) *v.i.* to move about on foot, হাঁটা ; to pace, পদক্ষেপ করা ; to journey on foot, পদব্রজে ভ্রমণ করা ; to ramble for pleasure etc., হাঁটিয়া বেড়ান, পায়চারি করা ; to behave, আচরণ করা। (**2**) *v.t.* to traverse on foot, (স্থানাদির) উপর বা ভিতর দিয়া পদব্রজে যাওয়া। *p.* & *p. pt.* **wa°lked**। (**3**) *n.* the action, or an act of walking, হণ্টন, পদক্ষেপ, পদব্রজে ভ্রমণ, পায়চারি চলন, বিচরণ ; gait, চলনভঙ্গি (I know him by his *walk*) ; a route or place or path for walking, হাঁটা-পথ অথবা পায়চারি করার বা পদব্রজে চলার জন্য স্থান বা পথ ; tree-bordered avenue, বৃক্ষসারিতে পরিশোভিত

পথ, ভ্রমণবীথি ; distance as measured by the time spent in walking over it, পদব্রজে অতিক্রম করিতে যত সময় লাগে সেই হিসাবানুযায়ী ব্যবধান (an hour's *walk*) ; conduct, আচরণ ; sphere, course of life, field of action, ক্ষেত্র, জীবনযাত্রা, কর্মক্ষেত্র। *n.* **wa°lker**। *n.* **walk°ie-talk°ie, walk°y-talk°y**—সহজে বহনসাধ্য বেতার-টেলিফোন-বিশেষ। *n.* **wa°lking-fish**—কই চিংড়ি প্রভৃতি স্থলোপরি ভ্রমণে সক্ষম মাছ। *n.* **wa°lking-gentleman**—অতি ক্ষুদ্র ভূমিকার অভিনেতা যাহার জন্য সুশ্রী চেহারার প্রয়োজন, দর্শনদারি অভিনেতা। *fem.* **wal°king-lady**। *n.* **wa°lking-orders**—(অশি.) বরখাস্তের আদেশ। **walking part, walking-on part**—নাটকের নির্বাক্ ভূমিকা। *n.* **wa°lk°-on**—নাটকের নির্বাক্ ভূমিকার অভিনেতা। *n.* **wa°lking-stick**—পায়চারি করার সময়ে বা হণ্টনকালে ব্যবহার্য ছড়ি। *n.* **walk°-out**—পদব্রজে বহির্গমন ; ধর্মঘট ; কিছুর প্রতিবাদকল্পে বিরোধী দল কর্তৃক সম্মিলিতভাবে সভাগৃহ পরিত্যাগ। *n.* **walk°-over**—যে প্রতিযোগিতায় কেবল একটি প্রতিদ্বন্দ্বী উপস্থিত হওয়ার ফলে তাহাকে বিজয়ী বলিয়া ঘোষণা করা হয় ; অনায়াসলব্ধ বিজয়। **walk of life**—পেশা, বৃত্তি। **(to) walk away from**—সহজেই পিছনে ফেলিয়া যাওয়া বা পরাস্ত করা। **(to) walk the boards**—অভিনেতা বা অভিনেত্রী হওয়া। **(to) walk the hospitals** or **wards**—চিকিৎসাশাস্ত্রের শিক্ষার্থী হওয়া, ডাক্তারি পড়া। **(to) walk into**—(অশি.) সানন্দে খাওয়া ; (কথ্য.) অসতর্কতাহেতু ঢুকিয়া পড়া (he *walked into* the trap)। **(to) walk off**—পরিত্যাগ বা পরিহার করিয়া যাওয়া ; প্রস্থান করা। **(to) walk off** or **away with**—গোপনে অথবা হঠাৎ হরণ করিয়া বা চুরি করিয়া লইয়া যাওয়া ; সহজে জিতিয়া লওয়া। **(to) walk on**—হাঁটিতে থাকা ; হাঁটিয়া অগ্রসর হইতে থাকা। **(to) walk on the air**—অত্যুল্লসিত বা লঘুচিত্ত হওয়া। **(to) walk out**—(প্রধানতঃ কিছুর প্রতিবাদকল্পে সভাগৃহাদি) পরিত্যাগ করিয়া বাহির হইয়া যাওয়া ; ধর্মঘট করা। **(to) walk out with**—(কথ্য.—সচ. নিম্নশ্রেণীর লোকদের জন্য) প্রণয়-নিবেদন করা বা পাণিপ্রার্থনা করা, প্রণয়ী বা প্রণয়িনী রূপে পাওয়া। **(to) walk over**—অতিক্রম করা ; পদব্রজে অতিক্রম করা বা উপর দিয়া চলা ; অন্য প্রতিদ্বন্দ্বী না থাকার ফলে প্রতিযোগিতায় জয়লাভ করা ; (কথ্য.) অতি সহজে জয়লাভ বা সাফল্যলাভ করা। **(to) walk tall**—গর্বিত বা অহঙ্কারী হওয়া। **(to) walk°-up**—(পথাদি) বাহিয়া হাঁটা। **walk up**—এস ভিতরে ঢোক। *a.* **walk°up**—(অট্টালিকাদি সম্বন্ধে) হাঁটিয়া উপরতলায় উঠিতে হয় এমন (a *walk-up* flat)। [ME. *walk(i)en(v.)* < OE. *wealcan* = to roll]

walkie-talkie [waw°-ki-taw°-ki, ওআ্য'কিটা্য'কি] *n.* a portable two-way radio set, বহনযোগ্য গ্রহণ ও প্রেরণের ব্যবস্থাসহ রেডিও সেট। [see *walk, talk*]

wall [wawl, ওআ্যল্] **(1)** *n.* an upright structure for security or to enclose a space, প্রাচীর, পাঁচিল, দেওয়াল ; any bounding surface suggestive of a wall, কিছুর দেওয়ালতুল্য পার্শ্ব বা অংশ (যেমন, কানের দেওয়াল বা কর্ণবেষ্ট, কানের পরদা, প্রভৃতি) ; the side next to the wall, প্রাচীরপার্শ্ব, প্রাচীরগাত্র ; (fig.) a defence or means of security, (আল.) রক্ষণোপায় বা নিরাপত্তার ব্যবস্থা ; (fig.) a barrier, (আল.) প্রতিবন্ধক ; (fig.) a partition, (আল.) বিভাজক পরদাদি, পার্টিশ্ন্। **(2)** *v.t.* to enclose with a wall, প্রাচীরবেষ্টিত করা ; to fortify or partition with a wall, প্রাচীরদ্বারা সংরক্ষিত বা বিভাজিত করা। *n.* **wall°flower**—দেওয়ালগাত্রে লতাইয়া ওঠে এমন সুগন্ধ পুষ্প-লতাবিশেষ ; (কথ্য.) নৃত্যসঙ্গীর অভাবে নাচের আসরে যে ব্যক্তি (সচ. স্ত্রীলোক) চুপচাপ বসিয়া থাকে। *n.* **wall°-pain°ting**—প্রাচীরগাত্রে চিত্রাঙ্কন বা অঙ্কিত চিত্র। *n.* **wall°-pā°per**—(প্রধানতঃ ঘরের) দেওয়াল ঢাকার জন্য (সচ.) রঙীন বা বিচিত্র কাগজবিশেষ। **with one's back to the wall**—এড়াইয়া যাইবার উপায়হীন অবস্থায়, কোণ-ঠাসা অবস্থায়। **(to) drive to the wall**—শেষ প্রান্তে বা চরমে ঠেলিয়া দেওয়া। **(to) give the wall**—পথিমধ্যে (বিপরীত দিক্ হইতে আগত) কাহারও সম্মুখীন হওয়ায় তাহাকে পথ ছাড়িয়া দেওয়া। **(to) go to the wall**—কঠিন চাপে পড়া ; ঠেলা খাইয়া একপাশে সরিয়া যাইতে বাধ্য হওয়া ; পথ ছাড়িয়া দিতে বাধ্য হওয়া ; ব্যর্থ হওয়া ; হার মানা ; অন্য কিছুকে অগ্রাধিকার দেওয়া। **(to) hang by the wall**—অব্যবহৃত অবস্থায় পড়িয়া থাকা। **(to) push** or **thrust to the wall**—জায়গা দিতে বাধ্য করান। **(to) run one's head against a wall**—যাহা স্পষ্টতঃ অসাধ্য তাহা করিবার প্রয়াস পাওয়া। **(to) see through a brick wall**—বিস্ময়কর কল্পনাশক্তি বা অন্তর্দৃষ্টির অধিকারী হওয়া। **(to) take the wall**—পথিমধ্যে (বিপরীত দিক্ হইতে আগত) কাহারও সম্মুখীন হওয়ায় তাহাকে পথ ছাড়িয়া না দেওয়া বা পথ ছাড়িয়া দিতে অসম্মত হওয়া। **(to) wall up**—প্রাচীর নির্মাণপূর্বক (পথাদি) বন্ধ করা, চারপাশে প্রাচীর তুলিয়া দিয়া অবরুদ্ধ করা। [AS. < L. *vallum*]

wallaby [wo°-la-bi, ওঅ'ল্যাবি] *n.* kinds of small kangaroos, অপেক্ষাকৃত ক্ষুদ্রকায় ক্যাঙারু। [Aus. *wolala*]

walla(h) [wol°u, ওঅ'ল্আ] *n.* (formerly in India) a person employed about or concerned with something, (মূলতঃ ভারতবর্ষে) কোন কিছুতে নিযুক্ত বা কোন কিছু সম্পর্কিত (pankha-*wallah*)। [Hindi]

wallet [wo°-lit, ওঅ'লিট্] *n.* a bag for food, tools, papers, etc., খাদ্য যন্ত্রপাতি কাগজপত্র নোট প্রভৃতি রাখার জন্য সুবহ থলিবিশেষ। [?]

wall-eye [wawl°-ɪ, ওআ্যল্'আই] *n.* an eye-disease, glaucoma, চক্ষুরোগবিশেষ (ইহাতে কনী-

নিকা নিষ্প্রভ হয় বা চক্ষুর শ্বেতাংশ বর্ধিত হয়)। *a.* **wall°-eyed**—উক্ত রোগাক্রান্ত ; ঈষৎ টেরা ; বিস্ফারিত দৃষ্টিতে বা বোকার মত ফ্যাল্‌ফ্যাল্ করিয়া চাহে এমন। [ON. *vagleygr*]

wallflower—see **wall.**

wallop [wo°-lap, ওাঅ°ল্যাপ্] (1) *v.t.* (coll.) to thrash, (কথ্য.) আচ্ছামত প্রহার করা। (2) *n.* (coll.) a heavyblow, (কথ্য.) আচ্ছামত প্রহার। **wa°llop-ing**—(1) *a.* আচ্ছামত প্রহার করে এমন ; (কথ্য.) অতীব প্রকাণ্ড। (2) *n.* পরাজয় (their team got a a *walloping*)। [ONF. *waloper*]

wallow [wo°-lō, ওাঅ°লৌ] *v.i.* to roll about in mud, sand, water etc., (সচ. পশুদের সম্বন্ধে) কাদা বালি জল প্রভৃতির মধ্যে গড়াগড়ি দেওয়া ; to live or take delight in filth or gross vice, নোংরামির বা পাপাচারের মধ্যে বাস করা অথবা তাহাতে আমোদ পাওয়া ; to surge, (সমুদ্রাদির জল-সম্বন্ধে) ফুলিয়া ওঠা ; তরঙ্গায়িত হইয়া ওঠা। *n.* **wa°-llower**। **(to) be wallowing in money**—(কথ্য.) অত্যন্ত ধনী হওয়া। [OE. *wealwian*<L. *volvere*]

wall-painting, wall-paper—see **wall.**

Wall-Street [wawl stret, ওাঅল্ স্ট্রীট্] *n.* the American money-market, আমেরিকার টাকার বাজার বা শেয়ারমার্কেট। [a street in New York]

walnut [wawl°-nat, ওাঅ্যাল্°ন্যাট্] *n.* an edible nut, or its tree, আখরোট বা আখরোটগাছ ; the timber of the walnut-tree, আখরোট-গাছের তক্তা। [OE. *walh-hnutu*]

walrus [wawl°-ras, ওাঅ্যাল্°র্যাস্] *n.* an aquatic animal, সিন্ধুঘোটক। [Du.<Scand.]

waltz [wawls, ওাঅ্যাল্‌স্] (1) *n.* (ori. *a.*) German dance by couples, (মূলতঃ) দ্রুত চক্রাকারে ঘুরিয়া ঘুরিয়া জর্মানদেশীয় দ্বৈত নৃত্যবিশেষ ; a slow circling dance, মন্দতালে চক্রাকারে নৃত্যবিশেষ ; the music for such, উক্ত নাচের বাজনা। (2) *v.i.* to dance in a waltz, উক্ত নাচ নাচা। *n.* **wal°tzer**—উক্ত নাচের নর্তক। [G. *walzer*]

wampum [wom°pam, ওাঅম্°প্যাম্] *n.* beads made from shells and strung for money or decoration by N. American Indians, সামুদ্রিক খোলা হইতে পাওয়া গুটিকা যাহা উত্তর আমেরিকার আদিবাসিরা মুদ্রার ন্যায় ব্যবহার করে অথবা মালা গাঁথিয়া পরিধান করে। [<North Amer. Ind. *wampumpeag* (*wampi*=white, *ampi*=string)]

wan [won, ওাঅন্] *a.* wanting colour, বিবর্ণ ; pale and sickly, পাণ্ডুর ও রোগাটে ; faint, অস্পষ্ট, নিস্তেজ (*wan* light)। *adv.* **wan°ly**। *n.* **wan°ness**। [OE. *wann*=dark, black]

wand [wond, ওাঅন্ড্] *n.* something slender and rigid, সরু ঋজু ও কঠিন কোন বস্তু (যেমন, লাঠি জাদুদণ্ড প্রভৃতি) ; a staff carried as a symbol of authority (on ceremonial occasions), (বিশেষ উপলক্ষে) কর্তৃত্বের প্রতীকস্বরূপে বাহিত দণ্ড। [ON. *vondr*=a shoot of a tree]

wander [won°-da(r), ওাঅন্°ড্যা(র্)] *v.i.t.* to ramble aimlessly (over or through), (স্থানাদির উপরে বা মধ্যে) উদ্দেশ্যহীনভাবে ঘুরিয়া বেড়ান ; to go or lead astray, বিপথগামী বা পথভ্রষ্ট হওয়া অথবা করান ; to become or make delirious, কথাবার্তায় অসংলগ্ন হওয়া বা করান, প্রলাপ বকা বা বকান। *n.* **wan°derer**—পর্যটক, ভ্রমণকারী, —(পরি.) অটক। *n.* **wan°dering**—(usu. in *pl.*) দীর্ঘ পর্যটন, (পরি.) অটন। **Wandering Jew** —লোক-কাহিনীতে বর্ণিত ইহুদিবিশেষ : এই ব্যক্তি ক্রুশবিদ্ধ হওয়ার সময়ে যিশুকে অপমান করার অপরাধে শেষবিচারের দিন পর্যন্ত বাঁচিয়া থাকিয়া নিরন্তর ঘুরিয়া বেড়াইবে। **wandering Jew**—লতাবিশেষ। [OE. *wandrian*—cp. G. *wandern*]

wanderlust [vŭn°-dar-loost, ভান্°ড্যা(র্)লুস্ট্] *n.* an eager desire for travelling or wandering, (দেশ-)ভ্রমণ করার বা ঘুরিয়া বেড়ানর প্রবল আকাঙ্ক্ষা। (G.]

wanderoo [won-da-rōō°, ওাঅন্ড্যারূ°] *n.* a kind of Ceylon monkey, কেশরযুক্ত সিংহলী বানরবিশেষ (তু. কেশরী বানর)। [Cey. *wanderu* =monkey]

wane [wān, ওাএইন্] (1) *v.i.* to decrease (gradually) in size or splendour, (প্রধানতঃ চাঁদ-সম্বন্ধে—ক্রমশঃ) ক্ষীণকায় বা ক্ষীণজ্যোতি হওয়া ; to decline, (ক্ষমতা সমৃদ্ধি প্রগাঢ়তা ঔজ্জ্বল্য প্রভৃতি) হ্রাস পাওয়া ; to draw to a close, সমাপ্ত হইয়া বা শেষ হইয়া আসা। (2) *n.* gradual decrease or decline, ক্রমশঃ হ্রাস বা অধঃপতন (on the *wane*)। *a.* **wa°ned**—ক্ষয়প্রাপ্ত ; হ্রাস-প্রাপ্ত ; মরণোন্মুখ বা মৃত। [OF. *wanian, wanian* —to lessen]

wangle [wangg°l, ওাঅ্যাংগ্°ল্] (1) *v.t.* to obtain or accomplish by using improper influence or by trickery, to manipulate, অন্যায় প্রভাব বা চাতুরি খাটাইয়া অর্জন করা অথবা সম্পাদন করা। (2) *n.* manipulation, উক্তভাবে অর্জন বা সম্পাদন। [?]

want [wont, ওাঅন্ট্] (1) *n.* fact or state of being without, or of having an insufficient quantity, অভাব বা অভাবগ্রস্ত অবস্থা, বিহীনতা, কমতি, ন্যূনতা, ঊনতা ; absence or deficiency of necessaries, প্রয়োজনীয় দ্রব্যাদির অভাব বা অনটন ; poverty, দারিদ্র্য ; (in *pl.*) requirements or desires, প্রয়োজনীয় বা ঈপ্সিত বস্তুসমূহ, প্রয়োজন বা চাহিদা। (2) *v.t.* to be destitute of or deficient in, (কোন বিষয়ে) বিহীন বা অভাবগ্রস্ত হওয়া ; to feel the need of, (কিছুর) অভাববোধ করা ; to desire, চাওয়া, আকাঙ্ক্ষা করা ; ইচ্ছা বা কামনা করা ; to require, (কিছুর) প্রয়োজনবোধ করা ; to fall short, ঘাটতি বা কমতি পড়া ; (usu. in *pass.*) to desire to arrest, গ্রেপ্তার

করিতে চাওয়া (he is *wanted* by the police)। **(3)** *v.i.* (arch.) to be deficient or entirely lacking, (আর্ষ.) ঘাটতিযুক্ত বা বিহীন হওয়া ; to be in need or destitution, অভাবগ্রস্ত বা নিঃস্ব হওয়া ; to lack, অভাব থাকা। **want-ad.**—কর্মখালি প্রভৃতি কিছু চাই এমন বিজ্ঞাপন। *a.* **want°ĕd**—বিহীন ; অভাব বা দরকার আছে এমন ; ঈপ্সিত ; (প্রধানতঃ পুলিস কর্তৃক) অনুসন্ধিত। *a.* **wan°ting**—অনুপস্থিত ; অবিদ্যমান ; নিরুদিষ্ট ; অভাব বা দরকার আছে এমন ; ঘাটতিযুক্ত ; সাহায্য বা ন্যায়বিচার করিতে অথবা উপযুক্ত হইতে অক্ষম ; ঈপ্সিত বা প্রত্যাশিত মানের অপেক্ষা নিচু (*wanting* in skill)। **(4)** *prep.* **wanting**—ব্যতীত। **want for nothing**—যাহা চাই সব আছে এমন অবস্থা। [ON. *vant*=lacking]

wanton [won°-tan, ওঅ্অন্°ট্যান্] **(1)** *a.* unruly, (অপ্র.) উচ্ছৃঙ্খল, অবাধ্য ; lewd, unchaste, লম্পট, অসচ্চরিত্র ; (arch.) capricious, (আর্ষ.) খেয়ালী ; (obs.) jovial, sportive, (অপ্র.) হাসিখুশি, রঙ্গপ্রিয় ; growing luxuriantly, প্রচুর পরিমাণে জন্মায় এমন (*wanton* growth of weeds) ; unrestrained, অবাধ ; prodigal, অমিতব্যয়ী, অপব্যয়ী ; purposeless, উদ্দেশ্যহীন। **(2)** *n.* a lewd person, অসচ্চরিত্র বা লম্পট ব্যক্তি (প্রধানতঃ স্ত্রীলোক)। **(3)** *v.i* to frolic, রঙ্গ করা ; to gambol, তিড়িংতিড়িং নাচা ; to move capriciously, খেয়ালীভাবে চলা। *adv.* **wan°tonly**। *n.* **wan°tonnĕss**। **(to) play the wanton**—হেলাফেলা করিয়া বেড়ান, (অপ্র.) লাম্পট্য করিয়া বেড়ান। [ME. *wantowmen*<*wan*=? wane, OE. *togen* =drawn, led, educated—cp. G. *ungezogen* =ill-bred, rude]

wapiti [wo°-pi-ti ওঅ্অ°পিটি] *n.* large deer, উত্তর আমেরিকার বৃহৎকায় হরিণবিশেষ। [*Algonquian*]

war [waw(r), ওঅ্আ(র্)] **(1)** *n.* a conflict, সজ্জর্ষ ; an armed conflict, সশস্ত্র লড়াই, সংগ্রাম, যুদ্ধ, রণ, আহব ; (fig.) a long-continued struggle or hostility, (আল.) দীর্ঘকালব্যাপী প্রতিদ্বন্দ্বিতা বা শত্রুতা (*war* against fate)। **(2)** *v.i.* to wage, or carry on, war, যুদ্ধে প্রবৃত্ত হওয়া বা যুদ্ধ করা ; to contend, প্রতিযোগিতা করা। *pr. pt.* **wa°rring**। *p. & p. pt.* **wa°rred**। **war baby**—যুদ্ধের সময়ে জাত জারজ সন্তান। *n.* **war°-brīde**—সৈনিকের যুদ্ধকালীন পত্নী অর্থাৎ রক্ষিতা। *n.* **war°-cloud(s)**—রণক্ষেত্রে যে ধুলা ও (কামানাদির) ধোঁয়া আকাশ আচ্ছন্ন করে ; (আল.) আসন্ন যুদ্ধের পূর্বাভাস, যুদ্ধাশঙ্কা। *n.* **war°-correspon°dent**—যে ব্যক্তি যুদ্ধক্ষেত্র হইতে যুদ্ধের সংবাদ ও বর্ণনা পাঠায়। **war crime**—যুদ্ধাপরাধ। **war criminal**—যুদ্ধাপরাধী। *n.* **war°-cry**—রণহুঙ্কার, সিংহনাদ ; (fig.) রণধ্বনি। **war damage**—যুদ্ধজনিত ক্ষতি বা লোকসান। *n.* **war°dance**—কোন কোন অসভ্যজাতির মধ্যে প্রচলিত রণযাত্রার প্রাক্কালীন নৃত্য ; রণভঙ্গির অনুকরণে নৃত্য। **War Department**—**War Office**-এর পুরাতন আখ্যা। *n.* **war°fāre**—সংগ্রাম, যুদ্ধবিগ্রহ ; সংগ্রামরত অবস্থা ; (আল.) সজ্জর্ষ বা প্রতিদ্বন্দ্বিতা। *n.* **war°fārer**—সংগ্রামকারী ব্যক্তি, যোদ্ধা। *n.* **war°-god**—যুদ্ধের অধিদেবতা (জয়লাভ বা পরাজয় ইঁহারই কৃপা বা বিমুখতা হইতে ঘটে বলিয়া বিশ্বাস)। *fem.* **war°-go°ddĕss**। *n.* **war°-head**—টরপেডো (torpedo) প্রভৃতি ক্ষেপণাস্ত্রের যে অংশে বিস্ফোরক পদার্থ থাকে। *n.* **war°-horse**—যুদ্ধে ব্যবহৃত ঘোড়া ; সংগ্রামরত প্রবীণ সৈনিক। *a.* **war°līke**—সামরিক ; যুদ্ধপ্রিয় ; রণলিপ্সু। *n.* **war°-loan**—যুদ্ধব্যয় নির্বাহার্থ ঋণ, যুদ্ধঋণ। *n.* **war°-lord**—(বর্তমানে সচ. অবজ্ঞায়) সেনাপতি বা প্রধান সেনাপতি। *n.* **war°monger**—(কাব্যে) ভাড়াটে সৈনিক ; যে ব্যক্তি স্বীয় স্বার্থসিদ্ধির জন্য যুদ্ধ বাধাইতে চেষ্টা করে। *n.* **war°mongering**—স্বীয় স্বার্থসাধনার্থ যুদ্ধ বাধানর চেষ্টা। **war neurosis**—কামানাদির গোলাগুলির আঘাত বা শব্দের ফলে (ঈষৎ) মস্তিষ্কবিকৃতি, (পরি.) ঘাতোদ্বায়ু। **War Office**—গ্রেট্‌ব্রিটেনের সমরবিভাগ। **war of nerves**—নিয়মমাফিকভাবে ভীতিপ্রদর্শন গুজবরটনা প্রভৃতির দ্বারা প্রতিপক্ষের মনোবল ভাঙ্গিয়া দেওয়ার চেষ্টা, স্নায়ুহনন, (সংবাদপত্রের ভাষায়) স্নায়ুযুদ্ধ। *n.* **war°-paint**—বর্বররা যুদ্ধের সময়ে গায়ে যে রঙ মাখে ; (আল.) পূর্ণ আনুষ্ঠানিক সাজসজ্জা। **war°-path** (only **on the war-path**)—যুদ্ধ বা কলহ করিতে প্রস্তুত। *n.* **war°-plane**—সামরিক বিমান। *n.* **war°ship**—রণতরী। *n.* **war°-song**—রণসঙ্গীত ; যুদ্ধে প্রদর্শিত বীরত্বাদি সম্বন্ধে রচিত গান, রণগাথা। **war°tīme**—**(1)** *n.* যুদ্ধ চলার সময়। **(2)** *a.* যুদ্ধকালীন। *n.* **war°-widow**—যে রমণীর স্বামী যুদ্ধে নিহত হইয়াছে। *a.* **war°-weary**—রণক্লান্ত। *n.* **war°-worn**—যুদ্ধাদির ফলে জীর্ণ ক্লান্ত ক্ষয়প্রাপ্ত বিধ্বস্ত বা চিহ্নিত। **cold war**—যুদ্ধ ছাড়া অন্য সকল উপায়ে প্রাধান্যলাভের জন্য প্রাণপণে নির্মম প্রতিদ্বন্দ্বিতা, ঠাণ্ডা লড়াই। **holy war**—ধর্মযুদ্ধ, জেহাদ। **private war**—ব্যক্তিগত কারণে লড়াই (যেমন, দ্বন্দ্বযুদ্ধ গৃহযুদ্ধ প্রভৃতি)। **Wars of the Roses**—১৪৫৪-১৪৮৫ খ্রিস্টাব্দব্যাপী ইংল্যান্ডের ল্যাংকাস্টার ও ইঅর্ক-বংশের মধ্যে গৃহযুদ্ধ (ল্যাংকাস্টার্ বংশের প্রতীক ছিল লাল গোলাপ এবং ইঅর্ক-বংশের প্রতীক ছিল সাদা গোলাপ)। **War of Secession**—আমেরিকার গৃহযুদ্ধ। **World War**—১৯৩৯-১৯৪৫ খ্রিস্টাব্দব্যাপী বিশ্বযুদ্ধ। **(to) carry the war into the enemy's camp**—(কেবল আত্মরক্ষায় সন্তুষ্ট না থাকিয়া) সাহসের সঙ্গে শত্রুশিবির বা শত্রুব্যূহ বা শত্রুপক্ষকে আক্রমণ করা। **(to) declare war (against** or **on** or **upon)**—(কাহারও বিরুদ্ধে) যুদ্ধঘোষণা করা ; (আল.—কিছু) পরিহার বা প্রতিরোধের জন্য নিজেকে নিয়োজিত করা। **(to) go to war** (against)—(কাহারও বিরুদ্ধে) যুদ্ধারম্ভ করা, সশস্ত্র সংগ্রামে লিপ্ত হওয়া। **(to) go to the wars**—(আর্ষ.) যুদ্ধ করিতে বিদেশে যাওয়া। **(to) have been in the wars**—(কৌতু.—দুর্ঘটনাদিতে) আহত হওয়া। **(to)**

make or **wage war** (upon)—(কাহারও বিরুদ্ধে) যুদ্ধে প্রবৃত্ত হওয়া অথবা যুদ্ধ ঘোষণা করা। **war of the elements**—ঝড়ঝঞ্ঝা প্রভৃতি প্রাকৃতিক বা নৈসর্গিক বিপর্যয়। [OHG. *werra*=confusion, Sans. *baira*]

warble [waw(r)b°l, ওাঁঅ্যা(র্)ব্°ল্] (**1**) *v.i.t.* to sing quaveringly or sweetly, (প্রধানতঃ পাখি-সম্বন্ধে) কম্পিতকণ্ঠে বা মধুর স্বরে (কোন) গান গাওয়া; to sing sweetly like a bird, পাখির ন্যায় মধুর সুরে গাওয়া। (**2**) *v.t.* to extol in poetry or song, কাব্যে বা সঙ্গীতে (কাহারও বা কিছুর) প্রশংসা করা বা জয়ধ্বনি করা, মহিমাকীর্তন করা। (**3**) *n.* act of warbling, কম্পিতকণ্ঠে বা মধুর সুরে গান গাওয়া, পাখির ন্যায় মধুর সুরে গান গাওয়া, মহিমা-কীর্তন; a quavering modulation of voice, ইচ্ছাকৃত স্বরকম্পন; a sweet song or poem, সুমধুর গান বা কবিতা। *n.* **warb°ler**—warble (*v.*)-এর সকল অর্থে, এবং বিশেষতঃ—গায়কপক্ষী; গায়ক; কবি। [ONF. *werbler*]

ward [waw(r)d, ওাঁঅ্যা(র্)ড্] (**1**) *v.t.* (arch.) to guard or protect, (আর্ষ.) পাহারা দেওয়া বা রক্ষা করা; to parry, প্রতিহত করা (now usu. **to ward off**)। (**2**) *n.* act of guarding, প্রহরা; state of being guarded, প্রহরাধীন অবস্থা; protection, care, রক্ষণাবেক্ষণ, তত্ত্বাবধান; guardianship, অভিভাবকত্ব; custody, হেফাজত; control of the property of a minor, নাবালকের সম্পত্তির খবরদারি; a person under a guardian, অভিভাবকের অধীন (সচ. নাবালক) ব্যক্তি, (পরি.) প্রতিপাল্য; a body of guards, প্রহরিবৃন্দ; a part of a lock that prevents its being turned by any except a particular key, তালার যে অংশ থাকার ফলে উহা নির্দিষ্ট চাবিটি ভিন্ন অন্য চাবি দিয়া খোলা যায় না; an administrative division of a town, city, or country, শহর নগর বা জেলার শাসনিক বিভাগ, তৌজি, ওয়ার্ড, (পরি.) পাটক; a division of a prison, কারাগারের বিভাগবিশেষ, ওআর্ড, কারাকক্ষ; a division of a hospital, হাসপাতালের বিভাগবিশেষ, ওআর্ড, (পরি.) গ্লানকক্ষা। *n.* **war°den**—প্রহরী, রক্ষক; দরওয়ান বা শান্ত্রী; শাসক; (প্রধানতঃ গ্রেট্ ব্রিটেনের) কোন কোন রাজকর্মচারীর আখ্যা; তত্ত্বাবধায়ক; কোন কোন স্কুল কলেজ হস্টেল প্রভৃতির কর্তা বা অধ্যক্ষ; অগ্নিকাণ্ড ও বিমান-আক্রমণ-প্রতিরোধী নগর-কর্মচারিবিশেষ। *n.* **war°denship**। *n.* **war°der**—প্রহরী, রক্ষক; কারাগারের ওয়াড´-রক্ষক; (পরি.) কক্ষাপাল, অবধায়ক। *fem.* **war°dress**। [OE. *weardian* (*v.*)—cp. G. *warten*=to wait, attend, take care of]

wardrobe [waw(r)d°-rōb, ওাঁঅ্যা(র্)ড্°-রৌব্] *n.* a room or a piece of furniture for containing clothes or theatrical costumes, জামাকাপড় বা অভিনয়ের সাজপোশাক রাখার জন্য ঘর আলমারি প্রভৃতি; one's stock of clothes, কাহারও মোট ব্যক্তিগত জামাকাপড়; (fig.) raiment, (আল.) পোশাক। [OE. *warderobe*—cp. *ward*, *robe*]

ward-room [waw(r)d°-room, ওাঁঅ্যা(র্)ড্°-রুম্] *n.* living and eating quarters for commissioned officers except the commanding officers, রণতরীতে অধ্যক্ষ ছাড়া অন্য অফিসার বা কমিশনপ্রাপ্ত অফিসারদের থাকার ও খাওয়ার স্থান। [see *ward*, *room*]

ware$_1$ [wā(r), ওাঁয়্যা(র্)] *n.* (usu. in *pl.*) articles or merchandise collectively, পণ্যদ্রব্য-সমূহ; pottery, মাটির তৈয়ারি জিনিসপত্র; articles of fine workmanship, সূক্ষ্ম কারিগরিপূর্ণ জিনিসপত্র। *n.* **wāre°house**—গুদাম বা (প্রধান পাইকারী) দোকান, পণ্যাগার। *v.t.* **wāre°house**—গুদামে বা দোকানে রাখা; গুদামজাত করা। *n.* **wāre°houseman**—গুদামরক্ষক, গুদামের কর্মচারী; পাইকারী দোকানের কর্মচারী। [OE. *waru*—cp. *ware$_2$*]

ware$_2$ [wā(r), ওাঁয়্যা(র্)] (**1**) *a.* (arch.) aware, cautious, (আর্ষ.) সচেতন, সতর্ক (*ware* and wise)। (**2**) *v.i.t.* to beware (of), (কিছুর সম্বন্ধে) সচেতন হওয়া। *a.* **wār°y**—সতর্ক। *adv.* **wār°ily**। *n.* **wār°iness**। [OE. *wœr*—cp. *aware*, ON. *varr*]

warlock [waw(r)°-lok, ওাঁঅ(র্)°লক্] *n.* a sorcerer, জাদুকর, মায়াবী। [OE. *wærloga*—a breaker of an agreement]

warm [waw(r)m, ওাঁঅ্যা(র্)ম্] (**1**) *a.* moderately hot, ঈষদুষ্ণ; hot, গরম, উষ্ণ; retaining heat, (দেহাদি) গরম রাখে এমন (*warm* clothes); (fig.) affecting one pleasantly or unpleasantly, (আল.) মনোরমভাবে বা বিরক্তিকরভাবে প্রভাবিত করে এমন; dangerous or difficult, বিপজ্জনক বা কঠিন; passionate, আবেগপূর্ণ; angry, ক্রুদ্ধ; excited, উত্তেজিত; lively, প্রাণবন্ত; ardent, সাগ্রহ; affectionate, সস্নেহ; cordial, সাদর (*warm* reception); amorous, সপ্রেম; containing red and yellow, (রঙ্-সম্বন্ধে) লাল ও হলদের মিশ্রণযুক্ত; fresh, (গন্ধ বা পদচিহ্ন-সম্বন্ধে) তাজা। (**2**) *v.t.* to make warmer, উষ্ণতর করা; to interest, কৌতূহলী করা; to excite, উত্তেজিত বা উদ্দীপ্ত করা; to make bright or lively, উজ্জ্বল বা প্রাণবন্ত করা; (coll.) to beat, (কথ্য.) প্রহার করা। (**3**) *v.i.* to become warm or ardent, উষ্ণ বা সাগ্রহ হওয়া। *a.* **warm°-bloo°dėd**—শরীরের (নির্দিষ্ট নিম্নতম) তাপ থাকে এমন, (পরি.) উষ্ণশোণিত; সাগ্রহ; আবেগপূর্ণ। *a.* **war°med-up**—নূতন করিয়া গরম করা হইয়াছে এমন। *n.* **war°mer** (usu. in compounds, eg. a foot-*warmer*) I *a.* **warm°hear°tėd**—সস্নেহ; আন্তরিক। *n.* **war°ming-pan**—শয্যা গরম করার জন্য জ্বলন্ত কয়লা রাখার হাতলওয়ালা আচ্ছাদিত আধারবিশেষ; (আল.) সাময়িকভাবে শূন্য স্থানে বা পদে নিযুক্ত ব্যক্তি যিনি কোন অপ্রাপ্তবয়স্ক পরে নিয়োজিতব্য ব্যক্তির স্বার্থে পদটি অধিকার করিয়া থাকেন। *n.* **war°ming-up**—(পরি.) উৎক্রম। *adv.* **warm°ly** I *n.* **warm°nėss, warm°th** I **(to) keep a place warm**—কাহারও জন্য জায়গা আটকাইয়া রাখা। **(to) warm up**—গরম করা বা হওয়া; খাদ্যাদি গরম করা; উদ্দীপ্ত কৌতুহলী বা আগ্রহান্বিত হওয়া। **(to) warm up to**—(কিছুর সম্বন্ধে) উৎসাহী বা উদ্যমী হওয়া। **warm blood**—স্তন্যপায়ী প্রাণী ও পাখির স্বাভাবিক গাত্রতাপ (৯৮° থেকে ১১২° ফারেনহাইট)। **a warm corner**—বিপজ্জনক স্থান। **(to) make things warm (for)**—(কাহারও পক্ষে) অবস্থা অপ্রীতিকর করিয়া তোলা; (কাহারও জন্য) ঝামেলা গড়িয়া তোলা; শাস্তি দেওয়া। **warm work**—যে কাজে শরীর সতেজ হয়; কঠিন বা বিপজ্জনক কাজ বা পেশা। [OE. *wearm*—cp. G. *warm*]

warn [waw(r)n, ওঅ্যা(র্)ন্] (**I**) *v.t.* to give notice of danger or evil to, (কাহাকেও) বিপদের বা অমঙ্গলের সঙ্কেত জ্ঞাপন করা; to notify in advance, পূর্বাহ্ণে জ্ঞাপন করা; to give cautionary notice, to put one on one's guard against, সতর্ক করিয়া দেওয়া; to notify something commanded, আদেশ জানাইয়া দেওয়া; to order under penalties, শাস্তির ভয় দেখাইয়া আদেশ দেওয়া। (**2**) *v.i.* to give notice of being about to strike, অবিলম্বে ধর্মঘট করিবে বলিয়া জানান। *n.* **warn°ing**—বিপদের বা অমঙ্গলের সঙ্কেত-জ্ঞাপন বা সঙ্কেত অথবা যদ্দ্বারা ঐ সঙ্কেত জ্ঞাপিত হয়; পূর্বাহ্ণে জ্ঞাপন বা পূর্বাভাস; পদত্যাগ বরখাস্ত প্রভৃতির পূর্বাহ্ণে প্রদত্ত বিজ্ঞপ্তি; নির্দেশ; আদেশ। **(to) give warning**—চাকরি থাকিবে না এইরূপ ঘোষণা করা। [OE. *war(e)nian*=to caution—cp. G. *warnen*]

warp [waw(r)p, ওঅ্যা(র্)প্] (**I**) *v.t.i.* to twist out of shape, পাক খুলিয়া দেওয়া বা খুলিয়া যাওয়া; to make or become contorted, মোচড়াইয়া দেওয়া বা মোচড়াইয়া যাওয়া (the sun *warped* the boards); (fig.) to make or become perverted, (আল.) বিকৃত করা বা হওয়া; (fig.) to make or become biased, (আল.) পক্ষপাতদুষ্ট করা বা হওয়া (the judgement is *warped*) I (**2**) *v.t.* to haul along by means of a rope, দড়ি বাঁধিয়া (জাহাজাদি) টানিয়া লইয়া যাওয়া। (**3**) *n.* state of being warped, পাকখোলা বা মোচড়ান অবস্থা; permanent distortion of timber, কাষ্ঠের স্থায়ী বক্রীভবন বা বক্রতা; (fig.) a bias, কুসংস্কার, পক্ষপাতিত্ব; the threads stretched out lengthwise in a loom to be crossed by a woof, তাঁতের লম্বালম্বিভাবে টানা সুতা; a rope used in towing, জাহাজাদিতে বাঁধিয়া টানিয়া লইয়া যাওয়ার জন্য কাছি। [OE. *we(o)rpan*—cp. G. *werfen*, ON. *verpa*]

warrant [wo°r(a)nt, ওঅ্অ°র্ন্ট্] (**I**) *v.t.* to guarantee, নিশ্চয় করিয়া বলা, নিশ্চিত কথা দেওয়া; to jūstify, ন্যায্যতা প্রতিপন্ন করা; to predict or presage, (কোন) ভবিষ্যদ্বাণী করা বা (কিছুর) পূর্বাভাস দেওয়া; to be adequate grounds for, (কিছুর) পর্যাপ্ত কারণ হওয়া। (**2**) *n.* one who or that which vouches, বিনিশ্চয়কর ব্যক্তি বা বস্তু, জামিন; a proof, প্রমাণ; that which authorizes, যদ্দ্বারা অধিকার দেওয়া হয়, হুকুমনামা (my promise is my *warrant*); a writ for arresting a person or for carrying a judgement into execution, গ্রেপ্তারের বা ডিক্রিজারির পরওআনা, (পরি.) আধর্ষপত্র; an official certificate inferior to a commission, (সরকারি কর্মচারীকে বিশেষতঃ সামরিক কর্মচারীকে প্রদত্ত) দ্বিতীয় শ্রেণীর (পদ-)মর্যাদাপত্রবিশেষ, (পরি.) বরণপত্র; a writing authorizing the payment of money, টাকা দিবার অনুমতিপত্র (dividend *warrant*); a form of warehouse receipt for goods, মালগুদামের মালের রসিদ। *a.* **wa°rrantable**—অনুমতি লাভের যোগ্য; প্রতিপাদনসাধ্য; শিকারের লক্ষ্য হইবার পক্ষে উপযুক্ত বয়ঃপ্রাপ্ত। *adv.* **wa°rrantably** I *n.* **warrantee** [wo-r(a)ntē°, ওঅ্র্ন্টী°] ভূম্যধিকারীর নিকট হইতে জমি ভোগাধিকারের দলিলপ্রাপ্ত প্রজা, পাট্টাদার। *n.* **wa°rranter, wa°rrantor**—warrant(*v.*.)-এর সকল অর্থে, এবং পাট্টাদাতা জমিদার। *n.* **wa°rrant-officer**—বরণপত্রপ্রাপ্ত (প্রধানতঃ সামরিক) কর্মচারী। *n.* **wa°rranty**—ভূম্যধিকারী কর্তৃক প্রজাকে প্রদত্ত জমি ভোগাদিকারের দলিল, পাট্টা, (পরি.) নির্ভরপত্র। **distress warrant**—মাল ক্রোকের পরওয়ানা, (পরি.) ক্রোকি পরওয়ানা। **I or I'll warrant you**—আমি তোমাকে নিশ্চিত বলিতেছি, স্থির জেন। **(to) take warrant on oneself**—নিজেকে দায়ী করা। **warrant of attachment**—সম্পত্তি ক্রোকের পরওআনা। [OF. *warantir* (*v.*)]

warren [wo°-rin, ওঅ্অ°রিন্] *n.* a piece of ground where rabbits etc. abound or are preserved, যে বনভূমিতে শশকাদি বাস করে বা শিকারের জন্য প্রতিপালিত হয়; (fig.) a thickly populated slum dwelling or area, (আল.) ঘনবসতিপূর্ণ বস্তি বা অঞ্চল; (fig.) a maze of narrow passages, (আল.) সঙ্কীর্ণ অলিগলির গোলকধাঁধা (a *warren* of narrow lanes)। [AF. *warenne*<OF. *garenne*]

warrior [wo°-rē(r), ওঅ্অ°রিঅ্যা(র্)] *n.* a fighting man, দক্ষ সৈনিক; a valiant man, সাহসী ব্যক্তি। [OF. *guerreiur*]

wart [waw°(r)t, ওঅ্যা°(র্)ট্] *n.* a small hard excrescence on the skin, আঁচিল, জড়ুল, (পরি.) গড়ু; a small protuberance, ক্ষুদ্র উদ্গম বা

স্ফীতি। *a.* **war°ty**—গড়ুময়; গড়ুবৎ আকার-বিশিষ্ট; গড়ুল। [OE. *wearte*—cp. G. *warze*]

wary—see **ware₂**.

was—see **be**.

wash [wosh, ওঅশ্] (**1**) *v.t.* to cleanse with water or other liquid, জল অথবা অন্য তরল পদার্থের দ্বারা ধৌত করা বা কাচা বা পরিষ্কার করা; to flow over or past, (কিছুর) উপর দিয়া বা (কিছুকে) অতিক্রম করিয়া বহিয়া চলা; to flow against, বহিয়া গিয়া (কিছুর) উপরে পড়া। (**2**) *v.i.* to cleanse oneself, clothes, etc., with water, স্বীয় দেহ (বিশেষতঃ হস্তপদাদি) অথবা জামা-কাপড় জলে ধৌত করা বা প্রক্ষালন করা বা কাচা; to have the property of cleansing, পরিষ্কারক গুণসম্পন্ন হওয়া; to stand cleansing, ধৌত বা পরিষ্কৃত হওয়া (it *washes* well or badly); to be swept or carried by water, জলে ভাসিয়া যাওয়া, প্লাবিত হওয়া। *p.* & *p. pt.* **wa°shed**। (**3**) *n.* a washing, ধৌত-করণ বা পরিষ্কৃত-করণ, ধাবন, প্রক্ষালন; a collection of articles for washing, যে সমস্ত কাপড়-চোপড় কাচিতে হইবে; washing material, যদ্দ্বারা ধৌত করা বা পরিষ্কার করা বা কাচা হয় (যেমন, কাপড়-কাচা সাবান জল প্রভৃতি); the surging overflowing of waves, উত্তাল তরঙ্গভঙ্গ; the sound of water breaking, lapping, etc., সমুদ্রাদির তরঙ্গভঙ্গ বা তটোপরি জলের প্রতিহত হওয়া প্রভৃতির শব্দ; a watery mixture, জলবৎ তরল মিশ্র (the soup is a mere *wash*); a thin layer of colour applied with a long sweep of the brush, তুলির লম্বা পোঁচে প্রদত্ত রঙের পাতলা প্রলেপ; a thin coat of paint, metal, etc., রঙ্, ধাতু প্রভৃতির পাতলা প্রলেপ। *a.* **wa°shable**—ধৌত করিলে বা কাচিলে নষ্ট হয় না এমন। *a.* **wash-and-wear**—সহজে ধোয়া যায় এবং ইস্তিরির প্রয়োজন হয় না এমন। *n.* **wash°away**—জলপ্লাবনের ফলে পথ রেলপথ প্রভৃতির ধ্বংস বা ধ্বংসপ্রাপ্ত অংশ। *n.* **wash°-bā°sin, wash°-hand-bā°sin, wash°-bowl**—হস্তমুখাদি-প্রক্ষালনার্থ জল রাখার গামলা বা বাটি। **wash°-board**—বাড়িতে কাপড় ধৌত করার জন্য বোর্ড। *n.* **wash°day**—বাড়িতে জামাকাপড় কাচার নির্দিষ্ট দিন বা (সপ্তাহের) বার। *n.* **wash°-drawing**—কালো বা জলরঙে তুলি দিয়া অঙ্কিত চিত্র। *n.* **wash°-leather**—জানালা প্রভৃতি পরিষ্কার ও পালিশ করিবার চামড়া। *a.* **wa°shed-out**—ধোয়ার ফলে বিবর্ণ হইয়া গিয়াছে এমন; (কথ্য.) কর্মশক্তিহীন বা নিস্তেজ হইয়া পড়িয়াছে এমন। *n.* **wa°sher**—wash(*v.*)-এর সকল অর্থে, এবং বিশেষতঃ—ধৌত করে যে, ধাবক; প্রক্ষালক; ধৌত করার যন্ত্র; যন্ত্রাদি (নাট্ বোল্টু প্রভৃতি) আঁটো করার জন্য চামড়া ধাতু ইত্যাদির বলয়বিশেষ, ওআশার্। *n.* **wa°sherman**—ধোপা, রজক। *fem.* **wa°sherwoman**। *n.* **wa°shery**—যে স্থানে কয়লা প্রভৃতি ধোয়া হয়। *n.* **wa°sh(ing)-house**—বস্ত্রাদি ধৌত করার ঘর বা বাড়ি, ধোপার ভাটি। *n.* **wa°shing-blue**—কাপড়-কাচা নীল। *n.* **wa°shing-day**—বস্ত্রাদি ধৌত করার জন্য নির্দিষ্ট দিন বা বার। *n.* **wa°shing-machine**—কাপড়-কাচা কল। *n.* **wa°shing-soda**—(জলে গলিয়া যায় এমন) কাপড় কাচার বা বাসন ধোওয়ার সোডা। *n.* **wash°-out**—জল-প্রবাহাদিদ্বারা মৃত্তিকার ক্ষয় বা জলপ্রবাহদ্বারা মৃত্তিকায় সৃষ্ট গর্ত বা খাত; (অমা.) সম্পূর্ণ ব্যর্থতা বা হতাশা; (অমা.) অকেজো বাজে লোক। *n.* **wash°-pot**—ধৌত করার পাত্র। *n.* **wash°hand-stand**—জলের কল গামলা প্রভৃতি সংবলিত ধৌত করার আধার-বিশেষ। *n.* **wash°-tub**—বস্ত্রাদি ধৌত করার আধারবিশেষ। *n.* **wash°-up**—(প্রধানতঃ উচ্ছিষ্ট বাসনকোসন) ধৌত-করণ বা ধৌত করার স্থান। *a.* **wa°shy**—জলপূর্ণ; সিক্ত; সেঁতসেঁতে; তরল; পাতলা; ক্ষীণ; (রচনাশৈলী রীতি ভাব প্রভৃতি সম্বন্ধে) শব্দবহুল, ফেনান হইয়াছে এমন, নিস্তেজ, গাঢ়বন্ধ নহে এমন, শিথিল-বন্ধ। **(to) be washed out**—ফেঁকাশে ও পরিশ্রান্ত হওয়া; অবসন্ন হওয়া। **(all) washed up**—(কথ্য.) (সম্পূর্ণ) পরাভূত, ব্যর্থ, সর্বনাশগ্রস্ত। **(to) wash away** or **off** or **out**—ধুইয়া সাফ করিয়া ফেলা; ধোয়াইয়া লইয়া যাওয়া। **(to) wash down**—(জলস্রোতাদিসম্বন্ধে) নিম্নদিকে ভাসাইয়া বা ধোয়াইয়া নেওয়া; (কঠিন বা ঘন খাদ্যকে) গিলিতে বা হজম করিতে সাহায্য করা। [OE. *wa(e)scan*—cp. OHG. *wascan*]

wasp [wosp, ওঅস্প্] *n.* an insect with a venomous sting, বোলতা, ভিমরুল। *a.* **was°pish**—বোলতাতুল্য; বোলতার ন্যায় সরু কোমর-বিশিষ্ট, ক্ষীণকটি, ক্ষীণমধ্য; দ্রুত প্রতিহিংসাগ্রাহী; বিদ্বেষপূর্ণ। **wasp's nest**—বোলতার চাক বা ভিমরুলের বাসা; (আল.) শত্রুপূর্ণ বা ক্রুদ্ধ জনতাপূর্ণ স্থান অথবা যে অবস্থায় পড়িলে মানুষ সহজেই আক্রান্ত হয়। *a.* **wasp-waist°ed**—ক্ষীণকটি। [OE. *wæsp*, *wæps*—cp. G. *wespe*, L. *vespa*]

wassail [wo°-sāl, ওঅ°সেইল্] (**1**) *n.* the salutation uttered in drinking a person's health, কাহারও স্বাস্থ্য কামনায় মদ্যপানকালে উচ্চারিত বাণী; a liquor in which such healths were drunk, (প্রাচীনকালে) স্বাস্থ্যকামনাকালে যে মদ্য পান করা হইত (বিশেষতঃ আপেল চিনি বাদাম প্রভৃতিতে মিশ্রিত ale-মদ্য); a festive occasion, আনন্দোৎসব; a drinking-bout, মদ্যপানোৎসব। (**2**) *v.i.* to hold a wassail, আনন্দোৎসব বা মদ্যপানোৎসব করা। [ON. *ves heill* = be in health]

wast—see **be**.

wastage—see **waste**.

waste [wāst, ওএইস্ট্] (**1**) *a.* uncultivated and almost uninhabited, অকর্ষিত ও প্রায় বসতিশূন্য; desolate, জনশূন্য; lying unused or unoccupied, অব্যবহৃত বা অনধিকৃত অবস্থায় পতিত, অকেজো-বোধে বর্জিত, পড়ো; unproductive, নিষ্ফলা, অনুর্বর; devastated, বিধ্বস্ত; refuse, rejected, superfluous, আবর্জনাস্বরূপ,

বাতিল, ফালতু। (2) *v.t.* to devastate, বিধ্বস্ত বা ধ্বংস করা ; to consume, wear out, or impair gradually, ক্রমশঃ নিঃশেষ করা ক্ষয় করা বা নষ্ট করা, to cause gradually to decline or shrink physically, ক্রমশঃ ক্ষীণ বা অবনমিত করান অথবা স্বাস্থ্যহানি ঘটান, অপচয় করা ; to enfeeble gradually, ক্রমশঃ দুর্বল করা ; to spend, use or occupy, unprofitably, অযথা ব্যয় করা বা ব্যবহার করা বা যাপন করা, অপব্যয় করা ; to use, or bestow, where due appreciation is lacking, যেখানে যথাযথ মূল্যাবধারণ বা স্বীকৃতি পাওয়া যায় না সেখানে ব্যবহার করা অথবা অর্পণ করা ; to fail to take advantage of, (কিছুর) সুযোগগ্রহণে বা সদ্ব্যয়ে অক্ষম হওয়া ; to turn to waste material, আবর্জনায় পরিণত করা ; to injure, (আইনে—সম্পত্তির বা জমিদারির) ক্ষতিসাধন করা। (3) *v.i.* to be diminished, used up, or impaired, gradually, ক্রমশঃ হ্রাস পাওয়া বা ক্ষয় পাওয়া বা নিঃশেষিত হওয়া বা ক্ষতিগ্রস্ত হওয়া ; to lose strength, flesh or weight, gradually, ক্রমশঃ দুর্বল রোগা বা লঘুভার হওয়া ; to be used to little or no purpose, অপব্যয়িত হওয়া। (4) *n.* a waste area, অকর্ষিত নিষ্ফলা বা বিধ্বস্ত অঞ্চল অথবা জমি ; a vast expanse, বিশাল বিস্তার ; act or an instance of wasting, বিধ্বস্ত-করণ বা ধ্বংস-সাধন, অপচয়, ক্রমশঃ দুর্বল করা বা হওয়া, অপব্যয়, সুযোগাদিগ্রহণে অক্ষমতা, আবর্জনায় পরিণতকরণ, বিফল বা বাজে হওয়া ; waste material, আবর্জনা-স্বরূপ বাতিল বা ফালতু বস্তু অথবা উহার অংশ, জঞ্জাল (cotton or silk *waste*) ; loss, ক্ষতি ; injury to an estate or property by the tenant, প্রজা বা ভাড়াটে কর্তৃক সম্পত্তি জমি বাড়ি প্রভৃতির ক্ষতি-সাধন। *n.* **wās°tage**—ক্রমশঃ ক্ষয় হ্রাস দুর্বলীভবন প্রভৃতি ; অপব্যয় বা অপচয় ; ক্ষয় হ্রাস প্রভৃতির অথবা অপব্যয়ের বা অপচয়ের পরিমাণ। *n.* **wāste°-bas°kėt, wāste°-pāper-bas°kėt**—বাজে কাগজ ফেলার ঝুঁড়ি। **wāste°ful**—অপব্যয়ী ; অপচয়ী (*wasteful* expenditure)। *adv.* **wāste°fully**। *n.* **wāste°-pāper**—বাজে বা অব্যবহার্য কাগজ। *n.* **wāste°-pīpe**—বাড়তি বা ব্যবহৃত জল নির্গমন করাইবার পাইপ বা নল। *n.* **wās°ter**—waste (*v.*)-এর সকল অর্থে এবং—অপব্যয়ী ; অপচয়ী ; (কথ্য.) অকেজো লোক ; তৈয়ারি করার সময়ে বিনষ্ট বস্তু। *n.* **wastrel** [wāst°r(a)l, ওাএইস্‌ট্‌°র্‌ল্‌] অপব্যয়ী, অপচয়ী : কুখ্যাত লোক ; মাতাপিতা কর্তৃক পরিত্যক্ত শিশু ; অকেজো ব্যক্তি বা বস্তু। **waste land**—পতিত জমি, (পরি.) খিলভূমি। **waste land reclamation**—(পরি.) খিলোদ্ধার। **waste product**—(পরি.) বর্জ্য পদার্থ। **(to) go to waste**—বিধ্বস্ত বিনষ্ট অপব্যয়িত বা অপচিত হওয়া। **(to) lay waste**—বিধ্বস্ত করা ; (নগরাদি আক্রমণপূর্বক) মরুভূমিতুল্য করিয়া ফেলা। **(to) run to waste**—নষ্ট হওয়া বা খোয়াইয়া যাওয়া। **(to) waste away**—(দুঃখশোকাদিতে) শুকাইয়া যাওয়া, জীর্ণ হওয়া। **(to) waste words**—বৃথা বা নিরর্থক কথা বলা, পণ্ডশ্রম করা। [OF. *wast*<L. *vastus* (*n.*)]

wastrel—see **waste.**

watch [woch, ওাঅচ্‌] **(1)** *n.* (obs.) state of being awake, (অপ্র.) জাগ্রদবস্থা ; (obs.) a religious vigil, (অপ্র.) ধর্মোদ্দেশ্যে জাগরণ বা নিশি-পালন ; a division of the night, রাত্রির বিভাগ-বিশেষ (তু. যাম.) ; act or state of remaining on the alert or of observing vigilantly, জাগ্রদবস্থায় সতর্ক লক্ষ্য প্রহরা বা পর্যবেক্ষণ ; the look-out or guarding, প্রত্যাশা, অনুসন্ধান, পাহারা ; close observation, মনোযোগসহকারে পর্যবেক্ষণ ; a watchman or a body of watchmen, প্রহরী বা প্রহরিদল, শান্ত্রী বা শান্ত্রীদল ; a sailor's turn or period of duty, (সমুদ্রগামী জাহাজের) নাবিকের দৈনিক কাজের পালা বা কার্যকাল ; a clock or timepiece, (প্রধানতঃ পকেটে রাখার বা কবজিতে বাঁধার) ঘড়ি। (2) *v.i.* to remain awake, জাগ্রৎ থাকা, জাগিয়া থাকা ; to keep vigil, বিনিদ্রাবস্থায় সতর্ক দৃষ্টি রাখা ; to tend the sick by night, রাত্রিকালে জাগ্রদবস্থায় রোগীর শুশ্রূষা করা ; to look out, প্রত্যাশায় থাকা বা অনুসন্ধান করা ; to be on the alert, সতর্ক থাকা ; to look with attention, মনোযোগের সহিত নজর রাখা ; to keep guard, পাহারা দেওয়া। (3) *v.t.* to keep in view, নজরে রাখা ; to look at or observe attentively, মনোযোগের সহিত তাকাইয়া দেখা বা পর্যবেক্ষণ করা ; to keep under observation, পর্যবেক্ষণাধীনে রাখা ; to guard, পাহারা দেওয়া ; to tend, (গবাদি পশুকে) চরান ; to be on the alert to take advantage of, (কিছুর) সুযোগ-গ্রহণার্থ সতর্ক প্রতীক্ষায় থাকা। *p.* & *p. pt.* **wa°tched**। *n.* **watch°-box**—শান্ত্রীরা যে বাক্সের ন্যায় আকার-বিশিষ্ট মঞ্চের উপরে দাঁড়াইয়া পাহারা দেয়। *n.* **watch°-dog**—বাড়ি ও সম্পত্তির প্রহরায় নিযুক্ত কুকুর। *n.* **wa°tcher**। *a.* **watch°ful**—(আর্ষ.) জাগ্রৎ, বিনিদ্র ; (আর্ষ.) জাগ্রদবস্থায় অতিবাহিত ; স্বভাবতঃ সতর্ক ; সতর্কভাবে প্রহরারত বা পর্যবেক্ষণ-রত। *adv.* **watch°fully**। *n.* **watch°fulnėss**। *n.* **watch°-glass**—বালিঘড়ির কাচ ; ঘড়ির কাচ। *n.* **watch-guard (-chain)**—জামায় আটকাইয়া রাখিবার জন্য ঘড়ির চেইন বা স্ট্র্যাপ। *n.* **watch°-house**—প্রহরাধীন বাড়ি ; (পুলিসের) হাজত বা থানা। *n.* **watch°-key**—ঘড়িতে দম দিবার চাবি। *n.* **watch°-māker**—ঘড়ি-নির্মাতা বা ঘড়ি-মেরামত-কারী। *n.* **watch°-māking**—ঘড়ি-নির্মাণ বা ঘড়ি-মেরামত। *n.* **watch°-man**—প্রহরী ; (পূর্বে) রাজ-পথের রাত্রিকালীন প্রহরী। *n.* **watch°-pockėt**—ঘড়ি রাখার জন্য জামার পকেট্‌, ঘড়ির পকেট্‌। *n.* **watch°-spring**—ঘড়ির মধ্যস্থ মোটা স্প্রিংবিশেষ বা মেইন্‌-স্প্রিং। *n.* **watch°-tower**—প্রহরাদানার্থ উচ্চ কক্ষ, চিলেকোঠা প্রভৃতি। *n.* **watch°word**—(অপ্র.) প্রধানতঃ সমরক্ষেত্রাদিতে আত্মপক্ষ নির্ণয়ের জন্য

ব্যবহৃত সঙ্কেত শব্দ ; নীতিবাক্য ; যুদ্ধাদির জন্য সমাবিষ্ট করার উদ্দেশ্যে ধ্বনি, জিগির। **on watch**—প্রহরারত। **watch and ward**—নগর ও শহরের রাজপথে দিবসে ও রাত্রে প্রহরা ; নিরবচ্ছিন্ন জাগ্রদবস্থায় পর্যবেক্ষণ বা প্রহরা। **(to) be on the watch**—প্রতীক্ষায় বা সন্ধানে থাকা। **(to) keep watch**—পাহারা দেওয়া। **(to) keep watch and ward**—পাহারা দেওয়া ও রক্ষা করা। **(to) watch one's step**—সতর্কভাবে পদক্ষেপ করা ; (আল. ও কথ্য.) সতর্কভাবে কাজ করা, যাহাতে বিরোধ না বাধে বা কেহ ক্ষুণ্ণ না হয় অথবা অনুরূপ কিছু না ঘটে তদ্বিষয়ে সতর্ক হওয়া। **(to) watch one's time**—উপযুক্ত সময়ের প্রতীক্ষায় থাকা। [OF. *wæcce(n.)*, *wæccan*, *wacian (v.)*—cp. *wake*]

water [waw°-ta(r), ওঅ্যা°ট্যা(র্)] (1) *n.* liquid compound of oxygen and hydrogen, জল, বারি, সলিল ; one of the four elements, সৃষ্টির গঠনে নিয়োজিত চারটি উপাদানের অন্যতম, অপ্ ; a body of water, সমুদ্র নদী হ্রদ প্রভৃতি ; a washing liquid, ধৌত করার বা প্রক্ষালন করার জন্য তরল পদার্থ ; a liquid resembling or containing water, জলবৎ বা জলপূর্ণ তরল পদার্থ ; mineral water, সোডা লিমনেড্ প্রভৃতি ; tears, অশ্রু, চোখের জল ; saliva, মুখলালা ; urine, মূত্র ; transparency or lustre, (হীরকাদির) স্বচ্ছতা বা চাকচিক্য ; (in *pl.*) waves or streams, তরঙ্গসমূহ বা স্রোতসমূহ। (2) *v.t.* to wet, overflow, irrigate, supply or dilute with water, জলে ভেজান বা প্লাবিত করা ; জলস্রোতে পূর্ণ করা, জল জোগান, জলসেচন করা, জলমিশ্রিত করা। (3) *v.i.* to fill with or shed water, জলপূর্ণ করা বা জল সেচন করা ; to secrete saliva, মুখলালা নিঃসৃত করা, লালা ঝরান ; (fig.) to look forward greedily, (আল.) লোলুপভাবে প্রতীক্ষা করা ; to run with tears, অশ্রুপাত করা বা অশ্রুপূর্ণ হওয়া ; to drink, (পশুদের সম্বন্ধে) জলপান করা ; to take in water, (এন্‌জিনাদি সম্বন্ধে) জল লওয়া ; to increase a company's nominal capital by issue of new shares, নূতন শেয়ার বিক্রয় করিয়া (কেবল নামে মাত্র অর্থাৎ টাকার হিসাবে) ব্যবসায় বা শিল্প প্রতিষ্ঠানের মুলধন বৃদ্ধি করা। *n.* **wa°ter-bearer**—যে ব্যক্তি বাড়ি বাড়ি জল জোগায়, ভারী, ভিশতিওয়ালা। *n.* **wa°ter-bird**—জলচর পাখি। *n.* **wa°ter-biscuit**—জল ও ময়দার মিশ্রণে প্রস্তুত পাতলা শক্ত বিস্কুট। *n.* **wa°ter-blister**—(রক্ত নয়) রঙহীন তরল পদার্থে ভরা ফোসকা। *a.* **wa°ter-borne**—জলে বা স্রোতে ভাসমান অথবা বাহিত ; পানীয় জলের সঙ্গে সংক্রামিত (*water-borne* disease) ; পোতাদিতে বাহিত (*water-borne* trade)। *n.* **wa°ter-bottle**—জল রাখার বোতল। *n.* **wa°ter-buffalo**—ভারতবর্ষ প্রভৃতি দেশে সচরাচর যে মহিষ দেখা যায়। *n.* **wa°ter-cart**—(প্রধানতঃ রাস্তাদিতে জল দিবার জন্য) জলবাহী শকট। *n.* **wa°ter-closet** (abbr. **WC**)—যে ছোট কামরায় জলাধারে সঞ্চিত নিঃসৃত জলের সাহায্যে মল পাইপ দিয়া নির্গমন করান যায়, শৌচাগার, বাথরুম। *n.* **wa°ter-colour**—তৈলের বদলে জল ও গঁদ বা অন্য পদার্থের সঙ্গে মিশাইয়া প্রস্তুত রঙ ; উক্ত রঙে আঁকা ছবি। *n.* **wa°tercourse**—জলপ্রবাহের (স্বাভাবিক বা কৃত্রিম) খাত ; জলস্রোত ; খাল ; নদী। *n.* **wa°tercress**—কলমীদল শালুক প্রভৃতি। **(to) water down**—তরল করা ; (কাহিনী প্রভৃতির বিন্যাস) লঘু বা শিথিল করা। *n.* **wa°ter-equi°valent**—তুল্যজলাঙ্ক। *n.* **wa°terfall**—জলপ্রপাত, (পরি.) গিরিপ্রপাত। *n.* **wa°ter-finder**—ভূগর্ভস্থ জলের অনুসন্ধানকারী। *n.* **wa°terfowl**—জলকুক্কুট ; জলচর পাখি। *n.* **wa°ter-front**—সমুদ্র নদী প্রভৃতির তীরবর্তী এবং ঐদিকে মুখ-করা অট্টালিকাসমূহ বা নগরাদির অংশ। *n.* **wa°ter-gāte**—নদ্যাদির মধ্যে জলস্রোত-নিয়ন্ত্রক কপাটবিশেষ, জল-কপাট। *n.* **wa°ter-ga(u)ge**—নদ্যাদির জলের গভীরতা-পরিমাপক যন্ত্রবিশেষ, (পরি.) জল-দর্শক। *n.* **wa°ter-glass**—তাজা রাখার জন্য ডিমের উপর ঘন তরল পদার্থের প্রলেপ। *n.* **wa°ter-hen**—জলমুরগী। *n.* **wa°ter-hole**—অগভীর নিচু জায়গা যেখানে জল জমে এবং জল পান করিতে প্রাণীরা আসে। **wa°ter-hyacinth**—কচুরিপানা। *n.* **wa°tering-can**—গাছে জল দেবার জন্য ব্যবহৃত পাত্র। *n.* **wa°tering-plāce**—যে স্থানে পানার্থ স্নানার্থ বা যন্ত্রাদির মধ্যে গ্রহণার্থ জল পাওয়া যায়, বিশেষতঃ পশুরা যে স্থানে জলপান করে। *a.* **wa°terish**—জলবৎ ; জলময় ; তরল ; পাতলা ; ফেকাশে। *n.* **wa°ter-jacket**—ঠাণ্ডা রাখিবার জন্য কোন মেশিনের উপরে যে জলপূর্ণ কোষ রাখা হয়। *a.* **wa°terlėss**—জলহীন, নির্জল। **wa°ter-level**—জল-সমতল। *n.* **water°-lily**—জলপদ্ম, কুমুদ। *n.* **wa°ter-līne**—জাহাজের যে অংশ পর্যন্ত জলমগ্ন থাকে, জাহাজের জলরেখা। *a.* **waterlogged**—জলপূর্ণ হওয়ার ফলে চলিতে বা ভাসিয়া থাকিতে অক্ষম হইয়াছে এমন ; জলমগ্ন। *n.* **wa°terlot**—জলে-ডোবা বিস্তীর্ণ ভূমি, বিস্তীর্ণ জলাভূমি। *n.* **wa°ter-main**—ভূগর্ভস্থ প্রধান জল-সরবরাহী নল। *n.* **wa°terman**—ভাড়া-নৌকার মাঝি ; খেয়ার মাঝি ; দক্ষ মাঝি ; জলসরবরাহকারী ভারী, ভিশতিওয়ালা। **wa°termark**—(1) *n.* তটগাত্রে জলরেখা ; জোয়ার-রেখা ; জাহাজের জলরেখা ; কাগজে প্রদত্ত জলছাপ ; (2) *v.t.* জলছাপ দেওয়া। *p.* & *p. pt.* **wa°ter-markėd**। *n.* **wa°ter-melon**—তরমুজ বা তাহার গাছ। *n.* **wa°ter-mill**—(শস্যাদিচূর্ণনার্থ) জলস্রোত-দ্বারা চালিত কল, (পরি.) জলচক্র। *n.* **wa°ter-nymph**—জলপরী। *n.* **wa°ter-pō°lo**—জলের মধ্যে বলখেলাবিশেষ। *n.* **wa°ter-power**—যন্ত্রাদি-চালনার জন্য জল-শক্তি। **wa°terproo̅f**—(1) *a.* জল ঢোকে না বা জলে ভেজে না এমন, (পরি.) জলাভেদ্য। (2) *n.* জলাভেদ্য বস্ত্র বা অন্য পদার্থ। *n.* **wa°ter-pump**—জল তোলার পাম্প্। *n.* **water-rat (vole)**—দেখিতে ইঁদুরের মত জলচর প্রাণী। *n.* **water-rate**—জলকর। *n.* **wa°ter-shed**—দুই নদীর অববাহিকার বিভাজকরেখা, (পরি.) জল-

বিভাজিকা ; (আল. বিশেষতঃ ইতিহাসের ক্ষেত্রে) সন্ধিক্ষণ বা চরমমুহূর্ত। *n.* **wa°terside**—নদীতীর ; সমুদ্র হ্রদ প্রভৃতির তীর। *n.* **wa°ter-skin**—জল বহন করিবার জন্য ব্যবহৃত চামড়ার ব্যাগ। *n.* **wa°ter-spaniel**—নিহত জলচর পক্ষীকে তুলিয়া আনিবার জন্য শিকারীরা যে কুকুরকে সাঁতার কাটিতে শেখায়। *n.* **wa°ter-spout**—জলস্তম্ভ ; জল-নিঃস্রাবী নল। *n.* **wa°ter-sprite**—জলপরী। *n.* **wa°ter-supply**—জল-সরবরাহ, জল-সংভরণ। *n.* **wa°ter-table**—যে সমভূমির নিচে মাটি জলসিক্ত থাকে। *n.* **wa°ter-tap**—জলের কল। *a.* **wa°tertight**—জল ঢোকে না বাহির হয় না এমন, (পরি.) জলরোধক ; (আল.) বিভিন্ন বিষয় অথবা বিভাগ একেবারে স্বতন্ত্র বা পরস্পর সংযোগহীন অবস্থাসম্পন্ন। *n.* **wa°ter-tower**—যে উঁচু আধার হইতে জলসরবরাহ করা হয়। *n.* **wa°ter-wag(g)on**—জলবাহী গাড়ি। **on the wa°ter-wag(g)on**—মদ্যপায়ী নয় এমন। *n.* **wa°ter-wheel**—জলশক্তিচালিত যন্ত্রের চাকা। *n.* **wa°ter-silk**—ঢেউখেলান রেশম বা সিল্ক। *n.* **wa°terway**—নাব্য খাল বা জলপথ। *n. pl.* **wa°terways**—সন্তরণ শিক্ষণেচ্ছু ভাসিয়া থাকিবার সুবিধার জন্য কাঁধে যে বস্তু পরিয়া লয়। *n.* **wa°terworks**—নগরাদিতে জল-সরবরাহের কারখানা। *a.* **wa°tery**—জলসংক্রান্ত ; জলপূর্ণ ; জলসিক্ত ; জলবৎ ; পাতলা ; স্বচ্ছ ; স্বাদহীন ; দুর্বল ; নিস্তেজ ; অনুজ্জ্বল ; (সাহিত্য কথাবার্তা প্রভৃতি সম্বন্ধে) নীরস, দুর্বল। *n.* **wa°teriness**। **above water**—(প্রধানতঃ আর্থিক) বিপন্মুক্ত। **by water**—জলপথে অর্থাৎ নৌকায় বা জাহাজে করিয়া। **deep water(s)**—বিপজ্জনক গভীর জল; মুশকিল বা বিপদ। **first water**—(মণিমুক্তা-সম্বন্ধে) সর্বোৎকৃষ্ট। *n.* **freshwater**—মিঠা জল অর্থাৎ পানোপযোগী জল। **hard water**—খরজল। **heavy water**—যে জলে 'ডিউটেরিয়াম' নামক মৌল হাইড্রোজেনের স্থান গ্রহণ করে, ভারী জল। **holy water**—ধর্মকর্মের জন্য পূতবারি। **hot water**—(প্রধানতঃ নিজের বোকামির দ্বারা ডাকিয়া-আনা) মুশকিল বা দুর্ভাগ্য। **in smooth water**—সহজে বা স্বচ্ছন্দে অগ্রসর হইতেছে অথবা উন্নতিলাভ করিতেছে এমন। **like a fish out of water**—অনভ্যস্ত বা অপরিচিত অবস্থাদির মধ্যে অস্বাচ্ছন্দ্য বা অস্বস্তি সহকারে এবং বিহ্বলভাবে, ডাঙায় তোলা মাছের মত। **like water**—প্রচুরভাবে, জলের মত ; অমিতব্যয়িতার সহিত ; বেপরোয়াভাবে। **mineral waters, table waters**—সোডা লিমনেড প্রভৃতি। **low water**—(আল.) অর্থকৃচ্ছ্র, অর্থকষ্ট। **on water**—নৌকায় বা জাহাজে চড়িয়া। **slack water**—জোয়ারের বা ভাটার আরম্ভ। **the waters of forgetfulness**—অতীতকে বিস্মরণ ; বিস্মৃতি। **under water**—(জলে)প্লাবিত। **water of life**—আধ্যাত্মিক শান্তি বা আরাম ; মদ, সুরা। **water on the brain, knee,** etc.—(চিকি.) মস্তিষ্ক হাঁটু প্রভৃতিতে জলসঞ্চার। **(to) cast (throw), one's bread upon the waters**—(পরে অপ্রত্যাশিতভাবে মিলিলেও) প্রতিদানের আশা না করিয়া সৎকাজ করা। **(to) drink the waters**—সোডা লিমনেডের হোটেলে যাইয়া উক্ত পানীয় পান করা। **(to) go through fire and water**—(কোন কিছুর সমর্থনাদির জন্য) যৎপরোনাস্তি কষ্টভোগ করা। **(to) hold water**—নির্ভুল বা সুপ্রতিষ্ঠিত হওয়া ; পরীক্ষায় উতরাইয়া যাওয়া। **(to) keep one's head above water**—(আল.) সচ্ছল থাকা। **(to) make** or **pass water**—প্রস্রাব করা ; (জাহাজাদি সম্বন্ধে) ছেঁদা-হওয়া। **(to) make the mouth water**—লোলুপ প্রত্যাশা বা আকাঙ্ক্ষা জাগান, (তু.) নোলায় জল আসা। **(to) pour** or **throw cold water** (on)—(পরিকল্পনাদি সম্বন্ধে) নিরুৎসাহ করা। **still waters run deep**—শান্ত চেহারার অন্তরালে সংগুপ্ত প্রবল ভাবাবেগ সঙ্কল্প চাতুরি প্রভৃতি। **written in water**—(কাহারও খ্যাতি প্রভৃতি সম্বন্ধে) ক্ষণস্থায়ী ও সহজে বিস্মৃত। [OE. *waeter*—cp. Du. *water*, G. *wasser*, Gk. *hydor*, L. *udus* = wet, Sans. *udan* = water]

Waterloo [waw-ta(r)-loo°, ওঅ্যাটা্য(র্)লূ°] *n.* a final defeat, চূড়ান্ত পরাজয়। **(to) meet one's Waterloo**—চূড়ান্তভাবে পরাজিত হওয়া। [the scene of Napoleon's final defeat]

watt [wot, ওঅ্ট্] *n.* unit of electrical power, বিদ্যুৎশক্তির একক বা মাত্রা। [James *Watt*, the inventor of the railway engine]

wattle₁ [wot°l, ওঅ্ট্°ল্] **(1)** *n.* (*sing & pl.*) interlaced rods and twigs as material of fences, walls, or roofs, বেড়া দেওয়াল বা ঘরের ছাদ তৈয়ারি করার জন্য পরস্পর বিজড়িত দণ্ডসমূহ ও ডালপালা ; kinds of Australian acacia (অস্ট্রেলিআর জাতীয় প্রতীকরূপে ব্যবহৃত) অস্ট্রেলিআর বাবলা-গোত্রীয় গাছবিশেষ ; a hurdle, পথিমধ্যস্থ প্রতিবন্ধক বা বাধা। **(2)** *v.t.* to construct of wattle, পরস্পর বিজড়িত দণ্ড ও ডালপালা দিয়া (বেড়া দেওয়াল বা ছাদ) নির্মাণ করা ; to interlace, (দণ্ড ডালপালাকে) পরস্পর বিজড়িত করা। **wattle and daub**—মাটির আস্তর-দেওয়া উক্ত দেওয়াল বা ছাদ। [OE. *watul*, *watel*]

wattle₂ [wot°l, ওঅ্ট্°ল্] *n.* appendage on the head or the throat of some birds, কুক্কুটাদি পাখির মাথার উপরে বা কণ্ঠে মাংসল উপাঙ্গবিশেষ। *a.* **watt°led**—উক্ত উপাঙ্গযুক্ত। [?]

waul, wawl [wawl, ওঅ্যল্] *v.i.* to cry (as a cat or a newly-born baby), (বিড়াল বা সদ্যোজাত শিশু সম্পর্কে) মিউ-মিউ বা ওঁআ-ওঁআ করিয়া কাঁদা। [imi.]

wave [wāv, ওএইভ্] **(1)** *n.* a ridge on the surface of a liquid, তরঙ্গ, ঢেউ, লহরী ; a ridge-and-trough oscillation in a fluid medium conveying heat, light, sound, or electricity, তাপ আলোক শব্দ বা বিদ্যুৎ বহনকারী জল বাতাস প্রভৃতি তরল মাধ্যমের উঁচু-নিচু আন্দোলন, হিল্লোল ; an undulating or vibratory motion or sound, তরঙ্গায়িত বা স্পন্দিত গতি অথবা শব্দ ;

the sea or any other large body of water, (কাব্যে) সমুদ্র নদী হ্রদ প্রভৃতি ; a wavy line or streak, তরঙ্গায়িত রেখা বা ডোরা ; an undulating surface, তরঙ্গায়িত বা এবড়োখেবড়ো জমি ; an undulation, তরঙ্গায়িত বা উঁচু-নিচু অবস্থা ; a wave-length, তরঙ্গদৈর্ঘ্য ; a rise followed by a fall, ups and downs, (আল.) উত্থান-পতন। **(2)** *v.i.t.* to move like a wave, তরঙ্গবৎ চলা বা চালান, ভাসা বা ভাসান, ওড়া বা ওড়ান প্রভৃতি ; হিল্লোলিত হওয়া বা করান ; to move backwards and forwards, একবার পশ্চাতে একবার সম্মুখে চলা বা চালান; আন্দোলিত হওয়া বা করা ; to undulate, তরঙ্গায়িত বা উঁচু-নিচু হওয়া অথবা করান ; to flutter as a signal, to beckon, সঙ্কেত করা বা ইশারা করা। **(3)** *v.t.* to express by beckoning, ইশারাদ্বারা প্রকাশ করা (he *waved* goodbye to us)। **the waves**—(কাব্যে) সমুদ্র। *n.* **wave°-front**—তরঙ্গমুখ। *n.* **wāve°-length**—পরপর দুই তরঙ্গশীর্ষের (বিশেষতঃ বেতার-চালিত দুই ধ্বনিতরঙ্গ-শীর্ষের) মধ্যবর্তী ব্যবধান, (পরি.) তরঙ্গদৈর্ঘ্য। *a.* **wā°vy**—তরঙ্গসঙ্কুল ; তরঙ্গায়িত, (পরি.) তরঙ্গিত ; ঢেউ-খেলান ; এবড়োখেবড়ো ; উঁচু-নিচু। *adv.* **wā°vily**। *n.* **wā°viness**। **crest of wave**—তরঙ্গশীর্ষ। **hollow of wave**—তরঙ্গপাদ। **in waves**—ঢেউয়ের পরে ঢেউয়ের মত (the body of attackers, immigrants, etc., came *in waves*)। **long wave**—(বেতার) ১০০০ মিটার বা ততোধিক ব্যবধান-বিশিষ্ট ধ্বনিদৈর্ঘ্য। **medium wave**—(বেতার) ১০০ হইতে ৮০০ মিটার পর্যন্ত ব্যবধানবিশিষ্ট ধ্বনিদৈর্ঘ্য। **short wave**—(বেতার) ১০ হইতে ১০০ মিটার পর্যন্ত ব্যবধানবিশিষ্ট ধ্বনিদৈর্ঘ্য। **(to) wave aside**—(প্রায়শঃ আল.) অপ্রয়োজনীয় বা অপ্রাসঙ্গিক বোধে বাদ দেওয়া। [OE. *vafra*=to waver]

waver [wā°-va(r), ওাএই°ভ্যা(র্)] *v.i.* to move to and fro, একবার সামনে একবার পিছনে চলা, আন্দোলিত হওয়া ; to shake, কম্পমান হওয়া ; to be unsteady, অটল বা স্থির না থাকা, বিচলিত হওয়া ; to vacillate, সঙ্কল্প আনুগত্য প্রভৃতিতে অটল না থাকা। *n.* **wa°verer**। *adv.* **wā°veringly**। [see *wave*]

wavy—see **wave**.

wax₁ [waks, ওাঅ্যাক্স্] *v.i.* to increase, (প্রধানতঃ চন্দ্র-সম্বন্ধে) বৃদ্ধি পাওয়া (cp. **wane**) ; to pass into another or a specified state, অবস্থান্তর লাভ করা অথবা নির্দিষ্ট অবস্থা বা ভাব প্রাপ্ত হওয়া (to *wax* merry, old, eloquent, indignant, etc.)। *p.* & *p. pt.* **wax°ed**। [OE. *weaxon*—cp. ON. *vaxa*, G. *wachsen*, Gk. *auxanein*]

wax₂ [waks, ওাঅ্যাক্স্] **(1)** *n.* any of a class of substances of plant or animal origin, consisting of esters of monohydric alcohols, e.g. beeswax, মোম ; any wax-like substance, মোমতুল্য পদার্থ (যেমন, কর্ণমল), সুতা শক্ত ও ঋজু করার জন্য চর্মকারেরা উহাতে যে শিরিস্ বা মোম মাখায় ; a substance used to seal letters, চিঠিপত্রাদি আঁটার জন্য গালা (also **sealing-wax**)। **(2)** *v.t.* to smear, rub or join, with wax, মোম গালা বা চর্মকারের শিরিস্ মাখান অথবা তদ্দ্বারা ঘষা বা জোড়ান। *p.* & *p. pt.* **wax°ed**। *n.* **wax-bill**—চাচ-গালার ন্যায় লাল ঠোঁটওয়ালা পাখিবিশেষ। *n.* **wax°-chandler**—মোমবাতি প্রস্তুতকারক অথবা বিক্রেতা। *n.* **wax°-cloth**—টেবিলাদি ঢাকা বা অনুরূপ কাজের জন্য ব্যবহৃত মোমের প্রলেপ দেওয়া কাপড় ; গৃহতলাদি আচ্ছাদনার্থ অয়েলক্লথ। *n.* **wax-doll**—মোমের পুতুল। *a.* **wax°en**—মোমের তৈয়ারি ; মোমতুল্য ; সহজে ছাপ দেওয়া যায় বা ভেদ করা যায় বা মুছিয়া ফেলা যায় এমন। *n.* **wax°-pāper**—মোমের প্রলেপ মাখান কাগজ। *n.* **wax°-pocket**—মৌমাছির পেটে মোম সঞ্চয়ের থলিবিশেষ। *n.* **wax°-wing**—পক্ষো-পরি চাচ-গালার মত রক্তবর্ণ উপাঙ্গযুক্ত পক্ষিবিশেষ। *n.* **wax°work**—মোমদ্বারা মূর্তিগঠন ; মোমে গঠিত মূর্তি। *n.* **wax°worker**—মোমদ্বারা মূর্তিগঠনকারী। *a.* **wax°y**—মোমতুল্য ; ছাপ দেওয়া যায় এমন ; (আল.) প্রভাবিত করা যায় এমন ; লেইয়ের মত। **(to) be wax in a person's hands**—কাহারও কৃতদাসতুল্য বা সম্পূর্ণ আজ্ঞাবাহী হওয়া। [OE. *weax*—cp. ON. *vax*, G. *wachs*]

wax₃ [waks, ওাঅ্যাক্স্] *n.* (sl.) fit of anger, সহসা ক্রোধের বা রোষের সঞ্চার (he was or got into a *wax*)। *a.* **waxy**। [?]

way [wā, ওাএই] *n.* passage, পথ ; road, street, track, রাস্তা, সড়ক ; direction of motion, গতিপথ ; distance, ব্যবধান, দূরত্ব ('it's a long *way* to Tipperary') ; room or opportunity to advance, অগ্রসর হওয়ার অথবা উন্নতি-লাভের পথ বা সুবিধা ; freedom of action, scope, কাজ করার স্বাধীনতা, পথ বা সুবিধা ; manner of life, জীবনযাত্রার প্রণালী বা ধরন ; condition, অবস্থা ; manner, mode, style, ধরন, প্রণালী ; course or conduct, (স্বাভাবিক বা অভ্যাসগত) ধরন পথ অথবা আচরণ ; (in *pl.*) characteristic conduct, idiosyncrasies, বৈশিষ্ট্যপূর্ণ আচরণ, খেয়াল ; method, পন্থা (a right or a wrong *way* of doing thing) ; means, উপায় (while there's a will there's a *way*)। **the Way**—খ্রিস্টধর্ম। **the sixfoot-way**—রেল-পথে যুগ্ম সারি রেলের মধ্যে যে স্থান থাকে। *n.* **way°-bill**—দূরবর্তী স্থানগামী গাড়িতে বাহিত যাত্রী ও মালের তালিকা ; ভ্রমণকালে যে সব স্থান দর্শন করা হইবে তাহার তালিকা ; রেলযোগে প্রেরিত মালের চালানপত্র। *n.* **way°fārer**—পদব্রজে ভ্রমণকারী, পথিক, পথ-চারী। *n.* & *a.* **way°fāring**—পদব্রজে ভ্রমণ বা ভ্রমণরত। *v.t.* **way°lay**—(কাহারও জন্য) ওত পাতিয়া থাকা ; পথিমধ্যে আক্রমণ করা বা পাকড়াও করা ; (আল—কাহারও সহিত) আলাপ করার জন্য প্রতীক্ষা করা। *p.* & *p. pt.* **way°laid**। *n.* **way°-layer**। **way°side**—**(1)** *n.* পথপার্শ্ব। **(2)** *a.* পথ-

পার্শ্বস্থ। *a.* **way°-worn**—ভ্রমণক্লান্ত ; পথশ্রান্ত। **by the way**—প্রসঙ্গক্রমে ; ভ্রমণকালে ; গমনপথের পার্শ্বে। **by way of**—যেন এতদুদ্দেশ্যে ; যেন এইজন্য। **in a bad way**—সাঙ্ঘাতিক অবস্থায় ; অত্যন্ত বিচলিত (হইয়া)। **in a big** or **large way**—প্রচুর-পরিমাণে ; সাড়ম্বরে। **in a fair way**—সাফল্য-লাভের সম্ভাবনাপূর্ণ ভাবে। **in a small way**—অল্পপরিমাণে ; নগণ্যভাবে। **in a way**—কিছু মাত্রায় বা পরিমাণে, কিছু দূর ; একদিক হইতে দেখিলে বা বিচার করিলে, একটি দৃষ্টিকোণ হইতে। **in the way**—রাস্তার উপরে বা মধ্যে, রাস্তায় ; পথিমধ্যে ; বাধাদায়ক। **in the way of**—সাধনের বা অর্জনের পক্ষে উত্তম বা সুবিধাজনক অবস্থায় ; (কথ্য.) অভ্যস্ত অবস্থায় ; সম্বন্ধে, বিষয়ে। **on the way**—গন্তব্যস্থলাদির অভিমুখে গমনরত ; ঘটনাদি সঙ্ঘটনে উদ্যত। **on the way out**—অপ্রচলিত হইবার উপক্রম করিয়াছে এমন, অপ্রচলিত-প্রায়। **out of the way**—পথ হইতে অপসৃত ; বাধা দেয় না বা ব্যাহত করে না এমন ; (কাব্যে) নিরুদ্দিষ্ট বা গুপ্ত। *a.* **out-of-the-way** [ow°-tavdh(a)-wa°, আউ°-ট্যাভ্‌দ্‌ওয়্এই°] অস্বাভাবিক ; অদ্ভুত ; অনন্যসাধারণ ; স্বতন্ত্র ; নির্জন ; বহুদূরবর্তী। **right of way**—পথাদিতে জনসাধারণের চলাচলের অধিকার। **the parting of the ways**—(আল.) যে অবস্থায় দুইটি বিকল্পের মধ্যে একটিকে গ্রহণ করিতেই হইবে। **the permanent way**—রেলপথের পুরা দৈর্ঘ্য। **the Way of the Cross**—যিশুর ক্যালভ্যারিতে গমন-বিষয়ক চিত্রাবলী বা ভাস্কর্যসমূহ। **to one's way of thinking**—কাহারও মতে। **under way**—(জাহাজাদি-সম্বন্ধে) গমনরত। **each way (both ways)**—(বাজিধরাতে) জয়লাভ করা, বাজিধরাতে কোন একটি স্থানলাভ করা। **ways and means**—(পরি.) উপায়-উপকরণ। **(to) clear the way**—পথ মুক্ত করা ; পথ ছাড়িয়া দেওয়া। **(to) come one's way**—একই দিকে বা পথে আসা ; (আল.) অভিজ্ঞতায় জ্ঞানে বা নাগালে থাকা, প্রাপ্তিসাধ্য হওয়া। **(to) feel one's way**—(অন্ধকারাদিতে) হাতড়াইয়া হাতড়াইয়া পথ চলা ; কার্যাদি সম্পাদনে সতর্কতা অবলম্বন করা। **(to) gather way**—বেগ অর্জন করা ; দ্রুততর হওয়া। **(to) get one's own way**—স্বেচ্ছামত চলিতে বা কাজ করিতে পারা। **(to) get** (something) **out of the way**—ব্যবস্থা করা, চুকাইয়া ফেলা। **(to) get under way**—সম্মুখাভিমুখে চলিতে আরম্ভ করা। **(to) give way**—প্রাণপণে দাঁড় টানা। **(to) give way (to)**—(কাহারও কাছে বা কিছু হইতে) হটিয়া যাওয়া ; হার মানা ; সরিয়া যাওয়া ; ভাঙ্গিয়া পড়া। **(to) go one's way(s)**—প্রস্থান করা। **(to) go one's own way**—(পরের উপদেশে কান না দিয়া) নিজের ইচ্ছামত চলা বা কাজ করা। **(to) go out of the** or **out of one's way**—যে কাজ দাবি করা বা প্রত্যাশা করা যাইত না তাহা করা। **(to) have a way with one**—আকর্ষণীয় ব্যক্তিত্বসম্পন্ন বা প্রভাবিত করার ক্ষমতাসম্পন্ন হওয়া। **(to) have one's own way**—স্বেচ্ছামত চলিতে বা কাজ করিতে পারা। **(to) have way**—(জাহাজ-সম্পর্কে) চলিতে থাকা। **(to) have it both ways**—নিজের সুবিধার জন্য বিকল্প যুক্তি বা ব্যবস্থার মধ্যে প্রথমে একটিকে গ্রহণ করিয়া পরে অপরটিও গ্রহণ করা। **(to) hold on one's way**—(না থামিয়া) চলিতে থাকা ; চালু থাকা। **(to) lead the way**—স্বয়ং অগ্রসর হইয়া অপরকে পথ দেখান ; আন্দোলনাদিতে প্রবর্তক বা নেতা হওয়া। **(to) lie in the way**—নাগালের মধ্যে থাকা ; (পথিমধ্যে) বাধা হওয়া। **(to) lose way**—বেগ হারান ; ঢিমে হওয়া। **(to) lose one's way**—পথ হারান। **(to) make one's way**—স্বীয় পথ করিয়া লওয়া ; অগ্রসর হওয়া ; সাফল্যলাভ করা। **(to) make way**—অগ্রসর হওয়া। **(to) make way (for)**—জায়গা (ছাড়িয়া) দেওয়া ; অবাধে যাইতে দেওয়া, পথ ছাড়িয়া দেওয়া। **(to) make the best of one's way**—যথাশক্তি দ্রুতবেগে চলা। **(to) mend one's way**—স্বীয় স্বভাব-চরিত্রের সংশোধন করা। **(to) mistake one's way**—বিপথে যাওয়া ; পথভ্রান্ত হওয়া। **(to) pave the way for**—(কোন-কিছু গ্রহণার্থ বা বর্জনার্থ) লোকদের প্রস্তুত করা, (কিছুর) পথ প্রস্তুত করা। **(to) pay one's way**—ঋণগ্রস্ত না হইয়া নিজ ব্যয় নির্বাহ করা। **(to) pick one's way**—(কর্দমাক্ত পথাদিতে) সতর্কভাবে স্থান বাছিয়া লইয়া পা ফেলা। **(to) put one in the way of**—(কিছু) অর্জনের সুযোগ দেওয়া। **(to) put one out of the way**—কারারুদ্ধ করিয়া বা (গোপনে) হত্যা করিয়া বা অন্যভাবে বাধাস্বরূপ কোন ব্যক্তিকে স্বীয় পথ হইতে সরান। **(to) put oneself out of the way**—অন্যের জন্য নিজেকে ঝঞ্ঝাটে ফেলা। **(to) see one's way (clear)**—কোনক্রমে করিতে সমর্থ হওয়া ; করিবার কোন ঝোঁক বা ইচ্ছা থাকা। **(to) set one on one's way**—পদব্রজে গমনকারী কোন ব্যক্তিকে কিছুদূর আগাইয়া দেওয়া। **step this way**—দয়া করে এদিকে আসুন, দয়া করে এদিকে পায়ের ধুলো দিন। **(to) take one's way**—যাত্রা করা, ভ্রমণ আরম্ভ করা ; স্বীয় ইচ্ছা বা পরিকল্পনা অনুযায়ী কাজ করা। [OE. *weg*—cp. G. *weg*]

waybill, wayfarer, wayfaring, waylay, waylaid, wayside—see **way.**

wayward [wa°-wa(r)d, ওয়্এই°ওয়্যা(র্)ড্] *a.* wilful, স্বেচ্ছাচারী, স্বেচ্ছাচারিতাপূর্ণ, উচ্ছৃঙ্খল ; capricious, খেয়ালী। *adv.* **way°wardly**। *n.* **way°wardness**। [*away, -ward*—cp. *toward*]

way-worn—see **way.**

we [wē, উঈ] *pro.* plural of **I,** আমরা। [A.S.—cp. Goth. *weis*, G. *wir*]

weak [wēk, উঈক্] *a.* wanting in strength, হীনশক্তি, দুর্বল ; unable to bear a great weight, গুরুভার বহনে অসমর্থ ; easily overcome, সহজে পরাজেয় ; frail, পলকা, ভঙ্গুর ; wanting in health, স্বাস্থ্যহীন ; feeble of mind,

দুর্বলচিত্ত; spiritless, নিস্তেজ; unconvincing, প্রত্যয়-উৎপাদনে অক্ষম (a *weak* argument); lacking in importance, গুরুত্বহীন; watery, not strong, পাতলা, অনুগ্র (*weak* tea); (gr.—of a verb) inflected by regular syllabic addition, (ব্যাক.—ইংরেজী ক্রিয়া-সম্বন্ধে) -d, -ed, প্রভৃতি শব্দাংশযোগে অতীত কালাদির রূপ করিতে হয় এমন (যেমন, *weighed—faded*—cp. **strong**); (of a Germanic noun or adjective) having inflexions in *-n*, (জর্মান্ বা জর্মান্‌গোষ্ঠীভুক্ত ভাষার বিশেষ্য বা বিশেষণ সম্বন্ধে) *-n* যোগে রূপপরিবর্তন করিতে হয় এমন। *v.t.i.* **wea°ken**—দুর্বল করা বা হওয়া; শিথিলসঙ্কল্প করান বা হওয়া। *a.* **weak°-hearted**—দুর্বলহৃদয়; নিস্তেজ; কোমলহৃদয়। *a.* **weak°-kneed**—দুর্বল জানুবিশিষ্ট; অদৃঢ়সঙ্কল্প। *n.* **weak°ling**—দুর্বল বা কৃশকায় প্রাণী। *a.* **weakly**—রোগাটে; রুগ্ণ; ক্ষীণ। *n.* **weak°liness** । *a.* **weak°-minded**—অল্পবুদ্ধি; দৃঢ়সঙ্কল্পহীন। *n.* **weak°ness** । *a.* **weak°-sighted**—ক্ষীণদৃষ্টি। *a.* **weak°-spirited**—নিবীর্যভাবে অন্যায় সহ্য করে এমন; ভীরু। **the weaker sex**—স্ত্রীজাতি। **weak side** or **point**—(দেহের বা চরিত্রের) যে পার্শ্বে বা অংশে মানুষ সহজেই প্রভাবিত হয় অথবা সর্বাধিক প্রলুব্ধ হয়। **(to) have a weakness for**—কোন-কিছুর প্রতি বিশেষ বা মুর্খতাসুলভ ঝোঁক থাকা। **in a weak moment**—দুর্বল মুহূর্তে। [ON. *veikr*]

weal$_1$ [wēl, উঈল্] var. of **wale.**

weal$_2$ [wēl, উঈল্] *n.* (arch.) state of being well, a sound or prosperous state, (আর্ষ.) কুশল, ভাল বা সমৃদ্ধিশীল অবস্থা; welfare, মঙ্গল, উপকার। **in weal and woe**—সম্পদে ও বিপদে, সৌভাগ্যে ও দুর্ভাগ্যে। **public** or **general** or **common weal**—দেশের (জনসাধারণের) মঙ্গল স্বার্থ বা সমৃদ্ধি, গণমঙ্গল। [OE. *we(o)la*=wealth, bliss,—cp. *well*$_2$]

weald [wēld, উঈল্‌ড্] *n.* (poet.) open or wooded country, (কাব্যে) উন্মুক্ত বা বৃক্ষাদিতে পূর্ণ বা অরণ্যময় পল্লী-অঞ্চল। [AS.=a forest]

wealth [welth, ওাএল্‌থ্] *n.* prosperity, সমৃদ্ধি; riches, ধনদৌলত; (fig.) abundance, (আল.) প্রাচুর্য (a book with a *wealth* of illustrations)। *a.* **weal°thy**—সমৃদ্ধ; ধনবান্; প্রাচুর্যপূর্ণ। *adv.* **weal°thily** । *n.* **weal°thiness** । [ME. *welthe wele*<OE. *wela*—cp. *weal*$_1$]

wean [wēn, উঈন্] *v.t.* to accustom to nourishment other than the mother's milk, মাতৃস্তন্যপান ত্যাগ করাইয়া অন্য খাদ্যে অভ্যস্ত করান, মাই ছাড়ান; to cure of or rescue from a habit or company, কোন অভ্যাস বা সংসর্গ হইতে মুক্ত করা (to *wean* a person from bad companions)। **wean°ling**—(1) *a.* সদ্য মাই ছাড়ান হইয়াছে এমন। (2) *n.* ঐরূপ শিশু বা প্রাণী। [OE. *wenian*=to accustom—cp. ON. *venja*, G. *gewohnen*]

weapon [we°-pan, ওাএ°প্যান্] *n.* an instrument of offence or defence, অস্ত্র। *n.* **wea°ponry**—অস্ত্রশস্ত্রসমূহ; অস্ত্রচালনাবিদ্যা। *a.* **wea°ponless**—অস্ত্রহীন। [OE. *wæpen*—cp. Goth. *wepna*=arms]

wear$_1$—alt. spell. of **weir.**

wear$_2$ [wā(r), ওায়্যা(র্)] *v.t.i.* to bring, or be brought, to another course, by turning the helm windward, হালের প্রতিবাত ঘূর্ণনদ্বারা (জাহাজকে) অন্য পথে আনা বা ঐ কারণে (জাহাজের) অন্য পথে যাওয়া। *p.* & *p. pt.* **wore** [waw(r), ওাঅ্য(র্), wō(r), ওাঁ(র্)]। [*veer*$_1$?]

wear$_3$ [wā(r), ওায়্যা(র্)] (1) *v.t.* to be dressed in, পরিধান করা; to carry on the body, অঙ্গে ধারণ করা; to arrange in a specified way; (পোশাকাদি) নির্দিষ্ট ধরনে বিন্যস্ত করা; to display প্রদর্শনার্থ সাজাইয়া রাখা বা প্রদর্শন করান। (2) *v.t.i.* to exhaust or be exhausted, পরিশ্রান্ত করা বা হওয়া; to consume or be consumed, damage or be damaged, by use, time, or exposure, ব্যবহার করিয়া বা কালক্রমে বা রৌদ্রাদির মধ্যে অনাবৃত অবস্থায় রাখিয়া নিঃশেষ করা ক্ষয় করা অথবা ক্ষতিগ্রস্ত করা কিংবা ঐ-সকল কারণে নিঃশেষিত হওয়া ক্ষয় হওয়া অথবা ক্ষতিগ্রস্ত হওয়া; (of time) to pass or be passed, (কাব্যে—সময়-সম্বন্ধে) অতিবাহন বা যাপন করা অথবা অতিবাহিত বা যাপিত হওয়া (বিশেষতঃ ক্লান্তিকরভাবে); to bring or pass gradually into, ক্রমশঃ পরিণত করা বা হওয়া। (3) *v.i.* to last under use, ব্যবহৃত হওয়া সত্ত্বেও নষ্ট না হওয়া, টেকসই হওয়া; to resist the ravages of age, বৃদ্ধ বা পুরান হওয়া সত্ত্বেও টিকিয়া থাকা; to stand the test of time, কালজয়ী হওয়া। *p.* **wore** [waw(r), ওাঅ্য(র্); wō(r), ওাঁ(র্)]; (arch.) **ware** [wā(r), ওায়্যা(র্)]; *p. pt.* **worn** । (4) *n.* act of wearing, পরিধান, অঙ্গে ধারণ বা বহন; consumption or injury by friction or use, সঙ্ঘর্ষের বা ব্যবহারের ফলে ক্ষয় অথবা ক্ষতি; durability, স্থায়িত্ব, টেকসই হইবার ক্ষমতা; articles worn, পরিধেয় জামা কাপড় অলঙ্কার প্রভৃতি; fashion, কেতা, ঢঙ্। *a.* **wear°able**—পরিধানযোগ্য। *n.* **wear°er** । *n.* **wear°ing-apparel**—পোশাক। **wear and tear**—ব্যবহারাদির ফলে ক্ষয়। **(to) wear away**—ব্যবহারাদির দ্বারা ক্ষয় করা বা ফুরান অথবা ক্ষয় হওয়া বা ফুরাইয়া যাওয়া; শুকাইয়া বা মিলাইয়া যাওয়া; অতিবাহিত হওয়া। **(to) wear down**—(আল.) নাছোড়বান্দার মত চেষ্টা করিয়া ক্রমে ক্রমে হ্রাস করা বা পরাস্ত করা; ক্ষয়হেতু ধীরে ধীরে ক্ষুদ্রতর দুর্বলতর কৃশতর প্রভৃতি হওয়া। **(to) wear off**—ঘষিয়া ঘষিয়া ক্ষয় করা বা ঘর্ষণের ফলে ক্ষয় হওয়া; ধীরে ধীরে হ্রাস পাওয়া বা হওয়া। **(to) wear out**—ব্যবহারের দ্বারা ক্ষয় করা বা হওয়া; ক্রমশঃ ক্ষয়ের ফলে অব্যবহার্য করা বা হওয়া; ক্লান্তিকরভাবে নিঃশেষ করা বা ফুরান; হয়রান করা। **(to) wear the crown**—রাজা

হওয়া; শহীদ হওয়া। **(to) wear the gown**—আইন-ব্যবসায়ী বা উকিল হওয়া। **the worse for the wear**—ব্যবহারের ফলে জীর্ণ। *a.* **worn-out°**—জীর্ণ, ক্ষয়প্রাপ্ত। [OE. *werian(v.)*—cp. ON. *verja*=to clothe]

weary [wē(r)°-i, উ্যইয়্যা(র্)°ই] (**1**) *a.* tired, পরিশ্রান্ত, ক্লান্ত; tiresome, ক্লান্তিকর। (**2**) *v.t.i.* to tire, ক্লান্ত বা পরিশ্রান্ত করা অথবা হওয়া। *a.* **wear°ied**—পরিশ্রান্ত, ক্লান্ত। *adv.* **wear°ily**। *n.* **wear°iness**—ক্লান্তি, শ্রান্তি। *a.* **wear°isome**—ক্লান্তিকর, শ্রান্তিকর। [OE. *werig (n.)*]

weasand [wē°-zand, উইজ্যান্ড্] *n.* gullet, অন্ননালী, খাদ্যনালী; windpipe, শ্বাসনালী; throat, কণ্ঠনালী, কণ্ঠ। [OE. *wāsend*]

weasel [wez°l, উ্যঈজ্°ল্] *n.* a small carnivore, নকুল, নেউল, বেজি। *a.* **wea°sel-fāced**—কৃশ ও তীক্ষ্ণ মুখাবয়বযুক্ত। **(to) catch a weasel asleep**—পূর্ণ-সতর্ক ব্যক্তিকে প্রতারিত করা, চোখের উপর ফাঁকি দেওয়া। [OE. *wesle*—cp. G. *wiesel*]

weather [wē°-dha(r), ওাএ°দ্যা(র্)] (**1**) *n.* atmospheric condition with respect to heat or cold, wetness, cloudiness, etc., আবহাওয়া, আবহ; state or vicissitude of fortune, ভাগ্যের অবস্থা বা পরিবর্তন। (**2**) *v.t.* to affect by exposing to the air, উন্মুক্ত স্থানে রাখিয়া হাওয়া লাগান বা আবহাওয়ায় অভ্যস্ত করান; to sail to the windward of, অনুবাত দিকে (জাহাজাদিকে) ভাসাইয়া বা চালাইয়া নেওয়া: to come safely through, (বিপদাদি) নিরাপদে উত্তীর্ণ হইয়া আসা। (**3**) *v.i.* to become discoloured, disintegrated, etc., by exposure, খোলা (জায়গায়) থাকার ফলে বিবর্ণ বিশ্লিষ্ট প্রভৃতি হওয়া। *a.* **wea°ther-beaten**—রৌদ্র-বাতাস-বৃষ্টির দ্বারা নিপীড়িত বা তন্মধ্যে থাকার ফলে পোক্ত। *n.* **wea°ther-boarding, wea°ther-boards**—আনুভূমিক ভাবে একের উপরে অপর একটি করিয়া সাজান তক্তা বা বোর্ড যাহাদের গা বাহিয়া বৃষ্টি নামিয়া যায় এবং দেওয়াল প্রভৃতি সেঁতসেঁতে হইতে পারে না। *n.* **wea°ther-bureau**—যে অফিসে আবহাওয়া-সংক্রান্ত তথ্য সংগৃহীত ও অধীত হয়; হাওয়া অফিস। *a.* **wea°ther-bound**—প্রতিকূল আবহাওয়ার ফলে আটকা পড়িয়াছে এমন। *n.* **wea°ther-chart**—স্থানবিশেষের আবহচিত্র। *n.* **wea°thercock**—বায়ুর গতিনির্দেশক পক্ষিমূর্তি বা অন্য আকারের কাঁটা. (পরি.) বায়ুশকুন; যে ব্যক্তি সহজেই বা প্রায়ই নিজের আনুগত্য মত প্রভৃতি পরিবর্তন করে। *a.* **wea°ther-driven**—ঝড়বাতাস (প্রধানতঃ বিপথে) তাড়িত, বাত্যাতাড়িত। *n.* **wea°ther-eye**—যে চক্ষু আবহাওয়া-সম্বন্ধে পূর্বাভাস দিতে সক্ষম। *n.* **wea°ther-forecast**—আবহাওয়া সম্বন্ধে পূর্বাভাস, (পরি.) আবহ-সূচনা। *n.* **wea°ther-glass**—আবহ-মানযন্ত্র। *n.* **wea°ther-map**—স্থানবিশেষের আবহচিত্র। *a.* **wea°ther-prōōf**—রৌদ্র বাতাস ঝড়ে বা দুর্যোগে ক্ষতিগ্রস্ত হয় না এমন। *n.* **wea°ther-rėport**—আবহাওয়ার সংবাদ, আবহবার্তা; (শিথি.) আবহাওয়া-সম্বন্ধে পূর্বাভাস, আবহ-সূচনা। *n.* **wea°ther-ship**—আবহাওয়া পর্যবেক্ষণার্থ সমুদ্রমধ্যে স্থাপিত জাহাজ, আবহপোত। *n.* **wea°ther-vane**—বায়ুর গতিনির্দেশক কল বা পক্ষিমূর্তি, (পরি.) বায়ুপতাকা। **stress of weather**—প্রবল প্রতিকূল বাত্যা। **under the weather**—শরীরটা ভাল লাগিতেছে না এমন; অসুস্থ। **(to) keep one's weather-eye open**—সতর্ক থাকা; সতর্ক দৃষ্টি রাখা। **(to) make fair weather**—বন্ধুত্বের ভাব প্রকাশ করা। **(to) make good** or **bad weather**—(নাবিকদের ভাষায়) অনুকূল বা প্রতিকূল আবহাওয়ার মধ্যে পড়া। **(to) make good** or **bad** etc. **weather of it**—প্রতিকূল অবস্থাকে অনুকূল বা অনুকূল অবস্থাকে প্রতিকূল বলিয়া বা ঐভাবে কিছু দেখান। **(to) make heavy weather of**—(ব্যাপারাদিকে) ঝঞ্ঝাটপূর্ণ বা কষ্টসাধ্য বলিয়া মনে করা। **(to) weather along**—প্রতিকূল আবহাওয়ার মধ্যে অগ্রসর হওয়া। **(to) weather a point**—(আল.) প্রতিকূলতার মধ্যেও সুবিধালাভ করা বা কার্যসাধন করা। **(to) weather on**—অনুবাত দিকে অগ্রসর হওয়া; সুবিধার সদ্ব্যবহার করা। **(to) weather out**—ঝড়ের মধ্য দিয়া নিরাপদে গন্তব্যস্থলে যাওয়া। [OE. *weder*—cp. ON. *vedhr*]

weave [wēv, উ্যঈভ্] *v.t.i.* to make by crossing together threads, strands, etc., বয়ন করা, বোনা; to interlace, পরস্পর বিজড়িত করা; to work into a fabric, (সুতা দিয়া) বস্ত্রবয়ন করা; to work into a whole, (বিভিন্ন উপাদান) একত্র করিয়া পূর্ণ বস্তু গঠন করা; to construct or contrive, গঠন করা, রচনা করা, উদ্ভাবন করা। *p.* **wove** [wōv, ওাভ্] *p. pt.* **woven** I *n.* **wea°ver**—বয়নকারী; তন্তুবায়; তাঁতি। *n.* **wea°ver-bird**—বাবুইপাখি। *n.* **wea°ving**—বয়ন; বয়ন-প্রণালী। **(to) get weaving**—উৎসাহভরে কাজ শুরু করা। [OE. *wefan*, ON. *vefa*, G. *weben*]

weazen—alt. spell. of **wizen.**

web [web, ওাএব্] *n.* that which is woven, বয়ন-করা বস্তু (যেমন, বস্ত্র জাল প্রভৃতি); a whole piece of cloth as woven in the loom, তাঁত প্রভৃতিতে বোনা কাপড়ের একখানি গোটা থান; a large roll or sheet of paper, কাগজের বৃহৎ খণ্ড; a connective tissue or membrane, সংযোজক শিরা অথবা জলচর পক্ষী প্রভৃতির দুই পদাঙ্গুলির মধ্যবর্তী পাতলা সংযোজক চর্ম বা পাখির ডানায় বিভিন্ন অংশের মধ্যবর্তী সংযোজক মধ্যচ্ছদা; the snare spun by the spider etc. মাকড়সাদির জাল, ঊর্ণা (a spider's *web*); anything that entangles, যে বস্তুতে আটকাইয়া যাওয়া সম্ভব। *n.* **we°bbing**—শন প্রভৃতিতে ঘনভাবে বোনা মোটা কাপড়: ইহার দ্বারা কোমরবন্ধ ফিতা প্রভৃতি তৈয়ারি হয়। *a.* **web°-footėd, web°-toed**—সংযোজক মধ্যচ্ছদা দ্বারা পদাঙ্গুলিসমূহ পরস্পরসংযুক্ত এমন, লিপ্ত-

পাদ। *a.* **webbed**—লিপ্তপদাঙ্গুলি। **web and pin** or **pin and web**—(আর্থ.) চক্ষুর ছানিবিশেষ। [OE. *webb*—cp. ON. *vefr*, G. *gewebe*]

wed [wed, ওাঁএড্] (**1**) *v.t.i.* to marry, বিবাহ করা। (**2**) *v.t.* to join in marriage, বিবাহ দেওয়া; (fig.) to unite closely, (আল.) ঘনিষ্ঠভাবে মিলিত করান। *pr. pt.* **we°dding**। *p.* & *p. pt.* **we°dded**। *a.* **we°dded**—বিবাহবন্ধনে আবদ্ধ, পরিণীত; ঘনিষ্ঠভাবে মিলিত; ঐকান্তিকভাবে নিরত। *n.* **we°dding**—বিবাহ, পরিণয়; বিবাহোৎসব। **wedding breakfast**—বিবাহের পরে এবং মধুচন্দ্র (honeymoon) যাপনার্থ ভ্রমণে বহির্গত হইবার প্রাক্কালে বরবধূ এবং তাহাদের আত্মীয়স্বজন ও বন্ধুবান্ধবদের মিলিত ভোজোৎসব, (তু.) বউভাত। *n.* **we°dding-cake**—বিবাহানুষ্ঠানে অভ্যাগত ও অনুপস্থিত বন্ধুদের মধ্যে যে নকশা-কাটা কেইক্ বিতরণ করা হয়। *n.* **we°dding-ring**—বিবাহকালে বর কর্তৃক কন্যাকে প্রদত্ত অঙ্গুরীয়ক। **penny wedding**—যে বিবাহানুষ্ঠানে অতিথিবর্গ স্ব স্ব থাওয়াথরচ বহন করে। **silver** or **golden** or **diamond wedding**—বিবাহিত জীবনের পঁচিশ বা পঞ্চাশ বা ষাট বৎসর পূর্ণ হওয়ার উপলক্ষে উৎসব। **newly weds**—নবদম্পতি। [OE. *weddian*=to promise, marry<G. *wetten*=to wager]

wedge [wej, ওাঁএজ্] (**1**) *n.* a piece of wood or metal, sharp at one end and gradually growing thicker, কাঠের বা ধাতুর গোঁজ, কীলক, (পরি.) কীল; anything wedge-shaped, কীলকাকার বস্তু (যেমন, গল্ফ্-খেলার লাঠিবিশেষ)। (**2**) *v.t.* to force open or apart, or fix firmly with a wedge, গোঁজ ঢুকাইয়া দিয়া খুলিয়া ফেলা বা আলাদা করা অথবা দৃঢ় বা আঁটো করা; to thrust in tightly, আঁটোভাবে বা গাদাগাদি করিয়া ঢোকান; to crowd closely, গাদাগাদি করান। *a.* **wedge°-shaped**—কীলকাকার। *adv.* **wedge°wise**—কীলকবৎ সূচিমুখ ও ক্রমশঃ স্থূলাকারভাবে। **the thin end of a wedge**—(আল.) যে ক্ষুদ্র দাবি বা পরিবর্তন বৃহৎ দাবি বা পরিবর্তনের অগ্রদূত। [OE. *wecg*—cp. ON. *veggr*, G. *wech*]

wedded, wedding—see **wed**.

Wedgewood [wej°-wood, ওাঁএজ্উড্] *n.* a kind of pottery, একপ্রকার উন্নত ধরনের মৃন্ময় পাত্রাদি। [the name of its inventor]

wedgewise—**wedge**.

wedlock [wed°-lok, ওাঁএড্°লক্] *n.* matrimony, বিবাহ; married state, বিবাহিত অবস্থা বা জীবন, দাম্পত্য। **born in wedlock**—যথাবিধি আইন-ও-শাস্ত্রসম্মত মাতাপিতা হইতে জাত। **born out of wedlock**—জারজ। [OE. *wedlac*]

Wednesday [wenz°-di, ওাঁএন্জ্°ডি] *n.* the fourth day of the week, বুধবার। [OE. *Wodnes dæg*=Woden's day]

wee [wē, উঈ] *a.* tiny, ক্ষুদ্রকায়, পুঁচকে। **a wee bit**—একটু। [ME. *we(i)*=a bit<OE. *wæg*=weight]

weed [wēd, উঈড্] (**1**) *n.* any unwanted or useless wild plant, আগাছা; any wild herb, বুনো লতাপাতা; anything useless, troublesome, or obnoxious, বাজে বা ঝামেলাপূর্ণ বা জঘন্য বস্তু; a sorry animal, রোগা ও অকেজো প্রাণী (বিশেষতঃ ঘোড়া); a worthless fellow, অকেজো বা বাজে লোক; (coll.) a cigar, (কথ্য.) চুরুট; (coll.) marijuana, (কথ্য.) গাঁজা। (**2**) *v.t.* to free from weeds, আগাছামুক্ত করা; to remove or uproot, (আগাছাদি) দূর করা বা উন্মূলিত করা (usu. **to weed out**)। (**3**) *v.i.* to remove weeds, আগাছা দূর করা, নিড়ান। *n.* **weed°-killer**—আগাছার ধ্বংসসাধক পদার্থ। *a.* **weed°less**—আগাছাশূন্য। *a.* **wee°dy**—আগাছাপূর্ণ; আগাছাতুল্য; রোগা; জবুথবু; বাজে, অকর্মণ্য। [OE. *weod*=a herb]

weeds [wēdz, উঈড্জ্] *n. pl.* a widow's mourning apparel, বিধবার শোক-পরিচ্ছদ। [OE. *wæd(e)*=clothing]

weedy—see **weed**.

week [wēk, উঈক্] *n.* the space of seven consecutive days, সপ্তাহ, পরপর যে-কোন সাত দিন (বিশেষতঃ রবিবার হইতে শনিবার পর্যন্ত); the working days of the week, রবিবার বা ছুটির দিন বাদে সপ্তাহের অন্য সমস্ত দিন। *n.* **week°-day**—রবিবার বাদে সপ্তাহের যে-কোন দিন। *n.* **week°-end**—শুক্রবার (মধ্যরাত্রি) বা শনিবার হইতে সোমবার পর্যন্ত সময়, সপ্তাহান্তিক কাল। *n.* **week°-ender**—যে ব্যক্তি সগৃহ হইতে সপ্তাহান্তিক কাল অন্যত্র যাপন করে। **week°ly**—(**1**) *a.* সপ্তাহে একবার করিয়া আসে ঘটে বা করা হয় এমন, সাপ্তাহিক। (**2**) *adv.* সপ্তাহে একবার করিয়া; প্রতি সপ্তাহে। (**3**) *n.* সাপ্তাহিক সংবাদপত্র বা পত্রিকা। **a week of Sundays**—সুদীর্ঘ সময়। **Feast of Weeks**—ইহুদীদের সপ্তসপ্তাহব্যাপী পর্ববিশেষ। **Great** or **Holy** or **Passion Week**—ঈস্টারপর্বের রবিবারের পূর্ববর্তী সপ্তাহ। **this day week**—আজ হইতে এক সপ্তাহকাল। **week in week out**—সপ্তাহের পর সপ্তাহ ধরিয়া; নিরবচ্ছিন্নভাবে। [OE. *wice*—cp. Du. *week*]

ween [wēn, উঈন্] *v.t.* (arch.) to think or be of opinion, (আর্থ.) ভাবা বা মনে করা, ধারণা করা। [OE. *wenan*]

weeny [wē°-ni, উঈ°নি] *a.* tiny, অতি ক্ষুদ্র, খুব ছোট (usu. **teeny-wee°ny**)। [see *wee, tiny*]

weep [wēp, উঈপ্] (**1**) *v.i.t.* to shed tears (for), (কিছুর জন্য) কাঁদা, ক্রন্দন করা; to lament, (কিছুর জন্য) শোক বা বিলাপ করা; to rain, বর্ষিত হওয়া বা বর্ষণ করা; to ooze in drops, ফোঁটায় ফোঁটায় ঝরা বা ঝরান। (**2**) *v.t.* to express by weeping, কাঁদিয়া প্রকাশ করা বা বলা। *p.* & *p. pt.* **wept** [wept, ওাঁএপ্ট্]। *n.* **wee°pie**—(কথ্য.)

আবেগময় বা শোকাবহ চলচ্চিত্র। *n.* **wee°per**—weep-এর সকল অর্থে, এবং—ভাড়াটে শোককারী; শোকপরিচ্ছদের হাতায় যে সাদা বর্ডার বা ডোরা থাকে; বিধবার কাল রঙের বোরখা। **wee°ping**—(**1**) *n.* ক্রন্দন। (**2**) *a.* ক্রন্দনশীল; ক্রন্দনরত। (**3**) *in comp.* নিম্নমুখ শাখাবিশিষ্ট (যেমন, **wee°ping-birch, wee°ping-elm, wee°ping-tree, wee°ping-willow**); ভিতর দিয়া ধীরে ধীরে জল নির্গত হয় এমন (যেমন, **wee°ping-rock, wee°ping-spring**)। *n.* **Weeping Cross, wee°ping-cross**—অনুতাপীদের প্রার্থনা করার জন্য পথপার্শ্বস্থ ক্রুশদণ্ড। **weeping eczema**—রস-ক্ষরণ হয় এমন বা গলিত চর্মরোগবিশেষ। *a.* **wee°py**—(কথ্য.) রোদন-প্রবণ, অশ্রুপূর্ণ। [OE. *wepan*—cp. Goth. *wopjan*]

weevil [wē°-vil, উঈ°ভিল্] *n.* a name for destructive granary-beetle, গুব্‌রে-পোকা-জাতীয় শস্যনাশক পোকাসমূহের নাম। [OE. *wifel*—cp. G. *wiebel*]

weft [weft, ওাঁএফ্‌ট্] *n.* woof, পড়েন; (poet.) a web, (কাব্যে) জাল। [OE. *weft* (*a.*)—see *weave*]

Wehrmacht [var°-mŭkht, ভেয়্যার্°মাখ্‌ট্] *n.* armed forces, সশস্ত্রবাহিনী, সৈন্যবাহিনী। [G.]

weigh [wā, ওাঁএই] (**1**) *v.t.* to balance in the scales, তৌল করা; to ascertain the exact heaviness of, ওজন-নির্ণয় করা, ওজন করা; to be equal to in heaviness, (কিছুর সহিত) ওজনে সমান হওয়া, ওজনে হওয়া (to *weigh* two pounds); to counterbalance, সমভার করা, সমভার করার জন্য পাষাণ বা ভার চাপান; to estimate the value of, মূল্যনির্ণয় করা; to consider in the mind, মনে মনে বিচার বা বিবেচনা করিয়া দেখা। (**2**) *v.i.* to be of a specified weight, ওজনে হওয়া; to be considered of importance, গুরুত্বপূর্ণ বলিয়া পরিগণিত হওয়া; to press heavily, ভারীভাবে চাপ দেওয়া। **(to) weigh out**—নির্দিষ্ট পরিমাণ বণ্টন করা বা গ্রহণ করা। **(to) weigh in (out)**—(ঘোড়দৌড়ে) দৌড়ের আগে (পরে) জকি বা ঘোড়সওয়ারের ওজন মাপা; লড়াইয়ের আগে মুষ্টিযোদ্ধার ওজন লওয়া। *n.* **weigh°age**—মাল ওজন করার মাশুল। *n.* **weigh°-bridge**—বোঝাসহ (বা বোঝাই করা) শকটাদি ওজন করার যন্ত্র-বিশেষ। *a.* **weigh°ed**—অভিজ্ঞ; ওজন করা হইয়াছে এমন। *n.* **weigh°er**। *n.* **weigh°ing-machine**—ওজন করার যন্ত্র, তৌলযন্ত্র। *n.* **weigh°man**—মাল ওজনের কাজে নিযুক্ত ব্যক্তি, কয়াল। **weight**—(**1**) *n.* ওজন; ভার; বাটখারা; ভারী বা সমভার করার জন্য দাড়ি পাল্লায় (অবৈধভাবে) যে ওজন চাপান হয়, পাষাণ; গুরুভার বস্তু; বোঝা; প্রভাব; গুরুত্ব। (**2**) *v.t.* অধিকতর ভারী করা; ভার বা পাষাণ চাপান; ভার বা পাষাণ চাপাইয়া নিচু করা; রাসায়নিক পদার্থ মিশাইয়া বস্ত্রাদিকে অধিকতর ভারী বা শক্ত করা; অত্যাচার করা; দায়িত্ব চাপান; (পরিসংখ্যান) উপযুক্ত গুণনীয়কের দ্বারা গুণ করিয়া যথাযথ গুরুত্ব আরোপ করা। *a.* **weight°less**—ওজনহীন; লঘুভার; প্রভাবহীন; গুরুত্বহীন। *n.* **weight°lessness**। *n.* **weight°-lifting**—(ব্যায়ামার্থ) ভারোত্তোলন। *a.* **weigh°ty**—ভারী; গুরুভার; গুরুত্বপূর্ণ; অত্যন্ত প্রভাবসম্পন্ন; সু-বিবেচিত এবং সেহেতু মনোযোগ দিবার যোগ্য। *adv.* **weigh°tily**। *n.* **weigh°tiness**। **overweight°**—(**1**) *n.* (দেহাদি সম্বন্ধে) মাত্রাধিক গুরুভার। (**2**) *a.* (দেহাদি সম্বন্ধে) মাত্রাধিক গুরুভারবিশিষ্ট। **under-weight°**—(**1**) *n.* (দেহাদি সম্বন্ধে) মাত্রাধিক লঘুভার। (**2**) *a.* (দেহাদি সম্বন্ধে) মাত্রাধিক লঘুভার বিশিষ্ট। **(to) pull one's weight**—নিজের সর্বশক্তিপ্রয়োগে দাঁড় বা বৈঠা টানা; কোন কাজে স্বীয় করণীয় অংশ পূর্ণভাবে নিষ্পন্ন করা; নিজের প্রভাব অনুভূত করান। **(to) put on weight**—দেহের ওজন বাড়া। **(to) throw one's weight about**—স্বীয় পদমর্যাদা প্রভাব প্রভৃতি প্রয়োগপূর্বক অন্যের দুর্বলতাকে স্বীয় অভীষ্টসাধনের কাজে লাগান। **(to) weigh down**—ভার চাপাইয়া নিচু করা; (আল.) মনোভঙ্গ করা, দমান (*weighed down* with the cares and anxieties of age); ওজনে ছাপাইয়া ওঠা। **(to) weigh in with**—সদর্পে যুক্তির অবতারণা করা। **(to) weigh on**—উদ্বেগ সৃষ্টি করা, মনের উপর চাপ দেওয়া (the responsibility *weighed* heavily *on* his mind)। **(to) weigh with**—(আল.—কাহারও নিকট) গুরুত্বপূর্ণ বলিয়া মনে হওয়া, প্রভাবিত করা (that point *weighed with* me)। **(to) weigh anchor**—নোঙর তুলিয়া যাত্রা আরম্ভ করা। [OE. *wegan*=to carry—cp. G. *wiegen*, L. *vehere* =to carry, Sans. *vur*=weight]

weir [wē(r), উঈয়্যা(র্)] *n.* a dam across a river, নদীবক্ষস্থ বাঁধ বা দাম, জাঙ্গাল; a fence of stakes in a stream for catching fish, মাছ ধরিবার জন্য নদ্যাদিতে খুঁটি পুঁতিয়া পুঁতিয়া তৈয়ারি খাঁচা, গড়া। [OE. *wer*=an enclosure—cp. G. *wehr*=a dam]

weird [wē(r)d, উঈয়্যা(র্)ড্] (**1**) *n.* fate or lot, ভাগ্য, নিয়তি। (**2**) *a.* concerned with fate, ভাগ্যগত বা ভাগ্যনিয়ন্ত্রক; unearthly, uncanny, অপার্থিব, রহস্যময়, ভুতুড়ে; (coll.) odd, অদ্ভুত। *n* **Weirds**—ভাগ্যদেবীত্রয়। *adv.* **weird°ly**। *n.* **weird°ness**। **Weird Sisters**—ভাগ্যদেবী-ত্রয়; (কাব্যে) ডাকিনীত্রয়। *n.* **weirdie**—(অশি.) বাতিকগ্রস্ত লোক। [OE. *wyrd* (*n.*)]

Weismannism [vīs°-ma-nizm, ভাইস্°ম্যা-নিজ্‌ম্] *n.* a theory of heredity denying transmission of acquired characters, অর্জিত চারিত্রিক বৈশিষ্ট্যসমূহ বংশানুক্রমিকভাবে পাত্রান্তরিত হয় না: এই মতবাদ। [*Weismann*, its originator]

welch, Welch—old spell. of **welsh, Welsh.**

welcome [wel°-kam, ওাঁএল্°ক্যাম্] (**1**) *a.* received with gladness, সাদরে অভ্যর্থিত; causing gladness, আনন্দদায়ক (*welcome* news); free (to), করিবার যাইবার লইবার উপভোগ করার

স্বাধীনতাযুক্ত। (2) *n.* a greeting, সাদর সম্ভাষণ; a kindly reception, সাদর অভ্যর্থনা (also **warm welcome**)। (3) *v.t.* to greet, সাদর সম্ভাষণ করা; to receive cordially, সাদর অভ্যর্থনা করা; to accept or undergo gladly, (দায়িত্বাদি) সানন্দে স্বীকার করা সহ্য করা ভোগ করা বা বহন করা। (4) *int.* expressing greeting, সাদর সম্ভাষণ-সূচক বা অভ্যর্থনা-সূচক অব্যয়, স্বাগতম্। **(to) bid (one) welcome**—সাদর অভ্যর্থনা জ্ঞাপন করা। [OE. *wilcuma* < *wil* = will, pleasure, *cuma* = guest < ON. *velkominn*]

weld [weld°, ওাএলড্°] (1) *v.t.* to unite (pieces of metal) by melting with heat and then applying pressure, or by applying pressure only, (ধাতুপাতসমূহকে) উত্তাপে গলাইয়া ও তৎপরে চাপ দিয়া বা কেবল চাপ দিয়া একত্র করা বা জুড়িয়া দেওয়া; to join closely, দৃঢ়ভাবে সংযুক্ত করা। (2) *v.i.* to undergo welding, ঢালাই হওয়া; to be capable of being welded, ঢালাই হইতে পারা। *n.* **wel°der, wel°dor**—ঢালাইকর। *n.* **wel°ding**—ঢালাই। [see *well*$_1$]

welfare [wel°-fā(r), ওাএল্°ফেয়্যা(র্)] *n.* state of faring or doing well, মঙ্গল বা মঙ্গলসাধন, হিত বা হিতসাধন; enjoyment of health, স্বাস্থ্য-সুখ; prosperity, সমৃদ্ধি; efforts to improve conditions of living for a class, নাগরিকদের বা কর্মীদের কোন শ্রেণীর হিতসাধনার্থ চেষ্টা বা কাজ (also **welfare work**)। **welfare state**—সমাজতন্ত্রানুযায়ী সকল প্রজাপুঞ্জের হিতসাধক রাষ্ট্র। **welfare worker**—নাগরিক বা কর্মীদের হিতসাধনমূলক কর্মের কর্মী। [*well*$_2$, *fare*]

welkin [wel°-kin, ওাএল্°কিন্] *n.* the sky or region of clouds, আকাশ বা মেঘমণ্ডল। [OE. *wolcnu*, *pl.* of *wolcen*—cp. G. *wolke* > cloud]

well$_1$ [wel, ওাএল্] (1) *n.* a spring, ঝরনা; a mineral spring, ধাতুনিঃস্রাবী ঝরনা; (*fig.*) a source, (আল.) উৎস; a shaft sunk in ground to obtain water, oil, etc., কূপ, কুয়া; a shaft in a house etc. for stairs or lift, অট্টালিকাদির অভ্যন্তরস্থ সিঁড়ির বা লিফ্‌টের ঘর; a cavity, গর্ত। (2) *v.i.t.* to issue or pour fourth, নির্গত হওয়া বা করা, ঢালিয়া পড়া বা ঢালিয়া ফেলা। *n.* **wells**—ধাতুনিঃস্রাবী ঝরনাপূর্ণ স্থান। *n.* **well°-curb**—কুয়ার পাথরে বাঁধান মুখ, (তু.) গজগির। *n.* **well°-deck**—জাহাজের প্রধান ডেকে উঁচু পাটাতন ও প্রাকারে ঘেরা জায়গা। *n.* **well-head**—ঝরনার মুখ, উৎসমুখ। *n.* **well°-sinker**—কূপখনক। *n.* **well°-sinking**—কূপখনন। *n.* **well°-spring**—ফোয়ারা। *n.* **well°-water**—কুয়ার জল। **(to) well out**—(প্রস্রবণাদি হইতে) জলধারার ন্যায় নির্গত হওয়া (blood *welled out* from the wound)। [OE. *wella*—cp. *wellan* = to boil, ON. *vella* = to boil]

well$_2$ [wel, ওাএল্] (1) *a.* good in condition, ভাল অবস্থায় আছে এমন; in health, স্বাস্থ্য ভাল আছে এমন, সুস্থ; satisfactory, সন্তোষজনক। (2) *adv.* rightly, ঠিকভাবে (*well* begun is half done); skilfully, নিপুণভাবে; intimately, অন্তরঙ্গভাবে; favourably, অনুকূলভাবে; successfully, সাফল্যের সহিত; abundantly, প্রচুর-পরিমাণে; with reason or propriety, যুক্তিযুক্তভাবে বা সঙ্গতভাবে; conveniently, সুবিধাজনকভাবে; considerably, যথেষ্ট; clearly, স্পষ্টভাবে। *compar.* see **better**; *super.* see **best**। (3) *n.* good health or fortune, উত্তম স্বাস্থ্য বা সৌভাগ্য। (4) *int.* expressing surprise etc. or introducing resumed narrative, বিস্ময়াদি প্রকাশক বা গল্পাদির পুনরারম্ভসূচক অব্যয়, আরে, ভাল রে, ভ্যালা, আচ্ছা, বটে, আচ্ছা তাহাই হউক, বেশ, তারপর; শোন এবার। *a.* **well°-acquain°tėd**—অন্তরঙ্গভাবে পরিচিত বা অবগত, সুপরিচিত বা সুপণ্ডিত। *a.* **well°-advi°sėd**—বিচক্ষণতার সহিত উপদিষ্ট বা নির্দেশিত। *a.* **well-appointed**—প্রয়োজনীয় সাজসরঞ্জামে পূর্ণসজ্জিত, সুসজ্জিত। *a.* **well°-ba°lanced**—প্রতিটি অঙ্গ কার্যোপযোগিভাবে সুবিন্যস্ত এমন; বিজ্ঞ বা বুদ্ধিমান্; উভয় পক্ষেই সমশক্তিসম্পন্ন এমন। *a.* **well°-bėco°ming**—উত্তমরূপে মানানসই শোভন সঙ্গত বা উপযোগী। *a.* **well°-bėhā°ved**—অতীব ভদ্র আচরণপূর্ণ। *n.* **well°-bē°ing**—মঙ্গল, হিত, উপকার। *a.* **well°-born°**—সদ্বংশজাত; সুজাত। *a.* **well°-bred°**—সু-শিক্ষাপ্রাপ্ত; সদ্বংশজাত। *a.* **well°-built°**—সুনির্মিত, সুগঠিত; বলিষ্ঠ (a *well-built* body)। *a.* **well°-condi°tioned**—বাঞ্ছিত বা উত্তম অবস্থায় আছে এমন। *a.* **well°-conduc°tėd**—সৎস্বভাব, শিষ্ট। *a.* **well°-connec°tėd**—সুসম্বদ্ধ; বিশিষ্ট জ্ঞাতি-কুটুম্ব আছে এমন; ঘনিষ্ঠ সম্পর্কযুক্ত। *a.* **well°-direc°tėd**—নিপুণভাবে তাক করা বা নির্দেশ দেওয়া হইয়াছে এমন। *a.* **well°-dispō°sėd**—বন্ধুভাবাপন্ন; অনুকূল। *n.* **well°-do°er**—ন্যায়পরায়ণ বা সত্যনিষ্ঠ ব্যক্তি; সৎকর্মা ব্যক্তি; উপকারী ব্যক্তি; যে ব্যক্তি চেষ্টাপূর্বক উন্নতিলাভ করিয়াছে। *n.* **well°doing**—ন্যায়পরায়ণতা বা সত্যনিষ্ঠতা সহকারে জীবনযাপন; সৎকর্ম; (পরের) উপকার; চেষ্টাবলে উন্নতিলাভ। **well°-done°**—(1) *a.* উত্তমরূপে কৃত, সুসংসাধিত; উত্তমরূপে পাচিত। (2) *int.* শাবাশ্। *a.* **well°-earned°**—পূর্ণযোগ্যতাপ্রদর্শনপূর্বক অর্জিত। *a.* **well°-edūcātėd**—সুশিক্ষিত। **well enough**—পরিমিত ও পর্যাপ্তভাবে। *a.* **well°-fā°voured**—সুদর্শন। *a.* **well°-fed°**—উত্তমরূপে আহার করিয়াছে বা আহার করে এমন; (উত্তম আহারলাভের দরুন) হৃষ্টপুষ্ট। *a.* **well°-found°**—প্রয়োজনীয় সাজসরঞ্জামে পূর্ণসজ্জিত, সুসজ্জিত। *a.* **well°-foundėd, well°-groundėd**—দৃঢ় ভিত্তির উপরে প্রতিষ্ঠিত; উত্তম সাক্ষ্যপ্রমাণ বা যুক্তির উপরে প্রতিষ্ঠিত। *a.* **well°-groomed°**—সযত্নে লালিত; পারিপাট্যের সহিত সজ্জিত; পরিষ্কার-পরিচ্ছন্ন। *a.* **well°-in-for°med**—উত্তমরূপে ওয়াকিবহাল। *a.* **well°-**

inten°tioned—সদুদ্দেশ্যে কৃত। *a.* **well°-judged°** —উত্তমরূপে হিসাব বা বিচার করা হইয়াছে এমন; বিচক্ষণ। *a.* **well°-knit°**—বলিষ্ঠদেহী; দৃঢ় ও ঘনভাবে সংযুক্ত। *a.* **well°-known°**—সুপরিচিত; বিখ্যাত; কুখ্যাত। *a.* **well°-mar°ked**—স্পষ্টভাবে চিহ্নিত বা বর্ণিত; নির্দিষ্ট; স্পষ্ট। *a.* **well°-mea°ning**—সদুদ্দেশ্যপূর্ণ। *a.* **well°-meant°**—ন্যায়সঙ্গতভাবে বা উপকারার্থ উদ্দিষ্ট; সদিচ্ছাপ্রসূত, শুভেচ্ছাপ্রসূত। *adv.* **well°-nigh**—খুব কাছাকাছি, সন্নিকটে; প্রায়। *a.* **well°-off°, well off**—সচ্ছল। *a.* **well°-or°dered**—নির্ভুলভাবে শাসিত বা পরিচালিত, সুবিন্যস্ত। *a.* **well°-propor°tioned**—উত্তম সামঞ্জস্যপূর্ণ, সুসমঞ্জস। *a.* **well°-read°**—ব্যাপকভাবে পড়াশোনা করিয়াছে এমন, সুপণ্ডিত। *a.* **well°-re°gūlated**—সুনিয়ন্ত্রিত। *a.* **well°-roun°déd**—সম্পূর্ণ এবং সুসমঞ্জস। *a.* **well°-set°** —যথাযথভাবে একত্রীভূত বা মিলিত; দৃঢ়সম্বদ্ধ; সুপ্রতিষ্ঠিত; দৃঢ়ভাবে নির্মিত। *a.* **well°-spō°ken**—যথাযথভাবে কথিত, সুভাষিত; কথাবার্তায় সপ্রতিভ ও ভদ্র, সুভাষী। *a.* **well°-thought°-of**—শ্রদ্ধা লাভ করিয়াছে এমন। *a.* **well°-thought°-out**—সুযুক্তিবলে উদ্ভাবিত ও নিপুণভাবে বিন্যস্ত। *a.* **well°-ti°med**—সময়োপযোগী, সুবিধানুযায়ী; নির্ভুল সময়রক্ষক (a *well-timed* watch)। *a.* **well°-to-do°** —সচ্ছল; সমৃদ্ধ। *a.* **well°-trīed°**—(প্রণালী ঔষধ প্রভৃতি সম্বন্ধে) পরীক্ষিত এবং কার্যকর বলিয়া প্রমাণিত। *a.* **well°-tur°ned**—(প্রশংসা উক্তি শ্লোক প্রভৃতি সম্বন্ধে) সুন্দরভাবে প্রকাশিত। **as well as**—অধিকন্তু, আরও (he gave me food *as well as* shelter)। **well up in**—(কথ্য.) কোন বিষয়ে সুপণ্ডিত। *a.* **well°-wi°sher**—হিতাকাঙ্ক্ষী। *n.* **well°-wi°shing**—হিতাকাঙ্ক্ষা। *a.* **well°-won°**—সদুপায়ে বা কঠোর প্রচেষ্টাবলে অর্জিত। *a.* **well°-wor°kéd-out** —ভালভাবে পরিকল্পিত বা বিবর্ধিত। *a.* **well°-worn°**—অত্যন্ত জীর্ণ বা গতানুগতিক। **It's all very well**—(ব্যঙ্গে) বহুত ঠিক; বিক্ষোভ অসন্তোষ মতবিরোধ প্রভৃতি জ্ঞাপক উক্তিবিশেষ। **(just) as well** —ঠিক একই ভাবে; অবস্থার অবনতি না ঘটাইয়া, ক্ষতিগ্রস্ত না হইয়া। **pretty well**—প্রায়। **very well**—(প্রায়শঃ ব্যঙ্গে) আচ্ছা, বেশ। **well and good**—বেশ বেশ, চমৎকার: কোন কিছু মানিয়া লইবার সম্মতিসূচক উক্তিবিশেষ। **(to) be well out of**—(ব্যাপারাদি হইতে) কোনরূপ ক্ষতিগ্রস্ত না হইয়া বাহির হইয়া আসা বা মুক্তি পাওয়া। **(to) come off well**—(ব্যক্তি সম্বন্ধে) সৌভাগ্যসম্পন্ন বা ভাগ্যবান্ হওয়া অথবা ভাগ্যের দেখা পাওয়া; (ঘটনাদিসম্বন্ধে) শুভপরিণতি লাভ করা। **(to) do oneself well**—নিজের জন্য আরাম বিলাস প্রভৃতি ভাল ভাল বস্তুর ব্যবস্থা করা। **(to) do well by one**—কাহারও প্রতি বদান্য হওয়া। **(to) do well (to)** —বিচক্ষণতার পরিচয় দেওয়া (Akbar *did well to* treat the Hindus liberally)। **(to) let well alone**—যাহা ভাল তাহা না বদলান। **(to) stand well with one**—কাহারও সুনজরে থাকা বা আনুকূল্য ভোগ করা। [OE. *wel*—cp. Goth. *waila*, G. *wöhl*]

welladay [we°-la-dā°, ওাএ°ল্যাডেই°] *int.* alas, হায়। [OE. *wei la wei*=woe lo ?]

wellingtons [we°-ling-tanz, ওাএ°লিংট্যান্জ্] *n.* a kind of riding-boots, অশ্বারোহণকালে পরিধেয় বুটজুতা। [Duke of *Wellington*, who used to wear such boots]

welsh₁ [welsh, ওাএল্শ্] *v.t.* to run off from a racecourse without paying one's bets, বাজির পাওনা না দিয়াই ঘোড়দৌড়ের মাঠ হইতে পলায়ন করা। *p.* & *p. pt.* **wel°shed**। *n.* **wel°sher**। [?]

Welsh₂ [welsh, ওাএল্শ্] **(1)** *a.* of Wales or its inhabitants, ওএল্স্-প্রদেশের বা ওএল্স্-বাসীর। **(2)** *n. pl.* the inhabitants of Wales, ওএল্স্-বাসিগণ, ওএল্স্-জাতি; (as *sing.*) their language, ওএল্স্-জাতির ভাষা। *n.* **Welsh°man**—ওএল্সের লোক। [OE. *welisc* <*wealh*=foreigner]

welt [welt, ওাএল্ট্] **(1)** *n.* a rim sewn to the shoe-upper for sole to be attached to, সুকতলা আটকানর জন্য জুতার চারপাশে সেলাই-করা চামড়ার ফালিবিশেষ; a wale, কশাঘাতজনিত গাত্রচর্মের উপর দগড়া স্ফীতি। **(2)** *v.t.* to furnish with a welt, (জুতায়) উক্ত চামড়ার ফালি সেলাই করিয়া দেওয়া; to lash or beat, চাবকান বা মারা। [?]

welter₁ [wel°-ta(r), ওাএল্°ট্যা(র্)] **(1)** *v.t.* to roll or tumble about, (অপ্র.) গড়াগড়ি খাওয়া বা স্খলিতচরণ হওয়া; to wallow about in dirt or moral degradation, ধুলা কাদা নোংরা জল প্রভৃতির মধ্যে বা নৈতিক অধোগতির মধ্যে গড়াগড়ি দেওয়া; to be, or lie, soaked, (কাব্যে—রক্তাদিতে) আপ্লুত হওয়া বা আপ্লুত হইয়া পড়িয়া থাকা; to roll or toss about in the waves, ঢেউয়ের উপরে দোল খাওয়া; (poet.) to roll or surge, (কাব্যে—সমুদ্রাদি সম্বন্ধে) গড়ান বা স্ফীত হওয়া। **(2)** *n.* confusion or agitation, বিশৃঙ্খলা বা বিক্ষোভ। [MDu. *welteren*]

welter₂ [wel°-ta(r), ওাএল্°ট্যা(র্)] *n.* & *in comp.* less than 10 stone 7 lb. and under, অনধিক ১ মন ৩২ সের; unusually heavy, অস্বাভাবিকরকম গুরুভার। *n.* **wel°ter-rāce**—অস্বাভাবিকরকম গুরুভার বহনপূর্বক ধাবন-প্রতিযোগিতা। *n. pl.* **wel°ter-stākes**—উক্ত ধাবন-প্রতিযোগিতার পণ বা বাজি। *n.* **wel°ter-weight**—(কুশতি মুষ্টিযুদ্ধ প্রভৃতিতে) ওজনবিশেষ (অনধিক ১ মন ৩২ সের বা ৬৬·৬ কিলোগ্রাম); উক্ত ওজনবিশিষ্ট মুষ্টিযোদ্ধা; কোন-কোন ধাবন-প্রতিযোগিতায় বাহিত অস্বাভাবিকরকম ভারী বোঝা। [?]

wen [wen, ওাএন্] *n.* a tumour forming permanent swelling below the skin, যে আঁবের ফলে গাত্রচর্মের নিচে স্থায়ী স্ফীতির সৃষ্টি হয়। [OE. *wen (n.)*]

wench [wensh, ওাএন্শ্] *n.* a young woman or girl, তরুণী বা বালিকা ; (arch.) a whore (আর্ষ) বেশ্যা। [OE. *wencel*=a child]

wend [wend, ওাএন্ড্] *v.t.i.* to direct (one's way) or go, (আর্ষ) পথ ধরা বা যাওয়া। **(to) wend one's way**—(সচ. ধীরে-সুস্থে) স্বীয় পথে যাওয়া। [OE. *wendan*=to turn]

went—see **go.**

wept—see **weep.**

we're [we(r), উ্যইয়্যা(র্)] contr. of **we are.**

were—see **be.**

weren't [wa(r)°nt, ওায়্যা(র্)°ন্ট্] contr. of **were not.**

wer(e)wolf [wa(r)°-woolf, ওায়্যা(র্)°উ্যল্ফ্] *n.* a person able to change himself into a wolf, নিজেকে সাময়িকভাবে নেকড়ে বাঘে রূপান্তরিত করার শক্তিসম্পন্ন ব্যক্তি ; a member of a secret Nazi organization, জার্মানির নাৎসিদলের গুপ্ত সংগঠনের সভ্য। [OE. *werwulf*<*wer*=man, *wulf*=a wolf]

Wesleyan [wes°-li-un, ওাএস°-লি-আন্] *n.* & *a.* ইংল্যাণ্ডের (খ্রিস্টীয়) মেথডিস্ট সম্প্রদায়ভুক্ত। [<Founder John *Wesley*]

wert—see **be.**

west [west, ওাএস্ট্] **(1)** *n.* the quarter where the sun sets, পশ্চিমদিক্ ; the western part of any country, যে কোন দেশের পশ্চিমাংশ ; the countries lying in the western half of the hemisphere, পাশ্চাত্ত্য জগৎ। **(2)** *a.* situated in the west, পশ্চিমদিকে বা পশ্চিমাংশে অবস্থিত (on the *west* coast of India) ; coming from the west, (প্রধানতঃ বাতাস-সম্বন্ধে) পশ্চিমাগত (*west* wind)। **(3)** *adv.* towards the west, পশ্চিমে। **the West**—ইউরোপ ; ইউরোপ ও আমেরিকা ; পাশ্চাত্ত্য জগৎ। **the West Country**—ইংল্যানডের Isle of Wight হইতে সেভার্ন নদীর মুখ পর্যন্ত (পশ্চিম) অংশ। **west country**—উক্ত পশ্চিমাংশ সম্পর্কিত। **West Central (W. C.)**—লণ্ডনের ডাকবিভাগের এলাকাবিশেষ। **wes°terly**—**(1)** *a.* same as **western**। **(2)** *adv.* পশ্চিমাভিমুখে; পশ্চিম হইতে। *a.* **wes°tern**—পশ্চিমে অবস্থিত ; পশ্চিমস্থ ; পশ্চিমগামী ; পশ্চিম হইতে আগত ; পশ্চিমা। *n.* **wes°terner**—পশ্চিমদেশীয় লোক, পশ্চিমা লোক। *n.* **wes°ternism**—পশ্চিমদেশীয় লোকের বা পাশ্চাত্ত্য জগদ্বাসীর (বিশেষতঃ পশ্চিম ইউরোপ ও আমেরিকার লোকের) বাগ্‌ভঙ্গি রীতিনীতি অথবা অন্য যে-কোন বৈশিষ্ট্য। *v.t.i.* **wes°ternize**—পাশ্চাত্ত্য জগতের অর্থাৎ ইউরোপ ও আমেরিকার অধিবাসীদের বাগ্‌ভঙ্গি রীতিনীতি ও অন্যান্য বৈশিষ্ট্যের অনুযায়ী করা বা হওয়া। *n.* **wes°ternization**। *a.* **wes°t(ern)mōst**—সর্বাধিক পশ্চিমস্থ ; পশ্চিম প্রান্তস্থ। *n.* **wes°ting**—পশ্চিমদিক্‌স্থ বিস্তার বা ব্যবধান; পশ্চিমদিকে প্রস্থান বা গমন। **west°ward**—**(1)** *a.* পশ্চিমাভিমুখ। **(2)** *adv.* পশ্চিমাভিমুখে। *adv.* **west°wardly, west°wards**—পশ্চিমাভিমুখে। **the West End**—লন্ডন্ বা অন্য শহরের অভিজাত পল্লী। **West Saxon**—ইংল্যান্ডের দক্ষিণাঞ্চলে প্রচলিত প্রাচীন ইংরাজী ভাষা। **Western Church**—রোমক (অর্থাৎ গ্রীক্ বা প্রাচ্য জাগতিক নহে) গির্জা ও তাহার মত অনুষ্ঠান প্রভৃতি। **Western Empire**—প্রাচীন রোমসাম্রাজ্যের পাশ্চাত্ত্য অংশ। **westward ho**—পশ্চিমে (চল) : পূর্বে ইংল্যান্ডের (সমুদ্রগামী) নাবিকেরা পশ্চিমদিকে গমনকালে এই চিৎকার করিত। **west wind**—পশ্চিমদিক্ হইতে আগত ঝড়, পশ্চিমা ঝড়। **(to) go west**—আমেরিকায় যাওয়া ; পশ্চিম দেশে বা পশ্চিম সীমান্তে যাওয়া ; (ব্যঙ্গে) মারা যাওয়া। [AS.—cp. L. *vesper*, Sans. *paschim*]

wet [wet, ওাএট্] **(1)** *a.* soaked or covered with, or containing, water or other liquid, জলে অথবা অন্য তরল পদার্থে সিক্ত বা আবৃত বা পূর্ণ ; raining, বৃষ্টিবহুল, বাদলপূর্ণ, বর্ষণমুখর ; tearful, অশ্রুপূর্ণ ; allowing the sale of intoxicating liquors, মদ্যাদি বিক্রয়ের অনুমতি আছে এমন (*wet* area)। **(2)** *n.* water or any wetting liquid, জল প্রভৃতি তরল পদার্থ ; the rain, বৃষ্টি। **(3)** *v.t.* to make wet, ভেজান, সিক্ত করা ; to urinate in or on, (শয্যাদিতে) মূত্রত্যাগ করা। *pr. pt.* **we°tting**। *p.* & *p. pt.* **we°t(t)ėd**। *n.* **wet°-dock**—জাহাজাদি যাহাতে ভাসিতে পারে তজ্জন্য জোয়ারকালীন জলস্ফীতির প্রায় সমান উচ্চ করিয়া নির্মিত ডক্ বা পোতাঙ্গন। *n.* **wet°nėss**। *n.* **wet behind the ears**—অনভিজ্ঞ, অপরিণত। **wet dream**—স্বপ্নদোষ। **wet to the skin, wet through**—অতিশয় জলপূর্ণ বা সিক্ত, ভিজিয়া জবজব করিতেছে এমন। **wet°-nurse**—শিশুকে স্তন্যদানার্থ নিযুক্ত ধাত্রী। *a.* **wet°-shod**—সিক্ত পাদুকাবিশিষ্ট বা পদবিশিষ্ট। *a.* **we°ttish**—ঈষৎ সিক্ত। **wetting(-out) agent**—যে পদার্থ উত্তমরূপে সিক্ত করে (অর্থাৎ অ্যাসিড় তৈল প্রভৃতি)। [OF. *waet (n.* & *a.)*, *waetan(v.)*]

wether [we°-dha(r), ওা°এদ্যা(র্)] *n.* a castrated ram, ছিন্নমুষ্ক মেষ, খাসি-করা ভেড়া। [AS.—cp. G. *widder*]

wetness, wettish—see **wet.**

whack [wak, ওাঅ্যাক্] **(1)** *v.t.* (sl.) to strike hard and smartly, (অশি.) ফট্ করিয়া জোরে আঘাত করা বা বাড়ি মারা ; (sl.) to distribute, (অশি.) বণ্টন করিয়া দেওয়া। *p.* & *p. pt.* **wha°cked**। **(2)** *n.* a hard and smart blow, ফট্ করিয়া জোরে আঘাত বা বাড়ি; sound of a hard blow, জোরে আঘাতের শব্দ ; a share, অংশ, ভাগ। *n.* **wha°cker**—স্বগোত্রের মধ্যে অপেক্ষাকৃত বৃহৎকায় বস্তু বা প্রাণী। **(1)** *a.* **wha°cking**—

অতিবৃহৎ। (2) *adv.* অত্যন্ত, খুব (it is *whacking* big)। [imi.]

whale [wāl, ওাএইল্] (**1**) *n.* a marine mammal, তিমি; (sl.) a person with a large appetite, (অশি.) অতিভোজী ব্যক্তি; (sl.) something very large of its kind, (অশি.) স্বগোত্রের মধ্যে অতি বৃহৎকায় বস্তু বা প্রাণী। (2) *v.i.* to catch whales, তিমি-শিকার করা। *n.* **whāle°-boat** —তিমি শিকারার্থ সরু ও লম্বা এবং সুচাল প্রান্তদ্বয়যুক্ত নৌকাবিশেষ। *n.* **whāle°-bōne**—তিমির চোয়ালের নমনীয় তরুণাস্থিবিশেষ; উক্ত তরুণাস্থিদ্বারা নির্মিত বস্তু। *n.* **whāle°-calf**—তিমির বাচ্ছা (also **calf whale**)। *n.* **whāle°-fisher**—তিমিশিকারী বা তিমিব্যবসায়ী। *n.* **whāle°-fishery, whāle°-fishing**—তিমিশিকার বা তিমিব্যবসায়। *n.* **whāl°-ing-gun**—তিমির শিকারের হারপুন ছোঁড়ার বন্দুক-বিশেষ। *n.* **whāle°-man, whā°ler**—তিমি-শিকারী; তিমি ধরার জাহাজ। *n.* **whāle°-oil**—তিমির যকৃত হইতে প্রাপ্ত তৈল। **bull whale**—পুরুষ-তিমি। **cow whale**—স্ত্রী-তিমি। **a whale of (a good time, etc.)**—অফুরন্ত (ভাল সময় ইত্যাদি)। [OE. *hwael*—cp. ON. *hvalr*]

whang [wang, ওাঅ্যাং] (**1**) *n.* a resounding noise, সপাং-শব্দ; a blow, (প্রধানতঃ চাবুকের) আঘাত, বাড়ি। (**2**) *v.i.* to make the sound of a blow, explosion, etc., আঘাত বিস্ফোরণ প্রভৃতির শব্দ করা; to make a resounding noise, সপাং-শব্দ করা। [imi.]

wharf [waw(r)f, ওাঅ্য(র্)ফ্] (**1**) *n.* a wooden platform to which ships or barges may be moored to load and unload, মাল বোঝাই বা খালাসের জন্য জাহাজ বা নৌকা ভিড়ানর জন্য কাষ্ঠ-নির্মিত ঘাট। *pl.* **wharfs, whar°ves**। (**2**) *v.t.* to place on, or bring to, a wharf, (নৌকা বা জাহাজকে) ঘাটে ভেড়ান। *n.* **whar°fage**—জাহাজের বা নৌকার ঘাট ব্যবহারের বাবদ প্রদেয় শুল্ক; উক্ত ঘাটে জাহাজ বা নৌকা থাকার জায়গা। *n.* **whar°fing** —জাহাজ বা নৌকার ঘাটনির্মাণের উপাদান; উক্ত ঘাটসমূহ। *n.* **wharfinger** [waw(r)°-fin-za(r), ওাঅ্য(র্)°ফিন্জ্যা(র্)] নৌকার বা জাহাজের ঘাটের তত্ত্বাবধায়ক অথবা মালিক, ঘাটোয়াল। [Late. OE. *hwearf*=bank, shore]

what [wot, ওাঅট্] (**1**) *pro.* (*interro.*) *neut.* of **who**, কি। (**2**) *pro.* (*rel.*) & *a.* that which, যাহা, যে। (**3**) *con.* that, যাহা, তাহা। (**4**) *int.* used in summoning, calling attention, expressing surprise, disapprobation, protest, etc., আহ্বান মনোযোগ-আকর্ষণ বিস্ময়-বিরাগ-আপত্তি-প্রকাশ প্রভৃতি উদ্দেশ্যে ব্যবহৃত ধ্বনিবিশেষ, এই, ওরে, কি। *n.* **what°-d'ye-call-it** [···dye···ড্ইঈ], **what's-its** (or **his** or **her**)-**name**—আরে-কি-যেন-সেটার নাম। *pro.* & *a.* **whate°ver,** (contr.) **whate'er** [wot-a(r)°, ওাঅট্এয়্যা(র্)°] যাহা-কিছু; যে-কোনটি বা সব কয়টি, কিছু বা সবটা। *n.* **what°-for°**—(কথ্য.) শাস্তি। *n.* **what°ness** —বস্তুপরিচয়; সত্তা; বস্তুসার। *n.* **what°not**—টুকি-টাকি যাবতীয় জিনিসপত্র রাখার জন্য তাকওয়ালা ক্ষুদ্র আলমারি বা সেল্ফ্, (পরি.) যাবদ্ধর; যে-কোন বস্তু; সংজ্ঞাহীন বস্তু। *a.* **whatsŏe°ver,** (contr.) **whatsoe'er** [wot-sŏ-a(r)°, ওাঅট্সোএয়্যা(র্)°] same as **whatever** (*a.*)। **and what not**—এবং এইরূপ আরও কত কি, ইত্যাদি। **I know what**—আমার একটা ধারণা আছে; আমি একটা পথ বা উপায় বাতলাতে পারি। **I'll tell you what** —একটা পথ বা উপায় বাতলাচ্ছি শোন। **So what** or **well, what of it** ?—সে ত ঠিক কিন্তু তাতে হল কি? **what about**—same as **what of**। **what an if**—যদি হয়ই বা তাহাতে কি? তৎসত্ত্বেও। **what else**—ইহা ছাড়া অন্য কিছু কি হইতে পারে? **what for**—কিজন্য; কি উদ্দেশ্যে বা অভিপ্রায়ে। **what ho**—উচ্চকণ্ঠে ডাক; কে আছিস রে, কোই হ্যায়, কে রে। **what if**—যদি হয়ই বা তাহাতে কি? **what like**—কিসের মত, কিরূপ। **what not** = **what may I not say**—এবং আরও এই রকম সমস্ত বা নানা বস্তু। **what of**—তাহার ফলে কি হইল? (এ সম্বন্ধে) তুমি কি মনে কর? **what's what**—প্রকৃত অবস্থা বা হালচাল; সঙ্গত রীতিসম্মত বা লাভজনক ভাবে আচরণ করার অথবা অগ্রসর হওয়ার ধরন। **what though**—যদি হয়ই বা তাহাতে কি? তৎসত্ত্বেও। **what time**—ঠিক সেই সময়ে যখন। **what with**—এই যুক্তিবলে। **(to) know what it is**—ক্রিয়া বা ঘটনা বা অভিজ্ঞতার বিষয়বস্তু জানা; কিছুর অভিজ্ঞতা লাভ করা; কিছু সহ্য করা। [OE. *hwæt*—cp. G. *was*, L. *quod*]

wheat [wēt, উাঈট্] *n.* a cereal grass, গম, গোধুম। *n.* **wheat°-ear**—গমের শীষ। *a.* **wheat°-en**—গমে তৈয়ারি; গোধুমবর্ণ। *n.* **wheat°-field** —গমের খেত। *n.* **wheat°-fly**—গোধুমনাশক কীট। *n.* **wheat°-meal**—গমের আটা ময়দা প্রভৃতি। [OE. *hwæte*—cp. G. *weizen*]

wheatear [wē°-tē(r), উাঈ°টিয়্যা(র্)] *n.* a small-bird, ক্ষুদ্র পক্ষিবিশেষ। [corrup. of *white arse* ?]

wheedle [wēd°l, উাঈড্°ল্] *v.t.i.* to cajole, মিষ্ট কথায় ভুলান; to win over or cheat by cajolery, মিষ্ট কথায় ফুসলান বা প্রতারিত করা। *n.* **wheed°ler**। [OE. *wædlian*=to beg ?]

wheel [wēl, উাঈল্] (**1**) *n.* a circular frame turning on an axle, চক্র, চাকা; an old instrument of torture, প্রাচীনকালে শাস্তিদানার্থ ব্যবহৃত চক্রবিশেষ; a steering-wheel, গাড়ি চালানর জন্য চক্রাকার হাল, স্টিয়ারিং হুইল; a potter's wheel, কুমোরের চাক; a spinning wheel, চরকা; the course of events, ঘটনাচক্র, ঘটনা-প্রবাহ; anything wheel-shaped, চক্রাকার বস্তু; a circular motion, চক্রাকার গতি। (**2**) *v.t.i.* to turn or revolve, ঘোরান বা ঘোরা, আবর্তিত করা বা হওয়া; to move in a circle, চক্রাকারে চালান বা চলা; to provide or be provided with a wheel or wheels, চাকা লাগান বা চক্রযুক্ত হওয়া; to convey or go on wheels or a wheeled vehicle, চাকার উপরে বা চাকাওয়ালা গাড়িতে করিয়া নেওয়া অথবা যাওয়া (to *wheel* the cereals to the godown) । *n.* **wheel°barrow**—মালবহনার্থ সম্মুখে একটি চাকা ও পশ্চাতে দুইটি হাতলযুক্ত ঠেলাগাড়িবিশেষ; (শিথি.) ঠেলাগাড়ি । *n.* **wheel°-chair**—(প্রধানতঃ রোগী ও বিকলাঙ্গদের চলাফেরার জন্য) চাকাওয়ালা চেয়ার-বিশেষ । *n.* **wheel°-house**—(পুরানো জাহাজ প্রভৃতিতে) মাঝির জন্য ঘেরাও করা সংকীর্ণ জায়গা । *a.* **whee°led**—চক্রযুক্ত; চাকার উপরে ভর দিয়া চলে এমন । *n.* **whee°ler** । *n.* **wheel°wright**—চাকা ও চাকাওয়ালা গাড়ি-নির্মাতা । **potter's wheel**—কুমোরের চাক । **the man at the wheel**—(মোটর গাড়ি প্রভৃতির) চালক (কারণ ইহার হাতে steering-wheel থাকে) । **the wheel of fortune**—ভাগ্যচক্র । **wheels within wheels**—(আল.) জটিল (ও কুটিল) উদ্দেশ্য ও প্রভাব, (তু.) জিলাপির প্যাঁচ; পরোক্ষ ও গুপ্তভাবে (কু-) কর্মরত চক্র । **(to) break a butterfly** or **fly on the wheel**—তুচ্ছ উদ্দেশ্য-সাধনার্থ প্রবল প্রচেষ্টা বা পরিশ্রম করা । **(to) go on wheels**—(আল.) তাড়াতাড়ি স্বচ্ছন্দে ও আরামে চলা । **(to) put one's shoulder to the wheel**—কোন কর্ম বা দায়িত্ব সাধনে নিজেকে নিয়োজিত করা । [OE. *hweol*—cp. ON. *hjol*]

wheeze [wēz, উঈজ়্] **(1)** *v.i.* to breathe audibly or with difficulty with a hissing sound, ফোঁস ফোঁস করিয়া শ্রুতিগোচরভাবে বা সশব্দে বা কষ্টসহকারে শ্বাস লওয়া অথবা ফেলা । **(2)** *v.t.* to utter wheezingly, উক্ত শ্বাসপ্রশ্বাস গ্রহণ ও ত্যাগ করিতে করিতে বলা । **(3)** *n.* act or sound of wheezing, উক্তভাবে শ্বাসপ্রশ্বাস গ্রহণ ও ত্যাগ বা তাহার শব্দ; (sl.) a joke etc., interpolated by an actor, (অশি.) অভিনেতা তাহার পাটের মধ্যে যে স্বরচিত রসিকতাদি ঢুকাইয়া দেয় । *a.* **whee°zy**—উক্তপ্রকার (অর্থাৎ, সশব্দ ইত্যাদি) শ্বাসপ্রশ্বাসপূর্ণ; উক্তভাবে শ্বাসপ্রশ্বাস গ্রহণ ও ত্যাগ করে এমন । *n.* **whee°ziness** । *adv.* **whee°zily** । **(to) wheeze out**—ফোঁস ফোঁস করিয়া বলা । [ON. *hvæsa*=to hiss]

whelk [welk, ওাএল্ক্] *n.* a popular name for kinds of spiral-shaped mollusc, সর্পিল বা প্যাঁচাল খোলাযুক্ত শম্বুক । [wrong form of OE. *wiloc, weoluc*]

whelm [welm, ওাএল্ম্] *v.t.* to turn upside down, (প্রধানতঃ কিছু ঢাকা দিবার জন্য—বাটি গেলাস প্রভৃতি কূপগর্ভ পাত্রাদিকে) উপুড় করিয়া রাখা; to cover completely with water etc., জল প্রভৃতির দ্বারা সম্পূর্ণরূপে আবৃত করা; to overwhelm, অভিভূত করা । [ME. *whelmen*=to turn over]

whelp [welp, ওাএল্প্] **(1)** *n.* (obs.) the young of a dog, (অপ্র.) কুকুরছানা; the young of the bear, tiger, lion, etc., ভল্লুক ব্যাঘ্র সিংহ প্রভৃতির বাচ্চা; (joc.) a young child, (পরিহাসে) শিশু । **(2)** *v.i.t.* to bring forth (young), (স্ত্রী-কুকুর স্ত্রী-নেকড়ে সিংহী প্রভৃতি সম্বন্ধে—বাচ্চা) প্রসব করা । [OE. *hwelp*<ON. *hvelpr*]

when [wen, ওাএন্] **(1)** *adv.* & *con.* at what or which time, কখন, কোন্ সময়ে, কয়টার সময়ে; at or after the time when, তখন; upon or after which, সেই সময়ে বা তারপর; whilst যে সময়, যখন; whereas, অপরপক্ষে; (also *pro.*) at which, যাহাতে, যাহার ফলে । **(2)** *n.* the time or date, নির্দিষ্ট সময় বা তারিখ (the *when* and where of the test matches are yet to be fixed) । *adv.* **whence** [wens, ওাএন্স্], (also **from whence**)—যেখান বা সেখান হইতে; যাহা বা তাহা হইতে; কোথা হইতে; কি হইতে । *adv.* **whene°ver,** (contr.) **whene'er** [wen-ā(r), ওাএনএয়্যা(র্)°] যখনই । *adv.* **whensŏe°ver**—যে-কোন সময়েই হউক না কেন; যখনই । [OE. *hwœnne, hwonne*]

whence—see **when.**

where [wā(r), ওায়্যা(র্)] **(1)** *adv.* & *con.* at or to which or what place, কোথায়, যেথায়, সেথায়; from what source, কি হইতে, কোন্ সূত্র বা উৎস হইতে; in what state or circumstances, কোন্ অবস্থায়; (fig.) at what point, (আল.) সেখানে, যেখানে, সেই অংশে, যে অংশে; whereas, যেহেতু, পক্ষান্তরে; wherever, যেখানেই (হউক না কেন); (also *pro.*) in, at, or to which, তাহাতে বা তাহা, যাহাতে বা যাহা । **(2)** *n.* the place, নির্দিষ্ট স্থানটি; a place, স্থান; that place, ঐ স্থান । *n.* **where°about**—ব্যক্তিগত বিষয়কর্ম । *adv.* & *con.* **where°about(s)°**—কিসের বা কোন্ স্থানের কাছাকাছি; (কাব্যে) কোন্ কাজে বা কার্যব্যপদেশে । *n.* **where°abouts°**—(প্রধানতঃ কাছাকাছি) অবস্থান । *adv.* & *con.* **whereas°**—কার্যতঃ, যখন; কিন্তু পক্ষান্তরে বা তদ্বিপরীতে; ইহা বিবেচনা বা বিচার করিয়া, যেহেতু; এতদ্দৃষ্টে; এই কারণে । *adv.* & *con.* **whereat°**—যাহাতে তাহাতে; কিসে । *adv.* & *con.* **whereby°**—যদ্দ্বারা; তদ্দ্বারা । *adv.* & *con.* **where'er** [wā(r)ā(r)°, ওায়্যা(র্)এয়্যা(র্)°] contr. of **wherever** । **wherefore** [wā(r)°-faw(r), ওায়্যা(র্)°-ফ্য(র্)] **(1)** *adv.* & *con.* কোন কারণে; কেন । **(2)** *n.* ইহার কারণ, নির্দিষ্ট কারণ । *adv.* & *con.* **wherefrom**—যেখান হইতে; কোথা হইতে; যাহা হইতে, কি হইতে । *adv.* & *con.* **wherein°**—যে স্থানে বিষয়ে বা সম্পর্কে; যাহাতে; কোন স্থানে বিষয়ে বা সম্পর্কে, কিসে । *adv.* & *con.* **whereinsŏe°ver**—যে কোন স্থানে বিষয়ে বা সম্পর্কেই হউক না কেন । *adv.* & *con.* **wherein°to**—যেথায়; কোথায় । *adv.* & *con.* **whereof**—যাহার; কিসের; যদ্দ্বারা; কিসের দ্বারা । *adv.* & *con.*

whereon°—যাহার উপর ; কিসের উপর ; যাহার ফলে ; কিসের ফলে। *adv.* & *con.* **wheresŏe°ver,** (contr.) **wheresŏe'er** [wā(r̄)-sŏ-ā(r̄)°, ওয়্যা(র্)সোএয়্যা(র্)°] যে-কোন স্থানেই হউক না কেন ; (আর্ষ.) যে-কোন স্থান হইতেই হউক না কেন। *adv.* & *con.* **whereto°**—কোথায় ; যেথায় ; কোন্ স্থানের প্রতি ; কিসের প্রতি। *adv.* & *con.* **whereun°der**—যাহার নিচে। *adv.* & *con.* **whereun°to**—কোথায় ; যেথায় ; কি উদ্দেশ্যে ; যে উদ্দেশ্যে। *adv.* & *con.* **whereupon°**—যাহার ফলে ; কিসের ফলে ; যেহেতু ; কি হেতু। *adv.* & *con.* **where°ver**—যেখানেই (হউক না কেন)। *adv., con.* & *n.* **wherewith°**—same as **wherewithal**। *adv.* & *con.* **wherewithal°**—যদ্দ্বারা ; কিসের দ্বারা। *n.* **where°withal**—উপায়, পন্থা; (কথ্য.) প্রয়োজনীয় অর্থাদি, (তু.) রেস্ত (I have not the *wherewithal* to do it)। **from where**—কোথা হইতে ; যেথা হইতে। **where away**—কোন্ দিকে যায়, কোথায় চলিয়াছে। **(to) see** or **look where**—দেখা, তাকান। [OE. *hwœr, hwar*—cp. *who, there*]

wherry [we°-ri, ওএ°রি] *n.* a swift-moving boat, একপ্রকার ডিঙ্গিনৌকা ; a kind of barge, বজরা নৌকাবিশেষ। *n.* **whe°rryman**—উক্ত ডিঙ্গিনৌকার বা বজরার মাঝি। [?]

whet [wet, ওএট্] **(1)** *v.t.* to sharpen by rubbing, শান দেওয়া ; to make keen, তীক্ষ্ণ বা তীব্র করা ; to excite, উত্তেজিত করা। *pr. pt.* **whe°tting**। *p.* & *p. pt.* **whe°ttėd**। **(2)** *n.* act of sharpening, শান দেওয়া ; sharpness, ধার, তীক্ষ্ণতা ; an incitement or stimulus, উত্তেজনা প্ররোচনা ও প্রেরণা ; an appetiser, ক্ষুধা-উদ্রেককর বস্তু (বিশেষতঃ কড়া মদ)। *n.* **whet°stōne**—শান-পাথর ; প্রেরণা। [OE. *hwettan(v.)*—cp. G. *wetzen*]

whether [we°-dha(r), ওএ°দ্যা(র্)] **(1)** *pro.* (arch.) which (of two) ; (আর্ষ.—দুইটির মধ্যে) কোনটি বা যেটি। **(2)** *con.* introducing the first of two alternative words, phrases, or clauses, দুইটি বৈকল্পিক বাক্যাংশ বা বাক্যের মধ্যে প্রথমটির সন্নিবেশক অব্যয়, কিনা (I am not sure *whether* to accept the offer or to reject it) ; introducing a dependent question, যদি। **whether…or**—হয়…নয়, ইহা বা উহা (it is all the same *whether* you choose this article *or* that)। **whether** or **no** (or **not**)—ইহা বা উহা কিনা (you may count upon my promise, *whether* or *no*) ; যাহাই হউক বা ঘটুক না কেন ; যে-কোন ক্ষেত্রে (it will make little difference *whether* we stay or *not*)। [OE. *hwather*—cp. *who*, Goth. *hwathar*, G. *weder*, L. *uter*, Gk. *koteros*, Sans. *katara*]

whew [wū, উইউ] *int.* cry used (often jokingly) to express dismay, fatigue or surprise, আতঙ্ক শ্রান্তি বা বিস্ময়প্রকাশক (সাধারণতঃ কৌতুকব্যঞ্জক) ধ্বনি। [imi.]

whey [wā, ওএই] *n.* the watery part of milk, separated from the curd, মাটা তুলিয়া-লওয়া ঘোল, ছানার জল। *a.* **whey°-fācėd**—(প্রধানতঃ ভয়ে) মুখ ফেকাশে হইয়া গিয়াছে এমন। *n.* **whey°-tub**—দধিমন্থন-ভাণ্ড। [OE. *hwæg*—cp. low G. *wey*]

which [wich, উইচ্] **(1)** *pro.* & *a.* what one of a number, কোন্‌টি, যেটি। **(2)** *pro.* (obs.) who, whom, (অপ্র.) যে, কে, যাহাকে, কাহাকে ; that, যাহা। *pro.* & *a.* **whiche°ver, whichsŏe°ver**—যে-কেহ ; যে-কোনটিই (হউক না কেন)। **which is which**—কোন্‌টি কি। [OE. *hwilc, hwelc*—cp. Goth. *hweileiks*, G. *welch(er)*, L. *qualis*]

whiff [wif, উইফ্] **(1)** *n.* a puff of air or smoke from the mouth, ফুৎকারের ফলে মুখ-নিঃসৃত বায়ু বা ধোঁয়া, ফুঁ ; a puff of smell, এক ঝলক গন্ধ ; (fig.) a small amount, (আল.) অত্যল্প পরিমাণ ; cigarette, সিগারেট বা ছোট চুরুট ; a light boat, ক্ষিপ্রগামী হালকা নৌকাবিশেষ। **(2)** *v.t.i.* to throw out or go out in a whiff, ফুঁয়ের সঙ্গে (ধূম্রাদি) বাহির করিয়া দেওয়া বা বাহির হওয়া। **(3)** *v.i.* to blow slightly, মৃদুমন্দভাবে প্রবাহিত হওয়া। *p.* & *p. pt.* **whi°ffed**। *v.i.* **whiff°le**—(বাতাসাদি) ঝলকে ঝলকে প্রবাহিত হওয়া ; বাজে বকা ; ইতস্ততঃ করা ; বাক্‌চাতুরী করা। [imi.]

Whig [wig, উইগ্] *n.* a member of an English political party, upholding authority of Parliament and opposed to the king, ইংল্যান্ডের Parliament বা আইনসভার অধিকারের সমর্থক ও রাজবিরোধী দলের সভ্য (এই দলই বর্তমানে Liberal বা উদারনৈতিক নামে পরিচিত)। [short. from *whiggamore*, any of the western Covenanters who marched against Charles I]

while [wīl, ওয়াইল্] **(1)** *n.* a space of time, ক্ষণ ; time spent, অতিবাহিত বা যাপিত সময়। **(2)** *con.* during the time that, যখন (please listen *while* I speak) ; at the same time that, ঠিক এই বা সেই সময়ে, তখন…যখন (Gavaskar made 100 runs *while* Chauhan made only 30) ; as long as, ততক্ষণ…যতক্ষণ (*while* there is life there is hope) ; although, যদিও ; whereas, যেহেতু। **(3)** *v.t.* to pass, (প্রধানতঃ স্বচ্ছন্দে) যাপন করা, অতিবাহন করা, কাটান (to *while* away the time)। *con.* (arch.) **whilės, whilst**—same as **while**। **whilom** [wī°-lam, ওয়াই°ল্যাম্] **(1)** *adv.* পূর্বে ; একদা। **(2)** *a.* প্রাক্তন। **all the while**—সারাক্ষণ। **in a little while**—কিছুক্ষণের মধ্যে, অচিরে। **between whiles**—অন্য কাজের অন্তর্বর্তী সময়ে, কাজের ফাঁকে।

for a while—কিছু সময়ের জন্য, কিছুক্ষণের জন্য। **once in a while**—মাঝে-মাঝে, কখনও-সখনও। **the while**—(কাব্যে) ইতোমধ্যে। **worth (one's) while**—করণীয়; লাভজনক। [OE. *hwil*—cp. Goth. *hweila*, G *weile*]

whim [wim, উইম্] *n.* a sudden fancy or caprice, আকস্মিক ধারণা বা খেয়াল, খোশখেয়াল বা বাতিক (a passing *whim*, he is full of *whims*)। *a.* **whim°sical**—খেয়ালী; অদ্ভুত; অদ্ভুত কল্পনাপূর্ণ; বাতিকগ্রস্ত। *adv.* **whim°sically** । *n.* **whimsica°lity, whim°sicalness** । [cp. ON. *hvima* = to have the eyes wandering]

whimsy [wimzi, উইম্‌জ়ি] *n.* same as **whim.**

whimper [wim°-pa(r), উইম্‌°প্যা(র্)] (1) *v.i.* to cry feebly, brokenly, or querulously, ফোঁপাইয়া গোঙাইয়া বা প্যান প্যান করিয়া কাঁদা। (2) *v.t.* to express or utter in a whimper, উক্তভাবে কাঁদিয়া ব্যক্ত করা বা বলা। (3) *n.* a fretful cry, ফোঁপানি, গোঙানি। *n.* **whim°perer** । *adv.* **whim°peringly** । [imi.]

whimsical—see **whim.**

whine [wīn, ওাাআইন্] (1) *v.i.* to utter a plaintive cry, (কুকুর বা শিশু কর্তৃক) কেঁউকেঁউ বা ঘ্যান্‌ঘ্যান্ করিয়া কাঁদা; to complain in an unmanly way, মেয়েলী নাকী কান্নাসহকারে নালিশ জানান। (2) *v.t.* to utter in a whine, কেঁউকেঁউ বা ঘ্যান্‌ঘ্যান্ করিয়া কাঁদিয়া বলা। (3) *n.* a plaintive cry, কেঁউকেঁউ বা ঘ্যানঘ্যান করিয়া কান্না; an affected nasal tone of utterance, নাকী সুরে কথন। *n.* **whīner** । *adv.* **whī°ningly** । [OE. *hwinan*—cp. ON. *hvina* = to whiz]

whinny [wi°-ni, উই°নি] (1) *v.i.* to neigh gently, মৃদু হ্রেষাধ্বনি করা। (2) *n.* gentle neigh, মৃদু হ্রেষাধ্বনি। [imi.]

whip [wip, উইপ্] (1) *n.* a lash with a handle, হাতলওয়ালা চাবুক, কশা; a stroke of a whip, চাবুকের বাড়ি, কশাঘাত; a person responsible for a political party's discipline, (প্রধানতঃ আইনসভায়) রাজনীতিক দলের সভ্যদের শৃঙ্খলা বজায় রাখার ভারপ্রাপ্ত ব্যক্তি, হুইপ; a party-whip's written notice requesting member's attendance, রাজনীতিক দলের শৃঙ্খলারক্ষক কর্তৃক উক্ত দলের সভ্যদের উপস্থিতি প্রার্থনাপূর্বক প্রচারিত লিখিত বিজ্ঞপ্তি; a person in charge of hounds, (শিকারী) কুকুরদের পরিচারক। (2) *v.t.* to strike or punish with a lash, চাবকান, কশাঘাত করা; to drive or move with lashes, চাবুকের বাড়ি মারিয়া চালান; to strike in a manner suggesting a lash, কশাঘাতের ন্যায় সপাং করিয়া আঘাত করা; to beat into a froth, (ডিম মাখন প্রভৃতি) চটকান বা ফেটান; to snatch, ছিনাইয়া লওয়া। (3) *v.t.i.* to move swiftly, ক্ষিপ্রবেগে চালান বা চলা। *pr. pt.* **whi°pping** । *p.* & *p. pt.* **whi°pped, whipt** । *n.* **whip°cord**—চাবুক তৈয়ারী করার জন্য সরু পাকান দড়ি। *n.* **whip°hand**—চাবুক-ধরা হাত; সুবিধা; কর্তৃত্ব (to have the *whip-hand* of one)। *n.* **whi°pper** । *n.* **whi°pper-in°**—(শিকারী) কুকুরসমূহ যাহাতে পথভ্রষ্ট না হয় তৎপ্রতি লক্ষ্য রাখার জন্য নিযুক্ত ব্যক্তি; রাজনীতিক দলের শৃঙ্খলারক্ষক। *n.* **whipper°snapper**—যে নগণ্য অপরিণতবয়স্ক লোক খুব ভারিক্কি চালে চলে এবং অপরের ব্যাপারে অনধিকার প্রবেশ করে; ধৃষ্ট বা উদ্ধত বালক বা বালিকা। *n.* **whi°pping-boy**—প্রাচীনকালে পড়ুয়া রাজকুমারের যে সহপাঠী উক্ত রাজকুমারের প্রাপ্য শাস্তি নিজে গ্রহণ করার জন্য নিযুক্ত হইত; যে ব্যক্তিকে অন্যের প্রাপ্য শাস্তি ভোগ করিতে হয়। *n.* **whi°pping-pōst**—যে খুঁটির সঙ্গে অপরাধীকে বাঁধিয়া কশাঘাত করা হয়। *n.* **whi°pping-top**—লাটিমবিশেষ। *n.* **whip°- round**—কোন ক্ষতিগ্রস্ত ব্যক্তিকে সাহায্য করার জন্য বন্ধুবান্ধব, ক্লাবের সদস্য, প্রভৃতির নিকট ঘুরিয়া ঘুরিয়া চাঁদা আদায়। *n.* **whip°saw**—(প্রধানতঃ দুইজন করাতী কর্তৃক চালনীয়) বড় করাতবিশেষ। **the whips are off**—সদস্যগণ নিজের ইচ্ছানুযায়ী ভোট দিতে পারেন (অর্থাৎ ভোটদানের ব্যাপারে দলের সদস্যগণের উপরে কোন বিশেষ নির্দেশ জারি করা হয় নাই)। **whip and spur**—অত্যন্ত তাড়াতাড়ি, প্রচণ্ড বেগে। **(to) whip round for subscription**—কোন ক্ষতিগ্রস্ত ব্যক্তিকে সাহায্য করার জন্য বন্ধুবান্ধব, ক্লাবের সদস্য, প্রভৃতির কাছে চাঁদা চাহিয়া বেড়ান। *a.* **whi°ppy**—কশা-সদৃশ; সহজে বাঁকান বা নোয়ান যায় এমন, নমনীয়; (আল.) ক্ষিপ্রগতি, চট্‌পটে। [ME. *whippen* (*v.*)—cp. Du. *wippen* = to shake]

whippet [wi°-pit, উই°পিট্] *a.* hybrid hound, বর্ণসঙ্কর (শিকারী) কুকুরবিশেষ। [partly *whip*, and partly obs. *whippet* = to move briskly]

whip-poor-will [wip-pōōr-wil°, উইপ্-পুর-উইল°] *n.* small American bird whose call (made at night or twilight) sounds like its name, আমেরিকার ছোট পাখি যে (প্রদোষে ও রাত্রিতে) নামানুরূপ ধ্বনিতে বা রবে ডাকে। [imitat. of cry]

whir(r) [wa(r), ওাাআা(র্)] (1) *n.* a sound from rapid whirling or vibratory motion, দ্রুত ঘূর্ণনজনিত বা স্পন্দনজনিত শব্দ, বোঁ-বোঁ বা শোঁ-শোঁ আওয়াজ। (2) *v.i.* to whirl round, fly, or move, with a buzzing noise, বোঁ-বোঁ বা শোঁ-শোঁ শব্দে ঘোরা ওড়া অথবা চলা। *pr. pt.* **whirr°ing** । *p.* & *p. pt.* **whirr°ed** । [imi.—cp. D. *hvirre* = to whirl]

whirl [wa(r)l, ওাাআা(র্)ল্] (1) *n.* a rapid turning, দ্রুত আবর্তন বা ঘূর্ণন; anything that revolves, (প্রধানতঃ বেগে) ঘূর্ণ্যমান বস্তু, ঘূর্ণি; confusion, বিশৃঙ্খলা, তালগোল পাকান অবস্থা, বিভ্রান্তি

(my thoughts are in a *whirl*) ; commotion, agitation, বিক্ষোভ, চাঞ্চল্য, উত্তেজনা ; bustling activity, অতিশয় কর্মব্যস্ততা (the social *whirl*) । **(2)** *v.i.t.* to revolve rapidly, বেগে ঘূর্ণিত হওয়া বা করা । **(3)** *v.i.* to move rapidly, (প্রধানতঃ উত্তেজিত অবস্থায়) বেগে চলা ; to turn swiftly round and aside, তাড়াতাড়ি ঘুরিয়া বা সরিয়া যাওয়া । **(4)** *v.t.* to carry away rapidly, (চক্রযুক্ত যানাদিতে করিয়া) দ্রুতবেগে লইয়া যাওয়া ; to throw violently, প্রচণ্ডবেগে নিক্ষেপ করা । *n.* **whirl°igig**—লাটিমবিশেষ ; নাগরদোলাবিশেষ ; আবর্ত-গতি ; ঘুরঘুরেপোকা ; শাস্তিদানের প্রাচীন যন্ত্রবিশেষ । **the whirligig of time**—চক্রবৎ ভাগ্য পরিবর্তন । *n.* **whirl°pōōl**—জলঘূর্ণি, ঘূর্ণিস্রোত । *n.* **whirl°wind**—ঘূর্ণিঝড় । **(to) sow the wind and reap the whirlwind**—দুষ্কর্মের জন্য চরম শাস্তি ভোগ করা । *n.* **whir°lybird**—(অশি.) হেলিকপ্টার । [ON. *hvirfla*]

whirr—see **whir.**

whisk [wisk, উ্যইস্ক্] **(1)** *v.t.i.* to move or convey quickly and lightly, (esp.) out of sight, দ্রুতবেগে ও আলতোভাবে (বিশেষতঃ দৃষ্টিপথের বাহিরে) চালান বা চলা বা লইয়া যাওয়া (he was *whisked* away to the hospital in a car) । **(2)** *v.t.* to sweep rapidly, দ্রুতবেগে ঝাঁটান ; to beat up, (ডিম্বাদি) গোলা বা ফেটান । *p. & p. pt.* **whis°ked** । **(3)** *n.* a rapid sweeping motion, দ্রুত ঝাঁটানো গতি ; a rapid sweep, বেগে ঝাঁট ; a small bunch of anything used for a brush, ঝাঁটা, ঝাড়ু ; an instrument for beating eggs etc., ডিম্বাদি ফেটানর যন্ত্রবিশেষ ; a hair-like appendage, (কীটাদির) কেশতুল্য উপাঙ্গবিশেষ, রোঁয়া, শুঁয়া । *n.* **whis°ker**—whisk (*v.*)-এর সকল অর্থে, এবং—গোঁফ, ঝাঁটা-গোঁফ ; জুলপি (also **side°-whis°kers**) ; বিড়ালের গোঁফ ; (কথ্য.) স্বল্প দূরত্ব (with in a *whisker* of) । *a.* **whis°kered**—গোঁফযুক্ত, গুঁপো ; জুলপিওআলা । *a.* **whis°king**—দ্রুত চলে বা চলিতেছে এমন । [Scand.]

whisk(e)y [wis°-ki, উ্যইস্°কি] *n.* a kind of spirit, উগ্র মদ্যবিশেষ । [Gael. *uisgebeatha* < *uisge*=water, *beatha*=life—cp. L. *vita*=life]

whisper [wis°-pa(r), উ্যইস্°প্যা(র্)] **(1)** *v.i.t.* to speak or utter with a low sound, or covertly, ফিস্‌ফিস্ করিয়া অথবা গোপনে চুপিচুপি বা কানে-কানে বলা । **(2)** *v.i.* to spread rumours, গুজব রটান ; to plot secretly, গোপনে চক্রান্ত বা ষড়্‌যন্ত্র করা ; to make a sound like soft speech, ফিস্‌ফিস্ শব্দ করা । **(3)** *n.* a low hissing sound or voice, ফিস্‌ফিস্ শব্দ বা স্বর, ফিস্‌ফিসানি (to answer in a *whisper*, to talk in *whispers*) ; a cautious or timorous speaking, সতর্কভাবে বা (ভয়-) কম্পিতভাবে কথন ; a secret hint, গোপন ইঙ্গিত ; a rumour, গুজব । *n.* **whis°perer** । *adv.* **whis°peringly** । **whispering campaign**—জনে জনে ফিস্‌ফিসানির দ্বারা বা কানাকানি করিয়া কাহারও বিরুদ্ধে (কলঙ্কাদি) প্রচার করা । *n.* **whispering gallery**—এমন গ্যালারি যাহার শব্দনিয়ন্ত্রণব্যবস্থা এরূপ যে এক প্রান্তের সামান্য ধ্বনিও বহু দূর হইতে শোনা যায় । [OE. *hwisprian*—cp. G. *wispern*]

whist₁ [wist, উ্যইস্ট্] *n.* a card-game, তাস-খেলাবিশেষ । [earlier *whisk*, assimilated to *whist₂*, because of the silence during the play]

whist₂ [wist, উ্যইস্ট্] *int.* hush, silence, চুপ্ । [imi.]

whistle [wis°l, উ্যইস্°ল্] **(1)** *v.i.* to make a shrill sound by forcing the breath through the opening formed by contracting the lips, শিস্ দেওয়া ; to make such a sound in derision etc., বিদ্রূপ ঘৃণাদি প্রকাশার্থ শিস্ দেওয়া ; to sing, (প্রধানতঃ পাখি কর্তৃক) গান গাওয়া ; to make a whistling sound with an instrument, হুইস্‌ল্ বাজান, হুইস্‌ল্ দেওয়া, সিটি বাজান বা মারা ; to sound shrill, তীক্ষ্ণভাবে ধ্বনিত হওয়া ; to make a call or signal by whistling, হুইস্‌ল্ বাজাইয়া বা সিটি মারিয়া ডাক দেওয়া অথবা সঙ্কেত করা । **(2)** *v.t.* to utter, or sing, etc., by whistling, শিস্ দিয়া প্রকাশ করা গাওয়া ডাকা প্রভৃতি ; to call, bring, inform, or signal, by a whistle, হুইস্‌ল্ বাজাইয়া বা সিটি মারিয়া ডাকা আনা জানান অথবা সঙ্কেতজ্ঞাপন করা ; to send with a whistling sound, তীক্ষ্ণশব্দসহকারে পাঠান । **(3)** *n.* act of whistling, শিস্ দেওয়া, সিটি বা হুইস্‌ল্ বাদন ; a whistling instrument, হুইস্‌ল্, সিটি, (পরি.) বাঁশি ; a summons, আহ্বান । *n.* **whis°tle-stop (U.S.A.)**—নির্বাচনের সময় কোন রাজনীতিকের পথিমধ্যে অল্পসময়ের জন্য থামা । **(to) whistle down the wind**—পরিত্যাগ করা । **(to) whistle for**—হুইস্‌ল্ বাজাইয়া বা সিটি মারিয়া ডাকা ; (কথ্য.) বৃথাই যাচ্ঞা করা (I owe him Rs. 10, but he can *whistle for* it) । [OE. *hwistlian* (*v.*)]

whit [wit, উ্যইট্] *n.* the smallest particle, অণু ; a bit, কণা । **not a whit, no whit**—কণামাত্র না ; একটুও না । [OE. *wiht*]

white [wīt, ওয়্আইট্] **(1)** *a.* of the colour of fresh snow, সাদা, শুভ্র, শ্বেতবর্ণ, ধবল ; snowy, তুষারময়, তুষারাবৃত ; of the light or almost colourless complexion, শ্বেতকায় ; transparent and colourless, স্বচ্ছ ও বর্ণহীন ; pale, ফেকাশে ; bloodless, রক্তশূন্য, পাণ্ডুর ; pure, বিশুদ্ধ, খাঁটি ; innocent, নির্দোষ, নিরপরাধ ; free from sin, নিষ্পাপ ; bright, উজ্জ্বল ; burnished, বার্নিশ করা (*white* steel or metal) ; unburnished, (রৌপ্য-সম্বন্ধে) বার্নিশ-করা নহে এমন ; light-coloured or golden, হাল্কা রঙের

বা সোনালী (*white* wine); clothed in white, শ্বেতপরিচ্ছদধারী; anti-revolutionary, (রাজ.) বিপ্লববিরোধী; auspicious, favourable, শুভ, অনুকূল; trusty, honest, বিশ্বাসী, সৎ; without bloodshed, রক্তপাতহীন (*white* war)। (2) *n.* the colour of snow, শ্বেত বর্ণ; whiteness, শুভ্রতা; a white person or thing, শ্বেতবর্ণ ব্যক্তি বা বস্তু; a white dress, শ্বেতবর্ণ পরিচ্ছদ (a man in *white*); a member of a white political party, বিপ্লববিরোধী রাজনীতিক দলের সভ্য (cp. **red**)। (3) *v.t.* to whiten, সাদা করা, সাদা রঙ মাখান। *p.* & *p. pt.* **whi°ted**। **China white** or **French white** or **silver white**—উৎকৃষ্ট শ্রেণীর সফেদা বা সীসশ্বেত। **white alloy**—সস্তা নকল রুপা। **white ant**—উই। *n.* **white°bait**—ছোট আকারের হেরিং প্রভৃতি ভাজা মাছ। *n.* **white-bear**—মেরুভল্লুক। *n.* **white°beard**—বৃদ্ধলোক। *a.* **white°bearded**—পলিতশ্মশ্রু, বৃদ্ধ। *n.* **white°-cap**—পুংপক্ষিবিশেষ; ফেনশীর্ষ তরঙ্গ; সমাজের নৈতিক বিশুদ্ধতা সংরক্ষণের নামে বিরোধী ব্যক্তিদের নিপীড়নকারী স্বেচ্ছাসমিতিবিশেষের সভ্য। **white coffee**—দুধমিশ্রিত কফি। *a.* **white°-collar, white°-collared**—(কার্যাদি সম্বন্ধে) দৈহিক পরিশ্রম করিতে হয় না এমন। **white-collar job**—বাবুকাজ। **white-collared employee**—যে কর্মচারীকে দৈহিক পরিশ্রম করিতে হয় না। *n.* **white-copper**—বার্নিশ-করা তামা। **white corpuscle**—রক্তের শ্বেতকণিকা। *a.* **white°-crested, white°-crowned**—(পাখি-সম্বন্ধে) শ্বেতবর্ণ ঝুঁটিওয়ালা। *n. pl.* **white°-crops**—যব রাইসরিষা গম প্রভৃতি শস্য। **white elephant**—শ্যামদেশীয় শ্বেতহস্তী; (আল.) যে বস্তুর মূল্য অপেক্ষা উহার রাখার জ্বালা বা ধকল বেশি, গরিবের হাতি-পোষা। *n.* **white°-ensign**—(ব্রিটিশ) রাজকীয় নৌবাহিনীতে ব্যবহৃত পতাকা। *a.* **white-faced**—(ভয়ে বা রোগে) ফেকাশে পাণ্ডুর বা সাদা মুখবিশিষ্ট। **white feather**—কাপুরুষতার লক্ষণ (লড়াইয়ের মোরগের লেজে শ্বেতপালক থাকিলে উহা মোরগের সাহসহীনতার লক্ষণরূপে পরিগণিত হয় বলিয়া)। *n.* **white°fish**—রৌপ্যবর্ণ যে-কোন মাছ, রুপালী মাছ। *n.* **white°-friar**—শ্বেতপরিচ্ছদধারী খ্রিস্টীয় সন্ন্যাসী। **white gold**—নিকেল মিশাইয়া শ্বেতবর্ণীকৃত স্বর্ণ। *a.* **white°-handed**—শ্বেতবর্ণ হাতওয়ালা বা থাবাওয়ালা; (প্রধানতঃ নরহত্যাজনিত) অপরাধাদিতে হস্ত কলঙ্কিত করে নাই এমন। *n.* **white°head**—নীলবর্ণ পক্ষযুক্ত তুষারধবল রাজহংসবিশেষ; শ্বেতবর্ণ পোষা পায়রাবিশেষ। *a.* **white°-headed**—শ্বেতবর্ণ মস্তকবিশিষ্ট; শুভ্রকেশ। *n.* **white°-heat**—যে পরিমাণ তাপ নিলে বস্তুসমূহ শ্বেতবর্ণ ধারণ করে, (পরি.) শ্বেততাপ; (ভাবাবেগ সক্রিয়তা প্রভৃতির) প্রগাঢ় চাঞ্চল্য। *a.* **white°-hot**—শ্বেততপ্ত; প্রগাঢ় চাঞ্চল্যপূর্ণ। *n.* **White°hall°**—নানা সরকারী দফতরে পূর্ণ লন্ডন্-নগরের রাস্তাবিশেষ; ব্রিটিশ সরকার বা তাহার নীতি। **the White House**—ওআশিংটন্-নগরে আমেরিকা যুক্তরাষ্ট্রের সভাপতির বাসভবন। *n.* **white°-la°dy**—পারিবারিক সৌভাগ্যদাত্রী ভুতুড়ে স্ত্রীমূর্তিবিশেষ। **white leather**—যে ট্যান-করা পশুচর্মে উহার স্বাভাবিক বর্ণ অবিকৃত রাখা হয়। **white lie**—নির্দোষ (সাধারণতঃ ভদ্রতার খাতিরে বলা) মিথ্যা কথা। *a.* **white°-li°pped**—(প্রধানতঃ ভয়াদিতে) ঠোঁট সাদা বা পাণ্ডুর হইয়া গিয়াছে এমন। *a.* **white°-livered**—ফেকাশে বা পাণ্ডুর মুখবিশিষ্ট; ভীরু, কাপুরুষ। *adv.* (obs.) **white°ly**। **white magic**—(শয়তানের সাহায্য ব্যতিরেকে নিষ্পন্ন) নির্দোষ ম্যাজিক। **white man's burden**—(উদ্ভট কল্পনাবলে) শ্বেতকায় জাতির উপরে ন্যস্ত অনগ্রসর অশ্বেতকায় জাতিসমূহকে শাসন করার দায়িত্ব। **white meat**—দুধ মাখন ডিম প্রভৃতি মিশাইয়া প্রস্তুত খাদ্যবিশেষ; কুক্কুট খরগোশ গো-বৎস শূকর প্রভৃতির মাংস। **white metal**—অন্যান্য ধাতুর খাদ মিশাইয়া উজ্জ্বল ও কঠিন-করা টিন। *v.t.i.* **whi°ten**—সাদা করা বা হওয়া; শ্বেতবর্ণে রঞ্জিত করা বা হওয়া; অপরাধাদি হইতে মুক্ত করা বা হওয়া; নির্দোষ বলিয়া প্রতিপন্ন করা বা হওয়া। *n.* **whi°tening**—শুভ্রকরণ; শুভ্রভবন: সাদা করার জন্য ব্যবহৃত পদার্থ। *n.* **white°ness**। **white of (an) egg**—ডিম্বের শ্বেতাংশ। **white of the eye**—অক্ষিগোলকের শ্বেতাংশ। **white paper**—ইংল্যান্ডের পার্লিআম্যান্টের বা যে-কোন ব্যবস্থাপক সভার অবগতির জন্য সরকার কর্তৃক সাদা কাগজে মুদ্রিত বিবৃতি, শ্বেতপত্র। **white race**—শ্বেতকায় জাতি। *n. pl.* **whi°tes**—শ্বেতপ্রদর; শ্বেত-পোশাক। **(the) white scourge**—যক্ষ্মারোগ। **white sheet**—অনুতাপকারীর বা প্রায়শ্চিত্তকারীর পোশাক। **white slave**—যে নারীকে ফাঁদে ফেলিয়া (এবং প্রধানতঃ বিদেশে লইয়া গিয়া) বেশ্যাবৃত্তিতে প্রবৃত্ত করান হয়। *n.* **white°smith**—টিন-মিস্ত্রি, রাং-ঝালাইওয়ালা। *n.* **white°thorn**—সাধারণ hawthorn-গাছ। *n.* **white°throat** — গায়কপক্ষিবিশেষ। **white°-wash**—(1) *n.* চুনকামের গোলা; গাত্রচর্ম প্রক্ষালনার্থ ঔষধাদি-মিশ্রিত জল; কৃত্রিম রঞ্জন বা বর্ণ। (2) *v.t.* চুনকাম করা; সুন্দর রূপদান করা; নির্মল করার চেষ্টা করা; দোষ ঢাকার চেষ্টা করা। *p.* & *p. pt.* **white°washed**। *n.* **whi°ting**—শুভ্রবর্ণ ক্ষুদ্র সামুদ্রিক মৎস্যবিশেষ; চুনকাম ও অন্যান্য রঞ্জনকার্যে ব্যবহৃত বিশোধিত চা-খড়িচূর্ণ। *a.* **whi°tish, whi°ty**—ঈষৎ সাদা, সাদাটে। **(to) bleed white**—অর্থ শক্তি প্রভৃতি নিঃশেষে হরণ করা, (তু.) রুধিরশূন্য করা। [OE. *hwit*—cp ON. *hvitr*]

whither [wi°-dha(r), উ্যইʼদ্যা(র্)] *adv.* & *con.* to what place or to the place in which, কোথায় বা যেথায়; to or in any place to which, যে-কোন স্থানেই হউক না কেন। *adv.* **whi°thersoever**—যে-কোন স্থানেই হউক না কেন। *adv.* **whi°therward(s)**—কোন্ দিকে। **no whither**—কোন স্থানাভিমুখেই নহে। [OE. *hwider*—cp. *who*]

whiting, whitish—see **white**.

whitlow [wit°-lō, উইট্‌°লৌ] *n.* a painful inflammation of a finger or toe, আঙুলহাড়া। [corrup. of *whick-flaw*=quick-flaw ?]

Whit-Monday—see **Whitsun.**

Whitsun [wit°sn, উইট্‌°স্‌ন্‌] (**1**) *n.* the season of Pentecost, ঈস্টার-পর্বের ছয় সপ্তাহ বাদে খ্রিষ্টীয় পর্ববিশেষ। (**2**) *a.* of or during Whitsun, উক্ত পর্বসংক্রান্ত বা পর্বকালীন। *n.* **Whit°sunday**—ঈষ্টারের পরবর্তী সপ্তম রবিবার। *n.* **Whit°suntide**—ইস্টার-পর্বের পরবর্তী সপ্তম রবিবার হইতে সপ্তাহ-কালব্যাপী খ্রিষ্টিয় পর্ববিশেষ বা তাহার ব্যাপ্তিকাল। *n.* **Whit°-Monday**—Whitsunday-র পরবর্তী সোমবার। [*whit, Sunday*]

whittle [wit°l, উইট্‌°ল্‌] (**1**) *v.t.* to pare or cut with a knife, ছুরি দিয়া ভাগ করা বা কাটা; to shape with a knife, ছুরি দিয়া কাটিয়া বা চাঁচিয়া গঠন করা বা যথাযথ আকার দান করা। (**2**) *v.i.* to cut wood repeatedly, ক্রমাগত কাঠ কাটা; to reduce by repeated subtraction (usu. followed by *down, away*), ক্রমাগত কমাইয়া বা বাদ দিয়া ছোট করা। (**3**) *n.* a large knife, বড় ছুরিবিশেষ। [ME. *thwitel*<OE. *thwitan*=to cut]

whiz(z) [wiz, উইজ্‌] (**1**) *v.i.* to make a hissing sound (as a flying ball or arrow), (শূন্যে ধাবমান বল্‌ তীর প্রভৃতি কর্তৃক) শোঁ বা শাঁ শব্দ করা; to move rapidly, বেগে চলা। *pr. pt.* **whi°zzing**। *p.* ও *p. pt.* **whi°zzed**। (**2**) *n.* a hissing sound, শোঁ বা শাঁ শব্দ। *adv.* **whi°zzingly**। *n.* **whiz°-kid**—(কথ্য.) অসাধারণ মেধাবী বা কৃতী তরুণ। [imi.]

who [hōō, হু] *pro.* what or which person, কে বা কাহারা, যে বা যাহারা; whoever, যে-কেহ। *pro.* **whom**—কাহাকে বা কাহাদিগকে, যাহাকে বা যাহাদিগকে। *pro.* **whose**—কাহার বা কাহাদের; যাহার বা যাহাদের। *pro.* **whoe°ver,** (contr.) **whoe'er** [hōō-a(r)°, হুএয়্যা(র্‌)°], (arch.) **who°sō,** (arch.) **whosŏe°ver**—যে-কেহ। *pro.* **whomsŏe°ver**—যে-কেহকে। **as who should say**—যেন কাহারও বলা উচিত বা যেন কেহ বলে। **(to) know who's who**—প্রত্যেকের অবস্থা বা প্রভাব সম্বন্ধে ওয়াকিবহাল হওয়া বা থাকা। **who but he**—সে ছাড়া আর কে, একমাত্র সে-ই। [OE. *hwa*—cp. Goth. *hwas*, G. *wer*, Sans. *kas*, L. *quis*]

whoa [wō, ওঁঔ] *int.* stop, থাম। [imi.]

whodun(n)it [hoo°-dun-it, হু°-ডান্‌-ইট্‌] *n.* (sl.) mystery or detective story, (অশি.) রহস্যময় বা ডিটেকটিভ্‌ গল্প। [*who*+*dun* (d.d)+*it*]

whoe'er, whoever—see **who.**

whole [hōl, হৌল্‌] (**1**) *a.* (arch.) sound in health, (আর্ষ.) উত্তমস্বাস্থ্যসম্পন্ন, স্বাস্থ্যবান্‌; uninjured, অক্ষত; restored to health, নষ্ট স্বাস্থ্য ফিরিয়া পাইয়াছে এমন; healed, আরোগ্যপ্রাপ্ত; not broken or ground, অভগ্ন, অচূর্ণিত, অটুট; containing all parts, or the total number, amount, etc., complete, গোটা, সমগ্র, সম্পূর্ণ। (**2**) *n.* the entire thing, গোটা পুরা সমগ্র বা সম্পূর্ণ বস্তু; the total amount, মোট বা পুরা পরিমাণ। (**3**) *adv.* same as **whōlly**। *a.* **whōle°-heartėd**—আন্তরিক বদান্য সাগ্রহ ও সহৃদয়। *adv.* **whole°-heartėdly**। *a.* **whōle°-hog**—(অশি.) সম্পূর্ণ, পুরাদস্তুর, ডাহা। *n.* **whōle°-ho°gger**—সম্পূর্ণভাবে কার্যসাধনকারী। **(to) go the whole hog**—see **hog**। **whōle°-length** (**1**) *a.* পূর্ণাবয়ব। (**2**) *n.* পূর্ণাবয়ব চিত্র। **whole meal**—যে ময়দা হইতে কিছুই ছাঁটিয়া বা ঝাড়িয়া ফেলা হয় নাই। *n.* **whōle°-meal**—গোটা গোটা গমে তৈয়ারি খাদ্য। **whole number**—(গণি.) পূর্ণসংখ্যা। **whōle°sāle**—(**1**) *n.* পাইকারী বিক্রয়। (**2**) *a.* পাইকারী; ব্যাপক ও বাছবিচারহীন (*wholesale* slaughter)। (**3**) *adv.* পাইকারীভাবে, ব্যাপকভাবে ও বাছবিচার না করিয়া। *n.* **whole°-sāler**—পাইকারী বিক্রেতা। *a.* **whole°some**—(দেহ রুচি নৈতিক চরিত্র অবস্থা প্রভৃতির পক্ষে) স্বাস্থ্যকর বা উন্নতিসাধক। *adv.* **whole°somely**। *n.* **whole°-someness**। *adv.* **whōlly**। **the whole**—গোটা বস্তু, সমস্তটা, সম্পূর্ণটা। **upon** or **on the whole**—মোটের উপর; সব-কিছু বিচার করিয়া। **(taken) as a whole**—বিচারে সামগ্রিক বা সমগ্রভাবে দেখিলে। **with one's whole heart**—সর্বমনপ্রাণ দিয়া। *a.* ও *adv.* **whole-time**—পূর্ণ সময়ের জন্য এমন, পূর্ণ সময় ধরিয়া। [OE. *hal*=healthy—cp. ON. *heill*]

whom—see **who.**

(w)hoop [hōōp, হুপ্‌] (**1**) *n.* the long noisy inspiration heard in whooping cough, ঘুংড়ি-কাশির সময়ে শ্বাস-প্রশ্বাসের সঙ্গে যে ঘড়ঘড়ানি শ্রুত হয়। (**2**) *v.i.* to give a loud cry of triumph, eagerness, scorn, etc., বিজয়োল্লাস আগ্রহ ঘৃণা প্রভৃতি প্রকাশার্থ উচ্চ চীৎকার করা। *int.* ও *n.* **whoopee** [wōō°-pē, উ্‌°পী] আনন্দধ্বনিবিশেষ। **(to) make whoopee**—(কথ্য.) সকলরবে আনন্দ করা। *n.* **(w)hoo°ping-cough**—ঘুংড়ি কাশি। [OF. *houper*=to shout]

whop [hōōp, হুপ্‌] *v.* (sl.) to beat, মারা; to defeat, পরাস্ত করা। *n.* **whopper**—খুব বড় কিছু, বিশেষতঃ ডাহা মিথ্যা। **whopping**—(**1**) *a.* খুব বড়। (**2**) *adv.* খুব বড় রকমের (a *whopping* big fish)।

whore [haw(r), হ(র্‌)] *n.* a prostitute, বেশ্যা, বারাঙ্গনা। *n.* **whore°monger**—যৌন ব্যভিচারকারী, লম্পট। *n.* **whore°son**—বেশ্যার ছেলে; জারজ। **(to) go whoring**—বেশ্যাসংসর্গ করিয়া ফেরা। [Late OE. *hore*—cp. ON. *hora*=adulteress]

whorl [wa(r)l, ওঁঅ্যা(র্‌)ল্‌] *n.* (bot.) a ring of leaves round the stem, (উদ্ভি.) পত্রমূলাবর্ত;

complete circle in fingerprint, অঙ্গুলাঙ্কের পূর্ণবৃত্ত (to identify by the *whorls* of fingerprints) । *a.* **whor°led**—পত্রমূলাবর্তবিশিষ্ট, (পরি.) আবর্ত । [ME. *wharwyl*—var. of *whirl*]

whose, whoso, whosoever—see **who.**

why [wī, ওয়াই] (**1**) *adv.* & *con.* for what or which cause, reason, or account, wherefore, কেন, কি জন্য বা যে জন্য, কি কারণে বা যে কারণে, কিসের দরুন বা যে দরুন । (**2**) *int.* expressing sudden realization or protest, আরে গেল যা, আ মলো (*why*, a child could answer that question) ; calling a person, ওরে । **for why**—(আর্ষ.) কি কারণে, কেন ; যেহেতু । **the why and wherefore**—সমস্ত কারণ । **why so !**—অনিচ্ছাভরে প্রদত্ত সম্মতিসূচক উক্তি ; হক গে, তাহলে । [OE. *hwi, hwy* < *hwa* = who]

wick$_1$ [wik, উ্যইক্] *n.* a village or town, গ্রাম ও শহর (War*wick*) । [OE. *wic*—cp. L. *vicus*]

wick$_2$ [wik, উ্যইক্] *n.* the twisted threads of cotton or other material in a candle, lamp, or lighter, মোমবাতি লণ্ঠন প্রদীপ প্রভৃতির পলিতা (to trim the *wick* of a hurricane-lantern) । **(to) get on a person's wick**—(অশি.) কাহাকেও উত্ত্যক্ত করা । [OE. *weoc(e)*—cp. Du. *wick* = a roll of lint]

wicked [wi°-kid, উ্যই°কিড্] *a.* evil in principle or practice, দুর্নীতিপরায়ণ বা দুর্বৃত্ত ; sinful, পাপী, পাপপূর্ণ ; vicious, (পশু-সম্বন্ধে) বদমেজাজী ; mischievous, ক্ষতিসাধক ; spiteful, বিদ্বেষপূর্ণ ; very bad or harmful, নিরতিশয় মন্দ বা ক্ষতিকর । *adv.* **wi°ckėdly** । *n.* **wi°ckėdnėss** । **the wicked one**—বাইবেলে বর্ণিত শয়তান । [ME. < *wicke* < OE. *wicca* = wizard]

wicker [wi°-ka(r), উ্যই°ক্যা(র্)] *n.* a small pliant twig or osier, সরু ও নমনীয় বৃক্ষশাখা বেত বাঁশের ফালি চাঁচারি প্রভৃতি, চটা । *n.* **wi°cker-work**—চুপড়ি ঝুড়ি ডালা বেতের চেয়ার-টেবিল প্রভৃতি তৈয়ারি করার কাজ । [ME. *wiker* < Scand.]

wicket [wi°-kit, উ্যই°কিট্] *n.* a small gate, ক্ষুদ্র দ্বার বা দরজা ; (in cricket) three stumps with bails in position, (ক্রিকেটে) ভূমিতে ঋজুভাবে প্রোথিত এবং শীর্ষদেশে দুই টুকরা আলগা কাষ্ঠ-সংবলিত তিনটি কাষ্ঠদণ্ড, উইকিট্ ; the pitch or its condition, দুই উইকেটের মধ্যবর্তী জমি বা তাহার অবস্থা ; a batsman's stay at the wicket, or his joint stay there with another, ব্যাট্স্ম্যান্ আউট না হইয়া যতক্ষণ একাকী বা অন্য ব্যাট্স্ম্যানের সঙ্গে উইকেটে থাকে অর্থাৎ খেলে । *n.* **wi°ckėt-keeper**—ক্রিকেটখেলায় যে খেলোয়াড় বল্ ধরার জন্য উইকিটের অব্যবহিত পিছনে থাকে, উইকিট্কীপার । **at the wicket**—ব্যাট করিতে রত । **good wicket**—(আল.) অনুকূল অবস্থা । **sticky wicket**—(আল.) যে অবস্থা আয়ত্তে আনা কঠিন । **(to) get** or **take a wicket**—ক্রিকেট্‌খেলায় বল নিক্ষেপ করিয়া প্রতিপক্ষের একজন ব্যাট্স্‌ম্যানকে আউট করা । **(to) keep wicket**—উইকিট্কীপার হওয়া । **(to) throw down the wicket**—(ক্রিকেট্খেলায় ফীল্ড্জ্ম্যান্-সম্বন্ধে) বল্ ছুড়িয়া উইকিট্ ভূপাতিত করা । **(to) win by so many wickets**—স্বপক্ষের অত উইকিট্ যাওয়ার বা খোয়ানর আগেই খেলায় জয়লাভ করা । [ONF. *wiket*]

wide [wīd, ওয়াইড্] (**1**) *a.* extending far, দূরপ্রসারিত ; having the sides far apart, বিস্তীর্ণ ; broad, চওড়া ; of a specified breadth, নির্দিষ্ট প্রস্থবিশিষ্ট (6 feet *wide*) ; roomy, প্রশস্ত ; opened as far as possible, পূর্ণব্যাদিত (*wide* mouth) ; far apart, দূর ব্যবধানবিশিষ্ট ; far from the mark, লক্ষ্য হইতে দূরবর্তী, লক্ষ্যবহির্ভূত ; very different ; অত্যন্ত বিসদৃশ বা অন্যরূপ ; (fig.) of large scope, comprehending much, (আল.) বিস্তৃত এলাকাবিশিষ্ট, ব্যাপক । (**2**) *n.* wideness, বিস্তৃতি, বিস্তীর্ণতা, প্রসারতা, ব্যাপকতা ; (in cricket) a ball bowled out of the batsman's reach, or a penalty run allowed for this, (ক্রিকেটে) ব্যাট্স্ম্যানের নাগালের বাহিরে নিক্ষিপ্ত বল্ বা তজ্জন্য খেসারতরূপে প্রদত্ত এক রান্ । (**3**) *adv.* to a great distance, বহুদূর ব্যবধানে, বহুদূরে ; over a large region, বিস্তীর্ণ অঞ্চল ব্যাপিয়া ; far from the point aimed at, লক্ষ্য হইতে বহুদূরে ; digressing far, প্রসঙ্গ হইতে বহুদূরে, অত্যন্ত অবান্তর হইয়া ; far to one side, বহুদূরে একপাশে (সরিয়া) ; (in cricket) out of the batsman's reach, (ক্রিকেটে) ব্যাট্স্ম্যানের নাগালের বাহিরে । *adv.* **wīde°ly** । *a.* **wīde°awake°**—পূর্ণজাগ্রৎ, পূর্ণসতর্ক ; (কথ্য.) তীক্ষ্ণবুদ্ধি ও বিজ্ঞ । *v.t.i.* **wī°den**—বিস্তৃত বিস্তীর্ণ প্রসারিত বা ব্যাপক করা অথবা হওয়া । *n.* **wī°dener** । *n.* **wīde°nėss** । **wide open**—সম্পূর্ণ উন্মুক্ত, পূর্ণব্যাদিত, পূর্ণবিস্ফারিত । *a.* **wīde°spread**—বহুবিস্তৃত । *n.* **width** [width, উইড্থ্] প্রস্থ । **dead to the wide**—অচেতন, সংজ্ঞাহীন । **wide of the mark**—সত্য হইতে বহু দূরে । **wide world**—সুবিস্তীর্ণ পৃথিবী । [OE. *wid*—cp. ON. *vithr*, G. *weit*]

widgeon [wi°z(a)n, উ্যই°জ্ন্] *n.* a name for various wild ducks, বুনো হাঁসবিশেষ । [?]

widget [wi°-jit, উ্যই°জিট্] *n.* (coll.) gadget, (কথ্য.) ছোট কল বা যান্ত্রিক উপায় ; (unspecified) device, (বিশেষভাবে নির্দিষ্ট নয় এমন) কৌশল বা উপায় । [alt. of *gadget*]

widow [wi°dō, উ্যই°ডৌ] (**1**) *n.* a woman who has lost her husband by death and has not married again, যে বিধবা পুনরায় বিবাহ করে নাই । (**2**) *v.t.* to make a widow (or widower), বিধবা (বা মৃতদার) করা ; to strip of anything valued, মূল্যবান্ বলিয়া পরিগণিত কিছু

হইতে বঞ্চিত করা; to be widow to, (কাব্যে—কাহারও) বিধবা হওয়া। *n.* **wi°dow-bird**—আফ্রিকার বাবুইজাতীয় পাখিবিশেষ। *a.* **wi°dowed**—বৈধব্যপ্রাপ্ত। *n.* **wi°dower**—মৃতদার পুরুষ। *n.* **wi°dowhood**—বৈধব্য; (বিরল) মৃতদার অবস্থা। **widow's mite**—দরিদ্র দাতার প্রাণঢালা সামান্য দান, (তু.) বিদুরের খুদ। [OE. *widewe*—cp. G. *wittwe*, L. *vidua*, Sans. *vidhava*]

width—see **wide.**

wield [wēld, উঈল্‌ড্‌] *v.t.* (obs.) to rule, (অপ্র.) শাসন করা; to manage or control, পরিচালনা করা, নিয়ন্ত্রিত করা; to use skilfully, দক্ষতার সহিত ব্যবহার করা বা চালনা করা। *n.* **wiel°der**। *a.* **wiel°dy**—সহজে পরিচালনা নিয়ন্ত্রণ বা ব্যবহার করা যায় এমন। *n.* **wiel°diness**। **(to) wield the sceptre**—সার্বভৌম শাসনক্ষমতাসম্পন্ন বা নিয়ন্ত্রণক্ষমতাসম্পন্ন হওয়া। [OE. *weldan*—cp. Goth. *waldan*]

wife [wīf, ওআইফ্‌] *n.* a woman, স্ত্রীলোক; the woman to whom one is married, পত্নী, স্ত্রী, ভার্যা; (obs.) the mistress of a house, (অপ্র.) গৃহিণী (now **good°wife**)। *pl.* **wī°ves**। *masc.* see **husband**। *n.* **wīfe°hood**—পত্নীত্ব। *a.* **wīfe°like, wīfe°ly**—পত্নীসুলভ, পত্নীবৎ। **(to) take to wife**—(পুরুষ-সম্বন্ধে) বিবাহ করা। *n.* **wī°fe-swapping**—(কথ্য.) পরস্পরের স্ত্রীর সহিত যৌনসম্পর্ক স্থাপন। [OE. *wif*—cp. ON. *vif*, G. *weib*]

wig₁ [wig, উইগ্‌] *n.* an artificial covering of hair for the head, পরচুলা। *a.* **wi°gged**—পরচুলা-পরিহিত। *n.* **wi°ggery**—কৃত্রিম চুল; (আল.) নিয়মানুবর্তিতার বা শিষ্টাচারের আতিশয্য। *a.* **wig°less**—পরচুলা পরে নাই এমন। **wigs on the green**—হাতাহাতি, দ্বন্দ্ব, কলহ। [short from *periwig*]

wig₂ [wig, উইগ্‌] *v.t.* (coll.) to scold, (কথ্য.) তীব্র ভর্ৎসনা করা। *pr. pt.* **wi°gging**। *p. & p. pt.* **wi°gged**। [see *wig₁*]

wiggle [wig°l, উইগ্‌°ল্‌] *v.t.i.* (to cause) to move from side to side, ইতস্ততঃ (একপাশ হইতে অন্যপাশে) আন্দোলিত করা বা হওয়া। [MLG. *wigglen*]

wight [wīt, ওআইট্‌] *n.* (arch.) a creature or a person, (আর্ষ.) প্রাণী বা ব্যক্তি (a luckless or wretched *wight*)। [OE. *wiht* cp. *whit*, G. *wicht*]

wigless—see **wig₁.**

wigwam [wig°-wam, উইগ্‌°ওঅ্যাম্‌] *n.* a North American Indian's hut, উত্তর আমেরিকার আদিবাসীর কুটির। [Algonquian]

wild [wīld, ওআইল্‌ড্‌] **(1)** *a.* in a natural state, আদিম স্বাভাবিক অবস্থায় স্থিত; not tamed, পোষ মানান হয় নাই এমন, বন্য (*wild* beast, life, etc.); uncultivated, অকর্ষিত, অনাবাদী; চাষবাস করা হয় না এমন; uncivilized, অসভ্য, বর্বর; uninhabited, বসবাস করা হয় না এমন, বসতিহীন; desolate, জনশূন্য; tempestuous, ঝটিকাপূর্ণ, ঝড়ো (a *wild* wind); violent, প্রচণ্ড; fierce, হিংস্র; unrestrained, অসংযত, অবাধ: agitated; উত্তেজিত; lawless, আইনকানুন মানে না এমন; strong and irrational, প্রবল ও যুক্তিতর্ক মানে না এমন; fantastic, অদ্ভুত কল্পনাপূর্ণ; crazy, খেপা, উন্মত্ত (*wild* with excitement, rage, etc.); unconsidered, বিচার-বিবেচনাহীন; wide of the mark, লক্ষ্য (বা প্রসঙ্গ) হইতে বহুদূরে অপসৃত, লক্ষ্যবহির্ভূত। **(2)** *adv.* same as **wild°ly**। **(3)** *n.* (also in *pl.*) an uncultivated region, অকর্ষিত বা অনাবাদী অঞ্চল; a wilderness or desert, ঊষর প্রান্তর বা মরুভূমি; (poet.) an empty region of air or water, (কাব্যে) শূন্যের বা সমুদ্রাদির ফাঁকা অথবা জনপ্রাণিহীন অঞ্চল। *n.* **wīld°-boar**—বন্য শূকর। *n.* **wīld°cat**—বনবিড়াল; বদমেজাজী হিংস্র লোক। **wild-cat strike**—বিনা বিজ্ঞপ্তিতে আকস্মিক ধর্মঘট। *n.* **wīld°duck**—বুনো হাঁস। *n.* **wild°fīre**—প্রাচীনকালে যুদ্ধবিগ্রহে ব্যবহৃত দাহ্য ও বিস্ফোরক তরলপদার্থবিশেষ; আলেয়ার আলো; বিদ্যুৎচমক; (আল.) যাহা অতি দ্রুত বিস্তার লাভ করে বা বিস্তৃত হয় (rumours spread like *wildfire*)। *n.* **wīld°-fowl**—বুনো হাঁস; শিকারযোগ্য পাখি। *n.* **wīld°-gōōse**—বুনো রাজহাঁস। *pl.* **wild°-geese**। **wildgoose chase**—(আল.—বুনো হাঁসকে তাড়া করিয়া ধরা অসাধ্য বলিয়া) দুর্লভকে পাইবার জন্য মূর্খের অনর্থক হয়রানি। *n.* **wil°ding**—যে গাছ বিনা চাষে আপনা হইতে জন্মে বা উহার ফল। *adv.* **wīld°ly**। *n.* **wīld°ness**। **(to) drive wild**—উন্মত্ত বা পাগল করা। **(to) run wild**—উচ্ছৃঙ্খল বা লাম্পট্যপূর্ণ জীবন যাপন করা; বাড়িয়া ওঠা; জঙ্গলময় বা বন্য হইয়া ওঠা; অকর্ষিত অবস্থায় পড়িয়া থাকা। [OE. *wilde*]

wildebeest [wil°-di-bēst, উইল্‌°ডিবীস্‌ট্‌] *n.* a gnu, নু-হরিণ। [Du. *wilde*=wild *beest*=ox]

wilderness [wil°-da(r)-nis, উইল্‌°ডা়া(র্‌)নিস্‌] *n.* a wild region, চাষবাসহীন ও জনবসতিহীন অঞ্চল, ঊষর ও নির্জন প্রান্তর; a pathless or desolate tract, (জলে বা স্থলে) পথহীন বা জনহীন স্থান; a part of a garden or field grown wild, বাগানের বা খেতের যে অংশকে জঙ্গলময় হইয়া উঠিতে দেওয়া হইয়াছে; an artificial woodland, কৃত্রিম বনভূমি, উপবন; (fig.) a place, or conditions of life, in which the spirit feels desolate, (আল.) যে স্থানের বা জীবনের যে অবস্থায় আত্মা নিজেকে নিঃসঙ্গ বোধ করে। [ME. <*wilderne*< OE. *wilddeor*=wild beast]

For words in ***wild-***, not given separately, see **wild.**

wile [wīl, ওয়াইল্] (**1**) *n.* a trick, কৌশল, ছলাকলা ; deceit, ছলনা ; a pleasing artifice, মনোরম কৌশল ; (in *pl.*) cajolery, মিষ্ট কথায় বশীভূতকরণ, ফুসলানি। (**2**) *v.t.* to beguile, প্রতারিত করা, ছলনা করা ; to coax, মিষ্ট কথায় ভুলান, ফুসলান। *a.* **wile°ful, wi°ly**—ছলনাময় ; কৌশলপূর্ণ। *adv.* **wil°iness** I [OF. *wil(e)*—cp. *guile*]

wilful—see **will**$_2$.

will$_1$—see **be.**

will$_2$ [wil, উইল্] (**1**) *n.* power of choosing or determining, or the use of this power, volition, ইচ্ছাশক্তি, ইচ্ছাবৃত্তি ; choice, determination, pleasure, পছন্দ, সঙ্কল্প, ইচ্ছা, অভিলাষ ; inclination, ঝোঁক ; command, আদেশ ; feeling towards, কাহারও প্রতি মনোভাব (good or ill *will*) ; disposition of one's effects at death, মৃত্যুকালে স্বীয় টাকাকড়ি জমিজমা প্রভৃতি বণ্টন ; the document containing this, উক্ত বণ্টনের দলিল, উইল, (পরি.) ইষ্টিপত্র। (**2**) *v.t.* (arch.) to desire, (আর্ষ.) ইচ্ছা করা, অভিলাষ করা ; to decree, আদেশ দেওয়া ; to try to force or influence by silent exertion of the will, গুপ্ত ইচ্ছাশক্তি প্রয়োগপূর্বক বাধ্য বা প্রভাবিত করার চেষ্টা করা; to bequeath, ইষ্টিপত্র সম্পাদনপূর্বক (সম্পত্তি প্রভৃতি) দিয়া যাওয়া। *a.* **wil°ful**—স্বেচ্ছাচালিত, স্বেচ্ছাচারী, একগুঁয়ে (a *wilful* child) ; স্বেচ্ছাকৃত (*wilful* negligence) I *adv.* **wil°fully** I *n.* **wil°fulness** I *a.* **wi°lled**—ইচ্ছাশক্তিসম্পন্ন ; স্বেচ্ছাপ্রণোদিত ; সম্মোহনদ্বারা পরবশীভূত ; সম্মোহিত। *n.* **wi°ller** I *a.* **wi°lling**—ইচ্ছুক ; রাজী, সম্মত ; কার্যাদি করিতে সম্মত ও তৎপর , আগ্রহপূর্ণ ; স্বেচ্ছাপ্রণোদিত ; ইচ্ছাবৃত্তি বা ইচ্ছাশক্তি সম্বন্ধীয়, ইচ্ছাগত। *adv.* **willingly** I *n.* **willingness** I **at will**—স্বেচ্ছামত। *n.* **tenant-at-will**—যে প্রজা বা ভাড়াটিয়াকে ইচ্ছামত উৎখাত করা যায়। **a will of one's own**—স্বীয় প্রবল ইচ্ছাশক্তি। **by my will**—(কাব্যে) আমার স্বেচ্ছানুসারে। **conjoint** or **joint will**—দুইজনে একত্র কৃত চুক্তিপত্র। **of one's own free will**—স্বেচ্ছায় ও আপন খুশিতে (অর্থাৎ প্রয়োজনের তাগিদে নয় বা বাধ্যতামূলকভাবে নয়) I **with a will**—আন্তরিকভাবে সাগ্রহে ও উদ্যমের সহিত। **with the best will in the world**—যত সদিচ্ছাই থাক না কেন। **(to) have one's will**—স্বীয় অভীষ্ট লাভ করা। **(to) work one's will**—স্বেচ্ছামত কাজ করা। *n.* **will°-power**—ইচ্ছাশক্তি। [OE. *willa(n)*, *willan* (*v.*)—cp. Goth. *wilijan*, G. *wollen*, L. *velle*]

will-o'-the-wisp [wi°-la-dhwisp, উইল্যাদ্‌উইস্‌প্] *n.* the ignis-fatuus, আলেয়ার আলো ; any elusive or deceptive person or thing, যে ব্যক্তি বা বস্তু নাগাল এড়াইয়া যায় বা ছলনা করে ; delusive hope or plan, বিভ্রান্তিকর আশা বা পরিকল্পনা। [ori. *Will-with-the wisp* < *Will*, contr. of *William*, see *wisp*]

willow [wi°-lō, উইলৌ] *n.* a waterside tree or shrub, জলাশয়াদির নিকটে জাত সরু ও নমনীয় শাখাযুক্ত একপ্রকার গাছ ও গুল্ম ; (coll.) cricket bat, ক্রিকেট খেলার ব্যাট। *a.* **wi°llowy**—সরু ও নমনীয়। *n.* **willow pattern**—চীনা মাটির বাসনে সাদার উপরে নীল রঙের কারুকার্য বা প্যাটার্ন। [OE. *welig*—cp. Low G. *wilge*, Du. *wilg*]

willy-nilly [wi°-li-ni°-li, উইলিনিলি] *adv.* willingly or unwillingly, স্বেচ্ছায়ই হউক আর অনিচ্ছায়ই হউক ; compulsorily, বাধ্যতামূলকভাবে। [*will*, *nill*]

wilt$_1$—see **be.**

wilt$_2$ [wilt, উইল্ট্] *v.i.* to droop, to lose freshness, (গাছপালা ফুল প্রভৃতি সম্বন্ধে) শুকাইয়া যাওয়া, তাজা ভাব হারান ; (fig.) to lose self-confidence or courage or spirit, (আল.) আত্মবিশ্বাস বা সাহস বা তেজবীর্য হারান, (তু.) নেলাখেপা হওয়া। [?]

Wilton [wil°tan, উইল্‌ট্যান্] *n.* a kind of carpet, একপ্রকারের কার্পেট (also **Wilton carpet**) I [Wilts, place-name]

wily—see **wile.**

wimple [wimp°l, উইম্‌প্‌ল্] *n.* a linen head-dress, খ্রিস্টান সন্ন্যাসিনীদের মস্তকাবরণের অনুরূপ মস্তকাবরণ। [OE. *wimple*—cp. G. *wimpel*=a person]

win [win, উইন্] (**1**) *v.t.i.* to gain as the result of a fight, contest, bet or effort, যুদ্ধে প্রতিযোগিতায় বাজিতে বা চেষ্টাবলে অর্জন করা, জিতিয়া লওয়া (to *win* a battle, a race, a prize, etc.) ; to achieve or succeed in getting, সাধন করা বা সম্পাদন করা, সিদ্ধিলাভ করা ; to be the victor (in), (কিছুতে) বিজয়ী হওয়া বা জয়লাভ করা; to gain influence (over), (কাহারও) উপরে প্রভাববিস্তারে সক্ষম হওয়া। (**2**) *v.t.* to induce, প্ররোচিত করা। *pr. pt.* **wi°nning** I *p.* & *p. pt.* **won** [wun, ওয়ান্]। (**3**) *n.* a victory or success, (কথ্য.) বিজয়লাভ, সাফল্যলাভ, জয়, সাফল্য। *n.* **wi°nner**—win(*v.*)-এর সকল অর্থে, এবং—যাহা বিজয়ী করায় অর্জনোপায় (bread-*winner*) I **wi°nning**—(**1**) *n.* অর্জন ; জয়লাভ ; সম্পাদন, সিদ্ধিলাভ ; প্রভাববিস্তার ; (usu. in *pl.*) বিজিত বা অর্জিত বস্তু(সমূহ)। (**2**) *a.* অর্জন জয়লাভ প্রভাববিস্তার করে বা করায় এমন প্ররোচনাদায়ক ; আকর্ষণীয় (a *winning* smile) I *n.* **wi°nning-post**—ধাবনপ্রতিযোগিতার মাঠের প্রান্তে প্রোথিত যে খুঁটাতে প্রথম পৌঁছিলে জয়লাভ হয়। **(to) win by a (short) head**—ধাবন প্রতিযোগিতাদিতে অল্পের জন্য জয়ী হওয়া। **(to) win free** or **clear** or **out** or **through**—(বিপদাদি হইতে) উত্তীর্ণ হওয়া। **(to) win hands down**—অবলীলাক্রমে সাফল্য অর্জন করা। **(to) win in a canter**—ধাবন-প্রতিযোগিতাদিতে সহজেই জয়ী হওয়া। **(to) win over**—স্বমতে বা স্বদলে আনা।

(to) win the day or **field**—বিজয়ী হওয়া। [OE. *winnan*=to struggle, suffer—cp. ON *vinna*]

wince [wins, উইন্‌স্] (**1**) *v.i.* to shrink or start back, (বেদনাদিতে) সঙ্কুচিত হওয়া বা হঠিয়া আসা। *p.* & *p. pt.* **win°ced**। (**2**) *n.* a shrinking or starting back, (বেদনাদিতে) সঙ্কুচিত বা পশ্চাদ্‌পদ হওয়া। [cp. OF. *guinchir*]

wincey [win°si, উইন্‌°সি] **win°sey**—*n.* strong material of wool, cotton used for shirts etc., শার্ট প্রভৃতিতে ব্যবহৃত শক্ত পশমী বা সুতী।

winch [winsh, উইন্‌শ্] *n.* the crank of a wheel or axle, চাকা বা চক্রনেমী ঘোরানর হাতল; a powerful hauling or hoisting machine, শক্তিশালী কপিকলবিশেষ। [OF. *wince*]

Winchester [win°-shis-ta(r), উইন্‌°শিস্‌ট্যা(র্)] *n.* a kind of rifle, রাইফেল্‌বিশেষ। [original manufacturer's name]

wind$_1$ [wind, উইন্‌ড্] (**1**) *n.* air in motion, বাতাস, বায়ু, হাওয়া; a current of air (স্বাভাবিক বা কৃত্রিম) বায়ুপ্রবাহ; breath, শ্বাস, দম; flatulence, পেটে বায়ুসঞ্চার; conceit, অসার দম্ভ বা গর্ব; the wind instruments in an orchestra, or their players, অর্কেষ্ট্রার বা ঐকতান-বাদনের সুষির যন্ত্রসমূহ অথবা উহাদের বাদকগণ; a hint or suggestion, (গুপ্ত বিষয়াদির) ইঙ্গিত সঙ্কেত বা আভাস। (**2**) *v.t.* to perceive by the scent, গন্ধের সাহায্যে বুঝিতে পারা বা টের পাওয়া; to expose to the wind, মুক্ত বায়ুর মধ্যে রাখা, বাতাস লাগান; to exhaust by driving hard, দ্রুত ধাওয়া করিয়া বা তাড়াইয়া হাঁপ ধরান অথবা অবসন্ন করিয়া ফেলা; to allow to recover wind, দম লইতে দেওয়া। *p.* & *p. pt.* **win°dĕd**। *v.t.* **wind** [wīnd, ওয়াইন্‌ড্] সুষির যন্ত্র বাজাইয়া ধ্বনিত করা বা সঙ্কেতজ্ঞাপন করা। *p.* & *p. pt.* **win°dĕd,** (by confusion with **wind**$_2$) **wound** [wownd, ওয়াউন্‌ড্]। *n.* **wind-bag** [win°-bag, উইন্‌°ব্যাগ্] ব্যাগপাইপ প্রভৃতি বাদ্য-যন্ত্রের যে অংশ ফাঁপা ও ফোলান থলির মত থাকে; (কৌতুকে) ফুসফুস; (জাহাজাদিতে) অনুকূল বায়ুলাভার্থ সংস্কারবশে রক্ষিত বাতাস-ভরা থলি; অতি বাক্‌সর্বস্ব বা বাগাড়ম্বরপ্রিয় বা বাচাল ব্যক্তি। *a.* **wind°-bound**—(জাহাজাদি সম্বন্ধে) প্রতিকূল বাতাসে রুদ্ধ-গতি। *n.* **wind°break**—বাতাসের গতিনিরোধের জন্য প্রযুক্ত বেড়া, গাছের সারি প্রভৃতি। *n.* **wind°-chart**—বাতাসের গতিনির্দেশক রেখাচিত্র। *n.* **wind°-breaker** (Am.), **wind°-cheater**—শরীরের উপরের দিকের জন্য আঁটো জামা যাহা বাতাস হইতে রক্ষা করে। *n.* **wind°-chest**—অর্গানাদিতে হাওয়া সরবরাহের জন্য বায়ুপূর্ণ বাক্সবিশেষ। *n.* **wind°er**—বংশীপ্রভৃতি বা সুষির যন্ত্রবাদক। *n.* **windfall** [win°fawl, উইন্‌°ফ্যল্] বাতাসে গাছ হইতে ঝরিয়া-পড়া ফল; অপ্রত্যাশিতভাবে লব্ধ টাকা-কড়ি বা সুবিধা। *a.* **wind°fallen**—বায়ুপ্রবাহে তাড়িত হইয়া নিচে নামিয়াছে বা মাটিতে পড়িয়াছে এমন, আকাশ হইতে খসিয়া পড়িয়াছে এমন। *n.* **wind°-flower**—বায়ুপরাগী পুষ্পবিশেষ, তারার মত আকারের একরকম ছোট ফুল। *n.* **wind°-gauge**—বায়ুপ্রবাহের বেগমাপক যন্ত্র, বায়ুবেগমান। *n.* **wind°hōver**—একপ্রকার ক্ষুদ্র শ্যেন বা বাজ-পাখি। *n.* **wind°-instrument**—বাঁশি শিঙা প্রভৃতি যে সকল বাদ্য মুখ দিয়া বাজাইতে হয়, (পরি.) সুষির যন্ত্র। *n.* **wind°-jammer**—বাণিজ্যতরী। *a.* **wind°lĕss**—বায়ুহীন, নির্বাত। *n.* **windmill** [win°-mill, উইন্‌°মিল্] বায়ুপ্রবাহদ্বারা চালিত কল, (পরি.) বাতচক্র। **(to) fight** or **tilt at windmills**—(Cervantes-এর উপন্যাসের Don Quixote-এর মত) কল্পিত শত্রুর সঙ্গে লড়াই করা। **(to) throw (one's) cap over the windmill**—বেপরোয়া আচরণ করা। *n.* **windpipe** [win°-pīp, উইন্‌°পাইপ্] জীবদেহের শ্বাসনালী,(পরি.) শ্লোমনালিকা। *n.* **wind°sail**—জাহাজের ডেকের নিচে বায়ু সরবরাহের জন্য বিস্তৃত পালবিশেষ; বাত-চক্রের পাখা। *n.* **wind°-screen**—(মোটরগাড়ি প্রভৃতিতে) কাপড় কাচ প্রভৃতিতে তৈয়ারি বায়ু-প্রবাহরোধী (স্বচ্ছ) পরদা বা আবরণ। *n.* **wind-sock**—বায়ুর গতিনির্দেশ করার জন্য মাস্তুলের উপর বা বিমানবন্দরের উড্ডীন চটের নল বা বেলন। *a.* **wind°-swept**—বায়ুপ্রবাহে পীড়িত, ঝটিকাপীড়িত; ঝড়ের তাড়নায় নিরাবরণ অর্থাৎ নিষ্পাদপ। **wind°ward**—(**1**) *a.* যে দিক্‌ হইতে বায়ু বহে তদভিমুখ, প্রতিবাত। (**2**) *n.* প্রতিবাত দিক্‌। *adv.* **wind°ward(s)**—প্রতিবাতে, বায়ুর উজানে। **(to) cast** or **lay an anchor to the windward**—ভবিষ্যতের অভাব-পূরণার্থ বিচক্ষণ ব্যবস্থা করা। **(to) get to windward of**—(কিছুর উপরে) সুবিধালাভ করা। *a.* **win°dy**—বায়ুতুল্য; বায়ুঘটিত; মুক্তবায়ুতে রক্ষিত; (কাব্যে) বাতাসদ্বারা অথবা ফুঁ দিয়া চালিত বাদিত বা উৎপাদিত হয় এমন; পেটে বায়ুর আধিক্যজাত; (আল.) অসার, ক্ষণস্থায়ী, পরিবর্তনশীল, গর্বপূর্ণ, দম্ভপূর্ণ, বাক্য-মাত্র সার এমন; (কথ্য.) ভীত। **on the windy side**—(কাব্যে) প্রতিবাত দিকে অর্থাৎ যেদিক হইতে আক্রান্ত হওয়ার সম্ভাবনা নাই সেই দিকে; নিরাপদে; সুবিধাজনকভাবে। **a capful of wind**—স্বল্প বাতাস। **before the wind**—বায়ুপ্রবাহদ্বারা তাড়িত বা চালিত। **between wind and water**—জাহাজের যে অংশ ঢেউয়ের ধাক্কায় কখনও জলে ডোবে কখনও ভাসে সেই অংশে; ভেদ্য বা বিপজ্জনক অবস্থায়। **down the wind**—বায়ুর সহিত প্রবাহিত; (অপ্র.—আল.) ক্ষয়িষ্ণু। **how the wind blows** or **lies**—বাতাসের অবস্থা; বায়ুপ্রবাহের গতি; (ব্যাপারাদির) অবস্থা বা হালচাল। **in the wind**—সঞ্চরণশীল; আরম্ভ বা চালু হইয়াছে এমন। **in the teeth of wind, in the wind's eye**—একেবারে বায়ুর প্রতিকূলে বা উজানে, সম্পূর্ণ প্রতিবাতে। **second wind**—একবার দম ফুরাইয়া যাওয়ার পর পুনরায় ফিরিয়া-পাওয়া শ্বসনশক্তি। **(to) cast** or **fling** or **throw to the winds**—বেপরোয়াভাবে

ছড়ান ছোড়া বা খরচ করা ; বিচক্ষণতা শোভনতা প্রভৃতির সমস্ত বাঁধন ছিঁড়িয়া ফেলা। **(to) get the wind of**—(কিছুর) প্রতিবাত দিকে যাওয়া। **(to) get wind of**—আভাস সঙ্কেত ইঙ্গিত বা সংবাদ পাওয়া। **(to) get** or **have the wind up**—আতঙ্কিত হওয়া। **(to) have the wind of**—পদচিহ্নের খোঁজ পাওয়া, সন্ধান পাওয়া। **(to) put the wind up (a person)**—আতঙ্কিত করান। **(to) raise the wind**—প্রয়োজনীয় অর্থসংগ্রহ করা। **(to) sail close** or **near to the wind**—পোতাদির মুখ বায়ুপ্রবাহের এমন নিকটে রাখা যে পালসমূহ বায়ুপূর্ণ হইবে অথচ আন্দোলিত হইবে না ; অনুমোদিত সীমাতিক্রম করার অপরাধে অপরাধী হইবার উপক্রম করা। **sound in wind and limb**—অতি সুস্থ অবস্থায়, পূর্ণ দৈহিক স্বাস্থ্যে। **(to) take the wind out of one's sails**—(আল.) সুবিধা হইতে বঞ্চিত করা, ব্যাহত করা, অসুবিধায় ফেলা। **wind(s) of change**—সংস্কার-প্রবণতা। [AS.—cp. ON. *vindr*, G. *wind*, L. *ventus*, Sans. *vayu*]

wind₂ [wīnd, ওয়াইন্ড্] (**1**) *v.t.* to turn, twist, or coil, ফেরান, ঘোরান, মোচড়ান, পাকান, কুণ্ডলী করা ; to warp, জড়ান, মোড়া ; to encircle, পরিবেষ্টন করা ; to screw the mechanism of, (ঘড়ি প্রভৃতিতে) দম দেওয়া; to direct (one's way), or to traverse, by turning and twisting, (কোন) আঁকাবাঁকা পথ ধরা বা (কোন পথে) আঁকিয়া-বাঁকিয়া চলা (the river *winds* its way to the sea) ; to insinuate oneself, কৌশলে ঢোকা (the little girl *wound* herself into my affections) ; to haul or hoist, (কপিকল প্রভৃতির দ্বারা) তোলা বা টাঙ্গান। (**2**) *v.i.* to turn round something, কিছুকে বা কাহাকেও বেষ্টন করিয়া আবর্তিত হওয়া ; to twist, মোচড় খাওয়া, পাক খাওয়া ; to move or go, by turns or twists, or (fig.) deviously, আঁকিয়া-বাঁকিয়া চলা বা যাওয়া, (আল.) বিভিন্ন দিকে যাওয়া। *p.* & *p. pt.* **wound** [wownd, ওয়াউন্ড্]। (**3**) *n.* a turn, twist, or coil, আবর্ত, মোচড়, পাক, কুণ্ডলী ; a turning, আবর্তন ; a twisted condition, মোচড়ান পাকান বা কুণ্ডলিত অবস্থা। *n.* **wīn°der**—wind (*v.*)-এর সকল অর্থে, এবং—কপিকল, যন্ত্র ঘড়ি প্রভৃতিতে দম দেওয়ার চাবি ; যে লতা পাকাইয়া পাকাইয়া ওঠে। *adv.* **wīn°dingly** । *n.* **wīn°ding-sheet**—শবদেহ আচ্ছাদনের বস্ত্র। *n.* **wīn°ding-stair**—কুণ্ডলাকার সিঁড়ি। *n.* **wīnd°-up**—সমাপ্তি, অবসান। **(to) wind a ship**—জাহাজকে সম্পূর্ণ বিপরীত মুখে ঘোরান। **(to) wind off**—পাক খোলা। **(to) wind** (a person) **round one's (little) finger**—(কাহাকেও) ইচ্ছামত পরিচালনা করা, (কড়ে) আঙ্গুলের ডগায় করিয়া নাচান। **(to) wind up**—শেষ উপসংহার বা মীমাংসা করা অথবা হওয়া (to *wind up* one's speech) ; সম্পূর্ণ কুণ্ডলিত করা বা হওয়া ; গোটান ; (কারবার কাজকর্ম প্রভৃতি) বন্ধ করা বা শেষ করা বা গোটান (to *wind up* a business company, one's affairs, etc.); আঁটো করা বা হওয়া ; কপিকলদ্বারা উত্তোলন করা ; (ঘড়ি প্রভৃতিতে) দম দেওয়া (to *wind up* a clock)। [OE. *windan* (*v.*)—cp. G. *winden*, ON. *vinda*, Goth. *windan*]

windlass [wind°-las, উইন্ড্°ল্যাস্] *n.* a machine for hauling and hoisting, উত্তোলন করার জন্য ও টাঙ্গানর জন্য কপিকলবিশেষ, (পরি.) চরকি। [AF. *winndas* ?]

window [win°-dō, উইন্°ডৌ] *n.* an opening in the wall of a building etc., for air and light, জানালা, বাতায়ন, গবাক্ষ ; the frame of a window, জানালার ফ্রেম্ বা চৌকাট (also **win°dow-frāme, win°dow-sash**) ; a sheet of glass set in a window, জানালার শার্সি (also **win°dow-pāne, win°dow-glass**) ; any window-like opening, গবাক্ষতুল্য ছিদ্র। *n.* **win°dow-bar**—জানালার গরাদে। *n.* **win°dow-blīnd**—জানালার খড়খড়ি বা কপাট। *n.* **win°dow-curtain**—জানালার পরদা। *n.* **win°dow-dressing**—দোকানে আকর্ষণীয়ভাবে জিনিসপত্র সাজাইবার কৌশল ; (আল.) নিজের গুণ, ক্ষমতা প্রভৃতি জাহির করিবার কৌশল। **win°dow envelope**—যে লেফাফার সামনের দিকে স্বচ্ছ অংশ থাকে এবং তাহার মধ্য দিয়া ভিতরের কাগজে লেখা ঠিকানা পড়া যায়। *n.* **win°dow-screen**—জানালার কারুকার্যময় পরদা। *n.* **win°dow-seat**—জানালার ফোকরে বা ধারিতে স্থাপিত আসন। *n.* **win°dow-shopping**—জানালার ভিতর দিয়া (ঠিক ক্রয় করিবার ইচ্ছায় নহে) কৌতূহলভরে জিনিসপত্র দেখা। *n.* **win°dow-sill**—জানালার ধারি। **out of the window**—(কথ্য.) ধর্তব্য বা গণনীয় নহে এমন। [ON. *vindauga*]

Windsor-chair [win°-za(r)-chā(r), উইন্°জ়্যা(র্)-চেয়্যা(র্)] *n.* a kind of chair, সম্পূর্ণ কাষ্ঠনির্মিত শক্ত সাদাসিধা ও পিছনের দিকে বাঁকান পিঠযুক্ত চেয়ারবিশেষ। *n.* **wind°sor-soap**—একজাতীয় গায়ে-মাখা সাবান। [*Windsor* in Berkshire, *chair*]

wine [wīn, ওয়াইন্] *n.* the fermented juice of grapes, or any liquor made from other fruits. দ্রাক্ষাসব বা অন্য যে-কোন ফল হইতে প্রস্তুত মদ্য। **white wine**—ফিকে রঙের বা বর্ণহীন মদ। **wine°bibber**—মদ্যপানাভ্যস্ত ব্যক্তি ; মাতাল। *n.* **wine°bibbing**—মদ্যপানাভ্যাস। *n.* **wīne°-cask**—মদের পিপা। *n.* **wīne°-cellar**—মদ রাখার জন্য ভাঁড়ারঘর। *a.* **wīne°-coloured**—স্বচ্ছ লালবর্ণ। *n.* **wīne°-cooler**—পানের পূর্বে মদ্যপূর্ণ পাত্রগুলি শীতল করার জন্য পাত্র। *n.* **wīne°cup, wīne°-**

For words in *wind-*, not given separately, see **wind₁ wind₂**.

glass—মদ্যপানার্থ পেয়ালা বা গেলাস। *n.* **wine°-merchant**—(প্রধানতঃ) পাইকারী মদ্যবিক্রেতা। *n.* **wine°-press**—আঙ্গুর পিষিয়া রস বাহির করার যন্ত্র। *n.* **wine°-skin**—ছাগাদির সেলাই-করা গোটা চামড়া (পূর্বে ইহার মধ্যে মদ রাখা হইত)। **new wine in old bottles**—যে নূতন নীতি পুরাতন বিধি-নিয়মের বাধা মানে না। [OE. *win*<L. *vinum*—cp. Goth. & Ger. *wein*, Gk. *oinos*]

wing [wing, উ্যইং] (**1**) *n.* the organ of flight of any flying creature, ডানা, পক্ষ; any wing-like part of a machine or an aircraft, বিমান-পোতাদি যন্ত্রের পক্ষতুল্য অঙ্গ; flight in the air, শূন্যধাবন, উড্ডয়ন; anything resembling a wing, পক্ষসদৃশ যে-কোন বস্তু; a fan or vane (প্রধানত: যন্ত্রাদির) পাখা; (usu. in *pl.*) a sail, পোতাদির পাল; any side-piece, (অট্টালিকাদির) পার্শ্বভাগ বা পার্শ্বভাগস্থ সংযোজন; (usu. in *pl.*) the side of an army, সৈন্যবাহিনীর পার্শ্বভাগ বা প্রান্ত-ভাগ; a section of a political party, রাজ-নীতিক দলের বিভাগ; a player on the either extreme of the forward line in football etc., ফুটবলাদি খেলায় সম্মুখভাগের প্রান্তিক খেলো-য়াড়; a group of three squadrons in the Air Force, বিমান-বাহিনীর বিভাগবিশেষ; a flock, (টিট্টিভাদির) দল, ঝাঁক, পাল; (*fig.*) means or power of rapid movement, (আল.) দ্রুত চলাচলের পন্থা বা শক্তি। (**2**) *v.t.* to furnish with wings, পক্ষযুক্ত করা; to transport with wings, পক্ষদ্বারা পরিবহণ করা; to lend speed to, বেগদান করা; to supply with side-pieces, পার্শ্বাংশ বা পার্শ্বভাগে অংশবিশেষ সংযুক্ত করা; to waft, উড়ন্তা-বস্থায় বহন করা; to traverse by wing, উড়ন্তা-বস্থায় পরিভ্রমণ করা, (কিছুর উপর দিয়া) ওড়া; to wound in wing, arm or shoulder, পার্শ্বদেশে ডানায় বাহুতে বা স্কন্ধদেশে আহত করা। (**3**) *v.i.* to soar on the wing, ডানার সাহায্যে ওড়া; to go speedily, বেগে গমন করা। *a.* **wing°ed**—পক্ষ-যুক্ত, সপক্ষ; পার্শ্বদেশে ডানায় বাহুতে বা স্কন্ধদেশে আহত; দ্রুতগতি; বেগবান্ অভীপ্সাপূর্ণ (*winged* words)। *n.* **wing°er**—(ফুটবল হকি প্রভৃতি খেলায়) সম্মুখভাগের ডান এবং বাম প্রান্তের খেলোয়াড়। *n.* **wing°-chair**—যে (তুলা স্প্রিং প্রভৃতির) গদি আঁটা চেয়ারে দুই পাশের দিক পিছনের দিকের মত উঁচু থাকে। *n.* **wing-°command°er**—বিমানবাহিনীর সেনাপতিবিশেষ। *n.* **wing°-span, wing°-spread**—ডানা বিছাইয়া মাপ লইলে যে মাপ হয়। **the Left Wing**—(রাজ.) প্রগতিশীল বা বামপন্থী দল(সমূহ)। **the Right Wing**—(রাজ.) সংরক্ষণ-শীল বা দক্ষিণপন্থী দল(সমূহ)। **in** or **upon the wing**—উড়ন্ত; চলন্ত; প্রস্থানরত। **on the wings of the wind**—সর্বাধিক বেগে। **under (one's) wing**—(কাহারও) পক্ষপুটে বা রক্ষণাবেক্ষণে। **(to) add** or **lend wings (to)**—দ্রুত ধাবিত করান। **(to) clip the wings (of)**—পাখি যাহাতে উড়িয়া না পালায় তজ্জন্য উহার ডানার অংশ ছাঁটিয়া দেওয়া; (আল.) উচ্চাভিলাষ নষ্ট করিয়া দেওয়া বা উন্নতির পথে বাধা জন্মান। **(to) make** or **take wing**—উড়িতে আরম্ভ করা; প্রস্থান করা। **(to) take to itself wings**—অন্তর্হিত হওয়া, অন্তর্ধান করা, উধাও হওয়া। *a.* **wing°less**—ডানাহীন। ON. *vængr*]

wink [wingk, উ্যইংক্] (**1**) *v.i.t.* to move (the eyelids) quickly, (চোখ) পিট্‌পিট্ করা; to give a hint (of) by winking, চোখ পিট্‌পিট্ করিয়া (কিছুর) আভাস বা ইঙ্গিত দেওয়া; to seem not to see, না দেখার ভান করা; to shine intermittently, থামিয়া থামিয়া জ্বলা। *p.* & *p. pt.* **wink°ed**। (**2**) *n.* winking, চোখ পিট্‌পিট্-করণ; a hint (as by winking), (চোখ পিট্‌পিট্ করিয়া জ্ঞাপিত) আভাস, সঙ্কেত, ইশারা, ইঙ্গিত; a closing of the eyes for sleep, নিদ্রাবেশে চক্ষু নিমীলন; a short spell of sleep, অল্পক্ষণব্যাপী নিদ্রা (I had not a *wink* of sleep last night)। *n.* **win°ker**—wink (*v.*)-এর সকল অর্থে, এবং—ঘোড়ার চোখে যে ঠুলি পরান হয়। *adv.* **wink°ingly**। **as easy as winking**—খুব সহজ। **in a wink**—খুব তাড়া-তাড়ি, এক পলকে বা নিমেষে। **forty winks**—ক্ষণস্থায়ী নিদ্রা, তন্দ্রা। **(to) wink at**—ইচ্ছাপূর্বক না দেখা, দেখিয়াও না দেখা; উপেক্ষা করা। [OE. *wincian*—cp. G. *winken*]

winkle [wingk°l, উ্যইংক্°ল্] same as **peri-winkle**। **(to) winkle out**—বলপূর্বক ক্রমশঃ কষ্টসহকারে বাহির করান। [cp. G. *winkel*=corner]

winner, winning—see **win**.

winnow [wi°-nō, উ্যই°নৌ] *v.t.* to separate the chaff (from grain) by wind, বাতাস দিয়া (শস্য হইতে) তুষ প্রভৃতি আলাদা করা, (শস্য) ঝাড়া; to fan, বাতাস দেওয়া; to sift, চালুনির সাহায্যে অবাঞ্ছিত অংশ হইতে পৃথক করা, চালা; to examine closely, গভীরভাবে পরীক্ষা করা; (*fig.*) to sepa-rate, (আল.) পৃথক করা (to *winnow* truth from falsehood); to waft, শূন্যে উড়াইয়া লওয়া। *n.* **wi°nnowing-fan, wi°nnowing-machine**—শস্যাদি ঝাড়ার জন্য পাখা বা যন্ত্র (তু. কুলা)। [OE. *wind-wian*—cp. *wind*$_1$]

winsey—see **wincey**.

winsome [win°-sam, উ্যইন্°স্যাম্] *a.* cheerful, প্রফুল্ল, হাসিখুশি; pleasant, মনোরম; attractive, আকর্ষণীয় (a *winsome* smile)। *adv.* **win°-somely**। *n.* **win°someness**। **winsome marrow**—প্রিয় সঙ্গী (বা সঙ্গিনী)। [OE. *wynsum*=pleasant]

winter [win°-ta(r), উ্যইন্°ট্যা(র্)] (**1**) *n.* the cold season of the year, শীতঋতু, শীতকাল; a year, এক বৎসর (a man of seventy *winters*); period of cheerlessness, নিরানন্দ কাল; old age, বার্ধক্য। (**2**) *a.* wintry, শীতকালীন; suit-able for wear or use in winter, শীতকালে

পরিধেয় বা ব্যবহার্য। (3) *v.i.* to pass the winter, শীতকাল অতিবাহন করা বা যাপন করা। (4) *v.t.* to feed and keep through winter, শীতকাল ব্যাপিয়া খাওয়ান ও পালন করা। *a.* **win°terly**—নিরানন্দ। *n.* **wintertime**—শীতকাল। *a.* **win°try**—শীতকালসদৃশ ; শীতকালের উপযোগী ; শীতকালীন ; ঝটিকাপূর্ণ, ঝড়ো ; নিরানন্দ। *n.* **win°triness**। [AS.]

wipe [wīp, ওয়াইপ্] (1) *v.t.* to clean or dry by rubbing with something soft, নরম কিছুর দ্বারা মুছিয়া পরিষ্কার করা বা শুকান ; to clear away, পরিষ্কার করিয়া ফেলা, মুছিয়া ফেলা, দূর করিয়া ফেলা (to *wipe* away, *wipe* off, *wipe* out, *wipe* up) ; to obliterate, annihilate, or abolish, ঘষিয়া তোলা, নিশ্চিহ্ন করা, ধ্বংস করা, লোপ করা (to *wipe* out)। (2) *n.* wiping, সম্মার্জন ; (sl.) a handkerchief, (অশি.) রুমাল। *n.* **wi°per**—সম্মার্জক ; যদ্দ্বারা ঝাঁটান বা মোছা হয়, সম্মার্জনী। *n.* **wi°ping**—সম্মার্জন। [OE. *wipian*]

wire [wī(r), ওয়াইআ্যা(র্)] (1) *n.* a thread or rope of metal, ধাতুনির্মিত সুতা বা রজ্জু, তার ; (coll.) a telegram, (কথ্য.) তারবার্তা, টেলিগ্রাম (send me a *wire*)। (2) *v.t.* to bind, support, protect, or snare, with wire, তার দিয়া বাঁধা বা অবলম্বন দেওয়া বা রক্ষা করা বা বিজড়িত করা ; to furnish with wires, (প্রধানতঃ ইলেকট্রিকের) তার জোগান বা তারে সজ্জিত করা ; to inform by a telegram, টেলিগ্রাম করিয়া জানান (*wire* me the result) ; to send by a telegram, টেলিগ্রাম করিয়া (সংবাদাদি) প্রেরণ করা। (3) *v.t.i.* to send a telegram (to), (কাহাকেও) টেলিগ্রাম করা। *n.* **wire-brush**—তারদ্বারা প্রস্তুত বুরুশ। *n. pl.* **wire°-cutters**—তার-কাটা কাতুরি। *a.* **wire°-drawn**—অকারণে সূক্ষ্মাতিসূক্ষ্মভাবে বিশ্লিষ্ট বা পার্থক্য নির্ণীত হইয়াছে এমন ; যৎপরোনাস্তি বা অযথা সূক্ষ্মতাবিশিষ্ট। *n.* **wire°-gauze**—সরু তারে তৈয়ারি কাপড়বিশেষ, (পরি.) তারজালি। *a.* **wire°-haired**—কর্কশ ও খাড়া-খাড়া চুলওয়ালা বা লোমওয়ালা। **wire°less**—(1) *a.* তারহীন ; বেতারবার্তা-প্রেরণ বা বেতার-সম্প্রচার সম্বন্ধীয়। (2) *n.* বেতারবার্তা-প্রেরণের বা বেতারসম্প্রচারের প্রণালী অথবা ব্যবস্থা, রেডিও, বেতার ; বেতারযন্ত্র ; বেতারবার্তা ; বেতারের অনুষ্ঠানসূচি। **wireless station**—বেতার-সম্প্রচার-কেন্দ্র। **wireless telegraphy** or **telephony**—বেতারবার্তা-প্রেরণের প্রণালী বা ব্যবস্থা। *n.* **wire°-puller**—যে ব্যক্তি (বিশেষতঃ যে রাজনীতিজ্ঞ) নিজে অন্তরালে থাকিয়া অপরকে পরিচালিত করিয়া (পুতুল-নাচের বাজিকরের মত) কার্যসাধন করে ; চক্রী। *n.* **wire°-pulling**—নিজে অন্তরালে থাকিয়া অপরকে পরিচালিত করিয়া কার্যসাধন। *n.* **wire°-recording**—টেপ বা ফিতার সাহায্য ছাড়া তারের উপরে চৌম্বকশক্তির প্রয়োগের দ্বারা ধ্বনিনিবেশন। *n.* **wire°-walker**—দড়াবাজিকর। *n.* **wire°-worm**—বৃক্ষাদির ক্ষতিসাধক কীটবিশেষ। *a.* **wir°y**—তারে তৈয়ারি ; তারের ন্যায় ; নমনীয় কিন্তু শক্ত ; (মানুষ সম্বন্ধে) শক্তিমান্ ও সহশক্তিসম্পন্ন। *adv.* **wir°ily**। *n.* **wir°iness**। *n.* **wir°ing**—ইলেকট্রিকের তার খাটান বা তাহার প্রণালী। **(to) pull the wires**—(পুতুল-নাচের বাজিকরের মত) নিজে অন্তরালে থাকিয়া অপরকে পরিচালিত করিয়া কার্যসাধন করা ; চক্রান্ত করা। **(to) wire in**—(কথ্য.) উদ্যমসহকারে কাজে লাগা। **wire rope**—তার পাকাইয়া তৈয়ারি রশি বা কাছি। **wire wool**—বাসনকোসন মাজার জন্য সূক্ষ্ম তারদ্বারা প্রস্তুত গুলিবিশেষ। [OE. *wir*—cp. ON. *virr*]

wis [wis, উইস্] *v.t.* to know, জানা ; to believe, বিশ্বাস করা। [cp. G. *gewiss* read as *iwis, wist*]

wisdom—see **wise$_2$**.

wise$_1$ [wīz, ওয়াইজ়্] *n.* (arch.) way, manner, (আর্ষ.) পথ, পন্থা, ধরন, প্রণালী (in any *wise*, in no *wise*, on this *wise*)। [OE.—cp. *guise*, G. *weise*]

wise$_2$ [wīz, ওয়াইজ়্] *a.* having knowledge, জ্ঞানী, জ্ঞানসম্পন্ন ; learned, পণ্ডিত, পাণ্ডিত্যপূর্ণ ; sagacious, বিজ্ঞ, জ্ঞানগর্ভ ; discreet, experienced, অভিজ্ঞ ও বিচক্ষণ ; judging rightly, সুবিচারপূর্ণ, ন্যায়বিচারপূর্ণ ; skilful, সুদক্ষ ; dictated by wisdom, বিজ্ঞতাপ্রসূত ; pious, ধার্মিক ; সাধু। *n.* **wisdom** [wiz°-dam, উইজ়্°ড্যাম্] জ্ঞানসম্পন্নতা ; পাণ্ডিত্য ; বিজ্ঞতা ; অভিজ্ঞতা ও বিচক্ষণতা ; সুবিচারের বা ন্যায়বিচারের ক্ষমতা ; পাণ্ডিত্যপূর্ণ বিজ্ঞ বা বিচক্ষণ পন্থা অথবা উক্তি ; আধ্যাত্মিক অনুভূতি বা জ্ঞান। *n.* **wis°dom-tooth**—আক্কেলদাঁত। *n.* **wiseacre**—পণ্ডিতম্মন্য মূর্খ। *n.* **wise°crack**—সরস ও বুদ্ধিদীপ্ত উক্তি বা মন্তব্য। *adv.* **wise°ly**। *n.* **wise°ness**। **never** or **none the wiser**—এখনও অজ্ঞান বা মূর্খ। **(to) be wise (to), get wise (to)**—(অশি.) জ্ঞাত থাকা বা জানা। **(to) put one wise (to)**—(অশি.) সংবাদাদি অবগত করান। **wise after the event**—সঙ্ঘটনের পরে বোধোদয়, (তু.) চোর পালালে বুদ্ধি বাড়ে। [OE. *wis*—cp. *wit*, G. *weise*]

wish [wish, উইশ্] (1) *v.i.t.* to have a desire (for), (কিছুর জন্য) ইচ্ছুক বা অভিলাষী হওয়া ; to long (for), আকাঙ্ক্ষা করা ; to express a desire (for), (প্রধানতঃ ধর্মানুষ্ঠানাদিপূর্বক) কামনা করা ; to desire (ill or well to), (মঙ্গল বা অমঙ্গল) কামনা করা (to *wish* one well or ill)। (2) *v.t.* to request, অনুরোধ করা ; to express a desire that an event may happen etc., কোন ঘটনা যেন ঘটে : এইজাতীয় ইচ্ছা প্রকাশ করা ; to bid, আদেশ করা। *p. & p. pt.* **wi°shed**। (3) *n.* desire, longing, অভিলাষ, আকাঙ্ক্ষা ; a thing desired, আকাঙ্ক্ষিত বা কাম্য বস্তু ; an expression of desire, কামনা ; (usu. in *pl.*) an expression of desire for good or evil to another, পরের মঙ্গল বা (অপ্র.) অমঙ্গল কামনা। *n.* **wi°sher**। *a.* **wish°ful**—ইচ্ছুক, অভিলাষী, অভিলাষ-

পূর্ণ ; আকাঙ্ক্ষী, আকাঙ্ক্ষাপূর্ণ ; কামী, কামনাপূর্ণ ; ব্যগ্র। **wishful thinking**—(মনস্তত্ত্বে) ঈপ্সিত বস্তু সত্যসত্যই মিলিয়া গিয়াছে বলিয়া কল্পনাপূর্বক চিন্তন, জাগরস্বপ্ন, আকাশকুসুম ; ইচ্ছাশক্তিবলে ঈপ্সিত ব্যাপার ঘটান যায় বলিয়া বিশ্বাস ; (শিথি.) যে ঘটনা বা ভাগ্য-পরিবর্তন হয়ত ঘটিতে নাও পারে তৎসম্বন্ধে চিন্তন। **wi°shing**—(**1**) *n.* আকাঙ্ক্ষা করা বা কামনা করা। (**2**) *a.* আকাঙ্ক্ষা করে বা কামনা করে এমন ; সর্ব আকাঙ্ক্ষা বা কামনা পূরণকর (**wi°shing-stōne, wi°shing-well**)। *n.* **wish°-bone, wi°shing-bōne**—কুক্কুটাদির ঘাড় ও বুকের মধ্যবর্তী হাড়বিশেষ : ইহা দুইজন ভোক্তা টানাটানি করিয়া ভাঙ্গে এবং যাহার অংশটি বড় হয় তাহার কোন কামনা পূরণ হইবে বলিয়া বিশ্বাস করা হয়। *n.* **wishing-cap**—(রূপকথায়) যে টুপি পরিলে প্রার্থিত সব কিছু পাওয়া যায়। *n.* **wi°shing-tree**—সর্বসাধপূরক বৃক্ষ, কল্পতরু। **(to) wish one further**—(অশি.) কেহ বর্তমান স্থানে না থাকিয়া অন্যত্র থাকিলেই ভাল হইত : এই ইচ্ছা প্রকাশ করা। **(to) wish one joy of**—(প্রধানতঃ বিদ্রূপে) কেহ (কিছু) প্রাপ্তির ফলে উপকৃত হউক বলিয়া কামনা করা। **if wishes were horses beggars might ride**—(প্রবাদ) চাহিলেই যদি পাওয়া যাইত তবে সকল নির্ধনই ধনী হইত। [OE. *wyscan*(*v.*)—cp. G. *wunschen*, Sans. *akanksha*]

wish-wash [wish°-wosh, উইশ্‌°ওঅশ্] *n.* (coll.) anything thin and weak, (কথ্য.) কৃশ ও দুর্বল প্রাণী বা বস্তু। *a.* **wi°shy-wa°shy**—কৃশ ও দুর্বল ; ক্ষীণ ; নিস্তেজ ; নিকৃষ্ট বা বাজে শ্রেণীর। [<*wash*]

wisp [wisp, উইস্‌প্] *n.* a small bundle of straw etc., খড় প্রভৃতির ক্ষুদ্র আঁটি [?]

wist$_1$ [wist, উইস্‌ট্] *v.t.* (arch.) to know, (আর্ষ.) জানা। [see *wis*]

wist$_2$—see **wit$_1$**.

wistaria [wis-ta°ri-a, উইস্‌টেই°রি-অ্যা] *n.* a tree with clusters of pale purple or white flowers, often grown on walls etc., দেওয়াল প্রভৃতিতে উৎপন্ন ফেকাশে লাল বা সাদা ফুলের গুচ্ছ-সমন্বিত গাছবিশেষ। [C. *Wistar*, Amer. anatomist]

wistful [wist°f(u)l, উইস্‌ট্°ফ্‌ল্] *a.* earnest, ঐকান্তিক, ঐকান্তিকতাপূর্ণ ; yearning hopefully, আশাপূর্ণভাবে কামনা করে এমন (*wistful* eyes) ; pensive, চিন্তিত। *adv.* **wist°fully**। *n.* **wist°-fulness**। [?]

wit$_1$ [wit, উইট্] *v.t.i.* to know, জানা ; to be aware of, অবগত থাকা ; to recognize, চিনিতে পারা। *conjug* : **wit** is used only in the *inf.* ; other forms : *pr. pt.* **wi°tting**, *pr. 1st & 3rd pers* : **wot** [wot, ওঅট্] ; *pr. 2nd, per* (*sing.*) **wost** [wost, ওঅস্‌ট্], (*pl.*) **wot** ; *p. & p. pt.* **wist** [wist, উইস্‌ট্]। *n.* **wi°tting**—জ্ঞান, পরিচিতি ; সংবাদ। *adv.* **wi°ttingly**—জ্ঞাতসারে, জানিয়া-শুনিয়া ; উদ্দেশ্যমূলকভাবে। **to wit**—অর্থাৎ ; যথা। [OE. *witan*—cp. Goth. *witan*, G. *wissen*, L. *videre*=to see, Gk. *idein*]

wit$_2$ [wit, উইট্] *n.* understanding, (আর্ষ.) বোধশক্তি ; imagination or invention, (আর্ষ.) কল্পনা বা উদ্ভাবন ; ingenuity, উদ্ভাবনী-শক্তি ; intelligence, বুদ্ধি (to have the *wit* to) ; (usu. in *pl.*) a mental faculty, মানসিক শক্তি ; amusing ingenuity of speech or ideas, রসিকতা ; a person endowed with wit, রসিক ব্যক্তি। *a.* **wit°less**—বেরসিক ; জ্ঞানহীন ; কাণ্ডজ্ঞানহীন ; মূর্খ, বোধশক্তিহীন, অনবগত ; অচেতন। *n.* **witticism** [wi°-ti-sizm, উই°টিসিজ়্ম্] সরস উক্তি ; জোর-করা রসিকতাপূর্ণ বাক্য বা বাক্যাংশ। *a.* **wi°tty**—রসিক ; বুদ্ধিমান্ ; হাস্যকর, হাস্যরসাত্মক ; (B.) উদ্ভাবনী-শক্তিসম্পন্ন ; (আর্ষ.) বিজ্ঞ, বিচক্ষণ। *adv.* **wi°ttily**। *n.* **wi°ttiness**। **at one's wit's end**—সম্পূর্ণ বিভ্রান্ত বা বিহ্বল। **out of one's wits**—মনের দিক্ দিয়া নিদারুণভাবে বিপর্যস্ত ; হতবুদ্ধি, কিংকর্তব্যবিমূঢ় ; বিকৃতমস্তিষ্ক। **the five wits**—পঞ্চেন্দ্রিয়। **(to) have** or **keep one's wits about one**—কি ঘটিতেছে তাহা চট্ করিয়া বুঝিতে পারা এবং সতর্ক ও কর্মতৎপর থাকা। **(to) live by one's wits**—পরিশ্রমের বদলে উদ্ভাবনী-শক্তিবলে বা বুদ্ধি ভাঙ্গাইয়া জীবিকার্জন করা। [OE. (*ge*)*wit*]

witch [witch, উইচ্] (**1**) *n.* a woman regarded as having supernatural or magical power and knowledge, জাদুকরী, ডাইনী (*masc.* see **wizard**) ; a hag, কুৎসিতদর্শনা বুড়ী ; (coll.) a fascinating woman, (কথ্য.) মোহিনী স্ত্রীলোক। (**2**) *v.t.* to bewitch, জাদু করা : সম্মোহিত করা। *n.* **witch°craft**—ডাকিনীবিদ্যা। *n.* **witch°-doctor**—ডাইনীর মায়া হইতে মুক্ত করার শক্তিসম্পন্ন রোজা ; যে রোজা মন্ত্রবলে চিকিৎসা করে। *n.* **wi°tchery**—ডাকিনীবিদ্যা ; মোহিনীবিদ্যা ; জাদু ; আকর্ষণীয়তা। *a.* **wi°tching**—সম্মোহক ; বিমোহন। *n.* **witch°-hunt**—জনসমক্ষে রাষ্ট্রবিরোধী বা বিশ্বাসঘাতক বা ঐরূপ কিছু বলিয়া প্রতিপন্ন করিবার জন্য রাজনীতিক প্রতিপক্ষের অনুসন্ধান। [ME. *wicche* <OE. *wicca* (*masc.*), *wicce* (*fem.*), *wiccian*(*v.*)]

witenagemot [wi°-ta-na-gi-mōt°, উই°ট্যান্যাগিমৌট্°] *n.* the Anglo-Saxon national council, ব্রিটেনের প্রাচীন অ্যাংলো-স্যাক্‌স্‌নদের জাতীয় পরিষৎ। [OE. *witen*=wise men, *gemot*=meeting]

with [widh, উইদ্] *prep.* in or into company of, সঙ্গে ; in antagonism of, in antagonism to, বিরুদ্ধে, বিপক্ষে ; amongst, মধ্যে ; beside, পাশে ; having, carrying, or possessed of, or characterized by, লইয়া, বহন করিয়া, সঙ্গে লইয়া ; লক্ষণাক্রান্ত হইয়া ; denoting agreement or disagreement, মিল বা অমিলসূচক ; by means of, দ্বারা ; despite, সত্ত্বেও। **(to) feel** or **be** or **think, with**—(কাহারও সহিত) একই

অনুভূতিসম্পন্ন বা একরূপ বা একমত হওয়া। **with that**—তাহাতে, তাহার ফলে। **with child** (of a woman), **with young** (of an animal)—গর্ভিণী। [AS.]

withal [wi-dhawl°, উইদ্‌অল্‌°] *adv.* besides, আরও ('an ox, a plough and a wife *withal*'); moreover, অধিকন্তু; as well as, এবং ইহাও; nevertheless, তৎসত্ত্বেও। [see *with*]

withdraw [widh-draw°, উইদ্‌ড্র°] (**1**) *v.t.* to draw or take back or away, ফিরাইয়া বা সরাইয়া বা হঠাইয়া আনা অথবা ফেরত লওয়া বা ফেরত লইয়া যাওয়া; to take from deposit or investment, (ব্যাঙ্ক্‌ ব্যবসায়-প্রতিষ্ঠান প্রভৃতির) জমা-তহবিল বা বিনিয়োগ-তহবিল হইতে (টাকা) ওঠান; to remove, অপসৃত করা; to recall, retract, or unsay, (কর্মচারী প্রভৃতিকে) ডাকাইয়া ফিরাইয়া লওয়া, প্রত্যাহৃত করিয়া লওয়া, (কথা উক্তি প্রভৃতি) প্রত্যাহার করা, (প্রতিশ্রুতি প্রভৃতি) অস্বীকার করা। (**2**) *v.i.* to retire, ফিরিয়া যাওয়া; to go away, চলিয়া যাওয়া, সরিয়া যাওয়া; to retract or unsay what one has said, or to recall a motion one has proposed, স্বীয় উক্তি প্রতিশ্রুতি বা প্রস্তাব প্রত্যাহার করা। *p.* **withdrew** [with-droo°, উইদ্‌ড্রু°]। *p. pt.* **withdrawn**°। *n.* **withdraw°al**—প্রত্যাহরণ, অপসারণ, জমা-তহবিল বা বিনিয়োগ-তহবিল হইতে টাকা উত্তোলন, প্রত্যাহার। *n.* **withdraw°er**। [*with, draw*]

withe [with, widh, wīdh, উইথ, উইদ্‌, ওয়াইদ্‌] **wi°thy**—*n.* a flexible twig, (প্রধানতঃ উইলো-গাছের) নমনীয় সরু ডাল বা প্রশাখা। [OE. *withthe*—cp. ON. *vithir*, G. *weide*=willow]

wither [wi°-dha(r), উই°দ্যা(র্‌)] (**1**) *v.i.* to fade or become dry, বিবর্ণ হওয়া বা শুকাইয়া যাওয়া; to lose freshness, তাজা ভাব খোয়ান; to languish, প্রাণশক্তি হারান, নির্জীব হওয়া; to decline, হ্রাস পাওয়া; to decay or waste, ক্ষয়প্রাপ্ত হওয়া, ক্ষীণ হওয়া, বিনষ্ট বা অপচিত হওয়া। (**2**) *v.t.* to cause to wither, বিবর্ণ করা, শুকাইয়া দেওয়া, তাজা ভাব বা প্রাণশক্তি নষ্ট করা, নির্জীব করা, হ্রাস করা, ক্ষয় করা, ক্ষীণ করা, নষ্ট করা, অপচয় করা; (fig.) to blight, (আল.—কাহারও বা কিছুর উপরে) ক্ষতিকর প্রভাব বিস্তার করা; (fig.) to cause to feel very unimportant or despicable, (আল.) নিজেকে একান্ত গুরুত্বহীন বা অবজ্ঞেয় বলিয়া অনুভব করা। *n.* **wi°theredness**। *adv.* **wi°theringly**। [ME. *wederen*=to expose to weather]

withers [wi°-dha(r)z, উই°দ্যা(র্‌)জ্‌] *n. pl.* the ridge between the shoulder-bones of a horse, অশ্বের অংসফলকদ্বয়ের মধ্যবর্তী উচ্চ সন্ধি। **my withers are unrung**—এই অপবাদ আমাকে স্পর্শ করে না। [OE. *wither*=against—an extension of *with*]

withheld—see **withhold**.

withhold [widh-hōld°, উইদ্‌হৌল্‌ড্‌°] *v.t.* to hold back, পিছনে টানিয়া রাখা, আটকাইয়া রাখা; to keep back, ঠেকাইয়া রাখা, প্রতিরোধ করা; to refuse to give, দিতে না চাওয়া (to *withhold* one's support)। *p.* & *p. pt.* **withheld°**। [*with-, hold*]

within [wi-dhin°, উইদিন্‌°] (**1**) *prep.* & *adv.* in or to the inner part (of), inside, ভিতরের অংশে, অভ্যন্তরে; মধ্যে, ভিতরে; in the limits (of), সীমার মধ্যে; not transgressing, সীমাদি লঙ্ঘন না করিয়া। (**2**) *adv.* inwardly, ভিতরে ভিতরে, মনে মনে; in the mind, soul, heart, মনে, আত্মায়, অন্তরে, হৃদয়ে; behind the scenes, যবনিকার অন্তরালে, অপ্রকাশ্যে; (arch.) at home, (আর্ষ.) নিজের বাড়িতে, স্বগৃহে; indoors, বাড়ির মধ্যে; in or to an inner room, ভিতর-প্রকোষ্ঠে; herein, এখানে, এইস্থানে। (**3**) *n.* the inside, অভ্যন্তর, ভিতর (from *within*)। **within reach**—(সহজ) নাগালের মধ্যে বা প্রাপ্তিসাধ্য অবস্থায়। [OE. *withinnan*]

without [widh-owt°, উইদ্‌আউট্‌°] (**1**) *prep.* (arch.) outside, out of, (আর্ষ.) বাহিরে; outside the limits of, সীমার বাহিরে; beyond, ছাড়াইয়া, অতিক্রম করিয়া; not with, (সঙ্গে) না লইয়া, ব্যতীত, ব্যতিরেকে, বিনা, ছাড়া; in absence of, অনুপস্থিতিতে, অবর্তমানে, অবিদ্যমানে; not having, অধিকারী না হইয়া; not using, ব্যবহার না করিয়া; with no help from, বিনা সাহায্যে, সাহায্য না লইয়া; free from, (কিছু হইতে) মুক্ত থাকিয়া (*without* disease)। (**2**) *adv.* on the outside, বাহিরে; outwardly, বাহিরে-বাহিরে; (arch.) out of doors, (আর্ষ.) বাড়ির বাহিরে। (**3**) *con.* unless, except, যদি না, বাদ দিয়া। (**4**) *n.* the outside, বাহির (from *without*)। **without distinction**—বাছবিচার না করিয়া। **without doors**—গৃহের বাহিরে। **without doubt**—অবশ্যম্ভাবীরূপে; নিঃসন্দেহে; নিশ্চয়ই। **without fail**—অবশ্য। **goes without saying**—স্পষ্ট, সুবিদিত। [OE. *withutan*]

withstand [widh-stand°, উইদ্‌স্ট্যান্‌ড্‌°] *v.t.* to maintain one's position against, (আক্রমণাদি সত্ত্বেও) স্বীয় অবস্থান বা কোট বজায় রাখা; to oppose to or resist, বিরোধিতা করা বা প্রতিরোধ করা। *p.* & *p. pt.* **withstood°**। [OE. *with-standan*]

withy—see **withe**.

witless—see **wit₂**.

witness [wit°-nis, উইট্‌°নিস্‌] (**1**) *n.* testimony, সাক্ষ্য, one who sees, or has a personal knowledge of, a thing, প্রত্যক্ষদর্শী বা প্রত্যক্ষ-জ্ঞানসম্পন্ন ব্যক্তি; one who gives evidence, সাক্ষী; an attestor, তসদিককারী, ইসাদী। (**2**) *v.t.* to have direct knowledge of, (কিছুর সম্বন্ধে) প্রত্যক্ষজ্ঞানসম্পন্ন হওয়া; (loos.) to see,

(শিখি.) দেখা ; to be the scene of, (কিছুর) ঘটনা-স্থল বা অকুস্থল হওয়া ; to give testimony (to), (কিছুর) প্রামাণিক তথ্য হওয়া ; to attest, তসদিক করা ; to sign, স্বাক্ষর করা। (3) *v.t.i.* to give evidence (of), সাক্ষ্য দেওয়া, সাক্ষী হওয়া। *p.* & *p. pt.* **wit°nessed** । *n.* **wit°ness-box**—আদালতে সাক্ষীর কাটগড়া। **(to) bear witness to**—কিছুর স্বপক্ষে বা সমর্থনে বলা ; সাক্ষ্য বহন করা। [OE. *(ge)witness* < *(ge)wit*—see *wit₂*]

witticism—see **wit₂**.

wittingly, witty—see **wit₁,₂**.

wive [wīv, ওআইভ্] *v.t.* to take wife, বিবাহ করা ; to provide with a wife, পত্নী সংগ্রহ করিয়া দেওয়া। [OE. *wifian* < *wif* = wife]

wivern [wī°-va(r)n, ওআই°ভ্যা(র্)ন্] *n.* a heraldic winged dragon, কুলচিহ্নরূপে ব্যবহৃত পক্ষযুক্ত দানবমূর্তিবিশেষ। [ONF. *wivre* = a viper < L. *vipera*]

wives—see **wife.**

wizard [wi°-za(r)d, উইজ্যা(র্)ড্] *n.* one who practises witchcraft or magic, জাদুকর, মায়াবী (sl. abbr. **wiz**) ; one who works wonder, বিস্ময়কর কর্মানুষ্ঠাতা (hockey *wizard*)। *fem.* see **witch** । *n.* **wi°zardry**—জাদুবিদ্যা, মায়াবিদ্যা ; বিস্ময়কর কৌশল। [ME. *wysar(d)*]

wizen [wi°zn, উইজ্‌ন্] *a.* dried up, thin, shrivelled, বিশুষ্ক, রোগা, কুঞ্চিত, বিশীর্ণ (also **wi°zened**)। [OE. *wisnian* = to wither—cp. ON. *visna*]

wizier—alt. spell. of **vizier.**

wo [wō, ঔ] var. of **woe** and **whoa.**

woad [wōd, ঔড্] *n.* a blue dye, নীল রঞ্জক-বিশেষ। [OE. *wad*—cp. G. *waid*]

wobble [wob°l, ওব্‌ল্] *v.i.* to move unsteadily or uncertainly from side to side, স্খলিতচরণে বা অনিশ্চিতভাবে এদিকে-ওদিকে নড়া অথবা চলা ; to quiver, কম্পিত হওয়া ; to vacillate, (বিচারবুদ্ধি আনুগত্য প্রভৃতিতে) অটল না থাকা, দ্বিধাগ্রস্ত বা অস্থিরমনাঃ হওয়া। *n.* **wobb°ler** । *a.* **wobb°ly** । [Low. G. *wabbeln*]

wo(e)-begone—see **woe.**

Woden [wō°dn, ঔডন্] *n.* the chief god of the ancient Germanic peoples, জর্মান-গোষ্ঠীভুক্ত প্রাচীন জাতিসমূহের প্রধান দেবতা। [AS.—cp. *Odin*]

wodge [woj, ওঅজ্] *n.* (coll.) a chunk, (কথ্য.) বড় খণ্ড বা টুকরা, চাং। [alt. form of *wedge*]

woe [wō, ঔ] *n.* (arch.) grief, (আর্ষ.) দুঃখ, আর্তি ; misery, দুর্দশা ; (often in *pl.*) a misfortune or calamity, দুর্ভাগ্য বা বিপর্যয় ; a curse, অভিশাপ ; an exclamation of grief, আর্তনাদ। *a.* **wo(e)°bėgone**—দুর্দশায় বা দুর্ভাগ্যে বিজড়িত ; দুঃখপীড়িত, আর্ত, মলিনদর্শন, বিষণ্ণ চেহারা-বিশিষ্ট (*woebegone* looks)। *a.* **wo(e)°ful**—দুঃখপূর্ণ বা দুঃখপীড়িত ; দুর্ভাগ্য বা বিপর্যয় আনে এমন ; শোচনীয় ; হতভাগ্য ; তুচ্ছ, নগণ্য। *adv.* **woe°fully** । **woe is me**—(আর্ষ.) আমার দুর্ভাগ্য, হায় কি অভাগ্য আমি। **woe unto**—দুর্ভাগ্যগ্রস্ত হউক : এই অভিশাপ। [OE. *wa(int.)* cp. *wail*, G. *weh*, L. *vae*]

woke, woken—see **wake.**

wold [wōld, ঔল্ড্] *n.* an uncultivated tract of country, উন্মুক্ত ও অকর্ষিত (সচ. উচ্চ-) ভূমি। [OE. *waln* = forest]

wolf [woolf, উল্ফ্] *n.* a wild beast, নেকড়ে ; anything very ravenous, অতিভোজী বা পেটুক প্রাণী অথবা ব্যক্তি ; a greedy and cunning person, লোভী ও চতুর ব্যক্তি। *pl.* **wolvės** । *n.* **wolf°-cub**—নেকড়ের বাচ্ছা ; অল্পবয়সের boy-scout বা ব্রতী বালক। *n.* **wolf°-dog, wolf°-hound**—নেকড়ে-শিকারে ব্যবহৃত কুকুরবিশেষ। *n.* **wolf°-fish**—হিংস্র ও অতিভোজী সামুদ্রিক মৎস্য-বিশেষ (also **sea°-wolf**)। *a.* **wol°fish, wol°vish**—নেকড়েতুল্য হিংস্র লোভী অতিভোজী বা পেটুক। *n.* **wolf's-bāne**—কুচিলা। **a wolf in sheep's clothing** or **in sheepskin**—বন্ধুত্বের ভানকারী শত্রু, বন্ধুর ছদ্মবেশধারী শত্রু। **(to) cry wolf**—মিথ্যা বিপদসঙ্কেত করা। **(to) have** or **hold a wolf by the ears**—সঙ্কটে পড়া। **(to) have a wolf in the stomach**—অস্বাভাবিক-রকম ক্ষুধার্ত হওয়া (তু. পেটে রাক্ষস ঢোকা)। **(to) keep the wolf from the door**—দারিদ্র্য বা ক্ষুধা বা অনশন ঠেকান। **(to) throw to the wolves**—নেকড়ের মুখে নিক্ষেপ করা, বিনা বিবেক-দংশনে চরম বিপদের মুখে ঠেলিয়া দেওয়া। [OE. *wulf* = cp. G. *wolf*, L. *lupus*, Gk. *lykos*]

wolfram [wool°-fram, উল্‌ফ্র্যাম্] *n.* ore yielding tungsten. টাংস্টেন্ নামক দুষ্প্রাপ্য ধাতুর আকরিক। [G.]

wolverene, wolverine [wool°-va-rēn, উল্‌ভ্যারীন্] *n.* the American glutton, আমেরিকার অতিভোজী প্রাণীবিশেষ ; its fur, উহার সলোম চর্ম। [< *wolf*]

wolves—see **wolf.**

woman [wu°-man, উম্যান্] *n.* an adult human female, নারী, মানবী, মেয়েছেলে ; mistress, প্রণয়িনী, রক্ষিতা ; the female sex, স্ত্রীজাতি, নারীকুল ; a female attendant, সহচরী ; a maid-servant, পরিচারিকা, দাসী। *pl* **women** [wi°-min, উইমিন্]। *n.* **wo°man-child**—স্ত্রী-শিশু, স্ত্রী-সন্তান। *pl.* **wo°mėn-children** । *n.* **wo°man-hāter**—নারী-বিদ্বেষী পুরুষ। *n.* **wo°manhood**—নারীত্ব; মেয়েলীপনা ; স্ত্রীসুলভ গুণাবলী স্বভাব প্রভৃতি ; স্ত্রীজাতি। *a.* **wo°manish**—মেয়েলী। *adv.* **wo°manishly** । *n.* **wo°manishnėss** । *v.t.i.* **wo°manize**—মেয়েলী করা বা হওয়া ; অসদ্ভাবে স্ত্রী-সঙ্গ করা। *n.* **wo°man-**

kind—নারীজাতি। *a.* **wo°manlike, wo°manly**—নারীসুলভ ; নারীর পক্ষে শোভন ; মেয়েলী। *n.* **wo°manliness** । *n.* **wo°man-suffrage**—স্ত্রীজাতির ভোটাধিকার। *n. pl.* **wo°menfolk**—স্ত্রীলোকগণ ; পরিবারস্থ স্ত্রীলোকগণ। **fallen women**—অসতী স্ত্রীলোকগণ ; পতিতাগণ। **woman of the streets** or **town**—বেশ্যা। **woman of the world**—কেতাদোরস্ত বা সাংসারিক জ্ঞানসম্পন্না স্ত্রীলোক। **women's rights**—পুরুষদের সহিত স্ত্রীলোকদের সমানাধিকার বা উহা অর্জনার্থ আন্দোলন। **(to) make an honest woman of**—(স্ত্রীলোককে) ধর্ষণ করিবার পর বিবাহ করিয়া সামাজিক মর্যাদা দেওয়া। **(to) play the woman**—দুর্বল হইয়া পড়া, দুর্বলতা প্রকাশ করা। **Women's Lib**—নারীমুক্তির আন্দোলনবিশেষ। [OF. *wimman* <*wifman*<*wif*=a woman, *man*=human being]

womb [woom, উম্] *n.* the uterus, জরায়ু, গর্ভাশয়, গর্ভ ; the place where anything is produced, উৎপাদন-স্থল ; a deep cavity, গভীর গহ্বর। **fruit of the womb**—সন্তানসন্ততি। [OE. *wamb, womb*=cp. G. *wamme*]

wombat [wom°bat, ওঅ্ম্°ব্যাট্] *n.* an Australian animal (looking like a small bear) the female of which has a pouch for its young, অস্ট্রেলিয়ার ছোট ভল্লুকসদৃশ প্রাণিবিশেষ (স্ত্রীজাতীয় এই প্রাণীর দেহে বাচ্চা রাখার থলি থাকে)। [<native *womback*]

won—see **win.**

wonder [wun°-da(r), ওআন্°ড্যা(র্)] **(1)** *n.* amazement, বিস্ময় ; amazingness, বিস্ময়করতা ; an astonishing thing or happening, বিস্ময়কর বস্তু বা ঘটনা ; a prodigy, বিস্ময়কর ব্যক্তি বা প্রাণী ; a miracle, অলৌকিক ব্যাপার। **(2)** *v.i.* to feel wonder, বিস্ময়বোধ করা ; to be amazed, বিস্মিত বা আশ্চর্যান্বিত হওয়া (to *wonder* at)। **(3)** *v.i.t.* to speculate, ভবিষ্যতের অনিশ্চিত অবস্থাদির সম্বন্ধে ভাবিয়া-চিন্তিয়া দেখা বা ভাবিয়া-চিন্তিয়া স্বীয় কর্তব্য স্থির করা, দূরকল্পনা করা ; to feel doubt (at), (কোন বিষয়ে) সন্দেহ করা, অবাক্ হওয়া। *n.* **won°derer** । *a.* **won°derful**—বিস্ময়কর ; অদ্ভুত, অপূর্ব ; (কথ্য.) অত্যুত্তম, চমৎকার। *advs.* **won°deringly, won°derfully** । *n.* **won°derland**—বিস্ময়কর প্রাণী বস্তু ও ঘটনায় পূর্ণ দেশ, বিস্ময়কর দেশ। *n.* **won°derment**—বিস্ময়করতা ; বিস্ময় ; বিস্ময়সূচক উক্তি ; বিস্ময়প্রকাশ ; বিস্ময়কর বস্তু প্রাণী বা ঘটনা। *a.* **won°derous, wondrous** [wun°-dras, ওআন্°ড্র্যাস্] বিস্ময়কর। *a.* **won°der-struck, won°der-stricken**—বিস্ময়াহত। *n.* **won°der-work**—বিস্ময়কর ঘটনা প্রাণী বা ব্যক্তি ; অলৌকিক ব্যাপার। *n.* **won°der-worker**—অলৌকিক ব্যাপার-সজ্ঘটক। *n.* **won°der-working**—অলৌকিক ব্যাপার-সজ্ঘটন। **(a) nine days' wonder**—যাহা অল্প কিছুকালের কৌতূহল বা সশ্রদ্ধ বিস্ময় উদ্রেক করে। **for a wonder**—বিস্ময়ের কথা যে। **it is a wonder (that)**—বিস্ময়ের কথা যে। **no** or **small wonder (that)**—ইহাতে বিস্ময়ের কিছু নাই (যে)। **signs and wonders**—অলৌকিক ক্রিয়াকলাপ। **what a wonder**—কি আশ্চর্য। **(to) do** or **work wonders**—বিস্ময়কর কার্যসমূহ সম্পাদন করা ; অলৌকিক ক্রিয়াকলাপ সম্পাদন করা। [OE. *wundor*—cp. G. *wunder*, ON. *undr*]

wonky [wong°-ki, ওঅং°কি] *a.* (sl.) shaky, infirm, স্খলিতগতি, অশক্ত, নড়বড়ে (still a bit *wonky* after the shock) ; unreliable, (অশি.) আস্থাস্থাপনের অযোগ্য। [?—cp. G. *wanken*=to totter]

wont [wōnt, ঔন্ট্] **(1)** *a.* used or accustomed, প্রচলিত বা অভ্যস্ত। **(2)** *n.* habit, অভ্যাস (according to his *wont*)। **(3)** *v.i.* to be accustomed, অভ্যস্ত হওয়া। *a.* **wōnted**—অভ্যস্ত, অভ্যাসগত (he listened with his *wonted* attention) ; প্রচলিত। **use and wont**—চিরাচরিত প্রথা। [OE. *gewunod, p. pt.* of *gewunian* <*wunian*=to dwell]

won't [wōnt, ঔন্ট্] contr. of **will not.**

woo [woo, উ] *v.t.i.* to try to win the affection (of), (কাহারও, সচ. স্ত্রীলোকের) ভালবাসালাভের চেষ্টা করা ; to court, পরিণয়ের উদ্দেশ্যে (রমণীর) প্রেম-যাচ্ঞা করা, পাণিপ্রার্থনা করা ; to solicit eagerly, সনির্বন্ধ মিনতি করা ; to solicit the possession of, (কিছু) পাওয়ার জন্য আগ্রহশীল হওয়া। *n.* **woo°er** । *adv.* **woo°ingly** । [OE. *wogian*]

wood [wud, উড্] *n.* (often in *pl.*) a collection of growing trees, বৃক্ষরাজি, তরুদল ; wooded country, বৃক্ষরাজি-শোভিত পল্লীভূমি, বন ; the hard part of the substance of trees and shrubs, কাঠ, কাষ্ঠ, দারু, তক্তা, জ্বালানী কাষ্ঠ। *n.* **hard°wood**—শাল সেগুন প্রভৃতি শক্তিশালী কাষ্ঠ। **wood alcohol**—কাষ্ঠ হইতে চোলাই-করা সুরাসার। *n.* **wood°-ant**—কাঠপিঁপড়া। *n.* **wood°bind, wood°bine**—সুগন্ধ পুষ্পযুক্ত লতাবিশেষ। *n.* **wood°block**—কালি মাখাইয়া ছাপ দিবার জন্য কাষ্ঠনির্মিত ছাঁচ। *n.* **wood°cock**—স্নাইপ্-জাতীয় অপেক্ষাকৃত বৃহদাকার পক্ষিবিশেষ ; (আর্ষ.) মূর্খ, বোকা লোক। *n.* **wood°-craft**—অরণ্য ও আরণ্য শিকার সম্বন্ধে অভিজ্ঞতা ও জ্ঞান। *n.* **wood°cut**—কাষ্ঠে খোদাই, খোদাই-করা কাষ্ঠ হইতে গৃহীত ছাপ। *n.* **wood°-cutter**—কাঠুরিয়া ; কাষ্ঠখোদাইকারী। *n.* **wood-cutting**—কাষ্ঠে খোদাইকার্য ; বৃক্ষাদি কর্তন ; কাষ্ঠাহরণ। *a.* **woo°ded**—কাষ্ঠযুক্ত, কাষ্ঠল ; বৃক্ষাচ্ছাদিত, বৃক্ষপূর্ণ। *a.* **woo°den**—কাষ্ঠনির্মিত ; কাষ্ঠবৎ ; নীরস। *n.* **wood°-engrāver**—কাষ্ঠে চিত্রাদি খোদাইকারী। **wood°-engrāving**—কাষ্ঠে চিত্রাদি খোদাইয়ের কাজ, (পরি.) চিত্রতক্ষণ। *n.* **woo°den-head**—মূর্খ

লোক, বোকা। *a.* **woo°den-headėd**—কাষ্ঠনির্মিত মস্তকবিশিষ্ট ; স্থূলবুদ্ধি। **wooden horse**—যে বৃহৎকায় কাষ্ঠনির্মিত ঘোড়ার ফাঁপা পেটের মধ্যে লুকাইয়া থাকিয়া গ্রীক্‌-যোদ্ধারা ট্রয়-নগরে প্রবেশ করে ; শাস্তিদানার্থ কাষ্ঠনির্মিত যন্ত্রবিশেষ। **wooden leg**—খঞ্জ প্রভৃতির ব্যবহারার্থ কাষ্ঠনির্মিত পা। *n.* **wood°-louse**—ঘুন বা তজ্জাতীয় পোকা। *pl.* **wood°-lice** । **wooden spoon**—ক্যামব্রিজ বিশ্ববিদ্যালয়ে গণিতে সসম্মান স্নাতক-পরীক্ষায় উত্তীর্ণ পরীক্ষার্থীদের মধ্যে সর্বনিম্ন স্থানাধিকারীকে পারিতোষিকরূপে প্রদত্ত কাষ্ঠনির্মিত চামচ ; পরীক্ষায় বা প্রতিযোগিতায় সর্বশেষ স্থানাধিকারীকে প্রদত্ত পুরস্কার। *n.* **wood°-honey**—বনমধু। *n.* **wood°land**—বৃক্ষময় ভূমি, বন, অরণ্য। *n.* **wood°lander**—অরণ্যবাসী। *n.* **wood°man**—বৃক্ষকর্তক ; কাঠুরিয়া ; অরণ্যের তত্ত্বাবধায়ক কর্মচারী ; শিকারী। *n.* **wood°-nymph**—বনপরী। *n.* **wood°-oil**—গর্জন-তৈল। *n.* **wood°-pecker**—কাঠঠোকরা পাখি। *n.* **wood°-pigeon**—বন-কপোত, ঘুঘু। *n.* **wood°-pile**—(বিশেষতঃ জ্বালানী) কাষ্ঠের গাদা। *n.* **wood°pulp**—কাগজ তৈয়ারির জন্য কাষ্ঠের মণ্ড। *n.* **wood°ruff**—বৃক্ষবিশেষ। *n.* **wood°-screw**—একাধিক কাষ্ঠখণ্ড বা কাষ্ঠ-ও-ধাতুখণ্ড আটকানর জন্য স্ক্রুবিশেষ। *n.* **wood°shed**—(বিশেষতঃ জ্বালানী) কাঠের গাদা রাখার জন্য আচ্ছাদিত স্থান। *n.* **woods°man** same as **woodman** । *n.* **wood°wind**—কাঠের বাঁশি বা সুষির বাদ্যযন্ত্র। *n.* **wood°work**—অট্টালিকাদির কাষ্ঠনির্মিত অংশ ; কাষ্ঠনির্মিত দ্রব্য। *a.* **woo°dy**—বৃক্ষময় ; বনে অবস্থিত ; কাষ্ঠ-সংক্রান্ত, বন-সংক্রান্ত ; কাষ্ঠময়, কাষ্ঠনির্মিত ; বুনন গঠন গন্ধ স্বাদ প্রভৃতিতে কাষ্ঠবৎ। *n.* **woo°dinėss** । **from the wood**—কাষ্ঠনির্মিত পিপা হইতে। **in the wood**—কাষ্ঠ-নির্মিত পিপার মধ্যে। **out of the wood(s)**—ঝঞ্ঝাটমুক্ত ; বিপন্মুক্ত ; সঙ্কটমুক্ত। **cannot see the wood for the trees**—খুঁটিনাটি বিষয়ের বর্ণনাধিক্যের জন্য সমগ্র বিষয়টি অনুধাবন করিতে না পারা। [OE. *vudu*—cp. ON. *vithr*=wood, O Ir. *fid*=timber]

wooer—see **woo.**

woof [woof, উ্যফ্‌] *n.* weft, পড়েন ; thread for a weft, পড়েনের সুতা ; texture, বুনন। [ME. *oof*—'*w*' from association with *warp* etc.]

woofer [woo°f-a(r), উ্যফ্যা(র্‌)] *n.* a loudspeaker used to reproduce low-frequency sounds, মৃদু শব্দ-বিবর্ধক যন্ত্রবিশেষ বা লাউডস্পীকার। [imi. of a dog's bark]

wool [wool, উ্যল্‌] *n.* fine wavy hair such as forms the fleece of sheep and other domesticated animals, পশম ; woollen yarn or cloth or garments, পশমী সুতা কাপড় বা পোশাক ; (*joc.*) woolly human hair, (কৌতু.) মানুষের মাথার পশমবৎ কুঞ্চিত ও কর্কশ চুল ; cotton-wool or substance, সুতার ফেঁসো বা অনুরূপ পদার্থ। *a.* **wool°-bearing**—পশমোৎপাদী, পশমওয়ালা (a *wool-bearing* sheep)। *n.* **wool°-card, wool°-cōmb**—সুতা-কাটার উপযোগী করার জন্য পশম আঁচড়ানর চিরুনিবিশেষ। **wool°-gathering**—(1) *a.* আনমনা। (2) *n.* আনমনা ভাব। *n.* **wool°-grower**—পশম উৎপাদনার্থ মেষপালনকারী। *n.* **wool°-growing**—পশম-উৎপাদনার্থ মেষপালন। *a.* **woo°lled**—পশমোৎপাদী, পশমধারী, পশমওয়ালা (a *woolled* goat)। **woo°llen**—(1) *a.* পশমে তৈয়ারী, পশমী : পশম-সংক্রান্ত ; পশমাবৃত ; পশমী পোশাক-পরিহিত। (2) *n.* পশমী কাপড়। *n.* **woo°llen-drā°per**—পশমী পোশাকাদি বিক্রেতা। *n.* **woo°llen-drā°pery**—পশমী পোশাকাদি বিক্রয় বা উহা বিক্রয়ের দোকান। **woo°lly**—(1) *a.* পশমপূর্ণ ; পশম-সংক্রান্ত ; পশমতুল্য ; পশমী পোশাক-পরিহিত ; পশমাবৃত ; (আল.) স্পষ্টতাবর্জিত, অস্পষ্ট ; দৃঢ়তাবর্জিত, অদৃঢ় ; সুনির্দিষ্ট রূপহীন। (2) *n.* পশমী পোশাক (to put on an extra *woolly* in a severely cold weather)। *n.* **woo°llinėss** । *a.* **woo°lly-haired, woo°lly-hea°dėd**—পশমতুল্য কুঞ্চিত ও কর্কশ কেশবিশিষ্ট। *n.* **wool°-sack**—ইংল্যাণ্ডের লর্ডসভায় যে গদি-আঁটা আসনে লর্ড চ্যান্সেলার বসেন ; লর্ড চ্যান্সেলারের পদ। *n.* **wool°sey** [wool°-zi, উ্যল্‌জ়ি] পশম ও সুতা মিশাইয়া তৈয়ারি কাপড়। *n.* **wool°-stāpler**—পশমব্যবসায়ী। *n.* **wool°work**—পশমদ্বারা সূচি-কর্ম বা এমব্রয়্‌ডারির কাজ। **dyed in the wool**—পুরাদস্তুর, সম্পূর্ণ। **(to) dye in the wool**—সুতা কাটার পূর্বেই (পশমকে) রঞ্জিত করা। **(to) go for wool and come home shorn**—জয়ের বা সাফল্যের আশায় বাহির হইয়া পরাস্ত বা ব্যর্থ হইয়া ফেরা। **(to) lose one's wool**—ক্রুদ্ধ হওয়া। **(to) pull the wool over one's eyes**—প্রতারিত করা ; ফাঁকি দেওয়া। [OF. *wull*—cp. Goth. *wulla*, L. *vellus*]

wootz [woots, উ্যট্‌স্‌] *n.* a special kind of Indian steel, প্রাচীন কাল হইতে ভারতে প্রস্তুত একপ্রকার বিশেষ ধরনের ইস্পাত। [Kanarese *ukku*=steel]

woozy [woo°-zi, উ্যজ়ি] *a.* (coll.) dizzy, dazed, (কথ্য.) বিহ্বল, হতবুদ্ধি ; slightly drunk, ঈষৎ পানোন্মত্ত ; vague, অস্পষ্ট। [?]

word [wa(r)d, ওঅ্যা(র্‌)ড্‌] (1) *n.* any single unit of utterance or sound that has a meaning, or a written sign representing such an utterance or sound, শব্দ ; (in *pl.*) altercation, রূঢ় কথার আদানপ্রদান ; a saying, উক্তি, বাণী ; a brief conversation, অল্পকাল-ব্যাপী আলাপ-আলোচনা ; a hint, আভাস ; a message, প্রেরিত বার্তা বা সংবাদ ; a promise, প্রতিশ্রুতি ; a declaration, ঘোষণা ; a password or watchword, (প্রধানতঃ সামরিক শিবিরাদিতে প্রবেশকালে পক্ষাপক্ষ নির্ণয়ার্থ) সঙ্কেত-শব্দ। (2) *v.t.* to express in words, কথায় বা ভাষায় প্রকাশ করা। *n.* **Word (of God)**—বাইবেল। *a.*

wor°dėd—(প্রধানতঃ নির্দিষ্টসংখ্যক) শব্দে প্রকাশিত (hundred-*worded*, loosely *worded*) । *n.* **wōrd°book**—কোন ভাষার অর্থসহ শব্দসংগ্রহ-পুস্তক ; অভিধান, শব্দকোষ । *n.* **word°-building**—অক্ষরদ্বারা শব্দগঠন । *n.* **wor°ding**—(আর্ষ.) কথন, উচ্চারণ ; শব্দে বা ভাষায় প্রকাশ ; শব্দ-প্রয়োগ, শব্দ-ব্যবহার ; শব্দনির্বাচন । *a.* **word°-less**—অকথিত ; নীরব । *n.* **word°-painter**—চিত্রানুগভাবে শব্দে বা ভাষায় বর্ণনাকারী । **word°-painting**—চিত্রানুগভাবে শব্দে বা ভাষায় বর্ণনা অথবা উক্ত বর্ণনাপ্রণালী । *a.* **word°-per°-fect**—কবিতা, নাটকের পাট, প্রভৃতি নিভু́ল মুখস্থ করিয়াছে বা মুখস্থ বলিতে পারে এমন । *n.* **word°-picture**—চিত্রানুগভাবে শব্দে বা ভাষায় বর্ণনা অথবা উক্তভাবে বর্ণিত বিষয়, শব্দচিত্রণ বা শব্দচিত্র । *a.* **wor°dy**—অত্যধিক শব্দবহুল বা শব্দব্যবহারকারী ; শব্দে বা ভাষায় প্রকাশিত ঘোষিত বর্ণিত প্রভৃতি (*wordy* fight) । *adv.* **wor°dily** । *n.* **wor°di-nėss** । *n.* **word°-splitting**—কুতর্ক ; কুতর্ক-পরায়ণতা ; অর্থাদির সুক্ষ্মাতিসুক্ষ্ম পার্থক্যনির্ণয় । **by word of mouth**—মৌখিক বাচনিক, অলিখিত । **a good word**—সুপারিশসূচক কথা বা উক্তি ; অনুকূলভাবে উল্লেখ ; প্রশংসা । **at a word**—তৎক্ষণাৎ, সঙ্গে-সঙ্গে ; (অপ্র.) সংক্ষেপে । **a word in season**—সময়োচিত এবং বাঞ্ছিত উপদেশ । **a word out of season**—সময়বিরুদ্ধ এবং অবাঞ্ছিত উপদেশ । **big words**—দম্ভোক্তি, বড়াই । **fair words**—(আর্ষ.) তোষামোদ বা প্রতারণার উদ্দেশ্যে মোলায়েম কথা । **high words**—ঝগড়া । **in a word, in one word**—সংক্ষেপে ; উপসংহারে । **in so many words**—স্পষ্টভাষায় । **in word**—কেবল কথায় বা ভাষায় ; কেবল বুক্তিতে । **last word**—যুক্তি প্রভৃতি প্রদর্শনকালীন শেষ মন্তব্য ; উপসংহার ; চরম কর্তৃত্ব বা কর্তৃত্বসম্পন্ন ব্যক্তি ; সর্বাধুনিক বা সুন্দরতম উদাহরণ (also **latest word**) । **my word upon it**—আমি কথা দিতেছি ; আত্মসম্মানের দোহাই পাড়িয়া প্রদত্ত প্রতিশ্রুতি । **not the word for it**—প্রকাশ বা বর্ণনার পক্ষে যোগ্য নহে এমন শব্দ । **of few** or **many words**—মিতভাষী বা বহুভাষী ; অল্প বা অধিক শব্দবিশিষ্ট । **on the word, with the word**—বলা মাত্র । **a play upon words**—একই শব্দের বিভিন্ন অর্থের ব্যঞ্জনা দিয়া বা সমধ্বনি কিন্তু ভিন্নার্থক শব্দের প্রয়োগ করিয়া কৃত কৌতুক । **the Word of God, God's words**—বাইবেলের কথা । **upon my word**—আত্মসম্মানের দোহাই পাড়িয়া প্রদত্ত প্রতিশ্রুতি ; বিস্ময়সূচক উক্তিবিশেষ । **word for word**—আক্ষরিক বা আক্ষরিকভাবে, প্রত্যেক শব্দের প্রতিশব্দ দিয়া (*word for word* translation) । **word of honour**—আত্ম-সম্মানের দোহাই পাড়িয়া প্রদত্ত প্রতিশ্রুতি । **(to) be as good as one's words**—প্রতিশ্রুতি অনুযায়ী বা কথামত কাজ করা । **(to) be not the word for it**—উপযুক্ত বা সন্তোষজনক বর্ণনা না হওয়া । **(to) break one's word**—প্রতিশ্রুতি ভঙ্গ করা । **(to) eat one's word**—কথা বা প্রতিশ্রুতি ফিরাইয়া লওয়া ; পশ্চাদ্‌পদ হওয়া, হটিয়া যাওয়া । **(to) have a word with (one)**—(কাহারও সহিত) কিছু আলাপ-আলোচনা করা । **(to) give** or **pledge one's word**—প্রতিশ্রুতি বা কথা দেওয়া । **(to) have words with (one)**—(কাহারও সহিত) ঝগড়া করা । **(to) have the last word**—(আলোচনা বিতর্কাদিতে) শেষ কথা বা বক্তব্য পেশ করা (বিশেষতঃ এমন জবাব দেওয়া যাহার কোন সদুত্তর নাই) । **(to) pass one's word**—প্রতিশ্রুতি দেওয়া, কথা দেওয়া । **(to) play upon words**—একই শব্দের বিভিন্ন অর্থের ব্যঞ্জনা দিয়া বা সমধ্বনি কিন্তু ভিন্নার্থক শব্দের প্রয়োগ করিয়া কৌতুক করা । **(to) say a good word for**—প্রশংসা করা ;, (কাহারও) সপক্ষে বলা । **(to) say the word**—আদেশ দান করা । **(to) send word**—সংবাদ পাঠান । **(to) take (up) the word**—কথা বলিতে আরম্ভ করা ; অপরের দ্বারা আরব্ধ আলোচনা চালাইয়া যাওয়া । **(to) take someone at his word**—কোন লোক যাহা বলিতেছে তাহা সে বিশ্বাস করে এই আশ্বাসে কাজ করা । **(to) suit the action to the word**—কথানুসারে তৎক্ষণাৎ কাজ করা (বিশেষতঃ ভীতিপ্রদর্শনে) । [AS.—cp. Goth. *waurd*, ON. *orth*, G. *wort*, L. *verbum* (*n.*)]

Wordsworthian [wa(r)dz-wo(r)°-thi-an, ওঅ্যা(র্)ড্‌জ্‌ওঅ্যা(র্)°থিঅ্যান্] **(1)** *a.* of or like Wordsworth, ইংরেজ কবি ওঅ্যাড্‌র্‌জ্‌ওঅ্যার্থ-সংক্রান্ত বা তত্তুল্য । **(2)** *n.* an admirer or follower of Wordsworth, ওঅ্যাড্‌র্‌জ্‌ওঅ্যার্থের ভক্ত বা অনুগামী । [>Wordsworth]

wore—see **wear**.

work [wa(r)k, ওঅ্যা(র্)ক্] **(1)** *n.* effort directed to an end, কোন অভীষ্টসাধনার্থ প্রচেষ্টা ; employment, বৃত্তি, পেশা, চাকরি (he is out of or looking for *work*) ; a task, কর্তব্য ; a deed, action or doings, কাজ, কর্ম, ক্রিয়াকলাপ ; anything made or done, কৃত সম্পাদিত বা নির্মিত বস্তু, কৃতকর্ম ; materials of work, কাজের উপাদান ; a production of art, শিল্পকলাবলে উৎপাদিত বস্তু (যেমন, চিত্র, সাহিত্যগ্রন্থ) (*works* of Raphael, Shakespeare, etc.) ; a book, (সচ. শিল্প-সাহিত্যাদির) গ্রন্থ (a new *work* on art) ; manner of working, কাজ করার ধরন ; workmanship, কারিগরির ধরন বা কৌশল ; (in *pl.*) a workshop, কারখানা ; (in *pl.*) mechanism, (ঘড়ি প্রভৃতির) কলকব্জা (something seems to be wrong with the *works*) । **(2)** *v.i.* to make efforts to achieve anything, কিছু সাধনার্থ বা লাভার্থ চেষ্টা করা ; to be occupied in business or labour, কর্মরত বা শ্রমরত থাকা (he *works* forty hours a week) ; to move or make one's way slowly and laboriously, ধীরে ধীরে ও শ্রমসহকারে চলা বা নিজের পথ করিয়া লওয়া ; to be in action, কাজ করা, সক্রিয় থাকা; to produce effects, ফল দেওয়া, ফলপ্রসূ হওয়া (the plan did not *work* out well); to operate or function, চালু বা ক্রিয়াশীল হওয়া; to labour, পরিশ্রম করা, খাটা; (arch.) to contrive or plan, উদ্ভাবন করা, পরিকল্পনা করা। (3) *v.t.* to perform or make by labour, শ্রমবলে করা বা তৈয়ারি করা; to effect or strive to effect, ফলস্বরূপ উৎপাদন করা বা উৎপাদন করিতে চেষ্টা করা; to keep in operation, চালু রাখা বা চালু করা; to keep employed, কর্মরত রাখা, কাজ করান; to influence, প্রভাবিত করা; to provoke or excite, উত্তেজিত প্ররোচিত বা প্রণোদিত করা, উসকান; to make, fashion, or compose, তৈয়ারি করা, গঠন করা, রচনা করা; to embroider, সূচিশিল্পবলে তৈয়ারি করা (to *work* a design on a handkerchief); to solve, (অঙ্ক প্রভৃতি) কষা, (সমস্যাদির) সমাধান করা। *p.* & *p. pt.* **wor°ked,** also see **wrought**। *a.* **wor°kable**—কাজে প্রযোজ্য, কার্যকর। *n.* **workabi°lity**। *a.* **wor°kaday**—কাজের দিনের পক্ষে (অর্থাৎ ছুটির দিনের পক্ষে নহে) উপযোগী: শ্রমরত; শ্রমসাধ্য; নীরস, গদ্যময় বা কবিত্বহীন; বৈচিত্র্যহীন, একঘেয়ে। *n.* **work°-bag, work°-baskėt, work°-box**—কাজের (সচ. সূচিকর্মের) সরঞ্জাম রাখার থলি বা ঝুড়ি। *n.* **work°bench**—কারিগর যে বেঞ্চির উপর বসিয়া কাজ করে। *n.* **work°-book**—পাঠ্যবিষয় অনুশীলনার্থ পুস্তকবিশেষ: ইহাতে বিষয়টির মোটামুটি বক্তব্য, তৎসহ সম্ভাব্য প্রশ্নাবলী এবং সেগুলির উত্তর ও টীকাদি লেখার জন্য ফাঁকা জায়গা থাকে। **works committee, works council**—শ্রমিকদের দাবি, কলকারখানার পরিচালনা প্রভৃতি বিষয়ের মীমাংসার জন্য শ্রমিক ও কর্তৃপক্ষের প্রতিনিধিদের যৌথ কমিটি বা সভা। *n.* **work°day**—কাজের দিন অর্থাৎ যে দিন ছুটির দিন নহে। *n.* **wor°ker**—কর্মী; শ্রমিক; শ্রমজীবী; কর্মচারী। *n.* **work°-house**—(অপ্র.) কারখানা বা কর্মশালা; দরিদ্রের জন্য আশ্রম (এখানে কিছু কাজের বিনিময়ে দরিদ্রেরা আহার ও আশ্রয় পায়)। *n.* **wor°king**—ক্রিয়া, কার্য; গঠন, তৈয়ারি করা, নির্মাণ, রচনা, কার্যকর করা, সমাধান প্রভৃতি; (in *pl.*—অপ্র.) ক্রিয়াকলাপ। *n.* **wor°king-class**—শ্রমজীবিসম্প্রদায়। *n.* **wor°king-day**—কাজের (অর্থাৎ ছুটির নহে) দিন; দৈনন্দিন কার্যকাল। **working hours**—(আফিস প্রভৃতি প্রতিষ্ঠানের) কাজের সময়। **working knowledge**—কাজ চালানর মত জ্ঞান। **working majority**—(রাজ.) যে সংখ্যাধিক্য থাকিলে ক্ষমতাধিকারী দল আকস্মিক পরাজয় এড়াইয়া কাজ চালাইয়া যাইতে পারে। **working man** or **woman**—শ্রমিক বা স্ত্রী-শ্রমিক। *n.* **working-party**—কোন শিল্পে পরিচালনায় উন্নতিবিধানের জন্য নিযুক্ত কমিটি; কোন সমস্যা পর্যালোচনার জন্য সরকার বা অন্য কাহারও দ্বারা নিযুক্ত কমিটি। **working out**—(কোন বিষয়ের) পরিণতির হিসাব অথবা বিস্তারিত পুঙ্খানুপুঙ্খ তথ্যাদি সংযোজন। **work°man**—শ্রমজীবী, শ্রমিক; কারিগর, দক্ষ কারিগর; *fem.* **work°woman**—স্ত্রী-শ্রমিক। *a.* **work°manlike**—শ্রমিকতুল্য; দক্ষ কারিগরতুল্য; দক্ষ কারিগরসুলভ; সুসম্পাদিত। *a.* & *adv.* **work°manly**—সুদক্ষ কারিগরের ন্যায়। *n.* **work°manship**—কারিগরী দক্ষতা; গঠনপ্রণালী; একজনের দ্বারা নির্মিত বা রচিত বস্তু। **in working order**—কার্যোপযোগী অবস্থায়। *n.* **work°out**—অনুশীলন, অভ্যাস; যাচাই; পরীক্ষা। *n. pl.* **work°people**—শ্রমিকবর্গ, শ্রমজীবিসম্প্রদায়। *n.* **work°room**—কর্মকক্ষ, কর্মশালা। *n.* **work°shop**—কারখানা, কর্মশালা। *a.* **work°-shy**—কাজকে ঘৃণা করে এমন; কাজ এড়াইয়া চলে এমন, কাজ-পালানে; আলস্যপরায়ণ, কুঁড়ে। *n.* **work°-study**—কি ভাবে দক্ষতার সঙ্গে ও স্বল্পব্যয়ে (প্রধানতঃ যান্ত্রিক) কর্মসাধন করা যায় তাহার বিচার। *n.* **work°-tāble**—কাজ করার জন্য টেবিল। **Ministry of Works**—ইংল্যান্ডের সরকারী রাজপথ অট্টালিকা সেতু প্রভৃতির নির্মাণ তত্ত্বাবধান ইত্যাদির জন্য সরকারী দফতর। **out of work**—বেকার, কর্মহীন। **public works**—সরকারী অর্থে রাজপথ অট্টালিকা সেতু প্রভৃতি নির্মাণ। **all in the day's work**—স্বাভাবিক, নিয়মমাফিক, প্রত্যাশিত। **at work**—কর্মস্থলে। **at work (upon)**—কার্যাদি সম্পাদনে রত, কর্মরত। **in work**—কর্মনিযুক্ত, অর্থাৎ বেকার নহে এমন। **work of art**—শিল্পকার্য। **work of time**—যে পরিবর্তন বা সিদ্ধি বা অনুরূপ কিছু সময়সাপেক্ষ অথবা কালের দ্বারা সজ্ঘটিত। **(to) get to** or **set to work**—আরম্ভ করা, সক্রিয় হওয়া। **(to) go about** or **set about work**—কার্যাদি আরম্ভ করা। **(to) have one's work cut out**—স্বীয় কার্য নির্দিষ্ট হওয়া; (একজনের পক্ষে) হাতে বেশ কঠিন বা যথেষ্ট পরিমাণে কাজ থাকা। **(to) make short work of**—তাড়াতাড়ি মীমাংসা করা বা মেটান; বিলম্ব বা বাড়াবাড়ি না করা; শীঘ্র ধ্বংস করা। **(to) work away**—খাটিয়া চলা; কাজ করিয়া চলা। **(to) work double tides**—(নাবিকদের ভাষায়) দিবারাত্রি খাটা। **(to) work for** or **against**—(কাহারও) সপক্ষে বা বিপক্ষে খাটা। **(to) work in**—একত্র মেশান; (আল.) সতর্কভাবে ও ইচ্ছাপূর্বক প্রবর্তিত উত্থাপিত বা চালু করান; ঢোকান; ভেদ করান। **(to) work into**—ক্রমশঃ ভিতরে প্রবেশ করা; (কিছুতে) পরিবর্তিত বা পরিণত করা; কৃত্রিম উপায়ে ও ধীরে ধীরে উত্তেজিত করা। **(to) work it**—ঘটান বা সম্পাদন করা। **(to) work off**—পৃথক্ করিয়া ছুড়িয়া ফেলা; ক্রমশঃ পরিহার করা বা এড়ান; নিঃশেষ করিয়া ফেলা। **(to) work on** or **upon**—(কিছুর উপরে) প্রয়োগ করা বা খাটান; প্রভাবিত করা। **(to) work one's will**—স্বীয় অভীষ্ট পূরণ করা। **(to) work one's will upon one**—কাহাকেও দিয়া স্বীয় অভীষ্ট পূরণ করান, কাহারও উপর নিজের ইচ্ছা খাটান। **(to) work out**—ক্রমাগত খাটিয়া সম্পন্ন করা; প্রায়শ্চিত্ত করা;

ফুরাইয়া দেওয়া, নিঃশেষ করা (the mica-mine is now *worked out*) ; (অঙ্ক প্রভৃতি) কষা, হিসাব করা, (সমস্যাদির) সমাধান করা ; পুঙ্খানুপুঙ্খরূপে বর্ণনা করা ; সম্প্রসারিত করা ; একটু একটু করিয়া নির্গত করা ; (কিছুতে) পরিণত হওয়া। **(to) work to rule**—(কারখানা অফিস প্রভৃতিতে) নিয়মমাফিক কাজ করা অর্থাৎ কম করিয়া কাজ করা। **(to) work up**—ক্রমে ক্রমে সৃষ্টি করা ; ক্রমে ক্রমে পটু বা সন্তোষজনক করিয়া তোলা ; সজ্ঘটিত করা ; উদ্রিক্ত করা ; ক্রমে ক্রমে দৃঢ়তার সঙ্গে অগ্রসর হওয়া। [OE. *weore*—cp. ON. *verk*, G. *werk*]

world [wa(r)ld, ওয়্অ্যা(র্)লড্] *n.* the earth, পৃথিবী, জগৎ, বিশ্ব, ভূমণ্ডল, দুনিয়া ; the earth and its inhabitants, পৃথিবী ও পৃথিবীর অধিবাসিবৃন্দ ; the universe, নিখিল জগৎ, ব্রহ্মাণ্ড, সৃষ্টি ; the system of things, জগৎপ্রপঞ্চ, তন্ত্র ; the present state of existence, ইহলোক ; any planet or heavenly body, গ্রহ নক্ষত্র জ্যোতিষ্ক প্রভৃতি ; public life or society, জনসাধারণের সংশ্লিষ্ট কার্য বা সমাজ ; sphere of activity, কর্মক্ষেত্র ; the public, জনসাধারণ ; mundane interests, পার্থিব স্বার্থ, বৈষয়িক স্বার্থ ; a secular life, গার্হস্থ্য জীবন, গৃহিজীবন, সংসার ; a class or division, (সচ. মনুষ্যসমাজের) শ্রেণী বা বিভাগ ; a very large extent of a country, বিশাল দেশ (New *World*) ; a large quantity; প্রচুর পরিমাণ (a *world* of good) ; time, কাল, সময় (*world* without end)। **World Bank**—অপেক্ষাকৃত দরিদ্র দেশগুলিকে টাকা ধার দিবার জন্য সম্মিলিত জাতিপুঞ্জ (U.N.) কর্তৃক প্রতিষ্ঠিত আন্তর্জাতিক ব্যাংক, (পরি.) বিশ্বব্যাংক। *n.* **world°ling**—(প্রধানতঃ অবজ্ঞায় বা ব্যঙ্গে) বিষয়ী লোক ; (অপ্র.) মরজীব। *a.* **world°ly**—পৃথিবী বা জগৎ সম্বন্ধীয়, পার্থিব, জাগতিক ; পার্থিব জীবন ও ভোগবিলাসে অনুরক্ত, বিষয়ী ; লাভ করিতে উৎসুক। *n.* **world°liness**। *a.* **world°ly-mīn°dėd**—বিষয়বুদ্ধিসম্পন্ন, বিষয়ী ; পার্থিব স্বার্থসম্বন্ধে সচেতন। *a.* **world°-shaking**—সারা দুনিয়ায় আলোড়ন সৃষ্টি করে এমন। *a.* **world°ly-wīse**—সাংসারিক জ্ঞানসম্পন্ন ; বিষয়কর্মে অভিজ্ঞ। *a.* **world°-old**—পৃথিবীর মত প্রাচীন। *a.* **world°-weary**—জীবনে বীতস্পৃহ। *a.* **world°-wīde**—জগদ্ব্যাপী। **a citizen of the world**—যে ব্যক্তি পৃথিবীর সকল দেশকে স্বদেশ বলিয়া মনে করে, বিশ্বজনীন ব্যক্তি, বিশ্বনাগরিক। **a world of**—প্রচুরসংখ্যক বা প্রচুরপরিমাণ। **all the world**—(সারা পৃথিবীর) সমস্ত লোক বা বস্তু। **for all the world**—সম্পূর্ণভাবে ; কোন কারণেই। **for all the world like**—সম্পূর্ণ সদৃশ। **(to) give to the world**—প্রকাশ করা। **in the world**—সৃষ্টির কোথাও ; মোটেও। **New World**—পশ্চিম গোলার্ধ অর্থাৎ আমেরিকা। **Old World**—পূর্ব গোলার্ধ অর্থাৎ আমেরিকা বাদে পৃথিবীর অন্যান্য অংশ। **other world**—আধ্যাত্মিক জগৎ, পরলোক। **(to) the world**—(অশি.) একেবারে, সম্পূর্ণরূপে (he is tired *to the world*)। **(the) whole world**—সমস্ত জগৎ ও জগতের প্রাণী বস্তু প্রভৃতি। **world power**—যে রাষ্ট্র বা রাষ্ট্রপুঞ্জ আন্তর্জাতিক রাজনীতিতে স্বীয় প্রভাববিস্তারে সক্ষম। **world's end**—যথাসম্ভব দূরতম স্থান। **(to) be all the world (to)**—(কাহারও) সর্বস্ব হওয়া (her son is *all the world* to her)। **(to) carry the world before one**—সমস্ত বাধাবিপদ্ অতিক্রম করিয়া সাফল্যলাভ করা। **(to) come down in the world**—সামাজিক মর্যাদার দিক্ দিয়া অধঃপতিত হওয়া। **(to) take the world as it is**—(পরিবেশের সঙ্গে) মানাইয়া বা খাপ খাওয়াইয়া চলা। [OE. *wor(u)ld*, *weorold* < *wer* = man, see *old*, < cp. ON. *verold*]

worm [wa(r)m, ওয়্অ্যা(র্)ম্] **(1)** *n.* (loos.) any creeping invertebrate lacking appendages, (শিথি.) স্বল্পাবয়ব অমেরুদণ্ডী সরীসৃপ (যেমন, পোকা কীট কেঁচো জোঁক ক্রিমি প্রভৃতি) ; a mean, grovelling creature, হীন ও বুকে হাঁটিয়া চলে এমন অর্থাৎ গোলামির মনোবৃত্তিসম্পন্ন প্রাণী ; an insignificant or downtrodden person, তুচ্ছ বা অবমানিত ব্যক্তি ; (in *pl.*) an intestinal disease caused by parasitic worms, ক্রিমিঘটিত রোগ, ক্রিমিরোগ ; the spiral part of anything, যে-কোন বস্তুর সর্পিল বা পেঁচাল অংশ। **(2)** *v.i.* to move or make one's way like a worm, কীটের ন্যায় ধীরে ধীরে ও নিঃশব্দে পেঁচাইয়া পেঁচাইয়া চলা বা নিজের পথ করিয়া লওয়া (he *wormed* his way through the bushes)। **(3)** *v.i.t.* to work (oneself) slowly or secretly, ধীরে ধীরে বা গোপনে করা অথবা করান। *n.* **worm°-cast**—কেঁচো কর্তৃক উদ্গীরিত মাটি। *a.* **worm°-eaten**—কীটদষ্ট, পোকায়-খাওয়া ; পুরাতন ; জীর্ণ। *a.* **worm°-eating**—কীটভোজী। *n.* **worm°-fēver**—ক্রিমিজ্বর। *n.* **worm°-hōle**—কীটাদি কর্তৃক কৃত ছিদ্র। *n.* **worm°-gear**—খাঁজওয়ালা চাকা কোন পেঁচাল ঘূর্ণায়মান বস্তুর দ্বারা চালিত হয় এমন ব্যবস্থা। *n.* **worm°-powder**—কীটনাশক চূর্ণ। *a.* **wor°my**—কীটবৎ ; বুকে হাঁটিয়া চলে এমন, সরীসৃপ ; কীটপূর্ণ ; কীটময় ; কীটসংক্রান্ত ; গোরস্থানসংক্রান্ত ; (আল.) হীন, ক্রূর, পেঁচাল। *n.* **worm°inėss**। **even a worm will turn**—কোণঠাসা হইলে দুর্বল ব্যক্তিও রুখিয়া দাঁড়ায়। **food for worms**—(আল.) মৃতব্যক্তি। **the worm of conscience**—বিবেকঘটিত মর্মদাহ, বিবেকযন্ত্রণা। [OE. *wyrm*—cp. ON. *ormr*, G. *wurm*, L. *vermis*]

wormwood [wa(r)m°-wood, ওয়্অ্যা(র্)ম্উড্] *n.* a bitter herb, তিক্তাস্বাদ গুল্মবিশেষ, সোমরাজ ; bitterness, তিক্ততা। [OE. *wermod* < G. *wermuth*—influenced by *worm* and *wood*]

wormy—see **worm**.

worn [waw(r)n, ওয়্অ(র্)ন্] **(1)** *n.* see **wear**। **(2)** *a.* that has been put on, পরিধান করা হইয়াছে এমন, পরিহিত ; showing effect of wear, or (fig.) of work, worry, age, etc., ব্যবহারের ফলে জীর্ণ অথবা (আল.) খাটুনি চিন্তা বয়স প্রভৃতির ফলে জীর্ণ বা ক্লান্ত; having the productive power exhausted, (জমিসম্বন্ধে) উৎপাদনীশক্তি নিঃশেষিত হইয়া গিয়াছে এমন; hackneyed, গতানুগতিক। *a.* **worn°-out**—ব্যবহারের ফলে অত্যন্ত ক্ষয়প্রাপ্ত বা অব্যবহার্য হইয়াছে এমন; ক্লান্ত; বিগত। [see *wear*]

worried—*p.* & *p. pt.* **worry.**

worry [wu°-ri, ওয়া°রি] (1) *v.t.* to tear with the teeth, দাঁত দিয়া ছেঁড়া; to harass, হয়রান করা; to pester, ক্রমাগত উৎপীড়ন করা; to tease, জ্বালাতন করা। (2) *v.t.i.* to trouble (oneself), ঝঞ্ঝাটে ফেলা বা পড়া; to make or be unduly anxious, অযথা উদ্বিগ্ন করা বা হওয়া। (3) *v.i.* to fret, ক্রোধাদিতে ছটফট করা বা অস্থির হওয়া। (4) *n.* act of worrying, দাঁত দিয়া ছিন্নকরণ, হয়রান-করণ, উৎপীড়ন, জ্বালাতন-করণ, ঝঞ্ঝাটে পাতিত করা বা পাতিত হওয়া, উদ্বিগ্ন করা বা উদ্বিগ্ন হওয়া, ক্রোধাদিতে অস্থির হওয়া; trouble, perplexity, anxiety, ঝঞ্ঝাট, বিভ্রান্তি, উদ্বিগ্নতা। **wo°rrying**—(1) *a.* উদ্বেগপূর্ণ, ঝামেলাপূর্ণ; জ্বালাতন করে এমন। (2) *n.* উদ্বেগ, ঝামেলা, জ্বালাতন। *adv.* **wo°rryingly** I *a.* **wo°rrisome**—উপদ্রবকর; ঝামেলাপূর্ণ। **(to) worry along**—ঝামেলা-ঝঞ্ঝাট সত্ত্বেও অগ্রসর হওয়া। [OE. *wyrgan*—cp. Du. *worgen*]

worse—see **bad** I *v.i.t.* **worsen** [wa(r)°sn, ওয়্যা(র্)°স্ন্] অধিকতর মন্দ হওয়া বা করা। **for better or for worse**—ভালমন্দ যাহাই ঘটুক না কেন। **for the worse**—অধিকতর মন্দ অবস্থায়। **none the worse**—একটুও কম নহে। **worse off**—অধিকতর মন্দ অবস্থায় (বিশেষতঃ অধিকতর মন্দ আর্থিক অবস্থায়) পতিত। **(to) have the worse**—অসুবিধায় পড়া বা থাকা; পরাজিত হওয়া। **(to) put to worse**—পরাজিত করা। **the worse for wear**—পরিধানের ফলে জীর্ণ। [OE. *wyrsa*]

worship [wa(r)°-ship, ওয়্যা(র্)°শিপ্] (1) *n.* শ্রদ্ধা; adoration paid, (দেবতা শ্রদ্ধেয় ব্যক্তি প্রভৃতিকে) পূজা; religious service, ধর্মানুষ্ঠান, উপাসনা, অর্চনা; profound admiration and affection, গভীর শ্রদ্ধা ও অনুরাগ, ভক্তি; a title of honour, (ম্যাজিস্ট্রেইট্ প্রভৃতির সম্মানসূচক) আখ্যাবিশেষ (your *worship*)। (2) *v.t.* to adore with appropriate ceremonies, পূজা করা; to adore or idolize, ভক্তি করা, দেবতুল্য মনে করা। (3) *v.i.* to perform acts of adoration, পূজা করা; to take part in religious service, উপাসনা বা অর্চনা করা, ধর্মানুষ্ঠানে অংশ গ্রহণ করা। *pr. pt.* **wor°shipping** I *p.* & *p. pt.* **wor°shipped** I *a.* **wor°shipful**—শ্রদ্ধেয়, সম্মানার্হ, পূজনীয়; শ্রদ্ধাশীল; সশ্রদ্ধ; ভক্তিশীল। *n.* **wor°shipper**—পূজারী; ভক্ত; অনুরাগী ব্যক্তি। **freedom of worship**—উপাসনার বা ধর্মানুষ্ঠানের স্বাধীনতা। **house** or **place of worship**—ভজনালয় বা উপাসনার স্থান অর্থাৎ মন্দির মস্‌জিদ্ গির্জা প্রভৃতি। **your (his) worship**—ম্যাজিস্ট্রেইট্ বা মেয়রকে সসম্ভ্রমে উল্লেখ করার আখ্যা। [OE. *weorthscipe*]

worst [wa(r)st, ওয়্যা(র্)স্ট্] (1) *a.* & *adv.* see **bad** I (2) *n.* the highest degree of badness, চরম মন্দ; the most evil state or effect, চরম মন্দ অবস্থা বা ফল; the least good part, অপকৃষ্ট বা নিকৃষ্ট অংশ। (3) *v.t.* to get advantage over, (প্রতিযোগীর বা প্রতিদ্বন্দ্বীর উপরে) সুবিধা লাভ করা; to defeat, পরাস্ত করা (he *worsted* his enemy)। **at (the) worst**—যদি সর্বাধিক মন্দ অবস্থা ঘটে। **the worst of it is that**—ইহার বা এই ব্যাপারের সর্বাধিক মন্দ অংশটি হল এই যে। **(to) do one's worst**—যথাসাধ্য ক্ষতি বা অপকার করা। **(to) get the worst of it**—প্রতিযোগিতাদিতে পরাস্ত হওয়া। **if the worst comes to the worst**—চরম মন্দ অবস্থা ঘটিলে। [OE. *wyrst, wyrrest, (a.)*—see *worse*]

worsted [wu(r)s°-tid, ওয়া(র্)স্°টিড্] (1) *n.* (ori.) a fine wool fabric, (মূলতঃ) মিহি পশমী কাপড়; woollen yarn, (সচ. সূচিকর্মের জন্য) পশমী সুতা। (2) *a.* made of worsted, পশমী সুতায় তৈয়ারি। *n.* **wors°ted-work**—পশমী সুতায় তৈয়ারি সূচিকার্য। [*Worstead* in England]

wort₁ [wa(r)t, ওয়্যা(র্)ট্] *n.* any herb or vegetable, (বিরল—বর্তমানে কেবল যৌগিক শব্দ গঠনে ব্যবহৃত) গুল্ম মূল বা সবজি (spleen-*wort*)। [OE. *wyrt*—cp. G. *wurz(el)*]

wort₂ [wa(r)t, ওয়্যা(র্)ট্] *n.* malt unfermented or in the act of fermentation, অসন্ধিত অর্থাৎ গাঁজান হয় নাই এমন বা এখন সন্ধিত হইতেছে এমন সীরা। [OE. *wyrt*]

worth₁ [wa(r)th, ওয়্যা(র্)থ্] *v.i.* (arch.) to befall, (আর্ষ.) ঘটা। **woe worth the day**—হায় দিনের বা সময়ের কি দুর্দশাই না ঘটেছে: শোকসূচক বা বিলাপসূচক উক্তিবিশেষ। [OE. *weorthan* = to become—cp. G. *werden*]

worth₂ [wa(r)th, ওয়্যা(র্)থ্] (1) *n.* value, মূল্য; price, দাম, দর; the quality that makes a thing valuable, যে গুণ থাকিলে কোন বস্তু মূল্যবান্ হয়; moral excellence, নৈতিক উৎকর্ষ; merit, গুণ; importance, গুরুত্ব। (2) *a.* equal in value to, সমমূল্য; having a certain value, নির্দিষ্ট মূল্যযুক্ত (it is *worth* six rupees); worth while, সময় কাটানর উপযুক্ত; having possession to the value of, নির্দিষ্ট মূল্যের ধনসম্পদ্‌বিশিষ্ট (she is *worth* a million); deserving, যোগ্য (this book is *worth* reading)। *a.* **worth°less**—বাজে, অব্যবহার্য, অকেজো। *adv.* **worth°lessly** I *n.* **worth°lessness** I **worthy** [wa(r)°dhi, ওয়্যা(র্)°দি] (1) *a.* মূল্যবান্; নৈতিক উৎকর্ষযুক্ত (a *worthy* life); সুযোগ্য

(a *worthy* man); দাবি করার যোগ্য এমন, হকদার; উপযোগী (*worthy* of the occasion); যথেষ্ট গুণ-সম্পন্ন; সম্মান মর্যাদা প্রভৃতি লাভের যোগ্য (*worthy* of high encomiums)। (2) *n.* বিশেষ গুণসম্পন্ন বা মর্যাদাসম্পন্ন ব্যক্তি; (প্রধানতঃ স্থানীয়) বিখ্যাত বা বিশিষ্ট ব্যক্তি; (কাব্যে) মূল্যবান্ বস্তু, দামী জিনিস। *adv.* **wor°thily** । *n.* **wor°thiness** । *a.* **worth-while°**—সময়োপযোগী; প্রয়োজনীয়। **for all one is worth**—নিজের সমস্ত ক্ষমতা বা কর্মশক্তি সহকারে। **for what it is worth**—বক্তা যাহা বলিতেছে তাহার মূল্য বা সত্যতা সম্বন্ধে সে সন্দিহান অথবা তৎসম্বন্ধে সে কোন দায়িত্ব গ্রহণে অনিচ্ছুক: ইহা বোঝানর জন্য উক্তিবিশেষ, এইত বুঝি ব্যাপার। **nine worthies**—Hector, Alexander, Julius Caesar, Joshua, David, Judas Maccabæus, Arthur, Charlemagne, Godfrey of Bouillon: এই নয়জন বীরপুরুষ। [OE. *weorth* (*n.*) < G. *wert*]

wot—see **wit**$_1$.

would [wood উড্] *v.* see **will** । *a.* **would°-bē**—(সচ. প্রত্যাশা বা উচ্চাকাঙ্ক্ষা সূচক) ভবিষ্যতে কোন পদাদির জন্য নির্বাচিত বা উদ্দিষ্ট বা আকাঙ্ক্ষী হইয়াছে এমন, হবু (*would-be* poet)। **would rather**—ইহার অপেক্ষা বরং উহা (I *would rather* do it than sit idle)। **wouldst**—'thou'-এর সঙ্গে ব্যবহৃত রূপ।

wound$_1$—see **wind**$_2$.

wound$_2$ [wōōnd, উ্যন্ড্] (1) *n.* any cut, bruise, hurt, or injury, ক্ষত, ঘা; injury inflicted on feelings, মর্মাঘাত। (2) *v.t.* to injure, ক্ষত বা আহত করা, মর্মাঘাত দেওয়া। [OE. *wund* < G. *wunde*—cp. ON. *und*]

wove, woven—see **weave.**

wrack [rak, র‍্যাক্] *n.* seaweed cast ashore, সৈকতোপরি নিক্ষিপ্ত সমুদ্রজ গুল্ম বা শৈবাল। [MDu. *wrak*]

wraith [rāth, রেইথ্] *n.* a spectre, ভূত, প্রেতাত্মা; an apparition, (প্রধানতঃ) জীবিত লোকের ছায়ামূর্তি। [Sc.]

wrangle [rangg°l, র‍্যাংগ্°ল্] (1) *v.i.* to dispute noisily or peevishly, উচ্চৈঃস্বরে তর্কাতর্কি করা বা ঝগড়া করা। (2) *n.* a noisy dispute, কোলা-হলপূর্ণ তর্কাতর্কি বা ঝগড়া। *n.* **wrang°ler**—(প্রধানতঃ উচ্চকণ্ঠে) বিতর্ককারী বা কলহকারী; ক্যাম্‌ব্রিজ্ বিশ্ববিদ্যালয়ের গণিতে প্রথম শ্রেণীর সম্মান-সহ স্নাতকোপাধিক ছাত্র। *a.* **wrang°ling**—উচ্চৈঃ-স্বরে বিতর্ক বা কলহ করে এমন। [cp. *wring*]

wrap [rap, র‍্যাপ্] (1) *v.t.* to roll or fold together, একত্র গোটান বা ভাঁজ করা; to enfold or envelop, (কিছুকে বা কিছু দিয়া) জড়ান বা মোড়া; to embrace, আলিঙ্গন করা; to hide or obscure, লুকান বা অস্পষ্ট করা। (2) *v.i.* to wind or twine, বিজড়িত হওয়া; to put on wraps, শাল আলোয়ান প্রভৃতি গায়ে দেওয়া। *pr. pt.* **wra°pping** । *p.* & *p. pt.* **wra°pped** । (3) *n.* a protective covering, (ব্যক্তি বা বস্তুর) রক্ষাকর আবরণ; an outdoor garment, বাড়ির বাহিরে পরিয়া যাওয়ার পোশাক; a single turn or fold, এক মোড় পাক বা ভাঁজ। *n.* **wra°pper**—যে মোড়ে বা জড়ায়; যদ্দ্বারা মোড়া বা জড়ান হয়; (পূর্বে) স্ত্রীলোকের ঢিলা বহির্বাসবিশেষ; পুস্তকাদির জন্য কাগজের তৈয়ারি আলগা ঢিলা মোড়ক; (সংবাদপত্র ডাকে প্রেরণার্থ বা অনুরূপ প্রয়োজনের জন্য) কাগজের থাপ; (ভারতে) শাল, আলোয়ান, র‍্যাপার। *n.* **wra°pping-pāper**—জিনিসপত্র মুড়িয়া রাখার জন্য পুরু কাগজবিশেষ। **(to) take the wraps off**—অনাবৃত বা উন্মুক্ত করা, প্রকাশ বা ব্যক্ত করা। **under wraps**—লুক্কায়িত বা গুপ্ত অবস্থায়। **wrapped up in**—(কিছুর দ্বারা বা কিছুর মধ্যে) জড়াইয়া বা মুড়িয়া রাখা হইয়াছে এমন; অন্তর্ভুক্ত; বিজড়িত; নিমগ্ন। [ME. *wrappen, wlappen*]

wrath [rawth, র‍্যথ্] *n.* violent anger, প্রচণ্ড ক্রোধ, রোষ; holy indignation, ধর্মাদি পবিত্র কারণে ক্রোধ। *a.* **wrath°ful**—অত্যন্ত ক্রুদ্ধ; প্রচণ্ড ক্রোধজনিত বা ক্রোধপূর্ণ। [OE. *wræththu*]

wreak [rēk, রীক্] *v.t.* (arch.) to avenge, (আর্ষ.) প্রতিহিংসাগ্রহণ করা, প্রতিশোধ লওয়া; to inflict retributive punishment, প্রতিশোধ-মূলক শাস্তি দেওয়া। **(to) wreak vengeance upon** or **on**—(কাহারও উপর) প্রতিহিংসা গ্রহণ করা। [OE. *wrecan* = (ori.) to drive out < ON. *reka* = cp. L. *urgere*]

wreath [rēth, রীথ্] *n.* a circlet of interwoven materials, (সচ. ফুলে তৈয়ারি) শিরোমাল্য বা শিরপেঁচ; a single twist or coil in a spiral structure, কুণ্ডলীকৃত বা পেঁচাল বস্তুর এক পাক; a curl or ring of smoke or cloud, ধূম্রকুণ্ডলী, মেঘকুণ্ডলী। **wreathe** [rēdh, রীদ্] (1) *v.t.* পেঁচাইয়া পেঁচাইয়া বা জড়াইয়া জড়াইয়া তৈয়ারি করা; একত্র পেঁচান বা জড়ান: (কিছু দিয়া) মালা তৈয়ারি করা বা মালা গাঁথা; পরিবেষ্টন করা; মোচড়ান; মোচড় খাওয়ান বা সঙ্কুচিত করান। (2) *v.i.* বিজড়িত হওয়া; পাক খাওয়া; মোচড় খাওয়া। [OE. *writha*—cp. OE. *writhan* = to wreathe]

wreck [reck, রেক্] (1) *n.* destruction, ধ্বংস, বিনাশ; destruction of a ship, পোতধ্বংস; a badly damaged ship, অত্যন্ত ক্ষতিগ্রস্ত জাহাজ; shipwrecked property, সমুদ্রবক্ষে বিনষ্ট জাহা-জের সম্পত্তি; remains of a ruined thing, ধ্বংসাবশেষ; a person ruined mentally or physically, ভগ্নচিত্ত বা ভগ্নদেহ ব্যক্তি (a mere *wreck* of his former self)। (2) *v.t.* to destroy or disable, ধ্বংস করা বা অক্ষম করা; to involve in a wreck, (পোতাদি) ভগ্নাবস্থায় পর্যবসিত করান, ভগ্নপোত করান; to ruin, সর্বনাশ করা। (3) *v.i.* to suffer wreck or ruin, ভগ্ন-পোত হওয়া, ধ্বংস হওয়া, সর্বনাশগ্রস্ত হওয়া। *p.* & *p.*

pt. **wre°cked** ৷ *n.* **wre°ckage**—ধ্বংস, বিনাশ ; পোতভঙ্গ ; সর্বনাশ ; পোতভঙ্গে বিনষ্ট বস্তু ; ধ্বংসপ্রাপ্ত বস্তু ; ধ্বংসপ্রাপ্ত হৃতমান বা সর্বনাশগ্রস্ত ব্যক্তি ৷ *n.* **wre°cker**—যে ব্যক্তি ইচ্ছাপূর্বক পোত ধ্বংস করে বা ভগ্নপোতের মালপত্র লুঠ করে ; যে ব্যক্তি দণ্ডনীয়ভাবে কিছু ধ্বংস করে; ভগ্ন পোত বা উহার মালপত্র পুনরুদ্ধারে নিযুক্ত ব্যক্তি ৷ *a.* **wreck°ful**—(কাব্যে) সর্বনাশসাধক ; সর্বনাশা ৷ [AF. *wrec*. *wrek* < Sc.]

wren [ren, রেন্] *n.* a small bird, ক্ষুদ্র গায়ক-পক্ষিবিশেষ ৷ [OE. *wr(a)enna*]

wrench [rensh, রেন্‌শ্] (**1**) *v.t.* to put with a twist or by violence, মোচড় দিয়া বা বলপ্রয়োগপূর্বক টানা ; to pull by means of wrenching instrument, রেন্‌চ্-দ্বারা টানা ; to sprain, মচকাইয়া দেওয়া ; to distort, (তথ্যাদি বিকৃত করা ৷ *p.* & *p. pt.* **wren°ched** ৷ (**2**) *n.* act of wrenching, মোচড় দিয়া বা বলপূর্বক আকর্ষণ, রেন্‌চ্-দ্বারা আকর্ষণ, মচকাইয়া দেওয়া, বিকৃত করা ; a violent twist, প্রচণ্ড মোচড় ; a sprain, মচকানি ; an instrument for wrenching, নাট্ বলটু পেরেক স্ক্রু প্রভৃতি মোচড় দিয়া খোলার বা আটকানর জন্য যন্ত্রবিশেষ, রেন্‌চ্ ; (fig.) parting that causes pain, (আল.) বেদনাদায়ক বিদায় ৷ [OE. *wrencan*=to deceive, twist—cp. G. *renken*]

wrest [rest, রেস্‌ট্] *v.t.* to turn or twist, ঘোরান বা মোচড়ান ; to twist, extract, or take away by force, সবলে মোচড় দেওয়া টানিয়া বাহির করা বা লইয়া যাওয়া ; to get by toil, পরিশ্রম করিয়া পাওয়া ; to distort truth or natural meaning of, (কিছুর) সত্য বা স্বাভাবিক অর্থ বিকৃত করা ; to misinterpret, ভুল অর্থ বা কদর্থ করা ; to pervert, বিকৃত করা ৷ [OE. *wræstan*—cp. D. *vriste*]

wrestle [res°l, রেস্‌°ল্] (**1**) *v.i.t.* to contend (with) by grappling and trying to throw another down, মল্লযুদ্ধ করা, কুশ্‌তি লড়া ; to struggle (with), দ্বন্দ্ব করা, লড়াই করা ; to strive (for) or proceed (through) laboriously, কঠোর শ্রমসহকারে চেষ্টা করা বা অগ্রসর হওয়া ৷ (**2**) *n.* a wrestling bout, কুশ্‌তি ; a struggle, প্রবল প্রচেষ্টা বা সংগ্রাম ৷ *n.* **wrest°ler** ৷ *n.* **wrest°ling**—কুশ্‌তি, মল্লযুদ্ধ ৷ [OE. *wræstlian*(*v.*)]

wretch [rech, রেচ্] *n.* a most miserable person, চরম দুর্দশাগ্রস্ত বা হতভাগ্য ব্যক্তি ; a worthless or despicable person, নগণ্য বা তুচ্ছ বা জঘন্য ব্যক্তি ; a creature, (প্রধানতঃ করুণার মনোভাবে) প্রাণী, জীব ৷ *a.* **wre°tched**—চরম দুর্দশাগ্রস্ত, হতভাগ্য ; শোচনীয়রকম মন্দ (*wretched* health ; to feel *wretched*) ; জঘন্য (*wretched* weather) ; বাজে, তুচ্ছ, নগণ্য ৷ *adv.* **wre°tchedly** ৷ *n.* **wre°tchedness** ৷ [OE. *wrecca*=an outcast]

wrick [rik, রিক্] (**1**) *v.t.* to sprain slightly, ঈষৎ মচকান, চটকা ব্যথা দেওয়া ৷ *p.* & *p. pt.* **wri°cked** ৷ (**2**) *n.* a slight sprain, চটকা ব্যথা (to have a *wrick* in the neck) ৷ [Low. G. *wrikken*=to turn]

wriggle [rig°l, রিগ্‌°ল্] (**1**) *v.i.t.* to twist to and fro, (কীটাদি-সম্বন্ধে) ইতস্ততঃ (দেহ) মোচড়ান বা মোচড় দেওয়া ; to move or advance sinuously, মোচড়াইয়া মোচড়াইয়া চলা বা চালান, অগ্রসর হওয়া বা করান ; to use evasive tricks, এড়ানর জন্য কৌশল খাটান, ছলনা করা (he *wriggled* out of the difficulty) ; (fig) to feel uncomfortable, অস্বস্তি বোধ করা (criticism made him *wriggle*) ৷ (**2**) *n.* the act or motion of wriggling, (দেহের) ইতস্ততঃ মোচড়ানি, মোচড়াইয়া মোচড়াইয়া চলন বা অগ্রসরণ, ছলনাপূর্বক পরিহার ; a sinuous turn or bend, মোচড়, মোচড়পূর্ণ বাঁক ৷ *n.* **wrigg°ler**—যে বা যাহা (দেহ) মোচড়ায় বা মোচড়াইয়া চলে ; (আল.) যে ব্যক্তি সন্দেহজনক অর্থপূর্ণ বা দ্ব্যর্থক বাক্যাদি প্রয়োগ করে ; মশকের শূক ৷ [Low. G. *wriggeln* (*v.*)]

wright [rīt, রাইট্] *n.* a maker or builder, প্রস্তুতকারক, নির্মাতা (cart*wright*, ship*wright*) ৷ [OE. *wyrhta*, *wryhta*]

wring [ring, রিং] (**1**) *v.t.* to twist, মোচড়ান, পাকান ; to expel moisture from by hand twisting or by roller pressure, হাত দিয়া মোচড়াইয়া বা রোলারের চাপ দিয়া জল বাহির করিয়া লওয়া, নিঙড়ান ; to force out by twisting, মোচড়াইয়া বা নিঙড়াইয়া বাহির করা (to *wring* off, *wring* out) ; to force out, বলপ্রয়োগদ্বারা বাহির করা, জোর করিয়া বাহির করা ; to clasp and shake fervently, সাগ্রহে জড়াইয়া ধরিয়া ঝাঁকান বা নাড়া ; to clasp convulsively (দুঃখে বা উত্তেজনায় হস্তাদি) কম্পনসহকারে জড়াইয়া ধরা ; to extort, জোর করিয়া আদায় করা (to *wring* from) ৷ *p.* & *p. pt.* **wrung** [rung, রাং] ৷ (**2**) *n.* an act or instance of wringing, মোচড়, নিঙড়ানি ৷ *n.* **wring°er**—ধোওয়া কাপড় হইতে জল নিঙড়ানর কলবিশেষ ৷ **wringing wet**—(বস্ত্রাদি-সম্বন্ধে) এমন ভিজা যে নিঙড়াইলে জল পড়ে ৷ **(to) wring one's hands**—(দুঃখ হতাশা প্রভৃতি প্রকাশার্থে) হাত কচলান ৷ [OE. *wringan*=to twist—cp. Du. *wringen*]

wrinkle$_1$ [ringk°l, রিংক্‌°ল্] *n.* a tip or valuable hint, (কথ্য.) গুপ্তসংবাদ বা মূল্যবান্ আভাস (he gave me a *wrinkle* or two) ৷ [OE. *wrenc*=a trick ?]

wrinkle$_2$ [ringk°l, রিংক্‌°ল্] (**1**) *n.* a small crease or furrow on a surface, ক্ষুদ্র কুঞ্চন ভাঁজ বা বলি (he has *wrinkles* round his eyes, produced by age) ৷ (**2**) *v.t.i.* to contract into wrinkles or furrows, কুঞ্চিত করা বা হওয়া, ভাঁজ ফেলা বা পড়া ; বলিচিহ্নিত করা বা হওয়া ৷ *a.*

wrink°led—কুঞ্চিত, ভাঁজ-পড়া, বলিচিহ্নিত (his forehead is *wrinkled* with age); এবড়ো-খেবড়ো। *a.* **wrink°ly**—same as **wrinkled**, এবং—সহজেই কুঞ্চিত হয় বা ভাঁজ পড়ে এমন। [?]

wrist [rist, রিস্‌ট্] *n.* the joint by which the hand is united with the arm, কব্‌জি, মণিবন্ধ। *n.* **wrist°-band**—শার্ট বা চুড়ি-হাতা জামার-হাতার যে পুরু পটীওয়ালা অংশ কবজির সঙ্গে আঁটা থাকে, জামার চুড়ি। *n.* **wrist°lėt**—মণিবন্ধে বাঁধার ফিতা বা গহনা; হাতকড়া। *n.* **wrist°-watch**—হাতঘড়ি। [AS.]

writ₁—see **write** | **writ large**—বড় বড় অক্ষরে লিখিত; (আল.) প্রচুর পরিমাণ বা অতি স্পষ্ট।

writ₂ [rit, রিট্] *n.* (rare) a writing, (বিরল) লিখন; a legal or formal document, আইন-সম্মত বা বিধিসম্মত দলিল; written command, (আইনে) আদেশপত্র, পরওআনা, (পরি.) আজ্ঞালেখ। **Holy Writ**—(প্রধানতঃ খ্রিস্টীয়) ধর্মশাস্ত্র, বাইবেল্। **(to) serve a writ on**—আজ্ঞালেখ বা পরওআনা জারি করা। **writ of inquiry**—(সচ. করোনার-দ্বারা) তদন্ত করানর জন্য সরকারী আদেশপত্র। [OE. (*ge*)*writ*—cp. ON. *rit*]

write [rīt, রাইট্] *v.t.* to form (letters or words) with a pen, pencil, etc., লেখা; to express in writing, লিখিয়া প্রকাশ করা; to compose, (গ্রন্থাদি) রচনা করা; to record, লিপিবদ্ধ করা; to communicate (with) by letter, চিঠি লিখিয়া জানান, চিঠি লেখা। *p.* **wrōte** | *p. pt.* **written** [ri°tn, রিট্‌°ন্] | *n.* **wri°ter**—যে ব্যক্তি লেখে; কেরানি; লিপিকার, মুনশি; গ্রন্থকার, লেখক। **writer's cramp**—লেখকের হাতের মাংসপেশীতে খিল-ধরা-রূপ ব্যাধিবিশেষ। *n.* **write°-up**—ঘটনাদির লিখিত বিবরণ; (বিজ্ঞাপনাদি সম্বন্ধে) প্রশংসাসূচক বিবরণ। *n.* **wri°ting**—লিখন; লিপি, লিখিত বস্তু, লেখন; লিখিত গ্রন্থাদি, লেখা; হস্তলিপি, হস্তাক্ষর। *n.* **wri°ting-cāse**—লেখার সাজসরঞ্জাম অর্থাৎ কালি কলম প্রভৃতি বহনার্থ থলিবিশেষ। *n.* **wri°ting-desk, wri°ting-tāble**—লেখার টেবিল। *n.* **wri°ting-ink**—লেখার কালি। *n.* **writing-pāper**—লেখার জন্য মসৃণ কাগজবিশেষ। **the writing on the wall**—আসন্ন বিপর্যয় বা পতনের আভাসদায়ক ঘটনা। *a.* **wri°tten**—লিখিত (cp. **oral**) | **written large**—same as **writ large** (see **writ**) | **written law**—লিখিত (সরকারী) আইন। **(to) write down**—লিখিয়া লওয়া বা রাখা; (কাহাকেও বা কিছুকে) নিন্দাদি করার জন্য লেখা; অপেক্ষাকৃত হীনবুদ্ধি বা হীনরুচি পাঠকদের পক্ষে বোধগম্য অথবা মনোরম করিয়া লেখা। **(to) write off**—(প্রধানতঃ জমাখরচের খাতায় লেখাদি) কাটিয়া বাদ দিয়া দেওয়া, (পরি.) অবলোপন করা; অপ্রাপ্য-বোধে পাওনা বাদ দিয়া দেওয়া; (আল.) অপূরণীয় লোকসান-রূপে গণ্য করা বা স্বীকার করিয়া লওয়া। **(to) write out**—লিখিয়া ফেলা; পুরাপুরিভাবে লেখা (to *write out* one's name); অত্যধিক লেখার ফলে নিজের চিন্তাশক্তি খোয়ান। **(to) write up**—পূর্ণবিবরণ লেখা; লিখিয়া প্রশংসা বা অতি-প্রশংসা করা। *v.t.* **overwrite**—অন্য লেখার দ্বারা মূল লেখা পুরণ করা; অতিরিক্ত বা পরিশ্রমসাধ্য বা কৃত্রিম লেখা। [OE. *writan*=(ori.) to scratch—cp. ON. *rita*]

writhe [rīdh, রাইদ্] (1) *v.t.* to twist or contort, মোচড় বা পাক দেওয়া, অঙ্গ মোচড়ান। (2) *v.i.* to twist, (সচ. দৈহিক বা মানসিক যন্ত্রণায়) মোচড় খাওয়া, স্বীয় অঙ্গ মোচড়ান (to *writhe at* or *under* insult, *in* pain, *with* shame, etc.) | *adv.* **writh°ingly** | [OE. *writhan* (*v.*) < ON. *ritha*—cp. *wreathe*]

writing, written—see **write**.

wrong [rong, রং] (1) *a.* not according to rule, নিয়মবিরুদ্ধ; incorrect, অশুদ্ধ; in error, ভ্রান্ত (a *wrong* decision, guess, notion, etc.); not in accordance with moral law, নীতিবিরুদ্ধ; unjust, অন্যায়; wicked, অসৎ; not as is required, intended, or suitable, অপ্রয়োজনীয়, অনভিপ্রেত, অনুপযোগী (to back the *wrong* horse, to do the *wrong* thing, to give the *wrong* answer, to take the *wrong* road, etc.); reverse, উলটা, বিপর্যস্ত। (2) *n.* whatever is not right or just, ভুল বা অন্যায় (two *wrongs* never make a right); any injury done to another, পরের ক্ষতি (he has done me a great *wrong*); wrong-doing, অন্যায় কার্যকরণ, অপরাধ। (3) *adv.* incorrectly, অশুদ্ধভাবে; astray, বিপথে (he led me *wrong*) | (4) *v.t.* to do wrong to, (কাহারও) ক্ষতিসাধন করা; to do injustice to, (কাহারও প্রতি) অন্যায় বা অন্যায়বিচার করা; to impute fault to unjustly, অন্যায়ভাবে দোষ চাপান; to dishonour, অসম্মানিত বা অপমানিত করা। *n.* **wrong°do°er**—অপরাধী; অন্যায়কারী; নীতি প্রভৃতি লঙ্ঘনকারী। *n.* **wrong°do°ing**—অপরাধ বা অন্যায়করণ; অন্যায় আচরণ; অপরাধ। *a.* **wrong°ful**—অন্যায়; অন্যায্য; বেআইনী (*wrongful* dismissal); অবৈধ; জারজ। *adv.* **wrong°fully** | *a.* **wrong°-hea°dėd**—জেদী ও বিকৃতবুদ্ধি; একগুয়েভাবে ভ্রমাত্মক বা অন্যায় নীতি অথবা পন্থার অনুসরণকারী। *adv.* **wrong°-hea°dėdly** | *a.* **wrong°-mīndėd**—ভ্রমাত্মক ধারণাযুক্ত। *adv.* **wrong°ly** | *n.* **wrong°-nėss** | *a.* **wrong°-tīmed**—সময়োচিত নহে এমন। **in the wrong**—ভ্রমাত্মক ধারণাপূর্ণ; অন্যায়ভাবে স্থানাদি দখলকারী; ভুল বা অন্যায় বিচার করিতেছে এমন। **in the wrong box**—বিশ্রী বা অস্বস্তিকর অবস্থায়। **private wrong**—ব্যক্তিগত ক্ষতি (সাধন)। **public wrong**—সামাজিক ক্ষতি অর্থাৎ অপরাধ। **wrong side of**—উল্লিখিত বয়স হইতে বেশি (*wrong side of* forty) | **wrong side out**—ভিতরের দিক্ উলটাইয়া বাহিরে আনা হইয়াছে এমন। **(to) be caught on the wrong foot**

—সম্পূর্ণ অসতর্ক বা অপ্রস্তুত অবস্থায় ধরা পড়া। **(to) do oneself wrong**—ভুল করা। **(to) have (get) hold of the wrong end of the stick**—কোন বিষয়ে সম্পূর্ণ ভুল ধারণা পোষণ করা। **(to) get out of bed on the wrong side**—সকালবেলা বদমেজাজ লইয়া ঘুম হইতে জাগা। **(to) go wrong**—যথাযথভাবে কাজ করিতে অক্ষম হওয়া; ভুল করা; অধর্মপথে যাওয়া। **(to) put in the wrong**—ভুল করান; অন্যায় বিচার বা অবিচার করান। [OF. *wrang* (*n.*)—cp. ON. *rangr*=unjust]

wrote—see **write.**

wroth [rōth, রৌথ্] *a.* wrathful, অত্যন্ত ক্রুদ্ধ বা ক্রোধন; in commotion, বিক্ষুব্ধ; stormy, ঝটিকাপূর্ণ, ঝড়ো। [OE. *wrath*=angry—cp. ON. *reithr*]

wrought [rawt, র‍্যট্] **(1)** *v.* see **work**। **(2)** *a.* fashioned, গঠিত; ornamented, কারুকার্য করা হইয়াছে এমন; manufactured, যন্ত্রাদি-দ্বারা উৎপাদিত বা নির্মিত; beaten into shape, (ধাতু-সম্বন্ধে) পিটাইয়া তৈয়ারি-করা, পেটা। *n.* **wrought°-ir°on**—পেটা লোহা। *a.* **wrought°-up°**—বিক্ষুব্ধ, অত্যধিক উত্তেজিত। [OE. (*ge*)*worhte*, *p.* & *p. pt.* of *wyrcan*, *wircan*=to work]

wrung—see **wring.**

wry [rī, রাই] *a.* twisted or turned to one side, একপাশে মোচড়ান বা ফেরান এমন, বাঁকা; not in the right direction, ঠিক্ পথে বা দিকে নহে এমন; (fig.) expressing displeasure, (আল.) বিরাগ-প্রকাশক; (fig.) perverse, distorted, (আল.) বিকৃত, বিকৃতমূর্তি। *adv.* **wry°ly**। *a.* **wry°-mouthed**—বক্রমুখ। *n.* **wry°neck**—রোগাদির দরুন গ্রীবার অনমনীয়তা। *n.* **wry°ness**। **(to) make a wry face** or **mouth**—(বিস্বাদ বিরক্তি যন্ত্রণা প্রভৃতির জন্য) মুখ বিকৃত করা বা বাঁকান। [OE. *wrigian*=to strive, move]

Wych- (also **wich-, witch**) [witz, উইট্জ্] prefix used in names of trees, গাছের নামের আগে ব্যবহৃত উপসর্গ (*wych*-elm) [<Germania, *wyk*=bene ?]

wynd [wand, ওাএইন্ড্] *n.* an alley in Scots town, স্কট্ল্যানডের শহরের গলি। [Sc.—cp. *wind*]

X

X, x [eks, এক্স্] *n.* the twenty-fourth letter of the English alphabet, ইংরেজী বর্ণমালার চতুর্বিংশতিতম বর্ণ। *n.* **x**—(বীজগ.) অজ্ঞাত রাশির বা সংখ্যার প্রথমটি।

xanthic [zan°-thik, জ্যান্°থিক] *a.* of a yellow tint, হলদেটে, ঈষৎ হলুদবর্ণ। **Xanthic acid**—বর্ণহীন অস্থির অম্লবিশেষ। [Gk. *xanthos*=yellow]

Xant(h)ippe [zan-ti°pi, জ্যান্টি°পি] *n.* a shrew, কলহপরায়ণা ও অবাধ্য স্ত্রীলোক। [wife of Socrates]

xebec [zē°-bek, জ়ী°বেক্] *n.* a small three-masted vessel, তিন মাস্তুলওয়ালা ক্ষুদ্র পোতবিশেষ। [F. *chebec*<? Turk or Ar.]

xenophobia [ze-no-fō°-bi-a, জ়েনফৌ°বিঅ্যা] *n.* irrational fear or hatred of foreigners, বিদেশীদের সম্বন্ধে অহেতুক ভয় বা ঘৃণা। [Gk. *xenos*=foreign, see *phobia*]

xerasia [zē-rā°-zia, জ়ীরেই°জ়িঅ্যা] *n.* morbid dryness of hair, চুলের অতিশয় শুষ্কতা (রোগ বিশেষ)। [Gk. *xeros*=dry]

xeroderma [zē-rō-da(r)°-ma, জ়ীরৌড্যা(র্)°ম্যা] *n.* morbid dryness of skin, চর্মের অতিশয় শুষ্কতা (রোগ বিশেষ)। [Gk. *xeros*, see *derm*]

xerophytic [zē-rō-fit°-ic, জ়ীরৌফিট্°ইক্] *a.* able to withstand drought, খরা সহ্য করিতে সক্ষম। [Gk. *xeros*, *phyton*=plant]

xerox [ze°-roks, জ়ে°রক্স্] *n.* a system of printing or reproduction by xerographic process, (আলোকচিত্রের সাহায্যে) মুদ্রণ পদ্ধতিবিশেষ। [Proprietary name<Gk. *xeros*]

xiphoid [zi°-foid, জ়ি°ফয়েড্] *a.* sword-shaped, তরোয়ালের আকারসদৃশ। [Gk. *xiphos*=sword]

Xmas—abbr. of **Christmas,** in writing only.

X-rays [eks°-rāz°, এক্স্°রেইজ়্°] *n. pl.* Rontgen rays, রঞ্জনরশ্মি। **X°-ray**—**(1)** *a.* রঞ্জনরশ্মি-সংক্রান্ত; রঞ্জনরশ্মির সাহায্যে গৃহীত (*x-ray°* photograph)। **(2)** *v.t.* রঞ্জনরশ্মির সাহায্যে আলোকচিত্র গ্রহণ করা। [*x*, the symbol of anything unknown, *ray*]

xylo- [zī°-lō জ়াইলৌ] *in comp.* (used as a *pfx.*) wood, কাষ্ঠ-। *n.* **xylograph** [zī°-la-grŭf, জ়াই°ল্যাগ্রাফ] কাঠের ছাঁচ বা ব্লক্ হইতে গৃহীত ছাপ; কাঠের উপর খোদাই-করা চিত্রাদি। *n.* **xylographer** [zī-lo°-gra-fa(r), জ়াইল°গ্র্যাফ্যা(র্)] কাঠের ছাঁচের বা ব্লক্ হইতে ছাপগ্রহণের অথবা মুদ্রণের বিদ্যা; কাঠের উপর খোদাইকার্য। *n.* **xylonite** [zī°-la-nīt, জ়াই°ল্যানাইট্] কৃত্রিম গজদন্ত, সেলুলয়েড। *n.* **xylophone** [zī°-la-fōn, জ়াই°ল্যাফৌন্] বাদ্যযন্ত্রবিশেষ। [Gk. *xulon*, *xylon*=wood]

xyster [zis°-ta(r), জ়িস্°ট্যা(র্)] *n.* a surgeons instrument for scraping bones, হাড় চাঁচিবার জন্য শল্য-চিকিৎসকের যন্ত্রবিশেষ। [Gk.]

Y

Y, y [wī, ওাআই] *n.* the twenty-fifth letter of the English alphabet, ইংরেজী বর্ণমালার পঞ্চবিংশতি বর্ণ। *n.* **y**—(বীজগ.) অজ্ঞাত রাশির বা সংখ্যার দ্বিতীয়টি।

yacht [yot, ইঅট্] **(1)** *n.* (ori.) a light fast-sailing vessel, (মূলতঃ) হালকা ও ক্ষিপ্রগামী পোতবিশেষ; a steam-boat for pleasure-trips or racing, প্রমোদ-ভ্রমণের বা বাইচের জন্য বাষ্পীয় পোত। (2) *v.i.* to sail, or race in a yacht, উক্ত পোতে করিয়া যাওয়া বা বাইচ খেলা। *n.* **ya°chter** । *n.* **yachts°man**—উক্ত পোতের মালিক বা চালক, উক্ত পোতে ভ্রমণকারী। *n.* **yacht°-chair**—উক্ত পোতের মালিকদের সমিতি। *n.* **ya°chting**—উক্ত পোতচালনা। [Du. *jacht*]

yaffle [yaf°-l, ইয়্যাফ্°ল] *n.* a green woodpecker, সবুজ কাঠঠোকরা। [from its cry]

yah [yŭ, ইআ] *int.* an exclamation of derision, বিদ্রূপসূচক ধ্বনিবিশেষ, এ্যাঃ। [imi.]

Yahoo [ya-hoo°, ইয়্যাহু°] *n.* a brute in human shape, পশুসুলভ বোধশক্তি ও মনোবৃত্তিসম্পন্ন মানবাকার প্রাণিবিশেষ ; a bestial person, পশুবৎ মানুষ, নরপশু। [Swift's *Gulliver's Travels*]

yak [yak, ইয়্যাক] *n.* a Tibetan ox, তিব্বতদেশীয় চমরী ষণ্ড। [Tibetan]

Yale lock [yal-lok ইএইল্ লক্] *n.* a type of lock for doors, দরজায় ব্যবহারের জন্য তালাবিশেষ। [from *L. Yale,* American inventor (died 1861)]

yam [yam, ইয়্যাম্] *n.* a potato-like root having a sweet taste, মিঠে আলু, রাঙা আলু। [Port. *inhame*]

yammer [yam°-a(r), ইয়্যাম্°অ্যা(র্)] *v.i.* (coll.) to make an outcry, to yelp, তীক্ষ্ণকণ্ঠে চিৎকার করা; to whine, ঘ্যান্ ঘ্যান্ করা, গোঙান ; to lament, to wail, বিলাপ করা ; to talk volubly, বাচালতা করা। [OE. *geomrian*]

yank [yank, ইয়্যাংক] *v.t.* (coll.) to pull (lever etc.) with a jerk, (কথ্য.) (চাপ দিবার জন্য যন্ত্রাংশ বা লিভার প্রভৃতি) ঝাঁকি মারিয়া টানা। [?]

Yankee [yang°-ki, ইয়্যাং°কি], (coll.) **Yank**—*n.* a New Englander or a citizen of the Northern United States, (আমেরিকায়) নিউ ইংল্যান্ডের বা উত্তর যুক্তরাষ্ট্রের নাগরিক ; an inhabitant of U.S.A., (অন্যত্র) আমেরিকার যুক্তরাষ্ট্রের অধিবাসী। [Du. *Janke,* a dim. of *Jan* =John]

yap [yap, ইয়্যাপ্] *v.i.* to bark sharply or constantly, (কুকুরাদি-সম্বন্ধে) তীক্ষ্ণকণ্ঠে বা অবিশ্রান্তভাবে চিৎকার করা ; to speak constantly, অবিশ্রান্ত কথা বলা বা বকবক করা। *pr. pt.* **ya°pping** । *p. & p. pt.* **ya°pped** । [imi.]

yapp [yap, ইয়্যাপ্] *n.* a limp leather binding in which the cover overlaps the edges of the book, চামড়া দিয়া বই-বাঁধাই : ইহাতে পুস্তকের প্রান্তসমূহ হইতে মলাট অধিকতর প্রসারিত থাকে। [the name of a bookseller]

yard₁ [yŭ(r)d, ইআ(র্)ড্] *n.* an enclosed space, (প্রধানতঃ অট্টালিকাদির সন্নিহিত) পরিবেষ্টিত স্থান, অঙ্গন, উঠান (back*yard,* farm*yard*) ; an enclosed space for carrying on special work, বিশেষ কাজের জন্য পরিবেষ্টিত স্থান, কর্মাঙ্গন (brick*yard,* dock*yard,* railway*yard*) ; a garden, বাগিচা, বাগান। **the Yard**—short. for **Scotland Yard** । [OE. *geard*—cp. G. *garten*= garden]

yard₂ [yŭ(r)d, ইআ(র্)ড্] *n.* a rod for measuring length, গজকাঠি (also **yard°stick, yard°wand**) ; an English measure of length, দৈর্ঘ্যের মাপবিশেষ (=২ হাত বা ৩ ফুট) ; a long beam on a mast for spreading square sails, জাহাজের পাল খাটানর জন্য আড়কাঠবিশেষ। *n.* **yard°-arm**—উক্ত আড়কাঠের যে কোন দিক্। **(to) man the yards**—উক্ত আড়কাঠিগুলির ধারে লোক দাঁড় করান বা দাঁড়ান (আনুষ্ঠানিক অভিবাদনস্বরূপ)। *n.* **yard°-measure**—গজ মাপার ফিতা কাঠি লাঠি প্রভৃতি। **by the yard**—প্রচুর পরিমাণে। [OE. *gyrd, gierd*—cp. Du. *garde*]

yarn [yŭ(r)n, ইআ(র্)ন্] (1) *n.* spun thread, সুতা, a sailor's story, (প্রায়ই অবিশ্বাস্য ঘটনাদিতে পূর্ণ) নাবিকের গল্প, (coll.) a story, (কথ্য.) গল্প। (2) *v.i.* to tell stories, গল্প বলা। **(to) spin a yarn**—গল্প বলা। [OE. *gearn*=thread—cp. ON. & G. *garn*]

yarrow [ya°-rō, ইয়্যা°রৌ] *n.* a strong-scented plant or its flower, উগ্রগন্ধ লতাবিশেষ বা তাহার ফুল। [OE. *gearwe*—cp. G. *garbe*]

yashmak [yash°-mak, ইয়্যাশ্°ম্যাক্] *n.* a Moslem woman's veil, মুসলমান স্ত্রীলোকের বোরখা। [Ar. *yashmaq*]

yaw [yaw, ইঅ] *v.i.* to fall from course, (জাহাজ বা বিমানপোত সম্বন্ধে—চালকের ত্রুটির জন্য অথবা উদ্দেশ্যমূলকভাবে) বিপথে যাওয়া ; (fig.) to move unsteadily or zigzag, স্খলিতভাবে বা সর্পিলগতিতে চলা। [?]

yawl [yawl, ইঅল্] *n.* a two-masted sailing-boat, দুই-মাস্তুলওয়ালা ক্ষুদ্র পাল-তোলা নৌকাবিশেষ ; a ship's boat with four or six oars, বড় জাহাজে যে চার বা ছয় দাঁড়ওয়ালা নৌকা থাকে। [Du. *jol*—cp. D. *jolle*]

yawn [yawn, ইঅন্] (1) *v.i.* to open the mouth wide, হাই তোলা। (2) *v.t.* to utter with yawning, হাই তুলিয়া বলা। (3) *n.* act of yawning, হাই তোলা, জৃম্ভণ। [OE. *ganian*(*v.*) —cp. ON. *gina*=to gape]

yaws [yaws, ইঅস্] *n. pl.* contagious tropical disease characterised by sores on the skin, চর্মে ফোসকাসহ গ্রীষ্মপ্রধান দেশীয় ছোঁয়াচে রোগবিশেষ। [?]

yclept [i-klept°, ইক্লেপ্ট্°] *a.* (arch. or joc.) called, (আর্ষ. বা ব্যঙ্গে) নামক, অভিহিত। [*p. pt.* of obs. *v. clepe*=to call]

ye [হি, ঈ] *pro.* (arch.) the nom. and also accus. *pl.* of the 2nd pers. (আর্ষ.) তোমরা, তোরা, আপনারা, তোমাদিগকে, তোদেরকে, আপনা-

দিগকে। [Aryan—OE. *ge*—cp. Du. *gij*, G. *ihr*, Goth. *jus*, Gk. *humeis*, Sans. *yūyam*]

yea [yā, ইএই] (1) *adv.* yes, হাঁ; indeed, বাস্তবিক; nay, নিশ্চয়ই কখনই বা মোটেই না। (2) *n.* an affirmative vote or voter, সমর্থক ভোট বা ভোটদাতা। [OE. *gea*—cp. Du. G. & ON. *ja*]

yean [ēn, ঈন্] *v.t.i.* to bring forth, (প্রধানতঃ ভেড়া সম্বন্ধে—বাচ্চা) প্রসব করা; *n.* **yean°ling**—মেষশাবক বা ছাগশিশু। [OE. *ge-*, *eanian*=to bring forth]

year [ya(r), ইয়্যা(র্)] *n.* the time occupied by one revolution of the earth round the sun, সৌরবর্ষ; the period beginning with 1st January and ending with 31st December, or any similar space of time, বৎসর, বছর; twelve consecutive months, বারমাস। *n.* **year°-book**—প্রকাশনকাল পর্যন্ত বিগত একবৎসরের ঘটনাবলীর বিবরণী, বর্ষপঞ্জি। *n.* **year°ling**—এক বৎসর হইতে দুই বৎসরের মধ্যবর্তী বয়ঃপ্রাপ্ত পশু। *a.* **year°long**—এক বৎসরব্যাপী, বর্ষব্যাপী; একবৎসরব্যাপী (স্থায়ী)। **year°ly**—(1) *a.* প্রতিবৎসরে একবার ঘটে এমন, বাৎসরিক; একবৎসরব্যাপী (স্থায়ী), বর্ষব্যাপী। (2) *adv.* বৎসরে একবার করিয়া; প্রতি বৎসর। **all the year round**—সারা বৎসর ব্যাপিয়া। **astronomical** or **equinoctical** or **natural** or **solar year**—সৌরবর্ষ (=৩৬৫ দিন ৫ ঘণ্টা ৪৮ মিনিট ৪৬ সেক্‌নড্)। **Julian year**—জুলিআস্ সীজার্ কর্তৃক প্রবর্তিত 'জুলিআন্ পঞ্জিকা'-অনুযায়ী গণিত বৎসর ($365\frac{1}{4}$ দিন)। **lunar year**—চান্দ্র বৎসর (৩৫৪ দিন)। **New°year**—নববর্ষ। **New year's Day**—নববর্ষের প্রথম দিন। **sidereal year**—নাক্ষত্র বৎসর (৩৬৫ দিন ৬ ঘণ্টা ৯ মিনিট ৯.৬ সেক্‌নড্)। **(to) get on in years**—বৃদ্ধ হওয়া, বয়স হওয়া। **stricken** or **struck in year**—বয়সের ভারে পীড়িত; অতি বৃদ্ধ। **year in year out**—বৎসরের পর বৎসর ব্যাপিয়া। **Year of our Lord** or **year of grace**—খ্রিস্টীয় অব্দ। **young for one's years**—বয়স অনুপাতে (চেহারায়) তরুণ। [OE. *gear*—cp. G. *jahr*, ON. *ar*. Gk. *hora* =season]

yearn [ya(r)n, ইআ্যা(র্)ন্] *v.t.* to feel earnest desire, আকুল আকাঙ্ক্ষা অনুভব করা; to express longing, আকুল আকাঙ্ক্ষা প্রকাশ করা। *n.* **year°ning**—আকুল আকাঙ্ক্ষা। *adv.* **year°ningly**। [OE. *geornan*=to desire—cp. G. *gern* =willingly]

yeast [ēst, ঈস্ট্] *n.* a substance used in brewing, মদ্যাদির চোলাই কার্যে ব্যবহৃত পদার্থবিশেষ। *a.* **yeas°ty**—উক্ত পদার্থ-সংক্রান্ত; গাঁজলাযুক্ত, সফেন, ফেনিল; অসার। [OE. *gist*, *gyst*—cp. G. *gascht*, *gischt*]

yell [yel, ইএল্] (1) *v.i.* to howl or cry out sharply, তীব্রস্বরে গর্জন করা বা চিৎকার করা; to scream from pain or terror, যন্ত্রণায় বা ভয়ে আর্তনাদ করা। (2) *v.t.* to utter yellingly, তীব্র গর্জন বা চিৎকার করিয়া অথবা আর্তনাদ করিয়া বলা (he *yelled* curses)। (3) *n.* an act or spell of yelling, তীব্র গর্জন বা চিৎকার বা আর্তনাদ। [OE. *gellan*—cp. G. *gellen*]

yellow [ye°-lō, ইএ°লৌ] (1) *a.* of the colour of gold, হরিদ্রাবর্ণ, হলদে, পীতবর্ণ; (coll.) cowardly, (কথ্য.) ভীতু, ভীরু (also **ye°llow-bellied**); of Mongolic race, মঙ্গোলজাতীয়। (2) *n.* the yellow colour dye or pigment, হরিদ্রাবর্ণ বা ঐ বর্ণের রঞ্জক; yolk, ডিম্বাদির কুসুম। (3) *v.t.i.* to make or become yellow, হলদে করা বা হওয়া। *n.* **ye°llow-(h)ammer**—হলুদবর্ণ পক্ষিবিশেষ। *n.* **ye°llowback**—সস্তা উপন্যাস। *n.* **ye°llow-dog**—খেঁকি কুকুর; হীনচেতা বা ভীরু লোক। *n.* **ye°llow-fever**—সংক্রামক জ্বরবিশেষ (ইহাতে পাণ্ডুরতা ও রক্তস্রাব ঘটে)। *a.* **ye°llowish, ye°llowy**—ঈষৎ হরিদ্রাবর্ণ, হরিদ্রাভ। *n.* **ye°llowness**। **yellow peril**—মঙ্গোলজাতীয় লোকেরা শ্বেতজাতিদের উচ্ছেদ করিয়া সমস্ত পৃথিবী দখল করিবে: এই আতঙ্ক, পীতাতঙ্ক। **yellow press**—চমকপ্রদ সংবাদপরিবেশক ও বেপরোয়া অতিরঞ্জক সংবাদপত্র। [OE. *geolu*—cp. G. *gelb*, L. *helvus*=light bay]

yelp [yelp, ইএল্প্] (1) *v.i.* to utter a sharp bark, (কুকুর-সম্বন্ধে) তীক্ষ্ণকণ্ঠে চিৎকার করা। *p.* & *p. pt.* **yel°ped**। (2) *n.* a sharp cry or bark, (প্রধানতঃ কুকুরের) তীক্ষ্ণ চিৎকার। [OE. *gielpan* to boast or exult—cp. ON. *gialpa*=to yelp]

yen [yen, ইএন্] *n.* a Japanese coin, জাপানী মুদ্রাবিশেষ। *pl.* **yen**। [Jap.]

yeoman [yō°-man, ইঔ°ম্যান্] *n.* (hist.) a person qualified by possessing land to serve on juries etc., (ইতি.) জমির মালিক-হিসাবে জুরিবিচারে বসার ও অন্যান্য অধিকার দাবি করিতে পারে এমন ব্যক্তি; a small farmer, (প্রধানতঃ প্রয়োজনকালে রাজা বা ভূস্বামীর স্বপক্ষে লড়াই করার শর্তে নিষ্কর জমি ভোগকারী) ক্ষুদ্র কৃষক; a member of the yeomanry cavalry or of the yeomen of the guard, প্রাচীন কৃষকবাহিনীর বা বর্তমানে ইংল্যান্ড্‌রাজের দেহরক্ষিবাহিনীর অন্তর্ভুক্ত সৈনিক। *pl.* **yeo°men**। *a.* **yeo°manly**—উক্ত ভদ্রলোক কৃষক সৈনিক বা নৌ-আধিকারিকের পদমর্যাদাবিশিষ্ট; নম্র ও সৎ; গোঁড়া: সাহসী। *n.* **yeo°manry**—ক্ষুদ্র কৃষকসম্প্রদায়; ফরাসী বিপ্লবকালে ক্ষুদ্র কৃষকসম্প্রদায় লইয়া গঠিত সৈন্যবাহিনীবিশেষ। **yeoman('s) service**—(প্রাচীন কৃষকবাহিনীকর্তৃক সংগ্রামে প্রদত্ত সাহায্যের ন্যায়) শক্তিশালী সাহায্য। **Yeomen of the Guard**—বাছাই-করা প্রাচীন সৈনিকবৃন্দ লইয়া গঠিত ইংল্যান্ডের রাজদেহরক্ষিবাহিনী। [ME. *yoman*, *yeman*]

yep [yep, ইএপ্] (in U.S.A.) coll. var. of **yes**.

yes [yes, ইএস্] *adv.* & *n.* a word used to express affirmation or consent, হাঁ। *n.* **yes°man**—যে ব্যক্তি (কোন লোক দল প্রভৃতির) সর্ববিষয়ে সায় দেয়, হাত-তোলা লোক; স্বাধীন মতামতহীন একান্ত অনুগত ব্যক্তি। [OE. *gese, gise*=yea, let it be]

yester- [yes°-ta(r), ইএস্°টা্যা(র্)] *in comp.* yesterday, গতকল্য- (*yester*night); last, বিগত (*yester*year)। [OE. *geostran, giestran*—cp. G. *gestern*, L. *hesternus*]

yesterday [yes°-ta(r)-di, এইস্°ট্যা(র্)ডি] *n.* & *adv.* (on) the day last past, গতকল্য। [see *yester-, day*]

yet [yet, ইএট্] (**1**) *adv.* in addition, besides, অধিকন্তু, আরও, তদ্ব্যতীত; up to the persent time, এখন পর্যন্ত; still, তথাপি; hitherto, এযাবৎ, এই পর্যন্ত; at the same time, একই সময়ে, সেই সঙ্গে; even, এমন কি; before the affair is finished, ব্যাপারটি শেষ হইবার পূর্বেই। (**2**) *con.* nevertheless, তৎসত্ত্বেও; however, যাহা হউক। **as yet**—এখন পর্যন্ত বা তখন পর্যন্ত। **nor yet**—(তাই বলিয়া) ইহাও না। [OE. *giet(a.)*—cp. G. *jezt*]

yew [yōō, ইউ] *n.* an evergreen tree or its woods, কৃষ্ণবর্ণ পত্রযুক্ত চিরশ্যামল বৃক্ষবিশেষ বা উহার কাষ্ঠ। [OE. *iw, eow*—G. *eibe*]

Yg(g)drasil(l) [ig°-dra-sil, ইগ্°ড্র্যাসিল্] *n.* (Scand. myth.) the ash-tree binding together heaven, earth, and hell, (স্ক্যাণ্ডেনেভিআর পুরাণে) স্বর্গ মর্ত্য ও পাতালের মধ্যে সংযোগস্থাপক এবং সমস্ত পৃথিবী ব্যাপিয়া ও স্বর্গের উর্ধ্বে শাখাবিস্তারক অ্যাস্-বৃক্ষ। [ON.]

Yiddish [yid°-ish, ইড্°ইশ্] *n.* an international language spoken by the Jews (a form of old German with borrowings from modern languages), ইহুদীদের মধ্যে প্রচলিত আন্তর্জাতিক ভাষা (ইহা একপ্রকারের প্রাচীন জার্মান ভাষা, তবে আধুনিক ভাষা হইতে শব্দ গ্রহণ করিয়া সমৃদ্ধ)। [G. *judisch*]

yield [ēld, ঈল্ড্] (**1**) *v.t.* to grant or accord, প্রদান করা; to admit or concede, মানিয়া লওয়া বা দিতে স্বীকার করা; to give out, বাহির করা, প্রকাশ করা; to supply, সরবরাহ করা, জোগান; to produce, উৎপাদন করা; to deliver, surrender, relinquish, or resign, অর্পণ বা সমর্পণ করা, (কিছুর) দাবি ত্যাগ করা, ত্যাগ করা। (**2**) *v.i.* to submit, বশ্যতাস্বীকার বা আত্মসমর্পণ করা; to cease fighting or contesting, হার স্বীকার করিয়া যুদ্ধ বা প্রতিযোগিতা ত্যাগ করা; to give way under pressure, চাপে পড়িয়া পথ ছাড়িয়া দেওয়া, হার মানা; to give place, স্থান ছাড়িয়া দেওয়া। (**3**) *n.* the amount yielded, উৎপন্ন বস্তুর মোট পরিমাণ; product, উৎপন্ন বস্তু, (পরি.) উৎপাদ। *a.* **yield°ing**। *adv.* **yield°ingly**। **(to) yield up the ghost**—মারা যাওয়া। [OE. *gieldan* =to pay—cp. ON. *gjalda*]

yoga [yō°ga, ইঔ°গেই] *n.* one of the systems of Hindu Philosophy, হিন্দুদর্শনবিশেষ, যোগশাস্ত্র; Hindu system of meditation and self-control, connecting the individual soul with the universal spirit, যোগসাধনা যাহার মাধ্যমে ধ্যান ও চিত্তনিরোধ দ্বারা জীবাত্মা পরমাত্মার সঙ্গে মিলিত হয়; যোগ। *n.* **yō°gi**—যোগী, যিনি যোগাভ্যাস করেন। [Sans. *yoga*=union]

yoghourt [yō°-goort, ইঔ°গুর্ট্] *n.* fermented liquor made from milk, দুধ গাঁজাইয়া তৈয়ারি মদ; semi-solid curd-like food prepared from milk, দুধ হইতে প্রস্তুত দই বা ঘোলজাতীয় পানীয়। [Turkish]

yo-heave-ho [jou-hiv-hou, জো-হিভ্-হৌ] *int.* cry used by sailors when pulling together, নাবিকেরা একসঙ্গে কিছু টানিবার সময় যে চিৎকার বা আওয়াজ করে।

yoicks [yoi°ks, ইঅই°ক্স্] *int.* fox-hunter's cry, শৃগাল-শিকারীর চিৎকার বা ধ্বনি। [?]

yoke [yōk, ইঔক্] (**1**) *n.* that which joins together, সংযোজক; the frame of wood joining draught oxen, জোয়াল, যুগন্ধর; any similar frame, জোয়ালের অনুরূপ কোন কাঠাম; a mark of servitude, দাসত্বের চিহ্ন; slavery, দাসত্ব, গোলামি; hard pressure, কঠোর চাপ (the *yoke* of labour); a bond of union, মিলনসূত্র (*yoke* of marriage); a couple, (লাঙ্গলবাহী বা ভারবাহী পশু প্রভৃতির) জুড়ি। (**2**) *v.t.* to put a yoke on, জোয়াল পরান; to join together, সংযোজিত করা; to attach (a draught animal) to, (ভারবাহী বা লাঙ্গলবাহী পশু প্রভৃতিকে গাড়ি লাঙ্গল ইত্যাদিতে) জোতা (to *yoke* bullocks to a plough); to bring into servitude, দাসত্বে আনা; (fig.) to set to work, (আল.) কাজে নিযুক্ত করা। (**3**) *v.i.* to be joined, সংযোজিত হওয়া; to go together, একত্র চলা। *p.* & *p. pt.* **yō°ked**। *n.* **yōke°-fellow**—সহযোগী, অংশীদার, সহকর্মী প্রভৃতি। **(to) throw off the yoke**—দাসত্বশৃঙ্খল মোচন করা। [OE. *geoc*—cp. G. *joch*, L. *jugum*, Gk. *zygon*, Sans. *yugma*]

yokel [yō°k(a)l, ইঔ°ক্‌ল্] *n.* a country bumpkin, জবুথবু গেঁয়ো লোক। [?]

yolk [yōk, ইঔক্] *n.* the yellow part of an egg, ডিমের কুসুম। [OE. *geol(e)ca* < *geolu*= yellow]

yon [yon, ইঅন্] (**1**) *a.* that, ঐ; those, ঐগুলি yonder, অদূরস্থ। (**2**) *adv.* yonder, অদূরের [OE. *geon (a.* & *pro.) geond (prep.* & *adv.)*]

yonder [yan°-da(r), ইঅন্°ডা্যা(র্)] (**1**) *adv.* to, or at a distance within view, অদূরে। (**2**) *a.* lying yonder, অদূরস্থ। **hither** or **here and**

yonder—এখানে-ওখানে, ইতস্ততঃ। **the yonder**—অধিকতর দূরবর্তী স্থান। [ME. < see *yon*]

yore [yaw(r), ইঅ্য(র্)] *n.* old time, প্রাচীন কাল। **of yore**—প্রাচীনকালে, পুরাকালে। [OE. *geara* = formerly]

yorker [yaw(r)°-ka(r), ইঅ্য(র্)°ক্যা(র্)] *n.* a ball pitched immediately under the bat, ক্রিকেটখেলায় ঠিক ব্যাটের নিচে নিক্ষিপ্ত বল। [*Yorkshire* in England ?]

Yorkist [yaw(r)°-kist, ইঅ্য(র্)°কিস্ট্] *a.* & *n.* (one) adhering to the House of York, ইঅর্কের অর্থাৎ ইঅর্কশায়ারের ডিউক-বংশের অনুগামী।

you [yoo, ইউ] *pro. 2nd pers. pl. & sing. nom. & accus.* তোমরা, আপনারা, তোরা, তুমি, আপনি, তুই, তোমাদিগকে, আপনাদিগকে, তোদেরকে, তোমাকে, আপনাকে, তোকে। [OE. *eow* (ori. only *dat. & accus.*)—cp. *ye*]

young [yung, ইআং] **(1)** *a.* not long born, বেশি দিন আগে জন্মায় নাই এমন, অল্পবয়স্ক ; in early life, তরুণ ; in the first part of growth, কচি ; youthful, তারুণ্যপূর্ণ, যৌবনসুলভ ; vigorous, তেজী ; of youth, যৌবন-সংক্রান্ত বা তারুণ্য-সংক্রান্ত ; junior, (সমনামধারী ব্যক্তিদ্বয়ের মধ্যে) কনিষ্ঠ ; inexperienced, অনভিজ্ঞ। **(2)** *n.* offspring of an animal, জীবজন্তুর সন্তানসন্ততি ; young people, তরুণসম্প্রদায়। *n.* **young°ling**—তরুণবয়স্ক ব্যক্তি বা প্রাণী। *n.* **young°ster**—তরুণবয়স্ক ব্যক্তি বা পুরুষ ; (পূর্বে) তেজী তরুণ ; (কথ্য.) শিশু, বালক বা বালিকা। **with young**—গর্ভবতী। **young and old**—আবালবৃদ্ধ প্রত্যেকেই। **young blood**—তাজা রক্তসংযোজন ; (আল.) নূতন সভ্য, ফুলবাবু। **Young England, Young India, etc.**—ইংল্যান্ড্ ভারতবর্ষ প্রভৃতির তরুণ সম্প্রদায়। **young Turk**—তুরস্কের বিপ্লবী দলের (১৯০৮ খৃঃ) সদস্য ; রাজনৈতিক দলের বিদ্রোহন্মুখ সদস্য। **young turk**—উগ্র প্রকৃতির শিশু বা যুবক। [OE. *geong*—cp. G. *jurg*, L. *juvenis*, Sans. *yuvan*]

younker [yung°-ka(r), ইআং°ক্যা(র্)] *n.* a young person, তরুণ (বা তরুণী)। [ODu. *jonckher* < *jong heer* = young master or lord]

your [yaw(r), ইঅ্য(র্)] *poss. pro.* (*pl. & sing.*) of **you** (also called *poss. a.*), তোমাদের, আপনাদের, তোদের, তোমার, আপনার, তোর। *pro.* **yours**—তোমাদেরটি, তোমারটি ; তোমাদের বা তোমার যাবতীয় কিছু (you and *yours*)। *pro.* **yourself°**—তোমরাই বা তুমিই ; তোমরা বা তুমি স্বয়ং অথবা নিজে-নিজে ; তোমরা নিজেদেরকে, তুমি নিজেকে। *pl.* **yoursel°ves**। **(all) by yourself**—একাকী, কাহারও সাহায্য ছাড়াই। [OE. *eower*, *genet*, of *ge* = ye]

you're [yooa(r), ইউঅ্যা(র্)] contr. of **you are.**

youth [yooth, ইউথ্] *n.* the state of being young, তারুণ্য, যৌবন (the enthusiasm of *youth* and sedateness of age) ; early life, প্রথম বয়স ; the period immediately succeeding childhood, কৈশোর ; an early stage of existence, প্রথমাবস্থা ; a young person, তরুণ বা তরুণী, যুবক বা যুবতী ; young persons collectively, তরুণসম্প্রদায়, যুবকসম্প্রদায় (the *youth* of the country) ; (poet.) recentness, (কাব্যে) কচি বা তাজা অবস্থা। *pl.* **youths** [yoodhz, ইউদ্জ্] তরুণগণ বা তরুণীগণ, যুবকগণ বা যুবতীগণ। *a.* **youth°ful**—তারুণ্য যৌবন বা প্রথম বয়স সম্বন্ধীয় ; তরুণ ; অল্পবয়স্ক ; তারুণ্যের বা যৌবনের উপযোগী ; তাজা ; প্রফুল্ল, হাসিখুশি ; তেজী। *n.* **youth°fulness**। *adv.* **youth°fully**। **gilded youth**—আদবকায়দাদোরস্ত ধনী যুবক-সম্প্রদায়। [OE. *geoguth* < *geong* = young]

you've [yoov, ইউভ্] contr. of **you have.**

yowl [yowl, ইঔল্] **(1)** *v.i.* to howl, (নেকড়ে বা কুকুর কর্তৃক) গর্জন করা ; to wail, আর্তনাদ করা। **(2)** *n.* act of howling, (নেকড়ে বা কুকুরের) গর্জন ; wailing cry, আর্তনাদ। [imi.]

yo-yo [yō°-yō, ইঔ°ইঔ] *n.* a kind of round top made to run up and down a string, এক প্রকার লাটু : ইহা লেত্তির সাহায্যে গুটান আর ছাড়া হয়, ইয়োইয়ো। [?]

yuan [yoo°un, য়ূ°আন্] *n.* monetary unit of China, চীনদেশের মুদ্রার একক। [*chinese*]

yucca [yuk°a, ইউক্°এই] *n.* plant with sword-shaped evergreen leaves and large white lilylike flowers, চিরহরিৎ তরোয়াল-আকৃতির লতা ও বড় সাদা পদ্মের মত ফুলবিশিষ্ট গাছ। [carib.]

Yugoslav [yoo-go-sluv°, ইউগোস্লাভ্°] *n.* a native of, or the Slavonic language used in Yugoslavia, যুগোস্লাভিআর অধিবাসী বা ঐ দেশে ব্যবহৃত স্লাভগোষ্ঠীভুক্ত ভাষা। [Serbo-Croatian *jugo* = the south, *Slav*]

Yule [yool, ইউল] *n.* the season or feast of Christmas, ক্রিস্ট্‌মাস-পর্বকাল বা ক্রিস্ট্‌মাস-পর্ব (also **Yule°tide**)। *n.* **Yule°-log**—ক্রিস্ট্‌মাস-পর্বদিবসের সন্ধ্যায় বা রাত্রিতে বন হইতে আহৃত যে কাষ্ঠ পোড়ান হয়। [OE *geol*—cp. ON. *jol*]

ywis—alt. spell. of **iwis.**

Z, z [zed, জ়েড্] *n.* the twenty-sixth letter of the English alphabet, ইংরেজী বর্ণমালার ষড়্‌বিংশতিতম বর্ণ। *n.* **z**—(বীজগ.) অজ্ঞাত রাশির বা সংখ্যার তৃতীয়টি।

zany [zā°-ni, জ়েই°নি] *n.* an assistant clown or buffoon, সহকারী সঙ্‌ বা ভাঁড় ; a simpleton, মূর্খ বা বোকা লোক। [F. *zani* < It. *zanni*, corrup. of *Giovanni*]

Zanzibari [zan-zi-bŭ°-ri, জ্যান্‌জ়িবা°রি] *n.* a native of Zanzibar, জ্যান্‌জিবারের অধিবাসী।

zap [zap, জ্যাপ্] *v.t.* (sl.) hit, আঘাত করা; attack. আক্রমণ করা; to kill, হত্যা করা। *p.* & *p. pt.* **zapp°ed**।

zeal [zel, জীল্] *n.* (B.) strong feeling or passionate ardour, গভীর অনুভূতি বা ভাবাবেগ বা প্রবল আগ্রহ; intense enthusiasm, প্রবল উৎসাহ বা উদ্দীপনা (to work with great *zeal*); activity arising from warm support or enthusiasm, ঐকান্তিক সমর্থন বা উৎসাহ হইতে প্রসূত সক্রিয়তা। *n.* **zealot** [ze°-lat, জ়্বে°ল্যাট্] উৎসাহী ব্যক্তি; স্বীয় ধর্ম দল প্রভৃতির প্রতি প্রবল অন্ধ আসক্তিপূর্ণ ব্যক্তি, ধর্মান্ধ। *n.* **Zealot** [ze°-lat, জ়্বে°ল্যাট্] ধর্মান্ধ ইহুদী (ইহাদের নিরবচ্ছিন্ন শত্রুতাই রোমসাম্রাজ্যের পতন ঘটায়)। *n.* **zea°lotry**—উৎসাহিতা; ধর্মান্ধতা; উৎসাহী বা ধর্মান্ধ ব্যক্তিবর্গ বা গোষ্ঠী। *a.* **zealous** [ze°-las, জ়্বে°ল্যাস্] গভীর অনুভূতিপূর্ণ বা প্রবল আগ্রহপূর্ণ; প্রবল উৎসাহপূর্ণ বা উদ্দীপনাপূর্ণ; ঐকান্তিক সমর্থন বা উৎসাহের ফলে সক্রিয়; সাগ্রহে নিরত; একান্তভাবে সমর্থনকর; ধর্মান্ধতাপূর্ণ; একান্ত অনুরত বা আসক্ত। *adv.* **ze°alously**। [OF. *zele* < L. *zelus* < Gk. *zelos* < *zeein* = to boil]

zebra [ze°-bra, জ়ী°ব্রা] *n.* a horse-like animal, ডোরাকাটা অশ্বতুল্য প্রাণিবিশেষ, জেব্রা। **zebra crossing**—পাদচারীদের পারাপারের সুবিধার জন্য রাস্তায় যে সাদা ও কাল দাগ কাটা থাকে। [Afr.]

zebu [ze°-boo, জ়ী°বূ] *n.* a humped domestic ox, কুঁজওয়ালা গৃহপালিত ষাঁড়বিশেষ। [F.]

zeitgeist [tsIt°-gIst, ৎসাইট্°গাইস্ট্] *n.* the spirit of the age, the trend and thought of a period, যুগের মানসিকতা, যুগের ভাবধারা ও রুচি। [G.]

Zelanian [za-la°-ni-an, জ্যালেই°নিঅ্যান্] *a.* of New Zealand, নিউজীল্যান্ড্-দেশীয়।

zenana [zi-nŭ°-na, জ়িনা°ন্যা] *n.* the part of a house in which women of high-caste families are secluded in India, বিশুদ্ধান্তঃপুর, অন্তঃপুর, জেনানা-মহল, অন্দরমহল। [Pers.]

Zend [zend, জ়্বেন্ড্] *n.* the ancient sacred writings of the Parsees, পার্সি-জাতির প্রাচীন শাস্ত্রগ্রন্থ (also **Zend°-Avesta**); the ancient language in which the Zend-Avesta was written, যে ভাষায় জেন্দ্-অবেস্তা লিখিত হইয়াছিল। [Pers. = commentary—cp. Sans. *jna* = to know]

zenith [ze°-nith, জ়্বে°নিথ্] *n.* the point of heavens directly above the observer, (পরি.) খমধ্য, সুবিন্দু (cp. **nadir**); the greatest height, সর্বোচ্চ স্থান; culmination, পরম বা চরম অবস্থা। [OF. *cenit(h)* < Ar. *samt* < *samt-ar-ras* = way or direction, of the head]

zephyr [ze°-fa(r), জ়্বে°ফ্যা(র্)] *n.* the west wind, পশ্চিমা বাতাস; a soft, gentle breeze, মৃদুমন্দ বায়ু; an athlete's thin jersey, খেলোয়াড় প্রভৃতির পাতলা জামাবিশেষ; a gauzy fabric, পাতলা কাপড়বিশেষ। *n.* **Ze°phyr**—পশ্চিমবায়ুর অধিদেবতা। [Gk. *Zephyros*]

zeppelin [ze°-pa-lin, জ়্বে°প্যালিন্] *n.* a cigar-shaped airship, চুরুটের ন্যায় আকারযুক্ত বিমানপোত। [Count *Zeppelin*, its designer]

zero [zer°-ō, জ়িয়ার্°ঔ] *n.* a cipher, শূন্য, 0 nothing, কিছু-না; (fig.) the lowest point, (আল.) নিম্নতম পরিমাণ স্থান প্রভৃতি। **absolute zero**—তাপমান-যন্ত্রের 0-মাত্রা (=প্রায়-২৭৩° সেন্টিগ্রেড্)। **zero hour**—আক্রমণাদির জন্য নির্দিষ্ট ঠিক লগ্ন। [F. < Ar. *sifr*—cp. *cipher*]

zest [zest, জ়্বেস্ট্] *n.* anything that gives relish, খাদ্যদ্রব্যাদি স্বাদু করার জন্য যাহা মেশান হয়; piquancy, (প্রধানতঃ ভিন্ন দ্রব্যাদি মেশানর ফলে সৃষ্ট) সুস্বাদ; relish, রুচি; enthusiasm, উৎসাহ। [F. *zeste* = the skin of a walnut]

zeugma [zūg°-ma, জ়িউগ্°ম্যা] *n.* a figure of speech, বাক্যালঙ্কারবিশেষ: ইহাতে এমন একটি বিশেষণ বা ক্রিয়াপদ থাকে যে উহা দুইটি বিশেষ্যের প্রতি প্রযুক্ত হইলেও যথাযথ বিচারে একটির প্রতিই প্রযুক্ত হইবার উপযুক্ত। [Gk.]

Zeus [zūs, জ়িউস্] *n.* the king of ancient Greek gods, প্রাচীন গ্রীক্‌দের দেবরাজ (তু. ইন্দ্র)। [Gk.—cp: *Jove, Jupiter*]

zibet [zi°-bit, জ়ি°বিট্] *n.* the Asiatic civet, এশিআ-মহাদেশের (বিশেষতঃ ভারতবর্ষের) খট্টাশ বা গন্ধগোকুল। [It. *zibetto* < Ar. *zabad*]

zigzag [zig°-zag, জ়িগ্°জ্যাগ্] (**1**) *n.* a sharp, short turning, আকস্মিক ক্ষুদ্র বাঁক; a line or road with sharp angles to right and left alternately, আঁকাবাঁকা রেখা বা রাস্তা। (**2**) *a.* having short, sharp turns, আকস্মিক ক্ষুদ্র বাঁকযুক্ত; bent from side to side alternately, আঁকাবাঁকা সর্পিল। (**3**) *adv.* with zigzag turns, আঁকিয়া-বাঁকিয়া। [G. *zickzack*]

zinc [zingk, জ়িংক্] *n.* a metal, দস্তা। *n.* **zin°cō**—মুদ্রণকার্যে ব্যবহৃত দস্তার তৈয়ারি ব্লক্ বা ছাঁচ। *n.* **zincograph** [zing°-kō-grŭf, জ়িং°কোগ্রাফ্] দস্তার উপরে খোদাই-করা ব্লক্ ছাঁচ চিত্র প্রভৃতি। *n.* **zincographer** [zing-ko°-gra-fa(r), জ়িংক°-গ্র্যাফ্যা(র্)] দস্তার উপরে ব্লক ছাঁচ চিত্র প্রভৃতি খোদাই-করা। *n.* **zincography** [zing-ko°-gra-fi, জ়িংক্°গ্র্যাফি] দস্তার উপরে ব্লক্ ছাঁচ চিত্র প্রভৃতি খোদাই করার বিদ্যা। *n.* **zinc°-white**—দস্তা হইতে প্রস্তুত সাদা রঞ্জক। [G. *zink*]

Zinnia [zin°i-a, জ়িন্°ই-এই] *n.* kinds of garden plant with bright coloured flowers, উজ্জ্বল বর্ণবিশিষ্ট ফুলের গাছ। [< *J. G. Zinn*, German botanist]

zion [zI°-an, জ়াই°অ্যান্] *n.* Jerusalem, জেরুসালেম-নগর; the Israelitish theocracy, ইস্রাইল্-জাতির ঈশ্বরতন্ত্র; the Christian Church,

খ্রিস্টিয় গির্জা ; heaven, স্বর্গ । *n.* **Zi°onism**—ইহুদীদের জাতিরূপে পরিগণিত হইবার ও তাহাদের নির্দিষ্ট বাসভূমি লাভের জন্য আন্দোলনবিশেষ । *n.* **Zi°onist**—উক্ত আন্দোলনকারী বা উক্ত আন্দোলনের সমর্থক । *adv.* **zi°onward**—স্বর্গাভিমুখে । [Heb. *tsiyon*=(osi.) hill]

zip [zip, জ়িপ্] *n.* a sound as of a bullet passing through the air or of the sudden tearing of cloth, etc, হুস্ বা ফ্যাস্ শব্দ । *n.* **zip°-fastener, zi°pper**—জামা আটকানর জন্য বোতামের বদলে যে চেইন লাগান থাকে । [imi.]

zircon [za(r)°-kan, জ়্যা(র্)°ক্যান্] *n.* a precious stone, গোমেদ-মণি । [Ar. *zarqun*<Pers. *zargum*=gold-coloured]

zither [zi°-tha(r), জ়ি°থ্যা(র্)], **Zi°thern**—*n.* a stringed musical instrument, তারের বাদ্যযন্ত্রবিশেষ । [G.]

zodiac [zō°-di-ak, জ়ৌ°ডিঅ্যাক্] *n.* an imaginary belt in the heavens, (জ্যোতিষ) রাশিচক্র । *a.* **zŏdi°acal**—রাশিচক্র-সংক্রান্ত । **sign of the zodiac**—রাশি । [F. *zodiaque*<L. *zodiacus*<Gk. *zoidiakos*=of figures]

zoic [zō°-ik, জ়ৌ°ইক্] *a.* of animals, জীবসংক্রান্ত, জীবীয় ; containing rocks, (পর্বতাদিসম্বন্ধে) জীবাশ্মপূর্ণ । [Gk. *zoikos*<*zoion*=an animal]

zollverein [tsol°-fa-rīn, ৎস্ল্°ফ্যারাইন্] *n.* a union of states having a common customs-tariff against outsiders and usually free trade amongst themselves, নিজেদের মধ্যে সাধারণতঃ অবাধ-বাণিজ্য করার জন্য এবং সঙ্ঘবহির্ভূত রাষ্ট্রসমূহের নিকট হইতে সমশুল্ক আদায়ের জন্য গঠিত রাষ্ট্রপুঞ্জ বা রাষ্ট্রজোট (মূলতঃ প্রাশিআর নেতৃত্বে গঠিত জর্মান-রাষ্ট্রসমূহের সঙ্ঘ) । [G.]

zone [zōn, জ়ৌন্] **(1)** *n.* a girdle, a belt, মেখলা, কোমরবন্ধ ; an encircling stripe of different colour or substance, ভিন্ন বর্ণে বা পদার্থে গঠিত পরিবেষ্টনকর দাগ অথবা ডোরা ; one of the five great belts into which the surface of the earth is divided by the tropics and arctic and antarctic circles, (পরি.) বলয়, মণ্ডল ; a continuous tract with particular characteristics, একই বৈশিষ্ট্যপূর্ণ বিস্তৃত অঞ্চল । **(2)** *v.i.* to encircle (as a zone), (মেখলার ন্যায় বা বলয়াকারে) পরিবেষ্টন করা ; to distribute into zones, বিভিন্ন মণ্ডলে বা অঞ্চলে বিভক্ত করা । *a.* **zō°nal**—মেখলাতুল্য, বলয়তুল্য ; বলয়াকার ; বিভিন্ন মণ্ডলে বা অঞ্চলে বিভক্ত ; মণ্ডল-সংক্রান্ত বা অঞ্চল-সংক্রান্ত, মাণ্ডলিক, আঞ্চলিক । [L. *zona*<Gk. *zone* (*n.*)]

zoo, Zoo [zōō, জ়ূ] *n.* (coll.) a zoological garden, (কথ্য.—প্রধানতঃ লন্ডনের) চিড়িয়াখানা বা পশুশালা । [short. for *zoological gardens*]

zoology [zŏ-o°-la-ji, জ়োঅ°ল্যাজি] *n.* the science of animal life, প্রাণিবিদ্যা । *a.* **zoological** [zoo-lo°j(i)k(a)l, জ়ুল°জ্‌ক্‌ল্] প্রাণিবিদ্যাগত । *n.* **zoo°logist**—প্রাণিবিদ্যাবিৎ । **zoological gardens**—পশুশালা, চিড়িয়াখানা । [Gk. *zoion*=animal, *logos*=science]

zoom [zōōm, জ়ুম্] **(1)** *v.t.* to force an aircraft mount at a high speed and steep angle, বিমানপোতকে তীব্রগতি এবং খাড়াভাবে শূন্যে উঠিতে বাধ্য করা ; to make a loud and persistent buzzing noise, একটানাভাবে উচ্চ বোঁ-বোঁ শব্দ করা । **(2)** *n.* an aircraft's steep climb at a high speed, বিমানপোতের তীব্রগতিতে এবং খাড়াভাবে শূন্যে আরোহণ ; a zooming noise, উচ্চ বোঁ-বোঁ শব্দ । **zoom lens**—ক্যামেরার বিশেষ ধরণের কাচ বা লেন্স : ইহার সাহায্যে দূরের ও নিকটের আলোকচিত্র অতি অল্প সময়ের ব্যবধানে গ্রহণ করা যায় । [?]

zoophyte [zoofīt, জ়ুফাইট্] *n.* kinds of plant-like sea-animal, উদ্ভিদাকার সামুদ্রিক প্রাণী । [Gk. *zoo*+*phuton*=plant]

zoot suit [zoot° sūt, জ়ুট্°সিউট্] *n.* one with knee-length jacket and tight-fitting trousers (as worn by jazz enthusiasts and West Indians) আজানুলম্বিত জ্যাকেট ও আঁটো পাজামা-সম্বলিত স্যুট (জাজসঙ্গীত-উৎসাহীরা ও পশ্চিম ভারতীয় দ্বীপপুঞ্জের অধিবাসীরা ইহা পরিধান করে) । [?]

Zoroastrianism [zo-rŏ-a°-stri-anizm, জ়রো-অ্যা°স্ট্রিঅ্যানিজ়্ম্] *n.* the religion founded by Zoroaster, জরাথুস্ট্র কর্তৃক প্রবর্তিত ও জেন্দ্-অবেস্তায় বর্ণিত প্রাচীন পারস্যবাসীর অগ্নি-উপাসনামূলক ধর্ম । *n.* **Zorŏa°strian**—উক্ত ধর্মাবলম্বী । [L. *zoroastres*<Gk.]

zouave [zoo-ŭv°, জ়ুআভ্°] *n.* one of a French infantry corps possessing great dash and wearing oriental dress, প্রাচ্য পোশাকধারী তীব্র বেগবান্ ফরাসী (মূলতঃ আলজিরিয়া-দেশীয়) পদাতিক বাহিনীর সৈনিক ; a woman's short jacket, স্ত্রীলোকের কারুকার্যময় খাটো জামাবিশেষ । [*Zouaoua*, an Algerian tribe]

zounds [zoundz, জ়াউন্ড্জ়্] *int.* an exclamation of anger and astonishment, ক্রোধ ও বিস্ময় প্রকাশক ধ্বনিবিশেষ । [corrup. of *God's wounds*]

Zulu [zōō°-lōō, জ়ু°লূ] *n.* (a member of) a S. African race of a type resembling the Kafirs, দক্ষিণ আফ্রিকায় কৃষ্ণকায় জাতিবিশেষ বা ঐ জাতিভুক্ত লোক ; language spoken by the Zulus, উক্ত জাতির ভাষা । [Afr.]

zygote [zī°-gōt, জ়াই°গৌট্] *n.* the product of the union of two gametes, (উদ্ভি. ও প্রাণি.) দুই জননকোষের মিলনের ফলে যাহা উৎপন্ন হইয়াছে । *n.* **zygō°sis** । [Gk. *zygotos*=yoked]

zymosis [zī-mō°-sis, জ়াইমৌ°সিস্] *n.* fermentation, গাঁজাইয়া তোলার পদ্ধতি । *a.* **zymō°tic** । [Gk.]

APPENDIX I

[A list of Indian words or foreign words familiar in India, borrowed into English with some or almost no change.]

acharya—আচার্য, গুরু। [Sans.]
Afghan—আফগানিস্তানের লোক বা ভাষা, আফগান।
afghan—খসখসে কম্বলবিশেষ। [Tribal]
agarbatti—ধূপকাঠি। [Hind.]
ahimsa—অহিংসা। [Sans.]
Allah—আল্লাহ্। [Ar.]
aman—আমন ধান্য। [Beng.]
ameer, amir—আমীর। [Ar.]
amrita—অমৃত। [Sans.]
asana—যোগাসন। [Sans.]
as(h)ram—আশ্রম, তপোবন; বর্ণাশ্রমধর্মের যে কোন পর্যায়। [Sans.]
atma—আত্মা। [Sans.]
atta—আটা। [Punjabi]
aus—আউস ধান্য, আশু ধান্য। [Beng.]
avatar—অবতার। [Sans.]
ayah—আয়া। [Hind.]
ayurveda—হিন্দু চিকিৎসাশাস্ত্র, আয়ুর্বেদ। [Sans.]
babla—বাবলা-গাছ। [Beng. & Hind.]
Baboo, Babu—বাবু; ভারতীয় কেরানী; হিন্দু ভদ্রলোকের নামের সহিত ব্যবহৃত উপাধি। ইংরেজীতে নামমাত্র জ্ঞানসম্পন্ন বড় বড় ইংরেজী শব্দের ভুল ব্যবহারে তৎপর ভারতবাসী। Babu English—উক্ত ইংরেজী নবিস ভারতীয়গণ কর্তৃক ব্যবহৃত অলংকারবহুল ও অশুদ্ধ ইংরেজী রচনা। [Hind.]
babul—বাবলা-গাছ। [Beng. & Hind.]
backsheesh, backshish, baksheesh, bakshish, buckshis—বখশিশ। [Pers.]
badmash, budmash, budmush—বদমাশ। [Pers.]
bael—বেল গাছ বা ফল। [Hind.]
Bahadur—বাহাদুর। [Hind.]
baloo, balu—ভল্লুক। [Hind.]
bandar—বাঁদর। [Hind.]
Bande Mataram, (corrup.) Bandematro—বন্দেমাতরম্। [Beng.<Sans.]
bandh—বন্ধ্। [Hind.]
bani(y)a, bunnia—বেনে। [Hind.]
bandobast, bandobust—বন্দোবস্ত। [Hind. & Pers.]
Barisal guns—তোপধ্বনির ন্যায় গুম্ গুম্ শব্দ। [Place]
batta—বাট্টা। [Kanarese]
beegah—বিঘা। [Hind.]
begum—বেগম। [Urdu.]
bel—বেল গাছ বা ফল। [Hind.]
benami—বেনামী। [Hind.]
bhang—ভাং, সিদ্ধি। [Hind.]
bheestie, bheesty, bhistee, bhisti—ভিশ্‌তি। [Urdu]
bidi—বিড়ি। [Hind.]
bigha—বিঘা। [Hind.]
bismillah—বিসমিল্লাহ্। [Ar.]
Brahmah—ব্রহ্মা। [Sans.]
Brahman—ব্রহ্ম, ব্রহ্মণ। [Sans.]
Brahmi—ব্রাহ্মীলিপি (ভারতের পাঠোদ্ধার-কৃত প্রাচীনতম লিপি)।
brahmin—ব্রাহ্মণ। [Sans.]
Brahmo—ব্রাহ্ম। Brahmoism—ব্রাহ্মধর্ম। [Sans.]
bukshi, bukshee—বকশি। [Pers.]
bulbul—বুলবুল-পাখি। [Ar.]
bund—নদ্যাদির বাঁধ। [Hind.<Pers.]
bundook—বন্দুক। [Hind.]
bustee—বস্তি। [Hind.]
cabob, cabobs—কাবাব। [Ar.]
calpa—কল্প। [Sans.]
chamar—চর্মকার, চামার। [Hind.]
chamcha—চামচা, স্তাবক, ধামাধরা।
champac, champak—চম্পক পুষ্প বা বৃক্ষ। [Hind.]
chapati, chupati, chupattee, chupatti,—চাপাটি, হাতে-গড়া রুটি। [Hind.]
chaprassi, chuprassy—চাপরাশী। [Hind.)
charas, churrus—চরস। [Hind.]
charka—চরকা। [Hind.]
charsaubis—চারশ'বিশ, প্রতারক, ঠক। [section 420 of the I. P. C.]
chatta—ছাতা, ছত্র। [Hind.]
chick, chik—বংশশলাকাদ্বারা নির্মিত পরদাবিশেষ, চিক। [Hind.]
chikara—গজলা-হরিণবিশেষ: ইহার চারটি শিঙ থাকে; বেহালা-জাতীয় বাদ্যযন্ত্রবিশেষ। [Hind.]
chital—হরিণবিশেষ। [Hind.]
chitral—চিতাবাঘ। [Hind.]

chittack—ছটাক। [Beng.]
chitty—চিঠি। [Hind.]
chobdar—চোপদার। [Hind.]
chokidar—চৌকিদার। [Hind.]
choky—চৌকি (মুন্সেফী চৌকি প্রভৃতি)। [Hind.]
chout—চৌথ (মহারাষ্ট্রীয় কর)। [Hind.]
chowkidar—চৌকিদার। [Hind.]
chuddar, (corrup.) chuddah—চাদর। [Hind.]
chukar, chukor—চকোর। [Hind.]
chutney—চাটনি। [Hind.]
circar—sircar-এর বানানভেদ।
corban—কোরবানি। [Heb.]
cutcha—(পথ বাড়ি প্রভৃতি সম্বন্ধে) কাঁচা, মেঠো। [Hind.]
cutcher(r)y—কাছারি। [Hind.]
dak—(চিঠিপত্রের) ডাক। [Hind.]
dak-bungalow—ডাকবাংলা। [Hind.]
dakoit—ডাকাত। [Hind.]
dakoiti—ডাকাতি। [Beng.]
dalal—দালাল। [Hind.]
dandy—ডাণ্ডি, পালকিবিশেষ। [Hind.]
darshan—(পুতচরিত্র বা মহান্ ব্যক্তি কর্তৃক) ভক্ত বা অনুগ্রহপ্রার্থীদের দর্শনদান। [Sans.]
datura—ধুতুরা। [Hind.]
dawk—(চিঠিপত্রের) ডাক। [Hind.]
dekko—দেখ। [Hind.]
dervish—দরবেশ। [Turk.]
deva—দেবতা, দেব। [Sans.]
devanagari—দেবনাগরী অক্ষর। [Sans.]
dewani, dewanny—দেওয়ানি। [Pers.]
dhal—ডাল। [Hind.]
dharma—ধর্ম। [Sans.]
dharmsala—ধর্মশালা। [Sans.]
dhurrie, durrie—সতরঞ্জিবিশেষ। [Hind.]
doab—দোয়াব, দুই নদীর সঙ্গম। [Gurmukhi]
dobhash—দোভাষী। [Hind.]
dumdum—বন্দুকের গুলিবিশেষ, দমদম বুলেট।
Eblis—ইবলিস, শয়তান। [Ar.]
eka—(দর্শ.) এক। [Sans.]
ekka—এক্কাগাড়ি। [Hind.]
elchi, eltchi, elchee—রাজদুত, এলচি। [Turk.]
emir—আমির। [Ar.]
Faringee, Feringee, Feringhi—ফিরিঙ্গি। [Beng. corrup. of *Frank*]
fatwa, fetwa—ফতোয়া। [Ar.]
Gaekewar, Gaikwar—গাইকোয়াড়। [Marathi]
Ganesa—গণেশ (দেবতা)। [Hind & Sans]
ganja—গাঁজা। Hind.]
Garuda, garuda—গরুড়। [Hind. & Sans.]
garjan—গর্জনতৈল। [Hind.]
ghagra—ঘাঘরা, পেটিকোট। [Hind.]
ghazi—গাজি। [Ar.]
ghee, ghi—ঘি। [Hind.]
gherao—ঘেরাও। [Beng. & Hind.]
giraffe—জিরাফ্। [<Ar.]
gomantak—গোয়ার অধিবাসী। [Marathi]
goonda—গুণ্ডা। [Hind. & Beng.]
gooroo—গুরু। [Sans.]
gopura—গোপুর (দক্ষিণ ভারতের মন্দিরবিশেষের তোরণ)। [Sans.]
gurjun—গর্জন গাছ। [Beng.]
haj—হজ। [Ar.]
han(d)jar—খঞ্জর। [Pers. & Ar.]
harijan—হরিজন। [name given to untouchables by Gandhiji]
hat—হাট। [Beng.]
Hinayana—হীনযান (বৌদ্ধধর্ম)। [Sans.]
hookum—হুকুম। [Hind.]
idli—ইড্‌লি (চালডালের মিশ্রণে প্রস্তুত দক্ষিণ ভারতীয় পিষ্টক বিশেষ)। [Tamil]
inam—ইনাম, পুরস্কার (বিশে. নিষ্কর বা লাখেরাজ জমি)। [Urdu]
isabgul—ইসবগুল। [Pers.]
izzat—ইজ্জত। [Urdu]
jatha—জাঠা (বিশে. সশস্ত্র শোভাযাত্রা)। [Hind.]
jatra—যাত্রা। [Sans.]
jawan—জওয়ান। [Hind.]
jheel—ঝিল। [Hind.]
jhula—ঝোলা (লছমন ঝোলা)। [Hind.]
jotedar—জোতদার। [Hind.]
kaaba—কাবা। [Ar.]
kaji, kazi—কাজি। [Pers.]
khed(d)a(h)—বন্য হস্তী ধরার জন্য পরিবেষ্টিত স্থান, খেদা। [Hind.]
kankar—কাঁকর। [Sans.]
kanungo—কানুনগো। [Arab.]
karkhana—কারখানা। [Pers.]
khalassi—খালাসী। [Arab.]
koonki—কুনকী (বন্যহস্তী শিকারের জন্য শিক্ষিত হস্তিনী)। [Hind.]

kos—ক্রোশ। [Sans.]
kulfi—কুলপি-বরফ। [Hind.]
kumkum—কুমকুম। [Arab.]
kurta—কুর্তা। [Turk.]
lassi—লস্যি। [Hind.]
lota(h)—লোটা, ঘটি বা গাড়ু। [Hind.]
madal—মাদল। [Sans.]
mahajan—মহাজন, উত্তমর্ণ। [Sans.]
mahayana—মহাযান (বৌদ্ধধর্ম)। [Sans.]
malik—মালিক। [Hind.]
mandi—মণ্ডি (সবজিমণ্ডি), পাইকারি বাজার। [Hind.]
mansabdar—মনসবদার। [Pers.]
marg—মার্গ। [Sans.]
moharram—মোহরম। [Ar.]
mora—মোড়া। [Hind.]
morcha—মোর্চা। [Hind.]
mulmull—মলমল। [Hind.]
munshi—মুনশী। [Hind. < Ar.]
murabba—মোরব্বা। [Hind.]
nada—নাদ। [Sans.]
naib—নায়েব। [Arab.]
namaskar—নমস্কার। [Sans.]
namaste—নমস্তে। [Sans.]
nidhi—নিধি। [Sans.]
nazzar—নজর (নজরানা)। [Arab.]
nyaya—ন্যায় (দর্শন)। [Sans.]
omla—আমলা। [Ar.]
omrah—ওমরাহ্। [Urdu]
padma—পদ্ম। [Sans.]
panch shil—পঞ্চশীল : বৌদ্ধ ধর্মশাস্ত্রোক্ত পাঁচটি বিধান বা নিষেধ, যথা প্রাণহানি, চৌর্য, অনৈতিক যৌনাচার, মিথ্যাভাষণ, মাদকদ্রব্য গ্রহণ ; শান্তিপূর্ণ সহাবস্থানের নীতিসমূহ। [Sans.]
pandal—প্যাণ্ডাল। [Tamil]
Paramatma—পরমাত্মা। [Sans.]
Pitaka—বৌদ্ধ পিটক। [Sans.]
pucca—pakka, pucka, pukk-র বানান ভেদ।
pultun, pultan, pulton, pultoon—পলটন। [Hind. < E. *platoon*]
Purana—হিন্দু পুরাণ। [Sans.]
puttee—(সৈনিক পুলিস প্রভৃতি কর্তৃক) পায়ে বাঁধার পটী। [Hind.]
rabi—রবিশস্য। [Ar.]
raga—রাগ (ভারতীয় সঙ্গীত)। [Sans.]
Rahu—রাহু। [Sans.]
raiyat—রায়ত। [Hind.]
rajbhawan—রাজভবন, রাজ্যপালের বাসভবন। [Sans.]
Rajpramukh—রাজপ্রমুখ। [Sans.]
rakshas(a)—রাক্ষস। [Sans.]
rana—চিতোরের রানা। [Hind.]
Rastrapati—ভারতের রাষ্ট্রপতি। [Sans.]
ressalder—রিসলদার। [Hind.]
Rigveda—ঋগ্বেদ। [Sans.]
rishi—ঋষি। [Sans.]
rohu—রোহিত মৎস্য। [Hind.]
romal—রুমাল। [Pers.]
rooty—রুটি। [Urdu.]
ryot—রায়ত। [Hind.]
ryotwari—রায়তারি, রায়তী। [Hind.]
sab cheese—(সাম. অশি.) সব কিছু। [Hind.]
sadhu—সাধু। [Sans.]
sahib—সাহেব। [Ar.]
sahukar, sowcar—সাহুকার, সাউকার (বণিক, মহাজন)। [Hind.]
saice (also syce)—সহিস্। [Hind.]
Saiva—শৈব। [Sans.]
Sakti—শক্তি, দেবী দুর্গা। [Sans.]
sal—শালগাছ। [Hind.]
Shaitan—শয়তান। [Ar.]
sambar, sambur—সম্বর হরিণ। [Hind.]
Samkhya—সাংখ্যদর্শন। [Sans.]
sannyasi—সন্ন্যাসী। [Sans.]
sarangi—সারেঙ্গ, সারেঙ্গী। [Hind.]
satyagraha—(রাজ.) সত্যাগ্রহ। [Sans.]
seacunny—জাহাজের শুকুনি। [Pers.]
shah—শাহ্। [Pers.]
Shaiva—শৈব। [Sans.]
Shakti—শক্তি, দুর্গাদেবী। [Sans.]
shama—শ্যামাপাখি। [Hind.]
shamiana—শামিয়ানা। [Pers.]
Shastra—হিন্দু শাস্ত্র। [Sans.]
sheriat—সরিয়ত। [Turk.]
sherpa—শেরপা। [a Himalayan people]
shikara—শিকারা, (কাশ্মীরের নৌকাবিশেষ)। [Hind.]
shola—শোলা (তৃণবিশেষ)। [Hind.]
shree—শ্রী। [Sans.]
silladar—সিলাদার। [Urdu & Pers.]

sircar—সরকার ; গভর্ণমেণ্ট ; বাড়ির বা প্রতিষ্ঠানের সরকরি ; প্রদেশ বা জেলা। [Urdu]
sirdar—সেনাপতি, সর্দার। [Urdu]
sirkar—sircar-এর বানানভেদ।
Siva—শিব, মহাদেব। [Sans.]
Sofi, Sufi—সুফি। [Ar.]
sola—শোলা (তৃণ)। [Hind.]
Soma—সোমদেব। [Sans.]
soma—সোমলতা, সোমরস। [Sans.]
soojee—সুজি। [Hind.]
sowar—সওয়ার। [Urdu]
sowarry, sowarree—সওয়ারী। [Urdu]
sraddha—শ্রাদ্ধ। [Sans.]
stupa—বৌদ্ধ স্তূপ। [Sans.]
subah—সুবা, সুবে। [Urdu]
Sudra—শূদ্র। [Sans.]
sultan—সুলতান। [Ar.]
sultana—সুলতানা। [Ar.]
sundari—সুন্দরী বৃক্ষ বা কাষ্ঠ। [Beng. < Sans.]
Sunni—সুন্নি। [Ar.]
$sura_1$—সুরা। [Sans.]
$sura(h)_2$—কুর্আনের সুরাহ্। [Ar.]
Surya—সূর্যদেব। [Sans.]
sutra—বৈদিক গ্রন্থাদির সূত্র। [Sans.]
svarabhakti—(ব্যাক.) স্বরভক্তি। [Sans.]
svarga—স্বর্গ। [Sans.]
svastika—স্বস্তিক। [Sans.]
swami—স্বামী (সন্ন্যাসীর আখ্যা)। [Sans.]
tabla—তবলা। [Ar.]
tahsil, tehsil—তহ্সীল। tahsildar—তহসীলদার। [Ar.]
taj—তাজ। [Ar.]
taccavi—টাকাভি ঋণ (সরকারি কৃষিঋণবিশেষ)। [Hind.]
taka—টাকা (বাংলাদেশের মুদ্রার একক)। [Beng.]
taluk—তালুক। talukdar—তালুকদার। [Hind.]
tam-tam—tom-tom-এর অনুরূপ।
tan(n)a—thana-র অনুরূপ।
Tantra—তন্ত্র। [Sans.]
tasar—তসর। [Hind.]
tat—তাঁত। [Hind.]
tattoo—টাট্টু ঘোড়া। [Hind.]
thagi—ঠগীদস্যু। [Hind.]
thana—থানা। thanadar—থানাদার। [Hind.]
thikh hai—(সাম. অশি.) ঠিক আছে। [Hind.]
ticca—ঠিকা, ভাড়াটে। [Hind.]
tola—তোলা (ওজনের মাপ)। [Hind.]
topkhana—তোপখানা, অস্ত্রাগার। [Hind.]
Trimurti—ত্রিমূর্তি অর্থাৎ ব্রহ্মা বিষ্ণু ও শিব। [Hind.]
Tripitaka—বৌদ্ধ ত্রিপিটক। [Sans.]
trisula—ত্রিশূল ; [Sans.]
tulwar—তলওয়ার। [Hind.]
tusser, (corrup.) tussah, tusseh—তসর। [Hind.]
ulema—উলেমা। [Ar.]
Vaishnava—বৈষ্ণব। [Sans.]
Vaisya—বৈশ্য। [Sans.]
vakeel, vakil—উকিল। [Hind.]
vanaspati—বনস্পতি। [Hind.]
Varuna—বরুণদেব। [Sans.]
vedanta—বেদান্ত। [Sans.]
vihara—বৌদ্ধ বিহার। [Sans.]
vina—বীণা। [Sans.]
Vishnu—বিষ্ণু। [Sans.]
Vizir, wazir, wazier—উজির। [Ar.]
-walla(h)—ওআলা। [Hind.]
Yama—যমদেব। [Sans.]
yaksha—যক্ষ। [Sans.]
yoga—যোগবিদ্যা। yogi—যোগী। [Sans.]
yojan(a)—যোজন (দৈর্ঘ্যের মাপ)। [Sans.]
yojana—পরিকল্পনা (cp. Yojana-Bhavan)।
yoni—যোনি। [Sans.]
yug(a)—যুগ। [Sans.]
zamindar, zemindar—জমিদার। [Hind.]
zamindari, zemindari—জমিদারি। [Hind.]
zenana—অন্তঃপুর। [Pers.]
zillah—জেলা। [Ar.]
zoolum—জুলুম। [Arab.]

APPENDIX II

(List of Common Abbreviations)

(*asterisks indicate use in speech*)

a. adjective.
A.A. anti-aircraft.
A.A.A. Amateur Athletic Association.
A.A.S. Academiac Americanae Socius, Fellow of the American Academy.
***A.B.A.** Amateur Boxing Association.
abbr(ev). abbreviation; abbreviated.
A.B.F.M. American Board of Foreign Missions.
ab init. ab initio.
abl. ablative.
abs., abstr., abstract.
abs. re. *absente reo* (=the accused being absent).
***A.C.** (elec.) alternating current; Assistant Commissioner.
a/c, acc(t). account.
A.C.A. Associate of the Institute of Chartered Accountants.
acc(us). accusative.
***Ack-Ack.** anti-aircraft.
***A.D.** anno Domini.
***ad.** Advertisement.
***A.D.C.** Aide-de-camp.
ad. inf. *ad infinitum* (=to infinity).
adj. adjective.
ad. lib. *ad libitum* (=at pleasure).
ad loc. *ad locum*, at the place.
a.d.p. automatic data processing.
A.D.M.K. Annadurai Dravida Munnetra Kazhagam (দ্রাবিড় প্রগতি সঙ্ঘ)
adv. adverb.
ad. val. *ad valorem* (=at value).
advt. advertisement.
A.E.A. Atomic Energy Authority (UK)
***A.E.C.** Army Educational Corps.
ae., aet. of his age, aged (so many years).
***A.F.A.** Associate of the Faculty of Actuaries.
***A.G.** Adjutant-General.
agr., agric. agriculture.
A.H. *anno Hegirae* (=হিজরি সন)
***A.I.A.** Associate of the Institute of Actuaries.
A.I.C.C. All-India Congress Committee.
***A.I.C.E.** Associate of the Institute of Civil Engineers.
A.I.C.S. All India Council of Sports.
A.I.D. Agency for International Development (US).
***A.I.F.F.** All-India Football Federation.
A.I.H.B. All India Handloom Board; All India Handicraft Board.
A.I.I.H.P.H. All India Institute of Hygiene and Public Health.
A.I.M.M. Associate of the Institute of Mining and Metallurgy.
A.I.N.E.C. All India Newspaper Editor Conference.
A.I.N.T.U.C. All-India National Trade Union Congress.
A.I.R. All-India Radio.
***A.I.T.U.C.** All-India Trade Union Congress.
Alban. of St. Alban.
Ald. alderman.
alg. algebra.
alt. alternate; altitude; alto.
***a.m.** ante meridiem.
Am. Amer. America; American.
***A.M.I.C.E.** Associate Member of the Institution of Civil Engineers.
***A.M.I.E.E.** Associate Member of the Institution of Electrical Engineers.
***amp.** ampere.
a.m.t. air mail transfer.
amu. atomic mass unit.
anat. anatomy.
anon. anonymous.
ans. answer.
***A.O.** Army Order.
***A.O.C.-in-C.** Air Officer Commanding-in-Chief.
***A.P.** Associated Press.
Apl. April.
Apoc. Apocalypse.
app., appx. appendix.
approx. approximate.
Apr. April.
Aq. aqua.
Ar., Arab. Arabic.
***A.R.A.** Associate of the Royal Academy.
arch. archaic.
arch., archi., archit. architecture.
archaeol. archaeology.
***A.R.C.S.** Associate of the Royal College of Science.
arg. *argentum* (=silver).
***A.R.I.B.A** Associate of the Royal Institute of British Architects.
arith. arithmetic; arithmetical.
***A.R.P.** Air Raid Precaution.
***A.R.S.M.** Associate of the Royal School of Mines.
art. article.
art., arty. artillery.
A.S. Anglo-Saxon.
***A.S.A.** Amateur Swimming Association.
***A.S.E.** Amalgamated Society of Engineers.
A.S.E.A.N. (or **ASEAN**) Association of South East Asian Nations.
A.S.I. Anthropological Survey of India.
Ass., Assoc. Association.
Asst. Assistant.
A.S.T. Atlantic Standard Time.
astrol. astrology.
***A.T.C.** Air Training Corps.
***A.T.S.** Auxiliary Territorial Service.
A.T.S. Assistant Traffic Superintendent.
a.t.s. anti-tetanic serum.
attrib. attribute; attributive; attributively.

at. wt. atomic weight.
Au. aurum (gold).
Aug. August.
auto. automatic.
A.V., Auth. Ver. Authorized Version.
a.v. *annos vixit* (=lived so many years).
av. average.
avoir. avoirdupois.

B. British, Bible.
b. born.
***B.A.** Bachelor of Arts.
B.Agr. Bachelor of Agriculture.
bal. balance.
Bar. Barrister.
B.A.R.C. Bhaba Atomic Research Centre.
Bart. Baronet.
bat(t). battalion; battery.
***B.B.C.** British Broadcasting Corporation.
***B.C.** Before Christ.
***B.C.L.** Bachelor of Civil Law.
***B.Com.** Bachelor of Commerce.
***B.D.** Bachelor of Divinity.
***B.E.** Bachelor of Engineering.
b.e. bill of exchange.
***B.Ed.** Bachelor of Education.
***B.E.M.** British Empire Medal.
Benelux. Belgium Netherlands and Luxemburg.
Beng. Bengali.
Berks. Berkshire.
bet. between.
Bib. Bible.
Bibl. Biblical.
B.I.C.P. Bureau of Industrial Costs and Prices.
B.I.M. British Institute of Management.
biog. biographer, biography, biographical.
B.I.S. Bank for International Settlements.
biol. biology; biological.
bk. book, bank.
***B.L.** Bachelor of Law.
bldg. building.
***B.M.** Bachelor of Medicine; Brigade Major.
B.M.A. British Medical Association.
B.M.J. British Medical Journal.
***B.Mus.** Bachelor of Music.
***B.O.A.C.** British Overseas Airways Corporation.
bot. botany; botanical.
Boul. Boulevard.
B. Pharm. Bachelor of Pharmacy.
Br. Brother.
Br bromine.
br. branch.
b.r. bank rate.
Brig. Brigadier.
Bros. Brothers.
***B.Sc.** Bachelor of Science.
B.S.I. Botanical Survey of India.
B.S.F. Border Security Force.
***B.S.T.** British Summer Time.
B.Th.U. British Thermal Unit.
***B.T.U.** Board of Trade-Unit; British Thermal Unit.
Bucks. Buckinghamshire.
***butment.** abutment.
Bulg. Bulgaria; Bulgarian.
***B.U.P.** British United Press.
bush. bushel.
B.V. *Beata Virgo* (=Blessed Virgin); *Bene Vale* (=farewell).
B.W.I. British West India.

C. Centigrade.
C. carbon.
c. *caput* (=chapter); cent; centime; *circa* (=about); *centum* (=a hundred).
***C.A.** Chartered Accountant.
Cal. Calcutta.
Cal(if). California.
Cam(b). Cambridge.
Cant. Canterbury; Canticles.
***Cantab.** *Cantabrigiensis* (of Cambridge).
Cap. *caput* (=chapter); capital.
***Caps.** capitals.
Capt. Captain.
C.A.R. Central African Republic.
car. carat.
C.A.R.D. Campaign Against Racial Discrimination.
Card. Cardinal.
C.A.R.E. (or **Care**). Cooperative for American Relief to Everywhere.
Cath. Catholic.
Cav. Cavalry.
***C.B.** Companion of Bath.
***C.B.E.** Commander of the British Empire.
***C.B.F.C.** Central Board of Film Censors.
C.B.I. Central Bureau of Investigation. (ভারত সরকারের সর্বোচ্চ গোয়েন্দা বিভাগ)।
C.B.R.R. Central Board of Railway Research.
C.C. Cricket Club; Calcutta Corporation.
c.c., cc. cubic centimetre(s).
***C.C.S.** Casualty Clearing Station.
***C.D.S.O.** Companion of the Distinguished Service Order.
***C.E.** Civil Engineer.
Ce cerium.
C.E.B. Central Electricity Board.
C.G.S. Centimetre-gramme-second unit or system.
Cel. Celsius.
Celt. Celtic.
cen. central; century.
Cent. *centum* (=a hundred); century; central.
CENTO. Central Treaty Organization.
cert(if). certificate; certificated; certify.
***C.F.** Chaplain to the Forces.
cf. confer (=compare).
Cf californium.
C.F.P.C. Central Family Planning Council.
cg. centigram(s).
Ch. Chief; China; Church.
ch. chaldron; chapter.
Chap. Chaplain; chapter.
chem. Chemistry; chemical.
Chin. China; Chinese.
choc. chocolate.
Chr. Christ; Christian.
Chron. Chronicles.

chron. chronicle; chronology; chronological.
C.I.A. Central Intelligence Agency (আমেরিকার যুক্তরাষ্ট্রীয় সরকারের গোয়েন্দাবিভাগ-বিশেষ).
Cic. Cicero.
***C.I.D.** Criminal Investigation Department.
***C.I.E.** Companion of the Indian Empire.
***C.I.G.S.** Chief of the Imperial General Staff.
C.I.I. Chartered Insurance Institute.
C.-in-C. Commander-in-Chief.
cir(c). *circa, circiter, circum* (=about).
C.I.S. Chartered Institute of Secretaries.
C.I.T. Calcutta Improvement Trust.
civ. civil; civilian.
C.J. Chief Justice.
Cl chlorine.
cl. class; clause.
C.L.R. Computer Language Recorder.
C.L.T. Computer Language Translator.
cm. centimetre(s).
***C.M.D.A.** Calcutta Metropolitan Development Authority.
C.N.D. Campaign for Nuclear Disarmament.
C.N.S. Central Nervous System.
***C.O.** Commanding Officer.
co. Company.
c/o. care of.
***c.o.d.** cash on delivery.
C. of E. Church of England.
cog. cognate.
c.o.g. centre of gravity.
Col. Colonel; Column.
coll. college; colloquial; colloquially.
collat. collateral; collaterally.
colloq. colloquial; colloquially.
Com. Commander; Commodore; Committee; Commissioner; Comrade; Communist.
com. common; commerce.
Comdr. Commander.
Comdt. Commandant.
***Cominform.** Communist Information Bureau.
***Comintern.** Communist International.
Commissr. Commissioner.
comp. comparative; compound, compounded.
Con. Consul.
con. contra(=against).
***confab.** confabulate.
Cong. Congress; Congregation.
conj. conjunction; conjunctive.
con. sec. conic sections.
cont(d). continued.
co-op. co-operative.
corol(l). corollary.
Corp. Corporation.
cos. cosine.
cosec. cosecant.
cot. cotangent.
***coz.** cousin.
cp. compare.
***C.P.** Calcutta Police.
C.P.C. Civil Procedure Code.
***C.P.I.** Communist Party of India.
C.P.I.(M)., C.P.M. Communist Party of India (Marxist).
Cpl. Corporal.
Cr. credit; creditor.
C.R.E.D.O. Curriculum Research and Educational Development Overseas (now **C.E.D.O.**).
C.R.P. Central Reserve Police.
Cr.P.C. Criminal Procedure Code.
c.r.t. cathode-ray tube.
***C.S.** Civil Service.
***C.S.I.** Companion of the Star of India, Church of South India.
***C.S.I.R.** Council of Scientific and Industrial Research.
ct. cent; carat.
Ct. Connecticut.
Cu *cuprum* (=Copper).
cu(b). cubic.
C.U. Calcutta University.
***C.V.O.** Commander of the Royal Victorian Order.
C.W.P.C. Central Water and Power Commission.
cwt. hundredweight(s).
Cyc., Cyclo. Cyclopaedia.
Cym. Cymric.

D. Danish.
d. *dele* (=delete); dead; died; dated.
'd. had; would.
***D.A.** District Attorney; Dearness Allowance (India).
***D.(A).A.G.** Deputy (Assistant) Adjutant-General.
Dan. Daniel; Danish.
dat. dative.
***D.C.** (elec.) direct current; Deputy-Commissioner.
***D.C.L.** Doctor of Civil Law.
***D.C.M.** Distinguished Conduct Medal.
***D.D.** *Divinitatis Doctor* (=Doctor of Divinity).
***D. day.** (Deliverance Day) Day for the starting of a military operation.
***D.D.S.** Doctor of Dental Surgery.
***D.D.T.** Dichloro-diphenyl-trichloroethane (an insecticide).
Dec. December.
dec(l). declension.
def. definition.
def(t). defendant.
deg. degree(s).
demon(s). demonstrative.
dep(t). department; deputy.
der(iv). derivation; derived.
Deut. Deuteronomy.
***D.F.C.** Distinguished Flying Cross.
***D.F.M.** Distinguished Flying Medal.
dial. dialect.
diam. diameter.
dict. dictionary.
diff. different; difference.
Dir. Director.
Disc. discount.
dist. district.

Div. division.
***D.Lit(t).** *Doctor litterarum or litteraturae* (=Doctor of Letters or Literature).
***D.L.O.** Dead-letter Office.
***D.M.** District Magistrate.
D.M.K. Dravida Munnetra Kazhagam.
D.O. Demi-Official letter.
Dom. Dominion.
doz. dozen.
***D.P.** Displaced Person or Personnel.
***D.P.H.** Diploma in Public Health.
***D.Ph., D. Phil.** *Doctor Philosphiae* (=Doctor of Philosophy).
dpt. department.
Dr. Debtor; Doctor.
dr. dram; debit.
***D.Sc.** Scientiae Doctor (= Doctor of Science).
***D.S.C.** Distinguished Service Cross.
***D.S.M.** Distinguished Service Medal.
D.S.P. District (or Deputy Superintendent of Police.
***D.S.O.** Distinguished Service Order.
D.V.C. Damodar Valley Corporation.
dwt. pennyweight.

E. English; East.
***E. & O.E.** Errors and Omissions Excepted.
Eccl(es). Ecclesiastes; Ecclesiastical.
E.C.G. Electrocardiogram (or -graph).
E.C.M. European Common Market.
E.C.A.F.E. Economic Commission for Asia and the far East.
Ed. Editor.
ed(it). edited; edition.
E.E.C. European Economic Corporation; European Economic Community.
E.F.T.A. European Free Trade Association.
e.g. *exempli gratia* (=for example).
E.I. East Indies.
E.L.D.O. European Launcher Development Organization.
elect(t). electric; electricity.
***'em.** them; to them.
E.M.A. European Monetary Agreement.
***e.m.f.** electromotive force.
***e.m.u.** electromagnet Unit.
Ency(c). Encyclopaedia.
E.N.E., ENE. East-north-east.
Eng. England; English.
eng. engineer.
***E.N.S.A.** Entertainments National Services Association.
E.N.T. Ear, Nose & Throat.
ent(om). entomology.
Ep. epistle.
Epis(c). Episcopal.
E.P.T. Excess Profits Tax.
E.P.U. European Payments Union.
eq. equal; equivalent.
E.R.P. European Recovery Programme (1948-51).
E.S.E., ESE. East-south-east.
esp., espec. especially.
Esq(r). Esquire.
e.s.u. electrostatic unit.
et al. *et alibi* (=and elsewhere); *et alia* (=and others).
etc., &c. *et ceteri or cetera* (=and the others and so forth).
et seq. or **sq.** *et sequens* (and the following).
et sqq. *et sequentes* or *sequentia* (=and the following).
ety(m). etymology; etymological.
Ex(od). Exodus.
ex. example; examined.
***exam.** examination.
ex. g(r). *exempli gratia* (=for the sake of example).
F. Fahrenheit; (eccl.) Father; fluorine; French.
f. farthing; feminine; fathom; feet; franc; following.
***F.A.** Football Association.
***F.A.O.** Food and Agricultural Organization.
***F.A.S.** Fellow of the Society of Arts; Fellow of the Antiquarian Society.
F.B. Fenian Brotherhood; Forward Bloc.
***F.B.A.** Fellow of the British Academy.
F.B.I. Federal Bureau of Investigation. (আমেরিকার যুক্তরাষ্ট্র সরকারের সর্বোচ্চ গোয়েন্দা বিভাগ).
F.C.A. Fellow of the Institute of Chartered Accountants.
F.C.I. Food Corporation of India; Fertiliser Corporation of India; Fish Corporation of India; Finance Corporation of India.
***F.C.I.S.** Fellow of the Chartered Institute of Secretaries.
fc(a)p. foolscap.
***F.C.S.** Fellow of the Chemical Society.
Fe *ferrum* (=iron).
Feb. February.
fec. *fecit* (=did it or made it—*sing*).
fem. feminine.
feud. feudal.
ff. *fecerunt* (=did it or made it—*pl.*).
ff. following (*pl.*).
***F.F.A.** Fellow of the Faculty of Actuaries.
F.F.P.S. Fellow of the Faculty of Physicians and Surgeons (Glasgow).
***F.G.S.** Fellow of the Geological Society.
F.I.A. Fellow of the Institute of Actuaries.
fi. fa. *fieri facias* (=that you cause to be made).
fig. figure; figuratively.
***F.I.J.** Fellow of the Institute of Journalists.
fin. *ad finem* (=at the end).
fl *floruit* (=flourished); florin.
***F.L.A.** Fellow of the Library Association.
Flor. Florida.
***flu.** influenza.
fm. fathom.
F.M. Field Marshal.
f.o.b. free on board.
f.o.r. free on rail.
fp. forte-piano.
f.p. freezing point.
***F.P.S.** Fellow of the Philological Society.
Fr. France; French.
Fr francium.
fr. franc(s).

***F.R.A.M.** Fellow of the Royal Academy of Music.
***F.R.A.S.** Fellow of the Royal Astronomical Society; Fellow of the Royal Asiatic Society.
***F.R.C.P.** Fellow of the Royal College of Physicians.
***F.R.C.S.** Fellow of the Royal College of Surgeons.
***F.R.G.S.** Fellow of the Royal Geographical Society.
F.R.Hist.S. Fellow of the Royal Historical Society.
F.R.I. Forest Research Institute.
***F.R.I.B.A.** Fellow of the Royal Institute of British Architects.
***F.R.S.** Fellow of the Royal Society.
***F.R.S.A.** Fellow of the Royal Society of Arts.
***F.R.S.L.** Fellow of the Royal Society of Literature.
F.S. Field Service.
***F.S.A.** Fellow of the Society of Arts; Fellow of the Society of Antiquaries.
***F.S.A.A.** Fellow of the Society of Incorporated Accountants and Auditors.
***F.S.E.** Fellow of the Society of Engineers.
***F.S.S.** Fellow of the Statistical Society.
ft. foot; feet; fort.
fth(m). fathom.
fur. furlong(s).
fut. future.
***F.Z.S.** Fellow of the Zoological Society.

G. German.
g. gram(me); genitive.
Gael. Gaelic.
gal(l). gallon(g).
gam. gamut.
G.A.R.P. Global Atmospheric Research Programme.
***G.A.T.T.** General Agreement on Tariffs and Trade.
G.B. Great Britain.
G.B.E. (Knight or Dame) Grand Cross of the British Empire.
***G.B.S.** George Bernard Shaw.
***G.C.** George Cross.
***G.C.B.** (Knight) Grand Cross of Bath.
G.C.E. General Certificate of Education.
***G.C.I.E.** (Knight) Grand Commander of the Indian Empire.
***G.C.M.** General Court-martial.
***G.C.M., g.c.m.** greatest common measure.
***G.C.S.I.** (Knight) Grand Commander of the Star of India.
***G.C.V.O.** (Knight) Grand Cross of the (Royal) Victorian Order.
Gd gadolinium.
Ge germanium.
Gen. Genesis.
Gen(l). General.
Gen. gender; genitive.
geog. geography.
geol. geology.
geom. geometry.
Ger. German.
ger. gerund.
G.H.Q. General Headquarters.
***G.I.** (U.S. Army) government or general issue—hence common soldier.
Gib. Gibraltar.
Gk. Greek.
***Gl** glucinum.
***G.M.** George Medal.
gm. gram(me).
G.M.C. General Medical Council.
***G.M.T.** Greenwich Mean Time.
***G.O.** General Order.
***G.O.C.** General Officer Commanding.
***G.O.M.** Grand Old Man (=W. E. Gladstone).
Gov. Government; Governor.
***G.P.O.** General Post Office.
Gr. Greek.
gr. grain; grammar; gunner.
***G.S.** General Staff; General Service.
gs. guineas.
G.S.I. Geological Survey of India.
***G.S.O.** General Staff Officer.
***G.S.P.** Good Service Pension.
***G.W.(R.).** Great Western (Railway).

***H** hydrogen.
h. hour.
h.a. *hoc anno* (=this year).
hab. habitat.
***H.C.F., h.c.f.** highest common factor.
He helium.
***H.E.** His (or Her) Excellency; His Eminence; High Explosive.
Heb(r). Hebrew.
H.E.C. Heavy Engineering Corporation Ltd.
her. heraldry.
hf hafnium.
Hg *hydrargyrum* (=mercury).
H.G. Home Guard.
***H.H.** His (or Her) Highness.
***H.I.H.** His (or Her) Imperial Highness.
hist. historian; history.
***H.L.I.** Highland Light Infantry.
***H.M.** His (or Her) Majesty.
***H.M.S.** His (or Her) Majesty's Ship or Service.
H.M.S.O. His (or Her) Majesty's Stationary Office.
H.M.T. Hindusthan Machine Tools Ltd.
H.M.V. His Master's Voice.
Ho holmium.
Hon. Honorable; Honorary.
hort(ic). horticulture; horticultural.
***h.p.** horse-power.
***H.Q.** headquarters.
hr. hour.
H.R.H. His (or Her) Royal Highness.
H.T. high tension.

I. India.
I iodine.
***I.A.** Indian Army.
I.A.E.A. International Atomic Energy Agency.
***I.A.F.** Indian Air Force.
***I.A.S.** Indian Administrative Service.
I.A.T.A. International Air Transport Association.

I.B. Institute of Bankers.
ib(id). *ibidem* (=in the same place).
I.B.R.D. International Bank for Reconstruction and Development (World Bank).
i/c. in charge.
I.C.A.O. International Civil Aviation Organisation.
I.C.A.R. Indian Council of Agricultural Research.
I.C.B.M. Inter-Continental Ballistic Missile.
I.C.E. Institution of Civil Engineers; internal combustion engine.
ich(th). ichthyology.
I.Chem.E. Institution of Chemical Engineers.
***I.C.I.** Imperial Chemical Industries.
I.C.J. International Court of Justice.
icon. iconography; iconographic.
***I.C.S.** Indian Civil Service.
I.C.W.A. Institute of Cost and Works Accountants.
id. *idem* (=the same).
I.D. Intelligence Department.
***I'd.** I would; I had.
I.D.A. International Development Association.
i.e. *id est* (=that is).
I.E.E. Institution of Electrical Engineers.
I.F.A. Indian Football Association.
I.F.C. International Finance Corporation.
I.F.C.I. Industrial Finance Corporation of India.
i.h.p. indicated horse-power.
I.L.O. International Labour Organization.
I.M.C.O. Inter-Governmental Maritime Consultative Organization.
I.Mech.E. Institution of Mechanical Engineers.
I.M.F. International Monetary Fund.
imit. imitative.
I.M.M. Institution of Mining and Metallurgy.
Imp. Imperial.
imp(er). imperative.
imp(erf). imperfect.
imp(ers). impersonal.
***I.M.S.** Indian Medical Service.
***I.N.** Indian Navy.
In indium.
in. inch(es).
I.N.A. (Netaji Subhas Bose's) Indian National Army.
inc. incorporated.
incl. including; included.
incog. *incognito.*
incorp. incorporated.
Ind. Indian; India.
ind. indicative.
indecl. indeclinable.
indef. indefinite.
indic. indicative.
inf. *infra* (=below); infinitive; infantry.
init. *initio* (=in the beginning).
I.N.R.I. Jesus of Nazareth, King of the Jews.
inst. instant (=the present month); institute.
Interpol. International Criminal Police Commission.
interrog. interrogation; interrogative; interrogatively.
in trans. *in transitu* (=in transit).
intrans. intransitive.
intro(d). introduction.
***I.O.M.** Isle of Man.
***I.O.U.** I owe you.
***I.O.W.** Isle of Wight.
***I.P.C.** Indian Penal Code.
***I.Q.** Intelligence Quotient.
i.q. *idem quod* (=the same as).
Ir iridium.
IRBM intermediate range ballistic missile.
Ir(el). Ireland.
Is(a). Isaiah.
***I.S.I.** Indian Standards Institution, Indian Statistical Institute.
***I.S.O.** Imperial Service Order.
It. Italian.
ital. italic(s).
I.T.O. International Trade Organization.
I.U. international unit.

Jan. January.
***Jap.** Japanese.
***J.C.D.** *Juris Civilis Doctor* (=Doctor of Civil Law).
Jo. Joel.
Jos. Joshua.
***J.P.** Justice of the Peace.
Jr. junior.
Jud(g). Judges.
Jul. July.
Junc. junction.

K., k. Kelvin (thermometer scale).
K *klaium* (=Potassium).
***K.B.** Knight of the Bath; King's Bench.
***K.B.E.** Knight Commander of the British Empire.
***K.C.** King's Counsel.
***K.C.I.E.** Knight Commander of the Indian Empire.
***K.C.S.I.** Knight Commander of the Star of India.
***K.C.V.O.** Knight Commander of the (Royal) Victorian Order.
kg. kilogram(s).
***K.G.** Knight of the Garter.
***K.G.C.B.** Knight Grand Cross of the Bath.
K.K.K. Ku Klux Klan.
***K.L.H.** Knight of the Legion of Honour.
km. kilometre(s).
K.O., k.o. knock-out.
Kr krypton.
***K.S.I.** Knight of the Star of India.
Kt. Knight.
kw. kilowatt.

L. Latin; *libra* (=pound in money); Lake; Liberal.
l. latitude; long; league; litre; *libra* (=pound in weight).
La lanthanum.
***L.A.** Law Agent, Literate in Arts.

Lab. Labour.
lang. language.
Lat. Latin.
lat. latitude.
lb. *libra* (pound in weight).
l.b.w. leg before wicket (in cricket).
l.c. lower case (in printing); letter of credit.
***L.C.M., l.c.m.** least common multiple.
L.D.C. Lower Division Clerk.
***L.D.S.** Licentiate in Dental Surgery.
lect. lecture.
leg. legal; legate; legislature.
Leip Leipzig.
L.E.M. Lunar Excursion Module.
Lev(it). Leviticus.
lex. lexicon.
***L.H.D.** *Litterarum Humaniarum Doctor* (=Doctor of Letters).
Li lithium.
***L.I.** Light Infantry.
lib. *liber* (=book).
***L.I.C.** Life Insurance Corporation (of India).
Lieut. Lieutenant.
lit. literally; literature.
lith., litho(g). lithograph; lithography.
Litt. D. *Litterarum Doctor* (=Doctor of Letters).
***LL.B.** *Legum Baccalaureus* (=Bachelor of Laws).
***LL.D.** *Legum Doctor* (=Doctor of Laws).
***L.M.F.** Licentiate of the Medical Faculty.
***L.M.S.** Licentiate of Medicine and Surgery.
***L. of C.** line of communication.
***log.** logarithm.
Lond. London.
long. longitude.
***L.R.C.P.** Licentiate of the Royal College of Physicians.
***L.R.C.S.** Licentiate of the Royal College of Surgeons.
l.s. left side.
L.S.D. *librae, solidi, denarii* (=pounds, shillings, pence); lysergic acid diethylomide.
Lt. Lieutenant.
Lt.-Col. Lieutenant-Colonel.
Lt.-Gen. Lieutenant-General.

M. Monsieur.
m. married; masculine; *mediem* (=noon); metre; mile; middle.
μ micron.
***M.A.** *Magister Artium* (=Master of Arts).
mach. machinery.
Mad. Madam.
mag. magazine.
Maj. Major.
Mar. March.
Marq. Marquis.
mas(c). Masculine.
Math(s). Mathematics.
Matt. Matthew.
max. maximum.
***M.B.** *Medicinae Baccalaureus* (=Bachelor of Medicine).
***M.B.B.S.** Bachelor of Medicine and Bachelor of Surgery.
***M.B.E.** Member of the Order of the British Empire.
***M.C.** Military Cross.
***M.C.C.** Marylebone Cricket Club.
***M.D.** *Medicinae Doctor* (=Doctor of Medicine).
Mdle. Mademoiselle.
Mdm. Madam.
M.E. Most Excellent; Middle English; Mining or Mechanical Engineer.
mech. Mechanic; mechanical.
med. medical; medicine; mediaeval.
mem. *memento* (=remember).
mem(o). memorandum.
Messrs. Messieurs.
met., meter. meteorology.
metal(l). metallurgy.
metaph. metaphysics; metaphor; metaphorical.
meth. methylated spirits.
Mex. Mexico; Mexican.
Mg magnesium.
mg. milligram(s).
***M.G.** machine-gun.
mgm., mgr. milligram(s).
***M.I.C.E.** Member of the Institute of Civil Engineers.
M.I.D.A.S. (or **MIDAS**) Missile Defence Alarm system.
***M.I.E.E.** Member of the Institute of the Electrical Engineers.
mil(it). military.
M.I.Mech.E. Member of the Institute of Mechanical Engineers.
***M.I.M.M.** Member of the Institute of Mining and Metallurgy.
min. minimum; minute.
M.Inst.C.E. same as *M.I.C.E.*
misc. miscellaneous; miscellany.
M.I.S.A. Maintenance of Internal Security Act.
M.I.T. Massachusetts Institute ot Technology.
M.J.I. Member of the Institute of Journalists.
M.K.S. metre-kilogram-second unit or system.
***M.L.A.** Member of Legislative Assembly.
***M.L.C.** Member of Legislative Council.
Mlle. Mademoiselle.
Mlles. Mademoiselle(s).
MM. Messieurs.
***M.M.** (their) Majesties; Military Medal.
mm. millimetre(s).
mμ. millimicron.
Mme. Madame.
Mmes. Mesdames.
Mn manganese.
M.N.A. Member of the National Assembly of Pakistan.
Mo molybdenum.
***M.O.** Medical Officer.
m.o. money order
mod. modern; moderato.
mol. wt. molecular weight.
Monsig. Monsignor.
***M.P.** Member of Parliament; Military Police.

***m.p.h.** miles per hour.
M.Pharm. Master of Pharmacy.
***M.P.S.** Member of Philological Society or of Pharmaceutical Society.
Mr. Master, Mister.
***M.R.A.S.** Member of the Royal Asiatic Society.
***M.R.C.P.** Member of the Royal College of Physicians.
***M.R.C.S.** Member of the Royal College of Surgeons.
***M.R.C.V.S.** Member of the Royal College of Veterinary Surgeons.
***M.R.G.S.** Member of the Royal Geographical Society.
Mrs. Mistress.
MS. manuscript.
***M.S.** Master of Surgery.
m.s., M/s. months (after) sight.
MSS. manuscripts.
***M.S.S.** Member of the Statistical Society.
***M.T.** Mechanical Transport.
Mt., mt. mount.
Mts., mts. mountains.
mth. month.
mus. music; museum.
Mus. B., Mus. Bac. Bachelor of Music.
Mus. D. Doctor of Music.
M.V.O. Member of (Royal) Victorian Order.
myth. mythology.
M. & B. May and Baker (sulphonamides prepared by this firm and others).

N. North; Northern; Norse.
N nitrogen.
n. noun, *natus* (=born); noon.
Na *natrium* (=Sodium).
***N.A.A.F.I.** Naval, Army and Air Force Institute(s).
Nap. Napoleon.
N.A.S.A. National Aeronautic Space Authority.
N.A.S.A. National Aeronautics and Space Administration (U.S.A.).
Nat. National.
Nat. Hist. Natural History.
NATO. North Atlantic Treaty Organization.
nat. phil. natural philosophy.
naut. nautical.
nav. naval; navigation.
N.A.V.A.R. (Combined) navigation and radar system.
Nb niobium.
N.B., n.b. *nota bene* (note well, take notice)
N.C.C. National Cadet Corps.
N.C.D.C. National Coal Development Corporation Ltd.
N.C.O. non-commissioned officer.
Nd neodymium.
n.d. no date, not dated.
N.D.P.S. National Data Processing Service.
***N.E., NE.** North-East; New England.
***N.E.D.** New English Dictionary (now O.E.D.)
***N.E.F.A.** North Eastern Frontier Agency.
neg. negative.
Neh. Nehemia.
Nep. Neptune.
neut. neuter.
***ne'er.** never.
N.F. Norman French.
N.H.I. National Health Insurance.
N.H.S. National Health Service.
Ni. Nickel.
N.I.C. National Integration Council.
N.J. New Jersey.
N.N.E., NNE. North-north-east.
N.N.W., NNW. North-north-west.
No., no. *numero* (=number).
noint,'noint. anoint.
nom(in.) nominative.
non seq. *non sequitur* (=does not prosecute; it does not follow).
***Northants.** Northamptonshire.
Nos., nos. numbers.
***Notts** Nottinghamshire.
Nov. November.
Np neptunium.
N.S. New Style.
N.S.W. New South Wales.
N.T. New Testament.
Num(b). Numbers.
numis., numism. numismatics.
N.Y. New York.

O. Oxygen.
o/a. on account of.
ob. *obiit* (=died).
O.A.U. Organisation of African Unity.
***O.B.E.** Officer of the Order of the British Empire.
obj. object; objective.
obs. obsolete.
Oct. October.
O.E. Old English.
O.E.C.D. Organization for Economic Cooperation and Development.
O.E.D. Oxford English Dictionary.
O.F. Old French.
O.H.G. Old High German.
***O.H.M.S.** On His (or Her) Majesty's Service.
***O.K.** All correct (? oll korrect).
***O.M.** Order of Merit.
op. cit. opere citato (in the work cited).
opp. opposed; opposite.
opt. optative.
ord. ordnance.
orig. origin; original; originally.
Os osmium.
O.S. Old Style.
O.T. Old Testament.
Oxf. Oxford.
Oxon. *Oxonia* (=Oxford); *Oxoniensis* (=of Oxford).
oz. ounce(s).

P phosphorus.
p. page; participle; past.
Pa. Pennsylvania.
Pa protactinium.
pa. past.
p.a. per annum; participial adjective.

P.A. Personal Assistant; Publishers' Association; Press Association.
***P.A.A.** Pan American Association.
paint. painting.
pa. p. past participle.
Pan. Am. Pan American (world airways incorporated).
par. paragraph; parallel.
para. paragraph.
P.A.S. para-amino-salicylic (used in the treatment of tuberculosis).
part. participle.
pass. passive.
pa. t. past tense.
P.A.Y.E. Pay As you Earn (Income Tax).
Pb *plumbum* (=Lead).
P.C. Privy Councillor; post-card.
Pd palladium.
ped. pedal.
***ped.** pedestrian.
***P.E.N.** Poets, Playwrights, Editors, Essayists, and Novelists.
Penn. Pennsylvania.
per. period; person.
***per cent.** *per centum* (=by the hundred).
perf. perfect.
perh. perhaps.
***perm.** permutation; permanent wave.
per pro. per procurationem; by the agency of.
pfx. prefix.
ph. phrase.
phar(m). pharmaceutical; pharmacopoeia; pharmacy.
***Ph.D.** *Philosophiae Doctor* (=Doctor of Philosophy).
phil. philosophy.
phon. phonetics.
***phone, 'phone.** telephone.
phonet. phonetics.
phonog. phonography.
phot. photography.
***photo.** photograph; photographic.
phr. phrase.
phys. physics.
P.I.N. Postal Index Number.
P.K. psychokinesis.
P.L. 480. Public Law 480.
pl., plu(r). plura.
plup. pluperfect.
Pm promethium.
***p.m.** *post meridiem* (=afternoon); *per mensem* (each month, monthly); post mortem.
***P.M.** Prime Minister.
***P.M.G.** Postmaster-General.
Po polonium.
po. pole.
P.O. Post Office, Postal Order.
p.o.d. pay on delivery.
pol. politics.
Pol. Econ. Political Economy.
***pom.** Pomeranian dog.
pop. population.
pos(it). positive.
***poss.** possible.
***P.O.W.** prisoner of war.
pp. pages.
p.p., p.part. past participle.
Pr praseodymium.
pr. present.
P.R.A. President of the Royal Academy.
P.R.B. Pre-Raphaelite Brotherhood.
pref. preface.
prep. preparation; preparatory; preposition.
pret. preterite.
Pro. Professional.
prob. probably.
***Prof.** Professor.
***prom.** promenade.
P.R.O. Public Relations Officers.
prop. proper; properly; proposition.
pro tem. protempore; for the time being.
Prov. Proverbs.
prox. *proximo.* (*mense*)=next (month).
P.R.S. President of the Royal Society.
***P.R.S.** Premchand Roychand Student (Scholar) or Studentship (Scholarship).
P.S. *post scriptum* (=written after).
Ps(a). Psalm(s).
pseud. pseudonym.
Pt platinum.
pt. pint(s); point(s).
P.T. physical training.
P.T.I. Press Trust of India.
P.T.O. Please turn over.
Pu plutonium.
***pub.** Public-house.
***P.W.D.** Public Works Department.
pwt. pennyweight.
***pyro.** pyrogallol; pyrogallic acid.

Q. Question; Quarto.
***Q.A.I.M.N.S.** Queen Alexandra's Imperial Military Nursing Service (now Q.A.R.A.N.C.).
***Q.A.R.A.N.C.** Queen Alexandra's Royal Army Nursing Corps.
Q.B. Queen's Bench.
***Q.C.** Queen's Counsel.
q.e.d. *quod erat demonstrandum* (=which was the thing to be demonstrated).
q.e.f. *quod erat faciendum* (=which was the thing to be done).
Q.M. Quartermaster.
***Q.M.G.** Quartermaster-General.
Qq., qq. Quartos.
qr. quarter.
qt. quart(s).
qts. quarts.
q.v. *quod vide* (which see).

R. Royal.
Ra radium.
***R.A.** Royal Academy or Academician; Royal Artillery; Rear Admiral.
***R.A.C.** Royal Armoured Corps.
Rad. Radical.
rad. *radix* (root).
***R.A.F.** Royal Air Force.
***R.A.M.C.** Royal Army Medical Corps.
R.A.S. Royal Asiatic Society.
Rb rubidium.
R.B.I. Reserve Bank of India.
Rd. road.

Re rhenium.
R.E. Royal Engineers.
recd. received.
recept. receipt.
ref. reference.
Rep. representative; republic.
retd. retired; returned.
Rev. Revelation.
Rev(d). Reverend.
Rgt. Regiment.
Rh rhodium.
R.H. Royal Highness.
r.h. right hand.
rhet. rhetoric.
R.I.B.A. Royal Institute of British Architects.
R.I.I.A. Royal Institute of International Affairs.
R.L.S. Robert Louis Stevenson.
R.M.A. Royal Military Academy.
***R.M.S.** Railway Mail Service; Royal Mail Steamer.
Rn radon.
***R.N.** Royal Navy.
Rom. Romans; Roman.
r.p.s. revolutions per second.
R.R. Right Reverend.
Rs. Rupees.
R.S. Royal Society.
***R.S.M.** Regimental Sergeant-Major.
***R.S.V.P.** *repondez s'il vous plait* (=reply, if you please).
Rt. Hon. Right Honourable.
R.T.O. Railway Traffic Officer.
***Rt. Rev.** Right Reverend.
Ru ruthenium.
R.V. Revised Version.
R.W. Right Worthy.
Ry. railway.

S. South; sun.
S sulphur.
Sa. Saturday.
S.A. South Africa; South America; South Australia.
S.A.A. Small Arms Ammunition.
Sam. Samuel.
Sans. Sanskrit.
Sat. Saturday.
Sb *stibium* (=antimony).
Sc. Scandium; Science.
S.C. Special Constable; Supreme Court; Staff College.
sc., scil., sciz. *scilicet* (=to wit, namely).
Scot. Scotland; Scottish.
Script. Scripture.
sculp(t). sculpture.
***scuse, 'scuse.** excuse.
***scutcheon.** escutcheon.
s.d. *sine die* (=without date).
***S.D.F.** Social Democratic Federation.
Se selenium.
S.E., SE. South-east.
S.E.A.C. South East Asia Command.
SEATO. South East Asia Treaty Organization.
sec secant.
sec. second.
sec(t). section.
Sec(y). Secretary.
Sem. Seminar, Semitic.
Sep(t). September.
seq. *sequens* (=following).
seqq. *sequentes* or *sequentia* (=following).
ser. series, sermon.
Serg(t). Sergeant.
Serj(t). Serjeant.
Sess. session.
S.F. Sinn Fein.
s.g. specific gravity.
S.H.A.E.F., SHAEF. Supreme Headquarters of the Allied Expeditionary Force.
Si silicon.
sig. signature.
***'simmon.** persimmon.
sin. sine.
sing. singular.
sinh. hyperbolic sine.
S.J. Society of Jesus.
***S.L.** Solicitor at Law.
Sm samarium.
***S.M.** Sergeant-Major.
Sn *stannum* (=tin).
Soc. Society.
sol. solution.
Sol(r). Solicitor.
Sol.-Gen. Solicitor-General.
***S.P.C.A.** Society for the Prevention of Cruelty to Animals.
***S.P.C.C.** Society for the Prevention of Cruelty to Children.
S.P.C.K. Society for the Promotion of Christian Knowledge.
sport. sporting.
S.P.R. Society for Psychical Research.
sq., Sq. square; *sequens* (=following).
S.Q.C. Statistical Quality Control.
sqn. squadron.
Sr. senior.
Sr strontium.
***S.R.** Southern Railway.
***S.R.N.** State Registered Nurse.
***SS., ss.** *Schutzstaffel* (=Hitler's bodyguard).
***s.s.** steamship.
S.S.E., SSE. South-south-east.
S.S.W., SSW. South-south-west.
St. Saint; strait; street.
***'st.** hast.
Staffs. Staffordshire.
Ste. *Sainte* (=*fem.* of Saint).
ster., stg. sterling.
ster(eo). stereotype.
str. steamer.
Su. Sunday.
Sub. subject.
subj. subject; subjunctive.
subst. substitute; substantive.
suf(f). suffix.
sup. superfine; superior; supreme.
sup(erl). superlative.
supp(l). supplement.
Supt. Superintendent.
Surg. Surgeon; Surgery.
S.W., SW. South-west.
sym. symbol.

syn. synonym.
synop. synopsis.

t. transitive.
***T.A.** Territorial Army; Travelling Allowance (in India).
Tam. Tamil.
tan. tangent.
tanh. hyperbolic tangent.
Tb terbium.
***T.B.** tuberculosis.
Tc technetium.
tc. tierce.
Te tellurium.
'tec. detective.
tech. technical; technology.
tel(eg). telegram: telegraph.
temp. temperature.
Terr(r). Territory.
term. termination.
Test. Testament.
Teut. Teutonic.
***T.F.** Territorial Force.
Th thorium.
Th.D. Doctor of Theology.
theat. theatrical.
theol. theology; theologian.
theor. theorem.
Ti titanium.
Tim. Timothy.
Tl thallium.
Tm thulium.
T.N.T. trinitrotoluene.
T.O. turn over.
Toc.H. Talbot House.
tp. troop.
tr. transpose.
trans. transitive; translated; translation.
transf. transferred.
T.R.H. Their Royal Highness.
trig. trigonometry.
Trin. Trinity.
trop. tropic.
Tu(es). Tuesday.
***T.U.C.** Trade Union Congress.
TV Television.
T.V.A. Tennessee Valley Authority.

U uranium.
***U.A.R.** United Arab Republic.
***U.D.C.** Upper Division Clerk.
***U.G.C.** University Grants Commission.
***U.K.** United Kingdom.
ult. *ultimo* (last), ultimate; ultimately.
U.N.C.T.A.D., UNCTAD. United Nations Conference on Trade and Development.
***U.N.E.S.C.O., UNESCO.** United Nations Educational Scientific and Cultural Organization.
***U.N.I.C.E.F.** United Nations International Children's Emergency Fund.
Unit. Unitarian.
Univ. University.
***U.N.O., UNO.** United Nations Organization.
***U.N.R.R.A.** United Nations Relief and Rehabilitation Administration.
***U.P.** United Press; United Provinces; Uttar Pradesh.
***U.P.S.C.** Union Public Service Commission.
U.P.U. Universal Postal Union.
***U.S.** United States.
***U.S.A.** United States of America.
***U.S.S.R.** Union of Soviet Socialist Republic.
usu. usually.
***U.T.C.** University Training Corps.

V vanadium.
V_1. *Vergeltungswaffe* 1 (=German flying bomb).
V_2. German flying rocket.
v. *versus* (=against); *vide* (=see); verb; verse; volt; volume.
***Vac.** vacation; vacuum-cleaner.
V.A.D. Voluntary Aid Detachment.
val. value.
***van.** advantage; vantage.
var. variant; variety.
***varsal.** universal.
***varsity.** university.
Vat. Vatican.
vb. verb.
***V.C.** Victoria Cross.
V.D. Venereal Disease(s).
veg. vegetable(s).
***ven'son.** venison.
V.E.R.A. vision electronic recording appartus.
Vet(er). Veterinary.
v.h.p. very high pressure.
v.i. verb intransitive.
vid. *vide* (=see).
vil(l). village.
V.I.P. Very Important Person.
Vis(c). Viscount.
viz. *videlicet* (=namely).
voc. vocative.
vocab. vocabulary.
Vol. Volunteer.
vol. volume.
vols. volumes.
V.P. Vice-President; Vice-Principal; Value Payable.
V.S. Veterinary Surgeon.
v.t. verb transitive.
Vul(g). Vulgate.
vul(g). vulgar.

W. West; Welsh.
W *wolframium* (=tungsten).
w. week; with.
W.A. West Africa.
***W.A.A.C.** Women's Army Auxiliary Corps.
***W.A.A.C.I.** Women's Army Auxiliary Corps of India.
W.A.A.F. Women's Auxiliary Air Force.
W.C. Water closet.
W.D. War Department.
We(d). Wednesday.
w.f. wrong fount.
W.F.T.U. World Federation of Trade Unions.
W.H.O. World Health Organization.

***Wilts.** Wiltshire.
wk. week.
Wm. William.
W.M.O. World Meteorological Organization.
W.O. War Office; Warrant Officer.
W.R. West Riding.
***W.R.A.C.** Women's Royal Army Corps.
***W.R.A.F.** Women's Royal Air Force.
***W.R.N.S.** Women's Royal Naval Service.
W.S.W., WSW. West-south-west.
wt. weight.
W.V.S. Women's Voluntary Service.
W.B.N.V.F. West Bengal National Volunter Force.

X. *ex* (=without).
X. Christ.
Xe xenon.
Xm(as). Christmas.
Xt. Christ.

Y or **Yt** yttrium.
y. year; yard.
Yb ytterbium.
***yd.** yard.
Y.M.C.A. Young Men's Christian Association.
***Yorks** Yorkshire.
yr. year.
Yt yttrium.
***Y.W.C.A.** Young Women's Christian Association.

Zech. Zechariah.
Zeph. Zephaniah.
Zn zinc.
Zr zirconium.
Z.S.I. Zoological Survey of India.

APPENDIX III

List of Signs and Symbols

@ at the rate of.
& *et* (=and).
&c. *et cetera* (=and so forth)
$+$ plus.
$-$ minus.
$\times$ multiplied by, into.
$\div$ divided by.
$=$ is equal to.
$\neq$ is not equal to.
$>$ from which is derived; is greater than.
$<$ derived from; is less than.
$\therefore$ therefore.
$\because$ because.
$\angle$ angle.
$\parallel$ parallel.
$\perp$ perpendicular.

APPENDIX IV

Roman Numerals

I.	1
II.	2
III.	3
IV.	4
V.	5
VI.	6
VII.	7
VIII.	8
IX.	9
X.	10
XI.	11
XII.	12
XIII.	13
XIV.	14
XV.	15
XVI.	16
XVII.	17
XVIII.	18
XIX.	19
XX.	20
XXI.	21
XXII.	22
XXIII.	23
XXIV.	24
XXV.	25
XXVI.	26
XXVII.	27
XXVIII.	28
XXIX.	29
XXX.	30
XXXI.	31
XXXII.	32
XXXIII.	33
XXXIV.	34
XXXV.	35
XXXVI.	36
XXXVII.	37
XXXVIII.	38
XXXIX.	39
XL.	40
XLI.	41
XLII.	42
XLIII.	43
XLIV.	44
XLV.	45
XLVI.	46
XLVII.	47
XLVIII.	48
XLIX.	49
L.	50
LI.	51
LII.	52
LIII.	53
LIV.	54
LV.	55
LVI.	56
LVII.	57
LVIII.	58
LIX.	59
LX.	60
LXI.	61
LXII.	62
LXIII.	63
LXIV.	64
LXV.	65
LXVI.	66
LXVII.	67
LXVIII.	68
LXIX.	69
LXX.	70
LXXI.	71
LXXII.	72
LXXIII.	73
LXXIV.	74
LXXV.	75
LXXVI.	76
LXXVII.	77
LXXVIII.	78
LXXIX.	79
LXXX.	80
LXXXI.	81
LXXXII.	82
LXXXIII.	83
LXXXIV.	84
LXXXV.	85
LXXXVI.	86
LXXXVII.	87
LXXXVIII.	88
LXXXIX.	89
XC.	90
XCI.	91
XCII.	92
XCIII.	93
XCIV.	94
XCV.	95
XCVI.	96
XCVII.	97
XCVIII.	98
XCIX.	99
C.	100
CM.	900
M.	1,000
$\overline{V}$.	5,000
$\overline{X}$.	10,000
$\overline{C}$.	100,000
$\overline{M}$.	1,000,000

APPENDIX V

National Honours and Awards

Arjuna Award—সকল ক্রীড়াক্ষেত্রে বিশিষ্ট অবদানের জন্য প্রতি বৎসর শ্রেষ্ঠ খেলোয়াড়কে এই পুরস্কার দেওয়া হয়। এই পুরস্কার ১৯৬১ সালে প্রবর্তিত হয়।

Ashoka Chakra—(সামরিক) জলে স্থলে অন্তরীক্ষে শৌর্যবীর্যের পরিচায়ক এবং অসমসাহসিক কার্যের জন্য এই চক্র প্রদান করা হয়। ইহা স্বর্ণমণ্ডিত এবং চক্রাকার।

Bharat Ratna—শিল্পকলা, সাহিত্য, বিজ্ঞানক্ষেত্রে অনন্যসাধারণ অবদান, বিশিষ্ট ও লক্ষণীয় জনসেবামূলক কার্যের স্বীকৃতিস্বরূপ এই সম্মান প্রদান করা হয়। ইহা ভারত সরকার কর্তৃক প্রদত্ত শ্রেষ্ঠত্বসূচক সর্বোচ্চ সম্মান।

Jeevan Raksha Padak—নিজ জীবন বিপন্ন করিয়া যে ব্যক্তি অপরের জীবন রক্ষা করে তাহাকে এই পদক দেওয়া হয়।

Kirti Chakra—অসমসাহসিক কীর্তির জন্য এই পদক দেওয়া হয়। ইহা রৌপ্য নির্মিত ও গোলাকার।

Lalit Kala Akademi Awards—শিল্পকলাক্ষেত্রে বিশিষ্ট অবদানের জন্য প্রতি বৎসর এই পুরস্কার দেওয়া হয়। পুরস্কার বিজয়ীকে তাম্রপত্র অঙ্গবস্ত্র এবং তাঁহার অবদানের প্রতি সম্মানের প্রতীকস্বরূপ পাঁচ হাজার টাকা দেওয়া হয়।

Maha Vir Chakra—(সামরিক) রৌপ্য পদক। জলে স্থলে অন্তরীক্ষে শত্রুর সহিত সম্মুখসমরে অনন্যসাধারণ সাহস ও বীরত্ব প্রদর্শনের জন্য এই পদক দেওয়া হয়। মর্যাদায় এই পদক দ্বিতীয়।

Padma Bhusan—যে কোন ক্ষেত্রে উল্লেখযোগ্য কর্মের জন্য এই সম্মান দেওয়া হয়। সরকারী কর্মচারীরাও এই সম্মানের অধিকারী। মর্যাদায় তৃতীয়।

Padma Shri—যে কোন ক্ষেত্রে বিশিষ্ট কার্যের জন্য এই সম্মান দেওয়া হয়। সরকারী কর্মচারীগণও এই সম্মানের অধিকারী। মর্যাদায় চতুর্থ।

Padma Vibhusan—যে কোন ক্ষেত্রে বিশিষ্ট এবং অসাধারণ অবদানের জন্য এই সম্মান দেওয়া হয়। সরকারী কর্মচারীরাও এই সম্মান পাইতে পারেন। মর্যাদায় দ্বিতীয়।

Param Vir Chakra—(সামরিক) ইহা সাহসিকতা-স্বীকৃতির সর্বোচ্চ পুরস্কার। সম্মুখ সমরে অসাধারণ সাহসের পরিচয় অথবা আত্মোৎসর্গের জন্য এই পদক দেওয়া হয়। এই পদকের একদিকে দেবরাজ ইন্দ্রের বজ্র অঙ্কিত ও অপর দিকে 'পরম বীর চক্র' খোদিত আছে।

Sahitya Akademi Awards—সাহিত্য আকাদেমী কর্তৃক স্বীকৃত ভারতের ষোলটি ভাষার যে কোনটিতে প্রকাশিত অনন্যসাধারণ সাহিত্যগুণসম্পন্ন গ্রন্থের প্রত্যেক গ্রন্থকারকে প্রতি বৎসর এই পুরস্কার দেওয়া হয়। ইহার পরিমাণ এককালীন পাঁচ হাজার টাকা। একখানি তাম্রফলকও প্রত্যেক গ্রন্থকারকে দেওয়া হয়।

Sangeet Natak Akademi Awards—নৃত্য, নাটক এবং যন্ত্র ও কণ্ঠ সঙ্গীতে অসাধারণ পারদর্শিতার জন্য প্রতি বৎসর আকাদেমীকর্তৃক এই পুরস্কারসমূহ দেওয়া হয়।

Vir Chakra—(সামরিক) শত্রুর সহিত সম্মুখ যুদ্ধে বীরত্বব্যঞ্জক ও অসমসাহসিক কার্যের জন্য এই পদক দেওয়া হয়। মর্যাদানুসারে ইহার স্থান তৃতীয়। ইহা রৌপ্যনির্মিত চক্রাকার পদক।

Vishisht Seva Medals—স্থল, নৌ ও বিমানবাহিনীর সৈন্যদিগকে অনন্যসাধারণ বীরত্ব ও সাহসের জন্য এই পদকসমূহ দেওয়া হয়। মর্যাদানুসারে এই পদকসমূহের নাম 'পরম বিশিষ্ট সেবা পদক', 'অতি বিশিষ্ট সেবা পদক', 'বিশিষ্ট সেবা পদক'।

APPENDIX VI

Alphabet of the Greek language

Α	α	alpha
Β	β	beta
Γ	γ	gamma
Δ	δ	delta
Ε	ϵ	epsilon
Ζ	ζ	zeta
Η	η	eta
Θ	θ	theta
Ι	ι	iota
Κ	κ	kappa
Λ	λ	lambda
Μ	μ	mu
Ν	ν	nu
Ξ	ξ	xi
Ο	ο	omicron
Π	π	pi
Ρ	ρ	rho
Σ	σ	sigma
Τ	τ	tau
Υ	υ	upsilon
Φ	ϕ	phi
Χ	χ	chi
Ψ	ψ	psi
Ω	ω	omega

APPENDIX VII

Important Monetary Units

Country	*Name*
Afghanistan	afghani (Af) = 100 puls
Albania	lek = 100 qinter
Algeria	dinar = 100 centimes
Argentina	peso = 100 centavos
Australia	dollar($) = 100 cents
Austria	schilling (S) = 100 groschen
Bangla Desh	taka (T) = 100 paise
Belgium	franc (FR or F) = 100 centimes
Bolivia	peso = 100 centavos
Brazil	cruzeiro (Cr. $) = 100 centavos
Bulgaria	lev = 100 stotinki
Burma	kyat (K) = 100 pyas
Canada	dollar($) = 100 cents
Chile	escudo = 100 centésimos
China	yuan($) = 10 chiao, 100 fen
Czechoslovakia	karuna (Kč) = 100 hellers
Denmark	krone (KR) = 100 öre
Dominican Republic	peso = 100 centavos
Ecuador	sucre = 100 centavos
Egypt	pound (£E) = 100 piasters
Ethiopia	dollar ($ Eth) = 100 cents
Finland	markka = 100 pennia
France	franc (FR or F) = 100 centimes
Germany (East & West)	mark = 100 pfennig
Greece	drachma = 100 lepta
Hong kong	dollar = 100 cents
Hungary	forint (F) = 100 fillers
India	rupee (R or Re) = 100 paise
Indonesia	rupiah (Rp) = 100 sen
Iran	rial (R) = 100 dinars
Iraq	dinar (ID) = 1000 fils
Israel	pound = 100 agorot
Italy	lira (L) = 100 centesimi
Japan	yen (Y) = 100 sen
Kenya	shilling = 100 cents
Laos	kip = 100 ats
Nepal	rupee = 100 paisa
Netherlands	gulden (G) = 100 cents
New Zeland	pound (NZ£) = 20 shillings 240 pence
Nigeria	naira = 100 kobo
Norway	krone (KR) = 100 ore
Pakistan	rupee (R or Re) = 100 pice
Poland	zloty (Zl) = 100 groszy
Sri Lanka	rupee (R or Re) = 100 cents
Sudan	pound = 100 piastres
Sweden	krona (KR) = 100 öre
Switzerland	franc (FR or F) = 100 centimes or rappen
Tanzania	Shilling = 100 cents
Thailand	baht = 100 satang
Turkey	pound (£T) = 100 piasters
Uganda	shilling = 100 cents
United Kingdom	pound (£) = 100 (new) pence
United States	dollar ($) = 100 cents
U.S.S.R.	roble (R) = 100 kopecks
Vietnam (North)	dong = 100 xu
Vietnam (South)	dong = 100 cents
West Germany	deutsche mark (DM) = 100 pfennigs
Yugoslavla	dinar = 100 parrs
Zaire	zaire = 100 makuta
Zambia	kwacha = 100 ngwee

Weights and Measures

The Metric System (দশমিক পদ্ধতি)

Deca, hecto, kilo, myria গুণন এবং deci, centi, milli বিভাজন বুঝায়।

Measures of length (দৈর্ঘ্য)

প্যারিসের নিকটবর্তী International Bureau of Weights and Measuresএ বরফের গলনাঙ্কে রক্ষিত প্লাটিনাম-ইরিডিয়াম ধাতুখণ্ডে চিহ্নিত দূরত্ব মিটারের সংজ্ঞা-নির্দেশক। ইহা রৈখিক মাপের একক (unit)।

1 decametre = 10 metres
1 hectometre = 100 "
1 kilometre = 1,000 "
1 myriametre = 10,000 "
1 decimetre = $\frac{1}{10}$th of a metre
1 centimetre = $\frac{1}{100}$th "
1 millimetre = $\frac{1}{1000}$th "

Square measure (বর্গ)

1 are = 100 sq. metres
1 decare = 10 ares (1,000 sq. metres)
1 hectare = 100 ares (10,000 sq. metres)
1 deciare = $\frac{1}{10}$th of an are (10 sq. metres)
1 centiare = $\frac{1}{100}$th of an are (1. sq. metre)

Measures of weight (ওজন)

গ্রাম (gramme) International Prototype Kilogramme এর সহস্রাংশের একাংশ। ইহা ওজনের একক (unit)।

1 decagramme = 10 grammes
1 hectogramme = 100

1 kilogramme = 1,000 grammes
1 myriagramme = 10,000 "
1 decigramme = $\frac{1}{10}$th of a gramme
1 centigramme = $\frac{1}{100}$th of a gramme
1 milligramme = $\frac{1}{1000}$th of a gramme
1 quintal = 100 kilograms
1 metric ton or tonne = 1,000 kilograms

Measures of capacity (ধারকত্ব)

যে উষ্ণতায় জলের ঘনত্ব চরম, তদবস্থ এক কিলোগ্রাম বায়ুমুক্ত বিশুদ্ধ জলের আয়তন—এক লিটার (litre)। ইহা ধারকত্ব (শুষ্ক অথবা তরল) নির্ণয়ের একক (unit)।

1 decalitre = 10 litres
1 hectolitre = 100 litres
1 kilolitre = 1,000 litres
1 decilitre = $\frac{1}{10}$th of a litre
1 centilitre = $\frac{1}{100}$th of a litre
1 millitre = $\frac{1}{1000}$th of a litre

The British System (ব্রিটিশ পদ্ধতি)

Measures of length

12 inches = 1 foot
3 feet = 1 yard
220 yards = 1 furlong
8 furlongs or 1760 yards = 1 mile

Square measure

144 sq. inches = 1 sq. foot
9 sq. feet = 1 sq. yard
4840 sq. yards = 1 acre
1 sq. mile = 640 acres

Measures of weight (Avoirdupois)

16 drams = 1 ounce (oz)
16 ounces = 1 pound (lb)
28 pounds = 1 quarter
4 quarters (or 112 pounds) = 1 hundred weight (cwt)
100 pounds = 1 short cwt.
20 cwt. = 1 ton
2000 pounds = 1 short ton
2240 pounds = 1 long ton

Measures of capacity

Liquid measure

4 gills = 1 pint
2 pints = 1 quart
4 quarts = 1 gallon

Dry measure

2 gallons = 1 peck
4 pecks = 1 bushel
8 bushels = 1 quarter

English and Metric Equivalents

Measures of length

1 inch = 25·3999 millimetres
1 foot = 0·30480 metre
1 yard = 0·914399 metre
1 furlong = 201·16778 metres
1 mile = 1·60934 kilometres

Square measure

1 sq. inch = 6·45159 sq. centimetres
1 sq. foot = 9·29028 sq. decimetres
1 sq. yard = 0·836126 sq. metre
1 acre = 0·405 hectare
1 sq. mile = 258·99824 hectares

Measures of weight

1 dram = 1·77185 grammes
1 ounce = 28·34953 grammes
1 pound = 0·45359243 kilogram
1 quarter = 12·70059 kilograms
1 cwt = 50·80235 kilograms
1 ton = 1·01604 tonnes

Measures of capacity

1 gill = 1·42058 decilitres
1 pint = 0·56823 litre
1 quart = 1·13646 litres
1 gallon = 4·5459631 litres
1 peck = 9·0917 litres
1 bushel = 3·6366 decalitres
1 quarter = 2·90935 hectolitres

Metric and English Equivalents

Measures of length

1 millimetre = 0·03937 inch
1 centimetre = 0·3937 inch
1 decimetre = 3·93701 inches
1 metre = 39·37 inches (1·0936143 yards)
1 decametre = 10·93614 yards
1 hectometre = 109·3614 yards
1 kilometre—0·62137 mile
1 myriametre = 6·21372 miles

Square measure

1 sq. centimetre = 0·15500 sq. inch
1 sq. decimetre = 15·50006 sq. inches (100 sq. centimetres)
1 sq. metre or centiare = {10·76939 sq. feet; 1·19599 sq. yards}
1 are (100 sq. metres) = 119·59926 sq. yards
1 hectare = 2·47106 acres (10,000 sq. metres)

Measures of capacity

1 millilitre = 0·00704 gill
1 centilitre = 0·07039 gill
1 decilitre = 0·17598 pint
1 lirre = 1.75985 pints
1 decalstre = 2·19981 gallons
1 hectolitre = 2·74976 bushels
1 kilolitre (1000 litres) = 3·43720 quarters

Measures of weight

1 milligram = 0·01543 grain
1 centigram = 0·15432 grain
1 decigram = 1·54324 grains
1 gram = 15·43236
1 decagramme = 5·64383 drams
1 hectogram = 3·52740 ounces
1 kilogram = 2·2046223 lb.
1 myriagram = 22·04622 lb.
1 quintal (100 kg.) = 1·96841 cwt.
1 tonne (1000 kg.) = 0·98420 ton

NOTES

NOTES

NOTES

NOTES

NOTES

NOTES